Pourquoi activer mon Code en ligne :

Selon mon édition, l'activation de mon Code me permet d'accéder aux enrichissements suivants, sur ordinateur, tablette et smartphone :

	CODE ÉDITION LIMITÉE*	CODE ÉDITION CLASSIQUE
Lettre d'actualité du Code	✓*	✓*
Accès aux codes officiels secs	✓	✓
Mise à jour en continu		✓
Liens vers la jurisprudence		✓
Accès aux commentaires et textes complémentaires		✓
Accès aux articles des revues Dalloz		✓

www.activation-dalloz.fr

La clé d'activation se trouve sous l'étiquette de couverture

* Disponible pour les titres suivants :
Code civil, Code de procédure civile, Code pénal, Code de procédure pénale, Code de commerce et Code du travail.

20e édition

CODE
DE
L'ACTION SOCIALE ET DES FAMILLES

Annoté & commenté

LES CODES DALLOZ

Lefebvre Dalloz

DALLOZ

20e édition

Annotations et commentaires rédigés par

Michel BORGETTO
Professeur émérite de l'Université de Paris Panthéon-Assas
Centre d'études et de recherches
de sciences administratives et politiques (Paris Panthéon-Assas/CNRS)

et

Robert LAFORE
Professeur émérite de l'Institut d'Études Politiques de Bordeaux
Centre de droit comparé du travail et de la sécurité sociale
(UMR CNRS/Université de Bordeaux)

avec le concours de

Armelle MAVOKA-ISANA
Secrétaire générale de la rédaction
de la Revue de droit sanitaire et social (RDSS)

Lefebvre Dalloz

DALLOZ

ÉDITIONS DALLOZ
Tour Lefebvre Dalloz - 10, place des Vosges
92072 Paris La Défense Cedex - CS 90358

ISBN 978-2-247-22974-1

Avant-propos

Publié par l'ordonnance n° 2000-1249 du 21 décembre 2000, le Code de l'action sociale et des familles a pris la place de l'ancien Code de la famille et de l'aide sociale, créé en 1956. Ne recouvrant que le champ des anciennes lois d'assistance adoptées à la fin du XIXe siècle et sensiblement modernisées en 1953-1954, celui-ci était devenu, au fil du temps, très largement dépassé ; à la suite des mutations les plus récentes de l'action sociale, des pans entiers de l'action publique menée dans ces domaines lui échappaient, si bien que les institutions les plus importantes de l'action sociale et médico-sociale étaient éparpillées dans une multiplicité de textes disparates.

Une entreprise de « toilettage » et de mise en ordre s'imposait donc : le présent code en est le résultat. Au-delà de la seule aide sociale légale, ont été introduites un grand nombre de dispositions issues des législations les plus récentes : dispositions relatives aux personnes âgées, aux personnes handicapées, à l'enfance ; règles générales régissant l'organisation du secteur et, en particulier, le fonctionnement des établissements et services sociaux et médico-sociaux ; textes relatifs à la lutte contre les exclusions ; ou encore principes fondateurs résultant de la loi rénovant l'action sociale et médico-sociale.

Ce champ de l'action publique, si spécifique, s'est trouvé ainsi structuré autour d'un corpus qui, se voulant à la fois plus cohérent et plus complet, s'est fixé pour objectif de restituer le cadre juridique général de l'aide sociale et de l'action sociale et médico-sociale : corpus qui s'est significativement enrichi depuis 2004 par la publication d'un décret adjoignant à la « partie législative » une « partie réglementaire ».

La « partie législative » est amplement commentée pour permettre aux gestionnaires, aux professionnels et, plus largement, aux acteurs du champ concerné de maîtriser des institutions complexes et souvent mal connues dans leurs caractéristiques et leurs spécificités juridiques.

De solides bibliographies sont proposées pour offrir à chacun les moyens de parfaire son information et d'approfondir sa réflexion.

Enfin, une présentation raisonnée de la jurisprudence est proposée sous les dispositions du code qui ont fait l'objet de contentieux, que ce soit devant les juridictions de droit commun ou devant les juridictions spécialisées.

Sont aussi reproduits, dans un Appendice de rubriques classées par ordre alphabétique reprenant les grands thèmes de la partie codifiée, les nombreux et principaux textes d'application des dispositions législatives du code proprement dit.

Sur pages roses figurent une table des matières en tête de l'ouvrage et, en fin d'ouvrage, successivement, une table chronologique ainsi qu'une table alphabétique.

Liste des abréviations

Hyperlien vers la décision intégrale accessible sur le Code en ligne

Hyperlien vers l'article de revue accessible sur le Code en ligne

Hyperlien vers un texte complémentaire accessible sur le Code en ligne

A	Décision du Conseil d'État publiée au *Lebon* (Dalloz)
AJCT	Actualité juridique collectivités territoriales (Dalloz)
AJDA	Actualité juridique droit administratif (Dalloz)
AJ fam.	Actualité juridique famille (Dalloz)
al.	Alinéa
AN	Assemblée nationale
Ann.	Annales
Arr.	Arrêté
ARS	Agence régionale de santé
Art.	Article
ASH	Actualités sociales hebdomadaires
Ass.	Assemblée
Ass. plén.	Assemblée plénière de la Cour de cassation
Assoc.	Association

B	Arrêt publié au bulletin civil (depuis mi-juin 2021) ou au bulletin criminel (depuis fin juin 2021) de la Cour de cassation
B	Décision du Conseil d'État mentionnée aux Tables du *Lebon* (Dalloz)
BAS	Bureau d'aide sociale
BIBL.	Bibliographie
BIBL. GÉN.	Bibliographie générale
BJCL	Bulletin juridique des collectivités locales
BO	Bulletin officiel
BOEN	Bulletin officiel de l'éducation nationale
Bull. civ.	Bulletin des arrêts des chambres civiles de la Cour de cassation
Bull. crim.	Bulletin des arrêts de la chambre criminelle de la Cour de cassation

C.	Code
c/	Contre

CAA	Cour administrative d'appel
CAF	Caisse d'allocations familiales
Cah. CFPC	Cahiers du centre de formation des personnels communaux
Cah. Cons. const.	Cahiers du Conseil constitutionnel (jusqu'en 2012)
Cah. CTN	Cahiers du Centre technique national d'étude et de recherche sur les handicaps et les inadaptations
Cah. fr.	Cahiers français, La Documentation française
Cah. soc. barreau	Cahiers sociaux du barreau
CASF	Code de l'action sociale et des familles Dalloz
CASMP	Centre d'action médico-sociale précoce
Cass.	Cour de cassation
CCAS	Centre communal d'action sociale
CDAPH	Commission des droits et de l'autonomie des personnes handicapées
CDES	Commission départementale de l'éducation spéciale
CE	Conseil d'État
CEDH	Cour européenne des droits de l'homme
C. éduc.	Code de l'éducation Dalloz
CESE	Conseil économique, social et environnemental
C. fam.	Code de la famille et de l'aide sociale *[ancien]*
C. fonct. publ.	Code de la fonction publique Dalloz (jusqu'à mars 2022)
CGFP	Code général de la fonction publique Dalloz (en vigueur le 1er mars 2022)
Ch. réun.	Chambres réunies de la Cour de cassation
Chron.	Chronique
CHRS	Centre d'hébergement et de réinsertion sociale
CIAS	Centre intercommunal d'action sociale
Circ.	Circulaire
CITSS	Commission interrégionale de la tarification sanitaire et sociale
Civ. 1re, 2e, 3e	Chambres civiles de la Cour de cassation
CJA	Code de justice administrative Dalloz
CJAS	Cahier de jurisprudence de l'aide sociale
CJCE	Cour de justice des Communautés européennes (1957 à nov. 2009)
CJUE	Cour de justice de l'Union européenne (à partir de déc. 2009)
CNCTSS	Cour nationale du contentieux de la tarification sanitaire et sociale
CNR détentions	Commission nationale de réparation des détentions
CNSA	Caisse nationale de solidarité pour l'autonomie
COJ	Code de l'organisation judiciaire
Comm. centr. aide soc.	Commission centrale d'aide sociale
Cons. const.	Conseil constitutionnel
Contra	Solution contraire
Conv. EDH	Convention européenne des droits de l'homme
COTOREP	Commission technique d'orientation et de reclassement professionnel
C. patr.	Code du patrimoine Dalloz
C. pén.	Code pénal Dalloz

C. pr. civ.	Code de procédure civile Dalloz
Crim.	Chambre criminelle de la Cour de cassation
CRPA	Code des relations entre le public et l'administration Dalloz
C. rur.	Code rural et de la pêche maritime Dalloz
CSP	Code de la santé publique Dalloz
CSS	Code de la sécurité sociale Dalloz
Cts	Consorts

D.	Recueil Dalloz
DDASS	Direction départementale des affaires sanitaires et sociales
Décis.	Décision
Décr.	Décret
Décr.-L.	Décret-loi
Dir.	Directive
Doc. fr.	La Documentation française
Doctr.	Doctrine
Dr. adm.	Droit administratif
DRASS	Direction régionale des affaires sanitaires et sociales
Dr. et patr.	Droit et patrimoine
Dr. fam.	Droit de la famille
Droit et ville	Revue Droit et ville
Dr. ouvrier	Droit ouvrier
Dr. soc.	Droit social (Dalloz)

EDCE	Études et documents du Conseil d'État
EJCCAS	Commission centrale d'aide sociale. Éléments de jurisprudence
esp.	Espèce

Gaz. cnes	La Gazette des communes
Gaz. Pal.	La Gazette du Palais
Géront. et soc.	Gérontologie et société

ibid.	Au même endroit
IGAS	Inspection générale des affaires sociales
Inf. soc.	Informations sociales (CNAF)
Instr.	Instruction
IR	Informations rapides du Recueil Dalloz

J.-Cl. Adm.	Juris-Classeur administratif
J.-Cl. Alsace-Moselle	Juris-Classeur Alsace-Moselle
J.-Cl. Coll. locales	Juris-Classeur des collectivités locales
J.-Cl. Coll. terr.	Juris-Classeur des collectivités territoriales
J.-Cl. Protection sociale	Juris-Classeur Protection sociale
JCP	Juris-Classeur périodique (Semaine juridique), édition générale

JCP Adm.	Juris-Classeur périodique (Semaine juridique), édition Administrations et Collectivités territoriales
JCP E	Juris-Classeur périodique (Semaine juridique), édition Entreprise
JCP S	Juris-Classeur périodique (Semaine juridique), édition Social
JDJ	Journal du droit des jeunes
JO	Journal officiel
JOAN Q	Journal officiel, Assemblée nationale (réponses ministérielles aux questions écrites)

L.	Loi
Lebon	Recueil des décisions du Conseil d'État (Dalloz)
Lebon T.	Recueil des décisions du Conseil d'État (Dalloz), Tables
LFSS	Loi de financement de la sécurité sociale
LPA	Les Petites Affiches

MDPH	Maison départementale des personnes handicapées
Mél.	Mélanges
Mod.	Modifié

n°	Numéro
NCPC	Nouveau code de procédure civile (devenu code de procédure civile – L. n° 2007-1787 du 20 déc. 2007, art. 26-III)
Ndlr	Note de la rédaction

Ord.	Ordonnance

P	Arrêt publié au bulletin civil (avant mi-juin 2021) ou au bulletin criminel (avant fin juin 2021) de la Cour de cassation
p.	Page
Pacs	Pacte civil de solidarité
Pan.	Panorama Dalloz
Pol. soc. et fam.	Politiques sociales et familiales (CNAF)
préc.	Précité
PU	Presses universitaires

QPC	Question prioritaire de constitutionnalité
Quot. jur.	Le Quotidien juridique

rapp.	Rapport
Rappr.	Rapprocher
RD publ.	Revue du droit public et de la science politique en France et à l'étranger
RDSS	Revue de droit sanitaire et social Dalloz
RDT	Revue de droit du travail Dalloz

Rec. Cons. const.	Recueil des décisions du Conseil constitutionnel
Rech. et prév.	Recherches et prévisions (CNAF)
Rect.	Rectificatif
Regards EN3S	Revue de l'École Nationale Supérieure de Sécurité sociale
Règl.	Règlement
Rev. adm.	Revue administrative
Rev. aide soc.	Revue de l'aide sociale
Rev. belge séc. soc.	Revue belge de la sécurité sociale
Rev. dr. local	Revue du droit local
Rev. éco. soc.	Revue de l'économie sociale
Rev. ét. coop.	Revue des études coopératives, mutualistes et associatives
Rev. hosp.	Revue hospitalière de France
RF aff. soc.	Revue française des affaires sociales
RFAP	Revue française d'administration publique
RFDA	Revue française de droit administratif Dalloz
RFD const.	Revue française de droit constitutionnel
RFFP	Revue française de finances publiques
RF sc. pol.	Revue française de science politique
RGCT	Revue générale des collectivités territoriales
RI séc. soc.	Revue internationale de sécurité sociale
RI trav.	Revue internationale du travail
RJPF	Revue juridique personnes et famille
RJS	Revue de jurisprudence sociale
RPDS	Revue pratique de droit social
RTDH	Revue trimestrielle des droits de l'homme
RUDH	Revue universelle des droits de l'homme

S.	Recueil Sirey
s.	Et suivants
sect.	Section
Soc.	Chambre sociale de la Cour de cassation
Sociétés et représentations	Sociétés et représentations (CREDHESS)
Somm.	Sommaires
ss.	Sous

t.	Tome
TA	Tribunal administratif
T. confl.	Tribunal des conflits
TGI	Tribunal de grande instance *[devenu tribunal judiciaire]*
TI	Tribunal d'instance
TJ	Tribunal judiciaire
Titr. VII	Titre VII (anc. Cahiers du Conseil constitutionnel)
TITSS	Tribunal interrégional de la tarification sanitaire et sociale
TPS	Travail et protection sociale
Trib. Santé	Les tribunes de la santé

V.	Voir
v°	Mot

TABLE DES MATIÈRES

CODE DE L'ACTION SOCIALE ET DES FAMILLES

LIVRE I
DISPOSITIONS GÉNÉRALES

LIVRE II
DIFFÉRENTES FORMES D'AIDE ET D'ACTION SOCIALES

L. 211-1 – L. 281-5
R. 211-1 – D. 281-3

LIVRE III

ACTION SOCIALE ET MÉDICO-SOCIALE MISE EN ŒUVRE PAR DES ÉTABLISSEMENTS ET DES SERVICES

LIVRE IV

PROFESSIONS ET ACTIVITÉS SOCIALES

LIVRE V

DISPOSITIONS PARTICULIÈRES APPLICABLES À CERTAINES PARTIES DU TERRITOIRE

ANNEXES

APPENDICE

BIBLIOGRAPHIE GÉNÉRALE

Sur le droit de l'aide et de l'action sociales : Alfandari et Tourette, Action et aide sociales, *Dalloz, 5e éd., 2011*. – Aubin, Droit de l'aide et de l'action sociales, *Coll. Mémentos, Gualino, 2e éd., 2022*. – Borgetto et Lafore, Droit de l'aide et de l'action sociales, *Domat-Montchrestien, 11e éd., 2021* ; L'aide et l'action sociales, *Coll. Les études, La Doc. fr., 2013*. – Faberon (Dir.), Le droit de l'aide et de l'action sociales à la croisée des chemins. Dynamiques et perspectives, *Éd. Cujas*, 2018. – Hardy et Lhuillier, L'aide sociale aujourd'hui, *Éd. ESF, 16e éd., 2008*.

▸ **Sur le droit de la sécurité sociale :** Badel, Droit de la sécurité sociale, *Ellipses, 2007*. – Borgetto et Lafore, Droit de la sécurité sociale, Précis *Dalloz, 20e éd., 2023*. – Charvin, Droit de la protection sociale, *L'Harmattan, 2007*. – Damon et Ferras, La sécurité sociale, *QSJ, PUF, 2015*. – Dorion et Guionnet, La Sécurité sociale, *QSJ, PUF, 8e éd., 2003*. – Huteau, Le droit de la sécurité sociale. Système et finalités, *Presses de l'EHESP, 2e éd., 2021*. – Kerbourc'h, Willmann et Chauchard, Droit de la sécurité sociale, *LGDJ, 10e éd., 2022*. – Kessler, Droit de la protection sociale, *Dalloz, 8e éd., 2022*. – Laborde, Droit de la sécurité sociale, *Coll. Thémis, PUF, 2005*. – Morvan, Droit de la protection sociale, *Litec, 11e éd., 2023*. – Pellet et Skzryerbak, Droit de la protection sociale, *Coll. Thémis, PUF, 2017*. – Petit, L'essentiel du droit de la protection sociale, *Coll. Carrés, Gualino-Lextenso, 4e éd., 2021*. – Prétot, Les grands arrêts du droit de la Sécurité sociale, *Dalloz, 2e éd., 1998* ; Droit de la sécurité sociale, *Mémentos, Dalloz, 15e éd., 2020*. – Saint-Jours, Traité de la sécurité sociale, t. 1, *LGDJ, 2e éd., 1984*.

▸ **Sur le système de protection sociale et les politiques sociales :** Barbier, Zemmour et Théret, Le système français de protection sociale, *Coll. Repères, La Découverte, 2021*. – Bichot, Économie de la protection sociale, *A. Colin, 1992* ; Les politiques sociales en France au XXe siècle, *A. Colin, 1997*. – Bonnici, Politiques et protection sociales, *QSJ, PUF, 1997*. – Borgetto et Chauvière (Dir.), Qui gouverne le social ?, *éd. Dalloz, 2008*. – Borgetto, Ginon et Guiomard (Dir.), Quelle(s) protection(s) sociale(s) demain ?, *Dalloz, 2016*. – Borgetto, Ginon, Guiomard et Piveteau (Dir.), Travail et protection sociale, *LGDJ, 2017*. – Charpentier (Dir.), Encyclopédie Protection sociale. Quelle refondation ?, *Éd. Liaisons/Economica, 2000*. – Cytermann et Wanecq, Les politiques sociales, *Coll. Major, PUF, 2010*. – Daugareilh, Badel (Dir.), La Sécurité sociale : universalité et modernité. Approche de droit comparé, *Éd. Pedone, 2019*. – Elbaum, Économie politique de la protection sociale, *PUF, 2e éd., 2011*. – Fournier, Questiaux et Delarue, Traité du social, *Dalloz, 5e éd., 1991*. – Hirsch, Les enjeux de la protection sociale, *Clefs, Montchrestien, 2e éd., 1994*. – Join-Lambert *et alii*, Politiques sociales, *Presses FNSP et Dalloz, 2e éd., 1997*. – Laroque, Guide de la protection sociale, *Dunod, 2001*. – Mills (avec la collaboration de J. Caudron), Protection sociale. Économie et politique. Débats actuels et réformes, *Gualino, 3e éd., 2009*. – de Montalembert (Dir.), La protection sociale en France, *La Doc. fr., 6e éd., 2013*. – Murard, La protection sociale, *La Découverte, 5e éd., 2004*. – Penaud et *alii*, Politiques sociales, *Presses Sciences po/Dalloz, 4e éd., 2016*. – Ray, Dupuis et Gazier, Analyse économique des politiques sociales, *PUF, 1988*.

CODE DE L'ACTION SOCIALE ET DES FAMILLES

PREMIÈRE PARTIE : LÉGISLATIVE

(Ord. nº 2000-1249 du 21 déc. 2000)

BIBL. GÉN. ▶ CHAUVIÈRE et BUSSAT, Famille et codification. Le périmètre du familial dans la production des normes, *La Doc. fr. 2000.* – DESSAINT et LIGNEAU, La spécificité du champ de la santé et de l'action sociale à l'épreuve de la codification, *LPA 1997, nº 152, p. 4.* – DUBREUIL, Le Code de l'action sociale et des familles, *RDSS 2001. 794* .

Est ratifiée l'Ord. nº 2000-1249 du 21 déc. 2000 relative à la partie Législative du code de l'action sociale et des familles, prise en application de la L. nº 99-1071 du 16 déc. 1999 portant habilitation du Gouvernement à procéder, par ordonnances, à l'adoption de la partie Législative de certains codes (L. nº 2002-2 du 2 janv. 2002, art. 87).

COMMENTAIRE

Le présent code de l'action sociale et des familles a été publié par l'ordonnance nº 2000-1249 du 21 décembre 2000.

Procédant à une refonte de l'ancien code de la famille et de l'aide sociale, l'entreprise de codification a entendu « nettoyer » et simplifier le droit existant ; au-delà, on a voulu réorganiser le corpus juridique applicable en l'ordonnant de manière plus rationnelle et, surtout, en y intégrant nombre de textes qui en étaient absents.

L'ancien code de la famille et de l'aide sociale était en effet à la fois incomplet et peu cohérent. Incomplet parce que, centré sur la seule aide sociale héritée des lois d'assistance de la fin du XIXe siècle et modernisée en 1953-54, il ne laissait aucune place à ces formes nouvelles d'intervention ou de prestations qui, dans des domaines où intervenait déjà l'aide sociale tels que ceux concernant l'enfance, les personnes âgées ou les personnes handicapées, avaient complété voire supplanté cette dernière ; des pans entiers de l'action sociale, notamment en matière de lutte contre la pauvreté et les exclusions, n'y figuraient pas ; surtout, la législation concernant les institutions sociales et médico-sociales, établie par la grande loi sociale du 30 juin 1975, n'y était pas intégrée. Et peu cohérent, dans la mesure où il juxtaposait des ensembles de dispositions devenues au fil du temps disparates car réintégrées peu à peu dans des ensembles plus vastes qu'il ignorait.

Le présent code se veut donc, sinon exhaustif, du moins plus complet et rationnel. Structuré en cinq livres, il pose le cadre général de l'action sociale ; ainsi, il inclut notamment les principes qui, organisant l'action sociale, se trouvent définis pour la première fois par la loi nº 2002-2 du 2 janvier 2002 rénovant l'action sociale (livre I) ; il fait ensuite le tour des différentes formes d'aide et d'action sociales (famille, enfance, personnes âgées, personnes handicapées, personnes bénéficiaires de la CMU, lutte contre la pauvreté et les exclusions (livre II) ; la police concernant les établissements et services y est intégralement incluse (livre III) ainsi que les législations concernant les professions sociales et médico-sociales (livre IV) ; enfin, la dernière partie concerne les législations spécifiques s'appliquant à certains territoires, les départements du Bas-Rhin, du Haut-Rhin et de la Moselle ainsi que les départements et territoires d'outre-mer. Dans chacun de ces livres et des divers titres qui les composent, l'instance de codification s'est efforcée d'intégrer les dispositions anciennes de l'aide sociale de droit commun ainsi que les législations nouvelles. Par souci de cohérence, elle n'a pas hésité non plus à y insérer des dispositions empruntées à d'autres codes, qu'il s'agisse du code de la santé publique, du code de la sécurité sociale, du code du travail ou encore du code de l'éducation.

L'entreprise n'a pas été exempte de difficultés : cohérence et exhaustivité ne font pas facilement bon ménage, si bien que l'on a parfois le sentiment que l'on se trouve en présence d'une simple juxtaposition de législations assez disparates. Les limites du champ sont, elles aussi, discutables : cela est sans doute inévitable compte tenu des incertitudes de frontières existant entre aide sociale, sécurité sociale et action sociale. Enfin, le choix de l'intitulé du code – « code de l'action sociale et des familles » – est révélateur de cette dernière difficulté ; en bonne logique, action sociale et aide sociale sont deux formes juridiquement distinctes d'action et le recouvrement de la seconde par la première ne manque pas d'interroger ; quant au pluriel qui nous fait passer du code de « la » famille au code « des » familles, il n'est guère plus satisfaisant : à l'évidence, il apparaît davantage comme une concession aux réalités et aux incertitudes du temps que comme un exemple incontestable de rigueur juridique.

LIVRE I DISPOSITIONS GÉNÉRALES

COMMENTAIRE

Le code de l'action sociale et des familles réunit, dans ce livre premier, des dispositions dispersées en diverses parties de l'ancien code de la famille et de l'aide sociale ainsi que des articles nouveaux, rédigés pour la circonstance. Il s'est agi, en effet, de regrouper en un ensemble cohérent toutes les règles qui sont au fondement du droit de l'aide et de l'action sociales. C'est la raison pour laquelle on y trouve tout d'abord les dispositions établissant les droits des bénéficiaires (titre I : Principes généraux) ; celles ensuite relatives aux attributions et partages de compétences entre collectivités publiques et organismes de sécurité sociale (titre II : Compétences) ; puis les dispositions, très classiques, qui déterminent le cœur du droit de l'aide sociale légale : admission à l'aide sociale, participation des bénéficiaires et récupération, contrôle et contentieux (titre III : Procédures) ; enfin, celles qui organisent un certain nombre d'instances nationales en charge de la conception des politiques d'aide et d'action sociales (titre IV : Institutions).

Ce livre premier, tout à fait novateur par rapport à l'ancien code, organise donc le socle légal sur lequel repose l'ensemble des politiques concernées, en mêlant des principes déclaratifs de portée très générale, des règles de nature normative enserrant directement le statut juridique des bénéficiaires et des dispositions organisationnelles définissant et mettant en place des structures publiques d'action. ❑

TITRE I PRINCIPES GÉNÉRAUX

BIBL. ▸ Sur le droit européen et communautaire. AKANDJI-KOMBÉ, De l'invocabilité des sources européennes et internationales du droit social devant le juge interne, *Dr. soc. 2012. 1014* . – AKIP et KESSLER, Le Conseil de l'Europe et la protection sociale des travailleurs migrants, *RDSS 2007. 216* . – ALIPRANTIS, Les droits sociaux sont justiciables !, *Dr. soc. 2006. 158* . – ALIPRANTIS (Dir.), Les droits sociaux dans les instruments européens et internationaux, *Bruylant, 2008*. – AUBIN, L'Europe sociale entre mythe et réalité, *Dr. soc. 2007. 618* . – BADEL, La lutte contre l'exclusion dans l'Union européenne, *RDSS 2003. 363* . – BARBIER, L'assistance sociale en Europe : traits européens d'une réforme et persistance de la diversité des systèmes (1988-2017), *RF aff. soc. 2017, n° 3, p. 15*. – BARBIER et COLLOMB, Protection sociale et droits sociaux entre menaces et opportunités : le droit européen comme dieu Janus, *RF aff. soc. 2012, n° 1, p. 17*. – BELORGEY, La Charte sociale du Conseil de l'Europe et son organe de régulation : le Comité européen des droits sociaux, *RDSS 2007. 226* . – BECKER, Le socle européen des droits sociaux... Analyse d'un outil original, *Dr. soc. 2023. 20* . – BELORGEY et BRILLAT, Quelle justice internationale pour les droits sociaux ?, *Dr. soc. 2008. 774* . – BOISSARD, La contribution du comité européen des droits sociaux à l'effectivité des droits sociaux, *RD publ. 2010. 1083*. – BONNECHÈRE, Droits sociaux fondamentaux : vers un droit commun pour l'Europe, *SSL, nos 1187 et 1188, 2004. 5*. – BOURRINET et NAZET-ALLOUCHE (Dir.), Union européenne et protection sociale, *La Doc. fr. 2002*. – BRILLAT, La Charte sociale du Conseil de l'Europe : les droits de l'homme au quotidien, *JCP S 2007, n° 1405*. – CALVES, Une Europe des droits sociaux ? Les droits-créances en droit communautaire, *Inf. soc. n° 81, 2000, p. 120*. – CHATZILAOU, Vers un socle européen des droits sociaux : quelles inspirations ?, *RDT 2017. 175* . – DAUGAREILH, La Convention européenne de sauvegarde des droits de l'homme et la protection sociale, *RTD eur. 2001. 123* . – FLAUSS (Dir.), Droits sociaux et droit européen, *Bruylant, 2002*. – GARNIER, État des lieux de l'Europe sociale, *Revue de l'IRES, n° 96-97, 2019. 85*. – GREWE, Les droits sociaux constitutionnels : propos comparatifs à l'aube de la Charte des droits fondamentaux de l'Union européenne, *RUDH, vol. 12, n° 3-5, 2000. 85*. – HASSENTEUFEL et HENNION-MOREAU (Dir.), Concurrence et protection sociale en Europe, *PU Rennes, 2004*. – HE, Les droits sociaux fondamentaux et le droit de l'UE, *RTD eur. 2018. 25* . – HENNION, LE BARBIER-LE BRIS, DEL SOL et LHERNOULD, Droit social européen et international, *coll. Thémis, PUF, 4e éd., 2021*. – IGAS, La dimension européenne des politiques sociales (Rapport annuel), *La Doc. fr., 2006*. – IMBERT, Droits des pauvres, pauvre(s) droit(s), *RDP 1989. 739*. – KESSLER, L'Europe sociale oubliée : l'activité du Conseil de l'Europe dans le domaine de la protection sociale, *RDSS 2007. 197* ; L'Europe et ses normes, *p. 239, in* BORGETTO et CHAUVIÈRE (Dir.), Qui gouverne le social ?, *Éd. Dalloz, 2008*. – LHERNOULD, L'Europe sociale après l'élargissement, *Rev. jur. soc. n° 11, 2004. 771*. – MARGUÉNAUD et MOULY, La jurisprudence sociale de la Cour EDH : bilan et perspectives, *Dr. soc. 2010. 883* ; Le Comité européen des droits sociaux, un laboratoire d'idées sociales méconnu, *RDP 2011. 685*. – OMARJEE, Manuel de droit européen de la protection sociale, *Bruylant, Bruxelles,*

2e éd., 2021. – Pataut, Tours et détours de l'Europe sociale, *RTD eur. 2018. 9*. – Pettiti, Pauvreté et Convention européenne des droits de l'homme, *Dr. soc. 1991. 84*. – Pettiti, Decaux et Imbert (Dir.), La Convention européenne des droits de l'homme, *Economica, 2e éd., 1999.* – Prétot, La protection sociale est-elle soluble dans le droit de propriété ?, *Mél. Alfandari, p. 163, 1999, Dalloz ;* Le droit européen et la protection sociale. Le rôle de la jurisprudence, *Regards CNESSS, no 24, 2003. 27.* – Robin-Olivier, La référence aux droits sociaux fondamentaux dans le Traité d'Amsterdam, *Dr. soc. 1999. 609*. – Rodière, Droit social de l'Union européenne, *LGDJ, 2008.* – Sudre, La perméabilité de la Convention européenne des droits de l'homme aux droits sociaux, *Mél. Mourgeon, Bruylant, 1998, p. 467 ;* La protection des droits sociaux par la Convention européenne des droits de l'homme, *in* Les nouveaux droits de l'homme en Europe, *Bruylant, 1999, p. 103.* – Teyssié, Le socle européen des droits sociaux, *JCP S 2022, no 1038.* – Tulkens, Les droits sociaux dans la jurisprudence de la nouvelle Cour européenne des droits de l'homme, *in* Les droits sociaux ou la démolition de quelques poncifs, *PU Strasbourg, 2003, p. 117.*

▶ **Sur les normes constitutionnelles.** Antonmattei, *Rev. adm. 1997. 290* (le Préambule de 1946 et la Cour de cassation). – Bauduin, Le droit de la protection sociale face à la QPC, *JCP S 2020, no 3088.* – Borgetto, Le Conseil constitutionnel, le principe d'égalité et les droits sociaux, *Mél. Lochak, p. 239, 2007, LGDJ ;* La notion de service public constitutionnel face au droit de la protection sociale, *Mél. Lachaume, p. 83, 2007, Dalloz ;* Les droits sociaux entre procès et progrès, *Inf. soc. no 178, 2013, p. 14.* – Borgetto et Lafore, La République sociale, *PUF, 2000.* – Clapié, De la consécration des principes politiques, économiques et sociaux particulièrement nécessaires à notre temps, Étude de droit public, *Thèse Droit Montpellier, 1992 ; Rev. adm. 1997. 278* (le Conseil d'État et le Préambule de la Constitution de 1946). – Conac, Prétot et Teboul (Dir.), Le Préambule de la Constitution de 1946, *Dalloz, 2001.* – Deswarte, Droits sociaux et État de droit, *RDP 1995. 951.* – Espuglas, Conseil constitutionnel et service public, *LGDJ, 1994.* – Gay, Les droits-créances constitutionnels, *Bruylant, 2007.* – Herrera, Sur le statut des droits sociaux. La constitutionnalisation du social, *Rev. univ. dr. homme, vol. 16, 2004. 32.* – Lachaume, La délimitation des domaines respectifs de la loi et du règlement dans le droit de l'aide sociale, *Rev. aide soc. 1962. 1.* – Lyon-Caen et Lokiec (Dir.), Droits fondamentaux et droit social, *Dalloz, 2005.* – Luchaire, La protection constitutionnelle des droits et des libertés, *Économica, 2e éd., 1997.* – Molfessis, Le Conseil constitutionnel et le droit privé, *LGDJ, 1997.* – Mouly, Les droits sociaux à l'épreuve des droits de l'homme, *Dr. soc. 2002. 799*. – Prétot, La délimitation des compétences législative et réglementaire, *Dr. soc. 1986. 258 ;* Les bases constitutionnelles du droit social, *Dr. soc. 1991. 187* ; Droit constitutionnel social, *J.-Cl. Adm., fasc. 1443.* – Roman, Constitution et solidarité, *LPA, no 16, 2009. 68 ;* Le juge et les droits sociaux : vers un renforcement de la justiciabilité des droits sociaux ?, *RDSS 2010. 793* ; L'opposabilité des droits sociaux, *Inf. soc. no 178, 2013, p. 33.* – Roman (Dir.), Les droits sociaux, entre droits de l'homme et politiques sociales. Quels titulaires pour quels droits ?, *LGDJ, 2012* ; La justiciabilité des droits sociaux : vecteurs et résistances, *Éd. Pédone, 2012.* – Rousseau, Le Conseil constitutionnel et le Préambule de 1946, *Rev. adm. 1997. 160.* – Terneyre, Droit constitutionnel social. Inventaire en guise d'ouverture, *RFDC 1990. 239 ;* Le Conseil d'État et la valeur juridique des droits sociaux proclamés dans le préambule de la Constitution du 27 octobre 1946, *RFDC 1991. 317.*

COMMENTAIRE

Le titre I du livre intitulé « Dispositions générales » réunit un ensemble de dispositions considérées comme fondamentales. En ce qui concerne tout d'abord le « droit à l'aide sociale » (chapitre premier), on a repris simplement la disposition de principe du code de la famille et de l'aide sociale selon laquelle « toute personne résidant en France bénéficie, si elle remplit les conditions légales d'attribution, des formes de l'aide sociale… » ; cette disposition définit l'aide sociale comme un droit légalement garanti mais aussi légalement conditionné (anc. art. 124) ; suivent les dispositions qui encadrent et limitent ce principe à l'égard des personnes de nationalité étrangère.

Trois autres chapitres visent les groupes cibles traditionnels de l'aide sociale (familles, personnes âgées et personnes handicapées) et reprennent des principes de base posés par les diverses législations qui fondent l'action publique en la matière ; ainsi, pour la famille, est repris l'ancien article 20 du code de la famille et de l'aide sociale : cet article se présente comme une typologie des diverses aides et prestations qui lui sont destinées. S'agissant des personnes âgées, c'est l'ancien article 157 du même code qui est repris, cette disposition ayant défini le droit à l'aide de la collectivité au profit de toute personne âgée de soixante-cinq ans « privée de ressources suffisantes » ; en ce qui concerne les personnes en situation de handicap, les dispositions fondamentales issues de la loi d'orientation du 30 juin 1975 sont reprises et complétées par les dispositions de la loi du 11 février 2005. Enfin, les deux derniers chapitres sont consacrés à la lutte contre la pauvreté et les exclusions pour le premier et à l'action sociale et médico-sociale pour le second. On y avait repris à l'article L. 115-1 l'article 1er de la loi n° 88-1088 du 1er décembre 1988 instituant le RMI, lui-même empruntant la formulation du Préambule de la Constitution relatif au « droit d'obtenir de la collectivité des moyens convenables d'existence » ; la loi n° 2008-1249 du 1er décembre 2008 instituant le RSA a retiré cette disposition pour en introduire une autre concernant « l'insertion sociale et professionnelle » (art. L. 115-2 nouveau). De plus, sont intégrées au code (art. L. 116-1 et L. 116-2) les dispositions novatrices de la loi n° 2002-2 du 2 janvier 2002 rénovant l'action sociale et médico-sociale qui se sont efforcées de définir cette dernière ainsi que les principes qui la commandent. ❑

1. Compétence du législateur : juge constitutionnel. Il incombe, tant au législateur qu'au Gouvernement, conformément à leurs compétences respectives, de déterminer, dans le respect des principes proclamés par le onzième alinéa du Préambule de la Constitution du 27 oct. 1946, les modalités de leur mise en œuvre ; en application de l'art. 34 de la Constitution, relèvent du domaine de la loi, outre l'institution de formes d'aide sociale telles que la prestation spécifique dépendance ou l'allocation compensatrice pour tierce personne créée en faveur des personnes handicapées, des règles essentielles relatives à leur régime juridique dont notamment la nature des conditions exigées pour leur attribution et la détermination des catégories de prestations. • Cons. const. 21 janv. 1997, n° 96-387 DC : *Rec. Cons. const., p. 23 ; RDSS 1997. 681, note Prétot ; RFD const. n° 30, 1997. 326, note Mélin-Soucramanien ; AJDA 1997. 165, note Schrameck ; LPA, n° 19, 1997. 9, note Zarka et n° 125, 1997. 10, chron. Mathieu, Verpeaux.* ♦ De même, la mission de promouvoir l'action sanitaire et sociale qui est impartie aux organismes de la sécurité sociale constitue un des principes fondamentaux de la sécurité sociale et relève, comme telle, de la compétence législative. • Cons. const. 7 avr. 1960, n° 60-5 L : *D. 1960. II. 668, note L. Hamon ; RDP 1960. 1017, note M. Waline ; S. 1961. II. 104, note L. Hamon.*

2. Répartition des compétences : juge administratif. L'art. 34 de la Constitution, en réservant à la loi la détermination des principes fondamentaux de la sécurité sociale, a entendu englober dans ces termes l'ensemble des systèmes de protection sociale quelles que soient leurs modalités de gestion administrative ou financière et, notamment, sans distinguer suivant que la protection est aménagée au moyen de mécanismes d'assurance ou d'assistance ; par suite, la détermination des principes fondamentaux de l'aide sociale relève de la loi ; en conséquence, il y a lieu de ranger au nombre des principes fondamentaux qui relèvent de la compétence législative, la détermination des catégories de personnes appelées à bénéficier de la prestation spécifique dépendance ainsi que la définition de la nature des conditions exigées pour l'attribution de cette allocation, telle que la condition d'âge. Toutefois, il appartient au pouvoir réglementaire, sous réserve de ne pas dénaturer ces conditions, d'en préciser les éléments et, notamment, ceux tenant à l'âge requis. • CE 12 juin 1998, *Féd. des aveugles et handicapés visuels de France*, n° 188737 : *Lebon 223* • 22 oct. 2003, *Groupe d'information et de soutien des immigrés et Ligue des droits de l'homme*, n° 248237 : *Lebon 414 ; RDSS 2004. 155, concl. Stahl ; AJDA 2004. 347, note Tourette.* ♦ En vertu de l'art. 34 de la Constitution, il n'appartient qu'à la loi de fixer tant les garanties fondamentales accordées aux citoyens pour l'exercice des libertés publiques, au nombre desquelles figure le libre exercice d'une activité professionnelle, que les principes fondamentaux de la libre administration des collectivités territoriales, de la sécurité sociale et de l'aide sociale ; par suite, relève de la compétence législative le principe de l'encadrement du régime financier et de la tarification des personnes morales de droit privé gérant des établissements et services intervenant dans le champ de l'action sociale, de même qu'il revient au seul législateur de définir, avec une précision suffisante quant à leur objet et à leur portée, les catégories de dépenses qui revêtent pour une collectivité territoriale un caractère obligatoire, tels certains des frais exposés par les personnes accueillies dans des établissements et services relevant du champ de l'action sociale, qu'ils soient gérés par des personnes morales de droit privé ou de droit public. En revanche, il appartient au pouvoir réglementaire de mettre en œuvre les règles posées par le législateur, notamment en précisant les éléments et les modalités de calcul des dépenses considérées. • CE 9 juill. 2018, n° 407426 B : *RDSS 2018. 889, concl. Decout-Paolini.*

CHAPITRE I DROIT À L'AIDE SOCIALE

BIBL. ▶ ALFANDARI, Le droit aux aliments en droit privé et en droit public, *Thèse Droit Poitiers, 1958* ; L'aide sociale et l'exclusion, paradoxes et espérances, *Dr. soc. 1974. 90* ; Les nouveaux développements de l'aide sociale. Le concept d'aide sociale demeure, son image change, *Administration, 1990. 12* ; Réflexions sur le droit dit social, *RDSS 1967. 101.* – BEC, L'assistance en démocratie, *1998, Belin* ; Les politiques d'assistance : de l'intégration à la relégation, *Revue de l'IRES, n° 30, 1999. 71.* - BORGETTO, Aide sociale, *J.-Cl. Coll. locales, fasc. 666 et 667; J.-Cl. Protection soc., fasc. 859, 860, 865 et J.-Cl. Adm., fasc. 218-10*; Le droit de la protection sociale dans tous ses états : la clarification nécessaire, *Dr. soc. 2003. 636* ; Logique assistancielle et logique assurancielle dans le système français de protection sociale : les nouveaux avatars d'un vieux débat, *Dr. soc. 2003. 115* ; La sécurité sociale face à l'aide et à l'action sociales : entre complémentarité et ambiguïté, *Revue Regards EN3S, n° 29, 2006. 12*; Universalité et droit de la protection sociale, *p. 13, in* KOUBI et JOUANJAN (Dir.), Sujets et objets universels en droit, *PU Strasbourg, 2007*; L'égalité et l'aide sociale, *RDSS 2013. 401* . - CAPELIER, Besoins fondamentaux, projets personnalisés et logique de parcours : nouveaux paradigmes du droit de l'aide et de l'action sociales ?, *RDSS 2019. 735* . - CECCALDI, Aide sociale, action sociale et planification sociale, *Rev. aide soc. 1963. 129.* - CLAIR, Aux frontières de la sécurité sociale : aide sociale ou action sociale ?, *Dr. soc. 1980. 558.* - DECHAMPS et VAN RUMBEKE, L'aide sociale dans la dynamique du droit, *De Boeck, Bruxelles, 1995.* - LAFORE, Variations sur les frontières du social, *Mél. Alfandari, p. 353, Dalloz, 1999*; La notion de « risque social », *Revue Regards EN3S, n° 29, 2006. 24*; Droit et pauvreté : les métamorphoses du modèle assistanciel français, *RDSS 2008. 111* ; Aide sociale, *J.-Cl. Adm., fasc. 218-20 et 218-30.* - MOUTOUH, La notion de besoin et le droit, *Inf. soc. 2000, n° 86, p. 40.* - ONPES, Penser l'assistance, *Rapport, 2013*; L'assistance dans le cadre de la solidarité nationale, *Actes de séminaire, 2013.* - RUAULT, Évolutions récentes de l'aide sociale : la prestation spécifique dépendance et la CMU, *Regards sur l'actualité, n° 268, 2001. 15.* - SIBILEAU, Les relations de la sécurité sociale et des services sociaux : la place de l'aide sociale, *Rev. aide soc. 1964. 12.* - WILLMANN, Condition de résidence et prestations sociales : entre gestion des flux migratoires, indemnisation du chômage et finances publiques, *RDSS 2018. 514* .

Art. L. 111-1 Sous réserve des dispositions des articles L. 111-2 et L. 111-3, toute personne résidant en France bénéficie, si elle remplit les conditions légales d'attribution, des formes de l'aide sociale telles qu'elles sont définies par le présent code. — *[C. fam., art. 124.]*

COMMENTAIRE

Cet article est au fondement du régime juridique de toutes les prestations entrant dans le champ de l'aide sociale légale. Il constituait antérieurement l'article 124 du code de la famille et de l'aide sociale.

Pour en saisir la portée, il convient de rappeler que l'aide sociale est juridiquement construite comme un droit subjectif ; cela signifie que l'accès aux prestations qu'elle organise constitue une prérogative du demandeur opposable aux collectivités publiques, ces dernières ne pouvant donc se soustraire à la prise en charge.

L'article L. 111-1 comporte cependant plusieurs éléments qu'il n'est pas inutile de rappeler. En premier lieu, son champ d'application personnel : « toute personne » en étant potentiellement bénéficiaire, il convient donc de conclure qu'il s'agit de tout résident sur le territoire national, ce qui exclut la condition de nationalité ou encore, pour les étrangers, une condition de convention avec leur pays d'origine ; cela dit, les articles L. 111-2 et L. 111-3 règlent de façon spécifique la situation des étrangers à l'égard de l'aide sociale. Et en second lieu, le fait que, bien qu'elle corresponde à un droit opposable aux collectivités publiques en charge du financement, l'aide sociale n'est pas un droit inconditionné ; l'ensemble des prestations d'aide sociale est enfermé dans un cadre légal général qui en conditionne l'accès, chaque forme d'aide sociale obéissant par ailleurs à des principes et dispositions propres. Certes, ce cadre légal peut être aménagé par le département, dans le champ de ses compétences, au travers du règlement départemental d'aide sociale ; cependant, ces aménagements ne peuvent aller que dans le sens d'une amélioration des prestations en faveur des bénéficiaires (art. L. 121-3).

Il importe ici de rappeler que l'aide sociale présente trois caractères généraux qui en déterminent les formes juridiques : tout d'abord, elle a un caractère « alimentaire », ce qui signifie qu'elle vise à satisfaire des besoins fondamentaux conditionnant la subsistance des personnes concernées ; sur ce premier point, l'aide sociale n'est juridiquement, dans sa conception originaire, que le prolongement des obligations alimentaires civiles et intervient en principe lorsqu'elles sont défaillantes. Ensuite, elle est « spécialisée », ce qui impose que la situation du demandeur soit appréciée au regard de l'objet précis de chaque prestation. Enfin, elle est « subsidiaire », ce qui suppose qu'elle n'intervienne qu'à défaut de ressources du demandeur pour faire face au besoin ou de créances que ce dernier pourrait faire valoir à l'encontre de ses obligés alimentaires ou d'autres systèmes collectifs de protection.

On pourrait ajouter que l'aide sociale est « catégorielle », les prestations ayant été conçues pour satisfaire les besoins de groupes qui sont légitimement inaptes au travail, à savoir les enfants, les handicapés et les personnes âgées, auxquels se sont ajoutés divers groupes dépourvus d'hébergement et de moyens de subsistance, qu'il s'agisse de familles ou d'individus ; seule l'aide médicale, qui satisfait directement un besoin sans passer par le truchement d'une catégorie de bénéficiaires, et qui est réduite à la seule aide médicale de l'État depuis la mise en place de la CMU, échappe à cette logique de construction. ❑

1. Définition de la résidence. La condition de résidence doit être regardée comme satisfaite, en règle générale, dès lors que l'étranger se trouve en France et y demeure dans des conditions qui ne sont pas purement occasionnelles et qui présentent un minimum de stabilité. Cette situation doit être appréciée, dans chaque cas, en fonction de critères de fait et, notamment, des motifs pour lesquels l'intéressé est venu en France, des conditions de son installation, des liens d'ordre personnel ou professionnel qu'il peut avoir dans notre pays, des intentions qu'il manifeste quant à la durée de son séjour. • CE avis, 8 janv. 1981, n° 328143.

2. Absence d'exception à la condition de résidence. La condition de résidence en France prévue par l'art. L. 111-1 pour l'ensemble des prestations d'aide sociale au nombre desquelles est l'allocation compensatrice n'est assortie d'aucune exception pour tenir compte de circonstances exceptionnelles ou particulières telle celle dont se prévaut l'intéressée s'agissant d'un placement en maison de retraite en Belgique à deux kilomètres du domicile en France, alors que le manque de places dans des structures proches du domicile en France n'est pas contesté. • Comm. centr. aide soc. 10 juin 2008, dossier n° 070883 : *CJAS, n° 2008/4.*

3. Frais d'hospitalisation d'un étranger se trouvant de passage en France. Aux termes de l'art. 124 du C. fam. (devenu L. 111-1 CASF), toute personne résidant en France bénéficie, si elle remplit les conditions légales d'attribution, des formes d'aide sociale telles qu'elles sont définies par ce code. Les frais d'hospitalisation d'un étranger qui, se trouvant de passage en France, ne remplit pas la condition de résidence prévue par ces dispositions n'ont pas à être pris en charge au titre de l'aide médicale. • CE 18 déc. 1996, *CHU Montpellier*, n° 136477 B.

4. Résidence en France dans des conditions purement occasionnelles. La condition de résidence ne peut être regardée comme satisfaite lorsque l'étranger se trouve en France et y demeure dans des conditions qui sont purement occasionnelles et qui ne présentent pas un minimum de stabilité. • Comm. centr. aide soc. 25 janv. 2000 : *CJAS n° 2000/01, p. 51.*

5. Hébergement précaire dans les locaux d'une ambassade. Une personne, de nationalité congolaise, hébergée d'une manière précaire dans les locaux mêmes de l'ambassade de la République du Congo à Paris ne peut être considérée, dans la mesure où les locaux diplomatiques bénéficient du principe de l'inviolabilité mais en aucun cas de l'extra-territorialité, comme résidant au Congo ; par suite, elle doit être regardée comme résidant à Paris et non comme étant de passage en France où elle séjourne depuis de nombreuses années. • Comm. centr. aide soc. 13 mars 2000 : *CJAS n° 2000/04, p. 55.*

Art. L. 111-2 Les personnes de nationalité étrangère bénéficient dans les conditions propres à chacune de ces prestations :

1° Des prestations d'aide sociale à l'enfance ;

2° De l'aide sociale en cas d'admission dans un centre d'hébergement et de réinsertion sociale *(Abrogé par L. n° 2015-925 du 29 juill. 2015, art. 24-1°) (L. n° 2006-911 du 24 juill. 2006, art. 95-I)* ***« ou dans un centre d'accueil pour demandeurs d'asile »*** ; — *L'art. L. 111-2, dans sa rédaction résultant de la L. n° 2015-925 du 29 juill. 2015, s'applique aux demandeurs d'asile dont la demande a été enregistrée à compter du 1er nov. 2015. Les dispositions préc. sont applicables à Saint-Barthélemy et à Saint-Martin (L. préc., art. 35-V et VIII ; Décr. n° 2015-1166 du 21 sept. 2015, art. 29 et 30-II).*

3° De l'aide médicale de l'État ;

(Abrogé par L. n° 2002-1576 du 30 déc. 2002, art. 57-II) ***« a) Pour les soins dispensés par un établissement de santé ou pour les prescriptions ordonnées à cette occasion, y compris en cas de consultation externe ;***

« b) Pour les soins de ville, lorsque ces personnes justifient d'une résidence ininterrompue en France depuis au moins trois mois ; »

4° Des allocations aux personnes âgées prévues à l'article L. 231-1 à condition qu'elles justifient d'une résidence ininterrompue en France métropolitaine depuis au moins quinze ans avant soixante-dix ans.

Elles bénéficient des autres formes d'aide sociale, à condition qu'elles justifient d'un titre exigé des personnes de nationalité étrangère pour séjourner régulièrement en France.

Pour tenir compte de situations exceptionnelles, il peut être dérogé aux conditions fixées à l'alinéa ci-dessus par décision du ministre chargé de l'action sociale. Les dépenses en résultant sont à la charge de l'État. – *[C. fam., art. 186.]*

BIBL. ▸ ATTIAS-DONFUT et TESSIER, Santé et vieillissement des immigrés, *Retraite et société, n° 46, 2005. 90.* – BAUDET-CAILLE, Le droit des étrangers, *1995, TSA éd.* – DAUGAREILH, Les prestations sociales non contributives et les étrangers non communautaires, *RDSS 1997. 189* ; La loi du 11 mai 1998 sur l'entrée et le séjour des étrangers en France. Les modifications apportées en droit de la protection sociale, *RDSS 1998. 634* . – Divers, Immigration et protection sociale, *RDSS 1990 (n° spécial), 2e éd.* ; Droits des étrangers, *Inf. soc. n° 78, 1999.* – DUPEYROUX et PRÉTOT, Le droit de l'étranger à la protection sociale, *Dr. soc. 1994. 69* . – GACON-ESTRADA, Étrangers : la Sécurité sociale se moque de la justice, *Dr. soc. 1996. 709* . – GENEVOIS, Un statut constitutionnel pour les étrangers, *RFDA 1993. 871* . – GISTI, Le guide de la protection sociale des étrangers en France, *2002, Syros.* ; La protection sociale des étrangers par les textes internationaux, *Les Cahiers juridiques, 2004.* – GUIMEZANES, La loi du 11 mai 1998 relative à l'entrée et au séjour des étrangers en France et au droit d'asile, *JCP 1998. I. 2047.* – IZAMBERT, La régularité du séjour des étrangers en France : frontière du projet d'universalisation de la protection sociale ?, *RF aff. soc. 2018, n° 4, p. 17.* – KISSANGOULA, La Constitution française et les étrangers, *LGDJ, 2001* ; Brèves réflexions sur l'application du principe d'égalité aux droits sociaux des étrangers, *RDSS 2013. 422* . – LHERNOULD, Minima sociaux et résidence sur le territoire français, *Dr. soc. 1999. 366* . – LOCHAK, Quand l'Administration fait de la résistance. Les prestations non contributives et les étrangers, *Mél. E. Alfandari, p. 405, 1999, Dalloz.* – MATH, Les prestations sociales et les personnes âgées immigrées : la condition de résidence et son contrôle par les caisses, *RDSS 2013. 725* . – MICHELET, Les droits sociaux des étrangers, *L'Harmattan, 2002* ; Le droit des étrangers à la protection sociale : de l'affirmation du droit à sa mise en œuvre, *Inf. soc. 2007 n° 142, 2007, p. 80.* – SCHOUKENS et PIETERS, L'accès des travailleurs migrants irréguliers à la protection sociale, *RDSS 2005. 529* . – SEGUES et TOULLIER, L'accès des étrangers aux prestations servies par les caisses d'allocations familiales, *Dr. soc. 2005. 665* . – TEITGEN-COLLY et JULIEN-LAFERRIERE, Commentaire de la loi du 11 mai 1998 relative à l'entrée et au séjour des étrangers en France et au droit d'asile, *AJDA 1998. 922* . – VACHET, Étrangers, protection sociale, *JCP E 1994. I. 355.*

COMMENTAIRE

L'article L. 111-2 reprend l'article 186 de l'ancien code de la famille et de l'aide sociale. Il détermine les conditions d'accès des étrangers aux prestations d'aide sociale.

Il convient de rappeler qu'aux termes de la loi n° 98-349 du 11 mai 1998, les étrangers bénéficient des prestations non contributives de la protection sociale sous condition de la régularité de leur séjour en France. La loi n° 2006-911 du 24 juillet 2006 relative à l'immigration et à l'intégration a de nouveau modifié le cadre juridique concernant les conditions d'accueil et de séjour des étrangers. S'agissant des personnes demandeuses d'asile, le titre V de ce texte a consacré juridiquement une nouvelle catégorie d'établissement social, le « centre d'accueil des demandeurs d'asile » (nouveau chap. VIII au titre IV du livre II du présent code, art. L. 348-1 à L. 348-4).

En matière de prestations d'aide sociale, l'article L. 111-2 aménage un régime juridique adapté à leurs spécificités (al. 2). Certes, la condition de résidence sur le territoire français est requise comme le veut le droit commun en la matière. Mais, sous réserve de se trouver dans les conditions d'accès propres à chacune des prestations considérées, la condition de régularité du séjour est atténuée puisqu'elle n'est pas requise pour certaines prestations (al. 1er) : aide sociale à l'enfance, aide à l'hébergement dans les centres d'hébergement et de réinsertion sociale, aide médicale de l'État ; il est à noter que, l'admission dans les CADA ne constituant plus une prestation d'aide sociale (L. n° 2015-925 du 29 juill. 2015 réformant le droit d'asile), elle ne figure plus dans la liste des prestations pouvant bénéficier à ce titre aux personnes de nationalité étrangère. Ces dispositions dérogatoires s'expliquent par d'évidentes raisons humanitaires qui imposent que l'on soigne ou que l'on héberge des personnes même en situation irrégulière, et que l'on prenne en charge les enfants se trouvant dans une situation identique lorsque leurs besoins matériels et éducatifs l'exigent.

En ce qui concerne l'aide à domicile des personnes âgées ou l'aide pour leur placement (art. L. 231-1), une condition de durée de résidence en France est posée, en l'espèce quinze années de résidence ininterrompue sur le territoire national avant l'âge de soixante-dix ans.

Pour les autres formes d'aide sociale, notamment aux handicapés, la condition de régularité du séjour est requise, même si le dernier alinéa attribue au ministre en charge de l'action sociale un pouvoir d'y déroger dans des situations « exceptionnelles », indique le texte. ❑

1. Autorité compétente pour décider d'une dérogation aux dispositions légales. Une demande tendant à obtenir le bénéfice de la dérogation prévue au dernier alinéa de l'art. L. 111-2 relève de la compétence du ministre chargé de l'action sociale et est irrecevable lorsqu'elle est présentée à l'occasion d'un recours devant la juridiction administrative. • CE 28 juill. 1999, *Dpt Gard*, nº 191506 B : *RDSS 2000. 245, obs. Daugareilh*.

2. Ressortissant d'un pays ayant ratifié la Convention européenne d'assistance sociale et médicale. Dans la mesure où son pays a ratifié la Convention européenne d'assistance sociale et médicale dont l'art. 1er, repris par la Charte sociale européenne, prévoit que chacune des parties contractantes s'engage à faire bénéficier les ressortissants des autres parties contractantes, en séjour régulier sur toute partie de son territoire auquel s'applique la convention, et qui sont privés de ressources suffisantes, à l'égal de ses propres ressortissants et aux mêmes conditions, de l'assistance sociale et médicale prévue par la législation en vigueur dans la partie du territoire considéré, une personne de nationalité belge qui ne remplit pas la condition de résidence ininterrompue en France métropolitaine depuis au moins quinze ans avant soixante-dix ans pour prétendre aux allocations aux personnes âgées doit voir sa demande examinée dans les mêmes conditions que pour les ressortissants français. • Comm. centr. aide soc. 16 mars 2001 : *CJAS nº 2001/09, p. 41*.

Art. L. 111-3 Les personnes dont la présence sur le territoire métropolitain résulte de circonstances exceptionnelles et qui n'ont pu choisir librement leur lieu de résidence, ou les personnes pour lesquelles aucun domicile fixe ne peut être déterminé, ont droit aux prestations d'aide sociale *(Ord. nº 2005-1477 du 1er déc. 2005, art. 1er)* **« dans les conditions prévues pour chacune d'elles par le présent code ».** — *[C. fam., art. 194, al. 5, 2e phrase.]*

(L. nº 2003-1200 du 18 déc. 2003, art. 13-II) **« Les dispositions du présent article ne sont pas opposables au dépôt d'une demande** *(L. nº 2008-1249 du 1er déc. 2008, en vigueur le 1er juin 2009)* **« de revenu de solidarité active ».**

Les dispositions issues de l'Ord. nº 2005-1477 du 1er déc. 2005 entrent en vigueur le 1er janv. 2007 et s'appliquent aux nouvelles demandes déposées à compter de cette date et à celles qui n'ont pas fait l'objet d'une décision à cette même date (Ord. préc., art. 1er).

Ancien art. L. 111-3 ***Les personnes dont la présence sur le territoire métropolitain résulte de circonstances exceptionnelles et qui n'ont pu choisir librement leur lieu de résidence, ou les personnes pour lesquelles aucun domicile fixe ne peut être déterminé, ont droit aux prestations d'aide sociale.*** — [C. fam., art. 194, al. 5, 2e phrase.]

(L. nº 2003-1200 du 18 déc. 2003, art. 13-II) ***« Les dispositions du présent article ne sont pas opposables au dépôt d'une demande d'allocation de revenu minimum d'insertion. »***

COMMENTAIRE

L'article L. 111-3 vient boucler la définition du champ d'application personnel de l'aide sociale en envisageant la situation de deux dernières catégories d'ayants droit. Il s'agit d'une part des réfugiés et des apatrides qui, du fait de « circonstances exceptionnelles […], n'ont pu choisir librement leur lieu de résidence » ; les personnes qui peuvent être référées à cette hypothèse ont les mêmes droits à l'aide sociale que les nationaux. Il s'agit d'autre part des personnes sans domicile fixe qui, ne disposant pas par conséquent de domicile de secours (art. L. 122-1 à L. 122-5), pourraient se voir exclues des prestations : leurs droits sont pleinement assurés sur le plan juridique. Pour ces deux catégories de demandeurs, la charge des prestations incombe à l'État, ceux-ci ayant donc un domicile de secours non plus départemental mais national.

La loi nº 2003-1200 du 18 décembre 2003 portant décentralisation du RMI avait introduit le principe selon lequel les dispositions de l'article L. 111-3 ne sont pas opposables au dépôt d'une demande de RMI : la loi nº 2008-1249 du 1er décembre 2008 instituant le RSA a repris la même disposition s'agissant de cette nouvelle prestation (art. L. 262-1 s.).

Enfin, l'ordonnance nº 2005-1477 du 1er décembre 2005 portant diverses dispositions relatives aux procédures d'admission à l'aide sociale et aux établissements et services sociaux et médico-sociaux ayant entendu simplifier les procédures d'admission à l'aide sociale, essentiellement en supprimant les commissions d'accès à l'aide sociale (art. L. 131-2 et L. 131-5 anciens), la disposition ci-dessus en tire les conséquences en ne comportant plus la référence à ces instances. ❑

I. LA PRÉSENCE DE CIRCONSTANCES EXCEPTIONNELLES

1. Qualité de réfugié. Si les frais d'aide sociale engagés en faveur des personnes dont la présence sur le territoire métropolitain résulte de circonstances exceptionnelles et qui n'ont pu choisir librement leur lieu de résidence sont intégralement pris en charge par l'État, la qualité de réfugié est, par elle-même, sans influence sur l'application de ces dispositions. Dès lors, les dépenses d'aide sociale d'un réfugié qui a acquis un domicile de secours sont à la charge du département dans lequel il a son domicile de secours. • CE 9 avr. 1993, *Dpt Paris,* n° 101358 : *Lebon 109 ; D. 1993. IR 125* • TA Versailles 12 févr. 1996, *Gusella : AJDA 1996. 406, obs. Krulic*.

2. Religieux librement entré en France pour raisons sanitaires. Le postulant au bénéfice de l'aide sociale, librement entré en France pour raisons sanitaires à l'issue d'un long séjour à l'étranger où il était religieux missionnaire et admis, suivant son gré, dans une maison de retraite, ne saurait être regardé comme étant venu sur le territoire métropolitain du fait de circonstances exceptionnelles et n'ayant pu choisir librement son lieu de résidence. • Comm. centr. aide soc. 2 déc. 1987, *Dpt Nord : EJCCAS n° 03-4, p. 1, concl. Dessaint.*

3. Personne disposant d'un domicile de secours dans un département. Une personne disposant d'un domicile de secours dans un département n'est pas au nombre des personnes pour lesquelles, en l'absence seule de domicile de secours et lorsque seulement, soit leur présence sur le territoire métropolitain résulte de circonstances exceptionnelles, soit aucun domicile fixe ne peut être déterminé, l'État a la charge des frais de placement sur décision de la commission d'admission à l'aide sociale. • CAA Paris, 20 juin 1995, *CPAM Essonne,* n° 94PA00532 B.

4. Personne dépourvue de domicile de secours dans un département. Au cas où le demandeur de l'aide sociale n'a pas de domicile de secours mais réside dans un département, les frais sont à la charge de l'État lorsque sont remplies simultanément deux conditions tenant à ce que, d'une part, la venue sur le territoire métropolitain est liée à des circonstances exceptionnelles et à ce que, d'autre part, le choix de la résidence n'a pas été fait librement; par suite, la Commission centrale d'aide sociale n'a commis aucune erreur de droit en jugeant que les frais d'aide sociale ne pouvaient être mis à la charge de l'État du seul fait que la venue du bénéficiaire serait liée à des circonstances exceptionnelles. • CE 28 juin 1995 (10 esp.) : *RDSS 1996. 182, obs. Daugareilh* • 28 juin 1995, *Dpt Marne,* n° 146431 : *EJCCAS n° 03-2, p. 6* • 9 juin 1997, *Dpt Marne c/ Zenelag,* n° 163789 : *RDSS 1998. 195, obs. Daugareilh*.

II. L'ABSENCE DE DOMICILE FIXE

5. Séjour dans un établissement sanitaire et social. Le séjour, même prolongé, dans un établissement sanitaire et social n'est pas de nature à faire acquérir aux personnes qui en sont dépourvues un domicile fixe situé dans cet établissement ; il y a lieu dès lors, nonobstant leur séjour au sein de l'établissement social, de mettre à la charge de l'État la dépense résultant de leur admission au bénéfice de l'aide sociale. • Comm. centr. aide soc. 4 juill. 1986 : *RF aff. soc., cah. jur. n° 2, 1987. 37-38* • 6 nov. 1986 : *ibid.* • TA Versailles, 11 avr. 1988 : *RDSS 1988. 742, concl. Prétot* • CE 28 juill. 1989, *Dpt Hauts-de-Seine,* n° 92631 : *Lebon 169 ; EJCCAS n° 03-3, p. 3 ; RDSS 1990. 132, concl. Tuot ; D. 1990. 187, obs. Prétot* • 11 juin 1990, *Dpt Essonne,* n° 97507 : *Lebon 158 ; AJDA 1990. 839, obs. Prétot ; RFDA 1990. 678* • Comm. centr. aide soc. 9 nov. 2005 : *CJAS n° 2006/03, p. 11* • Comm. centr. aide soc. 9 juin 2008, dossier n° 071581 : *CJAS n° 2008/4.*

6. Résidence à l'étranger lors de la demande d'admission. Si, au moment de sa demande d'admission à l'aide sociale, l'intéressé séjournait encore aux États-Unis où il était établi depuis plusieurs années, et ne pouvait de ce fait être regardé comme résidant dans un département français au sens de l'art. L. 122-1, il doit, dans ces conditions, être regardé comme dépourvu de domicile fixe en application des dispositions combinées des art. L. 121-1, L. 121-7 et L. 111-3 ; dès lors, les dépenses d'aide sociale en cause sont à la charge de l'État. • CE 27 sept. 2006, *Dpt Pyrénées-Atlantiques,* n° 278264 B : *RDSS 2006. 1060, concl. Devys* • Comm. centr. aide soc. 14 janv. 2008, dossier n° 061560 : *CJAS n° 2008/6.* ♦ Il en va de même pour une personne qui résidait en Tunisie. • Comm. centr. aide soc. 14 janv. 2008, dossier n° 061574 *CJAS n° 2008/4.*

7. Absence de domicile fixe et domicile de secours. Il n'y a lieu de rechercher si une personne ne présente aucun domicile fixe au sens de l'art. L. 111-3 que si aucun domicile de secours ne peut être établi, étant entendu que les dispositions de l'art. L. 122-2 exigent pour ce faire une résidence « habituelle » de plus de trois mois dans un département et nullement une résidence « stable » en un seul endroit de ce département • Comm. centr. aide soc. 10 juin 2008, dossier n° 071584 : *CJAS n° 2008/5* • Comm. centr. aide soc. 14 mai 2009, dossier n° 080832 *CJAS n° 2008/5.* ♦ Si l'art. L. 121-7 du CASF prévoit que sont à la charge de l'État les dépenses d'aide sociale engagées en faveur des personnes mentionnées à l'art. L. 111-3, notamment celles pour lesquelles aucun domicile fixe ne peut être déterminé, les personnes bénéficiant d'un domicile de secours ne peuvent être regardées comme entrant dans le champ d'application de ces dispositions. • CE 1er juill. 2009, *Dpt Nord,* n° 318960 : *RDSS 2009. 950, concl. Courrèges*.

Art. L. 111-3-1 *(L. nº 2002-2 du 2 janv. 2002, art. 84)* **La demande d'admission à l'aide sociale dans les centres d'hébergement et de réinsertion sociale** *(Abrogé par L. nº 2015-925 du 29 juill. 2015, art. 24-2º) (L. nº 2006-911 du 24 juill. 2006, art. 95-II)* **« *et les centres d'accueil pour demandeurs d'asile* » est réputée acceptée lorsque le représentant de l'État dans le département n'a pas fait connaître sa réponse dans un délai d'un mois qui suit la date de sa réception.** – *L'art. L. 111-3-1, dans sa rédaction résultant de la L. nº 2015-925 du 29 juill. 2015, s'applique aux demandeurs d'asile dont la demande a été enregistrée à compter du 1er nov. 2015. Les dispositions préc. sont applicables à Saint-Barthélemy et à Saint-Martin (L. préc., art. 35-V et VIII ; Décr. nº 2015-1166 du 21 sept. 2015, art. 29 et 30-II).*

Lorsque la durée d'accueil prévisible n'excède pas cinq jours, l'admission à l'aide sociale de l'État est réputée acquise.

COMMENTAIRE

La loi nº 2002-2 du 2 janvier 2002 rénovant l'action sociale et médico-sociale a introduit au rang des « dispositions diverses et transitoires » qu'elle définit (art. 84) un nouvel article L. 111-3-1.

Compte tenu des difficultés récurrentes rencontrées en ce qui concerne l'accueil d'urgence dans les centres d'hébergement et de réinsertion sociale (art. L. 345-1) pour les personnes sans domicile fixe, cette nouvelle disposition entend déterminer les modalités d'admission et de prise en charge financière de ces personnes. Le texte cherche à concilier les faits (ces types d'accueil dits « d'urgence » sont nécessairement en tension avec les règles d'admission de droit commun, qui requièrent une certaine stabilité des situations dans le temps) et la nécessité, cependant, de traiter ces situations dans un cadre légal pour pallier les risques de voir se développer une zone de non-droit.

Dans le présent article, la procédure d'admission dans les CHRS est assouplie, d'une part par l'aménagement d'une forme d'admission automatique pour les séjours inférieurs à cinq jours, et d'autre part par la mise en place d'une admission implicite lorsque l'État n'a pas fait connaître sa réponse dans un délai d'un mois ; ces deux dispositions doivent permettre d'assurer des prises en charge rapides ne mettant pas en difficulté les établissements et services d'accueil.

En ce qui concerne les demandeurs d'asile, un temps écartés du bénéfice de cette disposition (L. nº 2006-911 du 24 juillet 2006), la loi nº 2015-925 du 29 juillet 2015 (art. 24-2 et 35) les y a réintroduits pour leur admission dans les centres d'accueil pour demandeurs d'asile (CADA). ☐

Art. L. 111-4 L'admission à une prestation d'aide sociale est prononcée au vu des conditions d'attribution telles qu'elles résultent des dispositions législatives ou réglementaires et, pour les prestations légales relevant de la compétence du département ou pour les prestations que le département crée de sa propre initiative, au vu des conditions d'attribution telles qu'elles résultent des dispositions du règlement départemental d'aide sociale mentionné à l'article L. 121-3. – *[C. fam., art. 124-1.]*

COMMENTAIRE

Cette disposition, reprenant l'ancien article 124-1 du code de la famille et de l'aide sociale, a un caractère redondant par rapport à l'article L. 111-1. Elle se borne effectivement à redire que l'admission à l'aide sociale est conditionnée par le respect des dispositions législatives et réglementaires encadrant les prestations légales. L'article originaire faisant suite à la décentralisation de 1983, qui a notamment créé le « règlement départemental d'aide sociale » (art. L. 121-3), il vise essentiellement à indiquer que les conditions juridiques enserrant les prestations d'aide sociale sont, pour ce qui concerne le département, déterminées par ledit règlement. ☐

Art. L. 111-5 Sauf disposition contraire, les modalités d'application du présent chapitre sont déterminées par décret en Conseil d'État.

CHAPITRE II **POLITIQUE FAMILIALE**

BIBL. ▶ ARSÉGUEL, Les politiques familiales en France, *LPA, 9 mars 1994*. – BICHOT, La politique familiale, *Cujas, 1993*. – BORGETTO et LAFORE, Droit de l'aide et de l'action sociales, *Domat-Montchrestien, 11e éd., 2021, nos 278 s.* – BOISSIERAS et *alii*, Les prestations versées par les CAF, au défi de la transition écologique, *Dr. soc. 2023. 775*. – BOUQUET (Dir.), Les implicites de la politique familiale, approches historiques, juridiques et politiques, *Dunod, 2000*. – BRIN (Rapport), La politique familiale française, *CES 1991*. – BURGUIERE, KLAPISCH, SEGALEN et ZONABEND, Histoire de la famille, *A. Colin, 1986*. – CHAUFFAUT et PARIS, Politique familiale et égalité des chances : quelques pistes pour l'avenir, *RDSS 2008. 634*. – COMMAILLE, Misères de la famille. Question d'État, *Presses FNSP, 1996*; La politique française à l'égard de la famille, *Regards sur l'actualité, no 237, 1998. 12*. – COMMAILLE et MARTIN, Les enjeux politiques de la famille, *Bayard, 1998*. – COMMAILLE, STROBEL et VILLAC, La politique de la famille, La Découverte, 2002. – DAMON, Les politiques familiales, *QSJ, PUF, 2e éd., 2018*; Les politiques familiales en Europe : convergences et divergences, *Regards EN3S, no 29, 2006. 109*; Le périmètre à géométrie variable de la politique familiale, *Inf. soc., no 139, 2007. 58*; Politiques familiales et allocations familiales : traits et évolutions, *RDSS 2013. 987*. – Divers, Politiques familiales en Europe, *Inf. soc., no 102, 2002*; Les acteurs de la politique familiale, *Inf. soc., no 139, 2007*. – FERRAGINA, l'essor paradoxal des politiques familiales, *L'année sociologique, no 68, 2018. 423*. – FRAGONARD, MARC, Les évolutions majeures des aides aux familles ayant de jeunes enfants depuis 1945, *RF aff. soc. 2017, no 2, p. 282*. – HUDE, Économie, société et politique familiale, *Dr. soc. 1997. 443*. – HUGOUNENG et STERDYNIAK, Pour la politique familiale, *Sociétés et représentations (no hors-série), 1999. 205*. – LAFORE, Les acteurs de la politique familiale : vers une redistribution des cartes ?, *Inf. soc. no 128, 2005. 108*. – LAROQUE (Dir.), La politique familiale en France depuis 1945, *La Doc. fr. 1986*. – LE GALL et MARTIN (Dir.), Familles et politiques sociales. Dix questions sur le lien familial contemporain, *L'Harmattan, 1996*. – LENOIR, Politique sociale et construction sociale de la famille, *RF sc. pol. 1991. 781*. – MAINGUENEAU et RASTIER, Bilan de la loi famille du 25 juillet 1994, *Dr. soc. 1999. 376*. – MARTIN, Comparer les questions familiales en Europe, *Rech. et prév. no 55, 1999. 21*. – MATH, Le financement de la politique familiale : faut-il supprimer les cotisations sociales de la branche famille ?, *RDSS 2013. 998*. – MESSU, Les politiques familiales : du natalisme à la solidarité, *Éd. Ouvrières, 1992*. – MILLARD, Famille et droit public. Recherches sur la construction d'un objet juridique, *LGDJ 1996*; La politique familiale doit-elle être redistributive ?, *RDSS 2013. 979*. – MINONZIO, Les spécificités des politiques familiales françaises, *RDSS 2013. 965*. – MONÉGER, La politique familiale, *RDSS 1996. 765*. – PITROU, Les politiques familiales, *Syros, 1994*. – ROUSSEL, La famille incertaine, *1989, O. Jacob*. – SALLES et LETABLIER, La raison démographique dans les réformes de politiques familiales en France et en Allemagne, *Pol. soc. et fam., 2013, no 112, p. 73*. – SASSIER, La question familiale, un périmètre incertain, *Inf. soc., no139, 2007. 6*. – SEGALEN, Sociologie de la famille, *A. Colin, 1981*. – DE SINGLY (Dir.), La famille. L'état des savoirs, *1991, La Découverte*. – STECK, Les prestations familiales, *PUF, 1993*; Droit et famille, *Economica, 1997*; Les conférences de la famille et l'évolution de la politique familiale, *Dr. soc. 2002. 582*; La politique familiale française : ruptures ou continuité ?, *Regards ENSSS, no 27, 2005. 91*. – STERDYNIAK, Politique familiale et prise en charge du coût de l'enfant : un investissement à long terme, *Inf. soc., no 137, 2007. 80*. – THELOT et VILLAC, Politique familiale. Bilan et perspectives (Rapport), *La Doc. fr. 1998*. – VILLAC, La politique familiale, *Cah. fr., no 292, 1999. 62*.

COMMENTAIRE

Ce chapitre II du titre 1er du livre I est consacré à la politique familiale. Cette dénomination est ambitieuse si l'on considère le caractère très limité de son contenu. Reprenant une disposition introduite par la loi no 94-629 du 25 juillet 1994 relative à la famille (art. 42) et qui a essentiellement modifié les prestations familiales et l'assurance maternité, la première disposition (art. L. 112-1) fait obligation au Gouvernement d'élaborer et de publier chaque année un rapport relatif à la politique familiale ; l'article L. 112-2 (dont la rédaction a été modifiée par l'Ord. no 2021-611 du 19 mai 2021 relative aux services aux familles) pour sa part, correspondant à l'article 20 de l'ancien code de la famille et de l'aide sociale, dresse la liste de l'ensemble des aides consenties aux familles, qu'il s'agisse des prestations familiales, des aides fiscales (réductions ou exonérations fiscales liées aux charges de famille dont notamment le quotient familial et les aides pour la garde des jeunes enfants), des réductions tarifaires familiales dans les transports, des bourses scolaires et universitaires, des aides spécifiques aux agents publics et enfin de l'aide sociale à la famille (l'essentiel des prestations relevant moins du titre I « Famille » du livre II que de l'aide sociale à l'enfance, art. L. 222-1 à L. 222-7). L'ordonnance no 2021-

611 du 19 mai 2021 a complété d'un alinéa cet article L. 112-2 qui vise les divers services aux familles (dont les modes d'accueil de la petite enfance et les services d'aide à la parentalité).

La loi n° 2007-293 du 5 mars 2007 rénovant la protection de l'enfance a ajouté deux articles au présent chapitre, qui viennent définir les missions générales de la protection de l'enfance (art. L. 112-3, totalement réécrit par la L. n° 2016-297 du 14 mars 2016, et art. L. 112-4).

Un autre texte, intervenu en 2022 (L. n° 2022-140 du 7 févr. 2022 relative à la protection des enfants) et ayant fortement impacté les dispositions du titre II (art. L. 221-1 s.) a introduit une modification à l'article L. 112-3. ❑

Art. L. 112-1 *(L. n° 2007-1824 du 25 déc. 2007, art. 106)* **« Le Gouvernement présente chaque année au Parlement un rapport récapitulant les dépenses de l'État, des collectivités territoriales, de la branche Famille de la sécurité sociale et d'assurance maternité, ainsi que les dépenses fiscales et les allègements de cotisations et de contributions, concourant à la politique de la famille. Ce rapport comporte également une présentation consolidée de ces dépenses par catégories d'objectifs. Il évalue l'impact et la cohérence d'ensemble des financements apportés par les différents contributeurs. Il est annexé au projet de loi de finances et au projet de loi de financement de la sécurité sociale de l'année. »**

(L. n° 2007-293 du 5 mars 2007, art. 26) **« Le Gouvernement présente tous les trois ans au Parlement le rapport prévu à l'article 44 (*b*) de la convention relative aux droits de l'enfant signée à New York le 26 janvier 1990. »**

COMMENTAIRE

Alors que l'article L. 112-1 n'établissait qu'une obligation très générale à la charge du Gouvernement consistant dans la présentation au Parlement d'un « rapport relatif à l'évolution d'indicateurs [...] afin d'évaluer les résultats de la politique familiale », la loi de finances rectificative n° 2007-1824 du 25 décembre 2007 a défini beaucoup plus précisément le contenu de ce rapport : il doit récapituler l'ensemble des dépenses concourant à la politique familiale, celles de l'État, des collectivités territoriales et des organismes de sécurité sociale, mais aussi les dépenses fiscales et les allègements de cotisations qui en font également partie. La présentation de ces dépenses doit être agrégée « par catégories d'objectifs » et leur impact et leur cohérence doivent être évalués. Dans la logique impulsée par la LOLF (ce rapport devant être annexé tant à la loi de finances qu'à la loi de financement de la sécurité sociale), il s'agit d'accroître la transparence de la politique familiale au travers de la mesure et de l'évaluation des effets des flux financiers qui lui sont affectés.

La loi n° 2007-293 du 5 mars 2007 rénovant la protection de l'enfance a introduit le second alinéa de cet article afin de mettre l'État français en conformité avec les engagements qu'il a pris en ratifiant la Convention relative aux droits de l'enfant : en vertu de l'article 44 de cette Convention, le Gouvernement doit présenter tous les trois ans au Parlement un rapport sur l'application de celle-ci, cette obligation étant désormais imposée par la loi. ❑

Art. L. 112-2 *(Ord. n° 2021-611 du 19 mai 2021, art. 1er-1°)* **« I. — » Afin d'aider les familles à élever leurs enfants, il leur est accordé notamment :**

1° Des prestations familiales mentionnées à l'article L. 511-1 du code de la sécurité sociale et à l'article L. 732-1 du code rural et de la pêche maritime ;

(Abrogé par Ord. n° 2021-611 du 19 mai 2021, art. 1er-2°) ***« 2° Des aides à l'emploi pour la garde des jeunes enfants mentionnées au titre IV du livre VIII du code de la sécurité sociale ; »***

3° *(Ord. n° 2021-611 du 19 mai 2021, art. 1er-3°)* **« Des aides fiscales » dans les conditions prévues par le code général des impôts ;**

4° Des réductions sur les tarifs de transport par chemin de fer dans les conditions prévues par décret ;

5° Des allocations destinées à faire face à des dépenses de scolarité dans les conditions prévues par les articles L. 531-1 à L. 531-5 du code de l'éducation ou des réductions sur les frais de scolarité dans des conditions fixées par décret ;

6° Des prestations spéciales aux magistrats, fonctionnaires, militaires et agents publics ;

7° Des allocations d'aide sociale dans les conditions prévues au présent code. – *[C. fam., art. 20.]*

(Ord. n° 2021-611 du 19 mai 2021, art. 1er-4°) **« II. – Sont également proposés des services aux familles visant à répondre à leurs besoins et à favoriser le déroulement harmonieux de la vie familiale, depuis la grossesse jusqu'aux 25 ans de l'enfant, dans le respect des droits et besoins des enfants et de leurs parents. Ces services aux familles comprennent notamment les modes d'accueil du jeune enfant et les services de soutien à la parentalité. »**

BIBL. ▸ AMROUNI et MONTES, L'âge limite dans le statut d'enfant à charge, *Inf. soc. n° 84, 2000. 102.* – BADEL, Quel droit aux allocations familiales ?, *Mél. E. Alfandari, 2000, p. 203, Dalloz.* – BICHOT et MARCILHACY, La farfouille des quotients familiaux, *Dr. soc. 2001. 167*. – BUCHET, Concubinage, vie maritale, vie commune, étude de jurisprudence en matière de prestations familiales, *Dr. soc. 1997. 288*. – CONCIALDI, Comment aider les familles à faibles revenus ?, *Inf. soc. n° 86, 2000. 88.* – DAMON, Qui sont les enfants pauvres ?, *RDSS 2018. 711*. – Divers, Regards sur les prestations familiales, *Dr. soc. 1985, n° 5 (n° spécial)* ; Politiques familiales et redistribution, *Solidarité-Santé, 1998, n° 2-3.* – FRAGONARD, Éléments pour un débat sur le critère de ressources dans la législation des prestations familiales, *Dr. soc. 1984. 308* ; Quelques réflexions à propos de la complexité du système de prestations familiales, *Dr. soc. 1995. 765*. – HAUSER, Prestations familiales et modèles familiaux, *RDSS 1996. 627*. – MARINACCE et MAINGUENEAU, Le système français des prestations familiales : état des lieux, *RDSS 2008. 819*. – MATH, Les prestations sous condition de ressources, *Rev. belge séc. soc. 1995. 119.* – MESSU, Politique familiale et politique sociale des revenus, *RI séc. soc. 1993, n° 3* ; État, famille, individu, *Inf. soc. n° 80, 1999. 86.* – Quelle est la famille de la politique familiale ?, *Sociétés & représentations (n° hors-série), 1999. 164.* – PAUTI et MANTRAIS, Politique familiale et fécondité : des exemples en Europe occidentale, *Population, 1992. 961.* – PINTIAU, La loi du 25 juillet 1994 sur la famille : une occasion manquée, *RDSS 1995. 170*. – PRÉTOT, Quelle famille est prise en compte dans notre système de protection sociale ?, *RDSS 1993. 482*. – REBOURG, La notion d'enfant à charge dans les familles recomposées, *RDSS 1998. 402*. – STECK, La branche famille de la sécurité sociale : état des lieux, *Dr. soc. 1994. 56* ; De la loi Veil au plan Juppé : l'évolution de la branche famille, *Dr. soc. 1996. 405*.

Réductions sur les prix de transport en chemin de fer. La réduction « Famille nombreuse » sur les prix de transport en chemin de fer constitue un avantage assimilable à une prestation d'aide sociale ; dès lors, relèvent du législateur tant le principe de l'institution de réductions tarifaires imposées par l'État en faveur des familles nombreuses que la détermination des catégories de personnes susceptibles de bénéficier des avantages sociaux que ces dispositions législatives ont eu pour objet d'accorder. • CE 22 oct. 2003, *Groupe d'information et de soutien des immigrés et Ligue des droits de l'homme : Lebon 414 ; AJDA 2004. 347, note Tourette ; RDSS 2004. 155, concl. Stahl*.

Art. L. 112-3 *(L. n° 2016-297 du 14 mars 2016, art. 1er)* **La protection de l'enfance vise à garantir la prise en compte des besoins fondamentaux de l'enfant, à soutenir son développement physique, affectif, intellectuel et social et à préserver sa santé, sa sécurité, sa moralité et son éducation, dans le respect de ses droits.**

Elle comprend des actions de prévention en faveur de l'enfant et de ses parents, l'organisation du repérage et du traitement des situations de danger ou de risque de danger pour l'enfant ainsi que les décisions administratives et judiciaires prises pour sa protection. Une permanence téléphonique est assurée au sein des services compétents.

Les modalités de mise en œuvre de ces décisions doivent être adaptées à chaque situation et objectivées par des visites impératives au sein des lieux de vie de l'enfant, en sa présence, et s'appuyer sur les ressources de la famille et l'environnement de l'enfant. Elles impliquent la prise en compte des difficultés auxquelles les parents peuvent être confrontés dans l'exercice de leurs responsabilités éducatives et la mise en œuvre d'actions de soutien adaptées en assurant, le cas échéant, une prise en charge partielle ou totale de l'enfant. Dans tous les cas, l'enfant est associé aux décisions qui le concernent selon son degré de maturité.

Ces interventions *(L. n° 2022-140 du 7 févr. 2022, art. 10-I)* **« sont également » destinées à des majeurs de moins de vingt et un ans connaissant des difficultés susceptibles de compromettre gravement leur équilibre.**

La protection de l'enfance a également pour but de prévenir les difficultés que peuvent rencontrer les mineurs privés temporairement ou définitivement de la protection de leur famille et d'assurer leur prise en charge.

(Abrogé par L. nº 2022-140 du 7 févr. 2022, art. 36-I) ***« Il est institué auprès du Premier ministre un Conseil national de la protection de l'enfance, chargé de proposer au Gouvernement les orientations nationales de la politique de protection de l'enfance, de formuler des avis sur toute question s'y rattachant et d'en évaluer la mise en œuvre. Ce conseil promeut la convergence des politiques menées au niveau local, dans le respect de la libre administration des collectivités territoriales. Ses missions, sa composition et ses modalités de fonctionnement sont définies par décret. »*** *— Le dern. al. de l'art. L. 112-3, dans sa rédaction antérieure à la L. nº 2022-140 du 7 févr. 2022, est applicable jusqu'à l'installation des nouveaux membres du Conseil national de la protection de l'enfance en application de l'art. L. 147-13 CASF (L. préc., art. 36-IV).*

1. Notion d'isolement du mineur étranger isolé. Il résulte des art. L. 112-3 et L. 221-2-2 que la protection de l'enfance a pour but, notamment, de prévenir les difficultés que peuvent rencontrer les mineurs privés temporairement ou définitivement de la protection de leur famille et d'assurer leur prise en charge ; que si la santé, la sécurité ou la moralité d'un mineur sont en danger, des mesures d'assistance éducative peuvent être ordonnées par le juge des enfants ; lorsque celui-ci est saisi de la situation d'un mineur privé temporairement ou définitivement de la protection de sa famille, il prend sa décision en stricte considération de l'intérêt de l'enfant ; par suite, prive sa décision de base légale la cour d'appel qui, pour donner mainlevée d'un placement à l'aide sociale à l'enfance, retient, d'une part, que l'arrivée de l'intéressé sur le territoire français résulte d'une décision de ses parents, aucune situation de danger n'étant constatée à son encontre en Albanie, et qu'il reste donc soumis à l'autorité parentale qu'ils exercent depuis ce pays ; d'autre part, qu'il dispose de relations sociales et familiales en France, de sorte qu'il ne relève pas de la protection des mineurs non accompagnés sans rechercher, comme il le lui incombait, si le mineur disposait d'un représentant légal sur le territoire national ou était effectivement pris en charge par une personne majeure. • Civ. 1re, 16 nov. 2017, nº 17-24.072 P : *RDSS 2017. 155, note Monéger*.

2. Protection de l'enfant et Constitution. Il résulte, des al. 10 et 11 du Préambule de la Constitution de 1946, une exigence de protection de l'intérêt supérieur de l'enfant, qui impose que les mineurs présents sur le territoire national bénéficient de la protection légale attachée à leur âge ; il s'ensuit que les règles relatives à la détermination de l'âge d'un individu doivent être entourées des garanties nécessaires afin que des personnes mineures ne soient pas indûment considérées comme majeures. • CE 5 févr. 2020, nº 428478 B.

3. Application de la Convention de New York sur la protection de l'enfant. Les stipulations des art. 3 et 20 de la Convention signée à New York le 28 janvier 1990 produisent des effets directs en droit interne (sol. impl.). • CE 5 févr. 2020, nº 428478 B.

Art. L. 112-4 *(L. nº 2007-293 du 5 mars 2007, art. 1er)* **L'intérêt de l'enfant, la prise en compte de ses besoins fondamentaux, physiques, intellectuels, sociaux et affectifs ainsi que le respect de ses droits doivent guider toutes décisions le concernant.**

COMMENTAIRE

Les articles L. 112-3 et L. 112-4 visent à donner un fondement législatif à la notion de protection de l'enfance (L. nº 2007-293 du 5 mars 2007 et L. nº 2016-297 du 14 mars 2016). Du fait du grand nombre d'acteurs publics qui y participent, le législateur a ressenti la nécessité d'expliciter la finalité qui réunit ces interventions. Si l'article L. 112-4 recentre bien l'action publique sur « l'intérêt de l'enfant » avec la prise en compte de ses besoins et de ses droits, l'article L. 112-3 s'attache à exprimer la doctrine traditionnelle en la matière selon laquelle la prise en charge de l'enfant doit toujours s'articuler, lorsque c'est possible, avec le soutien de sa famille. Il s'agit donc d'appuyer les familles dans leurs responsabilités éducatives, sans préjudice d'une mission de prise en charge directe du mineur lorsque cela se révèle nécessaire.

Il est à noter cependant que, par rapport à l'ancienne rédaction de l'article L. 112-3 qui mettait au premier plan la prévention « des difficultés auxquelles les parents peuvent être confrontés », la nouvelle rédaction issue de la loi nº 2016-297 du 14 mars 2016 recentre les préoccupations sur « les besoins fondamentaux de l'enfant » qui sont considérés comme prioritaires ; on peut y voir un rééquilibrage en faveur d'un enfant appréhendé dans ses droits individuels, la recherche d'un rétablissement familial passant au second plan.

Alors qu'avait été institué un Conseil national de la protection de l'enfance placé auprès du Premier ministre (art. L. 112-3, dern. al.), cette instance a été renforcée dans ses missions et constituée en forme de GIP, ce qui a eu pour effet de déplacer, au sein du code, les dispositions la concernant ; désormais, sa composition et ses missions sont définies non plus à l'article L. 112-3, mais à l'article L. 147-13 (L. n° 2022-140 du 7 févr. 2022, art. 36-IV). ❑

Art. L. 112-5 *(L. n° 2016-297 du 14 mars 2016, art. 2)* **En lien avec le schéma d'organisation sociale et médico-sociale prévu à l'article L. 312-4 pour les établissements et services mentionnés au 1° du I de l'article L. 312-1, un protocole est établi dans chaque département par le président du conseil départemental avec les différents responsables institutionnels et associatifs amenés à mettre en place des actions de prévention en direction de l'enfant et de sa famille, notamment avec les caisses d'allocations familiales, les services de l'État et les communes. Il définit les modalités de mobilisation et de coordination de ces responsables autour de priorités partagées pour soutenir le développement des enfants et prévenir les difficultés auxquelles les parents peuvent être confrontés dans l'exercice de leurs responsabilités éducatives. Les modalités d'application du présent article sont définies par décret.**

CHAPITRE III PERSONNES ÂGÉES

BIBL. GÉN. ▶ APOLLIS et DUTHIL, Le vieillissement, un enjeu de santé publique : à quand une réelle convergence des droits sanitaire et médico-social ?, *RDSS 2018. 538*. – ARGOUD, Territoires et vieillissement : vers la fin de la politique vieillesse ?, *Lien social et politiques 2017, n° 79, p. 17*. – ASSOUS, Soins et aides de longue durée aux personnes âgées : une mise en perspective internationale, *RF aff. soc. n° 2, 2001. 211*. – BORGETTO et LAFORE, Droit de l'aide et de l'action sociales, *Domat-Montchrestien, 11e éd., 2021, nos 294* s. – BOULARD (Rapport), Vivre ensemble, *JOAN Doc. n° 2135, 1990-1991*. – BOURDELAIS, L'âge de la vieillesse, O. *Jacob, 1992*. – BRIMO et GONOD (Dir.), Vieux, de quel(s) droit(s) ?, *Éd. de l'IRJS, 2023*. – BURGELIN et GRIDEL (Dir.), Vieillissement démographique et droit, *Dalloz, 1999*. – CHAPUT, JULIENNE et LELIÈVRE, L'aide à la vieillesse pauvre : la construction du minimum vieillesse, *RF aff. soc. n° 1, 2007. 57*. – CHAUVET et PITOIS, La politique de la vieillesse, *RF aff. soc. n° 3, 1980. 327*. – Divers, Le vieillissement comme processus, *RF aff. soc. (n° spécial), 1997* ; Le grand âge, *Géront. et soc. n° 98, 2001* ; La protection sociale face au vieillissement, *Fac. Droit Poitiers, LGDJ, 2004* ; Nouvelles problématiques du vieillissement, *Géront. et soc. n° 123, 2007* ; Vieillissement et territoire, *RDSS (Dossier), 2011, n° 4* ; La personne âgée, sujet de protection du droit, *RDSS (dossier), 2018, n° 5* ; Conseil d'État. Le vieillissement, un défi social, *La Doc. fr., coll. « Droits et débats », 2023*. – FAVIER, Vulnérabilité et fragilité : réflexions autour du consentement des personnes âgées, *RDSS 2015. 702*. – GUILLEMARD, La vieillesse et l'État, *1980, PUF* ; Le déclin du social, *PUF, 1986* ; Les paradoxes des politiques de vieillesse, *RF aff. soc. n° 3, 1990. 127*. – Le vieillissement actif : enjeux, obstacles, limites. Une perspective internationale, *Retraite et société, n° 65, 2013. 17*. – LAROQUE (Rapport), Politique de la vieillesse, *La Doc. fr., 1962*. – LE BRAS, Le vieillissement de la population. De la rhétorique à l'idéologie, *RF aff. soc. n° 1, 1994. 157*. – LION (Rapport), Vieillir demain, Comm. gén. Plan, *La Doc. fr., 1982*. – NOGUÈS, Les revenus des personnes âgées : un problème de société, *Géront. et soc. n° 117, 2006. 31*. – ROMAN, Vieillesse et droits fondamentaux : l'apport de la construction européenne, *RDSS 2008. 267*. – TABAH et *alii* (Rapport), Vieillissement et santé, Haut Conseil de la Population et de la Famille, *La Doc. fr., 1992*. – THEVENET, Le quatrième âge, *2e éd., PUF, 1992*. – VINQUANT, Vieillissement et longévité : enjeux, risques et opportunités pour l'assurance maladie, *RDSS 2010. 748*.

Art. L. 113-1 Toute personne âgée de soixante-cinq ans privée de ressources suffisantes peut bénéficier, soit d'une aide à domicile, soit d'un *(L. n° 2015-1776 du 28 déc. 2015, art. 24-1°)* **« accueil » chez des particuliers ou dans un établissement.**

Les personnes âgées de plus de soixante ans peuvent obtenir les mêmes avantages lorsqu'elles sont reconnues inaptes au travail *(Abrogé par Ord. n° 2005-1477 du 1er déc. 2005, art. 1er)* ***« par la commission d'admission complétée comme il est indiqué à l'article L. 134-7 »***. — *[C. fam., art. 157.]*

Les dispositions issues de l'Ord. n° 2005-1477 du 1er déc. 2005 entrent en vigueur le 1er janv. 2007 et s'appliquent aux nouvelles demandes déposées à compter de cette date et à celles qui n'ont pas fait l'objet d'une décision à cette même date (Ord. préc., art. 1er).

Sur la prise en compte de l'aide apportée à une personne en situation de handicap ou à une personne âgée en perte d'autonomie au titre du compte d'engagement citoyen, V. C. trav., art. L. 5151-9, 7°.

Ancien art. L. 113-1 ***Toute personne âgée de soixante-cinq ans privée de ressources suffisantes peut bénéficier, soit d'une aide à domicile, soit d'un placement chez des particuliers ou dans un établissement.***

Les personnes âgées de plus de soixante ans peuvent obtenir les mêmes avantages lorsqu'elles sont reconnues inaptes au travail par la commission d'admission complétée comme il est indiqué à l'article L. 134-7. – [C. fam., art. 157.]

COMMENTAIRE

L'article L. 113-1, auquel renvoie expressément l'article L. 231-1 qui précise le contenu de l'aide sociale aux personnes âgées, en pose les fondements juridiques.

Il définit tout d'abord la catégorie ainsi dénommée en fixant les limites d'âge à partir desquelles on lui appartient. La borne de droit commun est fixée à 65 ans, à moins que, étant âgé d'au moins 60 ans, on soit inapte au travail, cette condition étant appréciée non plus par la commission d'admission à l'aide sociale (instance supprimée par l'ordonnance n° 2005-1477 du 1er déc. 2005), mais par le président du conseil départemental à qui revient la compétence d'attribution des aides financières et en nature aux personnes âgées (art. L. 131-2 dans sa nouvelle rédaction). Ce n'est donc qu'à compter de ces âges que l'on peut prétendre aux prestations d'aide sociale propres à la catégorie.

L'article fait aussi référence à la condition de ressources, la personne âgée qui demande le bénéfice d'une prestation d'aide sociale devant être « privée de ressources » ; ceci doit s'entendre de la façon suivante : insuffisance des ressources propres, insuffisance des créances alimentaires éventuelles et absence de droit à toute autre forme de protection sociale ; l'article L. 231-2 prévoit la détermination par le pouvoir réglementaire d'un plafond de ressources que le demandeur ne doit pas dépasser pour pouvoir bénéficier des aides. Cette condition est la concrétisation du principe selon lequel l'aide sociale répond à un état de besoin du demandeur que l'on doit constater.

L'article renvoie enfin aux grandes modalités de l'aide sociale aux personnes âgées : aide à domicile (art. L. 231-1), placement chez des particuliers (art. L. 441-1) ou dans un établissement (art. L. 231-4).

La loi n° 2015-1776 du 28 décembre 2015 portant adaptation de la société au vieillissement a complété l'article L. 113-1 de trois dispositions nouvelles (V. ci-dessous).

La première, le nouvel article L. 113-1-1, pose dans cette partie du code consacrée aux « principes généraux » un principe qui n'y figurait pas et qui établit, au bénéfice des personnes âgées en perte d'autonomie, un droit à accéder aux aides de toute nature destinées à répondre à sa situation, cela, est-il précisé, dans « le respect de son projet de vie » et « quels que soient la nature de sa déficience et son mode de vie ». Le droit à la prise en charge de la dépendance, par ailleurs organisé en pratique (art. L. 232-1 s.), se trouve donc proclamé et, par là même, raffermi.

La deuxième, avec le nouvel article L. 113-1-2, complète, toujours au niveau des principes fondamentaux, les dispositions précédentes en consacrant explicitement un « droit à l'information » des personnes âgées et de leur famille sur les formes d'accompagnement qui peuvent être mises en œuvre ; ce droit constitue une obligation à la charge de la CNSA (art. L. 14-10-1) ainsi que des centres locaux d'information et de coordination (CLIC) qui sont placés sous la responsabilité des départements (art. L. 113-2).

Enfin, la troisième disposition ajoutée par la loi du 28 décembre 2015 dresse la liste des « aidants » (conjoint, partenaire d'un PACS, concubin, parent ou allié, personne résidant avec la personne âgée de façon stable ou lui apportant une aide régulière et de caractère non professionnel), cette liste ayant des conséquences importantes puisque le texte prévoit des soutiens spécifiques à cette catégorie de personnes. ❑

Art. L. 113-1-1 *(L. n° 2015-1776 du 28 déc. 2015, art. 24-2°)* **Dans les conditions définies au chapitre II du titre III du livre II, la personne âgée en perte d'autonomie a droit à des aides adaptées à ses besoins et à ses ressources, dans le respect de son**

projet de vie, pour répondre aux conséquences de sa perte d'autonomie, quels que soient la nature de sa déficience et son mode de vie.

Art. L. 113-1-2 *(L. nº 2015-1776 du 28 déc. 2015, art. 24-2º)* **Les personnes âgées et leurs familles bénéficient d'un droit à une information sur les formes d'accompagnement et de prise en charge adaptées aux besoins et aux souhaits de la personne âgée en perte d'autonomie, qui est mis en œuvre notamment par la Caisse nationale de solidarité pour l'autonomie, par les départements et par les centres locaux d'information et de coordination, dans le cadre des compétences définies aux articles** *(Ord. nº 2021-1554 du 1er déc. 2021, art. 3-1º)* **« L. 223-5 du code de la sécurité sociale et L. 113-2 du présent code ».**

Les dispositions de l'Ord. nº 2021-1554 du 1er déc. 2021 sont entrées en vigueur le lendemain de la publication du Décr. nº 2022-801 du 12 mai 2022, soit le 14 mai 2022 (Décr. préc., art. 1er, JO 13 mai).

Art. L. 113-1-3 *(L. nº 2015-1776 du 28 déc. 2015, art. 51)* **Est considéré comme proche aidant d'une personne âgée son conjoint, le partenaire avec qui elle a conclu un pacte civil de solidarité ou son concubin, un parent ou un allié, définis comme aidants familiaux, ou une personne résidant avec elle ou entretenant avec elle des liens étroits et stables, qui lui vient en aide, de manière régulière et fréquente, à titre non professionnel, pour accomplir tout ou partie des actes ou des activités de la vie quotidienne.**

Art. L. 113-2 *(L. nº 2015-1776 du 28 déc. 2015, art. 76)* **I. — Le département définit et met en œuvre l'action sociale en faveur des personnes âgées et de leurs proches aidants mentionnés à l'article L. 113-1-3. Il coordonne, dans le cadre du schéma départemental d'organisation sociale et médico-sociale mentionné à l'article L. 312-5, les actions menées par les différents intervenants, y compris en faveur des proches aidants. Il définit des secteurs géographiques d'intervention. Il détermine les modalités d'information, de conseil et d'orientation du public sur les aides et les services relevant de sa compétence.**

Le département coordonne, dans le respect de leurs compétences, l'action des acteurs chargés de l'élaboration et de la mise en œuvre des politiques intéressant les conditions de vie des personnes âgées, en s'appuyant notamment sur la conférence des financeurs de la prévention de la perte d'autonomie des personnes âgées mentionnée à l'article L. 233-1 et sur le conseil départemental de la citoyenneté et de l'autonomie mentionné à l'article L. 149-1.

Le département veille à la couverture territoriale et à la cohérence des actions respectives des organismes et des professionnels qui assurent des missions d'information, d'orientation, d'évaluation et de coordination des interventions destinées aux personnes âgées, notamment les centres locaux d'information et de coordination mentionnés au 11º du I de l'article L. 312-1 *(Abrogé par Ord. nº 2021-1470 du 10 nov. 2021, art. 3-1º)* ***« et les institutions et les professionnels mettant en œuvre la méthode d'action pour l'intégration des services d'aide et de soins dans le champ de l'autonomie mentionnée à l'article L. 113-3 ».*** *— V. art. L. 113-3 et ses notes.*

II. — Le département peut signer des conventions avec l'agence régionale de santé, les organismes de sécurité sociale ou tout autre intervenant en faveur des personnes âgées pour assurer la coordination de l'action gérontologique.

Ces conventions sont conclues dans le respect du schéma relatif aux personnes en perte d'autonomie mentionné à l'article L. 312-5 et du projet régional de santé prévu à l'article L. 1434-2 du code de la santé publique.

Elles précisent les modalités selon lesquelles sont assurées sur l'ensemble du territoire du département les missions mentionnées au dernier alinéa du I du présent article. Elles peuvent également porter sur la prévention et l'accompagnement de la perte d'autonomie des personnes âgées, ainsi que sur le soutien et la valorisation de leurs proches aidants. Dans ce dernier cas, elles peuvent préciser la programmation des moyens qui y sont consacrés.

Le conseil départemental de la citoyenneté et de l'autonomie mentionné à l'article L. 149-1 est consulté sur ces conventions avant leur signature et est informé de leur mise en œuvre.

BIBL. ▸ Divers, Réseaux et coordination, *Géront. et soc. n° 100, 2002.* – LONG, Les centres locaux d'information et de coordination gérontologiques : un nouveau mode d'action sociale, *Politiques et management public, vol. 21, n° 3, 2003. 123.*

Ancien art. L. 113-2 ***Afin de favoriser la coordination des prestations servies aux personnes âgées dépendantes, d'accomplir les tâches d'instruction et de suivi de ces prestations et de préciser les modalités de gestion de cette coordination, le département conclut des conventions avec les organismes de sécurité sociale.***

Ces conventions doivent être conformes à un cahier des charges arrêté par le ministre chargé des personnes âgées après avis des représentants des présidents de conseils généraux et des organismes nationaux de sécurité sociale.

Un comité national de la coordination gérontologique est chargé du suivi de la mise en œuvre de ces conventions et, le cas échéant, d'une fonction de médiation pour leur conclusion. (L. n° 2001-647 du 20 juill. 2001, art. 2-IV) ***« Ce comité a également pour mission d'évaluer le développement qualitatif et quantitatif du dispositif d'allocation personnalisée d'autonomie au terme des deux ans d'application. Cette mission ne comprend pas la réforme de la grille mentionnée à l'article L. 232-2. »***

Un décret précise les modalités de fonctionnement et la composition du comité mentionné à l'alinéa précédent qui comprend, notamment, des représentants des présidents de conseils généraux, des organismes de sécurité sociale et du comité national des retraités et des personnes âgées.

Pour favoriser l'évaluation des prestations servies aux personnes âgées par les collectivités publiques et institutions concernées, des conventions organisant des dispositifs d'observation partagée peuvent être passées entre l'État, le département, les organismes de protection sociale et toute commune souhaitant y participer. – [L. n° 97-60 du 24 janv. 1997, art. 1er, sauf al. 3, dernière phrase.]

COMMENTAIRE

La loi n° 2015-1776 du 28 décembre 2015 portant adaptation de la société au vieillissement a intégralement réécrit l'article L. 113-2. Cette disposition, déjà profondément remaniée par la loi n° 2004-809 du 13 août 2004 relative aux libertés et responsabilités locales, met à la charge du département une mission globale de coordination de l'action gérontologique. Ce dernier, outre donc ses missions traditionnelles en matière d'aide sociale aux personnes âgées (hébergement et maintien à domicile) et ses attributions en matière de financement de la dépendance (L. n° 2001-647 du 20 juill. 2001, art. L. 232-12 s.), s'est vu ainsi reconnaître un rôle central dans le pilotage des politiques en direction des personnes âgées.

La disposition est simplifiée et, par là même, clarifiée : elle définit la nature des missions confiées au département en la matière (I) et le dote d'un certain nombre d'instruments, notamment de nature contractuelle, pour les mettre en œuvre de concert avec les autres acteurs (II).

Sa mission de coordination globale de ces politiques s'exerce au travers des schémas et doit le conduire d'une part à s'assurer de sa cohérence au niveau du territoire départemental et, d'autre part, à veiller à la bonne répartition des moyens selon les divers secteurs géographiques, en prenant en compte la prévention et le soutien aux aidants qui est l'un des grands objectifs de la loi nouvelle.

Pour ce faire, il doit s'appuyer sur des instances, nouvelle pour l'une, à savoir la conférence des financeurs de la prévention de la perte d'autonomie des personnes âgées (art. L. 233-1 nouv.) et remaniée pour l'autre, à savoir le conseil départemental de la citoyenneté et de l'autonomie (art. L. 149-1). ❑

Art. L. 113-2-1 *(L. n° 2015-1776 du 28 déc. 2015, art. 7)* **Le département et les organismes de sécurité sociale définissent les modalités assurant la reconnaissance mutuelle de la perte d'autonomie des personnes âgées selon la grille nationale d'évaluation mentionnée à l'article L. 232-2.**

COMMENTAIRE

Pour favoriser l'objectif de mise en cohérence de la politique territoriale en direction des personnes âgées dépendantes, la loi n° 2015-1776 du 28 décembre 2015 a ajouté à l'article L. 113-2 un nouvel article L. 113-2-1 qui impose au département et aux organismes de sécurité sociale de définir conjointement les modalités d'évaluation de la perte d'autonomie des personnes âgées : ce qui revient, concrètement, à coordonner à leur niveau la mise en œuvre de la grille AGGIR. ❑

Art. L. 113-3 *(Abrogé par Ord. n° 2021-1470 du 10 nov. 2021, art. 3-2°) (L. n° 2010-1594 du 20 déc. 2010, art. 78-II-2°) (L. n° 2015-1776 du 28 déc. 2015, art. 77-I-1°)* ***« I. — » Les institutions et les professionnels de santé intervenant dans le secteur social, médico-social et sanitaire, sur un même territoire, auprès des personnes âgées*** *(Abrogé par L. n° 2015-1776 du 28 déc. 2015, art. 77-I-1°)* ***« atteintes de la maladie d'Alzheimer ou d'une maladie apparentée ou » en perte d'autonomie coordonnent leurs activités*** *(L. n° 2015-1776 du 28 déc. 2015, art. 77-I-1°)* ***« en suivant la méthode d'action pour l'intégration des services d'aide et de soins dans le champ de l'autonomie ».***

Les conditions de *(L. n° 2015-1776 du 28 déc. 2015, art. 77-I-2°)* ***« la mise en œuvre de cette méthode d'action » répondent à un cahier des charges approuvé par décret, qui fixe notamment les modalités selon lesquelles sont évalués les besoins ainsi que les*** *(L. n° 2015-1776 du 28 déc. 2015, art. 77-I-2°)* ***« moyens déployés » pour assurer le suivi des personnes concernées.*** — V. Décis. n° 2021-04 du 10 mars 2021 (JO 13 mars, NOR : SSAA2108330S).

(L. n° 2015-1776 du 28 déc. 2015, art. 77-I-3°) ***« II. — Les professionnels prenant en charge une personne âgée dans le cadre de la méthode mentionnée au I sont tenus au secret professionnel, dans les conditions prévues aux articles 226-13 et 226-14 du code pénal.***

« Toutefois, ils peuvent échanger des informations relatives à une même personne prise en charge, dans les conditions prévues à l'article L. 1110-4 du code de la santé publique. Lorsqu'ils comptent parmi eux au moins un professionnel de santé, ils sont considérés comme constituant une équipe de soins, au sens de l'article L. 1110-12 du même code ».

(Ord. n° 2020-232 du 11 mars 2020, art. 28) ***« Lorsque l'intéressé fait l'objet d'une mesure de protection juridique avec représentation relative à la personne et n'est pas apte à exprimer sa volonté, la personne chargée de la mesure ou, à défaut, la personne de confiance mentionnée à l'article L. 1111-6 du même code est compétente pour consentir aux échanges d'information mentionnés au deuxième alinéa du III de l'article L. 1110-4 du code de la santé publique, en tenant compte de l'avis de la personne protégée. »***

Les dispositifs d'appui existants en application des art. L. 6321-1, L. 6321-2 (réseaux de santé), L. 6327-1 à L. 6327-3 (fonctions d'appui aux professionnels pour la coordination des parcours de santé complexes) CSP et de l'art. L. 113-3 CASF en vigueur antérieurement à la date d'entrée en vigueur de la L. n° 2019-774 du 24 juill. 2019 intègrent les dispositifs mentionnés aux art. L. 6327-2 et L. 6327-3 CSP (dispositifs d'appui à la population et aux professionnels pour la coordination des parcours de santé complexes) dans leur rédaction résultant de la loi préc. dans un délai qui ne peut excéder trois ans à compter de la date de publication de ladite loi (JO 26 juill.). A l'échéance de ce délai, les art. L. 6321-1 et L. 6321-2 CSP et l'art. L. 113-3 CASF sont abrogés (L. préc., art. 23-II).

Les dispositions modifiées ou abrogées par les dispositions de l'Ord. n° 2021-1470 du 10 nov. 2021 demeurent applicables, dans leur rédaction antérieure à celle résultant de ladite Ord., aux dispositifs d'appui existants mentionnés au II de l'art. 23 de la L. n° 2019-774 du 24 juill. 2019 jusqu'à l'intégration de ces derniers dans un dispositif d'appui à la coordination mentionné à l'art. L. 6327-2 ou à l'art. L. 6327-6 CSP et, au plus tard, jusqu'à la date fixée au II de l'art. 23 de la L. préc., soit le 26 juill. 2022 (Ord. préc., art. 5).

Art. L. 113-4 **Sauf disposition contraire, les modalités d'application du présent chapitre sont déterminées par décret en Conseil d'État.** — *[Anc. art. L. 113-3.]*

CHAPITRE IV PERSONNES HANDICAPÉES

BIBL. GÉN. ▶ BLANC (Rapport), Compensation du handicap : le temps de la solidarité, *Sénat, n° 369, 2002*. - BORDELOUP, Faiblesses et aléas d'une politique publique : les différentes actions menées en faveur des handicapés, *Dr. soc. 1994. 586* ✎. - BORGETTO, La politique globale de soutien aux personnes handicapées ; Les politiques spécifiques de soutien aux personnes handicapées, *fasc. n° 178 et 180, in* Esper (Dir.), Traité de droit médical et hospitalier, *Litec.* – BORGETTO et LAFORE, Droit de l'aide et de l'action sociales, *Domat-Montchrestien, 11e éd., 2021, nos 364 s.* – BOUJEKA (Dir.), Les politiques de protection des personnes handicapées en Europe et dans le monde, *Bruylant, 2009.* – CHASTENET et FLAHAUT (Dir.), Handicap et innovation : le défi de compétence, *2010, Presses de l'EHESP.* – DESJARDINS, La prévention des handicaps, *Dr. soc. 1991. 588*. – Divers, L'intégration des personnes handicapées, *RF aff. soc. (n° spécial), 1998, n° 1 ;* Quelle place pour les personnes handicapées ? *Esprit, n° 12, 1999 ;* Collectivités et handicap, *AJCT 2020. 274*. – IGL, Les droits des personnes handicapées en Allemagne : les changements apportés par la nouvelle législation, *RF aff. soc. 2005, n° 2, p. 125.* – LASRY et GAGNEUX (Rapport), Bilan de la politique en direction des personnes handicapées, *La Doc. fr., 1983.* – MELENNEC, L'indemnisation du handicap. Pour l'instauration d'un régime unique de l'invalidité ou de la dépendance, *Desclée de Brouwer, 1997.* – PETTITI et FAVREAU (Dir.), Handicap et protection du droit européen et communautaire, *2006, Bruylant.* – TRIOMPHE (Dir.), Économie du handicap, *PUF, 2006.* – VACARIE, Examens génétiques et médecine prédictive, *RDSS 1993. 429*.

▸ **Sur la genèse des politiques.** BLOCH-LAINÉ (Rapport), Étude du problème général de l'inadaptation des personnes handicapées, *La Doc. fr. 1968.* – DARBON, Le système de protection des handicapés, *Dr. soc. 1974. 351.* – DORIGUZZI, L'histoire politique du handicap. De l'infirme au travailleur handicapé, *L'Harmattan, 1994.* – EBERSOLD, L'invention du handicap. La normalisation de l'infirme, *Éd. CTNERHI, 1992.* – STROHL, La puissance des faibles, *Inf. soc. 2000, n° 81, p. 72.*

▸ **Sur la loi de 1975 et son bilan.** ASSANTE, Regard critique sur l'évolution législative de 1975 à 2004 : *Géront. et soc., n° 110, 2004. 75.* – BING et LEVY, Harmonisation et unification des législations de réparation du handicap, *Dr. soc. 1978. 64.* – DIDIER-COURBIN et GILBERT, Éléments d'information sur la législation en faveur des personnes handicapées en France : de la loi de 1975 à celle de 2005 : *RF aff. soc. 2005, n° 2, p. 209.* – LEVY, La loi d'orientation du 30 juin 1975 en faveur des handicapés : un essai d'approche « globale » d'une situation « spécifique », *RDSS 1976. 108 ;* La loi d'orientation sur les handicapés a dix ans : des réformes pour un anniversaire ?, *RDSS 1985. 567.* – MOQUET, Dix ans d'action en faveur des handicapés : acquis, déceptions, suggestions, *Regards sur l'actualité, n° 113, 1985. 3.* – RISSELIN, Handicap et citoyenneté au seuil de l'an 2000, *Éd. ODAS, 1998.*

▸ **Sur la notion de handicap.** ALFANDARI, Réflexions sur l'absence de définition juridique du handicap, *RDSS 1985. 123.* – BOUJEKA, La Convention des Nations unies relative aux droits des personnes handicapées et son protocole facultatif, *RDSS 2007. 799*. – CHAPIREAU, La classification internationale du fonctionnement, du handicap et de la santé, *Géront. et soc., n° 99, 2002. 37.* – Divers, Handicap et droit (Actes du colloque de Créteil, 1983), *Éd. CTNERHI/PUF, 1984 ;* Les aspects sociaux du handicap, *Prévenir (n° spécial), n° 2, 2000.* – LEVY, Exclusion sociale et handicap, *RDSS 1986. 513 ;* Le handicap et la loi, *Cah. CTN, n° 22, 1983. 75.* – MAGGI-GERMAIN, La construction juridique du handicap, *Dr. soc. 2002. 1092*. – MONÉGER, La notion d'inadaptation en droit positif, *RDSS 1975. 441.* – PHILIP, Contribution à une critique de la notion de handicap, *Cah. CTN, n° 32, 1985. 13.* – RIHAL, La conceptualisation du handicap en droit français : l'aptitude à l'emploi à la lumière de la jurisprudence administrative, *RDSS 2011. 816*. – ROSSIGNOL, La classification internationale du fonctionnement, *Géront. et soc., n° 110, 2004. 29.*

▸ **Sur la loi du 11 février 2005.** CHABROL, Le droit à la compensation des conséquences du handicap, *Dr. soc. 2004. 993*. – DURAND (Dir.), La loi du 11 février 2005 pour l'égalité des droits et des chances, la participation et la citoyenneté des personnes handicapées : 15 ans de progrès réels et d'espoirs déçus, *Institut francophone pour la justice et la démocratie, 2021.* – KESSLER, L'autonomie des personnes handicapées dans la loi du 11 février 2005 (Premières observations), *RDSS 2005. 382*. – LABORDE, Quelques réflexions à propos du projet de loi sur l'égalité des droits et des chances, la participation et la citoyenneté des personnes handicapées, *Dr. soc. 2004. 986*. – MILANO, La loi du 11 février 2005 : pourquoi avoir réformé la loi de 1975 ?, *RDSS 2005. 359*. – TRIOMPHE, La compensation du handicap dans la loi du 11 février 2005 : du mythe à la réalité, *RDSS 2005. 371*.

Art. L. 114 *(L. n° 2005-102 du 11 févr. 2005, art. 2-I-1°)* **Constitue un handicap, au sens de la présente loi, toute limitation d'activité ou restriction de participation à la vie en société subie dans son environnement par une personne en raison d'une altération substantielle, durable ou définitive d'une ou plusieurs fonctions physiques, sensorielles, mentales, cognitives ou psychiques, d'un polyhandicap ou d'un trouble de santé invalidant.**

1. Notion de handicap et droit communautaire. Dans le cadre de la Dir. n° 2000/78/CE du Conseil, du 27 nov. 2000, portant création d'un cadre général en faveur de l'égalité de traitement en matière d'emploi et de travail, la notion de « handicap » doit être entendue comme visant une limitation, résultant notamment d'atteintes physiques, mentales ou psychiques et entravant la participation de la personne concernée à la vie professionnelle. • CJCE 11 juill. 2006, *Chacon Navas c/ Eurest Colectividades,* n° 13/045 : *RDSS 2007. 75, note Boujeka ; RJS n° 10, 2006. 757, obs. Kessler ; D. 2006 IR 2209 .* ♦ La notion de « handicap » visée par la Dir. n° 2000/78/CE du Conseil du 27 nov. 2000 doit être interprétée en ce sens qu'elle inclut un état pathologique causé par une maladie médicalement constatée comme curable ou incurable dès lors que cette maladie entraîne une limitation, résultant notamment d'atteintes physiques, mentales ou psychiques, dont l'interaction avec diverses barrières peut faire obstacle à la pleine et effective participation de la personne concernée à la vie professionnelle sur la base de l'égalité avec les autres travailleurs, et que cette limitation est de longue durée. La nature des mesures que doit prendre l'employeur n'est pas déterminante pour considérer que l'état de santé d'une personne relève de cette notion. • CJUE, 11 avr. 2013, n^os^ C-335/11 et C-337/11 : *RDSS 2013. 843, note Rihal et Charruau ; RDT 2013. 657, note Boutayeb .*

2. Handicap et réduction du temps de travail en droit communautaire. L'art. 5 de la Dir. n° 2000/78/CE, lequel prévoit que l'employeur est tenu de prendre des mesures appropriées et raisonnables, notamment, pour permettre à une personne handicapée d'accéder à un emploi, doit être interprété en ce sens que la réduction du temps de travail peut constituer l'une des mesures d'aménagement visées à cet article. Il incombe au juge national d'apprécier si la réduction du temps de travail en tant que mesure d'aménagement représente une charge disproportionnée pour l'employeur. • CJUE, 11 avr. 2013, nos C-335/11 et C-337/11 : *préc. note 1.*

3. Handicap et préavis réduit en droit communautaire. La Dir. n° 2000/78/CE s'oppose à une disposition nationale qui prévoit qu'un employeur peut mettre fin au contrat de travail avec un préavis réduit si le travailleur handicapé concerné a été absent pour cause de maladie avec maintien de la rémunération lorsque ces absences sont la conséquence de l'omission, par l'employeur, de prendre les mesures appropriées conformément à l'obligation de prévoir des aménagements raisonnables prévue à l'art. 5 de cette directive. • CJUE, 11 avr. 2013, nos C-335/11 et C-337/11 : *préc. note 1.*

4. Préavis réduit et discrimination indirecte en droit communautaire. La Dir. n° 2000/78/CE s'oppose à une disposition nationale qui prévoit qu'un employeur peut mettre fin au contrat de travail avec un préavis réduit si le travailleur handicapé concerné a été absent pour cause de maladie avec maintien de la rémunération lorsque ces absences sont la conséquence de son handicap, sauf si cette disposition, tout en poursuivant un objectif légitime, n'excède pas ce qui est nécessaire pour atteindre cet objectif, ce qu'il appartient à la juridiction de renvoi d'apprécier. • CJUE, 11 avr. 2013, nos C-335/11 et C-337/11 : *préc. note 1.*

5. Handicap par association et droit communautaire. Est contraire au principe de non-discrimination le traitement défavorable dont est victime un employé s'il est fondé sur le handicap de son enfant, auquel il dispense l'essentiel des soins dont celui-ci a besoin. • CJCE 17 juill. 2008, *S. Colemen c/ Attridge Law et Steve Law : RDSS 2008. 865, note Boujeka .*

6. Mobilité des personnes handicapées dans l'Union européenne. L'art. 12 CE ne s'oppose pas à une réglementation nationale qui réserve l'octroi à titre gratuit d'une vignette routière annuelle aux personnes handicapées ayant leur domicile ou leur lieu de résidence habituel sur le territoire de l'État membre concerné, cette mesure incluant également les personnes handicapées qui se rendent régulièrement dans cet État pour des raisons de nature professionnelle ou personnelle • CJCE 1re Ch., 1er oct. 2009, *Gottwald c/ Bezirkshauptmannschaft Bregenz,* n° C-103/08 : *RDSS 2010. 73, note Boujeka .*

7. Reconnaissance du handicap. Il résulte des dispositions de l'art. 5213-1 du C. trav. que la seule existence d'un handicap ne suffit pas pour que soit reconnue la qualité de travailleur handicapé, laquelle doit être appréciée en tenant compte, d'une part, de la nature du handicap et d'autre part, des qualifications et de l'emploi occupé par l'intéressé ou de celui qu'il aurait vocation à occuper ; par suite, doit être annulée la décision de la commission des droits et de l'autonomie qui a refusé de reconnaître à l'intéressé la qualité de travailleur handicapé au motif que celui-ci n'entrait pas dans le champ du handicap au sens des dispositions de l'art. L. 114 du CASF sans tenir compte des conséquences que la dyslexie dont souffre le requérant pouvait avoir sur son employabilité. • TA Nantes, 17 déc. 2009, n° 0802183.

Art. L. 114-1 *(L. n° 2005-102 du 11 févr. 2005, art. 2-I-2°)* **« Toute personne handicapée a droit à la solidarité de l'ensemble de la collectivité nationale, qui lui garantit, en vertu de cette obligation, l'accès aux droits fondamentaux reconnus à tous les citoyens ainsi que le plein exercice de sa citoyenneté.**

« L'État est garant de l'égalité de traitement des personnes handicapées sur l'ensemble du territoire et définit des objectifs pluriannuels d'actions. »

V. Décr. n° 2009-1367 du 6 nov. 2009 portant création du comité interministériel du handicap (JO 10 nov.), mod. par Décr. n° 2016-1760 du 16 déc. 2016 (JO 18 déc.).

Art. L. 114-1-1 *(L. n° 2005-102 du 11 févr. 2005, art. 11)* **La personne handicapée a droit à la compensation des conséquences de son handicap quels que soient l'origine et la nature de sa déficience, son âge ou son mode de vie.**

Cette compensation consiste à répondre à ses besoins, qu'il s'agisse de l'accueil de la petite enfance, de la scolarité, de l'enseignement, de l'éducation, de l'insertion professionnelle, des aménagements du domicile ou du cadre de travail nécessaires au plein exercice de sa citoyenneté et de sa capacité d'autonomie, du développement ou de l'aménagement de l'offre de service, permettant notamment à l'entourage de la personne handicapée de bénéficier de temps de répit, du développement de groupes d'entraide mutuelle ou de places en établissements spécialisés, des aides de toute nature à la personne ou aux institutions pour vivre en milieu ordinaire ou adapté, ou encore en matière d'accès aux procédures et aux institutions spécifiques au handicap ou aux moyens et prestations accompagnant la mise en œuvre de la protection juridique régie par le titre XI du livre I du code civil. Ces réponses adaptées prennent en compte l'accueil et l'accompagnement nécessaires aux personnes handicapées qui ne peuvent exprimer seules leurs besoins. — *V. Décis. n° 2021-04 du 10 mars 2021 (JO 13 mars, NOR : SSAA2108330S).*

Les besoins de compensation sont inscrits dans un plan *(L. n° 2016-41 du 26 janv. 2016, art. 89-I-1°)* **« personnalisé de compensation du handicap » élaboré en considération des besoins et des aspirations de la personne handicapée tels qu'ils sont exprimés dans son projet de vie, formulé par la personne elle-même ou, à défaut, avec ou pour elle par son représentant légal** *(Ord. n° 2020-232 du 11 mars 2020, art. 29-1°)* **« , s'il s'agit d'un mineur, ou par la personne chargée de la mesure de protection juridique, s'il s'agit d'un majeur faisant l'objet d'une mesure de protection juridique avec représentation relative à la personne, » lorsqu'elle ne peut exprimer son avis.**

(L. n° 2016-41 du 26 janv. 2016, art. 89-I-1°) **« Le plan personnalisé de compensation du handicap comprend, d'une part, l'orientation définie selon les dispositions du troisième alinéa et, le cas échéant, d'autre part, un plan d'accompagnement global.**

« Un plan d'accompagnement global est élaboré sur proposition de l'équipe pluridisciplinaire avec l'accord préalable de la personne concernée *(Ord. n° 2020-232 du 11 mars 2020, art. 29-2°)* **« , de son représentant légal s'il s'agit d'un mineur ou, s'il s'agit d'un majeur faisant l'objet d'une mesure de protection juridique avec représentation relative à la personne qui n'est pas apte à exprimer sa volonté, de la personne chargée de la mesure de protection juridique en tenant compte de l'avis de la personne protégée » :**

« 1° En cas d'indisponibilité ou d'inadaptation des réponses connues ;

« 2° En cas de complexité de la réponse à apporter, ou de risque ou de constat de rupture du parcours de la personne.

« Un plan d'accompagnement global est également proposé par l'équipe pluridisciplinaire quand la personne concernée ou son représentant légal *(Ord. n° 2020-232 du 11 mars 2020, art. 29-3°)* **« s'il s'agit d'un mineur ou, s'il s'agit d'un majeur faisant l'objet d'une mesure de protection juridique avec représentation relative à la personne, la personne chargée de cette mesure » en fait la demande.**

« Un plan d'accompagnement global peut également être proposé par l'équipe pluridisciplinaire *(Ord. n° 2020-232 du 11 mars 2020, art. 29-4°)* **« dans les conditions définies au cinquième alinéa » dans la perspective d'améliorer la qualité de l'accompagnement selon les priorités définies par délibération de la commission exécutive mentionnée à l'article L. 146-4 du présent code et revues annuellement.** *(Abrogé par Ord. n° 2020-232 du 11 mars 2020, art. 29-4°)* ***« L'accord préalable de la personne concernée ou de son représentant légal est également requis. »***

« Le plan d'accompagnement global, établi avec l'accord de la personne handicapée ou de ses parents lorsqu'elle est mineure *(Ord. n° 2020-232 du 11 mars 2020, art. 29-5°)* **« ou de la personne chargée de la mesure de protection juridique s'il s'agit d'un majeur faisant l'objet d'une mesure de protection juridique avec représentation relative à la personne qui n'est pas apte à exprimer sa volonté, en tenant compte de son avis », sans préjudice des voies de recours dont elle dispose, identifie nominativement les établissements, les services mentionnés à l'article L. 312-1 ou les dispositifs**

prévus à l'article L. 312-7-1 correspondant aux besoins de l'enfant, de l'adolescent ou de l'adulte, et précise la nature et la fréquence de l'ensemble des interventions requises dans un objectif d'inclusion : éducatives et de scolarisation, thérapeutiques, d'insertion professionnelle ou sociale, d'aide aux aidants. Il comporte l'engagement des acteurs chargés de sa mise en œuvre opérationnelle. Il désigne parmi ces derniers un coordonnateur de parcours.

« Le plan d'accompagnement global est élaboré dans les conditions prévues à l'article L. 146-8. Un décret fixe les informations nécessaires à l'élaboration des plans d'accompagnement globaux, que les agences régionales de santé, les services de l'État et les collectivités territoriales recueillent en vue de les transmettre à la maison départementale des personnes handicapées.

« Le plan d'accompagnement global est actualisé chaque fois que nécessaire et au moins une fois par an, dans les conditions et selon les modalités prévues au présent article et à l'article L. 146-9. »

Les dispositions issues de l'art. 89-I de la L. nº 2016-41 du 26 janv. 2016 sont applicables à la date décidée par la commission exécutive mentionnée à l'art. L. 146-4 CASF constatant que la maison départementale des personnes handicapées dispose des informations mentionnées au dixième al. de l'art. L. 114-1-1 du même code et, en tout état de cause, au plus tard le 31 déc. 2017 (L. préc., art. 89-II).

L'Ord. nº 2020-232 du 11 mars 2020 n'est pas applicable en Nouvelle-Calédonie. Elle entre en vigueur à une date fixée par décret en Conseil d'État et au plus tard le 1er oct. 2020. Elle est applicable aux mesures de protection juridique en cours au jour de son entrée en vigueur et aux situations dans lesquelles aucune décision n'a été prise au jour de son entrée en vigueur (Ord. préc., art. 45 et 46, JO 12 mars).

BIBL. ▶ AILINCAI, Handicap et accessibilité dans la jurisprudence de la Cour européenne des droits de l'homme, *RDSS 2023. 52.* – ASSANTE (Rapport), Situations de handicap et cadre de vie, *Cons. écon. et soc., 2000.* – BAUDOT, Comment meurt un droit ? La Loi Elan et la fin de l'accessibilité du bâti, *Dr. et soc., nº 113, 2023. 73.* – CAFARELLI, L'accessibilité des bâtiments : un chantier toujours inachevé, *RDSS 2023. 5.* – KESSLER et MEHIER DE MATHUISIEUX, L'accessibilité : la prise en compte du handicap dans le code de la construction et de l'habitation, *RDSS 1992. 179.* – LANTERO, Handicap, accès à la justice, et responsabilité de l'État, *RDSS 2023. 43.* – LOHÉAC-DERBOULLE, Handicaps, accès à l'enseignement et responsabilité de l'administration, *RDSS 2023. 14.* – LOPEZ, Handicap et citoyenneté : du droit de vote à l'éligibilité des personnes en situation de handicap, *RDSS 2013. 919.* – MENDUINA-GORDON, Copropriété, accessibilité et non-discrimination des personnes handicapées : vers une obligation d'aménagement raisonnable ?, *RDSS 2011. 533.* – RIHAL, Responsabilité et accessibilité numérique, *RDSS 2023. 34.* – SANCHEZ, L'accessibilité, support concret et symbolique de l'intégration, *Éd. CTNERHI, 1989.*

V. aussi Bibl. ss. art. L. 242-1 et L. 243-1.

COMMENTAIRE

Les dispositions ci-dessus sont venues compléter l'ancien article L. 114-1 qui était lui-même, avec adaptations dues à la loi nº 2002-73 du 17 janvier 2002 dite de modernisation sociale, la reprise presque inchangée des principes affirmés à l'article 1er de la loi d'orientation en faveur des personnes handicapées nº 75-534 du 30 juin 1975.

En effet, la loi nº 2005-102 du 11 février 2005 pour l'égalité des droits et des chances, la participation et la citoyenneté des personnes handicapées a entendu moderniser profondément l'ensemble de la politique publique en faveur des personnes handicapées dont les fondements avaient été établis par la loi du 30 juin 1975. Pour ce faire, ce texte engage l'État sur quatre points principaux : garantir un droit à compensation du handicap pour permettre aux personnes handicapées un libre choix de leur projet de vie, permettre à ces personnes une participation effective à la vie sociale grâce à un principe d'accessibilité généralisée, constituer une offre de services adaptés à la personne et à ses besoins et enfin améliorer la prévention en matière de handicap.

C'est pourquoi, et en soubassement de l'ensemble, la loi du 11 février 2005 revient sur les principes qui fondent la politique publique en direction des personnes handicapées.

En réponse aux demandes réitérées des milieux associatifs, le nouvel article L. 114 donne une définition juridique du handicap, ce qui n'existait pas jusque-là. Cette définition, volontairement large, ne procède pas d'une approche psychomédicale du handicap, mais s'attache à le définir en considérant ses conséquences : un handicap, c'est ce qui altère les capacités d'action d'une personne dans sa vie sociale et professionnelle, que les causes en soient physiques, mentales, sensorielles, cognitives ou psychiques. Deux remarques peuvent être faites au vu d'une telle définition : d'une part, elle est congruente avec l'intention générale du texte et notamment du « droit à compensation » dans la mesure où il s'agit bien de donner aux personnes handicapées des ressources et des moyens spécifiques en considération des limites que leur impose leur situation. Et d'autre part, elle laisse ouverte, mais sans doute est-ce inévitable, la définition des conditions concrètes qui permettent effectivement de considérer une personne comme handicapée ou non ; en la matière, la notion de taux d'incapacité reste centrale pour tracer la frontière entre les personnes entrant dans le champ d'application des mesures prévues par la loi et celles qui en sont exclues.

L'article L. 114-1 est modifié en substituant à son premier alinéa issu de la loi du 17 janvier 2002 deux nouveaux alinéas et en supprimant le second.

Le premier alinéa nouveau, plus ramassé que l'ancienne rédaction, introduit une nouvelle idée de « droit à la solidarité de l'ensemble de la collectivité nationale » qui vient prendre la place de « l'obligation nationale » qui fondait antérieurement le dispositif d'action publique ; de plus, il ramasse en une seule notion, celle de « citoyenneté » et « d'accès aux droits fondamentaux », ce que l'ancien texte détaillait plus largement en visant les soins, l'éducation, l'orientation, la formation et l'emploi… Si les termes sont plus adaptés aux évolutions notionnelles contemporaines (« accès aux droits fondamentaux », « citoyenneté », « solidarité »), on reste dans la logique des formulations antérieures : pèse sur la collectivité nationale un devoir, qui naturellement n'est pas directement justiciable et qui, ne correspondant pas à une créance exigible, fonde un programme d'action publique.

Le second alinéa nouveau a été introduit pour constituer un verrou protecteur, au nom du principe d'égalité de traitement des personnes handicapées sur l'ensemble du territoire, contre les risques qui peuvent s'attacher au renforcement de la décentralisation, laquelle, en confiant aux collectivités territoriales nombre d'attributions, fait courir un risque de différenciation entre ces politiques selon les territoires concernés.

Enfin, la novation la plus importante vient de l'introduction d'un nouvel article, l'article L. 114-1-1 (L. n° 2005-102, art. 11) qui définit le principe central introduit par la récente réforme : la compensation des conséquences du handicap. Quels que soient « l'origine et la nature de sa déficience, son âge ou son mode de vie », la personne handicapée se voit reconnaître ainsi un nouveau droit : ses différents besoins (aménagement du domicile, soutien de l'entourage, scolarité, formation, insertion professionnelle) doivent être pris en compte et satisfaits par l'accès à des services adaptés et par des aides matérielles. Dans une logique rejoignant les dispositifs destinés à garantir les droits des usagers (L. n° 2002-2 du 2 janvier 2002, art. L. 311-3 à L. 311-9), mais ici avec une ambition beaucoup plus large, la loi prévoit dorénavant que chaque personne handicapée, elle-même ou son représentant légal, définisse un « projet de vie » susceptible de se décliner dans un « plan » organisant la satisfaction de ses besoins de façon à « compenser » son handicap. Ce principe de compensation et son dispositif de mise en œuvre (« projet de vie » et « plan »), situés naturellement au niveau des principes généraux commandant la politique du handicap (art. L. 114 à L. 114-5), trouvent une concrétisation dans la nouvelle « prestation de compensation » (L. n° 2005-102, art. 12 introduisant les nouveaux articles L. 245-1 et suivants du code).

En vue d'organiser plus efficacement la compensation du handicap et la prise en charge des personnes handicapées, tout en s'efforçant, par ailleurs, d'éviter les ruptures de parcours, la loi du 26 janvier 2016 de modernisation de notre système de santé a ajouté au « plan personnalisé d'accompagnement » préexistant un dispositif d'orientation permanente des personnes handicapées dénommé « plan d'accompagnement global » (art. L. 114-1-1, al. 4) ; définissant précisément les prestations qui seront assurées, ce plan doit être actualisé au moins une fois par an. ❑

1. Concours de la fonction publique. Il appartient au jury d'un concours de recrutement aux emplois de la fonction publique de prendre les dispositions nécessaires pour permettre aux candidats handicapés de concourir dans des conditions leur garantissant l'accès à l'emploi : est placé dans des conditions matérielles et morales satisfaisantes pour composer, compte tenu de son handicap, un candidat qui n'avait pas présenté de demande écrite relative à l'accessibilité aux locaux et auquel un temps de repos avant l'interrogation a été accordé, l'épreuve orale s'étant déroulée au deuxième étage et non au rez-de-chaussée, contrairement à ce qui avait été annoncé. • CE 18 févr. 1994, *M. Moatti,* n° 126074 B. ♦ Commet une erreur d'appréciation la commission nationale instituée auprès du ministre de l'Éducation nationale qui, pour reconnaître l'incompatibilité du handicap de l'intéressée avec l'exercice des fonctions de professeur d'éducation physique et sportive, a retenu qu'aucune mesure n'était susceptible de permettre un aménagement du poste alors que de tels aménagements étaient possibles et auraient permis de compenser les conséquences de ce handicap. • CE 30 avr. 2004, *Mlle Monnier : RDSS 2004. 977, note Fontier ; BJCL, n° 7, 2004. 487, concl. Collin ; JCP Adm. terr. 2004. 1381, note Jean-Pierre ; AJDA 2004. 1718, note Aubin*. ♦ Il résulte, des dispositions législatives applicables, que l'autorité administrative doit prendre tant les règlements spécifiques que les mesures appropriées au cas par cas pour permettre l'accès de chaque personne handicapée à l'emploi auquel elle postule sous réserve, d'une part, que ce handicap n'ait pas été déclaré incompatible avec l'emploi en cause et, d'autre part, que lesdites mesures ne constituent pas une charge disproportionnée pour le service, ces dispositions ne faisant pas obstacle à l'édiction, pour le bon fonctionnement du service public, des obligations de portée générale qui fixent des conditions d'aptitude physique liées à l'exercice même de certains emplois ; par suite, le fait de demander à des candidats à un poste de professeur d'éducation physique et sportive de justifier, avant leur recrutement, de leur qualification en sauvetage aquatique et en secourisme ne constitue pas, nonobstant la circonstance que les mesures de compensation du handicap que l'administration est tenue de prendre aux fins de permettre à certaines personnes handicapées d'accéder selon des modalités adaptées à ces emplois ne soient pas édictées dans le décret litigieux, une méconnaissance du principe de non-discrimination fondé sur le handicap. • CE 14 nov. 2008, *Féd. des Synd. généraux de l'Éducation nationale et de la recherche*, n° 311312 B : *RDSS 2009. 195, obs. Boujeka*. ♦ Il résulte, des dispositions légales, que les aides humaines et techniques doivent être adaptées à la nature et à la technicité des épreuves, compte tenu des précisions apportées par les candidats sur les moyens dont ils ont besoin ; par suite, dans la mesure où l'aide à la lecture sollicitée par l'intéressé l'a été par une personne n'ayant pas les aptitudes requises pour procéder à la lecture à haute voix du dossier de l'épreuve de note de synthèse dans des conditions répondant aux exigences de ce concours, ce dernier a été entaché d'irrégularité. • CE 18 nov. 2009, *M. Wright*, n° 318565 : *Lebon 467 ; RDSS 2010. 349, note Rihal*.

2. Fonctionnaire stagiaire. Dès lors que le handicap de l'intéressé n'a nullement été pris en compte dans l'organisation de son stage prévu par le décret du 4 août 1980 portant statut particulier des professeurs d'éducation physique et sportive ni, d'ailleurs, dans l'appréciation de sa manière de servir, le requérant est fondé à soutenir qu'il n'a pas été mis en mesure de faire ses preuves ; par suite, sont illégaux la délibération du jury académique ayant ajourné définitivement l'intéressé aux épreuves pratiques du CAPEPS ainsi que, par voie de conséquence, l'arrêté par lequel le ministre de l'Éducation nationale a licencié le requérant. • TA Nantes, 30 sept. 2009, *M. Ponge*, n°s 076871, 076996 : *RDSS 2010. 174, obs. Fontier*.

3. Handicap et naturalisation. Pour refuser la naturalisation d'un demandeur étranger, l'Administration ne peut se fonder exclusivement sur l'existence d'un handicap ou d'une maladie sans rechercher si cette existence est de nature à empêcher l'intégration du demandeur à la société française, notamment pour l'exercice d'une activité professionnelle. • CE 26 sept. 2001, *Min. Emploi et solidarité c/ Mme Richard*, n° 206486 B : *LPA n° 255, 2001. 20, concl. de Silva*. ♦ Si l'autorité administrative dispose, en matière de naturalisation ou de réintégration dans la nationalité française, d'un large pouvoir d'appréciation et peut, dans l'exercice de ce pouvoir, prendre en considération notamment, pour apprécier l'intérêt que présenterait l'octroi de la nationalité française, l'intégration de l'intéressé dans la société française, son insertion sociale et professionnelle et le fait qu'il dispose de ressources lui permettant de subvenir durablement à ses besoins en France, elle ne saurait, en revanche, se fonder exclusivement ni sur l'existence d'une maladie ou d'un handicap ni sur le fait que les ressources dont dispose l'intéressé ont le caractère d'allocations accordées en compensation d'un handicap, pour rejeter une demande de naturalisation ou de réintégration dans la nationalité française. • CE 11 mai 2016, n° 389399 B • CE 29 nov. 2019, n° 421050 B.

4. Handicap et détention. La détention d'une personne handicapée dans un établissement où elle ne peut se déplacer et en particulier quitter sa cellule, par ses propres moyens, constitue un « traitement dégradant » au sens de l'art. 3 de la Conv. EDH. • CEDH 24 oct. 2006, *Vincent c/ France*, n° 6253/03 : *JCP 2007. II. 10007, note Thierry ; RDSS 2007. 351, obs. Boujeka*.

5. Portée de l'obligation nationale : vers une obligation de résultat. L'art. 1er de la loi du 30 juin 1975 d'orientation en faveur des personnes handicapées ne crée pas pour l'État une obligation de résultat quant aux placements qui concourent aux objectifs qu'il énonce ; par suite, la circonstance que l'absence de places disponibles dans deux des trois centres désignés par la COTOREP pour recevoir une personne handicapée ait empêché qu'elle y soit placée n'est pas, par elle-même, de nature à établir une faute imputable à l'Administration. • CAA Paris, 12 nov. 1992, *Cohen*, n° 91PA01092 B. ♦ De même, les dispositions de l'art. 112-1 du code de l'éducation n'imposent pas à l'État une obligation de résultat, eu égard aux particulières difficultés que peut présenter la scolarisation de certains enfants handicapés. • TA Cergy-Pontoise, 18 déc. 2003, *M. et Mme D. : AJDA 2004. 1431,* *note Alzamora* • CAA Versailles, 23 nov. 2006, *Cts Duca*, n° 04VE00650. ♦ Ces dispositions n'imposent à l'État qu'une obligation de moyens, eu égard aux difficultés particulières que peut comporter la scolarisation de certains enfants handicapés. • CAA Versailles, 27 sept. 2007, n° 06VE02781 (inédit). ♦ *Contra*, V. cependant • CAA Paris, 11 juill. 2007, *Min. santé et solidarités c/ M. et Mme Haemmerlin*, n°s 06PA01579 et 06PA02793 : *RDSS 2007. 1087, concl. Folscheid, et note Rihal* (le manquement à l'obligation légale qu'a l'État d'offrir aux enfants handicapés une prise en charge éducative au moins équivalente, compte tenu de leurs besoins propres, à celle dispensée aux enfants scolarisés en milieu ordinaire – manquement qui a pour effet de priver un enfant de l'éducation appropriée à ses besoins – est constitutif d'une faute de nature à engager la responsabilité de l'État, sans que celui-ci puisse utilement se prévaloir de l'insuffisance des moyens budgétaires, de la carence d'autres personnes publiques ou privées dans l'offre d'établissements adaptés ou de la circonstance que des allocations sont accordées aux parents d'enfants handicapés pour les aider à assurer leur éducation). ♦ Si aucune obligation de scolarisation n'incombe aux parents avant que leur enfant, qu'il soit ou non handicapé, ait atteint l'âge de 6 ans, ces derniers bénéficient toutefois d'un droit, dès lors qu'ils en font la demande, à ce que leur enfant soit accueilli, dès l'âge de 3 ans, dans une école maternelle ou une classe enfantine, le plus près possible de son domicile ; l'obligation d'offrir aux enfants handicapés une prise en charge éducative au moins équivalente, compte tenu de leurs besoins propres, à celle dispensée aux enfants scolarisés en milieu ordinaire définie par les art. L. 111-1 s. C. éduc. incombant à l'État dès lors que l'enfant a atteint l'âge de 3 ans si ses parents demandent une telle prise en charge, la carence de celui-ci (l'État) dans la prise en charge éducative de l'enfant constitue par suite une faute de nature à engager sa responsabilité. • TA Cergy-Pontoise, 12 déc. 2008, *M. et Mme D.* ; n° 0408765.

6. Portée de l'obligation nationale : consécration d'une obligation de résultat. Il résulte des dispositions relatives à l'obligation éducative, d'une part, que, le droit à l'éducation étant garanti à chacun quelles que soient les différences de situation, et, d'autre part, que l'obligation scolaire s'appliquant à tous, les difficultés particulières que rencontrent les enfants handicapés ne sauraient avoir pour effet ni de les priver de ce droit, ni de faire obstacle au respect de cette obligation ; par suite, il incombe à l'État, au titre de sa mission d'organisation générale du service public de l'éducation, de prendre l'ensemble des mesures et de mettre en œuvre les moyens nécessaires pour que ce droit et cette obligation aient, pour les enfants handicapés, un caractère effectif ; dès lors, la carence de l'État est constitutive d'une faute de nature à engager sa responsabilité, sans que l'administration puisse utilement se prévaloir de l'insuffisance des structures d'accueil existantes ou du fait que des allocations compensatoires sont allouées aux parents d'enfants handicapés, celles-ci n'ayant pas un tel objet. • CE 8 avr. 2009, *M. et Mme Laruelle*, n° 311434 : *RDSS 2009. 556, note Rihal* • 8 nov. 2019, n° 412440 B : *RDSS 2020. 168, concl. Dieu* ; *AJDA 2020. 1109, note Rihal*. ♦ Si la carence de l'État à assurer effectivement le droit à l'éducation des enfants soumis à l'obligation scolaire est constitutive d'une faute de nature à engager sa responsabilité, celle-ci doit toutefois être appréciée en tenant compte, s'il y a lieu, du comportement des responsables légaux de l'enfant, lequel est susceptible de l'exonérer, en tout ou partie, de sa responsabilité ; en outre, lorsque sa responsabilité est engagée à ce titre, l'État dispose, le cas échéant, d'une action récursoire contre un établissement social et médico-social auquel serait imputable une faute de nature à engager sa responsabilité à raison du refus d'accueillir un enfant orienté par la CDAPH. • CE 19 juill. 2022, n° 428311 A : *RDSS 2022. 1139, note Lohéac-Derboulle*. ♦ La seule circonstance que la commission des droits et de l'autonomie des personnes handicapées n'a pas prononcé de décision d'orientation de l'enfant handicapé ne saurait décharger l'État de sa responsabilité, sans préjudice de la responsabilité d'autres organismes publics, dès lors que cette absence de décision résulte, non du manque de diligence des parents ou responsables légaux de l'enfant, mais de l'insuffisance des structures d'accueil existantes. • CE 29 déc. 2014, n° 371707. ♦ Sur l'obligation éducative au bénéfice des personnes atteintes de syndrome autistique ou de polyhandicap, V. art. L. 246-1.

7. Scolarisation des enfants handicapés et temps périscolaire. Lorsqu'une collectivité territoriale organise un service de restauration scolaire ou des activités complémentaires aux activités d'enseignement et de formation pendant les heures d'ouverture des établissements scolaires ou encore des activités périscolaires, il lui incombe de veiller à assurer que, sans préjudice du respect des conditions prévues pour l'ensemble des élèves, les élèves en situation de handicap puissent, avec, le cas échéant, le concours des aides techniques et des aides humaines dont ces élèves bénéficient au titre de leur droit à compensation, y avoir effectivement accès. • CE, sect., 20 nov. 2020, n° 422248 A : *AJDA 2020. 2488, chron. Malverti et Beaufils* ; *RDSS 2021. 179, obs. Dagorne-Labbé*.

8. Financement des accompagnants en temps périscolaire. Il incombe à l'État, au titre de sa mission d'organisation générale du service public de l'éducation, de prendre l'ensemble des mesures et de mettre en œuvre les moyens nécessaires pour que le droit à l'éducation et l'obligation scolaire aient, pour les enfants handicapés, un caractère effectif ; à cette fin, la prise en charge par l'État du financement des emplois des accompagnants des élèves en situation de handicap n'est pas limitée aux interventions pendant le temps scolaire ; par suite, et dès lors que l'accès aux activités périscolaires apparaît comme une composante nécessaire à la scolarisation de l'enfant et que ces activités sont préconisées à ce titre par la CDAPH, il incombe à l'État d'assurer la continuité du financement des accompagnants des élèves en situation de handicap pendant les activités périscolaires, et ce, alors même que l'organisation et le financement de celles-ci ne seraient pas de sa compétence • CAA Nantes, 15 mai 2018, n° 16NT02951 A : *AJDA 2018. 1546, chron. Durup de Baleine*. ♦ Lorsque l'État recrute une personne pour accompagner un enfant en situation de handicap durant le temps scolaire et qu'en outre cet enfant recourt au service de restauration scolaire ou participe à tout ou partie des activités complémentaires ou périscolaires organisées dans son établissement scolaire, il appartient à l'État de déterminer avec la collectivité territoriale qui organise ce service et ces activités si et, le cas échéant, comment cette même personne peut intervenir auprès de l'enfant durant ce service et ces activités, de façon à assurer, dans l'intérêt de l'enfant, la continuité de l'aide qui lui est apportée ; en revanche, il n'appartient pas à l'État d'assurer la prise en charge financière du coût de l'accompagnant chargé d'assister cet enfant lorsque ce dernier intervient en dehors du temps scolaire, notamment lors des temps d'accueil du matin ou du soir et des temps d'activités périscolaires. • CE, sect., 20 nov. 2020, n° 422248 A : *préc. note 7.*

9. Scolarisation des enfants handicapés âgés de moins de six ans. Il ressort des travaux parlementaires ayant précédé l'adoption de la loi d'orientation sur l'éducation n° 89-486 du 10 juillet 1989 que le législateur a seulement entendu assigner aux collectivités publiques l'objectif d'accueillir à l'école maternelle les enfants qui ont atteint l'âge de trois ans mais n'a pas institué un droit à leur admission dans un établissement scolaire avant l'âge de six ans ; par suite, des parents ne sauraient se prévaloir des dispositions de cette loi pour soutenir que l'État aurait commis une faute en n'assurant pas l'accueil à temps plein de leur fils. • CAA Versailles, 4 juin 2010, *Min. travail,* n° 09VE01323 : *AJDA 2010. 2004, concl. Davesne*.

10. Scolarisation des enfants handicapés et liberté fondamentale. La privation pour un enfant, notamment s'il souffre d'un handicap, de toute possibilité de bénéficier d'une scolarisation ou d'une formation scolaire adaptée, selon les modalités que le législateur a définies afin d'assurer le respect de l'exigence constitutionnelle d'égal accès à l'instruction, est susceptible de constituer une atteinte grave et manifestement illégale à une liberté fondamentale, au sens de l'art. L. 521-2 CJA, pouvant justifier l'intervention du juge des référés sur le fondement de cet article, sous réserve qu'une urgence particulière rende nécessaire l'intervention d'une mesure de sauvegarde dans les quarante-huit heures ; le caractère grave et manifestement illégal d'une telle atteinte s'apprécie en tenant compte, d'une part de l'âge de l'enfant, d'autre part des diligences accomplies par l'autorité administrative compétente, au regard des moyens dont elle dispose. • CE 15 déc. 2010, *Min. de l'Éducation nationale c/ M. et Mme Peyrilhe : RDSS 2011. 176, obs. Fontier ; AJDA 2011. 858, note Prélot* • TA Nantes, ord., 4 juin 2021, n° 2106010 : *AJDA 2021. 2434*. ♦ S'il incombe à l'administration de prendre toute disposition pour que l'intéressé bénéficie d'une scolarisation au moins équivalente, compte tenu de ses besoins propres, à celle dispensée aux autres enfants, de telles circonstances ne peuvent caractériser une atteinte grave et manifestement illégale à une liberté fondamentale, au sens de l'art. L. 521-2 CJA, susceptible de justifier l'intervention du juge des référés sur ce fondement. • Même arrêt.

11. Scolarisation des enfants handicapés et aide individuelle. Si l'aide individuelle accordée aux élèves handicapés par la commission des droits et de l'autonomie des personnes handicapées peut être confiée aux assistants d'éducation, sans qu'aucune condition de diplôme puisse leur être opposée lorsque leur mission n'inclut pas un soutien pédagogique ou lorsqu'ils justifient d'au moins trois années d'expérience dans ce domaine, elles ne font pas obstacle à ce que cette aide soit également assurée, dans tous les cas, par d'autres catégories de personnels recrutés à cet effet par l'État, sous réserve que ces personnels justifient de conditions de formation ou d'expérience adaptées à l'exercice des tâches qui leur sont confiées, en particulier lorsqu'elles comportent un soutien pédagogique à l'élève concerné. • CE 23 oct. 2013, n° 362715 B.

12. Accessibilité et responsabilité pour faute. L'art. 19 de la loi du 30 déc. 2004, qui transpose la directive 2000/43/CE du Conseil du 29 juin 2000, a pour objet, comme cette dernière directive, la mise en œuvre du principe de l'égalité de traitement entre les personnes sans distinction de race ou d'origine ethnique ; par suite, l'intéressée, avocate inscrite au Barreau de Béthune, qui, atteinte d'un handicap moteur, sollicite la réparation des préjudices qu'elle impute à une absence ou une insuffisance d'aménagements spécifiques lui permettant un accès adapté à certaines juridictions situées dans le ressort de la cour d'appel dans lesquelles elle exerce habituellement sa profession, ne peut utilement invoquer la méconnaissance de cette loi pour établir une faute engageant la responsabilité de l'État alors même qu'elle n'invoque aucune illégalité ayant un rapport avec des discriminations de cette nature. • CAA Douai, 12 déc. 2006, *Mme Bleitrach c/ Garde des sceaux : AJDA 2007. 436, concl. Lepers* • CE, ass., 22 oct. 2010, *Mme Bleitrach : RDSS 2011. 151, note Rihal ; RFDA 2011. 141, concl. Roger-Lacan*.

13. Accessibilité et responsabilité sans faute. Si, pour des motifs légitimes d'intérêt général, l'État a pu étaler dans le temps la réalisation des aménagements raisonnables destinés à permettre de satisfaire aux exigences d'accessibilité des locaux des palais de justice aux personnes handicapées, le préjudice qui résulte des conditions de cet étalement dans le temps des mesures destinées à rendre accessibles les bâtiments concernés pour la requérante, avocate handicapée à mobilité réduite fréquentant régulièrement les locaux judiciaires, dont l'exercice de la profession a été rendu, de ce fait, plus difficile, sans que les mesures palliatives prises aient pu atténuer suffisamment les difficultés qu'elle rencontre, ne saurait, s'il revêt un caractère grave et spécial, être regardé comme une charge incombant normalement à l'intéressée. • CE, ass., 22 oct. 2010, *Mme Bleitrach : préc.* ♦ Dans la mesure où elle n'établit pas que l'insuffisante accessibilité des tribunaux dans lesquels elle est amenée à exercer sa profession serait à l'origine, comme elle l'allègue, d'un transfert de clientèle à ses associés ou d'une perte de clientèle et où le fait qu'elle ait dû recourir à l'assistance d'une tierce personne pour l'aider dans le cadre de ses activités professionnelles ne constitue pas un préjudice en relation directe avec ses difficultés d'accès aux locaux affectés au service public de la justice, l'intéressée ne saurait être fondée à demander réparation du préjudice financier qu'elle invoque. • Même arrêt. ♦ En revanche, le préjudice moral dont se prévaut l'intéressée en raison des troubles de toute nature que lui causent les conditions d'exercice de sa profession présente, eu égard, d'une part, à la multiplicité des locaux dans lesquels elle est amenée à exercer son activité et à la nécessité pour elle, du fait de ses obligations professionnelles, d'accéder à différentes parties de ces bâtiments, d'autre part, à la particularité de la fonction de l'avocat tenant à son rôle de représentation vis-à-vis tant de ses clients que des professionnels de la justice ainsi que, lors des audiences publiques, du public et au caractère pénible des situations régulièrement provoquées pour cette auxiliaire de justice par ses difficultés d'accès aux palais de justice, que ne pouvaient pas totalement pallier les mesures prises par les autorités judiciaires pour remédier à cette situation, enfin au nombre d'années pendant lesquelles elle a dû subir cette situation, revêt un caractère grave et spécial dont la charge excède celle qu'il incombe normalement à l'intéressée de supporter. • Même arrêt.

14. Accessibilité et subvention à une institution religieuse. Un conseil municipal peut décider de verser à une fondation, ayant pour partie une activité cultuelle, une subvention pour la réalisation d'un ascenseur qui, sans être en aucune façon réservé aux personnes venant participer dans la basilique à l'exercice d'un culte, a pour objet d'améliorer l'accessibilité des personnes à mobilité réduite à la nef et à la crypte de cette basilique, lesquelles sont le lieu d'une très importante fréquentation touristique dans la mesure où cet équipement doit être regardé comme répondant à un objectif d'intérêt général et n'étant pas spécialement destiné à l'exercice d'un culte. • CAA Lyon, 26 juin 2007, *Féd. Libre pensée et action sociale du Rhône et a.*, n° 03LY00054 : *AJDA 2007. 1652, concl. Besle*.

15. Accessibilité et Conv. EDH. Ne viole pas l'art. 14 (interdiction de la discrimination) combiné avec l'art. 8 (droit au respect de la vie privée) de la Conv. EDH la commune qui, bien que certains de ses bâtiments demeurent inaccessibles à des personnes se déplaçant en fauteuil roulant, a pris des mesures pour améliorer progressivement l'accès à ses installations, dans les limites de son budget. • CEDH 31 mai 2022, *Arnar Hegi Lárusson c/ Islande*, n° 23077/19 : *RTDH, n° 134, 2023. 555, note Sudre*.

16. Portée des dispositions de la Charte sociale européenne. Les dispositions de l'art. 15 de la Charte sociale européenne révisée, signée à Strasbourg le 3 mai 1996, aux termes desquelles les États signataires s'engagent « à prendre les mesures nécessaires pour fournir aux personnes handicapées une orientation, une éducation et une formation professionnelle dans le cadre du droit commun chaque fois que possible », « à favoriser leur accès à l'emploi par toute mesure susceptible d'encourager les employeurs à embaucher et à maintenir en activité des personnes handicapées » et « à favoriser leur pleine intégration et participation à la vie sociale, notamment par des mesures (…) visant à surmonter des obstacles à la communication et à la mobilité », ont pour objet exclusif de régir les relations entre États ; dans la mesure où elles requièrent l'intervention d'actes complémentaires pour produire des effets à l'égard des particuliers, une association ne saurait donc utilement s'en prévaloir • CE 4 juill. 2012, *Conféd. française pour la promotion sociale des aveugles et des amblyopes*, n° 341533 : *Lebon 261 ; RDSS 2012. 925, concl. Landais ; RTD eur. 2013. 877, obs. Ritleng*.

17. Portée des dispositions de la Convention relative aux droits des personnes handicapées. Les dispositions de l'art. 5, § 3, de la Convention relative aux droits des personnes handicapées, signée à New York le 30 mars 2007, selon laquelle « afin de promouvoir l'égalité et d'éliminer la discrimination, les États parties prennent toutes les mesures appropriées pour faire en sorte que des aménagements raisonnables soient apportés », requièrent l'intervention d'actes complémentaires pour produire des effets à l'égard des particuliers ; par suite, elles ne sauraient utilement être invoquées par l'association requérante. • CE 4 juill. 2012, *Conféd. française pour la promotion sociale des aveugles et des amblyopes*, n° 341533 : *préc., note 16.* ♦ Il en va pareillement des stipulations de l'art. 19 de la même Convention, par lesquelles les États signataires s'engagent à prendre « des mesures efficaces et appropriées » pour faciliter l'autonomie de vie des personnes handicapées et leur inclusion dans la société. • Même arrêt.

18. Recours à un téléservice et droit à compensation. Ni les principes d'égalité devant la loi, d'égalité devant le service public et de continuité du service public, ni le droit à la compensation du handicap énoncé par l'art. L. 114-1-1 CASF, ni le principe de non-discrimination reconnu par l'art. 14 de la Conv. EDH, ni, en tout état de cause, les autres droits garantis par la même convention, l'art. 9 de la Conv. des Nations unies relative aux droits des personnes handicapées ou la loi du 27 mai 2008 portant diverses dispositions d'adaptation du droit communautaire dans le domaine de la lutte contre les discriminations ne font obstacle, par principe, à ce que soit rendu obligatoire le recours à un téléservice pour accomplir une démarche administrative, et notamment pour demander la délivrance d'une autorisation. Toutefois, le pouvoir réglementaire ne saurait édicter une telle obligation qu'à la condition de permettre l'accès normal des usagers au service public et de garantir aux personnes concernées l'exercice effectif de leurs droits. • CE 3 juin 2022, n° 452798 A.

Art. L. 114-2 Les familles, l'État, les collectivités locales, les établissements publics, les organismes de sécurité sociale, les associations, les groupements, organismes et entreprises publics et privés associent leurs interventions pour mettre en œuvre l'obligation prévue à l'article L. 114-1, en vue notamment d'assurer aux personnes handicapées toute l'autonomie dont elles sont capables. – *[L. n° 75-534 du 30 juin 1975, art. 1er, al. 2 et 3.]*

(L. n° 2005-102 du 11 févr. 2005, art. 2-I-3°) **« A cette fin, l'action poursuivie vise à assurer l'accès de l'enfant, de l'adolescent ou de l'adulte handicapé aux institutions ouvertes à l'ensemble de la population et son maintien dans un cadre ordinaire de scolarité, de travail et de vie. Elle garantit l'accompagnement et le soutien des familles et des proches des personnes handicapées. »**

COMMENTAIRE

L'article L. 114-2 est la reprise, s'agissant de son premier alinéa, d'une partie de l'article 1er de la loi n° 75-534 du 30 juin 1975 (alinéas 2 et 3).

Il complète l'article précédent en déterminant les titulaires des obligations de prise en charge des personnes handicapées : puisqu'il y est proclamé qu'elles ont « droit à la solidarité de l'ensemble de la collectivité nationale », la mise en œuvre de cette solidarité revient naturellement à l'ensemble des groupes et institutions de la société, depuis les « familles » (reconnaissance est faite du rôle central des associations de familles de handicapés, pionnières en la matière, et qui demeurent un acteur très important qui défend traditionnellement la place de la « famille ») jusqu'aux structures associatives et aux groupements de la société civile en passant par les collectivités publiques nationales et locales. Le texte fait naturellement référence à la nécessaire « association » de tous ces acteurs à la politique publique.

Le second alinéa, nouveau, est issu de la loi n° 2005-102 (art. 2-I, 3°). Développant l'idée contenue dans l'ancienne rédaction – à savoir le principe d'accès de la personne handicapée aux activités et aux services de droit commun et son maintien dans un cadre de vie ordinaire –, il ajoute une « garantie d'accompagnement et de soutien » des familles et des proches qui élargit la mission publique en prenant en compte non seulement la personne handicapée elle-même mais l'ensemble de son entourage.

1. Accès à une plage. Une personne handicapée se plaignant de ne pouvoir accéder à une plage ne peut se prévaloir utilement, à l'appui de son recours, de l'art. 8 de la Conv. EDH garantissant notamment le respect de la vie privée. • CEDH, 24 févr. 1998, *Botta : RTDH 1999. 595, note Maurer ; JCP 1999. I. 105, obs. Sudre.*

2. Accès d'un chien d'accompagnement dans un établissement scolaire. Un chef d'établissement scolaire peut interdire l'accès aux locaux au chien d'accompagnement d'une élève handicapée au motif que ces derniers ne sont pas « ouverts au public ». • CAA Nancy, 21 oct. 1999 : *LPA n° 20, 2000. 17, concl. Rousselle ; JCP 2000. II. 10297, note Labbée* (depuis lors, V. cpdt L. n° 2005-102 du 11 févr. 2005, art. 54).

Art. L. 114-2-1 *(L. n° 2005-102 du 11 févr. 2005, art. 3)* **Le Gouvernement organise tous les trois ans, à compter du 1er janvier 2006, une conférence nationale du handicap à laquelle il convie notamment les associations représentatives des personnes handicapées, les représentants des organismes gestionnaires des établissements ou services sociaux et médico-sociaux accueillant des personnes handicapées, les repré-**

sentants des départements et des organismes de sécurité sociale, les organisations syndicales et patronales représentatives et les organismes qualifiés, afin de débattre des orientations et des moyens de la politique concernant les personnes handicapées.

A l'issue des travaux de la conférence nationale du handicap, le Gouvernement dépose sur le bureau des assemblées parlementaires, après avoir recueilli l'avis du Conseil national consultatif des personnes handicapées, un rapport sur la mise en œuvre de la politique nationale en faveur des personnes handicapées, portant notamment sur les actions de prévention des déficiences, de mise en accessibilité, d'insertion, de maintien et de promotion dans l'emploi, sur le respect du principe de non-discrimination et sur l'évolution de leurs conditions de vie. Ce rapport peut donner lieu à un débat à l'Assemblée nationale et au Sénat.

COMMENTAIRE

La loi n° 2005-102 du 11 février 2005 pour l'égalité des droits et des chances, la participation et la citoyenneté des personnes handicapées a ajouté au code cette nouvelle disposition. Venant boucler la réécriture des grands principes fondateurs de la politique publique en matière de handicap, ce nouvel article L. 114-2-1 met en place une nouvelle instance, la Conférence nationale du handicap, calquée sur le modèle de la Conférence de la famille instituée en 1998.

Il s'agit d'une structure de concertation réunissant périodiquement autour des responsables ministériels l'ensemble des acteurs (associations, institutions médico-sociales, collectivités territoriales, organismes de sécurité sociale, organisations professionnelles) qui sont ainsi conviés à débattre des orientations et moyens de la politique en direction des personnes handicapées. Alors même qu'il existe déjà un Conseil national consultatif des personnes handicapées (art. L. 146-1 et L. 146-2 du code), on institue donc un nouveau dispositif qui probablement entend s'en différencier en constituant, davantage qu'un organe permanent, un « événement annuel » censé rythmer, rendre publique et donc par là même renforcer cette politique. Nouvelle concession à la logique de « communication », on doit donc se résoudre à susciter une médiatisation régulière de l'action publique pour lui donner une existence… Mais cela influe-t-il sur sa consistance ?

C'est justement ce que tente de promouvoir la disposition, en obligeant le Gouvernement, au terme de chaque conférence, à déposer un rapport sur la mise en œuvre de la politique nationale du handicap portant sur ses axes principaux (prévention des déficiences, accessibilité, insertion professionnelle, non-discrimination, conditions de vie des handicapés). ❑

Art. L. 114-3 *(L. n° 2005-102 du 11 févr. 2005, art. 4)* **Sans préjudice des dispositions relatives à la prévention et au dépistage prévues notamment par le code de la santé publique, par le code de l'éducation et par le code du travail, l'État, les collectivités territoriales et les organismes de protection sociale mettent en œuvre des politiques de prévention, de réduction et de compensation des handicaps et les moyens nécessaires à leur réalisation qui visent à créer les conditions collectives de limitation des causes du handicap, de la prévention des handicaps se surajoutant, du développement des capacités de la personne handicapée et de la recherche de la meilleure autonomie possible.**

La politique de prévention, de réduction et de compensation des handicaps s'appuie sur des programmes de recherche pluridisciplinaires.

La politique de prévention du handicap comporte notamment :

a) **Des actions s'adressant directement aux personnes handicapées ;**

b) **Des actions visant à informer, former, accompagner et soutenir les familles et les aidants ;**

c) **Des actions visant à favoriser le développement des groupes d'entraide mutuelle ;**
– V. Décis. n° 2021-04 du 10 mars 2021 (JO 13 mars, NOR : SSAA2108330S).

d) **Des actions de formation et de soutien des professionnels ;**

e) **Des actions d'information et de sensibilisation du public ;**

f) **Des actions de prévention concernant la maltraitance des personnes handicapées ;**

g) **Des actions permettant d'établir des liens concrets de citoyenneté ;**

h) **Des actions de soutien psychologique spécifique proposées à la famille lors de l'annonce du handicap, quel que soit le handicap ;**

i) **Des actions pédagogiques en milieu scolaire et professionnel ainsi que dans tous les lieux d'accueil, de prise en charge et d'accompagnement, en fonction des besoins des personnes accueillies ;**

j) **Des actions d'amélioration du cadre de vie prenant en compte tous les environnements, produits et services destinés aux personnes handicapées et mettant en œuvre des règles de conception conçues pour s'appliquer universellement ;**

(L. nº 2018-703 du 3 août 2018, art. 4) **« *k)* Des actions de sensibilisation, de prévention et de formation concernant les violences, notamment sexuelles, à destination des professionnels et des personnes en situation de handicap ainsi que de leurs aidants. »**

Ces actions et programmes de recherche peuvent être proposés par le Conseil national consultatif des personnes handicapées mentionné à l'article L. 146-1 ou par un ou plusieurs conseils départementaux *(L. nº 2015-1776 du 28 déc. 2015, art. 81-4º)* **« de la citoyenneté et de l'autonomie mentionnés à l'article L. 149-1 » lorsque ces actions ou programmes sont circonscrits à un ou plusieurs départements.**

COMMENTAIRE

L'article L. 114-3 a été intégralement réécrit par la loi nº 2005-102 du 11 février 2005 qui lui affecte un objet radicalement nouveau par rapport à l'ancien article L. 114-3 qui ne concernait que la question de l'accessibilité aux immeubles.

Cette nouvelle disposition vise essentiellement le principe de prévention du handicap dont la mise en œuvre revient aux trois acteurs que sont l'État, les collectivités territoriales et les organismes de sécurité sociale. La politique de prévention est définie ici au travers de l'énumération d'un ensemble d'actions (information, formation, sensibilisation du public, soutiens divers, amélioration du cadre de vie, recherche scientifique…) qui entendent concourir à la prévention des handicaps ou à l'atténuation de leurs conséquences.

La loi nº 2018-703 du 3 août 2018 renforçant la lutte contre les violences sexuelles et sexistes a ajouté à la liste des actions de prévention une sensibilisation des personnes handicapées et de leurs aidants aux violences, notamment sexuelles, dont cette catégorie peut être particulièrement victime. ❑

Non-respect des règles d'accessibilité. Il résulte, d'une part de l'art. R. 421-5-2 C. urb. prévoyant que, lorsque les travaux projetés concernent des locaux autres que les établissements recevant du public et sont soumis aux règles d'accessibilité aux personnes handicapées fixées en application de l'art. L. 111-7 CCH, le dossier de la demande de permis de construire est complété par l'engagement du demandeur, et, le cas échéant, de l'architecte de respecter lesdites règles, d'autre part des art. R. 111-18 s. CCH, relatives à l'application de l'art. L. 111-7 du même code, précisant les modalités d'accès des personnes handicapées à mobilité réduite aux bâtiments d'habitation collectifs neufs et aux logements qu'ils contiennent, que doit être annulé le permis de construire qui, délivré pour la transformation d'un bâtiment existant à usage de hangar en bâtiment collectif d'habitation, n'a pas été assorti de l'engagement susvisé, les travaux projetés devant être regardés, eu égard au changement de destination des locaux, comme concernant un bâtiment d'habitation collectif neuf. • CAA Nantes, 9 févr. 2000, *SCI Les Tilleuls,* nº 98NT01332 B. ♦ Doit être annulé le permis de construire autorisant la construction d'une résidence alors que le demandeur n'avait pas joint à sa demande l'engagement et la notice décrivant les caractéristiques générales des locaux, installations et aménagements extérieurs au regard des règles d'accessibilité. • CAA Nantes, 9 févr. 2000, *SCI du Konguel,* nº 98NT00917. ♦ Il en va de même de l'autorisation d'ouverture d'un complexe cinématographique dont certaines salles n'ont pu être rendues accessibles aux personnes handicapées à mobilité réduite • CAA Bordeaux, 18 nov. 1999, *Groupement pour l'insertion des personnes handicapées physiques,* nº 96BX01834.

Art. L. 114-3-1 *(L. nº 2005-102 du 11 févr. 2005, art. 6)* **La recherche sur le handicap fait l'objet de programmes pluridisciplinaires associant notamment les établissements d'enseignement supérieur, les organismes de recherche et les professionnels.**

Elle vise notamment à recenser les personnes touchées par un handicap et les pathologies qui en sont à l'origine, à définir la cause du handicap ou du trouble invalidant, à améliorer l'accompagnement des personnes concernées sur le plan médical, social, thérapeutique, éducatif ou pédagogique, à améliorer leur vie quoti-

dienne et à développer des actions de réduction des incapacités et de prévention des risques.

(Abrogé par Décr. n° 2018-785 du 12 sept. 2018, art. 17) ***« Il est créé un Observatoire national sur la formation, la recherche et l'innovation sur le handicap. Il établit un rapport remis au ministre en charge des personnes handicapées, au conseil scientifique de la Caisse nationale de solidarité pour l'autonomie et au Conseil national consultatif des personnes handicapées tous les trois ans.***

« Cet observatoire, dont la composition fixée par décret comporte des associations représentant les personnes handicapées et leurs familles, est chargé de se prononcer sur la coordination des politiques de prévention et de dépistage des problèmes de santé prévues par le code de la santé publique, par le code de l'éducation et par le code du travail avec la politique de prévention du handicap.

« Il peut être saisi par le Conseil national consultatif des personnes handicapées ou par un conseil départemental *(L. n° 2015-1776 du 28 déc. 2015, art. 81-5°)* ***« de la citoyenneté et de l'autonomie mentionné à l'article L. 149-1 ». »***

COMMENTAIRE

Prolongeant la disposition précédente, la loi du 11 février 2005 introduit ce nouvel article L. 114-3-1 qui se centre, toujours dans la volonté de mettre en place une politique de prévention des handicaps et de leurs conséquences, sur les questions de recherche.

Après un balayage, dans les deux premiers alinéas, des différents domaines dans lesquels la recherche sur les handicaps doit se développer, le texte crée une nouvelle structure : l'Observatoire national sur la formation, la recherche et l'innovation sur le handicap.

Cet observatoire, dont la composition est renvoyée au pouvoir réglementaire (la loi impose seulement la présence des « associations représentant les personnes handicapées et leurs familles »), se voit confier une mission large prévoyant qu'il se « prononce sur la coordination des politiques de prévention et de dépistage des problèmes de santé ». Il peut être saisi tant par le Conseil national consultatif (art. L. 146-1) que par le nouveau conseil départemental de la citoyenneté et de l'autonomie (créé par la L. n° 2015-1776 du 28 déc. 2015, institué à l'art. L. 149-1 et remplaçant le « conseil consultatif départemental » qu'avait créé la L. n° 2005-102 du 11 févr. 2005). L'Observatoire se voit imposer une obligation précise : il doit remettre tous les trois ans un rapport au ministre, au Conseil national consultatif des personnes handicapées et au conseil scientifique de la Caisse nationale de solidarité pour l'autonomie (L. n° 2004-626 du 30 juin 2004, art. 8). ❑

Art. L. 114-4 **Afin de faciliter les déplacements des handicapés, des dispositions sont prises par voie réglementaire pour adapter les services de transport collectif ou pour aménager progressivement les normes de construction des véhicules de transport collectif, ainsi que les conditions d'accès à ces véhicules ou encore pour faciliter la création et le fonctionnement de services de transport spécialisés** *(L. n° 2019-1428 du 24 déc. 2019, art. 19-II)* **« ou de transports spécifiques ou spécialement adaptés » pour les handicapés ou, à défaut, l'utilisation des véhicules individuels** *(L. n° 2002-2 du 2 janv. 2002, art. 85-4°)* **« ainsi que leur stationnement ».** — *[L. n° 75-534 du 30 juin 1975, art. 52, al. 1er.]*

(L. n° 2002-2 du 2 janv. 2002, art. 85-4°) **« Les aménagements des espaces publics en milieu urbain doivent être tels que ces espaces soient accessibles aux personnes handicapées ».**

En ce qui concerne les frais de transport collectif des enfants et adolescents handicapés, V. art. D. 242-14.

BIBL. ▶ Sarapas, Les droits des personnes handicapées dans le domaine des transports européens, *RMCUE, n° 439, 2000. 395.*

1. Illégalité du refus de se conformer aux règles d'accessibilité. Doit être annulé le refus des autorités municipales de mettre en conformité certains aménagements récents de la voirie communale avec les prescriptions relatives à l'accessibilité aux personnes handicapées à mobilité réduite des voies ou espaces publics ou ouverts au public. • TA Versailles, 22 oct. 1996, *Charbonneaux*, n° 904954 B.

2. Places de stationnement réservées et principe d'égalité. Il résulte, notamment, de l'art. 52 de la loi d'orientation en faveur des personnes handicapées du 30 juin 1975 qui prévoit que, afin de faciliter le déplacement des handicapés, des dispositions réglementaires sont prises en ce qui concerne l'utilisation de leurs véhicules individuels, qu'un maire peut, par arrêté motivé, réserver aux véhicules des handicapés physiques des places de stationnement sur la voie publique dès lors que le principe de l'égalité des citoyens devant la loi est respecté pour la catégorie d'usagers concernée. • Crim. 18 mars 1992, n° 91-84.552 P.

Art. L. 114-5 *(L. n° 2005-102 du 11 févr. 2005, art. 2-II)* **Nul ne peut se prévaloir d'un préjudice du seul fait de sa naissance.**

La personne née avec un handicap dû à une faute médicale peut obtenir la réparation de son préjudice lorsque l'acte fautif a provoqué directement le handicap ou l'a aggravé, ou n'a pas permis de prendre les mesures susceptibles de l'atténuer.

Lorsque la responsabilité d'un professionnel ou d'un établissement de santé est engagée vis-à-vis des parents d'un enfant né avec un handicap non décelé pendant la grossesse à la suite d'une faute caractérisée, les parents peuvent demander une indemnité au titre de leur seul préjudice. Ce préjudice ne saurait inclure les charges particulières découlant, tout au long de la vie de l'enfant, de ce handicap. La compensation de ce dernier relève de la solidarité nationale. – *[L. n° 2002-303 du 4 mars 2002, art. 1er, al. 1er à 3.]*

Les dispositions de l'art. L. 114-5 sont applicables aux instances en cours à la date d'entrée en vigueur de la L. n° 2002-303 du 4 mars 2002, à l'exception de celles où il a été irrévocablement statué sur le principe de l'indemnisation (L. n° 2005-102 du 11 févr. 2005, art. 2-II ; Abrogé par Cons. const. n° 2010-2 QPC du 11 juin 2010).

Les dispositions du présent art. sont applicables à Mayotte et dans les Terres australes et antarctiques françaises (L. n° 2005-102 du 11 févr. 2005, art. 2-III).

BIBL. ▶ BOURSIER, La revanche de la jurisprudence Perruche ou l'inconventionnalité de la loi anti-Perruche, *LPA, 30 mai 2002*. – DREIFUSS-NETTER, L'amendement « Perruche » ou la solidarité envers les personnes handicapées, *LPA, n° 122, 2002. 101*. – HENNION-JACQUET, Quelques aspects de l'ambivalence des responsabilités pénale et civile du praticien, *RGDM, n° 14, 2004. 298*. L'approche contestable de la loi anti-Perruche par la Cour européenne des droits de l'homme, *RDSS 2006. 149*. – LEMOYNE DE FORGES, Handicap congénital : le dispositif « anti-Perruche », *RDSS 2002. 645*. – RAVELET, La jurisprudence Quarez sous le coup de la loi « Perruche », *RD publ., 2002. 1389*. – TURPIN, L'arrêt Perruche, 20 ans déjà !, *LPA, n° 82, 2021. 4*.

COMMENTAIRE

Les dispositions de l'ancien article L. 114-5, qui concernait l'obligation d'établir un rapport au Parlement relatif à l'état d'avancement de la recherche en matière de handicaps, ayant été incluses dans le nouvel article L. 114-3-1, alinéa 3, cette nouvelle rédaction reprend les trois premiers alinéas de la loi n° 2002-303 du 4 mars 2002 relative aux droits des malades et à la qualité du système de santé.

L'article 1er de la loi n° 2002-303 a entendu purement et simplement régler le sort des jurisprudences « Perruche » et « Quarez » (Cass., ass. plén., 17 nov. 2000, *Perruche, Bull. p. 15* ; CE, sect., 14 févr. 1997, *CHR de Nice c/ Quarez, Rec. p. 44*). Ces deux jurisprudences convergeaient pour admettre qu'une erreur de diagnostic prénatal n'ayant pas permis de déceler le handicap d'un enfant constituait un préjudice indemnisable et conduisait à la prise en charge des conséquences du handicap tout au long de la vie de l'enfant. Elles divergeaient cependant car le Conseil d'État s'appuyait sur l'idée que le handicap de l'enfant constituait un préjudice pour les parents, alors que la Cour de cassation estimait, elle, que le préjudice de l'enfant lui-même pouvait conduire à ce que l'on répare les conséquences dommageables liées au fait d'être né… : solution qui, naturellement, au-delà de la question de l'élargissement du champ de la responsabilité des établissements et des praticiens de santé, posait un problème éthique vertigineux.

L'article L. 114-5 nouveau en termine donc avec ces controverses : il réduit très fortement le champ de la responsabilité médicale susceptible d'être encourue en matière de diagnostic prénatal en faisant basculer la prise en charge des conséquences dommageables des erreurs en la matière du domaine de la responsabilité vers celui de la solidarité nationale.

La disposition est claire si l'on considère sa logique d'ensemble : elle s'ouvre d'abord sur un principe « anti-Perruche » selon lequel « nul ne peut se prévaloir d'un préjudice du seul fait de sa naissance », ce qui exclut donc radicalement que le seul fait d'être venu à la vie, serait-ce avec un handicap, puisse constituer un « dommage indemnisable » au sens du droit de la responsabilité.

Elle établit ensuite trois limites d'importance qui bornent le champ de la responsabilité en la matière : tout d'abord, la responsabilité du praticien et de l'établissement ne pourra être recherchée qu'en cas de faute caractérisée ; ensuite, cette responsabilité ne prend en compte que « le seul préjudice des parents » ; enfin, les « charges particulières » qui pourraient en résulter en ce qui concerne l'enfant sont exclues du « préjudice des parents » (mise à bas de la jurisprudence « Quarez ») et, implicitement aussi, exclues de tout préjudice dont pourrait se prévaloir l'enfant : elles sont renvoyées à une prise en charge par la solidarité nationale, c'est-à-dire par les actions de compensation du handicap prévues (en amplifiant la loi n° 75-334) par la loi n° 2005-102 et mises en œuvre dans le cadre de la politique du handicap. ❑

1. Inapplication de la solidarité nationale en cas d'instance introduite avant l'entrée en vigueur de la loi du 4 mars 2002. La loi du 4 mars 2002, entrée en vigueur le 7 mars 2002, ayant privé les requérants de la possibilité d'être indemnisés à raison des « charges particulières » en application de la jurisprudence *Quarez* du 14 févr. 1997, alors que, dès le 16 mars 2001, ils avaient saisi le tribunal administratif de Paris d'une requête au fond et que, par une ordonnance rendue le 19 déc. 2001, le juge des référés de ce même tribunal leur avait accordé une provision d'un montant substantiel, compte tenu du caractère non sérieusement contestable de l'obligation de l'AP-HP à leur égard, elle a donc entraîné une ingérence dans l'exercice des droits de créance en réparation qu'on pouvait faire valoir en vertu du droit interne en vigueur jusqu'alors et, partant, du droit des requérants au respect de leurs biens. • CEDH 6 oct. 2005, *Draon c/ France et Maurice c/ France*, n°s 11810/03 et 1513/03 : *RDSS 2006. 149, note Hennion-Jacquet* ; *RTD civ. 2005. 743, obs. Marguénaud* • 3 févr. 2022, *N.M. c/ France*, n° 66328/14 : *RDSS 2022. 482, note Cristol*. ♦ Si une personne peut être privée d'un droit de créance en responsabilité, c'est à la condition, selon l'art. 1er du Prot. add. n° 1 à la Conv. EDH, que soit respecté le juste équilibre entre les exigences de l'intérêt général et les impératifs de sauvegarde du droit au respect des biens ; tel ne saurait être le cas en l'espèce, dès lors qu'en prohibant l'action de l'enfant et en excluant du préjudice des parents les charges particulières découlant du handicap de l'enfant tout au long de la vie, l'art. 1er de la L. n° 2002-303 du 4 mars 2002, devenu l'art. L. 114-5 CASF, a institué un mécanisme de compensation forfaitaire du handicap, sans rapport raisonnable avec une créance de réparation intégrale, quand les parents de l'enfant handicapé pouvaient en l'état de la jurisprudence, applicable avant l'entrée en vigueur de cette loi, légitimement espérer que leur enfant serait indemnisé au titre du préjudice résultant de son handicap. • Civ. 1re, 24 janv. 2006, n° 02-13.775 P : *JCP 2006. 800, obs. Gouttenoire et Porchy-Simon* ; *JCP S 2006. 1502, obs. Morvan* • 21 févr. 2006, n° 03-11.917 P : *RDSS 2006. 357, obs. Hennion-Jacquet* • CE 24 févr. 2006, *Levenez*, n° 250704 : *Lebon 84* ; *RDSS 2006. 360, obs. Hennion-Jacquet* ; *AJDA 2006. 1272, note Hennette-Vauchez* • Civ. 1re, 8 juill. 2008, n° 07-12.159 : *RDSS 2008. 975, obs. Hennion-Jacquet*.

2. Non-conformité à la Constitution des dispositions relatives à l'application de l'art. L. 114-5. Si le législateur peut modifier rétroactivement une règle de droit ou valider un acte administratif ou de droit privé, c'est à la condition que soit poursuivi un but d'intérêt général suffisant et que soient respectées tant les décisions de justice ayant force de chose jugée que le principe de non-rétroactivité des peines et des sanctions ; que l'acte modifié ou validé ne méconnaisse aucune règle, ni aucun principe de valeur constitutionnelle, sauf à ce que le but d'intérêt général visé soit lui-même de valeur constitutionnelle ; et que la portée de la modification ou de la validation soit strictement définie ; par suite, la décision du législateur de rendre applicable les dispositions modifiant l'article L. 114-5 aux instances non jugées de manière irrévocable à la date de leur entrée en vigueur doit être déclarée contraire à la Constitution, les motifs d'intérêt général précités ne pouvant justifier que des modifications aussi importantes soient apportées aux droits des personnes qui avaient, antérieurement à cette date, engagé une procédure en vue d'obtenir la réparation de leur préjudice. • Cons. const. 11 juin 2010, n° 2010-2 QPC : *JO 12 juin, p. 10847* ; *D. 2010. 1976, note Vigneau* ; *D. 2010. 1980, note Bernaud et Gay* ; *D. 2010. 2086, note Pédrot et Sainte-Rose* ; *RDSS 2010. 127, obs. Pellet*. ♦ Il résulte de la décision du Conseil constitutionnel et des motifs qui en sont le support nécessaire qu'elle n'emporte abrogation des règles transitoires relatives à l'entrée en vigueur du nouveau dispositif d'indemnisation inscrites au 2 du II de l'art. 2 de la L. n° 2005-102 du 11 févr. 2005 que dans la mesure où cette disposition rend les règles nouvelles applicables aux instances en cours au 7 mars 2002. • CE 13 mai 2011, n°s 317808 et 329290 (2 arrêts) : *Lebon 238* ; *RDSS 2011. 749, note Cristol* ; *RFDA 2011. 772, concl. Thiellay*. ♦ *Contra*, V. cependant, • Civ. 2e, 15 déc. 2011 : *D. 2012. 12, obs. Gallmeister* ; *ibid. 323, note Vigneau* ; *ibid. 297, chron. Maziau* ; *RDSS 2012. 366, note Cristol* ; *RFDA 2012. 364, avis Chevalier*.

3. Conformité à la Constitution de l'art. L. 114-5, al. 1er. L'interdiction faite à l'enfant de réclamer la réparation d'un préjudice du fait de sa naissance ne porte pas atteinte au principe selon lequel nul n'ayant le droit de nuire à autrui, un dommage oblige celui par la faute duquel il est arrivé à le réparer dans la mesure où il n'est fait obstacle au droit de l'enfant de demander réparation aux professionnels et établissements de santé que lorsque la faute invoquée a eu pour seul effet de priver sa mère de la faculté d'exercer, en toute connaissance de cause, la liberté d'interrompre sa grossesse, ces professionnels et établissements demeurant tenus des conséquences de leur acte fautif dans tous les autres cas. • Cons. const. 11 juin 2010, n° 2010-2 QPC : *préc., note 2.* ♦ Par ailleurs, en estimant que, lorsque la faute d'un professionnel ou d'un établissement de santé a eu pour seul effet de priver la mère de la faculté d'exercer, en toute connaissance de cause, la liberté d'interrompre sa grossesse, l'enfant n'a pas d'intérêt légitime à demander la réparation des conséquences de cette faute, le législateur n'a fait qu'exercer la compétence que lui reconnaît la Constitution sans porter atteinte au principe de responsabilité ou au droit à un recours juridictionnel. • Même décision. ♦ Dans la mesure où les dispositions de l'art. L. 114-5, al. 1er ne font obstacle au droit de l'enfant né avec un handicap d'en demander la réparation que dans le cas où la faute invoquée n'est pas à l'origine de ce handicap, la différence de traitement instituée ne méconnaît nullement le principe d'égalité • Même décision.

4. Conformité à la Constitution de l'art. L. 114-5, al. 3. La limitation du préjudice indemnisable décidée par le législateur ne revêt pas un caractère disproportionné au regard des buts poursuivis ; il en résulte qu'elle n'est contraire ni au principe de responsabilité, ni au principe d'égalité, ni à aucun autre droit ou liberté que la Constitution garantit. • Cons. const. 11 juin 2010, n° 2010-2 QPC : *préc., note 2.*

5. Faute caractérisée. A légalement justifié sa décision la cour d'appel qui, relevant que des médecins échographistes, dans les comptes rendus écrits d'échographies réalisées sur une femme enceinte, ont indiqué, l'un, que les membres étaient « visibles avec leurs extrémités », l'autre, que l'enfant avait ses deux mains, en a déduit que ces affirmations constituaient une faute qui, par son intensité et son évidence, était caractérisée au sens de l'art. L. 114-5. • Civ. 2e, 16 janv. 2013 : *RDSS 2013. 325, note Cristol ; JCP 2013, n° 14, 375, p. 655, note Mistretta.* ♦ L'absence de vérification de la conformité des quatre membres du fœtus constitue une faute qui, par son intensité et sa gravité, est caractérisée au sens de l'art. L. 114-5 dès lors que les mentions, figurant dans les comptes rendus des trois échographies réalisées, selon lesquelles le fœtus disposait de quatre membres de mobilité et de segmentation satisfaisante, ne peuvent résulter, en l'absence de difficulté particulière dans la réalisation de ces examens, que d'une absence de contrôle visuel direct du membre supérieur droit, soit que ce membre n'ait fait l'objet d'aucun contrôle, soit qu'il ait été confondu avec le membre supérieur gauche. • CE 31 mars 2014, n° 345812 B. ♦ A inexactement qualifié les faits qui lui étaient soumis la cour qui n'a pas retenu que le défaut d'information de l'intéressée sur l'existence d'un risque de pathologie grave du fœtus était constitutif d'une faute caractérisée. • CE 7 avr. 2016, n° 376080 B. *RDSS 2016. 574, obs. Cristol ; AJDA 2016. 1583, note Lantero .*

6. Droit à réparation du membre d'une fratrie né non handicapé. Les dispositions de l'art. L. 114-5, al. 3, relatives au caractère non indemnisable des préjudices subis par les enfants handicapés du fait de leur naissance ainsi qu'aux charges particulières pour les parents découlant, tout au long de la vie de l'enfant, de ce handicap n'ont pas pour objet d'interdire l'indemnisation des préjudices moraux et des troubles dans leurs conditions d'existence subis par d'autres membres de la famille et notamment par l'enfant de la fratrie né non handicapé • CAA Bordeaux, 4 déc. 2018, n° 16BX02831 : *AJDA 2019. 242, concl. Normand .*

CHAPITRE V LUTTE CONTRE LA PAUVRETÉ ET LES EXCLUSIONS

BIBL. GÉN. ▸ **Sur la pauvreté.** ATKINSON *et alii*, Pauvreté et exclusion, *Cons. anal. écon., La Doc. fr. 1998.* – BARRAT, La pauvreté, *PUF, 1998.* – BARTHE, Les formes de pauvreté dans la société française, *RF aff. soc. n° 2, 1987. 113.* – CHOPART, Le classement des pauvres, traitement social et postures scientifiques, *RF aff. soc. n° 2, 1991.* – Collectif ACDC, Précarité, pauvreté, inégalités, *Dr. soc. 2007. 793* . – DAMON, Pauvreté laborieuse et protection sociale : pour une transformation en profondeur des prestations sociales, *Inf. soc., n° 142, 2007. 40* ; Éliminer la pauvreté, *Coll. Quadrige, PUF, 2010.* – DEBORDEAUX, Désaffiliation, disqualification, désinsertion, *Rech. et prév., n° 38, 1993.* – FIERENS, Droit et pauvreté, Sécurité sociale, Aide sociale, *Bruylant, 1992.* – FRACASSI et MARQUES (Dir.), La pauvreté, une approche plurielle, *ESF, 1994.* – DE GAULLE-ANTHONIOZ, La grande pauvreté (Avis), *Cons. écon. et soc., 1995.* – HIRSCH, L'introuvable politique de lutte contre la pauvreté, *Dr. soc. 2007. 131* . – LOLLIVIER, Inégalité et pauvreté : limites conceptuelles et tendances récentes, *Rev. fr. éco., vol. 15, n° 3, 2000. 119.* – MÄKINEN, Contraintes structurelles, politique sociale et pauvreté, *Rev. int. séc. soc., vol. 52, n° 4, 1999. 3.* – MATH, Pauvreté des familles et des enfants : la France dans la comparaison européenne, *Chron. int. IRES, n° 162, 2018. 14.* – MILANO, La pauvreté absolue, *Hachette, 1988* ; La pauvreté dans les pays riches, *Nathan, 1994.* – PAUGAM, La disqualification sociale, essai sur la nouvelle pauvreté, *PUF, 1991* ; Les formes contemporaines de la pauvreté et de l'exclusion.

Le point de vue sociologique, *Genèses, n° 31, 1998. 138.* – Ratouis, Précarité et vie quotidienne des ménages actifs : de quoi parle-t-on ?, *Dr. soc. 2000. 717*. – Roman, Le droit public face à la pauvreté, *LGDJ, 2002.* – Verger, La multiplicité des approches de la pauvreté, *Inf. soc., n° 86, 2000. 14.* – Vranken et de Boyser, Exclusion sociale et pauvreté, *Rev. belge séc. soc., n° 4, 2004. 747.* – Wrezinski, Grande pauvreté et précarité économique et sociale (Rapport), *Cons. écon. et soc., La Doc. fr., 1987.* – Wuhl, Du chômage à l'exclusion ? L'état des politiques, l'apport des expériences, *Syros, 1991.*

▸ **Sur la lutte contre les exclusions.** Badel, La lutte contre les exclusions et la construction de la citoyenneté, *RDSS 1999. 431*. – Belorgey, La lutte contre les exclusions : l'obligation faite aux administrations, *Rech. et prév. n° 87, 2007. 61.* – Berghman, La résurgence de la pauvreté et la lutte contre l'exclusion, *Rev. int. séc. soc., n° 1, 1997. 3.* – Bihr et Pfefferkorn, Exclusion, les enjeux idéologiques et théoriques d'un « nouveau paradigme » sociologique, *Rev. sc. soc. n° 21, 2001. 123.* – Borgetto et Lafore, Droit de l'aide et de l'action sociales, *Domat-Montchrestien, 11e éd., 2021, nos 490 s.* – Chopart et Roy (Dir.), Y a-t-il vraiment des exclus, l'exclusion en débat, *Lien social et politiques, n° 34, 1995.* – Damon, Les politiques d'insertion, *La Doc. fr., 1998*; Pour une agence européenne en faveur des sans-abri, *RDSS 2007. 887*; Pauvreté laborieuse et protection sociale : pour une transformation en profondeur des prestations sociales, *Inf. soc. n° 142, 2007. 40*; L'exclusion, *QSJ, PUF, 2008.* – David-Aeschlimann, Les justiciers du droit. L'action des associations en faveur des plus démunis, *Inf. soc., n° 81, 2000. 110.* – Dion-Loye, Le pauvre appréhendé par le Droit, *Rev. rech. jur. Droit prospectif, n° 2, 1995. 433*; Les pauvres et le droit, *QSJ, PUF, 1997.* – Démocratie et pauvreté. Du quatrième ordre au quart monde, *Éd. Quart Monde/A. Michel, 1991*; Politiques de lutte contre le chômage et l'exclusion sociale et mutations de l'action sociale (ENA), *La Doc. fr. 1994*; Les institutions face au débordement du social, *Inf. soc., n° 76 (n° spécial), 1999*; L'exclusion, *Administration, n° 1 (n° spécial), 2000.* – Fragonard (Rapport), Cohésion sociale et prévention de l'exclusion, *Comm. gén. plan, La Doc. fr., 1993.* – Godinot, Exclusion : de l'aveuglement à la clairvoyance, *Futuribles, n° 242, 1999. 5.* – Hirsch, L'introuvable politique de lutte contre la pauvreté, *Dr. soc. 2007. 131*. – Hirsch et Chemla (Dir.), Code des droits contre l'exclusion, *Dalloz, 2006.* – Jaïn, Dix clefs pour comprendre les difficultés des dispositifs d'insertion, *RF aff. soc. 1992, n° 3, p. 11.* – Karsz (Dir.), L'exclusion, définir pour en finir, *Dunod, 2000.* – Laborde et Daugareilh (Dir.), Insertions et solitudes, *Éd. MSHA, Bordeaux, 1993.* – Lafore, Exclusion, insertion, intégration, fracture sociale, cohésion sociale : le poids des maux, *RDSS 1996. 803*; Le droit social et la marginalité, *Inf. soc. n° 68, 1998. 24*; Les nouvelles modalités de régulation juridique, l'exemple des politiques d'insertion, *in* Auvergnon, Martin *et alii* (Dir.), L'État à l'épreuve du social, *Éd. Syllepse, 1998*; Les enjeux de l'insertion, *RF aff. soc., n° 3-4, 2000. 93*; La prise en charge des personnes les plus démunies, *RDSS 2007. 979*; Penser l'exclusion : le point aveugle de la protection sociale, *Inf. soc. 2007, n° 142. 26.* – Lamarque, L'exclusion, *PUF, 1996.* – Martin, Pour une nouvelle stratégie de l'insertion, *RF aff. soc., n° 2, 1989. 9.* – Mercat-Bruns, Le concept d'inclusion : genèse et construction, *Dr. soc. 2023. 1001* et 2024. 64. – Nasse (Rapport), Exclus et exclusions. Connaître les populations, comprendre les processus, *Comm. gén. plan, La Doc. fr. 1992.* – Passal et Jamet (Dir.), L'insertion en questions, *L'Harmattan, 1995.* – Paugam (Dir.), L'exclusion : l'état des savoirs, *La Découverte, 1996.* – Roman, L'exclusion : le mot et la chose, *Esprit, n° 12, 1996.* – Wuhl, Insertion : les politiques en crise, *PUF, 1996.* – Xiberras, Les théories de l'exclusion, pour une construction de l'imaginaire de la déviance, *Klincksieck, 1993.*

▸ **Sur la loi du 29 juillet 1998.** Alfandari, Du nouveau pour les associations dans la loi du 29 juillet 1998 d'orientation relative à la lutte contre l'exclusion, *RDSS 1998. 869*. – Badel, La lutte contre les exclusions et la construction de la citoyenneté, *RDSS 1999. 431*. – Danalis, La loi d'orientation sur les exclusions, *Regards sur l'actualité, n° 245, 1998. 35.* – Giverdon, Loi n° 98-657 du 29 juillet 1998 d'orientation relative à la lutte contre les exclusions, *Administrer n° 307, 1999. 27.* – Hennion-Moreau, La mobilisation des institutions sociales, *RDSS 1999. 342*. – Monéger (Dir.), La lutte contre les exclusions, *RDSS n° 2, 1999*. – Pujolar, Présentation générale de la loi d'orientation du 29 juillet 1998, *RDSS 1999. 255*. – Verkindt, Un autre regard sur l'exclusion, *Dr. soc. 1999. 211*.

▸ **Sur les politiques d'accès aux droits.** Borgetto, Les enjeux actuels de l'accès aux droits, *Inf. soc. 2004, n° 120. 6*; L'accès aux droits sociaux : quelle effectivité ?, *in* Du Cheyron et Gélot (Dir.), Droit et pauvreté, *ONPES/DREES-MIRE, 2008. 105.* – Borgetto, Chauvière, Frotiée et Renard, Les débats sur l'accès aux droits sociaux : entre lutte contre les exclusions et modernisation administrative, *n° 60, Dossiers d'études CNAF, 2004.* – Chauvière, De l'affirmation à l'accès aux droits sociaux... Une nouvelle dynamique sociale ?, *Inf. soc. 2004, n° 120, p. 20.* – Divers, Le non-recours aux droits sociaux, *RDSS*

(Dossier), 2012. 601 s. – DOMINGO et PUCCI, Les vecteurs du non-recours au RSA du point de vue de l'usager, *Inf. soc. 2013, nº 178, p. 72.* – GADBIN-GEORGE, Le troisième secteur et l'accès aux droits en France et au Royaume-Uni : l'exemple des CABx et des PIMMS, *RDSS 2018. 823*. – KESTEMAN, Lutter contre le non-recours aux droits sociaux, *Inf. soc. 2004, nº 120, p. 78.* – KOUBI, Services en ligne et droits sociaux, *Inf. soc. 2013, nº 178, p. 44.* – ODENORE, L'envers de la « fraude sociale », *La Découverte, 2012.* – WARIN, Pas de politique d'accès aux droits sociaux sans information sur les publics vulnérables, *Rech. et prév. 2007, nº 87. 7* ; L'accès aux droits sociaux, *PU Grenoble, 2006* ; Le non-recours aux droits sociaux, *Revue Regards EN3S, nº 39, 2011. 97* ; Mieux informer les publics vulnérables pour éviter le non-recours, *Inf. soc. 2013, nº 178, p. 54.* – ZEGGAR, L'accès aux droits des populations en difficulté, *Dr. soc. 2001. 535*.

Art. L. 115-1 **La lutte contre** *(L. nº 2008-1249 du 1er déc. 2008, en vigueur le 1er juin 2009)* **« la pauvreté et » les exclusions est un impératif national fondé sur le respect de l'égale dignité de tous les êtres humains et une priorité de l'ensemble des politiques publiques de la nation.**

Elle tend à garantir sur l'ensemble du territoire l'accès effectif de tous aux droits fondamentaux dans les domaines de l'emploi, du logement, de la protection de la santé, de la justice, de l'éducation, de la formation et de la culture, de la protection de la famille et de l'enfance.

L'État, les collectivités territoriales, les établissements publics dont les centres communaux et intercommunaux d'action sociale, les organismes de sécurité sociale ainsi que les institutions sociales et médico-sociales poursuivent une politique destinée à connaître, à prévenir et à supprimer toutes les situations pouvant engendrer *(L. nº 2008-1249 du 1er déc. 2008, en vigueur le 1er juin 2009)* **« la pauvreté et les exclusions ».**

Ils prennent les dispositions nécessaires pour informer chacun de la nature et de l'étendue de ses droits et pour l'aider, éventuellement par un accompagnement personnalisé, à accomplir les démarches administratives ou sociales nécessaires à leur mise en œuvre dans les délais les plus rapides.

Les entreprises, les organisations professionnelles ou interprofessionnelles, les organisations syndicales de salariés représentatives, les organismes de prévoyance, les groupements régis par le code de la mutualité, les associations qui œuvrent notamment dans le domaine de l'insertion et de la lutte contre les exclusions, les citoyens ainsi que l'ensemble des acteurs de l'économie solidaire et de l'économie sociale concourent à la réalisation de ces objectifs. – *[Anc. art. L. 115-2.]*

COMMENTAIRE

Cette disposition, qui constituait antérieurement l'article L. 115-2, ouvre désormais ce chapitre consacré à la lutte contre la pauvreté et les exclusions en lieu et place de l'ancien article L. 115-1, lequel reprenait, quant à lui, un article (l'art. 1er de la loi nº 88-1088 du 1er décembre 1988 instituant le RMI) dont la formulation était empruntée à l'alinéa 11 du Préambule de la Constitution de 1946 (« tout être humain qui, en raison de son âge, de son état physique ou mental, de la situation économique, se trouve dans l'incapacité de travailler a le droit d'obtenir de la collectivité des moyens convenables d'existence »). C'est la loi nº 2008-1249 du 1er décembre 2008 généralisant le RSA (art. L. 262-1 s.) qui a supprimé cette disposition affirmant un droit fondamental pour lui substituer un engagement de la collectivité désigné comme « impératif national » ; ce changement s'accompagne par ailleurs (art. L. 115-2 nouveau) de l'introduction d'une disposition qui insiste non sur des droits garantis, mais à nouveau sur « l'impératif national » que constitue l'insertion sociale et professionnelle. Il faut voir dans ces modifications une inflexion sensible de perspective : on glisse ainsi d'une approche en matière de « droits à des aides » à une logique qui insiste davantage sur une obligation de s'insérer prenant appui sur un devoir de la collectivité d'y contribuer (V. comm. ss. art. L. 115-2).

La disposition ci-dessus est empruntée à la loi nº 98-657 du 29 juillet 1998 (art. 1er), la loi nº 2008-1246 du 1er décembre 2008 y ayant introduit quelques modifications et ajouts formels. Elle généralise à l'ensemble des problèmes de pauvreté et d'exclusion sociale les principes déjà dégagés pour la politique concernant les personnes handicapées (art. L. 114-1 et L. 114-2).

La lutte contre les exclusions est qualifiée ici d'« impératif national » et de « priorité de l'ensemble des politiques publiques de la nation ». La nécessaire mobilisation de l'ensemble des acteurs publics et privés y est affirmée, ce qui se concrétise dans les politiques partenariales (V. not. les art. L. 263-1 s. nouveaux). Enfin, un modèle d'action sociale est esquissé dans ses principes ordonnateurs : il s'agit de garantir « l'accès effectif de tous aux droits fondamentaux », ce qui correspond à une reformulation du principe d'égalité. La lutte contre les exclusions, loin de se construire en politiques discriminantes et ségrégatives (prise en charge des « inadaptés » par des filières institutionnelles spécialisées), doit tendre au contraire à l'intégration dans le droit commun (éducation, logement, emploi...), même si cela passe par des soutiens spécifiques qui se veulent conjoncturels et provisoires. Tout ceci manifeste une inflexion vers le principe de « non-discrimination » emprunté au droit anglo-saxon et promu par les instances européennes. ❑

Art. L. 115-2 *(L. nº 2008-1249 du 1er déc. 2008, en vigueur le 1er juin 2009)* **L'insertion sociale et professionnelle des personnes en difficultés** *[difficulté]* **concourt à la réalisation de l'impératif national de lutte contre la pauvreté et les exclusions.**

Le revenu de solidarité active, mis en œuvre dans les conditions prévues au chapitre II du titre VI du livre II, complète les revenus du travail ou les supplée pour les foyers dont les membres ne tirent que des ressources limitées de leur travail et des droits qu'ils ont acquis en travaillant ou sont privés d'emploi.

Il garantit à toute personne, qu'elle soit ou non en capacité de travailler, de disposer d'un revenu minimum *(Abrogé par L. nº 2015-994 du 17 août 2015, art. 59-III-1º, à compter du 1er janv. 2016)* ***« et de voir ses ressources augmenter quand les revenus qu'elle tire de son travail s'accroissent »*. Le bénéficiaire du revenu de solidarité active a droit à un accompagnement social et professionnel destiné à faciliter son insertion durable dans l'emploi.**

La mise en œuvre du revenu de solidarité active relève de la responsabilité *(Abrogé par L. nº 2015-994 du 17 août 2015, art. 59-III-1º, à compter du 1er janv. 2016)* ***« de l'État et »* des départements. Les autres collectivités territoriales, l'institution mentionnée à l'article L. 5312-1 du code du travail, les maisons de l'emploi ou, à défaut, les personnes morales gestionnaires des plans locaux pluriannuels pour l'insertion et l'emploi, les établissements publics, les organismes de sécurité sociale ainsi que les employeurs y apportent leur concours.**

Dans ce cadre, les politiques d'insertion relèvent de la responsabilité des départements.

La définition, la conduite et l'évaluation des politiques mentionnées au présent article sont réalisées selon des modalités qui assurent une participation effective des personnes intéressées.

COMMENTAIRE

L'article L. 115-1 indiquant que « la lutte contre les exclusions est un impératif national », l'article L. 115-2 (introduit par la loi nº 2008-1249 du 1er décembre 2008) précise que « l'insertion sociale et professionnelle des personnes en difficultés *[difficulté]* » concourt à la réalisation de cet objectif. C'est dire que, loin de s'en tenir à une logique d'assistance, notamment par le moyen d'allocations de subsistance, la politique de lutte contre les exclusions s'inscrit plutôt dans une dynamique d'insertion des personnes concernées, impliquant leur engagement dans un processus qui entend d'une part, restaurer leur identité sociale et, d'autre part, les requalifier autant que faire se peut pour répondre aux exigences du marché du travail ; au-delà, même, il s'agit, dans l'idéal, de les réintégrer dans la communauté du travail et dans le droit commun en matière, notamment, de santé et de logement.

L'instrument destiné à poursuivre cette finalité est le revenu de solidarité active (nouv. art. L. 262-1 s.) dont cette disposition trace le cadre général. Ainsi, avec diverses modifications introduites par la loi nº 2015-994 du 17 août 2015 (créant la prime d'activité remplaçant le RSA-activité et la PPE), elle en définit le but : compléter les revenus du travail ou les suppléer pour les personnes privées d'emploi ou celles qui ne tirent de leur travail que « des ressources limitées » ; elle en précise le principe : c'est un revenu minimum pour « toute personne, qu'elle soit ou non en capacité de travailler » ; elle attribue les compétences de mise en œuvre : le département a la responsabilité de la mise en œuvre, les autres acteurs (collectivités territoriales, organismes de la politique de l'emploi, établissements publics et organismes de sécurité sociale) doivent apporter leur concours à cette mise en œuvre ; elle prévoit que les « personnes intéressées » (les bénéficiaires du RSA) participent à la définition, à la conduite et à l'évaluation des politiques d'insertion.

Avec cet article L. 115-2, on aperçoit donc les novations introduites par l'institution du RSA en lieu et place du RMI et de l'API et par les textes ultérieurs puisqu'il est maintenant complété, pour les actifs tirant de faibles ressources de leur travail, par la « prime d'activité » (CSS, art. L. 841-1 s., L. n° 2015-994 du 17 août 2015) : il revient ainsi à sa nature initiale de prestation de subsistance pour les « exclus » du marché du travail, la prime d'activité concernant les « actifs pauvres ». ❑

Art. L. 115-2-1 *(L. n° 2014-366 du 24 mars 2014, art. 40-1°)* **La définition, le suivi et l'évaluation du dispositif d'accueil, d'hébergement et d'accompagnement vers l'insertion et le logement des personnes sans domicile sont réalisés selon des modalités qui assurent une participation des personnes prises en charge par le dispositif ou l'ayant été.**

Les instances de concertation permettant d'assurer cette participation ainsi que leurs modalités d'organisation sont précisées par décret.

Art. L. 115-3 *(L. n° 2004-809 du 13 août 2004, art. 65-II)* **Dans les conditions fixées par la loi n° 90-449 du 31 mai 1990 visant à la mise en œuvre du droit au logement, toute personne ou famille éprouvant des difficultés particulières, au regard notamment de son patrimoine, de l'insuffisance de ses ressources ou de ses conditions d'existence, a droit à une aide de la collectivité pour disposer de la fourniture d'eau, d'énergie** *(L. n° 2016-1321 du 7 oct. 2016, art. 108-I)* **« , d'un service de téléphonie fixe et d'un service d'accès à internet ».** — *V. ce texte, App., v° Logement. — En ce qui concerne la protection des consommateurs en situation de précarité énergétique, V. C. énergie, art. L. 124-1 s. et R. 124-1 s., App., v° Logement.*

(L. n° 2016-1321 du 7 oct. 2016, art. 108-I) **« En cas de non-paiement des factures, la fourniture d'énergie et d'eau, un service téléphonique et un service d'accès à internet sont maintenus jusqu'à ce qu'il ait été statué sur la demande d'aide. Le service téléphonique maintenu peut être restreint par l'opérateur, sous réserve de préserver la possibilité de recevoir des appels ainsi que de passer des communications locales et vers les numéros gratuits et d'urgence. Le débit du service d'accès à internet maintenu peut être restreint par l'opérateur, sous réserve de préserver un accès fonctionnel aux services de communication au public en ligne et aux services de courrier électronique. »**

(L. n° 2006-872 du 13 juill. 2006, art. 75) **« Du 1er novembre de chaque année au** *(L. n° 2015-992 du 17 août 2015, art. 32)* **« 31 mars » de l'année suivante, les fournisseurs d'électricité, de chaleur, de gaz** *(Abrogé par L. n° 2007-290 du 5 mars 2007, art. 36)* ***« et les distributeurs d'eau »*** **ne peuvent procéder, dans une résidence principale, à l'interruption** *(L. n° 2013-312 du 15 avr. 2013, art. 19-1°)* **« , y compris par résiliation de contrat », pour non-paiement des factures, de la fourniture d'électricité, de chaleur ou de gaz** *(Abrogé par L. n° 2007-290 du 5 mars 2007, art. 36)* ***« ou de la distribution d'eau »*** **aux personnes ou familles** *(Abrogé par L. n° 2013-312 du 15 avr. 2013, art. 19-1°)* ***« mentionnées au premier alinéa et bénéficiant ou ayant bénéficié, dans les douze derniers mois, d'une décision favorable d'attribution d'une aide du fonds de solidarité pour le logement ».*** *(L. n° 2013-312 du 15 avr. 2013, art. 19-1°)* **« Les fournisseurs d'électricité peuvent néanmoins procéder à une réduction de puissance, sauf pour les consommateurs mentionnés à l'article** *(L. n° 2015-992 du 17 août 2015, art. 201-III)* **« L. 124-1 » du code de l'énergie. » Un décret définit les modalités d'application du présent alinéa.** *(L. n° 2007-290 du 5 mars 2007, art. 36)* **« Ces dispositions s'appliquent aux distributeurs d'eau pour la distribution d'eau tout au long de l'année. »** — *La dernière phrase de cet al. a été déclarée conforme à la Constitution (Cons. const. n° 2015-470 QPC du 29 mai 2015, JO 31 mai, p. 9051). — V. Décr. n° 2008-780 du 13 août 2008 (JO 14 août).*

(L. n° 2022-1158 du 16 août 2022, art. 35-1°) **« Le reste de l'année, les fournisseurs d'électricité ne peuvent procéder, dans une résidence principale, à l'interruption de la fourniture d'électricité, y compris par résiliation de contrat, pour non-paiement des factures, qu'après une période de réduction de puissance, qui ne peut être infé-**

rieure à un mois, permettant au ménage de satisfaire ses besoins fondamentaux de la vie quotidienne et d'hygiène. Les modalités d'application du présent alinéa, en particulier les bénéficiaires et la durée de cette mesure, sont fixées par décret en Conseil d'État. »

« Lorsqu'un consommateur n'a pas procédé au paiement de sa facture, le fournisseur d'électricité, de chaleur, de gaz *(L. nº 2016-1321 du 7 oct. 2016, art. 108-I)* **« [,] d'un service de téléphonie fixe ou d'un service d'accès à internet » ou le distributeur d'eau l'avise par courrier du délai et des conditions, définis par décret, dans lesquels la fourniture peut être réduite ou suspendue** *(L. nº 2013-312 du 15 avr. 2013, art. 19-2º)* **« ou faire l'objet d'une résiliation de contrat » à défaut de règlement. »**

(L. nº 2013-312 du 15 avr. 2013, art. 19-3º) **« Les fournisseurs d'électricité, de gaz naturel ou de chaleur transmettent à la Commission de régulation de l'énergie** *(L. nº 2022-1158 du 16 août 2022, art. 35-2º)* **« , au ministre chargé de l'énergie » et au médiateur national de l'énergie, selon des modalités définies par voie réglementaire, des informations sur les interruptions de fourniture ou les réductions de puissance auxquelles ils procèdent. »**

BIBL. ▶ BRACONNIER, Les arrêtés anti-coupure d'eau : une réponse juridique inadaptée à un problème social réel, *AJDA 2005. 644*. – LERIQUE, Un droit social qui ne coule pas de source : le droit à l'eau, *RDSS 2015. 1097*.

COMMENTAIRE

Cet article L. 115-3 est repris de la loi du 1er décembre 1988 modifiée dix ans plus tard par la loi du 29 juillet 1998 (art. 43-5). Sa place, dans un titre consacré aux principes généraux, ne manque pas d'étonner, et il aurait été autrement plus pertinent de l'inclure dans le titre VI du livre II consacré aux dispositifs de lutte contre la pauvreté et les exclusions (V. à cet égard l'art. L. 261-1 s.).

Il concerne le droit au maintien, pour toute personne, de services publics de base (eau, énergie, téléphone) sans lesquels les conditions de vie ne peuvent que se dégrader fortement en risquant de conduire à une situation d'exclusion très difficilement réversible. C'est effectivement la loi de 1998 qui en a défini le principe en prévoyant l'adoption d'un cadre réglementaire de mise en œuvre, l'expérience à la suite de l'institution du RMI ayant montré l'importance de cet aspect de la prévention de l'exclusion.

Dans le cadre de la modification du partage des compétences entre l'État et le département concernant la politique d'accès au logement des personnes défavorisées définie par la loi nº 90-449 du 31 mai 1990, la loi nº 2004-809 du 13 août 2004 a réécrit cette disposition sans en changer l'objet. Cette nouvelle rédaction précise ce qu'il faut entendre par « difficultés particulières » en faisant référence au « patrimoine », à « l'insuffisance des ressources ou (des) conditions d'existence ». Surtout, le second paragraphe gagne en précision : au lieu d'affirmer que « le maintien de la fourniture d'énergie et d'eau est garanti en cas de non-paiement des factures », il indique que cette fourniture doit être maintenue jusqu'à ce qu'il soit statué sur une demande d'aide, ce qui constitue indéniablement un élément important de protection des personnes et des familles en difficulté ; de plus, il élargit au téléphone les services de base visés en précisant ce qu'il faut entendre par « service téléphonique restreint ». Le droit aux services considérés comme indispensables s'en trouve donc nettement raffermi. La loi nº 2007-290 du 5 mars 2007 instituant le droit au logement opposable et portant diverses dispositions pour la cohésion sociale a ajouté le dernier alinéa de l'article L. 115-3 de façon à mieux garantir le droit à bénéficier de la distribution d'eau.

La loi nº 2006-872 du 13 juillet 2006 portant engagement national pour le logement avait entendu encore renforcer ces protections au profit des ménages bénéficiant ou ayant bénéficié d'une aide au titre du FSL. La loi nº 2013-312 du 15 avril 2013 va plus loin en généralisant cette protection : désormais, entre le 1er novembre et le 15 mars, aucune coupure d'eau ou d'énergie se fondant sur le non-paiement des factures n'est possible. Le même texte introduit par ailleurs, outre divers aménagements concernant essentiellement l'impossibilité de résilier les contrats en cas de non-paiement, un dernier alinéa à l'article L. 115-3 qui organise un dispositif d'observation national relatif aux interruptions de fourniture d'eau et d'énergie ou aux réductions de puissance d'électricité : l'ensemble de ces faits devront être communiqués par les fournisseurs à la Commission de régulation de l'énergie ainsi qu'au médiateur national de l'énergie.

La loi n° 2016-1321 du 7 octobre 2016 pour une République numérique (art. 108-1) a renforcé ces protections en complétant le droit au maintien d'un accès minimal à un service téléphonique par celui d'un accès à internet (art. L. 115-3, al. 2).

La loi n° 2022-1158 du 16 août 2022 portant mesures d'urgence pour la protection du pouvoir d'achat (art. 35, 1°) a introduit un nouvel alinéa (al. 4) dans cet article L. 115-3 ; cet alinéa entend protéger les locataires de logement en ce qui concerne la fourniture d'énergie durant la période qui court du 1er avril au 31 octobre de l'année : les coupures de fourniture d'énergie pour non-paiement des factures, avec éventuellement la résiliation du contrat, ne pourront intervenir qu'après une période de réduction de puissance d'une durée d'au moins un mois permettant aux personnes concernées de satisfaire leurs besoins fondamentaux. ❑

1. Compétences des communes. Les dispositions par lesquelles il est créé, en faveur des familles et des personnes éprouvant des difficultés particulières du fait d'une situation de précarité, un dispositif national d'aide et de prévention pour faire face à leurs dépenses d'électricité et de gaz, faisant l'objet d'une convention nationale entre l'État, Électricité de France et Gaz de France et, dans chaque département, de conventions entre les représentants de ces mêmes personnes morales et le cas échéant, des collectivités territoriales et autres organismes, ne font pas obstacle à ce qu'une commune puisse également instituer, de sa propre initiative, une aide municipale visant à réduire la charge de telles dépenses pour certains de ses administrés en difficulté. • CE 29 juin 2001, *Cne de Mons-en-Barœul : Lebon 298 ; AJDA 2002. 42 et 386, notes Y. Jégouzo et D. Roman ; RDSS 2002. 81, note M. Ghebali-Bailly ; RGCT 2001. 906.*

2. Contentieux du chèque énergie. Un recours contre le refus d'accorder un chèque énergie, sur lequel il appartient au juge administratif de statuer en qualité de juge de plein contentieux, est au nombre des requêtes relatives aux prestations, allocations ou droits attribués au titre de l'aide ou de l'action sociale, du logement ou en faveur des travailleurs privés d'emploi, devant être jugées selon les règles particulières fixées aux art. R. 772-5 s. CJA. • CE 30 sept. 2019, n° 427175 B.

Art. L. 115-4 *Abrogé par L. n° 2011-525 du 17 mai 2011, art. 69-I-10°.*

Art. L. 115-4-1 *(L. n° 2008-1249 du 1er déc. 2008, en vigueur le 1er juin 2009)* **Le Gouvernement définit, par période de cinq ans, après la consultation des personnes morales mentionnées au quatrième alinéa de l'article L. 115-2, un objectif quantifié de réduction de la pauvreté, mesurée dans des conditions définies par décret en Conseil d'État. Il transmet au Parlement, chaque année, un rapport sur les conditions de réalisation de cet objectif, ainsi que sur les mesures et les moyens financiers mis en œuvre pour y satisfaire.**

COMMENTAIRE

La disposition ci-dessus a été introduite par la loi n° 2008-1249 du 1er décembre 2008. Elle correspond à la volonté de définir, en matière de lutte contre la pauvreté, des objectifs quantifiés de façon à exercer une pression beaucoup plus forte sur les acteurs publics dans le domaine de la lutte contre les exclusions. Une telle disposition suppose, pour être opératoire, de définir les critères quantitatifs à partir desquels, d'une part, seront établis des objectifs et, d'autre part, sera appréciée l'efficacité des politiques conduites : tout cela étant logiquement renvoyé à un décret. Au-delà, si une telle obligation peut indéniablement constituer un facteur de meilleure transparence des dispositifs mis en œuvre qui seront donc désormais tenus à des résultats officiellement définis et évalués, l'atteinte de ces résultats dépend de multiples facteurs et de nombreux acteurs, ce qui peut ramener ce type de dispositif à une forme de volontarisme sans grands effets. A tout le moins, cette modalité d'encadrement des politiques de lutte contre les exclusions s'inscrit dans une logique d'organisation de l'action publique en fonction de missions et d'objectifs quantifiés assortis d'évaluations régulières (logique qui fonde par exemple la LOLF) en lieu et place d'une simple logique de déploiement de moyens et de structures. ❑

Art. L. 115-5 **Sauf disposition contraire, les modalités d'application du présent chapitre sont déterminées par décret en Conseil d'État.**

CHAPITRE VI ACTION SOCIALE ET MÉDICO-SOCIALE

BIBL. GÉN. ▸ BARREYRE et BOUQUET (Dir.), Nouveau Dictionnaire critique d'action sociale, *Bayard Éditions, 2006.* – CHAUVIÈRE, BELORGEY et LADSOUS (Dir.), Reconstruire l'action sociale,

Dunod, 2006. – Deguergue, De quelques difficultés de la notion de service social, *AJDA 2008. 179*. – Lafore, L'action sociale : un champ juridique complexe, *Inf. soc. 2001, nº 96, p. 20;* Services publics sociaux et cohésion sociale, *p. 369, in* Decreton (Dir.), Service public et lien social, *L'Harmattan, 1999.* – Lory, Définition de l'action sociale, *RDSS 1965. 15*; La politique d'action sociale, *Privat, 1975.* – Mondolfo, Repenser l'action sociale, *Dunod, 1997.* – Muller, Les mutuelles dans la tourmente de la concurrence, *RDSS 2006. 828*. – Naves, Defalvard *et alii*, Économie politique de l'action sociale, *Dunod 2006.* – Négrin, L'action sociale privée, *JCA 1993, nº 228.* – Priou et Demoustier, Institutions et organisation de l'action sociale et médico-sociale en 20 notions, *Dunod, 2019.* – Sanchez, L'action sociale, dix ans de décentralisation, *Odas-Editeur, 1995.*

▸ **Sur le secteur social et médico-social.** Alfandari, La loi du 2 janvier 2002 dite de « rénovation de l'action sociale et médico-sociale » : quelle « rénovation » pour quelle « action sociale » ?, *RDSS 2004. 765*. – Barreyre, La résistible transformation de l'offre médico-sociale en France (1975-2023), *Vie sociale, nº 43, 2023. 31.* – Bassi, Déléguer la gestion d'un service social ou médico-social, c'est possible !, *AJDA 2022. 1545*. – Bauduret, Institutions sociales et médico-sociales : de l'esprit des lois à la transformation des pratiques, *Dunod, 2013.* – Bauduret et Jaeger, Rénover l'action sociale et médico-sociale. Histoires d'une refondation, *Dunod, 2005, 2ᵉ éd.*; Bilan d'application de la loi du 30 juin 1975 sur les institutions sociales et médico-sociales, *IGAS, 1995.* – Borgetto, Le secteur médico-social : des origines à nos jours, *Trib. Santé, nº 74, 2022. 17.* – Jaeger, Guide du secteur social et médico-social, *Dunod, 6ᵉ éd., 2007*; L'articulation du sanitaire et du social, *Dunod, 3ᵉ éd., 2012*; Le contexte de l'élaboration de la loi du 2 janvier 2002, *RDSS 2012. 413*. – Legrand, Le secteur médico-social, *Berger-Levrault, 2ᵉ éd., 2000.* – Levy, La loi du 30 juin 1975 relative aux institutions sociales et médico-sociales et l'évolution de l'action sociale, *RDSS 1975. 522*; Vers de nouvelles régulations dans le secteur social et médico-social : décision unilatérale ou contrat ?, *RDSS 1998. 715*; La loi du 2 janvier 2002 rénovant l'action sociale et médico-sociale : changement et/ou continuité, *RDSS 2002. 423*. – Poinsot, Action sociale et médico-sociale et nouvelle gestion publique, *RDSS 2023. 727*. – Renaudie, La confection des lois des 2 janvier et 4 mars 2002, *RDSS 2012. 421*. – Rihal et Lecat, La marchandisation du secteur social et médico-social, *RDSS 2022. 634* – Vinquant, Gouvernance et (sous-)financement du médico-social, *Trib. Santé, nº 74, 2022. 37.*

▸ **Sur le rôle et le fonctionnement des associations.** Alfandari, Associations et entreprises intermédiaires, *RDSS 1986. 119*; Du nouveau pour les associations dans la loi du 29 juillet 1998 d'orientation relative à la lutte contre l'exclusion, *RDSS 1998. 869*; La gouvernance associative dans le secteur social et médico-social : le binôme politique-technique, *RDSS 2008. 209*. – Badel, L'économie sociale et solidaire : un monde du travail ordinaire ?, *RDSS 2019. 500*. – Chauvière, Les associations d'action sociale : quelle légitimité dans un contexte en mutation ?, *Regards sur l'actualité, nº 333, 2007. 25.* – Divers, Les associations dans l'action sociale, *1997 (Toulouse), 1999 (Dijon), Éd. ENSP*; Associations : le pari de l'engagement, *Inf. soc. 2011, nº 90-91.* – Économie(s) sociale(s) et solidaire(s), *Inf. soc. 2019, nº 199.* – De Forges, Remarques sur certains aspects des relations entre le secteur public et le secteur privé dans le secteur sanitaire et social, *Mél. Charlier, 1981. 423.* – Hocquet de Lajartre et Long, Quelle place pour les usagers et le personnel dans la gouvernance associative ?, *RDSS 2008. 222*. – Lafore, La gouvernance des associations de protection de l'enfance, *RDSS 2008. 252*; Entre pouvoirs publics, associations et marché : l'ingénierie juridique dans l'action sociale, *in* Borgetto et Chauvière (Dir.), Qui gouverne le social ?, *Éd. Dalloz, 2008, p. 29*; Le rôle des associations dans la mise en œuvre des politiques d'action sociale, *Inf. soc. 2010, nº 162, p. 64*; Les associations dans les politiques sociales et médico-sociales, *in* Lafore (Dir.), Faire société, les associations de solidarité par temps de crise, *Dunod, 2010, p. 113.* – Lafore (Dir.), refonder les solidarités. Les associations au cœur de la protection sociale, *Dunod, 2016.* – Lagay, Le rôle du commissaire aux comptes dans les associations gestionnaires d'établissements et services sociaux et médico-sociaux, *RDSS 2010. 925*. – Ligneau, L'activité associative à l'épreuve de la loi du 2 janvier 2002 portant rénovation de l'action sociale et médico-sociale, *RDSS 2003. 563*; La gouvernance associative à l'épreuve des mutations dans les rapports entre acteur associatif et pouvoirs publics, *RDSS 2008. 235*. – Rihal, L'exercice de la liberté statutaire, *RDSS 2008. 245*. – Thery (Rapport), La place et le rôle du secteur associatif dans le développement de la politique d'action éducative, sanitaire et sociale, *Cons. écon. et soc., 1986.* – Tronche, Action sociale et associations : entre conflit de légitimité et complémentarité, *p. 73, in* Borgetto et Chauvière (Dir.), Qui gouverne le social ?, *éd. Dalloz, 2008.* – Voiturier, Les associations et les institutions du médico-social, *Trib. Santé, nº 74, 2022. 27.*

▸ **Sur les services sociaux et le droit de la concurrence.** ALFANDARI, La concurrence dans les services sociaux : quelle concurrence pour quels services sociaux ?, *RDSS 2006. 779* . – BOSIO, Les services sociaux dans le marché intérieur : à la frontière entre compétitivité et solidarité, *RF aff. soc. 2012, n° 1, p. 31.* – BRENET, Le droit des marchés publics et les services publics sociaux, *RDSS 2006. 811* . – CYTERMANN, Les collectivités territoriales face au droit de l'Union européenne visant les services sociaux, *RDSS 2010. 1024* . – DRIGUEZ et RODRIGUES, Services sociaux d'intérêt général et droit communautaire, *AJDA 2008. 191* . – HENNION-MOREAU, Services sociaux et concurrence, *RDSS 2006. 801* . – HENRY et CHAUVIÈRE, Quel statut pour les services sociaux dans l'UE ?, *RDSS 2011. 1043* . – LAUDIJOIS, Les services sociaux d'intérêt général et la construction de l'Europe sociale, *RDSS 2007. 1005* . – LIGNEAU et SALÈRES, Associations de solidarité, services sociaux d'intérêt général et concurrence dans l'Union européenne, *RDSS 2006. 789* . – MOULAY-LEROUX, L'Europe des SSIG et nos structures sociales et médico-sociales : menace ou opportunité ?, *RDSS 2010. 1032* . – NICINSKI, Les services sociaux devant le Conseil d'État : la construction d'une exception française, *AJDA 2008. 185* . – THIEFFRY, Les services sociaux d'intérêt général sont-ils des entreprises ?, *AJDA 2007. 1331* ; Une année en demi-teinte pour les services sociaux d'intérêt général, *AJDA 2008. 176* .

Art. L. 116-1 *(L. n° 2002-2 du 2 janv. 2002, art. 2)* **L'action sociale et médico-sociale tend à promouvoir, dans un cadre interministériel, l'autonomie et la protection des personnes, la cohésion sociale, l'exercice de la citoyenneté, à prévenir les exclusions et à en corriger les effets. Elle repose sur une évaluation continue des besoins et des attentes des membres de tous les groupes sociaux, en particulier des personnes handicapées et des personnes âgées, des personnes et des familles vulnérables, en situation de précarité ou de pauvreté, et sur la mise à leur disposition de prestations en espèces ou en nature. Elle est mise en œuvre par l'État, les collectivités territoriales et leurs établissements publics, les organismes de sécurité sociale, les associations ainsi que par les institutions sociales et médico-sociales au sens de l'article L. 311-1.**

COMMENTAIRE

La loi n° 2002-2 du 2 janvier 2002 rénovant l'action sociale et médico-sociale dont est tiré l'article L. 116-1 a eu une ambition plus large que ce que suggérait au départ son objectif principal, à savoir réformer le statut juridique des établissements et services sociaux et médico-sociaux établi en son temps par la loi n° 75-535 du 30 juin 1975 (l'essentiel de ses dispositions concerne cependant bien les établissements et services et constitue le livre III du code).

Se situant résolument en amont des préoccupations strictement liées à la police administrative des établissements et services, le législateur a voulu formuler une définition de l'action sociale et médico-sociale qui en précise les grands principes constitutifs et les finalités. Ce faisant, on se situe à nouveau, comme dans les dispositions fondatrices des politiques du handicap (art. L. 114-1) ou de lutte contre les exclusions (art. L. 115-1), au niveau des droits fondamentaux qui engagent une conception de l'homme en société.

L'article ci-dessus (art. 2 de la loi n° 2002-2) s'efforce de définir l'action sociale et médico-sociale. Au niveau de ses finalités, elle tend à promouvoir « l'autonomie et la protection des personnes, la cohésion sociale, l'exercice de la citoyenneté et à prévenir les exclusions et à en corriger les effets » ; on retrouve formulée l'une des missions les plus anciennes de l'action sociale – protéger les plus fragiles, lutter contre les inégalités – désormais assortie d'une dimension plus novatrice : contribuer à la cohésion sociale, promouvoir l'autonomie et la citoyenneté, prévenir les inégalités.

Si cette action repose sur « une évaluation continue des besoins et des attentes des membres de tous les groupes sociaux », elle garde cependant sa cible traditionnelle avec les catégories anciennes de personnes « à risques », l'enfance et la famille, les handicapés, les personnes âgées et les personnes en situation d'exclusion. Ce sont d'ailleurs ces mêmes groupes qui structurent les différentes formes d'aide et d'action sociales du livre II.

Enfin les grands acteurs de l'action sociale sont identifiés : État, collectivités locales, organismes de sécurité sociale, établissements et services sociaux et médico-sociaux, associations. La référence aux associations, un peu redondante si l'on considère qu'une majorité d'établissements et de services sont gérés par des associations, a entendu valoriser le rôle éminent du tissu associatif en matière de cohésion sociale. ❑

Art. L. 116-2 *(L. nº 2002-2 du 2 janv. 2002, art. 2)* **L'action sociale et médico-sociale est conduite dans le respect de l'égale dignité de tous les êtres humains avec l'objectif de répondre de façon adaptée aux besoins de chacun d'entre eux et en leur garantissant un accès équitable sur l'ensemble du territoire.**

COMMENTAIRE

L'article L. 116-2 (art. 2 de la loi du 2 janvier 2002) apporte un complément aux principes généraux d'orientation et d'organisation de l'action médico-sociale.

Tout d'abord, il insiste sur le respect de l'égale dignité de tous les êtres humains, ce qui impose de répondre de façon adaptée aux besoins de chacun ; le principe de dignité, qui a reçu une reconnaissance en droit interne par le juge constitutionnel (décision nº 94-343-344 DC du 27 juillet 1994), reçoit là une consécration législative ; il tend à devenir un principe matriciel sur lequel repose l'ensemble des droits de l'homme.

Ensuite, l'article met en avant le nécessaire « accès équitable sur l'ensemble du territoire » ; on notera, dans le recours à la notion « d'équité » qui n'a pas été sans débats au Parlement, la concession faite à une certaine conception contemporaine de la justice sociale ; on aurait pu parler « d'égal accès » ; le terme aurait eu le mérite de renvoyer à la construction juridique plus familière, en droit français, de l'égalité. Le choix de « l'équité » a sans doute voulu marquer la volonté d'approcher le possible dans un secteur où une stricte égalité de desserte du territoire en équipements et services est très largement utopique. ❑

Art. L. 116-3 *(L. nº 2004-626 du 30 juin 2004, art. 1er-I)* **Il est institué dans chaque département un plan d'alerte et d'urgence au profit des personnes âgées et des personnes handicapées en cas de risques exceptionnels.**

Ce plan est arrêté conjointement par le représentant de l'État dans le département et, à Paris, le préfet de police, et par le président du conseil départemental. Il est mis en œuvre sous l'autorité du représentant de l'État dans le département et, à Paris, du préfet de police.

Il prend en compte, le cas échéant, la situation des personnes les plus vulnérables du fait de leur isolement.

COMMENTAIRE

Cette disposition est consécutive au drame lié à « la canicule » de l'été 2003. Outre l'émoi qu'il a suscité et les conséquences politiques qu'il a entraînées, cet événement a débouché sur l'adoption de la loi nº 2004-626 du 30 juin 2004 relative aux personnes âgées et aux personnes handicapées. Pour faire face à de telles situations et en considérant qu'il convient notamment de les anticiper, on doit procéder désormais à l'élaboration, dans chaque département, d'un plan d'alerte et d'urgence au profit des personnes âgées et handicapées en cas de risques exceptionnels.

Cet instrument est arrêté conjointement par le représentant de l'État et le président du conseil départemental. Le recours à une compétence conjointe de ce type ne manque pas d'étonner : la loi de « relance » de la décentralisation (loi nº 2004-809 du 13 août 2004) adoptée à peu près au même moment ayant confié au seul département le soin de coordonner l'action gérontologique (art. L. 113-2 nouv.). Ce choix peut apparaître comme une décision d'opportunité ; il est lié à la recherche de l'efficacité que l'on prête volontiers à l'initiative et au contrôle de l'État ; il tient compte aussi de l'éclatement des opérateurs à mobiliser en la matière et donc de la nécessité de faire jouer à l'État un rôle de catalyseur. Enfin, il est permis de s'interroger sur la logique qui a conduit à intégrer cet article dans un chapitre de nature très générale qui pose les principes de base et les finalités fondamentales (art. L. 116-1 et L. 116-2) de l'action sociale et médico-sociale. ❑

Art. L. 116-4 *(L. nº 2015-1776 du 28 déc. 2015, art. 28-I) (Ord. nº 2016-131 du 10 févr. 2016, art. 6-I-1º, en vigueur le 1er oct. 2016)* **« I. — » Les personnes physiques propriétaires, gestionnaires, administrateurs ou employés d'un établissement ou service soumis à autorisation ou à déclaration en application du présent code** *(Abrogé par Cons. const. nº 2020-888 QPC du 12 mars 2021)* ***« ou d'un service soumis à agrément ou à déclaration mentionné au 2º de l'article L. 7231-1 du code du travail »*, ainsi que les**

bénévoles ou les volontaires qui agissent en leur sein ou y exercent une responsabilité, ne peuvent profiter de dispositions à titre gratuit entre vifs ou testamentaires faites en leur faveur par les personnes prises en charge par l'établissement ou le service pendant la durée de cette prise en charge, sous réserve des exceptions prévues aux 1° et 2° de l'article 909 du code civil. L'article 911 du même code est applicable aux libéralités en cause.

L'interdiction prévue au premier alinéa du présent article est applicable au couple ou à l'accueillant familial soumis à un agrément en application de l'article L. 441-1 du présent code et à son conjoint, à la personne avec laquelle il a conclu un pacte civil de solidarité ou à son concubin, à ses ascendants ou descendants en ligne directe, *(Abrogé par Cons. const. n° 2020-888 QPC du 12 mars 2021)* ***« ainsi qu'aux salariés mentionnés à l'article L. 7221-1 du code du travail accomplissant des services à la personne définis au 2° de l'article L. 7231-1 du même code »*** **s'agissant des dispositions à titre gratuit entre vifs ou testamentaires faites en leur faveur par les personnes qu'ils accueillent ou accompagnent pendant la durée de cet accueil ou de cet accompagnement.**

(Ord. n° 2016-131 du 10 févr. 2016, art. 6-I-2°, en vigueur le 1er oct. 2016) **« II. — Sauf autorisation de justice, il est interdit, à peine de nullité, à quiconque est frappé de l'interdiction prévue au I de se rendre acquéreur d'un bien ou cessionnaire d'un droit appartenant à une personne prise en charge, accueillie ou accompagnée dans les conditions prévues par le I ou de prendre à bail le logement occupé par cette personne avant sa prise en charge ou son accueil.**

« Pour l'application du présent II, sont réputées *[réputés]* **personnes interposées, le conjoint, le partenaire d'un pacte civil de solidarité, le concubin, les ascendants et les descendants des personnes auxquelles s'appliquent les interdictions ci-dessus édictées. »**

Les dispositions de l'Ord. n° 2016-131 du 10 févr. 2016 sont entrées en vigueur le 1er oct. 2016. Toutefois, les contrats conclus avant cette date demeurent soumis à la loi ancienne. Lorsqu'une instance a été introduite avant l'entrée en vigueur de l'ordonnance susvisée, l'action est poursuivie et jugée conformément à la loi ancienne. Cette loi s'applique également en appel et en cassation (Ord. préc., art. 9 ; ratifiée par L. n° 2018-287 du 20 avr. 2018, JO 21 avr.).

BIBL. ▶ FORTIS, La lutte contre l'abus de dépendance des personnes âgées : *RDSS 1992. 481*.

COMMENTAIRE

La loi n° 2015-1776 du 28 décembre 2015, relative à l'adaptation de la société au vieillissement, a ajouté cet article L. 116-4 au chapitre VI du titre I du livre I concernant les principes généraux de l'action sociale. Ce positionnement ne manque pas de surprendre, s'agissant d'une disposition relative à la protection des personnes âgées et handicapées et, plus précisément, de leur patrimoine : l'essentiel des règles contenues dans cette disposition figurant antérieurement à l'article L. 331-4 du présent code.

La loi du 28 décembre 2015 a effectivement voulu prendre en compte un certain nombre de difficultés récurrentes liées au fait que les personnes âgées (comme d'ailleurs les personnes handicapées, lesquelles se voient reconnaître également le même type de protection) sont parfois victimes de personnes – « aidants » ou professionnels – qui profitent de leur fragilité pour les pousser à des donations ou des legs en leur faveur.

Dans un chapitre de la loi relatif aux « droits à la protection et aux engagements des personnes âgées », une section 2 aménage donc une « protection des personnes handicapées et des personnes âgées fragiles ».

La disposition pose une pure et simple interdiction pour les personnes physiques entrant en relation avec des personnes âgées, soit à titre professionnel (propriétaire, gestionnaire, administrateur, employés d'établissements et de services), soit à titre bénévole, de « profiter de dispositions à titre gratuit entre vifs ou testamentaires faites en leur faveur par les personnes prises en charge » ; la même interdiction (al. 2) est établie à l'encontre des accueillants familiaux et de leur parentèle (époux, partenaire d'un PACS, concubin, ascendants et descendants).

L'ordonnance du 10 février 2016 portant réforme du droit des contrats, du régime général et de la preuve des obligations a renforcé les protections en faveur des personnes âgées et handicapées : elle a prévu que les contrats d'achat ou les baux concernant les immeubles appartenant à ces dernières passés en faveur des personnes visées aux alinéas 1 et 2 de l'article L. 116-4 sont interdits et, en conséquence, frappés de nullité.

La disposition vise de façon générale à la fois les établissements et services autorisés et les établissements et services agréés, à savoir pour la seconde catégorie et notamment, les accueillants familiaux ainsi que les salariés des organismes accomplissant des services à la personne au titre des articles L. 7221-1 et L. 7231-1 du code du travail. Une QPC portant sur cette seconde série d'interdictions a conduit le juge constitutionnel à la déclarer non conforme à la Constitution (Cons. const., décis. nº 2020-888 QPC du 12 mars 2021) dans la mesure où, si le législateur a bien entendu assuré la protection de personnes dont il a estimé qu'elles étaient dans un état de vulnérabilité (cela constituant bien un but d'intérêt général), il a étendu indûment cette protection à des personnes pour lesquelles le fait de recourir à une assistance pour se maintenir à leur domicile ne suffit pas à caractériser un état de vulnérabilité ; de ce fait, l'article L. 116-4, en ce qui concerne les salariés de services agréés ou encore les accueillants familiaux, porte une atteinte disproportionnée au droit de propriété et à la libre disposition du patrimoine, qui en est le corollaire. ❑

1. Inconstitutionnalité d'une interdiction générale de disposer. L'interdiction générale posée à l'art. L. 116-4 porte au droit de propriété une atteinte disproportionnée à l'objectif poursuivi en ce qu'elle limite la capacité des personnes vulnérables à disposer librement de leur patrimoine ; elle doit dès lors être déclarée contraire à la Constitution. • Cons. const. 12 mars 2021, nº 2020-888 QPC : *RDSS 2021. 455, note Niémiec ; LPA 2021, nº 108, p. 38, note Noguero.*

2. Constitutionnalité de l'art. 909 C. civ. L'atteinte au droit de propriété qui résulte du 1er al. de l'art. 909 C. civ. est justifiée par un objectif d'intérêt général et proportionné à cet objectif. Par suite, les dispositions figurant à cet al. ne méconnaissent aucun autre droit ou liberté que la Constitution garantit, doivent être déclarées conformes à la Constitution. • Cons. const. 29 juill. 2022, nº 2022-1005 QPC : *RDSS 2022. 963, obs. Niémiec ; JCP 2022. 1820, note Bioy ; LPA 2022, nº 12, p. 45, note Noguero.*

CHAPITRE VII **PERSONNES IMMIGRÉES OU ISSUES DE L'IMMIGRATION**

(L. nº 2005-32 du 18 janv. 2005, art. 146)

BIBL. ▶ LAHALLE, Les aspects sociaux de la loi du 24 juillet 2006 relative à l'immigration et à l'intégration, *JCP S 2006. 1789.* – MICHELET, L'apport de la loi de cohésion sociale à l'accueil et à l'intégration des personnes immigrées, *RDSS 2005. 660* ; Ordre public, pauvreté et étrangers, *RDSS 2008. 163* .

COMMENTAIRE

La loi nº 2005-32 du 18 janvier 2005 de programmation pour la cohésion sociale, adoptée en application du Plan de cohésion sociale présenté le 30 juin 2004 par le ministre de l'Emploi, du Travail et de la Cohésion sociale, est un texte qui embrasse un champ extrêmement vaste : emploi et formation, logement, surendettement, égalité des chances, soutien aux villes en difficulté, accueil et intégration des personnes immigrées ou issues de l'immigration.

Sur ce dernier point, et outre la création d'une Agence nationale de l'accueil des étrangers et des migrations, cette loi a prévu d'intégrer au code de l'action sociale et des familles un nouveau chapitre (chapitre VII), intégré dans le titre I du livre I et intitulé : « Personnes immigrées et issues de l'immigration ». Il introduit donc, dans ce titre consacré aux principes généraux de l'action sociale, notamment en considération de ses diverses populations cibles (familles, personnes âgées, handicapées, lutte contre la pauvreté et l'exclusion), une nouvelle population à prendre en compte : les personnes immigrées.

Ce chapitre comprend trois articles, dont deux portent création d'un nouvel instrument visant à améliorer l'insertion des immigrés.

Le premier instrument est le « contrat d'accueil et d'intégration » que l'article L. 117-1 dans sa rédaction originelle, issue de la loi nº 2005-32 du 18 janvier 2005, détaillait dans ses finalités et son contenu. La loi nº 2006-911 du 24 juillet 2006 relative à l'immigration et à l'intégration a modifié cet article en se contentant de renvoyer, s'agissant de ce contrat d'accueil, aux nouvelles règles édictées à l'article L. 311-9 du code de l'entrée et du séjour des étrangers et du droit d'asile.

L'article L. 117-2 crée, quant à lui, un nouveau programme d'action publique, le programme régional d'intégration des populations immigrées. Élaboré sous la responsabilité du représentant de l'État dans la région, devant associer les collectivités territoriales (ces dernières « doivent faire connaître » au préfet les dispositions qu'elles entendent mettre en œuvre concernant les immigrés, dans le cadre de leurs attributions) et les associations spécialisées dans ce champ, ce programme doit réunir et définir l'ensemble des actions concourant à l'accueil des populations étrangères et à leur promotion sociale, culturelle et professionnelle. ❑

Art. L. 117-1 *(L. nº 2006-911 du 26 juill. 2006, art. 5)* **Les règles relatives au contrat** *(L. nº 2016-274 du 7 mars 2016, art. 1er-III)* **« d'intégration républicaine » sont fixées à l'article** *(Ord. nº 2020-1733 du 16 déc. 2020, art. 4-1º, en vigueur le 1er mai 2021)* **« L. 413-2 » du code de l'entrée et du séjour des étrangers et du droit d'asile.** – *Les dispositions issues de l'art. 1er de la L. nº 2016-274 du 7 mars 2016 entrent en vigueur à compter d'une date fixée par décret, et au plus tard le 1er juill. 2016 (L. préc., art. 67-I).*

Art. L. 117-2 **Sous l'autorité du représentant de l'État, il est élaboré dans chaque région et dans la collectivité territoriale de Corse un programme régional d'intégration des populations immigrées. Ce programme détermine l'ensemble des actions concourant à l'accueil des nouveaux immigrants et à la promotion sociale, culturelle et professionnelle des personnes immigrées ou issues de l'immigration. A la demande du représentant de l'État dans la région et la collectivité territoriale de Corse, les collectivités territoriales lui font connaître les dispositions qu'elles envisagent de mettre en œuvre, dans l'exercice des compétences que la loi leur attribue, pour concourir à l'établissement de ce programme.** *(Abrogé par L. nº 2011-525 du 17 mai 2011, art. 137)* ***« Un décret détermine les conditions dans lesquelles »*** **Les organismes de droit privé à but non lucratif spécialisés dans l'aide aux migrants et** *(L. nº 2014-173 du 21 févr. 2014, art. 29-II-2º)* **« l'établissement public mentionné à l'article L. 121-13 » participent à l'élaboration du programme régional d'intégration.**

Art. L. 117-3 *(L. nº 2007-290 du 5 mars 2007, art. 58)* **Il est créé une aide à la** *(L. nº 2019-1479 du 28 déc. 2019, art. 269-I, en vigueur le 1er juill. 2020)* **« vie » familiale et sociale des anciens migrants dans leur pays d'origine. Cette aide est à la charge de l'État.**

Elle est ouverte aux *(L. nº 2014-173 du 21 févr. 2014, art. 16-1º)* **« ressortissants étrangers », en situation régulière, vivant seuls :**

– âgés d'au moins soixante-cinq ans ou *(L. nº 2014-173 du 21 févr. 2014, art. 16-2º et 3º)* **« , en cas d'inaptitude au travail au sens de l'article L. 351-7 du code de la sécurité sociale, ayant atteint l'âge mentionné à l'article** *(L. nº 2023-270 du 14 avr. 2023, art. 11-II-1º, en vigueur le 1er sept. 2023)* **« L. 351-1-5 » du même code ;**

« – qui ont fait valoir les droits aux pensions personnelles de retraite auxquels ils peuvent prétendre au titre des régimes légaux ou rendus légalement obligatoires, de base et complémentaires, français et étrangers, ainsi que des régimes des organisations internationales ; »

– qui justifient d'une résidence régulière et ininterrompue en France pendant les quinze années précédant la demande d'aide. *(L. nº 2014-173 du 21 févr. 2014, art. 16-4º)* **« Cette condition n'est pas applicable aux ressortissants d'un État membre de l'Union européenne, d'un autre État partie à l'accord sur l'Espace économique européen ou de la Confédération suisse qui remplissent les conditions prévues au premier alinéa de l'article L. 262-6 du présent code » ;**

– qui sont hébergés, au moment de la *(L. nº 2019-1479 du 28 déc. 2019, art. 269-I, en vigueur le 1er juill. 2020)* **« première » demande, dans un foyer de travailleurs migrants ou dans** *(L. nº 2014-173 du 21 févr. 2014, art. 16-5º)* **« une résidence sociale » ;**

– *(L. nº 2019-1479 du 28 déc. 2019, art. 269-I, en vigueur le 1er juill. 2020)* **« et » dont les revenus sont inférieurs à un seuil fixé par décret en Conseil d'État.**

(Abrogé par L. nº 2019-1479 du 28 déc. 2019, art. 269-I, à compter du 1er juill. 2020) ***« – et qui effectuent des séjours de longue durée dans leur pays d'origine.*** *(L. nº 2014-173 du 21 févr. 2014, art. 16-6º)* ***« Le respect de cette condition est apprécié sur une période de deux années à compter de l'attribution ou du renouvellement de l'aide. » »***

Son montant est calculé en fonction des ressources du bénéficiaire. *(L. n° 2019-1479 du 28 déc. 2019, art. 269-I, en vigueur le 1er juill. 2020)* **« Elle est versée mensuellement et revalorisée le 1er octobre de chaque année par application du coefficient mentionné à l'article L. 161-25 du code de la sécurité sociale. »**

(Abrogé par L. n° 2013-1278 du 29 déc. 2013, art. 26-II) ***« Elle n'est pas soumise à l'impôt sur le revenu. »*** *— Les dispositions de la L. n° 2013-1278 du 29 déc. 2013 s'appliquent aux aides versées à compter du 1er janv. 2014 (L. préc., art. 26-XI-2).*

L'aide est supprimée lorsqu'il est constaté que l'une des conditions exigées pour son service n'est plus remplie.

Le bénéfice de l'aide est supprimé à la demande des bénéficiaires, à tout moment *(Abrogé par L. n° 2019-1479 du 28 déc. 2019, art. 269-I, à compter du 1er juill. 2020)* ***«, en cas de renonciation à effectuer des séjours de longue durée dans leur pays d'origine».*** **En cas de renonciation au bénéfice de cette aide, les bénéficiaires sont réintégrés dans leurs droits liés à la résidence.**

L'aide est cessible et saisissable dans les mêmes conditions et limites que les salaires. *(Abrogé par L. n° 2014-173 du 21 févr. 2014, art. 16-7°)* ***« Elle est servie par l'*** *(Décr. n° 2009-331 du 25 mars 2009)* ***« Office français de l'immigration et de l'intégration ». »***

Elle est exclusive de toute aide personnelle au logement et de tous minima sociaux. Elle ne constitue en aucun cas une prestation de sécurité sociale.

Les conditions de résidence, de logement, de ressources *(Abrogé par L. n° 2019-1479 du 28 déc. 2019, art. 269-I, à compter du 1er juill. 2020)* ***« et de durée des séjours dans le pays d'origine »*** **posées pour le bénéfice de l'aide, ainsi que ses modalités de calcul** *(L. n° 2014-173 du 21 févr. 2014, art. 16-8°)* **«, de service » et de versement, sont définies par décret en Conseil d'État. Les autres modalités d'application, concernant notamment le contrôle des conditions requises, sont définies par décret.**

COMMENTAIRE

La loi n° 2007-290 du 5 mars 2007 instituant le droit opposable au logement et portant diverses dispositions pour la cohésion sociale a créé une nouvelle prestation (art. L. 117-3) au sein de ce chapitre consacré aux « personnes immigrées ou issues de l'immigration », chapitre qui a lui-même été introduit au code par la loi n° 2005-32 du 18 janvier 2005 de programmation pour la cohésion sociale.

Cette nouvelle prestation est dénommée « aide à la réinsertion familiale et sociale des anciens migrants dans leur pays d'origine ». L'article L. 117-3 ci-dessus définit les conditions d'accès à cette aide et, plus largement, son régime juridique. On entend ainsi encourager au retour les personnes immigrées âgées de plus de 65 ans ayant séjourné en France de façon régulière et ininterrompue pendant au moins 15 ans ; cette aide ne peut bénéficier qu'à des résidents qui ne sont ni des nationaux d'un des États de l'UE ou de l'EEE, ni des ressortissants de la Suisse.

Une disposition de la loi de finances pour 2014 (L. n° 2013-1278 du 29 déc. 2013, art. 26-II) a supprimé dans cette disposition la non-soumission de l'aide à l'IRPP.

La loi de finances pour 2020 (L. n° 2019-1479 du 28 déc. 2019) a à son tour introduit dans ce texte diverses modifications : le versement mensuel de l'allocation et ses conditions de revalorisation ainsi que la suppression, pour le bénéfice de l'aide, de la condition de séjour de « longue durée » dans le pays d'origine. ❑

CHAPITRE VIII COHABITATION INTERGÉNÉRATIONNELLE SOLIDAIRE

(L. n° 2018-1021 du 23 nov. 2018, art. 117)

Art. L. 118-1 **La cohabitation intergénérationnelle solidaire permet à des personnes de soixante ans et plus de louer ou de sous-louer à des personnes de moins de trente ans une partie du logement dont elles sont propriétaires ou locataires dans le respect des conditions fixées par le contrat de cohabitation intergénérationnelle solidaire prévu à l'article L. 631-17 du code de la construction et de l'habitation, afin de renforcer le lien social et de faciliter l'accès à un logement pour les personnes de moins de trente ans.**

COMMENTAIRE

La loi n° 2018-1021 du 23 novembre 2018 portant évolution du logement, de l'aménagement et du numérique a introduit ce nouveau chapitre VIII dans le titre premier du livre premier du code consacré aux dispositions générales de l'action sociale. En conformité avec les objectifs de ce texte qui, en ce qui concerne le logement, entend favoriser la mixité sociale, la disposition unique de ce chapitre (art. L. 118-1) donne une base légale aux pratiques de location ou de sous-location par des personnes âgées (60 ans et plus) à des « jeunes » (jusqu'à 30 ans) d'une partie de leur logement. Cela doit se faire dans le cadre du contrat prévu par le CCH à l'article L. 631-17 et dénommé « contrat de cohabitation intergénérationnelle solidaire ». ❑

CHAPITRE IX MALTRAITANCE

(L. n° 2022-140 du 7 févr. 2022, art. 23-I)

Art. L. 119-1 La maltraitance au sens du présent code vise toute personne en situation de vulnérabilité lorsqu'un geste, une parole, une action ou un défaut d'action compromet ou porte atteinte à son développement, à ses droits, à ses besoins fondamentaux ou à sa santé et que cette atteinte intervient dans une relation de confiance, de dépendance, de soin ou d'accompagnement. Les situations de maltraitance peuvent être ponctuelles ou durables, intentionnelles ou non. Leur origine peut être individuelle, collective ou institutionnelle. Les violences et les négligences peuvent revêtir des formes multiples et associées au sein de ces situations.

BIBL. ▶ BAS-THÉRON et BRANCHU (rapport), Évaluation du dispositif de lutte contre la maltraitance des personnes âgées et des personnes handicapées mis en œuvre par les services de l'État dans les établissements sociaux et médico-sociaux, *IGAS, 2006*. – BLANC et JUILHARD (Rapport), La maltraitance envers les personnes handicapées accueillies en établissements et services sociaux et médico-sociaux et les moyens de la prévenir, *Sénat, n° 339, 2003*. – TERRASSON DE FOUGÈRES, La maltraitance des personnes âgées, *RDSS 2003. 176* .

COMMENTAIRE

Introduit sur amendement du Gouvernement dans la loi n° 2022-140 du 7 février 2022 relative à la protection des enfants, ce chapitre IX vient compléter les principes généraux guidant l'action sociale et médico-sociale (livre I, titre I du code), en donnant une définition de la maltraitance. ❑

TITRE II COMPÉTENCES

COMMENTAIRE

Ce deuxième titre du livre I aborde la distribution des compétences en matière d'aide et d'action sociales. En dehors de quelques emprunts au code de la sécurité sociale (L. 121-11) voire au code rural et de la pêche maritime (art. L. 121-12), les dispositions qui ont été codifiées dans ce titre ont été pour l'essentiel soit reprises de l'ancien code de la famille et de l'aide sociale, soit empruntées à la loi n° 83-663 du 22 juillet 1983 qui a procédé à la décentralisation en matière d'action sociale. Ce titre comprend un chapitre premier précisant les compétences respectives des départements, des communes, de l'État et des organismes de sécurité sociale (art. L. 121-1 à L. 121-12), un chapitre deuxième se rapportant au domicile de secours, institution qui constitue le répartiteur entre collectivités publiques des prises en charge en matière d'aide sociale (art. L. 122-1 à L. 122-5) et un chapitre troisième consacré à « l'organisation administrative », c'est-à-dire aux divers services départementaux et communaux en charge de l'action sociale et médico-sociale (art. L. 123-1 à L. 123-9). ❑

CHAPITRE I COLLECTIVITÉS PUBLIQUES ET ORGANISMES RESPONSABLES

BIBL. GÉN. ▶ ALFANDARI, La décentralisation dans le domaine de l'action sanitaire et sociale, *ALD 1984. 41* ; Les nouvelles compétences dans le domaine de l'action sanitaire et sociale, p. 125 s., *in Les nouvelles compétences locales, 1985, Economica*. – APCG, Les collectivités territoriales et les associations loi de 1901, *mode d'emploi, Éd. de l'APCG, 1996*. – BORGETTO,

Les compétences en matière sociale, *Annuaire 2002 des collectivités locales, p. 185*; La décentralisation des politiques sociales en question(s), *Regards EN3S, n° 56, 2020. 51.* – Cauquil, Conduire et évaluer les politiques sociales territorialisées, *Dunod, 2004.* – Chauvière, Une administration pour l'action sociale : de l'émancipation au dépérissement, *p. 45, in* Borgetto et Chauvière (Dir.), Qui gouverne le social ?, *éd. Dalloz, 2008.* – Cour des Comptes (Rapport), *La décentralisation en matière d'aide sociale, 1995.* – Dessaint, L'action sociale dans la décentralisation, *Vie soc., n° 3, 1985. 7.* – Divers, Aide et action sociales, qui paye ?, *Inf. soc. 2000, n° 87.* – Donier, Garantir les droits sociaux dans le cadre de la décentralisation, *Inf. soc. 2010, n° 162, p. 108.* – Duverger, La fabrique politique d'une expérimentation sociale : les départements et l'expérimentation du revenu de base, *RDSS 2020. 260*. – Fontaine, La répartition des compétences en matière sociale, *LPA 1989, n° 140, p. 6.* – Giorgi et Saintoyant, Gouvernance des politiques d'action sociale décentralisées et méthode ouverte de coordination communautaire, *Dr. soc. 2007. 885*. – Gontcharov, La décentralisation, *T. 4 et 5, Syros, 1986.* – Jacquey, Bilan et perspectives de la décentralisation de l'action sociale et médico-sociale. Quelques éléments de réflexion, *Vie sociale, n°s 41-42, 2023. 37.* – Joussen, Les nouveaux pouvoirs du président du conseil général en matière d'action sanitaire et sociale, *Cah. dr. publ., 1988. 25.* – Lafore et Outin (coord.), Politiques sociales locales, *RFAS (hors-série), 2019.* – Ligneau, Vie associative et décentralisation, *RDSS 1984. 24*; Les conventions des collectivités locales avec le secteur social privé, *AJDA 1985. 4*; La réforme de l'aide sociale dans la loi du 6 janvier 1986, *RDSS 1986. 467*; Décentralisation et politique sociale, *AJDA 1992. 77*; Financement de l'aide et de l'action sociales, *RDSS 1987. 442*; Les ressorts financiers de l'aide et de l'action sociale, *Inf. soc. 2000, n° 87, p. 4.* – Milano, Décentralisation : l'aménagement de la législation sanitaire et sociale dans la loi du 6 janvier 1986, *Vie soc. n° 1, 1987. 3.* – Pavia, La répartition des compétences dans le domaine de l'action sociale et de la santé, *AJDA 1984. 487.* – Prétot, La garantie des droits sociaux est-elle compatible avec la décentralisation ?, *Dr. soc. 2003. 186*. – Revel, Esquisse d'un bilan de la décentralisation en matière d'aide sociale, *RF aff. soc. 1996, n° 1, p. 187.* – Sanchez, Action sociale, la décentralisation face à la crise, *ODAS, 1997.* – Thymen, Action sociale et décentralisation, *Centre économie des besoins sociaux, Nantes, 1987.*

▸ **Sur la loi du 13 août 2004 :** Borgetto, Les transferts de compétences en matière d'aide et d'action sociales : entre changement et continuité, *Annuaire 2004 des collectivités locales, p. 109*; Les enjeux de la décentralisation en matière sociale, *Inf. soc. 2005, n° 121, p. 6*; Qui gouverne l'aide et l'action sociales ? La distribution des pouvoirs et le jeu complexe des acteurs, *p. 9, in* Borgetto et Chauvière (Dir.), Qui gouverne le social ?, *éd. Dalloz, 2008.* – Borgetto et Lafore, Le droit de l'aide et de l'action sociales à l'épreuve de « l'acte II de la décentralisation », *Rech. et prév. 2007, n° 87, p. 17.* – Gélin-Racinoux, La fonction de chef de file dans la loi du 13 août 2004, *AJDA 2007. 283*. – Lafore, L'acte II de la décentralisation et l'action sociale, *RDSS 2005. 3*; Ligneau, Le rôle reconnu au citoyen dans la loi du 13 août 2004, *RDSS 2005. 15*; Rihal, Les transferts de compétences, solidarité et santé, *AJDA 2004. 1978*.

▸ **Sur les évolutions postérieures à la loi du 13 août 2004 :** Avenel, Les enjeux et les impacts de la réforme territoriale sur la mise en œuvre des politiques sociales, *RF aff. soc., n° 2, 2017. 361.* – Bisignano, Métropoles et politiques sociales : entre normalisation stratégique et différenciation territoriale. Les cas contrastés de Lyon et de Strasbourg, *Inf. soc. 2023, n° 209-210, p. 41.* – Borgetto, La décentralisation du « social » en débat(s), *Inf. soc. 2010, n° 162, p. 14.* – Chauvière, Quel est le « social » de la décentralisation ?, *Inf. soc. 2010, n° 162, p. 22.* – Action sociale : la nouvelle donne territoriale, Dossier, *RDSS, n° 1, 2011*; La loi de réforme des collectivités territoriales, *AJDA 2011. 74*; Quel avenir pour le département ?, *ibid. 1817 s.* – Donier, La territorialisation du Social : entre incohérences et atermoiements, *RDSS 2018. 321*; La loi 3DS : la santé et la cohésion sociale, *RFDA 2022. 432*. – Faberon-Tourette, Les territoires de l'action sociale, *AJCT 2013. 320*. – Galtier et Mansuy, Politiques sociales locales : champs d'intervention et dépenses, *RF aff. soc. 2011, n° 4, p. 11.* – Lafore, La métropolisation de l'action sociale, *RDSS 2015. 525*. – Le Lidec, Les relations financières entre l'État et les collectivités territoriales : un sauvetage des conseils généraux orchestré au prix fort, *Inf. soc. 2010, n° 162, p. 32.* – Long, Vers un « Acte III de la décentralisation » ?, *RDSS 2011. 17*; La loi 3DS : la fin du département-providence ?, *RDSS 2022. 412*; Santé, social : ce qui change avec la loi 3DS, *AJCT 2022. 305*. – Marcou, La réforme des collectivités territoriales, pourquoi ?, *Cah. fr., n° 362, 2011. 30.* – Muller-Quoy, Les outils de la coopération territoriale, *RDSS 2022. 441.* – Rocaboy, La crise des finances sociales locales et ses solutions, *Inf. soc. 2013, n° 180, p. 94.* – Théron, La carence du département en matière d'action sociale face au juge administratif, *RDSS 2021. 329*. – Villeneuve, Régionalisation ou territorialisation de l'action sociale ?, *AJCT 2013. 324*.

SECTION 1 Départements

BIBL. ▶ Aballea, Décentralisation et action sociale familiale, *RF aff. soc. 1998, no 2, p. 181.* – Blanchard, L'avènement du département providence, *Éd. ENSP, 2004.* – Bouzely, La gestion de l'aide sociale par les départements, *Rev. adm. 1987. 477.* – Burriez, Les collectivités territoriales et l'accueil des réfugiés, *RFDA 2023. 109*. – Cayla, Action sanitaire et médico-sociale en faveur de la famille, de l'enfance et de la jeunesse, *RDSS 1990. 297*. – Donier, Les départements et les compétences sociales, *RFDA 2016. 474*; La construction des compétences départementales, ou la porosité de la distinction entre action sanitaire et action sociale, *RDSS 2022. 423*. – Donier et Albert, La solidarité à la charge des départements, *AJDA 2013. 272*. – Dufour, La soutenabilité des dépenses sociales des départements, *RFFP 2019, no 148, p. 19.* – Faure, Le pouvoir réglementaire des départements dans l'exercice de leurs missions sanitaires et sociales, *RDSS 2022. 433.* – Frigoli, Le rôle du département en tant que chef de file dans le domaine de l'insertion, *Inf. soc. 2010, no 162, p. 76.* – Frinault, Le département-providence et la décentralisation, *Inf. soc. 2023, no 209-210, p. 31.* – Helfter, La construction des politiques d'action sociale au sein des départements, *Inf. soc. 2010, no 162, p. 86.* – Houser, Les défis du financement de la dépendance par les départements, *AJDA 2013. 288*. – Lafore, La décentralisation de l'action sociale : l'irrésistible ascension du « département-providence », *RF aff. soc. 2004, no 4, p. 19*; Le financement des politiques sociales locales, *ACL 2005, p. 15, Éd. CNRS*; La décentralisation de l'action sociale et l'émergence du *local welfare* départemental, *p. 13, in* L'année de l'action sociale, *Dunod, 2006*; Les « territoires » de l'action sociale : l'effacement du modèle « départementaliste » ?, *RDSS 2011. 5*; Où en est-on du « département-providence » ?, *Inf. soc. 2013, no 179, p. 14.* – Levoyer, Le financement de la décentralisation sociale dans l'impasse ?, *RDSS 2012. 76*; Le financement local de la dépendance, *RFFP 2012, no 120, p. 185.* – Ligneau, Les attributions du conseil général dans l'aide et l'action sociales. Recherches sur les effets de la décentralisation dans l'action sociale locale, *Cah. dr. publ., 1988. 9*; Le département et l'action sociale, *in* Gilbert et Delcamp (Dir.), La décentralisation dix ans après, *LGDJ 1993.* – Muzellec, Le transfert de l'action sanitaire et sociale aux départements, *LPA 1986, no 71, p. 4.* – Péchillon, Le département et l'insertion : un responsable unique et une multitude de partenaires, *Bull. jur. coll. locales 2004. 222.* – Perrin, Les lois de décentralisation et l'action sociale départementale, *Rev. adm. 1991. 224*; Le financement de l'aide sociale départementale, résultats et perspectives, *RDSS 1988. 657.* – Singer, Les nouvelles attributions des collectivités locales pour la santé et l'action sociale, *Rev. adm. 1984. 182.*

Art. L. 121-1 *(L. no 2004-809 du 13 août 2004, art. 49-I)* **« Le département définit et met en œuvre la politique d'action sociale, en tenant compte des compétences confiées par la loi à l'État, aux autres collectivités territoriales ainsi qu'aux organismes de sécurité sociale. Il coordonne les actions menées sur son territoire qui y concourent.**

« Il organise la participation des personnes morales de droit public et privé mentionnées à l'article L. 116-1 à la définition des orientations en matière d'action sociale et à leur mise en œuvre. »

Les prestations légales d'aide sociale sont à la charge du département dans lequel les bénéficiaires ont leur domicile de secours, à l'exception des prestations énumérées à l'article L. 121-7. – *[L. no 83-663 du 22 juill. 1983, art. 32, al. 1er.]*

COMMENTAIRE

Dans sa rédaction originaire, l'article L. 121-1 était issu de la loi no 83-663 du 22 juillet 1983 relative à la décentralisation en matière sociale (art. 32). Il posait le principe cardinal en matière de répartition des compétences d'aide sociale : le département est titulaire de la compétence de droit commun, l'État ne conservant que les compétences résiduelles définies à l'article L. 121-7.

Bien que ce principe ne soit nullement mis en cause, bien au contraire, par la loi no 2004-809 du 13 août 2004 relative aux libertés et responsabilités locales, le législateur a entendu consacrer une évolution significative : le département acquiert une large mission de pilotage de l'action sociale. Certes, et bien que ses compétences nominales aient été augmentées par ce même texte, le département ne se voit pas confier toutes les formes d'intervention ; mais il « définit et met en œuvre la politique d'action sociale », ce qui lui donne à tout le moins un rôle de prise d'initiative et de coordination.

C'est bien d'ailleurs ce que traduit la disposition nouvelle (al. 2 et 3) : le département doit prendre en compte les compétences confiées par la loi à l'État, aux autres collectivités territoriales et aux organismes de sécurité sociale ; il doit en outre organiser la participation de l'ensemble des acteurs publics et privés. Il s'agit donc de la consécration d'une collectivité départementale « chef d'orchestre » qui, si elle dispose certes de compétences propres, n'en est pas moins chargée de coordonner les interventions des autres opérateurs.

Cette nouvelle conception de la mission du département a conduit logiquement à abroger les dispositions du chapitre V du livre IV (art. L. 145-1 à L. 145-4) qui, liées à ses fonctions antérieures, prévoyaient des modalités de « coordination des interventions » notamment entre l'État et le département. ❑

1. Bases de calcul de la dotation générale de décentralisation. Pour fixer, en ce qui concerne les charges correspondant aux compétences transférées le 1er janv. 1984, les bases de calcul de la dotation générale de décentralisation relative à un département, le ministre de l'Intérieur a fait une exacte application des dispositions de la loi du 7 janv. 1983 qui prescrivent que « les ressources attribuées sont équivalentes aux dépenses effectuées, à la date du transfert par l'État au titre des compétences transférées », en se référant aux dépenses retracées par le compte administratif de 1983, alors même que ce compte n'aurait pas retracé, à la suite de retards dans leur imputation comptable, certaines dépenses exposées au titre de l'année 1983. • CE 21 oct. 1994, *Dpt Meurthe-et-Moselle*, n° 119383 B : *RDSS 1995. 320, obs. Ligneau ; Quot. jur. 2 févr. 1995, n° 1, p. 2.*

2. Surcoût pris en charge par le département de résidence. Dans l'hypothèse où un département décide de conditions et de montants plus favorables que ceux prévus par les lois et règlements applicables, il doit assurer la charge financière du surcoût né de cette décision, au profit de toutes les personnes qui résident sur son territoire, y compris celles dont le domicile de secours se situe dans un autre département ; dans ce cas, le département de résidence doit prendre en charge le différentiel résultant des conditions ou montants de prestations plus favorables qu'il a décidées. • CE 6 avr. 2016, n° 394240 B.

Art. L. 121-1-1 *(L. n° 2007-297 du 5 mars 2007, art. 2)* **Une convention entre l'État, le département et, le cas échéant, la commune peut prévoir les conditions dans lesquelles un ou plusieurs travailleurs sociaux participent, au sein des commissariats de la police nationale et des groupements de la gendarmerie nationale, à une mission de prévention à l'attention des publics en détresse.**

COMMENTAIRE

Du fait à la fois de son rôle de chef de file (art. L. 121-1), de ses compétences générales en matière de lutte contre l'exclusion sociale (art. L. 121-2) et de ses compétences en matière de protection de l'enfance (art. L. 221-1 s.), le département ne peut être écarté des politiques de prévention en matière de lutte contre la délinquance juvénile. C'est pourquoi la loi n° 2007-293 du 5 mars 2007 relative à la lutte contre la délinquance a entendu associer les autorités départementales à cette politique alors même que ce texte l'a recentrée, à côté des missions traditionnelles de l'État en la matière, sur le maire. La disposition ci-dessus prévoit ainsi que lesdites autorités peuvent passer convention avec l'État et la commune pour une participation des travailleurs sociaux aux missions de prévention lorsqu'elles concernent les « publics en détresse ». ❑

Art. L. 121-2 *(L. n° 2003-710 du 1er août 2003, art. 57)* **« Dans les** *(L. n° 2014-173 du 21 févr. 2014, art. 26-I)* **« quartiers prioritaires de la politique de la ville » et dans les lieux où se manifestent des risques d'inadaptation sociale », le département participe aux actions visant à prévenir la marginalisation et à faciliter l'insertion ou la promotion sociale des jeunes et des familles, qui peuvent prendre une ou plusieurs des formes suivantes :**

1° Actions tendant à permettre aux intéressés d'assurer leur propre prise en charge et leur insertion sociale ;

2° Actions dites de prévention spécialisée auprès des jeunes et des familles en difficulté ou en rupture avec leur milieu ;

3° Actions d'animation socio-éducatives ;

(L. n° 2007-297 du 5 mars 2007, art. 3-I) **« 4° Actions de prévention de la délinquance. »**

Pour la mise en œuvre des actions mentionnées au 2° ci-dessus, le président du conseil départemental habilite des organismes publics ou privés dans les conditions

prévues aux articles *(L. nº 2002-2 du 2 janv. 2002, art. 75-I)* **« L. 313-8, L. 313-8-1 et L. 313-9 ».** – *[C. fam., art. 45.] – V. Arr. du 11 mars 1986 (JO 14 mars).*

COMMENTAIRE

La disposition ci-dessus est issue du code de la famille et de l'aide sociale (art. 45). L'article 45 du code de la famille avait fondé, dans les années 70, la mise en place des clubs et équipes de prévention (arrêté du 9 juillet 1972) ; il s'agit d'une action sociale complémentaire de l'aide sociale à l'enfance et à la famille, située en amont et qui, ne prenant pas en compte des situations individuelles, vise au contraire des quartiers où se manifestent des « risques d'inadaptation sociale » concernant les jeunes et leur famille. Constituant à l'époque l'un des domaines de mise en œuvre de ce que l'on dénommait « l'action sociale préventive » (que l'on opposait à « l'action sociale curative »), de logique collective et à visée de développement social, cette forme d'action reste l'une des compétences légales du département. Ce dernier peut mettre en œuvre cette compétence par le biais d'organismes qu'il habilite en vue de mener des actions de nature socio-éducative (participation à la politique des centres sociaux), des actions mobilisant les familles et les jeunes (associations) ou des actions plus ciblées sur les jeunes en rupture sociale (clubs et équipes de prévention). La loi nº 2007-293 du 5 mars 2007 relative à la prévention de la délinquance, qui a confié l'essentiel des missions en la matière aux maires – à côté des responsabilités de l'État –, a cependant entendu ne pas écarter les départements de ce domaine d'action publique compte tenu de l'ensemble des attributions qui sont les leurs dans le champ de l'action sociale, en particulier dans celui de la protection de l'enfance. Aussi ce texte a-t-il ajouté un 4º qui confie au département, en sus des actions dont il a la charge, la responsabilité de mettre également en œuvre des « actions de prévention de la délinquance ». ❑

Art. L. 121-3 Dans les conditions définies par la législation et la réglementation sociales, le conseil départemental adopte un règlement départemental d'aide sociale définissant les règles selon lesquelles sont accordées les prestations d'aide sociale relevant du département. – *[L. nº 83-663 du 22 juill. 1983, art. 34, al. 1er.]*

COMMENTAIRE

La loi nº 83-663 du 22 juillet 1983, dont l'article 34 est repris ci-dessus, a créé, dans le contexte de décentralisation, le règlement départemental d'aide sociale. Ce règlement, qui est opposable juridiquement, définit les règles concernant les prestations d'aide sociale relevant de la compétence du département, qu'il s'agisse des prestations légales ou de celles qui peuvent être créées librement par le département (art. L. 111-4, ancien art. 124-1 du code de la famille). ❑

Art. L. 121-4 Le conseil départemental peut décider de conditions et de montants plus favorables que ceux prévus par les lois et règlements applicables aux prestations mentionnées à l'article L. 121-1. Le département assure la charge financière de ces décisions.

Le président du conseil départemental est compétent pour attribuer les prestations relevant de la compétence du département au titre de l'article L. 121-1, sous réserve des pouvoirs reconnus à l'autorité judiciaire et des compétences des commissions mentionnées au titre III du présent livre *(L. nº 2005-102 du 11 févr. 2005, art. 67-I)* **« et à l'article L. 146-9 ».** – *[L. nº 83-663 du 22 juill. 1983, art. 34, al. 2 et 3.]*

(L. nº 2014-366 du 24 mars 2014, art. 38) **« Dans le cas de l'hébergement de publics relevant de l'aide sociale à l'enfance et lorsque le règlement départemental d'aide sociale prévoit une participation de ces publics au coût de l'hébergement, la créance à l'égard de ces publics peut être remise ou réduite par le président du conseil départemental en cas de précarité de la situation du débiteur, sauf si cette créance résulte d'une manœuvre frauduleuse. »**

COMMENTAIRE

L'article L. 121-4 (L. nº 83-663 du 22 juill. 1983, art. 34, al. 2 et 3) complète la disposition précédente dans son premier alinéa. Il indique que, s'agissant des prestations légales de l'article L. 121-1, le règlement départemental ne peut, s'il en modifie le cadre réglementaire, qu'apporter des améliorations aux droits des bénéficiaires ; les conséquences financières de ces adaptations locales sont naturellement à sa charge. Cette règle est justifiée par le principe d'égalité des citoyens devant la loi qui suppose qu'un socle minimal et homogène de droits soit assuré à l'ensemble des demandeurs sur l'ensemble du territoire national.

L'article indique ensuite que c'est le président du conseil départemental qui, juridiquement, attribue les prestations d'aide sociale, notamment légales, sous deux réserves d'importance : d'une part, il convient de tenir compte des compétences de l'autorité judiciaire, en l'espèce le juge des enfants, qui, dans le domaine de la protection judiciaire de la jeunesse (C. civ., art. 375), peut imposer au service d'aide sociale à l'enfance, lequel est départemental (art. L. 123-1), la prise en charge d'enfants ou d'adolescents ; cette compétence judiciaire, qui prive dans ce cas le département de son pouvoir d'admission à l'aide sociale à l'enfance, a été régulièrement contestée en raison, en particulier, de ses conséquences financières. C'est d'ailleurs pourquoi, dans le but notamment de régler cette question pendante et, plus largement, d'accroître les responsabilités départementales en matière d'aide sociale à l'enfance et de protection de la jeunesse, la loi n° 2004-809 du 13 août 2004 relative aux libertés et aux responsabilités locales a prévu qu'à titre expérimental (art. 72, al. 4 nouveau, de la Constitution introduit par la loi constitutionnelle n° 2003-276) les départements peuvent demander à se voir confier la mise en œuvre des mesures d'assistance éducative ordonnées par le juge des enfants.

D'autre part, la compétence du président du conseil départemental pour attribuer les prestations d'aide sociale aux personnes handicapées doit s'exercer dans le respect et, en l'occurrence, en application des décisions de la nouvelle « Commission des droits » qui, en lieu et place des COTOREP pour les adultes handicapés, apprécie leur handicap, décide de leurs droits aux allocations ainsi que des modalités de leur prise en charge ; cette nouvelle commission des droits, qui se substitue aussi à la CDES, a été créée par la loi n° 2005-102 du 11 février 2005 (V. art. L. 241-5 à L. 241-11 nouveaux).

En revanche, et en application de l'ordonnance n° 2005-1477 du 1er décembre 2005 qui a simplifié les procédures d'admissions à l'aide sociale, les commissions d'aide sociale (art. L. 131-5 abrogé) ont été supprimées et la compétence décisionnaire qui leur revenait en la matière appartient maintenant en propre au président du conseil départemental. ❑

1. Illégalité du règlement. Lorsqu'il édicte des règles définissant les conditions d'attribution et le montant de prestations d'aide sociale qui font l'objet de prescriptions définies par des lois et décrets, le conseil général ne peut édicter que des dispositions comportant des conditions ou des montants plus favorables que celles définies par ces lois et décrets. En prescrivant que les personnes handicapées ne peuvent bénéficier de l'allocation compensatrice que s'il est justifié du recours effectif à l'aide d'une tierce personne, un règlement départemental d'aide sociale comporte une disposition qui est illégale en tant qu'elle ajoute une condition à celles prévues par les textes. • CE 4 nov. 1994, *Dpt de la Dordogne*, n° 100354 : *Lebon 486 ; RDSS 1995. 799, obs. Ligneau ; D. 1994. IR 259 ; JCP 1995. IV. 6.* ♦ Il en va de même si ce règlement subordonne le versement de l'allocation compensatrice durant les 45 premiers jours d'hospitalisation à l'emploi d'une tierce personne rémunérée par le malade, une telle condition n'étant pas exigée par les textes. • Même arrêt. ♦ … Ou s'il limite le montant de l'allocation compensatrice à la différence entre les ressources du bénéficiaire et ses charges d'hébergement. • Comm. centr. aide soc. 28 déc. 1999 : *CJAS n° 2000/01, p. 39.* ♦ Dans la mesure où l'allocation personnalisée d'autonomie à laquelle peut prétendre une personne accueillie au domicile d'un accueillant familial doit notamment couvrir, en application de l'art. R. 232-8 CASF, les services rendus par les accueillants familiaux, les dispositions d'un règlement départemental limitant aux seuls « frais spécifiques » et « indemnités de sujétions particulières » la prise en charge par l'allocation personnalisée d'autonomie des dépenses liées à la dépendance, instaurent un régime moins favorable que celui prévu par l'art. R. 232-8 et méconnaissent donc les dispositions de l'art. L. 121-4. • CE 28 nov. 2014, *Dpt de Tarn-et-Garonne*, n° 365733 B. ♦ Lorsqu'une personne âgée bénéficie d'un placement à titre onéreux chez un accueillant familial, la prise en charge à laquelle elle peut prétendre au titre de l'aide sociale à l'hébergement doit être déterminée en considération d'un plafond constitué par la rémunération des services rendus par l'accueillant, les indemnités de congé auxquelles ce dernier a droit et une indemnité éventuelle pour sujétions particulières, telles que prévues par le contrat conclu entre la personne âgée et l'accueillant, dans le respect, le cas échéant, du montant maximal de prise en charge préalablement fixé dans la convention conclue entre le département et l'accueillant familial et accompagnant l'habilitation de ce dernier à recevoir des bénéficiaires de l'aide sociale ; par suite, un règlement départemental ne saurait légalement prévoir que la prise en charge par l'aide sociale des personnes âgées bénéficiant d'un accueil familial serait plafonnée au coût le plus élevé d'un accueil en structure privée dans le département. • Même arrêt. ♦ Le président du conseil départemental ne peut légalement refuser à un ménage l'allocation mensuelle de subsistance familiale, qui relève des prestations légales d'aide sociale régies par les art. L. 222-1 à L. 222-3 CASF, au seul motif, et sans procéder à l'évaluation de leur situation et de celle de leurs enfants, qu'en vertu du règlement départemental d'aide sociale, un même ménage ne pouvait en bénéficier plus de quatre fois dans l'année. • CE 29 mai 2019, n° 417467 B : *RDSS 2019. 711, concl. Touboul ; AJDA 2019. 2496, note Rihal*. ♦ En subordonnant la prise en charge par le service de l'aide sociale à l'enfance des jeunes majeurs de moins de 21 ans éprouvant des difficultés d'insertion sociale faute de ressources ou d'un soutien familial suffisants à la circonstance que le jeune ait fait l'objet d'un accueil physique continu de trois ans à l'aide sociale à l'enfance avant sa majorité, le département a fixé, sans en avoir la compétence, une condition nouvelle non prévue par les lois et décrets applicables à la prise en charge de ces jeunes par l'aide sociale à l'enfance. • CE 15 juill. 2020, n° 429797.

2. Dispositions réglementaires autorisées. Un règlement départemental d'aide sociale peut décider que les sommes versées au titre d'une prestation d'aide sociale (en l'occurrence, la prestation spécifique dépendance) ne seront plus récupérées à l'encontre des donataires dans certains cas et à certaines conditions. • CE 6 déc. 2002, n° 227077. ♦ Si, lorsque les conditions d'attribution ou les montants des prestations sont déterminées par les lois et décrets qui les régissent, le règlement départemental d'aide sociale ne peut édicter que des dispositions plus favorables et si, en l'absence de conditions ou montants précisément fixés par les lois et décrets, ledit règlement ne peut fixer de condition nouvelle conduisant à écarter par principe du bénéfice des prestations des personnes qui entrent dans le champ des dispositions législatives applicables ; c'est lui, en revanche, qui définit, pour les prestations d'aide sociale que le département crée de sa propre initiative, les règles selon lesquelles ces prestations sont accordées. • CE 7 nov. 2022, n° 458595 B.

3. Opposabilité des dispositions du règlement départemental. Le département dans lequel le bénéficiaire de l'aide sociale a son domicile de secours n'est tenu à la prise en charge que des prestations légales d'aide sociale ; par suite, les dispositions dérogatoires au droit commun, prévoyant notamment le maintien de l'intégralité de l'allocation compensatrice pour tierce personne, prévues par le département où est situé le foyer, ne sont pas opposables au département où le bénéficiaire a conservé son domicile de secours. • CE 30 déc. 2014, *Assoc. nat. pour l'intégration des personnes handicapées moteurs,* n° 366876.

4. Surcoût pris en charge par le département de résidence. Il résulte, du premier alinéa de l'art. L. 121-4, eu égard notamment à l'objet même de la mesure, que dans l'hypothèse où un département décide de conditions et de montants plus favorables que ceux prévus par les lois et règlements applicables, il doit assurer la charge financière du surcoût né de cette décision, au profit de toutes les personnes qui résident sur son territoire, y compris celles dont le domicile de secours se situe dans un autre département ; dans ce cas, le département de résidence doit prendre en charge le différentiel résultant des conditions ou montants de prestations plus favorables qu'il a décidées. • CE 6 avr. 2016, n° 394240 B.

5. Aide aux grévistes et compétence du département en matière d'action sociale. En décidant d'assurer aux familles des grévistes la gratuité des crèches départementales pendant la période de grève, de rembourser dans la proportion de 20 % les dépenses engagées par les communes du département au titre de la solidarité en faveur des cheminots grévistes, et de rembourser les collèges d'enseignement secondaire ayant accordé la gratuité des cantines aux enfants des grévistes, un conseil général ne s'est pas immiscé dans un conflit collectif du travail mais a entrepris, à des fins sociales, une action présentant un objet d'utilité départementale ; au surplus, il ne saurait être regardé, dans les circonstances de l'espèce, comme ayant porté atteinte au principe de l'égalité des citoyens. • CE 12 oct. 1990, *Dpt du Val-de-Marne,* n° 90468 : *Lebon 273*.

6. Service de téléassistance et compétence du département. Un département qui crée un service de téléassistance aux personnes âgées et handicapées, dans le cadre de son action en matière d'aide sociale, en vue de permettre à ces dernières de bénéficier d'une téléassistance pour faciliter leur maintien à domicile et qui intervient en réduction du coût réel de la prestation pour les usagers, ne porte pas – même si des sociétés privées offrent des prestations de téléassistance – une atteinte illégale au principe de liberté du commerce et de l'industrie, dans la mesure où ce service, ouvert à toutes les personnes âgées ou dépendantes du département, indépendamment de leurs ressources, satisfait aux besoins de la population et répond à un intérêt public local. • CE 3 mars 2010, *Dpt de Corrèze,* n° 306911 B : *RDSS 2010. 341, note Koubi et Guglielmi ; AJDA 2010. 957, concl. Boulouis*.

7. Site internet et compétence du département. Le développement, par la CNAF, d'un site internet destiné à recueillir au niveau national l'ensemble des informations sur les structures d'accueil et de prise en charge de tous les enfants jusqu'à 18 ans, ainsi que sur les aides financières de toute nature auxquelles peuvent prétendre les familles, n'a ni pour objet ni pour effet de priver les départements de leur compétence en matière d'établissement et de mise à disposition de la liste des assistants maternels agréés telle que prévue aux art. L. 214-2-1 et L. 421-8 CASF. • CE 28 mai 2010, *Sté Enfenconfiance,* n° 328731 B : *RDSS*

2010. 773, obs. Guglielmi. ♦ Dans la mesure où la convention d'objectifs et de moyens contestée se borne à inciter la CNAF à diffuser gratuitement sur l'ensemble du territoire national, par le biais d'un site internet, les informations relatives aux structures d'accueil recueillies par celle-ci auprès des collectivités territoriales et des acteurs de la petite enfance et où, partant, elle ne la charge pas d'exercer une activité économique emportant intervention sur un marché, elle ne se révèle contraire, en admettant même qu'elle ait pu inciter certains départements à ne pas créer ou développer leur propre site d'information ni, en conséquence, à faire appel à cette fin à des prestataires extérieurs, ni au principe de la liberté du commerce et de l'industrie ni, en tout état de cause, au droit de la concurrence. • Même arrêt.

8. Versement direct de l'aide sociale prévu par le règlement départemental. L'art. L. 121-4 n'interdit pas au conseil départemental d'organiser dans le règlement départemental des modalités particulières de versement de l'aide sociale destinées à en assurer l'effectivité telles que son versement direct à l'établissement d'accueil de la personne âgée. • Civ. 2e, 7 juill. 2022, n° 21-13.527 P.

Art. L. 121-5 Les dépenses résultant de l'application des articles L. 121-1, L. 121-3, L. 121-4 et L. 123-1 ont un caractère obligatoire. – *[L. n° 83-663 du 22 juill. 1983, art. 48 (partie).]*

COMMENTAIRE

Cette disposition issue de la loi n° 83-663 du 22 juillet 1983 vient surenchérir sur la formulation de l'article L. 121-1 qui indique que « les prestations d'aide sociale sont à la charge du département dans lequel les bénéficiaires ont leur domicile de secours ». Elle établit légalement le fait que les frais et, par là, les dotations budgétaires que le département affecte aux prestations d'aide sociale (qu'elles soient légales ou créées par lui) ont le caractère de « dépenses obligatoires » au sens du droit budgétaire des collectivités locales. Il s'ensuit que le contrôle budgétaire qui est exercé via le préfet par les chambres régionales des comptes peut conduire à les inscrire d'office au budget de la collectivité si elles n'y sont pas inscrites, ou à les réévaluer si elles paraissent sous-évaluées.

SECTION 2 Communes

BIBL. ▶ Crépin et Le Jeannic, L'implantation des centres sociaux sur le territoire, *Rech. et prév. 2000, n° 59, p. 73*. – Cytermann, Communes, intercommunalités et politiques sociales, *Inf. soc. 2010, n° 162, p. 42*. – Divers, La politique de la ville, quelles évolutions, quelles perspectives ?, *Recherche sociale n° 154, 2000*. – Dubéchot, Le Queau et Simon, Les mutations du centre social, *Rech. et prév. 2000, n° 59, p. 59*. – Frinault et Le Saout, Communes, intercommunalités et action sociale. Les contraintes d'un changement d'échelle territoriale, *RF aff. soc. 2011, n° 4, p. 115*. – Klein, La métropole des solidarités : le sens de l'histoire ?, *Vie sociale, nos 41-42, 2023. 143*. – L'Horty, Les politiques sociales locales : l'action des villes pour les familles pauvres, *Inf. soc. 2006, n° 130, p. 100*. – Ligneau, Le transfert par le département à la commune de ses compétences en matière sociale, *Cah. CFPC n° 23, 1987. 34*. – Long, Droits connexes et action sociale communale, *AJDA 2009. 2098*. – Odas, Les mutations de l'action sociale communale, *Les cahiers de l'Odas, 1993* ; Villes et insertion, *Les cahiers de l'Odas, 1995*.

COMMENTAIRE

Historiquement, la commune a constitué le cadre territorial d'organisation et de gestion de l'ancienne assistance publique, héritant d'ailleurs de l'action caritative qui s'est naturellement développée dans cet espace communautaire proche des individus. C'est une loi de 1934 qui, pour pallier les limites et les inconvénients du niveau communal en matière de mise en œuvre des prestations légales, a fait remonter cette compétence à l'échelon départemental.

En matière d'aide sociale légale, il ne reste pratiquement plus de compétences dévolues aux communes si ce n'est celle de recevoir les demandes d'admission ; la dernière forme de participation communale à l'aide sociale résidait dans une participation financière obligatoire, dénommée « contingent communal d'aide sociale », versée au département ; ce mécanisme à été abrogé par la loi n° 99-641 du 27 juillet 1999 créant la couverture maladie universelle.

Cette section relative aux compétences des communes ne comportait à l'origine qu'un seul article de portée réduite, cette disposition ayant été reprise de la loi n° 83-663 du 22 juillet 1983 ; elle se bornait, dans le cadre de la décentralisation, à permettre aux communes, sur le fondement de conventions passées avec le département, d'exercer en lieu et place de ce dernier des compétences qui lui sont dévolues par la loi (art. L. 121-1).

Mais au fil des textes, les maires ont été chargés d'autres attributions : la mise en place d'un dispositif de surveillance des personnes âgées de façon à les protéger lorsque surviennent des risques mettant leur santé en danger, notamment les risques climatiques (art. L. 121-6-1) ; surtout, en matière de prévention de la délinquance juvénile, l'organisation d'un accompagnement des familles qui connaissent des difficultés sociales, éducatives ou matérielles dont les conséquences sont dommageables pour les mineurs qu'elles ont en charge (art. L. 121-6-2).

Pour se faire une bien plus juste idée des compétences communales en matière d'aide et d'action sociales, il convient aussi d'adjoindre à ces dispositions les articles L. 123-4 à L. 123-9 concernant les centres communaux ou inter-communaux d'action sociale, lesquels constituent la structure centrale de l'action sociale communale. ❑

Art. L. 121-6 *(L. nº 2007-297 du 5 mars 2007, art. 3-I)* **Par convention passée avec le département, une commune peut exercer directement tout ou partie des compétences qui, dans le domaine de l'action sociale, sont attribuées au département en vertu des articles L. 121-1 et L. 121-2.**

La convention précise l'étendue et les conditions financières de la délégation de compétence, ainsi que les conditions dans lesquelles les services départementaux correspondants sont mis à la disposition de la commune.

COMMENTAIRE

La loi nº 2007-293 du 5 mars 2007 relative à la prévention de la délinquance a complété la définition des compétences générales du département en matière d'action sociale par ce nouvel article L. 121-6 qui vient enrichir la section 1. Cette disposition permet aux autorités départementales de déléguer une partie de leurs compétences d'action sociale à une commune, sur la base d'une convention. Cette loi, qui confie aux maires une part importante des attributions publiques en matière de prévention de la délinquance, entend ainsi favoriser, par le biais de ce type de délégation, une meilleure cohérence entre lutte contre la délinquance et interventions auprès des enfants et familles connaissant des difficultés. ❑

Art. L. 121-6-1 *(L. nº 2004-626 du 30 juin 2004, art. 1er-II)* **Afin de favoriser l'intervention des services sociaux et sanitaires, les maires recueillent les éléments relatifs à l'identité, à l'âge et au domicile des personnes âgées et des personnes handicapées qui en ont fait la demande. Ces données sont notamment utilisées par les services susmentionnés pour organiser un contact périodique avec les personnes répertoriées lorsque le plan d'alerte et d'urgence prévu à l'article L. 116-3 est mis en œuvre. Les maires peuvent également procéder à ce recueil à la demande d'un tiers à la condition que la personne concernée, ou son représentant légal, ne s'y soit pas opposée.**

Les registres nominatifs créés au titre du recueil d'informations visé à l'alinéa précédent sont tenus dans le respect des dispositions de la loi nº 78-17 du 6 janvier 1978 relative à l'informatique, aux fichiers et aux libertés. Le droit d'accès et de correction des données nominatives est assuré conformément aux dispositions de la loi précitée. Ces données nominatives ne peuvent être consultées que par les agents chargés de la mise en œuvre de ce recueil et de celle du plan d'alerte et d'urgence visé à l'article L. 116-3. La diffusion de ces données à des personnes non autorisées à y accéder ou leur détournement sont passibles des peines prévues aux articles 226-16 à 226-24 du code pénal.

Ces informations sont recueillies, transmises et utilisées dans des conditions garantissant leur confidentialité et selon des modalités fixées par décret en Conseil d'État pris après avis de la Commission nationale de l'informatique et des libertés.

V. art. R. 121-2 s.

COMMENTAIRE

A l'instar de l'article L. 116-3, cette disposition résulte de l'adoption de la loi nº 2004-626 du 30 juin 2004 relative aux personnes âgées et handicapées. Ce texte, on le sait, a eu pour motivation principale le souci de mettre en place des dispositifs destinés à protéger les personnes âgées et handicapées face à des accidents climatiques ou tout autre risque exceptionnel.

La disposition est d'ailleurs directement liée à la mise en place des plans d'alerte et d'urgence (art. L. 116-3). Elle organise une recension, par les maires, d'une série d'informations relatives aux personnes âgées et handicapées qui en font la demande. Le but recherché est de disposer de données permettant le contact avec ces personnes et leur suivi en cas de survenance d'événements susceptibles d'affecter leur bien-être et leur santé. Naturellement, la disposition institue les protections nécessaires pour que la volonté des personnes concernées soit toujours respectée et qu'aucune utilisation non conforme aux finalités du dispositif ne puisse survenir.

Au demeurant, le rajout de cette disposition dans une section concernant les délégations de compétences par convention entre le département et la commune ne paraît pas très cohérent, même si formellement il s'agit bien d'une compétence confiée au maire. ❑

Art. L. 121-6-2 *(L. nº 2007-297 du 5 mars 2007, art. 8)* **Lorsqu'un professionnel de l'action sociale, définie à l'article L. 116-1, constate que l'aggravation des difficultés sociales, éducatives ou matérielles d'une personne ou d'une famille appelle l'intervention de plusieurs professionnels, il en informe le maire de la commune de résidence et le président du conseil départemental. L'article 226-13 du code pénal n'est pas applicable aux personnes qui transmettent des informations confidentielles dans les conditions et aux fins prévues au présent alinéa.**

Lorsque l'efficacité et la continuité de l'action sociale le rendent nécessaire, le maire, saisi dans les conditions prévues au premier alinéa ou par le président du conseil départemental, ou de sa propre initiative, désigne parmi les professionnels qui interviennent auprès d'une même personne ou d'une même famille un coordonnateur, après accord de l'autorité dont il relève et consultation du président du conseil départemental.

Lorsque les professionnels concernés relèvent tous de l'autorité du président du conseil départemental, le maire désigne le coordonnateur parmi eux, sur la proposition du président du conseil départemental.

Le coordonnateur est soumis au secret professionnel dans les conditions prévues aux articles 226-13 et 226-14 du code pénal.

Par exception à l'article 226-13 du même code, les professionnels qui interviennent auprès d'une même personne ou d'une même famille sont autorisés à partager entre eux des informations à caractère secret, afin d'évaluer leur situation, de déterminer les mesures d'action sociale nécessaires et de les mettre en œuvre. Le coordonnateur a connaissance des informations ainsi transmises. Le partage de ces informations est limité à ce qui est strictement nécessaire à l'accomplissement de la mission d'action sociale.

Le professionnel intervenant seul dans les conditions prévues au premier alinéa ou le coordonnateur sont autorisés à révéler au maire et au président du conseil départemental, ou à leur représentant au sens des articles L. 2122-18 et L. 3221-3 du code général des collectivités territoriales, les informations confidentielles qui sont strictement nécessaires à l'exercice de leurs compétences. Les informations ainsi transmises ne peuvent être communiquées à des tiers sous peine des sanctions prévues à l'article 226-13 du code pénal.

Lorsqu'il apparaît qu'un mineur est susceptible d'être en danger au sens de l'article 375 du code civil, le coordonnateur ou le professionnel intervenant seul dans les conditions prévues au premier alinéa du présent article en informe sans délai le président du conseil départemental ; le maire est informé de cette transmission.

BIBL. ▶ HENNION et BESNARD, Les conditions du partage en matière de prévention de la délinquance, *RDSS 2015. 409*.

COMMENTAIRE

La loi nº 2007-293 du 5 mars 2007 a ajouté la disposition ci-dessus (art. L. 121-6-1) qui vient compléter les compétences communales, ici du maire, en matière d'action sociale, lorsque sont en jeu un mineur et une famille entrant dans le champ de la prévention de la délinquance. L'idée qui a présidé à l'adoption de cet article tient au constat avancé d'un déficit important de cohérence et de capacités d'anticipation des services sociaux face à des situations concrètes. La disposition comporte deux éléments liés.

D'une part, la levée du secret professionnel (C. pén., art. 226-13) auquel sont tenus certains professionnels, soit du fait de leur profession (professionnels de santé, assistants de service social, art. L. 411-3), soit du fait de l'inscription de leur action dans le service d'aide sociale à l'enfance (art. L. 221-6) ; est substituée au « secret » la notion de « secret partagé » qui couvre la possibilité, au sein des services et entre professionnels, de divulguer des informations pourtant non divulgables dès lors que cela est nécessaire à l'action publique.

D'autre part, la définition d'une mission de mise en cohérence assurée par le maire, lequel peut désigner un « coordonnateur » de façon à mettre en réseau l'ensemble des intervenants au sein d'une même famille. En retour, seul ce coordonnateur est en mesure de révéler des informations au maire pour qu'il exerce les attributions qui lui sont données par la loi. ❑

SECTION 3 État

BIBL. ▶ CARBONNEL, L'administration territoriale de l'État et les politiques de cohésion sociale : le grand malentendu ?, *Vie sociale, n°s 41-42, 2023. 99.* – CRISTOL, Aide et action sociales : les conséquences de la révision générale des politiques publiques, *Inf. soc. 2010, n° 162, p. 52* ; La réorganisation des services de l'État en matière sociale, *RDSS 2011. 27*. – LAROQUE, De la construction d'une administration sociale à son éclatement, *Vie sociale, nos 41-42, 2023. 19.* – LIGNEAU, La partition des directions départementales de l'action sanitaire et sociale, *RDSS 1986. 87.* – MARROT, Le pôle social dans l'action régionale de l'État, *RF aff. soc. 1996, n° 1, p. 173.* – PIVETEAU, Les administrations centrales face aux autres acteurs de la politique de l'État dans le champ social : concurrence ou complémentarité ?, *Vie sociale, nos 41-42, 2023. 75.* – PRÉTOT, Les relations entre l'État et les collectivités territoriales : l'exemple de l'action sanitaire et sociale, *Le courrier jurid. des finances (n° spécial), n° 93, 1998. 14.* – VINQUANT, La place de la direction générale de la cohésion sociale (DGCS) par rapport aux autres administrations et opérateurs de l'État dans les politiques sociales nationales : conception et mise en œuvre, *Vie sociale, nos 41-42, 2023. 59.*

Art. L. 121-7 **Sont à la charge de l'État au titre de l'aide sociale :**

1° Les dépenses d'aide sociale engagées en faveur des personnes mentionnées aux articles L. 111-3 et L. 232-6 ;

2° Les frais d'aide médicale de l'État, mentionnée au titre V du livre II ;

(L. n° 2016-1917 du 29 déc. 2016, art. 152-I, en vigueur le 1er janv. 2017) **« 3° Les aides de fin d'année qui peuvent être accordées par l'État aux allocataires du revenu de solidarité active ainsi qu'aux bénéficiaires de certaines allocations mentionnées à l'article L. 5423-24 du code du travail ou se substituant à ces dernières ; »**

4° L'allocation simple aux personnes âgées, mentionnée à l'article L. 231-1 ;

5° L'allocation différentielle aux adultes handicapés, mentionnée à l'article L. 241-2 ;

6° Les frais d'hébergement, d'entretien et de formation professionnelle des personnes handicapées dans les établissements de rééducation professionnelle, mentionnés aux articles L. 344-3 à L. 344-6 ;

(Abrogé par L. n° 2015-1702 du 21 déc. 2015, art. 74-I-1°, à compter du 1er janv. 2017) ***« 7° Les frais de fonctionnement des centres d'aide par le travail, mentionnés aux articles L. 344-2 à L. 344-6 ; »***

8° Les mesures d'aide sociale en matière de logement, d'hébergement et de réinsertion, mentionnées aux articles L. 345-1 à L. 345-3 ;

9° L'allocation aux familles dont les soutiens indispensables accomplissent le service national, mentionnée à l'article L. 212-1 ;

(Abrogé par L. n° 2015-925 du 29 juill. 2015, art. 24-3°) (L. n° 2006-911 du 24 juill. 2006, art. 95-III) ***« 10° Les frais d'accueil et d'hébergement des étrangers dans les centres d'accueil pour demandeurs d'asile mentionnés à l'article L. 348-1. »***

COMMENTAIRE

L'article L. 121-7 est le décalque inversé de l'article L. 121-1 : le département ayant reçu, aux termes de la loi du 22 juillet 1983, une compétence générale en matière d'aide sociale, la disposition ci-dessus définit donc limitativement la liste des prestations restées de la compétence de l'État.

Cette liste présente un caractère hétéroclite puisqu'on y trouve visées des prestations concernant aussi bien les « SDF » ou les personnes résidant sur le territoire national pour circonstances exceptionnelles (art. L. 111-3), que le maintien à domicile des personnes âgées (art. L. 231-1) ou encore les personnes handicapées au travers de plusieurs allocations et avantages qui leur sont destinés. La référence au financement par l'État d'une partie des dépenses afférentes au RSA qui transitaient par le Fonds national des solidarités actives a été supprimée du fait de la disparition de ce fonds (L. n° 2015-994 du 17 août 2015) ; la loi de finances n° 2016-1917 du 29 décembre 2016 a introduit en qualité de dépenses à sa charge les « aides de fin d'année accordées aux allocataires du RSA » ainsi qu'aux bénéficiaires d'allocations mentionnées à l'art. L. 5423-24 du code du travail (art. L. 121-7, 3°). On notera au passage une référence erronée (art. L. 121-7, 1°) à l'article L. 232-6, lequel visait, sous l'empire de la loi n° 97-60 du 24 janvier 1997 instituant la prestation spécifique dépendance, les personnes dépourvues de domicile de secours (la PSD était alors servie et gérée par le département de résidence, mais les dépenses ainsi engagées étaient à la charge de l'État). Or la loi n° 2001-647 du 20 juillet 2001 instituant l'allocation personnalisée d'autonomie est revenue sur cette solution : l'article L. 232-12 disposant que cette prestation est servie aux personnes âgées sans résidence stable par le département où elles sont domiciliées en application de l'article L. 232-2, il en résulte en effet que l'APA est dans tous les cas à la charge du département dans lequel le demandeur a son domicile de secours (on observera encore que cette référence erronée se trouve largement confirmée, s'il en était besoin, par la rédaction même de l'actuel article L. 232-6 du code, lequel ne vise nullement le cas de la personne âgée dépourvue d'un tel domicile…).

On peut ramener l'ensemble de ces compétences restées à l'État à une contrainte qui leur est commune : il s'agit de catégories de bénéficiaires pour lesquelles la solidarité ne peut s'exercer de façon opératoire qu'au niveau national, soit pour des raisons pratiques (leur « domicile de secours » ne peut être que national comme dans le cas des SDF ou des personnes accueillies dans les CHRS), soit pour des raisons de principe comme dans le cas des handicapés au bénéfice desquels on a voulu organiser une « solidarité nationale » déconnectant leur prise en charge de l'aide sociale classique.

Dans la mesure où elle a consacré, en les distinguant des CHRS qui assumaient jusqu'à présent ces prises en charge, les « centres d'accueil des demandeurs d'asile » et leur a donné un régime juridique spécifique figurant dans un nouveau chapitre les concernant (chap. VIII, art. L. 348-1 à L. 348-4), la loi n° 2006-911 du 24 juillet 2006 relative à l'immigration et à l'intégration avait logiquement rajouté à l'article L. 121-7, en les imputant à l'État, les frais d'accueil des étrangers dans ces centres. Or, si les dépenses relatives à ces CADA restent bien à l'État, elles ne constituent plus des prestations d'aide sociale de fait (L. n° 2015-925 du 29 juill. 2015 réformant le droit d'asile), ce qui explique qu'elles aient été retirées de l'article L. 121-7.

La LFSS pour 2016 (L. n° 2015-1702 du 21 déc. 2015, art. 74-I-1) a prévu qu'au 1er janvier 2017 le financement des frais de fonctionnement des ESAT, jusqu'à cette date à la charge de l'État, serait mis à la charge de l'assurance maladie (abrogation du 7° de l'art. L. 121-7 et modification dans ce sens de l'art. L. 344-4). ❑

Art. L. 121-8 Les dépenses supportées par l'État dans le département, en application de l'article L. 121-7, sont présentées chaque année dans un état récapitulatif. Cet état, présenté au conseil départemental dans l'année qui suit l'exercice, doit permettre la comparaison avec l'exercice précédent. – *[L. n° 83-663 du 22 juill. 1983, art. 36.]*

COMMENTAIRE

La disposition ci-dessus, issue de la loi n° 83-663 du 22 juillet 1983 (art. 36), vise à imposer une certaine transparence entre l'État et le département en matière de charge financière ; l'État doit donc récapituler dans un état annuel l'ensemble des dépenses d'aide sociale légale qu'il engage dans le ressort territorial du département et transmettre ces informations au conseil départemental. ❑

Art. L. 121-9 *(L. n° 2016-444 du 13 avr. 2016, art. 5-I)* **I. — Dans chaque département, l'État assure la protection des personnes victimes de la prostitution, du proxé-**

nétisme ou de la traite des êtres humains et leur fournit l'assistance dont elles ont besoin, notamment en leur procurant un placement dans un des établissements mentionnés à l'article L. 345-1.

Une instance chargée d'organiser et de coordonner l'action en faveur des victimes de la prostitution, du proxénétisme et de la traite des êtres humains est créée dans chaque département. Elle met en œuvre le présent article. Elle est présidée par le représentant de l'État dans le département. Elle est composée de représentants de l'État, notamment des services de police et de gendarmerie, de représentants des collectivités territoriales, d'un magistrat, de professionnels de santé et de représentants d'associations.

II. — Un parcours de sortie de la prostitution et d'insertion sociale et professionnelle est proposé à toute personne victime de la prostitution, du proxénétisme et de la traite des êtres humains aux fins d'exploitation sexuelle. Il est défini en fonction de l'évaluation de ses besoins sanitaires, professionnels et sociaux, afin de lui permettre d'accéder à des alternatives à la prostitution. Il est élaboré et mis en œuvre, en accord avec la personne accompagnée, par une association mentionnée à l'avant-dernier alinéa du présent II.

L'engagement de la personne dans le parcours de sortie de la prostitution et d'insertion sociale et professionnelle est autorisé par le représentant de l'État dans le département, après avis de l'instance mentionnée au second alinéa du I et de l'association mentionnée au premier alinéa du présent II.

La personne engagée dans le parcours de sortie de la prostitution et d'insertion sociale et professionnelle peut se voir délivrer l'autorisation provisoire de séjour mentionnée à l'article *(Ord. n° 2020-1733 du 16 déc. 2020, art. 4-2°, en vigueur le 1er mai 2021)* « L. 425-4 » du code de l'entrée et du séjour des étrangers et du droit d'asile. Elle est présumée satisfaire aux conditions de gêne ou d'indigence prévues au 1° de l'article L. 247 du livre des procédures fiscales. Lorsqu'elle ne peut prétendre au bénéfice des allocations prévues *(L. n° 2016-1917 du 29 déc. 2016, art. 87-IV, en vigueur le 1er sept. 2017)* « à l'article L. 262-2 du présent code et à l'article *(Ord. n° 2020-1733 du 16 déc. 2020, art. 4-2°, en vigueur le 1er mai 2021)* « L. 553-1 » du code de l'entrée et du séjour des étrangers et du droit d'asile », une aide financière à l'insertion sociale et professionnelle lui est versée.

L'aide mentionnée au troisième alinéa du présent II est à la charge de l'État. *(Abrogé par L. n° 2016-1917 du 29 déc. 2016, art. 36-X)* *« Elle est financée par les crédits du fonds pour la prévention de la prostitution et l'accompagnement social et professionnel des personnes prostituées institué à l'article 7 de la loi n° 2016-444 du 13 avril 2016 visant à renforcer la lutte contre le système prostitutionnel et à accompagner les personnes prostituées. »* Le montant de l'aide et l'organisme qui la verse pour le compte de l'État sont déterminés par décret. Le bénéfice de cette aide est accordé par décision du représentant de l'État dans le département après avis de l'instance mentionnée au second alinéa du I. Il est procédé au réexamen de ce droit dès lors que des éléments nouveaux modifient la situation du bénéficiaire. L'aide est incessible et insaisissable.

L'instance mentionnée au second alinéa du I du présent article assure le suivi du parcours de sortie de la prostitution et d'insertion sociale et professionnelle. Elle veille à ce que la sécurité de la personne accompagnée et l'accès aux droits mentionnés au troisième alinéa du présent II soient garantis. Elle s'assure du respect de ses engagements par la personne accompagnée.

Le renouvellement du parcours de sortie de la prostitution et d'insertion sociale et professionnelle est autorisé par le représentant de l'État dans le département, après avis de l'instance mentionnée au second alinéa du I et de l'association mentionnée au premier alinéa du présent II. La décision de renouvellement tient compte du respect de ses engagements par la personne accompagnée, ainsi que des difficultés rencontrées.

Toute association choisie par la personne concernée qui aide et accompagne les personnes en difficulté, en particulier les personnes prostituées, peut participer à l'élaboration et à la mise en œuvre du parcours de sortie de la prostitution et d'inser-

tion sociale et professionnelle, dès lors qu'elle remplit les conditions d'agrément fixées par décret en Conseil d'État.

Les conditions d'application du présent article sont déterminées par le décret mentionné à l'avant-dernier alinéa du présent II.

COMMENTAIRE

Après avoir repris une ancienne disposition de l'ancien code de la famille et de l'aide sociale (art. 185-1), l'article L. 121-9 a été complètement réécrit par la loi n° 2016-444 du 13 avril 2016 visant à renforcer la lutte contre le système prostitutionnel et à accompagner les personnes prostituées.

Le nouveau texte maintient à la charge de l'État l'ensemble de cette politique de lutte contre la prostitution. Mais il organise tout un dispositif de lutte contre le phénomène et d'accompagnement des personnes qui tentent d'en sortir : établissement d'une instance départementale présidée par le préfet et réunissant tous les acteurs impliqués (service de police et de gendarmerie, collectivités territoriales, magistrats et associations) ; construction avec les personnes concernées d'un « parcours de sortie de la prostitution et d'insertion sociale et professionnelle » qui couvre l'ensemble des besoins (santé, logement, insertion professionnelle, suivi social, autorisation de séjour pour les personnes étrangères en situation irrégulière), ces parcours étant coordonnés par l'instance départementale, autorisés par le préfet et financés par un fonds créé par la loi du 13 avril 2016. Les associations qui se consacrent à la lutte contre la prostitution et à l'insertion des personnes victimes participent à ce dispositif. ❑

1. Services sociaux. Les services gérés par une association habilitée à recevoir, aider, orienter et héberger provisoirement des prostituées constituent non pas des centres d'hébergement et de réadaptation sociale au sens du 1er al. de l'art. 185 C. fam. (CASF, L. 341-1), mais des services sociaux au sens de l'art. 185-1 (CASF, L. 121-9). • CE 29 déc. 1997, *Assoc. amicale du Nid*, n° 160139 B.

2. Pouvoirs du juge. Lorsqu'il statue sur un recours dirigé contre une décision refusant l'autorisation d'engagement d'une personne dans le parcours de sortie de la prostitution et d'insertion sociale et professionnelle, il appartient au juge administratif d'annuler, s'il y a lieu, cette décision, en accueillant lui-même la demande de l'intéressé s'il apparaît, à la date à laquelle il statue, qu'un défaut d'autorisation d'engagement conduirait à une méconnaissance des dispositions du CASF relatives à la protection des personnes victimes de la prostitution, du proxénétisme ou de la traite des êtres humains et en renvoyant le cas échéant l'intéressé devant l'administration afin qu'elle précise les modalités de ce parcours. • CE 19 nov. 2021, n° 440802 B : *AJDA 2022. 694, note Rihal*.

Art. L. 121-10 *(L. n° 2022-140 du 7 févr. 2022, art. 36-I)* **L'État assure la coordination de ses missions avec celles exercées par les collectivités territoriales, notamment les départements, en matière de protection de l'enfance et veille à leur cohérence avec les autres politiques publiques, notamment en matière de santé, d'éducation, de justice et de famille, qui concourent aux objectifs mentionnés à l'article L. 112-3. Il promeut la coopération entre l'ensemble des administrations et des organismes qui participent à la protection de l'enfance.**

COMMENTAIRE

Cette disposition, introduite au code par la loi n° 2022-140 du 7 février 2022 relative à la protection des enfants, témoigne de la volonté de renforcer les dispositifs de pilotage de cette politique : dans la mesure où cette dernière se trouve partagée entre une pluralité de personnes publiques tout en concernant, de plus, de nombreux domaines (santé, éducation, justice, famille) relevant chacun d'institutions spécialisées, l'article L. 121-10 charge l'État de coordonner l'ensemble de ces interventions. ❑

Art. L. 121-10-1 *(L. n° 2003-1311 du 30 déc. 2003, art. 119)* **Les actions menées à l'égard des** *(Ord. n° 2005-461 du 13 mai 2005)* **« Français établis hors de France » en difficulté, en particulier les personnes âgées ou handicapées, relèvent de la compétence de l'État.**

Ces personnes peuvent bénéficier, sous conditions, de secours et aides prélevés sur les crédits d'assistance aux *(Ord. n° 2005-461 du 13 mai 2005)* **« Français établis hors**

de France » du ministère des affaires étrangères, et d'autres mesures appropriées tenant compte de la situation économique et sociale du pays de résidence.

L'Assemblée des Français de l'étranger, la commission permanente pour la protection sociale des Français de l'étranger et, dans chaque pays considéré, le *(L. nº 2013-659 du 22 juill. 2013, art. 57)* **« conseil » consulaire compétent sont consultés sur la** *(Ord. nº 2005-461 du 13 mai 2005)* **« politique d'aide sociale aux Français établis hors de France ».**

COMMENTAIRE

La loi de finances pour 2004 (L. n° 2004-1311 du 30 déc. 2003) a introduit cette disposition qui fonde légalement le régime juridique de l'aide sociale en faveur des Français établis hors de France. L'article L. 121-10-1 attribue la compétence en la matière à l'État ; il en définit le contenu puisqu'il précise qu'il s'agit de secours et d'aides inscrits dans les crédits d'assistance du ministère des Affaires étrangères, lesquels sont établis, précision importante, en considération de la situation du pays concerné ; enfin, il attribue une compétence consultative à l'Assemblée des Français de l'étranger. ❑

SECTION 4 Organismes de sécurité sociale

BIBL. ▸ ANCELIN, L'action sociale familiale et les caisses d'allocations familiales, *Comité d'histoire de la Sécurité sociale, 1997.* – CADIOU et GAGNON, L'action sociale des caisses de retraite : un dispositif complémentaire de la protection sociale des personnes âgées, *RF aff. soc., nº 3, 2005. 11.* – CHAUVET, L'action sanitaire et sociale de la Caisse nationale d'assurance vieillesse, *Dr. soc. 1975. 322.* – DAMON, Quelques remarques sur le « développement social local », *RDSS 2009. 933* ✎. – FRANÇOIS, Action sociale familiale de la branche famille et minima sociaux, *Regards CNESS EN3S, nº 38, 2010. 75.* – MORIVAL, L'action sociale des caisses d'allocations familiales, *Dr. soc. 1975. 49.* – NICOLLE, L'action sociale des caisses d'allocations familiales : un modèle spécifique ?, *Regards CNESS EN3S, nº 54, 2019. 167.* – ORLANDINI, L'action territoriale des Caf : entre repositionnement et rééquilibrage, *Regards CNESS EN3S, nº 56, 2020. 159.* – PRIEUR, L'action sanitaire et sociale du régime général d'assurance maladie, *Dr. soc. 1976. 311.* – SLOMA, Les jeunes adultes et l'action sociale des CAF, *Rech. et prév. nº 65, 2001. 115.*

Art. L. 121-11 Les règles relatives à l'action sociale des caisses de sécurité sociale sont fixées par les dispositions des articles L. 262-1 et L. 263-1 du code de la sécurité sociale ci-après reproduites :

Art. L. 262-1 *(L. nº 88-16 du 5 janv. 1988, art. 1er-VII ; L. nº 2004-810 du 13 août 2004, art. 69)* Les caisses primaires et les caisses régionales exercent une action de prévention, d'éducation et d'information sanitaires ainsi qu'une action sanitaire et sociale *(L. nº 98-657 du 29 juill. 1998, art. 75)* « destinées en priorité aux populations exposées au risque de précarité » dans le cadre de programmes définis par l'autorité compétente de l'État, après avis et proposition du conseil de la caisse nationale de l'assurance maladie et compte tenu de la coordination assurée par celle-ci conformément aux dispositions des 3° et 4° de l'article L. 221-1.

Art. L. 263-1 Les caisses d'allocations familiales exercent une action sanitaire et sociale en faveur de leurs ressortissants et des familles de ceux-ci dans le cadre du programme mentionné au 2° de l'article L. 223-1.

COMMENTAIRE

Les caisses de sécurité sociale (caisses primaires d'assurance maladie, caisses d'allocations familiales, caisses régionales d'assurance maladie) mettent en œuvre une action sanitaire et sociale qui participe de la politique d'ensemble en ce domaine. Dans le cadre de la codification, on a donc intégré au code de l'action sociale et des familles les deux dispositions fondamentales en la matière qui figurent au code de la sécurité sociale.

Cette action sanitaire et sociale des organismes du régime général est fortement impulsée par les caisses nationales (CNAM et CNAF, V. CSS, art. L. 221-1 et art. L. 223-1), lesquelles élaborent un programme mis en œuvre par le biais d'un fonds d'action sanitaire et sociale réparti en une dotation annuelle pour chaque caisse locale ; le programme national ainsi que les dotations affectées au fonds sont préalablement arrêtés par les ministres de tutelle ; les caisses locales doivent ensuite, en jouissant d'une certaine marge d'autonomie, mettre en application le programme.

Chaque branche de la sécurité sociale, avec ses spécificités (action sanitaire ou liée aux soins pour l'assurance maladie, intervention en faveur de la famille et de l'enfance pour les allocations familiales…), constitue donc, au travers des caisses locales, un acteur très important de l'action sociale, recourant à de nombreux partenariats avec les collectivités locales.

Cet ensemble d'interventions constitue ce que l'on appelle « l'action sociale spécialisée » et prend en charge les personnes relevant des régimes de sécurité sociale concernés ainsi que leur famille. Il s'oppose à l'action sociale polyvalente, laquelle s'organise non pas en considération de catégories de bénéficiaires mais selon une logique de découpage territorial (secteurs et circonscriptions d'action sociale relevant du département). ❑

1. Compétence du législateur. La mission de promouvoir l'action sanitaire et sociale qui est impartie aux organismes de la sécurité sociale constitue un des principes fondamentaux de la sécurité sociale et relève, comme telle, de la compétence du législateur. • Cons. const., décis. n° 60-5 L, 7 avr. 1960 : *D. 1960. II. 668, note Hamon ; RDP 1960. 1017, note Waline ; S. 1961. II. 104, note Hamon.* ♦ En vertu de l'art. 34 de la Constitution, il revient à la loi de déterminer les principes fondamentaux de la sécurité sociale et, notamment, de créer les aides financières à la charge des organismes de sécurité sociale telles qu'une aide à la souscription d'une assurance ainsi que la fixation des conditions exigées pour leur attribution. • CE 21 nov. 2008, *Union des chirurgiens de France*, n° 306152 : *Lebon 430 ; RDSS 2008. 1123, concl. Courrèges*.

2. Règlement d'aide aux vacances. Un règlement d'aide aux vacances établi par une caisse d'allocations familiales ayant prévu trois catégories d'aides financières aux vacances, dont les deux premières ont trait à diverses formes de séjour en France et dont la troisième, d'un montant inférieur, a trait aux familles étrangères se rendant dans leur pays d'origine ne saurait être regardé, dans la mesure où il n'exclut pas du bénéfice des deux premières catégories les enfants de familles étrangères et ne prévoit pas d'aide pour des enfants de familles françaises se rendant à l'étranger, comme méconnaissant, au détriment des familles étrangères, le principe d'égalité. • CE 16 déc. 1994, *Comité du Gâtinais du MRAP*, n° 87254 : *RDSS 1995. 569, obs. Ligneau*.

3. Aide ménagère à domicile. Aucune disposition législative ou réglementaire n'impose au conseil d'administration de la caisse nationale d'assurance vieillesse des travailleurs salariés, lorsqu'il fixe le montant de la participation horaire nationale de l'aide ménagère à domicile pour l'année en cours, de préciser le mode de calcul de ce montant, ni de désigner les autorités compétentes de l'État au contrôle desquelles cette décision a été soumise. • CE 9 févr. 1996, *UNASSAD*, n° 157885 : *RDSS 1996. 643, obs. Kessler*.

4. Avance sur pension alimentaire. La faculté donnée aux caisses d'allocations familiales d'accorder, sur leurs fonds d'action sanitaire et sociale, une avance sur pension alimentaire aux créanciers relève des missions qui leur sont confiées par la loi dans le domaine de l'action sociale ; par suite, c'est à bon droit qu'une cour d'appel a décidé que les mesures pouvant intervenir dans ce domaine étaient étrangères aux prestations légales obligatoires et relevaient de l'action sociale de chaque caisse, laquelle était habilitée à en fixer les conditions d'attribution dans son règlement intérieur • Civ. 1re, 17 janv. 2006, n° 02-15.173 P : *JCP S 2006. 1414, note Willmann.*

5. Code de la consommation. Les dispositions du code de la consommation ne sont pas applicables aux aides financières individualisées aux familles que les CAF servent dans le cadre de leurs attributions en matière d'action sociale, ces aides n'ayant pas le caractère d'un prêt à la consommation. • Civ. 1re, 10 juill. 2001, n° 99-14.344 P : *Dr. soc. 2001. 1082, obs. Prétot*.

6. Compétence juridictionnelle. Les litiges individuels se rapportant aux prestations que les organismes de sécurité sociale sont appelés à verser à leurs assurés ou allocataires au titre de l'action sanitaire et sociale relèvent de la compétence des juridictions du contentieux général de la sécurité sociale. • T. confl. 10 mars 1997, *Lair c/ CNAV : Dr. soc. 1997. 633, concl. Sainte-Rose* • CE 1er févr. 2023, n° 451989 B : *RDSS 2023. 549, obs. Prétot*.

Art. L. 121-12 Les règles relatives à l'action sociale de la mutualité sociale agricole sont fixées par les dispositions de l'article L. 726-1 du code rural et de la pêche maritime ci-après reproduites :

Art. L. 726-1 Le conseil d'administration de la caisse de mutualité sociale agricole fixe les principes généraux et les moyens de la politique d'action sanitaire et sociale menée par la caisse, après avis d'un comité composé paritairement de non-salariés et de salariés, membres du conseil d'administration.

Ce comité est appelé également à instruire les demandes de subventions et à attribuer les prêts et toutes aides à caractère individuel et collectif, dans le cadre de la politique fixée par le conseil.

COMMENTAIRE

L'article L. 121-12 est le complément logique du précédent ; il intègre au code l'article L. 726-1 du code rural et de la pêche maritime relatif à l'action sanitaire et sociale des caisses de mutualité sociale agricole (MSA) qui prennent en charge les personnes relevant du régime agricole. ❑

SECTION 5 Office français de l'immigration et de l'intégration *(Décr. n° 2009-331 du 25 mars 2009)*.

(L. n° 2005-32 du 18 janv. 2005, art. 148-I)

BIBL. ▶ LAHALLE, Les aspects sociaux de la loi du 24 juillet 2006 relative à l'immigration et à l'intégration, *JCP S 2006. 1789*. – MICHELET, L'apport de la loi de cohésion sociale à l'accueil et à l'intégration des personnes immigrées, *RDSS 2005. 660* .

COMMENTAIRE

La loi n° 2005-32 du 18 janvier 2005 relative à la cohésion sociale a créé une nouvelle « Agence nationale de l'accueil des étrangers et des migrations » en remplacement de l'ancien Office des migrations internationales (OMI). Le statut de la nouvelle agence ainsi que ses missions sont définis aux articles L. 341-9 et L. 341-10 nouveaux du code du travail.

L'article L. 121-13, unique disposition de la section 5 du présent chapitre, reprend la définition juridique de cette Agence nationale de l'accueil des étrangers et des migrations en renvoyant à l'article L. 341-9 du code du travail qui en précise les missions et les conditions de fonctionnement. ❑

Art. L. 121-13 L'*(Décr. n° 2009-331 du 25 mars 2009)* **« Office français de l'immigration et de l'intégration » est un établissement public administratif de l'État qui exerce les missions définies à l'article** *(L. n° 2015-925 du 29 juill. 2015, art. 24-4°)* **« L. 5223-1 » du code du travail.** – *L'art. L. 121-13, dans sa rédaction résultant de la L. n° 2015-925 du 29 juill. 2015, s'applique aux demandeurs d'asile dont la demande a été enregistrée à compter du 1er nov. 2015. Les dispositions préc. sont applicables à Saint-Barthélemy et à Saint-Martin (L. préc., art. 35-V et VIII ; Décr. n° 2015-1166 du 21 sept. 2015, art. 29 et 30-II).*

SECTION 6 *[ABROGÉE]* Agence nationale pour la cohésion sociale et l'égalité des chances

(Abrogée par L. n° 2014-173 du 21 févr. 2014, art. 14-II, à compter du 1er janv. 2016)

La section 6 est abrogée par la L. n° 2014-173 du 21 févr. 2014, art. 14-II, à compter du 1er janv. 2016. Les activités de l'Agence nationale pour la cohésion sociale et l'égalité des chances sont transférées à l'État suivant des modalités et un calendrier, prévus par décret, au plus tard le 1er janv. 2016. A cette date, l'établissement public « Agence nationale pour la cohésion sociale et l'égalité des chances » est dissous et ses biens, droits et obligations sont transférés à l'État. Ce transfert est réalisé à titre gratuit et ne donne lieu à aucune indemnité ou perception de droits, impôts ou taxes de quelque nature que ce soit, à aucun versement d'honoraires au profit des agents de l'État, ni au versement prévu à l'art. 879 du CGI (L. n° 2014-173 du 21 févr. 2014, art. 14-I, mod. par L. n° 2014-1654 du 29 déc. 2014, art. 105).

Art. L. 121-14 ***L'Agence nationale pour la cohésion sociale et l'égalité des chances est un établissement public national à caractère administratif. Elle contribue à des actions en faveur des personnes rencontrant des difficultés d'insertion sociale ou professionnelle.***

(L. n° 2009-323 du 25 mars 2009, art. 67) ***« Elle concourt à la lutte contre les discriminations. Elle contribue à la lutte contre l'illettrisme et à la mise en œuvre du service civil volontaire. Elle participe aux opérations en faveur des habitants des quartiers prioritaires de la politique de la ville. Dans le cadre de ces actions, elle promeut l'accessibilité au savoir et à la culture. En outre, dans ses interventions, l'agence prend en compte les spécificités des départements d'outre-mer. »***

L'agence mène directement des actions ou accorde des concours financiers, après optimisation des crédits de droit commun, notamment dans le cadre d'engagements pluriannuels, aux collectivités territoriales, aux établissements publics de coopération intercommunale

compétents et aux organismes publics ou privés, notamment les associations, qui conduisent des opérations concourant à ces objectifs. Elle veille à une mise en œuvre équitable de ces crédits sur l'ensemble du territoire national.

Elle participe, par la conclusion de conventions pluriannuelles, au financement des contrats passés entre les collectivités territoriales et l'État pour la mise en œuvre d'actions en faveur des quartiers visés au troisième alinéa.

COMMENTAIRE

La loi n° 2005-32 du 18 janvier 2005 avait créé, à côté de l'Agence nationale de l'accueil des étrangers et des migrations (art. L. 121-13 ci-dessus), un Fonds d'action et de soutien pour l'intégration et la lutte contre les discriminations (FASILD) dont la mission était de mettre en œuvre les mesures visant à l'intégration des personnes immigrées résidant en France, mesures définies par l'Agence nationale.

La loi n° 2006-396 du 31 mars 2006 relative à l'égalité des chances a entendu refondre le dispositif. S'agissant des actions confiées à l'ancien FASILD portant sur l'accueil des populations immigrées, la compétence est transférée à l'Agence nationale de l'accueil des étrangers et des migrations (L. n° 2006-396 du 31 mars 2006, art. 39). Quant aux autres attributions du FASILD, lequel devait prendre en charge, outre les immigrés proprement dits, les populations « issues de l'immigration », elles sont confiées à une nouvelle instance, l'Agence pour la cohésion sociale et l'égalité des chances dont les missions sont précisées ci-dessus (art. L. 121-14) et l'organisation et les moyens sont définis ci-dessous (art. L. 121-15 à L. 121-19).

S'agissant des missions de l'Agence pour la cohésion sociale et l'égalité des chances, il convient de noter qu'elles sont à la fois élargies (populations immigrées, populations issues de l'immigration, mais aussi populations concernées par la politique de la ville) et rendues plus précises (lutte contre l'illettrisme, mise en œuvre du service civil volontaire et accès au savoir et à la culture) ; dans l'exercice de ses missions, l'Agence doit en outre prendre en compte les spécificités des départements d'outre-mer. ❑

Art. L. 121-15 (*L. n° 2009-323 du 25 mars 2009, art. 67*) ***L'Agence nationale pour la cohésion sociale et l'égalité des chances est administrée par un conseil d'administration composé de représentants de l'État disposant de la moitié des voix, de représentants du Parlement et des collectivités territoriales, de représentants syndicaux et de personnalités qualifiées. Son président est désigné par l'État parmi ces dernières.***

Dans la région, dans le département ou en Corse, le délégué de l'agence est, respectivement, le représentant de l'État dans la région, le département ou la collectivité territoriale de Corse. Il signe les conventions passées pour son compte et concourt à leur mise en œuvre, à leur évaluation et à leur suivi.

Art. L. 121-16 (*Abrogé par L. n° 2012-347 du 12 mars 2012, art. 10-I*) ***Pour l'exercice de ses missions, l'Agence nationale pour la cohésion sociale et l'égalité des chances peut recruter des agents non titulaires sur des contrats à durée indéterminée.***

Art. L. 121-17 (*L. n° 2009-323 du 25 mars 2009, art. 67*) ***Les ressources de l'Agence nationale pour la cohésion sociale et l'égalité des chances sont constituées notamment par :***

1° Les subventions ou concours de l'État ;

2° Les concours des fonds structurels de la Communauté européenne ;

3° Les subventions de la Caisse des dépôts et consignations ;

4° Les produits divers, dons et legs.

L'agence peut, en outre, recevoir, dans le cadre de conventions, des contributions de collectivités territoriales ou de leurs établissements publics de coopération, d'organismes nationaux ou locaux des régimes obligatoires de sécurité sociale ou de la mutualité sociale agricole, ou d'établissements publics.

Art. L. 121-18 ***Les règles d'organisation et de fonctionnement de l'Agence nationale pour la cohésion sociale et l'égalité des chances sont fixées par décret en Conseil d'État.***

Art. L. 121-19 (*L. n° 2010-241 du 10 mars 2010, art. 18-I*) ***L'Agence nationale pour la cohésion sociale et l'égalité des chances concourt à la mise en œuvre du service civique***

mentionné au titre I bis du livre I du code du service national, dans le cadre du groupement d'intérêt public prévu par ces dispositions.

Art. L. 121-20 *(Abrogé par L. nº 2010-241 du 10 mars 2010, art. 18-II) (L. nº 2007-297 du 5 mars 2007, art. 32)* ***Pour l'accès à un emploi de l'État, des collectivités territoriales, des établissements publics et des entreprises publiques dont le personnel est soumis à un statut défini par la loi ou le règlement, la limite d'âge est reculée d'un temps égal au temps effectif de volontariat au titre du service civil volontaire.***

Ce temps effectif est également pris en compte dans le calcul de l'ancienneté dans les fonctions publiques de l'État, des collectivités territoriales et des établissements publics hospitaliers et de la durée d'expérience professionnelle requise pour le bénéfice de la validation des acquis professionnels en vue de la délivrance d'un diplôme de l'enseignement supérieur ou technologique ou d'un titre professionnel.

CHAPITRE II DOMICILE DE SECOURS

BIBL. ▶ DESSAINT, Des difficultés liées à la détermination du domicile de secours, *Mél. Alfandari, Dalloz 2000. 241.* – HABCHI, Du bon usage du domicile de secours : un aperçu contentieux, *JCP Adm. 2018. 2273.* – LIGNEAU, L'absence de domicile de secours depuis les lois sur la décentralisation, *RDSS 1985. 72* ; La compétence réduite de l'État en l'absence de domicile de secours, *RDSS 1988. 736.* – RENARD, Une définition institutionnelle du lien social : la question du domicile de secours, *RF sc. pol., 1988. 370.* – RÉVEILLÈRE-MAURY, Faut-il instaurer un droit à la domiciliation ?, *RDSS 2005. 1008* ; Le rôle des concepts de domicile de secours, de résidence et de domiciliation dans l'imputation des dépenses d'aide sociale, *RDSS 2007. 1066*. – SIBILEAU, Faut-il supprimer le domicile de secours ?, *Rev. aide soc. 1965. 289.*

COMMENTAIRE

La notion de « domicile de secours » est un des éléments les plus anciens du droit de l'aide sociale. Cette notion correspond d'une part à une très ancienne exigence de rattachement des indigents et des pauvres à un lieu précis dans un but de police, d'autre part à un souci d'aménagement des solidarités en vue d'identifier la collectivité devant les prendre en charge ; il s'agit ainsi d'éviter que les autorités locales ne se renvoient la responsabilité des interventions des unes vers les autres. De là, dans la conception originelle, l'idée que la possession d'un domicile de secours est une condition pour se voir ouvrir les droits à l'assistance. Cette conception policière du domicile de secours va s'estomper avec les premières lois d'assistance, dont celle de 1893 relative à l'assistance médicale gratuite et surtout à compter du décret-loi du 30 octobre 1935 : le domicile de secours est progressivement ramené à un simple rôle fonctionnel en ne servant plus qu'à déterminer la collectivité débitrice de l'aide et en perdant sa dimension de condition d'accès à l'aide.

Le congrès international de l'Assistance publique qui se tint à Paris en 1889 a posé le principe selon lequel l'assistance est accordée dans le cadre territorial le plus proche de l'intéressé, l'État n'accordant qu'une participation financière limitée.

En conséquence, et dans le cadre des diverses lois d'assistance votées à la fin du XIXe siècle, le domicile de secours est à l'origine communal ; depuis 1935, il est départemental, les textes maintenant un domicile de secours national pour les personnes qui n'ont pu choisir librement leur lieu de résidence et pour celles pour lesquelles aucun domicile de secours ne peut être déterminé. ❑

Art. L. 122-1 Les dépenses d'aide sociale prévues à l'article L. 121-1 sont à la charge du département dans lequel les bénéficiaires ont leur domicile de secours.

A défaut de domicile de secours, ces dépenses incombent au département où réside l'intéressé au moment de la demande d'admission à l'aide sociale. – *[C. fam., art. 192 et 194, al 5, 1re phrase.]*

COMMENTAIRE

Cet article, à relier à l'article L. 121-1, établit un domicile de secours départemental pour les prestations d'aide sociale légale. Ce principe s'applique à l'exception des dépenses d'aide sociale qui sont énumérées à l'article L. 121-7 et qui correspondent aux compétences limitées que l'article 35 de la loi n° 83-663 du 22 juillet 1983 a conservées à l'État. Pour les bénéficiaires de ces prestations, le domicile de secours est alors « national ».

Bien que le domicile de secours ne soit plus communal depuis 1935, on avait maintenu une participation des communes aux dépenses d'aide sociale du département, dénommée « contingent communal d'aide sociale » ; la loi du 27 juillet 1999 relative à la couverture maladie universelle a supprimé cette participation. ☐

1. *Détermination de la collectivité débitrice.* Le domicile de secours ne sert qu'à désigner la collectivité débitrice de l'aide : il n'est en aucun cas une condition d'attribution des prestations. • Comm. centr. aide soc. 7 janv. 1980 : *RDSS 1981. 114, chron. Alfandari.*

2. *Prestations concernées.* Il résulte des dispositions du CASF que le domicile de secours dont l'attribution détermine l'imputation financière des seules dépenses d'aide sociale légales est sans application s'agissant de prestations d'aide sociale facultatives telles que celles dispensées par un service de suivi et d'accompagnement. • Comm. centr. aide soc. 23 juill. 2001 : *CJAS n° 2001/12, p. 15* • 10 sept. 2001 : *CJAS n° 2001/11, p. 25.*

3. *Point de départ de l'obligation de la collectivité.* Les frais d'aide sociale concernant une personne qui a librement choisi de revenir en France et de s'y installer incombent au département dès le premier jour où elle y a résidé. • Comm. centr. aide soc. 2 févr. 1990, *Dpt Nord : EJCCAS 03-4, p. 8.*

4. *Défaut de domicile de secours et résidence.* Il résulte, des dispositions de l'art. L. 122-1 qu'en l'absence de détermination possible du domicile de secours, les dépenses d'aide sociale incombent au département où réside le bénéficiaire de l'aide ; une personne accueillie dans un centre ou une unité de long séjour y réside au sens de ces dispositions. • Comm. centr. aide soc. 18 févr. 2002 : *CJAS n° 2002/03, p. 29.*

5. *Résidence et domicile de secours.* Quel que soit le département dans lequel une demande d'admission au bénéfice de l'aide sociale a été déposée en fonction du lieu de résidence de l'intéressé, la commission d'admission à l'aide sociale compétente pour statuer sur cette demande est celle du département dans lequel l'intéressé a son domicile de secours, commission qui comprend d'ailleurs, dans le cas où il s'agit de deux départements différents et où, par suite, le dossier lui a été transmis par le président du conseil général du département dans lequel la demande d'admission a été déposée, le conseiller général du canton dans lequel le demandeur a conservé son domicile de secours. • CE 30 juin 2003, *Dpt de Paris,* n° 233632 B : *AJDA 2003. 1895* ; *RDSS 2004. 396, note Tourette.*

6. *Résidence à l'étranger lors de la demande d'admission.* Si, au moment de sa demande d'admission à l'aide sociale, l'intéressé séjournait encore aux États-Unis où il était établi depuis plusieurs années, et ne pouvait de ce fait être regardé comme résidant dans un département français au sens de l'art. L. 122-1, il doit, dans ces conditions, être regardé comme dépourvu de domicile fixe en application des dispositions combinées des art. L. 121-1, L. 121-7 et L. 111-3 du CASF ; dès lors, les dépenses d'aide sociale en cause sont à la charge de l'État. • CE 27 sept. 2006, *Dpt Pyrénées-Atlantiques,* n° 278264 B : *RDSS 2006. 1060, concl. Devys*

7. *Accueil dans un établissement quelques jours après l'arrivée sur le territoire national.* Lorsqu'un demandeur d'aide sociale en provenance de l'étranger est accueilli, en l'espèce au bout de deux jours, avant que ne soit expiré le délai de trois mois qui conditionne l'acquisition d'un domicile de secours, dans un établissement, notamment social, sa situation doit être assimilée à celle d'une personne sans résidence stable, et en conséquence les frais de placement sont à charge de l'État ; il en va de même lorsque, postérieurement à la prise en charge dans le premier établissement ainsi fréquenté, il se trouve, sans solution de continuité, admis dans un autre établissement « sanitaire et social » dont la charge des frais est en litige ; que les frais entraînés par cette demande, même de plusieurs mois ou années, postérieure à l'arrivée en France, ne pouvant alors être mis qu'à la charge de l'État. • Comm. centr. aide soc. 6 mars 2014, dossier n° 130228 : *CJAS n° 2014/4, p. 11.*

8. *Saisine tardive du juge par le préfet.* Il résulte de la combinaison des art. L. 122-1 et R. 131-8 du CASF que le délai d'un mois imparti au préfet pour saisir la Commission centrale d'aide sociale est prescrit à peine d'irrecevabilité ; par suite, il appartient à ladite commission de relever d'office l'irrecevabilité découlant de cette tardiveté, dès lors qu'elle ressort des pièces du dossier qui lui est soumis. • CE 1er juill. 2009, *Dpt. du Nord,* n° 318959 : *RDSS 2009. 950, concl. Courrèges.* ♦ Le non-respect du délai d'un mois imparti au préfet par l'art. R. 131-8 CASF pour transmettre le dossier au président du conseil départemental vaut acceptation de la prise en charge des frais liés à l'aide sociale. • Comm. centr. aide soc. 23 juin 2016, dossier n° 150044 : *CJAS 2017/02.*

9. *Prise en charge des dépenses d'aide sociale.* Il résulte du 2e al. de l'art. L. 122-4 CASF que lorsqu'un département, après avoir pris une décision d'admission d'un demandeur à l'aide sociale, pouvant le cas échéant ressortir de l'engagement de frais pour sa prise en charge, transmet le dossier, plus de deux mois après cette admission, à un autre département dans lequel il estime que le demandeur a son domicile de secours, il conserve la charge des frais engagés jusqu'à la date de cette transmission, même si le demandeur a effectivement son domicile de secours dans cet autre département ; en revanche, si, en vertu du 1er al. du même article, le département qui estime que le demandeur a son domicile de secours dans un autre département doit, dans le délai d'un mois après le dépôt de la demande, transmettre le dossier au département concerné, la méconnaissance de ce délai est par elle-même sans incidence sur la détermination du département auquel incombe les dépenses d'aide sociale susceptibles d'être exposées, y compris au titre de la période antérieure à cette transmission, qui est celui dans lequel l'intéressé a son domicile de secours. • CE 18 juill. 2018, n° 412206 B.

Art. L. 122-2 Nonobstant les dispositions des articles 102 à 111 du code civil, le domicile de secours s'acquiert par une résidence habituelle de trois mois dans un département postérieurement à la majorité ou à l'émancipation, sauf pour les personnes admises dans des établissements sanitaires ou sociaux, ou accueillies habituellement, à titre onéreux ou au titre de l'aide sociale au domicile d'un particulier agréé ou faisant l'objet d'un placement familial en application des articles L. 441-1, L. 442-1 et L. 442-3, qui conservent le domicile de secours qu'elles avaient acquis avant leur entrée dans l'établissement et avant le début de leur séjour chez un particulier. Le séjour dans ces établissements ou au domicile d'un particulier agréé ou dans un placement familial est sans effet sur le domicile de secours.

Pour les prestations autres que celles de l'aide sociale à l'enfance, l'enfant mineur non émancipé a le domicile de secours de l'une des personnes ou de la personne qui exerce l'autorité parentale ou la tutelle confiée en application de l'article 390 du code civil. – *[C. fam., art. 193.]*

COMMENTAIRE

L'acquisition du domicile de secours est conditionné par une résidence habituelle de trois mois dans le département débiteur des prestations d'aide sociale.

Cette résidence doit être « habituelle », ce qui renvoie à un constat matériel et concret et ne se confond donc pas avec les conceptions civilistes (art. 102 s. C. civ.), fiscales ou électorales du domicile.

Selon l'interprétation habituelle, la résidence doit être volontaire ; si elle est occasionnée par des circonstances excluant toute liberté de choix, le délai de trois mois ne commence à courir que lorsque ces circonstances disparaissent ; ce principe du « caractère volontaire » de la résidence joue davantage pour la perte du domicile de secours comme le prévoit le dernier alinéa de l'article L. 122-3 (issu de l'ancien art. 194 C. fam.).

Avant la loi du 6 janvier 1986 qui a réécrit l'ancien article 193 du code de la famille et de l'aide sociale, le séjour à titre payant dans un établissement social et médico-social choisi par l'intéressé lui-même était acquisitif de domicile de secours.

Le nouvel article 193 devenu l'article L. 122-2 du CASF pose un principe général qui coupe court à la complexité de la situation juridique antérieure : le séjour en établissement ou au domicile d'un particulier ou encore en placement familial n'est pas acquisitif de domicile de secours, les personnes hébergées conservant le domicile de secours qu'elles avaient avant leur entrée dans la structure ou le service.

Le domicile de secours s'acquiert aussi par la filiation, le mineur non émancipé ayant le domicile de secours de la personne qui exerce l'autorité parentale ou la tutelle ; cette règle ne joue pas pour le bénéfice des prestations d'aide sociale à l'enfance, les dépenses étant supportées par le département qui a prononcé l'admission (V. article L. 222-1) ; lorsqu'il s'agit d'une mesure d'assistance éducative (V. art. 375 s. C. civ.) ou encore d'une décision fondée sur l'ordonnance de 1945 relative à l'enfance délinquante, la collectivité débitrice est le département où est située la juridiction devant laquelle est engagée la procédure judiciaire.

La notion de domicile de secours posait un problème récurrent s'agissant de l'accès aux prestations d'aide et d'action sociales des « sans domicile fixe ». Ces derniers, en effet, ne disposant pas par définition de « domicile », rencontraient des difficultés pour accéder à leurs droits, difficultés auxquelles il n'avait été remédié que partiellement dans le cadre de législations spécifiques (RMI, CMU, APA, PCH). Le problème a fait l'objet d'une prise en compte globale par la loi n° 2007-290 du 5 mars 2007 sur le droit au logement opposable (« loi DALO » : V. aussi Décr. n° 2007. 893 du 15 mai 2007 et Décr. n° 2007. 1124 du 20 juill. 2007). Ce texte a institué une procédure d'élection de domicile pour les personnes « sans domicile stable » qui entend organiser l'accès à un ensemble de droits; ces dispositions concernent à la fois l'ensemble des prestations légales (prestations d'aide et d'action sociales, de sécurité sociale, d'assurance chômage) ainsi que les droits aux documents d'identité ou encore à l'inscription sur les listes électorales et les demandes d'aide juridique. Deux séries d'organismes peuvent recevoir une élection de domicile : les CCAS ou CIAS d'une part, et des organismes agréés par le préfet, d'autre part ; ces derniers sont soit des organismes de lutte contre les exclusions ou menant des actions d'accès aux soins, soit des établissements ou services sociaux comportant ou non un hébergement, assurant l'accueil d'urgence, le soutien et l'accompagnement social, l'adaptation à la vie sociale ou l'insertion sociale et professionnelle, soit des organismes assurant des missions d'action sociale et médico-sociale en faveur des personnes âgées ou handicapées, soit enfin des centres d'accueil de demandeurs d'asile. Ces dispositions ont été introduites au présent code aux articles L. 264-1 à L. 264-10 qui constituent un nouveau chapitre IV du titre consacré à la lutte contre la pauvreté et les exclusions. ❑

I. RÉSIDENCE HABITUELLE

A. NOTION DE RÉSIDENCE HABITUELLE

1. Condition générale. La condition de résidence habituelle doit être considérée comme remplie dès lors que les personnes qu'elle concerne ont eu une présence physique habituelle et notoire dans un département indépendamment de l'existence, pour ces personnes, d'un domicile de résidence et de leurs conditions d'habitation. • Comm. centr. aide soc. 12 mars 1992, *Dpt Var : EJCCAS, n° 03-5, p. 4.* ♦ Par suite, la circonstance que pour l'attribution de l'allocation de RMI l'intéressé a élu domicile au siège d'une association dont l'adresse administrative est dans ce département ne saurait à elle seule constituer la preuve d'une résidence habituelle et notoire dans celui-ci. • Même arrêt.

2. Absence de résidence habituelle et conditions d'habitation. Le fait qu'un individu soit notoirement connu comme vivant de la mendicité dans un département ne prouve pas qu'il y ait disposé, en l'absence de tout abri et adresse fixe, d'une résidence habituelle. • Comm. centr. aide soc. 14 mai 1991, *Dpt Var : EJCCAS n° 03-5, p. 5.* ♦ Le fait que la famille de l'intéressé possède une adresse administrative correspondant à un lieu de stationnement utilisé, selon leur convenance, par des personnes vivant en caravane ne constitue pas la preuve d'une résidence habituelle et notoire dans le département. • Comm. centr. aide soc. 15 déc. 1992, *Dpt Bas-Rhin : EJCCAS n° 03-5, p. 13.* ♦ Ne peut être regardée comme ayant acquis un domicile de secours dans un département la personne qui réside dans une caravane itinérante ne demeurant jamais plus de deux ou trois semaines dans ce dernier. • Comm. centr. aide soc. 6 juill. 1990, *Dpt Nord : EJCCAS n° 03-5, p. 3.* ♦ ... Ou ne stationnant pas plus de trois mois dans une commune • Comm. centr. aide soc. 5 déc. 2000 : *CJAS n° 2001/08, p. 93.* ♦ ... Ou se déplaçant continûment dans le département sur plusieurs terrains d'accueil, nonobstant la circonstance que l'intéressée stationnerait six mois par an dans la même commune. • Comm. centr. aide soc. 2 juin 2000 : *CJAS n° 2000/05, p. 65.*

3. Acquisition d'une résidence habituelle et conditions d'habitation. En revanche, le fait qu'un individu ait notoirement et habituellement résidé dans une même commune, notamment sur un terrain privé, suffit à établir, indépendamment des conditions d'habitation, l'existence d'une résidence acquisitive d'un domicile de secours. • Comm. centr. aide soc. 12 mars 1992, *Dpt Var : EJCCAS n° 03-5, p. 11.* ♦ Une personne résidant sur un terrain réservé aux gens du voyage depuis plusieurs années y a sa résidence habituelle ; par suite, ses frais de placement non couverts par ses propres ressources ne sauraient être mis à la charge de l'État. • Comm. centr. aide soc. 25 août 1989, *Dpt Marne : EJCCAS n° 03-1, p. 2.* ♦ Il en va de même de la personne qui réside dans une caravane habituellement stationnée dans le département : c'est à ce dernier qu'il incombe de prendre en charge les frais d'aide sociale engagés. • Comm. centr. aide soc. 6 juill. 1988, *Dpt Ardennes : EJCCAS n° 03-5, p. 1* • 7 juin 1990, *Dpt Marne : EJCCAS n° 03-5, p. 2* • 14 janv. 2008, dossier n° 061545 : *CJAS n° 2008/4.* ♦ ... Ou de la personne qui dort régulièrement dans un véhicule stationné sur la voie publique • Comm. centr. aide soc. 23 sept. 2016, dossier n° 150045 : *CJAS n° 2017/02.* ♦ ... Ou de la personne de nationalité étrangère, de passage en France et se livrant à des activités ambulantes : dès lors qu'elle-même et sa famille avaient leur résidence habituelle dans le département au moment de leur demande, elles y ont acquis un domicile de secours nonobstant la circonstance qu'elles logeaient dans un véhicule. • Comm. centr. aide soc. 10 avr. 1989, *Dpt Moselle : EJCCAS n° 03-1, p. 3.* ♦ ... Ou de la personne qui vit successivement dans le même département, voire la même ville, dans divers hôtels. • Comm. centr. aide soc. 10 mai 2004 : *CJAS n° 2004/04, p. 11* • 14 janv. 2008, dossier n° 061551 : *CJAS n° 2008/4.*

4. Résidence habituelle sans être continue. S'il se perd, notamment, par une absence ininterrompue de trois mois, le domicile de secours s'acquiert en revanche par une résidence qui, selon les termes mêmes de l'art. L. 122-2, doit être habituelle, sans nécessairement être continue ; par suite, en recherchant, pour fixer le domicile de secours de l'intéressé, si celui-ci justifiait d'une résidence non seulement habituelle, mais également continue dans le département, la Commission centrale d'aide sociale a commis une erreur de droit. • CE 12 oct. 2016, n° 392023 B : *RDSS 2016. 1129, concl. Decout-Paolini*.

5. *Déclaration d'adresse inexacte.* La personne qui a déclaré une adresse inexacte lors de sa demande d'aide sociale ne saurait être regardée comme ayant acquis un domicile de secours ni sa résidence dans le département. • Comm. centr. aide soc. 30 nov. 1988, *Dpt Var : EJCCAS n° 03-6, p. 1.*

B. DURÉE DE LA RÉSIDENCE

6. *Durée ininterrompue.* Pour acquérir un nouveau domicile de secours dans un département, il faut que les séjours dans celui-ci aient une durée ininterrompue supérieure à trois mois. • Comm. centr. aide soc. 2 juin 2000 : *CJAS n° 2000/05, p. 91.*

7. *Bref séjour.* Un ressortissant marocain, entré en France en vue d'effectuer un bref séjour de vacances chez son fils, ne saurait être regardé comme ayant acquis un domicile de secours lorsqu'il présente trois semaines après son arrivée sa demande d'aide sociale. • Comm. centr. aide soc. 20 déc. 1988, *Dpt Seine-et-Marne : EJCCAS n° 03-1, p. 1.*

8. *Résidence de trois mois postérieure à une absence de trois mois.* Le domicile de secours ne peut s'acquérir par une résidence de trois mois dans un département que pour autant qu'il ait été perdu par une absence de trois mois, sous réserve de circonstances particulières excluant toute liberté de choix, d'un autre département. • Comm. centr. aide soc. 2 juin 2000 : *CJAS n° 2000/05, p. 85.*

II. SÉJOUR DANS UN ÉTABLISSEMENT SANITAIRE OU SOCIAL

A. NOTION D'ÉTABLISSEMENT

9. *« Établissements sociaux ».* Il faut entendre par « établissements sociaux » les établissements désignés à l'art. 3 de la loi du 30 juin 1975 relative aux institutions sociales et médico-sociales. • CE 9 févr. 1996, *Dpt Saône-et-Loire*, n° 118817 B : *EJCCAS n° 03-3, p. 37; RDSS 1996. 370, obs. Ligneau* • 14 juin 1999, *Dpt Seine-et-Marne*, n° 196198 B. ♦ Il y a lieu d'entendre par établissements « sociaux » les établissements autorisés au titre de l'art. L. 313-1, alors même que l'habilitation ou l'autorisation de dispenser des soins ne sont pas en application de l'article L. 313-6, al. 2 accordées. • Comm. centr. aide soc. 21 août 2008, dossier n° 070346 : *CJAS n° 2008/6.*

10. *Autorisation des établissements sociaux.* Pour que le séjour dans un établissement ne génère pas l'acquisition ou la perte de domicile de secours au sens des art. L. 122-2 et L. 122-3 CASF, cet établissement doit avoir été autorisé au titre de l'art. L. 313-1 dudit code. • Comm. centr. aide soc. 27 nov. 2008, dossier n° 070900 : *CJAS n° 2009/1.* ♦ Si un établissement social est soumis à autorisation, les personnes qui y sont admises y acquièrent un domicile de secours lorsque le gestionnaire n'a pas sollicité l'autorisation requise. • Comm. centr. aide soc. 3 juill. 2009, dossier n° 081115 : *CJAS n° 2009/1.*

11. *« Établissements sanitaires ».* Il faut entendre par « établissements sanitaires » les établissements soumis à autorisation visés aux art. L. 711-2 et L. 712-8 CSP dans sa rédaction applicable assurant l'hébergement des personnes accueillies ; si les « soins de suite et de réadaptation » peuvent être dispensés sans hébergement, ne sont des « établissements sanitaires et sociaux », au sens des dispositions du code de l'action sociale et des familles, que ceux qui pourvoient eux-mêmes à l'hébergement des personnes qu'ils accueillent ; si tel n'est pas le cas, les structures dont s'agit sont des services et non des établissements. • Comm. centr. aide soc. 5 avr. 2001 : *CJAS n° 2001/10, p. 33.*

12. *Établissements non sanitaires et sociaux : illustrations.* Un foyer de travailleurs migrants n'est pas un établissement social et est donc acquisitif de domicile de secours. • CE 12 mai 1997, *Dpt Marne*, n° 153498, 163786, 163788 : *RDSS 1997. 861, obs. Ligneau*. ♦ Il en va de même des Communautés d'Emmaüs, lesquelles ne constituent pas un établissement social. • Comm. centr. aide soc. 10 sept. 2001, *CH Annonay : RDSS 2002. 283, obs. Ligneau*. ♦ ... Ou d'un foyer-logement géré par la SONACOTRA • CE 10 juin 1998, *Dpt Marne*, n° 159331. ♦ ... Ou d'un établissement qui n'a pas été régulièrement agréé pour recevoir des bénéficiaires de l'aide sociale. • Comm. centr. aide soc. 19 déc. 1995, *Dpt Paris : EJCCAS n° 03-3, p. 33.* ♦ ... Ou d'une maison d'accueil rural pour personnes âgées ne faisant l'objet ni d'une habilitation au titre de l'aide sociale, ni d'une tarification comme foyer-logement. • Comm. centr. aide soc. 14 mai 2002 : *CJAS n° 2002/04, p. 23 ; RDSS 2003. 89, obs. Ligneau*. ♦ ... Ou d'un logement loué par l'Institut national des jeunes aveugles et assorti d'aucune prise en charge en termes d'éducation ou de réinsertion et au titre de l'aide sociale. • Comm. centr. aide soc. 2 juin 2000 : *CJAS n° 2000/05, p. 71.* ♦ ... Ou d'un centre faisant bénéficier la personne qui y est admise d'un « service d'accompagnement et de suite » alors même que l'intéressée continue à résider dans son appartement. • CE 10 nov. 1999, *Dpt Vaucluse*, n° 181684 : *CJAS n° 2000/04, p. 75 ; RDSS 2000. 405, obs. Ligneau* • 5 déc. 2000 : *CJAS n° 2001/08, p. 103* • 18 févr. 2002 : *CJAS n° 2002/03, p. 35.* ♦ ... Ou d'une résidence pour personnes âgées et handicapées qui n'a pas fait l'objet de la procédure d'autorisation prévue par l'art. 9 de la loi du juin 1975 sur les institutions sociales et médico-sociales. • Comm. centr. aide soc. 28 janv. 2000 : *CJAS n° 2000/04, p. 83* • 15 juin 2001 : *CJAS n° 2001/12, p. 19.* ♦ ... Ou d'un logement-foyer pour personnes âgées qui, dépourvu d'autorisation, comporte un tarif de prestations non arrêté par le président du conseil général et voit les personnes qui y résident payer un loyer et s'acquitter de leurs frais de repas. • Comm. centr. aide soc.

7 juin 2004 : *CJAS n° 2004/05, p. 16.* ♦ ... Ou d'un appartement thérapeutique destiné à recevoir des errants relevant de l'aide sociale facultative. • Comm. centr. aide soc. 4 août 2004 : *CJAS n° 2004/06, p. 3.* ♦ ... Ou d'une structure dispensant un accueil familial thérapeutique dans le cadre d'une prise en charge relevant d'un hôpital psychiatrique, la circonstance que ce type d'accueil soit ménagé sous le suivi et la surveillance de l'équipe dudit hôpital n'ayant pas pour effet de conférer le caractère d'un accueil dans un « établissement sanitaire ». • Comm. centr. aide soc. 21 août 2008, dossier n° 070360 : *CJAS n° 2008/6.*

13. Établissements sanitaires et sociaux : illustrations. En revanche, doit être regardé comme un établissement sanitaire et social un lycée fonctionnant comme ensemble scolaire pour handicapés moteurs et valides. • Comm. centr. aide soc. 27 sept. 1994, *Dpt Nord : EJCCAS n° 03-3, p. 26.* ♦ Entrent dans la catégorie des établissements sociaux : un foyer de travailleurs pour non-voyants. • CE 14 juin 1999, *Dpt Paris,* n° 185941 : *RDSS 1999. 789, obs. Ligneau.* ♦ ... Un foyer logement pour personnes âgées créé par une collectivité publique dans le cadre d'une intervention à caractère social. • Comm. centr. aide soc. 10 sept. 2001 : *CJAS n° 2001/11, p. 21.* ♦ ... Un foyer logement pour personnes âgées autorisé par un arrêté préfectoral, comprenant une unité d'accueil de jour et une section d'hébergement composée d'appartements meublés et équipés dont les occupants bénéficient d'un soutien de l'équipe du foyer et qui perçoit, même si les personnes hébergées acquittent le prix des repas et versent une contribution aux frais de fonctionnement de la structure sous forme de loyer, un prix de journée préfectoral couvrant le surplus des dépenses. • Comm. centr. aide soc. 21 août 2007, dossier n° 071317 : *CJAS n° 2008/6.* ♦ ... Un foyer de jeunes travailleurs. • Comm. centr. aide soc. 2 juin 2000 : *CJAS n° 2000/05, p. 67.* ♦ Un « appartement thérapeutique », qui fait partie des structures de soins gérées par des fonds départementaux d'hygiène mentale, est assimilable à un établissement sanitaire. • Comm. centr. aide soc. 28 févr. 1990, *Dpt Gard : EJCCAS n° 03-3, p. 10, concl. Dessaint.* ♦ Il en va de même des structures de soins alternatifs à l'hospitalisation faisant l'objet d'une autorisation incluant la fonction d'hébergement. • Comm. centr. aide soc. 5 avr. 2001 : *CJAS n° 2001/10, p. 33.* ♦ ... Ou d'un foyer proposant une prise en charge intermédiaire entre les foyers collectifs et les services d'accompagnement à la vie sociale et dont le tarif prend en compte les postes de personnel et charges afférentes ainsi que les frais financiers et amortissements liés à l'acquisition du mobilier et matériel à usage commun. • Comm. centr. aide soc. 4 avr. 2005 : *CJAS n° 2005/06, p. 8.*

14. Centre d'aide par le travail. L'admission dans un centre d'aide par le travail ne peut être regardée comme une admission dans un établissement sanitaire ou social faisant obstacle à l'acquisition d'un domicile de secours par une résidence habituelle de trois mois dans le département si la personne concernée est hébergée chez un parent. • CE 25 mars 1998, *Dpt Côte-d'Or : Lebon 105 ; RDSS 1998. 558, obs. Ligneau.* ♦ ... Ou si elle réside dans un appartement locatif indépendant dont elle acquittait le loyer. • CE 23 mai 2001, *Dpt Tarn c/ M. Faynot,* n° 206321 : *CJAS n° 2001/10, p. 21* • Comm. centr. aide soc. 9 juill. 2002 : *CJAS n° 2002/05, p. 13.* ♦ En revanche, la circonstance qu'une personne est accueillie au foyer d'un centre d'aide par le travail se révèle sans influence sur le domicile de secours. • Comm. centr. aide soc. 26 mai 1993, *Dpt Alpes-de-Haute-Provence : EJCCAS n° 03-3, p. 22.*

15. Distinction entre hébergement et logement. Pour l'application de l'art. L. 122-2, l'admission et le séjour dans un établissement sanitaire ou social impliquent nécessairement que l'intéressé soit hébergé effectivement dans un tel établissement ; or la prise en charge par un service d'accompagnement à la vie sociale concomitante à la location d'un logement autonome, alors même que ce logement appartient à l'association gérant le service, ne peut être assimilée à un tel hébergement. • CE 15 mai 2013, *Dpt de Paris,* n° 348292 B : *AJDA 2013. 2173, note Rihal ; AJCT 2013. 521, obs. Aubin ; RDSS 2013. 498, concl. Lallet* • Comm. centr. aide soc. 7 déc. 2016, dossier n° 150056 : *CJAS n° 2017/03.*

B. EFFETS DU SÉJOUR

16. Conservation du domicile de secours antérieurement acquis. Le séjour dans les établissements sociaux et sanitaires est sans effet sur le domicile de secours acquis avant d'y entrer. • CE 9 févr. 1996, *Dpt Saône-et-Loire,* n° 118817 B : *EJCCAS n° 03-3, p. 37 ; RDSS 1996. 370, obs. Ligneau.*

17. Établissement pénitentiaire. Un séjour en établissement pénitentiaire est sans effet sur la détermination du domicile de secours de la personne incarcérée. • Comm. centr. aide soc. 28 oct. 1992, *Dpt Moselle : EJCCAS, n° 03-1, p. 5.* • Comm. centr. aide soc. 27 août 2010, dossier n° 091694 : *CJAS, n° 2010/6.*

18. Établissements sanitaires et sociaux et défaut de domicile de secours. Le séjour, même prolongé, dans un établissement sanitaire et social n'est pas de nature à faire acquérir aux personnes qui en sont dépourvues un domicile fixe situé dans cet établissement ; il y a lieu dès lors, nonobstant leur séjour au sein de l'établissement social, de mettre à la charge de l'État la dépense résultant de leur admission au bénéfice de l'aide sociale. • Comm. centr. aide soc. 4 juill. 1986 : *RF aff. soc., cah. jur. n° 2, 1987. 37-38* • 6 nov. 1986 : *ibid.* • TA Versailles, 11 avr. 1988 : *RDSS 1988. 742, concl. Prétot* • CE 28 juill. 1989, *Dpt Hauts-de-Seine,* n° 92631 : *Lebon 169 ; EJCCAS n° 03-3, p. 3 ; RDSS 1990. 132, concl. Tuot ; AJDA 1989. 726, obs. Prétot ; D. 1990. 187, obs. Prétot ; RFDA 1989.*

918, note Tuot • 11 juin 1990, *Dpt Essonne,* n° 97507 : *Lebon 158 ; AJDA 1990. 839, obs. Prétot ; RFDA 1990. 678 ; RDSS 1990. 705, obs. Ligneau .* ♦ Il en va pareillement s'agissant de l'attribution de l'allocation personnalisée d'autonomie, même s'il résulte des art. L. 232-2 et L. 232-12 du CASF que la prise en charge de celle-ci incombe en toute hypothèse au département dans lequel le demandeur a son domicile de secours. • CE 27 juill. 2005, *Dpt Val-d'Oise : RDSS 2005. 1033, concl. Devys ; AJDA 2006. 52, note Rihal* • 24 juill. 2006, n° 278210 B.

19. Domicile de secours et placement familial. Seul le placement auprès d'une personne ou d'une association ayant obtenu l'agrément administratif requis par les lois et règlements est susceptible de rester sans effet sur le domicile de secours antérieurement acquis par le demandeur ou le bénéficiaire de l'aide sociale ; par suite, doit être écarté l'argument tiré de ce qu'un placement familial auprès d'une personne répondant aux conditions mises à l'octroi de l'agrément serait sans incidence sur la détermination du domicile de secours quand bien même un agrément ne lui aurait pas été délivré. • CE 14 juin 1999, *Dpt Seine-et-Marne,* n° 196198 B. ♦ L'hébergement chez un particulier qui, accueillant à son domicile des personnes handicapées, n'a pas fait l'objet de l'agrément prévu par la loi n° 89-475 du 10 juill. 1989 est acquisitif d'un domicile de secours. • Comm. centr. aide soc. 2 juin 2000 : *CJAS n° 2000/05, p. 75.*

20. Hébergement effectif. Pour l'application de l'art. L. 122-2, l'admission et le séjour dans un établissement sanitaire ou social impliquent nécessairement que l'intéressé soit hébergé effectivement dans ledit établissement. • CE 23 mai 2001, *Dpt Tarn c/ M. Faynot : préc. note 14.*

21. Acquisition du domicile de secours antérieurement à la loi du 6 janv. 1986. Antérieurement à la loi n° 86-17 du 6 janv. 1986 dont est issu l'art. 193 de l'ancien code de la famille et de l'aide sociale (devenu L. 122-2 CASF), seule l'admission dans un établissement était sans effet sur l'acquisition ou la perte du domicile de secours acquis à la date de cette admission ; par suite, la personne hébergée dans un établissement avant l'entrée en vigueur de la loi du 6 janv. 1986 a acquis, par un séjour continu de trois mois dans celui-ci, un domicile de secours dans le département où se situe ledit établissement. • Comm. centr. aide soc. 9 oct. 2002 : *CJAS n° 2003/01, p. 43* • 14 janv. 2008, dossier n° 061575 : *CJAS n° 2008/4,* • Comm. centr. Aide soc. 14 janv. 2008, dossier n° 061556 : *CJAS n° 2009/2.*

22. Engagement de la collectivité antérieur à la loi du 6 janv. 1986. Une collectivité publique qui a accepté de prendre en charge au titre de l'aide sociale les frais d'hébergement en établissement sanitaire et social ne peut, hors les cas où les conditions de cette prise en charge seraient constitutives d'une fraude, remettre en cause de tels engagements financiers s'ils ont été acceptés avant le 8 janv. 1986, date de publication de la loi du 6 janv. 1986 adaptant la législation sanitaire et sociale aux transferts de compétence en matière d'aide sociale et de santé, même si les personnes bénéficiaires de l'aide sociale sont hébergées dans des établissements situés hors du ressort de cette collectivité et ont leur domicile de secours en dehors de cette collectivité. • CE 17 nov. 1997, *Dpt Morbihan,* n° 144633 B.

III. DOMICILE DE L'ENFANT MINEUR NON ÉMANCIPÉ

23. Domicile de secours du tuteur ou de la personne exerçant l'autorité parentale. Un enfant admis comme pupille de l'État dans un département reçoit le préfet comme tuteur. Il acquiert donc dans ce département un domicile de secours • CE 28 juill. 1993, *Dpt Allier,* n° 123857 B. ♦ Le pupille de l'État admis à sa majorité dans un établissement médico-éducatif conserve le domicile de secours de la personne qui exerçait jusqu'alors la tutelle. • CE 28 juill. 1993, *Dpt Allier : préc. ; RDSS 1994. 120, obs. Ligneau ; EJCCAS n° 03-3, p. 34.* ♦ De même, la personne accueillie par les services de l'aide sociale à l'enfance en qualité de « recueilli provisoire mineur » conserve le domicile de secours de sa mère, laquelle n'avait jamais été privée, durant sa minorité, de son autorité parentale • Comm. centr. aide soc. 26 mai 1993, *Dpt Calvados : EJCCAS n° 03-3, p. 18.* ♦ La personne hébergée dans un institut médico-éducatif conserve également le domicile de secours déterminé par celui de ses parents dans la mesure où l'intéressé était mineur lors de son entrée dans l'établissement. • CE 27 avr. 1994, *Dpt Saône-et-Loire,* n° 125259 • Comm. centr. aide soc. 5 déc. 2000 : *CJAS n° 2001/08, p. 99* • 8 oct. 2002 : *CJAS n° 2002/06, p. 53.* ♦ Le caractère non acquisitif du domicile de secours d'un hébergement dans un établissement sanitaire, social ou médico-social ne concerne que le domicile des personnes ayant atteint leur majorité ; en revanche, le domicile de secours des mineurs est entièrement déterminé par celui de leurs parents, les séjours que les enfants accomplissent dans des structures de ce type n'ayant aucune incidence en la matière. • Comm. centr. aide soc. 14 janv. 2008, dossier n° 061577 : *CJAS n° 2008/4.*

24. Effets de la majorité. La circonstance que l'enfant handicapé admis durant sa minorité dans un établissement médico-social ait, postérieurement à sa majorité, fait l'objet d'une mesure de tutelle n'a pas eu pour effet de lui faire perdre ledit domicile et de lui en faire acquérir un autre. • CAA Paris, 20 juin 1995, *CPAM Essonne,* n° 278264 B. ♦ Une personne handicapée placée en établissement médico-social depuis l'âge de six ans conserve après sa majorité le domicile de secours de celui qui exerçait l'autorité parentale ; si la garde et la délégation d'autorité parentale ont été confiées par jugements du juge des enfants au service de l'aide sociale à l'enfance, la personne exerçant ladite autorité sur l'intéressée accueillie dans un institut médico-éducatif pour jeunes handicapés est l'État représenté par le préfet : aucune disposition légale n'interdisant dans cette hypothèse de considérer que ledit service doive être regardé comme « exerçant l'autorité parentale » du fait de la délégation totale de celle-ci prononcée par l'autorité judiciaire. • Comm. centr. aide soc. 2 juin 2000 : *CJAS n° 2000/05, p. 79.*

Art. L. 122-3 Le domicile de secours se perd :

1° Par une absence ininterrompue de trois mois postérieurement à la majorité ou à l'émancipation, sauf si celle-ci est motivée par un séjour dans un établissement sanitaire ou social ou au domicile d'un particulier agréé ou dans un placement familial, organisé en application des articles L. 441-1, L. 442-1 et L. 442-3 précités ;

2° Par l'acquisition d'un autre domicile de secours.

Si l'absence résulte de circonstances excluant toute liberté de choix du lieu de séjour ou d'un traitement dans un établissement de santé situé hors du département où réside habituellement le bénéficiaire de l'aide sociale, le délai de trois mois ne commence à courir que du jour où ces circonstances n'existent plus. — *[C. fam., art. 194, al. 1er à 4.]*

COMMENTAIRE

Logiquement, la perte d'un domicile de secours entraîne, sous condition d'un délai de trois mois, l'acquisition d'un autre. Mais il peut exister des situations où aucun domicile de secours n'est déterminable aux conditions légales (changement de résidence sans que la durée de séjour dans un département n'atteigne trois mois) : le financement des prestations d'aide sociale incombe alors au département où réside le bénéficiaire lors de la demande d'admission.

1. Résidence librement choisie. Ne peut être retenu comme résidence constitutive d'un domicile de secours conduisant à mettre les frais d'aide sociale à la charge du département un hébergement en un lieu qui résulte de circonstances excluant toute liberté de choix. • Comm. centr. aide soc. 24 nov. 1992, *Dpt Marne : EJCCAS, n° 03-2, p. 1.* ♦ En l'absence de domicile de secours, la résidence dans le département où réside l'intéressé au moment de sa demande ne peut être légalement retenue pour imputer les frais au département que si elle peut être regardée comme librement choisie par lui, les circonstances exceptionnelles antérieures ayant pris fin ; tel est notamment le cas d'une famille de réfugiés albanais qui disposait de documents de séjour et de revenus lui assurant, au moment de sa demande d'aide sociale, une autonomie suffisante pour être considérée comme ayant librement choisi cette résidence. • Même arrêt. ♦ ... Ou d'un ressortissant bosniaque accueilli en France en raison de la situation prévalant dans son pays qui, après avoir obtenu la délivrance d'une carte de réfugié politique et le bénéfice du RMI, a librement choisi sa résidence dans le département de son choix. • Comm. centr. aide soc. 13 juin 1996, *Dpt Mayenne : EJCCAS n° 03-2, p. 4.*

2. Situations de dépendance. La personne présentant un handicap la plaçant dans une situation de totale dépendance excluant toute liberté de choix de lieu de séjour ne peut perdre le domicile de secours déterminé conformément à la loi applicable à la date de sa demande d'allocation. • CAA Nantes, 14 nov. 1991, *Dpt Finistère*, n° 91NT00111 B. ♦ Est privée du choix du lieu de séjour la personne dont la gravité de l'état de santé a rendu inévitable son départ du domicile habituel et dont il n'est pas établi qu'elle ait pu manifester sa volonté au cours des séjours successifs chez plusieurs membres de sa famille. • CAA Nantes, 11 avr. 1991, *Dpt Finistère : Lebon 516.* ♦ Dans la mesure où la dégradation de l'état de santé de l'intéressée, alors âgée de 92 ans, a aggravé sensiblement sa situation de dépendance, doit être regardé comme procédant de circonstances excluant toute possibilité de choix du lieu de séjour le fait qu'elle ait quitté son domicile habituel pour venir habiter chez son fils. • CAA Paris, 5 mars 1992, *Dpt Eure-et-Loir*, n° 91PA00613 P. ♦ Doit être également regardée comme excluant toute liberté de choix du lieu de séjour la circonstance que l'intéressé était intransportable à sa résidence habituelle même en ambulance. • Comm. centr. aide soc. 2 juin 2000 : *CJAS n° 2000/05, p. 85.*

3. Circonstances extérieures et perte de domicile. Les circonstances qui jouent dans la perte du domicile de secours doivent s'entendre comme des circonstances extérieures à la personne même du bénéficiaire de l'aide sociale et ne sauraient, par suite, résulter de la seule situation de dépendance physique ou psychique de l'intéressé. • CE 26 févr. 1996, *Dpt Seine-Saint-Denis*, n° 133293 : *RDSS 1997. 122, obs. Ligneau ; D. 1996. IR 93* • 23 mai 2001, *Dpt Tarn c/ M. Faynot*, n° 206321 : *CJAS n° 2001/10, p. 21.* ♦ Doit être regardée comme ayant librement acquiescé à son départ et, en conséquence, avoir perdu son domicile de secours dans le département où elle résidait effectivement jusqu'alors, pour en acquérir un autre dans le département d'accueil, au terme d'une durée de résidence ininterrompue de trois mois, la personne qui, âgée de 85 ans, n'a pas été, au moment de son départ, dans un état tel qu'elle n'eût pu formuler de souhait ni refuser de proposition quant à la détermination de son lieu de séjour. • CAA Nantes, 11 avr. 1991, *Dpt Maine-et-Loire : Lebon 515*.

4. Circonstances n'excluant pas une liberté de choix. L'inscription en institut universitaire et le logement en résidence universitaire ne peuvent être regardés, pour l'attribution de l'allocation compensatrice, comme étant des circonstances résultant d'une absence de liberté de choix. • Comm. centr. aide soc. 5 déc. 2000 : *CJAS n° 2001/08, p. 89.* ♦ Le fait qu'en raison de son handicap l'intéressé ait été amené à changer sa résidence pour pouvoir être accueilli dans un établissement pour « handicaps rares » ne constitue pas une situation extérieure à la personne handicapée qui permette de tenir comme exclusif de toute liberté de choix le changement de résidence. • Comm. centr. aide soc. 9 juin 2008, dossier n° 071592 : *CJAS n° 2008/4.*

Art. L. 122-4 **Lorsqu'il estime que le demandeur a son domicile de secours dans un autre département, le président du conseil départemental doit, dans le délai d'un mois après le dépôt de la demande, transmettre le dossier au président du conseil départemental du département concerné. Celui-ci doit, dans le mois qui suit, se prononcer sur sa compétence. Si ce dernier n'admet pas sa compétence, il transmet le dossier à** *(Ord. n° 2018-358 du 16 mai 2018, art. 2, en vigueur le 1er janv. 2019)* **« la juridiction administrative compétente désignée par décret en Conseil d'État ».**

Lorsque la situation du demandeur exige une décision immédiate, le président du conseil départemental prend ou fait prendre la décision. Si, ultérieurement, l'examen au fond du dossier fait apparaître que le domicile de secours du bénéficiaire se trouve dans un autre département, elle doit être notifiée au service de l'aide sociale de cette dernière collectivité dans un délai de deux mois. Si cette notification n'est pas faite dans les délais requis, les frais engagés restent à la charge du département où l'admission a été prononcée.

Les règles fixées aux articles L. 111-3, L. 122-1, L. 122-3 et au présent article ne font pas obstacle à ce que, par convention, plusieurs départements, ou l'État et un ou plusieurs départements décident d'une répartition des dépenses d'aide sociale différente de celle qui résulterait de l'application desdites règles. – *[C. fam., art. 194, al. 6 à 8.]*

1. Non-respect du délai d'un mois. Lorsqu'il estime qu'un demandeur d'aide sociale a son domicile de secours dans un autre département, le président du conseil général doit transmettre le dossier au président du conseil général du département concerné dans le délai d'un mois après le dépôt de la demande. Ce délai n'est pas prescrit à peine de forclusion et sa méconnaissance reste sans influence sur la détermination du domicile de secours. • CAA Lyon, 21 nov. 1989, *Dpt Saône-et-Loire : Lebon T. 485* • CE 11 juin 1990, *Dpt Essonne*, n° 97507 : *Lebon 158 ; AJDA 1990. 839, obs. Prétot ; RFDA 1990. 678* • Comm. centr. aide soc. 19 févr. 2004 : *CJAS n° 2004/03, p. 9* • Comm. centr. aide soc. 4 nov. 2004 : *CJAS n° 2005/01, p. 15.* ♦ Il résulte de l'al. 2 de l'art. L. 122-4 CASF que lorsqu'un département, après avoir pris une décision d'admission d'un demandeur à l'aide sociale, pouvant le cas échéant ressortir de l'engagement de frais pour sa prise en charge, transmet le dossier, plus de 2 mois après cette admission, à un autre département dans lequel il estime que le demandeur a son domicile de secours, il conserve la charge des frais engagés jusqu'à la date de cette transmission, même si le demandeur a effectivement son domicile de secours dans cet autre département ; en revanche, si, en vertu de l'al. 1er du même article, le département qui estime que le demandeur a son domicile de secours dans un autre département doit, dans le délai d'un mois après le dépôt de la demande, transmettre le dossier au département concerné, la méconnaissance de ce délai est par elle-même sans incidence sur la détermination du département auquel incombe les dépenses d'aide sociale susceptibles d'être exposées, y compris au titre de la période antérieure à cette transmission, qui est celui dans lequel l'intéressé a son domicile de secours. • CE 18 juill. 2018, n° 412206 B • 5 févr. 2020, n° 422957 B.

2. Saisine du juge. Seul le président du conseil général qui a reçu aux fins de prise en charge un dossier établi par un autre département a qualité pour saisir le juge en vue de la fixation du domicile de secours d'un demandeur d'aide sociale. • CAA Nancy, 27 mars 1990, *Dpt Doubs*, n° 89NC01401 B. ♦ Par suite, est irrecevable la demande de fixation du domicile de secours présentée directement au juge par le président du conseil général du département dans lequel la prestation a été demandée. • CAA Paris, 6 févr. 1992, *Dpt Yonne*, n° 91PA00242 B • CE 9 déc. 1998, *Dpt Val-d'Oise*, n° 179787 B • Comm. centr. aide soc. 9 juill. 2002 : *CJAS n° 2002/05, p. 17.* ♦ ... Ou présentée par le maire de la commune dans laquelle a été déterminé le domicile de secours. • Comm. centr. aide soc. 26 sept. 2000 : *CJAS n° 2001/07, p. 29.*

3. Absence de saisine du juge par les départements. Lorsque la Commission centrale d'aide sociale est saisie d'un recours faisant apparaître que, alors qu'aucun domicile de secours n'a été reconnu, ni le département à qui la demande a été transmise ni le département initialement sollicité n'entendent la saisir en application des dispositions de l'art. L. 122-4 du CASF, il lui appartient de se prononcer sur la question du domicile de secours de l'intéressé puis, si elle est en mesure de le faire, de statuer sur le droit au bénéfice de l'aide sociale. • CE, 27 juin 2005, *Mme Gabbi et a. : Lebon 250 ; RDSS 2005. 793, concl. Stahl ; AJDA 2006. 52, note H. Rihal ; D. 2006. 212, obs. Dagorne-Labbe.*

4. Voies de recours. L'acte par lequel le président du conseil général d'un département transmet à un autre département le dossier d'un bénéficiaire de l'aide sociale n'est pas susceptible de faire l'objet d'un recours contentieux. • CAA Paris, 22 oct. 1991, *Dpt Alpes-Maritimes*, n° 89PA01547 B.

5. Délai de saisine du juge. Les textes n'impartissent au président du conseil général qui n'admet pas la compétence de son département aucun délai pour transmettre au tribunal administratif le dossier de l'allocataire que lui a adressé le président du conseil général du département dans lequel le bénéfice de la prestation a été accordé. • CAA Nantes, 14 nov. 1991, *Dpt Finistère*, n° 91NT00111 B.

6. Point de départ du délai d'un mois. Le point de départ du délai dans lequel le président du conseil général du département qui estime qu'un demandeur de l'aide sociale a son domicile de secours dans un autre département doit transmettre le dossier au département concerné commence à courir, lorsqu'il y a changement de domicile de secours postérieurement à une demande d'admission au bénéfice de l'aide sociale, à compter de la date à laquelle ce changement survient. • CE 14 juin 1999, *Dpt Seine-et-Marne*, n° 196160.

7. Absence de notification d'une admission d'urgence. S'il peut avoir des répercussions sur la répartition de la charge des frais engagés, le fait que les services relevant d'un département n'aient pas notifié l'admission d'urgence à l'aide sociale de l'intéressée aux services d'un autre département, contrairement aux prescriptions légales, est sans incidence sur la détermination du domicile de secours lui-même. • CE 21 janv. 1983, *Dpt Puy-de-Dôme*, n° 25156 : *Lebon 13*.

8. Nature du recours devant le juge administratif. Le pourvoi tendant à ce que le juge administratif fixe le domicile de secours a le caractère d'un recours de plein contentieux. Ce recours, qui se rattache au contentieux né des décisions rendues en matière d'aide sociale, est dispensé du ministère d'avocat [sol. impl.]. • CE 21 janv. 1983, *Dpt Puy-de-Dôme*, n° 25156 : *préc. note 7.* ♦ Le contentieux relatif au refus de transmettre le dossier de demande d'aide sociale au président du conseil général du département concerné est un contentieux de pleine juridiction. • CE 21 sept. 1990, *Min. Solidarité*, n°s 107722-107728 B. ♦ La contestation opposant deux départements quant au domicile de secours d'un demandeur ou d'un bénéficiaire de l'aide sociale, qui ne porte pas sur les droits de l'intéressé mais sur la détermination du département auquel incombe la prise en charge des dépenses d'aide sociale exposées à son profit, ne peut être regardée comme relevant des litiges sur lesquels le tribunal administratif statue en premier et dernier ressort, en vertu de l'art. R. 811-1 CJA. • CE 4 mars 2020, n° 432794.

9. Saisine de la Commission centrale d'aide sociale. Si une requête d'un président du conseil général tendant à la détermination d'un domicile de secours dans un autre département est irrecevable au cas où elle n'est pas présentée par le président du conseil général à qui le dossier a été transmis mais par le président du conseil général qui a transmis le dossier, une telle fin de non-recevoir n'est pas opposable au préfet qui, après s'être vu, dans le cadre du litige d'imputation financière entre l'État et un département qui le saisit pour le financement d'une charge d'aide sociale, opposer un refus par ce département, saisit lui-même la Commission centrale d'aide sociale. • Comm. centr. aide soc. 2 juin 2000 : *CJAS n° 2000/05, p. 95.*

10. Charge des prestations d'aide sociale facultative. Les services d'accompagnement à la vie sociale dispensant des prestations d'aide sociale facultative, celles-ci sont à la charge du département qui a passé convention avec le gestionnaire d'un tel service. • Comm. centr. aide soc. 10 sept. 2001, *Dpt Isère : RDSS 2002. 79, obs. Ligneau*. ♦ Même solution pour un établissement habilité dans le cadre d'une aide sociale facultative. • Comm. centr. aide soc. 10 sept. 2001, *Dpt Cher : CJAS n° 2001/12, p. 7 ; RDSS 2002. 284, obs. Ligneau*.

Art. L. 122-5 Sauf disposition contraire, les modalités d'application du présent chapitre sont déterminées par décret en Conseil d'État.

CHAPITRE III **ORGANISATION ADMINISTRATIVE**

SECTION 1 **Services départementaux**

BIBL. ▶ AUBY, Les transferts de services : l'exemple des directions départementales des affaires sanitaires et sociales, *in* Les nouvelles compétences locales, *Economica 1985. 150.* – HARDY, Action sociale, éducation populaire et cohésion sociale : retour sur la fusion ddass et

« jeunesse et sport », *RDSS 2018. 687*. – Ligneau, L'organisation dans les départements des circonscriptions d'action sociale, *RDSS 1975. 221* ; La disparition du conseil départemental de développement social, *RDSS 1987. 91*.

Art. L. 123-1 **Le département est responsable des services suivants et en assure le financement :**

1° Le service départemental d'action sociale prévu à l'article L. 123-2 ;

2° Le service de l'aide sociale à l'enfance prévu par le titre II du livre II ;

(L. n° 2007-293 du 5 mars 2007, art. 1er) **« 3° Le service de protection maternelle et infantile mentionné à l'article L. 2112-1 du code de la santé publique. »**

Le département organise ces services sur une base territoriale. – *[L. n° 83-663 du 22 juill. 1983, art. 37, 1° et 2°.]*

COMMENTAIRE

Alors qu'antérieurement services sociaux de l'État dans le département et services relevant de la collectivité départementale étaient mêlés, la décentralisation a transféré au département les services mettant en œuvre les compétences qui lui ont été intégralement dévolues (art. L. 121-1). C'est ce que prévoyait la loi n° 83-663 du 22 juillet 1983 (art. 37, 1° et 2°), et que reprend l'article L. 123-1.

Pour mettre en œuvre ses compétences d'aide et d'action sociales, le département, qui est par ailleurs libre d'organiser ses structures comme il l'entend, a cependant l'obligation de mettre en place deux services : le « service départemental d'action sociale » et le « service de l'aide sociale à l'enfance ». Ces deux services sont donc obligatoires, non personnalisés, et leur organisation est encadrée : pour le service départemental, ses missions sont déterminées à l'article L. 123-2 et ses structures relèvent pour l'essentiel de textes réglementaires ; pour le service de l'aide sociale à l'enfance, ses missions et son organisation sont déterminées de façon précise aux articles L. 221-1 à L. 221-9.

Il faut ajouter que, bien que n'ayant pas été intégré au code de l'action sociale et des familles, l'article L. 2111-2 du code de la santé publique fait obligation au département d'organiser et de financer le service de protection maternelle et infantile (PMI). C'est d'ailleurs pourquoi, ayant entendu développer la prévention et, de ce fait, réaffirmer les missions de la PMI en matière de protection de l'enfance, la loi n° 2007-293 du 5 mars 2007 a ajouté aux services sous responsabilité départementale « le service de protection maternelle et infantile » (al. 3 nouv.).

Financement de la protection de l'enfance par les départements. Si, en adoptant la loi du 5 mars 2007 qui a notamment créé un Fonds national de financement de la protection de l'enfance au sein de la Caisse nationale des allocations familiales, le législateur a modifié les conditions d'exercice des missions des services de protection maternelle et infantile et d'aide sociale à l'enfance exercées par les départements depuis les lois du 22 juillet 1983 et du 6 janvier 1986, il n'a pas, ce faisant, élargi le champ de leurs bénéficiaires ni créé une nouvelle prestation sociale ; en particulier, l'établissement d'un bilan de santé pour les enfants âgés de trois à quatre ans, l'entretien psychosocial pour les femmes enceintes au cours de leur quatrième mois de grossesse ainsi que la mise en œuvre d'actions sociales et médico-sociales pour les parents en période postnatale, qui relevaient déjà des attributions de la protection maternelle et infantile, ne sauraient être regardés comme remettant en cause la nature ou l'objet de cette compétence ; n'ayant ainsi procédé ni à un transfert aux départements d'une compétence qui relevait de l'État, ni à une création ou extension de compétences, le législateur, par suite, n'a pas méconnu l'art. 72-2, alinéa 4, de la Constitution, ni n'a porté atteinte au principe de libre administration des collectivités territoriales. • Cons. const., 25 mars 2011, n° 2010-109 QPC : *JO 26 mars 2011, p. 5405*.

Art. L. 123-2 **Le service public départemental d'action sociale a pour mission générale d'aider les personnes en difficulté à retrouver ou à développer leur autonomie de vie.**

Le service public départemental d'action sociale assure, à la demande et pour le compte des autorités compétentes de l'État, les interventions et les enquêtes qui sont nécessaires à l'exercice des missions de celles-ci.

En tant que de besoin, une convention passée entre le représentant de l'État dans le département et le président du conseil départemental précise les modalités d'appli-

cation de l'alinéa précédent. Cette convention peut être révisée à la demande de l'une des deux parties. – *[L. nº 75-535 du 30 juin 1975, art. 28.]*
V. Décr. nº 95-686 du 9 mai 1995 (JO 11 mai).

COMMENTAIRE

Complétant l'article précédent, cette disposition détermine les missions du service départemental d'action sociale. Ce service, mis en place progressivement avec l'organisation des secteurs d'action sociale confiés à un assistant social « polyvalent de secteur » et organisé à partir de 1975 dans les circonscriptions d'action sociale, a été définitivement légalisé par la loi nº 75-535 dite « loi sociale » du 30 juin 1975 (art. 28).

La mission générale du service consiste, par le biais d'un découpage territorial, à mettre à disposition des personnes un travailleur social, généralement un assistant de service social, qui répond en première ligne aux difficultés et problèmes qu'elles peuvent rencontrer.

Ce service doit de plus être mis à disposition des diverses autorités administratives et judiciaires (services sanitaires et sociaux, services judiciaires de protection de l'enfance, etc.) pour réaliser des enquêtes sociales dans le cadre de procédures diverses.

Bien que la compétence d'organisation du service départemental d'action sociale relève du département, ce dernier peut par convention se lier avec l'État (cas expressément prévu ci-dessus) ainsi qu'avec d'autres opérateurs de politique sociale tels que les caisses de sécurité sociale (cas très fréquent antérieurement à la décentralisation) en vue de les faire participer au service d'action sociale : par exemple en leur confiant en responsabilité une ou plusieurs circonscriptions ou encore en associant, au sein des circonscriptions, services départementaux et autres services sociaux. ❑

1. Convention. Un département peut passer avec la caisse d'allocations familiales et la caisse de mutualité sociale agricole une convention relative à l'organisation et au fonctionnement du service social départemental ; dès lors que les actions visées par la convention relevaient des attributions du service social départemental, dont il avait seul la responsabilité et assurait seul le financement, le département n'était pas tenu d'associer l'État à ladite convention. • CE 4 nov. 1994, *Dpt Sarthe*, nº 99643 B : *RDSS 1995. 317, obs. Ligneau*.

2. Aides illégales à des grévistes. Les dispositions d'une délibération par laquelle un conseil général décide, de manière générale, de rembourser dans la proportion de 20 p. 100 « les dépenses engagées par les communes du département au titre de la solidarité en faveur des cheminots grévistes » sont entachées d'illégalité. • CE 12 oct. 1990, *Dpt du Val-de-Marne*, nº 90468 : *Lebon 273 ; D. 1990. IR 275 ; JCP 1991. II. 21636, concl. T. Tuot, note B. Pacteau.* ♦ S'il n'appartient pas au conseil général d'intervenir dans un conflit collectif du travail en réduisant au profit d'une partie l'effet des pertes financières qui en résultent, il peut toutefois prendre des mesures en faveur des personnes que le conflit a placées dans le besoin dès lors que l'aide ainsi consentie répond exclusivement à des préoccupations sociales ; doit donc être annulée la délibération par laquelle un conseil général décide, à la suite d'une grève, de faire bénéficier les grévistes résidant dans le département et qui ont subi une perte de salaire, d'une aide modulée en fonction de leur situation financière, dès lors que, eu égard notamment à la nature de cette aide financière, au caractère indirect de son attribution et aux critères de revenus retenus, qui ne permettent pas à la collectivité publique d'apprécier l'état de besoin des demandeurs, cette aide ne saurait être regardée comme répondant exclusivement à des préoccupations d'ordre social. • CE 2 oct. 1996, *Territoire de Belfort*, nº 170034 : *Lebon 360 ; D. 1996. IR 254 ; RFDA 1996. 1264 ; LPA 1997, nº 13, note Oliva ; Dr. adm. 1996. 514, obs. Touvet.*

Art. L. 123-3 Sauf disposition contraire, les modalités d'application du présent chapitre sont déterminées par décret en Conseil d'État.

SECTION 2 Centre communal ou intercommunal d'action sociale

BIBL. ▶ BAJON, Regards sur l'évolution des bureaux d'aide sociale, *RDSS 1985. 77* ; Le centre communal d'action sociale : une naissance difficile, *RDSS 1986. 114* ; Le remboursement aux CCAS des frais de constitution de dossiers d'aide sociale, *RDSS 1986. 486* ; DU BAS au CCAS, *Cah. CFPC nº 23, 1987.* – BARTHE et MIZRAHI-TCHERNONOG, La politique sociale des communes : le rôle du bureau d'aide sociale, *Rev. éco. soc. 1987. 85.* – DARLES, Le centre communal d'action sociale : le bureau d'aide sociale dans la décentralisation, *Thèse Droit Tours 1989* ; La disgrâce de l'échelon communal et des CCAS s'accentue au profit du jacobinisme départemental, *RDSS 1993. 115*. – GAUCI, Le CCAS, animateur ou gestionnaire de services sociaux, *RDSS 1986. 644.* – Hoareau, L'action subsidiaire et de proximité des CCAS, *Vie sociale, nos 41-42, 2023. 131.* – Laporte, Les bureaux d'aide sociale, *Dr. soc. 1954. 628.* – Lejeune, Le CCAS et l'intercommunalité, *Bull. CCAS 1990. 243.* – Ligneau, Les difficultés de la décentralisation sociale au deuxième degré : CCAS, intercommunalité et liaison avec le département, *RDSS 1991. 96*. – Mesnage, Le Centre communal d'action sociale aujourd'hui, *RDSS 2023. 151.* – Mischlich, La réforme des CCAS par le décret du 6 mai 1995 : un décret très attendu pour quelques clarifications, *RDSS 1996. 82*. – Mizrahi-Tchernonog, Enquête auprès des bureaux d'aide sociale, *Cah. CFPC, n° 23, 1987. 54.* – Odas, Les mutations de l'action sociale communale, *Les cahiers de l'Odas, 1993.* – Pochat, Les nouvelles missions des CCAS, *Gaz. cnes 10 déc. 1990, p. 20.* – Zielinski, Une dynamique intercommunale : le rôle des CCAS, *Inf. soc. CNAF n° 130. 2006, p. 112.*

COMMENTAIRE

Le centre communal ou intercommunal d'action sociale est l'héritier du bureau d'aide sociale, lequel constitue l'une des innovations du décret du 29 novembre 1953 ayant réformé l'assistance publique (rebaptisée « aide sociale »). Ont ainsi été fusionnés les anciens bureaux d'assistance issus de la loi du 15 juillet 1893 et les anciens bureaux de bienfaisance issus de la loi du 7 frimaire an V, les premiers étant chargés de gérer les prestations légales, les seconds de distribuer les aides facultatives en nature ou en espèces (V. art. L. 123-7, anc. art. 136 CASF). La dénomination de « centre communal d'action sociale » s'est imposée à partir de 1978, mais c'est la loi n° 86-17 du 6 janvier 1986 qui l'a consacrée. ❑

Art. L. 123-4 *(L. n° 2015-991 du 7 août 2015, art. 79-I-1°)* **I. — Un centre communal d'action sociale est créé dans toute commune de 1 500 habitants et plus. Il peut être créé dans toute commune de moins de 1 500 habitants.**

Le centre communal d'action sociale exerce les attributions dévolues par le présent chapitre ainsi que celles dévolues par la loi.

Il peut être dissous par délibération du conseil municipal dans les communes de moins de 1 500 habitants.

II. — Lorsque son centre communal d'action sociale a été dissous dans les conditions prévues au I ou lorsqu'elle n'a pas créé de centre communal d'action sociale, une commune :

1° Soit exerce directement les attributions mentionnées au présent chapitre ainsi que celles prévues aux articles L. 262-15 et L. 264-4 ;

2° Soit transfère tout ou partie de ces attributions au centre intercommunal d'action sociale, dans les conditions prévues à l'article L. 123-4-1.

III. — Le statut des centres communaux d'action sociale de Paris, de Lyon et de Marseille est fixé par voie réglementaire.

IV. — Sur le territoire de la métropole de Lyon, par délibérations concordantes des conseils municipaux des communes intéressées, les communes contiguës appartenant à la même conférence territoriale des maires prévue à l'article L. 3633-1 du code général des collectivités territoriales peuvent mutualiser les actions de leurs centres communaux d'action sociale sous forme d'un service commun non personnalisé.

V. art. R. 123-1 s.

COMMENTAIRE

La loi n° 2015-991 du 7 août 2015 portant nouvelle organisation territoriale de la République (loi « NOTRe ») a revu le régime juridique des centres communaux d'action sociale (art. L. 123-4) ainsi que celui des centres intercommunaux (art. L. 123-4-1), cela dans le but de réorganiser le « bloc communal » et de conforter l'intercommunalité.

Le centre communal d'action sociale (CCAS) était un établissement public que toutes les communes devaient obligatoirement créer. La loi du 7 août 2015 introduit dans ce dispositif une réforme importante en n'imposant la création d'un CCAS qu'aux communes de plus de 1 500 habitants, ce qui le rend facultatif pour celles comportant moins de 1 500 habitants. Ces dernières peuvent donc dissoudre leur CCAS par délibération du conseil municipal : dans ce cas, les attributions confiées par la loi au CCAS peuvent être exercées par la commune elle-même en régie, soit être confiées à un centre intercommunal (CIAS) ; on retrouve là un certain principe de réalité, se payant logiquement par l'introduction de différences entre communes (ce que contestent les tenants de l'uniformité organique des structures publiques), les petites communes n'ayant guère les moyens de constituer et de faire fonctionner des CCAS.

Par ailleurs, l'article L. 123-4 remet au pouvoir réglementaire le soin de définir les statuts des CCAS de Paris, Lyon et Marseille, la métropole de Lyon, qui a acquis le statut de collectivité territoriale dans le cadre de la loi du 14 janvier 2014, pouvant de son côté mutualiser les activités des CCAS avec des communes contiguës. ❑

Art. L. 123-4-1 *(L. nº 2015-991 du 7 août 2015, art. 79-I-2º)* **I. — Lorsqu'il est compétent en matière d'action sociale d'intérêt communautaire** *(L. nº 2022-217 du 21 févr. 2022, art. 141-1º)* **« ou qu'il exerce une compétence en matière d'action sociale en application de l'article L. 5211-17 du code général des collectivités territoriales », un établissement public de coopération intercommunale à fiscalité propre peut créer un centre intercommunal d'action sociale.**

II. — Lorsqu'un centre intercommunal d'action sociale a été créé, *(L. nº 2022-217 du 21 févr. 2022, art. 141-2º)* **« tout ou partie des » compétences relevant de l'action sociale d'intérêt communautaire de l'établissement public de coopération intercommunale à fiscalité propre et des centres communaux d'action sociale des communes membres lui sont transférées** *(Abrogé par L. nº 2022-217 du 21 févr. 2022, art. 141-1º)* ***« de plein droit ».***

Tout ou partie des compétences des centres communaux d'action sociale des communes membres de l'établissement public de coopération intercommunale à fiscalité propre qui ne relèvent pas de l'action sociale d'intérêt communautaire peuvent être transférées au centre intercommunal d'action sociale. Ce transfert est décidé par délibérations concordantes de l'organe délibérant de l'établissement public de coopération intercommunale à fiscalité propre et des conseils municipaux, dans les conditions de majorité qualifiée requises pour la création de l'établissement public de coopération intercommunale à fiscalité propre.

Le transfert au centre intercommunal d'action sociale de l'ensemble des compétences exercées par un centre communal d'action sociale d'une commune membre de l'établissement public de coopération intercommunale entraîne la dissolution de plein droit du centre communal d'action sociale.

Le service ou la partie de service des centres communaux d'action sociale des communes membres de l'établissement public de coopération intercommunale à fiscalité propre chargé de la mise en œuvre des attributions d'action sociale d'intérêt communautaire en application des deux premiers alinéas du présent II sont transférés au centre intercommunal d'action sociale. Ce transfert s'effectue dans les conditions prévues au I de l'article L. 5211-4-1 du code général des collectivités territoriales.

Le transfert des biens appartenant aux centres communaux d'action sociale des communes membres de l'établissement public de coopération intercommunale à fiscalité propre et nécessaires à la mise en œuvre des attributions transférées au centre intercommunal d'action sociale s'effectue dans les conditions prévues aux articles L. 1321-1 à L. 1321-5 du même code.

III. — Le centre intercommunal d'action sociale peut être dissous par délibération de l'organe délibérant de l'établissement public de coopération intercommunale à fiscalité propre. Ses attributions sont alors directement exercées par l'établissement public de coopération intercommunale à fiscalité propre et les compétences qui ne relèvent pas de l'action sociale d'intérêt communautaire sont restituées aux communes ou aux centres communaux d'action sociale compétents en application de l'article L. 123-4 du présent code.

COMMENTAIRE

La loi nº 2015-991 du 7 août 2015 introduit au CASF l'article L. 123-4-1 concernant les centres intercommunaux d'action sociale (CIAS).

Lorsqu'un établissement public de coopération intercommunale à fiscalité propre (EPCI tels que les communautés de communes et les communautés d'agglomérations) comporte dans la liste des attributions qui peuvent lui être confiées (CGCT, art. L. 5214-16 pour les communautés de communes, et art. L. 5216-5 pour les communautés d'agglomérations) « l'action sociale d'intérêt communautaire » et lorsqu'il crée un CIAS, l'ensemble des compétences en relevant sont confiées à ce dernier de plein droit ; les compétences ne relevant pas de « l'action sociale d'intérêt communautaire » peuvent par ailleurs lui être transférées par les communes membres par délibération concordante de l'ensemble des organes délibérants (EPCI et communes) ; lorsque c'est la totalité des attributions des CCAS qui sont transférées au CIAS, les premiers sont dissous de plein droit. ❑

Art. L. 123-5 Le centre communal d'action sociale anime une action générale de prévention et de développement social dans la commune, en liaison étroite avec les institutions publiques et privées. Il peut intervenir sous forme de prestations remboursables ou non remboursables.

Il participe à l'instruction des demandes d'aide sociale dans les conditions fixées par voie réglementaire. Il transmet les demandes dont l'instruction incombe à une autre autorité. L'établissement du dossier et sa transmission constituent une obligation, indépendamment de l'appréciation du bien-fondé de la demande.

(L. nº 2002-2 du 2 janv. 2002, art. 78-I) **« Le centre communal d'action sociale peut créer et gérer en services non personnalisés les établissements et services sociaux et médico-sociaux mentionnés à l'article L. 312-1. »**

Le centre communal d'action sociale peut, le cas échéant, exercer les compétences que le département a confiées à la commune dans les conditions prévues par l'article L. 121-6.

(Abrogé par L. nº 2015-991 du 7 août 2015, art. 79-I-3º) (L. nº 2005-32 du 18 janv. 2005, art. 60-III) ***« Un établissement public de coopération intercommunale peut créer un centre intercommunal d'action sociale pour exercer la compétence action sociale d'intérêt communautaire qui lui a été transférée.***

« Les compétences exercées par les centres d'action sociale des communes membres de l'établissement public de coopération intercommunale qui relèvent de l'action sociale d'intérêt communautaire mentionnée au précédent alinéa sont transférées de plein droit au centre intercommunal d'action sociale, lorsqu'il a été créé.

« Tout ou partie des autres attributions qui sont exercées par les centres d'action sociale des communes membres de l'établissement public de coopération intercommunale peuvent également être transférées au centre intercommunal d'action sociale. Ce transfert est décidé par délibérations concordantes de l'organe délibérant de l'établissement public de coopération intercommunale et des conseils municipaux, se prononçant dans les conditions de majorité requises pour la création de l'établissement public de coopération intercommunale, et à l'unanimité des centres d'action sociale des communes concernées. »

(L. nº 2007-209 du 19 févr. 2007) ***« Le transfert du service ou de la partie de service des centres d'action sociale des communes membres de l'établissement public de coopération intercommunale chargé de la mise en œuvre des attributions transférées au centre intercommunal d'action sociale en application des deux alinéas précédents s'effectue dans les conditions prévues par le I de l'article L. 5211-4-1 du code général des collectivités territoriales.***

« Le transfert des biens, appartenant aux centres d'action sociale des communes membres de l'établissement public de coopération intercommunale, et nécessaires à la mise en œuvre des attributions transférées au centre intercommunal d'action sociale, s'effectue dans les conditions prévues par les articles L. 1321-1 à L. 1321-5 du code général des collectivités territoriales. »

Les centres intercommunaux d'action sociale créés avant le 19 janv. 2005 par des établissements publics de coopération intercommunale ne disposant pas d'une fiscalité propre continuent à exercer, pour les communes concernées, les compétences mentionnées aux premier à quatrième al. de l'art. L. 123-5 CASF (L. nº 2005-32 du 18 janv. 2005, art. 60-V).

COMMENTAIRE

Reprenant l'ancien article 137, l'article L. 123-5 énumère les missions dévolues au CCAS.

Une première mission, qui renvoie à l'activité la plus traditionnelle du CCAS, se trouve précisément définie : le centre « participe à l'instruction des demandes d'aide sociale » qui émanent des demandeurs résidant sur le territoire communal. Cette mission ne consiste pas dans l'instruction de la demande à proprement parler (art. L. 131-1 à L. 131-7) ; cette dernière est confiée en effet soit aux services du département, soit à ceux de l'État ; l'intervention du CCAS doit se borner à réunir tous les éléments d'information pour établir le dossier ; cela dit, le CCAS doit, avec le concours de personnels spécialisés, recueillir sur place tous les éléments concrets permettant l'établissement du besoin et il doit formuler un avis sur la demande. La loi indique cependant clairement que le service n'a pas à se prononcer sur le bien-fondé de la demande, cette précision étant liée à la volonté de protéger le droit des bénéficiaires en évitant toute appréciation sur la légitimité du besoin à prendre en charge ou sur les mérites du demandeur.

Au-delà, le CCAS doit animer une action générale de prévention et de développement social dans la commune, ce qui, concrètement, peut le conduire à créer et à développer les services sociaux les plus variés : consultations, dispensaires, crèches, pouponnières, garderies, foyers d'accueil, foyers restaurants, CAT, services de soins à domicile, permanences sociales...

Ayant reçu compétence pour recevoir les demandes de RMI et en assurer l'instruction (art. L. 262-14), il peut aussi assumer l'accompagnement social des bénéficiaires et mettre en œuvre des actions d'insertion. De façon générale, et au-delà des formes les plus traditionnelles d'action sociale (distribution d'aides individuelles en nature ou en espèces), les CCAS peuvent, au gré des politiques communales, prendre une place importante dans les activités de développement social local.

La loi du 2 janvier 2002 a ajouté à cet article un nouvel alinéa qui, pour élargir les capacités d'action des CCAS, a confirmé légalement leur pleine capacité pour créer et gérer directement, sous forme de services non personnalisés, l'ensemble des établissements sociaux et médico-sociaux de l'article L. 312-1.

La loi n° 2005-32 du 18 janvier 2005 avait introduit dans cet article un ensemble de dispositions concernant la création et le régime des centres intercommunaux d'action sociale (CIAS), ces dispositions étant mal placées dans un article concernant les attributions des CCAS. La loi n° 2015-991 du 7 août 2015 portant nouvelle organisation territoriale de la République les a abrogées, les CIAS faisant l'objet du nouvel article L. 123-4-1. ❑

1. Champ de compétence du centre. Un contrat passé par un CCAS pour un objet étranger à la compétence de celui-ci, laquelle est légalement limitée aux interventions en matière d'aide sociale obligatoire, à la constitution de dossiers de demande d'aide sociale et à l'animation et à la gestion de services sociaux facultatifs est entaché de nullité. • CAA Marseille, 18 mai 1999, *Soc. nat. communication : RDSS 2000. 406, obs. Gheballi-Bailly*. ♦ Un conseil municipal qui a décidé d'allouer aux familles en difficulté des secours financiers a entrepris à des fins sociales une action visant à réduire la charge de la dette de certains de ses administrés, action qui présente un objet d'utilité communale ; si l'art. L. 123-5 CASF permet au CCAS d'intervenir dans le domaine social sous forme de prestations non remboursables, cette disposition ne réserve pas à cet établissement public communal l'initiative de l'action sociale et ne prive pas le conseil municipal de ses compétences en la matière ; par suite, doit être annulée la décision du tribunal administratif qui a estimé que le CCAS était seul compétent pour accorder de tels secours. • CAA Paris, 30 nov. 2004, *Cne d'Étampes*, n° 01PA03807 : *AJDA 2005. 395*.

2. Centre communal et droit communautaire. Les centres communaux et intercommunaux d'action sociale n'exercent pas une activité économique et ne constituent pas des entreprises au sens de l'art. 107 TFUE, de sorte que l'exonération des cotisations dont ils bénéficient en application de l'art. L. 241-10-III-2° CSS ne revêt pas le caractère d'une aide d'État au sens des mêmes dispositions. • Civ. 2e, 11 juill. 2013 : *JCP S 2013, n° 1481, note Tricot.*

3. Exonération de cotisations de sécurité sociale. Dans les centres communaux ou intercommunaux d'action sociale, ce sont seuls les agents sociaux territoriaux qui ont vocation à exercer les fonctions d'aide à domicile ouvrant droit à l'exonération de cotisations de sécurité sociale. • CE 23 oct. 2002, *UNCCAS*, n° 234859 B : *AJDA 2003. 195, note Ghebali-Bailly*.

4. Qualité de contribuable. L'institution, par un conseil municipal, d'une allocation dénommée « revenu minimum étudiant » est légalement subordonnée, dès lors qu'elle n'est pas la conséquence nécessaire d'une loi, soit à des différences de situation de nature à justifier des différences de traitement entre les allocataires potentiels, soit à des nécessités d'intérêt général en rapport avec l'objet de la prestation ; par suite, si le conseil municipal pouvait sans méconnaître le principe d'égalité limiter le bénéfice de l'allocation aux étudiants justifiant résider dans la commune depuis une durée minimale appropriée, il a cependant commis une erreur de droit en subordonnant l'octroi à la qualité de contribuable de la commune. • CE 11 déc. 1996, *CCAS de Saint-André-les-Vergers*, n° 164865 : *Lebon 480 ; Dr. adm. 1997. 84 ; LPA, n° 36, 1997. 7, concl. Bonichot.*

5. Rémunération supplémentaire. Des tâches accomplies à la demande du maire par des agents communaux, en sus de leurs heures de travail à la mairie, dans un bureau d'information juridique et d'aide aux victimes d'infractions pénales, consistant en des consultations juridiques données à des administrés, entrent dans le cadre de l'art. 3 du décret du 29 oct. 1936 qui permet aux fonctionnaires de percevoir une rémunération supplémentaire s'ils donnent des consultations sur la demande d'une autorité administrative. • CE 30 nov. 1994, *Moukouri*, n° 145078 B.

6. *Aide ménagère.* Une aide ménagère, engagée pour accomplir au domicile des bénéficiaires de l'aide sociale « tous travaux courants de ménage », participe à l'exécution même du service de l'aide ménagère à domicile dont le bureau d'aide sociale a la charge ; son contrat d'engagement a le caractère d'un contrat administratif, le juge administratif est compétent pour connaître des litiges auxquels il peut donner lieu. • CE 16 févr. 1994, *BAS de Pontenx-les-Forges*, n° 85085 B.

7. *Conditions de validité d'une aide apportée à des grévistes.* L'aide apportée à des grévistes par un conseil municipal ne peut présenter un objet d'utilité communale, et par suite être légale, que si elle est utilisée à des fins exclusivement sociales et n'a pas le caractère d'une intervention dans un conflit collectif du travail. • CE 12 oct. 1990, *Dpt du Val-de-Marne*, n° 90468 : *Lebon 273* ; *D. 1990. IR 275*. ♦ La décision de créer, en faveur du personnel communal en grève, un fonds de solidarité géré par une association et d'allouer à ce fonds une dotation financière ne saurait être regardée, eu égard notamment au fait que l'aide financière accordée n'était pas directement attribuée par le conseil municipal à des personnes se trouvant dans le besoin, comme répondant exclusivement à des préoccupations d'ordre social. • CE 12 oct. 1990, *Cne de Champigny-sur-Marne*, n° 91325 B • 12 oct. 1990, *CCAS Villeneuve-le-Roi*, n° 90257 : *AJDA 1990. 889, concl. Tuot*.

8. *Illégalité d'une subvention à des grévistes.* Il n'appartient pas au conseil municipal, chargé de « régler par ses délibérations les affaires de la commune », d'intervenir dans un conflit collectif du travail en apportant son soutien financier à l'une des parties au litige, par le moyen d'une subvention. • CE 20 nov. 1985, *Cne d'Aigues-Mortes*, n° 57139 : *Lebon 330* ; *AJDA 1986. 116, obs. Moreau ; D. 1986. IR 143, obs. Llorens ; RDSS 1986. 346, obs. Prétot*. ♦ De même, il n'appartient pas au bureau d'aide sociale ni au centre communal d'action sociale chargé d'animer « une action générale de prévention et de développement social dans la commune », d'intervenir dans un conflit collectif du travail en apportant son soutien financier à l'une des parties au litige, par le moyen d'une subvention accordée à une organisation de caractère régional liée à cette partie. • CE 11 oct. 1989, *Cne de Gardanne*, nos 89325, 89327,89621, 89622 et 89660 : *Lebon 188* ; *Rev. adm. 1989. 538, note P. Terneyre* • 12 oct. 1990, *CCAS Villeneuve-le-Roi : préc. note 7.*

9. *Aide à des grévistes présentant un objet d'utilité communale.* En décidant d'accorder la gratuité des restaurants scolaires aux enfants des agents grévistes de la SNCF, le conseil municipal ne s'est pas immiscé dans un conflit collectif du travail mais a entrepris, à des fins sociales, une action présentant un objet d'utilité communale. Par suite, il n'a pas excédé les compétences qui lui sont reconnues par les textes. • CE 11 oct. 1989, *Cne de Port-Saint-Louis-du-Rhône*, n° 89628 : *Lebon 184* ; *Dr. soc. 1990. 534, note Lachaume* • 12 oct. 1990, *Cne d'Ivry-sur-Seine*, n° 92666.

10. *Principe d'égalité et étrangers.* La décision d'un conseil municipal d'exclure du bénéfice d'une allocation de congé parental d'éducation les familles où aucun des parents n'est de nationalité française sauf si l'un au moins soit est titulaire de la carte de ressortissant d'un pays membre de la CEE, soit bénéficie du statut de réfugié politique ou d'apatride et à la condition que celui-ci justifie d'au moins trois années de résidence dans la commune est illégale car instituant des discriminations injustifiées entre résidents de cette dernière selon leur nationalité. • CE 30 juin 1989, *Ville de Paris et BAS de Paris c/ Lévy*, n° 78113 : *Lebon 157* ; *RFDA 1990. 575, concl. D. Lévis* ; *Dr. soc. 1989. 767, note Prétot*. ♦ Il en va de même s'agissant d'une allocation municipale de naissance. • TA Marseille, 7 avr. 1998, *Préfet Bouches-du-Rhône : D. 1998. 571, note Moutouh*. ♦ La décision par laquelle un conseil municipal a subordonné le versement de certaines aides facultatives qu'il a instituées en faveur des personnes âgées à la perception de l'allocation supplémentaire versée par le Fonds national de solidarité méconnaît le principe d'égalité en ce que les textes ne permettent le versement de cette allocation aux étrangers que sous réserve de la signature de conventions internationales de réciprocité. • TA Lyon, 17 déc. 1996, *Ville de Lyon*, n° 9600641 B.

11. *Compétence juridictionnelle.* Relève de la compétence de la juridiction administrative le litige relatif au montant des redevances que doivent acquitter au bureau d'aide sociale, établissement public à caractère administratif, des résidents d'un foyer-logement pour travailleurs migrants géré par ce bureau, le fait que ce bureau d'aide sociale ait passé avec l'État et le propriétaire des murs du foyer une convention d'aide personnalisée au logement étant sans influence sur la détermination de la compétence juridictionnelle. • T. confl. 19 févr. 1990, *BAS Ville de Paris : Lebon 389* ; *D. 1990. IR 93*.

12. *Compétences en matière de lutte contre les exclusions.* Le législateur n'ayant pas entendu interdire aux communes de créer, de leur propre initiative, des aides dont l'objectif est de favoriser l'insertion sociale de leurs bénéficiaires, dès lors qu'elles répondent à un intérêt communal, un conseil municipal a pu valablement instaurer une aide sous forme d'allocation soumise à condition de domicile et de revenus affectée en priorité à l'apurement des sommes dues aux divers organismes publics ou concessionnaires intervenant en matière d'habitation dans la commune. • CE 29 juin 2001, *Cne de Mons-en-Barœul*, n° 193716 : *Lebon 298* ; *AJDA 2002. 42 et 386, notes Jégouzo et Roman* ; *RDSS 2002. 81, note Ghebali-Bailly* ; *RGCT 2001. 906.* ♦ La condition de participation à des activités d'intérêt général ou d'utilité publique dans la limite de 15 heures par trimestre imposée aux bénéficiaires d'une allocation d'habitation créée librement par une commune ne méconnaît pas les dispositions du code du travail dès lors que le montant de l'allocation ne constitue pas la contrepartie d'un travail fourni par les bénéficiaires aux organismes auprès desquels ils effectuent des activités bénévoles et répond à une finalité sociale d'insertion. • Même arrêt.

13. Compétence en matière d'aide à des syndicats. Les unions locales d'organisations peuvent participer dans les communes à des actions contribuant au développement économique ou social local ; par suite, les communes et leurs groupements peuvent accorder des subventions à des organisations syndicales en vue de la réalisation d'actions de cette nature à la condition qu'elles se rattachent de façon suffisamment directe à un intérêt public local et sous réserve qu'elles ne soient pas attribuées pour des motifs politiques ou pour apporter un soutien à l'une des parties dans un conflit collectif du travail • CE 4 avr. 2005, *Cne d'Argentan : Lebon 137* ; *AJDA 2005. 1295, concl. E. Glaser* . ♦ Sur la légalité de subventions à des sections locales d'associations nationales, V. • CE, ass., 25 oct. 1957, *Cne de Bondy : Lebon 552.*

14. Jugement en premier et dernier ressort. Les prestations d'action sociale facultative instituées au bénéfice des agents publics en application de l'art. 9 de la L. n° 83-634 du 13 juill. 1983 constituent des prestations attribuées au titre de l'action sociale au sens de l'art. R. 811-1 CJA ; par suite, les litiges relatifs à ces prestations sont au nombre de ceux sur lesquels le tribunal administratif statue en premier et dernier ressort. • CE 15 mars 2019, n° 415366 B : *AJDA 2019. 610* .

15. Suppression par le CCAS des aides sociales facultatives. En raison de ses imprécisions quant aux circonstances pouvant conduire à la suspension des aides sociales facultatives et de l'absence de tout encadrement de la faculté ainsi reconnue au président du CCAS, la délibération adoptée par ce dernier visant à supprimer lesdites aides pour les personnes ayant commis des incivilités est entachée d'une erreur manifeste d'appréciation de nature à créer un doute sérieux quant à sa légalité. • CE 24 juin 2022, n° 454799 : *AJDA 2022. 2071, note Rihal* .

Art. L. 123-6 **Le centre d'action sociale est un établissement public administratif communal ou intercommunal. Il est administré par un conseil d'administration présidé, selon le cas, par le maire ou le président de l'établissement public de coopération intercommunale.**

Dès qu'il est constitué, le conseil d'administration élit en son sein un vice-président qui le préside en l'absence du maire, nonobstant les dispositions de l'article L. 2122-17 du code général des collectivités territoriales, ou en l'absence du président de l'établissement de coopération intercommunale. *(L. n° 2022-217 du 21 févr. 2022, art. 141-2°)* **« Il élit également un vice-président délégué, chargé des mêmes fonctions en cas d'empêchement du vice-président. »**

Outre son président, le conseil d'administration comprend, pour le centre communal d'action sociale, des membres élus en son sein à la représentation proportionnelle par le conseil municipal et, pour le centre intercommunal d'action sociale, des membres élus en son sein au scrutin majoritaire par l'organe délibérant de l'établissement public de coopération intercommunale.

Le conseil d'administration comprend également des membres nommés, suivant le cas, par le maire ou par le président de l'établissement public de coopération intercommunale, parmi les personnes participant à des actions de prévention, d'animation ou de développement social menées dans la commune ou les communes considérées.

Les membres élus et les membres nommés le sont en nombre égal au sein du conseil d'administration du centre d'action sociale. *(L. n° 2022-217 du 21 févr. 2022, art. 6-I)* **« Ce nombre est fixé par délibération du conseil municipal ou de l'organe délibérant de l'établissement public de coopération intercommunale. »**

Les membres élus par le conseil municipal ou par l'organe délibérant de l'établissement public de coopération intercommunale et les membres nommés par le maire ou le président de l'établissement public de coopération intercommunale le sont à la suite de chaque renouvellement du conseil municipal et pour la durée du mandat de ce conseil. Leur mandat est renouvelable.

Au nombre des membres nommés doivent figurer un représentant des associations qui œuvrent dans le domaine de l'insertion et de la lutte contre les exclusions, un représentant des associations familiales désigné sur proposition de l'union départementale des associations familiales, un représentant des associations de retraités et de personnes âgées du département et un représentant des associations de personnes handicapées du département. – *[C. fam., art. 138, al. 1er à 7.]*

COMMENTAIRE

Le CCAS (ou le CIAS) existe de plein droit et est nécessairement érigé en établissement public communal ou intercommunal dont cette disposition (anc. art. 138, al. 1er à 7 C. fam.) détermine la forme juridique. L'important est alors que le CCAS, doté d'une personnalité morale distincte de celle de la commune à laquelle il est rattaché, dispose d'une réelle autonomie administrative et financière pour mener à bien *a minima* ses missions légales. Présidé par un élu (le maire de la commune ou le président de l'établissement public intercommunal), il est composé en nombre égal d'élus ainsi que de membres impliqués dans l'action sociale locale (prévention, animation ou développement social) que le maire nomme ; les associations d'insertion, les associations familiales, les associations de retraités et de personnes âgées ainsi que de personnes handicapées doivent être obligatoirement représentées. ❑

1. *Conseil d'administration du centre.* Est illégale la délibération par laquelle un conseil municipal a nommé ses représentants au conseil d'administration au CCAS sans organiser le scrutin prévu par les textes (art. 138 C. fam.) mais en approuvant une liste de noms préétablie, le délai du recours étant le délai de droit commun de deux mois. • TA Amiens, 8 févr. 1996, *Maire de Saint-Aubin-Montenoy : RDSS 1996. 588, concl. Bedier* ✐.

2. *Effets de la personnalité juridique.* Un bureau d'aide sociale est un établissement public ayant une personnalité juridique propre et un personnel distinct de celui de la commune ; par suite, aucune disposition législative ne permet au conseil municipal de décider du regroupement du personnel de cet établissement public avec celui de la commune, alors même que la commission administrative de l'établissement aurait donné son accord à ce transfert. • CE 25 févr. 1998, *Anglade*, n° 088885 : *Lebon 741* ✐ ; *RDSS 1998. 569, obs. Ghebali-Bailly* ✐.

3. *Intérêt à agir.* En tant qu'il est chargé, aux termes de l'art. L. 132-6 et du décret n° 95-563 du 6 mai 1995, de mettre en œuvre des interventions dans le domaine social et de gérer des établissements et services sociaux et médico-sociaux, le centre d'action sociale de la Ville de Paris, établissement public à caractère administratif, ne justifie pas d'un intérêt suffisamment direct pour demander l'annulation de la lettre par laquelle le directeur général de la Caisse des dépôts et consignations, gestionnaire de la Caisse nationale de retraite des agents des collectivités locales, a indiqué que les services accomplis par le personnel infirmier que le centre emploie sont classés en catégorie A, sédentaire, et non en catégorie B et ne peuvent donc bénéficier des dispositions du décret du 9 sept. 1965 qui ouvrent droit à pension de retraite à 55 ans aux agents ayant accompli au moins 15 années de services de la catégorie B ; par suite, sa requête est entachée d'une irrecevabilité manifeste insusceptible d'être couverte en cours d'instance. • CE 1er déc. 2004, *Centre d'action sociale de la Ville de Paris*, n° 259383.

4. *Litiges avec le personnel non statutaire.* Le CCAS ayant, aux termes de l'art. L. 123-6 du CASF, la qualité d'établissement public administratif, le litige l'opposant à une aide ménagère à domicile relativement à la rupture du contrat de travail de cette dernière, relève de la compétence de la juridiction administrative. • Soc. 16 juin 2004, n° 01-43.804 P. ♦ Sont regardées comme participant bénévolement au fonctionnement de l'organisme les personnes élues ou désignées pour exercer à titre bénévole les fonctions de membres des centres communaux d'action sociale ; par suite, le versement des cotisations d'accidents du travail incombe à l'institution responsable du fonctionnement de l'organisme. • Civ. 2e, 5 avr. 2006, n° 04-30.645 P.

5. *Situation légale et réglementaire de l'usager.* La prise en charge d'une prestation d'aide à domicile par un centre communal d'action sociale, établissement public administratif, a le caractère d'un service public administratif, partant les usagers de ce service public ne sauraient être regardés comme placés dans une situation contractuelle vis-à-vis de l'établissement concerné, alors même qu'ils concluent avec celui-ci un contrat de séjour ou qu'est élaboré à leur bénéfice un document individuel de prise en charge, dans les conditions fixées par l'art. L. 311-4 CASF. • CE 5 juill. 2017, n° 399977 B.

6. *Détachement et réintégration d'un fonctionnaire du CCAS.* S'il est vrai qu'aux termes de l'art. L. 123-6, le centre communal d'action sociale est un établissement public, distinct de la commune, il résulte de cet article ainsi que des art. L. 123-4, L. 123-8 et R. 123-23, qu'il est obligatoirement créé dans toute commune d'au moins 1 500 habitants, la commune pouvant en exercer directement les attributions dans les communes plus petites, que son conseil d'administration est présidé par le maire, qui en nomme certains membres ainsi que le directeur, et que certaines de ses délibérations sont soumises à l'avis ou à l'avis conforme du conseil municipal ; dès lors, la proposition faite à un agent d'un CCAS d'un emploi correspondant à son grade relevant de la commune doit être regardée comme permettant d'assurer à l'intéressé le respect de son droit à se voir proposer un emploi correspondant à son grade relevant de sa collectivité ou de son établissement d'origine. • CE 29 nov. 2023, nº 470421 B.

Art. L. 123-7 **Le centre communal ou intercommunal dispose des biens, exerce les droits et assume les engagements des anciens bureaux de bienfaisance et des anciens bureaux d'assistance, sans qu'il puisse être porté atteinte aux affectations régulièrement établies.**

Il dispose des ressources dont bénéficiaient les établissements d'assistance et de bienfaisance auxquels il est substitué. – *[C. fam., art. 136, al. 2 et 139.]*

Art. L. 123-8 **Le président du centre communal ou intercommunal d'action sociale a le droit d'accepter, à titre conservatoire, des dons et legs et de former, avant l'autorisation, des demandes en délivrance.**

La délibération du conseil d'administration qui rend l'acceptation définitive, conformément à l'article L. 2242-4 du code général des collectivités territoriales, a effet du jour de cette acceptation.

Le centre communal ou intercommunal d'action sociale est représenté en justice et dans les actes de la vie civile par son président.

Les règles qui régissent la comptabilité des communes sont applicables aux centres communaux ou intercommunaux d'action sociale. *(L. nº 2002-2 du 2 janv. 2002, art. 78-II)* **« Les règles qui régissent la comptabilité des établissements sociaux et médico-sociaux publics autonomes sont applicables aux établissements et aux services mentionnés à l'article L. 312-1 qui sont gérés par des centres communaux ou intercommunaux d'action sociale ».**

Les délibérations du conseil d'administration ne sont soumises à l'avis ou à l'avis conforme du conseil municipal que dans les cas prévus aux articles L. 2121-34 et L. 2241-5 du code général des collectivités territoriales. – *[C. fam., art. 140.]*

COMMENTAIRE

Reprenant l'une des prérogatives les plus anciennes des anciens bureaux de bienfaisance et bureaux d'assistance, les CCAS peuvent recueillir des dons et legs, lesquels ont longtemps constitué une source importante du financement de l'aide et de l'action sociales. Sur le plan budgétaire, comptable et financier, c'est le droit des collectivités territoriales qui leur est applicable.

Capacité de recueillir des libéralités. Le bureau d'aide sociale d'une ville ayant la capacité de recueillir des libéralités et un legs lui ayant été attribué avec affectation à une fondation particulière qu'il gérait (ladite affectation n'étant qu'une simple modalité d'exécution du legs mise à la charge du légataire), une cour d'appel n'a pas à rechercher si cette fondation était une association déclarée capable de recevoir des libéralités. • Civ. 1re, 18 févr. 1986, nº 84-15.593 P.

Art. L. 123-9 **Sauf disposition contraire, les modalités d'application du présent chapitre sont fixées par décret en Conseil d'État.** – *[C. fam., art. 138, al. 8.] – V. art. R. 123-7 s.*

TITRE III PROCÉDURES

BIBL. ▸ Bélorgey, De la répétition de l'indu en matière de prestations sociales, *RDSS 2008. 321*. – Borgetto, Vingt ans de jurisprudence en matière d'aide sociale : histoires drôles, drôles d'histoires, *Mél. Alfandari, Dalloz, 2000. 3.* – Borgetto et Lafore, Droit de l'aide et de l'action sociales, *Domat-Montchrestien, 11e éd., 2021, nos 168 s.*

COMMENTAIRE

Le titre III du livre I concerne les procédures d'accès à l'aide sociale. Les prestations d'aide sociale constituant un droit pour les bénéficiaires lorsqu'ils remplissent les conditions requises (art. L. 111-1), il est indispensable que le cadre légal et réglementaire enserrant l'accès à ces prestations soit très précisément défini. Ce titre comporte deux séries de mesures complémentaires ; les deux premiers chapitres d'une part organisent les modalités d'accès aux prestations en définissant la procédure ainsi que les instances d'admission, d'autre part (ce qui en constitue l'autre versant) déterminent les conditions de participation du bénéficiaire à la satisfaction du besoin, que ce soit en appelant l'intéressé à assumer directement ou indirectement une part du coût ou que ce soit en permettant aux collectivités publiques de récupérer les frais engagés ultérieurement. Les deux autres chapitres aménagent les conditions de contrôle de l'application des lois et règlements relatifs à l'aide sociale ainsi que les instances contentieuses habilitées à trancher les litiges relatifs à leur mise en œuvre. Ce titre organise donc le régime de droit commun d'accès à l'ensemble des prestations d'aide sociale légale, certaines prestations bénéficiant cependant d'un régime spécifique d'admission, à l'instar par exemple de l'aide sociale à l'enfance ou encore de l'allocation personnalisée d'autonomie.

La procédure d'admission à l'aide sociale a été substantiellement modifiée par l'ordonnance nº 2005-1477 du 1er décembre 2005. Afin de permettre aux bénéficiaires de l'aide sociale d'accéder plus rapidement aux prestations, ce texte a entendu simplifier le processus de décision ; pour ce faire, il a supprimé la « commission d'admission », antérieurement dénommée « commission cantonale » avant la réforme de 1953. Il faut rappeler que cette structure de nature administrative avait été mise en place par le décret-loi du 30 octobre 1935 (avec au-dessus d'elle la « commission départementale » et la « commission nationale ») en vue de retirer le pouvoir de décision en matière d'admission aux autorités communales et les remettre à des instances collégiales composées de personnalités plus éloignées des régulations de terrain... La compétence décisionnelle revient donc, par une forme de retour aux origines, au responsable élu, le président du conseil départemental, pour le plus grand nombre des prestations. Formellement, cette suppression de la « commission d'admission » a imposé pour l'essentiel la modification des articles composant le chapitre I (art. L. 131-1 à L. 131-7). ☐

CHAPITRE I ADMISSION

Art. L. 131-1 **Sous réserve de l'article L. 252-1, les demandes d'admission au bénéfice de l'aide sociale, à l'exception de celles concernant l'aide sociale à l'enfance, sont déposées au centre communal ou intercommunal d'action sociale ou, à défaut, à la mairie de résidence de l'intéressé.**

(Ord. nº 2005-1477 du 1er déc. 2005, art. 1er) **« Les demandes donnent lieu à l'établissement d'un dossier par les soins du centre communal ou intercommunal d'action sociale. Celui-ci peut utiliser à cet effet des visiteurs-enquêteurs. »**

Les demandes sont ensuite transmises, dans le mois de leur dépôt, au représentant de l'État ou au président du conseil départemental qui les instruit *(Abrogé par Ord. nº 2005-1477 du 1er déc. 2005, art. 1er)* ***« et les soumet à la commission d'admission prévue à l'article L. 131-5 »*** **avec l'avis du centre communal ou intercommunal d'action sociale** *(Ord. nº 2005-1477 du 1er déc. 2005, art. 1er)* **« ou, à défaut, du maire » et celui du conseil municipal, lorsque le maire ou le centre communal ou intercommunal d'action sociale a demandé la consultation de cette assemblée.** – *[C. fam., art. 125, al. 1er à 4.] – V. Arr. du 19 juill. 1961, App., vº Aide sociale.*

Ces dispositions entrent en vigueur le 1er janv. 2007 et s'appliquent aux nouvelles demandes déposées à compter de cette date et à celles qui n'ont pas fait l'objet d'une décision à cette même date (Ord. nº 2005-1477 du 1er déc. 2005, art. 1er).

Ancien art. L. 131-1 ***Sous réserve de l'article L. 252-1, les demandes d'admission au bénéfice de l'aide sociale, à l'exception de celles concernant l'aide sociale à l'enfance, sont déposées au centre communal ou intercommunal d'action sociale ou, à défaut, à la mairie de résidence de l'intéressé.***

Les demandes donnent lieu à l'établissement d'un dossier par les soins du centre communal ou intercommunal d'action sociale. Celui-ci peut utiliser à cet effet des visiteurs-enquêteurs.

Les demandes sont ensuite transmises, dans le mois de leur dépôt, au représentant de l'État ou au président du conseil général qui les instruit et les soumet à la commission d'admission prévue à l'article L. 131-5 avec l'avis du centre communal ou intercommunal d'action sociale et celui du conseil municipal, lorsque le maire ou le centre communal ou intercommunal d'action sociale a demandé la consultation de cette assemblée. Pour chaque demande le représentant de l'État ou le président du conseil général formule une proposition.

Les dossiers soumis à la commission doivent contenir les pièces et précisions qui sont énumérées par arrêté. – [C. fam., art. 125, al. 1er à 4.] – V. Arr. du 19 juill. 1961, App., v° Aide sociale.

COMMENTAIRE

L'article L. 131-1 (ancien art. 125 du code de la famille et de l'aide sociale) est pour partie une reprise d'autres dispositions, notamment dans son premier alinéa qui rappelle le rôle des centres communaux ou intercommunaux d'action sociale dans l'ouverture de la procédure d'admission (art. L. 123-5). On doit noter que, en complément des dispositions de l'article L. 123-5, l'avis du CCAS est requis par cet article, avec éventuellement l'avis du conseil municipal lorsqu'il est sollicité soit par le maire, soit par le CCAS.

Les dossiers sont ensuite transmis, pour instruction, soit au représentant de l'État, soit au président du conseil départemental selon la répartition des attributions établie par les articles L. 121-1 et L. 121-7 en tenant compte aussi de la procédure spécifique d'admission à l'aide médicale de l'État telle que prévue à l'article L. 252-1. Au terme de l'instruction, la décision appartient dorénavant au préfet ou au président du conseil départemental ; logiquement, les deux alinéas qui, antérieurement, concernaient la commission d'admission à l'aide sociale ont été retirés, l'ordonnance n° 2005-1477 du 1er décembre 2005 ayant supprimé cette instance. ❑

Art. L. 131-2 *(Ord. n° 2005-1477 du 1er déc. 2005, art. 1er)* **La décision d'admission à l'aide sociale est prise par le représentant de l'État dans le département pour les prestations qui sont à la charge de l'État en application de l'article L. 121-7** *(Abrogé par L. n° 2015-994 du 17 août 2015, art. 59-III-3°, à compter du 1er janv. 2016) (L. n° 2008-1249 du 1er déc. 2008)* ***«, à l'exception du revenu de solidarité active, »*** **et par le président du conseil départemental pour les autres prestations prévues au présent code.**

Les dispositions entrent en vigueur le 1er janv. 2007 et s'appliquent aux nouvelles demandes déposées à compter de cette date et à celles qui n'ont pas fait l'objet d'une décision à cette même date (Ord. n° 2005-1477 du 1er déc. 2005, art. 1er).

COMMENTAIRE

Cette disposition, issue de l'ordonnance n° 2005-1477 du 1er déc. 2005 (ancien art. 124-2 du code de la famille et de l'aide sociale), qui antérieurement détaillait la répartition des compétences d'attribution des prestations d'aide sociale entre le représentant de l'État, le président du conseil départemental et la commission d'admission (en reprenant les partages par ailleurs définis aux art. L. 121-1 et L. 121-7), a été réécrite par l'ordonnance précitée. Dans une formulation très simplifiée et en tirant les conséquences de la suppression des commissions d'admission par l'ordonnance susvisée, le nouvel article L. 131-2 se contente donc d'indiquer que le représentant de l'État attribue les prestations visées à l'article L. 121-7, toutes les autres relevant de la compétence du président du conseil départemental. ❑

Ancien art. L. 131-2 ***Les prestations légales d'aide sociale sont accordées par le représentant de l'État dans le département, le président du conseil général et la commission mentionnée à l'article L. 131-5.***

Le représentant de l'État dans le département décide :

1° De l'admission à l'aide médicale de l'État, mentionnée au chapitre I du titre V du livre II ;

2° De l'admission dans un centre d'hébergement et de réinsertion sociale, mentionnée à l'article L. 345-1 ;

3° De l'octroi de l'aide aux familles dont les soutiens accomplissent le service national, mentionnée à l'article L. 212-1 ;

(L. n° 2006-911 du 24 juill. 2006, art. 95-IV) ***« 4° De l'admission dans un centre d'accueil pour demandeurs d'asile mentionné à l'article L. 348-1. »***

Le président du conseil général décide :

1° De l'octroi des prestations d'aide sociale à l'enfance, mentionnées aux articles L. 222-1 à L. 222-6 ;

2° De l'octroi de la prestation spécifique dépendance mentionnée à la section 1 du chapitre II du titre III du livre II ;

(Abrogé par L. n° 2005-102 du 11 févr. 2005, art. 12-II) *« 3° De l'octroi de l'allocation compensatrice aux personnes handicapées, mentionnée à l'article L. 245-1, dans les conditions prévues par les articles L. 245-2 à L. 245-9 ; »*

(L. n° 2003-1200 du 18 déc. 2003, art. 3) *« 4° De l'octroi de l'allocation de revenu minimum d'insertion dans les conditions prévues au chapitre II du titre VI du livre II. »*

Ces prestations peuvent être améliorées dans les conditions prévues à l'article L. 121-4.

La commission d'admission à l'aide sociale décide, selon une procédure fixée par voie réglementaire :

1° Des aides financières et en nature aux personnes âgées, mentionnées à l'article L. 231-1 ;

2° De la participation aux frais de séjour des personnes âgées, mentionnée aux articles L. 231-4 et L. 231-5 ;

3° De l'aide aux personnes handicapées, mentionnée à l'article L. 241-1.

Ces prestations peuvent être améliorées dans les conditions prévues à l'article L. 121-4.

La commission d'admission décide en outre de la prise en charge, au titre de l'aide sociale, des personnes mentionnées à l'article L. 111-3. — [C. fam., art. 124-2, al. 1er et 2.]

1. Motivation des décisions de refus. Il résulte des dispositions de la L. n° 79-557 du 11 juill. 1979 que les décisions refusant un avantage dont l'attribution constitue un droit pour les personnes qui remplissent les conditions doivent être motivées ; par suite, doit être annulée la décision du préfet qui a suspendu le versement de l'allocation du RMI sans en indiquer les motifs. • Comm. centr. aide soc. 22 déc. 1999 : *CJAS n° 2000/01, p. 29.*

2. Aide sociale et veille sociale. Eu égard à la nature du dispositif de veille sociale, qui n'a pas pour objet de décider de la prise en charge financière de l'hébergement des intéressés par l'aide sociale, la réponse donnée à une demande d'accueil dans une structure d'hébergement d'urgence, telle que celles prévues par l'art. L. 345-2-2 CASF, ne peut être regardée comme une décision d'admission à l'aide sociale au sens de l'art. L. 131-2 ; dès lors, les décisions accueillant ou rejetant des demandes d'accueil dans une structure d'hébergement d'urgence ne relèvent pas de la compétence des juridictions de l'aide sociale. • CE 27 juill. 2016, n° 400144 B : *RDSS 2016. 980, obs. Faberon.*

Art. L. 131-3 **L'admission d'urgence à l'aide sociale des personnes handicapées et des personnes âgées, lorsqu'elle comporte un placement dans un établissement d'hébergement, ou l'attribution de la prestation en nature d'aide ménagère à une personne âgée privée brusquement de l'assistance de la personne dont l'aide était nécessaire au maintien au domicile, est prononcée par le maire. La décision est notifiée par le maire au représentant de l'État ou au président du conseil départemental, dans les trois jours avec demande d'avis de réception.**

En cas de placement, le directeur de l'établissement est tenu de notifier au représentant de l'État ou au président du conseil départemental, dans les quarante-huit heures, l'entrée de toute personne ayant fait l'objet d'une décision d'admission d'urgence à l'aide sociale ou sollicitant une telle admission.

L'inobservation des délais prévus ci-dessus entraîne la mise à la charge exclusive de la commune, en matière d'aide à domicile, et de l'établissement, en matière de prise en charge des frais de séjour, des dépenses exposées jusqu'à la date de la notification.

(Ord. n° 2005-1477 du 1er déc. 2005, art. 1er) **« Il est statué » dans le délai de deux mois sur l'admission d'urgence. A cette fin, le maire transmet au représentant de l'État ou au président du conseil départemental dans le mois de sa décision, le dossier constitué dans les conditions prévues à l'article L. 131-1.**

En cas de rejet de l'admission, les frais exposés antérieurement à cette décision sont dus par l'intéressé. — *[C. fam., art. 134.]*

Ces dispositions sont entrées en vigueur le 1er janv. 2007 et s'appliquent aux nouvelles demandes déposées à compter de cette date et à celles qui n'ont pas fait l'objet d'une décision à cette même date (Ord. n° 2005-1477 du 1er déc. 2005, art. 1er).

Ancien art. L. 131-3 *L'admission d'urgence à l'aide sociale des personnes handicapées et des personnes âgées, lorsqu'elle comporte un placement dans un établissement d'hébergement, ou l'attribution de la prestation en nature d'aide ménagère à une personne âgée privée brusquement de l'assistance de la personne dont l'aide était nécessaire au maintien au domicile, est prononcée par le maire. La décision est notifiée par le maire au représentant de l'État ou au président du conseil général, dans les trois jours avec demande d'avis de réception.*

En cas de placement, le directeur de l'établissement est tenu de notifier au représentant de l'État ou au président du conseil général, dans les quarante-huit heures, l'entrée de toute per-

sonne ayant fait l'objet d'une décision d'admission d'urgence à l'aide sociale ou sollicitant une telle admission.

L'inobservation des délais prévus ci-dessus entraîne la mise à la charge exclusive de la commune, en matière d'aide à domicile, et de l'établissement, en matière de prise en charge des frais de séjour, des dépenses exposées jusqu'à la date de la notification.

La commission d'admission du domicile du postulant statue dans le délai de deux mois sur l'admission d'urgence. A cette fin, le maire transmet au représentant de l'État ou au président du conseil général dans le mois de sa décision, le dossier constitué dans les conditions prévues à l'article L. 131-1.

En cas de rejet de l'admission, les frais exposés antérieurement à cette décision sont dus par l'intéressé. – [C. fam., art. 134.]

COMMENTAIRE

Par nature, car devant prendre en charge des besoins d'ordre alimentaire liés à la subsistance des personnes, l'admission à l'aide sociale doit pouvoir être prononcée rapidement. Parfois même, la prise en charge doit précéder l'admission : telle est la raison des procédures d'admission d'urgence. Ces procédures concernent d'une part l'hébergement ou l'aide ménagère pour les personnes âgées ou handicapées ; dans ces cas, l'admission est prononcée par le maire ; et d'autre part, les personnes pouvant être accueillies dans les centres d'hébergement et de réinsertion sociale (CHRS) : dans cette hypothèse, c'est le préfet qui la prononce.

Les autorités compétentes, président du conseil départemental et représentant de l'État, doivent cependant se voir notifier par le maire et, en cas de placement, par le directeur de l'établissement, toutes les décisions d'admission d'urgence.

L'admission à l'aide médicale de l'État, qui comporte aussi une procédure d'urgence, fait l'objet d'une procédure particulière (art. L. 252-3).

Notons que, logiquement, l'ordonnance n° 2005-1477 du 1er décembre 2005 a modifié cet article en supprimant l'intervention antérieurement prévue de la commission d'admission qui devait valider les admissions d'urgence. ❑

Art. L. 131-4 Les décisions attribuant une aide sous la forme d'une prise en charge de frais d'hébergement peuvent prendre effet à compter de la date d'entrée dans l'établissement à condition que l'aide ait été demandée dans un délai fixé par voie réglementaire. – *[C. fam., art. 124-3 (partie).]*

COMMENTAIRE

L'article L. 131-4 (ancien art. 124-3 C. fam.) constitue un mécanisme de prise en charge rétroactive par l'aide sociale de personnes placées pour leur hébergement dans un établissement. Si le bénéfice de l'aide sociale a été demandé dans les délais prévus par la réglementation, les frais d'hébergement sont assumés par la collectivité publique compétente à compter de la date d'entrée dans l'établissement. ❑

1. Bénéfice de l'aide sociale antérieur à l'entrée dans l'établissement. La règle issue du décret du 11 juin 1954 selon laquelle la prise en charge des frais d'hébergement au titre de l'aide sociale peut prendre effet à compter de la date d'entrée dans l'établissement à condition que l'aide ait été demandée dans les deux mois après cette date n'est pas applicable lorsque, antérieurement à l'entrée dans l'établissement, l'intéressé bénéficiait déjà et à un même titre de l'aide sociale : dans ce cas, la prise en charge des frais d'hébergement prend effet à compter de la date d'entrée dans l'établissement. • Comm. centr. aide soc. 21 août 2000 : *CJAS n° 2001/06, p. 153* • 2 juill. 2002 : *CJAS n° 2002/05, p. 155* • 5 juill. 2006 : *CJAS, n° 2006/06, p. 3.* ♦ Il en va de même en cas de maintien dans un même établissement. • Comm. centr. aide soc. 6 déc. 2001 : *CJAS n° 2002/01, p. 11.* ♦ Par ailleurs, le délai de deux mois à compter de l'admission en établissement dans lequel le demandeur doit présenter sa demande pour que la décision d'admission à l'aide sociale rétroagisse à la date de l'admission peut être prorogé pour une durée identique par le président du conseil général sous le contrôle du juge de plein contentieux de l'aide sociale. • Comm. centr. aide soc. 4 nov. 2004 : *CJAS n° 2005/03, p. 137.*

2. Point de départ de la prise en charge. Il résulte des art. L. 131-4 et R. 131-2 CASF que les frais d'hébergement des personnes accueillies dans un établissement social ou médico-social habilité à recevoir des bénéficiaires de l'aide sociale ne sont pris en charge au titre de l'aide sociale à l'hébergement qu'à compter du premier jour de la quinzaine suivant la date de la présentation de la demande tendant au bénéfice d'une telle aide ; ce n'est que lorsque la demande a été déposée, quel qu'en soit l'auteur, dans le délai de deux mois suivant le jour d'entrée dans l'établissement, éventuellement prolongé dans la limite de deux mois supplémentaires, que la prise en charge de ces frais peut prendre effet à compter du jour d'entrée dans l'établissement. • CE 29 mai 2019, n° 419424 B : *AJDA 2019. 1193*. ♦ La circonstance qu'un dossier ne puisse être regardé comme complet à la date de son dépôt au centre communal ou intercommunal d'action sociale ou, à défaut, à la mairie de résidence de l'intéressé, est sans incidence sur l'application de ces dispositions. Il en va de même de la circonstance que le centre communal ou intercommunal d'action sociale ou la mairie de résidence de l'intéressé n'aurait pas respecté son obligation de transmission de la demande à l'autorité départementale. • CE 22 déc. 2022, n° 459777 B.

3. Dépôt de la première demande régulière et complète. Néanmoins, le bénéfice de l'aide sociale ne peut prendre effet qu'à compter du dépôt de la première demande régulière et complète. • Comm. centr. aide soc. 11 mars 2002 : *CJAS n° 2002/03, p. 133.* ♦ Par ailleurs, aucun texte n'impose que la demande déposée après l'entrée dans l'établissement soit appuyée des documents d'un dossier complet, dès lors qu'elle a bien été déposée dans le délai et que le dossier a été complété ultérieurement ; au demeurant, il appartient aux instances d'admission de faire compléter le dossier déposé incomplètement et non de le rejeter en l'état en retardant encore l'instruction de demandes qui présentent un caractère social et urgent • Comm. centr. aide soc. 15 déc. 2006, dossier n° 060099 : *CJAS, n° 2007/03.*

4. Placement chez un particulier agréé. Le placement chez un particulier agréé pour l'accueil d'handicapés adultes n'étant pas un placement en établissement, il y a lieu d'appliquer l'art. 18 du décret du 11 juin 1954 selon lequel les demandes d'aide sociale autres que celles portant sur un placement en établissement prennent effet au premier jour de la quinzaine suivant la date de leur présentation. • Comm. centr. aide soc. 29 mars 2002 : *CJAS n° 2002/04, p. 17.*

5. Conditions de renouvellement de la prise en charge. Les dispositions de l'art. L. 131-4 ne sont pas applicables, en tant qu'elles instaurent une solution de continuité dans la prise en charge des frais d'hébergement, lorsque, antérieurement à l'entrée dans l'établissement, l'intéressé bénéficiait déjà et à un même titre de la prise en charge de ses frais d'hébergement ou lorsque la demande porte sur le renouvellement de cette prise en charge dans l'établissement où l'intéressé était déjà accueilli ; dans ces cas, la prise en charge des frais d'hébergement doit prendre effet à compter de la date d'entrée dans l'établissement ou de la date d'expiration de la prise en charge précédente • CE 23 mars 2009, *UDAF de la Dordogne*, n° 303888 : *RDSS 2009. 532, concl. Courrèges*.

6. Effets d'une révision du droit d'une personne à la prise en charge de ses frais d'hébergement. Lorsque l'autorité administrative révise le droit d'une personne admise à l'aide sociale à la prise en charge de ses frais d'hébergement en raison d'éléments nouveaux modifiant la situation au vu de laquelle le bénéfice de l'aide lui avait été attribué, sa décision ne peut, comme le précise l'art. R. 131-3, et sous réserve des hypothèses qu'il mentionne, produire d'effets que pour l'avenir, c'est-à-dire pour la période courant à compter de la date à laquelle l'autorité administrative prend sa décision de révision ; il en va différemment lorsque la décision administrative a été prise sur la base de déclarations incomplètes ou erronées : en un tel cas, la décision prise peut tout à la fois, ainsi que le prévoit l'art. R. 131-4, décider la révision des droits de l'intéressé pour l'avenir et procéder, pour le passé, à la récupération, pour la période antérieure à la date de la décision, de l'indu résultant de ces déclarations incomplètes ou erronées. • CE 7 nov. 2022, n° 455631 B.

Art. L. 131-5 (*Abrogé par Ord. n° 2005-1477 du 1er déc. 2005, art. 1er*) ***La commission d'admission à l'aide sociale est présidée par un magistrat du siège en activité ou honoraire ou par une personnalité compétente, désigné par le premier président de la cour d'appel.***

Elle comprend, outre le président :

1° Lorsqu'elle statue sur les demandes de prestations relevant du département en application de l'article L. 121-1, le conseiller départemental du canton comportant la commune où la demande a été déposée ou du canton du demandeur dans le cas où le dossier est transmis dans les conditions prévues à l'article L. 122-4, ou un conseiller général suppléant désigné par le conseil départemental et le maire de la commune concernée ou un conseiller municipal suppléant ;

2° Lorsqu'elle statue sur les demandes de prestations relevant de l'État en application de l'article L. 121-7, deux fonctionnaires de l'État désignés par le représentant de l'État dans le département ou leurs suppléants désignés dans les mêmes conditions.

Lorsque la commission siège dans la formation prévue au 1° ci-dessus, les personnes mentionnées au 2° peuvent siéger avec voix consultative. Lorsqu'elle siège dans la formation prévue au 2°, les personnes mentionnées au 1° peuvent siéger avec voix consultative.

Lorsqu'elle statue en application (*L. n° 2002-2 du 2 janv. 2002, art. 85-2°*) ***« de l'article L. 111-3 », la commission siège en formation plénière.***

En cas d'égal partage des voix, le président a voix prépondérante.

Peuvent siéger avec voix consultative un représentant des organismes de sécurité sociale ou de la mutualité sociale agricole et un représentant d'un centre communal ou intercommunal d'action sociale désignés conjointement par le président du conseil général et le représentant de l'État dans le département.

Le demandeur, accompagné de la personne ou d'un représentant de l'organisme de son choix, est s'il le souhaite, entendu par la commission. — [C. fam., art. 126.]

Cette abrogation entre en vigueur le 1er janv. 2007 et s'applique aux nouvelles demandes déposées à compter de cette date et à celles qui n'ont pas fait l'objet d'une décision à cette même date (Ord. nº 2005-1477 du 1er déc. 2005, art. 1er).

BIBL. ▶ LIGNEAU, Rappels jurisprudentiels des limites posées aux pouvoirs des commissions d'admission à l'aide sociale, *RDSS 1985. 179.*

COMMENTAIRE

L'article L. 131-5 (ancien art. 126 C. fam.) organisait la commission d'admission à l'aide sociale. En sursis jusqu'au 1er janvier 2007, cette commission a été supprimée par l'ordonnance nº 2005-1477 du 1er décembre 2005, laquelle a entendu simplifier la procédure d'admission à l'aide sociale. ❑

Art. L. 131-6 *(Abrogé par Ord. nº 2005-1477 du 1er déc. 2005, art. 1er)* ***Le ressort de la commission d'admission et la périodicité de ses réunions sont fixés par le conseil général après avis du représentant de l'État dans le département.*** — [C. fam., art. 127.]

Cette abrogation entre en vigueur le 1er janv. 2007 et s'applique aux nouvelles demandes déposées à compter de cette date et à celles qui n'ont pas fait l'objet d'une décision à cette même date (Ord. nº 2005-1477 du 1er déc. 2005, art. 1er).

Art. L. 131-7 **Sauf disposition contraire, les modalités d'application du présent chapitre sont déterminées par décret en Conseil d'État, et notamment le point de départ des prestations accordées** *(Ord. nº 2005-1477 du 1er déc. 2005, art. 1er)* **« et les modalités des procédures d'admission à l'aide sociale et d'information des autorités communales ».**

Ces dispositions entrent en vigueur le 1er janv. 2007 et s'appliquent aux nouvelles demandes déposées à compter de cette date et à celles qui n'ont pas fait l'objet d'une décision à cette même date (Ord. nº 2005-1477 du 1er déc. 2005, art. 1er).

Ancien art. L. 131-7 ***Sauf disposition contraire, les modalités d'application du présent chapitre sont déterminées par décret en Conseil d'État, et notamment le point de départ des prestations accordées.***

CHAPITRE II PARTICIPATION ET RÉCUPÉRATION

BIBL. GÉN. ▶ ALFANDARI, Le droit aux aliments en droit privé et en droit public, *Thèse Droit Poitiers, 1958.* – BADEL, Subsidiarité et aide sociale : quelle actualité ?, *RDSS 2007. 1077* ✎. – BASSET, L'obligation alimentaire : des formes de solidarité à réinventer, *Avis et rapports du CES, 2008.* – BÉLORGEY, De l'ignorance du droit civil par l'autorité administrative et par le juge, ou sur quelques décisions de juges des affaires familiales en matière d'obligation alimentaire, *RDSS 2000. 489* ✎ ; *Rev. adm. nº 315, 2000. 266* ; Prestations d'aide sociale, revenus et patrimoine, *RDSS 2007. 860* ✎. – BERTHET, Les obligations alimentaires et les transformations de la famille, *L'Harmattan, 2000.* – CHOQUET et SAYN (Dir.), Obligation alimentaire et solidarité familiale. Entre droit civil, protection sociale et réalités familiales, *LGDJ, 2000.* – Conseil d'État, Aide sociale, obligation alimentaire et patrimoine, *La Doc. fr. 1999.* – DEBORDEAUX et STROBEL (Dir.), Les solidarités familiales en questions, *LGDJ, 2002.* – DESGORCES, Les problèmes soulevés par le contentieux des obligations alimentaires en droit de l'Union européenne, *RDSS 2015. 812* ✎. – Divers, Obligation alimentaire et dépendance, *AJ fam. 2014. 269* ✎ s. – EVERAERT-DUMONT, Le paradoxe des obligations alimentaires ou comment concilier principe de solidarité et obligation personnelle, *RDSS 2008. 538* ✎. – FONTAINE et FRAGONARD, La variété des applications du principe de subsidiarité, *RDSS 2021. 310* ✎. – FRAGONARD, Le principe de subsidiarité : portée, instruments, controverses, *Regards EN3S, nº 62, 2023. 85.* – GÉA, Solidarité familiale et solidarité sociale. Sur l'application du principe de subsidiarité dans le droit de l'aide sociale, *Ann. Fac. Droit Strasbourg, nº 2, 1998. 107.* – GREVY, La solidarité familiale intergénérationnelle ascendante :

quelle justice sociale ?, *RDSS 2004. 929* ; La solidarité familiale dans le cadre de l'aide sociale, *Rech. et prév., nº 77, 2004. 21.* – JOSSE, SKZRYERBAK et GOIN, Les conditions de ressources dans les politiques sociales : pour plus de cohérence et de simplicité, *RDSS 2021. 1079* . – MAISONNASSE, L'articulation entre la solidarité familiale et la solidarité collective, *LGDJ, 2016.* – MINONZIO, Les « solidarités familiales » dans l'espace public : émergence et controverses dans le cas de la dépendance des personnes âgées, *Rech. et prév., nº 77, 2004. 7.* – MOUTOUH, La notion de besoin et le droit, *Inf. soc., nº 86, 2000, p. 40.* – OGG et RENAUT, Le soutien familial intergénérationnel dans l'Europe élargie, *Retraite et société, nº 46, 2005. 30.* – RAOUL-CORMEIL, Les obligations alimentaires du majeur protégé, *RDSS 2015. 793* . – REBOURG, Les obligations alimentaires (droit civil et droit de la protection sociale), *RF aff. soc. nº 4, 2005. 13.* – SAYN, L'introduction problématique de l'obligation alimentaire dans les caisses d'allocations familiales, *RDSS 2000. 163* . – SOURIOUX, Pour une sociologie de l'obligation alimentaire, *Rev. aide soc., nº 2, 1962. 65.* – VIGNEAU, Les rapports entre solidarité familiale et solidarité sociale en droit comparé, *RID comp. 1999. 51.* – WILLMANN, Réformer les « bases ressources » des prestations sociales : un projet complexe, sous contraintes, mais nécessaire, *Dr. soc. 2022. 124.*

COMMENTAIRE

L'aide sociale a pour caractéristique d'être un droit subsidiaire. Cela signifie que la prise en charge par la collectivité publique n'intervient qu'à défaut de ressources du bénéficiaire ou de droits de ce dernier à tout autre type de solidarité, qu'il s'agisse des solidarités familiales ou de droits à prestations dans le cadre de la protection sociale. Ce principe est admis dès la période révolutionnaire qui pose le cadre du droit aux secours publics, et il est entériné dans les grandes lois d'assistance de la Troisième République.

Dès lors, il est logique que la collectivité d'une part n'accorde son financement qu'après avoir pris l'exacte mesure des ressources du bénéficiaire et des droits éventuels que ce dernier peut faire valoir à l'encontre de tiers, d'autre part soit habilitée à récupérer les sommes engagées auprès du bénéficiaire lui-même lorsque sa situation s'est améliorée et auprès de ses héritiers lorsqu'il dispose d'un patrimoine transmissible. ❑

Art. L. 132-1 Il est tenu compte, pour l'appréciation des ressources des postulants à l'aide sociale, des revenus professionnels et autres et de la valeur en capital des biens non productifs de revenu, qui est évaluée dans les conditions fixées par voie réglementaire.

Les dispositions du présent article ne sont pas applicables en cas de demande d'admission à l'aide médicale de l'État, laquelle est régie par le chapitre I du titre V du livre II. – *[C. fam., art. 141, al. 1er, et 149-1.]*

COMMENTAIRE

Pour déterminer le montant des prestations d'aide sociale allouées au demandeur, toutes les ressources sont prises en compte, y compris l'aide de fait. Cela inclut les revenus du travail, le produit de créances, les allocations versées par la Sécurité sociale ou un régime assimilé, tous les types de pensions. Seules n'entrent pas en ligne de compte, comme le prévoit l'article L. 132-2 ci-dessous, les pensions de la retraite du combattant et les pensions qui sont attachées aux distinctions honorifiques (Légion d'honneur à titre militaire). L'aide médicale, qui s'est considérablement réduite dans son champ d'application depuis la création de la CMU, obéit sur ce point à des règles dérogatoires puisque les aides au logement ainsi que certaines prestations sociales sont exclues du calcul des ressources du demandeur.

De même, est intégrée dans le calcul des revenus la valeur en capital de biens non productifs de revenu ; selon les textes, ces biens, à l'exclusion de ceux constituant l'habitation principale, sont considérés comme procurant un revenu annuel égal à 50 % de leur valeur locative s'il s'agit d'immeubles bâtis, à 80 % de cette valeur s'il s'agit de terrains non bâtis et à 3 % du montant des capitaux (CASF, art. R. 132-1). Les meubles d'usage courant sont exclus de cette évaluation. ❑

1. Valeurs non prises en compte. Il n'y a pas lieu d'ajouter aux ressources annuelles la valeur locative du logement non productif de revenus du fait que le demandeur l'occupe à titre principal. • Comm. centr. aide soc. 13 nov. 1989, *Dpt Nord : EJCCAS nº 10-1, p. 1.*

2. Prise en compte des revenus du capital. Pour l'appréciation des ressources de l'intéressé, il y a lieu de prendre en compte les revenus du capital placé et non le capital lui-même. • Comm. centr. aide soc. 11 janv. 1995, *Dpt Charente-Maritime : EJCCAS n° 23-2, p. 2* • 16 nov. 2001 : *CJAS n° 2002/02, p. 87.* ♦ Seuls les revenus du capital détenu par un postulant à l'aide sociale peuvent être pris en compte pour l'évaluation des ressources de ce dernier, soit pour leur montant réel, soit, lorsque ce capital n'est pas productif de revenu, pour un montant fictif. • Comm. centr. aide soc. 23 sept. 2004 : *CJAS n° 2004/06, p. 89.* ♦ Par suite, est injustifiée la décision qui refuse d'accorder le bénéfice de l'aide sociale à une personne âgée en précisant qu'une nouvelle demande pourra être déposée après épuisement du capital détenu par celle-ci. • Comm. centr. aide soc. 27 mars 2000 : *CJAS n° 2000/05, p. 35* • 28 juin 2000 : *CJAS n° 2000/06, p. 105.* ♦ De même, n'est pas fondée la demande d'une personne tendant à réclamer la vente ou la location de biens immobiliers dont dispose sa mère, résidant dans une maison de retraite, pour se voir déchargée de son obligation alimentaire. • Comm. centr. aide soc. 6 déc. 2005 : *CJAS n° 2006/02, p. 93.* ♦ En revanche, a jugé à bon droit la commission départementale qui a décidé que le calcul de la participation du bénéficiaire de l'aide sociale doit prendre en compte le contrat d'assurance vie souscrit par celui-ci à hauteur de 3 % de sa valeur. • Comm. centr. aide soc. 6 mai 2008, dossier n° 051084 : *CJAS, n° 2009/03* • CE 7 juin 2010, n° 321577.

3. Comptes épargne et comptes courants. S'agissant des comptes épargne, seuls les revenus issus de ces placements (les intérêts) doivent être pris en compte dans l'appréciation des ressources ; quant aux comptes courants, ils doivent être considérés comme des biens non productifs de revenus : seuls 3 % du montant des sommes placées sur un compte courant doivent être pris en compte dans l'appréciation des ressources du postulant à l'aide sociale. • Comm. centr. aide soc. 21 juin 2016, dossier n° 140324 : *CJAS n° 2017/1.*

4. Distinction entre capital et revenus du capital. Le produit de la vente d'immeubles constitue un capital qui ne saurait en tant que tel être intégré au revenu affecté au remboursement des frais d'hébergement et d'entretien. • Comm. centr. aide soc. 2 mai 1985, *Dpt Oise : EJCCAS n° 10-1, p. 11* • 10 oct. 1988, *Dpt Eure-et-Loir : EJCCAS n° 10-1, p. 8* • 5 avr. 2000 : *CJAS n° 2000/05, p. 39.*

5. Indisponibilité des revenus. L'ensemble des revenus procurés par le placement de capitaux doit être pris en compte pour l'appréciation des ressources des postulants à l'aide sociale, sans qu'y fassent obstacle ni la circonstance que ces revenus seraient capitalisés et, à ce titre, temporairement indisponibles, ni les dispositions du code des assurances définissant le régime des contrats d'assurance sur la vie. • CE 15 mai 2006, *Arnaud : RDSS 2006. 938, obs. Borgetto.*

6. Conditions de mise en œuvre de l'évaluation forfaitaire. Seules peuvent être évaluées sur la base forfaitaire prévue par les art. L. 132-1 et R. 132-1 les ressources que l'allocataire est supposé pouvoir retirer de biens non productifs de revenu ; par suite, si les capitaux dont il dispose ont fait l'objet de placements productifs de revenus, seuls ces revenus peuvent être pris en compte, quand bien même le taux d'intérêt de ces placements serait inférieur au taux de 3 % prévu par l'art. R. 231-1. • CE 14 juin 2017, n° 401637 B.

7. Admission à l'aide sociale après épuisement du capital. Il résulte directement de l'art. L. 132-1 que toute décision refusant d'accorder le bénéfice de l'aide sociale à une personne âgée en précisant qu'une nouvelle demande pourra être déposée après épuisement du capital détenu par celle-ci est dépourvue de base légale et prise en violation flagrante du droit applicable. • Comm. centr. aide soc. 30 nov. 2016, dossier n° 130391 : *CJAS n° 2017/04.*

8. Calcul du revenu fiscal de référence. Pour l'application du 1er al. de l'art. L. 132-1, le revenu déclaré de l'année de référence mentionné sur le dernier avis d'imposition ou de non-imposition, pris en compte pour l'appréciation des ressources en vue du calcul de la participation d'un bénéficiaire de l'allocation personnalisée d'autonomie hébergé dans un établissement, doit s'entendre comme correspondant à la somme arithmétique des revenus catégoriels tels qu'ils doivent être déclarés à l'administration fiscale pour le calcul de l'impôt sur le revenu, avant toute déduction ou tout abattement. • CE 7 nov. 2022, n° 460787 B.

Art. L. 132-2 *(Décr. n° 2023-534 du 29 juin 2023, art. 8)* « L'allocation de reconnaissance » du combattant et les pensions attachées aux distinctions honorifiques n'entrent pas en ligne de compte dans le calcul des ressources des postulants à l'aide sociale, mentionnées à l'article L. 132-1. — *[C. fam., art. 141, al. 2 et 149-1.]*

Art. L. 132-3 Les ressources de quelque nature qu'elles soient à l'exception des prestations familiales, dont sont bénéficiaires les personnes placées dans un établissement au titre de l'aide aux personnes âgées ou de l'aide aux personnes handicapées, sont affectées au remboursement de leurs frais d'hébergement et d'entretien dans la limite de 90 %. Toutefois les modalités de calcul de la somme mensuelle minimum laissée à la disposition du bénéficiaire de l'aide sociale sont déterminées par décret. *(Décr. n° 2023-534 du 29 juin 2023, art. 8)* « L'allocation de reconnaissance » du combattant et les pensions attachées aux distinctions honorifiques dont le bénéfi-

ciaire de l'aide sociale peut être titulaire s'ajoutent à cette somme. – *[C. fam., art. 142.]*

COMMENTAIRE

A l'exception des prestations familiales qui sont versées dans l'intérêt des enfants et ne peuvent donc concourir à la prise en charge d'un bénéficiaire de l'aide sociale aux personnes âgées ou aux personnes handicapées, toutes les ressources de ce dernier doivent être affectées à son entretien et à son hébergement dans la limite maximum de 90 %. La loi prévoit cependant que lui soit maintenue une somme minimale dont il peut disposer librement ; pour les personnes âgées, le montant minimum a été fixé par décret à une somme mensuelle ne pouvant être inférieure à 1 % du montant annuel du « minimum vieillesse ».

Pour les personnes handicapées, leur participation à leur hébergement et à leur entretien est fixée par la commission d'admission et est variable selon qu'elles ont un revenu d'activité ou non ou qu'elles aient en charge une famille ou non. ❑

1. Rôle des services concernés. Il appartient aux services concernés de prendre toutes mesures utiles afin que les ressources de toute nature de l'intéressé viennent en déduction de ses frais de placement, dans la limite de 90 % desdites ressources. • Comm. centr. aide soc. 10 déc. 1991, *Dpt Yonne : EJCCAS n° 10-1, p. 15.*

2. Clause d'entretien. La conversion du prix de vente d'un bien immobilier en obligation d'entretien est génératrice d'un revenu susceptible de couvrir le montant des frais de placement. • Comm. centr. aide soc. 6 nov. 1989, *Dpt Haut-Rhin : EJCCAS n° 10-5, p. 2.* ♦ Mais l'existence dans un contrat passé par un demandeur d'aide sociale d'une clause d'entretien ne peut avoir pour effet d'exclure son bénéficiaire de l'aide sociale. • Comm. centr. aide soc. 5 avr. 2000 : *CJAS n° 2000/05, p. 39.*

3. Interprétation d'une clause résultant d'un contrat de vente. Il n'appartient pas aux commissions d'aide sociale d'interpréter une obligation contractuelle résultant de la signature d'un contrat de vente. • Comm. centr. aide soc. 26 janv. 1979, *Dpt Savoie : EJCCAS n° 10-5, p. 3.*

4. Détermination de l'assiette des ressources soumises à la contribution de 90 %. Les dispositions de l'art. L. 132-3 doivent être interprétées comme devant permettre aux personnes placées dans un établissement au titre de l'aide aux personnes âgées ou de l'aide aux personnes handicapées de subvenir aux dépenses qui sont mises à leur charge par la loi et sont exclusives de tout choix de gestion, telles que les sommes dont elles seraient redevables au titre de l'impôt sur le revenu ; par suite, la contribution de 90 % doit être appliquée sur une assiette de ressources diminuée de ces dépenses • CE, ass., 14 déc. 2007, *Dpt Charente-Maritime*, n° 286891 : *Lebon 472*; *RDSS 2008. 133, concl. Derepas*. ♦ De même, eu égard aux exigences résultant de l'alinéa 11 du préambule de la Constitution du 27 oct. 1946, en vertu duquel la Nation garantit à tous la protection de la santé, ces dispositions doivent être interprétées comme imposant de déduire de cette assiette soit la part des tarifs de sécurité sociale restant à la charge des assurés sociaux du fait des dispositions législatives et réglementaires et le forfait journalier prévu par l'art. L. 174-4 CSS, soit les cotisations d'assurance maladie complémentaire nécessaires à la couverture de ces dépenses • Même arrêt. ♦ Il résulte des dispositions combinées des art. L. 132-3 et R. 231-6 CASF que les établissements qui assurent à la fois l'hébergement et l'entretien des personnes âgées doivent fournir à ce titre l'ensemble des prestations d'administration générale, d'accueil hôtelier, de restauration, d'animation de la vie sociale de l'établissement et les autres prestations et fournitures nécessaires au bien-être de la personne dans l'établissement, dès lors qu'elles ne sont pas liées à son état de santé ou à son état de dépendance ; lorsqu'une personne âgée se voit demander d'acquitter elle-même des dépenses d'entretien qui devraient trouver leur contrepartie dans le tarif de l'établissement, il y a lieu, par suite, de déduire ces dépenses de l'assiette de la contribution exigée de l'intéressée • Même arrêt. ♦ La participation au financement des mesures exercées par les mandataires judiciaires à la protection des majeurs et ordonnées par l'autorité judiciaire au titre du mandat spécial auquel il peut être recouru dans le cadre de la sauvegarde de justice ou au titre de la curatelle, de la tutelle ou de la mesure d'accompagnement judiciaire prévue par l'art. L. 471-5 CASF et déterminée en fonction des ressources de l'intéressé doit être regardée comme une dépense mise à la charge du bénéficiaire de la mesure par la loi et exclusive de tout choix de gestion. • CE 12 mai 2022, n° 454403 B. ♦ La circonstance que l'intéressée disposerait de capitaux mobiliers n'est pas de nature à faire obstacle à l'application de la règle selon laquelle il y a lieu de déduire de l'ensemble de ses ressources de toute nature les charges qui, à l'instar des cotisations d'assurance maladie complémentaire, revêtent pour elle un caractère obligatoire ainsi que celles qui sont indispensables à sa vie dans l'établissement dès lors qu'elles ne sont pas incluses dans les prestations offertes par ce dernier, seuls les revenus produits par le patrimoine pouvant être pris en compte pour la fixation du montant de l'aide attribuée. • Comm. centr. aide soc., 11 janv. 2016, n° 140302 : *CJAS* *n° 2016/04, p. 134.* ♦ Par ailleurs, aucune disposition n'autorise le département à plafonner les déductions opérées des ressources des personnes hébergées avant affectation au remboursement des frais d'hébergement au titre d'une assurance maladie complémentaire. • Même arrêt. ♦ Les sommes réclamées à un contribuable au titre des impôts fonciers sur des biens qu'il n'occupe pas et de l'impôt de solidarité sur la fortune, qui dépendent dans une large mesure de décisions prises dans la gestion de son patrimoine, ne peuvent être regardées comme des dépenses exclusives de tout choix de gestion ; dès lors, elles ne sauraient être déduites de l'assiette du calcul de la participation d'un bénéficiaire de l'aide sociale à ses frais d'hébergement et d'entretien au sein d'un foyer d'accueil médicalisé. • CE 28 déc. 2016, *Dpt des Yvelines,* n° 394140 : *Lebon ; RDSS 2017. 371, concl. Decout-Paolini*. ♦ Les loyers que la personne âgée perçoit doivent être pris en compte pour leur montant net des charges supportées par le propriétaire pour leur perception, à l'exception de celles qui contribuent directement à la conservation ou à l'augmentation du patrimoine, telles que, le cas échéant, les remboursements du capital de l'emprunt ayant permis son acquisition ; par suite, la commission perçue par une agence immobilière pour la gestion du bien doit être déduite de l'assiette des ressources à prendre en compte pour le calcul de la contribution de l'intéressée à ses frais d'hébergement et d'entretien. • CE 1er mars 2023, n° 451981 B : *RDSS 2023. 552, obs. Niemiec*.

5. *Détermination de la somme mensuelle minimale.* La somme minimale laissée à la disposition des personnes âgées hébergées doit être déterminée après déduction des sommes nécessaires à l'acquisition d'une couverture maladie complémentaire destinée à assurer la couverture de la part des tarifs de sécurité sociale restant à la charge des assurés sociaux ainsi que du forfait journalier. • CE, ass., 14 déc. 2007, *Dpt Charente-maritime,* n° 286891 : *Lebon ; RDSS 2008. 133, concl. Derepas*. ♦ En revanche, les dépenses afférentes à la souscription d'une assurance de responsabilité civile, qui ne relèvent pas de l'entretien au sens des dispositions des art. L. 132-3 et R. 231-6 CASF, ne sont pas au nombre des dépenses mises à la charge des personnes âgées par la loi et exclusives de tout choix de gestion ; par suite, a commis une erreur de droit la Commission centrale d'aide sociale qui a estimé que, pour la détermination des ressources devant être affectées au remboursement des frais d'hébergement et d'entretien, ces dispositions impliquaient de déduire des ressources de toute nature des personnes hébergées le montant des dépenses nécessaires à l'acquisition d'une assurance responsabilité civile • Même arrêt. ♦ Il résulte de l'art. L. 132-3 que les ressources mensuelles d'une personne admise à l'aide sociale aux personnes âgées pour la prise en charge de ses frais d'hébergement, y compris dans l'hypothèse où elle réside dans un établissement non conventionné au titre de l'aide sociale, ne peuvent être inférieures à un minimum égal à 10 % de l'ensemble de ces ressources • Comm. centr. aide soc. 18 mars 2005 : *CJAS, n° 2005/03, p. 71.* ♦ Commet une erreur de droit le tribunal qui, pour le calcul du « reste à vivre », déduit les honoraires de gestion versés à une agence immobilière non des loyers perçus par l'intéressée et pris en compte pour apprécier le montant de ses ressources, mais du montant même de la contribution mise à sa charge. • CE 1er mars 2023, n° 451981 B : *préc. note 4.*

6. *Utilisation de la somme mensuelle minimale.* La somme correspondant aux 10 % des ressources mensuelles laissée à la disposition du bénéficiaire de l'aide sociale ne peut être utilisée par un obligé alimentaire pour venir en déduction de sa propre participation. • Comm. centr. aide soc. 9 oct. 1992, *Dpt Paris : EJCCAS n° 10-1, p. 2.*

7. *Prise en charge par le département de l'intégralité des frais de séjour d'une personne âgée.* Le département qui, agissant dans l'intérêt exclusif et pour le compte du bénéficiaire de l'aide sociale, a pris en charge la totalité des frais de séjour de celui-ci, sans déduction de sa participation, est en droit d'en réclamer le remboursement à sa succession, conformément au droit commun des obligations, en même temps qu'il exerce, en application de l'art. L. 132-8 CASF, l'action en récupération de l'aide sociale accordée. • Civ. 2e, 7 juill. 2022, n° 21-13.527 P : *RDSS 2022. 969, obs. Niémiec ; ibid. 2023. 178, obs. Prétot*.

Art. L. 132-4 **La perception des revenus, y compris l'allocation de logement à caractère social, des personnes admises dans les établissements sociaux ou médico-sociaux au titre de l'aide sociale aux personnes âgées, peut être assurée par le comptable de l'établissement public ou par le responsable de l'établissement de statut privé, soit à la demande de l'intéressé ou de son représentant légal, soit à la demande de l'établissement lorsque l'intéressé ou son représentant ne s'est pas acquitté de sa contribution pendant trois mois au moins. Dans les deux cas, la décision est prise par le représentant de la collectivité publique d'aide sociale compétente, qui précise la durée pendant laquelle cette mesure est applicable. Le comptable de l'établissement reverse mensuellement à l'intéressé ou à son représentant légal, le montant des revenus qui dépasse la contribution mise à sa charge. En tout état de cause, l'intéressé doit disposer d'une somme mensuelle minimale. Le montant de celle-ci ainsi que le délai dans lequel il doit être répondu aux demandes et les délais minimum et maximum pour**

lesquels la décision mentionnée ci-dessus est prise, sont fixés par décret. – *[C. fam., art. 142-1.]*

COMMENTAIRE

Jusqu'en 1986, les personnes âgées admises au titre de l'aide sociale dans un établissement d'accueil étaient tenues, en vertu de l'article 142 ancien du code de la famille et de l'aide sociale, de déposer lors de leur admission leurs titres et rentes avec obligation de donner mandat au receveur d'encaisser à leur place les revenus afférents ; mais la loi du 6 janvier 1986 a posé un nouveau principe destiné à assurer un plus grand respect des personnes et de leur autonomie : celui selon lequel les personnes âgées accueillies au titre de l'aide sociale dans les établissements et services sociaux et médico-sociaux doivent s'acquitter elles-mêmes de la participation financière mise à leur charge pour leur hébergement et leur entretien.

Cependant, les personnes âgées peuvent demander que leurs ressources soient perçues par le comptable public ou le responsable de l'établissement. De plus, cette mesure peut leur être imposée, à la demande de l'établissement, lorsqu'elles ne se sont pas acquittées de leur participation pendant trois mois. La décision est alors prise par le président du conseil départemental, le département étant la collectivité débitrice des prestations d'aide sociale. ❑

Obligation de dépôt des titres de pension et de rente. Si le décret du 2 sept. 1954 impose aux personnes admises dans les établissements hospitaliers au titre de l'aide sociale aux personnes âgées de déposer préalablement à leur entrée leurs titres de pension et de rente entre les mains du comptable, cette obligation ne saurait néanmoins s'appliquer aux personnes n'ayant pas fait l'objet d'une décision d'admission au moment de leur entrée dans l'établissement. • Comm. centr. aide soc. 28 juin 1983, *Dpt Creuse : EJCCAS n° 10-1, p. 10.*

Art. L. 132-5 **Les participations exigées des parents pour un enfant admis au bénéfice de l'aide sociale, soit hospitalisé, soit placé dans un établissement de rééducation, soit confié au service de l'aide sociale à l'enfance, ne peuvent être inférieures, sauf exceptions dûment motivées, aux allocations familiales qu'ils perçoivent du chef de cet enfant. Ces allocations peuvent être versées directement par les caisses à l'établissement ou au service dans les conditions fixées par voie réglementaire.**

Lorsque l'hospitalisation ou le placement dépasse un mois, les allocations mensuelles d'aide à l'enfance et d'aide à la famille du chef de cet enfant sont suspendues à partir du premier jour du mois suivant l'hospitalisation ou le placement et pendant toute la durée de ceux-ci. – *[C. fam., art. 143.]*

COMMENTAIRE

Les parents d'enfants hospitalisés ou pris en charge par le service de l'aide sociale à l'enfance ont une participation financière qui ne peut être inférieure au montant des prestations familiales qu'ils perçoivent pour cet enfant. Autrement dit, le montant des prestations, dont les parents ne disposent plus, est obligatoirement affecté à la prise en charge de l'enfant. Naturellement, dans le cas où il y a plusieurs enfants, cette disposition ne concerne que la part des prestations versée pour l'enfant pris en charge, ce qui en pratique conduit à calculer la moyenne des prestations perçues par enfant pour évaluer le montant minimal de la participation parentale.

La loi prévoit de plus un système de « tiers-payant » puisque les caisses d'allocations familiales peuvent verser directement les prestations à l'établissement d'accueil. ❑

Art. L. 132-6 *(L. n° 2004-1 du 2 janv. 2004, art. 18)* **Les personnes tenues à l'obligation alimentaire instituée par les articles 205 et suivants du code civil sont, à l'occasion de toute demande d'aide sociale, invitées à indiquer l'aide qu'elles peuvent allouer aux postulants et à apporter, le cas échéant, la preuve de leur impossibilité de couvrir la totalité des frais.**

(L. n° 2007-293 du 5 mars 2007, art. 4) **« Les enfants qui ont été retirés de leur milieu familial par décision judiciaire durant une période d'au moins trente-six mois cumulés au cours des douze premières années de leur vie sont, sous réserve d'une décision contraire du juge aux affaires familiales, dispensés de droit de fournir cette aide. »**

Cette dispense s'étend aux descendants des enfants susvisés.

(Ord. n° 2005-1477 du 1er déc. 2005, art. 1er) **« La proportion de l'aide consentie par les collectivités publiques est fixée en tenant compte du montant de la participation éventuelle des personnes restant tenues à l'obligation alimentaire ». La décision peut être révisée sur production par le bénéficiaire de l'aide sociale d'une décision judiciaire rejetant sa demande d'aliments ou limitant l'obligation alimentaire à une somme inférieure à celle qui avait été envisagée par l'organisme d'admission. La décision fait également l'objet d'une révision lorsque les débiteurs d'aliments ont été condamnés à verser des arrérages supérieurs à ceux qu'elle avait prévus.** – *[C. fam., art. 144]*.

Ces dispositions entrent en vigueur le 1er janv. 2007 et s'appliquent aux nouvelles demandes déposées à compter de cette date et à celles qui n'ont pas fait l'objet d'une décision à cette même date (Ord. n° 2005-1477 du 1er déc. 2005, art. 1er).

Ancien art. L. 132-6 (L. n° 2004-1 du 2 janv. 2004, art. 18) ***Les personnes tenues à l'obligation alimentaire instituée par les articles 205 et suivants du code civil sont, à l'occasion de toute demande d'aide sociale, invitées à indiquer l'aide qu'elles peuvent allouer aux postulants et à apporter, le cas échéant, la preuve de leur impossibilité de couvrir la totalité des frais.***

Sous réserve d'une décision contraire du juge aux affaires familiales, sont de droit dispensés de fournir cette aide les enfants qui, après signalement de l'aide sociale à l'enfance, ont fait l'objet d'un retrait judiciaire de leur milieu familial durant une période de trente-six mois cumulés au cours des douze premières années de leur vie.

Cette dispense s'étend aux descendants des enfants susvisés.

La commission d'admission fixe, en tenant compte du montant de la participation éventuelle des personnes restant tenues à l'obligation alimentaire, la proportion de l'aide consentie par les collectivités publiques. La décision de la commission peut être révisée sur production par le bénéficiaire de l'aide sociale d'une décision judiciaire rejetant sa demande d'aliments ou limitant l'obligation alimentaire à une somme inférieure à celle qui avait été envisagée par l'organisme d'admission. La décision de la commission fait également l'objet d'une révision lorsque les débiteurs d'aliments ont été condamnés à verser des arrérages supérieurs à ceux qu'elle avait prévus. – [C. fam., art. 144.]

COMMENTAIRE

Outre le bénéficiaire lui-même des prestations d'aide sociale qui est tenu à participation dans la mesure où ses ressources le lui permettent, les institutions d'assistance se sont toujours caractérisées par le recours à l'institution civile de « l'obligation alimentaire », ce qui a pu amener à considérer l'aide sociale comme un « droit alimentaire » prolongeant, à la charge de la collectivité publique, les solidarités familiales lorsqu'elles sont défaillantes ou impuissantes.

C'est bien ce qu'organise cet article L. 132-6, complété par l'article L. 132-7 : les débiteurs d'aliments au sens des articles 205 et suivants du code civil sont tenus de participer à la prise en charge, en atténuation des sommes engagées par les collectivités publiques.

Au moment de la demande, le postulant à l'aide sociale doit fournir la liste nominative des personnes tenues envers lui à l'obligation alimentaire ; ces personnes sont invitées ensuite à indiquer le montant de l'aide qu'elles peuvent allouer et, en cas d'impossibilité à couvrir la totalité des frais, apporter la preuve de leur impécuniosité.

C'est au vu seulement de la participation des débiteurs d'aliments qu'est établi ensuite le montant de l'aide sociale consentie par la collectivité publique.

La fixation du montant de l'obligation alimentaire est du ressort de l'autorité judiciaire, tribunal d'instance et tribunal de grande instance dans certains cas ; ainsi, les décisions sont révisées lorsque le demandeur produit une décision judiciaire rejetant sa demande d'aliments ou limitant la participation des débiteurs d'aliments.

La loi n° 2004-1 du 2 janvier 2004 relative à l'accueil et à la protection de l'enfance, entre autres modifications introduites dans le code de l'action sociale et des familles, a complété l'article L. 132-6 ci-dessus par un alinéa (al. 2) ; cet alinéa soustrait à l'obligation alimentaire due à leurs parents les enfants qui ont été retirés de leur famille durant une période de trente-six mois cumulés au cours des douze premières années de leur existence ; ce retrait doit logiquement être consécutif à un signalement auprès de l'ASE et à une décision judiciaire. La dispense d'obligation alimentaire apparaît ici comme une contrepartie logique des carences familiales : en effet, des parents n'ayant pas assumé leurs propres obligations à l'égard de leurs enfants ne peuvent plus se prévaloir de créances alimentaires à leur égard. Le texte indique cependant que cette dispense peut être levée par décision du juge aux affaires matrimoniales, ce dernier se voyant ainsi confier une fonction d'appréciation des données de la situation familiale. Il est à noter que, alors que le projet de loi rénovant la protection de l'enfance tel que proposé par le Gouvernement voulait réduire de trente-six à vingt-quatre mois la durée du retrait de la famille conduisant à dispenser l'enfant de son obligation alimentaire, le Parlement a maintenu le délai initial, se contentant de réécrire l'alinéa 2 de l'article.

Il convient enfin de signaler que, à la suite de la simplification opérée par l'ordonnance n° 2005-1477 du 1er décembre 2005, le dernier alinéa de l'article L. 132-6 a été réécrit pour tenir compte de la suppression de la commission d'admission à l'aide sociale prévue par ce texte. ❑

I. CHAMP D'APPLICATION DE L'OBLIGATION ALIMENTAIRE

1. Débiteurs d'aliments. La circonstance qu'une personne, âgée de trente-trois ans, ait rompu tous liens avec ses parents n'est pas de nature à faire obstacle à ce que les ressources dont ces derniers disposent soient prises en compte pour la détermination du sort à réserver à la demande de prise en charge par l'aide sociale formulée par cette personne. • Comm. centr. aide soc. 12 avr. 1988, *Dpt Paris : EJCCAS n° 11-1, p. 1.* ♦ De même, la circonstance qu'un enfant ait des dettes immobilières ne saurait le dispenser de son devoir d'aliments envers son parent bénéficiaire de l'aide sociale. • Paris, 11 janv. 1994 : *RDSS 1994. 473, obs. Ligneau ; D. 1994. IR 69.*

2. Diminution des ressources des débiteurs d'aliments. Le fait que des obligés alimentaires subissent une diminution de leurs ressources n'est pas de nature à entraîner obligatoirement une modification de la participation globale de l'ensemble des débiteurs d'aliments, une répartition différente de la dette alimentaire pouvant être trouvée après accord familial ou sur décision de l'autorité judiciaire. • Comm. centr. aide soc. 22 janv. 1992, *Dpt Val-de-Marne : EJCCAS n° 11-1, p. 4* • 10 mai 2004 : *CJAS n° 2004/05, p. 97.*

3. Évaluation de la participation familiale. La circonstance que les biens immobiliers de l'intéressé soient hypothéqués est sans influence sur l'évaluation de la participation familiale au titre de l'obligation alimentaire. • Comm. centr. aide soc. 20 avr. 1995, *Dpt Paris : EJCCAS n° 11-1, p. 13.*

4. Évaluation de la participation globale des débiteurs d'aliments. Il résulte de l'art. L. 132-6 et des dispositions des art. 205 s. C. civ. que seules les ressources et les charges des personnes tenues envers le demandeur à l'aide sociale d'une obligation alimentaire sont susceptibles d'être prises en compte par le département pour évaluer leur capacité contributive et fixer le montant de l'aide sociale auquel l'intéressé a droit, le cas échéant ; par suite, s'il peut être tenu compte, pour apprécier le montant des charges qu'un obligé alimentaire supporte effectivement, des ressources que perçoivent les membres de son foyer, celles-ci ne sauraient être ajoutées aux ressources de cet obligé alimentaire en vue d'évaluer sa capacité contributive. • CE 23 mars 2009, *M. et Mme Rémy,* n° 307627 : *RDSS 2009. 719, concl. Courrèges.* ♦ Cependant, si le caractère personnel de la dette d'aliment fait obstacle à ce que les ressources du foyer de la fille du demandeur à l'aide sociale soient assimilées à celles de cette dernière, il ne fait pas obstacle à ce que soient pris en compte les revenus de son conjoint, lui-même personnellement tenu à obligation alimentaire, pour évaluer la capacité contributive des coobligés alimentaires du demandeur. • Même arrêt.

5. Non-consultation des débiteurs d'aliments. La circonstance, à la supposer établie, qu'une personne ait été placée à tort par l'administration hospitalière dans un centre de long séjour et que ses obligés alimentaires n'aient pas été préalablement consultés, est sans incidence sur le droit du département à récupérer sur lesdits obligés alimentaires les dépenses exposées par lui à la suite de la décision prononçant l'admission de l'intéressé au bénéfice de l'aide sociale pour couvrir ses frais de placement. • CE 4 nov. 1992, *Dpt Vienne,* n° 87562 : *EJCCAS n° 11-1, p. 5 ; RDSS 1993. 330, obs. Ligneau.*

6. Débiteurs d'aliments étrangers. La mise en œuvre de l'obligation alimentaire s'applique aux débiteurs d'aliments étrangers. • Comm. centr. aide soc. 17 oct. 1986 : *RF aff. soc. 1987. 35, concl. Faugère.*

7. Obligation alimentaire des beaux-enfants. Il résulte, de l'art. 206 C. civ., que les gendres et belles-filles doivent des aliments à leurs beau-père et belle-mère et que cette obligation ne cesse que lorsque celui des époux qui produisait l'affinité et les enfants issus de son union avec l'autre époux sont décédés. • Comm. centr. aide soc. 11 mai 1995 (2 esp.), *Dpt Hauts-de-Seine et Dpt Val d'Oise : EJCCAS n° 11-1, p. 8 et 9* • 18 oct. 2000 : *CJAS n° 2001/08, p. 183.*

8. Devoir de secours et obligation alimentaire. Le mari d'une personne demandant le bénéfice de l'aide sociale est tenu de lui venir en aide au titre de son devoir conjugal de secours ; cette situation doit être distinguée de celle des obligés alimentaires dans la mesure où, au surplus, les juridictions d'aide sociale sont compétentes pour fixer la participation due par l'époux tenu au devoir de secours. • Comm. centr. aide soc. 22 déc. 2000 :

CJAS n° 2001/08, p. 185 • T. confl. 17 déc. 2001, *Mme Lucand : CJAS n° 2002/01, p. 15 ; LPA n° 40, 2003. 17, note Guez.*

9. Décharge de l'obligation alimentaire. En application de l'art. 207 C. civ. le juge judiciaire peut, en cas de manquement grave du créancier d'aliments envers son débiteur, décharger celui-ci de tout ou partie de sa dette alimentaire. • Comm. centr. aide soc. 2 août 2002 : *CJAS n° 2002/05, p. 67.* ♦ En ce cas, la décharge court à compter de la date du jugement. • Comm. centr. aide soc. 5 oct. 2000 : *CJAS n° 2001/07, p. 53.* ♦ Cependant, il n'appartient pas au juge de l'aide sociale de prononcer lui-même une dispense d'obligation alimentaire réclamée par l'intéressée au motif que celle-ci a été élevée par ses grands-parents et non par sa mère qui l'aurait abandonnée, dans la mesure où cette circonstance n'entre pas dans les prévisions de l'art. L. 132-6 • Comm. centr. aide soc. 25 juill. 2006, dossier 050446 : *CJAS, n° 2007/01.* ♦ De même, si les obligés alimentaires, sans produire de décision judiciaire les déchargeant de leur obligation, se bornent à alléguer qu'ils n'ont plus de relations avec leur mère, la commission départementale peut à bon droit ne pas tenir compte de cette circonstance pour établir la participation mensuelle de l'ensemble des obligés • Comm. centr. aide soc. 11 avr. 2000 : *CJAS n° 2000/05, p. 133.* ♦ Il en va de même si ces derniers soutiennent que l'intéressée n'a manifesté aucune attention à l'égard de ses petits-enfants obligés alimentaires et qu'elle leur est inconnue • Comm. centr. aide soc. 22 juill. 2004 : *CJAS n° 2004/05, p. 103.*

10. Absence de renseignements concernant certains obligés alimentaires. La circonstance que le dossier de demande d'aide sociale soit incomplet du fait de l'absence de renseignements concernant certains obligés alimentaires ne peut faire échec à l'admission à l'aide sociale, d'une part parce que l'administration est en mesure de procéder à des recherches dans l'intérêt des familles ou de procéder à des recoupements avec les données fiscales, d'autre part parce qu'il appartient en tout état de cause au président du conseil général, si la carence des intéressés est avérée, de saisir l'autorité judiciaire afin de fixer le montant éventuel de la dette alimentaire. • Comm. centr. aide soc. 20 janv. 2006 : *CJAS n° 2006/03, p. 73 et p. 77.*

11. Défaut de réponse des obligés alimentaires. En tout état de cause, le défaut de réponse de l'un ou de plusieurs des obligés alimentaires ne saurait avoir pour effet de priver une personne âgée du droit fondamental à l'aide sociale de la collectivité • Comm. centr. aide soc. 15 déc. 2006 :, dossier 050425 : *CJAS, n° 2007/02.* ♦ Si le défaut de réponse des obligés alimentaires aux demandes de renseignements présentées, en vue de connaître l'état de leurs ressources personnelles, par les services départementaux ne peut, de manière générale, être opposé au demandeur pour lui refuser le bénéfice de l'aide sociale aux personnes âgées, cet éventuel défaut de réponse ne peut toutefois pas être invoqué par les obligés alimentaires du demandeur, une fois celui-ci décédé, en vue d'obtenir une modération de la participation qui leur a globalement été assignée, dès lors que nul n'est fondé à se prévaloir de sa propre turpitude. • Comm. centr. aide soc. 27 févr. 2006 : *CJAS n° 2006/03, p. 61.* ♦ Si l'absence totale de renseignements sur des éventuels obligés alimentaires ne peut faire obstacle à l'admission à l'aide sociale, il n'en est pas de même lorsque l'unique obligée alimentaire est connue des services départementaux, mais refuse de donner des renseignements sur ses facultés contributives ; il appartient dans ce cas à l'intéressée ou à toute personne y ayant un intérêt, de saisir le juge aux affaires familiales afin d'établir ou non la participation de ladite obligée alimentaire : le juge de l'aide sociale pouvant alors déterminer, en vertu de ce jugement, l'éventuelle admission au bénéfice de l'aide sociale de l'intéressée. • Comm. centr. aide soc. 23 mars 2006 : *CJAS n° 2006/04, p. 85.*

II. MISE EN ŒUVRE DE L'OBLIGATION ALIMENTAIRE

12. Compétence des anciennes commissions d'aide sociale. Si les commissions d'admission à l'aide sociale sont compétentes pour évaluer la participation globale des personnes tenues à l'obligation alimentaire, il n'appartient en revanche qu'au seul juge d'instance d'effectuer entre lesdites personnes, en cas de désaccord entre elles, la répartition de la charge globale. • Comm. centr. aide soc. 5 févr. 1992, *Dpt Saône-et-Loire : EJCCAS n° 11-1, p. 11* • 2 janv. 2001 : *RDSS 2001. 336, obs. Ligneau*. ♦ Compétentes pour fixer dans quelle mesure les frais d'accueil dans les centres d'hébergement et de réadaptation sociale ou dans une maison de retraite sont pris en charge par les collectivités publiques et, par suite, pour fixer le montant de la participation aux dépenses engagées et à engager laissée à la charge du bénéficiaire et de ses débiteurs d'aliments, les commissions d'admission à l'aide sociale sont en revanche incompétentes pour assigner aux personnes tenues à l'obligation alimentaire le montant de leur participation à ces dépenses. • CE 17 mars 1993, *Épx Deloye et Cts Fellous (2 esp.)*, n° 98173 : *RDSS 1993. 493, concl. Le Chatelier ; D. 1993. IR 121*.

13. Compétence des juridictions d'aide sociale. S'il appartient aux seules juridictions de l'aide sociale de fixer le montant du concours des collectivités publiques en vue de l'hébergement des personnes prises en charge au titre de l'aide sociale, compte tenu notamment de l'évaluation qu'elles font des ressources des intéressés et, le cas échéant, de la contribution du conjoint au titre de l'obligation mentionnée à l'art. 212 C. civ., ainsi que de celle des débiteurs de l'obligation alimentaire, il n'appartient en revanche qu'au juge judiciaire, en cas de contestation sur ce point, de fixer le montant des contributions requises au titre de l'une ou l'autre de ces obligations. • CE 11 oct. 2006, *Mme B.*, n° 281110 B • Comm. centr. aide soc. 3 juill. 2012, n° 110786 : *CJAS n° 2013/01, p. 63* • 7 nov. 2016, n° 140310 : *CJAS n° 2017/02.*

14. Répartition des compétences des anciennes juridictions d'aide sociale et des tribunaux judiciaires. La Commission centrale d'aide sociale ne peut fixer le montant d'une dette alimentaire, compétence qui relève des seuls tribunaux judiciaires. • CE 22 déc. 1967, *Méchoulan*, n° 71357 : *Lebon 524 ; RDSS 1968. 182, obs. Georgel.* ♦ Pareillement, elle ne peut juger, tout comme d'ailleurs une commission départementale, que la participation de l'obligé alimentaire à la prise en charge des frais d'hébergement d'une personne dans un centre de long séjour prend effet à la même date que l'admission à l'aide sociale, en l'occurrence le jour de l'entrée dans l'établissement. • CE 16 juin 2004, *Casteig : Lebon 254 ; CJAS n° 2004/04, p. 3 ; D. 2004. IR 2345 ; AJDA 2004. 1727 ; D. 2004. 421, obs. Dagorne-Labbe .* ♦ De même, une commission départementale ne peut procéder à l'exonération de certains débiteurs d'aliments. • Comm. centr. aide soc. 3 juill. 1986 : *RF aff. soc. 1987. 40* • 5 févr. 1992, *Dpt Saône-et-Loire : EJCCAS n° 11-1, p. 11.* ♦ ... Ou mettre à la charge d'un obligé alimentaire les frais non assumés par l'aide sociale. • Comm. centr. aide soc. 10 avr. 1989, *Dpt de Moselle : EJCCAS n° 11-2, p. 2.* ♦ Il n'appartient qu'à l'autorité judiciaire d'assigner à chacune des personnes tenues à l'obligation alimentaire le montant de leur participation aux dépenses de placement des personnes âgées dans une maison de retraite ; dans le cas où cette autorité a, par une décision devenue définitive, procédé à une telle assignation avant que le juge de l'aide sociale ne se prononce sur le montant de la participation des obligés alimentaires, ce dernier est lié par la décision de l'autorité judiciaire. • CE 11 avr. 2005, n° 264262 : *CJAS n° 2005/03, p. 79.* ♦ Il résulte des art. L. 132-6, L. 134-1 et L. 134-2 CASF que les commissions départementales et la Commission centrale d'aide sociale, à qui il appartient de déterminer dans quelle mesure les frais d'hébergement des personnes âgées dans un établissement d'hébergement pour personnes âgées dépendantes sont pris en charge par les collectivités publiques au titre de l'aide sociale, ont compétence pour fixer, au préalable, le montant de la participation aux dépenses laissée à la charge du bénéficiaire de l'aide sociale et, le cas échéant, de ses débiteurs alimentaires ; en revanche, il n'appartient qu'à l'autorité judiciaire d'assigner à chacune des personnes tenues à l'obligation alimentaire le montant et la date d'exigibilité de leur participation à ces dépenses ou, le cas échéant, de décharger le débiteur de tout ou partie de la dette alimentaire lorsque le créancier a manqué gravement à ses obligations envers celui-ci ; dans le cas où cette autorité a, par une décision devenue définitive, statué avant que le juge de l'aide sociale ne se prononce sur le montant de la participation des obligés alimentaires, ce dernier est lié par la décision de l'autorité judiciaire. • CE 20 oct. 2017, n° 402111 B.

15. Répartition des compétences des tribunaux administratifs et des tribunaux judiciaires. S'il résulte des art. L. 132-6, L. 132-7, L. 134-1 et L. 134-3 que le juge administratif, à qui il appartient de déterminer dans quelle mesure les frais d'hébergement dans un établissement d'hébergement pour personnes âgées dépendantes sont pris en charge par les collectivités publiques au titre de l'aide sociale, est compétent pour fixer, au préalable, le montant de la participation aux dépenses laissée à la charge du bénéficiaire de l'aide sociale et, le cas échéant, de ses débiteurs alimentaires, il n'appartient, en revanche, qu'à l'autorité judiciaire d'assigner à chacune des personnes tenues à l'obligation alimentaire le montant et la date d'exigibilité de leur participation à ces dépenses ou, le cas échéant, de décharger le débiteur de tout ou partie de la dette alimentaire lorsque le créancier a manqué gravement à ses obligations envers celui-ci. • CE 12 mai 2022, n° 454403 B. ♦ Dans le cas où cette autorité a, par une décision devenue définitive, statué avant que le juge administratif ne se prononce sur le montant de la participation des obligés alimentaires, ce dernier est lié par la décision de l'autorité judiciaire. • Même arrêt. ♦ S'agissant de la période antérieure à la date à laquelle la décision de l'autorité judiciaire contraint les obligés alimentaires à verser une participation, il revient au juge administratif, en sa qualité de juge de plein contentieux, de s'assurer qu'il ne résulte pas manifestement des circonstances de fait existant à la date à laquelle il statue que la contribution postulée par le département n'a pas été ou ne sera pas versée spontanément par les obligés alimentaires. • Même arrêt.

16. Incompétence des juridictions d'aide sociale. L'incompétence des juridictions d'aide sociale pour procéder à la répartition de la somme due au titre de l'obligation alimentaire est un moyen d'ordre public qui doit être relevé d'office. • Comm. centr. aide soc. 2 août 2002 : *CJAS n° 2002/05, p. 59.*

17. Proposition de participation familiale. L'évaluation de l'aide possible de certains des débiteurs d'aliments figurant sur les décisions des commissions départementales d'aide sociale ne constitue qu'une proposition d'engagement pour le règlement de la part contributive à laquelle tous les débiteurs d'aliments sont tenus solidairement ; par suite, la répartition ainsi envisagée n'a pas de force obligatoire à l'égard des intéressés. • Comm. centr. aide soc. 6 févr. 1989, *Dpt Hauts-de-Seine : EJCCAS n° 11-2, p. 1.* ♦ Il en va de même des propositions de répartition formulées par les commissions d'admission. • Comm. centr. aide soc. 26 juin 1991, *Dpt Paris : EJCCAS n° 11-2, p. 3.*

18. Décision judiciaire et révision du montant de la participation familiale. L'art. L. 132-6

CASF ne fait pas obligation au juge de l'aide sociale de réviser sa décision en cas de fixation par l'autorité judiciaire d'une contribution globale d'un montant inférieur dans la mesure où il prévoit la possibilité d'une révision et non d'un alignement sur la décision judiciaire. • Comm. centr. aide soc. 7 avr. 2000 : *CJAS n° 2000/04, p. 115* • 24 oct. 2002 : *CJAS n° 2002/06, p. 77.* ♦ Si les décisions administratives ou juridictionnelles accordant le bénéfice de l'aide sociale peuvent faire l'objet, pour l'avenir, d'une révision, notamment lorsqu'une décision judiciaire a limité la pension alimentaire due au bénéficiaire de cette aide à une somme inférieure à celle qui avait été envisagée par lesdites décisions, cette révision ne peut avoir lieu, dans la mesure où aucun texte ne permet l'exercice d'un recours tendant à une telle révision directement devant la commission centrale, que dans les formes prévues à l'art. L. 131-1 pour l'admission à l'aide sociale. • Comm. centr. aide soc. 13 juill. 2004 : *CJAS n° 2004/05, p. 123.*

19. Clause de variation de la participation familiale. La détermination par les juridictions de l'aide sociale d'une participation des obligés alimentaires proportionnelle au prix de journée de l'établissement de placement a pour conséquence de faire varier cette participation sur la seule base de l'évolution du coût de placement du bénéficiaire de l'aide sociale ; cette clause de variation, sans rapport avec l'évolution des ressources des obligés alimentaires, constitue une violation de l'art. 208 C. civ. qui précise que les aliments ne sont accordés que dans la proportion du besoin de celui qui les réclame, et de la fortune de celui qui les doit. • Comm. centr. aide soc. 20 sept. 2001 : *CJAS n° 2001/12, p. 57 ; RDSS 2002. 285, obs. Ligneau.*

20. Recherche des débiteurs d'aliments par l'administration. La circonstance que le dossier de demande d'aide sociale soit incomplet du fait de l'absence de renseignements concernant certains obligés alimentaires ne peut faire échec à l'admission à l'aide sociale d'une part parce que l'administration est en mesure de procéder à des recherches dans l'intérêt des familles ou de procéder à des recoupements avec les données fiscales, d'autre part parce qu'il appartient en tout état de cause au président du conseil général, si la carence des intéressés est avérée, de saisir l'autorité judiciaire afin de faire fixer le montant éventuel de la dette alimentaire. • Comm. centr. aide soc. 22 juin 2000 : *CJAS n° 2000/05, p. 129* • 23 avr. 2002 : *CJAS n° 2002/04, p. 111.* ♦ Le seul fait que les recherches effectuées en vue de retrouver des obligés alimentaires, dont l'existence n'est pas établie, soient restées infructueuses, ne peut à lui seul être de nature à priver l'intéressée de l'aide sociale en l'absence d'indice permettant de présumer que ceux-ci disposeraient de ressources appréciables leur permettant de couvrir les frais en cause ; dès lors, il y a lieu d'admettre l'intéressée au bénéfice de l'aide sociale, sans participation familiale. • Comm. centr. aide soc. 17 déc. 2004 : *CJAS n° 2005/02, p. 47.*

21. Contenu de la demande d'aide sociale. La circonstance qu'une demande d'aide sociale ne comporte pas l'intégralité des renseignements relatifs à l'ensemble des obligés alimentaires du demandeur ne peut faire échec à l'admission à l'aide sociale, sauf à priver le demandeur du bénéfice des garanties qui lui sont reconnues par la loi, l'administration de l'aide sociale étant par ailleurs en mesure de procéder à des recherches dans l'intérêt des familles ou à des recoupements avec les données fiscales. • Comm. centr. aide soc. 23 sept. 2004 : *CJAS n° 2004/06, p. 97.*

III. PORTÉE DE L'ART. L. 132-6 CASF

22. Généralité de l'application. Compte tenu de la portée très générale de l'art. 144 (devenu L. 132-6 CASF), les exceptions au principe selon lequel l'aide sociale est accordée une fois épuisés tous les autres recours, y compris celui à la solidarité familiale, ne peuvent avoir qu'un caractère limité et sont expressément prévues par un texte ; or, tel n'est pas le cas de l'aide aux repas. • Comm. centr. aide soc. 22 janv. 1992, *Dpt Charente-Maritime : EJCCAS n° 11-1, p. 7.*

23. Pouvoirs du juge de cassation. L'évaluation de la participation des débiteurs d'aliments par la Commission centrale d'aide sociale, laquelle se livre alors à une appréciation souveraine des circonstances de l'espèce et notamment des ressources et charges des intéressés, ne peut être discutée devant le juge de cassation. • CE 4 nov. 1992, *Dpt Vienne*, n° 87562 : *EJCCAS n° 11-1, p. 5 ; RDSS 1993. 330, obs. Ligneau.*

24. Pouvoirs des juridictions d'aide sociale. Une fois la dette alimentaire fixée par le juge judiciaire, la commission départementale et la Commission centrale d'aide sociale ne sauraient ni la méconnaître ni la mettre en cause. • Comm. centr. aide soc. 23 sept. 1992, *Dpt Aisne : EJCCAS n° 11-1, p. 2.*

25. « Aliments ne s'arréragent pas ». La règle « aliments ne s'arréragent pas » s'applique au représentant de l'État ou du département qui ne peut exiger des aliments qu'à compter de la date à laquelle il a saisi le juge compétent. • Civ. 1re, 10 mars 1993, n° 91-15.522 P : *RDSS 1993. 492, obs. Ligneau ; JCP 1993. IV. 1200.* ♦ Cette règle ne constitue qu'une présomption qui peut tomber devant la preuve que le créancier d'aliments a été dans l'obligation de recourir à l'aide de tiers ; or, l'admission à l'aide sociale constitue précisément une telle preuve. • Comm. centr. aide soc. 26 juin 1991, *Dpt Nord : EJCCAS n° 11-2, p. 4.*

26. Décès du demandeur de l'aide sociale. Même si le demandeur de l'aide sociale est décédé, il appartient aux commissions de statuer sur l'aide dont pouvait bénéficier ledit demandeur au titre de l'aide sociale, ainsi que sur la participation pouvant être demandée à l'ensemble des obligés alimentaires. • Comm. centr. aide soc. 14 févr. 2000 : *CJAS n° 2000/01, p. 73.*

Art. L. 132-7 **En cas de carence de l'intéressé, le représentant de l'État ou le président du conseil départemental peut demander en son lieu et place à l'autorité judiciaire la fixation de la dette alimentaire et le versement de son montant, selon le cas, à l'État ou au département qui le reverse au bénéficiaire, augmenté le cas échéant de la quote-part de l'aide sociale.** – *[C. fam., art. 145.]*

BIBL. ▶ ALFANDARI, Le recouvrement des frais hospitaliers sur les débiteurs d'aliments, *Mél. Auby, Dalloz 1992. 675.* – FRAISSEIX, Le recouvrement de l'obligation alimentaire par voie d'états exécutoires pratiqués par les établissements publics de santé et les maisons de retraite publiques, *LPA n° 9, 1994. 12.* – LIGNEAU, Sur quelques difficultés d'application de l'article 145 du C. fam. aujourd'hui, *RDSS 1988. 543*. – MAISONNASSE, Le contournement du droit sanitaire et social par le droit civil : à propos des recours des établissements d'accueil des personnes âgées dépendantes, *RDSS 2015. 891*. – MASSIP, Les recours exercés contre les débiteurs d'aliments par les services de l'aide sociale ou les hôpitaux et hospices, *Gaz. Pal. 1990. 1. 252.* – REBOURG, Le recours des établissements publics de santé contre les débiteurs alimentaires, *RF aff. soc. n° 4, 2005. 35.* – RIEUBERNET, Le recours des établissements de santé contre un débiteur d'aliments toujours soumis au droit privé, *LPA 2007 n° 189. 3.*

COMMENTAIRE

Le fondement judiciaire de l'obligation alimentaire s'affirme dans cet article qui aménage une voie de recours pour les autorités publiques lorsque le postulant à l'aide sociale ne fait pas jouer ses créances d'aliments à l'encontre de ses ascendants, descendants ou collatéraux. Il est fréquent en effet que des créanciers alimentaires refusent de demander une aide à leurs débiteurs. Ce recours est exercé dans l'intérêt du créancier et non dans celui de la collectivité publique.

En pratique, cette disposition se heurte cependant à des difficultés liées à la nécessité de combiner l'article L. 132-7 du CASF, qui consacre une action subrogatoire puisque les services de l'aide sociale, représentés par le préfet ou le président du conseil départemental, sont subrogés dans les droits du créancier d'aliments admis au bénéfice de l'aide sociale, et l'article L. 6145-11 du code de la santé publique (anc. art. 708 puis L. 714-38), qui accorde aux hôpitaux et hospices une action directe, pour le recouvrement de leurs créances, contre les hospitalisés, leurs débiteurs et les personnes tenues à l'égard du malade ou du vieillard d'une obligation alimentaire. ❑

1. Caractère indirect de l'action. Il résulte de l'art. 145 du C. fam. (devenu art. L. 132-7 CASF) que l'action prévue par ce texte ne peut être exercée par le préfet qu'au lieu et place du créancier d'aliments, en cas de carence de celui-ci vis-à-vis des personnes tenues à son égard en vertu des art. 205 s. C. civ. ; en raison de son caractère indirect, cette action, qui constitue un recours exercé dans l'intérêt de l'assisté et non dans celui de la collectivité, ne peut être intentée que du vivant du créancier d'aliments. • Civ. 1re, 3 nov. 1977 : *Bull. civ. I, n° 399* • Paris, 7 juin 1994 : *D. 1994. IR 207*.

2. Subrogation de l'administration. L'action de l'art. 145 du C. fam. étant exercée par le président du conseil général pour le compte du bénéficiaire de l'aide sociale ne peut être valablement intentée après la mort du créancier d'aliments ; il s'ensuit que l'administration ne peut se fonder pour agir sur la subrogation de plein droit prévue par l'art. 1251-3° C. civ. qui suppose que le subrogé a payé une dette dont il était tenu avec d'autres ou pour d'autres, dès lors que l'existence de la créance du bénéficiaire de l'aide sociale contre celui qui est tenu d'une obligation alimentaire à son égard n'est pas établie et ne peut l'être en raison du décès du créancier d'aliments. • Civ. 1re, 7 juin 1989, n° 87-18.337 P.

3. Effets de l'action. La cour d'appel qui constate que l'action introduite par le préfet devant le juge d'instance contre les débiteurs d'aliments d'une personne admise à l'aide sociale a été engagée sur le fondement de l'art. 145 du C. fam. et des art. 205 et 206 C. civ., en déduit justement que la pension alimentaire ne peut être accordée qu'à compter du jour de la demande en justice. • Civ. 1re, 18 janv. 1978, n° 74-15.166 P : *EJCCAS n° 11-2, p. 5.*

4. Carence du département. Si la carence de l'un des débiteurs d'aliments est avérée, il appartient au département de saisir l'autorité judiciaire afin que celle-ci fixe le montant éventuel de la dette d'aliments ; au cas où le département n'effectuerait pas cette démarche, la seule existence de cette carence ne saurait priver l'intéressé de l'admission à l'aide sociale et doit donc être annulée la décision de la commission départementale qui s'est fondée sur cette seule carence pour refuser d'admettre l'intéressé à l'aide sociale. • Comm. centr. aide soc. 15 nov. 2002 : *CJAS n° 2002/06, p. 73* • 8 juin 2005 : *CJAS, n° 2006/01, p. 149.*

5. Effets d'une action alimentaire. L'action prévue par l'art. 145 du C. fam. emprunte tous ses caractères à l'action alimentaire de sorte que, les pensions alimentaires ne s'arrérageant pas, elle ne peut être accueillie qu'à compter de la demande en justice contre les débiteurs d'aliments. Le président du conseil général pouvant saisir le juge judiciaire, au besoin à titre conservatoire, n'est pas dans l'impossibilité d'agir contre les obligés alimentaires avant que la commission d'admission à l'aide sociale fixe la participation des débiteurs d'aliments aux frais de placement de leur ascendant. • Civ. 1re, 6 mars 1990, n° 87-14.293 P : *D. 1990. IR 75*.

6. Nature civile de l'obligation alimentaire. Eu égard à la nature exclusivement civile de l'obligation alimentaire, il n'appartient qu'aux tribunaux de l'ordre judiciaire de se prononcer sur l'existence de cette obligation, tant en ce qui concerne son principe que son étendue. • Civ. 1re, 1er déc. 1987, n° 86-10.744 P : *JCP 1988. 20952, rapp. Sargos* • Versailles, 26 sept. 1991 : *D. 1992. IR 21*. ♦ Quelles qu'en soient les modalités, et alors même qu'il s'agirait du recours direct prévu par l'art. L. 708 CSP (devenu art. L. 6145-11), l'action exercée contre un débiteur d'aliments a toujours pour fondement les dispositions du code civil régissant la dette d'aliments. • Mêmes arrêts. ♦ Le débiteur d'aliments étant tenu non par des dettes de son parent, conjoint ou allié dans le besoin vis-à-vis d'une personne publique, mais de sa seule obligation alimentaire, qui doit être fixée en ayant notamment égard à ses ressources, les ordonnateurs ne peuvent, sans méconnaître le principe de la séparation des pouvoirs, émettre à l'encontre d'un débiteur d'aliments un état exécutoire correspondant à la dette de son créancier d'aliments vis-à-vis d'une personne publique. • Mêmes arrêts.

7. Autorité compétente pour délivrer un titre exécutoire. Si la collectivité créancière peut, au cas où le débiteur ne s'acquitte pas de son obligation, demander à l'autorité judiciaire de délivrer un titre exécutoire, c'est cependant seule cette autorité qui est compétente en la matière, la collectivité publique ne pouvant pas émettre elle-même un tel titre exécutoire. • Comm. centr. aide soc. 26 juin 1991, *Dpt Nord : EJCCAS n° 11-2, p. 4* • CE avis, 28 juill. 1995, *M. Kilou*, n° 168438 : *Lebon 315*; *RFDA 1996. 386, concl. Maugüé*; *JCP 1995. IV. 2723, obs. Rouault*; *RDSS 1996. 326, obs. de Forges* • CAA Paris, 14 févr. 1989, *Adm. gén. ass. pub. c/ Mme Launay : AJDA 1989. 333, concl. Arrighi de Casanova.*

8. Conditions de validité du titre exécutoire. Le titre exécutoire émis à l'encontre d'un obligé alimentaire d'une personne hospitalisée qui ne dispose pas de ressources lui permettant de s'acquitter personnellement de ses frais de séjour doit être motivé de façon à permettre à cet obligé de contester utilement le montant de sa dette; encourt l'annulation le titre qui ne mentionne pas les sommes récupérées. • CAA Nantes, 30 juin 1994, *Mme Viaux : Lebon 649*.

9. Pouvoirs du juge judiciaire à l'égard d'un titre exécutoire émis indûment. Les recours exercés par l'Administration de l'aide sociale ou les hôpitaux et hospices publics contre les personnes tenues à l'obligation alimentaire ressortissent, sans distinction, du juge judiciaire, lequel est en droit d'ordonner l'arrêt des poursuites fondées sur un état exécutoire indûment émis par l'Administration. • Civ. 1re, 22 juin 1999, n° 97-13.279 P : *D. 2000. 146, note Massip*.

10. Recours des hôpitaux et des hospices. Si les hôpitaux et hospices disposent, par voie d'action directe, d'un recours contre les débiteurs des personnes hospitalisées et, spécialement, contre leurs débiteurs d'aliments, ce recours est à la mesure de ce dont ces débiteurs sont redevables, conformément à l'art. 208 C. civ. • Civ. 1re, 3 mars 1987 : *Bull. civ. I, n° 80* • 19 déc. 1995, n° 93-17.268 P : *D. 1996. IR 29* • 14 janv. 2003, n° 00-20.267 P : *D. 2003. IR 396*; *D. 2003. 2265, note Dagorne-Labbe*; *AJ fam. 2003. 100*. ♦ L'art. L. 6145-11 CSP, qui renvoie aux articles du code civil désignant les personnes tenues à l'obligation alimentaire, n'exclut pas l'application des autres dispositions du code civil régissant les dettes d'aliments et notamment de l'art. 208 du code civil selon lequel les aliments ne sont accordés que dans la proportion des ressources de celui qui les doit; par suite, a violé, par fausse application, les textes susvisés la cour d'appel qui a considéré qu'il n'y avait pas lieu, au seul motif de son manque de moyens financiers, de décharger le petit-fils de la personne hospitalisée de son obligation vis-à-vis de l'établissement public hospitalier • Civ. 1re, 31 oct. 2007, n° 05-21.460 P. ♦ Le recours dont dispose un centre hospitalier universitaire en paiement des frais d'hospitalisation ne pouvant s'exercer que dans la limite de l'obligation alimentaire qui incombe aux débiteurs d'aliments de la personne hospitalisée, il en résulte que le principe selon lequel les « aliments ne s'arréragent pas » s'applique : ledit recours ne saurait donc être accueilli dès lors que la personne hospitalisée est décédée avant que ses enfants et petits-enfants aient été assignés. • Civ. 1re, 20 janv. 2004 : *JCP 2004. II. 10043, note Casey*; *D. 2004. IR 467*. ♦ En revanche, ce principe ne fait pas obstacle à ce qu'un établissement hospitalier, qui a intenté à l'encontre des débiteurs d'aliments un recours avant le décès du créancier d'aliments, puisse poursuivre son action aux fins de fixation de la dette d'aliments dans son principe et son montant à compter de l'assignation en justice et jusqu'au décès du créancier. • Civ. 1re, 14 juin 2005 : *D. 2005 IR 1802*. ♦ Doit par ailleurs être cassé l'arrêt qui a jugé que le trésorier principal d'un établissement hospitalier a pu valablement émettre des titres exécutoires à l'encontre d'un père en remboursement des frais d'hospitalisation de son fils sans que la dette ait été fixée préalablement par le juge judiciaire. • Civ. 1re, 8 juin 2004 : *D. 2004. IR 2474*.

11. Recours des hôpitaux et juge des référés. Un établissement hospitalier tient de l'art. L. 6145-9

CSP le pouvoir d'assurer l'exécution forcée du recouvrement de ses créances par l'émission de titres de recette pouvant donner lieu à recouvrement forcé, notamment par voie d'opposition à tiers détenteur ; par suite, un hôpital qui détient une créance sur un usager du service public administratif dont il a la charge, usager qui n'est pas dans une situation contractuelle vis-à-vis de ce service, y compris lorsqu'il a conclu un contrat d'hébergement en application de l'art. L. 342-1 CASF, n'est pas recevable à demander au juge des référés de condamner l'intéressé à lui verser une provision au titre de sa créance, une telle condamnation n'étant susceptible d'emporter aucun effet juridique qu'il n'avait les moyens de produire lui-même. • CE 3 févr. 2016, n° 388643 : *RDSS 2016. 332, concl. Decout-Paolini*.

12. Mise en œuvre des règles applicables en matière alimentaire. La dette du débiteur d'aliments devant être calculée en fonction des règles applicables en matière alimentaire et, par conséquent, en tenant compte de ce que les « aliments ne s'arréragent pas », il convient de débouter une maison de retraite de sa demande relative à une dette alimentaire antérieure à son assignation. • Paris, 31 mars 1992 : *D. 1992. IR 161*. ♦ De même, une cour d'appel ne peut condamner les enfants, en tant que débiteurs d'aliments, d'une personne hospitalisée, à payer une pension pour la période antérieure à l'assignation en justice et ce, bien qu'elle ait fondé sa décision sur l'art. L. 708 CSP (devenu L. 6145-11), alors que le président du conseil général exerçait l'action que lui conférait l'art. 145 du C. fam. (devenu L. 132-7 CASF). • Civ. 1re, 5 févr. 1991, n° 89-17.840 P : *D. 1991. 469, note Massip*. ♦ Doit être cassé l'arrêt qui fixe le point de départ de la dette alimentaire à une date où le juge judiciaire n'était pas encore saisi d'une demande d'aliments alors que la règle selon laquelle le créancier d'aliments ne peut réclamer le versement d'une pension pour la période antérieure à la demande en justice repose sur une présomption de renonciation qui ne peut être combattue qu'en établissant que le créancier n'est pas resté inactif ou a été dans l'impossibilité d'agir. • Civ. 1re, 18 janv. 1989, n° 87-14.849 P : *D. 1989. 383, note Massip* • 3 avr. 1990, n° 88-18.927 P : *D. 1990. IR 105*. ♦ C'est seulement à compter de la date des assignations et jusqu'au décès du créancier d'aliments que le président d'un conseil général peut prétendre à la mise à la charge de ses enfants d'une somme correspondant à leur obligation, les dettes antérieures de la défunte pouvant seulement faire l'objet d'une action contre sa succession. • Versailles, 17 mai 1990 : *D. 1990. IR 173* • Versailles, 26 nov. 1992 : *D. 1993. IR 23*.

13. Répartition des compétences entre tribunaux judiciaires et tribunaux administratifs. Si les tribunaux judiciaires sont compétents lorsque l'action d'un établissement public de santé est fondée sur les art. 205, 206, 207 ou 212 C. civ., l'action dirigée contre une personne prise en sa seule qualité de signataire de l'engagement prévu à l'art. R. 716-9-1 CSP relève en revanche de la compétence des tribunaux administratifs. • CE avis, 28 juill. 1995, *M. Kilou : Lebon 315 ; RFDA 1996. 386, concl. Maugüé ; JCP 1995. IV. 2723, obs. Rouault ; RDSS 1996. 326, obs. de Forges*. ♦ La signature dudit engagement ne pouvant déroger à l'art. L. 714-38 (devenu L. 6145-12) du CSP qui fixe limitativement la liste des débiteurs d'aliments, l'hôpital ne peut agir contre le signataire, pris en cette seule qualité, si celui-ci n'est pas au nombre des personnes visées à l'art. L. 714-38. • Même avis.

14. Fondement de l'action exercée contre un débiteur d'aliments. Dans la mesure où, quelles qu'en soient les modalités, et alors même qu'il s'agirait du recours prévu par l'art. L. 132-7 CASF, l'action exercée contre un débiteur d'aliments a toujours pour fondement les dispositions du code civil régissant la dette d'aliments, et notamment l'art. 208 C. civ. selon lequel les aliments ne sont accordés que dans la proportion du besoin de celui qui les réclame et de la fortune de celui qui les doit, cette appréciation ne saurait être soumise aux règles d'attribution de l'aide sociale. • Civ. 1re, 4 nov. 2015, n° 14-25.377 P : *D. actu. 20 nov. 2015, obs. Da Silva ; AJ fam. 2015. 673, obs. Dissaux*.

Art. L. 132-8 **Des recours sont exercés, selon le cas, par l'État ou le département :**

1° Contre le bénéficiaire revenu à meilleure fortune ou contre la succession du bénéficiaire ;

2° Contre le donataire, lorsque la donation est intervenue postérieurement à la demande d'aide sociale ou dans les dix ans qui ont précédé cette demande ;

3° Contre le légataire ;

(L. n° 2015-1776 du 28 déc. 2015, art. 83-I) **« 4° A titre subsidiaire, contre le bénéficiaire d'un contrat d'assurance vie souscrit par le bénéficiaire de l'aide sociale, à concurrence de la fraction des primes versées après l'âge de soixante-dix ans. Quand la récupération concerne plusieurs bénéficiaires, celle-ci s'effectue au prorata des sommes versées à chacun de ceux-ci. »**

En ce qui concerne les prestations d'aide sociale à domicile, de soins de ville prévus par l'article L. 111-2 *(Abrogé par L. n° 2001-647 du 20 juill. 2001, art. 2-II)* **«, *la prestation spécifique dépendance* » et la prise en charge du forfait journalier, les conditions dans lesquelles les recours sont exercés, en prévoyant, le cas échéant, l'existence**

d'un seuil de dépenses supportées par l'aide sociale, en deçà duquel il n'est pas procédé à leur recouvrement, sont fixées par voie réglementaire.

Le recouvrement sur la succession du bénéficiaire de l'aide sociale à domicile *(Abrogé par L. n° 2001-647 du 20 juill. 2001, art. 2-II)* **«, *de la prestation spécifique dépendance*» ou de la prise en charge du forfait journalier s'exerce sur la partie de l'actif net successoral, défini selon les règles de droit commun, qui excède un seuil fixé par voie réglementaire.** – *[C. fam., art. 146, al. 1er à 6.]*

V. art. R. 132-11 et R. 132-12.

BIBL. ▶ ALFANDARI, Recours contre les bénéficiaires revenus à meilleure fortune. Notion de meilleure fortune. Distinction avec le recours en répétition de l'indu, *RDSS 1980. 248.* – BERTHET, Le principe de récupération des prestations d'aide sociale : réalité et perspectives, *RDSS 2002. 293*. – BONNIN, La récupération des prestations sociales en question, *RDSS 2005. 993*. – CLERC et DONIER, La récupération par les départements des aides versées aux personnes âgées, *AJDA 2013. 278*. – GERNEZ, Récupération des prestations d'assistance : davantage de rigueur pour une efficacité accrue, *JCP N 1999. 674.* – MULLER, Le contentieux de la récupération de l'aide sociale des départements, *AJDA 2013. 282*.

COMMENTAIRE

L'aide sociale ayant pour caractéristique d'être un droit subsidiaire, c'est-à-dire un droit n'étant honoré par la collectivité débitrice qu'à défaut de ressources du bénéficiaire ou de droits de ce dernier à tout autre type de solidarité, il est apparu logique, dès les grandes lois d'assistance de la fin du XIXe siècle, de récupérer les prestations soit auprès du bénéficiaire lui-même (retour à meilleure fortune), soit lorsque ce dernier dispose d'un patrimoine qu'il transmet (recours contre la succession, le donataire et le légataire).

La récupération à l'encontre de la succession du bénéficiaire de l'aide sociale entraîne un contentieux volumineux, les héritiers cherchant à échapper à des récupérations parfois lourdes qui peuvent annihiler l'héritage ; mais dans l'autre sens, on a pu observer, notamment dans le cas de la prestation spécifique dépendance, que la récupération sur succession pouvait dissuader certaines personnes de faire valoir leur droit à prestation. Celle à l'encontre du légataire et du donataire vise à éviter le dépouillement de l'assisté au profit de parents ou d'étrangers, dans le premier cas après son décès, dans le second de son vivant, alors même que la collectivité lui aurait accordé son aide sans exiger l'aliénation de ses biens. L'hypothèse de la donation est particulièrement fréquente chez les personnes âgées.

Les textes ont limité le recouvrement sur succession en fixant un seuil de dépenses d'aide sociale à partir duquel certaines d'entre elles sont recouvrées ; ainsi, le recours en récupération contre la succession du bénéficiaire des sommes versées au titre de l'aide sociale à domicile, de certaines prestations consenties dans le cadre de l'aide médicale à domicile ou de la prise en charge du forfait journalier s'exerce sur la part de l'actif net successoral excédant 46 000 euros ; seules les dépenses supérieures à 760 euros, et pour la part excédant ce montant, peuvent donner lieu à ce recouvrement : il en résulte que le recours en récupération des sommes versées au titre de l'aide à l'hébergement des personnes âgées ne bénéficie pas de ces deux seuils.

Par ailleurs, les textes ont adopté des dispositions protectrices en faveur des personnes handicapées, lesquelles bénéficient notamment d'une exonération de tout recours sur succession lorsque les héritiers sont le conjoint, les enfants ou la tierce personne qui a assumé la charge effective et constante du handicapé (CASF, art. L. 241-4).

Il est à noter que la loi du 28 décembre 2015 relative à l'adaptation de la société au vieillissement a introduit une nouvelle disposition à l'article L. 132-8 (point 4°) concernant les contrats d'assurance vie : ceux-ci peuvent dorénavant faire l'objet d'une récupération sur la fraction des primes versées à compter de l'âge de 70 ans.

I. PRINCIPES GÉNÉRAUX

1. *Principe de récupération et Convention européenne des droits de l'homme.* La mise en œuvre de la solidarité familiale dont l'art. L. 132-8 prévoit une modalité d'application et qui se révèle première par rapport à celle qu'il appartient à la collectivité de mettre en œuvre n'est qu'un cas particulier du principe de l'obligation alimentaire décrit aux art. 205 s. C. civ. ; en toute hypothèse, l'existence même de recours en récupération n'est contraire à aucun principe de la Convention européenne des droits de l'homme. • Comm. centr. aide soc. 4 déc. 2001 : *CJAS n° 2002/03, p. 49.*

2. *Nécessité d'interpréter strictement les recours prévus par la loi.* L'énumération des recours effectuée par le législateur est limitative et ne souffre aucune extension. • Comm. centr. aide soc. 20 mars 1959 : *Rev. aide soc. 1959. 168, concl. Barbet.*

3. Pouvoir de décider l'exercice d'un recours. C'est à la commission d'admission, saisie par le préfet ou le président du conseil général, qu'il revient de décider du recours en récupération et non à l'autorité administrative ou aux juridictions d'aide sociale ou civiles. • Comm. centr. aide soc. 15 juin 1956 : *Rev. aide soc. 1958. 50, obs. Georgel* • TGI Valence, 25 sept. 1961 : *Rev. aide soc. 1962. 97, note Blaise ; D. 1962. 282, note Prévault.*

4. Liberté de choisir l'ordre des récupérations. Si plusieurs hypothèses se présentent à elle, la commission choisit librement l'ordre dans lequel seront effectuées les récupérations. • Comm. centr. aide soc. 6 nov. 1962 : *Rev. aide soc. 1963. 173, note Sibileau.*

5. Absence d'obligation d'information. Aucun texte ni aucun principe général n'impose à l'administration, lorsqu'elle accorde une prestation d'aide sociale, d'informer les successeurs éventuels du bénéficiaire de l'exercice possible d'un recours en récupération. • CE 25 avr. 2001, *Garofalo,* n° 214252 : *Lebon 193 ; RDSS 2001. 620, concl. Boissard ; D. 2001. 3315, note Dagorne-Labbe.* ♦ La circonstance que la notification d'admission à l'aide sociale n'aurait pas été faite à la résidence provisoire du bénéficiaire et n'aurait pas été signifiée aux héritiers est sans incidence sur le bien-fondé d'une demande de récupération. • CE 9 oct. 1992, *Cts Argy,* n° 95568 : *RDSS 1993. 99, obs. Ligneau.*

6. Pouvoirs des juridictions de l'aide sociale. Pour l'application de l'art. L. 132-8, il appartient aux juridictions de l'aide sociale, eu égard tant à la finalité de leur intervention qu'à leur qualité de juges de plein contentieux, non d'apprécier la légalité de la décision prise par la commission d'admission compétente pour autoriser ou refuser la récupération, mais de se prononcer elles-mêmes sur le bien-fondé de l'action engagée par la collectivité publique d'après l'ensemble des circonstances de fait dont il est justifié par l'une et l'autre parties à la date de leur propre décision. • CE 25 nov. 1998, *Dpt Nord,* n° 181242 : *Lebon 439 ; D. 1999. IR 9* • 17 mai 1999, *Dpt Loir-et-Cher,* n° 188870 B : *RDSS 1999. 786, obs. Ligneau* • 31 mai 2002, *Méheut,* n° 228997 : *CJAS n° 2002/04, p. 43.* ♦ Les juridictions d'aide sociale ont la faculté, en fonction des circonstances particulières de chaque espèce, d'aménager les modalités de la récupération et, le cas échéant, d'en reporter les effets dans le temps. • CE 4 déc. 2002, *M. L.,* n° 241042 : *AJDA 2003. 626, note Ghebali-Bailly ; J.-Cl. Coll. terr., 2003. 1215, note Moreau.*

7. Impossibilité de décider d'office une récupération. La commission n'a pas compétence pour décider d'office, lorsqu'elle accorde à un demandeur le bénéfice de l'aide sociale, que les sommes avancées par les collectivités publiques seront récupérées sur la succession du bénéficiaire. • Comm. centr. aide soc. 15 mars 1988, *Dpt Seine-Saint-Denis,* n° 24/87 : *EJCCAS n° 14-1.* ♦ ... Ou sur le donataire • Comm. centr. aide soc. 5 oct. 1995, *Dpt Hérault : EJCCAS n° 18-1, p. 1* • 10 avr. 1996, *Dpt Loir-et-Cher : EJCCAS n° 18-1, p. 2.* ♦ ... Ou contre le bénéficiaire revenu à meilleure fortune. • Comm. centr. aide soc. 4 janv. 1989, *Dpt Eure-et-Loir : EJCCAS n° 17-1, p. 1.*

8. Recours en récupération et répétition de l'indu. Lorsqu'une décision d'admission à l'aide sociale a été prise sur la base de déclarations incomplètes ou erronées, il peut être procédé aussi bien à la révision de celle-ci avec répétition de l'indu qu'à un recours en récupération contre le donataire lorsque celui-ci a perçu des sommes versées par la personne assistée mais non déclarées par elle lors de son admission. • CE 11 avr. 2005, *Dpt Allier,* n° 264333 B : *RDSS 2005. 501, note Borgetto.*

9. Impossibilité de récupérer auprès de tiers. Si les commissions d'aide sociale peuvent décider la récupération de prestations soit sur les bénéficiaires de celles-ci, soit sur leur succession, soit sur leurs donataires, aucune disposition légale ou réglementaire d'aucune sorte ne leur donne compétence pour décider la récupération sur des tiers tels que les éventuels mandataires. • Comm. centr. aide soc. 18 janv. 1985, *Dpt Ariège : EJCCAS n° 48-1, p. 1.*

10. Délai pour l'exercice des recours. Aucun délai n'est imparti au département par les textes législatifs et réglementaires pour l'exercice des recours qu'ils prévoient ; par suite, le moyen tiré de ce que la décision du département de récupérer sa créance d'aide sociale sur la succession de l'intéressée serait tardive ne peut qu'être écarté. • Comm. centr. aide soc. 10 mai 2004 : *CJAS n° 2004/03, p. 27.* ♦ Toutefois, dans la mesure où les recours mentionnés à l'art. L. 132-8 sont au nombre des actions, tant réelles que personnelles, qui sont visées par l'art. 2262 C. civ., l'administration dispose d'un délai de trente ans pour établir l'état exécutoire sur le fondement duquel intervient la mise en recouvrement de sa créance sur le titulaire d'une succession d'un bénéficiaire de l'aide sociale. • Comm. centr. aide soc. 15 mars 2006 : *CJAS n° 2006/04, p. 55.*

II. RECOURS CONTRE LE BÉNÉFICIAIRE REVENU À MEILLEURE FORTUNE

11. Notion de retour à meilleure fortune. Le retour à meilleure fortune doit correspondre à un événement nouveau, matériel ou non, qui améliore la situation de l'intéressé ; il s'entend donc du bénéfice par l'assisté d'un capital ou de revenus de provenance extérieure à la suite d'un transfert d'origine extérieure ou d'un changement notable de la situation de l'assisté caractérisé par un accroissement de ses ressources. • Comm. centr. aide soc. 14 mai 2002 : *CJAS n° 2002/04, p. 47.* ♦ Pour l'application de l'art. L. 132-8, 1°, le retour à meilleur fortune s'entend, à l'exclusion de la seule augmentation des revenus, prise en compte lors de la révision périodique des conditions d'ouverture des droits du bénéficiaire, de tout événement, survenu postérieurement à la date à laquelle les ressources du bénéficiaire ont été appréciées pour l'ouverture de ses droits à prestations, ayant pour effet, indépendamment de toute modification de la consistance du patrimoine, d'augmenter substantiellement la valeur globale de celui-ci, dans des proportions telles qu'elles le mettent en mesure de rembourser les prestations récupérables, perçues jusqu'alors. • Civ. 2e, 12 nov. 2020, nº 19-20.478 P : *RDSS 2021. 130, note Riancho*.

12. *Origine du changement notable.* Ce changement notable peut résulter d'un mariage. • Comm. centr. aide soc. 21 juin 1966 : *RDSS 1966. 342, obs. Georgel.* ♦ ... D'un héritage • Comm. centr. aide soc. 14 déc. 1965 : *RDSS 1966. 55, obs. Georgel.* ♦ ... D'un rétablissement de la situation financière du débiteur du bénéficiaire permettant de rembourser une créance jusque là irrécouvrable. • TGI Valence, 25 sept. 1961 : *Rev. aide soc. 1962. 97, note Blaise ; D. 1962. 282, note Prévault.* ♦ Sur le caractère nouveau de l'événement à l'origine du changement, V. • Comm. centr. aide soc. 15 mars 1985 : *RF aff. soc. 1986, cah. jur. nº 1, p. 36.*

13. *Amélioration de la situation du bénéficiaire.* Cette amélioration doit se concevoir comme une augmentation du patrimoine en capital ou en revenus, ce qui exclut les substitutions de biens de valeur équivalente au sein du patrimoine. • Comm. centr. aide soc. 20 mars 1959 (3e esp.) : *Rev. aide soc. 1959. 172, concl. Barbet.* ♦ De plus, elle doit être telle que le bénéficiaire ne reste pas dans une situation de besoin et dispose, en particulier, des ressources suffisantes pour rembourser les prestations perçues : le fait d'être désormais intégralement pris en charge par la sécurité sociale ne constitue pas un retour à meilleure fortune. • Comm. centr. aide soc. 7 oct. 1965, *Dpt Tarn : EJCCAS nº 17-3, p. 1 ; RDSS 1965. 344, obs. Georgel.*

14. *Absence de retour à meilleure fortune : illustrations.* La réalisation d'un immeuble dont le bénéficiaire était déjà propriétaire lors de l'admission ne constitue pas un retour à meilleure fortune. • Comm. centr. aide soc. 26 juin 1987 : *RF aff. soc. 1988, cah. jur., nº 2, p. 32, concl. Faugère ; RDSS 1988. 735, obs. Ligneau* • 1er juill. 1988 : *RF aff. soc. 1988, cah. jur., nº 4, p. 29* • 22 déc. 2000 : *RDSS 2001. 343, obs. Ligneau* • Civ. 2e, 12 nov. 2020, nº 19-20.478 P : *RDSS 2021. 130, note Riancho*. ♦ Il en va de même du retour à une faculté d'épargne • Comm. centr. aide soc. 23 mars 1990, *Dpt Haute-Marne : EJCCAS nº 17-8, p. 2 ; RF aff. soc. 1990, cah. jur., nº 3, p. 33.* ♦ ... Ou, bien qu'il y ait augmentation du patrimoine, de la perception d'un capital destiné à compenser le handicap physique et les préjudices matériels ou moraux. • Comm. centr. aide soc. 2 déc. 1987, *Dpt du Nord : RDSS 1988. 734, obs. Ligneau* • 28 avr. 2000 : *RDSS 2000. 813, obs. Ligneau* • 22 déc. 2000 : *CJAS nº 2001/08, p. 165.* ♦ ... Ou du produit de la vente de divers biens appartenant déjà à une personne handicapée. • Comm. centr. aide soc. 18 avr. 2000, nº 98-2604. ♦ ... Ou de la constitution progressive d'un capital par l'utilisation soit des intérêts procédant du placement des prestations d'aide sociale versées à l'assisté, soit de la possession par celui-ci d'un capital antérieurement à la demande d'aide sociale. • Comm. centr. aide soc. 14 mai 2002 : *CJAS nº 2002/04, p. 47.* ♦ ... Ou de la découverte de bons de caisse et de placements effectués après encaissement dont l'existence était ignorée lors de la demande d'admission à l'aide sociale d'une personne que l'altération de ses facultés mentales a conduit à faire bénéficier d'une mesure de tutelle. • Comm. centr. aide soc. 20 avr. 2001 : *CJAS nº 2001/09, p. 31.*

15. *Présence d'un retour à meilleure fortune : illustrations.* En revanche, constituent un retour à meilleure fortune : le fait d'être en mesure de payer les intérêts d'un emprunt contracté afin d'augmenter son patrimoine immobilier. • Comm. centr. aide soc. 24 oct. 1975, *Dpt Gard : EJCCAS nº 17-8, p. 1.* ♦ Le fait de percevoir un capital au titre d'un contrat d'assurance vie, et ce, même si ce capital a été en partie réemployé pour souscrire un nouveau contrat d'assurance vie. • Comm. centr. aide soc. 5 déc. 2000 : *CJAS nº 2001/08, p. 169 ; RDSS 2001. 546, obs. Ligneau*. ♦ ... Le fait de percevoir une allocation du Fonds national de l'emploi alors que la bénéficiaire était placée en internat en vue de sa rééducation professionnelle avec prise en charge intégrale de ses frais de placement. • Comm. centr. aide soc. 21 avr. 1972 : *EJCCAS nº 17-6, p. 1.* ♦ ... Le fait de céder un bien à la suite d'une expropriation compte tenu de la plus-value obtenue par rapport à la valeur intrinsèque du bien. • Comm. centr. aide soc. 5 oct. 1999 : *CJAS nº 2000/01, p. 67.* ♦ ... Le fait de percevoir un héritage sans le réutiliser aussitôt à l'acquisition d'un bien immobilier. • Comm. centr. aide soc. 12 oct. 2001 : *CJAS nº 2002/01, p. 39.*

16. *Appréciation d'une demande de remise ou de modération.* Il appartient au juge de l'aide sociale de tenir compte des circonstances de fait à la date à laquelle il statue pour apprécier une demande de remise ou de modération. • Comm. centr. aide soc. 22 déc. 2000 : *CJAS nº 2001/08, p. 175.*

17. *Date à prendre en compte.* Les textes applicables à une action en récupération de prestations d'aide sociale sont ceux en vigueur à la date à laquelle la situation de la personne contre laquelle cette action est exercée peut être regardée comme ayant été définitivement constituée ; s'agissant d'un recours exercé contre le bénéficiaire de l'aide sociale revenu à meilleure fortune, il en est ainsi lorsque l'événement constituant le retour à meilleure fortune se produit ; dans ce cas, il appartient au juge de faire application des textes en vigueur à cette date • CE 1er oct. 2004,

Mme Mazzoni, n° 253288 B : *RDSS 2005. 160, obs. Tourette* • CE 11 avr. 2005, *Audemard d'Alançon*, n° 262332 B : *AJDA 2005. 2082, note Rihal*. ♦ En cas de retour à meilleure fortune consécutif à une succession, la date à laquelle la situation de la personne concernée peut être regardée comme ayant été définitivement constituée n'est pas la date du décès de l'auteur de la succession mais celle à laquelle le bénéficiaire a accepté celle-ci. • Comm. centr. aide soc. 14 mai 2009, dossier n° 080500 : *CJAS n° 2009/04*.

III. RECOURS CONTRE LA SUCCESSION DU BÉNÉFICIAIRE

18. Objet du recours. Le recours est exercé contre le patrimoine et non contre les héritiers, ce qui exclut la possibilité d'opérer une récupération immédiate sur certains de ces derniers et une récupération différée sur d'autres. • Comm. centr. aide soc. 12 nov. 1979, *Dpt Alpes-Maritimes : EJCCAS n° 14-4, p. 1*.

19. Absence d'automaticité. Le recours n'a aucun caractère d'automaticité et sa mise en œuvre est appréciée en équité et au cas par cas, en fonction notamment du comportement des héritiers concernant leurs devoirs alimentaires ou encore de l'impécuniosité des bénéficiaires d'une succession. • Comm. centr. aide soc. 16 oct. 1987 : *RF aff. soc. 1988, cah. jur. n° 1, p. 31* • 1er juill. 1988 : *RF aff. soc. 1988, cah. jur. n° 4, p. 29* • 29 oct. 1999, n° 982469 : *CJAS n° 2000/02-03, p. 33* • 4 déc. 2001 : *CJAS n° 2002/03, p. 49*.

20. Pouvoir de modération. Il appartient à la commission d'admission à l'aide sociale, sous le contrôle du juge de l'aide sociale, de modérer le montant de la récupération si l'état d'impécuniosité, la situation sociale ou la santé de l'intéressé le justifient. • Comm. centr. aide soc. 11 mai 2004 : *CJAS n° 2004/03, p. 31*. ♦ Si l'aide sociale a pour caractéristique d'être un droit subsidiaire et si les prestations versées par le département au titre de la prise en charge des frais d'hébergement en établissement ont un caractère d'avance, le juge de l'aide sociale est cependant fondé, lorsque les héritiers justifient de difficultés sociales, familiales et financières importantes, à accorder une modération des sommes revenant à la collectivité débitrice de l'aide sociale • Comm. centr. aide soc., 16 mars 2016, n° 140408 : *CJAS n° 2016/05, p. 15*.

21. Répartition de la somme à récupérer. Il n'appartient pas à la commission d'admission de répartir la somme à récupérer entre les héritiers ou de décider de cette récupération à l'encontre d'un seul ou de plusieurs des héritiers à l'exclusion d'un ou de plusieurs autres. • Comm. centr. aide soc. 18 mai 1984, *Dpt Var : EJCCAS n° 14-4, p. 2*.

22. Encadrement procédural du recours. L'exercice du recours n'est soumis, en l'absence de toute mention contraire dans les textes applicables, à aucune condition de délai autre que celle résultant de la règle de la prescription trentenaire de l'art. 2262 C. civ. • CE 25 nov. 1998, *Dpt Moselle*, n° 189552 : *Lebon 438* ; *D. 1999. IR 9* • Comm. centr. aide soc. 10 mai 2004 : *CJAS n° 2004/03, p. 27*. ♦ De plus, il n'est conditionné ni par une inscription hypothécaire préalable, ni par une action contre l'obligé alimentaire avant le décès du bénéficiaire. • Comm. centr. aide soc. 23 oct. 1989, *Dpt Nord : EJCCAS n° 14-2, p. 1*.

23. Absence de recherche ou de consultation des obligés alimentaires. La circonstance, à la supposer établie, que l'administration n'aurait pas recherché, lors de l'admission à l'aide sociale, si les obligés alimentaires d'une personne âgée étaient en mesure de contribuer à la prise en charge de ses frais de séjour à l'hôpital n'est pas de nature à faire obstacle à son droit de récupérer la créance sur la succession de l'intéressé. • Comm. centr. aide soc. 21 sept. 2005 : *CJAS n° 2006/01, p. 3*. ♦ La circonstance qu'une personne aurait été placée à tort par l'administration dans un centre de long séjour sans consulter au préalable ses obligés alimentaires est sans incidence sur le droit à récupération de l'Administration. • Même arrêt.

24. Absence de saisine de l'autorité judiciaire. L'absence de saisine par le département de l'autorité judiciaire, du vivant du bénéficiaire de l'aide sociale, n'a pas pour effet d'interdire au département de récupérer contre la succession la part des frais correspondant au quantum de l'obligation alimentaire telle qu'évaluée par la décision d'admission à l'aide sociale et qui n'a pas été recouvrée du vivant du bénéficiaire de l'aide sociale en raison de l'absence de saisine judiciaire tant par les autres obligés alimentaires que par le département. • Comm. centr. aide soc. 5 juin 2013, n° 100816 : *CJAS, n° 2013/06, p. 23*.

25. Destinataires du recours. La récupération n'est possible que sur la succession, ce qui exclut tout recours contre des personnes qui auraient effectivement utilisé voire détourné tout ou partie des prestations d'aide sociale servies à un allocataire. • Comm. centr. aide soc. 14 nov. 1990, *Dpt Saône-et-Loire : EJCCAS n° 18-3, p. 1*. ♦ En revanche, la circonstance que l'héritière ait été abandonnée à sa naissance n'exclut pas la récupération dès lors qu'elle n'a pas refusé la succession. • CE 30 juin 1999, *Mme Cabanne*, n° 194653 : *RDSS 1999. 788, obs. Ligneau*.

26. Renonciation au profit d'un ou plusieurs cohéritiers. En vertu des dispositions de l'art. 783 C. civ., toute renonciation, même gratuite, décidée par un héritier au profit d'un ou de plusieurs de ses cohéritiers ou héritiers de rang subséquent, emporte, comme une cession, acceptation pure et simple de la succession : cette renonciation étant distincte de la renonciation régie par les dispositions des art. 804 à 808 du même code, en vertu de laquelle, sous réserve des dispositions de l'art. 845 du même code, la part de l'héritier renonçant, qui est censé n'avoir jamais hérité, échoit à ses représentants, à défaut, accroît à ses cohéritiers ou, s'il est seul, est dévolue au degré subséquent ; par suite, n'a pas commis d'erreur de droit la Commission centrale qui, constatant que tous les frères et sœurs de la personne décédée autres que la mère de celle-ci ont, à la demande de cette dernière, renoncé de façon concertée à leurs droits dans la succession, dans l'intention que l'ensemble de leurs droits dans la succession revienne à leur mère, a jugé que le département pouvait exercer une action en récupération contre la succession de la personne décédée, dans la limite de la part de l'actif net successoral dévolue aux héritiers autres que la mère de celle-ci. • CE 8 avr. 2015, n° 370255 B.

27. Nature de l'actif net successoral. Le recours ne peut être effectué que dans la limite de l'actif net successoral, celui-ci correspondant à la valeur des biens transmis par le défunt, déduction faite, notamment, des dettes à sa charge au jour d'ouverture de la succession, des legs particuliers, des frais funéraires (s'ils ne revêtent pas un caractère excessif) et des droits de mutation. • CE 15 oct. 1999, *N'Guyen*, n° 184553 : *Lebon 315* ; *RDSS 2000. 140, obs. Ligneau*. ♦ La prise en compte forfaitaire des frais funéraires n'est pas autorisée par les textes. • CE 15 mai 2002, *Dpt Côte-d'Or : CJAS n° 2002/04, p. 31 ; D. 2002. IR 1956* ; *RDSS 2003. 90, obs. Ligneau* • CE 5 nov. 2004, *Mme Lalande*, n° 263314 : *AJDA 2005. 111*.

28. Calcul de l'actif net successoral. Il n'appartient pas à la juridiction de l'aide sociale de se prononcer sur la valeur d'un bien immobilier ni d'arrêter le montant de l'actif d'une succession. • Comm. centr. aide soc. 28 févr. 2002 : *CJAS n° 2002/03, p. 45.* ♦ Les sommes figurant au livret de caisse d'épargne constituent un élément de l'actif. • Comm. centr. aide soc. 14 mars 1985, *Dpt Rhône : EJCCAS n° 14-3, p. 1.* ♦ Il en va de même des arrérages d'allocation compensatrice dus au décès de l'allocataire, lesquels doivent être versés à la succession si celle-ci ne donne pas lieu à récupération. • Comm. centr. aide soc. 12 oct. 1984 : *RF aff. soc. 1985, cah. jur. n° 3, p. 50* • 20 nov. 1987, *Dpt Gard : EJCCAS n° 14-7, p. 4* • 4 oct. 1985, *Dpt Pas-de-Calais : EJCCAS n° 14-7, p. 8.* ♦ En revanche, il doit être tenu compte, pour calculer l'actif net, des travaux d'amélioration, à l'exception des travaux de simple entretien, d'un bien réalisés par un propriétaire indivis dans la mesure où ils ont contribué à augmenter la valeur de ce bien, ainsi que ceux de conservation de ce bien, sans que puisse lui être utilement opposée la circonstance qu'il serait le seul ou le principal bénéficiaire des travaux ainsi réalisés : si l'indivision a pris fin du fait du décès de l'un des deux coïndivisaires et si l'autre indivisaire est son seul héritier, la prise en compte des travaux que l'indivisaire survivant a effectués peut se faire par une inscription de ceux-ci au passif de la succession, dans la limite, pour les travaux d'amélioration, du montant de la plus-value apportée à l'immeuble • CE 11 juin 2007, *M. Morin*, n° 277305 : *RDSS 2007. 865, concl. Derepas*.

29. Date à prendre en compte. Les textes applicables à un recours en récupération des dépenses d'aide sociale étant ceux en vigueur à la date à laquelle la situation de la personne contre laquelle cette action est exercée peut être regardée comme ayant été définitivement constituée, la date à prendre en compte est celle du décès du bénéficiaire. • CE 4 févr. 2000, *Dpt Haute-Garonne*, n° 187142 : *RDSS 2000. 401, obs. Ligneau* ; *ibid. 2000. 568, concl. Boissard* • 21 févr. 2000, *Mme Couteau*, n° 183844 : *RDSS 2000. 583, note Fombeur* ; *D. 2000. IR 71* • Comm. centr. aide soc. 5 mars 2000 : *RDSS 2002. 77, obs. Ligneau*.

30. Situation de la personne handicapée vieillissante. Une personne handicapée vieillissante accueillie dans une maison de retraite doit être considérée comme une personne âgée au regard des règles de récupération en vigueur en matière d'aide sociale. • CE 25 avr. 2001, *Garofalo : préc. note 5.*

31. Situation de la personne handicapée accueillie à titre dérogatoire en unité de soins de longue durée. Si une personne handicapée, orientée par la COTOREP vers une maison d'accueil spécialisée, est admise à titre dérogatoire en unité de soins de longue durée faute de place dans une telle maison, la prise en charge doit être regardée comme correspondant, en ce qui concerne ses conséquences sur la récupération des prestations versées, à celle d'une personne orientée vers un établissement spécialisé pour handicapés adultes. • Comm. centr. aide soc. 29 mars 2004 : *CJAS n° 2004/03, p. 35.*

32. Prestations facultatives et récupération. Les prestations facultatives octroyées par les départements dans le cadre de leurs compétences en matière d'action sociale ne peuvent faire l'objet d'une récupération sur succession que si les dispositions réglementaires régissant ces prestations le prévoyaient au cours de la période au titre de laquelle elles ont été versées, et dans le respect des dispositions applicables à la récupération sur succession en vigueur à la date du décès du bénéficiaire de la prestation. • CE 5 févr. 2020, n° 422833 B.

IV. RECOURS CONTRE LE DONATAIRE

33. Pouvoir d'appréciation. Les commissions d'admission disposent d'un large pouvoir d'appréciation quant à l'opportunité de procéder à la récupération et quant à la fixation de son montant. • Comm. centr. aide soc. 2 nov. 1999 : *CJAS n° 2000/01, p. 63* • 1er juill. 1988 : *RF aff. soc. 1989, cah. jur. n° 1, p. 53.* ♦ Quant au juge administratif, il prend lui-même en compte les circonstances de fait pour apprécier le bien-fondé du recours en récupération. • CE 17 mai 1999, *Dpt Loir-et-Cher*, n° 188870 : *RDSS 1999. 786, obs. Ligneau* ; *D. 1999. IR 167* • Comm. centr. aide soc. 29 oct. 1999, n° 982468 : *CJAS n° 2000/02-03, p. 29.*

34. Date à prendre en compte. Les récupérations sur donataires ne peuvent être décidées que du chef des sommes effectivement versées à la date à laquelle la commission d'admission statue. • Comm. centr. aide soc. 21 mai 1996, *Dpt Aude : EJCCAS n° 18-1, p. 3.* ♦ Les textes applicables sont ceux en vigueur à la date à laquelle la situation de la personne contre laquelle l'action est exercée est définitivement constituée, c'est-à-dire lorsque les deux conditions de l'existence d'une donation et de l'admission du donateur à l'aide sociale sont réunies ; l'administration et le juge doivent donc appliquer les textes en vigueur à la date du plus tardif de ces deux événements. • CE 21 févr. 2000, *Mme Couteau : préc. note 29.*

35. Qualification juridique d'un acte ou d'un fait. La qualification donnée par les parties à un contrat ne saurait faire obstacle au droit pour l'administration de l'aide sociale de rétablir, s'il y a lieu, sa nature exacte, sous le contrôle des juridictions de l'aide sociale et sous réserve pour ces dernières, en cas de difficulté sérieuse, d'une question préjudicielle. Il lui incombe ainsi de constater, le cas échéant, qu'une vente constitue en réalité, en raison notamment des conditions très favorables consenties à l'acquéreur, une donation déguisée ou qu'un bail à nourriture comporte une disparité flagrante entre l'ampleur des avantages consentis par le bailleur et les charges minimes assumées par le preneur. • CE 18 mai 1998, *Baque,* n° 179831 : *RDSS 1999. 175, obs. Ligneau ; D. 1998. IR 153 et D. 1999. 35, note Boulanger* • Comm. centr. aide soc. 5 déc. 2001 : *CJAS n° 2002/01, p. 35* • CE 30 juin 2003, *Baque : RDSS 2004. 148, concl. Fombeur.* ♦ Par ailleurs, il appartient au juge de cassation d'exercer un contrôle de qualification juridique des faits sur l'existence d'une difficulté sérieuse justifiant ou non un renvoi préjudiciel à l'autorité judiciaire. • CE 14 nov. 1957, *Sté Huchet frères,* n° 30202 : *Lebon 616* • 18 mai 1998, *Cts Ducros,* n° 176325 : *D. 1998. IR 181 ; RDSS 1998. 849, obs. Ligneau.* ♦ Toutefois, il ne peut y avoir matière à question préjudicielle que si la question posée relève d'un autre ordre de juridiction, soulève une difficulté sérieuse et est nécessaire à la solution du litige ; par suite, si la question de la requalification en donation d'un contrat d'assurance vie met en cause l'interprétation de dispositions du code civil et, pour établir l'intention libérale du souscripteur, ne conduit les juges du fond qu'à se prononcer sur des éléments essentiellement factuels ne concernant ni l'interprétation ni la validité du contrat litigieux, commet une erreur de droit la Commission centrale d'aide sociale ayant jugé que cette question soulevait une difficulté sérieuse justifiant qu'il soit sursis à statuer pour permettre à la juridiction judiciaire de la trancher, alors qu'elle n'exigeait que des interprétations et des appréciations relevant de la compétence des juridictions de l'aide sociale • CE, 6 févr. 2006, *Dpt Dordogne : Lebon 57.*

36. Étendue de l'action en récupération. Une action en récupération auprès du bénéficiaire d'une donation est possible même si celui-ci est l'héritier du donateur. • CE 29 déc. 1997, *M. Riera,* n° 183431 : *RDSS 1998. 559, obs. Ligneau.* ♦ ... Ou s'il est son enfant • Comm. centr. aide soc. 13 oct. 1989, *Dpt Haute-Vienne : EJCCAS n° 18-4, p. 1.* ♦ ... Ou si la donation est assortie d'une clause d'inaliénabilité. • CE 17 mai 1999, *Dpt Loir-et-Cher : préc. note 33.* ♦ ... Ou si les biens donnés ne procurent pas au donataire des revenus supplémentaires • Comm. centr. aide soc. 19 janv. 1990, *Dpt Allier : EJCCAS n° 18-4, p. 2.* ♦ ... Ou si la donation est une donation partage. • Comm. centr. aide soc. 14 sept. 2000 : *RDSS 2001. 106, obs. Ligneau.* ♦ ... Ou si la donation a été effectuée dans le but de venir en aide au donataire et non pour organiser la propre impécuniosité du donateur bénéficiaire de l'aide sociale. • Comm. centr. aide soc. 19 mars 2001 : *CJAS n° 01/09, p. 49.*

37. Donation d'usufruit. Les dispositions de l'art. L. 132-8 ne faisant aucune distinction selon la nature de la donation, il en résulte que la donation de l'usufruit d'un bien entre dans le champ de leurs prévisions, sauf lorsque, compte tenu notamment des charges dont elle est grevée, elle ne recouvre pas une intention libérale de son auteur ; toutefois, pour l'application de ces dispositions, il appartient aux juridictions de l'aide sociale, eu égard tant à la finalité de leur intervention qu'à leur qualité de juge de plein contentieux, non d'apprécier la légalité de la décision de récupération, mais de se prononcer elles-mêmes sur le bien-fondé de l'action engagée par la collectivité publique d'après l'ensemble des circonstances de fait dont il est justifié par l'une et l'autre parties à la date de leur propre décision, étant entendu que ces juridictions ont la faculté, en fonction des circonstances particulières de chaque espèce, d'aménager les modalités de cette récupération et, le cas échéant, d'en reporter les effets dans le temps. • CE 15 avr. 2015, n° 365655 B. ♦ La circonstance qu'en l'absence de donation l'usufruit se serait éteint à la mort de la donatrice et le donataire, disposant déjà de la nue-propriété du bien, en aurait alors eu la pleine propriété ne saurait faire obstacle à l'exercice d'un recours contre ce dernier. • Même arrêt. ♦ Si les dispositions de l'art. R. 132-11 CASF doivent conduire le juge de l'aide sociale, lorsque le décès du donateur d'un usufruit, intervenant avant l'action en récupération, a pour effet de faire disparaître cet usufruit, de tenir compte, pour déterminer la valeur de la donation, de la durée effective pendant laquelle le donataire a bénéficié de l'usufruit, elles lui imposent seulement de tenir compte de la valeur en pleine propriété, à la date d'exercice de l'action, du bien sur lequel portait l'usufruit lorsque, comme en l'espèce, la donation de l'usufruit intervient au profit du nu-propriétaire et lui confère ainsi la pleine propriété du bien. • Même arrêt.

38. Donation de nue-propriété. Lorsque la donation faite par des parents à leur enfant porte uniquement sur la nue-propriété du bien (les parents en demeurant les usufruitiers), ce bien ne saurait être ni aliéné, ni hypothéqué ; le donataire ne bénéficiant de la sorte d'aucun enrichissement immédiat, il y a donc lieu de reporter au décès de la bénéficiaire de l'aide-ménagère ou à la vente du bien immobilier, si celle-ci intervient avant, la récupération des sommes avancées au titre de l'aide sociale. • Comm. centr. aide soc. 30 nov. 2016, dossier n° 140392 : *CJAS n° 2017/02.*

39. Contrat d'assurance vie. La stipulation pour autrui constituée par le contrat d'assurance vie peut être requalifiée en donation, si l'administration de l'aide sociale établit l'intention libérale du souscripteur vis-à-vis du bénéficiaire au moment de la souscription du contrat ; mais tout contrat d'assurance vie n'est pas par lui-même une donation indirecte, même s'il désigne le bénéficiaire comme titulaire des droits, nés de la souscription du contrat après le décès du stipulant. • Comm. centr. aide soc. 7 mars 2002 : *CJAS n° 2002/03, p. 57.* ♦ L'intention libérale doit être regardée comme établie lorsqu'au regard de l'ensemble des circonstances de la souscription d'un contrat, le stipulant s'y dépouille au profit du bénéficiaire de manière actuelle et non aléatoire. • Comm. centr. aide soc. 13 nov. 2002 : *CJAS n° 2003/01, p. 67* • CE 29 juill. 2020, n° 425329. ♦ De même, l'intention libérale est établie lorsque le souscripteur du contrat, eu égard à son espérance de vie et à l'importance des primes versées par rapport à son patrimoine, doit être regardé, en réalité, comme s'étant dépouillé de manière à la fois actuelle et irrévocable au profit du bénéficiaire à raison du droit de créance détenu sur l'assureur : l'acceptation du bénéficiaire, alors même qu'elle n'interviendrait qu'au moment du versement de la prestation assurée après le décès du souscripteur, ayant alors pour effet de permettre à l'administration de l'aide sociale de le regarder comme un donataire. • CE 21 oct. 2009, *M. Roger A.*, n° 316881 • 17 nov. 2010, *Mme Layus-Coustet : Lebon 441 ; AJCT 2011. 31, obs. Péchillon*. ♦ Un contrat d'assurance vie et décès souscrit par une personne âgée au profit de sa fille constitue une donation indirecte pouvant donner lieu à récupération. • Comm. centr. aide soc. 16 août 2001 : *CJAS n° 01/12, p. 39 ; RDSS 2002. 286, obs. Ligneau*. – V. aussi • Comm. centr. aide soc. 19 avr. 2000, *Dpt Seine-et-Marne : RDSS 2000. 814, obs. Ligneau*. ♦ En se fondant sur l'âge de la donatrice à la date de souscription des contrats d'assurance vie, rapproché de leur durée, ainsi que sur l'importance des primes versées par rapport à l'actif disponible de l'intéressée, la Commission centrale d'aide sociale, qui a souverainement estimé que la durée des contrats rendait très probable que les capitaux assurés seraient versés aux enfants de l'intéressée, a pu légalement en déduire que ces derniers devaient être regardés comme les bénéficiaires d'une donation • CE, sect., 19 nov. 2004, *Roche : Lebon 443 ; RDSS 2005. 87, concl. Devys ; AJDA 2005. 194, chron. Landais et Lénica ; JCP 2005. II. 10018, concl. Devys ; RFDA 2005. 375, note Plessix ; RGDA 2005. 485, note Bigot.* ♦ Si, lorsque l'intention libérale est établie, l'administration de l'aide sociale peut, à bon droit, regarder le bénéficiaire d'un contrat d'assurance vie comme un donataire, pour l'application des dispositions relatives à la récupération des créances d'aide sociale, le montant de la récupération exercée à son encontre ne saurait cependant excéder celui des seules primes versées par le souscripteur du contrat, bénéficiaire de la prestation d'aide sociale. • CE 7 avr. 2016, *Dpt. Moselle*, n° 383342 : *RDSS 2016. 762, note. Niemiec*. ♦ Doit être cassé l'arrêt qui, après avoir énoncé qu'un contrat d'assurance sur la vie ne peut être requalifié en donation que lorsque sont établies non seulement l'intention libérale du souscripteur mais également une disproportion entre les primes versées et les revenus de ce dernier, se borne à constater que la preuve de ces conditions n'est pas rapportée par le conseil départemental sans s'expliquer, comme il le lui était demandé, sur les données propres du litige s'agissant de l'âge du souscripteur, de l'importance des primes versées et de l'utilité du contrat pour ce dernier. • Civ. 1re, 3 mars 2021, n° 19-21.420 : *RDSS 2021. 553, obs. Niémiec*.

40. Donation-partage. Une action en récupération engagée contre le bénéficiaire d'une donation-partage demeure régie par les règles applicables aux donations même si le donataire décède moins de dix ans après la donation et si l'action en récupération de la collectivité d'aide sociale est engagée postérieurement à ce décès. • Comm. centr. aide soc. 3 oct. 2002 : *CJAS n° 2003/01, p. 51.* ♦ Dans le cas d'une donation-partage faite conjointement par deux époux à leurs enfants, le recours du département ne peut être exercé contre ces derniers que sur la part de la donation qui leur a été faite par l'époux ayant la qualité de bénéficiaire d'une prestation d'aide sociale. • CE 9 déc. 1998, *Mme Bogner-Kaeufling et a.*, n° 175125 B.

41. Qualité du donateur. Un département ne peut exercer un recours contre un donataire lorsque le donateur est le conjoint du bénéficiaire de l'aide sociale sans avoir lui-même cette qualité. • CE 9 déc. 1998, *Mme Even*, n° 183418 B.

42. Délai du recours en cas de pluralité de prestations d'aide sociale. En cas de pluralité de prestations d'aide sociale versées à un bénéficiaire, il convient, pour opposer le délai dans lequel seules les donations antérieures à la demande d'aide sociale peuvent donner lieu à récupération, de considérer chaque prestation séparément et non globalement. • Comm. centr. aide soc. 13 déc. 2002 : *CJAS n° 2003/01, p. 59.*

43. Recours en récupération et droit fiscal. Si l'art. 784 CGI prévoit que les droits de mutation sont calculés en ajoutant à la valeur des biens compris dans la déclaration de succession celle des biens qui ont fait l'objet de donations antérieures à l'exception de celles passées depuis plus de dix ans, il n'en résulte pas qu'une action en récupération engagée contre le bénéficiaire d'une donation en avancement d'hoirie doit, dans l'hypothèse où le donateur décède moins de dix ans après la donation, être regardée comme fondée sur les dispositions du CASF concernant la récupération sur une succession. • CE 28 juill. 2000, *Dpt Hérault,* n°s 211623 et 211624 B : *RDSS 2001. 104, obs. Ligneau* • CE 1er déc. 2004, n° 252663 : *CJAS 2005/01, p. 63.*

44. Recours en récupération et répétition de l'indu. Il résulte, des art. L. 132-8 et R. 131-2 et 131-3 CASF, que l'administration peut engager tant une procédure de révision avec répétition de l'indu lorsque la décision d'admission a été prise sur la base de déclarations incomplètes qu'une procédure de récupération à l'encontre du donataire lorsque les sommes, dont la déclaration a été omise, ont été versées à un tiers et que ces versements recouvrent une intention libérale • CE 11 avr. 2005, *Dpt Allier,* n° 264333 B : *RDSS 2005. 501, obs. Borgetto*.

45. Révocation de la donation. En jugeant qu'en vertu des dispositions de l'art. 953 C. civ. une donation qui a été acceptée n'est pas révocable, fût-ce d'un commun accord, hormis les cas que prévoit cet article, alors que ces dispositions ne concernent que la révocation unilatérale par le donateur et ne font pas par elles-mêmes obstacle à une révocation par consentement mutuel, la Commission centrale d'aide sociale a commis une erreur de droit • CE, sect., 19 nov. 2004, *Ramond : Lebon 430 ; RDSS 2005. 87, concl. Devys ; AJDA 2005. 194, chron. Landais, Lenica ; JCP 2005. II. 10018, concl. Devys.* ♦ Il appartient aux juridictions de l'aide sociale de se prononcer sur l'existence du droit à récupération d'une créance d'aide sociale en fonction des éléments de droit existant à la date à laquelle la situation de la personne contre laquelle cette action est exercée peut être regardée comme ayant été définitivement constituée ; s'agissant d'un recours exercé contre un donataire, il en est ainsi lorsque les deux conditions de l'existence d'une donation et de l'admission du donateur à l'aide sociale sont réunies, sans que puissent y faire obstacle d'éventuels actes de disposition accomplis ultérieurement par le donataire tels que, par exemple, un acte de révocation de la donation comportant une clause de rétroactivité • Même arrêt.

V. RECOURS CONTRE LE LÉGATAIRE

46. Qualité des légataires. En cas de recours en récupération contre la succession d'un bénéficiaire de l'aide sociale, il n'y a pas lieu de distinguer entre la situation des héritiers institués par la loi et celle des légataires universels ou à titre universel venant aux droits du défunt en vertu du testament de ce dernier dès lors que ces personnes bénéficient des mêmes droits et sont sujettes aux mêmes charges. Par suite, le recours contre le légataire doit s'entendre comme visant uniquement la situation du légataire à titre particulier qui, à la différence du légataire universel ou à titre universel, n'est pas normalement tenu des dettes de la succession. • CE 4 févr. 2000, *Dpt Haute-Garonne,* n° 187142 : *RDSS 2000. 401, obs. Ligneau ; ibid. 2000. 568, concl. Boissard* • Comm. centr. aide soc. 5 mai 2000, *Dpt Hérault : CJAS n° 2000/04, p. 107.*

47. Incidences de la qualité de légataire universel. Le recours contre le légataire universel à raison de prestations d'aide à domicile doit porter sur la partie de l'actif net successoral excédant le seuil de 45 000 euros. • CE 4 févr. 2000, *Dpt Haute-Garonne : préc. note 46* • Comm. centr. aide soc. 5 déc. 2000 : *CJAS n° 01/08, p. 161* • 2 juill. 2002 : *CJAS n° 2002/05, p. 51.*

Art. L. 132-9 Pour la garantie des recours prévus à l'article L. 132-8, les immeubles appartenant aux bénéficiaires de l'aide sociale sont grevés d'une hypothèque légale, dont l'inscription est requise par le représentant de l'État ou le président du conseil départemental dans les conditions prévues à l'article 2428 du code civil.

Les bordereaux d'inscription doivent mentionner le montant des prestations allouées au bénéficiaire de l'aide sociale.

L'hypothèque prend rang, à l'égard de chaque somme inscrite, à compter de la date de l'inscription correspondante.

Aucune inscription ne pourra être prise lorsque la valeur globale des biens de l'allocataire est inférieure à une somme fixée par voie réglementaire.

Les formalités relatives à l'inscription de l'hypothèque mentionnée ci-dessus, ainsi qu'à sa radiation, ne donnent lieu à aucune perception au profit du Trésor.

Les prestations d'aide sociale à domicile *(Abrogé par L. n° 2001-647 du 20 juill. 2001, art. 2-II)* **« *, la prestation spécifique dépendance* » et la prise en charge du forfait journalier mentionnées à l'article L. 132-8 ne sont pas garanties par l'inscription d'une hypothèque légale.** — *[C. fam., art. 146, al. 7, et 148.]* — *V. note ss. art. L. 132-8.*

BIBL. ▶ ALFANDARI, L'hypothèque légale de l'article 148 du C. fam., *Rev. aide soc. 1964. 193.*

COMMENTAIRE

L'article L. 132-9, qui reprend les anciens articles 146, alinéa 7, et 148 du code de la famille et de l'aide sociale, organise un dispositif de garantie des récupérations à l'encontre du patrimoine du bénéficiaire telles qu'elles sont organisées à l'article L. 132-8. Il prévoit les modalités d'inscription d'une hypothèque sur les biens immobiliers du demandeur.

Ce sont, en fonction de leur champ de compétences propres, soit le représentant de l'État, soit le président du conseil départemental qui peuvent requérir l'inscription de cette garantie. Il faut indiquer que l'inscription hypothécaire constitue une simple faculté à disposition des collectivités publiques et en aucun cas une obligation ; de plus, elle ne peut être exercée que si la valeur des biens du bénéficiaire de l'aide sociale est égale ou supérieure à 1 500 euros ; seuls les biens immobiliers du bénéficiaire sont susceptibles d'être grevés et, en cas d'indivision, seule la part de l'immeuble lui revenant est concernée ; il ne peut non plus y avoir inscription d'une hypothèque lorsque l'immeuble est sorti du patrimoine du demandeur par vente ou donation.

La loi n° 2001-647 du 20 juillet 2001 relative à l'allocation personnalisée d'autonomie, en prolongement de la disposition concernant les prestations d'aide sociale à domicile et la prise en charge du forfait journalier introduite à l'article L. 132-8, exclut l'inscription d'une hypothèque légale pour garantir la récupération des sommes qui leur sont affectées. ❑

1. Compétence pour requérir l'hypothèque. L'inscription d'une hypothèque étant de la compétence exclusive du préfet ou du président du conseil général, les commissions d'admission n'ont pas compétence pour la requérir. • CE 30 mars 2001, *Cts Rothenberger*, n° 208934 : *RDSS 2001. 549, obs. Ligneau* • Comm. centr. aide soc. 5 déc. 2000 : *RDSS 2001. 342, obs. Ligneau*. ♦ De même, les juridictions d'aide sociale n'ont pas compétence pour statuer sur l'inscription, la non-inscription ou la levée de l'hypothèque. • Comm. centr. aide soc. 1er juill. 1988, *Dpt Pas-de-Calais : EJCCAS n° 17-7, p. 4* • 3 avr. 2000 : *CJAS n° 2000/04, p. 11*.

2. Appel aux obligés alimentaires. L'inscription hypothécaire des immeubles appartenant au bénéficiaire de l'aide sociale n'est prévue par l'art. L. 132-9 CASF qu'à titre de garantie réelle conditionnée et facultative pour la collectivité disposant d'une créance d'aide sociale ; par suite, il ne saurait être valablement soutenu qu'une inscription hypothécaire pourrait garantir ladite créance sans faire appel aux obligés alimentaires. • Comm. centr. aide soc. 12 avr. 2001 : *CJAS n° 2001/09, p. 27*.

3. Mention de l'inscription hypothécaire. La mention de l'inscription hypothécaire dans la décision d'admission à l'aide sociale ne constitue qu'un simple rappel des dispositions légales et ne fait donc pas grief au bénéficiaire. • Comm. centr. aide soc. 19 avr. 1984, n° 3/84 : *EJCCAS n° 20-1, p. 1*.

4. Bénéficiaire de l'aide sociale décédé. Une hypothèque ne peut être prise sur les immeubles transmis par un assisté décédé à ses descendants • Comm. centr. aide soc. 15 mai 1986 : *RF aff. soc. 1986, cah. jur. n° 4, p. 30*.

5. Compétence juridictionnelle en cas de litige. Les hypothèques légales prises sur les immeubles appartenant aux bénéficiaires de l'aide sociale ont pour objet de garantir les créances détenues par les collectivités publiques à l'égard desdits bénéficiaires ou de leurs ayants droit ; ces créances présentant le caractère de créances publiques, les litiges auxquels elles donnent lieu, y compris les contestations dirigées contre les décisions des autorités administratives relatives à l'inscription ou à la radiation des hypothèques destinées à garantir ces créances, relèvent de la compétence des juridictions d'aide sociale. • CE 18 nov. 1988, *Chaignot*, n° 77897 : *Lebon 412* ; *AJDA, 1989. 188, obs. Prétot* • CE, sect., 1er déc. 1989, *Mlle de Bellegarde*, n° 80306 : *Lebon 243* ; *AJDA 1990. 335, note Prétot* ; *JCP 1990. II. 21517, concl. de Guillenchmidt, note Alfandari* ; *D. 1990. IR 21*.

6. Levée de l'hypothèque et date du recours en récupération. Une hypothèque ne peut être inscrite sur le fondement de l'art. L. 132-9 que pour la garantie de l'exercice ultérieur d'un recours en récupération par la collectivité d'aide sociale ; il en résulte qu'un recouvrement de la somme correspondant à l'inscription prise ne peut intervenir que lors de l'exercice du recours pour la garantie duquel l'hypothèque a été inscrite, aucune disposition ne permettant à l'administration – que l'hypothèque ait été ou non levée – de pourvoir au recouvrement de sa créance avant que le fait générateur d'une récupération légalement susceptible d'être exercé par la collectivité d'aide sociale ne se soit produit. • Comm. centr. aide soc. 14 mai 2009, dossier n° 080823 : *CJAS n° 2009/04* • CE 28 mai 2010, *Dpt de Paris : Lebon 170* ; *RDSS 2010. 714, concl. Derepas* ; *AJDA 2010. 2506, note Rihal*.

Art. L. 132-10 **L'État ou le département sont, dans la limite des prestations allouées, subrogés dans les droits de l'allocataire en ce qui concerne les créances pécuniaires de celui-ci contre toute personne physique ou morale en tant que ces créances ne sont ni incessibles, ni insaisissables et que la subrogation a été signifiée au débiteur.** – *[C. fam., art. 149.]*

COMMENTAIRE

Cette disposition (ancien art. 149), dont la mise en œuvre s'est toujours révélée, en pratique, assez rare, a longtemps eu vocation prioritaire à s'appliquer en matière d'aide médicale : mais compte tenu de la création de la couverture maladie universelle et du caractère résiduel de l'aide médicale de l'État, elle ne devrait plus jouer, à l'avenir, que dans un nombre très restreint d'hypothèses. ❑

1. Personnes pouvant être subrogées. Aucune disposition du code ne prévoyant la subrogation d'un centre hospitalier, doit par suite être annulée la décision ayant refusé le bénéfice de l'aide sociale au motif que ledit centre pouvait faire une saisie-arrêt auprès de la compagnie d'assurance concernée. • Comm. centr. aide soc. 14 mars 1989, *Dpt Charente : EJCCAS n° 12-1, p. 1.* ♦ Il en va de même de la décision qui, pour refuser un tel bénéfice, s'est fondée sur l'éventuelle responsabilité de l'auteur de l'accident à l'origine de l'hospitalisation de la victime. • Comm. centr. aide soc. 8 janv. 1991, *Dpt Manche : EJCCAS n° 12-2, p. 1.*

2. Caractère indemnitaire des créances. L'État, le département ou la commune, lorsque celle-ci bénéficie d'un régime spécial d'aide médicale, ne sont subrogés dans les droits de l'allocataire en ce qui concerne les créances pécuniaires de celui-ci contre toute personne physique ou morale que si ces créances ont un caractère indemnitaire : des prestations d'assistance liées à des conditions de ressources ne revêtent pas ce caractère. • Civ. 2e, 5 juin 1991, n° 89-11.740 P : *D. 1991. IR 183*. ♦ Encourt la cassation la cour d'appel qui, pour faire droit au recours du conseil général d'un département tendant à obtenir le remboursement de l'allocation compensatrice aux personnes handicapées, retient que le département dispose contre la personne tenue à réparation ou son assureur d'une action subrogatoire en vertu de l'art. 149 du C. fam. (devenu art. L. 132-10 CASF) alors que cette allocation, destinée seulement à garantir à ses bénéficiaires un minimum de ressources, est dépourvue de caractère indemnitaire. • Crim. 11 avr. 1996, n° 95-83.353 P.

3. Incompétence de la commission d'admission. Si les dispositions de l'art. L. 132-10 permettent au département, dans certains cas, et selon certaines modalités, d'être subrogé dans les droits du bénéficiaire d'une aide sociale, elles n'autorisent pas la commission d'admission à procéder à la répétition d'un indu d'allocation compensatrice auprès du bénéficiaire lui-même • Comm. centr. aide soc. 7 juin 2004 : *CJAS n° 2004/05, p. 127.*

Art. L. 132-11 **Tous les recouvrements relatifs au service de l'aide sociale sont opérés comme en matière de contributions directes.**

Les actes faits et les décisions rendues dans le cadre de l'attribution des prestations d'aide sociale mentionnées à l'article L. 111-1 sont dispensés du droit de timbre et enregistrés gratis lorsqu'il y a lieu à la formalité de l'enregistrement. – *[C. fam., art. 196, al. 1er et 2.]*

Titre exécutoire. Si le débiteur de l'obligation alimentaire ne s'acquitte pas de celle-ci, la collectivité créancière peut demander à l'autorité judiciaire de délivrer un titre exécutoire ; l'autorité judiciaire est alors seule compétente en la matière : la collectivité publique ne peut pas, sauf à commettre une illégalité, émettre elle-même un titre exécutoire. • Civ. 1er déc. 1987 : *RDSS 1988. 309* • Comm. centr. aide soc. 26 juin 1991, *Dpt Nord,* n° 902239 • CE, avis, 28 juill. 1995, *M. Kilou,* n° 168438 : *Lebon 315* ; *RFDA 1996. 386, concl. Maugüé*.

Art. L. 132-12 **Sauf disposition contraire, les modalités d'application du présent chapitre sont déterminées par décret en Conseil d'État, et notamment celles prévues aux articles L. 132-1, L. 132-5, L. 132-8 et L. 132-9.**

CHAPITRE III CONTRÔLE EN MATIÈRE D'AIDE SOCIALE, CONFIDENTIALITÉ DES DONNÉES ET INCOMPATIBILITÉS *(Ord. n° 2018-22 du 17 janv. 2018, art. 1er-1°).*

BIBL. ▶ CAS, Prestations sociales : de la lutte contre la fraude au paiement « à bon droit », *Note de veille, n° 98, 2008.* – CHATZILAOU, La lutte contre la fraude sociale éclipsée par le dialogue administratif, *RDT 2020. 380* . – Conseil national des prélèvements obligatoires, La fraude aux prélèvements obligatoires et son contrôle, *Rapport, 2008.* – Divers, Fraudes et protection sociale (Dossier), *Dr. soc. 2011. 591.* – FRANÇOIS-LUBIN, La lutte contre la fraude aux prestations à l'épreuve de l'aide sociale, *RDSS 2011. 116* . – HAMEL, Fraude, indus, non-recours : comment faciliter le juste paiement des prestations sociales ?, *Cons. anal. strat., La note d'analyse, n° 306, 2012.* – Favoriser le paiement à bon droit, *Inf. soc. 2013, n° 178, p. 88.* – ODENORE, L'envers de la « fraude sociale », *La Découverte, 2012.* – RANAIVO, La lutte contre la fraude aux prestations sociales : un dispositif juridique équilibré ?, *Dr. soc. 2020. 265* .

COMMENTAIRE

Le code comportant trois séries de dispositions relatives aux contrôles tant de la mise en œuvre des procédures d'attribution des prestations que du fonctionnement des établissements et services, ce chapitre III (art. L. 133-1 à L. 133-6) traite de la question de l'accès aux prestations d'aide et d'action sociales.

Il est le fruit d'une superposition de dispositions issues pour la plupart de l'ancien code de la famille (art. 133, 135, 147, 197 et 198) adaptées et complétées par la loi n° 2002-2 du 2 janvier 2002 ainsi que par l'ordonnance n° 2005-1477 du 1er décembre 2005 ; l'ordonnance n° 2018-22 du 17 janvier 2018 y a introduit à nouveau des modifications, notamment avec la réécriture de l'article L. 133-1 et la modification du titre même du chapitre, qui, ne visant antérieurement que les contrôles, prend désormais en compte les dispositions ayant pour objet les questions de protection des données ainsi que les incompatibilités.

Tout d'abord, les articles L. 133-1 et L. 133-2 concernent les agents chargés des contrôles, les uns (art. L. 133-1 nouv.) étant placés « sous l'autorité » du ministre ou du préfet en ce qui concerne les prestations relevant des administrations de l'État, les autres (art. L. 133-2) étant « désignés » (nouvelle notion se substituant à celle d'« habilitation ») par le président du conseil départemental.

Ensuite, deux dispositions organisent la communication d'informations entre les services sociaux et l'administration fiscale pour l'une (art. L. 133-3), et entre ces mêmes services et les personnes morales publiques ou privées disposant d'informations qui peuvent permettre d'apprécier la situation des demandeurs (art. L. 133-5-1) pour l'autre, cela par dérogation au secret professionnel. Cependant, le secret professionnel est requis pour toutes les informations nominatives (art. L. 133-4) et s'applique à toutes les personnes intervenant dans l'instruction, l'attribution ou la révision des prestations d'aide sociale (art. L. 133-5), ce qui intègre en fait toutes ces activités et notamment les contrôles qu'elles génèrent dans le cercle du « secret partagé ».

Enfin, l'article L. 133-6, réécrit et dont le contenu a été renforcé par la loi n° 2022-140 du 7 février 2022 relative à la protection des enfants, définit des incapacités à exercer, à quelque titre que ce soit, des fonctions dans toute structure – régie par le code – concernant l'accueil de mineurs relevant de la protection des enfants, lorsque les personnes en cause ont fait l'objet de condamnations pénales : une liste détaillée de ces dernières étant dressée par ladite disposition. ❑

Art. L. 133-1 *(Ord. n° 2018-22 du 17 janv. 2018, art. 1er-2°)* **Le contrôle de l'application des lois et règlements relatifs à l'aide sociale de l'État est assuré par les agents placés sous l'autorité ou mis à la disposition du ministre chargé de l'action sociale ou du représentant de l'État dans le département.**

Art. L. 133-2 Les agents départementaux *(Ord. n° 2018-22 du 17 janv. 2018, art. 1er-3°)* **« désignés à cette fin » par le président du conseil départemental ont compétence pour contrôler le respect, par les bénéficiaires et les institutions intéressées, des règles applicables aux formes d'aide sociale relevant de la compétence du département.**

(Ord. n° 2018-22 du 17 janv. 2018, art. 1er) **« Dans le respect des dispositions figurant à la section 4 du chapitre III du titre I du livre III et aux articles L. 331-1, L. 331-8 et L. 331-9, le règlement départemental arrête les modalités de ce contrôle. »**

Art. L. 133-3 Par dérogation aux dispositions qui les assujettissent au secret professionnel, les agents des administrations fiscales sont habilités à communiquer aux commissions prévues *(Ord. n° 2005-1477 du 1er déc. 2005, art. 1er-3°)* **« au chapitre IV » du présent titre et aux autorités administratives compétentes les renseignements qu'ils détiennent et qui sont nécessaires pour instruire les demandes tendant à l'admission à une forme quelconque d'aide sociale ou à la radiation éventuelle du bénéficiaire de l'aide sociale.**

Les dispositions du présent article sont applicables aux agents des organismes de la sécurité sociale et de la mutualité sociale agricole, sauf en ce qui concerne les renseignements d'ordre médical. – *[C. fam., art. 133.]*

Ancien art. L. 133-3 ***Par dérogation aux dispositions qui les assujettissent au secret professionnel, les agents des administrations fiscales sont habilités à communiquer aux commissions prévues aux chapitres I et IV du présent titre et aux autorités administratives compétentes les renseignements qu'ils détiennent et qui sont nécessaires pour instruire les demandes tendant à l'admis-***

sion à une forme quelconque d'aide sociale ou à la radiation éventuelle du bénéficiaire de l'aide sociale.

Les dispositions du présent article sont applicables aux agents des organismes de la sécurité sociale et de la mutualité sociale agricole, sauf en ce qui concerne les renseignements d'ordre médical. – [C. fam., art. 133.]

Mesures d'instruction. Ni l'art. 133 C. fam. (devenu art. L. 133-3 CASF) qui habilite les agents de certaines administrations à communiquer des renseignements aux commissions d'aide sociale par dérogation aux dispositions qui les soumettent au secret professionnel, ni aucun autre texte ne font obligation à la Commission centrale d'aide sociale de procéder à des mesures d'instruction; il n'appartient qu'aux juges du fond d'apprécier l'opportunité de procéder à de telles mesures. • CE 3 mars 1995, *Hôpital de la maison de Nanterre*, nº 116448 : *RDSS 1995. 569, obs. Ligneau*.

Art. L. 133-4 **Les informations nominatives à caractère sanitaire et social détenues par les services des affaires sanitaires et sociales sont protégées par le secret professionnel.**

Le président du conseil départemental et le représentant de l'État dans le département peuvent obtenir la communication des informations nécessaires pour exercer leurs pouvoirs en matière sanitaire et sociale.

Les règles régissant la communication des informations d'ordre sanitaire et social à l'autorité judiciaire sont applicables. – *[L. nº 83-663 du 22 juill. 1983, art. 47.]*

Art. L. 133-5 **Toute personne appelée à intervenir dans l'instruction, l'attribution ou la révision des admissions à l'aide sociale, et notamment les membres des conseils d'administration des centres communaux ou intercommunaux d'action sociale, ainsi que toute personne dont ces établissements utilisent le concours** *(Abrogé par Ord. nº 2005-1477 du 1er déc. 2005, art. 1er)* ***« et les membres des commissions d'admission »*** **sont tenus au secret professionnel dans les termes des articles 226-13 et 226-14 du code pénal et passibles des peines prévues à l'article 226-13.** – *[C. fam., art. 135.]*

Les dispositions du présent art. entrent en vigueur le 1er janv. 2007 et s'appliquent aux nouvelles demandes déposées à compter de cette date et à celles qui n'ont pas fait l'objet d'une décision à cette même date (Ord. nº 2005-1477 du 1er déc. 2005, art. 1er).

Ancien art. L. 133-5 ***Toute personne appelée à intervenir dans l'instruction, l'attribution ou la révision des admissions à l'aide sociale, et notamment les membres des conseils d'administration des centres communaux ou intercommunaux d'action sociale, ainsi que toute personne dont ces établissements utilisent le concours et les membres des commissions d'admission sont tenus au secret professionnel dans les termes des articles 226-13 et 226-14 du code pénal et passibles des peines prévues à l'article 226-13.*** – [C. fam., art. 135.]

Art. L. 133-5-1 *(L. nº 2006-1640 du 21 déc. 2006, art. 139-III)* **Lorsqu'elles instruisent les demandes d'admission au bénéfice des prestations régies par le présent code ou qu'elles exercent leurs missions de contrôle et d'évaluation, les autorités attribuant ces prestations échangent, avec les personnes morales de droit public ou les personnes morales de droit privé gérant un service public, les informations ou les pièces justificatives ayant pour objet d'apprécier la situation des demandeurs ou des bénéficiaires au regard des conditions d'attribution. De même, les personnes morales de droit public et les personnes morales de droit privé gérant un service public tiennent ces autorités informées, périodiquement ou sur demande de celles-ci, des changements de situation ou des événements affectant les bénéficiaires et pouvant avoir une incidence sur le versement des prestations.**

Ces échanges d'informations ou de pièces justificatives peuvent prendre la forme de transmissions de données par voie électronique. Les traitements automatisés de données qui se limitent à l'organisation de ces échanges, notamment en vue de garantir l'authenticité et la fiabilité des données échangées, sont soumis aux dispositions de la loi nº 78-17 du 6 janvier 1978 relative à l'informatique, aux fichiers et aux libertés, dès lors que les informations et pièces justificatives échangées au titre d'une prestation sont celles définies par les dispositions législatives et réglementaires relatives à cette prestation.

Art. L. 133-6 *(L. nº 2022-140 du 7 févr. 2022, art. 20-I, en vigueur le 1er nov. 2022)* **Nul ne peut exploiter ni diriger l'un des établissements, services ou lieux de vie et d'accueil régis par le présent code ou ceux mentionnés à l'article L. 2324-1 du code de la santé publique, y intervenir ou y exercer une fonction permanente ou occasionnelle, à quelque titre que ce soit, y compris bénévole, ou être agréé au titre du présent code, s'il a été condamné définitivement soit pour un crime, soit pour les délits prévus :**

1º Au chapitre I du titre II du livre II du code pénal, à l'exception des articles 221-6 à 221-6-2 ;

2º Au chapitre II du même titre II, à l'exception des articles 222-19 à 222-20-2 ;

3º Aux chapitres III, IV, V et VII dudit titre II et à l'article 321-1 du même code lorsque le bien recelé provient des infractions mentionnées à l'article 227-23 dudit code ;

4º Au titre I du livre III du même code ;

5º A la section 2 du chapitre II du titre II du même livre III ;

6º Au titre I du livre IV du même code ;

7º Au titre II du même livre IV.

L'incapacité prévue au premier alinéa du présent article s'applique également en cas de condamnation définitive à une peine supérieure à deux mois d'emprisonnement sans sursis pour les délits prévus :

a) **Aux articles 221-6 à 221-6-2 et 222-19 à 222-20-2 du code pénal ;**

b) **Au chapitre I du titre II du livre III du même code ;**

c) **Aux paragraphes 2 et 5 de la section 3 du chapitre II du titre III du livre IV dudit code ;**

d) **A la section 1 du chapitre III du même titre III ;**

e) **A la section 2 du chapitre IV dudit titre III ;**

f) **Au chapitre I du titre IV du livre IV du même code ;**

g) **A l'article L. 3421-4 du code de la santé publique.**

Le contrôle des incapacités mentionnées aux seize premiers alinéas du présent article est assuré par la délivrance du bulletin nº 2 du casier judiciaire dans les conditions prévues à l'article 776 du code de procédure pénale et par l'accès aux informations contenues dans le fichier judiciaire national automatisé des auteurs d'infractions sexuelles ou violentes dans les conditions prévues à l'article 706-53-7 du même code, avant l'exercice des fonctions de la personne et à intervalles réguliers lors de leur exercice.

En cas de condamnation, prononcée par une juridiction étrangère et passée en force de chose jugée, pour une infraction constituant, selon la loi française, un crime ou l'un des délits mentionnés aux seize premiers alinéas du présent article, le tribunal judiciaire du domicile du condamné, statuant en matière correctionnelle, déclare, à la requête du ministère public, qu'il y a lieu à l'application de l'incapacité d'exercice prévue au présent article, après constatation de la régularité et de la légalité de la condamnation et l'intéressé dûment appelé en chambre du conseil.

Les personnes faisant l'objet d'une incapacité d'exercice peuvent demander à en être relevées dans les conditions prévues à l'article 132-21 du code pénal ainsi qu'aux articles 702-1 et 703 du code de procédure pénale. Cette requête est portée devant la chambre des appels correctionnels de la cour d'appel dans le ressort de laquelle le requérant réside lorsque la condamnation résulte d'une condamnation étrangère et qu'il a été fait application du dix-huitième alinéa du présent article.

Par dérogation à l'article 133-16 du code pénal, les incapacités prévues au présent article sont applicables en cas de condamnation définitive figurant au fichier judiciaire national automatisé des auteurs d'infractions sexuelles ou violentes même si cette condamnation n'est plus inscrite au bulletin nº 2 du casier judiciaire.

COMMENTAIRE

L'article L. 133-6 définissait dans sa rédaction antérieure (Ord. nº 2005-1477 du 1er déc. 2005) une incapacité à exercer toute fonction dans les établissements, services ou lieux de vie et d'accueil de la protection de l'enfance pour les personnes ayant été condamnées définitivement à des peines pénales dont la liste était ensuite constituée de renvois au code pénal.

La disposition a été réécrite par la loi n° 2022-140 du 7 février 2022 relative à la protection des enfants. S'il reprend le principe des incapacités d'exercice et dresse la liste des condamnations pénales qui les fondent (al. 1er), le texte s'est enrichi d'un alinéa organisant le contrôle préalable exercé sur les personnes intervenant dans le champ de la protection des enfants (al. 2) puisque l'on sait que cela constituait une grave lacune dans l'application du dispositif. ❑

Art. L. 133-6-1 *Abrogé par L. n° 2009-526 du 12 mai 2009, art. 116.*

Art. L. 133-7 Sauf disposition contraire, les modalités d'application des articles L. 133-1, L. 133-2, L. 133-3 *(Abrogé par Ord. n° 2005-1477 du 1er déc. 2005, art. 15)* ***« et des articles L. 133-5 et L. 133-6 »*** **sont déterminées par décret en Conseil d'État.**

CHAPITRE IV CONTENTIEUX

(L. n° 2016-1547 du 18 nov. 2016, art. 12-II)

L'art. 12 de la L. n° 2016-1547 du 18 nov. 2016 entre en vigueur à une date fixée par décret, et au plus tard le 1er janv. 2019.

A cette date, les affaires en cours devant les commissions départementales d'aide sociale sont, selon leur nature, transférées en l'état aux tribunaux de grande instance ou aux tribunaux administratifs territorialement compétents. Les procédures en cours devant la Commission centrale d'aide sociale en application de l'art. L. 134-2 CASF sont, selon leur nature, transférées en l'état aux cours d'appel ou aux cours administratives d'appel territorialement compétentes. Les procédures en cours devant la même commission en application de l'art. L. 134-3 du même code sont transférées en l'état à une juridiction administrative désignée par décret en Conseil d'État.

Les convocations et citations données aux parties peuvent être délivrées avant la date d'entrée en vigueur de l'art. 12 de la loi susvisée pour une comparution postérieure à cette date devant la juridiction nouvellement compétente. Il n'y a pas lieu de renouveler les actes, formalités et jugements régulièrement intervenus avant le transfert des procédures, à l'exception des convocations et citations données aux parties qui n'auraient pas été suivies d'une comparution devant la juridiction supprimée ou antérieurement compétente. Les parties ayant comparu devant la juridiction supprimée ou antérieurement compétente sont informées par l'une ou l'autre des juridictions qu'il leur appartient d'accomplir les actes de la procédure devant la juridiction à laquelle les procédures sont transférées. Les archives et les minutes du secrétariat des juridictions supprimées ou antérieurement compétentes sont transférées au greffe de la juridiction nouvellement compétente. Les frais de transfert de ces archives et minutes sont imputés sur le crédit ouvert à cet effet au budget du ministère de la justice (L. n° 2016-1547 du 18 nov. 2016, art. 114-I, mod. par Ord. n° 2018-358 du 16 mai 2018).

BIBL. ▸ ACAR, La réforme du contentieux judiciaire de la sécurité sociale : regards sur la procédure de mise en état, *RJS, n° 3, 2019. 167.* – BÉLORGEY, Vicissitudes du contentieux de l'aide sociale, *RDSS 2006. 531* ; L'impossible mission du juge de l'aide sociale, *RDSS 2007. 493* ; Les juridictions d'action sociale confrontées au principe d'égalité, *RDSS 2013. 414* ; Aide sociale : quels contentieux, et quels juges ?, *Regards EN3S, n° 47, 2015. 97.* – BORGETTO, Les juridictions sociales en question(s), *Regards EN3S, n° 47, 2015. 21.* – BORGETTO et LAFORE, Droit de l'aide et de l'action sociales, *Domat-Montchrestien, 11e éd., 2021, nos 224 s.* – BOUGRAB, L'accès à la justice : le droit au droit, *Inf. soc., n° 120, 2004. 60.* – BOUILLOUX, La réforme des contentieux sociaux par la loi de modernisation de la justice du XXIe siècle, *JCP S 2017, n° 1077* ; Les ordonnances du 16 mai 2018 relatives à la réforme des contentieux sociaux par la loi de modernisation de la justice du XXIe siècle, *JCP S 2018. 1231* ; Mise en œuvre de la réforme du contentieux de la sécurité sociale et de l'aide sociale, *JCP S 2019. 1017.* – CHAUFFAUT, Simplifier l'accès au juge de la sécurité sociale, *RDSS 2021. 520* . – Conseil d'État, L'avenir des juridictions spécialisées dans le domaine social, *La Doc. fr. 2004.* – DEGOFFE, La juridiction administrative spécialisée, *LGDJ 1996.* – ÉVEILLARD, Les problèmes soulevés par le contentieux de l'aide et de l'action sociales, *RDSS 2015. 803* . – FRANK, Réflexions sur les spécificités du contentieux de l'aide sociale, *RDSS 2009. 921* . – HENNION-MOREAU, L'impartialité et l'indépendance des juridictions sociales, *Mél. Normand, Litec, 2003, p. 219.* – LAROQUE, Unifier les juridictions sociales au profit des bénéficiaires, *RDSS 2013. 1099* . – LE FISCHER et PRÉTOT, La circonférence du pôle. Réflexions sur la compétence du pôle social du tribunal judiciaire, *RJS 2021. 939* ; Dédale en son labyrinthe... Réflexions sur la procédure devant le pôle social, *RJS 2024. 7.* – LEVY, L'aide sociale, son juge et la loi : vicissitudes ou cohérence ?, *RDSS 2007. 304* ; Le transfert à la découpe des compétences des juridictions d'aide sociale par la loi du 18 novembre 2016 portant modernisation de la justice du 21e siècle, *RDSS 2017. 907* . – NÉGRIN, Contentieux de l'aide et de l'action sociales, *J.-Cl. Adm. 2003, n° 1138.* – NEGRON, La création des pôles sociaux. Une nouvelle étape vers une justice plus proche et plus efficace, *JCP 2018. 1353*. – NICOLAS et FAURE, Contentieux sociaux : la fin du parcours d'obstacles ?, *AJDA 2018. 1889* 🖉. – PRÉTOT, Quels contentieux pour quels juges, le RMI à l'épreuve du droit, colloque, *ADICOD 1991. 54* ; Des droits sociaux au droit au procès, *Inf. soc., nº 120, 2004. 116* ; Le contentieux de la protection et de l'action sociales : quelques observations sur une institution en pleine évolution, *p. 261, in* BORGETTO et CHAUVIÈRE (Dir.), Qui gouverne le social ?, *Éd. Dalloz, 2008*. – RIHAL, La fin des juridictions de l'aide sociale, *AJDA 2018. 2289* 🖉. – VERKINDT, Le renouveau du contentieux de la protection sociale, *JCP S 2019. 1159*. – VIALETTES, Les juridictions sociales : vers un grand *aggiornamento* ?, *RFDA 2017. 25* 🖉.

COMMENTAIRE

Le contentieux de l'aide sociale était confié (jusqu'au 1er janv. 2019) aux commissions départementales d'aide sociale (CDAS) ainsi qu'à la commission centrale d'aide sociale (CCAS), celui de la sécurité sociale aux tribunaux des affaires de la sécurité sociale (TASS) et divers contentieux aux tribunaux du contentieux de l'incapacité (TCI). Cet éclatement des juridictions était d'une grande complexité pour les justiciables, notamment parce que l'ensemble était réparti, pour les procédures d'appel et de cassation, entre les deux ordres de juridictions ; de plus, le système se caractérisait d'une part, par une efficacité déficiente (ces structures diversifiées ne disposaient pas de moyens à la hauteur des enjeux) ; d'autre part, par une légitimité insuffisante (il s'agissait de juridictions spécialisées historiquement très liées à l'administration au point de comprendre jusqu'à une période récente un certain nombre de fonctionnaires).

Depuis une vingtaine d'années, la nécessité de leur réforme semblait s'imposer. C'est ce qu'a réalisé la loi nº 2016-1547 du 18 novembre 2016 de modernisation de la justice du XXIe siècle en abrogeant les dispositions antérieures (anc. art. L. 134-1 à L. 134-10) et en leur substituant un nouveau chapitre IV « Contentieux » qui comporte quatre articles (art. L. 134-1 à L. 134-4).

Pour l'essentiel, les contentieux traités par les TASS et les TCI sont confiés à une formation collégiale unique, dénommée « pôle social », qui est constituée au sein de TGI qui sont désignés pour l'accueillir. De plus, la partie du contentieux des CDAS qui a un lien avec celui de la sécurité sociale (litiges relatifs à la CMU-C, à l'ACS ainsi que d'autres contentieux) relève également de ce pôle social. Les voies d'appel des décisions du pôle social sont ouvertes devant la chambre sociale de la cour d'appel.

En ce qui concerne particulièrement le contentieux qui relevait des CDAS et, en appel, de la CCAS, l'apport principal de la réforme est donc la suppression de ces deux juridictions spécialisées et le renvoi des litiges dont elles avaient à connaître (aide sociale aux personnes âgées, APA, aide sociale aux personnes handicapées, PCH, obligation alimentaire et recours sur succession, aide médicale d'État) soit au pôle social du TGI (avec en appel et en cassation le recours aux juridictions judiciaires), soit aux tribunaux administratifs (et donc aux cours administratives d'appel et au Conseil d'État).

Cela maintient donc une certaine complexité due à l'éclatement du contentieux de l'aide sociale entre les deux ordres de juridictions : sont portés devant le pôle social et donc devant le juge judiciaire (L. nº 2016-1517 du 18 nov. 2016, art. 12 : art. L. 134-3) les litiges concernant l'allocation différentielle aux personnes adultes handicapées (art. L. 241-2), la PCH, ceux liés à la mise en œuvre de l'obligation alimentaire (art. L. 132-6), les recours en récupération (art. L. 132-8) ; en revanche, implicitement dans les nouvelles dispositions et donc par déduction, devront être portés devant le juge administratif les contentieux relatifs à l'APA, à l'aide ménagère ou l'aide à domicile, à l'aide sociale aux personnes sans domicile fixe, au RSA ou à l'AME.

Autre novation : tous les recours formés contre les décisions du représentant de l'État ou du président du conseil départemental devront être obligatoirement précédés d'un recours administratif préalable (art. L. 134-2).

La réforme est donc radicale : reste cependant à savoir – ce que seule l'expérience nous dira – s'il n'aurait pas été plus judicieux de réformer en profondeur les juridictions spécialisées existantes (la présence de celles-ci ayant pour origine le caractère spécifique et technique du droit applicable ainsi que la nécessité de régler les litiges le plus rapidement possible) plutôt que de procéder à leur suppression pure et simple… ❑

SECTION 1 Contentieux de l'admission à l'aide sociale

Art. L. 134-1 Le contentieux relevant du présent chapitre comprend les litiges relatifs aux décisions du président du conseil départemental et du représentant de l'État

dans le département en matière de prestations légales d'aide sociale prévues par le présent code.

1. Recours contre le refus d'accorder un chèque énergie. Un tel recours, sur lequel il appartient au juge administratif de statuer en qualité de juge de plein contentieux, est au nombre des requêtes relatives aux prestations, allocations ou droits attribués au titre de l'aide ou de l'action sociale, du logement ou en faveur des travailleurs privés d'emploi, devant être jugées selon les règles particulières fixées aux art. R. 772-5 s. CJA. • CE 30 sept. 2019, n° 427175 B.

2. Attribution de l'aide à la continuité territoriale instituée par la région de La Réunion. Eu égard à l'objet de cette aide, cette attribution ne relève pas des litiges relatifs « aux prestations, allocations ou droits attribués au titre de l'aide ou de l'action sociale » au sens de l'art. R. 811-1 CJA ; par suite, le jugement rendu dans le cadre de ce litige est susceptible d'appel. • CE 15 juill. 2020, n° 436276 B.

3. Retard de l'administration pour exécuter un jugement. Il résulte de l'art. R. 811-1 CJA qu'une action en responsabilité tendant à l'indemnisation du préjudice résultant du retard de l'administration à exécuter un jugement statuant sur un litige relatif à des prestations, allocations ou droits attribués au titre de l'action sociale ne constitue pas elle-même un tel litige ; par suite, elle n'est pas au nombre des litiges pour lesquels le tribunal administratif statue, par exception, en dernier ressort. • CE 12 mai 2023, n° 469019 B.

4. Recours d'un agent à raison de fautes dans la gestion de prestations d'action sociale. Une action en responsabilité introduite par un agent contre la collectivité publique qui l'emploie à raison de fautes dans la gestion des prestations d'action sociale facultative ne constitue pas un litige relatif à des prestations, allocations ou droits attribués au titre de l'action sociale au sens de l'art. R. 811-1 CJA ; par suite, le litige n'est pas au nombre de ceux sur lesquels le tribunal administratif statue en premier et dernier ressort. • CE 17 févr. 2023, n° 460846 B : *RDSS 2023. 367, obs. Prétot*.

5. Informations sur la présence d'un rapporteur public. Il résulte de l'art. R. 732-1-1 CJA que les parties ou leurs mandataires doivent être mis en mesure de connaître, dans un délai raisonnable avant l'audience, si l'affaire sera ou non dispensée de conclusions du rapporteur public. • CE 17 févr. 2023, n° 462051 B.

6. Fin de la procédure de médiation préalable obligatoire et recours. Il résulte de l'ensemble des dispositions de la loi du 18 nov. 2016 de modernisation de la justice du XXIe siècle et du Décr. du 16 févr. 2018 portant expérimentation d'une procédure de médiation préalable obligatoire en matière de litiges de la fonction publique et de litiges sociaux qu'en mettant fin à la procédure de médiation préalable obligatoire, l'autorité administrative ne peut être regardée comme prenant une décision susceptible de recours ; les conclusions dirigées contre cet acte doivent être regardées comme dirigées contre la décision initiale de l'autorité administrative ou, le cas échéant, la décision prise sur recours administratif préalable obligatoire. • CE 2 oct. 2023, n° 467834 B.

7. Frais de transport des enfants handicapés en région Île-de-France. Les litiges relatifs au remboursement, par Île-de-France Mobilités (IDFM), des frais de déplacement exposés par les élèves handicapés ayant leur domicile dans la région Île-de-France ne relèvent pas des litiges relatifs aux prestations, allocations ou droits attribués au titre de l'aide ou de l'action sociale au sens de l'art. R. 811-1 CJA ; par suite, les jugements par lesquels les tribunaux administratifs statuent sur de tels litiges ne sont pas rendus en dernier ressort et les conclusions qui tendent à leur annulation ont le caractère d'un appel. • CE 29 déc. 2023, n° 473744 B.

Art. L. 134-2 **Les recours contentieux formés contre les décisions mentionnées à l'article L. 134-1 sont précédés d'un recours administratif préalable exercé devant l'auteur de la décision contestée. L'auteur du recours administratif préalable, accompagné de la personne ou de l'organisme de son choix, est entendu, lorsqu'il le souhaite, devant l'auteur de la décision contestée.**

Les recours contentieux formés contre les décisions mentionnées au même article L. 134-1 *(L. n° 2019-222 du 23 mars 2019, art. 96-I)* **« et portant sur la prestation de revenu de solidarité active » sont précédés d'un recours administratif préalable exercé** *(L. n° 2019-222 du 23 mars 2019, art. 96-I)* **« dans les conditions prévues à l'article L. 262-47. »**

Les recours peuvent être formés par le demandeur, ses débiteurs d'aliments, l'établissement ou le service qui fournit les prestations, le maire, le président du conseil départemental, le représentant de l'État dans le département, les organismes de sécurité sociale et de mutualité sociale agricole intéressés ou par tout habitant ou contribuable de la commune ou du département ayant un intérêt direct à la réformation de la décision.

Le requérant peut être assisté ou représenté par le délégué d'une association régulièrement constituée depuis cinq ans au moins pour œuvrer dans les domaines des

droits économiques et sociaux des usagers ainsi que dans ceux de l'insertion et de la lutte contre l'exclusion et la pauvreté.

1. Recours préalable et recevabilité de la demande. L'institution d'un recours administratif préalable obligatoire à la saisine du juge vise à laisser à l'autorité compétente pour en connaître le soin d'arrêter définitivement la position de l'administration ; cependant, dès lors que ce recours a été adressé à l'administration préalablement au dépôt de la demande contentieuse, la circonstance que cette dernière demande ait été présentée de façon prématurée, avant que l'autorité administrative ait statué sur le recours administratif, ne permet pas au juge administratif de la rejeter comme irrecevable si, à la date à laquelle il statue, est intervenue une décision, expresse ou implicite, se prononçant sur le recours administratif ; il appartient alors au juge administratif, statuant après que l'autorité compétente a définitivement arrêté sa position, de regarder les conclusions dirigées formellement contre la décision initiale comme tendant à l'annulation de la décision, née de l'exercice du recours administratif préalable, qui s'y est substituée. • CE 16 juin 2021, n° 440064 B.

2. Médiation préalable obligatoire. En mettant fin à la procédure de médiation préalable obligatoire, l'autorité administrative ne peut être regardée comme prenant une décision susceptible de recours ; partant, les conclusions dirigées contre cet acte doivent être regardées comme dirigées contre la décision initiale de l'autorité administrative ou, le cas échéant, la décision prise sur recours administratif préalable obligatoire (RAPO). • CE 2 oct. 2023, n° 467834 B.

SECTION 2 Compétence juridictionnelle

Art. L. 134-3 *(L. n° 2019-222 du 23 mars 2019, art. 96-I)* **Le juge judiciaire connaît des litiges :**

1° Résultant de l'application de l'article L. 132-6 ;

2° Résultant de l'application de l'article L. 132-8 ;

3° Relatifs à l'allocation différentielle aux adultes handicapés mentionnée à l'article L. 241-2 ;

4° Relatifs à la prestation de compensation accordée aux personnes handicapées mentionnée à l'article L. 245-2 et l'allocation compensatrice, prévue à l'article L. 245-1 dans sa rédaction antérieure à la loi n° 2005-102 du 11 février 2005 pour l'égalité des droits et des chances, la participation et la citoyenneté des personnes handicapées.

Ancien art. L. 134-3 (L. n° 2016-1547 du 18 nov. 2016, art. 12-II) ***Le juge judiciaire connaît des contestations formées contre les décisions relatives à :***

1° L'allocation différentielle aux adultes handicapés, mentionnée à l'article L. 241-2 du présent code ;

2° La prestation de compensation accordée aux personnes handicapées, mentionnée à l'article L. 245-2 ;

3° Les recours exercés par l'État ou le département en application de l'article L. 132-8 ;

4° Les recours exercés par l'État ou le département en présence d'obligés alimentaires prévues à l'article L. 132-6.

Jurisprudence rendue ss. l'empire de la L. n° 2016-1547 du 18 nov. 2016.

1. Recours des obligés alimentaires. Il résulte des art. L. 134-3 CASF et L. 211-16 COJ, dans leur rédaction issue de la L. n° 2016-1547 du 18 nov. 2016, que sont transférés à la juridiction judiciaire les recours des obligés alimentaires contestant les décisions prises par l'État ou le département pour obtenir le remboursement des sommes avancées par la collectivité au titre de l'aide sociale, les recours contre les décisions relatives à l'admission à l'aide sociale continuant en revanche de relever de la juridiction administrative même en présence d'obligés alimentaires. • T. confl. 8 avr. 2019, n° C4154 A : *AJDA 2019. 2068, note Rihal* • Trib. confl. 14 juin 2021, n° C4209 B • CE 18 juill. 2019, n° 419964 B. ♦ Relèvent de la compétence de la juridiction judiciaire les recours des obligés alimentaires contestant les décisions prises par l'État ou le département pour obtenir le remboursement des sommes avancées par la collectivité ; en revanche, les recours contre les décisions de l'État ou du département relatives à l'admission à l'aide sociale relèvent de la juridiction administrative, même en présence d'obligés alimentaires ; par suite, un recours contre un refus d'admission à l'aide sociale du président du conseil départemental relève de la compétence de la juridiction administrative. • T. confl. 6 juill. 2020, n° 4186.

2. Remise gracieuse. Dès lors qu'il est saisi d'un recours contre une décision administrative rejetant une demande de remise gracieuse d'une créance d'indu de prestation de compensation du handicap, laquelle est au nombre des créances pouvant faire l'objet d'une remise totale ou partielle, il entre dans l'office du juge du tribunal judiciaire spécialement désigné de remettre totalement ou partiellement la créance en cas de situation de précarité et de bonne foi du bénéficiaire de ladite prestation. • Civ. 2e, avis, 28 nov. 2019, n° 19-70.019 P.

Jurisprudence rendue ss. l'empire de la L. n° 2019-222 du 23 mars 2019, art. 96-I.

3. Compétence du juge judiciaire pour les aides complémentaires à la prestation de compensation. Le législateur ayant attribué compétence à la juridiction judiciaire pour statuer sur les litiges relatifs à la prestation de compensation et à l'allocation compensatrice, il en va de même des contestations des décisions du fonds départemental de compensation du handicap relatives aux aides financières venant en complément de la prestation de compensation ou de l'allocation compensatrice. • T. confl. 14 mars 2022, n° C4237 A.

4. Étendue de la compétence judiciaire concernant la prestation de compensation. Il résulte de l'art. L. 134-3 que le législateur a entendu donner compétence au juge judiciaire pour connaître de tous les litiges relatifs aux décisions portant sur la prestation de compensation du handicap, y compris les actions indemnitaires mettant en cause la responsabilité du département au titre d'un refus opposé à la demande d'une telle prestation. • T. confl. 3 juill. 2023, n° C4283 A : *RDSS 2023. 959, obs. Prétot* ; *AJDA 2023. 1939, note Rihal* .

SECTION 3 Assistance et représentation

Art. L. 134-4 **Devant le juge judiciaire comme devant le juge administratif, en premier ressort et en appel, les parties peuvent se défendre elles-mêmes.**

Outre les avocats, peuvent assister ou représenter les parties :

1° Leur conjoint ou un ascendant ou descendant en ligne directe ;

2° Leur concubin ou la personne à laquelle elles sont liées par un pacte civil de solidarité ;

3° Suivant le cas, un travailleur salarié ou un employeur ou un travailleur indépendant exerçant la même profession ou un représentant qualifié d'une organisation syndicale de salariés ou d'une organisation professionnelle d'employeurs ;

4° Un représentant du conseil départemental ;

5° Un agent d'une personne publique partie à l'instance ;

6° Un délégué d'une des associations de mutilés et invalides du travail les plus représentatives ou d'une association régulièrement constituée depuis cinq ans au moins pour œuvrer dans les domaines des droits économiques et sociaux des usagers ainsi que dans ceux de l'insertion et de la lutte contre l'exclusion et la pauvreté.

Le représentant doit, s'il n'est pas avocat, justifier d'un pouvoir spécial.

CHAPITRE IV *[ANCIEN]* CONTENTIEUX

COMMENTAIRE

Le chapitre « Contentieux » clôt le titre III du livre I relatif aux procédures en matière d'aide et d'action sociales. Ce chapitre a été constitué par la réunion – cohérente – de diverses dispositions de l'ancien code de la famille et de l'aide sociale antérieurement dispersées.

L'aide sociale a été dotée dès l'origine d'un système contentieux spécialisé, composé d'instances juridictionnelles *ad hoc* ou d'instances administratives transformées en juridictions. Configurés en juridictions de l'ordre administratif (les recours en cassation relevant du Conseil d'État), ces tribunaux avaient entre autres caractéristiques (ceci, au nom du caractère « technique » des questions traitées) d'être composés de magistrats, d'élus et de fonctionnaires.

Mais le choix de confier le contentieux à des juridictions spécialisées ne comporte pas que des avantages : outre que la répartition du contentieux entre les juridictions spécialisées entre elles et avec les juridictions de droit commun soulève inévitablement des difficultés, on savait de longue date que la composition de ces commissions posait problème, au regard tant des normes constitutionnelles que du principe du « droit à un procès équitable » devant un « tribunal indépendant et impartial » défini par la Convention européenne des droits de l'Homme (art. 6, § 1). Ce problème a été soulevé devant le Conseil constitutionnel dans le cadre de questions prioritaires de constitutionnalité, d'une part en ce qui concerne la commission départementale de l'aide sociale (CDAS, décision Cons. const. n° 2010-110 QPC du 25 mars 2011), et d'autre part, en ce qui concerne la commission centrale d'aide sociale (CCAS, décision Cons. const. n° 2012-250 QPC du 8 juin 2012) ; le juge a dans chaque cas conclu que ces instances ne respectent pas les principes d'indépendance et d'impartialité des juridictions, du fait de la présence de fonctionnaires au sein des sections et sous-sections. En conséquence, les fonctionnaires ne peuvent plus participer aux formations de jugement, ce qui oblige probablement à une réforme d'ensemble des juridictions de l'aide sociale.

Pour avoir une idée complète du contentieux dans le champ de l'aide et de l'action sociales, on ajoutera que les dispositions des articles L. 134-1 à L. 134-10 se trouvent prolongées par celles concernant les juridictions de la tarification sanitaire et sociale (art. L. 351-1 à L. 351-7), lesquelles sont ouvertes aux gestionnaires d'établissements et de services. ❑

Ancien art. L. 134-1 ***A l'exception des décisions concernant l'attribution des prestations d'aide sociale à l'enfance*** (L. n° 2008-1249 du 1er déc. 2008, en vigueur le 1er juin 2009) ***« ainsi que des décisions concernant le revenu de solidarité active », les décisions du président du conseil départemental*** (Ord. n° 2016-1562 du 21 nov. 2016, art. 23-I, en vigueur le 1er janv. 2018) ***« , ou, en Corse, du président du conseil exécutif » et du représentant de l'État dans le département prévues à l'article L. 131-2 sont susceptibles de recours devant les commissions départementales d'aide sociale mentionnées à l'article L. 134-6 dans des conditions fixées par voie réglementaire.*** — [C. fam., art. 124-2, al. 3.]

1. Règle générale de compétence. Si la solution du litige soulevé par la requête d'un préfet ne met en cause ni l'appréciation des droits de l'intéressé au bénéfice de l'aide sociale, ni la question de savoir si la charge des dépenses d'aide sociale exposées dans leur intérêt sera supportée par l'État ou par le département, le litige en question n'est pas au nombre de ceux qui relèvent de la compétence des juridictions d'aide sociale. • CE 26 juill. 1991, *Préfet du Val-d'Oise*, n° 103695 : *Lebon 299 ; AJDA 1992. 90, obs. Prétot ; RDSS 1991. 632, concl. Pochard.*

2. Prestations ne figurant pas dans le code. Les juridictions d'aide sociale ne sont pas compétentes pour connaître des litiges relatifs aux prestations qui ne figurent pas dans le CASF à l'instar, notamment, des prestations aux chômeurs. • CE 21 nov. 1986, *M. Osunsammi : RDSS 1987. 535, obs. Prétot.* ♦ En revanche, elles sont compétentes pour connaître – outre ceux relatifs à la protection complémentaire dans le cadre de la CMU en vertu de l'art. L. 161-4 CSS – le contentieux du « crédit d'impôt » institué en faveur des bénéficiaires de cette protection complémentaire • CE 19 mai 2006, *Mme Diarra : RDSS 2006. 704, concl. Stahl.*

3. Prestations d'action sociale. Les juridictions d'aide sociale ne sont pas compétentes pour connaître des litiges relatifs aux prestations supplémentaires d'action sociale instituées par les collectivités territoriales. • CE 12 janv. 1983, *Sipos : Lebon 2 ; EJCCAS n° 02-7, p. 5* • CE 28 avr. 2004, *Mme Monclaire*, n° 259214 B : *TPS n° 7, 2004. 28, obs. Prétot ; Bull. jur. coll. loc. 2004. 498, concl. Devys ; D. 2004. 421, obs. Dagorne-Labbe.* ♦ ... Ou pour connaître de litiges relatifs à une prestation qui, à l'instar de la « prime de Noël », laquelle est une aide exceptionnelle de fin d'année accordée aux bénéficiaires du RMI et du RSA, ne peut être regardée, compte tenu notamment de son mode de financement (celui-ci étant assuré, en l'occurrence, par l'État et non par le département), comme une décision d'admission à l'aide sociale. • CE 16 nov. 2009, *Mme A.*, n° 327236 : *RDSS 2010. 167, obs. Borgetto.*

4. Imbrication des prestations d'aide et d'action sociales. En raison de l'étroite imbrication entre prestations légales d'aide sociale et prestations d'aide sociale facultative, les juridictions de l'aide sociale sont compétentes pour connaître du contentieux relatif aux prestations d'aide sociale facultatives à l'hébergement, à l'entretien et à l'accompagnement des adultes handicapés ; une prestation qui, présentant le caractère d'une prestation d'accompagnement à domicile, a pour seul objet d'améliorer les modalités d'octroi de l'allocation compensatrice, relève, en cas de litige, de la compétence du juge de l'aide sociale, conformément à ce que prévoyait explicitement l'art. L. 124-2 du code de la famille et de l'aide sociale, dont rien ne permet de présumer que le législateur du 2 janv. 2002 ait entendu le priver d'effet • Comm. centr. aide soc. 27 avr. 2006 : *CJAS n° 2006/05, p. 199.* ♦ De même, les juridictions de l'aide sociale ont compétence pour connaître, sous réserve des décisions concernant les prestations d'aide sociale à l'enfance ou le revenu de solidarité active, de toutes les décisions d'admission à l'aide sociale relatives aux prestations légales d'aide sociale, y compris lorsque le conseil général a décidé de conditions ou de montants plus favorables que ceux prévus par les lois et règlements, ainsi que le permet l'art. L. 121-4 CASF. • CE 12 nov. 2014, *Dpt. de Maine-et-Loire*, n° 361194 : *RDSS 2014. 1117, concl. Vialettes.*

5. Prestations d'aide sociale à l'enfance. Les juridictions d'aide sociale ne sont pas non plus compétentes pour connaître des litiges relatifs aux prestations d'aide sociale à l'enfance. • TA Versailles, 12 nov. 1987, *M. Marchal c/ Dpt du Val-d'Oise : Lebon T. 592 ; RDSS 1988. 311, obs. Ligneau.*

6. Aide médicale de l'État. Il résulte des dispositions combinées des art. L. 131-2 et L. 134-1 que la compétence des commissions départementales d'aide sociale pour connaître des recours contre les décisions prises par le préfet en matière d'admission à l'aide médicale de l'État s'étend aux décisions par lesquelles les directeurs des caisses primaires d'assurance maladie statuent au nom de l'État et pour son compte sur les demandes de paiement des prestations réalisées au profit de personnes bénéficiaires de cette aide, présentées par les professionnels de santé, et qui impliquent de se prononcer sur l'étendue des droits aux prestations légales du bénéficiaire des soins • CE 9 déc. 2005, *M. Grangeon*, n° 273327 : *Lebon 560*.

7. Protection complémentaire en matière de santé. La circonstance que les recours relatifs aux décisions d'attribution de la protection complémentaire en matière de santé relèvent des commissions départementales d'aide sociale n'exclut nullement la possibilité pour le demandeur de former un recours hiérarchique ou gracieux auprès de la caisse de sécurité sociale ; toutefois, viole les dispositions en vigueur une caisse qui a rendu obligatoire, en ne mentionnant pas dans son courrier les délais et voies de recours auprès de la commission départementale d'aide sociale, la réalisation d'un recours hiérarchique avant la réalisation d'un recours devant ladite commission • Comm. centr. aide soc. 20 août 2007, dossier n° 060619 : *CJAS n° 2008/4*.

8. Fonctionnement défectueux du service d'aide sociale. Il n'appartient pas au juge de l'aide sociale de connaître de la responsabilité de l'administration à raison du fonctionnement défectueux du service d'aide sociale. • Comm. centr. aide soc. 2 juill. 2002 : *CJAS n° 2002/05, p. 83*.

9. Dépenses d'inhumation des personnes indigentes. Si les dispositions du code des communes font obligation aux maires ou au représentant de l'État dans le département de pourvoir aux inhumations de toutes les personnes indigentes, les dépenses que ces inhumations entraînent n'ont pas le caractère d'une dépense d'aide sociale et ne sauraient être prises en charge à ce titre ; par suite, le recours du maire ne saurait être accueilli par le juge de l'aide sociale. • Comm. centr. aide soc. 9 nov. 1992, *Dpt Yonne : EJCCAS n° 02-7, p. 7*.

10. Litiges relatifs au recouvrement des dépenses d'aide sociale. Les juridictions d'aide sociale sont compétentes pour connaître des litiges relatifs au recouvrement des sommes demandées à des particuliers en raison des dépenses exposées par une collectivité publique au titre de l'aide sociale. • CE, sect., 1er déc. 1989, *Mlle de Bellegarde*, n° 80306 : *Lebon 243* ; *AJDA 1990. 335, note Prétot* ; *JCP 1990. II. 21517, concl. de Guillenschmidt, note Alfandari* • 1er déc. 1989, *Gillet et a.*, n° 103141 : *Lebon 242* ; *AJDA 1990. 335, note Prétot* • CE 11 avr. 2005, *Mme M.*, n° 268713 : *CJAS n° 2005/03, p. 3.* ♦ ... Et ce, que ces contestations mettent en cause les bénéficiaires de l'aide sociale eux-mêmes, leurs héritiers et légataires ou d'autres personnes. • CE 14 janv. 1994, *Moisan*, nos 151874 à 151876.

11. Répétition de l'indu. En cas de somme indûment versée à un bénéficiaire de l'aide sociale à la suite d'une erreur exclusivement imputable à l'administration, celle-ci doit procéder à la répétition de l'indu en usant des voies de droit dont elle dispose en vertu des règles de droit commun régissant le recouvrement des créances publiques qui ne sont pas assises et liquidées par les services fiscaux, et non pas en exerçant un recours devant la commission cantonale, un tel recours n'étant exigé que dans des hypothèses toutes différentes, limitativement énumérées par les art. L. 132-8 et L. 132-9 CASF. • CE 29 juin 1992, *Dpt Ardennes*, n° 78052 B : *RDSS 1993. 329, obs. Ligneau*.

12. Forclusion des délais. La forclusion ne peut être opposée que si la preuve que le recours a été formé après les délais prescrits est établie ; en l'absence de preuve formelle, l'irrecevabilité au regard des délais ne peut être opposée notamment dans le cas où la décision aurait été notifiée par lettre simple ou même par lettre recommandée sans demande d'avis de réception, une telle procédure ne permettant pas de connaître de manière certaine la date à laquelle la décision a été notifiée à l'intéressé • Comm. centr. aide soc. 20 août 2007, dossier n° 060619 : *CJAS n° 2008/4*.

13. Titre de perception exécutoire. A l'intérieur de l'ordre de juridictions administratives, c'est le juge de l'aide sociale qui est compétent pour examiner l'ensemble des contestations portant sur le recouvrement des créances d'aide sociale, au nombre desquelles se trouve l'opposition formée contre un titre de perception rendu exécutoire émis pour avoir recouvrement d'une telle créance. • Comm. centr. aide soc., 30 juin 2010, dossier n° 091169 : *CJAS n° 2010/6*.

Ancien art. L. 134-2 *Les décisions des commissions départementales sont susceptibles d'appel devant la commission centrale d'aide sociale.* — [C. fam., art. 129, al. 1er (partie).]

(L. n° 2002-2 du 2 janv. 2002, art. 85-1°) *« La commission centrale d'aide sociale est composée de sections et de sous-sections dont le nombre est fixé par décret en Conseil d'État.*

« Le président de la commission centrale d'aide sociale est nommé par le ministre chargé de l'action sociale, sur proposition du vice-président du Conseil d'État, parmi les conseillers d'État en activité ou honoraires.

« Chaque section ou sous-section comprend en nombre égal, d'une part, des membres du Conseil d'État, des magistrats de la Cour des comptes ou des magistrats de l'ordre judiciaire en activité ou honoraires désignés respectivement par le vice-président du Conseil d'État, le premier président de la Cour des comptes ou le garde des sceaux, ministre de la justice, d'autre part, des (Abrogé par Cons. const. n° 2012-250 QPC du 8 juin 2012) *« fonctionnaires ou » personnes particulièrement qualifiées en matière d'aide ou d'action sociale désignées par le ministre chargé de l'action sociale ».*

(L. n° 2004-626 du 30 juin 2004, art. 18-I, en vigueur le 1er juill. 2004) *« Les membres de la commission centrale sont nommés pour une durée de quatre ans renouvelable.*

« Les rapporteurs qui ont pour fonction d'instruire les dossiers sont nommés par le ministre chargé de l'aide sociale soit parmi les membres du Conseil d'État et les magistrats de la Cour des comptes, (Abrogé par Cons. const. n° 2012-250 QPC du 8 juin 2012) ***« soit parmi les fonctionnaires des administrations centrales des ministères », soit parmi les personnes particulièrement compétentes en matière d'aide ou d'action sociale. Ils ont voix délibérative dans les affaires où ils sont rapporteurs.***

« Des commissaires du Gouvernement, chargés de prononcer leurs conclusions sur les affaires que le président de la commission centrale, d'une section ou d'une sous-section leur confie, sont nommés par le ministre chargé de l'aide sociale parmi les membres du Conseil d'État et les magistrats de la Cour des comptes (Abrogé par Cons. const. n° 2012-250 QPC du 8 juin 2012) ***« et les fonctionnaires du ministère chargé de l'aide sociale ». »***

V. art. R. 134-1 s.

Cons. const., Décis. n° 2012-250 QPC, 8 juin 2012 : La déclaration d'inconstitutionnalité prend effet à compter de la publication de ladite décision (JO 9 juin). A compter de cette date, la Commission centrale d'aide sociale sera composée selon les règles de l'art. L. 134-2 résultant de la présente déclaration d'inconstitutionnalité et les décisions rendues antérieurement par la commission ne peuvent être remises en cause sur le fondement de cette inconstitutionnalité que si une partie l'a invoquée à l'encontre d'une décision n'ayant pas acquis un caractère définitif au jour de la publication de la décision préc.

1. Indépendance et impartialité avant le 9 juin 2012. La composition des formations de jugement de la Commission centrale d'aide sociale doit respecter le principe d'impartialité qui s'applique à toute juridiction ; il peut être porté atteinte à ce principe lorsque, sans que des garanties appropriées assurent son indépendance, les fonctions exercées par un fonctionnaire appelé à siéger dans une des formations de jugement de la Commission centrale d'aide sociale le font participer à l'activité des services en charge des questions d'aide sociale soumises à la juridiction ; il suit de là que lorsqu'elles statuent sur un litige portant sur des prestations d'aide sociale relevant de l'État, ces formations ne peuvent comprendre, ni comme rapporteur ni parmi leurs autres membres, des fonctionnaires exerçant leur activité au sein du service ou de la direction en charge de l'aide sociale au ministère des affaires sociales. • CE 6 déc. 2002, *Maciolak et Trognon (2 esp.)*, n° 239540 : *Lebon 426 ; RDSS 2003. 92, concl. Fombeur ; AJDA 2003. 492, obs. Donnat, Casas ; JCP adm. 2003, n° 1289, p. 380, note Jean-Pierre.* • 24 juin 2003, *Fassel : CJAS, n° 2003/04, p. 3.* ♦ Si la présence de fonctionnaires au sein de la Commission centrale d'aide sociale ne fait pas obstacle, par elle-même, à ce que celle-ci puisse être regardée comme un tribunal indépendant et impartial au sens de l'art. 6 de la Conv. EDH, la formation de jugement ne peut cependant, lorsque le litige a trait à une prestation d'aide sociale relevant d'un département, comprendre un fonctionnaire du service chargé de l'aide sociale au sein de ce département, sauf si des garanties appropriées assurent son indépendance. • CE 13 janv. 2003, *Bournigal*, n° 234148 B : *CJAS, n° 2003/01, p. 17; AJDA 2003. 1012, note Ghebali-Bailly*. ♦ Il en va de même s'agissant de la présence de fonctionnaires au sein de la commission départementale des travailleurs handicapés. • CE 6 déc. 2002, *Aïn-Lhout : RDSS 2003. 163, concl. Seners ; AJDA 2003. 492, obs. Donnat, Casas ; RJS 2003, n° 953; JCP 2003. II. 10132, note Boumediene.*

2. Composition de la Commission centrale contraire à la Constitution. Dans la mesure où, d'une part, ni l'article L. 134-2, ni aucune autre disposition législative applicable à la Commission centrale d'aide sociale n'instituent les garanties appropriées permettant de satisfaire au principe d'indépendance des fonctionnaires membres des sections ou sous-sections, rapporteurs ou commissaires du gouvernement de ladite commission et où, d'autre part, ne sont pas davantage instituées les garanties d'impartialité faisant obstacle à ce que des fonctionnaires exercent leurs fonctions au sein de la même commission lorsque celle-ci connaît de questions relevant des services à l'activité desquels ils ont participé, la référence aux fonctionnaires figurant aux quatrième, sixième et septième alinéas de l'article L. 134-2 est contraire à la Constitution. • Cons. const. 8 juin 2012, n° 2012-250 QPC : *JO 9 juin 2012, p. 9794; RDSS 2012. 766, obs. Dagorne-Labbé ; AJDA 2012. 1865, note Rihal*. ♦ A compter de la publication de la présente décision, et sans préjudice de modifications ultérieures de cet article, la commission centrale sera composée selon les règles de l'article L. 134-2 résultant de la présente déclaration d'inconstitutionnalité. • Même décision. ♦ Par ailleurs, il y a lieu, en l'espèce, de prévoir que les décisions rendues antérieurement par la commission ne peuvent être remises en cause sur le fondement de cette inconstitutionnalité que si une partie l'a invoquée à l'encontre d'une décision n'ayant pas acquis un caractère définitif au jour de la publication de la présente décision. • Même décision.

3. Présidence de section. Si le président de la Commission centrale d'aide sociale peut présider chacune des sections de la commission et si tout membre de la commission empêché peut, sous certaines conditions, être remplacé par un autre membre de la commission, aucun texte ne permet aux présidents de section de présider une autre section que celle dont ils ont été nommés présidents par le ministre chargé de l'aide sociale. • CE

3 mars 1995, *Maison de Nanterre*, n° 127555 B : *RDSS 1996. 78, obs. Ligneau*.

4. Commissaire du Gouvernement. Les conclusions du commissaire du Gouvernement à la Commission centrale d'aide sociale ne sont requises que pour les affaires dans lesquelles le président de la formation concernée lui a demandé de conclure ; dès lors, la circonstance qu'une décision ait été prise sans l'intervention du commissaire du Gouvernement n'est pas, par elle-même, de nature à entacher ladite décision d'illégalité. • CE 3 mars 1995, *Hôpital de la Maison de Nanterre*, n° 116448 : *EJCCAS n° 02-3, p. 12 ; RDSS 1995. 569, obs. Ligneau*.

5. Aide juridictionnelle. La Commission centrale d'aide sociale ne peut, sans méconnaître les règles générales de procédure applicables devant elle, s'abstenir de différer le jugement de l'affaire jusqu'à ce que l'intéressé ait reçu notification de la décision prise sur sa demande d'aide juridictionnelle. • CE 15 mai 2002, *Dupont*, n° 213496 B : *D. 2002. IR 2097 ; CJAS n° 2002/04, p. 67.* ♦ Cependant, cette règle générale de procédure ne saurait trouver application lorsque l'avocat a présenté un mémoire complet et a fait état à la veille de l'audience, bien qu'il ait été averti de celle-ci depuis plusieurs mois, d'une impossibilité de présenter ou faire présenter des observations orales. • Comm. centr. aide soc. 30 avr. 2002 : *CJAS n° 2002/04, p. 3.*

6. Exigence de motivation. En vertu d'une règle générale de procédure applicable même sans texte devant les juridictions de l'aide sociale, les requêtes doivent être motivées ; par suite, l'appel dépourvu de toute motivation formulé par le requérant ne peut être que rejeté. • CE 14 déc. 1988, *M. Cohen*, n° 49883 • Comm. centr. aide soc. 28 déc. 1999 : *CJAS n° 2000/01, p. 21* • 12 oct. 2007, dossier n° 060426 : *CJAS n° 2008/4.* ♦ Au surplus, les requêtes doivent être motivées dans le délai du recours contentieux. • Comm. centr. aide soc. 5 déc. 2000 : *CJAS n° 2001/08, p. 39.*

7. Délai de motivation. Si la commission centrale peut rejeter pour défaut de motivation un appel lorsque le requérant, invité préalablement à régulariser sa requête, s'est abstenu de le faire, la motivation écrite peut être en revanche, en l'absence de texte précisant les modalités de saisine de la Commission centrale d'aide sociale, régulièrement exposée après l'expiration du délai de recours. • CE 4 déc. 2002, *M. La Rosa*, n° 241042 B : *CJAS n° 2003/01, p. 11 ; AJDA 2003. 626, note Ghebali-Bailly*.

8. Prise en compte des moyens. Si, en principe, un appel n'est pas valablement motivé par la simple jonction de la demande de première instance, il ne peut qu'en aller autrement lorsque la commission départementale d'aide sociale s'est bornée elle-même à reprendre la motivation énoncée par le président du conseil général sans répondre aux moyens du requérant. • Comm. centr. aide soc. 18 avr. 2000 : *CJAS n° 2000/05, p. 15.* ♦ Au nombre des règles que la Commission centrale d'aide sociale est tenue de respecter figure celle d'après laquelle ses décisions doivent contenir notamment l'analyse des conclusions des parties et de leur argumentation • CE 8 mars 2006, n° 27546.

9. Exposé écrit de moyens. L'appel formé par un requérant devant la Commission centrale d'aide sociale, juridiction administrative devant laquelle la procédure revêt un caractère essentiellement écrit, doit sous peine d'irrecevabilité être assorti d'un exposé écrit des moyens invoqués ; par suite, la commission peut rejeter pour défaut de motivation un appel lorsque le requérant, invité préalablement à régulariser sa requête, s'est abstenu de le faire • Comm. centr. aide soc. 29 mai 2007, dossier n° 051576 : *CJAS n° 2008/2* • 12 janv. 2010, dossier n° 080754 : *CJAS n° 2010/4.*

10. Mentions de régularité procédurale. Aucune disposition du code ou du décret du 17 déc. 1990 relatif à l'organisation et au fonctionnement de la commission centrale et des commissions départementales d'aide sociale ni aucune règle générale de procédure n'imposent que les décisions de la Commission centrale d'aide sociale portent la mention de la convocation des parties, d'une date de lecture ou de la qualité des membres de la commission ayant siégé. • CE 18 déc. 1996, *CHU Montpellier*, n° 136477 B.

11. Séance publique. La décision par laquelle la Commission centrale d'aide sociale statue sur le refus d'un président de conseil général de verser à une habitante du département l'allocation compensatrice aux personnes handicapées a le caractère d'une décision juridictionnelle qui, relative à une prestation d'aide sociale, tranche une contestation sur des droits et obligations de caractère civil au sens de l'art. 6-1 Conv. EDH ; dans un tel cas, la commission doit siéger en séance publique, faute de quoi la procédure est irrégulière. • CE 27 mars 1998, *Dpt Saône-et-Loire*, n° 145512 : *Lebon 106 ; RDSS 1998. 560, concl. Daussun*. ♦ Il en va de même lorsque la commission centrale statue sur l'action exercée par un département en vue de récupérer sur la succession d'un allocataire décédé l'allocation compensatrice qui lui avait été versée. • CE 29 juill. 1994, *Dpt de l'Indre*, n° 111251 : *Lebon 363 ; RDSS 1995. 324, concl. Bonichot ; RFDA 1995. 161, concl. Bonichot ; D. 1994. 593, obs. Prétot*. ♦ ... Ou statue en appel sur le refus de prise en charge des repas d'une personne âgée au foyer-restaurant pour personnes âgées géré par un centre communal d'action sociale. • CE 27 mars 1998, *CCAS La Rochelle*, n° 161659 : *Lebon 107 ; RDSS 1998. 560, concl. Daussun*.

12. Contraintes procédurales et nature du litige. En l'absence de prescription législative ou réglementaire l'y obligeant, la Commission centrale d'aide sociale n'est pas tenue, si aucune demande formelle n'a été formulée par le requérant, d'aviser ce dernier des diverses productions effectuées par les services de l'aide sociale en réponse à son pourvoi, ni de l'inviter à venir prendre connaissance de l'ensemble du dossier ; par suite, ledit requérant ne saurait utilement invoquer à cet effet l'art. 6 Conv. EDH, dès lors qu'en l'espèce, la contestation qu'il a soumise à la Commission centrale d'aide sociale, qui porte sur le montant de sa participation aux frais d'hébergement, n'est relative ni à des droits et obligations de caractère civil, ni au bien-fondé d'une accusation en matière pénale. • CE 17 mars 1993, *Gabeur,* n° 94562 B : *RDSS 1993. 499, concl. Le Chatelier.*

13. Incompétence de la Commission centrale. La Commission centrale d'aide sociale ne peut pas connaître des actions en responsabilité pour faute de l'administration, compétence des juridictions administratives de droit commun. • CE 17 mars 1993, *Rosenthal,* n° 97333 B : *RDSS 1993. 498, concl. Le Chatelier.*

14. Astreinte. La circonstance que la décision juridictionnelle dont l'exécution est recherchée ait été annulée en appel ne fait pas obstacle au prononcé d'une astreinte, dès lors que le juge d'appel, statuant après évocation, a repris intégralement à son compte le dispositif de la décision des premiers juges. En pareil cas, un délai de six mois court à compter de la notification de la décision de premier ressort. • CE 5 mai 1995, *Mme Berthaux,* n° 162283 : *Lebon 200 ; RDSS 1995. 371, obs. Ligneau.* ♦ Par ailleurs, si l'art. 59-1 du décret du 30 juill. 1963 prévoit que les demandes tendant à ce que le Conseil d'État prononce une astreinte pour assurer l'exécution d'une décision d'une juridiction administrative ne peuvent être présentées avant l'expiration d'un délai de six mois à compter de la notification de cette décision, la prolongation du refus d'exécution après l'expiration de ce délai fait obstacle à ce qu'une fin de non-recevoir tirée du caractère prématuré de la demande d'astreinte soit opposée au requérant. • Même arrêt.

15. Signature de la minute d'une décision. En vertu des règles générales de procédure applicables, même sans texte, à toute juridiction administrative, la minute d'une décision rendue par la commission centrale d'aide sociale doit au moins être revêtue de la signature du président de la formation de jugement aux fins d'en attester la conformité au délibéré, étant par ailleurs entendu que rien ne fait obstacle à ce que la décision soit également signée par le rapporteur. • CE 12 nov. 2014, n° 362628 B. ♦ La circonstance que la minute de la décision ne soit pas revêtue de la signature d'un greffier d'audience est sans incidence sur sa régularité. • CE 15 avr. 2015, n° 365655 B.

Ancien art. L. 134-3 *Les recours formés contre les décisions prises en vertu* (L. n° 2002-2 du 2 janv. 2002, art. 85-2°) *« de l'article L. 111-3, du deuxième alinéa de l'article L. 122-1 et des articles L. 122-2 à L. 122-4 » et L. 212-1 relèvent en premier et dernier ressort de la compétence de la commission centrale d'aide sociale instituée par l'article L. 134-2.*

Les décisions de la commission centrale d'aide sociale peuvent faire l'objet d'un recours en cassation devant le Conseil d'État. — [C. fam., art. 195.]

1. Aide sociale facultative indissociable de l'aide sociale légale. L'art. L. 134-3 CASF ne fait pas obstacle à ce que, compte tenu de l'étroite imbrication des règles et des litiges concernant l'attribution et la charge financière des prestations d'aide sociale légale et des prestations d'aide sociale facultative prévues par un règlement départemental d'aide sociale ou par une convention à valeur réglementaire intervenue entre un département et le prestataire du service, soit reconnue la compétence du juge de l'aide sociale et celle, en premier et dernier ressort, de la Commission centrale d'aide sociale pour connaître d'un litige portant sur la prise en charge des frais d'intervention d'un service d'accompagnement à la vie sociale. • Comm. centr. aide soc. 23 juill. 2001 : *CJAS n° 2001/12, p. 15.*

2. Domicile de secours. Dès lors que la décision attaquée a admis le demandeur à l'aide sociale et a statué sur l'imputation financière de frais de placement, il y a lieu d'admettre la compétence de premier et dernier ressort de la Commission centrale d'aide sociale. • Comm. centr. aide soc. 5 mars 2001 : *CJAS n° 2001/08, p. 53.*

3. Incompétence de la Commission centrale. Le recours contre la décision du président du conseil général de retirer une décision d'attribution de l'allocation personnalisée d'autonomie ne figure pas parmi ceux dont doit connaître en premier et dernier ressort la Commission centrale, la commission départementale d'aide sociale étant seule compétente pour en connaître. • Comm. centr. aide soc. 11 mai 2004 : *CJAS n° 2004/04, p. 7.*

Ancien art. L. 134-4 *Tant les recours devant la commission départementale que les recours et les appels devant la commission centrale peuvent être formés par le demandeur, ses débiteurs d'aliments, l'établissement ou le service qui fournit les prestations, le maire, le président du conseil départemental, le représentant de l'État dans le département, les organismes de sécurité sociale et de mutualité sociale agricole intéressés ou par tout habitant ou contribuable de la commune ou du département ayant un intérêt direct à la réformation de la décision.* — [C. fam., art. 131, al. 1er.]

1. Personne non partie à l'instance devant la commission départementale. Dès lors qu'elle n'était pas partie à l'instance devant la commission départementale d'aide sociale, une personne ne justifie pas de sa qualité pour former appel de la décision rendue par ladite commission, nonobstant sa qualité de fille de la requérante. • Comm. centr. aide soc. 6 mars 2000 : *CJAS n° 2000/05, p. 13.*

2. Recours irrecevables devant la Commission centrale. L'appel formé par le maire d'une commune où résident les intéressés contre une décision d'une commission départementale d'aide sociale sans que celui-ci ait précédemment saisi, en premier ressort, la commission départementale ni ait été partie à l'instance devant cette commission constitue un recours direct devant la commission centrale; n'étant prévu qu'au profit du ministre chargé de l'action sociale, un tel recours est par suite irrecevable. • Comm. centr. aide soc. 14 juin 1995, *Dpt Var : EJCCAS n° 02-3, p. 6* • 5 oct. 1995, *Dpt Eure : EJCCAS n° 02-3, p. 5.* ♦ Une assistante sociale n'ayant pas formé elle-même de recours devant la commission départementale ne peut pas alléguer l'art. 131 C. fam. pour saisir directement la commission centrale. • Comm. centr. aide soc. 5 oct. 1999, *Dpt Var : RDSS 2000. 564, obs. Ligneau*. ♦ Il en va de même d'un député. • Comm. centr. aide soc. 10 oct. 1995, *Dpt Nord : EJCCAS n° 02-4, p. 13* • Comm. centr. aide soc. 24 févr. 2000, *Dpt Hauts-de-Seine*, n° 981773. ♦ ... Ou d'un conseiller général, maire d'une commune sise en dehors du département de résidence du bénéficiaire de l'aide sociale. • Comm. centr. aide soc. 24 févr. 1983, *Dpt Essonne : EJCCAS n° 02-4, p. 1.* ♦ ... Ou d'un conciliateur près une cour d'appel. • Comm. centr. aide soc. 24 févr. 1983, *Dpt Moselle : EJCCAS n° 02-4, p. 2.* ♦ ... Ou d'un « responsable » d'un bureau d'aide sociale qui n'invoque pas sa qualité d'habitant ou de contribuable de la commune. • Comm. centr. aide soc. 23 oct. 1985, *Dpt Saône-et-Loire : EJCCAS n° 02-4, p. 3.*

3. Compétence reconnue au préfet. Même si le préfet n'a pas été partie en première instance, il a qualité pour faire appel des décisions de la commission départementale d'aide sociale prises sur le recours de l'assisté. • Comm. centr. aide soc. 5 déc. 2000 : *RDSS 2001. 545, obs. Ligneau*.

4. Recours du président du conseil général. L'art. L. 134-4 qui prévoit que les recours devant les juridictions d'aide sociale peuvent être notamment exercés par « le président du conseil général » n'a eu ni explicitement ni même implicitement pour objet ou pour effet de faire échec à l'application de l'art. L. 3221-10 du code général des collectivités territoriales selon lesquelles, sauf urgence et y compris pour l'exercice des voies de recours, l'autorité exécutive de la collectivité départementale agit tant en demande qu'en défense après autorisation de l'assemblée délibérante; par suite, est irrecevable l'appel du président du conseil général qui se borne à se prévaloir des dispositions de l'art. L. 134-4 du CASF sans justifier d'une habilitation à agir devant la présente juridiction par l'autorité délibérante de la collectivité départementale • Comm. centr. aide soc. 4 nov. 2004 : *CJAS, n° 2005/01, p. 71.*

5. Recours du gestionnaire d'établissement. L'art. L. 134-4, qui donne qualité à « l'établissement fournissant les prestations » pour formuler une demande devant la commission départementale contre un refus d'admission à l'aide sociale, ne peut s'appliquer que dans la mesure où la demande d'aide sociale est déposée du vivant du demandeur d'aide; par suite, si la décision de rejet intervient après son décès, le directeur de l'établissement conserve qualité après ce décès pour contester le refus de l'aide sociale pour des prestations ayant donné lieu à une demande d'aide formulée antérieurement au décès • Comm. centr. aide soc. 22 janv. 2009, dossier n° 090312 : *CJAS, n° 2010/3.*

6. Débiteur d'aliments. La mère d'une personne à qui le bénéfice du RMI a été refusé au motif que cette dernière était étudiante est recevable, en tant que débiteur d'aliments, à contester ce refus devant la commission départementale d'aide sociale et, le cas échéant, devant la commission centrale. • CE 16 janv. 2002, *Girard*, n° 221082 : *Lebon 9 ; CJAS n° 2002/02, p. 53.*

7. Étendue de la notion d'établissement ou de service en matière d'aide médicale de l'État. Dans la mesure où la compétence des commissions départementales d'aide sociale pour connaître des recours contre les delinécisions prises par le préfet en matière d'admission à l'aide médicale de l'État s'étend aux décisions par lesquelles les directeurs des caisses primaires d'assurance maladie statuent au nom de l'État et pour son compte sur les demandes de paiement des prestations réalisées au profit de personnes bénéficiaires de cette aide et présentées par les professionnels de santé, ces derniers doivent être regardés comme l'établissement ou le service qui fournit les prestations au sens de l'art. L. 134-4 • CE 9 déc. 2005, *M. Grangeon*, n° 273327 : *Lebon 560*.

Ancien art. L. 134-5 *Le ministre chargé de l'action sociale peut attaquer directement devant la commission centrale toute décision prise* (Abrogé par Ord. n° 2005-1477 du 1er déc. 2005, art. 1er) *« soit par les commissions d'admission, soit » par les commissions départementales.* — [C. fam., art. 131, al. 2.]

Les dispositions issues de l'Ord. n° 2005-1477 du 1er déc. 2005 entrent en vigueur le 1er janv. 2007 et s'appliquent aux nouvelles demandes déposées à compter de cette date et à celles qui n'ont pas fait l'objet d'une décision à cette même date (Ord. préc., art. 1er).

Ancien art. L. 134-6 *La commission départementale est présidée par le président du tribunal de grande instance du chef-lieu ou le magistrat désigné par lui pour le remplacer.* (Abrogé par Cons. const. n° 2010-110 QPC du 25 mars 2011) *« Elle comprend, en outre :*

« — trois conseillers départementaux élus par le conseil général ;

« — trois fonctionnaires de l'État en activité ou à la retraite, désignés par le représentant de l'État dans le département. »

En cas d'égal partage des voix, le président a voix prépondérante. — [C. fam., art. 128, al. 2, dernières phrases, à al. 5.]

(L. n° 2004-626 du 30 juin 2004, art. 18-II, en vigueur le 1er juill. 2004) *« Un commissaire du Gouvernement désigné par le préfet prononce ses conclusions sur les affaires que lui confie le président. Il n'a pas voix délibérative.*

« Les fonctions de rapporteur sont assurées par le secrétaire de la commission. Il peut lui être adjoint un ou plusieurs rapporteurs. Le secrétaire et les rapporteurs sont nommés par le président de la commission parmi les personnes figurant sur une liste établie conjointement par le président du conseil départemental (Ord. n° 2016-1562 du 21 nov. 2016, art. 23-I, en vigueur le 1er janv. 2018) *«, ou, en Corse, le président du conseil exécutif » et le préfet. Ils ont voix délibérative sur les affaires qu'ils rapportent.*

« Le secrétaire, les rapporteurs et les commissaires du Gouvernement sont choisis parmi les fonctionnaires ou magistrats en activité ou à la retraite. »

V. Décis. Cons. Const. n° 2010-110 QPC du 25 mars 2011 (JO 26 mars, p. 5406) : Sont déclarés contraires à la Constitution les 2e et 3e al. de l'art. L. 134-6 ainsi que, par voie de conséquence, les mots : « Elle comprend, en outre : » à la fin du premier al. de cet art. La déclaration d'inconstitutionnalité prend effet à compter de la publication de ladite décision [soit le 26 mars 2011] dans les conditions fixées par son consid. 9. Le surplus de l'art. L. 134-6 est conforme à la Constitution (Décis. préc., art. 1er, 2 et 3).

V. art. R. 134-12.

1. Indépendance et impartialité avant le 26 mars 2011. En vertu d'un principe général du droit du contentieux administratif applicable devant toute juridiction administrative, une personne qui est en relation de dépendance hiérarchique avec une des parties en litige et qui est susceptible d'avoir eu à le connaître en cette qualité ne saurait siéger à l'audience de la juridiction en exerçant les fonctions de rapporteur ; par suite, le fait qu'elle ait participé à la séance publique et au délibéré de la commission départementale d'aide sociale ne peut qu'entacher d'irrégularité la décision rendue à leur issue. • Comm. centr. aide soc. 10 sept. 2001 : *CJAS n° 2001/11, p. 7.* ♦ Le fait que le recours contre une décision qui, mettant fin au droit de l'intéressée au RMI, a été prise, sur délégation du préfet, par une personne, inspecteur de la direction départementale des affaires sanitaires et sociales, soit examiné par une commission départementale d'aide sociale sur le rapport de cette personne, siégeant avec voix délibérative, est de nature à faire naître un doute sur l'impartialité de cette commission. • Comm. centr. aide soc. 12 oct. 2000 : *CJAS n° 2001/07, p. 95.* ♦ Il peut être porté atteinte au principe d'impartialité lorsque des membres de l'assemblée délibérante d'une collectivité territoriale qui est partie à l'instance siègent dans une commission départementale d'aide sociale ; par suite, lorsqu'elle statue sur un litige dans lequel un département est partie, cette juridiction ne peut comprendre de conseillers généraux sans méconnaître ce principe. • CE 21 oct. 2009, *M. Roger A.*, n° 316881.

2. Composition des commissions contraire à la Constitution. Dans la mesure où ni l'article L. 134-6 ni aucune autre disposition législative applicable à la commission départementale d'aide sociale n'instituent les garanties appropriées permettant de satisfaire au principe d'indépendance des fonctionnaires siégeant dans cette juridiction, où ne sont pas davantage instituées les garanties d'impartialité faisant obstacle à ce que des fonctionnaires puissent siéger lorsque cette juridiction connaît de questions relevant des services à l'activité desquels ils ont participé et où méconnaît également le principe d'impartialité la participation de membres de l'assemblée délibérante du département lorsque ce dernier est partie à l'instance, les alinéas 2 et 3 de l'article L. 134-6 prévoyant la présence de ces fonctionnaires et conseillers généraux doivent être déclarés contraires à la Constitution. • Cons. const., 25 mars 2011, n° 2010-110 QPC : *JO 26 mars 2011, p. 5406 ; JCP Adm. 2011, n° 16, p. 30, note Fleury ; RDSS 2011. 770, obs. Cristol ; AJDA 2011. 1214, note Crepin-Dehaene.*

3. Absence de conclusions. Le président d'une commission départementale d'aide sociale a la faculté, mais non l'obligation, de demander au commissaire du Gouvernement désigné par le représentant de l'État dans le département de prononcer au cours de l'audience publique des conclusions sur certaines affaires ; par suite, la circonstance que le président de la commission départementale n'ait pas demandé au commissaire du Gouvernement de conclure est sans incidence sur la régularité de la décision. • Comm. centr. aide soc. 18 avr. 2000 : *CJAS n° 2000/05, p. 5.*

4. Quorum. En application de l'art. 8 du décret n° 90-1124 du 17 déc. 1990, la commission départementale d'aide sociale ne peut valablement délibérer que si la majorité absolue de ses membres ayant voix délibérative est présente; par suite, doit être annulée la décision de la commission qui n'a été délibérée que par quatre seulement de ses membres. • Comm. centr. aide soc. 17 janv. 1996, *Dpt Paris : EJCCAS n° 02-1, p. 2.* ♦ Lorsqu'un texte prévoit qu'une juridiction est composée de plusieurs catégories de membres désignées par des autorités différentes, sans exiger que tous les membres soient présents ou que toutes les catégories soient représentées lors du délibéré, la juridiction peut valablement siéger dès lors que le quorum qui lui est applicable est respecté, alors même que tous les membres nommés au titre d'une même catégorie seraient absents • CE 20 mai 2005, *Min. aff. soc. c/ M. Dechaux : RDSS 2005. 681, obs. M. Borgetto.*

5. Incompatibilité des fonctions. Devant la commission départementale d'aide sociale, les attributions de rapporteur et de commissaire du Gouvernement sont strictement incompatibles puisque le premier a voix délibérative alors que le second en est expressément privé. • Comm. centr. aide soc. 9 avr. 2001 : *CJAS n° 2001/09, p. 15.*

6. Communication des pièces. La procédure suivie devant une commission d'aide sociale doit suivre les mêmes principes que devant une autre juridiction, en particulier le principe de la communication des pièces. • CE 13 juill. 1967, *Delle Delaunay,* n° 66758 B : *RDSS 1968. 195, concl. Galmot* • 17 mars 1993, *Gabeur,* n° 94562 B : *RDSS 1993. 499, concl. Le Chatelier.*

7. Opposabilité des délais de recours. En vertu d'une règle générale de procédure, les délais de recours contentieux ne sont opposables que si la décision attaquée mentionne les voies et délais de recours. • Comm. centr. aide soc. 28 févr. 2000 : *CJAS n° 2000/05, p. 25.*

8. Mention des délais et voies de recours. Si les dispositions du code de justice administrative imposent que la notification d'une décision juridictionnelle soit faite par lettre recommandée et comporte l'indication des voies et délais de recours, il résulte de l'art. L. 1 CJA que ces dispositions ne sont pas applicables aux juridictions d'aide sociale, aucun texte ou principe applicable à ces juridictions n'imposant le respect de telles formalités. • CE 30 déc. 2002, *Mme Brodin,* n° 241470 : *CJAS n° 2003/01, p. 25.*

9. Exposé des moyens. Si le recours doit comporter l'exposé sommaire des faits litigieux et les moyens de droit invoqués, l'auteur d'une requête ne contenant l'exposé d'aucun moyen peut cependant la régulariser par le dépôt d'un mémoire exposant un ou plusieurs moyens jusqu'à l'expiration du délai de recours. • Comm. centr. aide soc. 7 mai 2001 : *CJAS n° 2001/09, p. 13.*

10. Mention de la composition. Une décision revêtant la forme d'une notification sans mention de la composition de la commission départementale d'aide sociale qui a statué est irrégulière en la forme et doit, par suite, être annulée. • Comm. centr. aide soc. 20 déc. 1999 : *CJAS n° 2000/01, p. 5.* ♦ Il en va de même si aucun élément ne permet de justifier que les conditions de quorum de la juridiction ont été remplies. • Comm. centr. aide soc. 16 févr. 2000 : *CJAS n° 2000/04, p. 31.* ♦ ... Ou si la décision ne comporte que le nom du président et non celui du rapporteur qui a siégé en sa compagnie. • Comm. centr. aide soc. 22 août 2012, n° 120269 : *CJAS n° 2013/02, p. 41.*

11. Principe de non-discrimination. Il résulte de l'art. 14 Conv. EDH que le principe de non-discrimination qu'il édicte ne concerne que la jouissance des droits et libertés reconnus par la Convention et par les protocoles additionnels à ceux-ci ; par suite, il appartient au requérant qui se prévaut de ce principe de désigner le droit ou la liberté dont la jouissance est affectée par la discrimination alléguée. • Comm. centr. aide soc. 10 mai 2000 : *CJAS n° 2000/05, p. 51.*

12. Motivation de la demande. Devant la commission départementale d'aide sociale, il ne peut être exigé, en l'absence de texte précisant les modalités de sa saisine, que la motivation écrite de la demande soit exposée avant l'expiration du délai de recours; par suite, la Commission centrale d'aide sociale a commis une erreur de droit en estimant que l'absence de motivation de la demande devant la commission départementale n'était pas régularisable postérieurement à l'expiration du délai de recours contentieux • CE 14 mars 2005, n° 256500 : *CJAS n° 2005/03, p. 7.*

13. Illégalité d'un renvoi au tribunal des affaires de sécurité sociale. Aucune disposition du CASF ne prévoit que le président de la Commission départementale d'aide sociale qui estimerait, en l'occurrence à tort, que cette dernière est incompétente pour connaître des décisions par lesquelles les directeurs des caisses primaires d'assurance maladie statuent au nom de l'État et pour son compte sur les demandes de paiement des prestations réalisées au profit de personnes bénéficiaires de l'aide médicale de l'État puisse décider, au lieu et place de ladite commission, de transmettre directement le dossier litigieux au tribunal des affaires de sécurité sociale • CE 9 déc. 2005, *M. Grangeon,* n° 273327 : *Lebon 560.* ♦ Il en va de même de la Commission départementale, laquelle ne dispose pas, en tout état de cause, d'un tel pouvoir • Même arrêt.

14. Recours en interprétation. Si le recours en interprétation est possible devant une juridiction spécialisée, il n'est cependant recevable que s'il émane d'une partie à l'instance ayant abouti au prononcé de la décision dont l'interprétation est sollicitée et dans la seule mesure où il peut valablement être argué que cette décision est obscure ou ambiguë. L'irrecevabilité du recours en interprétation présenté en première instance est d'ordre public, y compris en cassation. • CE 13 mars 2013, n° 339943 B.

Ancien art. L. 134-7 *Les commissions prévues* (Abrogé par Ord. n° 2005-1477 du 1er déc. 2005, art. 1er) *« à l'article L. 131-5 et » au présent chapitre sont, dans les cas prévus par voie réglementaire, complétées à titre consultatif par des médecins désignés par le président du conseil départemental* (Ord. n° 2016-1562 du 21 nov. 2016, art. 23-I, en vigueur le 1er janv. 2018) *« , ou, en Corse, le président du conseil exécutif »* (Abrogé par Ord. n° 2005-1477 du 1er déc. 2005, art. 1er) *« pour les commissions d'admission », par le représentant de l'État dans le département pour les commissions départementales et par le ministre pour la commission centrale.* — [C. fam., art. 130.]

Les dispositions issues de l'Ord. n° 2005-1477 du 1er déc. 2005 entrent en vigueur le 1er janv. 2007 et s'appliquent aux nouvelles demandes déposées à compter de cette date et à celles qui n'ont pas fait l'objet d'une décision à cette même date (Ord. préc., art. 1er).

Ancien art. L. 134-8 (Ord. n° 2005-1477 du 1er déc. 2005, art. 1er) *L'appel contre la décision de la commission départementale est suspensif, dans les cas où cette décision prononce l'admission au bénéfice de l'aide sociale aux personnes âgées ou aux personnes handicapées d'une personne à laquelle cette admission aurait été refusée par suite d'une décision de la commission centrale d'aide sociale.* — [C. fam., art. 132.]

V. note ss. art. L. 134-7.

Ancien art. L. 134-9 *Le demandeur, accompagné de la personne ou de l'organisme de son choix, est entendu lorsqu'il le souhaite, devant la commission départementale et la commission centrale d'aide sociale.* — [C. fam., art. 128, al. 9.]

1. Audition du requérant. La commission départementale qui a refusé d'entendre un débiteur d'aliments qui avait demandé à être entendu entache sa décision d'un vice de forme. • Comm. centr. aide soc. 18 févr. 1992, *Dpt Sarthe : EJCCAS n° 02-2, p. 4.*

2. Obligations de la commission. L'art. L. 134-9 impose à la Commission centrale d'aide sociale l'obligation de mettre les intéressés à même d'exercer la faculté qui leur est reconnue ; à cet effet, la commission doit, soit avertir le requérant de la date de la séance à laquelle son recours sera examiné, soit l'inviter à l'avance à lui faire connaître s'il a l'intention de présenter des observations verbales pour qu'en cas de réponse affirmative de sa part, elle l'avertisse ultérieurement de la date de la séance. • CE 26 oct. 1992, *Sutra,* n° 92609 B : *RDSS 1993. 330, obs. Ligneau* • 29 nov. 1999, *Lipmanov,* n° 194040 : *RDSS 2000. 403, obs. Ligneau* • 23 mai 2001, *Girard,* n° 211979 • 14 déc. 2001, *Tordo,* n° 203857 : *CJAS n° 2002/01, p. 3.* • CE 30 avr. 2014, n° 366695 : *CJAS, n° 2014/4, p. 67.*

3. Convocation à la séance. Si la Commission centrale d'aide sociale a envoyé au demandeur, par lettre recommandée, une convocation pour se présenter à la séance au cours de laquelle son recours devait être examiné alors qu'à la suite d'une erreur, le préposé desservant son domicile a omis de déposer dans la boîte aux lettres l'avis de passage avisant de la mise en instance de la lettre recommandée, l'intéressé qui n'a pas été averti en temps utile de la date de la séance fixée, est fondé à soutenir que la commission centrale a statué à la suite d'une procédure irrégulière. • CE 20 sept. 2000, *Perrigault,* n° 202485.

4. Délai entre la convocation et l'audience. En l'absence de texte fixant devant les juridictions d'aide sociale la quotité minimale de la période séparant la convocation à l'audience et l'audience à laquelle les parties sont convoquées, l'insuffisance du délai doit être appréciée par le juge compte tenu de l'ensemble des circonstances de l'espèce. • Comm. centr. aide soc. 30 juin 2010, dossier n° 091168 : *CJAS n° 2010/6.*

Ancien art. L. 134-10 *Sauf disposition contraire, les modalités d'application du présent chapitre sont déterminées par décret en Conseil d'État, et notamment l'organisation et les règles de fonctionnement et de procédure des commissions centrale et départementales d'aide sociale.* — [C. fam., art. 202, al. 1er.]

CHAPITRE V DISPOSITIONS PÉNALES

(Ord. n° 2005-1477 du 1er déc. 2005, art. 13)

COMMENTAIRE

Ce chapitre V « Dispositions pénales » a été introduit au code par l'ordonnance n° 2005-1477 du 1er décembre 2005 et comprend deux dispositions. La seconde, nouvelle en 2005, réprime l'exercice illégal de fonctions de direction des établissements et services visés à l'article L. 133-6 (art. L. 135-2). La première disposition (art. L. 135-1), qui reprenait une vieille disposition issue de l'ancien code de la famille et de l'aide sociale, a été déclarée inconstitutionnelle par le Conseil constitutionnel dans le cadre d'une question prioritaire de constitutionnalité (Cons. const. 28 juin 2013, n° 2013-328 QPC) : le juge a considéré comme contraire à la Constitution le fait de faire encourir des peines différentes aux auteurs des infractions pénales incriminées selon les dispositions fondant les poursuites, cela pour des faits identiques ; l'article L. 135-1 violait de ce fait le principe constitutionnel d'égalité devant la loi pénale. ❑

Art. L. 135-1 *(Abrogé par Cons. const. n° 2013-328 QPC du 28 juin 2013)* ***Le fait de percevoir frauduleusement ou de tenter de percevoir frauduleusement des prestations au titre de l'aide sociale est puni des peines prévues par les articles 313-1, 313-7 et 313-8 du code pénal.*** — [ancien art. L. 133-6.]

Le Cons. const. a déclaré contraire à la Constitution l'art. L. 135-1 CASF dans sa Décis. n° 2013-328 QPC du 28 juin 2013. Cette déclaration d'inconstitutionnalité prend effet à compter de la publication de la décision susvisée, soit le 30 juin 2013, et est applicable à toutes les affaires non jugées définitivement à cette date (Cons. const. n° 2013-328 QPC du 28 juin 2013, JO 30 juin).

Inconstitutionnalité de l'art. L. 135-1. De ce que l'article L. 135-1 punit la perception frauduleuse des prestations d'aide sociale des peines réprimant l'escroquerie, à savoir cinq ans d'emprisonnement et 375 000 euros d'amende dans le même temps où le fait de se rendre coupable de fraude ou de fausse déclaration pour obtenir le RSA, l'aide personnalisée au logement ou l'AAH est puni d'une amende de 5 000 euros par l'art. L. 114-13 CSS, auquel renvoient respectivement les art. L. 262-50 CASF, L. 351-13 CCH et L. 821-5 CSS, et, par suite, de ce que des faits qualifiés par la loi de façon identique peuvent, selon le texte d'incrimination sur lequel se fondent les autorités de poursuite, faire encourir à leur auteur soit une peine de cinq ans d'emprisonnement et 375 000 euros d'amende, soit une peine de 5 000 euros d'amende, il résulte que cet art. L. 135-1 doit être déclaré contraire à la Constitution dans la mesure où la différence entre les peines encourues, laquelle implique également des différences relatives à la procédure applicable et aux conséquences d'une éventuelle condamnation, n'est justifiée par aucune différence de situation en rapport direct avec l'objet de la loi et donc méconnaît, eu égard à sa nature et à son importance, le principe d'égalité devant la loi pénale. • Cons. const. 28 juin 2013, n° 2013-328 QPC : *JO 30 juin 2013, p. 10963 ; AJ pénal 2013. 471, note Belloir ; Gaz. Pal., n° 247-248, 2013. 12, note Detraz.*

Art. L. 135-2 **Est puni de deux ans d'emprisonnement et de 30 000 € d'amende le fait d'exercer à quelque titre que ce soit l'une des activités visées à l'article L. 133-6 malgré les incapacités résultant d'une des condamnations énoncées à cet article.**

TITRE IV INSTITUTIONS

COMMENTAIRE

Ce titre IV du livre I du code réunit un ensemble de dispositions (de nature législative) concernant diverses structures intervenant dans le champ des politiques sociales. Si la majorité de ces structures ont une vocation consultative et interviennent au niveau national (Conseil national des politiques contre la pauvreté et l'exclusion sociale, Conseil national pour l'accès aux origines personnelles...), il en est d'autres, en revanche, qui sont dotées d'un pouvoir de décision non négligeable (Caisse nationale de solidarité pour l'autonomie) ou qui n'interviennent qu'au niveau local (Comités départementaux des retraités et personnes âgées).

On notera par ailleurs que dans le même temps où le présent titre quatrième s'est enrichi de plusieurs chapitres consacrés à des structures de création récente (chapitres VI à X), il a vu son chapitre II abrogé du fait de la suppression, par la loi n° 2004-809 du 13 août 2004 relative aux libertés et responsabilités locales, du Conseil supérieur de l'aide sociale et son chapitre I totalement réaménagé du fait de la mise en place, par la loi n° 2007-297 du 5 mars 2007 relative à la prévention de la délinquance, d'un « Conseil pour les droits et devoirs des familles et accompagnement parental ». ❑

CHAPITRE I CONSEIL POUR LES DROITS ET DEVOIRS DES FAMILLES ET ACCOMPAGNEMENT PARENTAL

(L. n° 2007-297 du 5 mars 2007, art. 9)

COMMENTAIRE

Le chapitre I du titre IV relatif aux « Institutions » ne comportait auparavant aucune disposition législative. La loi relative à la prévention de la délinquance a inscrit là un ensemble de dispositions concernant une nouvelle instance qu'elle crée : le « Conseil pour les droits et devoirs des familles ». Créé par délibération du conseil municipal et présidé par le maire, ce conseil a vocation à être le lieu de coordination des divers dispositifs ainsi qu'un lieu de proposition pour mettre en œuvre une politique municipale de prévention de la délinquance des jeunes. Mais l'essentiel de sa mission est de délibérer sur la situation concrète de familles qui connaissent des difficultés éducatives (art. L. 141-1). Dans ce cas, le conseil entend et informe la famille sur ses droits et devoirs envers l'enfant, lui adresse des recommandations pour prévenir les dangers que l'enfant peut courir ou faire courir aux tiers, examine avec elle les mesures d'aide et de soutien à engager. Au-delà de la compétence propre du conseil pour les droits et devoirs des familles, l'article L. 141-2 envisage la situation où il apparaît au conseil qu'un mineur constitue une menace à l'ordre, à la sécurité et à la tranquillité publique en raison d'un défaut de surveillance ou d'assiduité scolaire. Dans ce cas, le maire peut proposer aux parents un « accompagnement parental ». Ce dispositif ne peut intervenir si est déjà mis en œuvre soit un « contrat de responsabilité parentale » (art. L. 222-4-1), soit une mesure d'assistance éducative (C. civ., art. 375). Il s'agit d'un suivi individualisé comportant des mesures de conseil et de soutien aux fonctions éducatives de la famille.

Il est à noter que les articles L. 141-1 et L. 141-2 font toujours référence au « contrat de responsabilité parentale » alors même que cet instrument a disparu de l'arsenal juridique : l'article L. 222-4-1 a été abrogé par la loi n° 2013-108 du 31 janvier 2013 qui elle-même avait abrogé la loi n° 2010-1127 du 28 septembre 2010 relative à l'absentéisme scolaire… ❑

Art. L. 141-1 *(L. nº 2019-1461 du 27 déc. 2019, art. 80-I)* **« Le conseil municipal peut créer un conseil pour les droits et devoirs des familles. Il peut être » présidé par le maire ou son représentant au sens de l'article L. 2122-18 du code général des collectivités territoriales. Il peut comprendre des représentants de l'État dont la liste est fixée par décret, des représentants des collectivités territoriales et des personnes œuvrant dans les domaines de l'action sociale, sanitaire et éducative, de l'insertion et de la prévention de la délinquance. Les informations communiquées, le cas échéant, à ses membres ne peuvent être divulguées à des tiers sous peine des sanctions prévues à l'article 226-13 du code pénal.**

Le président du conseil pour les droits et devoirs des familles le réunit afin :

— d'entendre une famille, de l'informer de ses droits et devoirs envers l'enfant et de lui adresser des recommandations destinées à prévenir des comportements susceptibles de mettre l'enfant en danger ou de causer des troubles pour autrui ;

— d'examiner avec la famille les mesures d'aide à l'exercice de la fonction parentale susceptibles de lui être proposées et l'opportunité d'informer les professionnels de l'action sociale et les tiers intéressés des recommandations qui lui sont faites et, le cas échéant, des engagements qu'elle a pris dans le cadre d'un contrat de responsabilité parentale prévu à l'article L. 222-4-1.

Le conseil pour les droits et devoirs des familles est informé de la conclusion d'un contrat de responsabilité parentale dans les conditions fixées par l'article L. 222-4-1 du présent code ou d'une mesure d'assistance éducative ordonnée dans les conditions fixées à l'article 375 du code civil.

Il est consulté par le maire lorsque celui-ci envisage de proposer un accompagnement parental prévu à l'article L. 141-2 du présent code.

Il peut, sans préjudice des dispositions prévues à l'article 375-9-1 du code civil, lorsque le suivi social ou les informations portées à sa connaissance font apparaître que la situation d'une famille ou d'un foyer est de nature à compromettre l'éducation des enfants, la stabilité familiale et qu'elle a des conséquences pour la tranquillité ou la sécurité publiques, proposer au maire de saisir le président du conseil départemental en vue de la mise en œuvre d'une mesure d'accompagnement en économie sociale et familiale.

Les dispositions issues de la L. nº 2011-267 du 14 mars 2011 ne sont pas applicables dans les îles Wallis-et-Futuna, en Polynésie française, en Nouvelle-Calédonie et dans les Terres australes et antarctiques françaises (L. préc., art. 125).

Art. L. 141-2 **Lorsqu'il ressort de ses constatations ou d'informations portées à sa connaissance que l'ordre, la sécurité ou la tranquillité publics sont menacés à raison du défaut de surveillance ou d'assiduité scolaire d'un mineur, le maire peut proposer**

aux parents ou au représentant légal du mineur concerné un accompagnement parental. Il vérifie qu'il n'a pas été conclu avec eux un contrat de responsabilité parentale dans les conditions fixées à l'article L. 222-4-1 du présent code et qu'aucune mesure d'assistance éducative n'a été ordonnée dans les conditions fixées à l'article 375 du code civil.

Cet accompagnement parental consiste en un suivi individualisé au travers d'actions de conseil et de soutien à la fonction éducative.

L'accompagnement parental peut aussi être mis en place à l'initiative des parents ou du représentant légal du mineur.

Lorsqu'un accompagnement parental est mis en place, le maire sollicite l'avis du président du conseil départemental. Il en informe *(Décr. n° 2012-16 du 5 janv. 2012, art. 7-II)* **« l'autorité de l'État compétente en matière d'éducation », le chef d'établissement d'enseignement, le directeur de l'organisme débiteur des prestations familiales et le préfet.**

Au terme de l'accompagnement, il est délivré aux parents ou au représentant légal du mineur une attestation comportant leur engagement solennel à se conformer aux obligations liées à l'exercice de l'autorité parentale.

Lorsque les parents ou le représentant légal du mineur refusent sans motif légitime l'accompagnement parental ou l'accomplissent de manière partielle, le maire saisit le président du conseil départemental en vue de la conclusion éventuelle du contrat de responsabilité parentale mentionné à l'article L. 222-4-1.

Par une décision du Cons. const. en date du 22 déc. 2011 (n° 2011-228 L, JO 24 déc., p. 22248), ont un caractère réglementaire les mots « l'inspecteur d'académie » figurant anciennement dans les art. L. 141-2 et L. 222-4-1 CASF. Ces mots ont été remplacés par les mots « l'autorité de l'État compétente en matière d'éducation » par le Décr. n° 2012-16 du 5 janv. 2012 (JO 6 janv.).

CHAPITRE II HAUT CONSEIL DE LA FAMILLE, DE L'ENFANCE ET DE L'ÂGE

(L. n° 2015-1776 du 28 déc. 2015, art. 69)

COMMENTAIRE

En lieu et place du Conseil supérieur de l'aide sociale, supprimé par l'ordonnance n° 2003-850 du 4 septembre 2003, la loi n° 2015-1776 du 28 décembre 2015 d'adaptation de la société au vieillissement a institué une nouvelle instance dénommée « Haut Conseil de la famille, de l'enfance et de l'âge ». Ce dernier intègre en l'élargissant l'ancien Haut Conseil de la famille créé par le décret n° 2008-1112 du 30 octobre 2008 qui se trouve donc fondé dorénavant sur une disposition législative.

Placé auprès du Premier ministre, ce Haut Conseil dont le champ d'intervention, comprenant les questions de politique familiale, a été élargi aux questions relatives à l'enfance et aux personnes âgées, doit élaborer des propositions, des recommandations, mener des réflexions et donner des avis.

Art. L. 142-1 **Le Haut Conseil de la famille, de l'enfance et de l'âge est placé auprès du Premier ministre. Il est composé en nombre égal d'hommes et de femmes et a pour missions d'animer le débat public et d'apporter aux pouvoirs publics une expertise prospective et transversale sur les questions liées à la famille et à l'enfance, à l'avancée en âge, à l'adaptation de la société au vieillissement et à la bientraitance, dans une approche intergénérationnelle.**

Son fonctionnement et sa composition sont fixés par un décret, qui prévoit une formation plénière et *(L. n° 2018-699 du 3 août 2018, art. 47)* **« trois » formations spécialisées dans leur champ de compétences.** *(L. n° 2018-699 du 3 août 2018, art. 47)* **« Chacune des formations spécialisées comprend parmi ses membres un député et un sénateur. »**

Dans le cadre de ses missions, le Haut Conseil de la famille, de l'enfance et de l'âge :

1° Formule des propositions et des avis et réalise ou fait réaliser des travaux d'évaluation et de prospective sur les politiques de son champ de compétences, au regard des évolutions démographiques, sociales, sanitaires et économiques ;

2° Formule des recommandations sur les objectifs prioritaires des politiques de la famille, de l'enfance, des personnes âgées et des personnes retraitées et de la prévention et de l'accompagnement de la perte d'autonomie, au regard notamment des engagements internationaux de la France, dont ceux de la convention internationale des droits de l'enfant du 20 novembre 1989 ;

3° Formule toute proposition de nature à garantir, à tous les âges de la vie, le respect des droits et la bientraitance des personnes vulnérables ainsi que la bonne prise en compte des questions éthiques ;

4° Mène des réflexions sur le financement des politiques mises en œuvre dans son champ de compétences ;

5° Donne un avis, dans le cadre des formations spécialisées compétentes en matière d'enfance, d'avancée en âge des personnes âgées et des personnes retraitées, d'adaptation de la société au vieillissement et de la bientraitance, sur tout projet de loi ou d'ordonnance les concernant et peut en assurer le suivi ;

6° Favorise les échanges d'expérience et d'informations entre les différentes instances territoriales sur les politiques qui le concernent.

La formation spécialisée dans le champ de compétence de l'âge mène une réflexion sur l'assurance et la prévoyance en matière de dépendance. Elle favorise les échanges d'expérience et d'informations avec le Conseil national consultatif des personnes handicapées mentionné à l'article L. 146-1 sur les aspects communs des politiques en faveur de l'autonomie des personnes âgées et des personnes handicapées.

Le Haut Conseil de la famille, de l'enfance et de l'âge peut être saisi par le Premier ministre, le ministre chargé de la famille, le ministre chargé des personnes âgées et les autres ministres concernés de toute question relevant de son champ de compétences.

Il peut se saisir de toute question relative à la famille et à l'enfance, à l'avancée en âge des personnes âgées et des retraités et à l'adaptation de la société au vieillissement ainsi qu'à la bientraitance.

CHAPITRE III CONSEIL NATIONAL DES POLITIQUES DE LUTTE CONTRE LA PAUVRETÉ ET L'EXCLUSION SOCIALE

COMMENTAIRE

Le Conseil national des politiques de lutte contre la pauvreté et l'exclusion sociale (V. art. L. 143-1), auquel il convient d'ajouter l'Observatoire national de la pauvreté et de l'exclusion sociale (V. art. L. 144-1), est une instance liée au développement de ces politiques à compter de l'institution du RMI en 1988 (V. art. L. 261-1 à L. 263-19). Le Conseil national a été précisément institué par la loi n° 88-1088 du 1er décembre 1988 (V. art. 43-1), son organisation ayant été modifiée par la loi n° 98-657 du 29 juillet 1998 relative à la lutte contre l'exclusion (V. art. 153) ; l'Observatoire, pour sa part, a été créé par ce dernier texte législatif. Réunissant l'ensemble des administrations et acteurs de la lutte contre l'exclusion, le Conseil a été créé pour conduire des études, animer la réflexion et faire des propositions en ce domaine ; quant à l'Observatoire, il a été supprimé récemment (Décr. n° 2019-1379 du 18 déc. 2019) pour fusionner avec le Conseil national de lutte contre les exclusions. ❑

Art. L. 143-1 **Le Conseil national des politiques de lutte contre la pauvreté et l'exclusion sociale est chargé :**

– d'animer les réflexions sur la coordination des politiques d'insertion aux plans national et local ;

– de réaliser ou de faire réaliser *(Abrogé par Décr. nº 2019-1379 du 18 déc. 2019, art. 4-I, à compter du 1er janv. 2020)* ***«, notamment par l'Observatoire national de la pauvreté et de l'exclusion sociale, »*** **toutes études sur les situations et phénomènes de précarité et d'exclusion sociale ;**

– de faire des propositions sur les problèmes posés par la pauvreté.

Le conseil comprend *(L. nº 2018-699 du 3 août 2018, art. 74)* « un député et un sénateur ainsi que des représentants » des collectivités territoriales et des autres personnes morales de droit public ou privé concourant à la formation professionnelle, à l'insertion et à la lutte contre la pauvreté et l'exclusion. Sa composition ainsi que les conditions de la désignation, par le Premier ministre, de ses membres et de son président sont fixées par décret en Conseil d'État. – *[L. nº 88-1088 du 1er déc. 1988, art. 43-1.]*

V. art. R. 143-1 à R. 143-5 et D. 143-6 à D. 143-8.

CHAPITRE IV OBSERVATOIRE NATIONAL DE LA PAUVRETÉ ET DE L'EXCLUSION SOCIALE

Art. L. 144-1 *(Abrogé par Décr. nº 2019-1379 du 18 déc. 2019, art. 4-I, à compter du 1er janv. 2020)* ***L'Observatoire national de la pauvreté et de l'exclusion sociale placé auprès du ministre chargé des affaires sociales est chargé de rassembler, analyser et diffuser les informations et données relatives aux situations de précarité, de pauvreté et d'exclusion sociale ainsi qu'aux politiques menées en ce domaine.***

Il fait réaliser des travaux d'études, de recherche et d'évaluation quantitatives et qualitatives en lien étroit avec le Conseil national des politiques de lutte contre la pauvreté et l'exclusion sociale. Ces travaux mentionnent la proportion d'hommes et de femmes respectivement touchés par la pauvreté et l'exclusion. Les administrations de l'État, des collectivités territoriales et des établissements publics sont tenues de communiquer à l'observatoire les éléments qui lui sont nécessaires pour la poursuite de ses buts sous réserve de l'application des dispositions législatives imposant une obligation de secret.

Il contribue au développement de la connaissance et des systèmes d'information dans les domaines mal couverts, en liaison notamment avec les banques de données et organismes régionaux, nationaux et internationaux.

Il élabore chaque année, à destination du Premier ministre et du Parlement, un rapport synthétisant les travaux d'études, de recherche et d'évaluation réalisés aux niveaux national et régionaux. Ce rapport est rendu public.

Un décret en Conseil d'État détermine la composition, les missions et les modalités de fonctionnement de l'observatoire. – [L. nº 98-657 du 29 juill. 1998, art. 153, paragr. 1.]

V. art. R. 144-1 à R. 144-4.

CHAPITRE V *[ABROGÉ]* COORDINATION DES INTERVENTIONS

(Abrogé par L. nº 2004-809 du 13 août 2004, art. 49-II)

Art. L. 145-1 à L. 145-4 *Abrogés par L. nº 2004-809 du 13 août 2004, art. 49-II et 199, à compter du 1er janv. 2005.*

CHAPITRE VI INSTITUTIONS RELATIVES AUX PERSONNES HANDICAPÉES *(L. nº 2005-102 du 11 févr. 2005, art. 52-I-1º)*.

COMMENTAIRE

C'est la loi nº 2002-73 du 17 janvier 2002 dite de « modernisation sociale » qui a introduit dans le code les deux dispositions ci-dessous relatives aux instances consultatives existant dans le champ de la politique en faveur des personnes handicapées.

La première instance, le Conseil national consultatif des personnes handicapées, a été créée par la loi nº 75-534 du 30 juin 1975 d'orientation en faveur des personnes handicapées dans le but d'assurer la participation de ces dernières à la mise en œuvre de la politique de solidarité nationale les concernant. La seconde, le Conseil départemental consultatif des personnes handicapées, est venue compléter le dispositif en aménageant une consultation au niveau local, là où les problèmes peuvent être appréhendés de façon plus concrète et les solutions construites avec les intéressés eux-mêmes. On peut noter que le conseil départemental, au-delà de sa compétence consultative, a été chargé d'une mission de collecte et de traitement d'informations relatives aux personnes handicapées présentes dans le ressort du département.

La loi nº 2005-102 du 11 février 2005 pour l'égalité des droits et des chances, la participation et la citoyenneté des personnes handicapées, a entendu, dès son article premier, reconnaître la place éminente qui doit revenir aux associations représentatives des personnes handicapées en leur garantissant une place au sein de toutes les instances nationales ou locales qui « émettent des avis ou adoptent des décisions concernant la politique en faveur des personnes handicapées ». Tel est l'objet du nouvel article L. 146-1 A placé en tête de ce chapitre dont l'intitulé a été modifié pour devenir « Institutions relatives aux personnes handicapées » (en lieu et place de « Consultation des personnes handicapées »).

Cette modification de l'intitulé du chapitre tient au fait que ce dernier intègre dorénavant, à côté des instances consultatives maintenues (Conseil national et Conseil départemental, art. L. 146-1 et L. 146-2 avec quelques modifications dont les seules significatives concernent l'art. L. 146-1), les dispositions organisant la nouvelle Maison départementale des personnes handicapées, ce qui a justifié l'insertion d'une nouvelle section (art. L. 146-3 à L. 146-12).

Enfin, dans le prolongement de cette novation, le législateur a prévu d'instituer, au sein de la Maison départementale, une « personne référente » en charge d'une phase de traitement non-contentieux des litiges (section 3, art. L. 146-13). ❑

Art. L. 146-1 A *(L. nº 2005-102 du 11 févr. 2005, art. 1er)* **Dans toutes les instances nationales ou territoriales qui émettent un avis ou adoptent des décisions concernant la politique en faveur des personnes handicapées, les représentants des personnes handicapées sont nommés sur proposition de leurs associations représentatives en veillant à la présence simultanée d'associations participant à la gestion des établissements et services sociaux et médico-sociaux mentionnés aux 2º, 3º, 5º et 7º du I de l'article L. 312-1 et d'associations n'y participant pas.**

SECTION 1 Consultation des personnes handicapées *(L. nº 2005-102 du 11 févr. 2005, art. 52-I-2º).*

Art. L. 146-1 *(L. nº 2002-73 du 17 janv. 2002, art. 55)* **Le Conseil national consultatif des personnes handicapées assure la participation des personnes handicapées à l'élaboration et à la mise en œuvre des politiques les concernant.** *(Abrogé par L. nº 2015-1776 du 28 déc. 2015, art. 81-2º)* ***« Il veille aux bonnes conditions nécessaires à l'exercice de la fonction de coordination dévolue par l'article L. 146-2 aux conseils départementaux consultatifs. »***

Il peut être consulté par les ministres compétents sur tout projet, programme ou étude intéressant les personnes handicapées.

Il peut se saisir de toute question relative à la politique concernant les personnes handicapées.

(L. nº 2005-102 du 11 févr. 2005, art. 52-II) **« Le Conseil national consultatif des personnes handicapées est chargé, dans des conditions fixées par décret, d'évaluer la situation matérielle, financière et morale des personnes handicapées en France et des personnes handicapées de nationalité française établies hors de France prises en charge au titre de la solidarité nationale, et de présenter toutes les propositions jugées nécessaires au Parlement et au Gouvernement, visant à assurer, par une programmation pluriannuelle continue, la prise en charge de ces personnes. »** – *[L. nº 2002-303 du 4 mars 2002, art. 1er-III.]*

Le conseil comprend notamment *(L. nº 2018-699 du 3 août 2018, art. 74)* **« un député et un sénateur, des représentants » des départements, des associations ou organismes regroupant des personnes handicapées, développant des actions de recherche dans le domaine du handicap ou finançant leur protection sociale, ainsi que des organisations syndicales et patronales représentatives.**

La composition, les modalités de désignation des membres du conseil et ses modalités de fonctionnement sont fixées par décret. – *V. art. D. 146-1.*

Les dispositions issues de la L. nº 2005-102 du 11 févr. 2005 sont applicables à Mayotte et dans les Terres australes et antarctiques françaises (L. préc., art. 52-IV).

V. Arr. du 11 déc. 2023 fixant le montant des indemnités susceptibles d'être allouées au président, aux vice-présidents et aux collaborateurs du Conseil national consultatif des personnes handicapées (JO 15 déc., NOR : FAMA2333318A).

COMMENTAIRE

Cette instance, créée par la loi nº 75-534 du 30 juin 1975, réorganisée et introduite au code de l'action sociale et des familles par la loi nº 2002-73 du 17 janvier 2002, revêt une nature consultative classique ; sa composition, cadrée par la loi (parlementaires, représentants des collectivités territoriales, des associations, des syndicats et organisations professionnelles), est définie par le pouvoir réglementaire.

La loi n° 2005-102 du 11 février 2005 a cependant élargi ses attributions en lui donnant mission d'évaluation de la situation des personnes handicapées et de proposition d'action au Parlement et au Gouvernement. ❑

Art. L. 146-2 *(Abrogé par L. n° 2015-1776 du 28 déc. 2015, art. 81-3°) (L. n° 2002-73 du 17 janv. 2002, art. 55)* ***Le conseil départemental consultatif des personnes handicapées donne un avis et formule des propositions sur les orientations de la politique du handicap dans tous les domaines de la vie sociale et sur les mesures à mettre en œuvre au plan local pour assurer la coordination des interventions de tous les partenaires institutionnels ou associatifs, notamment en matière de scolarisation, d'intégration sociale et professionnelle, d'accessibilité, de logement, de transport, d'accès aux aides humaines ou techniques et d'accès au sport, aux loisirs, au tourisme et à la culture.***

Il est informé de l'activité *(L. n° 2005-102 du 11 févr. 2005, art. 52-V)* ***« de la maison départementale des personnes handicapées prévue à l'article L. 146-3 ».***

Il est également informé du contenu et de l'application du programme départemental d'insertion professionnelle des travailleurs handicapés et des schémas d'équipement et d'accompagnement des personnes handicapées dans le département.

La composition, les conditions de nomination des membres du conseil ainsi que ses modalités de fonctionnement sont fixées par décret.

Chaque conseil départemental consultatif des personnes handicapées est chargé de réaliser, dans un délai de deux ans à compter de la date d'entrée en vigueur de la loi n° 2002-73 du 17 janvier 2002 de modernisation sociale, un recensement du nombre de personnes handicapées résidant dans le département et de la nature de leur handicap.

Il bénéficie pour cela d'un accès aux documents et données *(L. n° 2005-102 du 11 févr. 2005, art. 52-VI)* ***« de la commission mentionnée à l'article L. 146-9 », des hôpitaux, des centres d'accueil et d'hébergement des personnes handicapées et de toute autre institution susceptible de lui fournir des indications précises à ce sujet.***

Le conseil départemental consultatif des personnes handicapées est tenu de respecter les dispositions législatives et réglementaires en vigueur visant à protéger le droit au respect de la vie privée et à la confidentialité des informations médicales.

V. art. D. 146-10 à D. 146-15.

Les conseils départementaux consultatifs des personnes handicapées prévus à l'art. L. 146-2, dans leur rédaction antérieure à la L. n° 2015-1776 du 28 déc. 2015, sont maintenus jusqu'à la mise en place effective, dans leur département respectif, du conseil départemental de la citoyenneté et de l'autonomie prévu à la section 1 du chapitre IX du titre IV du livre I, dans sa rédaction résultant de la même loi (L. préc., art. 88-III).

Art. L. 146-2-1 *(Abrogé par L. n° 2015-1776 du 28 déc. 2015, art. 81-3°) (Ord. n° 2014-1543 du 19 déc. 2014, art. 32-1°, en vigueur le 1er janv. 2015)* ***Le conseil départemental consultatif du Rhône est compétent également sur le territoire de la métropole de Lyon dans les conditions prévues à l'article L. 146-2. Il est dénommé "conseil consultatif départemental-métropolitain".***

Pour l'application des dispositions de l'article L. 146-2, il est informé de l'activité de la maison départementale-métropolitaine des personnes handicapées ainsi que du programme départemental d'insertion professionnelle et des schémas d'équipement et d'accompagnement des personnes handicapés départementaux et métropolitains.

SECTION 2 Maisons départementales des personnes handicapées

(L. n° 2005-102 du 11 févr. 2005, art. 64)

COMMENTAIRE

Les maisons départementales des personnes handicapées constituent un des éléments les plus importants de la nouvelle architecture institutionnelle dans le secteur de la politique en direction des personnes handicapées.

L'idée essentielle qui a présidé à leur création par la loi n° 2005-102 du 11 février 2005 a été de mettre fin au « parcours du combattant » qui attendait jusque-là les personnes handicapées et leurs familles pour faire valoir leurs droits, notamment aux prestations, et organiser leur vie quotidienne. La pluralité des organismes compétents (CDES, COTOREP, caisses de sécurité sociale, aide sociale départementale…), leur cloisonnement, la complexité des procédures administratives, constituaient des obstacles importants pour les personnes à prendre en charge, malgré la timide expérience, initiée en 1997, des « sites pour la vie autonome » (SVA). Toutes les études et rapports l'avaient de longue date souligné.

Les pouvoirs publics ont donc décidé de mettre en place, selon une logique de « guichet unique » et à proximité immédiate des personnes, une instance où sont concentrés les accès à tous les moyens d'aide et de soutien, tant financiers que matériels.

Il convient, pour comprendre la portée de cette novation, de relier ces maisons départementales aux deux autres niveaux de régulation du dispositif d'ensemble que sont d'une part et au niveau régional le « Programme interdépartemental d'accompagnement des handicaps et de la perte d'autonomie » (art. L. 312-5-1 du code), et d'autre part la Caisse nationale de solidarité pour l'autonomie (CNSA, art. L. 313-4 du code). Ces trois nouvelles institutions entendent former un dispositif cohérent permettant de gérer l'ensemble de la politique du handicap. ❑

Art. L. 146-3 **Afin d'offrir un accès unique aux droits et prestations mentionnés aux articles L. 241-3** *(Abrogé par L. n° 2016-1321 du 7 oct. 2016, art. 107-I, à compter du 1er janv. 2017)* **«** ***L. 241-3-1*** **» et L. 245-1 à L. 245-11 du présent code et aux articles L. 412-8-3, L. 432-9, L. 541-1, L. 821-1 et L. 821-2 du code de la sécurité sociale, à toutes les possibilités d'appui dans l'accès à la formation et à l'emploi et à l'orientation vers des établissements et services ainsi que de faciliter les démarches des personnes handicapées et de leur famille, il est créé dans chaque département une maison départementale des personnes handicapées.** — *V. dispositions transitoires à la L. n° 2016-1321 du 7 oct. 2016, ss. art. L. 241-3.*

(L. n° 2011-901 du 28 juill. 2011, art. 7-I) **« L'évaluation des demandes et l'attribution des droits et prestations mentionnés au premier alinéa relèvent de la compétence de la maison départementale des personnes handicapées du département où le demandeur réside, dès lors que cette résidence est acquisitive d'un domicile de secours, dans les conditions prévues aux articles L. 122-2 et L. 122-3 du présent code. Lorsqu'elle n'est pas acquisitive d'un domicile de secours, la maison départementale des personnes handicapées compétente est celle du département du domicile de secours du demandeur.**

« Le cas échéant, lorsqu'une personne réside dans un département distinct de celui de son domicile de secours et que l'équipe pluridisciplinaire compétente n'est pas en mesure de procéder elle-même à l'évaluation de sa situation, le président du groupement d'intérêt public mentionné à l'article L. 146-4 peut déléguer cette évaluation à la maison départementale des personnes handicapées du département d'accueil selon des modalités définies par convention.

« Pour les Français établis hors de France, la maison départementale des personnes handicapées compétente pour instruire leurs demandes est celle par l'intermédiaire de laquelle un droit ou une prestation leur a été antérieurement attribué. En cas de première demande, les Français établis hors de France peuvent s'adresser à la maison départementale des personnes handicapées du département de leur choix. »

La maison départementale des personnes handicapées exerce une mission d'accueil, d'information, d'accompagnement et de conseil des personnes handicapées et de leur famille, ainsi que de sensibilisation de tous les citoyens au handicap. Elle met en place et organise le fonctionnement de l'équipe pluridisciplinaire mentionnée à l'article L. 146-8 de la commission des droits et de l'autonomie des personnes handicapées prévue à l'article L. 146-9, de la procédure de conciliation interne prévue à l'article L. 146-10 et désigne la personne référente mentionnée à l'article L. 146-13. La maison départementale des personnes handicapées assure à la personne handicapée et à sa famille l'aide nécessaire à la formulation de son projet de vie, l'aide nécessaire à la mise en œuvre des décisions prises par la commission des droits et de l'autonomie des personnes handicapées, l'accompagnement et les médiations que cette mise en

œuvre peut requérir. Elle met en œuvre l'accompagnement nécessaire aux personnes handicapées et à leur famille après l'annonce et lors de l'évolution de leur handicap.

Pour l'exercice de ses missions, la maison départementale des personnes handicapées peut s'appuyer sur des centres communaux ou intercommunaux d'action sociale ou des organismes assurant des services d'évaluation et d'accompagnement des besoins des personnes handicapées avec lesquels elle passe convention.

La maison départementale des personnes handicapées organise des actions de coordination avec les autres dispositifs sanitaires et médico-sociaux concernant les personnes handicapées.

Un référent pour l'insertion professionnelle est désigné au sein de chaque maison départementale des personnes handicapées.

(Abrogé par L. n° 2015-1776 du 28 déc. 2015, art. 99-I) ***« Chaque maison départementale recueille et transmet les données mentionnées à l'article L. 247-2,*** *(L. n° 2015-1776 du 28 déc. 2015, art. 75-2°)* ***«, dans sa rédaction antérieure à la loi n° 2015-1776 du 28 décembre 2015 relative à l'adaptation de la société au vieillissement », ainsi que les données relatives aux suites réservées aux orientations prononcées par la commission des droits pour l'autonomie des personnes handicapées, notamment auprès des établissements et services susceptibles d'accueillir ou d'accompagner les personnes concernées. »*** *— Le dernier al. de l'art. L. 146-3 est supprimé à la date de la publication du décret prévu à l'art. L. 146-3-1, dans sa rédaction résultant de l'art. 73 de la L. n° 2015-1776 du 28 déc. 2015 (L. préc., art. 99-I).*

V. art. R. 146-16 à R. 146-35.

V. l'art. L. 531-7 pour l'application de cet art. à Saint-Pierre-et-Miquelon.

Sur les exceptions à l'application du droit des usagers de saisir l'administration par voie électronique concernant les démarches effectuées auprès des organismes de sécurité sociale et des collectivités territoriales, de leurs établissements publics ou des établissements publics de coopération intercommunale, V. ***CRPA****, App., v° Saisine par voie électronique — Exceptions.*

COMMENTAIRE

L'article L. 146-3 détermine les finalités et missions des nouvelles maisons départementales des personnes handicapées.

La finalité y est clairement exprimée dans le premier alinéa : il s'agit bien d'organiser un « accès unique » aux droits et prestations, tant ceux relevant du code de l'action sociale et des familles (carte d'invalidité et avantages des art. L. 241-3 s., nouvelle « prestation de compensation » des art. L. 245-1 s.) que ceux relevant du code de la sécurité sociale, notamment l'AAH (CSS, art. L. 821-1 s., V. ss. art. L. 244-1).

En ce qui concerne ses missions, dont les articles qui suivent déterminent les moyens de mise en œuvre, on peut les synthétiser en quelques éléments saillants : accueil et information des personnes handicapées et de leurs familles, aide et accompagnement pour élaborer pour chaque handicapé son « projet de vie », mise en œuvre des décisions arrêtées par la nouvelle Commission des droits et de l'autonomie des personnes handicapées (nouvel art. L. 146-9), coordination sur le territoire départemental de l'ensemble des instances et organismes sanitaires et sociaux intervenant dans le champ du handicap, recueil régulier de données.

Pour pallier certains dysfonctionnements constatés dans la prise en charge des personnes handicapées par les MDPH – dysfonctionnements concernant notamment la désignation de la maison compétente pour procéder à l'évaluation de leur situation et à l'attribution des prestations –, la loi du 28 juillet 2011 tendant à améliorer le fonctionnement des MDPH et portant diverses dispositions relatives à la politique du handicap a introduit trois nouveaux alinéas à l'article L. 146-3 : faisant référence à la notion de « domicile de secours », ces nouvelles dispositions indiquent quelle est la MDPH compétente au regard du lieu de résidence de la personne handicapée.

Art. L. 146-3-1 *(L. n° 2015-1776 du 28 déc. 2015, art. 73)* **I. — Chaque maison départementale des personnes handicapées transmet à la Caisse nationale de solidarité pour l'autonomie son rapport d'activité annuel et les données normalisées relatives :**

1° A son activité, notamment en matière d'évaluation pluridisciplinaire des besoins, d'instruction des demandes et de mise en œuvre des décisions prises ;

2° A l'activité et aux décisions de la commission des droits et de l'autonomie des personnes handicapées mentionnées à l'article L. 241-5 ;

3° Aux suites réservées aux orientations prononcées par la commission des droits et de l'autonomie des personnes handicapées, recueillies notamment auprès des établissements et services susceptibles d'accueillir ou d'accompagner les personnes concernées ;

4° Aux caractéristiques de ses usagers et à la mesure de leur satisfaction ;

5° Aux ressources et aux dépenses du fonds départemental de compensation du handicap mentionné à l'article L. 146-5 ;

6° A ses effectifs ;

7° Au montant et à la répartition des financements qu'elle a reçus.

Le rapport annuel et les données normalisées transmises par les maisons départementales des personnes handicapées à la Caisse nationale de solidarité pour l'autonomie comportent des indicateurs sexués.

II. — Aux fins mentionnées au I, les maisons départementales des personnes handicapées recourent au numéro d'inscription au répertoire national d'identification des usagers.

III. — Un décret en Conseil d'État, pris après avis de la Commission nationale de l'informatique et des libertés, précise les conditions d'application du présent article, notamment les modalités selon lesquelles s'effectue la transmission normalisée des données.

Les dispositions issues de l'art. 73 de la L. n° 2015-1776 du 28 déc. 2015 sont entrées en vigueur dans les conditions prévues au 3° de l'art. 10 de l'Ord. n° 2012-785 du 31 mai 2012, et au plus tard au 1er janv. 2016 (L. préc., art. 84-III-B).

Art. L. 146-4 La maison départementale des personnes handicapées est un groupement d'intérêt public *(L. n° 2011-901 du 28 juill. 2011, art. 1er)* « constitué pour une durée indéterminée », dont le département assure la tutelle administrative et financière.

Le département, l'État et les organismes locaux d'assurance maladie et d'allocations familiales du régime général de sécurité sociale définis aux articles L. 211-1 et L. 212-1 du code de la sécurité sociale sont membres de droit de ce groupement.

D'autres personnes morales peuvent demander à en être membres, notamment les personnes morales représentant les organismes gestionnaires d'établissements ou de services destinés aux personnes handicapées, celles assurant une mission de coordination en leur faveur et les autres personnes morales participant au financement du fonds départemental de compensation prévu à l'article L. 146-5 du présent code.

La maison départementale des personnes handicapées est administrée par une commission exécutive présidée par le président du conseil départemental.

Outre son président, la commission exécutive comprend :

1° Des membres représentant le département, désignés par le président du conseil départemental, pour moitié des postes à pourvoir ;

2° Des membres représentant les associations de personnes handicapées, désignés par le conseil départemental consultatif des personnes handicapées, pour le quart des postes à pourvoir ;

3° Pour le quart restant des membres :

a) Des représentants de l'État désignés par le représentant de l'État dans le département et par le recteur d'académie compétent ;

b) Des représentants des organismes locaux d'assurance maladie et d'allocations familiales du régime général, définis aux articles L. 211-1 et L. 212-1 du code de la sécurité sociale ;

c) Le cas échéant, des représentants des autres membres du groupement prévus par la convention constitutive du groupement ;

(L. n° 2011-901 du 28 juill. 2011, art. 1er) « *d)* Le directeur de l'agence régionale de santé ou son représentant. »

Les décisions de la maison départementale des personnes handicapées sont arrêtées à la majorité des voix. En cas d'égal partage des voix, celle du président est prépondérante.

Le directeur de la maison départementale des personnes handicapées est nommé par le président du conseil départemental.

(Abrogé par L. nº 2016-1321 du 7 oct. 2016, art. 107-I, à compter du 1er janv. 2017) (L. nº 2015-1776 du 28 déc. 2015, art. 44-1º) ***« Le directeur de la maison départementale des personnes handicapées délivre la carte mentionnée à l'article L. 241-3 aux demandeurs qui sont bénéficiaires de l'allocation prévue à l'article L. 232-1 et classés dans les groupes 1 ou 2 de la grille nationale mentionnée à l'article L. 232-2, conformément à la notification de la décision d'attribution de l'allocation. »*** *— V. dispositions transitoires à la L. nº 2016-1321 du 7 oct. 2016, ss. art. L. 241-3.*

COMMENTAIRE

L'article L. 146-4 définit le cadre organisationnel et les conditions de fonctionnement des maisons départementales.

La maison départementale des personnes handicapées prend la forme d'un groupement d'intérêt public (GIP) dont le département assure la tutelle administrative et financière. Ce groupement comporte des membres de droit (département, État, organismes locaux d'assurance maladie et caisses d'allocations familiales) ; d'autres personnes morales peuvent demander à en faire partie (personnes morales gestionnaires d'établissements et de services notamment). Il repose sur une convention constitutive qui détermine les modalités d'adhésion et de retrait des membres.

La structure du groupement est, selon une facture classique dans les GIP, définie par la loi : une commission exécutive l'administre, un directeur nommé par le président du conseil départemental organise et dirige les services et les personnels lui sont affectés, ces derniers peuvent relever de quatre catégories différentes (des fonctionnaires mis à disposition et/ou détachés, des agents contractuels de droit public, des agents contractuels de droit privé). ❑

Art. L. 146-4-1 *(L. nº 2011-901 du 28 juill. 2011, art. 2-II)* **Le personnel de la maison départementale des personnes handicapées comprend :**

1º Des personnels mis à disposition par les parties à la convention constitutive. Pour les fonctionnaires régis par le statut général de la fonction publique de l'État, la mise à disposition est prononcée pour une durée maximale de cinq ans, renouvelable par périodes ne pouvant excéder cette durée. Elle donne lieu à remboursement, selon les modalités prévues à l'article L. 146-4-2 et dans des conditions précisées par décret. La durée du préavis prévue dans la convention de mise à disposition ne peut être inférieure à six mois. Les modalités selon lesquelles l'agent peut demander à mettre fin à sa mise à disposition et selon lesquelles l'État est tenu de faire droit à sa demande sont prévues par un décret en Conseil d'État ;

2º Le cas échéant, des fonctionnaires régis par le statut général de la fonction publique de l'État, de la fonction publique territoriale ou de la fonction publique hospitalière, placés en position de détachement ;

3º Le cas échéant, des agents contractuels de droit public recrutés par la maison départementale des personnes handicapées pour une durée déterminée ou indéterminée et soumis aux dispositions applicables aux agents non titulaires de la fonction publique territoriale ;

4º Le cas échéant, des agents contractuels de droit privé recrutés par la maison départementale des personnes handicapées.

Les personnels sont placés sous l'autorité du directeur de la maison départementale des personnes handicapées dont ils dépendent et sont soumis à ses règles d'organisation et de fonctionnement.

Art. L. 146-4-2 *(L. nº 2011-901 du 28 juill. 2011, art. 4-II)* **La convention constitutive du groupement précise notamment les modalités d'adhésion et de retrait des membres et la nature des concours qu'ils apportent.**

Est annexée à cette convention constitutive une convention pluriannuelle d'objectifs et de moyens signée entre la maison départementale des personnes handicapées et les membres du groupement et dont le contenu est fixé par arrêté ministériel.

La convention pluriannuelle détermine pour trois ans les missions et objectifs assignés à la maison départementale des personnes handicapées, ainsi que les moyens qui lui sont alloués pour les remplir. Elle fixe en particulier le montant de la subvention de fonctionnement *(L. n° 2016-1917 du 29 déc. 2016, art. 48-I, en vigueur le 1er janv. 2017)* **« allouée » par l'État et précise, pour la part correspondant aux personnels mis à disposition, le nombre d'équivalents temps plein qu'elle couvre. En aucun cas cette part ne peut être inférieure au montant versé par le groupement au titre du remboursement mentionné au 1° de l'article L. 146-4-1 et figurant dans la convention de mise à disposition.** – *V. Arr. du 10 janv. 2024 relatif au versement des subventions de l'État aux maisons départementales des personnes handicapées au titre de l'année 2024 (JO 25 janv., NOR : TSSA2326749A).*

Un avenant financier précise chaque année, en cohérence avec les missions et les objectifs fixés par la convention pluriannuelle, les modalités et le montant de la participation des membres du groupement. Elle mentionne le montant du concours versé par la Caisse nationale de solidarité pour l'autonomie au conseil départemental et destiné à contribuer au fonctionnement de la maison départementale.

Art. L. 146-4-3 *(L. n° 2011-901 du 28 juill. 2011, art. 3-I)* **Le Centre national de la fonction publique territoriale est compétent pour définir et assurer, en partenariat avec la Caisse nationale de solidarité pour l'autonomie, la formation professionnelle des personnels des maisons départementales des personnes handicapées, quel que soit leur statut.**

La cotisation due par chaque maison départementale des personnes handicapées au Centre national de la fonction publique territoriale est déterminée selon les conditions prévues à l'article 12-2 de la loi n° 84-53 du 26 janvier 1984 portant dispositions statutaires relatives à la fonction publique territoriale.

Art. L. 146-5 **Chaque maison départementale des personnes handicapées gère un fonds départemental de compensation du handicap chargé d'accorder des aides financières destinées à permettre aux personnes handicapées de faire face aux frais de compensation restant à leur charge, après déduction de la prestation de compensation mentionnée à l'article L. 245-1. Les contributeurs au fonds départemental sont membres du comité de gestion. Ce comité est chargé de déterminer l'emploi des sommes versées par le fonds. La maison départementale des personnes handicapées rend compte aux différents contributeurs de l'usage des moyens du fonds départemental de compensation.**

(L. n° 2020-220 du 6 mars 2020, art. 2-I) **« Dans la limite des financements du fonds départemental de compensation, les frais de compensation ne peuvent excéder 10 % des ressources personnelles nettes d'impôts des personnes handicapées mentionnées au premier alinéa du présent article, dans des conditions définies par décret. »** – *Le Gouvernement remet au Parlement un rapport sur la mise en œuvre du décret mentionné au deuxième al. de l'art. L. 146-5, dans un délai de dix-huit mois à compter de l'entrée en vigueur de ce décret. Ce rapport traite notamment de l'évolution du reste à charge des personnes ayant déposé au moins une demande auprès d'un fonds départemental de compensation du handicap (L. n° 2020-220 du 6 mars 2020, art. 2-II). – V. art. D. 146-31-6 s.*

Le département, l'État, les autres collectivités territoriales, les organismes d'assurance maladie, les caisses d'allocations familiales, les organismes régis par le code de la mutualité, l'association mentionnée à l'article L. 323-8-3 *[L. 5214-1 s., R. 5214-19, R. 5214-20 et R. 5214-22 nouv.]* **du code du travail, le fonds prévu à l'article L. 323-8-6-1** *[art. non repris]* **du même code et les autres personnes morales concernées peuvent participer au financement du fonds. Une convention passée entre les membres de son comité de gestion prévoit ses modalités d'organisation et de fonctionnement.**

COMMENTAIRE

Il existait antérieurement à la loi du 11 février 2005 un grand nombre de soutiens financiers divers qui, sans fondement législatif et donc à titre extralégal, étaient accordés aux handicapés par divers organismes, notamment les caisses d'assurance maladie (via leurs fonds d'action sociale).

Outre la nouvelle « prestation de compensation » (art. L. 245-1) qui est venue se substituer à l'ancienne allocation compensatrice pour tierce personne (ACTP), la disposition ci-dessus organise une mutualisation de ces aides au sein d'un « fonds départemental de compensation du handicap ». Ce fonds est géré au sein de la maison départementale par un comité qui comprend des représentants de tous les contributeurs dont le texte dresse une liste non exhaustive : département, État, organismes d'assurance maladie, caisses d'allocations familiales, mutuelles, Agefiph et autres personnes morales concernées…

Outre les effets attendus en matière d'efficacité dans l'usage de ces fonds (mutualisation des coûts de gestion et mise en cohérence), cette disposition concourt aussi à simplifier leur accès pour la personne handicapée et sa famille en ne requérant de leur part qu'un seul dossier et en n'aménageant plus qu'une seule procédure d'instruction de leurs demandes. ❑

1. Caractère non obligatoire de la participation financière de l'État. Il résulte, de l'art. L. 146-5, que le législateur a entendu distinguer, d'une part, les compétences exercées par la maison départementale des personnes handicapées, pour lesquelles la participation de l'État, comme d'ailleurs celle des autres membres, à l'accomplissement des missions assurées par ce groupement d'intérêt public et notamment à ses coûts de fonctionnement et de personnel, revêt un caractère obligatoire dans son principe et, d'autre part, le rôle confié à la maison départementale en matière de gestion du fonds de compensation du handicap qui est destiné à servir aux personnes handicapées des prestations facultatives et auquel l'État, au même titre que toutes les personnes morales concernées, peut décider de participer, sous une forme et pour un montant déterminé par une convention passée entre les membres du comité de gestion du fonds départemental. • CE 1er mars 2013, *MDPH Côte-d'Or*, n° 354243 : *AJDA 2013. 1764, note Rihal*.

2. Compétence du juge judiciaire pour les aides complémentaires à la prestation de compensation. Le législateur ayant attribué compétence à la juridiction judiciaire pour statuer sur les litiges relatifs à la prestation de compensation et à l'allocation compensatrice, il en va de même des contestations des décisions du fonds départemental de compensation du handicap relatives aux aides financières venant en complément de la prestation de compensation ou de l'allocation compensatrice. • T. confl. 14 mars 2022, n° C4237 A.

3. Conformité à la Constitution. Les dispositions relatives aux aides versées par les fonds départementaux de compensation du handicap ne sont pas contraires à la Constitution dans la mesure où, d'une part, les personnes handicapées qui bénéficient des aides financières versées par les fonds départementaux de compensation sont placées dans une situation différente de celles des bénéficiaires d'aides sociales obligatoires reposant sur la solidarité nationale et des personnes qui ne sont pas en situation de handicap et où, d'autre part, le législateur a pu permettre à ces fonds départementaux d'accorder des aides financières facultatives sans méconnaître le principe d'égalité. • Cons. const. 24 mars 2023, n° 2023-1039 QPC.

Art. L. 146-6 Les maisons départementales des personnes handicapées peuvent travailler en liaison avec les centres locaux d'information et de coordination.

COMMENTAIRE

Les centres locaux d'information et de coordination ont été créés pour la mise en œuvre de l'allocation personnalisée d'autonomie et leur vocation est de coordonner pour ce faire les aides, les services et les soins pour que les personnes âgées bénéficiaires accèdent à l'ensemble de leurs droits et aux réponses adaptées à leur situation. Depuis la loi n° 2004-809 du 13 août 2004 relative aux libertés et responsabilités locales, c'est le président du conseil départemental seul qui autorise et « labellise » les CLIC en fonction des missions qui leur sont confiées et des services qu'ils offrent (V. aussi comm. ss. art. L. 113-2). ❑

Art. L. 146-7 *(L. nº 2011-901 du 28 juill. 2011, art. 5)* **« La maison départementale des personnes handicapées organise son activité et fixe ses horaires d'ouverture au public de telle sorte que les personnes handicapées et leurs familles puissent accéder aux services qu'elle propose ou à la permanence téléphonique qu'elle a mise en place dans les conditions fixées par la convention pluriannuelle d'objectifs et de moyens mentionnée à l'article L. 146-4-2.**

« Pour les appels d'urgence, la maison départementale des personnes handicapées met à disposition des personnes handicapées et de leurs familles un numéro téléphonique en libre appel gratuit pour l'appelant, y compris depuis un terminal mobile. »

La maison départementale des personnes handicapées réalise périodiquement et diffuse un livret d'information sur les droits des personnes handicapées et sur la lutte contre la maltraitance.

Art. L. 146-8 **Une équipe pluridisciplinaire évalue les besoins de compensation de la personne handicapée et son incapacité permanente sur la base de son projet de vie et de références définies par voie réglementaire et propose un plan personnalisé de compensation du handicap. Elle entend, soit sur sa propre initiative, soit lorsqu'ils en font la demande, la personne handicapée, ses parents lorsqu'elle est mineure,** *(Ord. nº 2020-232 du 11 mars 2020, art. 30-1º)* **« et la personne chargée de la mesure de protection juridique s'il s'agit d'un majeur faisant l'objet d'une mesure de protection juridique avec représentation relative à la personne ». Dès lors qu'il est capable de discernement, l'enfant handicapé lui-même est entendu par l'équipe pluridisciplinaire. L'équipe pluridisciplinaire se rend sur le lieu de vie de la personne soit sur sa propre initiative, soit à la demande de la personne handicapée. Lors de l'évaluation, la personne handicapée,** *(Ord. nº 2020-232 du 11 mars 2020, art. 30-1º)* **« ses parents s'il s'agit d'un mineur ou, s'il s'agit d'un majeur faisant l'objet d'une mesure de protection juridique avec représentation relative à la personne, la personne chargée de cette mesure » peuvent être assistés par une personne de leur choix. La composition de l'équipe pluridisciplinaire peut varier en fonction de la nature du ou des handicaps de la personne handicapée dont elle évalue les besoins de compensation ou l'incapacité permanente.**

L'équipe pluridisciplinaire sollicite, en tant que de besoin et lorsque les personnes concernées *(Ord. nº 2020-232 du 11 mars 2020, art. 30-2º)* **« , leurs représentants légaux s'il s'agit de mineurs ou, s'il s'agit de majeurs faisant l'objet d'une mesure de protection juridique avec représentation relative à la personne, les personnes chargées de ces mesures » en font la demande, le concours des établissements ou services visés au 11º du I de l'article L. 312-1 ou des centres désignés en qualité de centres de référence pour une maladie rare ou un groupe de maladies rares.**

(L. nº 2016-41 du 26 janv. 2016, art. 89-I-2º) **« L'équipe pluridisciplinaire propose le plan personnalisé de compensation du handicap, comprenant, le cas échéant, un plan d'accompagnement global, à la commission des droits et de l'autonomie des personnes handicapées, afin de lui permettre de prendre les décisions mentionnées à l'article L. 241-6.**

« En vue d'élaborer ou de modifier un plan d'accompagnement global, l'équipe pluridisciplinaire, sur convocation du directeur de la maison départementale des personnes handicapées, peut réunir en groupe opérationnel de synthèse les professionnels et les institutions ou services susceptibles d'intervenir dans la mise en œuvre du plan.

« La personne concernée, *(Ord. nº 2020-232 du 11 mars 2020, art. 30-3º)* **« ou son représentant légal s'il s'agit d'un mineur, ainsi que la personne chargée de la mesure de protection juridique s'il s'agit d'un majeur faisant l'objet d'une mesure de protection juridique avec représentation relative à la personne, font » partie du groupe opérationnel de synthèse et a la possibilité d'en demander la réunion. Ils peuvent être assistés par une personne de leur choix.**

« Si la mise en œuvre du plan d'accompagnement global le requiert, et notamment lorsque l'équipe pluridisciplinaire ne peut pas proposer une solution en mesure de répondre aux besoins de la personne, la maison départementale des personnes handicapées demande à l'agence régionale de santé, aux collectivités territoriales, aux autres autorités compétentes de l'État ou aux organismes de protection sociale membres de la commission exécutive mentionnée à l'article L. 146-4 d'y apporter leur concours sous toute forme relevant de leur compétence. »

Les dispositions issues de l'art. 89-I de la L. nº 2016-41 du 26 janv. 2016 sont applicables à la date décidée par la commission exécutive mentionnée à l'art. L. 146-4 CASF constatant que la maison départementale des personnes handicapées dispose des informations mentionnées au dixième al. de l'art. L. 114-1-1 du même code et, en tout état de cause, au plus tard le 31 déc. 2017 (L. préc., art. 89-II).

L'Ord. n° 2020-232 du 11 mars 2020 n'est pas applicable en Nouvelle-Calédonie. Elle entre en vigueur à une date fixée par décret en Conseil d'État et au plus tard le 1er oct. 2020. Elle est applicable aux mesures de protection juridique en cours au jour de son entrée en vigueur et aux situations dans lesquelles aucune décision n'a été prise au jour de son entrée en vigueur (Ord. préc., art. 45 et 46, JO 12 mars).

Sur le parcours de formation des élèves présentant un handicap, V. C. éduc., art. D. 351-3 s., App., v° Personnes handicapées.

COMMENTAIRE

Au sein de chaque maison départementale, doit être instituée une équipe pluridisciplinaire dont la nature et les missions ne se comprennent qu'en la reliant à la commission des droits et de l'autonomie établie par l'article L. 146-9.

Il s'agit d'une instance technique chargée, au vu de la situation de chaque handicapé, de préparer les décisions de la commission des droits et de l'autonomie. Dotée de compétences d'enquête et d'investigation – elle entend la personne handicapée, ses parents, ses représentants légaux, elle se rend sur le « lieu de vie » de la personne –, elle doit élaborer et proposer un « plan personnalisé de compensation du handicap » complété dorénavant par un plan d'accompagnement global (L. n° 2016-41 du 26 janv. 2016 et art. L. 114-1-1). La loi a entendu encadrer son action en établissant des protections procédurales conformes aux « droits de l'usager » (art. L. 311-3 à L. 311-9) : la personne handicapée peut, à sa demande, faire entendre son point de vue tout au long de la procédure ; lorsqu'il dispose de discernement, l'enfant doit être entendu lui-même ; la personne handicapée, sa famille ou ses représentants peuvent se faire assister devant l'équipe pluridisciplinaire « par une personne de leur choix ».

La composition de cette équipe n'est pas déterminée par la loi. Il s'agit d'une instance regroupant divers types de professionnels, tels ceux qui composent les « équipes pluridisciplinaires » des services d'accompagnement médico-social pour adultes handicapés : assistants sociaux, auxiliaires de vie sociale, aides médico-psychologiques, psychologues, conseillers en économie sociale et familiale. Ce sont ces services et établissements, entrant dans le champ de l'article L. 312-1-I, qui sont visés expressément au dernier alinéa de la disposition.

La loi du 26 janvier 2016 de modernisation de notre système de santé a complété l'article L. 146-8 en mettant au centre de la mission de l'équipe pluridisciplinaire le soin d'élaborer avec la personne handicapée ou ses représentants, dans le cadre du « plan personnalisé de compensation », un « plan d'accompagnement global » qui, construit et suivi par un « groupe opérationnel de synthèse », doit permettre d'offrir en continu des prestations adaptées au projet de vie de la personne.

Art. L. 146-9 Une commission des droits et de l'autonomie des personnes handicapées prend, sur la base de l'évaluation réalisée par l'équipe pluridisciplinaire mentionnée à l'article L. 146-8, *(Ord. n° 2020-232 du 11 mars 2020, art. 31-1°)* **« des souhaits exprimés par la personne concernée dans son projet de vie, ou par son représentant légal s'il s'agit d'un mineur ou, s'il s'agit d'un majeur faisant l'objet d'une mesure de protection juridique avec représentation relative à la personne qui n'est pas apte à exprimer sa volonté, par la personne chargée de cette mesure » et du plan** *(L. n° 2016-41 du 26 janv. 2016, art. 89-I-3°)* **« personnalisé » de compensation proposé dans les conditions prévues aux articles** *(L. n° 2016-41 du 26 janv. 2016, art. 89-I-3°)* **« L. 114-1-1 » et L. 146-8, les décisions relatives à l'ensemble des droits de cette personne, notamment en matière d'attribution de prestations et d'orientation, conformément aux dispositions des articles L. 241-5 à L. 241-11.**

(L. n° 2023-1196 du 18 déc. 2023, art. 14-I) **« Une convention conclue entre la maison départementale des personnes handicapées, l'opérateur France Travail et les organismes mentionnés à l'article L. 5214-3-1 du code du travail, dont le modèle et le contenu minimal sont définis par décret, précise les conditions dans lesquelles, par dérogation au premier alinéa du présent article, la commission se prononce, en matière d'orientation vers les établissements ou les services d'accompagnement par le travail et les établissements ou les services de réadaptation professionnelle, sur le fondement de propositions formulées par cet opérateur et ces organismes. »** – *Les conventions prévues au 2e al. de l'art. L. 146-9 CASF, dans sa rédaction résultant de la L. n° 2023-1196 du 18 déc. 2023, sont conclues au plus tard le 1er janv. 2027 (L. préc., art. 14-III).*

(L. n° 2016-41 du 26 janv. 2016, art. 89-I-3°) **« Les décisions relatives au plan d'accompagnement global ne sont valables qu'après accord exprès de la personne handicapée** *(Ord. n° 2020-232 du 11 mars 2020, art. 31-2°)* **« , de son représentant légal s'il s'agit d'un mineur ou, s'il s'agit d'un majeur faisant l'objet d'une mesure de protection juridique avec représentation relative à la personne qui n'est pas apte à exprimer sa volonté, de la personne chargée de cette mesure, en tenant compte de l'avis de la personne protégée ».**

« Toute notification de décision de la commission des droits et de l'autonomie des personnes handicapées mentionne la possibilité pour les personnes concernées *(Ord. n° 2020-232 du 11 mars 2020, art. 31-3°)* **« , leurs représentants légaux s'il s'agit de mineurs ou, s'il s'agit de majeurs faisant l'objet d'une mesure de protection juridique avec représentation à la personne, les personnes chargées de ces mesures » de solliciter un plan d'accompagnement global en application de l'article L. 114-1-1. »**

Les dispositions issues de l'art. 89-I de la L. n° 2016-41 du 26 janv. 2016 sont applicables à la date décidée par la commission exécutive mentionnée à l'art. L. 146-4 CASF constatant que la maison départementale des personnes handicapées dispose des informations mentionnées au dixième al. de l'art. L. 114-1-1 du même code et, en tout état de cause, au plus tard le 31 déc. 2017 (L. préc., art. 89-II).

Sur l'entrée en vigueur de l'Ord. n° 2020-232 du 11 mars 2020, V. avant-dernière note ss. art. L. 146-8.

COMMENTAIRE

Autre innovation phare de la loi n° 2005-109 du 11 février 2005, l'institution de la commission des droits et de l'autonomie des personnes handicapées. Cette instance, qui siège au sein même de la maison départementale du handicap, se substitue aux deux instances établies par la loi d'orientation n° 75-534 du 30 juin 1975, la commission départementale d'éducation spéciale, compétente pour les enfants handicapés (L. n° 75-534, art. 6 ; art. L. 242-2 et L. 242-3 anciens du CASF), et la commission technique d'orientation et de reclassement professionnel compétente pour les adultes (anciens art. L. 323-10 à L. 323-13 C. trav. reproduits à l'ancien art. L. 243-1 du CASF).

Ces deux commissions faisaient l'objet de critiques nombreuses et récurrentes, dont notamment le fait de distinguer arbitrairement (et avec des conséquences dommageables en matière de prise en charge) entre les « enfants handicapés » (jusqu'à vingt ans) et les « adultes handicapés ». Les voilà donc réunies en une seule instance dont la disposition ci-dessus définit les missions générales qui reprennent pour l'essentiel les attributions des anciennes CDES et COTOREP : se prononcer sur l'orientation de la personne handicapée en matière d'insertion scolaire, professionnelle et sociale, désigner les établissements ou services correspondant à ses besoins, apprécier si l'état d'incapacité justifie l'attribution des allocations et aides pour handicapés, apprécier les besoins de compensation et attribuer la prestation de compensation, reconnaître la qualité de travailleur handicapé, statuer sur l'accompagnement des personnes handicapées âgées. Les dispositions précises relatives aux compétences, à la composition, au fonctionnement et aux décisions de la commission des droits et de l'autonomie des personnes handicapées sont dorénavant établies aux articles L. 241-5 à L. 241-11 du CASF.

La loi du 26 janvier 2016 modernisant notre système de santé a introduit dans cet article un nouvel alinéa qui vient renforcer les droits de la personne handicapée : cette dernière (ou son représentant) doit formuler un accord exprès au plan d'accompagnement global que la commission des droits est tenue de lui présenter, si cela s'avère nécessaire, en complément du plan personnalisé de compensation du handicap.

La loi n° 2023-1196 du 18 décembre 2023 pour le plein emploi, qui a notamment réformé l'instance en charge de l'indemnisation et de l'appui apporté aux demandeurs d'emploi en substituant à « Pôle emploi » une nouvelle structure – « France Travail » – a introduit dans l'article L. 146-9 un alinéa 2 nouveau qui prévoit l'établissement d'une convention entre cette structure et la commission des droits et de l'autonomie des personnes handicapées. Cette convention doit définir des modalités de coopération qui permettent à la commission, lorsque les personnes en situation de handicap font l'objet d'une orientation vers les structures d'emploi que sont les ESAT ou les établissements de réadaptation, de prendre ses décisions sur le fondement de propositions, formulées par France Travail ou par les organismes de placement spécialisés dans l'insertion professionnelle des personnes handicapées, de l'article L. 5214-3-1 du code du travail. ❑

Art. L. 146-10 **Sans préjudice des voies de recours mentionnées à l'article L. 241-9, lorsqu'une personne handicapée, ses parents si elle est mineure, ou son représentant légal estiment qu'une décision de la commission mentionnée à l'article L. 146-9 méconnaît ses droits, ils peuvent demander l'intervention d'une personne qualifiée chargée de proposer des mesures de conciliation. La liste des personnes qualifiées est établie par la maison départementale des personnes handicapées.**

L'engagement d'une procédure de conciliation suspend les délais de recours.

COMMENTAIRE

Un des points névralgiques de la politique du handicap se situe, on le sait de longue date, dans la difficulté de concilier, dans le choix de leur orientation et de leur placement, les désirs des handicapés et de leur famille et les logiques de régulation des services et établissements sociaux et médico-sociaux. Dans la volonté de rééquilibrer les rapports entre usagers et organismes, notamment au niveau du pouvoir décisionnel qui revient désormais à la commission des droits et de l'autonomie, une série de protections ont été instituées au profit des usagers ; parmi elles, et s'ajoutant à l'introduction du contradictoire dans la préparation des propositions, notamment par l'équipe pluridisciplinaire (art. L. 146-8), la loi prévoit donc l'intervention d'une « personne qualifiée » lorsque survient un désaccord relatif aux décisions de la commission des droits, personne qui a pour mission de rechercher une conciliation possible entre points de vue différents. ❑

Art. L. 146-11 *Abrogé par L. n° 2011-901 du 28 juill. 2011, art. 8.*

Art. L. 146-12 **Les modalités d'application de la présente section sont déterminées par décret en Conseil d'État.**

Art. L. 146-12-1 *(Ord. n° 2014-1543 du 19 déc. 2014, art. 32-2°, en vigueur le 1er janv. 2015)* **La maison départementale des personnes handicapées créée dans le département du Rhône est compétente également sur le territoire de la métropole de Lyon dans les conditions prévues à la présente section, sous réserve des dispositions du présent article. Elle est dénommée "maison départementale-métropolitaine des personnes handicapées".**

La tutelle de ce groupement est exercée conjointement avec la métropole de Lyon.

La métropole de Lyon en est membre de droit.

Sa présidence est assurée, alternativement chaque année, par le président du conseil départemental et le président du conseil de la métropole de Lyon.

Les postes à pourvoir mentionnés au 1° de l'article L. 146-4 se répartissent pour moitié entre les représentants du département et les représentants de la métropole de Lyon. Ils sont désignés respectivement par le président du conseil départemental et le président du conseil de la métropole de Lyon dans des conditions prévues par décret.

Le directeur de la maison départementale-métropolitaine des personnes handicapées est nommé conjointement par le président du conseil départemental et le président du conseil de la métropole de Lyon.

La convention pluriannuelle prévue au dernier alinéa de l'article L. 146-4-2 mentionne le montant du concours versé par la Caisse nationale de solidarité pour l'autonomie au conseil départemental du Rhône et au conseil de la métropole de Lyon.

Dans le département du Rhône, le fonds départemental de compensation du handicap est dénommé "fonds départemental-métropolitain de compensation du handicap". Il est géré par la maison départementale-métropolitaine des personnes handicapées et recouvre les territoires du département du Rhône et de la métropole de Lyon.

Le département du Rhône et la métropole de Lyon peuvent participer au financement de ce fonds.

COMMENTAIRE

L'ordonnance n° 2014-1543 du 19 décembre 2014, laquelle comporte les dispositions relatives à la création de la métropole de Lyon, qui vient se substituer au département du Rhône sur le territoire de l'agglomération, a introduit l'article L. 146-12-1. Cette disposition prévoit les modalités d'organisation de la MDPH qui, antérieurement sous la responsabilité du seul département, sera dorénavant cogérée par le département et la métropole. Pour l'essentiel, la MDPH est soumise à une tutelle conjointe des deux collectivités, qui y sont représentées paritairement et qui participent l'une et l'autre à son financement. ❑

Art. L. 146-12-2 *(Ord. n° 2016-1562 du 21 nov. 2016, art. 23-I, en vigueur le 1er janv. 2018)* **Dans la collectivité de Corse, la maison des personnes handicapées est soumise aux dispositions de la présente section 2 sous réserve des dispositions prévues au présent article. Dénommée "maison des personnes handicapées de la collectivité de Corse", elle dispose de deux implantations géographiques à Ajaccio et Bastia.**

La tutelle de ce groupement est exercée par la collectivité de Corse.

La collectivité de Corse, l'État et les organismes locaux d'assurance-maladie et d'allocations familiales du régime général de sécurité sociale définis aux articles L. 211-1 et L. 212-2 du code de la sécurité sociale sont membres de droit de ce groupement.

Sa présidence est assurée par le président du conseil exécutif de Corse.

Le président du conseil exécutif désigne les représentants de la collectivité de Corse pour pourvoir les postes mentionnés au 1° de l'article L. 146-4 du présent code.

Les représentants de l'État mentionnés au *a* du 3° de l'article L. 146-4 du présent code sont désignés par le représentant de l'État dans la collectivité de Corse et par le recteur d'académie.

Le directeur de la maison des personnes handicapées de la collectivité de Corse est nommé par le président du conseil exécutif.

La convention pluriannuelle prévue au dernier alinéa de l'article L. 146-4-2 mentionne le montant du concours versé par la Caisse nationale de solidarité pour l'autonomie à la collectivité de Corse.

Dans la collectivité de Corse, le fonds départemental de compensation du handicap est dénommé "fonds de compensation du handicap de la collectivité de Corse". Il est géré par la maison des personnes handicapées de la collectivité de Corse et recouvre l'intégralité du territoire de la collectivité de Corse.

La collectivité de Corse peut participer au financement de ce fonds.

Pour l'application des dispositions de la présente section 2 à la collectivité de Corse, les mots "maison départementale des personnes handicapées" sont remplacés par les mots "maison des personnes handicapées de la collectivité de Corse".

A compter du 1er janv. 2018, la maison des personnes handicapées de la collectivité de Corse se substitue de plein droit, pour l'exercice de ses compétences, à la maison départementale des personnes handicapées de Haute-Corse et à la maison départementale des personnes handicapées de Corse-du-Sud dans toutes leurs décisions et dans tous leurs actes.

L'ensemble des biens, des droits et des obligations de la maison départementale des personnes handicapées de Haute-Corse et de la maison départementale des personnes handicapées de Corse-du-Sud est transféré à la maison des personnes handicapées de la collectivité de Corse à partir de cette date.

L'ensemble des personnels des maisons départementales des personnes handicapées de Haute-Corse et de Corse-du-Sud est réputé relever de la maison des personnes handicapées de la collectivité de Corse à partir de cette date (Ord. n° 2016-1562 du 21 nov. 2016, art. 23-I).

COMMENTAIRE

De la même façon qu'un régime particulier a dû être prévu pour la MDPH du département du Rhône du fait de la création de la métropole de Lyon (art. L. 146-12-1), l'article L. 146-12-2 introduit par l'ordonnance n° 2016-1562 du 21 novembre 2016 portant diverses mesures institutionnelles relatives à la collectivité de Corse prévoit l'établissement – dès lors qu'est instaurée dorénavant une seule collectivité territoriale – d'une MDPH unique se substituant aux deux structures gérées par chacun des deux anciens départements. ❑

SECTION 3 Traitement amiable des litiges

(L. n° 2005-102 du 11 févr. 2005, art. 64)

Art. L. 146-13 **Pour faciliter la mise en œuvre des droits énoncés à l'article L. 114-1 et sans préjudice des voies de recours existantes, une personne référente est désignée**

au sein de chaque maison départementale des personnes handicapées. Sa mission est de recevoir et d'orienter les réclamations individuelles des personnes handicapées ou de leurs représentants vers les services et autorités compétents.

(L. n° 2011-334 du 29 mars 2011, art. 15-II) **« La personne référente transmet au Défenseur des droits les réclamations qui relèvent de sa compétence en application de la loi organique n° 2011-333 du 29 mars 2011 relative au Défenseur des droits.**

« Lorsque les réclamations ne relèvent pas de la compétence du Défenseur des droits, la personne référente les transmet soit à l'autorité compétente, soit au corps d'inspection et de contrôle compétent. »

COMMENTAIRE

Outre la « personne qualifiée » habilitée à proposer des mesures de conciliation en cas de désaccords entre un usager d'institution sociale et médico-sociale et le service concerné (art. L. 311-5) et, au-delà aussi, la « personne qualifiée » intervenant pour faire valoir les droits d'une personne handicapée face à la commission des droits et de l'autonomie en proposant des mesures de conciliation (art. L. 146-10), la disposition ci-dessus institue dans chaque maison départementale des personnes handicapées une « personne référente » en charge, non plus de concilier les points de vue en cas de désaccord, mais d'aider les personnes handicapées et leurs familles à adresser leurs réclamations aux autorités compétentes.

La révision constitutionnelle du 23 juillet 2008 ayant créé le Défenseur des droits (art. 71-1 de la Constitution), lequel a vu son statut défini et ses missions organisées par la loi organique n° 2011-333 du 29 mars 2011 et la loi n° 2011-334 du même jour, l'article L. 146-13 a été modifié en conséquence : cette personne référente doit désormais adresser les réclamations au Défenseur des droits, celui-ci ayant été substitué à diverses autorités dont le Médiateur de la République ou encore le Médiateur des enfants.

CHAPITRE VII INSTITUTIONS COMPÉTENTES EN MATIÈRE DE PROTECTION DE L'ENFANCE, D'ADOPTION ET D'ACCÈS AUX ORIGINES PERSONNELLES *(L. n° 2022-140 du 7 févr. 2022, art. 36-I).*

(L. n° 2002-93 du 22 janv. 2002)

COMMENTAIRE

La loi n° 2022-140 du 7 février 2022 relative à la protection des enfants (art. 36-I) a profondément remanié ce chapitre VII (livre I, titre IV) du code, qui ne concernait qu'une seule instance : le Conseil national pour l'accès aux origines personnelles.

Afin de renforcer le pilotage de l'ensemble de la politique à destination de l'enfance, on y a regroupé, outre le Conseil national pour l'accès aux origines personnelles, deux nouvelles instances, l'une créée, le Conseil national de l'adoption (Sect. II), l'autre réorganisée, le Conseil national de la protection de l'enfance (Sect. III), ces structures étant appuyées par une nouvelle personne publique, le Groupement d'intérêt public pour la protection de l'enfance, l'adoption et l'accès aux origines personnelles (Sect. IV).

SECTION 1 Conseil national pour l'accès aux origines personnelles *(L. n° 2022-140 du 7 févr. 2022, art. 36-I).*

COMMENTAIRE

Cette section 1 (art. L. 147-1 à L. 147-11), qui concerne l'organisation et les missions du Conseil national pour l'accès aux origines personnelles, est issue de la loi n° 2002-93 du 17 janvier 2002.

Cette loi, relative à l'accès aux origines des personnes adoptées et pupilles de l'État, s'est efforcée de réaliser un compromis entre les droits de la mère au secret et les droits de l'enfant d'accéder à ses origines. Ainsi, l'accouchement sous X, institution ancienne introduite dans le code civil par la loi du 8 janvier 1993, est maintenu, mais réaménagé ; la femme peut toujours, lors de son accouchement, demander le secret de son admission et de son identité ; elle est cependant invitée à laisser des renseignements sur sa santé et celle du père, les origines de l'enfant et les circonstances de sa naissance, ainsi que, sous pli fermé, son identité ; elle est également informée qu'elle peut à tout moment lever le secret de son identité, et qu'à défaut, son identité pourra être communiquée sous des conditions strictes ; ces dispositions (V. art. 2-1 de la loi) figurent au code, dans le cadre des dispositions relatives à l'aide sociale à l'enfance, à l'article L. 222-6.

C'est précisément pour mettre en œuvre ce montage juridique – respect du secret avec cependant une possibilité sous conditions de pouvoir le lever – que la loi du 17 janvier 2002 a créé le Conseil national pour l'accès aux origines personnelles. Cette instance, assurant le relais entre les parents biologiques qui demandent le secret et l'enfant désireux de connaître ses origines, est ainsi d'une part seule habilitée à recevoir les demandes des enfants, l'éventuelle déclaration des mères ou, le cas échéant, du père par laquelle ces derniers autorisent la levée du secret (V. art. L. 147-2), d'autre part seule en charge de communiquer éventuellement l'identité de la mère ainsi que celle du père (V. art. L. 147-6).

Ainsi, s'il a bien lui aussi, comme les autres instances prises en compte dans ce chapitre du code, des compétences d'information et de conseil dans le champ concerné (V. art. L. 147-1) en direction des collectivités publiques mais aussi en direction de l'enfant, du père et de la mère ou d'un médecin prescripteur s'agissant du « dossier médical partagé » (disposition introduite par la loi « Bioéthique » n° 2021-1017 du 2 août 2021 et ayant conduit à compléter l'art. L. 147-2 qui permet à un médecin d'avoir accès au dossier médical de l'enfant), le Conseil a reçu une mission bien plus étendue puisque, à mi-chemin entre commission administrative et instance juridictionnelle, il contrôle dans le cadre défini par la loi l'accès des personnes à leurs origines (art. L. 147-2 à L. 147-6). ❑

Art. L. 147-1 **Un Conseil national, placé auprès du ministre chargé des affaires sociales, est chargé de faciliter, en liaison avec les départements et les collectivités d'outre-mer, l'accès aux origines personnelles dans les conditions prévues** *(L. n° 2022-140 du 7 févr. 2022, art. 36-I)* **« à la présente section ».**

Il assure l'information des départements, des collectivités d'outre-mer et des organismes autorisés et habilités pour l'adoption sur la procédure de recueil, de communication et de conservation des renseignements visés à l'article L. 147-5, ainsi que sur les dispositifs d'accueil et d'accompagnement des personnes à la recherche de leurs origines, des parents de naissance et des familles adoptives concernés par cette recherche ainsi que sur l'accueil et l'accompagnement des femmes demandant le bénéfice des dispositions de l'article L. 222-6.

Il émet des avis et formule toutes propositions utiles relatives à l'accès aux origines personnelles. Il est consulté sur les mesures législatives et réglementaires prises dans ce domaine.

(L. n° 2021-1017 du 2 août 2021, art. 15-II) **« Il est également chargé de porter à la connaissance des personnes mentionnées aux 1° et 2° de l'article L. 147-2 l'existence d'une information médicale à caractère familial susceptible de les concerner dans les conditions prévues à l'article L. 1131-1-2 du code de la santé publique. »**

Il est composé d'un magistrat de l'ordre judiciaire, d'un membre de la juridiction administrative, de représentants des ministres concernés, d'un représentant des conseils départementaux, de trois représentants d'associations de défense des droits des femmes, d'un représentant d'associations de familles adoptives, d'un représentant d'associations de pupilles de l'État, d'un représentant d'associations de défense du droit à la connaissance de ses origines, et de deux personnalités que leurs expérience et compétence professionnelles médicales, paramédicales ou sociales qualifient particulièrement pour l'exercice de fonctions en son sein.

V. art. R. 147-1 à R. 147-33.

Art. L. 147-2 **Le Conseil national pour l'accès aux origines personnelles reçoit :**

1° La demande d'accès à la connaissance des origines de l'enfant formulée :

– s'il est majeur, par celui-ci ;

– s'il est mineur *(L. n° 2007-293 du 5 mars 2007, art. 11)* **« et qu'il a atteint l'âge de discernement, par celui-ci avec l'accord de ses représentants légaux ; »**

(Abrogé par Ord. n° 2020-232 du 11 mars 2020, art. 32) **« *– s'il est majeur placé sous tutelle, par son tuteur ;* »**

– s'il est décédé, par ses descendants en ligne directe majeurs ;

2° La déclaration de la mère ou, le cas échéant, du père de naissance par laquelle chacun d'entre eux autorise la levée du secret de sa propre identité ;

3° Les déclarations d'identité formulées par leurs ascendants, leurs descendants et leurs collatéraux privilégiés ;

4° La demande du père ou de la mère de naissance s'enquérant de leur recherche éventuelle par l'enfant ;

(L. nº 2021-1017 du 2 août 2021, art. 5-IV et 15-II) « 5° La demande écrite formulée par un médecin prescripteur d'un examen des caractéristiques génétiques à des fins médicales transmise en application de l'article L. 1131-1-2 du code de la santé publique.

« Afin de répondre aux demandes dont il est saisi, le Conseil national pour l'accès aux origines personnelles peut utiliser le numéro d'inscription des personnes au répertoire national d'identification des personnes physiques et consulter ce répertoire. Les conditions de cette utilisation et de cette consultation sont fixées par un décret en Conseil d'État, pris après avis de la Commission nationale de l'informatique et des libertés. »

L'Ord. nº 2020-232 du 11 mars 2020 n'est pas applicable en Nouvelle-Calédonie. Elle entre en vigueur à une date fixée par décret en Conseil d'État et au plus tard le 1er oct. 2020. Elle est applicable aux mesures de protection juridique en cours au jour de son entrée en vigueur et aux situations dans lesquelles aucune décision n'a été prise au jour de son entrée en vigueur (Ord. préc., art. 45 et 46, JO 12 mars).

Art. L. 147-3 La demande d'accès à la connaissance de ses origines est formulée par écrit auprès du Conseil national pour l'accès aux origines personnelles ou du président du conseil départemental ; elle peut être retirée à tout moment dans les mêmes formes.

Le père ou la mère de naissance qui font une déclaration expresse de levée du secret ou les ascendants, descendants ou collatéraux privilégiés du père ou de la mère de naissance qui font une déclaration d'identité sont informés que cette déclaration ne sera communiquée à la personne concernée que si celle-ci fait elle-même une demande d'accès à ses origines.

Art. L. 147-4 Le conseil communique au président du conseil départemental copie de l'ensemble des demandes et déclarations reçues en application de l'article L. 147-2.

Art. L. 147-5 Pour satisfaire aux demandes dont il est saisi, le conseil recueille copie des éléments relatifs à l'identité :

1° De la femme qui a demandé le secret de son identité et de son admission lors de son accouchement dans un établissement de santé et, le cas échéant, de la personne qu'elle a désignée à cette occasion comme étant l'auteur de l'enfant ;

2° De la ou des personnes qui ont demandé la préservation du secret de leur identité lors de l'admission de leur enfant comme pupille de l'État ou de son accueil par un organisme autorisé et habilité pour l'adoption ;

3° Des auteurs de l'enfant dont le nom n'a pas été révélé à l'officier de l'état civil lors de l'établissement de l'acte de naissance.

Les établissements de santé et les services départementaux ainsi que les organismes autorisés et habilités pour l'adoption communiquent au conseil national, sur sa demande, copie des éléments relatifs à l'identité des personnes mentionnées aux alinéas qui précèdent ainsi que tout renseignement ne portant pas atteinte au secret de cette identité, et concernant la santé des père et mère de naissance, les origines de l'enfant et les raisons et circonstances de sa remise au service de l'aide sociale à l'enfance ou à un organisme autorisé et habilité pour l'adoption.

Pour satisfaire aux demandes dont il est saisi, le conseil recueille également, auprès de l'Autorité centrale pour l'adoption, de la mission de l'adoption internationale ou des organismes autorisés et habilités pour l'adoption, les renseignements qu'ils peuvent obtenir des autorités du pays d'origine de l'enfant en complément des informations reçues initialement.

V. art. R. 147-25 s.

Art. L. 147-6 Le conseil communique aux personnes mentionnées au 1° de l'article L. 147-2, après s'être assuré qu'elles maintiennent leur demande, l'identité de la mère de naissance :

– s'il dispose déjà d'une déclaration expresse de levée du secret de son identité ;

– s'il n'y a pas eu de manifestation expresse de sa volonté de préserver le secret de son identité, après avoir vérifié sa volonté ;

– si l'un de ses membres ou une personne mandatée par lui a pu recueillir son consentement exprès dans le respect de sa vie privée ;

– si la mère est décédée, sous réserve qu'elle n'ait pas exprimé de volonté contraire à l'occasion d'une demande d'accès à la connaissance des origines de l'enfant. Dans ce cas, l'un des membres du conseil ou une personne mandatée par lui prévient la famille de la mère de naissance et lui propose un accompagnement.

Si la mère de naissance a expressément consenti à la levée du secret de son identité ou, en cas de décès de celle-ci, si elle ne s'est pas opposée à ce que son identité soit communiquée après sa mort, le conseil communique à l'enfant qui a fait une demande d'accès à ses origines personnelles l'identité des personnes visées au 3° de l'article L. 147-2.

Le conseil communique aux personnes mentionnées au 1° de l'article L. 147-2, après s'être assuré qu'elles maintiennent leur demande, l'identité du père de naissance :

– s'il dispose déjà d'une déclaration expresse de levée du secret de son identité ;

– s'il n'y a pas eu de manifestation expresse de sa volonté de préserver le secret de son identité, après avoir vérifié sa volonté ;

– si l'un de ses membres ou une personne mandatée par lui a pu recueillir son consentement exprès dans le respect de sa vie privée ;

– si le père est décédé, sous réserve qu'il n'ait pas exprimé de volonté contraire à l'occasion d'une demande d'accès à la connaissance des origines de l'enfant. Dans ce cas, l'un des membres du conseil ou une personne mandatée par lui prévient la famille du père de naissance et lui propose un accompagnement.

Si le père de naissance a expressément consenti à la levée du secret de son identité ou, en cas de décès de celui-ci, s'il ne s'est pas opposé à ce que son identité soit communiquée après sa mort, le conseil communique à l'enfant qui a fait une demande d'accès à ses origines personnelles l'identité des personnes visées au 3° de l'article L. 147-2.

Le conseil communique aux personnes mentionnées au 1° de l'article L. 147-2 les renseignements ne portant pas atteinte à l'identité des père et mère de naissance, transmis par les établissements de santé, les services départementaux et les organismes visés au cinquième alinéa de l'article L. 147-5 ou recueillis auprès des père et mère de naissance, dans le respect de leur vie privée, par un membre du conseil ou une personne mandatée par lui.

1. Illégalité du refus de communication du dossier. Dès lors qu'il est constant que la mère de la requérante n'a pas demandé expressément que son identité demeure secrète pour sa fille, celle-ci est fondée à soutenir que c'est à tort que, par le jugement attaqué, le tribunal administratif a rejeté sa demande tendant à l'annulation du refus de communication intégrale de son dossier de pupille de l'État. • CAA Bordeaux, 30 déc. 2003, *Mme T. : AJDA 2004. 496, note J.-L. Rey*.

2. Obligation de préservation du secret. Il résulte notamment de l'art. L. 147-6 que le CNAOP est tenu de refuser de satisfaire à la demande d'une personne, visant à connaître l'identité de la femme ayant accouché d'elle, lorsque cette dernière a manifesté la volonté de taire son identité lors de l'accouchement et a renouvelé expressément cette volonté en réponse à la demande de levée du secret. • CE 16 oct. 2019, n° 420230 : *RDSS 2019. 1101, note Monéger*. ♦ Dans la mesure où le code organise la possibilité de lever le secret de l'identité de la mère de naissance en permettant de solliciter la réversibilité du secret de son identité sous réserve de l'accord de celle-ci et définit ainsi un équilibre entre le respect dû au droit à l'anonymat garanti à la mère lorsqu'elle a accouché et le souhait légitime de l'enfant né dans ces conditions de connaître ses origines, n'a pas commis d'erreur de qualification juridique la cour administrative d'appel qui a estimé que la requérante, laquelle a pu disposer, hormis l'identité de sa mère biologique encore en vie, d'informations relatives à sa naissance recueillies par le CNAOP, n'était pas fondée à soutenir que les stipulations de l'art. 8 Conv. EDH avaient été méconnues. • Même arrêt.

3. Préservation du secret et conformité à la Constitution. Les dispositions de l'art. L. 147-6, qui organisent les conditions dans lesquelles le secret de l'identité des femmes ayant accouché sous X peut être levé, sous réserve de l'accord de la mère de naissance, et confient au Conseil national pour l'accès aux origines personnelles la tâche de rechercher la mère de naissance, à la requête de l'enfant, et de recueillir, le cas échéant, le consentement de celle-ci à ce que son identité soit révélée ou, dans l'hypothèse où elle est décédée, de vérifier qu'elle n'a pas exprimé de volonté contraire lors d'une précédente demande, ont entendu faciliter la connaissance par l'enfant de ses origines personnelles ; en permettant à la mère de s'opposer à la révélation de son identité même après son décès, ces dispositions visent à assurer le respect de manière effective, à des fins de protection de la santé, de la volonté exprimée par celle-ci de préserver le secret de son admission et de son identité lors de l'accouchement tout en ménageant, dans la mesure du possible, par des mesures appropriées, l'accès de l'enfant à la connaissance de ses origines personnelles ; dans la mesure où il n'appartient pas au Conseil constitutionnel de substituer son appréciation à celle du législateur sur l'équilibre ainsi défini entre les intérêts de la mère de naissance et ceux de l'enfant et où les dispositions contestées n'ont pas privé de garanties légales les exigences constitutionnelles de protection de la santé ni n'ont porté atteinte au respect dû à la vie privée et au droit de mener une vie familiale normale, elles doivent être regardées comme conformes à la Constitution. • Cons. const. 16 mai 2012, 2012-248 QPC : *JO 17 mai 2012, p. 9154 ; RDSS 2012. 750, note Roman* .

Art. L. 147-7 **L'accès d'une personne à ses origines est sans effet sur l'état civil et la filiation. Il ne fait naître ni droit ni obligation au profit ou à la charge de qui que ce soit.**

Art. L. 147-8 **Le procureur de la République communique au conseil national, sur sa demande, les éléments figurant dans les actes de naissance d'origine, lorsque ceux-ci sont considérés comme nuls en application de l'article 354 du code civil.**

Sous réserve des dispositions de l'article 6 de la loi n° 51-711 du 7 juin 1951 sur l'obligation, la coordination et le secret en matière de statistiques, les administrations ou services de l'État et des collectivités publiques, les organismes de sécurité sociale et les organismes qui assurent la gestion des prestations sociales sont tenus de réunir et de communiquer au conseil national les renseignements dont ils disposent permettant de déterminer les adresses de la mère et du père de naissance.

Art. L. 147-9 **Lorsque, pour l'exercice de sa mission, le conseil national demande la consultation de documents d'archives publiques, les délais prévus aux articles L. 213-1 et L. 213-2 du code du patrimoine ne lui sont pas opposables.**

Art. L. 147-10 **Les personnes participant, à quelque titre que ce soit, aux travaux du conseil sont tenues au secret professionnel dans les conditions et sous les peines fixées par les articles 226-13 et 226-14 du code pénal.**

Art. L. 147-11 **Les modalités d'application** *(L. n° 2022-140 du 7 févr. 2022, art. 36-I)* **« de la présente section » sont fixées par décret en Conseil d'État. Le décret relatif aux conditions dans lesquelles sont traités et conservés les informations relatives à l'identité des personnes et les renseignements ne portant pas atteinte au secret de l'identité, en application de l'article L. 147-5, est pris après avis de la Commission nationale de l'informatique et des libertés.**

SECTION 2 **Conseil national de l'adoption** *(L. n° 2022-140 du 7 févr. 2022, art. 36-I).*

COMMENTAIRE

La loi n° 2022-140 du 7 février 2022 relative à la protection des enfants (art. 36-I) a renommé et déplacé au sein du code ce que la loi n° 2002-93 du 22 janvier 2002 avait créé : le Conseil supérieur de l'adoption et l'Autorité centrale pour l'adoption internationale (anc. art. L. 148-1 et L. 148-2).

Dénommée désormais « Conseil national de l'adoption », cette instance prend place parmi les trois conseils intervenant en matière de protection des enfants.

Organisé à l'article L. 147-12, ce Conseil est composé d'élus nationaux et territoriaux (conseillers départementaux), d'un magistrat, de représentants des instances intervenant dans les procédures d'adoption ainsi que des familles et des personnes adoptées. Il a une fonction consultative et peut, à son initiative, formuler des propositions ; il est consulté sur les mesures législatives et réglementaires prises dans son domaine.

Art. L. 147-12 **Il est créé un Conseil** *(L. nº 2022-140 du 7 févr. 2022, art. 36-I)* **« national » de l'adoption.**

Il est composé de parlementaires, de représentants de l'État, de représentants des conseils *(L. nº 2022-140 du 7 févr. 2022, art. 36-I)* **« départementaux »** *(L. nº 2022-140 du 7 févr. 2022, art. 23-1)* **« ou de la collectivité de Corse »,** *(L. nº 2022-140 du 7 févr. 2022, art. 36-I)* **« d'un magistrat », de représentants des organismes autorisés ou habilités pour l'adoption, de représentants des associations de familles adoptives, de personnes adoptées et de pupilles de l'État, d'un représentant du service social d'aide aux émigrants, d'un représentant de la mission pour l'adoption internationale, ainsi que de personnalités qualifiées.**

Il se réunit à la demande de son président, du garde des sceaux, ministre de la justice, du ministre chargé de la famille, du ministre des affaires étrangères ou de la majorité de ses membres, et au moins une fois par semestre.

Le Conseil *(L. nº 2022-140 du 7 févr. 2022, art. 36-I)* **« national » de l'adoption émet des avis et formule toutes propositions utiles relatives à l'adoption, y compris l'adoption internationale. Il est consulté sur les mesures législatives et réglementaires prises en ce domaine.**

Les modalités d'application du présent article sont fixées par décret. — *[Ancien art. L. 148-1.] — V. art. D. 147-34.*

SECTION 3 Conseil national de la protection de l'enfance

(L. nº 2022-140 du 7 févr. 2022, art. 36-I)

COMMENTAIRE

Figurant antérieurement à l'article L. 112-3 (L. nº 2016-297 du 14 mars 2016 relative à la protection de l'enfant), les dispositions concernant le Conseil national de la protection de l'enfance ont été intégrées par la loi nº 2022-140 du 7 février 2022 au chapitre du code qui regroupe les instances consultatives ainsi que le GIP intervenant dans la politique de protection des enfants (art. L. 147-1 s.).

Cette novation obéit à un souci d'amélioration du pilotage national de cette politique.

L'instance regroupe toutes les parties prenantes du domaine. Elle a une fonction consultative, formulant des avis à la demande des autorités publiques, pouvant aussi se saisir de toute question entrant dans son champ de compétence et étant consultée sur les projets législatifs et réglementaires concernant la protection des enfants.

Il est à noter que, dans le but de mieux coordonner la protection de l'enfance dans les territoires, la loi du 7 février 2022 (art. 36-I), à la demande des parlementaires, a prévu la possible création, à titre expérimental et dans des départements volontaires, d'un « comité départemental pour la protection de l'enfance ». Ce comité réunit l'ensemble des acteurs locaux (département, État, autorité judiciaire, professionnels, caisses d'allocations familiales) afin d'articuler leurs actions, de définir des orientations communes et de prendre des initiatives coordonnées, notamment en matière de prévention.

Loi nº 2022-140 du 7 février 2022,

Relative à la protection des enfants (JO 8 févr.).

Art. 37 I. — A titre expérimental et pour une durée de cinq ans, les départements volontaires instituent un comité départemental pour la protection de l'enfance, coprésidé par le président du conseil départemental et par le représentant de l'État dans le département.

II. — Le comité mentionné au I est composé de représentants :

1º Des services du département chargés de la protection de l'enfance, de la protection maternelle et infantile et du handicap ;

2º Des services de l'État, dont ceux de la protection judiciaire de la jeunesse, de l'éducation nationale et de l'agence régionale de santé ;

3º Du procureur de la République et du président du tribunal judiciaire ;

4º Des organismes débiteurs des prestations familiales ;

5º Des professionnels de la protection de l'enfance et des gestionnaires des établissements et services de l'aide sociale à l'enfance.

III. — Le comité mentionné au I assure la coordination des politiques publiques mises en œuvre dans le département en matière de protection de l'enfance. Il peut décider d'engager des actions communes de prévention en faveur de la protection de l'enfance. Il se réunit au moins une fois par an.

Il peut se réunir, le cas échéant en formation restreinte, pour coordonner les actions menées pour la prise en charge d'un mineur ou d'un majeur âgé de moins de vingt et un ans, lorsqu'elle se caractérise par une particulière complexité, ou pour apporter une réponse coordonnée à un dysfonctionnement grave intervenu dans la prise en charge d'un mineur ou d'un majeur âgé de moins de vingt et un ans au titre de la protection de l'enfance.

IV. — La liste des départements concernés et les modalités d'application du présent article sont déterminées par décret. — *V. Décr. n° 2022-1730 du 30 déc. 2022 relatif à l'expérimentation du comité départemental pour la protection de l'enfance (JO 31 déc., NOR : PRMA2237084D) et Décr. n° 2023-207 du 28 mars 2023 fixant la liste des départements participant à l'expérimentation de la mise en place d'un comité départemental pour la protection de l'enfance (JO 29 mars, NOR : PRMA2305385D).*

V. — Au plus tard six mois avant la fin de l'expérimentation, le Gouvernement remet au Parlement un rapport d'évaluation de l'expérimentation afin de déterminer les conditions de son éventuelle généralisation.

Art. L. 147-13 **Il est institué un Conseil national de la protection de l'enfance.**

Ce conseil est composé de représentants des services de l'État, de magistrats, de représentants des conseils départementaux, de représentants des professionnels de la protection de l'enfance, de représentants des associations gestionnaires d'établissements ou de services de l'aide sociale à l'enfance, de représentants d'organismes de formation, d'associations et d'organismes œuvrant à la protection des droits des enfants, de représentants d'associations de personnes accompagnées ainsi que de personnalités qualifiées. Il comprend un collège des enfants et des jeunes protégés ou sortant des dispositifs de la protection de l'enfance.

Il émet des avis et formule toutes propositions utiles relatives à la prévention et à la protection de l'enfance. Il est notamment consulté sur les projets de textes législatifs ou réglementaires portant à titre principal sur la protection de l'enfance.

Un décret précise les conditions d'application du présent article, notamment la composition du conseil et ses modalités d'organisation et de fonctionnement.

V. Arr. du 23 mai 2023 portant désignation des associations membres du Conseil national de la protection de l'enfance (JO 7 juin, NOR : PRMA2312524A).

SECTION 4 Groupement d'intérêt public pour la protection de l'enfance, l'adoption et l'accès aux origines personnelles

(L. n° 2022-140 du 7 févr. 2022, art. 36-I)

COMMENTAIRE

De façon à structurer plus efficacement la politique de protection des enfants et à appuyer les diverses instances nationales qui y interviennent soit au titre de l'adoption soit au titre de la protection de l'enfance ou encore de l'accès aux origines personnelles, la loi n° 2022-140 du 7 février 2022 relative à la protection des enfants a couronné l'édifice de pilotage national en créant une personne morale de droit public dédiée, le Groupement d'intérêt public (GIP) pour la protection de l'enfance, l'adoption et l'accès aux origines personnelles.

Sa mission générale est de contribuer à l'animation, à la coordination et à la cohérence des pratiques sur l'ensemble du territoire. L'article L. 147-14 y ajoute plusieurs attributions précises : secrétariat des divers conseils nationaux, exercice des missions de l'Agence française de l'adoption (art. L. 225-15), gestion de l'accueil téléphonique prévu à l'article L. 226-6, gestion de la base des agréments (art. L. 421-7-1) ainsi que de l'observatoire national, orientation des demandeurs en matière d'accès aux origines personnelles. Le GIP élabore et présente un rapport annuel au Parlement et au Gouvernement.

Constitué essentiellement, s'agissant tant de son financement que de son fonctionnement, par l'État et les départements (participation de chaque département au prorata de sa population, cela constituant une dépense obligatoire), le GIP peut intégrer d'autres personnes publiques ou privées. ❑

Art. L. 147-14 Un groupement d'intérêt public exerce, au niveau national, des missions d'appui aux pouvoirs publics dans la mise en œuvre de la politique publique de protection de l'enfance, d'adoption nationale et internationale, dans le respect des compétences dévolues à l'Autorité centrale pour l'adoption internationale instituée à l'article L. 148-1, et d'accès aux origines personnelles. Il contribue à l'animation, à la coordination et à la cohérence des pratiques sur l'ensemble du territoire. A ce titre, il a notamment pour missions :

1° D'assurer le secrétariat général du Conseil national pour l'accès aux origines personnelles mentionné à l'article L. 147-1, du Conseil national de l'adoption mentionné à l'article L. 147-12 et du Conseil national de la protection de l'enfance mentionné à l'article L. 147-13 ;

2° D'exercer, sous le nom d'Agence française de l'adoption, les missions mentionnées à l'article L. 225-15 ;

3° De gérer le service national d'accueil téléphonique mentionné à l'article L. 226-6 ;

4° De gérer la base nationale des agréments mentionnée à l'article L. 421-7-1 ;

5° De gérer l'Observatoire national de la protection de l'enfance mentionné à l'article L. 226-6, qui assure les missions de centre national de ressources et de promotion de la recherche et de l'évaluation ;

6° D'analyser les demandes des personnes adoptées et des pupilles ou anciens pupilles de l'État qui recherchent leurs origines et de les informer et les orienter en fonction de leur situation vers les interlocuteurs compétents.

Il présente au Parlement et au Gouvernement un rapport annuel rendu public.

La convention constitutive du groupement d'intérêt public mentionné à l'art. L. 147-14 est signée par les représentants habilités de chacun de ses membres. Elle est approuvée par l'État, selon les modalités prévues à l'art. 100 de la L. n° 2011-525 du 17 mai 2011 de simplification et d'amélioration de la qualité du droit. A défaut de signature par l'ensemble des membres de droit du groupement dans un délai de six mois à compter de la promulgation de la présente loi, l'État arrête, selon les mêmes modalités, le contenu de la convention constitutive.

Sous réserve du dernier alinéa des présentes dispositions, à compter de la date d'entrée en vigueur de l'arrêté d'approbation de sa convention constitutive, le groupement mentionné à l'art. L. 147-14 se substitue, pour l'exercice des missions précédemment exercées, aux groupements d'intérêt public mentionnés aux art. L. 225-15 et L. 226-6 CASF dans leur rédaction antérieure à la L. n° 2022-140 du 7 févr. 2022. L'ensemble des biens, des personnels, hors contrats locaux étrangers de l'Agence française de l'adoption, des droits et des obligations de ces deux derniers groupements sont transférés de plein droit au nouveau groupement. Par dérogation à l'art. L. 445-1 CGFP, les personnels ainsi transférés conservent le bénéfice de leur régime d'emploi antérieur pour une durée maximale de vingt-quatre mois à compter de la date de ce transfert. Les transferts des biens, droits et obligations s'effectuent à titre gratuit et ne donnent pas lieu à perception d'impôts, de droits ou de taxes.

Toutefois, le groupement d'intérêt public dénommé « Agence française de l'adoption » conserve, pour une durée maximale de vingt-quatre mois, sa personnalité morale, dans les conditions prévues aux art. L. 225-15 et L. 225-16 CASF dans leur rédaction antérieure à la L. n° 2022-140 du 7 févr. 2022, afin d'exercer la mission d'intermédiaire pour l'adoption dans les États qui n'ont pas délivré au groupement mentionné à l'art. L. 147-14 l'autorisation prévue à l'art. 12 de la Conv. de La Haye du 29 mai 1993 relative à la protection des enfants et à la coopération en matière d'adoption internationale. A cette fin, le groupement mentionné à l'art. L. 147-14 met à la disposition de l'agence, à titre gratuit, l'ensemble des moyens nécessaires à l'exercice de cette mission (L. n° 2022-140 du 7 févr. 2022, art. 36-III).

Art. L. 147-15 L'État et les départements sont membres de droit du groupement mentionné à l'article L. 147-14, auquel peuvent adhérer d'autres personnes morales de droit public ou privé.

Le groupement est présidé par un président de conseil départemental.

Outre les moyens mis à sa disposition par ses autres membres, le groupement est financé à parts égales par l'État et les départements dans les conditions définies par sa convention constitutive. La participation financière de chaque collectivité est fixée par voie réglementaire en fonction de l'importance de la population et constitue une dépense obligatoire. Le groupement peut conclure avec certains de ses membres des conventions particulières ayant pour objet la mise en œuvre et le financement de projets d'intérêt partagé.

Par dérogation à l'art. L. 147-15, la part de l'État dans le financement du groupement mentionné à l'art. L. 147-14 CASF peut, en 2023, être supérieure à celle des départements (L. nº 2022-1726 du 30 déc. 2022, art. 208).

V. Décr. nº 2023-895 du 25 sept. 2023 fixant le montant de la contribution financière des départements au fonctionnement du groupement d'intérêt public « France enfance protégée » au titre de l'année 2023 (JO 27 sept., NOR : PRMA2321194D).

Art. L. 147-16 **Le régime juridique des personnels du groupement mentionné à l'article L. 147-14 est fixé par décret en Conseil d'État.**

Ces personnels sont soumis au secret professionnel dans les conditions prévues aux articles 226-13 et 226-14 du code pénal.

SECTION 5 Dispositions communes

(L. nº 2022-140 du 7 févr. 2022, art. 36-I)

Art. L. 147-17 **Les conseils mentionnés aux articles L. 147-1, L. 147-12 et L. 147-13 se réunissent sur des sujets d'intérêt commun au moins une fois par an, dans des conditions définies par décret.**

CHAPITRE VIII AUTORITÉ CENTRALE POUR L'ADOPTION INTERNATIONALE *(L. nº 2022-140 du 7 févr. 2022, art. 36-I).*

(L. nº 2002-93 du 22 janv. 2002, art. 12-I)

BIBL. ▸ POISSON-DROCOURT, La nouvelle autorité centrale pour l'adoption, *D. 2009. 2435* .

COMMENTAIRE

Le Conseil supérieur de l'adoption institué par la loi nº 2002-93 du 22 janvier 2002 ayant été intégré au sein du chapitre VII par la loi nº 2022-140 du 7 février 2022 relative à la protection des enfants (art. L. 147-12), le chapitre VIII ne comporte qu'un article consacré à l'Autorité centrale de l'adoption internationale (art. L. 148-1).

Cette instance, placée auprès du Premier ministre, procède de la volonté d'encadrer la mise en œuvre des procédures d'adoption internationale. Ces dernières sont régies, d'une part, par la convention de La Haye du 29 mai 1993 que la France a ratifiée par la loi du 9 mars 1998, d'autre part, par la loi du 6 février 2001 qui concerne l'adoption d'enfants en provenance de pays n'ayant pas ratifié ladite convention. ❑

Art. L. 148-1 **Il est institué** *(Abrogé par Décr. nº 2006-1128 du 8 sept. 2006, art. 1er)* ***« auprès du Premier ministre »*** **une Autorité centrale pour l'adoption chargée d'orienter et de coordonner l'action des administrations et des autorités compétentes en matière d'adoption internationale.**

Un décret en Conseil d'État précise les conditions d'application du présent article.
— [Ancien art. L. 148-2.]

V. art. R. 148-4 à R. 148-11-2.

Le rattachement au Premier ministre de l'Autorité centrale pour l'adoption, prévu par le premier alinéa de l'art. L. 148-2, ne met en cause ni « les règles concernant… l'état… des personnes » ni « les principes fondamentaux… de la libre administration des collectivités territoriales », qui relèvent de la loi en vertu de l'art. 34 de la Constitution, ni aucun autre principe ou règle que la Constitution place dans le domaine de la loi ; il en va de même de la composition de cette Autorité, fixée par le 2e alinéa du même art., dès lors que les compétences qu'elle exerce dans les matières qui relèvent de la loi sont purement consultatives ; par suite, ont le caractère réglementaire les mots « auprès du Premier ministre » figurant au 1er alinéa de l'art. L. 148-2 ainsi que le 2e alinéa du même art. • Cons. const., décision nº 2005-201 L, 13 oct. 2005 : *PA 2005 nº 243. 17, note Schoettl.*

CHAPITRE IX INSTITUTIONS COMMUNES AUX PERSONNES ÂGÉES ET AUX PERSONNES HANDICAPÉES

(L. nº 2015-1776 du 28 déc. 2015, art. 81-1º et 82)

COMMENTAIRE

Le chapitre IX du titre quatrième du livre premier du code organise, à côté des instances nationales consultatives concernant les personnes âgées et en situation de handicap, des structures locales pour représenter ces publics.

Remaniées à plusieurs reprises et initialement spécialisées, les unes pour les personnes âgées, les autres pour les personnes handicapées, ces instances ont été, d'une part, réorganisées par la loi du 28 décembre 2015 relative à l'adaptation de la société au vieillissement et, d'autre part, à nouveau réaménagées par la loi du 23 novembre 2018 portant évolution du logement, de l'aménagement et du numérique.

Dans chaque département est établi un « conseil départemental de la citoyenneté et de l'autonomie » qui, ayant regroupé en son sein personnes âgées et personnes en situation de handicap, a pour objectif général d'assurer leur participation à l'élaboration et à la mise en œuvre des politiques d'autonomie.

Avec une compétence consultative, le Conseil doit examiner divers documents et programmes concernant ces publics : schéma régional de santé (CSP, art. L. 1434-3), programme annuel des moyens alloués aux politiques d'autonomie (ARS, département, régime de sécurité sociale vieillesse), programme coordonné de financement de l'article L. 233-1, rapports d'activité de la MDPH, de la conférence des financeurs et des services vieillesse du département, conventions signées entre les partenaires locaux des politiques d'autonomie.

Le Conseil est destinataire d'informations sur ces politiques, émet des avis sur la constitution des MDPH et formule des recommandations concernant le respect des droits des personnes âgées et handicapées.

La loi lui reconnaît aussi le droit de débattre de toute question concernant ces publics et les politiques de l'autonomie.

Le conseil départemental est constitué des diverses parties prenantes de ces politiques au niveau local (personnes âgées et handicapées, familles et proches aidants, département, ARS, services de l'État, ANAH, recteur d'académie, régimes d'assurance vieillesse et d'assurance maladie, fédérations des institutions de retraite complémentaire, organismes mutualistes, bailleurs sociaux, associations, représentants syndicaux des salariés et employeurs du secteur). Il est présidé par le président du conseil départemental.

Le chapitre comprend deux dispositions (art. L. 149-3 et L. 149-4) qui concernent des collectivités à statut spécial ou des EPCI qui peuvent se voir confier par le département ses attributions en matière d'autonomie : les métropoles et la Corse. Dans ces hypothèses, un Conseil propre à ces structures doit être constitué. ❑

SECTION 1 Le conseil départemental de la citoyenneté et de l'autonomie

(L. nº 2015-1776 du 28 déc. 2015, art. 81-1º)

Art. L. 149-1 **Le conseil départemental de la citoyenneté et de l'autonomie assure la participation des personnes âgées et des personnes handicapées à l'élaboration et à la mise en œuvre des politiques de l'autonomie dans le département.**

Il est compétent en matière de prévention de la perte d'autonomie, d'accompagnement médico-social et d'accès aux soins et aux aides humaines ou techniques.

Il est également compétent en matière d'accessibilité, de logement, d'habitat collectif, d'urbanisme, de transport, de scolarisation, d'intégration sociale et professionnelle et d'accès à l'activité physique, aux loisirs, à la vie associative, à la culture et au tourisme.

Le conseil départemental de la citoyenneté et de l'autonomie est consulté pour avis sur :

1º Le schéma régional de santé mentionné à l'article L. 1434-3 du code de la santé publique et les schémas régional et départemental mentionnés au *b* du 2º et au 4º de l'article L. 312-5 du présent code ;

2° La programmation annuelle ou pluriannuelle des moyens alloués par l'agence régionale de santé, le département et les régimes de base d'assurance vieillesse à la politique départementale de l'autonomie ;

3° Le programme coordonné mentionné *(L. nº 2018-1021 du 23 nov. 2018, art. 129)* « aux articles L. 233-1 et L. 233-1-1 » ;

4° Les rapports d'activité de la maison départementale des personnes handicapées prévue à l'article L. 146-3, de la conférence des financeurs mentionnée à l'article L. 233-1 et des services du département chargés des personnes âgées, avant leur transmission à la Caisse nationale de solidarité pour l'autonomie et aux commissions de coordination des politiques publiques de santé ;

5° Les conventions signées entre le département et ses partenaires en vue de définir leurs objectifs communs en faveur de la politique départementale de l'autonomie et leur mise en œuvre.

Il est informé du contenu et de l'application du plan départemental de l'habitat mentionné à l'article L. 302-10 du code de la construction et de l'habitation, du programme départemental d'insertion professionnelle des travailleurs handicapés et des schémas d'équipement et d'accompagnement des personnes handicapées dans le département.

Il donne un avis sur la constitution d'une maison départementale de l'autonomie mentionnée à l'article L. 149-4 du présent code. Il est informé de l'activité et des moyens de cette maison départementale de l'autonomie par le président du conseil départemental.

Il formule des recommandations visant au respect des droits et à la bientraitance des personnes âgées et des personnes handicapées dans le département, à assurer le soutien et la valorisation de leurs proches aidants ainsi qu'à permettre la bonne prise en compte des questions éthiques.

Il transmet, au plus tard le 30 juin de l'année concernée, au Haut Conseil de la famille, de l'enfance et de l'âge mentionné à l'article L. 142-1, au Conseil national consultatif des personnes handicapées mentionné à l'article L. 146-1 et à la Caisse nationale de solidarité pour l'autonomie un rapport biennal sur la mise en œuvre des politiques de l'autonomie dans le département, dont la synthèse fait l'objet d'une présentation dans chacune de ces instances.

Il peut débattre, de sa propre initiative, de toute question concernant la politique de l'autonomie et formuler des propositions sur les orientations de cette politique. Il peut être saisi par toute institution souhaitant le consulter.

Les conseils départementaux de la citoyenneté et de l'autonomie d'une même région peuvent débattre, de leur propre initiative, de toute question relative à l'élaboration et à la mise en œuvre des politiques de l'autonomie dans la région.

Conditions de mise en œuvre de la consultation. Il appartient à l'autorité administrative qui consulte un organisme, à titre obligatoire ou facultatif, de fournir aux membres de celui-ci, dans un délai leur permettant d'en prendre utilement connaissance, les éléments nécessaires à l'examen des questions sur lesquelles elle recueille son avis ; si l'organisme rend son avis sur un projet de texte réglementaire avant la promulgation de la loi pour l'application de laquelle ce texte doit être pris, l'autorité compétente n'est tenue, dans l'hypothèse d'une consultation obligatoire, de le saisir de nouveau que si le texte législatif porté à la connaissance de ses membres a ultérieurement fait l'objet d'une modification susceptible d'avoir une incidence sur l'appréciation à laquelle il s'est livré ; dans l'hypothèse d'une consultation facultative, l'administration n'est pas tenue de saisir de nouveau l'organisme consulté mais apprécie librement l'utilité pour elle d'être éclairée par un nouvel avis compte tenu de la modification du texte législatif, étant entendu qu'elle conserve alors la possibilité d'apporter à son projet les modifications qui lui paraissent utiles, quelle qu'en soit l'importance, sans être dans l'obligation de saisir à nouveau l'organisme consulté. • CE 17 nov. 2017, nº 400939 B.

Art. L. 149-2 Le conseil départemental de la citoyenneté et de l'autonomie est présidé par le président du conseil départemental. Il comporte des représentants :

1° Des personnes âgées, des personnes retraitées issues notamment des organisations syndicales représentatives, des personnes handicapées, de leurs familles et de leurs proches aidants ;

2° Du département ;

3° D'autres collectivités territoriales et d'établissements publics de coopération intercommunale ;
4° De l'agence régionale de santé ;
5° Des services départementaux de l'État ;
6° De l'Agence nationale de l'habitat dans le département ;
7° Du recteur d'académie ;
8° De la direction régionale des entreprises, de la concurrence, de la consommation, du travail et de l'emploi ;
9° Des régimes de base d'assurance vieillesse et d'assurance maladie ;
10° Des fédérations des institutions de retraite complémentaire mentionnées à l'article L. 922-4 du code de la sécurité sociale ;
11° Des organismes régis par le code de la mutualité ;
12° Des autorités organisatrices de transports ;
13° Des bailleurs sociaux ;
14° Des architectes urbanistes ;
15° Des organisations syndicales représentatives des employeurs et des salariés des établissements et services mentionnés aux 6° et 7° du I de l'article L. 312-1 du présent code ;
16° Des intervenants bénévoles qui contribuent au maintien du lien social des personnes âgées et des personnes handicapées.

Toute autre personne physique ou morale concernée par la politique de l'autonomie peut y participer, sous réserve de l'accord de la majorité des membres de droit.

Le conseil départemental de la citoyenneté et de l'autonomie siège en formation plénière ou spécialisée. Il comporte au moins deux formations spécialisées compétentes, respectivement, pour les personnes âgées et pour les personnes handicapées. Au sein de chaque formation spécialisée, il est constitué plusieurs collèges, dont au moins un collège des représentants des usagers et un collège des représentants des institutions, qui concourt à la coordination de ces dernières sur le territoire. Le collège des représentants des institutions compétent pour les personnes âgées est notamment composé des membres de la conférence des financeurs prévue à l'article L. 233-1.

La composition, les modalités de désignation des membres, leur répartition en formations spécialisées et en collèges et les modalités de fonctionnement du conseil départemental de la citoyenneté et de l'autonomie sont fixées par décret.

Art. L. 149-3 Le conseil départemental de la citoyenneté et de l'autonomie est également compétent sur le territoire de la métropole qui exerce ses compétences à l'égard des personnes âgées et des personnes handicapées dans les conditions prévues à la présente section, sous réserve du présent article.

Il est dénommé "conseil départemental-métropolitain de la citoyenneté et de l'autonomie".

Il comporte des représentants de la métropole.

Sa présidence est assurée, alternativement chaque année, par le président du conseil départemental et le président du conseil de la métropole.

Art. L. 149-3-1 *(Ord. n° 2016-1562 du 21 nov. 2016, art. 23-I, en vigueur le 1er janv. 2018)* Le conseil de la citoyenneté et de l'autonomie de la collectivité de Corse exerce ses compétences à l'égard des personnes âgées et des personnes handicapées dans les conditions prévues à la présente section, sous réserve du présent article.

Il comporte des représentants de la collectivité de Corse.

Sa présidence est assurée par le président du conseil exécutif.

SECTION 2 Maisons départementales de l'autonomie

(L. n° 2015-1776 du 28 déc. 2015, art. 82)

Les dispositions issues de l'art. 82 de la L. n° 2015-1776 du 28 déc. 2015 sont entrées en vigueur dans les conditions prévues au 3° de l'art. 10 de l'Ord. n° 2012-785 du 31 mai 2012, et au plus tard au 1er janv. 2016 (L. préc., art. 84-III-B).

Art. L. 149-4 En vue de la constitution d'une maison départementale de l'autonomie, le président du conseil départemental peut organiser la mise en commun des missions d'accueil, d'information, de conseil, d'orientation et, le cas échéant, d'instruction des demandes, d'évaluation des besoins et d'élaboration des plans d'aide au profit des personnes âgées et des personnes handicapées. L'organisation de la maison départementale de l'autonomie garantit la qualité de l'évaluation des besoins et de l'élaboration des plans d'aide, d'une part, des personnes handicapées conformément à un référentiel prévu par arrêté du ministre chargé des personnes handicapées et, d'autre part, des personnes âgées sur la base des référentiels mentionnés à l'article L. 232-6.

Cette organisation, qui ne donne pas lieu à la création d'une nouvelle personne morale, regroupe la maison départementale des personnes handicapées mentionnée au premier alinéa de l'article L. 146-3 et des personnels et des moyens matériels du département affectés à la politique en faveur des personnes âgées et des personnes handicapées. Toutefois, sa mise en œuvre est sans incidence sur l'application de la section 2 du chapitre VI du présent titre et du chapitre I *bis* du titre IV du livre II.

La constitution d'une maison départementale de l'autonomie est soumise à l'avis conforme de la commission exécutive de la maison départementale des personnes handicapées et à l'avis du conseil départemental de la citoyenneté et de l'autonomie mentionné à l'article L. 149-1.

Le président du conseil départemental transmet chaque année à la Caisse nationale de solidarité pour l'autonomie les données relatives à l'activité et aux moyens de cette organisation, en vue de son évaluation. Il transmet également ces données au conseil départemental de la citoyenneté et de l'autonomie.

Lorsque cette organisation répond aux prescriptions d'un cahier des charges défini par décret, la Caisse nationale de solidarité pour l'autonomie lui délivre le label de maison départementale de l'autonomie, dans des conditions précisées par le même décret.

(Ord. nº 2016-1562 du 21 nov. 2016, art. 23-I, en vigueur le 1er janv. 2018) « En Corse, la constitution d'une maison de l'autonomie est décidée par le président du conseil exécutif après avis conforme de la commission exécutive de la maison des personnes handicapées de la collectivité de Corse et avis du conseil de la citoyenneté et de l'autonomie de la collectivité de Corse mentionné à l'article L. 149-3-1.

« Le président du conseil exécutif de la collectivité de Corse transmet chaque année à la Caisse nationale de solidarité pour l'autonomie les données relatives à l'activité et aux moyens de cette organisation en vue de son évaluation. Il transmet également ces données au conseil de la citoyenneté et de l'autonomie de la collectivité de Corse. »

CHAPITRE X *[ABROGÉ]* CAISSE NATIONALE DE SOLIDARITÉ POUR L'AUTONOMIE

(Abrogé par Ord. nº 2021-1554 du 1er déc. 2021, art. 2-III)
(L. nº 2005-102 du 11 févr. 2005, art. 55, 56, 57, 60, 61)

Les dispositions de l'Ord. nº 2021-1554 du 1er déc. 2021 sont entrées en vigueur le lendemain de la publication du Décr. nº 2022-801 du 12 mai 2022, soit le 14 mai 2022 (Décr. préc., art. 1er, JO 13 mai).

A compter du 30 juin 2022, les art. L. 14-10-1, L. 14-10-3, L. 14-10-5, L. 14-10-5-1, L. 14-10-6, L. 14-10-7, L. 14-10-7-1, L. 14-10-7-1-1, L. 14-10-7-2, L. 14-10-7-3 deviennent respectivement les art. L. 223-5 à L. 223-16 CSS (Ord. nº 2021-1554 du 1er déc. 2021, art. 2-I).

BIBL. ▶ DEVERS, La solidarité pour l'autonomie des personnes âgées et des personnes handicapées, *Droit de la famille, nº 10, 2004. 15.* – HASTINGS-MARCHADIER, Le financement de l'action sanitaire et sociale en faveur des personnes âgées dépendantes : quelle fongibilité ?, *RDSS 2011. 615*. – LAFORE, ARS et CNSA : formes et enjeux d'un partenariat obligé, *RDSS 2016. 459*. – PIVETEAU, Dix questions sur la nouvelle Caisse nationale de solidarité pour l'autonomie, *RDSS 2005. 405*.

Art. L. 14-10-1 (*L. nº 2020-1576 du 14 déc. 2020, art. 32-I*) *La Caisse nationale de solidarité pour l'autonomie gère la branche mentionnée au 5º de l'article L. 200-2 du code de la sécurité sociale et, à cet effet, a pour rôle :*

1º De veiller à l'équilibre financier de cette branche. A ce titre, elle établit les comptes de celle-ci et effectue le règlement et la comptabilisation de toute opération relevant de cette branche. Elle est chargée de la gestion du risque ;

2º De piloter et d'assurer l'animation et la coordination, dans le champ des politiques de soutien à l'autonomie des personnes âgées et des personnes handicapées, des acteurs participant à leur mise en œuvre en vue de garantir l'équité, notamment territoriale, la qualité et l'efficience de l'accompagnement des personnes concernées. A ce titre, elle assure la collecte et la valorisation des données relatives aux besoins et à l'offre de services et de prestations. Elle conçoit et met en œuvre des systèmes d'information pouvant comporter l'hébergement de données de santé en lien avec le groupement public prévu à l'article L. 1111-24 du code de la santé publique (*L. nº 2021-1754 du 23 déc. 2021, art. 49-I*) *«, dont le système d'information unique pour la gestion par les départements de l'allocation personnalisée d'autonomie à domicile mentionné à l'article L. 232-21-5 ». Elle met son expertise technique à la disposition des personnes publiques et des professionnels de l'aide à l'autonomie et soutient le développement de la formation dans ce domaine. Elle assure, notamment en vue de garantir la qualité de service et de veiller à l'équité du traitement des demandes de compensation du handicap et d'aide à l'autonomie, un rôle d'accompagnement et d'appui aux maisons départementales de l'autonomie mentionnées à l'article L. 149-4 du présent code et aux maisons départementales des personnes handicapées mentionnées à l'article L. 146-3 ainsi qu'un rôle d'évaluation de leur contribution à la politique de l'autonomie des personnes handicapées et des personnes âgées ;*

3º De contribuer, en assurant une répartition équitable sur le territoire national, au financement et au pilotage d'une politique de prévention de la perte d'autonomie et de lutte contre l'isolement, des établissements et services sociaux et médico-sociaux, des prestations individuelles d'aide à l'autonomie et des dispositifs mis en place aux niveaux national ou local en faveur de l'autonomie et des proches aidants et de contribuer au financement de l'investissement dans le champ du soutien à l'autonomie. Pour l'exercice de ces missions, la Caisse nationale de solidarité pour l'autonomie peut confier la réalisation d'opérations aux organismes des régimes obligatoires de sécurité sociale, dans des conditions faisant l'objet de conventions entre la caisse et ces organismes ;

4º De contribuer à l'information des personnes âgées, des personnes handicapées et de leurs proches aidants, notamment en créant des services numériques et en favorisant la mise en place de guichets uniques au niveau départemental permettant de faciliter leurs démarches administratives et le suivi personnalisé de leurs parcours ; — V. L. nº 2021-502 du 26 avr. 2021, art. 42 s., App., vº Personnes handicapées.

5º De contribuer à la recherche et à l'innovation dans le champ du soutien à l'autonomie des personnes âgées et des personnes handicapées ;

6º De contribuer à la réflexion prospective sur les politiques de l'autonomie, leurs possibles adaptations territoriales et de proposer toute mesure visant à améliorer la couverture du risque, en prenant notamment en considération les inégalités liées au sexe afin d'élaborer des mesures correctives ;

7º De contribuer à l'attractivité des métiers participant à l'accompagnement et au soutien à l'autonomie des personnes âgées et des personnes handicapées, notamment au travers de ses actions en faveur de la formation et de la professionnalisation des professionnels.

Art. L. 14-10-2 *La Caisse nationale de solidarité pour l'autonomie est un établissement public national à caractère administratif. Elle jouit de la personnalité juridique et de l'autonomie financière. Elle est soumise au contrôle des autorités compétentes de l'État.*

Elle peut employer des salariés de droit privé notamment régis par les conventions collectives applicables au personnel des organismes de sécurité sociale.

(*L. nº 2012-347 du 12 mars 2012, art. 99*) *« L'article 8 de la loi nº 83-634 du 13 juillet 1983 portant droits et obligations des fonctionnaires s'applique à l'ensemble du personnel de la Caisse nationale de solidarité pour l'autonomie. En cas de négociation commune à l'ensemble du personnel, l'article 8 bis de la même loi s'applique.*

« Les articles 15 et** (L. n° 2019-828 du 6 août 2019, art. 4-VI, en vigueur en vue du prochain renouvellement général des instances dans la fonction publique)* ***« 15 bis » de la loi n° 84-16 du 11 janvier 1984 portant dispositions statutaires relatives à la fonction publique de l'État s'appliquent à l'ensemble du personnel de l'établissement.

« La quatrième partie du code du travail est applicable à l'ensemble du personnel, sous réserve, d'une part,** (L. n° 2019-828 du 6 août 2019, art. 4-VI, en vigueur en vue du prochain renouvellement général des instances dans la fonction publique)* ***« des articles 15 et 15 bis » de la loi n° 84-16 du 11 janvier 1984 précitée et, d'autre part, des adaptations prévues par décret en Conseil d'État tenant compte de l'organisation de l'établissement et des dispositions particulières relatives aux fonctionnaires et agents contractuels.

« Les salariés de droit privé exerçant un mandat syndical ou de représentation du personnel bénéficient d'une protection selon les modalités prévues au livre IV de la deuxième partie du code du travail. L'avis mentionné à l'article L. 2421-3 du même code est donné par le comité** (L. n° 2019-828 du 6 août 2019, art. 4-VI, en vigueur en vue du prochain renouvellement général des instances dans la fonction publique)* ***« social d'administration ». »

(Abrogé par L. n° 2020-1576 du 14 déc. 2020, art. 32-I) ***« Le contrôle du Parlement sur la Caisse nationale de solidarité pour l'autonomie est exercé par les parlementaires mentionnés à l'article LO. 111-9 du code de la sécurité sociale, dans les conditions et sous les réserves prévues au même article. »*** — [L. n° 2004-626 du 30 juin 2004, art. 9.]

Art. L. 14-10-3 ***I. — La Caisse nationale de solidarité pour l'autonomie est dotée d'un conseil et d'un directeur. Un conseil scientifique assiste le conseil et le directeur dans la définition des orientations et la conduite des actions de la caisse.***

II. — Le conseil est composé :

1° De représentants des associations œuvrant au niveau national en faveur des personnes handicapées et des personnes âgées ;

2° De représentants des conseils départementaux ;

3° De représentants des organisations syndicales nationales de salariés représentatives au sens de l'article L. 133-2 [L. 2121-1 nouv.] ***du code du travail et de représentants désignés par les organisations professionnelles nationales d'employeurs représentatives ;***

4° De représentants de l'État ;

(L. n° 2018-699 du 3 août 2018, art. 74) ***« 5° D'un député et d'un sénateur ; »***

(L. n° 2015-1776 du 28 déc. 2015, art. 71-1°) ***« 5° bis De représentants des régimes de base d'assurance maladie et d'assurance vieillesse ; »***

6° De personnalités et de représentants d'institutions choisis à raison de leur qualification dans les domaines de compétence de la caisse.

Le président du conseil est désigné par le conseil parmi les personnalités qualifiées mentionnées à l'alinéa précédent. Il est nommé par arrêté du ministre chargé de la protection sociale.

(L. n° 2015-1776 du 28 déc. 2015, art. 71-2°) ***« Le conseil élit trois vice-présidents choisis respectivement parmi les représentants des conseils départementaux mentionnés au 2°, les représentants des associations de personnes âgées mentionnés au 1° et les représentants des associations de personnes handicapées également mentionnés au même 1°. »***

Le directeur assiste aux séances du conseil avec voix consultative.

Un décret en Conseil d'État précise la composition du conseil, le mode de désignation de ses membres et ses modalités de fonctionnement.

III. — Le conseil de la Caisse nationale de solidarité pour l'autonomie détermine, par ses délibérations :

(L. n° 2020-1576 du 14 déc. 2020, art. 32-I) ***« 1° Les orientations de la convention d'objectifs et de gestion prévue à l'article L. 227-1 du code de la sécurité sociale ; »***

2° Les objectifs à poursuivre, notamment dans le cadre des conventions avec les départements mentionnées à l'article L. 14-10-7, pour garantir l'égalité des pratiques d'évaluation individuelle des besoins et améliorer la qualité des services rendus aux personnes handicapées et aux personnes âgées dépendantes ;

3° Les principes selon lesquels doit être réparti le montant total annuel de dépenses mentionné à l'article L. 314-3 ;

4° Les orientations des rapports de la caisse avec les autres institutions et organismes, nationaux ou étrangers, qui œuvrent dans son champ de compétence.

Le conseil est périodiquement tenu informé par le directeur de la mise en œuvre des orientations qu'il a définies et formule, en tant que de besoin, les recommandations qu'il estime nécessaires pour leur aboutissement.

(L. n° 2020-1576 du 14 déc. 2020, art. 32-I) *« Le conseil peut être saisi par les ministres chargés de la sécurité sociale, des personnes handicapées, des personnes âgées et de la santé de toute question relative à la politique de soutien à l'autonomie.*

« Le conseil délibère également, sur proposition du directeur, sur les budgets nationaux de gestion et d'intervention. »

IV. — Le directeur de la Caisse nationale de solidarité pour l'autonomie est nommé par décret.

Il est responsable du bon fonctionnement de la caisse, prépare les délibérations du conseil et met en œuvre leur exécution. A ces titres, il prend toutes décisions nécessaires et exerce toutes les compétences qui ne sont pas attribuées à une autre autorité.

Il rend compte au conseil de la gestion de la caisse.

Le directeur informe le conseil de la caisse des évolutions susceptibles d'entraîner le non-respect des objectifs déterminés par celui-ci.

Dans le cadre d'une procédure contradictoire écrite, et pour assurer le respect des dispositions législatives et réglementaires applicables au versement des dotations aux départements, le directeur peut demander aux départements les explications et les justificatifs nécessaires à l'analyse des données transmises à la caisse en application des articles L. 232-21 et L. 247-5.

Le directeur représente la caisse en justice et dans tous les actes de la vie civile. Il signe les marchés, conventions et transactions au sens de l'article 2044 du code civil, est l'ordonnateur des dépenses et des recettes de la caisse et vise le compte financier. Il recrute le personnel et a autorité sur lui. Il peut déléguer sa signature.

V. — Le conseil scientifique peut être saisi par le conseil ou par le directeur de toute question d'ordre technique ou scientifique qui entre dans le champ de compétence de la caisse, notamment dans le cadre des missions mentionnées aux 3°, 4° et 5° du I de l'article L. 14-10-1.

La composition de ce conseil ainsi que les conditions de la désignation de ses membres et les modalités de son fonctionnement sont fixées par décret en Conseil d'État.

(Abrogé par L. n° 2020-1576 du 14 déc. 2020, art. 32-I) *« VI. — La Caisse nationale de solidarité pour l'autonomie transmet, chaque année, au Parlement et au Gouvernement, au plus tard le 15 octobre, un rapport présentant* (L. n° 2016-1827 du 23 déc. 2016, art. 89-I) *« les comptes et le montant des fonds propres prévisionnels de la caisse, accompagnés d'un tableau récapitulatif des flux de disponibilités entrants et sortants, » pour l'année en cours et l'année suivante ainsi que l'utilisation des ressources affectées à chacune des sections mentionnées à l'article L. 14-10-5. Ce rapport détaille notamment la répartition des concours versés aux départements en application du même article. Il dresse un diagnostic d'ensemble des conditions de la prise en charge de la perte d'autonomie sur le territoire national et comporte, le cas échéant, toute recommandation que la caisse estime nécessaire.* (L. n° 2015-1776 du 28 déc. 2015, art. 70-2°) *« Ce rapport comporte des indicateurs présentés par sexe ». »*

Art. L. 14-10-4 (L. n° 2020-1576 du 14 déc. 2020, art. 32-I) *Les ressources de la Caisse nationale de solidarité pour l'autonomie comprennent :*

1° Les contributions prévues aux articles L. 137-40 et L. 137-41 du code de la sécurité sociale ;

2° Une fraction du produit de la contribution sociale généralisée, dans les conditions fixées à l'article L. 131-8 du même code ;

(L. n° 2021-1754 du 23 déc. 2021, art. 8-II) *« 2° bis Une fraction du produit de la taxe sur les salaires, dans les conditions fixées au 1° du même article L. 131-8 ; »*

3° Des produits divers, dons et legs ;

4° Des dotations des autres branches mentionnées à l'article L. 200-2 dudit code destinées à couvrir des dépenses relevant des missions définies à l'article L. 14-10-1 du présent code.

Art. L. 14-10-5 *(L. n° 2020-1576 du 14 déc. 2020, art. 32-I) La Caisse nationale de solidarité pour l'autonomie assure :*

1° Le financement des établissements ou services sociaux et médico-sociaux mentionnés à l'article L. 314-3-1 ;

2° Le financement des aides à l'investissement au bénéfice de ces établissements et services, ainsi que de l'habitat inclusif mentionné à l'article L. 281-1. Les dépenses d'aides à l'investissement immobilier des établissements mentionnés au 6° du I de l'article L. 312-1 sont conditionnées à l'adaptation des bâtiments à la transition démographique ;

3° Le financement des concours versés aux départements, destinés à couvrir une partie :

a) Du coût de l'allocation personnalisée d'autonomie mentionnée à l'article L. 232-1 ;

b) Du coût de la prestation de compensation mentionnée à l'article L. 245-1 ;

c) Des coûts d'installation ou de fonctionnement des maisons départementales des personnes handicapées ;

d) Du coût des actions de prévention prévues aux 1°, 2°, 4°, 5° et 6° de l'article L. 233-1 (L. n° 2022-217 du 21 févr. 2022, art. 134-II) « et des dépenses de fonctionnement de la conférence des financeurs mentionnée au même article L. 233-1 » ;

4° Le financement des autres dépenses d'intervention en faveur des personnes handicapées, des personnes âgées dépendantes et des proches aidants entrant dans le champ des missions de la Caisse nationale de solidarité pour l'autonomie définies à l'article L. 14-10-1. A cette fin, elle peut contribuer au financement d'actions contractualisées avec les conseils départementaux et les métropoles pour la transformation inclusive de l'offre médico-sociale ou d'autres formes d'habitat dans leurs domaines de compétence ainsi qu'au financement du fonds prévu à l'article L. 1435-8 du code de la santé publique pour le soutien à des actions, des expérimentations, des dispositifs ou des structures qui participent à la prise en charge des personnes âgées et des personnes handicapées ; — V. Décis. n° 2021-04 du 10 mars 2021 (JO 13 mars, NOR : SSAA2108330S).

5° Le financement de la gestion administrative.

Art. L. 14-10-5-1 *(L. n° 2020-1576 du 14 déc. 2020, art. 32-I) I. — Le montant global du concours mentionné au a du 3° de l'article L. 14-10-5 est limité à 7,70 % des contributions mentionnées aux 1° et 2° de l'article L. 14-10-4.*

Le montant de la seconde part mentionnée au 2° du I de l'article L. 14-10-6 est limité à 61,4 % du produit de la contribution mentionnée à l'article L. 137-41 du code de la sécurité sociale.

II. — Le montant du concours mentionné au b du 3° de l'article L. 14-10-5 est limité à 2,00 % des contributions mentionnées aux 1° et 2° de l'article L. 14-10-4.

Art. L. 14-10-5-2 *(L. n° 2021-1754 du 23 déc. 2021, art. 51)* La Caisse nationale de solidarité pour l'autonomie reverse aux départements, dans des conditions et selon des modalités fixées par décret en Conseil d'État, le produit versé par la Caisse nationale de l'assurance maladie correspondant aux remboursements, par des États membres de l'Union européenne, d'autres États parties à l'accord sur l'Espace économique européen et la Confédération suisse, des sommes attribuées par les départements, au titre de l'allocation personnalisée d'autonomie et de la prestation de compensation du handicap mentionnée à l'article L. 245-1, aux titulaires de prestations de sécurité sociale, les faisant relever de la compétence de ces États au sens des règlements européens.

Art. L. 14-10-6 *(L. n° 2015-1776 du 28 déc. 2015, art. 55-I-2°) « I. — Le concours mentionné au (L. n° 2020-1576 du 14 déc. 2020, art. 32-I) « a du 3° » de l'article L. 14-10-5 est divisé en deux parts :*

« 1° Le montant de la première part est réparti annuellement entre les départements selon des modalités fixées par décret en Conseil d'État (Abrogé par L. n° 2020-1576 du 14 déc. 2020, art. 32-I) « dans la limite des ressources mentionnées au a du 1° du même II »,

après prélèvement des sommes nécessaires à une quote-part destinée aux collectivités de Saint-Barthélemy, Saint-Martin et Saint-Pierre-et-Miquelon, calculée et répartie selon des modalités prévues au II du présent article, en fonction des critères suivants :»

a) Le nombre de personnes âgées de plus de soixante-quinze ans ;

b) Le montant des dépenses d'allocation personnalisée d'autonomie ;

c) Le potentiel fiscal, déterminé selon les modalités définies à l'article L. 3334-6 du code général des collectivités territoriales ;

d) Le nombre de *(L. n° 2012-354 du 14 mars 2012, art. 34-I)* ***«foyers bénéficiaires du revenu de solidarité active*** *(Abrogé par L. n° 2015-994 du 17 août 2015, art. 59-III-4°)* ***«dont les ressources sont inférieures au montant forfaitaire mentionné au 2° de l'article L. 262-2 du présent code», à l'exception de ceux ouvrant droit à la majoration prévue à l'article L. 262-9».***

En aucun cas, le rapport entre, d'une part, les dépenses réalisées au titre de l'allocation personnalisée d'autonomie de chaque département après déduction *(L. n° 2015-1776 du 28 déc. 2015, art. 55-I-2°)* ***«des montants répartis en application du présent 1° et du 2°» et, d'autre part, leur potentiel fiscal ne peut être supérieur à un taux fixé par voie réglementaire. Les dépenses correspondant à la fraction de ce rapport qui dépasse ce seuil sont prises en charge en totalité par la caisse.***

(L. n° 2015-1776 du 28 déc. 2015, art. 55-I-2°) ***«L'attribution de la première part est majorée pour les départements dont le rapport défini au sixième alinéa du présent 1° est supérieur au taux fixé. Pour les autres départements, elle est diminuée de la somme des montants ainsi calculés, au prorata de la répartition effectuée en application du même sixième alinéa entre ces seuls départements.»***

Les opérations décrites aux deux alinéas précédents sont renouvelées jusqu'à ce que les dépenses laissées à la charge de chaque département n'excèdent pas le seuil défini au sixième alinéa *(L. n° 2015-1776 du 28 déc. 2015, art. 55-I-2°)* ***«du présent 1°.***

(Abrogé par L. n° 2020-1576 du 14 déc. 2020, art. 32-I) ***««La première part du» concours de la caisse aux départements fait l'objet d'acomptes correspondant au minimum à 90 % des produits disponibles*** *(L. n° 2015-1776 du 28 déc. 2015, art. 55-I-2°)* ***«mentionnés au a du 1° du» II de l'article L. 14-10-5, après prise en compte des charges mentionnées au VI du même article.»***

(L. n° 2015-1776 du 28 déc. 2015, art. 55-I-2°) ***«2° Le montant de la seconde part est réparti annuellement entre les départements en fonction de l'estimation de leurs charges nouvelles résultant des articles L. 232-3-1, L. 232-3-2, L. 232-3-3 et L. 232-4, dans leur rédaction résultant de la loi n° 2015-1776 du 28 décembre 2015 relative à l'adaptation de la société au vieillissement, et dans les limites des ressources mentionnées au*** *(L. n° 2020-1576 du 14 déc. 2020, art. 32-I)* ***«second alinéa du I de l'article L. 14-10-5-1». Cette répartition est opérée selon des modalités fixées par décret en Conseil d'État.***

«II. — La quote-part mentionnée au 1° du I du présent article est calculée en appliquant au montant total de la première part du concours mentionnée au même 1° le double du rapport entre le nombre de bénéficiaires de l'allocation mentionnée à l'article L. 232-2 dans les collectivités d'outre-mer mentionnées audit 1° et le nombre total de bénéficiaires de l'allocation au 31 décembre de l'année précédant l'année au titre de laquelle le concours est attribué. Elle est répartie entre les trois collectivités en fonction des critères mentionnés aux a, b et d du 1° du même I.» — [L. n° 2004-626 du 30 juin 2004, art. 12-II.]

1. Répartition entre les départements et pouvoir réglementaire. Il résulte des dispositions de la loi du 30 juin 2004, éclairées par les travaux préparatoires qui ont conduit à leur adoption, que le législateur, qui a expressément habilité le pouvoir réglementaire à fixer le rapport maximum entre les dépenses d'allocation personnalisée d'autonomie non compensées après première répartition et le potentiel fiscal, rapport au-delà duquel se déclenche un mécanisme de péréquation entre départements, a nécessairement entendu confier aussi à un décret le soin de déterminer les autres éléments du calcul des concours alloués aux départements, notamment ceux conduisant à cette première répartition ; dès lors, et même s'il n'a pas explicitement mentionné de décret sur ce point, le législateur, qui n'a adopté les dispositions précitées qu'en étant informé qu'un décret fixerait la pondération entre les quatre critères de répartition qu'il a retenus, doit être regardé comme ayant habilité le pouvoir réglementaire à préciser le poids respectif de ces quatre critères • CE 21 mars 2007, *Dpt Seine-Saint-Denis,* n° 277892 B.

2. Critère du nombre de personnes âgées et erreur manifeste d'appréciation. La situation de dépendance ouvrant droit au bénéfice de l'allocation personnalisée d'autonomie étant concentrée sur les personnes très âgées, le Gouvernement n'a pas commis, en affectant d'un coefficient de 50 % le critère de répartition tiré du nombre de personnes âgées de plus de 75 ans dans la population de chaque département, d'erreur manifeste d'appréciation • Même arrêt.

3. Conformité à la Constitution du financement de l'allocation personnalisée d'autonomie. Dans la mesure où il fixe avec précision les critères démographiques, sociaux et financiers qui permettent de répartir entre les départements le concours de la CNSA au financement des charges résultant de l'allocation personnalisée d'autonomie et où il prévoit d'une part, que les charges nettes résultant de la différence entre les dépenses exposées au titre de ladite allocation et le concours de la caisse nationale ne peuvent être supérieures à un pourcentage, fixé par voie réglementaire, du potentiel fiscal de chaque département et, d'autre part, qu'en cas de dépassement de ce pourcentage, les dépenses correspondant à la fraction de ce rapport qui dépassent ce seuil sont prises en charge en totalité par ladite caisse, l'art. L. 14-10-6 doit être regardé – sous réserve que le pouvoir réglementaire fixe ce pourcentage à un niveau qui permette, compte tenu de l'ensemble des ressources des départements, que la libre administration des collectivités territoriales ne soit pas entravée et que les pouvoirs publics prennent, si l'augmentation des charges nettes faisait obstacle à la réalisation de la garantie prévue au présent article, les mesures correctrices appropriées – comme conforme à l'art. 72 de la Constitution. • Cons. const., 30 juin 2011, *décis. n° 2011-143 QPC : JO 1er juill. 2011, p. 11299 ; RDSS 2012. 76, note Levoyer*.

Art. L. 14-10-7 *(L. n° 2015-1776 du 28 déc. 2015, art. 85-I-1°)* ***« I. —*** *(L. n° 2020-1576 du 14 déc. 2020, art. 32-I)* ***« Le concours mentionné au b du 3° de l'article L. 14-10-5 est réparti » dans les conditions précisées au présent article, selon des modalités fixées par*** *(L. n° 2020-1576 du 14 déc. 2020, art. 32-I)* ***« décret » en Conseil d'État pris après avis de la Caisse nationale de solidarité pour l'autonomie.***

« II. — Le concours mentionné au *(L. n° 2020-1576 du 14 déc. 2020, art. 32-I)* ***« I » destiné à couvrir une partie du coût de la prestation de compensation est réparti entre les départements, après prélèvement des sommes nécessaires à une quote-part destinée aux collectivités de Saint-Barthélemy, Saint-Martin et Saint-Pierre-et-Miquelon.***

« Cette quote-part est calculée en appliquant au montant total du concours destiné à couvrir cette dépense le double du rapport entre, d'une part, le nombre de bénéficiaires de la prestation de compensation mentionnée à l'article L. 245-1 et de l'allocation compensatrice pour tierce personne mentionnée à l'article L. 245-1, dans sa rédaction antérieure à l'entrée en vigueur de la loi n° 2005-102 du 11 février 2005 pour l'égalité des droits et des chances, la participation et la citoyenneté des personnes handicapées, dans les collectivités d'outre-mer mentionnées au présent II et, d'autre part, le nombre total de bénéficiaires de ces prestations au 31 décembre de l'année précédant l'année au titre de laquelle le concours est attribué.

« III. — Le solde du concours mentionné au II du présent article *(L. n° 2020-1576 du 14 déc. 2020, art. 32-I)* ***« est réparti » en fonction de tout ou partie des critères suivants : »***

a) Le nombre de bénéficiaires dans le département, au titre de l'année écoulée, de la prestation de compensation mentionnée à l'article L. 245-1, corrigé, en cas de variation importante, par la valeur de ce nombre sur les années antérieures. Pour les années au cours desquelles cette prestation n'était pas ou pas exclusivement en vigueur, ce nombre est augmenté du nombre de bénéficiaires de l'allocation compensatrice mentionnée à l'article L. 245-1 dans sa rédaction antérieure à l'entrée en vigueur de la loi n° 2005-102 du 11 février 2005 pour l'égalité des droits et des chances, la participation et la citoyenneté des personnes handicapées ;

b) Les caractéristiques des bénéficiaires et des montants individuels de prestation de compensation qui ont été versés au titre de l'année écoulée, et notamment le nombre de bénéficiaires d'allocations de montant élevé ;

c) Le nombre de bénéficiaires des prestations prévues aux articles L. 341-1, L. 821-1 et L. 821-2 du code de la sécurité sociale ;

d) Le nombre de bénéficiaires de l'allocation prévue à l'article L. 541-1 du code de la sécurité sociale ;

e) La population adulte du département dont l'âge est inférieur à la limite fixée en application du I de l'article L. 245-1 du présent code ;

f) Le potentiel fiscal, déterminé selon les modalités définies à l'article L. 3334-6 du code général des collectivités territoriales.

(Abrogé par L. nº 2020-1576 du 14 déc. 2020, art. 32-I) « (L. nº 2015-1776 du 28 déc. 2015, art. 70-3º et 85-I-2º) ***« En l'absence de potentiel fiscal prévu à l'article L. 3543-1 du code général des collectivités territoriales, le concours relatif à l'installation et au fonctionnement des maisons départementales des personnes handicapées est déterminé en retenant, pour les collectivités concernées, une valeur nulle de ce même potentiel.***

« « Le versement du concours relatif à l'installation et au fonctionnement des maisons départementales s'effectue dans des conditions prévues par la convention mentionnée à l'article L. 14-10-7-2 ».

« (Ord. nº 2014-1335 du 6 nov. 2014, art. 29) ***« Le concours attribué pour l'installation et le fonctionnement de la maison des personnes handicapées compétente sur les territoires du département du Rhône et de la métropole de Lyon est calculé et versé dans des conditions tenant compte des modalités particulières d'exercice de la compétence prévue à l'article L. 146-3 par la métropole de Lyon et le département du Rhône. »***

« (Ord. nº 2016-1562 du 21 nov. 2016, art. 23-I) ***« Le concours attribué pour l'installation et le fonctionnement de la maison des personnes handicapées compétente sur le territoire de la collectivité de Corse est calculé et versé dans des conditions tenant compte des modalités particulières d'exercice de la compétence prévue à l'article L. 146-3 par la collectivité de Corse ». »***

(L. nº 2015-1776 du 28 déc. 2015, art. 85-I-3º et 4º) ***« IV. — La quote-part calculée dans les conditions définies au II est répartie entre les collectivités de Saint-Barthélemy, Saint-Martin et Saint-Pierre-et-Miquelon en fonction des critères mentionnés aux a à e du III.***

« V. — » Le rapport entre, d'une part, les dépenses réalisées au titre de la prestation de compensation de chaque département après déduction du montant réparti conformément au *(L. nº 2015-1776 du 28 déc. 2015, art. 85-I-4º)* ***« III » et, d'autre part, leur potentiel fiscal ne peut être supérieur à un taux fixé par voie réglementaire. Les dépenses correspondant à la fraction de ce rapport qui dépasse ce seuil sont prises en charge en totalité par la caisse.***

L'attribution résultant de l'opération définie au *(L. nº 2015-1776 du 28 déc. 2015, art. 85-I-4º)* ***« III » pour les départements autres que ceux ayant bénéficié d'un complément de dotation au titre de l'alinéa précédent est diminuée de la somme des montants ainsi calculés, au prorata de la répartition effectuée en application dudit alinéa entre ces seuls départements.***

Les opérations décrites aux deux alinéas précédents sont renouvelées jusqu'à ce que les dépenses laissées à la charge de chaque département n'excèdent plus le seuil défini au premier alinéa du présent *(L. nº 2015-1776 du 28 déc. 2015, art. 85-I-4º)* ***« V ».***

Conformité à la Constitution du financement de la prestation de compensation du handicap. Dans la mesure où il fixe avec précision les critères démographiques, sociaux et financiers qui permettent de répartir entre les départements le concours de la CNSA au financement des charges résultant de la prestation de compensation du handicap et où il prévoit d'une part, que les charges nettes résultant de la différence entre les dépenses exposées au titre de ladite prestation et le concours de la caisse nationale ne peuvent être supérieures à un pourcentage, fixé par voie réglementaire, du potentiel fiscal de chaque département et, d'autre part, qu'en cas de dépassement de ce pourcentage, les dépenses correspondant à la fraction de ce rapport qui dépassent ce seuil sont prises en charge en totalité par ladite caisse, l'art. L. 14-10-7 doit être regardé – sous réserve que le pouvoir réglementaire fixe ce pourcentage à un niveau qui permette, compte tenu de l'ensemble des ressources des départements, que le principe de la libre administration des collectivités territoriales ne soit pas dénaturé et que les pouvoirs publics prennent, si l'augmentation des charges nettes faisait obstacle à la réalisation de la garantie prévue au présent article, les mesures correctrices appropriées – comme conforme aux art. 72 et 72-2 de la Constitution. • Cons. const., 30 juin 2011, nº 2011-144 QPC : *JO 1er juill. 2011, p. 11303 ; RDSS 2012. 76, note Levoyer.*

Art. L. 14-10-7-1 *(L. nº 2020-1576 du 14 déc. 2020, art. 32-I)* ***I. — Le concours mentionné au c du 3º de l'article L. 14-10-5 comporte pour chaque département, selon des modalités fixées par décret pris après avis de la Caisse nationale de solidarité pour l'autonomie, une part forfaitaire fixée en tenant notamment compte de la subvention, mentionnée au III du présent article, versée à la maison départementale des personnes handicapées ainsi qu'une part résultant d'une enveloppe répartie en fonction de tout ou partie, d'une part, des critères mentionnés aux a à f du III de l'article L. 14-10-7 et, d'autre part, d'un critère représentatif de l'activité de la maison départementale des personnes handicapées.***

II. — En l'absence de potentiel fiscal prévu à l'article L. 3543-1 du code général des collectivités territoriales, le concours mentionné au c du 3° de l'article L. 14-10-5 du présent code est déterminé en retenant, pour les collectivités concernées, une valeur nulle de ce même potentiel.

Le versement du concours relatif à l'installation et au fonctionnement des maisons départementales s'effectue dans des conditions prévues par la convention mentionnée à l'article L. 14-10-7-2.

Le concours attribué pour l'installation et le fonctionnement de la maison des personnes handicapées compétente sur les territoires du département du Rhône et de la métropole de Lyon est calculé et versé dans des conditions tenant compte des modalités particulières d'exercice de la compétence prévue à l'article L. 146-3 par la métropole de Lyon et le département du Rhône.

Le concours attribué pour l'installation et le fonctionnement de la maison des personnes handicapées compétente sur le territoire de la collectivité de Corse est calculé et versé dans des conditions tenant compte des modalités particulières d'exercice de la compétence prévue au même article L. 146-3 par la collectivité de Corse.

III. — La caisse verse également la subvention mentionnée au troisième alinéa de l'article L. 146-4-2, dont le montant est fixé et réparti par arrêté conjoint des ministres chargés du budget et des affaires sociales.

Art. L. 14-10-7-1-1 *(L. n° 2014-1655 du 29 déc. 2014, art. 18-I)* ***Pour l'application des articles L. 14-10-6*** *(L. n° 2020-1576 du 14 déc. 2020, art. 32-I)* ***«, L. 14-10-7 et L. 14-10-7-1 », le potentiel fiscal utilisé est majoré ou, le cas échéant, minoré de la fraction de correction prévue au 4 du III de l'article L. 3335-3 du code général des collectivités territoriales.*** — [Anc. art. L. 14-10-7-1.]

Art. L. 14-10-7-2 *(L. n° 2015-1776 du 28 déc. 2015, art. 70-4°)* ***Une convention pluriannuelle signée entre la Caisse nationale de solidarité pour l'autonomie et le département fixe leurs engagements réciproques dans le champ de l'autonomie des personnes âgées et des personnes handicapées, en particulier sur :***

1° Le versement du concours relatif à l'installation et au fonctionnement des maisons départementales, tenant compte d'objectifs de qualité de service et du bilan de réalisation des objectifs antérieurs ;

2° Des objectifs de qualité ;

3° Les modalités de répartition des crédits entre les actions de prévention relevant respectivement des 1°, 2°, 4° et 6° de l'article L. 233-1 ;

4° Les modalités de versement des concours versés aux départements au titre de l'allocation personnalisée d'autonomie et de la prestation de compensation du handicap mentionnés à l'article L. 14-10-5 et au titre du financement de la conférence des financeurs mentionné à l'article L. 233-2.

A défaut de convention, le département reçoit les concours définis aux articles L. 14-10-6 et L. 14-10-7.

Art. L. 14-10-7-3 *(L. n° 2020-1576 du 14 déc. 2020, art. 32-I)* ***La Caisse nationale de la solidarité pour l'autonomie signe avec toute métropole exerçant ses compétences à l'égard des personnes âgées une convention pluriannuelle fixant leurs engagements réciproques sur les modalités de répartition des crédits entre les actions de prévention relevant des 1°, 2°, 4° et 6° de l'article L. 233-1.***

Art. L. 14-10-8 *(Abrogé par L. n° 2020-1576 du 14 déc. 2020, art. 32-I)* ***I. — Les crédits affectés, au titre d'un exercice, aux sections et sous-sections mentionnées à l'article L. 14-10-5, qui n'ont pas été consommés à la clôture de l'exercice, donnent lieu à report automatique sur les exercices suivants.***

II. — Les produits résultant du placement, dans des conditions définies par décret en Conseil d'État, des disponibilités qui excèdent les besoins de trésorerie de la caisse sont affectés au financement des charges mentionnées aux II et III de l'article L. 14-10-5. — [L. n° 2004-626 du 30 juin 2004, art. 14.] Le I de l'art. L. 14-10-8 dans sa rédaction antérieure à la L. n° 2020-1576 du 14 déc. 2020 demeure applicable jusqu'au renouvellement de la convention d'objectifs et de gestion de la Caisse nationale de solidarité pour l'autonomie mentionné au 1° du III de l'art. L. 14-10-3 CASF dans sa rédaction résultant de ladite loi, et au plus tard jusqu'au 30 juin 2022 (L. préc., art. 32-V).

Art. L. 14-10-9 *(Abrogé par L. n° 2020-1576 du 14 déc. 2020, art. 32-I) (L. n° 2007-1786 du 19 déc. 2007, art. 69-I)* ***Une part des crédits reportés sur l'exercice en cours au titre des excédents de l'exercice précédent est affectée, selon les modalités prévues au dernier alinéa*** *(L. n° 2019-1446 du 24 déc. 2019, art. 68-I)* ***« du VI » de l'article L. 14-10-5,*** *(L. n° 2008-1330 du 17 déc. 2008, art. 65-II)* ***« dans les conditions suivantes :***

« a) Dans les deux sous-sections mentionnées au V de ce même article, » ces crédits peuvent être utilisés au financement d'opérations d'investissement immobilier portant sur la création de places, la mise aux normes techniques et de sécurité et la modernisation des locaux des établissements et des services mentionnés à l'article L. 314-3-1, ainsi que des établissements *(Ord. n° 2010-177 du 23 févr. 2010, art. 18-I-2°)* ***« de santé autorisés à dispenser des soins de longue durée ».***

(L. n° 2013-1203 du 23 déc. 2013, art. 61-2°) ***« Ces crédits viennent abonder le budget de chaque agence régionale de santé, à hauteur d'une contribution arrêtée par décision du directeur de la Caisse nationale de solidarité pour l'autonomie dans la limite du montant national fixé par arrêté des ministres chargés des personnes âgées, des personnes handicapées et de la sécurité sociale. Cet arrêté détermine également les conditions d'utilisation et d'affectation de ces crédits, ainsi que celles dans lesquelles les agences régionales de santé rendent compte de son exécution. »***

En vue de faciliter des investissements immobiliers dans les établissements relevant des 2°, 3° et 4° de l'article L. 342-1 du présent code et les établissements habilités à l'aide sociale pour la totalité de leurs places relevant du 6° du I de l'article L. 312-1 ayant conclu *(L. n° 2015-1776 du 28 déc. 2015, art. 58-I-1°)* ***« le contrat pluriannuel d'objectifs et de moyens prévu au IV ter » de l'article L. 313-12, les crédits mentionnés au premier alinéa peuvent être utilisés pour prendre en charge les intérêts des emprunts contractés à cet effet ;***

(L. n° 2008-1330 du 17 déc. 2008, art. 65-II) ***« b)*** *(L. n° 2015-1776 du 28 déc. 2015, art. 8-II)* ***« A la section mentionnée » au IV de l'article L. 14-10-5, ces crédits peuvent être utilisés pour le financement d'actions ponctuelles de préformation et de préparation à la vie professionnelle, de tutorat, de formation et de qualification des personnels des établissements et services médico-sociaux mentionnés à l'article L. 314-3-1, à l'exception des établissements sociaux et médico-sociaux accueillant des personnes âgées qui n'ont pas conclu*** *(L. n° 2015-1776 du 28 déc. 2015, art. 58-I-1°)* ***« le contrat prévu au IV ter de l'article L. 313-12 ». Ces crédits peuvent également être utilisés pour financer les actions réalisées dans le cadre du plan de gestion prévisionnelle des emplois et des compétences pour les établissements et services médico-sociaux mentionnés à l'article L. 314-3-1. »***

Un arrêté des ministres chargés des personnes âgées, des personnes handicapées et de la sécurité sociale, pris après avis de la Caisse nationale de solidarité pour l'autonomie, détermine les conditions d'utilisation, l'affectation et le montant des crédits *(L. n° 2013-1203 du 23 déc. 2013, art. 61-2° ; L. n° 2019-1446 du 24 déc. 2019, art. 68-I)* ***« mentionnés au présent b » ;***

(L. n° 2019-1446 du 24 déc. 2019, art. 68-I) ***« c) Dans les deux sous-sections mentionnées au I de l'article L. 14-10-5, une fraction de ces crédits fixée par arrêté des ministres chargés des personnes âgées, des personnes handicapées et de la sécurité sociale finance l'allocation journalière du proche aidant prévue aux articles L. 168-8 et suivants du code de la sécurité sociale. »***

Art. L. 14-10-10 *(Abrogé par L. n° 2020-1576 du 14 déc. 2020, art. 32-I) (L. n° 2015-1776 du 28 déc. 2015, art. 5-I)* ***Les concours aux départements mentionnés au a du V de l'article L. 14-10-5 sont répartis comme suit :***

1° Le concours correspondant au forfait autonomie mentionné au III de l'article L. 313-12 est réparti chaque année entre les départements en fonction du nombre de places dans les établissements éligibles ;

2° Le concours correspondant aux autres actions de prévention mentionnées aux 1°, 4° et 6° de l'article L. 233-1 est réparti chaque année entre les départements en fonction du nombre de personnes âgées de soixante ans et plus.

LIVRE II DIFFÉRENTES FORMES D'AIDE ET D'ACTION SOCIALES

TITRE I FAMILLE

BIBL. ▸ ATTIAS-DONFUT, L'État, substitut des familles ?, *Dr. soc. 1999. 481*. – BADEL (Dir.), La référence au lien familial pour l'accès aux droits sociaux, *Dossiers d'études CNAF, n° 46, 2003*. – BORGETTO et LAFORE, Droit de l'aide et de l'action sociales, *Domat-Montchrestien, 11e éd., 2021, nos 289 s.* – BROCAS, L'individualisation des droits sociaux, *Rech. et prév. n° 55, 1999. 11*. – BUCHET, Le traitement de la fraude dans les caisses d'allocations familiales, *Rech. et prév., n° 86, 2006. 69*. – Divers, Familles, interventions et politiques, nouvelles régulations sociales, *Ann. Vaucresson, 1987, n° 27* ; Familles et action sociale aujourd'hui, *Vie soc. n° 1, 2001*. – DONZELOT, La police des familles, *Éd. Minuit, 1978*. – FOSSIER, La place de la tutelle aux prestations sociales dans la protection de l'enfant et de l'adulte, *Sauvegarde de l'enfance, 1996. 284*. – LABORDE et MONÉGER (Dir.), Prestations familiales et contrôle social, *RDSS n° 4, 1994*. – GILLES, Le couple en droit social, *Economica, 1997*. – GRATALOUP, L'enfant et sa famille dans les normes européennes, *LGDJ, 1998*. – MARCILHACY, Comment les enfants pauvres sont-ils traités par les minima sociaux ?, *Dr. soc. 2006. 533*. – MESSU, La solidarité familiale. Heurs et malheurs d'un syntagme « affectif », *Rech. fam., n° 16, 2019. 65*. – ZAIDMAN, L'individualisation des droits réduirait-elle les inégalités hommes/femmes ?, *Dr. soc. 1998. 590*.

COMMENTAIRE

Le deuxième livre du code, qui en constitue l'une des deux parties principales puisqu'il expose les règles concernant les différentes formes d'aide et d'action sociales, s'ouvre sur un premier titre consacré à la famille. Ce titre a été constitué en réunissant des dispositions qui étaient, dans l'ancien code, dispersées ; ont été également intégrées soit formellement, soit par renvoi, des dispositions issues du code de la santé publique (V. art. L. 213-1 et L. 214-1 à L. 214-5).

L'ensemble forme un tout assez disparate où voisinent le statut du mouvement familial (chapitre I), quelques prestations d'aide et de soutien aux familles (chapitre II et chapitre III), les règles relatives aux établissements et service d'accueil du jeune enfant (chapitre IV) ainsi que des « dispositions diverses » en faveur des familles (chapitre V).

CHAPITRE I ASSOCIATIONS FAMILIALES

BIBL. ▸ CHAUVIÈRE, La part des acteurs, entre intérêts particuliers et intérêt général, *RDSS 2013. 1014*. – CHAUVIÈRE (coord.), Les mouvements familiaux et leur institution en France. *Anthologie historique et sociale, Cahiers d'histoire de la séc. soc., n° 3, 2006*. – HASSENTEUFEL et MARTIN, Comparer les politiques publiques au prisme de la représentation des intérêts : le cas des associations familiales en Europe, *Rev. int. pol. comparée, vol. 7, n° 1, 2000. 21*. – MARCILHACY, L'UNAF ou les vicissitudes du corporatisme, *Dr. soc. 2007. 1288*.

COMMENTAIRE

Le statut du mouvement familial figurait en bonne place dans l'ancien code de la famille et de l'aide sociale puisqu'il y était défini par les articles 1er à 15. Ce sont ces mêmes dispositions qui sont reprises dans ce chapitre. Il s'agit d'un dispositif très spécifique et très original qui date de la création même du code de la famille et qui à la fois procède et témoigne de la puissance du mouvement familialiste dans l'entre-deux guerres. Sa caractéristique essentielle est de conférer aux associations familiales, à condition qu'elles s'organisent dans les formes légales, un monopole de représentation des intérêts des familles face à la puissance publique. Pour ce faire, et bien qu'elles restent ancrées dans le régime juridique de la loi du 1er juillet 1901 relative aux associations, les structures représentant les familles sont intégrées dans des unions départementales et une union nationale auxquelles la loi reconnaît des prérogatives et des compétences spécifiques. De cette façon, elles constituent une sorte de représentation officielle des familles et se voient associées à l'élaboration de la politique d'action sociale qui leur est destinée.

Art. L. 211-1 **Ont le caractère d'associations familiales au sens des dispositions du présent chapitre les associations déclarées librement créées dans le cadre de la loi du**

1er juillet 1901, qui ont pour but essentiel la défense de l'ensemble des intérêts matériels et moraux, soit de toutes les familles, soit de certaines catégories d'entre elles et qui regroupent :

– des familles constituées par le mariage *(L. nº 2013-404 du 17 mai 2013, art. 15-I)* **« ou le pacte civil de solidarité » et la filiation ;**

– des couples mariés *(L. nº 2013-404 du 17 mai 2013, art. 15-I)* **« ou liés par un pacte civil de solidarité » sans enfant ;**

– toutes personnes physiques soit ayant charge légale d'enfants par filiation ou adoption, soit exerçant l'autorité parentale ou la tutelle sur un ou plusieurs enfants dont elles ont la charge effective et permanente.

L'adhésion des étrangers aux associations familiales est subordonnée à leur établissement régulier en France ainsi qu'à celui de tout ou partie des membres de leur famille dans des conditions qui seront fixées par voie réglementaire. – *[C. fam., art. 1er.]*

COMMENTAIRE

A la base du mouvement familial peuvent se constituer des associations, cela dans le cadre de la loi du 1er juillet 1901. Mais pour que leur soit reconnue la qualité « d'association familiale », deux conditions sont requises : d'une part, elles doivent regrouper, à titre de membres, des « familles » constituées par le mariage et la filiation, des couples mariés sans enfants ou toute personne physique qui a charge d'enfant soit par filiation, soit par adoption, soit qui exerce l'autorité parentale ou la tutelle sur ces enfants ; d'autre part, elles doivent s'affecter comme but associatif essentiel la défense de l'ensemble des intérêts matériels et moraux, soit de toutes les familles, soit de certaines catégories d'entre elles. Ces associations peuvent naturellement se constituer en fédérations et confédérations.

La loi nº 2013-404 du 17 mai 2013 ouvrant le mariage aux couples de personnes de même sexe a réparé un oubli en introduisant une référence aux signataires d'un pacte civil de solidarité : ces derniers font dorénavant partie des membres potentiels des associations familiales. ❑

Art. L. 211-2 **Il peut être créé :**

– dans chaque département, une fédération départementale dite union départementale des associations familiales, composée comme il est prévu à l'article L. 211-4 ;

– au niveau national, une fédération dite union nationale des associations familiales, composée comme il est prévu à l'article L. 211-5. – *[C. fam., art. 2.]*

COMMENTAIRE

C'est sur cet article L. 211-2 (ancien art. 2 du code de la famille et de l'aide sociale) que se fonde le dispositif institué en forme de monopole de représentation des familles face aux pouvoirs publics. Il prévoit en effet la constitution d'unions départementales et d'une union nationale regroupant à chaque niveau, soit les associations de base, soit leurs fédérations ou, au plan national, leurs confédérations (art. L. 211-4 et L. 211-5) ; le dispositif se présente à la fois comme intégré et pyramidal puisque l'union nationale est composée, outre des confédérations nationales, par les unions départementales (art. L. 211-5). ❑

Art. L. 211-3 **L'union nationale et les unions départementales des associations familiales sont habilitées, sans préjudice de tous les droits et prérogatives pouvant résulter de leurs statuts, à :**

1º Donner leur avis aux pouvoirs publics sur les questions d'ordre familial et leur proposer les mesures qui paraissent conformes aux intérêts matériels et moraux des familles ;

2º Représenter officiellement auprès des pouvoirs publics l'ensemble des familles et notamment désigner ou proposer les délégués des familles aux divers conseils, assemblées ou autres organismes institués par l'État, la région, le département, la commune ;

3º Gérer tout service d'intérêt familial dont les pouvoirs publics estimeront devoir leur confier la charge ;

4° Exercer devant toutes les juridictions, sans avoir à justifier d'un agrément ou d'une autorisation préalable de l'autorité publique, notamment de l'agrément prévu à l'article L. 421-1 du code de la consommation, l'action civile relativement aux faits de nature à nuire aux intérêts moraux et matériels des familles, y compris pour les infractions prévues par l'article 227-24 du code pénal.

Chaque association familiale ou fédération d'associations familiales, dans la limite de ses statuts, conserve le droit de représenter auprès des pouvoirs publics les intérêts dont elle a assumé la charge. – *[C. fam., art. 3.]*

COMMENTAIRE

Prolongeant la précédente, cette disposition constitue une forme d'habilitation législative donnée aux unions départementales et à l'union nationale pour participer à des missions de service public concernant la famille et la politique familiale. En une sorte de gradation de prérogatives, ces institutions sont donc habilitées à donner des avis, à s'auto-saisir de questions et à formuler des propositions, à représenter l'ensemble des familles au sein des institutions publiques, à gérer des services d'intérêt général en direction des familles, à agir en justice directement pour la défense des intérêts des familles. Monopole de représentation, association au service public, gestion de services collectifs, telles sont donc les missions confiées par la loi à des structures relevant néanmoins du champ du droit privé du fait de leur statut associatif. On a là un exemple caractéristique d'une sorte de cogestion d'une partie de la politique d'action sociale entre puissance publique et personnes privées. ❑

1. Représentativité de l'UNAF et des UDAF et principe d'égalité. Compte tenu de leurs règles de formation, de fonctionnement et de composition ainsi que des missions qui leur sont imparties par la loi, l'union nationale et les unions départementales des associations familiales ne se trouvent pas dans une situation identique à celle des associations familiales qui peuvent y adhérer; au demeurant, en reconnaissant la représentativité de l'UNAF et des UDAF, le législateur a entendu assurer auprès des pouvoirs publics une représentation officielle des familles au travers d'une association instituée par la loi regroupant toutes les associations familiales souhaitant y adhérer et a, par là même, poursuivi un but d'intérêt général; par suite, l'art. L. 211-3 ne saurait être considéré comme méconnaissant le principe d'égalité. • Cons. const., 28 mai 2010, n° 2010-3 QPC : *Union des familles en Europe : JO 29 mai 2010, p. 9730; AJDA. 2010. 1606, note Dord* • CE 2 mars 2011, *Union des familles en Europe*, n° 323830 B : *AJDA 2011. 964, concl. Landais*.

2. Représentativité de l'UNAF et des UDAF et liberté d'expression. Si l'art. L. 211-3, al. 3 impose la reconnaissance, par les pouvoirs publics, de la représentativité de l'union nationale et des unions départementales des associations familiales, les pouvoirs publics peuvent prendre en compte les intérêts et les positions défendues par les associations familiales relevant de l'art. L. 211-1 CASF; dans la mesure où il ne porte aucune atteinte à la liberté de ces associations de faire connaître les positions qu'elles défendent, l'art. L. 211-3 ne saurait être considéré comme méconnaissant la liberté d'expression de ces associations. • Même décision.

3. Représentativité de l'UNAF et des UDAF et pluralisme des courants de pensée et d'opinions. Dans la mesure où l'art. L. 211-3, al. 3 n'est relatif ni à la vie politique ni aux médias, le grief tiré de la méconnaissance de l'objectif de valeur constitutionnelle du pluralisme des courants de pensées et d'opinions est, en tout état de cause, inopérant. • Même décision.

4. Représentativité de l'UNAF et des UDAF et liberté d'association. Dans la mesure où les associations familiales prévues par l'art. L. 211-1 CASF peuvent librement se constituer en vertu de la loi du 1er juillet 1901, où elles sont libres d'adhérer ou non à l'union nationale ou aux unions départementales des associations familiales dans les conditions fixées par les art. L. 211-4 et L. 211-5 et où, en outre, elles peuvent librement se regrouper selon les modalités qu'elles définissent, l'art. L. 211-3 ne saurait être considéré comme portant atteinte à la liberté d'association. • Même décision.

Art. L. 211-4 **Les unions départementales des associations familiales sont composées par les associations familiales ayant leur siège social dans le département qui apportent à ces unions leur adhésion, ainsi que les fédérations regroupant exclusivement dans le département les associations telles que définies à l'article L. 211-1.**

Peuvent seules concourir à la création des unions départementales ou adhérer aux unions déjà constituées les associations et fédérations familiales déclarées depuis six mois au moins.

Les sections départementales ou locales des associations nationales sont admises dans les unions au même titre que les associations déclarées. – *[C. fam., art. 4.]*

(L. nº 2013-404 du 17 mai 2013, art. 15-II) **« Les unions départementales des associations familiales ne peuvent refuser l'adhésion des associations qui remplissent les critères définis à l'article L. 211-1. »**

Art. L. 211-5 **L'union nationale est composée par les unions départementales des associations familiales, constituées conformément à l'article L. 211-4 et qui lui apportent leur adhésion, et les fédérations, confédérations, associations familiales nationales regroupant au niveau national les associations et sections adhérentes aux unions départementales.** – *[C. fam., art. 5.]*

Art. L. 211-6 **Sur la proposition des unions départementales agréées, peuvent, par arrêté du ministre chargé de la famille, se constituer à l'intérieur de leur département et dans chaque circonscription (fraction de commune, commune ou groupement de communes) des unions locales d'associations familiales.**

Ces unions sont formées des associations familiales qui ont donné leur adhésion et qui ont leur siège social dans la circonscription ; elles remplissent, dans la limite de cette circonscription, l'ensemble des missions définies aux 1°, 2° et 3° de l'article L. 211-3, sans préjudice de toutes autres missions qui résulteraient de leurs statuts. – *[C. fam., art. 6.]*

COMMENTAIRE

L'article L. 211-6 ajoute au montage institutionnel en ouvrant la possibilité aux unions départementales de proposer la création d'unions locales d'associations familiales. Ces unions locales ont, du point de vue des compétences, un champ matériel réduit puisqu'elles ne peuvent agir en justice pour la défense des intérêts des familles (V. art. L. 211-3, 4°). Les unions locales sont créées par arrêté du ministre chargé de la famille. ❑

Art. L. 211-7 **L'union nationale et les unions départementales et locales sont constituées sous le régime de la loi du 1er juillet 1901, sous réserve des dérogations résultant du présent chapitre.**

Chaque union établit ses statuts et un règlement intérieur.

Les statuts et le règlement intérieur sont soumis, pour les unions locales, à l'agrément de l'union départementale, pour les unions départementales, à l'agrément de l'union nationale, pour l'union nationale, à l'agrément du ministre chargé de la famille.

L'union nationale et les unions départementales et locales d'associations familiales jouissent de plein droit de la capacité juridique des associations reconnues comme établissements d'utilité publique lorsqu'elles ont obtenu l'agrément prévu au troisième alinéa.

Elles bénéficient également des divers avantages fiscaux accordés aux établissements d'utilité publique ayant pour objet l'assistance et la bienfaisance. Elles peuvent posséder tous biens meubles ou immeubles utiles au fonctionnement de leurs services, œuvres ou institutions. – *[C. fam., art. 7.]*

COMMENTAIRE

L'article L. 211-7 constitue le fondement statutaire des unions départementales et de l'union nationale. Il s'agit d'associations de la loi du 1er juillet 1901, mais à caractère dérogatoire. Leurs statuts et règlements intérieurs font l'objet d'une procédure d'agrément interne au dispositif pour les unions locales et départementales, mais de niveau ministériel pour l'union nationale. Une fois agréées, elles sont de droit reconnues d'utilité publique en jouissant de la « grande capacité » qui y est attachée. Ce sont surtout leurs modalités d'organisation ainsi que les règles de suffrage pour l'élection des instances dirigeantes qui dérogent au modèle associatif de droit commun (art. L. 211-8 et L. 211-9). ❑

Art. L. 211-8 **L'union nationale et chaque union départementale des associations familiales sont administrées par un conseil dont les membres doivent être pour partie**

élus, au suffrage familial tel qu'il est prévu à l'article L. 211-9, pour partie désignés par les fédérations, confédérations ou associations familiales adhérentes selon les proportions que doivent prévoir les statuts de ces unions.

Ne peuvent être membres des conseils d'administration les personnes frappées par une mesure d'interdiction des droits civiques, civils et de famille. – *[C. fam., art. 8.]*

Art. L. 211-9 **Au sein des unions départementales, chaque association familiale adhérente dispose d'un nombre de suffrages calculé selon les modalités prévues aux alinéas suivants.**

Chaque famille ou groupe familial tel que défini à l'article L. 211-1, adhérant à l'association au 1er janvier de l'année du vote, apporte, le cas échéant :

– une voix pour chacun des pères et mères ou chacun des conjoints, ou pour la personne physique exerçant l'autorité parentale ou la tutelle ;

– une voix par enfant mineur vivant ;

– une voix par groupe de trois enfants mineurs ;

– une voix par enfant mort pour la France.

La voix attribuée pour chaque enfant mineur handicapé est maintenue lorsque l'enfant qui atteint la majorité demeure à la charge de ses parents.

Au sein de l'union nationale, chaque union départementale groupe les suffrages dont disposaient, au 1er janvier de l'année de vote, les associations familiales adhérentes.

Les personnes frappées par une mesure d'interdiction des droits civiques, civils et de famille ne donnent droit à aucune voix. Ces personnes ne peuvent participer à aucun vote. – *[C. fam., art. 9.]*

COMMENTAIRE

Du point de vue du modèle de représentation organisé au sein des associations familiales, c'est sans conteste le système de suffrage qui est le plus significatif. L'article L. 211-9 en établit le principe (ancien art. 9). Le système de vote repose sur l'idée du « suffrage familial », constamment prôné par le mouvement familialiste, et qui trouve ici une concrétisation ; le principe est de pondérer le nombre de voix dont dispose chaque famille en considération du nombre de personnes composant l'unité familiale. Concrètement, c'est à partir de chaque famille adhérant aux associations familiales de base (V. art. L. 211-1) que se comptent les voix, chaque association bénéficiant au sein de l'union locale, puis départementale, puis nationale via les associations départementales, d'un nombre de voix décompté selon les règles énoncées ci-dessus.

Art. L. 211-10 **Les ressources des unions sont constituées par :**

(L. nº 2004-1370 du 20 déc. 2004, art. 53) **« 1º Un fonds spécial alimenté chaque année par un versement effectué par la Caisse nationale des allocations familiales et la Caisse centrale de la mutualité sociale agricole au prorata du montant des prestations familiales versées l'année précédente par chacune d'elles.**

« Les contributions de ces deux organismes ainsi que le montant du fonds spécial sont fixés par arrêté du ministre chargé de la sécurité sociale et du ministre chargé de la famille. Le montant du fonds spécial est fixé dans les conditions suivantes :

« ***a)*** **Une première part, destinée à couvrir les missions générales mentionnées à l'article L. 211-3 du présent code, évolue chaque année dans les conditions définies** *(L. nº 2015-1702 du 21 déc. 2015, art. 89-II)* **« à » l'article L. 551-1 du code de la sécurité sociale ;**

« ***b)*** *(L. nº 2005-706 du 27 juin 2005, art. 41)* **« Une deuxième part est destinée à financer des actions définies par voie conventionnelle entre, d'une part, l'Union nationale des associations familiales et le ministre chargé de la famille et, d'autre part, chaque union départementale d'association***[s]* **familiale***[s]* **et l'Union nationale des associations familiales, après avis** *(Ord. nº 2012-785 du 31 mai 2012, art. 5-1º)* **« de l'autorité compétente de l'État ». » Elle est revalorisée chaque année dans la limite du taux d'évolution constaté au titre de l'année civile précédente du montant des prestations familiales. En cas de création ou de suppression d'une de ces prestations, le taux d'évolution retenu au titre de l'année au cours de laquelle intervient**

cette création ou cette suppression est celui correspondant à la moyenne des taux d'évolution retenus pour les trois années civiles précédentes.

« Les prestations familiales prises en compte pour l'application du présent article sont :

« – les prestations que mentionne l'article L. 511-1 du code de la sécurité sociale, y compris celles qui sont versées dans les *(L. n° 2015-1268 du 14 oct. 2015, art. 7-III)* **« collectivités mentionnées » à l'article L. 751-1 du même code** *(Ord. n° 2012-785 du 31 mai 2012, art. 5-2°)* **« ainsi que celles versées à Mayotte »** *(Abrogé par L. n° 2008-1249 du 1er déc. 2008, à compter du 1er juin 2009)* ***« , à l'exception de l'allocation de parent isolé »*** **;**

« – l'allocation pour jeune enfant, l'allocation d'adoption et l'allocation parentale d'éducation versées en vertu de la réglementation applicable antérieurement au 1er janvier 2004.

« Sont assimilées aux prestations familiales, pour l'application du présent article, l'allocation de garde d'enfant à domicile et l'aide à la famille pour l'emploi d'une assistante maternelle agréée versées en vertu de la réglementation applicable antérieurement au 1er janvier 2004.

« Les modalités de versement du fonds spécial et sa répartition entre les unions d'associations familiales, les conditions dans lesquelles les fédérations, confédérations ou associations familiales adhérant aux unions peuvent en bénéficier ainsi que les modalités d'évaluation » *(L. n° 2005-706 du 27 juin 2005, art. 41)* **« et de contrôle, respectivement par l'État et par l'Union nationale des associations familiales, de son utilisation, d'une part, par l'Union nationale des associations familiales, et, d'autre part, par les unions départementales d'associations familiales, sont fixées par voie réglementaire ; »**

2° Les cotisations des associations, fédérations, confédérations et sections d'associations familiales adhérentes ;

3° Les subventions publiques ou privées ainsi que les dons et legs ;

4° Les rémunérations ou indemnités pour frais de gestion que peuvent comporter les divers services familiaux. Lorsque la gestion des services est confiée aux unions par les pouvoirs publics, ceux-ci déterminent les conditions dans lesquelles ils conservent la charge des frais généraux afférents à cette gestion. – *[C. fam., art. 11.]*

V. art. R. 211-8 s.

COMMENTAIRE

Cette disposition, qui, pour l'essentiel, définit pour les unions (lesquelles disposent de la « grande personnalité » rappelons-le) un système de ressources classique (cotisations des membres, subventions publiques, dons et legs, produits de leurs activités), comporte cependant un mécanisme à remarquer : il s'agit du fonds spécial, affecté aux unions, qui est alimenté par des prélèvements obligatoires sur les ressources des régimes de prestations familiales ; le caractère semi-public de ces instances n'en est que plus net.

La loi n° 2005-706 du 27 juin 2005, dont l'objet principal a été d'instituer un nouveau statut pour les assistants familiaux et maternels (art. L. 421-1 à L. 422-8), a introduit des modifications dans cette disposition. Ce fonds spécial est dorénavant divisé en deux parts : une première, destinée à couvrir les missions générales des associations familiales et dont l'évolution est calculée en fonction de l'assiette des prestations familiales telle que définie aux articles L. 551-1 et suivants du code de la sécurité sociale ; et une seconde, qui doit servir à financer des activités ou actions des associations définies dans le cadre d'une convention signée entre l'État, l'UNAF et les unions départementales ; cette distinction revient donc à séparer les frais généraux de gestion des associations familiales et le financement de leurs activités, ce qui revient à aménager à la fois une capacité d'orientation et de contrôle, au profit de l'État et par voie conventionnelle, sur ces dernières. ❑

Art. L. 211-11 Les actes, pièces et écrits de toute nature passés ou rédigés en exécution du présent chapitre sont dispensés de tout droit de greffe. Les honoraires des notaires et des greffiers et *(Ord. n° 2010-638 du 10 juin 2010, art. 9-I, en vigueur le*

1er janv. 2013) **« la contribution prévue par le I de l'article 879 du code général des impôts » sont réduits de moitié.** – *[C. fam., art. 12.]*

Art. L. 211-12 **Sous réserve des dispositions prévues par le deuxième alinéa du présent article, les contestations nées de la création ou du fonctionnement des unions départementales ou locales sont tranchées en dernier ressort par l'union nationale des associations familiales.**

Le ministre chargé de la famille peut, à la demande de tout intéressé ou d'office, suspendre ou, après avis du comité consultatif de la famille, annuler toute adhésion ou tout refus d'adhésion aux unions d'associations familiales qu'il estimerait contraire aux dispositions du présent chapitre concernant le caractère familial d'une association, d'une fédération ou confédération d'associations, ou d'une section d'association nationale. – *[C. fam., art. 13, sauf dernière phrase.]*

COMMENTAIRE

Autre spécificité du dispositif constitué par les associations familiales, les unions locales et départementales et l'union nationale, l'article L. 211-12 dote l'union nationale d'un pouvoir de règlement des conflits internes relatifs à la création ou au fonctionnement des unions départementales ou locales. En y ajoutant les compétences du ministre chargé de la famille pour suspendre ou annuler les adhésions ou refus d'adhésion, la loi organise donc un contrôle précontentieux propre à ce système institutionnel. ❑

Art. L. 211-13 **Lorsqu'un salarié est désigné pour assurer la représentation d'associations familiales par application de dispositions législatives ou réglementaires, son employeur est tenu de lui laisser le temps nécessaire pour se rendre et participer aux réunions où il doit assurer cette représentation.**

Cette autorisation d'absence ne peut être refusée par l'employeur que dans le cas où il estime, après avis conforme du comité d'entreprise ou, s'il n'en existe pas, des délégués du personnel, que cette absence pourrait avoir des conséquences préjudiciables à la production et à la marche de l'entreprise. La durée maximale annuelle d'absence par salarié est fixée par voie réglementaire. – *L'autorisation d'absence ne peut excéder 42 heures par an (Arr. du 30 oct. 1986, JO 19 nov.).*

Le refus de cette autorisation d'absence par l'employeur est motivé. En cas de différend, l'inspecteur du travail peut être saisi par l'une des parties et pris pour arbitre.

La participation de ces salariés aux réunions des organismes dont la liste est fixée par arrêté du ministre chargé de la famille n'entraîne aucune diminution de leur rémunération. – *V. Arr. du 14 mars 1986 (JO 18 mars).*

Le temps passé hors de l'entreprise pendant les heures de travail des salariés participant aux réunions ci-dessus mentionnées pour l'exercice de leurs fonctions est assimilé à une durée de travail effectif pour la détermination de la durée des congés payés, du droit aux prestations d'assurances sociales et aux prestations familiales ainsi qu'au regard de tous les droits que le salarié tient du fait de son ancienneté dans l'entreprise.

Les dépenses supportées par l'employeur en ce qui concerne le maintien du salaire lui sont remboursées, selon le cas, par l'union nationale des associations familiales ou par l'union départementale concernée sur les ressources du fonds spécial prévu au 1° de l'article L. 211-10. Le budget du fonds est abondé en conséquence. – *[C. fam., art. 16.]*

COMMENTAIRE

L'article L. 211-13 mérite aussi d'être souligné dans la mesure où, s'inspirant des dispositions légales prises en faveur de la représentation des salariés dans les entreprises ou les administrations (heures de décharge payées notamment), il permet aux représentants des associations familiales au sein des organismes publics ou de sécurité sociale de bénéficier d'une protection statutaire pour que leur engagement soit conciliable avec leur activité professionnelle. ❑

Art. L. 211-14 Sauf disposition contraire, les modalités d'application du présent chapitre sont déterminées par décret en Conseil d'État, et notamment les modalités des élections des conseils d'administration de l'union nationale et des unions départementales. – *[C. fam., art. 15.]*

CHAPITRE II AIDE SOCIALE AUX FAMILLES

COMMENTAIRE

Ce que l'on appelait traditionnellement « aide sociale aux familles » regroupait les anciennes « allocations militaires » (créées par la loi du 31 mars 1928 et réaménagées par le décret nº 64-355 du 20 avril 1964), l'ancienne « assistance à la famille » (disparue de fait avec la création des prestations familiales) auxquelles l'on ajoutait souvent, bien qu'à tort du point de vue des principes organisateurs, les allocations mensuelles de l'aide sociale à l'enfance.

Se réduisant désormais aux seules « allocations militaires » devenues « allocations dont les soutiens accomplissent les obligations du service militaire », ce chapitre apparaît aujourd'hui comme une simple survivance du passé : incombant à l'État, attribuées par le préfet, ces allocations, qui sont distinctes du statut de « soutien de famille », tombent en effet en désuétude en raison de la suppression du service national. ❑

Art. L. 212-1 Lorsque leurs ressources sont insuffisantes, les familles dont les soutiens accomplissent les obligations du service national, qu'elles résident ou non en France, ont droit à des allocations.

Ces allocations sont à la charge du budget de l'État. Elles sont accordées par l'autorité administrative. – *[C. fam., art. 156 (partie).]*

1. Bénéficiaires de l'allocation. La compagne ou la concubine d'un appelé ne peuvent prétendre au bénéfice de l'allocation. • Comm. centr. aide soc. 28 janv. 1983 : *RDSS 1984. 257* • 27 mars 1992, *Dpt Haute-Vienne : EJCCAS nº 21-1, p. 2.* ♦ Il en va de même des personnes employées par les services de l'aide sociale à l'enfance qui ont eu, à ce titre, la garde de l'intéressé jusqu'à sa majorité. • Comm. centr. aide soc. 18 oct. 1988, *Dpt Pas-de-Calais : EJCCAS nº 21-1, p. 1.*

2. Soutien de famille. La personne qui se trouvait au chômage avant d'être appelée à effectuer son service national n'ouvre pas droit au bénéfice de l'allocation. • Comm. centr. aide soc. 18 oct. 1988, *Dpt Rhône : EJCCAS nº 21-2, p. 1.* ♦ Il en va de même de celle qui, ayant la qualité de lycéen, se trouvait à la charge totale de ses parents. • Comm. centr. aide soc. 27 mars 1992, *Dpt Pas-de-Calais : EJCCAS nº 21-2, p. 2.*

Art. L. 212-2 Un décret en Conseil d'État détermine le mode de calcul de l'allocation prévue à l'article L. 212-1. – *[C. fam., art. 156.]*

CHAPITRE III ÉDUCATION ET CONSEIL FAMILIAL

Art. L. 213-1 Les règles relatives à l'information des adultes à la vie du couple et de la famille sont fixées par les articles L. 2311-1 et suivants du code de la santé publique.

Art. L. 213-2 Les pouvoirs publics reconnaissent la mission des associations familiales et autres mouvements qualifiés pour la préparation lointaine et proche des jeunes au mariage et à la vie adulte, ainsi que pour l'information objective des adultes aux divers problèmes de la vie du couple, de la famille et de l'éducation des jeunes. – *[L. nº 67-1176 du 28 déc. 1967, art. 4, al. 7.]*

CHAPITRE IV SERVICES AUX FAMILLES *(Ord. nº 2021-611 du 19 mai 2021, art. 2-1º).*

BIBL. ▶ BAUDELOT et REYNAT, La coordination de la petite enfance, une nouvelle fonction relationnelle, *Rech. et prév. 2000, nº 61, p. 61.* – BOULMIER, Les maisons d'assistants maternels : interrogations sur les règles relatives au concept de garde « collectif/individuel », *RDSS 2010. 1134* . – BOYER, Les modes d'accueil des jeunes enfants : choix ou nécessité ?, *Inf. soc. 1999, nº 79, p. 108* ; Normes et politique familiale : la question du libre choix du mode de garde, *Rech. et prév. 1999, nº 57-58, p. 75.* – BOYER et THIBAULT, La prise en charge des frais de garde des familles : vers un libre choix ?, *Inf. soc. 2007, nº 137, p. 96.*

– CHAUPAIN-GUILLOT, GUILLOT et JANKELIOWITCH-LAVAL, Choix d'activité des mères et garde des jeunes enfants : une comparaison européenne, *Rech. et prév. 2007, nº 90, p. 41.* – COLLOMBET, Les inégalités sociales d'accès aux modes d'accueil des jeunes enfants : une comparaison européenne, *Rev. polit. soc. et fam. 2018, nº 127, p. 71.* – CRESSON et HEINEN, Pour une politique de la petite enfance ?, *Inf. soc. 1999, nº 79, p. 116.* – Divers, Modes de garde, modes d'accueil : quelles évolutions ?, *Inf. soc. 2002, nº 203.* – FAGNANI, Lacunes, contradictions et incohérences des mesures de conciliation travail/famille : bref bilan critique, *Dr. soc. 1998. 596* ; Politique familiale, flexibilité des horaires de travail et articulation travail/famille, *Dr. soc. 1999. 244* ; Trente ans de politique familiale en France : l'intégration progressive du modèle de la mère qui travaille, *Revue Regards 2000, nº 18, p. 105.* – JENSON et SINEAU (Dir.), Qui doit garder le jeune enfant ? Modes d'accueil et travail des mères dans l'Europe en crise, *LGDJ, 1998.* – LEGENDRE, LORGNET, MAHIEU et THIBAULT, Les aides publiques à la garde des jeunes enfants, *Rech. et prév. 2004, nº 75, p. 5.* – MAHIEU, Les modes d'accueil des enfants âgés de moins de 3 ans : effets d'offre et de demande, *Rech. et prév. 2005, nº 82, p. 43.* – PARIS et CHAUFFAUT, Modes d'accueil de la petite enfance : droit opposable et autres options, *Dr. soc. 2007. 1283*. – PERIVIER, Bilan et enjeux du dispositif de garde des jeunes enfants au regard de l'emploi des femmes, *Inf. soc. 2007, nº 137, p. 108.*

COMMENTAIRE

Antérieurement intitulé « Accueil des jeunes enfants », le chapitre IV du titre « Famille » a été fortement modifié par l'ordonnance nº 2021-611 du 19 mai 2021 relative aux services aux familles. Conformément à l'intitulé même de ce texte, le législateur a entendu élargir le champ des dispositions en les recouvrant de la notion large de « services aux familles » et en réaménageant les divers dispositifs qui les organisent.

La notion de « services aux familles » renvoie, d'une part, aux modes d'accueil du jeune enfant et, d'autre part, aux services de soutien à la parentalité (art. L. 214-1, L. 214-1-1 et L. 214-1-2).

Le chapitre met en place ou réorganise divers instruments et instances concernant les services en question : schéma communal pluriannuel des services (art. L. 214-2), relais d'assistants maternels (art. L. 214-2-1), dispositif d'information relatif aux disponibilités de ces services (art. L. 214-2-2), comité départemental des services aux familles (art. L. 214-5 et L. 214-6), diverses dispositions concernant la délégation possible de l'élaboration du schéma aux établissements de coopération intercommunale (art. L. 214-5), la dispense d'obligation d'activités professionnelles pour le recours à ces services des familles d'au moins trois enfants (art. L. 214-6) ainsi que le projet d'établissement et le règlement de fonctionnement des services (art. L. 214-7).

Il est à noter que l'ordonnance du 19 mai 2021 (art. 9 et 10) incite les acteurs locaux à la coopération en matière de services aux familles et réaménage en conséquence leurs attributions en la matière pour faciliter cette coopération. ❑

Ordonnance nº 2021-611 du 19 mai 2021,

Relative aux services aux familles (JO 20 mai).

Art. 9 I. — En vue de favoriser le développement des services aux familles à l'échelle d'un département, d'un établissement public de coopération intercommunale ou d'une commune, les autorités compétentes en matière de services aux familles, notamment le président du conseil départemental, les maires des communes et présidents d'établissements publics de coopération intercommunales et le directeur de la caisse des allocations familiales, peuvent organiser, par convention, leur coopération en matière de services aux familles.

Dans ce cadre, à titre expérimental et pour une durée ne pouvant excéder cinq ans à compter de la date d'entrée en vigueur de la présente ordonnance, l'une des autorités compétentes en matière de services aux familles peut prendre, avec l'accord et au nom d'une ou plusieurs autres autorités également compétentes en matière de services aux familles, tout ou partie des actes relatifs à la création, au maintien ou au développement de services aux familles, notamment les autorisations et avis prévus aux premier et deuxième alinéas de l'article L. 2324-1 du code de la santé publique, la surveillance et le contrôle ainsi que les vérifications prévus à l'article L. 2324-2 du même code, ainsi que les décisions de financement, à l'exclusion du complément de libre choix du mode de garde mentionné aux articles L. 531-5 et L. 531-6 du code de la sécurité sociale.

Une convention est conclue entre les autorités concernées. Elle précise :

1° La liste des compétences concernées en tout ou partie par l'expérimentation et les actes réalisés en application du deuxième alinéa du présent I pour le compte des autorités compétentes, notamment en matière d'instruction, de décision individuelle ou, le cas échéant, de représentation dans les litiges relatifs aux décisions prises dans ce cadre ;

2° La durée de l'expérimentation ;

3° Les modalités financières et comptables de l'expérimentation, le cas échéant en cas de litiges relatifs aux décisions prises dans ce cadre ;

4° Les objectifs à atteindre par les autorités exerçant des missions au nom d'autres ;

5° Les modalités de contrôle et d'information des autorités délégantes sur les actes et décisions prises dans le cadre des compétences déléguées.

Les autorités concernées informent le président du comité départemental des services aux familles de leur décision et lui transmettent copie de la convention qui encadre cette expérimentation.

II. — Les autorités mentionnées au premier alinéa du I organisent par la même convention leur coopération dans l'un au moins des domaines suivants :

1° L'information des parents sur les différents services aux familles disponibles dans leur périmètre géographique ;

2° L'information sur les métiers des services aux familles, la promotion de l'apprentissage dans les services aux familles ainsi que la coordination d'actions de formation continue pour les professionnels des services aux familles ;

3° La coordination des actions d'accompagnement des professionnels de la petite enfance notamment en matière de droit du travail pour les assistants maternels, de prévention en santé et d'inclusion des enfants en situation de handicap ou atteints de maladies chroniques et pour le développement qualitatif des services proposés, en application des chartes nationales mentionnées aux articles L. 214-1-1 et L. 214-1-2 du code de l'action sociale et des familles.

Dans chaque département, l'organisation, le suivi et l'évaluation des expérimentations de coopération sont intégrés aux travaux du comité départemental des services aux familles prévu à l'article L. 214-5 du même code.

Au plus tard douze mois avant le terme de l'expérimentation prévue au I, et sur la base des évaluations mentionnées à l'alinéa précédent qui lui sont transmises, le Gouvernement présente au Parlement un rapport d'évaluation. Ce rapport évalue en outre l'intérêt de nouvelles dispositions législatives, en particulier sur la répartition des compétences entre l'État, les collectivités territoriales et les caisses des allocations familiales en matière de services aux familles.

III. — Un décret fixe les modalités d'application du présent article.

Art. 10 I. — Pour l'application de l'article 9 de la présente ordonnance dans les collectivités de Saint-Barthélemy, de Saint-Martin et de Saint-Pierre-et-Miquelon :

1° La référence au département est remplacée par la référence à la collectivité territoriale ;

2° La référence au conseil départemental est remplacée par la référence au conseil territorial ;

3° La référence au président du conseil départemental est remplacée par la référence au président du conseil territorial ;

4° La référence au comité départemental des services aux familles est remplacée par la référence au comité territorial des services aux familles.

II. — *V. art. L. 581-1 mod.*

Art. L. 214-1 *(Ord. nº 2021-611 du 19 mai 2021, art. 2-2º)* **Les services aux familles mentionnés au II de l'article L. 112-2 sont composés :**

1° Des modes d'accueil du jeune enfant, dans les conditions prévues au présent code ainsi qu'à l'article L. 2324-1 du code de la santé publique et aux articles L. 7221-1 et L. 7232-1 du code du travail ;

2° Des services de soutien à la parentalité, par l'accompagnement des parents dans leur responsabilité première d'éducation et de soin, dans les conditions prévues au présent code.

Art. L. 214-1-1 *(Ord. nº 2021-611 du 19 mai 2021, art. 2-3º)* **I. — L'accueil du jeune enfant consiste à prendre régulièrement ou occasionnellement soin d'un ou de plusieurs jeunes enfants à la demande de leurs parents ou responsables légaux en leur absence ou, en tant que de besoin ou de manière transitoire, en leur présence.**

L'accueil de jeunes enfants au sens du premier alinéa est assuré, selon leur mode respectif, par :

1° Les assistants maternels mentionnés à l'article L. 421-1, salariés de particuliers employeurs ou de personnes morales de droit public ou privé et quels que soient leur mode et lieu d'exercice ;

2° Les établissements et services mentionnés à l'article L. 2324-1 du code de la santé publique, à l'exception des pouponnières à caractère sanitaire et des accueils mentionnés au troisième alinéa du même article, ainsi que les services d'accueil collectif recevant des enfants âgés de plus de deux ans scolarisés, avant et après la classe ;

3° Les services mentionnés au 1° de l'article L. 7232-1 du code du travail et les salariés des particuliers employeurs mentionnés à l'article L. 7221-1 du même code qui assurent la garde de jeunes enfants au domicile des parents.

II. — Les personnes physiques ou morales qui assurent l'accueil du jeune enfant :

1° Veillent à la santé, la sécurité, au bien-être et au développement physique, psychique, affectif, cognitif et social des enfants qui leur sont confiés ;

2° Contribuent à l'éducation des enfants accueillis dans le respect de l'autorité parentale ;

3° Contribuent à l'inclusion des familles et *[à]* **la socialisation précoce des enfants, notamment ceux en situation de pauvreté ou de précarité ;**

4° Mettent en œuvre un accueil favorisant l'inclusion des familles et enfants présentant un handicap ou atteints de maladies chroniques ;

5° Favorisent la conciliation par les parents de jeunes enfants de leurs temps de vie familiale, professionnelle et sociale, notamment pour les personnes en recherche d'emploi et engagées dans un parcours d'insertion sociale et professionnelle et les familles monoparentales ;

6° Favorisent l'égalité entre les femmes et les hommes.

Une charte nationale pour l'accueil du jeune enfant, prise par arrêté du ministre chargé de la famille, établit les principes applicables à l'accueil du jeune enfant *(L. nº 2023-1196 du 18 déc. 2023, art. 18-I)* **« , qui sont déclinés dans des référentiels nationaux ».** — *V. Arr. du 23 sept. 2021 portant création d'une charte nationale pour l'accueil du jeune enfant (JO 30 sept., NOR : SSAA2128574A).*

III. — Les dispositions de l'article L. 133-6 du présent code *(Abrogé par L. nº 2022-140 du 7 févr. 2022, art. 20-I, à compter du 1er nov. 2022)* **« *, à l'exception de celles des 4º et 5º de cet article,* » s'appliquent à l'ensemble des professionnels et bénévoles assurant l'accueil du jeune enfant.** — *Les dispositions du III de l'art. L. 214-1-1, lorsqu'elles s'appliquent aux services et salariés mentionnés au 3º du I du même article, dans leur rédaction résultant de l'Ord. nº 2021-611 du 19 mai 2021, entrent en vigueur le 1er janv. 2022. Ces mêmes dispositions s'appliquent aux contrats et agréments en cours à leur date d'entrée en vigueur (Ord. préc., art. 11-I et II).*

IV. — Les personnes physiques ou morales assurant l'accueil du jeune enfant et les personnes physiques ou morales responsables de l'accueil scolaire ou périscolaire de jeunes enfants veillent à garantir, notamment dans le cadre du projet éducatif territorial prévu à l'article L. 551-1 du code de l'éducation, l'organisation des transitions de l'enfant entre les différents services conformément à l'intérêt de celui-ci, particulièrement lorsqu'il est en situation de handicap et, le cas échéant, coopèrent à cette fin.

Art. L. 214-1-2 *(Ord. nº 2021-611 du 19 mai 2021, art. 2-3º)* **I. — Constitue un service de soutien à la parentalité toute activité consistant, à titre principal ou à titre complémentaire d'une autre activité, notamment celle d'accueil du jeune enfant, à accompagner les parents dans leur rôle de premier éducateur de leur enfant, notamment par des actions d'écoute, de soutien, de conseils et d'information, ou à favoriser l'entraide et l'échange entre parents.**

II. — Une charte nationale du soutien à la parentalité, prise par arrêté du ministre chargé de la famille, établit les principes applicables aux actions de soutien à la parentalité. — *V. Arr. du 9 mars 2022 portant création d'une charte nationale de soutien à la parentalité (JO 12 mars, NOR : SSAA2207413A), mod. par Arr. du 29 juill. 2022 (JO 4 août, NOR : APHA2222777A).*

COMMENTAIRE

L'article L. 214-1, ainsi que les articles L. 214-1-1 et L. 214-1-2, réécrit pour le premier et introduits au code pour les deux autres par l'ordonnance n° 2021-611 du 19 mai 2021, ont pour objet de circonscrire le champ des « services aux familles » et d'en définir le contenu.

Ils sont constitués (art. L. 214-1), d'une part, des modes d'accueil des jeunes enfants et, d'autre part, des services de soutien à la parentalité, ces derniers bénéficiant de ce fait d'une assise légale.

Les modes d'accueil des jeunes enfants consistent dans le fait de prendre soin de façon régulière ou occasionnelle d'enfants à la demande de leurs parents ou de leurs responsables légaux. Ces services sont prestés par des assistants maternels salariés par les parents ou par des personnes morales (ce code, art. L. 421-1), par des établissements et services relevant du code de la santé publique (art. L. 2324-1), par les structures de service à la personne qui peuvent notamment assurer des gardes d'enfant (C. trav., art. L. 7231-1) ainsi que par les salariés au domicile (C. trav., art. L. 7221-1). Sont aussi précisées l'ensemble des missions que ces services et personnes se doivent d'assurer à l'égard des enfants qui leur sont confiés (art. L. 214-1-1, II).

L'article L. 214-1-2 définit les services de soutien à la parentalité : accompagnement des parents (missions d'écoute, de soutien, de conseil et d'information), organisation d'échange et d'entraide entre les parents. Ces missions font l'objet d'une charte nationale de soutien à la parentalité adoptée par le ministre en charge de la famille.

Art. L. 214-1-3 *(L. n° 2023-1196 du 18 déc. 2023, art. 17-I et VII, en vigueur le 1er janv. 2025)* **I. — Les communes sont les autorités organisatrices de l'accueil du jeune enfant. A ce titre, elles sont compétentes pour :**

1° Recenser les besoins des enfants âgés de moins de trois ans et de leurs familles en matière de services aux familles mentionnés à l'article L. 214-1 ainsi que les modes d'accueil mentionnés aux 1° et 2° du I de l'article L. 214-1-1 disponibles sur leur territoire ;

2° Informer et accompagner les familles ayant un ou plusieurs enfants âgés de moins de trois ans ainsi que les futurs parents ;

3° Planifier, au vu du recensement des besoins, le développement des modes d'accueil mentionnés au même I ;

4° Soutenir la qualité des modes d'accueil mentionnés audit I. — *L'accroissement des charges résultant de l'exercice obligatoire, par une commune, de l'ensemble des compétences d'autorité organisatrice prévues aux 1° à 4° du I de l'art. L. 214-1-3, dans sa rédaction résultant de la L. n° 2023-1196 du 18 déc. 2023, fait l'objet d'une compensation financière dans les conditions fixées aux art. L. 1614-1-1, L. 1614-3, L. 1614-3-1, L. 1614-5-1 et L. 1614-6 CGCT (L. n° 2023-1196 du 18 déc. 2023, art. 17-VI).*

II. — Les compétences mentionnées aux 1° et 2° du I du présent article sont obligatoirement exercées par toutes les communes.

Les compétences mentionnées aux 3° et 4° du même I sont obligatoirement exercées par les communes de plus de 3 500 habitants.

Pour l'exercice de la compétence mentionnée au 3° dudit I, les communes de plus de 10 000 habitants établissent et mettent en œuvre le schéma pluriannuel de maintien et de développement de l'offre d'accueil du jeune enfant défini à l'article L. 214-2.

Pour l'exercice des compétences définies aux 2° et 4° du I du présent article, les communes de plus de 10 000 habitants mettent en place le relais petite enfance mentionné à l'article L. 214-2-1. — *L'obligation de mettre en place un relais petite enfance prévue au dern. al. du II de l'art. L. 214-1-3 entre en vigueur le 1er janv. 2026 (L. n° 2023-1196 du 18 déc. 2023, art. 17-VII).*

III. — Lorsque l'établissement public de coopération intercommunale ou le syndicat mixte met en œuvre, en tout ou partie, les compétences d'autorité organisatrice dans les conditions précisées au II du présent article, le nombre d'habitants dont il est tenu compte correspond à la population totale de l'ensemble des communes ayant transféré leurs compétences.

COMMENTAIRE

L'article L. 214-1-3 a été ajouté dans ce chapitre relatif aux « services aux familles » par la loi du 18 décembre 2023 pour le plein emploi. Ce texte comporte un dernier volet concernant la gouvernance de la politique en matière d'accueil du jeune enfant, le lien avec l'emploi tenant dans le fait qu'il s'agit de supprimer les freins à la reprise d'emploi des parents. La disposition affirme le rôle des communes en la matière ; ces dernières sont désignées comme les autorités organisatrices de l'accueil du jeune enfant, ce qui constitue pour elles une compétence obligatoire. L'article L. 214-1-3 détaille leurs missions (points 1° à 4°) et les répartit entre elles selon le nombre de leurs habitants, ces attributions pouvant être déléguées aux établissements publics de coopération intercommunale. ❑

Art. L. 214-2 **Il peut être établi, dans toutes les communes, un schéma pluriannuel de développement des** *(Ord. n° 2021-611 du 19 mai 2021, art. 2-4°)* **« services aux familles tels que définis à l'article L. 214-1 ».**

Ce schéma, élaboré en concertation avec les associations *(Ord. n° 2021-611 du 19 mai 2021, art. 2-4°)* **« , entreprises qui concourent à l'accueil du jeune enfant » et organismes concernés sur les orientations générales, adopté par le conseil municipal :**

1° Fait l'inventaire des équipements, services et modes d'accueil de toute nature existant pour l'accueil des enfants de moins de six ans, y compris les places d'école maternelle *(Ord. n° 2021-611 du 19 mai 2021, art. 2-4°)* **« , ainsi que des services de soutien à la parentalité » ;**

2° Recense l'état et la nature des besoins en *(Ord. n° 2021-611 du 19 mai 2021, art. 2-4°)* **« ces domaines » pour sa durée d'application ;**

3° Précise les perspectives de développement ou de redéploiement des équipements et services pour la petite enfance *(Ord. n° 2021-611 du 19 mai 2021, art. 2-4°)* **« et le soutien à la parentalité » qui apparaissent nécessaires, ainsi que le calendrier de réalisation et le coût prévisionnel des opérations projetées par la commune.**

Les modalités de fonctionnement des équipements et services d'accueil des enfants de moins de six ans doivent faciliter l'accès aux enfants de familles rencontrant des difficultés du fait de leurs conditions de vie ou de travail ou en raison de la faiblesse de leurs ressources *(Ord. n° 2021-611 du 19 mai 2021, art. 2-4°)* **« , notamment selon les modalités définies à l'article L. 214-7 du présent code. »** – *[C. fam., art. 123-12.]*

COMMENTAIRE

Le législateur a entendu constituer un cadre global d'organisation de la politique de la petite enfance au niveau local. L'élément principal en est l'adoption d'un « schéma pluriannuel de développement des services aux familles » dont le champ est circonscrit à l'article L. 214-1.

Pour ce faire, il est proposé aux communes (il n'y a ici aucune obligation) d'élaborer un schéma pluriannuel de développement de ces services. L'article L. 214-3 prévoit la possibilité de faire remonter cette compétence de planification au niveau intercommunal.

Le schéma est élaboré en concertation avec les associations, les entreprises et organismes qui concourent à la politique d'accueil des jeunes enfants ainsi que de soutien à la parentalité.

Le contenu du schéma est déterminé par le texte : inventaire de l'existant, analyse des besoins, définition des perspectives d'évolution et/ou de redéploiement des modes d'accueil et de soutien aux parents avec un calendrier de réalisation et une estimation des coûts occasionnés par ces opérations. Le schéma doit enfin porter une attention particulière à l'accueil d'enfants et au soutien de familles rencontrant des difficultés du fait de leurs conditions de vie ou de travail et en raison de leurs ressources. ❑

Nouvel art. L. 214-2 (L. n° 2023-1196 du 18 déc. 2023, art. 17-I et VII, en vigueur le 1er janv. 2025) *I. — **Le schéma pluriannuel de maintien et de développement de l'offre d'accueil du jeune enfant est établi et périodiquement actualisé par l'autorité organisatrice de l'accueil du jeune enfant mentionnée à l'article L. 214-1-3. Son contenu doit être compatible avec celui du schéma départemental des services aux familles défini à l'article L. 214-5 et sa durée d'application doit être cohérente avec celle de ce dernier.***

Le schéma pluriannuel de maintien et de développement de l'offre d'accueil du jeune enfant prévoit notamment les modalités de développement quantitatif et qualitatif ou de redéploiement des équipements et services d'accueil du jeune enfant ainsi que le calendrier de réalisation et le

coût prévisionnel des opérations projetées. Ces modalités portent notamment sur l'accessibilité financière et géographique de l'offre d'accueil, en particulier pour les familles rencontrant des difficultés du fait de leurs conditions de vie ou de travail, de leur état de santé, d'une situation de handicap ou de la faiblesse de leurs ressources.

Le contenu du schéma et les modalités de la concertation préalable à son établissement sont précisés par décret.

II. — Le schéma ainsi que ses actualisations sont transmis au comité départemental des services aux familles mentionné à l'article L. 214-5 dans un délai d'un mois à compter de leur adoption. Sont réalisés et transmis au même comité un bilan intermédiaire et un bilan final de la mise en œuvre du schéma.

III. — Sont dispensées de l'obligation prévue au troisième alinéa du II de l'article L. 214-1-3 les communes qui ont conclu avec un organisme débiteur de prestations familiales une convention dont le contenu correspond à celui du schéma pluriannuel de maintien et de développement de l'offre d'accueil du jeune enfant.

COMMENTAIRE

L'article L. 214-2, qui instituait un schéma pluriannuel de développement des services aux familles, embrassant donc largement l'ensemble du champ, a été réécrit par la loi n° 2023-1196 du 18 décembre 2023 ; celle-ci lui a substitué un « schéma pluriannuel de maintien et de développement de l'offre d'accueil du jeune enfant » : cible plus restreinte mais déterminante au regard de l'emploi que ce secteur est susceptible de générer (accès facilité des parents à une activité professionnelle…).

Son établissement revient aux communes ou aux intercommunalités que l'article L. 214-1-3 a désignées comme « autorités organisatrices » de l'accueil du jeune enfant. Ce schéma doit être compatible avec le schéma départemental des services aux familles et transmis aux diverses instances en charge de leur organisation. Le texte détermine les grands axes de son contenu. ❑

Art. L. 214-2-1 *(L. n° 2005-706 du 27 juin 2005, art. 2)* **Il peut être créé, dans toutes les communes ou leurs groupements, un** *(Ord. n° 2021-611 du 19 mai 2021, art. 2-5°)* **« relais petite enfance, service de référence de l'accueil du jeune enfant pour les parents et les professionnels. Le relais petite enfance a notamment pour rôle » d'informer les parents et les assistants maternels sur ce mode d'accueil en tenant compte des orientations définies, le cas échéant, par** *(Ord. n° 2021-611 du 19 mai 2021, art. 2-5°)* **« le comité départemental des services aux familles prévu à l'article L. 214-5 », et d'offrir aux assistants maternels un cadre pour échanger sur leur pratique professionnelle** *(L. n° 2010-625 du 9 juin 2010, art. 8)* **« ainsi que leurs possibilités d'évolution de carrière », sans préjudice des missions spécifiques confiées au service départemental de protection maternelle et infantile visé au chapitre II du titre I du livre I de la deuxième partie du code de la santé publique.** *(L. n° 2023-1196 du 18 déc. 2023, art. 17-I)* **« Il peut, pour le compte de particuliers mentionnés au 4° de l'article L. 133-5-6 du code de la sécurité sociale, avec leur consentement et celui des assistants maternels qu'ils emploient, accomplir des formalités administratives et des déclarations sociales et fiscales liées à l'emploi de ces assistants maternels. »**

(Ord. n° 2021-611 du 19 mai 2021, art. 2-5°) **« Les missions des relais petite enfance sont précisées par décret. Ces relais peuvent accompagner des professionnels de la garde d'enfants à domicile. »**

COMMENTAIRE

Cet article L. 214-2-1 a été ajouté aux dispositions concernant l'accueil des jeunes enfants par la loi n° 2005-706 du 27 juin 2005 portant statut des assistants familiaux et maternels. L'ordonnance du 19 mai 2021 relative aux services aux familles y a introduit diverses modifications destinées à tenir compte de l'évolution de l'ensemble de la législation à cet égard.

La loi du 27 juin 2005 a entendu préciser, à côté de celui des assistants familiaux (qui relèvent de l'aide sociale à l'enfance, art. L. 221-1 s.), le statut des assistants maternels (conditions de délivrance de l'agrément, situation professionnelle, rémunérations et contrat de travail, conditions de formation) : les pouvoirs publics ayant considéré qu'il était opportun d'inciter les communes et leurs groupements (il s'agit là d'une possibilité et non d'une obligation légale) à mettre en place un « relais assistants maternels » destiné à constituer pour ces professionnels et les familles qui y ont recours à la fois un « lieu ressource » en matière d'information et un espace d'échange entre assistants maternels.

Il faut indiquer aussi que la loi n° 2010-625 du 9 juin 2010 a introduit au code (titre II du livre IV) un nouveau chapitre IV intitulé : « Maisons d'assistants maternels » (art. L. 424-1 s.) ; l'article L. 214-2-1 est à rapprocher de ces dispositions.

Prenant en compte la dimension « développement de l'emploi » que comporte l'accueil des jeunes enfants, la loi du 18 décembre 2023 a ajouté à l'article L. 214-2-1 un alinéa permettant aux relais assistants maternels de prendre en charge, au profit de leurs membres, les tâches administratives ainsi que les déclarations sociales et fiscales afférentes à leur activité. ❑

1. Site internet et information. Le développement, par la CNAF, d'un site internet destiné à recueillir au niveau national l'ensemble des informations sur les structures d'accueil et de prise en charge de tous les enfants jusqu'à 18 ans, ainsi que sur les aides financières de toute nature auxquelles peuvent prétendre les familles n'a ni pour objet ni pour effet de priver les départements et les communes des compétences qui leur sont attribuées par les dispositions des art. L. 214-2-1 et L. 421-8 CASF, ni de priver, en particulier, les départements de leur compétence en matière d'établissement et de mise à disposition de la liste des assistants maternels agréés. • CE 28 mai 2010, *Sté Enfenconfiance*, n° 328731 B : *RDSS 2010. 773, obs. Guglielmi*.

2. Site internet et libre concurrence. Dans la mesure où la convention d'objectifs et de moyens contestée se borne à inciter la CNAF à diffuser gratuitement sur l'ensemble du territoire national, par le biais d'un site internet, les informations relatives aux structures d'accueil recueillies par celle-ci auprès des collectivités territoriales et des acteurs de la petite enfance et où, partant, elle ne la charge pas d'exercer une activité économique emportant intervention sur un marché, elle ne se révèle pas contraire, en admettant même qu'elle ait pu inciter certains départements à ne pas créer ou développer leur propre site d'information ni, en conséquence, à faire appel à cette fin à des prestataires extérieurs, au principe de la liberté du commerce et de l'industrie ni, en tout état de cause, au droit de la concurrence. • CE 28 mai 2010, *Sté Enfenconfiance*, n° 328731 : *préc. note 1.*

Art. L. 214-2-2 *(L. n° 2020-1525 du 7 déc. 2020, art. 100-I)* **Afin d'informer les familles, les établissements et services mentionnés** *(L. n° 2023-1196 du 18 déc. 2023, art. 19-III)* **« au premier alinéa » de l'article L. 2324-1 du code de la santé publique accueillant des enfants de moins de six ans et dont l'activité est déterminée par décret communiquent par voie électronique leurs disponibilités d'accueil à la Caisse nationale des allocations familiales, selon une périodicité et des modalités de transmission fixées par arrêté des ministres chargés de la famille et de la sécurité sociale.** – *V. Arr. du 31 août 2021 relatif aux modalités de transmission des disponibilités d'accueil des établissements d'accueil du jeune enfant à la CNAF (JO 1er sept., NOR : SSAS2121871A).*

Les dispositions de l'art. 100-I de la L. n° 2020-1525 du 7 déc. 2020 sont applicables à une date fixée par arrêté conjoint des ministres chargés de la famille et de la sécurité sociale, et au plus tard le 1er sept. 2021, y compris aux assistants maternels agréés à cette date. Par dérogation, les mêmes dispositions sont applicables à une date fixée par arrêté conjoint des ministres chargés de la famille et de la sécurité sociale, et au plus tard le 1er avr. 2022, pour les établissements mentionnés au dern. al. de l'art. L. 531-6 CSS (L. préc., art. 100-II).

Art. L. 214-3 *(Abrogé par L. n° 2023-1196 du 18 déc. 2023, art. 17-I et VII, à compter du 1er janv. 2025)* ***Les communes membres d'établissements publics de coopération intercommunale peuvent déléguer à ceux-ci le soin d'établir le schéma prévu par l'article L. 214-2.*** – [C. fam., art. 123-13.]

Art. L. 214-4 L'admission des enfants, à la charge de familles d'au moins trois enfants au sens de la législation des prestations familiales, dans les équipements collectifs publics et privés destinés aux enfants de plus de deux ans, ne peut être subordonnée à la condition que chacun des parents exerce une activité professionnelle. – *[L. n° 80-545 du 17 juill. 1980, art. 14.]*

BIBL. ▸ QUESSETTE, Le chômage, ma cantine, le maire et moi..., *AJDA 2012. 2361*.

COMMENTAIRE

L'article L. 214-4 fait quelque peu figure d'intrus dans le dispositif légal ; introduit par une loi « DMOS » (loi n° 80-545 du 17 juillet 1980), il semble en effet relever davantage, compte tenu de son objet, du pouvoir réglementaire. Cela dit, cet article tente de résoudre un problème : celui posé par la pénurie de places dans les structures d'accueil des enfants de plus de deux ans, dont les écoles maternelles, pénurie qui avait çà et là conduit à exiger que les deux parents exercent une activité professionnelle pour que leur enfant puisse être inscrit dans l'une de ces structures ; la loi impose donc que l'on ne puisse pas refuser cette inscription, alors même que l'un des parents n'exerce pas d'activité professionnelle, dès lors que la famille concernée a en charge au moins trois enfants. ❑

Art. L. 214-5 *(Ord. nº 2021-611 du 19 mai 2021, art. 2-6º)* **Il est créé un comité départemental des services aux familles, instance de réflexion, de conseil, de proposition et de suivi concernant toutes questions relatives à l'organisation, au fonctionnement, au maintien et au développement des services aux familles tels que définis à l'article L. 214-1 ainsi qu'au suivi des améliorations de la qualité en application des chartes mentionnées aux articles L. 214-1-1 et L. 214-1-2. Dans la collectivité de Corse, ce comité est dénommé : "comité des services aux familles de la collectivité de Corse".**

Le comité départemental des services aux familles est présidé par le représentant de l'État dans le département ou, en Corse, de la collectivité. Les vice-présidents en sont le président du conseil départemental ou, en Corse, le président du conseil exécutif, un représentant des communes et intercommunalités du département et le président du conseil d'administration de la caisse des allocations familiales.

La composition du comité est fixée par voie réglementaire. Le comité comprend, notamment, des représentants des collectivités territoriales, des services de l'État, des caisses d'allocations familiales, d'associations, de gestionnaires et de professionnels concernés par les services aux familles, ainsi que des représentants d'usagers et des représentants des particuliers employeurs.

Le comité départemental des services aux familles établit un schéma départemental des services aux familles pluriannuel qui a notamment pour objet d'évaluer l'offre et les besoins territoriaux en matière de services aux familles et de définir des actions départementales selon des modalités prévues par décret. Les travaux du comité permettent de concevoir et de suivre la mise en œuvre de ce schéma départemental.

L'activité des comités départementaux des services aux familles fait l'objet d'un suivi national annuel par le ministre en charge de la famille.

Les compétences, les modalités de fonctionnement et de suivi des comités départementaux des services aux familles sont fixées par voie réglementaire.

V. Décr. nº 2022-1772 du 30 déc. 2022 relatif aux expérimentations dans le domaine des services aux familles, aux établissements d'accueil de jeunes enfants et aux comités départementaux des services aux familles (JO 31 déc.) sur Dalloz.fr.

COMMENTAIRE

La loi nº 2002-2 du 2 janvier 2002 avait déjà institué la commission départementale de l'accueil des jeunes enfants, telle qu'organisée par l'article L. 214-5 ci-dessus. Cette commission a été renommée par l'ordonnance du 19 mai 2021 et devient le « comité départemental des services aux familles ». Ses missions sont essentiellement de réflexion, de conseil, de proposition et de suivi concernant toutes questions relatives à l'organisation, au fonctionnement, au maintien et au développement des services aux familles ; le comité est en charge d'établir un schéma départemental pluriannuel des services aux familles qui vient couronner les schémas communaux ou intercommunaux de l'article L. 214-2 en poursuivant certains de leurs objectifs destinés à éclairer les décideurs (évaluation des besoins ainsi que de l'offre), sans toutefois aller jusqu'à proposer des évolutions souhaitables et à quantifier leur coût (ces aspects relevant du schéma communal ou intercommunal). Sa composition et ses conditions de fonctionnement sont précisées par voie réglementaire.

Il est à noter que le décret nº 2022-1772 du 30 décembre 2022 a ouvert la voie à des expérimentations dans le domaine des services aux familles, aux établissements d'accueil de jeunes enfants et aux comités départementaux de services aux familles de l'article L. 214-5 ; ces expérimentations s'organisent sous l'égide du comité départemental qui lance les appels à participation à ces actions, qui les accompagne, en suit le déroulement et en évalue les résultats qu'il transmet à un comité national institué par le texte ; ces expérimentations concernent, d'une part, la création de services d'accompagnement accessibles à l'ensemble des acteurs de la politique du jeune enfant et, d'autre part, la formation des professionnels. ❑

Art. L. 214-6 *(L. nº 2005-706 du 27 juin 2005, art. 3) (Ord. nº 2021-611 du 19 mai 2021, art. 2-7º)* **« Le comité départemental des services aux familles » définit les modalités d'information des candidats potentiels au métier d'assistant maternel, en lien avec le service public de placement mentionné au titre I du livre III** *[Partie V, Livre III nouv.]* **du code du travail, ainsi que les modalités d'accompagnement des assistants maternels agréés dans l'exercice de leur profession et de leur information sur leurs droits et obligations.**

COMMENTAIRE

La loi nº 2005-706 du 27 juin 2005 portant statut des assistants familiaux et maternels a introduit l'article L. 214-6. Cet article entend aménager un relais entre cette profession et le comité départemental, lequel a pour mission d'organiser ces activités d'accueil des jeunes enfants au niveau local et d'informer, d'une part, le public concerné, d'autre part, les personnes demandeurs d'emploi ou en recherche d'insertion professionnelle qui pourraient envisager de s'engager dans ces activités : l'ensemble entendant ainsi contribuer à une meilleure professionnalisation du secteur.

Art. L. 214-7 *(Ord. nº 2021-611 du 19 mai 2021, art. 2-8º, en vigueur le 1er janv. 2022)* **I. — Les différents modes d'accueil du jeune enfant mentionnés à l'article L. 214-1 contribuent à offrir des solutions d'accueil pour les enfants non scolarisés âgés de moins de trois ans, notamment ceux qui sont à la charge de demandeurs d'emploi et de personnes** *(L. nº 2021-1774 du 24 déc. 2021, art. 6-1º)* **« mentionnées au dernier alinéa de l'article L. 262-9 ainsi que de personnes » engagées dans un parcours d'insertion sociale et professionnelle** *(L. nº 2021-1774 du 24 déc. 2021, art. 6-1º)* **« , comprenant le cas échéant des périodes de formation initiale ou continue », y compris s'agissant des bénéficiaires de la prestation partagée d'éducation de l'enfant mentionnée au 3º de l'article L. 531-1 du code de la sécurité sociale, pour leur permettre d'accéder à un emploi, de créer une activité ou de participer aux formations et actions d'accompagnement professionnel qui leur sont proposées.**

II. — Le projet d'établissement et le règlement de fonctionnement des établissements et services d'accueil des enfants de moins de six ans définis au 2º du I de l'article L. 214-1-1 déterminent les modalités selon lesquelles ces établissements garantissent des places pour l'accueil d'enfants des personnes mentionnées au I et répondant à des conditions de ressources fixées par voie réglementaire.

(L. nº 2021-1774 du 24 déc. 2021, art. 6-2º et 3º) **« III. — Sont considérés comme étant "à vocation d'insertion professionnelle" les établissements et services d'accueil des enfants de moins de six ans, mentionnés** *(L. nº 2023-1196 du 18 déc. 2023, art. 19-III)* **« au premier alinéa » de l'article L. 2324-1 du code de la santé publique, dont le projet d'établissement et le règlement intérieur prévoient l'accueil d'au moins 20 % d'enfants dont les parents sont demandeurs d'emploi et volontaires pour s'engager dans une recherche d'emploi intensive pouvant comprendre une période de formation. Cette part de leur capacité d'accueil est proposée en priorité aux personnes isolées, définies au dernier alinéa de l'article L. 262-9 du présent code, ayant la charge d'un ou de plusieurs enfants de moins de trois ans.**

« Une convention passée entre au moins le ministre chargé de la famille, le ministre chargé de l'emploi, l'institution mentionnée à l'article L. 5312-1 du code du travail et la caisse mentionnée à l'article L. 223-1 du code de la sécurité sociale :

« 1º Précise les modalités de mise en œuvre des obligations auxquelles ces établissements et services sont soumis et, le cas échéant, les conditions dans lesquelles il peut y être dérogé ;

« 2º Définit les avantages de toute nature qui leur sont accordés le cas échéant en contrepartie ;

« 3º Précise les modalités de mise en œuvre au niveau local des principes directeurs qu'elle définit au niveau national ;

« 4º Fixe les modalités de suivi du dispositif propres à mesurer la réalisation de ses objectifs, dont la proportion d'enfants de personnes isolées accueillis dans ces établissements et services.

« IV. — » Un décret définit les modalités d'application du présent article.

COMMENTAIRE

L'article L. 214-7 vient compléter le dispositif des services aux familles tel qu'établi par l'ordonnance n° 2021-611 du 19 mai 2021 en prenant en compte spécifiquement les demandeurs d'emploi et plus largement les personnes engagées dans des parcours de formation ou d'insertion vers l'emploi qui ont en charge de jeunes enfants (art. L. 214-7, I). Il impose aux règlements intérieurs des établissements et services d'accueil l'obligation de réserver des places pour ces usagers (art. L. 214-7, II). La loi n° 2021-1774 du 24 décembre 2021 visant à accélérer l'égalité économique et professionnelle (art. 6-2° et 3°) y a ajouté une disposition créant des établissements et services d'accueil « à vocation d'insertion professionnelle » : ce label est accordé à celles de ces structures qui s'engagent à accueillir au moins 20 % d'enfants de personnes en insertion professionnelle en contrepartie de quoi elles se voient accorder divers avantages ; une convention est alors établie entre au moins le ministre chargé de la famille, le ministre chargé de l'emploi, Pôle emploi (C. trav., art. L. 5312-1) et la CNAF (CSS, art. L. 223-1), de l'autre. ❑

Art. L. 214-7-1 *(L. n° 2023-1196 du 18 déc. 2023, art. 17-I)* **Sauf disposition contraire, les modalités d'application du présent chapitre sont définies par décret en Conseil d'État.**

CHAPITRE IV *BIS* AIDE UNIVERSELLE D'URGENCE POUR LES PERSONNES VICTIMES DE VIOLENCES CONJUGALES

(L. n° 2023-140 du 28 févr. 2023, art. 1er et 7, en vigueur au plus tard le 28 nov. 2023)

La L. n° 2023-140 du 28 févr. 2023 entre en vigueur à une date fixée par décret, et au plus tard neuf mois après sa promulgation, soit le 28 nov. 2023 (L. préc., art. 7).

BIBL. ▸ MONÉGER, La loi du 28 février 2023 créant une aide universelle d'urgence pour les victimes de violences conjugales, *RDSS 2023. 1099* .

COMMENTAIRE

Le chapitre IV *bis* (art. L. 214-8 s.) a été ajouté au Titre I « Famille » (art. L. 211-1 s.) par la loi n° 2023-140 du 28 février 2023 créant une « aide universelle d'urgence pour les victimes de violences conjugales ». Onze articles composent cet ensemble dont la finalité est de soutenir les victimes de violences conjugales, principalement en leur assurant une aide financière de façon à leur permettre de s'éloigner (il s'agit le plus souvent de femmes et de leurs enfants) du compagnon violent.

Le dispositif mis en place comporte tout d'abord l'affirmation d'un droit potentiel, celui d'être accompagné de façon adaptée aux besoins de la personne (art. L. 214-8).

Sont précisées ensuite les conditions d'ouverture de l'aide (art. L. 214-9) : les actes de violence doivent être le fait du conjoint, du partenaire pacsé ou du concubin ; ces actes doivent être attestés par une ordonnance de protection délivrée par le juge aux affaires familiales, par un dépôt de plainte ou un signalement adressé au procureur de la République.

L'aide financière, dont un décret doit préciser le régime, consiste dans un prêt sans intérêt ou dans une aide non remboursable, selon la situation financière et sociale de la personne, en tenant compte, le cas échéant, de la présence d'enfants à charge (art. L. 214-10) ; elle est versée dans un délai de trois jours.

L'ensemble du dispositif est géré par les organismes débiteurs des prestations familiales (CAF et caisses de MSA), ces derniers délivrant les aides qui leur sont ensuite remboursées par l'État, complétées d'une prise en compte des frais de gestion.

S'il s'agit d'un prêt sans intérêts, le remboursement incombe soit au bénéficiaire, soit à l'auteur des violences lorsque celui-ci est pénalement condamné (art. L. 214-12).

L'article L. 214-12 a été modifié par la loi n° 2023-1322 du 29 décembre 2023 de finances pour 2024 qui précise les conditions de remboursement du prêt tant par le bénéficiaire (III) que par l'auteur des violences en tenant compte de la procédure pénale dans laquelle il est engagé (I) ; il est précisé que les ayants droit du bénéficiaire et de l'auteur des violences sont exonérés du remboursement du prêt.

Les articles L. 214-13 et L. 214-14 prévoient les conditions de remboursement des indus, la loi du 29 décembre 2023 de finances pour 2024 ayant étendu, à l'article L. 214-14, les possibilités de récupération des indus à l'encontre d'autres prestations que celles visées par le texte initial.

L'article L. 214-15 organise le contentieux. ❑

Art. L. 214-8 **Toute personne victime de violences conjugales, entendues au sens de l'article 132-80 du code pénal, peut bénéficier d'un accompagnement adapté à ses besoins.**

Art. L. 214-9 **La personne mentionnée à l'article L. 214-8 bénéficie, à sa demande, d'une aide financière d'urgence sous réserve d'être victime de violences commises par son conjoint, son concubin ou le partenaire lié à elle par un pacte civil de solidarité et attestées par une ordonnance de protection délivrée par le juge aux affaires familiales en application du titre XIV du livre Ier du code civil, par un dépôt de plainte ou par un signalement adressé au procureur de la République, notamment en application du premier alinéa de l'article 132-80 du code pénal.**

Au moment du dépôt de la plainte ou du signalement adressé au procureur de la République, après information de la victime et avec son accord, un formulaire simplifié de demande peut être transmis à l'organisme débiteur des prestations familiales compétent. Dès réception de la demande, celle-ci est transmise au président du conseil départemental par l'organisme débiteur des prestations familiales saisi, avec l'accord exprès du demandeur.

Art. L. 214-10 **L'aide financière mentionnée à l'article L. 214-9 prend la forme d'un prêt sans intérêt ou d'une aide non remboursable, selon la situation financière et sociale de la personne, en tenant compte, le cas échéant, de la présence d'enfants à charge.**

Son montant peut être modulé selon l'évaluation des besoins de la personne, notamment sa situation financière et sociale ainsi que, le cas échéant, la présence d'enfants à charge, dans la limite de plafonds.

Le versement de l'aide ou d'une partie de l'aide intervient dans un délai de trois jours ouvrés à compter de la réception de la demande. Par dérogation, ce délai peut être porté à cinq jours ouvrés si le demandeur n'est pas allocataire.

Pendant six mois à compter du premier versement de l'aide mentionnée à l'article L. 214-9, la victime recevant l'aide financière peut bénéficier des droits et des aides accessoires au revenu de solidarité active accessoires à cette allocation, y compris l'accompagnement social et professionnel mentionné à l'article L. 262-27.

Un décret détermine les conditions d'application du présent article.

Art. L. 214-10-1 *(L. nº 2023-1322 du 29 déc. 2023, art. 256-I)* **Les organismes débiteurs de prestations familiales communiquent aux juridictions, dès la notification de l'octroi du prêt à son bénéficiaire, les attestations d'attribution de l'aide prévue à l'article L. 214-9 consentie sous forme de prêt ainsi que la pièce justificative ayant conduit à son attribution.** — *Les dispositions issues de la L. nº 2023-1322 du 29 déc. 2023 sont applicables aux aides reçues à compter du mois de déc. 2023 (L. préc., art. 256-IV).*

Art. L. 214-11 **L'aide mentionnée à l'article L. 214-9 est attribuée, servie et contrôlée par les organismes débiteurs des prestations familiales pour le compte de l'État, contre remboursement, y compris des frais de gestion engagés par ces organismes.**

Art. L. 214-12 *(L. nº 2023-1322 du 29 déc. 2023, art. 256-I)* **I. — Dans le cas où l'aide a été consentie sous la forme d'un prêt et lorsque les faits prévus au premier alinéa de l'article L. 214-9 ont donné lieu à une procédure pénale, son remboursement ne peut être demandé au bénéficiaire tant que cette procédure est en cours. Ce remboursement est demandé à l'auteur des violences lorsque celui-ci :**

1° A été définitivement condamné à la peine complémentaire prévue à l'article 222-44-1 du code pénal ;

2° Ou a fait l'objet de la mesure de composition pénale prévue au 20° de l'article 41-2 du code de procédure pénale ou de la mesure de classement sous condition de versement pécuniaire prévue au 4° de l'article 41-1 du même code.

Lorsque le remboursement est demandé à l'auteur en application du 1° du présent I, le recouvrement de la créance est effectué selon les procédures, garanties et privilèges applicables au recouvrement des amendes pénales. Un extrait de la décision de justice établi par le greffe de la juridiction qui a prononcé la condamnation et une attestation mentionnant le montant du prêt que l'auteur doit rembourser sont communiqués au comptable public désigné par arrêté du ministre chargé du budget.

Cette demande est possible même si la créance correspondante n'est pas encore exigible auprès du bénéficiaire.

II. — Les juridictions communiquent aux organismes débiteurs des prestations familiales, à leur demande, des informations sur l'absence ou l'existence de procédures pénales en cours engagées pour les faits ayant justifié l'attribution des prêts. Les organismes sont autorisés à conserver ces informations jusqu'à ce qu'ils aient pu recouvrer le prêt auprès du bénéficiaire ou annuler la créance, et pour une durée maximale prévue par décret.

III. — Dans le cas où le remboursement du prêt incombe au bénéficiaire, des remises ou des réductions de créance peuvent lui être consenties en fonction de sa situation financière.

IV. — Les ayants droit du bénéficiaire et de l'auteur des violences sont exonérés du remboursement du prêt.

V. — Lorsque l'organisme qui a attribué le prêt est informé qu'une décision de justice définitive a demandé à un conjoint, un partenaire ou un concubin, au sens de l'article 132-80 du code pénal, d'un bénéficiaire de prêt de rembourser celui-ci après que ce dernier l'a remboursé ou a commencé de le rembourser, il reverse à celui-ci la part du prêt qu'il a remboursée et suspend, le cas échéant, la procédure de remboursement encore en cours.

Les dispositions issues de la L. n° 2023-1322 du 29 déc. 2023 sont applicables aux aides reçues à compter du mois de déc. 2023 (L. préc., art. 256-IV).

Art. L. 214-13 L'action en paiement de l'aide mentionnée à l'article L. 214-9 par le bénéficiaire et l'action en recouvrement par l'organisme en cas de versement indu se prescrivent dans les délais prévus à l'article L. 553-1 du code de la sécurité sociale.

Art. L. 214-14 Tout paiement indu de l'aide mentionnée à l'article L. 214-9 est récupéré par remboursement intégral de la dette en un seul versement si l'allocataire opte pour cette solution. A défaut, sous réserve que l'allocataire ne conteste pas le caractère indu et n'opte pas pour le remboursement en un ou en plusieurs versements dans un délai fixé par décret qui ne peut excéder douze mois, l'organisme payeur peut procéder à la récupération de l'indu par retenues sur les échéances à venir dues au titre des prestations familiales mentionnées à l'article L. 511-1 du code de la sécurité sociale, de la prime d'activité mentionnée à l'article L. 841-1 du même code, du revenu de solidarité active mentionné à l'article L. 262-1 du présent code *(L. n° 2023-1322 du 29 déc. 2023, art. 256-I)* « , de l'allocation aux adultes handicapés mentionnée aux articles L. 821-1 et L. 821-2 du code de la sécurité sociale ainsi que de l'allocation journalière de proche aidant mentionnée à l'article L. 168-8 du même code » ou des aides personnelles au logement mentionnées à l'article L. 821-1 du code de la construction et de l'habitation. Ces retenues sont déterminées en application des règles prévues au troisième alinéa de l'article L. 553-2 du code de la sécurité sociale. — *Les dispositions issues de la L. n° 2023-1322 du 29 déc. 2023 sont applicables aux aides reçues à compter du mois de déc. 2023 (L. préc., art. 256-IV).*

Lorsque l'indu notifié ne peut être récupéré sur les prestations mentionnées au premier alinéa du présent article, la récupération peut être opérée, sous les réserves indiquées au même premier alinéa, si l'allocataire n'opte pas pour le remboursement en un seul versement, par retenue sur les prestations mentionnées à l'avant-dernier alinéa de l'article L. 553-2 du code de la sécurité sociale, dans les conditions prévues au même avant-dernier alinéa.

Les dix derniers alinéas de l'article L. 133-4-1 du même code sont applicables au recouvrement des indus mentionnés au présent article.

Art. L. 214-15 **Toute réclamation dirigée contre une décision relative à l'aide mentionnée à l'article L. 214-9 prise par un organisme débiteur des prestations familiales fait l'objet, préalablement à l'exercice d'un recours contentieux, d'un recours préalable dans les conditions prévues au premier alinéa de l'article L. 142-4 du code de la sécurité sociale.**

Les recours contentieux relatifs aux décisions mentionnées au premier alinéa du présent article sont portés devant la juridiction administrative.

Le bénéficiaire de l'aide est informé, par tout moyen, des modalités de réclamation et de recours décrites aux deux premiers alinéas.

Art. L. 214-16 **Les dispositions** *(Abrogé par L. nº 2023-1322 du 29 déc. 2023, art. 256-I)* **«*relatives aux contrôles et à la lutte contre la fraude*» prévues aux articles L. 114-9 à L. 114-10-2, L. 114-11 à L. 114-17, L. 114-19, L. 114-20 à L. 114-22** *(L. nº 2023-1322 du 29 déc. 2023, art. 256-I)* **«, L. 133-3, L. 161-1-4 et L. 161-1-5 et à la dernière phrase du premier alinéa de l'article L. 553-2 du code de la sécurité sociale ainsi qu'à l'article L. 725-3-1 du code rural et de la pêche maritime» sont applicables à l'aide mentionnée à l'article L. 214-9 du présent code.** – *Les dispositions issues de la L. nº 2023-1322 du 29 déc. 2023 sont applicables aux aides reçues à compter du mois de déc. 2023 (L. préc., art. 256-IV).*

Art. L. 214-17 **Les modalités d'application du présent chapitre sont déterminées par décret.**

CHAPITRE V DISPOSITIONS DIVERSES EN FAVEUR DES FAMILLES

COMMENTAIRE

Le contenu de ce chapitre V correspond parfaitement à son intitulé : il s'agit bien de « dispositions diverses » constitutives d'avantages pour les familles. On y trouvait la vieille institution du « bien de famille » créée par la loi du 12 juillet 1909 que la loi nº 2011-1862 du 13 décembre 2011 a abrogée (ancien art. L. 215-1). Autre avantage (V. art. L. 215-2), les agents publics bénéficient d'un congé supplémentaire en cas de naissance. Enfin, et toujours au profit des salariés ou futurs salariés des services publics, l'âge limite d'admission dans les différents corps de fonctionnaires ou assimilés est reculé d'un an par enfant à charge ou par personne à charge donnant droit aux allocations pour les personnes handicapées ; il en est de même pour les enfant élevés par le titulaire d'une pension de veuve ou de veuf (V. art. L. 342-4 du code de la sécurité sociale). ❑

Art. L. 215-1 *Abrogé par L. nº 2011-1862 du 13 déc. 2011, art. 12-II, à compter du 1er janv. 2013.*

Art. L. 215-2 **Tout salarié ou fonctionnaire ou agent des services publics bénéficie d'un congé supplémentaire à l'occasion de chaque naissance survenue à son foyer, ou pour l'arrivée d'un enfant en vue de son adoption. Ce congé ne peut se cumuler avec les congés de maternité ou d'adoption accordés pour ce même enfant en vertu de la législation en vigueur.** – *[C. fam., art. 35.]*

Art. L. 215-3 **L'âge limite d'admission dans les corps des administrations de l'État ou dans les cadres des collectivités locales, des établissements publics, des entreprises publiques et des services concédés est, à moins de dispositions contraires motivées par les nécessités spéciales de certains services, reculé d'un an par enfant à charge ou par personne à charge ouvrant droit aux allocations prévues pour les handicapés.**

Tout candidat à un emploi dans les corps ou cadres mentionnés à l'alinéa précédent bénéficie, par enfant élevé dans les conditions prévues au 2º de l'article L. 342-4 du code de la sécurité sociale, d'un recul de la limite d'âge d'admission égal à une année.

Un même enfant ne peut ouvrir droit qu'au bénéfice de l'un ou de l'autre des alinéas ci-dessus. – *[C. fam., art. 36.]*

Mise en œuvre du recul de la limite d'âge. Pour apprécier si une personne entre dans le champ de l'art. L. 215-3, il incombe à l'autorité compétente d'apprécier si cette personne remplit les conditions pour bénéficier du recul de la limite d'âge qu'elles prévoient à la date à laquelle cette limite d'âge lui est devenue opposable. • CE 30 janv. 2019, n° 422830 B.

Art. L. 215-4 *(L. n° 2007-308 du 5 mars 2007, art. 24)* **Les personnes appelées à exercer ou exerçant une mesure de protection juridique en application de l'article 449 du code civil bénéficient, à leur demande, d'une information qui leur est dispensée dans des conditions fixées par décret en Conseil d'État.** – *Applicable à compter du 1er janv. 2009.*

TITRE II ENFANCE

BIBL. ▶ BAUDOIN, Le juge des enfants, surveiller ou punir, *ESF, 1990.* – BORGETTO et LAFORE, Droit de l'aide et de l'action sociales, *Domat-Montchrestien, 11e éd., 2021, nos 241 s.* – BOURGNAULT et DE LA HARPE, L'enfant en famille d'accueil, *Centurion, 1993.* – BOURRAT-GUÉGUEN, Les récentes améliorations apportées à la protection de l'enfance maltraitée, *RDSS 2016. 943* ; Une prise en charge perfectible des enfants placés au titre de la protection de l'enfance, *RDSS 2022. 926*. – BOUTANQUOI et MINARY (Dir.), L'évaluation des pratiques dans le champ de la protection de l'enfance, *L'Harmattan, 2008.* – BREUGNOT, Les innovations socio-éducatives : dispositifs et pratiques innovants dans le champ de la protection de l'enfance, *Presses de l'EHESP, 2011.* – CAPELIER, La réforme de la protection de l'enfance : une révolution discrète, *RDSS 2016. 540* ; Une nouvelle stratégie nationale de protection de l'enfance : entre continuité et rupture, *RDSS 2020. 157* ; État d'urgence sanitaire : quel(s) droit(s) pour les enfants en danger ?, *RDSS 2020. 886* ; De la protection de l'enfant à la protection des enfants : une loi source d'ambiguïtés, *RDSS 2022. 348*. – CHAUVIÈRE, Enfance inadaptée, l'héritage de Vichy, *Éd. Ouvrières, 1980.* – CHAUVIÈRE, LENOËL et PIERRE, Protéger l'enfant, raison juridique et pratiques socio-judiciaires (19e - 20e siècles), *PU Rennes, 1996.* – COLONNA D'ISTRIA, Réflexions sur la loi du 1er juillet 1996 relative à l'enfance délinquante, *RDSS 1997. 154*. – CRÉOFF, Guide de la protection de l'enfance maltraitée, *Dunod, 2009.* – DAADOUCH et VERDIER, La protection de l'enfance. Un droit en mouvement, *Coll. Les indispensables, Berger-Levrault, 4e éd., 2023.* – DAMON, Qui sont les enfants pauvres ?, *RDSS 2018. 711*. – DAVID, Le placement familial, de la pratique à la théorie, *Dunod, 5e éd., 2004.* – Divers, L'enfant dans le système administratif et judiciaire, *Inf. soc. 2007, n° 140.* – DONIER, La protection de l'enfance : une politique en quête de gouvernance ?, *AJCT 2020. 448*. – FAGET, Justice et travail social, *Erès, 1992.* – FAVIER, L'enfant et les institutions sociales, *Dr. et patr. 2000. 73.* – GESTIN, 18 ans et bientôt à la rue ! Plaidoyer pour les jeunes de l'ASE, *éd. Érès, 2022.* – GREVOT, L'enfant, la famille, qui protéger ?, *Rech. et prév. 1995, n° 41.* – HAMON, Les appartenances dangereuses ou les nouveaux enjeux de l'action éducative dans le champ judiciaire, *Inf. soc. n° 84, 2000. 140.* – HARDY, BOURSERIE et DELBARD, La Convention internationale des droits de l'enfant et le principe fondamental de protection de l'enfant en droit français, *Rev. rech. jurid. n° 2, vol. 2, 2001. 907.* – HUYETTE et DESLOGES, Guide de la protection judiciaire de l'enfant, *Dunod, 4e éd., 2009.* – LAFORE, Les montages institutionnels de la protection de l'enfance : entre justice et administration, *RDSS 2007. 15*. – LAMBERT, Les besoins d'information pour la prévention sociale des handicaps, *Cah. CTN, n° 42, 1988. 1.* – LASCOUMES, Prévention et contrôle social, *Masson 1977.* – LECOMTE et ROMAN, L'appel au drapeau : l'armée et les politiques d'insertion sociale de la jeunesse, *RDSS 2007. 60*. – LHUILLIER, Aide sociale à l'enfance, *Guide pratique, Berger-Levrault, 9e éd., 2009.* – LONG, La protection de l'enfance pendant la crise sanitaire (Covid-19), *AJCT 2020. 459* ; Le service public de la petite enfance, *Berger-Levrault, 2023.* – MANANGA, L'apport de la loi du 16 juin 2011 à la situation juridique des mineurs étrangers isolés, *RDSS 2011. 940*. – MASSIP, Administration légale et tutelle des mineurs, *Répertoire du notariat Defrénois 1995.* – MONÉGER, La protection de l'enfant étranger après la loi du 24 août 1993 sur la maîtrise de l'immigration, *RDSS 1994. 329*. – NAVES *et alii*, La réforme de la protection de l'enfance. Une politique publique en mouvement, *Dunod, 2007.* – NAVES et CATHALA, Accueils provisoires et placements d'enfants et d'adolescents : des décisions qui mettent à l'épreuve le système français de protection de l'enfance et de la famille, *Rapport IGAS, 2000.* – NEIRINCK, L'enfant, être vulnérable, *RDSS 2007. 5*. – NEIRINCK (Dir.), Droits de l'enfant et pauvreté, *Dalloz, 2010.* – NEIRINCK et BRUGGEMAN (Dir.), La Convention internationale des droits de l'enfant, une convention particulière, *Dalloz, 2014.* – RIHAL, Du nouveau sur l'accueil et la protection de l'enfance (comm. de la L. n° 2004-1 du 2 janv. 2004 relative à l'accueil et à la protection de l'enfance), *RDSS 2004. 433* ; L'appel au maire, *RDSS 2007. 47* ; Les assistants familiaux dans la protection de l'enfance, *RDSS 2017. 821*. – RIHAL et LECAT,

Une nouvelle réforme de l'aide sociale à l'enfance, *AJDA 2022. 977.* – ROSENCZVEIG, Le dispositif français de protection de l'enfance, *3e éd., Éd. Jeunesse et droit, 2005* ; Une rénovation de la protection de l'enfance au service des enfants, *AJ famille 2007. 57*. – RUFIN (Rapport), Protection de la jeunesse et délinquance juvénile, *Doc. fr. 1996.* – TAILLEFAIT, L'Éducation nationale et la protection de l'enfance, *RDSS 2017. 811*. – VERDIER et EYMENIER, La réforme de la protection de l'enfance, *Berger-Levrault, 2009.* – VERDIER et NOÉ, L'aide sociale à l'enfance, *Dunod, 2013.*

CHAPITRE I SERVICE DE L'AIDE SOCIALE À L'ENFANCE

COMMENTAIRE

Parmi les diverses formes d'aide sociale, l'aide sociale à l'enfance tient une place particulière et comporte de ce fait des caractéristiques très spécifiques.

Cette institution est l'héritière d'un constant mouvement de nos sociétés qui, dans le même temps où elles ne peuvent se désintéresser de la socialisation des enfants pour protéger la société elle-même, se doivent aussi de venir en aide aux jeunes en difficulté pour des raisons religieuses, morales ou philosophiques. Que ce soit dans une logique caritative ou dans un but de police, la prise en charge des enfants déliés de liens familiaux ou rejetés est donc apparue dès l'Ancien Régime comme une nécessité ; après la Révolution, qui entendit substituer une conception laïque aux valeurs chrétiennes, le XIXe siècle va progressivement élaborer une législation protectrice des enfants avec notamment le décret du 19 janvier 1811 qui constitue la première « charte des enfants assistés » et la création en 1871 du corps des inspecteurs des enfants assistés. En 1889, est votée la loi sur la protection des enfants maltraités et le 27 juin 1904 la loi sur les « enfants assistés ». Ce dernier texte est fondamental puisque, par bien des aspects, la législation moderne repose sur les mêmes bases : la tutelle des pupilles de l'État est confiée au préfet, les dépenses d'assistance pour les enfants sont supportées non plus par les hôpitaux et les hospices mais par le département et l'État ; bien que loi de « police et de sûreté publique », ce texte est aussi un texte de protection et de prévention. Modernisé par la loi du 15 avril 1943, modifié par le décret du 29 novembre 1953, il est introduit dans le code de la famille et de l'aide sociale dont il forme le titre II.

A l'origine, le dispositif visait les enfants sans filiation, abandonnés ou mis en danger par leur famille avec, en solution dominante dans ce dernier cas, le retrait de ces enfants de leur milieu et leur prise en charge par la puissance publique ; mais en s'orientant vers la prévention et en s'ordonnant de plus en plus vers le maintien du mineur dans son milieu familial, l'aide sociale à l'enfance a vu ses missions s'élargir et se complexifier. Dans le même sens, le modèle originaire était construit de façon linéaire : l'autorité judiciaire constatait tout d'abord l'absence de parents ou leur carence pour en tirer les conséquences juridiques (inexistence ou déchéance de la puissance paternelle), ensuite l'aide sociale intervenait pour prendre en charge l'enfant en substitution des parents ; mais aujourd'hui, les fonctions de l'aide sociale à l'enfance ainsi que ses rapports avec le juge des enfants sont devenus plus complexes puisqu'il y a dialogue nécessaire entre ces deux institutions pour gérer des situations où il convient justement de ne pas trancher les liens familiaux tout en assurant des prises en charge éducatives de substitution.

Le service d'aide sociale à l'enfance forme donc un ensemble institutionnel en lien avec le juge des enfants, ce dernier intervenant soit sur le fondement des articles 375 et suivants du code civil (assistance éducative), soit sur la base de l'ordonnance du 2 février 1945 relative à l'enfance délinquante (protection judiciaire de la jeunesse).

Par rapport aux autres formes d'aide sociale, l'aide sociale à l'enfance présente des traits particuliers. Tout d'abord, l'admission y est prononcée non par la commission d'admission mais par le seul président du conseil départemental ; ensuite, la notion de « domicile de secours » ne joue pas puisque les mesures doivent obligatoirement être financées par le département où la demande a été présentée ; de même, la notion de « ressources suffisantes », qui conditionne les autres formes d'aide sociale, n'intervient ici que pour les seules prestations en espèces car c'est la situation d'abandon matériel et de danger moral qui fonde la mesure, quelles que soient par ailleurs les ressources parentales ; enfin, les conditions d'admission à l'aide sociale pour les étrangers ne s'appliquent pas, l'enfant de nationalité étrangère bénéficiant immédiatement des mêmes prestations.

La loi n° 2007-293 du 5 mars 2007 rénovant la protection de l'enfance a naturellement introduit diverses modifications, notamment dans les articles composant ce chapitre. Sans modifier l'esprit général du dispositif d'intervention publique, le texte a pour l'essentiel renforcé les attributions du département en l'instituant en véritable chef de file des interventions, en coordonnateur des mesures prises pour un enfant et/ou sa famille, en instance de recueil des signalements de « situations préoccupantes » et de leur évaluation ; il voit en outre ses attributions renforcées en matière de prévention du fait du rôle accru de la protection maternelle et infantile en la matière (les art. L. 2111-2 s. CSP ont été modifiés dans ce sens). En contrepartie, la justice des mineurs a un rôle subsidiaire, ne devant intervenir qu'en cas d'échec des mesures administratives, en cas de danger manifeste ou encore lorsque les parents refusent d'apporter leur approbation à l'intervention publique. ❑

Art. L. 221-1 Le service de l'aide sociale à l'enfance est un service non personnalisé du département chargé des missions suivantes :

(L. nº 2007-293 du 5 mars 2007, art. 3) **« 1º Apporter un soutien matériel, éducatif et psychologique tant aux mineurs et à leur famille ou à tout détenteur de l'autorité parentale, confrontés à des difficultés risquant de mettre en danger la santé, la sécurité, la moralité de ces mineurs ou de compromettre gravement leur éducation ou leur développement physique, affectif, intellectuel et social, qu'aux mineurs émancipés et majeurs de moins de vingt et un ans confrontés à des difficultés familiales, sociales et éducatives susceptibles de compromettre gravement leur équilibre ; »**

2º Organiser, dans les lieux où se manifestent des risques d'inadaptation sociale, des actions collectives visant à prévenir la marginalisation et à faciliter l'insertion ou la promotion sociale des jeunes et des familles, *(L. nº 2002-2 du 2 janv. 2002, art. 82)* **« notamment** *(L. nº 2016-297 du 14 mars 2016, art. 12-1º)* **« des actions de prévention spécialisée » visées au 2º de l'article L. 121-2 » ;**

3º Mener en urgence des actions de protection en faveur des mineurs mentionnés au 1º du présent article ;

4º Pourvoir à l'ensemble des besoins des mineurs confiés au service et veiller à leur orientation, en collaboration avec leur famille ou leur représentant légal ;

5º Mener, notamment à l'occasion de l'ensemble de ces interventions, des actions de prévention *(L. nº 2007-293 du 5 mars 2007, art. 3)* **« des situations de danger » à l'égard des mineurs et, sans préjudice des compétences de l'autorité judiciaire, organiser le recueil** *(L. nº 2007-293 du 5 mars 2007, art. 3)* **« et la transmission, dans les conditions prévues à l'article L. 226-3, des informations préoccupantes relatives aux mineurs dont la santé, la sécurité, la moralité sont en danger ou risquent de l'être ou dont l'éducation ou le développement sont compromis ou risquent de l'être, et participer à leur protection » ;**

(L. nº 2018-703 du 3 août 2018, art. 17) **« 5º *bis* Veiller au repérage et à l'orientation des mineurs victimes ou menacés de violences sexuelles, notamment des mineures victimes de mutilations sexuelles ; »**

(L. nº 2022-140 du 7 févr. 2022, art. 19) **« 5º *ter* A Apporter un soutien matériel, éducatif et psychologique au mineur qui se livre à la prostitution, même occasionnellement, réputé en danger ; »**

(L. nº 2021-1539 du 30 nov. 2021, art. 36-1º) **« 5º *ter* Veiller au repérage et à l'orientation des mineurs condamnés pour maltraitance animale ou dont les responsables ont été condamnés pour maltraitance animale ; »**

(L. nº 2007-293 du 5 mars 2007, art. 3) **« 6º Veiller à ce que les liens d'attachement noués par l'enfant avec d'autres personnes que ses parents soient maintenus, voire développés, dans son intérêt supérieur » ;**

(L. nº 2016-297 du 14 mars 2016, art. 12-2º) **« 7º Veiller à la stabilité du parcours de l'enfant confié et à l'adaptation de son statut sur le long terme ;**

« 8º Veiller à ce que les liens d'attachement noués par l'enfant avec ses frères et sœurs soient maintenus, dans l'intérêt de l'enfant. »

Pour l'accomplissement de ses missions, et sans préjudice de ses responsabilités vis-à-vis des enfants qui lui sont confiés, le service de l'aide sociale à l'enfance peut faire appel à des organismes publics ou privés habilités dans les conditions prévues aux articles *(L. nº 2002-2 du 2 janv. 2002, art. 75)* **« L. 313-8, L. 313-8-1 et L. 313-9 » ou à des personnes physiques.**

Le service contrôle les personnes physiques ou morales à qui il a confié des mineurs, en vue de s'assurer des conditions matérielles et morales de leur placement. – *[C. fam., art. 40.]*

BIBL. ▶ AUTEM, La responsabilité civile du fait d'autrui à l'épreuve de la réforme de la protection de l'enfance, *RDSS 2012. 134*. – DEFIX, L'évolution de la responsabilité sans faute du département en matière sociale et médico-sociale, *RDSS 2015. 52*. – GAZAGNES, La responsabilité de l'État du fait des délits commis par des mineurs délinquants non emprisonnés, *Gaz. Pal. 2000. Doctr. 1147*. – GOUTTENOIRE et RADÉ, La responsabilité du fait du mineur placé, *AJ Famille 2007. 69*. – GUETTIER, Quel régime de responsabilité administrative en cas de dommages causés aux tiers par un mineur placé au titre de l'assistance éducative ?, *AJDA 2002. 1378*. – LEMAIRE, La responsabilité des services départementaux d'aide sociale à l'enfance : entre évolution et confirmation, *RDSS 2004. 441*. – MARLIAC, La responsabilité appliquée aux mineurs relevant d'une personne publique : quels fondements ?, *RDSS 2015. 44*. – POULET-GIBOT LECLERC, La garde des mineurs et la responsabilité administrative personnelle, *RD. publ. 2012. 67*. – RIHAL, Compétences et responsabilités du département en matière d'aide sociale à l'enfance, *AJCT 2013. 332*. – TESSON, La responsabilité administrative du fait de la garde des mineurs, un régime vraiment abouti ?, *RDSS 2017. 828*.

COMMENTAIRE

L'article L. 221-1 définit les missions de l'aide sociale à l'enfance (ASE). Avant de les exposer, le texte indique que le service d'aide sociale à l'enfance est un « service non personnalisé du département », ce qui est à relier à l'article L. 123-1.

En ce qui concerne les missions du service, la formulation qui en est donnée émane de la loi n° 86-17 du 6 janvier 1986 (dite « loi particulière ») qui a adapté la législation d'action sociale aux transferts de compétences réalisés par la loi n° 83-663 du 22 juillet 1983. Antérieurement, l'article 45 du code de la famille et de l'aide sociale définissait des catégories juridiques d'enfants pris en charge par l'ASE (enfants surveillés, enfants recueillis temporairement, enfants secourus, enfants en garde, pupilles de l'État). L'innovation a consisté à substituer à une approche strictement juridique et, par là, essentiellement formelle une logique dynamique raisonnant en matière de missions.

L'article distingue cinq missions que l'on peut regrouper en trois grands ensembles : tout d'abord, le service doit assumer des missions à portée préventive auprès des mineurs et de leur famille, soit individualisées (art. L. 221-1, 1°), soit de nature collective (art. L. 221-1, 2°), ce que l'article L. 121-2 nomme des « actions de prévention spécialisée ». Ensuite, il doit pourvoir aux besoins des mineurs qui lui sont confiés, soit avec l'accord de leurs parents (art. L. 222-5, 1°), soit sur mandat judiciaire (art. L. 222-5, 3°), soit avec le statut de pupilles de l'État (art. L. 222-5, 2°). Enfin, il doit organiser une prévention des mauvais traitements infligés aux enfants, disposition liée à l'adoption de la loi n° 89-487 du 10 juillet 1989, et dont les modalités de mise en œuvre sont détaillées par les articles L. 226-1 à L. 226-13.

La loi n° 2007-293 du 5 mars 2007 rénovant la protection de l'enfance a modifié les dispositions de l'article L. 221-1. Tout d'abord, la mission de prévention et de protection auprès des mineurs et de leur famille (al. 1er) a été développée et précisée : notamment, les fondements de l'intervention ont été élargis, le « risque de mise en danger des mineurs » concernant dorénavant, au-delà de celles pouvant « compromettre gravement leur équilibre » (ancienne formulation), les difficultés pouvant affecter « la santé, la sécurité, la moralité de ces mineurs » ou « compromettre gravement leur éducation ou leur développement physique, affectif, intellectuel et social ». Ensuite, suivant une modification importante réitérée dans tous les textes, la loi a fait disparaître toute référence à la « maltraitance », notion floue introduite par la loi du 10 juillet 1989 qui ne se superposait pas clairement aux notions de « danger » ou de « risque de danger » ; considérant que la maltraitance n'est en réalité qu'une forme de « danger », il est apparu plus efficient juridiquement de s'en tenir à cette seule notion juridique. Cependant, la loi n° 2018-703 du 3 août 2018 est quelque peu revenue sur cette logique en réintroduisant une nouvelle mission (5° *bis*) concernant la protection des mineurs « victimes ou menacés de violences sexuelles, notamment les mineures victimes de mutilations sexuelles » ; à la suite de cette disposition, la loi n° 2022-140 du 7 février 2022 relative à la protection des enfants (art. 19) a introduit un autre type de soutien (5° *ter*), celui que la protection de l'enfance se doit d'apporter aux mineurs exposés à la prostitution.

Enfin, un 6° est inséré au sein de l'article qui entend garantir, dans l'intérêt de l'enfant, le maintien de liens noués par celui-ci avec d'autres personnes que ses parents.

La loi du 14 mars 2016 ayant entendu renforcer, autour du « projet pour l'enfant », la sécurisation de son « parcours », un nouvel alinéa a été introduit à l'article L. 221-1 (7°) qui consacre expressément cette mission de l'ASE. ❑

I. RÈGLES RELATIVES À L'ORGANISATION ET AU FONCTIONNEMENT

1. Missions du service et recrutement du personnel. Eu égard à la mission du service d'aide sociale à l'enfance, dont l'exécution nécessite une collaboration efficace entre les responsables dudit service et les assistantes maternelles qui en dépendent, le président du conseil général, alors même que la requérante était titulaire d'un agrément d'assistante maternelle et accueillait des enfants relevant d'autres organismes, a pu sans commettre d'erreur manifeste d'appréciation rejeter la candidature de celle-ci à l'emploi départemental qu'elle sollicitait. • CE 26 juill. 1996, *Dpt Moselle c/ Weiland*, n° 139603 : *RDSS 1997. 149, concl. Maugüé*.

2. Missions du service et cessation de collaboration. Est fondée la décision du président du conseil général qui a estimé que l'intéressée ne pouvait plus, en raison d'incidents mettant en cause l'attitude de l'un des membres de sa famille à l'égard d'enfants dont elle avait la garde, être regardée comme offrant les garanties auxquelles est subordonné l'accueil d'enfants du service de l'aide sociale à l'enfance. • CE 28 juill. 1995, *Mme Wirtz*, n° 148955 : *RDSS 1996. 615, obs. Pintiau*.

3. Pourvois contre les arrêts de la chambre spéciale des mineurs de la cour d'appel. Le service départemental de l'Aide sociale à l'enfance, service non personnalisé du département, est gardien des mineurs qui lui ont été confiés par le juge des enfants ; à ce titre, il est recevable à former un pourvoi contre les arrêts rendus par la chambre spéciale des mineurs de la cour d'appel. • Civ. 1re, 28 mars 1995, n° 94-05.024 P.

4. Capacité d'ester en justice. Le service de l'aide sociale à l'enfance est un service non personnalisé du département placé sous l'autorité du président du conseil général, lequel intente les actions en justice au nom du département ; par suite, il ne saurait solliciter par requête un retrait de l'autorité parentale alors qu'il est dépourvu de personnalité morale • Civ. 1re, 14 nov. 2006 : *RDSS 2007. 329, n° 2, note Bruggeman*.

II. RÈGLES RELATIVES À LA RESPONSABILITÉ

A. MINEURS DÉLINQUANTS

5. Mineur confié à un établissement sous régime de liberté surveillée. L'État est responsable, sur le fondement du risque, des dommages causés aux tiers par un mineur délinquant confié par décision du juge des enfants à une institution publique d'internat surveillé pratiquant des méthodes de rééducation fondées sur un régime de liberté surveillée. • CE, sect., 3 févr. 1956, *Min. de la justice c/ Thouzellier : Lebon 49 ; AJDA 1956. 96, chron. Gazier ; D. 1956. 597, note Auby ; JCP 1956. II. 9608, note Lévy ; RD publ. 1956. 854, note Waline ; RPDA 1956. 51, note Bénoit.* ♦ Il en va de même s'il s'agit d'un établissement privé habilité pratiquant des méthodes similaires. • CE, sect., 19 déc. 1969, *Ét. Delannoy*, n° 74793 : *Lebon 595 ; AJDA 1970. 99, chron. Denoix de Saint-Marc et Labetoulle ; RD publ. 1970. 787, concl. Grévisse ; ibid. 1970. 1220, note Waline ; RDSS 1970. 64, note Lavagne ; ibid. 1970. 178, note Moderne ; D. 1970. 268, note Garrigou-Lagrange* • CE 12 nov. 1975, *Garde des sceaux c/ Schmitt*, n° 96586 : *Lebon 562* • 14 juin 1978, *Garde des sceaux c/ Mutuelle générale française accident et Garage Caron et Dodon*, n° 07250 : *Lebon 258 ; RDSS 1978. 562, concl. Labetoulle ; AJDA 1978. 556, chron. Dutheillet de Lamothe et Robineau ; D. 1978. 686, note Moderne.* ♦ Si la décision par laquelle une juridiction des mineurs confie la garde d'un mineur, dans le cadre d'une mesure prise en vertu de l'ordonnance du 2 févr. 1945, à l'une des personnes mentionnées par cette ordonnance transfère à la personne qui en est chargée la responsabilité d'organiser, de diriger et de contrôler la vie du mineur et si, en raison des pouvoirs dont elle se trouve ainsi investie lorsque le mineur lui a été confié, sa responsabilité peut être engagée, même sans faute, pour les dommages causés aux tiers par ce mineur, l'action ainsi ouverte ne fait pas obstacle à ce que soit également recherchée, devant la juridiction administrative, la responsabilité de l'État en raison du risque spécial créé pour les tiers du fait de la mise en œuvre d'une des mesures de liberté surveillée prévues par l'ordonnance du 2 févr. 1945 • CE, sect., 1er févr. 2006, *Garde des sceaux, Min. de la justice c/ MAIF : RDSS 2006. 316, note Cristol ; AJDA 2006. 586, chron. Landais, Lenica ; D. 2006. 2301, note Fort ; RFDA 2006. 602, concl. Guyomar et note Bon ; RGCT n° 39, 2007. 57, note Lemaire.* • CE 26 juill. 2007, *Min. justice c./ M. Jaffuer*, n° 292391 B : *AJDA 2008. 101, note Chalus ; RDSS 2008. 360, note Cristol* • CE 16 juin 2008, *Min. justice*, n° 285385 B : *RDSS 2008. 926, note Cristol*. ♦ La circonstance que la victime, bénéficiaire d'une mesure de protection judiciaire jeune majeur, et que les auteurs de l'agression, mineurs placés au titre de l'ordonnance du 2 février 1945 relative à l'enfance délinquante, soient tous usagers du service public de la justice ne saurait faire obstacle à ce que la victime bénéficie du régime de responsabilité sans faute. • CE 13 nov. 2009, *Min. justice*, n° 306517 : *Lebon 462 ; RDSS 2010. 141, note Cristol*.

6. *Mineur causant un dommage au cours d'une phase d'instruction d'une infraction.* Il résulte de l'ensemble des dispositions de l'ord. du 2 févr. 1945 relative à l'enfance délinquante que la responsabilité de l'État peut être engagée, même sans faute, à raison des dommages causés aux tiers lorsque, au cours d'une phase d'instruction d'une infraction mettant en cause un mineur et en dépit des risques découlant du comportement délictueux antérieur de l'intéressé, le juge d'instruction ou le juge des enfants décide, à défaut de mise en œuvre des mesures de contrainte mentionnées à l'art. 11 de l'ord. du 2 févr. 1945, de confier la garde du mineur, conformément à l'art. 10 de l'ord., soit à une institution publique, soit à une institution privée habilitée, soit à une personne digne de confiance. • CE, sect., 5 déc. 1997, *Garde des sceaux c/ Pelle*, n° 142263 : *Lebon 481 ; RFDA 1998. 569, concl. Bonichot, obs. Dietsch, note Guettier ; RDSS 1998. 364, note Alfandari*.

7. *Mineur confié à un service éducatif privé.* Une association chargée par une décision d'une juridiction des mineurs d'organiser, de contrôler et de diriger à titre permanent le mode de vie d'un mineur demeure, en application de l'art. 1384, al. 1er C. civ., responsable de plein droit du fait dommageable commis par ce mineur dès lors qu'aucune décision judiciaire n'a suspendu ou interrompu cette mission éducative. • Civ. 2e, 7 mai 2003, n° 01-15.607 P : *D. 2003. 2256, note Huyette*.

8. *Mineur confié à un lieu de vie.* Les lieux de vie et d'accueil sont des structures gérées par une personne physique ou morale, soumises à autorisation, et qui accueillent en vue de leur insertion sociale les mineurs qui leur sont confiés, en exerçant à leur égard une mission d'éducation, de protection et de surveillance ; dès lors que celui dans lequel a eu lieu le dommage constitue une structure privée habilitée qui n'est pas placée sous l'autorité des services de l'État, ce dernier ne saurait voir sa responsabilité engagée en sa qualité de gardien. • CE 17 déc. 2010, *Garde des sceaux, Min. de la justice et des libertés c/ Fonds de garantie des victimes d'actes de terrorisme et d'autres infractions : RDSS 2011. 172, obs. Cristol*. ♦ Si peut être recherchée, devant la juridiction administrative, la responsabilité de l'État en raison du risque spécial créé pour les tiers du fait de la mise en œuvre d'une des mesures de liberté surveillée prévues par l'ordonnance du 2 février 1945, cette responsabilité ne saurait cependant être engagée sur le même fondement vis-à-vis des usagers du service public, qui ne se trouvent pas, face à un tel risque, dans une situation comparable à celle des tiers ; par suite, le fait que le mineur, auteur de l'agression, et le mineur victime de celle-ci étaient l'un et l'autre placés dans le même lieu de vie par décision de l'autorité judiciaire et avaient par conséquent tous deux la qualité d'usagers du service public faisait obstacle à la mise en œuvre du régime de responsabilité sans faute de l'État sur le fondement du risque spécial. • Même arrêt.

B. PUPILLES DE L'ÉTAT

9. *Responsabilité du département à l'égard des tiers.* Pour les mineurs relevant de l'aide sociale à l'enfance, notamment les pupilles de l'État, la responsabilité du fait de leurs agissements n'engage pas l'État, mais le département, dont dépend le service de l'aide sociale à l'enfance. • CE 30 juin 1986, *Mme Lallée*, n° 43323 B : *D. 1987. Somm. 117, obs. Moderne et Bon*. ♦ Encore faut-il que le mineur relève de ce service : une faute de surveillance commise par une institution privée accueillant des mineurs, placés par le juge des enfants en vertu des art. 375 s. C. civ. relatifs à l'assistance éducative aux mineurs en danger, ne constitue pas une faute de service public et ne peut donc engager la responsabilité de l'administration. • CE 14 juin 1978, *Min. justice et Min. santé c/ Socofa*, nos 05678, 05707 et 06567 : *Lebon 259*.

10. *Responsabilité du département à l'égard de l'enfant.* Si le décès de l'enfant admis au service de l'aide sociale à l'enfance en qualité de « recueilli temporairement » et confié à une gardienne agréée est imputable à une faute commise par cette dernière, la responsabilité du département est susceptible d'être engagée. • CE 18 déc. 1987, *Épx Garcia*, n° 33799.

11. *Exonération de la responsabilité du département.* Un département ne peut être exonéré de sa responsabilité à raison des dommages causés par un pupille relevant de la direction départementale de l'action sanitaire et sociale qu'en cas de faute de la victime ou s'il apporte la preuve de n'avoir pu empêcher le fait qui est à l'origine du dommage. • CE 19 oct. 1990, *Ingremeau*, n° 76160 : *Lebon 284 ; AJDA 1990. 869, chron. Honorat et Schwartz ; RFDA 1991. 991, note Bon ; RD publ. 1990. 1866, concl. de la Verpillière ; D. 1991. Somm. 289, obs. Bon et Terneyre*. ♦ La responsabilité de la puissance publique est engagée sur le terrain de la faute présumée lorsque le fait générateur à l'origine du préjudice en cause a été commis par un pupille de l'État dont le président du conseil général est le représentant légal ; pour être exonéré de la présomption de responsabilité qui pèse sur lui, le département doit soit rapporter la preuve de la faute de la victime, soit celle d'une absence de faute des services qui assuraient la garde de ce pupille de l'État. • CAA Nancy, 23 sept. 1999, *Dpt Marne c/ SADAG*, n° 95NC01544. ♦ V. cependant • CAA Nantes, 25 avr. 2002, *Merdrignac et MAIF : AJDA 2002. 1077, note Ghebali-Bailly* (la responsabilité sans faute de la puissance publique peut être engagée à raison de dommages causés par un mineur si celui-ci est soumis à des méthodes de rééducation, de réinsertion ou de soins dont la mise en œuvre comporte un risque spécial pour les tiers).

12. Absence de responsabilité de l'État fondée sur le risque. Si la responsabilité de l'État peut être engagée à raison du risque spécial que cause aux tiers le recours par les institutions privées à des méthodes fondées sur un régime de liberté surveillée conformément à l'ordonnance du 2 févr. 1945 relative à l'enfance délinquante, c'est en tant, seulement, que ces méthodes s'appliquent à des mineurs délinquants placés dans lesdites institutions au titre de cette ordonnance ; par suite, si un mineur a été placé en qualité de pupille de l'État et non au titre de ladite ordonnance, la responsabilité de l'État ne saurait être engagée sur le fondement du risque. • CE 30 juin 1986, *Mme Lallée : préc. note 7* • 18 nov. 1988, *Mlle Coirier,* n° 580033 B.

C. MINEURS PLACÉS SOUS ASSISTANCE ÉDUCATIVE

13. Répartition des compétences entre ordre judiciaire et ordre administratif. Les décisions de placement d'un mineur par l'autorité judiciaire, qui relèvent essentiellement du droit civil, sont prises sous le seul contrôle des juridictions judiciaires ; il appartient également aux tribunaux de l'ordre judiciaire de connaître des actions en responsabilité engagées à raison des fautes imputées aux organismes de droit privé, non dotés de prérogatives de puissance publique, auprès desquels un mineur est placé ; enfin, en raison de la garde dont ils sont chargés, les personnes ou organismes de droit privé auprès desquels un mineur est placé répondent de celui-ci sur le plan civil, sous le contrôle de la juridiction judiciaire. • T. confl. 17 déc. 2001 : *Bull. civ. n° 28.* ♦ En revanche, il revient à la juridiction administrative de connaître d'une part des actions en responsabilité mettant en cause des négligences des collectivités publiques dans l'exercice de la mission de surveillance administrative et sanitaire qui leur incombe au titre du service d'aide sociale à l'enfance, d'autre part de la responsabilité d'un organisme de droit public auquel la garde d'un mineur est confiée à raison des agissements de ce mineur. • Même arrêt.

14. De la responsabilité pour faute prouvée à la responsabilité sans faute. Lorsque le mineur fait l'objet d'une mesure d'assistance éducative prise en vertu des dispositions des art. 375 à 375-9 C. civ. et qu'il a été confié à une personne publique, la responsabilité de l'administration ne peut être engagée que sur le terrain de la faute prouvée. • T. confl. 20 janv. 1945, *Du Verne c/ Dpt Nièvre : Lebon 274; JCP 1945. II. 2868, note J. M.* • CE 11 avr. 1973, *Dpt Marne,* n° 81403 : *Lebon 1101* • 14 juin 1978, *Min. justice et Min. santé c/ SOCOFA et a. : préc. note 7.* ♦ V. cependant • CAA Bordeaux, 2 févr. 1997, *Cts Fraticola : AJDA 1998. 232, chron. Vivens ; RD publ. 1997. 579, concl. Peano* (il incombe à un département qui a remis à des particuliers, pour la période des vacances scolaires, un mineur que lui avait confié le juge des enfants au titre des art. 375 s. C. civ., d'apporter la preuve que lesdits époux, qui exerçaient pour son compte la garde de ce mineur, n'ont pu empêcher les faits à l'origine du dommage). – V. aussi, dans le même sens. • CAA Nantes, 18 nov. 1999, *M. et Mme Thomas,* n° 96NT00505 • TA Lyon, 8 janv. 2002, *EDF : LPA 2002. 10, concl. Martin.* ♦ V. aussi • CAA Douai, 8 juill. 2003, *Dpt Seine-Maritime : Lebon ; AJDA 2003. 1880, concl. Michel ; RFDA 2004. 164, note Albert* (la décision par laquelle le juge des enfants confie la garde d'un mineur, en vertu des art. 375 s. C. civ. relatifs à l'assistance éducative, aux services départementaux de l'aide sociale à l'enfance confère par là même au département la mission de contrôler et d'organiser à titre permanent le mode de vie dudit mineur ; par suite, à raison des pouvoirs dont le département est investi en tant que gardien du mineur placé, la responsabilité du département est engagée, en application des principes dont s'inspire l'art. 1384 al. 1er C. civ., même sans faute, pour les dommages causés aux tiers par ledit mineur). ♦ La décision par laquelle le juge des enfants confie la garde d'un mineur, dans le cadre d'une mesure d'assistance éducative prise en vertu des art. 375 s. C. civ., à l'une des personnes mentionnées à l'art. 375-3 du même code, transfère à la personne qui en est chargée la responsabilité d'organiser, de diriger et de contrôler la vie du mineur ; en raison des pouvoirs dont l'État se trouve ainsi investi lorsque le mineur a été confié à un service ou établissement qui relève de son autorité, sa responsabilité est engagée, même sans faute, pour les dommages causés aux tiers par ce mineur, cette responsabilité n'étant susceptible d'être atténuée ou supprimée que dans le cas où elle est imputable à un cas de force majeure ou à une faute de la victime • CE 11 févr. 2005, *GIE Axa Courtage : Lebon 45 ; RDSS 2005. 466, note Cristol ; RFDA 2005. 595, concl. Devys et note Bon ; D. 2005. 1762, note Lemaire ; JCP 2005. II. 10070, concl. Devys et note Rouault ; AJDA 2005. 663, obs. Landais, Lenica* • TA Marseille, 23 avr. 2012, n° 1002871 : *AJDA 2012. 1360, concl. Roux.* ♦ Qui plus est, cette responsabilité est engagée sans qu'y fasse obstacle la circonstance que le mineur ne se trouvait pas, au moment des faits, sous la surveillance effective du service ou de l'établissement qui en a la garde • CE 17 déc. 2008, *Min. justice,* n° 301705 B : *RDSS 2009. 374, obs. Cristol .* ♦ Par ailleurs, en raison des pouvoirs dont l'État se trouve investi lorsque le mineur a été confié à un service ou un établissement qui relève de son autorité, sa responsabilité est engagée, même sans faute, pour les dommages causés aux tiers par ce mineur, y compris lorsque celui-ci est hébergé par ses parents, dès lors qu'aucune décision judiciaire n'a suspendu ou interrompu cette mission éducative. • CE 3 juin 2009, *Garde des sceaux, Min. de la justice c/ Sté Gan assurances,* n° 300924 : *RDSS 2009. 768, obs. Cristol .* ♦ La circonstance que le juge des enfants assortisse sa décision de confier un mineur à la garde du service départemental d'aide à l'enfance du « souhait » que ce mineur soit placé au sein d'un organisme privé qu'il désigne est sans incidence sur le transfert au département de la responsabilité d'organiser, diriger et contrôler la vie du mineur • CE 13 févr. 2009, *Dpt. Meurthe-et-Moselle,* n° 294265 B : *RDSS 2009. 377, obs. Cristol*. ♦ *Contra*, V. • Crim. 15 juin 2000, n° 99-85.240 P : *D. 2001. 653, note Huyette* (un établissement d'éducation est responsable, au sens de l'art. 1384, al. 1er du C. civ., du dommage causé à autrui par un mineur qui y est placé en exécution d'une décision du juge des enfants dans la mesure où cette décision a eu pour effet de lui transférer la charge d'organiser, de diriger et de contrôler le mode de vie du mineur). ♦ La réparation des préjudices causés par les mineurs dont la garde a été confiée à un service ou à un établissement dans le cadre d'une mesure d'assistance éducative n'est pas subordonnée à l'existence d'un caractère anormal et spécial ; par suite, en se bornant à relever, pour indemniser le préjudice en question, que ce préjudice trouvait sa cause dans l'agression dont il avait été victime de la part d'un mineur faisant l'objet d'une mesure d'assistance éducative, le tribunal administratif n'a pas commis d'erreur de droit • CE 17 déc. 2008, *Min. justice*, n° 301705 B : *RDSS 2009. 374, obs. Cristol*.

15. Absence de responsabilité sans faute à l'égard d'un agent contractuel de droit public. En dehors des hypothèses dans lesquelles le législateur a entendu instituer un régime de responsabilité particulier, comme c'est le cas, notamment, pour les assistants maternels agréés, envers lesquels la responsabilité du département, dont relève le service d'aide sociale à l'enfance, est engagée, même sans faute, pour les dommages subis du fait d'un enfant dont l'accueil leur a été confié, un agent contractuel de droit public, dès lors qu'il ne se prévaut pas d'une faute intentionnelle de son employeur ou de l'un des préposés de celui-ci, ne peut exercer contre cet employeur une action en réparation devant les juridictions administratives, conformément aux règles du droit commun, à la suite d'un accident du travail dont il a été la victime et ne peut, en particulier, lorsque cet accident est imputable à un mineur dont le juge des enfants avait confié la garde à son employeur dans le cadre d'une mesure d'assistance éducative et avait ainsi transféré à ce dernier la responsabilité d'organiser, diriger et contrôler la vie de ce mineur, rechercher l'engagement de la responsabilité sans faute de son employeur en tant que personne responsable de ce mineur ; il en résulte que si un département emploie une monitrice éducatrice contractuelle lors de l'agression dont celle-ci est victime dans les locaux du réseau éducatif départemental, sa qualité d'employeur prévaut, pour les actions en réparation de cet accident du travail, sur celle de personne chargée de la responsabilité d'organiser, diriger et contrôler la vie du mineur auquel cet accident est imputable. • CE 22 juin 2011, *Mme A*, n° 320744 B : *RDSS 2011. 970, obs. Cristol*.

16. Conditions de mise en œuvre de l'action subrogatoire. Lorsque l'un des coauteurs d'un dommage a indemnisé intégralement la victime des préjudices qu'elle a subis, il ne peut, par la voie de l'action subrogatoire, se retourner contre un autre coauteur que dans la limite de la responsabilité encourue individuellement par ce dernier ; par suite, commet une erreur de droit le tribunal qui, alors que le dommage était causé par des mineurs placés, pour les uns, au titre de l'enfance délinquante et, pour les autres, au titre de l'enfance en danger, a condamné l'État à rembourser à l'assureur l'intégralité de la dette dont il s'était acquitté au seul motif que sa responsabilité sans faute était engagée pour l'un des deux mineurs à l'origine des faits, alors qu'il lui appartenait de rechercher, au vu des circonstances de l'espèce, quelle était la part respective des deux mineurs coauteurs dans la réalisation du dommage afin de déterminer la somme due par l'État. • CE 17 mars 2010, *Min. Justice c/ MAIF : Lebon 79 ; AJDA 2010. 1209, concl. Roger-Lacan ; RDSS 2010. 568, obs. Cristol*.

17. Dommages causés par un mineur à son établissement d'accueil. En raison des pouvoirs dont le département se trouve investi lorsque le mineur a été confié à un service ou établissement qui relève de son autorité, sa responsabilité est engagée, même sans faute, pour les dommages causés aux tiers par ce mineur, responsabilité qui n'est susceptible d'être atténuée ou supprimée que dans le cas où elle est imputable à un cas de force majeure ou à une faute de la victime ; la fondation qui assurait la prise en charge, en qualité de participante à l'exécution du service public de l'aide sociale à l'enfance, de deux mineurs déclarés coupables de l'incendie qui s'est déclaré dans une partie de ses locaux, doit être regardée comme un tiers susceptible de poursuivre la responsabilité sans faute du département. • CE 19 juin 2015, *Dpt des Bouches-du-Rhône,* n° 378293 : *RDSS 2015. 694, note Cristol*.

18. Charge de la preuve. Il incombe à un département qui a remis à des particuliers, pour la période des vacances scolaires, un mineur que lui avait confié le juge des enfants au titre des art. 375 s. C. civ. d'apporter la preuve que lesdits époux, qui exerçaient pour son compte la garde de ce mineur, n'ont pu empêcher les faits à l'origine du dommage. • CAA Bordeaux, 2 févr. 1997, *Cts Fraticola : AJDA 1998. 232, chron. Vivens ; RD publ. 1997. 579, concl. Peano* • CAA Nantes, 18 nov. 1999, *M. et Mme Thomas*, n° 96NT00505 • TA Lyon, 8 janv. 2002, *EDF : LPA, n° 188, 2002. 10, concl. Martin.*

19. Responsabilité fondée sur la garde et non sur l'autorité parentale. La décision du juge des enfants confiant à une personne physique ou morale « la garde » d'un mineur en danger par application des art. 375 s. C. civ. transfère au gardien la responsabilité d'organiser, de diriger et de contrôler le mode de vie du mineur et donc la responsabilité de ses actes, celle-ci n'étant pas fondée sur l'autorité parentale mais sur la garde. • Crim. 10 oct. 1996, n° 95-84.186 P : *D. 1997. 309, note Huyette* ; *JCP 1997. II. 22833, note Chabas.*

20. Portée d'une mesure d'assistance éducative en milieu ouvert. Une mesure d'assistance éducative en milieu ouvert, dont l'objet est d'apporter aide et conseil à la famille et de suivre le développement de l'enfant, sans mesure de placement du mineur, n'est pas de nature à transférer à l'association à qui cette mesure a été confiée tout ou partie de l'autorité parentale ; par suite, une cour d'appel qui retient que, lors de faits dommageables commis par le mineur, cette association n'avait aucun pouvoir effectif de direction et de surveillance sur celui-ci, dont elle ne pouvait contrôler le mode de vie, en déduit à bon droit que cette dernière ne pouvait être déclarée responsable de ces dommages • Civ. 2e 19 juin 2008, n° 07-12533 : *RDSS 2008. 926, note Cristol* .

21. Incidence de la faute de la victime. Une association qui s'est vu confier un mineur par l'Aide sociale à l'enfance a reçu du tribunal pour enfant la mission et la responsabilité, en tant que gardien, d'organiser, de diriger et de contrôler le mode de vie de la victime mineure et des trois autres mineurs de ce même foyer d'hébergement ; par suite, elle est donc responsable des actes de ces trois derniers en vertu de cet art. 1384, al. 1er, C. civ. et non sur le fondement de l'art. 1147 du même code ; la présomption de responsabilité pesant sur cette association n'est pas écartée par la preuve d'une cause étrangère exonératoire, et notamment par la preuve d'une faute de la victime. • Versailles, 8 juin 2001 : *D. 2001. IR 2461* .

22. Dommages causés aux autres enfants placés dans l'établissement. La personne physique ou morale à qui le juge des enfants confie la garde d'un mineur en danger en application des art. 375 s. C. civ., ayant pour mission d'organiser, de diriger et de contrôler le mode de vie du mineur, est responsable des dommages qu'il cause à cette occasion, y compris aux autres enfants placés dans l'établissement. • Civ. 2e, 20 janv. 2000, n° 98-17.005 P : *D. 2000. 571, note. Huyette* .

23. Retour du mineur au domicile maternel. Un établissement d'éducation est responsable, au sens de l'art. 1384, al. 1er, C. civ., du dommage causé à autrui par les mineurs qui lui sont confiés par le juge des enfants dès lors qu'aucune décision judiciaire n'a suspendu ou interrompu cette mission ; justifie sa décision la cour d'appel qui, pour retenir la responsabilité civile d'un foyer éducatif à la suite d'un vol commis par un mineur résidant chez sa mère au moment des faits, énonce que ce mineur avait été confié au foyer par le juge des enfants et que son retour au domicile maternel ne résultait pas de l'exécution d'une décision judiciaire. • Crim. 26 mars 1997, n° 95-83.956 P : *D. 1997. 496, note Jourdain* ; *JCP 1997. I. 4070, chron. Viney* ; *JCP 1998. II. 10015, note Huyette* ; *JCP 1997. II. 22868, rapp. Desportes.* ♦ En raison des pouvoirs dont l'État se trouve investi lorsque le mineur a été confié à un service ou un établissement qui relève de son autorité, sa responsabilité est engagée, même sans faute, pour les dommages causés aux tiers par ce mineur, y compris lorsque celui-ci est hébergé par ses parents, dès lors qu'aucune décision judiciaire n'a suspendu ou interrompu cette mission éducative. • CE 3 juin 2009, *Garde des sceaux, Min. de la justice c/ Sté Gan assurances*, n° 300924 : *préc. note 14.* ♦ Il appartient au juge administratif, saisi d'une action en responsabilité pour des faits imputables à un mineur pris en charge par le service d'ASE, de déterminer si, compte tenu des conditions d'accueil du mineur, notamment la durée de cet accueil et le rythme des retours du mineur dans sa famille, ainsi que des obligations qui en résultent pour le service d'ASE et pour les titulaires de l'autorité parentale, la décision du président du conseil départemental, prise sur le fondement de l'art. L. 222-5 CASF, avec le consentement des titulaires de l'autorité parentale, s'analyse comme une prise en charge durable et globale de ce mineur, pour une période convenue, par l'aide sociale à l'enfance ; si tel est le cas, cette décision a pour effet de transférer au département la responsabilité d'organiser, de diriger et de contrôler la vie du mineur durant cette période et ni la circonstance que la décision de prise en charge du mineur prévoie un retour de celui-ci dans son milieu familial de façon ponctuelle ou selon un rythme qu'elle détermine ni celle que le mineur y retourne de sa propre initiative ne font par elles-mêmes obstacle à ce que cette décision entraîne un tel transfert de responsabilité ; en raison des pouvoirs dont le département se trouve, dans ce cas, investi, sa responsabilité est engagée, même sans faute, pour les dommages causés aux tiers par ce mineur, y compris lorsque ces dommages sont survenus alors que le mineur est hébergé par ses parents, dès lors qu'il n'a pas été mis fin à cette prise en charge par le service d'ASE par décision des titulaires de l'autorité parentale ou qu'elle n'a pas été suspendue ou interrompue par l'autorité administrative ou judiciaire. • CE, sect., 1er juill. 2016, n° 375076 : *Lebon* ; *AJ fam. 2016. 433, obs. Gebler* ; *RFDA 2016. 979, note Bon* ; *RDSS 2016. 955, note Cristol* . ♦ A l'égard de la victime, cette responsabilité n'est susceptible d'être atténuée ou supprimée que dans le cas où le dommage est imputable à une faute de celle-ci ou à un cas de force majeure ; en outre, dans le cadre d'une action en garantie, le département peut, le cas échéant, se prévaloir de la faute du tiers ayant concouru à la réalisation du dommage. • Même arrêt.

24. Droit de visite et d'hébergement mis en œuvre chez le parent du mineur. Une association chargée par décision d'un juge des enfants d'organiser et de contrôler à titre permanent le mode de vie d'un mineur demeure, en application de l'art. 1384, al. 1er, C. civ., responsable de plein droit du fait dommageable commis par ce mineur, même lorsque celui-ci habite avec ou est hébergé par ses parents, dès lors qu'aucune décision judiciaire n'a suspendu ou interrompu cette mission éducative. • Civ. 2e, 6 juin 2002 : *D. 2002. 2750, note Huyette* • Crim. 8 janv. 2008, n° 07-81.725 : *RDSS 2008. 376, obs. Cristol*. ♦ *Contra*, V. • Crim. 25 mars 1998 : *RTD civ. 1998. 918, obs. Jourdain* ; *JCP 1998. II. 10162, note Huyette* (en cas de droit de visite et d'hébergement organisé par l'établissement sous le contrôle du juge des enfants et par application de l'art. 375-7 C. civ., le parent est civilement responsable pendant la durée de l'hébergement chez lui des dommages causés par le mineur).

25. Incompétence de la juridiction administrative. Si la mission d'assistance éducative est confiée à une association, laquelle se trouve, dans l'exercice de sa mission, soumise au seul contrôle du juge des enfants, l'action tendant à mettre en cause la responsabilité de la puissance publique en raison des fautes qui auraient été commises dans l'exécution de cette mission échappent à la compétence de la juridiction administrative. • CE 31 janv. 1975, *Fichon-Lavaud*, n° 80896 : *Lebon 77* ; *RDSS 1976. 659.*

D. AUTRES CAS

26. Handicapé maintenu après sa majorité auprès de son assistante maternelle. Un département qui a maintenu un mineur handicapé après sa majorité chez l'assistante maternelle chez laquelle il l'avait placé, ne peut plus être considéré, après l'accession de ce mineur à la majorité, comme en ayant conservé la garde et la surveillance ; par suite, sa responsabilité ne saurait être recherchée au titre de la tutelle à raison des actes dommageables commis par le jeune majeur. • CAA Douai, 6 avr. 2000, *Groupama assurances*, n° 97DA00779 B.

27. Mineur étranger isolé confié par le département à une association. Lorsqu'une personne publique, même en l'absence d'une décision du juge des enfants lui confiant la garde d'un mineur en danger, accepte, à la suite de la carence persistante des membres de la famille du mineur, d'assumer en fait la charge d'organiser, de contrôler et de diriger le mode de vie de celui-ci, sa responsabilité ne saurait, eu égard aux difficultés éducatives qui résultent de cette prise en charge et au risque qu'elles créent, être subordonnée à la preuve d'une faute commise par l'administration, mais découle des conditions mêmes dans lesquelles fonctionne le service • CAA Nantes, 30 juill. 2003, *Mme Castro : AJDA 2005. 280, note Rihal*. ♦ S'il apparaît que l'association à qui a été confiée la mineure a effectivement organisé, dirigé et contrôlé le mode de vie de celle-ci et que la garde en a été transférée à son profit, les fugues multiples qui ont émaillé ce placement, bien qu'elles aient nui à la permanence du contrôle de l'association, ne sont pas de nature à lui ôter son pouvoir et à influer sur l'étendue de sa responsabilité • Civ. 2e, 7 oct. 2004 : *AJDA 2005. 280, note Rihal* ; *D. 2005. 819, note Huyette*.

28. Mineur placé à la demande de ses parents. La décision par laquelle le président du conseil général admet, en application du 1° de l'art. L. 222-5, la prise en charge d'un mineur par le service de l'aide sociale à l'enfance du département a pour effet de transférer à ce dernier la responsabilité d'organiser, de diriger et de contrôler la vie du mineur pendant la durée de sa prise en charge ; en raison des pouvoirs dont le département se trouve ainsi investi lorsque le mineur est placé dans un service ou établissement qui relève de son autorité, sa responsabilité est engagée, même sans faute, pour les dommages causés aux tiers par ce mineur, cette responsabilité n'étant susceptible d'être atténuée ou supprimée que dans le cas où elle est imputable à un cas de force majeure ou à une faute de la victime, nonobstant la circonstance que le mineur avait été admis dans le service du département à la demande de ses parents • CE 26 mai 2008, *Dpt. Côtes d'Armor*, n° 290495 B : *RDSS 2008. 926, note Cristol*.

Art. L. 221-2 **Le service de l'aide sociale à l'enfance est placé sous l'autorité du président du conseil départemental.**

Le département organise sur une base territoriale les moyens nécessaires à l'accueil et à l'hébergement des enfants confiés au service. *(L. n° 2005-706 du 27 juin 2005, art. 4)* **« Un projet de service de l'aide sociale à l'enfance est élaboré dans chaque département. Il précise notamment les possibilités d'accueil d'urgence, les modalités de recrutement par le département des assistants familiaux ainsi que l'organisation et le fonctionnement des équipes travaillant avec les assistants familiaux, qui en sont membres à part entière. Le département » doit en outre disposer de structures d'accueil pour les femmes enceintes et les mères avec leurs enfants.**

Pour l'application de l'alinéa précédent, le département peut conclure des conventions avec d'autres collectivités territoriales ou recourir à des établissements et services habilités. – *[C. fam., art. 77.]*

(L. n° 2016-297 du 14 mars 2016, art. 7) **« Dans chaque département, un médecin référent "protection de l'enfance", désigné au sein d'un service du département, est**

chargé d'organiser les modalités de travail régulier et les coordinations nécessaires entre les services départementaux et la cellule de recueil, de traitement et d'évaluation des informations préoccupantes, d'une part, et les médecins libéraux et hospitaliers ainsi que les médecins de santé scolaire du département, d'autre part, dans des conditions définies par décret. »

COMMENTAIRE

L'article L. 221-2 constitue le cadre légal d'organisation du service de l'aide sociale à l'enfance. Ayant insisté sur les missions et non sur les catégories juridiques d'enfants pris en charge à l'article précédent, il était logique que la législation évolue aussi en ce qui concerne les modalités d'organisation ; alors qu'antérieurement le code de la famille et de l'aide sociale mettait davantage l'accent (loi du 15 avril 1943) sur les moyens en définissant des types de structure à mettre en œuvre (maison maternelle, hôtel maternel, foyer départemental comportant une pouponnière, etc.), on constate que cet article remet largement dans les mains de chaque département les choix en matière d'organisation du service. Ainsi, il est rappelé que le service est « sous l'autorité du président du conseil départemental » ; il est simplement indiqué que chaque département doit organiser un accueil et un hébergement « sur une base territoriale », ce qui laisse largement ouverte la gamme des aménagements possibles. Deux contraintes légales cependant, mais elles demeurent relativement vagues : le département est tenu de disposer d'un accueil d'urgence des enfants d'une part, et de structures d'accueil pour les femmes enceintes et les mères avec enfants d'autre part (art. L. 222-5, 4°).

La loi n° 2005-706 du 27 juin 2005 portant statut des assistants familiaux et maternels a institué cependant une nouvelle contrainte à la charge du département s'agissant de son service d'aide sociale à l'enfance : il lui est fait obligation d'élaborer un « projet de service » qui, devant « notamment concerner les conditions d'accueil d'urgence des enfants », doit aussi logiquement prévoir l'ensemble des modalités d'accueil et de prise en charge des enfants dans le service.

L'article L. 221-2 prévoit également une disposition relative aux formes juridiques : si le département peut évidemment recourir à des services gérés en régie (ce qui est concrètement le cas de la plupart d'entre eux en matière d'accueil d'urgence et d'accueil des mères et des jeunes enfants), il peut aussi recourir soit à des services d'autres collectivités, soit surtout à des établissements (art. L. 312-1) autorisés et habilités dans les conditions définies aux articles L. 313-1 à L. 313-10.

Il est à noter que, la loi du 14 mars 2016 ayant entendu renforcer la coordination des professionnels qui interviennent dans la protection des mineurs, un nouvel alinéa a été introduit (al. 4) : il prévoit la nomination d'un médecin référent « protection de l'enfance » au sein des services départementaux. Ce médecin doit concourir à une mise en cohérence des activités des cellules de recueil, de traitement et d'évaluation des informations préoccupantes avec les médecins libéraux et hospitaliers ainsi que les médecins de santé scolaire. ❑

Art. L. 221-2-1 *(L. n° 2016-297 du 14 mars 2016, art. 13)* **Lorsqu'un enfant est pris en charge par le service de l'aide sociale à l'enfance sur un autre fondement que l'assistance éducative, le président du conseil départemental peut décider, si tel est l'intérêt de l'enfant et après évaluation de la situation, de le confier à un tiers, dans le cadre d'un accueil durable et bénévole. Sans préjudice de la responsabilité du président du conseil départemental, le service de l'aide sociale à l'enfance informe, accompagne et contrôle le tiers à qui il confie l'enfant. Un référent désigné par le service est chargé de ce suivi et de la mise en œuvre du projet pour l'enfant prévu à l'article L. 223-1-1. Les conditions d'application du présent article sont précisées par décret.**

COMMENTAIRE

L'article L. 221-2-1 a été introduit par la loi du 14 mars 2016 relative à la protection de l'enfance. La prise en charge des enfants dans le cadre de l'ASE sur le fondement d'une décision administrative (hors donc assistance éducative) n'utilisait que très peu la pratique de l'accueil par un tiers bénévole, le plus souvent un parent ou une personne « de confiance » le connaissant déjà. La loi consacre donc cette modalité d'accueil en lui donnant une base légale, ce qui peut se révéler souvent préférable aux placements dans une famille d'accueil qui constitue, au départ au moins, un milieu étranger à l'enfant. ❑

Art. L. 221-2-2 *(L. nº 2016-297 du 14 mars 2016, art. 48)* **Pour permettre l'application du troisième alinéa de l'article 375-5 du code civil, le président du conseil départemental transmet au ministre de la justice les informations dont il dispose sur le nombre de mineurs** *(L. nº 2022-140 du 7 févr. 2022, art. 38-1º)* **« et de majeurs de moins de vingt et un ans » privés temporairement ou définitivement de la protection de leur famille** *(L. nº 2022-140 du 7 févr. 2022, art. 38-1º)* **« et pris en charge par l'aide sociale à l'enfance » dans le département. Le ministre de la justice fixe les objectifs de répartition proportionnée des accueils de ces mineurs** *(L. nº 2022-140 du 7 févr. 2022, art. 38-2º)* **« et de ces majeurs » entre les départements, en fonction de critères démographiques** *(L. nº 2022-140 du 7 févr. 2022, art. 38-2º)* **« , socio-économiques » et d'éloignement géographique. Les modalités d'application du présent article, notamment** *(Abrogé par L. nº 2022-140 du 7 févr. 2022, art. 38-3º)* ***« les conditions d'évaluation de la situation de ces mineurs et »*** **la prise en compte de la situation particulière des collectivités relevant de l'article 73 de la Constitution, de Saint-Barthélemy, de Saint-Martin et de Saint-Pierre-et-Miquelon, sont définies par décret en Conseil d'État.**

BIBL. ▶ BERNIGAUD, Quel(s) droit(s) pour le mineur étranger isolé ?, *RDSS 2006. 545*. – BURRIEZ, L'étatisation de la protection des mineurs isolés étrangers, *AJDA 2019. 802*; La protection des mineurs isolés demandeurs d'asile, *AJDA 2020. 2125*. – CAVANIOL, Le nouveau venu de la protection de l'enfance : le mineur non accompagné, *RDSS 2017. 801*. – CORNELOUP, La jurisprudence de la Cour de cassation relative aux mineurs étrangers à la lumière de la jurisprudence du Conseil constitutionnel, *Titr. VII, nº 6, 2021. 33*.

COMMENTAIRE

L'existence des mineurs isolés étrangers ou non accompagnés génère de fréquentes difficultés dans la mesure où les départements, qui ont à en assumer la charge, se trouvent à cet égard dans des situations très différentes, notamment du point de vue du nombre de mineurs à accueillir. Après que des mesures de répartition de ces enfants ont été prises par circulaire ministérielle, donc sur un fondement juridique fragile (circulaire dite « Taubira » partiellement annulée par le Conseil d'État en 2015), l'article L. 221-2-2 donne une base légale à un système de répartition entre départements de ces mineurs : grâce à une remontée de leur nombre confiée à la diligence des présidents des conseils départementaux, le ministre de la Justice peut fixer ensuite un partage de leur accueil entre départements en fonction de critères liés à la démographie et à l'éloignement géographique.

L'article L. 221-2-2 a été réaménagé par la loi nº 2022-140 du 7 février 2022 relative à la protection des enfants. L'objectif : modifier les critères de répartition des mineurs étrangers isolés sur le territoire, qui reposaient jusqu'à présent sur un critère démographique et d'éloignement géographique. Un nouveau critère de répartition est ajouté : les spécificités socio-économiques des départements (en particulier leur niveau de pauvreté) ; il s'agit de garantir une répartition des efforts entre l'ensemble des départements et d'améliorer ainsi l'accompagnement de ces jeunes. ☐

Art. L. 221-2-3 *(L. nº 2022-140 du 7 févr. 2022, art. 7-I)* **Hors périodes de vacances scolaires, de congés professionnels ou de loisirs, la prise en charge d'une personne mineure ou âgée de moins de vingt et un ans au titre des articles L. 221-1 et L. 222-5 est assurée par des personnes mentionnées à l'article L. 421-2 ou dans des établissements et services autorisés au titre du présent code.**

Par dérogation au premier alinéa du présent article et à titre exceptionnel pour répondre à des situations d'urgence ou assurer la mise à l'abri des mineurs, cette prise en charge peut être réalisée, pour une durée ne pouvant excéder deux mois, dans d'autres structures d'hébergement relevant des articles L. 227-4 et L. 321-1. Elle ne s'applique pas dans le cas des mineurs atteints d'un handicap physique, sensoriel, mental, cognitif ou psychique, d'un polyhandicap ou d'un trouble de santé invalidant, reconnu par la maison départementale des personnes handicapées. Un décret, pris après consultation des conseils départementaux, fixe les conditions d'application du présent article, notamment le niveau minimal d'encadrement et de suivi des

mineurs concernés requis au sein de ces structures ainsi que la formation requise. – *Sur l'entrée en vigueur de cet art., V. L. nº 2022-40 du 7 févr. 2022, art. 7-II ss. le présent art.*

COMMENTAIRE

L'article L. 221-2-3 a été introduit au code par la loi nº 2022-140 du 7 février 2022 relative à la protection des enfants.

Pour tenter de mettre fin à des pratiques jugées inopportunes pour les mineurs concernés, cette disposition rappelle un principe : les enfants doivent être pris en charge par des établissements et services sociaux autorisés au sens de la loi ou par des assistants familiaux les accueillant à leur domicile (art. L. 421-2).

De façon dérogatoire et en cas d'urgence, il est possible, à titre provisoire et « pour les mettre à l'abri », de les placer dans les structures à caractère éducatif visées par l'article L. 227-4 (centres de vacances ou de loisirs) ou dans les établissements d'accueil de mineurs soumis à déclaration préalable de l'article L. 321-1. Mais de tels placements ne peuvent excéder deux mois et, de plus, sont interdits en ce qui concerne les enfants handicapés. Il s'agit de mettre fin notamment aux pratiques de placement de mineurs dans des hôtels. ❑

Loi nº 2022-140 du 7 février 2022,

Relative à la protection des enfants (JO 8 févr.).

Art. 7 II. — A. — Le 1º du I entre en vigueur le premier jour du vingt-quatrième mois suivant la publication de la présente loi.

Jusqu'à l'entrée en vigueur du 1º du I, un décret fixe les modalités d'encadrement et de formation requises ainsi que les conditions dans lesquelles une personne mineure ou âgée de moins de vingt et un ans prise en charge au titre des articles L. 221-1 et L. 222-5 du code de l'action sociale et des familles peut être accueillie, pour une durée ne pouvant excéder deux mois, dans des structures relevant notamment du code du tourisme, de l'article L. 631-11 du code de la construction et de l'habitation ou des articles L. 227-4 et L. 321-1 du code de l'action sociale et des familles.

B. — Les personnes ayant procédé à une déclaration sur le fondement de l'article L. 321-1 du code de l'action sociale et des familles et dont l'activité est soumise à un régime d'autorisation en application du I du présent article peuvent continuer à exercer leur activité jusqu'à l'intervention de la décision administrative statuant sur leur demande d'autorisation et, en l'absence d'une telle demande, au plus tard jusqu'au premier jour du treizième mois suivant la publication de la présente loi.

C. — Les établissements ou services qui mettent en œuvre des mesures d'évaluation de la situation des personnes se présentant comme mineures et privées temporairement ou définitivement de la protection de leur famille et dont l'activité est soumise à un régime d'autorisation en application du b du 3º du I peuvent continuer à exercer leur activité jusqu'à l'intervention de la décision administrative statuant sur leur demande d'autorisation et, en l'absence d'une telle demande, au plus tard jusqu'au premier jour du treizième mois suivant la publication de la présente loi.

Art. L. 221-2-4 *(L. nº 2022-140 du 7 févr. 2022, art. 40)* **I. – Le président du conseil départemental du lieu où se trouve une personne se déclarant mineure et privée temporairement ou définitivement de la protection de sa famille met en place un accueil provisoire d'urgence.**

II. – En vue d'évaluer la situation de la personne mentionnée au I et après lui avoir permis de bénéficier d'un temps de répit, le président du conseil départemental procède aux investigations nécessaires au regard notamment des déclarations de cette personne sur son identité, son âge, sa famille d'origine, sa nationalité et son état d'isolement.

L'évaluation est réalisée par les services du département. Dans le cas où le président du conseil départemental délègue la mission d'évaluation à un organisme public ou à une association, les services du département assurent un contrôle régulier des conditions d'évaluation par la structure délégataire.

Sauf lorsque la minorité de la personne est manifeste, le président du conseil départemental, en lien avec le représentant de l'État dans le département, organise la présentation de la personne auprès des services de l'État afin qu'elle communique toute information utile à son identification et au renseignement, par les agents spécialement habilités à cet effet, du traitement automatisé de données à caractère personnel prévu à l'article L. 142-3 du code de l'entrée et du séjour des étrangers et du droit d'asile. Le représentant de l'État dans le département communique au président du conseil départemental les informations permettant d'aider à la détermination de l'identité et de la situation de la personne.

Le président du conseil départemental peut en outre :

1° Solliciter le concours du représentant de l'État dans le département pour vérifier l'authenticité des documents détenus par la personne ;

2° Demander à l'autorité judiciaire la mise en œuvre des examens prévus au deuxième alinéa de l'article 388 du code civil selon la procédure définie au même article 388.

Il statue sur la minorité et la situation d'isolement de la personne, en s'appuyant sur les entretiens réalisés avec celle-ci, sur les informations transmises par le représentant de l'État dans le département ainsi que sur tout autre élément susceptible de l'éclairer.

La majorité d'une personne se présentant comme mineure et privée temporairement ou définitivement de la protection de sa famille ne peut être déduite de son seul refus opposé au recueil de ses empreintes, ni de la seule constatation qu'elle est déjà enregistrée dans le traitement automatisé mentionné au présent II ou dans le traitement automatisé mentionné à l'article L. 142-1 du code de l'entrée et du séjour des étrangers et du droit d'asile.

III. – Le président du conseil départemental transmet chaque mois au représentant de l'État dans le département la date et le sens des décisions individuelles prises à l'issue de l'évaluation prévue au II du présent article.

IV. – L'État verse aux départements une contribution forfaitaire pour l'évaluation de la situation et la mise à l'abri des personnes mentionnées au I.

La contribution n'est pas versée, en totalité ou en partie, lorsque le président du conseil départemental n'organise pas la présentation de la personne prévue au troisième alinéa du II ou ne transmet pas, chaque mois, la date et le sens des décisions mentionnées au III.

V. – Les modalités d'application du présent article, notamment des dispositions relatives à la durée de l'accueil provisoire d'urgence mentionné au I et au versement de la contribution mentionnée au IV, sont fixées par décret en Conseil d'État.

Art. L. 221-2-5 *(L. n° 2022-140 du 7 févr. 2022, art. 39)* **Le président du conseil départemental ne peut procéder à une nouvelle évaluation de la minorité et de l'état d'isolement du mineur privé temporairement ou définitivement de la protection de sa famille lorsque ce dernier est orienté en application du troisième alinéa de l'article 375-5 du code civil ou lorsqu'il est confié à l'aide sociale à l'enfance en application du 3° de l'article 375-3 du même code.**

COMMENTAIRE

La loi n° 2022-140 du 7 février 2022 a introduit deux dispositions au code (art. L. 221-2-4 et L. 221-2-5) relatives aux mineurs isolés.

L'article L. 221-2-4 organise de façon précise les modalités de prise en charge de ces mineurs par les départements : obligation d'accueil, évaluation de la minorité, recueil et vérification auprès des services de l'État des documents établissant leur identité, décision relative à la minorité et à la situation d'isolement. Le président du conseil départemental doit informer l'État des décisions prises par lui s'agissant de ces mineurs et doit recourir au fichier d'aide à l'évaluation de la minorité (AEM) ; l'État verse aux départements une contribution forfaitaire pour les évaluations les concernant et leur mise à l'abri, cette contribution pouvant leur être retirée en cas de refus de suivre leurs obligations.

L'article L. 221-2-5 pose une interdiction de réévaluation de la minorité des mineurs non accompagnés (MNA), afin de stabiliser la situation de ces mineurs en cas de réorientation vers un autre département.

Art. L. 221-2-6 *(L. nº 2022-140 du 7 févr. 2022, art. 9)* **I. — Lorsqu'un enfant est pris en charge par le service de l'aide sociale à l'enfance, quel que soit le fondement de cette prise en charge, le président du conseil départemental propose systématiquement, avec l'accord des parents ou des autres titulaires de l'autorité parentale, si tel est l'intérêt de l'enfant et après évaluation de la situation, de désigner un ou plusieurs parrains ou marraines, dans le cadre d'une relation durable coordonnée par une association et construite sous la forme de temps partagés réguliers entre l'enfant et le parrain ou la marraine. L'association et le service de l'aide sociale à l'enfance mettant en œuvre les actions de parrainage informent, accompagnent et contrôlent le parrain ou la marraine. Les règles encadrant le parrainage d'enfant et définissant les principes fondamentaux du parrainage d'enfant en France ainsi que les modalités d'habilitation des associations de parrainage signataires d'une charte sont fixées par décret.**

Le président du conseil départemental propose à tout mineur privé temporairement ou définitivement de la protection de sa famille la désignation d'un ou de plusieurs parrains ou marraines. Ces derniers accompagnent le mineur dans les conditions prévues au premier alinéa.

II. — Dans les conditions définies au premier alinéa du I, il est systématiquement proposé à l'enfant pris en charge par le service de l'aide sociale à l'enfance de bénéficier d'un mentor. Le mentorat désigne une relation interpersonnelle d'accompagnement et de soutien basée sur l'apprentissage mutuel. Son objectif est de favoriser l'autonomie et le développement de l'enfant accompagné en établissant des objectifs qui évoluent et s'adaptent en fonction de ses besoins spécifiques. Le recours au mentorat doit être proposé à l'entrée au collège.

III. — Le parrainage et le mentorat sont mentionnés dans le projet pour l'enfant prévu à l'article L. 223-1-1.

COMMENTAIRE

Dans le but d'améliorer la situation des enfants placés ou avant leur placement, la loi nº 2022-140 du 7 février 2022 a introduit avec cet article L. 221-2-6 deux nouveaux dispositifs d'aide et d'éducation des enfants en danger.

D'une part, tant pour ceux qui sont sous l'autorité de leurs parents que pour ceux qui ne bénéficient plus de la protection de leur famille, le président du conseil départemental doit proposer systématiquement le suivi de l'enfant par un parrain ou une marraine qui, sous la coordination d'une association, doivent construire avec lui une relation durable sous la forme de temps partagés réguliers. D'autre part, dès l'entrée au collège, il doit être proposé à l'enfant un « mentorat », à savoir une relation interpersonnelle d'accompagnement et de soutien avec un adulte pour favoriser son autonomie et son développement.

Art. L. 221-3 *(L. nº 2012-301 du 5 mars 2012)* **Lorsqu'une famille bénéficiaire d'une prestation d'aide sociale à l'enfance, hors aide financière, ou d'une mesure judiciaire de protection de l'enfance change de département à l'occasion d'un changement de domicile, le président du conseil départemental du département d'origine en informe le président du conseil départemental du département d'accueil et lui transmet, pour l'accomplissement de ses missions, les informations relatives au mineur et à la famille concernés.**

Il en va de même lorsque la famille est concernée par une information préoccupante en cours de traitement ou d'évaluation.

(L. nº 2016-297 du 14 mars 2016, art. 14-1º) **« Pour l'accomplissement de sa mission de protection de l'enfance, le président du conseil départemental peut demander au président du conseil départemental d'un autre département des renseignements relatifs à un mineur et à sa famille quand ce mineur a fait l'objet par le passé, au titre de la protection de l'enfance, d'une information préoccupante, d'un signalement ou**

d'une prise en charge dans cet autre département. Le président du conseil départemental ainsi saisi transmet les informations demandées. »

Les modalités de cette transmission d'informations sont définies par décret en Conseil d'État, après avis de la Commission nationale de l'informatique et des libertés.

(L. n° 2016-297 du 14 mars 2016, art. 8) **« Le service de l'aide sociale à l'enfance répond dans les meilleurs délais aux demandes de coopération transmises par une autorité centrale ou une autre autorité compétente, fondées sur les articles 55 et 56 du règlement (CE) n° 2201/2003 du Conseil du 27 novembre 2003 relatif à la compétence, la reconnaissance et l'exécution des décisions en matière matrimoniale et en matière de responsabilité parentale abrogeant le règlement (CE) n° 1347/2000** *(L. n° 2023-171 du 9 mars 2023, art. 30)* **« , les articles 79 à 82 du règlement (UE) 2019/1111 du Conseil du 25 juin 2019 relatif à la compétence, la reconnaissance et l'exécution des décisions en matière matrimoniale et en matière de responsabilité parentale, ainsi qu'à l'enlèvement international d'enfants » et les articles 31 à 37 de la convention concernant la compétence, la loi applicable, la reconnaissance, l'exécution et la coopération en matière de responsabilité parentale et de mesures de protection des enfants, signée à La Haye le 19 octobre 1996. »**

COMMENTAIRE

L'article L. 221-3 (ancien art. 78 C. fam.) renvoyait au pouvoir réglementaire le soin d'organiser la transmission des informations entre deux services départementaux d'aide sociale à l'enfance lorsqu'une famille, dont le mineur était pris en charge, changeait de département de résidence. La loi n° 2012-301 du 5 mars 2012 relative au suivi des enfants en danger par la transmission des informations a entendu cadrer elle-même ces situations : elle a défini clairement les obligations de chacun des départements dans ce type d'hypothèses dont on sait qu'elles tendent à se multiplier en raison de la mobilité plus grande des personnes.

Cette question du changement de résidence des parents se posant avec une acuité croissante, la loi du 14 mars 2016 relative à la protection de l'enfance a renforcé les obligations de transmission d'informations entre départements et même au-delà : d'une part, la demande de transmission des informations peut émaner du président du conseil départemental d'accueil du mineur et donc ne repose plus sur l'initiative du seul président qui en dispose, ce dernier étant dorénavant tenu de les transmettre ; d'autre part, en application des engagements internationaux de la France, les services de l'ASE doivent répondre dans les meilleurs délais aux demandes de coopération transmises par une autorité étrangère compétente en matière matrimoniale et/ou de responsabilité parentale. ❑

Art. L. 221-4 **Lorsqu'il est avisé par le juge des enfants d'une mesure d'assistance éducative prise en application des articles 375 à 375-8 du code civil** *(L. n° 2009-526 du 12 mai 2009, art. 116)* **« ou d'une mesure judiciaire d'aide à la gestion du budget familial prise en application des articles 375-9-1 et 375-9-2 du même code », le président du conseil départemental lui communique les informations dont il dispose sur le mineur et sa situation familiale.** – *[C. fam., art. 79.]*

(L. n° 2007-293 du 5 mars 2007, art. 18) **« Lorsqu'un enfant bénéficie d'une mesure prévue à l'article 375-2 ou aux 1°, 2°, 4° et 5° de l'article 375-3 du code civil, le président du conseil départemental organise, sans préjudice des prérogatives de l'autorité judiciaire, entre les services du département et les services chargés de l'exécution de la mesure, les modalités de coordination en amont, en cours et en fin de mesure, aux fins de garantir la continuité et la cohérence des actions menées. Le service qui a été chargé de l'exécution de la mesure transmet au président du conseil départemental un rapport circonstancié sur la situation et sur l'action ou les actions déjà menées. Il en avise, sauf en cas de danger pour l'enfant, le père, la mère, toute personne exerçant l'autorité parentale ou le tuteur. »**

(L. n° 2022-140 du 7 févr. 2022, art. 1er-II) **« Dans le cas mentionné au 2° du même article 375-3, en l'absence de mesure d'assistance éducative en milieu ouvert, un référent du service de l'aide sociale à l'enfance ou un organisme public ou privé habilité dans les conditions prévues aux articles L. 313-8, L. 313-8-1 et L. 313-9 du**

présent code informe et accompagne le membre de la famille ou la personne digne de confiance à qui l'enfant a été confié. Il est chargé de la mise en œuvre du projet pour l'enfant prévu à l'article L. 223-1-1. Les conditions d'application du présent alinéa sont précisées par décret. »

COMMENTAIRE

L'une des difficultés récurrentes du dispositif de protection de l'enfance étant souvent l'absence de coordination entre les diverses institutions et personnes concernées (autorité judiciaire, aide sociale à l'enfance, établissements et services de prise en charge, famille), la loi n° 2007-293 du 5 mars 2007 rénovant la protection de l'enfance met à la charge du président du conseil départemental, dans un second alinéa ajouté à l'article L. 221-4, une mission de coordination générale de l'ensemble des mesures, depuis le « signalement » jusqu'à la fin de la mesure en passant par les diverses formes de prise en charge. Logiquement, les services chargés de l'exécution des mesures doivent donc transmettre aux services départementaux des rapports « circonstanciés » sur la situation et les actions menées. Cette disposition contribue indubitablement à renforcer la position du département dans le dispositif de protection de l'enfance en lui donnant ici un rôle de pilotage des mesures individuelles en vue d'une meilleure cohérence de l'ensemble.

Ce rôle central du département dans la collecte des informations concernant l'enfant et sa famille dans le but d'assurer une coordination entre les services se double d'une charge pour le président du conseil départemental : ce dernier doit transmettre les informations dont il dispose au juge des enfants lorsque celui-ci décide d'une mesure d'assistance éducative. La loi n° 2009-526 du 12 mai 2009 de simplification et de clarification du droit a étendu cette obligation aux cas où le juge des enfants décide d'une mesure d'aide à la gestion du budget familial (L. n° 2007-308, 5 mars 2007, C. civ., art. 495 à 495-9).

La loi n° 2022-140 du 7 février 2022 relative à la protection des enfants a ajouté à la disposition un alinéa concernant les enfants que le juge confie « à un autre membre de la famille ou à un tiers digne de confiance » (C. civ., art. 375-3, 2°). Dans le but, constant dans la protection de l'enfance et repris par ce texte, d'assurer une cohérence globale de la prise en charge des mineurs, les personnes auxquelles ils sont confiés sont informées et accompagnées par un référent du service ASE ou par un organisme habilité au titre de l'ASE ; ces derniers sont chargés de la mise en œuvre du « projet pour l'enfant » (art. L. 223-1-1). ❑

Art. L. 221-5 *Abrogé par L. n° 2011-334 du 29 mars 2011, art. 22.*

Art. L. 221-6 Toute personne participant aux missions du service de l'aide sociale à l'enfance est tenue au secret professionnel sous les peines et dans les conditions prévues par les articles 226-13 et 226-14 du code pénal.

Elle est tenue de transmettre sans délai au président du conseil départemental ou au responsable désigné par lui toute information nécessaire pour déterminer les mesures dont les mineurs et leur famille peuvent bénéficier, et notamment toute information sur les situations de mineurs susceptibles de relever du chapitre VI du présent titre.

L'article 226-13 du code pénal n'est pas applicable aux personnes qui transmettent des informations dans les conditions prévues par l'alinéa précédent ou dans les conditions prévues par l'article L. 221-3 du présent code. – *[C. fam., art. 80.]*

COMMENTAIRE

L'article L. 221-6 définit de façon classique les règles du secret professionnel, ici en ce qui concerne les agents du service de l'aide sociale à l'enfance ainsi que tous les types de collaborateurs, notamment les agents des services habilités.

Cette disposition affirme tout d'abord le principe : les agents sont tenus au secret professionnel tel que défini par le code pénal. Mais elle précise également que ces agents doivent communiquer les informations en leur possession lorsqu'elles concourent à la définition et à la mise en œuvre d'une mesure de protection par l'ASE, le texte insistant particulièrement sur l'obligation de communiquer les informations relatives à des faits de maltraitance (art. L. 226-1 à L. 226-13). De même, est-il précisé qu'il n'y a pas violation du secret professionnel lorsque ces agents communiquent des informations au service de l'ASE d'un autre département, sur le fondement de l'article L. 221-3. ❑

Opposabilité du secret. Le secret professionnel imposé aux membres d'un service éducatif sur la situation d'un mineur confié à celui-ci par le juge des enfants est inopposable à cette autorité judiciaire, à laquelle ils sont tenus de rendre compte, notamment de tous mauvais traitements, en vertu des dispositions de l'art. 375 C. civ. et de l'art. 1199-1 NCPC, pris pour son application, tout comme un tel secret est inopposable, selon l'art. 80 C. fam. (devenu L. 221-6 CASF), au président du conseil général pour les mineurs relevant de sa compétence. • Crim. 8 oct. 1997, n° 94-84.801 P : *D. 1998. Somm. 305, obs. Dekeuwer-Défossez*.

Art. L. 221-7 **Le procureur de la République peut, à l'occasion d'une procédure d'adoption, prendre connaissance des dossiers concernant les enfants recueillis par le service. En toutes matières, le service de l'aide sociale à l'enfance peut, de sa propre initiative ou sur la demande de ce magistrat, lui fournir tous renseignements relatifs aux pupilles. Les renseignements ainsi obtenus ne peuvent être révélés à l'occasion d'une procédure quelconque, ni mentionnés dans une décision de justice. Ils ne peuvent être communiqués qu'aux magistrats de l'ordre judiciaire.** – *[C. fam., art. 81, al. 1er.]*

Art. L. 221-8 **Dans tous les cas où la loi ou des règlements exigent la production de l'acte de naissance, il peut y être suppléé, s'il n'a pas été établi un acte de naissance provisoire dans les conditions prévues à l'article 58 du code civil et s'il y a lieu d'observer le secret, par un certificat d'origine dressé par le représentant de l'État dans le département ou son représentant.**

Toutefois, est communiqué aux magistrats de l'ordre judiciaire qui en font la demande à l'occasion d'une procédure pénale, le lieu où est tenu l'état civil d'un pupille de l'État, ou d'un ancien pupille, ou le lieu où est tenue l'identité du ou des parents ou de la personne qui a remis le pupille ou l'ancien pupille.

Ces renseignements ne peuvent être révélés au cours de cette procédure ou mentionnés dans la décision à intervenir ; toutes mesures sont, en outre, prises pour qu'ils ne puissent être portés, directement ou indirectement, à la connaissance de l'intéressé ou de toute personne non liée, de par ses fonctions, par le secret professionnel mentionné aux articles 226-13 et 226-14 du code pénal. – *[C. fam., art. 81, al. 2 à 4.]*

Art. L. 221-9 **Le contrôle du service de l'aide sociale à l'enfance est assuré par l'inspection générale des affaires sociales.** – *[C. fam., art. 82.]*

CHAPITRE II PRESTATIONS D'AIDE SOCIALE À L'ENFANCE

COMMENTAIRE

Les prestations fournies par le service de l'aide sociale étaient définies, jusqu'à la loi n° 86-17 du 6 janvier 1986, en fonction d'un classement des enfants dans des catégories juridiques visées à l'article 45 de l'ancien code de la famille et de l'aide sociale : on distinguait ainsi les enfants placés sous la protection du service (enfants surveillés, enfants secourus, enfants recueillis temporairement, enfants en garde) et les enfants placés sous sa tutelle (pupilles de l'État). Cette classification, qui avait l'apparence de la clarté, mêlait en réalité dans une même catégorie des enfants relevant tantôt d'interventions administratives, tantôt d'interventions judiciaires et laissait de côté le groupe des enfants qui étaient sous protection conjointe du juge des enfants et de l'ASE.

Cette définition des prestations a donc été abandonnée, et on lui a substitué une conception fonctionnelle dans laquelle on distingue des aides à domicile (art. L. 222-2 à L. 222-4) et des prises en charge matérielles (art. L. 222-5). ❑

Art. L. 222-1 **Sans préjudice des pouvoirs reconnus à l'autorité judiciaire, les prestations d'aide sociale à l'enfance mentionnées au présent chapitre sont accordées par décision du président du conseil départemental du département où la demande est présentée.** – *[C. fam., art. 41.]*

COMMENTAIRE

Cette disposition liminaire du chapitre est à relier aux articles L. 121-1 et L. 131-2 qui, définissant les compétences du département et les pouvoirs décisionnels du président du conseil départemental en matière d'aide sociale, rangent parmi celles-ci soit implicitement, soit expressément, l'aide sociale à l'enfance.

Elle rappelle aussi, ce qui ne manque pas de soulever en pratique des difficultés notamment financières, que l'autorité judiciaire, en l'occurrence le juge des enfants, agissant soit sur le terrain civil (assistance éducative, délégation de l'autorité parentale, déchéance de l'autorité parentale) soit sur le terrain pénal (protection judiciaire de la jeunesse), peut imposer au président du conseil départemental la prise en charge de mineurs qu'elle décide de confier à l'ASE ; ce dispositif rompt aussi avec les principes de la décentralisation aux termes desquels on entendait lier pouvoir de décision et responsabilité financière. ❑

Art. L. 222-2 L'aide à domicile est attribuée sur sa demande, ou avec son accord, à la mère, au père ou, à défaut, à la personne qui assume la charge effective de l'enfant, lorsque la santé de celui-ci, sa sécurité, son entretien ou son éducation l'exigent et, pour les prestations financières, lorsque le demandeur ne dispose pas de ressources suffisantes.

Elle est accordée aux femmes enceintes confrontées à des difficultés médicales ou sociales et financières, lorsque leur santé ou celle de l'enfant l'exige.

Elle peut concourir à prévenir une interruption volontaire de grossesse.

Elle peut être accordée aux mineurs émancipés et aux majeurs âgés de moins de vingt et un ans, confrontés à des difficultés sociales. – *[C. fam., art. 42.]*

COMMENTAIRE

Reprenant la formulation de l'ancien article 42 du code de la famille, l'article L. 222-2 détermine les bénéficiaires de la première forme que peut prendre l'aide sociale à l'enfance : l'aide à domicile. On se doit d'ailleurs d'ajouter que les dispositions de cet article concernant les bénéficiaires sont transposables pour déterminer les enfants susceptibles d'être pris en charge dans le cadre de l'article L. 222-5.

On le constate dans le premier alinéa, le bénéficiaire est clairement l'enfant ; d'ailleurs, la formulation retenue est proche de celle adoptée à l'article 375 du code civil qui fonde l'assistance éducative sur « l'intérêt de l'enfant » ; on en retrouve les éléments : santé, sécurité, entretien, éducation. Il s'agit donc d'une intervention qui, d'une part, est causée par des risques que pourrait courir l'enfant du fait des conditions matérielles et éducatives dans lesquelles il se trouve ; d'autre part, est motivée par la volonté de pallier ces risques ; de ce point de vue, intervention administrative de l'ASE et intervention judiciaire du juge des enfants se superposent ; la différence tient dans le fait que l'intervention judiciaire est requise quand les risques pour l'enfant sont actuels (ordonnance du 23 décembre 1958 reprise aux art. 375 s. C. civ.), alors que l'intervention administrative se situe davantage en amont avec un caractère préventif (décret n° 59-101 du 7 janvier 1959 modifiant et complétant le code la famille en ce qui concerne la protection de l'enfance).

L'article étend l'aide à domicile – mais en ayant toujours en vue l'intérêt de l'enfant –, aux femmes enceintes confrontées à des difficultés et aux femmes pour lesquelles cette aide peut « concourir à prévenir une interruption volontaire de grossesse ». C'est dans le même esprit qu'un élargissement est prévu en direction des mineurs émancipés ou des majeurs de moins de vingt et un ans qui connaissent des difficultés. ❑

Art. L. 222-3 L'aide à domicile comporte, ensemble ou séparément :

– l'action d'un technicien ou d'une technicienne de l'intervention sociale et familiale ou d'une aide ménagère ;

(L. n° 2007-293 du 5 mars 2007, art. 20) **« – un accompagnement en économie sociale et familiale ; »**

– l'intervention d'un service d'action éducative ;

– le versement d'aides financières, effectué sous forme soit de secours exceptionnels, soit d'allocations mensuelles, à titre définitif ou sous condition de remboursement, éventuellement délivrés en espèces. – *[C. fam., art. 43.]*

V. art. R. 222-1 à R. 222-4.

COMMENTAIRE

L'article L. 222-3 détermine les formes d'aide à domicile assurées dans le cadre de l'aide sociale à l'enfance. Deux formes d'actions sont prévues : d'une part, l'intervention de professionnels de l'action sociale auprès de l'enfant et de sa famille, soit pour des aides matérielles (l'intervention d'une conseillère en économie sociale et familiale pour un soutien dans l'organisation de la vie quotidienne, ou intervention d'une aide ménagère), soit pour une action éducative (service « d'action éducative en milieu ouvert » confiée à des éducateurs et des psychologues). D'autre part, l'allocation d'aides financières, dénommées « secours exceptionnels » et « allocations mensuelles » (ces dernières sont les anciennes « allocations aux enfants secourus »), ces prestations en espèces ayant en principe pour but d'éviter que des difficultés financières dégradent la situation de la famille et donc des enfants. On rappellera néanmoins que les allocations mensuelles ont souvent été utilisées, avant l'institution du RMI qui était censé mettre un terme à cet usage, comme un moyen de soutien financier des familles se trouvant en plus ou moins grandes difficultés matérielles.

La loi n° 2007-293 du 5 mars 2007 rénovant la protection de l'enfance a complété l'énumération des prestations assurées par des professionnels de l'action sociale par un nouvel alinéa permettant expressément qu'il puisse être recouru, dans le cadre de l'aide à domicile, à un « accompagnement en économie sociale et familiale » ; ce genre d'intervention vise notamment à pallier les difficultés financières des familles dont on sait l'impact négatif qu'elles peuvent avoir sur les enfants. ❑

1. Application des procédures d'urgence. Les procédures d'urgence, telles qu'entrées en vigueur le 1er janv. 2001, et plus spécifiquement le référé-suspension, trouvent à s'appliquer d'une part en matière d'aide sociale (en l'occurrence, des prestations d'aide à domicile), d'autre part dans le cadre d'un contrôle en cassation. • CE 22 août 2002, *Dpt Bouches-du-Rhône,* n° 247068 : *AJDA 2002. 1245, note Tourette.*

2. Durée d'attribution. Est illégale, au regard notamment des art. L. 222-2 et L. 222-3, la décision du président du conseil général refusant de renouveler l'aide à l'hébergement au profit d'un couple et de ses enfants pour la seule raison que l'aide sociale n'a pas vocation à se prolonger dans le temps • CE 21 mars 2003, *Dpt Bouches-du-Rhône,* n° 250777.

3. Mise en œuvre de la mesure judiciaire d'aide à la gestion du budget familial. La mesure judiciaire d'aide à la gestion du budget familial prévue à l'art. 375-9-1 C. civ. ne peut être ordonnée qu'à la double condition que les prestations familiales ne soient pas employées pour les besoins liés au logement, à l'entretien, à la santé et à l'éducation des enfants et que l'accompagnement en économie sociale et familiale prévu à l'art. L. 222-3 n'apparaisse pas suffisant ; par suite, prive sa décision de base légale la cour d'appel qui, pour désigner un délégué aux prestations familiales, a retenu que les conditions dans lesquelles sont élevés les enfants, qui vivent au sein d'une communauté, ne leur permettent pas de s'épanouir, qu'ils ne reçoivent pas une nourriture variée nécessaire à leur bon développement et que ces manquements démontrent que les prestations familiales perçues par les intéressés ne sont pas utilisées pour la santé et l'éducation de leurs enfants sans constater que la mesure d'accompagnement en économie sociale et familiale n'apparaissait pas suffisante. • Civ. 1re, 20 oct. 2010, *Épx X c/ CAF de Béarn et Soule : RDSS 2011. 169, obs. Fabre.*

4. Compétences du département. La compétence de l'État en matière d'hébergement d'urgence n'exclut pas l'intervention du département par la voie d'aides financières destinées à permettre temporairement l'hébergement des familles lorsque la santé des enfants, leur sécurité, leur entretien ou leur éducation l'exigent ; toutefois, de telles prestations ne sont pas d'une nature différente de celles que l'État pourrait fournir en cas de saturation des structures d'hébergement d'urgence, et les besoins des enfants ne sauraient faire l'objet d'une appréciation différente selon la collectivité amenée à prendre en charge, dans l'urgence, l'hébergement de la famille ; ainsi, dès lors que ne sont en cause ni des mineurs relevant d'une prise en charge par le service de l'aide sociale à l'enfance en application de l'art. L. 222-5 CASF, ni des femmes enceintes ou des mères isolées avec leurs enfants de moins de trois ans mentionnées au 4° du même article, l'intervention du département ne revêt qu'un caractère supplétif, dans l'hypothèse où l'État n'aurait pas accompli les diligences qui lui reviennent, et ne saurait entraîner une quelconque obligation à la charge du département dans le cadre d'une procédure d'urgence qui a précisément pour objet de prescrire, à l'autorité principalement compétente, les diligences qui s'avéreraient nécessaires. • CE 13 juill. 2016, n° 400074 : *Lebon ; AJDA 2016. 2162, note Rihal.*

5. Exonération de cotisations patronales de sécurité sociale. Pour l'application de l'exonération de cotisations patronales de sécurité sociale prévue par l'art. L. 241-10, III, CSS, les prestations fournies par un éducateur spécialisé d'un service d'action éducative en milieu ouvert (AEMO) ou d'un service d'accueil externalisé (SAE) ne sont pas assimilables à l'action d'un technicien ou d'une technicienne de l'intervention sociale et familiale ; par suite, c'est à bon droit qu'une cour d'appel a décidé qu'une association ne saurait prétendre au bénéfice de cette exonération pour la fraction des rémunérations, versée en contrepartie de l'exécution des tâches effectuées par les éducateurs spécialisés qu'elle emploie auprès de bénéficiaires qui ne sont pas visés par les dispositions de l'art. L. 241-10, III précité. • Civ. 2e, 30 nov. 2023, nº 21-25.844 B.

Art. L. 222-4 Les secours et allocations mensuelles d'aide à domicile sont incessibles et insaisissables. Toutefois, à la demande du bénéficiaire, ils peuvent être versés à toute personne temporairement chargée de l'enfant.

(L. nº 2007-293 du 5 mars 2007, art. 20) **« Lorsqu'un délégué aux prestations familiales a été nommé, il reçoit de plein droit les allocations mensuelles d'aide à domicile. »**

Art. L. 222-4-1 *Abrogé par L. nº 2013-108 du 31 janv. 2013.*

BIBL. ▶ ROLIN, Les visages menaçants du nouveau contractualisme : le contrat de responsabilité parentale, *RDSS 2007. 38*.

COMMENTAIRE

La palette des instruments d'intervention auprès des familles dont disposait le service de l'aide sociale à l'enfance avait été élargie par la loi nº 2006-396 du 31 mars 2006 pour l'égalité des chances qui avait créé un nouveau dispositif : le « contrat de responsabilité parentale ». Son régime juridique était défini à l'article 222-4-1 introduit par ce texte législatif au présent code.

En se fondant sur des symptômes de difficultés parentales (troubles causés par l'enfant aux institutions sociales et notamment à l'école, comportements délinquants...), ce contrat était mis dans les mains du président du conseil départemental qui devait proposer aux parents de s'engager à prendre les mesures propres à rétablir la situation en ce qui concernait leurs enfants ; le contrat pouvait s'articuler avec les diverses formes d'aides et de prestations émanant notamment de l'aide sociale à l'enfance (art. L. 222-2 et L. 222-3).

Ce contrat avait indubitablement une dimension contraignante puisque, en cas de refus du contrat ou de non-respect par la famille de ses obligations, le président du conseil départemental pouvait saisir le juge des enfants pour obtenir la mise en place d'une mesure judiciaire d'aide à la gestion du budget familial (CSS, art. L. 552-6) ; si les comportements parentaux étaient constitutifs d'infractions pénales, il pouvait saisir le procureur de la République ; il pouvait également, dans les mêmes circonstances de fait, demander à l'organisme gestionnaire des prestations familiales la suspension du versement de ces prestations.

S'agissant de l'ouverture de la procédure pouvant amener à l'établissement d'un contrat de responsabilité parentale, la rédaction initiale de l'article L. 222-4-1 donnait un droit de saisine du président du conseil départemental à un ensemble d'autorités (inspecteur d'académie, chef d'établissement, maire...) ; la loi nº 2010-1127 du 28 septembre 2010 visant à lutter contre l'absentéisme scolaire avait modifié ces dispositions en réservant au seul inspecteur d'académie le soin de constater les absences d'un enfant et de saisir, s'il le jugeait nécessaire, le président du conseil départemental. Ce même texte avait introduit par ailleurs la possibilité donnée aux parents eux-mêmes ou au représentant légal de l'enfant de demander l'établissement d'un tel contrat.

La loi nº 2011-267 du 15 mars 2011 d'orientation et de programmation pour la performance de la sécurité intérieure (dite « Loppsi 2 ») avait élargi le champ de ce dispositif : ainsi, parmi les raisons qui pouvaient conduire le président du conseil départemental à proposer aux parents la conclusion d'un CRP figurait le fait que le mineur avait été l'objet d'une mesure de couvre-feu ou encore qu'il avait été poursuivi ou condamné pour une infraction signalée par le procureur de la République et révélant une carence de l'autorité parentale.

Ce dispositif a été abrogé par la loi nº 2013-108 du 31 janvier 2013, ce texte procédant à une abrogation générale de la loi nº 2010-1127 du 28 septembre 2010 visant à lutter contre l'absentéisme scolaire.

Art. L. 222-4-2 *(L. nº 2007-293 du 5 mars 2007, art. 22)* **Sur décision du président du conseil départemental, le service de l'aide à l'enfance et les services habilités accueillent tout mineur, pendant tout ou partie de la journée, dans un lieu situé, si possible, à proximité de son domicile, afin de lui apporter un soutien éducatif, ainsi qu'un accompagnement à sa famille dans l'exercice de sa fonction parentale.**

COMMENTAIRE

La loi n° 2007-293 du 5 mars 2007 rénovant la protection de l'enfance s'étant notamment proposé de diversifier les formes d'accueil et de prise en charge pour échapper à l'alternative simpliste « maintien dans la famille/placement », l'article L. 222-4-2 vise à donner un fondement légal à des accueils de jour ou temporaires qui permettent au mineur de rester en contact avec sa famille tout en bénéficiant d'aides et de soutiens spécialisés. Le président du conseil départemental a donc désormais la possibilité, s'agissant soit de ses services d'aide sociale à l'enfance, soit des établissements ou services habilités à recevoir les enfants, d'aménager ces modes nouveaux de prise en charge. ❑

Art. L. 222-5 **Sont pris en charge par le service de l'aide sociale à l'enfance sur décision du président du conseil départemental :**

1° *(L. n° 2007-293 du 5 mars 2007, art. 22)* **« Les mineurs qui ne peuvent demeurer provisoirement dans leur milieu de vie habituel et dont la situation requiert un accueil à temps complet ou partiel, modulable selon leurs besoins, en particulier de stabilité affective, ainsi que les mineurs rencontrant des difficultés particulières nécessitant un accueil spécialisé, familial ou dans un établissement ou dans un service tel que prévu au 12° du I de l'article L. 312-1 ; »**

2° Les pupilles de l'État remis aux services dans les conditions prévues aux articles L. 224-4, L. 224-5, L. 224-6 et L. 224-8 ;

3° Les mineurs confiés au service en application du *(L. n° 2007-293 du 5 mars 2007, art. 17)* **« 3° de l'article 375-3 » du code civil, des articles 375-5, 377, 377-1, 380, 411 du même code ou** *(Ord. n° 2019-950 du 11 sept. 2019, art. 5-I, en vigueur le 30 sept. 2021)* **« de l'article L. 323-1 du code de la justice pénale des mineurs » ;**

4° Les femmes enceintes et les mères isolées avec leurs enfants de moins de trois ans qui ont besoin d'un soutien matériel et psychologique *(L. n° 2009-323 du 25 mars 2009, art. 68)* **« , notamment parce qu'elles sont sans domicile ».** *(L. n° 2007-293 du 5 mars 2007, art. 22)* **« Ces dispositions ne font pas obstacle à ce que les établissements ou services qui accueillent ces femmes organisent des dispositifs visant à préserver ou à restaurer des relations avec le père de l'enfant, lorsque celles-ci sont conformes à l'intérêt de celui-ci » ;**

(L. n° 2022-140 du 7 févr. 2022, art. 10-I) **« 5° Les majeurs âgés de moins de vingt et un ans et les mineurs émancipés qui ne bénéficient pas de ressources ou d'un soutien familial suffisants, lorsqu'ils ont été confiés à l'aide sociale à l'enfance avant leur majorité, y compris lorsqu'ils ne bénéficient plus d'aucune prise en charge par l'aide sociale à l'enfance au moment de la décision mentionnée au premier alinéa du présent article** *(L. n° 2024-42 du 26 janv. 2024, art. 44)* **« et à l'exclusion de ceux faisant l'objet d'une décision portant obligation de quitter le territoire français en application de l'article L. 611-1 du code de l'entrée et du séjour des étrangers et du droit d'asile ».** — *Les charges supplémentaires résultant pour les départements du 5° de l'art. L. 222-5 donnent lieu à un accompagnement financier de la part de l'État, dont les modalités sont déterminées par la prochaine loi de finances (L. n° 2022-140 du 7 févr. 2022, art. 10-II). — V. Arr. du 1er déc. 2022 fixant le montant du financement de l'État pour le maintien de la prise en charge des jeunes majeurs par l'aide sociale à l'enfance (JO 6 déc., NOR : PRMA2232230A).*

« Peuvent être également pris en charge à titre temporaire, par le service chargé de l'aide sociale à l'enfance, les mineurs émancipés et les majeurs âgés de moins de vingt et un ans qui ne bénéficient pas de ressources ou d'un soutien familial suffisants. »

(L. n° 2016-297 du 14 mars 2016, art. 16) **« Un accompagnement est proposé aux jeunes mentionnés au 1° du présent article devenus majeurs et aux majeurs mentionnés** *(L. n° 2022-140 du 7 févr. 2022, art. 10-I)* **« au 5° et » à l'avant-dernier alinéa, au-delà du terme de la mesure, pour leur permettre de terminer l'année scolaire ou universitaire engagée. »**

BIBL. ▸ Divers, Assistance éducative, *AJ fam. 2020. 443*. – FOSSIER, La mission élargie des départements en matière d'assistance éducative, *RDSS 2005. 48*. – GOUTTENOIRE-CORNUT, La réforme imparfaite de la procédure d'assistance éducative, *Dr. fam. 2002. Étude n° 14.* – HUYETTE, La nouvelle procédure d'assistance éducative, *D. 2002. 1433*.

COMMENTAIRE

L'article L. 222-5 (ancien article 46 du code de la famille) détermine les diverses catégories d'enfants qui sont pris en charge sur les plans matériel et éducatif par le service ASE ; cette énumération, de nature plus fonctionnelle, a été substituée à la classification antérieure qui se fondait sur le critère du statut juridique.

Les enfants « qui ne peuvent provisoirement être maintenus dans leur milieu de vie habituel » sont les anciens « enfants recueillis temporairement » qui sont pris en charge avec l'accord de la famille. Les pupilles de l'État sont confiés à l'ASE dans le cadre d'une procédure déterminée par les articles L. 224-1 à L. 224-12. Les « mineurs confiés au service par l'autorité judiciaire » (ex-enfants dits « en garde ») le sont par le juge des enfants en application des articles 375 (retrait d'un mineur de son milieu actuel), 377 (délégation de l'autorité parentale) du code civil, et des articles 10 et 15 de l'ordonnance 45-174 du 2 février 1945 relative à l'enfance délinquante.

Les décisions d'admission à l'ASE sont prises dans tous les cas par le président du conseil départemental. Cependant, s'il dispose entièrement de la compétence en ce qui concerne les mineurs qui ne peuvent provisoirement être maintenus dans leur milieu, pour les femmes enceintes et les mères isolées ainsi que pour les mineurs émancipés et jeunes majeurs, la compétence du président est liée s'agissant des pupilles de l'État et des enfants confiés par l'autorité judiciaire.

Le régime juridique de l'accueil des mineurs « hors du domicile parental » est fixé aux articles L. 227-1 à L. 227-12. Il est à noter que la loi n° 2007-293 du 5 mars 2007 rénovant la protection de l'enfance a modifié deux des alinéas de la disposition ci-dessus (1° et 4°). Les modifications vont dans le même sens : il s'agit, d'une part, d'assouplir les modes de prise en charge des enfants en ouvrant légalement la possibilité d'accueils séquentiels, modulables, adaptables selon les besoins du mineur ; et, d'autre part, de permettre aux structures d'accueil d'inventer des dispositifs permettant dans toute la mesure du possible de maintenir les relations entre l'enfant et ses parents, cela en fonction de l'appréciation qu'ils ont de son intérêt.

Par ailleurs, la loi n° 2016-297 du 14 mars 2016 prévoit une possibilité d'accompagnement des jeunes majeurs par l'ASE pour leur permettre de terminer l'année scolaire ou universitaire engagée.

La prise en charge des enfants par l'ASE prenant fin juridiquement à leur majorité, à savoir à l'âge de 18 ans, il est apparu peu à peu que, souvent, cet âge d'accès théorique à l'autonomie ne correspondait pas à la situation concrète requise pour qu'un jeune puisse s'insérer tant sur le plan social que sur le plan professionnel. Cette barrière d'âge a donc progressivement été assouplie avec les dispositifs dénommés « jeunes majeurs » ; la loi n° 2022-140 du 7 février 2022 a renforcé de nouveau les obligations des services de l'ASE à l'égard des jeunes majeurs, ces derniers figurant maintenant dans la liste des jeunes qui, bien que majeurs juridiquement, doivent cependant être pris en charge (art. L. 222-5, 5° ; V. aussi les art. L. 222-5-1, L. 222-5-2 et L. 222-5-2-1).

Il est à noter que la loi n° 2024-42 du 26 janvier 2024 pour contrôler l'immigration et améliorer l'intégration a ajouté dans l'article L. 222-5 une disposition (art. L. 222-5, 5°) qui exclut de l'obligation pesant sur le département, dans le cadre de l'ASE, de la prise en charge des majeurs âgés de moins de vingt et un ans ceux d'entre eux qui font l'objet d'une décision portant obligation de quitter le territoire français en application de l'article L. 611-1 du code de l'entrée et du séjour des étrangers et du droit d'asile. ❑

1. *Assistance éducative et qualité de gardien.* La qualité de gardien doit être reconnue au service de l'ASE. • Civ. 1re, 22 mai 1974, n° 73-80.009 P : *D. 1975. 15 ; Gaz. Pal. 1974. 2. 726, note Verdier ; RTD civ. 1975. 95, obs. Nerson* • 28 mars 1995, n° 94-05.024 P : *Defrénois 1995. 1390, obs. Massip.*

2. *Compétence pour choisir les parents nourriciers.* Lorsque l'enfant a été confié, par décision du juge des enfants, au service départemental de l'aide sociale à l'enfance, il appartient au président du conseil général de choisir les parents nourriciers. • Civ. 1re, 3 janv. 1980, n° 78-80.036 P. • 1er févr. 1983 : *Gaz. Pal. 1983. 2. Pan. 187, obs. M. G.* ♦ Même sens : • Civ. 1re, 12 nov. 1985, n° 84-14.410 P.

3. *Rôle du juge administratif.* Il appartient au juge administratif, saisi d'une action en responsabilité pour des faits imputables à un mineur pris en charge par le service d'ASE, de déterminer si, compte tenu des conditions d'accueil du mineur, notamment la durée de cet accueil et le rythme des retours du mineur dans sa famille, ainsi que des obligations qui en résultent pour le service d'ASE et pour les titulaires de l'autorité parentale, la décision du président du conseil départemental, prise sur le fondement de l'art. L. 222-5 CASF, avec le consentement des titulaires de l'autorité parentale, s'analyse comme une prise en charge durable et globale de ce mineur, pour une période convenue, par l'aide sociale à l'enfance ; si tel est le cas, cette décision a pour effet de transférer au département la responsabilité d'organiser, de diriger et de contrôler la vie du mineur durant cette période, et ni la circonstance que la décision de prise en charge du mineur prévoie un retour de celui-ci dans son milieu familial de façon ponctuelle ou selon un rythme qu'elle détermine ni celle que le mineur y retourne de sa propre initiative ne font par elles-mêmes obstacle à ce que cette décision entraîne un tel transfert de responsabilité ; en raison des pouvoirs dont le département se trouve, dans ce cas, investi, sa responsabilité est engagée, même sans faute, pour les dommages causés aux tiers par ce mineur, y compris lorsque ces dommages sont survenus alors que le mineur est hébergé par ses parents, dès lors qu'il n'a pas été mis fin à cette prise en charge par le service d'ASE par décision des titulaires de l'autorité parentale ou qu'elle n'a pas été suspendue ou interrompue par l'autorité administrative ou judiciaire. • CE, sect., 1er juill. 2016, n° 375076 : *Lebon ; AJ fam. 2016. 433, obs. Gebler ; RFDA 2016. 979, note Bon ; RDSS 2016. 955, note Cristol ; AJDA 2016. 2292, note Camguilhem*. ♦ A l'égard de la victime, cette responsabilité n'est susceptible d'être atténuée ou supprimée que dans le cas où le dommage est imputable à une faute de celle-ci ou à un cas de force majeure ; en outre, dans le cadre d'une action en garantie, le département peut, le cas échéant, se prévaloir de la faute du tiers ayant concouru à la réalisation du dommage. • Même arrêt.

4. Office du juge. Lorsqu'il statue sur un recours dirigé contre une décision refusant une prise en charge par le service de l'aide sociale à l'enfance, il appartient au juge administratif, eu égard tant à la finalité de son intervention qu'à sa qualité de juge de plein contentieux, non de se prononcer sur les éventuels vices propres de la décision attaquée, mais d'examiner la situation de l'intéressé, en tenant compte de l'ensemble des circonstances de fait qui résultent de l'instruction et, notamment, du dossier qui lui est communiqué ; au vu de ces éléments, il lui appartient d'annuler, s'il y a lieu, cette décision en accueillant lui-même la demande de l'intéressé s'il apparaît, à la date à laquelle il statue, eu égard à la marge d'appréciation dont dispose le président du conseil départemental dans leur mise en œuvre, qu'un défaut de prise en charge conduirait à une méconnaissance des dispositions du CASF relatives à la protection de l'enfance et en renvoyant l'intéressé devant l'administration afin qu'elle précise les modalités de cette prise en charge sur la base des motifs de son jugement • CE, sect., 3 juin 2019, n° 419903 : *RDSS 2019. 1093, note Donier* • CE 22 juill. 2020, n° 435974 B : *AJDA 2021. 34, note Rihal*.

5. Tutelle exercée par le président du conseil général. Ne donne pas de base légale à sa décision le tribunal qui rejette le recours formé par le président d'un conseil général désigné comme tuteur et faisant valoir que, s'agissant d'une tutelle aux biens organisée dans le seul but de régler la succession du père des mineurs, une telle mesure est incompatible avec la mission d'assistance conférée au service de l'ASE par les art. 40 et 46 du C. fam. (devenus art. L. 221-1 et L. 222-5 CASF), sans rechercher si la désignation du président du conseil général, qui conduit nécessairement à investir des fonctions de tuteur le service de l'aide sociale, est la plus appropriée aux intérêts des mineurs et alors qu'il n'appartient pas au président du conseil général de déterminer les modalités selon lesquelles s'exercera la tutelle d'un mineur, confiée au département, le choix entre les diverses possibilités prévues par la loi étant de la compétence du seul juge des tutelles. • Civ. 1re, 9 oct. 1991, n° 90-11.492 P : *D. 1991. IR 239*.

6. Étendue du pouvoir du juge à l'égard de l'ASE. Il résulte de l'art. 375-4 C. civ. que le juge des enfants ne peut pas ordonner une mesure d'assistance éducative en milieu ouvert lorsqu'en application de l'art. 375-3, al. 1er, 4°, il a décidé de confier le mineur en danger à un service départemental de l'Aide sociale à l'enfance. • Civ. 1re, 29 juin 1994, n° 92-05.043 P : *Defrénois 1995. 36024, n° 7, obs. Massip*. ♦ Mais il résulte de l'art. 375-4, al. 2, combiné à l'art. 375-3, 4°, que le juge peut assortir la remise de l'enfant à un service départemental d'aide sociale de l'obligation de fréquenter un établissement sanitaire ou d'éducation, ordinaire ou spécialisé, modalité prévue par l'art. 375-2, al. 2. • Civ. 1re, 15 mai 1990, n° 88-05.045 P : *JCP 1991. II. 21666, note Curiel*. ♦ Cette fréquentation implique, le cas échéant, le placement du mineur dans l'établissement choisi par le juge. • Civ. 1re, 10 mars 1993, n° 91-05.089 P : *JCP 1994. II. 22244, note Allaix* • 17 mai 1993 : *Defrénois 1993. 1371, obs. Massip*.

7. Office du juge et refus de prise en charge par l'ASE. Lorsqu'il statue sur un recours dirigé contre une décision refusant une prise en charge par le service de l'ASE, il appartient au juge administratif, eu égard tant à la finalité de son intervention qu'à sa qualité de juge de plein contentieux, non de se prononcer sur les éventuels vices propres de la décision attaquée, mais d'examiner la situation de l'intéressé, en tenant compte de l'ensemble des circonstances de fait qui résultent de l'instruction et, notamment, du dossier qui lui est communiqué ; au vu de ces éléments, il lui appartient d'annuler, s'il y a lieu, cette décision en accueillant lui-même la demande de l'intéressé s'il apparaît, à la date à laquelle il statue, eu égard à la marge d'appréciation dont dispose le président du conseil départemental dans leur mise en œuvre, qu'un défaut de prise en charge conduirait à une méconnaissance des dispositions du CASF relatives à la protection de l'enfance et en renvoyant l'intéressé devant l'administration afin qu'elle précise les modalités de cette prise en charge sur la base des motifs de son jugement. • CE, sect., 3 juin 2019, n° 419903 A : *AJDA 2019. 1568, chron. Malverti et Beaufils*. ♦ Saisi d'une demande de suspension de l'exécution d'une telle décision, il appartient ainsi au juge des référés de rechercher si, à la date à laquelle il se prononce, ces éléments font apparaître, en dépit de cette marge d'appréciation, un doute sérieux quant à la légalité d'un défaut de prise en charge. • CE 22 juill. 2020, n° 435974 B : *AJDA 2021. 34, note Rihal*.

8. Conditions de renouvellement d'une mesure d'assistance éducative. Aux termes des art. 1189 et 1200-1 NCPC, le juge des enfants, en l'état du maintien d'une mesure d'assistance éducative, doit faire convoquer les parents et la mineure pour les entendre contradictoirement ; il est en outre de sa charge d'obtenir l'adhésion de la famille au renouvellement envisagé sur proposition du service éducatif en charge de la précédente mesure. • Versailles, 7 mars 2002 : *D. 2002. IR 1464*. ♦ Saisi d'une demande de suspension de l'exécution d'une telle décision, il appartient ainsi au juge des référés de rechercher si, à la date à laquelle il se prononce, ces éléments font apparaître, en dépit de cette marge d'appréciation, un doute sérieux quant à la légalité d'un défaut de prise en charge. • CE 22 juill. 2020, n° 435974 B.

9. Délégation partielle de l'autorité parentale au service d'ASE. Ayant caractérisé l'impossibilité pour un père d'exercer, en partie, l'autorité parentale sur son enfant, une cour d'appel a pu décider de la déléguer partiellement à un service de l'aide sociale à l'enfance • Civ. 1re, 5 avr. 2005, n° 04-05.019 P.

10. Autorité compétente pour mettre en place le droit de visite. S'il a été nécessaire de placer l'enfant hors de chez ses parents, ceux-ci conservent un droit de visite dont il appartient au juge de fixer les modalités ; dès lors, méconnaît l'étendue de ses pouvoirs le juge qui confie un mineur à un service départemental des affaires sociales et accorde aux parents des droits de visite, sortie et hébergement, dont les modalités seront gérées par le service. • Civ. 1re, 13 oct. 1998, n° 98-05.008 P : *D. 1999. Somm. 201, obs. Granet* et *1999. 123, note Huyette* ; *RTD civ. 1999. 75, obs. Hauser* ; *Defrénois 1999. 309, obs. Massip* • 4 oct. 2001 : *Dr. famille 2002, n° 58, note Murat*. ♦ En précisant la fréquence et le lieu où s'exercera le droit de visite, la cour d'appel en a fixé les modalités sans avoir à les détailler plus amplement. • Civ. 1re, 17 mai 2003, n° 01-05.152 P : *D. 2003. IR 862* ; *RTD civ. 2003. 281* et *493, obs. Hauser*.

11. Limitations du droit de visite. En accordant aux parents un droit de visite sur leur fils dont elle a déterminé la périodicité en précisant qu'il devait s'exercer en présence d'un éducateur, la cour d'appel, qui a, en outre, dit qu'il en serait référé au juge des enfants en cas de difficulté, n'a pas délégué ses pouvoirs. • Civ. 1re, 28 nov. 2006, n° 04-05095 : *RDSS 2007. 348, obs. Kimmel-Alcover*.

12. Prise en charge par l'ASE et disparition de l'état de danger. En constatant que le mineur était pris en charge par le service de l'ASE et que son père n'avait plus l'exercice de l'autorité parentale même s'il en demeurait titulaire, une cour d'appel a estimé souverainement que ce changement de situation juridique avait entraîné la disparition de l'état de danger constaté antérieurement et justifiait la mainlevée de la mesure d'assistance éducative dont faisait l'objet le mineur • Civ. 1re, 3 nov. 2004, n° 03-05.056 P : *RDSS 2005. 304, note F. Monéger* ; *JCP G 2005. 383, obs. Fossier* ; *RTD civ. 2005. 100, obs. Hauser* ; *JCP G 2006. II. 10008, note Geffroy et Nissaboury*.

13. Consultation du dossier d'assistance éducative et juge européen. Le droit à un procès équitable contradictoire implique par principe, pour une partie, la faculté de prendre connaissance des observations ou des pièces produites par l'autre, ainsi que de discuter. S'agissant du contentieux relatif à des mesures d'assistance éducative, la circonstance que des documents aussi essentiels que les rapports sociaux n'ont pas été communiqués est propre à affecter la capacité des parents d'influer sur l'issue de l'audience. • CEDH 24 févr. 1995, *X... c/ Royaume-Uni*, n° 51-1993-446-525 : *D. 1995. 449, note Huyette* • 10 mai 2001, *TP et KM* : *JCP 2002. I. 342, obs. Sudre*.

14. Consultation du dossier d'assistance éducative et juge français. L'art. 1187 NCPC, qui prévoit que le dossier d'assistance éducative peut être consulté au secrétariat-greffe par le conseil du mineur et celui de ses père, mère, tuteur, ou la personne ou le service à qui l'enfant a été confié et qui, *a contrario*, interdit la consultation du dossier par la famille elle-même, est contraire au principe du « droit à un procès équitable » posé par l'art. 6 Conv. EDH. • Lyon, 26 juin 2000 : *D. 2000. 661, note Huyette*. ♦ L'art. 1187 NCPC dans sa rédaction postérieure au décret du 15 mars 2002 ne viole ni le principe de la contradiction ni l'art. 6-1 de la Conv. EDH, dès lors qu'il aménage l'accès au dossier dans des conclusions permettant d'assurer la nécessaire protection due à l'enfant. • Civ. 1re, 28 nov. 2006 : *RDSS 2007. 348, obs. Kimmel-Alcover*. ♦ En matière d'assistance éducative, le dossier peut être consulté, sur leur demande et aux jours et heures fixés par le juge, par les parents de l'enfant jusqu'à la veille de l'audience dans le même temps où les convocations informent les parties de cette possibilité de consulter le dossier ; par suite, viole le principe du contradictoire l'arrêt qui rejette le recours des requérants alors qu'il n'est pas établi que ceux-ci aient été mis en mesure de prendre connaissance, avant l'audience, des pièces présentées à la juridiction et, par suite, de les discuter utilement. • Civ. 1re, 28 mars 2018, n° 16-28.010 P : *AJ fam. 2018. 343, obs. Pedron* ; *LPA 2018, n° 159, p. 9, note Kimmel-Alcover.*

15. Confusion entre exception de légalité et exception de conventionnalité. Doit être cassé, car confondant exception de légalité et exception de conventionnalité et méconnaissant l'étendue de ses pouvoirs, l'arrêt d'une cour d'appel qui a invité le père d'un enfant, faisant l'objet d'une procédure d'assistance éducative, à saisir la juridiction administrative de la légalité de l'art. 1187 NCPC et a sursis à statuer sur sa demande de communication de pièces alors qu'il appartenait à ladite cour d'appel de dire si les dispositions du texte précité sont compatibles avec l'art. 6-1 de la Conv. EDH • Civ. 1re, 3 avr. 2001, n° 00-05.026 P : *LPA 2001. 18, note Massip.*

16. Audition des enfants à l'audience. La circonstance qu'une cour d'appel ait statué sans que les enfants, qui étaient représentés par un avocat à l'audience, aient été entendus par la chambre spéciale des mineurs bien qu'ils l'aient été au cours de la procédure par le juge des enfants ne saurait vicier la régularité de la procédure dans la mesure où il résulte des art. 1188, al. 2, 1189 et 1193 NCPC que la convocation, la présence et l'audition des mineurs à l'audience ne sont que facultatives. • Civ. 1re, 28 nov. 2006 : *RDSS 2007. 348, obs. Kimmel-Alcover*.

17. Assistance éducative et zone d'attente. Un mineur étranger maintenu en zone d'attente se trouve sur le territoire national ; par suite, il est susceptible de bénéficier, au cours de sa détention, des art. 375 s. C. civ. • Civ. 1re, 25 mars 2009, n° 08-14125 : *RDSS 2009. 550, note Bruggeman*.

18. Atteinte à une liberté fondamentale. Il résulte des art. 375 et 375-3 C. civ. ainsi que des art. L. 221-1 et L. 222-5 CASF qu'il incombe aux autorités du département, le cas échéant dans les conditions prévues par la décision du juge des enfants, de prendre en charge l'hébergement et de pourvoir aux besoins des mineurs confiés au service de l'ASE ; à cet égard, une obligation particulière pèse sur ces autorités lorsqu'un mineur privé de la protection de sa famille est sans abri et que sa santé, sa sécurité ou sa moralité est en danger. Lorsqu'elle entraîne des conséquences graves pour le mineur intéressé, une carence caractérisée dans l'accomplissement de cette mission porte une atteinte grave et manifestement illégale à une liberté fondamentale au sens de l'art. L. 521-2 CJA. • CE 27 juill. 2016, n° 400055 : *Lebon ; AJDA 2016. 2115, concl. Lessi* ; *AJCT 2016. 634, obs. Teixeira*. ♦ L'intervention du juge des référés est subordonnée au constat que la situation litigieuse permet de prendre utilement et à très bref délai les mesures de sauvegarde nécessaires ; il incombe, dès lors, à ce juge d'apprécier, dans chaque cas, en tenant compte des moyens dont l'administration départementale dispose ainsi que de la situation du mineur intéressé, quelles sont les mesures qui peuvent être utilement ordonnées et qui, compte tenu de l'urgence, peuvent revêtir toutes modalités provisoires de nature à faire cesser l'atteinte grave et manifestement illégale portée à une liberté fondamentale, dans l'attente d'un accueil du mineur dans un établissement ou un service autorisé, un lieu de vie et d'accueil ou une famille d'accueil si celui-ci n'est pas matériellement possible à très bref délai. • Même arrêt. ♦ En outre, il appartient, en tout état de cause, aux autorités titulaires du pouvoir de police générale, garantes du respect du principe constitutionnel de sauvegarde de la dignité humaine, de veiller, notamment, à ce que le droit de toute personne à ne pas être soumise à des traitements inhumains ou dégradants soit garanti ; lorsque la carence des autorités publiques expose des personnes à être soumises, de manière caractérisée, à de tels traitements, portant ainsi une atteinte grave et manifestement illégale à une liberté fondamentale, et que la situation permet de prendre utilement des mesures de sauvegarde dans un délai de 48 h, le juge des référés peut prescrire toutes les mesures de nature à faire cesser la situation résultant de cette carence. Toutefois, la compétence des autorités titulaires du pouvoir de police générale ne saurait avoir pour effet de dispenser le département de ses obligations en matière de prise en charge des mineurs confiés au service de l'ASE ; par suite, le juge des référés ne pourrait prononcer une injonction à leur égard que dans l'hypothèse où les mesures de sauvegarde à prendre excéderaient les capacités d'action du département. • Même arrêt. ♦ Il appartient cependant en tout état de cause aux autorités titulaires du pouvoir de police générale, garantes du respect du principe constitutionnel de sauvegarde de la dignité humaine, de veiller, notamment, à ce que le droit de toute personne à ne pas être soumise à des traitements inhumains ou dégradants soit garanti et de prendre toute mesure en ce sens : en effet, la compétence de principe du département en matière d'aide sociale à l'enfance ne fait pas obstacle à l'intervention de l'État, au titre de ses pouvoirs de police, pour la prise en charge à titre exceptionnel des mineurs, dès lors qu'une telle intervention est nécessaire, lorsqu'il apparaît que, du fait notamment de l'ampleur et de l'urgence des mesures à prendre, le département est manifestement dans l'impossibilité d'exercer sa mission de protection des mineurs. • CE 8 nov. 2017, n° 406256 B.

19. Mineurs étrangers isolés et allocation pour demandeur d'asile. Il résulte des dispositions de l'art. 375 C. civ. et des art. L. 221-1 et L. 222-5 CASF qu'il incombe au service de l'aide sociale à l'enfance des départements de prendre en charge l'hébergement et de pourvoir aux besoins des mineurs étrangers qui sollicitent l'asile et sont privés de la protection de leur famille ; par suite, l'exclusion des demandeurs d'asile mineurs du bénéfice de l'allocation pour demandeur d'asile ne méconnaît pas les objectifs de la Dir. 2013/33/UE du Parlement européen et du Conseil du 26 juin 2013 ; par ailleurs cette exclusion ne saurait davantage être regardée comme contraire à l'art. 3-1 de la CIDE. • CE 23 déc. 2016, n° 394819 B : *AJDA 2017. 238, concl. Domino*.

20. Mineurs non accompagnés et rejet d'une demande de mainlevée du placement à l'ASE. Un département ne peut utilement se prévaloir, pour contester la décision du juge des référés de lui ordonner d'exécuter la mesure de placement, des résultats de l'examen médical de l'intéressé quant à son âge physiologique vraisemblable, non plus que de la circonstance qu'une obligation de quitter le territoire français a été prise à son égard. • CE 27 déc. 2017, n° 415436 B : *AJDA 2018. 1099, note Rihal et Cavaniol ; JCP Adm. 2018. 2139, concl. Decout-Paolini et note Habchi.* ♦ Par ailleurs, si les faits de violence auxquels le mineur a participé à l'encontre notamment d'une chef de service de l'association gérant son hébergement justifient qu'il ne soit plus pris en charge par la structure à laquelle, jusque-là, il avait été confié, ils ne font cependant pas obstacle à toute forme de mise à l'abri permettant de prendre en charge ses besoins élémentaires en ce qui concerne l'hébergement et l'alimentation dès lors que l'intéressé n'a pas adopté par la suite un comportement qui s'y opposerait • Même arrêt.

21. Mineur non accompagné et décision de mainlevée d'un placement à l'ASE. Si la santé, la sécurité ou la moralité d'un mineur sont en danger, des mesures d'assistance éducative peuvent être ordonnées par le juge des enfants, lequel, lorsqu'il est saisi de la situation d'un mineur privé temporairement ou définitivement de la protection de sa famille, prend sa décision en stricte considération de l'intérêt de l'enfant ; par suite, prive sa décision de base légale la cour d'appel qui, pour donner mainlevée d'un placement à l'aide sociale à l'enfance, retient, d'une part, que l'arrivée de l'intéressé sur le territoire français résulte d'une décision de ses parents, aucune situation de danger n'étant constatée à son encontre dans son pays d'origine, et qu'il reste donc soumis à l'autorité parentale qu'ils exercent depuis ce pays ; d'autre part, qu'il dispose de relations sociales et familiales en France, de sorte qu'il ne relève pas de la protection des mineurs non accompagnés sans rechercher, comme il le lui incombait, si le mineur disposait d'un représentant légal sur le territoire national ou était effectivement pris en charge par une personne majeure. • Civ. 1re, 16 nov. 2017, n° 17-24.072 P : *RDSS 2018. 155, note Monéger*. ♦ Le principe selon lequel le doute sur la majorité ou la minorité profite à l'intéressé ne s'applique que lorsqu'un examen radiologique osseux a été ordonné sur le fondement de l'art. 388 C. civ. • Civ. 1re, 19 sept. 2019, n° 19-15.976 P : *AJ fam. 2019. 588, obs. Bruggiamosca ; RTD civ. 2019. 829, obs. Leroyer ; JCP 2019. 1081, note Gouttenoire.*

22. Mineur non accompagné devenu majeur. S'il incombe au président du conseil départemental de préparer l'accompagnement vers l'autonomie de tout mineur pris en charge par le service de l'aide sociale à l'enfance dans l'année précédant sa majorité, il dispose, sous le contrôle du juge, d'un large pouvoir d'appréciation pour accorder ou maintenir la prise en charge par ce service d'un jeune majeur de moins de 21 ans éprouvant des difficultés d'insertion sociale faute de ressources ou d'un soutien familial suffisants ; toutefois, lorsqu'une mesure de prise en charge d'un mineur parvenant à sa majorité, quel qu'en soit le fondement, arrive à son terme en cours d'année scolaire ou universitaire, il doit proposer à ce jeune un accompagnement, qui peut prendre la forme de toute mesure adaptée à ses besoins et à son âge, pour lui permettre de ne pas interrompre l'année scolaire ou universitaire engagée. • CE 21 déc. 2018, n° 420393 B • CE 21 déc. 2018, n° 421323 B : *AJDA 2019. 998, note Rihal*. ♦ Sous réserve de l'hypothèse dans laquelle un accompagnement doit être proposé au jeune pour lui permettre de terminer l'année scolaire ou universitaire engagée, le président du conseil départemental, qui dispose, sous le contrôle du juge, d'un large pouvoir d'appréciation pour accorder ou maintenir la prise en charge par le service chargé de l'aide sociale à l'enfance d'un jeune majeur de moins de 21 ans éprouvant des difficultés d'insertion sociale faute de ressources ou d'un soutien familial suffisants, peut prendre en considération les perspectives d'insertion qu'ouvre une prise en charge par l'aide sociale à l'enfance et à ce titre, notamment, tenir compte, pour les étrangers, de leur situation au regard du droit au séjour et au travail, particulièrement lorsqu'une autorisation de travail est nécessaire à leur projet d'insertion sociale et professionnelle, ainsi que, le cas échéant, des possibilités de régularisation de cette situation compte tenu de la formation suivie. • CE 15 mars 2019, n° 422488 B.

23. Mineur non accompagné et tests osseux. Compte tenu des garanties qui l'entourent, le recours aux examens radiologiques osseux à des fins de détermination de l'âge d'un individu n'est contraire à aucune disposition de valeur constitutionnelle. • Cons. const. 21 mars 2019, n° 2018-768 QPC : *RDSS 2019. 453, note Caire ; D. 2019. 742, note Parinet ; AJDA 2019. 1448, note Escach-Dubourg ; Constitutions 2019. 253 et 261, notes Jacquelot et Pouly*. ♦ Il résulte, des al. 10 et 11 du Préambule de la Constitution de 1946, une exigence de protection de l'intérêt supérieur de l'enfant, qui impose que les mineurs présents sur le territoire national bénéficient de la protection légale attachée à leur âge ; il s'ensuit que les règles relatives à la détermination de l'âge d'un individu doivent être entourées des garanties nécessaires afin que des personnes mineures ne soient pas indûment considérées comme majeures. • CE 5 févr. 2020, n° 428478 B : *AJDA 2020. 1958, note Glinel*.

24. Mineur non accompagné et Conv. EDH. L'absence de prise en charge d'un mineur isolé étranger de 12 ans vivant dans un bidonville constitue une violation de l'art. 3 Conv. EDH prohibant les « traitements inhumains et dégradants ». • CEDH 28 févr. 2019, n° 12267/16 : *D. 2019. 1092, note Caire*.

25. Constat de la condition d'urgence. Eu égard aux effets particuliers d'une décision refusant de poursuivre la prise en charge, au titre des deux derniers al. de l'art. L. 222-5, d'un jeune jusque-là confié à l'aide sociale à l'enfance, la condition d'urgence doit en principe être constatée lorsqu'il demande la suspension d'une telle décision de refus. Il peut toutefois en aller autrement dans les cas où l'administration justifie de circonstances particulières, qu'il appartient au juge des référés de prendre en considération en procédant à une appréciation globale des circonstances de l'espèce qui lui est soumise • CE 21 déc. 2018, n° 421323 : *préc., note 22.*

26. Atteinte à une liberté fondamentale. Sous réserve des cas où la condition de minorité ne serait à l'évidence pas remplie, il incombe aux autorités du département de mettre en place un accueil d'urgence pour toute personne se déclarant mineure et privée temporairement ou définitivement de la protection de sa famille, confrontée à des difficultés risquant de mettre en danger sa santé, sa sécurité ou sa moralité en particulier parce qu'elle est sans abri ; lorsqu'elle entraîne des conséquences graves pour le mineur intéressé, une carence caractérisée dans l'accomplissement de cette mission porte une atteinte grave et manifestement illégale à une liberté fondamentale • CE, réf., 25 janv. 2019, n°s 427170, 427169, 427167, 426950 et 426949 : *RDSS 2019. 517, note Doebelin*.

27. Rôles de l'État et du département dans la prise en charge des femmes enceintes et mères isolées avec enfants de moins de trois ans. S'il résulte des art. L. 121-7, L. 345-1, L. 345-2 et L. 345-2-2 CASF que sont, en principe, à la charge de l'État les mesures d'aide sociale relatives à l'hébergement des personnes qui connaissent de graves difficultés, notamment économiques ou de logement, ainsi que l'hébergement d'urgence des personnes sans abri en situation de détresse médicale, psychique ou sociale, il résulte des art. L. 221-1, L. 222-1, L. 222-5 et L. 221-2 du même code que la prise en charge, qui inclut l'hébergement, le cas échéant en urgence, des femmes enceintes ou des mères isolées avec leurs enfants de moins de trois ans qui ont besoin d'un soutien matériel et psychologique, notamment parce qu'elles sont sans domicile, incombe au département en vertu de l'art. L. 222-5 CASF ; si toute personne peut s'adresser au service intégré d'accueil et d'orientation prévu par l'art. L. 345-2 du même code et si l'État ne peut légalement refuser à ces femmes un hébergement d'urgence au seul motif qu'il incombe en principe au département d'assurer leur prise en charge, l'intervention de l'État ne revêt qu'un caractère supplétif, dans l'hypothèse où le département n'aurait pas accompli les diligences qui lui reviennent, et ne fait d'ailleurs pas obstacle à ce que puisse être recherchée la responsabilité du département en cas de carence avérée et prolongée. • CE 26 avr. 2018, n° 407989 B.

28. Portée du « contrat jeune majeur ». Le « contrat jeune majeur », qui a seulement pour objet de formaliser les relations entre le service de l'aide sociale à l'enfance et le jeune majeur, dans un but de responsabilisation de ce dernier, n'a ni pour objet ni pour effet de placer celui-ci dans une situation contractuelle vis-à-vis du département. • CE 22 juill. 2020, n° 435974 B : *AJDA 2021. 34, note Rihal*.

29. Compétence juridictionnelle en cas d'une éventuelle carence fautive du service. La demande d'un mineur en réparation du préjudice que lui auraient causé les manquements de son tuteur dans l'accompagnement de ses démarches administratives est relative aux conditions d'exercice de la tutelle et concerne un droit qui relève essentiellement du droit civil. • T. confl. 15 mai 2023, n° C4271 A : *AJDA 2023. 1939, note Rihal*. ♦ A supposer que le fait pour le service de l'aide sociale à l'enfance, auprès duquel le mineur a été placé par le juge des enfants, de ne pas avoir accompli avant sa majorité les démarches nécessaires à la souscription de la déclaration de nationalité soit constitutif d'une faute, celle-ci n'est pas détachable des obligations que le service de l'aide sociale à l'enfance assume dans l'exercice de la mission d'assistance éducative qui lui a été confiée par le juge judiciaire sur ce mineur ; par suite, il appartient à la juridiction de l'ordre judiciaire de connaître l'action en réparation d'une telle faute. • T. confl. 15 mai 2023, n° C4272 A : *préc.*

30. Carence fautive des services de l'ASE et violation de la Conv. EDH. Violent les art. 3 et 9 de la Conv. EDH et donc impliquent une indemnisation les services de l'ASE qui ont fait preuve de carences fautives dans le suivi d'une enfant placée en famille d'accueil et victime d'abus sexuels, et qui n'ont pas su faire respecter la clause de neutralité religieuse. • CEDH 3 nov. 2022, *Loste c/ France*, n° 59227/12 : *RDSS 2023. 233, note Bordas*.

Art. L. 222-5-1 *(L. n° 2016-297 du 14 mars 2016, art. 15)* **Un entretien est organisé par le président du conseil départemental avec tout mineur accueilli au titre des 1°, 2° ou 3° de l'article L. 222-5,** *(L. n° 2022-140 du 7 févr. 2022, art. 16-1°)* **« au plus tard » un an avant sa majorité, pour faire un bilan de son parcours** *(L. n° 2022-140 du 7 févr. 2022, art. 16-1°)* **« , l'informer de ses droits, envisager avec lui et lui notifier » les conditions de son accompagnement vers l'autonomie.** *(L. n° 2022-140 du 7 févr. 2022, art. 16-2°)* **« Si le mineur a été pris en charge à l'âge de dix-sept ans**

révolus, l'entretien a lieu dans les meilleurs délais. » Dans le cadre du projet pour l'enfant, un projet d'accès à l'autonomie est élaboré par le président du conseil départemental avec le mineur. Il y associe les institutions et organismes concourant à construire une réponse globale adaptée à ses besoins en matière éducative, sociale, de santé, de logement, de formation, d'emploi et de ressources. *(L. n° 2022-140 du 7 févr. 2022, art. 16-3° et 17-1°)* **« Le cas échéant, la personne de confiance désignée par le mineur en application de l'article L. 223-1-3 peut assister à l'entretien.**

« Le mineur privé temporairement ou définitivement de la protection de sa famille est informé, lors de l'entretien prévu au premier alinéa du présent article, de l'accompagnement apporté par le service de l'aide sociale à l'enfance dans ses démarches en vue d'obtenir une carte de séjour à sa majorité ou, le cas échéant, en vue de déposer une demande d'asile. »

L'entretien peut être exceptionnellement renouvelé afin de tenir compte de l'évolution des besoins des jeunes concernés.

(L. n° 2022-140 du 7 févr. 2022, art. 10-I) **« Le dispositif mentionné à l'article L. 5131-6 du code du travail est systématiquement proposé aux personnes mentionnées au 5° de l'article L. 222-5 du présent code ainsi qu'aux majeurs âgés de moins de vingt et un ans lorsqu'ils ont été confiés à un établissement public ou à une association habilitée de la protection judiciaire de la jeunesse dans le cadre d'une mesure de placement et qu'ils ne font plus l'objet d'aucun suivi éducatif après leur majorité, qui ont besoin d'un accompagnement et remplissent les conditions d'accès à ce dispositif. »**

Pouvoir d'appréciation du président du conseil départemental. S'il incombe au président du conseil départemental de préparer l'accompagnement vers l'autonomie de tout mineur pris en charge par le service de l'aide sociale à l'enfance dans l'année précédant sa majorité, il dispose, sous le contrôle du juge, d'un large pouvoir d'appréciation pour accorder ou maintenir la prise en charge par ce service d'un jeune majeur de moins de 21 ans éprouvant des difficultés d'insertion sociale faute de ressources ou d'un soutien familial suffisants. • CE 21 déc. 2018, n° 421323 B : *RDSS 2019. 517, note Doebelin*.

Art. L. 222-5-2 *(L. n° 2016-297 du 14 mars 2016, art. 17)* **Un protocole est conclu par le président du conseil départemental, conjointement avec le représentant de l'État dans le département et le président du conseil régional et avec le concours de l'ensemble des institutions et des organismes concernés, afin de préparer et de mieux accompagner l'accès à l'autonomie des jeunes pris en charge ou sortant des dispositifs de l'aide sociale à l'enfance et de la protection judiciaire de la jeunesse. Ce protocole organise le partenariat entre les acteurs afin d'offrir aux jeunes de seize à vingt et un ans une réponse globale en matière éducative, culturelle, sociale, de santé, de logement, de formation, d'emploi et de ressources.**

Art. L. 222-5-2-1 *(L. n° 2022-140 du 7 févr. 2022, art. 17-2°)* **Un entretien est organisé par le président du conseil départemental avec tout majeur ou mineur émancipé ayant été accueilli au titre des 1° à 3°, du 5° ou de l'avant-dernier alinéa de l'article L. 222-5, six mois après sa sortie du dispositif d'aide sociale à l'enfance, pour faire un bilan de son parcours et de son accès à l'autonomie. Un entretien supplémentaire peut être accordé à cette personne, à sa demande, avant qu'elle n'atteigne ses vingt et un ans.**

Lorsque la personne remplit les conditions prévues au 5° du même article L. 222-5, le président du conseil départemental l'informe de ses droits lors de l'entretien.

Le cas échéant, le majeur ou le mineur émancipé peut être accompagné à l'entretien par la personne de confiance désignée en application de l'article L. 223-1-3.

COMMENTAIRE

La loi n° 2016-297 du 14 mars 2016 relative à la protection de l'enfance a porté un intérêt particulier à la situation des mineurs qui vont atteindre l'âge de la majorité ainsi qu'aux jeunes majeurs ayant bénéficié d'une prise en charge dans le cadre de la protection de l'enfance.

Ainsi et tout d'abord, l'article L. 222-5 a été complété par une disposition (al. 3) qui prévoit la proposition d'un accompagnement aux jeunes majeurs pour leur permettre de terminer l'année scolaire ou universitaire engagée avant leurs 18 ans.

Deux nouvelles dispositions allant dans le même sens ont été introduites au code par la loi du 14 mars 2016 et ce dispositif a été renforcé par la loi n° 2022-140 du 7 février 2022 relative à la protection des enfants.

La première – l'article L. 222-5-1 considérablement développé par la loi de 2022 – impose aux services départementaux d'organiser, au plus tard avant sa majorité, un entretien avec chaque mineur pris en charge au titre de l'article L. 222-5 (1°, 2° et 3°) de façon à établir un bilan de son parcours, à l'informer de ses droits et à envisager avec lui et lui notifier les mesures d'accompagnement adaptées ; ce bilan se fait dans la continuité du « projet pour l'enfant » (art. L. 223-1-1) et donne lieu à l'établissement d'un « projet d'accès à l'autonomie » élaboré par le président du conseil départemental avec le mineur ; le texte prévoit notamment l'obligation de proposer au jeune l'accès au dispositif « garantie jeune », devenu « contrat d'engagement jeune » (C. trav., art. L. 5131-6). Enfin, concernant les mineurs isolés, les services de l'ASE sont tenus de leur apporter leur soutien dans les démarches visant à régulariser leur situation.

La seconde disposition – l'article L. 222-5-2 – impose au président du conseil départemental, conjointement avec le représentant de l'État, de conclure un protocole qui, centré sur l'accès à l'autonomie des jeunes sortant des dispositifs de protection de l'enfance, doit organiser les partenariats entre tous les acteurs concernés.

La loi du 7 février 2022 a ajouté à ce dispositif un article (art. L. 222-5-2-1). Cette disposition impose aux autorités en charge de l'ASE et pour les jeunes qu'elles ont eus en charge de leur proposer, six mois après leur majorité et la fin de leur prise en charge, un entretien en vue de faire un bilan de leur parcours vers l'autonomie. Cet entretien peut être renouvelé jusqu'à ce qu'ils atteignent l'âge de 21 ans.

Cet ensemble de mesures entend éviter les sorties « sèches » de l'ASE à la majorité, que l'on sait très dommageables, en aménageant un accompagnement entre 18 et 21 ans. ❑

Art. L. 222-5-3 *(L. n° 2016-297 du 14 mars 2016, art. 20)* **Peuvent être pris en charge dans un centre parental, au titre de la protection de l'enfance, les enfants de moins de trois ans accompagnés de leurs deux parents quand ceux-ci ont besoin d'un soutien éducatif dans l'exercice de leur fonction parentale. Peuvent également être accueillis, dans les mêmes conditions, les deux futurs parents pour préparer la naissance de l'enfant.**

COMMENTAIRE

Avec cet article L. 222-5-3, la loi du 14 mars 2016 donne un fondement légal aux centres parentaux qui ne revêtaient qu'un caractère expérimental : ces structures, qui accueillent enfants et parents ou encore de futurs parents, quand ceux-ci ont besoin d'un soutien éducatif dans leur fonction parentale, viennent ainsi enrichir la panoplie des moyens de la protection de l'enfance. ❑

Art. L. 222-6 *(L. n° 2002-93 du 22 janv. 2002, art. 2)* **« Toute femme qui demande, lors de son accouchement, la préservation du secret de son admission et de son identité par un établissement de santé est informée des conséquences juridiques de cette demande et de l'importance pour toute personne de connaître ses origines et son histoire. Elle est donc invitée à laisser, si elle l'accepte, des renseignements sur sa santé et celle du père, les origines de l'enfant et les circonstances de la naissance ainsi que, sous pli fermé, son identité. Elle est informée de la possibilité qu'elle a de lever à tout moment le secret de son identité et, qu'à défaut, son identité ne pourra être communiquée que dans les conditions prévues à l'article L. 147-6. Elle est également informée qu'elle peut à tout moment donner son identité sous pli fermé ou compléter les renseignements qu'elle a donnés au moment de la naissance. Les prénoms donnés à l'enfant et, le cas échéant, mention du fait qu'ils l'ont été par la mère, ainsi que le sexe de l'enfant et la date, le lieu et l'heure de sa naissance sont mentionnés à l'extérieur de ce pli. Ces formalités sont accomplies par les personnes visées à l'article L. 223-7 avisées sous la responsabilité du directeur de l'établissement de santé. A défaut, elles sont accomplies sous la responsabilité de ce directeur. »**

Les frais d'hébergement et d'accouchement des femmes qui ont demandé, lors de leur admission dans un établissement public ou privé conventionné, à ce que le secret de leur identité soit préservé, sont pris en charge par le service de l'aide sociale à l'enfance du département siège de l'établissement.

Sur leur demande ou avec leur accord, les femmes mentionnées au premier alinéa bénéficient d'un accompagnement psychologique et social de la part du service de l'aide sociale à l'enfance.

(L. n° 2002-93 du 22 janv. 2002, art. 2) **« Pour l'application des deux premiers alinéas, aucune pièce d'identité n'est exigée et il n'est procédé à aucune enquête.**

« Les frais d'hébergement et d'accouchement dans un établissement public ou privé conventionné des femmes qui, sans demander le secret de leur identité, confient leur enfant en vue d'adoption sont également pris en charge par le service de l'aide sociale à l'enfance du département, siège de l'établissement. »

V. C. civ., art. 326, App., v° Adoption — Pupille de l'État. — V. art. R. 147-1 s.

BIBL. ▶ AUBIN, Les droits du père face à l'accouchement anonyme, *LPA n° 57, 2003. 6.* – CORPART-OULERICH, Le secret des origines, *RDSS 1994. 1*. – DREIFUSS-NETTER, L'accouchement sous X, *Mél. Huet-Weiller, p. 99, LGDJ 1995.* – FAUCONNIER-CHABALIER, L'accès aux origines personnelles pour les pupilles de l'État et les personnes adoptées, *RDSS 2017. 791*. – LACOUR, Accouchement anonyme et levée du secret des origines à l'épreuve de l'incapacité, *RDSS 2009. 328*. – LE BOURSICOT, Le secret des origines, *Rev. jur. d'Île-de-France, juill.-sept. 1996. 51.* – MALLET-BRICOUT, Réforme de l'accouchement sous X. Quel équilibre entre les droits de l'enfant et les droits de la mère biologique ?, *JCP 2002. I. 119.* – NEIRINCK, L'accouchement sous X : le fait et le droit, *JCP 1996. I. 3922.* – La loi relative à l'accès aux origines des personnes adoptées et pupilles de l'État : la découverte de la face cachée de la lune ?, *RDSS 2002. 189* ; L'adoptabilité de l'enfant né sous X, *RDSS 2005. 1018*. – RUBELLIN-DEVICHI, La recherche des origines personnelles et le droit à l'accouchement sous X dans la loi du 22 janvier 2002, *Dr. fam. n° 5, 2002. 7.* – TRILLAT, L'accouchement anonyme : de l'opprobre à la consécration, *Mél. Huet-Weiller, p. 513.* – VERDIER et DUBOC, Face au secret de ses origines, le droit d'accès au dossier des enfants abandonnés, *Dunod, 1996.*

COMMENTAIRE

Cet article L. 222-6 fait figure d'intrus dans ce chapitre relatif aux prestations d'aide sociale à l'enfance. Issu de la loi n° 2002-93 du 22 janvier 2002 relative à l'accès aux origines personnelles (art. 2-1), il aménage les conditions de l'accouchement dit « sous X » en tentant de concilier la volonté de la mère d'abandonner l'enfant et les possibilités ultérieures de ce même enfant d'avoir connaissance de l'identité de ses parents.

Ainsi, l'accouchement sous X est maintenu, mais assorti d'une procédure nouvelle. La femme peut, lors de son accouchement, demander le secret de son admission et de son identité ; elle est cependant invitée à laisser des renseignements sur sa santé et celle du père, les origines de l'enfant et les circonstances de sa naissance, ainsi que, sous pli fermé, son identité ; elle est également informée qu'elle peut à tout moment lever le secret de son identité et qu'à défaut, son identité pourra être communiquée sous des conditions strictes. L'essentiel tient dans ce que l'accès à ces informations est contrôlé par une institution créée par la loi du 22 janvier 2002 : le conseil national pour l'accès aux origines personnelles (art. L. 147-1 à L. 147-11). ❑

1. *Convention européenne des droits de l'homme.* Dans la mesure où une personne née sous X peut solliciter la réversibilité du secret de l'identité de sa mère, sous réserve de l'accord de celle-ci, la France n'a pas excédé la marge d'appréciation qui doit lui être reconnue en raison du caractère complexe et délicat de la question que soulève le secret des origines au regard du droit de chacun à son histoire, du choix des parents biologiques, du lien familial existant et des parents adoptifs et, partant, n'a pas violé l'art. 8 Conv. EDH. • CEDH 13 févr. 2003, *Odièvre c/ France*, n° 42326-98 : *D. 2003. IR 739* ; *RDSS 2003. 219, note Monéger* ; *LPA n° 198, 2002. 6* ; *JCP 2003. I. 120* ; *JCP 2003. II. 10049, note Sudre, Gouttenoire-Cornut* ; *D. 2003. 1240, obs. Mallet-Bricourt*.

2. *Préservation du secret et conformité à la Constitution.* Les dispositions de l'art. L. 222-6 reconnaissent à toute femme le droit de demander, lors de l'accouchement, la préservation du secret de son identité et de son admission et mettent à la charge de la collectivité publique les frais de son accouchement et de son hébergement ; en garantissant ainsi un droit à l'anonymat et la gratuité de la prise en charge lors de l'accouchement dans un établissement sanitaire, le législateur a entendu éviter le déroulement de grossesses et d'accouchements dans des conditions susceptibles de mettre en danger la santé tant de la mère que de l'enfant et prévenir les infanticides ou des abandons d'enfants ; de la sorte, il a poursuivi l'objectif de valeur constitutionnelle de protection de la santé et n'a porté atteinte à aucun droit ou liberté garanti par la Constitution. • Cons. const. 16 mai 2012, n° 2012-248 QPC : *JO 17 mai 2012, p. 9154 ; RDSS 2012. 750, note Roman*.

Art. L. 222-7 **Sauf disposition contraire, les modalités d'application du présent chapitre sont déterminées par décret en Conseil d'État.**

CHAPITRE III DROITS DES FAMILLES DANS LEURS RAPPORTS AVEC LES SERVICES DE L'AIDE SOCIALE À L'ENFANCE

BIBL. ▶ ATIBACK, L'intérêt de l'enfant dans les procédures d'assistance éducative, *Dr. famille, avr. 2006, étude 18*. – CORPART, Les droits de l'enfant, *ASH, supplément, mars 2006* ; Placement et droits de l'enfant, *AJ fam. 2007. 66*. – FERMAUD, L'intérêt de l'enfant, critère d'intervention des personnes publiques en matière de protection des mineurs, *RDSS 2011. 1136*. – FOSSIER, Les droits des parents en cas de placement éducatif, *AJ fam. 2007. 60*. – GOUTTENOIRE, Les modes de participation de l'enfant aux procédures judiciaires, *Dr. famille, juill.-août 2006, étude 29*. – KIMMEL-ALCOVER, L'assistance éducative et les parents du mineur : entre confiance et défiance, *RDSS 2013. 132* ; Assistance éducative, mineur placé et droit de visite médiatisé : les paramètres redoutés d'une vie familiale dénaturée, *RDSS 2020. 1165*. – LAFORE, Les responsabilités familiales en question, *RDSS 2013. 1025*. – LASBATS, Le maintien des liens avec les parents, *AJ fam. 2007. 72*. – MOISDON-CHATAIGNER, Les rapports du service de l'aide sociale à l'enfance avec les parents de l'enfant placé, *RDSS 2017. 837*. – MOLINES, Droits des familles et pupilles de l'État, *RDSS 1985. 221*. – MONÉGER, Le respect de la vie familiale pour lutter contre l'exclusion, *RDSS 1999. 446*. – NEIRINCK, Les services sociaux face à la médiatisation du droit de visite, *RDSS 2009. 941* ; Est-il possible d'être le grand-parent d'un enfant sans filiation établie ?, *RDSS 2010. 735*. – RAULT, Le rôle de l'avocat dans le placement de l'enfant, *AJ fam. 2007. 76*.

COMMENTAIRE

Incluse dans le processus d'harmonisation de la législation sociale induit par la décentralisation (loi n° 83-663 du 22 juillet 1983), la loi n° 84-422 du 6 juin 1984 relative à l'aide sociale à l'enfance a réformé ce domaine d'action publique en introduisant dans le code deux séries de mesures nouvelles. Les premières, reprises dans le présent chapitre, aménagent les rapports entre le service et les familles des mineurs pris en charge (art. L. 223-1 à L. 223-8) ; les secondes modifient le statut des pupilles de l'État (art. L. 224-1 à L. 224-12).

En ce qui concerne la première série de dispositions (art. 55 à 59 anciens) reprises ci-dessous, l'objectif était de sortir l'aide sociale à l'enfance d'une « logique d'assistance » en renforçant les droits des personnes dans leurs rapports avec les services ; ces mesures, maintenant assez anciennes, anticipaient les dispositions relatives aux droits des usagers de l'action sociale et médico-sociale de la loi 2002-2 du 2 janvier 2002 (art. L. 311-3 à L. 311-9). Il s'agissait aussi d'améliorer la prise en charge des enfants, en obligeant à un suivi régulier de ces enfants, notamment de ceux qui sont hébergés hors du domicile des parents.

Pour atteindre ces objectifs, le texte met en place des règles procédurales qui tendent à rendre les prises en charge plus transparentes (art. L. 223-1), à renforcer la responsabilité des familles tout en protégeant leurs prérogatives (art. L. 223-2 et 223-3), à tenir compte des désirs du mineur concerné (art. L. 223-4), à organiser une réévaluation régulière de la situation de chaque enfant (art. L. 223-5).

Pour renforcer les droits des familles, la loi n° 2007-293 du 5 mars 2007 a confié au juge des enfants le soin de fixer le droit de visite des parents lorsque les enfants sont confiés à l'ASE (art. L. 223-3-1). ❑

Art. L. 223-1 **Toute personne qui demande une prestation prévue au présent titre ou qui en bénéficie est informée par les services chargés de la protection de la famille et de l'enfance des conditions d'attribution et des conséquences de cette prestation sur les droits et obligations de l'enfant et de son représentant légal.**

Elle peut être accompagnée de la personne de son choix, représentant ou non une association, dans ses démarches auprès du service. Néanmoins, celui-ci a la possibilité de proposer également un entretien individuel dans l'intérêt du demandeur. – *[C. fam., art. 55 et 55-1.]*

(L. nº 2007-293 du 5 mars 2007, art. 19) **« Le deuxième alinéa s'applique en outre aux démarches du père, de la mère, de toute autre personne exerçant l'autorité parentale ou du tuteur, auprès des services et établissements accueillant les mineurs mentionnés aux 1º et 3º de l'article L. 222-5.**

« L'attribution d'une ou plusieurs prestations prévues au présent titre est précédée d'une évaluation de la situation prenant en compte l'état du mineur, la situation de la famille et les aides auxquelles elle peut faire appel dans son environnement. »

(Abrogé par L. nº 2016-297 du 14 mars 2016, art. 21-1º) ***« Les services départementaux et les titulaires de l'autorité parentale établissent un document intitulé "projet pour l'enfant" qui précise les actions qui seront menées auprès de l'enfant, des parents et de son environnement, le rôle des parents, les objectifs visés et les délais de leur mise en œuvre. Il mentionne l'institution et la personne chargées d'assurer la cohérence et la continuité des interventions. Ce document est cosigné par le président du conseil départemental et les représentants légaux du mineur ainsi que par un responsable de chacun des organismes chargés de mettre en œuvre les interventions. Il est porté à la connaissance du mineur et, pour l'application de l'article L. 223-3-1, transmis au juge. »***

(L. nº 2016-297 du 14 mars 2016, art. 26) **« Le président du conseil départemental met en place une commission pluridisciplinaire et pluri-institutionnelle chargée d'examiner, sur la base des rapports prévus à l'article L. 223-5, la situation des enfants confiés à l'aide sociale à l'enfance depuis plus d'un an lorsqu'il existe un risque de délaissement parental ou lorsque le statut juridique de l'enfant paraît inadapté à ses besoins. La commission examine tous les six mois la situation des enfants de moins de** *(L. nº 2022-219 du 21 févr. 2022, art. 23-1º)* **« trois » ans. Sont associés à l'examen de la situation de l'enfant son référent éducatif et la personne physique qui l'accueille ou l'accompagne au quotidien. La commission peut formuler un avis au président du conseil départemental sur le projet pour l'enfant mentionné à l'article L. 223-1-1. Cet avis est remis à chacune des personnes morales ou physiques auxquelles le projet pour l'enfant est remis et au juge, lorsque celui-ci est saisi. Les membres de cette commission sont soumis au secret professionnel, selon les modalités prévues aux articles L. 221-6 et L. 226-2-2. Sa composition et son fonctionnement sont fixés par décret. »**

(L. nº 2007-293 du 5 mars 2007, art. 19) **« Sur la base des informations dont il dispose, le président du conseil départemental veille à assurer le suivi et, dans la mesure du possible, la continuité des interventions mises en œuvre pour un enfant et sa famille au titre de la protection de l'enfance. »**

COMMENTAIRE

La loi nº 2007-293 du 5 mars 2007 rénovant la protection de l'enfance a entendu renforcer d'une part les droits des familles concernées par des mesures de protection et de soutien en direction de leur enfant, et d'autre part la cohérence et le suivi des interventions. Pour concourir à une meilleure protection des droits des familles, la loi étend le droit de ces dernières à se faire assister d'une personne de leur choix, non seulement à l'occasion de leurs contacts avec le service de l'ASE, mais aussi dans leurs rapports avec les établissements et services chargés de la mise en œuvre des mesures.

Pour garantir une plus grande cohérence et un suivi plus efficace, est mise en place une commission pluridisciplinaire et pluri-institutionelle par la L. nº 2016-297 du 14 mars 2016 relative à la protection de l'enfant. Elle est chargée d'examiner la situation des enfants confiés depuis plus d'un an à l'ASE. Enfin, il est clairement précisé (dernier alinéa) que c'est le président du conseil départemental qui doit assurer la cohérence d'ensemble de l'intervention publique, ce qui manifeste la fonction prééminente dévolue au département par les nouveaux textes. ❑

Évaluation et urgence. Si l'art. L. 223-1 du CASF prévoit que l'attribution d'une prestation d'aide sociale à l'enfance est précédée d'une évaluation de la situation prenant en compte l'état du mineur, la situation de la famille et les aides auxquelles elle peut faire appel dans son environnement, ces dispositions ne s'opposent pas à ce que le service de l'aide sociale à l'enfance réalise en urgence des actions de protection nécessaires à l'égard des personnes qu'il doit prendre en charge, ainsi que le prévoit le 3º de l'art. L. 221-1 du même code • CE, 26 avr. 2018, nº 407989 B.

Art. L. 223-1-1 *(L. nº 2016-297 du 14 mars 2016, art. 21-2º)* **Il est établi, pour chaque mineur bénéficiant d'une prestation d'aide sociale à l'enfance, hors aides financières, ou d'une mesure de protection judiciaire, un document unique intitulé "projet pour l'enfant", qui vise à garantir son développement physique, psychique, affectif, intellectuel et social. Ce document accompagne le mineur tout au long de son parcours au titre de la protection de l'enfance.**

Le projet pour l'enfant est construit en cohérence avec les objectifs fixés dans la décision administrative ou judiciaire le concernant. Dans une approche pluridisciplinaire, ce document détermine la nature et les objectifs des interventions menées en direction du mineur, de ses parents et de son environnement, leur délai de mise en œuvre, leur durée, le rôle du ou des parents et, le cas échéant, des tiers intervenant auprès du mineur ; il mentionne, en outre, l'identité du référent du mineur *(L. nº 2022-140 du 7 févr. 2022, art. 17-3º)* **« et, le cas échéant, celle de la personne de confiance désignée par le mineur en application de l'article L. 223-1-3 ».**

Le projet pour l'enfant prend en compte les relations personnelles entre les frères et sœurs, lorsqu'elles existent, afin d'éviter les séparations, sauf si cela n'est pas possible ou si l'intérêt de l'enfant commande une autre solution.

(L. nº 2019-1446 du 24 déc. 2019, art. 49) **« Un bilan de santé et de prévention est obligatoirement réalisé à l'entrée du mineur dans le dispositif de protection de l'enfance. Ce bilan est réalisé, dès le début de la mesure, pour tous les mineurs accompagnés notamment par l'aide sociale à l'enfance ou par la protection judiciaire de la jeunesse. Il permet d'engager un suivi médical régulier et coordonné** *(L. nº 2022-140 du 7 févr. 2022, art. 11)* **« , lequel formalise une coordination de parcours de soins, notamment pour les enfants en situation de handicap ». Il identifie les besoins de prévention et de soins permettant d'améliorer l'état de santé physique et psychique de l'enfant, qui doivent être intégrés au projet pour l'enfant. Il est pris en charge par l'assurance maladie. »**

Le président du conseil départemental est le garant du projet pour l'enfant, qu'il établit en concertation avec les titulaires de l'autorité parentale et, le cas échéant, avec la personne désignée en tant que tiers digne de confiance ainsi qu'avec toute personne physique ou morale qui s'implique auprès du mineur. Ce dernier est associé à l'établissement du projet pour l'enfant, selon des modalités adaptées à son âge et à sa maturité. Le projet pour l'enfant est remis au mineur et à ses représentants légaux et est communicable à chacune des personnes physiques ou morales qu'il identifie selon les conditions prévues au livre III du code des relations entre le public et l'administration.

Le projet pour l'enfant est transmis au juge lorsque celui-ci est saisi.

Il est mis à jour, sur la base des rapports mentionnés à l'article L. 223-5, afin de tenir compte de l'évolution des besoins fondamentaux de l'enfant. Après chaque mise à jour, il est transmis aux services chargés de mettre en œuvre toute intervention de protection.

Les autres documents relatifs à la prise en charge de l'enfant, notamment le document individuel de prise en charge et le contrat d'accueil dans un établissement, s'articulent avec le projet pour l'enfant.

Un référentiel *(L. nº 2022-140 du 7 févr. 2022, art. 36-I)* **« élaboré par le groupement d'intérêt public mentionné à l'article L. 147-14 » définit le contenu du projet pour l'enfant.**

COMMENTAIRE

Alors que la loi nº 2007-293 du 5 mars 2007 avait déjà prévu l'établissement d'un « projet pour l'enfant » (PPE, art. L. 223-1, al. 5, abrogé), la loi du 14 mars 2016 relative à la protection de l'enfance a refondé cet instrument et l'a redéfini de façon à lui donner une consistance et une cohérence renforcées : il s'est agi notamment de pousser les départements à l'établir (beaucoup n'en élaborant pas) et de préciser sa nature (celle-ci se révélant, lorsqu'un projet existait, assez problématique).

Ce document (qui était donc déjà obligatoire) doit revêtir désormais un contenu plus homogène : l'article L. 223-1-1 prévoyant l'élaboration d'un référentiel pour en tracer le cadre. Ses objectifs sont définis : garantir le développement physique, psychique, affectif, intellectuel et social du mineur, l'accompagner tout au long de son parcours, garantir la cohérence des objectifs fixés par les décisions de prise en charge, structurer dans une approche pluridisciplinaire la nature des interventions en faveur du mineur, prendre en compte ses relations familiales, comprendre des évaluations médicales et psychologiques afin de détecter d'éventuels besoins de soins. Les modalités de son élaboration sont prévues : responsabilité du président du conseil départemental, concertation avec les titulaires de l'autorité parentale, association du mineur en fonction de son âge et de sa maturité, mise à jour régulière pour tenir compte de l'évolution des besoins fondamentaux de l'enfant. Enfin, le PPE doit déterminer les autres documents de prise en charge de l'enfant (document individuel de prise en charge, contrat d'accueil).

Par ailleurs, la LFSS pour 2020 a imposé l'obligation d'établir un bilan de santé du mineur à son entrée dans les dispositifs de protection de l'enfance : l'objectif de cette mesure étant de permettre à la fois un suivi régulier du mineur, une coordination des soins et une identification de ses besoins de prévention. Ce bilan, qui est pris en charge par l'assurance maladie, doit être intégré au projet pour l'enfant.

La loi n° 2022-140 du 7 février 2022 relative à la protection des enfants a ajouté divers éléments qui sont venus préciser le contenu du projet pour l'enfant. Elle a surtout prévu qu'un référentiel encadrant ce document devait être élaboré par le GIP pour la protection de l'enfance, l'adoption et l'accès aux origines personnelles (art. L. 147-14). ☐

Art. L. 223-1-2 *(L. nº 2016-297 du 14 mars 2016, art. 22-I)* **Lorsque l'enfant pris en charge par le service de l'aide sociale à l'enfance est confié à une personne physique ou morale, une liste des actes usuels de l'autorité parentale que cette personne ne peut pas accomplir au nom de ce service sans lui en référer préalablement est annexée au projet pour l'enfant.**

Le projet pour l'enfant définit les conditions dans lesquelles les titulaires de l'autorité parentale sont informés de l'exercice des actes usuels de l'autorité parentale.

Art. L. 223-1-3 *(L. nº 2022-140 du 7 févr. 2022, art. 17-4º)* **Le mineur peut désigner une personne de confiance majeure, qui peut être un parent ou toute autre personne de son choix. La désignation de cette personne de confiance est effectuée en concertation avec l'éducateur référent du mineur. Les modalités de cette désignation sont définies par décret. Si le mineur le souhaite, la personne de confiance l'accompagne dans ses démarches, notamment en vue de préparer son autonomie, et assiste à l'entretien prévu à l'article L. 222-5-1.**

COMMENTAIRE

L'article L. 223-1-3 a été introduit au code par la loi du 7 février 2022 relative à la protection des enfants. Afin d'améliorer la situation du mineur, son suivi et la prise en compte de sa parole, ce dernier peut désigner une « personne de confiance » habilitée à l'accompagner dans ses démarches tout au long de son parcours au sein des services et établissements et, notamment, à l'assister dans les entretiens qui encadrent son entrée dans la majorité civile. ☐

Art. L. 223-2 **Sauf si un enfant est confié au service par décision judiciaire ou s'il s'agit de prestations en espèces, aucune décision sur le principe ou les modalités de l'admission dans le service de l'aide sociale à l'enfance ne peut être prise sans l'accord écrit des représentants légaux ou du représentant légal du mineur ou du bénéficiaire lui-même s'il est mineur émancipé.**

(L. nº 2007-293 du 5 mars 2007, art. 22) **« En cas d'urgence et lorsque le représentant légal du mineur est dans l'impossibilité de donner son accord, l'enfant est recueilli provisoirement par le service qui en avise immédiatement le procureur de la République.**

« Si le représentant légal est en mesure de donner son accord mais le refuse, le service saisit l'autorité judiciaire en vue de l'application de l'article 375-5 du code civil.

« Si, dans le cas prévu au deuxième alinéa du présent article, l'enfant n'a pas pu être remis à sa famille ou le représentant légal n'a pas pu ou a refusé de donner son

accord dans un délai de cinq jours, le service saisit également l'autorité judiciaire en vue de l'application de l'article 375-5 du code civil.

« En cas de danger immédiat ou de suspicion de danger immédiat concernant un mineur ayant abandonné le domicile familial, le service peut, dans le cadre des actions de prévention, pendant une durée maximale de soixante-douze heures, accueillir le mineur, sous réserve d'en informer sans délai les parents, toute autre personne exerçant l'autorité parentale ou le tuteur, ainsi que le procureur de la République. Si au terme de ce délai le retour de l'enfant dans sa famille n'a pas pu être organisé, une procédure d'admission à l'aide sociale à l'enfance ou, à défaut d'accord des parents ou du représentant légal, une saisine de l'autorité judiciaire est engagée. »

Pour toutes les décisions relatives au lieu et au mode de placement des enfants déjà admis dans le service, l'accord des représentants légaux ou du représentant légal est réputé acquis si celui-ci n'a pas fait connaître son opposition dans un délai de quatre semaines à compter du jour où il a reçu la notification de la demande du service, ou de six semaines à compter de la date d'envoi s'il n'a pas accusé réception de la notification.

Sous réserve des pouvoirs reconnus à l'autorité judiciaire, les mesures prises dans le cadre du présent chapitre ne peuvent en aucun cas porter atteinte à l'autorité parentale que détiennent le ou les représentants légaux de l'enfant, et notamment au droit de visite et au droit d'hébergement. – *[C. fam., art. 56.]*

COMMENTAIRE

L'article L. 223-2 ci-dessus complète les dispositions précédentes visant à la protection des droits des familles en envisageant les cas où, soit les représentants légaux de l'enfant n'ont pu donner leur accord à une mesure, soit ils la refusent, soit il existe un danger ou une suspicion de danger. La loi n° 2007-293 du 5 mars 2007 rénovant la protection de l'enfance a entendu renforcer le cadre légal enserrant de telles situations : elle impose en effet, si la famille ne peut être associée à une mesure, que l'autorité judiciaire soit saisie. ❑

1. Urgence et compétence du président du conseil départemental. Lorsqu'il est saisi par un mineur d'une demande d'admission à l'aide sociale à l'enfance et que le ou les représentants légaux de celui-ci ne sont pas en mesure, notamment en raison de leur éloignement géographique, de donner leur accord à cette admission, le président du conseil départemental peut seulement, au-delà de la période d'accueil provisoire de cinq jours, décider de saisir l'autorité judiciaire, mais ne peut en aucun cas décider d'admettre le mineur à l'aide sociale à l'enfance sans que l'autorité judiciaire ne l'ait ordonné. • CE 1er juill. 2015, *Dpt du Nord,* n° 386769 B. ♦ Lorsque le juge des enfants ou le procureur de la République a ordonné en urgence une mesure de placement provisoire en application de l'art. 375-5 C. civ., il incombe aux autorités du département de prendre en charge l'hébergement et de pourvoir aux besoins du mineur pour toute la durée de cette mesure. • CE 16 juin 2021, n° 435374 B. ♦ Il en résulte également que le procureur de la République qui, en cas d'urgence, ordonne le placement provisoire du mineur sur le fondement du second alinéa de l'art. 375-5 C. civ. le fait à charge de saisir dans les huit jours le juge des enfants en vue que celui-ci maintienne, modifie ou rapporte cette mesure ; à défaut de saisine du juge des enfants dans ce délai par le procureur de la République, la mesure de placement provisoire ordonnée par ce dernier prend fin. • Même arrêt. ♦ L'art. 375 C. civ. autorise le mineur à solliciter lui-même le juge judiciaire pour que soient prononcées, le cas échéant, les mesures d'assistance éducative que sa situation nécessite. • CE, réf., 28 juill. 2016, n° 401626 B : *RDSS 2016. 975, obs. Faberon.*

2. Recours du jeune en cas de refus de saisine du juge judiciaire. Si le président du conseil départemental refuse de saisir l'autorité judiciaire, notamment lorsqu'il estime que le jeune a atteint la majorité, celui-ci peut saisir le juge des enfants en application de l'art. 375 C. civ. ; l'existence de cette voie de recours, par laquelle un mineur peut obtenir du juge qu'il ordonne son admission à l'aide sociale à l'enfance, y compris à titre provisoire pendant l'instance, sans que son incapacité à agir en justice ne puisse lui être opposée, rend irrecevable le recours pour excès de pouvoir devant le juge administratif contre la décision du président du conseil départemental de refuser de saisir l'autorité judiciaire et la demande de suspension dont ce recours peut être assorti. • CE 1er juill. 2015, *Dpt du Nord,* n° 386769 : *préc. note 1.*

3. Compétences des autorités titulaires du pouvoir de police générale. S'il incombe en principe aux autorités du département de prendre en charge l'hébergement et de pourvoir aux besoins des mineurs confiés au service de l'aide sociale à l'enfance ainsi que, en cas d'urgence, de procéder à leur accueil provisoire lorsque leur représentant légal est dans l'impossibilité de donner son accord, en vue d'évaluer leur situation, et notamment leur état d'isolement et si, à cet égard, une obligation particulière pèse sur ces autorités lorsqu'un mineur privé de la protection de sa famille est sans abri et est en danger, il appartient cependant en tout état de cause aux autorités titulaires du pouvoir de police générale, garantes du respect du principe constitutionnel de sauvegarde de la dignité humaine, de veiller, notamment, à ce que le droit de toute personne à ne pas être soumise à des traitements inhumains ou dégradants soit garanti et de prendre toute mesure en ce sens : en effet, la compétence de principe du département en matière d'aide sociale à l'enfance ne fait pas obstacle à l'intervention de l'État, au titre de ses pouvoirs de police, pour la prise en charge à titre exceptionnel des mineurs, dès lors qu'une telle intervention est nécessaire, lorsqu'il apparaît que, du fait notamment de l'ampleur et de l'urgence des mesures à prendre, le département est manifestement dans l'impossibilité d'exercer sa mission de protection des mineurs. • CE 8 nov. 2017, n° 406256 B.

4. Impossibilité pour le département de subordonner l'accueil à une prise en charge préalable par d'autres autorités. Il appartient au président du conseil départemental de prendre les mesures nécessaires au bon fonctionnement du service de l'aide sociale à l'enfance placé sous son autorité, et, à cet effet, d'organiser les moyens nécessaires à l'accueil et à l'hébergement des mineurs et de déterminer les conditions de leur prise en charge au regard notamment d'un risque sanitaire avéré, le cas échéant en coopération avec les autorités sanitaires compétentes ; en revanche, il ne saurait subordonner l'accueil de certains mineurs par le service de l'aide sociale à l'enfance du département à une prise en charge préalable par d'autres autorités. • CE 3 déc. 2018, n° 409667 A.

5. Atteinte à une liberté fondamentale. Sous réserve des cas où la condition de minorité ne serait à l'évidence pas remplie, il incombe aux autorités du département de mettre en place un accueil d'urgence pour toute personne se déclarant mineure et privée temporairement ou définitivement de la protection de sa famille, confrontée à des difficultés risquant de mettre en danger sa santé, sa sécurité ou sa moralité en particulier parce qu'elle est sans abri ; lorsqu'elle entraîne des conséquences graves pour le mineur intéressé, une carence caractérisée dans l'accomplissement de cette mission porte une atteinte grave et manifestement illégale à une liberté fondamentale. • CE, réf., 25 janv. 2019, n°s 427170, 427169, 427167, 426950 et 426949 : *RDSS 2019. 517, note Doebelin*.

Art. L. 223-3 **Pour l'application des décisions judiciaires prises en vertu** *(Ord. n° 2019-950 du 11 sept. 2019, art. 5-I, en vigueur le 30 sept. 2021)* **« du troisième alinéa de l'article L. 323-1 du code de la justice pénale des mineurs », du** *(L. n° 2007-293 du 5 mars 2007, art. 17)* **« 3° de l'article 375-3 » et des articles 377 à 380 du code civil, le représentant légal du mineur donne son avis par écrit préalablement au choix du mode et du lieu de placement et à toute modification apportée à cette décision.**

(L. n° 2016-297 du 14 mars 2016, art. 27) **« Lorsque le service départemental de l'aide sociale à l'enfance auquel est confié un enfant en application de l'article 375-3 du code civil envisage de modifier le lieu de placement de cet enfant, il en informe le juge compétent au moins un mois avant la mise en œuvre de sa décision.** *(L. n° 2022-140 du 7 févr. 2022, art. 27)* **« En cas d'urgence, le service informe le juge compétent dans un délai de quarante-huit heures à compter de la décision de modification du lieu de placement. Le service départemental de l'aide sociale à l'enfance justifie obligatoirement la décision de modification du lieu de placement. En cas de séparation d'une fratrie, le service départemental de l'aide sociale à l'enfance justifie obligatoirement sa décision et en informe le juge compétent dans un délai de quarante-huit heures. »**

Art. L. 223-3-1 *(L. n° 2007-293 du 5 mars 2007, art. 22)* **Si l'enfant est confié au service départemental de l'aide sociale à l'enfance en application du 3° de l'article 375-3 du code civil, le juge fixe la nature et la fréquence des droits de visite et d'hébergement des parents et peut décider que leurs conditions d'exercice sont déterminées conjointement entre le service et les parents dans le cadre du document prévu à l'article** *(L. n° 2016-297 du 14 mars 2016, art. 21-3°)* **« L. 223-1-1 » du présent code. Ce document lui est adressé. Il est saisi de tout désaccord.**

COMMENTAIRE

La loi n° 2007-293 du 5 mars 2007 rénovant la protection de l'enfance a introduit l'article L. 223-3-1 ci-dessus. Le but est là encore de préserver les droits des parents en enfermant les rapports entre ces derniers et les services qui ont en charge leur enfant dans un cadre légal explicite. D'une part, l'autorité judiciaire doit fixer la nature et la fréquence des droits de visite des parents lorsqu'elle prend une mesure confiant l'enfant à l'ASE ; d'autre part, elle peut confier la définition des conditions d'exercice de ce droit de visite au service, mais alors l'aménagement doit en être prévu dans le « projet pour l'enfant » défini à l'article L. 223-1-1. ❑

Art. L. 223-3-2 *(L. n° 2016-297 du 14 mars 2016, art. 18)* **Au terme de l'accueil d'un enfant par le service de l'aide sociale à l'enfance, le président du conseil départemental s'assure qu'un accompagnement permet le retour et le suivi de l'enfant dans sa famille dans les meilleures conditions.**

Art. L. 223-4 **Le service examine avec le mineur toute décision le concernant et recueille son avis.** – *[C. fam., art. 58.]*

Art. L. 223-5 **Sauf dans les cas où un enfant est confié au service par décision judiciaire, aucune mesure ne peut être prise pour une durée supérieure à un an. Elle est renouvelable dans les mêmes conditions.**

(L. n° 2007-293 du 5 mars 2007, art. 18) **« Le service élabore au moins une fois par an** *(L. n° 2016-297 du 14 mars 2016, art. 28-I-1° ; L. n° 2022-219 du 21 févr. 2022, art. 23-2°)* **« , ou tous les six mois pour les enfants âgés de moins de trois ans, » un rapport, établi après une évaluation pluridisciplinaire, sur la situation de tout enfant accueilli ou faisant l'objet d'une mesure éducative.** *(L. n° 2016-297 du 14 mars 2016, art. 28-I-1°)* **« Ce rapport porte sur la santé physique et psychique de l'enfant, son développement, sa scolarité, sa vie sociale et ses relations avec sa famille et les tiers intervenant dans sa vie. Il permet de vérifier la bonne mise en œuvre du projet pour l'enfant mentionné à l'article L. 223-1-1 et l'adéquation de ce projet aux besoins de l'enfant ainsi que, le cas échéant, l'accomplissement des objectifs fixés par la décision de justice. Un référentiel approuvé par décret en Conseil d'État fixe le contenu et les modalités d'élaboration du rapport. »**

« Lorsque l'enfant est confié au service de l'aide sociale à l'enfance en application du 3° de l'article L. 222-5 du présent code et du 3° de l'article 375-3 du code civil, ce rapport est transmis à l'autorité judiciaire *(L. n° 2016-297 du 14 mars 2016, art. 28-I-2° ; L. n° 2022-219 du 21 févr. 2022, art. 23-2°)* **« annuellement ou tous les six mois pour les enfants de moins de trois ans ».**

« Sans préjudice des dispositions relatives à la procédure d'assistance éducative, le contenu et les conclusions de ce rapport sont *(L. n° 2016-297 du 14 mars 2016, art. 28-I-3°)* **« préalablement » portés à la connaissance du père, de la mère, de toute autre personne exerçant l'autorité parentale, du tuteur et du mineur, en fonction de son âge et de sa maturité. »**

COMMENTAIRE

L'article L. 223-5 ci-dessus a été complété par trois alinéas dont l'objet est de garantir un meilleur suivi des mesures de protection. Pour ce faire, un rapport évaluant la situation de chaque enfant doit être élaboré chaque année ou tous les six mois pour les enfants âgés de moins de deux ans ; ce rapport doit être communiqué à l'autorité judiciaire s'il s'agit d'une mesure ordonnée par cette dernière ; il doit être préalablement porté à la connaissance des personnes intéressées, père, mère, tuteur et enfant lui-même lorsque celui-ci est en mesure de pouvoir utilement en prendre connaissance, disposition qui fait droit à l'objectif même du présent chapitre, lequel est d'assurer la protection des droits des familles. ❑

Art. L. 223-6 **Les articles L. 223-2, L. 223-3 et L. 223-5 ne sont pas applicables aux enfants admis dans le service en vertu des dispositions du chapitre IV du présent titre.**

Les articles L. 223-1, L. 223-2, L. 223-4 et le premier alinéa de l'article L. 223-5 sont applicables dans les cas mentionnés aux articles L. 226-3 et L. 226-4. – *[C. fam., art. 59-1.]*

COMMENTAIRE

Cette disposition (ancien art. 59-1 du code de la famille) exclut logiquement que les règles établies aux articles L. 223-2 et L. 223-3 (accord parental ou avis du représentant légal du mineur) et à l'article L. 223-5 (obligation de reconsidérer les mesures tous les ans) soient applicables aux pupilles de l'État (art. L. 224-1 à L. 224-12) ; ces derniers ont en effet un régime de protection spécifique qui passe par les institutions propres à la tutelle de l'État que sont le représentant de l'État agissant alors en qualité de tuteur ainsi que le conseil de famille. Elle indique en revanche que les mesures protectrices des droits des familles prévues aux articles L. 223-1, L. 223-2, L. 223-4 et L. 223-5 (al. 1er) s'appliquent dans les situations de maltraitance qui entrent dans le champ des articles L. 226-1 à L. 226-13. ❑

Art. L. 223-7 *(L. nº 2002-93 du 22 janv. 2002, art. 3)* **Pour l'application de l'article L. 222-6, dans chaque département, le président du conseil départemental désigne au sein de ses services au moins deux personnes chargées d'assurer les relations avec le Conseil national pour l'accès aux origines personnelles, d'organiser, dès que possible, la mise en œuvre de l'accompagnement psychologique et social dont peut bénéficier la femme et de recevoir, lors de la naissance, le pli fermé mentionné au premier alinéa de l'article L. 222-6, de lui délivrer l'information prévue à l'article L. 224-5 et de recueillir les renseignements relatifs à la santé des père et mère de naissance, aux origines de l'enfant et aux raisons et circonstances de sa remise au service de l'aide sociale à l'enfance ou à l'organisme autorisé et habilité pour l'adoption. Elles s'assurent également de la mise en place d'un accompagnement psychologique de l'enfant.**

Ces personnes devront suivre une formation initiale et continue leur permettant de remplir ces missions. Cette formation est assurée par le Conseil national pour l'accès aux origines personnelles qui, selon des modalités définies par décret, procède à un suivi régulier de ces personnes.

(L. nº 2016-297 du 14 mars 2016, art. 33-1º) **« Lorsqu'un enfant né sous le secret est restitué à l'un de ses parents, le président du conseil départemental propose un accompagnement médical, psychologique, éducatif et social du parent et de l'enfant pendant les trois années suivant cette restitution, afin de garantir l'établissement des relations nécessaires au développement physique et psychologique de l'enfant ainsi que sa stabilité affective. »**

(L. nº 2022-140 du 7 févr. 2022, art. 18) **« Lorsqu'ils demandent l'accès à leurs origines, les mineurs ou, s'ils le souhaitent, les majeurs âgés de moins de vingt et un ans, pris en charge ou ayant été pris en charge par le service de l'aide sociale à l'enfance en application de l'article L. 222-5, sont accompagnés par le conseil départemental dans la consultation de leur dossier. Cet accompagnement peut également être proposé aux personnes adoptées à l'étranger lorsque leur adoption n'a pas été suivie par un organisme autorisé pour l'adoption ou lorsque, à la suite de la dissolution de cet organisme, les archives sont détenues par le conseil départemental. »**

V. art. R. 147-21 à R. 147-24.

COMMENTAIRE

L'article L. 223-7 a été introduit dans le code par la loi nº 2002-93 du 22 janvier 2002 relative au droit d'accès aux origines personnelles et modifié par la loi nº 2016-297 du 14 mars 2016 relative à la protection de l'enfant ; il complète les dispositions des articles L. 147-1 à L. 147-11 relatifs au Conseil national pour l'accès aux origines personnelles, ainsi que de l'article L. 222-6 qui aménage le secret des origines.

Il organise un dispositif départemental d'information en la matière, qui reçoit en outre la charge d'assurer les relations entre les enfants et le Conseil national.

La loi du 14 mars 2016 relative à la protection de l'enfance a ajouté un alinéa à cette disposition : il prévoit un accompagnement médical, psychologique, éducatif et social du parent et de l'enfant lorsque ce dernier, né sous le secret, est restitué ; cet accompagnement qui, proposé par le président du conseil départemental, n'est pas obligatoire et suppose donc l'accord du parent concerné, a pour objectif de garantir l'établissement des relations éducatives dans les meilleures conditions ; il est réalisé pendant une durée de trois ans.

La loi du 7 février 2022 relative à la protection des enfants (al. 3) a renforcé ce dispositif de soutien en ce qui concerne les enfants s'engageant dans les procédures d'accès à leurs origines : est mise à la charge du conseil départemental l'organisation d'un accompagnement ; celui-ci, qui doit être proposé lorsque ces enfants consultent leur dossier, est ouvert aussi aux personnes adoptées à l'étranger lorsqu'elles ne peuvent s'appuyer sur un organisme autorisé pour l'adoption. ❑

Art. L. 223-8 *(L. n° 2002-93 du 22 janv. 2002, art. 3-I)* **Un décret en Conseil d'État fixe les modalités d'application du présent chapitre.** – *[L. n° 84-422 du 6 juin 1984, art. 6, 2e phrase.]*

CHAPITRE IV PUPILLES DE L'ÉTAT

COMMENTAIRE

Les pupilles de l'État forment l'une des catégories de mineurs confiés au service de l'aide sociale à l'enfance. Il s'agit des enfants qui n'ont pas de filiation établie (enfants abandonnés) ou d'enfants dont la filiation a été rompue (orphelins dont la tutelle de droit commun n'a pu être organisée, déchéance de l'autorité parentale). Cette institution très ancienne vise à reconstituer juridiquement une forme de lien de responsabilité matérielle et éducative au bénéfice d'un enfant, dont le titulaire est la puissance publique faute de pouvoir l'établir sur des personnes privées.

Il convient de ne pas confondre les pupilles de l'État avec les pupilles de la Nation (loi du 27 juillet 1917 modifiée par la loi du 26 octobre 1926), institution en vertu de laquelle la Nation adopte les enfants dont le père, la mère ou le soutien de famille a disparu, est décédé ou a vu sa capacité de travail diminuer du fait de la guerre.

Les pupilles de l'État ont un statut juridique spécifique, défini dans le présent chapitre, dont les dispositions, figurant antérieurement dans le code aux articles 60 à 62, sont issues pour la période récente de la loi du 11 juillet 1966 (conditions d'immatriculation des pupilles) et surtout de la loi n° 84-422 du 6 juin 1984.

Ce dernier texte a aménagé le statut des pupilles autour de quatre principes : réduire les disparités statutaires entre les pupilles et les enfants soumis à la tutelle de droit commun ; réorganiser, pour les clarifier, les recours possibles contre les décisions d'admission en qualité de pupille (ce que la législation antérieure appelait « l'immatriculation ») ; clarifier la situation de certains enfants qui étaient auparavant immatriculés comme pupilles en renforçant les droits des parents et en assouplissant en leur faveur le dispositif (admission comme pupille à titre provisoire ou comme « recueilli temporaire ») ; enfin, faciliter l'adoption des pupilles dans les meilleurs délais.

Il faut ajouter que, du fait de l'orientation de la politique de protection de l'enfance qui a tendu d'une part à maintenir le plus possible les liens avec la famille d'origine, d'autre part à prévenir autant que faire se peut les abandons, le nombre de pupilles de l'État a continuellement baissé au cours du siècle précédent : il y avait au début du XXe siècle près de 150 000 pupilles ; en 2000, on en comptait moins de 5 000. ❑

SECTION 1 Organes chargés de la tutelle

BIBL. ▸ GEFFROY, La tutelle des pupilles de l'État. Propos critiques et propositions pour l'avenir, *JCP 1999. I. 142.*

COMMENTAIRE

Les articles L. 224-1, L. 224-2 et L. 224-3 (ancien art. 60 du code de la famille) définissent les organes chargés de la tutelle ; il s'agit du représentant de l'État dans le département qui a la qualité de tuteur et du conseil de famille ; ce conseil est une instance qui, réformée par la loi n° 84-422 du 6 juin 1984, comprend deux élus du département, deux représentants des associations familiales, un membre de l'association départementale des pupilles et anciens pupilles et un membre d'association d'assistantes maternelles, ainsi que deux personnes qualifiées. La loi s'éloigne du droit commun en ce qu'il n'y a, au sein de cette institution, ni juge des tutelles, ni subrogé tuteur. En revanche, en ce qui concerne leurs attributions, le tuteur et le conseil de famille exercent exactement les mêmes attributions que dans le régime civil ; de même, les voies de recours sont identiques à celles en vigueur dans la tutelle de droit commun. ❑

Art. L. 224-1 **Les organes chargés de la tutelle des pupilles de l'État mentionnée au présent chapitre sont le représentant de l'État dans le département** *(Ord. nº 2016-1562 du 21 nov. 2016, art. 23-II, en vigueur le 1er janv. 2018)* **«, ou, en Corse, le représentant de l'État dans la collectivité de Corse», qui exerce la fonction de tuteur et peut se faire représenter, et le conseil de famille des pupilles de l'État; la tutelle des pupilles de l'État ne comporte pas de juge de tutelle ni de subrogé tuteur.**

Le tuteur et le conseil de famille des pupilles de l'État exercent les attributions conférées à ces organes selon le régime de droit commun. A cette fin, le conseil de famille doit examiner au moins une fois par an la situation de chaque pupille. Avant toute décision du président du conseil départemental *(Ord. nº 2016-1562 du 21 nov. 2016, art. 23-II, en vigueur le 1er janv. 2018)* **«, ou, en Corse, du président du conseil exécutif» relative au lieu et au mode de placement des pupilles de l'État, l'accord du tuteur et celui du conseil de famille doivent être recueillis, ainsi que l'avis du mineur dans les conditions prévues à l'article L. 223-4. Le mineur capable de discernement est, en outre, entendu par le tuteur, ou son représentant, et par le conseil de famille, ou l'un de ses membres désignés par lui à cet effet.**

Lorsque le mineur se trouve dans une situation de danger manifeste, le tuteur, ou son représentant, prend toutes les mesures d'urgence que l'intérêt de celui-ci exige. — *[C. fam., art. 60, al. 1er, 2 et 4.]*

1. Consentement à l'adoption d'un pupille et pouvoirs du juge. Si, en principe, les personnes désignées par la loi sont les seules habilitées à consentir à l'adoption, l'art. 348-6 C. civ. permet toutefois au tribunal de prononcer l'adoption s'il estime abusif le refus de consentement des parents ou du conseil de famille; par suite, il résulte de la combinaison de ce texte, lequel ne fait aucune distinction selon le statut juridique des enfants adoptables et n'exclut donc pas les pupilles de l'État avec l'art. 60, al. 2 du C. fam. (devenu art. L. 224-1 CASF), lequel dispose que le tuteur et le conseil de famille des pupilles de l'État exercent les attributions conférées à ces organes selon le régime de droit commun, qu'il convient de rechercher si le refus du conseil de famille est ou non conforme à l'intérêt de l'enfant. • Rennes, 16 mars 1993 : *D. 1995. 113, note C. Geffroy et D. Desgue*.

2. Consentement à l'adoption d'un pupille et refus de consentement abusif. Même s'il ne fait aucune distinction selon le statut des enfants adoptables, l'art. 348-6 C. civ. apparaît, sauf exception démontrée, inapplicable au cas général des pupilles de l'État dont la situation est examinée au moins une fois par an par le conseil de famille des pupilles de l'État; en tout cas, il ne peut concerner un enfant dont le devenir est régulièrement suivi par les services de l'ASE et le conseil de famille des pupilles de l'État; par suite, indépendamment de la question de l'intérêt de l'enfant, les conditions exigées par l'art. 348-6 C. civ. pour déclarer abusif le refus du conseil de famille de consentir à l'adoption de l'enfant ne sont pas réunies. • Paris, 18 nov. 1999 : *D. 2000. IR 14*.

Art. L. 224-1-1 *(L. nº 2022-219 du 21 févr. 2022, art. 22-I)* **Le tuteur informe le pupille de l'État de toute décision prise à son égard et lui apporte toute précision utile lorsque l'avis de ce dernier n'a pas été suivi.**

Art. L. 224-2 *(L. nº 2022-219 du 21 févr. 2022, art. 21-1º)* **Les membres du conseil de famille sont nommés par le représentant de l'État dans le département ou, en Corse, par le représentant de l'État dans la collectivité de Corse, en considération de l'intérêt porté à la politique publique de protection de l'enfance, en fonction de leur aptitude ainsi que de leur disponibilité.**

Outre le tuteur, chaque conseil de famille comprend :

1º Un membre titulaire et un membre suppléant d'associations de pupilles ou d'anciens pupilles ou de personnes admises ou ayant été admises à l'aide sociale à l'enfance dans le département;

2º Deux membres titulaires et deux membres suppléants d'associations familiales concourant à la représentation de la diversité des familles, dont un membre titulaire et un membre suppléant d'associations de familles adoptives;

3º Un membre titulaire et un membre suppléant d'associations d'assistants familiaux;

4º Deux représentants du conseil départemental et deux suppléants, désignés par lui sur proposition de son président ou, en Corse, un représentant de la collectivité de Corse et un suppléant, désignés par l'Assemblée de Corse;

5° Une personnalité qualifiée titulaire et un suppléant, que leur compétence et leur expérience professionnelles en matière d'éthique et de lutte contre les discriminations qualifient particulièrement pour l'exercice de fonctions en son sein ;

6° Une personnalité qualifiée titulaire et un suppléant, que leur expérience et leur compétence professionnelles en matière médicale, psychologique ou sociale qualifient particulièrement pour l'exercice de fonctions en son sein.

Le mandat de ses membres est de six ans. Nul ne peut exercer plus de trois mandats, dont plus de deux en tant que titulaire.

A chaque renouvellement d'un conseil de famille des pupilles de l'État, les membres nouvellement nommés bénéficient d'une formation préalable à leur prise de fonction, dans des conditions définies par décret.

Dans l'intérêt des pupilles de l'État, les membres titulaires veillent à être présents à chaque réunion du conseil de famille des pupilles de l'État ou, à défaut, à se faire remplacer par leur suppléant.

Les membres du conseil de famille sont tenus au secret professionnel dans les conditions prévues aux articles 226-13 et 226-14 du code pénal.

Le représentant de l'État dans le département ou, en Corse, le représentant de l'État dans la collectivité de Corse peut mettre fin au mandat des membres du conseil de famille en cas de manquement caractérisé à leurs obligations.

Il est institué, dans chaque département, un conseil de famille supplémentaire lorsque le nombre de pupilles suivis par les conseils de famille existants est supérieur à cinquante.

V. art. R. 224-1 s.

Art. L. 224-3 *(L. nº 2022-219 du 21 févr. 2022, art. 21-2º)* **Sauf disposition contraire, les décisions et délibérations de toutes natures du conseil de famille des pupilles de l'État sont susceptibles de recours.**

Ce recours est ouvert :

1° Au tuteur ;

2° Aux membres du conseil de famille ;

3° Aux personnes à qui le service de l'aide sociale à l'enfance a confié un pupille de l'État pour en assurer la garde et qui souhaitent l'adopter, pour les décisions et délibérations relatives à ce projet d'adoption.

Le recours est porté devant le tribunal judiciaire. Le délai de recours est de quinze jours. Les parties ne sont pas tenues de constituer avocat.

L'appel est ouvert aux personnes mentionnées aux 1° et 2°, même si elles ne sont pas intervenues à l'instance.

Pour l'application de l'art. L. 224-3 dans les collectivités d'outre-mer, la référence au tribunal judiciaire est remplacée, en tant que de besoin, par la référence au tribunal de première instance (L. nº 2022-219 du 21 févr. 2022, art. 26).

Compétence du TGI. Les décisions et délibérations de toute nature du conseil de famille des pupilles de l'État peuvent être frappées d'un recours devant le tribunal de grande instance ; par suite, viole les textes le TGI qui se déclare incompétent pour connaître d'un recours formé contre une décision de ce conseil • Civ. 1re, 8 nov. 2005 : *RDSS 2006. 171, obs. Neirinck*.

Art. L. 224-3-1 *(Ord. nº 2014-1543 du 19 déc. 2014, art. 34, en vigueur le 1er janv. 2015)* **Le conseil de famille du département du Rhône est compétent également sur le territoire de la métropole de Lyon. Il est dénommé "conseil de famille départemental-métropolitain".**

Pour l'application des dispositions du *(L. nº 2022-219 du 21 févr. 2022, art. 21-2º)* **« 4° » de l'article L. 224-2, il comprend des représentants du conseil départemental du Rhône et du conseil de la métropole de Lyon.**

SECTION 2 Admission en qualité de pupille de l'État

BIBL. ▸ BOTTIAU, Vers un aménagement de l'accès aux origines ?, *RGDM, nº 71, 2019. 33.* – FAVIER, Pupilles de l'État : une réforme en demi-teinte : à propos de la loi nº 2013-673 du 26 juillet 2013 relative à l'arrêté d'admission en qualité de pupille de l'État, *RDSS 2013. 901*.

Art. L. 224-4 **Sont admis en qualité de pupille de l'État :**

1° Les enfants dont la filiation n'est pas établie ou est inconnue, qui ont été recueillis par le service de l'aide sociale à l'enfance depuis plus de deux mois ;

2° Les enfants dont la filiation est établie et connue, qui ont expressément été remis au service de l'aide sociale à l'enfance en vue de leur admission comme pupilles de l'État par les personnes qui ont qualité pour consentir à leur adoption, depuis plus de deux mois ;

3° Les enfants dont la filiation est établie et connue, qui ont expressément été remis au service de l'aide sociale à l'enfance depuis plus de six mois par leur père ou leur mère en vue de leur admission comme pupilles de l'État et dont l'autre parent n'a pas fait connaître au service, pendant ce délai, son intention d'en assumer la charge ; avant l'expiration de ce délai de six mois, le service s'emploie à connaître les intentions de l'autre parent ;

4° Les enfants orphelins de père et de mère pour lesquels la tutelle n'est pas organisée selon le chapitre II du titre X du livre I du code civil et qui ont été recueillis par le service de l'aide sociale à l'enfance depuis plus de deux mois ;

5° Les enfants dont les parents ont fait l'objet d'un retrait total de l'autorité parentale en vertu des articles 378 et 378-1 du code civil et qui ont été recueillis par le service de l'aide sociale à l'enfance en application de l'article 380 dudit code ;

6° Les enfants recueillis par le service de l'aide sociale à l'enfance en application *(L. n° 2016-297 du 14 mars 2016, art. 40-III-B)* **« des articles 381-1 et 381-2 » du code civil.** – *[C. fam., art. 61, al. 1er à 7.]*

COMMENTAIRE

La loi du 11 juillet 1966 avait en son temps rénové les différentes catégories de pupilles de l'État et défini leurs conditions d'« immatriculation ».

Alors qu'il existait sept catégories d'enfants, la loi n° 84-422 du 6 juin 1984 les a réduites à six, énumérées dans la disposition ci-dessus (ancien art. 61).

On peut ramener cet ensemble à trois grands groupes : tout d'abord, l'enfant qui n'a pas (art. L. 224-4, 1°) ou n'a plus (art. L. 224-4, 4°) de parents ; ensuite, l'enfant dont les parents ont consenti à l'adoption (art. L. 224-4, 2° et 3°) ; enfin, l'enfant qui est admis en qualité de pupille sur décision judiciaire (art. L. 224-4, 5° et 6°).

L'admission définitive de l'enfant en qualité de pupille de l'État varie selon son appartenance à l'un de ces trois groupes, ce qui a des conséquences sur les possibilités d'adoption de ces mêmes enfants : l'enfant admis sur décision judiciaire est immédiatement adoptable ; les enfants sans filiation ou dont les parents ont consenti à l'adoption sont adoptables au terme d'un délai de trois mois ; enfin, les enfants remis au service par un seul de leurs parents ne le sont qu'au terme d'un délai d'un an. Pendant que courent les deux délais retardant la possibilité d'adoption, l'enfant a donc la qualité de pupille à titre provisoire : les enfants concernés sont soumis à l'ensemble des dispositions du régime à l'exception des mesures concernant leur adoption (art. L. 225-1 à L. 225-10), et l'autorité parentale est assurée en ce qui les concerne par le conseil de famille et le préfet qui a alors qualité de représentant légal de l'enfant. ❑

1. Accouchement « sous X » et remise de l'enfant à l'ASE. En l'absence de reconnaissance d'un enfant né d'un accouchement anonyme, la filiation n'est pas établie de sorte que le consentement de la mère n'a pas à être constaté lors de la remise de l'enfant au service de l'Aide sociale à l'enfance. • Civ. 1re, 5 nov. 1996, n° 96-11.073 P : *JCP 1997. II. 22749, note Ardeeff ; D. 1997. 587, note Massip ; D. 1997. Somm. 161, obs. Granet-Lambrechts ; RTD civ. 1997. 98, obs. Hauser* • Civ. 1re, 6 avr. 2004, n° 03-19.026 P : *RDSS 2004. 691, note Monéger ; LPA, n° 201. 2004. 12, note Massip ; RTD civ. 2004. 496, obs Hauser ; D. 2005. IR 1754.*

2. Enfants « recueillis ». Les enfants « recueillis » au sens de l'art. 350 C. civ. sont ceux dont un particulier, une œuvre privée ou l'aide sociale à l'enfance « ont la charge » et ont ainsi qualité pour présenter une requête aux fins de déclaration d'abandon. • Civ. 1re, 4 janv. 1978, n° 76-13.470 P.

3. Accouchement « sous X » et reconnaissance paternelle prénatale. Si un enfant a été identifié par son père à une date antérieure au consentement à l'adoption, la reconnaissance prénatale a établi la filiation paternelle de l'enfant avec effet au jour de sa naissance ; par suite, le conseil de famille des pupilles de l'État, qui était informé de cette reconnaissance, ne pouvait plus consentir valablement à l'adoption de l'enfant, ce qui relevait du seul pouvoir de son père naturel. • Civ. 1re, 7 avr. 2006 : *RDSS 2006. 575, obs.*

Neirinck ; LPA, 17 juill. 2006, note Massip ; D. 2006. 2293, note Poisson-Drocourt.

4. Accouchement « sous X » et intervention des grands-parents maternels. Lorsque la mère d'un enfant a accouché « sous X », les grands-parents de celui-ci ne peuvent faire obstacle à une procédure d'adoption plénière en affirmant vouloir assurer eux-mêmes la charge de cet enfant. • Civ. 1re, 8 juill. 2009, *Épx X*, n° 08-20.153 : *RDSS 2009. 972, obs. Tauran ; AJ fam. 2009. 350, obs. Chénedé .*

5. Admission en qualité de pupille d'un enfant étranger. La cour d'assises, après avoir prononcé contre les parents la déchéance de l'autorité parentale, peut ordonner, dans l'intérêt d'un mineur étranger se trouvant en France, les mesures de protection prévues par l'art. 380 C. civ. ; l'application de ce texte aux étrangers résulte tant de l'art. 3 du même code que de l'art. 8 de la convention de La Haye du 5 oct. 1961, laquelle autorise tout État signataire, à prendre, à l'égard d'un mineur étranger résidant habituellement sur son territoire, les mesures de protection prévues par la loi interne, pour autant que ce mineur est menacé d'un danger sérieux dans sa personne ou ses biens. • Crim. 4 nov. 1992, n° 91-86.938 P : *D. 1994. 11, note Boulanger .*

6. Pouvoir du juge des tutelles à l'égard d'un enfant étranger. Le juge des tutelles tient de la convention de La Haye du 5 oct. 1961 concernant la compétence des autorités et la loi applicable en matière de protection des mineurs, le pouvoir de prendre des mesures de protection prévues par la loi française de la résidence habituelle du mineur pouvant conduire à l'organisation de la tutelle. • Civ. 1re, 6 févr. 2001, n° 98-21.598 P : *D. 2001. 2440, note Boulanger ; RJPF 2001 5/9, note Pansier.*

7. Notion d'abandon. Une cour d'appel ne peut déclarer un enfant abandonné sans répondre aux conclusions du père qui faisait valoir qu'il n'avait pu lui rendre visite faute de moyens matériels et faute de volonté de la famille d'accueil de favoriser le maintien des liens affectifs, et donc que son manque d'intérêt dans l'année précédant l'introduction de la demande avait un caractère involontaire • Civ. 1re, 8 déc. 1998, n° 97-05.015 P.

8. Intérêt de l'enfant et maintien de la qualité de pupille de l'État. Une cour d'appel, qui n'était pas tenue de procéder à une recherche inopérante relative à la décision ayant ordonné le placement de l'enfant à l'aide sociale à l'enfance, dès lors que ni ce placement ni le retrait de l'autorité parentale, prononcé par la juridiction pénale à l'égard des deux parents, dans les conditions de l'art. 378 C. civ., n'était contesté, a, à bon droit, statué sur la demande d'annulation de l'arrêté d'admission en qualité de pupille de l'État en considération de l'intérêt de l'enfant, qu'elle a souverainement apprécié. • Civ. 1re, 23 sept. 2015, n° 14-16.425 P : *AJ fam. 2015. 606, obs. Salvage-Gerest ; RDSS 2015. 1087, note Lafargue ; RTD civ. 2015. 862, obs. Hauser .*

9. Intérêt de l'enfant et exigences conventionnelles. Ayant souverainement estimé qu'il n'était pas conforme à l'intérêt de l'enfant de voir sa garde confiée à sa grand-mère maternelle qu'elle n'avait pas vue depuis presque quatre ans, mais qu'en revanche, il était de l'intérêt de la fillette de rencontrer son aïeule, à laquelle elle a accordé un droit de visite, la cour d'appel a légalement justifié sa décision au regard des exigences conventionnelles du droit au respect de la vie privée et familiale. • Civ. 1re, 23 sept. 2015, n° 14-16.425 P : *préc. note 8.*

Art. L. 224-5 **Lorsqu'un enfant est recueilli par le service de l'aide sociale à l'enfance dans les cas mentionnés aux 1°, 2°, 3° et 4° de l'article L. 224-4, un procès-verbal est établi.**

(L. n° 2002-93 du 22 janv. 2002, art. 4) **« Il doit être mentionné au procès-verbal que les parents à l'égard de qui la filiation de l'enfant est établie, la mère ou le père de naissance de l'enfant ou la personne qui remet l'enfant ont été informés »** *(L. n° 2022-219 du 21 févr. 2022, art. 20-I)* **« , le cas échéant avec l'assistance d'une personne de leur choix » :**

1° Des mesures instituées, notamment par l'État, les collectivités territoriales et les organismes de sécurité sociale pour aider les parents à élever eux-mêmes leurs enfants ;

2° Des dispositions du régime de la tutelle des pupilles de l'État suivant le présent chapitre ;

3° Des délais et conditions suivant lesquels l'enfant pourra être repris par ses père ou mère *(L. n° 2013-673 du 26 juill. 2013, art. 2, en vigueur le 1er janv. 2014)* **« ainsi que des modalités d'admission en qualité de pupille de l'État mentionnées à l'article L. 224-8 » ;**

4° *(L. n° 2002-93 du 22 janv. 2002, art. 4-2°)* **« De la possibilité de laisser tous renseignements concernant la santé des** *(L. n° 2022-219 du 21 févr. 2022, art. 20-I)* **« parents », les origines de l'enfant, les raisons et les circonstances de sa remise au service de l'aide sociale à l'enfance ».**

(L. nº 2022-219 du 21 févr. 2022, art. 20-I) **« Lorsque l'enfant est remis au service par ses parents ou par l'un d'eux, selon les 2º ou 3º de l'article L. 224-4, ceux-ci doivent consentir expressément à l'admission de l'enfant à la qualité de pupille de l'État. Ils sont incités à communiquer les informations médicales connues les concernant.**

« Le consentement doit être libre, obtenu sans aucune contrepartie et éclairé sur les conséquences de l'admission à la qualité de pupille de l'État, ouvrant notamment la possibilité pour l'enfant de bénéficier d'un projet d'adoption en application du 2º de l'article *(Ord. nº 2022-1292 du 5 oct. 2022, art. 25-1º, en vigueur le 1er janv. 2023)* **« 344** *[ancienne rédaction : 347]* **» du code civil.** *— Les dispositions de l'Ord. nº 2022-1292 du 5 oct. 2022 sont entrées en vigueur le 1er janv. 2023 et s'appliquent aux instances introduites à compter de cette date (Ord. préc., art. 27).*

« Le consentement à l'admission de l'enfant à la qualité de pupille de l'État emportant la possibilité de son adoption est porté sur le procès-verbal. »

COMMENTAIRE

La loi du 11 juillet 1966 avait institué le « procès-verbal d'abandon ». Le terme d'« abandon » a été écarté par la loi nº 84-422 du 6 juin 1984, mais on a maintenu la disposition (ancien art. 62 du code de la famille) qui impose que, lorsque le mineur est dépourvu de filiation ou lorsqu'il est remis par ses père et mère ou l'un de ses parents, on établisse un procès-verbal au moment de son admission (le terme d'« immatriculation » ayant été lui aussi écarté par la loi du 6 juin 1984). Le même article 62 imposait que les parents qui remettent leur enfant soient invités à consentir à son adoption, le procès-verbal devant en faire état ainsi que de l'information donnée à ces derniers des délais et conditions dans lesquels ils peuvent se rétracter ; cette obligation a été maintenue.

Au-delà même, la loi du 22 janvier 2002 relative au droit d'accès aux origines personnelles a inséré dans les dispositions anciennes de nouvelles mesures renforçant l'information des parents qui remettent leur enfant au service de l'aide sociale en vue de son adoption, notamment en ce qui concerne les délais et conditions suivant lesquels l'enfant pourra être repris par eux.

La loi nº 2013-673 du 16 juillet 2013 relative à l'arrêté d'admission en qualité de pupille de l'État a introduit l'obligation d'informer des modalités d'admission telles qu'elle les a reprécisées (V. art. L. 224-8).

Art. L. 224-6 L'enfant est déclaré pupille de l'État à titre provisoire à la date à laquelle est établi le procès-verbal prévu à l'article L. 224-5. La tutelle est organisée à compter de la date de cette déclaration.

Toutefois, dans un délai de deux mois suivant la date à laquelle il a été déclaré pupille de l'État à titre provisoire, l'enfant peut être repris immédiatement et sans aucune formalité par celui de ses père ou mère qui l'avait confié au service. Ce délai est porté à six mois, dans le cas prévu au 3º de l'article L. 224-4 pour celui des père ou mère qui n'a pas confié l'enfant au service.

Au-delà de ces délais, la décision d'accepter ou de refuser la restitution d'un pupille de l'État est, sous réserve des dispositions de l'article *(Ord. nº 2022-1292 du 5 oct. 2022, art. 25-2º, en vigueur le 1er janv. 2023)* **« 352-2** *[ancienne rédaction : 352]* **» du code civil, prise par le tuteur, avec l'accord du conseil de famille. En cas de refus, les demandeurs peuvent saisir le tribunal judiciaire.** *— Les dispositions de l'Ord. nº 2022-1292 du 5 oct. 2022 sont entrées en vigueur le 1er janv. 2023 et s'appliquent aux instances introduites à compter de cette date (Ord. préc., art. 27).*

(L. nº 2016-297 du 14 mars 2016, art. 33-2º) **« Lorsqu'un enfant pupille de l'État est restitué à l'un de ses parents, le président du conseil départemental propose un accompagnement médical, psychologique, éducatif et social du parent et de l'enfant pendant les trois années suivant cette restitution, afin de garantir l'établissement des relations nécessaires au développement physique et psychologique de l'enfant ainsi que sa stabilité affective. »**

COMMENTAIRE

L'article L. 224-6 organise le statut de pupille à titre provisoire. Ce dispositif est à relier aux diverses catégories d'enfants éligibles au statut de pupille (art. L. 224-4). Dans la mesure où l'objectif général de la protection des enfants dont l'ASE assume en partie la responsabilité est ici soit de maintenir le plus possible l'enfant dans son milieu familial d'origine, soit au contraire de permettre une stabilisation de sa situation qui soit favorable à son éducation, notamment en permettant pour les pupilles une adoption la plus précoce possible, on a aménagé un statut transitoire grâce auquel l'enfant doit pouvoir, avant toute décision irréversible, être repris par ses père et mère. Telle est l'origine (ancien article 62, al. 9 à 11) de ces dispositions aux termes desquelles, lorsqu'il est remis par ses parents qui consentent à son adoption, un délai de deux mois leur est ouvert pour qu'ils puissent revenir sur leur décision (art. L. 224-4, 2°) ; pour l'enfant dont un seul parent à consenti à l'adoption (art. L. 224-4, 3°), un délai de six mois protège l'autre parent pour qu'il puisse éventuellement reprendre l'enfant.

Les père et mère disposent, au-delà de ces délais, d'une possibilité de reprendre l'enfant en en faisant la demande au tuteur ; le tribunal de grande instance peut être saisi en cas de refus. Cette disposition vient compléter le recours prévu à l'article L. 224-8.

Il est à noter que la loi du 14 mars 2016 a introduit dans cet article L. 224-6 le même alinéa que celui ajouté à l'article L. 223-7 concernant l'accompagnement qui doit être proposé au parent auquel on restitue un enfant pupille de l'État. ❑

1. *Appréciation de l'intérêt de l'enfant.* L'appréciation de l'intérêt de l'enfant relève du pouvoir souverain de la cour d'appel – statuant sur la demande de restitution aux parents de leur enfant, pupille de l'État – et échappe par là même au contrôle de la Cour de cassation. • Civ. 1re, 12 déc. 1984, n° 83-15.804 P.

2. *Restitution d'un pupille de l'État.* La restitution d'un pupille de l'État qui n'a pas été placé en vue de l'adoption, formée par sa mère qui, après avoir consenti à l'adoption, a rétracté son consentement postérieurement à l'expiration du délai de 3 mois prévu par l'art. 348-3 C. civ. peut être décidée par le juge qui apprécie souverainement l'intérêt de l'enfant. • Civ. 1re, 22 nov. 1989, n° 88-10.596 P.

3. *Délai de rétractation et respect de la Conv. EDH.* Si le délai de deux mois prévu par la législation pour revenir sur une décision d'abandon peut sembler bref, il paraît néanmoins suffisant pour que la mère biologique ait le temps de réfléchir et de remettre en cause le choix d'abandonner l'enfant ; partant, il ne saurait être considéré comme contraire à l'art. 8 de la Conv. EDH. • CEDH 10 janv. 2008, *Kearns c/ France*, n° 35991/04 : *RDSS 2008. 353, note Neirinck*.

Art. L. 224-7 *(L. n° 2002-93 du 22 janv. 2002, art. 5)* **Les renseignements et le pli fermé mentionnés à l'article L. 222-6, ainsi que l'identité des personnes qui ont levé le secret, sont conservés sous la responsabilité du président du conseil départemental qui les transmet au Conseil national pour l'accès aux origines personnelles, sur la demande de celui-ci.**

Sont également conservées sous la responsabilité du président du conseil départemental les demandes et déclarations transmises par le Conseil national pour l'accès aux origines personnelles en application de l'article L. 147-4.

Les renseignements concernant la santé des père et mère de naissance, les origines de l'enfant, les raisons et circonstances de sa remise au service de l'aide à l'enfance, ainsi que l'identité des père et mère de naissance, s'ils ont levé le secret de leur identité, sont tenus à la disposition de l'enfant majeur, de ses représentants légaux ou de lui-même avec l'accord de ceux-ci s'il est mineur *(Abrogé par Ord. n° 2020-232 du 11 mars 2020, art. 33)* ***«, de son tuteur s'il est majeur placé sous tutelle»***, **de ses descendants en ligne directe majeurs s'il est décédé.**

L'Ord. n° 2020-232 du 11 mars 2020 n'est pas applicable en Nouvelle-Calédonie. Elle entre en vigueur à une date fixée par décret en Conseil d'État et au plus tard le 1er oct. 2020. Elle est applicable aux mesures de protection juridique en cours au jour de son entrée en vigueur et aux situations dans lesquelles aucune décision n'a été prise au jour de son entrée en vigueur (Ord. préc., art. 45 et 46, JO 12 mars).

COMMENTAIRE

L'article L. 224-7 a été introduit dans le code par la loi du 22 janvier 2002 relative au droit d'accès aux origines personnelles ; il complète l'article L. 222-6 ainsi que les dispositions relatives au conseil national pour l'accès aux origines personnelles des articles L. 147-1 à L. 147-11 ; pour l'essentiel, il charge le président du conseil départemental de conserver d'une part les documents relatifs aux origines des pupilles qu'il détient et de les transmettre sur sa demande au conseil national, d'autre part les informations qui lui ont été transmises par ce dernier. ❑

Divulgation d'informations. Sous réserve de la mise en œuvre des dispositions autorisant les autorités ou les services du département à communiquer les informations dont ils sont dépositaires, et en particulier de celles de l'art. L. 224-7 qui imposent au président du conseil général de transmettre au Conseil national pour l'accès aux origines personnelles, sur la demande de ce dernier, les renseignements dont il dispose sur les pupilles de l'État qu'il a recueillis, il est interdit au service de l'aide sociale à l'enfance de divulguer de telles informations. • CE 17 oct. 2012, n° 348440 : *Lebon 362 ; AJDA 2013. 362, note Rihal ; AJ fam. 2012. 616, obs. Dionisi-Peyrusse*. ♦ La circonstance que la mère biologique d'un enfant confié à sa naissance au service de l'aide sociale à l'enfance, puis adopté, ait eu connaissance des informations relatives à la nouvelle identité de cet enfant et à celle de ses parents adoptifs révèle une faute dans le fonctionnement dudit service de nature à engager la responsabilité du département, sauf à ce qu'il établisse que la divulgation de ces informations est imputable à un tiers ou à une faute de la victime ; par suite, en estimant que les requérants n'apportaient pas la preuve qui leur incombait que les services du département auraient commis une faute de nature à engager la responsabilité de ce département, la cour administrative d'appel a commis une erreur de droit. • Même arrêt.

Art. L. 224-8 *(L. nº 2013-673 du 26 juill. 2013, art. 1er, en vigueur le 1er janv. 2014)*
I. — L'enfant est admis en qualité de pupille de l'État par arrêté du président du conseil départemental pris soit après la date d'expiration des délais prévus aux 1° à 4° de l'article L. 224-4 en cas d'admission en application de ces mêmes 1° à 4°, soit une fois le jugement passé en force de chose jugée lorsque l'enfant est admis dans les conditions prévues aux 5° ou 6° du même article.

II. — L'arrêté mentionné au I peut être contesté par :

1° Les parents de l'enfant, en l'absence d'une déclaration judiciaire *(Ord. nº 2022-1292 du 5 oct. 2022, art. 25-3°, en vigueur le 1er janv. 2023)* **« de délaissement parental** *[ancienne rédaction : d'abandon]* **» ou d'un retrait total de l'autorité parentale ;**

2° Les membres de la famille de l'enfant ;

3° Le père de naissance ou les membres de la famille de la mère ou du père de naissance, lorsque l'enfant a été admis en application du 1° de l'article L. 224-4 ;

4° Toute personne ayant assuré la garde de droit ou de fait de l'enfant. — *Les dispositions de l'Ord. nº 2022-1292 du 5 oct. 2022 sont entrées en vigueur le 1er janv. 2023 et s'appliquent aux instances introduites à compter de cette date (Ord. préc., art. 27).*

L'action n'est recevable que si le requérant demande à assumer la charge de l'enfant.

III. — L'arrêté mentionné au I est notifié aux personnes mentionnées au 1° du II, ainsi qu'à celles mentionnées aux 2° à 4° du même II qui, avant la date de cet arrêté, ont manifesté un intérêt pour l'enfant auprès du service de l'aide sociale à l'enfance. Cette notification, qui est faite par tout moyen permettant d'établir une date certaine de réception, mentionne les voies et délais de recours ainsi que la juridiction compétente. Elle précise que l'action n'est recevable que si le requérant demande à assumer la charge de l'enfant.

IV. — Le recours contre l'arrêté mentionné au I est formé, à peine de forclusion, devant le tribunal judiciaire dans un délai de trente jours à compter de la date de la réception de sa notification.

V. — S'il juge la demande conforme à l'intérêt de l'enfant, le tribunal prononce l'annulation de l'arrêté mentionné au I et confie l'enfant au demandeur, à charge, le cas échéant, pour ce dernier de requérir l'organisation de la tutelle, ou lui délègue les droits de l'autorité parentale. Dans le cas où il rejette le recours, le tribunal peut autoriser le demandeur, dans l'intérêt de l'enfant, à exercer un droit de visite dans les conditions qu'il détermine. — *[C. fam., art. 61, al. 8 à 10.]*

Cet art. est applicable sur tout le territoire de la République, sauf en Nouvelle-Calédonie (L. nº 2013-673 du 26 juill. 2013, art. 3-I).

COMMENTAIRE

La disposition ci-dessus revêt une grande importance pour la situation des pupilles de l'État. Elle prévoit en effet un recours possible contre la décision d'admission d'un enfant dans ce statut, décision relevant du président du conseil départemental.

Cette disposition ayant fait l'objet d'une contestation quant à sa conformité à la Constitution, elle avait été annulée en son premier paragraphe, au motif que l'information de l'admission d'un enfant en qualité de pupille de l'État était insuffisante, notamment en ne la portant pas à la connaissance de personnes susceptibles de s'y opposer. Les pouvoirs publics ayant jusqu'au 1er janvier 2014 pour réécrire cette disposition de façon qu'elle soit compatible avec les droits constitutionnellement protégés, la loi n° 2013-673 du 26 juillet 2013 relative à l'arrêté d'admission en qualité de pupille de l'État en a établi une nouvelle rédaction : les personnes susceptibles de le contester sont clairement énumérées, les conditions de sa publicité sont précisées ainsi que les délais de recours. Les pouvoirs dévolus au tribunal s'agissant de la délégation de la prise en charge de l'enfant, l'organisation de la tutelle ainsi que l'aménagement d'éventuels droits de visite sont inchangés car établis sur les deux alinéas de la disposition qui n'ont pas été annulés. ❑

Compétence juridictionnelle en matière d'admission en qualité de pupille de l'État. La juridiction judiciaire est seule compétente pour connaître des recours formés par les personnes mentionnées par ces dispositions (parents, alliés ou toute personne justifiant d'un lien avec l'enfant admis en qualité de pupille de l'État) contre une décision administrative prononçant l'admission d'un enfant en qualité de pupille de l'État. • CE 11 juill. 1988, *Min. aff. soc.*, n° 89992 : *Lebon 293 ; D. 1988. IR 242* • T. confl. 7 oct. 1991, *Remadnia : Lebon 471 ; RFDA 1992. 907, note Bernigaud ; D. 1992 IR 38.*

SECTION 3 Statut des pupilles

COMMENTAIRE

Sous cet intitulé « Statut des pupilles », les articles L. 224-9 à L. 224-11 s'attachent essentiellement à régler des questions patrimoniales concernant les pupilles et à organiser des mesures de récupération sur succession à l'encontre de la succession du pupille, l'article L. 224-11 fondant légalement l'association départementale d'entraide entre les pupilles et anciens pupilles.

Sur le terrain de la gestion patrimoniale (art. L. 224-9), on peut remarquer que les bénéfices éventuels liés à la propriété de biens et de capitaux du pupille reviennent au département à titre d'indemnité d'entretien, sans pouvoir excéder les dépenses effectivement engagées par la collectivité publique ; il y a cependant une possibilité de remise proposée par le tuteur au président du conseil départemental. Au même article, l'ordonnance n° 2021-1192 du 15 septembre 2021 a ajouté une disposition : les biens du tuteur du pupille ne sont pas soumis à l'hypothèque légale de l'article 2393 du code civil qui aurait pu être établie en garantie de sa bonne gestion des biens.

En matière de récupération sur succession (art. L. 224-9, al. 4 et 5 ; art. L. 224-10), les frais d'entretien du pupille sont récupérés sur sa succession, à moins qu'elle ne revienne à ses frères et sœurs, eux-mêmes élevés par l'ASE. On retrouve là, avec adaptation certes, les principes généraux de l'aide sociale. ❑

Art. L. 224-9 **Les deniers des pupilles de l'État sont confiés au** *(Ord. n° 2010-420 du 27 avr. 2010, art. 100)* **« directeur départemental des finances publiques ».**

Le tuteur peut autoriser, au profit du pupille, le retrait de tout ou partie des fonds lui appartenant.

Les revenus des biens et capitaux appartenant aux pupilles sont perçus au profit du département jusqu'à leur majorité, à titre d'indemnité d'entretien et dans la limite des prestations qui leur ont été allouées. Lors de la reddition des comptes, le tuteur, à son initiative ou à la demande du conseil de famille, peut proposer, avec l'accord de ce dernier, au président du conseil départemental toute remise jugée équitable à cet égard.

Les héritiers, autres que les frères et sœurs élevés eux-mêmes par le service, qui se présentent pour recueillir la succession d'un pupille, doivent rembourser au départe-

ment les frais d'entretien du pupille, déduction faite des revenus que le département avait perçus.

Lorsque aucun héritier ne se présente, les biens des pupilles de l'État décédés sont recueillis par le département et utilisés pour l'attribution de dons ou de prêts aux pupilles et anciens pupilles de l'État.

Les biens du tuteur ne sont pas soumis à l'hypothèque légale instituée à l'article *(Ord. n° 2021-1192 du 15 sept. 2021, art. 34-II)* **« 2393 » du code civil.** – *[C. fam., art. 64.]*

Responsabilité de l'État en matière de gestion patrimoniale des biens du pupille. La juridiction judiciaire est seule compétente pour connaître des responsabilités découlant de la faute invoquée par une requérante à l'encontre de l'État et du département à raison de la gestion du livret de Caisse nationale d'épargne, ouvert à son nom alors qu'elle était pupille de l'État ; le juge considère cette faute non détachable des obligations que ces personnes publiques doivent assumer dans l'exercice de leurs missions de tutelle légale. • CAA Douai, 24 avr. 2002, *Min. Economie, Finances et Industrie : AJDA 2002. 1022*.

Art. L. 224-10 **Lorsque les père ou mère d'un ancien pupille sont appelés à sa succession, ils sont tenus, dans la limite de l'actif net qu'ils recueillent dans cette succession, d'effectuer au département le remboursement des frais d'entretien de l'enfant, à moins qu'ils n'aient obtenu la remise de l'enfant pendant sa minorité, ou que le président du conseil départemental ne leur accorde une exonération totale ou partielle dudit remboursement.** – *[Décr. n° 59-101 du 7 janv. 1959, art. 8, al. 2.]*

Art. L. 224-11 *(L. n° 2022-219 du 21 févr. 2022, art. 22-II)* **« Les associations départementales des personnes accueillies en protection de l'enfance représentent et accompagnent ces personnes. Elles participent à l'effort d'insertion sociale des personnes accueillies en protection de l'enfance. » A cet effet,** *(Ord. n° 2022-1292 du 5 oct. 2022, art. 25-4°, en vigueur le 1er janv. 2023)* **« elles peuvent » notamment leur attribuer des secours, primes diverses et prêts d'honneur.**

(Ord. n° 2022-1292 du 5 oct. 2022, art. 25-4°, en vigueur le 1er janv. 2023) **« Leurs » ressources sont constituées par les cotisations de** *(Ord. n° 2022-1292 du 5 oct. 2022, art. 25-4°, en vigueur le 1er janv. 2023)* **« leurs » membres, les subventions du département, des communes, de l'État, les dons et legs.**

Le conseil d'administration comporte deux membres des conseils de famille des pupilles de l'État. – *[C. fam., art. 65.]*

Les dispositions de l'Ord. n° 2022-1292 du 5 oct. 2022 sont entrées en vigueur le 1er janv. 2023 et s'appliquent aux instances introduites à compter de cette date (Ord. préc., art. 27).

SECTION 4 Dispositions communes

Art. L. 224-12 **Sont déterminées par décrets en Conseil d'État :**

1° La composition et les règles de fonctionnement du ou des conseils de famille institués dans le département en application de l'article L. 224-2. – *V. art. R. 224-1 à R. 224-25.*

2° Les conditions de recueil des renseignements mentionnés au 4° de l'article L. 224-5. – *[C. fam., art. 60, al. 10.]*

CHAPITRE V ADOPTION

COMMENTAIRE

Ce chapitre comprend des dispositions déjà présentes dans l'ancien code de la famille et de l'aide sociale et qui ont un caractère complémentaire par rapport au régime civil de l'adoption, adoption simple et adoption plénière ; le droit civil a été en la matière totalement refondu par la loi du 11 juillet 1966, complétée et renforcée par celle du 22 juillet 1976 ; la loi du 8 janvier 1993 a cherché à accélérer le déroulement des procédures d'adoption ; enfin, en ce qui concerne les pupilles de l'État, la loi n° 84-422 a cherché à améliorer les possibilités d'adoption pour cette catégorie d'enfants.

Le service social d'aide sociale à l'enfance intervient en matière d'adoption pour deux raisons. Une raison de fait, puisqu'un grand nombre des enfants qui sont sans filiation établie ou pour lesquels les parents ont consenti à l'adoption sont remis concrètement au service d'aide sociale à l'enfance et sont alors admis en qualité de pupilles de l'État (art. L. 224-1 à L. 224-8). Une raison de droit ensuite puisque, pour éviter tout « marché d'enfants » et assurer la meilleure conciliation possible de l'intérêt du mineur et des droits des parents, le législateur impose que, sauf le cas où il existe un lien de parenté ou d'alliance jusqu'au sixième degré entre l'adoptant et l'adopté, le consentement à l'adoption des enfants de moins de 2 ans n'est valable que si l'enfant a été effectivement remis au service de l'aide sociale à l'enfance ou à une œuvre d'adoption autorisée.

Sur le plan quantitatif, les enfants étrangers représentent aujourd'hui les deux tiers des enfants adoptés et pour le reste, les pupilles de l'État constituent la moitié des adoptions. Alors qu'il y a un siècle, le nombre d'enfants adoptables était très supérieur au nombre de demandes, les familles sans enfants pouvant choisir un enfant qui devait alors se considérer comme un privilégié, la situation s'est totalement inversée : aujourd'hui, le nombre de demandes excède largement le nombre d'enfants adoptables, d'où, exacerbé par le « désir d'enfant », le recours de plus en plus important à l'adoption internationale. Aussi, non seulement le régime civil de l'adoption a dû évoluer, mais la police administrative contrôlant ce domaine a dû aussi s'adapter.

Le code de l'action sociale et des familles comporte tout d'abord des règles concernant l'adoption des pupilles de l'État, ce qui est directement lié à leur statut spécifique puisque la loi fait de l'adoption la finalité première de ce statut (art. L. 225-1 à L. 225-10) ; il organise aussi un régime juridique de police spéciale pour les organismes qui servent d'intermédiaires en vue de l'adoption de mineurs (art. L. 225-11 à L. 225-14-2) ; il réglemente enfin l'adoption internationale dans la mesure aussi où l'intervention du service d'aide sociale à l'enfance est requise, notamment pour l'obtention de l'agrément (art. L. 225-15 à L. 225-18).

La loi n° 2022-219 du 21 février 2022 visant à réformer l'adoption a introduit diverses modifications aussi bien dans le code civil (elles concernent l'adoption simple et l'adoption plénière) que dans le présent code. Le texte renforce le statut des pupilles de l'État et les conditions de leur adoption, ce qui est l'objet du présent chapitre (art. L. 225-1 à L. 225-10).

SECTION 1 Adoption des pupilles de l'État

BIBL. ▶ GOURON-MAZEL, Le juge de la famille et l'homosexualité, *Dr. fam. janv. 2002. 4.* – GRENIER, Le régime de la communication des dossiers personnels des enfants remis en vue d'adoption, *RDSS 2001. 13*. – MARCEAU, L'agrément à l'adoption peut-il être délivré à un homosexuel ?, *RFDA 2001. 1291*. – MONÉGER, Regard critique sur la réforme de l'adoption, *RDSS 1997. 1* ; La loi du 4 juillet 2005 portant réforme de l'adoption, *RDSS 2005. 821*. – MURAT, Vers la famille homosexuelle d'adoption ?, *Dr. fam. avr. 2000. 4.* – NEIRINCK, Homoparentalité et adoption, Études offertes à Catala, *Litec 2001, p. 353 s.* ; L'adoptabilité de l'enfant né sous X, *RDSS 2005. 1018*. – PLOUVIN, Le célibataire de sexe masculin homosexuel et le désir d'enfant : le cas de l'agrément à l'adoption, *LPA, n° 78, 1995. 20.* – POIROT-MAZERES, De la Gay Pride... au Palais-Royal. A propos des refus d'agrément à l'adoption opposés aux homosexuels, *AJDA 2002. 401*. – POISSON-DROCOURT, Une loi nouvelle sur l'adoption, *D. 2005. 2028*. – RIHAL, L'intérêt de l'enfant et la jurisprudence du Conseil d'État concernant les agréments en matière d'adoption, *RDSS 1997. 503*. – RUBELLIN-DEVICHI, La phase administrative de l'adoption : l'agrément délivré par les services de l'aide sociale à l'enfance, *RFDA 1992. 897*.

Art. L. 225-1 *(L. n° 2022-219 du 21 févr. 2022, art. 19-1°)* **« Les enfants admis à la qualité de pupille de l'État en application des articles L. 224-4 et L. 224-8 bénéficient, dans les meilleurs délais, d'un bilan médical, psychologique et social, qui fait état de l'éventuelle adhésion de l'enfant à un projet d'adoption, si l'âge et le discernement de l'enfant le permettent. Un projet de vie est ensuite défini par le tuteur avec l'accord du conseil de famille. Ce projet peut être une adoption, si tel est l'intérêt de l'enfant. »** *(L. n° 2016-297 du 14 mars 2016, art. 34-1° et 2°)* **« Ce projet de vie s'articule avec le projet pour l'enfant mentionné à l'article L. 223-1-1.**

(L. n° 2022-219 du 21 févr. 2022, art. 19-2°) **« Un nouveau bilan peut être réalisé à tout moment, à la demande du tuteur en accord avec le conseil de famille ou du mineur lui-même si son âge et son discernement le permettent, notamment si un projet d'adoption est envisagé pour le pupille. »**

« Lorsque *(L. n° 2022-219 du 21 févr. 2022, art. 19-3°)* **« le » projet de vie est celui d'une adoption, » la définition du projet d'adoption, simple ou plénière suivant les circonstances particulières à la situation de l'enfant ainsi que le choix des adoptants éventuels sont assurés par le tuteur, avec l'accord du conseil de famille ; le mineur capable de discernement est préalablement entendu par le tuteur ou son représentant et par le conseil de famille ou l'un de ses membres désignés par lui à cet effet. »**

(L. n° 2022-219 du 21 févr. 2022, art. 19-13°) **« Le président du conseil départemental ou, en Corse, le président du conseil exécutif peut faire appel à des associations pour identifier, parmi les personnes agréées qu'elles accompagnent, des candidats susceptibles d'accueillir en vue de l'adoption des enfants à besoins spécifiques. »**

COMMENTAIRE

L'objectif premier, en ce qui concerne les enfants pupilles de l'État, était antérieurement de faciliter leur adoption (L. n° 84-422 du 6 juin 1984). C'est pourquoi l'article L. 225-1 laissait clairement entendre que l'adoption constituait en fait le but du « projet de vie » qui devait être établi en ce qui les concerne.

Partant de l'idée que l'adoption n'est pas la solution adaptée pour nombre de pupilles, la loi du 14 mars 2016 a réécrit cette disposition en supprimant ce caractère central du projet d'adoption ; le projet de vie de l'enfant peut viser ou non une adoption selon l'intérêt de l'enfant, cet intérêt constituant le critère décisif pour déterminer les choix qui sont faits pour chacun d'entre eux.

La loi n° 2022-219 du 21 février 2022 visant à réformer l'adoption a enrichi l'article L. 225-1 : mise en place d'un bilan médical, social et psychologique obligatoire pour l'enfant dès son entrée dans le statut de pupille ; association du mineur lui-même à l'établissement de son projet si son âge et son discernement le permettent, notamment si un projet d'adoption est envisagé ; nouveau bilan pouvant être réalisé à tout moment, à la demande du tuteur en accord avec le conseil de famille ou du mineur lui-même. De plus, le président du conseil exécutif peut faire appel à des associations pour identifier, parmi les personnes agréées qu'elles accompagnent, des candidats susceptibles d'accueillir en vue de l'adoption des enfants à besoins spécifiques.

1. Opposition à l'adoption d'un pupille. Des grands-parents, qui n'ont plus de lien légal avec un enfant, pupille de l'État, sont irrecevables à former tierce opposition au jugement ayant prononcé l'adoption plénière de ce mineur, pour défaut de qualité pour agir. • Dijon, 19 mai 1998 : *D. 2000. Somm. 174, obs. Autem*.

2. Compétence juridictionnelle. La décision de placer un pupille de l'État en vue de son adoption est prise par le préfet au titre de la tutelle légale qu'il exerce sur ce pupille et cette attribution relevant essentiellement du code civil, il n'appartient qu'à l'autorité judiciaire de connaître des contestations relatives à une telle décision. • T. confl. 7 oct. 1991 : *D. 1992. IR 38*.

3. Conditions de recevabilité du recours du préfet. Il résulte des art. 356 et 371-2 C. civ. que seuls les père et mère de l'enfant qui a fait l'objet d'une adoption plénière ont qualité pour défendre les intérêts de celui-ci ; par suite, ne donne pas de base légale à sa décision une cour d'appel qui reçoit l'appel du préfet, déclarant agir en qualité de tuteur d'enfants et faisant ensuite connaître que des jugements prononçant l'adoption plénière des enfants avaient été rendus, sans rechercher si le préfet était encore le tuteur des enfants. • Civ. 1re, 28 mars 1995, n° 92-20.205 P : *LPA n° 8, 1996. 18, note Massip*.

Art. L. 225-2 **Les pupilles de l'État peuvent être adoptés soit par les personnes à qui le service de l'aide sociale à l'enfance les a confiés pour en assurer la garde lorsque les liens affectifs qui se sont établis entre eux justifient cette mesure, soit par des personnes agréées à cet effet, soit, si tel est l'intérêt desdits pupilles, par des personnes dont l'aptitude à les accueillir a été régulièrement constatée dans un État autre que la France, en cas d'accord international engageant à cette fin ledit État.**

(L. n° 2022-219 du 21 févr. 2022, art. 10-I) **« L'agrément a pour finalité l'intérêt des enfants qui peuvent être adoptés. Il est délivré lorsque la personne candidate à l'adoption est en capacité de répondre à leurs besoins fondamentaux, physiques, intellectuels, sociaux et affectifs.**

« L'agrément prévoit une différence d'âge maximale de cinquante ans entre le plus jeune des adoptants et le plus jeune des enfants qu'ils se proposent d'adopter.

Toutefois, s'il y a de justes motifs, il peut être dérogé à cette règle en démontrant que l'adoptant est en capacité de répondre à long terme aux besoins mentionnés au deuxième alinéa du présent article. »

(L. n° 2005-744 du 4 juill. 2005) **« L'agrément est accordé pour cinq ans, dans un délai de neuf mois, par le président du conseil départemental** *(Ord. n° 2016-1562 du 21 nov. 2016, art. 23-II, en vigueur le 1er janv. 2018)* **« , ou, en Corse, par le président du conseil exécutif »** *(L. n° 2022-219 du 21 févr. 2022, art. 10-I)* **« sur avis conforme » d'une commission dont la composition est fixée par voie réglementaire. Le délai court à compter de la date à laquelle la personne confirme sa demande d'agrément dans les conditions fixées par voie réglementaire. L'agrément est délivré par un arrêté dont la forme et le contenu sont définis par décret.**

« L'agrément est délivré pour l'accueil d'un ou de plusieurs enfants simultanément. Une notice, dont la forme et le contenu sont définis par décret, décrivant le projet d'adoption des personnes agréées*[,]* **est jointe à l'agrément. Cette notice peut être révisée par le président du conseil départemental** *(Ord. n° 2016-1562 du 21 nov. 2016, art. 23-II, en vigueur le 1er janv. 2018)* **« , ou, en Corse, par le président du conseil exécutif » sur demande du candidat à l'adoption.**

(L. n° 2022-219 du 21 févr. 2022, art. 10-I) **« Pendant la durée de validité de l'agrément, le président du conseil départemental ou, en Corse, le président du conseil exécutif propose aux personnes agréées des réunions d'information. »**

« L'agrément est caduc à compter de l'arrivée au foyer d'au moins un enfant français ou étranger, ou de plusieurs simultanément. »

V. art. R. 225-1 à R. 225-11.

En application des L. 231-5 et L. 231-6 CRPA, le silence gardé pendant neuf mois par une collectivité territoriale ou un de ses établissements publics vaut décision de rejet pour les demandes d'agrément à l'adoption (Décr. n° 2015-1459 du 10 nov. 2015, applicable pour les demandes présentées à compter du 12 nov. 2015).

COMMENTAIRE

L'article L. 225-2 (art. 63, al. 1er et 2 ancien du code de la famille) détermine quels sont les adoptants possibles. Le texte distingue trois catégories.

La première est constituée par les personnes à qui l'enfant a été confié dans le cadre de sa prise en charge par l'ASE ; cette possibilité d'adopter est offerte concrètement à l'assistante maternelle qui a accueilli l'enfant ; néanmoins, les services sont souvent réticents à la mettre en œuvre en raison des liens qui existent le plus souvent entre l'assistante maternelle et la famille d'origine, qui en toute hypothèse se connaissent ; de plus, il existe une certaine contradiction de principe entre la mission de l'assistante maternelle et la logique de l'adoption ; cela dit, nombre de cas ont montré que, au sens du texte, « des liens affectifs se sont établis » et qu'ils justifient l'adoption par la personne qui assume la garde et l'éducation. La deuxième catégorie est constituée de personnes qui sont candidates pour adopter un enfant et qui doivent alors obtenir un agrément tel qu'organisé à l'alinéa 3 et par les articles suivants. La troisième catégorie est constituée de personnes étrangères vivant dans des États liés par une convention avec la France et dont la législation nationale garantit leur aptitude à accueillir un enfant.

La loi du 21 février 2022 visant à réformer l'adoption a précisé au deuxième alinéa les finalités de l'agrément en vue de l'adoption : priorité absolue donnée à l'intérêt de l'enfant et délivrance de l'agrément lorsque les demandeurs sont en capacité de répondre à tous les besoins de l'enfant. Une règle d'écart maximal de 50 ans entre l'adoptant et l'adopté est posée, des dérogations étant cependant possibles.

Le troisième alinéa concerne l'agrément que doivent obtenir les personnes désireuses d'adopter un pupille de l'État ; cet agrément fait l'objet d'une instruction sociale (évaluation de la situation familiale du demandeur, de ses capacités éducatives, évaluation du projet d'adoption sur le plan psychologique) diligentée par les services du département, requiert l'avis d'une commission départementale et est donné par le président du conseil départemental. Il est à noter que ce même agrément est exigé pour les personnes souhaitant adopter un enfant étranger (art. L. 225-15).

La loi n° 2005-744 du 4 juillet 2005, qui réforme les procédures d'adoption et qui a pour finalité de simplifier la procédure d'agrément et d'améliorer l'information et l'accompagnement des candidats à l'adoption, a introduit à cet article plusieurs dispositions allant dans ce sens. Tout d'abord, l'agrément est accordé dans un délai de neuf mois « à compter de la confirmation de la demande d'agrément » et non de la demande elle-même, ce qui est logique dans la mesure où les candidats à l'adoption doivent, après leur demande, bénéficier d'une information qui suppose qu'ils aient à confirmer leur demande après cette phase d'information ; ensuite, cet agrément peut valoir pour plusieurs enfants accueillis simultanément, ce qui permet d'adopter des fratries sans que cela nécessite autant d'agréments qu'il y a d'enfants ; enfin, il y a caducité de l'agrément dès sa concrétisation par l'accueil d'un ou plusieurs enfants simultanément.

Enfin, ajout dû à la loi du 21 février 2022 (art. 10-I), il est fait obligation au président du conseil départemental de proposer aux personnes agréées des réunions d'information. ❑

1. Effets des conditions posées par les personnes désireuses d'adopter. Les conditions posées par les personnes présentant une demande d'agrément aux fins d'adoption en ce qui concerne l'origine et l'âge de l'enfant susceptible d'être adopté ne sont pas de nature à remettre en cause l'appréciation favorable formulée à leur endroit. • CE 4 nov. 1991, *Épx H*, n° 102611 : *Lebon 361*; *AJDA 1992. 65, concl. Hubert*.

2. Compétence pour apprécier le droit d'adoption au regard de la nationalité du demandeur. Il résulte des textes que les seules conditions légales à l'agrément en vue de l'adoption d'un enfant concernent les garanties apportées par les demandeurs sur les plans familial, éducatif et psychologique. Par suite, est illégale la décision qui abroge l'agrément accordé à des demandeurs de nationalité algérienne, au motif que l'adoption n'étant pas reconnue en Algérie, l'enfant n'aurait aucune existence légale au regard de la loi de ce pays, alors qu'il n'appartient qu'au tribunal de grande instance, auquel l'art. 353 du code civil fait obligation de vérifier si les conditions de la loi sont remplies, d'apprécier le droit d'adoption au regard de la nationalité du ou des demandeurs. • CE 5 juin 1996, *Dpt Aude*, n° 160009 B.

3. Incompétence du juge de cassation. Sauf erreur de droit ou dénaturation des faits de l'espèce, l'appréciation, à laquelle se livrent les juges du fond pour s'assurer que les conditions d'accueil offertes sur les plans familial, éducatif et psychologique par la personne qui demande l'agrément correspondent aux besoins et à l'intérêt de l'enfant, n'est pas susceptible d'être discutée devant le juge de cassation. • CE 5 juin 2002, *Mlle X*, n° 230533 : *Lebon 195*; *D. 2002. IR 2025* • CE 28 juill. 2006, *Dpt Yvelines : Lebon T. 909, 936 et 1029*; *AJDA 2006. 2466, note Rihal*.

Art. L. 225-3 **Les personnes qui demandent l'agrément bénéficient des dispositions de l'article L. 223-1.**

(L. n° 2022-219 du 21 févr. 2022, art. 10-2°) **« Elles suivent une préparation, organisée par le président du conseil départemental ou, en Corse, par le président du conseil exécutif, portant notamment sur les dimensions psychologiques, éducatives, médicales, juridiques et culturelles de l'adoption, compte tenu de la réalité de l'adoption nationale et internationale, ainsi que sur les spécificités de la parentalité adoptive. »**

Elles peuvent demander que tout ou partie des investigations effectuées pour l'instruction du dossier soient accomplies une seconde fois et par d'autres personnes que celles auxquelles elles avaient été confiées initialement. Elles sont informées du déroulement de ladite instruction et peuvent prendre connaissance de tout document figurant dans leur dossier dans les conditions fixées aux articles L. 311-3 et L. 311-4 du code des relations entre le public et l'administration. — *[C. fam., art. 63, al. 3 et 4.]*

COMMENTAIRE

L'article L. 225-3 organise la protection des personnes qui sont demandeurs de l'agrément en vue de l'adoption d'un pupille de l'État ou d'un enfant étranger. Dans le cadre de la procédure, elles bénéficient des dispositions de l'article L. 223-1 qui concerne leur droit à être informées ainsi qu'à se faire assister par un tiers durant la procédure ; surtout, elles peuvent demander qu'il soit procédé à une seconde série d'investigations sociales et psychologiques devant d'autres professionnels et que leur soit communiqué tout document ou pièce intervenant dans la procédure.

La loi n° 2005-744 du 4 juillet 2005 réformant l'adoption avait logiquement introduit à cette disposition – l'objet de la loi étant d'améliorer l'accompagnement des candidats – l'obligation pour le département de « proposer des réunions d'information durant la période d'agrément ». Dans le même sens, la loi du 21 février 2022 visant à réformer l'adoption a introduit dans l'article L. 225-3 l'obligation de suivre, pour les demandeurs de l'agrément, une préparation organisée par le département. ❑

1. Demande de nouvelles investigations. L'autorité compétente qui a rejeté une demande d'agrément aux fins d'adoption ne peut, en cas de recours gracieux formé contre sa décision assorti d'une demande visant à ce qu'il soit procédé « à une nouvelle enquête sociale et à un nouvel examen psychiatrique », rejeter le recours sans faire procéder aux nouvelles investigations sollicitées. • CE 22 mars 1991, *Boisne,* n° 94897 B.

2. Personnes habilitées à procéder à de nouvelles investigations. Les investigations effectuées dans le cadre de l'instruction d'une demande d'agrément en vue de l'adoption des pupilles de l'État, lesquelles permettent d'apprécier les conditions d'accueil susceptibles d'être offertes à des enfants sur les plans familial, éducatif et psychologique, sont confiées à des praticiens et professionnels qualifiés figurant sur une liste arrêtée par le président du conseil général ; dès lors que la liste prévue par ces dispositions n'a pas été établie, la désignation des personnes qui ont procédé aux investigations ayant conduit au rejet de la demande d'agrément est entachée d'irrégularité. • CE 12 juin 1995, *Épx Baret,* n° 158638 B.

3. Encadrement procédural des investigations. Aucun texte ne prévoit que les candidats à l'adoption ont la possibilité de choisir les praticiens ou les professionnels qualifiés chargés de procéder aux investigations permettant d'apprécier les conditions d'accueil que lesdits candidats sont susceptibles d'offrir à des enfants • CE 3 déc. 1993, *Dpt Seine-et-Marne,* n° 129859 : *Lebon 335 ; AJDA 1994. 79 ; D. 1994. IR 50 .* ♦ La circonstance que les intéressés n'aient pas été convoqués à une réunion organisée par le service de l'aide sociale à l'enfance pour informer les candidats à l'adoption de leurs droits et des problèmes liés à l'adoption, dès lors qu'une telle réunion n'est imposée par aucun texte, est sans incidence sur la légalité de la décision contestée. • Même arrêt.

Art. L. 225-4 **Tout refus ou retrait d'agrément doit être motivé.** – *[C. fam., art. 63, al. 5.]*

1. Existence de garanties suffisantes. Dans la mesure où, en dépit de réserves formulées par les auteurs des rapports d'instruction psychologique tenant à son refus d'avoir une vie de couple, l'intéressé présentait des garanties suffisantes en ce qui concerne les conditions d'accueil qu'il était susceptible d'offrir à un enfant sur les plans familial, éducatif et psychologique, le directeur de l'action sociale a fait, en refusant l'agrément sollicité, une inexacte application des dispositions en vigueur. • CE 24 avr. 1992, *Dpt Loiret,* n° 124503 B : *Rev. adm. 1992. 328, obs. Ruiz-Fabri.* ♦ Il en va de même du président d'un conseil général qui a rejeté une demande d'agrément aux fins d'adoption alors qu'il résultait des rapports d'entretien psychologique que la requérante, enseignante célibataire, présentait des garanties suffisantes en ce qui concerne les conditions d'accueil qu'elle est susceptible d'offrir. • CE 4 nov. 1991, *Dpt Yvelines,* n° 107880 : *Lebon 372 ; D. 1992. IR 38 ; AJDA 1992. 65, concl. Hubert* • 27 oct. 1995, *Dpt Saône-et-Loire,* n° 161788 : *JDJ 1995. 44.*

2. Prise en compte de l'âge du demandeur. Si le refus d'agrément de personnes désirant adopter un enfant ne peut pas être fondé sur la seule constatation de l'âge du demandeur, le président du conseil général peut, sans commettre d'erreur de droit, se fonder sur l'âge des demandeurs comme un des éléments propres à la situation particulière des intéressés au regard des conditions d'accueil susceptibles d'être offertes à l'enfant adopté, notamment sur les plans familial, éducatif et psychologique. • CE 10 déc. 1993, *Dpt Pas-de-Calais,* n° 136347 B. ♦ Cependant, dans la mesure où elle ne prive pas les intéressés de toute possibilité d'adopter un enfant malgré les délais inhérents tant au jugement de leur requête au fond qu'à la procédure internationale d'adoption, une décision de refus d'agrément opposée à des requérants âgés de 42 ans ne faisant pas état d'un projet abouti concernant un enfant en particulier ne saurait être regardée comme portant à la situation des requérants une atteinte suffisamment grave et immédiate pour que sa suspension revête un caractère d'urgence au sens des dispositions de l'art. L. 521-1 du code de justice administrative • CE 12 juill. 2004, *Dpt Yvelines,* n° 268890 B : *AJDA 2004. 2459, note H. Rihal .*

3. Imprécisions des informations recueillies. Satisfait aux exigences légales la motivation d'un refus d'agrément, selon laquelle les informations recueillies ne permettaient pas d'accorder l'agrément sollicité, nonobstant le fait qu'un médecin, qui avait rencontré à deux reprises les intéressés au cours de l'instruction de leur demande, se tenait à leur disposition ou à celle de leur médecin pour leur donner toutes explications complémentaires. • CE 3 déc. 1993, *Dpt Seine-et-Marne,* n° 129859 : *Lebon 335 ; AJDA 1994. 79 ; D. 1994. IR 50 .*

4. Témoins de Jéhovah. Fait une exacte application des dispositions applicables le président d'un conseil général qui estime que des requérants, ayant fait connaître sans ambiguïté à l'Administration qu'ils adhéraient personnellement à la doctrine des Témoins de Jéhovah en matière de transfusion sanguine et qu'ils étaient opposés à l'usage de cette méthode thérapeutique, ne présentent pas des garanties suffisantes en ce qui concerne les conditions d'accueil qu'ils étaient susceptibles d'offrir à des enfants sur les plans familial, éducatif et psychologique. • CE 24 avr. 1992, *Dpt Doubs,* n° 110178 : *Lebon 195 ; RDSS 1992. 712, concl. Hubert ; D. 1993. 234, note Rouvière-Perrier ; ibid. 1993. Somm. 121, obs. Bourgault-Coudevylle .*

5. Refus initialement justifié fondé sur l'homosexualité du demandeur. Est légal en l'espèce le refus d'agrément opposé à un célibataire homosexuel qui, malgré des qualités humaines et éducatives certaines, ne présentait pas des garanties suffisantes sur les plans familial, éducatif et psychologique pour accueillir un enfant adopté. • CE 9 oct. 1996, *Dpt Paris*, n° 168342 : *Lebon 391 ; D. 1997. 117, note Malaurie ; JCP 1997. II. 22766, concl. Maugüé ; Quot. jur. 9 janv. 1997, p. 5, note Pelissier ; LPA 11 juill. 1997, note Massip ; RTD civ. 1997. 409, note Hauser ; Dr. fam. janv. 1997, p. 12 s* • CEDH 26 févr. 2002, n° 3615/97 : *Dr. fam. 2002. 19, chron. Debet.* ♦ Il en va de même s'agissant d'une jeune femme homosexuelle • CAA Nancy, 21 déc. 2000, *Dpt Jura : D. 2001. 1575, note Piastra* • CE 5 juin 2002, *Mlle X*, n° 230533 : *Lebon. 195 ; D. 2002. IR 2025*.

6. Refus désormais injustifié fondé sur l'homosexualité du demandeur. Viole l'art. 14 de la Conv. EDH combiné avec l'art. 8 de cette même convention l'autorité qui, pour rejeter la demande d'agrément en vue d'adopter présentée par la requérante, a opéré une distinction dictée par des considérations tenant à son orientation sexuelle • CEDH 22 janv. 2008, *E.B. c/ France*, n° 43546/02 : *RDSS 2008. 380, obs. Neirinck* • TA Besançon, 10 nov. 2009, *Mme B.*, n° 0900299 : *RDSS 2010. 148, note Donier ; AJDA 2010. 1772, note Rihal*.

7. Inopposabilité de la résolution sur l'égalité des droits des homosexuels et des lesbiennes adoptée par le Parlement européen. La personne, dont la demande d'agrément en vue de l'adoption d'un enfant a fait l'objet d'une décision de refus, ne peut se prévaloir de la résolution sur l'égalité des droits des homosexuels et des lesbiennes dans la Communauté européenne adoptée par le Parlement européen le 8 févr. 1994. • CAA Lyon, 7 juill. 1999, *Lechailler : AJDA 1999. 1033, concl. Bezard*.

8. Incidence des textes internationaux. Dès lors que le président du conseil général n'a pas fondé son refus d'agrément sur une position de principe à l'égard du choix de vie de l'intéressée, la requérante, par suite et en tout état de cause, n'est pas fondée à invoquer la méconnaissance des stipulations des art. 8 et 14 Conv. EDH qui posent les principes du droit au respect de la vie privée et familiale et à la jouissance des droits et libertés reconnus dans cette Convention ni ne peut utilement se prévaloir de l'art. 26 du Pacte international de New York relatif aux droits civils et politiques, lequel ne peut concerner que les droits civils et politiques mentionnés par le Pacte. • CE 12 févr. 1997, *Mlle Parodi, et Mlle Bettan (2 esp.)*, n° 161454 : *RFDA 1997. 441* • CEDH, 26 févr. 2002, *Fretté c/ France*, n° 36515/97.

9. Concubinage. Méconnaît les dispositions en vigueur le rejet d'une demande d'agrément fondé sur ce que le couple constitué par des concubins « pouvait difficilement être assimilé à un couple parental » et sur ce que l'intéressée n'aurait su, lors de ses entretiens avec les enquêteurs, « aborder concrètement l'éducation d'un enfant ». • CAA Paris, 26 janv. 1999, *Dpt Seine-et-Marne : D. 2000. 174, concl. Heers*. ♦ Dans la mesure où les art. 343, 343-1 et 346 C. civ. n'autorisent pas l'adoption conjointe par les deux membres d'un couple non marié, quelle que soit l'ancienneté de leur vie commune, le président du conseil général est tenu de rejeter une demande d'extension d'agrément pour l'adoption de plusieurs enfants formulée par un couple dès lors que celui-ci n'est pas marié • CAA Lyon, 2 juin 2004, n° 01LY01665 : *AJDA 2004. 1951*.

10. État de santé. En rejetant la demande d'agrément par le motif qu'eu égard à l'état de santé de l'un des membres du couple, les intéressés ne présentaient pas des garanties suffisantes en ce qui concerne les conditions d'accueil qu'ils seraient susceptibles d'offrir à un enfant, le président du conseil général n'a pas fait une inexacte application des dispositions en vigueur. • CE 4 nov. 1991, *Épx C.*, n° 109126 et 111030 : *Lebon 373 ; AJDA 1992. 65, concl. Hubert*.

11. Absence d'« image paternelle ». En rejetant une demande d'agrément aux fins d'adoption par le double motif que le projet d'adoption de l'intéressée révélait une « absence d'image paternelle » et que l'enfant était moins désiré pour lui-même que comme un moyen de mettre fin à la solitude de l'intéressée et qu'ainsi la requérante ne présentait pas, à la date de la décision, des garanties suffisantes en ce qui concerne les conditions d'accueil qu'elle serait susceptible d'offrir à un enfant sur le plan familial, éducatif et psychologique, un président du conseil général, qui ne s'est pas fondé sur la seule situation matrimoniale de la requérante, ne fait pas une inexacte application des dispositions en vigueur. • CE 18 févr. 1994, *Francous*, n° 142912 : *Lebon 79 ; D. 1994. IR 78*.

12. Refus d'agrément et injonction. Lorsqu'il annule un refus d'agrément, le juge administratif ne peut prononcer une injonction de délivrer un tel agrément qu'après avoir examiné si la situation du demandeur, à la date où le juge se prononce, n'a pas changé et permet toujours cette délivrance. • CE 28 juill. 2006, *Dpt Yvelines : Lebon T. 909, 936 et 1029 ; AJDA 2006. 2466, note Rihal*.

Art. L. 225-5 **Après un refus ou un retrait d'agrément, le délai à partir duquel une nouvelle demande peut être déposée est de trente mois.** — *[C. fam., art. 63, al. 6.]*

Art. L. 225-6 **Lorsque les personnes agréées changent de département, leur agrément demeure valable sous réserve d'une déclaration préalable adressée au président**

du conseil départemental de leur nouveau département de résidence. Lorsque des personnes à qui un refus ou un retrait d'agrément a été notifié changent de département de résidence, ce refus ou retrait leur demeure opposable. – *[C. fam., art. 63, al. 7.]*

Il appartient à un département qui a refusé de délivrer un agrément et qui a vu sa décision annulée par le tribunal administratif de statuer à nouveau sur la demande initiale d'agrément dont il demeure saisi ; par suite, il ne saurait soutenir qu'il est incompétent pour en prendre une nouvelle au motif que les demandeurs résident dans un autre département • CAA Paris, 28 avr. 2004, *Dpt Hauts-de-Seine*, n° 01PA00697 : *AJDA 2004. 1783*.

Art. L. 225-7 *(Abrogé par L. n° 2022-140 du 7 févr. 2022, art. 36-I)* ***Les décisions relatives à l'agrément mentionné à l'article L. 225-2 sont transmises sans délai par le président du conseil départemental au ministre chargé de la famille.*** – [C. fam., art. 63, al. 8.]

Art. L. 225-8 Toute personne membre de la commission mentionnée au *(L. n° 2022-219 du 21 févr. 2022, art. 10-I-3°)* **« quatrième » alinéa de l'article L. 225-2 a droit à des autorisations d'absence de la part de son employeur pour participer aux réunions de cette instance.**

Si la personne mentionnée au premier alinéa est fonctionnaire ou assimilée, ce droit s'exerce conformément à l'article 59 de la loi n° 84-53 du 26 janvier 1984 portant dispositions statutaires relatives à la fonction publique territoriale et à l'article 45 de la loi n° 86-33 du 9 janvier 1986 portant dispositions statutaires relatives à la fonction publique hospitalière. S'agissant des agents de la fonction publique de l'État, les modalités d'exercice de ce droit sont déterminées par les dispositions statutaires qui leur sont applicables.

Si la personne mentionnée au premier alinéa est salariée, ces autorisations ne peuvent être refusées que dans les conditions prévues aux deuxième et troisième alinéas de l'article L. 211-13. En outre, si elle assure la représentation d'une association affiliée à l'une des unions mentionnées à l'article L. 211-3, son employeur bénéficie des dispositions prévues au dernier alinéa de l'article L. 211-13. Si elle représente l'association mentionnée au premier alinéa de l'article L. 224-11, cette dernière rembourse à l'employeur le maintien de son salaire. – *[C. fam., art. 63-2.]*

COMMENTAIRE

L'article L. 225-8 définit un statut protecteur pour permettre aux membres de la commission départementale d'adoption, qui donne un avis au vu des dossiers des demandeurs d'agrément (art. L. 225-2), d'exercer leurs fonctions dans les meilleures conditions. Il s'agit de mesures leur permettant de concilier leur vie professionnelle avec leur participation aux travaux de la commission. Pour les salariés de droit privé, c'est le régime des absences organisé pour les représentants au sein des associations familiales (art. L. 211-3) qui est repris.

Art. L. 225-9 Le département accorde une aide financière sous condition de ressources aux personnes adoptant un enfant dont le service de l'aide sociale à l'enfance leur avait confié la garde. – *[C. fam., art. 63-3.]*

Art. L. 225-10 Le Gouvernement présente au Parlement, tous les trois ans à compter du 1er janvier 1997, un rapport relatif à l'adoption indiquant notamment, par année et par département, le nombre d'agréments demandés, accordés, refusés ou retirés, le nombre de pupilles de l'État et le nombre d'adoptions et de placements en vue d'adoption les concernant. – *[L. n° 96-604 du 5 juill. 1996, art. 61.]*

SECTION 2 **Organismes autorisés et habilités pour l'adoption**

COMMENTAIRE

De tout temps, il a existé des œuvres privées d'adoption dont le rôle consiste à recueillir des enfants et à choisir des parents adoptifs. C'est originellement l'article 100-1 de l'ancien code de la famille et de l'aide sociale qui en définissait le cadre juridique, la loi n° 2002-93 du

22 janvier 2002 relative au droit d'accès aux origines personnelles ayant introduit diverses modifications dans cette disposition.

Par la suite, l'adoption d'enfants d'origine étrangère connaissant une forte croissance, les conditions de contrôle de l'activité de ces organismes ont été renforcées, ce qui a abouti à les soumettre à une autorisation préalable délivrée par le président du conseil départemental du siège de l'organisme après avis des ministres chargés de la famille et des affaires étrangères (art. L. 225-11) ; quant aux organismes servant d'intermédiaires pour l'adoption de mineurs étrangers, ils doivent être habilités par le ministre des Affaires étrangères (art. L. 225-12).

La loi du 21 février 2022 visant à réformer l'adoption a introduit diverses modifications dans les dispositions composant cette section (art. L. 225-11 à L. 225-14-2). ❑

Art. L. 225-11 *(L. n° 2022-219 du 21 févr. 2022, art. 14-I)* **Tout organisme, personne morale de droit privé, qui sert d'intermédiaire pour l'adoption de mineurs résidant habituellement à l'étranger doit avoir obtenu une autorisation préalable d'exercer cette activité, délivrée par le président du conseil départemental du siège social de l'organisme ou, en Corse, du président du conseil exécutif, après avis du ministre chargé de la famille et du ministre des affaires étrangères.**

Toutefois, l'organisme autorisé dans un département peut servir d'intermédiaire pour l'adoption internationale dans d'autres départements, sous réserve d'adresser préalablement une déclaration de fonctionnement au président de chaque conseil départemental concerné. Le président du conseil départemental peut à tout moment interdire l'activité de l'organisme dans le département si cet organisme ne présente pas de garanties suffisantes pour assurer la protection des enfants ou des futurs adoptants.

Les organismes, personnes morales de droit privé, qui étaient autorisés à servir d'intermédiaire pour l'adoption de mineurs étrangers avant la publication de la L. n° 2022-219 du 21 févr. 2022 sont autorisés à poursuivre leur activité pendant une durée de deux ans à compter de la promulgation de ladite loi.

Les organismes autorisés, personnes morales de droit privé, qui étaient habilités par le ministre des affaires étrangères à exercer leur activité au profit de mineurs étrangers avant la publication de la L. n° 2022-219 du 21 févr. 2022 sont autorisés à poursuivre cette activité pendant une durée de deux ans à compter de la promulgation de ladite loi (L. préc., art. 14-II).

V. art. R. 225-12 à R. 225-46.

1. Autorisation des organismes intermédiaires d'adoption. Les personnes ou associations qui servent d'intermédiaire pour le placement ou l'adoption de mineurs de seize ans doivent être autorisées par le préfet à exercer une telle activité ; le refus de l'autorisation est légalement justifié dès lors qu'il est fondé sur ce que l'intéressée persistait à ne pas se conformer aux prescriptions réglementaires et entravait le contrôle de l'administration en s'opposant notamment à indiquer les familles dans lesquelles elle plaçait les enfants recueillis par elle. • CE 19 avr. 1968, *Delle Lebrun*, n° 70104 : *D. 1968. 458.*

2. Détournement de mineur. Commet le délit de détournement de mineur le président d'une association agréée pour le placement familial en vue de l'adoption qui, malgré la demande réitérée de restitution émanant de la mère, a placé l'enfant en vue de l'adoption à l'étranger et s'est mis volontairement par ses agissements dans la situation de ne plus pouvoir rendre le mineur. • Crim. 24 mai 1982, n° 80.92.490 P : *JCP 1983. II. 20033, note Vitu.*

3. Prohibition des rémunérations. Le recours par l'adoptant à un intermédiaire à qui une somme d'argent a été versée n'entache pas le consentement donné librement et sincèrement par la mère de l'enfant, dès lors que celle-ci n'a pas bénéficié de cet argent. • Versailles, 1er juill. 1999 : *D. 1999. IR 223*. Comp. • Paris, 29 sept. 1998 : *D. 1998. IR 241*.

Art. L. 225-12 *(L. n° 2022-219 du 21 févr. 2022, art. 14-I)* **Les organismes autorisés à servir d'intermédiaire pour l'adoption de mineurs résidant habituellement à l'étranger doivent être habilités par le ministre des affaires étrangères pour chaque État dans lequel ils envisagent d'exercer leur activité.** – *V. note ss. art. L. 225-11.*

COMMENTAIRE

Les œuvres d'adoption qui doivent être autorisées (art. L. 225-11) pour fonctionner au bénéfice d'enfants en France doivent de plus obtenir une habilitation du ministre chargé des affaires sociales pour exercer leur activité au profit de mineurs étrangers. Cette disposition, qui traduit l'augmentation continue de l'adoption internationale, entend organiser un contrôle pour lutter contre les trafics internationaux d'enfants ; sur le plan juridique, il est logique, dans la mesure où l'adoption internationale concerne les missions de souveraineté de l'État, que la police administrative spéciale en ce domaine ne soit pas confiée à une collectivité locale mais à l'État. ❑

Art. L. 225-12-1 *(L. n° 2022-219 du 21 févr. 2022, art. 14-I)* **La durée de l'autorisation et de l'habilitation prévues aux articles L. 225-11 et L. 225-12 est fixée par voie réglementaire.**

Art. L. 225-13 **Les décisions d'autorisation ou d'interdiction d'exercer prises au titre de l'article L. 225-11 sont transmises par le président du conseil départemental au ministre chargé de la famille et** *(Abrogé par L. n° 2022-219 du 21 févr. 2022, art. 14-I)* **«*, le cas échéant,*» au ministre chargé des affaires étrangères.** – *[C. fam., art. 100-1, al. 4.]*

Art. L. 225-14 *(Abrogé par L. n° 2022-219 du 21 févr. 2022, art. 14-I)* ***Les œuvres d'adoption sont réputées être titulaires des autorisations prévues au premier alinéa de l'article L. 225-11 dans tous les départements où elles étaient autorisées à exercer leur activité au 10 janvier 1986.***

Art. L. 225-14-1 *(L. n° 2002-93 du 22 janv. 2002, art. 7)* **Les organismes autorisés et habilités pour l'adoption communiquent les dossiers individuels qu'ils détiennent aux intéressés qui leur en font la demande dans les conditions prévues par le livre III du code des relations entre le public et l'administration.**

COMMENTAIRE

La loi du 22 janvier 2002 relative au droit d'accès aux origines personnelles a introduit dans le code cette disposition ainsi que la suivante (art. L. 225-14-2). Les œuvres d'adoption recueillant des enfants en vue de leur adoption, il était naturel que les informations et archives en leur possession soient à la fois protégées pour les secondes (d'où l'obligation qui leur est faite de respecter les dispositions de la loi n° 79-18 du 3 janvier 1979 relative aux archives) et communiquées pour les premières dans le cadre des procédures d'accès aux documents. ❑

Art. L. 225-14-2 *(L. n° 2002-93 du 22 janv. 2002, art. 7)* **Les dispositions du titre I du livre II du code du patrimoine s'appliquent aux archives des organismes autorisés et habilités pour l'adoption.**

Lorsqu'un organisme autorisé et habilité pour l'adoption cesse ses activités, les dossiers des enfants qui lui ont été remis sont transmis au président du conseil départemental et conservés sous sa responsabilité.

Art. L. 225-14-3 *(L. n° 2022-219 du 21 févr. 2022, art. 15-I)* **Pour adopter un mineur résidant habituellement à l'étranger, les personnes résidant habituellement en France agréées en vue de l'adoption doivent être accompagnées par un organisme mentionné à l'article L. 225-11 ou par l'Agence française de l'adoption.**

Les dispositions de l'art. 15-I de la L. n° 2022-219 du 21 févr. 2022 ne sont pas applicables aux candidats à l'adoption titulaires d'un agrément en cours de validité à la date de publication de ladite loi et dont le dossier d'adoption a été enregistré auprès de l'autorité centrale mentionnée à l'art. L. 148-1 CASF au plus tard six mois après la promulgation de cette même loi (L. préc., art. 15-II, JO 22 févr.).

SECTION 3 Agence française de l'adoption

(L. n° 2005-744 du 4 juill. 2005)

Art. L. 225-15 **Il est créé** *(L. n° 2022-140 du 7 févr. 2022, art. 36-I)* **«, au sein du groupement mentionné à l'article L. 147-14,» une Agence française de l'adoption qui a pour mission d'informer, de conseiller et de servir d'intermédiaire pour l'adoption de mineurs** *(L. n° 2022-219 du 21 févr. 2022, art. 17)* **« résidant habituellement à l'étranger ».** *(L. n° 2022-140 du 7 févr. 2022, art. 36-I)* **« Cette agence peut également**

apporter un appui aux départements pour l'accompagnement et la recherche de candidats à l'adoption nationale. »

(Abrogé par L. nº 2022-140 du 7 févr. 2022, art. 36-I) ***« L'État, les départements et des personnes morales de droit privé constituent à cette fin un groupement d'intérêt public. »***

L'Agence française de l'adoption est autorisée à intervenir comme intermédiaire pour l'adoption dans l'ensemble des départements.

Elle est habilitée à intervenir comme intermédiaire pour l'adoption dans les États parties à la convention de La Haye du 29 mai 1993 sur la protection des enfants et la coopération en matière d'adoption internationale. A la demande du ministre chargé des affaires étrangères, après avis de l'Autorité centrale pour l'adoption internationale, l'Agence française de l'adoption suspend ou cesse son activité dans l'un de ces pays si les procédures d'adoption ne peuvent plus être menées dans les conditions définies par la convention précitée, et la reprend, le cas échéant, lorsque ces conditions peuvent de nouveau être respectées. Pour exercer son activité dans les autres pays d'origine des mineurs, elle doit obtenir l'habilitation du ministre chargé des affaires étrangères prévue à l'article L. 225-12.

Pour l'exercice de son activité, dans les pays d'origine, elle s'appuie sur un réseau de correspondants.

Elle assure ses compétences dans le strict respect des principes d'égalité et de neutralité.

(Abrogé par L. nº 2022-140 du 7 févr. 2022, art. 36-I) (L. nº 2011-525 du 17 mai 2011, art. 119-XIV) ***« Sous réserve des dispositions de la présente section, ce groupement est régi par le chapitre II de la loi nº 2011-525 du 17 mai 2011 de simplification et d'amélioration de la qualité du droit. »***

COMMENTAIRE

La loi nº 2005-744 du 4 juillet 2005 portant réforme de l'adoption a entendu réformer les structures compétentes en matière d'adoption internationale suite à la ratification par la France en 1997 de la Convention internationale de La Haye pour la protection des enfants. C'est pourquoi un Conseil supérieur de l'adoption (art. L. 148-1) et une Autorité centrale pour l'adoption internationale (art. L. 148-2) avaient été créés et introduits au code par la loi nº 2002-93 du 22 janvier 2002.

L'Autorité centrale pour l'adoption internationale a pris la forme en France de la Mission pour l'adoption internationale (MAI). La MAI, placée au sein du ministère des Affaires étrangères, constitue pour la France l'Autorité centrale pour l'adoption internationale que doit instituer chaque État ayant ratifié la Convention de La Haye ; cette dernière veille au respect des engagements souscrits dans le cadre de cette convention et organise les rapports entre les États concernés par les procédures d'adoption internationale ; elle élabore les stratégies en matière d'adoption en concertation avec les opérateurs français (Agence française de l'adoption et organismes agréés pour l'adoption/OAA).

L'Agence française pour l'adoption (AFA) instituée par la loi du 4 juillet 2005 (qui introduit au code cet art. L. 225-15) est chargée d'informer, de conseiller et de servir d'intermédiaire pour l'adoption de mineurs étrangers de 15 ans : elle dispose pour ce faire de correspondants dans chaque département (ils sont désignés par le président du conseil départemental) ainsi que dans les pays d'origine des mineurs, afin d'accompagner les adoptants dans leurs démarches. Ces derniers sont pris en charge par les organismes autorisés pour l'adoption (OAA, art. L. 225-11 et L. 225-12) et peuvent aussi, si nécessaire, s'adresser à l'AFA. ❑

Art. L. 225-15-1 *(L. nº 2022-140 du 7 févr. 2022, art. 36-I)* **L'Agence française pour l'adoption met en œuvre une base nationale recensant les demandes d'agrément en vue de l'adoption et les agréments délivrés par les présidents des conseils départementaux et, en Corse, par le président du conseil exécutif, ainsi que les refus et retraits d'agrément. Les informations relatives à ces demandes, agréments, retraits et refus font l'objet d'un traitement automatisé de données pour permettre la gestion des dossiers par les services instructeurs ainsi que la recherche, à la demande du tuteur ou du conseil de famille, d'un ou plusieurs candidats pour l'adoption d'un pupille de l'État.**

Un décret en Conseil d'État, pris après avis publié et motivé de la Commission nationale de l'informatique et des libertés, fixe les modalités d'application du présent article. Il précise les données enregistrées, leur durée de conservation et les conditions de leur mise à jour, les catégories de personnes pouvant y accéder ou en être destinataires ainsi que les modalités d'exercice des droits des personnes concernées.

Art. L. 225-16 Dans chaque département, le président du conseil départemental désigne au sein de ses services au moins une personne chargée d'assurer les relations avec l'Agence française de l'adoption.

(Abrogé par L. n° 2022-140 du 7 févr. 2022, art. 36-I) ***« Outre les moyens mis à la disposition de l'agence par les personnes morales de droit privé qui en sont membres, l'État et les départements assurent sa prise en charge financière selon des modalités définies par voie réglementaire.***

« Le personnel de l'agence est soumis au secret professionnel dans les conditions prévues aux articles 226-13 et 226-14 du code pénal. »

Les dispositions des articles L. 225-14-1 et L. 225-14-2 du présent code sont applicables à l'agence.

SECTION 4 Adoption internationale

BIBL. ▶ BRIÈRE, Les trente ans de la Convention de La Haye sur l'adoption internationale, *D. 2023. 961*. – FOYER et LABRUSSE (Dir.), L'adoption d'enfants étrangers, *Economica, 1986*. – HUBERT, Opposabilité en France des décisions étrangères d'adoption : le rôle du parquet, *AJ fam., 2002. 14*. – LE BOURSICOT, Les chemins de l'adoption internationale, *AJ fam., 2002. 21*. – MONÉGER, Une nouvelle loi en matière d'adoption internationale, *RDSS 2001. 382*; Les pratiques illicites dans l'adoption internationale et la loi du 21 février 2022 réformant l'adoption, *RDSS 2023. 318*. – MORENO, Aspects contractuels de l'adoption internationale, *Rev. crit. DIP 2001. 301*. – POISSON-DROCOURT, L'adoption internationale, *Rev. crit. DIP 1987. 674*. – RUBELLIN-DEVICHI, *RTD civ. 1989. 707*.

COMMENTAIRE

Les dispositions figurant au code de l'action sociale et des familles et concernant l'adoption internationale reprennent les articles 100-2 à 100-4 de l'ancien code. Elles ne constituent qu'un complément, somme toute limité, des dispositions de la loi du 6 février 2001 relative à l'adoption internationale qui est venue elle-même compléter la convention de La Haye du 29 mai 1993 après sa ratification par la France. C'est en effet cette convention qui est censée à la fois organiser les conditions de l'adoption internationale en déterminant les responsabilités de l'État d'origine, celles de l'État d'accueil et définir les conditions juridiques de l'adoption d'enfants étrangers. Cependant, la pleine applicabilité de la convention étant suspendue à la ratification des États, sont survenues des difficultés importantes à l'égard des enfants en provenance d'États ne l'ayant pas ratifiée. D'où la loi du 6 février 2001 (C. civ., art. 370-3 s.) dont l'objectif a été de faciliter les démarches d'adoption dans les pays n'ayant pas ratifié la convention et de permettre leur aboutissement en droit français. Aussi doit-on se reporter aux articles 370-3 à 370-5 du code civil qui déterminent les règles relatives au conflit des lois en matière de filiation adoptive ainsi qu'à l'effet en France des adoptions prononcées à l'étranger, la disposition importante étant l'article 370-5 qui indique que « l'adoption régulièrement prononcée à l'étranger produit en France les effets de l'adoption plénière si elle rompt de manière complète et irrévocable le lien de filiation préexistant. A défaut, elle produit les effets de l'adoption simple ».

La loi n° 2005-744 du 4 juillet 2005 portant réforme de l'adoption a procédé, outre à des ajouts de dispositions dans les articles existants, à une modification de la numérotation de divers articles de ce chapitre (art. L. 225-16 et L. 225-17 devenus L. 225-19 et L. 225-20). Dans ce chapitre figurent trois types de dispositions ; d'abord, l'extension à toute personne accueillant un enfant étranger en vue de son adoption de l'obligation d'obtenir un agrément comme en matière d'adoption des pupilles de l'État (art. L. 225-17) ; ensuite la possible mise en place d'un accompagnement par le service de l'ASE ou par une œuvre d'adoption (art. L. 225-11) pour les enfants étrangers adoptés ou placés en vue de leur adoption (art. L. 225-18) ; enfin, une disposition pénale concernant les personnes exerçant comme intermédiaire en vue de l'adoption (art. L. 225-11), dont la place au sein de cette section ne convainc pas puisqu'elle concerne davantage les organismes autorisés et habilités pour l'adoption (art. L. 225-19).

La loi du 21 février 2022 a renforcé les modalités de l'accompagnement organisé pour les adoptants, en vue d'accroître les garanties éducatives de la prise en charge des adoptés et d'améliorer ainsi le fonctionnement des adoptions internationales. ❑

Art. L. 225-17 **Les personnes qui accueillent, en vue de son adoption, un enfant étranger doivent avoir obtenu l'agrément prévu aux articles L. 225-2 à L. 225-7.** – *[Anc. art. L. 225-15.] — V. art. R. 225-1 à R. 225-11.*

1. Rôle de la loi de l'adoptant. Les conditions et les effets de l'adoption sont régis, lorsque l'adoption est demandée par une seule personne, par la loi nationale de celle-ci. • Civ. 1re, 7 nov. 1984, n° 83-12.897 P : *D. 1985. 459, note Poisson-Drocourt ; Rev. crit. DIP 1985. 533, note Simon-Depitre ; JDI 1985. 434, note Gaudemet-Tallon.*

2. Rôle de la loi de l'adopté. La loi de l'adopté doit seulement déterminer les conditions du consentement ou de la représentation de l'adopté. • Civ. 1re, 7 nov. 1984 : *préc. note 1.* ♦ Sur l'évolution de la jurisprudence, V. • Civ. 1re, 31 janv. 1990, n° 87-18.955 P : *D. 1991. 105, note Boulanger ; JCP 1991. II. 21635, note Muir Watt ; Gaz. Pal. 1990. 2. 481, note Sturlese ; Rev. crit. DIP 1990. 519, note Poisson-Drocourt ; Defrénois. 1990. 961, obs. Massip.*

3. Situation actuelle. Deux époux français peuvent procéder à l'adoption d'un enfant dont la loi personnelle ne connaît pas, ou prohibe, cette institution, à condition qu'indépendamment des dispositions de cette loi, le représentant du mineur ait donné son consentement en pleine connaissance des effets attachés par la loi française à l'adoption et, en particulier, dans le cas d'adoption en forme plénière, du caractère complet et irrévocable de la rupture des liens entre le mineur et sa famille par le sang ou les autorités de tutelle de son pays d'origine. • Civ. 1re, 10 mai 1995, n° 93-17.634 P : *D. 1995. 544, note Larribau-Terneyre ; D. 1996. Somm. 240, obs. Bottiau ; Rev. crit. DIP 1995. 547, note Muir Watt ; JDI 1995. 626, note Monéger ; Defrénois 1996. 331, obs. Massip ; JCP 1995. I. 3855, obs. Favier* • 16 déc. 1997, n° 95-16.475 P : *Rev. crit. DIP 1998. 433, note Muir Watt ; JCP 1998. II. 2009, note Garé ; LPA n° 113, 1998. 27* • Aix-en-Provence, 25 mars 1999 : *D. 2000. 45, note Donnier.*

4. Consentement des institutions du pays d'origine de l'enfant. Dès lors que les époux qui ont recueilli un enfant rwandais remplissent les conditions légales d'adoption, et que l'enfant est né selon jugement déclaratif d'état civil, au Rwanda, de filiation ignorée, il y lieu d'appliquer sa loi personnelle et de constater que le conseil de famille a consenti à l'adoption plénière de cet enfant, pupille de la nation, dont il n'est nullement démontré que les recherches puissent encore aboutir, sept ans après les événements qui ont provoqué l'évacuation de l'orphelinat où il se trouvait. • Douai, 12 févr. 2001 : *D. 2002. Somm. 1876, obs. Godron.*

5. Agrément et adoption internationale. Pour abroger l'agrément qu'il avait accordé à l'intéressée pour l'adoption de deux enfants étrangers âgés de plus de 10 ans, le président du conseil général s'est fondé sur l'échec de la tentative d'adoption par l'intéressée de deux enfants salvadoriens âgés de 10 et 11 ans. Mais dans la mesure où cet échec trouve son origine essentiellement dans les difficultés rencontrées par l'intéressée du fait de la personnalité des deux enfants et de la circonstance qu'ils avaient entre eux des difficultés relationnelles, ainsi que de son propre état de santé pendant la période d'accueil des enfants, sa décision a fait une inexacte application des dispositions en vigueur. • CE 29 juin 1992, *Laffore*, n° 122820 B.

6. Retard apporté à l'adoption du fait d'un refus illégal d'agrément. Le département voit sa responsabilité engagée en cas de refus illégal d'agrément si un lien de causalité direct existe entre cette décision et l'impossibilité dans laquelle s'est trouvé un couple désireux d'adopter un enfant né au Vietnam de procéder à cette adoption plus tôt. • CE 28 oct. 2009, *M. et Mme A.*, n° 317010 B.

7. Adoption internationale et police administrative. Ni l'art. 93 du C. fam. (devenu art. L. 227-1 et L. 227-3 CASF) dans sa rédaction en vigueur à la date de la décision attaquée, ni aucune autre disposition législative applicable à cette même date n'ont habilité le ministre chargé de la santé et de la sécurité sociale à instaurer, en vue de l'adoption en France d'enfants en provenance de l'étranger, une réglementation subordonnant l'accueil de ces enfants à une attestation obligatoire de la direction de l'action sanitaire et sociale ; par suite, l'autorité administrative n'avait pas compétence pour refuser de délivrer aux intéressés une attestation leur permettant d'accueillir un enfant étranger. • CE 22 mars 1991, *Roger*, n° 109486 B.

Art. L. 225-18 *(L. n° 2022-219 du 21 févr. 2022, art. 16)* **Le pupille de l'État placé en vue de l'adoption et les adoptants bénéficient, pendant la durée du placement en vue de l'adoption, d'un accompagnement par le service de l'aide sociale à l'enfance.**

Le mineur placé en vue de l'adoption ou adopté par l'effet d'une décision étrangère qui n'est pas l'enfant du conjoint, du partenaire lié par un pacte civil de solidarité ou

du concubin de l'adoptant et les adoptants bénéficient d'un accompagnement par l'organisme mentionné à l'article L. 225-11 ou, à défaut, par le service de l'aide sociale à l'enfance, à compter de l'arrivée du mineur au foyer de l'adoptant et pendant une durée d'un an.

L'accompagnement prévu au présent article est prolongé si les adoptants en font la demande ou s'ils s'y sont engagés envers l'État d'origine de l'enfant. Dans ce dernier cas, il s'effectue selon le calendrier déterminé au moment de l'engagement.

COMMENTAIRE

L'article L. 225-18 a été introduit au code par la loi n° 2005-744 du 4 juillet 2005 portant réforme de l'adoption ; celle-ci imposait un accompagnement et un suivi des mineurs adoptés et des familles adoptantes. La disposition, qui a été réécrite par la loi n° 2022-219 du 21 février 2022, concerne les mineurs placés en vue de l'adoption ou adoptés par l'effet d'une décision étrangère et non encore adoptés au titre du droit français. Est réaffirmée l'obligation de suivre un accompagnement assuré par les organismes d'adoption ou, à défaut, par l'ASE, accompagnement qui commence dès l'arrivée de l'enfant et pour une durée d'un an : ce délai pouvant être prolongé soit à la demande des adoptants, soit par les engagements souscrits par les adoptants auprès de l'État d'origine de l'enfant. ❑

Art. L. 225-19 Est puni d'un an d'emprisonnement et d'une amende de 15 000 € le fait d'exercer l'activité d'intermédiaire pour l'adoption *(L. n° 2022-219 du 21 févr. 2022, art. 14-III)* **« de mineurs résidant habituellement à l'étranger » sans avoir obtenu l'autorisation préalable prévue au premier alinéa de l'article L. 225-11** *(L. n° 2022-219 du 21 févr. 2022, art. 14-III)* **« ou l'habilitation prévue à l'article L. 225-12 » ou malgré une interdiction d'exercer.**

(L. n° 2022-219 du 21 févr. 2022, art. 14-III et V, en vigueur le 21 avr. 2022) **« Est puni des mêmes peines le fait de recueillir sur le territoire français des mineurs en vue de les proposer à l'adoption. »**

Les personnes physiques coupables des infractions prévues au présent article encourent également la peine complémentaire d'interdiction, suivant les modalités de l'article 131-27 du code pénal, d'exercer l'activité professionnelle d'accueil, d'hébergement ou de placement de mineurs. — *[Anc. art. L. 225-17.]*

Détermination du délit. Le délit prévu et puni par l'art. L. 225-19 est commis par celui qui, sans autorisation préalable, s'entremet entre des candidats à l'adoption d'enfants étrangers et les personnes ou organismes, qui peuvent y consentir • Crim. 19 mars 2008, n° 07-83342 : *RDSS 2008. 740, note Castella* .

Art. L. 225-20 Un décret en Conseil d'État fixe les modalités d'application du présent chapitre et notamment des articles L. 225-1 à L. 225-7. — *[Anc. art. L. 225-18.]* — *V. art. R. 148-4 à R. 148-11-2.*

CHAPITRE VI PROTECTION DES MINEURS EN DANGER ET RECUEIL DES INFORMATIONS PRÉOCCUPANTES *(L. n° 2007-293 du 5 mars 2007, art. 3).*

BIBL. ▶ BERNIGAUD, Du signalement à la prise en charge des mineurs en danger. Statu quo ou clarification du dispositif fonctionnel de protection de l'enfance ?, *RDSS 2007. 29* . – CAPELIER, Comprendre la protection de l'enfance. L'enfant en danger face au droit, *Dunod, 2015* ; État d'urgence sanitaire : quel(s) droit(s) pour les enfants en danger ?, *RDSS 2020. 886* . – CRÉOFF, Guide de la protection de l'enfance maltraitée, *2e éd. Dunod, 2006*. – DERVILLE, Le système territorialisé de protection de l'enfance : enjeux et difficultés de la mise en œuvre de la réforme du 5 mars 2007, *Inf. soc. 2010, n° 162, p. 122*. – Divers, L'enfance en danger, signalement et réponses, *ODAS, 1998*. – GABEL, De la pauvreté à la maltraitance : où placer la prévention ?, *Inf. soc. 1999, n° 79, p. 34*. – HAMON, Les appartenances dangereuses ou les nouveaux enjeux de l'action éducative dans le champ judiciaire, *Inf. soc. 2000, n° 84, p. 140*. – LHUILLIER, Information préoccupante et signalement : la mise en œuvre des textes issus de la loi n° 2007-293 du 5 mars 2007 réformant la protection de l'enfance, *RDSS 2010. 947* . – MACORIG-VENIER, Le danger demeure-t-il le critère de l'action préventive de l'aide sociale à l'enfance ?, *RDSS 1993. 170* .

– Moisdon-Chataigner, Le partage du secret entre professionnels de la protection de l'enfance, *RDSS 2015. 403*. – Neirinck, Le dispositif légal de protection de l'enfant maltraité, *LPA 7 mars 1997, n° 29, p. 8 s.* – Rolland, La protection du mineur, victime d'infraction sexuelle, *RDSS 1998. 892*.

COMMENTAIRE

La loi n° 89-487 du 10 juillet 1989 relative à la prévention des mauvais traitements à l'égard des mineurs et à la protection de l'enfance a modifié les anciens articles 40 et 66 à 72 du code de la famille et de l'aide sociale.

En ce qui concerne l'article 40, devenu l'article L. 221-1, le texte a ajouté au nombre des missions du service départemental de l'aide sociale à l'enfance un nouveau type d'action : « mener, notamment à l'occasion de l'ensemble de ces interventions, des actions de prévention des mauvais traitements à l'égard des mineurs et (…) organiser le recueil d'informations relatives aux mineurs maltraités et participer à la protection de ceux-ci ».

Pour le reste, l'essentiel des dispositions de la loi du 10 juillet 1989 constitue dorénavant le présent chapitre du code. Les deux grandes orientations retenues sont d'une part la prévention des mauvais traitements, et d'autre part la protection des mineurs maltraités.

La loi n° 2007-293 du 5 mars 2007 rénovant la protection de l'enfance a cependant réduit dans le vocabulaire juridique la place de la notion de « maltraitance » (V. notamment art. L. 226-2 et L. 226-6) ; l'intitulé même du présent chapitre, lequel contenait cette notion, a été modifié pour faire référence aux « mineurs en danger ».

La loi du 7 février 2022 relative à la protection des enfants a procédé pour sa part à plusieurs modifications. L'orientation générale du texte consiste à organiser une protection plus efficace des enfants contre les violences qu'ils peuvent subir quels qu'en soient les auteurs. De là, le signalement des violences sur la base d'un référentiel unique partagé ; l'emploi par les départements du référentiel national d'évaluation des informations préoccupantes établi par la Haute Autorité de santé ; des contrôles renforcés des antécédents des professionnels et bénévoles en charge d'enfants ; le renforcement des moyens de lutte au sein des ESMS. ❑

Art. L. 226-1 **Les missions définies au 5° de l'article L. 221-1 sont menées par le service de l'aide sociale à l'enfance, en liaison avec le service départemental de protection maternelle et infantile mentionné à l'article L. 2112-1 du code de la santé publique, et le service départemental d'action sociale mentionné à l'article L. 123-2 du présent code ainsi qu'avec les autres services publics compétents.** – *[C. fam., art. 66.]*

COMMENTAIRE

Les services non personnalisés du département – service social départemental et service d'aide sociale à l'enfance prévus à l'article L. 123-1 du code d'une part, service départemental de protection maternelle et infantile fondé sur les articles L. 2111-2 et L. 2112-1 du code de la santé publique d'autre part –, sont principalement chargés de la mission de prévention des mauvais traitements à enfants et de la protection des enfants qui en sont effectivement victimes (art. L. 221-1, 5°). ❑

Art. L. 226-2 **Ces missions comportent notamment l'information et la sensibilisation de la population et des personnes concernées par les situations de mineurs** *(L. n° 2007-293 du 5 mars 2007, art. 3)* **« en danger ou qui risquent de l'être » ainsi que la publicité du dispositif de recueil d'informations prévu à l'article L. 226-3.**

Le président du conseil départemental peut faire appel aux associations concourant à la protection de l'enfance et de la famille pour participer aux actions d'information et de sensibilisation prévues à l'alinéa précédent. – *[C. fam., art. 67.]*

COMMENTAIRE

L'article L. 226-2 définit le premier volet de la mission dévolue au département en matière de protection des mineurs maltraités. Il s'agit de sensibiliser la population à ce problème dont on sait qu'il était et qu'il reste, pour une bonne part, largement masqué soit parce que nombre de personnes n'ont pas conscience des faits ou de leur gravité, soit parce qu'une forte réticence existe à les faire connaître et entrave donc leur divulgation. De là la nécessité d'informer largement sur l'existence du dispositif d'accueil et de conseil créé au niveau national par l'article L. 226-6. ❑

Art. L. 226-2-1 *(L. nº 2007-293 du 5 mars 2007, art. 12)* **Sans préjudice des dispositions du II de l'article L. 226-4, les personnes qui mettent en œuvre la politique de protection de l'enfance définie à l'article L. 112-3 ainsi que celles qui lui apportent leur concours transmettent sans délai au président du conseil départemental ou au responsable désigné par lui, conformément à l'article L. 226-3, toute information préoccupante sur un mineur en danger ou risquant de l'être, au sens de l'article 375 du code civil. Lorsque cette information est couverte par le secret professionnel, sa transmission est assurée dans le respect de l'article L. 226-2-2 du présent code. Cette transmission a pour but de permettre d'évaluer la situation du mineur et de déterminer les actions de protection et d'aide dont ce mineur et sa famille peuvent bénéficier. Sauf intérêt contraire de l'enfant, le père, la mère, toute autre personne exerçant l'autorité parentale ou le tuteur sont préalablement informés de cette transmission, selon des modalités adaptées.**

COMMENTAIRE

La loi nº 2007-293 du 5 mars 2007 rénovant la protection de l'enfance a introduit ce nouvel article L. 226-2-1. Constituant l'un des apports les plus importants de ce texte, il entend assurer une organisation qui garantisse la centralisation et le traitement en un seul lieu de toutes les informations dites « préoccupantes » : celles-ci concernent des enfants qui pourraient être mis en danger ou qui le sont effectivement. De plus, ce même article charge l'autorité ainsi désignée d'évaluer ces situations et de déterminer en première instance les mesures de protection et d'aide appropriées. Il s'agit de mettre fin à la dispersion antérieure des lieux de signalement, ce qui entraînait des dysfonctionnements graves. L'autorité choisie est le président du conseil départemental, la disposition traduisant la volonté de déplacer le centre de gravité du dispositif vers les services départementaux afin de les mettre au cœur du système de repérage et de protection. ❑

Art. L. 226-2-2 *(L. nº 2007-293 du 5 mars 2007, art. 15)* **Par exception à l'article 226-13 du code pénal, les personnes soumises au secret professionnel qui mettent en œuvre la politique de protection de l'enfance définie à l'article L. 112-3 ou qui lui apportent leur concours sont autorisées à partager entre elles des informations à caractère secret afin d'évaluer une situation individuelle, de déterminer et de mettre en œuvre les actions de protection et d'aide dont les mineurs et leur famille peuvent bénéficier. Le partage des informations relatives à une situation individuelle est strictement limité à ce qui est nécessaire à l'accomplissement de la mission de protection de l'enfance. Le père, la mère, toute autre personne exerçant l'autorité parentale, le tuteur, l'enfant en fonction de son âge et de sa maturité sont préalablement informés, selon des modalités adaptées, sauf si cette information est contraire à l'intérêt de l'enfant.**

COMMENTAIRE

Ce nouvel article L. 226-2-2 inséré dans le code par la loi nº 2007-293 du 5 mars 2007 rénovant la protection de l'enfance fait partie des dispositions les plus controversées lors des débats préalables à cette réforme. Bien que non visé par cette disposition, il convient pourtant de rappeler que l'article L. 221-6 du code (al. 1er) impose le respect du secret professionnel à « toute personne participant aux missions du service de l'aide sociale à l'enfance » ; les manquements à cette obligation sont passibles des sanctions prévues aux articles L. 226-13 et L. 226-14 du code pénal.

Par dérogation à cette obligation de secret professionnel, la nouvelle disposition introduit la notion nouvelle de « secret partagé » ; elle autorise formellement les personnes par ailleurs tenues au secret à partager les informations qu'elles ne devraient en principe pas divulguer lorsqu'elles sont nécessaires à l'évaluation des situations et à la détermination des interventions de protection en faveur des mineurs et de leur famille. Le texte indique logiquement que cette divulgation d'informations doit se circonscrire au strict nécessaire, et que les personnes concernées (parents, personne titulaire de l'autorité parentale, tuteur, enfant lui-même) doivent en être préalablement averties. ❑

Secret partagé au sein d'une équipe pluridisciplinaire. Il résulte de l'art. L. 226-2-2 que, par exception à l'art. 226-13 C. pén., les personnes soumises au secret professionnel qui mettent en œuvre ou apportent leur concours à la politique de la protection de l'enfance sont autorisées à partager entre elles des informations à caractère secret afin d'évaluer une situation individuelle, de déterminer et de mettre en œuvre les actions de protection et d'aide dont les mineurs et leur famille peuvent bénéficier, après en avoir informé les personnes responsables du mineur. • Crim. 8 juin 2021, n° 20-86.000 B : *AJ pénal 2021. 241, note Py*.

Art. L. 226-3 *(L. n° 2007-293 du 5 mars 2007, art. 12)* **Le président du conseil départemental est chargé du recueil, du traitement et de l'évaluation, à tout moment et quelle qu'en soit l'origine, des informations préoccupantes relatives aux mineurs en danger ou qui risquent de l'être. Le représentant de l'État et l'autorité judiciaire lui apportent leur concours.**

Des protocoles sont établis à cette fin entre le président du conseil départemental, le représentant de l'État dans le département, les partenaires institutionnels concernés et l'autorité judiciaire en vue de centraliser le recueil des informations préoccupantes au sein d'une cellule de recueil, de traitement et d'évaluation de ces informations. *(L. n° 2021-1539 du 30 nov. 2021, art. 36-2°)* **« Lorsqu'elles sont notifiées par une fondation ou une association de protection animale reconnue d'intérêt général à ladite cellule, les mises en cause pour sévices graves ou acte de cruauté ou atteinte sexuelle sur un animal mentionnées aux articles 521-1 et 521-1-1 du code pénal donnent lieu à l'évaluation de la situation d'un mineur mentionnée au troisième alinéa du présent article. »**

(L. n° 2016-297 du 14 mars 2016, art. 9) **« L'évaluation de la situation d'un mineur à partir d'une information préoccupante est réalisée** *(L. n° 2022-140 du 7 févr. 2022, art. 24-I)* **« , au regard du référentiel national d'évaluation des situations de danger ou de risque de danger pour l'enfant fixé par décret après avis de la Haute Autorité de santé, » par une équipe pluridisciplinaire de professionnels identifiés et formés à cet effet. A cette occasion, la situation des autres mineurs présents au domicile est également évaluée. Un décret précise les conditions d'application du présent alinéa. »**

— Le référentiel national d'évaluation des situations de danger ou de risque de danger pour l'enfant mentionné au 3e al. de l'art. L. 226-3 peut être consulté sur le site internet de la HAS à l'adresse suivante (Décr. n° 2022-1728 du 30 déc. 2022, art. 1er) : https://www.has-sante.fr/jcms/p_3120418/fr/evaluation-globale-de-la-situation-des-enfants-en-danger-ou-risque-de-danger-cadre-national-de-reference.

Après évaluation, les informations individuelles font, si nécessaire, l'objet d'un signalement à l'autorité judiciaire.

Les services publics, ainsi que les établissements publics et privés susceptibles de connaître des situations de mineurs en danger ou qui risquent de l'être, participent au dispositif départemental. Le président du conseil départemental peut requérir la collaboration d'associations concourant à la protection de l'enfance.

Les informations mentionnées au premier alinéa ne peuvent être collectées, conservées et utilisées que pour assurer les missions prévues *(L. n° 2021-1539 du 30 nov. 2021, art. 36-2°)* **« aux 5°, 5° *bis* et 5° *ter* » de l'article L. 221-1.**

COMMENTAIRE

L'article L. 226-3 concerne l'organisation de la procédure de signalement, dénommée dorénavant « procédure de recueil, de traitement et d'évaluation des informations préoccupantes », le but étant d'assurer une plus grande efficacité et fiabilité. C'est là encore le président du conseil départemental qui en est la cheville ouvrière, en continuité avec les dispositions de l'article L. 226-2-1. C'est à lui qu'il revient à tout moment de recueillir les « informations préoccupantes » ; les autres autorités publiques, État et autorité judiciaire, doivent lui apporter leur concours ; à cette fin, le président du conseil départemental doit établir avec tous les partenaires impliqués des protocoles définissant les modalités de leur coopération.

La loi du 14 mars 2016 a apporté quelques précisions relatives à l'évaluation de la situation du mineur : celle-ci doit être réalisée par une équipe pluridisciplinaire de professionnels, lesquels doivent être « identifiés et formés à cet effet ». Ces précisions ont été introduites pour homogénéiser des pratiques encore très différenciées selon les départements.

La loi du 7 février 2022 relative à la protection des enfants a ajouté l'obligation pour les autorités départementales de l'ASE de procéder à l'évaluation des situations au regard du référentiel des situations de danger ou de risque de danger élaboré par l'HAS et adopté par décret. ❑

1. Informations préoccupantes et compétence du département. Il ne résulte pas des dispositions de l'art. L. 226-3 CASF, qui prévoient le recueil, le traitement et l'évaluation des informations préoccupantes relatives aux mineurs en danger ou qui risquent de l'être, que la compétence du département au titre de l'aide sociale à l'enfance pourrait être limitée aux situations dans lesquelles un enfant a fait l'objet d'une telle information. • CE 26 avr. 2018, n° 407989 B.

2. Signalement et absence de responsabilité disciplinaire. Lorsqu'un médecin signale au procureur de la République ou à la cellule de recueil, de traitement et d'évaluation des informations préoccupantes des faits laissant présumer qu'un mineur a subi des violences physiques, sexuelles ou psychiques et porte à cet effet à sa connaissance tous les éléments utiles qu'il a pu relever ou déceler dans la prise en charge de ce jeune patient, notamment des constatations médicales, des propos ou le comportement de l'enfant et, le cas échéant, le discours de ses représentants légaux ou de la personne accompagnant l'enfant soumis à son examen médical, sa responsabilité disciplinaire ne peut être engagée à raison d'un tel signalement s'il a été effectué dans ces conditions, sauf à ce qu'il soit établi que le médecin a agi de mauvaise foi. • CE 5 juill. 2022, n° 448015 B : *AJDA 2022. 1859, concl. Dieu*.

Art. L. 226-3-1 *(L. n° 2007-293 du 5 mars 2007, art. 16)* **Dans chaque département, un observatoire départemental de la protection de l'enfance, placé sous l'autorité du président du conseil départemental, a pour missions :**

1° De recueillir, d'examiner et d'analyser les données relatives à l'enfance en danger dans le département, au regard notamment des informations *(L. n° 2022-140 du 7 févr. 2022, art. 36-I)* **« pseudonymisées » transmises dans les conditions prévues à l'article** *(L. n° 2022-140 du 7 févr. 2022, art. 36-I)* **« L. 226-3-3 ».** *(Abrogé par L. n° 2022-140 du 7 févr. 2022, art. 36-I) « **Ces données sont ensuite adressées par chaque département à l'Observatoire national de la protection de l'enfance** »* **;**

2° D'être informé de toute évaluation des services et établissements intervenant dans le domaine de la protection de l'enfance et assurée en application de l'article L. 312-8 ;

3° De suivre la mise en œuvre du schéma départemental prévu à l'article L. 312-5 en tant qu'il concerne les établissements et services mentionnés aux 1° *(L. n° 2022-140 du 7 févr. 2022, art. 36-I)* **« , 4° et 17° » du I de l'article L. 312-1, et de formuler des avis ;**

4° De formuler des propositions et avis sur la mise en œuvre de la politique de protection de l'enfance dans le département ;

(L. n° 2016-297 du 14 mars 2016, art. 3) **« 5° De réaliser un bilan annuel des formations continues délivrées dans le département en application de l'article L. 542-1 du code de l'éducation, qui est rendu public, et d'élaborer un programme pluriannuel des besoins en formation de tous les professionnels concourant dans le département à la protection de l'enfance.**

« La composition pluri-institutionnelle de l'observatoire départemental de la protection de l'enfance est précisée par décret. »

L'observatoire départemental de la protection de l'enfance établit des statistiques qui sont portées à la connaissance de l'assemblée départementale et transmises aux représentants de l'État et de l'autorité judiciaire.

COMMENTAIRE

L'article L. 226-3 confie au président du conseil départemental la mise en place d'un dispositif de recueil des informations relatives aux mineurs en danger. Afin d'améliorer encore les moyens de connaissance et d'évaluation du dispositif départemental, la loi n° 2007-293 du 5 mars 2007 rénovant la protection de l'enfance impose la création d'un « observatoire départemental de la protection de l'enfance » (art. L. 226-3-1 ci-dessus). Ses missions sont à la fois larges et précises : le recueil de données, leur analyse, la centralisation des évaluations obligatoires que doivent réaliser les établissements et services (art. L. 312-8), le suivi de la mise en œuvre des schémas départementaux « enfance » (art. L. 312-4 s.), la production d'avis et de propositions relatifs au fonctionnement du dispositif de protection, et enfin « de réaliser un bilan annuel des formations continues délivrées dans le département » aux professionnels concourant à la protection de l'enfance « et d'élaborer un programme pluriannuel des besoins en formations ».

Du fait de la loi du 14 mars 2016 (art. L. 226-3-1, 5°), l'observatoire doit aussi réaliser un bilan des formations continues qui existent dans le département s'agissant de la protection de l'enfance et élaborer un programme pluriannuel des besoins en formation dans ce domaine.

Placé sous l'autorité directe du président du conseil départemental, cet observatoire est une instance partenariale regroupant toutes les institutions intéressées. Les observatoires départementaux ainsi établis complètent la structure nationale qu'ils devront alimenter en données et informations, l'Observatoire national de la protection de l'enfance (ONPE) créé par la loi n° 2016-297 du 14 mars 2016. ❑

Art. L. 226-3-1-1 *(Ord. n° 2016-1562 du 21 nov. 2016, art. 23-II, en vigueur le 1er janv. 2018)* **L'observatoire de la protection de l'enfance de la collectivité de Corse est placé sous l'autorité du président du conseil exécutif.**

L'observatoire de la protection de l'enfance de la collectivité de Corse établit des statistiques pour chaque circonscription administrative de l'État de Corse-du-Sud et de Haute-Corse. Elles sont portées à la connaissance de l'Assemblée de Corse et transmises aux représentants de l'État et de l'autorité judiciaire compétents.

Pour l'application des dispositions du chapitre VI du titre II du livre II à la collectivité de Corse, les mots : "président du conseil départemental" sont remplacés par les mots : "président du conseil exécutif".

COMMENTAIRE

Compte tenu des modifications intervenues dans l'organisation des collectivités territoriales en Corse, l'ordonnance n° 2016-1562 du 21 novembre 2016 a introduit un article L. 226-3-1-1 qui concerne l'observatoire de la protection de l'enfance : celui-ci relève désormais de la nouvelle collectivité de Corse en lieu et place des deux observatoires départementaux antérieurs. ❑

Art. L. 226-3-2 *(L. n° 2012-301 du 5 mars 2012)* **Dans le cas où la procédure de transmission d'informations prévue à l'article L. 221-3 est rendue impossible par l'absence d'information sur la nouvelle adresse de la famille et si l'interruption de l'évaluation ou du traitement de l'information préoccupante, de la prestation d'aide sociale à l'enfance ou de la mesure judiciaire de protection de l'enfance met en danger le mineur concerné, le président du conseil départemental du département d'origine avise sans délai l'autorité judiciaire de la situation en application de l'article L. 226-4.**

(L. n° 2016-297 du 14 mars 2016, art. 14-2°) **« En l'absence d'informations sur la nouvelle adresse de la famille, s'il considère que le mineur qui fait l'objet d'une information préoccupante en cours d'évaluation ou de traitement et dont la famille est bénéficiaire d'une prestation d'aide sociale à l'enfance hors aide financière, ou d'une mesure judiciaire de protection de l'enfance est en danger ou risque de l'être, » le président du conseil départemental du département d'origine peut également, pour ses missions de protection de l'enfance, saisir la caisse primaire d'assurance maladie et la caisse d'allocations familiales compétentes, qui lui communiquent la nouvelle adresse de la famille dans un délai de dix jours à compter de la réception de la demande et dans le respect des dispositions relatives au secret professionnel. A cette fin, la caisse primaire d'assurance maladie peut accéder aux informations contenues dans le répertoire national inter-régimes** *[interrégimes]* **des bénéficiaires de l'assurance maladie visé à l'article L. 161-32 du code de la sécurité sociale.**

Le président du conseil départemental du département d'origine communique sans délai au président du conseil départemental du département d'accueil l'adresse de la

famille et lui transmet les informations relatives à cette famille et au mineur concerné en application de l'article L. 221-3 du présent code.

COMMENTAIRE

La loi n° 2012-301 du 5 mars 2012 relative au suivi des enfants en danger par la transmission des informations a introduit ce nouvel article L. 226-3-2 dans le code. Face à une mobilité grandissante des familles et/ou des personnes exerçant l'autorité parentale sur des enfants pris en charge tant sur le versant préventif par les services départementaux que dans le cadre d'une mesure judiciaire d'assistance éducative, le législateur a entendu encadrer étroitement les modalités de suivi de ces enfants lorsqu'ils changent de résidence en quittant un département pour s'installer dans un autre (V. aussi la nouvelle rédaction de l'art. L. 221-3). Cette nouvelle disposition met ainsi à la charge du président du conseil départemental du département d'origine de l'enfant une obligation d'information en direction de l'autorité judiciaire, ainsi qu'une obligation de recherche de l'enfant (saisine des organismes de sécurité sociale pour se faire communiquer son adresse) et de communication d'informations au président du conseil départemental du département de résidence.

La loi n° 2016-297 du 14 mars 2016 complète le dispositif de transmission d'informations prévu au premier alinéa de l'article L. 226-3-2.

Art. L. 226-3-3 *(L. n° 2016-297 du 14 mars 2016, art. 6-4°)* *(L. n° 2022-140 du 7 févr. 2022, art. 36-I)* **« A des fins exclusives d'études, de recherche et d'établissement de statistiques publiques, au sens de l'article 1er de la loi n° 51-711 du 7 juin 1951 sur l'obligation, la coordination et le secret en matière de statistiques, sont transmises au service statistique du ministère chargé de la famille et, sous forme pseudonymisée, à l'Observatoire national de la protection de l'enfance et à l'observatoire départemental de la protection de l'enfance » les informations relatives aux mesures, mentionnées aux articles L. 222-3, L. 222-4-2, L. 222-5 et L. 223-2 du présent code, aux articles 375-2, 375-3 et 375-9-1 du code civil, à l'article 1er du décret n° 75-96 du 18 février 1975 fixant les modalités de mise en œuvre d'une action de protection judiciaire en faveur de jeunes majeurs et à l'article 1183 du code de procédure civile, dont bénéficient des mineurs ou des majeurs de moins de vingt et un ans.** *(L. n° 2022-140 du 7 févr. 2022, art. 36-I)* **« Pour les mêmes finalités, sont également transmises au service statistique du ministère chargé de la famille et à l'Observatoire national de la protection de l'enfance » les informations relatives aux mesures prévues** *(Ord. n° 2019-950 du 11 sept. 2019, art. 5-I, en vigueur le 30 sept. 2021)* **« aux articles L. 112-1, L. 112-2 et L. 323-1 du code de la justice pénale des mineurs ainsi qu'aux mesures de placement, à quelque titre que ce soit, dans les centres définis à l'article L. 113-7 du code de la justice pénale des mineurs », aux fins d'exploitation conditionnée à la succession ou la simultanéité de ces mesures avec les signalements ou mesures mentionnés à la première phrase du présent article, dans le cadre des missions mentionnées au premier alinéa de l'article L. 226-6 du présent code. La nature et les modalités de transmission de ces informations sont fixées par décret.**

Art. L. 226-4 *(L. n° 2007-293 du 5 mars 2007, art. 12)* **I. — Le président du conseil départemental avise sans délai le procureur de la République** *(L. n° 2016-297 du 14 mars 2016, art. 11-1°)* **« aux fins de saisine du juge des enfants » lorsqu'un mineur est en danger au sens de l'article 375 du code civil et :**

1° Qu'il a déjà fait l'objet d'une ou plusieurs actions mentionnées aux articles L. 222-3 et L. 222-4-2 et au 1° de l'article L. 222-5, et que celles-ci n'ont pas permis de remédier à la situation ;

2° Que, bien que n'ayant fait l'objet d'aucune des actions mentionnées au 1°, celles-ci ne peuvent être mises en place en raison du refus de la famille d'accepter l'intervention du service de l'aide sociale à l'enfance ou de l'impossibilité dans laquelle elle se trouve de collaborer avec ce service ;

(L. n° 2016-297 du 14 mars 2016, art. 11-2°) **« 3° Que ce danger est grave et immédiat, notamment dans les situations de maltraitance. »**

Il avise également sans délai le procureur de la République lorsqu'un mineur est présumé être en situation de danger au sens de l'article 375 du code civil mais qu'il est impossible d'évaluer cette situation.

Le président du conseil départemental fait connaître au procureur de la République les actions déjà menées, le cas échéant, auprès du mineur et de la famille intéressés.

Le procureur de la République informe dans les meilleurs délais le président du conseil départemental des suites qui ont été données à sa saisine.

II. – Toute personne travaillant au sein des organismes mentionnés *(L. nº 2016-297 du 14 mars 2016, art. 10-1º)* **« à l'avant-dernier » alinéa de l'article L. 226-3 qui avise directement, du fait de la gravité de la situation, le procureur de la République de la situation d'un mineur en danger adresse une copie de cette transmission au président du conseil départemental. Lorsque le procureur a été avisé par une autre personne, il transmet au président du conseil départemental les informations qui sont nécessaires à l'accomplissement de la mission de protection de l'enfance confiée à ce dernier et il informe cette personne des suites réservées à son signalement, dans les conditions prévues aux articles 40-1 et 40-2 du code de procédure pénale.**

COMMENTAIRE

La loi nº 2007-293 du 5 mars 2007 rénovant la protection de l'enfance a, à l'instar des dispositions précédentes, réécrit aussi cet article L. 226-4 et la loi nº 2016-297 du 14 mars 2016 relative à la protection de l'enfant l'a précisé. L'un des objectifs qu'ont entendu poursuivre les nouveaux textes a été d'éviter que remontent aux autorités judiciaires des dossiers qui auraient relevé de la prise en charge administrative et, au contraire, que les services départementaux conservent des dossiers dont la nature aurait mérité un traitement judiciaire. Le nouvel article L. 226-4 vise à introduire une meilleure articulation entre protection sociale et protection judiciaire en définissant limitativement les cas qui justifient le recours au juge. Dans la mesure où tous les autres cas relèvent de la compétence du président du conseil départemental, cet article concourt aussi à donner à ce dernier et à ses services une compétence de droit commun en matière de protection de l'enfance et, en conséquence, une compétence subsidiaire au juge des enfants et au procureur de la République.

Outre quelques modifications de détail, la loi du 14 mars 2016 relative à la protection de l'enfance a élargi les cas où s'impose la saisine de la juridiction judiciaire (art. L. 226-4, 3º) : en l'occurrence, lorsque le « danger est grave et immédiat », ce qui vise notamment les situations de maltraitance. ❑

Signalement et information du parent. A méconnu les dispositions de l'art. L. 226-4 le département qui a transmis son rapport au procureur de la République sans avoir au préalable procédé à une véritable évaluation de la situation ou vérifié si la famille, et notamment le père des enfants, était opposée à l'intervention du service de l'aide sociale à l'enfance. • CAA Nantes, 5 juill. 2012, nº 11NT00456 : *RDSS 2012. 1147, obs. Lhuillier.*

Art. L. 226-5 Le président du conseil départemental informe *(L. nº 2022-140 du 7 févr. 2022, art. 24-2º)* **« , dans un délai de trois mois à compter de la transmission de l'information, » les personnes qui lui ont communiqué des informations dont elles ont eu connaissance à l'occasion de l'exercice de leur activité professionnelle** *(L. nº 2007-293 du 5 mars 2007, art. 12)* **« ou d'un mandat électif » des suites qui leur ont été données.**

(L. nº 2022-140 du 7 févr. 2022, art. 24-2º) **« Les personnes autres que celles mentionnées au premier alinéa ayant transmis au président du conseil départemental une information préoccupante sont informées, à leur demande, des suites qui ont été données à cette information dans un délai de trois mois à compter de leur demande, dans le respect de l'intérêt de l'enfant, du secret professionnel et dans des conditions déterminées par décret. »**

En cas de saisine de l'autorité judiciaire, *(L. nº 2022-140 du 7 févr. 2022, art. 24-2º)* **« le président du conseil départemental » en informe par écrit les parents de l'enfant ou son représentant légal.** – *[C. fam., art. 70.]*

COMMENTAIRE

L'article L. 226-5 fait obligation au président du conseil départemental auquel elles ont transmis des informations préoccupantes au sujet d'un mineur d'informer les personnes qui les ont communiquées des suites données à ce signalement. La loi du 7 février 2022 relative à la protection des enfants a renforcé cette obligation en détaillant les conditions de mise en œuvre : pour l'essentiel, un délai de trois mois court dès la transmission des informations, délai durant lequel l'ASE doit informer des décisions prises.

Art. L. 226-6 *(Abrogé par L. nº 2022-140 du 7 févr. 2022, art. 36-I)* ***« L'État, les départements et des personnes morales de droit public ou privé constituent un groupement d'intérêt public pour gérer un service d'accueil téléphonique gratuit ainsi qu'un Observatoire national de la protection de l'enfance » afin d'exercer, à l'échelon national, les missions d'observation, d'analyse et de prévention des mauvais traitements et de protection des mineurs en danger prévues au présent chapitre. »***

(L. nº 2022-140 du 7 févr. 2022, art. 36-I) **« Un service d'accueil téléphonique gratuit concourt, à l'échelon national, à la mission de protection des mineurs en danger prévue au présent chapitre. Ce service » répond, à tout moment, aux demandes d'information ou de conseil concernant les situations de mineurs** *(L. nº 2007-293 du 5 mars 2007, art. 3)* **« en danger » ou présumés l'être. Il transmet immédiatement au président du conseil départemental, selon le dispositif mis en place en application de l'article L. 226-3, les informations qu'il recueille et les appréciations qu'il formule à propos de ces mineurs. A cette fin, le président du conseil départemental informe le groupement des modalités de fonctionnement permanent du dispositif départemental.** – *[C. fam., art. 71, al. 1er (partie) et 2.]*

(L. nº 2004-1 du 2 janv. 2004, art. 9) **« L'Observatoire** *(L. nº 2016-297 du 14 mars 2016, art. 6-3º)* **« national de la protection de l'enfance » contribue au recueil et à l'analyse des données et des études concernant la** *(L. nº 2007-293 du 5 mars 2007, art. 3)* **« protection de l'enfance », en provenance de l'État, des collectivités territoriales, des établissements publics, des fondations et des associations œuvrant en ce domaine.** *(L. nº 2022-140 du 7 févr. 2022, art. 36-I)* **« Il contribue à la mise en cohérence des différentes données et informations ainsi qu'à l'amélioration de la connaissance des phénomènes de mise en danger des mineurs et des questions d'adoption et d'accès aux origines personnelles. Il assure, dans le champ de compétence du groupement d'intérêt public mentionné à l'article L. 147-14, les missions de centre national de ressources, chargé de recenser les bonnes pratiques et de répertorier ou de concourir à l'élaboration d'outils et de référentiels. Il assure la diffusion de ces outils et référentiels auprès des acteurs de la protection de l'enfance et de l'adoption internationale. »**

COMMENTAIRE

Le dispositif départemental de l'article L. 226-3 a été complété par un service national d'accueil téléphonique qui, institué par la loi nº 2004-1 du 2 janvier 2004, a été renforcé par la loi du 7 février 2022 relative à la protection des enfants.

Ce service, placé au niveau national, est conçu pour recevoir toutes demandes d'information ou de conseil concernant des mineurs en danger ou présumés l'être. Il transmet au président du conseil départemental concerné les informations ainsi reçues et formule des appréciations relatives à la situation. Ce service est informé par le président du conseil départemental du fonctionnement du dispositif de traitement des informations préoccupantes en place dans sa collectivité.

Ce premier dispositif a été complété par la loi nº 2004-1 du 2 janvier 2004 d'un « Observatoire national de l'enfance en danger », devenu « Observatoire national de la protection de l'enfance » (ONPE), les missions de cette instance ayant été redéfinies par la loi du 7 février 2022 relative à la protection des enfants. L'ONPE procède au recueil et à l'analyse des données et études concernant la protection de l'enfance, met en cohérence ces données et concourt à l'amélioration des connaissances des processus de mise en danger des mineurs ainsi que des questions relatives à l'adoption et à l'accès aux origines personnelles. Il constitue un centre national de ressources chargé de recenser les bonnes pratiques et de concourir à l'élaboration de référentiels et d'outils à destination des acteurs de ce secteur.

Le service national d'accueil téléphonique ainsi que l'ONPE sont gérés au sein du GIP créé par la loi du 7 février 2022 (art. L. 147-14). Le GIP est financé dans les conditions fixées à l'article L. 226-10.

Litige opposant des parents au service d'accueil téléphonique. Le litige opposant des parents au service d'accueil téléphonique prévu par l'art. L. 226-6 relève de la compétence du juge administratif, dès lors que ce service, en transmettant une information recueillie sur la situation de leur enfant mineur, participe à la mission nationale de prévention des mauvais traitements en permettant au président du conseil départemental concerné de recueillir, traiter et évaluer cette information. • CE 20 juill. 2023, n° 463094 B : *RDSS 2023. 954, obs. Prétot*.

Art. L. 226-7 *(Abrogé par L. n° 2022-140 du 7 févr. 2022, art. 36-I)* ***La convention constitutive du groupement précise les conditions dans lesquelles le dispositif mentionné à l'article L. 226-3 transmet au service d'accueil téléphonique les informations qu'il recueille pour l'établissement de l'étude prévue à l'article L. 226-6.*** – [C. fam., art. 71, al. 4.]

Art. L. 226-8 L'affichage des coordonnées du service d'accueil téléphonique est obligatoire dans tous les établissements et services recevant de façon habituelle des mineurs. – *[C. fam., art. 71, al. 8.]*

Art. L. 226-9 *(Abrogé par L. n° 2022-140 du 7 févr. 2022, art. 36-I)* ***« Le secret professionnel est applicable aux agents du service d'accueil téléphonique et de l'Observatoire national de la protection de l'enfance dans les conditions prévues aux articles 226-13 et 226-14 du code pénal. »*** **Le** *(L. n° 2016-297 du 14 mars 2016, art. 10-2°)* **« quatrième »** *(L. n° 2022-140 du 7 févr. 2022, art. 36-I)* **« alinéa » de l'article L. 226-3 est** *(Abrogé par L. n° 2022-140 du 7 févr. 2022, art. 36-I)* ***« également »*** **applicable aux informations recueillies par le service d'accueil téléphonique.** – *[C. fam., art. 71, al. 3.]*

Art. L. 226-10 *(Abrogé par L. n° 2022-140 du 7 févr. 2022, art. 36-I)* ***Outre les moyens mis à la disposition du service d'accueil téléphonique et de l'Observatoire national de la protection de l'enfance par les autres membres constituant le groupement, sa prise en charge financière est assurée à parts égales par l'État et les départements. La participation financière de chaque département est fixée par voie réglementaire en fonction de l'importance de la population.***

Art. L. 226-11 Les dépenses résultant de l'application du présent chapitre constituent, pour le département, des dépenses obligatoires. – *[C. fam., art. 72.]*

V. Décr. n° 2022-1617 du 22 déc. 2022 fixant le montant de la contribution financière des départements au fonctionnement du groupement d'intérêt public « Enfance en danger » au titre de l'année 2022 (JO 24 déc., NOR : PRMA2234630D).

Art. L. 226-12 *(L. n° 2007-293 du 5 mars 2007, art. 25)* **Les règles relatives à la formation sur la protection de l'enfance sont fixées par les dispositions de l'article L. 542-1 du code de l'éducation.**

Art. L. 226-12-1 *(L. n° 2007-293 du 5 mars 2007, art. 25)* **Les cadres territoriaux qui, par délégation du président du conseil départemental, prennent des décisions relatives à la protection de l'enfance et fixent les modalités de leur mise en œuvre doivent avoir suivi une formation adaptée à l'exercice de ces missions. Cette formation, en partie commune aux différentes professions et institutions, est dispensée dans des conditions fixées par voie réglementaire.**

Art. L. 226-13 *(Abrogé par L. n° 2022-140 du 7 févr. 2022, art. 36-I)* ***Le ministre chargé de la famille présente au Parlement tous les trois ans à compter du 30 juin 1992, un rapport rendant compte des résultats des recherches menées sur l'enfance maltraitée et proposant toutes mesures propres à en diminuer la fréquence et la gravité. Le même rapport établit un bilan de fonctionnement du dispositif départemental de recueil d'informations et du service d'accueil téléphonique mentionnés aux articles L. 226-3 et L. 226-6.***

CHAPITRE VII MINEURS ACCUEILLIS HORS DU DOMICILE PARENTAL *(L. nº 2001-624 du 17 juill. 2001, art. 13-I).*

BIBL. ▶ TILLARD et MOSCA, Les travailleurs sociaux et le placement de l'enfant chez un proche, *Rech. fam., nº 16, 2019. 25.*

COMMENTAIRE

Le présent chapitre a été constitué de la réunion de deux éléments distincts : d'une part, les anciens articles 93 et 94 du code de la famille pour ce qui constitue les articles L. 227-1, L. 227-2 et L. 227-3 ; d'autre part, certaines des mesures de la loi nº 2001-624 du 17 juillet 2001 portant diverses dispositions d'ordre social, éducatif et culturel qui comporte entre autres (les objets de ce texte sont très disparates, allant de mesures relatives à l'emploi jusqu'à des mesures concernant le fonds de réserve pour les retraites en passant par la ratification du code de la mutualité) les dispositions introduites ci-dessous et relatives à l'accueil d'enfants en centres de vacances et de loisirs (art. L. 227-4 à L. 227-12). Cet ajout issu de la loi de 2001, qui organise en réalité la police de certains établissements d'accueil, ne semble pas bien positionné dans un chapitre qui, dans la forme originelle du code de la famille et de l'aide sociale, entendait organiser une surveillance des mineurs placés hors du domicile parental.

Plusieurs des dispositions de ce chapitre ont été modifiées par l'ordonnance nº 2005-1092 du 1er septembre 2005 qui a renforcé la protection des mineurs accueillis hors du domicile parental. Ce texte, adopté sur le fondement de la loi de simplification du droit du 9 décembre 2004, a voulu, d'une part, définir plus clairement les types d'accueil qui se trouvent placés sous la protection du préfet et, d'autre part, accroître les moyens de la police administrative s'exerçant sur ces activités. Il faut noter que l'ordonnance nº 2005-1092 du 1er septembre 2005 a abrogé deux dispositions, les articles L. 227-6 et L. 227-7 ; la première disposition exonérait jusque-là les accueils d'enfants limités aux heures précédant et suivant la classe (type « aide aux devoirs ») tant de la déclaration préalable que du projet éducatif : ce qui fait donc logiquement entrer ces activités dans le champ de la police ; la seconde prévoyait une série d'incapacités d'exercice professionnel pour cause de condamnations pénales. ❑

Art. L. 227-1 Tout mineur accueilli hors du domicile de ses parents jusqu'au quatrième degré ou de son tuteur est placé sous la protection des autorités publiques.

Sous réserve des dispositions *(L. nº 2001-624 du 17 juill. 2001, art. 13-II)* **« des articles L. 227-2 à L. 227-4 », cette protection est assurée par le président du conseil départemental du lieu où le mineur se trouve.**

Elle s'exerce sur les conditions morales et matérielles de leur *(L. nº 2001-624 du 17 juill. 2001, art. 13-III)* **« accueil » en vue de protéger leur sécurité, leur santé et leur moralité.** – *[C. fam., art. 93, al. 1er, 1re phrase, et art. 94, al. 1er et 2.]*

COMMENTAIRE

L'article L. 227-1 est à relier aux articles L. 227-2 et L. 227-3 ci-dessous, l'ensemble reprenant, avec les réformes introduites notamment par les lois nº 87-39 du 27 janvier 1987 et nº 89-487 du 10 juillet 1989, les articles 93 et 94 de l'ancien code. L'essentiel réside ici dans le fait que tout mineur placé hors du domicile de ses parents ou de son tuteur, soit isolément, soit collectivement, ou encore dans un établissement non soumis à une réglementation, est placé sous la protection du président du conseil départemental du lieu où il se trouve. Il s'agit d'une protection qui concerne toutes les formes souples et, par là, non organisées de prise en charge hors de la famille, alors qu'une police spéciale s'applique au contraire aux établissements et services sociaux et médico-sociaux de l'article L. 312-1 qui accueillent des enfants ; il est à noter que, du fait de la loi du 2 janvier 2002 rénovant l'action sociale et médico-sociale, des structures souples telles que les « lieux de vie et d'accueil » ont été rapprochées de la réglementation des établissements et services de l'article L. 312-1 ; il n'en reste pas moins que des lieux d'accueil divers prennent en charge des enfants pour leur entretien, et que ces dispositions leur sont applicables à défaut d'un rattachement au droit commun des établissements et services. ❑

1. Protection conjointe du président du conseil général et du juge des enfants. Il résulte de l'art. 94 du C. fam. (devenu L. 227-1 CASF) que les mineurs placés en application des art. 375-3 et 375-5 C. civ. sont placés sous la protection conjointe du président du conseil général et du juge des enfants ; ainsi le juge des enfants qui est l'auteur du placement initial ne perd pas son droit de regard du seul fait du placement à l'aide sociale à l'enfance ; il est en droit de prendre une décision qui lui permette de reprendre le contrôle de la situation pour favoriser son propre projet et de décider de la formule exceptionnelle de placement direct qu'il a choisie : l'instauration d'une mesure d'assistance éducative en milieu ouvert, fût-elle constitutive d'un surcoût, s'inscrit en toute logique dans cette démarche destinée à une restauration de la place de chacun avec l'intervention d'un tiers autre que l'aide sociale à l'enfance. • Metz, 4 déc. 1995 : *D. 1997. Somm. 283, obs. Autem*.

2. Étendue de la protection administrative. Ni l'art. 93 du C. fam. (devenu L. 227-1 et L. 227-3 CASF) dans sa rédaction en vigueur à la date de la décision attaquée, ni aucune autre disposition législative applicable à cette même date n'ont habilité le ministre chargé de la santé et de la sécurité sociale à instaurer, en vue de l'adoption en France d'enfants en provenance de l'étranger, une réglementation subordonnant l'accueil de ces enfants à une attestation obligatoire de la direction de l'action sanitaire et sociale ; par suite, l'autorité administrative n'avait pas compétence pour refuser de délivrer aux intéressés une attestation leur permettant d'accueillir un enfant étranger. • CE 22 mars 1991, *Roger*, n° 109486 B.

3. Responsabilité de l'État à raison de défaillances dans le suivi d'une mineure placée en famille d'accueil. Doit être indemnisée la mineure placée en famille d'accueil qui, compte tenu des carences du service de l'aide sociale à l'enfance (ASE) pendant la durée de son placement, n'a pas été protégée contre les abus sexuels au sein de sa famille d'accueil et du non-respect de ses convictions religieuses. • CEDH 3 nov. 2022, *Loste c/ France*, n° 59227/12 : *RDSS 2023. 233, note Bordas*.

Art. L. 227-2 Dans le cas où les mineurs ont été confiés à des particuliers ou à des établissements en application des articles 375-3 et 375-5 du code civil, ils sont placés sous la protection conjointe du président du conseil départemental et du juge des enfants. – *[C. fam., art. 94, al. 3.]*

Art. L. 227-2-1 *(L. n° 2016-297 du 14 mars 2016, art. 29)* **Lorsque la durée du placement excède un seuil fixé par décret selon l'âge de l'enfant, le service départemental de l'aide sociale à l'enfance auquel a été confié le mineur en application de l'article 375-3 du code civil examine l'opportunité de mettre en œuvre d'autres mesures susceptibles de garantir la stabilité des conditions de vie de l'enfant afin de lui permettre de bénéficier d'une continuité relationnelle, affective, éducative et géographique dans un lieu de vie adapté à ses besoins. Il en informe le juge des enfants qui suit le placement, en présentant les raisons qui l'amènent à retenir ou à exclure les mesures envisageables.**

COMMENTAIRE

L'article L. 227-2-1 a été introduit par la loi du 14 mars 2016 relative à la protection de l'enfance. Le but de cette disposition est d'éviter les parcours chaotiques d'enfants qui ne se voient pas proposer une situation stable ou qui, au contraire, sont maintenus dans un cadre pouvant se révéler inadapté. Il est donc demandé – un décret devant fixer des durées de placement selon l'âge des enfants – que lorsque le seuil afférent à une durée est atteint, l'ASE examine l'opportunité de mettre en œuvre d'autres mesures permettant au mineur de bénéficier d'une continuité relationnelle et affective en accord avec ses besoins ; le juge doit en être informé et les raisons explicitées.

Art. L. 227-3 Cette protection est assurée dans les conditions prévues soit :

— par le code de la santé publique ;

(Abrogé par L. n° 2001-624 du 17 juill. 2001, art. 13-IV) « ***— par décret en Conseil d'État pour ce qui concerne les mineurs accueillis en centres de vacances, de loisirs ou de placement de vacances ;*** »

— par d'autres dispositions visant les établissements soumis à une réglementation particulière ;

— *(L. n° 2001-624 du 17 juill. 2001, art. 13-IV)* **« par les dispositions des articles L. 227-1, L. 227-2 et L. 227-4 à L. 227-12. »** – *[C. fam., art. 93, al. 1er, dernière phrase, à 5.]*

Art. L. 227-4 *(Ord. n° 2005-1092 du 1er sept. 2005, art. 2)* **La protection des mineurs, dès leur inscription dans un établissement scolaire en application de l'article L. 113-1**

du code de l'éducation, qui bénéficient hors du domicile parental, à l'occasion des vacances scolaires, des congés professionnels ou des loisirs, d'un mode d'accueil collectif à caractère éducatif entrant dans une des catégories fixées par décret en Conseil d'État, est confiée au représentant de l'État dans le département.

Ce décret définit, pour chaque catégorie d'accueil, la réglementation qui lui est applicable, et les conditions dans lesquelles un projet éducatif doit être établi.

Les dispositions du présent article ne sont pas applicables à l'accueil organisé par des établissements d'enseignement scolaire.

V. art. R. 227-1 s.

COMMENTAIRE

L'article L. 227-4 organise, avec les articles L. 227-5 à L. 227-11, une police des structures d'accueil temporaire que sont les centres de vacances et les centres de loisirs, lesquels ne reposaient pas, jusqu'à la loi du 17 juillet 2001, sur une réglementation encadrant leurs activités. Le dispositif a donc pour finalité la protection des mineurs qui sont accueillis à l'occasion des vacances scolaires, des congés professionnels et des loisirs, dans diverses structures ayant pour caractéristique de ne pas offrir d'hébergement. Cette protection est confiée au représentant de l'État dans le département (et non, comme pour les formes d'accueil hors du domicile parental, au président du conseil départemental).

Les éléments essentiels de la police administrative mise en place sont les suivants : une déclaration préalable doit être faite auprès de la préfecture, un refus de récépissé de déclaration pouvant être opposé lorsque les conditions d'accueil présentent des risques pour la santé physique ou morale des mineurs (art. L. 227-5) ; un projet éducatif doit être établi (art. L. 227-4), qui conditionne aussi la délivrance du récépissé de déclaration ; des assurances doivent être souscrites par l'organisme gestionnaire ; des sanctions pénales sont prévues pour le non-respect de ces obligations (art. L. 227-8) et des cas d'interdiction d'exercer ces activités sont définis essentiellement lorsqu'il y a eu condamnations pénales préalables (art. L. 227-7) ; un contrôle administratif de ces structures d'accueil est aménagé (art. L. 227-9) et des sanctions administratives sont organisées (art. L. 227-10 et L. 227-11).

Enfin, le cas particulier des structures de « soutien scolaire » est envisagé à l'article L. 227-6, l'exercice de ces activités étant dispensé de l'obligation à la fois d'élaborer un projet éducatif et de procéder à une déclaration préalable.

L'ordonnance n° 2005-1092 du 1er septembre 2005, qui a procédé au renforcement de la protection des mineurs placés hors du domicile parental, a modifié l'article L. 227-4 : reprenant, pour les centres de vacances et de loisirs sans hébergement, l'obligation d'élaborer un « projet éducatif », ce texte a non seulement renvoyé au pouvoir réglementaire le soin de définir « pour chaque catégorie d'accueil » les formes que devra prendre ce projet, mais a aussi ajouté que les textes d'application devront déterminer pour chacune une « réglementation applicable ». On attend donc là un cadrage réglementaire plus étroit. ❑

Art. L. 227-5 *(Ord. n° 2005-1092 du 1er sept. 2005, art. 3)* **« Les personnes organisant l'accueil de mineurs mentionné à l'article L. 227-4 ainsi que celles exploitant les locaux où ces mineurs sont hébergés doivent en faire la déclaration préalable auprès de l'autorité administrative. Celle-ci peut s'opposer à l'organisation de cette activité lorsque les conditions dans lesquelles elle est envisagée présentent des risques pour la santé et la sécurité physique ou morale des mineurs et notamment lorsque les exigences prévues au dernier alinéa ne sont pas satisfaites. »**

(L. n° 2001-624 du 17 juill. 2001, art. 13-V) **Les personnes organisant l'accueil des mineurs mentionné à l'article L. 227-4, ainsi que celles exploitant les locaux où cet accueil se déroule, sont tenues de souscrire un contrat d'assurance garantissant les conséquences pécuniaires de leur responsabilité civile, ainsi que de celle de leurs préposés et des participants aux activités qu'elles proposent. Les assurés sont tiers entre eux.**

Les personnes organisant l'accueil des mineurs mentionné à l'article L. 227-4 sont également tenues d'informer les responsables légaux des mineurs concernés de leur intérêt à souscrire un contrat d'assurance de personnes couvrant les dommages corporels auxquels peuvent les exposer les activités auxquels ils participent.

Un décret en Conseil d'État précise les modalités d'application des dispositions ci-dessus, notamment *(Ord. n° 2005-1092 du 1er sept. 2005, art. 3)* **« le contenu de la déclaration préalable, » les normes d'hygiène et de sécurité auxquelles doit satisfaire l'accueil, les exigences liées à la qualification des personnes assurant l'encadrement des mineurs** *(Ord. n° 2005-1092 du 1er sept. 2005, art. 3)* **« , les conditions particulières d'encadrement et de pratique des activités physiques », ainsi que les modalités de souscription aux contrats d'assurance obligatoire.** — *V. art. R. 227-1 s.*

L'obligation de souscrire le contrat d'assurance mentionné à l'art. L. 227-5 CASF entre en vigueur le premier jour du troisième mois suivant la publication du décret prévu à cet art. et au plus tard dans un délai de six mois suivant la publication de la présente loi (L. n° 2001-624 du 17 juill. 2001, art. 13-VI). — V. art. R. 227-27 à R. 227-30.

COMMENTAIRE

L'article L. 227-5 organise une police des accueils visés par les dispositions qui précèdent : déclaration préalable auprès du représentant de l'État ; pouvoir donné à ce dernier pour s'opposer à l'ouverture de la structure d'accueil (risques pour la santé, la sécurité physique ou morale des mineurs, absence de projet éducatif) ; souscription obligatoire d'une assurance couvrant la responsabilité civile des promoteurs ; assurance des responsables des mineurs. La disposition renvoie logiquement au pouvoir réglementaire le soin de déterminer les normes techniques et pédagogiques (notamment qualification des personnels) qui viennent préciser le cadre légal de cette police spéciale. ❑

Art. L. 227-6 *(L. n° 2019-486 du 22 mai 2019, art. 210)* **Ne sont pas tenus de satisfaire aux conditions prévues aux I et II de l'article L. 211-18 du code du tourisme :**

1° Les associations organisant sur le territoire national des accueils collectifs de mineurs à caractère éducatif conformément à l'article L. 227-4 du présent code et bénéficiant d'un agrément de jeunesse et d'éducation populaire, du sport ou d'associations éducatives complémentaires de l'enseignement public, dans le cadre exclusif de leurs activités propres, y compris le transport lié au séjour ;

2° L'État, les collectivités territoriales et les établissements publics, à l'exception des établissements publics à caractère industriel et commercial, pour l'organisation sur le territoire national d'accueils collectifs de mineurs à caractère éducatif conformément au même article L. 227-4.

COMMENTAIRE

La loi n° 2019-486 du 22 mai 2019 relative à la croissance et la transformation des entreprises a introduit au code une disposition qui vient combler un vide juridique et, par là, les incertitudes qui lui étaient liées : les établissements d'accueil de mineurs à caractère éducatif, lorsqu'ils sont mis en œuvre soit par des associations (al. 1er), soit par des collectivités publiques à caractère administratif (les EPIC étant exclus, al. 2), ne sont pas soumis, pour leurs conditions d'organisation et de fonctionnement, aux règles édictées par le code du tourisme (art. L. 211-18 de ce code concernant l'immatriculation dans un registre *ad hoc*). ❑

Art. L. 227-7 et L. 227-7-1 *Abrogés par Ord. n° 2005-1477 du 1er déc. 2005, art. 15.*

Art. L. 227-8 *(L. n° 2001-624 du 17 juill. 2001, art. 13-V)* **Est puni de six mois d'emprisonnement et de 3 750 € d'amende :**

1° Le fait pour une personne de ne pas souscrire la déclaration préalable mentionnée à l'article L. 227-5 ;

2° Le fait d'apporter un changement aux conditions d'accueil des mineurs mentionné à l'article L. 227-4, sans avoir souscrit à cette déclaration ;

3° Le fait de ne pas souscrire aux garanties d'assurance mentionnées à l'article L. 227-5.

Est puni d'un an d'emprisonnement et de 7 500 € d'amende le fait de s'opposer de quelque façon que ce soit à l'exercice des fonctions dont sont chargés les agents mentionnés à l'article L. 227-9.

Est puni de *(Ord. n° 2005-1092 du 1er sept. 2005, art. 7)* **« deux ans d'emprisonnement et de 30 000 »** *[euros]* **d'amende :**

1° Le fait d'exercer des fonctions à quelque titre que ce soit en vue de l'accueil de mineurs mentionnés à l'article L. 227-4, ou d'exploiter les locaux accueillant ces mineurs malgré les incapacités prévues *(Ord. n° 2005-1477 du 1er déc. 2005, art. 15)* « à l'article L. 133-6 » ;

2° Le fait de ne pas exécuter les décisions préfectorales prévues aux articles L. 227-5, L. 227-10 et L. 227-11.

(Abrogé par L. n° 2009-526 du 12 mai 2009, art. 125) ***« Les personnes morales peuvent être déclarées responsables pénalement, dans les conditions prévues à l'article 121-2 du code pénal, des infractions définies au présent article. »***

COMMENTAIRE

L'article L. 227-8, modifié par les ordonnances nos 2005-1092 et 2005-1477 des 1er septembre et 1er décembre 2005, définit un certain nombre de délits attachés au non-respect des obligations diverses précisées à l'article L. 227-5 et les assortit de peines d'emprisonnement et d'amende. Les modifications récentes apportées par les textes cités ci-dessus consistent en un alourdissement des peines antérieurement prévues, notamment les peines d'emprisonnement.

Art. L. 227-9 *(L. n° 2001-624 du 17 juill. 2001, art. 13-V)* La surveillance de l'accueil des mineurs mentionné à l'article L. 227-4 est exercée par des agents placés sous l'autorité du ministre chargé de la jeunesse et des sports et du représentant de l'État dans le département.

Outre les officiers de police judiciaire agissant conformément aux dispositions du code de procédure pénale, les fonctionnaires du ministère chargé de la jeunesse et des sports habilités à cet effet par le ministre chargé de la jeunesse et des sports et assermentés dans des conditions fixées par décret en Conseil d'État peuvent rechercher et constater par procès-verbal les infractions prévues à l'article L. 227-8. — *V. Décr. n° 2002-509 du 8 avr. 2002, App., v° Enfance.*

Pour l'exercice de leurs missions, les fonctionnaires mentionnés à l'alinéa précédent peuvent accéder aux locaux, lieux ou installations où se déroule cet accueil, à l'exclusion des domiciles et de la partie des locaux servant de domicile, demander la communication de tout document professionnel et en prendre copie, recueillir sur convocation ou sur place les renseignements et justifications.

Le procureur de la République est préalablement informé par les fonctionnaires mentionnés au premier alinéa des opérations envisagées en vue de la recherche des infractions.

Ceux-ci ne peuvent effectuer leur visite qu'entre 8 heures et 20 heures, ou, en dehors de ces heures, sur appel provenant d'une personne se trouvant dans ces locaux, lieux ou installations, ou sur plainte ou réclamation. Dans ce cas, la visite est soumise à autorisation du président du tribunal judiciaire *[ancienne rédaction : tribunal de grande instance]* ou du magistrat délégué par lui, saisi sans forme par l'agent habilité.

Dans le cas où l'accès est refusé, la demande de visite précise les locaux, lieux et installations concernés. Elle comporte tous les éléments de nature à justifier cet accès.

Le président du tribunal judiciaire *[ancienne rédaction : tribunal de grande instance]* ou le magistrat délégué par lui statue immédiatement par ordonnance. Celle-ci mentionne les locaux, lieux, installations, dont l'accès est autorisé, ainsi que le nom et la qualité de l'agent habilité à procéder à la visite.

La visite s'effectue sous le contrôle du président du tribunal judiciaire *[ancienne rédaction : tribunal de grande instance]* ou du magistrat délégué par lui qui l'a autorisée ; celui-ci peut se rendre sur place pendant l'intervention et, à tout moment, décider la suspension ou l'arrêt de la visite.

L'ordonnance est notifiée à la personne responsable des locaux, lieux, installations, soit sur place au moment de la visite contre récépissé, soit, en son absence, après la visite, par lettre recommandée avec demande d'avis de réception.

L'ordonnance susceptible d'appel est exécutoire à titre provisoire.

Les procès-verbaux font foi jusqu'à preuve contraire et sont transmis au procureur de la République dans les cinq jours suivant leur établissement. Une copie en est également remise à l'intéressé.

Toute personne exerçant une fonction à quelque titre que ce soit dans l'accueil de mineurs mentionné à l'article L. 227-4 ou exploitant des locaux les accueillant est tenue de fournir aux agents mentionnés au premier alinéa du présent article tous renseignements leur permettant d'apprécier les conditions matérielles et morales de fonctionnement de l'accueil.

Art. L. 227-10 *(L. n° 2001-624 du 17 juill. 2001, art. 13-V; Ord. n° 2004-637 du 1er juill. 2004, art. 34)* « Après avis de la commission départementale compétente en matière de jeunesse et de sport », le représentant de l'État dans le département peut prononcer à l'encontre de toute personne dont *(Ord. n° 2005-1092 du 1er sept. 2005, art. 8)* « la participation à un accueil de mineurs mentionné à l'article L. 227-4 ou à l'organisation d'un tel accueil » présenterait des risques pour la santé et la sécurité physique ou morale des mineurs mentionnés à l'article L. 227-4, ainsi que de toute personne qui est sous le coup d'une mesure de suspension ou d'interdiction d'exercer prise en application de l'article L. 212-13 du code du sport, l'interdiction temporaire ou permanente d'exercer *(Ord. n° 2005-1092 du 1er sept. 2005, art. 8)* « une fonction particulière ou quelque fonction que ce soit auprès de ces mineurs, ou d'exploiter des locaux les accueillant ou de participer à l'organisation des accueils ».

En cas d'urgence, le représentant de l'État dans le département peut, sans consultation de ladite commission, prendre une mesure de suspension d'exercice à l'égard des personnes mentionnées à l'alinéa précédent. Cette mesure est limitée à six mois. Dans le cas où l'intéressé fait l'objet de poursuites pénales, la mesure de suspension s'applique jusqu'à l'intervention d'une décision définitive rendue par la juridiction compétente.

Art. L. 227-11 *(Ord. n° 2005-1092 du 1er sept. 2005, art. 9)* I. — Le représentant de l'État dans le département peut adresser, à toute personne qui exerce une responsabilité dans l'accueil des mineurs mentionné à l'article L. 227-4 ou aux exploitants des locaux les accueillant, une injonction pour mettre fin :

— aux manquements aux dispositions prévues à l'article L. 227-5 ;

— aux risques pour la santé et la sécurité physique ou morale des mineurs que présentent les conditions de leur accueil ;

— aux manquements aux dispositions relatives au projet éducatif prévues à l'article L. 227-4 ;

— aux manquements aux dispositions prévues *(Ord. n° 2005-1477 du 1er déc. 2005, art. 15)* « à l'article L. 133-6 » et à l'article L. 227-10.

A l'expiration du délai fixé dans l'injonction, le représentant de l'État dans le département peut, de manière totale ou partielle, interdire ou interrompre l'accueil de mineurs mentionné à l'article L. 227-4, ainsi que prononcer la fermeture temporaire ou définitive des locaux dans lesquels il se déroule, si la ou les personnes qui exercent une responsabilité dans l'accueil des mineurs mentionné à l'article L. 227-4 ou les exploitants des locaux les accueillant n'ont pas remédié aux situations qui ont justifié l'injonction.

En cas d'urgence ou lorsque l'une des personnes mentionnées à l'alinéa précédent refuse de se soumettre à la visite prévue à l'article L. 227-9, le représentant de l'État dans le département peut décider, sans injonction préalable, d'interdire ou d'interrompre l'accueil ou de fermer les locaux dans lesquels il se déroule.

Le cas échéant, il prend, avec la personne responsable de l'accueil, les mesures nécessaires en vue de pourvoir au retour des mineurs dans leur famille.

II. — Lorsque les conditions d'accueil présentent ou sont susceptibles de présenter des risques pour la santé ou la sécurité physique ou morale des mineurs ou que sont constatés des manquements aux obligations rappelées au I, le représentant de l'État dans le département peut adresser à la personne morale qui organise l'accueil de mineurs mentionné à l'article L. 227-4 les injonctions nécessaires pour prévenir ces risques ou mettre fin à ces manquements.

Si, à l'expiration du délai fixé, il n'a pas été mis fin aux dysfonctionnements constatés, le représentant de l'État dans le département peut, après avis de la commission mentionnée à l'article L. 227-10, prononcer à l'encontre de la personne morale l'interdiction temporaire ou définitive d'organiser l'accueil de mineurs mentionné à l'article L. 227-4.

COMMENTAIRE

La disposition ci-dessus ainsi que l'article L. 227-10 qui précède donnent, au représentant de l'État dans le département, un arsenal complet pour empêcher toute personne présentant des risques pour les mineurs d'intervenir dans leur accueil ainsi que pour limiter leur participation à des fonctions déterminées ; au-delà, en cas de fautes graves et répétées, ce dernier peut aller jusqu'à l'interdiction de l'ouverture ou de l'organisation de ces accueils. L'ordonnance n° 2005-1092 du 1er septembre 2005 a procédé à un renforcement de ses pouvoirs de police institués pour l'essentiel par la loi n° 2001-624 du 17 juillet 2001. ❑

Art. L. 227-12 *(L. n° 2001-624 du 17 juill. 2001, art. 13-V)* **Les conditions d'application des articles L. 227-10 et L. 227-11 sont fixées par décret en Conseil d'État.** – *V. art. R. 227-1 à R. 227-30.*

CHAPITRE VIII **DISPOSITIONS FINANCIÈRES**

COMMENTAIRE

Ce chapitre VIII, ultime chapitre du titre II relatif à l'enfance – c'est-à-dire relatif essentiellement au régime juridique du service de l'aide sociale à l'enfance –, contient les règles financières qui étaient antérieurement définies aux articles 83 à 88 du code de la famille et de l'aide sociale. Ces dispositions, reprises dans les articles L. 228-1 à L. 228-6, ont deux objets distincts : les articles L. 228-1 et L. 228-2 règlent les rapports financiers entre les familles et le service de l'aide sociale à l'enfance ; les articles L. 228-3 à L. 228-6 précisent la répartition des charges financières de l'aide sociale à l'enfance entre les collectivités publiques. ❑

Art. L. 228-1 Le père, la mère et les ascendants d'un enfant pris en charge par le service de l'aide sociale à l'enfance restent tenus envers lui des obligations prévues aux articles 203 à 211 du code civil.

Sous réserve d'une décision judiciaire contraire, sont dispensés des obligations énoncées aux articles 205, 206 et 207 du code civil les pupilles de l'État qui auront été élevés par le service de l'aide sociale à l'enfance jusqu'à la fin de la scolarité obligatoire, à moins que les frais d'entretien occasionnés par le pupille remis ultérieurement à ses parents n'aient été remboursés au département. – *[C. fam., art. 83.]*

COMMENTAIRE

Concernant les rapports financiers entre les familles et le service de l'ASE, cet article pose un principe qui retrouve, en matière d'aide à l'enfance, les caractères généraux du droit à l'aide sociale : les ascendants d'un mineur confié à l'ASE restent tenus envers ce dernier à l'obligation alimentaire, selon les dispositions des articles 203 à 211 du code civil. La subsidiarité de l'aide publique par rapport aux solidarités de droit commun trouve donc en ce domaine à s'appliquer.

En revanche, et logiquement, les pupilles de l'État, qui ont été pris en charge par la collectivité, ne sont pas redevables de l'obligation alimentaire envers leurs parents, sauf si ces derniers ont repris leurs enfants et remboursé les frais engagés pour eux par la puissance publique. ❑

Adoption et obligation alimentaire en faveur de l'ASE. Les adoptants d'un enfant étranger, en vertu d'un jugement étranger transcrit en France sur les registres de l'état civil, sont tenus d'exécuter leur obligation alimentaire à l'égard de l'enfant placé à l'aide sociale à l'enfance. • Civ. 1re, 16 déc. 1997 : *Dr. fam. 1998, n° 62, note Murat.*

Art. L. 228-2 Sans préjudice des décisions judiciaires prises sur le fondement de *(Ord. n° 2019-950 du 11 sept. 2019, art. 5-I, en vigueur le 30 sept. 2021)* **« l'article L. 113-2 du code de la justice pénale des mineurs » et de l'article 375-8 du code civil, une contribution peut être demandée à toute personne prise en charge par le service**

de l'aide sociale à l'enfance ou, si elle est mineure, à ses débiteurs d'aliments. Cette contribution est fixée par le président du conseil départemental dans les conditions prévues par le règlement départemental d'aide sociale dans la limite d'un plafond fixé par voie réglementaire.

COMMENTAIRE

En conséquence de la disposition précédente qui maintient les créances alimentaires des enfants à l'encontre de leurs parents, le département fixe dans son règlement départemental la contribution des familles aux frais engagés pour la prise en charge de leurs enfants ; ainsi, une contribution financière peut être demandée pour chaque enfant entretenu par le service à ses débiteurs d'aliments ; cependant, comme l'indique l'article, la demande de contribution parentale peut être aménagée par le juge des enfants dans le cadre de ses compétences (soit sur la base civile de l'art. 375, soit sur la base pénale de l'art. 40 de l'Ord. de 1945 [V. désormais art. L. 113-2 CJPM]) ; notamment, le juge des enfants peut décharger les familles de tout ou partie de la contribution.

Il convient ici, bien que la disposition ci-dessus n'y fasse pas référence, d'évoquer la question de la perception des prestations familiales dans le cas où un enfant est pris en charge par le service de l'aide sociale à l'enfance. La loi n° 86-17 du 6 janvier 1986 adaptant la législation sociale à la décentralisation a introduit un alinéa supplémentaire à l'article L. 521-2 du code de la sécurité sociale. Le principe qui y est posé est le suivant : les prestations versées au titre d'un enfant pris en charge par l'ASE sont versées au département en maintenant toutefois un versement à la famille pour l'entretien des enfants éventuellement restés au foyer parental ; le principe connaît cependant une possible adaptation : à la demande du président du conseil départemental ou du juge des enfants, l'organisme débiteur des prestations peut maintenir le versement à la famille lorsque celle-ci contribue à la prise en charge morale et matérielle de l'enfant ou en vue de faciliter le retour de l'enfant au foyer. ❑

Compétence administrative pour les litiges relatifs à la contribution demandée aux parents d'un enfant mineur. La décision par laquelle un département met à la charge des parents d'un enfant mineur, confié aux services de l'aide sociale à l'enfance (ASE) sur décision de l'autorité judiciaire, une somme à titre de contribution aux frais d'entretien et d'éducation de cet enfant procède de la mise en œuvre de l'obligation légale qui incombe aux parents en vertu des art. 375-8 C. civ. et L. 228-2 CASF en vue de leur participation au financement des prestations du service public administratif de l'ASE dont bénéficie leur enfant ; par suite, les contestations relatives à cette décision administrative relèvent de la compétence de la juridiction administrative, dès lors qu'une telle décision n'a nullement pour objet la récupération auprès des débiteurs d'aliments d'un bénéficiaire de l'aide sociale, au sens de l'art. L. 132-6 du même code, de sommes avancées par la collectivité à raison de son admission au bénéfice de cette aide. • T. confl. 3 juill. 2023, n° C4281 A.

Art. L. 228-3 **Le département prend en charge financièrement au titre de l'aide sociale à l'enfance, à l'exception des dépenses résultant de placements dans des établissements et services publics de la protection judiciaire de la jeunesse, les dépenses d'entretien, d'éducation et de conduite de chaque mineur :**

1° Confié par l'autorité judiciaire en application des articles 375-3, 375-5 et 433 du code civil à des personnes physiques, établissements ou services publics ou privés ;

2° Confié au service de l'aide sociale à l'enfance dans les cas prévus au 3° de l'article L. 222-5 ;

3° Ou pour lequel est intervenue une délégation d'autorité parentale, en application des articles 377 et 377-1 du code civil, à un particulier ou à un établissement habilité dans les conditions fixées par voie réglementaire.

Il prend également en charge les dépenses afférentes aux mesures d'action éducative en milieu ouvert exercées sur le mineur et sa famille en application des articles 375-2, 375-4 et 375-5 du code civil et confiées soit à des personnes physiques, établissements et services publics ou privés, soit au service de l'aide sociale à l'enfance. – *[C. fam., art. 85.]*

COMMENTAIRE

Les dispositions financières en matière d'aide sociale à l'enfance concernant les collectivités publiques s'ouvrent avec l'article L. 228-3 (ancien art. 85 du code de la famille). Y sont énumérés les cas où le département prend en charge financièrement les décisions de l'autorité judiciaire lorsque cette dernière confie des enfants ou des adolescents au service (anciens « enfants en garde »). Il s'agit des enfants qui sont pris en charge dans le cadre de l'assistance éducative des articles 375-3 et 375-5 du code civil ou de ceux qui font l'objet d'une délégation d'autorité parentale sur la base des articles 377 et 377-1 du même code. L'article est cependant curieusement rédigé, puisque, de façon redondante, le 2° renvoie à l'article L. 222-5-3° qui vise les mêmes dispositions que les 1° et 3°.

La disposition met aussi à la charge du département les mesures d'action éducative en milieu ouvert (AEMO) prononcées par le juge des enfants et qui sont dénommées, dans le jargon professionnel, « AEMO-judiciaire ».

Ce dispositif revient à imposer au département, au rang des dépenses obligatoires, des interventions qu'il ne maîtrise pas puisque c'est en réalité l'autorité judiciaire qui décide de l'admission de ces mineurs à l'aide sociale. ❑

1. Nature des mesures ordonnées par le juge à la charge du département. L'art. 85 C. fam. (devenu L. 228-3 CASF) n'interdit pas que les mesures d'assistance éducative en milieu ouvert ordonnées en application de l'art. 375-2 soient exercées par le service de l'aide sociale à l'enfance. • Civ. 1re, 3 oct. 2000, n° 99-05.072 P : *D. 2001. 1054, note Huyette ; RDSS 2001. 147, obs. Monéger ; RTD civ. 2001. 348, obs. Hauser.*

2. Étendue des pouvoirs du juge et prise en charge financière du placement. L'art. 375-3 C. civ. n'instaure aucune hiérarchie entre les différentes facultés dont dispose le juge des enfants lorsqu'il est amené à décider d'un placement, lequel peut se faire dans un établissement hors habilitation auquel il ne confierait pas habituellement des mineurs, bien que le placement direct dans un établissement non habilité ne puisse être qu'exceptionnel faute de quoi l'habilitation serait requise ; le juge des enfants, lorsqu'il ordonne une mesure relativement à un mineur, n'a pas à se poser la question de son financement, la mesure étant prise en charge par le département en application des dispositions de l'art. 85 C. fam. (devenu L. 228-3 CASF), le juge décidant du principe et du montant de la contribution des parents aux dépenses d'entretien, d'éducation et de conduite des enfants. • Metz, 4 déc. 1995 : *D. 1997. Somm. 283, obs. Autem.*

3. Accueil par un organisme de droit privé. Les accueils de mineurs qu'une association, gestionnaire d'un centre d'éducation renforcé, assure dans les conditions prévues au 1° de l'art. L. 228-3 ne sauraient revêtir, alors même qu'ils s'effectuent dans le cadre d'une participation au service public de la protection judiciaire de la jeunesse, le caractère de placements dans un établissement ou service public de la protection judiciaire de la jeunesse ; par suite, a entaché son arrêt d'une erreur de droit la cour qui s'est fondée sur la seule circonstance que l'association en question participait au service public de la protection judiciaire de la jeunesse pour juger que les frais d'hébergement et d'éducation du mineur, qui avait été placé dans le centre d'éducation renforcé par une décision du juge des enfants du tribunal de grande instance de Marseille, devaient être pris en charge, non par le département des Bouches-du-Rhône, mais par l'État. • CE 15 mai 2012, n° 336431 B.

4. Sanction de l'inertie du département. Les dispositions combinées des art. L. 228-3 et R. 228-3 sont suffisamment précises pour permettre aux conseils départementaux d'adopter les règles fixant le montant et les modalités de versement du prix de pension mensuel et de l'indemnité d'entretien et de surveillance dus aux particuliers auxquels l'autorité judiciaire confie un enfant mineur ; par suite, le conseil départemental qui s'est abstenu, au-delà d'un délai raisonnable, d'adopter ces règles a méconnu les dispositions du CASF qui lui faisaient obligation de mettre en œuvre le droit reconnu par la loi aux particuliers auxquels le juge a confié un enfant en qualité de tiers digne de confiance et ne pouvait donc légalement se fonder sur son abstention pour refuser de verser à une personne ayant cette qualité l'allocation qui lui était légalement due. • CE 19 mai 2017, n° 406637 : *Lebon.*

5. Compétence du juge administratif. Les recours contre les décisions relatives à l'admission à l'aide sociale relèvent de la juridiction administrative même en présence d'obligés alimentaires ; il s'ensuit qu'il incombe à la juridiction administrative de statuer sur une demande contestant la décision de refus d'admission à l'aide sociale au titre de la prise en charge des dépenses d'entretien, d'éducation et de conduite d'un mineur confié à un tiers digne de confiance par l'autorité judiciaire en application des art. 375-3, 375-5 et 433 C. civ. • T. confl. 14 mars 2022, n° C4238 B.

Art. L. 228-4 *(L. n° 2016-1547 du 18 nov. 2016, art. 28-1°)* **« Sous réserve des deuxième à cinquième alinéas du présent article, les prestations d'aide sociale à l'enfance mentionnées au chapitre II du présent titre sont à la charge du département qui a prononcé l'admission dans le service de l'aide sociale à l'enfance.**

« Les dépenses mentionnées à l'article L. 228-3 sont prises en charge par le département du siège de la juridiction qui a prononcé la mesure en première instance, nonobstant tout recours éventuel contre cette décision.

« Toutefois, par exception au deuxième alinéa du présent article, lorsque la juridiction qui a prononcé la mesure en première instance a un ressort territorial s'étendant sur plusieurs départements, les dépenses sont prises en charge dans les conditions suivantes :

« 1° Les dépenses mentionnées au 2° de l'article L. 228-3 sont prises en charge par le département auquel le mineur est confié par l'autorité judiciaire, à la condition que ce département soit l'un de ceux mentionnés au troisième alinéa du présent article ;

« 2° Les autres dépenses mentionnées à l'article L. 228-3 résultant de mesures prononcées en première instance par l'autorité judiciaire sont prises en charge par le département sur le territoire duquel le mineur réside ou fait l'objet d'une mesure de placement, à la condition que ce département soit l'un de ceux mentionnés au troisième alinéa du présent article. »

Lorsque, pendant l'exécution de la mesure, la juridiction décide de se dessaisir du dossier au profit d'une autre juridiction, elle porte cette décision à la connaissance des présidents des conseils départementaux concernés. Le département du ressort de la juridiction désormais saisie prend en charge les frais afférents à l'exécution de la mesure dans les conditions fixées *(L. n° 2016-1547 du 18 nov. 2016, art. 28-2°)* **« aux deuxième à cinquième alinéas » du présent article.**

Le département chargé de la prise en charge financière d'une mesure, en application des deuxième *(L. n° 2016-1547 du 18 nov. 2016, art. 28-3°)* **« à cinquième » alinéas ci-dessus, assure celle-ci selon le tarif en vigueur dans le département où se trouve le lieu de placement de l'enfant.** – *[C. fam., art. 86.]*

COMMENTAIRE

L'article L. 228-4 complète la disposition précédente en indiquant que la charge de l'ensemble des prestations d'aide sociale à l'enfance (chapitre II, art. L. 221-1 à L. 222-7) incombe au département.

Son apport principal tient cependant au fait qu'il clarifie la question qui se pose lorsque la prise en charge d'un enfant résulte d'une mesure décidée par une juridiction judiciaire. À cet égard, la loi n° 2016-1547 du 18 novembre 2016 portant modernisation de la justice du XXIe siècle a complété la disposition de façon à clarifier des situations qui restaient jusque-là ambiguës.

Dans cette hypothèse, le principe général affirmé par le texte est le suivant : c'est au département où se situe le siège de la juridiction qui a pris la mesure en première instance qu'incombe la charge du mineur.

Cependant, lorsque cette juridiction a un ressort territorial s'étendant sur plusieurs départements, ces dépenses sont alors réparties d'une façon différente : si le juge a confié l'enfant à l'un des services de l'ASE d'un des départements de son ressort, les dépenses lui incombent : si l'enfant est confié à une autre personne physique ou morale, c'est alors le département où résidait initialement l'enfant qui en assume la charge. ❑

Art. L. 228-5 Une convention signée entre le représentant de l'État dans le département et le président du conseil départemental fixe les conditions dans lesquelles les mineurs accueillis sur le territoire national à la suite d'une décision gouvernementale prise pour tenir compte de situations exceptionnelles sont pris en charge par le service de l'aide sociale à l'enfance. Les dépenses en résultant pour le département sont intégralement remboursées par l'État. – *[C. fam., art. 87.]*

COMMENTAIRE

L'article L. 228-5 (ancien art. 87 du code de la famille) vise des situations exceptionnelles au terme desquelles l'État accueille sur le territoire national des mineurs réfugiés sans parents ni famille. Dans ce cas, une convention passée entre l'État et le département règle leur prise en charge par l'aide sociale à l'enfance, les frais incombant intégralement *in fine* à l'État. ❑

Art. L. 228-6 La dispense des droits de timbre et d'enregistrement sur les actes du service de l'aide sociale à l'enfance est régie par les dispositions de l'article 1067 du code général des impôts. – *[C. fam., art. 88.]*

TITRE III PERSONNES ÂGÉES

COMMENTAIRE

L'aide sociale aux personnes âgées constitue l'un des grands domaines d'intervention de l'aide sociale légale. Jusqu'en 1905, la prise en charge des personnes âgées relevait de l'initiative locale, dans le cadre des hospices, qui constituaient des institutions devant accueillir tous types de populations marginalisées, « vieillards » mais aussi infirmes moteurs, déficients mentaux, « malades incurables ». Pour tous ceux qui ne disposaient pas d'un patrimoine ou ne bénéficiaient pas de solidarités familiales, la vieillesse était le plus souvent synonyme, alors, de misère matérielle. La loi du 14 juillet 1905 sur « les vieillards, les infirmes et les incurables », qui fait partie des grandes lois de la République ayant fondé et organisé en France l'assistance publique obligatoire, marque une avancée décisive en reconnaissant un droit à des allocations ou à un hébergement pour les personnes âgées dépourvues de ressources.

Sans doute n'est-ce qu'avec la lente montée en charge des systèmes de retraite par répartition, lesquels se développent massivement à partir de la mise en place en 1945 de la sécurité sociale, que des réponses significatives seront apportées aux problèmes financiers rencontrés par les personnes âgées ; néanmoins, cette mise en place ne déboucha nullement, ici comme ailleurs, sur une disparition totale de l'aide sociale : celle-ci, qui est réformée en 1953, continuant à occuper une position supplétive nullement négligeable.

La protection sociale des personnes âgées s'organise désormais autour de plusieurs cercles concentriques : à côté des régimes de retraite, qui ont vocation à garantir une sécurité matérielle aux personnes ayant cessé leur activité sur le fondement d'une solidarité entre les générations, figure en effet, sous forme de revenu minimum et hors de l'aide sociale, le dispositif dit du « minimum vieillesse » ; en un troisième cercle, l'aide sociale légale aux personnes âgées développe une aide multiforme en nature ou en espèces à domicile, ou prend en charge l'hébergement dans des établissements. De plus, à ces interventions classiques, l'aide sociale a dû par la suite ajouter, sous forme dérogatoire, une nouvelle prestation destinée à faire face au problème de la « dépendance », liée à la situation de personnes qui, du fait de leur grand âge, sont dans l'incapacité d'assumer seules les activités de la vie quotidienne.

Ce titre troisième comporte ainsi deux chapitres : le premier (art. L. 231-1 à L. 231-6) reprend les articles que l'ancien code de la famille et de l'aide sociale consacrait à l'aide sociale aux personnes âgées (art. 158 à 165) ; le second comprend les dispositions de la loi n° 2001-647 du 20 juillet 2001 relative à la prise en charge de la perte d'autonomie des personnes âgées et à l'allocation personnalisée d'autonomie, lesquelles ont été introduites dans le code aux articles L. 232-1 à L. 232-28. ❑

CHAPITRE I AIDE À DOMICILE ET ACCUEIL *(L. n° 2015-1776 du 28 déc. 2015, art. 25).*

BIBL. ▸ Sur la politique globale de soutien : APOLLIS et DUTHIL, Le vieillissement, un enjeu de santé publique : à quand une réelle convergence des droits sanitaire et médico-social ?, *RDSS, 2018. 538.* – BERTILLOT et RAPEGNO, L'habitat inclusif pour personnes âgées ou handicapées comme problème public, *Géront. et soc., n° 159, 2019. 117.* – BORDELOUP, Les rayons et les ombres de la politique actuelle menée en direction des personnes âgées : *Dr. soc. 1984. 656.* – CHENILLET, Actualisation des enjeux et des orientations de la politique d'action sanitaire et sociale en faveur des personnes âgées, *RDSS 1988. 390.* – GUERIN, La protection du locataire âgé : l'apport de la loi du 28 décembre 2015 relative à l'adaptation de la société au vieillissement, *RDSS 2016. 157* ; Vers un statut protecteur du locataire âgé ?, *RDSS 2019. 626* . – HASTINGS-MARCHADIER, Le financement de l'action sanitaire et sociale en faveur des personnes âgées dépendantes : quelle fongibilité ?, *RDSS 2011. 615* . – HENRARD, Soins et aides aux personnes âgées. Description, fonctionnement du système français, *Éd. CTNERHI, 1988.* – HENRARD *et alii*, Les systèmes d'aides aux personnes âgées. Analyse comparative dans cinq pays de la CEE, Com. gén. Plan, *La Doc. fr., 1992.* – LONG, Intercommunalités, communes et population âgée : la prise en compte du vieillissement par les territoires, *RDSS 2011. 605* ; Aides au financement et logement des personnes âgées, *RDSS 2019. 645* . – MAUGUIN, L'aide sociale départementale en direction des personnes âgée, *Rech. et prév. n° 77, 2004. 31.* – RIHAL, La loi relative à l'adaptation de la société au vieillissement, *AJDA 2016. 851* . – VIOUJAS, La gouvernance des politiques d'autonomie après la loi ASV : le poids de l'héritage, *RGDM, n° 59, 2016. 137.*

▸ **Sur l'aide à domicile :** ARGOUD, GUISSET et VILLEZ, L'accueil temporaire des personnes âgées, *1994, Syros.* – BERBESSOU *et alii*, La création de services de soins à domicile émanant d'établissements, *Rev. hosp. 1991. 462.* – BORGETTO, Le soutien à domicile des personnes âgées, *fasc. n° 173, in* ESPER (Dir.), Traité de droit médical et hospitalier, *Litec.* – BORGETTO et LAFORE, Droit de l'aide et de l'action sociales, *Domat-Montchrestien, 11e éd., 2021, nos 323 s.* – BUNGENER, L'hospitalisation à domicile : réseaux d'entraide et implication familiale, *RF aff. soc. n° 3, 1988. 27.* – CADOU et KERSCHEN, Le maintien à domicile des personnes âgées en France. De la prévention de la dépendance à l'alternative à l'hébergement en établissement pour les personnes âgées dépendantes, *RDSS 1994. 399* . – FELTESSE et VILLEZ, Les établissements d'hébergement temporaire des personnes âgées : le maillon manquant du maintien à domicile, *RDSS 1987. 647.* – FROSSARD *et alii*, Travail familial, solidarité de voisinage et maintien à domicile des personnes âgées, *Cahiers de l'ENSP 1988, n° 3.* – GAULLIER, Quel avenir pour le maintien à domicile des personnes âgées ?, *RF aff. soc. 1986. 9.* – GRAMAIN et XING, Tarification publique et normalisation des processus de production dans le secteur de l'aide à domicile pour les personnes âgées, *RF aff. soc. 2012, n° 2-3, p. 219.* – HENRARD, ANKRI et ISNARD, Le soutien à domicile des personnes âgées en France, *RF aff. soc. 1989. 9.* – ISHII, La prise en charge des personnes âgées dépendantes à domicile en France et au Japon : quelles différences ?, *Revue de l'IRES, n° 79, 2013. 3.* – KESSLER, Le risque de perte d'autonomie : quelle place pour les aidants ?, *RDSS 2021. 41* . – KUNTZ, L'accès aux services de soins à domicile, *Géront. et soc. n° 91, 1999. 185.* – LE BIHAN, Place des proches aidants dans les systèmes de protection sociale : le cas français au regard des autres pays européens, *Inform. soc., n° 208, 2023. 82.* – MARTIN, Le statut juridique des aidantes et des aidants. La situation française au regard du droit européen, *Inform. soc., n° 208, 2023. 2.* – MOISDON-CHATAIGNER, Des alternatives pour le logement des personnes âgées : partage, regroupement et habitat intergénérationnel, *RDSS 2019. 617* . – PERREAU-BILLARD, L'aide sociale aux personnes âgées, *AJ fam. 2003. 253* . – REBOURG, La notion de « proche aidant » issue de la loi d'adaptation de la société au vieillissement : une reconnaissance sociale et juridique, *RDSS 2018. 693* . – SMALLWOOD et PARIETTI, Le maintien à domicile au cœur de la loi « ASV », *RGDM, n° 59, 2016. 205.* – TALBOT et VINCENT, Les technologies dans le soutien à domicile des personnes âgées : d'une expérience de télésurveillance vers un programme de télésoins à domicile, *Géront. et soc. n° 113, 2005. 51.* – TRENTA, Concilier vie professionnelle et aide à un proche dépendant : les dispositifs publics et conventionnels de soutien aux aidants en emploi, *Inform. soc., n° 208, 2023. 70.* – VIGNON-BARRAULT, Le maintien à domicile : les raisons de le favoriser, les outils pour l'appliquer, *RDSS 2019. 589* .

▸ **Sur l'hébergement en institution :** ARGOUD, Politique d'hébergement et innovation : les petites unités de vie pour personnes âgées, *RF aff. soc. n° 1, 2000. 97.* – ATTIAS-DONFUT et ROZENKIER, Logements-foyers : l'enjeu d'une médicalisation, *Géront. et soc. n° 25, 1983. 40.* – BING et PASNON, La politique d'hébergement des personnes âgées à travers la transformation des hospices, *RF aff. soc. 1985. 113.* – BORGETTO, Institutions et structures d'accueil pour personnes âgées, et La condition des personnes âgées vivant en institution, *fasc. nos 172 et 174, in* Esper (Dir.), Traité de droit médical et hospitalier, *Litec.* – BORGETTO et LAFORE, Droit de l'aide et de l'action sociales, *Domat-Montchrestien, 11e éd., 2021, nos 344 s.* – DAUCHEZ, L'hébergement des personnes âgées, *Doc. fr. 1988.* – Divers, Entrée en institution d'accueil pour personnes âgées malades et handicapées et qualité des soins, *Géront. et soc. n° 93, 2000. 145* ; Les proches aidants : reconnaissances, engagements et expériences, *Géront. et soc. n° 161, 2020.* – DOURTHE et SCHREINER, Droit aux soins des personnes âgées à l'hôpital général, *Géront. et soc. n° 93, 2000. 145.* – ELOI et MARTIN, La personne au centre de la prise en charge en EHPAD : entre règles, pratiques et représentations, *RFAS 2017. 22.* – FABRE, L'hospitalisation à domicile en établissement social et médico-social, *RDSS 2013. 119* . – FERMAUD, La garantie des droits des personnes âgées dépendantes, *RFDA 2016. 720* . – GILLETTE, Accueillir les personnes âgées. L'archipel médico-social, *1989, Éd. du Moniteur.* – DE LAROCHELAMBERT, Les institutions du grand âge et leur gestion, *ESF 1993.* – LE RUDULIER, Les résidences-services, *RDSS 2019. 608* . – LEVILAIN, De l'hospice à la prestation spécifique dépendance, *Inf. soc. n° 82, 2000. 96.* – MACÉ, Hébergement de personnes âgées et vieillissement de la population, *RDSS 2011. 591* . – NÈGRE, Les dépenses d'hébergement et de soins des personnes âgées en institution, *RF aff. soc. 1991. 59.* – REBOURG et RENARD, Droits et libertés des personnes âgées dépendantes en période de crise sanitaire, *Géront. et soc., n° 169, 2022. 115.* – RIHAL, Comparaison du statut des personnes âgées en EHPAD et en résidence autonomie, *RDSS 2019. 601* . – VERGER, L'exemple des EHPAD, quels besoins, quelle attractivité ?, *Trib.*

Santé, n° 74, 2022. 69. – VIGNON-BARRAULT, Les violences sexuelles chez les personnes âgées : enjeux juridico-éthiques, *RDSS 2023. 502*.

COMMENTAIRE

L'aide sociale aux personnes âgées ne concerne ici, naturellement, que l'aide légale, constituée de prestations opposables aux départements qui en sont les débiteurs (art. L. 121-1) : ces prestations représentant en conséquence des dépenses obligatoirement inscrites par la collectivité à son budget. Il faut cependant rappeler que, à l'initiative des collectivités locales et notamment des CCAS et CIAS, une aide facultative importante s'est développée ; celle-ci offre une gamme considérable de prestations qui complètent l'aide légale en étant soit de même nature (aide ménagère dite « facultative » par exemple), soit différente (portage de repas, services divers).

L'aide légale comprend des prestations concourant au maintien à domicile des personnes bénéficiaires, le maintien à domicile constituant depuis une quarantaine d'années une priorité de la politique publique en la matière ; cela correspond à la fois à la demande des personnes et à l'intérêt de la collectivité. Cependant, puisque le maintien de la personne âgée à son domicile se révèle nécessairement problématique à partir d'un certain âge, surtout lorsque celui-ci est lié en plus à l'isolement, l'aide sociale participe à son hébergement soit chez un particulier, soit en établissement. ❑

Art. L. 231-1 L'aide à domicile mentionnée à l'article L. 113-1 peut être accordée soit en espèces, soit en nature.

L'aide financière comprend l'allocation simple et, le cas échéant, une allocation représentative de services ménagers. L'allocation simple peut être accordée à taux plein ou à taux réduit, compte tenu des ressources des postulants, telles qu'elles sont définies à l'article L. 231-2.

L'aide en nature est accordée sous forme de services ménagers.

Le taux de l'allocation simple, les modalités d'attribution de l'aide en nature et de l'allocation représentative des services ménagers ainsi que les conditions dans lesquelles est assurée la coordination entre le présent texte et les dispositions relevant des régimes de sécurité sociale sont fixés par voie réglementaire.

La participation qui peut être demandée aux bénéficiaires des services ménagers accordés au titre de l'aide en nature est fixée par arrêté du président du conseil départemental. – *[C. fam., art. 158, et L. n° 83-633 du 22 juill. 1983, art. 45 (IV).]*

COMMENTAIRE

Il convient de lire cet article L. 231-1 (ancien art. 158) avec l'article L. 113-1 (ancien art. 157 introduit dans la partie intitulée « Principes généraux » du code). C'est en effet l'article L. 113-1 qui à la fois définit les deux formes d'aide sociale aux personnes âgées – « aide à domicile » et « placement chez des particuliers ou dans un établissement » – et en donne les deux conditions d'accès : d'une part, être âgé de soixante-cinq ans (ou de soixante ans si la personne est reconnue inapte au travail par la commission d'admission de l'article L. 131-5 complétée selon les dispositions de l'article L. 134-7) ; d'autre part, « être privé de ressources suffisantes ».

L'article L. 231-1 concerne l'aide à domicile ; il précise les prestations qu'elle comporte en distinguant les prestations en espèces (allocation simple et allocation représentative de services ménagers) et les prestations en nature (services ménagers).

A côté des services ménagers, accordés soit en nature soit par le versement d'une allocation affectée que le bénéficiaire doit utiliser pour couvrir les frais d'aide ménagère, le texte fait référence à une « allocation simple » de l'aide sociale pour les personnes âgées. C'est la seule prestation en espèces non affectée de l'aide sociale aux personnes âgées ; elle bénéficie aux personnes qui ne relèvent d'aucun régime vieillesse, ni de « l'allocation spéciale vieillesse » (cette dernière étant prise en charge par le Fonds de solidarité vieillesse) ; en pratique, elle ne couvre que des étrangers qui, compte tenu de leur nationalité et en l'absence d'une convention de sécurité sociale avec leur pays d'origine, ne peuvent prétendre à l'allocation spéciale.

La participation qui peut être demandée au bénéficiaire (alinéa 5) est fixée logiquement, depuis la loi n° 83-663 du 22 juillet 1983 (art. 45), non plus par voie réglementaire, mais par arrêté du président du conseil départemental. ❑

I. ALLOCATION SIMPLE

1. *Placement en établissement.* La circonstance que la personne âgée soit placée en établissement ne saurait avoir pour effet de faire suspendre le versement de l'allocation dès lors qu'elle remplit par ailleurs les conditions pour y prétendre. • Comm. centr. aide soc. 27 févr. 1991, *Dpt Pyrénées-Atlantiques : EJCCAS, n° 27-2, p. 1.*

2. *Mise en œuvre de l'obligation alimentaire.* En tant que prestation d'aide sociale, l'allocation simple est accordée compte tenu de l'aide que peuvent apporter les personnes tenues à l'obligation alimentaire à son égard. • Comm. centr. aide soc. 5 févr. 1992, *Dpt Paris : EJCCAS n° 27-1, p. 1.*

II. PRESTATIONS D'AIDE MÉNAGÈRE

A. PRINCIPES COMMUNS

3. *Condition d'âge.* Une personne âgée de moins de soixante-cinq ans qu'une expertise médicale n'a pas reconnue inapte au travail ne saurait prétendre au bénéfice d'une aide à domicile. • Comm. centr. aide soc. 6 févr. 1989, *Dpt Bouches-du-Rhône : EJCCAS n° 25-4, p. 1.*

4. *Besoin global d'aide matérielle.* Pour prétendre aux prestations d'aide ménagère légale, la personne âgée doit avoir besoin, pour demeurer à son domicile, d'une aide matérielle ; il en résulte que leur octroi n'est pas lié exclusivement ni même nécessairement à l'état de santé du demandeur (nulle condition relative à la santé n'est requise) mais dépend d'un besoin global d'aide matérielle de nature à permettre le maintien à domicile de l'intéressé. • Comm. centr. aide soc. 28 févr. 2000 : *CJAS n° 2000/02-03, p. 127* • 14 févr. 2002 : *CJAS n° 2002/03, p. 153.* ♦ Mais si l'infirmité dont il souffre ne rend pas nécessaire une aide matérielle, celui-ci ne saurait prétendre au bénéfice des prestations d'aide ménagère. • Comm. centr. aide soc. 25 janv. 1985, *Dpt Bouches-du-Rhône : EJCCAS n° 25-5, p. 2.*

5. *Origine du besoin d'aide.* Si le besoin auquel l'aide répond est exclusivement matériel, l'origine n'en est pas nécessairement exclusivement physique mais peut être également psychique, notamment en cas de difficultés psychiques venant affecter une personne par ailleurs atteinte d'un handicap physique, psychologique et relationnel ; par suite, l'aide des services ménagers peut ne pas être exclusivement ménagère mais comporter en outre l'accomplissement de tâches ménagères et des tâches de facilitation de la vie à domicile • Comm. centr. aide soc. 30 nov. 2006, dossier n° 051465 *bis* : *CJAS, n° 2007/02.*

6. *Caractère inopérant du taux d'incapacité.* L'allocation représentative des services ménagers étant accordée au titre de l'aide aux personnes âgées, constitue un moyen inopérant le fait qu'un requérant s'est vu reconnaître un taux d'incapacité de 100 % par la COTOREP. • Comm. centr. aide soc. 22 déc. 2000 : *CJAS n° 2001/08, p. 231.*

7. *Absence d'aide susceptible d'être apportée.* Pour bénéficier des prestations légales, il est nécessaire qu'aucune personne vivant au foyer ne soit en mesure de fournir elle-même une aide ménagère. • Comm. centr. aide soc. 19 déc. 1984 : *RF aff. soc. 1985 n° 3, cah. jur., p. 45.* ♦ L'aide peut être refusée si le demandeur vit à proximité immédiate d'un membre de sa famille, lequel est ainsi en mesure de lui apporter une aide matérielle. • Comm. centr. aide soc. 14 sept. 1995, *Dpt Gers : EJCCAS n° 25-7, p. 1.* ♦ ... Ou s'il peut bénéficier d'une aide susceptible de lui être apportée tant par son conjoint que par son fils valide qui vit à ses côtés, nonobstant la circonstance que celui-ci poursuit ses études. • Comm. centr. aide soc. 13 oct. 1983, *Dpt Pas-de-Calais : EJCCAS n° 25-5, p. 1.*

B. ALLOCATION REPRÉSENTATIVE DE SERVICES MÉNAGERS

8. *Clause d'entretien.* Ne peut prétendre au bénéfice de l'allocation une personne bénéficiaire d'une clause d'entretien consécutive à une donation consentie à sa fille unique dès lors que cette clause précise qu'en cas de décès de celle-ci, ses héritiers et représentants doivent remplir l'obligation d'assurer au donateur les soins tant en santé qu'en maladie. • Comm. centr. aide soc. 14 avr. 1994, *Dpt Dordogne : EJCCAS n° 25-3, p. 1.*

9. *Droit à l'allocation.* Dans la mesure où l'art. 7 du décret n° 54-1128 du 15 nov. 1954 laisse au bénéficiaire de l'allocation représentative des services ménagers le droit d'opter pour une allocation en espèces, doit être annulée la décision de la commission départementale d'aide sociale ayant décidé que le service serait fourni en nature. • Comm. centr. aide soc. 29 nov. 1979, *Dpt Cantal : EJCCAS n° 25-7, p. 2.* ♦ Par ailleurs, la circonstance qu'une personne à qui a été reconnu le droit au bénéfice de l'aide ménagère habite sur une île ne saurait exonérer le département de son obligation de financer ce droit sous forme d'une allocation représentative dès lors qu'aucune aide ménagère n'y est en fonction et que seule une association venant du continent pourrait lui fournir ces services. • Comm. centr. aide soc. 3 juin 2005 : *CJAS n° 2006/01, p. 153.*

10. *Nécessité d'opérer un choix.* Lorsque les intéressés préfèrent le versement d'une allocation en espèces à des services ménagers en nature, ils doivent cependant manifester leur préférence de manière explicite. • Comm. centr. aide soc. 21 oct. 1969 : *RDSS 1970. 164, obs. Georgel.*

11. *Effectivité de l'aide.* Il résulte de l'art. 7 du Décr. n° 54-1128 du 15 nov. 1954 que l'allocation représentative est soumise à la condition d'effectivité de l'affectation de l'aide ménagère ; ne peut donc prétendre à son bénéfice la personne qui n'établit ni même n'allègue que l'allocation a été effectivement utilisée conformément à sa destination. • Comm. centr. aide soc. 22 déc. 2000 : *CJAS n° 2001/08, p. 231.*

Art. L. 231-2 **L'ensemble des ressources de toute nature, compte non tenu des prestations familiales, de l'aide à l'enfance et de l'aide à la famille et y compris l'allocation ainsi que les créances alimentaires auxquelles peuvent prétendre les intéressés, ne peut dépasser un plafond qui est fixé par décret.** – *[C. fam., art. 159.]*

COMMENTAIRE

L'article L. 231-2 constitue le complément de l'article L. 113-1 qui, pour l'admission aux prestations d'aide sociale aux personnes âgées, pose le principe d'une absence de ressources suffisantes. Un plafond fixé par décret détermine le niveau des ressources en deçà duquel l'admission est possible ; ce plafond est le même que celui fixé pour l'allocation aux vieux travailleurs salariés (AVTS) du Fonds de solidarité vieillesse, laquelle constitue le socle du « minimum vieillesse ». ❑

1. Plafond applicable à l'allocation représentative. En vertu de l'art. 6 du décret n° 54-1128 du 15 nov. 1954, ne peut prétendre au bénéfice de l'allocation représentative de services ménagers la personne disposant de ressources supérieures à celles prévues pour l'octroi de l'allocation simple. • Comm. centr. aide soc. 14 janv. 1983, *Dpt Bouches-du-Rhône : EJCCAS n° 25-1, p. 1.*

2. Revenus non pris en compte. Il résulte, de l'art. 6 du décret n° 54-1128 du 15 nov. 1954, qu'il n'est pas tenu compte, pour le calcul du plafond de ressources en deçà duquel l'octroi des services ménagers peut être envisagé, des créances alimentaires auxquelles les intéressés peuvent prétendre, ni de l'allocation de logement instituée par la loi du 16 juill. 1971. ♦ ... Il en va de même des allocations familiales. • Comm. centr. aide soc. 11 avr. 1986, *Dpt Bouches-du-Rhône : EJCCAS n° 25-1, p. 2.* ♦ ... De la retraite du combattant et des pensions attachées aux distinctions honorifiques en application de l'art. L. 132-2 du CASF. • Comm. centr. aide soc. 5 oct. 1995, *Dpt Pyrénées-Atlantiques :* EJCCAS, n° 25-1, p. 6. ♦ De l'allocation compensatrice pour aide d'une tierce personne. • Comm. centr. aide soc. 11 avr. 1988, *Dpt Essonne et Dpt Vosges (2 esp.) : EJCCAS n° 25-6, p. 1 et p. 3* • 9 mars 1995, *Dpt Hérault : EJCCAS n° 25-6, p. 5.* ♦ Par ailleurs, il n'y a pas lieu d'ajouter aux ressources annuelles la valeur locative du logement non productif de revenus du fait que le demandeur l'occupe à titre principal. • Comm. centr. aide soc. 13 nov. 1989, *Dpt Nord : EJCCAS n° 25-1, p. 3.*

3. Revenus pris en compte. En revanche, est pris en compte le complément d'AAH. • Comm. centr. aide soc. 14 mai 1996, *Dpt Var : EJCCAS n° 25-1, p. 7.* ♦ Il en va de même des pensions de veuve de guerre. • Comm. centr. aide soc. 5 oct. 1995, *Dpt Pyrénées-Atlantiques : EJCCAS n° 25-1, p. 6.*

Art. L. 231-3 **Des foyers peuvent être créés par les communes ou les centres communaux d'action sociale ou avec leur concours, en vue de fournir aux personnes âgées des repas à des prix modérés et des salles d'accueil.** – *[C. fam., art. 163, al. 1er.]*

COMMENTAIRE

Cet article (ancien art. 163, al. 1er) concerne des structures favorisant le maintien à domicile grâce à la fourniture de divers services, notamment de la restauration ; il s'agit principalement de foyers-restaurants. Devant faire l'objet d'une coordination avec les autres équipements, les foyers-restaurants sont habilités par le président du conseil départemental qui fixe le prix du repas ; dans la mesure où ils peuvent être pris en charge au titre de l'aide sociale, la commission d'admission arrête la participation financière de la personne âgée en tenant compte à la fois de ses ressources et du prix des repas. Une partie du coût est assumée par le budget de l'aide sociale, le complément étant financé par une participation des bénéficiaires ainsi que par les ressources de l'organisme gestionnaire. Après avoir connu un fort développement au cours des années 1960-1970, les foyers-restaurants ont vu depuis lors à la suite de l'augmentation du niveau de vie de la population concernée, leur fréquentation assez nettement diminuer. ❑

1. Mise en œuvre de l'obligation alimentaire. Conformément aux principes en vigueur en matière d'aide sociale, il est tenu compte, pour la prise en charge des frais de repas, des créances que les personnes âgées peuvent faire valoir à l'encontre de leurs obligés alimentaires. • Comm. centr. aide soc. 22 janv. 1992, *Dpt Charente-Maritime : EJCCAS n° 24-1, p. 1.*

2. Qualité de personne âgée ou infirme. La participation des services de l'aide sociale étant limitée, aux termes de l'art. 15 du décret n° 54-883 du 2 sept. 1954, aux frais des repas servis aux personnes âgées ou infirmes, la personne qui, n'étant pas inapte au travail, n'est ni personne âgée ni personne infirme ne peut voir sa demande d'aide que rejetée. • Comm. centr. aide soc. 22 nov. 1988, *Dpt Bouches-du-Rhône : EJCCAS n° 24-1, p. 4.*

Art. L. 231-4 **Toute personne âgée qui ne peut être utilement aidée à domicile peut être** *(L. n° 2015-1776 du 28 déc. 2015, art. 26-I-1°)* **« accueillie », si elle y consent, dans des conditions précisées par décret, soit chez des particuliers, soit dans un établissement de santé ou une maison de retraite publics,** *(L. n° 2015-1776 du 28 déc. 2015, art. 26-I-1°)* **« soit » dans un établissement privé.**

En cas *(L. n° 2015-1776 du 28 déc. 2015, art. 26-I-2°)* **« d'admission » dans un établissement public ou un établissement privé, habilité par convention à recevoir des bénéficiaires de l'aide sociale, le plafond des ressources précisé à l'article L. 231-2 sera celui correspondant au montant de la dépense résultant** *(L. n° 2015-1776 du 28 déc. 2015, art. 26-I-2°)* **« de l'admission ». Le prix de la journée dans ces établissements est fixé selon la réglementation en vigueur dans les établissements de santé. –** *[C. fam., art. 164.]*

V. art. R. 441-1 à R. 441-5.

COMMENTAIRE

L'article L. 231-4 envisage les modalités de placement d'une personne âgée lorsqu'elle « ne peut être utilement aidée à domicile », indique le texte. Cette formulation transcrit bien en obligation légale le principe de priorité au maintien à domicile, le recours au placement ne constituant qu'une forme secondaire de prise en charge.

La première modalité de placement visée est l'hébergement chez des particuliers. Cette forme de prise en charge est définie et organisée aux articles L. 441-1 à L. 443-12 du code. La seconde modalité est le placement dans un établissement, avec une priorité légale affirmée pour le recours à des structures publiques (« établissement de santé ou maison de retraite publics »), le recours à l'établissement privé ne devant intervenir « qu'à défaut ». Ces établissements relèvent de la police spéciale des établissements et services des articles L. 312-1 à L. 315-8. Sur le versant médical, il s'agit des établissements dispensant des soins de longue durée ou des établissements dispensant des soins de suite ou de réadaptation ; sur le versant social, il s'agit des maisons de retraite, des logements-foyers, plus souvent dénommés aujourd'hui « maisons d'accueil pour personnes âgées ». Ajoutons que, pour s'adapter toujours mieux à la demande, les établissements ont développé des types de services intermédiaires entre le maintien à domicile et le placement, tels les placements temporaires ou les petites unités de vie.

Dans l'hypothèse du placement, l'alinéa 2 précise logiquement que, à la condition que les établissements soient habilités à recevoir des bénéficiaires de l'aide sociale (art. L. 313-6), le plafond de ressources pris en compte pour bénéficier de l'aide sociale est celui qui correspond au montant de la dépense résultant du placement ; cela permet évidemment de conditionner et de proportionner l'aide, non aux revenus de la personne, mais au coût effectif de son hébergement.

1. Personne âgée de moins de soixante ans. Aucune disposition légale ou réglementaire ne prévoit la prise en charge dans un établissement pour personnes âgées, au titre de l'aide sociale, d'une personne âgée de moins de soixante ans. • Comm. centr. aide soc. 1er juill. 1988, *Dpt Pas-de-Calais : EJCCAS n° 23-3, p. 1.* ♦ Par suite, la personne qui, n'ayant pas atteint cet âge, n'a pas été reconnue handicapée par la COTOREP ne peut être admise au bénéfice de l'aide sociale pour la prise en charge de ses frais d'hébergement dans un service de long séjour. • Comm. centr. aide soc. 1er mars 1989, *Dpt Vosges : EJCCAS n° 23-3, p. 2.* ♦ ... Ou dans une maison de retraite. • Comm. centr. aide soc. 22 nov. 1988, *Dpt Pas-de-Calais : EJCCAS n° 23-3, p. 3.*

2. Personne hébergée dans un autre département. Aucune disposition n'autorise un département à opposer le tarif qu'il pratique pour déterminer l'aide qu'il alloue pour la prise en charge des frais d'hébergement d'une personne âgée dans un autre département. • Comm. centr. aide soc. 10 avr. 2002 : *CJAS n° 2002/05, p. 137.* ♦ En particulier, un président du conseil général ne saurait se fonder sur l'art. L. 231-5 du CASF pour limiter la prise en charge d'une personne accueillie dans un établissement sis dans un autre département au prix de journée moyen calculé pour les établissements situés dans son département dès lors que l'établissement concerné a été habilité à recevoir des bénéficiaires de l'aide sociale. • Comm. centr. aide soc. 22 juill. 2002 : *CJAS n° 2002/05, p. 109* • Comm. centr. aide soc. 7 juin 2004 : *CJAS n° 2004/04, p. 145.*

3. Litiges portant sur le choix de l'établissement. Les litiges portant sur le choix de l'établissement ou du type de placement des personnes âgées échappent à la compétence des juridictions de l'aide sociale. • Comm. centr. aide soc. 28 févr. 1989, *Dpt Vendée : EJCCAS n° 23-4, p. 1.*

Art. L. 231-5 **Le service d'aide sociale aux personnes âgées peut participer aux frais de séjour d'une personne âgée dans un établissement d'hébergement avec lequel il n'a pas été passé de convention lorsque l'intéressé y a séjourné à titre payant pendant une durée de cinq ans et lorsque ses ressources ne lui permettent plus d'assurer son entretien.**

Le service d'aide sociale ne peut pas, dans cette hypothèse, assumer une charge supérieure à celle qu'aurait occasionnée *(L. n° 2015-1776 du 28 déc. 2015, art. 26-II)* **« l'admission » de la personne âgée dans un établissement public délivrant des prestations analogues, selon les modalités définies par le règlement départemental d'aide sociale.** – *[C. fam., art. 165.]*

COMMENTAIRE

Cette dernière disposition constitue une mesure prenant en compte les besoins des personnes admises à l'aide sociale ; elle vise le cas où une personne âgée, antérieurement en mesure de financer par elle-même un hébergement dans un établissement non habilité par l'aide sociale et ce, pendant au moins cinq ans, se trouve dans l'incapacité d'en supporter le coût du fait d'une baisse de ses ressources ; dans cette hypothèse, et pour éviter que cette personne ne soit contrainte de quitter l'établissement pour en rejoindre un autre qui serait habilité, l'aide sociale peut participer à sa prise en charge, la seule limite étant que le coût pour la collectivité n'excède pas le tarif de l'aide sociale en vigueur pour les établissements habilités analogues. ❑

1. Refus de prise en charge. Ne peut prétendre au bénéfice de l'aide sociale pour la prise en charge de ses frais de séjour la personne âgée qui est admise dans un établissement privé n'ayant pas passé de convention avec le service d'aide sociale. • Comm. centr. aide soc. 13 nov. 1989, *Dpt Vienne : EJCCAS n° 23-2, p. 1.* • Comm. centr. aide soc. 4 sept. 2006, dossier n° 041546 : *CJAS n° 2007/01.*

2. Admission fondée sur les ressources. La durée minimale de placement de 5 ans n'exonère pas l'intéressé(e) de remplir la condition d'admission au bénéfice de l'aide liée aux ressources personnelles augmentées, le cas échéant, de l'aide que peuvent lui apporter les obligés alimentaires, y compris, conformément à l'art. 205 du C. civ., les petits-enfants • Comm. centr. aide soc. 21 juin 2007, dossier n° 060120 : *CJAS n° 2008/3.*

3. Annulation d'une décision d'admission. Une personne ne remplissant pas la durée minimale d'hébergement à titre payant de cinq ans dans un établissement pour personnes âgées non conventionné ne saurait prétendre au bénéfice de l'aide sociale à l'hébergement, nonobstant la circonstance qu'elle a été dans un premier temps admise à ce bénéfice, le département ignorant alors, pour prendre sa décision, que la résidence médicalisée pour troisième âge n'avait pas signé de convention l'habilitant à recevoir des bénéficiaires de l'aide sociale aux personnes âgées • Comm. centr. aide soc. 28 juin 2007, dossier n° 010292 : *CJAS n° 2008/3.*

Art. L. 231-6 **Sauf disposition contraire, les conditions d'application du présent chapitre sont, en tant que de besoin, déterminées par décret en Conseil d'État, et notamment :**

1° Le point de départ des allocations accordées ;

2° Les conditions dans lesquelles les services d'aide sociale remboursent les dépenses occasionnées par les foyers mentionnés à l'article L. 231-3. – *[C. fam., art. 163, al. 2, et 202, al. 1er.]*

CHAPITRE II ALLOCATION PERSONNALISÉE D'AUTONOMIE

(L. n° 2001-647 du 20 juill. 2001, art. 1er)

COMMENTAIRE

L'allongement de la durée de vie pour un grand nombre de personnes a fait apparaître sur le devant de la scène un nouveau problème social : la dépendance. Ne devant pas se confondre avec la maladie ou le handicap, la dépendance renvoie à l'incapacité des personnes à assumer les activités courantes de la vie quotidienne telles que se lever, se vêtir, se nourrir ou faire sa toilette ; il leur faut alors l'aide d'un tiers.

Dans les années 1990, l'idée de création d'une allocation destinée à permettre aux personnes âgées dépendantes de bénéficier d'une aide à domicile ou d'une prise en charge de ce problème dans les établissements fit son chemin. Précédé par des expérimentations locales, un premier texte, volontairement considéré comme transitoire, fut adopté, créant la prestation spécifique dépendance (PSD, L. du 24 janv. 1997).

Ce dispositif, transitoire dans les intentions, mais aussi critiquable dans son contenu et ses effets, a été remplacé par l'allocation personnalisée d'autonomie (L. nº 2001-647 du 20 juill. 2001), dont les dispositions essentielles composent le chapitre ci-dessous (art. L. 232-1 à L. 232-28). La loi nº 2001-647 du 20 juillet 2001 a été modifiée en dernier lieu par la loi nº 2003-289 du 31 mars 2003.

Ce chapitre définit d'abord les caractéristiques générales de la prestation (art. L. 232-1 et L. 232-2) ; il distingue ensuite en deux séries de dispositions : le cas où la prestation est versée à domicile (art. L. 232-3 à L. 232-7) et celui où elle est versée en établissement (art. L. 232-8 à L. 232-11) ; suivent les règles relatives à la gestion de l'allocation (art. L. 232-12 à L. 232-20), puis celles concernant son financement (ancien art. L. 232-21) ; enfin un certain nombre de dispositions, telles les règles de cumul ou encore la mise en jeu de l'obligation alimentaire, sont exposées (art. L. 232-22 à L. 232-28).

SECTION 1 Allocation personnalisée d'autonomie et qualité des services aux personnes âgées

BIBL. ▸ Sur la dépendance : BELORGEY, Le risque autonomie : de l'euphémisme à la stigmatisation, *RDSS 2021. 67*. – BENOIST, Les problèmes médicaux et sociaux posés par les personnes âgées dépendantes, *Rapport, CES 1985*. – BERTHET, Obligations alimentaires et personnes âgées dépendantes, *AJ fam. 2003. 250*. – BONNEAU, La situation critique des personnes âgées dépendantes, *RDSS 1987. 695*. – BOUGET *et alii*, Le prix de la dépendance : comparaison des dépenses des personnes âgées selon leur mode d'hébergement, *La Doc. fr. 1990*. – BRAUN et STOURM (Rapport), Les personnes âgées dépendantes, *La Doc. fr. 1988*. – COUR DES COMPTES (Rapport), Les personnes âgées dépendantes, *2005, Ed. des JO*. – DELPERÉE, Politiques européennes de prise en charge de la dépendance, *Géront. et soc. nº 93, 2000. 73*. – DEL SOL, La prise en charge assurantielle du handicap et de la dépendance, *RDSS 2015. 755*. – DESSERTINE et KERSCHEN, Handicap, vieillesse, dépendance. Un siècle de réglementation : convergences et divergences, *Géront. et soc. nº 65, 1993. 24*. – Divers, Le rôle des familles dans la prise en charge des personnes âgées dépendantes, *Fondation de France, 1988 ;* Personnes âgées, le coût de la dépendance, *RF aff. soc. (nº spécial), nº 1. 1990 ;* La dépendance des personnes âgées, *RDSS (nº spécial), nº 3. 1992 ;* La prise en charge des personnes âgées dépendantes, *RF aff. soc. nº 4. 1993 ;* Entrée en institution d'accueil pour personnes âgées malades et handicapées et qualité des soins, *Géront. et soc. nº 93, 2000. 145 ;* Le grand âge, *Géront. et soc. nº 98. 2001 ;* La prise en charge de la dépendance des personnes âgées en Europe, *AJ fam. 2003. 261* ; Obligation alimentaire et dépendance, *AJ fam. 2014. 269* s. – GAYET, Le logement de la personne âgée comme source de financement des besoins liés à la dépendance, *RDSS 2019. 636*. – GENIER, La gestion du risque dépendance : le rôle de la famille, de l'État et du secteur privé, *Écon. et statist. nº 291-292, 1996. 103*. – IGAS (Rapport), La dépendance des personnes âgées, *janv. 1993*. – KAUFMANN, La prise en charge des personnes âgées dépendantes ou handicapées en droit allemand, *RDSS 2015. 786*. – KESSLER, Le risque dépendance en France : quelques points remarquables au regard des expériences étrangères, *RDSS 2019. 441*. – KESSLER (Dir.), La dépendance des personnes âgées, *1994, PU Strasbourg*. – LAFORE, Établissements, services, vieillissement et territoires : l'impact de la dépendance, *RDSS 2011. 583*. – LAROQUE (Rapport), Politique de la vieillesse, *La Doc. fr. 1962*. – LESEMANN et MARTIN (Dir.), Les personnes âgées. Dépendance, soins et solidarités familiales. Comparaisons internationales, *La Doc. fr. 1993*. – MARTIN, Dépendance et vieillesse : les ambitions et les zones d'ombre d'une réforme, *Dr. soc. 2014. 634* ; Personnes âgées dépendantes, personnes handicapées : les nouvelles formes de l'action sociale, *RDSS 2015. 768*. – MOREAU, Autonomie, vulnérabilité et projet de vie : de la prise en charge à l'accompagnement des personnes handicapées et âgées, *RDSS 2020. 767*. – PERENA VICENTE, La prise en charge des personnes âgées et handicapées en droit espagnol, *RDSS 2015. 777*. – SCHMITT et LÉGER, La notion de dépendance des personnes âgées en droit positif français, *AJ fam. 2003. 248*. – SCHOPFLIN *et alii* (Rapport), Dépendance et solidarités. Mieux aider les personnes âgées, *La Doc. fr. 1991*. – TABARD, Le droit public face à la vieillesse dépendante. Pour une application concrète des principes de dignité et de bonheur dans les établissements spécialisés, *JCP Adm, nº 46, 2019. 2325*. – TERROIR, Le prix de la dépendance, *Quest. séc. soc. nº 4, 1990. 110.* – Turgis, Le financement des aides aux personnes dépendantes : circuits financiers et fiscalité, *RFFP 2016, nº 136, p. 127.*

▸ **Sur les origines de l'allocation personnalisée d'autonomie :** Belorgey, Du handicap à la dépendance : la trappe ?, *Dr. soc. 1999. 700* ; La dépendance punie, *Mél. Alfandari, p. 219, Dalloz 2000 ;* Vous avez dit dépendance ?, *Revue Regards CNESSS nº 23, 2003. 5.* – Borgetto, La prestation spécifique dépendance, *in* Prétot (Dir.), *J.-Cl. Protection soc. 2001. 870 ;* L'amélioration de l'aide aux personnes âgées dépendantes : de la prestation spécifique dépendance à l'allocation personnalisée d'autonomie, *Gaz. cnes, nº 6/1632, 2002. 56.* – Le droit face à la dépendance des personnes âgées : la difficile gestation de l'APA, *Revue Regards CNESSS nº 23, 2003. 16.* – Elguiz, La PSD, *TSA 1997.* – Inserguet, La PSD : difficultés juridiques et enjeux financiers, *Dr. soc. 1999. 42*. – Kessler, Quelles prestations pour les personnes âgées dépendantes ? Panorama des propositions de réforme, *Dr. soc. 1995. 85* ; Pour une vraie assurance dépendance, *Dr. ouvrier 1995. 451 ;* Les réformes de la protection sociale et les personnes âgées, *RDSS 1996. 781* ; La nouvelle allocation dépendance, *TPS mai 1997. 4 ;* Brèves observations autour du Rapport Sueur, *RDSS 2000. 626*. – Levilain, De l'hospice à la prestation spécifique dépendance, *Inf. soc. nº 82, 2000. 96.* – Long, La PSD : en attendant mieux, *Regards sur l'actualité, nº 233, 1997. 40.* – Martin, Atouts et limites de l'expérimentation : l'exemple de la prestation spécifique dépendance, *RF aff. soc. 2000. 47.* – Pontier, Un aspect de l'aide sociale : la PSD et les départements, *Rev. adm. 1998. 758 et 1999. 5.* – Sueur (Rapport), L'aide personnalisée à l'autonomie. Un nouveau droit fondé sur le principe d'égalité, *La Doc. fr. 2000.*

▸ **Sur l'allocation personnalisée d'autonomie :** Baudet-Caille, L'allocation personnalisée d'autonomie, *ASH nº 2254 (supplément), 2002.* – Bérardier, APA à domicile : quels restes à charge pour les bénéficiaires ?, *RF aff. soc. 2012, nº 2-3, p. 195.* – Borgetto, Allocation personnalisée d'autonomie, *fasc. nº 175, in* Esper (Dir.), Traité de droit médical et hospitalier, *Litec.* – Borgetto et Lafore, Droit de l'aide et de l'action sociales, *Domat-Montchrestien, 11e éd., 2021, nos 311 s.* – Colvez, Mesure de la dépendance des personnes âgées. Évaluation multidimensionnelle. Plan d'aide. Éligibilité aux prestations, *Revue Regards CNESSS nº 23, 2003. 62.* – Coutton, Évaluer la dépendance à l'aide de Groupes Iso-Ressources : une tentative en France avec la grille AGGIR, *Géront. et soc. nº 99, 2002. 111.* – Frinault, Des procédures automatiques aux nouveaux modes de gestion individualisée : les recompositions de l'action gérontologique départementale, *RF aff. soc. nº 3, 2005. 33.* – Kessler, L'allocation personnalisée d'autonomie : une nouvelle prestation ?, *RDSS 2001. 663*. – Léger, L'allocation personnalisée d'autonomie, *Revue Regards CNESSS nº 23, 2003. 32.* – Legouhy, L'allocation personnalisée d'autonomie, *RPDS 2002. 79.* – Levoyer, Le financement local de la dépendance, *RFFP 2012, nº 120, p. 185.* – Piveteau, APA et PCH : le rapprochement est-il possible ?, *Trib. Santé, nº 74, 2022. 59.* – Trepreau, Revaloriser et améliorer l'APA à domicile, *RGDM, nº 59, 2016. 173.*

▸ **Sur la création d'un « cinquième risque » :** Badel, L'autonomie comme charge et comme risque : fusion ou confusion ?, *RDSS 2021. 15* ; L'impact de la dette sociale sur l'autonomie, *Dr. soc. 2022. 623*. – Bichot, Faut-il une cinquième branche pour le cinquième risque ?, *RDSS 2008. 940*. – Borgetto, La protection sociale à l'épreuve du risque « dépendance » : évolution ou révolution ?, *in Mél. Jacques Chevallier, p. 249, LGDJ, 2013.* – Bourdaire-Mignot et Gründler, Le rapport Libault « Concertation grand âge et autonomie » : le temps de l'action, *RGDM, nº 71, 2019. 49.* – Damon, Prise en charge de la dépendance : les attentes des Français, *RDSS 2019. 759*. – Delblond, Perspectives et enjeux de la dépendance : la spécificité du « risque de perte d'autonomie » Outre-mer, *RDSS 2021. 55*. – Divers, Personnes âgées dépendantes : bâtir le scénario du libre choix, *Centre d'anal. strat., 2006, La Doc. fr.* – Elbaum, Les réformes en matière de handicap et de dépendance : peut-on parler de « cinquième risque » ?, *Dr. soc. 2008. 1091*. – Ferras, Cinquième « risque », cinquième « branche » ? Vers une politique rénovée de prise en charge de la perte d'autonomie des personnes âgées ?, *Regards CNESS EN3S, nº 57, 2020. 195* ; La cinquième branche : mythe, réalité, objectif ? Une analyse, deux ans après..., *Trib. Santé, nº 74, 2022. 47.* – Fragonard, Le risque de perte d'autonomie : les problèmes de financement, *RDSS 2021. 33*. – Gisserot (Rapport), Perspectives financières de la dépendance des personnes âgées à l'horizon 2025 : prévisions et marges de choix, *La Doc. fr., 2007.* – Henrard, Répondre à la dépendance et aux handicaps : 5e risque ou 5e branche de sécurité sociale ?, *Géront. et soc., nº 123, 2007. 213.* – Joël, Le cinquième risque : le défi du financement, *Cah. fr., nº 358, 2010. 83.* – Lafore, La structure institutionnelle de la nouvelle branche « Autonomie », *RDSS 2021. 24*. – Le Bihan-Youinou, La prise en charge des personnes âgées dépendantes en France : vers la création d'un cinquième risque ?, *Inform. soc., nº 157, 2010. 124.* – Le Bihan et Martin, Quatre décennies de rapports et de propositions pour dessiner le chemin vers une cinquième branche du système français de protection sociale, *RDSS 2021. 5*. – LEVOYER, Cinquième branche de la sécurité sociale : vers une simplification du financement du soutien à l'autonomie ?, *Dr. soc. 2022. 1028.* – MAYEUR, Quel avenir pour l'assurance dépendance ?, *Regards EN3S, nº 57, 2020. 213.* – MILANO, L'assurance dépendance en Allemagne et la réforme en cours, *RDSS 2008. 469*. – RAPP, DAVID-BERTRAND et SICSIC, Grand âge : quel bilan du quinquennat ?, *Trib. Santé, nº 71, 2022. 95.*

COMMENTAIRE

Les articles L. 232-1 et L. 232-2 définissent les caractéristiques fondamentales de l'allocation personnalisée d'autonomie, auxquelles il convient d'ajouter un certain nombre de dispositions caractères relatives à son financement (art. L. 232-21), à l'absence de récupération à l'encontre de la succession du bénéficiaire (art. L. 232-19) ainsi qu'à la mise en œuvre de l'obligation alimentaire (art. L. 232-24).

Il s'agit d'une prestation à vocation égalitaire, le texte indiquant que « cette prestation (est) définie dans des conditions identiques sur l'ensemble du territoire national » (art. L. 232-1, al. 2).

Ce principe a été inscrit dans le dispositif pour remédier à l'un des inconvénients de l'ancienne PSD, laquelle se caractérisait par des montants variant sensiblement d'un département à l'autre.

Il s'agit d'une prestation affectée à la satisfaction d'un besoin spécifique (caractère de spécialité) puisqu'elle vise à pallier chez le bénéficiaire « l'incapacité d'assumer les conséquences du manque ou de la perte d'autonomie liée à son état physique ou mental » et qu'elle « est destinée aux personnes qui, nonobstant les soins qu'elles sont susceptibles de recevoir, ont besoin d'une aide pour l'accomplissement des actes essentiels de la vie ou dont l'état nécessite une surveillance régulière » (art. L. 232-1). La « perte d'autonomie » est donc identifiée comme un besoin spécifique, ne se confondant pas avec la maladie ou le handicap qui relèvent, eux, d'une logique de soins.

L'allocation personnalisée d'autonomie est une prestation en nature (art. L. 232-2, al. 1er), ce qui signifie qu'elle couvre directement et uniquement les dépenses engagées pour prendre en charge la dépendance, les bénéficiaires devant affecter l'allocation aux services correspondants. Ceci est rappelé à nouveau aux articles L. 232-3 et L. 232-8.

L'allocation personnalisée d'autonomie présente au final des caractères qui en font une prestation ambiguë. Par plusieurs de ses aspects, elle relève indéniablement de l'aide sociale : elle constitue une prestation en nature, spécialisée, non contributive, majoritairement à la charge du département sur le plan financier et relève, pour son attribution, de la compétence du président du conseil départemental (art. L. 232-21). Mais par d'autres aspects, elle déroge aux principes de l'aide sociale : elle est universelle car non soumise à condition de ressources, est financée notamment par la CSG (art. L. 232-21), a vocation à être identique sur l'ensemble du territoire, n'est pas subsidiaire par rapport aux obligations alimentaires (art. L. 232-24), n'est pas récupérable sur la succession (art. L. 232-19). Elle entre donc dans une catégorie hybride : celle qui a pu être qualifiée de « prestations non contributives de solidarité ». ❑

Art. L. 232-1 *(L. nº 2001-647 du 20 juill. 2001)* **Toute personne âgée résidant en France qui se trouve dans l'incapacité d'assumer les conséquences du manque ou de la perte d'autonomie liés à son état physique ou mental a droit à une allocation personnalisée d'autonomie permettant une prise en charge adaptée à ses besoins.**

Cette allocation, définie dans des conditions identiques sur l'ensemble du territoire national, est destinée aux personnes qui, nonobstant les soins qu'elles sont susceptibles de recevoir, ont besoin d'une aide pour l'accomplissement des actes essentiels de la vie ou dont l'état nécessite une surveillance régulière.

Les art. L. 232-1 à L. 232-25 dans leur rédaction applicable avant l'entrée en vigueur de la loi nº 2001-647 du 20 juill. 2001 demeurent applicables aux personnes auxquelles le bénéfice de la prestation spécifique dépendance a été reconnu avant sa date d'entrée en vigueur [1er janv. 2002] (L. préc., art. 21-II). — V. ***CSP****, éd. 2001.*

Art. L. 232-2 *(L. nº 2001-647 du 20 juill. 2001)* **L'allocation personnalisée d'autonomie, qui a le caractère d'une prestation en nature, est accordée, sur sa demande, dans les limites de tarifs fixés par voie réglementaire, à toute personne attestant d'une**

résidence stable et régulière et remplissant les conditions d'âge et de perte d'autonomie, évaluée à l'aide d'une grille nationale, également définies par voie réglementaire.
(Abrogé par L. n° 2007-290 du 5 mars 2007, art. 51-II) ***« Les personnes sans résidence stable doivent, pour prétendre au bénéfice de l'allocation personnalisée d'autonomie, élire domicile auprès de l'un des organismes mentionnés à l'article L. 232-13, agréé à cette fin conjointement par le représentant de l'État dans le département et par le président du conseil général. »*** – *Cette abrogation est applicable à compter du 1er juill. 2007 (L. n° 2007-290 du 5 mars 2007, art. 51-VII).*

COMMENTAIRE

L'article L. 232-2 mérite que l'on mette en évidence certains de ses éléments, au-delà des caractères généraux de l'APA qu'il renferme.

L'allocation est déterminée tout d'abord par une condition d'âge que le pouvoir réglementaire a fixée à 60 ans (Décr. n° 2001-1086 et n° 2001-1087 du 20 nov. 2001) ; cette limite d'âge est celle qui était déjà en vigueur pour la PSD. Il convient ici de souligner qu'à travers cette question de limite d'âge, correspondant à une certaine façon de concevoir la « dépendance » comme problème propre aux personnes âgées, on écarte une autre conception possible du problème, retenue au contraire par la plupart des pays européens : conception qui, faisant de la dépendance un « risque social », indépendant de l'âge et donc pris en compte pour toute personne, conduit tout naturellement à relier cette même dépendance avec le handicap et non avec la vieillesse.

Le dispositif comporte ensuite une condition de résidence en France, laquelle doit être « stable et régulière ». La loi n° 2007-290 du 5 mars 2007 instituant le droit opposable au logement et portant diverses dispositions pour la cohésion sociale a mis en place, s'agissant de cette condition, une nouvelle procédure de domiciliation pour les personnes « sans domicile stable », notamment celles qui peuvent percevoir l'APA. Les dispositions concernées figurent aux articles L. 264-1 à L. 264-10.

Il convient enfin que la personne âgée soit « en perte d'autonomie », c'est-à-dire éprouve des difficultés pour accomplir les actes essentiels de la vie courante tels que se laver, se vêtir, se nourrir… Comme pour la PSD, la loi prévoit que cette perte d'autonomie est évaluée « à l'aide d'une grille nationale »; cette grille, dénommée grille AGGIR (Autonomie, Gérontologie, Groupe Iso-Ressources), classe les demandeurs selon six niveaux de dépendance allant des situations les plus lourdes (groupe 1) jusqu'aux personnes qui, ayant conservé la plupart de leurs capacités, ne nécessitent que des aides ponctuelles (groupes 5 et 6). ❑

1. Absence de résidence stable et domicile de secours. Les dispositions de l'art. L. 232-2 subordonnant l'attribution de l'APA à la justification d'une « résidence stable et régulière » n'ont ni pour objet ni pour effet de rendre inapplicables celles relatives au domicile de secours. • Comm. centr. aide soc. 4 févr. 2005 : *CJAS n° 2005/02, p. 7.*

2. Absence de résidence stable et compétence du département. Il résulte, des art. L. 232-2 et L. 232-12 du CASF, que l'APA est, dans tous les cas de figure, à la charge non pas de l'État mais du département dans lequel le demandeur est domicilié ; le séjour, même prolongé, dans un établissement sanitaire et social n'est pas de nature à faire acquérir aux personnes qui en sont dépourvues, un domicile stable. • CE 27 juill. 2005, *Dpt Val-d'Oise : Lebon ; RDSS 2005. 1033, concl. Devys ; AJDA 2006. 52, note Rihal.* ♦ Le département débiteur de l'aide sociale des personnes sans résidence stable est celui dans le ressort duquel se trouve l'organisme, mentionné à l'art. L. 232-13 CASF, auprès duquel ces personnes ont élu domicile. • CE 24 juill. 2006, *Dpt Aisne,* n° 278210 B.

3. Classement en GIR. Même si sa petite-fille soutient que l'intéressée, âgée de 92 ans, ne peut marcher qu'avec le soutien d'un déambulateur, qu'elle a besoin d'une aide extérieure pour descendre les escaliers ou faire ses courses, qu'elle peut difficilement préparer ses repas et faire son ménage et qu'elle reçoit chaque mois la visite de son médecin traitant pour surveiller son état de santé, ne saurait être contesté le classement de la postulante dans un GIR 5 dès lors que l'expert a expressément relevé que cette dernière ne présentait pas de déficit cognitif, que le handicap lié à l'arthrose diffuse dont elle souffre restait modéré et qu'elle pouvait rester seule sans surveillance. • Comm. centr. aide soc. 1er juill. 2005 : *CJAS n° 2006/01, p. 101.* ♦ Commet en revanche une erreur d'appréciation la commission départementale qui s'est fondée sur le classement de la personne âgée dans le GIR 5 pour confirmer le refus d'attribution de l'APA alors même que l'intéressée qui, aujourd'hui âgée de 70 ans, souffre notamment de polyarthrite rhumatoïde, d'ostéoporose, d'arthrose, ainsi que d'une sciatique chronique, a été victime, en raison notamment des affections dont elle est atteinte et de la faiblesse articulaire qui en résulte, de chutes multiples ayant rendu nécessaires des interventions chirurgicales répétées, attestées par des certificats médicaux, et aux conséquences invalidantes, et que l'équipe médico-sociale a de surcroît elle-même relevé que l'intéressée ne pouvait plus accomplir seule l'ensemble des actes essentiels de la vie quotidienne. • Comm. centr. aide soc. 4 juill. 2005 : *CJAS n° 2006/01, p. 105.*

4. Caractère indemnitaire de l'allocation. Il résulte des art. L. 232-1 CASF que l'allocation personnalisée d'autonomie constitue une prestation indemnitaire dès lors qu'elle n'est pas attribuée sous condition de ressources et que, fixée en fonction des besoins individualisés de la victime d'un handicap, elle répare les postes de préjudice relatifs à l'assistance par une tierce personne ; par suite, cette allocation doit être déduite de l'indemnisation versée par l'ONIAM. • Civ. 2e, 24 oct. 2019, n° 18-21.339 P : *RDSS 2019. 1144, obs. Curier-Roche.*

SOUS-SECTION 1 Prise en charge et allocation personnalisée d'autonomie à domicile

Art. L. 232-3 *(L. n° 2001-647 du 20 juill. 2001)* **Lorsque l'allocation personnalisée d'autonomie est accordée à une personne résidant à domicile, elle est affectée à la couverture des dépenses de toute nature relevant d'un plan d'aide élaboré par une équipe médico-sociale** *(L. n° 2015-1776 du 28 déc. 2015, art. 41-I-1°)* **« , sur la base de l'évaluation multidimensionnelle mentionnée à l'article L. 232-6 ».**

(Abrogé par L. n° 2015-1776 du 28 déc. 2015, art. 41-I-1°) ***« L'allocation personnalisée d'autonomie est égale au montant de la fraction du plan d'aide que le bénéficiaire utilise, diminué d'une participation à la charge de celui-ci. Le montant maximum du plan d'aide est fixé par un tarif national en fonction du degré de perte d'autonomie déterminé à l'aide de la grille mentionnée à l'article L. 232-2 et revalorisé au 1er janvier de chaque année, au moins conformément à l'évolution des prix à la consommation hors tabac prévue dans le rapport économique et financier annexé au projet de loi de finances pour l'année civile à venir. »*** — *V. art. R. 232-10.*

V. Décr. n° 2009-479 du 29 avr. 2009 instituant une aide versée sous la forme de chèques emploi-service universels préfinancés par l'État en faveur du pouvoir d'achat de publics bénéficiaires de prestations sociales ou de demandeurs d'emploi (JO 30 avr.).

COMMENTAIRE

L'article L. 232-3, qui ouvre le dispositif concernant le versement de l'APA au domicile du demandeur, rappelle le fait qu'il s'agit d'une prestation en nature (« elle est affectée à la couverture des dépenses de toute nature relevant d'un plan d'aide… ») ; ce faisant, en visant les « dépenses de toute nature », cet article élargit sensiblement, par rapport à la PSD, les dépenses éligibles puisque, loin de se réduire à la seule rémunération du personnel, il rend possible au contraire l'intégration d'autres frais liés par exemple à un accueil temporaire ou de jour, à l'adaptation du logement, à des équipements de téléalarme, etc.

Il précise aussi le cadre général permettant de déterminer le montant de l'allocation à domicile.

Un tarif national fixe le niveau maximum du plan d'aide selon les groupes de référence (en pratique, ce tarif par groupes est établi en pourcentages du montant de la majoration pour tierce personne) ; la prestation est calculée, partant du tarif national, en déduisant la participation du demandeur, laquelle est pour sa part arrêtée en considération des ressources dont dispose ce dernier (art. L. 232-4).

L'article fait enfin référence au « plan d'aide » ; élaboré par une équipe médico-sociale, celui-ci consiste à définir les formes d'aides requises par la situation du demandeur (art. L. 232-6, L. 232-13, L. 232-14).

1. Dépenses susceptibles d'entrer dans le plan d'aide. Compte tenu du handicap de l'intéressé, c'est à bon droit que l'équipe médico-sociale a inclus dans le plan d'aide la prise en charge de l'installation d'une fenêtre avec volet électrique et télécommande ; par suite, est entachée d'une erreur manifeste d'appréciation la décision estimant que les travaux d'installation d'un volet électrique avec télécommande représentaient davantage une amélioration de confort qu'une véritable aide à la personne dépendante. • Comm. centr. aide soc. 23 août 2006 : *CJAS n° 2006/06, p. 141.*

2. Plan d'aide et contrôle du juge. Il n'appartient pas au juge de l'aide sociale de contrôler intégralement la consistance du plan d'aide, mais seulement de vérifier que celui-ci n'est pas manifestement inadapté aux besoins et aux ressources de la personne intéressée ; pour procéder à cette vérification dans des conditions lui permettant d'asseoir son contrôle, le juge doit être mis en possession d'un minimum d'informations sur les critères ayant présidé à la détermination – sous réserve toutefois de la condition de ressources – des quotités de services retenues dans le plan d'aide compte tenu de l'évolution des tarifs horaires. • Comm. centr. aide soc. 4 juill. 2008, dossier n° 070637 : *CJAS n° 2009/04.*

3. Admission liée à l'existence d'un compte bancaire. La demande d'un département visant à s'assurer que les sommes affectées à l'achat de matériel sont effectivement versées à l'intéressée et à son profit exclusif, par le justificatif d'un compte bancaire à son nom ou d'un compte bancaire conjoint où figurerait également son nom, est tout à fait légitime. • Comm. centr. aide soc. 4 févr. 2009, dossier n° 071803 : *CJAS n° 2009/05.*

Art. L. 232-3-1 *(L. n° 2015-1776 du 28 déc. 2015, art. 41-I-2°)* **Le montant du plan d'aide ne peut dépasser un plafond défini par décret en fonction du degré de perte d'autonomie déterminé à l'aide de la grille nationale mentionnée à l'article L. 232-2 du présent code et revalorisé chaque année au 1er janvier conformément à l'évolution de la majoration pour aide constante d'une tierce personne mentionnée à l'article L. 355-1 du code de la sécurité sociale.**

Art. L. 232-3-2 *(L. n° 2015-1776 du 28 déc. 2015, art. 52)* **Le proche aidant qui assure une présence ou une aide indispensables au soutien à domicile d'un bénéficiaire de l'allocation personnalisée d'autonomie et qui ne peut être remplacé peut ouvrir droit, dans le cadre de l'allocation personnalisée d'autonomie et sans préjudice du plafond mentionné à l'article L. 232-3-1, à des dispositifs répondant à des besoins de répit. Ces dispositifs, qui doivent être adaptés à la personne aidée, sont définis dans le plan d'aide, en fonction du besoin de répit évalué par l'équipe médico-sociale lors de la demande d'allocation, ou dans le cadre d'une demande de révision, dans la limite d'un plafond et suivant des modalités fixées par décret.**

COMMENTAIRE

La loi du 28 décembre 2015 relative à l'adaptation de la société au vieillissement a entendu introduire divers mécanismes de soutien pour les « aidants », c'est-à-dire les personnes qui prennent en charge une personne âgée dépendante à titre gratuit, le plus souvent des membres de sa famille.

L'article L. 232-3-2 ci-dessus permet, au sein du « plan d'aide » à partir duquel est calculé le montant de l'APA, de prendre en charge des dépenses liées au remplacement de l'aidant pour qu'il puisse être temporairement déchargé (le « droit au répit »), ce qui ainsi ouvre droit à un supplément d'APA.

L'article L. 232-3-3 qui suit permet en outre de prendre en compte, au travers du supplément d'APA, des frais occasionnés par l'hospitalisation du proche aidant. ❑

Loi n° 2018-727 du 10 août 2018,

Pour un État au service d'une société de confiance (JO 11 août).

Art. 53 I. — Une expérimentation peut être menée *(L. n° 2021-1754 du 23 déc. 2021, art. 55-I; L. n° 2023-1250 du 26 déc. 2023, art. 81)* « jusqu'au 31 décembre 2024 » afin que les établissements et services mentionnés aux 2°, 6° et 7° du I de l'article L. 312-1 du code de l'action sociale et des familles puissent, lorsqu'ils recourent à leurs salariés volontaires ou à des salariés volontaires mentionnés à l'article L. 7221-1 du code du travail et qu'ils ont placés dans les conditions prévues au 1° de l'article L. 7232-6 du même code en vue d'effectuer des prestations de suppléance à domicile du proche aidant d'une personne nécessitant une surveillance permanente, ou lorsqu'ils réalisent ces prestations en dehors du domicile dans le cadre de séjours dits de répit aidants-aidés dont la liste est fixée par décret, déroger aux dispositions législatives et conventionnelles mentionnées au II du présent article, sous réserve du respect des dispositions du III.

La mise en œuvre de ces prestations ainsi que des dérogations prévues au II du présent article est portée à la connaissance de l'autorité compétente mentionnée à l'article L. 313-3 du code de l'action sociale et des familles, lorsqu'il s'agit de salariés des établissements ou services mentionnés au présent I, ou de l'autorité compétente mentionnée à l'article L. 7232-1 du code du travail, lorsqu'il s'agit de salariés placés par les établissements et services mentionnés au présent I.

Elle est subordonnée à la délivrance d'une autorisation de service d'aide et d'accompagnement à domicile ou d'un agrément prévu au même article L. 7232-1 lorsque ces prestations ne sont pas comprises dans le champ d'une autorisation ou d'un agrément préexistant.

II. — Les salariés des établissements et services mentionnés au I du présent article ne sont soumis ni aux articles L. 3121-13 à L. 3121-26, L. 3122-6, L. 3122-7, L. 3122-17, L. 3122-18, L. 3122-24 et L. 3131-1 à L. 3131-3 du code du travail, ni aux stipulations relatives aux régimes d'équivalence, aux temps de pause, aux durées maximales quotidienne et hebdomadaire de travail, aux durées maximales quotidienne et hebdomadaire de travail de nuit et à la durée minimale de repos quotidien prévues par les conventions et accords collectifs applicables aux établissements et services qui les emploient.

Les salariés placés par les établissements et services mentionnés au I ne sont pas soumis aux stipulations relatives aux régimes d'équivalence, aux temps de pause, aux durées maximales quotidienne et hebdomadaire de travail, aux durées maximales quotidienne et hebdomadaire de travail de nuit et à la durée minimale de repos quotidien prévues par la convention collective des salariés du particulier employeur.

III. — La durée d'une intervention au domicile d'une personne mentionnée au II ou en dehors du domicile dans le cadre des séjours dits de répit aidants-aidés mentionnés au I du présent article ne peut excéder six jours consécutifs.

Le nombre de journées d'intervention ne peut excéder, pour chaque salarié, un plafond de quatre-vingt-quatorze jours, apprécié sur chaque période de douze mois consécutifs.

La totalité des heures accomplies pour le compte des établissements ou services mentionnés aux 2°, 6° et 7° du I de l'article L. 312-1 du code de l'action sociale et des familles par un salarié ne peut excéder un plafond de quarante-huit heures par semaine en moyenne, apprécié sur chaque période de quatre mois consécutifs. Pour l'appréciation de ce plafond, l'ensemble des heures de présence au domicile ou en établissement, ou sur le lieu de vacances lorsqu'il s'agit des séjours dits de répit aidants-aidés mentionnés au I du présent article, est pris en compte.

Les salariés bénéficient au cours de chaque période de vingt-quatre heures d'une période minimale de repos de onze heures consécutives. Cette période de repos peut être soit supprimée, soit réduite.

L'intervention ouvre droit à un repos compensateur équivalent aux périodes de repos et de pause dont les salariés n'ont pu bénéficier, qui peut être accordé en partie pendant l'intervention.

Un décret définit les conditions dans lesquelles l'établissement ou le service employant ou plaçant le salarié s'assure de l'effectivité du repos compensateur lorsque celui-ci est accordé pendant l'intervention.

IV. — En cas de décès du conjoint employeur, il est permis au conjoint survivant non employeur de poursuivre le contrat de travail avec l'aide à domicile employé, sous réserve de l'accord de ce dernier, sous la forme d'un avenant au contrat de travail.

V. — Les autorités compétentes mentionnées au deuxième alinéa du I, en liaison avec les établissements et services expérimentateurs, remettent un rapport d'évaluation aux ministres chargés des personnes âgées et des personnes handicapées au plus tard douze mois avant l'échéance de la période d'expérimentation mentionnée au même I.

Le Gouvernement remet au Parlement, au plus tard six mois avant l'échéance de cette période d'expérimentation, un rapport d'évaluation des expérimentations mentionnées audit I, à partir notamment des contributions des autorités mentionnées au deuxième alinéa du même I et des établissements et services expérimentateurs.

VI. — Les conditions d'application du présent article sont fixées par décret.

Les frais d'ingénierie et d'évaluation de l'expérimentation mentionnée à l'art. 53 de la L. n° 2018-727 du 10 août 2018 pour un État au service d'une société de confiance sont financés par la Caisse nationale de solidarité pour l'autonomie (L. préc., art. 55-II).

Art. L. 232-3-3 *(L. n° 2015-1776 du 28 déc. 2015, art. 52)* **En cas de nécessité, le montant du plan d'aide peut être ponctuellement augmenté au-delà du plafond mentionné à l'article L. 232-3-1, jusqu'à un montant fixé par décret, pour faire face à l'hospitalisation d'un proche aidant.**

Un décret précise les modalités d'application du présent article, notamment les situations pouvant faire l'objet de l'augmentation prévue au premier alinéa ainsi que les conditions dans lesquelles la demande d'aide est formulée et la dépense prise en charge par le département, en particulier en urgence.

Art. L. 232-4 *(L. n° 2015-1776 du 28 déc. 2015, art. 41-I-3°)* **« L'allocation personnalisée d'autonomie est égale au montant de la fraction du plan d'aide que le bénéficiaire utilise, diminué d'une participation à la charge de celui-ci.**

« Cette participation est calculée et actualisée au 1er janvier de chaque année, en fonction de ses ressources déterminées dans les conditions fixées aux articles L. 132-1 et L. 132-2 et du montant du plan d'aide, selon un barème national revalorisé chaque année au 1er janvier en application de l'article L. 232-3-1.

« Lorsque le bénéficiaire recourt à un service d'aide et d'accompagnement à domicile financé par forfait global dans le cadre d'un contrat pluriannuel d'objectifs et de moyens prévu à l'article L. 313-11-1, son allocation et sa participation peuvent, dans des conditions définies par décret, être calculées de façon forfaitaire au regard du plan d'aide qu'il a accepté. »

Les rentes viagères ne sont pas prises en compte pour le calcul des ressources de l'intéressé lorsqu'elles ont été constituées en sa faveur par un ou plusieurs de ses enfants ou lorsqu'elles ont été constituées par lui-même ou son conjoint pour se prémunir contre le risque de perte d'autonomie.

De même, ne sont pas pris en compte, pour le calcul des ressources de l'intéressé, les concours financiers apportés par les enfants pour les prises en charge nécessitées par la perte d'autonomie de leurs parents, ainsi que certaines prestations sociales à objet spécialisé dont la liste est fixée par voie réglementaire.

COMMENTAIRE

Bien que ne conditionnant pas l'admission à l'APA, les ressources du demandeur sont cependant prises en compte pour en déterminer le montant. Autrement dit, l'allocation varie dans son montant, d'une part en fonction du degré de dépendance qui commande évidemment la nature et le coût de l'aide, d'autre part en fonction des ressources du demandeur.

Une fois établi le montant global de l'aide, reste ainsi à la charge du bénéficiaire, et selon ses revenus, une « participation », appelée aussi « ticket modérateur ». C'est un barème national, défini par décrets, qui détermine cette participation. La loi du 28 décembre 2015 d'adaptation de la société au vieillissement a ajouté une disposition concernant l'APA à domicile : elle indique que l'allocation ainsi que la part revenant au bénéficiaire peuvent être établies forfaitairement. ❑

Ressources et révision du montant. La non-prise en compte, pour l'application des articles L. 232-3 et L. 232-4, des ressources de l'intéressée par suite d'une erreur lors de l'instruction de sa demande constitue un élément nouveau de nature à remettre en cause le bien-fondé de la décision initiale et à procéder à sa révision et, le cas échéant, à la récupération de l'indu • Comm. centr. aide soc. 12 sept. 2007, dossier n° 041557 : *CJAS n° 2008/3.*

Art. L. 232-5 *(L. n° 2001-647 du 20 juill. 2001 ; L. n° 2002-2 du 2 janv. 2002, art. 75-I)* **Pour l'application de l'article L. 232-3, sont considérées comme résidant à domicile les personnes accueillies dans les conditions fixées par les articles L. 441-1 à** *(L. n° 2015-1776 du 28 déc. 2015, art. 41-I-4°)* **« L. 444-9 » ou hébergées dans un établissement visé** *(L. n° 2015-1776 du 28 déc. 2015, art. 41-I-4°)* **« au second alinéa du II et aux III et IV de l'article L. 313-12 ».**

COMMENTAIRE

L'article L. 232-5 inclut dans les bénéficiaires potentiels de l'APA à domicile, et non de l'APA en établissement, les personnes âgées hébergées chez des particuliers (art. L. 441-1 à L. 444-9) ou dans certains établissements (il s'agit d'établissements d'une capacité d'accueil inférieure à 25 places) pouvant déroger aux règles de tarification de droit commun (art. L. 313-12, II). ❑

1. APA à domicile et nature de l'établissement. En vertu de l'art. L. 232-5 du CASF, les personnes hébergées dans un établissement visé au II de l'art. L. 313-12 de ce code sont regardées comme « résidant à domicile » pour l'application des dispositions relatives à l'APA ; il résulte, des dispositions combinées du II de l'art. L. 313-12 et de l'art. 4 du décret du 20 nov. 2001 pris pour son application, que sont seuls visés par ces dispositions les établissements assurant l'hébergement des personnes âgées dont la capacité est inférieure à vingt-cinq places. • CE 27 oct. 2008, n° 287446.

2. Affectation de l'APA et accueil familial. L'allocation personnalisée d'autonomie à laquelle peut prétendre une personne accueillie au domicile d'un accueillant familial doit notamment couvrir, en application de l'art. R. 232-8 CASF, les services rendus par les accueillants familiaux ; par suite, les dispositions d'un règlement départemental limitant aux seuls « frais spécifiques » et « indemnités de sujétions particulières » la prise en charge par l'allocation personnalisée d'autonomie des dépenses liées à la dépendance, instaurent un régime moins favorable que celui prévu par l'art. R. 232-8 et doivent dès lors être annulées. • CE 28 nov. 2014, *Dpt de Tarn-et-Garonne*, n° 365733 B.

3. Aide sociale à l'hébergement et accueil familial. Lorsqu'une personne âgée bénéficie d'un placement à titre onéreux chez un accueillant familial, la prise en charge à laquelle elle peut prétendre au titre de l'aide sociale à l'hébergement doit être déterminée en considération d'un plafond constitué par la rémunération des services rendus par l'accueillant, les indemnités de congé auquel ce dernier a droit et une indemnité éventuelle pour sujétions particulières, telles que prévues par le contrat conclu entre la personne âgée et l'accueillant, dans le respect, le cas échéant, du montant maximal de prise en charge préalablement fixé dans la convention conclue entre le département et l'accueillant familial et accompagnant l'habilitation de ce dernier à recevoir des bénéficiaires de l'aide sociale ; par suite, un conseil général ne saurait légalement décider que la prise en charge par l'aide sociale des personnes âgées bénéficiant d'un accueil familial sera plafonnée au coût le plus élevé d'un accueil en structure privée dans le département. • CE 28 nov. 2014, *Dpt de Tarn-et-Garonne*, n° 365733 : *préc. note 2.*

Art. L. 232-6 *(L. n° 2015-1776 du 28 déc. 2015, art. 41-I-5°)* « L'équipe médico-sociale :

« **1° Apprécie le degré de perte d'autonomie du demandeur, qui détermine l'éligibilité à la prestation, sur la base de la grille nationale mentionnée à l'article L. 232-2 ;**

« **2° Évalue la situation et les besoins du demandeur et de ses proches aidants. Cette évaluation est réalisée dans des conditions et sur la base de référentiels définis par arrêté du ministre chargé des personnes âgées ;** — *Le 2° de l'art. L. 232-6, dans sa rédaction issue de la L. n° 2015-1776 du 28 déc. 2015, entre en vigueur à la date de publication du décret revalorisant le plafond du plan d'aide prévu à l'art. L. 232-3-1, dans sa rédaction issue de la même loi, sans attendre la publication de l'arrêté prévu à ce même 2° (L. préc., art. 88-II). — V. Arr. du 5 déc. 2016 fixant le référentiel d'évaluation multidimensionnelle de la situation et des besoins des personnes âgées et de leurs proches aidants, prévu par l'art. L. 232-6 CASF (JO 11 déc.).*

« **3° Propose le plan d'aide mentionné à l'article L. 232-3, informe de l'ensemble des modalités d'intervention existantes et recommande celles qui lui paraissent les plus appropriées compte tenu du besoin d'aide et de la perte d'autonomie du bénéficiaire et des besoins des proches aidants, ainsi que des modalités de prise en charge du bénéficiaire en cas d'hospitalisation de ces derniers.** *(L. n° 2022-1616 du 23 déc. 2022, art. 75-I, en vigueur le 1er janv. 2024)* « **L'équipe propose, selon les besoins de la personne, un temps consacré au lien social concourant à prévenir la perte d'autonomie, dans les limites d'un volume horaire défini par décret. Lorsque la personne accepte d'en bénéficier, le président du conseil départemental augmente le montant du plan d'aide, le cas échéant au***[-]***delà du plafond mentionné à l'article L. 232-3-1. » L'information fournie sur les différentes modalités d'intervention est garante du libre choix du bénéficiaire et présente de manière exhaustive l'ensemble des dispositifs d'aide et de maintien à domicile dans le territoire concerné ;** — *V. dispositions transitoires de l'art. 75-I de la L. n° 2022-1616 du 23 déc. 2022 ss. le présent art.*

« **4° Identifie les autres aides utiles, dont celles déjà mises en place, au soutien à domicile du bénéficiaire, y compris dans un objectif de prévention, ou au soutien de ses proches aidants, non prises en charge au titre de l'allocation qui peut lui être attribuée. »**

Dans les cas de perte d'autonomie les plus importants déterminés par voie réglementaire, lorsque le plan d'aide prévoit l'intervention d'une tierce personne à domicile, l'allocation personnalisée d'autonomie est, sauf refus exprès du bénéficiaire, affectée à la rémunération d'un service prestataire d'aide à domicile *(Abrogé par L. n° 2015-1776 du 28 déc. 2015, art. 41-I-5°)* ***« agréé dans les conditions fixées à l'article L. 129-1 du code du travail ».***

Quel que soit le degré de perte d'autonomie du bénéficiaire de l'allocation personnalisée d'autonomie, le montant de celle-ci est modulé, dans des conditions fixées par voie réglementaire, suivant l'expérience et le niveau de qualification de la tierce personne ou du service d'aide à domicile auquel il fait appel.

COMMENTAIRE

La procédure d'admission à l'APA, après dépôt de la demande, fait intervenir une « équipe médico-sociale », constituée de professionnels sociaux et médico-sociaux chargés pour chaque demande d'évaluer le degré de dépendance de la personne et de proposer un « plan d'aide ». La mise en place de ce dispositif d'intervention fait l'objet de conventions signées entre le département, les organismes de sécurité sociale ainsi que des organismes publics sociaux et médico-sociaux (art. L. 232-13). Ce montage institutionnel, dont le but est de coller au plus près des besoins concrets du demandeur, présente un aspect contrasté ; s'il obéit à une logique, classique en aide sociale, d'appréciation du besoin *in concreto* et non uniquement à partir d'un cadre juridique abstrait comme dans les droits sociaux objectifs, il revêt cependant un caractère novateur dans la mesure où il fait reposer le dispositif sur une approche très souple et adaptable : la situation de la personne âgée dans son ensemble est en effet prise en compte pour définir et proportionner la prestation, consacrant ainsi une forme d'« individualisation » très poussée du droit.

La loi n° 2015-1776 du 28 décembre 2015 d'adaptation de la société au vieillissement a réécrit le premier alinéa de l'article L. 232-6 de façon à cadrer avec plus de précision la mission de l'équipe médico-sociale concernant l'élaboration du plan d'aide : il s'agit d'apprécier le degré d'autonomie, les besoins tant du demandeur que des aidants, de proposer le plan d'aide en informant le bénéficiaire et les aidants des modalités de mise en œuvre, d'évaluer les autres aides qui seraient utiles.

La LFSS n° 2022-1616 du 23 décembre 2022 (art. 75-1) a introduit une nouvelle mesure : l'équipe pluridisciplinaire qui élabore le plan d'aide peut aussi prévoir, pour la personne concernée, un temps consacré au lien social dans un but de prévention de la perte d'autonomie. ❑

Loi n° 2022-1616 du 23 décembre 2022,

De financement de la sécurité sociale pour 2023 (JO 24 déc.).

Art. 75 I. – *V. art. L. 232-6 mod.*

II. – *V. CSS, art. L. 223-9.* – **CSS.**

III. — A. — *(L. n° 2023-1250 du 26 déc. 2023, art. 16-III et V, en vigueur le 1er janv. 2024)* « Le I et le II, dans sa rédaction résultant de la loi n° 2023-1250 du 26 décembre 2023 de financement de la sécurité sociale pour 2024, » entrent en vigueur le 1er janvier 2024.

B. — L'article L. 232-6 du code de l'action sociale et des familles, dans sa rédaction résultant du I du présent article, s'applique aux plans d'aide mentionnés à l'article L. 232-3 du même code qui sont proposés par l'équipe médico-sociale ou dont la réévaluation est sollicitée par le bénéficiaire de l'allocation personnalisée d'autonomie à compter de la date mentionnée au A du présent III.

C. — Les présidents de conseils départementaux réévaluent l'ensemble des plans d'aide en cours à la date mentionnée au A afin que l'équipe médico-sociale propose aux bénéficiaires de l'allocation personnalisée d'autonomie le temps consacré au lien social prévu à l'article L. 232-6 du code de l'action sociale et des familles au plus tard le 31 décembre 2028.

Art. L. 232-7 *(L. n° 2001-647 du 20 juill. 2001)* **Dans le délai d'un mois à compter de la notification de la décision d'attribution de la prestation, le bénéficiaire doit déclarer au président du conseil départemental le ou les salariés ou le service d'aide à domicile à la rémunération desquels est utilisée l'allocation personnalisée d'autonomie. Tout changement ultérieur de salarié ou de service doit être déclaré dans les mêmes conditions.**

(Abrogé par L. n° 2015-1776 du 28 déc. 2015, art. 41-I-6°) ***« Si le bénéficiaire choisit de recourir*** *(L. n° 2005-841 du 26 juill. 2005, art. 7)* ***« à un salarié ou » à un service d'aide à domicile agréé dans les conditions fixées à l'article L. 129-1 du code du travail, l'allocation personnalisée d'autonomie destinée à le rémunérer peut être versée sous forme de*** *(L. n° 2005-841 du 26 juill. 2005, art. 7)* ***« chèque emploi-service universel ». »***

Le bénéficiaire de l'allocation personnalisée d'autonomie peut employer un ou plusieurs membres de sa famille, à l'exception de son conjoint ou de son concubin ou de la personne avec laquelle il a conclu un pacte civil de solidarité. Le lien de parenté éventuel avec son salarié est mentionné dans sa déclaration.

(L. nº 2003-289 du 31 mars 2003, art. 2) **« A la demande du président du conseil départemental, le bénéficiaire de l'allocation personnalisée d'autonomie est tenu de produire tous les justificatifs de dépenses correspondant au montant de l'allocation personnalisée d'autonomie qu'il a perçu et de sa participation financière ».**

Le versement de l'allocation personnalisée d'autonomie peut être suspendu à défaut de la déclaration mentionnée au premier alinéa dans le délai d'un mois, si le bénéficiaire n'acquitte pas la participation mentionnée à l'article L. 232-4, *(L. nº 2003-289 du 31 mars 2003, art. 2)* **« si le bénéficiaire ne produit pas dans un délai d'un mois les justificatifs mentionnés à l'alinéa précédent » ou, sur rapport de l'équipe médico-sociale mentionnée à l'article L. 232-3, soit en cas de non-respect des dispositions de l'article L. 232-6, soit si le service rendu présente un risque pour la santé, la sécurité ou le bien-être physique ou moral de son bénéficiaire.**

COMMENTAIRE

L'article L. 232-7 comporte notamment deux dispositions qui méritent d'être soulignées. La première, déjà en vigueur dans le cadre de la PSD, découle directement de ce que l'APA est une prestation en nature, donc spécialisée : le bénéficiaire doit justifier régulièrement, à peine de suspension de l'allocation (al. 4), des modalités concrètes de son utilisation en conformité avec le plan d'aide (al. 1er). La loi du 31 mars 2003 a renforcé à cet égard les pouvoirs du président du conseil départemental puisque celui-ci peut désormais demander au bénéficiaire de produire, dans le délai d'un mois, tous les justificatifs de dépenses correspondant au montant de l'allocation personnalisée d'autonomie qu'il a perçu et de sa participation financière : possibilité qui implique, en pratique, que le bénéficiaire conserve l'ensemble des justificatifs de dépenses financées au titre de l'APA.

La seconde, quant à elle, se révèle particulièrement originale : la loi prévoit en effet que l'allocation peut servir à rémunérer des membres de la famille de l'allocataire à l'exception du conjoint, concubin ou partenaires d'un PACS ; il s'agit donc bien là, on le voit, d'une solution novatrice puisqu'elle revient à rémunérer des activités qui, longtemps, ont été animées par des logiques d'échanges au sein des solidarités familiales : ce qui constitue une reconnaissance indéniable de ce travail antérieurement masqué, tout en permettant à l'entourage familial de rester impliqué.

Cet article a fait l'objet de légères modifications pour s'accorder aux dispositions de la loi nº 2005-841 du 26 juillet 2005 relative au développement des services à la personne et portant diverses mesures en faveur de la cohésion sociale ; est visé notamment le recours au nouvel instrument que constitue le « chèque emploi-service universel », auquel on peut donc recourir pour rémunérer les professionnels intervenant, dans le cadre de la prise en charge des personnes âgées dépendantes, à leur domicile.

1. Refus de recourir à un service prestataire. Si le président d'un conseil général est fondé à exiger le recours à un service prestataire pour l'aide à domicile d'une personne bénéficiaire de l'APA classée en GIR 2, il ne peut le faire en cas de refus exprès de celle-ci inscrit sur le plan d'aide ; par suite, il ne saurait décider, dès lors que l'intéressée avait clairement exprimé son refus de recourir à un service prestataire dans le plan d'aide qui lui avait été proposé, de suspendre le versement de l'APA. • Comm. centr. aide soc. 25 janv. 2006 : *CJAS nº 2006/02, p. 169.*

2. Rattrapage des heures non effectuées. Lorsque l'absence d'une aide ménagère prive la personne qui reçoit ordinairement ses services de tout ou partie de ceux-ci pendant une courte période, aucune disposition législative ou réglementaire ne fait obstacle à ce que les heures non travaillées pendant cette période soient rattrapées ultérieurement, pourvu que la moyenne mensuelle soit conforme au plan d'aide et que la période pendant laquelle ce rattrapage est effectué ne soit pas longue ; par suite, doit être annulée la décision du président du conseil général de récupérer, en l'absence des justificatifs demandés au titre de chaque mois de versement, les sommes correspondant aux heures qui n'ont pas été utilisées conformément au plan d'aide établi par l'équipe médico-sociale. • Comm. centr. aide soc. 25 janv. 2006 : *CJAS nº 2006/02, p. 181.*

3. Absence de justificatifs. Dès lors que l'allocataire ne conteste pas la non-utilisation de l'APA à l'emploi d'un salarié à domicile, du fait que son aide ménagère habituelle était constamment absente, tout en précisant que les sommes ont exclusivement été utilisées à des fins de paiement des médecins, ambulances et divers médicaments, ce n'est pas à tort que le président du conseil général a décidé la récupération comme indue de la somme versée au titre de l'APA : cette somme pouvant toutefois être réduite au titre de l'achat de médicaments, lorsque l'achat de ceux-ci fait l'objet de justificatifs. • Comm. centr. aide soc. 25 janv. 2006 : *CJAS n° 2006/02, p. 185.* ♦ L'APA forfaitaire attribuée en application de l'art. L. 232-14 à compter de la date d'ouverture des droits jusqu'à notification de la décision expresse constitue une avance ne dispensant pas l'intéressée de produire dans les conditions de droit commun tous les justificatifs de dépenses demandés par le président du conseil général ; par suite, en l'absence de justificatifs couvrant la totalité des sommes versées à l'intéressée par le département, celui-ci est en droit de récupérer l'avance d'allocation indûment perçue • Comm. centr. aide soc. 20 juin 2007, dossier n° 060526 : *CJAS n° 2008/3* • 7 févr. 2008, dossier n° 050474 : *CJAS n° 2008/6.*

4. Inutilisation partielle de l'aide. Si, au terme du contrôle de l'effectivité de l'aide et au vu des justificatifs mensuels fournis par l'intéressée, il ressort que celle-ci n'a pas utilisé une partie des sommes versées au titre de l'APA à domicile, est justifiée la décision de récupérer les sommes qui n'ont pas été utilisées à la réalisation du plan d'aide et à l'achat de matériel • Comm centr. aide soc. 6 févr. 2008, dossier n° 042048 : *CJAS n° 2008/6.*

SOUS-SECTION 2 Allocation personnalisée d'autonomie en établissement

Art. L. 232-8 I. — *(L. n° 2001-647 du 20 juill. 2001 ; L. n° 2002-2 du 2 janv. 2002, art. 75-I) (L. n° 2008-1330 du 17 déc. 2008, art. 63-IV)* **« Lorsque le bénéficiaire de l'allocation personnalisée d'autonomie est hébergé dans un établissement mentionné à l'article L. 313-12, sa participation » est calculée en fonction de ses ressources, déterminées dans les conditions fixées aux articles L. 132-1 et L. 132-2** *(Abrogé par L. n° 2001-1246 du 21 déc. 2001, art. 30-III) « ainsi qu'au deuxième alinéa de l'article L. 232-4 »*, **selon un barème national revalorisé au 1er janvier de chaque année comme les pensions aux termes de la loi de financement de la sécurité sociale.**

Les rentes viagères ne sont pas prises en compte pour le calcul des ressources de l'intéressé lorsqu'elles ont été constituées en sa faveur par un ou plusieurs de ses enfants ou lorsqu'elles ont été constituées par lui-même ou son conjoint pour se prémunir contre le risque de perte d'autonomie.

(L. n° 2001-1246 du 21 déc. 2001, art. 30-III) **« De même, ne sont pas pris en compte, pour le calcul des ressources de l'intéressé, les concours financiers apportés par les enfants pour les prises en charge nécessitées par la perte d'autonomie de leurs parents, ainsi que certaines prestations sociales à objet spécialisé dont la liste est fixée par voie réglementaire. »**

II. — *(L. n° 2008-1330 du 17 déc. 2008, art. 63-IV)* **« Le forfait global mentionné au 2° de l'article L. 314-2 » n'inclut pas la participation des résidents prévue au I du présent article.**

Les tarifs afférents à la dépendance pour les résidents bénéficiaires de l'allocation personnalisée d'autonomie en établissement relevant d'autres départements que celui du président du conseil départemental qui a le pouvoir de tarification sont calculés conformément *(L. n° 2015-1776 du 28 déc. 2015, art. 58-I-2°)* **« au 2° du I de l'article L. 314-2 » et versés directement à l'établissement, le cas échéant, sous forme de dotation globale. Ces versements sont pris en compte pour le calcul** *(L. n° 2008-1330 du 17 déc. 2008, art. 63-IV)* **« du forfait global afférent » à la dépendance.**

Les modalités d'application du présent article sont fixées par voie réglementaire.

COMMENTAIRE

Lorsque la personne âgée est placée dans un établissement visé à l'article L. 312-1, et qu'elle a besoin d'une aide pour l'accomplissement des actes essentiels de la vie ou nécessite une surveillance régulière (art. L. 232-1), elle peut bénéficier de l'allocation personnalisée d'autonomie. Naturellement, c'est à l'établissement d'accueil qu'il revient d'organiser les services nécessaires à la prise en charge de sa dépendance, cela venant s'ajouter aux prestations classiques d'hébergement qu'il assume et éventuellement aux prestations de soins médicaux qu'il délivre. C'est pourquoi, en établissement, l'APA est destinée à permettre au bénéficiaire d'acquitter le « tarif dépendance » qui y est appliqué ; dans les établissements, une équipe médico-sociale procède à une évaluation du degré de perte d'autonomie de la personne, ce qui a pour effet de la ranger dans l'un des groupes de la grille nationale ; cette opération permet d'établir le tarif qui lui est applicable et, au-delà, de déterminer le montant de l'allocation qui lui sera versée après prise en compte de ses ressources. La tarification des établissements d'hébergement de personnes âgées dépendantes (EHPAD) comporte en effet un budget spécifique à la prise en charge de la perte d'autonomie auquel correspond un tarif propre aux services proposés (art. L. 314-2 et L. 314-9).

Cette disposition a été réécrite partiellement et modifiée par la LFSS n° 2008-1330 du 17 décembre 2008 : les alinéas 1 et 2 ont été fondus de façon à simplifier la formulation concernant la participation du bénéficiaire de l'APA à la prise en charge des frais occasionnés par sa dépendance ; de même, sont précisées les règles de tarification relatives à la dépendance.

1. Tarifs applicables et domicile de secours. Il résulte de l'art. L. 232-8 qu'une personne placée dans un établissement relevant d'un département dans lequel elle n'a pas son domicile de secours est soumise aux tarifs afférents à la dépendance fixés par ce département pour les bénéficiaires de l'APA, même si ces tarifs sont moins favorables que ceux fixés par le département dans lequel elle a son domicile de secours. • Comm. centr. aide soc. 5 juill. 2006 : *CJAS n° 2006/05, p. 167.*

2. Entrée en établissement d'un bénéficiaire de l'APA à domicile. Dès lors qu'ils ont bénéficié à leur entrée dans une maison de retraite d'une APA en établissement, les intéressés ne pouvaient pas cumuler celle-ci avec une APA à domicile ; dans ces conditions, l'indu étant constitué, le département est en droit de procéder à sa récupération • Comm. centr. aide soc. 21 juin 2007, dossier n° 060527 : *CJAS n° 2008/3.*

3. Étendue des pouvoirs du ministre sur les directeurs d'ARS. Les ministres auteurs d'une circulaire qui, après avoir constaté que l'enveloppe budgétaire nationale de l'année 2011 ne permettait de financer les forfaits globaux relatifs aux soins qu'à hauteur des engagements déjà souscrits par l'État dans le cadre des conventions existantes, ont fixé en conséquence aux directeurs généraux des agences régionales de santé l'instruction de ne prendre aucun engagement conventionnel nouveau ayant des effets budgétaires sur l'année 2011 de ceux que permettent la disponibilité de crédits issus d'opérations abandonnées n'ont fait que déterminer la conduite à tenir, au nom de l'État, dans le cadre de la négociation et de la signature des futures conventions de financement tripartites ; par suite, ils n'ont ni méconnu les dispositions des art. L. 313-12, L. 314-2 et L. 314-3 qu'il leur revenait d'appliquer, ni porté atteinte à la liberté contractuelle des autres parties à la convention. • CE 12 déc. 2012, *SYNERPA : Lebon 414 ; AJDA 2013. 481, concl. Vialettes ; RDSS 2013. 275, note Leleu.*

4. Conditions de reversement des ressources allouées à la dépendance. Pour un exercice donné, la dotation budgétaire afférente à la dépendance constitue non la simple sommation d'allocations calculées bénéficiaire par bénéficiaire mais un concours financier global qui n'est pas susceptible de faire l'objet, *a posteriori*, d'une reprise en proportion de l'activité effectivement constatée de l'établissement ; par suite, les ressources ainsi allouées ne peuvent donner lieu à un reversement, en application de l'art. R. 314-104 CASF, que si elles ont couvert des dépenses sans rapport avec celles pour lesquelles elles étaient prévues ou si l'établissement n'est pas en mesure de justifier de leur emploi. • CE 7 janv. 2013, *SARL Tiers Temps,* n° 343126 B : *RDSS 2013. 126, concl. Lallet.* ♦ Au demeurant, l'évolution éventuelle du degré de perte d'autonomie moyen des résidents de l'établissement au cours d'un exercice est, le cas échéant, prise en compte, dans les conditions prévues à l'art. R. 314-184, pour la fixation de la dotation afférente à la dépendance au titre de l'exercice suivant. • Même arrêt.

5. Prise en compte des capitaux. Lorsque le bénéficiaire de l'APA dispose de capitaux qui ont fait l'objet d'un placement, seuls doivent être pris en considération les revenus de ce placement qui sont assujettis à l'impôt sur le revenu au cours de l'année de référence, que ce soit après déclaration par l'intéressé ou par retenue à la source. • CE 24 mai 2017, n° 404185 B.

6. Calcul du revenu fiscal de référence. Pour l'application du 1er al. de l'art. L. 232-8, le revenu déclaré de l'année de référence mentionné sur le dernier avis d'imposition ou de non-imposition, pris en compte pour l'appréciation des ressources en vue du calcul de la participation d'un bénéficiaire de l'allocation personnalisée d'autonomie hébergé dans un établissement, doit s'entendre comme correspondant à la somme arithmétique des revenus catégoriels tels qu'ils doivent être déclarés à l'administration fiscale pour le calcul de l'impôt sur le revenu, avant toute déduction ou tout abattement. • CE 7 nov. 2022, n° 460787 B.

Art. L. 232-9 *(L. n° 2001-647 du 20 juill. 2001 ; L. n° 2002-2 du 2 janv. 2002, art. 75-I)* **Il est garanti aux personnes accueillies dans les établissements visés à l'article L. 232-8 habilités à recevoir des bénéficiaires de l'aide sociale départementale, un montant minimum tenu à leur disposition après paiement des prestations à leur charge mentionnées aux 2° et 3°** *(L. n° 2015-1776 du 28 déc. 2015, art. 58-I-3°)* **« du I » de l'article L. 314-2 dont le montant, réévalué chaque année, est fixé par voie réglementaire.** — *V. Arr. du 18 mars 2003 (JO 2 avr.).*

Régime de la garantie. La garantie instituée par l'art. L. 232-9 en faveur des bénéficiaires de l'APA en établissement s'exerce de plein droit ; par suite, lorsque les personnes accueillies dans des établissements habilités à accueillir des bénéficiaires de l'aide sociale sont requises de participer aux frais afférents à la prise en charge de leur dépendance et qu'elles ne sont pas en mesure de satisfaire à cette exigence sans que les ressources laissées à leur disposition passent en dessous d'un niveau garanti, il appartient au président du conseil général de rechercher si les intéressés sont éligibles à l'aide sociale aux personnes âgées et, le cas échéant, de la leur accorder à compter de la date d'ouverture des droits à l'APA. • Comm. centr. aide soc. 12 sept. 2005 : *CJAS n° 2006/01, p. 109.*

Art. L. 232-10 *(L. n° 2001-647 du 20 juill. 2001 ; L. n° 2002-2 du 2 janv. 2002, art. 75-I)* **Lorsque les conjoints, les concubins ou les personnes ayant conclu un pacte civil de solidarité résident, l'un à domicile, l'autre dans un établissement, le montant des prestations mentionnés** *[mentionnées]* **aux 2° et 3°** *(L. n° 2015-1776 du 28 déc. 2015, art. 58-I-3°)* **« du I » de l'article L. 314-2 restant à la charge de ce dernier est fixé de manière qu'une partie des ressources du couple correspondant aux dépenses courantes de celui des conjoints, concubins ou personnes ayant conclu un pacte civil de solidarité restant à domicile lui soit réservée par priorité.**

Cette somme ne peut être inférieure à un montant fixé par décret. Elle est déduite des ressources du couple pour calculer les droits à l'allocation personnalisée d'autonomie et à l'aide sociale visée à l'article L. 231-4 auxquels peut prétendre celui des conjoints, des concubins ou des personnes ayant conclu un pacte civil de solidarité qui est accueilli en établissement.

COMMENTAIRE

L'article L. 232-10, ainsi que celui qui précède (art. L. 232-9), ont pour objet de protéger les ressources du bénéficiaire ainsi que celles à la disposition du conjoint, du concubin ou du partenaire d'un PACS.

L'article L. 232-9 prévoit ainsi de laisser une somme minimale à la disposition de la personne hébergée, somme qui doit représenter 1 % du minimum vieillesse ; c'est la solution classique dite « de l'argent de poche », qui s'applique également à d'autres prestations sociales telles que, en particulier, l'allocation aux adultes handicapés (CSS, art. L. 821-6).

Quant à l'article L. 232-10, il prévoit d'assurer cette fois-ci au conjoint, au concubin ou au partenaire d'un PACS lorsque celui-ci est resté au domicile du couple, une protection globalement comparable : une somme, égale en pratique au montant de l'allocation aux vieux travailleurs augmentée de l'allocation supplémentaire du FSV, est alors déduite des ressources du couple pour calculer le montant de l'APA. ❑

Art. L. 232-11 *(L. n° 2001-647 du 20 juill. 2001)* **Les droits à prestation de la personne accueillie en établissement sont examinés au regard de l'allocation personnalisée d'autonomie puis au titre de l'aide sociale prévue à l'article L. 231-4.**

Si la participation au titre de l'allocation personnalisée d'autonomie mentionnée au premier alinéa du I de l'article L. 232-8 ne peut être acquittée par un résident, celle-ci peut être prise en charge par l'aide sociale prévue à l'article L. 231-4 dans les conditions prévues au livre I.

COMMENTAIRE

L'article L. 232-11 organise une articulation entre l'allocation personnalisée d'autonomie et l'aide sociale à l'hébergement des personnes âgées. Il est ainsi prévu que, si une personne âgée ne peut acquitter sa participation au tarif « perte d'autonomie » de l'établissement où elle est prise en charge, c'est l'aide sociale à l'hébergement (art. L. 231-4) qui peut alors l'assumer, en application du droit posé en principe général à l'article L. 113-1. ❑

Obligations incombant au président du conseil général. Lorsque les personnes accueillies dans des établissements habilités à accueillir des bénéficiaires de l'aide sociale sont requises de participer aux frais afférents à la prise en charge de leur dépendance et qu'elles ne sont pas en mesure de satisfaire à cette exigence sans que les ressources laissées à leur disposition passent en dessous d'un niveau garanti, il appartient au président du conseil général, en application de l'art. L. 232-11, de rechercher si les intéressés sont éligibles à l'aide sociale aux personnes âgées et, le cas échéant, de la leur accorder à compter de la date d'ouverture des droits à l'APA. • Comm. centr. aide soc. 12 sept. 2005 : *CJAS n° 2006/01, p. 109.*

SECTION 2 Gestion de l'allocation personnalisée d'autonomie

Art. L. 232-12 *(L. n° 2001-647 du 20 juill. 2001)* **L'allocation personnalisée d'autonomie est accordée par décision du président du conseil départemental et servie par le département sur proposition** *(L. n° 2015-1776 du 28 déc. 2015, art. 41-I-7°)* **« de l'équipe médico-sociale mentionnée à l'article L. 232-6. »**

*(Abrogé par L. n° 2015-1776 du 28 déc. 2015, art. 41-I-7°) « **Un décret précise les modalités de fonctionnement et la composition de cette commission qui réunit notamment des représentants du département et des organismes de sécurité sociale.** » — V. art. D. 232-25 et D. 232-26.*

En cas d'urgence attestée, d'ordre médical ou social, le président du conseil départemental attribue l'allocation personnalisée d'autonomie à titre provisoire, et pour un montant forfaitaire fixé par décret, à dater du dépôt de la demande et jusqu'à l'expiration du délai de deux mois prévu au *(L. n° 2015-1776 du 28 déc. 2015, art. 41-I-7°)* **« quatrième alinéa » de l'article L. 232-14.**

(L. n° 2007-290 du 5 mars 2007, art. 51-II) **« L'allocation personnalisée d'autonomie est servie aux personnes sans domicile stable dans les conditions prévues au chapitre IV du titre VI du livre II. »** — *Entrée en vigueur le 1er juill. 2007.*

COMMENTAIRE

Comme cela était déjà le cas pour la PSD, l'allocation personnalisée est accordée par le président du conseil départemental du département où le demandeur a son domicile de secours. Cependant, la loi du 20 juillet 2001 a modifié le processus décisionnel en exigeant que la décision d'attribution soit prise sur proposition d'une nouvelle commission : la commission de l'allocation personnalisée d'autonomie. On a donc prévu l'intervention d'une instance collégiale, qui réunit des représentants du département et des représentants des organismes de sécurité sociale, avec cependant un simple pouvoir de proposition puisque le président du conseil départemental n'est pas lié dans ses décisions.

De plus, à la différence de la PSD pour laquelle la date d'ouverture du droit était celle de la décision d'attribution, et pour pallier les difficultés qui en résultaient, une procédure d'urgence permet d'attribuer une allocation forfaitaire provisoire.

1. Absence de résidence stable et compétence du département. Il résulte, des art. L. 232-2 et L. 232-12 du CASF, que l'APA est, dans tous les cas de figure, à la charge non pas de l'État mais du département dans lequel le demandeur est domicilié ; le séjour, même prolongé, dans un établissement sanitaire et social n'est pas de nature à faire acquérir aux personnes, qui en sont dépourvues, un domicile stable. • CE 27 juill. 2005, *Dpt du Val-d'Oise : RDSS 2005. 1033, concl. Devys ; AJDA 2006. 52, note Rihal*. ♦ Le département débiteur de l'aide sociale des personnes sans résidence stable est celui dans le ressort duquel se trouve l'organisme, mentionné à l'art. L. 232-13 CASF, auprès duquel ces personnes ont élu domicile. • CE 24 juill. 2006, *Dpt de l'Aisne*, n° 278210 B.

2. Remboursement de l'allocation forfaitaire. Si l'APA forfaitaire accordée pour un montant correspondant au degré de perte d'autonomie le plus important à compter de la date d'ouverture des droits jusqu'à la notification de la décision définitive expresse concernant l'intéressé constitue une avance qui s'impute sur les montants de l'APA versés ultérieurement, elle constitue en revanche, lorsque l'intéressée se révèle inéligible à l'APA du fait de son classement dans le groupe iso-ressources 6, un paiement indu dont le département est en droit de lui demander le remboursement en un ou plusieurs versements conformément au 2e al. de l'art. R. 232-31, le pourcentage de 20 % prévu par cet article ne s'appliquant qu'aux récupérations d'indu par retenues sur le montant des allocations à échoir. • Comm. centr. aide soc. 4 juill. 2008, dossier n° 070394 : *CJAS n° 2009/2.*

Art. L. 232-13 *(L. n° 2001-647 du 20 juill. 2001)* **Une convention, dont les clauses respectent un cahier des charges fixé par arrêté interministériel, est conclue entre le département et les organismes de sécurité sociale pour organiser les modalités de leur coopération pour la mise en œuvre de l'allocation personnalisée d'autonomie à domicile.** — *V. Arr. du 10 janv. 2002, App., v° Personnes âgées.*

Des conventions portant sur tout ou partie de cette mise en œuvre, et particulièrement sur celle des plans d'aide, peuvent également être conclues entre le département et des institutions et organismes publics sociaux et médico-sociaux, notamment des centres communaux ou intercommunaux d'action sociale, des centres locaux

d'information et de coordination ou des organismes régis par le code de la mutualité ou des services d'aide à domicile *(Abrogé par L. nº 2015-1776 du 28 déc. 2015, art. 41-I-8º)* ***« agréés dans les conditions prévues à l'article L. 129-1 du code du travail ».*** **Toutefois, dans ce dernier cas, les institutions et organismes précédemment mentionnés ne peuvent participer à la mise en œuvre du plan d'aide qu'ils ont défini.**

(Abrogé par L. nº 2004-809 du 13 août 2004, art. 56-III) ***« Les départements assurent la coordination de l'action gérontologique dans le cadre d'un schéma arrêté conjointement par le président du conseil général et le représentant de l'État dans le département.***

« Le schéma définit les territoires de coordination de l'action gérontologique de proximité et établit des modalités d'information du public et de coordination des prestataires s'appuyant notamment sur des centres locaux d'information et de coordination. »

COMMENTAIRE

L'article L. 232-13 prévoit des instruments de mise en place d'un dispositif inter-institutionnel départemental pour la mise en œuvre de l'APA. S'agissant d'une prestation qui veut utiliser de façon souple les services et s'adapter au mieux à la situation de chaque demandeur, il est logique qu'un partenariat s'organise à un premier niveau entre département et organismes de sécurité sociale pour aménager sa mise en œuvre de façon cohérente, notamment pour ce qui est de l'intervention des équipes médico-sociales ; à un second niveau, des conventions peuvent coordonner l'action des organismes publics sociaux et médico-sociaux, des CCAS et des CIAS, des centres locaux d'information et de coordination (CLIC) et des services agréés. En ce qui concerne les CLIC, il s'agit donc de la consécration légale d'une structure à mi-chemin entre déconcentration et décentralisation, ce qui était proposé par le rapport Guinchard-Kunstler de 1999.

La loi nº 2004-809 du 13 août 2004 relative aux libertés et responsabilités locales ayant confié au département une mission de coordination de l'ensemble de l'action en faveur des personnes âgées (art. L. 113-2), ce même texte a logiquement abrogé deux des alinéas de l'article L. 232-13 qui situaient cette mission de coordination dans le cadre du schéma départemental arrêté conjointement par le président du conseil départemental et le représentant de l'État. Dorénavant, en cohérence avec le nouvel article L. 113-2 et conformément aux articles L. 312-4 et suivants modifiés, c'est le département seul qui élabore et adopte le schéma départemental. ❑

Art. L. 232-14 *(Abrogé par L. nº 2015-1776 du 28 déc. 2015, art. 41-I-9º) (L. nº 2001-647 du 20 juill. 2001)* ***« L'instruction de la demande d'allocation personnalisée d'autonomie comporte l'évaluation du degré de perte d'autonomie du demandeur et, s'il y a lieu, l'élaboration d'un plan d'aide par l'équipe médico-sociale mentionnée à l'article L. 232-3. »***

Lorsqu'il n'y a pas lieu d'élaborer un plan d'aide, un compte rendu de visite comportant des conseils est établi.

(L. nº 2003-289 du 31 mars 2003, art. 1er) **« A domicile, les droits à l'allocation personnalisée d'autonomie sont ouverts à compter de la date de la notification de la décision du président du conseil départemental mentionnée au premier alinéa de l'article L. 232-12.**

« Dans les établissements visés respectivement au I et au II de l'article L. 313-12 en tant qu'ils ne dérogent pas aux règles mentionnées au 1º de l'article L. 314-2, les droits à l'allocation personnalisée d'autonomie sont ouverts à compter de la date du dépôt d'un dossier de demande complet.

« Le président du conseil départemental dispose d'un délai de deux mois à compter de la date du dépôt du dossier de demande complet pour notifier au bénéficiaire sa décision relative à l'allocation personnalisée d'autonomie.

« Au terme de ce délai, à défaut d'une notification, l'allocation personnalisée d'autonomie est réputée accordée pour un montant forfaitaire fixé par décret, à compter de la date d'ouverture des droits mentionnés aux deux alinéas précédents, jusqu'à ce que la décision expresse le concernant soit notifiée à l'intéressé. »

L'allocation personnalisée d'autonomie fait l'objet d'une révision périodique. Elle peut être révisée à tout moment en cas de modification de la situation du bénéficiaire.

(Abrogé par L. nº 2015-1776 du 28 déc. 2015, art. 41-I-9º) ***« L'allocation personnalisée d'autonomie est versée mensuellement à son bénéficiaire. Toutefois, une partie de son mon-***

tant peut, compte tenu de la nature des dépenses, être versée selon une périodicité différente dans des conditions fixées par décret. » – *V. Décr. n° 2003-278 du 28 mars 2003 (JO 29 mars), mod. par Décr. n° 2003-1057 du 5 nov. 2003 (JO 7 nov.).*

COMMENTAIRE

Initialement, la loi n° 2001-647 du 20 juillet 2001 avait amélioré le dispositif de la PSD en prévoyant que les droits à l'APA à domicile étaient ouverts non plus à compter de la décision d'attribution mais à compter de la date de dépôt du dossier de demande complet : cette disposition ayant pour but d'éviter que le demandeur ne soit pénalisé par l'inertie éventuelle du département. La loi n° 2003-289 du 31 mars 2003 est revenue sur cette solution en prévoyant de nouveau que le droit à l'APA à domicile est ouvert à compter de la date de la notification de la décision du président du conseil départemental et non plus à la date du dépôt du dossier de demande complet… ❑

1. Demande formulée à titre posthume. En application de l'art. L. 232-14, il n'est pas possible de prétendre à l'attribution d'une allocation personnalisée d'autonomie à domicile après le décès du demandeur, y compris d'une allocation forfaitaire au titre du cinquième al. dudit art., en l'absence de constitution d'un dossier de demande complet. • Comm. centr. aide soc. 17 juin 2009, dossier n° 071341 : *CJAS n° 2009/6.*

2. Versement et objet de l'allocation. L'objet de l'allocation personnalisée d'autonomie étant de financer les prestations liées à la dépendance des personnes âgées, il appartient à la personne âgée dépendante qui perçoit directement cette allocation de la reverser à l'établissement d'hébergement qui lui dispense ces prestations, cette obligation s'imposant à l'intéressée quand bien même elle ne serait pas mentionnée dans le contrat de séjour. • Civ. 1re, 20 oct. 2011 : *RDSS 2012. 182, obs. Lhuillier*.

3. Portée du défaut de notification. A défaut de notification d'une décision au terme du délai de deux mois, l'intéressé ne bénéficie pas d'une décision implicite d'acceptation de sa demande, mais de l'octroi de l'allocation personnalisée d'autonomie pour un montant forfaitaire, à compter de la date d'ouverture des droits prévue par le législateur et jusqu'à la notification d'une décision expresse. En cas de décision de rejet, les sommes dues sur cette base forfaitaire restent acquises à l'intéressé. En cas de décision d'acceptation, elles doivent être regardées, conformément aux dispositions de l'art. R. 232-29, comme une « avance » qui « s'impute sur les montants de l'allocation personnalisée d'autonomie versée ultérieurement » • CE 30 juill. 2014, n° 374131.

Art. L. 232-15 *(L. n° 2015-1776 du 28 déc. 2015, art. 41-I-10°)* **« L'allocation personnalisée d'autonomie est versée à son bénéficiaire, sous réserve des cinquième et sixième alinéas.**

« Le versement de la partie de l'allocation servant à payer des aides régulières est mensuel.

« La partie de l'allocation servant au règlement de dépenses relatives aux aides techniques, à l'adaptation du logement et aux prestations d'accueil temporaire ou de répit à domicile peut faire l'objet de versements ponctuels au bénéficiaire, dans des conditions définies par décret.

« La partie de l'allocation destinée à rémunérer un salarié, un accueillant familial ou un service d'aide à domicile autorisé dans les conditions prévues à l'article L. 313-1 du présent code peut être versée au bénéficiaire de l'allocation sous forme de chèque emploi-service universel, mentionné à l'article L. 1271-1 du code du travail *(Abrogé par L. n° 2017-1836 du 30 déc. 2017, art. 14-VI, à compter du 1er janv. 2019)* ***« , sous réserve de l'article L. 1271-2 du même code ».***

« Le département peut verser la partie de l'allocation destinée à rémunérer un service d'aide à domicile directement au service choisi par le bénéficiaire. Le bénéficiaire demeure libre de choisir un autre service.

« Le département peut verser la partie de l'allocation concernée directement à la personne physique ou morale ou à l'organisme qui fournit l'aide technique, réalise l'aménagement du logement ou assure l'accueil temporaire ou le répit à domicile. »

Les prestations assurées par les services *(Abrogé par L. n° 2008-1330 du 17 déc. 2008, art. 63-V)* ***« et établissements »*** **récipiendaires de l'allocation personnalisée d'autonomie font l'objet d'un contrôle de qualité.**

(Abrogé par L. n° 2015-1776 du 28 déc. 2015, art. 41-I-10°) **« *Le bénéficiaire de cette allocation peut modifier à tout moment les conditions dans lesquelles il est procédé à ce versement direct.* »**

COMMENTAIRE

Les conditions de versement de l'APA (art. L. 232-14 et L. 232-15) sont globalement celles qui avaient été définies pour la PSD. Lorsque l'intéressé vit en établissement, l'APA est versée directement à celui-ci ; lorsque l'intéressé réside à domicile, l'APA lui est versée mensuellement ; cependant, elle peut être versée directement aux salariés et aux services d'aide à domicile prestataires agréés auxquels fait appel l'allocataire ainsi qu'aux services mandataires agréés utilisés par l'intéressé : la loi du 31 mars 2003 ayant par ailleurs supprimé l'accord de ce dernier qui était initialement requis pour procéder à ce versement direct.

La loi n° 2005-841 du 26 juillet 2005 relative au développement des services à la personne et portant diverses mesures en faveur de la cohésion sociale a complété les dispositions de l'article L. 232-15 en introduisant un « contrôle de qualité » des services et établissements qui reçoivent l'allocation personnalisée en contrepartie de leurs prestations auprès des bénéficiaires ; elle reconnaît ensuite à ces mêmes bénéficiaires la faculté de revenir à tout moment sur le système du versement direct de l'APA à ces services.

Il est à noter que la LFSS n° 2008-1330 du 17 décembre 2008 a écarté (à compter du 1er janvier 2010) les établissements médico-sociaux (CASF, art. L. 312-1, 6°) ainsi que les établissements de santé (CSP, art. L. 6111-2) du bénéfice de ce versement direct au titre de la disposition ci-dessus (cela étant déjà acquis du fait même des modalités de tarification de l'APA en établissement).

Art. L. 232-16 *(L. n° 2003-289 du 31 mars 2003, art. 4) (L. n° 2022-1616 du 23 déc. 2022, art. 69, en vigueur le 1er janv. 2024)* **« I. — » Pour vérifier les déclarations des intéressés et s'assurer de l'effectivité de l'aide qu'ils reçoivent, les services chargés de l'évaluation des droits à l'allocation personnalisée d'autonomie et du contrôle de son utilisation peuvent demander toutes les informations nécessaires aux administrations publiques, notamment aux administrations fiscales, aux collectivités territoriales, aux organismes de sécurité sociale et de retraite complémentaire qui sont tenus de les leur communiquer. Lesdites informations doivent être limitées aux données nécessaires à l'identification de la situation du demandeur en vue de l'attribution de l'allocation personnalisée d'autonomie et au contrôle de l'effectivité de l'aide, en adéquation avec le montant d'allocation versé. Elles sont transmises et utilisées dans des conditions garantissant leur confidentialité.**

(L. n° 2022-1616 du 23 déc. 2022, art. 69, en vigueur le 1er janv. 2024) **« II. — Dans des conditions prévues par un décret pris après avis du Conseil national d'évaluation des normes, le contrôle de l'effectivité des heures d'aide à domicile relevant du plan d'aide ne peut porter sur une période de référence inférieure à six mois. »**

Art. L. 232-17 *(L. n° 2005-102 du 11 févr. 2005, art. 88-I)* **Afin d'alimenter un système d'information organisé par décret pris après avis de la Commission nationale de l'informatique et des libertés, chaque département transmet au ministre en charge des personnes âgées :**

— des données comptables relatives aux dépenses nettes d'allocation personnalisée d'autonomie à la Caisse nationale de solidarité pour l'autonomie mentionnée à l'article *(Ord. n° 2021-1554 du 1er déc. 2021, art. 3-2°)* **« L. 223-5 du code de la sécurité sociale » ;** *— Les dispositions de l'Ord. n° 2021-1554 du 1er déc. 2021 sont entréesen vigueur le lendemain de la publication du Décr. n° 2022-801 du 12 mai 2022, soit le 14 mai 2022 (Décr. préc., art. 1er, JO 13 mai).*

— des données statistiques relatives au développement du dispositif d'allocation personnalisée d'autonomie, à ses principales caractéristiques et notamment à celles de ses bénéficiaires ainsi qu'à l'activité des équipes médico-sociales et au suivi des conventions visées respectivement aux articles L. 232-3 et L. 232-13.

A la date de publication des décrets nécessaires à l'entrée en vigueur des art. L. 232-21 et L. 232-21-1, l'art. L. 232-17 est abrogé (L. n° 2015-1776 du 28 déc. 2015, art. 99-II).

Art. L. 232-18 *Abrogé par L. n° 2015-1776 du 28 déc. 2015, art. 41-I-11°.*

Art. L. 232-19 *(L. nº 2001-647 du 20 juill. 2001)* **Les sommes servies au titre de l'allocation personnalisée d'autonomie ne font pas l'objet d'un recouvrement sur la succession du bénéficiaire, sur le légataire** *(L. nº 2015-1776 du 28 déc. 2015, art. 83-II)* **« , sur le donataire ou sur le bénéficiaire d'un contrat d'assurance vie ».**

Récupération et sommes indûment perçues. Si les dispositions de l'art. L. 232-19 font obstacle à ce que soient récupérées des prestations d'APA versées à bon droit, elles n'interdisent pas en revanche la récupération, sur la succession du bénéficiaire de l'allocation, de dettes contractées du vivant de ce dernier à l'égard du département payeur, en raison de versements indûment effectués à son profit. • CE 10 mars 2010, *Mme Robert et Thomas,* nº 316750 B.

Art. L. 232-20 *(Abrogé par L. nº 2016-1547 du 18 nov. 2016, art. 12-II et 114-I, à compter du 1er janv. 2019) (L. nº 2001-647 du 20 juill. 2001)* ***« Les recours contre les décisions relatives à l'allocation personnalisée d'autonomie sont formés devant les commissions départementales mentionnées à l'article L. 134-6, dans des conditions et selon les modalités prévues aux articles L. 134-1 à L. 134-10. »***

(L. nº 2016-1547 du 18 nov. 2016, art. 12-II et 114-I, en vigueur le 1er janv. 2019) **« Lorsqu'un recours contre une décision relative à l'allocation personnalisée d'autonomie est relatif à l'appréciation du degré de perte d'autonomie, la juridiction compétente recueille l'avis » d'un médecin titulaire d'un diplôme universitaire de gériatrie ou d'une capacité en gérontologie et gériatrie, choisi par son président sur une liste établie par le conseil départemental de l'ordre des médecins.**

Sur les dispositions transitoires de l'art. 12 de la L. nº 2016-1547 du 18 nov. 2016, V. note ss. le nouv. chap. IV du titre III du livre premier.

Ancien art. L. 232-20 (L. nº 2001-647 du 20 juill. 2001) ***Les recours contre les décisions relatives à l'allocation personnalisée d'autonomie sont formés devant les commissions départementales mentionnées à l'article L. 134-6, dans des conditions et selon les modalités prévues aux articles L. 134-1 à L. 134-10.***

Lorsque le recours est relatif à l'appréciation du degré de perte d'autonomie, la commission départementale mentionnée à l'article L. 134-6 recueille l'avis d'un médecin titulaire d'un diplôme universitaire de gériatrie ou d'une capacité en gérontologie et gériatrie, choisi par son président sur une liste établie par le conseil départemental de l'ordre des médecins.

Choix du médecin consulté. Le fait que le médecin gérontologue dont la commission départementale d'aide sociale a recueilli l'avis avant de se prononcer sur la demande de la requérante, qui contestait l'appréciation portée sur son degré d'autonomie par l'équipe médico-sociale et le président du conseil général, n'a pas été choisi par le président de ladite commission, mais par le directeur départemental des affaires sanitaires et sociales constitue une irrégularité de nature à vicier la décision attaquée. • Comm. centr. aide soc. 18 mars 2005 : *CJAS nº 2005/03, p. 125.*

SECTION 3 Gestion et suivi statistique

(L. nº 2015-1776 du 28 déc. 2015, art. 74)

Art. L. 232-21 **I. — Chaque département transmet à la Caisse nationale de solidarité pour l'autonomie les données, précisées par décret, relatives aux dépenses nettes d'allocation personnalisée d'autonomie.**

II. — Le décret mentionné au I précise les conditions dans lesquelles s'effectue la transmission normalisée de ces données.

Art. L. 232-21-1 **I. — Chaque département transmet au ministre chargé des personnes âgées les données, précisées par décret, relatives aux décisions d'attribution de l'allocation personnalisée d'autonomie, ainsi que les informations individuelles relatives aux bénéficiaires.**

II. — Le décret mentionné au I précise les conditions dans lesquelles s'effectue la transmission normalisée de ces données.

Art. L. 232-21-2 **Des informations individuelles relatives aux personnes concernées par les décisions d'attribution de l'allocation personnalisée d'autonomie et de l'aide sociale à l'hébergement, à l'évaluation de leurs besoins et à l'instruction des**

demandes sont transmises au ministre chargé des personnes âgées, dans des conditions prévues par décret, à des fins de constitution d'échantillons statistiquement représentatifs en vue de l'étude des situations et des parcours des personnes figurant dans ces échantillons.

Art. L. 232-21-3 I. — Pour l'attribution, la gestion et le contrôle d'effectivité de l'allocation personnalisée d'autonomie mentionnée à l'article L. 232-12 et de l'aide sociale prévue à l'article L. 231-4, ainsi qu'à des finalités statistiques, les départements collectent, tiennent à jour et conservent les données individuelles relatives :

1° Aux versements d'allocation personnalisée d'autonomie à domicile et en établissement, à la nature des dépenses couvertes et aux caractéristiques et ressources de leurs bénéficiaires ;

2° Aux prestations servies en établissement, à la nature des dépenses couvertes et aux caractéristiques et ressources des bénéficiaires de l'aide sociale prévue au même article L. 231-4 ;

3° A l'activité de l'équipe mentionnée à l'article L. 232-6, notamment en matière d'évaluation des besoins, d'instruction des demandes et de mise en œuvre des décisions prises.

II. — Aux fins mentionnées au I, les départements recourent au numéro d'inscription au répertoire national d'identification des personnes physiques bénéficiaires, dans des conditions prévues par un décret en Conseil d'État, après avis de la Commission nationale de l'informatique et des libertés.

Art. L. 232-21-4 Les données et informations mentionnées aux articles L. 232-21 à L. 232-21-3 comportent des indicateurs sexués.

Art. L. 232-21-5 *(L. n° 2021-1754 du 23 déc. 2021, art. 49-I, en vigueur au plus tard le 1er janv. 2025)* **Les départements et, le cas échéant, les institutions et organismes avec lesquels des conventions sont conclues en application de l'article L. 232-13 ont recours, pour la gestion de l'allocation personnalisée d'autonomie à domicile, à un système d'information unique mis à leur disposition par la Caisse nationale de solidarité pour l'autonomie.**

Ce système d'information unique a pour finalités :

1° De mettre en œuvre l'ensemble des procédures nécessaires au recueil des demandes et à leur instruction ainsi qu'à l'attribution, à la gestion et au contrôle de l'effectivité de cette prestation ;

2° D'assurer le suivi et l'analyse de ces procédures, des dépenses afférentes à cette prestation ainsi que des caractéristiques de ses bénéficiaires.

Un décret en Conseil d'État détermine les modalités d'application du présent article, notamment les catégories de données traitées et les règles d'utilisation de ce système d'information unique.

Les dispositions de l'art. 49-I de la L. n° 2021-1754 du 23 déc. 2021 entrent en vigueur à une date fixée par décret, et au plus tard le 1er janv. 2025. A cette fin, ce décret précise les modalités selon lesquelles le système d'information unique mentionné au même art. 49-I est progressivement déployé dans l'ensemble des départements à partir du 1er janv. 2024 (L. préc., art. 49-II).

SECTION 4 **Dispositions communes**

(L. n° 2001-647 du 20 juill. 2001, art. 2-I)

COMMENTAIRE

Cette dernière section (art. L. 232-22 à L. 232-28) comporte deux séries de dispositions significatives.

Tout d'abord, l'article L. 232-23 précise les règles de non-cumul de l'APA avec les prestations de maintien à domicile des personnes âgées que sont l'aide ménagère ou l'allocation représentative de services ménagers (art. L. 231-1) ; c'est là une mesure parfaitement justifiée si l'on considère que l'APA vise justement à rémunérer, lorsque le plan d'aide le prévoit, des services similaires. De même, le cumul avec l'allocation compensatrice (art. L. 245-1) versée au profit des personnes handicapées ou avec la majoration pour aide constante d'une tierce personne (CSS, art. L. 355-1) réservée aux bénéficiaires de l'assurance invalidité est impossible : on se souviendra que, justement, la PSD fut instituée alors que l'allocation compensatrice connaissait un véritable détournement d'objet en étant utilisée pour prendre en charge la dépendance de personnes âgées ; la décision de distinguer la vieillesse du couple handicap/invalidité commande ce principe de non-cumul.

Ensuite, l'article L. 232-24 écarte en matière d'APA la mise en jeu de l'obligation alimentaire, rompant là avec un principe classique de l'aide sociale. Il est apparu en effet logique de voir dans la dépendance un problème relevant non pas des solidarités familiales qui sont en pratique souvent impuissantes à en assumer le coût, mais bien plutôt d'une solidarité beaucoup plus vaste car élargie à l'ensemble de la collectivité.

Enfin, les contrôles du droit commun de l'aide sociale sont applicables en matière d'APA (art. L. 133-2 à L. 133-4). ❑

Art. L. 232-22 *(L. nº 2001-647 du 20 juill. 2001, art. 2-II)* **Lorsque le bénéficiaire de l'allocation personnalisée d'autonomie est hébergé dans un établissement de santé pour recevoir des soins de courte durée, de suite ou de réadaptation** *(Abrogé par Ord. nº 2010-177 du 23 févr. 2010, art. 18-I-3º)* ***« mentionnés au a et au b du 1º de l'article L. 6111-2 du code de la santé publique »*, le président du conseil départemental en est informé par le bénéficiaire, le cas échéant** *(Ord. nº 2020-232 du 11 mars 2020, art. 34)* **« la personne chargée d'une mesure de protection juridique avec représentation relative à la personne », ou l'équipe médico-sociale mentionnée à l'article L. 232-3. En fonction de la nouvelle situation de l'intéressé, le président du conseil départemental peut réduire le montant de l'allocation personnalisée d'autonomie ou en suspendre le versement dans des conditions fixées par voie réglementaire.** — *[L. nº 97-60 du 24 janv. 1997, art. 7.]*

L'Ord. nº 2020-232 du 11 mars 2020 n'est pas applicable en Nouvelle-Calédonie. Elle entre en vigueur à une date fixée par décret en Conseil d'État et au plus tard le 1er oct. 2020. Elle est applicable aux mesures de protection juridique en cours au jour de son entrée en vigueur et aux situations dans lesquelles aucune décision n'a été prise au jour de son entrée en vigueur (Ord. préc., art. 45 et 46, JO 12 mars).

Art. L. 232-23 *(L. nº 2001-647 du 20 juill. 2001)* **L'allocation personnalisée d'autonomie n'est cumulable ni avec l'allocation représentative de services ménagers, ni avec l'aide en nature accordée sous forme de services ménagers, mentionnées, respectivement, aux deuxième et troisième alinéas de l'article L. 231-1, ni avec** *(L. nº 2005-102 du 11 févr. 2005, art. 12-III)* **« la prestation de compensation » instituée par l'article L. 245-1, ni avec la majoration pour aide constante d'une tierce personne prévue à l'article L. 355-1 du code de la sécurité sociale** *(L. nº 2012-1404 du 17 déc. 2012, art. 85-II)* **« , ni avec la prestation complémentaire pour recours à tierce personne prévue à l'article L. 434-2 du même code ».** — *[L. nº 97-60 du 24 janv. 1997, art. 8.]*

Profession libérale et majoration pour tierce personne. Un médecin titulaire d'une majoration pour tierce personne versée par la CARMF, qui constitue un régime obligatoire de sécurité sociale, ne saurait cumuler cette prestation avec l'APA. • Comm. centr. aide soc. 5 juill. 2006 : *CJAS nº 2006/05, p. 175.*

Art. L. 232-24 *(L. nº 2001-647 du 20 juill. 2001)* **L'attribution de l'allocation personnalisée d'autonomie n'est pas subordonnée à la mise en œuvre de l'obligation alimentaire définie par les articles 205 à 211 du code civil.**

Tous les recouvrements relatifs au service de l'allocation personnalisée d'autonomie sont opérés comme en matière de contributions directes. — *[L. nº 97-60 du 24 janv. 1997, art. 9.]*

Art. L. 232-25 *(L. nº 2001-647 du 20 juill. 2001)* **L'action du bénéficiaire pour le versement de l'allocation personnalisée d'autonomie se prescrit par deux ans. Ledit bénéficiaire doit apporter la preuve de l'effectivité de l'aide qu'il a reçue ou des frais qu'il a dû acquitter pour que son action soit recevable.**

Cette prescription est également applicable, sauf en cas de fraude ou de fausse déclaration, à l'action intentée par le président du conseil départemental ou le représentant de l'État, pour la mise en recouvrement des sommes indûment versées.

Un décret précise les montants minimaux en deçà desquels l'allocation n'est pas versée ou recouvrée.

L'allocation personnalisée d'autonomie» est incessible, en tant qu'elle est versée directement au bénéficiaire, et insaisissable. – *[L. n° 97-60 du 24 janv. 1997, art. 12.]*

1. Point de départ du délai de prescription. Le délai de prescription de l'action en répétition de l'indu exercée par le président du conseil départemental ou le représentant de l'État pour la mise en recouvrement de sommes indûment versées au titre de l'APA court à compter du paiement de la prestation, seule l'existence d'une fraude ou de fausses déclarations étant de nature à reporter, à la date de découverte de celles-ci, le point de départ de la prescription; par suite, n'a pas commis une erreur de droit la Commission centrale qui n'a pas déterminé le point de départ de la prescription par application des règles du C. civ. • CE 27 avr. 2015, *Mme A.*, n° 378880 B : *RDSS 2015. 745, obs. Dagorne-Labbe*.

2. Titre exécutoire et délai de prescription. Le titre exécutoire émis par le département en vue de la récupération d'un indu d'allocation personnalisée d'autonomie, d'une part, interrompt le délai de prescription de l'action en remboursement de l'indu prévu à l'art. L. 232-25 du CASF, à compter de la date de sa notification régulière à l'intéressé, et, d'autre part, ouvre le délai de 4 ans de la prescription de l'action en recouvrement des sommes énoncées sur ce titre, prévu à l'art. L. 1617-5 du CGCT, à compter de la date de sa prise en charge par le comptable public; en revanche, l'ouverture du délai de 4 ans de l'action des comptables publics pour le recouvrement de la créance n'a pas pour effet de proroger le délai de l'action intentée par le président du conseil général pour la mise en recouvrement des sommes indûment versées • CE 5 oct. 2018, n° 409136 B : *RDSS 2018. 1091, concl. Decout-Paolini ; LPA 2018, n° 250, p. 11, note Dagorne-Labbe; AJDA 2019. 466, note Charruau ; AJCT 2019. 325, étude Lapray*.

Art. L. 232-26 *(Abrogé par L. n° 2007-308 du 5 mars 2007, art. 32, à compter du 1er janv. 2009) (L. n° 2001-647 du 20 juill. 2001)* ***« Les dispositions du chapitre VII du titre VI du livre I du code de la sécurité sociale relatives à la tutelle aux prestations sociales sont applicables à l'allocation personnalisée d'autonomie, y compris lorsque l'allocation est versée directement aux services prestataires selon les modalités prévues à l'article L. 232-15. »***

Les dispositions des articles L. 133-3 et L. 133-5 sont applicables pour l'allocation personnalisée d'autonomie.

Les agents mentionnés à l'article L. 133-2 ont compétence pour contrôler le respect des dispositions relatives à l'allocation personnalisée d'autonomie par les bénéficiaires de celle-ci et les institutions ou organismes intéressés. – *[L. n° 97-60 du 24 janv. 1997, art. 14.]*

Art. L. 232-27 *Abrogé par L. n° 2013-1203 du 23 déc. 2013, art. 86-V.*

Art. L. 232-28 *(L. n° 2001-647 du 20 juill. 2001, art. 2-III)* **Sauf disposition contraire, les modalités d'application du présent chapitre sont fixées par décret en Conseil d'État.** – *V. art. R. 232-1 s.*

CHAPITRE III PRÉVENTION DE LA PERTE D'AUTONOMIE

(L. n° 2015-1776 du 28 déc. 2015, art. 3)

COMMENTAIRE

La loi du 28 décembre 2015 d'adaptation de la société au vieillissement (art. 3) a introduit dans le code ce chapitre relatif à la « prévention de la perte d'autonomie ».

Comprenant six articles (les art. L. 233-1-1 et L. 233-3-1 ayant été introduits par la loi dite « ELAN » du 23 novembre 2018 [L. n° 2018-1021 du 23 nov. 2018, art. 129]), ce chapitre vise à améliorer les actions de prévention au niveau de chaque département, pour l'essentiel en mettant en place des instruments de coordination des actions en la matière et en prévoyant un financement dédié. Il est à noter que la LFSS n° 2021-1754 du 23 décembre 2021 ainsi que la loi n° 2022-217 du 21 février 2022 relative à la différenciation, la décentralisation, la déconcentration et portant diverses mesures de simplification de l'action publique (loi « 3DS », art. 134-II) ont introduit quelques modifications aux articles L. 233-1 et L. 233-2, notamment dans le champ d'application du programme de la Conférence des financeurs (art. L. 233-1) qui ne peut plus concerner les actions de prévention mises en œuvre par les services polyvalents d'aide et de soins à domicile.

Ainsi, est mise en place une Conférence des financeurs de la prévention de la perte d'autonomie dont les missions (art. L. 233-1) ainsi que la composition (art. L. 233-3) sont précisées. L'article L. 233-1-1 y a ajouté une attribution : pour soutenir le développement de l'habitat inclusif en faveur des personnes dépendantes, elle recense les initiatives locales et définit un programme coordonné de financement de ce type d'habitat. Pour tenir compte de cette mission, l'article L. 233-3-1 complète la composition de la Commission des financeurs (dénommée alors « conférence des financeurs de l'habitat inclusif pour les personnes handicapées et les personnes âgées ») par des représentants des services départementaux compétents en matière d'habitat ainsi que par des personnes physiques ou morales impliquées dans ce domaine. Logiquement, l'article L. 233-4 impose à la Conférence des financeurs, lorsqu'elle se constitue en instance dédiée à l'habitat inclusif des personnes dépendantes, de produire un rapport annuel d'activité..

En matière de financement, l'article L. 233-2 prévoit que 40 % des ressources prévues au V de l'article L. 14-10-5 seront utilisées, au travers d'aides à des personnes non prises en charge au titre de l'APA, pour ces actions de prévention qui, nécessairement, doivent intervenir en amont, avant que les situations ne se dégradent.

L'article L. 233-4 prévoit la transmission par le président du conseil départemental à la CNSA de données relatives à ces actions ainsi qu'un rapport annuel. ❑

BIBL. ▶ ALVAREZ, Émergence et évolutions de la prévention dans les politiques de la vieillesse, *Revue de l'IRES, nº 88, 2016. 33.*

Art. L. 233-1 *(Ord. nº 2016-1562 du 21 nov. 2016, art. 23-II, en vigueur le 1er janv. 2018)* **« Dans chaque département et dans la collectivité de Corse, une conférence des financeurs de la prévention de la perte d'autonomie des personnes âgées établit un diagnostic des besoins des personnes âgées de soixante ans et plus résidant sur le territoire départemental ou de la collectivité de Corse, recense les initiatives locales et définit un programme coordonné de financement des actions individuelles et collectives de prévention. Les financements alloués interviennent en complément des prestations légales ou réglementaires. Le diagnostic est établi à partir des besoins recensés, notamment, par le schéma relatif aux personnes en perte d'autonomie mentionné à l'article L. 312-5 du présent code et par le projet régional de santé mentionné à l'article L. 1434-2 du code de la santé publique. »**

Le programme défini par la conférence porte sur :

1º L'amélioration de l'accès aux équipements et aux aides techniques individuelles favorisant le soutien à domicile, notamment par la promotion de modes innovants d'achat et de mise à disposition *(Abrogé par Ord. nº 2021-1554 du 1er déc. 2021, art. 3-3º)* ***« et par la prise en compte de l'évaluation prévue au 5º du I de l'article L. 14-10-1 du présent code »*** ; *— Les dispositions de l'Ord. nº 2021-1554 du 1er déc. 2021 sont entrées en vigueur le lendemain de la publication du Décr. nº 2022-801 du 12 mai 2022, soit le 14 mai 2022 (Décr. préc., art. 1er, JO 13 mai).*

2º L'attribution du forfait autonomie mentionné au III de l'article L. 313-12 du présent code ;

3º La coordination et l'appui des actions de prévention mises en œuvre par les services *(L. nº 2021-1754 du 23 déc. 2021, art. 44-I-C, en vigueur au plus tard le 30 juin 2023)* **« autonomie » à domicile intervenant auprès des personnes âgées ;**

(Abrogé par L. nº 2021-1754 du 23 déc. 2021, art. 44- I-C, au plus tard à compter du 30 juin 2023) ***« 4º La coordination et l'appui des actions de prévention mises en œuvre par les services polyvalents d'aide et de soins à domicile mentionnés à l'article 49 de la loi nº 2015-1776 du 28 décembre 2015 relative à l'adaptation de la société au vieillissement, intervenant auprès des personnes âgées ; »***

4º Le soutien aux actions d'accompagnement des proches aidants des personnes âgées en perte d'autonomie ;

5º Le développement d'autres actions collectives de prévention. *— À compter du 30 juin 2023, les 5º et 6º sont devenus respectivement les 4º et 5º (L. nº 2021-1754 du 23 déc. 2021, art. 44- I-C).*

V. les dispositions transitoires de l'art. 44-I de la L. n° 2021-1754 du 23 déc. 2021, ss. art. L. 313-1-3.

Art. L. 233-1-1 *(L. n° 2018-1021 du 23 nov. 2018, art. 129)* **La conférence des financeurs mentionnée à l'article L. 233-1 est également compétente en matière d'habitat inclusif pour les personnes handicapées et les personnes âgées. Elle est alors dénommée "conférence des financeurs de l'habitat inclusif pour les personnes handicapées et les personnes âgées".**

Elle recense les initiatives locales et définit un programme coordonné de financement de l'habitat inclusif, dont le financement par le forfait mentionné à l'article L. 281-2, en s'appuyant sur les diagnostics territoriaux existants et partagés entre les acteurs concernés.

Art. L. 233-2 Les concours mentionnés *(Ord. n° 2021-1554 du 1er déc. 2021, art. 3-4°)* **« au *d* du 3° de l'article L. 223-8 du code de la sécurité sociale »** *(L. n° 2022-217 du 21 févr. 2022, art. 134-II)* **« contribuent au financement des dépenses mentionnées à l'article L. 233-1 et des dépenses de fonctionnement de la conférence des financeurs mentionnée au même » article L. 233-1.** *(L. n° 2022-217 du 21 févr. 2022, art. 134-II)* **« Les dépenses relatives à l'amélioration de l'accès aux équipements et aux aides techniques individuelles ainsi que celles relatives au développement d'autres actions collectives de prévention » bénéficient, pour au moins 40 % de leur montant, à des personnes qui ne remplissent pas les conditions de perte d'autonomie mentionnées à l'article L. 232-2. Elles sont gérées par le département** *(Ord. n° 2016-1562 du 21 nov. 2016, art. 23-II, en vigueur le 1er janv. 2018)* **« , ou, en Corse, par la collectivité de Corse ». Par convention, le département** *(Ord. n° 2016-1562 du 21 nov. 2016, art. 23-II, en vigueur le 1er janv. 2018)* **« , ou, en Corse, la collectivité de Corse » peut déléguer leur gestion à l'un des membres de la conférence des financeurs mentionnée à l'article L. 233-1. Un décret fixe les modalités de cette délégation.**

Les aides individuelles accordées dans le cadre des actions mentionnées au 1° de l'article L. 233-1 que le département *(Ord. n° 2016-1562 du 21 nov. 2016, art. 23-II, en vigueur le 1er janv. 2018)* **« , ou, en Corse, la collectivité de Corse » finance par le concours correspondant aux autres actions de prévention mentionnées aux 1°, 4° et 6° de l'article L. 233-1 doivent bénéficier aux personnes qui remplissent des conditions de ressources variant selon la zone géographique de résidence et définies par décret.**

La règle mentionnée au deuxième alinéa du présent article s'applique également aux financements complémentaires alloués par d'autres membres de la conférence des financeurs mentionnée à l'article L. 233-1.

Les dispositions de l'Ord. n° 2021-1554 du 1er déc. 2021 sont entrées en vigueur le lendemain de la publication du Décr. n° 2022-801 du 12 mai 2022, soit le 14 mai 2022 (Décr. préc., art. 1er, JO 13 mai).

Art. L. 233-3 **La conférence des financeurs mentionnée à l'article L. 233-1 est présidée par le président du conseil départemental** *(Ord. n° 2016-1562 du 21 nov. 2016, art. 23-II, en vigueur le 1er janv. 2018)* **« ou, en Corse, le président du conseil exécutif ». Le directeur général de l'agence régionale de santé ou son représentant en assure la vice-présidence. Elle réunit les personnes physiques ou morales qui contribuent au financement d'actions entrant dans son champ de compétences. Elle comporte des représentants :**

1° Du département *(Ord. n° 2016-1562 du 21 nov. 2016, art. 23-II, en vigueur le 1er janv. 2018)* **« ou, en Corse, de la collectivité de Corse » et, sur décision de leur assemblée délibérante, de collectivités territoriales autres** *(Abrogé par Ord. n° 2016-1562 du 21 nov. 2016, art. 23-II, à compter du 1er janv. 2018)* ***« que le département »*** **et d'établissements publics de coopération intercommunale ;**

2° De l'Agence nationale de l'habitat dans le département et de l'agence régionale de santé ;

3° Des régimes de base d'assurance vieillesse et d'assurance maladie et des fédérations d'institutions de retraite complémentaire mentionnées à l'article L. 922-4 du code de la sécurité sociale ;

4° Des organismes régis par le code de la mutualité.

Toute autre personne physique ou morale concernée par les politiques de prévention de la perte d'autonomie peut y participer, sous réserve de l'accord de la majorité des membres de droit.

En cas de partage égal des voix, le président a voix prépondérante.

Art. L. 233-3-1 *(L. n° 2018-1021 du 23 nov. 2018, art. 129)* **Lorsqu'elle se réunit en "conférence des financeurs de l'habitat inclusif pour les personnes handicapées et les personnes âgées", la composition de la conférence des financeurs mentionnée à l'article L. 233-1 est complétée par des représentants des services départementaux de l'État compétents en matière d'habitat et de cohésion sociale.**

Toute autre personne physique ou morale concernée par les politiques de l'habitat peut y participer, sous réserve de l'accord de la majorité des membres de droit.

Art. L. 233-4 **Le président du conseil départemental** *(Ord. n° 2016-1562 du 21 nov. 2016, art. 23-II, en vigueur le 1er janv. 2018)* **« ou, en Corse, le président du conseil exécutif » transmet à la Caisse nationale de solidarité pour l'autonomie et aux commissions de coordination des politiques publiques de santé, au plus tard le 30 juin de chaque année, un rapport d'activité et les données nécessaires au suivi de l'activité de la conférence des financeurs mentionnée à l'article L. 233-1. Ces données, qui comportent des indicateurs présentés par sexe, sont relatives :**

1° Au nombre et aux types de demandes ;

2° Au nombre et aux types d'actions financées par les membres de la conférence des financeurs mentionnée au même article L. 233-1 ainsi qu'à la répartition des dépenses par type d'actions ;

3° Au nombre et aux caractéristiques des bénéficiaires des actions.

Le défaut de transmission de ces informations après mise en demeure par la Caisse nationale de solidarité pour l'autonomie fait obstacle à tout nouveau versement au département *(Ord. n° 2016-1562 du 21 nov. 2016, art. 23-II, en vigueur le 1er janv. 2018)* **« ou, en Corse, à la collectivité de Corse » à ce titre.** — *Le dern. al. de l'art. L. 233-4, dans sa rédaction résultant de l'art. 3 de la L. n° 2015-1776 du 28 déc. 2015, n'est pas applicable au concours attribué par la Caisse nationale de solidarité pour l'autonomie au titre de l'exercice 2016 (L. préc., art. 87).*

(L. n° 2018-1021 du 23 nov. 2018, art. 129) **« Ce rapport d'activité porte également sur l'activité de la conférence des financeurs de l'habitat inclusif, selon un modèle défini par arrêté des ministres chargés des personnes âgées, des personnes handicapées et du logement. »**

Art. L. 233-5 **La conférence départementale des financeurs de la prévention de la perte d'autonomie des personnes âgées est compétente sur le territoire de la métropole, le cas échéant, créée sur le ressort départemental, lorsque celle-ci exerce les compétences à l'égard des personnes âgées dans les conditions prévues au présent chapitre, sous réserve du présent article. Elle est dénommée "conférence départementale-métropolitaine de la prévention de la perte d'autonomie".**

Elle comporte des représentants de la métropole et est présidée par le président du conseil de la métropole pour toutes les affaires concernant la métropole.

Art. L. 233-6 **Les modalités d'application du présent chapitre sont déterminées par décret en Conseil d'État.**

TITRE IV PERSONNES HANDICAPÉES

CHAPITRE I DISPOSITIONS GÉNÉRALES

BIBL. ▶ ASSANTE, Regard critique sur l'évolution législative de 1975 à 2004, *Géront. et soc. n° 110, 2004. 75.* – AUBRY, Quelle politique pour les handicapés adultes ?, *Dr. soc. 1985. 508.* – BERTRAND, Politiques sociales du handicap et politiques d'insertion : continuités, innovations, convergences, *Pol. soc. et fam. 2013, n° 111, p. 43.* – BOCQUILLON, Les dispositions relatives aux personnes handicapées dans la loi de modernisation sociale du

17 janvier 2002, *RDSS 2002. 583*. – BORGETTO, La politique globale de soutien aux personnes handicapées, *fasc. n° 178, in* ESPER, (Dir.), Traité de droit médical et hospitalier, *Litec*. – BORGETTO et LAFORE, Droit de l'aide et de l'action sociales, *Domat-Montchrestien, 11e éd., 2021, nos 364 s.* – BOUJEKA, La Convention des Nations unies relative aux droits des personnes handicapées et son protocole facultatif, *RDSS 2007. 799*. – BREITENBACH et ROUSSEL, Les personnes handicapées vieillissantes. Situations actuelles et perspectives, *CTNERHI 1990*. – CAYET (Rapport), La prise en charge des personnes vieillissantes handicapées mentales ou souffrant de troubles mentaux, *CES 1998*. – CHARRUAU, Le contentieux administratif des discriminations fondées sur le handicap : l'impossible systématisation ?, *RFDA 2023. 504*. – COUR DES COMPTES (Rapport), Les politiques sociales en faveur des personnes handicapées adultes, *1993*. – Divers, Le vieillissement des personnes en situation de handicap. Expériences inédites et plurielles, *Géront. et soc., n° 159, 2019*. – FAUCHEUX, La politique en faveur des personnes handicapées et ses limites, *Regards sur l'actualité, n° 317, 2006, p. 63*. – GUYOT, La vieillesse des personnes handicapées : quelles politiques sociales ?, *2e éd., CTNERHI 1998*. – MILANO, La réforme du droit du handicap en Allemagne, *RDSS 2017. 92*. – MONÉGER, Brèves remarques sur la portée de la Convention des Nations-Unies relative aux droits des personnes handicapées, *RDSS 2020. 73*. – ZRIBI, Les handicapés âgés, *Géront. et soc. n° 102, 2002. 211*.

COMMENTAIRE

Même si le sort des personnes appelées aujourd'hui « handicapées » avait déjà fait l'objet d'une prise en compte dans les débats révolutionnaires relatifs aux « secours publics », c'est en fait la grande loi du 14 juillet 1905 qui organisa de manière effective l'assistance obligatoire pour cette catégorie de personnes. Certes, ce texte confondait en un même dispositif législatif les « infirmes », les « enfants déficients mentaux », les « incurables » et les « vieillards » : mais il assignait aux collectivités publiques une obligation stricte de prise en charge prenant la forme soit de prestations en espèces, soit de placements en institutions (à l'époque, essentiellement des hospices). Dans le droit fil de cette loi, plusieurs législations virent le jour, qui prirent notamment en compte les enfants déficients mentaux (L. du 15 avr. 1909) et les infirmes de guerre (L. des 17 avr. 1916, 2 janv. 1918, 31 mars 1919, 30 juin 1923, 16 avr. 1924) ; parallèlement, la loi du 9 avril 1898 relative aux accidents du travail et aux maladies professionnelles stabilisait un système de soins et de pensions pour les ressortissants de ce premier régime d'assurance sociale. L'idée de réinsertion et de réadaptation des personnes invalides s'imposa progressivement après la Seconde Guerre mondiale avec la loi du 2 août 1949 (« loi Cordonnier ») puis le décret du 29 novembre 1953 réformant l'assistance ; de ce dernier texte date aussi la distinction opérée en matière d'aide sociale entre les personnes âgées et les personnes invalides. Puis vint la création des centres d'aide par le travail (CAT) et des ateliers protégés (L. du 23 nov. 1957).

Au terme de cette évolution, le dispositif législatif en vigueur revêtait un caractère à la fois éclaté (tutelle d'une pluralité de ministères, multiplicité des aides et des prestations) et contestable (priorité donnée à l'aide sociale et à la solidarité familiale) qui sera dénoncé par le rapport Bloch-Lainé (1967) ; prenant acte des insuffisances de l'aide sociale traditionnelle et, en particulier, de son incapacité tant à appréhender l'ensemble de la population concernée qu'à traiter la totalité des problèmes soulevés par celle-ci, ce rapport préconisait une réforme globale tendant à privilégier une prise en charge cohérente de l'ensemble des personnes rangées sous l'appellation nouvelle de « handicapées ».

Après une première tentative de réorganisation du secteur sous l'empire de la loi du 13 juillet 1971 (création d'une allocation pour les mineurs handicapés et d'une prestation pour les majeurs, affiliation d'office de ces personnes à l'assurance volontaire maladie, encouragement pour permettre l'accès au travail notamment en limitant l'obligation alimentaire), c'est en fait la grande loi d'orientation du 30 juin 1975 qui allait consacrer une nouvelle conception de l'action publique en direction des personnes handicapées.

Initialement précisés par l'article 1er de la loi du 30 juin 1975, les principes directeurs de l'action publique ont été complétés et développés par la loi n° 2002-73 du 17 janvier 2002, dite « loi de modernisation sociale », qui les a introduits au présent code dans son titre I aux articles L. 114-1 à L. 114-5.

En ce qui concerne le dispositif même d'intervention publique en faveur des personnes handicapées (art. L. 241-1 à L. 246-1, dont le cadre général a été défini par la loi d'orientation n° 75-534 du 30 juin 1975), il a été profondément remanié par la loi n° 2005-102 du

11 février 2005 pour l'égalité des droits et des chances, la participation et la citoyenneté des personnes handicapées.

Outre les principes généraux de la politique publique en la matière qu'il a enrichis et élargis (art. L. 114-1 à L. 114-5), ce texte très important a apporté diverses innovations intégrées dans le code au sein de ce titre IV du Livre II : droit à la compensation du handicap avec la création d'une nouvelle « prestation de compensation » (art. L. 245-1 à L. 245-14 nouveaux) ; « complément d'allocation d'éducation de l'enfant handicapé » (attaché à l'ex-AES), « complément de ressources » et « majoration pour la vie autonome » pour améliorer les ressources des personnes handicapées (dispositions figurant au code de la sécurité sociale) ; mesures concernant la scolarisation et l'accès à l'emploi avec notamment une réforme du travail protégé ; réforme du statut et des missions de la Caisse nationale de solidarité pour l'autonomie (CNSA, créée par la loi du 30 juin 2004) ; création de la « maison départementale des personnes handicapées » (art. L. 146-3 s.) au sein de laquelle est instituée une nouvelle « commission des droits » (art. L. 241-5 s.). ❑

Art. L. 241-1 Toute personne handicapée dont l'incapacité permanente est au moins égale au pourcentage fixé par le décret prévu au premier alinéa de l'article L. 821-1 du code de la sécurité sociale ou qui est, compte tenu de son handicap, dans l'impossibilité de se procurer un emploi, peut bénéficier des prestations prévues au chapitre I du titre III du présent livre, à l'exception de l'allocation simple à domicile.

Il n'est pas tenu compte, le cas échéant, dans les ressources du postulant, et dès lors que l'objet de la demande est en rapport direct avec le handicap, des arrérages des rentes viagères constituées en faveur de la personne handicapée et mentionnées à l'article 199 *septies* du code général des impôts. – *[C. fam., art. 166.]*

COMMENTAIRE

Cet article L. 241-1, qui ouvre le chapitre « Dispositions générales », concerne l'essentiel du volet « aide sociale » de la prise en charge.

En effet, si les dispositions relatives à l'éducation des mineurs, à l'attribution d'un revenu minimal aux adultes handicapés ainsi qu'à leur accès au travail ont été introduites dans le présent code aux chapitres II (art. L. 242-1 s.), III (art. L. 243-1 s.), IV (art. L. 244-1 s.) du présent titre, c'est ce chapitre ainsi que le chapitre V (art. L. 245-1 s. relatifs à la nouvelle prestation de compensation) qui établissent les prestations d'aide sociale au sens juridique du terme.

Dans son premier alinéa, l'article comprend deux dispositions fondamentales.

L'une concerne la nature des prestations d'aide sociale dont peuvent bénéficier les personnes handicapées : il s'agit des prestations « prévues au chapitre I du titre III du présent livre », c'est-à-dire celles qui sont offertes aux personnes âgées, « à l'exception de l'allocation simple à domicile ». A l'instar des aides apportées aux personnes âgées, il s'agit donc de prestations en espèces ou en nature, soit de maintien à domicile, soit de placement en établissements sociaux. Pour son maintien à domicile, la personne handicapée peut bénéficier de l'aide ménagère, qui peut être en nature ou en espèces par le biais de l'allocation représentative de services ménagers ; elle peut aussi se voir accorder un certain nombre de prestations de service de proximité (repas, structures d'accueil temporaire…). La personne handicapée peut aussi obtenir un financement pour son placement soit chez des particuliers soit en établissement ; en ce qui concerne le placement chez les particuliers, les règles applicables pour bénéficier d'une prise en charge par l'aide sociale sont identiques à celles en vigueur pour les personnes âgées et sont intégrées au présent code aux articles L. 441-1 et suivants ; le placement en établissement peut se faire dans un établissement médico-social spécialisé (maison d'accueil spécialisé) pour les personnes qui doivent bénéficier en permanence de soins médicaux et paramédicaux ainsi que d'une aide à la vie quotidienne (en ce cas, le financement est assuré par l'assurance maladie et non par l'aide sociale) ; le placement peut aussi se faire, avec prise en charge par l'aide sociale, dans des établissements sociaux, pour des personnes disposant d'une autonomie (foyers de vie ou « occupationnel », foyers d'hébergement pour adultes handicapés) ou nécessitant des soins et donc une certaine médicalisation de la structure (foyers à double tarification).

La seconde disposition définit les conditions d'admission à l'aide sociale ; sont éligibles aux prestations soit les personnes dont l'incapacité permanente a été établie par la nouvelle « commission des droits et de l'autonomie des personnes handicapées » créée en lieu et place des anciennes CDES et COTOREP par la loi n° 2005-102 du 11 février 2005 ; soit les personnes qui, compte tenu de leur handicap, sont dans l'impossibilité de se procurer un emploi. Le premier critère renvoie au pourcentage d'incapacité permanente prévu à l'article L. 821-1 du code de la sécurité sociale pour bénéficier de l'allocation aux adultes handicapés et que l'article R. 821-1 du même code fixe à 80 % (ce pourcentage d'incapacité est apprécié d'après un guide-barème annexé au décret n° 93-1216 du 4 novembre 1993). Le second critère, alternatif, suppose une appréciation de fait opérée par la Commission d'admission de l'article L. 131-5. ❑

1. Appréciation des besoins de services ménagers. L'appréciation, en ce qui concerne le besoin de services ménagers, est médico-sociale et non exclusivement médicale, s'agissant non pas de besoins sanitaires mais de besoins sociaux afférents au handicap ; par suite, doit être réformée la décision ayant fixé à 15 heures par mois les besoins d'aide ménagère sur la base d'indications qui n'ont été fournies que par des médecins et en l'absence de toute enquête sociale. • Comm. centr. aide soc. 14 févr. 2002 : *CJAS n° 2002/03, p. 153* • 9 juin 2008, dossier n° 061597 : *CJAS n° 2008/4.*

2. Utilisation de l'allocation représentative de services ménagers. L'allocation représentative de services ménagers est soumise à la condition d'effectivité de l'affectation de l'aide ménagère ; de plus, elle n'est pas accordée si des personnes de l'entourage immédiat sont à même de pourvoir aux besoins d'aide ménagère du demandeur à son domicile ; par suite, c'est à bon droit que l'administration a supprimé l'allocation représentative versée à une personne handicapée accueillie au domicile d'un de ses neveux qui n'établit pas que cette allocation a été effectivement utilisée conformément à sa destination. • Comm. centr. aide soc. 22 déc. 2000 : *CJAS n° 2001/08, p. 231.* ♦ L'allocation représentative des services ménagers étant soumise notamment à la condition d'effectivité, la personne qui se borne à soutenir que ses revenus et les prestations dont elle bénéficiait l'ont contrainte à embaucher une employée « au noir » pour ne pas avoir à s'acquitter des charges afférentes ne justifie pas, comme elle est tenue de le faire, de ce qu'une telle assistance lui a été effectivement dispensée ; par suite, et quels que puissent être les arguments avancés relatifs à la faiblesse de ses ressources, sa requête tendant à annuler la décision de radiation de cette allocation ne peut qu'être rejetée • Comm. centr. aide soc. 6 nov. 2007, dossier n° 070340 : *CJAS n° 2008/6.*

3. Nature des prestations dont peut bénéficier la personne handicapée. La prise en charge des frais de fonctionnement d'un service de suite, qui n'est pas un établissement ou un particulier susceptible d'accueillir une personne handicapée « placée », ne fait pas partie des prestations visées par l'art. L. 241-1 ; dès lors, il s'agit d'une prestation dont la commission n'a pas à connaître. • Comm. centr. aide soc. 24 févr. 2004 : *CJAS n° 2004/03, p. 159.*

4. Origine du besoin d'aide. Si le besoin auquel l'aide répond est exclusivement matériel, l'origine n'en est pas nécessairement exclusivement physique mais peut être également psychique, notamment en cas de difficultés psychiques venant affecter une personne par ailleurs atteinte d'un handicap physique, psychologique et relationnel ; par suite, l'aide des services ménagers peut ne pas être exclusivement ménagère mais comporter en outre l'accomplissement de tâches ménagères et des tâches de facilitation de la vie à domicile • Comm. centr. aide soc. 30 nov. 2006, dossier n° 051465 *bis* : *CJAS n° 2007/02* ♦ Le fait qu'une personne soit atteinte d'une surcharge pondérale sérieuse qui génère des difficultés respiratoires (dyspnée à l'effort) et de mobilité (« locomotion difficile ») entraîne, alors même que les causes de ces difficultés et leurs manifestations sont à la fois physiques et psychiques, des besoins de la nature de ceux qu'il appartient aux services ménagers de prendre en compte (tâches ménagères, assistance pour la préparation régulière et équilibrée de repas) ; par suite, et nonobstant l'origine et les manifestations de nature à la fois physique et psychique étroitement intriquées des troubles constitutifs d'un handicap de la requérante, cette situation justifie l'octroi des services ménagers. • Même arrêt.

Art. L. 241-2 Les personnes qui étaient bénéficiaires de l'allocation mensuelle aux infirmes, aveugles et grands infirmes, de l'allocation supplémentaire ou de la majoration spéciale pour aide constante d'une tierce personne, de l'allocation spéciale aux parents de mineurs grands infirmes ou de l'allocation de compensation aux grands infirmes travailleurs, ne peuvent voir réduit, du fait de l'application du présent titre, le montant total des avantages qu'elles percevaient au titre desdites allocations. Une allocation différentielle leur est, en tant que de besoin, versée au titre de l'aide sociale.

Cette allocation est périodiquement réévaluée dans des conditions fixées par voie réglementaire. – *[L. n° 75-534 du 30 juin 1975, art. 59.]*

V. art. R. 241-4 à R. 241-11.

COMMENTAIRE

La loi du 30 juin 1975 relative aux personnes handicapées a voulu unifier les dispositifs d'aide, de placement et d'insertion ; en conséquence, elle a supprimé un ensemble de prestations antérieurement mises en place au bénéfice de diverses catégories créées par la législation au fil du temps : « infirmes », « aveugles », « grands infirmes », « parents de mineurs grands infirmes », « grands infirmes travailleurs »…

Cet article entend remédier à un effet pervers du changement de législation qui peut conduire à une réduction des prestations versées à ces catégories de bénéficiaires ; il crée donc une allocation différentielle qui leur est versée pour maintenir leurs prestations à un niveau identique à celui qu'elles atteignaient sous l'empire de l'ancienne législation. ❑

1. Conditions d'attribution et de maintien de l'allocation différentielle. Il résulte des art. 3 et 8 du décret n° 78-1210 du 26 déc. 1978 que l'allocation différentielle n'est accordée ou maintenue que pour autant que ses éventuels bénéficiaires continuent à remplir les conditions qui étaient exigées pour l'attribution des anciennes allocations ; par suite, ne peut prétendre au bénéfice de l'allocation différentielle la personne handicapée qui ne satisfait plus aux conditions requises par l'ancienne législation pour l'octroi de l'allocation de compensation aux grands infirmes travailleurs. • Comm. centr. aide soc. 27 mai 1988, *Dpt des Landes : EJCCAS n° 49-1, p. 4* • 14 nov. 1990, *Dpt Aude : EJCCAS n° 49-1, p. 1* • 21 août 2000 : *CJAS n° 2000/06, p. 101.* ♦ … Ou pour l'octroi de l'allocation mensuelle d'aide sociale aux infirmes et grands infirmes. • Comm. centr. aide soc. 16 déc. 1988, *Dpt des Bouches-du-Rhône : EJCCAS n° 49-5, p. 1.* ♦ … Ou pour l'octroi de la majoration spéciale d'aide sociale aux grands infirmes à un taux supérieur à 40 %. • Comm. centr. aide soc. 13 oct. 1989, *Dpt du Var : EJCCAS n° 49-2, p. 5.*

2. Nature du plafond de ressources. Pour l'attribution de l'allocation différentielle aux titulaires de l'ancienne allocation de compensation aux grands infirmes travailleurs, le plafond de ressources à prendre en compte est un plafond individuel auquel il appartient aux commissions d'aide sociale de comparer la part personnelle de l'éventuel bénéficiaire de l'allocation différentielle dans les ressources de son foyer, part évaluée selon les modalités applicables pour l'octroi de l'ancienne allocation de compensation. • Comm. centr. aide soc. 1er juill. 1988, *Dpt Seine-Saint-Denis : EJCCAS n° 49-1, p. 2* • 13 mars 1995, *Dpt Charente : EJCCAS n° 49-1, p. 15.*

3. Ressources provenant de salaires. Aux termes de l'art. 2 du décret n° 62-1326 du 6 nov. 1962, les ressources résultant de salaires ne doivent entrer en compte que pour la moitié de leur montant pour l'octroi de l'allocation de compensation aux grands infirmes travailleurs ; par suite, a commis une erreur de droit une commission départementale d'aide sociale qui, pour supprimer à une personne handicapée salariée le bénéfice de l'allocation différentielle, a pris en compte la totalité de ses ressources. • Comm. centr. aide soc. 14 déc. 1990, *Dpt Paris : EJCCAS n° 49-1, p. 5.* ♦ Il en va de même de la commission départementale qui, pour calculer le montant de l'allocation différentielle due à une personne anciennement titulaire de l'allocation mensuelle aux infirmes, aveugles et grands infirmes, n'a pas pris en compte le fait que l'intéressé avait à sa charge son épouse et un enfant dépourvus par ailleurs de ressources propres. • Comm. centr. aide soc. 11 janv. 1991, *Dpt Nord : EJCCAS n° 49-3, p. 3.*

4. Prise en compte des créances alimentaires. Pour apprécier les ressources des postulants à l'allocation différentielle, il y a lieu de tenir compte des créances alimentaires dont disposent ces derniers au titre des art. 205 s. C. civ. • CE 10 juill. 1995, *Min. aff. soc. et intégration*, n° 139704 : *EJCCAS n° 49-5, p. 4* • Comm. centr. aide soc. 28 avr. 2000 : *CJAS n° 2000/02, p. 15.*

5. Pouvoirs d'appréciation des juridictions d'aide sociale. Si les COTOREP sont seules compétentes pour reconnaître aux personnes handicapées le droit à l'allocation compensatrice, les motifs de leurs décisions n'ont pas pour autant l'autorité de la chose jugée pour les juridictions d'aide sociale lorsque celles-ci, statuant sur l'octroi de l'allocation différentielle, doivent apprécier si une personne titulaire avant 1978 de la majoration spéciale d'aide sociale aux grands infirmes a cessé de satisfaire aux anciennes conditions d'octroi de celle-ci. • Comm. centr. aide soc. 15 sept. 1989, *Dpt Meuse : EJCCAS n° 49-2, p. 1.*

Art. L. 241-3 *(L. n° 2016-1321 du 7 oct. 2016, art. 107-I, en vigueur le 1er janv. 2017)*
I. — La carte "mobilité inclusion" destinée aux personnes physiques est délivrée par le président du conseil départemental au vu de l'appréciation, sur le fondement du 3° du I de l'article L. 241-6, de la commission mentionnée à l'article L. 146-9. Elle peut porter une ou plusieurs des mentions prévues aux 1° à 3° du présent I, à titre définitif ou pour une durée déterminée.

1° La mention "invalidité" est attribuée à toute personne dont le taux d'incapacité permanente est au moins de 80 % ou qui a été classée dans la catégorie mentionnée au 3° de l'article L. 341-4 du code de la sécurité sociale.

Cette mention permet notamment d'obtenir une priorité d'accès aux places assises dans les transports en commun, dans les espaces et salles d'attente ainsi que dans les établissements et les manifestations accueillant du public, tant pour son titulaire que

pour la personne qui l'accompagne dans ses déplacements. Elle permet également d'obtenir une priorité dans les files d'attente. Cette disposition doit être rappelée par un affichage clair et visible dans les lieux dans lesquels ce droit s'exerce.

Le présent 1° est applicable aux Français établis hors de France ;

2° La mention "priorité" est attribuée à toute personne atteinte d'une incapacité inférieure à 80 % rendant la station debout pénible.

Elle permet d'obtenir une priorité d'accès aux places assises dans les transports en commun, dans les espaces et salles d'attente ainsi que dans les établissements et les manifestations accueillant du public. Elle permet également d'obtenir une priorité dans les files d'attente ;

3° La mention "stationnement pour personnes handicapées" est attribuée à toute personne atteinte d'un handicap qui réduit de manière importante et durable sa capacité et son autonomie de déplacement à pied ou qui impose qu'elle soit accompagnée par une tierce personne dans ses déplacements.

Par dérogation au premier alinéa du présent I, les organismes utilisant un véhicule destiné au transport collectif des personnes handicapées peuvent se voir délivrer la carte "mobilité inclusion" avec la mention "stationnement pour personnes handicapées" par le représentant de l'État dans le département.

La mention "stationnement pour personnes handicapées" permet à son titulaire ou à la tierce personne l'accompagnant d'utiliser, à titre gratuit et sans limitation de la durée de stationnement, toutes les places de stationnement ouvertes au public. Toutefois, les autorités compétentes en matière de circulation et de stationnement peuvent fixer une durée maximale de stationnement qui ne peut être inférieure à douze heures. Cette mention permet, dans les mêmes conditions, de bénéficier des autres dispositions qui peuvent être prises en faveur des personnes handicapées par les autorités compétentes en matière de circulation et de stationnement.

Les mêmes autorités peuvent également prévoir que, pour les parcs de stationnement disposant de bornes d'entrée et de sortie accessibles aux personnes handicapées depuis leur véhicule, les titulaires de cette mention sont soumis au paiement de la redevance de stationnement en vigueur.

II. — Par dérogation au premier alinéa du I du présent article, la carte "mobilité inclusion" portant les mentions "invalidité" et "stationnement pour personnes handicapées" est délivrée à titre définitif aux demandeurs et aux bénéficiaires de l'allocation prévue à l'article L. 232-1 classés dans les groupes 1 ou 2 de la grille nationale mentionnée à l'article L. 232-2, au vu de la seule décision d'attribution de l'allocation.

III. — Par dérogation au premier alinéa du I du présent article, le président du conseil départemental peut délivrer la carte "mobilité inclusion" portant les mentions "priorité" et "stationnement pour personnes handicapées" aux demandeurs et bénéficiaires de l'allocation prévue à l'article L. 232-1, au vu de l'appréciation de l'équipe médico-sociale mentionnée à l'article L. 232-6.

IV. — Par dérogation au premier alinéa du I du présent article, pour les personnes relevant du code des pensions militaires d'invalidité et des victimes de la guerre qui remplissent les conditions mentionnées au 3° du I, le représentant de l'État dans le département délivre une carte de stationnement après instruction par le service départemental de l'Office national des combattants et des victimes de guerre de leur lieu de résidence.

V. — Les démarches de demande initiale et de duplicata de la carte "mobilité inclusion" peuvent être effectuées par voie dématérialisée.

(L. nº 2017-86 du 27 janv. 2017, art. 221-II, en vigueur le 1ᵉʳ janv. 2017) « V *bis.* — Les décisions prises par le président du conseil départemental sur le fondement du présent article peuvent faire l'objet d'un recours devant le juge judiciaire lorsque la demande concerne la mention "invalidité" ou "priorité" de la carte.

« Les décisions prises par le président du conseil départemental sur le fondement du présent article peuvent faire l'objet d'un recours devant le juge administratif lorsque la demande concerne la mention "stationnement" de la carte. »

VI. – Un décret en Conseil d'État fixe les conditions d'application du présent article, notamment les modalités de protection des données à caractère personnel et de sécurisation de la carte, ainsi que les modalités spécifiques d'instruction et d'attribution de la carte pour les bénéficiaires de l'allocation mentionnée à l'article L. 232-1.

Les cartes d'invalidité, de priorité et de stationnement délivrées en application des art. L. 241-3 à L. 241-3-2, dans leur rédaction antérieure à la L. n° 2016-1321 du 7 oct. 2016, demeurent valables jusqu'à leur date d'expiration et, au plus tard, jusqu'au 31 déc. 2026. Les titulaires de ces cartes peuvent demander une carte « mobilité inclusion » avant cette date. Cette carte se substitue aux cartes délivrées antérieurement.

Les dispositions issues de la L. n° 2016-1321 du 7 oct. 2016 entrent en vigueur le 1er janv. 2017. A titre transitoire, les cartes d'invalidité, de priorité et de stationnement peuvent être délivrées, en tant que de besoin, jusqu'au 1er juill. 2017. Les art. L. 241-3 à L. 241-3-2, dans leur rédaction antérieure à la L. préc., restent applicables aux cas mentionnés à la deuxième phrase du présent al. jusqu'à cette même date. Les demandes de carte en cours d'instruction au 1er janv. 2017 donnent lieu à la délivrance de la carte « mobilité inclusion » dès lors que les conditions en sont remplies (L. préc., art. 107-IX et X).

Les personnes titulaires à titre définitif d'une des cartes mentionnées aux art. L. 241-3, L. 241-3-1 et L. 241-3-2 CASF dans leur rédaction antérieure au 1er janv. 2017 demandent la carte mobilité inclusion auprès de la maison départementale des personnes handicapées, ou le cas échéant, du conseil départemental au plus tard le 31 déc. 2026. Cette substitution est de droit (Décr. n° 2016-1849 du 23 déc. 2016, art. 8).

En application des art. L. 231-5 et L. 231-6 CRPA, le silence gardé pendant quatre mois par une collectivité territoriale ou un de ses établissements publics vaut décision de rejet pour les demandes de délivrance de la carte « mobilité inclusion » (Décr. n° 2015-1461 du 10 nov. 2015 ; mod. par Décr. n° 2017-488 du 6 avr. 2017, applicable aux demandes présentées le lendemain de sa publication soit le 7 avr.).

COMMENTAIRE

Les textes, repris dans le code aux anciens articles L. 241-3 à L. 241-3-2, avaient institué plusieurs cartes pour les personnes invalides ou handicapées : carte d'invalidité, carte de priorité pour personne handicapée, carte de stationnement.

La loi n° 2016-1321 du 7 octobre 2016 pour une République numérique a simplifié ce dispositif en instituant une seule carte, dénommée « carte mobilité inclusion » qui, délivrée par le président du conseil départemental sur proposition de la commission des droits et de l'autonomie, peut porter une ou plusieurs « mentions » ouvrant alors aux divers avantages liés antérieurement pour chacun à une carte spécifique.

La loi n° 2017-86 du 27 janvier 2017 relative à l'égalité et à la citoyenneté a ajouté à l'article L. 241-3 un paragraphe V *bis* qui répartit les compétences contentieuses en ce qui concerne les contestations relatives à l'attribution de la carte « mobilité inclusion » : le juge judiciaire est compétent lorsque sont en cause les mentions « invalidité » et « priorité » ; en revanche, la juridiction administrative doit être saisie si est en cause la mention « stationnement » de cette carte.

1. Litige portant sur une demande de carte de stationnement. Lorsqu'il statue sur un recours dirigé contre une décision par laquelle l'administration, sans remettre en cause des versements déjà effectués, détermine les droits d'une personne en matière d'aide ou d'action sociale, de logement ou au titre des dispositions en faveur des travailleurs privés d'emploi, et sous réserve du contentieux du droit au logement opposable, il appartient au juge administratif, eu égard tant à la finalité de son intervention qu'à sa qualité de juge de plein contentieux, non de se prononcer sur les éventuels vices propres de la décision attaquée, mais d'examiner les droits de l'intéressé, en tenant compte de l'ensemble des circonstances de fait qui résultent de l'instruction et, notamment, du dossier qui lui est communiqué ; au vu de ces éléments, il lui appartient d'annuler ou de réformer, s'il y a lieu, cette décision, en fixant alors lui-même tout ou partie des droits de l'intéressé et en le renvoyant, au besoin, devant l'administration afin qu'elle procède à cette fixation pour le surplus, sur la base des motifs de son jugement. • CE, sect., 3 juin 2019, n° 419903 : *RDSS 2019. 1093, note Donier* ♦ Dans le cas d'un contentieux portant sur une demande de carte de stationnement pour personnes handicapées ou de carte mobilité inclusion mention stationnement pour personnes handicapées, c'est au regard des dispositions applicables et de la situation de fait existant à la date à laquelle il rend sa propre décision que le juge doit statuer. • Même arrêt.

2. Durée maximale de stationnement. Dans le cas où l'autorité compétente a fixé une durée maximale de stationnement gratuit, cette même autorité peut imposer aux personnes qui sont titulaires de la carte de stationnement pour personnes handicapées ou de la carte mobilité inclusion avec mention « stationnement pour personnes handicapées », ou aux tierces personnes les accompagnant, d'établir l'heure du début de leur stationnement par un dispositif mis à leur disposition, dont la mise en place doit être prévue par voie réglementaire ; à cette fin, elle peut notamment leur imposer l'apposition, derrière le pare-brise du véhicule utilisé pour le déplacement de la personne handicapée, d'une vignette de stationnement délivrée à titre gratuit, ou l'enregistrement, à titre gratuit, du numéro de la plaque d'immatriculation sur un horodateur ou sur une application mobile de paiement de la redevance de stationnement, • CE 24 mars 2021, n° 431132 B • CE 24 mars 2021, n° 428742 B.

Ancien art. L. 241-3 (L. n° 2005-102 du 11 févr. 2005, art. 65-I) ***Une carte d'invalidité est délivrée à titre définitif ou pour une durée déterminée par la commission mentionnée à l'article L. 146-9 à toute personne dont le taux d'incapacité permanente est au moins de 80 %, apprécié suivant des référentiels définis par voie réglementaire, ou qui a été classée en 3e catégorie de la pension d'invalidité de la sécurité sociale. Cette carte permet notamment d'obtenir une priorité d'accès aux places assises dans les transports en commun, dans les espaces et salles d'attente ainsi que dans les établissements et les manifestations accueillant du public, tant pour son titulaire que pour la personne qui l'accompagne dans ses déplacements. Elle permet également d'obtenir une priorité dans les files d'attente. Cette disposition doit être rappelée par un affichage clair et visible dans les lieux dans lesquels ce droit s'exerce.***

(L. n° 2015-1776 du 28 déc. 2015, art. 44-2°) ***« Lorsque le demandeur est bénéficiaire de l'allocation mentionnée à l'article L. 232-1 et classé dans les groupes 1 ou 2 de la grille nationale prévue à l'article L. 232-2, la carte est délivrée à titre définitif dans les conditions prévues au dernier alinéa de l'article L. 146-4. »***

(Ord. n° 2005-461 du 13 mai 2005) ***« Les dispositions du présent article sont applicables aux Français établis hors de France. »*** — [C. fam., art. 169 et 173, al. 1er.]

V. Guide-barème pour l'évaluation des déficiences et incapacités des personnes handicapées, Annexe 2-4.

V. Décr. n° 90-1083 du 3 déc. 1990 (JO 7 déc.) et Circ. du 3 déc. 1990, fixant les conditions d'attribution et d'utilisation du macaron « Grand invalide civil » (JO 7 déc.).

V. Arr. du 23 mai 2006 relatif aux modèles de la carte d'invalidité et de la carte de priorité pour personne handicapée (JO 8 juin).

Les personnes titulaires à titre définitif d'une des cartes mentionnées aux art. L. 241-3, L. 241-3-1 et L. 241-3-2 CASF dans leur rédaction antérieure au 1er janv. 2017 demandent la carte mobilité inclusion auprès de la maison départementale des personnes handicapées, ou le cas échéant, du conseil départemental au plus tard le 31 déc. 2026. Cette substitution est de droit (Décr. n° 2016-1849 du 23 déc. 2016, art. 8).

Attribution de la carte et taux d'incapacité. La carte d'invalidité n'étant susceptible d'être attribuée qu'à une personne dont le taux d'incapacité est au moins égal à 80 %, une personne qui s'est vu reconnaître par deux décisions successives du médecin contrôleur de l'aide sociale un taux d'incapacité de 60 % n'est pas fondée à contester le refus d'attribution de la carte. • Comm. centr. aide soc. 18 avr. 2000 : *CJAS n° 2000/04, p. 7.*

Art. L. 241-3-1 *(Abrogé par L. n° 2016-1321 du 7 oct. 2016, art. 107-I, à compter du 1er janv. 2017) (L. n° 2005-102 du 11 févr. 2005, art. 65-II)* ***Toute personne atteinte d'une incapacité inférieure à 80 % rendant la station debout pénible reçoit, pour une durée déterminée, une carte portant la mention : "Priorité pour personne handicapée". Cette carte est délivrée sur demande par la commission mentionnée à l'article L. 146-9. Elle permet d'obtenir une priorité d'accès aux places assises dans les transports en commun, dans les espaces et salles d'attente ainsi que dans les établissements et les manifestations accueillant du public. Elle permet également d'obtenir une priorité dans les files d'attente.*** — V. dispositions transitoires à la L. n° 2016-1321 du 7 oct. 2016, ss. art. L. 241-3.

Art. L. 241-3-2 *(Abrogé par L. n° 2016-1321 du 7 oct. 2016, art. 107-I, à compter du 1er janv. 2017) (L. n° 2002-73 du 17 janv. 2002, art. 86-II) (L. n° 2005-102 du 11 févr. 2005, art. 65-III-1°)* ***« Toute personne, y compris les personnes relevant du code des pensions militaires d'invalidité et des victimes de la guerre et du code de la sécurité sociale, atteinte d'un handicap qui réduit de manière importante et durable sa capacité et son autonomie de déplacement à pied ou qui impose qu'elle soit accompagnée par une tierce personne dans ses déplacements, peut recevoir une carte de stationnement pour personnes handicapées. Cette carte est délivrée par le*** *(L. n° 2015-1776 du 28 déc. 2015, art. 44-3°)* ***« représentant de***

l'État dans le département » conformément à l'avis du médecin chargé de l'instruction de la demande *(L. nº 2011-525 du 17 mai 2011, art. 17)* ***« dans un délai de deux mois suivant la demande. A défaut de réponse du représentant de l'État dans le département dans ce délai, la carte est délivrée au demandeur. »*** — V. Arr. du 13 mars 2006 (JO 19 mai), mod. Arr. du 5 févr. 2007 (JO 7 févr.).

(L. nº 2015-1776 du 28 déc. 2015, art. 44-3º) ***« Lorsque le demandeur est bénéficiaire de l'allocation mentionnée à l'article L. 232-1 et classé dans les groupes 1 ou 2 de la grille nationale prévue à l'article L. 232-2, la carte est délivrée à titre définitif par le représentant de l'État dans le département conformément à la notification de la décision d'attribution de l'allocation dans les délais mentionnés au premier alinéa du présent article. »***

« Les organismes utilisant un véhicule destiné au transport collectif des personnes handicapées peuvent recevoir une carte de stationnement pour personnes handicapées. »

(L. nº 2015-300 du 18 mars 2015) ***« La carte de stationnement pour personnes handicapées permet à son titulaire ou à la tierce personne l'accompagnant d'utiliser, à titre gratuit et sans limitation de la durée de stationnement, toutes les places de stationnement ouvertes au public. Toutefois, les autorités compétentes en matière de circulation et de stationnement peuvent fixer une durée maximale de stationnement qui ne peut être inférieure à douze heures. La carte de stationnement » permet, dans les mêmes conditions, de bénéficier des autres dispositions qui peuvent être prises en faveur des personnes handicapées par les autorités compétentes en matière de circulation et de stationnement.***

(L. nº 2015-300 du 18 mars 2015) ***« Les mêmes autorités peuvent également prévoir que, pour les parcs de stationnement disposant de bornes d'entrée et de sortie accessibles aux personnes handicapées depuis leur véhicule, les titulaires de cette carte sont soumis au paiement de la redevance de stationnement en vigueur. »***

(L. nº 2005-102 du 11 févr. 2005, art. 65-III-2º) ***« Un décret en Conseil d'État fixe les conditions d'application du présent article. »*** — V. dispositions transitoires à la L. nº 2016-1321 du 7 oct. 2016, ss. art. L. 241-3.

1. Contentieux de la délivrance des cartes de stationnement. Le contentieux de la délivrance des cartes de stationnement fait partie du contentieux de l'excès de pouvoir et non du contentieux de pleine juridiction. • TA Limoges, 23 sept. 2010, *M. H. c/ Préfet de la Haute-Vienne*, nº 1000011 : *AJDA 2011. 235, concl. Labouysse*.

2. Autorité compétente pour délivrer la carte de stationnement. Si la maison départementale des personnes handicapées, qui est investie d'une mission d'accueil, d'information, d'accompagnement et de conseil des personnes handicapées, peut, notamment, être destinataire des demandes tendant à la délivrance de la carte de stationnement pour personnes handicapées, le préfet du département est cependant seul légalement compétent pour prendre, conformément à l'avis du médecin chargé de l'instruction de la demande selon les modalités prévues par le CASF, les décisions relatives à l'attribution de la carte dont il s'agit. • CAA Versailles, 7 juin 2011, *M. A*, nº 10VE01221.

Art. L. 241-4 **Il n'y a pas lieu à l'application des dispositions relatives au recours en récupération des prestations d'aide sociale lorsque les héritiers du bénéficiaire sont son conjoint, ses enfants ou la personne qui a assumé, de façon effective et constante, la charge du handicapé.** — *[L. nº 75-534 du 30 juin 1975, art. 43 (I).]*

COMMENTAIRE

L'aide sociale étant de façon générale un droit subsidiaire, des mécanismes de récupération des sommes engagées par les collectivités publiques à l'encontre de la succession du bénéficiaire ont été aménagés dès les grandes lois d'assistance. Ces dispositions figuraient antérieurement à l'article 146, alinéas 1er à 6 du code de la famille et de l'aide sociale ; elles ont été introduites aux articles L. 132-8 et L. 132-9 du présent code.

La loi d'orientation du 30 juin 1975 ayant érigé la politique en faveur des personnes handicapées au rang d'obligation nationale, relevant d'un principe de solidarité collective, il a été décidé logiquement d'écarter, en ce qui concerne les dépenses d'aide sociale dont sont bénéficiaires ces personnes, la procédure de récupération sur leur succession (loi nº 75-534, 30 juin 1975, art. 43). Cette non-application pour ce champ particulier de l'aide sociale des règles en vigueur pour les autres catégories de bénéficiaires est cependant bornée à un cercle limité d'héritiers puisqu'il faut que la succession revienne soit au conjoint, soit aux enfants, soit à la personne qui a assumé la charge « effective et constante » du handicapé.

CHAPITRE I *BIS* COMMISSION DES DROITS ET DE L'AUTONOMIE DES PERSONNES HANDICAPÉES

(L. nº 2005-102 du 11 févr. 2005, art. 66)

BIBL. ▶ COMBETTE, Les recours intéressant la COTOREP, *Dr. soc. 1988. 536.* – FARDEAU et LE VAILLANT, Pour une analyse de la politique sociale en faveur des handicapés : l'activité des COTOREP, *Cah. CTN nº 49, 1990. 1.* – FORGUES et *alii,* L'indispensable réforme des COTOREP, *Rapport d'information nº 2542, AN, 2000.* – GILLET et TRICLIN, Le contentieux de l'incapacité. Le calme après la tourmente ?, *Rev. jur. barreaux nº 57, 1999. 95.* – JOUNO, Le contentieux de la reconnaissance de la qualité de travailleur handicapé, un plein contentieux : oui, mais lequel ?, *AJDA 2011. 206* ✎. – LEVY, La « réforme » des COTOREP par la circulaire du 25 mai 1984 : adaptation aux besoins ou aux moyens ?, *RDSS 1985. 240.*

COMMENTAIRE

Complétant le chapitre I du titre IV consacré aux personnes handicapées par un nouveau « chapitre I *bis* », la loi nº 2005-102 du 11 février 2005 pour l'égalité des droits et des chances, la participation et la citoyenneté des personnes handicapées introduit dans le code de l'action sociale et des familles des dispositions relatives à la nouvelle structure créée, la Commission des droits et de l'autonomie des personnes handicapées. Ce sont donc les nouveaux articles L. 241-5 à L. 241-11 qui organisent cette commission dans sa composition, ses compétences et son fonctionnement. Pour l'essentiel, la novation a consisté dans le regroupement en une seule commission des deux anciennes instances qu'étaient la Commission départementale de l'éducation spéciale (CDES) et la Commission technique d'orientation et de reclassement professionnel (COTOREP). ❑

Art. L. 241-5 **La commission des droits et de l'autonomie des personnes handicapées comprend notamment des représentants du département** *(Ord. nº 2016-1562 du 21 nov. 2016, art. 23-II, en vigueur le 1er janv. 2018)* **« , ou, en Corse, de la collectivité de Corse »,** *(Ord. nº 2010-177 du 23 févr. 2010, art. 18-I-4º)* **« des services et des établissements publics de l'État », des organismes de protection sociale, des organisations syndicales, des associations de parents d'élèves et, pour au moins un tiers de ses membres, des représentants des personnes handicapées et de leurs familles désignés par les associations représentatives, et un membre du conseil départemental consultatif** *(Ord. nº 2016-1562 du 21 nov. 2016, art. 23-II, en vigueur le 1er janv. 2018)* **« ou du conseil consultatif de la collectivité de Corse » des personnes handicapées. Des représentants des organismes gestionnaires d'établissements ou de services siègent à la commission avec voix consultative.**

Le président de la commission est désigné tous les deux ans par les membres de la commission en son sein.

La commission des droits et de l'autonomie des personnes handicapées siège en formation plénière et peut être organisée en sections locales ou spécialisées.

Lorsque des sections sont constituées, elles comportent obligatoirement parmi leurs membres un tiers de représentants des personnes handicapées et de leurs familles.

Les décisions de la commission sont prises après vote des membres de la commission *(L. nº 2011-901 du 28 juill. 2011, art. 6-I-1º)* **« ou, le cas échéant, de la section locale ou de la section spécialisée ». Les modalités et règles de majorité de vote, qui peuvent être spécifiques à chaque décision en fonction de sa nature, sont fixées par décret en Conseil d'État. Lorsque la décision porte sur l'attribution de la prestation de compensation, la majorité des voix est détenue par les représentants du conseil départemental.**

(L. nº 2011-901 du 28 juill. 2011, art. 6-I-2º) **« Sauf opposition de la personne handicapée concernée ou de son représentant légal, la commission des droits et de l'autonomie des personnes handicapées peut, dans des conditions fixées par décret en Conseil d'État, siéger en formation restreinte et adopter une procédure simplifiée de prise de décision. Lorsqu'elles sont constituées, les formations restreintes comportent obligatoirement parmi leurs membres un tiers de représentants des personnes handicapées et de leurs familles désignés par les associations représentatives. »**

COMMENTAIRE

L'article L. 241-5 précise la composition minimale de la commission des droits et de l'autonomie des personnes handicapées. L'adverbe « notamment » indique en effet que l'on peut en élargir la composition à des structures qui ne sont pas expressément visées par le texte. Il est à noter que les représentants des organismes d'établissements et de services y siègent, mais avec une simple voix consultative.

Pour pallier les difficultés de fonctionnement des commissions des droits et de l'autonomie des personnes handicapées et notamment leur encombrement, la loi nº 2011-901 du 28 juillet 2011 tendant à améliorer le fonctionnement des MDPH a ajouté à l'article L. 241-5 une disposition instituant une formation restreinte de la commission : cela lui permet d'adopter une procédure simplifiée destinée à faciliter le traitement des dossiers.

Art. L. 241-6 **I. — La commission des droits et de l'autonomie des personnes handicapées est compétente pour :**

1º Se prononcer sur l'orientation de la personne handicapée et les mesures propres à assurer son insertion scolaire ou professionnelle et sociale ;

2º Désigner les établissements *(L. nº 2016-41 du 26 janv. 2016, art. 89-I-4º)* **« , les services mentionnés à l'article L. 312-1 ou les dispositifs au sens de l'article L. 312-7-1 » correspondant aux besoins de l'enfant ou de l'adolescent ou concourant à la rééducation, à l'éducation, au reclassement et à l'accueil de l'adulte handicapé et en mesure de l'accueillir ;** — *V. première note ss. art.*

(L. nº 2016-41 du 26 janv. 2016, art. 89-I-4º) **« 2º *bis* Lorsqu'elle a défini un plan d'accompagnement global, désigner nominativement les établissements, services de toute nature ou dispositifs qui se sont engagés à accompagner sans délai la personne ; »** — *V. première note ss. art.*

3º Apprécier :

a)* Si l'état ou le taux d'incapacité de la personne handicapée justifie l'attribution, pour l'enfant ou l'adolescent, de l'allocation et, éventuellement, de son complément mentionnés à l'article L. 541-1 du code de la sécurité sociale, de la majoration mentionnée à l'article L. 541-4 du même code, ainsi que de** *(L. nº 2016-1321 du 7 oct. 2016, art. 107-I, en vigueur le 1er janv. 2017)* **« la carte "mobilité inclusion" mentionnée à l'article L. 241-3 » du présent code et, pour l'adulte, de l'allocation prévue aux articles L. 821-1 et L. 821-2 du code de la sécurité sociale** *(Abrogé par L. nº 2018-1317 du 28 déc. 2018, art. 266, à compter du 1er déc. 2019)* ***« et du complément de ressources prévu à l'article L. 821-1-1 du même code, » **ainsi que de** *(L. nº 2016-1321 du 7 oct. 2016, art. 107-I, en vigueur le 1er janv. 2017)* **« la carte "mobilité inclusion" mentionnée à l'article L. 241-3 » du présent code ;**

***b)* Si les besoins de compensation de l'enfant ou de l'adulte handicapé justifient l'attribution de la prestation de compensation dans les conditions prévues à l'article L. 245-1 ;**

***c)* Si la capacité de travail de la personne handicapée justifie l'attribution du complément de ressources mentionné à l'article L. 821-1-1 du code de la sécurité sociale ;**

4º Reconnaître, s'il y a lieu, la qualité de travailleur handicapé aux personnes répondant aux conditions définies par l'article *(L. nº 2023-1196 du 18 déc. 2023, art. 14-I)* **« L. 5213-1 » du code du travail ;**

5º Statuer sur l'accompagnement des personnes handicapées âgées de plus de soixante ans hébergées dans les structures pour personnes handicapées adultes.

II. — Les décisions de la commission sont, dans tous les cas, motivées et font l'objet d'une révision périodique. La périodicité de cette révision et ses modalités, notamment au regard du caractère réversible ou non du handicap, sont fixées par décret.

III. — Lorsqu'elle se prononce sur l'orientation de la personne handicapée et lorsqu'elle désigne les établissements ou services susceptibles de l'accueillir, la commission des droits et de l'autonomie des personnes handicapées est tenue de proposer à la personne handicapée ou, le cas échéant, à ses parents *(Ord. nº 2020-232 du 11 mars 2020, art. 35-1º)* **« , s'il s'agit d'un mineur ou, s'il s'agit d'un majeur faisant l'objet d'une mesure de protection juridique avec représentation relative à la personne qui**

n'est pas apte à exprimer sa volonté, à la personne chargée de cette mesure, » un choix entre plusieurs solutions adaptées.

(L. n° 2016-41 du 26 janv. 2016, art. 89-I-4°) **« La décision de la commission prise au titre du 2° du I s'impose à tout établissement ou service dans la limite de la spécialité au titre de laquelle il a été autorisé. Dans le cas des décisions mentionnées au 2° *bis* du I, l'autorité ayant délivré l'autorisation peut autoriser son titulaire à y déroger.**

« Toute décision de refus d'admission par l'autorité habilitée à la prononcer est adressée à la maison départementale des personnes handicapées, à la personne handicapée ou à son représentant légal *(Ord. n° 2020-232 du 11 mars 2020, art. 35-2°)* **« s'il s'agit d'un mineur, à la personne chargée de la mesure de protection juridique s'il s'agit d'un majeur faisant l'objet d'une mesure de protection juridique avec représentation relative à la personne », ainsi qu'à l'autorité qui a délivré l'autorisation. Elle comporte les motifs de refus au regard du deuxième alinéa du présent III. » –** *V. première note ss. art.*

Lorsque les parents ou le représentant légal de l'enfant ou de l'adolescent handicapé ou l'adulte handicapé *(Ord. n° 2020-232 du 11 mars 2020, art. 35-3°)* **« ou, s'il s'agit d'un majeur faisant l'objet d'une mesure de protection juridique avec représentation relative à la personne qui n'est pas apte à exprimer sa volonté, la personne chargée de cette mesure, en tenant compte de l'avis de la personne protégée, » font connaître leur préférence pour un établissement ou un service entrant dans la catégorie de ceux vers lesquels la commission a décidé de l'orienter et en mesure de l'accueillir, la commission est tenue de faire figurer cet établissement ou ce service au nombre de ceux qu'elle désigne, quelle que soit sa localisation.**

A titre exceptionnel, la commission peut désigner un seul établissement ou service.

Lorsque l'évolution de son état ou de sa situation le justifie, l'adulte handicapé *(Ord. n° 2020-232 du 11 mars 2020, art. 35-4°)* **« , ou, s'il n'est pas apte à exprimer sa volonté, la personne chargée à son égard d'une mesure de protection juridique avec représentation relative à la personne, en tenant compte de son avis », les parents ou le représentant légal de l'enfant ou de l'adolescent handicapé ou l'établissement ou le service peuvent demander la révision de la décision d'orientation prise par la commission. L'établissement ou le service ne peut mettre fin, de sa propre initiative, à l'accompagnement sans décision préalable de la commission.**

Les dispositions issues de l'art. 89-I de la L. n° 2016-41 du 26 janv. 2016 sont applicables à la date décidée par la commission exécutive mentionnée à l'art. L. 146-4 CASF constatant que la maison départementale des personnes handicapées dispose des informations mentionnées au dixième al. de l'art. L. 114-1-1 du même code et, en tout état de cause, au plus tard le 31 déc. 2017 (L. préc., art. 89-II).

L'Ord. n° 2020-232 du 11 mars 2020 n'est pas applicable en Nouvelle-Calédonie. Elle entre en vigueur à une date fixée par décret en Conseil d'État et au plus tard le 1er oct. 2020. Elle est applicable aux mesures de protection juridique en cours au jour de son entrée en vigueur et aux situations dans lesquelles aucune décision n'a été prise au jour de son entrée en vigueur (Ord. préc., art. 45 et 46, JO 12 mars).

En application des art. L. 231-5 et L. 231-6 CRPA, le silence gardé pendant deux mois par l'administration vaut décision de rejet pour les demandes d'admission d'une personne handicapée dans des établissements relevant de l'Office national des anciens combattants et victimes de guerre selon les dispositions des art. L. 241-6 s. (Décr. n° 2014-1283 du 23 oct. 2014, applicable pour les demandes présentées à compter du 12 nov. 2014).

En application des art. L. 231-5 et L. 231-6 CRPA, le silence gardé pendant quatre mois par l'administration vaut décision de rejet pour :

— les décisions de la commission des droits et de l'autonomie des personnes handicapées sur les droits des personnes handicapées (hors attributions de prestations financières) ;

— les demandes de révision de la décision d'orientation de la commission des droits et de l'autonomie des personnes handicapées (Décr. n° 2015-1451 du 10 nov. 2015, applicable pour les demandes présentées à compter du 12 nov. 2015).

COMMENTAIRE

L'article L. 241-6 détermine les compétences de la commission. Pour l'essentiel, ces dernières reprennent celles qui étaient antérieurement attribuées aux CDES et COTOREP. Il s'agit, on le sait, pour les attributions qui revêtent la portée la plus grande, d'apprécier le taux d'incapacité de la personne handicapée, qu'elle soit enfant ou adulte, et de faire découler de cette appréciation l'attribution des prestations financières (AEEH et AAH) ainsi que de la nouvelle prestation de compensation ; de reconnaître la qualité de travailleur handicapé ; de désigner les établissements ou les services correspondant aux besoins de l'enfant ou de l'adulte ; de se prononcer sur son orientation tant scolaire que professionnelle. De plus, l'article L. 241-6 prévoit expressément une possibilité de révision des décisions de la commission au vu de l'évolution de l'état ou de la situation de la personne handicapée.

Les législations successives qui ont complété l'article L. 241-6, notamment la loi n° 2016-41 du 26 janvier 2016, ont cherché à renforcer le poids des personnes handicapées et de leurs familles dans le choix de leur orientation : d'une part, en obligeant la commission des droits à tenir compte de leurs préférences et à leur offrir plusieurs solutions de prise en charge et, d'autre part, en renforçant le caractère contraignant des décisions de la commission pour les établissements et les services qu'elle a désignés.

Il est à noter que l'ordonnance n° 2020-312 du 25 mars 2020 relative à la prolongation de droits sociaux (art. 3 reproduit sous l'art. L. 241-6) prise dans le cadre des mesures dérogatoires liées à la pandémie du coronavirus a donné au président de la CDAPH ou aux formations restreintes de celle-ci compétence pour prendre toutes les décisions qui, en période normale, sont arrêtées par la commission elle-même. Ce régime dérogatoire est justifié par la nécessité non seulement de prolonger des droits arrivés à terme mais aussi d'en établir de nouveaux au bénéfice de personnes en situation de handicap auxquelles doit être garantie une prise en charge effective.

A. AVANT L'ENTRÉE EN VIGUEUR DE LA LOI DU 11 FÉVR. 2005

1. *Qualité de travailleur handicapé.* Seul peut être considéré comme un travailleur handicapé au sens de l'art. L. 323-10 celui qui a été reconnu comme tel par la COTOREP. • Soc. 19 juin 1991 : *D. 1991. IR 187 ; Dr. soc. 1991. 636.*

2. *Accidenté du travail.* Une COTOREP ne saurait refuser la qualité de travailleur handicapé à un accidenté du travail au motif qu'à ce titre il bénéficie déjà de l'obligation d'emploi prévue à l'art. L. 323-3, 2° alors que cette circonstance n'est pas de nature à le priver des autres avantages afférents à la qualité de travailleur handicapé énumérés aux art. L. 323-9 s. • CE 25 oct. 1996 : *D. 1996. IR 255 ; RJS 1996, n° 1334.*

3. *Charge de la preuve de la régularité de la procédure.* C'est à la COTOREP et non à la personne handicapée qu'il incombe de faire la preuve de la régularité de la procédure suivie devant elle. • Soc. 9 mars 2000, n° 98-16.679 P : *RDSS 2000. 833, obs. F. Bocquillon ; TPS 2000, comm. n° 208 ; RJS 2000, n° 464 ; JCP 2001. II. 10509, note Dagorne-Labbe.*

4. *Autorité des décisions.* Les décisions définitives de la COTOREP désignant les établissements concourant à l'accueil des personnes handicapées s'imposent aux autorités administratives responsables de la prise en charge, au titre de l'aide sociale aux personnes handicapées, des frais d'hébergement de ces personnes, sous la seule réserve que les conditions légales et réglementaires ouvrant droit à cet hébergement soient réunies. • Comm. centr. aide soc. 19 nov. 2002 : *CJAS n° 2002/06, p. 113.*

5. *Pouvoirs de la COTOREP.* Si la COTOREP s'est fondée, pour prendre sa décision, sur le bilan effectué à l'issue des trois premiers mois de stage préparatoire effectué par le travailleur handicapé, qui avait mis en évidence l'incapacité de ce dernier à poursuivre utilement la formation initialement envisagée, elle a pu déduire de cette constatation que cette formation n'était pas de nature à assurer le reclassement de l'intéressé et qu'une nouvelle orientation était nécessaire, aucune disposition législative ou réglementaire ne faisant obstacle à ce qu'une telle décision fût prise à l'issue d'un stage probatoire. • CE 26 mai 1999, *Bena : RDSS 2000. 190, chron. Bocquillon et Kessler .*

6. *Admission dans un centre de préorientation.* Il résulte de l'art. R. 481-2 du CSS que le droit à remboursement des frais engagés par un travailleur handicapé admis dans un centre agréé de préorientation, d'éducation ou de rééducation professionnelle n'est ouvert, en ce qui concerne les frais d'hébergement, qu'au profit d'un centre agréé et à condition que le travailleur handicapé y ait été effectivement hébergé ; il s'ensuit que la CPAM est fondée à refuser de prendre en charge les frais d'hébergement chez un tiers supportés par le travailleur handicapé admis dans un centre en qualité d'externe. • Soc. 23 mars 1995, n° 92-19.410 P : *RDSS 1995. 618, obs. Kessler .*

7. *Incompétence de la COTOREP.* Conformément à l'art. L. 323-11-I du C. trav., le recours devant la juridiction technique de la sécurité sociale, qui n'est possible que pour les décisions de la COTOREP visées aux 3° et 4° dudit art., est ouvert à l'encontre des décisions de cette commission appréciant si l'état ou le taux d'incapacité de la personne handicapée justifie l'attribution de l'allocation compensatrice. Il s'ensuit que la COTOREP n'est pas compétente pour statuer sur un litige se rapportant à un aspect administratif des conditions de versement de l'allocation compensatrice et non à l'aspect médical de la situation de la personne handicapée. • Soc. 13 juin 1996, n° 94-13.647 P.

B. DEPUIS L'ENTRÉE EN VIGUEUR DE LA LOI DU 11 FÉVR. 2005

8. Compétence de plein contentieux de la commission des droits. Il ne résulte pas, de l'art. L. 241-6, que le législateur, en supprimant les commissions départementales des travailleurs handicapés et en confiant aux juridictions administratives de droit commun le soin de connaître des litiges auxquels peuvent donner lieu les décisions mentionnées au 1° et au 4° du I dudit art., ait entendu que les recours désormais portés devant la juridiction administrative de droit commun devaient être d'une autre nature que celle de recours de plein contentieux reconnue par la jurisprudence aux recours portés devant les commissions départementales des travailleurs handicapés. Par suite, les recours contre ces décisions constituent des recours de plein contentieux, ce qui implique que le juge statue sur les droits du requérant en se plaçant à la date où il rend sa décision. • TA Cergy-Pontoise, 2 févr. 2006, *M. Robiglia : AJDA 2006. 1798, concl. Muller*. • CE, Avis, 6 avr. 2007, n° 293238 : *Lebon 153 ; RDSS 2007. 1116, obs. Boujeka ; AJDA 2007. 2049, note Rihal*. ♦ *Contra*, V. avant 2007, • TA Versailles, 26 sept. 2005, *M. X. : RDSS 2005. 1038, concl. Couvert-Castéra* (le recours a la nature d'un recours en excès de pouvoir).

9. Méconnaissance de sa propre compétence par la commission des droits. Il ressort des dispositions de l'art. L. 241-6 du CASF et de l'art. L. 5213-20 du C. trav. que, lorsqu'elle est saisie d'une demande d'orientation professionnelle par une personne dont la qualité de travailleur handicapé a été reconnue, la commission des droits et de l'autonomie doit se prononcer en appréciant si cette personne peut travailler en milieu ordinaire, le cas échéant en entreprise adaptée et, à défaut, l'orienter vers les établissements ou services d'aide par le travail ; par suite, en ayant refusé de se prononcer sur la demande d'orientation professionnelle dont elle avait été régulièrement saisie et en s'étant bornée à proposer à la requérante de revoir ultérieurement cette orientation professionnelle à sa demande, la commission a méconnu la compétence que lui confèrent les dispositions susmentionnées, lesquelles ne prévoient pas que l'orientation professionnelle d'un travailleur handicapé puisse être refusée. • TA Nantes, 4 nov. 2009, n° 0804861.

10. Commission des droits et placement familial. Aucune disposition législative et réglementaire n'impose l'intervention de la commission des droits pour l'orientation vers un « service de placement familial » pour que l'aide sociale prenne en charge les frais d'accueil familial chez un particulier agréé recevant moins de quatre personnes âgées ou handicapées, cette prise en charge étant de droit du seul fait de l'agrément si les conditions de celui-ci et notamment le suivi par un service sont réunis. • Comm. centr. aide soc. 25 août 2009, dossier n° 090001 : *CJAS n° 2009/06*.

11. Reconnaissance de la qualité de travailleur handicapé et nature du contentieux. Les recours formés contre les décisions des commissions des droits et de l'autonomie des personnes handicapées statuant, en application des dispositions du 4° du I de l'art. L. 241-6 CASF, sur une demande de reconnaissance de la qualité de travailleur handicapé, constituent des recours de plein contentieux. • CE, avis, 12 avr. 2013, n° 364239 : *Lebon 93*.

Art. L. 241-7 La personne adulte handicapée, le cas échéant son représentant légal, les parents ou le représentant légal de l'enfant ou de l'adolescent handicapé sont consultés par la commission des droits et de l'autonomie des personnes handicapées *(L. n° 2011-901 du 28 juill. 2011, art. 6-II-1°)* **« ou, le cas échéant, par la section locale ou la section spécialisée ». Ils peuvent être assistés par une personne de leur choix ou se faire représenter.**

La commission *(L. n° 2011-901 du 28 juill. 2011, art. 6-II-2°)* **« ou la section » vérifie si le handicap ou l'un des handicaps dont elle est saisie est à faible prévalence et si, dans l'affirmative, l'équipe pluridisciplinaire a consulté autant que de besoin le pôle de compétence spécialisé visé à l'article L. 146-8 et a tenu compte de son avis.**

COMMENTAIRE

Compte tenu de la portée des décisions qui sont prises par la commission des droits et de l'autonomie, l'article L. 241-7 aménage une consultation obligatoire des personnes handicapées, de leurs parents ou de leurs représentants légaux ; ces derniers peuvent en outre se faire assister d'une personne de leur choix ou se faire représenter. ❑

Art. L. 241-8 Sous réserve que soient remplies les conditions d'ouverture du droit aux prestations, les décisions des organismes responsables de la prise en charge des frais exposés dans les établissements et services et celles des organismes chargés du paiement des allocations et de leurs compléments prévus aux articles L. 541-1 et

L. 821-1 à L. 821-2 du code de la sécurité sociale et de la prestation de compensation prévue à l'article L. 245-1 du présent code sont prises conformément à la décision de la commission des droits et de l'autonomie des personnes handicapées.

L'organisme ne peut refuser la prise en charge pour l'établissement ou le service, dès lors que celui-ci figure au nombre de ceux désignés par la commission, pour lequel les parents ou le représentant légal de l'enfant ou de l'adolescent handicapé manifestent leur préférence. Il peut accorder une prise en charge à titre provisoire avant toute décision de la commission.

COMMENTAIRE

A l'instar de celles prises par les CDES ou les COTOREP, les décisions de la commission des droits revêtent une portée particulière. C'est ce que prévoit l'article L. 241-8 nouveau. Ainsi, ces décisions s'imposent à tout établissement ou service dans la limite de la spécialité au titre de laquelle il a été autorisé ou agréé. Par ailleurs, ces mêmes décisions s'imposent aux organismes qui prennent en charge les frais exposés dans les établissements et services ; il en est de même pour les organismes payeurs des prestations, AEEH, AAH et prestation de compensation. ❑

Contrôle exercé par le département. Dès lors qu'aux termes de l'art. L. 241-8, les décisions du département chargé du paiement de la prestation de compensation sont prises conformément à la décision de la commission des droits sous réserve que soient remplies les conditions d'ouverture du droit aux prestations, il incombe audit département de vérifier que les conditions administratives d'octroi de la prestation, y compris la condition de résidence stable et régulière en France, sont réunies. • CE 19 mai 2017, n° 402798 B : *RDSS 2017. 955, note Dagorne-Labbe*. ♦ Il lui incombe également, en application de l'art. D. 245-43, de déduire, le cas échéant, du montant mensuel de la prestation de compensation attribuée au titre des charges liées à un besoin d'aides humaines, le montant de la prestation de sécurité sociale en espèces ayant le même objet que la personne handicapée perçoit et de définir, en application de l'art. R. 245-46, le taux de prise en charge, de 80 ou 100 % selon la situation financière de la personne handicapée. • Même arrêt.

Art. L. 241-9 **Les décisions relevant du 1° du I de l'article L. 241-6 prises à l'égard d'un enfant ou un adolescent handicapé, ainsi que celles relevant des** *(L. n° 2011-901 du 28 juill. 2011, art. 10-VI-1°)* **« 2°, 3° et 5° » du I du même article peuvent faire l'objet de recours devant** *(Ord. n° 2018-358 du 16 mai 2018, art. 2 ; Ord. n° 2019-964 du 18 sept. 2019, art. 35)* **« les tribunaux judiciaires** *[ancienne rédaction : tribunaux de grande instance]* **spécialement désignés en application de l'article L. 211-16 du code de l'organisation judiciaire ». Ce recours, ouvert à toute personne et à tout organisme intéressé, est dépourvu d'effet suspensif, sauf lorsqu'il est intenté par la personne handicapée ou son représentant légal à l'encontre des décisions relevant du 2° du I de l'article L. 241-6.**

Les décisions relevant *(L. n° 2011-901 du 28 juill. 2011, art. 10-VI-2°)* **« des 1° et 2° » du I du même article, prises à l'égard d'un adulte handicapé** *(L. n° 2011-901 du 28 juill. 2011, art. 10-VI-2°)* **« dans le domaine de la rééducation professionnelle, du travail adapté ou protégé », et du 4° du I dudit article peuvent faire l'objet d'un recours devant la juridiction administrative.**

COMMENTAIRE

L'article L. 241-9 organise la protection contentieuse des personnes handicapées ainsi que celle de divers organismes assurant leur prise en charge. Naturellement, le principe est que toutes les décisions prises par la commission des droits et de l'autonomie sont susceptibles d'un recours contentieux.

A noter que, du fait de la réorganisation du contentieux opérée par la loi n° 2016-1547 du 18 novembre 2016 et par l'ordonnance n° 2018-358 du 16 mai 2018 relative au traitement juridictionnel du contentieux de la sécurité sociale, les recours contentieux à l'encontre des décisions de la CDAPH sont orientés vers les tribunaux de grande instance spécialement désignés à cet effet. ❑

1. Décisions relatives à l'attribution d'allocations. Selon l'art. L. 323-11, al. 6, C. trav., les décisions de la COTOREP, laquelle est compétente notamment pour apprécier si l'état ou le taux d'incapacité de la personne handicapée justifie l'attribution de l'allocation aux adultes handicapés et de l'allocation compensatrice, peuvent faire l'objet de recours devant la juridiction du contentieux technique de la sécurité sociale ; par suite, et quelle que soit la nature du motif retenu par la commission pour refuser à un travailleur handicapé le bénéfice de l'allocation compensatrice demandée, il n'appartient pas à la juridiction administrative de connaître d'un recours formé contre une décision prise en ce domaine par la COTOREP, un tel recours relevant des juridictions de l'ordre judiciaire. • CE 13 janv. 1992, *Mainfrais : D. 1992. IR 83* • Comm. centr. aide soc. 25 nov. 1992, *Dpt Sarthe : EJCCAS, n° 46-1, p. 3.*

2. Compétence contentieuse et attribution de la prestation de compensation. Les recours contre les décisions de la commission des droits et de l'autonomie des personnes handicapées relatives à l'attribution de la prestation de compensation du handicap relèvent, quels que soient les motifs de ces décisions, de la juridiction du contentieux technique de la sécurité sociale, ainsi d'ailleurs que le prévoit désormais expressément l'art. L. 143-1 CSS. • T. confl. 14 mai 2012, n° C3851 B.

3. Compétence contentieuse et désignation des établissements et services de rééducation. Le refus de placer un adulte handicapé dans un établissement ou un service d'accueil au motif que son état de santé n'est pas compatible avec un tel placement constitue une décision relevant du 2° du I de l'art. L. 241-6 CASF mais ne concerne pas le domaine de la rééducation professionnelle, du travail adapté ou protégé ; par suite, en vertu de l'art. L. 241-9 du même code, le recours contre une telle décision doit être formé devant la juridiction du contentieux technique de la sécurité sociale. • T. confl. 14 mai 2012, n° C3823 B.

4. Compétence contentieuse et responsabilité de l'État. Les décisions prises par la commission des droits et de l'autonomie des personnes handicapées sont susceptibles de recours devant l'autorité judiciaire, laquelle est également compétente pour connaître d'éventuelles actions en responsabilité engagées à l'encontre de la maison départementale des personnes handicapées à raison de telles décisions ; par suite, la responsabilité de l'État ne saurait être recherchée à raison des décisions par lesquelles la commission des droits se prononce sur l'orientation et l'accueil des personnes handicapées, dès lors que ces décisions sont prises au nom de ladite maison départementale. • CE 8 nov. 2019, n° 412440 B : *RDSS 2020. 168, concl. Dieu* .

5. Compétence contentieuse et refus de prise en charge des frais de transport vers un établissement scolaire. Aucune disposition législative n'attribue le litige relatif au refus du président du conseil départemental de prendre en charge les frais de transport d'un enfant handicapé vers un établissement scolaire à la compétence de la juridiction judiciaire, notamment pas l'art. L. 241-9 CASF, selon lequel relèvent de la compétence des tribunaux judiciaires les décisions prises, au titre du 1° du I de l'art. L. 241-6 du même code, par les commissions des droits et de l'autonomie des personnes handicapées sur l'orientation et les mesures propres à assurer l'insertion scolaire d'un enfant ou d'un adolescent handicapé ; par suite, la contestation d'un tel refus, lequel présente le caractère d'une décision administrative, relève de la compétence de la juridiction administrative. • T. confl. 5 juill. 2021, n° C4219 B.

6. Compétence contentieuse et refus implicite de valider un projet personnalisé de scolarisation. Aucune disposition législative n'attribue le litige issu du refus implicite de prendre des mesures permettant d'assurer la mise en œuvre d'une décision de la CDAPH validant un projet personnalisé de scolarisation à la compétence de la juridiction judiciaire, notamment pas l'art. L. 241-9 ; cette décision implicite présentant le caractère d'une décision administrative, sa contestation relève dès lors de la compétence de la juridiction administrative. • T. confl. 5 déc. 2022, n° C4257 B.

7. Appréciation de la responsabilité de l'État. S'il résulte des dispositions de l'art. L. 323-11 C. trav. qu'il n'appartient qu'aux juridictions du contentieux technique de la sécurité sociale de connaître des décisions des COTOREP en tant qu'elles désignent les établissements et services concourant à la réadaptation et au reclassement des personnes handicapées, ressortit en revanche à la compétence de la juridiction administrative l'appréciation de la responsabilité de l'État en raison des conditions d'exécution d'une décision de placement d'une personne handicapée en centre d'aide par le travail prise par une COTOREP. • CAA Paris, 12 nov. 1992, *Cohen,* n° 91PA01092 B.

8. Décisions se prononçant sur la date d'affiliation à l'assurance vieillesse. Les conclusions d'un assuré social tendant à l'annulation d'une décision de la COTOREP, en tant qu'elle se prononce sur la date de son affiliation à l'assurance vieillesse, ressortissent au contentieux général de la sécurité sociale. • T. confl. 4 nov. 1996, *Martinez,* n° 02984 B : *RDSS 1997. 349, concl. Arrighi de Casanova* .

9. Contrôle de l'erreur manifeste d'appréciation. Si, pour contester la décision par laquelle la COTOREP a estimé que son handicap ne lui permettait pas de travailler, même en milieu protégé, et lui a donc refusé la qualité de travailleur handicapé, le requérant se borne à alléguer qu'il lui était possible de retravailler sans autre précision et sans produire aucun document à l'appui de son allégation, il n'établit pas, dès lors, que la décision attaquée serait entachée d'une erreur manifeste d'appréciation ; par suite, sa requête ne saurait qu'être rejetée. • TA Versailles, 26 sept. 2005, *M. X. : RDSS 2005. 1038, concl. Couvert-Castéra*.

10. Notification de la décision. Les décisions de la commission départementale d'éducation spéciale qui sont notifiées aux parents ou aux personnes ayant la charge effective de l'enfant et aux organismes intéressés sont susceptibles de leur part d'un recours contentieux sans effet suspensif devant les juridictions du contentieux technique ; par suite, lorsque l'allocation a été versée contrairement à la décision défavorable de la commission départementale qui s'imposait tant à l'allocataire qu'à la caisse d'allocations familiales, cet organisme ne saurait en l'état être débouté de son action en répétition de l'indu au seul motif qu'il n'était pas justifié de la notification de ladite décision à l'allocataire. • Soc. 26 sept. 1984 : *Bull. civ. V, n° 338.*

11. Portée du caractère suspensif du recours. Les recours formés contre les décisions de la commission des droits et de l'autonomie des personnes handicapées ont un effet suspensif lorsqu'ils sont intentés par la personne handicapée ou son représentant légal à l'encontre des décisions relatives à la désignation des établissements ou services correspondant aux besoins de l'enfant ou de l'adolescent ou concourant à la rééducation, à l'éducation, au reclassement et à l'accueil de l'adulte handicapé et en mesure de l'accueillir ; il en résulte que lorsque les parents d'un enfant accueilli en vertu d'une première décision de la commission contestent une seconde décision de cette même commission, l'orientation en cours doit être maintenue ; par suite, si la structure initialement désignée met fin à la prise en charge de la personne handicapée et refuse de la réintégrer, elle commet une faute de nature à engager sa responsabilité civile • Civ. 2e, 19 janv. 2017, n° 16-13.394 P : *RDSS 2017. 567, obs. Tauran*.

12. Nature des recours. Les recours contre les décisions relevant du 1° du I de l'art. L. 241-6, prises à l'égard d'un adulte handicapé, et du 4° du I du même art. doivent être portés, depuis la loi du 11 févr. 2005, devant les juridictions administratives de droit commun et constituent des recours de plein contentieux, ce qui implique que le juge statue sur les droits du requérant en se plaçant à la date où il rend sa décision. • TA Cergy-Pontoise, 2 févr. 2006, *M. Robiglia : AJDA 2006. 1798, concl. Muller*. • CE, Avis, 6 avr. 2007, n° 293238 : *Lebon 153 ; RDSS 2007. 1116, obs. Boujeka ; AJDA 2007. 2049, note Rihal*. ♦ *Contra*, V. avant 2007, • TA Versailles, 26 sept. 2005, *M. X. : RDSS 2005. 1038, concl. Couvert-Castéra* (le recours a la nature d'un recours en excès de pouvoir).

13. Qualité de travailleur handicapé et expertise médicale. Le juge peut requérir la production par le requérant, auquel le secret médical n'est pas opposable, de son dossier médical. Si le requérant donne des indications sérieuses sur les difficultés qu'il aurait à obtenir communication de ce dossier, le juge peut prescrire à l'administration, dans le cadre de son pouvoir d'instruction, de le communiquer à l'intéressé. C'est dans tous les cas au requérant qu'il appartient de décider s'il entend porter son dossier à la connaissance du tribunal : si le requérant refuse, cet élément doit être pris en compte pour apprécier si, compte tenu notamment de l'obligation pour le juge de respecter le caractère contradictoire de la procédure, il est possible et utile d'ordonner une expertise médicale. • CE, avis, 6 nov. 2007 : *préc. note 12.*

Art. L. 241-10 Les membres de l'équipe pluridisciplinaire et de la commission respectivement mentionnées aux articles L. 146-8 et L. 146-9 sont tenus au secret professionnel dans les conditions prévues aux articles 226-13 et 226-14 du code pénal.

(*L. n° 2011-901 du 28 juill. 2011, art. 9*) « Par exception à l'article 226-13 du même code, les membres de l'équipe pluridisciplinaire peuvent, dans la limite de leurs attributions, échanger entre eux tous éléments ou informations à caractère secret dès lors que leur transmission est strictement limitée à ceux qui sont nécessaires à l'évaluation de sa situation individuelle et à l'élaboration du plan personnalisé de compensation du handicap visé à l'article L. 114-1-1 du présent code.

« Les membres de l'équipe pluridisciplinaire peuvent communiquer aux membres de la commission mentionnée à l'article L. 146-9 tous éléments ou informations à caractère secret dès lors que leur transmission est strictement limitée à ceux qui sont nécessaires à la prise de décision.

« Afin de permettre un accompagnement sanitaire et médico-social répondant aux objectifs énoncés au 3° de l'article L. 311-3, les membres de l'équipe pluridisciplinaire peuvent échanger avec un ou plusieurs professionnels qui assurent cet accompagnement les informations nécessaires relatives à la situation de la personne handicapée, dès lors que celle-ci ou son représentant légal dûment averti a donné son accord. »

COMMENTAIRE

L'article L. 241-10 porte sur les obligations au secret qui pèsent sur les membres de l'équipe pluridisciplinaire en charge d'évaluer les besoins de compensation du handicap ainsi que l'incapacité de la personne handicapée (art. L. 246-8). Ce texte, dans sa rédaction initiale, se contentait d'indiquer que ces personnes sont tenues au secret professionnel prévu aux articles 226-13 et 226-14 du code pénal.

La loi n° 2011-901 du 28 juillet 2011 tendant à améliorer le fonctionnement de la MDPH et portant diverses dispositions relatives à la politique du handicap, tout en conservant le principe de la soumission des membres de l'équipe pluridisciplinaire au secret, l'a cependant aménagé ; elle a prévu que les informations dont ces derniers disposent concernant les personnes handicapées qui leur sont confiées peuvent être partagées : entre les membres de l'équipe, avec les membres de la Commission des droits et de l'autonomie (art. L. 146-9) et enfin avec les professionnels assurant l'accompagnement de la personne. Les informations échangées doivent se limiter à ce qui est strictement nécessaire aux décisions à adopter ou à la prise en charge de celle-ci : dans ce dernier cas, l'accord de la personne ou de son représentant légal est requis. ❑

Art. L. 241-11 **Sauf disposition contraire, les modalités d'application de la présente section sont déterminées par décret en Conseil d'État.**

Art. L. 241-12 *(Ord. n° 2014-1543 du 19 déc. 2014, art. 35, en vigueur le 1er janv. 2015)* **La commission des droits et de l'autonomie des personnes handicapées créée dans le département du Rhône est également compétente sur le territoire de la métropole de Lyon dans les conditions prévues au présent chapitre, sous réserve des dispositions du présent article.**

Elle est dénommée "commission départementale-métropolitaine des droits et de l'autonomie des personnes handicapées". Elle comprend également des représentants de la métropole de Lyon. Elle siège en formation plénière en alternance pour les personnes handicapées qui relèvent de la compétence du département du Rhône et pour celles qui relèvent de la compétence de la métropole de Lyon. Elle peut également être organisée en sections locales ou spécialisées sur le département du Rhône et sur la métropole de Lyon.

Pour l'application de la dernière phrase du cinquième alinéa de l'article L. 241-5, la majorité des voix est détenue soit par les représentants du conseil départemental du Rhône soit par les représentants du conseil de la métropole de Lyon.

Cette commission peut siéger en formation restreinte en alternance pour les personnes handicapées qui relèvent de la compétence du département du Rhône et pour celles qui relèvent de la compétence de la métropole de Lyon.

COMMENTAIRE

L'ordonnance n° 2014-1543 du 19 décembre 2014, qui encadre la métropole de Lyon née de la fusion sur le territoire métropolitain de l'agglomération lyonnaise et du département du Rhône, est à l'origine de cet article L. 241-12, lequel se rapporte à la commission des droits et de l'autonomie des personnes handicapées. Cette commission, qui est reconnue compétente pour les deux territoires, celui de la métropole et celui du département, dorénavant distincts, doit prendre en compte alternativement les personnes handicapées relevant de l'une et de l'autre ; des représentants de la métropole y siègent et elle s'organise en sections locales spécialisées découpant chacune des deux collectivités. Il s'agit ainsi d'une commission unique pour deux territoires distincts, aménagée de façon à donner le pouvoir de décision aux représentants de chacune des collectivités selon le rattachement territorial de la personne handicapée. ❑

CHAPITRE II **ENFANCE ET ADOLESCENCE HANDICAPÉES**

(L. n° 2005-102 du 11 févr. 2005, art. 67-II-1°).

BIBL. ▶ BORGETTO et LAFORE, Droit de l'aide et de l'action sociales, *Domat-Montchrestien, 11e éd., 2021, nos 394 s.* – CORPART, Plus de solidarité familiale pour l'avenir des enfants handicapés, *JCP 2006. 128.* – FOUQUET, La prise en charge par l'État des dépenses d'enseignement des enfants handicapés, *RDSS 1978. 399.* – GODET-MONTALESCOT, La politique d'intégration des personnes handicapées : les CDES, interface du milieu ordinaire et du secteur spécialisé, *RF aff. soc., 1995, n° 2.* – LAFAY (Rapport), L'intégration scolaire des enfants et des adolescents, *Doc. fr. 1986.* – LEVY, La prise en charge des enfants atteints de handicaps associés, *RDSS 1986. 689.* – LOHÉAC-DERBOULLE, Handicaps, accès à l'enseignement et responsabilité de l'administration, *RDSS 2023, n° 1*. – Martin, Papier et Meyer, Le handicap en questions : des familles face à la découverte du handicap et à l'accompagnement du jeune enfant à domicile, *Éd. CTERHI 1993*. – Mathieu-Cabouat, L'éducation spéciale des handicapés, *Litec, 1987*. – Mehier de Mathuisieulx, Le handicap et l'autorité parentale, *RDSS 1993. 187*. – Ponsot (Dir.), Le polyhandicap, *Éd. CTHERHI 1995*. – Prigent et Igl, Quelques problèmes de la protection sociale des enfants handicapés : analyse au regard de la situation en France et en RFA, *RDSS 1982. 137*. – Ravaud et Triomphe, L'intégration scolaire des enfants et adolescents handicapés moteurs : mythe ou réalité ?, *RF aff. soc. n° 4, 1987. 83*; De la déficience au désavantage social : la scolarité des enfants handicapés, *Cah. CTN n° 45, 1989. 1*; Intégration scolaire des enfants handicapés, *Sauvegarde de l'enfance, n° 3-4, 1991. 197*; Intégration scolaire des enfants handicapés en milieu scolaire ordinaire, *Réadaptation n° 380, 1991. 5*. – Roets, La mise en œuvre du droit à la scolarisation des enfants et adolescents handicapés, *RDSS 2006. 731*. – Turpin, Éducation et handicap : inclusion ou exclusion ?, *RFDA 2022. 677*. – Vayer et Roncin, L'intégration des enfants handicapés dans la classe, *ESF, 1987*.

COMMENTAIRE

La loi n° 75-534 du 30 juin 1975 d'orientation en faveur des personnes handicapées, dont les finalités avaient déjà été élargies et complétées par la loi n° 2002-73 du 17 janvier 2002 dite « de modernisation sociale », avait placé la prévention et le dépistage des handicaps ainsi que, par conséquent, l'éducation et la prise en charge des jeunes handicapés au rang d'objectif essentiel des politiques publiques. Ces orientations générales sont affirmées à l'article L. 114-1 qui, modifié par la loi n° 2005-102 du 11 février 2005 pour l'égalité des droits et des chances, la participation et la citoyenneté des personnes handicapées, indique dorénavant que « toute personne handicapée a droit à la solidarité de l'ensemble de la collectivité nationale », ce qui naturellement inclut les enfants et les adolescents.

Le présent chapitre a été initialement constitué en intégrant un certain nombre de dispositions de la loi de 1975 modifiée, ainsi que des articles empruntés au code de l'éducation et au code de la sécurité sociale. L'ensemble du dispositif comprend donc les mesures qui structurent l'aide qu'apporte la collectivité à l'éducation des enfants handicapés. Cette aide est fondée sur deux obligations réciproques ; l'une, à la charge de la collectivité, est affirmée à l'article L. 114-1 comme une « obligation nationale » : elle tient à la prévention, au dépistage et à la prise en charge éducative des enfants. L'autre, à la charge des familles d'enfants handicapés, réside dans « l'obligation éducative » affirmée à l'art. L. 112-1 du code de l'éducation, lequel est visé expressément par l'article L. 242-1 ci-dessous : elle impose que ces enfants soient intégrés au système scolaire de droit commun ou, à défaut, pris en charge par des institutions spécialisées.

Le présent chapitre, antérieurement dénommé « Éducation spéciale », a été remanié assez profondément par la loi du 11 février 2005. La législation issue de la loi du 30 juin 1975 d'orientation en faveur des personnes handicapées avait organisé une césure relativement nette entre les principes organisateurs de l'action publique et le régime juridique applicable aux enfants et adolescents d'un côté, aux adultes handicapés de l'autre. Certes, à bien des égards, la distinction subsiste, ne serait-ce que pour tenir compte des différences de besoins et d'attentes de ces deux groupes. Mais au regard des principes généraux ainsi que des instances d'orientation des personnes et de régulation de l'offre de services, la loi de 2005 a opté pour une approche commune à l'ensemble des personnes handicapées. D'où le changement de dénomination du chapitre qui s'intitule désormais « Enfance et adolescence handicapées » et ne comporte plus que deux sections, l'une qui regroupe diverses dispositions spécifiques aux enfants et adolescents et concerne leur scolarité et leur accompagnement social, l'autre, comme antérieurement, qui concerne la prestation familiale spécifique aux enfants handicapés, « l'allocation d'éducation spéciale » (AES). En revanche, les dispositions relatives à la Commission départementale d'éducation spéciale, organe antérieurement dédié à l'orientation et au suivi de ces enfants ainsi qu'à l'attribution de l'AES, ont été naturellement abrogées puisque, dans le sens d'une prise en compte unifiée des enfants et des adultes, cette commission a disparu pour laisser place à la « commission des droits » (art. L. 241-5 à L. 241-11). ❑

SECTION 1 Scolarité et accompagnement des enfants et des adolescents handicapés *(L. n° 2005-102 du 11 févr. 2005, art. 67-II-2°)*.

Art. L. 242-1 *(L. n° 2005-102 du 11 févr. 2005, art. 67-II-3°)* **Les règles relatives à l'éducation des enfants et adolescents handicapés sont fixées aux articles L. 112-1 à L. 112-4, L. 351-1 et L. 352-1 du code de l'éducation.**

COMMENTAIRE

L'article L. 242-1, dans sa nouvelle rédaction issue de la loi du 11 février 2005, renvoie au code de l'éducation, lequel comprend effectivement un chapitre spécifique comportant des « dispositions particulières aux enfants et adolescents handicapés » (art. L. 112-1 à L. 112-4) ainsi qu'un titre entier intitulé « Les enseignements pour les enfants et adolescents handicapés » (art. L. 351-1 à L. 352-1).

L'article L. 112-1 du code de l'éducation pose les principes fondamentaux en la matière, les autres dispositions de ce code ne faisant que décliner les obligations qui leur sont consécutives : tout d'abord, il y est affirmé que les « enfants et adolescents handicapés sont soumis à l'obligation scolaire » ; ensuite, il est indiqué que cette obligation parentale, constitutive d'une dette de moyens en retour pesant sur la collectivité, doit s'exercer prioritairement dans le cadre de « l'éducation ordinaire » et, « à défaut », au moyen d'une « éducation spéciale », les choix en la matière étant déterminés par les besoins spécifiques de chaque enfant ou adolescent. ❑

1. Compétence juridictionnelle. Les tribunaux judiciaires sont compétents pour connaître des décisions des Commissions départementales d'éducation spéciale. • T. confl. 18 oct. 1999 : *Gaz. Pal. n° 101-102, 2001. 12, concl. Sainte-Rose.*

2. Portée de l'obligation éducative : vers une obligation de résultat. Dans la mesure où l'enfant handicapé a été scolarisé à l'âge de trois ans et demi, âge de son entrée en maternelle, dans un établissement scolaire ordinaire, a poursuivi sa scolarité dans une école élémentaire ordinaire, a bénéficié de l'aide continue d'un auxiliaire d'intégration pour l'aider à l'école, ne saurait être entachée d'une erreur de droit ou d'une erreur manifeste d'appréciation la décision du ministre qui a refusé l'intervention quelques heures par semaine d'un enseignant itinérant spécialisé dans le handicap mental • CAA Paris, 19 juill. 2005, n° 04PA00787 et n° 04PA03069. ♦ Les dispositions de l'art. L. 112-1 C. éduc. n'imposent pas à l'État une obligation de résultat, eu égard aux particulières difficultés que peut présenter la scolarisation de certains enfants handicapés. • TA Cergy-Pontoise, 18 déc. 2003, *M. et Mme D. : AJDA 2004. 1431, note Alzamora* • CAA Versailles, 23 nov. 2006, *Cts Duca*, n° 04VE00650. ♦ Ces dispositions n'imposent à l'État qu'une obligation de moyens, eu égard aux difficultés particulières que peut comporter la scolarisation de certains enfants handicapés. • CAA Versailles, 27 sept. 2007, n° 06VE02781 (inédit). ♦ *Contra*, V. cpdt • CAA Paris, 11 juill. 2007, *Min. santé et solidarités c/ M. et Mme Haemmerlin*, n°s 06PA01579 et 06PA02793 : *RDSS 2007. 1087, concl. Folscheid, et note Rihal ; AJDA 2007. 2151, concl. Folscheid* (le manquement à l'obligation légale qu'a l'État d'offrir aux enfants handicapés une prise en charge éducative au moins équivalente, compte tenu de leurs besoins propres, à celle dispensée aux enfants scolarisés en milieu ordinaire – manquement qui a pour effet de priver un enfant de l'éducation appropriée à ses besoins – est constitutif d'une faute de nature à engager la responsabilité de l'État, sans que celui-ci puisse utilement se prévaloir de l'insuffisance des moyens budgétaires, de la carence d'autres personnes publiques ou privées dans l'offre d'établissements adaptés ou de la circonstance que des allocations sont accordées aux parents d'enfants handicapés pour les aider à assurer leur éducation). ♦ Si aucune obligation de scolarisation n'incombe aux parents avant que leur enfant, qu'il soit ou non handicapé, ait atteint l'âge de 6 ans, ces derniers bénéficient toutefois d'un droit, dès lors qu'ils en font la demande, à ce que leur enfant soit accueilli, dès l'âge de 3 ans, dans une école maternelle ou une classe enfantine, le plus près possible de son domicile ; l'obligation d'offrir aux enfants handicapés une prise en charge éducative au moins équivalente, compte tenu de leurs besoins propres, à celle dispensée aux enfants scolarisés en milieu ordinaire définie par les art. L. 111-1 s. C. éduc. incombant à l'État dès lors que l'enfant a atteint l'âge de 3 ans si ses parents demandent une telle prise en charge, la carence de celui-ci (l'État) dans la prise en charge éducative de l'enfant constitue par suite une faute de nature à engager sa responsabilité. • TA Cergy-Pontoise, 12 déc. 2008, n°s 0408765 et 0408768. ♦ Compte tenu de la longueur de la période pendant laquelle l'enfant lourdement handicapé n'a pas été scolarisé, suite à une réorganisation du service et faute de place disponible, l'État a fait peser sur l'enfant et ses parents une charge anormale et spéciale de nature à engager sa responsabilité même en l'absence de faute. • TA Lyon, 29 sept. 2005, *M. et Mme K. : AJDA 2005. 2359, note Cursoux-Bruyère* .

3. Portée de l'obligation éducative : consécration de l'obligation de résultat. Il résulte des dispositions relatives à l'obligation éducative, d'une part, que, le droit à l'éducation étant garanti à chacun quelles que soient les différences de situation, et, d'autre part, que l'obligation scolaire s'appliquant à tous, les difficultés particulières que rencontrent les enfants handicapés ne sauraient avoir pour effet ni de les priver de ce droit, ni de faire obstacle au respect de cette obligation ; par suite, il incombe à l'État, au titre de sa mission d'organisation générale du service public de l'éducation, de prendre l'ensemble des mesures et de mettre en œuvre les moyens nécessaires pour que ce droit et cette obligation aient, pour les enfants handicapés, un caractère effectif ; dès lors, la carence de l'État est constitutive d'une faute de nature à engager sa responsabilité, sans que l'administration puisse utilement se prévaloir de l'insuffisance des structures d'accueil existantes ou du fait que des allocations compensatoires sont allouées aux parents d'enfants handicapés, celles-ci n'ayant pas un tel objet. • CE 8 avr. 2009, *M. et Mme Laruelle,* n° 311434 : *RDSS 2009. 556, note Rihal*. ♦ Sur la question, V. aussi art. L. 114-1-1. ♦ Sur la situation des personnes atteintes de syndrome autistique ou de polyhandicap, V. art. L. 246-1.

4. Établissements situés en dehors du territoire français. Les dispositions de la loi du 30 juin 1975 relatives à la scolarisation des enfants handicapés sont inapplicables en dehors du territoire français; que si, aux termes de l'art. 1er de la loi du 10 juill. 1989, applicable aux établissements scolaires français à l'étranger, « l'intégration scolaire des jeunes handicapés est favorisée », aucune mesure réglementaire n'a été prise pour déterminer les conditions dans lesquelles cette obligation doit être satisfaite dans ces établissements. • CE 20 févr. 2002, *Mme Miller,* n° 220191.

5. Responsabilité. Le fait qu'un mineur confié, dans le cadre des dispositions de la loi du 30 juin 1975 en faveur des personnes handicapées, à une association gérant un institut de rééducation ait pu se livrer de façon répétée et pendant plusieurs mois à des actes d'agressions sexuelles sur d'autres pensionnaires caractérise l'organisation défectueuse du service de surveillance de l'établissement et le manquement de l'association à son obligation de sécurité. • Civ. 2e, 12 mai 2005, *Assoc. Clair-Soleil,* n° 03-17.994 P. ♦ Lorsqu'un dommage a été causé par un mineur placé dans un institut médico-psychologique en raison non pas d'une décision de justice mais de la seule volonté des parents, la responsabilité de l'association gérant ledit institut ne saurait être recherchée que sur le fondement contractuel issu de l'art. 1147 C. civ. • Civ. 2e, 24 mai 2006 : *RDSS 2006. 760, obs. Cristol*.

6. Financement des accompagnants en temps périscolaire. Il incombe à l'État, au titre de sa mission d'organisation générale du service public de l'éducation, de prendre l'ensemble des mesures et de mettre en œuvre les moyens nécessaires pour que le droit à l'éducation et l'obligation scolaire ait, pour les enfants handicapés, un caractère effectif; à cette fin, la prise en charge par l'État du financement des emplois des accompagnants des élèves en situation de handicap n'est pas limitée aux interventions pendant le temps scolaire; par suite, et dès lors que l'accès aux activités périscolaires apparaît comme une composante nécessaire à la scolarisation de l'enfant et que ces activités sont préconisées à ce titre par la CDAPH, il incombe à l'État d'assurer la continuité du financement des accompagnants des élèves en situation de handicap pendant les activités périscolaires, et ce, alors même que l'organisation et le financement de celles-ci ne seraient pas de sa compétence • CAA Nantes, 15 mai 2018, n° 16NT02951 : *AJDA 2018. 1546, chron. Durup de Baleine*

Art. L. 242-2 et L. 242-3 *Abrogés par L. n° 2005-102 du 11 févr. 2005, art. 67-II-4°.*

Art. L. 242-4 La prise en charge la plus précoce possible est nécessaire. Elle doit pouvoir se poursuivre tant que l'état de la personne handicapée le justifie et sans limite d'âge ou de durée.

Lorsqu'une personne handicapée placée dans un *(L. n° 2005-102 du 11 févr. 2005, art. 67-II-5°)* **« établissement ou service mentionné au 2° du I de l'article L. 312-1 » ne peut être immédiatement admise dans un établissement pour adulte désigné par la** *(L. n° 2005-102 du 11 févr. 2005, art. 67-II-5°)* **« commission mentionnée à l'article L. 146-9 », ce placement peut être prolongé au-delà de l'âge de vingt ans ou, si l'âge limite pour lequel l'établissement est agréé est supérieur, au-delà de cet âge dans l'attente de l'intervention d'une solution adaptée, par une** *(L. n° 2005-102 du 11 févr. 2005, art. 67-II-5°)* **« décision de la commission mentionnée à l'article L. 146-9 siégeant en formation plénière ».**

Cette décision s'impose à l'organisme ou à la collectivité compétente pour prendre en charge les frais d'hébergement et de soins dans l'établissement pour adulte désigné par la *(L. n° 2005-102 du 11 févr. 2005, art. 67-II-5°)* **« commission mentionnée à l'article L. 146-9 ».**

La contribution de la personne handicapée à ces frais ne peut être fixée à un niveau supérieur à celui qui aurait été atteint si elle avait été effectivement placée dans l'établissement désigné par la *(L. n° 2005-102 du 11 févr. 2005, art. 67-II-5°)* **« commission mentionnée à l'article L. 146-9 ». De même, les prestations en espèces qui lui sont allouées ne peuvent être réduites que dans la proportion où elles l'auraient été dans ce cas.** – *[L. n° 75-534 du 30 juin 1975, art. 6 (I bis).]*

(L. n° 2005-102 du 11 févr. 2005, art. 67-II-5°) **« Tous les deux ans, le représentant de l'État dans le département adresse au président du conseil départemental et au conseil départemental consultatif des personnes handicapées un rapport sur l'appli-**

cation du présent article. Ce rapport est également transmis, avec les observations et les préconisations du conseil départemental consultatif des personnes handicapées, au Conseil national mentionné à l'article L. 146-1.

« Toute personne handicapée ou son représentant légal a droit à une information sur les garanties que lui reconnaît le présent article. Cette information lui est délivrée par la commission mentionnée à l'article L. 146-9 au moins six mois avant la limite d'âge mentionnée au deuxième alinéa.

« Au vu du rapport biennal susvisé, toutes les dispositions sont prises en suffisance et en qualité pour créer, selon une programmation pluriannuelle, les places en établissement nécessaires à l'accueil des jeunes personnes handicapées âgées de plus de vingt ans. »

(Ord. n° 2005-1477 du 1er déc. 2005, art. 6) **« Lorsque le jeune adulte handicapé est orienté vers un établissement relevant de la compétence du département, le tarif journalier de l'établissement pour mineurs dans lequel le jeune adulte handicapé est maintenu est pris en charge par l'aide sociale du département dans lequel il a son domicile de secours.**

« Lorsque le jeune adulte handicapé est orienté vers un établissement et service mentionné au V de l'article L. 314-1, le prix de journée de l'établissement pour mineur à la charge de l'aide sociale du département est diminué du forfait journalier plafond afférent aux soins fixé pour l'exercice précédent, qui est facturé aux organismes d'assurance maladie.

« Dans les autres cas, ce tarif journalier est pris en charge par les organismes d'assurance maladie et est facturé par l'établissement à ces derniers. »

BIBL. ▶ LEVY, La prolongation au-delà de vingt ans du maintien de l'adulte handicapé en établissement d'éducation spéciale, *RDSS 1989. 568.* – VINSONNEAU, L'amendement Creton : la fin d'un imbroglio financier ?, *RDSS 2007. 142* ✎.

COMMENTAIRE

L'article L. 242-4 pose un principe : la prise en charge des enfants handicapés doit être la plus précoce possible, et c'est là notamment qu'intervient la protection médico-sociale de l'enfance qui dispose de moyens de surveillance et de prise en charge au travers du service départemental de la PMI (CSP, art. L. 2112-1 à L. 2112-10). Cette prise en charge doit se poursuivre « tant que l'état de la personne handicapée le justifie et sans limite d'âge et de durée » ; cela dit, il a bien fallu déterminer une limite au-delà de laquelle on sort du dispositif de l'éducation spéciale au profit des enfants et adolescents handicapés pour entrer dans le dispositif concernant les adultes handicapés (art. L. 243-1 à L. 245-11) ; la réglementation a fixé cette limite à l'âge de 20 ans.

Cependant, une telle césure n'a pas manqué de créer des difficultés, ne serait-ce que parce que nombre de personnes handicapées ne pouvaient facilement, dès leurs 20 ans, passer d'une prise en charge par des établissements pour enfants à une prise en charge par des établissements ou services pour adultes : ceci pouvant résulter soit de leur situation propre (difficultés d'adaptation), soit, surtout, d'une insuffisance de l'offre de services adaptés à leur cas. Voilà pourquoi un amendement (dit « amendement Creton » du nom d'une personnalité qui s'est impliquée fortement dans ce dossier) a été introduit dans la loi n° 89-18 du 13 janvier 1989 (art. 22), dans le but d'ouvrir la possibilité à des handicapés de plus de 20 ans d'être maintenus dans des établissements pour enfants tant qu'une solution adaptée à leur cas n'a pas été trouvée.

C'est ce que prévoient les alinéas 2 et 3 de l'article L. 242-4 issus de la loi de 1989. Un point épineux devait cependant être réglé : il s'agissait de déterminer les conditions de prise en charge financière du handicapé, puisque le financement dans les établissements pour enfants est assuré par la sécurité sociale, alors que l'hébergement dans les établissements pour adultes est supporté pour l'essentiel par le département, même si la sécurité sociale peut intervenir en la matière. Le législateur a donc prévu – outre que la décision appartient dorénavant à la nouvelle Commission des droits instituée par la loi du 11 février 2005 en lieu et place des anciennes CDES et COTOREP (art. L. 243-1 s.) – que la prise en charge financière doit revenir à la collectivité qui aurait dû l'assumer dans les établissements pour adultes correspondant à l'état du handicapé. Il s'agit là d'une solution contestée par les départements, qui doivent ainsi contribuer au financement de structures d'accueil n'entrant pas dans leur champ de compétences : ces réticences étant en l'occurrence d'autant plus fortes que les solutions jurisprudentielles divergent sur le contenu et les limites de cette prise en charge.

Pour tenter de résoudre ces difficultés, l'ordonnance n° 2005-1477 du 1er décembre 2005 (art. 6), dans le cadre de ses dispositions concernant la tarification des établissements sociaux et médico-sociaux, a ajouté à la toute fin de l'article L. 242-4 trois nouveaux alinéas. Le principe réaffirmé est que, lorsqu'un jeune adulte handicapé est maintenu dans un établissement pour enfants alors même qu'il devrait être orienté vers un établissement pour adultes dont les frais d'hébergement relèvent de l'aide sociale départementale, c'est le conseil départemental qui en assume la charge ; le texte adopté décline ce principe en visant à la fois les structures qui relèvent du seul département (al. 1 nouveau) et celles qui sont soumises à double tarification (art. L. 314-1, V).

La loi du 11 février 2005 a, de plus, complété l'article L. 242-4 par trois alinéas visant à améliorer à la fois la transparence en matière de moyens et de conditions d'accueil des enfants et adolescents handicapés ainsi que l'information des familles. A cet effet, un rapport doit être présenté tous les deux ans par le représentant de l'État au président du conseil départemental et au Conseil départemental consultatif des personnes handicapées pour rendre compte des conditions de prise en charge des enfants et adolescents handicapés ; ce rapport doit conduire à une programmation pluriannuelle d'ouverture de places en fonction des besoins mis en évidence. Par ailleurs, les personnes handicapées ou leurs représentants légaux « ont droit à une information » sur les garanties et obligations liées qui sont définies par la présente disposition. Il s'agit là de dispositions qui voudraient concourir à une amélioration de l'offre d'établissements et de services, en obligeant les autorités publiques à constater les carences dans les formes de prise en charge et, partant, à y remédier à terme.

1. Incompétence de l'État. Les frais d'hébergement et les frais de soins à l'exclusion de tous autres frais, effectivement occasionnés par le maintien d'une personne handicapée dans un établissement d'éducation spéciale, doivent être supportés par la ou les personnes morales qui auraient été normalement compétentes pour prendre en charge les frais de même nature entraînés par le placement de cette personne dans la catégorie d'établissements vers laquelle elle a été orientée par la commission technique d'orientation et de reclassement professionnel ; par suite, ces frais ne peuvent ni en totalité ni en partie être mis à la charge de l'État. • CE, avis, 11 juin 1993, *Dpt Saône-et-Loire*, n° 143377 : *Lebon 169* • 11 juin 1993, *Dpt Hauts-de-Seine et Dpt Vosges*, nos 109472 et 119088 B : *RDSS 1994. 121, obs. Ligneau*.

2. Étendue de la compétence du département selon le juge administratif. Hormis les dépenses de soins, qui correspondent à l'intervention de personnel médical ou paramédical ainsi qu'à l'achat de médicaments et de matériel médical, la totalité des dépenses afférentes au maintien, à titre provisoire, dans un établissement d'éducation spéciale d'un adulte handicapé orienté vers un foyer d'hébergement incombe au département au titre de l'aide sociale, lorsque les conditions fixées par les dispositions de l'art. 168 du code de la famille et de l'aide sociale sont remplies. Il en va ainsi, notamment, des dépenses afférentes aux prestations socio-éducatives. • CE 7 mai 1999, *CPAM Essonne*, nos 172095 et 183486 B : *RDSS 1999. 836, concl. Maugüé*.

3. Étendue de la compétence du département selon le juge judiciaire. La prise en charge des frais de séjour des jeunes adultes handicapés, maintenus dans un établissement d'éducation spéciale, n'est pas limitée aux frais d'hébergement mais comprend également les frais de soins ; par suite, les frais d'hébergement et de soins de jeunes adultes handicapés maintenus dans des établissements d'éducation spéciale, faute de places disponibles dans les foyers occupationnels vers lesquels ils avaient été orientés sur décision de la COTOREP, incombent au département, la loi ne distinguant pas la nature des frais suivant le type d'établissement dans lequel l'adulte handicapé séjourne. • Soc. 30 mai 1996, n° 94-13.910 P : *RDSS 1997. 135, obs. Lhuillier*.

4. Détermination des dépenses. En vertu de l'art. 22 de la loi du 13 janv. 1989, seuls les frais d'hébergement et d'entretien sont à la charge du département en cas de maintien au-delà de l'âge de 20 ans d'un adulte handicapé dans un établissement d'éducation spéciale. La détermination des dépenses correspondantes s'opère à partir des comptes des budgets de l'établissement approuvés par le préfet. • CAA Paris, 20 juin 1995, *CPAM Essonne : Lebon T. 659 et 731 ; RDSS 1995. 621, concl. Brin*. ♦ La personne morale normalement compétente pour la prise en charge des frais de placement du handicapé adulte doit assurer la prise en charge sur la base des frais effectivement supportés dans l'établissement d'éducation spéciale, et non sur la base d'un tarif moyen d'hébergement constaté dans les foyers pour adultes. • CE 30 juill. 1997, *Dpt Vosges et Dpt Val-de-Marne*, nos 174744 et 178497 B.

5. Litiges relatifs aux soins. Les litiges relatifs à la détermination de la personne morale devant assurer la prise en charge des frais de soins, qui doivent être distingués des frais d'hébergement, ainsi qu'à la fixation du montant de ces frais constituent des différends relatifs à l'application des législations et réglementations de sécurité sociale qui, en vertu de l'art. L. 142-1 CSS, relèvent du contentieux général de la sécurité sociale; par suite, les juridictions de l'ordre judiciaire sont compétentes pour juger quelle personne morale doit prendre en charge les frais de soins inclus dans les frais de séjour de jeunes adultes handicapés maintenus dans des établissements d'éducation spéciale. • T. confl. 25 mai 1998, *Dpt Meurthe-et-Moselle : Lebon 540 ; D. 1998. IR 182.*

6. Litiges nés du refus du département de payer les sommes avancées. Le litige né du refus d'un département de payer à une caisse primaire d'assurance maladie et à un établissement de placement les sommes qu'ils ont avancées au titre du maintien d'un adulte handicapé dans un établissement d'éducation spéciale ne ressortit pas à la compétence de la Commission centrale d'aide sociale mais à celle de la juridiction administrative de droit commun, même si la solution du litige peut dépendre de la détermination du domicile de secours de l'intéressé. • CAA Paris, 20 juin 1995, *CPAM Essonne : préc. note 4.*

7. Litiges nés du refus du département d'accorder le bénéfice de l'aide sociale. Le juge de l'aide sociale est compétent pour connaître d'un refus d'admission à l'aide sociale à l'hébergement des personnes adultes handicapées pour la couverture des frais de maintien en institut médico-éducatif. • Comm. centr. aide soc. 14 mai 2009, dossier n° 081105 : *CJAS n° 2009/04.*

8. Litiges mettant en jeu le domicile de secours. Les conclusions d'une caisse primaire d'assurance maladie, qui a pris en charge les frais liés au séjour d'un adulte handicapé orienté vers un foyer d'hébergement et maintenu à titre provisoire dans un établissement d'éducation spéciale, tendant au remboursement de ces frais par le département dans lequel l'intéressé avait son domicile de secours, relèvent de la compétence de la juridiction administrative (sol. impl.). • CE 7 mai 1999, *CPAM Essonne : préc. note 2.*

9. Recours contre les décisions conjointes de la CDES et de la COTOREP. Les recours contre les décisions conjointes de la CDES et de la COTOREP aux fins de prolonger le placement dans un établissement d'éducation spéciale de personnes handicapées qui ne peuvent être immédiatement admises dans un établissement pour adultes, doivent être portés devant la juridiction du contentieux technique de la sécurité sociale, sans qu'il y ait lieu de distinguer suivant que le litige porte sur le bien-fondé de la mesure ou le non-respect de la procédure déterminée par la loi. • T. confl. 5 avr. 1993, *Dpt Marne : Lebon 395 ; D. 1994. Somm. 245, obs. Chelle et Prétot.*

10. Effets de l'absence de décret d'application. Les dispositions de l'art. L. 242-4 CASF sont suffisamment précises pour être entrées en vigueur sans attendre l'intervention d'un décret d'application que le législateur n'a d'ailleurs pas prévu; par suite, le Gouvernement, auquel il appartenait de tirer toutes les conséquences, aussi bien administratives que financières de ces dispositions législatives, n'était pas tenu de prendre le décret d'application dont les requérants ont demandé l'édiction. • CE 28 mai 2003, *M. Creton et a.*, n° 247492 B : *RDSS 2003. 502, concl. Fombeur.*

11. Date d'effet de la prise en charge. Par l'art. L. 242-4, le législateur a entendu prévoir tant la continuité de l'accueil du jeune handicapé adulte, qui ne peut être immédiatement admis dans un établissement pour adultes désigné par la commission des droits et de l'autonomie des personnes handicapées, que la continuité de la prise en charge des frais d'hébergement et de soins de l'intéressé; lorsqu'une personne handicapée est maintenue sur décision de ladite commission dans un établissement ou service pour mineurs ou jeunes adultes handicapés, les délais prévus par l'art. R. 131-2 CASF ne sont pas applicables, et la prise en charge des frais relevant de l'aide sociale doit prendre effet à compter de la date d'expiration de la prise en charge précédente. • CE 29 juin 2016, *Assoc. tutélaire des majeurs protégés de Montbeliard*, n° 385639 B : *RDSS 2016. 767, concl. Lessi.*

Art. L. 242-5 à L. 242-9 *Abrogés par L. n° 2005-102 du 11 févr. 2005, art. 67-II-4°.*

Art. L. 242-10 Les frais d'hébergement et de soins dans les établissements *(L. n° 2005-102 du 11 févr. 2005, art. 67-II-6°)* « ou services mentionnés au 2° du I de l'article L. 312-1 » ainsi que les frais de soins concourant à cette éducation dispensée en dehors de ces établissements, à l'exception des dépenses incombant à l'État en application de l'article L. 242-1, sont intégralement pris en charge par les régimes d'assurance maladie, dans la limite des tarifs servant de base au calcul des prestations.

A défaut de prise en charge par l'assurance maladie, ces frais sont couverts au titre de l'aide sociale sans qu'il soit tenu compte des ressources de la famille. Il n'est exercé aucun recours en récupération des prestations d'aide sociale à l'encontre de la succession du bénéficiaire décédé lorsque ses héritiers sont son conjoint, ses enfants ou la personne qui a assumé, de façon effective et constante, la charge du handicapé. — *[L. n° 75-534 du 30 juin 1975, art. 7.]*

COMMENTAIRE

L'article L. 242-10 (art. 7, loi n° 75-534 du 30 juin 1975) détermine les conditions de prise en charge financière des enfants et adolescents handicapés. A ces conditions de prise en charge que l'on peut qualifier de « normales », il faut adjoindre le cas dérogatoire de la prise en charge d'handicapés adultes maintenus dans des établissements ou services pour enfants (art. L. 242-4). Le principe est clairement affirmé : les frais d'hébergement et de soins dans les établissements ainsi que les frais de traitement dispensés en dehors de ces établissements sont « intégralement pris en charge par l'assurance maladie ». Cela implique qu'il n'y a ni ticket modérateur pour les soins à domicile, ni forfait journalier pour l'accueil en établissement (CSS, art. L. 160-14, 6°).

A ces frais d'hébergement et de soins s'ajoutent les frais proprement « éducatifs » relatifs essentiellement à l'enseignement scolaire ou à la formation professionnelle. Ces dépenses, entrant dans le champ des dispositions du code de l'éducation introduites à l'article L. 242-1, sont à la charge de l'État qui les assume soit en accueillant les enfants handicapés dans des établissements ordinaires, soit en mettant à disposition des établissements spécialisés des professionnels.

Enfin, l'article L. 242-10 comporte un second alinéa qui envisage le cas d'enfants handicapés pour lesquels les frais d'hébergement et de soins ne seraient pas pris en charge par l'assurance maladie. Cette situation était relativement fréquente avant que n'intervienne la loi n° 99-641 du 27 juillet 1999 portant création de la CMU ; on rencontrait alors des familles ne bénéficiant pas de l'assurance maladie. Ce type de cas se raréfie avec la CMU, mais la question peut néanmoins toujours se poser lorsqu'un enfant handicapé est placé à la demande des parents dans un établissement non habilité par l'État au nom de l'assurance maladie, mais en revanche habilité au titre de l'aide sociale. Les frais d'hébergement et de traitement sont alors couverts par l'aide sociale départementale dans des conditions spécifiques : les ressources de la famille ne sont pas prises en compte, et la récupération sur succession n'a pas lieu d'être lorsque l'héritier est le conjoint, les enfants ou la personne qui aura assumé la charge du handicapé (V. aussi art. L. 245-6). Ces dérogations au droit commun de l'aide sociale sont justifiées au regard de « l'obligation nationale » (art. L. 114-1) qui incombe à la collectivité en ce qui concerne les handicapés. ❑

1. Mise en œuvre de l'obligation du département. Si les frais d'hébergement et de traitement dans un établissement ne sont pas pris en charge par l'assurance maladie, ils doivent l'être par l'aide sociale départementale, d'autant plus que le préfet a passé une convention avec l'Association des paralysés de France pour leur prise en charge par le département. • Comm. centr. aide soc. 26 mars 1996, *Dpt Loire : EJCCAS, n° 43-7, p. 1.*

2. Étendue de l'obligation du département. Il résulte de l'art. L. 242-10 que les départements ne sont tenus de prendre en charge, au titre de l'aide sociale légale, les frais d'hébergement d'un enfant handicapé que lorsque cet enfant est hébergé dans l'établissement qu'il fréquente. • Comm. centr. aide soc. 5 févr. 2001 : *CJAS n° 2001/08, p. 289.*

3. Établissement situé à l'étranger. Sont inapplicables en dehors du territoire français les dispositions relatives à l'obligation éducative ; par suite, aucune collectivité d'aide sociale n'est compétente pour prendre en charge les frais de semi-internat dans un établissement situé en Suisse et désigné par la commission des droits et de l'autonomie : la circonstance que la commission des droits et de l'autonomie de l'Ain ait désigné l'établissement dont s'agit ne saurait contraindre les collectivités d'aide sociale à prendre en charge la dépense. • Comm. centr. aide soc. 27 nov. 2008, dossier n° 080825 : *CJAS n° 2009/02.*

Art. L. 242-11 Les règles relatives à la prise en charge des frais de transport individuel des élèves et des étudiants handicapés vers les établissements scolaires et universitaires sont fixées par les dispositions des articles L. 213-16 et L. 821-5 du code de l'éducation ci-après reproduites :

Art. L. 213-16 *(Abrogé par L. n° 2003-339 du 14 avr. 2003, art. 2-VII) Les frais de transport individuel des élèves handicapés vers les établissements scolaires rendus nécessaires du fait de leur handicap sont supportés par l'État.*

Art. L. 821-5 *(Abrogé par Ord. n° 2010-1307 du 28 oct. 2010, art. 7-3°) (L. n° 2004-809 du 13 août 2004, art. 41-I) Dans la région d'Île-de-France, les frais de transport individuel des étudiants handicapés vers les établissements universitaires rendus nécessaires du fait de leur handicap sont supportés par le Syndicat des transports d'Île-de-France.* — V. désormais, C. transp., art. L. 3111-16.

Art. L. 242-12 **Les frais de transport des enfants et adolescents handicapés accueillis dans les établissements d'éducation mentionnés à l'article** *(Ord. n° 2021-1554 du 1er déc. 2021, art. 3-5°)* **« L. 160-9-1 » du code de la sécurité sociale sont inclus dans les dépenses d'exploitation desdits établissements.** – *[L. n° 75-534 du 30 juin 1975, art. 8, al. 2 et 3.] – Les dispositions de l'Ord. n° 2021-1554 du 1er déc. 2021 sont entrées en vigueur le lendemain de la publication du Décr. n° 2022-801 du 12 mai 2022, soit le 14 mai 2022 (Décr. préc., art. 1er, JO 13 mai).*

(L. n° 2005-102 du 11 févr. 2005, art. 67-II-7°) **« Un décret détermine les conditions d'application du présent article et notamment les catégories d'établissements médico-éducatifs intéressés. »**

V. art. D. 242-14 ; Décr. n° 77-864 du 22 juill. 1977, fixant les conditions d'application de l'art. 8 de la loi n° 75-534 du 30 juin 1975 d'orientation en faveur des personnes handicapées (JO 29 juill. ; Rect. 24 août) ; Décr. n° 84-478 du 19 juin 1984, fixant les conditions d'application de l'art. 29 de la loi n° 83-663 du 22 juill. 1983 en ce qui concerne le transport des élèves et étudiants gravement handicapés (JO 22 juin).

COMMENTAIRE

Le problème des frais de transport, réglé par l'article ci-dessus (art. 8, al. 2 et 3, loi n° 75-534 du 30 juin 1975) et par l'article L. 242-11 qui le précède, constitue pour les enfants et adolescents handicapés une question cruciale si l'on veut qu'ils puissent bénéficier de prestations éducatives adaptées au mieux à chaque situation. Le principe est que ces frais n'incombent pas aux parents, mais à la collectivité. Lorsque l'enfant ou l'adolescent fréquente un établissement scolaire ou universitaire ordinaire, l'État prend en charge ces dépenses ; lorsqu'il est accueilli dans un établissement spécialisé, c'est l'assurance maladie qui les assume, en application des dispositions de l'article L. 160-9-1 du code de la sécurité sociale. ❑

Cumul d'une indemnité de transport avec l'allocation compensatrice. Le fait qu'une étudiante soit titulaire d'une allocation compensatrice se révèle sans incidence sur son droit à bénéficier de l'indemnité de transport prévue par le décret n° 84-478 du 19 juin 1984 : les deux prestations sont cumulables. • CE 15 mai 1996, *Mme Hanouet,* n° 154341 B.

Art. L. 242-13 **Les frais d'entretien des mineurs dans les établissements de soins et d'études spécialisés sont pris en charge par les collectivités publiques dans les conditions fixées par l'article L. 111-2 et les chapitres I et IV du titre III du livre I.**

Les conditions à remplir par ces établissements pour recevoir des mineurs bénéficiaires de l'aide sociale sont définies par arrêté du ministre chargé de l'action sociale. – *[C. fam., art. 178.]*

COMMENTAIRE

Cet article, ancien article 178 du code de la famille et de l'aide sociale, est à relier à l'article L. 242-10 lequel, dans son alinéa 3, envisage le cas d'enfants handicapés qui, n'étant pas pris en charge pour leur entretien par l'assurance maladie, peuvent l'être par l'aide sociale. Il renvoie dans ces cas aux règles de droit commun en matière d'admission (art. L. 131-1 à L. 131-7) et en matière de contentieux (art. L. 134-1 à L. 134-10). ❑

SECTION 2 **Allocation d'éducation de l'enfant handicapé** *(L. n° 2005-102 du 11 févr. 2005, art. 67-II-8°).*

Art. L. 242-14 *(L. n° 2005-102 du 11 févr. 2005, art. 67-II-9°)* **Les règles relatives à l'allocation d'éducation de l'enfant handicapé sont fixées par les dispositions des articles L. 541-1, L. 541-2, L. 541-3 et L. 541-4 du code de la sécurité sociale.**

COMMENTAIRE

La loi n° 75-534 du 30 juin 1975 d'orientation en faveur des personnes handicapées a créé, au lieu et place d'allocations anciennes représentées par l'allocation d'éducation spécialisée, l'allocation des mineurs handicapés et l'allocation aux parents de mineurs infirmes et grands infirmes (L. nos 63-775 du 31 juill. 1963 et 71-563 du 13 juill. 1971), une seule allocation : l'allocation d'éducation spéciale (AES), laquelle a été rebaptisée, par la loi du 11 février 2005,

« allocation d'éducation de l'enfant handicapé » (AEEH). Cette allocation, qui fait partie de la liste des prestations familiales de l'article L. 511-1 du code de la sécurité sociale, est organisée, en sa qualité de « prestations à affectation spéciale », par les articles L. 541-1 à L. 541-4 du même code.

Son but est de permettre aux familles, compte tenu des coûts importants qui en découlent, de pourvoir à l'éducation des enfants handicapés dont elles assument la charge.

L'AEEH présente plusieurs caractères spécifiques : elle n'est pas subordonnée à un niveau de ressources de la famille ; le taux d'incapacité permanente de l'enfant ou de l'adolescent doit être égal au pourcentage réglementaire de 80 % (CSS, art. R. 541-1, al. 1er) ou, au minimum, de 50 % (CSS, art. R. 541-1, al. 2) lorsque l'enfant fréquente un établissement d'éducation spéciale pour handicapés ou lorsque l'enfant exige le recours à un service d'éducation spéciale ou de soins à domicile ; enfin, l'allocation n'est pas due lorsque l'enfant est placé en internat avec prise en charge totale des frais d'entretien par l'assurance maladie.

Un complément d'allocation (dont le montant est modulé selon les besoins) peut être attribué lorsque l'enfant ou l'adolescent est atteint d'un handicap dont la nature et la gravité exigent des dépenses particulièrement coûteuses ou nécessitent le recours fréquent à l'aide d'une tierce personne. De plus, une majoration spécifique est prévue pour le parent « isolé » d'un enfant handicapé (CSS, art. L. 541-4). ❑

1. *Caractère de l'allocation.* L'allocation d'éducation spéciale est dépourvue de caractère indemnitaire. • Civ. 2e, 9 déc. 1999, no 97-15-133 P : *D. 2000. 451, note Dagorne-Labbe* .

2. *Attribution du complément.* Un complément d'allocation d'éducation spéciale, modulé selon les besoins, est accordé pour l'enfant atteint d'un handicap dont la nature ou la gravité exigent des dépenses particulièrement coûteuses, et que pour la détermination de ce complément est classé dans la deuxième catégorie ; dans la mesure où y a droit l'enfant qui est obligé d'avoir recours à l'aide quotidienne mais discontinue d'une tierce personne, encourt la cassation la décision qui refuse l'attribution dudit complément tout en relevant que l'état de l'enfant, qui n'était pas placé en internat, nécessitait l'aide d'une tierce personne de façon discontinue. • Soc. 9 déc. 1985, no 83-11.882 P. ♦ Le versement du complément d'allocation d'éducation spéciale dû pour un enfant classé en raison d'un handicap particulièrement grave dans la troisième catégorie étant subordonné à la cessation d'activité d'un des parents ou au recours effectif à une tierce personne rémunérée, viole l'art. L. 541-1 l'arrêt qui retient que l'allocation n'est soumise à aucune condition de ressources mais simplement à la cessation d'activité d'un des parents • Civ. 2e, 19 janv. 2006, no 04-30426 • 3 févr. 2011, no 10-17122 : *RDSS 2011. 562, obs. Tauran*

3. *Fait générateur.* Viole l'art. R. 543-3 CSS une cour d'appel qui accorde une allocation d'éducation spéciale avec effet rétroactif à la date d'une prétendue précédente demande, alors qu'il ne résultait pas de ses constatations que la demanderesse avait présenté à cette date une demande d'allocation. • Civ. 2e, 10 juin 2003 : *D. 2003. 2860, note Dagorne-Labbe* .

4. *Notification de la décision.* Lorsque l'allocation a été versée contrairement à la décision défavorable de la commission départementale qui s'imposait tant à l'allocataire qu'à la caisse d'allocations familiales, cet organisme ne saurait en l'état être débouté de son action en répétition de l'indu au seul motif qu'il n'était pas justifié de la notification de ladite décision à l'allocataire. • Soc. 26 sept. 1984 : *Bull. civ. V, no 338.*

5. *Déduction d'une rente ou indemnité allouée au titre de l'assistance par tierce personne.* Le montant de l'allocation d'éducation de l'enfant handicapé et de son complément éventuel peut être déduit d'une rente ou indemnité allouée au titre de l'assistance par tierce personne ; lorsque l'auteur de la faute n'est tenu de réparer qu'une fraction du dommage corporel, cette déduction n'a lieu d'être que lorsque le montant cumulé de l'indemnisation incombant normalement au responsable et de l'allocation et de son complément excéderait le montant total des frais d'assistance par une tierce personne ; il en résulte que l'indemnisation doit alors être diminuée du montant de cet excédent • CE 26 juill. 2018, no 408806 B.

CHAPITRE III TRAVAILLEURS HANDICAPÉS

BIBL. ▸ AUVERGNON, L'obligation d'emploi des handicapés, *Dr. soc. 1991. 596* . – BLANC, L'insertion professionnelle des travailleurs handicapés : des interrogations pour aujourd'hui, *RF aff. soc. 1992, no 3, p. 35.* – BIDAUX et LANÇON, Réforme de l'obligation d'emploi des travailleurs handicapés, *JCP S 2018. 1315.* – BORGETTO et LAFORE, Droit de l'aide et de l'action sociales, *Domat-Montchrestien, 11e éd., 2021, nos 415 s.* – BOUCHET et REVILLARD, Une ambivalente reconnaissance : la réception de la « reconnaissance de la qualité de travailleur handicapé », *Dr. et soc., no 113, 2023. 111.* – BOUJEKA, La contractualisation de l'action publique en matière d'insertion professionnelle des personnes handicapées, *RDSS*

2010. 544. – Chaix, La politique de l'emploi des personnes handicapées, *RF aff. soc. 1998, n° 1, p. 100*. – Coblentz et Iganzi, L'accès au poste de travail des handicapés moteurs, *RF aff. soc., n° 2, 1975. 63*. – Cros-Courtial, Travail et handicap en droit français, *Éd. CTNERHI, 1989* ; Les obligations patronales à l'égard des handicapés après la loi du 10 juillet 1987, *Dr. soc. 1988. 598*. – Dauxerre, Accès à l'emploi des personnes en situation de handicap, *JCP S 2023, n° 1322*. – Del Sol, Travailleurs handicapés : dépasser l'obligation légale d'emploi, *Bull. soc. FL n° 11, 2007. 633*. – Divers, L'insertion professionnelle des travailleurs handicapés, *Min. Emploi et Solid., La Doc. fr. 1998* ; Le maintien dans l'emploi en questions, *Éd. ENSP, 2000*. – Gendron, Handicap et emploi : un pari pour l'entreprise, *Éd. CTNERHI, 1994*. – Hauser, Incapacité juridique et emploi, *Dr. soc. 1991. 553*. – Hernandez (Rapport), L'insertion des handicapés dans la fonction publique, *La Doc. fr., 1983*. – Laborde, Santé mentale et emploi, *Dr. soc. 1991. 56*. – Levy, L'emploi des travailleurs handicapés : l'application de la loi du 10 juillet 1987, *RDSS 1988. 372*. – Menetrier, L'emploi des travailleurs handicapés, *Rev. prat. dr. soc., 1999. 7*. – Milano, L'emploi des personnes handicapées en France et en Allemagne, *RDSS 2010. 280* ; L'obligation d'emploi en échec : pour une refonte de la loi de 1987, *RDSS 2017. 545*. – Pélissier, Inaptitude et modification d'emploi, *Dr. soc. 1991. 608*. – Rémond (Rapport), L'accès à la formation professionnelle des travailleurs handicapés, *La Doc. fr. 1991*. – Rihal, L'insertion des personnes handicapées dans la fonction publique après la loi du 11 février 2005, *RDSS 2005. 394* ; Le contentieux de l'obligation d'emploi des travailleurs handicapés : le respect de l'obligation des 6 % apprécié par les juridictions administratives et judiciaires, *RDSS 2010. 1146*. – Romien, A l'origine de la réinsertion professionnelle des personnes handicapées : la prise en charge des invalides de guerre, *RF aff. soc. 2005, n° 2, p. 229*. – Sereno, L'aménagement raisonnable en matière de handicap : suivez le guide !, *RDT 2018. 527*. – Stella-Bernad, L'emploi des personnes handicapées : la nécessaire anticipation du nouveau dispositif, *JCP S 2005, n° 1293*. – Taillefait, Les personnes en situation de handicap : devenir et être fonctionnaires, *RDSS 2023, n° 1*. – Thévenet, Travail protégé : sortir du tunnel ?, *RF aff. soc. 1987, n° 1, p. 131*. – Velche, Handicap et insertion professionnelle, *Vie sociale 1991, n° 5-6, p. 37*. – Villeval, L'État et l'emploi des handicapés : formation et transformation d'une politique, *Dr. soc. 1984. 227* ; Le milieu protégé : un pôle croissant d'emploi des handicapés, *Travail et emploi 1984, n° 19, p. 47* ; Politique sociale et emploi des personnes handicapées, *RF aff. soc. 1983, n° 3, p. 6*.

COMMENTAIRE

En complément des dispositions des articles L. 114-1 à L. 114-5 qui reprennent les principes généraux de la politique en faveur des handicapés définis par la loi du 30 juin 1975, complétés par la loi du 17 janvier 2002, ce chapitre relatif aux « travailleurs handicapés » a été profondément modifié par la loi n° 2005-102 du 11 février 2005.

Il comprenait antérieurement une première section concernant la commission technique d'orientation et de reclassement professionnel (COTOREP) dont les dispositions (art. L. 243-1) reprenaient en fait les articles L. 323-10 et L. 323-11 du code du travail. Cette structure a été supprimée par la loi du 11 février 2005 qui a institué une nouvelle instance reprenant à la fois les attributions de la COTOREP et de la CDES : la commission des droits et de l'autonomie des personnes handicapées (art. L. 241-5 s.).

La seconde section contenait des « dispositions favorisant le travail » ; cet ensemble a été lui aussi remanié par la loi de 2005, certains articles ayant été abrogés, d'autres (art. L. 243-4 s.) se rapportant principalement au travail dit « protégé ». Désormais, celui-ci est confié, pour l'essentiel, aux « établissements et services d'aide par le travail » (ESAT remplaçant les anciens CAT) puisque les anciens « ateliers protégés », devenus « entreprises adaptées », sont considérés comme relevant du « milieu ordinaire du travail ». ❑

Art. L. 243-1 *(L. n° 2016-1088 du 8 août 2016, art. 52)* **Les personnes handicapées nécessitant un accompagnement médico-social pour s'insérer durablement dans le marché du travail, en particulier les travailleurs handicapés accueillis dans un établissement ou service d'***(L. n° 2023-1196 du 18 déc. 2023, art. 15-I)* **« accompagnement » par le travail mentionné au *a* du 5° du I de l'article L. 312-1 du présent code et ayant un projet d'insertion en milieu ordinaire de travail, peuvent bénéficier d'un dispositif d'emploi accompagné mentionné à l'article L. 5213-2-1 du code du travail.**

COMMENTAIRE

La loi n° 2016-1088 du 8 août 2016 relative au travail, à la modernisation du dialogue social et à la sécurisation des parcours professionnels a introduit dans le code cet article L. 243-1. Il indique que les travailleurs handicapés accueillis en ESAT et qui ont un projet d'insertion professionnelle en milieu ordinaire peuvent bénéficier des services d'accompagnement vers l'emploi organisés à l'article L. 5214-3-1 du code du travail à destination des travailleurs handicapés. ❑

Art. L. 243-2 et L. 243-3 *Abrogés par L. n° 2005-102 du 11 févr. 2005, art. 67-V.*

Art. L. 243-4 *(L. n° 2005-102 du 11 févr. 2005, art. 17)* **Tout travailleur handicapé accueilli dans un établissement ou service relevant du *a* du 5° du I de l'article L. 312-1 bénéficie du contrat** *(L. n° 2023-1196 du 18 déc. 2023, art. 15-I)* **« d'accompagnement » par le travail mentionné à l'article L. 311-4 et a droit à une rémunération garantie versée par l'établissement ou le service d'** *(L. n° 2023-1196 du 18 déc. 2023, art. 15-I)* **« accompagnement » par le travail qui l'accueille et qui tient compte du caractère à temps plein ou à temps partiel de l'activité qu'il exerce. Elle est versée dès l'admission en période d'essai du travailleur handicapé sous réserve de la conclusion du contrat** *(L. n° 2023-1196 du 18 déc. 2023, art. 15-I)* **« d'accompagnement » par le travail.**

Son montant est déterminé par référence au salaire minimum de croissance, dans des conditions et dans des limites fixées par voie réglementaire.

Afin de l'aider à financer la rémunération garantie mentionnée au premier alinéa, l'établissement ou le service d' *(L. n° 2023-1196 du 18 déc. 2023, art. 15-I)* **« accompagnement » par le travail reçoit, pour chaque personne handicapée qu'il accueille, une aide au poste financée par l'État.**

L'aide au poste varie dans des conditions fixées par voie réglementaire, en fonction de la part de rémunération financée par l'établissement ou le service d' *(L. n° 2023-1196 du 18 déc. 2023, art. 15-I)* **« accompagnement » par le travail et du caractère à temps plein ou à temps partiel de l'activité exercée par la personne handicapée. Les modalités d'attribution de l'aide au poste ainsi que le niveau de la participation de l'établissement ou du service d'** *(L. n° 2023-1196 du 18 déc. 2023, art. 15-I)* **« accompagnement » par le travail à la rémunération des travailleurs handicapés sont déterminés par voie réglementaire.**

V. art. R. 243-5 à R. 243-13 et D. 243-14 s. — V. également Circ. du 13 févr. 1978 (JO 23 mars).

COMMENTAIRE

Cet article L. 243-4 a été entièrement réécrit par la loi du 11 février 2005. Intégré au sein de l'ensemble des dispositions concernant l'emploi des personnes handicapées qui ont été aussi réformées de façon à favoriser davantage que par le passé leur insertion professionnelle dans les secteurs privé et public, la loi a entendu redéfinir le statut et les droits des handicapés accueillis en établissements et services d'aide par le travail.

La disposition ci-dessus contient trois éléments importants de ce statut : tout d'abord, l'article L. 311-4 ayant été modifié pour ce faire, les personnes handicapées accueillies dans le secteur du travail protégé doivent bénéficier dorénavant d'un « contrat d'accompagnement » (dénomination introduite par la loi du 18 déc. 2023 pour le plein emploi en lieu et place du « contrat de soutien et d'aide par le travail ») qui constitue l'équivalent, dans ce type de structures, de ce qu'est le « contrat de séjour » dans les autres établissements sociaux et médico-sociaux. Ensuite, le travailleur handicapé en « établissement et service d'accompagnement par le travail » (ESAT, devenu « centre d'accompagnement » depuis la loi du 18 déc. 2023) doit désormais bénéficier d'une garantie de ressources versée par l'établissement de travail protégé, cette garantie se substituant au système antérieur (salaire direct très faible complété par un complément de rémunération à la charge de l'État) qui se révélait à la fois peu incitatif et peu respectueux de la dignité du travailleur ; cette garantie de ressources, qui est versée dès l'admission du travailleur et notamment durant l'éventuelle période d'essai, doit être établie par référence au SMIC. Enfin, se substituant à l'ancien « complément de rémunération » qui était donc financé par l'État, une « aide au poste » est allouée par ce dernier à l'ESAT : aide qui concourt à financer la « garantie de ressources » du travailleur handicapé et qui compense l'efficience moindre de ces travailleurs. ❑

1. Licenciement pour motif économique. Si, en raison de difficultés mettant en cause l'équilibre financier de l'entreprise dont la situation était préoccupante, et sous la pression de la société pour laquelle l'atelier où était affecté le salarié handicapé travaillait en régie, l'employeur a été contraint d'affecter l'intéressé à un autre poste de travail et de cesser de le faire bénéficier de conditions de rémunération plus favorables que celles prévues à l'art. L. 323-32 C. trav. pour lui appliquer strictement ce texte, la cour d'appel, qui a ainsi relevé que la modification d'un élément essentiel du contrat de travail, non contraire aux dispositions légales sur le travail protégé, avait été imposée par la réorganisation de l'entreprise, a pu décider que le licenciement résultant du refus du salarié d'accepter cette modification avait un motif économique. • Soc. 8 juin 1994, n° 90-45.703 P : *RJS 1994, n° 849 ; RDSS 1995. 620, obs. Kessler*.

2. Cause réelle et sérieuse de licenciement. La décision de la COTOREP de modifier le classement en invalidité d'un travailleur handicapé employé par un atelier protégé, déclaré, en raison de son classement en catégorie A apte à un emploi en milieu ordinaire constitue une cause réelle et sérieuse de licenciement, dès lors que l'employeur a démontré l'impossibilité du reclassement de l'intéressé sur un poste de travail correspondant à la nouvelle capacité du salarié. • Soc. 2 juin 2004 : *Dr. soc. 2004. 896, obs. Savatier ; RJS 2004, n° 973 ; JSL n° 149, 2004. 15, note Haller.* ♦ Il en va de même de la décision de la COTOREP de modifier le classement en invalidité d'un travailleur handicapé employé par un atelier protégé, et de proposer en raison de son classement en catégorie C un essai en centre d'aide par le travail, l'employeur ne pouvant alors le maintenir dans son établissement qui n'est plus habilité à le recevoir. • Soc. 20 sept. 2006 : *JCP S 2006. 1919, obs. Verkindt.*

3. Nature de la période d'essai dans un atelier protégé. La période de 3 ou 6 mois qui doit être mise à profit par l'atelier protégé pour rechercher les tâches dans lesquelles le salarié peut, compte tenu de son handicap, atteindre le meilleur rendement, est une période d'adaptation à laquelle il ne peut être mis un terme que sur décision de la COTOREP. • Soc. 2 juin 2004 : *Dr. soc. 2004. 895, obs. Savatier ; RJS 2004, n° 974 ; JSL n° 149, 2004. 15, note Haller.*

Art. L. 243-5 *(L. n° 2005-102 du 11 févr. 2005, art. 17)* **La rémunération garantie mentionnée à l'article L. 243-4 ne constitue pas un salaire au sens du code du travail.** *(Ord. n° 2018-474 du 12 juin 2018, art. 9)* **« Elle est en revanche prise en compte pour la détermination de l'assiette de la contribution définie à l'article L. 136-1 du code de la sécurité sociale et de celle des cotisations définie** *[définies]* **aux articles L. 242-1 du même code et L. 741-10 du code rural et de la pêche maritime. » Ces cotisations sont calculées sur la base d'une assiette forfaitaire ou réelle dans des conditions définies par voie réglementaire.** – *Les dispositions de l'Ord. n° 2018-474 du 12 juin 2018 s'appliquent aux cotisations et contributions dues pour les périodes courant à compter du 1er sept. 2018 (Ord. préc., art. 16).*

Ancien art. L. 243-5 (L. n° 2005-102 du 11 févr. 2005, art. 17) ***La rémunération garantie mentionnée à l'article L. 243-4 ne constitue pas un salaire au sens du code du travail. Elle est en revanche considérée comme une rémunération du travail pour l'application de l'article L. 242-1 du code de la sécurité sociale, et des dispositions relatives à l'assiette des cotisations au régime des assurances sociales agricoles et des cotisations versées au titre des retraites complémentaires. Ces cotisations sont calculées sur la base d'une assiette forfaitaire ou réelle dans des conditions définies par voie réglementaire.***

COMMENTAIRE

Complétant la disposition précédente relative à la garantie de ressources dans le champ du travail protégé (désormais seuls les ESAT sont concernés, les anciens « ateliers protégés » dénommés « entreprises adaptées » ayant été alignés sur les entreprises de droit commun), l'article L. 243-5, dans sa rédaction issue de la loi du 11 février 2005 modifiée par l'ordonnance n° 2018-474 du 12 juin 2018, définit le statut juridique de la rémunération versée aux travailleurs handicapés dans les ESAT : elle ne constitue pas un « salaire » au sens du code du travail ; mais elle entre cependant dans l'assiette du calcul des cotisations sociales (CSS, art. L. 242-1) et dans celle de la CSG due au titre des revenus d'activité et des revenus de remplacement (CSS, art. L. 136-1).

1. Cotisation due au Fonds national d'aide au logement. Le montant de la garantie de ressources étant considéré, selon l'art. 33 de la loi du 30 juin 1975, comme une rémunération pour l'application de l'art. L. 120 (devenu art. L. 242-1) du CSS, cette assimilation ne peut être étendue à l'assiette de la cotisation due par l'employeur au Fonds national d'aide au logement (FNAL) laquelle, aux termes de l'art. L. 834-1 du même code, est assise sur les salaires. • Soc. 13 déc. 1990, n° 88-16.236P :

D. 1991. IR 17; *RJS 1991, n° 247.* ♦ La garantie de ressources n'est assimilée à une rémunération du travail que pour le calcul des cotisations d'assurances sociales, des accidents du travail et des allocations familiales ainsi que des cotisations versées au titre des retraites complémentaires; par suite, elle n'entre dans l'assiette ni de la cotisation du fonds national d'aide au logement prévu à l'art. L. 834-1 CSS, ni du versement de transport institué par la loi n° 73-640 du 11 juill. 1973. • Soc. 26 mars 1992, n° 89-17-673 P : *RDSS 1993. 342, obs. Lhuillier*; *RJS 1992, n° 688* • 11 mars 2003, n° 01-21.019 P : *RJS 2003. 451, n° 683.*

2. Prime d'ancienneté prévue par une convention collective. Les travailleurs handicapés, employés dans un atelier protégé, sont soumis aux dispositions de la convention collective applicable à l'organisme gestionnaire, compte tenu de l'activité exercée par celui-ci, et doivent bénéficier de la prime d'ancienneté prévue par cette convention en l'absence de dispositions excluant cette catégorie de travailleurs. Un protocole d'accord conclu entre l'employeur et les organisations syndicales ne peut déroger aux dispositions de la convention collective applicable, dans un sens défavorable aux salariés et priver ainsi les travailleurs handicapés de cet avantage. En l'absence de dispositions conventionnelles prévoyant l'assiette de calcul de cette prime pour les travailleurs handicapés, celle-ci peut être établie sur le montant de la garantie de ressources constituant leur rémunération. • Soc. 29 juin 1999, n° 97-44.333 P : *Dr. soc. 1999. 957, obs. Radé*; *RDSS 2000. 833, obs. Bocquillon*; *RJS 1999, n° 1164.*

3. Prime de vacances prévue par une convention collective. Lorsqu'une prime de vacances prévue par une convention collective est due au travailleur handicapé en sus du salaire minimum, le bénéfice de cette prime ne doit pas entraîner de diminution du montant du complément de rémunération versé par l'employeur au titre de la garantie de ressources • Soc. 24 nov. 2004, n° 02-45.662 P : *Dr. soc. 2005. 220, obs. J. Savatier*.

Art. L. 243-6 *(L. n° 2005-102 du 11 févr. 2005, art. 17)* **L'État assure aux organismes gestionnaires des établissements et services d'***(L. n° 2023-1196 du 18 déc. 2023, art. 15-I)* **« accompagnement » par le travail, dans des conditions fixées par décret, la compensation totale des charges et des cotisations afférentes à la partie de la rémunération garantie égale à l'aide au poste mentionnée à l'article L. 243-4.**

(L. n° 2016-1088 du 8 août 2016, art. 43-II) **« Pour la compensation de la contribution mentionnée à l'article L. 6323-36 du code du travail, l'État assure la compensation de la contribution calculée sur la base de l'assiette forfaitaire prévue au premier alinéa du présent article, pour la partie de cette assiette égale à l'aide au poste mentionnée à l'article L. 243-4 du présent code. »**

COMMENTAIRE

L'article L. 243-6 a été modifié par la loi du 11 février 2005. Logiquement, celle-ci a fait disparaître de la liste des bénéficiaires de cette compensation de charges par l'État les anciens « ateliers protégés » et « centres de distribution de travail à domicile », ces deux structures ayant rejoint le régime juridique des entreprises relevant du milieu ordinaire de travail; seuls restent donc les « établissements et services d'accompagnement par le travail » (anciens CAT, le terme « accompagnement » se substituant à celui « d'aide » depuis la loi du 18 déc. 2023).

Sur le fond, elle maintient la compensation totale des charges et cotisations afférentes à la partie de rémunération égale à l'aide au poste telle que l'organise l'article L. 243-4 dans sa nouvelle rédaction.

Réduction de salaire et contrat initiative emploi. Une personne handicapée ayant été recrutée dans le cadre d'un contrat initiative emploi ne permet pas à son employeur d'obtenir l'autorisation de pratiquer la réduction de salaire prévue par les textes. • CE 9 mai 2005, *Min. aff. soc.* n° 264296 B : *AJDA 2005. 1417*.

Art. L. 243-7 Les contrôles médicaux auxquels sont astreintes, conformément aux dispositions du code de la route, les personnes handicapées titulaires du permis de conduire, sont gratuits. – *[L. n° 75-534 du 30 juin 1975, art. 52, al. 2.]*

CHAPITRE IV ALLOCATION AUX ADULTES HANDICAPÉS

BIBL. ▸ LABORDE, La « déconjugalisation » de l'allocation aux personnes handicapées effective au 1er octobre 2023, *Dr. soc. 2023. 715*. – MILANO, Parachever la réforme de l'allocation aux adultes handicapés, *RDSS 2008. 148*; L'individualisation de l'AAH : et après ?, *RDSS 2022. 123*.

COMMENTAIRE

Sur le plan formel, et dans la logique même de l'entreprise de codification, ont été insérées dans le code de l'action sociale et des familles des dispositions du code de la sécurité sociale qui ne figuraient pas dans l'ancien code de la famille et de l'aide sociale. Cette insertion est liée au souci d'inclure toutes les mesures et prestations concourant à la prise en charge des handicapés, dont naturellement l'allocation aux adultes handicapés (AAH). Mais cela met aussi en évidence les ambiguïtés et la complexité de la protection sociale puisque l'AAH, bien que prestation gérée et servie par les organismes de sécurité sociale (par les caisses d'allocations familiales, article L. 821-7), revêt un caractère marqué de prestation d'assistance constituant un revenu minimal catégoriel. Au sein du code de la sécurité sociale, l'AAH (art. L. 821-1 à L. 821-8) est intégrée au livre VIII, qui organise notamment un autre minimum social, à savoir le « minimum vieillesse » (art. L. 811-1 à L. 815-22).

Il est à noter cependant que, contrairement à la solution retenue en ce qui concerne l'AAH, les dispositions relatives aux diverses allocations aux personnes âgées constitutives du « minimum vieillesse » n'ont pas été intégrées au présent code.

Indiquons enfin que la loi n° 2005-102 du 11 février 2005 pour l'égalité des droits et des chances, la participation et la citoyenneté des personnes handicapées n'a pas modifié substantiellement l'allocation aux adultes handicapés et s'en est tenue à divers aménagements : suppression du complément d'AAH et remplacement par deux nouvelles prestations (« garantie de ressources pour personnes handicapées » et « majoration pour vie autonome »), amélioration des règles de cumul entre l'AAH et les avantages vieillesse et invalidité, cumul entre l'AAH et une rémunération d'activité professionnelle, modification des conditions de perception de l'AAH pour les personnes dont le handicap se situe entre 50 % et 80 % d'incapacité.

Point important : la loi de finances n° 2022-1726 du 30 décembre 2022 (art. 209-II) abroge, à compter du 1er octobre 2023 au plus tard, en ce qui concerne l'AAH, toutes les dispositions qui imposent, pour en calculer le montant, la prise en compte des ressources du compagnon ou de la compagne du demandeur, de son époux ou épouse ou du partenaire d'un pacte civil de solidarité. ❑

Art. L. 244-1 Les règles relatives à l'allocation aux adultes handicapés sont fixées par les dispositions des articles L. 821-1, *(Abrogé par L. n° 2018-1317 du 28 déc. 2018, art. 266, à compter du 1er déc. 2019)* **« L. 821-1-1, » L. 821-2, L. 821-3, L. 821-4, L. 821-5, L. 821-6** *(L. n° 2005-102 du 11 févr. 2005, art. 16-II)* **« , L. 821-7 et L. 821-8 » du code de la sécurité sociale ci-après reproduites :**

Art. L. 821-1 *(L. n° 2005-102 du 11 févr. 2005, art. 16-I-1°)* « Toute personne résidant sur le territoire métropolitain ou dans les *(L. n° 2015-1268 du 14 oct. 2015, art. 7-III)* « collectivités mentionnées » à l'article L. 751-1 ou à Saint-Pierre-et-Miquelon ayant dépassé l'âge d'ouverture du droit à l'allocation prévue à l'article L. 541-1 et dont l'incapacité permanente est au moins égale à un pourcentage fixé par décret perçoit, dans les conditions prévues au présent titre, une allocation aux adultes handicapés.

« Les personnes de nationalité étrangère, hors les ressortissants des États membres de l'Union européenne ou parties à l'accord sur l'Espace économique européen, ne peuvent bénéficier de l'allocation aux adultes handicapés que si elles sont en situation régulière au regard de la législation sur le séjour ou si elles sont titulaires *(L. n° 2020-734 du 17 juin 2020, art. 16-II)* « d'un document provisoire délivré à l'occasion d'une » demande de renouvellement de titre de séjour. Un décret fixe la liste des titres ou documents attestant la régularité de leur situation. »

(L. n° 2007-1822 du 24 déc. 2007, art. 122-II) « L'allocation mentionnée au premier alinéa bénéficie aux ressortissants des États membres de la Communauté européenne et des autres États parties à l'accord sur l'Espace économique européen qui en font la demande et qui résident en France depuis plus de trois mois, dans les conditions prévues aux articles L. 121-1 et L. 121-2 du code de l'entrée et du séjour des étrangers et du droit d'asile. Cette condition de séjour de trois mois n'est toutefois pas opposable :

« — aux personnes qui exercent une activité professionnelle déclarée conformément à la législation en vigueur ;

« — aux personnes qui ont exercé une telle activité en France et soit sont en incapacité permanente de travailler pour raisons médicales, soit suivent une formation professionnelle au sens des articles L. 900-2 *[nouv. L. 6313-1 s.]* et L. 900-3 *[nouv. D. 6314-1 et*

L. 6314-1] du code du travail, soit sont inscrites sur la liste visée à l'article L. 311-5 *[nouv. L. 5411-1 à L. 5411-3, L. 5411-5 à L. 5411-8, L. 5411-10 et L. 5412-1]* du même code;

« — aux ascendants, descendants et conjoints des personnes mentionnées aux deux alinéas précédents.

« Les ressortissants des États membres de la Communauté *[l'Union]* européenne et des autres États parties à l'accord sur l'Espace économique européen entrés en France pour y chercher un emploi et qui s'y maintiennent à ce titre ne peuvent bénéficier de l'allocation aux adultes handicapés. »

(L. nº 2005-102 du 11 févr. 2005, art. 16-I-1º) « Le droit à l'allocation aux adultes handicapés est ouvert lorsque la personne ne peut prétendre, au titre d'un régime de sécurité sociale, d'un régime de pension de retraite ou d'une législation particulière, à un avantage de vieillesse ou d'invalidité, à l'exclusion de la majoration pour aide constante d'une tierce personne visée à l'article L. 355-1, ou à une rente d'accident du travail, à l'exclusion de la *(L. nº 2012-1404 du 17 déc. 2012, art. 85-I-6º, en vigueur le 1er mars 2013)* « prestation complémentaire pour recours à » tierce personne mentionnée à l'article L. 434-2, d'un montant au moins égal à cette allocation. »

Lorsque cet avantage est d'un montant inférieur à celui de l'allocation aux adultes handicapés, celle-ci s'ajoute à la prestation sans que le total des deux avantages puisse excéder le montant de l'allocation aux adultes handicapés.

(L. nº 98-1266 du 30 déc. 1998, art. 134-I) « Pour la liquidation des avantages de vieillesse, les bénéficiaires de l'allocation aux adultes handicapés sont réputés inaptes au travail à l'âge minimum auquel s'ouvre le droit à pension de vieillesse. » — *Entrée en vigueur, V. note sous l'al. dernier de l'art. L. 821-2.*

Lorsqu'une personne bénéficiaire de l'allocation aux adultes handicapés fait valoir son droit à un avantage de vieillesse *(L. nº 2012-1509 du 29 déc. 2012, art. 115)* « , d'invalidité ou à une rente d'accident du travail », *(Abrogé par L. nº 2005-102 du 11 févr. 2005, art. 16-I-1º)* « *dans les conditions prévues au premier alinéa ci-dessus,* » l'allocation aux adultes handicapés continue de lui être servie jusqu'à ce qu'elle perçoive effectivement l'avantage auquel elle a droit. *(L. nº 2005-102 du 11 févr. 2005, art. 16-I-1º)* « Pour la récupération des sommes trop perçues à ce titre, les organismes visés à l'article L. 821-7 sont subrogés dans les droits des bénéficiaires vis-à-vis des organismes payeurs des avantages de vieillesse *(L. nº 2012-1509 du 29 déc. 2012, art. 115)* « , d'invalidité ou de rentes d'accident du travail ». » — *V. art. D. 821-2 et D. 821-3.*

(L. nº 2005-102 du 11 févr. 2005, art. 16-I-1º) « Lorsque l'allocation aux adultes handicapés est versée en complément de la rémunération garantie visée à l'article L. 243-4 du code de l'action sociale et des familles, le cumul de cet avantage avec la rémunération garantie mentionnée ci-dessus est limité à des montants fixés par décret qui varient notamment selon que le bénéficiaire *(Abrogé par L. nº 2022-1726 du 30 déc. 2022, art. 209-II, à compter du 1er oct. 2023 au plus tard)* « *est marié ou vit maritalement ou est lié par un pacte civil de solidarité et* » a une ou plusieurs personnes à charge. Ces montants varient en fonction du salaire minimum de croissance prévu à l'article L. 141-4 *[nouv. art. L. 3231-6 s., R. 3231-1 et R. 3231-7]* du code du travail. »

Art. L. 821-1-1 *(Abrogé par L. nº 2018-1317 du 28 déc. 2018, art. 266, à compter du 1er déc. 2019) (L. nº 2005-102 du 11 févr. 2005, art. 16-I-2º) Il est institué une garantie de ressources pour les personnes handicapées composée de l'allocation aux adultes handicapés et d'un complément de ressources. Le montant de cette garantie est fixé par décret.*

Le complément de ressources est versé aux bénéficiaires de l'allocation aux adultes handicapés au titre de l'article art. L. 821-1 :

— dont la capacité de travail, appréciée par la commission mentionnée à l'article L. 146-9 du code de l'action sociale et des familles, est, compte tenu de leur handicap, inférieure à un pourcentage fixé par décret;

— qui n'ont pas perçu de revenu d'activité à caractère professionnel propre depuis une durée fixée par décret;

— qui disposent d'un logement indépendant;

— qui perçoivent l'allocation aux adultes handicapés à taux plein ou en complément d'un avantage de vieillesse ou d'invalidité ou d'une rente d'accident du travail.

(L. nº 2006-1666 du 21 déc. 2006, art. 132-I) « Le complément de ressources est également versé aux bénéficiaires de l'allocation supplémentaire du fonds spécial d'invalidité mentionnée à l'article L. 815-24 dont l'incapacité permanente est au moins égale au pourcen-

tage fixé par le décret mentionné au premier alinéa de l'article art. L. 821-1 et qui satisfont aux conditions prévues aux troisième, quatrième et cinquième alinéas du présent article. »

Le versement du complément de ressources pour les personnes handicapées prend fin à l'âge auquel le bénéficiaire est réputé inapte au travail dans les conditions prévues au cinquième alinéa de l'article art. L. 821-1. (L. n° 2006-1666 du 21 déc. 2006, art. 132-I) « Il prend fin pour les bénéficiaires de l'allocation supplémentaire du fonds spécial d'invalidité mentionnée à l'article L. 815-24 à l'âge minimum auquel s'ouvre le droit à pension de vieillesse. »

Toute reprise d'activité professionnelle entraîne la fin du versement du complément de ressources.

Un décret en Conseil d'État précise les conditions dans lesquelles le complément de ressources est versé aux intéressés hébergés dans un établissement social ou médico-social, hospitalisés dans un établissement de santé ou incarcérés dans un établissement relevant de l'administration pénitentiaire.

Les dispositions de l'article L. 821-5 sont applicables au complément de ressources.

Art. L. 821-2 *(L. n° 2006-1666 du 21 déc. 2006, art. 131 ; L. n° 2008-1425 du 27 déc. 2008, art. 182-III)* « L'allocation aux adultes handicapés est également versée à toute personne qui remplit l'ensemble des conditions suivantes :

« 1° Son incapacité permanente, sans atteindre le pourcentage fixé par le décret prévu au premier alinéa de l'article art. L. 821-1, est supérieure ou égale à un pourcentage fixé par décret ;

« 2° La commission mentionnée à l'article L. 146-9 du code de l'action sociale et des familles lui reconnaît, compte tenu de son handicap, une restriction substantielle et durable pour l'accès à l'emploi, précisée par décret. »

(L. n° 98-1266 du 30 déc. 1998, art. 134-II et III) « Le versement de l'allocation aux adultes handicapés au titre du présent article prend fin à l'âge auquel le bénéficiaire est réputé inapte au travail dans les conditions prévues au *(L. n° 2005-102 du 11 févr. 2005, art. 16-I-4°)* « cinquième » alinéa de l'article art. L. 821-1 ». — *Ces dernières dispositions sont applicables aux personnes atteignant l'âge de soixante ans à compter du 1er janv. 1999. Pour les personnes ayant atteint l'âge de soixante ans antérieurement au 1er janv. 1999, elles sont applicables lors du premier renouvellement de l'allocation (L. 30 déc. 1998, art. 134-III).*

Art. L. 821-3 *(L. n° 2005-102 du 11 févr. 2005, art. 16-I-5°)* L'allocation aux adultes handicapés peut se cumuler avec les ressources personnelles de l'intéressé *(Abrogé par L. n° 2022-1726 du 30 déc. 2022, art. 209-II, à compter du 1er oct. 2023 au plus tard)* *« et, s'il y a lieu, de son conjoint, concubin ou partenaire d'un pacte civil de solidarité »* dans la limite d'un plafond fixé par décret, qui varie selon qu'il *(Abrogé par L. n° 2022-1726 du 30 déc. 2022, art. 209-II, à compter du 1er oct. 2023 au plus tard)* *« est marié, concubin ou partenaire d'un pacte civil de solidarité et »* a une ou plusieurs personnes à sa charge.

Les rémunérations de l'intéressé tirées d'une activité professionnelle en milieu ordinaire de travail sont en partie exclues du montant des ressources servant au calcul de l'allocation selon des modalités fixées par décret.

Art. L. 821-4 *(L. n° 2005-102 du 11 févr. 2005, art. 16-I-5°)* L'allocation aux adultes handicapés est accordée, pour une durée déterminée par décret en Conseil d'État, sur décision de la commission mentionnée à l'article L. 146-9 du code de l'action sociale et des familles appréciant le niveau d'incapacité de la personne handicapée ainsi que, pour les personnes mentionnées à l'article L. 821-2 du présent code, leur impossibilité, compte tenu de leur handicap, de se procurer un emploi.

(Abrogé par L. n° 2018-1317 du 28 déc. 2018, à compter du 1er déc. 2019) « Le complément de ressources mentionné à l'article L. 821-1-1 est accordé, pour une durée déterminée par décret en Conseil d'État, sur décision de la commission mentionnée au premier alinéa qui apprécie le taux d'incapacité et la capacité de travail de l'intéressé. »

Art. L. 821-5 L'allocation aux adultes handicapés est servie comme une prestation familiale. Elle est incessible et insaisissable, sauf pour le paiement des frais d'entretien *(L. n° 2005-102 du 11 févr. 2005, art. 16-I-6°)* « de la personne handicapée ». En cas de non-paiement de ces frais, la personne physique ou morale ou l'organisme qui en assume la charge peut obtenir de la caisse débitrice de l'allocation que celle-ci lui soit versée directement.

L'action de l'allocataire pour le paiement de l'allocation se prescrit par deux ans.

Cette prescription est également applicable à l'action intentée par un organisme payeur en recouvrement d'allocations indûment payées, sauf en cas de fraude ou de fausse déclaration.

(Abrogé par L. n° 2007-308 du 5 mars 2007, art. 32) *« La tutelle aux prestations sociales, prévue au chapitre VII du titre VI du livre I, s'applique à l'allocation aux adultes handicapés. »*

(L. n° 2007-1786 du 19 déc. 2007, art. 106-III) « Les articles *(Abrogé par L. n° 2013-1203 du 23 déc. 2013, art. 86-II-8°)* « *L. 114-13,* » L. 377-2, L. 377-4 et L. 583-3 du présent code sont applicables à l'allocation aux adultes handicapés. »

Les différends auxquels peut donner lieu l'application *(L. n° 2005-102 du 11 févr. 2005, art. 16-I-6°)* « du présent titre » et qui ne relèvent pas d'un autre contentieux sont réglés suivant les dispositions régissant le contentieux *(Abrogé par L. n° 2019-222 du 23 mars 2019, art. 96-I)* « *général* » de la sécurité sociale.

(L. n° 2009-1646 du 24 déc. 2009, art. 32-I et 93-IV) « Le financement de l'allocation aux adultes handicapés, du complément de ressources, de la majoration pour la vie autonome et de l'allocation pour adulte handicapé mentionnée à l'article 35 de l'ordonnance n° 2002-411 du 27 mars 2002 relative à la protection sanitaire et sociale à Mayotte est assuré par l'État. La prise en charge par l'État des pertes sur créances d'indus ne peut excéder une fraction *(L. n° 2012-1404 du 17 déc. 2012, art. 8-I)* « de ces pertes, fixée par arrêté conjoint des ministres chargés de la sécurité sociale et du budget ». — *Les dispositions issues de la L. n° 2012-1404 du 17 déc. 2012 sont applicables aux pertes sur créances d'indus enregistrées à compter de l'exercice 2012 (L. préc., art. 8-II).*

« La prescription est interrompue tant que l'organisme débiteur des prestations familiales se trouve dans l'impossibilité de recouvrer l'indu concerné en raison de la mise en œuvre d'une procédure de recouvrement d'indus relevant des articles L. 553-2, L. 821-5-1 ou L. 835-3 du code de la sécurité sociale, L. 262-46 du code de l'action sociale et des familles ou L. 351-11 du code de la construction et de l'habitation. »

Art. L. 821-6 Un décret en Conseil d'État précise les conditions dans lesquelles le droit à l'allocation aux adultes handicapés mentionnée à l'article art. L. 821-1 ci-dessus est ouvert *(L. n° 94-43 du 18 janv. 1994, art. 60 ; L. n° 2005-102 du 11 févr. 2005, art. 16-I-7°)* « aux personnes handicapées hébergées dans un établissement social ou médico-social ou hospitalisées dans un établissement de santé, ou détenues dans un établissement relevant de l'administration pénitentiaire. » Ce décret détermine également dans quelles conditions le paiement de ladite allocation peut être *(L. n° 2005-102 du 11 févr. 2005, art. 16-I-7°)* « réduit » en cas *(L. n° 94-43 du 18 janv. 1994, art. 60)* « d'hospitalisation d'hébergement ou d'incarcération. »

L'allocation aux adultes handicapés versée aux personnes qui supportent le forfait journalier institué par l'article L. 174-4 ne peut pas être réduite à un montant inférieur à un minimum fixé par décret.

Art. L. 821-7 La gestion de la prestation prévue à l'article art. L. 821-1 *(L. n° 2005-102 du 11 févr. 2005, art. 16-I-10°)* « , du complément de ressources et de la majoration pour la vie autonome » est confiée aux organismes du régime général chargés du versement des prestations familiales.

Toutefois, lorsqu'une caisse de mutualité sociale agricole est compétente pour verser à une personne handicapée les prestations familiales dont elle bénéficie ou serait susceptible de bénéficier *(Ord. n° 2005-1127 du 8 sept. 2005, art. 11)* « ou lorsque le bénéficiaire de l'allocation aux adultes handicapés relève d'un régime de protection sociale agricole en application de l'article L. 381-28 », cet organisme assure la gestion de l'allocation *(L. n° 2005-102 du 11 févr. 2005, art. 16-I-10°)* « , du complément de ressources et de la majoration pour la vie autonome ».

Art. L. 821-8 Des dispositions réglementaires déterminent, en tant que de besoin, les modalités d'application du présent titre. Sauf disposition contraire, elles sont prises par décret en Conseil d'État.

COMMENTAIRE

RÉGIME GÉNÉRAL D'ATTRIBUTION DE L'ALLOCATION AUX ADULTES HANDICAPÉS

L'article L. 821-1 du code de la sécurité sociale définit le régime général d'attribution de la prestation, lequel se voit précisé par les articles L. 821-2 (condition d'attribution complémentaire) et L. 821-3 (règle de cumul complémentaire).

Les conditions d'attribution de l'AAH mettent en jeu un complexe de critères.

Tout d'abord un critère de nationalité et/ou de résidence : le demandeur doit être de nationalité française ou justifier, s'il est étranger non communautaire ou non ressortissant de l'EEE, de la régularité de son séjour en France (loi n° 98-349 du 11 mai 1998, CSS, art. L. 821-9) ; la disposition de l'article L. 821-1 subordonnant l'attribution de l'AAH à une condition de nationalité française ou de ressortissant d'un pays ayant conclu en la matière une convention de réciprocité avec la France se trouve ainsi, en fait, écartée. Le demandeur doit, de plus, résider en France (métropole ou DOM-TOM), cette condition de résidence étant opposable aux ressortissants d'un État membre de l'UE, le règlement n° 1247/92 du 30 avril 1992 conduisant à inclure l'AAH dans la liste des prestations « non exportables ».

S'agissant du critère de régularité du séjour qui peut être opposé à la demande d'AAH par un étranger, la loi n° 2020-734 du 17 juin 2020 portant diverses dispositions liées à la crise sanitaire, à d'autres mesures urgentes ainsi qu'au retrait du Royaume-Uni de l'Union européenne, en a assoupli la preuve en ajoutant aux documents requis le « document provisoire délivré à l'occasion d'une demande de renouvellement d'un titre de séjour ».

Ensuite un critère d'âge, le postulant devant avoir, selon le texte, dépassé « l'âge d'ouverture du droit à l'allocation d'éducation spéciale prévue à l'article L. 541-1 » (les dispositions relatives à l'AES étant reproduites à l'article L. 242-14 du code) ; il suit de là que, en application du régime général des prestations familiales, l'AES étant servie jusqu'à l'âge de vingt ans (CSS, art. R. 512-2), l'AAH ne peut être attribuée qu'à compter de la vingtième année ; en application toujours du régime général des prestations familiales qui prévoit que ces dernières sont dues, sauf situations particulières permettant une prolongation jusqu'à vingt ans, jusqu'à la fin de l'obligation scolaire (CSS, art. L. 512-3), un handicapé qui à seize ans cesse de réunir les conditions requises pour ouvrir droit aux prestations familiales (car n'étant plus à la charge de ses parents) peut percevoir l'AAH.

Le critère médical est bien entendu central dans le régime de l'AAH. Il faut que la personne handicapée atteigne une incapacité permanente d'au moins 80 %, ce qui est le taux visé à l'article L. 241-1 ci-dessus (établi par les art. L. 821-1 et D. 821-1 CSS). Le taux d'incapacité permanente peut cependant être inférieur dans les conditions prévues à l'article L. 821-2 ci-dessous.

Autre critère d'attribution : il convient que le demandeur ne soit pas par ailleurs bénéficiaire d'avantages au titre de régimes vieillesse, invalidité ou accident du travail. Le caractère subsidiaire de l'AAH s'affirme ici puisqu'elle n'intervient qu'à défaut de droit à d'autres prestations. Autrement dit, l'AAH ne peut se cumuler avec une pension de retraite, une rente d'invalidité ou d'accident du travail lorsque ces avantages sont d'un montant supérieur ; en revanche, une allocation différentielle leur est versée dans le cas contraire pour atteindre le niveau de l'AAH. En ce qui concerne le lien entre AAH et pension de retraite, la loi de finances pour 1999 a introduit des dispositions qui concrètement obligent les personnes handicapées ayant atteint l'âge de 60 ans à demander la liquidation de leur pension de retraite, qu'elles perçoivent alors à taux plein même si elles ne totalisent pas la durée requise de cotisation ; leur pension peut être complétée par l'allocation supplémentaire du FSV si elle n'atteint pas le niveau du minimum vieillesse ; l'AAH ne peut donc plus être perçue à compter de 60 ans. Ces dispositions sont contestables : pour l'entourage de la personne handicapée d'une part, puisque, à la différence de l'AAH, l'allocation supplémentaire du FSV fait l'objet de recours en récupération sur succession ; pour les personnes handicapées travaillant en CAT qui ne peuvent continuer leur activité après 60 ans car la suppression de l'AAH diminue inéluctablement leurs ressources et les contraint donc en pratique à faire valoir leurs droits aux avantages vieillesse.

La subsidiarité de l'AAH s'affirme aussi dans un dernier critère d'attribution : l'AAH ne peut se cumuler avec la garantie de ressources prévue aux articles L. 243-4 à L. 243-6 du présent code que dans la limite de montants fixés par décret, ces montants variant selon que la personne handicapée est mariée ou vit maritalement et a une ou plusieurs personnes à charge. Cette garantie de ressources, intégrée aux dispositions visant à favoriser l'accès au travail des handicapés, représente une contrepartie de l'activité professionnelle de ces derniers, que cette activité s'exerce dans le secteur ordinaire de production (qui inclut dorénavant les anciens ateliers protégés devenus les « entreprises adaptées »), ou au sein du « travail protégé » qui s'exerce dans les nouveaux « établissements et services d'aide par le travail » (anciens CAT devenus donc les ESAT, toutes modifications dues à la loi n° 2005-102 du 11 février 2005 pour l'égalité des droits et des chances, la participation et la citoyenneté des personnes handicapées).

Au demeurant, cette dernière loi n'a pas fondamentalement modifié les conditions générales d'attribution de l'AAH. Elle a cependant ajouté de nouvelles dispositions (CSS, art. L. 821-1-1). S'agissant des ressources prises en compte pour le calcul des droits à l'AAH, la majoration pour tierce personne versée en complément de la pension d'invalidité 3e catégorie est désormais exclue, ce qui permet à des bénéficiaires de cette prestation dont le montant est inférieur à l'AAH d'obtenir cette dernière selon un montant différentiel ; de même, l'AAH peut désormais se cumuler avec les ressources personnelles du demandeur et de son conjoint dans la limite d'un plafond ; les rémunérations de la personne handicapée tirées d'une activité professionnelle en milieu ordinaire de travail sont en partie exclues de la base de calcul pour déterminer le droit à l'AAH ; afin d'éviter toute rupture des droits, un dispositif d'avance sur droits supposés est prévu lorsque la commission des droits et de l'autonomie des personnes handicapées n'a pas encore statué.

COMPLÉMENT DE RESSOURCES

L'AAH comportait un complément auquel la loi du 11 février 2005 avait substitué deux nouvelles prestations distinctes : la « garantie de ressources pour personnes handicapées » constituant un complément pour celles qui ne peuvent exercer aucune activité de nature professionnelle et la « majoration pour vie autonome » destinée à soutenir leur accès au logement de droit commun. La loi de finances pour 2019 (L. n° 2018-1317 du 28 déc. 2018) a supprimé ces deux prestations, cela dans un souci, selon le Gouvernement, de simplifier le système d'aide en ne versant plus qu'un seul complément dont le montant est aligné sur celui de l'ancienne majoration pour la vie autonome. Cette mesure de fusion des prestations, contestée parce que réduisant le montant des aides, peut être reliée, d'une part, à l'augmentation du montant de l'AAH et, d'autre part, à la volonté affirmée de repenser la prestation de compensation du handicap, cette dernière pouvant éventuellement intégrer les besoins couverts par ces compléments.

Les conditions d'ouverture du droit au complément de ressources sont fixées à l'article L. 821-1-1 : incapacité de travail, absence de revenu d'activité à caractère professionnel, disposition d'un logement indépendant, perception de l'AAH à taux plein ou d'un avantage vieillesse, d'invalidité ou d'une rente accident du travail.

CONDITION D'INCAPACITÉ

Si le seuil de 80 % d'incapacité permanente constitue le critère de droit commun (art. L. 821-1 ci-dessus), l'article L. 821-2 du code de la sécurité sociale permet d'en nuancer les effets pervers en ouvrant un pouvoir d'appréciation fondé non plus uniquement sur l'importance du handicap mais sur ses effets dommageables.

Ainsi, dans une fourchette établie par décret (CSS, art. D. 821-1) et qui se situe entre 50 % et 80 % d'incapacité, une personne handicapée peut bénéficier de l'AAH lorsqu'elle est, « compte tenu de son handicap, dans l'impossibilité de se procurer un emploi ». Le pouvoir d'appréciation du lien entre le handicap et l'entrave que ce dernier constitue pour accéder à un emploi est remis à la commission des droits et de l'autonomie. La loi du 11 février 2005 a rajouté, sur ce point, une condition supplémentaire : la personne handicapée ne doit pas avoir exercé d'activité professionnelle depuis une certaine durée à fixer par décret.

Le taux minimal requis de 50 % d'incapacité permanente qui est établi à l'article D. 821-1, alinéa 2, du code de la sécurité sociale et qui maintient une référence objective fondée sur la nature du handicap ne s'applique qu'aux demandes d'AAH déposées à compter du 1er janvier 1994 ; pour celles déposées avant cette date ou pour les demandes de renouvellement, il suffit de justifier, en cas d'incapacité inférieure à 80 %, de l'impossibilité de se procurer un emploi.

CONDITION DE SUBSIDIARITÉ

L'article L. 821-3 du code de la sécurité sociale vient compléter les critères d'attribution. On retrouve là une nouvelle application du principe de subsidiarité applicable, bien que de façon limitée, à l'AAH : celle-ci peut se cumuler avec les ressources du bénéficiaire mais dans des limites étroites.

Pour percevoir l'allocation, ce dernier doit en effet disposer de ressources inférieures à un plafond défini par décret (CSS, art. R. 821-3) ; ce plafond variant suivant que l'intéressé est marié et a une ou plusieurs personnes à sa charge, il est évalué selon les mêmes modalités que celles en vigueur pour l'attribution des prestations familiales et ne doit pas excéder le plafond des ressources fixé pour l'octroi de l'AVTS ; le plafond de l'AVTS est celui applicable au

1er juillet de l'année de référence (CSS, art. R. 821-4, R. 631-10 à R. 631-14, D. 821-2) ; si les ressources du demandeur excèdent ce plafond, l'AAH est réduite à due concurrence.

Les ressources du demandeur sont appréciées sur la base du revenu net catégoriel retenu pour l'établissement de l'impôt sur le revenu. Sont exclues du calcul l'allocation de logement, les prestations familiales, les pensions alimentaires, certaines rentes viagères et l'allocation compensatrice.

Sans aller jusqu'à une « individualisation » pure et simple de la prestation, ce qui aurait conduit à ne pas prendre en compte pour son attribution les revenus du conjoint, du concubin ou du partenaire d'un Pacs, la loi n° 2021-1900 du 30 décembre 2021 de finances pour 2022 a cependant ajouté une disposition à l'article L. 821-3 : ces revenus ne sont pris en compte que partiellement dans la mesure où ils feront l'objet d'un abattement forfaitaire fixé par décret.

POUVOIRS DE LA COMMISSION DES DROITS ET DE L'AUTONOMIE

Le pouvoir d'attribution de l'AAH est remis à la commission des droits et de l'autonomie, les règles relatives à cette instance étant reproduites dans le présent code sous l'article L. 243-1.

L'élément essentiel pour l'attribution de l'allocation tient au fait que c'est la commission des droits et de l'autonomie qui reconnaît la qualité de travailleur handicapé en fixant le taux d'incapacité permanente et en appréciant, lorsque ce taux est inférieur à 80 % et supérieur à 50 %, si le handicap met la personne concernée dans l'impossibilité de se procurer un emploi.

RÉGIME DE L'ALLOCATION

L'article L. 821-5 reproduit ci-dessus contient diverses dispositions qui concernent le régime de l'allocation, les recours juridictionnels la mettant en cause et enfin ses modalités de financement.

Pour ce qui est du régime de la prestation, sa première caractéristique tient à ce qu'elle est assimilée aux prestations familiales, ce qui est à relier au fait qu'elle est gérée par les caisses d'allocations familiales (art. L. 821-7 ci-dessous) : ainsi, elle est versée mensuellement, à terme échu par la CAF du lieu de résidence du bénéficiaire, à compter du premier jour du mois suivant le dépôt de la demande (CSS, art. R. 821-7). A l'instar des prestations familiales, l'AAH est incessible et insaisissable, ce qui lui confère un caractère alimentaire. Elle doit cependant, lorsque le bénéficiaire est pris en charge par un établissement, concourir à l'entretien de ce dernier, ce qui autorise, en cas de non-paiement de ces frais par le handicapé, les personnes physiques ou morales assurant la prise en charge à en demander le versement direct. Enfin, l'AAH peut justifier la mise en place d'une mesure de tutelle aux prestations familiales telle qu'organisée aux articles L. 167-1 à L. 167-5 du code de la sécurité sociale.

L'allocation présente naturellement des caractères spécifiques : bien que la demande puisse être adressée à la CAF, c'est la commission des droits et de l'autonomie à laquelle cette demande doit être transmise, qui l'attribue ; sous réserve que l'intéressé satisfasse toujours à la condition de ressources, l'allocation est accordée pour une période de cinq ans, la durée pouvant être supérieure, mais sans pouvoir excéder dix ans, lorsque le demandeur souffre d'une incapacité permanente de 80 % et que son état ne laisse pas prévoir une évolution favorable ; le droit à l'allocation peut toutefois être révisé avant la fin de la période fixée en cas de modification de l'incapacité du bénéficiaire.

L'AAH relève des dispositions des articles L. 377-1 à L. 377-5 du code de la sécurité sociale qui définissent les diverses sanctions et pénalités dont sont passibles les personnes qui commettent des fraudes en matière de prestations de sécurité sociale.

En matière juridictionnelle, les recours concernant l'AAH doivent être portés devant les juridictions du contentieux de la sécurité sociale, à l'exception des litiges qui, mettant en cause par exemple l'organisation du service public ou encore la capacité des personnes, relèvent des juridictions administratives ou judiciaires de droit commun.

Enfin, bien que gérée par les organismes de sécurité sociale, en l'occurrence les caisses d'allocations familiales, l'AAH repose sur un financement fiscal et non sur les cotisations salariales ; cela renforce son caractère assistanciel en la faisant reposer sur le principe de solidarité nationale comme l'a voulu expressément le législateur dans la loi d'orientation du 30 juin 1975. Ainsi, l'État verse au Fonds national des prestations familiales géré par la CNAF une dotation financière qui correspond aux sommes versées par les caisses d'allocations familiales au titre de l'AAH et de son complément (V. Ord. n° 2002-411 du 27 mars 2002, art. 41).

ALLOCATION ET HÉBERGEMENT

Les personnes handicapées peuvent être admises dans des établissements sociaux ou médico-sociaux spécialisés ; en excipant alors de leur qualité de handicapé, et après décision préalable de la nouvelle commission des droits et de l'autonomie et accord du président du conseil départemental (du fait de la suppression des commissions d'admission à l'aide sociale par l'ordonnance n° 2005-1477 du 1er déc. 2005), elles peuvent demander à bénéficier de l'aide sociale ; dans ce cas, les frais d'hébergement sont, à titre principal, à la charge de l'intéressé lui-même, l'aide sociale pouvant fournir le complément nécessaire pour couvrir un éventuel surplus de frais. Ces mêmes personnes peuvent être hospitalisées dans un établissement de soins ou encore être détenues dans un établissement pénitentiaire.

Dans ces diverses hypothèses, l'AAH peut être supprimée ou réduite à des pourcentages définis par la réglementation ; cette suspension totale ou partielle de l'AAH tient compte de la situation et des charges de famille de l'intéressé (CSS, art. R. 821-8 à R. 821-15).

La suspension ou la réduction de l'allocation ne supprime pas l'affiliation de droit à une caisse primaire d'assurance maladie et ne retire pas le bénéfice des prestations des assurances maladie et maternité, tel que cela est prévu aux articles L. 381-27 à L. 381-29 du code de la sécurité sociale.

GESTION DE L'ALLOCATION

La gestion de l'AAH est confiée aux caisses d'allocations familiales, ce qui en retour explique que cette dernière soit servie « comme une prestation familiale ». Cependant, en ce qui concerne les handicapés relevant en matière de prestations familiales des caisses de mutualité sociale agricole, ce sont logiquement ces mêmes organismes qui sont compétents pour l'attribution de l'AAH. ☐

I. ART. L. 821-1 CSS

A. NATURE DE LA PRESTATION

1. Prestation d'assistance dépourvue de caractère indemnitaire. Servie en exécution d'une obligation nationale en vue d'assurer aux bénéficiaires la garantie d'un minimum de ressources, l'allocation aux adultes handicapés dont l'attribution est subsidiaire par rapport aux avantages d'invalidité perçus au titre d'un régime de sécurité sociale et qui est subordonnée à un plafond de ressources de l'intéressé et, le cas échéant, de son conjoint constitue essentiellement une prestation d'assistance dont la charge incombe de surcroît à l'État depuis la loi du 29 déc. 1982. Elle est dépourvue de caractère indemnitaire et ne peut en conséquence venir en déduction des sommes allouées à la victime d'un accident imputable à un tiers en réparation du dommage par elle subi. Par suite, son remboursement ne saurait être accordé à une caisse d'allocations familiales. • Soc. 7 juin 1989, n° 85-12.961 P : *D. 1990. Somm. 193, obs. Prétot* • Civ. 2e, 19 févr. 1992, n° 90-19.729 P • Civ. 2e, 7 mars 2019, n° 17-25.855 : *RTD civ. 2019. 356, obs. Jourdain*. ♦ Rappr. • Crim. 13 déc. 1988, n° 87-90.402 P • 28 juin 1988, n° 87-84.713 P : *Gaz. Pal. 1989. 1. 295, note Dagorne-Labbe* • Civ. 2e, 14 mars 2002, n° 00-12.716 P : *D. 2002. IR 1241* • 6 déc. 1989, n° 88-10.242 P : *D. 1990. IR 4*. ♦ Sur la position du juge administratif, V. • CE 6 mai 1988, *Hôpital Marie-Madeleine de Forbach,* n° 76881 B : *D. 1989. Somm. 124, obs. Moderne et Bon* • CAA Lyon, 21 déc. 1990 : *RDSS 1991. 258, note Medouze* ; *D. 1991. Somm. 292, obs. Terneyre* ; *Gaz. Pal. 1991. 2. 440, note Chabanol* ; *JCP 1991. II. 21698, note Moreau.*

2. Conséquences juridiques. Compte tenu de sa nature, l'AAH ne saurait donner lieu, au profit de l'organisme gestionnaire, à une action en remboursement contre l'auteur de l'accident. • Crim. 28 juin 1988 : *préc. note 1.* ♦ Elle ne doit pas être prise en compte pour évaluer globalement le préjudice de droit commun d'une victime d'un accident. • Civ. 2e, 6 déc. 1989 : *préc. note 1.* ♦ ... Ou pour évaluer les indemnités réparant l'incapacité permanente partielle de la victime d'un accident et l'incidence professionnelle de celui-ci. • Civ. 2e, 14 mars 2002 : *préc. note 1.* ♦ De même, elle ne saurait être déduite du préjudice économique subi par une victime, contaminée par le virus d'immunodéficience humaine (VIH) et indemnisée par l'ONIAM. • Civ. 2e, 10 juill. 2008, n° 07-17424.

3. Non-prise en compte pour le calcul de la pension de vieillesse. L'AAH ne constituant pas une prestation de l'assurance invalidité, la période au cours de laquelle elle est versée ne peut être prise en compte pour le calcul de la pension de vieillesse. • Soc. 17 janv. 2002, n° 00-13.303 P : *RJS 2002. 263, n° 338.*

B. CONDITIONS D'ATTRIBUTION

1° NATIONALITÉ ET RÉSIDENCE

4. Distinction fondée sur la nationalité. Il résulte des dispositions combinées de l'art. 14 Conv. EDH et de l'art. 1er du protocole à cette convention du 20 mars 1957 que la jouissance d'une prestation telle que l'AAH doit être assurée sans distinction aucune fondée notamment sur l'origine nationale. • Soc. 21 oct. 1999, n° 98-10.030 P : *D. 1999. IR 253 ; TPS 1999. comm. 448* • 31 janv. 2002, n° 00-18.365 P : *TPS 2002. comm. 153 ; RJS 2002. 376, n° 499 ; D. 2002. 3039, note Dagorne-Labbe* • Civ. 2e, 6 avr. 2004 : *RJS 2004, n° 850 et 852* • CEDH 30 sept. 2003, *Koua Poirrez : D. 2003. IR 2544 ; D. 2004. 375 ; RJS n° 1, 2004. 19, chron. Mavridis ; AJDA 2004. 534, chron. Flauss ; RDP 2004. 845, obs. Sudre.* ♦ Néanmoins, les étrangers titulaires d'autorisations provisoires de séjour ne sauraient prétendre au bénéfice de l'AAH. • CE 12 déc. 2003, *Ammouche et Bangue Nambea*, n° 235234 B : *RDSS 2004. 483, concl. de Silva ; RJS 2004, n° 470.*

5. Accord de coopération conclu avec la Communauté européenne. Viole l'art. 41 de l'Accord de coopération entre la Communauté européenne et le Maroc approuvé par le règlement n° 2211-78 du Conseil des Communautés du 26 sept. 1978 et l'annexe II *bis* du règlement n° 1408-71 du Conseil des Communautés tels qu'ils résultent de l'art. 1er du règlement CEE n° 1247-92 du 30 avr. 1992, la cour d'appel qui, pour rejeter le recours d'un étudiant marocain résidant en France, contre la décision de la Caisse lui refusant le bénéfice de l'AAH, s'abstient de rechercher si l'intéressé dont la qualité d'étudiant exclut celle de travailleur n'a pas la qualité de membre de la famille d'un travailleur marocain résidant avec lui en France et s'il ne remplit pas les conditions requises des Français pour l'obtention de l'AAH. • Soc. 26 nov. 1998, n° 97-12.058 P : *TPS 1999. Comm. 40 ; D. 1999. IR 3*. ♦ Un ressortissant algérien résidant en France et dont il n'est pas contesté qu'il relève du régime de sécurité sociale français a droit à l'AAH dans les mêmes conditions que les ressortissants français. • Soc. 17 oct. 1996 (3 esp.), n° 95-10.956 P : *TPS 1996. Comm. 509.*

6. Réfugiés et apatrides. Les réfugiés et apatrides, dès lors qu'ils remplissent les conditions d'attribution de l'allocation autres que celles de la nationalité et qui résident de façon permanente en France, peuvent bénéficier de cette prestation conformément aux principes posés par les Conventions de Genève du 28 juill. 1951 (art. 7) relative au statut des réfugiés et de New York du 28 sept. 1954 concernant le statut des apatrides. L'octroi de l'allocation repose sur les obligations découlant du règlement de la Communauté européenne n° 1408/71 du 14 juin 1971. • CJCE 16 déc. 1976 : *Rec. CJCE 2057* • Soc. 24 mars 1977, n° 75-11.229 P.

7. Résidence en France. La loi subordonne le bénéfice de l'AAH à la condition de résidence sur le territoire métropolitain ou dans un département d'outre-mer, sans n'y apporter aucune dérogation, et sans distinguer selon que l'éventuel bénéficiaire a ou non volontairement choisi le lieu où il séjourne. La résidence étant une notion de fait, il ne peut être fait grief aux juges du fond d'avoir refusé le bénéfice de l'allocation à un handicapé mental placé, avec l'accord de la caisse primaire de sécurité sociale, dans un établissement de soins en Suisse. • Soc. 21 févr. 1979, n° 77-12.489 P. ♦ La condition posée par l'art. R. 821-1 CSS prévoyant qu'en cas de séjour de plus de 3 mois hors du territoire métropolitain et des départements d'outre-mer ou de Saint-Pierre-et-Miquelon, l'AAH n'est versée que pour les seuls mois civils complets de présence sur ces territoires, destinée à subordonner le bénéfice de cette prestation à des séjours suffisamment stables sur le territoire national, tout en garantissant l'exercice de la solidarité nationale, poursuit un objectif d'utilité publique et se fonde sur un critère objectif et rationnel en rapport avec les buts poursuivis ; dès lors, cette condition ne saurait être regardée comme constituant une discrimination prohibée par l'art. 14 Conv. EDH, ni comme portant atteinte au droit au respect de la vie privée et familiale et au droit au respect des biens ni comme méconnaissant les stipulations de l'art. 4 de la convention de l'OIT n° C 118. • CE 23 avr. 2007, *Collectif des accidentés du travail, handicapés et retraités, pour l'égalité des chances*, n° 283311.

8. Résidence hors de France. Dans la mesure où elles se bornent à rappeler que la résidence ne peut être assimilée au domicile légal et donc que les personnes handicapées résidant hors de France ne peuvent bénéficier de l'AAH alors même que leur tuteur y est domicilié, la lettre ministérielle du 8 août 1986 et la circulaire de la CNAF du 5 sept. 1986 relatives aux conditions d'attribution de cette allocation ne font que rappeler l'état du droit existant et ne présentent pas le caractère d'une décision faisant grief susceptible comme telle de faire l'objet d'un recours aux fins d'annulation. En tant qu'elle dispose qu'une personne handicapée résidant hors de France peut néanmoins bénéficier de l'AAH dès lors que, placée dans un établissement de soins, elle justifie d'une résidence antérieure en France et d'un accord de prise en charge délivré par un organisme français de sécurité sociale, la circulaire de la CNAF précitée ajoute une règle non prévue par l'art. L. 821-1 CSS et est ainsi entachée d'incompétence. • CE 28 avr. 1993, *Assoc. Aide aux personnes inadaptées mentales hors de France*, n° 82994 B : *RJS 1993. 550, n° 922.*

9. Résidence hors de France et force majeure. La force majeure ne peut, sauf dérogation expresse, suppléer l'absence des conditions d'ouverture du droit, et notamment celles relatives à l'obligation de résidence. • Civ. 2e, 25 nov. 2021, n° 20-14.237 B : *RDSS 2022. 169, obs. Tauran*.

10. Qualité de travailleur salarié ou assimilé. Si le demandeur doit être de nationalité française ou justifier, s'il est étranger non communautaire ou non ressortissant d'un État membre de l'EEE, de la régularité de son séjour en France (L. n° 98-349 du 11 mai 1998, art. 42, mod. CSS, art. L. 816-1), encore faut-il qu'il ait la qualité de travailleur salarié ou assimilé : le ressortissant algérien résidant en France qui n'est affilié à l'assurance maladie qu'au seul titre du RMI ne peut se prévaloir des dispositions de l'accord de coopération CEE-Algérie pour le bénéfice de l'AAH. • Soc. 31 oct. 2000, n° 99-11.922 P : *RJS 2001. 77, n° 133.*

2° CONDITION DE RESSOURCES

a. Revenus pris en compte

11. Majoration pour assistance d'une tierce personne. L'art. 35-1 de la loi du 30 juin 1975 d'orientation en faveur des personnes handicapées (CSS, art. L. 821-1) limite l'ouverture du droit à l'allocation qu'il prévoit aux adultes handicapés qui ne perçoivent pas au titre d'un régime de sécurité sociale, d'un régime de pension de retraite ou d'une législation particulière un avantage de vieillesse ou d'invalidité d'un montant au moins égal à ladite allocation. La majoration pour assistance d'une tierce personne complémentaire d'une pension d'invalidité constitue un avantage d'invalidité au sens de l'art. 35-1 et doit être prise en compte dans la comparaison des avantages dont l'intéressé bénéficie et du montant de l'AAH. • Soc. 1er avr. 1981, n° 80-10.479 P • 4 juin 1984, n° 81-13.975 P.

12. Allocation supplémentaire du Fonds national de solidarité. L'allocation supplémentaire du Fonds national de solidarité qui vient compléter le montant des avantages de vieillesse constitue elle-même un avantage de vieillesse au sens de l'art. 35-1 de la loi n° 75-534 du 30 juin 1975 (CSS, art. L. 821-1). Il résulte de cet art., dans sa rédaction antérieure comme dans sa rédaction postérieure à la loi n° 82-1126 du 29 déc. 1982 qui n'en a pas modifié la portée, que le caractère subsidiaire de l'AAH fait obstacle au cumul de cette prestation avec un avantage de vieillesse d'un montant au moins égal au bénéfice duquel l'intéressé a vocation, même s'il ne l'a pas effectivement sollicité. • Soc. 3 juill. 1985, n° 84-10.295 P.

13. Pension de réversion. La pension de réversion du conjoint survivant constitue un avantage de vieillesse au sens de l'art. 35-1 de la loi du 30 juin 1975 (CSS, art. L. 821-1), lequel ne fait pas de distinction entre les avantages propres à l'assuré et les avantages dérivés. Par suite, la veuve d'un exploitant agricole qui bénéficie à la suite du décès de son mari d'une pension de réversion d'un montant au moins égal à l'AAH ne peut cumuler cet avantage avec ladite allocation. • Soc. 16 déc. 1987, n° 86-10.292 P. ♦ De même, la pension versée à la veuve d'un ouvrier des établissements industriels de l'État et calculée comme celle des veuves de fonctionnaires constitue un avantage de vieillesse au sens de l'art. L. 821-1 CSS, peu important que le droit à cette pension de réversion ne soit pas subordonné à une condition d'âge du bénéficiaire. Elle ne peut en conséquence être cumulée avec l'AAH. • Soc. 27 sept. 1990, n° 88-13.767 P.

14. Ressources du conjoint. Il résulte des art. 35, § 3, de la loi n° 75-534 du 30 juin 1975 (CSS, art. L. 821-1) et 2 du décr. n° 75-1197 du 16 déc. 1975 que, pour le calcul de l'AAH, il est tenu compte, lorsque le demandeur est marié et non séparé, des ressources de son conjoint à concurrence d'un plafond. Une caisse d'allocations familiales est donc fondée à réclamer à une personne handicapée autorisée à résider séparément de son mari dans le cadre d'une instance en divorce et bénéficiaire à ce titre de l'AAH au taux plein le tropperçu correspondant à une période où l'intéressée avait repris la vie commune en sorte que les ressources de son conjoint devaient être prises en compte pour le calcul de ladite allocation même si ce dernier n'apportait aucun secours financier à sa femme et que celle-ci assurait seule les dépenses du ménage. • Soc. 12 oct. 1989, n° 87-13.848 P.

15. Prestations sociales perçues au titre d'une législation étrangère. Pour l'appréciation des ressources, il y a lieu de prendre en compte les prestations sociales perçues au titre d'une législation étrangère. • Soc. 11 janv. 1996, n° 93-20.928 P : *D. 1997. 99, note Dagorne-Labbe*.

16. Rente d'invalidité. Une rente d'invalidité servie en exécution d'un contrat souscrit en vertu d'une obligation conventionnelle ne peut être cumulée avec l'AAH si elle est d'un montant au moins égal à cette dernière. • Soc. 26 sept. 2002 : *RJS 2002. 1059, n° 1446.* ♦ Si ne sont pas pris en compte pour la détermination du plafond de ressources applicable à l'attribution de l'AAH les rentes viagères mentionnées aux 1° et 2° du I de l'art. 199 *septies* CGI lorsqu'elles ont été constituées en faveur d'une personne handicapée ou, dans la limite d'un montant fixé par décret, lorsqu'elles ont été constituées par une personne handicapée pour elle-même, doivent en revanche être prises en compte les sommes perçues au titre d'un contrat d'assurance, qui, en n'étant susceptibles d'être versées qu'aux participants âgés de moins de 65 ans, ne revêtaient pas le caractère d'une rente viagère au sens des textes susvisés. • Civ. 2e, 28 mai 2015, n° 14-18.915 P : *RDSS 2015. 936, obs. Tauran*.

17. Moment de l'examen de la condition de ressources. La condition de ressources fixée pour l'octroi de l'AAH ne peut être examinée en cours de période de paiement ; elle ne peut être prise en compte que lors de l'examen annuel du droit à l'allocation au 1er juill. de l'année suivante. • Soc. 11 juill. 1996, n° 94-20.721 P.

b. Revenus non pris en compte

18. Rente d'invalidité. Une rente servie au titre de l'invalidité en exécution d'un contrat d'assurance groupe souscrit auprès d'une compagnie d'assurances auquel l'assuré avait adhéré facultativement à titre onéreux ne peut être considérée comme un avantage de vieillesse ou d'invalidité au sens de l'art. 35-1 de la loi n° 75-534 du 30 juin 1975

(CSS, art. L. 821-1). Par suite, elle peut être cumulée avec l'AAH. • Soc. 24 mai 1989, n° 86-18.699 P : *RDSS 1990. 222, obs. Lévy*.

19. Revenu de remplacement. L'allocation spéciale du Fonds national de l'emploi attribuée à un travailleur licencié remplissant certaines conditions d'assurance et d'appartenance à l'entreprise constitue un revenu de remplacement qui n'entre pas dans la catégorie des revenus ayant pour effet d'interdire le versement de l'AAH ou d'en diminuer le montant : son titulaire peut donc percevoir celle-ci dès lors qu'il en remplit les conditions. • Soc. 28 janv. 1999, n° 97-16.791 P : *TPS 1999. comm. 161 ; D. 1999. IR 57 ; RJS 1999, n° 448.* ♦ Il en va de même de l'allocation de solidarité spécifique du régime de solidarité d'indemnisation du chômage total. • CE 11 juin 2003, *Roussel : RJS 2003. 843, n° 1230.*

c. Allocation différentielle

20. Montant de l'allocation. En cas de perception d'un autre avantage par le bénéficiaire de l'AAH, le montant cumulé de l'allocation différentielle qui lui est due et de cet avantage doit être égal au montant de l'AAH au taux plein de sorte que tout adulte handicapé puisse, quel qu'ait été le mode de calcul de l'allocation différentielle, disposer d'un minimum de ressources équivalant à ce taux. • Soc. 25 nov. 1987, n° 85-14.205 P. ♦ Le montant de l'AAH à prendre en compte est un montant théorique (celui fixé au 1er juill. de l'année de référence) et non pas celui réellement perçu par l'allocataire. • Soc. 30 nov. 2000, n° 99-16.871 P : *RJS 2001. 267, n° 375.*

21. Examen des droits. Le mécanisme de la détermination de l'allocation différentielle en fonction de l'AAH au taux plein implique une révision de la première de ces allocations en cas de revalorisation de la seconde indépendamment de celle qui peut être motivée par une modification de la situation de famille de l'allocataire. • Soc. 25 nov. 1987 : *préc. note 20.* ♦ Les droits à l'allocation différentielle doivent être examinés à chaque modification de l'avantage vieillesse en cause ou du montant de l'AAH ; par suite, une caisse ne saurait imposer la date du 1er juill. comme étant celle à laquelle devaient être examinés lesdits droits. • Soc. 10 mars 1994, n° 91-19.691 P : *RJS 1994, n° 483.*

C. RÈGLES DE PROCÉDURE

22. Rôle de la caisse d'allocations familiales. En l'absence de texte exigeant que la demande d'AAH soit accompagnée d'une décision de refus d'un avantage de vieillesse ou d'invalidité ou d'une rente d'accident du travail dus au titre d'un régime de sécurité sociale, d'un régime de pension de retraite ou d'une législation particulière, il incombe à la caisse d'allocations familiales saisie de la demande d'allocation de vérifier que l'intéressé ne peut prétendre à aucun de ces avantages, ou que ceux-ci sont d'un montant inférieur à l'allocation. • Soc. 31 janv. 2002, n° 00-18.365 P : *TPS 2002. comm. 153 ; RJS 2002. 376, n° 499 ; D. 2002. 3039, note Dagorne-Labbe*.

23. Suspension de l'attribution. Selon l'art. L. 821-1 CSS, lorsque le bénéficiaire de l'AAH fait valoir son droit à un avantage de vieillesse ou d'invalidité, ladite allocation continue de lui être servie jusqu'à ce qu'il perçoive effectivement l'avantage auquel il a droit, sous réserve d'un reversement ultérieur du trop-perçu. Une telle disposition implique nécessairement l'envoi, avant toute suspension du service de l'allocation, d'un avis enjoignant à l'intéressé de justifier du dépôt d'une demande tendant à l'octroi d'un tel avantage. • Soc. 18 oct. 1990, n° 88-13.323P : *D. 1990. IR 266*.

II. ART. L. 821-2 CSS

24. Conformité à la Constitution. Dans la mesure où l'article L. 821-2-2° tend à définir un critère objectif caractérisant la difficulté d'accéder au marché du travail qui résulte du handicap, le législateur a, en excluant du bénéfice de cette allocation les personnes ayant occupé un emploi depuis une durée définie par décret, fixé un critère qui n'est pas manifestement inapproprié au but poursuivi et donc ne méconnaît pas les dispositions du onzième alinéa du Préambule de la Constitution de 1946 qui proclame notamment le droit pour les personnes handicapées d'obtenir de la collectivité des moyens convenables d'existence. • Cons. const. 29 avr. 2011, n° 2011-123 QPC : *JO 30 avr. 2011, p. 7536.*

25. Pouvoir d'appréciation de la COTOREP. La COTOREP n'est pas tenue par la décision de la caisse d'assurance maladie reconnaissant à l'assuré un droit à pension d'invalidité, pour apprécier le taux d'invalidité de l'intéressé et l'incapacité où il se trouve de se procurer un emploi. • Soc. 11 juill. 1996, n° 94-21.687 P.

26. Activité dans un centre d'aide par le travail. Selon l'art. 35-II de la loi du 30 juin 1975 (CSS, art. L. 821-2), l'AAH est versée à toute personne dont l'incapacité permanente n'atteint pas 80 % mais qui est, compte tenu de son handicap, dans l'incapacité reconnue par la COTOREP de trouver un emploi. Ne constitue pas un emploi au sens de ce texte l'activité exercée par les handicapés dans les centres d'aide par le travail visés à l'art. 167 C. fam. (CASF, art. L. 344-2). • Soc. 18 mai 1988, n° 86-10.926 P : *RDSS 1988. 799, note Lévy* • 21 juin 1989, n° 87-12.237 P.

27. Suspension du service de l'allocation. Il résulte de l'art. 35-II de la loi du 30 juin 1975 (devenu l'art. L. 821-2 CSS) que si l'examen des conditions administratives d'ouverture du droit à l'AAH et notamment de celles relatives au plafond de ressources entre dans les attributions des caisses d'allocations familiales ou de mutualité sociale agricole, l'appréciation d'ailleurs insusceptible de révision du taux d'incapacité et de l'impossibilité de se procurer un emploi du fait de ce handicap appartient à la COTOREP, sous réserve de l'exercice des voies de recours devant la juridiction du contentieux technique de la sécurité sociale, conformément à l'art. L. 323-11-I *in fine* C. trav. Une caisse de mutualité sociale agricole n'est donc pas fondée à suspendre le service de l'AAH au motif que son titulaire continuait à exercer une activité agricole, dès lors qu'elle n'a ni formé un recours contre la décision de la COTOREP l'admettant au bénéfice de cette allocation, ni introduit une demande en révision dans les termes de l'art. R. 821-5 CSS. • Soc. 15 juin 1988, n° 86-13.177 P.

28. Restriction substantielle et durable. La seule circonstance qu'une personne handicapée travaille dans une entreprise adaptée ne suffit pas à établir l'existence d'une restriction substantielle et durable pour l'accès à l'emploi. • Civ. 2e, 3 avr. 2014, 13-11.359 P : *RDSS 2014. 580, obs. Dagorne-Labbe*. ♦ Il en va de même si, à défaut de lui permettre d'exercer une activité exigeant un engagement physique, les déficits de l'intéressé ne l'empêchent pas d'exercer une autre activité telle que la télésurveillance. • Civ. 2e, 16 mars 2014, n° 13-14.931. ♦ ... Ou si la fiche d'aptitude renseignée par le médecin du travail conclut à une inaptitude au poste d'employée de restaurant tout en précisant qu'un poste sans station debout prolongée et sans port de charges pourrait être proposé. • Civ. 2e, 16 mars 2014, n° 13-13.751.

29. Allocation de chômage. Si le premier alinéa de l'art. L. 821-2 CSS prévoit que l'AAH est versée à toute personne dont l'incapacité permanente est comprise entre deux pourcentages fixés par décret et qui, compte tenu de son handicap, est dans l'impossibilité, reconnue par la COTOREP, de se procurer un emploi et si le préfet est chargé, dans le cadre des pouvoirs que lui confère le code du travail en matière de contrôle des droits des demandeurs privés d'emploi à l'allocation de remplacement prévue à l'art. L. 351-1 C. trav., de vérifier notamment que ces derniers remplissent la condition d'aptitude au travail, il ne peut légalement se borner à constater qu'une personne a été reconnue par la COTOREP dans l'impossibilité de se procurer un emploi pour conclure à son inaptitude au travail. En effet, ces deux législations s'appliquent indépendamment l'une de l'autre. • CE 11 juin 2003, *Mlle R.*, n° 238562 B : *AJDA 2003. 1678*.

30. Date d'application de la loi du 21 déc. 2006. Les dispositions de l'art. L. 821-2 modifié par la loi du 21 déc. 2006 prévoyant que, pour bénéficier de l'AAH, la personne doit être atteinte d'un taux d'incapacité permanente compris entre 50 et 79 % et présenter, du fait de son handicap, une restriction substantielle et durable d'accès à l'emploi, se suffisent à elles-mêmes; partant, elles étaient applicables dès la publication de la loi en dépit de l'absence du décret auquel elles renvoyaient. • Civ. 2e, 21 juin 2012 : *RDSS 2012. 954, obs. Tauran*.

III. ART. L. 821-3 CSS

31. Ressources personnelles. Si selon l'art. L. 821-3 CSS, l'AAH peut se cumuler avec les ressources personnelles de l'intéressé et, s'il y a lieu, de son conjoint dans la limite d'un plafond qui varie en fonction de sa situation et des charges de famille, ce n'est qu'autant que les adultes handicapés ne perçoivent pas au titre d'un régime de sécurité sociale, d'un régime de pension de retraite ou d'une législation particulière un avantage de vieillesse ou d'invalidité d'un montant au moins égal à ladite allocation. • Soc. 25 mars 1985, n° 83-10.236 P • 17 févr. 1988, n° 86-10.402 P. ♦ Pour le calcul des droits, il convient de prendre en compte les traitements et salaires retenus pour l'établissement de l'impôt sur le revenu, en déduisant du montant brut des sommes payées et des avantages en argent ou en nature accordés les frais inhérents à la fonction ou à l'emploi lorsqu'ils ne sont pas couverts par des allocations spéciales ; cette déduction est fixée soit forfaitairement, après défalcation de certaines cotisations et contributions et de certains intérêts, à 10 % du montant du revenu brut, soit, si les bénéficiaires de traitements et salaires le souhaitent, sur justification du montant de leurs frais réels. • CE 1er avr. 2019, n° 421160 B. ♦ La circonstance que la condition de ressources s'apprécie trimestriellement lorsque le demandeur ou le bénéficiaire de l'AAH perçoit des revenus d'activité professionnelle n'est pas de nature à retirer à ce dernier ou à son conjoint la possibilité de choisir, pour la déduction des frais inhérents à la fonction ou à l'emploi, de justifier du montant de ses frais réels. • Même arrêt.

32. Définition de l'enfant à charge. La personne à charge ouvrant droit à une majoration de la limite du plafond de ressources s'entend de l'enfant qui est à la charge permanente et effective du bénéficiaire jusqu'à un âge limite, fixé à vingt ans. • Civ. 2e, 28 nov. 2019, n° 18-21.320 P.

33. Pensions alimentaires. Seules les pensions alimentaires versées par l'allocataire (à l'exclusion, donc, de celles perçues par celui-ci) peuvent être déduites des revenus pris en considération, pour l'appréciation des conditions de ressources. • Civ. 2e, 25 oct. 2006 : *RDSS 2007. 149, note Verkindt*.

34. Contrôle de l'existence de l'avantage. Le contrôle de l'existence ou non de l'avantage doit être préalable à l'évaluation des ressources personnelles ; il en résulte que si le bénéficiaire de l'AAH est amené à percevoir un tel avantage, le versement de celle-ci doit cesser aussitôt. Par suite, viole les art. L. 821-1 et L. 821-3 le tribunal qui, pour décider que la révision annuelle des conditions de ressources du bénéficiaire de l'AAH n'intervient qu'au 1er juill. de l'année de référence dès lors que les autres conditions d'attribution sont remplies, ne précise pas en quoi la situation de l'intéressé ne se heurte pas, en l'espèce, à la règle de non-cumul de l'AAH avec l'un des avantages énoncés à l'art. L. 821-1. • Soc. 27 juin 1996, n° 94-21.114 P : *LPA 1997, n° 44, p. 19, note Dagorne-Labbe.*

35. Pension de retraite. Le caractère subsidiaire de l'AAH fait obstacle au cumul de cette prestation avec un avantage de vieillesse d'un montant au moins égal ; constitue un avantage de vieillesse une pension de retraite allouée en application des art. 16 et 18 C. pens. retr. • Soc. 24 sept. 1992, n° 90-21.569 P. – Rappr. • Soc. 27 sept. 1990, n° 88-13.767 P.

36. Renonciation à un avantage. Le demandeur de l'AAH n'a pas le droit de renoncer à un avantage dont il est bénéficiaire afin de se voir attribuer l'allocation au taux plein. • Soc. 5 avr. 2001 : *RJS 2001. 635, n° 922.*

IV. ART. L. 821-4 CSS

37. Incompétence de la juridiction administrative. Il résulte de l'art. L. 323-11 C. trav. qu'il n'appartient pas à la juridiction administrative de connaître des conclusions demandant l'annulation d'une décision de la COTOREP refusant d'accorder le bénéfice de l'AAH. • CE 31 mai 2002, *Gadaut*, n° 242954.

38. Régularité de la procédure. Selon les art. L. 323-11-1, al. 5, et D. 323-3 C. trav., l'adulte handicapé ou son représentant est convoqué par la COTOREP ; viole ces dispositions la Cour nationale de l'incapacité et de la tarification de l'assurance des accidents du travail qui, pour rejeter le recours d'un assuré contre une décision de la COTOREP lui refusant l'attribution de l'AAH, énonce que le requérant, qui allègue que ni lui ni son représentant n'ont été convoqués, n'apporte la preuve ni même un commencement de preuve du non-respect de cette obligation, alors que la décision de la COTOREP doit faire la preuve de la régularité de la procédure suivie devant elle et qu'il ne résulte ni de ladite décision, ni d'aucune des pièces de procédure, que l'intéressé avait été convoqué devant la COTOREP. • Soc. 9 mars 2000, n° 98-16.679 P : *RDSS 2000. 833, obs. Bocquillon ; TPS 2000. Comm. n° 208 ; RJS 2000. 322, n° 464 ; JCP 2001. II. 10509, note Dagorne-Labbe.*

39. Pouvoirs de la COTOREP. Lorsqu'elle apprécie le taux d'incapacité permanente d'une personne qui n'est pas, compte tenu de son handicap, dans l'impossibilité de se procurer un emploi, la Commission nationale technique n'est pas tenue par la décision de la caisse d'assurance maladie ayant reconnu à l'assuré un droit à une pension d'invalidité de deuxième catégorie. • Soc. 11 juill. 1996, n° 94-21.687 P.

V. ART. L. 821-5 CSS

40. Restitution d'allocations indûment payées. Celui qui a perçu indûment l'AAH du fait que l'hôpital où il avait été admis lui avait renvoyé par erreur la lettre-chèque destinée en réalité à un homonyme ayant lui-même séjourné dans cet établissement est tenu, quelle que soit sa bonne foi, à en restituer le montant. Et la caisse d'allocations familiales qui n'a commis aucune erreur et n'est pas à l'origine du préjudice anormal allégué par l'intéressé ne saurait voir sa responsabilité engagée à aucun titre. • Soc. 26 avr. 1984, n° 82-15.353 P. – Rappr. • Soc. 18 juin 1981, n° 79-14.898 P • 8 oct. 1981, n° 79-16.491 P • 8 juin 1983, n° 82.10.248 P.

41. Pouvoir de répétition de l'indu. Les caisses de sécurité sociale ont seules la faculté (CSS, art. L. 553-2) de réduire ou de remettre, en cas de précarité de la situation du débiteur, sauf cas de manœuvre frauduleuse ou de fausses déclarations, le montant des prestations familiales indûment versées. • Soc. 6 mai 1993, n° 91-14.531 P.

42. Information du bénéficiaire sur ses devoirs et répétition de l'indu. Ne donne pas de base légale à sa décision la cour d'appel qui, constatant la réalité des fausses déclarations de l'intéressé, lequel n'a jamais mentionné ses pensions de retraite sur les déclarations effectuées aux fins de percevoir l'allocation aux adultes handicapés, condamne celui-ci à restituer les sommes indûment perçues sans rechercher s'il était informé de la nécessité de déclarer l'ensemble de ses sources de revenus et celles de son épouse et s'il avait délibérément manqué à son obligation déclarative dans le but de percevoir des prestations auxquelles il savait ne pas pouvoir prétendre. • Civ. 2e, 28 avr. 2011 : *RDSS 2011. 565, obs. Tauran*.

43. Prescription biennale et répétition de l'indu. Viole l'art. L. 821-5 la cour d'appel qui, pour écarter la prescription de deux ans prévue par l'art. L. 821-5, retient que l'intéressé avait effectué de fausses déclarations de ressources pendant toute cette période, omettant de signaler qu'il percevait des salaires, que ses ressources étaient sur toute la période supérieures au plafond fixé par les textes, et qu'il importait peu que les fausses déclarations aient été faites de manière non intentionnelle alors qu'elle avait constaté que la juridiction pénale avait estimé de façon irrévocable que l'intention frauduleuse n'était pas établie, ce dont il se déduisait que les déclarations erronées sur les ressources n'avaient pas été faites en vue d'obtenir indûment l'allocation, de sorte que la prescription biennale était acquise. • Civ. 2e, 20 janv. 2012, n° 10-26.517.

44. Insaisissabilité. Lorsqu'un compte est crédité du montant d'une créance insaisissable en tout ou partie, l'insaisissabilité se reporte à due concurrence sur le solde du compte ; lorsque les sommes insaisissables proviennent de créances à échéance périodique, le titulaire du compte peut en demander la mise à disposition immédiate, déduction faite des opérations venues au débit du compte depuis le dernier versement. • Civ. 2e, 11 mai 2000, n° 98-11.696 P : *D. 2000. IR 166*. ♦ En toute hypothèse, l'insaisissabilité de l'allocation ne peut être invoquée que devant le juge de l'exécution qui a autorisé la mesure d'exécution contestée. • Civ. 2e, 12 oct. 2006, n° 05-16.986 : *JCP S 2006. 1996, note Bugada.*

45. *Dispense de remboursement de trop-perçu.* La dispense de remboursement de trop-perçu instituée par l'art. L. 355-3, al. 2, CSS vise exclusivement les sommes indûment versées au titre des prestations légales de retraite et d'invalidité, et non les prestations servies au titre de l'aide sociale ; par suite, a violé ce texte la cour d'appel qui a annulé l'indu d'allocation aux adultes handicapés. • Civ. 2e, 26 janv. 2023, n° 21-13.209 B : *RDSS 2023. 365, obs. Prétot*.

VI. ART. L. 821-6 CSS

46. *Hospitalisation.* Il résulte des art. L. 821-5, L. 821-6, R. 821-8 et R. 821-9 CSS, que l'AAH, incessible et insaisissable sauf pour le paiement des frais d'entretien du handicapé, se trouve réduite en cas d'hospitalisation pendant plus de soixante jours dans un établissement de soins d'une personne célibataire handicapée. Si celle-ci est astreinte au versement du forfait journalier, elle doit conserver une allocation au moins égale à 17 % du montant maximum de ladite allocation sans que la somme ainsi déterminée puisse être supérieure à celle que l'allocataire percevrait si elle n'était pas hospitalisée. Par suite, seule la partie de l'AAH excédant le montant minimum légal que doit conserver l'allocataire peut faire l'objet d'un versement direct à l'établissement où est hospitalisé le bénéficiaire de l'allocation astreint au paiement du forfait journalier. • Soc. 18 févr. 1993, n° 89-19.927 P : *D. 1994. 43, note Dagorne-Labbe ; RJS 1993. 329, n° 560 ; RDSS 1993. 540, obs. Kessler*.

47. *Placement dans une maison d'accueil spécialisée.* Si, après 45 jours de placement dans une maison d'accueil spécialisée, l'AAH est réduite de façon à laisser à son titulaire, après paiement du forfait journalier, 12 % du montant de l'allocation, la réduction n'est cependant opérée que pendant les périodes où l'intéressé est effectivement accueilli dans la MAS. • Comm. centr. aide soc. 18 mars 1992, *Dpt Rhône : EJCCAS 48-4, p. 1, concl. Dessaint.*

48. *Admission à titre payant.* La personne admise dans un établissement social à titre payant et donc sans exciper de sa qualité de personne handicapée ne peut voir les allocations qu'elle perçoit réduites ou suspendues. • Comm. centr. aide soc. 16 déc. 1988 : *RF aff. soc., cah. jur. n° 2, 1989. 47.*

CHAPITRE V PRESTATION DE COMPENSATION

(L. n° 2005-102 du 11 févr. 2005, art. 12-I)

BIBL. ▶ CHABROL, Le droit à la compensation des conséquences du handicap : *Dr. soc. 2004. 993*. – ROUSSILLE (Rapport), L'évaluation du handicap dans la perspective de la nouvelle prestation de compensation, *IGAS 2004*. – TRIOMPHE, La compensation du handicap dans la loi du 11 février 2005 : du mythe à la réalité, *RDSS 2005. 371*.

Les bénéficiaires de l'allocation compensatrice prévue au chapitre V ancien dans sa rédaction antérieure à la loi du 11 févr. 2005 (V. ci-dessus) en conservent le bénéfice tant qu'ils en remplissent les conditions d'attribution. Ils ne peuvent cumuler cette allocation avec la prestation de compensation (L. n° 2005-102 du 11 févr. 2005, art. 95).

COMMENTAIRE

Ce chapitre V, consacré antérieurement à l'allocation compensatrice (art. L. 245-1 à L. 245-11 anciens), a été intégralement réécrit à la suite du remplacement par la loi n° 2005-102 du 11 février 2005 de cette allocation par la « prestation de compensation » (art. L. 245-1 à L. 245-14).

Le principe d'un « droit à compensation du handicap », quelles que soient l'origine et la nature de la déficience de la personne handicapée, ayant été reconnu par la loi de modernisation sociale du 17 janvier 2002 puis réaffirmé par la loi du 11 février 2005 (art. 11 introduisant au code un art. L. 114-1-1), les pouvoirs publics ont donc entendu repenser intégralement le dispositif organisé autour de « l'allocation compensatrice » qui, jusque-là, ne compensait que certains coûts liés au handicap ; pour ce faire, et notamment pour prendre en compte de façon beaucoup plus large les conséquences du handicap, on a mis en place une aide nouvelle, la « prestation de compensation ».

Cependant, l'allocation compensatrice survit pour ceux de ses bénéficiaires qui, à partir de la date de mise en œuvre de la nouvelle prestation et à chaque renouvellement de leur allocation, font le choix d'en conserver le bénéfice plutôt que de percevoir la nouvelle prestation. ❑

Art. L. 245-1 **I. — Toute personne handicapée résidant de façon stable et régulière en France métropolitaine, dans les** *(L. nº 2015-1268 du 14 oct. 2015, art. 7-III)* **« collectivités mentionnées » à l'article L. 751-1 du code de la sécurité sociale ou à Saint-Pierre-et-Miquelon,** *(Abrogé par L. nº 2007-1786 du 19 déc. 2007, art. 94)* ***« ayant dépassé l'âge d'ouverture du droit à l'allocation d'éducation de l'enfant handicapé prévue à l'article L. 541-1 du même code, »*** **dont l'âge est inférieur à une limite fixée par décret et dont le handicap répond à des critères définis par décret prenant notamment en compte la nature et l'importance des besoins de compensation au regard de son projet de vie, a droit à une prestation de compensation qui a le caractère d'une prestation en nature qui peut être versée, selon le choix du bénéficiaire, en nature ou en espèces.**

(L. nº 2007-1786 du 19 déc. 2007, art. 94) **« Lorsque la personne remplit les conditions d'âge permettant l'ouverture du droit à l'allocation prévue à l'article L. 541-1 du code de la sécurité sociale, l'accès à la prestation de compensation se fait dans les conditions prévues au III du présent article. »** — *Entrée en vigueur le 1er avr. 2008.*

Lorsque le bénéficiaire de la prestation de compensation dispose d'un droit ouvert de même nature au titre d'un régime de sécurité sociale, les sommes versées à ce titre viennent en déduction du montant de la prestation de compensation dans des conditions fixées par décret.

Un décret en Conseil d'État précise la condition de résidence mentionnée au premier alinéa.

II. — Peuvent également prétendre au bénéfice de cette prestation :

1° Les personnes d'un âge supérieur à la limite mentionnée au I mais dont le handicap répondait, avant cet âge limite, aux critères mentionnés audit I *(Abrogé par L. nº 2020-220 du 6 mars 2020, art. 1er)* ***« , sous réserve de solliciter cette prestation avant un âge fixé par décret »*** **;**

2° Les personnes d'un âge supérieur à la limite mentionnée au I mais qui exercent une activité professionnelle au-delà de cet âge et dont le handicap répond aux critères mentionnés audit I.

(L. nº 2007-1786 du 19 déc. 2007, art. 94) **« III. — Les bénéficiaires de l'allocation prévue à l'article L. 541-1 du code de la sécurité sociale peuvent la cumuler :**

« 1° Soit avec la prestation de compensation prévue dans le présent article, dans des conditions fixées par décret, lorsque les conditions d'ouverture du droit au complément de l'allocation d'éducation de l'enfant handicapé sont réunies et lorsqu'ils sont exposés, du fait du handicap de leur enfant, à des charges relevant de l'article L. 245-3 du présent code. Dans ce cas, le cumul s'effectue à l'exclusion du complément de l'allocation d'éducation de l'enfant handicapé ;

« 2° Soit avec le seul élément de la prestation mentionné au 3° de l'article L. 245-3, dans des conditions fixées par décret, lorsqu'ils sont exposés, du fait du handicap de leur enfant, à des charges relevant dudit 3°. Ces charges ne peuvent alors être prises en compte pour l'attribution du complément de l'allocation d'éducation de l'enfant handicapé. »

Dans les trois ans à compter de l'entrée en vigueur de la L. nº 2005-102 du 11 févr. 2005, la prestation de compensation sera étendue aux enfants handicapés (L. préc., art. 13).

COMMENTAIRE

L'article L. 245-1 détermine le champ d'application de la prestation de compensation en définissant l'ensemble des critères qui en commandent le bénéfice.

Commençons par indiquer que, dans le III de la disposition ci-dessus, l'engagement a été pris par le législateur d'étendre dans les trois ans aux enfants handicapés le bénéfice de cette prestation : ce qui, ajouté aux règles d'extension définies en faveur des personnes âgées handicapées (loi du 11 févr. 2005, art. 13), devait permettre en principe l'établissement d'un régime unique et homogène de compensation des handicaps quel que soit l'âge des personnes concernées. Cependant, la partie de l'article 13 susvisé prévoyant que « dans un délai maximum de cinq ans, les dispositions de la présente loi opérant une distinction entre les personnes handicapées en fonction de critères d'âge en matière de compensation du handicap et de prise en charge des frais d'hébergement en établissements sociaux et médico-sociaux seront supprimées » n'a reçu, à ce jour, aucune application…

Il faut préciser aussi, selon les termes mêmes de l'article L. 245-1, qu'il s'agit d'une prestation qui a la particularité d'avoir le régime juridique d'une allocation en nature, tout en pouvant être attribuée, au choix du bénéficiaire, en nature ou en espèces.

Une série de conditions d'attribution est donc prévue.

Les conditions relatives aux bénéficiaires portent d'abord sur son âge : s'adressant aux personnes handicapées entre 20 et 60 ans, elle peut néanmoins être versée avant 20 ans à l'adolescent de plus de 16 ans qui n'est plus à la charge de ses parents, ou pour le bénéficiaire de l'AEEH en compensation de frais liés à l'aménagement du logement, du véhicule ou pour les frais de transport. Les plus de 60 ans peuvent continuer à en bénéficier s'ils répondaient avant cet âge aux critères fixés ou s'ils continuent de travailler.

Ensuite doit être envisagé le critère relatif au handicap : un décret doit intervenir sur ce point pour tenir compte le plus possible de la spécificité des situations concrètes, mais dans l'attente, le seuil d'incapacité de 80 % reste la norme.

Les conditions de résidence entrent aussi en ligne de compte : le principe général, comme pour toutes les prestations d'aide sociale, joue ici et suppose une résidence stable et régulière sur le territoire national (possession d'un des titres de séjour dont la liste est fixée par décret pour les étrangers) ; pour les résidents en provenance d'un État membre de l'UE ou de l'Espace économique européen, le titre de séjour n'est pas exigé ; pour les personnes qui établissent leur résidence hors de France, le principe est que la prestation ne peut être servie ; s'il s'agit, dans la même hypothèse, d'une résidence au sein de l'UE ou de l'EEE, l'exportabilité de la prestation s'impose, celle-ci entrant dans le champ d'application du règlement n° 1408-71. ❑

1. Condition d'âge. Dans la mesure où l'art. 13 de la loi du 11 févr. 2005, lequel dispose que « dans un délai maximum de cinq ans, les dispositions de la présente loi opérant une distinction entre les personnes handicapées en fonction de critères d'âge en matière de compensation du handicap et de prise en charge des frais d'hébergement en établissements sociaux et médico-sociaux seront supprimées », est dépourvu de toute portée normative et où, en particulier, il ne ressort pas des travaux parlementaires qu'il ait eu pour objet et encore moins pour effet de rendre caduques au terme d'un délai de cinq ans les dispositions de l'art. L. 245-1 prévoyant un âge limite pour le droit à la prestation de compensation, les moyens tirés de ce que l'art. D. 245-3 CASF serait devenu contraire à la loi par suite de l'expiration de ce délai doivent par suite, et en tout état de cause, être écartés. • CE 4 juill. 2012, *Conféd. française pour la promotion sociale des aveugles et des amblyopes*, n° 341533 : *Lebon 261* ; *RDSS 2012. 925, concl. Landais*.

2. Caractère indemnitaire de la prestation. La prestation de compensation du handicap (PCH), servie en exécution d'une obligation nationale de solidarité, qui est accordée sans condition de ressources, et dont le montant est fixé en fonction des besoins individualisés de l'allocataire, constitue une prestation indemnitaire. • Civ. 2e, 16 mai 2013, n° 12-18.093 P : *D. 2013. 2658, obs. Bacache*. ♦ Il en résulte, dans la mesure où la commission d'indemnisation des victimes d'infractions tient compte, dans le montant des sommes allouées à la victime au titre de la réparation de son préjudice, des indemnités de toute nature reçues ou à recevoir d'autres débiteurs au titre du même préjudice, que cette prestation doit être déduite de l'offre d'indemnisation du préjudice résultant du besoin d'assistance par une tierce personne. • Civ. 2e, 13 févr. 2014, n° 12-23.731 P : *RDSS 2014. 388, obs. Dagorne-Labbé* • Crim. 1er sept. 2015, n° 14-82.251 P : *RDSS 2015. 1123, obs. Dagorne-Labbé* ; *RTD civ. 2015. 889, obs. Jourdain*. ♦ La PCH n'ouvrant droit à aucune action contre la personne tenue à réparation du dommage, elle ne peut donc être imputée sur l'indemnité allouée, que celle-ci soit payée par la personne tenue à réparation ou prise en charge à titre subsidiaire par le Fonds de garantie des assurances obligatoires de dommages (FGAO). • Civ. 2e, 6 févr. 2020, n° 18-19.518 P.

3. Prestation et assistance par tierce personne. Le montant de la PCH peut être déduit d'une rente ou indemnité allouée au titre de l'assistance par tierce personne ; lorsque l'auteur de la faute n'est tenu de réparer qu'une fraction du dommage corporel, cette déduction n'a lieu d'être que lorsque le montant cumulé de l'indemnisation incombant normalement au responsable et de l'allocation, ainsi que de son complément excède le montant total des frais d'assistance par tierce personne, l'indemnisation devant alors être diminuée du montant de cet excédent. • CE 29 juin 2020, n° 421002.

4. Prestation et ressources de l'aidant. Il résulte des art. L. 245-1, L. 245-3, L. 245-5, L. 245-7, L. 245-8, al. 1er, et L. 245-12 CASF que la PCH affectée au dédommagement de l'aidant familial, calculée sur la base d'un pourcentage du salaire minimum de croissance, doit être considérée comme une ressource de l'aidant, incluse dans le revenu de référence du foyer servant au calcul du préjudice économique des victimes indirectes ; dès lors, viole ces dispositions la cour d'appel qui retient que la PCH n'avait pas vocation à contribuer à l'entretien de la famille et que la cessation de son versement, à la mère d'un enfant en situation de handicap accidentellement décédé ayant fait le choix de ne pas travailler pour s'occuper de ce dernier en qualité d'aidant familial, ne saurait constituer un préjudice économique, alors que cette prestation constituait une ressource pour cet aidant qui, comme telle, devait être incluse dans le revenu de référence du foyer servant au calcul de son préjudice économique. • Civ. 2e, 16 juin 2022, n° 20-20.270 P.

5. Nature juridique de la prestation. La prestation de compensation du handicap est une prestation d'aide sociale reposant sur la solidarité nationale. • Cons. const. 24 févr. 2017, n° 2016-613 QPC : *JO 25 févr. 2017.*

6. Avantage de sécurité sociale. Aux termes de l'art. L. 245-1, lorsque le bénéficiaire de la prestation de compensation dispose d'un droit ouvert de même nature au titre d'un régime de sécurité sociale, les sommes versées à ce titre viennent en déduction du montant de la prestation ; il en résulte, en l'absence d'autres prévisions de ce texte en interdisant ou en limitant le cumul, que l'obtention par la personne handicapée d'indemnités versées à un autre titre n'a pour effet, ni de réduire son droit à cette prestation, ni de l'exclure • Civ. 2e, 13 févr. 2014, n° 12-23.706 P : *RDSS 2014. 388, obs. Dagorne-Labbé* • 12 juin 2014, n° 13-12.185 P • CE 23 sept. 2013, n° 350799 B.

7. Prestation et récupération en cas de retour à meilleure fortune. En vertu des principes qui régissent l'indemnisation par une personne publique des victimes d'un dommage dont elle doit répondre, il y a lieu de déduire d'une rente allouée à la victime du dommage dont un établissement public hospitalier est responsable, au titre de l'assistance par tierce personne, les prestations versées par ailleurs à cette victime et ayant le même objet ; s'il en va ainsi tant pour les sommes déjà versées que pour les frais futurs, cette déduction n'a toutefois pas lieu d'être lorsqu'une disposition particulière permet à l'organisme qui a versé la prestation d'en réclamer le remboursement en cas de retour du bénéficiaire à meilleure fortune. • CE 23 sept. 2013, n° 350799 B.

8. Recours du département contre le tiers responsable. Le département et la prestation de compensation du handicap n'étant pas au nombre des personnes et des prestations limitativement énumérées par l'art. 29 de la loi du 5 juill. 1985 qui ouvrent droit à un recours contre la personne tenue à réparation ou son assureur, il en résulte que le département ne dispose pas de la faculté d'exercer un recours subrogatoire contre l'auteur du dommage à l'origine du handicap donnant lieu au versement de cette prestation. Le département, lorsqu'il verse la PCH, n'est pas placé dans la même situation que les autres tiers payeurs qui versent les prestations énumérées à cet art. 29, lesquels sont soit les employeurs de la victime, soit ceux qui, selon une logique assurantielle, lui servent des prestations en contrepartie des cotisations qu'elle leur a versées ; par suite, la différence de traitement existant entre ces tiers payeurs et le département est fondée sur une différence de situation et en rapport direct avec l'objet de la loi. • Cons. const. 24 févr. 2017, n° 2016-613 QPC : *préc., note 5.*

9. Condition de résidence. Il résulte des art. L. 245-1 et R. 245-1 CASF que pour bénéficier de la PCH, une personne handicapée doit résider de façon stable et régulière en France métropolitaine ou dans l'une des collectivités qu'ils mentionnent ; elle a droit au versement sans interruption de cette allocation lorsqu'elle y réside de façon permanente et régulière, lorsqu'elle accomplit hors de ces territoires un ou plusieurs séjours dont la durée de date à date ou la durée totale par année civile n'excède pas trois mois, ou lorsqu'elle accomplit hors de ces territoires un séjour de plus de trois mois, sous réserve de justifier que ce séjour est nécessaire pour lui permettre soit de poursuivre ses études, soit d'apprendre une langue étrangère, soit de parfaire sa formation professionnelle. Pour apprécier si cette dernière condition est remplie, il y a lieu de tenir compte de toutes les circonstances particulières relatives à la situation de la personne handicapée propres à établir la nécessité pour elle de séjourner à l'étranger, compte tenu notamment des possibilités existant sur le territoire français et de la nature des études ou de la formation professionnelle poursuivies ; par suite, ne peut prétendre à l'allocation la personne qui n'établit pas que le séjour à l'étranger, eu égard à la nature de celui-ci et aux possibilités existant en France, était nécessaire à son projet. • CE 31 juill. 2019, n° 416729.

10. Prestation de compensation et allocation compensatrice. Le bénéficiaire de l'allocation compensatrice qui n'en sollicite pas le renouvellement à son échéance en perd le bénéfice au profit de la prestation de compensation du handicap, sans que l'organisme social ne soit tenu de l'informer préalablement des montants respectifs de l'allocation et de la prestation auxquels il peut avoir droit. • Civ. 2e, 7 avr. 2022, n° 20-21.719 P.

Art. L. 245-2 La prestation de compensation est accordée par la commission mentionnée à l'article L. 146-9 et servie par le département *(L. n° 2011-901 du 28 juill. 2011, art. 7-II)* « où le demandeur a son domicile de secours ou, à défaut, où il réside, » dans des conditions identiques sur l'ensemble du territoire national.

L'instruction de la demande de prestation de compensation comporte l'évaluation des besoins de compensation du demandeur et l'établissement d'un plan personnalisé de compensation réalisés par l'équipe pluridisciplinaire dans les conditions prévues à l'article L. 146-8.

Toutefois, en cas d'urgence attestée, le président du conseil départemental peut attribuer la prestation de compensation à titre provisoire et pour un montant fixé par décret. Il dispose d'un délai de deux mois pour régulariser cette décision, conformément aux dispositions des deux alinéas précédents.

Les décisions relatives à l'attribution de la prestation par la commission mentionnée à l'article L. 146-9 peuvent faire l'objet d'un recours devant la juridiction *(L. n° 2016-1547 du 18 nov. 2016, art. 12-II et 114-I, en vigueur le 1er janv. 2019 ; L. n° 2019-222 du 23 mars 2019, art. 96-I)* **« compétente pour connaître du contentieux mentionné à l'article L. 142-1 du code » de la sécurité sociale.** *(Abrogé par L. n° 2016-1547 du 18 nov. 2016, art. 12-II et 114-I, à compter du 1er janv. 2019)* ***« Les décisions du président du conseil départemental relatives au versement de la prestation peuvent faire l'objet d'un recours devant les commissions départementales mentionnées à l'article L. 134-6, dans les conditions et selon les modalités prévues aux articles L. 134-1 à L. 134-10. »***

Sur les dispositions transitoires de l'art. 12 de la L. n° 2016-1547 du 18 nov. 2016, V. note ss. le nouv. chap. IV du titre III du livre premier.

Ancien art. L. 245-2 ***La prestation de compensation est accordée par la commission mentionnée à l'article L. 146-9 et servie par le département*** (L. n° 2011-901 du 28 juill. 2011, art. 7-II) ***« où le demandeur a son domicile de secours ou, à défaut, où il réside, » dans des conditions identiques sur l'ensemble du territoire national.***

L'instruction de la demande de prestation de compensation comporte l'évaluation des besoins de compensation du demandeur et l'établissement d'un plan personnalisé de compensation réalisés par l'équipe pluridisciplinaire dans les conditions prévues à l'article L. 146-8.

Toutefois, en cas d'urgence attestée, le président du conseil départemental peut attribuer la prestation de compensation à titre provisoire et pour un montant fixé par décret. Il dispose d'un délai de deux mois pour régulariser cette décision, conformément aux dispositions des deux alinéas précédents.

Les décisions relatives à l'attribution de la prestation par la commission mentionnée à l'article L. 146-9 peuvent faire l'objet d'un recours devant la juridiction du contentieux technique de la sécurité sociale. Les décisions du président du conseil départemental relatives au versement de la prestation peuvent faire l'objet d'un recours devant les commissions départementales mentionnées à l'article L. 134-6, dans les conditions et selon les modalités prévues aux articles L. 134-1 à L. 134-10.

COMMENTAIRE

L'article L. 245-2 détermine les modalités d'attribution de la prestation de compensation.

Elle est accordée, à l'instar de l'ensemble des allocations pour les personnes handicapées, par la commission des droits et de l'autonomie créée par la loi du 11 février 2005 (art. L. 241-5 nouv.). Elle est servie par le département dans des conditions identiques sur l'ensemble du territoire national.

L'attribution de la prestation intervient après que les besoins du bénéficiaire ont été appréciés par une équipe pluridisciplinaire, laquelle doit en outre établir un « plan personnalisé de compensation » : procédure qui n'est pas sans rappeler celle mise en œuvre dans le cadre de l'allocation personnalisée d'autonomie (« équipe médico-sociale » et « plan d'aide » définis aux articles L. 232-6, L. 232-13 et L. 232-14).

Il est prévu en outre une procédure d'urgence permettant au président du conseil départemental d'allouer la prestation, à titre provisoire (le délai de régularisation est de deux mois), lorsque la situation de la personne le commande.

S'agissant du contentieux des décisions d'attribution de la PCH, il relève jusqu'au 1er janvier 2019 du contentieux technique de la sécurité sociale pour l'attribution de la prestation et des juridictions de l'aide sociale pour les conditions de versement de la prestation par le département. Au-delà, il obéira aux nouvelles répartitions des compétences contentieuses entre le pôle social du TGI et la juridiction administrative selon les dispositions introduites aux articles L. 134-1 et suivants par la loi n° 2016-1547 du 18 novembre 2016.

La loi n° 2011-901 du 28 juillet 2011 tendant à améliorer le fonctionnement des MDPH et portant diverses dispositions relatives à la politique du handicap a introduit à l'article L. 245-2 une modification permettant d'identifier, par référence au domicile de secours, le département tenu de prendre en charge la personne handicapée. Elle a de plus ajouté un nouvel article

(L. 245-2-1 ci-dessous) destiné à régler les problèmes liés au changement de domicile de secours (changement qui se traduisait par des interruptions de prise en charge dommageables pour la personne handicapée) : désormais, le département servant la prestation de compensation doit continuer à financer les éléments qui la composent, le président du conseil départemental devant, s'il le juge nécessaire, saisir la commission des droits et de l'autonomie (art. L. 146-9°) pour obtenir un éventuel réexamen du droit. ❑

1. Incompétence des juridictions d'aide sociale. Dès lors que le requérant ne remet pas en cause la déduction des aides attribuées au titre de la majoration pour tierce personne et de la rente d'invalidité dont l'intéressée bénéficie mais se borne à soutenir que le nombre d'heures attribué au titre de l'élément « aides humaines » est insuffisant et que n'a pas été pris en compte le besoin de services ménagers dont elle justifie, le litige en cause n'est pas relatif « au versement de la prestation » mais à son attribution et doit être porté devant les juridictions du contentieux technique de la sécurité sociale • Comm. centr. aide soc. 9 juin 2008, dossier n° 070880 : *CJAS n° 2008/4.*

2. Pouvoir de remise. Dès lors qu'il est saisi d'un recours contre une décision administrative rejetant une demande de remise gracieuse d'une créance d'indu de PCH, laquelle est au nombre des créances pouvant faire l'objet d'une remise totale ou partielle, il entre dans l'office du juge du tribunal de grande instance spécialement désigné de remettre totalement ou partiellement la créance en cas de situation de précarité et de bonne foi du bénéficiaire. • Cass., avis, 28 nov. 2019, n° 19-70.019 P.

Art. L. 245-2-1 *(L. n° 2011-901 du 28 juill. 2011, art. 7-III)* **Lorsque le bénéficiaire acquiert un nouveau domicile de secours, le service de la prestation de compensation s'effectue selon les éléments de prise en charge qui la composent à cette date. Le président du conseil départemental peut saisir la commission prévue à l'article L. 146-9 aux fins du réexamen du droit à la prestation de compensation dans des conditions fixées par décret.**

Art. L. 245-3 **La prestation de compensation peut être affectée, dans des conditions définies par décret, à des charges :**

1° Liées à un besoin d'aides humaines, y compris, le cas échéant, celles apportées par les aidants familiaux ;

2° Liées à un besoin d'aides techniques, notamment aux frais laissés à la charge de l'assuré lorsque ces aides techniques relèvent des prestations prévues au 1° de l'article *(L. n° 2015-1702 du 21 déc. 2015, art. 59-XII-B-2°, en vigueur le 1er janv. 2016)* **« L. 160-8 » du code de la sécurité sociale ;**

3° Liées à l'aménagement du logement et du véhicule de la personne handicapée, ainsi qu'à d'éventuels surcoûts résultant de son transport ;

4° Spécifiques ou exceptionnelles, comme celles relatives à l'acquisition ou l'entretien de produits liés au handicap ;

5° Liées à l'attribution et à l'entretien des aides animalières. A compter du 1er janvier 2006, les charges correspondant à un chien guide d'aveugle ou à un chien d'assistance ne sont prises en compte dans le calcul de la prestation que si le chien a été éduqué dans une structure labellisée et par des éducateurs qualifiés selon des conditions définies par décret. Les chiens remis aux personnes handicapées avant cette date sont présumés remplir ces conditions.

Sur les tarifs des éléments de la prestation de compensation mentionnés au 1°, V. Arr. du 28 déc. 2005 (JO 30 déc., p. 20543), mod. en dernier lieu par Arr. du 28 mars 2022 (JO 31 mars, NOR : PRMA2209358A).

Sur les tarifs des éléments de la prestation de compensation mentionnés aux 2°, 3°, 4° et 5°, V. Arr. du 28 déc. 2005 (JO 30 déc., p. 20533), mod. par Arr. du 19 févr. 2007 (JO 2 mars), Arr. du 27 déc. 2007 (JO 17 janv. 2008), Arr. du 18 juill. 2008 (JO 31 juill.), Arr. du 11 août 2021 (JO 29 oct.).

COMMENTAIRE

L'article L. 245-3 constitue le cœur du dispositif de compensation que la loi du 11 février 2005 a entendu proclamer comme un « droit » et, par là même, renforcer par rapport au système antérieur. Il détermine en effet les besoins qui sont couverts par la nouvelle prestation.

La liste proposée est large et entend permettre à la personne handicapée d'accéder à un socle de services, d'aides ou d'équipements considérés comme nécessaires pour lui permettre d'assumer son handicap et d'en pallier le plus possible les conséquences dans la vie quotidienne : il s'agit de pouvoir recourir à des aides humaines (assistance d'une tierce personne pour les actes de la vie quotidienne ou la surveillance), d'acquérir des moyens techniques (appareillages, matériels divers), d'aménager le logement ou encore le véhicule, d'accéder à des moyens de transports adaptés ; le recours à des aides animalières fait aussi partie des besoins pouvant être pris en compte. ❑

Art. L. 245-4 **L'élément de la prestation relevant du 1° de l'article L. 245-3 est accordé à toute personne handicapée soit lorsque son état nécessite l'aide effective d'une tierce personne pour les actes essentiels de l'existence ou requiert une surveillance régulière, soit lorsque l'exercice d'une activité professionnelle ou d'une fonction élective lui impose des frais supplémentaires.**

Le montant attribué à la personne handicapée est évalué en fonction du nombre d'heures de présence requis par sa situation et fixé en équivalent-temps plein, en tenant compte du coût réel de rémunération des aides humaines en application de la législation du travail et de la convention collective en vigueur.

COMMENTAIRE

Venant préciser la disposition qui précède, l'article L. 245-4 concerne les charges liées à un besoin d'aide humaine ; ce besoin est pris en compte soit parce que l'intervention d'une tierce personne est nécessitée par le handicap pour les actes essentiels de l'existence, soit parce que le demandeur a une activité professionnelle ou une fonction élective qui entraîne des frais supplémentaires. ❑

Art. L. 245-5 *(L. nº 2020-220 du 6 mars 2020, art. 3-1º)* **« I. — » Le service de la prestation de compensation peut être suspendu ou interrompu lorsqu'il est établi, au regard du plan personnalisé de compensation et dans des conditions fixées par décret, que son bénéficiaire n'a pas consacré cette prestation à la compensation des charges pour lesquelles elle lui a été attribuée. Il appartient, le cas échéant, au débiteur de la prestation d'intenter une action en recouvrement des sommes indûment utilisées.**

(L. nº 2020-220 du 6 mars 2020, art. 3-1º) **« II. — Le président du conseil départemental prend toutes mesures pour vérifier les déclarations des bénéficiaires et s'assurer de l'effectivité de l'utilisation de l'aide qu'ils reçoivent. Il peut mettre en œuvre un contrôle d'effectivité, portant sur une période de référence qui ne peut être inférieure à six mois, qui ne peut s'exercer que sur les sommes qui ont été effectivement versées. Toute réclamation dirigée contre une décision de récupération de l'indu a un caractère suspensif. »**

COMMENTAIRE

L'article L. 245-5 surenchérit sur la nature juridique de la prestation de compensation. Il s'agit bien d'une prestation en nature, c'est-à-dire d'une aide affectée à la couverture des besoins précisément définis dans le « plan personnalisé de compensation » qui a été avalisé par la commission des droits et de l'autonomie. Aussi, est-il logique que le versement de la prestation puisse être suspendu ou interrompu, voire que celle-ci soit recouvrée à terme, lorsque le bénéficiaire n'en utilise pas le montant conformément aux besoins pour lesquels la prise en charge a été retenue. ❑

Art. L. 245-6 **La prestation de compensation est accordée** *(L. nº 2020-220 du 6 mars 2020, art. 3-2º)* **« , pour une durée d'attribution unique et renouvelable, » sur la base de tarifs et de montants fixés par nature de dépense, dans la limite de taux de prise en charge qui peuvent varier selon les ressources du bénéficiaire.** *(L. nº 2005-1579 du 19 déc. 2005, art. 71)* **« Les montants maximums, les tarifs et les taux de prise en charge sont fixés par arrêtés du ministre chargé des personnes handicapées ». Les modalités et la durée d'attribution de cette prestation sont définies par décret.** *(L. nº 2020-220 du 6 mars 2020, art. 3-2º)* **« Lorsque le handicap n'est pas susceptible d'évoluer favorablement, un droit à la prestation de compensation du handicap est ouvert sans limitation de durée, sans préjudice des révisions du plan personnalisé de compensation qu'appellent les besoins de la personne. »**

Sont exclus des ressources retenues pour la détermination du taux de prise en charge mentionné à l'alinéa précédent :

– les revenus d'activité professionnelle de l'intéressé ;

– les indemnités temporaires, prestations et rentes viagères servies aux victimes d'accidents du travail ou à leurs ayants droit mentionnées au 8° de l'article 81 du code général des impôts ;

– les revenus de remplacement dont la liste est fixée par voie réglementaire ;

– les revenus d'activité du conjoint, du concubin, de la personne avec qui l'intéressé a conclu un pacte civil de solidarité, de l'aidant familial qui, vivant au foyer de l'intéressé, en assure l'aide effective, de ses parents même lorsque l'intéressé est domicilié chez eux ;

– les rentes viagères mentionnées au 2° du I de l'article 199 *septies* du code général des impôts, lorsqu'elles ont été constituées par la personne handicapée pour elle-même ou, en sa faveur, par ses parents *(Ord. n° 2020-232 du 11 mars 2020, art. 36)* **« ou la personne chargée à son égard d'une mesure de protection juridique avec représentation relative à la personne », ses grands-parents, ses frères et sœurs ou ses enfants ;** *— V. art. L. 531-7, pour l'application de cet al. à Saint-Pierre-et-Miquelon.*

– certaines prestations sociales à objet spécialisé dont la liste est fixée par voie réglementaire ;

(L. n° 2021-1549 du 1er déc. 2021, art. 15-I) **« – les primes liées aux performances versées par l'État aux sportifs de l'équipe de France médaillés aux jeux paralympiques. »**

L'Ord. n° 2020-232 du 11 mars 2020 n'est pas applicable en Nouvelle-Calédonie. Elle entre en vigueur à une date fixée par décret en Conseil d'État et au plus tard le 1er oct. 2020. Elle est applicable aux mesures de protection juridique en cours au jour de son entrée en vigueur et aux situations dans lesquelles aucune décision n'a été prise au jour de son entrée en vigueur (Ord. préc., art. 45 et 46, JO 12 mars).

COMMENTAIRE

La prestation de compensation est calculée pour chaque type de besoin pris en compte par le plan personnalisé de compensation. Pour les aides humaines, il faut se référer à l'alinéa 2 de l'article L. 245-4.

Dans l'article L. 245-6, deux types d'éléments sont à mettre en évidence : d'une part, selon la même logique que l'APA, le montant de prestation accordé correspond à la différence entre le montant des dépenses retenues et le montant des frais laissés à la charge du bénéficiaire. D'autre part, et justement pour le calcul de la contribution du bénéficiaire, la disposition définit la liste des ressources qui sont exclues du calcul (revenus d'activité de l'intéressé et de son conjoint, certaines prestations sociales à objet spécialisé, etc.). Au titre de ces exclusions qui concernent les revenus d'activité, les indemnités et revenus de remplacement, les revenus du conjoint, concubin ou partenaire du PACS et parents chergées de la personne handicapée, les rentes viagères et certaines prestations sociales, la loi de finances rectificative n° 2021-1549 pour 2021 du 1er décembre 2021 (art. 15-I) a ajouté les primes liées aux performances versées par l'État aux sportifs de l'équipe de France médaillés aux Jeux paralympiques. ❑

Art. L. 245-7 **L'attribution de la prestation de compensation n'est pas subordonnée à la mise en œuvre de l'obligation alimentaire définie par les articles 205 à 211 du code civil.**

Il n'est exercé aucun recours en récupération de cette prestation ni à l'encontre de la succession du bénéficiaire décédé, ni sur le légataire *(L. n° 2015-1776 du 28 déc. 2015, art. 83-III)* **« , le donataire ou le bénéficiaire d'un contrat d'assurance vie ».**

Les sommes versées au titre de cette prestation ne font pas l'objet d'un recouvrement à l'encontre du bénéficiaire lorsque celui-ci est revenu à meilleure fortune.

La prestation de compensation n'est pas prise en compte pour le calcul d'une pension alimentaire ou du montant d'une dette calculée en fonction des ressources.

COMMENTAIRE

Cet article L. 245-7 est évidemment très important, au regard tant des principes organisateurs de la politique en faveur des personnes handicapées que de ses incidences pratiques.

Sur le premier plan, on voit que la prestation de compensation échappe au droit commun de l'aide sociale puisque son caractère subsidiaire n'a été circonscrit qu'à divers avantages servis par la protection sociale (V. art. L. 245-1, « droit ouvert de même nature au titre d'un régime de sécurité sociale ») alors qu'en revanche, il ne joue plus à l'égard de l'obligation alimentaire du code civil, ni des actions en récupération à l'encontre du patrimoine du bénéficiaire (telles que définies dans le présent code aux articles L. 132-1 à L. 132-12 : retour à meilleure fortune, donation, succession, legs) ; il est à noter que la loi du 28 décembre 2015 relative à l'adaptation de la société au vieillissement (art. 83-III) a exclu aussi toute récupération à l'encontre du bénéficiaire d'une assurance vie ; à l'instar de ce qui a été prévu pour l'APA en matière de récupération sur succession, cela vise naturellement à garantir qu'il s'agisse d'un « droit à compensation » plein et entier et non d'un droit limité par son caractère subsidiaire. Dans ce champ de l'action publique, la solidarité nationale a bel et bien supplanté les solidarités familiales, en tout cas sur un terrain strictement matériel.

Sur le second plan – le plan concret –, la mise à l'écart du principe de subsidiarité revêt une double portée : d'une part, indéniablement, cela allège, pour les familles et les personnes handicapées, les coûts liés au handicap et leur garantit donc une protection de leur niveau de vie, gage d'intégration dans la société ; mais d'autre part, cela ne fait aussi qu'entériner les difficultés croissantes auxquelles se trouvent confrontées ces personnes et leurs familles pour assumer des coûts en augmentation constante, qui dépassent souvent les capacités financières de la plupart des ménages. ❑

Art. L. 245-8 **La prestation de compensation est incessible en tant qu'elle est versée directement au bénéficiaire et insaisissable, sauf pour le paiement des frais de compensation de la personne handicapée relevant** *(L. nº 2016-41 du 26 janv. 2016, art. 93-1º)* **« des 1º à 4º » de l'article L. 245-3. En cas de non-paiement** *(L. nº 2016-41 du 26 janv. 2016, art. 93-1º)* **« des frais relevant du 1º du même article », la personne physique ou morale ou l'organisme qui en assume la charge peut obtenir du président du conseil départemental que l'élément de la prestation relevant du** *(L. nº 2016-41 du 26 janv. 2016, art. 93-1º)* **« même 1º » lui soit versé directement.**

L'action du bénéficiaire pour le paiement de la prestation se prescrit par deux ans. Cette prescription est également applicable à l'action intentée par le président du conseil départemental en recouvrement des prestations indûment payées, sauf en cas de fraude ou de fausse déclaration.

(Abrogé par L. nº 2007-308 du 5 mars 2007, art. 32, à compter du 1er janv. 2009) ***« La tutelle aux prestations sociales prévue aux articles L. 167-1 à L. 167-5 du code de la sécurité sociale s'applique également à la prestation de compensation. »***

Art. L. 245-9 **Toute personne qui a obtenu le bénéfice d'une prestation de compensation avant l'âge mentionné à l'article L. 245-1 et qui remplit les conditions prévues à l'article L. 232-1 peut choisir, lorsqu'elle atteint cet âge et à chaque renouvellement de l'attribution de cette prestation, entre le maintien de celle-ci et le bénéfice de l'allocation personnalisée d'autonomie.**

Lorsque la personne qui atteint cet âge n'exprime aucun choix, il est présumé qu'elle souhaite continuer à bénéficier de la prestation de compensation.

COMMENTAIRE

Cet L. 245-9 article règle l'articulation entre la nouvelle prestation de compensation et l'allocation personnalisée à l'autonomie (art. L. 232-1 s.).

Implicitement, et cela est important, il faut lire que la prestation de compensation n'est pas cumulable avec l'APA, puisque la disposition indique qu'à compter de 60 ans et à chaque renouvellement de la prestation, le bénéficiaire peut choisir entre le maintien de cette dernière ou le bénéfice de l'APA. On aperçoit ici une des conséquences du choix fait en France de distinguer, alors même que souvent les situations concrètes ne le sont pas, entre « personne handicapée » et « personne âgée », chacune de ces catégories relevant d'une politique spécifique comportant notamment des prestations propres. ❑

Art. L. 245-10 *(Abrogé par L. nº 2016-1547 du 18 nov. 2016, art. 12-II et 114-I, à compter du 1er janv. 2019)* ***Les dispositions de l'article L. 134-3 sont applicables aux dépenses résultant du versement de la prestation prévue à l'article L. 245-1.***

Art. L. 245-11 **Les personnes handicapées hébergées ou accompagnées dans un établissement social ou médico-social ou hospitalisées dans un établissement de santé ont droit à la prestation de compensation. Un décret fixe les conditions de son attribution et précise, le cas échéant, en fonction de la situation de l'intéressé, la réduction qui peut lui être appliquée pendant la durée de l'hospitalisation, de l'accompagnement ou de l'hébergement, ou les modalités de sa suspension.**

Une personne handicapée hébergée dans un établissement social ou médico-social au moment où elle présente une demande de prestation de compensation a droit, sans avoir à justifier de son utilisation, au versement de cette prestation pendant sa période d'hébergement, à hauteur d'un montant correspondant, dans la limite des montants minimal et maximal fixés par arrêté ministériel, à 10 % du montant qui serait nécessaire à la prise en charge de son besoin d'aides humaines dans l'hypothèse d'une sortie temporaire de l'établissement ou d'un maintien à domicile. • CE 17 avr. 2013, n° 353638 B : *RDSS 2013. 558, obs. Dagorne-Labbé*.

Art. L. 245-12 **L'élément mentionné au 1° de l'article L. 245-3 peut être employé, selon le choix de la personne handicapée, à rémunérer directement un ou plusieurs salariés, notamment un membre de la famille dans les conditions prévues au deuxième alinéa du présent article, ou à rémunérer un service prestataire d'aide à domicile** *(Abrogé par L. n° 2015-1776 du 28 déc. 2015, art. 47-I-1°)* ***« agréé dans les conditions prévues à l'article L. 129-1 du code du travail »*****, ainsi qu'à dédommager un aidant familial qui n'a pas de lien de subordination avec la personne handicapée au sens du chapitre I du titre II du livre I du code du travail.** *(Abrogé par L. n° 2019-1446 du 24 déc. 2019, art. 14-I) (Ord. n° 2018-474 du 12 juin 2018, art. 9)* ***« Le dédommagement de l'aidant familial est pris en compte pour la détermination de l'assiette de la contribution définie à l'article L. 136-1 du code de la sécurité sociale au titre des revenus d'activité. »*** *— Les dispositions de l'art. 14 de la L. n° 2019-1446 du 24 déc. 2019 s'appliquent aux revenus perçus ou réalisés à compter du 1er janv. 2019 (L. préc., art. 14-IV).*

La personne handicapée remplissant des conditions fixées par décret peut employer un ou plusieurs membres de sa famille, y compris son conjoint, son concubin ou la personne avec qui elle a conclu un pacte civil de solidarité dans des conditions fixées par décret.

Lorsqu'elle choisit de rémunérer directement un ou plusieurs salariés, la personne handicapée peut désigner un organisme mandataire agréé dans les conditions prévues à l'article *(L. n° 2015-1776 du 28 déc. 2015, art. 47-I-1°)* **« L. 7232-1 » du code du travail ou un centre communal d'action sociale comme mandataire de l'élément mentionné au 1° de l'article L. 245-3 du présent code. L'organisme agréé assure, pour le compte du bénéficiaire, l'accomplissement des formalités administratives et des déclarations sociales liées à l'emploi de ses aides à domicile. La personne handicapée reste l'employeur légal.**

COMMENTAIRE

L'article L. 245-12 vient en complément de l'article L. 245-6 qui détermine les principes commandant le calcul du montant de la prestation. Il précise en effet les modalités concrètes que peuvent prendre les aides humaines : au choix de la personne handicapée, cette aide peut consister dans le recours à des salariés de services prestataires d'aide à domicile (à condition qu'ils soient autorisés en application de l'art. L. 313-1-1, la procédure d'agrément introduite par la L. n° 2005-841 du 26 juill. 2005 ayant été supprimée), ou encore à un aidant familial qui peut être dédommagé ; un décret doit venir préciser les conditions dans lesquelles un membre de la famille de la personne handicapée peut être dédommagé ou embauché. ❑

1. Âge de la personne handicapée et emploi d'un membre de sa famille. Il résulte des art. D. 245-8 CASF et 388 C. civ., d'une part, que la personne handicapée ou, si elle est mineure, celle qui en a la charge, peut utiliser pour partie le montant de la prestation de compensation pour salarier, sous certaines conditions, un membre de sa famille sauf son conjoint, son concubin, la personne avec laquelle elle a conclu un pacte civil de solidarité ou un de ses obligés alimentaires du premier degré, exception étant toutefois faite à cette règle pour la personne handicapée majeure ou émancipée, lorsque son état nécessite à la fois une aide totale pour la plupart des actes essentiels et une présence constante ou quasi-constante due à un besoin de soins ou d'aide pour les gestes de la vie quotidienne ; et, d'autre part, que le mineur est l'individu de l'un ou l'autre sexe qui n'a point encore l'âge de 18 ans accomplis ; par suite, viole les textes susvisés la Cour qui, pour rejeter le recours contre la décision excluant que les sommes attribuées au titre de l'élément lié à un besoin d'aide humaine de la prestation de compensation soient utilisées pour salarier la mère, a énoncé que le mot mineur devait être compris comme une personne n'ayant pas atteint l'âge de 20 ans, alors que l'intéressé, âgé de 19 ans à la date du dépôt de la demande, devait être considéré comme majeur. • Civ. 2e, 22 janv. 2015, n° 13-27.912 P : *RDSS 2015. 379, obs. Dagorne-Labbe ; RTD civ. 2015. 351, obs. Hauser.*

2. Dédommagement de l'aidant familial. Lorsqu'elle est affectée à une charge liée à un besoin d'aides humaines, y compris pour celles apportées par les aidants familiaux, la contrepartie monétaire attachée à la prestation de compensation du handicap bénéficie exclusivement à la tierce personne qu'elle dédommage ou rétribue : la personne physique ou morale qui assume la charge d'aider le bénéficiaire est en droit, en cas de non-paiement du montant de la prestation de compensation du handicap, d'obtenir du président du conseil départemental qu'elle lui soit versée directement ; dès lors, la prestation de compensation affectée au dédommagement de l'aidant familial, calculée sur la base d'un pourcentage du salaire minimum de croissance, doit être considérée comme une ressource de l'aidant, incluse dans le revenu de référence du foyer servant au calcul du préjudice économique des victimes indirectes. • Civ. 2e, 16 juin 2022, n° 20-20.270 P.

3. Identification de l'aidant familial. N'a pas méconnu les dispositions du CASF la cour d'appel qui, ayant relevé que la personne pour laquelle la qualité d'aidant familial était demandée, n'était ni conjoint, ni concubin, ni personne avec laquelle l'intéressée avait conclu un pacte civil de solidarité, ni ascendant, ni descendant ou collatéral jusqu'au 4e degré de l'intéressée, ni ascendant, ni descendant ou collatéral jusqu'au 4e degré de l'autre membre du couple, en a déduit que cette personne ne pouvait être reconnue comme aidant familial. • Civ. 2e, 5 janv. 2023, n° 21-15.702 B : *LPA, n° 4, 2023. 78, note Richevaux* • Civ. 2e, 26 janv. 2023, n° 21-18.653 B : *RDSS 2023. 363, obs. Dagorne-Labbe.*

Art. L. 245-13 **La prestation de compensation est versée mensuellement.**

Toutefois, lorsque *(Abrogé par L. n° 2020-220 du 6 mars 2020, art. 3-3°)* ***« la décision attributive de la prestation de compensation ouvre droit au bénéfice des éléments mentionnés aux 2°, 3°, 4° et 5° de l'article L. 245-3 et que »*** *(L. n° 2016-41 du 26 janv. 2016, art. 93-2°)* **« la prestation est versée directement au bénéficiaire »,** *(L. n° 2020-220 du 6 mars 2020, art. 3-3°)* **« la décision attributive de la prestation de compensation prévoit », à la demande de la personne handicapée ou de son représentant légal, que** *(L. n° 2020-220 du 6 mars 2020, art. 3-3°)* **« les éléments mentionnés à l'article L. 245-3 » donneront lieu à un ou plusieurs versements ponctuels.**

Ces versements ponctuels interviennent à l'initiative de la personne handicapée ou de son représentant légal. Un décret fixe les conditions dans lesquelles les demandes de versements ponctuels postérieures à la décision d'attribution visée à l'alinéa précédent font l'objet d'une instruction simplifiée.

Art. L. 245-14 **Sauf disposition contraire, les modalités d'application du présent chapitre sont déterminées par décret en Conseil d'État.** — *V. art. R. 245-1 à R. 245-72.*

CHAPITRE V *[ANCIEN]* ALLOCATION COMPENSATRICE

BIBL. ▶ BARTHET, Un exemple de dualisme juridictionnel : l'allocation compensatrice pour tierce personne, *RDSS 2002. 134.* – LEVY, Allocation compensatrice et personnes âgées, *RDSS 1987. 130.*

Les bénéficiaires de l'allocation compensatrice prévue au chapitre V ancien dans sa rédaction antérieure à la loi du 11 févr. 2005 (V. ci-dessus) en conservent le bénéfice tant qu'ils en remplissent les conditions d'attribution. Ils ne peuvent cumuler cette allocation avec la prestation de compensation.

Ils peuvent toutefois opter pour le bénéfice de la prestation de compensation, à chaque renouvellement de l'attribution de l'allocation compensatrice. Ce choix est alors définitif. Lorsque le bénéficiaire n'exprime aucun choix, il est présumé vouloir désormais bénéficier de la prestation de compensation.

Il n'est exercé aucun recours en récupération de l'allocation compensatrice pour tierce personne ni à l'encontre de la succession du bénéficiaire décédé, ni sur le légataire ou le donataire. Il est fait application des mêmes dispositions aux actions de récupération en cours à l'encontre de la succession du bénéficiaire décédé pour le remboursement des sommes versées au titre de l'allocation compensatrice pour tierce personne et aux décisions de justice concernant cette récupération, non devenues définitives à la date d'entrée en vigueur de la présente loi.

Les bénéficiaires de l'allocation compensatrice pour tierce personne (V. ci-dessus) conservent le bénéfice de l'exonération des cotisations sociales patronales pour l'emploi d'une aide à domicile prévue à l'art. L. 241-10 CSS dans sa rédaction antérieure à la publication de la présente loi, jusqu'au terme de la période pour laquelle cette allocation leur avait été attribuée, ou jusqu'à la date à laquelle ils bénéficient de la prestation de compensation prévue aux art. L. 245-1 et suivants du code de l'action sociale et des familles.

Jusqu'à la parution du décret fixant, en application de l'art. L. 245-1 les critères relatifs au handicap susceptibles d'ouvrir droit à la prestation de compensation, cette dernière est accordée à toute personne handicapée remplissant la condition d'âge prévue audit art. et présentant une incapacité permanente au moins égale au pourcentage fixé par le décret prévu au premier alinéa de l'art. L. 821-1 CSS.

Les bénéficiaires du complément d'allocation aux adultes handicapés prévu au titre II du livre VIII CSS dans sa rédaction antérieure à la publication de la loi du 11 févr. 2005 en conservent le bénéfice, dans les mêmes conditions, jusqu'au terme de la période pour laquelle l'allocation aux adultes handicapés au titre de laquelle ils perçoivent ce complément leur a été attribuée ou, lorsqu'ils ouvrent droit à la garantie de ressources pour les personnes handicapées ou à la majoration pour la vie autonome visées respectivement aux art. L. 821-1-1 et L. 821-1-2, jusqu'à la date à laquelle ils bénéficient de ces avantages (L. nº 2005-102 du 11 févr. 2005, art. 95).

Ancien art. L. 245-1 ***Une allocation compensatrice est accordée à tout handicapé dont l'âge est inférieur à un âge fixé par décret et qui ne bénéficie pas d'un avantage analogue au titre d'un régime de sécurité sociale lorsque son incapacité permanente est au moins égale au pourcentage fixé par le décret prévu à l'article L. 821-1 du code de la sécurité sociale, soit que son état nécessite l'aide effective d'une tierce personne pour les actes essentiels de l'existence, soit que l'exercice d'une activité professionnelle*** (L. nº 2002-276 du 27 févr. 2002, art. 88) ***« ou d'une fonction élective » lui impose des frais supplémentaires.*** – [L. nº 75-534 du 30 juin 1975, art. 39 (I) al. 1er.]

COMMENTAIRE

L'article L. 245-1 définit les conditions générales d'attribution de l'allocation compensatrice (AC).

L'AC, indique le texte, est accordée à « tout handicapé » : combinée avec l'article L. 111-1, cette disposition renvoie à une condition de résidence sur le territoire national, les étrangers devant cependant justifier, en application du droit commun, d'une résidence régulière.

S'agissant de l'âge du demandeur, un âge minimum est établi par le règlement d'application à 16 ans dès lors que la personne handicapée cesse de remplir les conditions requises pour ouvrir droit aux allocations familiales ; si elle perçoit l'allocation d'éducation spéciale (AES), elle ne peut bénéficier de l'allocation compensatrice. Jusqu'en 1997, il n'y avait pas de limite supérieure d'âge, ce qui entraînait alors une forme de détournement de cette allocation utilisée en fait pour compenser la situation de dépendance de nombre de personnes âgées ; l'institution de la prestation spécifique dépendance (PSD) par la loi nº 97-60 du 24 janvier 1997 devait mettre un terme à cet usage et permettre de réorienter l'allocation compensatrice vers les handicapés.

Il convient en outre que le demandeur « ne bénéficie pas d'un avantage analogue au titre d'un régime de sécurité sociale », ce qui recouvre en réalité l'allocation pour assistance d'une tierce personne servie en complément d'une rente accident du travail ou encore la majoration pour tierce personne (MTP) liée à une pension d'invalidité ou de vieillesse ; dans ces divers cas, si les avantages en question sont inférieurs au montant de l'AC, cette dernière fonctionne comme une allocation différentielle.

Naturellement, le taux d'incapacité est pris en compte et il s'agit du seuil de 80 % d'incapacité permanente fixé en application de l'article L. 821-1 du code de la sécurité sociale, ce qui reprend le seuil admis comme condition de l'ensemble des aides et prestations en faveur des personnes handicapées.

Enfin, et l'on aperçoit par là quelle est la finalité de l'allocation compensatrice, le demandeur doit se trouver dans un état de besoin, soit qu'il est dans une situation nécessitant l'aide constante d'une tierce personne pour les actes essentiels de l'existence, soit que, ayant une activité professionnelle ou encore (depuis la L. du 27 févr. 2002) une fonction élective, son handicap lui impose des frais supplémentaires pour les exercer. Il s'agit donc d'une prestation répondant aux caractères classiques de l'aide sociale, à savoir une prestation destinée à satisfaire un besoin spécifique (principe de spécialité) et proportionnée à ce besoin. La prise en compte des frais liés à l'exercice d'une activité professionnelle ou de responsabilités électives est la conséquence de la volonté d'aider à l'insertion sociale des handicapés, ce qui constitue un des principes directeurs de la législation les concernant. Cependant, si l'AC est massivement utilisée pour aider la personne dans sa vie quotidienne, son affectation au second type de besoin se révèle, en revanche, relativement rare.

I. NATURE DE L'ALLOCATION

1. *Prestation d'assistance dépourvue de caractère indemnitaire.* L'allocation compensatrice, qui n'est accordée que si le handicapé ne bénéficie pas d'un avantage analogue au titre d'un régime de sécurité sociale, n'a qu'un caractère subsidiaire ; subordonnée à un plafond de ressources, elle constitue une prestation d'assistance dépourvue de caractère indemnitaire et doit être regardée comme une simple allocation de subsistance ayant pour objet de garantir un minimum de ressources aux personnes handicapées ; par suite, elle ne peut ouvrir droit à une action en remboursement contre l'auteur de l'accident. • Civ. 2e, 19 janv. 1994, n° 92-13.705 P : *D. 1994. 461, note Dagorne-Labbe* • Soc. 16 nov. 1995, n° 93-17.284 P : *JCP 1996. II. 22706, note Dagorne-Labbe* • 23 nov. 1995, n° 92-14.887 P : *JCP 1996. 22706, note Dagorne-Labbe.* ♦ L'allocation compensatrice attribuée au titre de la tierce personne constituant une prestation d'assistance dépourvue de caractère indemnitaire, viole les textes une Cour d'appel qui, pour évaluer le montant des sommes allouées à la victime d'une tentative d'assassinat, a déduit le montant de l'allocation compensatrice attribuée à cette dernière au titre de la tierce personne. • Civ. 2e, 5 juill. 2006, n° 05-16.122 P.

2. *Affectation de l'allocation.* Dans la mesure où il sollicite en réalité, au travers de ses demandes d'allocation compensatrice pour tierce personne, des moyens financiers pour l'aménagement d'une salle de bains, il appartient au requérant de saisir la juridiction du contentieux technique de la sécurité sociale et non la commission départementale d'aide sociale et de se rapprocher – compte tenu de ce que seule la prestation de compensation du handicap et non l'allocation compensatrice est susceptible de prendre en compte des frais d'aménagement de la nature de ceux qu'il invoque – de la Maison départementale des personnes handicapées afin qu'il soit procédé à l'étude globale de ses droits. • Comm. centr. aide soc. 9 juin 2008, dossier n° 070878 : *CJAS n° 2008/4.*

II. CONDITIONS D'ATTRIBUTION

A. CONDITION RELATIVE À LA NATIONALITÉ ET À LA RÉSIDENCE

3. *Régularité de la résidence pour les étrangers.* En tant que prestation d'aide sociale, l'AC peut être versée à toute personne résidant en France sous réserve que les autres conditions d'attribution soient satisfaites ; si les étrangers doivent justifier, à l'instar des nationaux, d'une résidence sur le sol français, cette résidence est cependant soumise à une condition de régularité. • Comm. centr. aide soc. 28 févr. 2000 : *CJAS n° 2000/02-03, p. 147* • 18 avr. 2000 : *CJAS n° 2000/02-03, p. 139.*

4. *Durée de résidence.* Aucune condition de durée de résidence n'est exigée pour les étrangers justifiant d'un titre de séjour régulier en France. • Comm. centr. aide soc. 14 sept. 2000 : *CJAS n° 2001/07, p. 157.*

5. *Lieu de résidence.* La condition de résidence en France prévue par l'art. L. 111-1 du CASF pour l'ensemble des prestations d'aide sociale au nombre desquelles est l'allocation compensatrice n'est assortie d'aucune exception pour tenir compte de circonstances exceptionnelles ou particulières telle celle dont se prévaut l'intéressée s'agissant d'un placement en maison de retraite en Belgique à deux kilomètres du domicile en France, alors que le manque de places dans des structures proches du domicile en France n'est pas contesté • Comm. centr. aide soc. 10 juin 2008, dossier n° 070883 : *CJAS n° 2008/4.*

B. NOTION D'AVANTAGE ANALOGUE

6. *Cumul interdit.* Pour prétendre à l'allocation compensatrice, la personne handicapée ne doit pas bénéficier d'un avantage analogue ayant le même objet servi au titre d'un régime de sécurité sociale ; ce qui interdit notamment le cumul avec l'allocation pour assistance d'une tierce personne en complément d'une rente accident du travail. • Comm. centr. aide soc. 19 avr. 1985, *Dpt Corse Sud : EJCCAS n° 46-2, p. 1.* ♦ ... Ou avec la majoration pour tierce personne (MTP) d'une pension d'invalidité ou de vieillesse. • Comm. centr. aide soc. 22 avr. 1988, *Dpt Haute-Garonne : RF aff. soc. 1988, cah. jur. n° 2, p. 39.* ♦ Lorsque l'AC est d'un montant supérieur à celui de la MTP, elle peut être versée pour la somme correspondant à leur différence. • Comm. centr. aide soc. 16 déc. 1988, *Dpt Ille-et-Vilaine : RF aff. soc. 1988, cah. jur. n° 4, p. 34.*

7. *Cumul autorisé.* En revanche, le cumul est autorisé avec une indemnité versée par une compagnie d'assurance. • Comm. centr. aide soc. 30 nov. 1984 : *RDSS 1985. 563* • 12 mars 2002 : *CJAS n° 2002/03, p. 137.* ♦ ... Ou accordée par un tribunal • Comm. centr. aide soc. 18 janv. 1985 : *RF aff. soc. 1985, n° 4, p. 56* • CE 7 oct. 1988, *Dpt Nord,* n° 68675 : *EJCCAS n° 46-2, p. 12* ♦ ... Avec une rente attribuée à la victime d'un accident et mise à la charge du responsable de celui-ci par une décision judiciaire. • Comm. centr. aide soc. 31 mai 1985, *Dpt Morbihan : EJCCAS n° 46-2, p. 3* • 22 avr. 1988, *Dpt Gironde : EJCCAS n° 46-2, p. 11.* ♦ ... Avec l'allocation représentative de services ménagers • Comm. centr. aide soc. 11 avr. 1988 : *RF aff.*

soc. 1988, cah. jur. n° 2, p. 40. ♦ ... Avec les rentes pour accident du travail et maladies professionnelles dès lors qu'elles ne comportent pas la majoration spéciale pour tierce personne. • Comm. centr. aide soc. 16 janv. 1991, *Dpt Haute-Vienne : EJCCAS n° 46-2, p. 17* • CE 16 juin 1995, *Duvernois,* n° 100278 B : *EJCCAS n° 46-2, p. 25 : JDJ n° 149, 1995. 32 ; RDSS 1996. 79, obs. Ligneau*. ♦ ... Avec les droits éventuellement conférés à une personne handicapée par une convention de droit privé. • Comm. centr. aide soc. 20 nov. 1987, *Dpt Charente-Maritime : EJCCAS n° 46-2, p. 5.*

C. RECOURS À L'AIDE EFFECTIVE D'UNE TIERCE PERSONNE

8. Origine de l'aide. Aucun texte n'impose que l'aide soit apportée par une personne rémunérée ou par un service d'aide à domicile : il faut et il suffit qu'elle soit effective • Comm. centr. aide soc. 11 janv. 1991, *Dpt Tarn-et-Garonne : EJCCAS n° 46-3, p. 7.* ♦ La circonstance que la COTOREP ait accordé l'AC pour rémunérer une tierce personne n'autorise le président du conseil général ni à refuser le versement de l'AC (lorsque le taux de celle-ci est inférieur à 80 %) au motif que l'aide apportée à l'allocataire l'était par ses parents qui assumaient ainsi la fonction de tierce personne ni à réduire le montant de l'AC (lorsque le taux est de 80 %) au motif que la rémunération de la tierce personne serait inférieure au montant de l'allocation due. • Comm. centr. aide soc. 21 août 2000 (2 esp.) : *CJAS n° 2000/06, p. 113 ; RDSS 2001. 158, concl. Dessaint*.

9. Situation du conjoint du postulant. Doit être annulé le refus d'accorder l'AC au motif que le conjoint du postulant bénéficie déjà de l'aide d'une tierce personne. • Comm. centr. aide soc. 9 nov. 1990, *Dpt Isère : EJCCAS n° 46-3, p. 6.*

10. Degré d'autonomie. S'il apparaît que, tout en étant affectée d'un taux d'incapacité de 80 %, une personne jouit néanmoins d'un degré d'autonomie suffisant pour accomplir les actes essentiels de la vie courante, il n'y a alors pas lieu de lui accorder l'AC. • Soc. 18 janv. 1996, n° 93-20.518 P • 17 juin 1999 : *RDSS 2000. 190, chron. Bocquillon et Kessler*. ♦ Ne justifie pas le renouvellement de l'AC à un taux compris entre 40 et 70 % de la majoration accordée aux invalides du troisième groupe, le handicapé dont l'autonomie est pratiquement totale, qui peut notamment faire l'essentiel de sa toilette et dont l'état ne nécessite pas l'assistance d'une tierce personne pour accomplir les actes essentiels de la vie. • Soc. 21 juin 1989, n° 87-12.445 P.

11. Manque à gagner du conjoint. Une personne handicapée dont l'état nécessite l'aide d'une tierce personne pour la plupart des actes essentiels de l'existence peut prétendre à l'AC au taux de 40 % alors même que son épouse, qui lui apporte cette aide, ne subit pas un manque à gagner de ce fait. • CE 16 juin 1995, *M. D.,* n° 100278 : *préc. note 6.* ♦ Il résulte de l'art. 4 du décret n° 77-1549 du 31 déc. 1977 que l'AC accordée à un taux inférieur à 80 % doit être versée alors même que l'aide de la tierce personne est apportée à son bénéficiaire par un membre de son entourage non rémunéré ne subissant pas un manque à gagner. • Comm. centr. aide soc. 22 déc. 2000 : *CJAS n° 2001/08, p. 269.*

12. Preuve d'un manque à gagner. Aucune disposition législative ou réglementaire n'impose à la personne bénéficiaire de l'AC à un taux de 70 % de produire de copies de bulletins de salaires, de copies de factures ou de justificatifs de manque à gagner subi par la tierce personne ou que l'aide qui lui est apportée le soit par une personne extérieure à la famille et rémunérée. • Comm. centr. aide soc. 28 juin 2000 : *CJAS n° 2000/06, p. 133.*

D. EXERCICE D'UNE ACTIVITÉ PROFESSIONNELLE

13. Nature des frais pouvant être pris en charge. L'AC pour frais professionnels peut être accordée pour couvrir les dépenses d'achat et d'entretien d'un équipement informatique. • Comm. centr. aide soc. 2 juill. 2002 : *CJAS n° 2002/05, p. 145.* ♦ ... Ou pour couvrir des frais exceptionnels d'aménagement du véhicule procédant de son handicap pour une somme forfaitaire. • Comm. centr. aide soc. 28 avr. 2000 : *CJAS n° 2000/02-03, p. 149.* ♦ ... Ou pour couvrir des frais de transport entre le domicile et le lieu de travail dès lors que le service spécial de transport des personnes à mobilité réduite ne dessert pas la commune dans laquelle il demeure. • Comm. centr. aide soc. 21 août 2000 : *CJAS n° 2000/06, p. 117.* ♦ ... Ou pour couvrir l'achat de piles indispensables au fonctionnement des prothèses auditives permettant à l'intéressé de travailler • Comm. centr. aide soc. 26 sept. 2000 : *CJAS n° 2001/07, p. 165.*

14. Pouvoir d'appréciation de la COTOREP. Il résulte, de la combinaison des art. 7, 13 et 14 du Décr. n° 77-1549 du 31 déc. 1977, qu'il n'appartient pas au président du conseil général de substituer son appréciation à celle portée par la COTOREP sur l'importance des frais supplémentaires imposés par l'exercice d'une activité professionnelle. • Comm. centr. aide soc. 26 sept. 2000 : *CJAS n° 2001/07, p. 165.*

E. MODALITÉS D'ATTRIBUTION

15. Compétence liée du président du conseil général. L'avis technique de la COTOREP, à laquelle il incombe notamment de se prononcer sur le taux d'invalidité, la nécessité d'une tierce personne, l'importance des frais supplémentaires imposés par l'exercice d'une activité professionnelle et de fixer le taux de l'allocation et éventuellement sa durée lie le président du conseil général ; celui-ci ne peut donc modifier le point de départ de l'allocation fixé par la COTOREP. • Comm. centr. aide soc. 15 janv. 1992, *Dpt Lot-et-Garonne :*

EJCCAS n° 46-1, p. 4. ♦ … Ou substituer son appréciation à celle de la COTOREP concernant la nécessité de l'aide accordée par une tierce personne. • CE 10 nov. 1999, *Dpt Rhône*, n° 200057 : *Lebon 347* ; *JCP 2000. II. 10407, note Dagorne-Labbe ; RDSS 2000. 404, obs. Ligneau* • Comm. centr. aide soc. 14 sept. 2000 : *CJAS n° 01/07, p. 165.*

16. Incompétence des commissions d'aide sociale. Les commissions d'aide sociale n'ont aucune compétence pour modifier le taux de l'allocation fixé par la commission régionale d'invalidité. • Comm. centr. aide soc. 24 oct. 1986, *Dpt Aveyron : EJCCAS n° 46-1, p. 2.* ♦ … Ou pour modifier le point de départ de l'allocation fixé par la COTOREP. • Comm. centr. aide soc. 14 sept. 1990, *Dpt Creuse : EJCCAS n° 46-1, p. 1.* ♦ … Ou pour rejeter une demande d'allocation au motif que le demandeur bénéficiait par ailleurs de l'intervention d'une aide ménagère et de soins infirmiers. • Comm. centr. aide soc. 2 févr. 1990, *Dpt Seine-et-Marne : EJCCAS n° 46-2, p. 15.*

17. Effets de la subsidiarité de l'aide sociale. Le caractère subsidiaire de l'aide sociale ne permet ni à l'administration ni au juge de subordonner l'attribution de l'allocation à la mise en œuvre préalable d'autres droits certains ou éventuels dont celui-ci pourrait se prévaloir. • Comm. centr. aide soc. 27 mai 1988, *Dpt Haute-Garonne : EJCCAS n° 46-2, p. 10* • 2 févr. 1990, *Dpt Haute-Garonne : EJCCAS n° 46-2, p. 7.*

18. Recours contre les décisions des COTOREP. En application de l'art. 14 de la loi du 30 juin 1975, les recours contre les décisions des COTOREP relatives à l'allocation compensatrice doivent être portés devant les juridictions du contentieux technique de la sécurité sociale. • Comm. centr. aide soc. 25 nov. 1992, *Dpt Sarthe : EJCCAS n° 46-1, p. 3.*

Ancien art. L. 245-2 ***Le montant de cette allocation est fixé par référence aux majorations accordées aux invalides du troisième groupe prévu à l'article L. 341-4 du code de la sécurité sociale et varie dans des conditions fixées par décret en fonction soit de la nature et de la permanence de l'aide nécessaire, soit de l'importance des frais supplémentaires exposés.*** — [L. n° 75-534 du 30 juin 1975, art. 39 (I), al. 2.]

V. art. R. 245-3 à R. 245-6.

COMMENTAIRE

Le montant de l'AC est calculé sur la base de la majoration pour tierce personne (MTP) de l'assurance invalidité et de l'assurance vieillesse qui figure au rang des dispositions communes à ces deux types d'assurance (CSS, art. R. 171-2).

Cette majoration est prévue en fonction du classement établi par l'article L. 341-4 du code de la sécurité sociale qui distingue trois groupes d'invalides : les invalides capables d'exercer une activité rémunérée, les invalides absolument incapables d'exercer une profession quelconque, les invalides qui, étant absolument incapables d'exercer une profession, sont en outre dans l'obligation d'avoir recours à l'assistance d'une tierce personne pour effectuer les actes ordinaires de la vie. C'est naturellement par assimilation à ce troisième groupe que les handicapés se trouvant eux aussi dans la situation ainsi définie peuvent bénéficier de l'AC. La seule différence dans la nature de ces deux prestations (MTP et AC) réside donc dans le fait que l'allocation compensatrice élargit le champ des besoins pris en compte en intégrant les « frais supplémentaires » liés à une activité professionnelle ou à l'exercice de responsabilités électives.

L'AC voit son montant varier selon les cas entre 40 % et 80 % du montant de la MTP. S'agissant tout d'abord de l'aide d'une tierce personne, l'AC atteint le taux maximum lorsque le handicapé nécessite cette aide pour la plupart des actes essentiels de l'existence ; elle est modulée entre 40 et 70 % dans les cas où l'aide n'est nécessaire que pour un ou plusieurs actes essentiels de l'existence ; lorsqu'elle est à domicile, l'aide peut être apportée soit par des personnes rémunérées, soit par l'entourage qui subit de ce fait un manque à gagner que l'allocation vient compenser. S'agissant ensuite des frais complémentaires liés à l'activité professionnelle ou à une responsabilité élective, l'AC est accordée dans la limite de 80 % de la MTP ; sont considérés comme frais supplémentaires les frais de toute nature dès lors qu'ils ne seraient pas à supporter par un travailleur valide exerçant la même activité. ❑

1. Attribution au taux de 80 %. Il résulte de l'art. 3 du Décr. n° 77-1549 du 31 déc. 1977 que le bénéfice de l'AC au taux de 80 % de la majoration accordée aux invalides du troisième groupe est attribué à la personne handicapée dont l'état nécessite l'aide d'une tierce personne pour la plupart des actes essentiels de la vie et qui justifie que cette aide ne peut lui être apportée, compte tenu des conditions où elle vit, que par une personne rémunérée ou par une personne de son entourage subissant, de ce fait, un manque à gagner. Par suite, les conditions d'octroi de la majoration au taux de 80 % ne sont pas remplies lorsque l'infirmité présentée par l'intéressé est incompatible avec certains de ces actes seulement. • Soc. 21 juin 1989, n° 87-11.132 P. ♦ En revanche, manque de base légale la décision de la Cour nationale de l'incapacité qui n'a pas recherché, comme cela lui était demandé, si, dès lors qu'elle était aidée par une personne de son entourage subissant de ce fait un manque à gagner, la personne handicapée ne justifiait pas que lui soit attribuée une allocation complémentaire de 80 % de la majoration accordée aux invalides du troisième groupe. • Soc. 24 janv. 2002, ♁ n° 00-15.662 P : *LPA n° 187, 2002. 11, note Dagorne-Labbe.*

2. Allocation à un taux compris entre 40 % et 70 %. Il résulte de l'art. 4 du décr. n° 77-1549 du 31 déc. 1977 que le bénéfice de l'allocation compensatrice à un taux compris entre 40 % et 70 % de la majoration accordée aux invalides du troisième groupe est alloué à la personne handicapée dont l'état nécessite l'aide d'une tierce personne pour seulement un ou plusieurs actes essentiels de l'existence, ou pour la plupart de ces actes mais sans que cela entraîne pour la ou les personnes qui lui apportent cette aide un manque à gagner appréciable ou que cela justifie son admission dans un établissement d'hébergement. Par suite, ne constituent pas un acte essentiel pour l'existence de la personne au sens de ce texte les difficultés rencontrées par une invalide en raison de son handicap pour s'occuper de ses enfants ou pour s'occuper seule de l'entretien de son domicile. • Soc. 30 nov. 1989, ♁ n° 87-10.713 • 30 nov. 1989 (2 esp.), ♁ n° 85-18.376 P.

3. Conditions d'attribution différentes entre la majoration et l'allocation. Les conditions d'octroi de la majoration accordée aux invalides du troisième groupe, qui exigent l'impossibilité d'accomplir l'ensemble des actes de la vie courante, sont différentes de celles requises pour l'attribution de l'allocation compensatrice à un taux compris entre 40 et 70 % de cette majoration, ladite allocation pouvant être allouée en cas d'incapacité de réaliser seulement un acte essentiel de l'existence. • Soc. 19 févr. 1986, ♁ n° 84-12.469 P.

4. Personnes atteintes de cécité. L'art. 6 du décr. n° 77-1549 du 31 déc. 1977 disposant que les personnes atteintes de cécité sont considérées comme remplissant les conditions qui permettent l'attribution et le maintien de l'AC au taux de 80 % s'impose à l'administration comme aux juridictions d'aide sociale ; par suite, il leur interdit d'ajouter quelque condition supplémentaire que ce soit en dehors des conditions de ressources et, en particulier, d'imposer à la personne handicapée l'obligation d'apporter la preuve de son besoin de tierce personne ou de l'effectivité de l'aide apportée par celle-ci. • Comm. centr. aide soc. 23 mars 1990, *Dpt Isère : EJCCAS n° 46-3, p. 4* • CE 31 mars 1995, ♁ *Dpt Isère,* n° 120374 : *Lebon 148* ✎ ; *EJCCAS n° 46-3, p. 13.* ♦ ... Ou encore d'arguer de ce que la donation-partage réalisée par l'intéressé au profit de ses enfants est assortie d'une clause d'entretien. • Comm. centr. aide soc. 15 janv. 1992, *Dpt Aveyron : EJCCAS n° 46-4, p. 14.* ♦ Une personne handicapée qui, en raison d'une adaptation à sa cécité, jouit d'une autonomie devenue totale, peut être transférée de la troisième à la deuxième catégorie des invalides. • Soc. 9 nov. 1988, ♁ n° 86-15.769 P : *RJS 1989, n° 88.*

Ancien art. L. 245-3 (L. n° 2001-647 du 20 juill. 2001, art. 3) ***Toute personne qui a obtenu le bénéfice de l'allocation compensatrice avant l'âge mentionné à l'article L. 245-1 et qui remplit les conditions prévues par l'article L. 232-2 peut choisir, dans des conditions fixées par décret, lorsqu'elle atteint cet âge et à chaque renouvellement de l'attribution de cette allocation, le maintien de celle-ci ou le bénéfice de l'allocation personnalisée d'autonomie.***

COMMENTAIRE

Cette disposition prend en compte les effets potentiellement défavorables entraînés, pour certains bénéficiaires de l'AC, par la création d'abord de la prestation spécifique dépendance, ensuite de l'allocation personnalisée d'autonomie.

Dans la mesure où, avant 2001, année de l'institution de l'allocation personnalisée d'autonomie, certaines personnes âgées bénéficiaient (malgré la PSD) de l'AC alors qu'elles avaient atteint l'âge de 60 ans, il a paru opportun de permettre qu'elles continuent à en bénéficier (cette allocation pouvant se révéler le cas échéant plus avantageuse). C'est dire que toute personne bénéficiaire de l'AC dont le droit a été ouvert avant l'âge de 60 ans peut continuer à la percevoir après cet âge bien qu'elle ait alors vocation à bénéficier de l'allocation personnalisée d'autonomie. Il s'agit d'un choix qui lui est ouvert à chaque renouvellement de l'AC. ❑

Ancien art. L. 245-4 ***Toute personne qui a obtenu le bénéfice de l'allocation compensatrice après avoir atteint l'âge mentionné à l'article L. 245-1 et avant la date d'entrée en application de la loi n° 97-60 du 24 janvier 1997 et qui remplit les conditions prévues par l'article L. 232-1 peut choisir, dans des conditions fixées par décret, de bénéficier du maintien de l'allocation compensatrice jusqu'au terme de la période pour laquelle elle a été attribuée. Deux mois avant le terme de la période susmentionnée, le président du conseil général examine, dans les conditions fixées par le chapitre II du titre III du présent livre, si cette personne peut bénéficier de la prestation spécifique dépendance. Pour la personne mentionnée au présent article qui opte en faveur du maintien de l'allocation compensatrice, le contrôle d'effectivité de l'aide s'effectue***

dans les mêmes conditions que pour celui mis en œuvre dans le cadre de la prestation spécifique dépendance mentionnée à l'article L. 232-1. – [L. n° 75-534 du 30 juin 1975, art. 39 (I), al. 4.]

COMMENTAIRE

L'article L. 245-4 est issu de la loi n° 97-60 du 24 janvier 1997 créant la prestation spécifique dépendance (PSD). Il aménage la possibilité pour les personnes ayant obtenu le bénéfice de l'AC après l'âge de 60 ans et remplissant à cette date les conditions pour bénéficier de la PSD, de continuer à percevoir l'AC pendant un certain délai, en l'occurrence jusqu'au terme de la période pour laquelle l'AC a été attribuée.

Faisant toujours référence à la PSD en dépit de la création de l'allocation personnalisée d'autonomie par la loi du 20 juillet 2001 (ainsi dispose-t-il notamment que le président du conseil général examine, au terme de ladite période, si l'intéressé peut bénéficier de la PSD…), cet article mériterait à l'évidence d'être sérieusement remanié et réactualisé. ❑

1. Conditions du contrôle de l'aide et entrée en vigueur de la loi du 24 janv. 1997. La soumission des titulaires de l'AC aux mêmes modalités de contrôle de l'effectivité de l'aide que celles de la prestation spécifique dépendance ne peut être opposée lorsque les décisions attaquées sont antérieures à l'entrée en vigueur de la loi du 24 janv. 1997 et jusqu'à la fin de la période pour laquelle lesdites décisions ont été prises. • Comm. centr. aide soc. 28 avr. 2000 : *CJAS n° 2000/05, p. 171.*

2. Intervention nécessaire de l'équipe médico-sociale. La suspension de l'allocation compensatrice, dont une personne handicapée, quelle que soit la nature de son handicap, a obtenu le maintien en application des dispositions de l'art. 39 de la loi du 30 juin 1975, doit être obligatoirement précédée de l'intervention de l'équipe médico-sociale chargée du contrôle de l'effectivité de l'aide, même dans le cas où cette personne ne justifie d'aucune dépense particulière relative à l'aide d'une tierce personne. • CE 28 mai 2003, *Dpt Loiret,* n° 235300 B : *CJAS n° 2003/04, p. 99; BJCL n° 8, 2003, p. 575, concl. Fombeur.*

Ancien art. L. 245-5 ***L'attribution de l'allocation compensatrice n'est pas subordonnée à la mise en œuvre de l'obligation alimentaire définie par les articles 205 à 211 du code civil.***

COMMENTAIRE

Cet article a été rédigé et introduit dans le dispositif légal à la faveur de la nouvelle codification.

Cette disposition, qui prévoit la mise à l'écart de l'obligation alimentaire, doit se saisir ici comme la conséquence directe et logique de l'affirmation énoncée par la loi n° 75-534 du 30 juin 1975 d'orientation en faveur des personnes handicapées : celle selon laquelle l'aide aux handicapés ainsi que leur insertion sociale et professionnelle correspondent à une stricte « obligation nationale ». ❑

Ancien art. L. 245-6 ***Les dispositions des articles L. 821-3 et L. 821-4 du code de la sécurité sociale reproduits à l'article L. 244-1 du présent code sont applicables à l'allocation prévue à l'article L. 245-1, le plafond de ressources étant augmenté du montant de l'allocation accordée. Toutefois, les ressources provenant de son travail ne sont prises en compte que partiellement pour le calcul des ressources de l'intéressé. Il n'est exercé aucun recours en récupération de l'allocation compensatrice à l'encontre de la succession du bénéficiaire décédé lorsque ses héritiers sont son conjoint, ses enfants ou la personne qui a assumé, de façon effective et constante, la charge du handicapé.*** (L. n° 2002-73 du 17 janv. 2002, art. 54) ***« Les sommes versées au titre de l'allocation compensatrice ne font pas l'objet d'un recouvrement à l'encontre du bénéficiaire lorsque celui-ci est revenu à meilleure fortune. »*** – [L. n° 75-534 du 30 juin 1975, art. 39 (II).]

COMMENTAIRE

Le bénéfice de l'allocation compensatrice est conditionné par les ressources du bénéficiaire, ces dernières ne devant pas être supérieures à un plafond. En l'occurrence, ce plafond est le même que celui en vigueur pour l'AAH (art. L. 244-1), auquel s'ajoute cependant le montant de l'allocation accordée. De même, en ce qui concerne le calcul des ressources à prendre en compte, c'est le régime de l'AAH qui s'applique, tel que celui-ci est organisé sur le fondement de l'article L. 821-3 du code de la sécurité sociale.

En prolongement de l'article L. 245-5 qui écarte l'obligation alimentaire, l'article L. 245-6 soustrait partiellement l'allocation compensatrice au régime de droit commun de l'aide sociale en écartant dans certains cas les récupérations sur succession (art. L. 132-8) : en effet, précisant un principe énoncé déjà à l'article L. 241-4, il dispose que la procédure de récupération ne peut être engagée à l'encontre de l'héritier lorsqu'il s'agit du conjoint, des enfants ou de la personne qui a assumé la charge du handicapé de façon effective et constante. On notera enfin que la loi du 17 janvier 2002 a contribué récemment à assouplir le régime des récupérations puisque le recouvrement des sommes ne peut plus, désormais, s'effectuer à l'encontre du bénéficiaire revenu à meilleure fortune. ❑

I. PLAFOND DE RESSOURCES

1. *Revenu à prendre en compte.* Les ressources du demandeur étant appréciées comme pour l'octroi de l'AAH, le revenu à prendre en compte est le revenu net fiscal et sont donc exclus les mêmes revenus ; cette disposition impérative s'impose au juge comme à l'administration. • Comm. centr. aide soc. 5 févr. 1996, *Dpt Aude : EJCCAS n° 46-5, p. 3.*

2. *Revenus non pris en compte.* Il n'est pas tenu compte des créances alimentaires • Comm. centr. aide soc. 16 févr. 1989, *Dpt Dordogne : EJCCAS n° 46-3, p. 1.* ♦ ... Ni des biens, droits ou créances non productifs ou non constitutifs de revenus imposables. • Comm. centr. aide soc. 31 mai 1985, *Dpt Morbihan : EJCCAS n° 46-2, p. 3* • 5 févr. 1996, *Dpt Aude : préc. note 1.* ♦ ... Ni d'une clause d'entretien d'un parent par un enfant figurant dans un acte de donation fait à ce dernier. • Comm. centr. aide soc. 27 mai 1988, *Dpt Gironde : EJCCAS n° 46-4, p. 7* • CE 10 janv. 1996, *Dpt Aude,* n° 162939 : *EJCCAS n° 46-5, p. 5* • Comm. centr. aide soc. 6 déc. 2001 : *CJAS n° 2002/01, p. 97.* ♦ La rente attribuée à la victime d'un accident et mise à la charge du responsable de celui-ci par une décision judiciaire ne constituant pas un revenu imposable, elle ne saurait, par suite, être prise en compte dans le calcul des ressources du demandeur. • Comm. centr. aide soc. 31 mai 1985, *Dpt Morbihan : EJCCAS n° 46-2, p. 3.*

3. *Appréciation du train de vie.* Aucune disposition législative ou réglementaire n'autorise à faire entrer au nombre des éléments à prendre en compte pour le calcul des ressources une appréciation sur le train de vie du demandeur, qui pourrait paraître discordant au vu des ressources figurant sur l'avis d'imposition produit à l'appui de la demande. • Comm. centr. aide soc. 12 oct. 2001 : *CJAS n° 2002/01, p. 93 ; RDSS 2003. 90, obs. Ligneau* ✎.

4. *Cas d'une tierce personne de même sexe vivant en concubinage.* Lorsque la personne handicapée est assistée par une tierce personne de même sexe avec laquelle elle vit en concubinage, seules ses ressources sont prises en compte à l'exclusion de celles de son partenaire. • Comm. centr. aide soc. 22 déc. 2000 : *CJAS n° 01/08, p. 245 ; RDSS 2001. 617, chron. Bocquillon et Kessler* ✎.

5. *Détermination des ressources partiellement prises en compte.* Les ressources qui ne sont que partiellement prises en compte pour le calcul des revenus du demandeur sont celles qui proviennent d'un travail effectivement accompli par la personne handicapée : n'entrent donc pas dans le champ d'application de cette mesure les ressources provenant d'un revenu de remplacement à l'instar, par exemple, de celles qui, versées dans le cadre d'une convention d'allocations spéciales du Fonds national de l'emploi, ont le caractère d'une indemnité de préretraite. • CE 17 déc. 1999, *De Negri,* n° 198476 : *CJAS n° 2000/04, p. 43 ; RDSS 2000. 565, obs. Ligneau* ✎. ♦ ... Ou de celles provenant d'une pension de retraite. • Comm. centr. aide soc. 29 sept. 1993, *Dpt Paris : EJCCAS n° 46-4, p. 12.* ♦ ... Ou de celles provenant d'indemnités de perte d'emploi versées par les ASSEDIC. • Comm. centr. aide soc. 5 déc. 2001 : *CJAS n° 2002/01, p. 87.* ♦ Il en va de même des indemnités journalières versées à la victime d'un accident du travail ou d'une maladie professionnelle pendant la période d'incapacité temporaire durant laquelle elle a été obligée d'interrompre son travail. • CE 2 juill. 1997, *Bissey,* n° 161207 : *Lebon 274* ✎. ♦ Rappr. • Civ. 2e, 4 mai 1966, n° 63-11.534 P.

6. *Abattement sur les ressources provenant du travail.* Lorsque les deux membres d'un couple sont handicapés et peuvent prétendre l'un et l'autre au bénéfice de l'AC, le montant de l'abattement sur les ressources provenant du travail ne peut porter que sur les seules ressources du demandeur qui exerce une activité professionnelle. • CE 25 mars 1998, *Dpt Loire-Atlantique,* n° 169351 : *RDSS 1998. 850, obs. Ligneau* ✎.

7. *Débiteur d'une obligation alimentaire.* Bien qu'incessible et insaisissable, l'AC ne doit pas nécessairement être exclue du calcul des ressources du débiteur d'une obligation alimentaire lorsque celui-ci dispose d'autres revenus sur lesquels peut être exécutée cette obligation. • Civ. 2e, 7 juin 1990, n° 89-12.740 P : *Gaz. Pal. 1991. 1. 178, note Dagorne-Labbe.*

II. RECOURS EN RÉCUPÉRATION

8. *Notion de charge effective et constante.* Par charge effective et constante, il n'y a pas lieu d'entendre la charge matérielle de la personne handicapée telle qu'assumée par une tierce personne mais un engagement continu envers la personne handicapée, essentiellement d'ordre affectif. • Comm. centr. aide soc. 5 févr. 2001 : *CJAS n° 01/08, p. 129.* ♦ V. aussi • Comm. centr. aide soc. 17 août 2001 : *CJAS n° 01/12, p. 35.* ♦ Doit être regardé comme ayant assumé, de façon effective et constante, la charge d'une personne handicapée le père, tuteur et représentant légal de cette dernière qui n'a cessé, tant avant l'admission dans le foyer que pendant le séjour dans celui-ci, la totalité de ses responsabilités à l'égard de son fils dont il s'est occupé activement sur tous les plans, en pourvoyant à son confort matériel et psychologique, en organisant des séjours en famille à l'occasion des fêtes et en lui rendant de fréquentes visites. • CE 29 mars 1991, *Levesque*, n° 81439 : *Lebon 10 ; D. 1991 IR 123*.

9. Récupération au titre d'une donation. La limitation du recouvrement sur l'action de la succession qui excède 300 000 F (45 000 euros) et la prescription de 2 ans pour l'action en recouvrement de l'AC indûment payée ne s'applique pas lorsque l'action en récupération est effectuée au titre d'une donation. • Comm. centr. aide soc. 13 oct. 1989, *Dpt Haute-Vienne : EJCCAS 18-4, p. 1* • CE 29 déc. 1997, *M. Riera*, n° 183431 : *RDSS 1998. 559, obs. Ligneau* • Comm. centr. aide soc. 16 août 2001 : *CJAS n° 01/12, p. 39.* ♦ Les délais fixés à l'art. L. 132-8 s'apprécient à partir de la date de la première demande d'AC et non à partir des demandes subséquentes qui ne constituent que de simples demandes de renouvellement. • Comm. centr. aide soc. 26 sept. 2000 : *RDSS 2001. 342, obs. Ligneau*.

10. Récupération au titre d'une succession. Il n'y a pas lieu d'écarter le recours en récupération contre la succession d'une personne handicapée si l'héritière est la mère de celle-ci et n'a pas assumé de manière effective et constante la charge de son fils. • Comm. centr. aide soc. 1er juin 1990, *Dpt Var : EJCCAS n° 14-7, p. 12.*

11. Effets de la nature de la prestation d'aide sociale à domicile. L'AC devant être regardée comme une prestation d'aide sociale à domicile versée aux handicapés, il en résulte que la récupération n'est possible que sur la partie de l'actif net successoral excédant 300 000 F (45 000 euros) et non sur l'intégralité. • CE 29 juill. 1994, *Dpt de l'Indre*, n° 111251 : *Lebon 363 ; RDSS 1995. 324, concl. Bonichot ; RFDA 1995. 161, concl. Bonichot ; D. 1994. 593, obs. Prétot*.

12. Pluralité de souches successorales. Pour l'application de l'art. L. 245-6, les enfants du bénéficiaire décédé s'entendent de ses descendants en ligne directe appelés à la succession, soit de leur propre chef, soit par représentation d'un enfant du défunt mort avant lui, conformément aux art. 739 s. C. civ. Il en résulte que lorsqu'il existe plusieurs souches successorales dont l'une vient en représentation d'une personne prédécédée, il y a lieu d'exonérer le ou les petits-enfants de la récupération. • CE 9 déc. 1998, *Dpt Hérault*, n° 182636 : *Lebon 460 ; D. 1999. IR 17*. ♦ Il en va de même lorsqu'il n'existe qu'une seule souche ; par suite doit être annulée la décision de la Commission centrale ayant estimé que les textes ne permettaient d'exonérer les petits-enfants de la récupération que dans le cas où il existe plusieurs souches successorales. • CE 24 mars 2004, *Mlle Gouzi*, n° 250065 • 27 juin 2005, *Mlle Morlat*, n° 266216 : *CJAS n° 2005/05, p. 15.*

13. Pluralité d'héritiers. En cas de pluralité d'héritiers d'une personne bénéficiaire de l'AC, le recours peut s'exercer en proportion de la part des héritiers qui n'ont pas assumé la charge effective et constante du handicapé sur le quantum de l'actif net successoral dépassant le seuil de récupération. • Comm. centr. aide soc. 10 sept. 2001 : *CJAS n° 01/12, p. 27.* ♦ Si les cinq frères et sœurs d'une personne handicapée se sont occupés d'elle et ont collectivement assumé la charge effective et constante du bénéficiaire, ils sont déchargés collectivement de 20 % de la créance départementale. • Comm. centr. aide soc. 20 sept. 2001 : *CJAS n° 01/12, p. 31 ; RDSS 2002. 286, obs. Ligneau*.

Ancien art. L. 245-7 ***L'allocation compensatrice est incessible et insaisissable, sauf pour le paiement des frais d'entretien du handicapé. En cas de non-paiement de ces frais, la personne physique ou morale ou l'organisme qui en assume la charge peut obtenir du président du conseil général que celle-ci lui soit versée directement.***

L'action du bénéficiaire pour le paiement de l'allocation compensatrice se prescrit par deux ans. Cette prescription est également applicable à l'action intentée par le président du conseil général en recouvrement des allocations indûment payées, sauf en cas de fraude ou de fausse déclaration.

La tutelle aux prestations sociales prévue par les articles L. 167-1 à L. 167-5 du code de la sécurité sociale s'applique à l'allocation compensatrice. – [L. n° 75-534 du 30 juin 1975, art. 39 (III).]

COMMENTAIRE

Revêtant comme l'AAH un caractère alimentaire, et constituant par là même une allocation de subsistance, l'AC est incessible et insaisissable. Elle cesse de l'être cependant, dans la logique de sa finalité, si cela s'impose pour pourvoir à l'entretien de la personne handicapée : lorsque le bénéficiaire est pris en charge par un organisme gestionnaire d'établissements ou de services, cet organisme peut en effet demander à bénéficier du versement direct.

Comme l'AAH, l'allocation compensatrice peut justifier la mise en place d'une mesure de tutelle aux prestations familiales telle qu'organisée aux articles L. 167-1 à L. 167-5 du code de la sécurité sociale ; c'est là une disposition originale puisque l'AC n'est pas assimilée juridiquement, à la différence de l'AAH (art. L. 821-5 CSS reproduit ss. art. L. 244-1), à une prestation familiale et ne lui est pas rattachée sur le plan organique ; cet élément du régime de l'AC, qui a été introduit dès sa création (art. 39, al. 3, de la loi n° 75-534 du 30 juin 1975), est justifié par le caractère alimentaire de la prestation.

1. Incessibilité. Le paiement aux héritiers d'une personne handicapée du montant de l'AC due avant le décès de celle-ci et jusqu'à son décès ne constitue pas une cession ; par suite, le président du conseil général ne saurait refuser le paiement de l'AC à sa succession au motif qu'elle était incessible. • Comm. centr. aide soc. 22 déc. 2000 : *CJAS n° 2001/08, p. 265.*

2. Insaisissabilité. Il résulte des art. 44 et 45 du décret du 31 juill. 1992 que lorsqu'un compte est crédité du montant d'une créance insaisissable en tout ou partie, l'insaisissabilité se reporte à due concurrence sur le solde du compte et que lorsque les sommes insaisissables proviennent de créances à échéance périodique, l'insaisissabilité porte sur l'ensemble des fonds, de même nature, cumulés sur ce compte et non pas seulement sur le dernier versement effectué. • Civ. 2e, 11 mai 2000, n° 98-11.696 P : *RTD. civ. 2000. 641, note Perrot.*

3. Droit de répétition de l'indu. La circonstance que la personne handicapée ayant perçu indûment l'AC pour cause de non-cumul possible avec la majoration pour tierce personne ait régulièrement informé l'administration de sa situation est sans incidence sur le droit du président du conseil général à répéter les prestations sociales indûment payées. • Comm. centr. aide soc. 22 déc. 2000 : *CJAS n° 2001/08, p. 253.* ♦ Est également sans incidence sur ce droit la circonstance que la personne handicapée ayant perçu indûment l'AC pour cause de non-cumul possible avec une majoration pour tierce personne de sa pension de retraite ait reçu l'assurance de l'organisme chargé du paiement de sa pension qu'elle pouvait cumuler l'AC et la majoration en question. • Comm. centr. aide soc. 22 déc. 2000 : *CJAS n° 2001/08, p. 263.*

4. Autorité pouvant répéter l'indu. La répétition de l'indu d'AC n'incombe qu'au président du conseil général ; par suite, doit être annulée la décision d'une commission d'admission à l'aide sociale ayant décidé la récupération d'un trop-perçu. • Comm. centr. aide soc. 28 févr. 2000 (2 esp.) : *CJAS n° 2000/04, p. 155 et p. 159* • 22 déc. 2000 : *CJAS n° 2001/08, p. 189.*

5. Délais de répétition de l'indu. En l'absence de toute disposition contraire, la répétition d'indu de l'allocation compensatrice peut intervenir en toute hypothèse dans le délai de deux ans du fait générateur si elle n'était pas due. • Comm. centr. aide soc. 5 déc. 2000 : *CJAS n° 2001/08, p. 195.* ♦ Une récupération rétroactive décidée dans le délai de deux ans est de droit à la seule condition que l'indu soit constaté ; les dispositions de l'art. L. 245-7 étant impératives, il n'appartient donc pas au juge de l'aide sociale de décider de dispenser l'assisté de la répétition de son indu. • Comm. centr. aide soc. 22 déc. 2000 : *CJAS n° 2001/08, p. 197.*

6. Répétition de l'indu et pouvoir de modération. Lorsque le président du conseil général a pourvu dans le délai de deux ans à la répétition d'indu litigieuse, aucune disposition n'autorise dans un tel cas le juge – à la différence de ce qu'il en est en matière de récupération de l'art. L. 132-8 du CASF – à modérer la dette en raison notamment de l'erreur de l'administration. • Comm. centr. aide soc. 28 avr. 2000 : *CJAS n° 2000/04, p. 13.* ♦ Il n'appartient pas au juge, fût-il de plein contentieux de l'aide sociale, saisi dans le cadre contentieux d'une répétition légalement fondée et non pas contre une décision distincte de l'administration statuant sur une demande de remise gracieuse, de prononcer une remise ou une modération de l'indu en raison seulement des difficultés financières du requérant. • Comm. centr. aide soc. 2 juill. 2002 : *CJAS n° 2002/05, p. 83.* ♦ Le fait que la requérante se prévale de sa bonne foi est sans incidence dans la mesure où l'art. L. 245-7 permet à l'administration de répéter l'indu sur une période de deux ans à compter du fait générateur sans qu'il soit nécessaire que la perception des arrérages l'ait été de mauvaise foi et où c'est seulement pour les périodes éloignées de plus de deux ans de la date de la répétition que celle-ci n'a lieu d'être qu'en cas de fraude ou de fausses déclarations ; il en résulte que le juge de l'aide sociale, à la différence de celui de la récupération prévue à l'art. L. 132-8, ne dispose pas en l'espèce du pouvoir de remettre ou modérer la créance. • Comm. centr. aide soc. 6 nov. 2007, dossier n° 070342 : *CJAS n° 2008/6.*

7. Appréciation de la fraude. En constatant qu'une aide a été obtenue par fraude, la Commission centrale d'aide sociale se livre à une appréciation souveraine insusceptible, en l'absence de dénaturation, d'être discutée devant le juge de cassation. Si une personne, qui percevait la majoration pour aide d'une tierce personne en complément d'une pension d'invalidité, n'a sollicité le bénéfice de l'AC qu'à l'instigation des services de la mairie de sa localité et des services sociaux de la gendarmerie et s'il n'est pas établi qu'elle a été personnellement informée par l'administration de l'interdiction du cumul de ces deux avantages ni qu'elle a cherché à dissimuler qu'elle percevait une pension assortie d'une majoration pour aide d'une tierce personne, elle ne saurait être regardée comme ayant commis un acte frauduleux ; par suite, en retenant l'existence d'une fraude, la Commission centrale d'aide sociale a dénaturé les pièces du dossier. • CE 10 juill. 1996, *Cne de Boissy-Saint-Léger,* n° 132921 :

Lebon 287 • 24 mars 1999, *Abbal*, n° 182625 B : *RDSS 1999. 787, obs. Ligneau*.

8. *Production d'intérêts.* La décision par laquelle une commission départementale d'aide sociale reconnaît à une personne le bénéfice de l'allocation compensatrice doit être regardée comme un jugement de condamnation au sens de l'art. 1153 C. civ. ; ainsi, et même dans le cas où la décision de la commission départementale ne l'a pas prévu explicitement, la somme représentative du montant de cette allocation est productive d'intérêts dans les conditions fixées par ledit art. • CE 28 juill. 2000, *Dpt Lozère*, n° 205432 B.

Ancien art. L. 245-8 *Les dispositions de l'article L. 134-3 sont applicables aux dépenses résultant du versement de l'allocation prévue à l'article L. 245-1.* — [L. n° 75-534 du 30 juin 1975, art. 39 (IV).]

COMMENTAIRE

Cet article renvoie à l'article L. 134-3 qui attribue compétence, en premier et dernier ressort, à la Commission centrale d'aide sociale pour connaître des litiges survenant dans l'attribution d'un certain nombre de prestations d'aide sociale, au rang desquelles on doit donc compter l'allocation compensatrice. L'article L. 134-3 précise aussi que les décisions de la Commission centrale d'aide sociale peuvent faire l'objet d'un recours en cassation devant le Conseil d'État. ❑

Ancien art. L. 245-9 ***Le service de l'allocation compensatrice peut être suspendu ou interrompu lorsqu'il est établi, dans des conditions déterminées par voie réglementaire, que son bénéficiaire ne reçoit pas l'aide effective d'une tierce personne pour accomplir les actes essentiels de l'existence.*** — [L. n° 75-534 du 30 juin 1975, art. 39 (V).]

1. *Appréciation de l'ineffectivité.* Le fait que l'épouse d'une personne handicapée assume le rôle de tierce personne auprès d'elle ainsi qu'auprès de sa propre mère, également handicapée, ne permet pas de conclure à l'ineffectivité de l'aide alors même, par ailleurs, que la tierce personne gère un fonds de commerce et qu'aucune aide extérieure n'est apportée à la famille par une personne rémunérée. • Comm. centr. aide soc. 28 mai 1990, *Dpt Finistère : EJCCAS n° 46-3, p. 5.*

2. *Contestation par le président du conseil général de la nature ou de la nécessité de l'aide.* Ni l'art. 39 de la loi 30 juin 1975 selon lequel le service de l'AC peut être suspendu lorsqu'il est établi que son bénéficiaire ne reçoit pas d'aide effective d'une tierce personne pour accomplir les actes essentiels de l'existence, ni l'art. 5 du décret du 31 déc. 1977 qui permet au président du conseil général de s'assurer du caractère effectif de l'aide apportée par la tierce personne au bénéficiaire ne l'autorisent, au cas où il entend contester la nature de l'aide voire sa nécessité, à substituer son appréciation à celle portée par la COTOREP appelée, sur le fondement de l'art. 13 du décret n° 77-1549 du 31 déc. 1977, à décider de la « nature » et de la « permanence de l'aide nécessaire ». Le président du conseil général peut seulement saisir cet organisme en application des dispositions du dernier alinéa de l'art. 13 du décret du 31 déc. 1977. • CE 10 nov. 1999, *Dpt Rhône*, n° 200057 : *Lebon 347* ; *RDSS 2000. 404, obs. Ligneau* • Comm. centr. aide soc. 28 févr. 2000 (2 esp.) : *CJAS n° 2000/02-03, p. 157 et 161.*

3. *Suspension ne mettant pas en cause l'effectivité de l'aide.* Le président du conseil général ne saurait suspendre le versement de l'AC en mettant en cause non pas l'effectivité de l'aide apportée par la tierce personne mais le caractère même des actes dont la COTOREP a reconnu qu'ils étaient de la nature de ceux pour lesquels le besoin d'aide ouvre droit à l'AC. • Comm. centr. aide soc. 18 avr. 2000 (2 esp.) : *CJAS n° 2000/02-03, p. 153 et 165.* ♦ De même, il ne tient d'aucune disposition légale ou réglementaire le pouvoir de suspendre l'AC au motif que son titulaire aurait refusé le bénéfice de l'aide sociale pour la prise en charge de ses frais d'hébergement. • Comm. centr. aide soc. 28 déc. 1999 : *CJAS n° 2000/01, p. 155.*

4. *Astreinte.* Si le refus du président du conseil général d'exécuter une décision de justice prévoyant le maintien de l'AC peut donner lieu à astreinte, les demandes d'indemnisation et de versement d'intérêts sur les sommes dues ne sont pas compatibles avec une demande d'astreinte. • CE 5 mai 1995, *Mme Berthaux*, n° 162283 : *Lebon 200* ; *RDSS 1995. 371, obs. Ligneau*.

5. *Suspension fondée sur l'absence de rémunération de la tierce personne.* La décision de la COTOREP ayant subordonné le versement de l'AC au taux de 60 % à l'embauche d'une tierce personne extérieure à la famille s'impose au président du conseil général ; par suite, c'est à bon droit que ce dernier a supprimé le versement de l'AC pour non-rémunération de cette tierce personne et que la Commission centrale d'aide sociale a rejeté la requête de la personne handicapée. • CE 15 févr. 2002, *Labrousse et a.*, n° 221410 B : *CJAS n° 2002/02, p. 73.*

6. *Suspension fondée sur l'absence de demande d'aide sociale aux personnes âgées.* Aucune disposition légale ou réglementaire ne subordonne le versement de l'AC au dépôt d'une demande d'aide sociale aux personnes âgées ; par suite, le président du conseil général ne saurait suspendre le versement de l'AC en se fondant sur l'absence d'une telle demande. • Comm. centr. aide soc. 23 janv. 1996, *Dpt Eure-et-Loir : EJCCAS n° 48-1, p. 27.*

Ancien art. L. 245-10 ***Les conditions dans lesquelles le droit à l'allocation compensatrice est ouvert aux handicapés hébergés dans un établissement médico-social ou hospitalisés dans un établissement de santé sont précisées par voie réglementaire. Ce règlement détermine également dans quelles conditions le paiement de ladite allocation peut être suspendu, totalement ou partiellement, en cas d'hospitalisation ou d'hébergement.***

La suspension de l'allocation ne retire pas à l'intéressé le bénéfice des avantages prévus aux articles L. 381-27 et L. 381-28 du code de la sécurité sociale. – [L. n° 75-534 du 30 juin 1975, art. 40.]

COMMENTAIRE

Le texte réglementaire prévu à cet article est le décret n° 77-1549 modifié en dernier lieu par le décret n° 97-426 du 28 avril 1997.

A l'instar de ce qui prévaut pour l'AAH, le code de l'action sociale et des familles dispose que la suspension du versement de l'AC n'interrompt pas, pour le bénéficiaire, le versement des prestations maladie et maternité (CSS, art. L. 381-27, L. 381-28). ❑

1. Établissement non habilité au titre de l'aide sociale. Il ne résulte d'aucune disposition législative ou réglementaire que l'allocation compensatrice ne puisse être attribuée à une personne résidant dans un établissement non habilité au titre de l'aide sociale à l'hébergement des personnes handicapées ou des personnes âgées. • Comm. centr. aide soc. 28 déc. 1999 : *CJAS n° 2000/01, p. 23.* ♦ La circonstance que l'établissement dans lequel est placée la personne handicapée ne soit pas habilité au titre de l'aide sociale est donc sans incidence sur ses droits à l'AC. • Comm. centr. aide soc. 28 juin 2000 (2 esp.) : *CJAS n° 2000/06, p. 137 et 141.*

2. Hospitalisation. Il résulte, de l'art. 6 *bis* du décret n° 77-1549 du 31 déc. 1977, que si l'AC continue d'être versée pendant les 45 premiers jours d'hospitalisation du bénéficiaire, son service est suspendu au-delà de cette période ; par suite, une personne hospitalisée successivement en court séjour puis en moyen séjour peut voir le versement de l'AC être suspendu à compter du 46e jour de son admission à l'hôpital. • Comm. centr. aide soc. 11 janv. 1991, *Dpt Haute-Vienne : EJCCAS n° 48-1, p. 22.* ♦ Cette disposition s'applique nonobstant les permissions de sorties qui peuvent être accordées au bénéficiaire. • Comm. centr. aide soc. 18 mars 1992, *Dpt Rhône : EJCCAS 48-4, p. 1, concl. Dessaint.* ♦ Néanmoins, si l'hospitalisation procède de séjours successifs dont aucun n'a excédé 45 jours, il n'y a pas lieu de suspendre le service de l'AC. • Comm. centr. aide soc. 13 mars 1995, *Dpt Pas-de-Calais : EJCCAS n° 48-4, p. 5.*

3. Admission dans un établissement de long séjour. L'admission dans un établissement de long séjour doit être considérée, eu égard à la nature de la mission qui lui est assignée à titre principal, non comme une hospitalisation dans un établissement de soins mais comme une admission dans un établissement d'hébergement ; par suite, le placement d'une personne handicapée dans une unité de long séjour ne s'oppose pas à l'attribution de l'AC. • CE 20 mars 1985, *Deplus,* n° 44-264 B : *RDSS 1985. 408, note Lévy* • 28 juill. 1999, *Dpt Ardèche,* n° 189258 B : *RDSS 2000. 403, obs. Ligneau* • Soc. 23 nov. 2000, n° 98-20.614 P : *D. 2001. 1421, note Dagorne-Labbe ; RJS 2001, n° 376.*

4. Admission dans un établissement d'hébergement. Lorsque l'intéressé accueilli dans un établissement d'hébergement perçoit l'AC, le paiement de celle-ci est suspendu à concurrence d'un montant fixé par la commission d'admission en proportion de l'aide qui lui est assurée par le personnel de l'établissement dans la limite maximale de 90 % ; néanmoins, cette disposition ne concerne que les personnes accueillies, de façon permanente ou temporaire, à la charge de l'aide sociale et ne saurait donc s'appliquer à celles qui, pourvoyant elles-mêmes à leurs frais de placement, se trouvent ainsi, au regard de leurs droits à l'AC, dans une situation identique à celle des personnes demeurées à leur domicile. • Comm. centr. aide soc. 16 févr. 1989 (2 esp.) : *EJCCAS 48-1, p. 1 et 2* • 28 déc. 1999 : *CJAS n° 2000/01, p. 23.*

5. Admission dans une maison d'accueil spécialisée. Si le service de l'AC est suspendu à l'issue d'une période de 45 jours suivant l'entrée du bénéficiaire en maison d'accueil spécialisée, en l'absence de sortie mettant un terme à la prise en charge, cette suspension ne peut être opérée que durant les jours de prise en charge effective dans l'établissement. Il n'en va pas ainsi lorsque la personne handicapée s'absente de l'établissement les fins de semaine • CE 21 mai 2008, *Dép. Marne,* n° 287723 B : *RDSS 2008. 761, concl. Courrèges.*

6. Absence de réduction. En application de l'art. 1er du décret n° 77-1547 du 31 déc. 1977, l'AC n'est pas réduite si la personne handicapée est accueillie dans des centres de rééducation professionnelle ou d'aide par le travail en qualité de semi-interne • Comm. centr. aide soc. 11 janv. 1991, *Dpt Rhône : EJCCAS n° 48-3, p. 1* • 21 mai 1996, *Dpt Aveyron : EJCCAS n° 48-3, p. 11.* ♦ Il en va de même si elle est accueillie en semi-internat dans un institut médico-éducatif (IME) à la charge intégrale de la sécurité sociale. • Comm. centr. aide soc. 23 mars 1990, *Dpt Haut-Rhin : EJCCAS n° 48-3, p. 7.* ♦ ... Ou si elle fréquente un centre d'hébergement seulement trois après-midi par semaine et n'y prend aucun repas. • Comm. centr. aide soc. 16 févr. 1990, *Dpt Paris : EJCCAS n° 48-3, p. 5* ♦ ... Ou un centre d'accueil de jour. • Comm. centr. aide soc. 31 oct. 2002 (2 esp.) : *CJAS n° 2002/06, p. 109 et 119.*

7. Séjours hors de l'établissement. Si la personne titulaire d'une AC au taux de 80 % rentre régulièrement deux jours par semaines chez sa mère, l'AC doit lui être versée à taux plein pendant les jours où elle ne séjourne pas au foyer. • Comm. centr. aide soc. 28 avr. 2000 : *CJAS n° 00/02-03, p. 129.* ♦ ... Ou pendant les périodes annuelles de vacances • Comm. centr. aide soc. 28 avr. 2000 : *CJAS n° 2000/02-03, p. 143.* ♦ Si la personne handicapée accueillie au domicile de ses parents n'effectue que des séjours irréguliers et discontinus dans un foyer en fin de semaine, elle doit être considérée comme maintenue à son domicile et l'AC ne saurait être réduite. • Comm. centr. aide soc. 11 mars 2002 : *CJAS n° 2002/03, p. 147.* ♦ L'AC versée à la personne handicapée qui fréquente un centre cinq jours par semaine pendant la journée peut être réduite pendant les périodes de présence au centre. • Comm. centr. aide soc. 19 mai 1989, *Dpt Paris : EJCCAS n° 48-3, p. 4* • 28 avr. 2000 : *CJAS n° 00/02-03, p. 133.*

8. Mise en œuvre d'une réduction. Lorsque la personne handicapée placée dans une structure d'hébergement est à la charge de l'aide sociale et a recours à l'assistance d'une tierce personne, le paiement de l'AC se trouve suspendu, en vertu du décret n° 77-1547 du 31 déc. 1977, à concurrence d'un montant fixé par la commission d'admission en proportion de l'aide qui lui est assurée par le personnel de l'établissement pendant qu'elle y séjourne et au maximum à concurrence de 90 %. • Comm. centr. aide soc. 16 févr. 1990, *Dpt Loir-et-Cher : EJCCAS n° 48-2, p. 1* • CE 2 mars 1990, *Deplus*, n° 79932 : *Lebon 55* • Comm. centr. aide soc. 7 mars 1995, *Dpt Yonne : EJCCAS n° 48-2, p. 2.* ♦ La même règle s'applique lorsque la personne handicapée est accueillie dans un centre de rééducation professionnelle ou d'aide par le travail fonctionnant en internat. • Comm. centr. aide soc. 16 oct. 1987, *Dpt Haute-Garonne : EJCCAS n° 48-3, p. 2.*

Ancien art. L. 245-11 *Sauf disposition contraire, les modalités d'application du présent chapitre sont déterminées par décret en Conseil d'État, et notamment celles prévues aux articles L. 245-9 et L. 245-10.* — [L. n° 75-534 du 30 juin 1975, art. 60.]

CHAPITRE VI PERSONNES ATTEINTES DE SYNDROME AUTISTIQUE ET PERSONNES ATTEINTES DE POLYHANDICAP *(L. n° 2005-102 du 11 févr. 2005, art. 90-I).*

Art. L. 246-1 Toute personne atteinte du handicap résultant du syndrome autistique et des troubles qui lui sont apparentés bénéficie, quel que soit son âge, d'une prise en charge pluridisciplinaire qui tient compte de ses besoins et difficultés spécifiques.

Adaptée à l'état et à l'âge de la personne *(Abrogé par L. n° 2005-102 du 11 févr. 2005, art. 90-II-1°)* ***« et eu égard aux moyens disponibles »***, **cette prise en charge peut être d'ordre éducatif, pédagogique, thérapeutique et social.** — *[L. n° 96-1076 du 11 déc. 1996, art. 2.]*

(L. n° 2005-102 du 11 févr. 2005, art. 90-II-2°) **« Il en est de même des personnes atteintes de polyhandicap ».**

BIBL. ▶ AÏDAN, CHAUVIÈRE et VÉRON, L'autisme en droit : paradigme d'une nouvelle conception de l'intériorité, *RDSS 2023. 748*. – KLAUSSER, Brèves réflexions sur le contentieux de la non-prise en charge des enfants concernés par les syndromes autistiques, *RDSS 2022. 734*.

1. Droit reconnu à toute personne atteinte de syndrome autistique. Il résulte de l'art. L. 246-1 que le droit à une prise en charge pluridisciplinaire est garanti à toute personne atteinte de syndrome autistique, quelles que soient les différences de situation ; si, eu égard à la variété des formes de ce syndrome, le législateur a voulu que cette prise en charge, afin d'être adaptée aux besoins et difficultés spécifiques de la personne handicapée, puisse être mise en œuvre selon des modalités diversifiées, notamment par l'accueil dans un établissement spécialisé ou par l'intervention d'un service à domicile, c'est sous réserve que la prise en charge soit effective dans la durée, pluridisciplinaire, et adaptée à l'état et à l'âge de la personne atteinte de ce syndrome. • CE 16 mai 2011, n° 318501 : *Lebon 241* ; *RDSS 2011. 745, note Rihal* ; *AJDA 2011. 1749, note Belrhali-Bernard*.

2. Prise en charge et obligation de résultat. Commet une erreur de droit la cour administrative d'appel qui, pour écarter la responsabilité de l'État en raison du défaut de prise en charge d'un enfant mineur atteint de syndrome autistique dans un établissement spécialisé, juge que l'État n'était tenu en la matière qu'à une obligation de moyens, en l'espèce remplie dès lors que l'enfant avait fait l'objet d'un suivi régulier par le service de l'éducation spéciale et des soins à domicile, sans rechercher si les obligations incombant à l'État pour assurer l'intensité du suivi de l'enfant, eu égard à son âge et à ses besoins spécifiques, permettaient de qualifier ce suivi de prise en charge pluridisciplinaire. • Même arrêt.

3. Droit de la personne atteinte de syndrome autistique et liberté fondamentale. S'il résulte, des art. L. 114-1 et L. 146-1, d'une part, que l'État et les autres personnes publiques chargées de l'action sociale en faveur des personnes handicapées ont l'obligation d'assurer, dans le cadre de leurs compétences respectives, une prise en charge effective dans la durée, pluridisciplinaire et adaptée à l'état comme à l'âge des personnes atteintes du syndrome autistique et, d'autre part, qu'une carence dans l'accomplissement de cette mission est de nature à engager la responsabilité de ces autorités, une telle carence ne saurait toutefois constituer une atteinte grave et manifestement illégale à une liberté fondamentale, au sens de l'art. L. 521-2 CJA que si elle est caractérisée, au regard notamment des pouvoirs et des moyens dont disposent ces autorités, et que si elle entraîne des conséquences graves pour la personne atteinte de ce syndrome, compte tenu notamment de son âge et de son état. • CE 27 nov. 2013, n° 373300 : *Lebon 301 ; D. 2013. 2855, obs. Véron*. ♦ En outre, le juge des référés ne peut intervenir, en application de l'art. L. 521-2 CJA, que pour prendre des mesures justifiées par une urgence particulière et de nature à mettre fin immédiatement ou à très bref délai à l'atteinte constatée. • CE, réf., 18 sept. 2023, n° 487724 : *AJDA 2023. 2293, note Bartolucci*.

CHAPITRE VII GESTION ET SUIVI STATISTIQUE

(L. n° 2005-102 du 11 févr. 2005, art. 88-II)

COMMENTAIRE

La loi n° 2005-102 du 11 février 2005 a ajouté ce chapitre au titre IV du livre II qui concerne les personnes handicapées.

Il s'agit d'un ensemble de mesures permettant une meilleure gestion des ressources publiques au niveau des instances nationales et notamment de la Caisse nationale de solidarité pour l'autonomie (CNSA), grâce à la remontée obligatoire de données financières et statistiques. La loi entend donc ainsi obliger à un suivi des moyens engagés et, par là, à une évaluation constante de la politique en direction des personnes handicapées.

Parmi les destinataires de ces données figure tout d'abord la Caisse nationale de solidarité pour l'autonomie (art. L. 247-1 et L. 247-2). Cette dernière doit se voir adresser par les départements les statistiques concernant la prestation de compensation ainsi que l'utilisation qu'ils font des fonds départementaux de compensation qu'elle leur alloue ; elle doit ensuite recevoir des informations chiffrées concernant l'activité des « maisons départementales des personnes handicapées » (art. L. 146-3) pour ce qui est de l'action des équipes pluridisciplinaires, des personnes handicapées qu'elles reçoivent et enfin des décisions qui sont prises en leur sein par les commissions des droits et de l'autonomie en matière d'attribution des prestations (art. L. 241-6).

Ensuite, les autorités ministérielles en charge de la politique du handicap doivent bénéficier aussi de la remonté régulière de données (art. L. 247-3 et L. 247-4). A un premier niveau, les organismes prestataires (départements et caisses d'allocations familiales) qui versent les prestations en application des décisions prises par la commission des droits et de l'autonomie doivent construire des données agrégées et les transmettre au ministre en charge des personnes handicapées ; à un second niveau, des données individuelles doivent être transmises, de façon que les services centraux de l'État constituent des « échantillons » permettant de suivre les parcours de prise en charge de personnes handicapées.

Enfin, toutes ces informations doivent être communiquées à l'instance consultative du secteur (art. L. 245-5 et L. 245-6), le Conseil consultatif des personnes handicapées (art. L. 146-1), ainsi qu'au nouvel Observatoire national sur la formation, la recherche et l'innovation sur le handicap créé par la loi du 11 février 2005 (art. L. 114-3-1 nouveau).

Une dernière disposition, l'article L. 247-7, prévoit un retour de ces données vers les départements et les maisons départementales des personnes handicapées, ce qui devrait leur permettre d'avoir une vue d'ensemble du dispositif et améliorer ainsi leur propre action. ❑

Art. L. 247-1 **La Caisse nationale de solidarité pour l'autonomie est destinataire, dans des conditions fixées par décret, des données comptables relatives aux dépenses nettes de la prestation de compensation mentionnée à l'article L. 245-1 et de celles relatives à l'activité des fonds départementaux de compensation du handicap définis à l'article L. 146-5.**

Art. L. 247-2 *(L. n° 2015-1776 du 28 déc. 2015, art. 75-1°)* **Les maisons départementales des personnes handicapées doivent utiliser un système d'information commun**

(L. n° 2022-1616 du 23 déc. 2022, art. 79-I) « , conçu et mis en œuvre par la Caisse nationale de solidarité pour l'autonomie », interopérable avec les systèmes d'information des départements, ceux de la Caisse nationale d'allocations familiales et ceux de la Caisse nationale de solidarité pour l'autonomie, dans des conditions précisées par décret.

Art. L. 247-3 Les données agrégées portant sur les versements opérés à la suite d'une décision de la commission mentionnée à l'article L. 146-9 et sur les caractéristiques de leurs bénéficiaires sont transmises par les organismes en charge de ces prestations au ministre chargé des personnes handicapées dans des conditions fixées par décret.

Art. L. 247-4 Les informations individuelles relatives aux personnes concernées par les décisions de la commission mentionnée à l'article L. 146-9 relatives aux prestations versées suite à ces décisions sont transmises au ministre chargé des personnes handicapées, dans des conditions fixées par voie réglementaire, à des fins de constitution d'échantillons statistiquement représentatifs en vue de l'étude des situations et des parcours d'insertion des personnes figurant dans ces échantillons, dans le respect des dispositions de l'article *7 bis* de la loi n° 51-711 du 7 juin 1951 sur l'obligation, la coordination et le secret en matière de statistiques et des dispositions de la loi n° 78-17 du 6 janvier 1978 relative à l'informatique, aux fichiers et aux libertés.

Art. L. 247-5 Les résultats de l'exploitation des données recueillies conformément aux articles L. 247-3 et L. 247-4 sont transmis par le ministre chargé des personnes handicapées au Conseil national consultatif des personnes handicapées mentionné à l'article L. 146-1 *(Abrogé par Décr. n° 2018-785 du 12 sept. 2018, art. 17)* « *, à l'Observatoire national sur la formation, la recherche et l'innovation sur le handicap créé à l'article L. 114-3-1* » et à la Caisse nationale de solidarité pour l'autonomie. Le ministre en assure la publication régulière.

Art. L. 247-6 Les modalités d'échange, entre les ministres en charge des personnes âgées et des personnes handicapées, du travail et de l'éducation nationale et la Caisse nationale de solidarité pour l'autonomie, des informations relatives aux personnes âgées et aux personnes handicapées dont ils sont respectivement destinataires, sont fixées en annexe à la convention d'objectifs et de gestion mentionnée à l'article *(Ord. n° 2021-1554 du 1er déc. 2021, art. 3-6°)* « L. 223-5 du code de la sécurité sociale ». — *Les dispositions de l'Ord. n° 2021-1554 du 1er déc. 2021 sont entrées en vigueur le lendemain de la publication du Décr. n° 2022-801 du 12 mai 2022, soit le 14 mai 2022 (Décr. préc., art. 1er, JO 13 mai).*

Art. L. 247-7 Les données agrégées et les analyses comparatives effectuées par les ministres en charge des personnes âgées et des personnes handicapées, du travail et de l'éducation nationale et la Caisse nationale de solidarité pour l'autonomie, relatives aux personnes âgées et aux personnes handicapées, sont communiquées aux départements et, pour ce qui concerne les personnes handicapées, aux maisons départementales des personnes handicapées.

CHAPITRE VIII *[ABROGÉ]* FORMATION DES AIDANTS FAMILIAUX

(Abrogé par L. n° 2011-525 du 17 mai 2011, art. 141-I-1°)

Art. L. 248-1 *Abrogé par L. n° 2011-525 du 17 mai 2011, art. 141-I-1°.*

TITRE V PERSONNES NON BÉNÉFICIAIRES DE LA COUVERTURE MALADIE UNIVERSELLE

CHAPITRE I DROIT À L'AIDE MÉDICALE DE L'ÉTAT

BIBL. ▸ AFROUKH, L'amélioration du sort des étrangers malades : ou quand le dialogue des juges prend une forme inversée, *RDSS 2018. 463*. – BÉLANGER, L'accès aux soins de santé en France des étrangers ressortissants non communautaires, *RDSS 1994. 422*. – BORDELOUP, Réflexions sur les conditions d'accès aux soins des personnes en situation de précarité, *Dr. soc. 1988. 340*. – BORGETTO et LAFORE, Droit de l'aide et de l'action sociales, *Domat-Montchrestien, 11e éd., 2021, nos 558 s.* – DEVERS, La protection de la santé de l'étranger en situation irrégulière, *RDSS 2001. 241*. – FEUILLET, L'accès aux soins, entre promesse et réalité, *RDSS 2008. 713*. – LIGNEAU, L'aide médicale moribonde ?, *in Mél. Alfandari, Dalloz 2000, p. 389*. – MAILLE, TOULLIER et VOLOVITCH, L'aide médicale d'État : comment un droit se vide de son sens faute d'être réellement universel, *RDSS 2005. 543*. – MICHELET, La protection de la santé de l'étranger en situation irrégulière : un droit en perte d'effectivité, *RDSS 2011. 1108*. – PEDROT, L'accès aux soins des personnes les plus démunies, *RDSS 1995. 394* ; L'accès aux soins des personnes les plus démunies à l'épreuve de la Covid, *RDSS 2021. 255*. – REVOL et STROHL (Rapport), L'accès aux soins des personnes en situation de précarité, *IGAS, 1988*. – TOULLIER, Aide médicale d'État : les droits sociaux fondamentaux bafoués, *Dr. soc. 2005. 1011*. – VIGNON-BARRAULT, Précarité et accès aux soins, *RDSS 2023. 1083*.

COMMENTAIRE

La couverture maladie universelle (CMU), créée par la loi n° 99-641 du 27 juillet 1999, a entendu substituer ce nouveau dispositif à l'ancienne aide médicale instituée par l'une des grandes lois d'assistance adoptées sous la IIIe République, la loi du 15 juillet 1893 ; et effectivement, l'aide médicale a pour l'essentiel disparu, la plupart des personnes qui relevaient de cette forme d'aide sociale, soit à la charge des départements pour les plus nombreux, soit à la charge de l'État pour quelques groupes résiduels (notamment les « SDF ») ayant désormais vocation à bénéficier de la CMU. Cependant, a été maintenu, pour certaines personnes étrangères ne pouvant être rattachées à cette dernière, l'ancien dispositif sous la forme d'une aide médicale unique dépendant exclusivement de l'État.

L'objet de ce titre cinquième du livre II du code est d'organiser ce régime d'aide médicale en définissant tour à tour les personnes concernées et le contenu du droit (chapitre I), les modalités d'admission (chapitre II), les modalités de prise en charge financière des prestations (chapitre III) ainsi que les modalités de prise en charge des soins urgents (chapitre IV).

Art. L. 251-1 Tout étranger résidant en France *(L. n° 2003-1312 du 30 déc. 2003, art. 97-1°)* **« de manière ininterrompue** *(Abrogé par L. n° 2019-1479 du 28 déc. 2019, art. 264-1°) « **depuis plus de trois mois,** »* **sans remplir la condition de régularité mentionnée à » l'article** *(L. n° 2015-1702 du 21 déc. 2015, art. 59-XI-P-1°, en vigueur le 1er janv. 2016)* **« L. 160-1 » du code de la sécurité sociale** *(L. n° 2019-1479 du 28 déc. 2019, art. 264-1°)* **« depuis plus de trois mois, » et dont les ressources ne dépassent pas le plafond mentionné** *(L. n° 2018-1203 du 22 déc. 2018, art. 52)* **« au 1° de l'article L. 861-1 » de ce code a droit** *(Abrogé par L. n° 2015-1702 du 21 déc. 2015, art. 59-XI-P-1°, à compter du 1er janv. 2016) « **, pour lui-même et les personnes à sa charge au sens** (L. n° 2010-1657 du 29 déc. 2010, art. 188-II) « **de l'article L. 161-14 et des 1° à 3° de l'article L. 313-3 de ce code,** »* **à l'aide médicale de l'État »** *(L. n° 2015-1702 du 21 déc. 2015, art. 59-XI-P-1°, en vigueur le 1er janv. 2016)* **« pour lui-même et pour :**

« 1° Les personnes mentionnées aux 1° et 2° de l'article L. 161-1 du code de la sécurité sociale ;

« 2° Les personnes non mentionnées aux mêmes 1° et 2° vivant depuis douze mois consécutifs avec la personne bénéficiaire de l'aide mentionnée au premier alinéa du présent article et se trouvant à sa charge effective, totale et permanente, à condition d'en apporter la preuve dans les conditions fixées par décret en Conseil d'État. Dans ce cas, le bénéfice de l'aide susmentionnée ne peut être attribué qu'à une seule de ces personnes. »

En outre, toute personne qui, ne résidant pas en France, est présente sur le territoire français, et dont l'état de santé le justifie, peut, par décision individuelle prise par le ministre chargé de l'action sociale, bénéficier de l'aide médicale de l'État dans les conditions prévues par l'article L. 252-1. Dans ce cas, la prise en charge des dépenses mentionnées à l'article L. 251-2 peut être partielle. – *[C. fam., art. 187-1.]*

(L. n° 2002-73 du 17 janv. 2002, art. 14) **De même, toute personne gardée à vue sur le territoire français, qu'elle réside ou non en France, peut, si son état de santé le**

justifie, bénéficier de l'aide médicale de l'État, dans des conditions définies par décret.

V. Décr. n° 54-883 du 2 sept. 1954 mod. par Décr. n° 2005-859 du 28 juill. 2005, App., v° Aide sociale.

V. Décr. n° 2009-1026 du 25 août 2009, App., v° Aide sociale.

Sur les exceptions à l'application du droit des usagers de saisir l'administration par voie électronique concernant les démarches effectuées auprès des organismes de sécurité sociale et des collectivités territoriales, de leurs établissements publics ou des établissements publics de coopération intercommunale, V. **CRPA**, *App., v° Saisine par voie électronique — Exceptions.*

COMMENTAIRE

En application de l'article L. 251, qui reprend avec des modifications l'ancien article 187-1 du code de la famille et de l'aide sociale, trois catégories de personnes se trouvent concernées par l'aide médicale de l'État (AME).

Il s'agit tout d'abord des personnes de nationalité étrangère résidant en France sans remplir les conditions d'affiliation au régime général sur la base du critère de résidence stable et régulière (CSS, art. L. 380-1) et dont les ressources sont inférieures au plafond requis pour bénéficier de la protection complémentaire de la CMU (CSS, art. L. 861-1) ; concrètement, sont visés ici les étrangers en situation irrégulière ainsi que les personnes à leur charge. La loi de finances rectificative pour 2003 (L. n° 2003-1312 du 30 déc. 2003) a introduit une modification aux termes de laquelle cette prise en charge par l'aide médicale des personnes étrangères en situation irrégulière est désormais conditionnée par une présence ininterrompue d'au moins trois mois en France ; cette disposition nouvelle entend éviter l'arrivée de personnes dont le seul but serait de bénéficier d'une prise en charge médicale par le système de soins français.

Il s'agit ensuite des personnes qui, présentes sur le territoire français, n'y ont cependant pas leur résidence, et dont l'état de santé justifie une prise en charge médicale ; l'aide médicale leur est accordée par décision individuelle du ministre chargé de l'action sociale ; ceci concerne les personnes malades ou blessées et accueillies en France pour des raisons humanitaires ; dans ce cas, aucune condition de ressources n'est exigée, mais en contrepartie, la prise en charge peut n'être que partielle.

Enfin, la loi n° 2002-73 du 17 janvier 2002, dite « loi de modernisation sociale », a ajouté à ces publics les personnes gardées à vue sur le territoire national, qu'elles y résident ou non, lorsque leur état de santé le justifie ; cette disposition vise à permettre à toute personne gardée à vue, quelles que soient sa nationalité et sa résidence, de bénéficier d'un traitement adapté en cas de maladie et notamment, si elle ne dispose pas d'argent lors de son interpellation, des médicaments requis par son état.

Alors que la loi de finances pour 2011 avait introduit une mesure très contestée par laquelle il était imposé à tout demandeur de l'AME d'acquitter un droit de timbre de 30 euros (mesure validée par le Cons. const. le 28 déc. 2010, décis. n° 2010-622 DC), la loi n° 2012-958 du 16 août 2012 de finances rectificative pour 2012 a rapporté cette disposition. Cela a logiquement entraîné l'abrogation de l'article L. 253-3-1, qui avait créé un fonds (Fonds national de l'aide médicale de l'État) destiné à gérer les produits de ce droit de timbre. ❑

1. *Droit à l'aide médicale.* La situation irrégulière d'un étranger ne saurait faire obstacle, dès lors qu'est établie l'insuffisance de ses ressources, à son droit de bénéficier de l'aide médicale en milieu hospitalier. • CE 17 déc. 1999, *Ets publ. santé Saint-André-lez-Lille,* n° 199347 : *Lebon 421*.

2. *Aide médicale pour motif humanitaire.* Il résulte des dispositions du deuxième al. de l'art. L. 251-1 que les décisions que le ministre est appelé à prendre sur leur fondement, en fonction de l'état de santé de l'intéressé mais non de ses ressources, ont une nature particulière et ne sont d'ailleurs pas précédées d'une instruction dans les conditions de droit commun définies par l'art. L. 252-1 du même code ; par suite, les litiges auxquels peut donner lieu l'exercice, par le ministre chargé de l'action sociale, des pouvoirs qui lui sont reconnus par le deuxième alinéa de l'art. L. 251-1 en matière d'aide médicale de l'État pour motif humanitaire ne relèvent pas des commissions départementales d'aide sociale mais des tribunaux administratifs, juges de droit commun du contentieux administratif. • CE 12 févr. 2003, *CH de Montfavet,* n° 249104 B : *AJDA 2003. 1109, note Tourette* • 16 janv. 2004, *Min. Aff. soc.,* n° 253769 B : *CJAS n° 2004/02, p. 83.* ♦ La décision de prise en charge éventuelle d'une personne qui, ne résidant pas en France, est présente sur le territoire français, et dont l'état de santé le justifie, ressort de la compétence du ministre chargé de la santé ; dès lors, la commission départementale d'aide sociale ainsi que la Caisse primaire d'assurance maladie saisie de la demande d'aide médicale devaient se déclarer incompétentes pour en connaître • Comm. centr. aide soc. 20 août 2007, dossier n° 060897 : *CJAS n° 2008/4.* ♦ Les dispositions du deuxième al. de l'art. L. 251-1 doivent être interprétées comme permettant au ministre chargé de l'action sociale d'accorder le bénéfice de l'aide médicale de l'État à des personnes dont l'état de santé le justifie et qui, ne résidant pas de manière ininterrompue sur le territoire national depuis plus de 3 mois, ne bénéficient pas du droit prévu par les dispositions du premier alinéa du même article ; à cette fin, le ministre dispose d'un large pouvoir pour apprécier, au regard de l'ensemble des circonstances de l'espèce, l'opportunité d'accorder une telle aide. • CE 16 mars 2016, n° 381013 B.

3. Séjour touristique. Une personne entrée en France en provenance d'Algérie au titre d'un simple visa d'entrée touristique et qui ne disposait, lorsqu'elle a déposé quelques semaines plus tard une demande d'aide médicale, d'aucun titre de séjour établissant la régularité de son séjour sur le territoire national et n'avait manifesté aucun acte de nature à attester de son désir de s'établir durablement en France, ne saurait prétendre au bénéfice de l'aide médicale. • Comm. centr. aide soc. 18 oct. 2004 : *CJAS n° 2005/01, p. 223.* ♦ Une personne entrée en France avec un visa touristique doit, si elle est présente sur le territoire français bien que n'y résidant pas, et si son état de santé le justifie, saisir le ministre pour bénéficier de l'aide médicale de l'État ; par suite, doit être annulée la décision de la commission départementale d'aide sociale lui ayant accordé le bénéfice de cette aide. • Comm. centr. aide soc. 21 juin 2007, dossier n° 061433 : *CJAS n° 2008/5.*

4. Droits des mineurs étrangers. Les stipulations de l'art. 3-1 de la Convention relative aux droits de l'enfant du 26 janv. 1990 qui s'appliquent à « tout être humain âgé de moins de 18 ans, sauf si la majorité est atteinte plus tôt en vertu de la législation qui lui est applicable », interdisent que les enfants ainsi définis connaissent des restrictions dans l'accès aux soins nécessaires à leur santé. Par suite, en tant qu'il subordonne l'accès à l'aide médicale de l'État à une condition de résidence ininterrompue d'au moins trois mois en France, sans prévoir de dispositions spécifiques en vue de garantir les droits des mineurs étrangers et qu'il renvoie ceux-ci, lorsque cette condition de durée de résidence n'est pas remplie, à la seule prise en charge par l'État des soins urgents « dont l'absence mettrait en jeu le pronostic vital ou pourrait conduire à une altération grave et durable de l'état de santé de la personne ou d'un enfant à naître », l'art. 97 de la loi de finances rectificative du 30 déc. 2003 est incompatible avec les stipulations précitées ; il en résulte que sont illégales les dispositions des décrets n°s 2005-859 et 2005-860 du 28 juill. 2005 ayant mis en œuvre cet art. de loi à l'égard des mineurs étrangers. • CE 7 juin 2006, *Assoc. Aides : Lebon ; Dr. soc. 2006. 1037, concl. Devys ; RDSS 2006. 1047, note Gay ; JCP S 2006. 1702, obs. Coursier ; AJDA 2006. 2233, note Rihal .*

5. Aide médicale et Convention européenne des droits de l'homme. En limitant l'accès à l'aide médicale de l'État aux étrangers en situation irrégulière qui justifient remplir une condition de séjour ininterrompue de trois mois, ce qui se traduit pour les personnes ainsi exclues de ce dispositif par la prise en charge par l'État des seuls soins urgents, l'art. 97 de la loi de finances rectificative du 30 déc. 2003, qui sert de fondement aux décrets attaqués, ne contrevient pas à la prohibition des traitements inhumains et dégradants prévue par l'art. 3 de la Conv. EDH. • CE 7 juin 2006, *Assoc. Aides : préc. note 4.* ♦ En distinguant les deux régimes de couverture maladie universelle et de l'aide médicale de l'État, le législateur, qui a entendu tenir compte de la différence de situation entre les étrangers selon qu'ils satisfont ou non aux conditions de régularité de la résidence posées par la loi et les engagements internationaux souscrits par la France, s'est fondé sur un critère objectif et rationnel en rapport avec les buts de la loi ; par suite, le moyen tiré de la méconnaissance du principe de non-discrimination dans le droit au respect des biens qui résulte des stipulations combinées de l'art. 14 de la Conv. EDH et de l'art. 1er du premier protocole additionnel à la convention doit être écarté. • Même arrêt.

6. Aide médicale et Pacte international relatif aux droits économiques, sociaux et culturels. Si, en vertu des art. 9 et 10 du Pacte international relatif aux droits économiques, sociaux et culturels, les États parties reconnaissent le droit de toute personne à la sécurité sociale, y compris les assurances sociales, ainsi qu'une protection et une assistance aussi larges que possible à la famille, ces stipulations, qui ne produisent pas d'effets directs à l'égard des particuliers, ne peuvent être utilement invoquées à l'appui de conclusions tendant à l'annulation des décrets attaqués. • CE 7 juin 2006, *Assoc. Aides : préc. note 4.*

7. Aide médicale et Charte sociale européenne révisée. Si, selon les art. 11, 12, 13 et 17 de la Charte sociale européenne révisée, les parties s'engagent à prendre des mesures appropriées en vue d'assurer l'exercice effectif, respectivement, du droit à la protection de la santé, du droit à la sécurité sociale, du droit à l'assistance sociale et médicale et du droit des enfants et adolescents de grandir dans un milieu favorable à l'épanouissement de leur personnalité et au développement de leurs aptitudes physiques et mentales, ces stipulations, qui ne produisent pas d'effets directs à l'égard des particuliers, ne peuvent être utilement invoquées à l'appui de conclusions tendant à l'annulation des décrets attaqués. • CE 7 juin 2006, *Assoc. Aides : préc. note 4.*

8. Aide médicale et OIT. La déclaration de Philadelphie du 10 mai 1944 qui concerne les buts et objectifs de l'Organisation internationale du travail n'étant pas au nombre des textes diplomatiques qui, ayant été ratifiés et publiés, ont, aux termes de l'art. 55 de la Constitution du 4 oct. 1958, une autorité supérieure à celle de la loi interne, cette déclaration ne saurait être utilement invoquée pour contester les dispositions législatives pour l'application desquelles ont été pris les décrets attaqués. • CE 7 juin 2006, *Assoc. Aides : préc. note 4.* ♦ Par ailleurs, si l'art. 6 de la convention n° 97 de l'OIT relative aux travailleurs migrants stipule que les membres s'engagent à appliquer, sans discrimination de nationalité, de race, de religion ni de sexe, aux immigrants un traitement qui ne soit pas moins favorable que celui qu'ils appliquent à leurs propres ressortissants en ce qui concerne la sécurité sociale, il résulte des termes mêmes de cette stipulation qu'elle ne trouve à s'appliquer qu'aux immigrants installés légalement sur le territoire des États parties. • Même arrêt.

9. Effet rétroactif de la prise en charge. La prise en charge rétroactive des soins par l'aide médicale de l'État suppose que la condition de résidence depuis plus de trois mois soit remplie au jour où les soins ont été délivrés • Comm. centr. aide soc., 29 sept. 2015, dossier n° 140339 : *CJAS 2016/06, p. 138.*

10. Preuve de l'intention de rester sur le territoire français. A apporté la preuve de son intention de rester en France le ressortissant étranger qui a déposé une demande de titre de séjour • Comm. centr. aide soc., 7 sept. 2016, dossier n° 140425 : *CJAS 2017/01, p. 156.*

11. Nécessité d'une irrégularité du séjour. Seuls les étrangers en situation irrégulière sont susceptibles de bénéficier de l'aide médicale de l'État sur le fondement du premier al. de l'art. L. 251-1 CASF lorsqu'ils résident de manière ininterrompue depuis plus de trois mois sur le territoire, ou de la prise en charge des soins urgents et vitaux lorsqu'ils ne bénéficient pas de l'aide médicale de l'État, notamment au motif qu'ils ne résident pas en France de manière ininterrompue depuis plus de trois mois ; par suite, les prestations de l'aide médicale de l'État ne sauraient être accordées à un étranger qui, alors même que la régularité de son séjour n'est pas attestée, est en situation régulière au regard de la législation sur le séjour des étrangers en France. • CE 30 déc. 2021, n° 448688 B.

Art. L. 251-2 **La prise en charge, assortie de la dispense d'avance des frais** *(L. n° 2002-1576 du 30 déc. 2002, art. 57)* **« pour la part ne relevant pas de la participation du bénéficiaire », concerne :**

(L. n° 2010-1657 du 29 déc. 2010, art. 185) **« 1° Les frais définis aux 1° et 2° de l'article** *(L. n° 2015-1702 du 21 déc. 2015, art. 59-XII-B-3°, en vigueur le 1er janv. 2016)* **« L. 160-8 » du code de la sécurité sociale** *(Ord. n° 2021-1554 du 1er déc. 2021, art. 3-7°)* **« et au 1° de l'article L. 160-9-1 du même code ». Toutefois, ces frais peuvent être exclus de la prise en charge, dans des conditions prévues par décret en Conseil d'État, et à l'exclusion des mineurs, pour les actes, les produits et les prestations dont le service médical rendu n'a pas été qualifié de moyen ou d'important ou lorsqu'ils ne sont pas destinés directement au traitement ou à la prévention d'une maladie ;** — *Les dispositions de l'Ord. n° 2021-1554 du 1er déc. 2021 sont entrées en vigueur le lendemain de la publication du Décr. n° 2022-801 du 12 mai 2022, soit le 14 mai 2022 (Décr. préc., art. 1er, JO 13 mai).*

« 2° Les frais définis aux 4° et *(L. n° 2015-1702 du 21 déc. 2015, art. 59-XII-B-3°, en vigueur le 1er janv. 2016)* **« 5° de l'article L. 160-8 ; »**

« 3° Les frais définis à l'article *(L. n° 2015-1702 du 21 déc. 2015, art. 59-XII-B-3°, en vigueur le 1er janv. 2016)* **« L. 160-9 » du même code ;**

« 4° Le forfait journalier institué par l'article L. 174-4 du même code pour les mineurs et, pour les autres bénéficiaires, dans les conditions fixées au septième alinéa du présent article. »

(L. n° 2002-1576 du 30 déc. 2002, art. 57) **« Sauf lorsque les frais sont engagés au profit d'un mineur ou dans l'un des cas mentionnés aux 1° à 4°, 10°, 11°, 15° et 16° de l'article** *(L. n° 2015-1702 du 21 déc. 2015, art. 59-XII-B-3°, en vigueur le 1er janv. 2016)* **« L. 160-14 » du code de la sécurité sociale, une participation des bénéficiaires de l'aide médicale de l'État est fixée dans les conditions énoncées à l'article** *(L. n° 2015-1702 du 21 déc. 2015, art. 59-XII-B-3°, en vigueur le 1er janv. 2016)* **« L. 160-13 » et à la section 2 du chapitre II du titre II du livre III du même code.**

« Les dépenses restant à la charge du bénéficiaire en application du présent article sont limitées dans des conditions fixées par décret. » — *Ces dispositions sont applicables à compter de la date d'entrée en vigueur du décret d'application.*

(L. n° 2019-1479 du 28 déc. 2019, art. 264-2°) **« A l'exclusion des cas où ces frais concernent des bénéficiaires mineurs, la prise en charge mentionnée au premier alinéa du présent article peut être subordonnée pour certains frais relatifs à des prestations programmées et ne revêtant pas un caractère d'urgence à un délai d'ancienneté de bénéfice de l'aide médicale de l'État qui ne peut excéder neuf mois. Par dérogation, lorsque l'absence de réalisation de ces prestations avant l'expiration de ce délai est susceptible d'avoir des conséquences vitales ou graves et durables sur l'état de santé de la personne, leur prise en charge est accordée après accord préalable du service du contrôle médical mentionné à l'article L. 315-1 du code de la sécurité sociale. Un décret en conseil d'État définit les frais concernés, le délai d'ancienneté et les conditions de mise en œuvre de ces dispositions. »**

(L. n° 2007-1822 du 24 déc. 2007, art. 121) **« La prise en charge mentionnée au premier alinéa est subordonnée, lors de la délivrance de médicaments appartenant à un groupe générique tel que défini à l'article L. 5121-1 du code de la santé publique, à l'acceptation par les personnes mentionnées à l'article L. 251-1 d'un médicament générique, sauf :**

« 1° Dans les groupes génériques soumis au tarif forfaitaire de responsabilité défini à l'article L. 162-16 du code de la sécurité sociale ;

« 2° Lorsqu'il existe des médicaments génériques commercialisés dans le groupe dont le prix est supérieur ou égal à celui du princeps ;

« 3° Dans le cas prévu au troisième alinéa de l'article L. 5125-23 du code de la santé publique. »

(Abrogé par L. n° 2012-958 du 16 août 2012, art. 41-I-2°) (L. n° 2010-1657 du 29 déc. 2010, art. 186-I) ***« Sauf pour les soins délivrés aux mineurs et pour les soins inopinés, la prise en charge mentionnée au premier alinéa est subordonnée, pour les soins hospitaliers dont le coût dépasse un seuil fixé par décret en Conseil d'État, à l'agrément préalable de l'autorité ou organisme mentionné à l'article L. 252-3 du présent code. Cet agrément est accordé dès lors que la condition de stabilité de la résidence mentionnée au même article L. 252-3 est respectée et que la condition de ressources mentionnée à l'article L. 251-1 est remplie. La procédure de demande d'agrément est fixée par décret en Conseil d'État. »*** – *Cette abrogation prend effet le 4 juill. 2012 (L. n° 2012-958 du 16 août 2012, art. 41-III).*

V. dernière note ss. art. L. 251-1.

COMMENTAIRE

L'article L. 251-2 dresse la liste des dépenses pouvant être prises en charge par l'aide médicale de l'État, avec deux précisions d'importance : d'une part, cette prise en charge est assortie d'une dispense d'avance des frais par le bénéficiaire (système dit « du tiers payant ») ; d'autre part, cette prise en charge peut légalement n'être pas totale et donc requérir une participation du bénéficiaire ; cette participation nécessitant l'adoption d'un décret.

Trois ensembles de frais sont éligibles à l'aide médicale de l'État.

Il s'agit tout d'abord de l'ensemble des frais de soins définis à l'article L. 321-1 du code de la sécurité sociale, c'est-à-dire :

– les frais de médecine générale et spéciale, les frais de soins et de prothèses dentaires, les frais pharmaceutiques et d'appareils, les frais d'analyse et d'examens de laboratoire, y compris la couverture des frais relatifs aux actes d'investigation individuels, des frais d'hospitalisation et de traitement dans des établissements de soins, de réadaptation fonctionnelle et de rééducation ou d'éducation professionnelle, ainsi que des frais d'intervention chirurgicale nécessaires pour l'assuré et les membres de sa famille ayants droit, y compris la couverture des médicaments, produits et objets contraceptifs et des frais d'analyses et d'examens de laboratoire ordonnés en vue des prescriptions contraceptives ; à ces frais, l'ordonnance n° 2021-1554 du 1er décembre 2021 sur la mise en œuvre de la création de la cinquième branche du régime général de la sécurité sociale relative à l'autonomie a ajouté les frais liés au placement des personnes âgées et handicapées dans les établissements et services médico-sociaux de l'article L. 314-3-1 ;

– la couverture des frais de transport de l'assuré ou des ayants droit se trouvant dans l'obligation de se déplacer pour recevoir les soins ou subir les examens appropriés à leur état ainsi que pour se soumettre à un contrôle prescrit en application de la législation de sécurité sociale, selon les règles définies par les articles L. 162-4-1 et L. 322-5 et dans les conditions et limites

tenant compte de l'état du malade et du coût du transport fixées par le décret n° 88-678 du 6 mai 1988 (CSS, art. R. 322-10 s.) ;
– la couverture des frais de soins et d'hospitalisation afférents à l'IVG ;
– la couverture des frais de soins afférents aux examens prescrits en application de l'article L. 2121-1 du code de la santé publique qui concerne l'examen médical prénuptial ;
– la couverture des frais afférents aux vaccinations dont la liste est fixée par arrêté du ministre chargé de la sécurité sociale et du ministre chargé de la santé ;
– la couverture des frais relatifs aux examens de dépistage effectués dans le cadre de programmes arrêtés en application des dispositions de l'article L. 1411-2 du code de la santé publique.

Il s'agit ensuite des prestations en nature de l'assurance maternité (CSS, art. L. 331-2) qui comprennent les frais médicaux, pharmaceutiques et d'hospitalisation relatifs à la grossesse, à l'accouchement et à ses suites, ainsi que divers frais d'examens prescrits en application de dispositions du code de la santé publique (art. L. 2122-1, L. 2122-3 et L. 2132-2).

Il s'agit enfin du forfait journalier de l'article L. 174-4 du code de la sécurité sociale, qui est intégralement assumé par l'aide médicale lorsque le bénéficiaire est un mineur. Dans l'hypothèse où le demandeur est majeur, et en ce qui concerne le forfait journalier, un régime de participation du bénéficiaire précisé ci-après devrait s'appliquer.

En effet, les alinéas 2 et 3 de l'article L. 251-2 définissent un régime de participation du bénéficiaire aux frais, l'aide médicale pouvant ne les prendre en charge que partiellement, qu'il s'agisse des frais de soins ainsi que du forfait journalier ou encore des frais de transport. En référence aux dispositions de l'article L. 322-3 du code de la sécurité sociale (al. 1° à 4°, 11°, 15° et 16°), cette participation peut tout d'abord être limitée ou supprimée lorsqu'il s'agit de frais de soins dépassant un certain montant, de frais d'appareillages lourds, de traitements prolongés et coûteux, de frais d'examens de dépistages obligatoires. En tout état de cause, cette participation du bénéficiaire doit être encadrée par les dispositions des articles L. 322-2 et R. 322-1 à R. 322-3 du code de la sécurité sociale ; en matière de transport sanitaire, il devrait en être de même avec l'application des dispositions relatives aux frais de déplacement et de transport des articles L. 322-5 et suivants du code de la sécurité sociale qui sont aussi applicables aux bénéficiaires de l'aide médicale de l'État. Mais comme indiqué plus haut, ce régime de participation du bénéficiaire suppose l'intervention d'un décret : or la publication de celui-ci a été repoussée *sine die* par le Gouvernement devant le tollé suscité par ce dispositif.

La loi de finances n° 2007-1822 du 24 décembre 2007 (al. 4) a ajouté à cette disposition un principe : dans le cadre de l'aide médicale de l'État, la prise en charge des médicaments suppose qu'il s'agisse de « génériques » (CSP, art. L. 5121-1), sauf exceptions définies par le texte.

La loi de finances pour 2011, prétendant limiter les fraudes, avait soumis le bénéfice de l'aide médicale de l'État à un agrément préalable de l'autorité publique destiné à vérifier le respect des conditions d'accès, notamment la stabilité de la résidence et le niveau de ressources. S'inscrivant dans la même logique que celle ayant conduit à supprimer à l'article L. 251-1 le droit de timbre que devait acquitter le demandeur, la loi n° 2012-958 du 16 août 2012 de finances rectificative pour 2012 a supprimé également cet agrément.

La loi de finances pour 2020 (L. n° 2019-1479 du 28 déc. 2019, art. 264-2) a introduit une disposition nouvelle qui subordonne la prise en charge de certains frais liés à des soins (ceux qui peuvent être programmés et ne revêtent pas un caractère d'urgence) à un délai d'ancienneté dans le dispositif AME, l'admission y étant prononcée pour une durée d'un an (art. L. 252-3, al. 2). Cette restriction peut être rapportée lorsque sa mise en œuvre peut avoir des conséquences graves et durables pour l'état de santé de la personne, mais cela suppose alors un accord préalable du service de contrôle médical (CSS, art. L. 315-1). ❑

Art. L. 251-3 **Sauf disposition contraire, les modalités d'application du présent chapitre sont déterminées par décret en Conseil d'État.**

CHAPITRE II MODALITÉS D'ADMISSION

Art. L. 252-1 *(L. n° 2019-1479 du 28 déc. 2019, art. 264-3°)* **La première demande d'aide médicale de l'État est déposée, par le demandeur, auprès d'un organisme d'assurance maladie qui en assure l'instruction pour le compte de l'État. Un décret**

détermine les conditions dans lesquelles il peut être dérogé à cette règle de dépôt, notamment pour les mineurs isolés et les personnes à mobilité réduite.

Par exception, la demande peut être déposée auprès d'un établissement de santé dans lequel le demandeur ou un membre du foyer est pris en charge. Dans ce cas, l'établissement transmet le dossier de demande, dans un délai de huit jours, à l'organisme d'assurance maladie.

Les services sociaux et les associations ou organismes à but non lucratif agréés à cet effet par le représentant de l'État dans le département apportent leur concours aux intéressés dans leur demande d'aide médicale de l'État.

Toute demande de renouvellement de l'aide médicale de l'État peut être déposée auprès d'un organisme d'assurance maladie qui en assure l'instruction par délégation de l'État, d'un établissement de santé dans lequel le demandeur est pris en charge, d'un centre communal ou intercommunal d'action sociale du lieu de résidence de l'intéressé, des services sanitaires et sociaux du département de résidence ou des associations ou organismes à but non lucratif agréés à cet effet par décision du représentant de l'État dans le département.

Dans tous ces cas, l'organisme transmet le dossier de demande pour instruction à l'organisme d'assurance maladie.

Par dérogation au premier alinéa du présent article, les demandes présentées par les personnes pouvant bénéficier de l'aide médicale en application des deux derniers alinéas de l'article L. 251-1 sont instruites par les services de l'État.

Les modalités d'application du présent article sont déterminées par décret.

COMMENTAIRE

L'article L. 252-1 règle la procédure de demande d'admission à l'aide médicale de l'État (AME). Alors qu'antérieurement ces demandes pouvaient être déposées auprès d'une multiplicité d'organismes, la loi du 16 juin 2011 relative à l'immigration en avait restreint le nombre pour mieux contrôler ces demandes, une partie d'entre elles étant toujours suspectées d'être factices ou le dispositif lui-même accusé d'être laxiste. Allant dans l'autre sens, la loi n° 2012-958 du 16 août 2012 de finances rectificatives pour 2012 a à nouveau élargi la liste des organismes pouvant recevoir les demandes d'AME. Dans un mouvement de balancier, la loi de finances pour 2020 (L. n° 2019-1479 du 28 déc. 2019, art. 264-3°) a intégralement réécrit l'article L. 252-1 pour resserrer à nouveau le nombre et la nature des organismes susceptibles de recevoir les demandes d'AME, les services sociaux et associations ne pouvant dorénavant intervenir que pour aider les demandeurs. ❑

Art. L. 252-2 **Les personnes mentionnées** *(L. n° 2015-1702 du 21 déc. 2015, art. 59-XII-B-5°, en vigueur le 1er janv. 2016)* **« aux trois premiers alinéas » de l'article L. 251-1, qui ont droit à l'aide médicale de l'État et se trouvent sans domicile fixe, doivent, pour bénéficier de cette aide, élire domicile** *(L. n° 2014-366 du 24 mars 2014, art. 46-I-1°)* **« dans les conditions prévues au chapitre IV du titre VI du présent livre II ».** – *[C. fam., art. 187-4.]*

COMMENTAIRE

En matière de dépôt des demandes d'admission à l'aide médicale de l'État, le cas spécifique des personnes sans domicile fixe est réglé par le présent article, dans des conditions identiques à la solution adoptée notamment en ce qui concerne le RMI ; ces personnes doivent faire le choix d'une « domiciliation » soit auprès d'un organisme agréé, souvent des associations gestionnaires de services d'accueil et d'hébergement, soit auprès d'un centre communal ou intercommunal d'action sociale. ❑

Art. L. 252-3 **L'admission à l'aide médicale de l'État des personnes relevant** *(L. n° 2015-1702 du 21 déc. 2015, art. 59-XII-B-6°, en vigueur le 1er janv. 2016)* **« des trois premiers alinéas » de l'article L. 251-1 est prononcée** *(L. n° 2018-1203 du 22 déc. 2018, art. 52, en vigueur le 1er janv. 2019)* **« , pour le compte de l'État », dans des conditions définies par décret, par le** *(Abrogé par L. n° 2018-1203 du 22 déc. 2018, art. 52, à compter du 1er janv. 2019)* ***« représentant de l'État dans le département, qui peut***

déléguer ce pouvoir au **» directeur** *(L. nº 2018-1203 du 22 déc. 2018, art. 52, en vigueur le 1er janv. 2019)* **« de l'organisme mentionné aux articles L. 211-1 et L. 752-4 du code de la sécurité sociale ».** – *[C. fam., art. 188.]*

Cette admission est accordée pour une période d'un an. *(L. nº 2010-1657 du 29 déc. 2010, art. 186-II et 187)* **« Toutefois le service des prestations est conditionné au respect de la stabilité de la résidence en France, dans des conditions fixées par décret en Conseil d'État.**

« Les organismes mentionnés aux articles L. 211-1 et L. 752-4 du code de la sécurité sociale peuvent obtenir le remboursement des prestations qu'ils ont versées à tort. En cas de précarité de la situation du demandeur, la dette peut être remise ou réduite. »

V. Arr. du 31 déc. 2019 relatif à la carte d'admission à l'aide médicale de l'État (JO 4 janv. 2020, NOR : SSAS1937648A), App., vº Insertion.

COMMENTAIRE

L'article L. 252-3, qui attribuait antérieurement la compétence d'admission au représentant de l'État dans le département – ce dernier pouvant la déléguer aux directeurs des organismes de l'assurance maladie –, a été modifié : ce sont les directeurs de ces organismes – celui de la CPAM (CSS, art. L. 211-1) et celui de la caisse générale de sécurité sociale dans les départements d'outre-mer – qui sont en charge de l'admission à l'AME.

Dans son ancienne rédaction, l'article L. 252-3 prévoyait en outre que les demandeurs « dont la situation l'exige sont admis immédiatement au bénéfice de l'aide médicale de l'État »... Cette disposition, vague, a été supprimée par la loi de finances rectificative pour 2004 (L. nº 2003-1312 du 30 déc. 2003), ce dernier texte lui ayant substitué un nouvel article (L. 254-1) constituant le chapitre IV du présent titre.

L'article L. 252-3 a été complété par une disposition de la loi de finances pour 2011 qui prolonge les règles nouvelles introduites par le même texte aux deux articles précédents : il s'agit, en surenchérissant sur l'alinéa 1er de l'article L. 252-1, d'exiger, outre une résidence de plus de trois mois de l'étranger demandeur, une « stabilité de la résidence en France ». Ces dispositions, qui resserrent les conditions d'accès à l'aide médicale de l'État, sont présentées comme des moyens de lutter contre les fraudes et, en l'occurrence, contre une forme de « tourisme sanitaire » qui verrait des étrangers venir « profiter » du système de soins alors même qu'ils ne sont pas vraiment installés dans le pays.

Art. L. 252-4 Les décisions attribuant une aide sous la forme d'une prise en charge de frais médicaux peuvent prendre effet à compter de la délivrance des soins, à condition que l'aide ait été demandée dans un délai fixé par *(L. nº 2019-1479 du 28 déc. 2019, art. 264-4º)* **« décret ».** – *[C. fam., art. 124-3 (partie).]*

Art. L. 252-5 Sauf disposition contraire, les modalités d'application du présent chapitre sont déterminées par décret en Conseil d'État.

CHAPITRE III DISPOSITIONS FINANCIÈRES

Art. L. 253-1 Les prestations prises en charge par l'aide médicale de l'État peuvent être recouvrées auprès des personnes tenues à l'obligation alimentaire à l'égard des bénéficiaires de cette aide. Les demandeurs d'une admission au bénéfice de l'aide médicale de l'État sont informés du recouvrement possible auprès des personnes tenues à l'obligation alimentaire à leur égard des prestations prises en charge par l'aide médicale.

Les dispositions de l'article L. 132-6 ne sont pas applicables. – *[C. fam., art. 189.]*

COMMENTAIRE

En matière d'aide médicale, et dans le prolongement de la législation antérieure (ancien article 189 du code de la famille et de l'aide sociale), l'obligation alimentaire est maintenue, ce qui signifie que les demandeurs d'une admission au titre de cette aide sont informés du recouvrement possible, auprès des personnes tenues à l'obligation alimentaire à leur égard, des prestations prises en charge par l'État. Toutefois, comme le précise le texte, les dispositions de l'article

L. 132-6 ne sont pas applicables : ce qui signifie que, à la différence de ce qui prévaut dans les autres formes d'aide sociale soumises à l'obligation alimentaire, cette obligation n'est mise en jeu, en matière d'aide médicale, que postérieurement à l'admission, c'est-à-dire, concrètement, après que l'État a effectué la prise en charge des dépenses. ❑

Art. L. 253-2 **Les dépenses d'aide médicale sont prises en charge par l'État.**

Lorsque les prestations d'aide médicale ont pour objet la réparation d'un dommage ou d'une lésion imputable à un tiers, l'État peut poursuivre contre le tiers responsable le remboursement des prestations mises à sa charge. – *[C. fam., art. 190.]*

(L. nº 2003-1312 du 30 déc. 2003, art. 97-2º) **« Lorsqu'une provision a été versée à un établissement de santé pour couvrir des frais de soins et de séjour ou qu'un engagement de versement a été souscrit, la partie des frais correspondant à la provision ou à l'engagement reste à la charge des bénéficiaires. »**

Art. L. 253-3 **Les demandes** *(L. nº 2014-1654 du 29 déc. 2014, art. 118-I-1º)* **« de paiement » des prestations fournies au titre de l'aide médicale par les médecins, chirurgiens, chirurgiens-dentistes, sages-femmes, pharmaciens** *(Abrogé par L. nº 2014-1654 du 29 déc. 2014, art. 118-I-2º)* ***« , établissements de santé »*** **et autres collaborateurs de l'aide sociale** *(L. nº 2014-1654 du 29 déc. 2014, art. 118-I-1º)* **« sont », sous peine de forclusion,** *(Abrogé par L. nº 2014-1654 du 29 déc. 2014, art. 118-I-2º)* ***« être »*** **présentées dans un délai de deux ans à compter de l'acte générateur de la créance.** – *[L. nº 60-1384 du 23 déc. 1960, art. 86.]*

(L. nº 2014-1654 du 29 déc. 2014, art. 118-I-3º) **« Les demandes de paiement des prestations par les établissements de santé sont, sous peine de forclusion, présentées dans le délai mentionné à l'article L. 162-25 du code de la sécurité sociale. »**

Les dispositions issues du I de l'art. 118 de la L. nº 2014-1654 du 29 déc. 2014 s'appliquent aux prestations fournies à compter du 1er janv. 2015 (L. préc., art. 118-II).

Étendue de la compétence des commissions départementales d'aide sociale. La compétence des commissions départementales d'aide sociale pour connaître des recours contre les décisions prises par le préfet en matière d'admission à l'aide médicale de l'État s'étend aux décisions par lesquelles les directeurs des caisses primaires d'assurance maladie statuent au nom de l'État et pour son compte sur les demandes de paiement des prestations réalisées au profit de personnes bénéficiaires de cette aide et présentées par les professionnels de santé, lesquels doivent être regardés comme l'établissement ou le service qui fournit les prestations au sens de l'art. L. 134-4 du CASF. • CE 9 déc. 2005, *Grangeon*, nº 273327 : *Lebon 560 ; AJDA 2006. 944, note H. Rihal.*

Art. L. 253-3-1 *Abrogé par L. nº 2012-958 du 16 août 2012, art. 41-I-4º.*

Art. L. 253-4 **Sauf disposition contraire, les conditions d'application du présent chapitre sont déterminées par décret en Conseil d'État.** – *[C. fam., art. 202, al. 1er.]*

CHAPITRE IV **PRISE EN CHARGE DES SOINS URGENTS**

(L. nº 2003-1312 du 30 déc. 2003, art. 97-2º)

Art. L. 254-1 *(L. nº 2003-1312 du 30 déc. 2003, art. 97-2º)* **Les soins urgents dont l'absence mettrait en jeu le pronostic vital ou pourrait conduire à une altération grave et durable de l'état de santé de la personne ou d'un enfant à naître et qui sont dispensés par les établissements de santé** *(L. nº 2019-1479 du 28 déc. 2019, art. 265-1º)* **« aux » étrangers résidant en France sans remplir la condition de régularité mentionnée à l'article** *(L. nº 2015-1702 du 21 déc. 2015, art. 59-XI-P-2º, en vigueur le 1er janv. 2016)* **« L. 160-1 » du code de la sécurité sociale et qui ne sont pas bénéficiaires de l'aide médicale de l'État en application de l'article L. 251-1** *(L. nº 2019-1479 du 28 déc. 2019, art. 265-2º)* **« ainsi qu'aux demandeurs d'asile majeurs qui ne relèvent pas du régime général d'assurance maladie » sont pris en charge dans les conditions prévues à l'article L. 251-2. Une dotation forfaitaire est versée à ce titre par l'État à la Caisse nationale de l'assurance maladie** *(Abrogé par Ord. nº 2018-470 du 12 juin 2018, art. 9)* ***« des travailleurs salariés ».***

V. Arr. du 21 sept. 2016 relatif aux données comptables et statistiques portant sur l'aide médicale de l'État et les soins mentionnés à l'art. L. 254-1 CASF (JO 19 oct.).

COMMENTAIRE

La loi de finances rectificative pour 2003 (L. n° 2003-1312 du 30 déc. 2003) a introduit ce chapitre dans le titre relatif à l'aide médicale de l'État. Cette disposition concerne les personnes étrangères résidant en France qui ne remplissent pas les conditions de régularité du séjour prévues à l'article L. 380-1 du code de la sécurité sociale et qui ne sont pas bénéficiaires de l'aide médicale de l'État (art. L. 251-1) ; dans des conditions restrictives du point de vue des soins qui leur sont nécessaires (il faut que l'absence de ces soins mette en jeu le « pronostic vital » ou conduise « à une altération grave et durable de l'état de santé »), ces personnes bénéficient, malgré leur situation irrégulière du point de vue des conditions de séjour en France, d'une prise en charge au titre de l'aide médicale de l'État (art. L. 251-2).

La loi de finances pour 2020 (L. n° 2019-1479 du 28 déc. 2019, art. 265-2) a ajouté aux bénéficiaires de cette modalité de prise en charge les demandeurs d'asile majeurs ne relevant pas du régime général d'assurance maladie. ❑

Art. L. 254-2 *(Ord. n° 2005-1112 du 1er sept. 2005, art. 8)* **Les établissements de santé facturent à la caisse d'assurance maladie désignée en application de l'article L. 174-2 ou L. 174-18 du code de la sécurité sociale la part des dépenses prises en charge par l'État pour les soins dispensés au titre des articles L. 251-1 et L. 254-1** *(L. n° 2014-1554 du 22 déc. 2014, art. 69-I)* **« du présent code, dans le délai mentionné à l'article L. 253-3 ».** — *Les dispositions issues de l'art. 69 de la L. n° 2014-1554 du 22 déc. 2014 s'appliquent aux prestations réalisées à compter du 1er janv. 2015. Pour les prestations réalisées antérieurement à cette date, le délai dans lequel les demandes en paiement doivent être présentées sous peine de forclusion continue de courir jusqu'au terme prévu en application de l'art. 2224 C. civ., sans pouvoir excéder le 31 déc. 2016 (L. préc., art. 69-IV).*

COMMENTAIRE

Les dépenses liées à la prise en charge des soins urgents dans le cadre de l'AME et relatives à des personnes ne relevant pas du droit commun ont imposé l'aménagement d'un dispositif spécifique de financement, dérogatoire par rapport à la procédure normale. A été instituée une dotation financière spécifique versée par l'État à la caisse nationale d'assurance maladie des travailleurs salariés. L'article L. 254-2 en organise la conséquence ultime en indiquant que les établissements de santé, soit publics ou privés à but non lucratif (relevant des prestations d'hospitalisation et de la dotation globale de financement organisée à l'art. L. 174-2 CSS), soit privés à but lucratif (relevant de la procédure financière de l'art. L. 174-18 CSS), facturent les soins délivrés dans ce cadre de l'urgence à la caisse d'assurance maladie. Ces dispositions, insérées par l'ordonnance n° 2005-1112 du 1er septembre 2005, ont pour but d'éviter – via une procédure d'urgence organisée sur la base d'une instruction très réduite – que les étrangers en situation irrégulière accèdent au bénéfice de l'AME accordée pour une durée d'un an. ❑

Incompétence des tribunaux de l'ordre judiciaire. Les litiges nés de la facturation aux caisses d'assurance maladie par les établissements de santé de la part des dépenses prises en charge par l'État pour les soins dispensés, au titre des soins urgents, se rapportent à l'attribution des prestations d'aide sociale de l'État et ne sont pas, dès lors, au nombre des différends auxquels donne lieu l'application des législations et réglementations de sécurité sociale et de mutualité sociale agricole. • Civ. 2e, 15 juin 2017, n° 16-19.165 P : *RDSS 2017. 766, obs. Tauran*.

TITRE VI LUTTE CONTRE LA PAUVRETÉ ET LES EXCLUSIONS

BIBL. ▸ BORGETTO, Minima sociaux et revenus d'activité : éléments d'une problématique générale, *Dr. soc. 2000. 693* ; L'articulation des droits et des devoirs dans le champ de la protection sociale, *RDSS 2009. 3*. – CSERC, Minima sociaux, entre protection et insertion, *La Doc. fr. 1997*. – DAMON, La protection sociale à l'épreuve de l'exclusion, *Regards sur l'actualité, n° 345, 2008. 37*. – Divers, Les revenus sociaux, *Solid. Santé, n° 3, 1997* ; Éclairages sur les minima sociaux, *Rech. et prév. (n° spécial), n° 50-51, 1997-1998* ; Les politiques de lutte contre la pauvreté, *Pol. soc. et fam., n° 104, 2011* ; Le « Plan pauvreté », *RDSS 2018, n° 6 (dossier)*. – DOLLE, Minima sociaux, plus de cohérence pour plus de justice ?, *Dr. soc. 1998. 257* ; Les minima sociaux et l'emploi, *Regards, n° 18, 2000. 82*. – EME et LAVILLE, L'intégration sociale entre conditionnalité et inconditionnalité, *RF aff. soc. n° 3, 1996. 27*. – ENJOLRAS, Fondements de la contrepartie et régimes de l'État-Providence, *RF aff. soc. n° 3, 1996. 55*. – FRAGONARD, La lutte contre la pauvreté et l'exclusion : les minima sociaux, *Échanges santé-social, 1993, n° 69.* – Friot, Le régime de la contrepartie dans la logique salariale, *RF aff. soc. n° 3, 1996. 65.* – Join-Lambert, Le cumul salaires/allocations représente-t-il une voie d'avenir ?, *Dr. soc. 2000. 632*. – Lafore, Obligations contractuelles et protection sociale, *RDSS 2009. 37*. – Lattes, La protection sociale : entre partage des risques et partage des revenus, *Éco. et stat. n° 291-292, 1996. 13.* – Math, L'évolution de la protection apportée par les revenus minima garantis, *Chron. int. IRES, n° 164, 2018. 3.* – Parent, Minima sociaux et retour à l'emploi, *Cah. fr. n° 292, 1999. 29.* – Petour, Les minima sociaux en France : constats et enjeux, *Regards sur l'actualité, n° 268, 2001. 3.* – Purière, Les effets pervers des minima sociaux : mythe ou réalité ?, *Revue Regards EN3S, n° 38, 2010. 50.* – Roman, Devoir de travailler et protection sociale : d'une problématique de la dette sociale à la question des « devoirs sociaux », *RDSS 2009. 63*. – Saunier, Minima sociaux : droit individuel ou droit familial ?, *Dr. soc. 2000. 722*. – Willmann, Loi n° 2006-339 du 23 mars 2006 : en attendant une réforme de fond des minima sociaux, *JCP S 2006. 1688.*

CHAPITRE I LOGEMENT

BIBL. ▶ Ballain, Le droit au logement, une revendication toujours d'actualité, *Regards sur l'actualité, n° 320, 2006. 47.* – Ballain et Benguigui (Dir.), Mettre en œuvre le droit au logement, *2004, La Doc. fr.* – Barkat, Le maintien dans le logement, *RDSS 1999. 305*. – Borgetto et Lafore, Droit de l'aide et de l'action sociales, *Domat-Montchrestien, 11e éd., 2021, nos 584 s.* – Boubli, Le volet « logement » de la loi de programmation pour la cohésion sociale, *LPA 31 mars 2005. 44.* – Brouant, Subsidiarité, solidarité et politique du logement. L'impact de la loi libertés et responsabilités locales, *BJCL, n° 1/05, 2005. 2* ; La loi ENL et la lutte contre l'habitat indigne, *AJDA 2006. 1554* ; Un droit au logement... véritablement opposable, *AJDA 2008. 506*. – Brunhes, Le drame persistant des SDF ou une loi pour faire semblant, *Dr. soc. 2010. 363*. – Combeau, L'Administration face aux expulsions locatives, *AJDA 2012. 1939*. – Damon, Pour une agence européenne en faveur des sans-abri, *RDSS 2007. 887* ; La prise en charge des vagabonds, des mendiants et des clochards : une histoire en mouvement, *RDSS 2007. 933* ; Les sans-abri face au coronavirus et au confinement, *RDSS 2020. 877* ; Combien de SDF ? Exagérations, estimations et aiguilles dans le foin, *RDSS 2021. 161* ; Libération partielle des loyers et naissance des allocations de logement : la loi du 1er septembre 1948, 75 ans après..., *RDSS 2023. 1133.* – Divers, Droit au logement et droit (s) européen (s), *RDSS (Dossier), 2015. 207.* – Doutreligne, Genèse du droit au logement opposable, *Inform. soc., n° 157, 2010. 104.* – Felsenheld, Dix ans de contentieux DALO indemnitaire, *AJDA 2018. 2439*. – Fribourg, Évolution des politiques du logement en France, *Regards sur l'actualité, n° 320, 2006. 19.* – Fuchs-Cessot, Les paris de la loi ELAN en matière de logement social, *AJDA 2019. 100*. – Gay, La possibilité de disposer d'un logement décent. Entre normes constitutionnelles et normes européennes, *RDSS 2006. 395*. – Graëffly, La mise en œuvre du droit au logement opposable : premier bilan, *RDSS 2009. 741*. – Houard, La genèse du droit au logement opposable, *Pol. soc. et fam. 2012, n° 107, p. 41.* – L. Jégouzo, Les nouvelles compétences des collectivités territoriales dans le domaine du logement social, *RDSS 2005. 23*. – Y. Jégouzo, Une loi pour le logement, *AJDA 2006. 1534* ; Le logement social entre solidarité, décentralisation, service public et concurrence, *AJDA 2008. 500*. – Kemp, Le rôle et la conception des allocations de logement liées au revenu, *RI séc. soc. vol. 53, n° 3, 2000. 49.* – Lacharme, Droit au logement : dérouler les implications de la loi DALO, *RF aff. soc. 2016, n° 3, p. 219.* – Lafore, L'accès à un logement, *RDSS 1999. 283* ; Le droit du logement, le droit au logement et le droit à un logement décent, *Inf. soc. CNAF, n° 120, 2004. 30* ; Du droit du logement au droit au logement, *RDSS 2006. 407* ; Les allocations de logement et la politique du logement, *RDSS 2017. 1005* ; Aux confins du droit du logement et du droit au logement : la loi du 27 juillet 2023 visant à protéger les logements contre l'occupation illicite, *RDSS 2023. 1122.* – Lair, Évaluation de l'efficacité économique et sociale des aides publiques au logement (Avis), *CES 1994.* – Laval, La réquisition avec attributaire selon la loi d'orientation de lutte contre les exclusions du 29 juillet, *Droit et ville, n° 47, 1999. 207.* – Madec, Les aides personnelles au cœur de la politique du logement en France, *RF aff. soc. 2016, n° 3, p. 91.* – Magnin, Le volet immobilier de la loi du 29 juillet 1998 relative à la lutte contre les exclusions, *LPA n° 116, 1998. 4.* – Monachon-Duchêne, Prévenir l'expulsion locative pour lutter contre l'exclusion, *JCP 1998. I. 174.* – Mouillart, La crise du logement en France : pourquoi et pour qui ?, *Regards sur l'actualité, n° 320, 2006. 5.* – Nguyen-Duy, Droit au logement opposable, acte II, *AJDA 2009. 514*. – Quilichini, La territorialisation de la politique de l'habitat, *RDSS 2006. 419*. – Robert, Politiques publiques et production de logements à loyers accessibles, *Regards sur l'actualité, n° 320, 2006. 31* ; Le droit au logement opposable : une avancée incontestable, des questions en suspens, *Rech. et prév., n° 94, 2008. 106.*

– ROBERT et VANONI, Le volet logement du plan de cohésion sociale : des intentions aux réalisations, *Regards sur l'actualité, n° 311, 2005. 49*. – ROMAN, Les sans-abri et l'ordre public, *RDSS 2007. 952*. – ROUSSEL, Le Conseil d'État et le contentieux DALO : un an de jurisprudence, *AJDA 2018. 665*. – THÉRON, La politique de l'orientation prioritaire vers le logement des personnes défavorisées et des sans-abri, *RDSS 2013. 332*. – TUOT, La réforme des offices de l'habitat, *AJDA, 2008. 517*. – URIOS, La fiscalité du logement social après la loi d'orientation contre les exclusions, *Droit et ville, n° 47, 1999. 277*. – VANONI, Les procédures d'accès au logement social, *Rech. et prév., n° 94, 2008. 35*. – VIAL-PEDROLETTI, La loi sur l'exclusion : les dispositions relatives au logement, *JCP N 1998. 1687*. – WERTENSCHLAG, Le logement social après la loi relative à la lutte contre les exclusions, *AJDI 1998. 903*. – ZITOUNI, L'attribution des logements locatifs sociaux à la croisée des politiques sociales et territoriales, *RDSS 2006. 432* ; Logement social et droit au logement, *AJDI 2018. 97*.

SECTION 1 Aides générales au logement

COMMENTAIRE

Au sein de ce titre concernant la lutte contre la pauvreté et les exclusions, dont l'essentiel concerne le revenu de solidarité active (art. L. 262-1 à L. 263-19), le code de l'action sociale intègre préalablement un certain nombre de dispositions relatives aux aides à l'accès et au maintien dans le logement.

Cette première section (art. L. 261-1 à L. 261-3) renvoie d'une part au code de la construction et de l'habitation pour ce qui concerne l'aide personnalisée au logement (APL), et d'autre part au code de la sécurité sociale pour ce qui concerne l'allocation de logement familiale (ALF) et l'allocation de logement sociale (ALS).

Créée en 1977, l'APL (art. L. 351-1 à L. 351-14 CCH) est une prestation dont le bénéfice, originairement restreint aux occupants de logements neufs ou réhabilités et à certains accédants à la propriété, a été progressivement élargie à partir de 1988, son régime ayant été totalement unifié à compter du 1er avril 1997 (Décr. n° 97-289 du 28 mars 1997). L'attribution de l'APL est conditionnée à la fois par le logement occupé, lequel doit être conventionné, par les ressources du bénéficiaire ainsi que par la composition de son ménage.

L'ALF est une prestation familiale figurant à l'article L. 511-1 du code de la sécurité sociale. Elle est attribuée aux ménages bénéficiaires de prestations familiales, aux personnes ayant à charge un enfant ou un ascendant, descendant ou collatéral infirme ou inapte au travail et enfin aux jeunes ménages sans enfants.

L'ALS (CSS, art. L. 831-1 s.), créée en 1971, a été instituée pour combler les lacunes de l'ALF dans un premier temps puis des deux allocations précédentes, en aidant des personnes – personnes âgées, handicapées, jeunes vivant hors du domicile familial – qui ne pouvaient y prétendre soit du fait de la nature du logement occupé (logement non conventionné), soit du fait de l'absence d'enfant ou de personne à charge. ▫

Art. L. 261-1 **Les dispositions relatives à l'aide personnalisée au logement figurent au** *(Ord. n° 2019-770 du 17 juill. 2019, art. 3-1°, en vigueur le 1er sept. 2019)* **« livre VIII » du code de la construction et de l'habitation.**

Art. L. 261-2 **Les dispositions relatives à l'allocation de logement familiale figurent au** *(Ord. n° 2019-770 du 17 juill. 2019, art. 3-2°, en vigueur le 1er sept. 2019)* **« livre VIII du code de la construction et de l'habitation ».**

Art. L. 261-3 **Les dispositions relatives à l'allocation de logement sociale figurent au** *(Ord. n° 2019-770 du 17 juill. 2019, art. 3-3°, en vigueur le 1er sept. 2019)* **« livre VIII du code de la construction et de l'habitation ».**

SECTION 3 Aide aux organismes logeant à titre temporaire des personnes défavorisées

COMMENTAIRE

La loi n° 91-1406 du 31 décembre 1991 a créé une nouvelle aide dans le cadre des dispositifs d'accès au logement des personnes défavorisées : « l'aide aux organismes logeant à titre temporaire des personnes défavorisées » (ALT) ; ces dispositions figurent au code de la sécurité sociale (art. L. 851-1 à L. 851-3) et sont reprises ci-dessous à l'article L. 261-5.

Elles ont été élargies, en ce qui concerne les organismes bénéficiaires, par la loi n° 98-657 du 29 juillet 1998 : il s'agit de financements qui, destinés à des associations et aux centres communaux ou intercommunaux d'action sociale, à condition qu'ils aient passé convention avec l'État, permettent à ces structures, agissant alors en qualité de locataires, de loger temporairement des personnes défavorisées dans le cadre de leur parcours d'insertion vers un logement de droit commun. ❑

Art. L. 261-5 *(L. n° 2016-1917 du 29 déc. 2016, art. 48-I, en vigueur le 1er janv. 2017)* **Les règles relatives à l'aide aux organismes logeant à titre temporaire des personnes défavorisées sont fixées par le titre V du livre VIII du code de la sécurité sociale.**

1. Nécessité de signer une convention. Si le législateur a entendu faire de l'allocation de logement temporaire une aide au logement au profit des organismes hébergeant pour une durée transitoire des personnes défavorisées qui ne peuvent pas bénéficier directement de l'aide personnalisée au logement, il a entendu également que le bénéfice de cette allocation ne soit accordé qu'à ceux de ces organismes, notamment aux associations, qui ont conclu une convention annuelle avec le préfet du département ; il suit de là que toute association ayant pour objet l'hébergement des personnes défavorisées ne peut, de ce seul fait, se prévaloir d'un droit au versement de cette allocation. • CE 2 févr. 2005, *Fapil,* n° 263833.

2. Refus injustifié de signer une convention. Si la signature d'une convention avec une association ne lui donne pas un droit automatique à reconduction l'année suivante, il incombe toutefois au préfet d'établir pour chaque année un programme et d'arrêter des choix, en vue de déterminer le montant total des engagements qu'il peut souscrire au cours de l'année ; à ce dernier titre, il lui appartient de tirer les conséquences, le cas échéant, d'une réduction de ces crédits par rapport à ceux de l'année précédente : mais il ne saurait légalement refuser la signature d'une convention avec une association au seul motif que le total des engagements correspondant aux conventions déjà signées avec d'autres organismes dépasserait le montant des crédits disponibles ; par suite, les dispositions de la circulaire du 5 déc. 2003, par lesquelles le ministre enjoint aux préfets, indépendamment de toute programmation annuelle, de ne plus signer de convention dès que le plafond départemental, fixé par ailleurs à 90 % des prestations versées au titre de l'année précédente, sera atteint sont entachées d'illégalité • Même arrêt.

Art. L. 261-6 **Sauf disposition contraire, les modalités d'application du présent chapitre sont déterminées par décret en Conseil d'État.** — *V. art. R. 261-1 à R. 261-3.*

CHAPITRE II REVENU DE SOLIDARITÉ ACTIVE

(L. n° 2008-1249 du 1er déc. 2008, en vigueur le 1er juin 2009)

BIBL. ▸ **Sur la notion de revenu universel/revenu minimum garanti :** ALLÈGRE et VAN PARIJS, Pour ou contre le revenu universel, *PUF, 2018.* - BASCHENIS, Le droit à des ressources minimales, *RDSS 1999. 375* ; Le droit au travail face à la revendication d'une allocation universelle, *Dr. ouvrier 1999. 148* ; Le revenu minimum européen. Quelques observations, *Dr. ouvrier 2000. 367.* - CHÂTON et LONG (Dir.), Le revenu universel, une utopie pour le XXIe siècle ?, *Berger-Levrault, 2022.* - CHAUFFAUT, Le Revenu Universel d'Activité : évolution ou révolution des minima sociaux ?, *RDSS 2018. 975* . - DAMON, Le revenu universel en question(s), *RDSS 2016. 467* ; Le projet de RUA, c'est le projet de RSA, *RDSS 2020. 238* . - DELEECK et CANTILLON, Le minimum garanti, *Dr. soc. 1986. 479.* - Divers, Le revenu universel (dossiers), *Dr. soc. 2017. 280* ; *ibid. 2020. 768* ; Le revenu universel : une proposition radicale ?, *Raisons politiques, n° 83, 2021.* - DUMONT, Le revenu de base universel, avenir de la sécurité sociale ? Une introduction critique au débat, *éd. de l'Univ. de Bruxelles, 2021.* - EUZEBY, Le revenu minimum garanti, expériences et propositions, *Rev. int. trav., 1987. 281* ; Le revenu minimum garanti, une formule en gestation, *Dr. soc. 1988. 262* ; Le revenu minimum garanti, *La Découverte, 1991* ; Un revenu minimum avec ou sans obligation de travail ?, *Sociétés et représentations (n° hors-série), 1999. 254.* - FERRY, L'allocation universelle, *éd. du Cerf, 1995.* - GAZIER, Fondements de la protection sociale et revenu minimum garanti, *RF aff. soc., n° 4, 1988. 7.* - GUITTON, Revenu d'existence et revenu d'activité, *Futuribles, sept. 1988. 43.* - HARRIBEY et MARTY (Dir.), Faut-il un revenu universel ?, *éd. de l'Atelier, 2017.* - HYAFIL, Du RSA au revenu universel : enjeux redistributifs et sociaux d'une réforme sociofiscale, *RF aff. soc., n° 4, 2018. 53.* - LABORDE, Le revenu social garanti est-il un droit ?, *Projet, n° 208, 1987. 23* ; Brèves observations sur la notion de garantie des ressources, *RF aff. soc., n° 3-4, 2000. 69.* - LAFORE, L'allocation universelle :

une fausse bonne idée, *Dr. soc. 2000. 686* ; Les jeunes majeurs et le « revenu garanti » : pas si simple !, *RDSS 2020. 245*. – MAGORD et ICARD, Le revenu universel, une alternative au contrat de travail ?, *Dr. ouvrier, nº 854, 2019. 805*. – MAUREL, Revenu minimum, les termes du débat, *Éco-Humanisme, nº 301, 1988. 61*. – MILANO, Du nord au sud : la question du revenu minimum en Europe, *RF aff. soc. (nº hors série), nov. 1989*. – VAN PARIJS et VANDERBORGHT, Le revenu de base inconditionnel. Une proposition radicale, *La Découverte, 2019, p. 13*. – VIGNON et LELIEVRE, Les budgets de référence, ou la pauvreté vécue comme un manque, *RDSS 2020. 269*. – VERKINDT, Le revenu universel, une question de et pour la Philosophie sociale, *RDSS 2020. 229*.

▸ **Sur le RSA :** ALFANDARI, Le RSA et les jeunes, *RDSS 2009. 235*. – ALLÈGRE, RSA et lutte contre la pauvreté : quels effets sur les travailleurs pauvres ?, *Pol. soc. et fam. 2013, nº 113, p. 47* ; À quoi sert le renforcement de la conditionnalité du RSA ?, *Dr. soc. 2024. 64*. – ANNE et L'HORTY, Le RSA : un premier bilan, *Cah. fr., nº 358, 2010. 69*. – AUVERGNON (Dir.), Droit social et travailleurs pauvres, *Bruylant, 2013*. – BELORGEY, Le RSA : un anti-RMI ?, *RDSS 2009. 269*. – BORGETTO et LAFORE, Droit de l'aide et de l'action sociales, *Domat-Montchrestien, 11ᵉ éd., 2021, nºs 509 s.* – BOUCHOUX, HOUSEL et OUTIN, Dynamiques professionnelles : du RMI au RSA, *Pol. soc. et fam. 2013, nº 113, p. 9*. – BOURDENX, « Être actif, c'est positif » ? A propos de la mise sous condition du versement du RSA à l'accomplissement d'heures de bénévolat, *Dr. ouvrier, nº 868, 2020. 802*. – CHAREYRON, Pauvreté et non-recours aux dispositifs sociaux : l'étude du RSA « socle seul », *Eco. et prév. 2018, nº 213, p. 41*. – CHEVALIER, Revenu minimum ou politique d'insertion ? La trajectoire de réformes du soutien au revenu des jeunes en France, *RF aff. soc. 2022, nº 3, p. 47*. – CYTERMANN, L'inclassable RSA, *Dr. soc. 2009. 315*. – DONIER, Les ambivalences du critère de la résidence dans le cadre du RSA, *RDSS 2012. 63*. – DUJOL et GRASS, La construction du RSA, *Dr. soc. 2009. 300*. – DAMON, Du RMI au RSA, en passant par le RMA, *RDSS 2009. 213*. – EYDOUX, Du RMI (et de l'API) au RSA : les droits sociaux des femmes à l'épreuve des politiques d'activation des allocataires de minima sociaux, *RF aff. soc. 2012, nº 2-3, p. 73* ; Du RMI au RSA, la gouvernance de l'insertion en question, *Inform. soc. 2013, nº 179, p. 128*. – EYDOUX et TUCHSZIRER, Du RMI au RSA : la difficile mise en place d'une gouvernance décentralisée des politiques d'insertion, *RF aff. soc. 2011, nº 4, p. 91*. – FRAGONARD, Trente ans après : retour sur les arbitrages initiaux du RMI et leur évolution, *RDSS 2020. 213*. – GADREY, Revenu de solidarité active : les ambiguïtés, *Dr. soc. 2007. 1228*. – LAFORE, Les politiques d'insertion : quelle réforme possible ?, *Regards sur l'actualité, nº 345, 2008. 65* ; Le RSA : la dilution de l'emploi dans l'assistance ?, *RDSS 2009. 223*. – L'HORTY, Le RSA : enjeux et effets attendus, *Regards sur l'actualité, nº 345, 2008. 51*. – LONG, Revenu de solidarité active : l'expérimentation, *Dr. soc. 2007. 1236* ; L'incidence de la mise en place du RSA sur la politique d'insertion du département, *RDSS 2009. 241*. – MATH, Le RSA et les étrangers : origines et fortunes de la condition d'antériorité de résidence, *RDSS 2014. 564*. – MORVAN, La loi du 1ᵉʳ décembre 2008 généralisant le RSA, *Dr. soc. 2009. 185*. – OKBANI, Les travailleurs pauvres face au RSA activité, un rendez-vous manqué ?, *RF aff. soc. 2013, nº 4, p. 35*. – PÉRIVIER, Le RSA ou le mélange des genres, *RDSS 2009. 1016*. – RIGAUDIAT, RSA : en avant vers le passé, *Dr. soc. 2009. 315*. – RIHAL, La généralisation du revenu de solidarité active, *AJDA 2009. 198* ; Le renforcement des devoirs des bénéficiaires du revenu de solidarité active : beaucoup de bruit pour pas grand-chose, *Dr. soc. 2024. 50*. – ROMAN, RSA : 20 ans après le RMI : une réforme *a minima*, *JCP S 2008, nº 1657*. – TRANCART, Du RMI au RSA : les trajectoires d'emploi des allocataires du RSA, *Pol. soc. et fam. 2013, nº 113, p. 23*. – VERKINDT, Un déplacement ambigu du centre de gravité de la lutte contre la pauvreté, *RDSS 2009. 264*. – WILLMANN, Le RSA : une consécration du rapport Hirsch, mais à titre expérimental, *RDSS 2007. 988*.

COMMENTAIRE

Vingt ans jour pour jour après l'adoption de la loi instituant le revenu minimum d'insertion (RMI : L. nº 88-1088 du 1ᵉʳ décembre 1988), la loi nº 2008-1249 du 1ᵉʳ décembre 2008 a institué, en lieu et place du RMI, mais aussi de l'allocation de parent isolé (API : CSS, art. L. 524-1 s.), une nouvelle prestation : le « revenu de solidarité active » (RSA). Cette prestation avait fait préalablement l'objet d'une expérimentation dans 34 départements, d'où l'intitulé de la loi du 1ᵉʳ décembre 2008 : « loi [...] généralisant le revenu de solidarité active et réformant les politiques d'insertion ».

Considérant que le RMI, surtout dans son volet « insertion », n'était pas parvenu à réduire significativement la pauvreté en permettant à ses bénéficiaires de s'insérer socialement et surtout professionnellement, les pouvoirs publics ont donc imaginé un autre dispositif qui, certes, s'apparente largement à l'ancien RMI mais l'infléchit néanmoins de façon sensible.

Le principe général qui commandait initialement le RSA est le suivant : tout d'abord, garantir un minimum de ressources pour les personnes qui n'en disposent pas ou dont les revenus sont très faibles (inférieurs au montant maximal de l'allocation du RSA) ; ensuite, permettre à ces personnes de se réinsérer prioritairement par l'accès à l'emploi ; enfin, compléter les ressources de ménages qui, bien qu'actifs, ont des niveaux de revenus faibles.

Ces objectifs généraux étant maintenus, le dispositif a connu plusieurs évolutions : d'une part, alors qu'initialement la prestation visait tout aussi bien les ménages sans ressources que les ménages aux revenus faibles (RSA dit « socle » et RSA dit « activité »), la loi n° 2015-994 du 17 août 2015 a institué en lieu et place du « RSA activité » (en y intégrant aussi la « prime pour l'emploi ») une « prime d'activité » (CSS, art. L. 841-1 à L. 841-6) destinée à compléter des revenus insuffisants afin de ramener les ménages bénéficiaires à un seuil de ressources considéré comme minimal tout en incitant au maintien dans l'emploi ; d'autre part, le mouvement général en matière d'insertion a été dans le sens d'une priorité au retour en emploi et, pour ce faire, d'un alignement des bénéficiaires du RSA sur le statut des demandeurs d'emploi de droit commun ; cette dernière dimension a trouvé une forme d'aboutissement dans les modifications introduites par la loi n° 2023-1196 du 18 décembre 2023 pour le plein emploi qui, d'une part, unifie les contrats liant les bénéficiaires et ceux concernant les demandeurs d'emploi sous la forme du « contrat d'engagement » et, d'autre part, confie ces bénéficiaires au nouvel opérateur de la politique de l'emploi qu'elle a créé : France Travail (en lieu et place de Pôle Emploi). ❑

SECTION 1 Dispositions générales

(L. n° 2008-1249 du 1er déc. 2008, en vigueur le 1er juin 2009)

Art. L. 262-1 **Le revenu de solidarité active a pour objet d'assurer à ses bénéficiaires des moyens convenables d'existence,** *(L. n° 2015-994 du 17 août 2015, art. 58-1°, en vigueur le 1er janv. 2016)* **« de lutter contre la pauvreté et de favoriser l'insertion sociale et professionnelle ».**

Sur l'expérimentation de la recentralisation du revenu de solidarité active, V. L. n° 2021-1900 du 30 déc. 2021 de finances pour 2022, art. 43 (JO 31 déc.) et Décr. n° 2022-130 du 5 févr. 2022 (JO 6 févr.), App., v° Insertion.

Sur les exceptions à l'application du droit des usagers de saisir l'administration par voie électronique concernant les démarches effectuées auprès des organismes de sécurité sociale et des collectivités territoriales, de leurs établissements publics ou des établissements publics de coopération intercommunale, V. ***CRPA****, App., v° Saisine par voie électronique — Exceptions.*

COMMENTAIRE

Cet article L. 262-1 (art. 3 de la L. n° 2008-1249 du 1er déc. 2008) définit les objectifs du revenu de solidarité active. On y retrouve, de façon plus ramassée, avec une extension plus grande et une certaine inflexion, les deux finalités que le RMI avait pour la première fois inscrites dans un dispositif légal : lutter contre la pauvreté, en favorisant le plus possible l'accès à une activité professionnelle.

La rédaction initiale issue de la loi du 1er décembre 2008 a été revue par la loi n° 2015-994 du 17 août 2015 relative au dialogue social et à l'emploi qui a gommé le caractère un peu brutal de la formulation (« inciter à l'exercice d'une activité professionnelle ») en revenant à l'idée antérieure, plus large et généreuse du RMI : « favoriser l'insertion sociale et professionnelle ».

S'agissant du premier objectif, se produit un élargissement : à l'idée présente dans le RMI selon laquelle il convient d'assurer des « moyens convenables d'existence » aux bénéficiaires (formulation empruntée à l'alinéa 11 du préambule de 1946), s'ajoute la finalité de « lutter contre la pauvreté de certains travailleurs ». Cela marque une extension substantielle du champ d'application personnel de ce nouveau revenu minimum : extension que traduisent tout naturellement les conditions d'ouverture de la prestation (art. L. 262-2 et L. 262-3) puisqu'il ne s'agit plus de viser uniquement les personnes sans ressources mais aussi ceux que l'on a pu dénommer les « travailleurs pauvres » ; ajoutons que le RSA concerne aussi certains actifs non salariés (V. art. L. 262-7). Il y a là une innovation majeure car, au-delà de la prise en charge d'une pauvreté liée à l'inactivité et à l'impossibilité de s'insérer sur le marché du travail, le RSA a entendu compléter les ressources d'actifs disposant de revenus faibles. Cet objectif s'est dans un premier temps concrétisé par l'institution d'une allocation comportant deux volets : le « RSA socle » et le « RSA activité ». Ce montage ne donnant pas satisfaction, la loi n° 2015-994 du 17 août 2015 a déconnecté du RSA une « prime d'activité » (CSS, art. L. 841-1 à L. 841-6) intégrant l'ancien « RSA activité » et la « prime pour l'emploi ».

Quant au second objectif, à savoir l'incitation à la reprise d'activité, il est de plus en plus affirmé, l'ancien article L. 262-1 n'évoquant qu'un engagement à s'insérer à la charge du bénéficiaire du RMI. On y voit la traduction, confirmée de façon constante au fil des réformes successives notamment par les dispositions relatives aux « droits et devoirs des bénéficiaires » (section 3, art. L. 262-27 à L. 262-39), d'une stratégie : la lutte contre la pauvreté passant prioritairement par la remise en activité des inactifs et l'incitation à ce qu'ils accroissent leurs revenus professionnels. La loi du 18 décembre 2023 renforce encore cette orientation : créant France Travail en lieu et place de Pôle Emploi, elle lui confie tous les bénéficiaires du RSA dans le cadre d'un nouveau contrat commun à tous les demandeurs d'emploi, le « contrat d'engagement réciproque ». Le dispositif repose ainsi sur un pari : celui selon lequel c'est la volonté d'accroître les revenus qui détermine principalement le comportement des bénéficiaires et il convient donc de la soutenir. ❑

SECTION 2 Prestation de revenu de solidarité active

(L. n° 2008-1249 du 1er déc. 2008, en vigueur le 1er juin 2009)

SOUS-SECTION 1 Conditions d'ouverture du droit

Art. L. 262-2 **Toute personne résidant en France de manière stable et effective, dont le foyer dispose de ressources inférieures à un** *(L. n° 2015-994 du 17 août 2015, art. 58-2°, en vigueur le 1er janv. 2016)* **« montant forfaitaire », a droit au revenu de solidarité active dans les conditions définies au présent chapitre.**

(Abrogé par L. n° 2015-994 du 17 août 2015, art. 58-2°, à compter du 1er janv. 2016) ***« Le revenu garanti est calculé, pour chaque foyer, en faisant la somme :***

« 1° D'une fraction des revenus professionnels des membres du foyer ;

« 2° D'un montant forfaitaire, dont le niveau varie en fonction de la composition du foyer et du nombre d'enfants à charge. »

Le revenu de solidarité active est une allocation qui porte les ressources du foyer au niveau du *(L. n° 2015-994 du 17 août 2015, art. 58-2°, en vigueur le 1er janv. 2016)* **« montant forfaitaire ». Il est complété, le cas échéant, par l'aide personnalisée de retour à l'emploi mentionnée à l'article L. 5133-8 du code du travail.**

V. dans App., v° Insertion :

— Décr. n° 2023-340 du 4 mai 2023 portant revalorisation du montant forfaitaire du revenu de solidarité active (JO 5 mai) ;

— Décr. n° 2023-341 du 4 mai 2023 portant revalorisation du montant forfaitaire du revenu de solidarité active à Mayotte (JO 5 mai).

COMMENTAIRE

L'article L. 262-2 pose le principe du droit au revenu de solidarité active.

Toute personne, sous condition de résidence « stable et effective » en France, qui, appartenant à un foyer dont les ressources n'atteignent pas un montant dénommé par le texte « montant forfaitaire », a droit au RSA. La condition de résidence, qui complète la condition de nationalité et vise les étrangers, s'inscrit dans la continuité du droit en vigueur antérieurement applicable aux bénéficiaires du RMI et de l'API, avec une distinction à établir entre les ressortissants européens (art. L. 262-6) et les autres ressortissants étrangers (art. L. 262-4, 2°).

Alors qu'antérieurement la disposition prévoyait les modalités de calcul du RSA, la loi n° 2015-994 du 17 août 2015 relative au dialogue social et à l'emploi, opérant une fusion entre le RSA dit « activité » (alloué aux personnes disposant de revenus professionnels) et la prime pour l'emploi (PPE, dispositif de crédit d'impôt pour les personnes ayant des revenus d'activité faibles), a créé une nouvelle « prime d'activité » dont le régime est fixé aux articles L. 841-1 et suivants du CSS.

L'article L. 262-2 prévoit enfin que le RSA pourra être complété par l'aide personnalisée de retour à l'emploi (C. trav., art. L. 5133-1 s.) qui complétait déjà le RMI et l'API (ainsi que l'ASS) pour soutenir la reprise d'une activité professionnelle. ❑

1. Séjours à l'étranger d'une durée inférieure à trois mois. Il résulte des art. L. 262-2 et R. 262-5 que, pour bénéficier de l'allocation de RSA, une personne doit notamment résider en France de manière stable et effective ; pour apprécier si cette condition est remplie, il y a lieu de tenir compte de son logement, de ses activités, ainsi que de toutes les circonstances particulières relatives à sa situation, parmi lesquelles le nombre, les motifs et la durée d'éventuels séjours à l'étranger et ses liens personnels et familiaux ; la personne qui remplit les conditions pour bénéficier de l'allocation de RSA a droit, lorsqu'elle accomplit hors de France un ou plusieurs séjours dont la durée de date à date ou la durée totale par année civile n'excède pas trois mois, au versement sans interruption de cette allocation • CE 30 avr. 2014, n° 357900 B : *RDSS 2014. 755, note Donier ; AJDA 2014. 2545, note Rihal* • CE 8 juill. 2019, n° 422162 B.

2. Séjours à l'étranger d'une durée supérieure à trois mois. En revanche, lorsque ses séjours à l'étranger excèdent cette durée de trois mois, le RSA ne lui est versé que pour les mois civils complets de présence en France • CE 30 avr. 2014, n° 357900 : *préc. note 1.* ♦ En toute hypothèse, le bénéficiaire du RSA est tenu de faire connaître à l'organisme chargé du service de la prestation, outre l'ensemble des ressources dont il dispose, sa situation familiale et tout changement en la matière, toutes informations relatives au lieu de sa résidence, ainsi qu'aux dates et motifs de ses séjours à l'étranger lorsque leur durée cumulée excède trois mois. • CE 20 oct. 2017, n° 405572 B : *RDSS 2017. 1125, concl. Decout-Paolini* .

3. Prise en compte des sommes versées par une personne résidant à l'étranger. L'ensemble des ressources du foyer doit en principe être pris en compte pour le calcul de l'allocation de RSA ; toutefois, lorsque l'un des membres du foyer ne peut être pris en compte pour le calcul du revenu garanti du fait de sa résidence à l'étranger, il convient de prendre en considération non l'ensemble de ses ressources, mais les sommes qu'il verse au bénéficiaire du RSA ou les prestations en nature qu'il lui sert, au titre, notamment, de ses obligations alimentaires • CE 18 juill. 2018, n° 406288 B.

4. Vie en couple. Pour le bénéfice du RSA, le foyer s'entend du demandeur, ainsi que, le cas échéant, de son conjoint, partenaire lié par un pacte civil de solidarité ou concubin et des enfants ou personnes de moins de 25 ans à charge qui remplissent les conditions précisées par l'art. R. 262-3 CASF ; pour l'application de ces dispositions, le concubin est la personne qui mène avec le demandeur une vie de couple stable et continue, étant entendu qu'une telle vie de couple peut être établie par un faisceau d'indices concordants, au nombre desquels la circonstance que les intéressés mettent en commun leurs ressources et leurs charges. • CE 20 mai 2016, n° 385505 B : *AJ fam. 2016. 359, obs. Jolivet* . ♦ Lorsque des époux sont séparés de fait en raison, notamment, de la résidence à l'étranger de l'un d'eux, ils ne constituent plus un foyer au sens des art. L. 262-2 et L. 262-3 ; en conséquence, dès lors que la séparation de fait des époux est effective, les revenus du conjoint n'ont pas à être pris en compte dans le calcul des ressources du bénéficiaire, seules les sommes que le conjoint verse au bénéficiaire ou, le cas échéant, les prestations en nature qu'il lui sert, au titre notamment de ses obligations alimentaires, pouvant être prises en compte dans le calcul des ressources de ce dernier. • CE 9 nov. 2016, n° 392482 B. • CE 18 juill. 2018, n° 406288 B.

5. Indemnité de départ volontaire. La perception par un fonctionnaire d'une indemnité de départ volontaire, à l'occasion de sa démission de la fonction publique, ne saurait par elle-même l'exclure du bénéfice du RSA ; lorsqu'elle est perçue au cours du trimestre de référence précédant la demande de RSA, une telle indemnité constitue un revenu professionnel présentant un caractère exceptionnel au sens de l'art. R. 262-15 CASF et doit être prise en compte selon les modalités prévues par cet article ; lorsqu'une telle indemnité a été perçue antérieurement au trimestre de référence précédant la demande ou la nouvelle liquidation de l'allocation, il y a lieu de tenir compte, pour le calcul des ressources du foyer, des revenus que procure effectivement à l'intéressé la fraction de l'indemnité dont il dispose encore au cours de cette période ou, le cas échéant, des revenus qu'il est supposé en retirer selon l'évaluation forfaitaire prévue par l'art. R. 132-1 CASF. • CE 3 oct. 2016, *Dpt. Tarn*, n° 390796 B.

6. Preuve de la disponibilité de l'indemnité. S'il appartient à la caisse d'allocations familiales, lorsqu'elle entend remettre en cause les ressources déclarées par un bénéficiaire du RSA, de mettre en œuvre les pouvoirs d'investigation et d'instruction dont elle dispose, le juge ne saurait en l'espèce, sans commettre d'erreur de droit, alors que ledit bénéficiaire se bornait à soutenir devant lui, sans aucun élément de justification, qu'il avait fait don de l'intégralité de la somme qui lui avait été versée au titre de l'indemnité de départ volontaire à ses sept enfants et à leurs mères, faire peser sur le seul département la charge d'établir que l'intéressé avait encore, en tout ou en partie, la disposition de cette somme au cours de la période de référence. • CE 3 oct. 2016, *Dpt. Tarn*, n° 390796 : *préc., note 5.*

7. Résidence alternée de l'enfant. Lorsqu'un parent allocataire du RSA bénéficie pour son enfant, conjointement avec l'autre parent dont il est divorcé ou séparé de droit ou de fait, d'un droit de résidence alternée qui est mis en œuvre de manière effective et équivalente, ce parent doit être regardé comme assumant la charge effective et permanente de l'enfant et a droit, sauf accord contraire entre les parents ou mention contraire dans une décision du juge judiciaire, au bénéfice de la moitié de la majoration pour enfant à charge du montant forfaitaire mentionné à l'art. L. 262-2, 2° CASF et, s'il en remplit les autres conditions, de la moitié de la majoration pour parent isolé mentionnée à l'art. L. 262-9 du même code. • CE 21 juill. 2017, n° 398911 B. ♦ Toutefois, compte tenu des incidences possibles de ce partage sur les droits de l'autre parent, susceptible de bénéficier lui aussi du RSA, il appartient au parent qui sollicite une telle répartition d'établir l'existence d'une résidence alternée mise en œuvre de manière effective et équivalente, laquelle doit être présumée s'il fournit à l'organisme chargé du service du RSA, à défaut de partage de la charge de l'enfant pour le calcul des allocations familiales, une convention homologuée par le juge aux affaires familiales, une décision de ce juge ou un document attestant de l'accord existant entre les parents sur ce mode de résidence. • Même arrêt.

8. Interruption de la durée de séjour de 5 ans. Si le bénéfice du RSA pour les étrangers, sous réserve de certaines exceptions, est subordonné à une condition de détention d'un titre de séjour autorisant à travailler depuis au moins cinq ans à la date de la demande et si cette période doit être continue, le respect de cette condition ne saurait toutefois être affecté par une interruption correspondant à un retard, imputable à l'administration, dans la délivrance du récépissé, autorisant son titulaire à travailler, d'une demande de renouvellement d'un titre de séjour. • CE 22 juill. 2020, n° 422498.

Art. L. 262-3 *(L. n° 2015-994 du 17 août 2015, art. 58-3°, en vigueur le 1er janv. 2016)* **« Le montant forfaitaire mentionné à l'article L. 262-2 est fixé par décret. »** *(L. n° 2015-1785 du 29 déc. 2015, art. 67-II-2°, en vigueur le 1er janv. 2016)* **« Il est revalorisé le 1er avril de chaque année par application du coefficient mentionné à l'article L. 161-25 du code de la sécurité sociale. »**

L'ensemble des ressources du foyer, y compris celles qui sont mentionnées à l'article L. 132-1, est pris en compte pour le calcul du revenu de solidarité active, dans des conditions fixées par un décret en Conseil d'État qui détermine notamment :

1° Les ressources ayant le caractère de revenus professionnels ou qui en tiennent lieu ;

2° Les modalités d'évaluation des ressources, y compris les avantages en nature. L'avantage en nature lié à la disposition d'un logement à titre gratuit est déterminé de manière forfaitaire ;

3° Les prestations et aides sociales qui sont évaluées de manière forfaitaire, notamment celles affectées au logement mentionnées *(Ord. n° 2019-770 du 17 juill. 2019, art. 3-4°, en vigueur le 1er sept. 2019)* **« à l'article L. 821-1 » du code de la construction et de l'habitation ;**

4° Les prestations et aides sociales qui ne sont pas incluses dans le calcul des ressources à raison de leur finalité sociale particulière ;

(Abrogé par L. n° 2016-1917 du 29 déc. 2016, art. 87-I, à compter du 1er janv. 2017) ***« 5° La durée pendant laquelle les ressources tirées d'activités professionnelles ou de stages de formation perçues suivant la reprise d'activité ne sont pas prises en compte. »***

(Abrogé par L. n° 2013-108 du 31 janv. 2013) (L. n° 2010-1127 du 28 sept. 2010, art. 5) ***« La part des allocations familiales dont le versement fait l'objet d'une mesure de suspension ou de suppression en application de l'article* L. 131-8 *du code de l'éducation demeure prise en compte pour le calcul du revenu de solidarité active. »***

COMMENTAIRE

L'article L. 262-3, dont la rédaction a été adaptée pour tenir compte de la création de la prime d'activité à la place du RSA-activité (L. n° 2015-994 du 17 août 2015), est le complément direct de la disposition précédente.

Tout d'abord, il renvoie logiquement au pouvoir réglementaire le soin de déterminer le « montant forfaitaire » du RSA.

Il détermine ensuite quelles sont les ressources du foyer prises en considération pour le calcul du RSA. Le principe général affirmé est qu'il est tenu compte de l'ensemble des ressources du foyer, ce qui comprend les ressources retenues pour le calcul des droits à l'aide sociale (art. L. 132-1 : revenus professionnels et autres ainsi que la valeur en capital des biens non productifs de revenus).

Il remet enfin au pouvoir réglementaire le soin de déterminer comment chaque catégorie de ressources sera évaluée en ouvrant une liste non exhaustive (l'adverbe « notamment » la précède) des types de ressources concernées : revenus professionnels, avantages en nature, prestations et aides sociales, dont les prestations à « objet spécialisé » (ancien art. L. 262-10) ; à cela s'ajoute le fait que le texte (5°) maintient la possibilité d'un cumul intégral des ressources tirées d'activités professionnelles ou de stages de formation avec le RSA en prolongeant les mécanismes de « l'intéressement » (ancien art. L. 262-11 étendu par la loi n° 2006-339 du 23 mars 2006) qui étaient en vigueur pour le RMI, l'API et l'ASS, la durée de ce cumul devant être fixée par décret.

La loi n° 2010-1127 du 28 septembre 2010 visant à lutter contre l'absentéisme scolaire avait ajouté un alinéa d'allure « répressive » à l'article L. 262-3 : sur le fondement de l'article L. 222-4-1 (contrat de responsabilité parentale pouvant donner lieu, en cas d'inexécution, à une suspension des allocations familiales), lui-même intervenant en application de l'article L. 131-8 du code de l'éducation, une famille pouvait subir une suspension des allocations familiales, ce qui, naturellement, réduisait ses ressources d'autant ; or cet alinéa prévoyait que le montant des allocations suspendues devait cependant continuer à être pris en compte dans le calcul des ressources conditionnant le bénéfice du RSA… Cet alinéa a été abrogé par la loi n° 2013-108 du 31 janvier 2013.

La loi n° 2015-1785 du 29 décembre 2015 de finances pour 2016 (art. 67-II-2) a prévu une revalorisation du RSA au 1er avril de chaque année. ❑

1. Nature des aides et secours financiers. Les aides apportées par des proches ne sauraient être assimilées ni à des « aides et secours financiers dont le montant et la périodicité n'ont pas de caractère régulier », ni à des « aides et secours affectés à des dépenses concourant à l'insertion du bénéficiaire et de sa famille, notamment dans les domaines du logement, des transports, de l'éducation et de la formation » mentionnés au 14° de l'art. R. 262-11 CASF, lequel vise, en application du 4° de l'art. L. 262-3, des prestations et aides sociales à finalité sociale particulière. Par suite, en jugeant que la somme versée mensuellement par la tante de l'intéressé au bailleur de ce dernier en règlement d'une partie de son loyer n'entrait pas dans le cadre de l'exception prévue par le 14° de l'art. R. 262-11 précité, le tribunal administratif de Paris n'a pas commis d'erreur de droit. • CE 31 juill. 2015, n° 382371. ♦ Seuls peuvent être regardés comme des « aides et secours financiers dont le montant et la périodicité n'ont pas de caractère régulier », relevant du 14° de l'art. R. 262-11 CASF, les aides et secours financiers ayant pour finalité sociale particulière de répondre à un besoin ponctuel du bénéficiaire du RSA. • CE 1er mars 2023, n° 458009 B.

2. Aides en nature. Il résulte de l'art. L. 262-3 que les avantages en nature que reçoivent les bénéficiaires du RSA doivent être intégrés dans les ressources prises en compte pour la détermination du montant de l'allocation à laquelle ils peuvent prétendre, à l'exclusion de l'usage privatif d'un jardin ; si la fourniture d'un logement à titre gratuit doit être évaluée sur la base forfaitaire prévue par l'art. R. 262-9 CASF, les autres avantages en nature doivent, en l'absence de dispositions réglementaires prévoyant un mode d'évaluation forfaitaire, être évalués sur la base de leur valeur réelle ; par suite, l'autorité administrative a pu, à bon droit, tenir compte, pour le calcul des droits au RSA, des pensions alimentaires que le requérant percevait en nature. • CE 3 oct. 2016, n° 391211 B. ♦ A défaut d'éléments plus précis apportés par le bénéficiaire qui reçoit d'un obligé alimentaire une pension en nature correspondant tant à l'hébergement qu'à d'autres dépenses telles que la nourriture, la valeur retenue pour le calcul des ressources du bénéficiaire doit être celle de la pension déclarée par le débiteur d'aliment auprès de l'administration fiscale, laquelle doit être réputée comprendre la part forfaitaire prévue à l'art. R. 262-9 pour la fourniture d'un logement à titre gratuit et, pour le surplus, la valeur réelle des autres avantages en nature ; par suite, a commis une erreur de droit le tribunal qui a évalué l'intégralité des pensions en nature selon la base forfaitaire prévue à l'art. R. 262-9, au motif que l'intéressé était hébergé par sa mère, qui lui fournissait un logement à titre gratuit au sens de ces dispositions, sans rechercher si une part de ces pensions correspondait à des avantages distincts de la seule fourniture d'un logement. • CE 24 mai 2017, n° 397946 B. ♦ Il résulte des dispositions des art. L. 262-3 et R. 262-9 CASF que l'allocataire qui, grâce à l'intervention d'un tiers, est logé sans être lui-même redevable d'un loyer doit bénéficier de l'évaluation forfaitaire de cet avantage en nature • CE 6 avr. 2018, n° 405870 B.

3. Prestation de compensation. Lorsque la prestation de compensation du handicap est perçue en application de l'art. 94 de la L. du 19 déc. 2007, qui a ouvert le droit à cette prestation au profit des enfants, en complément de l'allocation d'éducation de l'enfant handicapé, il ne doit pas en être tenu compte pour le calcul des ressources déterminant le montant du revenu de solidarité active ; en revanche, lorsqu'elle est perçue sans être cumulée avec cette allocation, sont applicables les dispositions du 9° du même art., qui excluent sa prise en compte dans le seul cas où elle sert à rémunérer un tiers ne faisant pas partie du foyer du bénéficiaire du revenu de solidarité active. • CE 10 févr. 2017, n° 395536. ♦ De même, il ne doit pas être tenu compte, pour l'appréciation du droit au RSA, de la prestation de compensation du handicap attribuée à la personne assumant la charge de l'enfant handicapé y compris lorsqu'elle est employée à son dédommagement en tant qu'aidant familial. • CE 7 juill. 2021, n° 433191 (inédit).

4. Prise en compte du logement situé à l'étranger. Pour l'appréciation des ressources du foyer de l'allocataire du RSA, les immeubles qui ne constituent pas l'habitation principale du demandeur et ne sont pas productifs de revenus sont, en principe, considérés comme procurant à leur propriétaire un revenu annuel égal à 50 % de leur valeur locative s'ils sont bâtis et à 80 % de cette valeur s'il s'agit de terrains non bâtis ; toutefois, lorsque l'immeuble est situé à l'étranger, l'administration et, le cas échéant, le juge peuvent, en l'absence de tout élément, notamment fourni par l'allocataire, permettant de déterminer sa valeur locative, appliquer par défaut à cet immeuble le taux de 3 % de sa valeur prévu par l'art. R. 132-1 CASF. • CE 8 juill. 2019, n° 422162 B.

5. Prise en compte des revenus fonciers. Lorsque l'allocataire est propriétaire d'un bien immobilier pour lequel il perçoit des loyers, les revenus à prendre en compte au titre des ressources effectivement perçues sont constitués du montant de ces loyers, duquel il convient de déduire les charges supportées par le propriétaire à l'exception de celles qui contribuent directement à la conservation ou à l'augmentation du patrimoine, telles que, le cas échéant, les remboursements du capital de l'emprunt ayant permis son acquisition ; en revanche, lorsque l'allocataire est propriétaire de parts d'une société civile immobilière, il ne résulte d'aucun texte ni d'aucun principe que les bénéfices d'une telle société qui ne lui auraient pas été distribués puissent être, à raison des parts détenues, regardés comme constitutifs pour lui d'une ressource : dans cette hypothèse, il y a lieu, pour déterminer le montant des ressources retirées par l'allocataire de ses parts détenues dans une telle société, de tenir compte des seuls bénéfices de la société dont il a effectivement disposé, c'est-à-dire qui lui ont été distribués, et, à défaut de bénéfices distribués, d'évaluer ces ressources sur la base forfaitaire, applicable aux capitaux non productifs de revenus, prévue par les art. L. 132-1 et R. 132-1 CASF. • CE 26 févr. 2020, n° 424379 B • Crim. 8 sept. 2020, n° 19-84.021 P : *JCP Adm. 2021. 2025, comm. Habchi.*

6. Modalités de prise en compte des revenus professionnels. Lorsque le bénéficiaire du RSA détient des parts d'une société à responsabilité limitée ou d'une entreprise unipersonnelle à responsabilité limitée et n'est pas assujetti à l'impôt sur le revenu du fait des bénéfices dégagés par cette société, il y a lieu, pour déterminer le montant des ressources qu'il retire de ces parts, de tenir compte des seuls bénéfices de la société dont il a effectivement disposé, c'est-à-dire qui lui ont été distribués ; à défaut de distribution de tout ou partie des bénéfices réalisés par la société, ces ressources ne peuvent être évaluées que sur la base forfaitaire, applicable aux biens non productifs de revenus ; pour déterminer la valeur des parts sociales à laquelle appliquer le taux de 3 %, l'administration et, le cas échéant, le juge peuvent tenir compte de leur valeur nominale, sauf à disposer d'éléments leur permettant de déterminer une valeur aussi proche que possible, à la date où les ressources sont évaluées, de celle qu'aurait entraîné le jeu normal de l'offre et de la demande, par exemple en s'appuyant sur le montant de l'actif net comptable de la société. • CE 26 févr. 2020, n° 424335 B : *JCP Adm. 2020. 2253, note Habchi.*

7. Prise en compte des intérêts produits par un placement financier. Les intérêts produits par un placement financier doivent être intégralement pris en compte au titre des ressources du mois au cours duquel ils sont perçus, sans qu'il y ait lieu, pour les autres mois, de traiter le capital placé comme un bien non productif de revenus. • CE 11 févr. 2022, n° 449400 B. ♦ La circonstance que les intérêts de ce placement financier aient été versés en une seule fois à la fin de l'année au titre de laquelle ils ont été produits fait obstacle à ce que ces intérêts soient pris en compte, pour le calcul des droits au RSA de l'allocataire, comme des ressources à répartir sur les quatre trimestres suivant leur perception. • Même arrêt.

8. Prise en compte des revenus d'une sous-location. Lorsque l'allocataire sous-loue une partie du bien immobilier qu'il occupe lui-même en qualité de locataire, les ressources devant être prises en compte à ce titre sont constituées des bénéfices qu'il retire le cas échéant de cette sous-location ; par suite, en jugeant que devait être pris en compte le sous-loyer que l'intéressé percevait de la sous-location d'une partie du logement qu'il occupait lui-même en qualité de locataire, alors même que celui-ci faisait valoir qu'il n'en retirait aucun bénéfice, cette sous-location lui ayant seulement permis de faire face à ses charges locatives en y contribuant partiellement, le tribunal administratif a commis une erreur de droit. • CE 12 avr. 2022, n° 440736 B.

Art. L. 262-4 Le bénéfice du revenu de solidarité active est subordonné au respect, par le bénéficiaire, des conditions suivantes :

1° Être âgé de plus de vingt-cinq ans ou assumer la charge d'un ou plusieurs enfants nés ou à naître ;

2° Être français ou titulaire, depuis au moins cinq ans, d'un titre de séjour autorisant à travailler. Cette condition n'est pas applicable :

***a)* Aux réfugiés, aux bénéficiaires de la protection subsidiaire, aux apatrides et aux étrangers titulaires de la carte de résident ou d'un titre de séjour prévu par les traités et accords internationaux et conférant des droits équivalents ;**

b) **Aux personnes ayant droit à la majoration prévue à l'article L. 262-9, qui doivent remplir les conditions de régularité du séjour mentionnées à l'article L. 512-2 du code de la sécurité sociale ;**

3° Ne pas être élève, étudiant ou stagiaire au sens de l'article *(L. nº 2011-893 du 28 juill. 2011, art. 27-IV ; L. nº 2015-994 du 17 août 2015, art. 58-4°, en vigueur le 1er janv. 2016)* **« L. 124-1 » du code de l'éducation ». Cette condition n'est pas applicable aux personnes ayant droit à la majoration mentionnée à l'article L. 262-9 du présent code ;**

4° Ne pas être en congé parental, sabbatique, sans solde ou en disponibilité. Cette condition n'est pas applicable aux personnes ayant droit à la majoration mentionnée à l'article L. 262-9.

COMMENTAIRE

L'article L. 262-4 détermine les conditions d'éligibilité à l'allocation du revenu de solidarité active. Deux séries de conditions sont prévues.

D'une part, une condition d'âge. Comme c'était le cas pour le RMI, le RSA n'est attribué qu'aux personnes âgées de plus de 25 ans, à moins qu'elles n'assument la charge d'un ou de plusieurs enfants nés ou à naître. Cette règle maintient donc le partage entre d'un côté les jeunes de moins de 25 ans qui sont censés, faute de ressources propres, relever des obligations alimentaires parentales définies par le code civil, et, de l'autre, les personnes âgées de plus de 25 ans qui, devant être en principe autonomes, peuvent bénéficier de l'aide de la collectivité si elles n'en ont pas les moyens. On doit cependant noter que, le RSA incluant dans son champ d'application des actifs dont il complète le revenu, ceux d'entre eux qui ont moins de 25 ans et qui peuvent vivre de façon autonome, sont cependant exclus de son bénéfice. Autrement dit, la condition d'âge, déjà contestée lorsqu'il s'agissait du RMI, comporte là une nouvelle conséquence potentiellement dommageable pour des jeunes actifs détachés en fait des solidarités familiales.

D'autre part, une condition de nationalité. Le RSA est attribué naturellement aux nationaux ainsi qu'aux étrangers titulaires depuis au moins cinq ans d'un titre de séjour autorisant à travailler. Pour les étrangers, la condition générale requise (titre de séjour depuis au moins cinq ans) est écartée en ce qui concerne les réfugiés, les bénéficiaires de la protection subsidiaire, les apatrides et ceux qui sont titulaires de la carte de résident ou d'un titre conférant des droits équivalents. De plus, ne sont pas soumises à la condition générale relative aux étrangers les personnes étrangères qui entrent dans le champ d'application de l'ancienne API et qui, pour en bénéficier, doivent remplir les conditions propres aux étrangers définies, s'agissant des prestations familiales, par l'article L. 512-2 du code de la sécurité sociale ; ces personnes sont éligibles au RSA et bénéficient d'une majoration prévue à l'article L. 262-9. De façon générale, toutes ces dispositions s'inscrivent dans la continuité du droit qui était en vigueur pour déterminer l'éligibilité des étrangers tant au RMI qu'à l'API.

Enfin, l'article L. 262-4 exclut un certain nombre de personnes du bénéfice du RSA ; mais cette disposition ne s'applique pas aux personnes qui peuvent être bénéficiaires du RSA majoré (art. L. 262-9), à savoir les anciens titulaires de l'API. Les catégories visées (élèves, étudiants, stagiaires, personnes en congé parental, sabbatique ou sans solde, en disponibilité) concernent des personnes qui, soit ne sont pas des actifs, soit ont fait le choix délibéré de ne pas avoir d'activité professionnelle. ❑

1. Conformité à la Constitution de la condition de la durée de résidence applicable aux étrangers. L'allocation de RSA ayant pour principal objet d'inciter à l'exercice ou à la reprise d'une activité professionnelle, le législateur a pu estimer que la stabilité de la présence sur le territoire national était une des conditions essentielles à l'insertion professionnelle ; par suite, en réservant le bénéfice de l'allocation à ceux qui, parmi les étrangers, sont titulaires depuis au moins cinq ans d'un titre de séjour les autorisant à travailler, le législateur a institué entre les Français et les étrangers, d'une part, et entre les étrangers, d'autre part, selon qu'ils ont ou non une résidence stable en France, une différence de traitement en rapport direct avec l'objet de la loi et a fixé un critère qui n'est pas manifestement inapproprié au but poursuivi. • Cons. const. 17 juin 2011, nº 2011-137 QPC : *JO 18 juin, p. 10459 ; RDSS 2012. 63, note Donier*.

2. Certificat de résidence portant la mention « retraité » et accord franco-algérien du 27 déc. 1968. Le certificat de résidence portant la mention « retraité » qui peut être attribué à un ressortissant algérien ne peut être regardé comme conférant des droits équivalents à ceux résultant de la possession d'une carte de résident. • TA Limoges, 18 nov. 2010 : *AJDA 2011. 571, concl. Labouysse*.

3. Certificat de résidence portant la mention « retraité » et Conv. EDH. L'exclusion des détenteurs de ce certificat du bénéfice du RSA ne méconnaît pas les stipulations combinées de l'art. 14 de la Conv. EDH et de l'art. 1er du Prot. add. n° 1 à ladite convention. • Même décision.

4. Validité de la condition d'âge. Eu égard à l'objectif d'intérêt général qui s'attache à ce que les jeunes travailleurs, qui commencent leur insertion dans la vie professionnelle au sortir de leurs études ou après une période de formation, soient encouragés à exercer durablement une activité professionnelle et à s'intégrer ainsi dans le monde du travail, la différence de traitement entre, d'une part, les jeunes de moins de 25 ans, soumis au quantum d'activité professionnelle préalable prévu par le décret attaqué pour bénéficier du RSA, et, d'autre part, les travailleurs de plus de 25 ans, éligibles sans condition d'exercice d'une activité professionnelle préalable au bénéfice de cette prestation, n'est pas manifestement disproportionnée ; par suite, le moyen tiré de ce que le décret attaqué revêtirait un caractère disproportionné et méconnaîtrait le principe d'égalité garanti par les art. 1er et 6 DDH ne peut qu'être écarté ; il en est de même du moyen tiré de ce que le quantum contesté introduirait une discrimination illégale et méconnaîtrait, en conséquence, les art. 14 Conv. EDH et 1er de son Prot. add. n° 1 ; il en est enfin de même, en tout état de cause, des moyens tirés de la méconnaissance de l'art. 21 Charte UE et du principe général du droit de l'Union européenne de non-discrimination à raison de l'âge. • CE 27 oct. 2011, n° 343943 B.

5. Interruption de la période de détention du titre de séjour. Le bénéfice du RSA est subordonné pour les étrangers à une condition de détention d'un titre de séjour autorisant à travailler pendant une période d'au moins cinq ans, laquelle doit en principe être continue ; toutefois, si elle est interrompue du fait d'une décision de refus de titre de séjour qui a été annulée par le juge administratif, le respect de cette condition s'apprécie en prenant en compte la durée de détention d'un titre de séjour antérieure à la décision illégale de refus de titre et la durée de détention à compter de l'obtention d'un nouveau titre. • CE 10 juill. 2015, *M. B. A.*, n° 375886 B.

6. Décompte de la durée de séjour de 5 ans. Le législateur a subordonné le bénéfice du RSA pour les étrangers, sous réserve de certaines exceptions, à une condition de détention d'un titre de séjour autorisant à travailler depuis au moins cinq ans à la date de la demande ; si cette période doit être continue, le respect de cette condition ne saurait toutefois être affecté en principe par une interruption correspondant à la durée nécessaire à l'examen d'une demande de renouvellement ou d'obtention d'un nouveau titre de séjour permettant l'exercice d'une activité professionnelle. • CE 22 oct. 2018, n° 413592 : *RDSS 2018. 1114, obs. Dagorne-Labbe*.

7. Carte de résident et examen de la condition de ressources. Si la circonstance qu'un étranger soit titulaire d'une carte de résident délivrée sur le fondement du 2° de l'art. L. 314-11 CESEDA ne fait pas obstacle, par elle-même, à ce qu'il puisse bénéficier du RSA, le titulaire d'une telle carte est réputé entièrement pris en charge par son descendant et ne saurait dès lors, en principe, être regardé comme remplissant la condition de ressources prévue par les art. L. 262-2, L. 262-3 et L. 262-4 CASF ; il ne peut en aller autrement que si l'intéressé, invoquant un changement dans sa situation à cet égard depuis la délivrance de ce titre de séjour, justifie qu'il ne peut plus, du fait de ce changement, être regardé comme entièrement pris en charge par son descendant, la condition de ressources devant être alors examinée au regard de l'ensemble des ressources du foyer. • CE 26 avr. 2022, n° 449780 B.

8. Stagiaires de la formation professionnelle continue. Une personne inscrite dans un établissement d'enseignement supérieur en tant que stagiaire de la formation professionnelle continue ne peut être regardée comme un étudiant au sens du 3° de l'art. L. 262-4 CASF et peut donc prétendre au bénéfice du RSA dès lors qu'elle remplit par ailleurs l'ensemble des conditions d'ouverture des droits. • CE 30 juin 2023, n° 464587 B : *RDSS 2023. 775, obs. Prétot*.

Art. L. 262-5 Pour être pris en compte au titre des droits du bénéficiaire, le conjoint, concubin ou partenaire lié par un pacte civil de solidarité du bénéficiaire doit remplir les conditions mentionnées aux 2° et 4° de l'article L. 262-4.

Pour être pris en compte au titre des droits d'un bénéficiaire étranger non ressortissant d'un État membre de l'Union européenne, d'un autre État partie à l'accord sur l'Espace économique européen ou de la Confédération suisse, les enfants étrangers doivent remplir les conditions mentionnées à l'article L. 512-2 du code de la sécurité sociale.

COMMENTAIRE

Le RSA se construisant en considération du « foyer » du bénéficiaire, notamment pour le calcul de son montant sous le double aspect de l'établissement du « montant forfaitaire » et des revenus à prendre en compte pour définir le « revenu garanti » (V. art. L. 262-2), la disposition ci-dessus prévoit les conditions dans lesquelles les conjoints et assimilés (PACS et concubinage) sont pris en compte. Les conjoints, partenaires d'un pacte civil de solidarité ou concubins doivent remplir les conditions de nationalité et de régularité du séjour définis à l'article L. 262-4 ; ils doivent aussi ne pas être volontairement sans activité (congé parental, sabbatique, sans solde ou disponibilité) ; en revanche, les conditions d'âge et les statuts d'élèves, étudiants et stagiaires ne leur sont pas opposables.

En second lieu, la disposition ci-dessus détaille les conditions de prise en compte des enfants, dont la présence conduit à augmenter le « montant forfaitaire », lorsque le parent bénéficiaire est un ressortissant non européen ; dans ce cas, les enfants concernés doivent remplir les conditions énoncées pour le bénéfice des prestations familiales à l'article L. 512-2 du code de la sécurité sociale : soit être nés en France, soit y être entrés au titre du regroupement familial, soit appartenir aux catégories « réfugiés, apatrides, bénéficiaires de la protection subsidiaire, titulaires de la carte de résident ou d'un titre conférant des droits équivalents ». ❑

Prise en compte des enfants ouvrant droit aux prestations familiales. Les enfants mineurs non mariés à la charge effective des ascendants directs au premier degré, résidant régulièrement en France, d'une personne dont la reconnaissance du statut de réfugié est intervenue pendant sa minorité ouvrent droit à prestations familiales pour l'application de l'art. L. 512-2 CSS ; par suite, ces enfants doivent être pris en compte dans la détermination des droits au RSA. • CE 30 déc. 2021, n° 446929 B : *RDSS 2022. 158, concl. M. Sirinelli*.

Art. L. 262-6 **Par exception au 2° de l'article L. 262-4, le ressortissant d'un État membre de l'Union européenne, d'un autre État partie à l'accord sur l'Espace économique européen ou de la Confédération suisse doit remplir les conditions exigées pour bénéficier d'un droit de séjour et avoir résidé en France durant les trois mois précédant la demande.**

Cependant, aucune condition de durée de résidence n'est opposable :

1° A la personne qui exerce une activité professionnelle déclarée conformément à la législation en vigueur ;

2° A la personne qui a exercé une telle activité en France et qui, soit est en incapacité temporaire de travailler pour raisons médicales, soit suit une formation professionnelle au sens des articles L. 6313-1 et L. 6314-1 du code du travail, soit est inscrite sur la liste visée à l'article L. 5411-1 du même code.

Le ressortissant d'un État membre de l'Union européenne, d'un autre État partie à l'accord sur l'Espace économique européen ou de la Confédération suisse, entré en France pour y chercher un emploi et qui s'y maintient à ce titre, n'a pas droit au revenu de solidarité active.

La condition de durée de résidence visée au premier alinéa n'est pas opposable aux ascendants, descendants ou conjoint d'une personne mentionnée aux 1° ou 2°.

COMMENTAIRE

La disposition ci-dessus vient compléter l'article L. 262-4, 2°, qui définit les conditions de nationalité et de résidence requises pour bénéficier du RSA.

Dérogeant à cette disposition, elle organise le régime juridique de l'accès à la nouvelle prestation pour les ressortissants européens (ressortissants des États membres de l'Union européenne, d'un État partie à l'accord sur l'Espace économique européen ou de la Confédération helvétique). Tout d'abord, même si cela n'est pas indiqué, ces ressortissants doivent justifier d'une « résidence stable et effective » comme le prévoit l'article L. 262-2. Mais ensuite, en application de la directive communautaire n° 2004/38 du 29 avril 2004, le texte prévoit que ces ressortissants doivent avoir résidé en France durant les 3 mois précédant la demande et remplir les conditions pour bénéficier d'un droit de séjour (avoir une activité professionnelle, être en formation, disposer de ressources suffisantes et d'une assurance maladie ou être parents proches de personnes répondant à ces conditions).

La condition relative à la durée du séjour (3 mois) n'est cependant pas requise des personnes qui exercent une activité professionnelle déclarée, ni de celles qui, ayant exercé une telle activité en France, se trouvent dans l'incapacité temporaire de travailler pour des raisons médicales, qui sont en formation professionnelle (C. trav., art. L. 6313-1 et L. 6314-1) ou inscrites au chômage (C. trav., art. L. 5411-1 et s.). Cette condition de durée préalable du séjour n'est pas requise non plus des ascendants, descendants ou conjoints d'un ressortissant européen. L'article prévoit enfin que ces mêmes ressortissants ne sont pas éligibles au RSA lorsqu'ils séjournent en France pour y chercher un emploi.

Ces dispositions, qui adaptent le RSA au droit de libre circulation des ressortissants des États membres de l'Union ou de l'Espace économique européen, ne font que prolonger le droit en vigueur pour l'ensemble des prestations de la protection sociale. ❑

1. Droit au séjour d'un ressortissant espagnol inscrit comme demandeur d'emploi. Pour pouvoir bénéficier du RSA, les ressortissants des États membres de l'Union européenne (UE), des autres États parties à l'accord sur l'Espace économique européen (EEE) ou de la Confédération suisse doivent remplir les conditions exigées pour bénéficier d'un droit au séjour; au-delà de trois mois, un tel droit au séjour est notamment ouvert au ressortissant qui exerce une activité professionnelle en France et, au-delà de 5 ans de résidence légale et ininterrompue, il est acquis à titre permanent; enfin, le droit au séjour supérieur à 3 mois au titre de l'exercice d'une activité professionnelle est maintenu, pendant 6 mois, au ressortissant qui se trouve en chômage involontaire dûment constaté à la fin d'un contrat de travail à durée déterminée inférieure à un an et, sans limitation de durée, au ressortissant qui se trouve dans une telle situation après avoir été employé pendant plus d'un an et s'est fait enregistrer en qualité de demandeur d'emploi auprès du service de l'emploi compétent; par suite, la seule circonstance que le contrat ayant précédé l'inscription en qualité de demandeur d'emploi ait été d'une durée de moins d'un an n'est pas de nature à limiter le droit au séjour de l'intéressé à une période de 6 mois. • CE 18 févr. 2019, n° 417021 B.

2. Situation d'un ascendant étranger d'un ressortissant français. Le droit au séjour ouvert à l'ascendant d'un citoyen de l'Union européenne au titre du 4° de l'art. L. 121-1 CESEDA est subordonné à la condition que le citoyen de l'Union européenne accompagné ou rejoint par l'intéressé se prévalant de sa qualité d'ascendant séjourne lui-même en France en exerçant le droit au séjour; or un ressortissant français, lorsqu'il réside en France, n'exerce pas un droit qui lui serait ouvert en qualité de citoyen de l'Union. • CE 19 nov. 2021, n° 448443 B.

Art. L. 262-7 *(Abrogé par L. n° 2016-1917 du 29 déc. 2016, art. 87-II, à compter du 1er janv. 2017)* ***« Pour bénéficier du revenu de solidarité active, le travailleur relevant du régime mentionné à l'article L. 611-1 du code de la sécurité sociale doit n'employer, au titre de son activité professionnelle, aucun salarié et réaliser un chiffre d'affaires n'excédant pas un niveau fixé par décret.***

« Pour bénéficier du revenu de solidarité active, le travailleur relevant du régime mentionné à l'article L. 722-1 du code rural et de la pêche maritime doit mettre en valeur une exploitation pour laquelle le dernier bénéfice agricole connu n'excède pas un montant fixé par décret. »

Un décret en Conseil d'État définit les règles de calcul du revenu de solidarité active applicables aux travailleurs mentionnés *(L. n° 2016-1917 du 29 déc. 2016, art. 87-II, en vigueur le 1er janv. 2017)* **« à l'article L. 611-1 du code de la sécurité sociale et aux articles L. 722-1 et L. 781-9 du code rural et de la pêche maritime », ainsi qu'aux salariés employés dans les industries et établissements mentionnés à l'article L. 3132-7 du code du travail ou exerçant leur activité de manière intermittente.**

COMMENTAIRE

Le RSA concernant – outre des bénéficiaires sans aucune ressource – des personnes exerçant une activité professionnelle, dont une part dominante est constituée de salariés, la loi devait nécessairement envisager le cas des actifs indépendants qui, eux aussi, peuvent n'avoir que des revenus réduits et, en tout état de cause, insuffisants pour satisfaire correctement leurs besoins. C'est ce à quoi s'emploie la disposition ci-dessus.

Cet article prend en compte tout d'abord les travailleurs non salariés relevant du régime social des indépendants (CSS, art. L. 611-1 s., professions industrielles, commerciales, artisanales et libérales).

Il intègre aussi dans le champ d'application personnel du RSA les exploitants agricoles ainsi que les artisans pêcheurs agricoles (à savoir les non-salariés). Il ouvre enfin le bénéfice du RSA aux travailleurs saisonniers (C. trav., art. L. 3132-7) ainsi qu'aux travailleurs intermittents.

Pour toutes ces catégories, lorsqu'elles ne disposent que de faibles revenus d'activité, le RSA intervient comme complément de ressources pour les amener au niveau d'un « revenu garanti » selon les mêmes mécanismes que pour les salariés, avec cependant la différence que leur revenu d'activité est évalué forfaitairement par décret.

Il est à noter que la disposition a été fortement simplifiée par la loi de finances pour 2017 qui renvoie au pouvoir réglementaire le soin de préciser les modes de calcul des revenus de ces actifs. ❑

1. Évaluation des ressources du travailleur indépendant. Il résulte des dispositions du CASF, et notamment de ses art. L. 262-2 et L. 262-7, que l'évaluation des revenus professionnels des travailleurs indépendants est réalisée au vu du dernier chiffre d'affaires annuel connu qui ne doit pas excéder un niveau fixé aux art. 50-O et 102 *ter* CGI ; partant, c'est sur la base de ce chiffre d'affaires et des éléments de toute nature relatifs aux revenus professionnels de l'intéressé que le président du conseil général doit arrêter l'évaluation des revenus professionnels non salariés nécessaires au calcul du RSA. • CAA Nantes, 14 mars 2013, n° 12NT01671 : *AJDA 2013. 925, chron. Degommier*. ♦ Pour arrêter les revenus professionnels non salariés nécessaires au calcul du RSA, lorsqu'il s'agit de bénéfices industriels et commerciaux ou de bénéfices non commerciaux, le président du conseil départemental doit, en cas de déclaration ou d'imposition, se référer aux bénéfices déterminés en fonction des régimes d'imposition applicables au titre de la pénultième année, auxquels s'ajoutent les amortissements et les plus-values professionnels, et sans tenir compte des déficits catégoriels et des moins-values subis au cours de l'année de référence ainsi que des déficits constatés au cours des années antérieures ; il peut également tenir compte de tout autre élément relatif aux revenus professionnels de l'intéressé, dans le but notamment de mieux appréhender la grande variété des situations des travailleurs indépendants et de procéder à une meilleure approximation des revenus perçus par ceux-ci à la date à laquelle ils bénéficient du RSA. • CE 28 déc. 2018, n° 412401 B.

2. Champ d'application personnel du droit à l'allocation. Il résulte des art. L. 115-2, L. 262-2 et L. 262-3 CASF que le RSA est versé en fonction des ressources dont dispose le foyer, au sein duquel le bénéficiaire est d'ailleurs, en l'absence de prestations familiales, librement déterminé par les intéressés ; par suite, les dispositions de l'art. L. 262-7 qui fixent les conditions dans lesquelles un travailleur relevant du régime social des indépendants peut bénéficier du RSA doivent nécessairement être comprises comme visant tant le bénéficiaire lui-même que son conjoint, son partenaire lié par un pacte civil de solidarité ou son concubin faisant partie du foyer. • CE 14 juin 2017, n° 398535 B.

Art. L. 262-7-1 *(L. n° 2009-1673 du 30 déc. 2009, art. 135-I)* **Par dérogation au 1° de l'article L. 262-4, une personne âgée de dix-huit ans au moins et de vingt-cinq ans au plus bénéficie du revenu de solidarité active sous réserve d'avoir, dans des conditions fixées par décret, exercé une activité professionnelle pendant un nombre déterminé d'heures de travail au cours d'une période de référence précédant la date de la demande.**

COMMENTAIRE

La loi de finances pour 2010 a introduit dans le code la disposition ci-dessus. Elle élargit le champ d'application personnel du RSA dont les critères sont définis au 1° de l'article L. 262-4. Le principe, qui a prévalu depuis l'institution du RMI en 1988, a été de n'ouvrir le droit à ces prestations (RMI et dorénavant RSA) qu'aux personnes âgées de plus de 25 ans ou à celles qui, ne remplissant pas cette condition, ont à charge un ou plusieurs enfants. Ce choix, qui exclut du revenu minimum les jeunes majeurs dont un nombre significatif est en situation d'exclusion (pas de ressources propres et rupture avec la famille), fait l'objet d'une contestation constante : beaucoup proposant de fixer à 18 ou 20 ans l'âge d'ouverture du droit. Sans aller jusque-là, l'article L. 262-7-1 nouveau permet dorénavant d'accorder le RSA à une personne âgée de 18 à 25 ans, dès lors que cette dernière a eu une activité professionnelle (dont le volume est fixé par voie réglementaire). Cette mesure revêt une certaine légitimité : d'une part, parce que l'activité professionnelle du jeune majeur manifeste son autonomie par rapport à sa famille ; d'autre part, parce que le RSA se présente, à côté de sa nature de minimum social garanti, comme un dispositif complémentaire de revenu pour des « travailleurs pauvres ». Il est néanmoins permis de regretter – compte tenu des conditions d'admission très strictes retenues par les pouvoirs publics (justifier de deux ans d'activité à temps plein sur une période de trois ans précédant la demande) – le nombre finalement très restreint (environ 160 000 jeunes sur une population de près de six millions entrant dans la classe d'âge) de personnes éligibles à ce dispositif… ❑

Art. L. 262-8 **Lorsque** *(L. n° 2009-1673 du 30 déc. 2009, art. 135-II)* **« le demandeur est âgé de plus de vingt-cinq ans ou assume la charge d'un ou plusieurs enfants nés ou à naître et que sa situation exceptionnelle » au regard de son insertion sociale et professionnelle le justifie, le président du conseil départemental peut déroger, par une décision individuelle, à l'application des conditions fixées dans la première phrase du 3° de l'article L. 262-4** *(Abrogé par L. n° 2016-1917 du 29 déc. 2016, art. 87-II, à compter du 1er janv. 2017) « ainsi qu'à l'article L. 262-7 »*.

COMMENTAIRE

Par la disposition ci-dessus, la loi autorise le président du conseil départemental, autorité en charge de décider de l'attribution du RSA (art. L. 262-13), à déroger à certaines des conditions requises pour en bénéficier. Ce pouvoir de dérogation est doublement limité par le texte.

D'une part, la dérogation ne peut concerner qu'une seule des conditions d'éligibilité au RSA telles que fixées à l'article L. 262-4, 3°, à savoir celle qui exclut de son bénéfice les élèves, les étudiants ou stagiaires ; autrement dit, certaines personnes peuvent en bénéficier alors même qu'elles sont élèves, étudiantes ou stagiaires ; dans le même ordre d'idées, le président du conseil départemental peut passer outre les plafonds de revenus concernant les indépendants, les exploitants agricoles ou encore les saisonniers et intermittents (art. L. 262-7).

Mais, d'autre part, ces dérogations sont subordonnées à une condition légale, certes relativement ouverte, mais qui devra conduire le président de conseil départemental à les motiver avec précision : il faut qu'elles soient commandées par « la situation exceptionnelle du demandeur au regard de son insertion sociale et professionnelle ». ❑

Art. L. 262-9 **Le montant forfaitaire mentionné** *(L. n° 2015-994 du 17 août 2015, art. 58-5°, en vigueur le 1er janv. 2016)* **« à » l'article L. 262-2 est majoré, pendant une période d'une durée déterminée, pour :**

1° Une personne isolée assumant la charge d'un ou de plusieurs enfants ;

2° Une femme isolée en état de grossesse, ayant effectué la déclaration de grossesse et les examens prénataux.

La durée de la période de majoration est prolongée jusqu'à ce que le dernier enfant ait atteint un âge limite.

Est considérée comme isolée une personne veuve, divorcée, séparée ou célibataire, qui ne *(L. n° 2011-1906 du 21 déc. 2011, art. 115)* **« vit pas en couple de manière notoire et permanente et qui notamment ne met pas en commun avec un conjoint, concubin ou partenaire de pacte civil de solidarité ses ressources et ses charges. Lorsque l'un des membres du couple réside à l'étranger, n'est pas considéré comme isolé celui qui réside en France ».**

COMMENTAIRE

L'article L. 262-9 est la conséquence de l'intégration dans le RSA de l'API et donc de la disparition de cette prestation. Outre le fait que l'API n'avait pas principalement un but d'insertion professionnelle mais répondait plutôt à un souci de protection des enfants, ce qui a conduit à aménager les conditions d'accès à la nouvelle prestation (art. L. 262-4, 3°), le point fondamental était que l'API avait un montant supérieur au RMI. Il fallait donc, sauf à accepter une diminution sensible du « montant forfaitaire » dorénavant attribué aux anciens allocataires de l'API, créer une majoration du RSA bénéficiant aux allocataires relevant antérieurement de l'API.

La disposition, pour déterminer les bénéficiaires de cette majoration, ne fait que reprendre le champ d'application personnel de l'ancienne allocation (personne assumant la charge d'un ou de plusieurs enfants, femme en état de grossesse) en maintenant la condition d'« isolement », les bénéficiaires ne devant pas vivre en couple « de manière notoire et permanente ». Par ailleurs, comme par le passé pour l'API, la majoration est due jusqu'à ce que le dernier enfant à charge ait atteint l'âge de trois ans.

La LFSS n° 2011-1906 du 21 décembre 2011 a introduit un ajout venant préciser la notion « d'isolement » : le demandeur ne doit pas vivre en couple de manière notoire et permanente, ce qui est notamment attesté par le fait qu'il ne met pas ses ressources et ses charges en commun avec un conjoint, un concubin ou un partenaire de PACS. ❑

1. Date d'ouverture du droit. Il résulte, des dispositions combinées des art. L. 262-2 et L. 262-9 CASF, que la majoration du RSA a pour objet d'aider les parents isolés ou les femmes enceintes isolées dont les ressources sont inférieures au niveau garanti au titre du RSA à surmonter cette situation pendant une durée déterminée, cette durée pouvant être prorogée pour les aider à assurer l'éducation de jeunes enfants de moins de trois ans. Par suite, la date à laquelle les conditions d'ouverture du droit sont réunies, mentionnée à l'art. R. 262-2 CASF, doit être comprise comme visant la date à laquelle sont remplies toutes les conditions, tenant notamment au niveau de ressources et à la situation de personne isolée ayant la charge d'un ou de plusieurs enfants ou en état de grossesse, auxquelles est subordonné le droit au RSA majoré. • CE 12 oct. 2016, n° 391411 B.

2. Résidence alternée de l'enfant. Lorsqu'un parent allocataire du RSA bénéficie pour son enfant, conjointement avec l'autre parent dont il est divorcé ou séparé de droit ou de fait, d'un droit de résidence alternée qui est mis en œuvre de manière effective et équivalente, ce parent doit être regardé comme assumant la charge effective et permanente de l'enfant et a droit, sauf accord contraire entre les parents ou mention contraire dans une décision du juge judiciaire, au bénéfice de la moitié de la majoration pour enfant à charge du montant forfaitaire mentionné à l'art. L. 262-2-2° CASF et, s'il en remplit les autres conditions, de la moitié de la majoration pour parent isolé mentionnée à l'art. L. 262-9 du même code. • CE 21 juill. 2017, n° 398911 B. ♦ Toutefois, compte tenu des incidences possibles de ce partage sur les droits de l'autre parent, susceptible de bénéficier lui aussi du RSA, il appartient au parent qui sollicite une telle répartition d'établir l'existence d'une résidence alternée mise en œuvre de manière effective et équivalente, laquelle doit être présumée s'il fournit à l'organisme chargé du service du RSA, à défaut de partage de la charge de l'enfant pour le calcul des allocations familiales, une convention homologuée par le juge aux affaires familiales, une décision de ce juge ou un document attestant de l'accord existant entre les parents sur ce mode de résidence. • Même arrêt.

Art. L. 262-10 *(L. n° 2019-1446 du 24 déc. 2019, art. 82-IV, en vigueur le 1er juill. 2020)* **« I. — Le droit au revenu de solidarité active est subordonné à la condition que le foyer fasse valoir ses droits aux prestations sociales, législatives, réglementaires et conventionnelles, à l'exception des allocations mensuelles mentionnées au dernier alinéa de l'article L. 222-3.**

« La condition prévue au premier alinéa du présent I ne porte sur les pensions de vieillesse des régimes légalement obligatoires que si la personne qui peut y prétendre a atteint l'âge mentionné au 1° de l'article L. 351-8 du code de la sécurité sociale ou, si elle a été reconnue inapte au travail en application de l'article L. 351-7 du même code, l'âge mentionné *(L. n° 2023-270 du 14 avr. 2023, art. 11-II-2°, en vigueur le 1er sept. 2023)* **« à l'article L. 351-1-5 » dudit code.**

« Cette condition ne porte sur l'allocation mentionnée à l'article L. 815-1 du même code que si la personne qui peut y prétendre a atteint l'âge mentionné au 1° de l'article L. 351-8 du même code, à moins qu'elle ait été reconnue inapte au travail en application de l'article L. 351-7 du même code ou ne relève d'aucun régime de base obligatoire d'assurance vieillesse.

« II. — » En outre, il est subordonné à la condition que le foyer fasse valoir ses droits :

1° Aux créances d'aliments qui lui sont dues au titre des obligations instituées par les articles 203, 212, 214, 255, 342 et 371-2 du code civil ainsi qu'à la prestation compensatoire due au titre de l'article 270 du même code ;

2° Aux pensions alimentaires accordées par le tribunal au conjoint ayant obtenu le divorce, dont la requête initiale a été présentée avant l'entrée en vigueur de la loi n° 75-617 du 11 juillet 1975 portant réforme du divorce.

COMMENTAIRE

La disposition ci-dessus a été partiellement réécrite par la LFSS pour 2020 (L. n° 2019-1446 du 24 déc. 2019, art. 82-IV).

Elle reprend, avec adaptation, le principe de subsidiarité qui était déjà en vigueur pour le RMI. Ce principe signifie que le bénéficiaire du RSA doit préalablement faire valoir ses droits « aux prestations sociales, législatives, réglementaires et conventionnelles ». Il en va de même pour les créances alimentaires du code civil, la prestation compensatoire et les pensions alimentaires éventuellement ordonnées par le juge dans le cadre d'un divorce. Toutefois, ce principe ne joue pas pour les allocations mensuelles de l'ASE (art. L. 222-3).

En ce qui concerne les pensions de vieillesse des régimes légalement obligatoires, la subsidiarité ne s'applique que si la personne intéressée a atteint l'âge légal de la retraite (CSS, art. L. 351-8 et L. 161-17-2) ou si, reconnue inapte au travail, elle est concernée par la condition d'âge définie pour les pensions prévues à l'article L. 351-7 du CSS. Le même principe s'applique pour l'allocation de solidarité aux personnes âgées (ASPA : CSS, art. L. 815-1).

Il est à noter que la subsidiarité ne s'applique que pour la seule part qui correspond au revenu minimal garanti (montant de RSA correspondant à la différence entre le montant forfaitaire et les revenus d'activité du foyer). ❑

Ancien art. L. 262-10 *Le droit* (L. n° 2015-994 du 17 août 2015, art. 58-6°, en vigueur le 1er janv. 2016) *« au » revenu de solidarité active* (Abrogé par L. n° 2015-994 du 17 août 2015, art. 58-6°, à compter du 1er janv. 2016) ***« correspondant à la différence entre le montant forfaitaire mentionné au 2° de l'article L. 262-2 applicable au foyer et les ressources de celui-ci » est subordonné à la condition que le foyer fasse valoir ses droits aux prestations sociales, législatives, réglementaires et conventionnelles, à l'exception des allocations mensuelles mentionnées à l'article L. 222-3 et, sauf pour les personnes reconnues inaptes au travail dont l'âge excède celui mentionné au premier alinéa de l'article L. 351-1 du code de la sécurité sociale, des pensions de vieillesse des régimes légalement obligatoires.***

En outre, il est subordonné à la condition que le foyer fasse valoir ses droits :

1° Aux créances d'aliments qui lui sont dues au titre des obligations instituées par les articles 203, 212, 214, 255, 342 et 371-2 du code civil ainsi qu'à la prestation compensatoire due au titre de l'article 270 du même code ;

2° Aux pensions alimentaires accordées par le tribunal au conjoint ayant obtenu le divorce, dont la requête initiale a été présentée avant l'entrée en vigueur de la loi n° 75-617 du 11 juillet 1975 portant réforme du divorce.

Revenu de solidarité active et bénéfice de l'allocation de solidarité aux personnes âgées. Si le bénéfice de l'allocation de solidarité aux personnes âgées, qui revêt le caractère d'une prestation sociale au sens de l'art. L. 262-10, est subordonné à la condition d'avoir fait valoir ses droits en matière d'avantages de vieillesse, elle ne peut toutefois être regardée comme une pension de vieillesse ; par suite, le droit au RSA est subordonné, pour les personnes qui remplissent les conditions pour en bénéficier, à la condition de faire valoir leurs droits à cette allocation, sauf à ce qu'elles ne remplissent pas encore les conditions pour bénéficier de la liquidation d'une pension de retraite à taux plein. • CE 2 oct. 2019, n° 418930 B : *RDSS 2019. 1111, concl. Decout-Paolini*. ♦ Par ailleurs, si le bénéficiaire qui acquiert des droits aux prestations sociales dont il ne disposait pas lors de l'ouverture du droit à l'allocation de RSA ne fait pas valoir ses droits à prestations dans un délai de deux mois à compter de l'injonction qui lui en est faite par le président du conseil départemental, ce dernier peut mettre fin au versement de l'allocation ou en réduire le montant. • Même arrêt.

Art. L. 262-11 Les organismes chargés de l'instruction des demandes et du service du revenu de solidarité active, mentionnés aux articles L. 262-15 et L. 262-16, assistent le demandeur dans les démarches rendues nécessaires pour la réalisation des obligations mentionnées à l'article L. 262-10.

Une fois ces démarches engagées, l'organisme chargé du service sert, à titre d'avance, le revenu de solidarité active au bénéficiaire et, dans la limite des montants alloués, est subrogé, pour le compte du département, dans les droits du foyer vis-à-vis des organismes sociaux ou de ses débiteurs.

COMMENTAIRE

L'article L. 262-11 vient tempérer la rigueur que pourrait revêtir l'affirmation et surtout la mise en œuvre du principe de subsidiarité de l'allocation du RSA consacré à l'article L. 262-10. Compte tenu, en effet, des difficultés des personnes concernées, un tel principe pourrait conduire à en écarter un grand nombre alors même qu'elles ne disposent guère des moyens nécessaires pour faire valoir leurs droits.

Plusieurs aménagements sont ainsi prévus ; tout d'abord, l'obligation faite aux organismes en charge de l'instruction des demandes de RSA d'assister le demandeur dans les démarches nécessaires pour qu'il puisse faire valoir ses droits aux prestations et créances civiles qui lui sont dues. Ensuite, l'obligation de verser le RSA à titre d'avance dès lors que ces démarches sont engagées. Enfin, la subrogation du département qui est l'organisme prestataire dans les droits du demandeur pour les faire valoir, dans la limite des montants alloués, auprès des organismes sociaux et autres débiteurs. ❑

Art. L. 262-12 **Le foyer peut demander à être dispensé de satisfaire aux obligations mentionnées** *(L. n° 2019-1446 du 24 déc. 2019, art. 82-IV, en vigueur le 1er juill. 2020)* **« au II » de l'article L. 262-10. Le président du conseil départemental statue sur cette demande compte tenu de la situation du débiteur défaillant et après que le demandeur, assisté le cas échéant de la personne de son choix, a été mis en mesure de faire connaître ses observations. Il peut mettre fin au versement du revenu de solidarité active ou le réduire d'un montant au plus égal à celui de la créance alimentaire, lorsqu'elle est fixée, ou à celui de l'allocation de soutien familial.**

COMMENTAIRE

Ce dernier article, L. 262-12, de la sous-section consacrée aux conditions d'ouverture du RSA vient parachever les aménagements apportés au principe de subsidiarité de l'allocation. Si le demandeur rencontre des difficultés pour obtenir le règlement de ses créances, essentiellement lorsque les débiteurs de créances alimentaires sont défaillants, le président du conseil départemental peut dispenser celui-ci d'en obtenir le paiement. Si le président du conseil départemental n'accède pas à cette demande de dispense, une procédure contradictoire au sein de laquelle l'intéressé pourra intervenir en étant assisté par un tiers permet à l'autorité départementale de décider une suspension du versement du RSA à hauteur du montant des créances alimentaires dues. ❑

SOUS-SECTION 2 Attribution et service de la prestation

Art. L. 262-13 **Le revenu de solidarité active est attribué par le président du conseil départemental du département dans lequel le demandeur réside ou a, dans les conditions prévues au chapitre IV du titre VI du présent livre, élu domicile.**

Le conseil départemental peut déléguer l'exercice de tout ou partie des compétences du président du conseil départemental en matière de décisions individuelles relatives à l'allocation aux organismes chargés du service du revenu de solidarité active mentionnés à l'article L. 262-16.

Sur l'expérimentation de la recentralisation du revenu de solidarité active, V. L. n° 2021-1900 du 30 déc. 2021 de finances pour 2022, art. 43 (JO 31 déc.) et Décr. n° 2022-130 du 5 févr. 2022 (JO 6 févr.), App., v° Insertion.

COMMENTAIRE

L'attribution du revenu de solidarité active relève de la responsabilité du président du conseil départemental, comme c'était déjà le cas pour le RMI depuis la loi n° 2003-1200 du 18 décembre 2003 qui a procédé à la décentralisation de ce dispositif en confiant la gestion de l'allocation au département. C'est le département dans lequel le demandeur a sa résidence ou a élu domicile selon les règles posées par les articles L. 264-1 et suivants qui en est le débiteur.

Cette compétence peut néanmoins être déléguée en totalité ou en partie par le président du conseil départemental aux organismes assurant le « service du revenu de solidarité active » au sens de l'article L. 262-16, à savoir les caisses d'allocations familiales et les caisses de mutualité sociale agricole. ❑

Art. L. 262-14 **La demande de revenu de solidarité active est déposée, au choix du demandeur, auprès d'organismes désignés par décret.**

COMMENTAIRE

Cet article L. 262-14 doit être lu avec l'article L. 262-17. La première disposition se contente d'indiquer que le demandeur du RSA est libre de déposer son dossier auprès d'un des organismes dont la liste est déterminée par le pouvoir réglementaire. Ces derniers, s'ils ne le sont pas eux-mêmes, doivent transmettre la demande aux organismes instructeurs qui sont désignés aux articles L. 262-15 et L. 262-16 ci-dessous.

Si l'on se réfère aux organismes qui intervenaient pour recueillir les demandes d'allocation du RMI, il s'agit – outre les services instructeurs – des services sociaux du département, des CCAS et CIAS (art. L. 123-5), des associations agréées et du nouveau « Pôle emploi » né de la fusion de l'ANPE et de l'Assedic. L'idée directrice est ici, depuis la création du RMI, d'ouvrir le plus largement possible les lieux de dépôt des demandes et, par là, de faciliter l'accès à leurs droits aux populations dont on sait qu'une part importante rencontre à cet égard des difficultés. ❑

Art. L. 262-15 L'instruction administrative de la demande est effectuée à titre gratuit, dans des conditions déterminées par décret, par les services du département ou l'organisme chargé du service du revenu de solidarité active. Peuvent également procéder à cette instruction le centre communal ou intercommunal d'action sociale du lieu de résidence du demandeur lorsqu'il a décidé d'exercer cette compétence ou, par délégation du président du conseil départemental dans des conditions définies par convention, des associations ou des organismes à but non lucratif.

Le décret mentionné au premier alinéa prévoit les modalités selon lesquelles l'institution mentionnée à l'article L. 5312-1 du code du travail peut concourir à cette instruction.

Sur les exceptions à l'application du droit des usagers de saisir l'administration par voie électronique concernant les démarches effectuées auprès des organismes de sécurité sociale et des collectivités territoriales, de leurs établissements publics ou des établissements publics de coopération intercommunale, V. ***CRPA****, App., v° Saisine par voie électronique – Exceptions.*

COMMENTAIRE

L'instruction de la demande de RSA est assurée soit par les services départementaux, soit par les CAF et caisses de MSA qui ont en charge le service de l'allocation (art. 262-16), soit par les CCAS et CIAS lorsque ces derniers décident d'exercer cette compétence. Le président du conseil départemental peut en outre, par convention, déléguer cette compétence à des associations ou des organismes habilités par lui. La loi institue donc des services instructeurs de droit en laissant à l'exécutif départemental la possibilité d'élargir, s'il le juge utile, l'offre en la matière.

Il est à noter que, compte tenu de l'importance accordée par les promoteurs du RSA à l'insertion professionnelle, que l'on souhaite la plus rapide possible, la loi prévoit que le « Pôle emploi » (art. L. 5312-1 du code du travail) né de la fusion de l'ANPE et des Assedic participe à cette instruction des demandes de façon à procéder dès cette phase préliminaire à un diagnostic dont on peut attendre qu'il oriente directement vers l'emploi le plus grand nombre possible de demandeurs. Cette précision rejoint ce que prescrit l'article L. 262-29, 1°, qui définit comme « prioritaire » l'orientation des allocataires vers l'emploi ou la création d'une activité. ❑

Art. L. 262-16 Le service du revenu de solidarité active est assuré, dans chaque département, par les caisses d'allocations familiales et, pour leurs ressortissants, par les caisses de mutualité sociale agricole.

COMMENTAIRE

L'article L. 262-16 reprend l'article L. 262-30 qui était issu de la loi n° 2003-1200 du 18 décembre 2003 : ainsi que c'était déjà le cas pour l'allocation du RMI, le service de l'allocation du RSA est assuré par les caisses d'allocations familiales et par les caisses de mutualité sociale agricole.

Les conditions dans lesquelles le service de l'allocation est assuré par ces organismes de sécurité sociale sont définies par une convention dont le contenu est précisé au sein de la sous-section concernant le financement du RSA, à l'article L. 262-25. On doit noter en outre que l'article L. 262-13, qui confie au président du conseil départemental la fonction d'attribuer l'allocation du RSA, indique que ce dernier peut déléguer aux organismes payeurs tout ou partie de ses compétences en matière de décisions individuelles d'attribution de l'allocation, ce que la convention de l'article L. 262-25 doit naturellement organiser.

Le choix maintenu de confier le paiement de l'allocation aux CAF et caisses de MSA, peu logique en théorie dans la mesure où il s'agit d'organismes relevant de la sécurité sociale, a été justifié au moment de la décentralisation de l'allocation du RMI au département, par des raisons d'efficacité technique, une telle solution dispensant les départements de créer les services spécialisés disponibles, en revanche, dans les organismes de sécurité sociale. Ajoutons que les CAF étaient en charge de la gestion de l'API, dorénavant fondue dans le RSA. ❑

Art. L. 262-17 Lors du dépôt de sa demande, l'intéressé reçoit, de la part de l'organisme auprès duquel il effectue le dépôt, une information sur les droits et devoirs des bénéficiaires du revenu de solidarité active définis à la section 3 du présent chapitre. Il est aussi informé des droits auxquels il peut prétendre au regard des revenus que les membres de son foyer tirent de leur activité professionnelle et de l'évolution prévisible de ses revenus en cas de retour à l'activité.

COMMENTAIRE

L'article L. 262-17 intervient en complément de l'article L. 262-14 en reprenant une disposition déjà en vigueur dans le cadre du RMI : l'ancien article L. 262-13. Il institue un droit à l'information au bénéfice des demandeurs du RSA, en ce qui concerne tant le montant de l'allocation compte tenu des ressources du foyer (al. 2) que les « droits et devoirs » qui lui incombent en matière d'insertion et dont le contenu a fait l'objet d'une consécration expresse dans la loi (art. L. 262-27 à L. 262-39).

Art. L. 262-18 Sous réserve du respect des conditions fixées à la présente section, le revenu de solidarité active est ouvert à compter de la date de dépôt de la demande.

COMMENTAIRE

Alors que la législation antérieure ne le prévoyait pas expressément (ancien art. L. 262-20), l'article L. 262-18 prévoit que le droit à l'allocation du RSA est ouvert à compter de la date du dépôt de la demande et non au terme de son instruction. Cette disposition est naturellement décisive pour améliorer la protection des bénéficiaires en établissant leur droit le plus favorablement possible.

Art. L. 262-19 Les conditions dans lesquelles le revenu de solidarité active peut être réduit ou suspendu lorsque l'un des membres du foyer est admis, pour une durée minimale déterminée, dans un établissement de santé ou qui relève de l'administration pénitentiaire sont fixées par décret en Conseil d'État.

Il est tenu compte, lorsqu'il s'agit du bénéficiaire, des charges de famille lui incombant.

La date d'effet et la durée de la réduction ou de la suspension ainsi que, le cas échéant, la quotité de la réduction varient en fonction de la durée du séjour en établissement.

Nouvel art. L. 262-19 (L. n° 2008-1249 du 1er déc. 2008, en vigueur le 1er juin 2009) ***Les conditions dans lesquelles le revenu de solidarité active peut être réduit ou*** (L. n° 2023-1196 du 18 déc. 2023, art. 3-I, en vigueur le 1er janv. 2025) ***« supprimé » lorsque l'un des membres du foyer est admis, pour une durée minimale déterminée, dans un établissement de santé ou qui relève de l'administration pénitentiaire sont fixées par décret en Conseil d'État.***

Il est tenu compte, lorsqu'il s'agit du bénéficiaire, des charges de famille lui incombant.

La date d'effet et la durée de la réduction ou de la (L. n° 2023-1196 du 18 déc. 2023, art. 3-I, en vigueur le 1er janv. 2025) ***« suppression » ainsi que, le cas échéant, la quotité de la réduction varient en fonction de la durée du séjour en établissement.***

COMMENTAIRE

Reprenant l'ancien article L. 262-25, l'article L. 262-19 envisage les incidences d'une hospitalisation ou d'une incarcération d'un membre du foyer du bénéficiaire sur le versement de l'allocation du RSA. Le texte prévoit la réduction ou la suppression de l'allocation dans ces deux hypothèses, en renvoyant au pouvoir réglementaire le soin d'en définir les conditions, et se contente d'indiquer que les dates d'effet ainsi que la quotité de la réduction ou de la suppression dépendent « de la durée du séjour en établissement ».

Il est à noter que la formulation initiale de cette disposition ne parlait pas de « suppression » mais de « suspension » ; c'est la loi du 18 décembre 2023 pour le plein emploi qui, dans une logique générale de renforcement des contraintes sur les allocataires, a ainsi modifié le texte.

Un autre critère doit être pris en compte : les charges de famille du bénéficiaire ; ainsi, lorsque ce dernier a des personnes à charge, notamment des enfants, cet élément doit intervenir dans l'appréciation du montant de la réduction ou dans la décision de suspension de l'allocation. ❑

Art. L. 262-20 **Un décret en Conseil d'État détermine le montant d'allocation calculée au-dessous duquel le revenu de solidarité active n'est pas versé.**

Art. L. 262-21 *(L. n° 2016-1917 du 29 déc. 2016, art. 87-I, en vigueur le 1er janv. 2017)* **Il est procédé au réexamen du montant de l'allocation mentionnée à l'article L. 262-2 selon une périodicité définie par décret. Les décisions qui en déterminent le montant sont révisées entre chaque réexamen dans les situations prévues par décret.**

(L. n° 2020-692 du 8 juin 2020, art. 6) **« En cas de décès d'un enfant mineur à la charge du foyer, le bénéficiaire a droit au maintien de la prise en compte de cet enfant au titre des droits du foyer au revenu de solidarité active, à compter de la date du décès et, le cas échéant, jusqu'au quatrième réexamen périodique suivant.**

« L'organisme chargé du service de la prestation informe sans délai le président du conseil départemental. Tout retard dans l'application de ce droit donne lieu, le cas échéant, au versement d'un rappel de droit.

« Ce droit s'applique, s'il y a lieu, au calcul de la prime d'activité mentionnée à l'article L. 841-1 du code de la sécurité sociale. »

COMMENTAIRE

L'article L. 262-21 reprend l'ancien article L. 262-27. Cette disposition, qu'il ne faut pas confondre avec les articles nouveaux L. 262-37 et L. 262-38 qui visent les cas de suspension et de radiation des bénéficiaires pour non-respect de leurs obligations, prévoit un réexamen périodique du montant de l'allocation de RSA de façon à tenir compte des modifications intervenues dans la situation du bénéficiaire : ces modifications concernent soit la composition du foyer dont dépend le calcul du montant des droits (art. L. 262-2), soit les revenus du foyer qui sont pris en compte et dont le niveau commande le montant de l'allocation (art. L. 262-3). Alors que l'allocation du RMI, encadrée par le rythme temporel du contrat d'insertion, faisait l'objet de réexamens trimestriels puis semestriels (ancien art. L. 262-19), l'allocation du RSA pourrait suivre les modalités de réexamen des prestations familiales.

La loi de finances n° 2016-1917 du 29 décembre 2016 avait déjà réécrit la disposition pour tenir compte d'une circonstance de fait : le décès d'un enfant mineur au sein du foyer d'un bénéficiaire du RSA. La loi n° 2020-692 du 8 juin 2020 (art. 6) d'amélioration des droits des travailleurs et d'accompagnement des familles après le décès d'un enfant en a livré une nouvelle mouture qui renforce les droits des bénéficiaires au maintien de la prestation, non pas en ce qui concerne la durée possible de sa perception sans prise en compte de la réduction du nombre de personnes au foyer, mais en ce qui concerne la procédure, en vue de faire valoir ce droit : ce sont les organismes publics (organisme gestionnaire de la prestation et président du conseil départemental) qui sont en charge de le mettre en œuvre. La prime d'activité bénéficie du même dispositif. ❑

Art. L. 262-22 **Le président du conseil départemental peut décider de faire procéder au versement d'avances sur droits supposés.**

Art. L. 262-23 *Abrogé par L. n° 2014-1655 du 29 déc. 2014, art. 28-II-1°, à compter du 1er janv. 2015.*

SOUS-SECTION 3 Financement du revenu de solidarité active

Art. L. 262-24 *(L. n° 2008-1249 du 1er déc. 2008 ; L. n° 2015-994 du 17 août 2015, art. 58-7°)* **I. — Le revenu de solidarité active est financé par les départements.**

Par dérogation aux dispositions du chapitre II du titre II du livre I, le revenu de solidarité active est à la charge du département dans lequel le demandeur réside ou a élu domicile, dans les conditions prévues au chapitre IV du titre VI du présent livre.

***Al. 2** abrogé par L. n° 2016-1917 du 29 déc. 2016, art. 152-I, à compter du 1er janv. 2017.*

(L. nº 2016-1917 du 29 déc. 2016, art. 152-I, en vigueur le 1er janv. 2017) **« II. — Par exception au I, l'État finance l'allocation de revenu de solidarité active versée aux personnes mentionnées à l'article L. 262-7-1. Il prend également en charge ses frais de gestion. »**

III. et IV. *— abrogés par L. nº 2016-1917 du 29 déc. 2016, art. 152-I, à compter du 1er janv. 2017.*

COMMENTAIRE

Le financement de l'allocation du RMI, pris en charge par l'État jusqu'à ce que la loi nº 2003-1200 du 18 décembre 2003 en confie la responsabilité au département, était assuré par des crédits inscrits au budget départemental et dont le montant était compensé par les dotations de l'État.

En élargissant son champ d'application personnel bien au-delà des personnes n'ayant pas de ressources et qui correspondent à ce qu'était la population cible du RMI, le RSA a imposé de trouver des financements complémentaires importants.

C'est pourquoi avait été créé le Fonds national des solidarités actives (FNSA), structure financière non personnalisée et gérée par la Caisse des dépôts et consignations (CDC) et qui avait vocation à financer le RSA dit « chapeau » conçu comme un complément de ressources alloué à des ménages ayant des revenus d'activité inférieurs à un seuil.

La création de la « prime d'activité » par la loi du 17 août 2015 a conduit à reformuler le partage de la charge financière entre l'État et le département. Au premier, revient le financement de la nouvelle prime d'activité (CSS, art. L. 843-6) ainsi que la prise en charge d'une catégorie de bénéficiaires (les foyers dont un membre est titulaire d'un CDD ou d'un CUI), des frais de fonctionnement et de gestion des organismes gestionnaires de l'allocation du RSA (CAF, MSA) et des aides de fin d'année ; au département, le financement du « RSA-socle » (désormais seul « RSA ») et des frais relatifs aux actions d'insertion.

La « prime d'activité » a eu un second effet : prise en charge directement par l'État, elle a réduit considérablement les dépenses financées par le Fonds national des solidarités actives, ce qui a conduit à supprimer cette structure dans la loi de finances pour 2017 (L. nº 2016-1917 du 29 déc. 2016).

Enfin, l'article L. 262-24-IV impose à l'État de déposer chaque année un rapport relatif à la mise en œuvre du RSA, ainsi que des produits qui lui ont été affectés. ❑

1. Conformité à la Constitution du financement du RSA. Dans la mesure où il prévoit que les départements continuent à assumer la charge du financement de la part de l'allocation de RSA correspondant à l'ancienne allocation de RMI et prennent en charge la part correspondant à l'ancienne allocation de parent isolé et où le supplément correspondant à la conservation d'une fraction des revenus de leur travail par les bénéficiaires est à la charge de l'État à travers le Fonds national des solidarités actives, l'art. L. 262-24, qui, au demeurant, n'a pas pour effet de restreindre les ressources des collectivités territoriales, doit être regardé comme conforme à l'art. 72-2 de la Constitution. • Cons. const., 30 juin 2011, nº 2011-142/145 QPC : *JO 1er juill. 2011, p. 11294 ; RDSS 2012. 63, note Donier.*

2. Étendue des règles de compensation. Les règles créant des charges nouvelles pour les collectivités territoriales et impliquant une compensation par l'État sont celles qui, tout à la fois, présentent un caractère obligatoire et sont propres aux compétences transférées ; ainsi, ne sont pas concernées par une telle compensation les charges nouvelles résultant notamment de la modification de règles de portée générale ayant une incidence financière sur l'exercice par les collectivités territoriales de leurs compétences • CE 21 févr. 2018, nº 409286 A : *AJDA 2018. 845, chron. Roussel et Nicolas ; RDSS 2018. 332, concl. Touboul.*

Art. L. 262-25 **I. — Une convention est conclue entre le département et chacun des organismes mentionnés à l'article L. 262-16.**

Cette convention précise en particulier :

1º Les conditions dans lesquelles le revenu de solidarité active est servi et contrôlé ;

2º Les modalités d'échange des données entre les parties ;

3º La liste et les modalités d'exercice et de contrôle des compétences déléguées, le cas échéant, par le département aux organismes mentionnés à l'article L. 262-16 ;

4º Les conditions dans lesquelles est assurée la neutralité des flux financiers pour la trésorerie de ces organismes ;

5° Les modalités d'information du président du conseil départemental lors de la reprise des versements après une période de suspension *(L. n° 2023-1196 du 18 déc. 2023, art. 3-I, en vigueur le 1er janv. 2025)* **« ou une suppression » ;**

6° Le degré de précision du motif des indus transférés au département ;

7° Les engagements de qualité de service et de contrôle pris par l'organisme payeur, notamment en vue de limiter les paiements indus.

Un décret détermine les règles générales applicables à cette convention.

II. — Lorsque les organismes payeurs mentionnés à l'article L. 262-16 transmettent au président du conseil départemental une demande de versement d'acompte *(Abrogé par L. n° 2015-994 du 17 août 2015, art. 58-8°, à compter du 1er janv. 2016)* ***« au titre du revenu de solidarité active »*, ils joignent à cette demande les montants nominatifs, bénéficiaire par bénéficiaire, des versements dont la somme est égale au montant global de l'acompte, en précisant l'objet de la prestation et la nature de chaque versement.**

III. — L'État et la Caisse des dépôts et consignations concluent avec l'Agence centrale des organismes de sécurité sociale et la Caisse nationale des allocations familiales, d'une part, et la Caisse centrale de la mutualité sociale agricole, d'autre part, une convention précisant les modalités de versement des fonds dus au titre du revenu de solidarité active, afin de garantir la neutralité des flux financiers pour la trésorerie de ces organismes.

IV. — A défaut des conventions mentionnées aux I et III, le service, le contrôle et le financement du revenu de solidarité active sont assurés dans des conditions définies par décret.

COMMENTAIRE

L'article L. 262-25 est à relier à l'article L. 262-16 qui prévoit que le service de l'allocation du RSA est assuré par les caisses d'allocations familiales et les caisses de mutualité sociale agricole en ce qui concerne leurs ressortissants.

Reprenant ce que prévoyait l'ancien article L. 262-30 pour le RMI, cette disposition impose qu'une convention soit signée entre le département et les deux organismes de sécurité sociale, à défaut de quoi (art. L. 262-25, IV) c'est le pouvoir réglementaire qui, par décret, organise les relations entre la collectivité départementale et les organismes payeurs de l'allocation.

La loi définit l'ensemble des éléments qui doivent être pris en compte par la convention : information réciproque des parties, conditions d'organisation et de contrôle du service de l'allocation, relations financières permettant d'assurer la « neutralité des flux financiers » (à savoir que les charges ne pèsent pas sur la trésorerie des organismes payeurs), gestion des suspensions, du remboursement des indus, engagements de qualité et de contrôle.

Le texte prévoit (III) en outre que l'État et la Caisse des dépôts et consignations (gestionnaire du FNSA) établissent avec l'Agence centrale des organismes de sécurité sociale (ACOSS) et la Caisse centrale de mutualité sociale agricole (CCMSA) une convention qui organise les modalités de versement des fonds en provenance du FNSA de façon à ce que ces dépenses soient « neutres » pour la trésorerie de ces organismes. ❑

1. Étendue de la délégation. Il résulte de l'art. L. 262-25 que le législateur n'a pas entendu limiter la nature et le nombre des compétences du président du conseil général en matière de décisions individuelles relatives à l'allocation de RSA susceptibles d'être déléguées par le conseil général aux organismes chargés du service de cette allocation. Il en va ainsi, notamment, de la compétence pour statuer sur les demandes de remise de créances relevant de financements départementaux. De même, la compétence dévolue au président du conseil général pour se prononcer sur le recours administratif préalable obligatoire formé contre une décision relative à l'allocation de RSA, qui conduit cette autorité à prendre une nouvelle décision se substituant à la décision contestée, figure au nombre des prérogatives susceptibles d'être concernées par cette délégation. • CE, avis, 23 mai 2011, n° 344970 : *Lebon 253* ; *AJDA 2011. 1642, concl. Landais* ; *AJCT 2011. 407, obs. Aubin* ; *RDSS 2011. 773, obs. Fabre*.

2. Contenu de la convention. La convention conclue entre le département et la caisse d'allocations familiales ne peut légalement prévoir qu'aucun recours administratif préalable dirigé contre une décision relative au RSA ne sera soumis pour avis à la commission de recours amiable. • CE 1er juill. 2020, n° 424289 B.

Art. L. 262-26 Lorsque le conseil départemental décide, en application de l'article L. 121-4, de conditions et de montants plus favorables que ceux prévus par les lois et règlements applicables au revenu de solidarité active, le règlement départemental d'aide sociale mentionne ces adaptations. Les dépenses afférentes sont à la charge du département. Elles font l'objet, par les organismes mentionnés à l'article L. 262-16, d'un suivi comptable distinct.

COMMENTAIRE

L'article L. 262-26 ouvre la possibilité pour le département de décider de conditions et de montants du RSA plus favorables que ceux prévus par la loi et le règlement. Cela étend au RSA ce qui est déjà prévu pour l'ensemble des prestations de l'aide sociale départementale (art. L. 121-4). En l'occurrence, la mesure est liée au fait que, dans le cadre de l'expérimentation du RSA qui a été conduite par trente-quatre départements, ces derniers ont souvent défini des montants d'allocation plus favorables que ce que la loi a finalement retenu : or il est apparu nécessaire que ces dispositions puissent être maintenues. Logiquement, l'article L. 262-26 impose que ces adaptations locales soient prévues par le règlement départemental d'action sociale (art. L. 121-3).

Loi n° 2008-1249 du 1er décembre 2008,

Généralisant le revenu de solidarité active et réformant les politiques d'insertion (JO 3 déc.).

Art. 7 I. — S'agissant de la contribution des départements au financement du revenu de solidarité active, mentionnée à l'article L. 262-24 du code de l'action sociale et des familles dans sa rédaction issue de la présente loi, le maintien de la compétence transférée par la loi n° 2003-1200 du 18 décembre 2003 portant décentralisation du revenu minimum d'insertion et créant un revenu minimum d'activité demeure compensé dans les conditions fixées à l'article 4 de cette loi.

A la date d'entrée en vigueur de la présente loi, l'allocation à la charge des départements mentionnée à l'article L. 262-24 du code de l'action sociale et des familles, dans sa rédaction issue de la présente loi, est calculée selon les mêmes modalités réglementaires que l'allocation prévue à l'article L. 262-3 du même code dans sa rédaction applicable avant l'entrée en vigueur de la présente loi.

II. — *(L. n° 2011-1977 du 28 déc. 2011, art. 38-II-A)* « Les charges nettes supplémentaires qui résultent pour les départements du transfert de compétence mis en œuvre par la présente loi sont intégralement compensées par l'État dans les conditions fixées par la loi de finances. »

A la date d'entrée en vigueur de la présente loi, le montant forfaitaire majoré mentionné à l'article L. 262-9 du code de l'action sociale et des familles, dans sa rédaction issue de la présente loi, est calculé selon les mêmes modalités réglementaires que l'allocation prévue à l'article L. 524-1 du code de la sécurité sociale, dans sa rédaction applicable avant l'entrée en vigueur de la présente loi.

La compensation financière mentionnée au premier alinéa s'opère, à titre principal, par l'attribution d'impositions de toute nature.

Si les recettes provenant des impositions attribuées en application de l'alinéa précédent diminuent, l'État compense cette perte dans des conditions fixées en loi de finances afin de garantir aux départements un niveau de ressources équivalant au montant du droit à compensation résultant de l'application du premier alinéa du présent II. Ces diminutions de recettes et les mesures de compensation prises au titre du présent alinéa font l'objet d'un rapport de la commission consultative sur l'évaluation des charges mentionnée à l'article L. 1211-4-1 du code général des collectivités territoriales.

Au titre de l'année 2009, cette compensation est calculée, pour les départements métropolitains, sur la base de la moitié des dépenses exposées par l'État en 2008 au titre de l'allocation de parent isolé, nettes des sommes exposées au titre de l'intéressement proportionnel et forfaitaire relevant de l'article L. 524-5 du code de la sécurité sociale dans sa rédaction applicable avant l'entrée en vigueur de la présente loi, constatées au 31 décembre 2008 par le ministre chargé de l'action sociale, et déduction faite du montant, constaté par le même ministre, de la moitié des dépenses ayant incombé aux départements en 2008 au titre de l'intéressement proportionnel et forfaitaire relevant de l'article L. 262-11 du code de l'action sociale et des familles dans sa rédaction antérieure à l'entrée en vigueur de la présente loi.

(L. nº 2011-1977 du 28 déc. 2011, art. 38-II-A) « Cette compensation est ajustée au vu des sommes enregistrées pour chaque département métropolitain dans les comptes des caisses d'allocations familiales et des caisses de la mutualité sociale agricole pour les mois de juin 2009 à novembre 2009 au titre du montant forfaitaire majoré mentionné à l'article L. 262-9 du code de l'action sociale et des familles, dans sa rédaction issue de la présente loi, et décaissées par les départements entre juillet et décembre 2009, sous réserve que, pour chaque département, ces sommes ne soient pas inférieures au montant de la moitié des dépenses exposées par l'État en 2008 au titre de l'allocation de parent isolé, nettes des sommes exposées au titre de l'intéressement proportionnel et forfaitaire relevant de l'article L. 524-5 du code de la sécurité sociale, dans sa rédaction applicable avant l'entrée en vigueur de la présente loi, constatées au 31 décembre 2008 par le ministre chargé de l'action sociale. » Cet ajustement est inscrit dans la loi de finances suivant l'établissement de ces comptes.

(L. nº 2011-1977 du 28 déc. 2011, art. 38-II-A) « Au titre des années suivantes, la compensation est ajustée de manière définitive au vu des sommes enregistrées pour chaque département dans les comptes des caisses d'allocations familiales et des caisses de la mutualité sociale agricole pour les mois de décembre 2009 à novembre 2010 au titre du montant forfaitaire majoré mentionné à l'article L. 262-9 du code de l'action sociale et des familles, dans sa rédaction issue de la présente loi, et décaissées par les départements entre janvier et décembre 2010, sous réserve que, pour chaque département, ces sommes ne soient pas inférieures au montant des dépenses exposées par l'État en 2008 au titre de l'allocation de parent isolé, nettes des sommes exposées au titre de l'intéressement proportionnel et forfaitaire relevant de l'article L. 524-5 du code de la sécurité sociale, dans sa rédaction applicable avant l'entrée en vigueur de la présente loi, constatées au 31 décembre 2008 par le ministre chargé de l'action sociale. » Cet ajustement est inscrit dans la loi de finances suivant l'établissement de ces comptes.

(L. nº 2018-1317 du 28 déc. 2018, art. 81-XI) « III. — A compter du 1er janvier 2019, les I et II ne s'appliquent pas à la collectivité territoriale de Guyane et au Département de Mayotte. »

IV. — La commission consultative sur l'évaluation des charges prévue à l'article L. 1211-4-1 du code général des collectivités territoriales est consultée, dans les conditions prévues aux articles L. 1614-3 et L. 1614-3-1 du même code :

— en 2009, pour vérifier l'exactitude des calculs concernant les dépenses engagées par l'État au titre de l'allocation de parent isolé en 2008, et concernant le coût en 2008 des intéressements proportionnels et forfaitaires relevant des articles L. 262-11 du code de l'action sociale et des familles et L. 524-5 du code de la sécurité sociale dans leur rédaction antérieure à la promulgation de la présente loi ;

— en 2010, sur les modalités d'évaluation des charges résultant *(L. nº 2011-1977 du 28 déc. 2011, art. 38-II-B)* « du transfert de compétence visé » au II du présent article ;

— en 2011, sur les modalités d'évaluation des charges résultant *(L. nº 2011-1977 du 28 déc. 2011, art. 38-II-B)* « du transfert de compétence visé » au II et sur l'adéquation de la compensation définitive au montant des dépenses engagées par les conseils départementaux. — *Le III devient le IV (L. nº 2018-1317 du 28 déc. 2018, art. 81-XI).*

(L. nº 2019-1479 du 28 déc. 2019, art. 77-XVII) « V. — A compter du 1er janvier 2020, les I et II ne s'appliquent pas au département de La Réunion. »

SECTION 3 Droits et devoirs du bénéficiaire du revenu de solidarité active

(L. nº 2008-1249 du 1er déc. 2008, en vigueur le 1er juin 2009)

COMMENTAIRE

Dès sa première mise en forme par la loi nº 88-1088 du 1er décembre 1988, le RMI organisait un équilibre entre d'une part, le droit à un revenu minimum et d'autre part, ce que le texte dénommait « l'engagement » du bénéficiaire à participer à des actions ou activités nécessaires à son insertion sociale et professionnelle. L'ambition centrale était certes de pallier les situations de pauvreté en assurant un minimum de ressources, mais aussi et surtout de contribuer à éloigner durablement les bénéficiaires de ces situations en les incitant à recouvrer un statut social et professionnel de droit commun. Cette conception fondatrice s'est maintenue tout au long des réformes et aménagements qu'a connus le RMI, le RSA ne faisant que la réaffirmer.

Cependant, au fil des aménagements et adaptations de l'ancien RMI – et cela est encore plus net dans le RSA –, on note la volonté d'affirmer de manière accrue les obligations du bénéficiaire de l'allocation, volonté qui accompagne un centrage de plus en plus marqué sur sa remise en activité considérée comme le meilleur moyen de rejoindre durablement l'emploi.

Le cadre légal en porte la trace. Au niveau des termes employés tout d'abord, puisque, à la notion d'« engagement du bénéficiaire », est dorénavant substitué le concept de « devoir », lequel vient clairement contrebalancer les « droits » qui sont garantis. Au niveau de la forme, ensuite, puisque, antérieurement répartis entre la section qui était consacrée au « contrat d'insertion » et celle relative à l'allocation, les instruments et dispositions juridiques définissant les prérogatives et les obligations des bénéficiaires ont été fondus dans une seule section dénommée « droits et devoirs des bénéficiaires du revenu de solidarité active ».

Ce nouveau cadre traduit une mutation des conceptions antérieures sur un point : la priorité donnée à l'insertion professionnelle est clairement affirmée et fait de l'« insertion sociale » un processus subsidiaire. L'ancien « contrat d'insertion », antérieurement unique, après avoir éclaté en plusieurs formes contractuelles dépendant de la situation du bénéficiaire par rapport à l'emploi, se retrouve aujourd'hui dans un nouvel instrument, le « contrat d'engagement réciproque », mais avec une particularité : ce nouveau contrat concerne tous les demandeurs d'emploi et il est établi par France Travail, nouvel opérateur auquel sont adressés les bénéficiaires du RSA (L. n° 2023-1196 du 18 déc. 2023 pour le plein emploi). ❑

Art. L. 262-27 Le bénéficiaire du revenu de solidarité active a droit à un accompagnement social et professionnel adapté à ses besoins et organisé par un référent unique. Pour l'application de la présente section, les mêmes droits et devoirs s'appliquent au bénéficiaire et à son conjoint, concubin ou partenaire lié par un pacte civil de solidarité, qui signent chacun le projet ou l'un des contrats mentionnés aux articles L. 262-34 à L. 262-36.

Le bénéficiaire, lorsqu'il n'est pas tenu aux obligations définies à l'article L. 262-28, peut solliciter chaque année un rendez-vous auprès des organismes mentionnés à l'article L. 262-29 pour évoquer les conditions permettant l'amélioration de sa situation professionnelle.

Nouvel art. L. 262-27 (L. n° 2008-1249 du 1er déc. 2008, en vigueur le 1er juin 2009) ***Le bénéficiaire du revenu de solidarité active a droit à un accompagnement social et professionnel adapté à ses besoins et organisé par un référent unique*** (L. n° 2023-1196 du 18 déc. 2023, art. 3-I, en vigueur le 1er janv. 2025) ***« désigné au sein de l'organisme référent mentionné au IV de l'article L. 5411-5-1 du code du travail ». Pour l'application de la présente section, les mêmes droits et devoirs s'appliquent au bénéficiaire et à son conjoint, concubin ou partenaire lié par un pacte civil de solidarité, qui signent chacun le*** (L. n° 2023-1196 du 18 déc. 2023, art. 3-I, en vigueur le 1er janv. 2025) ***« contrat mentionné à l'article L. 262-34.***

« Dans les conditions prévues à l'article L. 5411-1 du code du travail, le bénéficiaire et son conjoint, son concubin ou le partenaire auquel il est lié par un pacte civil de solidarité sont automatiquement inscrits, lors de la demande d'allocation, sur la liste des demandeurs d'emploi auprès de l'opérateur France Travail. »

Le bénéficiaire, lorsqu'il n'est pas tenu aux obligations définies à l'article L. 262-28 (L. n° 2023-1196 du 18 déc. 2023, art. 3-I, en vigueur le 1er janv. 2025) ***« du présent code », peut solliciter chaque année un rendez-vous auprès*** (L. n° 2023-1196 du 18 déc. 2023, art. 3-I, en vigueur le 1er janv. 2025) ***« de l'organisme référent vers lequel il a été orienté en application de l'article L. 5411-5-1 du code du travail » pour évoquer les conditions permettant l'amélioration de sa situation professionnelle.***

COMMENTAIRE

L'article L. 262-27 a été modifié par la loi du 18 décembre 2023 pour le plein emploi. Dans le même temps où est confirmé un droit à l'accompagnement de chaque bénéficiaire confié à un « organisme référent », les organismes concernés sont redéfinis à l'article L. 5411-1-1 du code du travail : France Travail, conseils départementaux, organismes délégataires d'un conseil départemental (désignés par convention entre le département et France Travail), missions locales (C. trav., art. L. 5314-1), organismes spécialisés dans l'insertion professionnelle des personnes en situation de handicap (C. trav., art. L. 5214-3-1). Cet accompagnement est assorti d'un droit pour l'allocataire de solliciter chaque année un rendez-vous avec l'organisme référent.

La loi du 18 décembre 2023 a introduit une nouvelle disposition (al. 2) : le bénéficiaire du RSA, son conjoint, son partenaire de Pacs ou son concubin sont automatiquement inscrits sur les listes des demandeurs d'emploi établies par France Travail. ❑

Art. L. 262-27-1 *(L. n° 2015-994 du 17 août 2015, art. 58-9°, en vigueur le 1er janv. 2016)* **Lorsqu'il exerce, prend ou reprend une activité professionnelle, le bénéficiaire du revenu de solidarité active est réputé avoir formulé une demande de prime d'activité mentionnée à l'article L. 841-1 du code de la sécurité sociale, sauf mention contraire de sa part.**

COMMENTAIRE

La loi n° 2015-994 du 17 août 2015 qui, fusionnant RSA-activité et prime pour l'emploi, a créé la « prime d'activité » a ajouté au code cette disposition, l'article L. 262-27-1 : pour assurer une continuité entre le RSA (anciennement « RSA-socle ») et cette nouvelle prime, elle prévoit que le bénéficiaire du RSA est réputé avoir formulé une demande pour bénéficier de ladite prime lorsque, du fait d'une prise ou reprise d'activité, il sort de l'allocation de base du RSA. ❑

Art. L. 262-28 **Le bénéficiaire du revenu de solidarité active est tenu,** *(L. n° 2015-994 du 17 août 2015, art. 58-10°, en vigueur le 1er janv. 2016)* **« lorsqu'il » est sans emploi ou ne tire de l'exercice d'une activité professionnelle que des revenus inférieurs à une limite fixée par décret, de rechercher un emploi, d'entreprendre les démarches nécessaires à la création de sa propre activité ou d'entreprendre les actions nécessaires à une meilleure insertion sociale ou professionnelle.**

Pour les bénéficiaires du revenu de solidarité active titulaires d'un des revenus de remplacement prévus à l'article L. 5421-2 du code du travail, le respect des obligations mentionnées à l'article L. 5421-3 du même code vaut respect des règles prévues par la présente section.

Les obligations auxquelles est tenu, au titre du présent article, le bénéficiaire ayant droit à la majoration mentionnée à l'article L. 262-9 du présent code tiennent compte des sujétions particulières, notamment en matière de garde d'enfants, auxquelles celui-ci est astreint.

COMMENTAIRE

L'article L. 262-28 apparaît, s'agissant des « droits et devoirs » des bénéficiaires du RSA, comme le symétrique du précédent : en contrepartie de l'accompagnement auquel ils ont droit, les allocataires sont en effet tenus « de rechercher un emploi, d'entreprendre les démarches nécessaires à la création de (leur) propre activité ou d'entreprendre des actions d'insertion sociale et professionnelle ». On retrouve donc, dans l'esprit, ce qui figurait – s'agissant du RMI – à l'ancien article L. 262-13, aux termes duquel le bénéficiaire devait souscrire un « engagement de participer aux activités ou actions d'insertion ». Cela dit, la formulation de la disposition ci-dessus manifeste une inflexion : en mettant en avant « la recherche d'emploi » ou la « création d'activités », et donc en ne faisant venir la notion d'« insertion sociale et professionnelle » héritée du passé qu'au second rang, on aligne le bénéficiaire du RSA sur le statut du chômeur indemnisé tenu « d'accomplir des actes positifs et répétés de recherche d'emploi » (C. trav., art. L. 5411-6-1). Cela traduit à la fois la priorité accordée à la mise en activité des bénéficiaires par rapport à toutes les formes d'accompagnement « social » et, par là même, le décalage opéré par le RSA par rapport à la logique assistancielle afin d'en faire un élément s'inscrivant dans la politique de l'emploi. Cette orientation a été confortée par la loi du 18 décembre 2023 pour le plein emploi qui à la fois donne à France Travail le rôle central dans l'insertion des bénéficiaires et inscrit ce processus dans un instrument commun à tous les demandeurs d'emploi : le « contrat d'engagement ».

La disposition prévoit cependant que cette obligation ne s'impose que sous deux conditions cumulatives : d'une part, le foyer bénéficiaire doit avoir des ressources inférieures au « montant forfaitaire » (art. L. 262-2, 2°), ce qui signifie en clair qu'elles se situent en deçà du minimum qui enclenchait antérieurement la perception du RMI ; d'autre part, le bénéficiaire doit être sans emploi ou avoir des revenus professionnels inférieurs à un plafond que fixe le pouvoir réglementaire. Il en résulte que l'obligation de recherche d'emploi, de création de leur propre activité ou d'actions d'insertion n'est opposable qu'aux personnes sans emploi et sans ressources (donc bénéficiaires du RSA dans sa version de revenu minimum), où à celles qui, bien qu'ayant une activité, n'en retirent que des revenus faibles (situés en dessous du plafond fixé par décret) ; en revanche, les « travailleurs pauvres » dont le niveau des revenus professionnels, bien que faible, se situe au-delà du plafond et, de ce fait, bénéficient dorénavant de la prime d'activité (L. n° 2015-994 du 17 août 2015 ; CSS, art. L. 843-6), ne sont pas tenus à ces obligations.

L'article L. 262-28 envisage aussi (al. 2) le cas des personnes qui sont titulaires de revenus de remplacement au titre du régime chômage, à savoir soit d'indemnités d'assurance chômage, soit de l'allocation de solidarité spécifique. On sait en effet que certains de ces assurés sociaux, bien qu'en principe non éligibles au RSA, pourront néanmoins intégrer le dispositif en raison du faible niveau de leurs ressources compte tenu notamment de la composition de leur foyer ; le RSA viendra compléter pour eux des revenus se situant en dessous de leur « revenu garanti » tel que défini à l'article L. 262-2. Dans ce cas, le texte indique que les obligations imposées en leur qualité d'allocataires du régime chômage (C. trav., art. L. 5411-6-1) satisfont aux « devoirs » auxquels sont tenus les bénéficiaires du RSA.

Enfin, se posait la question de savoir si les bénéficiaires du RSA qui antérieurement auraient perçu l'API étaient eux aussi soumis aux obligations légales imposées en contrepartie de l'allocation. L'article L. 262-28, en combinant les premier et troisième alinéas, y répond : ces bénéficiaires (ceux qui ont droit à la majoration prévue à l'article L. 262-9) y sont obligés dans les mêmes conditions que les autres, mais il doit être tenu compte pour eux « des sujétions particulières, notamment en matière de garde d'enfant, auxquelles (ils sont) astreints » ; cette disposition est une nouvelle illustration de la nécessité de concilier les objectifs divergents inscrits originellement dans le RMI et dans l'API. ❑

Art. L. 262-29 Le président du conseil départemental oriente le bénéficiaire du revenu de solidarité active tenu aux obligations définies à l'article L. 262-28 :

1° De façon prioritaire, lorsqu'il est disponible pour occuper un emploi au sens des articles L. 5411-6 et L. 5411-7 du code du travail ou pour créer sa propre activité, soit vers l'institution mentionnée à l'article L. 5312-1 du même code, soit, si le département décide d'y recourir, *(L. n° 2015-994 du 17 août 2015, art. 59-III-5°, en vigueur le 1er janv. 2016)* **« vers l'un des organismes mentionnés à l'article L. 5311-4 du code du travail » ou encore vers un des réseaux d'appui à la création et au développement des entreprises** *(L. n° 2022-1726 du 30 déc. 2022, art. 72-II)* **« dont la liste est fixée par arrêté du ministre chargé de l'emploi »** *(L. n° 2015-994 du 17 août 2015, art. 59-III-5°, en vigueur le 1er janv. 2016)* **« , en vue d'un accompagnement professionnel et, le cas échéant, social » ;**

2° Lorsqu'il apparaît que des difficultés tenant notamment aux conditions de logement, à l'absence de logement ou à son état de santé font temporairement obstacle à son engagement dans une démarche de recherche d'emploi, vers les autorités ou organismes compétents en matière d'insertion sociale ;

(L. n° 2009-1673 du 30 déc. 2009, art. 135-III) **« 3° Lorsque le bénéficiaire est âgé de moins de vingt-cinq ans et que sa situation le justifie, vers les missions locales pour l'insertion professionnelle et sociale des jeunes mentionnées à l'article L. 5314-1 du code du travail. »**

Nouvel art. L. 262-29 (L. n° 2023-1196 du 18 déc. 2023, art. 3-I, en vigueur le 1er janv. 2025) ***Le président du conseil départemental oriente le bénéficiaire du revenu de solidarité active dans les conditions prévues à l'article L. 5411-5-1 du code du travail.***

Par dérogation au premier alinéa du présent article, l'opérateur France Travail procède à cette orientation soit lorsque le président du conseil départemental lui a délégué cette compétence par convention, soit lorsque la décision d'orientation n'est pas intervenue dans un délai fixé par décret.

COMMENTAIRE

L'article L. 262-29 renferme une des principales innovations du RSA par rapport à l'ancien RMI. A rebours de ce qui s'était installé dans les faits, à savoir une conception linéaire de l'insertion qui voulait recourir d'abord aux moyens de l'insertion sociale (soins, appuis psychologiques, formation de base, accès ou maintien dans le logement, restauration des relations familiales et sociales, etc.) en les considérant comme préalables à l'insertion professionnelle, la loi impose désormais que l'on oriente prioritairement les bénéficiaires vers l'emploi, en fonction de leur capacité à en occuper un.

La disposition, réécrite intégralement par la loi du 18 décembre 2023 pour le plein emploi, accuse cette évolution : le président du conseil départemental doit orienter les bénéficiaires du RSA vers un des organismes référents désignés à l'article L. 5411-5-1 du code du travail qui sont en charge des demandeurs d'emploi. Cette orientation peut néanmoins être réalisée par France Travail si le conseil départemental en a chargé cet organisme par convention ou si ledit conseil n'y procède pas dans un délai fixé réglementairement. ❑

Art. L. 262-30 L'organisme vers lequel le bénéficiaire du revenu de solidarité active est orienté désigne le référent prévu à l'article L. 262-27.

Lorsque le bénéficiaire est orienté vers l'institution mentionnée à l'article L. 5312-1 du code du travail, le référent est désigné soit en son sein, soit au sein d'un organisme participant au service public de l'emploi.

Si l'examen de la situation du bénéficiaire fait apparaître que, compte tenu de ses difficultés, un autre organisme serait mieux à même de conduire les actions d'accompagnement nécessaires, ou si le bénéficiaire a été radié de la liste mentionnée à l'article L. 5411-1 du code du travail pour une durée supérieure à un seuil fixé par décret, le référent propose au président du conseil départemental de procéder à une nouvelle orientation.

Le président du conseil départemental désigne un correspondant chargé de suivre les évolutions de la situation des bénéficiaires et d'appuyer les actions des référents.

Nouvel art. L. 262-30 (L. n° 2008-1249 du 1er déc. 2008, en vigueur le 1er juin 2009) ***L'organisme vers lequel le bénéficiaire du revenu de solidarité active est orienté désigne le référent prévu à l'article L. 262-27.***

(L. n° 2023-1196 du 18 déc. 2023, art. 3-I, en vigueur le 1er janv. 2025) ***« Le référent unique réalise avec le bénéficiaire un diagnostic global de sa situation, sur le fondement du référentiel mentionné au I de l'article L. 5411-5-2 du code du travail. »***

Si l'examen de la situation du bénéficiaire fait apparaître que, compte tenu de ses difficultés, un autre organisme serait mieux à même de conduire les actions d'accompagnement nécessaires, ou si le bénéficiaire a été radié de la liste mentionnée à l'article L. 5411-1 du (L. n° 2023-1196 du 18 déc. 2023, art. 3-I, en vigueur le 1er janv. 2025) ***« même code » pour une durée supérieure à un seuil fixé par décret, le référent*** (L. n° 2023-1196 du 18 déc. 2023, art. 3-I, en vigueur le 1er janv. 2025) ***« unique ou l'organisme référent mentionné au IV de l'article L. 5411-5-1 dudit code » propose au président du conseil départemental de procéder à une nouvelle orientation.***

(Abrogé par L. n° 2023-1196 du 18 déc. 2023, art. 3-I, à compter du 1er janv. 2025) ***« Le président du conseil départemental désigne un correspondant chargé de suivre les évolutions de la situation des bénéficiaires et d'appuyer les actions des référents. »***

COMMENTAIRE

La disposition ci-dessus vient compléter l'article L. 262-27 qui impose la désignation d'un « référent unique » en charge d'assumer « l'accompagnement » du bénéficiaire. Il prévoit en effet que ce référent est désigné par l'organisme vers lequel, en application de l'article L. 262-29, ce dernier a été orienté, à savoir l'un des organismes mentionnés à l'article L. 5411-5-1 du code du travail.

Modifiée par la loi du 18 décembre 2023 pour le plein emploi, la disposition cadre l'action du référent unique qui doit réaliser « un diagnostic global » de la situation du bénéficiaire sur la base d'un référentiel.

En fonction de ce diagnostic, une réorientation du bénéficiaire vers un autre organisme est possible (al. 3) s'il apparaît que sa situation ne correspond pas aux modalités d'accompagnement qui lui sont proposées par l'organisme référent. ❑

Art. L. 262-31 **Si, à l'issue d'un délai de six mois, pouvant aller jusqu'à douze mois, selon les cas, le bénéficiaire du revenu de solidarité active ayant fait l'objet de l'orientation mentionnée au 2° de l'article L. 262-29 n'a pas pu être réorienté vers l'institution ou un organisme mentionnés au 1° du même article, sa situation est examinée par l'équipe pluridisciplinaire prévue à l'article L. 262-39. Au vu des conclusions de cet examen, le président du conseil départemental peut procéder à la révision du contrat prévu à l'article L. 262-36.**

Nouvel art. L. 262-31 (L. n° 2023-1196 du 18 déc. 2023, art. 3-I, en vigueur le 1er janv. 2025) ***I. — Si, à l'expiration d'un délai de six mois à compter de la signature ou de la révision du contrat d'engagement prévu à l'article L. 5411-6 du code du travail, pouvant être porté à douze mois dans des cas fixés par décret, le bénéficiaire du revenu de solidarité active qui bénéficie de l'accompagnement à vocation d'insertion sociale mentionné au second alinéa du I de l'article L. 5411-5-1 du même code n'est pas en mesure de s'engager dans une démarche de recherche d'emploi, sa situation fait l'objet d'un diagnostic réalisé conjointement par l'opérateur France Travail et le référent unique mentionné à l'article L. 262-27 du présent code, sur le fondement du référentiel mentionné au I de l'article L. 5411-5-2 du code du travail.***

II. — Sur la base du diagnostic mentionné au I du présent article :

1° Le président du conseil départemental prend, le cas échéant, une nouvelle décision d'orientation ;

2° L'organisme avec lequel a été conclu le contrat prévu à l'article L. 262-34 procède, le cas échéant, avec le bénéficiaire, à la révision du contrat.

COMMENTAIRE

L'article L. 262-31 est, du point de vue fonctionnel, le complément de l'article L. 262-29 qui institue une priorité d'orientation vers l'emploi des bénéficiaires et entend rendre subsidiaires les prises en charge en forme d'« insertion sociale ». Il prévoit en effet que cette dernière orientation n'est que provisoire et doit déboucher sur un accompagnement vers l'emploi assuré par les organismes du service public de l'emploi. Dans l'hypothèse où, au terme de six mois (délai qui peut être porté à douze mois dans certains cas déterminés par décret) après la signature du contrat d'engagement organisant un accompagnement à vocation d'insertion sociale (C. trav., art. L. 5411-6), l'allocataire du RSA n'est pas en mesure de s'engager dans une démarche de recherche d'emploi, sa situation doit faire l'objet d'un diagnostic réalisé par France Travail et le référent unique (art. L. 262-27) ; sur la base de ce diagnostic, le président du conseil départemental peut prendre une décision de réorientation du bénéficiaire et son contrat peut être révisé. Il s'agit donc, en accord avec la philosophie globale privilégiant la remise en activité, d'éviter l'enfermement dans un traitement « social » des bénéficiaires qui ne peuvent pas immédiatement être orientés vers l'emploi (art. L. 262-29, 2°). ❑

Art. L. 262-32 *(Abrogé par L. n° 2023-1196 du 18 déc. 2023, art. 3-I, à compter du 1er janv. 2025)* ***Une convention conclue entre le département, l'institution mentionnée à l'article L. 5312-1 du code du travail, l'État, le cas échéant les personnes morales gestionnaires des plans locaux pluriannuels pour l'insertion et l'emploi, les organismes mentionnés à l'article L. 262-16 du présent code et un représentant des centres communaux et intercommunaux d'action sociale définit les modalités de mise en œuvre du dispositif d'orientation et du droit à l'accompagnement prévus aux articles L. 262-27 à L. 262-29. Elle précise en particulier les conditions dans lesquelles sont examinés et appréciés les critères définis aux 1° et 2° de l'article L. 262-29.***

Art. L. 262-33 *(Abrogé par L. n° 2023-1196 du 18 déc. 2023, art. 3-I, à compter du 1er janv. 2025)* ***Lorsque le département n'a pas décidé de recourir à un ou plusieurs des organismes visés*** *(L. n° 2015-994 du 17 août 2015, art. 59-III-7°, en vigueur le 1er janv. 2016)* ***« à » l'article L. 5311-4 du code du travail pour assurer de manière exclusive l'insertion professionnelle de l'ensemble des bénéficiaires faisant l'objet de l'orientation prévue au 1° de l'article L. 262-29 du présent code, la convention prévue à l'article L. 262-32 est complétée par une convention conclue entre le département et l'institution mentionnée à l'article L. 5312-1 du code du travail ainsi que, le cas échéant, les personnes morales gestionnaires des plans locaux pluriannuels pour l'insertion et l'emploi. Cette convention fixe les objectifs en***

matière d'accès à l'emploi des bénéficiaires du revenu de solidarité active et les moyens d'y parvenir.

Elle prévoit les modalités de financement, par le département, des actions d'accompagnement qu'il souhaite voir réalisées au profit des bénéficiaires du revenu de solidarité active, en complément des interventions de droit commun liées à la recherche d'un emploi prévues au 1° de l'article L. 5312-3 du code du travail.

Art. L. 262-34 **Le bénéficiaire du revenu de solidarité active orienté vers l'institution mentionnée à l'article L. 5312-1 du code du travail élabore conjointement avec le référent désigné au sein de cette institution ou d'un autre organisme participant au service public de l'emploi le projet personnalisé d'accès à l'emploi mentionné à l'article L. 5411-6-1 du même code.**

Nouvel art. L. 262-34 (L. n° 2023-1196 du 18 déc. 2023, art. 3-I, en vigueur le 1er janv. 2025) ***Le bénéficiaire du revenu de solidarité active élabore avec le référent unique mentionné au premier alinéa de l'article L. 262-27 le contrat d'engagement prévu à l'article L. 5411-6 du code du travail, dont le contenu est adapté à sa situation dans les conditions prévues au même article L. 5411-6 et à l'article L. 5411-6-1 du même code.***

COMMENTAIRE

La loi n° 2023-1196 du 18 décembre 2023 pour le plein emploi modifie profondément, à compter du 1er janvier 2025, l'ensemble des dispositions qui concernent divers contrats que doivent souscrire, selon leur situation par rapport à la recherche d'emploi, les bénéficiaires du RSA ; ces divers contrats ont été auparavant eux-mêmes substitués au « contrat d'insertion » initialement prévu pour tous les allocataires du RMI (anc. art. L. 262-37 à L. 262-38-1). En conséquence, les articles L. 262-35 et L. 262-36 sont abrogés à compter de cette date, seul étant maintenu l'article L. 262-34. Tous les allocataires du RSA devront souscrire, à compter de cette même date, un « contrat d'engagement réciproque » avec leur référent unique, ce contrat étant étendu à tous les demandeurs d'emploi (C. trav., art. L. 5411-6). ❑

Art. L. 262-35 *(Abrogé par L. n° 2023-1196 du 18 déc. 2023, art. 3-I, à compter du 1er janv. 2025)* ***Le bénéficiaire du revenu de solidarité active orienté vers un organisme participant au service public de l'emploi autre que l'institution mentionnée à l'article L. 5312-1 du code du travail conclut avec le département, représenté par le président du conseil départemental, sous un délai d'un mois après cette orientation, un contrat librement débattu énumérant leurs engagements réciproques en matière d'insertion professionnelle.***

Ce contrat précise les actes positifs et répétés de recherche d'emploi que le bénéficiaire s'engage à accomplir.

Il précise également, en tenant compte de la formation du bénéficiaire, de ses qualifications, de ses connaissances et compétences acquises au cours de ses expériences professionnelles, de sa situation personnelle et familiale ainsi que de la situation du marché du travail local, la nature et les caractéristiques de l'emploi ou des emplois recherchés, la zone géographique privilégiée et le niveau de salaire attendu. Le bénéficiaire ne peut refuser plus de deux offres raisonnables d'emploi ainsi définies.

Le contrat retrace les actions que l'organisme vers lequel il a été orienté s'engage à mettre en œuvre dans le cadre du service public, notamment en matière d'accompagnement personnalisé et, le cas échéant, de formation et d'aide à la mobilité.

Lorsque le bénéficiaire ne respecte pas une stipulation de ce contrat, l'organisme vers lequel il a été orienté le signale au président du conseil départemental.

Art. L. 262-36 *(Abrogé par L. n° 2023-1196 du 18 déc. 2023, art. 3-I, à compter du 1er janv. 2025)* ***Le bénéficiaire du revenu de solidarité active ayant fait l'objet de l'orientation mentionnée au 2° de l'article L. 262-29 conclut avec le département, représenté par le président du conseil départemental, sous un délai de deux mois après cette orientation, un contrat librement débattu énumérant leurs engagements réciproques en matière d'insertion sociale ou professionnelle.***

Le département peut, par convention, confier la conclusion du contrat prévu au présent article ainsi que les missions d'insertion qui en découlent à une autre collectivité territoriale, à un groupement de collectivités territoriales ou à l'un des organismes mentionnés à l'article L. 262-15.

1. Contrat et actions de bénévolat. Les obligations des bénéficiaires du RSA sont fixées, lorsqu'ils rencontrent des difficultés faisant temporairement obstacle à leur engagement dans une démarche de recherche d'emploi, dans un contrat librement débattu énumérant des engagements réciproques en matière d'insertion sociale ou professionnelle; si des actions de bénévolat sont susceptibles d'être proposées au titre de l'insertion sociale du bénéficiaire, elles ne peuvent toutefois résulter que du contrat précédemment mentionné, en fonction de la situation particulière de l'intéressé; par suite, un département ne saurait envisager de conditionner, de manière générale, le versement du RSA à l'accomplissement de telles actions de bénévolat. • TA Strasbourg, 5 oct. 2016, *Dpt Haut-Rhin,* n° 1601891 : *AJDA 2017. 226, note Rihal ; Dr. ouvrier 2017. 59, note Magord.* ♦ Les engagements que peut prévoir le contrat conclu entre le département et le bénéficiaire du RSA portent, lorsque ce dernier est disponible pour occuper un emploi ou créer sa propre activité, sur des actions d'insertion professionnelle, et non d'insertion sociale ou professionnelle comme le prévoit l'art. L. 262-36 pour les bénéficiaires rencontrant des difficultés qui font temporairement obstacle à leur engagement dans une démarche de recherche d'emploi; à ce titre, le contrat doit préciser les actes positifs et répétés de recherche d'emploi que le bénéficiaire s'engage à accomplir. Toutefois, les dispositions de l'article L. 262-35 ne font pas obstacle à ce que, dans certains cas, le contrat, élaboré de façon personnalisée, prévoie légalement des actions de bénévolat à la condition qu'elles puissent contribuer à une meilleure insertion professionnelle du bénéficiaire et restent compatibles avec la recherche d'un emploi, ainsi que le prévoit l'art. L. 5425-8 du code du travail • CE 15 juin 2018, *Dép. Haut-Rhin,* n° 411630 B : *RDSS 2018. 706, note Rihal ; JCP Adm. 2018. 2230, note Habchi.*

2. Nature du contrat. L'obligation de conclure un « contrat librement débattu », prévue aux art. L. 262-35 et L. 265-36, n'a ni pour objet ni pour effet de placer le bénéficiaire du RSA dans une situation contractuelle vis-à-vis du département qui lui verse ce revenu. Il suit de là qu'en regardant le « contrat d'engagement » signé par l'intéressé comme un contrat de droit public et en estimant, par suite, qu'il était saisi d'un litige contractuel, le tribunal administratif a méconnu le champ de la loi. • CE 4 déc. 2019, n° 418975 B : *RDSS 2020. 177, note Rihal ; AJDA 2020. 951, note Long .* ♦ Toutefois, si le contenu de ce document peut être discuté, le cas échéant, à l'occasion d'un recours formé contre une décision de suspension du versement du RSA, ce document n'a pas le caractère d'un acte faisant grief; par suite, le « contrat d'engagement » signé par l'intéressé n'est pas susceptible de recours. • Même arrêt.

Art. L. 262-37 **Sauf décision prise au regard de la situation particulière du bénéficiaire, le versement du revenu de solidarité active est suspendu, en tout ou partie, par le président du conseil départemental :**

1° Lorsque, du fait du bénéficiaire et sans motif légitime, le projet personnalisé d'accès à l'emploi ou l'un des contrats mentionnés aux articles L. 262-35 et L. 262-36 ne sont pas établis dans les délais prévus ou ne sont pas renouvelés ;

2° Lorsque, sans motif légitime, les dispositions du projet personnalisé d'accès à l'emploi ou les stipulations de l'un des contrats mentionnés aux articles L. 262-35 et L. 262-36 ne sont pas respectées par le bénéficiaire ;

3° Lorsque le bénéficiaire du revenu de solidarité active, accompagné par l'institution mentionnée à l'article L. 5312-1 du code du travail, a été radié de la liste mentionnée à l'article L. 5411-1 du même code ;

4° Ou lorsque le bénéficiaire refuse de se soumettre aux contrôles prévus par le présent chapitre.

Cette suspension ne peut intervenir sans que le bénéficiaire, assisté à sa demande par une personne de son choix, ait été mis en mesure de faire connaître ses observations aux équipes pluridisciplinaires mentionnées à l'article L. 262-39 dans un délai qui ne peut excéder un mois.

Lorsque, à la suite d'une suspension de l'allocation, l'organisme payeur procède à une reprise de son versement et, le cas échéant, à des régularisations relatives à la période de suspension, il en informe le président du conseil départemental en précisant le nom de l'allocataire concerné et en explicitant le motif de la reprise du versement de l'allocation.

Lorsqu'il y a eu suspension de l'allocation au titre du présent article, son versement est repris par l'organisme payeur sur décision du président du conseil départemental à compter de la date de conclusion de l'un des contrats mentionnés aux articles L. 262-35 et L. 262-36 ou du projet personnalisé d'accès à l'emploi.

1. Irrégularité d'une suspension. Si le président du conseil général est en droit de suspendre le versement du RSA lorsque le bénéficiaire, sans motif légitime, soit fait obstacle à l'établissement ou au renouvellement de son contrat par son refus de s'engager à entreprendre les actions nécessaires à une meilleure insertion sociale, soit ne respecte pas le contrat conclu, il ne peut en revanche légalement justifier une décision de suspension par la circonstance que le bénéficiaire n'aurait pas accompli des démarches d'insertion qui ne correspondraient pas aux engagements souscrits dans un contrat en cours d'exécution. • CE 15 déc. 2015, n° 377138 : *Lebon, T. ; RDSS 2016. 182, concl. Decout-Paolini* • CE 4 déc. 2019, n° 418975 B : *RDSS 2020. 177, note Rihal ; AJDA 2020. 951, note Long*. ♦ Si le président du conseil départemental est en droit de suspendre le versement du RSA dans les conditions prévues à l'art. L. 262-37, il ne peut légalement réviser de façon rétroactive les droits au RSA d'un bénéficiaire au motif que ce dernier n'a pas accompli, durant la période en cause, les démarches prévues à l'art. L. 262-28. • CE 26 avr. 2022, n° 453176 B : *RDSS 2022. 572, obs. Dagorne-Labbé.* ♦ Il ne peut davantage fonder un refus d'ouverture de droits au RSA sur un tel motif, sauf à ce que le demandeur ait fait l'objet d'une décision préalable de suspension de ses droits et n'ait pas signé un projet personnalisé d'accès à l'emploi ou l'un des contrats prévus aux art. L. 262-35 et L. 262-36 CASF. • Même arrêt.

2. Actions de bénévolat et suspension. Les possibilités de suspension du versement du revenu de solidarité active, limitativement définies par l'art. L. 262-37, excluent la possibilité de suspendre ledit versement en raison du non-accomplissement d'heures de bénévolat, sauf à constater qu'il figure parmi les engagements souscrits dans le cadre du contrat. • TA Strasbourg, 5 oct. 2016, *Dpt Haut-Rhin*, n° 1601891 : *AJDA 2017. 226, note Rihal ; Dr. ouvrier 2017. 59, note Magord.*

3. Étendue du pouvoir de suspension. L'organisme chargé du service de la prestation qui constate, en raison d'une déclaration inexacte du bénéficiaire sur sa résidence, son empêchement à procéder aux contrôles prévus par le CASF, peut suspendre le versement du RSA en vertu du 4° de l'art. L. 262-37 du même code, en mettant en œuvre la procédure prévue par cet article, ou en vertu de l'art. L. 161-1-4 CSS ; si l'autorité administrative est, en outre, en mesure d'établir que le bénéficiaire ne peut prétendre au bénéfice de l'allocation de RSA ou qu'il n'est pas possible, faute de connaître le montant exact des ressources des personnes composant le foyer, de déterminer s'il pouvait ou non bénéficier de l'allocation pour la période en cause, elle est en droit de mettre fin à cette prestation et, sous réserve des délais de prescription, de décider de récupérer les sommes qui ont ainsi été indûment versées à l'intéressé. • CE 31 mars 2017, n° 395646 : *Lebon ; AJCT 2017. 458, obs. Teixeira ; RDSS 2017. 577, obs. Dagorne-Labbé.*

4. Effets du pouvoir de suspension. Dans le cas où la suspension a été prononcée sur le fondement de l'art. L. 262-37 CASF, le président du conseil départemental est en droit de procéder à la radiation de l'intéressé de la liste des bénéficiaires du RSA au terme de la durée de suspension qu'il a fixée ; s'il n'est pas possible, faute de connaître le montant exact des ressources des personnes composant le foyer, de déterminer s'il pouvait ou non bénéficier de l'allocation pour la période précédant la suspension du versement du RSA, l'autorité administrative est en droit, sous réserve des délais de prescription, de décider de récupérer les sommes qui ont été indûment versées à l'intéressé avant la période de suspension de ses droits. • CE 2 oct. 2023, n° 466599 A.

Nouvel art. L. 262-37 (L. n° 2023-1196 du 18 déc. 2023, art. 3-I, en vigueur le 1er janv. 2025) *I. — Le président du conseil départemental peut décider la suspension, en tout ou partie et pour une durée qu'il fixe, du versement du revenu de solidarité active lorsque, sans motif légitime, le bénéficiaire :*

1° Refuse d'élaborer ou d'actualiser le contrat d'engagement mentionné à l'article L. 262-34 ;

2° Ne respecte pas tout ou partie des obligations énoncées dans ce contrat.

Si, avant le terme de la suspension, le bénéficiaire se conforme à ses obligations, le président du conseil départemental met fin à la suspension.

II. — Le président du conseil départemental peut décider la suppression, en tout ou partie et pour une durée qu'il fixe, du versement du revenu de solidarité active :

1° Si le bénéficiaire dont le versement du revenu de solidarité active a été suspendu persiste, au terme de cette suspension, dans le manquement y ayant donné lieu ;

2° Si le bénéficiaire réitère, dans un délai fixé par décret en Conseil d'État, un manquement pour lequel il a fait l'objet d'une décision de suspension ;

3° Si le bénéficiaire refuse de se soumettre aux contrôles prévus au présent chapitre.

III. — La durée des décisions de suspension et de suppression et le montant concerné sont fixés en prenant en compte la situation du bénéficiaire, notamment la composition de son foyer, et en fonction de la nature et de la fréquence des manquements constatés.

Le bénéficiaire, informé des faits qui lui sont reprochés et de la sanction qu'il encourt, est préalablement mis en mesure de faire connaître ses observations, avec l'assistance, à sa demande, d'une personne de son choix. Une décision de suppression du versement du revenu de solidarité active ne peut intervenir qu'après avis de l'équipe pluridisciplinaire mentionnée à l'article L. 262-39, à laquelle le bénéficiaire est mis en mesure de présenter ses observations.

IV. — Lorsque l'opérateur France Travail est l'organisme référent chargé de l'accompagnement du bénéficiaire, il propose, s'il y a lieu, au président du conseil départemental, pour les motifs mentionnés aux I et II du présent article, la suspension ou la suppression du versement du revenu de solidarité active. Cette proposition est transmise après que le bénéficiaire, informé par l'opérateur France Travail des faits reprochés et de la sanction encourue, a été mis en mesure de faire connaître ses observations, avec l'assistance, à sa demande, d'une personne de son choix. Le bénéficiaire est informé par l'opérateur France Travail de la proposition transmise et des motifs qui la fondent.

Lorsque la mesure proposée par l'opérateur France Travail est une mesure de suspension du versement du revenu de solidarité active, le président du conseil départemental peut faire connaître à l'opérateur, dans un délai fixé par décret en Conseil d'État, qu'il entend statuer lui-même sur les faits reprochés. En l'absence d'une telle décision du président du conseil départemental notifiée à l'opérateur France Travail dans ce délai, ce dernier prononce la suspension qu'il a proposée. Il en informe le président du conseil départemental.

Lorsque la mesure proposée par l'opérateur France Travail est une mesure de suppression du versement du revenu de solidarité active ou lorsque, dans le cas mentionné au deuxième alinéa du présent IV, il entend statuer lui-même sur une proposition de suspension du versement, le président du conseil départemental ne peut prendre une mesure plus sévère que celle proposée par l'opérateur France Travail sans que le bénéficiaire ait été préalablement mis en mesure de faire connaître ses observations, avec l'assistance, à sa demande, d'une personne de son choix. En outre, il ne peut prendre une décision de suppression du versement du revenu de solidarité active qu'après avoir recueilli l'avis de l'équipe pluridisciplinaire mentionnée à l'article L. 262-39, à laquelle le bénéficiaire est préalablement mis en mesure de présenter ses observations.

V. — Si une délibération du conseil départemental l'y autorise, le président du conseil départemental peut déléguer à l'opérateur France Travail, pour une durée qu'il détermine et pour l'ensemble des bénéficiaires du revenu de solidarité active résidant dans le département dont cet opérateur est l'organisme référent, le prononcé des mesures de suspension du versement du revenu de solidarité active. L'opérateur France Travail informe le président du conseil départemental des sanctions qu'il prononce dans ce cadre.

VI. — Lorsque le bénéficiaire se conforme aux obligations dont la méconnaissance a fondé la suspension, les sommes retenues pendant la durée de la suspension, ou pendant les trois derniers mois si cette durée excède trois mois, lui sont versées au terme de la période de suspension définie par la décision de suspension, le cas échéant raccourcie s'il y est mis fin de manière anticipée par application du dernier alinéa du I du présent article.

VII. — Dans tous les cas où le président du conseil départemental prononce une sanction à l'égard d'un bénéficiaire du revenu de solidarité active dont l'opérateur France Travail est l'organisme référent, il informe celui-ci de la nature, de la durée et du montant de la sanction qu'il a prononcée ainsi que des voies et des délais de recours contre cette sanction.

VIII. — Un décret en Conseil d'État précise les modalités d'application du présent article, notamment :

1° Les durées minimale et maximale des sanctions mentionnées aux I et II ainsi que la part maximale du revenu de solidarité active pouvant être suspendue ou supprimée ;

2° Les éléments pris en compte pour fixer, en application du III, le montant et la durée de la sanction.

COMMENTAIRE

L'article L. 262-37 qui, réécrit par la loi du 18 déc. 2023 pour le plein emploi, et qui est à lire avec l'article L. 262-38, clôt l'ensemble des dispositions relatives aux « droits et devoirs » des bénéficiaires du RSA en prévoyant les sanctions qui peuvent intervenir lorsque ces derniers ne respectent pas les obligations qui pèsent sur eux et qu'ils ont souscrites dans le « contrat d'engagement » signé avec les services de l'emploi.

Les sanctions prévues sont au nombre de deux : la suspension de l'allocation ou sa suppression (art. L. 262-37, I et II).

La disposition prévoit un certain nombre de garanties pour l'allocataire (art. L. 262-37, III) : prise en compte de la situation du bénéficiaire et de la composition de son foyer, information préalable de ce dernier et procédure contradictoire, avis de l'équipe pluridisciplinaire de l'article L. 262-39.

Une procédure est organisée pour aménager les relations entre d'un côté, France Travail et les organismes référents en charge de l'accompagnement et, de l'autre, le président du conseil départemental qui verse l'allocation (art. L. 262-37, IV). Ce dernier peut déléguer sa compétence en matière de suspension de l'allocation à France Travail après avoir recueilli l'autorisation du conseil départemental.

Si l'allocataire s'est, dans le cadre d'une suspension de son allocation, conformé à ses obligations, les sommes lui sont restituées à concurrence maximale de trois mois (art. L. 262-37, VI).

Art. L. 262-38 Le président du conseil départemental procède à la radiation de la liste des bénéficiaires du revenu de solidarité active au terme d'une *(L. n° 2015-994 du 17 août 2015, art. 58-11°, en vigueur le 1er janv. 2016)* **« période, définie par décret, sans versement du revenu de solidarité active et de la prime d'activité mentionnée à l'article L. 841-1 du code de la sécurité sociale ».**

Après une radiation de la liste des bénéficiaires du revenu de solidarité active à la suite d'une décision de suspension prise au titre de l'article L. 262-37, le bénéfice du revenu de solidarité active dans l'année qui suit la décision de suspension est subordonné à la signature préalable du projet personnalisé d'accès à l'emploi mentionné à l'article L. 5411-6-1 du code du travail ou de l'un des contrats prévus par les articles L. 262-35 et L. 262-36 du présent code.

Office du juge. Il appartient au juge administratif, saisi de conclusions dirigées contre une décision de radiation de la liste des bénéficiaires du RSA prononcée sur le fondement de l'art. L. 262-38, à la suite d'une décision de suspension prise au titre de l'art. L. 262-37, laquelle ne présente pas davantage que la mesure de suspension qui l'a précédée, le caractère d'une sanction, eu égard tant à la finalité de son intervention dans la reconnaissance du droit à cette allocation qu'à sa qualité de juge de plein contentieux, non de se prononcer sur les éventuels vices propres de la décision attaquée, mais d'examiner les droits de l'intéressé sur lesquels l'administration s'est prononcée, en tenant compte de l'ensemble des circonstances de fait qui résultent de l'instruction et notamment des pièces justificatives le cas échéant produites en cours d'instance par le requérant ; au vu de ces éléments, il lui appartient d'annuler ou de réformer, s'il y a lieu, cette décision, en fixant alors lui-même tout ou partie des droits de l'intéressé pour la période courant à compter de la date de suspension des droits et en le renvoyant, au besoin, devant l'administration afin qu'elle procède à cette fixation pour le surplus, sur la base des motifs de son jugement. • CE 2 oct. 2023, n° 466599 A. ♦ Lorsque l'autorité administrative a décidé de récupérer les sommes qui ont été indûment versées à l'intéressé sur la période précédant la suspension du versement du RSA, il appartient au juge administratif, saisi de conclusions dirigées contre cette décision d'indu, d'apprécier, en tenant compte de l'ensemble des circonstances de fait qui résultent de l'instruction, la régularité comme le bien-fondé de la décision de récupération d'indu ; il lui appartient, s'il y a lieu, d'annuler ou de réformer la décision ainsi attaquée, pour le motif qui lui paraît, compte tenu des éléments qui lui sont soumis, le mieux à même, dans l'exercice de son office, de régler le litige. • Même arrêt.

Nouvel art. L. 262-38 (L. n° 2008-1249 du 1er déc. 2008, en vigueur le 1er juin 2009) ***Le président du conseil départemental procède à la radiation de la liste des bénéficiaires du revenu de solidarité active au terme d'une*** (L. n° 2015-994 du 17 août 2015, art. 58-11°, en vigueur le 1er janv. 2016) ***« période, définie par décret, sans versement du revenu de solidarité active et de la prime d'activité mentionnée à l'article L. 841-1 du code de la sécurité sociale ».*** (L. n° 2023-1196 du 18 déc. 2023, art. 3-I, en vigueur le 1er janv. 2025) ***« Il en informe l'opérateur France Travail. »***

Après une radiation de la liste des bénéficiaires du revenu de solidarité active à la suite d'une décision de (L. n° 2023-1196 du 18 déc. 2023, art. 3-I, en vigueur le 1er janv. 2025) ***« suppression » prise au titre de l'article L. 262-37*** (L. n° 2023-1196 du 18 déc. 2023, art. 3-I, en vigueur le 1er janv. 2025) ***« du présent code », le bénéfice du revenu de solidarité active dans l'année qui suit la décision de*** (L. n° 2023-1196 du 18 déc. 2023, art. 3-I, en vigueur le 1er janv. 2025) ***« suppression » est subordonné à la signature préalable du*** (L. n° 2023-1196 du 18 déc. 2023, art. 3-I, en vigueur le 1er janv. 2025) ***« contrat d'engagement mentionné à l'article L. 262-34 ».***

COMMENTAIRE

L'article L. 262-38, qui prolonge l'article précédent, introduit un degré supplémentaire dans les sanctions attachées au non-respect des « devoirs » du bénéficiaire. Il s'agit de la radiation des listes du RSA ; la loi n° 2015-994 du 17 août 2015 y a logiquement ajouté la nouvelle « prime d'activité » créée par ce texte en lieu et place du « RSA-activité » et de la PPE. Cette radiation intervient au terme d'un certain délai de suspension, délai que détermine le pouvoir réglementaire.

Un retour du bénéficiaire radié dans le dispositif est possible dans l'année qui suit, et il suppose que ce dernier signe préalablement et en fonction de sa situation un contrat d'engagement de l'article L. 5411-6 du code du travail (art. L. 262-34). ❑

Art. L. 262-39 Le président du conseil départemental constitue des équipes pluridisciplinaires composées notamment de professionnels de l'insertion sociale et professionnelle, en particulier des agents de l'institution mentionnée à l'article L. 5312-1 du code du travail dans des conditions précisées par la convention mentionnée à l'article L. 262-32 du présent code, de représentants du département et des maisons de l'emploi ou, à défaut, des personnes morales gestionnaires des plans locaux pluriannuels pour l'insertion et l'emploi et de représentants des bénéficiaires du revenu de solidarité active.

Les équipes pluridisciplinaires sont consultées préalablement aux décisions de réorientation vers les organismes d'insertion sociale ou professionnelle et de réduction ou de suspension, prises au titre de l'article L. 262-37, du revenu de solidarité active qui affectent le bénéficiaire.

Nouvel art. L. 262-39 (L. n° 2008-1249 du 1er déc. 2008, en vigueur le 1er juin 2009) ***Le président du conseil départemental constitue des équipes pluridisciplinaires composées notamment de professionnels de l'insertion sociale et professionnelle, en particulier des agents de l'institution mentionnée à l'article L. 5312-1 du code du travail*** (Abrogé par L. n° 2023-1196 du 18 déc. 2023, art. 3-I, à compter du 1er janv. 2025) ***« dans des conditions précisées par la convention mentionnée à l'article L. 262-32 du présent code », de représentants du département et des maisons de l'emploi ou, à défaut, des personnes morales gestionnaires des plans locaux pluriannuels pour l'insertion et l'emploi et de représentants des bénéficiaires du revenu de solidarité active.***

Les équipes pluridisciplinaires sont consultées préalablement aux décisions de (L. n° 2023-1196 du 18 déc. 2023, art. 3-I, en vigueur le 1er janv. 2025) ***« suppression », prises au titre de l'article L. 262-37*** (L. n° 2023-1196 du 18 déc. 2023, art. 3-I, en vigueur le 1er janv. 2025) ***« du présent code », du revenu de solidarité active qui affectent le bénéficiaire.*** (L. n° 2023-1196 du 18 déc. 2023, art. 3-I, en vigueur le 1er janv. 2025) ***« En fonction de la situation du bénéficiaire du revenu de solidarité active, elles peuvent proposer au président du conseil départemental de prononcer une mesure de suspension ou de suppression du versement du revenu ou la réorientation du bénéficiaire vers un autre organisme référent. »***

COMMENTAIRE

Curieusement placée à la fin de cette section consacrée aux « droits et devoirs » des bénéficiaires du RSA, la disposition ci-dessus vient compléter le dispositif organisationnel chargé de la mise en œuvre de l'accompagnement qui leur est dû (art. L. 262-27). S'ajoutant au référent (art. L. 262-27 et L. 262-30), l'article L. 262-39, modifié par la loi du 18 décembre 2023 pour le plein emploi, institue une « équipe pluridisciplinaire » qui est constituée par le président du conseil départemental. La loi indique que, la liste n'étant pas fermée comme l'atteste l'adverbe « notamment », cette équipe réunit les professionnels de l'insertion sociale et professionnelle, en particulier des agents de France Travail, des représentants du département, des maisons de l'emploi ou des gestionnaires de PLIE et aussi des « représentants des bénéficiaires du RSA ».

Ces nouvelles « équipes pluridisciplinaires » sont substituées en fait aux anciennes « commissions locales d'insertion » (anciens art. L. 263-10 à L. 263-13) instituées par la loi n° 88-1088 du 1er décembre 1988. Ces structures, à l'origine assez fortement encadrées, avaient déjà été fortement assouplies lors de la décentralisation du RMI au profit du département (L. n° 2003-1200 du 18 décembre 2003) en laissant cette collectivité beaucoup plus libre pour composer et organiser ces instances. Avec les « équipes pluridisciplinaires », on atteint le terme du processus puisqu'il s'agit dorénavant de structures légalement peu définies. ❑

SECTION 4 Contrôle et échanges d'informations

(L. nº 2008-1249 du 1er déc. 2008, en vigueur le 1er juin 2009)

COMMENTAIRE

Les dispositions de cette quatrième section « Contrôles et échanges d'informations » ont été introduites dans un souci de meilleure connaissance de la situation des demandeurs de l'allocation du RSA ; elles reprennent, élargissent et systématisent ce qui, avant la loi nº 2008-1249 du 1er décembre 2008, ne faisait l'objet que de deux articles noyés dans les règles commandant l'attribution de l'allocation du RMI : les anciens articles L. 262-17 et surtout L. 262-33.

Il s'agit en effet de donner aux instances chargées d'attribuer le RSA la possibilité de faire remonter vers leurs services toutes les informations relatives à la situation familiale, financière et professionnelle des foyers demandeurs. Cette connaissance est naturellement d'autant plus impérative que le RSA, du fait de l'extension de son champ d'application personnel, de sa plus grande complexité, notamment sur son versant de complément de ressources professionnelles, et de son caractère pérenne, nécessite un suivi constant et beaucoup plus précis de la situation des bénéficiaires. Pour le dire de façon plus négative, le législateur a eu le sentiment que le dispositif recèle des possibilités de fraude importantes.

La section 4 (art. L. 262-40 à L. 262-44) comporte, pour atteindre cet objectif, trois séries de dispositions : la première concerne les échanges d'informations sur la situation des demandeurs, la seconde les effets de ces informations sur l'attribution de l'allocation, la troisième les règles relatives au secret professionnel entourant cette circulation d'informations.

Tout d'abord, au cœur du dispositif, les articles L. 262-40 et L. 262-42 organisent et encadrent des flux d'informations relatives aux demandeurs et aux allocataires du RSA que la loi entend faire converger vers les services qui l'attribuent et en assurent le service.

L'article L. 262-42, plus simple dans son contenu, se borne à imposer au Pôle emploi (C. trav., art. L. 5312-1), qui prend en charge les allocataires aptes à l'emploi (art. L. 262-29, 1º) orientés vers lui, de communiquer mensuellement au président du conseil départemental la liste des bénéficiaires du RSA inscrits comme demandeurs d'emploi ainsi que la liste de ceux qui en sont radiés, la radiation étant un motif de suspension de l'allocation (art. L. 262-37, al. 1, 3º).

L'article L. 262-40 prévoit que, pour l'exercice de leurs compétences, le président du conseil départemental, les représentants de l'État et les organismes instructeurs ou payeurs du RSA peuvent demander les informations qui sont nécessaires à une appréhension correcte de la situation des demandeurs ou des bénéficiaires auprès des administrations publiques, des collectivités territoriales et des organismes sociaux. Un certain nombre de limites sont fixées pour déterminer la nature et le nombre des données pouvant être transmises : il faut que la transmission soit « limitée aux données nécessaires à l'instruction du droit au RSA, à sa liquidation et à son contrôle ainsi qu'à la conduite des actions d'insertion » ; si les informations recueillies peuvent être échangées entre le président du conseil départemental et les organismes chargés de l'instruction et du service de la prestation et, au-delà, communiquées à l'équipe pluridisciplinaire (art. L. 262-39), leur circulation se limite à ces seuls instances et personnels. Les organismes payeurs, pour effectuer leurs contrôles, sont soumis aux dispositions applicables aux prestations de sécurité sociale (CSS, art. L. 114-9 s.). Enfin, pour couronner le tout, le texte prévoit que, chaque mois, les CAF et les MSA confrontent leurs données avec celles dont dispose le Pôle emploi, ce dernier collectant les déclarations d'emploi et de salaire produites par les employeurs, le tout faisant l'objet d'un compte rendu systématique transmis au président du conseil départemental.

Ainsi, s'ajoutant à tous les dispositifs d'échanges d'informations institués dans le code de la sécurité sociale et dans le code du travail, et notamment au futur « Répertoire national commun de la protection sociale » (RNCPS) qui doit recueillir les données d'identification des individus communes à l'administration fiscale, aux Urssaf et aux collectivités territoriales pour l'octroi des prestations sociales (CSS, art. L. 114-12-1), l'article L. 262-40 reproduit pour le RSA un modèle d'échange d'informations dont on attend qu'il permette de suivre efficacement la situation des bénéficiaires et, par là, d'éviter les fraudes.

Ensuite, les articles L. 262-41 et L. 262-43 déterminent les effets de ces contrôles rendus possibles par l'échange des informations individuelles. La première disposition prévoit une évaluation forfaitaire des ressources du foyer lorsqu'une « disproportion marquée » apparaît entre le train de vie du demandeur ou du bénéficiaire et les ressources qu'il déclare. L'article L. 262-43 pour sa part impose aux services payeurs d'informer le président du conseil départemental avec, en conséquence, la possibilité de recours à des sanctions (art. L. 262-50 s.), lorsqu'ils ont connaissance de situations de travail dissimulé ou illégal de la part de bénéficiaires.

Enfin, le verrou du secret professionnel est posé à l'article L. 262-44. Le secret s'impose à toutes les personnes qui interviennent dans l'instruction et le service de la prestation ainsi que dans l'établissement des divers contrats prévus pour organiser l'accompagnement des bénéficiaires (art. L. 262-34, L. 262-35 et L. 262-36). Plus largement, il s'impose à toutes les personnes à qui sont transmises des informations relatives à la situation des allocataires en application des articles L. 262-40 et L. 262-42. ❑

Art. L. 262-40 **Pour l'exercice de leurs compétences, le président du conseil départemental** *(Abrogé par L. nº 2015-994 du 17 août 2015, art. 58-12º, à compter du 1er janv. 2016)* **«, *les représentants de l'État* » et les organismes chargés de l'instruction et du service du revenu de solidarité active demandent toutes les informations nécessaires à l'identification de la situation du foyer :**

1º Aux administrations publiques, et notamment aux administrations financières ;

2º Aux collectivités territoriales ;

3º Aux organismes de sécurité sociale, de retraite complémentaire et d'indemnisation du chômage ainsi qu'aux organismes publics ou privés concourant aux dispositifs d'insertion ou versant des rémunérations au titre de l'aide à l'emploi.

Les informations demandées, que ces administrations, collectivités et organismes sont tenus de communiquer, doivent être limitées aux données nécessaires à l'instruction du droit au revenu de solidarité active, à sa liquidation et à son contrôle ainsi qu'à la conduite des actions d'insertion.

Les informations recueillies peuvent être échangées, pour l'exercice de leurs compétences, entre le président du conseil départemental et les organismes chargés de l'instruction et du service du revenu de solidarité active et communiquées aux membres de l'équipe pluridisciplinaire mentionnée à l'article L. 262-39.

Les personnels des organismes cités à l'alinéa précédent ne peuvent communiquer les informations recueillies dans l'exercice de leur mission de contrôle qu'au président du conseil départemental et, le cas échéant, par son intermédiaire, aux membres de l'équipe pluridisciplinaire.

Les organismes chargés de son versement réalisent les contrôles relatifs au revenu de solidarité active selon les règles, procédures et moyens d'investigation applicables aux prestations de sécurité sociale.

Les organismes payeurs mentionnés à l'article L. 262-16 procèdent chaque mois à la confrontation de leurs données avec celles dont disposent les organismes d'indemnisation du chômage, à partir des déclarations mensuelles d'emploi et des rémunérations transmises à ces derniers par les employeurs. Ils transmettent chaque mois au président du conseil départemental la liste nominative des allocataires dont la situation a été modifiée à la suite de ces échanges de données.

Les organismes chargés du service du revenu de solidarité active transmettent chaque mois au président du conseil départemental la liste de l'ensemble des allocataires ayant fait l'objet d'un contrôle, en détaillant la nature du contrôle et son issue.

1. Effets de l'absence d'agrément ou d'assermentation de l'agent chargé du contrôle. Il ressort de l'art. L. 262-40 CASF et du premier alinéa de l'art. L. 114-10 CSS que tant l'absence d'agrément que l'absence d'assermentation des agents de droit privé désignés par les caisses d'allocations familiales pour conduire des contrôles sur les déclarations des bénéficiaires du RSA sont de nature à affecter la validité des constatations des procès-verbaux qu'ils établissent à l'issue de ces contrôles et à faire ainsi obstacle à ce qu'elles constituent le fondement d'une décision déterminant pour l'avenir les droits de la personne contrôlée ou remettant en cause des paiements déjà effectués à son profit en ordonnant la récupération d'un indu. • CE 17 nov. 2017, nº 400976 B : *RDSS 2018. 175, obs. Dagorne-Labbé ; AJDA 2018. 1491, note Rihal* • 1er juill. 2020, nº 424289 B. ♦ Partant, lorsqu'il statue sur un recours dirigé contre une décision qui, à la suite d'un contrôle de l'organisme chargé du versement du RSA, a pour objet soit de mettre fin au droit de l'allocataire soit d'ordonner la récupération d'un indu de prestation et que le requérant soulève un moyen tiré du défaut d'agrément ou d'assermentation de l'agent chargé du contrôle, le juge ne saurait se fonder sur les seules mentions du procès-verbal relatives à la qualité de son signataire pour écarter cette contestation ; dans un tel cas, l'administration étant seule en mesure d'établir l'agrément et l'assermentation des agents qu'elle désigne pour effectuer les contrôles, il appartient au juge, si cette qualité ne ressort pas des éléments produits en défense, de mettre en œuvre ses pouvoirs généraux d'instruction et de prendre toutes mesures propres à lui procurer, par les voies de droit, les éléments de nature à lui permettre de former sa conviction, en particulier en exigeant de l'administration compétente la production de tout document susceptible de permettre de vérifier les allégations du demandeur. • Même arrêt. ♦ Il résulte de l'art. L. 262-40, d'une part, que les contrôles portant sur les déclarations des bénéficiaires du RSA ne peuvent être conduits que par des agents assermentés et agréés, chargés d'une telle mission par le directeur de la CAF assurant le service de cette prestation et, d'autre part que l'agrément d'un agent établit que celui-ci est affecté à un emploi comportant une mission de contrôle, dont il a été chargé par le directeur de la CAF qui l'emploie • CE 8 juill. 2019, n° 422162 B. ♦ L'exigence résultant de l'art. L. 114-10 CSS selon laquelle les vérifications et enquêtes administratives diligentées pour les contrôles relatifs au RSA doivent être effectuées par des agents assermentés et agréés, ne peut être utilement invoquée à l'encontre d'une décision de récupération d'indus de RSA, de prime d'activité ou d'aide exceptionnelle de fin d'année prise au seul vu d'une comparaison des déclarations faites par l'allocataire avec les informations transmises par l'administration des impôts. • CE 7 nov. 2022, n° 452398 B.

2. Exercice du droit de communication. Lorsqu'une caisse peut obtenir une même information auprès d'une même administration ou d'un même organisme tant sur le fondement de l'art. L. 262-40 du CASF, prévoyant des échanges d'informations avec les administrations publiques, les collectivités territoriales et les organismes sociaux, qu'au titre du droit de communication prévu par l'art. L. 114-19 du CSS, elle n'est tenue de mettre en œuvre les garanties prévues par l'art. L. 114-21 du même code que si elle a entendu se placer dans le cadre du droit de communication • CE 20 juin 2018, n° 409189 B. ♦ Si les dispositions du CASF et du CSS imposent à l'organisme ayant usé du droit de communication, avant la suppression du service de la prestation ou la mise en recouvrement, d'informer l'allocataire à l'encontre duquel est prise la décision de supprimer le droit au RSA ou de récupérer un indu de RSA, tant de la teneur que de l'origine des renseignements qu'il a obtenus de tiers par l'exercice de son droit de communication et sur lesquels il s'est fondé pour prendre sa décision, la méconnaissance de ces dispositions par l'organisme demeure cependant sans conséquence sur le bien-fondé de la décision prise s'il est établi qu'eu égard à la teneur du renseignement, nécessairement connu de l'allocataire, celui-ci n'a pas été privé, du seul fait de l'absence d'information sur l'origine du renseignement, de cette garantie. • CE 18 févr. 2019, n° 416043 B.

3. Garanties liées au droit de communication. Il incombe à l'organisme ayant usé du droit de communication, avant la suppression du service de la prestation ou la mise en recouvrement de l'indu, d'informer l'allocataire à l'encontre duquel est prise la décision de supprimer le droit au RSA ou de récupérer un indu de cette prestation, de la teneur et de l'origine des renseignements qu'il a obtenus de tiers par l'exercice de son droit de communication et sur lesquels il s'est fondé pour prendre sa décision ; il appartient en principe à la CAF ou à la caisse de MSA de mettre en œuvre cette garantie avant l'intervention de la décision de récupérer un indu de RSA, qui permet son recouvrement sur les prestations à échoir, ou de supprimer le service de cette prestation. Toutefois, l'allocataire ne peut utilement invoquer la méconnaissance de cette obligation, à l'appui de conclusions tendant à l'annulation de la décision du président du conseil départemental, s'il a été remédié, par la mise en œuvre de cette garantie en temps utile avant l'intervention de cette dernière décision, à l'irrégularité ainsi commise. • CE 18 mars 2020, n° 424413 B. ♦ Les garanties procédurales s'attachant, en vertu de l'art. L. 114-21 CSS, à l'exercice du droit de communication par un organisme de sécurité sociale ne trouvent à s'appliquer que si, ce droit ayant été mis en œuvre par l'organisme de contrôle, ce dernier s'est fondé, pour supprimer le service d'une prestation ou mettre des sommes en recouvrement, sur des informations ou documents obtenus auprès de tiers dans le cadre de ce droit de communication. • CE 1er juill. 2020, n° 424289 B.

Art. L. 262-41 **Lorsqu'il est constaté par le président du conseil départemental ou les organismes chargés de l'instruction des demandes ou du versement du revenu de solidarité active, à l'occasion de l'instruction d'une demande ou lors d'un contrôle, une disproportion marquée entre, d'une part, le train de vie du foyer et, d'autre part, les ressources qu'il déclare, une évaluation forfaitaire des éléments de train de vie, hors patrimoine professionnel dans la limite d'un plafond fixé par décret, est effectuée. Cette évaluation forfaitaire est prise en compte pour la détermination du droit au revenu de solidarité active.**

Les éléments de train de vie à prendre en compte, qui comprennent notamment le patrimoine mobilier ou immobilier, hors patrimoine professionnel dans la limite d'un plafond fixé par décret, sont ceux dont le foyer a disposé au cours de la période correspondant à la déclaration de ses ressources, en quelque lieu que ce soit, en France ou à l'étranger, et à quelque titre que ce soit.

Art. L. 262-42 **L'institution mentionnée à l'article L. 5312-1 du code du travail informe mensuellement le président du conseil départemental des inscriptions des bénéficiaires du revenu de solidarité active sur la liste des demandeurs d'emploi et de leur radiation de cette liste auxquelles elle procède en application des articles L. 5412-1 et L. 5412-2** *[nouvelle rédaction issue de la L. nº 2023-1196 du 18 déc. 2023, art. 3-I, en vigueur le 1er janv. 2025 : « de l'article L. 5412-1 »]* **du même code.**

Art. L. 262-43 **Lorsque, en application de la procédure prévue à l'article L. 114-15 du code de la sécurité sociale, l'organisme chargé du service du revenu de solidarité active est informé ou constate que le salarié ayant travaillé sans que les formalités prévues aux articles L. 1221-10 et L. 3243-2 du code du travail aient été accomplies par son employeur est soit bénéficiaire du revenu de solidarité active, soit membre du foyer d'un bénéficiaire, il porte cette information à la connaissance du président du conseil départemental, en vue notamment de la mise en œuvre des sanctions prévues à la section 6.**

Art. L. 262-44 **Toute personne appelée à intervenir dans l'instruction des demandes ou l'attribution du revenu de solidarité active ainsi que dans l'élaboration, l'approbation et la mise en œuvre du projet personnalisé d'accès à l'emploi mentionné à l'article L. 262-34 ou de l'un des contrats mentionnés aux articles L. 262-35 et L. 262-36** *[nouvelle rédaction issue de la L. nº 2023-1196 du 18 déc. 2023, art. 3-I, en vigueur le 1er janv. 2025 : [mise en œuvre du] « contrat d'engagement mentionné à l'article L. 262-34 »]* **est tenue au secret professionnel, sous peine des sanctions prévues à l'article 226-13 du code pénal.**

Toute personne à qui les informations relatives aux personnes demandant le bénéfice ou bénéficiant du revenu de solidarité active ont été transmises, en application de l'article L. 262-40 du présent code, est tenue au secret professionnel dans les mêmes conditions.

SECTION 5 Recours et récupération

(L. nº 2008-1249 du 1er déc. 2008, en vigueur le 1er juin 2009)

BIBL. ▶ AUBIN, Focus sur le contentieux du RSA, *AJCT 2013. 328*. – CIAUDO, Le contentieux de l'indu de revenu de solidarité active, *AJDA 2013. 294*. – MAGORD, Les parcours contentieux des indus de RSA, *RDSS 2015. 1073*. – WIERNASZ, Le contentieux des indus en matière de RSA, *RDSS 2012. 733*.

COMMENTAIRE

La section 5 reprend, avec des aménagements et surtout une novation importante, les dispositions qui figuraient antérieurement aux articles L. 262-39 à L. 262-47-1, celles à caractère pénal (art. L. 262-46 à L. 262-47-1) ayant été au passage déplacées dans la section suivante.

Les aménagements seront envisagés au fil du commentaire de chacun des articles qui ont été réécrits de façon à rendre plus clair et cohérent l'ensemble.

La novation figure à l'article L. 262-47. Elle réside d'une part dans l'aménagement d'un recours administratif préalable à tout recours contentieux ; d'autre part, bien que curieusement cela ne soit pas expressément mentionné par cette disposition, dans le fait que les recours contentieux dirigés contre les décisions relatives à l'attribution du RSA ne relèvent plus de la compétence des juridictions spécialisées de l'aide sociale, mais de la juridiction administrative de droit commun (V. art. L. 134-1 dans sa nouvelle rédaction issue de la L. nº 2008-1249 du 1er décembre 2008) ; antérieurement, l'ancien article L. 262-39 désignait clairement les juridictions de l'aide sociale. Ce basculement vers les juges de droit commun manifeste le déplacement opéré par le RSA, lequel n'est pas principalement une prestation de subsistance relevant de la politique de lutte contre la pauvreté comme l'était le RMI (ce qui justifiait son ancrage dans le contentieux de l'aide sociale) mais se veut plutôt un dispositif complétant des revenus d'activité et tirant, de ce fait, vers la logique d'un mécanisme fiscal du type « impôt négatif ». ☐

Art. L. 262-45 **L'action en vue du paiement du revenu de solidarité active se prescrit par deux ans. Cette prescription est également applicable, sauf en cas de fraude ou**

de fausse déclaration, à l'action intentée par l'organisme chargé du service du revenu de solidarité active *(L. nº 2015-994 du 17 août 2015, art. 58-13º, en vigueur le 1er janv. 2016)* **« ou le département » en recouvrement des sommes indûment payées.**

(L. nº 2009-1646 du 24 déc. 2009, art. 93-II et IV) **« La prescription est interrompue par une des causes prévues par le code civil. L'interruption de la prescription peut, en outre, résulter de l'envoi d'une lettre recommandée avec demande d'avis de réception, quels qu'en aient été les modes de délivrance.**

« La prescription est interrompue tant que l'organisme débiteur des prestations familiales se trouve dans l'impossibilité de recouvrer l'indu concerné en raison de la mise en œuvre d'une procédure de recouvrement d'indus relevant des articles L. 553-2, L. 821-5-1 *(Abrogé par Ord. nº 2019-770 du 17 juill. 2019, art. 3-5º, à compter du 1er sept. 2019)* **«, L. 835-3 »** *(L. nº 2015-994 du 17 août 2015, art. 58-13º, en vigueur le 1er janv. 2016)* **« ou L. 845-3 » du code de la sécurité sociale, L. 262-46 du code de l'action sociale et des familles ou** *(Ord. nº 2019-770 du 17 juill. 2019, art. 3-5º, en vigueur le 1er sept. 2019)* **« L. 823-9 » du code de la construction et de l'habitation. »**

COMMENTAIRE

Comme pour le RMI (ancien art. L. 262-40), les recours concernant le RSA ainsi que le recouvrement des indus font l'objet d'une prescription biennale, sauf si, pour le second type d'action, il y a eu fraude ou fausse déclaration.

L'aménagement d'un délai de prescription relativement court se justifie pour que, compte tenu des objectifs de la prestation, la situation des bénéficiaires ne risque pas d'être fragilisée pendant un laps de temps qui serait trop long. Cela oblige les services instructeurs à agir promptement en évitant que s'accumulent trop longtemps des indus, ce qui mettrait les foyers concernés dans des difficultés inextricables. ❑

1. Décision administrative déterminant les droits d'une personne à l'allocation. Lorsqu'il statue sur un recours dirigé contre une décision par laquelle l'administration, sans remettre en cause des versements déjà effectués, détermine les droits d'une personne à l'allocation (de RMI), il appartient au juge administratif, eu égard tant à la finalité de son intervention dans la reconnaissance du droit à cette prestation d'aide sociale qu'à sa qualité de juge de plein contentieux, non de se prononcer sur les éventuels vices propres de la décision attaquée, mais d'examiner les droits de l'intéressé sur lesquels l'administration s'est prononcée, en tenant compte de l'ensemble des circonstances de fait qui résultent de l'instruction ; au vu de ces éléments, il appartient au juge administratif d'annuler ou de réformer, s'il y a lieu, cette décision en fixant alors lui-même les droits de l'intéressé, pour la période en litige, à la date à laquelle il statue ou, s'il ne peut y procéder, de renvoyer l'intéressé devant l'administration afin qu'elle procède à cette fixation sur la base des motifs de son jugement. • CE, sect., 27 juill. 2012, nº 347114 : *Lebon 299 ; RFDA 2012. 922, concl. Landais ; AJDA 2012. 1548 ; ibid. 1845, chron. Domino et Bretonneau ; AJCT 2012. 624, obs. Aubin* • CE, sect., 16 déc. 2016, nº 389642 B • CE, sect., 3 juin 2019, nº 423001 B.

2. Décision administrative ordonnant la récupération de montants de l'allocation. En revanche, lorsque le recours est dirigé contre une décision qui, remettant en cause des paiements déjà effectués, ordonne la récupération de montants d'allocation que l'administration estime avoir été indûment versés, il appartient au juge d'examiner d'abord les moyens tirés, le cas échéant, des vices propres de cette décision pour en prononcer, s'il y a lieu, l'annulation ; dans ce dernier cas, il est loisible à l'administration, si elle s'y croit fondée et si, en particulier, aucune règle de prescription n'y fait obstacle, de reprendre régulièrement, sous le contrôle du juge, une nouvelle décision ; dans le cas où aucun vice propre n'est de nature à justifier l'annulation de la décision attaquée, il appartient au juge d'examiner les droits de l'intéressé sur lesquels l'administration s'est prononcée afin d'y statuer lui-même et d'annuler ou de réformer, s'il y a lieu, cette décision. • CE, sect., 27 juill. 2012, nº 347114 : *préc. note 1.* ♦ La décision par laquelle l'autorité administrative procède à la récupération des sommes indûment versées au titre de l'allocation de RSA est au nombre des décisions imposant une sujétion et doit, par suite, être motivée en application de l'art. 1er de la loi du 11 juill. 1979. • CE avis, 16 oct. 2013, nº 368174 : *Lebon 256* • CE 8 juill. 2019, nº 420732 B.

Art. L. 262-46 **Tout paiement indu de revenu de solidarité active est récupéré par l'organisme chargé du service de celui-ci ainsi que, dans les conditions définies au présent article, par les collectivités débitrices du revenu de solidarité active.** *(L. nº 2022-1616 du 23 déc. 2022, art. 100-II, en vigueur le 1er janv. 2024)* **« En contrepartie des frais de gestion qu'il engage lorsque le versement indu est le résultat d'une**

fraude du bénéficiaire, l'organisme payeur recouvre auprès de ce dernier une indemnité équivalant à 10 % des sommes réclamées au titre des prestations versées à tort. Cette indemnité est recouvrée dans les mêmes conditions que les indus recouvrés au titre du présent article. »

Toute réclamation dirigée contre une décision de récupération de l'indu, le dépôt d'une demande de remise ou de réduction de créance ainsi que les recours administratifs et contentieux, y compris en appel, contre les décisions prises sur ces réclamations et demandes ont un caractère suspensif.

(L. n° 2008-1330 du 17 déc. 2008, art. 118-III, en vigueur le 1er janv. 2010) **« Sauf si le bénéficiaire opte pour le remboursement de l'indu en une seule fois, l'organisme mentionné au premier alinéa procède au recouvrement de tout paiement indu de revenu de solidarité active par retenues sur les montants à échoir.**

« A défaut, l'organisme mentionné au premier alinéa peut également, dans des conditions fixées par décret, procéder à la récupération de l'indu par retenues sur les échéances à venir dues au titre *(L. n° 2019-1446 du 24 déc. 2019, art. 68-I)* **« de l'allocation mentionnée à l'article L. 168-8 du code de la sécurité sociale, » des prestations familiales** *(Abrogé par Ord. n° 2019-770 du 17 juill. 2019, art. 3-6°, à compter du 1er sept. 2019)* ***« , de l'allocation de logement »*** *(L. n° 2015-994 du 17 août 2015, art. 58-14°, en vigueur le 1er janv. 2016)* **« et de la prime d'activité mentionnées, respectivement, aux articles L. 511-1** *(Abrogé par Ord. n° 2019-770 du 17 juill. 2019, art. 3-6°, à compter du 1er sept. 2019)* ***« , L. 831-1 »*** **et L. 841-1 » du code de la sécurité sociale, au titre des prestations mentionnées au titre II du livre VIII du même code ainsi qu'au titre** *(Ord. n° 2019-770 du 17 juill. 2019, art. 3-6°, en vigueur le 1er sept. 2019)* **« des aides personnelles au logement mentionnées à l'article L. 821-1 » du code de la construction et de l'habitation.** — *Sur l'entrée en vigueur des dispositions de l'art. 68 de la L. n° 2019-1446 du 24 déc. 2019, V. dernière note ss. art.*

« *(L. n° 2009-1646 du 24 déc. 2009, art. 97-I)* **« Par dérogation aux dispositions précédentes, lorsqu'un indu a été constitué sur une prestation versée en tiers payant, l'organisme peut, si d'autres prestations sont versées directement à l'allocataire, recouvrer l'indu sur ces prestations selon des modalités et des conditions précisées par décret. »**

« Les retenues mentionnées aux troisième et quatrième alinéas du présent article sont déterminées en application des règles prévues au *(L. n° 2009-1646 du 24 déc. 2009, art. 97-IV)* **« troisième » alinéa de l'article L. 553-2 du code de la sécurité sociale.**

« *(L. n° 2018-1203 du 22 déc. 2018, art. 77, en vigueur le 1er janv. 2020)* **« Lorsque l'indu notifié ne peut être recouvré sur les prestations mentionnées aux troisième et quatrième alinéas du présent article, la récupération peut être opérée, sous réserve** *(Ord. n° 2019-765 du 24 juill. 2019, art. 2 ; L. n° 2019-1446 du 24 déc. 2019, art. 68-VI)* **« des dispositions des quatrième à neuvième alinéas de l'article L. 133-4-1 du code de la sécurité sociale et si l'assuré » n'opte pas pour le remboursement en un versement, par retenue sur les prestations en espèces gérées par les organismes mentionnés à l'article L. 133-4-1 du code de la sécurité sociale ou sur les prestations mentionnées aux titres IV et V du livre III et au titre I du livre VIII du même code, par l'organisme gestionnaire de ces prestations et avec son accord. Toutefois, suite à cet accord, le recouvrement ne peut être effectué que si l'assuré n'est débiteur d'aucun indu sur ces mêmes prestations. Ce recouvrement est opéré selon les modalités applicables aux prestations sur lesquelles les retenues sont effectuées. Un décret fixe les modalités d'application et le traitement comptable afférant à ces opérations. »**

(Ord. n° 2019-765 du 24 juill. 2019, art. 2 ; L. n° 2019-1446 du 24 déc. 2019, art. 68-VI) **« Les dispositions des quatrième à dernier alinéas de l'article L. 133-4-1 du code de la sécurité sociale sont applicables au recouvrement des indus mentionnés au présent article. »** — *V. note ss. art.*

« L'article L. 161-1-5 du même code est applicable pour le recouvrement des sommes indûment versées au titre du revenu de solidarité active.

« Après la mise en œuvre de la procédure de recouvrement sur prestations à échoir, l'organisme chargé du service du revenu de solidarité active transmet, dans des conditions définies par la convention mentionnée au I de l'article L. 262-25 du présent

code, les créances du département au président du conseil départemental. La liste des indus fait apparaître le nom de l'allocataire, l'objet de la prestation, le montant initial de l'indu, le solde restant à recouvrer, ainsi que le motif du caractère indu du paiement. Le président du conseil départemental constate la créance du département et transmet au payeur départemental le titre de recettes correspondant pour le recouvrement. »

La créance peut être remise ou réduite par le président du conseil départemental *(Abrogé par L. nº 2015-994 du 17 août 2015, art. 58-14º, à compter du 1er janv. 2016)* ***« ou l'organisme chargé du service du revenu de solidarité active pour le compte de l'État, »*** **en cas de bonne foi ou de précarité de la situation du débiteur, sauf si cette créance résulte d'une manœuvre frauduleuse ou d'une fausse déclaration.**

Un décret en Conseil d'État détermine le montant au-dessous duquel le revenu de solidarité active indûment versé ne donne pas lieu à répétition.

La créance détenue par un département à l'encontre d'un bénéficiaire du revenu de solidarité active dont le lieu de résidence est transféré dans un autre département ou qui élit domicile dans un autre département est transférée en principal, frais et accessoires au département d'accueil.

Les dispositions de l'Ord. nº 2019-765 du 24 juill. 2019 entrent en vigueur à une date fixée par décret en Conseil d'État, au plus tôt le 1er janv. 2020 et au plus tard le 1er juill. 2020 (Ord. préc., art. 3).

Les dispositions de l'art. 68-I de la L. nº 2019-1446 du 24 déc. 2019 s'appliquent aux demandes d'allocation visant à l'indemnisation de jours de congé du proche aidant ou de cessation d'activité postérieurs à une date fixée par décret, et au plus tard au 30 sept. 2020 (L. préc., art. 68-V).

COMMENTAIRE

L'article L. 262-46 reprend plusieurs des dispositions antérieures, notamment les articles L. 262-41 et L. 262-42. Il organise la récupération par les services payeurs ou par la collectivité débitrice de sommes versées indûment au titre du RSA.

Tout d'abord, la disposition organise (al. 4 et 5) la procédure de récupération des indus : établissement, chaque mois, par l'organisme chargé du paiement de la prestation d'une liste des indus liés à la cessation du droit à l'allocation faisant apparaître, pour chaque allocataire concerné, les montants et surtout les motifs du caractère indu du paiement ; cette liste est adressée au président du conseil départemental ; c'est ce dernier qui « constate la créance du département et transmet au payeur départemental le titre de recette correspondant pour le recouvrement ».

L'indu peut être récupéré par retenues opérées sur les prestations familiales et la prime d'activité (L. nº 2015-994 du 17 août 2015) ; alors qu'antérieurement, des retenues étaient possibles sur l'allocation de logement, l'ordonnance nº 2019-770 du 17 juillet 2019 modifiant le code de la construction et de l'habitation (art. 3-6) a exclu cette prestation du champ des prestations pouvant faire l'objet d'une récupération.

La LFSS pour 2019 (L. nº 2018-1203 du 22 déc. 2018, art. 77) ajoute à la liste des prestations pouvant supporter les récupérations d'indus (jusque-là prestations familiales, avec réserve allocation de logement et prime d'activité) diverses autres prestations : les prestations versées à des personnes relevant des régimes des indépendants (CSS, art. L. 133-4-1), les prestations relevant de l'assurance invalidité (CSS, art. L. 341-1 s.), celles versées dans le cadre de l'assurance vieillesse et de l'assurance veuvage (CSS, art. L. 351-1 s.) et enfin les allocations versées au titre des régimes spéciaux (CSS, art. L. 711-1 s.). Le champ des récupérations opérées à l'encontre de versements au titre de la protection sociale de droit commun s'est donc fortement élargi.

La LFSS pour 2020 (L. nº 2019-1446 du 24 déc. 2019) a ajouté à cette liste des prestations pouvant faire l'objet de récupération les allocations journalières versées aux personnes qui bénéficient du congé de proche aidant (CSS, art. L. 168-9 à L. 168-16 ; C. trav., art. L. 3142-16).

Il est à noter que la LFSS pour 2010 (L. nº 2009-1646 du 24 déc. 2009) a ajouté une disposition qui s'imposait (al. 5) : lorsque les prestations familiales sont versées en tiers payant (ce qui est le principe en matière de prestations logement), la récupération des indus ne peut concerner que les éventuelles autres prestations, celles qui sont servies à l'allocataire lui-même.

La LFSS pour 2023 (L. n° 2022-1616 du 23 déc. 2022) a ajouté la possibilité pour l'organisme gestionnaire, et lorsque le versement indu est la conséquence d'une fraude, de percevoir à l'encontre du bénéficiaire une indemnité se montant à 10 % des sommes en jeu, cela pour couvrir ses frais de gestion.

Ensuite, en considération des finalités du RSA ainsi que de la spécificité des situations auxquelles il entend remédier, l'article ci-dessus comporte un certain nombre d'aménagements de la récupération des indus qui vont dans le sens d'une protection des bénéficiaires : le caractère suspensif des réclamations portées par les bénéficiaires qui se voient réclamer des indus (règle reprenant l'ancien art. L. 262-42) ; possibilité d'établir un échéancier de remboursement ; à défaut d'un tel accord, limitation du recouvrement par retenue sur les allocations en cours à 20 % de leur montant ; possibilité donnée au président du conseil départemental de remettre ou de réduire la dette en cas de bonne foi de l'allocataire ou de précarité de sa situation ; établissement par le pouvoir réglementaire d'un plancher de dette en-deçà duquel les indus ne donnent pas lieu à récupération. ❑

1. Pouvoirs du juge lorsque est en jeu la récupération d'un indu. Lorsque le recours est dirigé contre une décision qui, remettant en cause des paiements déjà effectués, ordonne la récupération de montants d'allocation de RMI que l'administration estime avoir été indûment versés, il appartient au juge d'examiner d'abord les moyens tirés, le cas échéant, des vices propres de cette décision pour en prononcer, s'il y a lieu, l'annulation ; dans ce dernier cas, il est loisible à l'administration, si elle s'y croit fondée et si, en particulier, aucune règle de prescription n'y fait obstacle, de reprendre régulièrement, sous le contrôle du juge, une nouvelle décision ; dans le cas où aucun vice propre n'est de nature à justifier l'annulation de la décision attaquée, il appartient au juge d'examiner les droits de l'intéressé sur lesquels l'administration s'est prononcée afin d'y statuer lui-même et d'annuler ou de réformer, s'il y a lieu, cette décision. • CE, sect., 27 juill. 2012, n° 347114 : *Lebon 299* ; *RFDA 2012. 922, concl. Landais* ; *AJDA 2012. 1548 et 1845, chron. Domino et Bretonneau* ; *AJCT 2012. 624, obs. Aubin*.

2. Pouvoirs du juge lorsque est en jeu la détermination des droits d'une personne à l'allocation. Lorsqu'il statue sur un recours dirigé contre une décision par laquelle l'administration, sans remettre en cause des versements déjà effectués, détermine les droits d'une personne à l'allocation de RMI ou du RSA, il appartient au juge administratif, eu égard tant à la finalité de son intervention dans la reconnaissance du droit à cette prestation d'aide sociale qu'à sa qualité de juge de plein contentieux, non de se prononcer sur les éventuels vices propres de la décision attaquée, mais d'examiner les droits de l'intéressé sur lesquels l'administration s'est prononcée, en tenant compte de l'ensemble des circonstances de fait qui résultent de l'instruction ; au vu de ces éléments, il appartient au juge administratif d'annuler ou de réformer, s'il y a lieu, cette décision en fixant alors lui-même les droits de l'intéressé, pour la période en litige, à la date à laquelle il statue ou, s'il ne peut y procéder, de renvoyer l'intéressé devant l'administration afin qu'elle procède à cette fixation sur la base des motifs de son jugement. • CE, sect., 27 juill. 2012, n° 347114 : *préc. note 1.*

♦ Lorsque, en revanche, le recours dont il est saisi est dirigé contre une décision qui, remettant en cause des paiements déjà effectués, ordonne la récupération d'un indu de RSA ou d'aide exceptionnelle de fin d'année, il entre dans l'office du juge d'apprécier, au regard de l'argumentation du requérant, le cas échéant, de celle développée par le défendeur et, enfin, des moyens d'ordre public, en tenant compte de l'ensemble des circonstances de fait qui résultent de l'instruction, la régularité comme le bien-fondé de la décision de récupération d'indu. Il lui appartient, s'il y a lieu, d'annuler ou de réformer la décision ainsi attaquée, pour le motif qui lui paraît, compte tenu des éléments qui lui sont soumis, le mieux à même, dans l'exercice de son office, de régler le litige. • CE, sect., 16 déc. 2016, n° 389642 : *AJDA 2017. 272, chron. Dutheillet de Lamothe et Odinet*. ♦ En cas d'annulation par le juge de la décision ordonnant la récupération de l'indu, il est loisible à l'administration, si elle s'y croit fondée et si, en particulier, aucune règle de prescription n'y fait obstacle, de reprendre régulièrement et dans le respect de l'autorité de la chose jugée, sous le contrôle du juge, une nouvelle décision. Lorsque tout ou partie de l'indu d'allocation de revenu de solidarité active ou d'aide exceptionnelle de fin d'année a été recouvré avant que le caractère suspensif du recours n'y fasse obstacle, il appartient au juge, s'il est saisi de conclusions tendant à ce qu'il soit enjoint à l'administration de rembourser la somme déjà recouvrée, de déterminer le délai dans lequel l'administration, en exécution de sa décision, doit procéder à ce remboursement, sauf à régulariser sa décision de récupération si celle-ci n'a été annulée que pour un vice de forme ou de procédure. • Même arrêt.

3. Décision de récupération et règles procédurales. Il ressort, des art. L. 262-46 s. CASF, que l'art. 24 de la L. du 12 avr. 2000, qui fixe des règles générales de procédure applicables aux décisions devant être motivées (observations écrites et orales, assistance d'un conseil…), ne saurait utilement être invoqué à l'encontre d'une décision de répétition d'indu d'allocation de RSA. • CE, avis, 16 oct. 2013, n° 368174 : *Lebon 256*. ♦ L'allocataire peut faire valoir ses observations en exerçant devant le président du conseil général le recours administratif préalable obligatoire, à caractère suspensif, mentionné à l'art. L. 262-47 CASF. • Même avis.

4. Décision de récupération et recevabilité du recours. Une décision de récupération d'un indu de RSA prise par le président du conseil départemental ou par délégation de celui-ci ne peut, à peine d'irrecevabilité, faire l'objet d'un recours contentieux sans qu'ait été préalablement exercé un recours administratif auprès de cette autorité ; si la recevabilité d'un recours contentieux dirigé contre le titre exécutoire émis pour recouvrer un indu de RSA n'est pas subordonnée à l'exercice d'un recours administratif préalable, le débiteur ne peut toutefois, à l'occasion d'un tel recours, contester devant le juge administratif le bien-fondé de cet indu en l'absence de tout recours préalable saisissant de cette contestation le président du conseil général. En revanche, une telle contestation reste possible à l'occasion d'un recours contre les actes de poursuite qui procèdent du titre exécutoire exercé conformément aux dispositions de l'art. L. 1617-5 du CGCT, même en l'absence de recours administratif préalable. • CE 5 févr. 2018, n° 403650 B.

5. Remise gracieuse. Une décision rejetant une demande de remise gracieuse d'un indu présentée par un bénéficiaire du RSA ne trouve pas sa base légale dans la décision de récupération de cet indu et n'est pas davantage prise pour son application ; par suite, le bénéficiaire qui conteste un refus de remise gracieuse ne peut utilement exciper, à l'appui de sa demande d'annulation de ce refus, de l'illégalité de la décision de récupération. • CE 9 mars 2016, n° 381272 : *Lebon ; RDSS 2016. 563, concl. Decout-Paolini*. ♦ Lorsqu'il statue sur un recours dirigé contre une décision refusant ou ne faisant que partiellement droit à une demande de remise gracieuse d'un indu de RSA, il appartient au juge administratif, eu égard tant à la finalité de son intervention qu'à sa qualité de juge de plein contentieux de l'aide sociale, non de se prononcer sur les éventuels vices propres de la décision attaquée, mais d'examiner si une remise gracieuse totale ou partielle est justifiée et de se prononcer lui-même sur la demande en recherchant si, au regard des circonstances de fait dont il est justifié par l'une et l'autre parties à la date de sa propre décision, la situation de précarité du débiteur et sa bonne foi justifient que lui soit accordée une remise ou une réduction supplémentaire. • Même arrêt. ♦ Il résulte de l'art. L. 262-46 qu'un allocataire du RSA ne peut bénéficier d'une remise gracieuse de la dette résultant d'un paiement indu d'allocation que si, tout à la fois, d'une part, il est de bonne foi, l'indu ne devant pas trouver sa cause dans une manœuvre frauduleuse ou une fausse déclaration procédant d'une volonté de dissimulation de sa part, et, d'autre part, la précarité de sa situation, appréciée par le département à la date de sa décision, justifie l'octroi d'une remise. • CE 4 déc. 2019, n° 420655 B. ♦ Lorsque l'indu résulte de ce que l'allocataire a manqué à ses obligations déclaratives, il y a lieu, pour apprécier la condition de bonne foi de l'intéressé, hors les hypothèses où les omissions déclaratives révèlent une volonté manifeste de dissimulation ou, à l'inverse, portent sur des éléments dépourvus d'incidence sur le droit de l'intéressé au RSA ou sur son montant, de tenir compte de la nature des éléments ainsi omis, de l'information reçue et notamment, le cas échéant, de la présentation du formulaire de déclaration des ressources, du caractère réitéré ou non de l'omission, des justifications données par l'intéressé ainsi que de toute autre circonstance de nature à établir que l'allocataire pouvait de bonne foi ignorer qu'il était tenu de déclarer les éléments omis. • CE 26 avr. 2022, n° 441370 B.

6. Effets de l'annulation d'un jugement sur la demande de remise gracieuse. L'annulation d'un jugement, en tant qu'il statue sur le bien-fondé de l'indu pour le recouvrement duquel ont été émis des titres exécutoires, entraîne également son annulation en tant qu'il statue sur le rejet de la demande de remise gracieuse de cet indu. • CE 18 mars 2020, n° 421911 B.

7. Résidence et charge de la preuve. Commet une erreur de droit le tribunal administratif qui, ayant relevé qu'un rapport établi par un agent assermenté de la caisse d'allocations familiales comportait un certain nombre d'éléments de nature à remettre en cause la sincérité des déclarations de l'intéressé et de son épouse relatives notamment à leur résidence en France – éléments qui pouvaient être regardés comme un faisceau d'éléments précis et circonstanciés jetant un doute sérieux sur le caractère stable et effectif de cette résidence –, fait supporter au département la charge d'établir que l'intéressé et son épouse ne résidaient pas en France, alors qu'il aurait pu, le cas échéant, faire usage de ses pouvoirs généraux d'instruction afin notamment d'exiger de l'intéressé la production de tout nouveau document susceptible d'accréditer la sincérité de ses déclarations ou l'authenticité des documents contestés. • CE 15 déc. 2015, n° 380634 B.

8. Opposition à contrainte. Lorsqu'il constate un indu de RSA, d'aide exceptionnelle de fin d'année ou d'aide personnalisée au logement (APL), l'organisme chargé du service de la prestation ou de l'aide doit prendre une décision de récupération d'indu, motivée et notifiée au bénéficiaire de l'allocation ; cette décision, qui fait grief, peut être contestée devant le tribunal administratif, après l'exercice, s'agissant du RSA et de l'APL, d'un recours administratif préalable obligatoire. En l'absence de recours dans un délai de 2 mois ou en cas de rejet de celui-ci, et sauf à ce que l'indu ait été remboursé, ait été récupéré par retenues sur les prestations à venir ou ait fait l'objet d'un titre exécutoire émis par l'ordonnateur de la personne publique pour le compte de laquelle la prestation est servie, l'organisme peut mettre l'allocataire en demeure de payer dans le délai d'un mois, puis, si cette mise en demeure reste sans effet dans ce délai, décerner une contrainte, laquelle est susceptible d'opposition devant le tribunal administratif dans le délai de 15 jours ; par suite, une telle mise en demeure, intervenant après la notification de la décision de récupération de l'indu, constitue un acte préparatoire à la contrainte qui pourra être émise au cas où l'allocataire ne rembourse pas la somme due : si l'allocataire peut utilement se prévaloir, à l'appui d'une opposition à contrainte, de l'irrégularité de la mise en demeure qui lui a été adressée, celle-ci ne présente pas, en revanche, le caractère d'une décision susceptible de recours. • CE 10 juill. 2019, n° 415427 B.

9. Recouvrement par voie de contrainte d'une aide exceptionnelle de fin d'année. Un versement indu de l'aide exceptionnelle attribuée à un allocataire du RSA au titre de cette allocation doit être regardé comme relevant des « sommes indûment versées au titre du revenu de solidarité active » au sens de l'art. L. 262-46 ; par suite, le directeur d'une caisse d'allocations familiales, lorsque cette caisse assure le service du RSA, peut légalement faire usage de la procédure instituée par l'art. L. 161-1-5 CSS et recouvrer par voie de contrainte un paiement indu d'aide exceptionnelle de fin d'année attribuée à un allocataire du RSA. • CE, avis, 26 sept. 2016, n° 399898 : *Lebon*.

10. Recevabilité du recours. Alors même que la décision implicite confirmant l'indu de RSA réclamé à l'intéressé, résultant du silence gardé par le président du conseil général sur le recours gracieux formé par l'intéressé contre la décision de la caisse d'allocations familiales de récupérer cet indu, serait, à la date de l'introduction des requêtes devant le tribunal administratif devenue définitive, l'intéressé reste recevable, dans le délai de 2 mois prévu par l'art. L. 1617-5 du CGCT, à contester le bien-fondé de la créance du département à l'appui de ses demandes tendant à l'annulation des titres exécutoires émis pour son recouvrement. • CE, 6 avr. 2018, n° 405014 B.

11. Modalités de décompte du délai d'une opposition à contrainte. Sauf texte contraire, les délais de recours devant les juridictions administratives sont, en principe, des délais francs, leur premier jour étant le lendemain du jour de leur déclenchement et leur dernier jour étant le lendemain du jour de leur échéance, et les recours doivent être enregistrés au greffe de la juridiction avant l'expiration du délai ; toutefois, il résulte de l'art. R. 133-3 CSS que l'opposition à contrainte doit seulement être « adressée » à la juridiction compétente, c'est-à-dire expédiée, en cas d'envoi postal, avant le terme du délai de quinze jours à compter de la signification de la contrainte, qui n'est pas un délai franc mais est seulement susceptible de prorogation jusqu'au premier jour ouvrable suivant s'il expire normalement un samedi, un dimanche ou un jour férié ou chômé. • CE 5 oct. 2018, n° 409579 A.

12. Effets du caractère suspensif d'un recours. Lorsque la loi attache un caractère suspensif à l'exercice d'un recours administratif ou contentieux, l'exécution de la décision qui fait l'objet de ce recours ne peut plus être poursuivie jusqu'à ce qu'il ait été statué sur ce recours ; si, malgré cela, l'administration poursuit l'exécution de la décision en dépit d'un recours, c'est alors sans faire obstacle à l'exécution de cette décision, en principe déjà paralysée, en vertu de la loi, par l'effet même du recours, que le juge des référés peut prescrire à l'administration, à titre provisoire dans l'attente d'une décision se prononçant sur le bien-fondé du recours, toutes mesures justifiées par l'urgence propres à faire cesser la méconnaissance du caractère suspensif du recours. Tel est le cas, en particulier, lorsque la collectivité débitrice du RSA ou l'organisme chargé du service de celui-ci ou de la prime d'activité poursuit le recouvrement d'un indu de l'une ou l'autre de ces prestations, par retenues sur les montants à échoir de ces prestations ou d'autres prestations sociales, en méconnaissance du caractère suspensif attaché aux recours administratifs et contentieux par les art. L. 262-46 CASF et L. 845-3 CSS : le juge des référés pouvant alors non seulement ordonner qu'il soit mis fin aux retenues à venir dans l'attente qu'il soit statué sur le recours, mais aussi enjoindre le reversement des sommes qui ont été à tort retenues en méconnaissance du caractère suspensif du recours. • CE 24 juill. 2019, n° 426527 B.

13. Récupération et effacement de dettes. Les dettes tenant à un versement indu de RSA ne sauraient être exclues, même en cas de fraude, de l'effacement qui peut être prononcé par le juge judiciaire dans le cadre d'une procédure de surendettement qui entraîne le rétablissement personnel sans liquidation judiciaire. • CE 12 mai 2023, n° 461606 B : *AJDA 2023. 1559, concl. Le Coq*.

14. Récupération d'indus de prestations sociales sur des échéances à venir de RSA. L'organisme payeur peut procéder à la récupération d'indus de certaines prestations sociales, notamment de l'aide personnalisée au logement et de prestations familiales, par retenue sur des échéances à venir de prime d'activité et de RSA, alors même que ces échéances se rapporteraient à des droits ouverts au titre d'une période antérieure à la décision de récupération des indus. • CE 15 déc. 2023, n° 468253 B.

Art. L. 262-47 Toute réclamation dirigée contre une décision relative au revenu de solidarité active fait l'objet, préalablement à l'exercice d'un recours contentieux, d'un recours administratif auprès du président du conseil départemental. Ce recours est, dans les conditions et limites prévues par la convention mentionnée à l'article

L. 262-25, soumis pour avis à la commission de recours amiable qui connaît des réclamations relevant de l'article L. 142-1 du code de la sécurité sociale. Les modalités d'examen du recours sont définies par décret en Conseil d'État.

Ce décret détermine également les conditions dans lesquelles les associations régulièrement constituées depuis cinq ans au moins pour œuvrer dans les domaines de l'insertion et de la lutte contre l'exclusion et la pauvreté peuvent exercer les recours prévus au premier alinéa du présent article en faveur du foyer, sous réserve de l'accord écrit du bénéficiaire.

COMMENTAIRE

L'article L. 262-47 constitue une novation par rapport à la législation antérieure concernant le RMI. Il impose, préalablement à tout recours contentieux concernant les décisions relatives au RSA, un recours administratif auprès du président du conseil départemental. Ce recours doit être organisé par la convention qui lie le département aux organismes payeurs de l'allocation, CAF et caisses de MSA (art. L. 262-25) ; il doit être soumis pour avis à la commission de recours amiable prévue pour le contentieux de la sécurité sociale (CSS, art. L. 142-1, R. 142-2, soumettant les recours relatifs aux prestations de sécurité sociale à cette commission qui est constituée au sein du conseil d'administration de chaque organisme).

Une phase précontentieuse est donc imposée aux demandeurs ou bénéficiaires contestant les décisions relatives au RSA, et cette dernière rejoint le cadre établi en matière de contentieux de la sécurité sociale. Cela accuse la volonté de conserver les litiges sur un terrain technique et de nature amiable, plutôt que de les engager directement dans un cadre juridictionnel.

Il faut indiquer enfin que l'article L. 262-47 doit être lu parallèlement à l'article L. 134-1 puisque « l'exercice d'un recours contentieux » auquel il est fait référence au premier alinéa doit être engagé dorénavant devant la juridiction administrative de droit commun et non plus, comme c'était le cas pour l'allocation du RMI, devant les juridictions de l'aide sociale. ❑

1. Portée de l'exigence d'un recours administratif préalable obligatoire en matière de remise ou de réduction d'indu d'allocation. Lorsque l'examen de la demande de remise ou de réduction – soumise le cas échéant pour avis à la commission de recours amiable de l'organisme chargé du service de l'allocation – ressortit à la compétence du président du conseil général, aucune irrecevabilité ne saurait être opposée au recours contentieux exercé contre la décision prise sur cette demande au motif que le bénéficiaire n'aurait pas, préalablement, exercé le recours administratif prévu à l'art. L. 262-47 auprès de cette même autorité. • CE, avis, 23 mai 2011, n° 344970 : *Lebon 253* ; *AJDA 2011. 1642, concl. Landais* ; *RDSS 2011. 773, obs. Fabre* ; *AJCT 2011. 407, obs. Aubin*. ♦ La circonstance que le législateur ait entendu permettre à chaque département, agissant par voie de convention avec l'organisme chargé du service du RSA, de déterminer les hypothèses dans lesquelles les réclamations dirigées contre des décisions relatives audit revenu sont soumises pour avis à la commission de recours amiable de cet organisme n'a pas pour effet de retirer à la consultation de cette commission, eu égard à sa nature et à sa composition, le caractère d'une garantie apportée, lorsqu'elle est prévue, au bénéficiaire du RSA ; par suite, le tribunal a commis une erreur de droit en jugeant, pour ce motif, que le défaut de consultation de la commission de recours amiable ne peut être regardé comme privant les intéressés d'une garantie. • CE 22 oct. 2018, n° 412768 A.

2. Recours préalable et recevabilité de la demande. L'institution d'un recours administratif préalable obligatoire à la saisine du juge vise à laisser à l'autorité compétente pour en connaître le soin d'arrêter définitivement la position de l'administration ; cependant, dès lors que ce recours a été adressé à l'administration préalablement au dépôt de la demande contentieuse, la circonstance que cette dernière demande ait été présentée de façon prématurée, avant que l'autorité administrative ait statué sur le recours administratif, ne permet pas au juge administratif de la rejeter comme irrecevable si, à la date à laquelle il statue, est intervenue une décision, expresse ou implicite, se prononçant sur le recours administratif ; il appartient alors au juge administratif, statuant après que l'autorité compétente a définitivement arrêté sa position, de regarder les conclusions dirigées formellement contre la décision initiale comme tendant à l'annulation de la décision, née de l'exercice du recours administratif préalable, qui s'y est substituée. • CE 16 juin 2021, n° 440064 B.

3. Nature et degré du contrôle exercé par le juge sur les décisions rendues sur des demandes de remise ou de réduction d'indu. En confiant le contentieux né de la contestation des décisions relatives au RSA aux juridictions administratives de droit commun, la loi du 1er décembre 2008 n'a pas entendu que les recours portés devant ces dernières soient d'une autre nature que celle de recours de plein contentieux reconnue par la jurisprudence aux recours précédemment portés devant les commissions départementales d'aide sociale en matière de RMI. Au demeurant, le juge administratif de droit commun se trouve saisi, comme l'étaient les commissions départementales, de questions qui justifient, par leur nature, qu'il dispose de pouvoirs excédant ceux d'un juge de l'annulation pour excès de pouvoir. Il en résulte qu'il appartient au tribunal administratif, saisi d'une demande dirigée contre une décision refusant ou ne faisant que partiellement droit à une demande de remise ou de réduction d'indu, non seulement d'apprécier la légalité de cette décision, mais aussi de se prononcer lui-même sur la demande en recherchant si, au regard des circonstances de fait existant à la date de sa propre décision, la situation de précarité du débiteur et sa bonne foi justifient que lui soit accordée une remise ou une réduction supplémentaire. Pour l'examen de ces deux conditions, le juge est ainsi conduit à substituer sa propre appréciation à celle de l'administration. • Même avis.

4. Dépôt de conclusions nouvelles. Si une réclamation dirigée contre une décision relative au RSA ne peut, à peine d'irrecevabilité, faire l'objet d'un recours contentieux sans qu'ait été préalablement exercé un recours administratif auprès du président du conseil général, le juge administratif ne peut toutefois rejeter pour irrecevabilité des conclusions nouvelles, présentées en cours d'instance, dirigées contre la décision du président du conseil général rendue sur le recours administratif formé en application de l'art. R. 262-88 CASF, dès lors que ce recours administratif a été exercé dans le délai requis par cet art. et que ces conclusions nouvelles sont elles-mêmes présentées dans le délai de recours contentieux. • CE 4 nov. 2015, n° 384241 B.

5. Compétence du président du conseil départemental. Sauf à ce qu'une convention ait délégué aux caisses d'allocations familiales la compétence du département pour agir en justice, concurremment avec ce dernier, en matière de RSA, le président du conseil départemental a seul qualité, en application de l'art. L. 3221-10-1 du CGCT, pour former un pourvoi en cassation contre un jugement statuant sur une action contentieuse relative au RSA, quand bien même la caisse d'allocations familiales ou de mutualité sociale agricole aurait été appelée à l'instance pour produire des observations devant le tribunal administratif. • CE 21 févr. 2018, n° 412349 B.

6. Défaut de consultation de la commission de recours amiable. Il appartient au tribunal administratif, saisi d'un moyen tiré du défaut de consultation de la commission de recours amiable de l'organisme chargé du service du RSA, de s'assurer du caractère obligatoire de cette consultation dans l'hypothèse en litige, en vertu des clauses réglementaires de la convention conclue entre le département et l'organisme ; en revanche, la circonstance que le législateur ait entendu permettre à chaque département, agissant par voie de convention avec cet organisme, de déterminer les hypothèses dans lesquelles les réclamations dirigées contre des décisions relatives au RSA sont soumises pour avis à sa commission de recours amiable n'a pas pour effet de retirer à la consultation de cette commission, eu égard à sa nature et à sa composition, le caractère d'une garantie apportée, lorsqu'elle est prévue, au bénéficiaire du RSA. • CE 29 juill. 2020, n° 430934.

7. Recours préalable et amende administrative. L'art. L. 262-47 CASF n'est pas applicable à l'amende administrative que le président du conseil départemental peut prononcer en cas de fausse déclaration ou d'omission délibérée de déclaration ayant abouti au versement indu du RSA, dont l'objet est distinct de celui des décisions soumises au recours administratif préalable prévu par cet article et dont l'art. L. 262-52 du même code organise les modalités propres de contestation. • CE, avis, 19 nov. 2021, n° 454699 B.

Art. L. 262-48 Le revenu de solidarité active est incessible et insaisissable.

COMMENTAIRE

Cette disposition reprend de façon lapidaire un principe affirmé à l'ancien article L. 262-44. A l'instar de l'ensemble des prestations d'aide sociale, qui constituent des allocations de subsistance rattachables originellement à l'institution civile des « droits aux aliments », l'allocation du RSA est incessible et insaisissable.

Mais alors qu'à l'ancien article L. 262-44, divers textes (L. n° 2003-1200 du 18 décembre 2003 et L. n° 2006-339 du 23 mars 2006) avaient ajouté plusieurs mécanismes protecteurs (non-opposabilité des mesures de blocage des comptes courants bancaires, possibilité de verser l'allocation à un organisme agréé plutôt qu'au bénéficiaire lui-même) pour lui donner une plus grande efficacité pratique, la loi n° 2008-1249 du 1er décembre 2008 est revenue à une formulation sèche que le pouvoir réglementaire doit compléter et aménager. ❑

Art. L. 262-49 L'article L. 132-8 n'est pas applicable aux sommes servies au titre du revenu de solidarité active.

COMMENTAIRE

L'article L. 262-49 reprend, en le réécrivant, l'ancien article L. 262-43 : les recours prévus en matière de prestations d'aide sociale à l'encontre du bénéficiaire « revenu à meilleure fortune » ou à l'encontre de la succession de ce dernier (art. L. 132-8) ne sont pas ouverts aux collectivités publiques en ce qui concerne les allocataires du RSA. Jusqu'à la loi n° 2006-339 du 23 mars 2006 qui redéfinissait les droits et devoirs des bénéficiaires de minima sociaux, les recours à l'encontre de la succession demeuraient possibles s'agissant de l'allocation du RMI. Ce texte a donc écarté pour cette prestation l'un des principes fondamentaux en matière d'aide sociale, à savoir la récupération des sommes versées à l'encontre du patrimoine du bénéficiaire ; et le RSA ne fait que reprendre cette règle. La vision familialiste et patrimoniale qui présidait à la construction des institutions d'assistance ne correspond plus à la logique d'insertion sociale et professionnelle qui fonde les allocations contemporaines. ❑

SECTION 6 Lutte contre la fraude et sanctions

(L. n° 2008-1249 du 1er déc. 2008, en vigueur le 1er juin 2009)

COMMENTAIRE

Alors que le dispositif de lutte contre les fraudes, dans le cadre du RMI, faisait l'objet d'articles inclus dans la section relative aux recours et aux récupérations (anciens art. L. 262-46 à L. 262-47-1), la loi n° 2008-1249 du 1er décembre 2008 a consacré à ces questions une section nouvelle (art. L. 262-50 à L. 262-53) dont les dispositions sont plus larges et détaillées. Outre l'invocation fréquente de fraudeurs et de fraudes dont les enquêtes n'ont en fait jamais révélé qu'ils soient en nombre significativement plus important que pour les autres prestations de la protection sociale, cet encadrement plus rigoureux du RSA tient à l'élargissement de son champ d'application vers les « travailleurs précaires » et aux difficultés que cela génère en matière de suivi de situations qui sont en constante évolution. Le législateur a donc voulu, par la menace de la sanction et, surtout, par l'aménagement d'une réglementation plus fournie, donner les moyens aux autorités publiques de poursuivre des fraudeurs dont on craint qu'ils soient plus nombreux dans le nouveau dispositif. Les caractéristiques générales du dispositif sont au nombre de trois.

Tout d'abord, logiquement, les faits répréhensibles constitutifs de fraudes ou de fausses déclarations sont passibles des articles 313-1 et 313-3 du code pénal (art. L. 262-50, al. 1er) ; lorsque l'action répressive a été engagée sur le terrain pénal et qu'elle donne lieu à une condamnation définitive, à un non-lieu ou à une relaxe, on ne peut, pour les même faits, condamner les personnes concernées à des amendes administratives ; dans l'hypothèse où une sanction pénale survient après qu'ont été prononcées des amendes administratives, la révision de ces dernières est de droit (art. L. 262-52, al. 2) ; les effets de l'action pénale sont de même nature en ce qui concerne l'autre sanction administrative, à savoir la suppression temporaire du versement de l'allocation (art. L. 262-53, al. 3).

Ensuite, les textes prévoient des amendes administratives qui sont infligées et recouvrées par le président du conseil départemental (art. L. 262-52, al. 1). Ces amendes obéissent au régime juridique des sanctions prévues en matière de prestations de sécurité sociale tel qu'établi par les articles L. 114-13 et L. 114-17 du code de la sécurité sociale. Les amendes en question sanctionnent les faits de « fraude ou de fausse déclaration pour obtenir, faire obtenir ou tenter de faire obtenir le revenu de solidarité active » (art. L. 262-50), la loi prévoyant en outre que les personnes qui offrent ou font offrir leurs services en qualité d'intermédiaires et moyennant rémunération pour faire obtenir frauduleusement le RSA sont passibles des sanctions prévues à l'article L. 554-2 du code de la sécurité sociale (amende de 4 500 euros). Ces amendes administratives se prescrivent à deux ans après la commission des faits (art. L. 262-52, al. 2). Le produit des amendes abonde les comptes des collectivités débitrices du RSA (art. L. 262-52, al. 3).

La législation issue de la loi n° 2008-1249 du 1er décembre 2008 créant le RSA avait prévu (art. L. 262-53), en cas d'omission délibérée de déclaration de la part d'un bénéficiaire ou de travail dissimulé accompli par ce dernier, une disposition qui permettait une suppression du versement du RSA pendant une durée maximale d'un an ; cette disposition a été abrogée par la loi n° 2015-994 du 17 août 2015 relative au dialogue social et à l'emploi (qui institue par ailleurs la « prime d'activité »). ❑

Art. L. 262-50 *Abrogé par L. n° 2013-1203 du 23 déc. 2013, art. 86-V.*

Art. L. 262-51 Le fait d'offrir ou de faire offrir ses services à une personne en qualité d'intermédiaire et moyennant rémunération, en vue de lui faire obtenir le revenu de solidarité active, est puni des peines prévues par l'article *(Ord. nº 2019-770 du 17 juill. 2019, art. 3-7º, en vigueur le 1er sept. 2019)* « L. 853-1 du code de la construction et de l'habitation ».

Art. L. 262-52 La fausse déclaration ou l'omission délibérée de déclaration ayant abouti au versement indu du revenu de solidarité active est passible d'une amende administrative prononcée et recouvrée dans les conditions et les limites définies *(L. nº 2011-1906 du 21 déc. 2011, art. 114-VI)* « , en matière de prestations familiales, aux sixième, septième *(L. nº 2022-1616 du 23 déc. 2022, art. 98-VI)* « et huitième » alinéas du I *(Abrogé par L. nº 2022-1616 du 23 déc. 2022, art. 98-VI)* « *, à la seconde phrase du onzième alinéa du I* » et au II de » l'article L. 114-17 du code de la sécurité sociale. La décision est prise par le président du conseil départemental après avis de l'équipe pluridisciplinaire mentionnée à l'article L. 262-39 du présent code. La juridiction compétente pour connaître des recours à l'encontre des contraintes délivrées par le président du conseil départemental est la juridiction administrative.

Aucune amende ne peut être prononcée à raison de faits remontant à plus de deux ans, ni lorsque la personne concernée a, pour les mêmes faits, déjà été définitivement condamnée par le juge pénal ou a bénéficié d'une décision définitive de non-lieu ou de relaxe déclarant que la réalité de l'infraction n'est pas établie ou que cette infraction ne lui est pas imputable. Si une telle décision de non-lieu ou de relaxe intervient postérieurement au prononcé d'une amende administrative, la révision de cette amende est de droit. Si, à la suite du prononcé d'une amende administrative, une amende pénale est infligée pour les mêmes faits, la première s'impute sur la seconde. *(L. nº 2009-1646 du 24 déc. 2009, art. 87-III)* « L'amende administrative ne peut pas être prononcée s'il a été fait application, pour les mêmes faits, de l'article L. 114-17 du code de la sécurité sociale. » — *Les dispositions issues de la L. nº 2009-1646 du 24 déc. 2009 s'appliquent aux faits commis postérieurement à la date de publication du décret pris pour l'application de l'art. L. 114-17 CSS dans sa rédaction résultant de la loi précitée (L. préc., art. 87-IV).*

Le produit de l'amende est versé aux comptes de la collectivité débitrice du revenu de solidarité active.

1. Nécessité de faire droit à une demande d'audition. Il résulte de l'art. L. 262-52 qu'une amende administrative ne peut être infligée par le président du conseil départemental à un allocataire du RSA sans que ce dernier ait été mis en mesure de présenter ses observations écrites ou orales et, notamment, sans qu'il ait été fait droit à la demande d'audition qu'il aurait formée en vue de présenter des observations orales, alors même qu'il aurait également présenté des observations écrites. • CE 8 juill. 2019, nº 420732 B.

2. Pouvoirs du président du conseil départemental. Il résulte de l'art. L. 262-52 que le président du conseil départemental ne peut sanctionner, par l'amende administrative qu'il prévoit, que des fausses déclarations ou des omissions délibérées de déclaration ayant abouti à un versement indu du RSA qui s'est poursuivi moins de deux ans avant la date à laquelle il prononce cette amende. • CE 10 juin 2020, nº 428355 B.

Art. L. 262-53 *Abrogé par L. nº 2015-994 du 17 août 2015, art. 58-15º, à compter du 1er janv. 2016.*

SECTION 7 Suivi statistique, évaluation et observation

(L. nº 2008-1249 du 1er déc. 2008, en vigueur le 1er juin 2009)

COMMENTAIRE

Les dispositions relatives au suivi statistique et à l'évaluation ont été introduites dans le code par la loi nº 2003-1200 du 18 décembre 2003 portant décentralisation du RMI (anciens art. L. 262-48 à L. 262-54). Elles étaient la conséquence logique du transfert au département de l'ensemble des compétences en la matière dans la mesure où, pour l'essentiel, elles organisaient des transferts de données et d'informations depuis les instances gestionnaires (départements,

CAF, caisses de MSA et autres organismes intervenant dans la gestion du dispositif) vers l'État et ses services.

Les articles ci-dessous (art. L. 262-54 à L. 262-56) poursuivent le même objectif et reproduisent presque à l'identique les anciennes dispositions. Il est prévu d'une part, la transmission aux services centraux de l'État par les départements et les caisses nationales (CNAF et Caisse centrale de mutualité sociale agricole) d'informations relatives à la situation sociale, familiale et professionnelle ainsi qu'à l'accompagnement des bénéficiaires du RSA (art. L. 262-54). De plus, ces mêmes organismes, auxquels s'ajoute le Pôle emploi, doivent transmettre des informations concernant les personnes physiques destinées à constituer des échantillons statistiquement représentatifs ; ces derniers doivent permettre d'étudier la situation et les parcours des bénéficiaires du RSA (art. L. 262-55). Enfin, au niveau local (cela devant être organisé par les conventions passées entre le département et les organismes gestionnaires : art. L. 262-25), les opérateurs servant l'allocation et le Pôle emploi (C. trav., art. L. 5312-1) doivent transmettre au département des « données agrégées portant sur les caractéristiques des bénéficiaires » du RSA.

La loi organise donc des flux d'informations qui doivent permettre à l'État d'avoir une connaissance de la mise en œuvre du dispositif et de son fonctionnement et au département, qui est co-responsable du RSA (art. L. 115-2, al. 4) et en charge d'attribuer l'allocation, de disposer de données pertinentes pour piloter le dispositif. ❑

Art. L. 262-54 **Les départements, la Caisse nationale des allocations familiales et la Caisse centrale de la mutualité sociale agricole transmettent à l'État, dans des conditions fixées par décret, les informations relatives à la situation sociale, familiale et professionnelle et à l'accompagnement des bénéficiaires du revenu de solidarité active, aux dépenses engagées à ce titre et à la mise en œuvre des actions d'insertion.**

Art. L. 262-55 **Les départements, la Caisse nationale des allocations familiales, la Caisse centrale de la mutualité sociale agricole, l'institution mentionnée à l'article L. 5312-1 du code du travail et les autres organismes associés à la gestion du revenu de solidarité active transmettent à l'autorité compétente de l'État, dans des conditions fixées par décret, les informations relatives aux personnes physiques destinées à la constitution d'échantillons statistiquement représentatifs en vue de l'étude des situations et des parcours d'insertion des personnes physiques figurant dans ces échantillons, selon les modalités prévues à l'article *7 bis* de la loi n° 51-711 du 7 juin 1951 sur l'obligation, la coordination et le secret en matière de statistiques.**

Art. L. 262-56 **Les organismes mentionnés à l'article L. 262-16, dans des conditions définies par les conventions mentionnées à l'article L. 262-25, et l'institution mentionnée à l'article L. 5312-1 du code du travail transmettent aux départements les données agrégées portant sur les caractéristiques des bénéficiaires du revenu de solidarité active.**

SECTION 8 Dispositions finales

(L. n° 2008-1249 du 1er déc. 2008, en vigueur le 1er juin 2009)

Art. L. 262-57 **L'inspection générale des affaires sociales est compétente pour contrôler l'application des dispositions du présent code et du code du travail relatives au revenu de solidarité active.**

Art. L. 262-58 **Sauf disposition contraire, les modalités d'application du présent chapitre sont déterminées par décret en Conseil d'État.**

CHAPITRE III ACTIONS D'INSERTION

COMMENTAIRE

Après les dispositions de la loi n° 88-1088 du 1er décembre 1988 relatives à l'allocation et au contrat d'insertion qui constitue le chapitre II de ce titre du code consacré à la lutte contre la pauvreté et les exclusions, ce nouveau chapitre concerne les « actions d'insertion ». De fait, il organise le service public de l'insertion qui apparaît comme la traduction concrète de « l'impératif national» affirmé dans la loi du 1er décembre 1988 (art. L. 115-2) ; ce service public constitue aussi la garantie que la collectivité met en œuvre des moyens concrets pour remplir les obligations découlant des contrats d'insertion qu'elle souscrit avec les bénéficiaires.

Dans sa forme, ce service public a profondément évolué. Il était constitué initialement, avec la loi du 1er décembre 1988, de commissions sous la responsabilité conjointe de l'État et du département, établies au niveau départemental et local et responsables de l'organisation de l'insertion et de sa mise en œuvre en direction des personnes concernées. Avec le processus de décentralisation renforcé en 2004, ce montage a disparu. Le département a été consacré comme l'instance chargée de définir et de mettre en œuvre les politiques d'action sociale (art. L. 121-1) et s'est vu transférer l'intégralité de la gestion du RMI, notamment dans son versant d'insertion des bénéficiaires. La loi du 1er décembre 2008 instituant le RSA n'a pas modifié cet état de fait et la loi n° 2022-217 du 21 février 2022 relative à la différenciation, la décentralisation, la déconcentration et portant diverses mesures de simplification de l'action publique (loi « 3DS ») n'a apporté que quelques retouches au dispositif en place. ❑

SECTION 1 Organisation départementale du dispositif d'insertion

(L. n° 2008-1249 du 1er déc. 2008, en vigueur le 1er juin 2009)

BIBL. ▶ LAFORE, Les politiques d'insertion : quelle réforme possible ?, *Regards sur l'actualité, n° 345, 2008. 65.* – LONG, L'incidence de la mise en place du RSA sur la politique d'insertion du département, *RDSS 2009. 241*. – WILLMANN, Le contrat unique d'insertion, *JCP S 2009. 1077.*

COMMENTAIRE

La loi n° 88-1088 du 1er décembre 1988 créant le RMI avait innové en instituant un service public de l'insertion, de caractère inédit dans la mesure où il créait de nouvelles instances départementales et locales en charge de l'insertion sociale et professionnelle des bénéficiaires et dotait ces dernières de compétences, notamment pour organiser l'ensemble des services publics tant étatiques que départementaux pouvant y concourir. Initialement sous la double responsabilité de l'État et du département, ce service public de l'insertion revêtait une dimension multi-partenariale et territoriale et, en conséquence, la loi encadrait très étroitement son organisation et ses attributions. La loi n° 2003-1200 du 18 décembre 2003 portant décentralisation du RMI et création d'un RMA avait remodelé ce dispositif institutionnel en donnant au département des marges de liberté beaucoup plus importantes pour aménager les structures et conduire les politiques d'insertion ; cela d'autant plus que la loi n° 2004-809 du 13 août 2004 relative aux libertés et aux responsabilités locales a donné au département la responsabilité de définir et de mettre en œuvre la politique d'action sociale (art. L. 121-1) ainsi que celle d'insertion sociale et professionnelle des bénéficiaires du RMI (art. L. 263-1 ancien). Cependant, le cadre originel était maintenu, avec un Conseil départemental d'insertion (CDI) et des commissions locales d'insertion (CLI) comme instances partenariales et l'élaboration obligatoire d'un Programme départemental d'insertion (PDI) et de Programmes locaux d'insertion (PLI).

La loi n° 2008-1249 du 1er décembre 2008 qui généralise le RSA a modifié profondément le cadre institutionnel des politiques d'insertion. Loin de remettre en cause les responsabilités départementales en la matière, elle les conforte au contraire, notamment en réduisant considérablement le cadre légal qui s'impose à lui. Alors que ce dernier faisait l'objet de dispositions nombreuses et détaillées antérieurement (anciens articles L. 263-1 à L. 263-14), il se compose dorénavant seulement des trois dispositions ci-dessous. Cette évolution tient aussi au fait que, à la différence du RMI qui se composait d'une allocation et d'un dispositif d'insertion qui lui était spécifiquement attaché, le législateur a voulu, avec le RSA, décloisonner les politiques d'insertion et les autonomiser afin qu'elles puissent intervenir pour tous types de publics, quelles que soient les prestations dont ils bénéficient. ❑

Art. L. 263-1 Le conseil général délibère avant le 31 mars de chaque année sur l'adoption ou l'adaptation du programme départemental d'insertion. Celui-ci définit la politique départementale d'accompagnement social et professionnel, recense les besoins d'insertion et l'offre locale d'insertion et planifie les actions d'insertion correspondantes.

COMMENTAIRE

Le programme départemental d'insertion (PDI), document à caractère prospectif destiné à établir un diagnostic relatif aux situations diverses que connaissent les personnes en insertion et à définir les objectifs, les moyens et les actions susceptibles de les insérer, est maintenu par la loi n° 2008-1249 du 1er décembre 2008. Créé par la loi n° 88-1088 du 1er décembre 1988 et confié au seul département par la loi n° 2003-1200 du 18 décembre 2003, il reste donc l'instrument central dans lequel doit s'exprimer la politique d'insertion.

On constate cependant qu'en lieu et place des dispositions antérieures qui encadraient plus étroitement son contenu et ses modalités d'élaboration (anciens art. L. 263-2 et L. 263-3), l'article L. 263-1 se borne d'une part à imposer au département d'en adopter un et chaque année de délibérer à nouveau sur son contenu et les adaptations qu'il convient de lui apporter, et d'autre part à en définir l'objet, certes, mais dans des termes très généraux. Surtout, alors que le PDI était à l'origine un instrument partenarial exprimant une politique commune à l'ensemble des acteurs des politiques d'insertion, ce caractère étant maintenu au travers du conseil départemental que la loi n° 2003-1200 du 18 décembre 2003 avait conservé et qui donnait un avis sur ce programme (ancien art. L. 263-3), dorénavant l'instrument n'exprime clairement que « la politique départementale ». ☐

Art. L. 263-2 Pour la mise en œuvre du programme départemental d'insertion, le département conclut avec les parties intéressées un pacte territorial pour l'insertion.

Le pacte peut associer au département, notamment, l'État, l'institution mentionnée à l'article L. 5312-1 du code du travail, les organismes concourant au service public de l'emploi, les maisons de l'emploi ou, à défaut, les personnes morales gestionnaires des plans locaux pluriannuels pour l'insertion et l'emploi, les organismes compétents en matière d'insertion sociale, les organismes mentionnés à l'article L. 262-16 du présent code, les organisations syndicales représentatives à l'échelon national, les organismes consulaires intéressés et les collectivités territoriales intéressées, en particulier la région, et leurs groupements, ainsi que les associations de lutte contre l'exclusion.

Il définit notamment les modalités de coordination des actions entreprises par les parties pour favoriser l'insertion sociale et professionnelle des bénéficiaires du revenu de solidarité active.

Le pacte prévoit, en particulier, au titre de la formation professionnelle, le concours de la région aux politiques territoriales d'insertion.

Le pacte pour l'insertion peut faire l'objet de déclinaisons locales dont le président du conseil départemental détermine le nombre et le ressort.

Les collectivités territoriales peuvent subordonner les aides qu'elles accordent aux entreprises à l'engagement de celles-ci en matière de créations d'emplois, notamment à temps plein (L. n° 2008-1249 du 1er déc. 2008, art. 16).

COMMENTAIRE

L'article L. 263-2 constitue le complément logique de la disposition qui précède. Cette dernière ayant fait du département l'instance en charge de définir une politique d'insertion qui lui est propre et lui ayant ainsi confié un *leadership* total en la matière, la loi lui donne un nouvel instrument pour mettre en œuvre sa politique : le pacte territorial pour l'insertion.

Ce pacte associe les différents partenaires de l'insertion ainsi que les organisations syndicales représentatives, les organismes consulaires, la région et les associations de lutte contre les exclusions. Son objet est de définir les modalités de coordination des actions et interventions entreprises par les divers partenaires en matière d'insertion sociale et professionnelle des bénéficiaires du RSA.

En lieu et place des anciens programmes locaux d'insertion (art. L. 263-4 ancien) établis antérieurement au niveau des commissions locales d'insertion (art. L. 263-10 ancien) qui ont disparu (bien qu'une partie de leurs attributions ait été confiée à « l'équipe pluridisciplinaire » de l'art. L. 262-39), la loi se contente d'indiquer que le pacte départemental pour l'insertion « peut faire l'objet de déclinaisons locales dont le président du conseil départemental détermine le nombre et le ressort ». On ne peut remettre plus clairement dans les mains des autorités départementales le soin d'organiser comme elles l'entendent une politique d'insertion qui, n'étant plus élaborée de façon partenariale, est dorénavant définie par le seul département qui associe à sa mise en œuvre les autres instances publiques et privées. ❑

Art. L. 263-2-1 *(Abrogé par L. nº 2019-1479 du 28 déc. 2019, art. 271-I) (L. nº 2016-1917 du 29 déc. 2016, art. 89-III)* ***En vue de la définition et de la mise en œuvre des politiques d'insertion sociale et professionnelle des personnes en difficulté, le président du conseil départemental peut conclure avec le représentant de l'État dans le département une convention d'appui aux politiques d'insertion. Cette convention définit pour une durée de trois ans les priorités conjointes du département et de l'État en matière de lutte contre la pauvreté, d'insertion sociale et professionnelle et de développement social. Les moyens financiers annuels alloués au titre de cette convention sont notifiés au département par le conseil de gestion du fonds d'appui aux politiques d'insertion à une date fixée par décret.***

Cette convention détermine un socle commun d'objectifs sur lesquels le département s'engage et les actions supplémentaires au titre de priorités nationales ou départementales qu'il propose de mettre en œuvre. Le socle commun d'objectifs doit porter notamment sur la mise en œuvre des prescriptions des articles L. 262-27, L. 262-29, L. 262-30, L. 262-36, L. 262-39 et L. 263-2 du présent code, ainsi que des articles L. 5132-3-1 et L. 5134-19-4 du code du travail.

Le président du conseil départemental transmet au représentant de l'État dans le département, avant le 31 mars de chaque année, un rapport sur l'exécution de la convention d'appui aux politiques d'insertion. Ce rapport fait l'objet d'une délibération préalable du conseil départemental.

Un décret fixe les conditions de préparation et de renouvellement de cette convention, son contenu et les modalités de son suivi et de son évaluation. — V. art. R. 263-1 s.

SECTION 2 **Fonds d'aide aux jeunes en difficulté** *(L. nº 2008-1249 du 1er déc. 2008, en vigueur le 1er juin 2009).*

BIBL. ▶ AMROUNI, Les moins de trente ans bénéficiaires de minima sociaux, *Rech. et prév. 2000, nº 60, p. 125.* - LIGNEAU, Les fonds d'aide aux jeunes, *RDSS 1995. 650* . - JULIENNE, MONROSE, Le rôle des fonds d'aide aux jeunes dans l'insertion sociale et professionnelle des jeunes en difficulté, *RF aff. soc. 2004, nº 3, p. 41.* - MARPSAT, FIRDION, Les ressources des jeunes sans domicile et en situation de précarité, *Rech. et prév. 2001, nº 65, p. 91.* - MONROSE, La décentralisation des fonds d'aide aux jeunes, *RDSS 2005. 27* .

Art. L. 263-3 *(L. nº 2008-1249 du 1er déc. 2008, en vigueur le 1er juin 2009 ; L. nº 2004-809 du 13 août 2004, art. 51-I)* **I. — Le département est compétent pour attribuer aux jeunes en difficulté, âgés de dix-huit à vingt-cinq ans, des aides destinées à favoriser leur insertion sociale et professionnelle et, le cas échéant, leur apporter des secours temporaires de nature à faire face à des besoins urgents.**

A cette fin, il est créé dans chaque département un fonds d'aide aux jeunes, placé sous l'autorité du président du conseil départemental. Ce fonds se substitue à celui ayant le même objet institué dans le département avant l'entrée en vigueur de la loi nº 2004-809 du 13 août 2004 relative aux libertés et responsabilités locales.

Le financement du fonds d'aide aux jeunes est assuré par le département. Les autres collectivités territoriales, leurs groupements et les organismes de protection sociale peuvent y participer.

II. — Le règlement intérieur du fonds est adopté par le conseil départemental après avis du conseil départemental d'insertion. Il détermine les conditions et les modalités d'attribution des aides, notamment en cas d'urgence, et les conditions de mise en œuvre des mesures d'accompagnement.

Aucune durée minimale de résidence dans le département n'est exigée pour l'attribution d'une aide du fonds.

Tout jeune bénéficiaire d'une aide du fonds fait l'objet d'un suivi dans sa démarche d'insertion.

III. — Les aides du fonds d'aide aux jeunes sont attribuées sans qu'il soit tenu compte de la participation pouvant être demandée aux personnes tenues à l'obligation alimentaire à l'égard de l'intéressé. — *[Anc. art. L. 263-15.]*

V. art. R. 263-2 à R. 263-13.

Art. L. 263-4 *(L. n° 2008-1249 du 1er déc. 2008, en vigueur le 1er juin 2009 ; L. n° 2004-809 du 13 août 2004, art. 51-II)* **Le président du conseil départemental peut, par convention, confier tout ou partie de la gestion du fonds prévu à l'article L. 263-3 à une ou plusieurs communes ou à un ou plusieurs établissements publics de coopération intercommunale.**

Il peut confier, par convention, la gestion financière et comptable du fonds départemental, sous sa responsabilité et son contrôle, à un organisme de sécurité sociale, une association ou un groupement d'intérêt public. – *[Anc. art. L. 263-16.]*

Sur la création d'un fonds d'appui aux expérimentations en faveur des jeunes par la L. n° 2008-1249 du 1er déc. 2008, V. App., v° Insertion.

SECTION 2 *BIS* Partage de données entre acteurs de l'insertion

(L. n° 2022-217 du 21 févr. 2022, art. 168)

COMMENTAIRE

La loi n° 2022-217 du 21 février 2022, dite loi « 3DS », a ajouté cette section 2 *bis* aux dispositions concernant les actions d'insertion (art. 168). Elle ne comporte qu'un article, l'article L. 263-4-1.

Posant le principe d'une nécessaire coopération entre un certain nombre d'organismes identifiés au I (cela en vue de l'insertion sociale et professionnelle des personnes en difficulté et notamment du fait de la nécessité de leur assurer des accompagnements cohérents et adaptés à leur situation singulière), cette disposition se propose d'organiser le partage des informations entre les opérateurs, qui est le corollaire de ces partenariats.

Aussi, d'un côté, la loi autorise les structures publiques ou privées à échanger entre elles des informations concernant les bénéficiaires de leurs interventions (II) à la condition que cela soit « strictement nécessaire à l'identification des bénéficiaires, à l'évaluation de leur situation, au suivi de leur parcours d'insertion ainsi que, le cas échéant, à la réalisation des actions d'accompagnement social, socio-professionnel ou professionnel des bénéficiaires ».

En contrepartie (III), le texte prévoit des garanties au profit des personnes intéressées : leur information quant au partage de données les concernant, leur droit à s'y opposer, la destruction de ces données après usage et l'interdiction de les utiliser pour des actions menées dans le cadre de procédures de poursuite des fraudes.

Art. L. 263-4-1 I. – **Agissent de manière coordonnée pour fournir un accompagnement personnalisé aux personnes rencontrant des difficultés sociales et professionnelles particulières, dans le but de faciliter leur insertion sociale et professionnelle :**

1° Les organismes mentionnés aux articles L. 5311-2 et L. 5311-3 du code du travail, les organismes publics ou privés, mentionnés au 1° de l'article L. 5311-4 du même code, dont l'objet consiste en la fourniture de services relatifs au placement, à l'insertion et à l'accompagnement des demandeurs d'emploi, et les organismes mentionnés aux 1° *bis* et 2° du même article L. 5311-4 et à l'article L. 5314-1 dudit code ;

2° Les collectivités territoriales, les établissements publics de coopération intercommunale et les organismes mentionnés aux articles L. 123-4 et L. 123-4-1 du présent code ;

3° Les organismes débiteurs de prestations familiales mentionnés à l'article L. 262-16 *[nouvelle rédaction issue de la L. n° 2023-1196 du 18 déc. 2023, art. 3-I, en vigueur le 1er janv. 2025 : « 3° Les organismes mentionnés aux articles L. 212-1 et L. 223-1 du code de la sécurité sociale et à l'article L. 723-11 du code rural et de la pêche maritime ; »]* ;

4° Tout autre organisme public ou privé, répondant à des conditions fixées par décret en Conseil d'État et dont l'objet consiste à fournir un service à caractère social, socio-professionnel ou professionnel au titre de l'accompagnement dont bénéficie la personne engagée dans un parcours d'insertion.

II. – Afin de favoriser la complémentarité des actions engagées lorsqu'ils interviennent dans le parcours d'insertion sociale et professionnelle d'une personne, les organismes mentionnés aux 1° à 4° du I peuvent collecter, partager et utiliser, par

voie dématérialisée, les informations et les données à caractère personnel strictement nécessaires à l'identification des bénéficiaires de leurs services, à l'évaluation de leur situation, au suivi de leur parcours d'insertion ainsi que, le cas échéant, à la réalisation des actions d'accompagnement social, socio-professionnel ou professionnel des bénéficiaires.

La personne dont les informations et les données sont collectées, partagées et utilisées en application du présent article est informée de ses droits d'accès et de rectification ainsi que, le cas échéant, de son droit de s'opposer à la poursuite du traitement. Si ce traitement révèle que la personne n'est pas bénéficiaire des services mentionnés au premier alinéa du présent II, les informations et les données obtenues à la suite de cet échange sont détruites sans délai. En outre, les informations et les données ainsi recueillies et les traitements mis en œuvre en application du présent article pour procéder à ces échanges ne peuvent être ultérieurement utilisés à d'autres fins, en particulier pour la détection ou pour la sanction d'une fraude.

III. — Les modalités d'application du présent article sont définies par décret en Conseil d'État, après avis de la Commission nationale de l'informatique et des libertés, notamment les modalités de collecte, de traitement et d'échange des informations et des données à caractère personnel, parmi lesquelles le numéro d'inscription au répertoire national d'identification des personnes physiques, nécessaires à la réalisation des finalités mentionnées au II, au moyen d'un ou de plusieurs services numériques *(Abrogé par L. n° 2023-1196 du 18 déc. 2023, art. 3-I, à compter du 1er janv. 2025)* ***« mis en œuvre par le ministre chargé de l'insertion et, le cas échéant, les ministres chargés de l'emploi ou des affaires sociales »*****. Ce décret en Conseil d'État détermine les informations ou données qui, en raison de leur nature, ne peuvent faire l'objet de ces échanges ou font l'objet d'échanges limités conformément à l'article 6 de la loi n° 78-17 du 6 janvier 1978 relative à l'informatique, aux fichiers et aux libertés. —** *V. art. R. 263-1 s.*

SECTION 3 Dispositions communes

(L. n° 2008-1249 du 1er déc. 2008, en vigueur le 1er juin 2009)

Art. L. 263-5 Sauf disposition contraire, les mesures d'application du présent chapitre sont déterminées par décret en Conseil d'État. — *[Anc. art. L. 263-19.]*

CHAPITRE IV DOMICILIATION

(L. n° 2007-290 du 5 mars 2007, art. 51-I)

COMMENTAIRE

La loi n° 2007-290 du 5 mars 2007 instituant le droit opposable au logement et portant diverses dispositions pour la cohésion sociale a ajouté ce nouveau chapitre IV qui vient compléter l'ensemble des mesures du code qui sont ordonnées à la « lutte contre la pauvreté et les exclusions » (Titre VI, Livre II).

L'objet de ces dispositions (art. L. 264-1 à L. 264-10) est de définir et surtout de garantir un « droit à la domiciliation » pour les personnes sans domicile stable de façon à ce qu'elles puissent accéder à l'ensemble des prestations sociales, légales, réglementaires et conventionnelles auxquelles elles peuvent prétendre. Dans le même sens, il est attendu de cette « domiciliation » que ces mêmes personnes puissent obtenir l'ensemble des titres et documents utiles ainsi que leur inscription sur les listes électorales ou l'accès à l'aide juridique. Par l'aménagement effectif des moyens matériels pour accéder à ce droit à la domiciliation, la loi vise à améliorer la situation des « sans domicile fixe », pour lesquels l'absence de domicile constitue un des facteurs les plus importants de leur enfermement dans l'exclusion.

Les dispositions les plus significatives de ce nouveau chapitre sont les suivantes : affirmation d'un « droit à domiciliation » qui comporte en contrepartie pour les personnes sans domicile stable l'obligation « d'élire un domicile » soit auprès d'un CCAS, soit auprès d'un organisme agréé ; les organismes compétents pour délivrer les diverses prestations sont ceux dans le ressort duquel la personne a élu domicile (art. L. 264-1) et ils doivent en permettre le bénéfice dès lors que la personne produit une attestation de domiciliation (art. L. 264-3) ; le régime juridique de cette élection de domicile est organisé (art. L. 264-2) ; celui du « refus de domiciliation » qui peut être opposé à un demandeur est défini (art. L. 264-4) ; les conditions et procédures d'agrément d'organismes pouvant permettre l'élection de domicile de personnes sans domicile stable sont établies, la compétence étant confiée au préfet de département (art. L. 264-6 et L. 264-7) ; enfin, ces organismes doivent à la fois contrôler les personnes ayant élu domicile auprès d'eux et rendre compte de leur activité au préfet (art. L. 264-8). ❑

SECTION 1 Droit à la domiciliation

BIBL. ▸ REVEILLÈRE-MAURY, Faut-il instaurer un droit à la domiciliation ?, *RDSS 2005. 1008* ; Le rôle des concepts de domicile de secours, de résidence et de domiciliation dans l'imputation des dépenses d'aide sociale, *RDSS 2007. 1066*.

Art. L. 264-1 Pour prétendre au service des prestations sociales légales, réglementaires et conventionnelles, *(L. n° 2014-366 du 24 mars 2014, art. 46-I-2°)* **« à l'exercice des droits civils qui leur sont reconnus par la loi, » ainsi qu'à la délivrance d'un titre national d'identité, à l'inscription sur les listes électorales ou à l'aide** *(L. n° 2014-366 du 24 mars 2014, art. 46-I-2°)* **« juridictionnelle », les personnes sans domicile stable doivent élire domicile soit auprès d'un centre communal ou intercommunal d'action sociale, soit auprès d'un organisme agréé à cet effet.**

L'organisme compétent pour attribuer une prestation sociale légale, réglementaire ou conventionnelle est celui dans le ressort duquel la personne a élu domicile.

Le département débiteur de l'allocation personnalisée d'autonomie, de la prestation de compensation du handicap et du revenu *(L. n° 2008-1249 du 1er déc. 2008, en vigueur le 1er juin 2009)* **« de solidarité active » mentionnés respectivement aux articles L. 232-1, L. 245-1 et L. 262-1 est celui dans le ressort duquel l'intéressé a élu domicile.** — *Applicable à compter du 1er juill. 2007.*

En application des art. L. 231-5 et L. 231-6 CRPA, le silence gardé pendant deux mois par une collectivité territoriale ou un de ses établissements publics vaut décision de rejet pour les demandes d'élection de domicile (Décr. n° 2015-1461 du 10 nov. 2015, applicable pour les demandes présentées à compter du 12 nov. 2015).

1. Élection de domicile et domicile de secours. Si l'art. L. 264-1 impose pour les personnes « sans résidence stable » une élection de domicile à compter de son entrée en application pour l'ensemble des prestations légales d'aide sociale, cette condition n'a en tout état de cause d'incidence que sur les droits de l'assisté dépourvu d'une telle résidence et non sur la détermination du domicile de secours • Comm. centr. aide soc. 10 juin 2008, dossier n° 071584 : *CJAS n° 2008/5.*

2. Élection de domicile et frais d'hébergement en EHPAD. Le fait que l'intéressé a élu domicile au centre communal d'action sociale demeure, en application de l'art. L. 264-1, sans incidence sur l'imputation financière de ses frais d'hébergement en EHPAD, dans la mesure où ce n'est que pour l'APA, la PCH et le RMI-RSA que le département dans le ressort duquel l'assisté a élu domicile est tenu comme « débiteur » de la prestation, ce qui n'est pas le cas pour lesdits frais d'hébergement. • Comm. centr. aide soc., 27 août 2010, dossier n° 091694 : *CJAS n° 2010/6.*

SECTION 2 Élection de domicile

Art. L. 264-2 L'élection de domicile est accordée pour une durée limitée. Elle est renouvelable de droit et ne peut prendre fin que dans les conditions mentionnées à l'article L. 264-5.

Les centres communaux ou intercommunaux d'action sociale ainsi que les organismes agréés remettent aux intéressés une attestation d'élection de domicile mentionnant la date d'expiration de celle-ci.

L'attestation d'élection de domicile ne peut être délivrée à la personne non ressortissante d'un État membre de l'Union européenne, d'un autre État partie à l'accord sur l'Espace économique européen ou de la Confédération suisse, qui n'est pas en possession d'un des titres de séjour prévus au *(Ord. n° 2020-1733 du 16 déc. 2020, art. 4-3°, en vigueur le 1er mai 2021)* **« titre II du livre IV » du code de l'entrée et du séjour des étrangers et du droit d'asile** *(L. n° 2014-366 du 24 mars 2014, art. 46-I-3°)* **« , à moins qu'elle** *[ne]* **sollicite l'aide médicale de l'État mentionnée à l'article**

L. 251-1 du présent code, l'aide juridictionnelle en application des troisième ou quatrième alinéas de l'article 3 de la loi n° 91-647 du 10 juillet 1991 relative à l'aide juridique ou l'exercice des droits civils qui lui sont reconnus par la loi ». — *Applicable à compter du 1er juill. 2007.*

V. note ss. art. L. 264-1.

Art. L. 264-3 *(L. n° 2017-86 du 27 janv. 2017, art. 193-I)* « Le lieu d'exercice des droits civils d'une personne sans domicile stable est celui où elle a fait élection de domicile dans les conditions prévues à l'article L. 264-1. »

L'absence d'une adresse stable ne peut être opposée à une personne pour lui refuser l'exercice d'un droit, d'une prestation sociale ou l'accès à un service essentiel garanti par la loi, notamment en matière bancaire et postale, dès lors qu'elle dispose d'une attestation en cours de validité. — *Applicable à compter du 1er juill. 2007.*

1. Élection de domicile des étrangers en situation irrégulière et aide juridictionnelle. L'art. L. 264-2 CASF n'ayant ni pour objet ni pour effet de déroger aux dispositions de la L. du 10 juill. 1991 prévoyant les conditions d'admission au bénéfice de l'aide juridictionnelle, le grief tiré de ce que cet article priverait certains étrangers en situation irrégulière du droit de déposer une demande tendant à obtenir l'aide juridictionnelle ne saurait, par suite, qu'être écarté. • Cons. const. 11 oct. 2013, n° 2013-347 QPC : *JO 13 oct. 2013, p. 16907.*

2. Élection de domicile des étrangers en situation irrégulière et respect de la vie privée. L'art. L. 264-2 CASF n'ayant ni pour objet ni pour effet d'interdire aux personnes de nationalité étrangère sans domicile stable et en situation irrégulière sur le territoire français d'établir la domiciliation de leur correspondance et ne portant aucune atteinte au droit d'entretenir une correspondance, le grief tiré de ce que cet article porterait atteinte au droit au respect de la vie privée ne saurait, par suite, qu'être écarté. • Cons. const. 11 oct. 2013, n° 2013-347 QPC : *préc. note 1.*

Art. L. 264-4 Lorsque les centres communaux ou intercommunaux d'action sociale refusent l'élection de domicile des personnes sans domicile stable qui en font la demande, parce qu'elles ne présentent aucun lien avec la commune ou le groupement de communes, ils doivent motiver leur décision.

Le représentant de l'État dans le département peut conclure une convention de prise en charge des activités de domiciliation avec un organisme agréé.

Les organismes agréés ne peuvent refuser l'élection de domicile que dans les cas prévus par leur agrément.

Lorsqu'un des organismes mentionnés à l'article L. 264-1 refuse une élection de domicile, il doit orienter l'intéressé vers un organisme en mesure d'assurer sa domiciliation. — *Applicable à compter du 1er juill. 2007.*

Art. L. 264-5 L'organisme qui assure la domiciliation y met fin lorsque l'intéressé le demande, lorsqu'il acquiert un domicile stable ou lorsqu'il ne se manifeste plus. — *Applicable à compter du 1er juill. 2007.*

SECTION 3 Agrément des organismes procédant à l'élection de domicile

Art. L. 264-6 L'agrément délivré aux organismes mentionnés à l'article L. 264-1 est attribué par le représentant de l'État dans le département. Chaque commune du département met à disposition du public la liste des organismes agréés dans le département. — *Applicable à compter du 1er juill. 2007.*

En application des art. L. 231-5 et L. 231-6 CRPA, le silence gardé pendant deux mois par l'administration vaut décision de rejet pour les demandes d'agrément des organismes procédant à la domiciliation (Décr. n° 2014-1286 du 23 oct. 2014, applicable pour les demandes présentées à compter du 12 nov. 2014).

Art. L. 264-7 L'agrément a une durée limitée.

Il est attribué à tout organisme qui s'engage à respecter un cahier des charges arrêté par le représentant de l'État dans le département, après avis du président du conseil départemental, dans des conditions définies par décret, précisant notamment la durée d'existence de l'organisme et son objet.

Ce cahier des charges détermine notamment les obligations d'information, d'évaluation et de contrôle auxquelles est tenu l'organisme, en particulier à l'égard de

l'État, du département et des organismes chargés du versement des prestations sociales.

Avant tout renouvellement de l'agrément, une évaluation de l'activité de l'organisme agréé au regard des engagements pris dans le cahier des charges doit être effectuée.

L'agrément peut déterminer un nombre d'élections de domicile au-delà duquel l'organisme n'est plus tenu d'accepter de nouvelles élections. Il peut autoriser l'organisme à restreindre son activité de domiciliation à certaines catégories de personnes ou à certaines prestations sociales. Dans ce dernier cas, les attestations d'élection de domicile délivrées par l'organisme ne sont opposables que pour l'accès aux prestations sociales mentionnées par l'agrément. — *Applicable à compter du 1er juill. 2007.*

SECTION 4 Contrôle et évaluation

Art. L. 264-8 **Les organismes mentionnés à l'article L. 264-1 s'assurent que la personne qui élit domicile est bien sans domicile stable. Ils rendent régulièrement compte de leur activité de domiciliation au représentant de l'État dans le département.** — *Applicable à compter du 1er juill. 2007.*

Art. L. 264-9 *Abrogé par L. no 2011-525 du 17 mai 2011, art. 69-I-10o.*

SECTION 5 Dispositions d'application

Art. L. 264-10 **Le présent chapitre n'est pas applicable aux procédures de domiciliation des étrangers qui sollicitent** *(Abrogé par L. no 2015-925 du 29 juill. 2015, art. 24-5o)* ***« leur admission au séjour au titre de »*** **l'asile en application de l'article** *(Ord. no 2020-1733 du 16 déc. 2020, art. 4-4o, en vigueur le 1er mai 2021)* **« L. 521-1 » du code de l'entrée et du séjour des étrangers et du droit d'asile.** — *L'art. L. 264-10, dans sa rédaction résultant de la L. no 2015-925 du 29 juill. 2015, s'applique aux demandeurs d'asile dont la demande a été enregistrée à compter du 1er nov. 2015. Les dispositions préc. sont applicables à Saint-Barthélemy et à Saint-Martin (L. préc., art. 35-V et VIII; Décr. no 2015-1166 du 21 sept. 2015, art. 29 et 30-II).*

Les conditions d'application du présent chapitre sont déterminées par décret, à l'exception de celles de l'article L. 264-4 qui sont déterminées par décret en Conseil d'État. — *Applicable à compter du 1er juill. 2007.*

CHAPITRE V STATUT DES PERSONNES ACCUEILLIES DANS DES ORGANISMES D'ACCUEIL COMMUNAUTAIRE ET D'ACTIVITÉS SOLIDAIRES

(L. no 2008-1249 du 1er déc. 2008, art. 17, en vigueur le 1er juin 2009)

Art. L. 265-1 **Les organismes assurant l'accueil** *(L. no 2018-1021 du 23 nov. 2018, art. 126)* **« ainsi que l'hébergement ou le logement » de personnes en difficultés et qui ne relèvent pas de l'article L. 312-1 peuvent faire participer ces personnes à des activités d'économie solidaire afin de favoriser leur insertion sociale et professionnelle.**

Si elles se soumettent aux règles de vie communautaire qui définissent un cadre d'accueil comprenant la participation à un travail destiné à leur insertion sociale, elles ont un statut qui est exclusif de tout lien de subordination.

Les organismes visés au premier alinéa garantissent aux personnes accueillies :

— un hébergement *(L. no 2018-1021 du 23 nov. 2018, art. 126)* **« ou un logement » décent ;**

— un soutien personnel et un accompagnement social adapté à leurs besoins ;

— un soutien financier leur assurant des conditions de vie dignes.

Les organismes visés au premier alinéa sont agréés par l'État dans des conditions définies par décret en Conseil d'État. L'agrément accordé au niveau national à un groupement auquel sont affiliés plusieurs organismes locaux vaut agrément de ces

organismes. Une convention est conclue entre l'État et l'organisme national qui précise les modalités selon lesquelles le respect des droits des personnes accueillies est garanti au sein de ses organismes affiliés.

Au cas par cas, des organismes relevant des 8° et 12° du I de l'article L. 312-1 et du III du même article *(L. nº 2018-1021 du 23 nov. 2018, art. 126)* **« ainsi que ceux relevant des troisième et dernier alinéas de l'article L. 633-1 du code de la construction et de l'habitation » peuvent demander à bénéficier, pour les personnes accueillies, des conditions d'activité prévues au présent article.**

(L. nº 2018-1021 du 23 nov. 2018, art. 126) **« Un organisme agréé au titre du présent article peut posséder ou gérer des logements-foyers mentionnés aux mêmes troisième et dernier alinéas de l'article L. 633-1 du code de la construction et de l'habitation. »**

(L. nº 2018-771 du 5 sept. 2018, art. 5, en vigueur le 1er janv. 2019) **« Les personnes accueillies et accompagnées par les organismes mentionnés au premier alinéa du présent article peuvent, au terme d'au moins douze mois de présence au sein de ces organismes, engager la procédure de validation des acquis de l'expérience prévue à l'article L. 6411-1 du code du travail. »**

En application des art. L. 231-5 et L. 231-6 CRPA, le silence gardé pendant deux mois par l'administration vaut décision de rejet pour les demandes d'agrément des organismes assurant l'accueil et l'hébergement de personnes en difficulté et qui ne relèvent pas de l'article L. 312-1 (Décr. nº 2014-1286 du 23 oct. 2014, applicable pour les demandes présentées à compter du 12 nov. 2014).

COMMENTAIRE

Bien que la loi nº 2002-2 du 2 janvier 2002 rénovant l'action sociale et médico-sociale ait voulu prendre en compte de façon très large toutes les formes d'accueil et de prise en charge dans l'article L. 312-1 du code, certaines structures n'y ont pas été incorporées. C'est le cas des établissements d'accueil et d'hébergement du type des « Compagnons d'Emmaüs » qui ont la particularité de mettre en œuvre une forme communautaire de vie et qui, en conséquence, sont loin du modèle du « service » ou de « l'établissement » prestataire prenant en charge un « usager », autorisé et habilité pour ce faire et bénéficiant alors d'un financement public.

C'est pourquoi la loi nº 2008-1249 du 1er décembre 2008, au-delà de son objet principal constitué par la généralisation du RMI et l'organisation des politiques d'insertion, a entendu remédier à cette situation dommageable pour ces structures en leur offrant un statut juridique spécifique, solution en l'occurrence grandement favorisée par les responsabilités qu'assumait antérieurement le Haut Commissaire aux solidarités qui a été le promoteur principal de la mise en place du RSA.

Ces structures sont dénommées par la disposition ci-dessus « organismes assurant l'accueil et l'hébergement de personnes en difficultés », leur caractéristique fondamentale qui les distingue de ceux qui sont visés à l'article L. 312-1 étant qu'ils « peuvent faire participer ces personnes à des activités d'économie solidaire afin de favoriser leur insertion sociale et professionnelle ». Ce sont des structures qui sont en réalité proches tout à la fois des CHRS (art. L. 312-1, 8°, et L. 345-1 à L. 345-4), des « lieux de vie et d'accueil » (art. L. 312-1, III) ou encore de certains établissements à caractère expérimental (art. L. 312-1, 12°), la dimension « communautaire » entendue comme une prise en charge du fonctionnement par les « usagers » eux-mêmes leur étant cependant très spécifique.

L'article L. 265-1 définit un cadre juridique pour ce type d'établissements ou de services. Tout d'abord, du point de vue des activités de travail et de production qui y sont organisées par et pour les personnes accueillies, ces dernières ont un statut posé comme « exclusif de tout lien de subordination » : ce qui a pour effet de les écarter (outre du champ des activités revêtant un caractère professionnel) du statut salarial. Ensuite, pèsent sur ces structures des obligations : hébergement décent, soutien personnel et accompagnement social, soutien financier assurant des conditions de vie dignes. Enfin, pour fonctionner, les structures doivent recevoir un agrément de l'État. Cet agrément peut être demandé au titre d'un organisme national et il vaut alors pour tous les services locaux qui en dépendent, comme c'est le cas pour les Compagnons d'Emmaüs. L'agrément se complète d'une convention passée entre l'État et l'organisme national qui détermine les modalités du respect des droits des personnes accueillies au sein des établissements.

Cette disposition constitue donc une reconnaissance explicite de formes d'intervention qui s'organisaient jusque-là aux marges du cadre légal des établissements et services d'action sociale. Il comporte logiquement un certain nombre d'obligations pour eux, la loi s'en tenant à une définition large que vient compléter le pouvoir réglementaire.

La loi n° 2018-1021 du 23 novembre 2018 portant évolution du logement, de l'aménagement et du numérique a solidifié quelque peu cette forme d'accueil dite « communautaire » soit en élargissant les activités que les structures peuvent mettre en œuvre (possibilité de posséder et gérer des foyers-logements tels qu'organisés par l'art. L. 633-1 CCH), soit en permettant à des foyers-logements de développer les activités de mise au travail et d'insertion qui leur sont spécifiques ; dans le but aussi de valoriser ces mêmes activités, ce texte ouvre la possibilité pour les personnes accueillies d'engager les procédures de validation des acquis de l'expérience (C. trav., art. L. 6411-1). ❑

CHAPITRE VI LUTTE CONTRE LA PRÉCARITÉ ALIMENTAIRE

(L. n° 2018-938 du 30 oct. 2018, art. 61)

Art. L. 266-1 **La lutte contre la précarité alimentaire vise à favoriser l'accès à une alimentation sûre, diversifiée, de bonne qualité et en quantité suffisante aux personnes en situation de vulnérabilité économique ou sociale.**

Elle s'inscrit dans le respect du principe de dignité des personnes. Elle participe à la reconnaissance et au développement des capacités des personnes à agir pour elles-mêmes et dans leur environnement. L'aide alimentaire contribue à la lutte contre la précarité alimentaire.

La lutte contre la précarité alimentaire comprend la poursuite des objectifs définis à l'article L. 1 du code rural et de la pêche maritime et par les programmes nationaux relatifs à l'alimentation, à la nutrition et à la santé.

La lutte contre la précarité alimentaire mobilise l'État et ses établissements publics, les collectivités territoriales, les acteurs économiques, les associations, dans le cadre de leur objet ou projet associatif, ainsi que les centres communaux et intercommunaux d'action sociale, en y associant les personnes concernées.

Art. L. 266-2 **L'aide alimentaire a pour objet la fourniture de denrées alimentaires aux personnes en situation de vulnérabilité économique ou sociale, assortie de la proposition d'un accompagnement. Cette aide** *(L. n° 2021-1104 du 22 août 2021, art. 260)* **« , qui vise à répondre aux besoins en volume, tout en prenant en compte, dans la mesure du possible, des critères de qualité des denrées alimentaires, » est apportée tant par l'Union européenne que par l'État ou toute autre personne morale.**

Seules des personnes morales de droit public ou des personnes morales de droit privé habilitées par l'autorité administrative peuvent recevoir des contributions publiques destinées à la mise en œuvre de l'aide alimentaire. La durée et les conditions dans lesquelles l'habilitation est accordée, les modalités de contrôle des personnes morales habilitées et les sanctions applicables en cas de manquement aux conditions de l'habilitation sont déterminées par décret en Conseil d'État.

Ces conditions doivent notamment permettre de garantir la fourniture de l'aide alimentaire sur une partie suffisante du territoire métropolitain et d'outre-mer et sa distribution auprès de tous les bénéficiaires potentiels, d'assurer la traçabilité physique et comptable des denrées et de respecter de bonnes pratiques d'hygiène relatives au transport, au stockage et à la mise à disposition des denrées.

Sont également déterminées par décret en Conseil d'État les modalités de collecte et de transmission à l'autorité administrative, par les personnes morales habilitées en application du deuxième alinéa, des données portant sur leur activité, sur les denrées distribuées et, une fois rendues anonymes, sur les bénéficiaires de l'aide alimentaire. La collecte et la transmission de ces données s'effectuent dans le respect de la loi n° 78-17 du 6 janvier 1978 relative à l'informatique, aux fichiers et aux libertés.

Sur les conditions dans lesquelles les commerces de détail alimentaires (dont la surface excède 400 m²) s'assurent de la qualité du don lors de la cession à une association habilitée en application de l'art. L. 266-2, V. C. envir., art. L. 541-15-6 et D. 541-312. — **C. envir.**

TITRE VII ACCOMPAGNEMENT DE LA PERSONNE EN MATIÈRE SOCIALE ET BUDGÉTAIRE

(L. nº 2007-308 du 5 mars 2007, art. 13)

Les dispositions de la L. nº 2007-308 du 5 mars 2007, art. 13, sont applicables à compter du 1er janv. 2009 (L. préc., art. 45).

BIBL. ▸ ARBELLOT, Protection judiciaire et juridique des mineurs et des majeurs, *Dalloz, Praxis, 2008*. - BAUER, FOSSIER et PÉCAUD-RIVOLIER, La réforme des tutelles, ombres et lumières, *éd. Dalloz, 2006*. - Divers, Réformer les tutelles, *Rapport, CES, 2006*; Être sous tutelle, *Inf. soc. nº 138, 2007*. - FOSSIER, Le droit des tutelles après sa réforme : nouvelle branche du droit social ?, *RDSS 2007. 672*; La loi portant réforme de la protection juridique des majeurs, guide de lecture, *JCP N 2007. I. 118*; La protection de la personne, un droit flexible, *Dr. fam., 2007, chron. 17*; Les rôles du juge des tutelles, décidément un juge "social", *RDSS 2008. 821*. - HAUSER, La notion d'incapacité, *LPA, 17 août 2000, p. 3*. - LAVAUD-LEGENDRE, La paradoxale protection de la personne vulnérable par elle-même : les contradictions d'un « droit de la vulnérabilité » en construction, *RDSS 2010. 520*. - MAUGER-VIELPEAU, Les destinataires de la loi nº 2007-308 du 5 mars 2007 : une loi d'action sociale ?, *RDSS 2008. 809*. - MIKALEF-TOUDIC, Les mesures d'accompagnement social personnalisé : une mission nouvelle pour les conseils généraux, *RDSS 2008. 813*.

COMMENTAIRE

La loi nº 2007-308 du 5 mars 2007 portant réforme de la protection juridique des majeurs a introduit, au sein de ce livre II du code consacré aux « Différentes formes d'aide et d'action sociale », un titre nouveau visant à organiser un accompagnement des personnes qui entraient jusqu'alors dans le champ d'application de l'une des protections organisées par le code civil : majeurs mis sous sauvegarde de justice (art. 491 s.), majeurs en tutelle (art. 492 s.), majeurs en curatelle (art. 508 s.) et personnes soumises à tutelle aux prestations sociales (CSS, art. L. 167-1 s.).

Le texte réformant la protection juridique des majeurs a voulu modifier profondément ces divers dispositifs. On a constaté tout d'abord une explosion quantitative du nombre de personnes concernées, qui étaient quelques milliers en 1968 lors de l'adoption des textes en vigueur avec la loi nº 68-5 du 3 janvier 1968, et selon les experts démographes, plus d'un million potentiellement concernées en 2010 : les modes de prise en charge étaient donc manifestement inadaptés face à une telle évolution de la demande. Ensuite, sur le fond, les mesures de tutelle ou de curatelle sont souvent détournées de leur finalité première (assurer une protection juridique à des personnes dont les capacités sont altérées) pour remplir une mission d'instrument d'action sociale (fournir un suivi, mais aussi un contrôle, de personnes connaissant des difficultés matérielles et sociales mais ne présentant pas d'altération significative de leurs capacités mentales), ce qui a conduit à décharger indûment le groupe familial de son rôle. Enfin, l'augmentation inconsidérée de mesures de protection à l'encontre de personnes ne le justifiant pas a eu aussi pour conséquence de compromettre l'efficacité des instances et des personnels de protection, lesquels se sont trouvés submergés par le nombre de dossiers à assumer.

La loi s'est donc proposée de recentrer les dispositifs civils sur les personnes qui le justifient en proportionnant véritablement la prégnance de chaque instrument au degré d'incapacité des personnes de façon à ne pas réduire ou annihiler sans fondement véritable leurs droits : il s'agit de réinscrire les mesures de protection juridique des majeurs dans une logique de subsidiarité (n'intervenir que lorsque cela est strictement nécessaire) et de proportionnalité (adapter les mesures aux situations concrètes des personnes). Elle s'est attachée de plus à améliorer la prise en charge en étendant la protection vers la personne elle-même et donc en ne prenant pas seulement en considération les aspects patrimoniaux.

Cette idée de proportionnalité a poussé à modifier et à compléter la palette des mesures possibles : à côté des trois mesures civiles maintenues mais réaménagées (sauvegarde de justice, tutelle, curatelle), la loi a supprimé la tutelle aux prestations sociales des majeurs (CSS, art. L. 167-1) pour lui substituer un nouvel instrument, la « mesure d'assistance judiciaire » (MAJ).

Celle-ci est un dispositif de gestion budgétaire et d'accompagnement social décidé par le juge des tutelles et intervient comme un possible mécanisme intermédiaire entre l'accompagnement social et les mesures judiciaires plus lourdes puisqu'il ne comporte pas d'atténuation de la capacité des personnes et concerne essentiellement les prestations sociales. Et en amont de la MAJ, la loi crée un dispositif administratif confié au département et qui vise, avec l'accord des personnes concernées matérialisé par la passation d'un contrat, à prévenir les risques courus en matière de santé et de sécurité matérielle : la « mesure d'accompagnement social personnalisé » (MASP). C'est donc en toute logique que ce dispositif a été inclus dans le code de l'action sociale et des familles sous ce titre nouveau : accompagnement de la personne en matière sociale et budgétaire (art. L. 271-1 à L. 271-8). ❑

CHAPITRE UNIQUE MESURE D'ACCOMPAGNEMENT SOCIAL PERSONNALISÉ

COMMENTAIRE

Ce chapitre du code institue un dispositif administratif nouveau en matière de protection des majeurs : la « mesure d'accompagnement social personnalisé » (MASP). Toute personne majeure, dont la santé ou la sécurité est menacée du fait de ses difficultés à assurer seule la gestion de ses ressources, doit bénéficier de cette mesure qui comprend une aide à la gestion des prestations sociales et un accompagnement social individualisé (art. L. 271-1).

Pour la mise en œuvre de la MASP, un contrat est conclu, pour une durée de six mois renouvelable, entre la personne et le département. La loi n° 2009-526 du 12 mai 2009 de simplification du droit a cru devoir ajouter que, dans le but de faciliter la signature de ce contrat, le département peut être représenté pour ce faire par le président du conseil départemental. Le contrat comporte des actions en faveur de l'insertion sociale et permettant l'autonomie financière de l'intéressé, coordonnées avec les autres actions sociales dont il bénéficie déjà ou dont il pourrait bénéficier. L'intéressé peut autoriser le département à percevoir et à gérer pour son compte tout ou partie des prestations sociales devant lui revenir, en les affectant en priorité au paiement du loyer et des charges locatives en cours (art. L. 271-2). Le dispositif départemental d'accompagnement social des majeurs peut impliquer d'autres collectivités territoriales ou les CCAS avec lesquels les autorités départementales auront passé une convention (art. L. 271-3) ; la loi du 12 mai 2009 y a ajouté les établissements publics de coopération intercommunale.

Une contribution, établie dans les conditions prévues par le règlement départemental d'aide sociale dans la limite d'un plafond fixé par voie réglementaire, peut être demandée au bénéficiaire de la MASP (art. L. 271-4).

Dans le cas où l'intéressé refuse de signer le contrat précité ou s'il n'en respecte pas les clauses, le président du conseil départemental peut, afin de prévenir une expulsion locative, solliciter du juge d'instance l'autorisation de verser, chaque mois, le montant du loyer et des charges locatives en cours, directement au bailleur par prélèvement sur les prestations sociales dues à l'intéressé (art. L. 271-5).

Lorsque la MASP n'a pas permis à son bénéficiaire d'assurer seul la gestion de ses prestations sociales et que sa santé ou sa sécurité est compromise, le président du conseil départemental apprécie l'opportunité de transmettre au procureur de la République le rapport circonstancié d'évaluation, aux fins d'ouverture d'une mesure d'assistance judiciaire (MAJ) ou d'une autre mesure de protection judiciaire des majeurs (art. L. 271-6).

Il est, enfin, organisé un recueil des données que doivent transmettre les services des conseils départementaux. Ces informations, qui portent sur la mise en œuvre des mesures précitées et sur un échantillon de personnes suivies à cette occasion, doivent permettre à l'État d'évaluer les effets du dispositif d'accompagnement social et budgétaire (art. L. 271-7).

La loi n° 2023-668 du 27 juillet 2023, visant à protéger les logements contre l'occupation illicite, a créé (art. 12 et 13) dans chaque département une commission de coordination des actions de prévention des expulsions locatives, cette instance étant co-présidée par le représentant de l'État, le président du conseil départemental et le président de la métropole (lorsque la métropole assure la gestion du fonds de solidarité intercommunal créé par le même texte, art. 7).

En conséquence, si le contrat d'accompagnement mettant en œuvre une mesure d'accompagnement personnalisé (MASP, art. L. 271-1, al. 2) tout comme le recours à la mesure elle-même restent de la compétence exclusive du président du conseil départemental, la disposition de l'article L. 271-5, qui permet aux autorités publiques de verser directement au bailleur le loyer de la personne concernée lorsque cette dernière ne respecte pas les clauses de son contrat et notamment lorsque cela met en danger son maintien dans son logement, peut être activée soit par le président du conseil départemental, soit par le représentant de l'État, soit par la commission de coordination des actions de prévention des expulsions locatives. ❑

Art. L. 271-1 **Toute personne majeure qui perçoit des prestations sociales et dont la santé ou la sécurité est menacée par les difficultés qu'elle éprouve à gérer ses ressources peut bénéficier d'une mesure d'accompagnement social personnalisé qui comporte une aide à la gestion de ses prestations sociales et un accompagnement social individualisé.**

Cette mesure prend la forme d'un contrat conclu entre l'intéressé et le département *(L. nº 2009-526 du 12 mai 2009, art. 116)* **« , représenté par le président du conseil départemental, » et repose sur des engagements réciproques.**

La mesure d'accompagnement social personnalisé peut également être ouverte à l'issue d'une mesure d'accompagnement judiciaire arrivée à échéance, au bénéfice d'une personne répondant aux conditions prévues par le premier alinéa.

V. Décr. nº 2010-26 du 7 janv. 2010 relatif aux modalités de gestion en comptabilité publique des prestations sociales des bénéficiaires d'une mesure d'accompagnement social personnalisé (JO 9 janv.).

Mesure d'accompagnement social et conformité à la Constitution. En organisant un dispositif d'accompagnement social individualisé des personnes fragiles ou en difficulté qui perçoivent déjà des prestations sociales, le législateur a entendu conforter la subsidiarité des mesures judiciaires par rapport aux mesures administratives en matière d'aide et d'assistance à ces personnes et n'a pas créé une nouvelle prestation sociale; il s'est borné à aménager les conditions d'exercice de la compétence d'aide sociale de droit commun qui relève des départements et n'a procédé ni à un transfert aux départements d'une compétence qui relevait de l'État ni à une création ou extension de compétences; par suite, il n'a pas méconnu le quatrième al. de l'art. 72-2 de la Constitution et n'a pas davantage porté atteinte au principe de libre administration des collectivités territoriales. • Cons. const., 18 oct. 2010, nº 2010-56 QPC : *JO 29 mai 2010, p. 9730; AJDA 2011. 218, note Verpeaux; RFDC 2011. 156, note Besson; RFDA 2010. 1257, chron. Roblot-Troizier et Rambaud; AJ fam. 2010. 495, obs. Verheyde.*

Art. L. 271-2 **Le contrat prévoit des actions en faveur de l'insertion sociale et tendant à rétablir les conditions d'une gestion autonome des prestations sociales. Les services sociaux qui sont chargés de ces actions s'assurent de leur coordination avec les mesures d'action sociale qui pourraient être déjà mises en œuvre.**

Le bénéficiaire du contrat peut autoriser le département à percevoir et à gérer pour son compte tout ou partie des prestations sociales qu'il perçoit, en les affectant en priorité au paiement du loyer et des charges locatives en cours.

Le contrat est conclu pour une durée de six mois à deux ans et peut être modifié par avenant. Il peut être renouvelé, après avoir fait l'objet d'une évaluation préalable, sans que la durée totale de la mesure d'accompagnement social personnalisé puisse excéder quatre ans.

Art. L. 271-3 **Le département peut déléguer, par convention, la mise en œuvre de la mesure d'accompagnement social personnalisé à une autre collectivité territoriale** *(L. nº 2009-526 du 12 mai 2009, art. 116)* **« , à un établissement public de coopération intercommunale » ou à un centre communal ou intercommunal d'action sociale, une association ou un organisme à but non lucratif ou un organisme débiteur de prestations sociales.**

Art. L. 271-4 **Une contribution peut être demandée à la personne ayant conclu un contrat d'accompagnement social personnalisé. Son montant est arrêté par le président du conseil départemental en fonction des ressources de l'intéressé et dans la limite d'un plafond fixé par décret, dans les conditions prévues par le règlement départemental d'aide sociale.**

Art. L. 271-5 En cas de refus par l'intéressé du contrat d'accompagnement social personnalisé ou de non-respect de ses clauses, le président du conseil départemental *(L. nº 2023-668 du 27 juill. 2023, art. 13)* « , le représentant de l'État dans le département ou la commission de coordination des actions de prévention des expulsions peuvent » demander au juge du tribunal judiciaire *[ancienne rédaction : juge d'instance]* que soit procédé au versement direct, chaque mois, au bailleur, des prestations sociales dont l'intéressé est bénéficiaire à hauteur du montant du loyer et des charges locatives dont il est redevable.

Cette procédure ne peut être mise en œuvre que si l'intéressé ne s'est pas acquitté de ses obligations locatives depuis au moins deux mois.

Elle ne peut avoir pour effet de le priver des ressources nécessaires à sa subsistance et à celle des personnes dont il assume la charge effective et permanente.

Le juge fixe la durée du prélèvement dans la limite de deux ans renouvelables sans que la durée totale de celui-ci puisse excéder quatre ans.

Le président du conseil départemental *(L. nº 2023-668 du 27 juill. 2023, art. 13)* « , le représentant de l'État dans le département ou la commission de coordination des actions de prévention des expulsions peuvent » à tout moment saisir le juge pour mettre fin à la mesure.

Art. L. 271-6 Lorsque les actions prévues au présent chapitre n'ont pas permis à leur bénéficiaire de surmonter ses difficultés à gérer les prestations sociales qui en ont fait l'objet et que sa santé ou sa sécurité en est compromise, le président du conseil départemental transmet au procureur de la République un rapport comportant une évaluation de la situation sociale et pécuniaire de la personne ainsi qu'un bilan des actions personnalisées menées auprès d'elle en application des articles L. 271-1 à L. 271-5. Il joint à ce rapport, sous pli cacheté, les informations dont il dispose sur la situation médicale du bénéficiaire.

Si, au vu de ces éléments, le procureur de la République saisit le juge des tutelles aux fins du prononcé d'une sauvegarde de justice ou de l'ouverture d'une curatelle, d'une tutelle ou d'une mesure d'accompagnement judiciaire, il en informe le président du conseil départemental.

Art. L. 271-7 Chaque département transmet à l'État les données agrégées portant sur la mise en œuvre des dispositions du présent chapitre.

Un arrêté conjoint des ministres chargés de l'action sociale et des collectivités territoriales fixe la liste de ces données ainsi que les modalités de leur transmission. — *V. Arr. du 17 mars 2010 (JO 31 mars).*

Les résultats de l'exploitation des données recueillies sont transmis aux départements et font l'objet de publications régulières.

Art. L. 271-8 Les modalités d'application du présent chapitre sont fixées par décret en Conseil d'État.

Toutefois, le plafond de la contribution mentionnée à l'article L. 271-4 et la liste des prestations sociales susceptibles de faire l'objet des mesures prévues aux articles L. 271-1 et L. 271-5 sont fixés par décret.

TITRE VIII HABITAT INCLUSIF POUR LES PERSONNES HANDICAPÉES ET LES PERSONNES ÂGÉES

(L. nº 2018-1021 du 23 nov. 2018, art. 129)

CHAPITRE UNIQUE HABITAT INCLUSIF POUR LES PERSONNES HANDICAPÉES ET LES PERSONNES ÂGÉES

COMMENTAIRE

La loi nº 2018-1021 du 23 novembre 2018 portant évolution du logement, de l'aménagement et du numérique a entendu combler un vide juridique en introduisant au code ce nouveau titre « Habitat inclusif pour les personnes handicapées et les personnes âgées » (art. L. 281-1 à L. 281-5). En effet, alors que de nombreuses expériences d'habitats regroupant des personnes âgées et handicapées dans des immeubles de droit commun se sont développées, sous la forme soit de colocations avec des espaces et des activités partagés, soit de logements indépendants mais disposant de parties communes pour une forme de vie communautaire, soit de foyers-logements, ces types d'habitats se heurtaient à de grandes difficultés pour bénéficier des aides publiques. La raison tenait à ce que n'était envisagée jusque-là qu'une alternative : ou bien l'établissement (EPHAD, foyer d'hébergement, etc.), ou bien le logement individuel classique avec le bénéfice des aides personnelles au maintien dans le logement ; en conséquence, les aides sociales ne prenaient en compte ces nouvelles situations, dénommées dorénavant « habitat inclusif », que difficilement, à la marge et selon des montages instables. Ce type de logement est donc reconnu et un mécanisme financier dénommé « forfait pour l'habitat inclusif » est destiné à organiser les soutiens financiers de telle façon qu'ils puissent prendre en charge les dimensions « partagées » et « communautaires » de ce mode de vie.

Alors que la loi n° 2018-1021 du 23 novembre 2018 avait créé un « forfait pour l'habitat inclusif » destiné à financer le projet de vie sociale et partagée, à savoir les dimensions collectives du dispositif (ancien art. L. 281-2), et que, pour les projets n'étant pas éligibles à ce forfait, l'article L. 281-2-1 prévoyait une aide départementale à la vie partagée distincte du forfait, la LFSS pour 2023 a supprimé ce dernier en généralisant à tous les projets l'aide départementale (art. L. 281-2-1) qui est versée directement à la personne morale chargée d'en assurer la réalisation. Cette même loi a aussi prévu, pour assurer un suivi des aides départementales par la CNSA, qu'une annexe ayant pour objet de recenser les habitats inclusifs et de retracer le nombre et les montants des aides attribuées figure à l'accord entre le département et la caisse.

Dans le but de faciliter encore davantage l'utilisation des prestations en faveur de l'habitat inclusif, la loi n° 2022-217 du 21 février 2022 (loi « 3DS », art. 134-II) permet au département d'y répartir les dépenses d'aide sociale et notamment l'aide à la vie partagée selon des modalités différentes de celles résultant de l'application de la réglementation (art. L. 111-3 et L. 122-1 à L. 122-4).

La même loi (art. 134-II) a, de plus, complété la liste des structures entrant dans la catégorie « logement inclusif » en y intégrant les « logements-foyers » relevant de l'article L. 633-1 du code de la construction et de l'habitation et qui, en conséquence, ne sont pas soumis aux dispositions concernant les ESMS (art. L. 312-1 s.).

Art. L. 281-1 **L'habitat inclusif est destiné aux personnes handicapées et aux personnes âgées qui font le choix, à titre de résidence principale, d'un mode d'habitation regroupé, entre elles ou avec d'autres personnes, le cas échéant dans le respect des conditions d'attribution des logements locatifs sociaux prévues au chapitre I du titre IV du livre IV du code de la construction et de l'habitation et des conditions d'orientation vers les logements-foyers prévues à l'article L. 345-2-8 du présent code, et assorti d'un projet de vie sociale et partagée défini par un cahier des charges national fixé par arrêté des ministres chargés des personnes âgées, des personnes handicapées et du logement. Ce mode d'habitat est entendu comme :**

1° Un logement meublé ou non, en cohérence avec le projet de vie sociale et partagée, loué dans le cadre d'une colocation telle que définie au I de l'article 8-1 de la loi n° 89-462 du 6 juillet 1989 tendant à améliorer les rapports locatifs et portant modification de la loi n° 86-1290 du 23 décembre 1986 ou à l'article L. 442-8-4 du code de la construction et de l'habitation ;

2° Un ensemble de logements autonomes destinés à l'habitation, meublés ou non, en cohérence avec le projet de vie sociale et partagée et situés dans un immeuble ou un groupe d'immeubles comprenant des locaux communs affectés au projet de vie sociale et partagée.

L'habitat inclusif peut être notamment constitué dans :

(L. n° 2022-217 du 21 févr. 2022, art. 134-II) **« *a)* Des logements-foyers dénommés "habitat inclusif" accueillant des personnes handicapées ou des personnes âgées, qui relèvent exclusivement des deux premiers alinéas de l'article L. 633-1 du même code et qui ne sont pas soumis aux dispositions du livre III du présent code applicables aux établissements et services sociaux et médico-sociaux ;**

« *b)* Des logements mentionnés au troisième alinéa du III de l'article L. 441-2 du code de la construction et de l'habitation. Le cas échéant, la location de ces logements

peut s'accompagner de la mise à disposition non exclusive de locaux collectifs résidentiels situés dans le même immeuble ou groupe d'immeubles, pour la mise en œuvre du projet de vie sociale et partagée mentionné au premier alinéa du présent article. »

Il ne peut pas être constitué dans des logements relevant des sections 3 à 5 du chapitre I du titre III du livre VI du même code.

Art. L. 281-2 *(Abrogé par L. nº 2022-1616 du 23 déc. 2022, art. 78-II, à compter du 1er janv. 2025) (L. nº 2018-1021 du 23 nov. 2018, art. 129)* ***Il est créé un forfait pour l'habitat inclusif pour les personnes mentionnées à l'article L. 281-1 pour le financement du projet de vie sociale et partagée, qui est attribué pour toute personne handicapée ou toute personne âgée en perte d'autonomie résidant dans un habitat répondant aux conditions fixées dans le cahier des charges national mentionné au même article L. 281-1. Le montant, les modalités et les conditions de versement de ce forfait au profit de la personne morale chargée d'assurer le projet de vie sociale et partagée sont fixés par décret.***

V. Décis. nº 2021-04 du 10 mars 2021 (JO 13 mars, NOR : SSAA2108330S).

Art. L. 281-2-1 *(L. nº 2020-1576 du 14 déc. 2020, art. 34)* **Le règlement mentionné à l'article L. 121-3 peut prévoir que les habitants d'un habitat inclusif** *(Abrogé par L. nº 2022-1616 du 23 déc. 2022, art. 78-I-1º, à compter du 1er janv. 2025)* ***« auquel n'est pas attribué le forfait mentionné à l'article L. 281-2 »*** **bénéficient d'une aide à la vie partagée leur permettant de financer le projet de vie sociale et partagée, versée directement à la personne morale chargée d'assurer le projet de vie sociale et partagée.**

Le bénéfice de l'aide est subordonné à la signature, au titre des logements concernés, d'une convention entre le département et cette personne morale.

Un accord pour l'habitat inclusif, passé entre le département et la Caisse nationale de solidarité pour l'autonomie, fixe les conditions, portant notamment sur le montant de l'aide et ses conditions d'attribution, qui ouvrent droit au versement par la caisse, au titre du 4º de l'article *(Ord. nº 2021-1554 du 1er déc. 2021, art. 3-8º)* **« L. 223-8 du code de la sécurité sociale », d'un concours pour le financement des dépenses départementales d'aide à la vie partagée.** — *Les dispositions de l'Ord. nº 2021-1554 du 1er déc. 2021 sont entrées en vigueur le lendemain de la publication du Décr. nº 2022-801 du 12 mai 2022, soit le 14 mai 2022 (Décr. préc., art. 1er, JO 13 mai).*

Cet accord peut prévoir d'autres engagements en matière de développement de l'habitat inclusif ou de politiques venant à son soutien. A ce titre, il peut être également signé par le représentant de l'État dans le département ou le directeur général de l'agence régionale de santé.

(L. nº 2022-1616 du 23 déc. 2022, art. 78-I-2º, en vigueur le 31 déc. 2022) **« Une annexe à l'accord, signée par le département et la Caisse nationale de solidarité pour l'autonomie et révisable dans les mêmes formes, recense, sous la forme d'une programmation pluriannuelle, les habitats inclusifs du département pour lesquels les dépenses départementales d'aide à la vie partagée font l'objet d'une couverture par le concours mentionné au troisième alinéa du présent article, pendant toute la durée de la convention mentionnée au deuxième alinéa et à hauteur d'un pourcentage de l'aide à la vie partagée versée par le département.**

« Cette annexe précise le nombre et le montant des aides à la vie partagée retenus pour chaque habitat ainsi que le taux de couverture de ces aides par la Caisse nationale de solidarité pour l'autonomie. Ce taux est d'au moins 65 % pour les habitats pour lesquels la convention mentionnée au même deuxième alinéa est signée entre le 31 décembre 2022 et le 31 décembre 2024. Il est d'au moins 50 % pour les habitats dont les conventions sont signées après le 31 décembre 2024. »

Art. L. 281-3 *(Abrogé par L. nº 2022-1616 du 23 déc. 2022, art. 78-II, à compter du 1er janv. 2025) (L. nº 2018-1021 du 23 nov. 2018, art. 129)* ***Les dépenses relatives au forfait pour l'habitat inclusif pour les personnes handicapées et les personnes âgées mentionné à l'article L. 281-2*** *(Ord. nº 2021-1554 du 1er déc. 2021, art. 3-9º)* ***« sont intégrées au sein des dépenses mentionnées au 4º de l'article L. 223-8 du code de la sécurité sociale ».*** — Les dispositions de l'Ord. n° 2021-1554 du 1er déc. 2021 sont entrées en vigueur le lendemain de la publication du Décr. n° 2022-801 du 12 mai 2022, soit le 14 mai 2022 (Décr. préc., art. 1er, JO 13 mai).

Art. L. 281-4 *(L. n° 2022-217 du 21 févr. 2022, art. 134-II)* **Dans le cadre de la convention mentionnée au dernier alinéa de l'article L. 122-4, les départements peuvent décider, pour les personnes résidant dans un habitat inclusif mentionné à l'article L. 281-1, d'une répartition des dépenses d'aide sociale, notamment de l'aide à la vie partagée mentionnée à l'article L. 281-2-1, qui diffère de celle qui résulterait de l'application des règles fixées aux articles L. 111-3 et L. 122-1 à L. 122-4.**

Art. L. 281-5 *(L. n° 2022-217 du 21 févr. 2022, art. 134-II)* **Les conditions d'application du présent titre sont déterminées par décret.**

LIVRE III ACTION SOCIALE ET MÉDICO-SOCIALE MISE EN ŒUVRE PAR DES ÉTABLISSEMENTS ET DES SERVICES

(L. nº 2002-2 du 2 janv. 2002, art. 4-I).

BIBL. ▶ Apollis, La réforme de la régulation de l'offre médico-sociale, *RGDM, nº 59, 2016. 157.* – Bauduret et Jaeger, Rénover l'action sociale et médico-sociale. Histoires d'une refondation, *2e éd., Dunod, 2005*; Institutions sociales et médico-sociales : de l'esprit des lois à la transformation des pratiques, *Dunod, 2013.* – Borgetto et Lafore, Droit de l'aide et de l'action sociales, *Domat-Montchrestien, 11e éd., 2021, nos 188 s.* – Cormier, L'évolution du régime juridique des cessions d'autorisations sociales ou médico-sociales, *RGDM, nº 77, 2020. 283.* – Cristol, Établissements et services du secteur social et médico-social, *J.-Cl. Adm., fasc. 218-40*; Que reste-t-il de la planification sociale et médico-sociale issue de la loi du 2 janvier 2002 ?, *RDSS 2022. 29*. – David et Dessaint, L'aménagement du statut des établissements publics locaux à caractère social ou médico-social, *RDSS 1990. 176*. – Dessaint et Thévenet, Les pouvoirs de l'exécutif départemental à l'égard des établissements et services d'action sociale et de santé, *RDSS 1984. 18.* – Feltesse et Delaval, Les modalités de régulation en matière d'équipement social précisées par la loi particulière, *RDSS 1986. 211.* – Girer et Rousset, Les droits des usagers dans les secteurs sanitaire, social et médico-social, *Presses de l'EHESP, 2022.* – Hardy, Les établissements et services sociaux et médico-sociaux sont-ils solubles dans les dispositifs et les plateformes ?, *RDSS 2018. 1069*. – Levy, Droit des établissements sanitaires et sociaux, droit public ou droit spécifique, *Cah. CTN nº 32, 1985. 89.* – Lhuillier, De quoi les établissements et les services sociaux et médico-sociaux sont-ils le nom ?, *RDSS 2010. 123*. – Ligneau, La coopération entre établissements publics et privés à l'épreuve, *RDSS 1990. 537*. – Loubat, Élaborer son projet d'établissement social et médico-social, *Dunod, 1997.* – Moreau, Les établissements publics sociaux locaux dans le droit de la décentralisation, *Cah. CFPC nº 23, 1987. 47.* – Poinsot, Les appels à manifestation d'intérêt, *RDSS 2022. 616*; Action sociale et médico-sociale et nouvelle gestion publique, *RDSS 2023. 727.* – Triomphe et Boumendil, La place des associations dans la gestion des établissements sociaux, *Rev. ét. coop. 1996. 16.* – Thévenet, Créer, gérer, contrôler un équipement social ou médico-social, *3e éd., ESF, 1996.*

▶ **Sur la responsabilité :** Alfandari et Faberon, La responsabilité pour faute des établissements sociaux et médico-sociaux, *RDSS 2015. 22*. – Calloch, La responsabilité des établissements sanitaires et sociaux, *TSA éd. 2000.* – Corgas Bernard et Pierre, Les responsabilités civiles des personnels et des établissements dans l'intervention sociale et la santé, *RDSS 2015. 430*. – Hennion-Moreau et Morançais-Demeester, Responsabilité et assurance dans la gestion des institutions sociales et médico-sociales privées, *RDSS 1996. 461*. – Lhuillier, Les conséquences du développement du droit des usagers sur la responsabilité dans les établissements et services sociaux et médico-sociaux, *RDSS 2001. 563*; La responsabilité civile, administrative et pénale dans les établissements et services sociaux et médico-sociaux, *4e éd., Éd. ENSP, 2006.* – Péchillon, La responsabilité administrative des établissements sociaux et médico-sociaux : protection du secret et partage d'informations, *RDSS 2015. 440*. – V. aussi *infra* **Bibl. gén.**, Livre quatrième.

▶ **Sur la loi du 21 juillet 2009 (« HPST ») :** Bergoignan-Esper, Les formes nouvelles de coopération des acteurs de santé : entre innovation et modernisation, *RDSS 2009. 806*. – Bras, La création des agences régionales de santé : notre système de santé sera-t-il encore mieux gouverné ?, *Dr. soc. 2009. 1126*. – Couty, Kouchner, Laude et Tabuteau (Dir.), La loi HPST. Regards sur la réforme du système de santé, *Presses EHESP, 2009.* – Lafore, La loi HPST et les établissements et services sociaux et médico-sociaux, *RDSS 2009. 858*. – de Lard et Tanguy, Le nouveau pilotage régional du système de santé par les agences régionales de santé, *RDSS 2009. 845*. – Vinsonneau, La régulation du secteur social et médico-social après la loi HPST : des règles de plus en plus complexes, *RDSS 2011. 41*; La planification sociale et médico-sociale : quel bilan de la loi HPST ?, *RDSS 2016. 433*.

▶ **Sur la place et le rôle des ARS dans le secteur social et médico-social :** Chauvet, La nature juridique de l'Agence régionale de santé, *RDSS 2016. 405*. – Donier, Les partenariats entre ARS et départements, *RDSS 2016. 451*. – Laforcade, Les partenariats entre ARS et régions, *RDSS 2016. 443*. – Lafore, ARS et CNSA : formes et enjeux d'un partenariat obligé, *RDSS 2016. 459*. – Naïtali, Les pouvoirs du directeur général de l'ARS en matière médico-sociale, *RDSS 2016. 415*. – Rihal, Les ARS face aux établissements sociaux et médico-sociaux, acteurs ou metteurs en scène : l'appel à projets, *RDSS 2016. 425*.

COMMENTAIRE

Le code de l'action sociale et des familles refondé intègre les dispositions relatives à la police spéciale des établissements et services qui prennent en charge les bénéficiaires des prestations.

Les établissements et services d'action sociale se sont développés dès le début du 19e siècle (aide aux sourds-muets, aide aux aveugles, aide aux infirmes…) et surtout après 1850 où l'on connaît un foisonnement d'initiatives sous la forme d'œuvres charitables issues des courants philanthropiques et du christianisme social. Le même phénomène s'observe après la Seconde Guerre mondiale, époque au cours de laquelle les méthodes de prise en charge de l'enfance, des personnes invalides, des personnes âgées se diversifient et se professionnalisent. L'État développe alors des mécanismes de contrôle des initiatives, dont une large part émanant de personnes privées, notamment de structures associatives, de façon à mieux organiser l'offre : mécanismes d'autant plus utiles et nécessaires que le financement public est devenu entre-temps indispensable.

A la Libération, une réglementation plus précise est élaborée dans un premier temps en direction des établissements privés accueillant des enfants et adolescents (annexes du décret du 20 août 1946) ainsi que des structures de prise en charge des enfants handicapés (annexes XXIV du décret du 9 mars 1956). La loi du 24 décembre 1971 élargit le contrôle public en aménageant une procédure de déclaration préalable assortie d'un pouvoir de surveillance aux mains des autorités publiques. Il faudra cependant attendre la loi n° 75-535 du 30 juin 1975 relative aux institutions sociales et médico-sociales pour que l'encadrement de ces activités se généralise en englobant la plupart des formes de prise en charge et en réunissant dans un même cadre juridique les structures privées et les structures publiques.

Le texte fondateur du 30 juin 1975 est à resituer dans un ensemble législatif comprenant notamment la loi hospitalière du 31 décembre 1970 (de laquelle il se démarque) ainsi qu'une autre loi du 30 juin 1975 (la loi n° 75-534 d'orientation en faveur des personnes handicapées). Les finalités de la loi n° 75-535 du 30 juin 1975 sont les suivantes : organiser un contrôle effectif des structures de prise en charge (établissements et services) tant au niveau des initiatives de création qu'à celui du fonctionnement, sans pour autant porter atteinte à la liberté associative dans le secteur privé ou aux compétences des collectivités publiques, notamment locales ; autonomiser le secteur social et médico-social en le constituant comme un complexe d'activités spécifiques par rapport notamment au champ hospitalier ; unifier sous un régime juridique unique cet ensemble large et très diversifié d'institutions ; enfin, rationaliser le secteur en permettant un aménagement des structures sans redondances et sans lacunes, tout en conservant une forte souplesse : d'où la prévalence de la notion de « coordination » et le rejet au départ de toute planification même indicative.

La loi n° 75-535 du 30 juin 1975 fera ultérieurement l'objet d'adaptations successives au gré de l'évolution des formes de prise en charge et des mutations du contexte institutionnel. C'est surtout l'impact de la décentralisation, par le truchement de la loi n° 86-17 du 6 janvier 1986 relative aux transferts de compétences en matière d'action sociale et de santé (dite « loi particulière »), qui poussa à des modifications importantes des dispositions initiales : prise en compte de la répartition des compétences entre État et départements, introduction d'un nouveau mécanisme lié aux financements (l'habilitation à recevoir des bénéficiaires de l'aide sociale), définition des compétences de « tarification », mise en place d'un régime de régulation financière très strict, création d'un instrument de planification sociale et médico-sociale (le schéma départemental). Les mutations des formes de prise en charge vont aussi pousser à divers aménagements, notamment l'atténuation du clivage entre le sanitaire et le social opéré par l'ordonnance du 24 avril 1996 qui permet à nouveau aux hôpitaux de créer et de gérer des établissements et services sociaux et médico-sociaux sans obligation de les constituer en personne morale distincte. Surtout, la loi de financement de la sécurité sociale du 23 décembre 1998 en ce qui concerne l'assurance maladie et la loi de finances du 30 décembre 1998 en ce qui concerne l'aide sociale de l'État introduisent le mécanisme de « l'opposabilité des enveloppes financières » déjà en place dans le secteur sanitaire.

Toutes ces modifications sont la marque d'une profonde évolution tant des structures elles-mêmes que de leur environnement. C'est pourquoi, à compter de novembre 1995, des travaux préparatoires vont s'engager pour réformer la loi du 30 juin 1975. Cela n'aboutira qu'en 2002 avec le vote de la loi n° 2002-2 du 2 janvier 2002 rénovant l'action sociale et médico-sociale. Ce texte introduit dans le présent code la totalité de ses dispositions qui reprennent les articles de la loi du 30 juin 1975 encore en vigueur, ainsi que de nombreuses dispositions antérieures, auxquelles il ajoute des mesures nouvelles telles que la définition des missions de l'action sociale (art. L. 311-1 et 311-2), les droits des usagers (art. L. 311-3 à L. 311-9) ou encore le réaménagement des schémas d'organisation sociale et médico-sociale (art. L. 312-4 et L. 312-5). Ainsi, se trouve constitué, dans le Livre III, un ensemble cohérent issu de la loi du 2 janvier 2002 qui, reprenant l'objet principal de la loi n° 75-535 du 30 juin 1975, organise la police des établissements et services (autorisations, habilitations, contrôles, mécanismes de tarification) et s'élargit à l'ensemble de l'action sociale et médico-sociale pour en fixer les principes et les cadres généraux de fonctionnement.

Le cadre juridique des établissements et services sociaux et médico-sociaux établi par la loi n° 2002-2 du 2 janvier 2002 a subi diverses adaptations dans les années qui ont suivi, portant notamment sur son champ d'application (élargissement à l'art. L. 312-1 des établissements et services concernés), la planification (création du PRIAC, art. L. 312-5-1 s.), les formes de coopération entre structures (art. L. 312-7), les autorisations (introduction d'une procédure d'agrément pour certains services, art. L. 313-1-1), les conventions tarifaires (conventions tripartites de l'art. L. 313-12), les règles budgétaires et de financement (art. L. 314-3 s.).

La loi n° 2009-879 du 21 juillet 2009 portant réforme de l'hôpital et relative aux patients, à la santé et aux territoires (loi « HPST ») a procédé à des modifications bien plus importantes qui traduisent la volonté d'une part d'aligner la régulation de l'offre médico-sociale sur le sanitaire en l'intégrant dans le champ d'attribution des nouvelles agences régionales de santé créées par ce texte, et, d'autre part, d'introduire pour l'ensemble du secteur des formes de pilotage nouvelles ou réaménagées : procédure d'autorisation incluant un « appel à projet », planification et programmation des moyens financiers, remaniement des instances de concertation, extension de l'obligation de conclure des conventions pluriannuelles d'objectifs et de moyens, aménagement de l'évaluation et des mécanismes de contrôle, mécanismes pour remédier aux difficultés financières des gestionnaires ; de plus, la loi institue un nouveau label juridique pour distinguer les gestionnaires à but non lucratif des autres, « l'établissement social et médico-social privé d'intérêt collectif ». Ce texte conduit donc à un renforcement global du contrôle public sur l'ensemble du secteur et sépare, par le rattachement du premier au sanitaire, le médico-social du social. ❑

TITRE I ÉTABLISSEMENTS ET SERVICES SOUMIS À AUTORISATION *(L. n° 2002-2 du 2 janv. 2002, art. 4-I)*.

COMMENTAIRE

Ce titre I détermine le régime de droit commun des établissements et services sociaux et médico-sociaux, ce qui correspond à l'essentiel des questions initialement prises en compte dans la loi du 30 juin 1975 relative aux institutions sociales et médico-sociales. L'exposé de ce régime constitue l'objet des chapitres III, IV et V, lesquels définissent respectivement les droits et obligations des établissements et services, les règles financières ainsi que le régime spécifique des établissements et services relevant des personnes morales de droit public. Mais la loi du 2 janvier 2002 a fait précéder cet ensemble d'un certain nombre de règles novatrices portant sur les missions de l'action sociale et médico-sociale et les droits de ses usagers (chapitre I) ainsi que sur l'organisation de l'action sociale et médico-sociale (chapitre II) : autant de dispositions qui ne faisaient jusqu'alors l'objet d'aucun cadre juridique cohérent. ❑

CHAPITRE I DISPOSITIONS GÉNÉRALES

SECTION 1 Missions

(L. n° 2002-2 du 2 janv. 2002, art. 4-II)

Art. L. 311-1 *(L. n° 2002-2 du 2 janv. 2002, art. 5)* **L'action sociale et médico-sociale, au sens du présent code, s'inscrit dans les missions d'intérêt général et d'utilité sociale suivantes :**

1° Évaluation et prévention des risques sociaux et médico-sociaux, information, investigation, conseil, orientation, formation, médiation et réparation ;

2° Protection administrative ou judiciaire de l'enfance et de la famille, de la jeunesse, des personnes handicapées, des personnes âgées ou en difficulté ;

3° Actions éducatives, médico-éducatives, médicales, thérapeutiques, pédagogiques et de formation adaptées aux besoins de la personne, à son niveau de développement, à ses potentialités, à l'évolution de son état ainsi qu'à son âge ;

4° Actions d'intégration scolaire, d'adaptation, de réadaptation, d'insertion, de réinsertion sociales et professionnelles, d'aide à la vie active, d'information et de conseil sur les aides techniques ainsi que d'aide au travail ;

5° Actions d'assistance dans les divers actes de la vie, de soutien, de soins et d'accompagnement, y compris à titre palliatif ;

6° Actions contribuant au développement social et culturel, *(L. n° 2022-296 du 2 mars 2022, art. 1er-I)* « à la pratique d'activités physiques et sportives et d'activités physiques adaptées, au sens de l'article L. 1172-1 du code de la santé publique, » et à l'insertion par l'activité économique.

(L. n° 2022-296 du 2 mars 2022, art. 1er-I) « Les actions mentionnées au 6° du présent article comprennent l'information des personnes accueillies ou prises en charge par les établissements et services médico-sociaux quant à l'offre d'activités physiques et sportives et d'activités physiques adaptées, au sens de l'article L. 1172-1 du code de la santé publique, assurées en leur sein, à proximité de ces établissements et services ou à proximité du lieu de résidence de ces personnes.

« Les missions mentionnées aux 1° à 6° du présent article » sont accomplies par des personnes physiques ou des institutions sociales et médico-sociales.

Sont des institutions sociales et médico-sociales au sens du présent code les personnes morales de droit public ou privé gestionnaires d'une manière permanente des établissements et services sociaux et médico-sociaux mentionnés à l'article L. 312-1.

(L. n° 2009-879 du 21 juill. 2009, art. 124-I-22°) « Sont qualifiés d'établissements et services sociaux et médico-sociaux privés d'intérêt collectif les établissements et services privés qui :

« — exercent leurs missions sociales et médico-sociales dans un cadre non lucratif et dont la gestion est désintéressée ou exercent leurs missions dans un cadre lucratif mais en ayant conclu une convention d'aide sociale prévue au présent code *(L. n° 2011-525 du 17 mai 2011, art. 191)* « pour une capacité autorisée déterminée par décret » ;

« — inscrivent leur action dans le cadre d'un projet institutionnel validé par l'organe délibérant de la personne morale de droit privé gestionnaire, qui décrit les modalités selon lesquelles les établissements et services qu'elle administre organisent leur action en vue de répondre aux besoins sociaux et médico-sociaux émergents ou non satisfaits, d'une part, et de limiter le reste à charge des personnes accueillies ou accompagnées, dès lors qu'une participation financière est prévue par les textes en vigueur, d'autre part ;

« — publient leurs comptes annuels certifiés ;

« — établissent, le cas échéant, des coopérations avec d'autres établissements et services sociaux et médico-sociaux pour organiser une réponse coordonnée et de proximité aux besoins de la population dans les différents territoires, dans un objectif de continuité et de décloisonnement des interventions sociales et médico-sociales réalisées au bénéfice des personnes accueillies ou accompagnées.

« Les personnes morales de droit privé gestionnaires d'établissements et services sociaux et médico-sociaux privés adoptent le statut d'intérêt collectif par une délibération de leur organe délibérant transmise à l'autorité ayant compétence pour délivrer l'autorisation. La qualité d'établissement et service social et médico-social privé d'intérêt collectif se perd soit par une nouvelle délibération de l'organe délibérant de la personne morale de droit privé gestionnaire, transmise à l'autorité ayant enregistré l'engagement initial dans l'intérêt collectif social et médico-social, soit du fait d'une appréciation de l'autorité ayant délivré l'autorisation, dans des conditions de procédure définies par décret.

« Les modalités d'application du présent article sont déterminées, en tant que de besoin, par décret en Conseil d'État. »

COMMENTAIRE

L'article L. 311-1 complète les articles L. 116-1 et L. 116-2, qui définissent les grands principes de l'action sociale et médico-sociale, en déclinant les principales missions mises en œuvre par les institutions gestionnaires d'établissements et de services. Cet article est aussi à mettre en rapport avec l'article L. 312-1 qui établit la nomenclature des établissements et services entrant dans le champ d'application du régime d'autorisation (ou d'agrément pour les services à la personne, art. L. 313-1-1).

Le législateur qualifie tout d'abord ces activités de « missions d'intérêt général et d'utilité sociale », écartant donc la référence à la notion de « service public » et à celle de « délégation de service public » qui prévaut en revanche dans le secteur hospitalier. Deux raisons peuvent être évoquées pour justifier ce choix : une raison de fait, puisque dans le secteur social et médico-social, à la différence du secteur sanitaire, l'initiative privée a été et reste dominante, ce qui fait surtout du cadre juridique un moyen pour faire converger des initiatives pouvant rester distinctes et spécifiques ; et une raison de droit, puisque, à la différence là encore du secteur hospitalier, le secteur social et médico-social ne se voit pas soumis à des obligations juridiques aussi strictes et étendues. On peut donc ici parler, et le choix du texte le confirme, d'une forme d'association et de partenariat public-privé pour satisfaire des besoins d'intérêt général sans que cela nécessite l'inclusion de l'ensemble dans le service public. Cela dit, on peut objecter que, concrètement, il y a bel et bien un service public de l'action sociale et médico-sociale, incluant des personnes publiques et privées qui sont mises sur un pied d'égalité par la loi s'agissant du régime des établissements et services, ce qui enlève toute portée autre que symbolique au débat. Mais on reste cependant, à la lettre du texte, dans la logique initiale ayant présidé à l'encadrement progressif du secteur : les personnes privées répondent à des besoins sociaux de leur propre initiative (logique ascendante), la puissance publique reconnaît « l'intérêt général et l'utilité sociale » que revêtent leurs initiatives et les aide en conséquence (financements), l'action de ces personnes étant cependant ordonnée en fonction des priorités publiques (autorisation, habilitation et contrôles). Cela dit, cette conception de l'intervention privée, le plus souvent associative, est directement mise en cause par une des novations apportées dans la procédure d'autorisation par la loi n° 2009-879 du 21 juillet 2009 : l'appel à projet (art. L. 313-1-1). Ce mécanisme introduit indubitablement une logique de délégation de l'action publique, puisqu'il repose sur une initiative publique dont la réalisation est confiée ensuite à des opérateurs privés choisis au terme d'une procédure aux caractéristiques proches des marchés publics (logique descendante).

En ce qui concerne ensuite l'énumération des six principales missions confiées aux établissements et services, on doit faire observer que l'ensemble est riche et inclut toutes les formes de prise en charge et d'aide, en particulier les plus récentes telles que la prise en charge de la dépendance, l'accompagnement social, le développement social et culturel ou encore l'insertion dont l'insertion par l'économique. Il y a là un élargissement manifeste et donc une consécration légale de formes et de méthodes d'action très diversifiées : on est donc loin de l'objet initial de la loi de 1975, qui visait les « institutions sociales et médico-sociales » en se centrant surtout sur les activités traditionnelles de l'accueil à temps complet dans des structures fermées.

Le texte propose aussi une définition des institutions sociales et médico-sociales en indiquant qu'il s'agit de personnes morales de droit public ou privé gestionnaires « d'une manière permanente » de services sociaux et médico-sociaux. On reprend là la formulation de l'article 1er de la loi de 1975, à ceci près que la précision « à titre principal » qui y figurait a disparu ; solution logique à partir du moment où le secteur s'ouvre notamment aux institutions hospitalières qui ont naturellement d'autres activités principales.

Pour faire droit à des demandes récurrentes de reconnaissance de la place spécifique que tiennent dans l'action sociale les organismes à but non lucratif, le plus souvent de forme associative, la loi du 21 juillet 2009 a adopté un ensemble de dispositions qui ont été ajoutées à l'article ci-dessus : en l'occurrence, le nouveau statut d'établissement social et médico-social privé d'intérêt collectif (la même chose existe pour les établissements de santé à but non lucratif). Même si cette novation renvoie davantage, d'ailleurs, à un « label » qu'à un véritable statut, la loi, ici, a entendu distinguer les établissements qui, excluant la recherche du profit, s'attachent à répondre à des besoins sociaux émergents et non satisfaits, limitent la charge financière supportée par les bénéficiaires de leur action et s'engagent dans des coopérations pour assurer une coordination des prises en charge ; ce sont les organes délibérants de la structure gestionnaire qui s'attribuent eux-mêmes ce label sous contrôle de l'autorité publique. Ce nouveau dispositif laisse cependant perplexe : d'une part, des organismes à but lucratif pourront se l'attribuer dès lors qu'ils auront conclu une convention d'aide sociale (par laquelle ils prennent en charge des bénéficiaires de l'aide sociale), ce qui introduit un certain flou dans le champ d'application du label ; d'autre part, il ne comporte pas de prérogatives particulières, ni d'obligations, d'ailleurs, puisque les conditions prévues ne font qu'expliciter ce que doivent faire ordinairement les opérateurs privés désintéressés.

La loi n° 2011-525 du 17 mai 2011 de simplification et d'amélioration de la qualité du droit (art. 191) a apporté un ajout aux dispositions concernant l'établissement social et médico-social privé d'intérêt collectif : pour limiter le recours à cette forme de « label », notamment dans le champ des structures lucratives, seuls ceux dotés d'une capacité minimale d'accueil déterminée par décret pourront s'en prévaloir. ❑

Art. L. 311-2 *(L. n° 2002-2 du 2 janv. 2002, art. 6)* **Une charte nationale est établie conjointement par les fédérations et organismes représentatifs des personnes morales publiques et privées gestionnaires d'établissements et de services sociaux et médico-sociaux. Cette charte porte sur les principes éthiques et déontologiques afférents aux modes de fonctionnement et d'intervention, aux pratiques de l'action sociale et médico-sociale et aux garanties de bon fonctionnement statutaire que les adhérents des fédérations et organismes précités sont invités à respecter par un engagement écrit.**

Elle est publiée par arrêté du ministre chargé des affaires sociales.

COMMENTAIRE

Cette charte nationale est l'une des innovations de la loi du 2 janvier 2002 ; il convient de la rapprocher de la « charte des droits et libertés de la personne accueillie » qui, introduite à l'article L. 311-4, a), se présente comme l'un des moyens de garantir l'exercice effectif de leurs droits par les usagers.

La charte nationale dont il est question ici définit des « principes éthiques et déontologiques » concernant les modes de fonctionnement et les pratiques des institutions. Établie par les fédérations et organismes représentatifs des personnes morales gestionnaires pour être ensuite arrêtée par le ministre, elle doit faire l'objet d'un engagement écrit des adhérents de ces mêmes structures. Elle apparaît comme un moyen d'autoréglementation du secteur, destiné à fixer des principes commandant à la fois le fonctionnement des structures et les pratiques des professionnels qui y travaillent. ❑

SECTION 2 Droits des usagers

(L. n° 2002-2 du 2 janv. 2002, art. 4-II)

BIBL. ▶ BADEL, La participation de l'usager, *RDSS 2004. 804*. – BEN ABDALLAH, Le document individuel de prise en charge : du contractuel à l'unilatéral, *RDSS 2012. 18*. – BORGETTO et LAFORE, Droit de l'aide et de l'action sociales, *Domat-Montchrestien, 11e éd., 2021, nos 209 s.* – BRAMI, Les droits des personnes âgées hébergées, *Berger-Levrault, 2007.* – CAPELIER, Le respect des droits des personnes vulnérables : une obligation de moyen ou de résultat ?, *RDSS 2021. 701*. – CLUZEL-MÉTAYER, Le droit au consentement dans les lois des 2 janvier et 4 mars 2002, *RDSS 2012. 442*. – CRISTOL, Le droit à la participation dans les lois des 2 janvier et 4 mars 2002, *RDSS 2012. 453*. – DELPERÉE, La protection des droits et des libertés des citoyens âgés. Droit et gérontologie, *CNP Assurances, 1991.* – Divers, La protection juridique de la personne âgée, *Rev. hosp., 1993. 474* ; Protection juridique des personnes âgées, *Géront. et soc. 1989, n° 59, et 1993 (nos spéciaux)* ; Les droits des usagers dans les établissements et services d'action sociale, *Les Cahiers de l'UNIOPSS n° 18, 2006* ; Les droits des usagers dans les établissements et services d'action sociale, *Les Cahiers de l'UNIOPSS, n° 18, 2e éd., 2007.* – DOUCHEZ, Carences du recours administratif dans sa fonction de garantie des droits du citoyen, *in Mél. Mourgeon, Bruylant, 1998, p. 607.* – EVERAERT-DUMONT, Les droits des usagers des établissements et services sociaux et médico-sociaux : quelle évolution ?, *Dr. soc. 2005. 311*. – FAVIER, Vulnérabilité et fragilité : réflexions autour du consentement des personnes âgées, *RDSS 2015. 702*. – GIRER et ROUSSET, Les droits des usagers dans les secteurs sanitaire, social et médico-social, *Presses de l'EHESP, 2022.* – GODBOUT et CHAUVIÈRE (Dir.), Les usagers entre marché et citoyenneté, *L'Harmattan, 1992.* – HUMBERT (Dir.), Les usagers de l'action sociale, sujets, clients ou bénéficiaires, *L'Harmattan, 2001.* – IGAS, Les institutions sociales face aux usagers, *Rapport, La Doc. fr. 2001.* – JANVIER et MATHO, Comprendre la participation des usagers dans les organisations sociales et médico-sociales, *Dunod, 2011.* – LAFORE, Les pratiques d'individualisation des dispositifs d'aide et de soutien. Du contrat d'insertion au droit des usagers, *Inf. soc. CNAF, n° 108, 2003. 26*; Le « souci de l'usager » et les modes de gestion des établissements et services sociaux et médico-sociaux, *RDSS 2012. 466*. – LIGNEAU, Vers une réforme de la loi du 30 juin 1975 sur les institutions sociales et médico-sociales : la place nécessaire du citoyen, *RDSS 1997. 137*. – LHUILLIER, Le règlement de fonctionnement, *RDSS 2004. 795*; Le droit des usagers dans les établissements et services sociaux et médico-sociaux, *3e éd., 2007, Éd. ENSP*. – LONG, Les règlements intérieurs des maisons de retraite, *Géront. et soc. n° 93, 2000. 165*; Les outils de mise en œuvre des droits des usagers : une évolution en trompe-l'œil, *RDSS 2022. 13*. – MAHOUT, Des conseils d'établissement aux conseils de la vie sociale, *Géront. et soc. n° 106, 2003. 235*. – MOULAY-LEROUX, Le contrat avec l'usager : paradigme ou parasite de la relation d'aide ?, A propos du contrat de séjour des établissements sociaux et médico-sociaux, *RDSS 2012. 5*. – POINSOT, Le droit des personnes accueillies ou accompagnées. Les usagers dans l'action sociale et médico-sociale, *LEH, éd. 2016*; Le droit au parcours des personnes accueillies ou accompagnées en établissement ou service social ou médico-social, *RGDM, n° 59, 2016. 187*; Que sont les droits des usagers devenus ?, *RDSS 2022. 5*. – ROMAN, L'usager vulnérable, *RFDA 2013. 486*. – ROUSSET, Le droit à l'information de l'usager et du patient depuis les lois des 2 janvier et 4 mars 2002, *RDSS 2012. 431*.

COMMENTAIRE

Les travaux préparatoires de la loi du 2 janvier 2002 avaient fait de la promotion des droits des usagers un objectif prioritaire. Cela prolonge un mouvement législatif qui trouve son origine dans la loi n° 84-422 du 6 juin 1984 (art. L. 223-1 à L. 223-8) relative aux droits des familles dans leurs rapports avec l'ASE, et surtout dans la loi n° 85-10 du 3 janvier 1985 qui a introduit dans le texte de 1975 un nouvel article prévoyant que les usagers, les familles et les personnels doivent être obligatoirement associés au fonctionnement des établissements. Ainsi, à côté d'une logique classique de protection des personnes fragiles qui correspond plutôt à un modèle tutélaire, se développe progressivement l'idée de « citoyenneté » et « d'égalité des droits », idée qui va s'exprimer nettement dans la loi n° 98-657 du 29 juillet 1998 relative à la lutte contre les exclusions, loi qui est construite autour du principe « d'égalité dans l'accès aux droits ».

Ainsi, avec la loi du 2 janvier 2002, il s'agit de reconnaître le sujet et le citoyen dans toute personne qui est prise en charge par l'action sociale. Les dispositions de la loi, reprises par le code, d'une part définissent les droits et libertés individuelles des usagers du secteur social et médico-social (art. L. 311-3), et d'autre part fournissent un certain nombre d'instruments pour que ces droits soient effectivement exercés par leurs titulaires (art. L. 311-4 à L. 311-9). ❑

Art. L. 311-3 *(L. n° 2002-2 du 2 janv. 2002, art. 7)* **L'exercice des droits et libertés individuels est garanti à toute personne prise en charge par des établissements et services sociaux et médico-sociaux. Dans le respect des dispositions législatives et réglementaires en vigueur, lui sont assurés :**

(L. n° 2015-1776 du 28 déc. 2015, art. 27-1°) **« 1° Le respect de sa dignité, de son intégrité, de sa vie privée, de son intimité, de sa sécurité et de son droit à aller et venir librement ; »**

2° Sous réserve des pouvoirs reconnus à l'autorité judiciaire et des nécessités liées à la protection des mineurs en danger *(L. n° 2007-308 du 5 mars 2007, art. 18)* **« et des majeurs protégés », le libre choix entre les prestations adaptées qui lui sont offertes soit dans le cadre d'un service à son domicile, soit dans le cadre d'une admission au sein d'un établissement spécialisé ;**

3° Une prise en charge et un accompagnement individualisé de qualité favorisant son développement, son autonomie et son insertion, adaptés à son âge et à ses besoins, respectant son consentement éclairé qui doit systématiquement être recherché lorsque la personne est apte à exprimer sa volonté et à participer à la décision. A défaut, le consentement de son représentant légal *(Ord. n° 2020-232 du 11 mars 2020, art. 37-1°)* **« s'il s'agit d'un mineur ou, s'il s'agit d'un majeur faisant l'objet d'une mesure de protection juridique avec représentation relative à la personne, de la personne chargée de cette mesure, qui tient compte de l'avis de la personne protégée, » doit être recherché ;**

4° La confidentialité des informations la concernant ;

5° L'accès à toute information ou document relatif à sa prise en charge, sauf dispositions législatives contraires ;

6° Une information sur ses droits fondamentaux et les protections particulières légales et contractuelles dont elle bénéficie, ainsi que sur les voies de recours à sa disposition ;

(Ord. nº 2020-232 du 11 mars 2020, art. 37-2°) **« 7° La participation directe de la personne prise en charge à la conception et à la mise en œuvre du projet d'accueil et d'accompagnement qui la concerne. Cette personne bénéficie de l'aide de son représentant légal, s'il s'agit d'un mineur ou, s'il s'agit d'un majeur faisant l'objet d'une mesure de protection juridique à la personne qui n'est pas apte à exprimer sa volonté, de la personne chargée de cette mesure, qui tient compte de son avis. »**

(Abrogé par L. nº 2011-525 du 17 mai 2011, art. 141-I-2°) ***« Les modalités de mise en œuvre du droit à communication prévu au 5° sont fixées par voie réglementaire. »***

Les dispositions issues de la L. nº 2007-308 du 5 mars 2007, art. 18, sont applicables à compter du 1er janv. 2009 (L. préc., art. 45).

L'Ord. nº 2020-232 du 11 mars 2020 n'est pas applicable en Nouvelle-Calédonie. Elle entre en vigueur à une date fixée par décret en Conseil d'État et au plus tard le 1er oct. 2020. Elle est applicable aux mesures de protection juridique en cours au jour de son entrée en vigueur et aux situations dans lesquelles aucune décision n'a été prise au jour de son entrée en vigueur (Ord. préc., art. 45 et 46, JO 12 mars).

En application des art. L. 231-5 et L. 231-6 CRPA, le silence gardé pendant deux mois par l'administration vaut décision de rejet pour les demandes d'admission d'un résident dans les établissements et services sociaux et médico-sociaux relevant de l'Office national des anciens combattants et victimes de guerre selon les dispositions des art. L. 311-3 s. (Décr. nº 2014-1283 du 23 oct. 2014, applicable pour les demandes présentées à compter du 12 nov. 2014).

COMMENTAIRE

L'article L. 311-3 garantit à l'usager des établissements et services sociaux et médico-sociaux un certain nombre de droits qui rejoignent certes les droits reconnus à tout citoyen, mais qui, compte tenu de la situation spécifique de ces usagers et notamment de leur fragilité, ont dû être précisés.

Le premier point concerne le respect de la dignité, de l'intégrité, de la vie privée, de l'intimité et de la sécurité ; il faut voir dans cette énumération, qui peut paraître relever de l'évidence, une volonté de rupture, certes avec des pratiques de maltraitance (atteintes à la sécurité, à l'intégrité des personnes) dont on a eu malheureusement à connaître ces dernières années notamment à l'encontre des enfants et des personnes âgées, mais plus largement avec un modèle tutélaire de prise en charge qui ravale l'usager au rang d'un mineur, parfois d'un objet. Il est à noter que la loi du 28 décembre 2015 y a ajouté le « droit à aller et venir librement », principe particulièrement important en ce qui concerne les personnes âgées.

Plus problématique (2°), le texte pose le principe du « libre choix » du service ou de l'établissement pour l'usager. Certes, le législateur a prévu les limites que ce principe rencontre dans le cadre de décisions concernant des mineurs, tant judiciaires qu'administratives ; on sait aussi que, pour les handicapés, si un certain choix est requis (V. art. L. 242-3 et L. 243-1), il est naturellement borné par les caractéristiques de l'offre, souvent déficitaire dans ce secteur ; restent les personnes âgées, pour lesquelles le « libre choix » est davantage garanti, même si ensuite les questions de leur capacité personnelle à choisir ainsi que de la nature de l'offre de service demeurent toujours posées.

Le 3° concerne aussi un principe novateur : l'individualisation de la prise en charge et de l'accompagnement ; ce principe doit s'incarner logiquement dans un instrument, le « contrat de séjour » qui définit, pour chaque usager, les prestations dont il bénéficiera (art. L. 311-4, al. 2). Loin de la gestion « de masse », l'action sanitaire et sociale doit donc considérer chacun des usagers comme une personne singulière. De là, la recherche de son « consentement éclairé » chaque fois qu'il est possible.

Les trois points suivants (4°, 5°, 6°) traitent, sur trois plans distincts, de l'information qui est due à l'usager : d'abord, la confidentialité des informations le concernant, qui recouvre évidemment le secret professionnel, mais qui est plus large en exigeant la discrétion des professionnels. Ensuite, l'accès de l'usager « à toute information ou document relatif à sa prise en charge », ce qui vise non seulement les aspects médicaux, mais aussi les dimensions sociales, éducatives, pédagogiques ; cette disposition, qui rejoint les principes posés par la loi n° 2002-303 du 4 mars 2002 relative aux droits des malades, oblige les professionnels à objectiver leur action dans des rapports ou des comptes-rendus systématiques, ce qui est loin des habitudes du secteur. Enfin, il convient d'informer l'usager sur ces droits, sur les protections légales et contractuelles dont il bénéficie et sur les voies de recours à sa disposition ; là encore, le modèle administratif de sujétion doit être mis à l'écart au profit d'une logique où dominent les rapports juridiques égalitaires.

Le 7°, issu d'un amendement parlementaire, impose la participation de l'usager ou de son représentant à « la conception et à la mise en œuvre du projet d'accueil et d'accompagnement qui le concerne » ; cette exigence trouve sa traduction dans l'élaboration du « contrat de séjour » (art. L. 311-4) et plus largement dans les instances de participation collective des usagers à la vie de l'établissement (art. L. 311-6). ❑

Vie privée. La reproduction d'images représentant des handicapés mentaux dans l'intimité de leur existence quotidienne à l'intérieur des établissements où ils vivent et ce, sans l'autorisation de leurs représentants légaux, constitue, à elle seule, une atteinte illicite à l'intimité de leur vie privée. • Civ. 1re, 24 févr. 1993, n° 91-13.587 P : *LPA n° 114, 1993. 14, note J. Massip ; D., 1993. 614, note T. Verheyde ; JCP 1994. 351, note Th. Fossier ; JCP N 1995. 653, note Th. Fossier ; RDSS 1993. 537*. ♦ Le gérant de tutelle ne peut accomplir, seul, les actes relatifs à la personne du majeur protégé, tel celui de consentir à la reproduction de son image. Il lui appartient, à cet effet, de saisir le juge des tutelles qui pourra soit l'autoriser à faire ces actes, éventuellement sous les conditions qu'il déterminera, soit décider de constituer une tutelle complète. • Même arrêt.

Art. L. 311-4 *(L. n° 2002-2 du 2 janv. 2002, art. 8)* **Afin de garantir l'exercice effectif des droits mentionnés à l'article L. 311-3 et notamment de prévenir tout risque de maltraitance, lors de son accueil dans un établissement ou dans un service social ou médico-social, il est remis à la personne** *(Ord. n° 2020-232 du 11 mars 2020, art. 38)* **« , à son représentant légal s'il s'agit d'un mineur ainsi qu'à la personne chargée de la mesure de protection juridique s'il s'agit d'un majeur faisant l'objet d'une mesure de protection juridique avec représentation relative à la personne » un livret d'accueil auquel sont annexés :**

a) **Une charte des droits et libertés de la personne accueillie, arrêtée par les ministres compétents après consultation de la section sociale du Comité national de l'organisation sanitaire et sociale mentionné à l'article** *(Ord. n° 2010-177 du 23 févr. 2010, art. 18-I-5°)* **« L. 6121-7 » du code de la santé publique** *(L. n° 2015-1776 du 28 déc. 2015, art. 27-2°)* **« ; la charte est affichée dans l'établissement ou le service » ;** *— V. Arr. du 8 sept. 2003, ss. le présent art. — Sur l'entrée en vigueur de l'Ord. n° 2020-232 du 11 mars 2020, V. 2e note ss. art. L. 311-3.*

b) **Le règlement de fonctionnement défini à l'article L. 311-7.**

Un contrat de séjour est conclu ou un document individuel de prise en charge est élaboré avec la participation de la personne accueillie. *(L. n° 2015-1776 du 28 déc. 2015, art. 27-2°)* **« En cas de mesure de protection juridique, les droits de la personne accueillie sont exercés dans les conditions prévues au titre XI du livre I du code civil. Le contrat de séjour ou le document individuel de prise en charge » définit les objectifs et la nature de la prise en charge ou de l'accompagnement dans le respect des principes déontologiques et éthiques, des recommandations de bonnes pratiques professionnelles et du projet d'établissement** *(L. n° 2007-308 du 5 mars 2007, art. 18)* **« ou de service ». Il détaille la liste et la nature des prestations offertes ainsi que leur coût prévisionnel.**

(L. n° 2015-1776 du 28 déc. 2015, art. 27-2°) **« Lors de la conclusion du contrat de séjour, dans un entretien hors de la présence de toute autre personne, sauf si la personne accueillie choisit de se faire accompagner par la personne de confiance désignée en application de l'article L. 311-5-1 du présent code, le directeur de l'établissement ou toute autre personne formellement désignée par lui recherche, chaque fois que nécessaire avec la participation du médecin coordonnateur de l'établissement, le consentement de la personne à être accueillie, sous réserve de l'application du dernier alinéa de l'article 459-2 du code civil. Il l'informe de ses droits et s'assure de leur compréhension par la personne accueillie. Préalablement à l'entretien, dans**

des conditions définies par décret, il l'informe de la possibilité de désigner une personne de confiance, définie à l'article L. 311-5-1 du présent code.

« L'établissement de santé, l'établissement ou le service social ou médico-social qui a pris en charge la personne accueillie préalablement à son séjour dans l'établissement mentionné au cinquième alinéa du présent article transmet audit établissement le nom et les coordonnées de sa personne de confiance si elle en a désigné une. »

Le contenu minimal du contrat de séjour ou du document individuel de prise en charge est fixé par voie réglementaire selon les catégories d'établissements *(L. n° 2007-308 du 5 mars 2007, art. 18)* **« , de services » et de personnes accueillies.**

(L. n° 2005-102 du 11 févr. 2005, art. 39-I) **« Lorsqu'il est conclu dans les établissements et services d'***(L. n° 2023-1196 du 18 déc. 2023, art. 15-I)* **« accompagnement » par le travail mentionnés au** ***a*** **du 5° du I de l'article L. 312-1, le contrat de séjour prévu à l'alinéa précédent est dénommé "contrat** *(L. n° 2023-1196 du 18 déc. 2023, art. 15-I)* **« d'accompagnement » par le travail". Ce contrat doit être conforme à un modèle de contrat établi par décret. »**

Les dispositions issues de la L. n° 2007-308 du 5 mars 2007, art. 18, sont applicables à compter du 1er janv. 2009 (L. préc., art. 45).

Le règlement de fonctionnement et le livret d'accueil des établissements et services sociaux et médico-sociaux, ainsi que les contrats de séjour en cours d'exécution qu'ils ont conclus et les documents individuels de prise en charge qu'ils ont délivrés, sont mis en conformité avec les dispositions de l'art. 27 de la L. n° 2015-1776 du 28 déc. 2015 à l'occasion de leur plus prochaine actualisation et, au plus tard, dans les dix-huit mois suivant la publication de la loi susvisée (L. préc., art. 92).

COMMENTAIRE

L'article L. 311-4, avec les articles L. 311-5 à L. 311-8, définit les outils qui doivent permettre un exercice effectif des droits reconnus à l'usager des établissements et services.

Cette disposition institue deux types d'instruments : le « livret d'accueil » et le « contrat de séjour ».

Le « livret d'accueil » doit être remis à l'usager lors de sa prise en charge et on doit lui annexer deux documents constituant eux-mêmes des garanties de protection des droits : la « charte des droits et libertés de la personne accueillie » et le « règlement de fonctionnement ». Il s'agit par là d'accroître la transparence de la structure en présentant les prestations de service qui sont les siennes, ce qui oblige naturellement les professionnels à traduire le projet de l'institution dans un document clair et exhaustif. La « charte des droits et libertés » dont il est question ici ne doit pas être confondue avec celle de l'article L. 311-2, même si elle est complémentaire ; il s'agit là d'un document de caractère public, arrêté par le ministre et détaillant les droits des usagers et qui est fortement inspiré de la « charte du patient hospitalisé » introduite dans le droit hospitalier par l'ordonnance du 24 avril 1996 (CSP, art. L. 1112-2). Le « règlement de fonctionnement » évoqué dans cette disposition est défini, quant à lui, à l'article L. 311-7.

Un « contrat de séjour » est conclu entre l'usager et l'établissement. Cette notion n'est pas nouvelle ; elle est apparue dans loi n° 90-600 du 6 juillet 1990 relative aux prix des prestations fournies essentiellement par les établissements lucratifs pour personnes âgées (V. art. L. 342-1 à L. 342-6), ces personnes étant par définition non prises en charge par l'aide sociale ; elle a été étendue à tous les établissements d'hébergement de personnes âgées dépendantes (EHPAD) par la loi du 24 janvier 1997 créant la PSD. Le « contrat de séjour » s'impose, depuis la loi du 2 janvier 2002, dans tous les établissements sociaux et médico-sociaux, ce dernier pouvant être remplacé par un « document individuel de prise en charge », instrument mieux adapté dans le cas de services à domicile ; cela dit, la nature juridique du « document individuel » reste obscure, alors que le « contrat de séjour » doit indéniablement produire des effets de droit. La notion de contrat implique l'établissement d'une relation égalitaire entre usager et service, avec des engagements réciproques. La portée juridique du contrat, et notamment sa nature (s'agit-il d'un contrat civil de l'article 1102 ou d'un contrat administratif, question qui se trouve liée à la nature publique ou privée de l'institution gestionnaire) restent énigmatiques tant que la jurisprudence n'a pas eu à trancher de litiges les concernant ; reste que, dans le secteur public, l'idée de contrat bouscule le principe établi selon lequel l'usager du service public est en situation légale et réglementaire.

La loi du 28 décembre 2015 relative à l'adaptation de la société au vieillissement a entendu améliorer les conditions d'établissement du contrat de séjour en apportant diverses précisions relatives à la prise en compte de la personne accueillie, de ses attentes et de ses besoins : entretien en « tête-à-tête » avec le directeur, possibilité pour l'intéressée de se faire accompagner par la « personne digne de confiance » (art. L. 311-5-1), recherche du consentement de cette dernière, information et recherche de sa compréhension, règles renforcées pour s'assurer de la présence et de la participation de la « personne de confiance ».

On notera enfin que la charte des droits et libertés de la personne accueillie a été élaborée et adoptée par l'arrêté du 8 septembre 2003 (*JO 9 oct. 2003, p. 17250*).

La loi n° 2005-102 du 11 février 2005 pour l'égalité des droits et des chances, la participation et la citoyenneté des personnes handicapées a ajouté un dernier alinéa relatif à une forme spécifique de prise en charge dans le champ du handicap : les « établissements et services d'accompagnement par le travail » (appellation substituée à celle de CAT et modifiée par la loi du 18 déc. 2023 pour le plein emploi en y introduisant le terme « accompagnement » à la place d'« aide ») ; dans ces structures, le contrat de séjour prend une dénomination propre qui s'explique par la particularité de la prise en charge qui y est assurée, le « contrat de soutien et d'accompagnement par le travail » dont un décret doit définir le contenu concret. ❑

Arrêté du 8 septembre 2003,

Relatif à la charte des droits et libertés de la personne accueillie, mentionnée à l'article L. 311-4 du code de l'action sociale et des familles (JO 9 oct.).

Art. 1er Les établissements, services et modes de prise en charge et d'accompagnement visés à l'article L. 312-1 du code de l'action sociale et des familles délivrent, dans les conditions prévues à son article L. 311-4, la charte visant à garantir les droits et libertés cités à son article L. 311-3. La charte des droits et libertés de la personne accueillie est annexée au présent arrêté.

Art. 2 Les dispositions des articles L. 116-1, L. 116-2, L. 311-3 et L. 313-24 sont jointes en annexe à la charte délivrée à chaque personne bénéficiaire de prestations ou de services et affichées dans l'établissement ou le service.

Art. 3 Lorsque la catégorie de prise en charge, d'accompagnement ou lorsque la situation de la personne le justifie, sont annexées les dispositions des articles L. 1110-1 à L. 1110-5 et L. 1111-2 à L. 1111-7 du code de la santé publique en tant qu'elles concernent les droits des personnes bénéficiaires de soins.

Art. 4 Le non-respect de l'article 1er, constaté notamment dans le cadre des contrôles prévus aux articles L. 313-13, L. 313-20 et L. 331-1, emporte application des articles L. 313-14 et L. 313-21 du code susvisé.

1. Régime du contrat de séjour. Le contrat de séjour par lequel une maison de retraite s'oblige à héberger une personne âgée et à fournir des prestations hôtelières, sociales et médicales n'est pas soumis aux règles du code civil relatives au louage de choses et n'est régi que par la convention des parties • Civ. 3e, 1er juill. 1998, n° 96-17.515 P : *RDSS 1998. 877, obs. Lhuillier*. ♦ Le contrat de séjour au sens de l'art. L. 311-4 est exclusif de la qualification de contrat de louage de chose. • Civ. 3e, 3 déc. 2020, n° 20-10.122 : *RDSS 2021. 355, note Amiaud et Rihal*.

2. Portée de la Charte des droits et libertés. La Charte des droits et libertés de la personne accueillie, en ce qu'elle énonce le droit pour les intéressés de disposer de leur patrimoine et de leurs revenus, ne peut faire obstacle à la fixation d'une participation proportionnée à la situation des assistés pour la prise en charge par le département des dépenses d'aide sociale facultative conformément aux dispositions fixées à cet effet, sous le contrôle du juge, par le règlement départemental d'aide sociale. • Comm. centr. aide soc. 10 mai 2004 : *CJAS n° 2004/05, p. 211.*

3. Contrat de séjour et situation statutaire de l'usager. Même s'il implique l'élaboration d'un contrat de séjour ou d'un document individuel de prise en charge, l'art. L. 311-4 n'a pas pour objet ni pour effet de placer la personne hébergée dans un établissement médico-social dépendant d'un Centre hospitalier dans une situation contractuelle vis-à-vis de cet établissement ; par suite, la circonstance que M. A. n'aurait pas signé un contrat de séjour ou que Mme A. n'aurait pas pu donner son consentement sont sans incidence sur le droit pour le centre hospitalier de Gérardmer de réclamer les sommes dues par cette dernière au titre de son hébergement dans la résidence concernée. • CAA Nancy, 30 mai 2011, *CH de Gérardmer*, n° 10NC01016 : *RDSS 2011. 965, obs. Lhuillier*.

4. Contrat de séjour et défaut d'information de l'établissement. Dans la mesure où il n'établit pas avoir informé M. A. des conditions de prise en charge et du coût des prestations offertes dans la résidence pour personnes âgées dépendantes ni que ce dernier aurait refusé de signer le contrat d'accueil qui lui aurait été soumis et où, par suite, il ne s'est pas assuré que toutes les informations utiles avaient été données au requérant, le Centre hospitalier de Gérardmer a commis une faute de nature à engager sa responsabilité. • CAA Nancy, 30 mai 2011, *CH de Gérardmer*, n° 10NC01016 : *préc. note 3.*

5. *Contrat de séjour et situation légale et réglementaire de l'usager.* La prise en charge d'une prestation d'aide à domicile par un centre communal d'action sociale, établissement public administratif, a le caractère d'un service public administratif ; partant, les usagers de ce service public ne sauraient être regardés comme placés dans une situation contractuelle vis-à-vis de l'établissement concerné, alors même qu'ils concluent avec celui-ci un contrat de séjour ou qu'est élaboré à leur bénéfice un document individuel de prise en charge, dans les conditions fixées par l'art. L. 311-4 CASF. • CE 5 juill. 2017, n° 399977 B.

6. *Conditions de rupture du contrat de séjour.* Aux termes de l'art. L. 311-4, les personnes reconnues travailleurs handicapés et orientées par la CDAPH vers un établissement ou service d'aide par le travail sont usagers de ces établissements et ne sont pas liés à ceux-ci par un contrat de travail : il en résulte que ces établissements ne peuvent rompre le contrat en application des art. L. 1226-2 s. C. trav., une telle décision appartenant exclusivement à la CDAPH. • Soc. 14 déc. 2022, n° 21-10.263 B : *JCP S 2023, n° 1004, note Tauran ; RDSS 2023. 328, note Rousset.*

ANNEXE

Charte des droits et libertés de la personne accueillie

Art. 1er *Principe de non-discrimination.* Dans le respect des conditions particulières de prise en charge et d'accompagnement, prévues par la loi, nul ne peut faire l'objet d'une discrimination à raison de son origine, notamment ethnique ou sociale, de son apparence physique, de ses caractéristiques génétiques, de son orientation sexuelle, de son handicap, de son âge, de ses opinions et convictions, notamment politiques ou religieuses, lors d'une prise en charge ou d'un accompagnement, social ou médico-social.

Art. 2 *Droit à une prise en charge ou à un accompagnement adapté.* La personne doit se voir proposer une prise en charge ou un accompagnement, individualisé et le plus adapté possible à ses besoins, dans la continuité des interventions.

Art. 3 *Droit à l'information.* La personne bénéficiaire de prestations ou de services a droit à une information claire, compréhensible et adaptée sur la prise en charge et l'accompagnement demandés ou dont elle bénéficie ainsi que sur ses droits et sur l'organisation et le fonctionnement de l'établissement, du service ou de la forme de prise en charge ou d'accompagnement. La personne doit également être informée sur les associations d'usagers œuvrant dans le même domaine.

La personne a accès aux informations la concernant dans les conditions prévues par la loi ou la réglementation. La communication de ces informations ou documents par les personnes habilitées à les communiquer en vertu de la loi s'effectue avec un accompagnement adapté de nature psychologique, médicale, thérapeutique ou socio-éducative.

Art. 4 *Principe du libre choix, du consentement éclairé et de la participation de la personne.* Dans le respect des dispositions légales, des décisions de justice ou des mesures de protection judiciaire ainsi que des décisions d'orientation :

1° La personne dispose du libre choix entre les prestations adaptées qui lui sont offertes soit dans le cadre d'un service à son domicile, soit dans le cadre de son admission dans un établissement ou service, soit dans le cadre de tout mode d'accompagnement ou de prise en charge ;

2° Le consentement éclairé de la personne doit être recherché en l'informant, par tous les moyens adaptés à sa situation, des conditions et conséquences de la prise en charge et de l'accompagnement et en veillant à sa compréhension ;

3° Le droit à la participation directe, ou avec l'aide de son représentant légal, à la conception et à la mise en œuvre du projet d'accueil et d'accompagnement qui la concerne lui est garanti.

Lorsque l'expression par la personne d'un choix ou d'un consentement éclairé n'est pas possible en raison de son jeune âge, ce choix ou ce consentement est exercé par la famille ou le représentant légal auprès de l'établissement, du service ou dans le cadre des autres formes de prise en charge et d'accompagnement. Ce choix ou ce consentement est également effectué par le représentant légal lorsque l'état de la personne ne lui permet pas de l'exercer directement. Pour ce qui concerne les prestations de soins délivrées par les établissements ou services médico-sociaux, la personne bénéficie des conditions d'expression et de représentation qui figurent au code de la santé publique.

La personne peut être accompagnée de la personne de son choix lors des démarches nécessitées par la prise en charge ou l'accompagnement.

Art. 5 *Droit à la renonciation.* La personne peut à tout moment renoncer par écrit aux prestations dont elle bénéficie ou en demander le changement dans les conditions de capacités, d'écoute et d'expression ainsi que de communication prévues par la présente charte, dans le respect des décisions de justice ou mesures de protection judiciaire, des décisions d'orientation et des procédures de révision existantes en ces domaines.

Art. 6 *Droit au respect des liens familiaux.* La prise en charge ou l'accompagnement doit favoriser le maintien des liens familiaux et tendre à éviter la séparation des familles ou des fratries prises en charge, dans le respect des souhaits de la personne, de la nature de la prestation dont elle bénéficie et des décisions de justice. En particulier, les établissements et les services assurant l'accueil et la prise en charge ou l'accompagnement des mineurs, des jeunes majeurs ou des personnes et familles en difficultés *[difficulté]* ou en situation de détresse prennent, en relation avec les autorités publiques compétentes et les autres intervenants, toute mesure utile à cette fin.

Dans le respect du projet d'accueil et d'accompagnement individualisé et du souhait de la personne, la participation de la famille aux activités de la vie quotidienne est favorisée.

Art. 7 *Droit à la protection.* Il est garanti à la personne comme à ses représentants légaux et à sa famille, par l'ensemble des personnels ou personnes réalisant une prise en charge ou un accompagnement, le respect de la confidentialité des informations la concernant dans le cadre des lois existantes.

Il lui est également garanti le droit à la protection, le droit à la sécurité, y compris sanitaire et alimentaire, le droit à la santé et aux soins, le droit à un suivi médical adapté.

Art. 8 *Droit à l'autonomie.* Dans les limites définies dans le cadre de la réalisation de sa prise en charge ou de son accompagnement et sous réserve des décisions de justice, des obligations contractuelles ou liées à la prestation dont elle bénéficie et des mesures de tutelle ou de curatelle renforcée, il est garanti à la personne la possibilité de circuler librement. A cet égard, les relations avec la société, les visites dans l'institution, à l'extérieur de celle-ci, sont favorisées.

Dans les mêmes limites et sous les mêmes réserves, la personne résidente peut, pendant la durée de son séjour, conserver des biens, effets et objets personnels et, lorsqu'elle est majeure, disposer de son patrimoine et de ses revenus.

Art. 9 *Principe de prévention et de soutien.* Les conséquences affectives et sociales qui peuvent résulter de la prise en charge ou de l'accompagnement doivent être prises en considération. Il doit en être tenu compte dans les objectifs individuels de prise en charge et d'accompagnement.

Le rôle des familles, des représentants légaux ou des proches qui entourent de leurs soins la personne accueillie doit être facilité avec son accord par l'institution, dans le respect du projet d'accueil et d'accompagnement individualisé et des décisions de justice.

Les moments de fin de vie doivent faire l'objet de soins, d'assistance et de soutien adaptés dans le respect des pratiques religieuses ou confessionnelles et convictions tant de la personne que de ses proches ou représentants.

Art. 10 *Droit à l'exercice des droits civiques attribués à la personne accueillie.* L'exercice effectif de la totalité des droits civiques attribués aux personnes accueillies et des libertés individuelles est facilité par l'institution, qui prend à cet effet toutes mesures utiles dans le respect, si nécessaire, des décisions de justice.

Art. 11 *Droit à la pratique religieuse.* Les conditions de la pratique religieuse, y compris la visite de représentants des différentes confessions, doivent être facilitées, sans que celles-ci puissent faire obstacle aux missions des établissements ou services. Les personnels et les bénéficiaires s'obligent à un respect mutuel des croyances, convictions et opinions. Ce droit à la pratique religieuse s'exerce dans le respect de la liberté d'autrui et sous réserve que son exercice ne trouble pas le fonctionnement normal des établissements et services.

Art. 12 *Respect de la dignité de la personne et de son intimité.* Le respect de la dignité et de l'intégrité de la personne est garanti.

Hors la nécessité exclusive et objective de la réalisation de la prise en charge ou de l'accompagnement, le droit à l'intimité doit être préservé.

Art. L. 311-4-1 *(L. nº 2015-1776 du 28 déc. 2015, art. 27-3º)* I. — Lorsqu'il est conclu dans un des établissements d'hébergement relevant du 6º du I de l'article L. 312-1, y compris ceux énumérés à l'article L. 342-1, le contrat de séjour peut comporter une annexe, dont le contenu et les modalités d'élaboration sont prévues par décret, qui définit les mesures particulières à prendre, autres que celles définies au règlement de fonctionnement, pour assurer l'intégrité physique et la sécurité de la personne et pour soutenir l'exercice de sa liberté d'aller et venir. Ces mesures ne sont prévues que dans l'intérêt des personnes accueillies, si elles s'avèrent strictement nécessaires, et ne doivent pas être disproportionnées par rapport aux risques encourus. Elles sont définies après examen du résident et au terme d'une procédure collégiale mise en œuvre à l'initiative du médecin coordonnateur de l'établissement ou, en cas d'empêchement du médecin coordonnateur, du médecin traitant. Cette procédure associe l'ensemble des représentants de l'équipe médico-sociale de l'établissement afin de réaliser une évaluation pluridisciplinaire des bénéfices et des risques des mesures envisagées. Le contenu de l'annexe peut être révisé à tout moment, selon la même procédure, à l'initiative du résident, du directeur de l'établissement ou du médecin coordonnateur ou, à défaut de médecin coordonnateur, du médecin traitant, ou sur proposition de la personne de confiance désignée en application de l'article L. 311-5-1.

II. — La personne accueillie ou, le cas échéant, *(Ord. nº 2020-232 du 11 mars 2020, art. 39)* « la personne chargée à son égard d'une mesure de protection juridique avec représentation » peut exercer par écrit un droit de rétractation dans les quinze jours qui suivent la signature du contrat, ou l'admission si celle-ci est postérieure, sans qu'aucun délai de préavis puisse lui être opposé et sans autre contrepartie que l'acquittement du prix de la durée de séjour effectif. Dans le cas où il existe une mesure de protection juridique, les droits de la personne accueillie sont exercés dans les conditions prévues au titre XI du livre I du code civil.

Passé le délai de rétractation, la personne accueillie ou, le cas échéant, *(Ord. nº 2020-232 du 11 mars 2020, art. 39)* « la personne chargée à son égard d'une mesure de protection juridique avec représentation », dans le respect du même titre XI du livre I du code civil, peut résilier le contrat de séjour par écrit à tout moment. A compter de la notification de sa décision de résiliation au gestionnaire de l'établissement, elle dispose d'un délai de réflexion de quarante-huit heures pendant lequel elle peut retirer cette décision sans avoir à justifier d'un motif. Ce délai de réflexion s'impute sur le délai de préavis qui peut lui être opposé. Le délai de préavis doit être prévu au contrat. Il ne peut excéder une durée prévue par décret.

III. — La résiliation du contrat par le gestionnaire de l'établissement ne peut intervenir que dans les cas suivants :

1º En cas d'inexécution par la personne accueillie d'une obligation lui incombant au titre de son contrat ou de manquement grave ou répété au règlement de fonctionnement de l'établissement, sauf lorsqu'un avis médical constate que cette inexécution ou ce manquement résulte de l'altération des facultés mentales ou corporelles de la personne accueillie ;

2º En cas de cessation totale d'activité de l'établissement ;

3º Dans le cas où la personne accueillie cesse de remplir les conditions d'admission dans l'établissement, lorsque son état de santé nécessite durablement des équipements ou des soins non disponibles dans cet établissement, après que le gestionnaire s'est assuré que la personne dispose d'une solution d'accueil adaptée.

IV. — La durée du délai de préavis applicable à la résiliation du contrat par le gestionnaire de l'établissement est prévue par le décret mentionné au second alinéa du II. Elle ne peut être inférieure à la durée maximale du délai de préavis applicable à la résiliation du contrat à la demande de la personne accueillie ou de *(Ord. n° 2020-232 du 11 mars 2020, art. 39)* **« la personne chargée à son égard d'une mesure de protection juridique avec représentation » en application de ce même second alinéa.**

V. 2e note ss. art. L. 311-3 et 2e note ss. art. L. 311-4.

BIBL. ▶ MARY, L'annexe « sécurité » au contrat de séjour dans les établissements d'hébergement sociaux et médico-sociaux pour personnes âgées : une étrangeté juridique, *RDSS 2017. 1111*.

COMMENTAIRE

L'article L. 311-4-1 a été introduit par la loi du 28 décembre 2015 relative à l'adaptation de la société au vieillissement. Il vient compléter les dispositions de l'article L. 311-4 relatives au contrat de séjour des personnes âgées pour l'ensemble des établissements et services, qu'il s'agisse de ceux visés à l'article L. 312-2, 6° ou de ceux visés à l'article L. 342-1, 2° et 3°.

Deux séries d'éléments nouveaux visent cette catégorie de bénéficiaires de l'action sociale.

D'une part (I), il est prévu de joindre à leur contrat de séjour une annexe qui vient « personnaliser » encore davantage la prise en charge compte tenu de la situation spécifique de chaque personne ; il s'agit, dans l'objectif du respect des droits fondamentaux de cette dernière, d'adapter le règlement de fonctionnement en prévoyant des modalités particulières d'accompagnement et de prise en charge, notamment – car c'est là que se situent les problèmes – les mesures qui limitent leur liberté d'aller et de venir. L'annexe requiert, pour son élaboration, l'intervention de la personne ou de son représentant ainsi que de l'ensemble de l'équipe de professionnels.

D'autre part (II et III), l'article L. 311-4-1 organise les conditions de rétractation (pour la personne âgée) après signature du contrat de séjour, puis de résiliation (pour la personne âgée et pour le gestionnaire de l'établissement) de ce même contrat. En ce qui concerne la personne âgée ou ses représentants, ces dispositions lui (ou leur) accordent un délai après signature du contrat pour se rétracter, puis la possibilité à tout moment et par écrit de résilier le contrat. En ce qui concerne l'établissement, la résiliation est enfermée dans des conditions strictement définies. Ces dispositions viennent donc cadrer par la loi ce qui relevait – s'agissant de la résiliation du contrat ou surtout de la rétractation de la personne âgée qui ne pouvait intervenir antérieurement – uniquement du droit civil des contrats pour ce qui est des établissements privés et de la jurisprudence administrative pour ce qui est des contrats de droit public. ❑

Art. L. 311-5 *(L. n° 2002-2 du 2 janv. 2002, art. 9)* **Toute personne prise en charge par un établissement ou un service social ou médico-social ou son représentant légal** *(Ord. n° 2020-232 du 11 mars 2020, art. 40-1°)* **« s'il s'agit d'un mineur » peut faire appel, en vue de l'aider à faire valoir ses droits, à une personne qualifiée qu'elle choisit sur une liste établie conjointement par le représentant de l'État dans le département** *(Ord. n° 2010-177 du 23 févr. 2010, art. 18-I-6°)* **« , le directeur général de l'agence régionale de santé » et le président du conseil départemental** *(Abrogé par Ord. n° 2003-850 du 4 sept. 2003, art. 29-II) **« après avis de la commission départementale consultative mentionnée à l'article L. 312-5 »**. (Ord. n° 2020-232 du 11 mars 2020, art. 40-2°)* **« Si la personne prise en charge est un majeur faisant l'objet d'une mesure de protection juridique avec représentation et qu'elle n'a pas fait appel à une personne qualifiée, cette décision peut être prise par la personne chargée de la mesure de protection. » La personne qualifiée rend compte de ses interventions aux autorités chargées du contrôle des établissements ou services concernés, à l'intéressé** *(Ord. n° 2020-232 du 11 mars 2020, art. 40-3°)* **« , à son représentant légal ou à la personne chargée de la mesure de protection juridique » dans des conditions fixées par décret en Conseil d'État.** – *V. art. R. 311-1 et R. 311-2.*

Sur l'entrée en vigueur de l'Ord. n° 2020-232 du 11 mars 2020, V. 2e note ss. art. L. 311-3.

COMMENTAIRE

La disposition ci-dessus définit un autre instrument permettant à l'usager de faire valoir ses droits : il s'agit de la possibilité de recourir à une « personne qualifiée », extérieure à l'établissement et choisie sur une liste départementale.

On peut s'interroger sur la nature de l'institution : s'agit-il d'un « médiateur », d'un « conciliateur », d'un « arbitre » ? Moins qu'un juge arbitral, mais davantage qu'un « médiateur » ou même « conciliateur » qui sont des tiers cherchant à concilier les points de vue, le texte fait davantage penser à un « défenseur » de l'usager, puisqu'il l'aide « à faire valoir ses droits » ; cela répond d'ailleurs bien à l'idée que, l'usager étant en position le plus souvent dominée, il convient bien de l'assister lorsqu'il estime que ses droits ne sont pas respectés.

Autre remarque : la personne qualifiée doit rendre compte de ses interventions aux autorités de contrôle, ce qui ajoute à sa mission en la constituant indirectement en un des moyens de contrôle des structures organisés par ailleurs par les articles L. 313-13 à L. 313-20.

La « commission départementale consultative », dont l'avis était requis pour établir la liste départementale, intervenait principalement dans la procédure d'élaboration des schémas départementaux (art. L. 312-5). ❑

Art. L. 311-5-1 *(L. n° 2015-1776 du 28 déc. 2015, art. 27-4°)* **Lors de toute prise en charge dans un établissement ou un service social ou médico-social, il est proposé à la personne majeure accueillie de désigner, si elle ne l'a pas déjà fait, une personne de confiance dans les conditions définies au premier alinéa de l'article L. 1111-6 du code de la santé publique. Cette désignation est valable sans limitation de durée, à moins que la personne n'en dispose autrement. Lors de cette désignation, la personne accueillie peut indiquer expressément, dans le respect des conditions prévues au même article L. 1111-6, que cette personne de confiance exerce également les missions de la personne de confiance mentionnée audit article L. 1111-6, selon les modalités précisées par le même code.**

La personne de confiance est consultée au cas où la personne intéressée rencontre des difficultés dans la connaissance et la compréhension de ses droits.

Si la personne le souhaite, la personne de confiance l'accompagne dans ses démarches et assiste aux entretiens médicaux afin de l'aider dans ses décisions.

Lorsqu'une mesure de protection judiciaire est ordonnée et que le juge ou le conseil de famille, s'il a été constitué, autorise la personne chargée de la protection à représenter ou à assister le majeur pour les actes relatifs à sa personne en application du deuxième alinéa de l'article 459 du code civil, la désignation de la personne de confiance est soumise à l'autorisation du conseil de famille, s'il est constitué, ou à défaut du juge des tutelles. Lorsque la personne de confiance est désignée antérieurement au prononcé d'une telle mesure de protection judiciaire, le conseil de famille, le cas échéant, ou le juge peut soit confirmer sa mission, soit la révoquer.

COMMENTAIRE

La loi du 28 décembre 2015 adaptant la société au vieillissement a ajouté cette disposition qui constitue une extension à l'action sociale d'une institution prévue par le code de la santé publique au bénéfice des patients : la « personne de confiance » (CSP, art. L. 1111-6).

Cette « personne de confiance » ne se confond pas avec la « personne qualifiée » de l'article L. 311-5 qui constitue, elle, une forme de « défenseur des droits » des usagers tout en étant une instance publique si l'on considère ses conditions de désignation (constitution d'une liste par les autorités publiques au sein de laquelle chaque usager choisit). Elle ne se confond pas non plus avec le « représentant légal » qui, lui, procède d'une désignation par l'autorité judiciaire dans le cadre des mesures de protection que cette dernière peut prononcer (V. d'ailleurs le dernier al. de l'art. L. 311-5-1 qui organise les rapports entre la mise en place de la tutelle et la désignation de la « personne de confiance »).

Il s'agit là d'un tiers, membre de sa famille, proche ou ami de l'usager, que ce dernier choisit librement pour l'assister dans ses rapports avec les établissements et services sociaux et médico-sociaux ou le représenter lorsqu'il n'est plus en mesure d'exprimer sa volonté.

Il est à noter que, si la loi du 28 décembre 2015 vise les personnes âgées, l'article L. 311-5-1 concerne « la personne majeure », à savoir donc l'ensemble des usagers adultes de l'action sociale. ❑

Art. L. 311-6 *(L. n° 2002-2 du 2 janv. 2002, art. 10)* **Afin d'associer les personnes bénéficiaires des prestations au fonctionnement de l'établissement ou du service, il**

est institué soit un conseil de la vie sociale, soit d'autres formes de participation. Les catégories d'établissements ou de services qui doivent mettre en œuvre obligatoirement le conseil de la vie sociale sont précisées par décret. – *V. art. D. 311-3 à D. 311-32.* *(L. n° 2014-366 du 24 mars 2014, art. 40-2°)* **« Le présent article s'applique également aux établissements et services assurant l'accueil, l'évaluation, le soutien, l'hébergement et l'accompagnement des personnes ou familles mentionnées au premier alinéa de l'article L. 345-2-4 et ne relevant pas du régime du 8° du I de l'article L. 312-1.**

« Le » décret précise également, d'une part, la composition et les compétences de ce conseil et, d'autre part, les autres formes de participation possibles.

COMMENTAIRE

Le « conseil de la vie sociale » (art. 10 de la loi n° 2002-2 du 2 janvier 2002) se substitue au « conseil d'établissement » prévu à l'ancien article 8 *bis* de la loi de 1975. A la différence de cette institution qui réunissait selon la loi « les usagers, les familles et les personnels », cette nouvelle instance concerne « les personnes bénéficiaires » seules, c'est-à-dire les usagers. Elle leur est donc principalement réservée, ce qui devrait conduire le pouvoir réglementaire à leur donner une place dominante, bien qu'une représentation des familles et des personnels doive nécessairement être assurée.

Pour tenir compte de la diversité des institutions concernées, le texte prévoit que le « conseil de la vie sociale » n'existe que dans certaines structures, logiquement celles qui accueillent leurs usagers, à temps complet ou partiel, mais dans une forme stabilisée dans le temps. En revanche, une telle instance ne pouvant se concevoir pour les services ambulatoires, il leur impose d'inventer « d'autres formes de participation », logiquement dédiées à recueillir l'avis des usagers (enquêtes, formes diverses d'évaluation).

Art. L. 311-7 *(L. n° 2002-2 du 2 janv. 2002, art. 11)* **Dans chaque établissement et service social ou médico-social, il est élaboré un règlement de fonctionnement qui définit les droits de la personne accueillie et les obligations et devoirs nécessaires au respect des règles de vie collective au sein de l'établissement ou du service.**

Le règlement de fonctionnement est établi après consultation du conseil de la vie sociale ou, le cas échéant, après mise en œuvre d'une autre forme de participation.

Les dispositions minimales devant figurer dans ce règlement ainsi que les modalités de son établissement et de sa révision sont fixées par décret en Conseil d'État. – *V. art. R. 311-33 à R. 311-37.*

En application des art. L. 231-5 et L. 231-6 CRPA, le silence gardé pendant deux mois par une collectivité territoriale ou un de ses établissements publics vaut décision de rejet pour les demandes inscrites dans une procédure inscrite dans le règlement de fonctionnement des établissements et services sociaux et médico-sociaux sous statut public (Décr. n° 2015-1461 du 10 nov. 2015, applicable pour les demandes présentées à compter du 12 nov. 2015).

COMMENTAIRE

L'article L. 311-7 rend obligatoire l'élaboration d'un « règlement de fonctionnement » destiné aux usagers. Il ne faut donc pas assimiler ce règlement avec le « règlement intérieur » prévu pour les salariés par le code du travail et qui est la concrétisation du pouvoir unilatéral de l'employeur en matière d'organisation du travail et, *a minima*, de sécurité et de discipline.

Destiné à l'usager, il n'est pas qu'un simple guide technique de l'établissement, le texte mettant l'accent sur les « droits » et les « obligations et devoirs nécessaires au respect des règles de vie collective ». C'est donc un document qui définit les responsabilités réciproques des professionnels et de l'usager pour garantir le bon fonctionnement de la structure. A l'instar du « contrat de séjour », la portée juridique d'un tel règlement reste énigmatique : ce sont les recours juridictionnels qui apporteront progressivement des éclairages sur ce point.

1. Exclusion du pensionnaire et légalité du règlement. Le pensionnaire hébergé dans un foyer-logement pour personnes âgées qui a fait l'objet, à raison d'agissements graves et répétés, compromettant le bon ordre et le fonctionnement normal de cette institution, d'une mesure d'exclusion, devenue définitive, prise par le syndicat intercommunal gérant cet établissement, ne peut utilement se prévaloir à l'encontre de ladite décision d'exclusion de l'illégalité dont serait entaché le règlement intérieur de l'établissement prévoyant de telles mesures. • CE 17 mars 1993,

M. T. c/ Le foyer Le Bosquet, n° 89572 : *Lebon 71* ; *RDSS 1993. 518, obs. Lhuillier* .

2. Expulsion du pensionnaire. Si le pensionnaire d'une maison de retraite, érigée en établissement public intercommunal, a fait l'objet, en raison d'agissements graves et répétés compromettant le bon ordre et le fonctionnement normal de cette institution, d'une mesure d'exclusion, devenue définitive, prise par le conseil d'administration de cet établissement et refuse de quitter les lieux, le tribunal administratif, saisi par le directeur de la maison de retraite, est compétent pour prendre la mesure d'expulsion de l'intéressé, imposée par l'urgence et destinée à assurer le fonctionnement normal de ce service public administratif. • CE 3 mars 1978, *Lecoq*, n° 06079 : *Lebon 116* .

Art. L. 311-7-1 *(L. n° 2014-344 du 17 mars 2014, art. 119-1°)* **Dans les établissements mentionnés au 6° du I de l'article L. 312-1, un état des lieux contradictoire est réalisé à l'entrée et à la sortie du résident.**

Les lieux occupés doivent être rendus tels qu'ils ont été reçus suivant cet état des lieux contradictoire, excepté ce qui a été dégradé par vétusté.

Art. L. 311-8 *(L. n° 2002-2 du 2 janv. 2002, art. 12)* **Pour chaque établissement ou service social ou médico-social, il est élaboré un projet d'établissement ou de service, qui définit ses objectifs, notamment en matière de coordination, de coopération et d'évaluation des activités et de la qualité des prestations, ainsi que ses modalités d'organisation et de fonctionnement.** *(L. n° 2022-140 du 7 févr. 2022, art. 22-1°)* **« Ce projet précise également la politique de prévention et de lutte contre la maltraitance mise en œuvre par l'établissement ou le service, notamment en matière de gestion du personnel, de formation et de contrôle. Il désigne une autorité extérieure à l'établissement ou au service, indépendante du conseil départemental et choisie parmi une liste arrêtée conjointement par le président du conseil départemental, le représentant de l'État dans le département et l'agence régionale de santé, à laquelle les personnes accueillies peuvent faire appel en cas de difficulté et qui est autorisée à visiter l'établissement à tout moment. Le contenu minimal du projet, les modalités d'association du personnel et des personnes accueillies à son élaboration ainsi que les conditions de sa diffusion une fois établi sont définis par un décret. Ce décret définit les modalités d'affichage des documents, notices et services d'information dans les établissements. »** *(L. n° 2005-370 du 22 avr. 2005, art. 13)* **« Le cas échéant, ce projet identifie les services de l'établissement ou du service social ou médico-social au sein desquels sont dispensés des soins palliatifs et précise les mesures qui doivent être prises en application des dispositions des** *(L. n° 2015-1776 du 28 déc. 2015, art. 58-I-4°)* **« contrats pluriannuels d'objectifs et de moyens mentionnés » à l'article L. 313-12. » Ce projet est établi pour une durée maximale de cinq ans après consultation du conseil de la vie sociale ou, le cas échéant, après mise en œuvre d'une autre forme de participation.**

(L. n° 2019-774 du 24 juill. 2019, art. 68-VII) **« Un arrêté des ministres chargés de la santé et des affaires sociales fixe la liste des catégories d'établissements et services médico-sociaux devant intégrer dans leur projet d'établissement un plan détaillant les mesures à mettre en œuvre en cas d'événement entraînant une perturbation de l'organisation des soins, notamment** *[en cas]* **de situation sanitaire exceptionnelle. »**

COMMENTAIRE

Le « projet d'établissement » ne constitue pas une notion inédite dans le droit de l'action sociale. Cet instrument existait pour les établissements soumis à l'annexe XXIV du décret du 9 mars 1956 concernant les établissements d'accueil de personnes handicapées ; baptisé « projet institutionnel » dans le secteur des EHPAD (loi du 24 janvier 1997 relative à la PSD et arrêté du 26 avril 1999), il n'était que recommandé ; l'article L. 6143-2 du code de la santé publique l'impose pour les établissements hospitaliers publics.

L'article L. 311-8 rend obligatoire le « projet d'établissement » dans tous les établissements et services sociaux et médico-sociaux, quel que soit leur statut juridique.

La loi n° 2005-370 du 22 avril 2005 relative à la fin de vie a introduit une nouvelle disposition concernant les établissements dans lesquels doivent être organisés des services de soins palliatifs (cas des établissements accueillant des personnes âgées dépendantes ou dispensant des soins de longue durée visés à l'article L. 313-12) : pour ces structures, le « projet d'établissement» doit intégrer les mesures portant sur l'organisation des soins palliatifs, mesures par ailleurs définies par le contrat pluriannuel d'objectif et de moyens qu'ils doivent passer avec le président du conseil départemental et le représentant de l'État.

La loi n° 2019-774 du 24 juillet 2019 relative à l'organisation et à la transformation du système de santé (art. 68-VII) a ajouté au contenu des projets d'établissements et services médico-sociaux une nouvelle obligation qui concerne ceux figurant sur une liste établie par décret : ils doivent y faire figurer un « plan détaillant les mesures à mettre en œuvre en cas d'événement entraînant une perturbation de l'organisation des soins, notamment de situation sanitaire exceptionnelle ».

La loi n° 2022-140 du 7 février 2022 relative à la protection des enfants, au-delà de sa cible première, à savoir les mineurs, a étendu à tous les établissements sociaux ou médico-sociaux l'obligation de définir une politique de lutte contre la maltraitance et de désigner une autorité tierce à l'établissement vers laquelle les personnes accueillies pourront se tourner en cas de difficultés. Comme le prévoit le premier alinéa de l'article L. 311-8, ce dispositif doit être consigné dans le règlement intérieur. ❑

Art. L. 311-9 *(L. n° 2002-2 du 2 janv. 2002, art. 13)* **En vue d'assurer le respect du droit à une vie familiale des membres des familles accueillies dans les établissements ou services mentionnés aux** *(L. n° 2006-911 du 24 juill. 2006, art. 95-V)* **« 1°, 8° et 13° du I » de l'article L. 312-1, ces établissements ou services doivent rechercher une solution évitant la séparation de ces personnes ou, si une telle solution ne peut être trouvée, établir, de concert avec les personnes accueillies, un projet propre à permettre leur réunion dans les plus brefs délais, et assurer le suivi de ce projet jusqu'à ce qu'il aboutisse.**

Dans ce but, chaque *(L. n° 2009-323 du 25 mars 2009, art. 67)* **« plan départemental d'accueil, d'hébergement et d'insertion des personnes sans domicile » évalue les besoins en accueil familial du département et prévoit les moyens pour y répondre.**

V. Décr. n° 91-1415 du 31 déc. 1991 (JO 7 janv. 1992) relatif à l'association des usagers, des familles et des personnels au fonctionnement des établissements qui assurent l'hébergement des personnes âgées et à la création de conseils d'établissement.

COMMENTAIRE

Ce dernier article de la section relative aux droits des usagers est la reprise de l'article 134 de la loi n° 98-657 du 29 juillet 1998 relative à la lutte contre les exclusions qui modifiait l'article 3 de la loi du 30 juin 1975. Il s'agit de garantir une forme de « rapprochement familial » qui consiste à rechercher toujours, dans le secteur de l'enfance et du handicap (art. L. 312-1, al. 1er et 7), une solution évitant la séparation des membres d'une même famille, cela au nom « du respect du droit à une vie familiale ». Cette disposition élargit à l'ensemble des usagers ce que la protection judiciaire de l'enfance demandait au juge des enfants (C. civ., art. 375-7) et ce que la loi demandait à l'aide sociale à l'enfance (L. n° 96-1328 du 30 déc. 1996) : ne pas séparer les fratries.

La loi n° 2006-911 du 26 juillet 2006 a ajouté aux établissements et services antérieurement visés par le texte (ceux définis aux 1° et 8° de l'article L. 312-1) les nouveaux « centres d'accueil des demandeurs d'asile » (nouveau « 13° » de l'article L. 312-1) dont ce même texte législatif fixe le régime juridique aux articles L. 348-1 à L. 348-4 du code. ❑

Art. L. 311-10 *(L. n° 2007-308 du 5 mars 2007, art. 18)* **Les adaptations des dispositions de la présente section rendues nécessaires par la mise en œuvre des mesures de protection judiciaire des majeurs sont fixées par les articles L. 471-6 à L. 471-8.** – *Applicable à compter du 1er janv. 2009.*

COMMENTAIRE

La disposition ci-dessus a été introduite au code par la loi portant réforme de la protection juridique des majeurs. Elle renvoie aux articles L. 471-6 à L. 471-8 qui adaptent l'ensemble des instruments prévus pour faire valoir le droit des usagers à la situation spécifique de majeurs dont l'état interdit parfois qu'ils puissent les exercer intégralement par eux-mêmes ; ainsi, les conditions de remise du « livret d'accueil » (art. L. 311-4), du « document individuel de prise en charge » (art. L. 311-4, al. 2), les modalités de recours à la « personne qualifiée » (art. L. 311-5) ainsi que les diverses formes de participation des personnes prises en charge au fonctionnement du service (art. L. 311-6) sont adaptées par les textes visés. ❑

Art. L. 311-11 *(L. n° 2007-290 du 5 mars 2007, art. 39)* **Les dispositions du présent chapitre s'appliquent sans préjudice de celles qui figurent au chapitre III du titre III du livre VI du code de la construction et de l'habitation.**

COMMENTAIRE

Cet article a été ajouté au code par la loi n° 2007-290 du 5 mars 2007 instituant le droit opposable au logement et portant diverses dispositions pour la cohésion sociale ; il renvoie, en complément des droits reconnus aux usagers de l'action sociale et médico-sociale par le présent chapitre, aux mesures concernant la protection des personnes logées en logement-foyer qui sont établies au code de la construction et de l'habitation (art. L. 633-1 s.). ❑

Art. L. 311-12 *(L. n° 2022-296 du 2 mars 2022, art. 1er-II)* **Chaque établissement social et médico-social désigne parmi ses personnels un référent pour l'activité physique et sportive. Les modalités de sa désignation et de sa formation continue ainsi que ses missions sont définies par décret.**

CHAPITRE II ORGANISATION DE L'ACTION SOCIALE ET MÉDICO-SOCIALE *(L. n° 2002-2 du 2 janv. 2002, art. 14-I).*

COMMENTAIRE

Avec ce deuxième chapitre du livre III concernant les établissements et services mettant en œuvre l'action sociale et médico-sociale, on entre dans les dispositions directement héritées de la grande loi n° 75-535 du 30 juin 1975.

Certes, comme l'ont souligné de nombreux observateurs au moment où, à compter de 1996, on entend « réformer la loi de 1975 », cette dernière avait été déjà profondément modifiée et réaménagée du fait de l'adoption d'une vingtaine de lois successives. Comportant au départ trente-cinq articles, le texte en comptait cinquante-six à la veille de l'adoption de la loi du 2 janvier 2002. Surtout, seuls onze articles ou parties d'articles originaires subsistaient, les autres ayant été remplacés par des dispositions nouvelles.

Sur le fond, les évolutions les plus significatives survenues depuis 1975 étaient liées à la décentralisation (L. n° 86-7 du 6 janv. 1986, dite « loi particulière ») ; tout d'abord, il s'agissait de tirer les conséquences de la nouvelle répartition des compétences issue de la loi n° 83-663 du 22 juillet 1983 ; de plus, la loi intégrait un nouvel instrument, résultant des compétences financières dévolues dorénavant au département, « l'habilitation à recevoir des bénéficiaires de l'aide sociale » ; les rapports entre « habilitation » et « autorisation » étaient définis et les compétences tarifaires de l'État et du département étaient organisées ; sous la pression financière de plus en plus vive qui affectait un secteur largement épargné auparavant par ce type de régulation, la contrainte budgétaire apparaissait pour la première fois comme un motif légal de refus d'autorisation ou d'habilitation ; au-delà, les autorités de tarification pouvaient désormais réformer les propositions budgétaires des établissements ; enfin, la loi de 1986 introduisait une innovation de taille, le « schéma départemental social et médico-social », imposant aux autorités publiques d'élaborer un cadre anticipant à la fois les besoins et les réponses pour les satisfaire.

Une autre mutation d'ampleur va survenir dix ans plus tard. L'ordonnance n° 96-346 du 24 avril 1996 (art. 51) réformant l'hospitalisation publique et privée va remettre en cause le partage net entre le sanitaire et le social qui avait été institué en 1970 (loi hospitalière) et confirmé par la loi du 30 juin 1975 ; on autorise alors les hôpitaux à créer et à gérer des établissements sociaux et médico-sociaux sans devoir les autonomiser sous la forme de personnes morales juridiquement distinctes.

En dernier lieu, la loi du 30 juin 1975 a enregistré une modification fondamentale lorsque la loi de financement de la sécurité sociale du 23 décembre 1998 en ce qui concerne les frais couverts par l'assurance maladie, la loi de finances du 30 décembre 1998 en ce qui concerne l'aide sociale de l'État et enfin la loi du 27 juillet 1999 relative à la CMU en ce qui concerne l'aide sociale départementale ont imposé l'opposabilité des enveloppes financières qui sont déterminées à partir d'objectifs de dépenses fixés nationalement et déclinées en enveloppes régionales limitatives ; le dispositif, mis en place pour le secteur sanitaire, est ainsi assez largement imposé, même si c'est de manière partielle, au secteur social et médico-social. Au terme de ces adaptations successives, nul doute : il fallait donner un second souffle au secteur social et médico-social et donc revoir l'ensemble de la réglementation des établissements et des services.

Les enjeux à cet égard étaient de deux sortes. Il convenait d'une part de réformer les anciens mécanismes pour les adapter aux temps actuels ; c'est ainsi que la notion d'établissement et de service devait s'élargir à de nouvelles formes d'action ; le régime des autorisations, les règles de tarification, les instruments de planification, les dispositifs de contrôle devaient être repensés. Il convenait d'autre part d'introduire dans la législation de nouveaux instruments tels que l'expérimentation et l'évaluation.

De plus, du fait de l'expérience pratique apportée par trois années de mise en œuvre de la loi du 2 janvier 2002, l'ordonnance n° 2005-1477 du 1er décembre 2005 portant diverses dispositions relatives aux procédures d'admission à l'aide sociale et aux établissements et services sociaux et médico-sociaux a entendu notamment simplifier la procédure d'autorisation (not. art. L. 312-1, L. 312-5, L. 313-1, L. 313-4 et L. 313-5).

Enfin, au fil des lois de financement de la sécurité sociale, des aménagements des procédures de la tarification sont survenus, qui ne font que traduire une double volonté : resserrer les contraintes de façon à accompagner une logique d'allocation plus rationnelle de ressources qui, sans forcément diminuer, doivent néanmoins répondre à une demande croissante (personnes âgées, dépendance, handicap…), et obliger les gestionnaires d'établissements et de services à tendre vers une meilleure adéquation à la demande et une adaptation constante de l'offre. La LFSS n° 2008-1330 du 17 décembre 2008 a notamment introduit de nombreuses modifications allant dans ce sens au sein des dispositions tarifaires (art. L. 314-1 s.).

En conclusion d'un processus long et chaotique s'étalant de 1996 à 2001, la loi n° 2002-2 du 2 janvier 2002 rénovant l'action sociale et médico-sociale (partiellement modifiée par l'ordonnance du 1er décembre 2005), outre ses apports en matière de droits des usagers et de définition de l'action sociale (art. L. 311-1 à L. 311-9), va donc redéfinir le régime juridique des établissements et services. Le présent chapitre en trace le cadre général : le champ d'application de la réglementation (art. L. 312-1) est redéfini, les structures de régulation sont établies au travers des organismes de coordination (art. L. 312-3), de la planification (art. L. 321-4 et L. 312-5), des instruments de coordination (art. L. 312-6 et L. 312-7) et des dispositifs d'évaluation et d'information (art. L. 312-8 et L. 312-9).

Le cadre ainsi stabilisé par la loi du 2 janvier 2002 a été modifié partiellement par la loi du 21 juillet 2009 portant réforme de l'hôpital et relative aux patients, à la santé et aux territoires (loi « HPST »). Ces modifications sont dues à la création d'une nouvelle instance de régulation de la politique de santé, l'agence régionale de santé, et surtout au transfert vers cette agence des attributions concernant les établissements et services sociaux et médico-sociaux. Ont été modifiés plusieurs aspects importants de la police administrative : remaniement des instances de concertation avec principalement la disparition des CROSMS (art. L. 312-3), réorganisation des schémas et de la programmation des moyens financiers (art. L. 312-4 s.), aménagement des procédures d'évaluation (art. L. 312-8). ❑

SECTION 1 **Établissements et services sociaux et médico-sociaux** *(L. n° 2002-2 du 2 janv. 2002, art. 14-II)*.

Art. L. 312-1 *(L. n° 2002-2 du 2 janv. 2002, art. 15)* **I. — Sont des établissements et services sociaux et médico-sociaux, au sens du présent code, les établissements et les services, dotés ou non d'une personnalité morale propre, énumérés ci-après :**

(L. n° 2022-140 du 7 févr. 2022, art. 7-I) **« 1° Les établissements ou services mettant en œuvre des mesures de prévention au titre de l'article L. 112-3 ou d'aide sociale à l'enfance en application de l'article L. 221-1 et les prestations d'aide sociale à l'enfance mentionnées au chapitre II du titre II du livre II, y compris l'accueil d'urgence des personnes se présentant comme mineures et privées temporairement ou définitivement de la protection de leur famille ; »**

2° Les établissements ou services d'enseignement *(Abrogé par L. n° 2005-102 du 11 févr. 2005, art. 67-II) « et d'éducation spéciale »* **qui assurent, à titre principal, une éducation adaptée et un accompagnement social ou médico-social aux mineurs ou jeunes adultes handicapés ou présentant des difficultés d'adaptation ;**

3° Les centres d'action médico-sociale précoce mentionnés à l'article L. 2132-4 du code de la santé publique ;

4° Les établissements ou services mettant en œuvre les mesures éducatives ordonnées par l'autorité judiciaire en application de l'ordonnance n° 45-174 du 2 février 1945 relative à l'enfance délinquante ou des articles 375 à 375-8 du code civil ou concernant des majeurs de moins de vingt et un ans *(Ord. n° 2005-1477 du 1er déc. 2005, art. 3)* « ou les mesures d'investigation préalables aux mesures d'assistance éducative prévues au code de procédure civile et par l'ordonnance n° 45-174 du 2 février 1945 relative à l'enfance délinquante » ;

5° Les établissements ou services :

a) D'*(L. n° 2023-1196 du 18 déc. 2023, art. 15-I)* « accompagnement » par le travail, à l'exception des structures conventionnées pour les activités visées à l'article L. 322-4-16 *[L. 5132-1 à L. 5132-3 et L. 5132-16 nouv.]* du code du travail et des *(L. n° 2005-102 du 11 févr. 2005, art. 38-IX)* « entreprises adaptées définies » aux articles L. 323-30 *[L. 5213-20 et R. 5213-87 nouv.]* et suivants du même code ;

b) De réadaptation, de préorientation et de rééducation professionnelle mentionnés à l'article L. 323-15 *[L. 5213-3 et R. 5213-5 s. nouv.]* du code du travail ;

6° Les établissements et les services qui accueillent des personnes âgées ou qui leur apportent à domicile une assistance dans les actes quotidiens de la vie, des prestations de soins ou une aide à l'insertion sociale ;

7° Les établissements et les services, y compris les foyers d'accueil médicalisé, qui accueillent des personnes *(Abrogé par L. n° 2015-1776 du 28 déc. 2015, art. 47-I-2°)* « *adultes* » handicapées, quel que soit leur degré de handicap ou leur âge, ou des personnes atteintes de pathologies chroniques, qui leur apportent à domicile une assistance dans les actes quotidiens de la vie, des prestations de soins ou une aide à l'insertion sociale ou bien qui leur assurent un accompagnement médico-social en milieu ouvert ; – *V. 2e note ss. l'art.*

8° Les établissements ou services comportant ou non un hébergement, assurant l'accueil, notamment dans les situations d'urgence, le soutien ou l'accompagnement social, l'adaptation à la vie active ou l'insertion sociale et professionnelle des personnes ou des familles en difficulté ou en situation de détresse ;

9° Les établissements ou services qui assurent l'accueil et l'accompagnement de personnes confrontées à des difficultés spécifiques en vue de favoriser l'adaptation à la vie active et l'aide à l'insertion sociale et professionnelle ou d'assurer des prestations de soins et de suivi médical, dont les centres de soins, d'accompagnement et de prévention en addictologie *(L. n° 2005-1579 du 19 déc. 2005, art. 50-IV)* « , les centres d'accueil et d'accompagnement à la réduction des risques pour usagers de drogue, les structures dénommées "lits halte soins santé" » *(L. n° 2012-1404 du 17 déc. 2012, art. 65-I-1°)* « , les structures dénommées "lits d'accueil médicalisés" » et les appartements de coordination thérapeutique ; – *V. art. D. 312-154 et D. 312-155.*

10° Les foyers de jeunes travailleurs qui relèvent des dispositions des articles *(Ord. n° 2019-770 du 17 juill. 2019, art. 3-8°, en vigueur le 1er sept. 2019)* « L. 353-2 et L. 831-1 » du code de la construction et de l'habitation ;

11° Les établissements ou services, dénommés selon les cas centres de ressources, centres d'information et de coordination ou centres prestataires de services de proximité, mettant en œuvre des actions de dépistage, d'aide, de soutien, de formation ou d'information, de conseil, d'expertise ou de coordination au bénéfice d'usagers, ou d'autres établissements et services ;

12° Les établissements ou services à caractère expérimental ;

(L. n° 2006-911 du 24 juill. 2006, art. 95-VI) « 13° Les centres d'accueil pour demandeurs d'asile mentionnés à l'article L. 348-1 » ;

(L. n° 2007-308 du 5 mars 2007, art. 15) « 14° Les services mettant en œuvre les mesures de protection des majeurs ordonnées par l'autorité judiciaire au titre du mandat spécial auquel il peut être recouru dans le cadre de la sauvegarde de justice ou au titre de la curatelle, de la tutelle ou de la mesure d'accompagnement judiciaire ;

« 15° Les services mettant en œuvre les mesures judiciaires d'aide à la gestion du budget familial » ;

(L. n° 2015-1776 du 28 déc. 2015, art. 48-I-1°) « 16° Les services qui assurent des activités d'aide personnelle à domicile ou d'aide à la mobilité dans l'environnement

de proximité au bénéfice de familles fragiles et dont la liste est fixée par décret » ; — *Cet al. est applicable à la date d'entrée en vigueur du décret prévu à ce même al. Les services qui, à la date d'entrée en vigueur du décret prévu au présent al., entrent dans le champ d'application de ce même al. et disposent d'un agrément délivré en application de l'art. L. 7232-1 C. trav. sont réputés détenir, à compter de la date d'effet de cet agrément, une autorisation ne valant pas habilitation à recevoir des bénéficiaires de l'aide sociale (L. n° 2015-1776 du 28 déc. 2015, art. 48-II et III).*

(L. n° 2022-140 du 7 févr. 2022, art. 7-I) **« 17° Les établissements ou services mettant en œuvre des mesures d'évaluation de la situation des personnes se présentant comme mineures et privées temporairement ou définitivement de la protection de leur famille. »**

Les établissements et services sociaux et médico-sociaux délivrent des prestations à domicile, en milieu de vie ordinaire, en accueil familial ou dans une structure de prise en charge. Ils assurent l'accueil à titre permanent, temporaire ou selon un mode séquentiel, à temps complet ou partiel, avec ou sans hébergement, en internat, semi-internat ou externat. *(L. n° 2022-217 du 21 févr. 2022, art. 135-II)* **« Les établissements et services mentionnés aux 2°, 3°, 5° et 7° du présent I peuvent assurer aux personnes qu'ils accueillent habituellement un accompagnement en milieu de vie ordinaire. »** — *V. Arr. du 15 déc. 2022 relatif au plan comptable M. 22 applicable aux établissements et services publics sociaux et médico-sociaux (JO 24 déc., NOR : APHA2231064A). — V. art. D. 312-8 à D. 312-10. — V. Arr. du 20 déc. 2023 relatif au plan comptable applicable aux établissements et services privés sociaux et médico-sociaux relevant du I de l'art. L. 312-1 CASF (JO 28 déc., NOR : FAMA2330689A).*

II. — Les conditions techniques minimales d'organisation et de fonctionnement des établissements et services relevant des catégories mentionnées au présent article, à l'exception du 12° du I, sont définies par décret *(Ord. n° 2003-850 du 4 sept. 2003, art. 26-II)* **« après avis de la section sociale du Comité national de l'organisation sanitaire et sociale ».**

Les établissements mentionnés aux 1°, 2°, 6° et 7° du I s'organisent en unités de vie favorisant le confort et la qualité de séjour des personnes accueillies, dans des conditions et des délais fixés par décret.

(L. n° 2007-293 du 5 mars 2007, art. 23) **« Les établissements et services mentionnés au 1° du même I s'organisent de manière à garantir la sécurité de chacun des mineurs ou des majeurs de moins de vingt et un ans qui y sont accueillis. »**

Les prestations délivrées par les établissements et services mentionnés aux 1° à *(L. n° 2009-526 du 12 mai 2009, art. 116)* **« 15° »** *(L. n° 2022-140 du 7 févr. 2022, art. 7-I)* **« et au 17° » du I sont réalisées par des équipes pluridisciplinaires qualifiées. Ces établissements et services sont dirigés par des professionnels dont le niveau de qualification est fixé par décret et après consultation de la branche professionnelle ou, à défaut, des fédérations ou organismes représentatifs des organismes gestionnaires d'établissements et services sociaux et médico-sociaux concernés.**

(L. n° 2005-102 du 11 févr. 2005, art. 82) **« Les associations qui organisent l'intervention des bénévoles dans les établissements sociaux et médico-sociaux publics ou privés doivent conclure avec ces établissements une convention qui détermine les modalités de cette intervention. »**

III. — Les lieux de vie et d'accueil qui ne constituent pas des établissements et services sociaux ou médico-sociaux au sens du I doivent faire application des articles L. 311-4 à L. 311-8. Ils sont également soumis à l'autorisation mentionnée à l'article L. 313-1 et aux dispositions des articles L. 313-13 à L. 313-25, dès lors qu'ils ne relèvent ni des dispositions prévues au titre II du livre IV relatives aux assistants maternels, ni de celles relatives aux particuliers accueillant des personnes âgées ou handicapées prévues au titre IV dudit livre. Un décret fixe le nombre minimal et maximal des personnes que ces structures peuvent accueillir *(L. n° 2009-879 du 21 juill. 2009, art. 124-I-2°)* **« et leurs règles de financement et de tarification ».**

(Ord. n° 2005-1477 du 1er déc. 2005, art. 3) **« IV. — Les équipes de prévention spécialisée relevant du 1° du I ne sont pas soumises aux dispositions des articles L. 311-4 à L. 311-7. Ces dispositions ne s'appliquent pas non plus aux mesures d'investigation**

préalables aux mesures d'assistance éducative prévues au code de procédure civile et par l'ordonnance n° 45-174 du 2 février 1945 relative à l'enfance délinquante. »

(L. n° 2011-901 du 28 juill. 2011, art. 15-II) **« V. – Participent de la formation professionnelle les actions de préformation, de formation et de préparation à la vie professionnelle menées dans les établissements et services sociaux et médico-sociaux mentionnés aux 2°, *a* du 5° et 12° du I du présent article accueillant des jeunes handicapés ou présentant des difficultés d'adaptation et au 4° du même I, ainsi que dans les établissements et services conventionnés ou habilités par la protection judiciaire de la jeunesse. »** *– V. art. R. 313-1 s., R. 315-1 à R. 315-26, et D. 312-1 s.*

(L. n° 2015-1776 du 28 déc. 2015, art. 65-1°) **« VI. – Les établissements relevant des 6° ou 7° du I peuvent proposer, concomitamment à l'hébergement temporaire de personnes âgées, de personnes handicapées ou de personnes atteintes de maladies chroniques invalidantes, un séjour de vacances pour les proches aidants de ces personnes.**

« Le 1° de l'article L. 313-4 n'est pas applicable aux séjours mentionnés au premier alinéa du présent VI. »

(L. n° 2019-791 du 26 juill. 2019, art. 30) **« VII. – La coopération entre les établissements et services mentionnés aux 2°, 3°, 11° et 12° du I du présent article et les établissements mentionnés à l'article L. 351-1 du code de l'éducation est organisée par convention afin d'assurer la continuité du parcours de scolarisation des élèves en situation de handicap qu'ils accompagnent et de déterminer les conditions permettant l'intervention dans les établissements mentionnés au même article L. 351-1.**

« Les modalités selon lesquelles les établissements et services mentionnés aux 2°, 3°, 11° et 12° du I du présent article apportent leur expertise et leur appui à l'accompagnement par l'équipe éducative des élèves en situation de handicap scolarisés dans les établissements mentionnés à l'article L. 351-1 du code de l'éducation sont également déterminées par convention.

« Les modalités d'application du présent VII sont déterminées par décret. »

Les dispositions issues de la L. n° 2007-308 du 5 mars 2007, art. 15, sont applicables à compter du 1er janv. 2009 (L. préc., art. 45).

Les services d'aide et d'accompagnement à domicile qui, à la date de publication de la L. n° 2015-1776 du 28 déc. 2015, relèvent à la fois du 2° de l'anc. art. L. 313-1-2 et des 6° ou 7° du I de l'art. L. 312-1 sont réputés détenir, au titre de l'art. L. 313-1, une autorisation ne valant pas habilitation à recevoir des bénéficiaires de l'aide sociale à compter de la date d'effet de leur dernier agrément.

Ils sont également réputés autorisés au titre de l'art. L. 313-1-2, dans sa rédaction résultant du I de l'art. 47 de la loi précitée.

A la date à laquelle leur agrément aurait pris fin, ils font procéder à l'évaluation externe, prévue à l'art. L. 312-8, de leurs activités et de la qualité des prestations qu'ils délivrent. Toutefois, l'échéance de cette obligation ne peut intervenir dans les deux ans suivant la date de promulgation de la loi susvisée.

Lorsque la capacité autorisée d'un service d'aide et d'accompagnement à domicile relevant des 6° ou 7° du I de l'art. L. 312-1 a été fixée dans la limite d'un nombre d'heures ou de personnes accueillies, cette limite n'est plus opposable à compter de la publication de la L. n° 2015-1776 du 28 déc. 2015.

Jusqu'au 31 déc. 2022, l'autorisation de création ou d'extension d'un service d'aide et d'accompagnement à domicile relevant des 6° ou 7° du I du même art. L. 312-1 assortie de l'habilitation à recevoir des bénéficiaires de l'aide sociale ou de l'autorisation prévue à l'art. L. 313-1-2, ainsi qu'une telle habilitation ou autorisation pour un service préexistant, sont exonérées de la procédure d'appel à projets prévue au I de l'art. L. 313-1-1.

Le président du conseil départemental dispose d'un délai de trois mois à compter de la réception de la demande du service d'aide et d'accompagnement à domicile pour se prononcer. La demande peut être rejetée pour les motifs prévus à l'art. L. 313-8. L'absence de réponse dans le délai de trois mois vaut rejet. La décision de rejet, explicite ou implicite, est motivée dans les conditions prévues respectivement aux art. 1er et 5 de la L. n° 79-587 du 11 juill. 1979 relative à la motivation des actes administratifs et à l'amélioration des relations entre l'administration et le public.

Le président du conseil départemental communique chaque année à l'assemblée délibérante du département puis au conseil départemental de la citoyenneté et de l'autonomie un document relatif au bilan, selon la nature juridique du gestionnaire, des demandes présentées en application des présentes dispositions ainsi qu'aux suites qui leur ont été données (L. préc., art. 47-III à V, JO 29 déc.).

Les demandes d'autorisation et d'habilitation prévues au V de l'art. 47 de la L. n° 2015-1776 du 28 déc. 2015 susvisée relative à l'adaptation de la société au vieillissement sont régies jusqu'au 31 déc. 2022 par la procédure prévue aux art. R. 313-8 et R. 313-8-1 CASF, à l'exception du délai d'instruction des demandes qui est fixé par le V précité à trois mois à compter de la réception de la demande du service d'aide et d'accompagnement à domicile.

Les demandes doivent, outre les documents mentionnés à l'art. R. 318-8-1 CASF, comporter tout document permettant d'évaluer l'activité prévisionnelle des services concernés (Décr. n° 2017-882 du 9 mai 2017, art. 7).

BIBL. ▶ RIHAL, La notion d'établissement et de service social et médico-social, vingt ans après, *RDSS 2022. 22*. – VINSONNEAU, La création des établissements et services sociaux et médico-sociaux après la loi du 2 janvier 2002, *RDSS 2004. 782*.

COMMENTAIRE

Cet article L. 312-1 est l'héritier de l'ancien article 3 de la loi du 30 juin 1975 modifié par la loi du 2 janvier 2002. Comme c'était déjà le cas avec l'article 3, cette disposition entend définir le champ d'application de la police des établissements et services en dressant une liste des structures qui, au sens de la loi, sont des « établissements et services sociaux et médico-sociaux ».

Le sens général des modifications introduites par rapport à l'ancienne législation tient dans la volonté d'élargir la nomenclature légale pour tenir compte des structures ainsi que des formes nouvelles de prise en charge ; en 1975, on avait entendu ne soumettre à une police considérée comme contraignante que les structures lourdes prenant en charge les personnes à temps plein et de façon permanente ; il s'agissait ainsi de ne pas brider la libre initiative des promoteurs en ne concentrant la police et les contrôles que sur les équipements les plus coûteux dont on entendait rationaliser les créations et pour lesquels on visait une amélioration de la qualité technique.

En 2002, on a voulu au contraire prendre en compte toutes les formes d'action de façon à intégrer les évolutions les plus contemporaines du secteur ; ainsi la réglementation ne se contente plus de viser quelques types d'équipements, elle entend organiser l'ensemble de l'offre de services.

L'article L. 312-1 en porte la marque puisque, au dernier alinéa du point I, on tente de faire le tour de toutes les formes possibles de prise en charge en brossant une palette extrêmement diversifiée des prestations qui constituent l'action sociale et médico-sociale.

Dans le même sens, et sans qu'il soit ici possible de reprendre exhaustivement la nomenclature proposée, on note un certain nombre d'élargissements par rapport à ce qu'elle était dans la loi du 30 juin 1975. Le but a été clairement, par une extension du champ d'application du texte, de faire bénéficier du statut légal des structures qui, antérieurement, n'avaient aucune reconnaissance et qui de ce fait se trouvaient dans des situations précaires tout en n'étant pas soumises aux pouvoirs de régulation des pouvoirs publics.

Dans le secteur du handicap, les services d'aide médico-sociale à domicile ont été intégrés (SSAD, I, 7°) ; les foyers d'accueil médicalisés (foyers jusqu'alors dénommés « foyers à double tarification (FAM, I, 7°) sont visés et reçoivent ainsi un fondement légal ; de même, les structures de prise en charge de handicaps rares (autisme, traumatisme crânien, maladie d'Alzheimer, etc.) sont reconnues par la loi (I, 11°) ; les appartements de coordination thérapeutique (I, 9°) accueillant des personnes atteintes du VIH, du cancer ou de maladies chroniques invalidantes sont dorénavant inclus dans le champ d'application de la loi (V. de plus art. L. 314-8 pour leur financement) ; il en est de même pour les centres d'addictologie concernant les personnes alcooliques ou toxicomanes qui se voient reconnaître ainsi, à côté de leur rôle médical, une fonction sociale d'accompagnement et de réinsertion (I, 9°).

Dans le secteur des personnes âgées, les services d'aide à domicile entrent dans le champ d'application de la législation (I, 6°), ainsi que les centres locaux d'information et de coordination (CLIC, I, 11°).

La nomenclature comporte aussi une catégorie singulière d'établissements et de services : « les établissements ou services à caractère expérimental » (I, 12°). La loi du 30 juin 1975 ouvrait déjà une possibilité d'expérimentation (art. 4), mais cela n'autorisait que des dérogations aux normes minimales d'équipement et de fonctionnement ; le texte donne maintenant une base légale plus ouverte aux expérimentations, notamment en permettant d'établir des partenariats divers, de construire des structures mises en réseau, de mêler des publics, etc. ; ces structures expérimentales se sont vu attribuer une procédure spécifique d'autorisation prévue à l'article L. 313-7.

Autre extension : l'article L. 312-1 inclut maintenant dans le champ des établissements et services sociaux et médico-sociaux les « lieux de vie et d'accueil » (III) ; ces structures s'apparentent aux accueils familiaux qui, eux, font l'objet d'une réglementation spécifique prévue aux articles L. 443-1 à L. 443-12, puisqu'ils ne sont pas rattachés aux établissements et services sociaux et médico-sociaux ; les lieux de vie se distinguent de l'accueil familial parce qu'ils prennent en charge plus de trois résidents (V. art. L. 313-1, al. 7) ; réservés à des personnes souvent exclues des structures de droit commun du fait de difficultés particulières (enfants de l'ASE ou relevant de la protection judiciaire de la jeunesse, enfants, adolescents et adultes handicapés), ces lieux étaient jusque-là en marge, sans statut juridique et donc sans aucune sécurité fonctionnelle pour eux ainsi que sans encadrement de la puissance publique ; ils sont maintenant inclus dans le champ des établissements et services, avec cependant un statut dérogatoire puisque, bien que soumis aux dispositions relatives au droit des usagers, au régime d'autorisation, aux mesures relatives à l'évaluation et au contrôle, ils ne sont pas assujettis aux schémas d'organisation sociale et médico-sociale (art. L. 312-4 et L. 312-5).

On peut aussi signaler que, outre l'accueil familial qui n'entre pas dans son champ, les services de tutelle ainsi que les services d'aide à domicile auprès des familles n'ont pas été inclus dans le champ de l'article L. 312-1. De même, les « organismes d'accueil communautaire », dont le modèle est constitué par les « Communautés d'Emmaüs », ne relèvent pas de cette disposition et ont fait l'objet d'un encadrement légal spécifique (L. n° 2008-1249 du 1er déc. 2008, art. L. 265-1).

L'ordonnance n° 2005-1477 du 1er décembre 2005 (art. 3 à 5), qui a essentiellement modifié diverses dispositions concernant la procédure d'autorisation, a apporté dans le même mouvement quelques ajustements au sein de cet article L. 312-1 : ajustements minimes au 1° et au 4° puisque ont été inclus dans le champ d'application du texte l'ensemble des services ou activités concourant à délivrer les prestations de l'aide sociale à l'enfance (définis aux art. L. 221-1, 222-3, 222-5) ainsi que les services d'investigations préalables aux mesures d'assistance éducative ; ajustements plus conséquents, ensuite, puisqu'un nouveau point IV clôt dorénavant l'article, qui précise que les « équipes de prévention » ainsi que les « mesures d'investigations préalables aux mesures d'assistance éducative » ne sont pas soumises aux dispositions définissant les instruments et procédures ordonnés à la protection des droits des usagers (art. L. 311-4 à L. 311-7) ; il s'agit là d'une solution logique tant pour les premières, lesquelles, compte tenu de leurs missions, n'ont à proprement parler pas « d'usagers » que pour les secondes, lesquelles ont une activité dont la nature rend notamment sans objet la mise en place d'un contrat (l'intervention se fait sur ordonnance judiciaire et l'on ne voit pas comment on pourrait contracter en la matière). La loi portant réforme de la protection juridique des majeurs a entendu réorganiser l'ensemble des structures et personnes qui ont la qualité de « mandataires judiciaires » pour mettre en œuvre les mesures de protection décidées par le juge des tutelles (sauvegarde de justice, tutelle, curatelle, mesure d'assistance judiciaire). Outre sa volonté d'unifier les conditions d'exercice de ces activités, leur régime de financement et leurs obligations (art. L. 471-1 s.), ce texte a logiquement ajouté à la liste des « établissements et services » de l'article L. 312-1 les « services mandataires judiciaires de la protection des majeurs » lorsqu'ils s'organisent dans le cadre de personnes morales. Ils sont dorénavant visés aux 14° et 15° de la disposition ci-dessus ; la loi n° 2009-526 du 12 mai 2009 a en outre inclus ces services dans la disposition (art. L. 312-1, II, al. 4) qui prévoit que les activités sont « réalisées par des équipes pluridisciplinaires » et dirigées par des professionnels disposant de niveaux de qualifications garantis, cela étant la conséquence logique de la volonté de « professionnalisation » des services de protection juridique des majeurs voulue par la loi n° 2007-308 du 5 mars 2007.

La loi n° 2006-911 du 24 juillet 2006 relative à l'immigration et à l'intégration, et qui vise à réaménager les conditions d'accueil des demandeurs d'asile, a doté les « centres d'accueil des demandeurs d'asile » d'un régime juridique spécifique défini aux articles L. 348-1 à L. 348-4 nouveaux du code ; ces structures étaient antérieurement incluses dans la catégorie des centres d'hébergement et de réinsertion sociale (CHRS) ; de là, l'ajout dans la nomenclature de l'article L. 312-1 de cette nouvelle catégorie d'établissements (13°).

Dans la ligne générale empruntée par la politique du handicap depuis la loi du 11 février 2005 (rapprocher le plus possible les prises en charge du droit commun), la loi du 28 juillet 2011 tendant à améliorer le fonctionnement des MDPH et portant diverses dispositions relatives à la politique du handicap a inclus dans la formation professionnelle de droit commun les structures du champ du handicap qui réalisent des actions de préformation, de formation et de préparation à la vie professionnelle.

La loi du 28 décembre 2015 relative à l'adaptation de la société au vieillissement a ajouté, sous l'article L. 312-1, un ensemble de dispositions qui figurent aux articles 49, 54 et 67 de ce texte. Il s'agit tout d'abord de mesures (art. 49) destinées à construire des « modèles intégrés » d'organisation et de financement de services d'aide à domicile prenant en compte l'ensemble des prestations d'aide et de soin de telle manière qu'elles soient mises en œuvre de façon coordonnée ; ces « modèles » sont de nature expérimentale et donnent lieu à l'établissement, avec l'ensemble des services concernés, d'une convention pluriannuelle d'objectifs et de moyens. Il est prévu ensuite (art. 54) la mise en place d'hébergements très courts (une nuit) de personnes âgées nécessitant une surveillance permanente, de façon à assurer un « répit » pour les aidants notamment familiaux ; et enfin (art. 67), un ensemble de mesures de régularisation pour des établissements ne disposant pas d'autorisation.

La loi n° 2019-791 du 26 juillet 2019 pour une école de la confiance (art. 30) a introduit à l'article L. 312-1 un nouveau point VII qui, toujours dans la logique de « l'inclusion » et donc de l'accès au droit commun pour les personnes handicapées, concerne l'accueil des enfants dans les établissements scolaires : il s'agit, par convention entre les établissements et services médico-sociaux (visés aux 2°, 3°, 11° et 12° de l'art. L. 312-1) et les établissements scolaires, d'organiser leur scolarisation, ce qui suppose une intervention des services médico-sociaux dans les établissements de façon à garantir la continuité de leurs parcours éducatifs. ❑

1. Compétence du législateur. En vertu de l'art. 34 de la Constitution, il n'appartient qu'à la loi de fixer tant les garanties fondamentales accordées aux citoyens pour l'exercice des libertés publiques, au nombre desquelles figure le libre exercice d'une activité professionnelle, que les principes fondamentaux de la libre administration des collectivités territoriales, de la sécurité sociale et de l'aide sociale ; relève en conséquence de la compétence législative le principe de l'encadrement du régime financier et de la tarification, notamment par les collectivités territoriales et l'assurance maladie, des personnes morales de droit privé gérant des établissements et services intervenant dans le champ de l'action sociale • CE 21 nov. 2008, *Assoc. FASTE SUD AVEYRON*, n° 293960 B : *RDSS 2009. 170, note Vinsonneau*. ♦ Par suite, et dans la mesure où il ne résulte ni de l'art. L. 312-1, ni d'aucune autre disposition législative que les lieux d'accueil et de vie devraient être soumis à une réglementation de leur financement et de la tarification de leurs prestations, doivent être annulées comme ayant été prises par une autorité incompétente les dispositions d'un décret traitant du financement et de la tarification desdits lieux de vie et d'accueil. • Même arrêt.

2. Mode de gestion des lieux de vie et d'accueil et compétence du pouvoir réglementaire. Les dispositions de l'art. L. 312-1-III CASF, lesquelles renvoient à un décret la fixation des règles de financement et de tarification des lieux de vie et d'accueil, s'appliquent à l'ensemble de ces derniers sans distinction selon leur statut juridique ; par suite, la circonstance que les lieux de vie et d'accueil soient gérés par des personnes physiques et non par des personnes morales est sans incidence sur la compétence du pouvoir réglementaire pour déterminer les règles de financement qui leur sont applicables. • CE 23 déc. 2014, *Assoc. FASTE SUD AVEYRON et a.*, n° 366440 B : *RDSS 2015. 167, note Vinsonneau*. ♦ Dans la mesure où l'art. L. 312-1-III renvoie la fixation des règles de financement et de tarification qu'il prévoit à un décret, le pouvoir réglementaire, agissant par voie de décret, est donc compétent pour fixer ces règles alors même qu'elles sont susceptibles de s'appliquer aux départements, lorsqu'ils financent des lieux de vie et d'accueil ; par suite, il ne saurait être utilement soutenu que les art. 72 et 72-2 de la Constitution imposeraient l'adoption des dispositions litigieuses par la loi ou par un décret en Conseil d'État. • Même arrêt.

3. Notion d'établissement et de service au sens de l'art. L. 312-1. Un particulier hébergeant depuis plusieurs années deux personnes âgées dans un bâtiment distinct de sa maison d'habitation tout en leur préparant leurs repas dans son propre logement est soumis aux règles régissant les établissements d'hébergement et non celles relatives à « l'insertion dans une famille ». • CE 9 juill. 1993, *Solana*, n° 106557 : *RDSS 1994. 315, note Lhuillier*. ♦ De même, un immeuble comportant des logements consistant en de simples chambres avec cabinet de toilette tandis que les installations sanitaires, la cuisine et la salle à manger relèvent des parties communes, et dont les locataires, âgés et pour la moitié d'entre eux invalides, ne peuvent en raison de leur état et de la configuration des locaux vivre de façon indépendante, doit être regardé comme un établissement qui assure l'hébergement des personnes âgées au sens de l'art. 3 de la loi du 30 juin 1975. • CE 29 déc. 1995, *Dpt Nord*, n° 146270 : *Lebon 461*.

4. Incidence d'un contrat de bail sur la nature d'un établissement. Dès lors que les logements loués, au domicile de l'intéressée, exclusivement à des personnes âgées, à des adultes handicapés ou à des personnes en précarité ou exclusion sociale, consistent en de simples chambres ou studios d'une personne chacun comprenant un coin cuisine et un cabinet de toilette ; que la cuisine, la salle à manger et une véranda communes sont utilisées par les locataires et la propriétaire qui, de manière habituelle, à titre personnel ou aidée d'intervenants extérieurs, assure les courses, la confection de repas, l'entretien du linge et des locaux, la distribution des médicaments et une partie de la détente des locataires ; que ces services, qui ne concernent pas que les trois personnes pour lesquelles l'intéressée a obtenu un agrément départemental, sont le plus souvent, sinon systématiquement, rémunérés de manière distincte du loyer et que la plupart sinon la totalité des locataires ne peuvent, dans ces conditions et compte tenu également de leur état physique ou psychologique, vivre de façon indépendante, le domicile de l'intéressée doit être regardé, alors même qu'un contrat de bail aurait été conclu avec les personnes accueillies, comme un établissement social ou médico-social • CAA Douai, 15 mars 2007, *Mme W.*, n° 06DA01123 : *AJDA 2007. 2161, note Rihal*. • CAA Bordeaux, 4 déc. 2007, n° 05BX00189.

5. Absence de consultation du CNOSS. Il résulte de l'art. L. 312-1 que les conditions techniques minimales d'organisation et de fonctionnement des établissements et services sociaux et médico-sociaux, dont les centres d'accueil pour demandeurs d'asile, sont définies par décret après avis de la section sociale du Comité national de l'organisation sanitaire et sociale ; or, si un vice affectant le déroulement d'une procédure administrative préalable, suivie à titre obligatoire ou facultatif, n'est de nature à entacher d'illégalité la décision prise que s'il ressort des pièces du dossier qu'il a été susceptible d'exercer, en l'espèce, une influence sur le sens de la décision prise ou qu'il a privé les intéressés d'une garantie, le défaut de la consultation, obligatoire en l'espèce, de la section sociale ne saurait être regardé, eu égard à la nature de la décision en cause et aux attributions de ladite section, comme ayant été dépourvu d'influence sur le sens des dispositions de la convention type annexée au décret attaqué, lesquelles prévoient que les centres d'accueil pour les demandeurs d'asile doivent disposer d'un effectif déterminé à raison d'un équivalent temps plein pour dix à quinze personnes accueillies et composé pour plus de la moitié de travailleurs sociaux attestant des qualifications professionnelles requises ; par suite, les associations requérantes sont fondées à demander l'annulation de ces dispositions. • CE 22 juin 2012, *CIMADE et GISTI*, n° 352904 B.

6. Incompétence du juge administratif. Il résulte de la L. n° 75-535 du 30 juin 1975 et de la L. n° 2002-2 du 2 janv. 2002 que le législateur a entendu exclure que la mission assurée par les organismes privés gestionnaires des établissements et services aujourd'hui mentionnés au 7° de l'art. L. 312-1 revête le caractère d'une mission de service public ; par suite, la juridiction administrative n'est pas compétente pour connaître d'un litige relatif à l'admission d'une personne handicapée au sein d'un tel établissement ou service lorsqu'il est géré par une personne morale de droit privé. • CE 26 mars 2019, n° 428371 B.

7. Mission de service public et communication de documents. Si la protection des majeurs ordonnée par l'autorité judiciaire au titre du mandat spécial auquel il peut être recouru au titre de la curatelle constitue une mission d'intérêt général, il résulte toutefois des dispositions de la L. du 30 juin 1975 relative aux institutions sociales et médico-sociales et de la L. du 2 janv. 2002, éclairées par leurs travaux préparatoires, que le législateur a entendu exclure que la mission assurée par les organismes privés gestionnaires des établissements et services aujourd'hui mentionnés au 14° du I de l'art. L. 312-1 CASF revête le caractère d'une mission de service public ; il s'ensuit qu'en jugeant que le litige né du refus du président de l'association de communiquer au requérant les documents demandés ne relevait pas de la compétence de la juridiction administrative dès lors que cette association n'exerçait pas de mission de service public, le TA, dont le jugement est suffisamment motivé, n'a pas commis d'erreur de droit. • CE 24 déc. 2021, n° 444711 B.

8. Taux de TVA dans les établissements et services pour personnes âgées. Pour l'application de l'art. 278-0 *bis* CGI qui, prévoyant un taux réduit de TVA, doit être interprété à la lumière des objectifs de la Dir. 2006/112/CE du 28 nov. 2006 dont il assure la transposition en droit interne, les maisons de retraite s'entendent des établissements sociaux ou médico-sociaux destinés à l'hébergement des personnes âgées et mentionnés au 6° de l'art. L. 312-1 et qui sont régis par les dispositions de ce code. • CE 18 mars 2019, n° 409652 B.

9. Exonération de cotisations patronales pour un service d'accompagnement à la vie sociale. Un service d'accompagnement à la vie sociale entre dans la catégorie des établissements et services sociaux et médico-sociaux pouvant bénéficier de l'exonération des charges patronales prévue par l'art. L. 241-10 CSS. • Civ. 2e, 24 juin 2021, n° 19-21.852 B : *RDSS 2021. 939, obs. Rihal*.

Loi n° 2015-1776 du 28 décembre 2015,

Relative à l'adaptation de la société au vieillissement (JO 29 déc.).

Art. 49 *(Abrogé par L. n° 2021-1754 du 23 déc. 2021, art. 44-I-D, au plus tard à compter du 30 juin 2023) Des expérimentations d'un modèle intégré d'organisation, de fonctionnement et de financement des services polyvalents d'aide et de soins à domicile peuvent être* *mises en œuvre avec l'accord conjoint du président du conseil départemental et du directeur général de l'agence régionale de santé, à compter de la promulgation de la présente loi et pour une durée n'excédant pas* (L. n° 2019-774 du 24 juill. 2019, art. 61-XII) *« le 31 décembre 2021 », par :*

a) Les services polyvalents d'aide et de soins à domicile relevant des 6° et 7° du I de l'article L. 312-1 du code de l'action sociale et des familles ;

b) Les services de soins infirmiers à domicile et les services d'aide et d'accompagnement à domicile relevant de l'article L. 313-1-2 du même code, dans le cadre d'un groupement de coopération sociale ou médico-sociale ou d'une convention de coopération prévus à l'article L. 312-7 dudit code.

Les actions de prévention qu'ils dispensent sont éligibles aux financements prévus dans le cadre de la conférence des financeurs mentionnée à l'article L. 233-1 du même code.

La mise en œuvre de ce modèle, dont les modalités sont définies par un cahier des charges arrêté par les ministres chargés des personnes âgées, des personnes handicapées, du budget et des collectivités territoriales, est subordonnée à la signature d'un contrat pluriannuel d'objectifs et de moyens défini à l'article L. 313-11 du même code. — V. Arr. du 30 déc. 2015 (JO 31 déc.).

Ce contrat prévoit notamment :

1° La coordination des soins, des aides et de l'accompagnement dans un objectif d'intégration et de prévention de la perte d'autonomie des personnes accompagnées, sous la responsabilité d'un infirmier coordonnateur ;

2° Pour les activités d'aide à domicile, les tarifs horaires ou le forfait global déterminés par le président du conseil départemental ;

3° Pour les activités de soins à domicile, la dotation globale de soins infirmiers déterminée par le directeur général de l'agence régionale de santé ;

4° Pour les activités de prévention, la définition des actions qui s'inscrivent notamment dans le cadre du schéma départemental relatif aux personnes en perte d'autonomie mentionné à l'article L. 312-5 du code de l'action sociale et des familles et du projet régional de santé mentionné à l'article L. 1434-2 du code de la santé publique, leurs modalités de mise en œuvre et de suivi en fonction des objectifs poursuivis et la répartition de leur financement entre le département et l'agence régionale de santé.

Les centres de santé relevant de l'article L. 6323-1 du même code peuvent développer avec les services polyvalents d'aide et de soins à domicile mentionnés au premier alinéa du présent article ainsi qu'avec les services d'aide et d'accompagnement à domicile mentionnés aux 6° et 7° du I de l'article L. 312-1 du code de l'action sociale et des familles des actions de coordination et de prévention prévues aux 1° et 4° du présent article.

Le Gouvernement remet au Parlement, au plus tard, le 31 décembre (L. n° 2019-774 du 24 juill. 2019, art. 61-XII) *« 2021 », un rapport d'évaluation des expérimentations menées en application du présent article. Cette évaluation porte notamment sur l'amélioration de la qualité d'accompagnement des bénéficiaires et les éventuelles économies d'échelle réalisables au regard de la mutualisation des moyens.*

....

Art. 54 Dans le cadre des dispositifs répondant à des besoins de répit, les établissements et services mentionnés aux 2°, 6° et 7° du I de l'article L. 312-1 du code de l'action sociale et des familles peuvent comporter un ou plusieurs hébergements permettant l'accueil pour une nuit de personnes nécessitant une surveillance permanente.

....

Art. 67 I. — Après l'article 80 de la loi n° 2002-2 du 2 janvier 2002 rénovant l'action sociale et médico-sociale, il est inséré un article 80-1 ainsi rédigé :

Art. 80-1 **I. — Les établissements, services et lieux de vie et d'accueil qui ne disposent pas, à la date de publication de la loi n° 2015-1776 du 28 décembre 2015 relative à l'adaptation de la société au vieillissement, d'une autorisation au titre de tout ou partie de leurs activités relevant de l'article L. 312-1 du code de l'action sociale et des familles, délivrée en application de l'article 9 de la loi n° 75-535 du 30 juin 1975 relative aux institutions sociales et médico-sociales ou en application de l'article L. 313-1 du même code, sont réputés bénéficier de l'autorisation mentionnée au même article L. 313-1 à compter de leur date d'ouverture. Les établissements, services et lieux de vie et d'accueil doivent remplir les deux conditions suivantes :**

1° Avoir exercé ces activités non autorisées relevant de l'article L. 312-1 dudit code préalablement à l'application du régime d'autorisation prévu à l'article 9 de la loi n° 75-535 du 30 juin 1975 précitée ou à l'article L. 313-1 du même code ;

2° Avoir bénéficié au titre de ces activités, en vertu d'une décision unilatérale des autorités compétentes ou d'une convention conclue avec elles, d'une habilitation à recevoir des bénéficiaires de l'aide sociale ou d'une autorisation de dispenser des soins remboursables aux assurés sociaux.

Les catégories de bénéficiaires et les capacités d'accueil ainsi réputées avoir fait l'objet d'une autorisation sont celles figurant dans la décision ou la convention en vigueur la plus récente.

II. – Les établissements, services et lieux de vie et d'accueil relevant du 4° du I de l'article L. 312-1 du code de l'action sociale et des familles qui ne disposent pas, à la date de publication de la loi n° 2015-1776 du 28 décembre 2015 relative à l'adaptation de la société au vieillissement, d'une autorisation délivrée en application de l'article 9 de la loi n° 75-535 du 30 juin 1975 précitée ou de l'article L. 313-l du même code sont réputés bénéficier de l'autorisation mentionnée au même article L. 313-1 à compter de leur date d'ouverture. Cette autorisation est valable pendant une durée de deux ans à compter de la publication de la loi n° 2015-1776 du 28 décembre 2015 précitée. Les établissements, services et lieux de vie et d'accueil doivent remplir les deux conditions suivantes :

1° Avoir exercé ces activités non autorisées relevant du 4° du I de l'article L. 312-1 dudit code préalablement à l'application du régime d'autorisation prévu à l'article 9 de la loi n° 75-535 du 30 juin 1975 précitée ou à l'article L. 313-1 du même code ;

2° Bénéficier ou avoir bénéficié d'une habilitation à recevoir des mineurs confiés habituellement par l'autorité judiciaire, délivrée au titre de l'article L. 313-10 dudit code.

Le renouvellement de cette autorisation s'effectue, dans des conditions précisées par décret, au regard :

a) Des résultats de l'évaluation externe mentionnée à l'article L. 312-8 du même code ;

b) Des objectifs et des besoins formalisés dans les schémas prévus au 4° de l'article L. 312-5 du même code ;

c) Des orientations fixées par le représentant de l'État dans le département, pour ce qui relève exclusivement de son autorité.

III. – Les foyers de jeunes travailleurs qui ne disposent pas, à la date de publication de la loi n° 2015-1776 du 28 décembre 2015 relative à l'adaptation de la société au vieillissement, pour tout ou partie de leurs activités relevant du 10° du I de l'article L. 312-1 du code de l'action sociale et des familles, d'une autorisation délivrée en application de l'article 9 de la loi n° 75-535 du 30 juin 1975 précitée ou de l'article L. 313-1 du même code et qui ont commencé les activités relevant du 10° du I de l'article L. 312-1 dudit code avant que l'obligation découlant de ces articles ne leur soit applicable, ou entre le 31 mars 2010 et le 27 mars 2014, sont réputés bénéficier de l'autorisation mentionnée à l'article L. 313-1 du même code à compter de leur date d'ouverture. Sont également réputés autorisés, à compter de la signature de la convention conclue par le gestionnaire du foyer en application des articles L. 351-2 et L. 353-2 du code de la construction et de l'habitation, les projets ayant fait l'objet avant le 27 mars 2014 d'une décision de financement au titre des aides publiques prévues au 1° de l'article L. 301-2 du même code.

Dans un délai d'un an à compter de la date de promulgation de la loi n° 2015-1776 du 28 décembre 2015 précitée, l'autorité compétente de l'État fixe la capacité d'accueil ainsi réputée autorisée, compte tenu du nombre de logements destinés aux jeunes travailleurs et prévus par la convention conclue par le gestionnaire du foyer en application des articles L. 351-2 et L. 353-2 du code de la construction et de l'habitation, ou par une convention conclue dans le cadre de l'article L. 263-1 du code de la sécurité sociale.

IV. – Les établissements et services mentionnés aux I et III du présent article qui, à la date de la publication de la loi n° 2015-1776 du 28 décembre 2015 précitée, n'ont pas communiqué à l'autorité administrative l'évaluation externe prévue au cinquième alinéa de l'article L. 312-8 du code de l'action sociale et des familles, et dont l'autorisation vient à échéance dans un délai de deux ans suivant la date de la publication de la même loi, voient la durée de cette autorisation prorogée pour une durée de deux ans à compter de cette même date.

Loi n° 2022-217 du 21 février 2022,

Relative à la différenciation, la décentralisation, la déconcentration et portant diverses mesures de simplification de l'action publique locale (JO 21 févr.).

Art. 135 I. — Les droits et obligations des établissements et services mentionnés aux 2°, 3°, 5° et 7° du I de l'article L. 312-1 du code de l'action sociale et des familles résultant des autorisations délivrées en application de l'article L. 313-1 du même code et en cours de validité à la date de promulgation de la présente loi sont ainsi modifiés :

1° Les restrictions de l'activité de l'établissement ou du service à la prise en charge d'un handicap sans troubles associés ou en fonction du degré de gravité du handicap pris en charge cessent de s'appliquer deux ans après la promulgation de la présente loi ;

2° Les restrictions relatives à un âge maximal de seize à vingt ans sont remplacées, deux ans après la promulgation de la présente loi, par une restriction relative à un âge maximal de vingt ans.

Le présent article est applicable sans préjudice des règles minimales techniques et des règles de fonctionnement dont relèvent les établissements ou services mentionnés au premier alinéa du présent I.

SECTION 2 Organismes consultatifs *(L. n° 2002-303 du 4 mars 2002, art. 39-III).*

Art. L. 312-2 *Abrogé par Ord. n° 2003-850 du 4 sept. 2003, art. 26-I.*

Art. L. 312-3 *(L. n° 2009-879 du 21 juill. 2009, art. 124-I-3°)* **La section sociale du Comité national de l'organisation sanitaire et sociale mentionné à l'article L. 6121-7 du code de la santé publique se réunit au moins une fois par an en formation élargie en vue :**

1° D'évaluer les besoins sociaux et médico-sociaux et d'analyser leur évolution ;

2° De proposer des priorités pour l'action sociale et médico-sociale.

Tous les cinq ans, elle élabore un rapport qui est transmis à la Caisse nationale de solidarité pour l'autonomie, au Gouvernement et aux autorités locales concernées.

La section sociale du Comité national de l'organisation sanitaire et sociale est consultée par le ministre chargé des affaires sociales sur les problèmes communs aux établissements et services mentionnés à l'article L. 312-1, notamment sur les questions concernant leur fonctionnement administratif et financier.

Les art. L. 312-3, L. 313-1-1, L. 313-3 et L. 313-4, en tant qu'ils créent la commission d'appel à projet, qu'ils suppriment le comité régional de l'organisation sociale et médico-sociale et définissent une nouvelle procédure d'autorisation, s'appliquent aux nouvelles demandes d'autorisation, d'extension ou de transformation des établissements et services médico-sociaux déposées à compter du 1er juill. 2010 (L. n° 2009-879 du 21 juill. 2009, art. 131-I et II).

COMMENTAIRE

La loi du 4 mars 2002 relative aux droits des malades et à la qualité du système de santé avait déjà fortement modifié la nature et la composition des structures consultatives intervenant dans les procédures d'autorisation des établissements et services (art. L. 313-1 à L. 313-9) ainsi que dans l'élaboration des schémas d'organisation sociale et médico-sociale (art. L. 312-4 et L. 312-5). Elle avait, d'une part, institué une section sociale du comité national de l'organisation sanitaire et sociale (CNOSS, CSP, art. L. 6121-9) et, d'autre part, créé le « comité régional de l'organisation sociale et médico-sociale » (CROSMS).

La loi n° 2009-879 du 21 juillet 2009 portant réforme de l'hôpital et relative aux patients, à la santé et aux territoires a remodelé ce dispositif en supprimant le comité régional de l'organisation sociale et médico-sociale, la section sociale du comité national étant seule maintenue. La disposition ci-dessus ne concerne donc plus que cette instance nationale dont elle définit les missions. Quant aux attributions des anciens comités régionaux, elles sont pour partie transférées vers la nouvelle commission d'appel à projet (art. L. 313-1-1, L. 313-3 et L. 313-4) pour ce qui concerne l'autorisation de création, d'extension ou de modification d'établissement ou de service ; en revanche, les attributions consultatives que ces comités détenaient en matière de planification sociale et médico-sociale ne sont pas reprises. ❑

SECTION 3 Schémas d'organisation sociale et médico-sociale *(L. n° 2002-2 du 2 janv. 2002, art. 14-IV).*

BIBL. ▶ Camous, Les schémas départementaux de protection de l'enfance : un outil de concertation sous-exploité, *RDSS 2006. 515*. – Ligneau, Le nouveau schéma départemental des établissements et services sociaux, *RDSS 1985. 268.*

Art. L. 312-4 *(L. n° 2002-2 du 2 janv. 2002, art. 18)* **Les schémas d'organisation sociale et médico-sociale, établis pour une période maximum de cinq ans en cohérence avec** *(L. n° 2016-41 du 26 janv. 2016, art. 158-II-1°)* **« le schéma régional de santé prévu »** *[à]* *(Ord. n° 2010-177 du 23 févr. 2010, art. 18-I-7°)* **« l'article L. 1434-2 » du code de la santé publique** *(Abrogé par L. n° 2004-809 du 13 août 2004,* *art. 50-II)* **« *et avec les dispositifs de coordination prévus au chapitre V du titre IV du livre I* » :**

1° Apprécient la nature, le niveau et l'évolution des besoins sociaux et médico-sociaux de la population ;

2° Dressent le bilan quantitatif et qualitatif de l'offre sociale et médico-sociale existante ;

3° Déterminent les perspectives et les objectifs de développement de l'offre sociale et médico-sociale et, notamment, ceux nécessitant des interventions sous forme de création, transformation ou suppression d'établissements et services et, le cas échéant, d'accueils familiaux relevant du titre IV du livre IV ;

4° Précisent le cadre de la coopération et de la coordination entre les établissements et services mentionnés à l'article L. 312-1, à l'exception des structures expérimentales prévues au 12° du I de cet article, ainsi qu'avec les établissements de santé définis *(Ord. n° 2010-177 du 23 févr. 2010, art. 18-I-7°)* **« à l'article L. 6111-1 » du code de la santé publique ou tout autre organisme public ou privé, afin de satisfaire tout ou partie des besoins mentionnés au 1° ;**

5° Définissent les critères d'évaluation des actions mises en œuvre dans le cadre de ces schémas ;

(L. n° 2022-140 du 7 févr. 2022, art. 22-2°) **« 6° Définissent la stratégie de prévention des risques de maltraitance dans les établissements, services et lieux de vie mentionnés aux 1°, 4° et 17° du I de l'article L. 312-1 du présent code. Cette stratégie comporte des recommandations sur la détection des risques de maltraitance, la prévention et le traitement des situations de maltraitance et les modalités de contrôle de la qualité de l'accueil et de l'accompagnement par ces établissements et services et tient compte des parcours des enfants protégés ayant une double vulnérabilité en raison de leur handicap et de la protection de l'enfance. Le président du conseil départemental présente à l'assemblée délibérante un rapport annuel sur la gestion de ces établissements, qui recense notamment les événements indésirables graves, et le publie. »**

(L. n° 2015-1776 du 28 déc. 2015, art. 78) **« Les centres régionaux d'études, d'actions et d'informations en faveur des personnes en situation de vulnérabilité et les centres locaux d'information et de coordination mentionnés au 11° du I de l'article L. 312-1 contribuent, en réponse à la demande des autorités compétentes pour l'élaboration des schémas d'organisation sociale et médico-sociale et des schémas régionaux de santé, à l'analyse des besoins et de l'offre mentionnés aux 1° et 2° du présent article, ainsi qu'à toute action liée à la mise en œuvre de ces schémas. »**

Un document annexé aux schémas définis au présent article peut préciser, pour leur période de validité, la programmation pluriannuelle des établissements et services sociaux et médico-sociaux qu'il serait nécessaire de créer, de transformer ou de supprimer afin de satisfaire les perspectives et objectifs définis au 3°.

Les schémas peuvent être révisés à tout moment *(L. n° 2004-809 du 13 août 2004, art. 50-II)* **« à l'initiative de l'autorité compétente pour l'adopter ».** — *Les dispositions de la L. n° 2004-809 du 13 août 2004 sont applicables, sous réserve de l'entrée en vigueur des dispositions relevant de la loi de finances, à compter du 1er janv. 2005 (L. préc., art. 199).*

COMMENTAIRE

La loi n° 86-7 du 6 janvier 1986 adaptant l'action sociale à la décentralisation avait introduit, à l'article 2-2 de ce texte, un dispositif de planification consistant dans des schémas départementaux qui devaient préciser la nature des besoins et les perspectives de développement et de redéploiement des établissements et services. Par ailleurs, les commissions régionales en charge de donner des avis sur les demandes de création, d'extension ou de transformation d'établissements devaient elles aussi « évaluer » les besoins… Mais ce dispositif, largement inappliqué pour ce qui concerne les schémas, est resté largement impuissant à constituer un instrument d'anticipation suffisamment prégnant pour ordonner l'offre de services.

En ce qui concerne les schémas, cette impuissance a tenu au moins à deux raisons juridiques : ces documents n'étaient qu'indicatifs et donc non opposables, que ce soit aux promoteurs de projets ou à l'administration elle-même ; ceci découlant de cela, aucun mécanisme ne reliait juridiquement l'acte d'autorisation avec le schéma. Ajoutons que, bien que leur élaboration ait été rendue obligatoire par la loi, aucun délai ni mécanisme de contrainte ou de sanction n'avaient été prévus. Ainsi, cette forme déficiente de planification n'a pu éviter un développement souvent très inégal des équipements selon les départements ainsi que de graves lacunes dans certains domaines.

Aussi, la loi du 2 janvier 2002 a-t-elle repensé la planification en redéfinissant les schémas, ce qui est l'objet du présent article, et en réorganisant les modalités de leur élaboration à l'article L. 312-5.

Au premier niveau, les apports du texte sont les suivants : tout d'abord, ces schémas, obligatoires, ont une durée de vie limitée de 5 ans, ce qui est un gage de leur adéquation constante à l'évolution des besoins. Ensuite, ils doivent être mis en cohérence avec l'autre instrument de planification locale que constitue le schéma d'organisation sanitaire. Leur contenu est mieux cadré par le texte qui définit les divers types de données sur lesquelles doivent reposer les orientations arrêtées par le schéma ; leur contenu est élargi à la prévision de coopérations et de coordinations entre établissements et services (V. art. L. 312-7), ainsi qu'à la définition de critères d'évaluation de l'offre. Enfin, et il convient là de sortir du présent article pour se reporter à l'article L. 313-4-1°, les schémas départementaux sont dorénavant opposables puisque l'autorisation est accordée si le projet « est compatible avec les objectifs et répond aux besoins sociaux et médico-sociaux fixés par le schéma d'organisation sociale et médico-sociale ». Il faut indiquer cependant que l'opposabilité ne concerne que le schéma et non son annexe qui comporte une programmation pluriannuelle des établissements et services à créer, à transformer ou à supprimer (art. L. 312-4, al. 2), contrairement à ce qu'a prévu l'ordonnance du 24 avril 1996 en ce qui concerne les schémas d'organisation sanitaire (CSP, art. L. 6121-3 à L. 6121-8). Cela tient à la différence d'objectifs entre la planification sanitaire et la planification sociale : la première vise à résorber une offre de soins souvent excédentaire ou mal structurée ; la seconde vise au contraire à accompagner rationnellement le développement d'une offre le plus souvent déficitaire. C'est pourquoi aussi il n'y a pas de « carte sociale et médico-sociale », alors qu'il y a une « carte sanitaire » (CSP, art. L. 6121-1 à L. 6121-12).

La loi n° 2004-809 du 13 août 2004 relative aux libertés et responsabilités locales, qui a par ailleurs toiletté cet article pour tenir compte de l'abrogation de certaines instances – « commission départementale d'urgence » (ex-art. L. 145-1) et « comité départemental de coordination des politiques de lutte contre les exclusions » (ex-art. L. 145-2) –, a introduit au dernier alinéa une modification qui se comprend à la lumière de la nouvelle rédaction de l'article L. 312-5 : le département étant dorénavant en charge de l'élaboration et de l'adoption du schéma, il est logique que ce soit cette autorité qui ait compétence pour le réviser.

La loi du 26 janvier 2016, qui a simplifié le dispositif des schémas en les regroupant en un seul « schéma régional de santé », a introduit une modification à l'alinéa 1er de l'art. L. 312-4 pour tenir compte de cette réforme. Par ailleurs, la loi du 28 décembre 2015 relative à l'adaptation de la société au vieillissement prévoit l'association des centres régionaux d'études, d'actions et d'information en faveur des personnes en situation de vulnérabilité ainsi que des centres locaux d'information et de coordination (art. L. 312-1, 11°) à l'élaboration du schéma.

La loi n° 2022-140 du 7 février 2022 relative à la protection des enfants a introduit à l'article L. 312-4, 6° un domaine devant obligatoirement être pris en compte par les schémas. Il s'agit de la prévention des risques de maltraitance dans les établissements, services et lieux de vie mentionnés à l'article L. 312-1 (1°, 4° et 17° du I), cette question devant donc être prise en compte plus fortement par les demandes d'autorisation, les habilitations et les divers instruments conventionnels liant les autorités publiques et les gestionnaires d'ESMS. ❑

Art. L. 312-5 *(L. n° 2009-879 du 21 juill. 2009, art. 124-I-4°)* **Les schémas d'organisation sociale et médico-sociale sont établis dans les conditions suivantes :**

1° Les ministres chargés des personnes âgées et des personnes handicapées établissent, sur proposition de la Caisse nationale de solidarité pour l'autonomie lorsqu'il entre dans son champ de compétences et après avis du Comité national de l'organisation sanitaire et sociale, un schéma au niveau national pour les établissements ou services accueillant des catégories de personnes, dont la liste est fixée par décret, pour lesquelles les besoins ne peuvent être appréciés qu'à ce niveau ; l'Assemblée des départements de France est tenue informée de ce schéma national ;

2° Le représentant de l'État dans la région établit les schémas régionaux relatifs :

_a)_ Aux centres d'accueil pour demandeurs d'asile mentionnés au 13° du I de l'article L. 312-1 ;

_b)_ Aux services mentionnés aux 14° et 15° du I de l'article L. 312-1 et aux personnes physiques mentionnées aux articles L. 472-1, L. 472-5, L. 472-6 et L. 474-4 ;

(L. nº 2011-940 du 10 août 2011, art. 40) **« Ces schémas sont arrêtés après consultation des unions, fédérations et regroupements représentatifs des usagers et des gestionnaires de ces établissements et services dans des conditions définies par décret ; »**

(Abrogé par L. nº 2016-41 du 26 janv. 2016, art. 158-II-2º) ***« 3º Le directeur général de l'agence régionale de santé établit le schéma prévu à l'article L. 1434-12 du code de la santé publique ; »***

4° Le président du conseil départemental élabore les schémas, adoptés par le conseil départemental, pour les établissements et services, autres que ceux devant figurer dans les schémas nationaux, mentionnés aux 1° *(L. nº 2022-140 du 7 févr. 2022, art. 7-I)* **« , 4° et 17° » du I de l'article L. 312-1 du présent code. Pour cette dernière catégorie, il prend en compte les orientations fixées par le représentant de l'État dans le département.**

Les schémas relatifs aux personnes handicapées ou en perte d'autonomie sont arrêtés par le président du conseil départemental, après concertation avec le représentant de l'État dans le département et avec l'agence régionale de santé, dans le cadre de la commission prévue au 2° de l'article L. 1432-1 du code de la santé publique. *(L. nº 2015-1776 du 28 déc. 2015, art. 79)* **« Le conseil départemental de la citoyenneté et de l'autonomie mentionné à l'article L. 149-1 est consulté, pour avis, sur le contenu de ces schémas. Les modalités de cette consultation sont définies par décret.**

« L'objectif de ces schémas est d'assurer l'organisation territoriale et l'accessibilité de l'offre de services de proximité destinée aux personnes handicapées ou en perte d'autonomie et à leurs proches aidants. Ils comportent des dispositions relatives au logement, notamment des objectifs en matière d'adaptation des logements existants et d'offre de nouveaux logements adaptés en vue de préserver l'autonomie des personnes ; »

(Ord. nº 2016-1562 du 21 nov. 2016, art. 23-III, en vigueur le 1er janv. 2018) **« 5° Le président du conseil exécutif de Corse élabore les schémas, adoptés par l'Assemblée de Corse, pour les établissements et services, autres que ceux devant figurer dans les schémas nationaux, mentionnés aux 1°** *(L. nº 2022-140 du 7 févr. 2022, art. 7-I)* **« , 4° et 17° » du I de l'article L. 312-1 du présent code. Pour cette dernière catégorie, il prend en compte les orientations fixées par le représentant de l'État dans le département.**

« Les schémas relatifs aux personnes handicapées ou en perte d'autonomie sont arrêtés par le président du conseil exécutif de Corse, après concertation avec le représentant de l'État dans la collectivité de Corse et avec l'agence régionale de santé, dans le cadre de la commission prévue au 2° de l'article L. 1432-1 du code de la santé publique. Le conseil de la citoyenneté et de l'autonomie de la collectivité de Corse mentionné à l'article L. 149-3-1 est consulté, pour avis, sur le contenu de ces schémas. Les modalités de cette consultation sont définies par décret. »

COMMENTAIRE

L'article L. 312-5 a été totalement réécrit par la loi du 21 juillet 2009 (loi « HPST »). Du fait du double mouvement qui, d'une part, réorganise les services déconcentrés de l'État au niveau régional et non plus départemental (RGPP ; instr. du 19 mars 2008) et, d'autre part, crée les agences régionales de santé auxquelles est confiée la régulation de l'offre médico-sociale, les schémas d'organisation sociale et médico-sociale, auparavant établis principalement au niveau départemental (L. n° 83-663 du 23 juillet 1983 et L. n° 86-17 du 6 janvier 1986), seront pour beaucoup élaborés et arrêtés au niveau de la région, notamment ceux qui relèvent de l'ARS et de l'État. On peut synthétiser les niveaux d'élaboration et les compétences en matière de schémas sociaux et médico-sociaux de la façon suivante.

En ce qui concerne l'ARS et son directeur général qui arrête les schémas entrant dans son champ d'attribution : constituant une des composantes du « projet régional de santé » (V. CSP, art. L. 1434-12), ces derniers ont pour objet de prévoir et de susciter les évolutions nécessaires de l'offre des établissements et services médico-sociaux ; les activités concernées sont les IME, IMP, IMPro, ITEP, CMPP, SESSAD, les CAMPS, les ESAT et les EA, les structures de réadaptation, de préorientation et de rééducation professionnelle, les FAM et autres services d'assistance, de soins, d'aide à l'insertion professionnelle des handicapés, les appartements de coordination thérapeutique, les CAARUD, les CSAPA, les « lits halte soins santé », les centres de ressources ou centres d'information, les établissements et services accueillant des personnes âgées ou qui interviennent à domicile (vie quotidienne, soins) et, enfin, les structures à caractère expérimental. Le code de la santé publique prévoit que, dans la mesure où les services aux personnes handicapées et en direction des personnes âgées, notamment dépendantes, impliquent fortement les départements, le schéma régional de l'ARS doit être établi et actualisé au regard des schémas départementaux arrêtés par les conseils départementaux pour les mêmes publics. Il dispose aussi que le directeur général de l'ARS élabore et arrête le schéma régional après consultation de la commission de coordination des politiques publiques portant sur les accompagnements médico-sociaux (CSP, art. L. 1432-1, 2°).

Le préfet de région arrête pour sa part les schémas des centres d'accueil pour demandeurs d'asile (CADA) ainsi que ceux des services mettant en œuvre les mesures de protection des majeurs ordonnées par l'autorité judiciaire et des services chargés des mesures judiciaires d'aide à la gestion du budget familial.

S'élaborent au niveau départemental, sous responsabilité du conseil départemental, les schémas de l'aide sociale à l'enfance et de la protection judiciaire de la jeunesse ; pour ceux de ces documents qui concernent les services mettant en œuvre les mesures éducatives ordonnées par l'autorité judiciaire ou des mesures d'investigation préalable aux mesures d'assistance éducative, le président du conseil départemental doit prendre en compte les orientations fixées par le préfet de département.

Enfin, l'article L. 312-5 prévoit que le président du conseil départemental arrête les schémas relatifs aux personnes handicapées ou en perte d'autonomie, mais ne cite pas les différents types d'établissements concernés. Leur objectif est d'assurer une organisation territoriale garantissant l'accessibilité de l'offre. Cet objectif a été réaffirmé par la loi du 28 décembre 2015 relative à l'adaptation de la société au vieillissement qui a introduit un nouvel alinéa dans ce sens à l'article L. 312-5 avec une prise en compte particulière pour l'offre de logements adaptés aux personnes handicapées ou en perte d'autonomie. Pour ne pas contredire les documents établis régionalement et visant les mêmes publics, ils doivent être élaborés en concertation avec le représentant de l'État dans le département et avec l'ARS.

Face à cette réécriture de l'article L. 312-5, quelques remarques s'imposent : tout d'abord, le pouvoir de substitution du préfet en cas de carence du président du conseil départemental pour élaborer et arrêter les schémas, introduit par la loi du 2 janvier 2002, a disparu ; ensuite, la diversité des niveaux de planification (surtout entre le cadre régional et le cadre départemental), la nécessaire articulation entre tous ces documents ainsi que l'intervention d'un nouvel acteur, l'ARS, accroissent la complexité de la planification sociale et surtout médico-sociale ; enfin, les CROSMS disparaissant, l'élaboration des schémas ne comprend plus d'instance de concertation (sauf pour les schémas nationaux qui restent soumis, pour avis, à la section sociale du CNOSS).

Pour remédier à cette situation dommageable (laquelle a d'ailleurs donné lieu à des protestations), la loi n° 2011-940 du 10 août 2011, qui modifie diverses dispositions de la loi HPST de 2009, a introduit une nouvelle disposition à l'article L. 312-5 : les organismes représentatifs des usagers et des gestionnaires d'ESMS doivent être consultés dans la phase d'élaboration des schémas.

Du fait des réformes dont a fait l'objet l'organisation territoriale de la Corse, l'ordonnance n° 2016-1562 du 21 novembre 2016 portant diverses mesures institutionnelles relatives à la collectivité de Corse a introduit une disposition spécifique à la nouvelle collectivité et relative à l'élaboration de ses schémas.

Art. L. 312-5-1 *(L. n° 2009-879 du 21 juill. 2009, art. 124-I-5°)* **Pour les établissements et services mentionnés aux 2°, 3°, 5°, 6°, 7°, 11° et 12° du I de l'article L. 312-1 qui accueillent des personnes handicapées ou des personnes âgées, le directeur général de l'agence régionale de santé établit un programme interdépartemental d'accompagnement des handicaps et de la perte d'autonomie composé d'objectifs de programmation pour la mise en œuvre du schéma régional** *(L. n° 2016-41 du 26 janv. 2016, art. 158-II-3°)* **« de santé mentionné à l'article L. 1434-3 du code de la santé**

publique ». Ce programme dresse, pour la part des prestations financées sur décision tarifaire du directeur général de l'agence régionale de santé, les priorités de financement des créations, extensions ou transformations d'établissements ou de services au niveau régional.

COMMENTAIRE

La loi n° 2005-102 du 11 février 2005 pour l'égalité des droits et des chances, la participation et la citoyenneté des personnes handicapées, a introduit ce nouvel article L. 312-5-1 qui institue le « programme interdépartemental d'accompagnement des handicaps et de la perte d'autonomie » (PRIAC). Il s'agissait, pour garantir la réalisation des projets d'établissements et services paraissant indispensables à la mise en œuvre effective des objectifs de ce texte, de compléter les schémas d'organisation médico-sociale concernant les personnes handicapées et âgées par un instrument spécifique de programmation des financements prioritaires.

La loi dite « HPST » (L. n° 2009-879 du 21 juillet 2009) a réécrit cette disposition pour tenir compte du transfert des responsabilités de la police des établissements et services médico-sociaux du préfet vers le directeur général de l'ARS ; c'est cette autorité qui arrête le PRIAC après consultation de la nouvelle commission de coordination des politiques publiques (CSP, art. L. 1432-1, 2°) et avis des présidents des conseils départementaux compétents. Le texte renforce aussi le lien entre les schémas et le PRIAC en indiquant explicitement que ce dernier est composé d'objectifs de programmation visant à la mise en œuvre des premiers. ❑

Art. L. 312-5-2 *(Ord. n° 2005-1477 du 1er déc. 2005, art. 5)* **Le programme interdépartemental mentionné à l'article L. 312-5-1 comporte, en annexe :**

— pour l'année considérée, les dotations fixées en application de l'article L. 314-3 ;

— le cas échéant, au titre de l'une ou l'autre des deux années suivantes, les dotations fixées en application de l'article L. 314-3-4.

COMMENTAIRE

L'article L. 312-5-2 a été introduit au code par l'ordonnance n° 2005-1477 du 1er décembre 2005. Il est apparu important, ce point n'ayant pas été précisé au moment de la rédaction de l'article L. 312-5-1 (L. n° 2005-102 du 11 février 2005), que le programme interdépartemental soit complété par des annexes faisant état des dotations définies annuellement pour le financement des établissements et services dans le cadre des objectifs annuels de dépenses fixés par le ministre en application de la LFSS (art. L. 314-3 et L. 314-3-4). ❑

Art. L. 312-5-3 *(L. n° 2014-366 du 24 mars 2014, art. 34-I)* **« I. — Le** *(Ord. n° 2014-1543 du 19 déc. 2014, art. 14-III, en vigueur le 1er janv. 2015 ; L. n° 2017-86 du 27 janv. 2017, art. 147-III)* **« plan départemental d'action pour le logement et l'hébergement des personnes défavorisées » prévu à l'article 2 de la loi n° 90-449 du 31 mai 1990 visant à la mise en œuvre du droit au logement définit, de manière territorialisée, les mesures destinées à répondre aux besoins en logement et en hébergement des personnes prises en charge par le dispositif d'accueil, d'hébergement et d'accompagnement vers l'insertion et le logement. »**

II. — La capacité à atteindre est au minimum d'une place d'hébergement par tranche de 2 000 habitants pour les communes membres d'un établissement public de coopération intercommunale à fiscalité propre dont la population est supérieure à 50 000 habitants ainsi que pour les communes dont la population est au moins égale à 3 500 habitants et qui sont comprises, au sens du recensement général de la population, dans une agglomération de plus de 50 000 habitants comprenant au moins une commune de plus de 15 000 habitants. Cette capacité est portée à une place par tranche de 1 000 habitants dans les communes visées à la phrase précédente et comprises, au sens du recensement général de la population, dans une agglomération de plus de 100 000 habitants.

III. — Les places d'hébergement retenues pour l'application du présent article sont :

1° Les places des établissements prévus au 8° du I de l'article L. 312-1 ;

2° Les places des centres d'accueil pour demandeurs d'asile définis à l'article L. 348-1 ;

3° Les places des structures d'hébergement destinées aux personnes sans domicile faisant l'objet d'une convention avec l'État ou une collectivité territoriale, à l'exception de celles conventionnées au titre de l'article L. 851-1 du code de la sécurité sociale ;

4° Les logements des résidences hôtelières à vocation sociale définies à l'article L. 631-11 du code de la construction et de l'habitation qui sont destinés aux personnes mentionnées au II de l'article L. 301-1 du même code ;

5° Les logements mentionnés au second alinéa de l'article L. 321-10 du code de la construction et de l'habitation.

IV. – Ne sont pas soumises au prélèvement prévu au VI :

1° Les communes bénéficiant de la dotation de solidarité urbaine et de cohésion sociale prévue par l'article L. 2334-15 du code général des collectivités territoriales ;

2° Les communes membres d'un établissement public de coopération intercommunale compétent en matière de programme local de l'habitat lorsque la somme des places d'hébergement situées sur le territoire de l'établissement public est égale ou supérieure à la somme des capacités à atteindre, prévues au II, de ces communes ;

3° Les communes qui ne sont pas membres d'un établissement public de coopération intercommunale compétent en matière de programme local de l'habitat, lorsqu'elles appartiennent à une même agglomération au sens du recensement général de la population et décident, par convention et en cohérence avec le plan d'accueil, d'hébergement et d'insertion des personnes sans domicile, de se regrouper lorsque la somme des places d'hébergement situées sur leur territoire est égale ou supérieure à la somme des capacités à atteindre, prévues au II, de ces communes.

V. – Le représentant de l'État dans le département notifie chaque année, avant le 1er septembre, à chacune des communes mentionnées au II un état des places d'hébergement disponibles au 1er janvier de l'année en cours. La commune dispose de deux mois pour présenter ses observations. Après examen de ces observations, le représentant de l'État dans le département notifie, avant le 31 décembre, le nombre de places d'hébergement retenues pour l'application du II.

VI. – A compter du 1er janvier 2010, il est effectué chaque année, par neuvième des mois de mars à novembre, un prélèvement sur les ressources fiscales des communes dans lesquelles le nombre de places d'hébergement est inférieur aux obligations mentionnées au II.

Ce prélèvement est égal à deux fois le potentiel fiscal par habitant défini à l'article L. 2334-4 du code général des collectivités territoriales multiplié par le nombre de places d'hébergement manquantes par rapport aux obligations mentionnées au II du présent article, sans pouvoir excéder 5 % du montant des dépenses réelles de fonctionnement de la commune constatées dans le compte administratif afférent au pénultième exercice.

Le prélèvement n'est pas effectué si son montant est inférieur à la somme de 3 812 €.

Le produit de la taxe foncière sur les propriétés bâties, de la taxe foncière sur les propriétés non bâties, de la taxe d'habitation *(L. n° 2019-1479 du 28 déc. 2019, art. 16-I-G-3)* « sur les résidences secondaires et autres locaux meublés non affectés à l'habitation principale » et de la *(L. n° 2009-1673 du 30 déc. 2009, art. 2-9)* « cotisation foncière des entreprises » inscrit à la section de fonctionnement du budget des communes soumises au prélèvement institué au présent article est diminué du montant de ce prélèvement. Celui-ci est imputé sur les attributions mentionnées au premier alinéa de l'article L. 2332-2 du code général des collectivités territoriales. – *Les dispositions de l'art. 16-I-G-3 de la L. n° 2019-1479 du 28 déc. 2019 s'appliquent à compter des impositions établies au titre de 2023 (L. préc., art. 16-VII-E).*

Le produit du prélèvement est reversé dans les mêmes conditions que celui mentionné à l'article L. 302-7 du code de la construction et de l'habitation.

Une fraction du prélèvement, dans la limite de 15 %, peut être affectée à des associations pour le financement des services mobiles d'aide aux personnes sans abri.

VII. – Un décret en Conseil d'État fixe les modalités d'application du présent article.

COMMENTAIRE

La loi n° 2009-323 du 25 mars 2009 relative à la mobilisation pour le logement et la lutte contre l'exclusion comporte, outre des dispositions relatives au logement proprement dit, des mesures destinées à améliorer l'hébergement : la disposition ci-dessus constitue l'une des mesures prises dans ce sens. L'objectif recherché a été de simplifier la planification en la matière, notamment en supprimant les schémas départementaux pour les CHRS et en prévoyant une intégration des projections en matière d'hébergement dans le plan départemental d'action pour le logement des personnes défavorisées (PDAPLPD). L'article L. 312-5-3 institue en conséquence un « plan d'accueil, d'hébergement et d'insertion des personnes défavorisées ».

Élaboré par le préfet tous les cinq ans en concertation avec les acteurs locaux, ce plan couvre l'ensemble des places d'hébergement, des capacités d'accueil de jour, des centres d'accueil pour demandeurs d'asile (CADA) et des logements temporaires ; il doit aussi prendre en compte les services d'accompagnement social, d'adaptation à la vie active, d'insertion sociale et professionnelle ainsi que les dispositifs de veille sociale.

La disposition élargit les contraintes introduites pour les communes en matière d'hébergement (contraintes instituées par la loi dite « DALO », L. n° 2007-290 du 5 mars 2007) en ne limitant plus leurs obligations aux seules places d'hébergement d'urgence mais en y intégrant toutes les autres formes d'hébergement (CHRS, CADA, résidences hôtelières à vocation sociale, logements « à loyer social » et « très social ») ; vis-à-vis de ces obligations, qui sont quantitativement définies au regard du rapport entre le nombre de places et le nombre d'habitants, les communes se trouvant en-deçà des seuils imposés devront acquitter un prélèvement sur leurs ressources fiscales. ❑

SECTION 4 **Coordination des interventions** *(L. n° 2002-2 du 2 janv. 2002, art. 14-V).*

Art. L. 312-6 *(L. n° 2002-2 du 2 janv. 2002, art. 20)* **Afin de coordonner la mise en œuvre des actions sociales et médico-sociales menées dans chaque département et de garantir, notamment, la continuité de la prise en charge ou de l'accompagnement des personnes accueillies, une convention pluriannuelle conclue entre les autorités compétentes, au titre desquelles figurent les centres communaux d'action sociale et les centres intercommunaux gestionnaires d'établissements sociaux ou médico-sociaux, définit les objectifs à atteindre, les procédures de concertation et les moyens mobilisés à cet effet, notamment dans le cadre des schémas départementaux mentionnés au 2° de l'article L. 312-5.**

COMMENTAIRE

L'article L. 312-5, modifié par la loi n° 2004-809 du 13 août 2004, a confié au seul président du conseil départemental et au département qu'il dirige le soin d'élaborer et d'adopter les schémas départementaux d'organisation sociale et médico-sociale. Ces autorités doivent cependant tenir compte des orientations arrêtées par le préfet en ce qui concerne les établissements et services relevant de la compétence de l'État. Cette section relative à la « coordination des interventions », et notamment l'article L. 312-6 ci-dessus, doit être replacée dans ce cadre : alors que le processus de décentralisation tend à répartir les attributions selon une logique permettant à chaque collectivité publique de maîtriser unilatéralement les choix dans le champ d'action qui lui est confié, il apparaît toutefois qu'un minimum de coordination doit être aménagé. C'est ce que veulent promouvoir les instruments de coordination prévus dans cette disposition.

La loi rend ainsi obligatoire la signature d'une convention pluriannuelle liant l'État, le conseil départemental (les « autorités compétentes » du texte) auxquels doivent s'ajouter explicitement les CCAS et CIAS qui sont effectivement gestionnaires de nombre d'établissements et de services sociaux et médico-sociaux, notamment pour les personnes âgées. La finalité de cette convention est d'organiser de façon cohérente l'action sociale et médico-sociale dans le département, le texte insistant sur « la continuité des prises en charge et l'accompagnement des personnes accueillies » ; on veut ainsi contribuer à la lutte contre les clivages sectoriels et institutionnels et on entend susciter des logiques de continuité et de transversalité dans l'offre de services. ❑

Art. L. 312-7 *(L. nº 2002-2 du 2 janv. 2002, art. 21)* Afin de favoriser leur coordination, leur complémentarité et garantir la continuité des prises en charge et de l'accompagnement, notamment dans le cadre de réseaux sociaux ou médico-sociaux coordonnés, les établissements et services mentionnés à l'article L. 312-1 ou les personnes physiques ou morales *(L. nº 2009-879 du 21 juill. 2009, art. 124-I-26º)* « qui peuvent être gestionnaires au sens de l'article L. 311-1 ainsi que les personnes morales ou physiques concourant à la réalisation de leurs missions » peuvent :

1º Conclure des conventions entre eux, avec des établissements de santé ou avec des établissements publics locaux d'enseignement et des établissements d'enseignement privés ;

2º Créer des groupements d'intérêt économique et des groupements d'intérêt public et y participer, dans des conditions fixées par décret en Conseil d'État ;

3º *(L. nº 2005-102 du 11 févr. 2005, art. 94-1º)* « Créer des groupements de coopération sociale ou médico-sociale. Outre les missions dévolues aux catégories de groupements mentionnées au 2º, le groupement de coopération peut :

« *a)* Permettre les interventions communes des professionnels des secteurs sociaux, médico-sociaux et sanitaires, des professionnels salariés du groupement ainsi que des professionnels associés par convention ;

« *b)* Être autorisé *(Abrogé par L. nº 2015-1776 du 28 déc. 2015, art. 47-I-3º) (L. nº 2007-1786 du 19 déc. 2007, art. 70-II) « ou agréé au titre de l'article (L. nº 2009-879 du 21 juill. 2009, art. 124-I-26º) « L. 7232-1 » du code du travail »,* » à la demande des membres, à exercer directement les missions et prestations des établissements et services énoncés à l'article L. 312-1 et à assurer directement, à la demande de l'un ou plusieurs de ses membres, l'exploitation de l'autorisation *(Abrogé par L. nº 2015-1776 du 28 déc. 2015, art. 47-I-3º) (L. nº 2007-1786 du 19 déc. 2007, art. 70-II) « ou de l'agrément au titre de l'article (L. nº 2009-879 du 21 juill. 2009, art. 124-I-26º) « L. 7232-1 » précité »* après accord de l'autorité l'ayant délivrée ;

« *c)* Être chargé de procéder aux fusions et regroupements mentionnés au 4º du présent article ;

« *(L. nº 2009-879 du 21 juill. 2009, art. 124-I-26º)* « *d)* Créer des réseaux sociaux ou médico-sociaux avec les personnes mentionnées au premier alinéa et adhérer à ces mêmes réseaux ou aux réseaux et groupements de coopération ou d'intérêt public prévus au code de la santé publique ;

« *(L. nº 2009-1646 du 24 déc. 2009, art. 54-I, en vigueur le 1er janv. 2011)* « *e)* Être chargé pour le compte de ses membres des activités de pharmacie à usage interne mentionnées à l'article L. 5126-1 du code de la santé publique. »

(Abrogé par L. nº 2015-1776 du 28 déc. 2015, art. 63-1º) (L. nº 2011-940 du 10 août 2011, art. 34) « Le groupement de coopération sociale ou médico-sociale n'a pas la qualité d'établissement social ou médico-social. »

(L. nº 2015-1776 du 28 déc. 2015, art. 63-2º) « Le groupement de coopération sociale ou médico-sociale peut être constitué entre professionnels » *(L. nº 2005-102 du 11 févr. 2005, art. 94-1º)* « des secteurs sociaux et médico-sociaux et sanitaires, entre ces professionnels, les établissements et personnes *(L. nº 2009-879 du 21 juill. 2009, art. 124-I-26º)* « mentionnés au premier alinéa » et les établissements de santé mentionnés à l'article *(L. nº 2009-879 du 21 juill. 2009, art. 124-I-26º)* « L. 6111-1 » du code de la santé publique. Peuvent y être associés, par conventions, des professionnels médicaux et paramédicaux du secteur libéral ou du secteur public n'exerçant pas dans les établissements et services des membres adhérents. »

(L. nº 2015-1776 du 28 déc. 2015, art. 63-3º) « La nature juridique du groupement est fixée par les membres, sous les réserves suivantes : le groupement de coopération sociale ou médico-sociale est une personne morale de droit public lorsqu'il est constitué exclusivement par des personnes de droit public, ou par des personnes de droit public et des personnes physiques ou morales exerçant une profession de santé ; il est une personne morale de droit privé lorsqu'il est constitué exclusivement par des personnes de droit privé ; le groupement de coopération sociale ou médico-sociale poursuit un but non lucratif. » *(L. nº 2010-1658 du 29 déc. 2010, art. 55-I-D)* « Lorsqu'ils exercent les missions mentionnées au *b*, *(L. nº 2015-1776 du 28 déc. 2015,*

art. 63-3°) **« les recettes des groupements de droit public » sont recouvrées conformément à l'article L. 1617-5 du code général des collectivités territoriales. »**

(L. n° 2005-706 du 27 juin 2005, art. 50 ; L. n° 2009-879 du 21 juill. 2009, art. 124-I-26° ; Ord. n° 2010-177 du 23 févr. 2010, art. 18-I-8°) **« Les actions du groupement réalisées au profit d'un seul de ses membres sont financées par celui-ci sur le budget correspondant. »**

4° Procéder à des regroupements ou à des fusions.

(L. n° 2007-1786 du 19 déc. 2007, art. 70-II) **« Les établissements de santé publics et privés** *(Abrogé par L. n° 2015-1776 du 28 déc. 2015, art. 47-I-3°)* ***« et, dans les conditions prévues par le présent article, les organismes agréés au titre de l'article*** *(L. n° 2009-879 du 21 juill. 2009, art. 124-I-26°)* ***« L. 7232-1 » du code du travail »*** **peuvent adhérer à l'une des formules de coopération mentionnées au présent article. »**

Les établissements et services sociaux et médico-sociaux mentionnés à l'article L. 312-1 peuvent conclure avec des établissements de santé des conventions de coopération *(Abrogé par L. n° 2009-879 du 21 juill. 2009, art. 124-I-26°)* ***« telles que mentionnées au 1° de l'article L. 6122-15 du code de la santé publique. Dans des conditions fixées par décret, ces mêmes établissements et services peuvent adhérer aux formules de coopération mentionnées au 2° dudit article ».***

Afin de favoriser les réponses aux besoins et leur adaptation, les schémas d'organisation sociale et médico-sociale peuvent envisager les opérations de coopération, de regroupement ou de fusion compatibles avec les objectifs de développement de l'offre sociale.

(L. n° 2009-879 du 21 juill. 2009, art. 124-I-26°) **« La convention constitutive des groupements de coopération définit notamment l'ensemble des règles de gouvernance et de fonctionnement. Elle peut prévoir des instances de consultation du personnel. »**

(L. n° 2005-102 du 11 févr. 2005, art. 94-2°) **« Les mesures d'application du présent article sont, en tant que de besoin, déterminées par décret en Conseil d'État. »** – *V. art. R. 312-194-1 à R. 312-194-25.*

BIBL. ▶ ESPER, Un instrument juridique nouveau au bénéfice du secteur social et médico-social : le groupement de coopération sociale ou médico-sociale, *RDSS 2006. 909*. – NAÏTALI, Le GCSMS : un cadre juridique instable, *RDSS 2012. 56*.

COMMENTAIRE

Au-delà de la coordination entre les « autorités compétentes » de l'article L. 312-6, cette seconde disposition offre aux établissements et services (art. L. 312-1), au travers de leurs organismes gestionnaires (art. L. 311-1), un ensemble d'instruments de coordination, toujours dans le but d'organiser leur complémentarité et d'assurer la continuité des prises en charge d'une structure à une autre : conventions, groupements d'intérêt économique, groupements d'intérêt public, syndicats inter-établissements ou groupements de coopération, regroupements et fusions sont ainsi explicitement proposés pour assurer une mise en cohérence des structures ; dans le même sens, et dans la logique du décloisonnement entre le sanitaire et social, les établissements de santé publics et privés peuvent être associés à ces coopérations, d'une part parce que les organismes sociaux et médico-sociaux peuvent être parties dans les conventions de coopération prévues au code de la santé publique pour coordonner les équipements sanitaires (art. L. 6122-15), et d'autre part parce que les structures sanitaires peuvent entrer dans les groupements d'intérêt économique et les groupements d'intérêt public mis en place dans le secteur social.

Autre mesure d'importance : les schémas d'organisation peuvent prévoir des opérations de coopération, de regroupement ou de fusion « afin de favoriser les réponses aux besoins et leur adaptation ». Si, en lieu et place de la planification impérative du secteur sanitaire, la loi du 30 juin 1975 avait érigé le principe de « coordination » en objectif central de la réglementation (art. 2), cette logique avait été bien peu mise en œuvre dans les faits ; on a longtemps raisonné en termes d'équipements auto-suffisants et de cloisonnements entre les publics et les structures de prise en charge. La disposition ci-dessus voudrait impulser une autre logique, celle de la constitution de « réseaux sociaux et médico-sociaux » qui, offrant des réponses multiples, souples et adaptables, assurent une prise en charge fluide des personnes ; cette orientation entend correspondre à la conception individualisée du service qui tend peu à peu à prévaloir.

La loi du 11 février 2005 concernant la politique en direction des personnes handicapées a ajouté à la rédaction antérieure issue de la loi n° 2002-2 du 2 janvier 2002 un nouveau 3°. Cette nouvelle disposition reprend l'instrument de coordination déjà proposé antérieurement par le texte (en faisant cependant disparaître un dispositif visé dans la première rédaction de l'article, l'énigmatique « syndicat interétablissements »...), en l'occurrence le « groupement de coopération », mais elle lui confère des missions beaucoup plus précises : interventions communes de professionnels, mise en commun de services ou création de services communs, réalisation de fusions et de regroupements entre établissements ou services.

Il convient aussi de signaler que la LFSS n° 2007-1786 du 19 décembre 2007 a introduit un alinéa nouveau qui permet notamment aux établissements de santé publics d'adhérer à l'une des formules de coopération sociale et médico-sociale, une telle disposition accompagnant le mouvement de décloisonnement entre le sanitaire et le médico-social.

Enfin, la loi n° 2009-879 du 21 juillet 2009 (loi « HPST ») a apporté quelques modifications au régime juridique des groupements de coopération. Tout d'abord, la liste des personnes ou organismes pouvant être à l'origine de la création d'une des modalités de coopération (convention, GIE, GIP, GCSMS) est élargie pour faciliter le recours à ces montages : les personnes physiques ou morales participant aux missions des ESMS peuvent en prendre l'initiative (art. L. 312-7, al. 1). Ensuite, le texte élargit les missions des GCSMS en indiquant qu'ils peuvent créer des réseaux sociaux et médico-sociaux ou être membres des réseaux, groupements de coopération ou d'intérêt public prévus au code de la santé publique. Enfin, la convention constitutive des groupements de coopération doit définir l'ensemble des règles de gouvernance et de fonctionnement de la structure ; elle peut instituer aussi des instances de consultation des personnels. S'agissant de la nature juridique des GCSMS, la loi du 28 décembre 2015 relative à l'adaptation de la société au vieillissement a également apporté des précisions : si est préservé le principe du choix des membres du groupement concernant cette nature, il est cependant indiqué que lorsqu'il est exclusivement composé de personnes publiques ou intègre des personnes de droit public et des personnes (physique ou morale) exerçant des professions de santé, le GCSMS est alors une personne publique ; il est en revanche une personne morale de droit privé lorsqu'il est exclusivement composé de personnes de droit privé. Le texte précise en outre que les GCSMS poursuivent exclusivement un but non lucratif.

Alors que la loi n° 2011-940 du 10 août 2011 avait exclu que le GCSMS puisse constituer en lui-même un ESMS, la loi du 28 décembre 2015 a abrogé cette disposition, ce qui permet à des établissements réunis sous cette forme de ne plus constituer qu'un seul ESMS. ❑

Art. L. 312-7-1 *(L. nº 2016-41 du 26 janv. 2016, art. 91-I)* **Les établissements et services médico-sociaux mentionnés au 2° du I de l'article L. 312-1 peuvent fonctionner en dispositif intégré pour accompagner des enfants, des adolescents et des jeunes adultes** *(L. nº 2019-791 du 26 juill. 2019, art. 31-1º)* **« handicapés ou présentant des difficultés d'adaptation. »**

Le fonctionnement en dispositif intégré consiste en une organisation des établissements et des services mentionnés au premier alinéa du présent article destinée à favoriser un parcours fluide et des modalités d'accompagnement diversifiées, modulables et évolutives en fonction des besoins des enfants, des adolescents et des jeunes adultes qu'ils *(L. nº 2019-791 du 26 juill. 2019, art. 31-2º)* **« accompagnent ». Dans le cadre du dispositif, ces établissements et ces services proposent, directement ou en partenariat, l'ensemble des modalités d'accompagnement prévues au dernier alinéa du I de l'article L. 312-1.**

(L. nº 2019-791 du 26 juill. 2019, art. 31-3º) **« En cas de dispositif partenarial, le fonctionnement en dispositif intégré est subordonné à la conclusion d'une convention entre les établissements et services intéressés. Cette convention est intégrée au contrat mentionné à l'article L. 313-12-2 de ces établissements et services. »**

Pour l'application de l'article L. 241-6, la commission mentionnée à l'article L. 146-9 du présent code peut désigner, après accord de l'intéressé *(Ord. nº 2020-232 du 11 mars 2020, art. 41-1º)* **« , de ses représentants légaux s'il s'agit d'un mineur ou, s'il s'agit d'un majeur faisant l'objet d'une mesure de protection juridique avec représentation relative à la personne qui n'est pas apte à exprimer sa volonté, de la personne chargée de cette mesure, qui tient compte de l'avis de la personne protégée, » des dispositifs intégrés en lieu et place des établissements et des services mentionnés au premier alinéa du présent article. Dans ce cas, elle autorise l'équipe men-**

tionnée à l'article L. 112-2-1 du code de l'éducation à modifier le projet personnalisé de scolarisation d'un élève mentionné à l'article L. 112-2 du même code *(Abrogé par L. n° 2019-791 du 26 juill. 2019, art. 31-4°)* **« , *dans les conditions prévues par décret* », après accord de l'intéressé** *(Ord. n° 2020-232 du 11 mars 2020, art. 41-2°)* **« , de ses représentants légaux ou de la personne chargée de la mesure de protection juridique ».**

(L. n° 2019-791 du 26 juill. 2019, art. 31-5°) **« Les modalités d'application du présent article sont déterminées par décret. »**

Les dispositions issues de l'art. 91-I de la L. n° 2016-41 du 26 janv. 2016 sont applicables à compter de la conclusion des conventions mentionnées au quatrième al. de l'art. L. 312-7-1, et au plus tard le 31 déc. 2017 (L. préc., art. 91-II).

L'Ord. n° 2020-232 du 11 mars 2020 n'est pas applicable en Nouvelle-Calédonie. Elle entre en vigueur à une date fixée par décret en Conseil d'État et au plus tard le 1er oct. 2020. Elle est applicable aux mesures de protection juridique en cours au jour de son entrée en vigueur et aux situations dans lesquelles aucune décision n'a été prise au jour de son entrée en vigueur (Ord. préc., art. 45 et 46, JO 12 mars).

COMMENTAIRE

La loi du 26 janvier 2016 de modernisation du système de santé a introduit cet article L. 312-7-7 au code. L'objectif est de reconnaître et de valoriser une nouvelle modalité d'aménagement des établissements et services médico-sociaux concernant les enfants et adolescents handicapés, modalité dénommée par le texte : « dispositif intégré ». A rebours de la juxtaposition d'établissements où les bénéficiaires étaient « placés » dans une filière spécialisée, il s'agit d'aménager une transversalité entre les structures de façon à ce qu'il y ait une continuité des interventions auprès de la même personne alors que ces interventions relèvent de structures et de services distincts.

Les dispositifs intégrés supposent que soit conclue une convention entre la MDPH, l'ARS, les organismes de protection sociale, le rectorat et les établissements et services médico-sociaux concernés. Les enfants et adolescents handicapés peuvent être, avec leur accord, adressés non plus à un établissement ou un service, mais à un dispositif intégré.

Dans le même sens, la loi n° 2019-791 du 26 juillet 2019 pour une école de la confiance (art. 31-3) fait obligation à ces dispositifs intégrés de reposer sur une convention liant les établissements et services concernés, cette convention devant de plus être intégrée au contrat pluriannuel d'objectifs et de moyens (CPOM : CASF, art. L. 313-12-2) qui lie chaque structure gestionnaire à son financeur (ARS et/ou département). ❑

SECTION 5 Évaluation et systèmes d'information *(L. n° 2002-2 du 2 janv. 2002, art. 14-VI).*

BIBL. ▸ Alföldi, Savoir évaluer en action sociale et médico-sociale, *Dunod 2006*. – Bouquet, Jaeger et Sainsaulieu, Les défis de l'évaluation en action sociale et médico-sociale, *Dunod 2007*. – Cauquil et Lafore (Dir.), Évaluer les politiques sociales, *L'Harmattan, 2006*. – Charleux et Guaquère (Dir.), Évaluation et qualité en action sociale et médico-sociale, *2e éd., ESF, 2006*. – Danancier, Mener l'évaluation interne dans les établissements et services sociaux et médico-sociaux, *Dunod, 2004*. – Ligneau, L'évaluation dans la loi du 2 janvier 2002, *RDSS 2004. 825*. – Vitour, Le nouveau dispositif d'évaluation des ESSMS : entre avancées salutaires et incertitudes, *RDSS 2023. 737*.

COMMENTAIRE

Dans la loi du 30 juin 1975, la notion d'« évaluation » était inconnue, la réglementation étant alors centrée sur l'idée de « contrôle », c'est-à-dire sur la vérification de la conformité des structures aux normes techniques et fonctionnelles définies par les textes. Depuis, la logique de « l'évaluation » s'est progressivement imposée dans l'action publique et notamment dans le secteur sanitaire (loi du 31 juillet 1991 portant réforme hospitalière). Elle reçoit dans les deux dispositions composant la présente section (art. L. 312-8 et L. 312-9) une consécration dans le secteur social et médico-social. Cette pratique s'impose aujourd'hui d'une part du fait des mutations dans les formes de gestion des organisations, et d'autre part parce qu'elle est en congruence avec la recherche de protection des droits des usagers (art. L. 311-3 à L. 311-9).

Ainsi, avec une première disposition issue à la fois de la loi n° 2001-647 du 20 juillet 2001 mettant en place l'allocation personnalisée d'autonomie ainsi que de la loi n° 2002-2 du 2 janvier 2002 (art. L. 312-8) qui concerne l'évaluation de l'action sociale et médico-sociale, et une seconde venant de cette même loi de 2002 et qui traite des systèmes d'information, la réglementation entend convertir le secteur à l'évaluation régulière des activités et des pratiques.

Les deux dispositions qui suivent, bien que distinctes dans leurs finalités et leur logique, sont complémentaires des mesures concernant le contrôle des établissements et des services (art. L. 313-13 à L. 313-20). On doit aussi les rapprocher des dispositions qui, reprenant pour l'essentiel celles introduites au code par la loi n° 2003-1200 du 18 décembre 2003 décentralisant le RMI, ont été réaménagées par la loi n° 2008-1249 du 1er décembre 2008 généralisant le RSA (art. L. 262-54 à L. 262-56) ; des dispositifs de ce type ont été aussi créés par la loi n° 2005-102 du 11 février 2005 sur les personnes handicapées aux articles L. 247-1 à L. 247-6 : ces textes ont créé, pour chacun des domaines qui les concernent, un dispositif intitulé « suivi statistique, évaluation et contrôle » qui organise une collecte, une remontée et un traitement obligatoires de données statistiques, ce qui vient compléter les dispositions relatives à l'évaluation des établissements et services en aménageant une objectivation systématique de l'activité publique dans ces secteurs. ❑

Art. L. 312-8 *(L. n° 2002-2 du 2 janv. 2002, art. 22 ; L. n° 2009-879 du 21 juill. 2009, art. 124-I-19°) (L. n° 2019-774 du 24 juill. 2019, art. 75-I, en vigueur le 1er janv. 2021)* **« Dans un objectif d'amélioration continue de la qualité, les établissements et services mentionnés à l'article L. 312-1 évaluent et font procéder à l'évaluation de la qualité des prestations qu'ils délivrent selon une procédure élaborée par la Haute Autorité de santé mentionnée à l'article L. 161-37 du code de la sécurité sociale. Les organismes pouvant procéder à cette évaluation sont habilités par la Haute Autorité de santé, qui définit le cahier des charges auquel ils sont soumis. Les résultats de cette évaluation sont communiqués à l'autorité ayant délivré l'autorisation ainsi qu'à la Haute Autorité de santé. Un décret détermine les modalités de leur publication ainsi que le rythme des évaluations. »**

Par dérogation aux dispositions du premier alinéa, les établissements et services mentionnés à l'article L. 312-1 *(L. n° 2017-1836 du 30 déc. 2017, art. 72-II, en vigueur le 1er avr. 2018)* **« du présent code » autorisés et ouverts avant la date de promulgation de la loi n° 2009-879 du 21 juillet 2009 portant réforme de l'hôpital et relative aux patients, à la santé et aux territoires communiquent les résultats d'au moins une évaluation interne dans un délai fixé par décret.**

(Abrogé par L. n° 2019-774 du 24 juill. 2019, art. 75-I, à compter du 1er janv. 2021) ***« Les établissements et services font procéder à l'évaluation de leurs activités et de la qualité des prestations qu'ils délivrent par un organisme extérieur. Les organismes habilités à y procéder doivent respecter un cahier des charges fixé par décret. La liste de ces organismes est établie par*** *(L. n° 2017-1836 du 30 déc. 2017, art. 72-II, en vigueur le 1er avr. 2018)* ***« la Haute Autorité de santé ». Les résultats de cette évaluation sont également communiqués à l'autorité ayant délivré l'autorisation.***

« Les établissements et services mentionnés à l'article L. 312-1 sont tenus de procéder à deux évaluations externes entre la date de l'autorisation et le renouvellement de celle-ci. Le calendrier de ces évaluations est fixé par décret.

« Par dérogation aux dispositions de l'alinéa précédent, » **Les établissements et services mentionnés à l'article L. 312-1 autorisés et ouverts avant la date de promulgation de la loi n° 2009-879 du 21 juillet 2009 portant réforme de l'hôpital et relative aux patients, à la santé et aux territoires procèdent au moins à une évaluation externe au plus tard deux ans avant la date de renouvellement de leur autorisation.**

(Abrogé par L. n° 2019-774 du 24 juill. 2019, art. 75-I, à compter du 1er janv. 2021) ***« Un organisme ne peut procéder à des évaluations que pour les catégories d'établissements et de services pour lesquels les procédures, références et recommandations de bonnes pratiques professionnelles ont été validées ou élaborées par*** *(L. n° 2017-1836 du 30 déc. 2017, art. 72-II, en vigueur le 1er avr. 2018)* ***« la Haute Autorité de santé ». »***

En cas de certification par des organismes visés à l'article L. 433-4 du code de la consommation, un décret détermine les conditions dans lesquelles cette certification

peut être prise en compte dans le cadre de l'évaluation *(Abrogé par L. nº 2019-774 du 24 juill. 2019, art. 75-I, à compter du 1er janv. 2021)* **« externe ».**

(L. nº 2011-302 du 22 mars 2011, art. 5) **« Les organismes et les personnes légalement établis dans un autre État membre de l'Union européenne ou partie à l'accord sur l'Espace économique européen pour y exercer une activité d'évaluation de même nature que celle mentionnée au** *(L. nº 2019-774 du 24 juill. 2019, art. 75-I, en vigueur le 1er janv. 2021)* **« premier alinéa du présent article peuvent l'exercer de façon temporaire et occasionnelle sur le territoire national, sous réserve du cahier des charges mentionné au même premier alinéa et de leur habilitation par la Haute Autorité de santé. »** *(Abrogé par L. nº 2019-774 du 24 juill. 2019, art. 75-I, à compter du 1er janv. 2021)* ***« Cette déclaration entraîne l'inscription sur la liste établie par*** *(L. nº 2017-1836 du 30 déc. 2017, art. 72-II, en vigueur le 1er avr. 2018)* ***« la Haute Autorité de santé ». Un décret précise les conditions d'application du présent alinéa ». »*** *— Cet al. est applicable à Mayotte.*

(L. nº 2017-1836 du 30 déc. 2017, art. 72-II, en vigueur le 1er avr. 2018 ; L. nº 2019-774 du 24 juill. 2019, art. 75-I, en vigueur le 1er janv. 2021) **« Une commission de la Haute Autorité de santé mentionnée à l'article L. 161-37 du code de la sécurité sociale est chargée d'établir et de diffuser la procédure, les référentiels et les recommandations de bonnes pratiques professionnelles au regard desquelles la qualité des prestations délivrées par les établissements et services est évaluée. »**

COMMENTAIRE

L'article L. 312-8, introduit au code par la loi nº 2002-2 du 2 janvier 2002, organise la procédure d'évaluation à laquelle sont soumis les établissements et services sociaux et médico-sociaux entrant dans le champ défini à l'article L. 312-1.

Modifiée à plusieurs reprises (not. par L. nº 2009-872 du 21 juill. 2009 et L. nº 2017-1836 du 30 déc. 2017), cette disposition a été largement réécrite par la loi nº 2019-774 du 24 juillet 2019 d'organisation et de transformation du système de santé (art. 75-1).

Bien que soit réaffirmée la double exigence pour les établissements et services d'évaluer eux-mêmes et de faire évaluer leurs activités (les ESMS « évaluent et font évaluer », al. 1er), c'est en réalité cette dernière obligation qui fondamentalement importe car c'est elle qui revêt une portée réelle quant au maintien des actes juridiques (autorisation et habilitation) qui conditionnent leur fonctionnement. L'acteur central de l'évaluation est la Haute Autorité de santé (HAS : CSS, art. L. 161-37) en ce qu'elle est chargée d'organiser la procédure d'évaluation et d'habiliter les organismes évaluateurs. En conséquence, toutes les dispositions antérieures qui figuraient dans la disposition et qui structuraient l'évaluation, notamment leur périodicité, ont été abrogées, l'ensemble étant remis à l'HAS et au pouvoir réglementaire. ❑

Art. L. 312-8-1 *(L. nº 2015-925 du 29 juill. 2015, art. 24-6º)* **Par dérogation au premier alinéa de l'article L. 312-8 du présent code, les centres d'accueil pour demandeurs d'asile mentionnés à l'article** *(Ord. nº 2020-1733 du 16 déc. 2020, art. 4-5º, en vigueur le 1er mai 2021)* **« L. 552-1 » du code de l'entrée et du séjour des étrangers et du droit d'asile communiquent les résultats d'au moins une évaluation interne dans un délai fixé par décret.** *— L'art. L. 312-8-1, dans sa rédaction résultant de la L. nº 2015-925 du 29 juill. 2015, s'applique aux demandeurs d'asile dont la demande a été enregistrée à compter du 1er nov. 2015. Les dispositions préc. sont applicables à Saint-Barthélemy et à Saint-Martin (L. préc., art. 35-V et VIII ; Décr. nº 2015-1166 du 21 sept. 2015, art. 29 et 30-II).*

COMMENTAIRE

La loi nº 2015-925 du 29 juillet 2015 réformant le droit d'asile a construit pour les centres d'accueil des demandeurs d'asile, dont le régime juridique était antérieurement largement aligné sur celui de l'ensemble des établissements et services sociaux et médico-sociaux, un régime spécifique dont l'article L. 312-8-1 offre une nouvelle application : pour leur évaluation, les CADA ne sont pas soumis aux dispositions de l'article L. 312-8 (évaluation interne et externe, selon un rythme des sept ans pour la seconde), mais disposent d'un calendrier propre établi par décret. ❑

Art. L. 312-8-2 *(L. n° 2011-1906 du 21 déc. 2011, art. 73)* **Les amortissements des évaluations dans les établissements** *(L. n° 2014-1554 du 22 déc. 2014, art. 75)* **« et les services » relevant du 7° du I de l'article L. 312-1 et de l'article L. 313-12 sont répartis entre les différents financeurs selon des modalités fixées par décret.**

Art. L. 312-9 *(L. n° 2011-525 du 17 mai 2011, art. 141-I-3°)* **Les établissements et services mentionnés à l'article L. 312-1 se dotent de systèmes d'information conçus de manière à assurer le respect de la protection des données à caractère nominatif.**

Lorsqu'ils relèvent de son domaine de compétence, les établissements et services mentionnés à l'alinéa précédent transmettent à la Caisse nationale de solidarité pour l'autonomie les données *(Ord. n° 2021-1554 du 1er déc. 2021, art. 3-10°)* **« relatives aux besoins et à l'offre mentionnés au 2° de l'article L. 223-5 du code de la sécurité sociale permettant de réaliser des études relatives à l'analyse des coûts de revient et tarifs » dans des conditions fixées par voie réglementaire.** – *Les dispositions de l'Ord. n° 2021-1554 du 1er déc. 2021 sont entrées en vigueur le lendemain de la publication du Décr. n° 2022-801 du 12 mai 2022, soit le 14 mai 2022 (Décr. préc., art. 1er, JO 13 mai).*

(L. n° 2015-1776 du 28 déc. 2015, art. 60) **« Dans des conditions fixées par décret, les établissements et services relevant du 6° du I de l'article L. 312-1 transmettent périodiquement à la Caisse nationale de solidarité pour l'autonomie des informations relatives à leur capacité d'hébergement, permanent et temporaire, ou d'accompagnement et à leurs tarifs, notamment les tarifs d'hébergement pour la fraction de leur capacité au titre de laquelle ils sont habilités à recevoir des bénéficiaires de l'aide sociale, les tarifs afférents à la dépendance ainsi que le prix du socle de prestations prévu à l'article L. 342-3. »**

COMMENTAIRE

L'article L. 312-9, introduit au code par la loi n° 2002-2 du 2 janvier 2002, a entendu renforcer la logique d'évaluation de l'action sociale en imposant originellement à l'ensemble des acteurs, personnes publiques, organismes de sécurité sociale et gestionnaires d'ESMS, la mise en place d'instruments d'observation et d'analyse de leurs activités.

La loi n° 2011-525 du 17 mai 2011 de simplification et d'amélioration de la qualité du droit (art. 141-I-3) a restreint la portée de cette obligation en ne visant plus que les établissements et services sociaux et médico-sociaux de l'article L. 312-1 ; elle a aussi introduit une restriction concernant la nature des données prises en compte : ces systèmes d'information doivent être conçus de façon à assurer le respect de la protection des informations à caractère nominatif.

La LFSS du 24 décembre 2009 a introduit à l'article L. 312-9 une nouvelle obligation : les gestionnaires d'ESMS doivent fournir à la CNSA les données financières et comptables lui permettant de réaliser les études de coûts et de tarifs qui entrent dans sa mission (CSS, art. L. 223-5, 2°). La loi du 28 décembre 2015 relative à l'adaptation de la société au vieillissement a ajouté (al. 2), pour les établissements et services accueillant des personnes âgées ou délivrant des prestations de prise en charge de leur dépendance à domicile, des obligations nouvelles à l'égard de la CNSA : faire remonter vers elle leurs capacités d'hébergement et d'accompagnement ainsi que leurs tarifs.

Art. L. 312-10 *(Ord. n° 2021-581 du 12 mai 2021, art. 3)* **Les dispositions des articles L. 1470-2 à L. 1470-6 du code de la santé publique sont applicables aux établissements et services mentionnés à l'article L. 312-1 du présent code, lorsqu'ils utilisent ou proposent des services numériques en santé mentionnés à l'article L. 1470-1 du code de la santé publique.**

COMMENTAIRE

L'article L. 312-10 a été introduit au code par l'ordonnance n° 2021-581 du 12 mai 2021 « relative à l'identification électronique des utilisateurs de services numériques en santé et des bénéficiaires de l'assurance maladie ». Il renvoie aux articles L. 1470-2 à L. 1470-6 du code de la santé publique, ces derniers constituant un nouveau chapitre de ce code créé par la même ordonnance (chap. I : Identification électronique des utilisateurs des services numériques en santé).

Ces dispositions sont donc applicables (outre les établissements de santé) aux établissements sociaux et médico-sociaux visés à l'article L. 312-1. Elles ont pour objectifs de protéger les usagers de ces établissements dans l'utilisation qui peut être faite de leurs données personnelles du fait de leur numérisation, de leur transmission et de leur stockage par le truchement des outils numériques utilisés par ces services. ❑

Art. L. 312-11 à L. 312-14 *Abrogés par L. n° 2002-2 du 2 janv. 2002, art. 14-VI.*

CHAPITRE III **DROITS ET OBLIGATIONS DES ÉTABLISSEMENTS ET SERVICES SOCIAUX ET MÉDICO-SOCIAUX** *(L. n° 2002-2 du 2 janv. 2002, art. 24-I).*

COMMENTAIRE

Ce troisième chapitre constitue le cœur de la police spéciale des établissements et services sociaux et médico-sociaux. Il fonde et organise les actes administratifs unilatéraux que constituent l'autorisation et l'habilitation à recevoir des bénéficiaires de l'aide sociale et qui sont requis pour créer, étendre ou transformer tous les établissements et services dont la liste est définie à l'article L. 312-1 (art. L. 313-1 à L. 313-10) ; il organise en outre les contrats et conventions qui, en complément des actes unilatéraux, structurent les relations entre les gestionnaires de certains établissements et les autorités publiques (art. L. 313-11 et L. 313-12) ; enfin il définit les procédures de contrôles auxquelles sont soumises les structures (art. L. 313-13 à L. 313-20) ainsi que les sanctions pénales encourues par leurs dirigeants pour les infractions à la police des établissements et services (art. L. 313-21 à L. 313-23).

Le régime général de la police des ESMS (autorisation et habilitation) a été profondément modifié par la loi du 21 juillet 2009 puis réaménagé par de nombreux textes ultérieurs (L. n° 2011-940 du 10 août 2011, L. n° 2015-925 du 29 juill. 2015, L. n° 2017-1836 du 30 déc. 2017, L. n° 2019-774 du 24 juill. 2019 et L. n° 2021-1754 du 23 déc. 2021). Le sens général de ces adaptations successives a été de renforcer les contraintes et contrôles s'exerçant sur les ESMS, de surveiller plus étroitement les ressources qui leur sont affectées, de les lier plus fortement aux objectifs de la politique publique sociale et médico-sociale (notamment par la procédure d'« appel à projet » introduite pour l'octroi des autorisations), tout en maintenant marginalement une capacité d'innovation de ces services pour les organiser selon des logiques transversales, territorialisées, sous forme de plateformes et en connexion avec les services de droit commun (éducation, santé, emploi). ❑

SECTION 1 **Autorisation et agrément** *(Ord. n° 2005-1477 du 1er déc. 2005, art. 4).*

(L. n° 2002-2 du 2 janv. 2002, art. 24-II)

Art. L. 313-1 **Sauf pour les établissements et services mentionnés au 4° du I de l'article L. 312-1, l'autorisation est accordée pour une durée de quinze ans. Le renouvellement, total ou partiel, est exclusivement subordonné aux résultats de l'évaluation** *(Abrogé par L. n° 2019-774 du 24 juill. 2019, art. 75-I, à compter du 1er janv. 2021)* ***« externe »*** **mentionnée au** *(L. n° 2019-774 du 24 juill. 2019, art. 75-I, en vigueur le 1er janv. 2021)* **« premier » alinéa de l'article L. 312-8.**

(Abrogé par L. n° 2011-940 du 10 août 2011, art. 38-I) (L. n° 2002-1487 du 20 déc. 2002, art. 38-IV) ***« A titre transitoire, la première autorisation délivrée aux centres*** *(L. n° 2006-1640 du 21 déc. 2006, art. 92-III)* ***« de soins, d'accompagnement et de prévention en addictologie »*** *(L. n° 2005-1579 du 19 déc. 2005, art. 50-IV)* ***« et aux centres d'accueil et d'accompagnement à la réduction des risques pour usagers de drogue » conformément aux dispositions du présent article a une durée de trois ans ».***

(L. n° 2017-1836 du 30 déc. 2017, art. 70-1°) **« Toute autorisation est, totalement ou partiellement, réputée caduque si tout ou partie de l'activité de l'établissement ou du service n'est pas ouverte au public dans un délai et selon des conditions fixés par décret. »** *(L. n° 2016-1827 du 23 déc. 2016, art. 89-I)* **« Ce décret fixe également les conditions selon lesquelles l'autorité compétente mentionnée à l'article L. 313-3 peut prolonger ce délai. »**

(Ord. nº 2018-22 du 17 janv. 2018, art. 1er-4º) **« L'autorisation ne peut être cédée qu'avec l'accord de l'autorité compétente pour la délivrer, qui s'assure que le cessionnaire pressenti remplit les conditions pour gérer l'établissement, le service ou le lieu de vie et d'accueil dans le respect de l'autorisation préexistante, le cas échéant au regard des conditions dans lesquelles il gère déjà, conformément aux dispositions du présent code, d'autres établissements, services ou lieux de vie et d'accueil. La décision autorisant la cession est prise et publiée dans les mêmes conditions qu'une autorisation délivrée en application de l'article L. 313-2. Toutefois, le délai prévu au deuxième alinéa de cet article est alors réduit à trois mois. »**

Tout changement important dans l'activité, l'installation, l'organisation, la direction ou le fonctionnement d'un établissement ou d'un service soumis à autorisation doit être porté à la connaissance de l'autorité compétente.

(L. nº 2002-73 du 17 janv. 2002, art. 51-I-20º) **« Les dispositions du présent article sont applicables aux couples ou aux personnes qui accueillent habituellement de manière temporaire ou permanente, à temps complet ou partiel, à leur domicile, à titre onéreux, plus de trois personnes âgées ou handicapées adultes ».**

Les établissements et services sociaux et médico-sociaux et les lieux de vie autorisés à la date de la publication de la L. nº 2002-2 du 2 janv. 2002 [JO 3 janv.] le demeurent dans la limite fixée au quatrième alinéa de l'art. L. 313-1 (L. préc., art. 80).

A compter du 1er janv. 2005, et sous réserve de l'entrée en vigueur des dispositions relevant de la loi de finances, les centres locaux d'information et de coordination qui, à la date de l'entrée en vigueur de la L. nº 2004-809 du 13 août 2004, ont fait l'objet d'une décision conjointe de labellisation du représentant de l'État dans le département et du président du conseil départemental sont réputés autorisés au sens de l'art. L. 313-1, dans la limite fixée au quatrième alinéa de ce même art. Une convention entre le représentant de l'État dans le département, le président du conseil départemental et l'organisme gestionnaire de chaque centre local d'information et de coordination acte les modalités de poursuite de l'activité en tenant compte des financements transférés par l'État aux départements dans le cadre du transfert organisé par la L. nº 2004-809 du 13 août 2004 (L. préc., art. 56-IV et 199).

Les services d'aide à domicile des centres communaux et intercommunaux d'action sociale sont dispensés du régime d'autorisation pour celles de leurs activités relatives aux tâches ménagères, familiales ou à l'entretien du cadre de vie (L. nº 2005-841 du 26 juill. 2005, art. 2).

V. note ss. art. L. 312-3.

Par dérogation à l'art. L. 313-1-1, les structures dénommées « lits d'accueil médicalisés » ayant fait l'objet d'un agrément par l'Arr. du 20 mars 2009 portant agrément d'une expérimentation d'actions médico-sociales en faveur de personnes en situation de précarité, au titre de l'art. L. 162-31 CSS, sont réputées autorisées, au titre du 9º du I de l'art. L. 312-1 CASF, dans les conditions prévues au II du même art. L. 312-1 et à l'art. L. 313-1 du même code, à compter du 1er janv. 2013 (L. nº 2012-1404 du 17 déc. 2012, art. 65-III).

En application des art. L. 231-5 et L. 231-6 CRPA, le silence gardé pendant deux mois par l'administration vaut décision de rejet pour les demandes d'habilitation à recevoir des mineurs confiés par l'autorité judiciaire (Décr. nº 2014-1286 du 23 oct. 2014, applicable pour les demandes présentées à compter du 12 nov. 2014).

En application des art. L. 231-5 et L. 231-6 CRPA, le silence gardé pendant deux mois par une collectivité territoriale ou un de ses établissements publics vaut décision de rejet pour les demandes d'accord pour la cession de l'autorisation des établissements et services sociaux et médico-sociaux et des lieux de vie et d'accueil lorsque la décision relève du président du conseil départemental, pour l'application du troisième al. de l'art. L. 313-1 (Décr. nº 2015-1461 du 10 nov. 2015, applicable pour les demandes présentées à compter du 12 nov. 2015).

COMMENTAIRE

L'article L. 313-1, profondément remanié au gré des modifications et surtout des abrogations survenues dans les années 2000, ne conserve plus que quelques principes : nécessité d'une autorisation pour la création, l'extension ou la transformation d'établissements sociaux et médico-sociaux ; durée de validité de cette autorisation de quinze ans, le renouvellement étant subordonné aux résultats de l'évaluation externe rendue obligatoire par la loi nº 2002-2 du 2 janvier 2002 (art. L. 312-8) ; extension de l'obligation d'une autorisation pour les personnes accueillant à leur domicile plus de trois bénéficiaires de l'aide sociale (personnes âgées ou handicapées). La LFSS pour 2017 avait déjà posé le principe de la caducité de l'autorisation au cas où celle-ci ne serait pas mise en œuvre dans un délai fixé par décret ; la LFSS pour 2018 a renforcé cette mesure en prévoyant la caducité partielle de l'autorisation si la mise en œuvre n'est que partielle et ce, toujours au terme d'un délai fixé par décret.

L'ordonnance nº 2018-22 du 17 janvier 2018 qui réorganise les contrôles concernant notamment les ESMS a réécrit l'alinéa relatif aux cessions d'autorisations entre personnes privées ; si le principe d'un accord de l'autorité publique qui l'a accordée est évidemment maintenu, la nouvelle rédaction renforce les conditions légales de cette cession : il lui faut s'assurer que le cessionnaire remplit bien « les conditions pour gérer l'établissement, service ou lieu de vie » dans le respect de l'autorisation cédée ; pour ce faire, elle peut procéder à une enquête sur la gestion par ce dernier des ESMS qu'il a déjà en charge. ❑

1. *Création d'une maison d'accueil médicalisée.* Si les maisons d'accueil spécialisées sont des établissements dont la création est soumise à autorisation, elles ne sauraient être assimilées aux établissements dont la seule vocation est l'hébergement des personnes handicapées dès lors, d'une part, qu'elles ont pour vocation d'assurer une surveillance médicale et des soins constants aux personnes handicapées qu'elles reçoivent et, d'autre part et surtout, qu'elles sont financées par un prix de journée entièrement à la charge de l'assurance maladie ; par suite, c'est au représentant de l'État qu'il appartient de se prononcer sur la demande d'autorisation. • CAA Marseille, 24 mars 2005, *Min. Empoi c/ Ass. région. d'aide aux infirmes moteurs cérébraux : AJDA 2005. 1802, note Rihal*.

2. *Cession d'une autorisation.* N'exerce pas de manière satisfaisante le contrôle prévu à l'art. L. 313-1 CASF le département qui, pour refuser la cession de l'autorisation d'exploiter une maison de retraite à une société, se borne à indiquer que cette dernière ne fournit pas pour l'instant les éléments permettant d'apprécier si elle présente les garanties suffisantes quant à la continuité du service public, l'égalité des usagers devant le service public et la compatibilité avec les objectifs et besoins sociaux et médico-sociaux fixés par le schéma d'organisation sociale et médico-sociale alors même qu'il n'a sollicité auprès de cette société aucune information lui permettant d'exercer son contrôle et qu'il n'a pas donné suite à une proposition d'entretien formulée par le gérant de cette dernière. • CE 13 juill. 2007, *Dpt Yonne*, nº 294099 B : *AJDA 2008. 257, note Rihal*.

3. *Conditions de caducité de l'autorisation.* Il résulte de l'art. L. 312-1 que l'accord donné par l'autorité compétente au transfert, par « cession », d'une autorisation de création, de transformation ou d'extension d'établissements et services sociaux et médico-sociaux, au nombre desquels figurent les établissements et services qui accueillent des personnes âgées, cesse de produire ses effets, tout comme l'autorisation initiale elle-même, s'il n'a pas reçu un commencement d'exécution dans un délai de trois ans ; en outre, une telle décision peut perdre son objet, lorsqu'en raison d'un changement dans les circonstances de fait ou de droit, tel qu'une cessation d'activité, elle ne peut plus produire d'effets, ce que l'administration est en droit de constater. En revanche, ni l'attribution ni le maintien de l'autorisation de « cession » ne sont, en eux-mêmes, subordonnés à la seule existence ou poursuite d'un contrat entre le précédent titulaire de l'autorisation et le nouveau, stipulant les conditions effectives de la cession, lequel peut être conclu à tout moment ; par suite, a entaché son arrêt d'erreur de droit la Cour d'appel ayant jugé qu'en cas de cession d'une autorisation d'exploitation d'un établissement mentionné à l'art. L. 312-1 CASF, l'entrée en vigueur de l'accord qui doit être donné à cette cession par l'autorité compétente est subordonnée à l'existence d'un contrat entre le précédent titulaire de l'autorisation et le nouveau, de telle sorte que la caducité de ce contrat entraîne nécessairement la caducité de l'accord donné à la cession de l'autorisation d'exploitation, sans rechercher, au vu de l'ensemble des éléments dont elle était saisie, si le projet de cession ayant fait l'objet de l'autorisation en cause gardait son objet. • CE 22 oct. 2018, nº 412057 A.

Art. L. 313-1-1 *(L. nº 2019-774 du 24 juill. 2019, art. 61-I)* **I. — Sont soumis à autorisation des autorités compétentes en application de l'article L. 313-3 les projets, y compris expérimentaux, de création, de transformation et d'extension d'établissements ou de services sociaux et médico-sociaux relevant de l'article L. 312-1, les projets de lieux de vie et d'accueil ainsi que les projets de transformation d'établissements de santé mentionnés aux articles L. 6111-1 et L. 6111-2 du code de la santé publique en établissements ou services sociaux et médico-sociaux relevant de l'article L. 312-1 du présent code.**

Lorsque les projets font appel, partiellement ou intégralement, à des financements publics, ces autorités délivrent l'autorisation après avis d'une commission d'information et de sélection d'appel à projet social ou médico-social qui associe des représentants des usagers. Une partie des appels à projets doit être réservée à la présentation de projets expérimentaux ou innovants répondant à un cahier des charges allégé. Les

financements publics mentionnés au présent alinéa s'entendent de ceux qu'apportent directement ou indirectement, en vertu de dispositions législatives ou réglementaires, les personnes morales de droit public ou les organismes de sécurité sociale en vue de supporter en tout ou partie des dépenses de fonctionnement.

Si des établissements ou services créés sans recours à des financements publics présentent des projets de transformation ou d'extension faisant appel à de tels financements, la procédure prévue au deuxième alinéa du présent I s'applique.

Les conditions d'application du présent I sont définies par décret en Conseil d'État.

II. — Sont exonérés de la procédure d'appel à projet mentionnée au I :

1° Les projets d'extension inférieure à un seuil fixé par décret ;

2° Les opérations de regroupement d'établissements ou de services sociaux et médico-sociaux par les gestionnaires détenteurs des autorisations délivrées en application de l'article L. 313-1, si ces opérations entraînent des extensions de capacités inférieures au seuil prévu au 1° du présent II ;

3° Les projets de transformation d'établissements ou de services ne comportant pas de modification de la catégorie des bénéficiaires de l'établissement ou du service, au sens de l'article L. 312-1 ;

4° Les projets de transformation d'établissements et de services avec modification de la catégorie des bénéficiaires de l'établissement ou du service, au sens de l'article L. 312-1, à la condition de donner lieu à la conclusion d'un contrat pluriannuel d'objectifs et de moyens et sous réserve que, lorsque l'activité relève d'une autorisation conjointe, il n'y ait pas de désaccord entre les autorités compétentes ;

5° Les projets de transformation d'établissements de santé mentionnés aux articles L. 6111-1 et L. 6111-2 du code de la santé publique en établissements ou services sociaux et médico-sociaux relevant de l'article L. 312-1 du présent code, à la condition de donner lieu à la conclusion d'un contrat pluriannuel d'objectifs et de moyens ;

6° Les projets de création et d'extension des lieux de vie et d'accueil mentionnés au III du même article L. 312-1 ;

7° Les projets d'extension de capacité des établissements et services médico-sociaux n'excédant pas une capacité de dix places ou lits, inférieure à un seuil fixé par décret ;

8° Les projets de création, de transformation et d'extension des centres d'accueil pour demandeurs d'asile mentionnés à l'article L. 348-1 ;

9° Les projets de création, de transformation et d'extension des établissements et services de l'État mentionnés à l'avant-dernier alinéa de l'article L. 315-2 ;

10° Les projets de création, de transformation et d'extension des établissements et services non personnalisés des départements et des établissements publics départementaux lorsqu'ils relèvent de la compétence exclusive du président du conseil départemental, mentionnés au dernier alinéa du même article L. 315-2.

La commission d'information et de sélection mentionnée au I du présent article donne son avis sur les projets mentionnés aux 4°, 5° et 10° du présent II.

Le III (lire « II ») de l'art. L. 313-1-1, dans sa rédaction résultant de l'art. 61-I-1° de la L. n° 2019-774 du 24 juill. 2019, ne s'applique pas aux projets pour lesquels une procédure d'appel à projets mentionnée au I du même art. L. 313-1-1 est engagée à la date de publication de la loi susvisée (L. préc., art. 61-VIII, JO 26 juill.).

En application des art. L. 231-5 et L. 231-6 CRPA, le silence gardé pendant six mois par l'administration vaut décision de rejet pour les demandes d'autorisation de création, d'extension et de transformation des établissements et services sociaux et médico-sociaux et des lieux de vie et d'accueil soumis à la procédure d'appel à projet, lorsque la décision relève notamment de l'État (Décr. n° 2014-1286 du 23 oct. 2014, applicable pour les demandes présentées à compter du 12 nov. 2014).

En application des art. L. 231-5 et L. 231-6 CRPA, le silence gardé pendant six mois par une collectivité territoriale ou un de ses établissements publics vaut décision de rejet pour les demandes d'autorisation de création, d'extension et de transformation des établissements et services sociaux et médico-sociaux et des lieux de vie et d'accueil soumis à la procédure d'appel à projet, lorsque la décision relève du président du conseil départemental (Décr. n° 2015-1461 du 10 nov. 2015, applicable pour les demandes présentées à compter du 12 nov. 2015).

COMMENTAIRE

La loi du 21 juillet 2009 (loi « HPST ») a inséré dans le code ce nouvel article L. 313-1-1 qui vient se substituer à la disposition qui portait antérieurement le même numéro, cette dernière devenant l'article L. 313-1-2.

Cette disposition, modifiée et complétée à plusieurs reprises (L. n° 2011-940 du 10 août 2011, L. n° 2015-925 du 29 juill. 2015 et L. n° 2015-1776 du 28 déc. 1975), a fait l'objet d'une réécriture complète par la loi n° 2019-774 du 24 juillet 2019 portant organisation et transformation du système de santé (art. 61-I).

Les principes établis par la loi HPST sont plus clairement explicités : soumission à une autorisation par les autorités publiques (CASF, art. L. 313-3) pour la création et la transformation des établissements visés à l'article L. 312-1 et des lieux de vie et d'accueil ainsi que pour les projets de transformation de certains établissements de santé (CSP, art. L. 6111-1 et L. 6111-2) ; pour ceux de ces établissements qui bénéficient de financement publics, organisation d'une procédure « d'appel à projet » : les projets sont alors soumis à l'avis d'une commission d'information et de sélection d'appel à projet social ou médico-social, le texte imposant que des représentants des usagers soient membres de cette commission. Les règles concernant l'organisation concrète de la procédure d'appel à projet et d'autorisation sont remises aux mains du pouvoir réglementaire.

L'article L. 313-1-1, II, reprend ensuite de façon claire l'ensemble des dérogations à la procédure d'appel à projet qui étaient antérieurement dispersées et qui ont d'ailleurs fait l'objet de modifications successives au fil du temps. Ces dérogations, dispensant de la procédure d'appel à projet des opérations de transformation d'établissements ou de services, sont fondées soit sur la faible importance de l'opération, soit sur le fait qu'elle n'entraîne pas de changement de catégorie du public accueilli, soit parce qu'elle est prévue dans le cadre d'un CPOM, soit parce qu'il s'agit d'établissements publics ou de services gérés par une personne publique dont l'État, soit enfin parce que ce sont des établissements dont les logiques de fonctionnement (lieux de vie et d'accueil) ou la nature de leurs activités (centres d'accueil de demandeurs d'asile) rendent une telle procédure sans objet.

Il convient aussi d'indiquer que la loi n° 2015-925 du 29 juillet 2015 réformant le droit d'asile, qui a déqualifié les prestations de prise en charge des demandeurs d'asile, lesquelles ne sont plus des « prestations d'aide sociale légale » (art. L. 121-7 modifié), a exclu de la procédure d'appel à projet les centres d'accueil des demandeurs d'asile (CADA), leur création, extension ou transformation faisant l'objet d'une autorisation sans recours préalable à l'avis de la commission de sélection.

La loi du 28 décembre 2015 relative à l'adaptation de la société au vieillissement a apporté diverses modifications à cette disposition. Ainsi, le champ d'application de l'alinéa 1er, lequel pose le principe de la nécessité d'une autorisation préalable (art. L. 313-3) pour l'ouverture de divers établissements et services, a été élargi : les projets concernant les lieux de vie et d'accueil ainsi que ceux concernant la transformation d'établissements de santé en ESMS étant dorénavant soumis à cette obligation.

Appel à projet et lieux de vie et d'accueil. Il résulte de l'art. L. 313-1-1 CASF que les extensions d'établissements et de services sociaux et médico-sociaux et de lieux de vie et d'accueil inférieures à un seuil défini par décret ne sont pas soumises à la procédure d'appel à projet; par suite, méconnaît la loi un décret qui fixerait un seuil correspondant à une augmentation de 30 % ou de 15 places ou lits de la capacité initialement autorisée : un tel seuil pouvant avoir pour effet de soumettre à la procédure en question l'immense majorité des projets d'extension des lieux de vie et d'accueil, dont la capacité initialement autorisée est limitée à quelques places, alors même que la volonté du législateur était de soustraire à ladite procédure les extensions les plus mineures. • CE 30 déc. 2011, *Assoc. FASTE SUD-AVEYRON*, n° 343450 : *Lebon 676 ; RDSS 2012. 556, note Vinsonneau*.

Art. L. 313-1-2 *(L. n° 2015-1776 du 28 déc. 2015, art. 47-I-4°)* **Pour** *(L. n° 2021-1754 du 23 déc. 2021, art. 44-I-C, en vigueur au plus tard le 30 juin 2023)* **« exercer l'activité d'aide et d'accompagnement » auprès des bénéficiaires de l'allocation personnalisée d'autonomie mentionnée à l'article L. 232-1 et de la prestation de compensation du handicap mentionnée à l'article L. 245-1, un service** *(L. n° 2021-1754 du 23 déc. 2021, art. 44-I-C, en vigueur au plus tard le 30 juin 2023)* **« autonomie » à domicile relevant des 6° ou 7° du I de l'article L. 312-1 doit y être autorisé spécifiquement s'il n'est pas détenteur de l'habilitation à recevoir des bénéficiaires de l'aide sociale mentionnée à**

l'article L. 313-6. Cette autorisation peut être refusée ou retirée dans les conditions prévues, respectivement, aux articles L. 313-8 et L. 313-9.

Tout service autorisé dans les conditions prévues au premier alinéa du présent article a l'obligation d'accueillir, dans la limite de sa spécialité et de sa zone d'intervention autorisée, toute personne bénéficiaire des prestations mentionnées au même premier alinéa qui s'adresse à lui, dans des conditions précisées, le cas échéant, par un contrat pluriannuel d'objectifs et de moyens conclu dans les conditions prévues à l'article L. 313-11-1. — *V. art. 49 de la L. n° 2015-1776 du 28 déc. 2015 ss. l'art. L. 312-1.*

Les services d'aide et d'accompagnement à domicile qui, à la date de publication de la L. n° 2015-1776 du 28 déc. 2015, relèvent à la fois du 2° de l'anc. art. L. 313-1-2 et des 6° ou 7° du I de l'art. L. 312-1 sont réputés détenir, au titre de l'art. L. 313-1, une autorisation ne valant pas habilitation à recevoir des bénéficiaires de l'aide sociale à compter de la date d'effet de leur dernier agrément.

Ils sont également réputés autorisés au titre de l'art. L. 313-1-2, dans sa rédaction résultant du I de l'art. 47 de la loi précitée.

A la date à laquelle leur agrément aurait pris fin, ils font procéder à l'évaluation externe, prévue à l'art. L. 312-8, de leurs activités et de la qualité des prestations qu'ils délivrent. Toutefois, l'échéance de cette obligation ne peut intervenir dans les deux ans suivant la date de promulgation de la loi susvisée.

Par dérogation à l'art. L. 313-1-2, dans sa rédaction résultant de l'art. 47 de la L. n° 2015-1776 du 28 déc. 2015, pour l'examen des demandes d'agrément des services d'aide et d'accompagnement à domicile en cours d'instruction à la date d'entrée en vigueur du même art. 47, le 2° du même art. L. 313-1-2 reste applicable dans sa rédaction antérieure à la même loi.

Les services d'aide et d'accompagnement mentionnés au précédent al. auxquels un agrément est délivré sont réputés détenir, au titre de l'art. L. 313-1, une autorisation ne valant pas habilitation à recevoir des bénéficiaires de l'aide sociale à la date d'effet de cet agrément.

Les dispositions des 2e et 3e al. de la présente note issues de l'art. 47 de la loi susvisée leur sont également applicables (L. préc., art. 47-III et 95, JO 29 déc.).

BIBL. ▶ BOULMIER, Développement des services à la personne : salariés dispensateurs et salariés utilisateurs après la loi n° 2005-841 du 26 juillet 2005, *RDSS 2006. 25*. – LAFORGE, Le statut d'emploi des intervenant(e)s à domicile dans le champ de l'aide et des services aux personnes : quelques réflexions sur une politique du gisement d'emplois, *RDSS 2005. 290* ; La structuration de l'offre de services à la personne après la loi du 26 juillet 2005, *RDSS 2006. 5*. – LHUILLIER, La responsabilité des services à la personne, *RDSS 2006. 43*. – LIGNEAU, La protection des publics vulnérables dans les options offertes par l'ordonnance du 1er décembre 2005, *RDSS 2006. 16*. – RIQUOIR, Le développement des services à la personne, *LPA, n° 229, 2005. 13*. – VERKINDT, Le chèque emploi service universel, *RDSS 2006. 37*. – VEROLLET (Rapport), Le développement des services à la personne, *2007, CES*.

COMMENTAIRE

Les services d'aide et d'accompagnement à domicile (art. L. 312-1, 7°) pouvaient fonctionner selon deux régimes juridiques distincts : celui de l'habilitation de droit commun (art. L. 313-6, habilitation à recevoir des bénéficiaires de l'aide sociale) ou celui de l'agrément mis en place par l'ordonnance n° 2005-1477 du 1er décembre 2005 dans le but de laisser assez largement ouvert le champ des activités d'aide à domicile.

La loi du 28 décembre 2015 relative à l'adaptation de la société au vieillissement a modifié cette situation en substituant à l'agrément un mécanisme d'autorisation, certes « spécifique » selon le texte, mais dont le régime juridique est très proche de celui de l'habilitation puisqu'il lui emprunte à la fois les conditions de délivrance et de retrait (art. L. 313-8 et L. 313-9). Le texte rajoute en outre que les services ainsi « autorisés » se doivent d'accueillir tous les bénéficiaires des prestations APA et PCH relevant de leur spécialité et de leur zone d'intervention, cela pouvant être organisé dans le cadre d'un CPOM (art. L. 313-11-1). La situation juridique des offreurs de services à domicile tend donc à se rapprocher.

1. Services d'aide et d'accompagnement à domicile et régime d'autorisation. Les services d'aide et d'accompagnement à domicile relevant des 6° et 7° du I de l'art. L. 312-1 CASF, qui fournissent une prestation d'assistance aux personnes âgées ou handicapées, sont soumis au régime d'autorisation institué par l'art. L. 313-1 du même code pour les établissements et services sociaux et médico-sociaux. Dans la mesure où la loi du 28 décembre 2015 relative à l'adaptation de la société au vieillissement a supprimé l'option, qui leur était ouverte par l'art. L. 313-1-2 du même code dans sa rédaction antérieure, entre ce régime d'autorisation et le régime de l'agrément prévu à l'art. L. 7232-1 C. trav. et où la nouvelle rédaction de l'art. L. 313-1-2 subordonne en outre désormais à une autorisation spécifique leur intervention auprès des personnes qui bénéficient de l'allocation personnalisée d'autonomie ou de la prestation de compensation du handicap, la requérante ne saurait être fondée à soutenir que la loi n'imposerait d'autorisation auxdits services intervenant auprès des personnes âgées ou handicapées que dans le cas, régi par l'art. L. 313-1-2, où ces personnes sont bénéficiaires de l'allocation personnalisée d'autonomie ou de la prestation de compensation du handicap. • CE 6 déc. 2017, n° 402260 B : *AJDA 2018. 1406, note Rihal*.

2. Services d'aide et d'accompagnement à domicile et directive de l'Union européenne. Hormis lorsqu'elles peuvent être regardées comme assurées par des prestataires mandatés par l'État, les activités d'assistance aux personnes âgées, aux personnes handicapées ou aux autres personnes qui ont besoin d'une aide personnelle à leur domicile ou d'une aide à la mobilité dans l'environnement de proximité favorisant leur maintien à domicile entrent dans le champ d'application de la directive du Parlement et du Conseil du 12 déc. 2006 ; toutefois, le régime d'autorisation auquel sont soumis, en application de l'art. L. 313-1 CASF, les services d'aide et d'accompagnement à domicile relevant des 6° et 7° du I de l'art. L. 312-1 du même code se justifie par le motif impérieux d'intérêt général que constitue l'encadrement de prestations fournies à leur domicile à des personnes vulnérables, que ne pourrait suffisamment assurer une mesure moins contraignante telle qu'un contrôle *a posteriori* ; par suite, le moyen tiré de ce que tant les dispositions issues de la L. du 28 déc. 2015 que le décret attaqué méconnaîtraient les objectifs des dispositions de l'art. 9 de la Dir. 2006/123/CE du 12 déc. 2006 doit être écarté. • CE 6 déc. 2017, n° 402260 : *préc., note 1.*

Art. L. 313-1-3 *(L. n° 2021-1754 du 23 déc. 2021, art. 44-I-A, en vigueur au plus tard le 30 juin 2023)* **Les prestations d'aide, d'accompagnement et de soins à domicile relevant des 6° et 7° du I de l'article L. 312-1 sont dispensées par des services dénommés services autonomie à domicile.**

Les services autonomie à domicile concourent à préserver l'autonomie des personnes qu'ils accompagnent et à favoriser leur maintien à domicile.

A cette fin, ils assurent une activité d'aide et d'accompagnement à domicile et proposent une réponse aux éventuels besoins de soins des personnes accompagnées :

1° Soit en assurant eux-mêmes une activité de soins à domicile. Ils perçoivent, à ce titre, *(L. n° 2022-1616 du 23 déc. 2022, art. 70)* **« la dotation globale de soins définie » au II de l'article L. 314-2-1 ;**

2° Soit en organisant une réponse aux besoins de soins avec d'autres services ou professionnels assurant une activité de soins à domicile, le cas échéant par le biais de conventions.

Un décret fixe le cahier des charges national que respectent ces services.

V. dispositions transitoires des L. n° 2021-1754 du 23 déc. 2021 et L. n° 2022-1616 du 23 déc. 2022 ss. le présent art.

COMMENTAIRE

La LFSS n° 2021-1754 du 23 décembre 2021 a intégralement réécrit l'article L. 313-1-3 en changeant radicalement son objet. Prévoyant antérieurement l'obligation du respect d'un cahier des charges national pour les services d'aide et d'accompagnement à domicile, cet article institue un nouveau type de services médico-sociaux, les « services autonomie à domicile ». Il en fixe les finalités (il s'agit notamment de « favoriser le maintien à domicile » des intéressés) et en détermine les activités : soit prester eux-mêmes des aides, des accompagnements et des soins, soit organiser avec d'autres services ces mêmes prestations.

Loi n° 2021-1754 du 23 décembre 2021,

De financement de la sécurité sociale pour 2022 (JO 24 déc.).

Art. 44 II. — A. — Le I entre en vigueur à la date de publication du décret définissant le cahier des charges des services autonomie à domicile pris en application de l'article L. 313-1-3 du code de l'action sociale et des familles, dans sa rédaction résultant du I du présent article, et au plus tard le 30 juin 2023, dans les conditions et sous les réserves prévues aux B à E du présent II.

B. — Les services mentionnés au présent B qui, à la date mentionnée au A du présent II, disposent d'une autorisation délivrée dans les conditions prévues à l'article L. 313-3 du code de l'action sociale et des familles sont réputés autorisés en qualité de service autonomie à domicile, au sens de l'article L. 313-1-3 du même code, pour la durée de l'autorisation restant à courir. A compter de la date mentionnée au A du présent II, ils disposent d'un délai de deux ans pour se mettre en conformité avec les dispositions du cahier des charges mentionné au même A. Pendant cette période, ils restent régis par les dispositions qui leur étaient applicables à la date mentionnée audit A.

Le présent B est applicable :

1° Aux services d'aide et d'accompagnement à domicile relevant des 6° ou 7° du I de l'article L. 312-1 du code de l'action sociale et des familles ;

2° Aux services polyvalents d'aide et de soins à domicile relevant des mêmes 6° et 7° ;

3° Aux services polyvalents d'aide et de soins à domicile constitués, à la date de publication de la présente loi, en application du b de l'article 49 de la loi n° 2015-1776 du 28 décembre 2015 relative à l'adaptation de la société au vieillissement, sous la forme d'un groupement de coopération sociale ou médico-sociale ou par une convention de coopération, prévus à l'article L. 312-7 du même code.

Les autorisations arrivant à échéance dans un délai de six mois à compter de la date mentionnée au A du présent II sont prorogées pour une durée de trois mois.

C. — Les services de soins infirmiers à domicile relevant des 6° ou 7° du I de l'article L. 312-1 du code de l'action sociale et des familles qui, à la date mentionnée au A du présent II, disposent d'une autorisation délivrée dans les conditions prévues à l'article L. 313-3 du code de l'action sociale et des familles déposent, dans un délai de deux ans à compter de cette même date, une demande en vue de leur autorisation en qualité de service autonomie à domicile au titre du 1° de l'article L. 313-1-3 du même code, dans sa rédaction résultant du I du présent article. Dans l'attente de leur constitution en services autonomie à domicile, ils restent régis par les dispositions qui leur étaient applicables à la date mentionnée au A du présent II, sous réserve du E du présent II.

Les autorisations délivrées en application du présent C sont dispensées de la procédure d'appel à projets prévue au I de l'article L. 313-1-1 du même code.

D. — Pour bénéficier de la dotation mentionnée au 3° du I de l'article L. 314-2-1 du code de l'action sociale et des familles, les services ayant déjà conclu un contrat pluriannuel d'objectifs et de moyens dans les conditions prévues à l'article L. 313-11-1 du même code concluent un avenant comportant les éléments prévus au 13° du même article L. 313-11-1.

Le cas échéant, les services bénéficient de la dotation mentionnée au 3° du I de l'article L. 314-2-1 du code de l'action sociale et des familles à compter de la date à laquelle les crédits mentionnés au IX de l'article 26 de la loi n° 2018-1203 du 22 décembre 2018 de financement de la sécurité sociale pour 2019 cessent d'être versés en application du contrat pluriannuel d'objectifs et de moyens prévoyant le versement de ces crédits.

E. — Dans l'attente de leur constitution en services autonomie à domicile, sont applicables, jusqu'à la date mentionnée au A du présent II :

1° Aux services d'aide et d'accompagnement à domicile relevant des 6° ou 7° du I de l'article L. 312-1 du code de l'action sociale et des familles :

a) A compter du 1er janvier 2022 : les règles relatives au tarif minimal prévues aux 1° et 2° du I de l'article L. 314-2-1 du même code ainsi que la compensation financière correspondante définie au e de l'article L. 14-10-5 dudit code ;

b) A compter du 1er septembre 2022 : les règles relatives à la dotation mentionnée au 3° du I de l'article L. 314-2-1 du même code ainsi que la compensation financière correspondante prévue au f de l'article L. 14-10-5 du même code ;

2° Aux services polyvalents d'aide et de soins à domicile mentionnés aux 2° et 3° du B du présent II :

a) A compter du 1er janvier 2022 :

— les règles relatives au tarif minimal définies aux 1° et 2° du I de l'article L. 314-2-1 du code de l'action sociale et des familles ainsi que la compensation financière correspondante prévue au e du 3° de l'article L. 14-10-5 du même code ;

— la dotation mentionnée au 2° du II de l'article L. 314-2-1 dudit code ;

b) A compter du 1er septembre 2022 : les règles relatives à la dotation mentionnée au 3° du I du même article L. 314-2-1 ainsi que la compensation financière correspondante prévue au f de l'article L. 14-10-5 du même code ;

c) A compter du 1er janvier 2023 : la dotation globale mentionnée au 1° du II de l'article L. 314-2-1 du même code ;

3° Aux services de soins infirmiers à domicile relevant des 6° ou 7° du I de l'article L. 312-1 du même code, à compter du 1er janvier 2023 : la dotation globale mentionnée au 1° du II de l'article L. 314-2-1 du même code.

Loi nº 2022-1616 du 23 décembre 2022,

De financement de la sécurité sociale pour 2023 (JO 24 déc.).

Art. 68 I. — *V. art. L. 314-2-3.*

II. — *V. art. L. 314-2-1.*

III. — *V. note ss. second al. du I de l'art. L. 314-2-3.*

IV. — Pour les années 2023 à 2027, le financement des services relevant du 1° de l'article L. 313-1-3 du code de l'action sociale et des familles, dans sa rédaction résultant de la loi nº 2021-1754 du 23 décembre 2021 de financement de la sécurité sociale pour 2022, est assuré par le versement d'une dotation correspondant à la somme :

1° Du montant des produits de la tarification afférents aux soins fixé l'année précédente, revalorisé d'un taux fixé annuellement par arrêté des ministres chargés des personnes âgées, des personnes handicapées et de la sécurité sociale ;

2° Dans des conditions fixées par décret, d'une fraction de la différence entre le montant mentionné au 1° du présent IV et celui d'une dotation globale cible, calculée dans les conditions prévues au II de l'article L. 314-2-1 du code de l'action sociale et des familles, dans sa rédaction résultant de la loi nº 2021-1754 du 23 décembre 2021 précitée.

V. — *V. note ss. art. L. 314-2-1.*

VI. — Les deux dernières phrases de l'article L. 314-7-1 du code de l'action sociale et des familles ne s'appliquent à ceux des services relevant des 6° ou 7° du I de l'article L. 312-1 du même code dont les tarifs ou les règles de calcul des tarifs sont fixés par voie réglementaire qu'après la conclusion du contrat mentionné à l'article L. 313-12-2 dudit code ou leur inclusion dans un contrat mentionné au IV *ter* de l'article L. 313-12 du même code. A défaut d'une telle conclusion ou inclusion, elles s'appliquent à compter du 1er janvier 2026.

VII. — Les I à VI du présent article entrent en vigueur à la date mentionnée au A du II de l'article 44 de la loi nº 2021-1754 du 23 décembre 2021 précitée.

Toutefois, à compter du 1er janvier 2023 et jusqu'à leur transformation en service autonomie à domicile, les services de soins infirmiers à domicile et les services polyvalents d'aide et de soins à domicile relevant des 6° ou 7° du I de l'article L. 312-1 du code de l'action sociale et des familles sont régis par les dispositions transitoires suivantes, qui se substituent aux dispositions mentionnées au c du 2° et au 3° du E du II de l'article 44 de la loi nº 2021-1754 du 23 décembre 2021 précitée.

Ils sont financés :

1° Au titre de leur activité de soins, par une dotation fixée dans les conditions prévues au IV du présent article ;

2° Par une dotation destinée au financement des actions garantissant le fonctionnement intégré de la structure et la cohérence de ses interventions auprès de la personne accompagnée ;

3° Le cas échéant, par des financements complémentaires fixés par le directeur général de l'agence régionale de santé.

Ils transmettent à la Caisse nationale de solidarité pour l'autonomie et à l'agence régionale de santé compétente les données nécessaires au calcul de la dotation globale cible mentionnée au IV. En vue de permettre le contrôle des données transmises, chaque département transmet à la Caisse nationale de solidarité pour l'autonomie, dans les conditions fixées au III du présent article, les données dont il dispose relatives à la perte d'autonomie des personnes âgées accompagnées par ces mêmes services, établies au moyen de la grille mentionnée à l'article L. 232-2 du code de l'action sociale et des familles.

Lorsque le service ne satisfait pas à l'obligation de transmission, le directeur général de l'agence régionale de santé peut lui enjoindre d'y procéder dans un certain délai. Faute de transmission dans ce délai, il fixe d'office le montant de la dotation globale cible servant au calcul de la dotation mentionnée au 1° du présent VII.

Le directeur général de l'agence régionale de santé peut procéder à la récupération des sommes mentionnées aux 1° à 3° du présent VII s'il constate qu'elles sont sans rapport ou manifestement hors de proportion avec le service rendu. Il peut en outre prononcer une sanction financière dans les conditions définies aux III et IV de l'article L. 313-14 du code de l'action sociale et des familles.

Les conditions d'application des dispositions transitoires définies au présent VII sont fixées par décret.

Art. L. 313-2 *(L. nº 2002-2 du 2 janv. 2002, art. 26) (L. nº 2015-1776 du 28 déc. 2015, art. 65-3º)* **« Les demandes d'autorisation relatives aux établissements et services sociaux et médico-sociaux qui ne sont pas soumises à la procédure d'appel à projet sont présentées » par la personne physique ou la personne morale de droit public ou de droit privé qui en assure ou est susceptible d'en assurer la gestion.**

(Ord. nº 2010-177 du 23 févr. 2010, art. 18-I-12º) **« L'absence de réponse dans le délai de six mois suivant la date de dépôt de la demande vaut rejet de celle-ci. »**

Lorsque, dans un délai de deux mois, le demandeur le sollicite, les motifs justifiant ce rejet lui sont notifiés dans un délai d'un mois. Dans ce cas, le délai du recours contentieux contre la décision de rejet est prorogé jusqu'à l'expiration d'un délai de deux mois suivant le jour où les motifs lui auront été notifiés.

A défaut de notification des motifs justifiant le rejet de la demande, l'autorisation est réputée acquise.

COMMENTAIRE

L'article L. 313-2, réécrit par l'ordonnance nº 2010-177 du 23 février 2010, comporte deux dispositions de natures différentes. D'une part (al. 1), il détermine, en complément de l'article L. 313-1-1 qui aménage la procédure d'autorisation pour les établissements et services faisant appel partiellement ou intégralement à des financements publics (procédure comportant « l'appel à projet » examiné par une « commission de sélection »), la procédure pour ceux des établissements et services qui n'entrent pas dans le champ d'application de l'art. L. 313-1-1.

D'autre part (al. 2), il reprend les dispositions antérieures introduites par la loi nº 2002-2 du 2 janvier 2002 relatives aux autorisations tacites, en précisant qu'il s'agit là de l'autorisation initiale et non du renouvellement d'autorisation (art. L. 313-5). Si l'autorité compétente ne répond pas dans le délai de six mois, l'autorisation est réputée rejetée, la loi prévoyant antérieurement l'inverse. Toutefois, il est prévu, pour cadrer cette prérogative des décideurs et éviter son dévoiement, que si, dans le délai de deux mois, le demandeur sollicite une motivation de ce rejet tacite, l'autorité est tenue de la produire dans un délai d'un mois, faute de quoi le promoteur est alors réputé disposer d'une autorisation tacite. Ce dispositif, très critiqué par les gestionnaires d'établissements par rapport au droit antérieur, transpose ici un système en vigueur dans le droit hospitalier : il revient, finalement, à faire naître une autorisation tacite au terme d'un délai plus long, certes, à moins que l'administration ne justifie un rejet, c'est-à-dire se prononce explicitement. ❑

Art. L. 313-3 *(L. nº 2009-879 du 21 juill. 2009, art. 124-I-9º)* **L'autorisation est délivrée :**

(L. nº 2015-1776 du 28 déc. 2015, art. 65-4º) **« *a)* Par le président du conseil départemental, pour les établissements et services mentionnés aux 1º, 6º, 7º, 8º, 11º** *(L. nº 2022-140 du 7 févr. 2022, art. 7-I)* **« , 12º et 17º » du I de l'article L. 312-1 et pour les lieux de vie et d'accueil mentionnés au III du même article L. 312-1, lorsque les prestations qu'ils dispensent sont susceptibles d'être prises en charge par l'aide sociale départementale ou lorsque leurs interventions relèvent d'une compétence dévolue par la loi au département ; »**

b)* Par le directeur général de l'agence régionale de santé pour les établissements et services mentionnés aux 2º,** *(Abrogé par L. nº 2011-940 du 10 août 2011, art. 47-II-2º)* **« *3º,* »** *(Abrogé par L. nº 2015-1702 du 21 déc. 2015, art. 74-I-2º, à compter du 1er janv. 2017)* **« *b du* » 5º, 6º, 7º, 9º, 11º et 12º du I de l'article L. 312-1 et pour les lieux de vie et d'accueil mentionnés au III du même article, lorsque les prestations qu'ils dispensent sont susceptibles d'être prises en charge par les organismes d'assurance maladie** *(Abrogé par L. nº 2015-1702 du 21 déc. 2015, art. 74-I-2º, à compter du 1er janv. 2017)* ***« , ainsi que pour les établissements et services mentionnés au a du 5º du I du même article » ;

(L. nº 2015-1776 du 28 déc. 2015, art. 10-II, 48-I-2º et 65-5º) **« *c)* Par l'autorité compétente de l'État, pour les établissements et les services mentionnés aux 4º, 8º, 10º, 11º, 12º et 13º du I de l'article L. 312-1 et pour les lieux de vie et d'accueil mentionnés au III du même article L. 312-1, lorsque les prestations qu'ils dispensent sont susceptibles d'être prises en charge par l'État, ainsi que, après avis conforme du**

procureur de la République, pour les services mentionnés aux 14° et 15° du I dudit article L. 312-1 ;

« *d)* Conjointement par le président du conseil départemental et le directeur général de l'agence régionale de santé, pour les établissements, les services et les lieux de vie et d'accueil dont l'autorisation relève simultanément des *a* et *b* du présent article, ainsi que pour ceux dont l'autorisation relève du 3° du I de l'article L. 312-1 ;

« *e)* Conjointement par l'autorité compétente de l'État et le président du conseil départemental, pour les établissements, les services et les lieux de vie et d'accueil dont l'autorisation relève simultanément des *a* et *c* du présent article, ainsi que pour ceux dont l'autorisation relève du 4° du I de l'article L. 312-1 ;

« *f)* Conjointement par l'autorité compétente de l'État et le directeur général de l'agence régionale de santé, pour les établissements, les services et les lieux de vie et d'accueil dont l'autorisation relève simultanément des *b* et *c* du présent article ; »

« *g)* Par le président du conseil départemental pour les services mentionnés au 16° du I de l'article L. 312-1. — *Cet al. est applicable à la date d'entrée en vigueur du décret prévu au 16° du I de l'art. L. 312-1 (L. n° 2015-1776 du 28 déc. 2015, art. 48-II).*

« Le président du conseil départemental transmet au directeur général de l'agence régionale de santé tout acte d'autorisation pris pour les établissements mentionnés aux III et IV de l'article L. 313-12. Le contenu et les modalités de cette transmission sont définis par décret. »

(L. n° 2016-41 du 26 janv. 2016, art. 205-I) **« Le président du conseil départemental transmet au représentant de l'État dans la région ou au directeur général de l'agence régionale de santé tout acte d'autorisation pris en application du *a* du présent article et relevant de sa compétence exclusive. Le contenu et les modalités de cette transmission sont définis par décret. »** — *Le président du conseil départemental transmet au représentant de l'État dans la région ou au directeur général de l'agence régionale de santé, dans des conditions et des délais fixés par le décret mentionné au dernier al. de l'art. L. 313-3, les actes d'autorisation pris en application du a du même art. et relevant de sa compétence exclusive à la date d'entrée en vigueur dudit décret (L. préc., art. 205-II).*

Les dispositions issues de l'art. 10 de la L. n° 2015-1776 du 28 déc. 2015, en tant qu'elles concernent les résidences autonomie, ne sont pas applicables en Guadeloupe, en Guyane, à La Réunion, en Martinique, à Saint-Pierre-et-Miquelon, à Mayotte, à Saint-Barthélemy et à Saint-Martin (L. préc., art. 84-I-A, II-A, III-A et IV-A).

COMMENTAIRE

La répartition des compétences décisionnelles en matière d'autorisation suit la répartition de la charge financière ; la décision incombe au président du conseil départemental lorsqu'il y a prise en charge par l'aide sociale départementale des personnes accueillies dans l'établissement ou le service ; lorsque la prise en charge revient à l'État, l'autorisation est délivrée par le représentant de l'État ; enfin, novation importante, la loi du 21 juillet 2009 (loi « HPST ») a mis à la charge du directeur de l'agence régionale de santé le soin de délivrer les autorisations concernant les établissements et services médico-sociaux, à savoir ceux qui accueillent des enfants handicapés (éducation adaptée et accompagnement social ou médico-social des mineurs et jeunes adultes handicapés), les centres d'action médico-sociale précoce (CAMSP), les structures de réadaptation, de préorientation et de rééducation professionnelle, celles qui accueillent des handicapés adultes (MAS et services du même type), les établissements et services assurant des prestations de soins aux personnes âgées, les centres de ressources, les lieux de vie et d'accueil ; le directeur de l'ARS est ainsi l'autorité d'autorisation pour les établissements et services figurant aux 2°, 3°, *b* du 5°, 6°, 7°, 9°, 11°, 12° du I de l'article L. 312-1.

Sont prévues de plus des autorisations conjointes du président du conseil départemental et du directeur de l'ARS ; celles-ci concernent les structures recevant des financements à la fois du département et de la sécurité sociale (EHPAD, foyers d'accueil médicalisés, services d'accompagnement médico-social pour adultes handicapés, SAMSAH, etc.) ; il en est de même pour les établissements ou services délivrant des prestations dont certaines sont prises en charge par le département et d'autres par l'État (lieux de vie et d'accueil, services accueillant des enfants relevant de la protection judiciaire de la jeunesse). ❑

Portée du silence de l'administration en cas d'autorisation conjointe. Il résulte, de la combinaison des art. L. 313-2 et L. 313-3 CASF, que dans l'hypothèse d'une autorisation conjointe, le silence gardé pendant six mois par les deux autorités conjointement compétentes fait naître une unique décision implicite de rejet ; par suite, doit être annulée la décision de la Cour qui, distinguant la légalité de la « décision implicite de rejet du préfet » et celle de la « décision implicite de rejet du président du conseil général », a statué de manière distincte sur la légalité de ces deux « décisions ». • CE 13 mars 2013, nº 344603 B.

Art. L. 313-4 *(L. nº 2002-2 du 2 janv. 2002, art. 28)* **L'autorisation** *(Abrogé par L. nº 2009-879 du 21 juill. 2009, art. 124-I-10º)* **« *initiale* » est accordée si le projet :**

1º Est compatible avec les objectifs et répond aux besoins sociaux et médico-sociaux fixés *(L. nº 2016-41 du 26 janv. 2016, art. 158-II-4º)* **« par le schéma régional de santé ou » par le schéma d'organisation sociale et médico-sociale dont il relève et, pour les établissements visés au *b* du 5º du I de l'article L. 312-1, aux besoins et débouchés recensés en matière de formation professionnelle ;**

2º Satisfait aux règles d'organisation et de fonctionnement prévues *(L. nº 2002-303 du 4 mars 2002, art. 40-III)* **« par le présent code » et prévoit les démarches d'évaluation et les systèmes d'information respectivement prévus aux articles L. 312-8 et L. 312-9 ;**

(L. nº 2009-879 du 21 juill. 2009, art. 124-I-10º) **« 3º Répond au cahier des charges établi, dans des conditions fixées par décret, par les autorités qui délivrent l'autorisation, sauf en ce qui concerne les projets visés au II de l'article L. 313-1-1 ; »**

4º *(L. nº 2005-102 du 11 févr. 2005, art. 58-II)* **« Est compatible, lorsqu'il en relève, avec le programme interdépartemental mentionné à l'article L. 312-5-1** *(L. nº 2018-1021 du 23 nov. 2018, art. 125)* **« ou le plan départemental d'action pour le logement et l'hébergement des personnes défavorisées mentionné à l'article L. 312-5-3 », et présente un coût de fonctionnement » en année pleine compatible avec le montant des dotations mentionnées, selon le cas, aux articles** *(L. nº 2007-1786 du 19 déc. 2007, art. 69-IX)* **« L. 312-5-2, » L. 313-8, L. 314-3** *(L. nº 2005-1579 du 19 déc. 2005, art. 50-IV)* **« , L. 314-3-2 » et L. 314-4, au titre de l'exercice** *(Ord. nº 2005-1477 du 1er déc. 2005, art. 5)* **« au cours duquel prend effet cette autorisation.**

« L'autorisation fixe l'exercice au cours de laquelle elle prend effet. »

L'autorisation, ou son renouvellement, peuvent être assortis de conditions particulières imposées dans l'intérêt des personnes accueillies.

(Abrogé par Ord. nº 2010-177 du 23 févr. 2010, art. 18-I-14º) ***« Lorsque l'autorisation a été refusée en raison de son incompatibilité avec les dispositions de l'un des articles L. 313-8, L. 314-3*** *(L. nº 2005-1579 du 19 déc. 2005, art. 50-IV)* ***« , L. 314-3-2 » et L. 314-4 et lorsque le coût prévisionnel de fonctionnement du projet se révèle, dans un délai de trois ans, en tout ou partie compatible avec le montant des dotations mentionnées audit article, l'autorisation peut être accordée en tout ou partie au cours de ce même délai sans qu'il soit à nouveau procédé aux consultations mentionnées à l'article L. 313-1.***

« Lorsque les dotations mentionnées aux articles L. 313-8, L. 314-3 *(L. nº 2005-1579 du 19 déc. 2005, art. 50-IV)* ***« , L. 314-3-2 » et L. 314-4 ne permettent pas le financement de tous les projets présentés dans le cadre du premier alinéa de l'article L. 313-2 ou lorsqu'elles n'en permettent qu'une partie, ceux des projets qui, de ce seul fait, n'obtiennent pas l'autorisation font l'objet d'un classement prioritaire dans des conditions déterminées par décret en Conseil d'État. »***

(L. nº 2009-879 du 21 juill. 2009, art. 124-I-10º) **« Pour les projets ne relevant pas de financements publics, l'autorisation est accordée si le projet satisfait aux règles d'organisation et de fonctionnement prévues au présent code, et prévoit les démarches d'évaluation. »**

COMMENTAIRE

L'article L. 313-4 définit les conditions légales fondant la délivrance de l'autorisation.

La première condition (al. 1er) concerne l'adéquation du projet faisant l'objet de la demande par rapport aux besoins sociaux et médico-sociaux. Cette condition figurait dans la législation dès la loi de 1975 dans sa formulation initiale (art. 10 originaire) ; cette adéquation s'appréciait en fonction de l'évaluation de ces besoins à laquelle devait procéder le comité régional consultatif (CRISM puis CROSS) ; un des apports essentiels de la loi du 2 janvier 2002 sur ce point consiste à exiger dorénavant que le projet soit compatible avec les objectifs et réponde aux besoins sociaux et médico-sociaux fixés par le schéma départemental (art. L. 312-4 et L. 312-5) ; cette disposition fonde donc l'opposabilité des schémas d'organisation sociale et médico-sociale, ainsi que du programme interdépartemental, ce qui n'était pas le cas antérieurement. La loi portant évolution du logement, de l'aménagement et du numérique (L. n° 2018-1021 du 23 nov. 2018, art. 125) y a ajouté le « plan départemental d'action pour le logement des personnes défavorisées » (PDALPD, art. L. 312-5-3).

La seconde condition concerne le respect, par le projet, des normes techniques et de fonctionnement. Dans la formulation originaire de la loi de 1975, ces conditions étaient relatives aux modalités d'organisation et de fonctionnement de l'établissement ou du service projeté telles que définies par des « normes minimales quantitatives et qualitatives d'équipement et de fonctionnement » ; le but de l'autorisation était alors essentiellement de s'assurer que l'équipement garantissait la santé et la sécurité des personnes prises en charge et qu'il satisfaisait aux règles minimales de qualité technique et professionnelle. Cet objectif est évidemment maintenu au second alinéa ; cependant, la loi du 2 janvier 2002 a ajouté l'obligation pour le demandeur de prévoir les démarches d'évaluation et d'information dorénavant imposées par la réglementation aux articles L. 312-8 et L. 312-9.

La loi du 21 juillet 2009 (loi « HPST ») ayant introduit dans le cadre de l'autorisation une procédure d'appel à projet (art. L. 313-1-1), à la condition qui figurait antérieurement au 3° de la disposition (présenter un coût de fonctionnement qui ne soit pas hors de proportion avec le service rendu ou les coûts des structures comparables), a été substituée logiquement une nouvelle condition : répondre au cahier des charges établi dorénavant dans le cadre de l'appel à projet ; c'est effectivement ce cahier des charges qui permet de juger de la pertinence du projet présenté et de la cohérence de son coût avec les orientations définies.

Après que les lois n° 98-1194 du 23 décembre 1998 et n° 98-1266 du 30 décembre 1998 ont ajouté dans la loi n° 75-535 du 30 juin 1975 (art. 11-1) une condition relative aux objectifs et dotations définis pour les dépenses de la sécurité sociale d'une part et aux enveloppes de l'aide sociale de l'État d'autre part, la loi du 2 janvier 2002 généralise cette condition financière : les projets faisant l'objet de demande d'autorisation doivent « présenter un coût de fonctionnement en année pleine compatible avec le montant des dotations mentionnées aux articles L. 313-8, L. 314-3 et L. 314-4 ». L'article L. 313-8 redouble l'alinéa 4 du présent article, en énumérant l'ensemble des motifs à caractère financier qui peuvent fonder un refus d'autorisation et d'habilitation ; les articles L. 314-3 et L. 314-4 organisent, le premier pour la sécurité sociale, le second pour l'aide sociale de l'État, le dispositif des enveloppes et dotations limitatives de crédits qui sont annuellement ouverts et qui, via l'échelon régional, s'imposent naturellement aux décideurs et donc aux promoteurs de projets.

Sur ce terrain du financement, l'introduction de la procédure d'appel à projet par la loi du 21 juillet 2009 change aussi la donne : l'initiative de création des établissements et services revenant dorénavant à l'administration et non plus aux promoteurs, cette dernière n'engage logiquement la procédure que si elle dispose des financements nécessaires, ce qui coupe court aux difficultés antérieures où des projets pouvaient être autorisés au vu des conditions légales alors qu'on ne disposait pas des ressources nécessaires pour ouvrir.

Par ailleurs, la loi n° 2005-102 du 11 février 2005 relative aux personnes handicapées a ajouté au 4° de l'article une nouvelle norme juridique opposable au demandeur de l'autorisation : il s'agit du « programme interdépartemental » institué par le même texte et organisé à l'article L. 312-5-1 nouveau du code.

Enfin, la loi du 21 juillet 2009 a complété l'article L. 313-4 par une disposition concernant les établissements et services ne faisant pas appel à des financements publics : ces derniers, dont l'autorisation n'impose pas le recours à la procédure d'appel à projet, doivent cependant répondre aux normes techniques prévues par la réglementation et prévoir des démarches d'évaluation de leurs activités : on le voit, le degré d'exigence pesant sur les opérateurs privés (car il s'agit en réalité d'eux) est sensiblement moindre que pour les autres structures, notamment en leur permettant d'être créés en considération non pas principalement d'une régulation publique de l'offre, mais des opportunités ouvertes par le marché. Cela paraît logique, mais cela recèle cependant une forte concurrence entre offre publique et parapublique et offre privée. ❑

1. Autorisation, étendue du contrôle juridictionnel. La décision par laquelle le préfet autorise ou refuse d'autoriser la création d'un centre d'hébergement et de réadaptation sociale est soumise au contrôle normal du juge de l'excès de pouvoir. • CE 26 oct. 1992, *Assoc. Le Patriarche*, n° 101897 B : *RDSS 1993. 338, obs. Lhuillier*.

2. Refus d'autorisation, responsabilité de l'administration. En cas de décisions refusant illégalement l'autorisation d'ouvrir un centre de rééducation fonctionnelle, la responsabilité de l'Administration est susceptible d'être engagée. • CE 23 juill. 1993, *Fraval de Coatparquet*, n° 104296 : *RDSS 1994. 129, obs. Lhuillier*.

3. Refus d'autorisation, normes qualitatives. Un président de conseil général peut à bon droit se fonder, pour rejeter une demande d'autorisation de créer une maison de retraite d'une capacité de six places, sur le motif tiré de ce que les conditions d'accueil ne présentent pas toutes les garanties nécessaires, eu égard aux conditions de promiscuité anormale maintenues entre les personnes âgées dépendantes et les adolescents accueillis par le demandeur ainsi qu'aux faits qui se sont déroulés à son domicile et qui ont motivé la condamnation de son conjoint à une peine de cinq ans d'emprisonnement dont deux avec sursis. • CE 12 juin 1995, *Mme R.*, n° 141003 B : *RDSS 1995. 802, obs. Lhuillier*. ♦ Parmi les critères dont il doit être tenu compte pour apprécier l'opportunité des projets de création ou d'extension d'un établissement privé social et médico-social, figurent les garanties techniques, financières et morales présentées par le demandeur et éventuellement par la personne responsable de l'exécution du projet ; par suite, en estimant que les garanties, en particulier techniques, présentées par cette personne étaient insuffisantes, le préfet de la Dordogne a pu refuser de délivrer l'autorisation prévue par les textes. • CE 26 oct. 1992, *Assoc. Le Patriarche*, n° 101897 : *préc. note 1*.

4. Illégalité d'un refus de transfert d'une autorisation. La création des établissements accueillant des personnes âgées dépendantes, autorisée pour 15 ans, doit être compatible, au moment de l'octroi de cette autorisation, d'une part, avec le programme interdépartemental par lequel le directeur général de l'ARS recense les besoins et priorités et, d'autre part, avec le montant, pour l'exercice au cours duquel l'autorisation prend effet, de la dotation régionale limitative arrêtée par la CNSA au vu de ce programme ; sous réserve du résultat de la visite de conformité aux conditions techniques minimales d'organisation et de fonctionnement et de la signature de la convention tripartite, et à moins de cesser, au cours de sa durée de validité, de produire ses effets, notamment faute d'avoir connu un début d'exécution dans un délai de trois ans ou par suite de son retrait ou du retrait de l'autorisation de dispenser des soins remboursables aux assurés sociaux, l'autorisation délivrée habilite l'établissement à dispenser des prestations prises en charge par l'État ou les organismes de sécurité sociale pendant toute la durée de sa validité ; dès lors, le refus par l'administration du transfert d'une autorisation en vigueur ne peut légalement se fonder sur l'absence de financement correspondant au fonctionnement de l'établissement pour lequel l'autorisation a été accordée. • CE 26 févr. 2020, n° 422344 B.

Art. L. 313-5 *(L. n° 2002-2 du 2 janv. 2002, art. 29)* **L'autorisation est réputée renouvelée par tacite reconduction sauf si, au moins un an avant la date du renouvellement, l'autorité compétente, au vu de l'évaluation externe, enjoint à l'établissement ou au service de présenter dans un délai de six mois une demande de renouvellement.**

La demande de renouvellement est déposée dans des conditions fixées par décret en Conseil d'État. L'absence de notification d'une réponse par l'autorité compétente dans les six mois qui suivent la réception de la demande vaut renouvellement de l'autorisation.

Lorsqu'une autorisation a fait l'objet de modifications ultérieures, ou a été suivie d'une ou plusieurs autorisations complémentaires, la date d'échéance du renouvellement mentionnée au premier alinéa est fixée par référence à la date de délivrance de la première autorisation.

(L. n° 2015-1776 du 28 déc. 2015, art. 65-6°) **« Pour les établissements et les services relevant de l'article 80 de la loi n° 2002-2 du 2 janvier 2002 rénovant l'action sociale et médico-sociale :**

« 1° Le délai d'un an prévu au premier alinéa du présent article est remplacé par un délai de neuf mois ;

« 2° Le délai de six mois prévu au deuxième alinéa du présent article est remplacé par un délai de trois mois. »

V. art. R. 313-1 s.

COMMENTAIRE

L'article L. 313-5 organise le renouvellement de l'autorisation lorsque survient le terme légal de quinze ans fixé à l'article L. 313-1 (cinq ans pour les établissements à caractère expérimental, art. L. 313-7) ; le régime organisé est celui du renouvellement tacite, à l'inverse de ce que le texte modifié par la loi n° 2002-2 prévoit pour l'autorisation initiale (art. L. 313-2, al. 5). Ce n'est que par dérogation à ce principe que l'administration peut, un an avant la date de renouvellement, enjoindre au gestionnaire de l'établissement de déposer une demande de renouvellement. On comprend bien qu'il s'agit ici d'éviter le développement quantitatif de procédures lourdes lié à l'introduction d'un délai de validité de l'autorisation, alors que l'on sait que la grande majorité des autorisations seront de fait renouvelées. De plus, cela permet à l'administration de centrer son attention sur les structures qui posent problème, notamment au vu du résultat des évaluations (art. L. 312-8) ; en outre, les établissements et services concernés se voient adresser ainsi une forme d'avertissement et disposent d'une année pour améliorer leur fonctionnement et redéfinir leur projet. ❑

Art. L. 313-6 *(L. n° 2002-2 du 2 janv. 2002, art. 30) (L. n° 2015-1776 du 28 déc. 2015, art. 65-7°)* **« L'autorisation délivrée pour les projets de création, de transformation et d'extension supérieure au seuil prévu au** *(L. n° 2019-774 du 24 juill. 2019, art. 61-I)* **« 1° du II » de l'article L. 313-1-1 des établissements et services sociaux et médico-sociaux est valable » sous réserve du résultat d'une visite de conformité aux conditions techniques minimales d'organisation et de fonctionnement mentionnées au II de l'article L. 312-1 dont les modalités sont fixées par décret** *(Abrogé par L. n° 2015-1776 du 28 déc. 2015, art. 58-I-5°)* ***« et, s'agissant des établissements accueillant des personnes âgées dépendantes, de la conclusion de la convention tripartite mentionnée à l'article L. 313-12 ».*** *— V. art. D. 313-11 à D. 313-14.*

(L. n° 2015-1776 du 28 déc. 2015, art. 65-7°) **« L'autorisation délivrée pour les projets d'extension inférieure au seuil prévu au** *(L. n° 2019-774 du 24 juill. 2019, art. 61-I)* **« 1° du II » de l'article L. 313-1-1 donne lieu à une visite de conformité lorsqu'ils nécessitent des travaux subordonnés à la délivrance d'un permis de construire, une modification du projet d'établissement mentionné à l'article L. 311-8 ou un déménagement sur tout ou partie des locaux.**

« L'autorisation ou son renouvellement » valent, sauf mention contraire, habilitation à recevoir des bénéficiaires de l'aide sociale et, lorsque l'autorisation est accordée par le représentant de l'État *(Ord. n° 2010-177 du 23 févr. 2010, art. 18-I-15°)* **« ou le directeur général de l'agence régionale de santé », seul ou conjointement avec le président du conseil départemental, autorisation de dispenser des prestations prises en charge par l'État ou les organismes de sécurité sociale.**

(L. n° 2016-41 du 26 janv. 2016, art. 206) **« L'ouverture à l'ensemble des assurés sociaux, sans modification de sa capacité d'accueil, d'un établissement ou d'un service antérieurement autorisé à délivrer des soins remboursables à certains de ces assurés n'est pas considérée comme une création au sens de l'article L. 313-1-1 et pour l'application du même article. Cette ouverture est autorisée dans les conditions prévues au 2° de l'article L. 313-4. »**

COMMENTAIRE

L'article L. 313-6 introduit le second acte administratif unilatéral structurant la police spéciale des établissements et services sociaux et médico-sociaux : « l'habilitation à recevoir des bénéficiaires de l'aide sociale », dénommée aussi « autorisation de dispenser des prestations prises en charge par l'État ou les organismes de sécurité sociale » ; l'habilitation est ainsi un acte du président du conseil départemental, l'autorisation de dispenser des prestations un acte du préfet et dorénavant du directeur de l'agence régionale de santé (L. n° 2009-879 du 21 juill. 2009). Ce second acte administratif a été créé par la loi n° 86-17 du 6 janvier 1986 (art. 11 nouveau de la loi du 30 juin 1975) et a été substitué à divers actes unilatéraux (dénommés « agréments ») ou conventionnels par lesquels, selon les types d'équipements et de publics, la puissance publique s'engageait à financer le fonctionnement des structures.

Le lien introduit dès la loi de 1975 est naturellement maintenu : l'autorisation vaut habilitation à recevoir des bénéficiaires ou autorisation de dispenser des prestations.

Dans le but de simplifier les procédures d'autorisation et d'habilitation, la loi du 26 janvier 2016 réformant le système de santé a soustrait à l'obligation de demander une nouvelle habilitation les établissements qui, sans changement de leur capacité d'accueil, se proposent d'accueillir tous les assurés sociaux et non plus seulement certaines catégories d'assurés (art. L. 313-6, al. 3). ❑

Art. L. 313-7 *(Abrogé par Ord. n° 2010-177 du 23 févr. 2010, art. 18-I-16°)* *(L. n° 2002-2 du 2 janv. 2002, art. 31)* ***« Sans préjudice de l'application des dispositions prévues aux articles L. 162-31 et L. 162-31-1 du code de la sécurité sociale, les établissements et services à caractère expérimental mentionnés au 12° du I de l'article L. 312-1 du présent code sont autorisés soit, après avis du Comité national de l'organisation sociale et médico-sociale institué par l'article L. 6121-9 du code de la santé publique, par le ministre chargé de l'action sociale, soit par le représentant de l'État dans le département, soit par le président du conseil général ou conjointement par ces deux dernières autorités, après avis du*** *(L. n° 2002-303 du 4 mars 2002, art. 39-II-1°)* ***« comité régional de l'organisation sociale et médico-sociale ». »***

(Ord. n° 2010-177 du 23 févr. 2010, art. 18-I-16°) **« Les autorisations des établissements et services à caractère expérimental mentionnés au 12° du I de l'article L. 312-1 » sont accordées pour une durée déterminée, qui ne peut être supérieure à cinq ans. Elles sont renouvelables une fois au vu des résultats positifs d'une évaluation. Au terme de la période ouverte par le renouvellement et au vu d'une nouvelle évaluation positive, l'établissement ou le service relève alors de l'autorisation à durée déterminée mentionnée** *(Ord. n° 2010-177 du 23 févr. 2010, art. 18-I-16°)* **« à l'article L. 313-1 ».**

COMMENTAIRE

La loi dite « HPST » du 21 juillet 2009 ayant supprimé les CROSMS, l'article L. 313-7, sans qu'il y soit introduit de grands changements quant au fond, a été réécrit par l'ordonnance n° 2010-177 du 23 février 2010. Concernant les établissements et services « à caractère expérimental », le texte maintient le principe d'une autorisation à durée déterminée qui ne doit pas excéder cinq ans ; il introduit surtout un lien entre cette autorisation d'expérimentation et son éventuel renouvellement, limité à une fois, et l'obligation d'évaluation qui pèse sur ces établissements et services comme sur les autres (art. L. 312-8).

Recours en référé. En ne mentionnant ni dans les visas ni dans les motifs de l'ordonnance les dispositions législatives (en l'espèce l'art. L. 313-7 du CASF) dont elle fait application, le juge des référés entache d'irrégularité sa décision qui doit être annulée. • CE 22 août 2002, *Assoc. Elisa,* n° 246717 : *AJDA 2002. 1190*.

Art. L. 313-8 *(L. n° 2002-2 du 2 janv. 2002, art. 32)* **L'habilitation et l'autorisation mentionnées au** *(L. n° 2015-1776 du 28 déc. 2015, art. 65-8°)* **« troisième » alinéa de l'article L. 313-6 peuvent être refusées pour tout ou partie de la capacité prévue, lorsque les coûts de fonctionnement sont manifestement hors de proportion avec le service rendu ou avec ceux des établissements fournissant des services analogues.**

Il en est de même lorsqu'ils sont susceptibles d'entraîner, pour les budgets des collectivités territoriales, des charges injustifiées ou excessives, compte tenu d'un objectif annuel ou pluriannuel d'évolution des dépenses délibéré par la collectivité concernée en fonction de ses obligations légales, de ses priorités en matière d'action sociale et des orientations des schémas départementaux mentionnés à l'article L. 312-5.

Il en est de même lorsqu'ils sont susceptibles d'entraîner pour le budget de l'État des charges injustifiées ou excessives compte tenu des enveloppes de crédits définies à l'article L. 314-4.

Il en est de même lorsqu'ils sont susceptibles d'entraîner, pour les budgets des organismes de sécurité sociale, des charges injustifiées ou excessives, compte tenu des objectifs et dotations définis à l'article L. 314-3 *(L. n° 2005-1579 du 19 déc. 2005, art. 50-IV)* **« et à l'article L. 314-3-2 ».**

En application des art. L. 231-5 et L. 231-6 CRPA, le silence gardé pendant deux mois par l'administration vaut décision de rejet pour les demandes d'habilitation à recevoir des bénéficiaires de l'aide sociale et autorisation à dispenser des prestations prises en charge par l'État ou l'assurance-maladie, lorsque la décision relève notamment de l'État (Décr. n° 2014-1286 du 23 oct. 2014, applicable pour les demandes présentées à compter du 12 nov. 2014).

En application des art. L. 231-5 et L. 231-6 CRPA, le silence gardé pendant deux mois par une collectivité territoriale ou un de ses établissements publics vaut décision de rejet pour les demandes d'habilitation à recevoir des bénéficiaires de l'aide sociale, lorsque la décision relève du président du conseil départemental (Décr. n° 2015-1461 du 10 nov. 2015, applicable pour les demandes présentées à compter du 12 nov. 2015).

COMMENTAIRE

L'article L. 313-8 reprend les termes de l'ancien article 11-1 de la loi du 30 juin 1975. Il établit un verrou de nature financière aux mains des collectivités publiques pour fonder le refus d'habiliter un établissement ou un service à recevoir des bénéficiaires de l'aide sociale ou de l'autoriser à délivrer des prestations relevant de l'aide sociale de l'État ainsi que des organismes de sécurité sociale ; deux types de considérations peuvent légalement justifier ce refus.

Tout d'abord, lorsque la structure a des coûts « manifestement hors de proportion » avec les coûts des équipements et services similaires ; ces dispositions ont été introduites dans la législation par la loi n° 86-17 du 6 janvier 1986 et ont constitué la première forme de régulation à fondement budgétaire dans un secteur qui n'en comportait pas.

Ensuite, transformant la formulation antérieure qui mêlait collectivités publiques et organismes de sécurité sociale, la loi du 2 janvier 2002 a permis de ne viser dans l'alinéa 2 que les seuls budgets des collectivités territoriales en permettant à ces dernières de fonder un refus d'habilitation sur le caractère « excessif et injustifié » des charges compte tenu soit des objectifs budgétaires annuels ou pluriannuels de ces collectivités, soit de leurs « obligations légales » ou des orientations des schémas départementaux (art. L. 312-4 et L. 312-5). Il s'agit donc là d'une forme d'opposabilité des prévisions budgétaires, concernant ici le département, et similaire à ce qui est prévu pour l'État et les organismes de sécurité sociale (alinéa suivant de l'article L. 312-8 et articles L. 314-3 à L. 314-5).

Enfin, on doit aux lois n° 98-1194 du 23 décembre 1998 (art. 33-IV) en ce qui concerne les organismes de sécurité sociale – cela en conséquence de la mise en place de la LFSS – et n° 98-1266 du 30 décembre 1998 (art. 135-11) en ce qui concerne l'aide sociale de l'État d'avoir introduit une régulation financière sous forme d'objectifs de dépenses, de dotations et d'enveloppes nationales limitatives.

La loi, en continuité avec les modifications introduites progressivement à partir de 1986, définit ainsi un cadre financier enserrant les demandes d'habilitation et d'autorisation qui conditionnent le financement public ; le secteur social et médico-social, certes dans un contexte différent où la régulation de l'offre de service ne passe pas inéluctablement par des fermetures, des réorganisations et des redéploiements comme dans le secteur sanitaire, n'en reste pas moins encadré par une logique de rationnement des ressources dont cette disposition est l'instrument. ❑

1. Nature et étendue du contrôle juridictionnel sur la délivrance de l'habilitation. Le juge de l'excès de pouvoir exerce un contrôle normal sur l'appréciation à laquelle se livre l'autorité administrative lorsqu'elle estime, pour délivrer l'habilitation d'un établissement à recevoir des bénéficiaires de l'aide sociale, si les coûts de fonctionnement de cet établissement sont manifestement hors de proportion avec le service rendu ou avec ceux des établissements fournissant des services analogues. • CE 4 mars 1996, *CCAS La Roche-sur-Yon*, n° 110518 B : *RDSS 1996. 600, obs. Lhuillier ; ibid. 1997. 877, obs. Ghebali-Bailly*.

2. Habilitation et contrôle budgétaire. C'est l'acte d'habilitation, et notamment les catégories de bénéficiaires qui y sont visées, qui détermine les types de personnes devant être prises en charge ainsi que la nature des services qui leur sont assurés ; en conséquence, le contrôle des dépenses présentées par l'établissement dans le cadre de la procédure tarifaire doit se situer sur ce fondement, et toute remise en cause concernant la population accueillie ou la nature des services offerts doit s'opérer non dans le cadre de la procédure budgétaire mais au travers d'une révision de l'habilitation. • CNCTSS 26 juin 1998, *Préfet du Val-de-Marne c/ Assoc. « Vers la vie pour l'éducation des jeunes »*, n° A 95-038.

Art. L. 313-8-1 *(L. n° 2002-2 du 2 janv. 2002, art. 33)* **L'habilitation à recevoir des bénéficiaires de l'aide sociale peut être assortie d'une convention.**

L'habilitation précise obligatoirement :

1° Les catégories de bénéficiaires et la capacité d'accueil de l'établissement ou du service ;

2° Les objectifs poursuivis et les moyens mis en œuvre ;

3° La nature et la forme des documents administratifs, financiers et comptables, ainsi que les renseignements statistiques qui doivent être communiqués à la collectivité publique.

Lorsqu'elles ne figurent pas dans l'habilitation, doivent figurer obligatoirement dans la convention les dispositions suivantes :

1° Les critères d'évaluation des actions conduites ;

2° La nature des liens de la coordination avec les autres organismes à caractère social, médico-social et sanitaire ;

3° Les conditions dans lesquelles des avances sont accordées par la collectivité publique à l'établissement ou au service ;

4° Les conditions, les délais et les formes dans lesquels la convention peut être renouvelée ou dénoncée ;

5° Les modalités de conciliation en cas de divergence sur l'interprétation des dispositions conventionnelles.

La convention est publiée dans un délai de deux mois à compter de sa signature.

L'établissement ou le service habilité est tenu, dans la limite de sa spécialité et de sa capacité autorisée, d'accueillir toute personne qui s'adresse à lui.

(L. n° 2015-1776 du 28 déc. 2015, art. 47-I-6°) **« Pour** *(L. n° 2021-1754 du 23 déc. 2021, art. 44-I-C, en vigueur au plus tard le 30 juin 2023)* **« l'activité d'aide et d'accompagnement assuré par les services autonomie à domicile mentionnés à l'article L. 313-1-3 », la capacité d'accueil est exprimée uniquement en zone d'intervention. »**

COMMENTAIRE

L'article L. 313-8-1 est la reprise de l'article 11-2 de la loi n° 75-535 du 30 juin 1975 introduit dans la législation par la loi du 6 janvier 1986. Il est important de noter qu'il ne concerne que « l'habilitation à recevoir des bénéficiaires de l'aide sociale » et non « l'autorisation de délivrer des prestations prises en charge par l'État ou les organismes de sécurité sociale » ; autrement dit, cette disposition encadre les pouvoirs du président du conseil départemental en matière d'habilitation. Cette disposition fonde l'association des structures d'action sociale et médico-sociale au service public départemental. Elle se propose en effet de définir, au travers de l'habilitation, quelles sont les catégories de personnes que les établissements et services ont vocation à prendre en charge, quelles sont aussi leurs obligations en termes d'objectifs poursuivis et de moyens mis en œuvre, de modalités d'organisation et de dispositifs d'évaluation et de contrôle.

L'autre élément d'importance que comporte cette disposition tient dans la possibilité d'assortir l'habilitation, acte unilatéral, d'une convention ; ouvrant cette possibilité, la loi définit néanmoins un certain nombre de points qui, devant être maîtrisés par l'administration, échappent donc obligatoirement au contrat ; il s'agit d'éléments d'ordre public constituant le cœur même de la réglementation des établissements et services : catégories de bénéficiaires à prendre en charge, objectifs et moyens, obligations en matière de contrôle. Lorsqu'une convention est élaborée et adoptée entre le gestionnaire et la puissance publique, la loi impose aussi un contenu minimal à cet acte bilatéral qui vient donc ainsi compléter l'habilitation. La convention, facultative en droit commun, est néanmoins obligatoire pour les établissements et services accueillant des personnes âgées (V. art. L. 313-12).

On a donc affaire ici à un mécanisme d'habilitation unilatérale complété éventuellement pour partie par une habilitation conventionnelle ; il s'agit de laisser un certain espace à la négociation entre les collectivités publiques et les gestionnaires d'établissements ; cela s'organise cependant par le truchement d'un « contrat dirigé », c'est-à-dire d'un acte dont l'encadrement légal traduit le fait qu'il ne vise pas essentiellement à aménager les intérêts propres à chaque partie, mais surtout à permettre la réalisation de l'intérêt collectif. ❑

Art. L. 313-9 *(L. n° 2002-2 du 2 janv. 2002, art. 34)* **L'habilitation à recevoir des bénéficiaires de l'aide sociale peut être retirée pour des motifs fondés sur :**

(L. n° 2016-41 du 26 janv. 2016, art. 158-II-5°) **« 1° L'évolution des objectifs et des besoins sociaux et médico-sociaux fixés par le schéma régional de santé ou le schéma applicable en vertu de l'article L. 312-4 ; »**

(L. n° 2018-1021 du 23 nov. 2018, art. 125) **« 1° *bis* L'évolution des objectifs et des besoins des personnes prises en charge par le dispositif d'accueil, d'hébergement et d'accompagnement vers l'insertion et le logement fixés par le plan applicable en vertu de l'article L. 312-5-3 ; »**

2° La méconnaissance d'une disposition substantielle de l'habilitation ou de la convention ;

3° La disproportion entre le coût de fonctionnement et les services rendus ;

4° La charge excessive, au sens des dispositions de l'article L. 313-8, qu'elle représente pour la collectivité publique ou les organismes assurant le financement;

(Abrogé par L. nº 2015-925 du 29 juill. 2015, art. 24-8º) (L. nº 2006-911 du 24 juill. 2006, art. 95-IX) ***« 5º Pour les centres d'accueil pour demandeurs d'asile mentionnés au 13º du I de l'article L. 312-1, la méconnaissance des dispositions de l'article L. 348-1 et du I de l'article L. 348-2 relatives aux personnes pouvant être accueillies dans ces centres. »***

– L'art. L. 313-9, dans sa rédaction résultant de la L. nº 2015-925 du 29 juill. 2015, s'applique aux demandeurs d'asile dont la demande a été enregistrée à compter du 1er nov. 2015. Les dispositions préc. sont applicables à Saint-Barthélemy et à Saint-Martin (L. préc., art. 35-V et VIII ; Décr. nº 2015-1166 du 21 sept. 2015, art. 29 et 30-II).

(L. nº 2016-41 du 26 janv. 2016, art. 158-II-5º) **« Dans** *(L. nº 2018-1021 du 23 nov. 2018, art. 125)* **« les cas prévus aux 1° et 1° *bis* », l'autorité qui a délivré l'habilitation doit, dans le délai d'un an à compter de la publication du schéma** *(L. nº 2018-1021 du 23 nov. 2018, art. 125)* **« ou du plan » applicable et préalablement à toute décision, demander à l'établissement ou au service de modifier sa capacité ou de transformer son activité en fonction de l'évolution des objectifs et des besoins et lui proposer à cette fin la conclusion d'un contrat pluriannuel d'objectifs et de moyens. » Dans les cas prévus aux** *(L. nº 2006-911 du 24 juill. 2006, art. 95-IX ; L. nº 2015-925 du 29 juill. 2015, art. 24-8º)* **« 2° à 4° », l'autorité doit demander à l'établissement ou au service de prendre les mesures nécessaires pour respecter l'habilitation ou la convention ou réduire les coûts ou charges au niveau moyen. La demande, notifiée à l'intéressé, est motivée. Elle précise le délai dans lequel l'établissement ou le service est tenu de prendre les dispositions requises.** *(L. nº 2016-41 du 26 janv. 2016, art. 158-II-5º)* **« Ce délai ne peut être inférieur à un an dans** *(L. nº 2018-1021 du 23 nov. 2018, art. 125)* **« les cas prévus aux 1° et 1° *bis* », ou à six mois dans les autres cas. »**

A l'expiration du délai, l'habilitation peut être retirée à l'établissement ou au service *(L. nº 2006-911 du 24 juill. 2006, art. 95-IX)* **« en tout ou partie ». Cette décision prend effet au terme d'un délai de six mois.** *– V. note supra.*

Il est tenu compte des conséquences financières de cette décision dans la fixation des moyens alloués à l'établissement ou au service. *(Abrogé par L. nº 2016-41 du 26 janv. 2016, art. 158-II-5º)* ***« Les catégories de dépenses imputables à cette décision et leur niveau de prise en charge par l'autorité compétente sont fixées par voie réglementaire. »***

(L. nº 2016-41 du 26 janv. 2016, art. 158-II-5º) **« L'autorisation de dispenser des soins remboursables aux assurés sociaux ou d'autres prestations prises en charge par l'État ou les organismes de sécurité sociale peut être retirée pour les mêmes motifs que ceux énumérés aux 1°** *(L. nº 2018-1021 du 23 nov. 2018, art. 125)* **« ,1° *bis* », 3° et 4° et selon les mêmes modalités. »**

COMMENTAIRE

L'article L. 313-9 ne concerne *a priori*, comme l'article précédent, que l'habilitation à recevoir des bénéficiaires de l'aide sociale. On se doit cependant de se reporter au dernier alinéa pour constater que le régime qu'il institue s'applique aussi aux « autorisations de dispenser des soins remboursables aux assurés sociaux ». Il en précise les conditions d'abrogation, reprenant ainsi presque intégralement la disposition introduite dans la loi de 1975 (art. 11-3) par la loi du 6 janvier 1986. Trois types d'éléments peuvent motiver une abrogation : l'évolution des besoins qui peut effectivement invalider certaines formes de prise en charge ; la méconnaissance des obligations souscrites par le bénéficiaire dans l'habilitation ; enfin, la disproportion des coûts par rapport au service ou encore la charge excessive pour les budgets publics.

Alors que la loi nº 2006-911 du 24 juillet 2006 relative à l'immigration avait introduit un motif de retrait de l'habilitation spécifique aux centres d'accueil des demandeurs d'asile (CADA), la loi nº 2015-925 du 29 juillet 2015 réformant le droit d'asile a abrogé cette disposition, le régime de fonctionnement des CADA étant dorénavant largement spécifique (art. L. 345-1 s.).

Un mécanisme préventif s'impose à l'administration pour mettre les établissements et services en mesure de modifier leurs capacités d'accueil, de respecter leurs obligations ou encore de réduire leurs coûts ; il s'agit par là d'éviter des mesures brutales et non préparées de retrait de l'habilitation.

La loi du 26 janvier 2016 de modernisation du système de santé modifie l'article L. 313-9 (al. 5) pour tenir compte de la réorganisation des schémas via la création d'un instrument unique, le schéma régional de santé. La novation la plus importante tient à ce que l'habilitation peut être retirée pour des motifs fondés non plus seulement sur l'évolution des besoins, mais aussi sur l'évolution des objectifs et des besoins sociaux et médico-sociaux tels qu'ils ont été définis et fixés par le schéma. L'opposabilité des schémas est donc sensiblement renforcée, ce qui donne aux autorités publiques une ressource nouvelle pour imposer aux opérateurs d'adapter leur offre en permanence.

La loi portant évolution du logement, de l'aménagement et du numérique (L. nº 2018-1021 du 23 nov. 2018, art. 125) a introduit logiquement (V. art. L. 313-4) au titre des causes pouvant conduire au retrait de l'habilitation, l'évolution des objectifs et des besoins des personnes relevant des dispositifs d'accueil, d'hébergement et d'accompagnement tels qu'ils sont traduits dans le plan départemental d'action pour le logement des personnes défavorisées (PDALPD, art. L. 312-5-3). ❑

SECTION 2 Habilitation à recevoir des mineurs confiés par l'autorité judiciaire

(L. nº 2002-2 du 2 janv. 2002, art. 24-III)

Art. L. 313-10 *(L. nº 2002-2 du 2 janv. 2002, art. 35)* **L'habilitation à recevoir des mineurs confiés habituellement par l'autorité judiciaire, soit au titre de la législation relative à l'enfance délinquante, soit au titre de celle relative à l'assistance éducative, est délivrée par le représentant de l'État dans le département après avis du président du conseil départemental, pour tout ou partie du service ou de l'établissement. L'habilitation au titre de l'enfance délinquante et celle au titre de l'assistance éducative peuvent être délivrées simultanément par une même décision.**

V. Décr. nº 46-734 du 16 avr. 1946 et nº 88-949 du 6 oct. 1988, App., vº Enfance.

En application des art. L. 231-5 et L. 231-6 CRPA, le silence gardé pendant deux mois par l'administration vaut décision de rejet pour les demandes d'habilitation à recevoir des bénéficiaires de l'aide sociale et autorisation à dispenser des prestations prises en charge par l'État ou l'assurance-maladie, lorsque la décision relève notamment de l'État (Décr. nº 2014-1286 du 23 oct. 2014, applicable pour les demandes présentées à compter du 12 nov. 2014).

SECTION 3 Contrats ou conventions pluriannuels

(L. nº 2002-2 du 2 janv. 2002, art. 24-IV)

Art. L. 313-11 *(L. nº 2002-2 du 2 janv. 2002, art. 36) (Abrogé par L. nº 2016-1827 du 23 déc. 2016, art. 89-I) « Sans préjudice des dispositions de l'article L. 313-12, »* **Des contrats pluriannuels peuvent être conclus entre les personnes physiques et morales gestionnaires d'établissements et services et la ou les autorités chargées** *(L. nº 2018-1021 du 23 nov. 2018, art. 125)* **« de la tarification » et, le cas échéant, les organismes de protection sociale, afin notamment de permettre la réalisation des objectifs retenus par le schéma d'organisation sociale et médico-sociale** *(L. nº 2018-1021 du 23 nov. 2018, art. 125)* **« ou le plan » dont ils relèvent, la mise en œuvre du projet d'établissement ou de service ou de la coopération des actions sociales et médico-sociales.**

Ces contrats fixent les obligations respectives des parties signataires et prévoient les moyens nécessaires à la réalisation des objectifs poursuivis, sur une durée maximale de cinq ans *(L. nº 2019-774 du 24 juill. 2019, art. 61-I)* **« , prorogeable dans la limite d'une sixième année »** *(Ord. nº 2005-1477 du 1er déc. 2005, art. 7)* **« notamment dans le cadre de la tarification. Dans ce cas, les tarifs annuels ne sont pas soumis à la procédure budgétaire annuelle prévue aux II et III de l'article L. 314-7.** *(L. nº 2022-296 du 2 mars 2022, art. 1er-III)* **« Les objectifs mentionnés au présent alinéa tiennent compte des missions de l'action sociale et médico-sociale mentionnées au 6º de l'article L. 311-1. »**

« Ces contrats peuvent concerner plusieurs établissements et services. »

(L. nº 2019-774 du 24 juill. 2019, art. 61-I) **« Lorsque ces contrats impliquent un ou plusieurs établissements ou services mentionnés aux 6º, 7º, 9º et 12º du I de l'article L. 312-1, sans qu'ils relèvent du IV *ter* de l'article L. 313-12 ou de l'article**

L. 313-12-2, et que lesdits contrats fixent les éléments pluriannuels du budget de ces établissements et services, le cadre budgétaire appliqué est l'état des prévisions de recettes et de dépenses, dont le modèle est fixé par l'arrêté des ministres chargés de la santé et des affaires sociales prévu à la deuxième phrase de l'article L. 314-7-1, à la demande du gestionnaire et sous réserve de l'accord de l'autorité de tarification compétente. »

BIBL. ▶ COCQUEBERT, Le CPOM est-il un contrat ?, *RDSS 2012. 34*. – HARDY, Le renouveau du régime déclaratif et son intégration dans les CPOM, *RDSS 2017. 747*. – NAITALI, Le contrat pluriannuel d'objectifs et de moyens, source d'insécurité juridique et budgétaire, *RDSS 2022. 652*. – RIHAL, Articulation du CPOM et contraintes législatives et réglementaires, *RDSS 2012. 27*.

COMMENTAIRE

En complément des dispositions de l'article L. 312-7-1° qui, dans le but de coordonner les interventions sociales et médico-sociales, prévoit la possibilité de passation de conventions entre les équipements sociaux et les établissements de santé ou d'enseignement, la disposition ci-dessus permet aux gestionnaires des structures de conclure des « contrats pluriannuels » avec les autorités publiques ou les organismes de protection sociale pour mettre en œuvre les objectifs des schémas d'organisation sociale et médico-sociale, les projets d'établissements et de services ou encore des actions de coopération. Nonobstant le caractère fondamentalement unilatéral du droit fondé sur l'habilitation à recevoir des bénéficiaires de l'aide sociale ou la tarification en matière financière, et malgré le principe de l'annualité budgétaire, ces contrats ont pour but d'aménager pour les gestionnaires des structures une certaine sécurité au travers d'engagements les liant pour une certaine durée avec les autorités publiques.

Approfondissant cette logique de sécurisation des gestionnaires en vue de simplifier et donc d'alléger pour les acteurs les procédures annuelles de tarification, l'ordonnance n° 2005-1477 du 1er décembre 2005 (art. 7) a modifié l'article L. 313-11 : elle l'a complété d'une petite incise à l'alinéa 2 et y a ajouté deux alinéas nouveaux. Ces ajouts visent en fait à permettre, notamment aux gestionnaires de plusieurs établissements et services astreints à des procédures tarifaires distinctes organisées pour chaque établissement, d'intégrer dans le contrat pluriannuel des dispositions financières ayant pour avantage d'écarter alors la procédure annuelle de tarification de l'article L. 314-7, II et III ; on passe ainsi à une forme de tarification contractuelle pluriannuelle.

La loi n° 2019-774 du 24 juillet 2019 portant organisation et transformation du système de santé (art. 61-1) a introduit des précisions relatives aux documents budgétaires à présenter dans le cadre de la procédure de passation des contrats pluriannuels : pour certains établissements (ceux relevant des 6°, 7°, 9° et 12° du I de l'art. L. 312-1), le cadre budgétaire à appliquer est l'état des prévisions de recettes et de dépenses (fixé par arrêté ministériel en application de l'art. L. 314-7-1). ❑

Art. L. 313-11-1 *(L. n° 2015-1776 du 28 déc. 2015, art. 46)* **Les services** *(L. n° 2021-1754 du 23 déc. 2021, art. 44-I-C, en vigueur au plus tard le 30 juin 2023)* **« autonomie à domicile mentionnés à l'article L. 313-1-3 et les services d'aide et d'accompagnement à domicile relevant du 1° » du I de l'article L. 312-1 peuvent conclure avec le président du conseil départemental, dans les conditions prévues à l'article L. 313-11, un contrat pluriannuel d'objectifs et de moyens dans le but de favoriser la structuration territoriale de l'offre d'aide à domicile et la mise en œuvre de leurs missions au service du public. Le contrat précise notamment :**

1° Le nombre et les catégories de bénéficiaires pris en charge au titre d'une année ;

2° Le territoire desservi et les modalités horaires de prise en charge ;

3° Les objectifs poursuivis et les moyens mis en œuvre ;

4° Les modalités de calcul de l'allocation et de la participation, mentionnées au troisième alinéa de l'article L. 232-4, des personnes utilisatrices et bénéficiaires de l'allocation mentionnée à l'article L. 232-3 ;

5° Les paramètres de calcul, de contrôle, de révision et de récupération des financements alloués par le département ;

6° Les modalités de participation aux actions de prévention de la perte d'autonomie prévues par les schémas départementaux relatifs aux personnes handicapées ou en

perte d'autonomie mentionnés *(L. nº 2021-1754 du 23 déc. 2021, art. 44-I-C, en vigueur au plus tard le 30 juin 2023)* **« à » l'article L. 312-5 du présent code et par le schéma régional de santé mentionné à l'article L. 1434-3 du code de la santé publique, ainsi qu'à l'optimisation des parcours de soins des personnes âgées ;**

7° Les objectifs de qualification et de promotion professionnelles au regard des publics accompagnés et de l'organisation des services ;

8° Les modalités de mise en œuvre des actions de prévention de la maltraitance et de promotion de la bientraitance ;

9° La nature et les modalités de la coordination avec les autres organismes à caractère social, médico-social ou sanitaire ;

10° La nature et la forme des documents administratifs, financiers et comptables ainsi que les renseignements statistiques qui doivent être communiqués au département ;

11° Les critères et le calendrier d'évaluation des actions conduites ;

Pour les services relevant du 1° du I de l'article L. 312-1 du présent code, les mentions prévues aux 4° et 6° du présent article ne sont pas applicables ;

(L. nº 2021-1754 du 23 déc. 2021, art. 44-I-C, en vigueur au plus tard le 30 juin 2023) **« 12° Lorsqu'ils bénéficient du financement mentionné au 2° du II de l'article L. 314-2-1, les modalités d'organisation de nature à assurer la coordination et la continuité des interventions d'aide, d'accompagnement et de soins sur le territoire d'intervention du service auprès de la personne accompagnée ;**

« 13° Lorsqu'ils bénéficient de la dotation mentionnée au 3° du I du même article L. 314-2-1, les actions conduites afin d'améliorer la qualité de prise en charge ainsi que, lorsqu'ils ne sont pas habilités à recevoir des personnes bénéficiant de l'aide sociale, les modalités de limitation du reste à charge des personnes accompagnées par le service. »

COMMENTAIRE

La loi du 28 décembre 2015, avec l'article L. 313-11-1, a inclus dans les organismes avec lesquels les autorités publiques peuvent conclure un « contrat pluriannuel d'objectifs et de moyens » (CPOM) les services d'aide et d'accompagnement à domicile qui sont visés à l'article L. 312-1 (1° : services intervenant au sein des familles pour la protection des mineurs ; 6° : services à domicile pour les personnes âgées ; 7° : services à domicile pour les personnes handicapées). La disposition détaille l'ensemble des contenus qui doivent figurer dans le CPOM. La LFSS nº 2021-1754 du 23 décembre 2021 y a ajouté les nouveaux « services autonomie à domicile » de l'article L. 313-1-3, dont les modalités de financement sont définies à l'article L. 314-2-1 dans sa nouvelle rédaction issue de ladite loi. ❑

Art. L. 313-11-2 *(L. nº 2018-1021 du 23 nov. 2018, art. 125)* **Les gestionnaires d'établissements et services relevant du 8° du I de l'article L. 312-1 concluent, dans les conditions prévues à l'article L. 313-11, un contrat pluriannuel d'objectifs et de moyens. Ce contrat peut inclure d'autres établissements et services relevant de la compétence tarifaire du représentant de l'État dans la région ou de la compétence tarifaire exclusive du président du conseil départemental. Il peut également inclure les établissements et services relevant du 9° du I de l'article L. 312-1.**

Par dérogation aux II et III de l'article L. 314-7, ce contrat fixe les éléments pluriannuels du budget de ces établissements et services. Il peut prévoir une modulation du tarif en fonction d'objectifs d'activité définis dans le contrat. Sans préjudice des articles L. 313-14-1 et L. 315-14, le contrat intègre, le cas échéant, un plan de retour à l'équilibre lorsque la situation de l'établissement ou du service l'exige.

Ce contrat emporte les effets de la convention mentionnée à l'article L. 345-3.

Un cahier des charges, comprenant notamment un modèle du contrat prévu au présent article, est arrêté par les ministres chargés des affaires sociales et du logement, après consultation de la section sociale du Comité national de l'organisation sanitaire et sociale.

Les contrats pluriannuels d'objectifs et de moyens prévus à l'art. L. 313-11-2 CASF sont conclus par les bénéficiaires d'une autorisation à la date du 31 déc. 2022, au plus tard le 1er janv. 2023, selon une programmation pluriannuelle établie par le représentant de l'État dans la région après avis du comité régional de l'habitat et de l'hébergement ou, dans les départements d'outre-mer, du conseil départemental de l'habitat et de l'hébergement mentionné à l'art. L. 364-1 CCH.

Par dérogation à l'art. L. 313-11-2, l'effet sur les taux d'occupation des baisses d'activité liées à la crise sanitaire sur tout ou partie de l'année 2021 n'est pas pris en compte dans la fixation des financements pour l'exercice 2022 (L. nº 2021-689 du 31 mai 2021, art. 8-XIV).

COMMENTAIRE

La loi nº 2018-1021 du 23 novembre 2018 a étendu encore davantage le champ des contrats pluriannuels d'objectifs et de moyens (CPOM) en prévoyant que les CHRS et, plus largement, l'ensemble des structures dédiées à l'accueil et l'insertion des personnes et familles en difficulté peuvent établir une convention de ce type avec leurs autorités de tarification. Passé avec le gestionnaire, le contrat peut inclure l'ensemble des services gérés. Soumis à un modèle-type de contrat comprenant un cahier des charges, cet instrument vient s'ajouter à la convention qui doit déjà être obligatoirement établie entre les gestionnaires de ces services et l'État (art. L. 345-3), convention qui elle-même s'articule avec l'autorisation requise pour tous les établissements et services figurant à l'article L. 312-1. ❑

Art. L. 313-12 *(L. nº 2015-1776 du 28 déc. 2015, art. 10-I-1º)* **« I. — Les établissements mentionnés au 6º du I de l'article L. 312-1 qui accueillent un nombre de personnes âgées dépendantes dans des proportions supérieures à des seuils appréciés dans des conditions fixées par décret sont des établissements d'hébergement pour personnes âgées dépendantes. »**

I bis et I ter. *Abrogés par L. nº 2015-1776 du 28 déc. 2015, art. 10-I-2º.*

(L. nº 2015-1776 du 28 déc. 2015, art. 10-I-3º à 5º) **« II. — Les établissements mentionnés au I dont la capacité est inférieure à un seuil fixé par décret sont des petites unités de vie.**

« Ces établissements peuvent déroger, dans des conditions fixées par décret, aux modalités de tarification des prestations remboursables aux assurés sociaux fixées au 1º du I de l'article L. 314-2. — *Par dérogation à l'art. L. 314-2 CASF, les résultats des évaluations du niveau de dépendance moyen et des besoins en soins requis des résidents des établissements mentionnés aux I et II de l'art. L. 313-12 CASF, réalisées entre le 1er juill. 2021 et le 31 juill. 2021 inclus, sont pris en compte dans la détermination des forfaits globaux relatifs aux soins et à la dépendance à partir de l'année 2022 (L. nº 2021-689 du 31 mai 2021, art. 8-XV).*

« III. — Sont dénommés résidences autonomie les établissements qui relèvent de façon combinée du 6º du I de l'article L. 312-1 du présent code et de l'article L. 633-1 du code de la construction et de l'habitation et qui accueillent des personnes âgées dépendantes dans des proportions inférieures aux seuils mentionnés au I du présent article.

« Les résidences autonomie proposent à leurs résidents des prestations minimales, individuelles ou collectives, qui concourent à la prévention de la perte d'autonomie, définies par décret. Ces prestations, qui peuvent être mutualisées et externalisées, peuvent également être proposées à des non-résidents. — *V. art. 89-I de la L. nº 2015-1776 du 28 déc. 2015 ss. l'art.*

« L'exercice de leur mission de prévention donne lieu, sous réserve de la conclusion d'un contrat pluriannuel mentionné à l'article L. 313-11 du présent code ou le cas échéant au IV *ter* du présent article *(Abrogé par L. nº 2020-1576 du 14 déc. 2020, art. 32-I, à compter du 1er janv. 2021)* ***« et dans la limite des crédits correspondants attribués en application de l'article L. 14-10-10 »*****, à une aide dite "forfait autonomie", allouée par le département. Un décret détermine les dépenses prises en charge à ce titre, ainsi que les conditions dans lesquelles le département fixe le montant du forfait.**

« Les résidences autonomie facilitent l'accès de leurs résidents à des services *(L. nº 2021-1754 du 23 déc. 2021, art. 44-I-C, en vigueur au plus tard le 30 juin 2023)* **« autonomie » à domicile. Elles ne peuvent accueillir de nouveau résident remplissant les conditions de perte d'autonomie mentionnées à l'article L. 232-2 que si le projet d'établissement le prévoit et que des conventions de partenariat, dont le contenu minimal est prévu par décret, ont été conclues avec, d'une part, un établissement**

d'hébergement pour personnes âgées dépendantes mentionné au I du présent article et, d'autre part, au moins l'une des catégories de praticiens de santé suivantes : un service de soins infirmiers à domicile, un service *(L. nº 2021-1754 du 23 déc. 2021, art. 44-I-C, en vigueur au plus tard le 30 juin 2023)* « autonomie » à domicile, un centre de santé, des professionnels de santé ou un établissement de santé, notamment d'hospitalisation à domicile.

« Dans le cadre d'un projet d'établissement à visée intergénérationnelle, les résidences autonomie peuvent accueillir des personnes handicapées, des étudiants ou des jeunes travailleurs, dans des proportions inférieures à un seuil fixé par décret.

« Les places de l'établissement occupées par ces personnes ne sont prises en compte ni pour déterminer les seuils mentionnés au même I, ni pour déterminer le nombre de places de l'établissement éligibles au forfait autonomie mentionné au présent III. *— V. art. 89-II de la L. nº 2015-1776 du 28 déc. 2015 ss. l'art.*

« IV. — Les établissements mentionnés au premier alinéa du III qui, d'une part, ne bénéficiaient pas au 1er janvier 2008 d'une autorisation de dispenser des soins aux assurés sociaux et, d'autre part, accueillent un nombre de personnes âgées dans une proportion inférieure aux seuils mentionnés au I conservent, sous réserve de la conclusion d'un contrat pluriannuel d'objectifs et de moyens mentionné à l'article L. 313-11 ou, le cas échéant, au IV *ter* du présent article et dans la limite du financement des dépenses relatives à la rémunération de leurs personnels de soins salariés et des charges sociales et fiscales y afférentes, le montant des forfaits de soins attribués par l'autorité compétente de l'État au titre de l'exercice 2007. Ces forfaits sont revalorisés annuellement dans la limite du taux de reconduction des moyens retenu au titre de l'objectif national de dépenses d'assurance maladie applicable aux établissements mentionnés au 3° de l'article L. 314-3-1.

« Ces dépenses font l'objet d'un compte d'emploi, dans des conditions prévues par décret.

« Le III du présent article s'applique à ces établissements. »

(L. nº 2015-1776 du 28 déc. 2015, art. 58-I-6°) « IV *bis*. — Les établissements de santé autorisés, en application de l'article L. 6122-1 du code de la santé publique, à délivrer des soins de longue durée concluent *(Ord. nº 2020-1407 du 18 nov. 2020, art. 5-II)* « une annexe au contrat pluriannuel d'objectifs et de moyens prévu à l'article L. 6114-1 de ce code » avec le président du conseil départemental et le directeur général de l'agence régionale de santé.

« La tarification de ces établissements est arrêtée :

« 1° Pour les prestations de soins remboursables aux assurés sociaux, par le directeur général de l'agence régionale de santé en application de l'article L. 174-5 du code de la sécurité sociale ;

« 2° Pour les prestations relatives à la dépendance acquittées par l'usager ou, si celui-ci remplit les conditions mentionnées à l'article L. 232-2 du présent code, prises en charge par l'allocation personnalisée d'autonomie, par le président du conseil départemental ;

« 3° Pour les prestations relatives à l'hébergement, dans les établissements habilités à recevoir des bénéficiaires de l'aide sociale, par le président du conseil départemental.

« Les tarifs correspondant à des prestations complémentaires et librement acceptées et acquittées par les résidents, à la condition qu'elles ne relèvent pas des tarifs cités aux 1° à 3° du présent IV *bis*, constituent des suppléments aux tarifs journaliers afférents à l'hébergement. Ils doivent être établis par l'organe délibérant de la personne morale gestionnaire pour chaque catégorie homogène de prestation faisant l'objet d'un paiement par les résidents ou leurs représentants au sein de l'établissement. Les tarifs des suppléments aux tarifs journaliers doivent être communiqués aux titulaires d'un contrat de séjour ou à leurs représentants et portés à la connaissance du président du conseil départemental et du public, dans des conditions fixées par décret.

« Dans les établissements de santé mentionnés au premier alinéa du présent IV *bis* et remplissant les conditions mentionnées aux 1° à 3° de l'article L. 342-1, les prestations relatives à l'hébergement sont fixées et contrôlées dans les conditions prévues aux articles L. 342-2 à L. 342-6.

« Pour les résidents non admis à l'aide sociale, dans les établissements de santé mentionnés au premier alinéa du présent IV *bis* et remplissant les conditions mentionnées à l'article L. 342-1, les prestations relatives aux suppléments aux tarifs journaliers afférents à l'hébergement sont fixées et contrôlées dans les conditions prévues aux articles L. 342-2 à L. 342-6.

« IV *ter*. — A. — La personne physique ou morale qui gère un établissement d'hébergement pour personnes âgées dépendantes mentionné aux I ou II conclut un contrat pluriannuel d'objectifs et de moyens avec le ou les présidents du conseil départemental et le directeur général de l'agence régionale de santé concernés. *(L. n° 2022-1616 du 23 déc. 2022, art. 62-I)* « Ces mêmes autorités peuvent décider de conclure ce contrat avec la personne morale qui contrôle, au sens de l'article L. 233-3 du code de commerce, la personne qui gère l'établissement, pour le compte de la personne gestionnaire. » — *V. Arr. du 3 mars 2017 fixant le contenu du cahier des charges du contrat pluriannuel d'objectifs et de moyens prévu au IV ter de l'art. L. 313-12 CASF (JO 10 mars).*

« Lorsqu'une personne physique ou morale mentionnée au premier alinéa du présent A gère ou contrôle plusieurs de ces établissements situés dans le même département, un contrat pluriannuel d'objectifs et de moyens est conclu pour l'ensemble de ces établissements entre la personne physique ou morale, le président du conseil départemental et le directeur général de l'agence régionale de santé. » Sous réserve de l'accord des présidents de conseils départementaux concernés et du directeur général de l'agence, ce contrat pluriannuel d'objectifs et de moyens peut inclure les établissements situés dans d'autres départements de la même région.

« Ce contrat pluriannuel d'objectifs et de moyens peut inclure d'autres catégories d'établissements ou de services mentionnés au I de l'article L. 312-1 et relevant, pour leur autorisation, du président du conseil départemental ou du directeur général de l'agence régionale de santé, lorsque ces établissements ou services sont gérés par un même organisme gestionnaire et relèvent du même ressort territorial. *(L. n° 2017-1836 du 30 déc. 2017, art. 70-2°)* « Pour ces établissements et services, le contrat peut prévoir une modulation du tarif en fonction des objectifs d'activité mentionnés au deuxième alinéa du B, selon des modalités fixées par décret en Conseil d'État. »

« Lorsque la personne gestionnaire refuse de signer le contrat pluriannuel ou de le renouveler, le forfait mentionné au 1° du I de l'article L. 314-2 est minoré à hauteur d'un montant dont le niveau maximum peut être porté à 10 % du forfait par an, dans des conditions fixées par décret.

« B. — Le contrat est conclu pour une durée de cinq ans.

« Le contrat fixe les obligations respectives des parties signataires et prévoit leurs modalités de suivi, notamment sous forme d'indicateurs. Il définit des objectifs en matière d'activité, de qualité de prise en charge, d'accompagnement et d'intervention d'établissements de santé exerçant sous la forme d'hospitalisation à domicile, y compris en matière de soins palliatifs. *(L. n° 2019-1446 du 24 déc. 2019, art. 55-1°)* « L'activité de l'établissement ne peut en aucun cas être appréciée exclusivement au regard du taux d'occupation lorsque la structure fonctionne en accueil temporaire. » Le cas échéant, il précise la nature et le montant des financements complémentaires mentionnés au I de l'article L. 314-2.

« Pour les établissements et les services habilités à recevoir des bénéficiaires de l'aide sociale, ce contrat vaut convention d'aide sociale, au sens de l'article L. 313-8-1 et de l'article L. 342-3-1.

« Le contrat pluriannuel d'objectifs et de moyens respecte le cahier des charges comprenant notamment un modèle de contrat, établi par arrêté des ministres chargés des personnes âgées, des collectivités territoriales et de la sécurité sociale.

« Par dérogation aux II et III de l'article L. 314-7, ce contrat fixe les éléments pluriannuels du budget des établissements et des services *(L. n° 2017-1836 du 30 déc. 2017, art. 70-2°)* « et prévoit l'affectation des résultats d'exploitation par le gestionnaire dans des conditions précisées par décret en Conseil d'État ». *(L. n° 2022-1616 du 23 déc. 2022, art. 62-I)* « À l'occasion du renouvellement du contrat, il peut être

tenu compte, pour fixer la tarification de l'établissement ou du service, de la part des reports à nouveau ou des réserves figurant dans son budget et qui ne sont pas justifiés par ses conditions d'exploitation. Au vu des résultats, le montant de ces reports ou de ces réserves peut être plafonné, selon des modalités définies par décret en Conseil d'État. » *(L. nº 2016-1827 du 23 déc. 2016, art. 89-I)* **« Dans l'attente de la signature du contrat, les autorités de tarification peuvent réviser les propositions d'affectation des résultats sur la base de l'examen de l'état des prévisions de recettes et de dépenses. »**

(L. nº 2016-1827 du 23 déc. 2016, art. 89-I) **« Sans préjudice des articles L. 313-14-1 et L. 315-14, le contrat intègre, le cas échéant, un plan de retour à l'équilibre lorsque la situation financière de l'établissement l'exige. »**

« C. — La personne gestionnaire transmet l'état des prévisions de recettes et de dépenses prévu à l'article L. 314-7-1 pour les établissements et les services relevant du contrat, dans des conditions définies par décret en Conseil d'État. » — *V. art. 58 de la L. nº 2015-1776 du 28 déc. 2015, ss. l'art. L. 313-12. — Par dérogation à l'art. IV ter de l'art. L. 313-12, l'effet sur les taux d'occupation des baisses d'activité liées à la crise sanitaire sur tout ou partie de l'année 2021 n'est pas pris en compte dans la fixation des financements pour l'exercice 2022 (L. nº 2021-689 du 31 mai 2021, art. 8-XIV).*

V. — *(L. nº 2006-1640 du 21 déc. 2006, art. 88-III)* **« Le personnel des établissements mentionnés au I** *(L. nº 2015-1776 du 28 déc. 2015, art. 58-I-6º)* **« et au IV *bis* » comprend un médecin coordonnateur.** *(L. nº 2023-1268 du 27 déc. 2023, art. 12-1º)* **« Sous la responsabilité du responsable de l'établissement, il assure l'encadrement de l'équipe soignante de l'établissement et peut, pour les résidents qui le souhaitent, assurer le suivi médical des résidents de l'établissement, pour lesquels il peut réaliser des prescriptions médicales. Il veille à la qualité de la prise en charge médicale des résidents. La fonction de médecin coordonnateur peut être exercée par un ou plusieurs médecins. En deçà d'un nombre de places au sein de l'établissement fixé par décret, la fonction de coordination est occupée par un seul médecin. »** *(L. nº 2008-1330 du 17 déc. 2008, art. 64-III)* **« Le médecin coordonnateur contribue, auprès des professionnels de santé exerçant dans l'établissement, à la bonne adaptation aux impératifs gériatriques des prescriptions de médicaments et des produits et prestations inscrits sur la liste mentionnée à l'article L. 165-1 du code de la sécurité sociale** *(L. nº 2018-1203 du 22 déc. 2018, art. 64)* **« , qu'il peut lui-même réaliser, en cette qualité et en articulation avec le médecin traitant, dans des conditions prévues par décret ». A cette fin, il élabore une liste, par classe pharmaco-thérapeutique, des médicaments à utiliser préférentiellement, en collaboration avec les médecins traitants des résidents et avec le pharmacien chargé de la gérance de la pharmacie à usage intérieur ou le pharmacien d'officine référent mentionné** *(Ord. nº 2016-1729 du 15 déc. 2016, art. 2-I, en vigueur le 1er juill. 2017)* **« au II de l'article L. 5126-10 » du code de la santé publique. Ses autres missions sont** *(L. nº 2018-1203 du 22 déc. 2018, art. 64)* **« également » définies par décret. » Le médecin coordonnateur de l'établissement est associé à l'élaboration et à la mise en œuvre des contrats prévus à l'article L. 183-1-1 du code de la sécurité sociale. » Le personnel des établissements publics mentionnés au I** *(L. nº 2015-1776 du 28 déc. 2015, art. 58-I-6º)* **« et au IV *bis* » peut comprendre des médecins, des biologistes, des odontologistes et des pharmaciens visés par l'article L. 6152-1 du code de la santé publique. Les établissements privés mentionnés au I peuvent faire appel à ces praticiens dans les conditions prévues par les statuts de ces derniers.**

(L. nº 2023-1268 du 27 déc. 2023, art. 12-2º) **« Lorsque le médecin coordonnateur assure le suivi médical du résident, ce dernier ou, le cas échéant, son représentant légal ou la personne de confiance mentionnée à l'article L. 311-5-1 du présent code peut désigner le médecin coordonnateur comme médecin traitant du résident dans les conditions prévues à l'article L. 162-5-3 du code de la sécurité sociale. Au moment de l'admission dans l'établissement, le contrat de séjour ou le document individuel de prise en charge mentionné à l'article L. 311-4 du présent code fait mention du choix du résident, qui peut être modifié à tout moment de son séjour dans l'établissement. »**

Les dispositions issues de l'art. 10 de la L. nº 2015-1776 du 28 déc. 2015, en tant qu'elles concernent les résidences autonomie, ne sont pas applicables en Guadeloupe, en Guyane, à La Réunion, en Martinique, à Saint-Pierre-et-Miquelon, à Mayotte, à Saint-Barthélemy et à Saint-Martin (L. préc., art. 84-I-A, II-A, III-A et IV-A).

COMMENTAIRE

L'article L. 313-12, très souvent modifié, a été profondément remanié par la loi nº 2015-1776 du 28 décembre 2015 relative à l'adaptation de la société au vieillissement. Posant à l'origine le principe de l'obligation, pour les établissement médico-sociaux ainsi que les établissements de santé accueillant des personnes âgées dépendantes, de conclure avec les autorités de tarification une « convention tripartite » (règles issues des L. nº 2002-2 du 2 janv. 2002, nº 2002-303 du 4 mars 2002 et nº 2002-1487 du 20 déc. 2002), la disposition a intégré progressivement une autre préoccupation : encadrer les modalités de financement de différentes structures (structures d'hébergement, résidences ou encore structures de soins). L'objectif est de diversifier l'offre d'hébergement et de prise en charge en assurant leur financement de façon optimale.

Dans sa nouvelle rédaction, l'article L. 313-12 commence (I) par ranger dans la catégorie des « établissements d'hébergement pour personnes âgées dépendantes » les structures accueillant un nombre de personnes dépendantes au-delà d'un certain seuil (fixé par décret). Ensuite, il prévoit (I *bis*) la possibilité, pour les établissements qui constituent des résidences au sens du code de la construction et de l'habitation bien qu'ils accueillent des personnes dépendantes, de déroger à l'obligation d'établir un CPOM ainsi que les conséquences qui en résultent en matière de financement selon qu'ils optent pour le CPOM ou non ; de même (I *ter*), il prévoit que les structures du même type qui délivrent des soins et accueillent des personnes âgées dépendantes peuvent établir un CPOM partiel.

La loi du 28 décembre 2015 reconnaît surtout deux types nouveaux d'hébergement et de prise en charge des personnes dépendantes : d'une part, les « petites unités de vie » (II) dont le mode de financement est précisé, et surtout les « résidences autonomie » (III) qui proposent des prestations minimales individuelles ou collectives et concourent à la prévention de la perte d'autonomie ; pour les missions de prévention, les résidences autonomie, qui relèvent par ailleurs à la fois du code de l'action sociale et des familles et du code de la construction et de l'habitation, doivent conclure un CPOM pour bénéficier des crédits afférents. Sur ce point, la LFSS nº 2020-1576 du 14 décembre 2020 a supprimé la règle de limitation de ces crédits compte tenu des nouvelles modalités prises par les relations financières entre la CNSA et les départements (art. L. 14-10-5). Enfin, les établissements de soins de longue durée (IV) concluent un CPOM avec le président du conseil départemental, contrat dont la loi précise le contenu.

Il est à noter que la LFSS pour 2017 a introduit une disposition à l'article L. 313-12 qui permet aux autorités de tarification de réviser les prévisions budgétaires des établissements et services dans la période précédant la signature du contrat.

La LFSS pour 2018 a apporté deux précisions d'importance : d'une part, le fait que le CPOM peut organiser une modulation du tarif en fonction des objectifs d'activité des structures concernées, ce qui vise à les pousser notamment à des taux de remplissage les plus élevés possible ; d'autre part, dans le but de responsabiliser le gestionnaire, les résultats d'exploitation peuvent être affectés par lui aux activités futures de la structure.

La LFSS pour 2020 (L. nº 2019-1446 du 24 déc. 2019, art. 55-1º) est venue préciser, en ce qui concerne les critères de tarification lorsque ces établissements bénéficient d'une convention pluriannuelle d'objectifs et de moyens (CPOM), que l'activité de l'établissement ne peut être exclusivement appréciée au regard du taux d'occupation, ce qui accroit les marges de manœuvre pour l'évolution des services au profit tant des gestionnaires que de l'administration. Dans le sens d'un renforcement des contraintes financières pesant sur les gestionnaires et à l'occasion du renouvellement du contrat, la LFSS (L. nº 2022-1616 du 23 déc. 2022, art. 62-1) a introduit la possibilité, pour les autorités tarifaires, de tenir compte des reports ou des réserves figurant au budget et qui ne sont pas justifiés par les conditions d'exploitation ; le montant de ces reports ou réserves peut être plafonné.

La loi nº 2023-1268 du 27 décembre 2023 visant à améliorer l'accès aux soins par l'engagement territorial des professionnels a précisé le rôle du médecin coordinateur, dont l'intervention est obligatoire dans les EHPAD. Il est indiqué que ce dernier encadre l'équipe soignante de l'établissement et peut procéder au suivi de résidents et à la prescription de médicaments ; dans les EHPAD, au-delà d'un seuil de résidents, la fonction de médecin coordinateur peut être partagée entre plusieurs médecins mais en-deçà de ce seuil, il doit n'y en avoir qu'un seul. Le résident, son représentant légal ou la personne de confiance peuvent faire le choix du médecin coordinateur comme médecin traitant, ce choix devant figurer dans le contrat de séjour. ❑

Loi nº 2015-1776 du 28 décembre 2015,

Relative à l'adaptation de la société au vieillissement (JO 29 déc.).

Art. 58 V. — Le directeur général de l'agence régionale de santé et les présidents de conseil départemental programment sur cinq ans, par arrêté conjoint, la signature des contrats pluriannuels d'objectifs et de moyens prévus au IV *ter* de l'article L. 313-12 du code de l'action sociale et des familles. Cet arrêté est publié au plus tard le 31 décembre 2016. Cette programmation peut être mise à jour tous les ans.

A compter du 1er janvier 2017, ces contrats se substituent aux conventions pluriannuelles mentionnées au I du même article L. 313-12, dans sa rédaction antérieure à l'entrée en vigueur de la présente loi, lorsqu'elles sont échues, selon le calendrier prévu par la programmation mentionnée au premier alinéa du présent V.

VI. — A compter du 1er janvier 2017, dans l'attente de la signature du contrat mentionné au IV *ter* de l'article L. 313-12 du code de l'action sociale et des familles, le montant des financements complémentaires mentionnés au 1° du I de l'article L. 314-2 du même code est *(L. nº 2016-1827 du 23 déc. 2016, art. 89-II)* « fixé par le directeur général de l'agence régionale de santé territorialement compétente ».

VII. — Pour les années 2017 à *(L. nº 2018-1203 du 22 déc. 2018, art. 64)* « 2021 » et par dérogation au 1° du I de l'article L. 314-2 du code de l'action sociale et des familles, les établissements mentionnés aux I et II de l'article L. 313-12 du même code sont financés, pour la part des prestations de soins remboursables aux assurés sociaux, par la somme des montants suivants :

1° Le montant des produits de la tarification reconductibles afférents aux soins fixé l'année précédente, revalorisé d'un taux fixé annuellement par arrêté des ministres chargés des personnes âgées et de la sécurité sociale ;

2° Une fraction de la différence entre le forfait global de soins, à l'exclusion des financements complémentaires mentionnés au 1° du I de l'article L. 314-2 dudit code, et le montant mentionné au 1° du présent VII.

La fraction mentionnée au 2° est fixée à un septième en 2017, un sixième en 2018, un *(L. nº 2018-1203 du 22 déc. 2018, art. 64)* « tiers » en 2019, un *(L. nº 2018-1203 du 22 déc. 2018, art. 64)* « demi » en 2020, *(L. nº 2018-1203 du 22 déc. 2018, art. 64)* « et un » en 2021 *(Abrogé par L. nº 2018-1203 du 22 déc. 2018, art. 64) «, un demi en 2022 et un en 2023 »*.

Le cas échéant, cette somme est minorée dans les conditions prévues au dernier alinéa du A du IV *ter* de l'article L. 313-12 du même code. — *V. Arr. du 4 mai 2017 fixant pour l'année 2017 le taux de revalorisation des produits de la tarification reconductibles afférents aux soins (JO 6 mai).*

VIII. — Les financements prévus aux VI et VII du présent article ne sont pas soumis à la procédure budgétaire annuelle mentionnée aux II et III de l'article L. 314-7 du code de l'action sociale et des familles.

IX. — A compter du 1er janvier 2017, les établissements mentionnés aux I et II de l'article L. 313-12 du code de l'action sociale et des familles utilisent l'état des prévisions de recettes et de dépenses prévu à l'article L. 314-7-1 du même code.

X. — Les autorités de tarification compétentes procèdent, chacune en ce qui la concerne, à la tarification des établissements relevant du I de l'article L. 313-12 du code de l'action sociale et des familles qui n'ont pas conclu de convention tripartite pluriannuelle avant la promulgation de la présente loi et leur fixent, par voie d'arrêté, les objectifs à atteindre jusqu'à la date de prise d'effet du contrat pluriannuel d'objectifs et de moyens mentionné au IV *ter* du même article L. 313-12, conformément à l'arrêté de programmation prévu au V du présent article.

Ces établissements perçoivent, jusqu'à la date de prise d'effet du contrat pluriannuel mentionné au premier alinéa du présent X :

1° Un forfait global de soins, correspondant au montant du forfait de soins attribué par l'autorité compétente de l'État au titre de l'exercice 2007, lorsqu'ils ont été autorisés à dispenser des soins aux assurés sociaux ;

2° Un forfait global de soins dont le montant maximal est déterminé sur la base du groupe iso-ressources moyen pondéré de l'établissement, de sa capacité et d'un tarif soins à la place fixé par arrêté ministériel, lorsqu'ils ne sont pas autorisés à dispenser des soins aux assurés sociaux ;

3° Des tarifs journaliers afférents à la dépendance, dont les montants sont fixés par le président du conseil départemental en application du 2° du I de l'article L. 314-2 du code de l'action sociale et des familles ;

4° Des tarifs journaliers afférents à l'hébergement, fixés par le président du conseil départemental dans les établissements habilités à l'aide sociale, calculés en prenant en compte les produits mentionnés aux 1° et 2° du présent X.

Lorsque la personne gestionnaire refuse de signer le contrat pluriannuel ou de le renouveler, le forfait global de soins mentionné au 1° du I de l'article L. 314-2 du code de l'action sociale et des familles est minoré, à hauteur d'un montant dont le niveau maximum peut être porté à 10 % du forfait par an, dans des conditions fixées par décret.

....

Art. 89 I. — Les résidences autonomie se mettent en conformité avec les dispositions du décret prévu au deuxième alinéa du III de l'article L. 313-12 du code de l'action sociale et des familles, dans sa rédaction résultant de l'article 10 de la présente loi, au plus tard le 1er janvier 2021.

II. — Les autorisations des résidences autonomie relevant du III de l'article L. 313-12 du code de l'action sociale et des familles qui viennent à échéance avant la date d'expiration du délai prévu au I du présent article sont prorogées jusqu'à deux ans après cette date. Ces établissements procèdent à l'évaluation externe prévue au cinquième alinéa de l'article L. 312-8 du même code au plus tard un an après l'échéance prévue au présent article. Cette évaluation porte notamment sur leur capacité à mettre en œuvre les prestations minimales prévues au deuxième alinéa du III de l'article L. 313-12 dudit code. Au cours de la durée prévue au présent article, l'établissement communique les résultats d'une évaluation interne au sens de l'article L. 312-8 du même code.

Loi n° 2023-1250 du 26 décembre 2023,

De financement de la sécurité sociale pour 2024 (JO 27 déc.).

Art. 79 I. — A. — A titre expérimental, pour une durée de quatre ans à compter du 1er janvier 2025, est mis en place, dans au plus vingt départements volontaires, un régime adapté de financement des établissements mentionnés aux I, II et IV *bis* de l'article L. 313-12 du code de l'action sociale et des familles.

L'expérimentation mentionnée au premier alinéa du présent A fait l'objet d'une évaluation par la Caisse nationale de solidarité pour l'autonomie chaque année jusqu'à son terme.

Au plus tard six mois avant le terme de l'expérimentation, le Gouvernement transmet au Parlement un rapport dressant le bilan de l'expérimentation et évaluant les conditions de sa généralisation et de sa pérennisation.

B. — Par dérogation au premier alinéa de l'article L. 232-1 du code de l'action sociale et des familles, la sous-section 2 de la section 1 du chapitre II du titre III du livre II du même code n'est pas applicable aux personnes hébergées dans un établissement mentionné au A du présent I situé dans un département participant à l'expérimentation mentionnée au même A.

C. — 1. Dans les départements participant à l'expérimentation mentionnée au A, pour les établissements mentionnés aux I, II et IV *bis* de l'article L. 313-12 du code de l'action sociale et des familles, les charges couvertes par les forfaits globaux mentionnés aux 1° et 2° du I de l'article L. 314-2 du même code sont, par dérogation aux mêmes 1° et 2°, financées par un forfait global unique relatif aux soins et à l'entretien de l'autonomie, selon des modalités fixées par décret en Conseil d'État.

Ce forfait global unique prend notamment en compte le niveau de dépendance moyen et les besoins en soins requis des résidents de ces établissements, dans les conditions prévues à l'article L. 314-9 dudit code, validés au plus tard le 30 juin de l'année précédente. Ce forfait global unique peut en outre :

1° Inclure des financements complémentaires relatifs notamment à des modalités d'accueil particulières ou à la mission de centre de ressources territorial mentionnée à l'article L. 313-12-3 du même code, définis dans le contrat prévu au IV *ter* de l'article L. 313-12 du même code ;

2° Tenir compte de l'activité réalisée, de l'atteinte des objectifs du contrat mentionné au même IV *ter* ainsi que de l'existence de surcoûts liés au lieu d'implantation de l'établissement ou du service ;

3° Financer des actions de prévention ou des mesures de revalorisation salariale des personnels dont les rémunérations sont financées, en tout ou partie, par les tarifs journaliers afférents à l'hébergement mentionnés au 3° du I de l'article L. 314-2 du même code.

2. Le directeur général de l'agence régionale de santé fixe chaque année le montant du forfait global unique mentionné au 1° du 1 du présent C.

D. — Par dérogation au II de l'article L. 314-2 du code de l'action sociale et des familles, le forfait global unique mentionné au C du présent I est fixé, pour les établissements nouvellement créés, en prenant en compte le niveau de dépendance moyen national des résidents et la moyenne nationale des besoins en soins requis, fixés annuellement par décision du directeur de la Caisse nationale de solidarité pour l'autonomie.

E. — Dans les départements participant à l'expérimentation mentionnée au A du présent I, les résidents des établissements mentionnés au même A acquittent, au titre de la prise en charge de leur perte d'autonomie, une participation journalière aux dépenses d'entretien de l'autonomie dont les modalités de détermination et de mise en œuvre sont fixées par décret.

Il est garanti aux personnes bénéficiaires de l'aide sociale du département accueillies dans les établissements mentionnés au premier alinéa du I de l'article L. 232-8 du code de l'action sociale et des familles habilités à recevoir des bénéficiaires de l'aide sociale départementale un montant minimal, fixé par décret, laissé à leur disposition après le paiement des prestations à leur charge mentionnées au 3° du I de l'article L. 314-2 du même code et au 1 du C du présent I.

La participation mentionnée au présent E peut être prise en charge par l'aide sociale prévue à l'article L. 121-1 du code de l'action sociale et des familles, dans les conditions prévues au livre Ier du même code.

Pour les résidents bénéficiaires de l'allocation personnalisée d'autonomie accueillis au 31 décembre 2024 ou au 31 décembre 2025, cette participation ne peut être supérieure à celle qu'ils acquittaient à cette date au titre du I de l'article L. 232-8 dudit code.

F. — Le forfait global unique mentionné au C du présent I est versé par l'organisme payeur de l'assurance maladie en tenant compte des participations forfaitaires mentionnées au E.

G. — Le II de l'article L. 232-8 du code de l'action sociale et des familles est applicable aux départements participant à l'expérimentation mentionnée au A du présent I, à l'égard des personnes qui sont à leur charge en application de l'article L. 122-1 du code de l'action sociale et des familles, lorsque celles-ci résident dans un établissement situé dans un département qui ne participe pas à l'expérimentation.

Les versements effectués en application du premier alinéa du présent G sont intégralement remboursés aux départements participant à l'expérimentation mentionnée au A par la Caisse nationale de solidarité pour l'autonomie, selon des modalités définies par décret.

H. — Dans les départements participant à l'expérimentation mentionnée au A du présent I et par dérogation au IV *ter* de l'article L. 313-12 du code de l'action sociale et des familles, le contrat pluriannuel d'objectifs et de moyens des établissements mentionnés à l'article L. 342-1 du même code n'est conclu qu'avec le directeur général de l'agence régionale de santé, sauf si le président du conseil départemental fait connaître à celui-ci son intention d'être partie au contrat dans l'année qui précède le début de la négociation.

I. — Pour les établissements de santé autorisés à dispenser des soins de longue durée, le forfait global unique mentionné au C du présent I est pris en charge par l'assurance maladie dans les conditions prévues au présent I, à l'exception du D.

Les modalités de détermination et d'allocation du forfait global unique à ces établissements sont fixées par décret en Conseil d'État.

Le montant annuel des dépenses afférentes au forfait global unique prises en charge par l'assurance maladie est inclus dans le montant total annuel mentionné à l'article L. 174-1 du code de la sécurité sociale.

J. — Dans les départements participant à l'expérimentation mentionnée au A du présent I, l'annexe prévue à l'article L. 6114-1-2 du code de la santé publique n'est conclue qu'avec le directeur général de l'agence régionale de santé, sauf si le président du conseil départemental a fait connaître à celui-ci son intention d'être partie au contrat dans l'année qui précède le début de la négociation.

II. — *V. CSS, art. L. 160-14, L. 162-22, L. 174-5, L. 174-6.* — ***CSS.***

III. — Chaque département participant à l'expérimentation mentionnée au A du I du présent article reverse chaque année à l'État ou à la sécurité sociale, selon une règle de répartition fixée par décret, la somme correspondant au transfert de charges résultant, au profit du département, de la mise en œuvre de ce régime et qui est égale au cumul :

1° De la moyenne des dépenses relatives à l'allocation personnalisée d'autonomie pour les personnes accueillies dans un établissement, mentionnée au I de l'article L. 232-8 du code de l'action sociale et des familles, exposées par le département concerné au cours des trois années précédant l'entrée en vigueur de l'expérimentation et retracées dans son compte de gestion, après application, le cas échéant, d'une valeur individuelle maximale fixée par décret ;

2° Et de la valorisation financière, définie par décret, des emplois qui cessent d'être affectés à la tarification, prévue au 2° du I de l'article L. 314-2 du même code, dans les établissements mentionnés aux I, II et IV *bis* de l'article L. 313-12 dudit code en raison de la participation du département à l'expérimentation.

Cette somme peut être imputée en tout ou partie, dans des conditions fixées par décret en Conseil d'État, sur le montant du concours versé au département en application du *a* du 3° de l'article L. 223-8 du code de la sécurité sociale.

Chaque département participant à l'expérimentation transmet à la Caisse nationale de solidarité pour l'autonomie les informations mentionnées aux 1° et 2° du présent III ainsi que l'ensemble des données utilisées, dans le cadre du régime antérieur, pour fixer les forfaits globaux mentionnés au 2° du I de l'article L. 314-2 du code de l'action sociale et des familles de chaque établissement d'hébergement pour personnes âgées dépendantes ainsi que des établissements de santé autorisés à dispenser des soins de longue durée, selon des modalités fixées par décret.

IV. — Les départements peuvent se porter candidats à l'expérimentation mentionnée au A du I du présent article par décision de leur assemblée délibérante. La délibération est transmise au représentant de l'État dans le département au plus tard le 30 avril 2024 pour une première vague de l'expérimentation, à compter du 1er janvier 2025, ou entre cette date et le 30 avril 2025 pour une seconde vague de l'expérimentation, à compter du 1er janvier 2026. Un décret fixe la liste des départements retenus pour mener l'expérimentation.

V. — Dans les départements participant à l'expérimentation mentionnée au A du I du présent article, le directeur général de l'agence régionale de santé se substitue, au nom de l'État, au président du conseil départemental pour l'exécution des engagements des départements inscrits dans les contrats mentionnés au IV *ter* de l'article L. 313-12 du code de l'action sociale et des familles au titre du forfait global relatif à la dépendance défini à l'article L. 314-2 du même code, à l'exception de ceux relatifs à la pluriannualité budgétaire ou rattachables à l'hébergement.

Dans le même cas, pour les conventions pluriannuelles mentionnées au premier alinéa du IV *bis* de l'article L. 313-12 dudit code, dans sa rédaction antérieure à l'ordonnance n° 2020-1407 du 18 novembre 2020 relative aux missions des agences régionales de santé, ou pour l'annexe relative aux soins de longue durée du contrat pluriannuel d'objectifs et de moyens mentionnée à l'article L. 6114-1-2 du code de la santé publique, le directeur général de l'agence régionale de santé se substitue au président du conseil départemental pour l'exécution des engagements prévus au titre des prestations relatives à la dépendance prévues au IV *bis* de l'article L. 313-12 du code de l'action sociale et des familles.

VI. — *V. art. L. 314-9 mod.*

Art. L. 313-12-1 *(Ord. n° 2005-1477 du 1er déc. 2005, art. 7)* **L'autorité administrative chargée de l'autorisation, de l'habilitation à l'aide sociale ou de la tarification des services mentionnés aux 1°, 6° et 7° du I de l'article L. 312-1, qui dispensent des prestations d'aide à domicile** *(Ord. n° 2010-177 du 23 févr. 2010, art. 18-I-18°)* **« ou le directeur général de l'agence régionale de santé s'agissant de tels services qui dispensent des soins infirmiers » peut conclure une convention avec un ou plusieurs groupements départementaux ayant la personnalité morale, afin de solliciter les autorisations et habilitations et d'obtenir une tarification pour le compte de ses adhérents.**

COMMENTAIRE

L'article L. 313-12-1 a été introduit par l'ordonnance n° 2005-1477 du 1er décembre 2005 (art. 7, I). Dans un but de simplification des procédures tant d'autorisation que de tarification, cette disposition autorise les services d'aide à domicile, qui ne bénéficient pas d'un financement de l'assurance maladie (services non médicalisés donc), à constituer entre eux des groupements ayant la personnalité morale : étant entendu que ces groupements peuvent ensuite, dans le cadre d'une convention avec l'autorité administrative compétente, solliciter et obtenir pour leurs membres les autorisations et habilitations requises par la loi et assumer à leur place les procédures de tarification. Il s'agit là, compte tenu de l'éclatement des activités de service à domicile prises en charge, en pratique, par de nombreuses petites associations, d'améliorer le fonctionnement de dispositifs réglementaires qui se révèlent inévitablement lourds pour chaque structure prise isolément.

Art. L. 313-12-2 *(L. nº 2015-1702 du 21 déc. 2015, art. 75-I-1º)* **« Les établissements et services mentionnés aux 2º** *(L. nº 2016-1827 du 23 déc. 2016, art. 89-I)* **« , 3º », 5º et 7º du I de l'article L. 312-1 ainsi que les** *(L. nº 2017-1836 du 30 déc. 2017, art. 70-3º)* **« établissements et services mentionnés au 6º du même I, à l'exception des établissements d'hébergement pour personnes âgées dépendantes mentionnés aux I et II de l'article L. 313-12 », relevant de la compétence tarifaire du directeur général de l'agence régionale de santé et** *(Abrogé par L. nº 2016-1827 du 23 déc. 2016, art. 89-I)* **« ,** ***le cas échéant,*** **» de la compétence tarifaire conjointe de ce dernier et du président du conseil départemental, font l'objet d'un contrat pluriannuel d'objectifs et de moyens dans les conditions prévues à l'article L. 313-11. Ce contrat définit des objectifs en matière d'activité et de qualité de prise en charge.** *(L. nº 2017-1836 du 30 déc. 2017, art. 70-3º)* **« A l'exception des établissements d'hébergement pour personnes âgées dépendantes mentionnés aux I et II du même article L. 313-12, il peut inclure d'autres catégories d'établissements ou de services mentionnés au I de l'article L. 312-1 et relevant, pour leur autorisation, du président du conseil départemental ou du directeur général de l'agence régionale de santé, lorsque ces établissements ou services sont gérés par un même organisme gestionnaire et relèvent du même ressort territorial. » La conclusion d'un contrat pluriannuel d'objectifs et de moyens entraîne l'application d'une tarification selon des modalités définies par décret en Conseil d'État.** *(L. nº 2016-1827 du 23 déc. 2016, art. 89-I)* **« Il peut prévoir une modulation du tarif en fonction d'objectifs d'activité définis dans le contrat, selon des modalités fixées par décret en Conseil d'État** *(L. nº 2019-1446 du 24 déc. 2019, art. 55-2º)* **« , l'activité de l'établissement ou du service ne pouvant en aucun cas être appréciée exclusivement au regard du taux d'occupation ».** *(L. nº 2017-1836 du 30 déc. 2017, art. 70-3º)* **« Ce contrat prévoit l'affectation des résultats d'exploitation des établissements et services par le gestionnaire dans des conditions précisées par décret en Conseil d'État. »** *(L. nº 2022-1616 du 23 déc. 2022, art. 62-I)* **« A l'occasion du renouvellement du contrat, il peut être tenu compte, pour fixer la tarification de l'établissement ou du service, de la part des reports à nouveau ou des réserves figurant dans son budget et qui ne sont pas justifiés par ses conditions d'exploitation. Au vu des résultats, le montant de ces reports ou de ces réserves peut être plafonné, selon des modalités définies par décret en Conseil d'État. »**

« Sans préjudice des articles L. 313-14-1 et L. 315-14, le contrat intègre, le cas échéant, un plan de retour à l'équilibre lorsque la situation financière de l'établissement l'exige. »

« A compter de la conclusion du contrat pluriannuel d'objectifs et de moyens, les documents budgétaires mentionnés au 3º du I de l'article L. 314-7 sont remplacés par un état des prévisions de recettes et de dépenses dont le modèle est fixé par arrêté des ministres chargés des personnes handicapées et de la sécurité sociale. » — *Le deuxième al. de l'art. L. 313-12-2, dans sa rédaction résultant du 1º du I de l'art. 75 de la L. nº 2015-1702 du 21 déc. 2015, est applicable à compter du 1er janv. 2017 (L. préc., art. 75-III-B).*

Les établissements et services, qui font l'objet d'un contrat pluriannuel d'objectifs et de moyens, peuvent disposer pour son élaboration et sa mise en œuvre des outils méthodologiques fournis par l'Agence nationale d'appui à la performance des établissements de santé et médico-sociaux et s'appuyer sur les recommandations de *(L. nº 2017-1836 du 30 déc. 2017, art. 72-II, en vigueur le 1er avr. 2018)* **« la Haute Autorité de santé ».**

Pour l'application du premier al. de l'art. L. 313-12-2, dans sa rédaction résultant du 1º du I de l'art. 75 de la L. nº 2015-1702 du 21 déc. 2015, le directeur général de l'agence régionale de santé établit par arrêté, le cas échéant conjoint avec le président du conseil départemental concerné, la liste des établissements et services devant signer un contrat pluriannuel d'objectifs et de moyens et fixe la date prévisionnelle de cette signature. Cette programmation, d'une durée de six ans, est mise à jour chaque année (L. préc., art. 75-III-A).

Par dérogation à l'art. L. 313-12-2, l'effet sur les taux d'occupation des baisses d'activité liées à la crise sanitaire sur tout ou partie de l'année 2021 n'est pas pris en compte dans la fixation des financements pour l'exercice 2022 (L. n° 2021-689 du 31 mai 2021, art. 8-XIV).

COMMENTAIRE

L'article L. 313-12-2 a été introduit par la loi du 21 juillet 2009. Celle-ci ayant créé les agences régionales de santé et leur ayant confié les polices administratives ainsi que les compétences d'habilitation et de tarification des établissements et services médico-sociaux, l'article ci-dessus impose désormais à ces structures ainsi qu'à celles qui relèvent de la compétence tarifaire exclusive du représentant de l'État la signature d'une convention pluriannuelle d'objectifs et de moyens (art. L. 313-11) ; il est à noter que cette disposition ne concerne pas les ESMS prenant en charge des personnes âgées dépendantes, EHPAD et « petites unités de vie » : les premiers étaient antérieurement pris en compte par un type de convention qui leur était spécifique, la « convention tripartite » ; ces établissements, EHPAD et unités de vie, concluent aussi un CPOM, mais dont le régime est défini à l'article L. 313-12 (LFSS pour 2018). Pour la conclusion des CPOM, les gestionnaires peuvent bénéficier d'outils méthodologiques en provenance de l'ANAP (instance créée par la loi « HPST ») ou de la HAS.

La disposition indique qu'un tel contrat entraîne des modalités de tarification spécifiques et prévoit une modulation du tarif en fonction des objectifs définis par le contrat. La LFSS pour 2020 (L. n° 2019-1446 du 24 déc. 2019), pour assouplir encore davantage les critères de tarification dans le cadre d'un CPOM, a précisé que l'activité du service tarifé ne pouvait « en aucun cas » être appréciée exclusivement en fonction du taux d'occupation. Comme pour les EHPAD, dont le régime juridique de la convention les liant aux autorités publiques est défini à l'article L. 313-12, la LFSS du 23 décembre 2022 a introduit une disposition concernant les reports ou réserves figurant au budget de ces établissements : ces derniers peuvent d'une part, être pris en compte pour fixer leur tarif et, d'autre part, être plafonnés. ❑

Art. L. 313-12-3 *(L. n° 2021-1754 du 23 déc. 2021, art. 47-1°)* **Les établissements mentionnés au I de l'article L. 313-12 peuvent assurer, dans des conditions fixées par voie réglementaire et en garantissant l'équité territoriale entre les départements, une mission de centre de ressources territorial. Ils proposent dans ce cadre, en lien avec d'autres professionnels des secteurs sanitaire et médico-social du territoire chargés du parcours gériatrique des personnes âgées, des actions visant à :**

1° Aider les professionnels du territoire intervenant auprès des personnes âgées, notamment afin de les soutenir dans l'exercice de leurs missions, d'organiser des formations, de mettre les ressources humaines et les plateaux techniques de l'établissement à leur disposition ou de mettre en œuvre des dispositifs de télésanté leur permettant de répondre aux besoins ou d'améliorer le suivi des patients résidant dans l'établissement dès lors que la présence physique d'un professionnel médical n'est pas possible ;

2° Accompagner, en articulation avec les services à domicile, les personnes âgées ne résidant pas dans l'établissement ou les aidants, afin d'améliorer la cohérence de leur parcours de santé et de leur parcours vaccinal, de prévenir leur perte d'autonomie physique, cognitive ou sociale et de favoriser leur vie à domicile. A ce titre, ils peuvent proposer une offre d'accompagnement renforcé au domicile, incluant des dispositifs de télésanté.

Lorsqu'ils ont une mission de centre de ressources territorial, les établissements reçoivent les financements complémentaires mentionnés à l'article L. 314-2.

COMMENTAIRE

La LFSS du 23 décembre 2021 a ajouté dans le chapitre portant sur les autorisations et agréments requis pour l'ouverture des ESMS une nouvelle disposition : l'article L. 313-12-3. Concernant les établissements accueillant des personnes âgées dépendantes visés à l'article L. 313-12 (EHPAD, unités de vie, résidences autonomie), la nouvelle disposition prévoit que ces structures puissent avoir une fonction d'organisation, sur un territoire, des réponses apportées aux personnes âgées dépendantes. Dans ce sens, elles peuvent assurer des missions de centre de ressources consistant en des appuis apportés aux professionnels du territoire (formation, ouverture de leurs plateaux techniques, télésanté, etc.) ou encore s'articuler avec les services de maintien à domicile pour coordonner leurs actions et aménager des continuités dans les accompagnements. Ces missions leur ouvrent des financements complémentaires (art. L. 314-2). ❑

Art. L. 313-12-4 *(L. n° 2022-140 du 7 févr. 2022, art. 8)* **Les gestionnaires des établissements et services mentionnés au 1° du I de l'article L. 312-1, autres que la collectivité territoriale compétente en matière de protection de l'enfance, peuvent conclure, dans les conditions prévues à l'article L. 313-11, un contrat pluriannuel d'objectifs et de moyens avec cette collectivité.**

Par dérogation aux II et III de l'article L. 314-7, ce contrat fixe les éléments pluriannuels du budget de ces établissements et services. Il peut prévoir une modulation des tarifs en fonction d'objectifs d'activité définis dans le contrat.

Sans préjudice des articles L. 313-14-1 et L. 315-14, le contrat comprend, le cas échéant, un plan de retour à l'équilibre lorsque la situation de l'établissement ou du service l'exige.

Ce contrat tient lieu de la convention d'aide sociale prévue à l'article L. 313-8-1.

Les modalités d'application du présent article sont précisées par décret en Conseil d'État.

COMMENTAIRE

L'article L. 313-12-4 a été ajouté au code par la loi n° 2022-140 du 7 février 2022 relative à la protection des enfants. Il vise les établissements et services intervenant dans le champ de la protection de l'enfance (art. L. 312-1, I, 1°). Le texte prévoit que les ESMS concernés peuvent conclure avec le conseil départemental chargé de l'ASE un contrat pluriannuel d'objectifs et de moyens (CPOM). Cet instrument, dont l'objet est d'organiser un financement stabilisé des structures sur une période de cinq ans, permet une gestion plus cohérente parce qu'envisagée à moyen terme, notamment grâce à une modulation des tarifs en fonction des évolutions de la structure ainsi que des prévisions pluriannuelles de retour à l'équilibre si nécessaire ; dans ce cadre, il est possible de déroger aux obligations fixées à l'article L. 314-7 (II et III). Ce CPOM se substitue à la convention qui peut être liée à l'habilitation délivrée au titre de l'article L. 313-8-1. ❑

SECTION 4 **Contrôle administratif et mesures de police administrative** *(Ord. n° 2018-22 du 17 janv. 2018, art. 1er-3°).*

(L. n° 2002-2 du 2 janv. 2002, art. 24-V)

BIBL. ▸ ADVIELLE et VAN HERZELE, Les chambres régionales et territoriales des comptes et le contrôle des établissements d'hébergement pour personnes âgées dépendantes, *AJDA 2020. 454* ✎. – ALFANDARI, La distinction associations gestionnaires-établissements gérés : liberté et contrôle, *RDSS 2010. 405* ✎. – CORMIER, La réforme de l'inspection et du contrôle des établissements et services sociaux et médico-sociaux : la fin d'un monopole régalien, *RGDM, n° 71, 2019. 113*. – CRISTOL, La refonte du contrôle des structures sociales et médico-sociales par l'ordonnance du 17 janvier 2018, *RDSS 2018. 1081* ✎. – DURAND-VIEL, Le contrôle des établissements sociaux et médico-sociaux par les juridictions de la tarification sanitaire et sociale, *RDSS 2010. 454* ✎. – FABRE, La place de l'inspection et de l'injonction dans le contrôle des établissements sociaux et médico-sociaux, *RDSS 2010. 419* ✎. – HARDY, Fermeture des établissements et services médico-sociaux, de quel droit ?, *AJDA 2016. 2313* ✎. – LAFORE, La police des établissements et services sociaux et médico-sociaux depuis la loi du 2 janvier 2002 : une économie de services sous contrôle public, *RDSS 2022. 38* ✎. – LAGAY, Le rôle du commissaire aux comptes dans les associations gestionnaires d'établissements et services sociaux et médico-sociaux, *RDSS 2010. 925* ✎. – LECAT, L'administration provisoire des établissements sociaux et médico-sociaux, *RDSS 2010. 431* ✎. – LHUILLIER, La fermeture administrative des établissements sociaux et médico-sociaux : de nouveaux textes pour un nouveau contexte, *RDSS 2006. 710* ✎. – NAÏTALI, Établissements sociaux et médico-sociaux : un patrimoine sous contrôle, *RDSS 2010. 411* ✎. – RIHAL, Le contrôle des établissements sociaux et médico-sociaux par le juge administratif de droit commun, *RDSS 2010. 447* ✎ ; Contrôle administratif et gestion des ressources humaines, *RDSS 2014. 5* ✎.

▸ **Sur les violences et maltraitances.** BAS-THÉRON et BRANCHU (Rapport), Évaluation du dispositif de lutte contre la maltraitance des personnes âgées et des personnes handicapées mis en œuvre par les services de l'État dans les établissements sociaux et médico-sociaux, *IGAS 2006*. – HENNION, Violences, vulnérabilités et responsabilités des travailleurs sociaux, *RDSS 2012. 1109*. – LAGRAULA-FABRE, La violence institutionnelle, *L'Harmattan 2005* ; La violence institutionnelle dans les établissements sociaux et médico-sociaux : une question de droit ?, *RDSS 2005. 108* ; La loi du 2 janvier 2002 rénovant l'action sociale et médico-sociale : pare-feu contre la maltraitance ?, *RDSS 2006. 969*. – LETURMY, La maltraitance en droit pénal, *RDSS 2006. 981*. – PERRIOT et LHUILLIER, Violences institutionnelles : le témoignage d'un directeur, *RDSS 2006. 1008*. – RIHAL, La loi du 2 janvier 2002 rénovant l'action sociale et médico-sociale évite-t-elle la maltraitance en institution ?, *RDSS 2006. 1000*.

COMMENTAIRE

Les dispositions de la loi du 30 juin 1975 en matière de contrôle des établissements et services sont apparues insuffisantes, notamment dans un contexte où des faits de malversations financières et surtout de maltraitance étaient rapportés par les médias. C'est pourquoi, dans le cadre même du débat parlementaire, un durcissement des contrôles et des sanctions s'est imposé. La loi du 2 janvier 2002 a donc organisé la présente section relative au « contrôle ». C'est à cette occasion aussi, mais dans une logique préventive, qu'a été instituée la charte éthique et déontologique prévue à l'article L. 311-2.

Il faut cependant relier les dispositions ci-dessous (art. L. 313-13 à L. 313-20) aux dispositions anciennes relatives à la surveillance des établissements et qui figurent dans le code, sous l'intitulé « Dispositions communes aux établissements soumis à autorisation et à déclaration », dans un chapitre unique constituant le titre troisième du présent livre (art. L. 331-1 à L. 331-9).

Le code comporte donc deux ensembles de dispositions relatives à la surveillance, au contrôle et aux sanctions : les articles L. 331-1 à L. 331-9 reprenant la législation antérieure, et les dispositions ci-dessous qui viennent les compléter.

L'ordonnance n° 2018-22 du 17 janvier 2018 a réécrit nombre de dispositions du chapitre III, dans le but de remettre en cohérence des dispositions modifiées au fil du temps, d'opérer une distinction claire entre police administrative et police judiciaire, de supprimer des différences injustifiées entre les compétences des autorités de contrôle (notamment au bénéfice des autorités des conseils départementaux) et, dans le même temps, de renforcer les droits de la défense au profit des structures contrôlées. ❑

Art. L. 313-13 *(Ord. n° 2018-22 du 17 janv. 2018, art. 1er-6°)* **I. — L'autorité compétente pour délivrer l'autorisation contrôle l'application des dispositions du présent code par les établissements et services sociaux et médico-sociaux et lieux de vie et d'accueil mentionnés à l'article L. 312-1 et par les autres services de leurs organismes gestionnaires qui concourent, dans le cadre de l'autorisation, à la gestion desdits établissements, services et lieux de vie et d'accueil.**

(L. n° 2022-1616 du 23 déc. 2022, art. 62-I) **« Cette même autorité ainsi que, pour le compte de l'État, les services ou les établissements publics désignés par voie réglementaire contrôlent également l'application des dispositions du présent code par toute personne morale qui exerce un contrôle, au sens de l'article L. 233-3 du code de commerce, sur une personne mentionnée au premier alinéa du présent I.**

« Le présent I est notamment applicable » aux structures qui, sans détenir une autorisation correspondant à leurs activités, ont la nature d'un établissement ou service social ou médico-social ou d'un lieu de vie et d'accueil au sens de l'article L. 312-1 précité.

II. — Pour les établissements, services et lieux de vie et d'accueil relevant, en vertu du I du présent article, de la compétence du représentant de l'État, les contrôles prévus à la présente section sont effectués par les personnels, placés sous son autorité ou sous celle de l'agence régionale de santé ou mis à sa disposition par d'autres services de l'État ou par d'autres agences régionales de santé, mentionnés aux articles L. 1421-1 et L. 1435-7 du code de la santé publique ou par les personnels des services déconcentrés de la protection judiciaire de la jeunesse. Ils peuvent être assistés par d'autres personnes dans les conditions prévues à l'article L. 1421-1 précité.

Les visites d'inspection sont conduites par un médecin inspecteur de santé publique ou par un inspecteur de l'action sanitaire et sociale.

III. – Pour les établissements, services et lieux de vie et d'accueil relevant de la compétence du directeur général de l'agence régionale de santé, les contrôles prévus à la présente section sont effectués par les personnels des agences régionales de santé mentionnés aux articles L. 1421-1 et L. 1435-7 du code de la santé publique et les autres personnes susceptibles de les assister.

IV. – Pour les établissements, services et lieux de vie et d'accueil relevant de la compétence du président du conseil départemental, les contrôles prévus à la présente section sont effectués par les agents départementaux mentionnés à l'article L. 133-2 du présent code dans les conditions définies par la présente section.

V. – Pour les établissements, services et lieux de vie et d'accueil relevant d'une autorisation conjointe, les contrôles prévus à la présente section sont effectués de façon séparée ou conjointe par les agents mentionnés aux II à IV du présent article, dans la limite de leurs compétences respectives.

VI. – Quelle que soit l'autorité compétente pour délivrer l'autorisation, le représentant de l'État dans le département peut, à tout moment, diligenter les contrôles prévus à la présente section. Il dispose à cette fin des personnels mentionnés au premier alinéa du II du présent article. Il informe l'autorité compétente pour délivrer l'autorisation des résultats de ces contrôles. Le président du conseil départemental informe sans délai le représentant de l'État dans le département de tout événement survenu dans un établissement ou service qu'il autorise, dès lors qu'il est de nature à compromettre la santé, la sécurité ou le bien-être physique ou moral des personnes accueillies. Le représentant de l'État en informe le procureur de la République lorsque l'établissement ou le service accueille des majeurs bénéficiant d'une mesure de protection juridique.

Quelle que soit l'autorité compétente pour délivrer l'autorisation, les établissements, services et lieux de vie et d'accueil *(L. nº 2022-1616 du 23 déc. 2022, art. 62-I)* **« ainsi que les personnes morales gestionnaires de ces établissements, services et lieux de vie et d'accueil, pour leurs activités consacrées à cette gestion, » sont soumis au contrôle des membres de l'inspection générale des affaires sociales** *(L. nº 2022-1616 du 23 déc. 2022, art. 62-I)* **« et de l'inspection générale des finances. Les personnes morales qui exercent, directement ou indirectement, le contrôle exclusif ou conjoint des personnes morales gestionnaires des établissements, services et lieux de vie et d'accueil ainsi que les autres personnes morales qu'elles contrôlent et qui concourent à la gestion de ces établissements, services et lieux de vie et d'accueil ou leur fournissent des biens et services sont également soumises au contrôle de l'inspection générale des affaires sociales et de l'inspection générale des finances, pour leurs activités consacrées à cette gestion. »**

COMMENTAIRE

L'article L. 313-13 a déjà, comme nombre de dispositions de ce chapitre III, fait l'objet de réécritures (L. nº 2006-911 du 24 juill. 2006 et L. nº 2009-879 du 21 juill. 2009), cela sans préjudice de diverses adaptations (not. L. nº 2015-1776 du 28 déc. 2015). L'ordonnance nº 2018-22 du 17 janvier 2018 l'a réécrit intégralement en le cantonnant à son objet principal : définir clairement quelles sont les autorités publiques qui ont en charge les contrôles des ESMS.

Un principe est réaffirmé : le contrôle suit l'autorisation, ce qui signifie que l'autorité compétente en la matière est l'autorité qui a délivré l'autorisation. Le champ en est étendu aux structures qui, bien que ne disposant pas d'une autorisation pour leurs activités, ont néanmoins la qualité d'ESMS au sens de l'article L. 312-1.

Sont ensuite déterminées, sans surprise, les autorités responsables du contrôle, à savoir les services de l'État pour les ESMS autorisés par l'État, les services de l'ARS pour ceux qui sont autorisés par elles et les services du département pour ceux dont l'autorisation en relève. Dans le cas des autorisations conjointes, cas peu clair jusque-là, le texte indique que chaque autorité contrôle tous les aspects relevant de sa compétence.

Enfin, il est réaffirmé que, quelle que soit l'autorité d'autorisation, l'IGAS a une entière compétence de contrôle sur la totalité des structures entrant dans le champ de l'article

L. 313-1 : instance à laquelle la LFSS du 23 décembre 2022 a ajouté l'Inspection générale des finances. Ce dernier texte, pour faire face à des abus révélés par les médias, a expressément prévu que, pour les structures de nature commerciale, les compétences des autorités de contrôle s'étendent à toute personne morale « qui exerce un contrôle au sens de l'article L. 233-3 du code du commerce » sur les structures concernées. ❑

Établissement ouvert sans autorisation et validité d'une inspection. Lorsque l'autorité administrative constate ou présume l'existence d'un établissement fonctionnant sans autorisation, elle peut décider, dans l'intérêt des usagers, de diligenter un contrôle auprès de cet établissement ; par suite, la circonstance que l'activité exercée par l'intéressée n'avait pas fait l'objet d'une autorisation en application de l'art. L. 312-1 CASF ne rendait pas, par elle-même, irrégulière l'inspection destinée à contrôler, dans l'intérêt des usagers, l'exercice de l'activité d'accueil de personnes âgées, de personnes adultes handicapées ou de personnes en précarité ou exclusion sociale • CAA Douai 15 mars 2007, *Mme W.*, n° 06DA01123 : *AJDA 2007. 2161, note Rihal*.

Art. L. 313-13-1 *(Ord. n° 2018-22 du 17 janv. 2018, art. 1er-7°)* **Les dispositions des deuxième et troisième alinéas de l'article L. 1421-1 ainsi que celles des articles L. 1421-2, L. 1421-2-1 et L. 1421-3 du code de la santé publique sont applicables aux contrôles effectués en application des dispositions de la présente section. Toutefois, pour l'application du deuxième alinéa de l'article L. 1421-2, l'autorisation par l'autorité judiciaire n'est pas requise lorsque le contrôle est effectué en présence de l'occupant et avec son accord écrit ou celui de son représentant légal, recueilli par un agent habilité et assermenté dans les conditions prévues à l'article L. 331-8-2 du présent code.**

COMMENTAIRE

Cet article L. 313-13-1 a été introduit par l'ordonnance du 17 janvier 2018. Il consiste à étendre aux autorités de contrôle des ESMS, définies à l'article L. 131-13, les moyens dont sont dotés les médecins inspecteurs de santé publique, les pharmaciens inspecteurs, les ingénieurs et techniciens sanitaires ainsi d'ailleurs que les inspecteurs de l'action sanitaire et sociale (CSP, art. L. 1421-1 s.). Ces derniers, sur le fondement de la législation sanitaire (art. L. 1421-1), peuvent en effet s'adjoindre dans leurs contrôles des personnes qualifiées, s'associer des agents appartenant à d'autres services publics et prendre connaissance de tout document relatif à leur mission, y compris des données de nature médicale. Ils disposent de prérogatives (art. L. 1421-2) leur permettant de pénétrer dans des locaux, y compris d'habitation, des lieux ou des moyens de transport, cela dans un cadre horaire défini, et d'opérer sur la voie publique. Ces visites de lieux sont autorisées par ordonnance du juge des libertés et de la détention du TGI (art. L. 1421-2-1) dans le cadre d'une procédure précise. Les agents de contrôle peuvent enfin recueillir tous types de renseignements et de documents qui leur sont nécessaires ; ils peuvent exiger que ces sources leur soient communiquées, avoir accès aux logiciels et données qui sont stockées dans les instruments informatiques et procéder au prélèvement d'échantillons. Tous ces moyens doivent être mis en œuvre dans l'intérêt des contrôles dont ils ont la charge. ❑

Art. L. 313-13-2 *(L. n° 2022-1616 du 23 déc. 2022, art. 62-I)* **Lorsqu'il n'est pas satisfait à sa demande de communication de l'un des documents, notamment de nature comptable ou financière, mentionnés à l'article L. 1421-3 du code de la santé publique, l'autorité chargée du contrôle peut enjoindre à la personne morale concernée d'y procéder dans un délai qu'elle fixe. Faute de transmission du document dans ce délai, cette même autorité peut prononcer, à l'encontre de la personne contrôlée, l'astreinte mentionnée aux II et IV de l'article L. 313-14 du présent code.**

Art. L. 313-13-3 *(L. n° 2022-1616 du 23 déc. 2022, art. 62-I)* **Les règles de comptabilité analytique permettant de retracer l'utilisation des dotations publiques par un établissement ou un service médico-social et, le cas échéant, par son organisme gestionnaire et la personne morale sous le contrôle de laquelle il est placé, au sens de l'article L. 233-3 du code de commerce, sont fixées par décret.**

COMMENTAIRE

La LFSS du 23 décembre 2022 a ajouté deux articles aux dispositions existantes relatives aux contrôles administratifs et les mesures de police administrative pesant sur les ESSMS. Le premier (art. L. 313-13-2) concerne un pouvoir d'astreinte aux mains des autorités tarifaires en cas de non-transmission de documents nécessaires au contrôle ; le second (art. L. 313-13-3) concerne la soumission des gestionnaires aux règles de comptabilité analytique établies par le pouvoir réglementaire. ❑

Art. L. 313-14 *(Ord. nº 2018-22 du 17 janv. 2018, art. 1er-8º)* **I. — Lorsque les conditions d'installation, d'organisation ou de fonctionnement de l'établissement, du service ou du lieu de vie et d'accueil méconnaissent les dispositions du présent code ou présentent des risques susceptibles d'affecter la prise en charge des personnes accueillies ou accompagnées ou le respect de leurs droits, l'autorité compétente en vertu de l'article L. 313-13 peut enjoindre au gestionnaire d'y remédier, dans un délai qu'elle fixe. Ce délai doit être raisonnable et adapté à l'objectif recherché. Elle en informe le conseil de la vie sociale quand il existe et, le cas échéant, le représentant de l'État dans le département, ainsi que le procureur de la République dans le cas des établissements et services accueillant des majeurs bénéficiant d'une mesure de protection juridique. L'autorité compétente peut également prévoir les conditions dans lesquelles le responsable de l'établissement, du service ou du lieu de vie et d'accueil assure l'affichage de l'injonction à l'entrée de ses locaux.**

Cette injonction peut inclure des mesures de réorganisation ou relatives à l'admission de nouveaux bénéficiaires et, le cas échéant, des mesures individuelles conservatoires, en application du code du travail ou des accords collectifs.

II. — S'il n'a pas été satisfait à l'injonction dans le délai fixé et tant qu'il n'est pas remédié aux risques ou aux manquements en cause, l'autorité compétente peut prononcer, à l'encontre de la personne physique ou morale gestionnaire de l'établissement, du service ou du lieu de vie et d'accueil, une astreinte journalière et l'interdiction de gérer toute nouvelle autorisation relevant de ladite autorité.

L'astreinte journalière, dont le montant est proportionné à la gravité des faits, ne peut être supérieure à *(L. nº 2022-1616 du 23 déc. 2022, art. 63)* **« 1 000 € » par jour.**

La durée de l'interdiction prévue au premier alinéa du présent II est proportionnée à la gravité des faits et ne peut excéder trois ans.

III. — Une sanction financière peut en outre être prononcée en cas de méconnaissance des dispositions du présent code. Son montant est proportionné à la gravité des faits constatés et ne peut être supérieur à *(L. nº 2022-1616 du 23 déc. 2022, art. 64)* **« 5 % » du chiffre d'affaires réalisé, en France et dans le champ d'activité en cause, par le gestionnaire lors du dernier exercice clos. A défaut d'activité permettant de déterminer ce plafond, le montant de la sanction financière ne peut être supérieur à 100 000 €.**

Lorsque la sanction financière est susceptible de se cumuler avec une amende pénale infligée à raison des mêmes faits, le montant global des amendes et sanctions financières prononcées ne dépasse pas le maximum légal le plus élevé.

IV. — Les astreintes et les sanctions financières mentionnées au présent article sont versées au Trésor public *(L. nº 2022-1616 du 23 déc. 2022, art. 62-I)* **« ou, lorsque l'établissement ou le service concerné relève de l'objectif mentionné à l'article L. 314-3-1, à la Caisse nationale de solidarité pour l'autonomie. Elles » sont recouvrées comme les créances de l'État étrangères à l'impôt et au domaine.**

Elles ne peuvent être prises en charge sous quelque forme que ce soit par des financements publics tels que définis à l'article L. 313-1-1.

V. — S'il n'est pas satisfait à l'injonction dans le délai fixé, l'autorité compétente peut alternativement ou consécutivement à l'application des II, III et IV précédents désigner un administrateur provisoire pour une durée qui ne peut être supérieure à six mois, renouvelable une fois. Celui-ci accomplit, au nom de l'autorité compétente et pour le compte du gestionnaire, les actes d'administration urgents ou nécessaires pour mettre fin aux difficultés constatées. Il dispose à cette fin de tout ou partie des pouvoirs nécessaires à l'administration et à la direction de l'établissement, du service ou du lieu de vie et d'accueil, dans des conditions précisées par l'acte de désignation.

L'administrateur ne doit pas, au cours des cinq années précédentes, avoir perçu à quelque titre que ce soit, directement ou indirectement, une rétribution ou un paiement de la part de la personne physique ou morale gestionnaire, ou, dans le cas d'une personne morale, d'une personne qui détient le contrôle de la personne morale

gestionnaire ou de l'une des sociétés contrôlées par elle au sens des II et III de l'article L. 233-16 du code de commerce, ni s'être trouvé en situation de conseil de la personne concernée ou de subordination par rapport à elle. Il doit, en outre, n'avoir aucun intérêt dans l'administration qui lui est confiée. Il justifie, pour ses missions, d'une assurance couvrant les conséquences financières de la responsabilité dans les conditions prévues à l'article L. 814-5 du code de commerce, dont le coût est pris en charge par les établissements, services et lieux de vie et d'accueil qu'il administre, au prorata des charges d'exploitation de chacun d'eux.

VI. – Dans le cas des établissements, services et lieux de vie et d'accueil soumis à autorisation conjointe, les procédures prévues au présent article peuvent être engagées et mises en œuvre à l'initiative de l'une des autorités compétentes, qui en informe les autres sans délai.

Dans le cas des services mentionnés aux 14° et 15° du I de l'article L. 312-1, ainsi que dans le cas des établissements et services accueillant à un autre titre des majeurs bénéficiant d'une mesure de protection juridique, l'injonction prévue au premier alinéa du présent article peut être demandée par le procureur de la République.

COMMENTAIRE

L'ordonnance n° 2018-22 du 17 janvier 2018 a réécrit l'article L. 313-14 dont l'objet reste cependant le même : il concerne les sanctions administratives qui peuvent être adoptées lorsque les conditions d'installation, d'organisation ou de fonctionnement d'un établissement ou d'un service méconnaissent la législation, présentent des risques pour les personnes accueillies ou mettent en cause leurs droits.

A un premier niveau, lorsque sont constatées de telles situations, les autorités de contrôle peuvent prononcer une injonction aux responsables de la structure concernée, dont la mise en œuvre est enfermée dans un délai et qui lui impose de remédier aux difficultés et manquements constatés. Si cette injonction est sans effet, l'autorité peut prononcer une astreinte journalière qui peut être assortie d'une interdiction temporaire de diriger toute autre structure sociale et médico-sociale ; l'astreinte peut être accompagnée d'une sanction financière ; mais ces deux moyens doivent être proportionnés dans leur montant à la gravité des faits, la loi établissant en outre des plafonds à ne pas dépasser. Il est précisé (dernier alinéa) que le pouvoir d'injonction est détenu par le procureur de la République pour l'ensemble des services sociaux mettant en œuvre des mesures judiciaires (protection de l'enfance, protection judiciaire de la jeunesse, protection des majeurs).

A un second niveau, s'il n'est pas satisfait à l'injonction, l'autorité de contrôle peut désigner un administrateur provisoire pour une durée maximale de six mois renouvelable une fois. Ce dernier est en charge d'accomplir, au nom de l'autorité publique et pour le compte du gestionnaire, tous les actes d'administration urgents ou nécessaires pour mettre fin à la situation constatée, cela lui conférant à cette fin et au sein de la structure les pouvoirs et attributions nécessaires. L'acte de désignation de l'administrateur doit définir les conditions de mise en œuvre de sa mission. La disposition définit aussi les incompatibilités entre sa mission et d'éventuels liens qu'il aurait pu avoir ou qu'il aurait avec les gestionnaires de la structure et prévoit aussi les conditions d'exercice de la fonction (assurance).

Cet arsenal complet de contraintes pouvant s'exercer sur les gestionnaires ainsi que les possibilités de leur substituer un administrateur provisoire peut être mis en action, dans les cas d'autorisation conjointe, par une seule des autorités compétentes, cette dernière ayant alors l'obligation d'en informer les autres. ❑

Jurisprudence rendue sous l'empire des textes antérieurs à l'Ord. n° 2018-22 du 17 janv. 2018.

Pouvoirs d'édicter des mesures provisoires et libertés fondamentales. L'arrêté préfectoral, qui a pour objet de fermer provisoirement plusieurs établissements pour adultes et jeunes handicapés gérés par une association et de nommer un administrateur provisoire pour assurer la continuité de l'accueil des personnes hébergées, ne saurait être regardé comme portant gravement atteinte à une liberté fondamentale dans la mesure où la décision contestée n'a qu'un caractère provisoire et où les pouvoirs de l'administrateur provisoire ne s'exercent que pour le strict fonctionnement des établissements médico-sociaux et ne concernent ni la vie interne de l'association ni ses prérogatives de propriétaire des murs de certains établissements ; par suite, les conditions nécessaires pour que le juge des référés puisse ordonner, sur le fondement de l'art. L. 521-2 COJ, la suspension de l'exécution de l'arrêté, ne sont pas remplies. • TA Dijon, 2 mars 2001, *Assoc. adultes et jeunes handicapés, comité de l'Yonne : AJDA 2001. 783, note Laidié*.

Art. L. 313-14-1 *(L. nº 2009-879 du 21 juill. 2009, art. 124-I-27º)* **Dans les établissements et services sociaux et médico-sociaux relevant du I de l'article L. 312-1, à l'exception du 10º** *(L. nº 2015-1776 du 28 déc. 2015, art. 48-I-3º)* **« et du 16º », gérés par des organismes de droit privé à but non lucratif, lorsque la situation financière fait apparaître un déséquilibre financier significatif et prolongé ou lorsque sont constatés des dysfonctionnements dans la gestion** *(Ord. nº 2018-22 du 17 janv. 2018, art. 1er-9º)* **« financière » de ces établissements et de ces services, et sans préjudice des dispositions relatives au contrôle des établissements et services prévues au présent code, l'autorité de tarification compétente adresse à la personne morale gestionnaire une injonction de remédier au déséquilibre financier ou aux dysfonctionnements constatés et de produire un plan de redressement adapté, dans un délai qu'elle fixe. Ce délai doit être raisonnable et adapté à l'objectif recherché.** — *Les dispositions issues de la L. nº 2015-1776 du 28 déc. 2015 sont applicables à la date d'entrée en vigueur du décret prévu au 16º du I de l'art. L. 312-1 (L. préc., art. 48-II).*

Les modalités de retour à l'équilibre financier donnent lieu à la signature d'un avenant au contrat pluriannuel d'objectifs et de moyens prévu *(L. nº 2015-1776 du 28 déc. 2015, art. 58-I-7º ; L. nº 2016-1827 du 23 déc. 2016, art. 89-I)* **« aux articles L. 313-11, L. 313-11-1** *(L. nº 2018-1021 du 23 nov. 2018, art. 125)* **« , L. 313-11-2 », L. 313-12 et L. 313-12-2 ».**

S'il n'est pas satisfait à l'injonction, ou en cas de refus de l'organisme gestionnaire de signer la convention susmentionnée, l'autorité de tarification compétente peut désigner un administrateur provisoire *(Ord. nº 2018-22 du 17 janv. 2018, art. 1er-9º)* **« de l'établissement ou du service » pour une durée qui ne peut être supérieure à une période de six mois renouvelable une fois. Si l'organisme gestionnaire gère également des établissements de santé, l'administrateur provisoire est désigné conjointement avec le directeur général de l'agence régionale de santé.** *(Ord. nº 2010-177 du 23 févr. 2010, art. 18-I-21º)* **« L'administrateur doit satisfaire aux conditions définies aux deuxième, troisième et quatrième alinéas de l'article L. 811-2 du code de commerce. »**

L'administrateur provisoire accomplit, pour le compte des établissements et services, les actes d'administration urgents ou nécessaires pour mettre fin aux dysfonctionnements ou irrégularités constatés ainsi que la préparation et la mise en œuvre d'un plan de redressement.

La rémunération de l'administrateur est assurée par les établissements gérés par l'organisme et répartie entre les établissements ou services au prorata des charges d'exploitation de chacun d'eux.

L'administrateur justifie, pour ses missions, d'une assurance couvrant les conséquences financières de la responsabilité conformément à l'article L. 814-5 du code de commerce, prise en charge dans les mêmes conditions que la rémunération.

En cas d'échec de l'administration provisoire, l'autorité de tarification compétente peut saisir le commissaire aux comptes pour la mise en œuvre des dispositions de l'article L. 612-3 du même code.

COMMENTAIRE

La disposition ci-dessus a été introduite au code par la loi du 21 juillet 2009 (loi « HPST »). Reprenant une disposition relative aux difficultés financières des établissements sociaux et médico-sociaux qui avait été votée dans le cadre de la loi de financement de la sécurité sociale pour 2009 mais censurée par le Conseil constitutionnel (car constituant un « cavalier législatif »), l'article L. 313-14-1 crée une procédure destinée à redresser la situation financière des structures privées à but non lucratif lorsque ces dernières connaissent des difficultés financières. Son but est d'inciter les gestionnaires, lorsqu'ils affrontent de telles situations, à prendre des mesures les plus précoces possible de redressement et, à défaut, de susciter la désignation d'un administrateur provisoire. En cas d'échec de l'administration provisoire, l'autorité de tarification peut saisir le commissaire aux comptes pour la mise en œuvre de la procédure d'alerte prévue à l'article L. 612-3 du code de commerce.

Art. L. 313-14-2 *(L. nº 2015-1776 du 28 déc. 2015, art. 58-I-8º) (Abrogé par L. nº 2022-1616 du 23 déc. 2022, art. 62-I) « Pour les établissements et services relevant d'un contrat pluriannuel d'objectifs et de moyens, »* **L'autorité compétente en matière de tarification peut demander** *(L. nº 2016-1827 du 23 déc. 2016, art. 89-I)* **« la récupération » de certains montants dès lors qu'elle constate :**

1º Des dépenses sans rapport ou manifestement hors de proportion avec le service rendu ou avec les coûts des établissements ou des services fournissant des prestations comparables en termes de qualité de prise en charge ou d'accompagnement ;

2º Des recettes non comptabilisées.

(L. nº 2016-1827 du 23 déc. 2016, art. 89-I) **« Cette récupération vient en déduction du tarif de l'exercice au cours duquel le montant à récupérer est constaté, ou de l'exercice qui suit. »**

(L. nº 2022-1616 du 23 déc. 2022, art. 62-I) **« Une sanction financière peut en outre être prononcée dans les conditions définies aux III et IV de l'article L. 313-14. »**

Art. L. 313-14-3 *(L. nº 2022-1616 du 23 déc. 2022, art. 62-I)* **Lorsqu'un contrôle administratif réalisé sur le fondement de l'article L. 313-13 du présent code sur un établissement ou un service médico-social géré au sein d'un groupe de personnes morales placées, au sens de l'article L. 233-3 du code de commerce, sous le contrôle d'une même personne morale ou un contrôle administratif sur un autre organisme du même groupe établit que toute autre personne morale ou physique, qu'elle soit membre de ce groupe ou non, a bénéficié, de manière injustifiée, de sommes versées au titre de l'article L. 314-3-1 du présent code à un établissement ou un service médico-social géré au sein de ce groupe, la Caisse nationale de solidarité pour l'autonomie peut en demander le reversement à l'entité qui exerce le contrôle sur cet établissement ou ce service.**

Lorsqu'un tel contrôle établit qu'une partie des sommes perçues sans justification ont été versées, en application du présent titre, par un département ou une métropole, la Caisse nationale de solidarité pour l'autonomie peut, à la demande de ce département ou de cette métropole, demander, pour le compte de celui-ci ou de celle-ci, le reversement de ces sommes à la personne morale ou physique qui en a indûment bénéficié. Une convention conclue entre la Caisse nationale de solidarité pour l'autonomie et le département ou la métropole fixe les modalités de cette intervention, notamment les conditions de répartition des sommes recouvrées.

COMMENTAIRE

La LFSS du 23 décembre 2022 a introduit dans la section 4, relative aux contrôles administratifs, un article L. 313-14-3. Cette disposition vise les structures gérées par des personnes morales de nature commerciale (C. com., art. L. 233-3) constituées en groupes d'entités qui, bien que juridiquement distinctes, sont en réalité liées ; cela concerne aussi des entités qui ne seraient pas membres de tels groupes mais qui pourraient avoir bénéficié en partie des dotations financières allouées aux établissements et services. Dans ce type de montage, s'il apparaît qu'une des personnes morales a bénéficié de façon injustifiée de sommes versées à des ESSMS par les autorités de tarification, la CNSA peut en demander le reversement au profit des autorités de financement. ❑

Art. L. 313-15 *(Ord. nº 2018-22 du 17 janv. 2018, art. 1er-10º)* **L'autorité compétente pour délivrer l'autorisation peut mettre fin à toute activité ayant donné lieu à une création ou une transformation, ou constitutive d'une extension sans l'autorisation prévue à cet effet.**

Les dispositions des II et III de l'article L. 313-16 sont applicables.

L'autorité compétente met en œuvre la décision de cessation d'activité selon les modalités prévues à l'article L. 313-17.

L'autorité administrative compétente pour autoriser la création d'un établissement est en droit d'ordonner sa fermeture s'il fonctionne sans autorisation pour ce motif et lui seul, sauf lorsque celle-ci affecterait de manière gravement préjudiciable les capacités d'hébergement disponibles ou les intérêts des personnes hébergées. • CE 3 déc. 2003, Dpt de l'Hérault, nº 248600 B : *RDSS 2004. 426, note Lhuillier ; Bull. jur. coll. locales, 2004. 93, concl. J.H. Stahl.*

Art. L. 313-16 *(Ord. nº 2018-22 du 17 janv. 2018, art. 1er-10º)* **I. – Lorsque la santé, la sécurité, ou le bien-être physique ou moral des personnes accueillies ou accompagnées sont menacés ou compromis, et s'il n'y a pas été remédié dans le délai fixé par l'injonction prévue à l'article L. 313-14 ou pendant la durée de l'administration provisoire, l'autorité compétente pour délivrer l'autorisation peut décider la suspension ou la cessation de tout ou partie des activités de l'établissement, du service ou du lieu de vie et d'accueil dans les conditions prévues aux articles L. 313-17 et L. 313-18.**

En cas d'urgence ou lorsque le gestionnaire refuse de se soumettre au contrôle prévu à l'article L. 313-13, l'autorité compétente pour délivrer l'autorisation peut, sans injonction préalable, prononcer la suspension de l'activité en cause pour une durée maximale de six mois.

II. – Lorsque l'autorité compétente pour délivrer l'autorisation est le président du conseil départemental et en cas de carence de ce dernier, le représentant de l'État dans le département peut, après mise en demeure restée sans résultat, prendre en ses lieu et place les décisions prévues au I du présent article. En cas d'urgence, il peut prendre ces décisions sans mise en demeure adressée au préalable.

III. – Lorsque l'établissement, le service ou le lieu de vie et d'accueil relève d'une autorisation conjointe, les décisions prévues au I sont prises conjointement par les autorités compétentes. En cas de désaccord entre ces autorités, lesdites décisions peuvent être prises par le représentant de l'État dans le département.

IV – Lorsque le service relève du 14º ou du 15º du I de l'article L. 312-1, ou lorsque l'établissement ou le service accueille à un autre titre des majeurs bénéficiant d'une mesure de protection juridique, la décision prévue au premier alinéa du I du présent article est prise sur avis du procureur de la République, ou à la demande de celui-ci. Lorsqu'il est fait application du deuxième alinéa du même I, le procureur de la République en est informé.

COMMENTAIRE

L'article L. 313-16, déjà modifié à plusieurs reprises (Ord. nº 2005-1477 du 1er déc. 2005, L. nº 2009-526 du 12 mai 2009, Ord. nº 2010-177 du 23 févr. 2010), a été réécrit par l'ordonnance nº 2018-22 du 18 janvier 2018. Il se situe dans la suite logique de l'article L. 313-14 : lorsque les mesures d'injonction et/ou d'administration provisoire n'ont pas été fructueuses pour mettre fin, parmi les dysfonctionnements constatés, à ceux qui mettent en cause « la santé, la sécurité ou le bien-être physique ou moral des personnes accueillies ou accompagnées », l'autorité en charge du contrôle peut décider la suspension ou la cessation de tout ou partie des activités de l'établissement. La même mesure peut être prise en cas d'urgence ou lorsque le gestionnaire refuse de se soumettre au contrôle.

L'article L. 313-16, au III, comporte aussi des dispositions permettant d'organiser le recours à ces mesures lorsque plusieurs autorités sont concernées dans les cas d'autorisation conjointe : le principe est celui d'un accord entre elles, le préfet prenant la main en cas de désaccord. Dans le même but, en cas de carence du président du conseil départemental, c'est le représentant de l'État qui peut décider à sa place. Enfin, pour les ESMS mettant en œuvre des mesures judiciaires, le procureur de la République peut demander la suspension ou la cessation des activités et, en tout état de cause, il doit en être informé lorsque ces mesures sont décidées. ❑

Art. L. 313-17 *(Ord. nº 2018-22 du 17 janv. 2018, art. 1er-10º)* **En cas de suspension ou de cessation définitive de l'activité d'un établissement, d'un service ou d'un lieu de vie et d'accueil, la ou les autorités compétentes pour délivrer l'autorisation ou, en cas de carence, le représentant de l'État dans le département prennent en tant que de besoin les mesures nécessaires à la continuité de la prise en charge des personnes qui y étaient accueillies.**

Elles peuvent désigner à cette fin un administrateur provisoire dans les conditions prévues au V de l'article L. 313-14, y compris dans l'hypothèse d'une cessation définitive de l'activité volontaire ou résultant de l'application de l'article L. 313-16. La date d'effet de la cessation définitive de l'activité est alors fixée par la ou les autorités compétentes au terme de l'administration provisoire.

COMMENTAIRE

L'article L. 313-17, réécrit par l'ordonnance n° 2018-22 du 18 janvier 2018, confie à l'autorité qui a délivré l'autorisation ou au représentant de l'État en cas de carence de cette dernière, la mission d'assurer la continuité des prises en charge ou de l'accompagnement en cas de suspension ou de cessation d'activité d'un ESMS. Par rapport à la rédaction antérieure, la nouveauté tient dans la possibilité offerte à ces autorités de désigner, pour ce faire, un administrateur provisoire, selon les dispositions de l'article L. 313-14. ❑

1. Retrait de l'autorisation et urgence. Dès lors qu'il ressort du dossier que l'établissement est intégralement financé par l'assurance maladie et ne permet donc pas à l'association de se prévaloir d'un droit de propriété sur les biens de celui-ci, le patrimoine propre de l'association étant inscrit et valorisé dans un bilan comptable distinct de celui de l'établissement ; qu'en tout état de cause une procédure de dévolution fixera le périmètre des biens de l'établissement susceptibles d'appartenir à l'association ; que les frais afférents aux biens de l'établissement seront intégralement repris à sa charge par l'association repreneur lors de la dévolution des biens ; que l'exploitation de l'établissement ne génère actuellement aucune recette au profit de l'association qui est, par ailleurs, gestionnaire d'un autre centre ; que les dispositions de l'art. L. 122-12 du code du travail garantissent la reprise des contrats de travail du personnel de l'établissement et que les garanties de sérieux et d'expérience dans ce domaine que présentent l'association nouvellement chargée de la gestion de l'établissement ne font craindre aucun risque pour les personnes accueillies, l'association qui demande que soit suspendue l'exécution de la décision par laquelle le préfet lui a retiré l'autorisation de gérer une maison d'accueil spécialisée ne saurait soutenir à bon droit que la mesure en litige crée une situation d'urgence justifiant que soit ordonnée sa suspension. • CE 19 janv. 2007, *Assoc. Edmond Barthélémy,* n° 297188.

2. Compétence administrative à raison des agissements de l'administrateur provisoire. Dans la mesure où les agents de la direction départementale de l'emploi, du travail, des solidarités et de la protection des populations et où l'administrateur provisoire, désigné pour accomplir au nom du préfet les actes d'administration urgents ou nécessaires, ont agi sans être animés par aucun intérêt personnel, les fautes alléguées, à les supposer établies, ne revêtent pas le caractère de fautes personnelles détachables du service ; par suite, la juridiction administrative est compétente pour statuer sur l'action engagée par l'association aux fins d'obtenir réparation du préjudice qui résulterait des actes accomplis par les agents de ladite direction départementale et par l'administrateur provisoire • T. confl., 4 déc. 2023, n° C4296 A.

Art. L. 313-18 *(Ord. n° 2018-22 du 17 janv. 2018, art. 1er-10°)* **La cessation définitive, volontaire ou résultant de l'application de l'article L. 313-16, de tout ou partie des activités du service, de l'établissement ou du lieu de vie et d'accueil donne lieu à l'abrogation concomitante, totale ou partielle, de l'autorisation prévue à l'article L. 313-1.**

Par exception au premier alinéa, l'autorisation peut être transférée à l'initiative de l'autorité compétente pour la délivrer à une personne publique ou privée en vue de la poursuite de l'activité considérée. En cas d'autorisation conjointe, ce transfert est prononcé à l'initiative de l'une ou l'autre des autorités compétentes, pour ce qui la concerne, ou d'un accord commun.

COMMENTAIRE

La cessation définitive de l'activité en application de l'article L. 313-16 (à laquelle la disposition ajoute les cas de cessation volontaire de la part du gestionnaire) entraîne l'abrogation de l'autorisation de l'article L. 313-1, soit totale, soit partielle selon l'ampleur des services concernés.

Pour les motifs d'ordre public énumérés à l'article L. 313-16, le représentant de l'État peut transférer l'autorisation retirée à un autre établissement ou service poursuivant un but similaire. Ce transfert vise naturellement, au-delà du placement des usagers dans un autre établissement de l'article L. 313-17 qui constitue une mesure conservatoire de nature provisoire, à ce qu'il y ait une continuité de prise en charge dans un secteur où l'offre est souvent déficitaire, notamment en direction des personnes âgées et handicapées. ❑

Pouvoirs des autorités compétentes en cas de transfert d'autorisation. Le transfert d'autorisation prévu par l'art. L. 313-18 ayant pour objet de permettre à une autre personne physique ou morale de droit public ou de droit privé de poursuivre l'exploitation d'un établissement ou d'un service social ou médico-social dont la fermeture définitive est intervenue notamment en application de l'art.

L. 313-16 du même code, afin d'assurer la continuité de son activité, il appartient aux autorités compétentes, si elles entendent mettre en œuvre ces dispositions, de rechercher la collectivité ou l'organisme auquel la gestion de l'établissement ou du service peut être transférée, dans le but de garantir au mieux la continuité de la prise en charge des personnes accueillies ; par suite, si aucune disposition du CASF n'organise la procédure au terme de laquelle les autorités compétentes peuvent opérer ce choix, il leur est toujours loisible d'organiser une procédure transparente d'appel à candidatures et de sélection, en vue de choisir un organisme repreneur. • CE 5 oct. 2015, n° 372470 B.

Art. L. 313-19 *(L. n° 2002-2 du 2 janv. 2002, art. 44)* **En cas de** *(Ord. n° 2018-22 du 17 janv. 2018, art. 1er-11°)* **« cessation définitive des activités » d'un établissement ou d'un service géré par une** *(L. n° 2006-911 du 24 juill. 2006, art. 95-X)* **« personne morale de droit public ou de droit privé », celle-ci reverse à une collectivité publique ou à un établissement privé poursuivant un but similaire les sommes affectées à l'établissement ou service** *(Abrogé par Ord. n° 2018-22 du 17 janv. 2018, art. 1er) « fermé »*, **apportées par l'État** *(Ord. n° 2010-177 du 23 févr. 2010, art. 18-I-26°)* **« , par l'agence régionale de santé », les collectivités territoriales et leurs établissements publics ou par les organismes de sécurité sociale, énumérées ci-après :**

1° Les subventions d'investissement non amortissables, grevées de droits, ayant permis le financement de l'actif immobilisé de l'établissement ou du service. Ces subventions sont revalorisées selon des modalités fixées par décret ;

2° Les réserves de trésorerie de l'établissement ou du service constituées par majoration des produits de tarification et affectation des excédents d'exploitation réalisés avec les produits de la tarification ;

3° Des excédents d'exploitation provenant de la tarification affectés à l'investissement de l'établissement ou du service, revalorisés dans les conditions prévues au 1° ;

4° Les provisions pour risques et charges, les provisions réglementées et les provisions pour dépréciation de l'actif circulant constituées grâce aux produits de la tarification et non employées le jour de la fermeture ;

(L. n° 2014-856 du 31 juill. 2014, art. 75) **« 5° Le solde des subventions amortissables et transférables ;**

« 6° En cas de non-dévolution des actifs immobilisés au repreneur de l'établissement ou du service fermé, les plus-values sur les actifs immobilisés ayant fait l'objet d'amortissements pris en compte dans les calculs des tarifs administrés. »

La collectivité publique ou l'établissement privé attributaire des sommes précitées peut être :

***a)* Choisi par** *(L. n° 2006-911 du 24 juill. 2006, art. 95-X)* **« le » gestionnaire de l'établissement ou du service fermé, avec l'accord** *(Ord. n° 2010-177 du 23 févr. 2010, art. 18-I-26°)* **« de l'autorité ou des autorités ayant délivré l'autorisation » du lieu d'implantation de cet établissement ou service ;**

***b)* Désigné par** *(Ord. n° 2010-177 du 23 févr. 2010, art. 18-I-26°)* **« l'autorité compétente de l'État dans le département », en cas d'absence de choix** *(L. n° 2006-911 du 24 juill. 2006, art. 95-X)* **« du gestionnaire ou de » refus par** *(Ord. n° 2010-177 du 23 févr. 2010, art. 18-I-26°)* **« l'autorité ou les autorités mentionnées au *a* ».**

L'organisme gestionnaire de l'établissement ou du service fermé peut, avec l'accord de l'autorité de tarification concernée, s'acquitter des obligations prévues aux 1° et 3° en procédant à la dévolution de l'actif net immobilisé de l'établissement ou du service.

En application des art. L. 231-5 et L. 231-6 CRPA, le silence gardé pendant deux mois par l'administration vaut décision de rejet :

— pour les demandes d'accord sur le choix par le gestionnaire de l'établissement ou du service fermé de l'attributaire des sommes affectées à l'établissement ou service fermé, apportées par l'État, par l'agence régionale de santé, les collectivités territoriales et leurs établissements publics ou par les organismes de sécurité sociale, énumérées à l'art. L. 313-19, lorsque la décision relève notamment de l'État, pour l'application du neuvième al. de l'art. L. 313-19 ;

— pour les demandes d'accord de l'autorité de tarification sur les conditions de mise en œuvre de l'obligation de reversement des sommes affectées à l'établissement ou service fermé, apportées par l'État, par l'agence régionale de santé, les collectivités territoriales et leurs établissements publics ou par les organismes de sécurité sociale, énumérées à l'art. L. 313-19, pour l'application du dernier al.

de l'art. L. 313-19 (Décr. n° 2014-1286 du 23 oct. 2014, applicable pour les demandes présentées à compter du 12 nov. 2014).

En application des art. L. 231-5 et L. 231-6 CRPA, le silence gardé pendant deux mois par une collectivité territoriale ou un de ses établissements publics vaut décision de rejet :
— pour les demandes d'accord sur le choix par le gestionnaire de l'établissement ou du service fermé de l'attributaire des sommes affectées à l'établissement ou service fermé, apportées par l'État, par l'agence régionale de santé, les collectivités territoriales et leurs établissements publics ou par les organismes de sécurité sociale, lorsque la décision relève du président du conseil départemental, pour l'application du septième al. de l'art. L. 313-19 ;
— pour les demandes d'accord de l'autorité de tarification sur les conditions de mise en œuvre de l'obligation de reversement des sommes affectées à l'établissement ou service fermé, apportées par l'État, par l'agence régionale de santé, les collectivités territoriales et leurs établissements publics ou par les organismes de sécurité sociale, lorsque la décision relève du président du conseil départemental, pour l'application du dernier al. de l'art. L. 313-19 (Décr. n° 2015-1461 du 10 nov. 2015, applicable pour les demandes présentées à compter du 12 nov. 2015).

COMMENTAIRE

L'article L. 313-19 constitue une disposition particulièrement rigoureuse pour les gestionnaires d'établissements et de services faisant l'objet d'une mesure de cessation d'activité définitive. D'une part, ils doivent transférer à un autre gestionnaire, choisi par eux avec l'accord du préfet ou désigné par ce dernier, l'ensemble des dotations apportées par les collectivités publiques ; d'autre part, et pour tenir compte du fait que ces dernières ont été utilisées pour réaliser des investissements, le texte prévoit qu'ils puissent être contraints à une dévolution de leur actif immobilisé. La disposition établit la liste des actifs devant être dévolus, la loi n° 2014-856 du 31 juillet 2014 relative à l'économie sociale et solidaire l'ayant élargie pour y intégrer les soldes des subventions ou encore les plus-values réalisées sur des immobilisations qui n'auraient pas été préalablement dévolues.

On doit noter (ce qui est loin d'être purement anecdotique) que les pouvoirs publics ont mis à profit la loi n° 2006-911 du 24 juillet 2006 pour substituer au mot « association », seule personne morale visée dans la rédaction antérieure de l'article, les notions de « personnes morales de droit public ou de droit privé » et de « gestionnaire » : une telle modification traduisant l'alignement total des gestionnaires publics et privés, s'agissant de l'application d'un régime désormais homogène de police administrative.

1. Dévolution des actifs après fermeture d'un établissement. Le préfet peut exiger d'un organisme privé qui a bénéficié de dotations globales de financement ou de prix de journées déterminées selon les modalités prévues à l'art. 18 du décret du 24 mars 1988 et qui cesse son activité, qu'il reverse à l'établissement repreneur le fonds de roulement et les provisions non employées, ainsi qu'une somme correspondant à la plus-value immobilière réalisée grâce à des financements publics ; si ce reversement ne peut faire l'objet d'une évaluation définitive qu'au vu du bilan de clôture établi pour l'établissement cessant son activité, aucune des dispositions du décret susvisé n'interdit au préfet d'ordonner, si l'activité a effectivement cessé, qu'il soit procédé à certains reversements provisoires sur le fondement des documents comptables disponibles, dès lors qu'est réservée la possibilité d'une régularisation ultérieure, sur la base des données comptables figurant au bilan de clôture. • CE 29 juill. 2002, *Min. Emploi et Solidarité*, n° 244107 : *RDSS 2003. 125, obs. Lhuillier*. ♦ Il résulte de l'art. L. 313-19 du CASF qu'il appartient, en principe, à l'organisme gestionnaire d'un établissement ou d'un service social ou médico-social dont la fermeture définitive a été prononcée par l'autorité administrative de reverser à une collectivité publique ou à un établissement privé poursuivant un but similaire l'ensemble des sommes énumérées par cet article ; toutefois, en application du dernier alinéa de cet article, il lui est loisible d'opter en faveur d'une dévolution pure et simple de l'ensemble de l'actif net immobilisé de l'établissement ou du service, en lieu et place du reversement des subventions d'investissement non amortissables qu'il a perçues pour le financement de cet actif ainsi que des excédents d'exploitation, provenant de la tarification, affectés à l'investissement. A cet effet, l'art. R. 314-97 du même code a prévu, afin que la procédure se poursuive dans des délais raisonnables, un délai de 30 jours dans lequel l'organisme gestionnaire peut exercer l'option qui lui est offerte, étant précisé qu'à l'échéance de ce délai, il appartient au préfet, dans le cas où cet organisme opte en faveur de la dévolution, d'entériner ce choix, après avoir vérifié l'accord de l'autorité de tarification concernée ; il en résulte que lorsque, passé ce délai de 30 jours, l'organisme n'a pas fait connaître son choix, seul le reversement des sommes énumérées par l'art. L. 313-19 peut être poursuivi par le préfet, le cas échéant, par application du régime de recouvrement forcé des créances publiques. • CE 26 mars 2018, n° 404819 B.

2. Prise en compte des amortissements. Dans la mesure où les amortissements ont pour objet, d'une part, de constater la dépréciation des biens immobilisés et, d'autre part, de répartir le coût de ces biens sur leur durée probable d'utilisation, la prise en compte des dotations aux comptes d'amortissement dans la fixation des tarifs d'un établissement ou d'un service correspond, en principe, à l'intégration du coût des immobilisations dans le calcul du coût des prestations fournies par cet établissement ou ce service, sans qu'il en résulte, en règle générale, d'accroissement du patrimoine de l'organisme qui en assure la gestion. Par suite, le pouvoir réglementaire ne saurait prévoir qu'en cas de fermeture ou de cessation d'activité d'un établissement ou service, l'organisme gestionnaire de ce dernier doit reverser l'intégralité des montants des amortissements cumulés des biens tels qu'ils apparaissent au bilan de clôture si les dotations aux comptes d'amortissement ont été prises en compte dans la fixation des tarifs. • CE 2 oct. 2013, n° 366884 B : *RDSS 2013. 1119, note Rihal*.

Art. L. 313-20 *(Abrogé par Ord. n° 2010-177 du 23 févr. 2010, art. 18-I-27°)* ***« Le président du conseil général exerce un contrôle sur les établissements et services relevant de sa compétence au titre des dispositions mentionnées aux a et c de l'article L. 313-3 dans les conditions prévues par l'article L. 133-2. »***

(L. n° 2002-2 du 2 janv. 2002, art. 45) **« L'autorité judiciaire et les services relevant de l'autorité du garde des sceaux, ministre de la justice, exercent, sans préjudice des pouvoirs reconnus au président du conseil départemental, un contrôle sur les établissements et services mentionnés au 4° du I de l'article L. 312-1. »**

SECTION 5 Dispositions pénales

(L. n° 2002-2 du 2 janv. 2002, art. 24-VI)

Art. L. 313-21 *Abrogé par L. n° 2014-344 du 17 mars 2014, art. 76-II.*

Art. L. 313-22 *(L. n° 2002-2 du 2 janv. 2002, art. 47)* **Est puni d'un emprisonnement de trois mois et d'une amende de 3 750 € :**

1° La création, la transformation et l'extension des établissements et services énumérés à l'article L. 312-1, sans avoir obtenu l'autorisation prévue à l'article L. 313-1 *(Abrogé par L. n° 2015-1776 du 28 déc. 2015, art. 47-I-7°) (Ord. n° 2005-1477 du 1er déc. 2005, art. 4 ; Ord. n° 2010-177 du 23 févr. 2010, art. 18-I-28°)* ***« ou l'agrément prévu au troisième alinéa de l'article L. 313-1-2 » ;***

2° La cession de l'autorisation prévue à l'article L. 313-1 sans l'accord préalable de l'autorité administrative qui l'a délivrée ;

3° Le fait d'apporter un changement important dans l'activité, l'installation, l'organisation, la direction ou le fonctionnement d'un établissement ou service soumis à autorisation sans la porter à la connaissance de l'autorité.

Les personnes physiques coupables des infractions au présent article encourent également la peine complémentaire d'interdiction, suivant les modalités de l'article 131-27 du code pénal, d'exploiter ou de diriger tout établissement ou service soumis aux dispositions du présent titre.

Art. L. 313-22-1 *(Ord. n° 2018-22 du 17 janv. 2018, art. 1er-12°)* **Est puni des peines prévues à l'article L. 1427-1 du code de la santé publique le fait de faire obstacle à l'exercice des fonctions dont sont chargés les agents mentionnés à l'article L. 313-13.**

Art. L. 313-23 *(Abrogé par L. n° 2015-1776 du 28 déc. 2015, art. 58-I-9°) (L. n° 2002-2 du 2 janv. 2002, art. 47)* ***Est puni d'un emprisonnement de trois mois et d'une amende de 3 750 € le fait d'accueillir, dans les établissements assurant l'hébergement des personnes âgées mentionnés au 6° de l'article L. 312-1 et dans les établissements de santé*** *(Ord. n° 2010-177 du 23 févr. 2010, art. 18-I-30°)* ***« autorisés à dispenser des soins de longue durée », des personnes âgées remplissant les conditions de dépendance mentionnées au premier alinéa de l'article L. 232-1, sans avoir passé la convention prévue au I de l'article L. 313-12.***

Les personnes physiques reconnues coupables de l'infraction prévue au présent article encourent également la peine complémentaire d'interdiction, suivant les modalités prévues à l'article 131-27 du code pénal, d'exploiter ou de diriger tout établissement soumis aux

dispositions de l'article L. 312-1 ainsi que d'accueillir des personnes âgées dans le cadre du titre** (Ord. n° 2010-177 du 23 févr. 2010, art. 18-I-30°) **« IV » du livre IV du présent code.

(Abrogé par L. n° 2009-526 du 12 mai 2009, art. 122) ***« En cas de récidive, les peines prévues au premier alinéa peuvent être portées au double. »***

SECTION 5 *BIS* Dispositions relatives à l'organisation du travail

(L. n° 2005-102 du 11 févr. 2005, art. 40)

BIBL. ▶ HÉAS, La durée du travail dans les lieux de vie et d'accueil, *RDSS 2014. 53*.

Art. L. 313-23-1 Nonobstant les dispositions des articles L. 212-1 *[L. 3121-10 et L. 3121-34 nouv.]* **et L. 220-1** *[L. 3131-1 s. nouv.]* **du code du travail, un accord collectif de travail peut prévoir que, dans les établissements et services visés aux 2°, 3°, 5°, 7° et, le cas échéant, 12° du I de l'article L. 312-1 du présent code qui hébergent des personnes handicapées, l'amplitude des journées de travail des salariés chargés d'accompagner les résidents peut atteindre quinze heures, sans que leur durée quotidienne de travail effectif excède douze heures. Cet accord fixe également les contreparties minimales dont bénéficient les salariés concernés, notamment sous forme de périodes équivalentes de repos compensateur.**

A défaut d'accord, un décret en Conseil d'État détermine les conditions dans lesquelles il est possible de déroger à l'amplitude des journées de travail dans les limites fixées au premier alinéa et les contreparties minimales afférentes.

COMMENTAIRE

L'article L. 313-23-1 ainsi que l'article L. 313-23-2 suivant ont été introduits ici par la loi n° 2005-102 du 11 février 2005 pour l'égalité des droits et des chances, la participation et la citoyenneté des personnes handicapées. Cela constitue une forme de curiosité logique, puisque ces deux dispositions, bien qu'incluses dans une section consacrée à l'établissement de sanctions pénales, concernent l'organisation du temps de travail dans les établissements prenant en charge des enfants ou adultes handicapés (2°, 3°, 5°, 7° et éventuellement 12° de l'art. L. 312-1, cette dernière catégorie visant les établissements et services expérimentaux).

La loi du 21 juillet 2009 a ajouté une troisième disposition à cet ensemble, l'article L. 313-23-3. Il s'agissait originellement d'introduire dans le secteur social et médico-social une préoccupation qui traverse l'ensemble des activités publiques : la mise en place d'un service minimum. Ce mécanisme, issu d'un amendement sénatorial, a finalement été écarté et ne subsiste plus que l'obligation pour le Gouvernement d'établir un rapport sur la question que ce dernier devra remettre au Parlement avant le 30 juin 2010. La réalisation de ce document doit donner lieu à une concertation approfondie avec les partenaires sociaux et acteurs du secteur.

La loi n° 2023-1268 du 27 décembre 2023 visant à améliorer l'accès aux soins par l'engagement territorial des professionnels a introduit dans cette section relative à l'organisation du travail dans les ESSMS un article L. 313-23-4. Cette disposition, très conjoncturelle, cherche à accompagner un phénomène préoccupant : la raréfaction relative des personnels qualifiés désirant s'engager dans ces activités de façon durable au profit de professionnels optant pour des pratiques séquentielles au travers de leur mise à disposition par des entreprises de travail temporaire. Cet article entend encadrer le recours à des missions temporaires pour pourvoir des emplois très spécialisés qui comportent un contact direct avec les usagers (médecins, infirmiers, aides-soignants, éducateurs spécialisés, assistants de service social, moniteurs-éducateurs et accompagnants éducatifs et sociaux) et ce, en exigeant que ce recours ne concerne que des personnels ayant exercé leurs fonctions en dehors de contrats de mission et pendant une durée fixée par voie réglementaire. ❑

Art. L. 313-23-2 Nonobstant les dispositions de l'article L. 212-1 *[L. 3121-10 et L. 3121-34 nouv.]* **du code du travail, la durée quotidienne de travail effectif des salariés chargés d'accompagner les personnes handicapées accueillies dans les établissements et services visés aux 2°, 3°, 5°, 7° et, le cas échéant, 12° du I de l'article L. 312-1 du présent code peut excéder douze heures lorsque cela est justifié par l'organisation des transferts et sorties de ces personnes et si une convention de branche, un accord professionnel ou un accord d'entreprise ou d'établissement le prévoit.**

Art. L. 313-23-3 *(L. nº 2009-879 du 21 juill. 2009, art. 124-I-23º)* **Avant le 30 juin 2010, le Gouvernement remet au Parlement un rapport relatif à la mise en œuvre d'un service minimum dans le secteur médico-social au regard des contraintes constitutionnelles. Ce rapport est précédé d'une concertation approfondie avec les partenaires sociaux et les acteurs du secteur.**

Les dispositions de la L. nº 2009-879 du 21 juill. 2009 entrent en vigueur au plus tard le 1er juill. 2010 (L. préc., art. 131-I).

Art. L. 313-23-4 *(L. nº 2023-1268 du 27 déc. 2023, art. 29-1º)* **Les établissements et les services relevant des 1º, 2º, 4º, 6º et 7º du I de l'article L. 312-1 ne peuvent avoir recours, dans le cadre des contrats de mise à disposition qu'ils concluent avec des entreprises de travail temporaire, à des médecins, des infirmiers, des aides-soignants, des éducateurs spécialisés, des assistants de service social, des moniteurs-éducateurs et des accompagnants éducatifs et sociaux qu'à la condition que ceux-ci aient exercé leur activité dans un cadre autre qu'un contrat de mission conclu avec une de ces entreprises de travail temporaire pendant une durée minimale appréciée dans des conditions fixées par décret en Conseil d'État.**

A titre dérogatoire, l'interdiction établie au premier alinéa du présent article ne s'applique pas aux contrats de mise à disposition de personnes dotées du statut d'étudiant en santé conclus avec des entreprises de travail temporaire établies en France ou à l'étranger.

Les entreprises de travail temporaire mentionnées au même premier alinéa vérifient le respect de la condition fixée audit premier alinéa et en attestent auprès des établissements et services médico-sociaux au plus tard lors de la signature du contrat de mise à disposition. Les modalités d'application du présent alinéa sont déterminées par décret en Conseil d'État.

Ce décret prévoit les sanctions applicables en cas de manquement constaté à l'interdiction prévue au présent article.

SECTION 6 Dispositions communes

(L. nº 2002-2 du 2 janv. 2002, art. 24-VII)

Art. L. 313-24 *(L. nº 2022-401 du 21 mars 2022, art. 15, en vigueur le 1er sept. 2022)* **« Dans les établissements et services mentionnés à l'article L. 312-1 du présent code, les articles 10-1 et 12 à 13-1 de la loi nº 2016-1691 du 9 décembre 2016 relative à la transparence, à la lutte contre la corruption et à la modernisation de la vie économique sont applicables à tout salarié ou à tout agent ayant, de bonne foi, témoigné de mauvais traitements ou de privations infligés à une personne accueillie ou relaté de tels agissements. »**

(Ord. nº 2005-1477 du 1er déc. 2005, art. 15) **« Ces dispositions sont applicables aux salariés de l'accueillant familial visé à l'article L. 441-1. »**

BIBL. ▶ ALIBERT, L'apport contrasté de la « Loi Sapin II » aux dispositifs de signalement et de protection des lanceurs d'alerte dans le secteur médico-social, *RDSS 2020. 566*. – BOULMIER, Les lanceurs d'alerte dans les établissements et services sociaux et médico-sociaux : à propos de l'article L. 313-24 du CASF, *RDSS 2015. 448*. – COCQUEBERT, Prise illégale d'intérêts : de nouveaux enjeux pour les organismes gestionnaires des secteurs sanitaire, social et médico-social, *RDSS 2014. 158*.

COMMENTAIRE

L'article L. 313-24 issu de la loi du 2 janvier 2002 a été réécrit par la loi nº 2022-401 du 21 mars 2022 visant à améliorer la protection des lanceurs d'alerte (art. 15). Alors que la disposition antérieure constituait une mesure spécifique aux ESSMS, la nouvelle rédaction renvoie aux mesures de portée générale définies par la loi nº 2016-1691 du 9 décembre 2016 relative à la transparence, à la lutte contre la corruption et à la modernisation de la vie économique (art. 10-1 et 12 à 13-1). Elle les rend applicables aux salariés et agents qui, dans les ESSMS, font état de bonne foi de mauvais traitements ou de privations infligés aux personnes prises en charge dont ils auraient été témoins. ❑

1. Dénonciation de faits de maltraitance et licenciement. Il résulte, des dispositions du code du travail, que le fait pour un salarié de porter à la connaissance du procureur de la République des agissements dont les résidents d'un établissement pour soins, au sein duquel il occupe un emploi de moniteur-éducateur, auraient été les victimes et qui, s'ils étaient établis, seraient de nature à caractériser des infractions pénales, ne constitue pas une faute ; par suite, a privé sa décision de base légale la cour d'appel qui a débouté l'intéressé de sa demande d'indemnités de rupture de son contrat de travail et d'indemnité pour licenciement sans cause réelle et sérieuse sans rechercher si la dénonciation formulée par le salarié était mensongère ou non, et, dans l'affirmative, si le salarié avait agi de mauvaise foi. • Soc. 12 juill. 2006 : *RDSS 2006. 992, note Boulmier ; JCP S 2006. 1754, obs. Verkindt.* ♦ Il résulte de l'art. L. 313-24 que l'employeur ne peut, pour décider d'un licenciement, prendre en considération le fait pour un salarié de témoigner de mauvais traitements ou privation infligés à une personne accueillie et que le pouvoir reconnu par ce texte au juge de prononcer la réintégration du salarié licencié implique nécessairement que le licenciement est nul ; par suite, en ayant relevé que dans la lettre de licenciement, l'employeur reprochait au salarié d'avoir dénoncé des actes de maltraitance, la cour d'appel en a exactement déduit, sans avoir à examiner les autres griefs invoqués, que le licenciement était nul. • Soc. 26 sept. 2007 : *RDSS 2008, n° 1, obs. Boulmier.*

2. Dénonciation de faits de maltraitance et sanction disciplinaire. Il résulte de l'art. L. 313-24 que, dans un établissement accueillant des personnes âgées, le fait qu'un salarié a témoigné de mauvais traitements infligés à une personne accueillie ou relaté de tels agissements ne peut être pris en considération pour décider de la résiliation du contrat de travail ou d'une sanction disciplinaire ; par suite, et par ce seul motif de pur droit, l'arrêt ayant condamné l'établissement se trouve légalement justifié. • Soc. 30 oct. 2007 : *RDSS 2008, n° 1, obs. Boulmier.*

3. Appréciation du statut de lanceur d'alerte. Il résulte de l'art. L. 313-24 que, dans les établissements et services sociaux ou médico-sociaux mentionnés à l'art. L. 312-1 CASF, le fait qu'un salarié ou un agent a témoigné de mauvais traitements ou privations infligés à une personne accueillie ou relaté de tels agissements ne peut être pris en considération pour décider de mesures défavorables le concernant en matière d'embauche, de rémunération, de formation, d'affectation, de qualification, de classification, de promotion professionnelle, de mutation ou de renouvellement du contrat de travail, ou pour décider la résiliation du contrat de travail ou une sanction disciplinaire ; par suite, n'a pas violé l'art. L. 313-24 l'arrêt qui, après avoir constaté qu'un salarié n'avait pas témoigné de mauvais traitements ou de privations infligés à un mineur pris en charge dans l'établissement où il travaillait mais avait dénoncé les décisions de placement et d'investigation prises par le juge des enfants et les modalités du droit de visite qui y étaient prévues, en a déduit qu'il ne pouvait pas valablement se prévaloir des dispositions de cet article. • Soc. 4 oct. 2023, n° 22-12.339 B : *JCP S 2023, n° 1303, note Rioche.*

Art. L. 313-24-1 *(Abrogé par Ord. n° 2021-1574 du 24 nov. 2021, art. 3-I) (Ord. n° 2005-1112 du 1er sept. 2005, art. 6)* ***La protection prévue à l'article 11 de la loi n° 83-634 du 13 juillet 1983 portant droits et obligations des fonctionnaires est mise en œuvre au bénéfice des personnels de direction*** *(Ord. n° 2017-10 du 5 janv. 2017, art. 1er-II)* ***« des établissements mentionnés aux 3°, 4°, 5° et 6° de l'article 2 » de la loi n° 86-33 du 9 janvier 1986 portant dispositions statutaires relatives à la fonction publique hospitalière par*** *(Ord. n° 2010-177 du 23 févr. 2010, art. 18-I-31°)* ***« le représentant de l'État dans le département et le directeur général de l'agence régionale de santé pour les établissements et services relevant de sa compétence exclusive ou conjointe » où l'établissement d'affectation a son siège.***

Art. L. 313-24-2 *(L. n° 2009-879 du 21 juill. 2009, art. 11-III)* **Le représentant de l'État ou le directeur général de l'agence régionale de santé peut demander à deux ou plusieurs établissements autonomes relevant de sa compétence exclusive ou conjointe mentionnés aux 3°, 5° et 6° de l'article 2 de la loi n° 86-33 du 9 janvier 1986 portant dispositions statutaires relatives à la fonction publique hospitalière de conclure une convention de direction commune lorsque ces établissements n'ont pas préalablement, et à leur initiative, sollicité ce type de coopération. Cette demande, qui vise à mieux répondre aux besoins de la population et à garantir la qualité de la prise en charge des personnes qu'ils accueillent, doit être motivée. Elle comprend l'avis du président du conseil départemental concerné lorsque la demande porte sur un établissement relevant d'une compétence conjointe. Les assemblées délibérantes des établissements concernés rendent alors un avis motivé sur cette demande dans un délai de trois mois.**

COMMENTAIRE

Au nombre des moyens d'action qui sont donnés aux autorités publiques, en l'occurrence au représentant de l'État et au directeur général de l'ARS, la loi du 21 juillet 2009 a ajouté la possibilité d'inciter les établissements et services autonomes à conclure entre eux une convention pour mettre en place des services de direction communs. La décision relève naturellement des autorités délibérantes de la structure gestionnaire. Mais cela constitue un moyen de pression pour faire des économies d'échelle et assurer une meilleure coordination entre les interventions.

Art. L. 313-25 *(Ord. nº 2005-1477 du 1er déc. 2005, art. 12)* **I. — Les administrateurs et les cadres dirigeants salariés au sens de l'article L. 212-15-1** *[L. 3111-2 nouv.]* **du code du travail d'une personne morale de droit privé à but non lucratif gérant un établissement social et médico-social, les directeurs des établissements sociaux et médico-sociaux relevant de l'article L. 312-1 déclarent les conventions passées directement ou par personne interposée avec la personne morale dans les cas prévus aux deux premiers alinéas de l'article L. 612-5 du code de commerce et dans les conditions fixées par ce même article.**

Il en est de même pour les conventions auxquelles sont parties les membres de la famille des administrateurs, des cadres dirigeants et des directeurs des établissements sociaux et médico-sociaux qui sont salariés par le même organisme gestionnaire dans lequel exercent ces administrateurs et ces cadres dirigeants.

II. — Les financements apportés par un établissement social ou médico-social soit en espèces, soit en nature sous forme de mise à disposition de locaux, de personnels ou de moyens techniques, entrant dans le calcul des tarifs fixés par les autorités de tarification, sont évalués par le directeur ou la personne qualifiée pour représenter l'établissement. Ce dernier communique ces informations aux autorités de tarification concernées qui peuvent exercer leur contrôle sur ces associations ainsi financées.

Les contrôles des autorités de tarification peuvent s'étendre, d'une part, aux autres activités de l'organisme gestionnaire et, d'autre part, aux sociétés et filiales créées par l'organisme gestionnaire de l'établissement ou du service social ou médico-social et qui sont des prestataires de services de ce dernier.

COMMENTAIRE

Cet article L. 313-25 est une disposition nouvelle introduite par l'ordonnance nº 2005-1477 du 1er décembre 2005. Il vise à améliorer la transparence ainsi que la sécurité financière au sein des établissements et services sociaux et médico-sociaux, en transposant au secteur les mesures relatives, précisément, à la transparence et à la sécurité financière énoncées à l'article L. 612-5 du code de commerce. Cet article concerne les administrateurs, les cadres dirigeants et les directeurs des établissements et services. Ces derniers doivent déclarer les conventions qui les lient directement ou par personne interposée aux personnes morales gestionnaires ; il en est de même pour les conventions auxquelles sont parties les membres de leurs familles lorsque ces personnes sont salariées par la personne morale gestionnaire.

Par ailleurs, les avantages en espèces ou en nature (mise à disposition de locaux, de personnels, de moyens techniques) qui sont consentis par l'établissement ou le service et qui sont couverts par le tarif fixé par les autorités publiques doivent être communiqués à ces autorités.

Enfin, il est indiqué que les contrôles des autorités de tarification peuvent concerner les activités de l'organisme gestionnaire non soumises à tarification ainsi que les sociétés et filiales de celui-ci.

Art. L. 313-26 *(L. nº 2009-879 du 21 juill. 2009, art. 124-I-21º)* **Au sein des établissements et services mentionnés à l'article L. 312-1, lorsque les personnes ne disposent pas d'une autonomie suffisante pour prendre seules le traitement prescrit par un médecin à l'exclusion de tout autre, l'aide à la prise de ce traitement constitue une modalité d'accompagnement de la personne dans les actes de sa vie courante.**

L'aide à la prise des médicaments peut, à ce titre, être assurée par toute personne chargée de l'aide aux actes de la vie courante dès lors que, compte tenu de la nature

du médicament, le mode de prise ne présente ni difficulté d'administration ni d'apprentissage particulier.

Le libellé de la prescription médicale permet, selon qu'il est fait ou non référence à la nécessité de l'intervention d'auxiliaires médicaux, de distinguer s'il s'agit ou non d'un acte de la vie courante.

Des protocoles de soins sont élaborés avec l'équipe soignante afin que les personnes chargées de l'aide à la prise des médicaments soient informées des doses prescrites et du moment de la prise.

COMMENTAIRE

La loi du 21 juillet 2009 a ajouté un nouvel article L. 313-26 (l'ancien article portant cette numérotation devenant l'art. L. 313-27). Issu d'un amendement sénatorial, il vise à apporter une solution au problème de l'aide à la prise de médicaments au sein des structures d'accueil de personnes âgées ou handicapées, question qui n'avait pas été prise en compte par la législation jusque-là ; cette carence faisait courir des risques de contentieux aux gestionnaires, sans parler des refus fréquents de certains personnels de distribuer des médicaments alors qu'ils n'ont pas les titres médicaux requis.

Le texte prévoit que lorsque les personnes prises en charge ne disposent pas d'une autonomie suffisante pour prendre seules les traitements prescrits, l'aide à la prise des médicaments constitue une des modalités d'accompagnement de la personne dans les actes de la vie courante. Elle peut alors être assurée par toute personne chargée de cet accompagnement, à condition toutefois que, compte tenu de la nature du médicament, le mode de prise ne présente ni difficulté d'administration ni d'apprentissage particulier. ❑

Licenciement consécutif à un refus de distribuer des médicaments. Il résulte de l'art. L. 313-26 qu'au sein des établissements et services mentionnés à l'art. L. 312-1, lorsque les personnes ne disposent pas d'une autonomie suffisante pour prendre seules le traitement prescrit par un médecin à l'exclusion de tout autre, l'aide à la prise de ce médicament constitue une modalité d'accompagnement de la personne dans les actes de la vie courante et peut, à ce titre, être assurée par toute personne chargée de l'aide aux actes de la vie courante dès lors que, compte tenu de la nature du médicament, le mode de prise ne présente ni difficulté d'administration ni apprentissage particulier ; par suite, commet une faute de nature à justifier son licenciement la salariée qui, engagée comme agent de service de salle à manger, acceptait d'assister les résidents à la prise des médicaments qu'elle leur distribuait lors des repas, conformément à sa fiche de poste, mais refusait de remettre à leurs destinataires les piluliers nominatifs placés sur les plateaux repas qu'elle leur servait dans la chambre. • Soc. 2 déc. 2014, n° 13-28.505.

Art. L. 313-27 *(L. n° 2002-2 du 2 janv. 2002, art. 49)* **Sauf disposition contraire, les modalités d'application du présent chapitre sont déterminées par décret en Conseil d'État.** – *[Anc. art. L. 313-26.]*

CHAPITRE IV **DISPOSITIONS FINANCIÈRES** *(L. n° 2002-2 du 2 janv. 2002, art. 50-I).*

BIBL. ▶ DELNATTE et HARDY, La réforme financière des établissements hébergeant des personnes âgées dépendantes, *Éd. ENSP, 2000*. – HARDY, Le décret n° 2003-1010 du 22 octobre 2003 relatif à la gestion comptable, budgétaire et financière des établissements et des services sociaux et médico-sociaux, *RDSS 2004. 819* ; Financement et tarification des établissements et services sociaux et médico-sociaux, *Dunod 2005* ; La réforme de la tarification et du financement des EHPAD : acte IV, *RDSS 2017. 339* . – HENRARD et BROCAS, Les obstacles tarifaires à une politique de soins pour les personnes âgées, *RF aff. soc. n° 3, 1986. 59*. – VINSONNEAU, Statut des personnels des établissements et services sociaux et médico-sociaux et tarification : quelle articulation ?, *RDSS 2014. 12* .

COMMENTAIRE

Globalement, la législation contenue dans le présent chapitre relatif aux « dispositions financières » n'a pas été modifiée par la loi de 2002 rénovant l'action sociale et médico-sociale. Outre les premières dispositions de la loi du 6 janvier 1986 permettant de fonder des refus d'habilitation et d'autorisation sur le caractère excessif des coûts, les deux éléments les plus importants introduits antérieurement en matière de régulation financière ont été maintenus : le premier, le plus ancien puisque présent dès 1975, concerne l'agrément des conventions collectives de travail en vigueur dans les établissements et services (ancien art. 16 de la loi de 1975) ; ces conventions, qui ont évidemment une incidence considérable sur le financement public compte tenu du poids de la charge salariale dans le secteur, doivent être agréées avant d'être opposables aux employeurs et, à travers ces derniers, aux financeurs publics (art. L. 314-6). Le second mécanisme, introduit dans la législation à la fin des années 90 (L. n° 98-1194 et n° 98-1266 des 23 et 30 déc. 1998 et L. n° 99-641 du 27 juill. 1999 relative à la CMU), concerne l'opposabilité des enveloppes financières (art. L. 314-3 et L. 314-4) qui confère aux autorités publiques un pouvoir de modification des propositions budgétaires des gestionnaires (art. L. 314-5).

A noter : les dispositions financières de nature législative contenues dans le présent chapitre ont fait l'objet du décret d'application prévu à l'article L. 314-13 ; il s'agit du décret n° 2003-1010 du 22 octobre 2003 relatif à la gestion budgétaire, comptable et financière et aux modalités de financement et de tarification des établissements et services sociaux et médico-sociaux mentionnés au I de l'article L. 312-1 du code de l'action sociale et des familles et des établissements mentionnés au 2° de l'article L. 6111-2 du code de la santé publique (*JO* du 24 octobre 2003, p. 18112). Ces mêmes dispositions ont été modifiées (certains articles ont été entièrement réécrits) par la LFSS n° 2008-1330 du 17 décembre 2008, la mise en œuvre de ces modifications ne devant cependant intervenir qu'au 1er janvier 2010.

Il convient enfin d'indiquer que l'ordonnance n° 2005-1477 du 1er décembre 2005 a entendu simplifier également les dispositions relatives à la tarification des établissements sociaux et médico-sociaux, ce qui a induit diverses modifications dans les dispositions qui suivent.

Les questions tenant à la régulation financière du secteur, qui cherche à aménager une allocation la plus rationnelle possible de ressources qui ne peuvent croître aussi rapidement que par le passé alors que de fortes disparités se sont créées au fil du temps entre établissements et services pourtant de même nature, conduisent à des aménagements constants de ces dispositions financières, dont par exemple ceux introduits par la loi du 29 juillet 2009 (HPST) ou encore par la loi de financement de la sécurité sociale pour 2011 du 20 décembre 2010. ❑

SECTION 1 Règles de compétences en matière tarifaire

(L. n° 2002-2 du 2 janv. 2002, art. 50-II)

Art. L. 314-1 *(L. n° 2002-2 du 2 janv. 2002, art. 51)* **I. — La tarification des prestations fournies par les établissements et services financés par le budget de l'État ou par les organismes de sécurité sociale est arrêtée chaque année** *(Ord. n° 2010-177 du 23 févr. 2010, art. 18-I-32°)* **« respectivement par le représentant de l'État dans la région ou, pour les établissements et services relevant du *b* de l'article L. 313-3, le directeur général de l'agence régionale de santé ».**

II. — La tarification des prestations fournies par les établissements et services habilités à recevoir des bénéficiaires de l'aide sociale du département est arrêtée chaque année par le président du conseil départemental.

(Ord. n° 2010-177 du 23 févr. 2010, art. 18-I-32°) **« Le président du conseil départemental peut fixer dans le cadre d'un contrat pluriannuel d'objectifs et de moyens les modalités d'actualisation sur la durée du contrat des tarifs à la charge de l'aide sociale départementale. »**

III. — La tarification des prestations fournies par les établissements et services mentionnés au 4° du I de l'article L. 312-1 est arrêtée :

***a)* Conjointement par le représentant de l'État dans le département et le président du conseil départemental, lorsque le financement des prestations est assuré en tout ou partie par le département ;**

***b)* Par le représentant de l'État dans le département, lorsque le financement des prestations est assuré exclusivement par le budget de l'État.**

IV. — La tarification des centres d'action médico-sociale précoce mentionnés à l'article L. 2132-4 du code de la santé publique est arrêtée conjointement par *(Ord. n° 2010-177 du 23 févr. 2010, art. 18-I-32°)* **« le directeur général de l'agence régionale de santé » et le président du conseil départemental** *(Abrogé par Ord. n° 2010-177 du 23 févr. 2010, art. 18-I-32°)* ***« après avis de la caisse régionale d'assurance maladie ».***

V. — La tarification des foyers d'accueil médicalisés *(Ord. nº 2005-1477 du 1er déc. 2005, art. 6)* **« et des services d'accompagnement médico-social pour adultes handicapés » mentionnés au 7° du I de l'article L. 312-1 est arrêtée :**

a) **Pour les prestations de soins remboursables aux assurés sociaux, par** *(Ord. nº 2010-177 du 23 févr. 2010, art. 18-I-32º)* **« le directeur général de l'agence régionale de santé » ;**

b) **Pour les prestations relatives à l'hébergement et à l'accompagnement à la vie sociale, par le président du conseil départemental.**

VI. — Dans les cas *(Ord. nº 2010-177 du 23 févr. 2010, art. 18-I-32º)* **« de compétence conjointe », en cas de désaccord entre le représentant de l'État** *(Ord. nº 2010-177 du 23 févr. 2010, art. 18-I-32º)* **« , ou le directeur général de l'agence régionale de santé » et le président du conseil départemental, chaque autorité précitée fixe par arrêté le tarif relevant de sa compétence et le soumet au tribunal interrégional de la tarification sanitaire et sociale** *[nouvelle rédaction issue de la L. nº 2023-1059 du 20 nov. 2023, art. 56-I, en vigueur le 1er janv. 2025 : [tribunal] « administratif »]* **dont la décision s'impose à ces deux autorités.** — *Les affaires pendantes devant les tribunaux interrégionaux de la tarification sanitaire et sociale et devant la Cour nationale de la tarification sociale sont, le 1er janv. 2025, transférées aux tribunaux administratifs et à la cour administrative d'appel compétents (L. nº 2023-1059 du 20 nov. 2023, art. 60-XIV).*

VII. — Le pouvoir de tarification peut être confié à un autre département que celui d'implantation d'un établissement, par convention signée entre plusieurs départements utilisateurs de cet établissement.

(L. nº 2007-308 du 5 mars 2007, art. 16) **« VIII. — La tarification des prestations fournies par les services mentionnés au 14° du I de l'article L. 312-1, à l'exception de ceux financés selon les modalités prévues aux II et III de l'article L. 361-1, est arrêtée chaque année par** *(Ord. nº 2010-177 du 23 févr. 2010, art. 18-I-32º)* **« le représentant de l'État dans la région »** *(Abrogé par L. nº 2015-1785 du 29 déc. 2015, art. 53-III-1º, à compter du 1er janv. 2016)* **« ,** ***après avis des principaux organismes financeurs dont la liste est fixée par décret en Conseil d'État*** **».**

« IX. — La tarification des prestations fournies par les services mentionnés au 15° du I de l'article L. 312-1 est arrêtée chaque année par *(Ord. nº 2010-177 du 23 févr. 2010, art. 18-I-32º)* **« le représentant de l'État dans la région », après avis des principaux organismes financeurs dont la liste est fixée par décret en Conseil d'État. »**

Les dispositions issues de la L. nº 2007-308 du 5 mars 2007, art. 16, sont applicables à compter du 1er janv. 2009 (L. préc., art. 45).

COMMENTAIRE

L'article L. 314-1 correspond à l'ancien article 26 de la loi de 1975. Il détermine les compétences tarifaires du président du conseil départemental et du représentant de l'État ainsi que leurs compétences conjointes. Les principes généraux sont inchangés, la charge du financement commandant logiquement la compétence de tarification.

La disposition détermine notamment l'attribution des compétences tarifaires conjointes en ce qui concerne deux types d'établissements, les centres d'action médico-sociale précoce (CASMP, CSP, art. L. 2132-4) et les foyers d'accueil médicalisés, anciens « foyers à double tarification » (art. L. 312-1, 7º), auxquels l'ordonnance nº 2005-1477 du 1er décembre 2005 a ajouté les « services d'accompagnement médico-social pour adultes handicapés ».

On doit noter aussi que la législation nouvelle a organisé une procédure d'arbitrage en cas de désaccord entre représentant de l'État, président du conseil départemental et directeur de l'ARS dans l'exercice de leurs compétences conjointes de tarification : le tribunal interrégional de la tarification sanitaire et sociale (art. L. 351-2) doit être saisi et sa décision s'impose aux trois autorités publiques. La loi portant réforme de la protection juridique des majeurs a complété l'article L. 314-1 pour déterminer les compétences de tarification des services mandataires judiciaires de la protection des majeurs (art. L. 471-1 s.). ❑

Art. L. 314-2 *(L. nº 2008-1330 du 17 déc. 2008, art. 63-III) (L. nº 2015-1776 du 28 déc. 2015, art. 58-I-10º)* **« I. — » Les établissements et services mentionnés au I** *(L. nº 2015-1776 du 28 déc. 2015, art. 58-I-10º)* **« et au II » de l'article L. 313-12 sont financés par :**

(L. nº 2015-1776 du 28 déc. 2015, art. 58-I-10º) « 1º Un forfait global relatif aux soins prenant en compte notamment le niveau de dépendance moyen et les besoins en soins requis des résidents mentionnés à l'article L. 314-9, validés au plus tard le 30 juin de l'année précédente. Le cas échéant, ce forfait global inclut des financements complémentaires relatifs notamment à des modalités d'accueil particulières *(L. nº 2021-1754 du 23 déc. 2021, art. 47-2º)* « ou à la mission de centre de ressources territorial mentionnée à l'article L. 313-12-3 », définis dans le contrat prévu au IV *ter* de l'article L. 313-12. Ce forfait global peut tenir compte de l'activité réalisée. *(L. nº 2020-1576 du 14 déc. 2020, art. 48-IV)* « Il peut financer des mesures de revalorisation salariale de personnels dont les rémunérations sont financées, en tout ou partie, par les forfaits mentionnés aux 2º et 3º du présent I. » Les modalités de détermination du forfait global sont fixées par décret en Conseil d'État.

« Le montant du forfait global de soins est arrêté annuellement par le directeur général de l'agence régionale de santé » ; *— V. art. 58 de la L. nº 2015-1776 du 28 déc. 2015 ss. l'art. L. 313-12.*

2º Un forfait global relatif à la dépendance, prenant en compte le niveau de dépendance moyen des résidents *(L. nº 2015-1776 du 28 déc. 2015, art. 58-I-10º)* « dans des conditions précisées par décret en Conseil d'État », fixé par un arrêté du président du conseil départemental et versé aux établissements par ce dernier au titre de l'allocation personnalisée d'autonomie mentionnée à l'article L. 232-8 ;

(L. nº 2009-1646 du 24 déc. 2009, art. 46) « 3º Des tarifs journaliers afférents *(L. nº 2015-1776 du 28 déc. 2015, art. 58-I-10º)* « à un ensemble de » prestations relatives à l'hébergement, fixés par le président du conseil départemental, dans des conditions précisées par décret et opposables aux bénéficiaires de l'aide sociale accueillis dans des établissements habilités totalement ou partiellement à l'aide sociale à l'hébergement des personnes âgées. Ce décret détermine le contenu des tarifs journaliers afférents aux prestations relatives à l'hébergement qui ne peuvent comporter des dépenses intégrées dans les tarifs relatifs aux soins et à la dépendance cités respectivement aux 1º et 2º.

(L. nº 2015-1776 du 28 déc. 2015, art. 58-I-10º) « Un décret fixe la liste des prestations minimales relatives à l'hébergement, qui est dite "socle de prestations". »

« Pour les établissements mentionnés à l'article L. 342-1, à l'exception de ceux mentionnés au 4º, les prestations relatives à l'hébergement sont fixées et contrôlées dans les conditions prévues par les articles L. 342-2 à L. 342-6.

« Les tarifs correspondant *(L. nº 2015-1776 du 28 déc. 2015, art. 58-I-10º)* « aux autres prestations d'hébergement » et librement acceptées et acquittées par les résidents, à la condition qu'elles ne relèvent pas des tarifs cités aux 1º, 2º et 3º, constituent des suppléments aux tarifs journaliers afférents à l'hébergement. Ils doivent être établis par l'organe délibérant de la personne morale gestionnaire pour chaque catégorie homogène de prestation faisant l'objet d'un paiement par les résidents ou leurs représentants au sein de l'établissement. Les tarifs des suppléments aux tarifs journaliers doivent être communiqués aux titulaires d'un contrat de séjour ou à leurs représentants et portés à la connaissance du président du conseil départemental et du public dans des conditions fixées par décret.

« Pour les établissements mentionnés à l'article L. 342-1 et les résidents non admis à l'aide sociale dans les établissements relevant du 6º du I de l'article L. 312-1 du présent code *(Abrogé par L. nº 2015-1776 du 28 déc. 2015, art. 58-I-10º) (Ord. nº 2010-177 du 23 févr. 2010, art. 18-I-33º) « et dans les établissements de santé dispensant des soins de longue durée »*, les prestations relatives aux suppléments aux tarifs journaliers afférents à l'hébergement sont fixées et contrôlées dans les conditions prévues par les articles L. 342-2 à L. 342-6 du présent code. »

(L. nº 2015-1776 du 28 déc. 2015, art. 58-I-10º) « II. — Pour les établissements nouvellement créés, dans l'attente d'une validation de l'évaluation de la perte d'autonomie ainsi que de l'évaluation des besoins en soins requis des résidents mentionnées aux deux premiers alinéas de l'article L. 314-9, le forfait global relatif aux soins mentionné au 1º du I du présent article est fixé en prenant en compte le niveau de dépendance moyen départemental des résidents, fixé annuellement par arrêté du

président du conseil départemental, et la moyenne nationale des besoins en soins requis, fixée annuellement par décision du directeur de la Caisse nationale de solidarité pour l'autonomie. Cette validation doit intervenir dans les deux années qui suivent l'ouverture de l'établissement. »

V. Décr. nº 2020-681 du 5 juin 2020 modifiant les modalités particulières de financement applicables aux établissements mentionnés à l'art. L. 314-2 CASF (JO 6 juin, NOR : SSAA2010337D).

Par dérogation à l'article L. 314-2, l'effet sur les taux d'occupation des baisses d'activité liées à la crise sanitaire sur tout ou partie de l'année 2021 n'est pas pris en compte dans la fixation des financements pour l'exercice 2022.

Par dérogation à ce même art., les résultats des évaluations du niveau de dépendance moyen et des besoins en soins requis des résidents des établissements mentionnés aux I et II de l'art. L. 313-12 CASF, réalisées entre le 1er juill. 2021 et le 31 juill. 2021 inclus, sont pris en compte dans la détermination des forfaits globaux relatifs aux soins et à la dépendance à partir de l'année 2022 (L. nº 2021-689 du 31 mai 2021, art. 8-XIV et XV).

COMMENTAIRE

L'article L. 314-2 définit les modes de tarification des EHPAD qui, du fait de la prise en charge de la dépendance, se sont complexifiés par rapport à la rédaction initiale de la disposition issue de la loi nº 2002-2 du 2 janv. 2002. Alors qu'il se bornait, à l'origine, à répartir les compétences de tarification entre l'État et le président du conseil départemental selon que les dépenses étaient prises en charge par l'un ou par l'autre (en réalité par l'assurance maladie en ce qui concerne le préfet), cet article avait été réécrit par la LFSS nº 2008-1330 du 17 déc. 2008, laquelle avait fait état des diverses modalités d'allocation des ressources des établissements concernés : un forfait global s'agissant des prestations de soins, un forfait global pour le financement des prestations « dépendance » et enfin un tarif journalier correspondant aux prestations d'hébergement. L'ordonnance nº 2010-177 du 23 février 2010, en conséquence de la création des ARS et des attributions qui ont été confiées à cette nouvelle instance dans le champ médico-social, a logiquement modifié le partage des compétences de tarification en substituant au préfet le directeur de l'ARS.

De plus, la LFSS nº 2009-1646 du 24 décembre 2009 avait complété cet article. Tout d'abord, celui-ci explicite le texte antérieur qui prévoyait qu'un décret viendrait préciser les conditions encadrant la fixation du tarif hébergement par le président du conseil départemental : le nouvel article indique que ce décret devra déterminer le contenu de ce tarif, lequel ne pourra comporter de dépenses relevant en réalité des tarifs « soins » et/ou « dépendance ». Les établissements sont donc dorénavant plus strictement contraints, de façon à clairement distinguer, dans leurs prévisions de dépenses, ce qui relève de chacun des trois types de prestations (soins, dépendance, hébergement) : il n'y a ainsi plus de possible « fongibilité » entre ces formes de prestation.

Ensuite, alors même que cela n'était pas clairement envisagé jusque-là, le législateur a voulu encadrer le mode d'établissement des surplus tarifaires (dénommés « prestations complémentaires »). Ces compléments ne doivent pas correspondre à des prestations déjà incluses dans les tarifs de base ; ils doivent être acceptés par les résidents et communiqués à eux dans le cadre de l'établissement du contrat de séjour ; ils doivent être établis par l'organe délibérant du gestionnaire pour chaque catégorie de prestations et portés à la connaissance du président du conseil départemental et du public (al. 6 nouv.). De plus, la LFSS pour 2010 modifie la liste des établissements pour lesquels les prix des prestations d'hébergement restent librement fixés par voie contractuelle bien que soumis à un arrêté fixant leur taux de revalorisation maximal chaque année : il s'agit de ceux qui sont non habilités à recevoir des bénéficiaires de l'aide sociale et non conventionnés au titre de l'APL, de ceux qui sont partiellement habilités à l'aide sociale (la liberté des tarifs ne concerne alors que les capacités d'accueil en dehors de l'habilitation) et de ceux qui sont conventionnés au titre de l'APL mais non habilités à l'aide sociale. Ce sont les mêmes établissements qui peuvent, de plus, fixer librement des suppléments aux tarifs « hébergement » (al. 5 et 7 nouv.).

A ces dispositions, la loi du 28 décembre 2015 relative à l'adaptation de la société au vieillissement est venue ajouter quelques modifications et compléments : au titre des premières, la partie du texte concernant le forfait global relatif aux soins (1º) a été réécrite en introduisant la possibilité qu'il prenne en compte des « modalités d'accueil particulières », cela dans le droit fil des dispositions visant notamment le « contrat de séjour » (art. L. 311-4) qui ont été modifiées pour assurer une meilleure « individualisation » des prestations ; dans le même sens mais sans rapport avec les modalités de prise en charge car en lien avec le contexte de pandémie et ses conséquences sur les conditions de travail des professionnels, la LFSS n° 2020-1576 du 14 décembre 2020 (art. 48, IV) autorise la prise en compte par le forfait global de mesures de revalorisation des salaires ; au titre des seconds, sont établies les modalités de fixation du forfait soins pour les établissements nouvellement créés : il s'établira à partir des deux agrégats que sont d'une part, le niveau de dépendance moyen départemental des résidents et, d'autre part, la moyenne nationale des besoins en soins (art. L. 314-2, II).

La LFSS n° 2021-1754 du 23 décembre 2021 (art. 47-2°) a introduit, dans la liste des financements complémentaires pouvant être alloués aux établissements prenant en charge des personnes âgées dépendantes, la mission de « centre de ressources territorial » qu'ils peuvent assumer au titre de l'article L. 313-12-3.

Ancien art. L. 314-2 (L. n° 2002-2 du 2 janv. 2002, art. 52) ***La tarification des établissements et services mentionnés au I de l'article L. 313-12 est arrêtée :***

1° Pour les prestations de soins remboursables aux assurés sociaux, par l'autorité compétente de l'État, après avis du président du conseil général et de la caisse régionale d'assurance maladie ;

2° Pour les prestations relatives à la dépendance acquittées par l'usager ou, si celui-ci remplit les conditions mentionnées à l'article L. 232-2, prises en charge par l'allocation personnalisée d'autonomie, par le président du conseil général, après avis de l'autorité compétente de l'État ;

3° Pour les prestations relatives à l'hébergement, dans les établissements habilités à recevoir des bénéficiaires de l'aide sociale, par le président du conseil général.

(Abrogé par Ord. n° 2005-1477 du 1er déc. 2005, art. 7) ***« Cette tarification est notifiée aux établissements au plus tard soixante jours à compter de la date de notification des dotations régionales limitatives mentionnées à l'article L. 314-3, pour l'exercice en cours, lorsque les documents nécessaires à la fixation de cette tarification ont été transmis aux autorités compétentes. »***

Pour les établissements visés à l'article L. 342-1, les prix des prestations mentionnées au 3° ci-dessus sont fixés dans les conditions prévues par les articles L. 342-2 à L. 342-6.

1. Tarif dépendance et absence du résident. Si l'art. R. 314-204 CASF a prévu que le tarif journalier afférent à l'hébergement était, en cas d'absence de plus de 72 heures, minoré des charges variables relatives à la restauration et à l'hôtellerie pour un montant fixé dans le règlement départemental d'aide sociale et que, pour les absences de plus de 72 heures pour cause d'hospitalisation, cette minoration devait tenir compte du montant du forfait hospitalier, rien de tel n'a été prévu pour le tarif journalier afférent à la dépendance ; dans la mesure où ce tarif est calculé sur la base du même nombre de journées prévisionnelles que le tarif afférent aux soins et est destiné à prendre en charge les surcoûts effectifs liés à la dépendance, une lettre ministérielle, qui énonce que la facturation de ce tarif est suspendue en cas d'absence de la personne hébergée, dont la dépendance peut alors être prise en charge soit dans le cadre d'une hospitalisation, soit à domicile, n'a pas édicté de règles nouvelles et s'est livrée à une interprétation exacte des règles applicables en la matière. • CE 10 janv. 2007, *Synerpa*, n° 258876.

2. Tarif dépendance et prise en compte des besoins réels en agents de service et en agents hospitaliers. En estimant, pour annuler le jugement par lequel le TITSS de Bordeaux a réformé l'arrêté du président du conseil général fixant les tarifs dépendance de l'établissement concerné, que ce dernier ne pouvait utilement opposer à l'autorité de tarification la circonstance que la situation des résidents requérait un nombre d'agents de service et d'agents des services hospitaliers excédant les besoins correspondant aux fonctions de blanchissage, de nettoyage et de service des repas et que c'était, dès lors, à tort que le TITSS de Bordeaux s'était fondé sur les besoins globaux de fonctionnement de l'établissement, la cour, qui n'a pas refusé de prendre en compte les besoins réels de fonctionnement dudit établissement, pouvait, sans commettre d'erreur de droit, ne tenir compte des besoins réels en agents de service et agents des services hospitaliers que dans la limite des trois fonctions mentionnées ci-dessus. • CE 30 sept. 2011, *ARPAD*, n° 331685 : *RDSS 2011. 1146, concl. Landais*.

3. Tarif des soins et demande de remboursement. Il résulte, des art. R. 314-161 CASF et L. 133-4-4 CSS, d'une part, que le tarif afférent aux soins des services et établissements qui hébergent des personnes âgées dépendantes recouvre les prestations médicales et paramédicales nécessaires à la prise en charge des affections somatiques et psychiques des personnes résidant dans l'établissement ainsi que les prestations paramédicales correspondant aux soins liés à l'état de dépendance des personnes accueillies ; d'autre part, que lorsqu'un organisme d'assurance maladie prend en charge, pour une personne résidant dans un des établissements susvisés, des prestations d'assurance maladie qui relèvent des tarifs afférents aux soins fixés en application de l'art. L. 314-2 CASF, les sommes en cause sont déduites, par la caisse primaire d'assurance maladie, des versements ultérieurs que celle-ci alloue à l'établissement au titre du forfait de soins ; par suite, ne donne pas de base légale à sa décision au regard de ces textes la cour d'appel qui déboute la caisse primaire de sa demande de remboursement sans rechercher si les soins litigieux ne relevaient pas du forfait de soins de sorte que leur montant devait être déduit des sommes allouées à ce titre par la caisse à l'établissement. • Civ. 2e, 29 nov. 2012 : *RDSS 2013. 169, obs. Tauran*.

4. Fixation de la valeur du point GIR par le pouvoir réglementaire. En imposant au président du conseil départemental de fixer la valeur du point GIR (groupe iso-ressources) départemental à un niveau au moins égal à la valeur arrêtée l'année précédente, pour garantir le niveau, en valeur, du financement de la dépendance des personnes accueillies dans les EHPAD et les petites unités de vie, à niveau de perte d'autonomie moyen constant, le pouvoir réglementaire s'est borné à mettre en œuvre, sans le dénaturer, le principe selon lequel le département verse aux établissements, au titre de l'allocation personnalisée d'autonomie, un forfait global relatif à la dépendance, dont il fixe le montant et qui prend en compte le niveau de dépendance moyen des résidents ; par suite, ne sont méconnus ni le principe de libre administration des collectivités territoriales ni l'art. L. 314-2 CASF. • CE 9 juill. 2018, no 407426 B : *RDSS 2018. 889, concl. Decout-Paolini*

Art. L. 314-2-1 *(L. no 2021-1754 du 23 déc. 2021, art. 44-I-A, en vigueur au plus tard le 30 juin 2023)* **Les services autonomie à domicile mentionnés à l'article L. 313-1-3 sont financés selon les modalités suivantes.**

I. — Au titre de l'activité d'aide et d'accompagnement à domicile :

1° Pour les services habilités sur le fondement de l'article L. 313-6 à recevoir des personnes bénéficiant de l'aide sociale, les tarifs horaires arrêtés par le président du conseil départemental en application du II de l'article L. 314-1 ne peuvent être inférieurs à un montant fixé *(L. no 2022-1616 du 23 déc. 2022, art. 71-I)* **« par décret par référence au montant de la majoration pour aide constante d'une tierce personne mentionnée à l'article L. 355-1 du code » de la sécurité sociale ;** *— Les dispositions de l'art. 71-I de la L. no 2022-1616 du 23 déc. 2022 s'appliquent à compter de la fixation du tarif minimal mentionné à l'art. L. 314-2-1 pour l'année 2024 (L. préc., art. 71-II).*

2° Pour les services mentionnés à l'article L. 347-1, le montant de l'allocation mentionnée à l'article L. 232-1 ou de la prestation mentionnée à l'article L. 245-1, destinées à couvrir tout ou partie du prix facturé par le service, ne peut être inférieur au montant résultant de l'application du montant minimal mentionné au 1° du présent I ;

3° Pour les services mentionnés aux 1° et 2° du présent I, sous réserve d'avoir conclu avec le président du conseil départemental le contrat pluriannuel d'objectifs et de moyens mentionné à l'article L. 313-11-1 comportant les mentions prévues au 13° du même article L. 313-11-1, une dotation finance des actions améliorant la qualité du service rendu à l'usager. *— V. Décr. no 2022-1773 du 30 déc. 2022 relatif au tarif horaire minimal de l'aide à domicile mentionné au I de l'art. L. 314-2-1 pour l'année 2023 (JO 31 déc.) et Arr. du 30 déc. 2022 fixant le montant du tarif minimal mentionné au I de l'art. L. 314-2-1 pour 2023 (JO 31 déc., NOR : APHA2233883A).*

II. — Au titre de l'activité de soins mentionnée au 1° de l'article L. 313-1-3, le directeur général de l'agence régionale de santé verse chaque année *(L. no 2022-1616 du 23 déc. 2022, art. 68-II)* **« une dotation globale de soins comprenant :**

« 1°Un forfait global de *[ancienne rédaction : Une dotation globale relative aux]* **» soins, dont le montant tient compte notamment du niveau de perte d'autonomie et des besoins de soins des personnes accompagnées ;**

2° Une dotation destinée au financement des actions garantissant le fonctionnement intégré de la structure et la cohérence de ses interventions *(L. no 2022-1616 du 23 déc. 2022, art. 68-II)* **« d'aide et de soins » auprès de la personne accompagnée.**

(L. no 2022-1616 du 23 déc. 2022, art. 68-II) **« La dotation globale de soins peut inclure des financements complémentaires définis dans le contrat prévu au IV *ter* de l'article L. 313-12 ou à l'article L. 313-12-2.**

« Un décret en Conseil d'État détermine la nature des financements complémentaires mentionnés à l'avant-dernier alinéa du présent II ainsi que la périodicité de révision des différents éléments de la dotation globale de soins. » *— V. art. R. 314-137 s.*

Par dérogation à l'avant-dern. al. du II de l'art. L. 314-2-1, dans sa rédaction résultant de l'art. 68-II de la L. no 2022-1616 du 23 déc. 2022, les financements complémentaires peuvent être fixés, jusqu'au 31 déc. 2025, en l'absence de signature du contrat prévu au IV ter de l'art. L. 313-12 ou à l'art. L. 313-12-2 CASF, par le directeur général de l'ARS. Dans ce cas, ils ne sont pas soumis à la procédure budgétaire annuelle mentionnée aux II et III de l'art. L. 314-7 du même code. Ces dispositions entrent en vigueur à la date mentionnée au A du II de l'art. 44 de la L. nº 2021-1754 du 23 déc. 2021 (L. nº 2022-1616 du 23 déc. 2022, art. 68-V et VII).

V. les dispositions transitoires de l'art. 44-I de la L. nº 2021-1754 du 23 déc. 2021, ss. le nouvel art. L. 313-1-3.

Art. L. 314-2-2 *(L. nº 2021-1754 du 23 déc. 2021, art. 44-I-A, en vigueur au plus tard le 30 juin 2023)* **La dotation mentionnée au 3° du I de l'article L. 314-2-1 finance des actions permettant :**

1° D'accompagner des personnes dont le profil de prise en charge présente des spécificités ;

2° D'intervenir sur une amplitude horaire incluant les soirs, les week-ends et les jours fériés ;

3° De contribuer à la couverture des besoins de l'ensemble du territoire ;

4° D'apporter un soutien aux aidants des personnes accompagnées ;

5° D'améliorer la qualité de vie au travail des intervenants ;

6° De lutter contre l'isolement des personnes accompagnées.

Pour l'attribution de la dotation, le président du conseil départemental organise un appel à candidatures. La dotation est versée aux services retenus au terme de cet appel à candidatures, dans le cadre du contrat mentionné à l'article L. 313-11-1.

L'appel à candidatures ne peut prévoir de critères d'éligibilité sans rapport avec les objectifs mentionnés au huitième alinéa du présent article, qui seraient notamment liés au statut juridique du service, à un volume minimal d'activité ou à une part minimale d'heures effectuées auprès de bénéficiaires des prestations mentionnées aux articles L. 232-1 ou L. 245-1. Le service dont la candidature n'est pas retenue peut demander au président du conseil départemental de motiver sa décision. Ce dernier dispose d'un mois pour répondre.

Chaque département transmet à la Caisse nationale de solidarité pour l'autonomie les données, précisées par décret, permettant de suivre l'utilisation des montants versés au titre du concours prévu au f du 3° de l'article L. 14-10-5.

Un décret précise les conditions dans lesquelles s'effectue la transmission normalisée de ces données ainsi que les modalités de contrôle et de recouvrement des indus du concours mentionné à l'avant-dernier alinéa du présent article, lorsque le contrôle fait apparaître que tout ou partie des montants versés au titre de ce concours n'a pas été utilisé ou l'a été à d'autres finalités que celles énoncées au premier alinéa.

V. les dispositions transitoires de l'art. 44-I de la L. nº 2021-1754 du 23 déc. 2021, ss. nouvel art. L. 313-1-3.

Art. L. 314-2-3 *(L. nº 2022-1616 du 23 déc. 2022, art. 68-I)* **I. — Afin de déterminer le montant du forfait global mentionné au 1° du II de l'article L. 314-2-1, chaque service autonomie à domicile relevant du 1° de l'article L. 313-1-3 transmet à la Caisse nationale de solidarité pour l'autonomie et à l'agence régionale de santé compétente les données nécessaires à cette détermination, notamment celles relatives à la perte d'autonomie et aux besoins de soins des personnes qu'il accompagne.**

En vue de permettre le contrôle des données transmises par les services autonomie à domicile, chaque département transmet à la Caisse nationale de solidarité pour l'autonomie, au moyen du système d'information unique mentionné à l'article L. 232-21-5, les données dont il dispose relatives à la perte d'autonomie des personnes âgées accompagnées par les services autorisés par le président du conseil départemental, établies au moyen de la grille mentionnée à l'article L. 232-2. — *Dans l'attente de la mise en place du système d'information unique mentionné à l'art. L. 232-21-5 CASF, les données mentionnées au second al. du I de l'art. L. 314-2-3 sont transmises à la CNSA dans des conditions fixées par décret en Conseil d'État. Ces dispositions entrent en vigueur à la date mentionnée au A du II de l'art. 44 de la L. nº 2021-1754 du 23 déc. 2021 [V. ces dispositions ss. le nouvel art. L. 313-1-3] (L. nº 2022-1616 du 23 déc. 2022, art. 68-III et VII).*

II. — L'obligation de transmission mentionnée au premier alinéa du I du présent article s'impose au terme de la deuxième année qui suit celle au cours de laquelle le

service a été autorisé. Dans l'intervalle, le directeur général de l'agence régionale de santé fixe le montant du forfait mentionné au 1° du II de l'article L. 314-2-1 à partir de montants forfaitaires fixés, chaque année, par le directeur de la Caisse nationale de solidarité pour l'autonomie.

III. — Lorsqu'il n'est pas satisfait à l'obligation de transmission mentionnée au premier alinéa du I du présent article, le directeur général de l'agence régionale de santé peut enjoindre au service d'y procéder dans un certain délai. Faute de transmission dans ce délai, il fixe d'office le montant du forfait global de soins.

IV. — Le directeur général de l'agence régionale de santé peut procéder à la récupération des sommes allouées au titre du II de l'article L. 314-2-1 s'il constate qu'elles sont sans rapport ou manifestement hors de proportion avec le service rendu. Il peut en outre prononcer une sanction financière dans les conditions définies aux III et IV de l'article L. 313-14.

V. — Un décret en Conseil d'État fixe les modalités d'application du présent article, notamment la fréquence des transmissions des données mentionnées au I et les conditions de contrôle de ces données et de fixation d'office du forfait global de soins en cas de non-transmission.

Les dispositions de l'art. 68-I de la L. n° 2022-1616 du 23 déc. 2022 entrent en vigueur à la date mentionnée au A du II de l'art. 44 de la L. n° 2021-1754 du 23 déc. 2021 [V. ces dispositions ss. le nouvel art. L. 313-1-3] (L. n° 2022-1616 du 23 déc. 2022, art. 68-VII).

COMMENTAIRE

La LFSS n° 2021-1754 du 23 décembre 2021 a introduit les articles L. 314-2-1 et L. 314-2-2. La LFSS n° 2022-1616 du 23 décembre 2022 a ajouté un article L. 314-2-3. Ces dispositions concernent les modalités de financement des services dénommés « services autonomie à domicile » et institués par l'article L. 313-1-3.

L'article L. 314-2-1 encadre les tarifs appliqués tant aux services habilités au titre de l'aide sociale (art. L. 313-6 et L. 314-1) qu'aux services non habilités (art. L. 347-1) mais dont les bénéficiaires perçoivent l'APA (art. L. 232-1) ou la prestation de compensation (art. L. 245-1) ; ces derniers ne peuvent être inférieurs à un montant fixé par arrêté du ministre en charge des personnes âgées. Pour ces mêmes services, la disposition prévoit le versement d'une dotation dont le but est de financer des actions améliorant la qualité du service, à la condition qu'ils aient conclu avec le président du conseil départemental un CPOM (art. L. 313-11-1, 13°). Outre ces financements provenant du conseil départemental, ces services bénéficient d'une dotation de l'ARS (art. L. 313-1-3, 1°) qui comporte deux volets : une dotation globale relative aux soins ; une dotation destinée au financement d'actions permettant le fonctionnement « intégré » de la structure et la cohérence de ses interventions auprès des personnes accompagnées ; ce second volet du financement a été enrichi par la LFSS pour 2023 qui autorise l'octroi de financements, dits « complémentaires », définis dans la convention liant le gestionnaire aux autorités tarifaires.

L'article L. 314-2-2 vient préciser les activités et donc les dépenses qui sont couvertes par la dotation finançant les actions d'amélioration de la qualité du service rendu à l'usager prévue au 3° du I de l'article L. 314-2-1 : adaptation des interventions aux spécificités des profils des usagers, continuité des services dans le temps, prise en compte des besoins à l'échelle du territoire, soutien aux aidants, qualité de vie au travail des personnels, lutte contre l'isolement des personnes âgées. Ces actions, entrant dans le cadre d'un CPOM, sont en outre organisées par les services après sélection, suite à un appel à candidatures organisé par le président du conseil départemental.

L'article L. 314-2-3, introduit par la LFSS pour 2023, institue une obligation de transmission à la CNSA ainsi qu'à l'ARS de données nécessaires à l'établissement du forfait concernant les soins, cela à compter de la seconde année suivant l'autorisation du service ; la disposition prévoit des sanctions en cas de non-transmission de ces données (fixation d'office du montant du forfait global soin) et la récupération des sommes allouées dans l'hypothèse où elles ne correspondent pas au service rendu. ❑

SECTION 2 Règles budgétaires et de financement

(L. n° 2002-2 du 2 janv. 2002, art. 50-II)

BIBL. ▶ COUDURIER, DENIS-LINDON et TABUTEAU, Dotation globale et prix de journée, *Berger-Levrault, 1990.* – DONIER, Générosité publique et établissements sociaux et médico-sociaux,

RDSS 2022. 643 ✎. – DUFOUR, Regard des chambres régionales des comptes sur les financements des établissements et services sociaux et médico-sociaux, *RDSS 2022. 626* ✎. – LAFORE, Le financement des ESSMS : un secteur en transformation, des enjeux structurels, *RDSS 2022. 662* ✎. – LONG, La nature juridique des financements publics au regard du droit interne, *RDSS 2022. 606* ✎. – VINSONNEAU, Tarification sociale et médico-sociale : 20 ans après la loi du 2 janvier 2002, des réformes et encore des réformes, *RDSS 2022. 50* ✎. – VITOUR, La nature des financements publics des ESSMS au regard du droit de l'Union européenne, *RDSS 2022. 597* ✎.

Art. L. 314-3 *(L. n° 2005-102 du 11 févr. 2005, art. 59-I)* **I. — Le financement** *(Abrogé par L. n° 2020-1576 du 14 déc. 2020, art. 32-I, à compter du 1er janv. 2021)* ***« de celles des prestations »*** **des établissements et services mentionnés à l'article L. 314-3-1 qui sont à la charge des organismes de sécurité sociale est soumis à un objectif de dépenses** *(L. n° 2020-1576 du 14 déc. 2020, art. 32-I, en vigueur le 1er janv. 2021)* **« fixé chaque année par arrêté des ministres chargés de la sécurité sociale, des affaires sociales et du budget ».** — *V. Arr. du 18 avr. 2023 (JO 23 avr., NOR : APHS2310861A), mod. par Arr. du 20 nov. 2023 (JO 26 nov., NOR : FAMS2331697A). — V. égal. Décis. n° 2023-08 du 26 mai 2023 (JO 8 juin, NOR : APHA2314506S), mod. par Décis. n° 2023-18 du 21 août 2023 (JO 21 sept., NOR : FAMA2322958S).*

(Abrogé par L. n° 2020-1576 du 14 déc. 2020, art. 32-I, à compter du 1er janv. 2021) ***« Cet objectif est fixé chaque année par arrêté des ministres chargés de la sécurité sociale, de l'action sociale, de l'économie et du budget en fonction, d'une part, d'une contribution des régimes d'assurance maladie fixée par le même arrêté au sein de l'objectif national de dépenses d'assurance maladie voté par le Parlement et, d'autre part, du montant prévisionnel des produits mentionnés aux 1° et*** *(L. n° 2018-1203 du 22 déc. 2018, art. 26)* ***« 3° » de l'article L. 14-10-4*** *(L. n° 2006-1640 du 21 déc. 2006, art. 89-II)* ***« ainsi, le cas échéant, que de tout ou partie du montant prévisionnel de l'excédent de la section mentionnée au I de l'article L. 14-10-5 ». »***

Il prend en compte l'impact des éventuelles modifications des règles de tarification *(Abrogé par L. n° 2020-1576 du 14 déc. 2020, art. 32-I, à compter du 1er janv. 2021)* ***« des prestations »*****, ainsi que celui des changements de régime de financement des établissements et services concernés.** *(L. n° 2008-1330 du 17 déc. 2008, art. 53-VII ; L. n° 2010-1594 du 20 déc. 2010, art. 79)* **« Il peut être corrigé en fin d'année pour prendre en compte ces évolutions réalisées en cours d'année, sur la base d'un rapport public remis chaque année par le Gouvernement au Parlement au plus tard le 1er octobre. »**

Sur la base de cet objectif *(Abrogé par L. n° 2006-1640 du 21 déc. 2006, art. 94-IV)* ***« , et après imputation de la part mentionnée à l'article L. 162-43 du code de la sécurité sociale »*****, les mêmes ministres arrêtent, dans les quinze jours qui suivent la publication de la loi de financement de la sécurité sociale, le montant total annuel des dépenses prises en compte pour le calcul des dotations globales, forfaits, prix de journée et tarifs afférents aux prestations mentionnées au premier alinéa.**

II. — *(L. n° 2007-1786 du 19 déc. 2007, art. 69-VIII)* **« Le montant annuel mentionné au dernier alinéa du I ainsi que le montant des dotations prévues au troisième alinéa de l'article L. 312-5-2 sont répartis par la Caisse nationale de solidarité pour l'autonomie en dotations régionales limitatives. »**

Les montants de ces dotations sont fixés en fonction des besoins des personnes handicapées et âgées dépendantes, tels qu'ils résultent des programmes interdépartementaux mentionnés à l'article L. 312-5-1, et des priorités définies au niveau national en matière d'accompagnement des personnes handicapées et des personnes âgées. Ils intègrent l'objectif de réduction progressive des inégalités dans l'allocation des ressources entre régions *(L. n° 2007-1786 du 19 déc. 2007, art. 69-VIII)* **« et l'objectif de réduction des inégalités dans l'allocation de ressources entre établissements et services relevant de mêmes catégories », et peuvent à ce titre prendre en compte l'activité et le coût moyen des établissements et services.** *(L. n° 2007-1786 du 19 déc. 2007, art. 69-VIII ; L. n° 2008-1330 du 17 déc. 2008, art. 63-I)* **« Dans ce cadre, le ministre chargé de la sécurité sociale peut fixer, par arrêtés annuels, les tarifs plafonds ou les règles de calcul desdits tarifs plafonds pour les différentes catégories**

d'établissements sociaux et médico-sociaux ainsi que les règles permettant de ramener les tarifs pratiqués au niveau des tarifs plafonds. »

(L. n° 2009-1646 du 24 déc. 2009, art. 55-I) **« Lorsque certaines dépenses afférentes à des établissements inclus dans le champ de l'objectif prévu au I justifient de par leur nature une gestion nationale, elles peuvent ne pas être réparties dans les dotations régionales. Leur montant et leur affectation sont fixés par l'arrêté interministériel prévu au même I. »** – *V. Arr. du 24 avr. 2023 fixant au titre de l'année 2023 les tarifs plafonds prévus au II de l'art. L. 314-3 CASF applicables aux établissements et services mentionnés au a du 5° du I de l'art. L. 312-1 du même code (JO 8 juin, NOR : APHA2308939A).*

(Abrogé par L. n° 2009-879 du 21 juill. 2009, art. 124-I-16°) ***« III. — Pour ceux des établissements et services mentionnés à l'article L. 314-3-1 dont le tarif des prestations est fixé par le représentant de l'État dans le département, conformément aux priorités du programme interdépartemental et dans un souci d'articulation de l'offre sanitaire et de l'offre médico-sociale, le représentant de l'État dans la région, en liaison avec le directeur de l'agence régionale de l'hospitalisation, le directeur de la caisse régionale d'assurance maladie et les représentants de l'État dans les départements, propose à la Caisse nationale de solidarité pour l'autonomie une répartition de la dotation régionale mentionnée au II en dotations départementales limitatives.***

« La Caisse nationale de solidarité pour l'autonomie arrête le montant de ces dotations.

« Dans les mêmes conditions, ces dotations départementales peuvent être réparties en dotations affectées à certaines catégories de bénéficiaires ou à certaines prestations. »

Les dispositions issues de la L. n° 2009-879 du 21 juill. 2009 sont entrées en vigueur 1er juill. 2010 (L. préc., art. 131-I).

Les dispositions issues de la L. n° 2009-1646 du 24 déc. 2009 sont applicables aux dépenses constatées à compter du 1er janv. 2010 (L. préc., art. 55-IV).

COMMENTAIRE

L'article L. 314-3, à lire avec l'article L. 314-4, est une disposition fondamentale dans le dispositif de régulation financière du secteur. Il fonde l'opposabilité des enveloppes budgétaires nationales aux demandes de financement émanant des gestionnaires d'établissements et de services à la charge de la sécurité sociale. Reprenant les dispositions de la loi n° 98-1194 de financement de la sécurité sociale pour 1999, il aménage donc un dispositif linéaire qui part de l'objectif national voté par le Parlement dans le cadre de la LFSS, ce dernier étant traduit en un objectif de dépenses annuel fixé par les ministres permettant le calcul des dotations, forfaits, prix de journée et tarifs devant être pratiqués, puis décliné en dotations régionales limitatives. Les dotations régionales, qui sont établies à partir d'indicateurs (besoins de la population), d'orientations locales (schémas départementaux de l'article L. 312-5) et de priorités nationales, sont à leur tour divisées en dotations départementales limitatives elles-mêmes réparties en dotations par catégories de bénéficiaires ou de prestations.

Ce premier cadre, établi par la loi n° 2002-2 du 2 janvier 2002, a été modifié dans le secteur des personnes handicapées et des personnes âgées dépendantes (il s'agit donc bien des établissements médico-sociaux à tarification préfectorale), du fait, notamment, de la création de la caisse nationale de solidarité pour l'autonomie (créée par la loi du 30 juin 2004 de solidarité pour l'autonomie et organisée par la loi du 11 février 2005, art. L. 14-10-1 CASF). Ainsi, comme indiqué à l'article L. 314-3-II ci-dessus, c'est à la CNSA qu'est confiée la responsabilité d'assurer la répartition sur le territoire national des crédits de l'assurance maladie tels qu'ils ont été cadrés par le Parlement au travers de l'ONDAM (objectif national de dépenses d'assurance maladie). Tout d'abord, et cela ne change pas, l'objectif de dépense « médico-social » dans le cadre de l'ONDAM est arrêté par les ministres qui déterminent le montant annuel des dépenses prises en compte pour le calcul des dotations globales, prix de journée et tarifs ; mais ensuite, et c'est une novation, c'est à la CNSA qu'il revient de fixer les dotations régionales limitatives en fonction des besoins tels qu'ils sont évalués par les programmes interdépartementaux (art. L. 312-5-1 nouveau) et en tendant à réduire les inégalités dans l'allocation des moyens entre les régions. Alors qu'initialement la CNSA notifiait le montant des enveloppes régionales et départementales aux représentants de l'État, la création des agences régionales de santé par la loi du 21 juillet 2009 (loi « HPST ») a conduit à faire évoluer le dispositif : la CNSA notifiera aux directeurs généraux de l'ARS uniquement le montant des dotations régionales limitatives, ces derniers ayant mission ensuite d'opérer la répartition des crédits au sein de la région. Ce changement de procédure a entraîné l'abrogation du III de l'article L. 314-3.

La LFSS n° 2008-1330 du 17 décembre 2008 a introduit deux modifications significatives dans cette disposition. D'une part, l'objectif de dépenses en matière de soins peut désormais être corrigé en fin d'année pour prendre en compte des évolutions réalisées en cours d'année, ce qui donne une plus grande latitude pour adapter le financement aux charges réelles des établissements et services. D'autre part, en ce qui concerne le tarif « dépendance » et pour satisfaire au principe de convergence des coûts qui autorise le tarificateur à prendre en compte le coût moyen des prises en charge (II, al. 2), le ministre peut dorénavant fixer annuellement par arrêté des tarifs plafonds ou des règles de calcul de tarifs plafonds, cela opérant évidemment comme une contrainte forte sur des établissements qui devront donc faire converger leurs dépenses alors même qu'ils sont dans des situations concrètes très différentes.

La LFSS n° 2020-1576 du 14 décembre 2020 a introduit quelques modifications à l'article L. 314-3 : elle a notamment abrogé le paragraphe qui encadrait la fixation des objectifs de dépenses au niveau national, cela pour tenir compte des évolutions survenues – du fait de la création de la branche autonomie – dans la régulation financière en matière d'autonomie. ❑

Intérêt à agir. Ne justifie pas d'un intérêt à agir contre une circulaire dont l'objet est de donner aux autorités tarifaires des instructions relatives aux modalités de calcul de la dotation de soins allouée aux établissements d'hébergement pour personnes âgées d'une association professionnelle défendant les intérêts de directeurs d'établissement pour personnes âgées, qui sont distincts des intérêts des établissements en cause • CE 16 juin 2008, *Ass. directeurs au service des personnes âgées,* n° 306295 B.

Art. L. 314-3-1 *(L. nº 2005-102 du 11 févr. 2005, art. 59-I)* **Relèvent de l'objectif géré, en application de l'article L. 314-3, par la Caisse nationale de solidarité pour l'autonomie :**

1° Les établissements et services mentionnés aux 2°, 3°, *(Abrogé par L. nº 2015-1702 du 21 déc. 2015, art. 74-I-3°)* ***« b du »*** **5° et 7° du I de l'article L. 312-1 ;**

2° Les établissements et services mentionnés aux 11° et 12° du I du même article qui accueillent des personnes handicapées ou âgées dépendantes ;

3° Les établissements *(L. nº 2005-1579 du 19 déc. 2005, art. 51-II)* **« et services » mentionnés au 6° du I de l'article L. 312-1 du présent code** *(Abrogé par L. nº 2005-1579 du 19 déc. 2005, art. 46-I)* ***« et au 2° de l'article L. 6111-2 du code de la santé publique »*** **;**

(L. nº 2009-1646 du 24 déc. 2009, art. 55-II) **« 4° Les établissements pour personnes handicapées qui exercent légalement leur activité en Suisse ou dans un État membre de l'Union européenne ou partie à l'accord sur l'Espace économique européen, et qui servent des prestations à des enfants et adolescents handicapés ou** *(L. nº 2019-1446 du 24 déc. 2019, art. 54-I)* **« à des personnes adultes handicapées », dans le cadre de conventions passées avec les organismes français de sécurité sociale gérant des régimes obligatoires d'assurance maladie dont ceux-ci relèvent en qualité d'ayants droit ou d'assurés. »**

Les dispositions issues de la L. nº 2009-1646 du 24 déc. 2009 sont applicables aux dépenses constatées à compter du 1er janv. 2010 (L. préc., art. 55-IV).

COMMENTAIRE

L'article L. 314-3-1 complète l'article L. 314-3 modifié en définissant la liste des établissements et services concernés par la procédure de répartition des dotations dont la CNSA assume le rôle central.

La LFSS pour 2010 (L. n° 2009-1646, 24 déc. 2009) a ajouté à cette disposition un nouvel alinéa (4°) qui inclut dans le mécanisme de l'objectif national annuel encadrant la tarification des établissements et services les structures situées en Suisse ou dans un État membre de l'UE, lorsque ces dernières ont passé convention avec les organismes français de sécurité sociale. ❑

Art. L. 314-3-2 *(L. nº 2005-1579 du 19 déc. 2005, art. 50-IV)* **Chaque année, dans les quinze jours suivant la publication de la loi de financement de la sécurité sociale, les ministres chargés de la sécurité sociale, de l'action sociale, de l'économie et du budget arrêtent, d'une part, l'objectif de dépenses correspondant au financement, par les**

régimes obligatoires d'assurance maladie, des établissements et des actions expérimentales mentionnés à l'article L. 314-3-3 et, d'autre part, le montant total annuel des dépenses prises en compte pour le calcul des dotations globales, forfaits, prix de journée et tarifs afférents aux prestations servies par ces mêmes établissements.

L'objectif susmentionné est fixé en fonction de l'objectif national de dépenses d'assurance maladie voté par le Parlement *(Abrogé par L. nº 2006-1640 du 21 déc. 2006, art. 94-IV)* ***« ; et après imputation de la part mentionnée à l'article L. 162-43 du code de la sécurité sociale »*****. Il prend en compte l'impact des éventuelles modifications des règles de tarification des prestations, ainsi que celui des changements de régime de financement des établissements et services concernés.** *(L. nº 2008-1330 du 17 déc. 2008, art. 53-VII)* **« Il peut être corrigé en fin d'année pour prendre en compte ces évolutions réalisées en cours d'année. »**

Le montant total annuel susmentionné est constitué en dotations régionales limitatives. Le montant de ces dotations est fixé par les ministres chargés de l'action sociale et de la sécurité sociale, en fonction des besoins de la population, des orientations définies par les schémas prévus à l'article L. 312-5, des priorités définies au niveau national, en tenant compte de l'activité et des coûts moyens des établissements et services, et d'un objectif de réduction progressive des inégalités dans l'allocation des ressources entre régions.

(Abrogé par Ord. nº 2010-177 du 23 févr. 2010, art. 18-I-34º) ***« Chaque dotation régionale est répartie par le représentant de l'État dans la région, après avis du directeur de l'agence régionale de l'hospitalisation et des représentants de l'État dans les départements, en dotations départementales limitatives. Ces dotations départementales peuvent, dans les mêmes conditions, être réparties par le représentant de l'État dans le département en dotations affectées par catégories de bénéficiaires ou à certaines prestations. »***

V. Arr. du 2 juin 2022 fixant pour l'année 2022 l'objectif de dépenses d'assurance maladie et le montant total annuel des dépenses des établissements mentionnés à l'art. L. 314-3-3 CASF (JO 18 juin, NOR : SPRS2216352A).

Art. L. 314-3-3 *(L. nº 2005-1579 du 19 déc. 2005, art. 50-IV)* **Relèvent de l'objectif et du montant total mentionnés à l'article L. 314-3-2 les établissements** *(L. nº 2021-1754 du 23 déc. 2021, art. 7-I, en vigueur le 1er sept. 2021)* **« et services mentionnés au 9º du I de l'article L. 312-1 du présent code. »**

(Abrogé par L. nº 2021-1754 du 23 déc. 2021, art. 7-I, à compter du 1er sept. 2021) ***« Les appartements de coordination thérapeutique, les centres d'accueil et d'accompagnement à la réduction des risques pour usagers de drogue*** *(L. nº 2006-1640 du 21 déc. 2006, art. 92-III)* ***«, les centres de soins, d'accompagnement et de prévention en addictologie »*** *(L. nº 2012-1404 du 17 déc. 2012, art. 65-I-2º)* ***«, les structures dénommées "lits halte soins santé" et les structures dénommées "lits d'accueil médicalisés" » mentionnés au 9º du I de l'article L. 312-1 du présent code. »***

Relèvent également du même objectif les actions expérimentales de caractère médical et social mentionnées à l'article L. 162-31 du code de la sécurité sociale.

V. Arr. du 9 nov. 2023 fixant pour l'année 2023 l'objectif de dépenses d'assurance maladie et le montant total annuel des dépenses des établissements mentionnés à l'art. L. 314-3-3 CASF (JO 11 nov., NOR : SPRS2330289A).

COMMENTAIRE

Les articles L. 314-3-2 et L. 314-3-3 organisent une procédure spécifique à certains établissements (énumérés à l'art. L. 314-3-3) pour lesquels la répartition des dotations à partir de l'ONDAM est confiée au ministre et au représentant de l'État dans la région.

L'orientation générale de ces dispositions va dans le sens d'un renforcement de la contrainte budgétaire sur les établissements et services, comme le montrent notamment les modifications introduites (art. L. 314-3-2, al. 3) par la LFSS nº 2008-1330 du 17 décembre 2008, lesquelles permettent une correction des tarifs en fin d'année pour prendre en compte les évolutions enregistrées en cours d'année. Une simplification de la rédaction de l'article L. 314-3-3 a été effectuée par la LFSS du 23 décembre 2021 ; la disposition renvoie simplement, pour dresser la liste des établissements concernés, au 9º du I de l'article L. 312-1 qui se rapporte aux « établissements ou services qui assurent l'accueil et l'accompagnement de personnes confrontées à des difficultés spécifiques en vue de favoriser l'adaptation à la vie active et l'aide à l'insertion sociale et professionnelle ou qui assurent des prestations de soins ou de suivi médical » ; il s'agit notamment des structures d'accueil d'usagers de drogue ou encore des appartements de coordination thérapeutique. ❑

Art. L. 314-3-4 *(Ord. n° 2005-1477 du 1er déc. 2005, art. 5)* **I. — L'arrêté mentionné au dernier alinéa du I de l'article L. 314-3 fixe le cas échéant, pour les établissements mentionnés à cet article ou pour certaines catégories d'entre eux, le montant indicatif de leurs crédits de fonctionnement prévisionnels, conformément aux objectifs figurant pour les quatre années à venir dans le rapport mentionné à l'article LO 111-4 du code de la sécurité sociale.**

Art. L. 314-4 *(L. n° 2002-2 du 2 janv. 2002, art. 53)* **Le montant total annuel des dépenses des établissements et services mentionnés** *(Abrogé par L. n° 2015-1702 du 21 déc. 2015, art. 74-I-4°, à compter du 1er janv. 2017) (L. n° 2006-911 du 24 juill. 2006, art. 95-XI)* ***« aux a du 5°, »*** *(L. n° 2007-308 du 5 mars 2007, art. 16)* **« aux 8°, 13° et 14° » du I de l'article L. 312-1,** *(L. n° 2007-308 du 5 mars 2007, art. 16)* **« qui sont à la charge de l'État », et, corrélativement, le montant total annuel des dépenses prises en compte pour le calcul des dotations globales de fonctionnement de ces établissements et services sont déterminés** *(L. n° 2004-1484 du 30 déc. 2004, art. 131-I)* **« par le total du montant limitatif inscrit à ce titre dans la loi de finances de l'année de l'exercice considéré** *(Abrogé par L. n° 2015-1702 du 21 déc. 2015, art. 74-I-4°, à compter du 1er janv. 2017)* ***« et, à titre complémentaire, s'agissant des établissements et services mentionnés au a du 5° du I de l'article L. 312-1, des crédits inscrits à ce titre dans le budget du même exercice de la Caisse nationale de solidarité pour l'autonomie ».***

Ce montant total annuel est constitué en dotations régionales limitatives. Le montant de ces dotations régionales est fixé par le ministre chargé de l'action sociale, en fonction des besoins de la population, des priorités définies au niveau national en matière de politique médico-sociale, en tenant compte de l'activité et des coûts moyens des établissements et services et d'un objectif de réduction progressive des inégalités dans l'allocation des ressources entre régions. *(L. n° 2008-1425 du 27 déc. 2008, art. 180)* **« A cet effet, un arrêté interministériel fixe, annuellement, les tarifs plafonds ou les règles de calcul desdits tarifs plafonds pour les différentes catégories d'établissements sociaux et médico-sociaux mentionnés au premier alinéa, ainsi que les règles permettant de ramener les tarifs pratiqués au niveau des tarifs plafonds. »** *— V. 2e Arr. du 12 avr. 2022 (JO 22 avr., NOR : LOGI2211591A et NOR : LOGI2211587A).*

(Abrogé par Ord. n° 2010-177 du 23 févr. 2010, art. 18-I-34°) ***« Chaque dotation régionale est répartie par le représentant de l'État dans la région, en liaison avec les représentants de l'État dans les départements, en dotations départementales limitatives, dont le montant tient compte des priorités locales, des orientations des schémas prévus à l'article L. 312-5, de l'activité et des coûts moyens des établissements et services, et d'un objectif de réduction des inégalités dans l'allocation des ressources entre départements et établissements et services. »***

Les dispositions issues de la L. n° 2007-308 du 5 mars 2007, art. 16, sont applicables à compter du 1er janv. 2009 (L. préc., art. 45).

COMMENTAIRE

L'article L. 314-4 constitue la seconde disposition fondamentale visant à la régulation financière du secteur. Reprenant les mesures établies par la loi de finances n° 98-1266 du 30 décembre 1998, il applique le mécanisme d'opposabilité des enveloppes financières nationales aux établissements et services qui sont à la charge de l'aide sociale de l'État. En l'espèce, c'est la loi de finances qui détermine le montant limitatif des dépenses autorisées en ce qui concerne les structures et organismes financés par l'État. Alors qu'antérieurement les dotations nationales étaient réparties en enveloppes régionales puis départementales, seule subsiste la répartition régionale, le préfet de région étant ensuite maître de la répartition des crédits entre départements ; cette évolution, liée à la réorganisation des services extérieurs de l'État (RGPP), a conduit à l'abrogation de dispositions qui organisaient jusque-là la définition des enveloppes départementales (Ord. n° 2010-177 du 23 févr. 2010).

La loi n° 2006-911 du 24 juillet 2006 ayant établi un régime spécifique pour les « centres d'accueil des demandeurs d'asile » (art. L. 348-1 à L. 348-4), elle a logiquement inclus cette catégorie d'établissement – puisqu'ils relèvent de l'aide sociale de l'État – dans le champ d'application de l'article ci-dessus. ❑

1. Moyens de réaliser l'objectif de convergence tarifaire. Les dispositions de l'art. L. 314-4 qui confient à un arrêté interministériel le soin de fixer les règles permettant de ramener les tarifs effectivement pratiqués au niveau des tarifs plafonds ne font pas obligation au pouvoir réglementaire de réaliser cet objectif de convergence tarifaire de manière pluriannuelle et par le biais des contrats d'objectifs et de moyens prévus à l'art. L. 313-11 CASF. • CE 4 févr. 2011, *Assoc. des paralysés de France*, n° 334303 B.

2. Fixation des tarifs plafonds et principe d'égalité. Ni les dispositions de l'art. L. 314-4, ni la circonstance que les règles relatives à la création et au fonctionnement des établissements et services d'aide par le travail n'opèrent pas elles-mêmes une telle distinction ne font obstacle à ce que les tarifs plafonds soient différenciés selon la nature des publics accueillis par ces établissements et services ; cette différenciation des tarifs plafonds, qui vise à mieux prendre en compte les charges effectivement supportées par les établissements et services dans l'allocation des ressources de l'État, n'est pas contraire au principe d'égalité dès lors que les établissements et services concernés se trouvent, selon la nature des handicaps des personnes qu'ils accueillent et la proportion en leur sein des personnes qui souffrent des handicaps dont la prise en charge est la plus coûteuse, dans une situation différente eu égard à l'objet de la norme ainsi établie ; par suite, il ne saurait être sérieusement soutenu qu'une telle différenciation méconnaîtrait la liberté de choix par les usagers de l'établissement ou du service d'accueil ainsi que les dispositions relatives à l'orientation de ces derniers par les commissions départementales de l'autonomie et des personnes handicapées, et conduirait les gestionnaires de ces établissements et services à opérer une sélection des usagers en fonction de leur situation de handicap. • Même arrêt.

3. Différenciation des tarifs plafonds et secret médical. Dans la mesure où elle n'implique nullement la communication de données nominatives couvertes par le secret médical à des personnes qui n'y sont pas soumises, la différenciation des tarifs plafonds établie selon la nature des publics accueillis ne saurait avoir, par elle-même, pour conséquence de violer ce secret. • Même arrêt.

4. Fixation des tarifs plafonds et prise en compte de l'implantation immobilière des établissements. Commettent une erreur manifeste d'appréciation les ministres qui, d'une part, pour la quatrième année consécutive, ont fixé les tarifs plafonds au même niveau, déterminé en fonction d'une étude reposant sur des données relatives à l'exercice 2008, sans qu'ils aient cherché à apprécier l'incidence de l'application des règles de convergence fixées par les arrêtés successivement applicables sur la situation des établissements et services, en particulier sur la situation de ceux dont les charges immobilières sont très nettement supérieures à la moyenne, pour des raisons tenant notamment à leur localisation géographique et qui, d'autre part, n'avancent, dans leurs écritures en défense, pour justifier leur choix de maintenir pendant une année supplémentaire les tarifs plafonds à un niveau inchangé et, notamment, de ne pas tenir compte de l'incidence des charges liées à l'implantation immobilière sur les coûts moyens des structures pour la fixation du niveau des tarifs plafonds ou pour la détermination des règles de convergence des tarifs, aucune justification tenant aux autres facteurs qui, en vertu de l'art. L. 314-4 CASF, doivent être pris en compte lors de la fixation des tarifs plafonds, tels que les besoins de la population dans les zones urbaines concernées ou les priorités qu'il appartient aux autorités compétentes de définir au niveau national en matière de politique médico-sociale. • CE 17 juill. 2013, *Assoc. des paralysés de France et a.*, n° 344035.

Art. L. 314-5 *(L. n° 2002-2 du 2 janv. 2002, art. 53)* **Pour chaque établissement et service,** *(Ord. n° 2010-177 du 23 févr. 2010, art. 18-I-35°)* **« l'autorité compétente en matière de tarification » peut modifier le montant global des recettes et dépenses prévisionnelles, mentionnées au 3° du I de l'article L. 314-7,** *(L. n° 2007-308 du 5 mars 2007, art. 16)* **« qui sont à la charge de l'État ou des » organismes de sécurité sociale, compte tenu du montant des dotations régionales** *(Abrogé par Ord. n° 2010-177 du 23 févr. 2010, art. 18-I-35°)* ***« ou départementales »*** **définies ci-dessus ; la même procédure s'applique en cas de révision, au titre du même exercice, des dotations régionales** *(Abrogé par Ord. n° 2010-177 du 23 févr. 2010, art. 18-I-35°)* ***« ou départementales »*** **initiales.**

(Ord. n° 2010-177 du 23 févr. 2010, art. 18-I-35°) **« L'autorité compétente en matière de tarification » peut également supprimer ou diminuer les prévisions de dépenses qu'il estime injustifiées ou excessives compte tenu, d'une part, des conditions de satisfaction des besoins de la population, telles qu'elles résultent notamment des**

orientations des schémas prévus à l'article L. 312-5, d'autre part, de l'évolution de l'activité et des coûts des établissements et services appréciés par rapport au fonctionnement des autres équipements comparables dans *(Abrogé par Ord. n° 2010-177 du 23 févr. 2010, art. 18-I-35°) « le département ou »* **la région.**

Des conventions conclues entre le représentant de l'État dans la région, les représentants de l'État dans les départements, *(Ord. n° 2010-177 du 23 févr. 2010, art. 18-I-35°)* **« le directeur général de l'agence régionale de santé et » les gestionnaires d'établissement et de service et, le cas échéant, formules de coopération mentionnées aux 2° et 3° de l'article L. 312-7 précisent, dans une perspective pluriannuelle, les objectifs prévisionnels et les critères d'évaluation de l'activité et des coûts des prestations imputables à l'aide sociale de l'État dans les établissements et service concernés.**

Les dispositions issues de la L. n° 2007-308 du 5 mars 2007, art. 16, sont applicables à compter du 1er janv. 2009 (L. préc., art. 45).

COMMENTAIRE

L'article L. 314-5 donne aux « autorités de tarification » (dénomination introduite à cet art. par l'Ord. n° 2010-177 du 23 févr. 2010 pour tenir compte des attributions du directeur de l'ARS) un pouvoir de réformation des budgets qui sont présentés par les gestionnaires d'établissement et de service, pouvoir lui permettant de réduire ou de supprimer les prévisions de recettes ou de dépenses (V. art. L. 314-7-3°). Intervenant pour les établissements relevant d'un financement par l'aide sociale de l'État ou par les organismes de sécurité sociale, ces modifications peuvent intervenir soit en considération des dotations limitatives établies aux articles L. 314-3 et L. 314-4, soit parce que les prévisions sont « injustifiées ou excessives » compte tenu des besoins de la population et ce, en référence aux schémas d'organisation ou compte tenu de l'évolution de l'activité et des coûts de la structure par rapport aux établissements comparables.

On se doit de noter que le pouvoir de réformation des budgets ici reconnu aux « autorités de tarification » est donc reconnu au président du conseil départemental, ce qui était implicitement établi à l'article L. 314-7-III. ❑

1. Caractère injustifié ou excessif des prévisions. C'est à bon droit que le préfet et le président du conseil général ont considéré comme abusifs les crédits demandés par le gestionnaire lorsque ce dernier ne fournit aucun élément précis d'analyse tant de l'importance et de la nature des charges nouvelles de travail que de leurs incidences sur les conditions d'organisation et de fonctionnement des établissements ou services. • CNCTSS 11 déc. 1998, *Préfet et Président du conseil général de Meurthe-et-Moselle c/ Assoc. REALISE*, nos A 96-103 et A 96-104.

2. Obligation de motiver le refus de prendre en compte une prévision budgétaire. Le refus de prendre en compte une prévision budgétaire opposé par l'autorité tarifaire est illégal lorsque cette dernière n'établit pas le bien-fondé de la répartition qu'elle a retenue ni ne démontre dans quelle mesure les charges d'exploitation se trouveraient accrues par la répartition proposée par le gestionnaire, et cela dans des proportions qui ne seraient pas liées au fonctionnement normal de l'établissement. • CNCTSS 26 juin 1998, *Préfet de la Corrèze c/ ADAPEI de la Corrèze*, nos A 95-032 à A 95-034. ♦ Eu égard aux justificatifs précis dont était assortie la demande de crédits à prendre en compte, le Préfet n'a pas démontré, comme il en avait l'obligation, le caractère injustifié ou excessif de la prévision de dépenses. • CNCTSS 26 mars 1999, *Préfet de la Côte-d'Or c/ Assoc. « Foyer du renouveau »*, n° A 95-100.

3. Obligation de motiver les abattements opérés sur les propositions budgétaires de l'établissement. Ayant fixé de façon globale le montant des dépenses relatives aux charges autres que la subvention interne de fonctionnement ainsi que celui des dépenses de personnel et d'alimentation, sans justifier les abattements opérés sur les propositions budgétaires de l'établissement, le préfet n'a pas légalement fondé sa décision. • CNCTSS 11 déc. 1998, *Assoc. « Vivre » c/ Préfet des Hauts-de-Seine*, n° A 94-144. ♦ En se bornant à procéder à des abattements sur les propositions budgétaires sur le fondement du taux de progression des dépenses fixé par la circulaire ministérielle, l'autorité tarifaire n'a pas légalement motivé sa décision. • CNCTSS 26 juin 1998, *Assoc. Lorraine d'aide aux sans-abri c/ Préfet de la Meurthe-et-Moselle*, n° A 93-094. ♦ L'association requérante est fondée à soutenir que c'est à tort que l'autorité tarifaire a exclu des bases de calcul d'un forfait de soins une prévision de dépenses correspondant à des amortissements dès lors que cette dernière n'établit ni même n'allègue le caractère excessif d'une telle prévision. • CNCTSS 4 juin 1999, *Assoc. pour l'épanouissement de la personne âgée c/ Préfet de Loire-Atlantique*, nos A 98-072 et A. 97-081. ♦ Dès lors que le caractère excessif d'un élément de rémunération inclus dans les prévisions de dépenses n'est pas établi, l'autorité tarifaire ne peut à bon droit procéder à des abattements de dépenses. • CNCTSS 31 mars 2000, *Préfet du Val-d'Oise c/ Comité Zemgor*, n° A 96-057. ♦ De même, les forfaits de soins comprenant, notamment au titre des soins courants dispensés en section de cure médicale, la rémunération des aides-soignants qui y sont affectés, l'autorité tarifaire ne saurait exclure des bases de leur calcul une partie de cette rémunération dès lors qu'elle n'a pas établi son caractère abusif. • CNCTSS 31 mars 2000, *Préfet du Val-d'Oise c/ Fondation Chabrand Thibauld*, n° A 96-020.

4. Absence de motivation. De même, est illégal le refus de prendre en compte une prévision budgétaire lorsque l'autorité tarifaire n'a assorti l'abattement projeté sur les prévisions de dépenses en matière de charges sociales d'aucune motivation de nature à en établir le bien-fondé, cette dernière n'ayant à aucun moment tenté de démontrer le caractère injustifié ou excessif de la prévision de dépenses. • CNCTSS 11 déc. 1998, *Assoc. Départ. des parents et amis de personnes handicapées mentales de Seine-et-Marne c/ Préfet de Seine-et-Marne*, n° A 95-008. ♦ L'autorité tarifaire commet une erreur de droit lorsque, pratiquant des abattements de crédits, elle ne montre pas en quoi ces abattements étaient compatibles avec les nécessités de fonctionnement normal de l'établissement. • CNCTSS 26 mars 1999, *Préfet du Gard c/ Assoc. Alésienne des parents d'enfants inadaptés*, n° A 95-040. ♦ Commet une erreur de droit le Préfet qui se borne à indiquer que le taux moyen d'évolution des dépenses est opposable à chacun des établissements sans apporter de ce fait aucune précision susceptible d'établir le caractère abusif des prévisions de dépenses ni examiner de façon circonstanciée la situation particulière de chacun des établissements concernés. • CNCTSS 10 déc. 1999, *Préfet de Paris c/ Assoc. « René Capitant »*, n^os^ A 95-028, A 96-096 et A 96-097.

5. Insuffisance de motivation. Alors que la réglementation prévoit que l'autorité compétente peut supprimer ou diminuer les prévisions de dépenses si elle estime celles-ci injustifiées ou excessives et notamment lorsque le coût de fonctionnement est manifestement hors de proportion avec le service rendu ou avec ceux des établissements fournissant des services analogues, l'autorité tarifaire qui se fonde sur une motivation générale qui ne prend pas en compte les conditions propres de fonctionnement de l'établissement ne démontre pas le caractère abusif des demandes de l'association. • CNCTSS 4 juin 1999, *Préfet du Val-de-Marne, c/ Assoc. « Vers la vie pour l'éducation des jeunes »*, n° A 96-068.

6. Refus injustifié de prendre en compte une prévision budgétaire. Lorsqu'il résulte des pièces du dossier, et contrairement à ce que soutient l'autorité tarifaire, que l'évolution des crédits demandés est justifiée notamment par l'évolution de l'état de santé des personnes hébergées, l'autorité tarifaire fait une mauvaise application de la loi en refusant ces demandes. • CNCTSS 26 juin 1998, *Préfet du Val-de-Marne c/ Fondation Favier*, n° A 96-074.

7. Motivation suffisante dans le contrôle budgétaire des autorités tarifaires. En revanche, l'autorité tarifaire applique à bon droit la réglementation lorsqu'elle définit un taux d'encadrement qui tient compte des particularités et des spécificités de fonctionnement de l'établissement. • CNCTSS 4 juin 1999, *Assoc. « Home de Préville » c/ Préfet de la Moselle*, n° A 95-105. ♦ De même, une association qui se borne à maintenir sa demande au seul motif d'assurer une qualité de soins mieux adaptée au degré de dépendance de la population accueillie sans la justifier notamment au regard du nombre de journées à réaliser peut se voir diminuer les prévisions paraissant de ce fait injustifiées ou excessives. • CNCTSS 26 mars 1999, *Assoc. « Le foyer Saint-Louis » c/ Préfet de Loire-Atlantique*, n° A 95-061.

8. Comparaison avec des « établissements comparables ». Est illégal le refus de prendre en compte une prévision budgétaire lorsque le préfet et le président du conseil général se bornent à faire état d'une comparaison du ratio d'encadrement de l'établissement avec une structure prétendument comparable, sans établir que ces dépenses présentent un caractère abusif. • CNCTSS 11 déc. 1998, *Préfet et président du conseil général de Meurthe-et-Moselle c/ Assoc. REALISE*, n° A 96-102.

9. Forfait soins, notion d'« acte de soin ». Compte tenu tant de la nature des actes professionnels que les ergothérapeutes sont autorisés à effectuer que des interventions effectuées auprès des bénéficiaires d'un service d'aide à domicile, les activités qu'ils réalisent relèvent de la catégorie des actes de soin, et par suite les dépenses correspondantes doivent être incluses dans le forfait global annuel. • CNCTSS 11 déc. 1998, *Assoc. Pour l'aide à domicile aux personnes âgées c/ Préfet de l'Isère*, n° A 93-066.

10. Application des taux directeurs d'évolution des dépenses fixés par circulaire. En se bornant, pour opérer des abattements sur les crédits demandés, d'une part à invoquer la circulaire ministérielle définissant un taux moyen de reconduction des crédits accordés l'année précédente, et d'autre part à se fonder sur le fait que seuls les établissements répondant à des opérations spécifiques et prioritaires pouvaient se voir accorder des crédits plus importants sans démontrer le caractère abusif des propositions budgétaires présentées par l'association, l'autorité de tarification n'a pas fait une bonne application de la réglementation. • CNCTSS 11 déc. 1998, *Préfet des Hauts-de-Seine c/ Assoc. « santé service »*, n° A 96-063. ♦ En appliquant à un établissement le taux directeur défini par circulaire ministérielle sans examiner, poste par poste, les besoins de l'établissement ni établi le caractère abusif des propositions budgétaires présentées, l'autorité tarifaire n'a pas fait une bonne application de la loi. • CNCTSS 11 déc. 1998, *Préfet des Hauts-de-Seine c/ Assoc. « Santé service »*, n° A 95-092. ♦ L'application d'un taux de progression des budgets qui ne repose que sur une circulaire dépourvue de caractère réglementaire, alors qu'aucune motivation ne vient établir le caractère abusif des dépenses prévisionnelles de l'établissement, est illégale. • CNCTSS 4 juin 1999, *Préfet du Puy-de-Dôme c/ ADAPEI du Puy-de-Dôme*, n^os^ A 92-060 à A 92-066. ♦ Il y a lieu de faire droit aux conclusions de l'établissement lorsqu'il ressort des pièces du dossier que l'autorité tarifaire n'a pas démontré le caractère abusif des propositions de ce dernier, mais s'est bornée à appliquer le taux d'évolution des crédits prévu par les dispositions de la circulaire interministérielle. • CNCTSS 26 mars 1999, *Président du conseil général de Paris c/ Préfet de Paris*, n° A 97-054.

11. Référence à un taux départemental moyen d'évolution des budgets des établissements. Commet une erreur de droit l'autorité tarifaire qui se borne, pour fixer par arrêté sa dotation globale et ses tarifs pour l'exercice suivant, à se référer à un « taux départemental moyen » d'évolution des budgets des établissements. • CNCTSS 26 mars 1999, *CH spécialisé Georges-Mazurelle c/ Préfet de Vendée*, n° A 97-003.

12. Opposabilité des objectifs d'équilibre des comptes sociaux. En se contentant d'affirmer la contrariété des prévisions budgétaires avec les objectifs d'équilibre de la sécurité sociale, l'autorité tarifaire ne démontre pas en quoi la nature et le montant des dépenses prévues ont un caractère abusif par rapport aux nécessités de fonctionnement de l'établissement appréciées en fonction des besoins des personnes âgées prises en charge. • CNCTSS 31 mars 2000, *Préfet de Loire-Atlantique c/ Maison de retraite Saint-Joseph*, n° A 96-059 et • 31 mars 2000, *Préfet de Loire-Atlantique c/ Maison de retraite « La Châtaigneraie »*, n° A 96-060.

Art. L. 314-6 *(L. n° 2002-2 du 2 janv. 2002, art. 54)* **Les conventions collectives de travail, conventions d'entreprise ou d'établissement et accords de retraite applicables aux salariés** *(Abrogé par L. n° 2006-1640 du 21 déc. 2006, art. 69-IV, à compter du 1er janv. 2008)* ***« des établissements de santé et »*** **des établissements et services sociaux et médico-sociaux à but non lucratif dont les dépenses de fonctionnement sont, en vertu de dispositions législatives ou réglementaires, supportées, en tout ou partie, directement ou indirectement, soit par des personnes morales de droit public, soit par des organismes de sécurité sociale, ne prennent effet qu'après agrément donné par le ministre compétent après avis d'une commission où sont représentés des élus locaux et dans des conditions fixées par voie réglementaire** *(L. n° 2017-1836 du 30 déc. 2017, art. 70-4°)* **« , à l'exception des conventions d'entreprise ou d'établissement applicables exclusivement au personnel d'établissements et services ayant conclu l'un des contrats mentionnés au IV *ter* de l'article L. 313-12 ou à l'article L. 313-12-2. Les conventions ou accords agréés » s'imposent aux autorités compétentes en matière de tarification** *(L. n° 2008-1330 du 17 déc. 2008, art. 63-VII)* **« , à l'exception des conventions collectives de travail et conventions d'entreprise ou d'établissement applicables au personnel des établissements** *(L. n° 2017-1836 du 30 déc. 2017, art. 70-4°)* **« et services ayant conclu un contrat mentionné au IV *ter* de l'article L. 313-12 ou à l'article L. 313-12-2 ».**

(Abrogé par L. n° 2006-1640 du 21 déc. 2006, art. 69-IV, à compter du 1er janv. 2008) (Ord. n° 2005-1112 du 1er sept. 2005, art. 3-IV) ***« Toutefois, en ce qui concerne les établissements de santé, seules les conventions collectives de travail et accords de retraite conclus au niveau national font l'objet d'un agrément ministériel. Dans ce cas, l'agrément porte sur le coût total de l'engagement financier évalué au niveau national. Les accords de travail conclus au niveau de chaque établissement ne sont pas soumis à agrément et ne sont pas opposables à l'autorité de tarification. »***

Les ministres chargés de la sécurité sociale et de l'action sociale établissent annuellement, avant le 1er mars de l'année en cours, un rapport relatif aux agréments des conventions et accords mentionnés à l'alinéa précédent, pour l'année écoulée, et aux orientations en matière d'agrément des accords *(L. n° 2003-1199 du 18 déc. 2003, art. 52)* **« pour l'année en cours. Ils fixent, dans des conditions fixées par décret en Conseil d'État, les paramètres d'évolution de la masse salariale pour l'année en cours, liés notamment à la diversité des financeurs et aux modalités de prise en charge des personnes, qui sont opposables aux parties négociant les conventions susmentionnées. »** *(Abrogé par L. n° 2006-1640 du 21 déc. 2006, art. 69-IV, à compter du 1er janv. 2008) (Ord. n° 2005-1112 du 1er sept. 2005, art. 3-IV)* ***« Ce rapport précise le coût total***

de l'engagement financier évalué au niveau national et opposable aux parties signataires des conventions collectives de travail et accords de retraite applicables aux salariés des établissements de santé privés pour l'année en cours. »

Ce rapport est transmis au Parlement, au comité des finances locales et aux partenaires sociaux concernés selon des modalités fixées par décret.

En application des art. L. 231-5 et L. 231-6 CRPA, et par exception à l'application du délai de deux mois prévu à l'art. L. 231-1 du même code, le délai à l'expiration duquel le silence gardé par l'administration vaut décision d'acceptation est fixé à quatre mois pour les demandes d'agrément des conventions collectives de travail, conventions d'entreprise ou d'établissement et accords de retraite applicables aux salariés des établissements et services sociaux et médico-sociaux à but non lucratif (Décr. n° 2014-1287 du 23 oct. 2014, applicable aux demandes présentées à compter du 12 nov. 2014).

BIBL. ▸ GAUDIER, Quel avenir pour le régime de l'agrément des accords collectifs et conventions collectives de travail dans le secteur social et médico-social ?, *RDSS 2012. 911*. – GAURIAU, La concurrence des conventions collectives dans le secteur social et médico-social, *RDSS 2014. 39*. – HENNION-MOREAU, Les horaires d'équivalence dans le secteur sanitaire et social, *RDSS 2000. 149*. – LHERNOULD, Les heures d'équivalence, dans les établissements pour personnes inadaptées et handicapées, refaçonnées par l'Europe, *JS Lamy 2007, n° 219-4*. – LONG, L'exercice des droits collectifs des salariés dans les établissements sociaux et médico-sociaux, *RDSS 2014. 28*. – VERKINDT, L'agrément des accords collectifs dans le secteur social et médico-social, *RDSS 2014. 20*.

COMMENTAIRE

L'article L. 314-6 ci-dessus est resté pour l'essentiel en l'état depuis la loi du 30 juin 1975 dans sa formulation initiale (ancien art. 16). Du fait de l'importance des charges salariales dans le secteur, et dans la mesure où les accords et conventions collectives conclus par les employeurs sont, dans leurs conséquences financières, intégralement supportées par les financeurs publics, il a été décidé que ces conventions ne pouvaient être opposables qu'à la condition d'être agréées par la puissance publique.

La loi du 2 janvier 2002 a néanmoins voulu améliorer le système en donnant une meilleure visibilité aux partenaires sociaux qui négocient et adoptent ces conventions. Ainsi, les ministres en charge de la sécurité sociale et de l'action sociale doivent établir un rapport annuel faisant état, pour l'année écoulée, des agréments d'accords et de conventions, et déterminant, pour l'année en cours, leurs orientations en matière d'agréments de conventions et d'évolution de la masse salariale.

Par ailleurs, l'ordonnance n° 2005-1112 du 1er septembre 2005 (nouvel alinéa 2 de l'art. L. 314-6) a entendu restreindre l'opposabilité des conventions en ce qui concerne les établissements de santé en limitant l'agrément et, par conséquent, le caractère opposable de ces accords aux seules conventions collectives « conclues au niveau national » ; ceci, alors que, pour les structures sociales et médico-sociales, les accords de travail conclus au niveau même de l'entreprise peuvent faire l'objet d'un agrément.

La LFSS n° 2008-1330 du 17 décembre 2008 avait introduit une modification importante. L'opposabilité des conventions collectives de travail et des conventions d'entreprise ou d'établissement est écartée lorsque les établissements et services d'hébergement de personnes âgées ont signé un contrat pluriannuel. Ce principe demeure, la disposition ayant été modifiée par la LFSS pour 2018 de façon à l'adapter au double régime des CPOM, celui concernant les établissements pour personnes âgées d'un côté (art. L. 313-12) et celui concernant les autres types d'ESMS de l'autre (art. L. 313-12-2). Il s'agit là, logiquement, de faire jouer à ces contrats leur rôle de prévision et leur fonction d'engagement réciproque en renvoyant à la négociation de ces instruments le soin de prévoir et de stabiliser pour leur durée les évolutions salariales.

La pandémie dite de la « Covid-19 » ayant conduit à l'établissement de « l'état d'urgence sanitaire », l'ordonnance n° 2020-428 du 15 avril 2020 a organisé les modalités d'adoption pour les ESMS de conventions collectives, organisant le travail durant la période concernée : ces accords prennent effet après l'agrément du ministre, l'avis de la commission nationale d'agrément étant réputé rendu. ❑

1. Nature juridique de l'agrément des conventions collectives. Le refus d'agréer l'une des conventions ou l'un des accords mentionnés par les textes ne présente pas le caractère d'un acte créateur de droits. • CE 9 déc. 1994, *Ass. prés. cons. généraux de France*, n° 149545 et n° 149546 B : *RDSS 1995. 350, note Lorthe*. ♦ L'effet de la décision agréant une convention ou un accord relevant des prescriptions légales rétroagit légalement à la date de la signature de cette convention ou de cet accord ; aucune disposition législative ou réglementaire, ni aucun principe général ne s'oppose à ce que les ministres compétents agréent une convention ou un accord dont certaines stipulations doivent entrer en application à une date antérieure à la signature de cet acte. • Même arrêt. ♦ La décision par laquelle le ministre compétent agrée ou refuse d'agréer, sur le fondement des dispositions de l'art. L. 314-6, une convention ou un accord collectif ne revêt pas de caractère réglementaire mais a le caractère d'un acte de tutelle ; par suite, les recours tendant à l'annulation de cette décision ne sont pas au nombre des recours prévus au 2° de l'art. R. 311-1 CJA donnant compétence au Conseil d'État pour en connaître en premier et dernier ressort. • CE 27 juill. 2016, n° 393011.

2. Motivation obligatoire des refus d'agrément. En vertu de l'art. 1er de la loi du 11 juill. 1979 relative à la motivation des actes administratifs, les décisions individuelles défavorables qui refusent une autorisation doivent être motivées ; les refus d'agrément pris sur le fondement de l'art. L. 314-6 du CASF sont au nombre de ces décisions et doivent donc mentionner les considérations de fait sur lesquelles les ministres se sont fondés pour prendre leur décision. • CE 30 déc. 2009, *Assoc. de résidences pour personnes âgées dépendantes*, n° 323752 : *RDSS 2010. 137, concl. Courrèges*.

3. Absence de consultation de la commission d'agrément. Il résulte des dispositions combinées de l'art. L. 314-6 et de l'art. R. 314-198 du CASF, que les accords collectifs de travail concernés ne prennent effet qu'après agrément donné par le ministre compétent après avis de la commission nationale d'agrément et que ces accords s'imposent, à compter de cet agrément, aux autorités compétentes en matière de tarification ; par suite, est irrégulière la décision de refus d'agrément si l'administration n'est en mesure de produire ni l'avis réputé avoir été rendu lors d'une réunion, ni aucun autre document permettant d'en accréditer l'existence. • CE 20 nov. 2009, *Féd. des éts hospitaliers et d'assistance privés à but non lucratif*, n° 311380.

4. Opposabilité des conventions collectives. L'opposabilité des stipulations d'une convention collective agréée ne peut pas profiter aux établissements qui en font une application volontaire. • CNCTSS 29 mars 1996, *Assoc. de parents d'enfants inadaptés de Sablé-Solesmes : RDSS 1997. 368, note Soubise*.

5. Pouvoir d'appréciation des autorités tarifaires à l'égard des conventions collectives. Si les conventions collectives s'imposent de plein droit à l'autorité tarifaire, cette dernière n'en est pas moins fondée à écarter des dépenses qui correspondent à des avantages prévus par la convention dès lors qu'elle établit que les conditions auxquelles la convention soumet ces avantages ne sont pas remplies. • CNCTSS 10 déc. 1999, *Assoc. « Les Eaux Vives » c/ Préfet de Loire-Atlantique*, n° A 95-109. ♦ Si l'application d'une stipulation conventionnelle est remise au pouvoir d'appréciation de l'employeur, il revient en contrepartie à l'autorité tarifaire d'en apprécier, compte tenu de ses incidences financières, le bien-fondé au regard des nécessités du fonctionnement normal de l'établissement. • CNCTSS 11 déc. 1998, *Assoc. REALISE c/ Préfet de Meurthe-et-Moselle* : nos A 95-009 et A 95-010. ♦ C'est à bon droit que l'autorité tarifaire se livre à une appréciation *in concreto* des fonctions et responsabilités exercées par des salariés devant bénéficier au titre d'une convention d'indemnités de logement, cela pouvant la conduire à écarter du calcul du prix de journée des prévisions revêtant un caractère abusif. • CNCTSS 29 mars 1996, *Pdt du Conseil général de l'Hérault c/ Assoc. languedocienne pour l'aide aux insuffisants mentaux*, n° A 94-076 • 26 mars 1999, *Assoc. Saint-François-Xavier Don Bosco c/ Préfet et Pdt du Conseil général de Gironde*, n° A 95-059.

6. Avantage non conventionnel. Lorsqu'une convention agréée prévoit un avantage salarial et que l'employeur accorde un avantage supérieur à cette prévision, la part excédentaire constitue un avantage non conventionnel dont la prise en compte éventuelle par l'autorité tarifaire doit être justifiée par des circonstances particulières au fonctionnement de l'établissement. • CNCTSS 10 déc. 1999, *Assoc. Pour l'éducation et l'apprentissage des jeunes c/ Préfet de Haute-Garonne : nos 96-008 à 96-062.*

7. Agrément implicite des conventions collectives. Le délai à l'issue duquel naît une décision implicite d'acceptation en matière d'agrément de conventions collectives applicables aux salariés des établissements et services à caractère social ou sanitaire à but non lucratif, dont les dépenses de fonctionnement sont supportées en tout ou partie par des personnes morales de droit public ou par des organismes de sécurité sociale étant en l'espèce écoulé au moment où les parties ont reçu notification de la décision de refus du ministre, la convention devait être regardée comme ayant reçu l'agrément implicite du ministre qui était alors dessaisi et ne pouvait plus faire obstacle à l'entrée en vigueur de cette convention par une décision expresse. • CE, sect., 28 févr. 1986, *Synd. nat. des assoc. et instit. sociales et médico-sociales*, n° 38325 et n° 39132 : *Lebon 51* ; *AJDA 1986. 255, concl. Delon ; D. 1988. Somm. 77, obs. Chelle et Prétot.*

8. Opposabilité de conventions non agréées. Il résulte, des dispositions légales, d'une part qu'un accord collectif à caractère salarial ne peut légalement prendre effet qu'après accord ministériel, dans les établissements privés gérant un service social ou sanitaire à but non lucratif et dont les dépenses de fonctionnement sont supportées directement ou indirectement par une personne morale de droit public ou un organisme de sécurité sociale et, d'autre part, que dans un tel système, l'engagement unilatéral de l'employeur à caractère collectif doit être soumis aux mêmes conditions. • Soc. 8 juin 2005, n° 02-46.465 P • Soc. 16 déc. 2005, n° 03-46.294 P : *RDSS 2006. 161, note Boulmier* • Soc. 7 mai 2008, n° 07-40550 : *RDSS 2009. 170, note Hennion-Moreau*.

9. Conventions non agréées et usage. Dans les établissements privés gérant un service social ou médico-social à but non lucratif et dont les dépenses de fonctionnement sont supportées directement ou indirectement par une personne morale de droit public ou un organisme de sécurité sociale, un accord collectif à caractère salarial ne peut légalement prendre effet qu'après agrément ministériel ; dans un tel système, l'usage doit être soumis aux mêmes conditions. • Soc. 9 nov. 2011 : *RDSS 2012. 178, obs. Boulmier*.

10. Opposabilité d'un usage d'entreprise. La soumission du budget d'une entreprise à l'agrément d'une autorité publique de tutelle n'est pas exclusive d'un usage d'entreprise dès lors que cette autorité de tutelle l'a ratifié ; il s'ensuit que si, année après année, ladite autorité a ratifié un budget intégrant le financement des décisions de l'employeur quant au mode de calcul du montant de la rémunération, l'employeur est alors tenu, faute de dénonciation de l'usage dans les règles, de continuer à en faire bénéficier les salariés, et à présenter à l'autorité de tutelle un budget tenant compte du financement de cet usage. • Soc. 14 nov. 2007 : *RDSS 2008, n° 1, obs. Boulmier*.

11. Application du régime des heures de repos. Si les salariés d'une association accueillant des mineurs et des jeunes adultes déficients intellectuels doivent effectuer des heures de présence la nuit dans une chambre spécialement mise à leur disposition sur le lieu de travail et si leur intervention peut recouvrir un aspect éducatif et répondre aux besoins et à l'activité de l'association, ces heures de surveillance de nuit au cours de laquelle les salariés doivent se tenir à la disposition de l'employeur et se conformer à ses directives, sans pouvoir vaquer librement à des occupations personnelles, constituent un temps de travail effectif qui doit être rémunéré comme des heures normales de travail en tenant compte, le cas échéant, des majorations pour heures supplémentaires prévues par la convention collective applicable, sans que puisse être opposé aux salariés un régime conventionnel d'heures d'équivalence qui leur était moins favorable. • Soc. 29 juin 1999, n° 94-41.567 P : *JCP E 1999. 1232, note Barthélémy; Dr. ouvrier 1999. 347, note Poirier; Dr. soc. 1999. 767, concl. Kehrig ; D. 1999. IR 222* . ♦ La directive 93/104/CE du Conseil, du 23 nov. 1993, concernant certains aspects de l'aménagement du temps de travail, s'oppose à la réglementation d'un État membre qui, s'agissant des services de garde que les travailleurs de certains établissements sociaux et médico-sociaux accomplissent selon le régime de la présence physique sur le lieu même de travail, prévoit, pour les besoins du décompte du temps de travail effectif, un système d'équivalence, lorsque le respect de l'intégralité des prescriptions minimales édictées par cette directive n'est pas assuré. Il en résulte que les services de garde accomplis par un travailleur sur le lieu même de son emploi doivent être pris en compte dans leur totalité lors de la détermination de la durée maximale quotidienne et hebdomadaire de travail autorisée par le droit communautaire, indépendamment de la circonstance que, durant ces gardes, l'intéressé n'exerce pas effectivement une activité professionnelle continue. • CJCE 1er déc. 2005, n° 14/04, *Dellas : RJS 2/2006, p. 89, note Lhernould; JCP E 2006. 1082, note Boulmier; JCP S 2006. 1003, note Cavallini; JCP S 2006. 1065, note Mounier-Bertail, Pettex-Sabarot; SSL 2005, n° 1240, p. 6, note Morand; JCP E 2006. 1260, note Béal.* ♦ Dans l'hypothèse où le droit national fixe, notamment pour la durée maximale hebdomadaire de travail, un plafond plus favorable aux travailleurs, les seuils ou plafonds pertinents pour vérifier l'observation des règles protectrices prévues par ladite directive sont exclusivement ceux énoncés par cette dernière. • Même arrêt. ♦ Si la directive du 23 nov. 1993 ne fait pas obstacle à l'application des rapports d'équivalence aux durées maximales de travail fixées par le droit national, il ne saurait en résulter une inobservation des seuils et plafonds communautaires, pour l'appréciation desquels les périodes de travail effectif doivent être comptabilisées dans leur intégralité, sans possibilité de pondération; en autorisant, à l'art. L. 212-4 du code du travail, la création de régimes d'équivalence, le législateur français a entendu faire application des mécanismes de pondération que ces régimes prévoient pour l'appréciation des règles posées aux art. L. 220-2 du code du travail quant au temps de pause, L. 212-7 quant à la durée de travail hebdomadaire maximale et L. 213-3 quant à la durée de travail quotidienne maximale des travailleurs de nuit; par suite, faute de comporter des règles prévoyant notamment, sans application du rapport d'équivalence qu'il définit, un temps de pause après 6 heures de travail effectif, une durée de travail maximale hebdomadaire de 48 heures en moyenne sur toute période de quatre mois consécutifs et, pour les travailleurs de nuit, une durée maximale de travail quotidien de 8 heures en moyenne sur une période déterminée, le décret litigieux (n° 2001-1384 du 31 déc. 2001) ne permet pas d'assurer le respect des prescriptions de la directive. • CE 28 avr. 2006, *Dellas : RDSS 2006. 722, note Boulmier* . ♦ Sur la question, V. aussi • CEDH 9 janv. 2007, *Arnolin,* n° 20127/03, *et Aubert,* n° 31501/03 : *RDSS 2007. 315, note Boulmier*. ♦ Le seuil communautaire, qui résulte de la directive 93/104/CE du Conseil, modifiée par la directive 2000/34 CE du Parlement et du Conseil du 22 juin 2000, fixant à 11 heures consécutives la période minimale du repos journalier, se traduit en droit interne par l'interdiction de dépasser l'amplitude journalière de 13 heures, celle-ci étant définie comme le temps séparant la prise de poste de sa fin. • Civ. 1re, 23 sept. 2009, nos 07-44.226 à 07-44.229 : *RDSS 2009. 1165, obs. Boulmier*. ♦ Les différentes prescriptions énoncées par les Dir. européennes 93/104/CE du Conseil du 23 nov. 1993 et 2003/88/ CE du Parlement européen et du Conseil du 4 nov. 2003 en matière de temps minimal de repos constituent des règles de droit social d'une importance particulière dont doit bénéficier chaque travailleur en tant que prescription minimale nécessaire pour assurer la protection de sa sécurité et de sa santé. • Soc. 29 juin 2011 : *RDSS 2011. 1164, obs. Boulmier*. ♦ Les permanences nocturnes constituent du temps de travail effectif, peu important qu'il englobe des périodes d'inaction prises en compte au titre du système d'équivalence. • Même arrêt.

12. Astreinte et attribution d'un logement gratuit. Si l'attribution d'un logement à titre gratuit peut constituer une modalité de rémunération de l'astreinte, cette modalité doit être prévue par une disposition claire et précise ; or, il ne résulte pas, des dispositions de la convention collective des établissements et services pour personnes inadaptées et handicapées du 15 mars 1966 alors applicable, que l'attribution d'un logement à titre gratuit ait pour objet de constituer une compensation à l'accomplissement d'astreintes ; par suite, viole les textes en vigueur la cour d'appel qui, pour débouter le requérant de ses demandes tendant à se voir allouer diverses sommes au titre des astreintes accomplies sur une période de 3 années, énonce que si la convention susvisée ne prévoit aucune indemnisation de l'astreinte au sens strict, elle offre en son art. 43 un avantage accessoire de logement gratuit au profit des cadres chargés d'une astreinte dans les établissements assurant un hébergement et en conclut, après avoir constaté qu'en l'espèce, pour des raisons de convenances personnelles, le salarié a refusé l'attribution d'un logement de fonction et accepté en échange une indemnisation pécuniaire, que les astreintes effectuées par l'intéressé faisaient bien l'objet d'une indemnisation en sus des temps d'intervention. • Soc. 12 juill. 2006, no 04-47.622.

13. Non-opposabilité aux autorités de tarification de conventions non signées par les organismes professionnels auxquels adhère le gestionnaire de l'établissement. Si, aux termes de l'art. 16 de la loi du 30 juin 1975 (art. L. 314-6), « les conventions collectives de travail (…) ne prennent effet qu'après agrément donné par le ministre compétent… » et si « ces conventions ou accords s'imposent aux autorités compétentes en matière de tarification », ces dispositions ne sauraient être comprises comme permettant d'opposer à l'autorité de tarification la portée d'agréments agréés, dans le cadre d'établissements gérés par des associations adhérentes à des organisations professionnelles non signataires de ces avenants. • CNCTSS 29 mars 1996, *ADAPEI « Les papillons blancs de la Vendée » : nos A 93-025 à A 93-033* • 29 mars 1996, *ADAPEI c/ Préfet de la Sarthe*, no A 93-036 • 31 mars 2000, *Préfet des Pyrénées-Atlantiques c/ ADAPEI : nos 96-044 à 96-050* • 31 mars 2000, *Préfet de l'Isère c/ ADAPEI : nos 96-014 à 96-018* • CE 16 oct. 1988, *ADAPEI de la Sarthe*, no 193334.

14. Intérêt à agir. Une association ayant pour but d'étudier, de développer et de mettre en commun les connaissances relatives aux activités physiques adaptées ne saurait avoir un intérêt à agir contre un arrêté agréant un avenant à la convention collective de travail des établissements et services aux personnes inadaptées et handicapées dont l'objet concerne les conditions d'emploi de certains personnels de ces établissements • CE, 11 janv. 2006, *Assoc. francophone en activités physiques adaptées*, no 270903 B.

15. Contrôle du juge. Le juge de l'excès de pouvoir exerce un entier contrôle sur l'appréciation portée par le ministre chargé de l'action sociale lorsqu'il refuse, pour un motif d'intérêt général, d'agréer, sur le fondement de l'art. L. 314-6 CASF, une convention collective ou une recommandation patronale applicables aux établissements sociaux et médico-sociaux privés à but non lucratif ; en revanche, il exerce un contrôle restreint à l'erreur manifeste d'appréciation sur ce point lorsque le ministre accorde l'agrément. • CE 31 janv. 2022, no 412849 B.

Art. L. 314-7 *(L. no 2002-2 du 2 janv. 2002, art. 55)* **I. — Dans les établissements et services mentionnés au I de l'article L. 312-1, sont soumis à l'accord de l'autorité compétente en matière de tarification :**

1o Les emprunts dont la durée est supérieure à un an ;

2o Les programmes d'investissement et leurs plans de financement ;

3o Les prévisions de charges et de produits d'exploitation permettant de déterminer les tarifs des prestations prises en charge par l'État, les départements ou les organismes de sécurité sociale, ainsi que les affectations de résultats qui en découlent.

Les dispositions mentionnées aux 1o et 2o ne sont pas applicables aux établissements visés à l'article L. 342-1.

Un décret en Conseil d'État précise les conditions dans lesquelles ces charges, produits et résultats sont retracés dans des comptes distincts, en fonction de la nature des prestations, de leur tarification et de leur financement.

II. — Le montant global des dépenses autorisées *(Abrogé par Ord. no 2005-1477 du 1er déc. 2005, art. 7)* ***« ainsi que les tarifs »*** **des établissements et services mentionnés**

au I de l'article L. **312-1** *(Ord. nº 2005-1477 du 1er déc. 2005, art. 7)* « et au I de l'article L. **313-12** » sont *(Ord. nº 2005-1477 du 1er déc. 2005, art. 7)* « fixés » par l'autorité compétente en matière de tarification, au terme d'une procédure contradictoire, au plus tard soixante jours à compter de la date de notification des dotations mentionnées, selon le cas, aux articles L. **313-8**, *(Ord. nº 2010-177 du 23 févr. 2010, art. 18-I-36º)* « et L. **314-3** à L. **314-5** », selon des modalités fixées par décret en Conseil d'État.

Les décisions mentionnées aux 1° et 2° du I sont opposables à l'autorité compétente en matière de tarification si celle-ci n'a pas fait connaître son opposition dans un délai fixé par décret en Conseil d'État. Il en va de même des décisions modificatives concernant les prévisions de charges ou de produits mentionnées au 3° du I qui interviennent après la fixation des tarifs.

III. — L'autorité compétente en matière de tarification ne peut modifier que :

1° Les prévisions de charges ou de produits insuffisantes ou qui ne sont pas compatibles avec les dotations de financement fixées dans les conditions prévues, selon le cas, aux articles L. **313-8**, *(Ord. nº 2010-177 du 23 févr. 2010, art. 18-I-36º)* « et L. **314-3** à L. **314-5** » ;

2° Les prévisions de charges qui sont manifestement hors de proportion avec le service rendu ou avec les coûts des établissements et services fournissant des prestations comparables en termes de qualité de prise en charge ou d'accompagnement.

La décision de modification doit être motivée.

IV. — *(Ord. nº 2005-1477 du 1er déc. 2005, art. 7)* « Sauf dans le cas où une convention conclue en vertu du deuxième alinéa de l'article L. **313-11** prévoit des dispositions tarifaires, les dépenses de l'établissement ou du service imputables à des décisions n'ayant pas fait l'objet des procédures mentionnées au présent article ne sont pas opposables aux collectivités publiques et organismes de sécurité sociale.

(L. nº 2015-1702 du 21 déc. 2015, art. 75-I-2º) « IV *bis*. — La décision fixant la tarification au titre de l'année prévoit, dans des conditions prévues par décret, des tarifs de reconduction provisoires applicables au 1er janvier de l'année qui suit.

« Dans le cas où les tarifs n'ont pas été arrêtés avant le 1er janvier de l'exercice en cause et si un tarif de reconduction provisoire n'a pas été fixé, les recettes relatives à la facturation desdits tarifs sont liquidées et perçues dans les conditions en vigueur au cours de l'exercice précédent jusqu'à l'intervention de la décision fixant le montant de ces tarifs. »

« Les tarifs de l'exercice dont la date d'effet est précisée dans l'arrêté tarifaire sont calculés en prenant en compte, en application *(L. nº 2015-1702 du 21 déc. 2015, art. 75-I-2º)* « des deux premiers alinéas du présent IV *bis* », les produits facturés sur la base de l'exercice précédent entre le 1er janvier et ladite date d'effet. »

V. — *(Abrogé par L. nº 2008-1330 du 17 déc. 2008, art. 63-VI, à compter du 1er janv. 2010)* ***« Les charges et produits des établissements et services mentionnés au I de l'article L. 312-1, dont les prestations ne sont pas prises en charge ou ne le sont que partiellement par les collectivités et organismes susmentionnés, sont retracés dans un ou plusieurs comptes distincts qui sont transmis à l'autorité compétente en matière de tarification. »***

La personne physique ou morale gestionnaire de l'établissement ou du service tient à la disposition de l'autorité compétente en matière de tarification tout élément d'information comptable ou financier relatif à l'activité de l'établissement ou du service, ainsi que tous états et comptes annuels consolidés relatifs à l'activité de la personne morale gestionnaire.

(Abrogé par L. nº 2008-1330 du 17 déc. 2008, art. 63-VI, à compter du 1er janv. 2010) ***« Les dispositions du présent V ne sont pas applicables aux prestations relatives à l'hébergement dans les établissements visés à l'article L. 342-1. »***

VI. — Les budgets des établissements et services sociaux et médico-sociaux peuvent prendre en compte, éventuellement suivant une répartition établie en fonction du niveau respectif de ces budgets, les dépenses relatives aux frais du siège social de l'organisme gestionnaire pour la part de ces dépenses utiles à la réalisation de leur mission dans des conditions fixées par décret en Conseil d'État. — *V. art. R. 314-1, R. 314-87 et R. 314-88.*

(L. nº 2016-1827 du 23 déc. 2016, art. 89-I) **« En application des articles L. 313-11, L. 313-11-1** *(L. nº 2018-1021 du 23 nov. 2018, art. 125)* **« , L. 313-11-2 », L. 313-12 et L. 313-12-2, l'autorisation de ces frais de siège social est effectuée dans le cadre d'un contrat pluriannuel d'objectifs et de moyens lorsque le périmètre de ce contrat correspond à celui des établissements et services gérés par l'organisme gestionnaire. »** *(Ord. nº 2010-177 du 23 févr. 2010, art. 18-I-36°)* **« Au titre de l'autorisation des financements mentionnés à l'alinéa précédent, les contrôles sur les sièges sociaux des organismes gestionnaires d'établissements et services sociaux et médico-sociaux s'effectuent dans les conditions prévues à la section 4 du chapitre III du titre I du livre III et au titre III du livre III. »**

COMMENTAIRE

Ce très long article L. 314-7 reprend en les modifiant les articles 26-1, 26-2 et 27-1 de la loi nº 75-535 du 30 juin 1975.

Le paragraphe I limite le contrôle *a priori* sur la gestion des établissements puisque seuls les emprunts supérieurs à un an, les programmes d'investissement et leurs plans de financement ainsi que les prévisions de charges et de produits d'exploitation sont soumis à l'accord de l'autorité de tarification ; antérieurement (art. 26-1), les acquisitions et aliénations d'immeubles, les variations d'effectifs en personnel et les dons et legs devaient faire l'objet d'une approbation préalable.

Le paragraphe II, qui concerne la campagne budgétaire, comporte une novation : il n'y a plus d'approbation tacite des prévisions budgétaires, la décision des autorités tarifaires étant enfermée dans un délai de soixante jours qui commence à courir à la date de notification des dotations prévues aux articles L. 312-8, L. 314-3 et L. 314-4. D'autre part, la loi prévoit explicitement que se déroule pendant le délai de soixante jours une « procédure contradictoire » entre l'autorité publique et le gestionnaire, ce qui doit améliorer la situation de ce dernier en lui permettant de faire entendre les motifs de ses demandes.

Le paragraphe III est à lire avec l'article L. 314-5, lequel confère dorénavant aux « autorités tarifaires » un pouvoir de réformation des propositions budgétaires, dispositif qui inclut le président du conseil départemental. On retrouve à nouveau ici les deux mêmes critères fondant une possible modification du budget : incompatibilité des prévisions avec les enveloppes limitatives (L. 312-8, L. 314-3 et L. 314-4), caractère manifestement excessif de ces prévisions en considération du service rendu ou du coût moyen.

Le paragraphe IV de l'article a été complété (Ord. nº 2005-1477, 1er déc. 2005, art. 7-IV) par une référence aux conventions conclues en vertu de l'article L. 313-11, lesquelles autorisent dorénavant une forme d'engagement financier pluriannuel de la puissance publique ; dans le cas où une telle convention a été conclue, la procédure tarifaire annuelle n'a plus lieu de conditionner l'opposabilité des dépenses.

L'ordonnance du 1er décembre 2005 avait déjà introduit un point IV *bis* destiné à apporter de la souplesse dans la gestion des établissements en déterminant les tarifs applicables alors même que le budget n'a pas encore été approuvé par les autorités tarifaires. Cette disposition a été réécrite par la loi du 21 décembre 2015 de financement de la sécurité sociale : c'est la décision fixant la tarification au titre de l'année qui prévoit, dans le cadre établi par décret, les « tarifs de reconduction provisoires » applicables à compter du 1er janvier de l'année qui suit. A défaut, les recettes relatives à la facturation des tarifs sont liquidées et perçues dans les conditions de l'exercice précédent.

Le paragraphe V contient une disposition importante et réclamée de longue date, notamment par l'IGAS. Il s'agit de l'obligation, que la loi impose dorénavant aux personnes morales gestionnaires des établissements et services, de mettre à la disposition des autorités tarifaires tous les documents financiers et comptables relatifs à l'établissement concerné et, surtout, à la personne morale gestionnaire elle-même. Il était en effet contestable que les financeurs n'aient à leur disposition que les documents concernant directement les établissements et non les bilans des structures gestionnaires sans lesquels on ne pouvait se faire une idée suffisamment claire de la situation d'ensemble. La séparation entre la personne morale qui gère et le service géré pouvait conduire en l'occurrence à une certaine opacité. Les gestionnaires ont donc désormais une obligation de présentation des comptes consolidés.

Enfin, le paragraphe VI de l'article L. 314-7 intègre implicitement les « dépenses relatives aux frais de siège social de l'organisme gestionnaire pour la part de ces dépenses utiles à la réalisation de leur mission », dans le but de régler une question jusqu'alors lancinante et âprement débattue durant la procédure budgétaire. L'ordonnance n° 2010-177 du 23 février 2010 avait ajouté un alinéa prévoyant que ces frais de siège fassent l'objet de contrôles identiques à ceux concernant les établissements et services.

La LFSS pour 2017 a introduit un ajout prévoyant que ces frais de siège sont autorisés dans le cadre des contrats pluriannuels d'objectifs et de moyens lorsque le siège concerné a en charge les établissements et services faisant l'objet de ces contrats. ❑

1. Prise en compte des frais de siège. Antérieurement à la loi du 2 janv. 2002, la prise en compte des frais de siège dans les prévisions budgétaires des établissements et services était soumise à une condition jurisprudentielle : ces frais devaient correspondre à un service rendu à l'établissement ou au service dans le budget duquel ils étaient inscrits ; ainsi, l'autorité tarifaire commettait une erreur de qualification juridique des faits lorsqu'elle se bornait à refuser d'inscrire de telles dépenses sans produire aucune justification établissant qu'elles ne correspondaient à aucun service rendu par le siège à l'établissement ; cette condition est dorénavant inscrite dans la loi, et le contrôle normal exercé par la juridiction tarifaire a tout lieu de se maintenir. • CNCTSS 26 juin 1998, *Préfet des Alpes-Maritimes c/ ADAPEI des Alpes-Maritimes,* n° A 95-089.

2. Délais d'approbation par l'autorité publique. En cas de désaccord sur les prévisions annuelles de dépenses et de recettes de l'établissement, l'autorité tarifaire doit faire connaître sa décision avant un délai fixé par décret ; ces prévisions sont réputées approuvées si le représentant de l'État n'a pas fait connaître son opposition dans le délai fixé. • CNCTSS 26 juin 1998, *Préfet de la Haute-Saône c/ ADAPEI de la Haute-Saône,* n° A 95-030 • 26 mars 1999, *Préfet du Gard c/ Assoc. régionale des amis des ateliers protégés à Alès : n^{os} A 95-046 et A 95-047.*

3. Notification des décisions envisagées par l'autorité tarifaire. Sur le fondement de l'art. 26-1 de la loi du 30 juin 1975 (art. L. 314-7) et des décrets pris pour son application, l'autorité tarifaire doit faire connaître, en cas de désaccord avec les prévisions de recettes et de dépenses proposées par l'établissement, les décisions qu'elle entend arrêter ; en se bornant à communiquer à l'établissement le niveau du taux directeur d'évolution des crédits départementaux, le préfet n'a pas satisfait à cette obligation de notification de son désaccord. • CNCTSS 11 déc. 1998, *Assoc. familiale d'aide aux personnes ayant un handicap mental de la Roselle et de la Nied c/ Préfet de la Moselle : n^{os} A 95-002 et A 95-003.*

4. Non-respect du caractère contradictoire de la procédure. Faute d'avoir justifié les abattements pratiqués sur les différents comptes, l'autorité tarifaire n'a pas respecté la procédure contradictoire prévue par la réglementation. • CNCTSS 10 déc. 1999, *Préfet de la Loire-Atlantique c/ Assoc. « Les cheveux blancs »,* n° A 98-047. ♦ Les obligations procédurales, et notamment l'existence d'un débat contradictoire, ne sont pas respectées lorsque l'autorité tarifaire, bien qu'ayant fait connaître ses observations concernant les prévisions de recettes et de dépenses, reconnaissait ne pas disposer dans le délai réglementaire de tous les éléments pour arrêter définitivement les enveloppes budgétaires ; dès lors, en effet, les indications données par le préfet ne permettaient pas au gestionnaire de contester l'insuffisance de dotations dont il ne connaissait pas le montant. • CNCTSS 31 mars 2000, *Préfet du Morbihan c/ Assoc. Saint-François,* n° A 95-090. ♦ Il en est de même lorsque, au cours de la procédure contradictoire, l'autorité tarifaire se borne à indiquer au gestionnaire les crédits qu'elle entend autoriser sans aucune précision concernant notamment les postes contestés, ni indication sur le caractère injustifié ou abusif des prépositions fournies. • CNCTSS 31 mars 2000, *Préfet des Pyrénées-Atlantiques c/ Assoc. « L'escale »,* n° A 97-036.

5. Respect du caractère contradictoire de la procédure. En revanche, l'autorité tarifaire ayant fait connaître au gestionnaire les abattements qu'elle se proposait d'opérer sur ses prévisions de dépenses pour permettre à ce dernier d'exprimer utilement les raisons lui paraissant justifier ses demandes, la procédure tarifaire suivie est conforme aux prescriptions légales et réglementaires. • CNCTSS 4 juin 1999, *Assoc. d'assistance et de bienfaisance c/ Préfet de Loire-Atlantique,* n° A 95-110 et n° A 95-112.

6. Production d'un dossier à l'appui des demandes. En vertu de l'art. 26-1 de la loi du 30 juin 1975 (art. L. 314-7) et de son règlement d'application, des documents doivent être annexés aux prévisions annuelles de recettes et de dépenses soumises à l'approbation de l'autorité tarifaire, notamment un rapport sur les prévisions de dépenses ainsi qu'un tableau retraçant la situation de trésorerie ; en conséquence, une approbation implicite des propositions du gestionnaire ne peut être constituée que pour autant que l'organisme a soumis, en temps utile, un dossier comportant les éléments d'information prévus par la réglementation. • CNCTSS 31 mars 2000, *Préfet des Alpes-Maritimes c/ Assoc. familiale pour l'éducation, l'hébergement et la mise au travail des adolescents et adultes inadaptés,* n° A 96-002.

7. Nature des charges pouvant figurer dans les budgets prévisionnels. Si les dispositions de l'art. L. 314-7 fixent les critères au vu desquels l'autorité de tarification peut refuser d'approuver des prévisions de produits ou de charges lors de l'examen des propositions budgétaires de l'établissement ou du service, elles n'ont pas entendu faire obstacle à ce que cette autorité fonde, le cas échéant, son refus d'approbation sur ce que des produits ou des charges apparaîtraient injustifiées ; à cet égard, doivent notamment être regardées comme injustifiées, d'une part, les charges de ces établissements et services qui, par leur nature, ne sauraient légalement faire l'objet de l'un des financements supportés par les personnes morales de droit public ou organismes de sécurité sociale compétents prévus à l'art. L. 314-2 et, d'autre part, les charges qui, eu égard à leur caractère imprévisible à la date d'établissement du budget prévisionnel, ne peuvent figurer dans celui-ci mais pourront, le cas échéant, être prises en compte lors de l'établissement du compte administratif. • CE 25 janv. 2012, *ARPEJ : RDSS 2012. 344, concl. Landais*.

Art. L. 314-7-1 *(L. nº 2008-1330 du 17 déc. 2008, art. 63-II)* **Les deux premiers alinéas de l'article L. 314-5 ainsi que le 3º du I, le premier alinéa du II et le III de l'article L. 314-7 ne s'appliquent pas aux établissements et services dont les tarifs ou les règles de calcul des tarifs sont fixés par arrêtés des ministres chargés de la sécurité sociale et des affaires sociales. Les documents budgétaires mentionnés au 3º du I de l'article L. 314-7 sont remplacés, pour ces établissements, par un état des prévisions de recettes et de dépenses dont le modèle est fixé par arrêté des ministres chargés de la santé et des affaires sociales. Ces documents sont transmis à l'autorité de tarification dès réception de la notification des tarifs de l'exercice.**

COMMENTAIRE

La disposition ci-dessus a été introduite dans le code par la LFSS nº 2008-1330 du 17 décembre 2008. Elle crée un régime spécifique de tarification pour les établissements qui font l'objet de tarifs arrêtés au niveau national par les autorités ministérielles. Pour ces derniers, les pouvoirs de modification et de suppression des prévisions de recettes et de dépenses prévus à l'article L. 314-5 ainsi que les dispositions concernant l'accord préalable de l'autorité de tarification pour certaines dépenses (art. L. 314-7, 3º, II et III) ne sont pas applicables ; de même, en vue du contrôle budgétaire, les documents qui doivent être fournis en application de l'article L. 314-7, 3º sont remplacés par des documents dont le modèle est fixé par arrêté ministériel.

Art. L. 314-7-2 *(L. nº 2019-774 du 24 juill. 2019, art. 61-II, en vigueur le 1er oct. 2019)* **Lorsque l'état des prévisions de recettes et de dépenses mentionné à l'article L. 314-7-1 s'applique à un contrat pluriannuel d'objectifs et de moyens mentionné à l'article L. 313-11, l'élaboration et la présentation de ce document budgétaire peut** *[peuvent]* **, sous réserve de l'accord des parties, être réalisée** *[réalisées]* **par anticipation au titre de l'exercice budgétaire qui précède l'entrée en vigueur du contrat. Dans ce cas, le gestionnaire élabore le budget des établissements et services concernés, dans le délai mentionné à l'article L. 315-15, à partir des dernières notifications budgétaires effectuées par l'autorité de tarification compétente. Les recettes prévues par le gestionnaire peuvent comprendre une actualisation des moyens qui n'engage pas cette autorité. Les règles budgétaires liées à l'état des prévisions de recettes et de dépenses s'appliquent dès cet exercice. A la clôture de celui-ci, le gestionnaire affecte les résultats comptables conformément aux dispositions du contrat.**

A défaut de conclusion du contrat mentionné à l'article L. 313-11 au plus tard dans les douze mois qui suivent l'acceptation par l'autorité chargée de la tarification de la présentation de l'état des prévisions de recettes et de dépenses, les règles budgétaires prévues au présent article ne sont plus applicables.

COMMENTAIRE

La loi nº 2019-774 du 24 juillet 2019 portant organisation et transformation du système de santé (art. 61-II) a introduit au code cette nouvelle disposition.

Dans le prolongement de modifications introduites dans la procédure budgétaire à propos des budgets des établissements et services devant établir avec leur financeur un contrat pluriannuel d'objectifs et de moyens (V. not. CASF, art. L. 313-11), cet article vient assouplir le cadre budgétaire en vue de faciliter la mise en place de cette procédure de financement contractuel : en l'occurrence, en prévoyant que le gestionnaire puisse élaborer son budget avant même la conclusion du CPOM à partir des dernières notifications budgétaires effectuées par l'autorité de tarification, en pouvant anticiper les recettes prévues et actualiser les moyens nécessaires. ❑

Art. L. 314-8 *(L. n° 2002-2 du 2 janv. 2002, art. 56)* **Les modalités de fixation de la tarification des établissements et services mentionnés au I de l'article L. 312-1 sont déterminées par un décret en Conseil d'État qui prévoit notamment :**

1° Les conditions et modalités de la tarification de certains établissements ou services, sous forme de prix de journée, tarifs de prestations ou forfaits journaliers et les modalités de globalisation des financements sous forme de forfaits annuels ou de dotations globales ;

2° Les conditions dans lesquelles les personnes accueillies temporairement peuvent être dispensées d'acquitter tout ou partie des frais afférents à leur prise en charge.

L'accueil temporaire est défini par voie réglementaire. *(L. n° 2009-879 du 21 juill. 2009, art. 124-I-24°)* **« Dans un délai de six mois à compter de la promulgation de la loi n° 2009-879 du 21 juillet 2009 portant réforme de l'hôpital et relative aux patients, à la santé et aux territoires, un décret adapte les dispositions du présent code aux modalités de fonctionnement et de tarification de l'accueil temporaire des personnes accueillies dans les établissements et services mentionnés au 6° du I de l'article L. 312-1. Une évaluation du fonctionnement de ces établissements et services fait l'objet d'un rapport remis au Parlement avant le 15 octobre 2012. »** — *Les dispositions de la L. n° 2009-879 du 21 juill. 2009 entrent en vigueur au plus tard le 1er juill. 2010 (L. préc., art. 131-I). — V. art. D. 312-8 à D. 312-10.*

(L. n° 2002-73 du 17 janv. 2002, art. 88-I) **« Les dépenses de fonctionnement des appartements de coordination thérapeutique mentionnés au 9° du I de l'article L. 312-1 sont prises en charge par les régimes d'assurance maladie, sans préjudice d'une participation des collectivités locales. »**

(L. n° 2002-1487 du 20 déc. 2002, art. 38-I) **« Les dépenses médico-sociales des centres** *(L. n° 2006-1640 du 21 déc. 2006, art. 92-III)* **« de soins, d'accompagnement et de prévention en addictologie »** *(L. n° 2005-1579 du 19 déc. 2005, art. 50-IV)* **« et des structures dénommées "lits halte soins santé" » relevant des catégories d'établissements mentionnées au 9° du I de l'article L. 312-1 sont prises en charge par l'assurance maladie sans préjudice d'autres participations, notamment des collectivités locales, et sans qu'il soit fait application des dispositions du code de la sécurité sociale et du code rural et de la pêche maritime relatives à l'ouverture du droit aux prestations couvertes par les régimes de base, au remboursement de la part garantie par l'assurance maladie, à la participation de l'assuré aux tarifs servant de base aux remboursements, ainsi qu'au forfait mentionné à l'article L. 174-4 du code de la sécurité sociale ».**

(L. n° 2005-1579 du 19 déc. 2005, art. 48-II ; L. n° 2006-1640 du 21 déc. 2006, art. 88-II) **« Dans les établissements et services mentionnés au 6° du I de l'article L. 312-1 qui ne disposent pas de pharmacie à usage intérieur** *(L. n° 2012-1404 du 17 déc. 2012, art. 67-I)* **« , qui ne sont pas membres d'un groupement de coopération sanitaire ou d'un groupement de coopération sociale et médico-sociale disposant d'une pharmacie à usage intérieur », les prestations de soins mentionnées au 1°** *(L. n° 2015-1776 du 28 déc. 2015, art. 58-I-12°)* **« du I » de l'article L. 314-2 ne comprennent pas l'achat, la fourniture, la prise en charge et l'utilisation de médicaments inscrits sur la liste des spécialités pharmaceutiques remboursables mentionnées à l'article, L. 162-17 du code de la sécurité sociale, ni ceux des produits et prestations mentionnés à l'article L. 165-1 du même code, à l'exception de certains dispositifs médicaux dont la liste est fixée par arrêté. Ces dispositions s'appliquent à compter du 1er janvier 2008. Elles sont applicables aux** *(L. n° 2015-1776 du 28 déc. 2015, art. 58-I-12°)* **« contrats mentionnés au IV *ter* » de l'article L. 313-12 en cours à cette date. »**

(Abrogé par L. n° 2012-1404 du 17 déc. 2012, art. 67-II, à compter du 1er juill. 2013) (L. n° 2008-1330 du 17 déc. 2008, art. 64-I) ***« Des expérimentations relatives aux dépenses***

de médicaments et à leur prise en charge sont menées, à compter du 1er janvier 2009 et pour une période n'excédant pas** (L. n° 2010-1594 du 20 déc. 2010, art. 80-I-1°) **« quatre » ans, dans les établissements et services mentionnés au 6° du I de l'article L. 312-1 qui ne disposent pas de pharmacie à usage intérieur ou qui ne sont pas membres d'un groupement de coopération sanitaire. Ces expérimentations sont réalisées sur le fondement d'une estimation quantitative et qualitative de l'activité de ces établissements et services réalisée. Au titre de ces expérimentations, les prestations de soins mentionnées au 1° de l'article L. 314-2 peuvent comprendre l'achat, la fourniture, la prise en charge et l'utilisation des médicaments inscrits sur la liste des spécialités pharmaceutiques remboursables aux assurés sociaux prévue au premier alinéa de l'article L. 162-17 du code de la sécurité sociale.

« Le Gouvernement remet au Parlement un rapport d'évaluation de ces expérimentations avant le 1er octobre** (L. n° 2010-1594 du 20 déc. 2010, art. 80-I-2°) **« 2012 ». Ce rapport porte également sur la lutte contre la iatrogénie.

« En fonction du bilan des expérimentations présenté par le Gouvernement, et au plus tard le 1er janvier** (L. n° 2010-1594 du 20 déc. 2010, art. 80-I-3°) **« 2013 », dans les établissements et services mentionnés au I de l'article L. 313-12 du présent code, les prestations de soins mentionnées au 1° de l'article L. 314-2 comprennent l'achat, la fourniture, la prise en charge et l'utilisation des médicaments inscrits sur la liste des spécialités pharmaceutiques remboursables aux assurés sociaux prévue au premier alinéa de l'article L. 162-17 du code de la sécurité sociale. Elles comprennent également l'achat, la fourniture, la prise en charge et l'utilisation des dispositifs médicaux, produits et prestations mentionnés à l'article L. 165-1 du même code ou, pour les établissements et services qui ne disposent pas de pharmacie à usage intérieur ou qui ne partagent pas la pharmacie à usage intérieur d'un groupement de coopération sanitaire, de certains d'entre eux dont la liste est fixée par arrêté. »

(L. n° 2008-1330 du 17 déc. 2008, art. 64-I) **« Un arrêté des ministres chargés de la santé et de la sécurité sociale fixe la liste des spécialités pharmaceutiques, bénéficiant d'une autorisation de mise sur le marché et dispensées aux assurés hébergés dans les établissements mentionnés au 6° du I de l'article L. 312-1 du présent code, qui peuvent être prises en charge par les régimes obligatoires d'assurance maladie en sus des prestations de soins mentionnées au 1°** *(L. n° 2015-1776 du 28 déc. 2015, art. 58-I-12°)* **« du I » de l'article L. 314-2. Ces spécialités pharmaceutiques sont prises en charge dans les conditions de droit commun prévues par la section 4 du chapitre II du titre VI du livre I du code de la sécurité sociale. Les dépenses relatives à ces spécialités pharmaceutiques relèvent de l'objectif mentionné à l'article L. 314-3-1 du présent code. »**

Dans le cadre de l'expérimentation prévue au 8e al. de l'art. L. 314-8, un unique groupement de coopération sociale et médico-sociale peut être constitué afin de disposer d'une pharmacie à usage intérieur et d'exercer cette activité pour le compte des établissements mentionnés au I de l'art. L. 313-12 qui en sont membres, dans les conditions définies par le CSP (L. n° 2010-1594 du 20 déc. 2010, art. 82-II).

COMMENTAIRE

L'article L. 314-8 reprend l'article 21-II de la loi du 30 juin 1975. Contrairement à ce qui se passe dans le secteur hospitalier où c'est la loi qui définit les modes de financement, c'est au pouvoir réglementaire qu'est renvoyé le soin de déterminer les modalités de tarification selon les types d'établissements et de services ; la loi se contente donc ici de valider de façon très ouverte toutes les formes de tarification : prix de journée, tarif à la prestation, forfait journalier, dotations ou forfaits annuels. Cette approche très souple de la loi, déléguant en fait aux autorités gouvernementales l'essentiel des compétences en la matière, est probablement justifiée dans un secteur où la diversité des établissements est très grande, où l'on a justement élargi l'emprise de la police à des structures nouvelles et où s'impose une volonté d'expérimentation ; l'exécutif peut ainsi adapter les modes de tarification aux spécificités et aux évolutions des structures.

Cette disposition a été complétée par la loi n° 2008-1330 du 17 décembre 2008 en ce qui concerne les dépenses pharmaceutiques des établissements d'accueil de personnes âgées ou les services de maintien à domicile de ces mêmes personnes (art. L. 312-1, 6°). Compte tenu de l'importance de ces dépenses, il s'agit d'inciter les établissements à engager des expérimentations leur permettant d'intégrer dans leur tarif « soins » la charge des médicaments, le but étant naturellement d'organiser des formes de gestion plus rationnelle de ces types de dépenses. Cela s'accompagne d'un dispositif de suivi et d'évaluation au niveau national.

La loi du 21 juillet 2009 (loi « HPST ») a introduit dans cet article une disposition spécifique (al. 4) visant les modalités de tarification de l'accueil temporaire dans les établissements et services d'accueil ou de maintien à domicile de personnes âgées (art. L. 312-1, 6°). Compte tenu du flou régnant en la matière en raison de la complexité de ces formes de prise en charge, le législateur a tenu à contraindre le pouvoir réglementaire à prendre dans un délai de six mois les dispositions en matière de tarification pour les structures concernées.

La LFSS pour 2013 (L. n° 2012-1404 du 17 déc. 2012) a adapté la disposition de cet article qui concerne les expérimentations relatives aux dépenses de médicaments (al. 5) ; par ailleurs, dans la mesure où ces expérimentations ont été engagées pour une période de quatre ans, elle a abrogé les deux alinéas qui organisaient leur évaluation mise à la charge du Gouvernement et devant être transmises au Parlement. ❑

1. Budget principal et budget annexe. La réglementation impose, lorsqu'un établissement gère plusieurs activités qui font l'objet de tarifications ou de financements distincts, de retracer les conditions d'exploitation de chacune de ces activités dans des budgets distincts, un budget principal correspondant à l'activité principale, un ou plusieurs budgets annexes retraçant les autres activités ; ainsi, une association gestionnaire qui retrace dans un document unique l'ensemble de ses activités en opérant une simple ventilation des charges des diverses activités au sein de ce document ne respecte pas ces obligations. • CNCTSS 26 juin 1998, *Assoc. « Vivre » c/ Préfet du Val-de-Marne,* n° A 94-142 et n° A 94-143.

2. Forfait hébergement et forfait soins. Il résulte des dispositions réglementaires que le forfait hébergement est calculé à partir des dépenses d'exploitation qui n'entrent pas dans le calcul du forfait soins ; la distinction entre ces deux forfaits repose sur la nature des prestations ; en conséquence, des dépenses de soins ne peuvent légalement être prises en charge par le forfait hébergement. • CNCTSS 26 juin 1998, *Centre communal d'action sociale de la Ville de Paris c/ Les héritiers de Madame Philippart,* n° 97-021.

3. Montant de la participation des personnes accueillies à titre temporaire. Il résulte des dispositions du 2° de l'art. L. 314-8, éclairées par les travaux parlementaires ayant conduit à l'adoption de la loi du 2 janvier 2002 dont elles sont issues, que le législateur a entendu que la participation des personnes accueillies à titre temporaire dans un établissement pour adultes handicapés aux frais afférents à leur prise en charge n'excède pas, quelles que soient leurs ressources, un montant fixé (art. R. 314-194) à hauteur du forfait journalier hospitalier prévu pour un accueil avec hébergement. • CE 10 juin 2020, n° 425065 B. ♦ En outre, il appartient au président du conseil départemental, appelé à fixer cette participation, d'apprécier si le niveau des ressources de l'intéressé, rapportées à la durée de son accueil temporaire en établissement, justifie son admission à l'aide sociale, en recherchant si l'acquittement du montant du forfait journalier hospitalier lui permettrait de conserver pendant la même période la disposition du minimum de ressources mentionné à l'art. D. 344-35 CASF. • Même arrêt.

Art. L. 314-9 ***1er al.*** *Abrogé par L. n° 2015-1776 du 28 déc. 2015, art. 58-I-13°.*

(L. n° 2010-1594 du 20 déc. 2010, art. 81) **« L'évaluation de la perte d'autonomie des résidents de chaque établissement réalisée à l'aide de la grille nationale mentionnée à l'article L. 232-2 est transmise, pour contrôle et validation, à un médecin** *(L. n° 2016-1827 du 23 déc. 2016, art. 89-I ; L. n° 2023-1250 du 26 déc. 2023, art. 79-VI)* **« ou à un infirmier désigné par le président du conseil départemental et à un médecin ou à un infirmier désigné par le directeur général de l'agence régionale de santé territorialement compétente. »**

« L'évaluation des besoins en soins requis des résidents de chaque établissement réalisée à l'aide du référentiel mentionné au III de l'article 46 de la loi n° 2005-1579 du 19 décembre 2005 précitée est transmise, pour contrôle et validation, à un médecin *(L. n° 2023-1250 du 26 déc. 2023, art. 79-VI)* **« ou à un infirmier désignés » par le directeur général de l'agence régionale de santé** *(L. n° 2016-1827 du 23 déc. 2016, art. 89-I)* **« territorialement compétente ».**

(L. n° 2015-1776 du 28 déc. 2015, art. 58-I-13°) **« La périodicité de révision du niveau de perte d'autonomie et de l'évaluation des besoins en soins requis des résidents est définie par décret. »**

« Une commission régionale de coordination médicale dont la composition, les missions et les modalités d'organisation et de fonctionnement sont définies par un décret

en Conseil d'État, détermine le classement définitif, en cas de désaccord entre les *(L. n° 2023-1250 du 26 déc. 2023, art. 79-VI)* **« personnes mentionnées » au** *(L. n° 2015-1776 du 28 déc. 2015, art. 58-I-13°)* **« premier » alinéa du présent article et en cas de désaccord entre le médecin coordonnateur de l'établissement et le** *[la]* **ou les** *(L. n° 2023-1250 du 26 déc. 2023, art. 79-VI)* **« personnes chargées » du contrôle et de la validation du niveau de perte d'autonomie des résidents ou de leurs besoins en soins requis.**

« Lorsqu'un établissement hébergeant des personnes âgées dépendantes conteste la répartition des résidents qu'il accueille selon les niveaux de perte d'autonomie ou des besoins en soins requis arrêtés dans les conditions mentionnées ci-dessus, il peut introduire un recours devant le tribunal interrégional de la tarification sanitaire et sociale mentionné à l'article L. 351-1 *[nouvelle rédaction issue de la L. n° 2023-1059 du 20 nov. 2023, art. 56-I et 60-XIV, en vigueur le 1er janv. 2025 : [tribunal] « administratif »]*. **»** *— Les affaires pendantes devant les tribunaux interrégionaux de la tarification sanitaire et sociale et devant la Cour nationale de la tarification sociale sont, le 1er janv. 2025, transférées aux tribunaux administratifs et à la cour administrative d'appel compétents (L. n° 2023-1059 du 20 nov. 2023, art. 60-XIV).*

COMMENTAIRE

La disposition ci-dessus est à rapprocher de l'article L. 314-2, l'ensemble concernant les EHPAD. L'article L. 314-2 répartissant les compétences de tarification de ces établissements distingue les prestations de soins, les prestations relatives à la dépendance et les prestations d'hébergement ; le présent article concerne la détermination des tarifs « soins » et « dépendance ».

La loi du 28 décembre 2015 relative à l'adaptation de la société au vieillissement a simplifié cette disposition en abrogeant les trois premiers alinéas. Elle pose clairement le principe selon lequel l'évaluation de la dépendance se fait en application de la grille AGGIR (art. L. 232-2) ; par ailleurs, et alors que cela devait être fixé par la convention tripartite, le même texte renvoie au pouvoir réglementaire le soin de fixer la périodicité de réévaluation des niveaux de dépendance des résidents.

La question du financement de la perte d'autonomie en établissement posant toujours des problèmes, la loi de financement de la sécurité sociale (LFSS) pour 2011 a introduit un dispositif de contrôle de l'évaluation du niveau moyen de dépendance des résidents qui est réalisé à l'aide de la grille AGGIR et qui commande la dotation versée par le département à ce titre. Chaque établissement devra dorénavant transmettre cette évaluation à deux médecins dont la désignation a été remise par la LFSS pour 2017 pour l'un au président du conseil départemental, pour l'autre au directeur général de l'ARS ; ces deux professionnels sont habilités à la valider préalablement à la prise en charge des dépenses par le département. Le même dispositif est institué pour les dépenses de soins, seul le médecin désigné par le directeur de l'ARS intervenant en la matière. En cas de désaccord, soit entre le médecin coordonnateur de l'établissement et les médecins désignés par les financeurs, soit entre les deux médecins désignés par les financeurs dans le cas de l'évaluation du financement de la perte d'autonomie, une Commission régionale de coordination médicale instituée par la LFSS est compétente pour trancher. ❑

Champ d'application de la PSD. Le législateur n'a entendu faire appliquer une tarification spécifique à la dépendance qu'aux personnes âgées répondant à la condition d'âge (60 ans) prévue par la loi du 24 janv. 1997 et susceptibles de bénéficier de la prestation spécifique dépendance créée par cette même loi ; par suite, méconnaît le sens et la portée des règles de droit applicables une circulaire prévoyant que la réforme de la tarification s'applique aux services de soins de longue durée quel que soit l'âge des patients hébergés. • CE 21 févr. 2000, *UNIOPSS et a.*, n° 209637 : *Lebon 56 ; RDSS 2000. 438, concl. Fombeur.*

SECTION 3 Dispositions diverses

(L. n° 2002-2 du 2 janv. 2002, art. 50-II)

Art. L. 314-10 *(L. n° 2002-2 du 2 janv. 2002, art. 58)* **Les personnes qui s'absentent temporairement, de façon occasionnelle ou périodique, de l'établissement où elles sont accueillies peuvent être dispensées d'acquitter tout ou partie de leurs frais d'hébergement.**

Les conditions d'application du présent article, qui peuvent être variables selon la nature de l'établissement et le mode de prise en charge desdits frais, sont soit fixées par voie réglementaire lorsqu'il s'agit d'établissements dont le financement est assuré grâce à une participation directe ou indirecte de l'État ou d'organismes de sécurité sociale, soit déterminées par le règlement départemental d'aide sociale lorsqu'il s'agit d'établissements dont le département assure seul le financement.

Art. L. 314-10-1 *(L. nº 2014-344 du 17 mars 2014, art. 118-I-1º)* Au décès du résident, dès lors que ses objets personnels ont été retirés des lieux qu'il occupait, seules les prestations d'hébergement délivrées antérieurement au décès mais non acquittées peuvent être facturées.

Les sommes perçues d'avance correspondant à des prestations non délivrées en raison du décès sont restituées dans les trente jours suivant le décès.

Toute stipulation du contrat de séjour ou du document individuel de prise en charge contraire aux deux premiers alinéas est réputée non écrite.

L'art. L. 314-10-1 est applicable aux contrats conclus antérieurement à l'entrée en vigueur de la L. nº 2014-344 du 17 mars 2014 (L. préc., art. 118-II).

Art. L. 314-10-2 *(L. nº 2014-344 du 17 mars 2014, art. 119-2º)* Aucune somme ne peut être exigée pour la remise en état des lieux occupés dans le cas où un état des lieux contradictoire n'a pas été réalisé à l'entrée et à la sortie du résident.

Art. L. 314-11 *(L. nº 2002-2 du 2 janv. 2002, art. 58)* Les dépenses de soins paramédicaux dispensés par des professionnels de statut libéral ou salarié dans le cadre d'une action de maintien à domicile par les établissements et services mentionnés aux 8º, 9º *(L. nº 2006-911 du 24 juill. 2006, art. 95-XII)* « , 11º et 13º » du I de l'article L. 312-1 peuvent être prises en charge par les organismes d'assurance maladie suivant une formule forfaitaire et, dans ce cas, réglées directement par ces organismes aux institutions dans les conditions fixées par voie réglementaire.

La participation de l'assuré social aux dépenses de soins paramédicaux dispensées par les établissements et services précités peut être réduite ou supprimée dans des conditions fixées par voie réglementaire.

Art. L. 314-12 *(L. nº 2002-2 du 2 janv. 2002, art. 58)* Des conditions particulières d'exercice des professionnels de santé exerçant à titre libéral destinées notamment à assurer l'organisation, la coordination et l'évaluation des soins, l'information et la formation sont mises en œuvre dans les établissements d'hébergement pour personnes âgées dépendantes.

Ces conditions peuvent porter sur des modes de rémunération particuliers autres que le paiement à l'acte et sur le paiement direct des professionnels par l'établissement. *(L. nº 2018-1203 du 22 déc. 2018, art. 64)* « Des clauses spécifiques sont prévues dans le cas où le médecin coordonnateur de l'établissement intervient également auprès d'un ou de plusieurs résidents comme médecin traitant. »

Un contrat portant sur ces conditions d'exercice est conclu entre le professionnel et l'établissement.

(Décr. nº 2011-940 du 10 août 2011, art. 7-II) « Sont présumés ne pas être liés par un contrat de travail avec l'établissement les professionnels intervenant dans les conditions prévues au présent article. »

Art. L. 314-12-1 *(L. nº 2007-290 du 5 mars 2007, art. 56)* « Les établissements *(Abrogé par L. nº 2015-1776 du 28 déc. 2015, art. 61)* « ***publics*** » sociaux et médico-sociaux peuvent exercer leur recours, s'il y a lieu, contre les résidents, contre leurs débiteurs et contre les personnes désignées par les articles 205, 206, 207 et 212 du code civil. Ces recours relèvent de la compétence du juge aux affaires familiales. » — *[Ancien dern. al. de l'art. L. 315-16.]*

Art. L. 314-13 *(L. nº 2002-2 du 2 janv. 2002, art. 58)* Sauf disposition contraire, les modalités d'application du présent chapitre sont déterminées par décret en Conseil d'État. — *V. art. R. 314-1 s.*

SECTION 4 Sanctions

(L. nº 2014-344 du 17 mars 2014, art. 118-I-2º et 119-3º)

Art. L. 314-14 *(L. nº 2015-1776 du 28 déc. 2015, art. 59-I-1º)* **Constitue un manquement passible d'une amende administrative dont le montant ne peut excéder 3 000 € pour une personne physique et 15 000 € pour une personne morale le fait :**

1º D'héberger une personne âgée sans avoir conclu un contrat de séjour ou un document individuel de prise en charge conformément à l'article L. 311-4 ;

2º De proposer ou conclure un contrat de séjour ou un document individuel de prise en charge dont une des stipulations n'est pas conforme aux articles L. 311-4 et L. 311-4-1 ;

3º De facturer des frais en méconnaissance du II de l'article L. 311-4-1 ;

4º De facturer des frais en méconnaissance de l'article L. 314-10-1 ;

5º De ne pas restituer dans les trente jours suivant le décès du résident, les sommes perçues d'avance correspondant à des prestations non délivrées, en méconnaissance du même article L. 314-10-1 ;

6º De facturer des frais en méconnaissance de l'article L. 314-10-2.

(Ord. nº 2016-301 du 14 mars 2016, art. 4-1º, en vigueur le 1er juill. 2016) **« Ces manquements sont recherchés et constatés par les agents mentionnés aux articles L. 511-3 et L. 511-21 du code de la consommation, dans les conditions prévues à l'article L. 511-7 du même code. » Lorsque ces manquements sont sanctionnés et ne sont plus susceptibles de recours, l'autorité administrative chargée de la concurrence et de la consommation informe le président du conseil départemental de la nature des manquements sanctionnés.**

L'amende est prononcée dans les conditions prévues *(Ord. nº 2016-301 du 14 mars 2016, art. 4-1º, en vigueur le 1er juill. 2016)* **« au chapitre II du titre II du livre V du code de la consommation ».**

Art. L. 314-15 *Abrogé par L. nº 2015-1776 du 28 déc. 2015, art. 59-I-2º.*

CHAPITRE V DISPOSITIONS PROPRES AUX ÉTABLISSEMENTS ET SERVICES SOCIAUX ET MÉDICO-SOCIAUX RELEVANT DE PERSONNES MORALES DE DROIT PUBLIC *(L. nº 2002-2 du 2 janv. 2002, art. 60-I).*

COMMENTAIRE

Les établissements et services relevant de personnes morales de droit public sont minoritaires dans la plupart des secteurs de l'action sociale et médico-sociale, sauf dans le champ des personnes âgées et de la dépendance. Ils étaient soumis à un statut passablement ambigu dans la loi du 30 juin 1975. Au nom du principe selon lequel une collectivité territoriale ne peut exercer une tutelle sur une autre, leur création n'était pas conditionnée par une autorisation, sauf en ce qui concerne les structures entrant dans le champ de compétence de l'État ; en revanche, ils devaient obtenir une habilitation à recevoir les bénéficiaires de l'aide sociale ou une autorisation à délivrer des prestations prises en charge par la sécurité sociale.

La loi du 2 janvier 2002 dont sont issues les dispositions du présent chapitre a donc remédié à ces problèmes et ambiguïtés en soumettant expressément les structures de statut public à la procédure d'autorisation de l'article L. 313-2, en réunissant un ensemble de dispositions issues de la loi de 1975 (section 1, art. L. 315-1 à L. 315-8) et surtout en réaménageant leur statut (section 2, art. L. 315-9 à L. 315-18).

SECTION 1 Dispositions générales *(L. nº 2002-2 du 2 janv. 2002, art. 60-II).*

Art. L. 315-1 *(L. nº 2002-2 du 2 janv. 2002, art. 61)* **Les interventions à but social et médico-social des personnes morales de droit public sont assurées soit par des établissements publics communaux, intercommunaux, départementaux, interdépartementaux ou nationaux, soit par des services non personnalisés.**

COMMENTAIRE

Dans sa formulation initiale (art. 18), la loi du 30 juin 1975 indiquait déjà que les interventions sociales et médico-sociales des collectivités publiques pouvaient être assurées soit par des services non personnalisés, soit par des établissements publics. C'est ce que reprenait, avec modifications, la loi du 6 janvier 1986, et que réaffirme l'article L. 315-1. Cependant, comme dans l'ancienne législation (art. 19, L. n° 75-535 du 30 juin 1975), ce libre choix est tempéré à l'article L. 315-7 en imposant l'érection en établissement public de certaines structures. ❑

Art. L. 315-2 *(L. n° 2002-2 du 2 janv. 2002, art. 62)* **Les établissements et les services sociaux et médico-sociaux publics sont créés par arrêté du ou des ministres compétents, par délibération de la ou des collectivités territoriales compétentes ou d'un groupement ou par délibération du conseil d'administration d'un établissement public.**

Lorsque les prestations qu'ils fournissent sont éligibles à une prise en charge par l'aide sociale de l'État ou par les organismes de sécurité sociale, l'avis du représentant de l'État *(Ord. n° 2010-177 du 23 févr. 2010, art. 18-I-37°)* **« ou du directeur général de l'agence régionale de santé » est recueilli préalablement à la délibération mentionnée au premier alinéa.**

Lorsque les prestations qu'ils fournissent sont éligibles à une prise en charge par l'aide sociale départementale, l'avis du président du conseil départemental est recueilli préalablement à la délibération mentionnée au premier alinéa.

(L. n° 2012-409 du 27 mars 2012, art. 11) **« La procédure d'appel à projet prévue à l'article L. 313-1-1 n'est pas applicable aux établissements et services de l'État mentionnés au 4° du I de l'article L. 312-1. »**

(L. n° 2015-1776 du 28 déc. 2015, art. 65-9°) **« La procédure d'appel à projet prévue à l'article L. 313-1-1 n'est pas applicable aux établissements et services non personnalisés des départements et aux établissements publics départementaux lorsqu'ils relèvent de la compétence exclusive du président du conseil départemental. La commission d'information et de sélection mentionnée au I du même article donne son avis sur les projets de ces établissements ou services. »**

COMMENTAIRE

La création des établissements et services relevant de personnes morales de droit public combine dorénavant deux procédures parallèles. D'une part, et en application de la disposition ci-dessus qui ne fait que reprendre le droit commun en la matière, ceux-ci sont créés par délibération de la collectivité compétente ; mais d'autre part, ils doivent être autorisés dans le cadre de la procédure de droit commun des articles L. 313-1 et L. 313-2. Le législateur a donc considéré, ce qui est finalement logique au regard des buts de la police des établissements et services, que la seconde procédure n'était pas constitutive d'une mise en tutelle de la collectivité créatrice par la collectivité dotée du pouvoir d'autorisation, dans le cas par exemple où un établissement communal doit faire l'objet d'une autorisation du président du conseil départemental.

L'article L. 315-2 a été modifié par l'ordonnance n° 2010-177 du 23 février 2010 afin notamment de tenir compte des novations introduites par la loi du 29 juillet 2009 (dite « HPST »). C'est ainsi que les compétences dévolues en matière d'autorisation au directeur général de l'ARS ont conduit à prendre en considération cette nouvelle autorité. Surtout, cette même ordonnance excluait déjà de la procédure d'appel à projet les structures publiques de la PJJ en charge des mesures d'investigation et celles qui, relevant de l'ordonnance du 2 février 1945, mettaient en œuvre des mesures éducatives qui ne pouvaient être confiées à d'autres établissements ou services ; or, la loi n° 2012-409 du 27 mars 2012 de programmation relative à l'exécution des peines a étendu cette exclusion à l'ensemble des établissements et services de l'État, visés par le 4° de l'article L. 312-1, à savoir tous ceux qui mettent en œuvre des mesures éducatives ordonnées par le juge des enfants tant au civil (C. civ., art. 375 à 375-8) qu'au pénal (Ord. n° 45-174) ou qui mènent des investigations préalables à la demande du juge. En conséquence, toutes les structures publiques mettant en œuvre les mesures judiciaires de protection de l'enfance et de l'adolescence sont dispensées de la procédure d'appel à projet.

Dans le même sens, et au terme de la loi du 28 décembre 2015 relative à l'adaptation de la société au vieillissement, la procédure d'appel à projet n'est pas requise pour les établissements et services non personnalisés des départements ainsi qu'aux établissements publics départementaux lorsqu'ils relèvent de la compétence du président du conseil départemental. ❑

Art. L. 315-3 *(L. nº 2002-2 du 2 janv. 2002, art. 63)* **Lorsque les établissements ou services ne sont pas dotés de la personnalité juridique, le projet d'établissement ou de service mentionné à l'article L. 311-8 détermine les modalités de leur individualisation fonctionnelle et budgétaire.**

COMMENTAIRE

Pour les établissements et services qui ne sont pas dotés de la personnalité morale, la loi, reprenant l'article 26-1 de la loi du 30 juin 1975, impose qu'une certaine autonomie fonctionnelle et budgétaire soit aménagée, ce qui doit être mis en évidence dans le projet d'établissement ou de service. Ce souci d'autonomie se concrétise particulièrement en ce qui concerne les services d'aide sociale à l'enfance et les maisons d'enfants à caractère social par les obligations organiques définies à l'article L. 315-8. ❑

Art. L. 315-4 *(L. nº 2002-2 du 2 janv. 2002, art. 64)* **La visite de conformité mentionnée à l'article L. 313-6 est opérée, après achèvement des travaux, par l'organe exécutif de la collectivité territoriale qui l'a créé ou, lorsque l'établissement a été créé par délibération de plusieurs collectivités territoriales, par l'organe exécutif de la collectivité territoriale sur le territoire de laquelle il est implanté.**

Art. L. 315-5 *Abrogé par L. nº 2015-1776 du 28 déc. 2015, art. 67-II.*

Art. L. 315-6 *(Abrogé par Ord. nº 2018-22 du 17 janv. 2018, art. 1er-13º) (L. nº 2002-2 du 2 janv. 2002, art. 64)* ***Les établissements publics locaux et les services non personnalisés peuvent être fermés totalement ou partiellement, à titre provisoire ou définitif, pour les motifs énoncés à l'article L. 313-16, par le représentant de l'État dans le département.***

Art. L. 315-7 *(L. nº 2002-2 du 2 janv. 2002, art. 64)* **Sans préjudice de l'application des dispositions de l'article L. 6111-3 du code de la santé publique, les établissements mentionnés aux 2º, *a* du 5º, 6º, 7º** *(L. nº 2006-911 du 24 juill. 2006, art. 95-XIII)* **« , 8º et 13º » du I de l'article L. 312-1 du présent code, ainsi que les maisons d'enfants à caractère social, qui relèvent des personnes morales de droit public à l'exception** *(L. nº 2016-483 du 20 avr. 2016, art. 90-VI)* **« des unités de l'établissement public national "Antoine Koenigswarter", des établissements relevant » de l'institution de gestion sociale des armées et des maisons de retraite rattachées au centre d'action sociale de la ville de Paris, constituent des établissements publics.**

Ceux de ces établissements qui, à la date du 30 juin 1975, fonctionnaient comme des services non personnalisés des personnes morales de droit public sont érigés en établissements publics ou rattachés à un établissement public de même nature.

Les dispositions des alinéas précédents ne s'appliquent pas aux établissements qui sont créés ou gérés par des centres communaux ou intercommunaux d'action sociale, ni aux établissements qui sont gérés par des établissements publics de santé. Dans certains cas et à leur demande, les établissements à caractère social érigés en établissements publics peuvent passer des conventions de gestion avec des établissements publics.

COMMENTAIRE

Cette disposition est à rapprocher de l'article L. 315-1 ; si ce dernier pose le principe d'une liberté de choix pour les collectivités publiques créant des établissements ou services sociaux et médico-sociaux entre leur érection en établissement public ou leur maintien en régie, l'article L. 315-7 (art. 19, L. nº 75-535 du 30 juin 1975) oblige néanmoins à recourir à la forme de l'établissement public pour un certain nombre d'établissements (art. L. 312-1, I, 2º, 5ºa, 6º, 7º, 8º et 13º ainsi que les maisons d'enfants à caractère social) ; il est à noter que les centres d'accueil des demandeurs d'asile, dont le régime juridique est dorénavant distinct de celui des CHRS (art. L. 348-1 à L. 348-2, L. nº 2006-911 du 26 juillet 2006), doivent aussi être érigés en établissements publics lorsqu'ils relèvent d'une collectivité publique. Tous ces établissements constituent en réalité de structures lourdes d'hébergement ou d'accueil, dont la gestion autonome, lorsqu'elles dépendent de collectivités « généralistes », apparaît garantir une plus grande efficacité et une meilleure transparence. On doit noter cependant que, pour les établissements et services créés par les établissements publics de santé, l'érection en établissement public n'est pas obligatoire (CSP, art. L. 6111-3) ; il en est de même pour les établissements dépendant de certaines grandes structures sociales et médico-sociales (Office national des anciens combattants, institution de gestion sociale des armées, CCAS de la ville de Paris). ❑

Art. L. 315-8 *(L. nº 2002-2 du 2 janv. 2002, art. 64)* **Les établissements relevant des services départementaux de l'aide sociale à l'enfance et les maisons d'enfants à caractère social mentionnés au 4º de l'article 2 du chapitre I du titre IV du statut général des fonctionnaires de l'État et des collectivités territoriales sont dotés, lorsqu'ils n'ont pas la personnalité morale, d'une commission de surveillance** *(L. nº 2022-217 du 21 févr. 2022, art. 143-II)* **« et d'un directeur nommés par le président du conseil départemental. »**

Lorsqu'ils constituent des établissements publics, ils sont administrés par un conseil d'administration assisté d'un directeur nommé *(L. nº 2022-217 du 21 févr. 2022, art. 143-II)* **« par le président du conseil départemental ».**

Au terme d'un délai maximal d'un an à compter de la promulgation de la L. nº 2022-217 du 21 févr. 2022, les fonctionnaires relevant de la fonction publique hospitalière nommés dans les fonctions de directeur des établissements mentionnés à l'art. L. 315-8 exercent ces fonctions en position de détachement dans les cadres d'emplois équivalents de la fonction publique territoriale, dans les conditions prévues par le CGFP. En cas d'absence de cadre d'emplois équivalent, ils sont détachés sur un contrat de droit public dans les conditions prévues par le même code.

Les fonctionnaires concernés conservent, s'ils y ont intérêt, le bénéfice du régime indemnitaire qui leur était applicable.

Dans le délai fixé au 1er al., les agents contractuels exerçant la fonction de directeur des établissements mentionnée au même premier al. relèvent de plein droit des conseils départementaux dans les conditions d'emploi qui sont les leurs. Ils conservent, à titre individuel, le bénéfice des stipulations de leur contrat (L. préc., art. 143-I).

SECTION 2 **Statut des établissements publics sociaux et médico-sociaux dotés de la personnalité juridique** *(L. nº 2002-2 du 2 janv. 2002, art. 60-III).*

COMMENTAIRE

La législation relative aux établissements publics sociaux et médico-sociaux comporte dès la loi du 30 juin 1975 un certain nombre de dispositions statutaires (art. 20 à 22). Cependant, la loi du 2 janvier 2002 a introduit tout d'abord un certain nombre de précisions relatives au conseil d'administration (composition, compétences et fonctionnement, art. L. 315-10 à L. 315-12 et L. 315-14 à L. 315-17) ; elle a ensuite créé une nouvelle instance, le comité technique d'établissement (art. L. 315-13). Ces évolutions ont été largement inspirées par les dispositions relatives aux établissements publics de santé (CSP, art. L. 6143-1 s.). ❑

Art. L. 315-9 *(L. nº 2002-2 du 2 janv. 2002, art. 65)* **Les établissements publics sociaux et médico-sociaux sont communaux, intercommunaux, départementaux, interdépartementaux** *(Ord. nº 2016-1562 du 21 nov. 2016, art. 23-III, en vigueur le 1er janv. 2018)* **« , rattachés à la collectivité de Corse »** *(Ord. nº 2018-74 du 8 févr. 2018, art. 7, en vigueur le 1er janv. 2019)* **« , rattachés à la Ville de Paris » ou nationaux. Ils sont administrés par un conseil d'administration et dirigés par un directeur nommé par l'autorité compétente de l'État après avis du président du conseil d'administration.**

Art. L. 315-10 *(L. nº 2002-2 du 2 janv. 2002, art. 66)* **I. — Le conseil d'administration des établissements publics sociaux ou médico-sociaux locaux comprend :**

1º Des représentants de la ou des collectivités territoriales de rattachement ou de leurs groupements ;

2º Un représentant de la collectivité territoriale d'implantation si elle n'est pas représentée au titre du 1º ;

3º Un ou des représentants des départements *(Ord. nº 2016-1562 du 21 nov. 2016, art. 23-III, en vigueur le 1er janv. 2018)* **« , ou, en Corse, de la collectivité de Corse, » qui supportent, en tout ou partie, les frais de prise en charge des personnes accueillies ;**

4º Des représentants des usagers ;

5° Des représentants du personnel ;
6° Des personnalités qualifiées.
La composition et les modalités de désignation des membres du conseil d'administration sont fixées par décret en Conseil d'État.
Le conseil d'administration des établissements communaux est présidé par le maire. Le conseil d'administration des établissements départementaux est présidé par le président du conseil départemental. Le conseil d'administration des établissements intercommunaux est présidé par le président de l'organe délibérant de l'établissement public de coopération intercommunale. *(Ord. n° 2016-1562 du 21 nov. 2016, art. 23-III, en vigueur le 1er janv. 2018)* **« Le conseil d'administration des établissements de la collectivité de Corse est présidé par le président du conseil exécutif. »**
Toutefois, sur proposition du président du conseil départemental *(Ord. n° 2016-1562 du 21 nov. 2016, art. 23-III, en vigueur le 1er janv. 2018)* **« , du président du conseil exécutif de la collectivité de Corse », du maire ou du président de l'organe délibérant de l'établissement public de coopération intercommunale, selon le cas, la présidence du conseil d'administration est assurée par un représentant élu en son sein, respectivement, par le conseil départemental,** *(Ord. n° 2016-1562 du 21 nov. 2016, art. 23-III, en vigueur le 1er janv. 2018)* **« l'Assemblée de Corse, » le conseil municipal ou l'organe délibérant précité.**
II. – L'acte constitutif de chaque établissement public social ou médico-social national fixe la composition de son conseil d'administration. Le conseil d'administration d'un établissement public social ou médico-social national doit comprendre des représentants des usagers et du personnel.

COMMENTAIRE

La loi n° 2002-2 du 2 janvier 2002 a modifié le contenu de l'ancien article 21-1 de la loi du 30 juin 1975. Le conseil d'administration des établissements publics sociaux et médico-sociaux comprend dorénavant plusieurs catégories de représentants des « collectivités publiques intéressées », ceux de la collectivité de rattachement, ceux de la collectivité d'implantation si elle est différente et enfin ceux du département dès lors que ce dernier prend en charge des personnes accueillies. Des « personnes qualifiées » doivent de plus siéger au conseil, ce qui n'était pas le cas antérieurement. ❑

Art. L. 315-11 *(L. n° 2002-2 du 2 janv. 2002, art. 67)* **Nul ne peut être membre d'un conseil d'administration :**
1° A plus d'un des titres mentionnés à l'article L. 315-10 ;
2° S'il encourt *(L. n° 2019-222 du 23 mars 2019, art. 11-II)* **« l'incapacité prévue par l'article** *[ancienne rédaction : l'une des incapacités prévues par les articles L. 5 et]* **» L. 6 du code électoral ;**
3° S'il est personnellement ou par l'intermédiaire de son conjoint, de son concubin ou de la personne avec qui il a conclu un pacte civil de solidarité, de ses ascendants ou descendants en ligne directe, directement ou indirectement intéressé à la gestion de l'établissement social ou médico-social concerné ;
4° S'il est fournisseur de biens ou de services, lié à l'établissement par contrat ;
5° S'il est lié à l'établissement par contrat, sauf s'il s'agit des représentants du personnel ;
6° S'il a été lui-même directeur dudit établissement.
En cas d'incompatibilité applicable au président du conseil départemental *(Ord. n° 2016-1562 du 21 nov. 2016, art. 23-III, en vigueur le 1er janv. 2018)* **« , au président du conseil exécutif de Corse » ou au maire, la présidence est dévolue à un représentant élu, désigné en son sein, respectivement par le conseil départemental** *(Ord. n° 2016-1562 du 21 nov. 2016, art. 23-III, en vigueur le 1er janv. 2018)* **« , l'Assemblée de Corse » ou le conseil municipal.**
Les dispositions de l'art. 11 de la L. n° 2019-222 du 23 mars 2019 s'appliquent aux personnes qui bénéficient d'une mesure de tutelle à la date de publication de la loi susvisée ainsi qu'aux instances en cours à cette même date. Les autres dispositions du jugement prononçant ou renouvelant la mesure de tutelle continuent de s'appliquer (L. préc., art. 109-IV).

Art. L. 315-12 *(L. nº 2002-2 du 2 janv. 2002, art. 68)* **Le conseil d'administration des établissements publics sociaux ou médico-sociaux définit la politique générale de l'établissement et délibère sur :**

1° Le projet d'établissement ou de service mentionné à l'article L. 311-7, ainsi que les contrats pluriannuels mentionnés *(L. nº 2015-1776 du 28 déc. 2015, art. 58-I-14° ; L. nº 2016-1827 du 23 déc. 2016, art. 89-I)* **« aux articles L. 313-11, L. 313-11-1** *(L. nº 2018-1021 du 23 nov. 2018, art. 125)* **« , L. 313-11-2 », L. 313-12 et L. 313-12-2 »** *(Ord. nº 2005-1477 du 1er déc. 2005, art. 8)* **« et les conventions d'aide sociale mentionnées au II de l'article L. 342-3-1 » ;**

2° Les programmes d'investissement ;

3° Le rapport d'activité ;

4° Le budget et les décisions modificatives, les crédits supplémentaires et la tarification des prestations *(Ord. nº 2010-177 du 23 févr. 2010, art. 18-I-38°)* **« des établissements »** *(Abrogé par L. nº 2016-1827 du 23 déc. 2016, art. 89-I)* ***« ne relevant pas de l'article L. 314-7-1 » ;***

5° Les comptes financiers, les décisions d'affectation des résultats ou les propositions d'affectation desdits résultats, lorsque leurs financements sont majoritairement apportés par une collectivité publique ou les organismes de sécurité sociale ;

6° Les décisions affectant l'organisation ou l'activité de l'établissement ;

7° Le tableau des emplois du personnel ;

8° La participation à des actions de coopération et de coordination ;

9° Les acquisitions, aliénations, échanges d'immeubles et leur affectation et les conditions des baux de plus de dix-huit ans ;

10° Les emprunts ;

11° Le règlement de fonctionnement ;

12° L'acceptation et le refus de dons et legs ;

13° Les actions en justice et les transactions ;

14° Les règles concernant l'emploi des diverses catégories de personnel, pour autant qu'elles n'ont pas été fixées par des dispositions législatives ou réglementaires.

COMMENTAIRE

L'article L. 315-12 étend le champ de compétences du conseil d'administration des établissements publics en élargissant la liste des informations qui doivent être soumises à ses délibérations. Ce faisant, il prend en compte essentiellement les nouveaux instruments ou documents introduits par la législation aux articles L. 311-4 et L. 311-7 (règlement de fonctionnement), L. 311-8 (projet d'établissement ou de service), L. 311-6 (conseil de la vie sociale ou autre forme de participation), L. 312-7 (convention de coordination) et L. 313-11 (contrats pluriannuels).

On doit noter que l'ordonnance nº 2005-1477 du 1er décembre 2005 a ajouté à la liste des actes obligatoirement soumis à la délibération du conseil d'administration (V. 1°) les « conventions d'aide sociale » de l'article L. 342-3-1 nouveau du code ; il s'agit d'un type nouveau de convention portant sur des questions tarifaires, signée entre le conseil départemental et les gestionnaires de l'établissement ou du service, et qui permet aux structures accueillant moins de 50 % de bénéficiaires de l'aide sociale dans leur effectif d'aménager une tarification pluriannuelle.

Art. L. 315-13 *(Abrogé par Ord. nº 2021-1574 du 24 nov. 2021, art. 3-I) (L. nº 2010-751 du 5 juill. 2010, art. 26)* ***« Dans chaque établissement public social ou médico-social est institué un comité technique d'établissement présidé par le directeur. Celui-ci peut être suppléé par un membre des corps des personnels de direction.***

« Le comité est composé de représentants des personnels de l'établissement, à l'exception des personnels mentionnés à l'avant-dernier alinéa de l'article 2 et *(L. nº 2016-483 du 20 avr. 2016, art. 30-V)* ***« à l'avant-dernier » alinéa de l'article 4 de la loi nº 86-33 du 9 janvier 1986 portant dispositions statutaires relatives à la fonction publique hospitalière. Ces représentants sont élus au scrutin de liste avec représentation proportionnelle dans les conditions définies à l'article 9 bis de la loi nº 83-634 du 13 juillet 1983 portant droits et obligations des fonctionnaires. Par dérogation, en cas d'insuffisance des effectifs, ces***

représentants peuvent être désignés après une consultation du personnel dans les conditions prévues par décret en Conseil d'État. »

(L. nº 2002-2 du 2 janv. 2002, art. 69) ***« Le comité technique d'établissement est obligatoirement consulté sur :***

« 1º Le projet d'établissement et les programmes d'investissement relatifs aux travaux et aux équipements matériels ;

« 2º Le budget, les crédits supplémentaires et les comptes, la tarification des prestations servies et le tableau des emplois du personnel et ses modifications ;

« 3º Les créations, suppressions et transformations de services ;

« 4º Les conditions et l'organisation du travail dans l'établissement, notamment les programmes de modernisation des méthodes et techniques de travail et leurs incidences sur la situation du personnel ;

« 5º Les règles concernant l'emploi des diverses catégories de personnels, pour autant qu'elles n'ont pas été fixées par des dispositions législatives ou réglementaires ;

« 6º Les critères de répartition de certaines primes et indemnités ;

« 7º La politique générale de formation du personnel et notamment le plan de formation ;

« 8º Le bilan social, le cas échéant ;

« 9º La participation aux actions de coopération et de coordination mentionnées à la section 4 du chapitre II du titre I du livre III du présent titre.

(L. nº 2017-86 du 27 janv. 2017, art. 20) ***« Les modalités de mise en œuvre du service civique font l'objet d'une information annuelle du comité technique d'établissement. »***

« Les modalités d'application du présent article et notamment le nombre de membres titulaires et suppléants du comité technique d'établissement ainsi que les règles de fonctionnement de ce comité sont fixés par décret en Conseil d'État.

« Un décret définit les moyens dont dispose le comité technique d'établissement pour exercer ses missions. » — V. art. D. 315-65 et D. 315-66.

L'abrogation de l'art. L. 315-13 dans sa rédaction antérieure à la L. nº 2019-828 du 6 août 2019 prend effet lors du prochain renouvellement général des instances dans la fonction publique et au plus tard le 1er janv. 2023 (Ord. nº 2021-1574 du 24 nov. 2021, art. 7-I-1º).

Art. L. 315-14 *(L. nº 2002-2 du 2 janv. 2002, art. 70)* **Sans préjudice de l'application des dispositions prévues à l'article L. 314-7, les délibérations mentionnées à l'article L. 315-12 sont exécutoires de plein droit dès qu'il a été procédé à leur transmission au représentant de l'État dans le département** *(Ord. nº 2016-1562 du 21 nov. 2016, art. 23-III, en vigueur le 1er janv. 2018)* **« ou, en Corse, le représentant de l'État dans la collectivité de Corse ».**

Le représentant de l'État dans le département *(Ord. nº 2016-1562 du 21 nov. 2016, art. 23-III, en vigueur le 1er janv. 2018)* **« ou, en Corse, le représentant de l'État dans la collectivité de Corse » saisit la chambre régionale des comptes des délibérations dont il estime qu'elles entraînent des dépenses de nature à menacer l'équilibre budgétaire de l'établissement, dans les quinze jours suivant leur transmission. Il informe sans délai l'établissement de cette saisine, qu'il peut assortir d'un sursis à exécution. Sur avis conforme de la chambre régionale des comptes, rendu dans un délai de trente jours suivant la saisine, le représentant de l'État dans le département** *(Ord. nº 2016-1562 du 21 nov. 2016, art. 23-III, en vigueur le 1er janv. 2018)* **« ou, en Corse, le représentant de l'État dans la collectivité de Corse » peut annuler la délibération.**

Le représentant de l'État dans le département *(Ord. nº 2016-1562 du 21 nov. 2016, art. 23-III, en vigueur le 1er janv. 2018)* **« ou, en Corse, le représentant de l'État dans la collectivité de Corse » défère au tribunal administratif les délibérations qu'il estime contraires à la légalité dans les deux mois suivant leur transmission. Il en informe sans délai l'établissement et lui communique toute précision sur les illégalités invoquées. Il peut assortir son recours d'une demande de suspension ; il est fait droit à cette demande si l'un des moyens invoqués paraît, en l'état de l'instruction, propre à créer un doute sérieux quant à la légalité de la délibération attaquée.**

(L. nº 2009-879 du 21 juill. 2009, art. 124-I-17º) **« Pour les établissements médico-sociaux dont l'autorisation relève de la compétence du directeur général de l'agence régionale de santé, soit exclusive soit conjointe avec le président du conseil départemental** *(Ord. nº 2016-1562 du 21 nov. 2016, art. 23-III, en vigueur le 1er janv. 2018)* **« ,**

ou, en Corse, le président du conseil exécutif », les délibérations mentionnées au premier alinéa sont transmises au directeur général de l'agence régionale de santé. Dans ce cas, les compétences du représentant de l'État dans le département *(Ord. nº 2016-1562 du 21 nov. 2016, art. 23-III, en vigueur le 1er janv. 2018)* **« ou, en Corse, du représentant de l'État dans la collectivité de Corse » définies au présent article sont exercées par le directeur général de l'agence régionale de santé. »** – *Les dispositions de la L. nº 2009-879 du 21 juill. 2009 sont entrées en vigueur le 1er juill. 2010 (L. préc., art. 131-I).*

Les modalités d'application du présent article sont déterminées par décret en Conseil d'État.

COMMENTAIRE

L'article L. 315-14 introduit une novation : les délibérations du conseil d'administration des établissements publics sociaux et médico-sociaux sont exécutoires de plein droit dès leur transmission au représentant de l'État. Cela évidemment, comme le précise la disposition, sans que disparaisse le pouvoir d'approbation en matière tarifaire qui est prévu à l'article L. 314-7. Logiquement, et conformément aux attributions qui ont été données au directeur de l'agence régionale de santé instituée par la loi du 21 juillet 2009, a été introduite une disposition (al. 4) qui impose de transmettre à cette autorité et non plus au représentant de l'État les délibérations émanant des instances gestionnaires des structures médico-sociales relevant de sa compétence tarifaire.

Subsiste un contrôle *a posteriori* aux mains du représentant de l'État, en matière budgétaire avec la saisine de la chambre régionale des comptes et en matière administrative avec le déféré au tribunal administratif. ❑

Art. L. 315-15 *(L. nº 2002-2 du 2 janv. 2002, art. 71)* **I. – Le budget et les décisions modificatives mentionnés au 4º de l'article L. 315-12 sont préparés et présentés par le directeur. Le budget de l'année est voté par le conseil d'administration et transmis au plus tard le 31 octobre précédant l'exercice auquel il se rapporte. Le cas échéant, il est établi en cohérence avec le contrat pluriannuel mentionné** *(L. nº 2015-1776 du 28 déc. 2015, art. 58-I-14º ; L. nº 2016-1827 du 23 déc. 2016, art. 89-I)* **« aux articles L. 313-11, L. 313-11-1** *(L. nº 2018-1021 du 23 nov. 2018, art. 125)* **« , L. 313-11-2 », L. 313-12 et L. 313-12-2 ».**

Les autorisations de dépenses et les prévisions de recettes qui figurent au budget sont présentées et votées par groupes fonctionnels, dont la composition est conforme à une nomenclature fixée par arrêté. Les décisions modificatives sont présentées et votées dans les mêmes formes. – *V. Arr. du 20 déc. 2021 (JO 28 déc., NOR : SSAA2132928A).*

Les délibérations relatives au budget et aux décisions modificatives sont transmises sans délai aux autorités compétentes en matière de tarification en vue de leur approbation, dans les conditions fixées par l'article L. 314-7.

II. – Les comptes financiers mentionnés au 5º de l'article L. 315-12 sont adoptés par le conseil d'administration et transmis aux autorités compétentes en matière de tarification au plus tard le 30 avril de l'année suivant l'exercice auquel ils se rapportent.

COMMENTAIRE

L'article L. 315-15, qu'il faut relier à l'article L. 315-16, encadre davantage la procédure budgétaire des établissements publics. Le droit en vigueur pour les établissements de santé a largement inspiré les modifications introduites par la loi du 2 janvier 2002 : date impérative de vote du budget, présentation et vote du budget par « groupes fonctionnels ». L'article L. 315-16 renforce, pour sa part, le cadre juridique des organes financiers et comptables en aménageant les rapports entre ordonnateur et comptable. ❑

Art. L. 315-16 *(L. nº 2002-2 du 2 janv. 2002, art. 72)* **Les comptables des établissements publics sociaux et médico-sociaux sont des comptables** *(Ord. nº 2010-420 du 27 avr. 2010, art. 100)* **« publics de l'État » ayant qualité de comptables principaux.**

Lorsque le comptable de l'établissement notifie à l'ordonnateur sa décision de suspendre une dépense, celui-ci peut lui adresser un ordre de réquisition. Le comptable est tenu de s'y conformer, sauf en cas :

1° D'insuffisance de fonds disponibles ;

2° De dépenses ordonnancées sur des crédits irrégulièrement ouverts ou insuffisants ou sur des crédits autres que ceux sur lesquels elle devrait être imputée ;

3° D'absence de justification de service fait ou de défaut de caractère libératoire du règlement.

L'ordre de réquisition est porté à la connaissance du conseil d'administration de l'établissement et notifié au *(Ord. n° 2010-420 du 27 avr. 2010, art. 100)* **« directeur départemental des finances publiques », qui le transmet à la chambre régionale des comptes.**

(Abrogé par Ord. n° 2022-408 du 23 mars 2022, art. 13, à compter du 1er janv. 2023) ***« En cas de réquisition, le comptable est déchargé de sa responsabilité. »*** *— V. note ss. art.*

Le comptable assiste, avec voix consultative, au conseil d'administration de l'établissement lorsque celui-ci délibère sur des affaires de sa compétence.

A la demande de l'ordonnateur, le comptable informe ce dernier de la situation de paiement des mandats et du recouvrement des titres de recettes, de la situation de trésorerie et de tout élément utile à la bonne gestion de l'établissement. Il paie les mandats dans l'ordre de priorité indiqué par l'ordonnateur.

Les dispositions relatives au régime de responsabilité des comptables publics patents et assimilés, des comptables de fait, des régisseurs, des trésoriers militaires et des comptables des organismes primaires de sécurité sociale demeurent applicables dans leur version antérieure à l'Ord. n° 2022-408 du 23 mars 2022 aux opérations ayant fait l'objet d'un premier acte de mise en jeu de leur responsabilité notifié avant le 1er janv. 2023, lorsque le manquement litigieux a causé un préjudice financier à l'organisme public concerné (Ord. préc., art. 29-II).

COMMENTAIRE

L'article L. 315-16 reprend les dispositions classiques en matière de gestion financière et comptable des établissements publics en général : affectation à l'établissement d'un comptable du Trésor, droit de réquisition aux mains de l'ordonnateur de l'établissement à l'encontre d'une notification (émanant du comptable) de suspension d'une dépense, présence du comptable avec voix consultative dans le conseil d'administration de l'établissement, informations devant être fournies par le comptable à la demande de l'ordonnateur.

La loi n° 2007-290 du 5 mars 2007 instituant le droit au logement opposable et portant diverses dispositions pour la cohésion sociale a ajouté à l'article L. 315-16 un nouvel alinéa qui ne figurait pas dans la législation antérieure et qui est cependant important : il concerne les droits de recours des établissements contre les résidents, leurs débiteurs et plus largement les obligés alimentaires des résidents (art. 205, 206, 207 et 212 C. civ.).

Art. L. 315-17 *(L. n° 2002-2 du 2 janv. 2002, art. 73)* **Le directeur représente l'établissement en justice et dans tous les actes de la vie civile.**

Il prépare les travaux du conseil d'administration et lui soumet le projet d'établissement mentionné à l'article L. 311-8.

Il est chargé de l'exécution des décisions du conseil d'administration et met en œuvre les actions approuvées par celui-ci. Il est compétent pour régler les affaires de l'établissement autres que celles qui sont énumérées à l'article L. 315-12. Il assure la gestion et la conduite générale de l'établissement et en tient le conseil d'administration informé.

Il veille à la réalisation du projet d'établissement ou de service et à son évaluation.

Il nomme le personnel, à l'exception des personnels titulaires des instituts nationaux de jeunes sourds et de l'Institut national des jeunes aveugles, *(L. n° 2009-879 du 21 juill. 2009, art. 11-II-1°)* **« propose au directeur général du Centre national de gestion la nomination dans leur emploi des directeurs adjoints et, le cas échéant, des directeurs des soins, » et exerce son autorité sur l'ensemble de celui-ci.** *(L. n° 2009-879 du 21 juill. 2009, art. 11-II-2°)* **« La commission administrative paritaire nationale compétente émet un avis sur les propositions précitées soumises au directeur général du Centre national de gestion. »**

Le directeur peut déléguer sa signature dans des conditions et sur des matières définies par décret. Pour l'exercice de certaines des attributions du conseil d'administration définies par décret, le directeur peut recevoir délégation du président du conseil d'administration.

COMMENTAIRE

La loi du 2 janvier 2002 a entendu préciser et surtout renforcer le rôle spécifique du directeur des établissements publics. C'est la raison pour laquelle l'article L. 315-17 définit la liste de ses attributions. Notons que la loi lui reconnaît expressément le droit de procéder à des délégations de signature. De même, le président du conseil d'administration peut déléguer au directeur certaines des attributions du conseil d'administration. L'ensemble de ces délégations doit être encadré précisément par le pouvoir réglementaire.

Dans le but de rendre plus efficace la gouvernance des établissements publics, à l'instar de ce qui a été prévu pour les établissements de santé, la loi du 21 juillet 2009 (art. 11, II du texte) étend les attributions des directeurs d'établissement en matière de gestion des ressources humaines en leur donnant une capacité de choix accrue pour la nomination des personnels de direction ayant le statut de fonctionnaires : c'est le directeur de l'établissement qui propose au Centre national de gestion la nomination des directeurs adjoints ainsi que des directeurs de soins. Néanmoins, pour faire droit aux garanties bénéficiant aux corps concernés, il s'agit là d'une « proposition » ; qui plus est, la nomination, qui reste aux mains du directeur du Centre national de gestion, doit être soumise pour avis à la commission administrative paritaire. ❑

Art. L. 315-18 *(L. nº 2002-2 du 2 janv. 2002, art. 74)* **Le régime administratif, budgétaire, financier et comptable des établissements publics sociaux et médico-sociaux nationaux ainsi que les modalités du contrôle de l'État sur ces établissements sont déterminés par décret en Conseil d'État compte tenu de la nature particulière de leur mission.**

Art. L. 315-19 *(L. nº 2003-1311 du 30 déc. 2003, art. 116-III)* **Les dispositions de l'article L. 1618-2 du code général des collectivités territoriales relatives aux dérogations à l'obligation de dépôt auprès de l'État des fonds des collectivités territoriales et de leurs établissements publics sont applicables aux établissements publics sociaux et médico-sociaux sous réserve des dispositions suivantes :**

Les décisions mentionnées au III de l'article L. 1618-2 du même code relèvent de la compétence du directeur de l'établissement public social et médico-social qui informe chaque année le conseil d'administration des résultats des opérations réalisées.

COMMENTAIRE

Ce nouvel article L. 315-19 a été introduit au code de l'action sociale et des familles par la loi de finances nº 2003-1311 du 30 décembre 2003. Il permet aux établissements publics sociaux et médico-sociaux de bénéficier, sous certaines conditions, des dérogations à l'obligation de dépôt auprès de l'État des fonds des collectivités territoriales et de leurs établissements publics telles que ces dérogations sont définies à l'article L. 1618-2 du code général des collectivités territoriales. ❑

TITRE II ÉTABLISSEMENTS SOUMIS À DÉCLARATION

COMMENTAIRE

Le titre deuxième du livre III introduit une seconde modalité de reconnaissance par la puissance publique pour des structures d'accueil ou des services sociaux et médico-sociaux. Il s'agit de la « déclaration préalable ». Constituant antérieurement à la loi du 30 juin 1975 le droit commun des établissements et services, la déclaration préalable a vu son champ considérablement réduit du fait de la mise en place du régime d'autorisation, en 1975 pour les structures lourdes d'accueil et d'hébergement, puis progressivement pour le plus grand nombre des institutions, notamment du fait de l'élargissement opéré par la loi du 2 janvier 2002. ❑

CHAPITRE I ACCUEIL DE MINEURS

Art. L. 321-1 **Si elle** *(L. n° 2022-140 du 7 févr. 2022, art. 7-I)* **« n'est pas soumise à un régime d'autorisation en application d'une autre disposition relative à l'accueil de » mineurs, toute personne physique ou toute personne morale de droit privé qui désire héberger ou recevoir des mineurs de manière habituelle, collectivement, à titre gratuit ou onéreux, doit préalablement en faire la déclaration au président du conseil départemental. Celui-ci est tenu d'en donner récépissé et d'en informer le représentant de l'État dans le département.**

Cette déclaration doit mentionner notamment les caractéristiques juridiques de l'établissement prévu, les noms de ses propriétaires ou administrateurs, le nom de son directeur et, le cas échéant, de son économe, et, enfin, l'activité envisagée. Un décret en Conseil d'État précise le contenu de la déclaration et en fixe les modalités. Ce décret précise également les conditions minimales que devront remplir les personnels de direction, notamment en ce qui concerne leur qualification et leur expérience professionnelle.

Tout changement important projeté dans l'activité, l'installation, l'organisation, la direction ou le fonctionnement d'un établissement déclaré doit être porté à la connaissance du président du conseil départemental, dans des conditions fixées par décret. Le président du conseil départemental en informe le représentant de l'État dans le département. – *V. art. R. 321-1 s.*

Dans un délai de deux mois, le président du conseil départemental, après en avoir informé le représentant de l'État dans le département, peut faire opposition, dans l'intérêt des bonnes mœurs, de la santé, de la sécurité, de l'hygiène, de l'éducation ou du bien-être des enfants, à l'ouverture de l'établissement ou à l'exécution des modifications projetées. A défaut d'opposition, l'établissement peut être ouvert et les modifications exécutées sans autre formalité. – *[C. fam., art. 95, al. 1er à 4.]*

COMMENTAIRE

Le régime déclaratif fondé sur la loi n° 71-1050 du 24 décembre 1971 a été maintenu (ancien art. 95 du code de la famille et de l'aide sociale), après la mise en place du régime d'autorisation par la loi de 1975, pour « les personnes physiques ou morales de droit privé qui désirent héberger ou recevoir des mineurs de manière habituelle, collectivement, à titre gratuit ou onéreux ». Il s'agit d'une catégorie résiduelle qui vise les accueils n'entrant ni dans le champ d'application de l'article L. 312-1-1° (régime d'autorisation préalable), ni dans le cadre de la législation spécifique aux assistants maternels des articles L. 421-1 à L. 422-8.

Les dispositions suivantes (art. L. 321-2 à L. 321-4) prévoient des mesures de protection (interdiction d'exploiter ou diriger un tel établissement d'accueil après certaines condamnations pénales ou retrait de l'autorité parentale) et des sanctions pénales garantissant la sécurité des mineurs pris en charge.

Retrait de mineurs confiés par l'ASE. Lorsqu'il n'a pas fait l'objet d'une convention entre le département et le gardien, le placement des mineurs confiés à celui-ci par le service de l'aide sociale à l'enfance peut prendre fin à tout moment, dans l'intérêt des enfants, sans que l'administration soit tenue au respect d'aucune formalité préalable. Le fait que les rapports d'enquête qui sont à l'origine d'une décision de retrait des mineurs placés dans une maison d'enfants n'aient pas été communiqués au gardien n'entache pas d'irrégularité cette décision. • CE 16 nov. 1977, *Épx Priolet*, n° 98151 : *Lebon 435*. ♦ Le juge exerce un contrôle restreint sur l'appréciation de l'intérêt des enfants à laquelle se livre un préfet pour retirer à un gardien les mineurs qui lui avaient été confiés par le service de l'aide sociale à l'enfance. • Même arrêt.

Art. L. 321-2 *(Ord. n° 2005-1477 du 1er déc. 2005, art. 15)* **Ne peuvent exploiter ou diriger un établissement mentionné à l'article L. 321-1 et ne peuvent y être employées les personnes qui ont fait l'objet d'un retrait total ou partiel de l'autorité parentale ou dont un enfant ou pupille a fait l'objet, en application des articles 375 à 375-8 du code civil, d'une mesure d'assistance éducative qui n'a pas été prise à sa requête.**

COMMENTAIRE

Cet article L. 321-2 a été largement réécrit par l'ordonnance n° 2005-1477 du 1er décembre 2005 qui s'est proposé d'unifier et de clarifier les dispositions relatives aux incapacités professionnelles du champ social et médico-social. Il convient de relier à ces interdictions d'exercice les dispositions du nouveau chapitre intitulé « Dispositions pénales » introduites par l'ordonnance précitée aux articles L. 135-1 et L. 135-2 nouveaux. Notamment, l'article L. 135-2 nouveau indique qu'« est puni de deux ans d'emprisonnement et de 30 000 euros d'amende le fait d'exercer à quelque titre que ce soit l'une des activités visées à l'article L. 133-6 malgré les incapacités énoncées à cet article ». ❑

Art. L. 321-3 Les dispositions des articles L. 322-6 et L. 322-7 du présent code sont applicables aux établissements mentionnés à l'article L. 321-1. – *[C. fam., art. 96.]*

Art. L. 321-4 Est puni d'un emprisonnement de trois mois et d'une amende de 3 750 € :

1° Le fait d'héberger ou de recevoir collectivement et de manière habituelle des mineurs dans un établissement mentionné à l'article L. 321-1, sans avoir effectué la déclaration préalable auprès du président du conseil départemental ;

2° Le fait d'apporter un changement important à l'établissement, sans avoir effectué la déclaration préalable auprès du président du conseil départemental ou de procéder à l'ouverture ou à la transformation de l'établissement malgré l'opposition du président du conseil départemental ;

(Ord. n° 2005-1477 du 1er déc. 2005, art. 15) **« 3° » Le fait, pour le responsable de l'établissement,** *(Ord. n° 2018-22 du 17 janv. 2018, art. 1er-14°)* **« de ne pas se conformer aux décisions prévues à l'article L. 313-16 » ou d'ouvrir à nouveau l'établissement, après fermeture administrative, sans solliciter l'autorisation préfectorale prévue à l'article L. 322-6 ;**

(Ord. n° 2018-22 du 17 janv. 2018, art. 1er-14°) **« 4° Le fait de ne pas tenir le registre prévu à l'article L. 331-2. »**

Les personnes physiques coupables des infractions définies au présent article encourent également la peine complémentaire d'interdiction, suivant les modalités de l'article 131-27 du code pénal, d'exploiter ou de diriger un établissement soumis aux dispositions du présent chapitre ou d'effectuer des placements d'enfants ou de recevoir des enfants.

(Abrogé par L. n° 2009-526 du 12 mai 2009, art. 122) ***« En cas de récidive, les peines prévues au présent article peuvent être portées au double. »*** – *[C. fam., art. 99.]*

COMMENTAIRE

A l'instar de l'article L. 321-2, cet article L. 321-4 a lui aussi été réaménagé par l'ordonnance n° 2005-1477 du 1er décembre 2005 (art. 15) : celle-ci s'est là encore proposée, s'agissant de la définition des éléments constitutifs de l'infraction pénale prévue à cet article, de mettre en meilleure cohérence les faits incriminés avec l'évolution des activités sociales et médico-sociales. L'ordonnance n° 2018-22 du 18 janvier 2018 a introduit dans cet article, quant à elle, quelques modifications de formulation. ❑

CHAPITRE II ACCUEIL D'ADULTES

Art. L. 322-1 Toute personne physique ou toute personne morale privée qui veut héberger, à titre gratuit ou onéreux, des adultes dans un établissement qui ne relève pas du régime d'autorisation prévu au titre I du présent livre, doit préalablement en faire la déclaration à l'autorité administrative. Celle-ci est tenue d'en donner récépissé. – *[C. fam., art. 203, al. 1er, dernière phrase.]*

COMMENTAIRE

L'article 203 de l'ancien code de la famille et de l'aide sociale, repris ci-dessus, a maintenu le régime de déclaration préalable de la loi n° 71-1050 du 24 décembre 1971 pour un ensemble d'activités d'accueil n'entrant pas, du fait de leur caractère limité, dans le champ de l'autorisation préalable tel que défini à l'article L. 312-1. Concernant l'hébergement par une personne physique ou morale de droit privé « d'adultes », cette disposition vise d'une part les personnes qui reçoivent à leur domicile et pour leur entretien des personnes âgées sans pour autant relever ni, comme l'indique le texte, du régime d'autorisation, ni non plus du cadre prévu pour les accueils commerciaux (art. L. 342-1 à L. 342-6), ni du régime concernant les « particuliers accueillant des personnes âgées ou handicapées » (art. L. 441-1 à L. 443-12) ; et d'autre part l'accueil, avec les mêmes réserves, de personnes handicapées ou de personnes prises en charge en vue de leur réinsertion sociale.

Les dispositions qui suivent précisent le régime de la déclaration (art. L. 322-2 à L. 322-4), définissent un certain nombre d'interdictions d'exercer cette activité (art. L. 322-5 à L. 322-7) et exposent les sanctions pénales encourues (art. L. 322-8). ❑

Art. L. 322-2 **La déclaration prévue à l'article L. 322-1 doit mentionner notamment les caractéristiques juridiques de l'établissement, les noms de ses propriétaires ou administrateurs, le nom de son directeur et, le cas échéant, de son économe et enfin l'activité envisagée.** – *[C. fam., art. 203, al. 2, 1re phrase.]*

Art. L. 322-3 **Tout changement essentiel projeté dans l'activité, l'installation, l'organisation ou le fonctionnement de l'établissement intéressant l'un des points mentionnés dans la déclaration doit être porté à la connaissance de l'autorité administrative dans les conditions fixées par voie réglementaire.** – *[C. fam., art. 204.]*

Art. L. 322-4 **Dans un délai de deux mois, l'autorité administrative peut faire opposition, dans l'intérêt des bonnes mœurs, de la santé, de la sécurité, de l'hygiène ou du bien-être des personnes hébergées à l'exécution des modifications projetées. A défaut d'opposition, l'établissement peut être ouvert et les modifications exécutées sans autre formalité.** – *[C. fam., art. 205.]*

Art. L. 322-5 *Abrogé par Ord. n° 2005-1477 du 1er déc. 2005, art. 15.*

Art. L. 322-6 **Un établissement dont la fermeture a été régulièrement prononcée ne peut être ouvert de nouveau qu'après autorisation du représentant de l'État dans le département ; à défaut de décision du représentant de l'État dans le département dans les trois mois de la demande, l'autorisation est réputée acquise.** – *[C. fam., art. 211, 1re phrase.]*

Art. L. 322-7 *Abrogé par Ord. n° 2010-177 du 23 févr. 2010, art. 18-I-39°.*

Art. L. 322-8 **Est puni d'un emprisonnement de trois mois et d'une amende de 3 750 € :**

1° La création d'un établissement prévu à l'article L. 322-1 sans avoir effectué la déclaration préalable auprès de l'autorité administrative compétente ;

2° L'ouverture de cet établissement malgré l'opposition de l'autorité administrative prévue à l'article L. 322-4 ;

3° Le fait, pour le responsable d'un établissement mentionné à l'article L. 322-1 d'apporter une modification à cet établissement sans effectuer la déclaration auprès de l'autorité administrative prévue à l'article L. 322-3 ou malgré l'opposition prévue à l'article L. 322-4, *(Ord. n° 2018-22 du 17 janv. 2018, art. 1er-14°)* **« de ne pas se conformer aux décisions prévues à l'article L. 313-16 » ;**

4° Le fait d'ouvrir à nouveau l'établissement, après fermeture administrative, sans solliciter l'autorisation préfectorale prévue à l'article L. 322-6 ;

(Ord. n° 2005-1477 du 1er déc. 2005, art. 15) **« 5° » Le fait de ne pas tenir le registre prévu à l'article L. 331-2 ;**

(Abrogé par Ord. n° 2018-22 du 17 janv. 2018, art. 1er-14°) (Ord. n° 2005-1477 du 1er déc. 2005, art. 15) ***« « 6° » Le fait de faire obstacle aux demandes de renseignements et au droit d'entrée des agents chargés*** *(L. n° 2007-308 du 5 mars 2007, art. 27)* ***« du contrôle » prévus aux articles L. 331-1 et L. 331-3. »***

Les personnes physiques coupables des infractions définies au présent article encourent également la peine complémentaire d'interdiction, suivant les modalités

de l'article 131-27 du code pénal, d'exploiter ou de diriger un établissement soumis aux dispositions du présent chapitre.

(Abrogé par L. nº 2009-526 du 12 mai 2009, art. 122) ***« En cas de récidive, les peines prévues au présent article peuvent être portées au double. »*** *– [C. fam., art. 213.]*

Art. L. 322-8-1 *(L. nº 2017-1837 du 30 déc. 2017, art. 128-I)* **Chaque établissement qui est ouvert plus de neuf mois dans l'année remplit chaque année une enquête nationale de coûts relative au secteur de l'accueil, de l'hébergement et de l'insertion, pour le recueil des données relatives à l'année précédente. Toute convention conclue pour financer un établissement prévoit que le versement d'une partie de la subvention est subordonné au fait d'avoir rempli l'enquête nationale de coûts précitée. Le contenu et les modalités de recueil des données sont définis par voie réglementaire.**
– V. Arr. du 12 mars 2018 (JO 21 mars), mod. par Arr. du 26 août 2020 (JO 3 sept., NOR : TRES2022798A).

COMMENTAIRE

Dans le souci de faire remonter des données depuis les ESMS jusqu'au niveau national pour les intégrer, et constituer ainsi des instruments de pilotage national de l'offre de service, cette disposition relie l'obligation faite aux établissements de répondre aux enquêtes nationales à une sanction financière que les CPOM doivent introduire dans leur dispositif. ❑

Art. L. 322-9 Sauf disposition contraire, les modalités d'application du présent chapitre sont déterminées par décret en Conseil d'État *(Abrogé par Ord. nº 2010-177 du 23 févr. 2010, art. 18-I-40º)* ***« pris après avis du Conseil supérieur de l'aide sociale »*, et notamment :**

1º Les conditions dans lesquelles un hébergement collectif est considéré comme un établissement au sens de l'article L. 322-1 ;

2º Le contenu et les modalités de la déclaration prévue à l'article L. 322-2 ;

3º Les conditions de la déclaration prévue à l'article L. 322-3. *– [C. fam., art. 205.]*
V. art. R. 322-1 s..

CHAPITRE III DISPOSITIONS COMMUNES

Le présent chapitre ne comprend pas de dispositions législatives.

TITRE III DISPOSITIONS COMMUNES AUX ÉTABLISSEMENTS, SERVICES ET LIEUX DE VIE ET D'ACCUEIL SOUMIS À AUTORISATION, HABILITATION, AGRÉMENT ET DÉCLARATION *(Ord. nº 2018-22 du 17 janv. 2018, art. 1er-15º).*

COMMENTAIRE

Ce titre III, qui ne comporte qu'un seul chapitre, reprend en les réorganisant un ensemble de dispositions dispersées dans l'ancien code de la famille et de l'aide sociale et relatives au contrôle des établissements et services (art. 97 et 98, 207 à 215). Ce chapitre (art. L. 331-1 à L. 331-9) reprend donc le socle des dispositions antérieures à la loi nº 2002-2 du 2 janvier 2002, ce dernier texte l'ayant complété à la section 4 du chapitre III du titre I intitulée « Contrôle » et concernant les établissements et services soumis à autorisation préalable (art. L. 313-13 à L. 313-20). Les dispositions ci-dessous concernent quant à elles l'ensemble des établissements et services, qu'ils relèvent du régime de la déclaration ou de celui de l'autorisation.

Il est à noter que la loi du 28 décembre 2015 relative à l'adaptation de la société au vieillissement ayant introduit de nouvelles dispositions à l'article L. 116-4 qui protègent les personnes handicapées et âgées des risques de captation de leurs biens par des « aidants » ou des professionnels, l'article L. 331-4 qui avait été introduit au code par la loi nº 2007-308 du 5 mars 2007 et qui avait le même objet a été logiquement abrogé. ❑

CHAPITRE UNIQUE

Art. L. 331-1 *(Ord. n° 2018-22 du 17 janv. 2018, art. 1er-16°)* **Le contrôle des établissements et services habilités à recevoir des bénéficiaires de l'aide sociale, agréés ou déclarés dans les conditions du présent code, à l'exception de ceux régis par l'article L. 227-4, est exercé dans les conditions définies à la section 4 du chapitre III du titre I du livre III. Lorsqu'il est fait mention par ces dispositions de l'autorité compétente pour délivrer l'autorisation, il convient de lire l'autorité compétente pour délivrer l'habilitation ou l'agrément, ou recevoir la déclaration.**

BIBL. ▶ LHUILLIER, La fermeture administrative des établissements sociaux et médico-sociaux : de nouveaux textes pour un nouveau contexte, *RDSS 2006. 710*.

COMMENTAIRE

L'article L. 331-1, issu d'une loi de 1970 et réaménagé par la loi n° 2007-308 du 5 mars 2007 portant réforme de la protection juridique des majeurs, a été réécrit par l'ordonnance n° 2018-22 du 17 janvier 2018 qui réorganise l'ensemble des dispositifs de contrôle des services sociaux et médico-sociaux. Visant les établissements et services habilités, agréés ou soumis à simple déclaration, hors les structures de loisir accueillant les mineurs de l'aide sociale à l'enfance de l'article L. 227-4, la disposition renvoie pour leur contrôle aux règles générales concernant l'ensemble des ESMS (art. L. 313-13 s.). ❑

Art. L. 331-2 Il est tenu dans tout établissement un registre, coté et paraphé dans les conditions fixées par voie réglementaire, où sont portées les indications relatives à l'identité des personnes séjournant dans l'établissement, la date de leur entrée et celle de leur sortie.

Ce registre est tenu en permanence à la disposition des autorités judiciaires et administratives compétentes.

Toute personne appelée par ses fonctions à prendre connaissance de ce registre est tenue au secret professionnel dans les conditions et sous les peines fixées par l'article 226-13 du code pénal. — *[C. fam., art. 207.]*

COMMENTAIRE

L'article L. 331-2 oblige les établissements à tenir un état précis des personnes y séjournant avec les dates de leur entrée et de leur sortie. La formulation visant « un registre coté et paraphé » a une allure un peu datée et surannée (ancien art. 207) qui mériterait une refonte pour prendre en compte les instruments modernes de gestion et d'administration. Quoi qu'il en soit, et ce par tout moyen, les établissements doivent être constamment en mesure de produire des documents de suivi des personnes qu'ils accueillent ou qu'ils ont accueillies. ❑

Fermeture d'établissement, étendue des pouvoirs du préfet. Si les faits retenus par le préfet pour fermer un établissement doivent avoir fait l'objet d'une injonction du préfet, il n'est pas nécessaire qu'ils aient auparavant donné lieu à des observations consignées sur le registre des entrées et sorties par les autorités ou agents chargés du contrôle ; dès lors, la requérante ne saurait utilement se prévaloir de ce que les faits sur lesquels le préfet s'est fondé pour fermer l'établissement qu'elle dirige n'ont pas été consignés sur le registre prévu à l'art. 207 du C. fam. (devenu art. L. 331-2 CASF), pour soutenir que la décision de fermeture est intervenue à la suite d'une procédure irrégulière. • CE 12 févr. 1986, *Mme Mullot*, n° 46184.

Art. L. 331-3 *(Abrogé par Ord. n° 2018-22 du 17 janv. 2018, art. 1er-17°)* ***Les personnes responsables d'un établissement sont tenues de fournir aux autorités et agents chargés*** *(L. n° 2007-308 du 5 mars 2007, art. 28)* ***« du contrôle » tous renseignements qui leur sont demandés relatifs aux points mentionnés dans la déclaration d'ouverture et à l'identité des personnes hébergées.***

Elles sont également tenues de laisser pénétrer dans l'établissement, à toute heure du jour et de la nuit, les autorités et agents chargés *(L. n° 2007-308 du 5 mars 2007, art. 28)* ***« du contrôle ». Ceux-ci peuvent visiter tous les locaux, se faire présenter toute personne hébergée et demander tous renseignements nécessaires pour apprécier les conditions matérielles et morales de fonctionnement de l'établissement. Ils peuvent se faire accompagner, le cas***

échéant, par l'homme de l'art compétent en la matière. Ils signent le registre mentionné à l'article L. 331-2 et y consignent leurs constatations et observations.

Toutefois, sans préjudice des dispositions du titre II du livre I du code de procédure pénale, et sauf exceptions prévues par la loi, il ne pourra être procédé aux visites de nuit prévues à l'alinéa précédent, si elles doivent commencer après vingt et une heures et avant six heures, qu'en cas d'appel provenant de l'intérieur de l'établissement, ou sur plainte ou réclamation, ou sur autorisation du procureur de la République. En cas de visite de nuit, les motifs de l'inspection doivent être portés par écrit à la connaissance du directeur de l'établissement.

(Ord. nº 2005-1477 du 1er déc. 2005, art. 10) ***« Les contrôles s'effectuent dans les conditions prévues à l'article L. 1421-3 du code de la santé publique avec le concours des professionnels mentionnés à l'article L. 1421-1 du même code. »***

Les personnes chargées *(L. nº 2007-308 du 5 mars 2007, art. 28)* ***« du contrôle » sont tenues au secret professionnel dans les conditions et sous les peines fixées par l'article 226-13 du code pénal.*** – [C. fam., art. 209.]

Art. L. 331-4 *(Abrogé par L. nº 2015-1776 du 28 déc. 2015, art. 28-II)* ***Les personnes physiques*** *(L. nº 2007-308 du 5 mars 2007, art. 28)* ***« ou morales » propriétaires, administrateurs ou employés des établissements*** *(L. nº 2007-308 du 5 mars 2007, art. 28)* ***« , les bénévoles qui interviennent en leur sein et les associations auxquelles ces derniers adhèrent » ne peuvent profiter des dispositions entre vifs ou testamentaires faites en leur faveur par des personnes hébergées dans le ou les établissements qu'elles exploitent ou dans lesquels elles sont employées que dans les conditions fixées à l'article 909 du code civil.***

L'article 911 dudit code est, en outre, applicable aux libéralités en cause. – [C. fam., art. 209 *bis*.]

Ndlr : *les règles qui figuraient dans cet art. L. 331-4 ont été reportées pour l'essentiel à l'art. L. 116-4 par la L. nº 2015-1776 du 28 déc. 2015.*

V. notes de jurisprudence ss. art. L. 116-4.

Art. L. 331-5 *(Abrogé par Ord. nº 2018-22 du 17 janv. 2018, art. 1er-17º) (L. nº 2005-102 du 11 févr. 2005, art. 84-III)* ***« Sans préjudice de l'application des dispositions prévues à l'article L. 313-16 » si la santé, la sécurité ou le bien-être moral ou physique des personnes hébergées sont menacés ou compromis par les conditions d'installation, d'organisation ou de fonctionnement de l'établissement, le représentant de l'État enjoint aux responsables de celui-ci de remédier aux insuffisances, inconvénients ou abus dans le délai qu'il leur fixe à cet effet.***

S'il n'a pas été satisfait à l'injonction dans ce délai, le représentant de l'État ordonne *(Abrogé par Ord. nº 2005-1477 du 1er déc. 2005, art. 10)* ***« , après avoir pris l'avis « de la commission départementale compétente en matière d'environnement, de risques sanitaires et technologiques, » la fermeture totale ou partielle, définitive ou provisoire, de l'établissement.***

En cas d'urgence ou lorsque le responsable de l'établissement refuse de se soumettre *(L. nº 2007-308 du 5 mars 2007, art. 28)* ***« au contrôle prévu » à l'article L. 331-3, le représentant de l'État peut, sans injonction préalable, prononcer par arrêté motivé et à titre provisoire une mesure de fermeture immédiate.***

En cas de décision de fermeture prise par le président du conseil départemental, le représentant de l'État dans le département exécute cette décision en appliquant, avec le concours de celui-ci, les dispositions prévues à l'article L. 331-6. – [C. fam., art. 210.]

(L. nº 2009-526 du 12 mai 2009, art. 116) ***« Lorsque le service relève du 14º ou du 15º du I de l'article L. 312-1 :***

« 1º L'injonction prévue au premier alinéa peut être demandée par le procureur de la République ;

« 2º La décision de fermeture prévue au deuxième alinéa est prise par le représentant de l'État dans le département sur avis du procureur de la République ou à la demande de celui-ci. Le procureur de la République est informé de la fermeture du service. »

1. Nature et étendue de la compétence de l'administration. L'autorité compétente qui ordonne la fermeture d'un établissement d'hébergement de personnes âgées ouvert sans autorisation n'est pas placée en situation de compétence liée. • CE 29 déc. 1995, *Fabre et Perrier*, nº 151551 B : *RDSS 1996. 382, obs. Lhuillier*, et *1996. 604, note Prétot* (sol. impl.).

2. Fermeture et exercice du pouvoir d'injonction. Dès lors que la décision de fermeture contestée était inspirée par la seule circonstance que l'établissement concerné avait fait l'objet d'un retrait d'agrément, lui-même précédé d'une procédure contradictoire, et avait néanmoins continué à fonctionner, l'administration n'était pas dans la situation d'avoir à enjoindre aux responsables de l'établissement de remédier à des insuffisances, inconvénients ou abus constatés, quand bien même de telles circonstances auraient été également relevées. • CAA Marseille, 12 nov. 2009, *Min. travail,* n° 07MA04647.

3. Identification de l'établissement social. Un immeuble comportant des logements consistant en de simples chambres avec cabinet de toilette tandis que les installations sanitaires, la cuisine et la salle à manger relèvent des parties communes, et dont les locataires, âgés et pour la moitié d'entre eux invalides, ne peuvent en raison de leur état et de la configuration des locaux vivre de façon indépendante, doit être regardé, alors même qu'un contrat de bail est conclu avec les personnes accueillies, comme un établissement social assurant l'hébergement des personnes âgées et pouvant donner lieu à l'application des dispositions relatives à la fermeture d'un établissement ouvert sans autorisation. • CE 29 déc. 1995, *Dpt Nord c/ Debaillie,* n° 146270 : *Lebon 461 ; RDSS 1996. 381, obs. Lhuillier et 1996. 604, note Prétot* • 29 déc. 1995, *Assoc. Gere Home,* n° 145008 : *RDSS 1996. 381, obs. Lhuillier.*

4. Procédure d'urgence et caractère contradictoire. Si l'arrêté du préfet prononçant une mesure provisoire de fermeture immédiate est intervenu dans le cadre de la procédure d'urgence prévue par les textes, l'observation d'une procédure contradictoire n'est pas exigée. • CE 9 juill. 1993, *Solana,* n° 106557 : *RDSS 1994. 315, note Lhuillier.* ♦ Néanmoins, une fermeture définitive de l'établissement ne saurait être prononcée, quels qu'en soient les motifs, qu'après que le responsable de l'établissement a été informé du projet de décision de fermeture définitive et mis à même de présenter des observations • CE 2 févr. 2005, *Min. santé c/ Assoc. Orchidée,* n° 263948 : *RDSS 2005. 334, obs. J.M. Lhuillier.*

5. Fondements textuels de la décision de fermeture. Si le fonctionnement illicite, ayant donné lieu à l'ouverture d'une information judiciaire contre le président de l'association gestionnaire, d'un atelier pour l'emploi créé pour commercialiser les produits fabriqués par les personnes hébergées dans un centre d'aide par le travail ne justifie pas légalement une mesure préfectorale de fermeture au regard de l'art. 210 du C. fam. (devenu art. L. 331-5 CASF) dès lors qu'il n'est pas de nature à menacer ou compromettre la santé, la sécurité ou le bien-être moral ou physique des personnes hébergées, la décision préfectorale trouve en revanche une base légale dans l'art. 14-2 de la loi du 30 juin 1975 qui prévoit qu'une mesure de fermeture provisoire ou définitive peut être prise lorsque sont constatées, dans l'établissement ou le service et du fait de celui-ci, des infractions aux lois et règlements entraînant la responsabilité civile de l'établissement ou du service ou la responsabilité pénale de ses dirigeants. • CE 17 janv. 1997, *Min. solidarité,* n° 120228 B : *RDSS 1997. 365, obs. Lhuillier.*

6. Obligation de motivation. L'arrêté par lequel un président de conseil général prescrit la fermeture d'un établissement d'hébergement de personnes âgées constitue une mesure de police qui doit être motivée. • CE 29 déc. 1995, *Cabrera,* n° 147685 B : *RDSS 1996. 382, obs. Lhuillier.*

7. Étendue du contrôle juridictionnel. Le juge de l'excès de pouvoir exerce un contrôle normal sur l'appréciation des circonstances de fait sur laquelle se fonde l'autorité administrative pour ordonner la fermeture d'un établissement d'hébergement de personnes âgées. • CE 29 déc. 1995, *Fabre et Perrier,* n° 151551 : *préc. note 1.*

Art. L. 331-6 *(Abrogé par Ord. n° 2018-22 du 17 janv. 2018, art. 1er-17°)* ***En cas de fermeture d'un établissement, volontaire ou ordonnée en vertu de l'article L. 331-5, le représentant de l'État dans le département prend les mesures nécessaires en vue de pourvoir à l'accueil des personnes qui y étaient hébergées. Il peut également désigner un administrateur provisoire de l'établissement pour une durée qui ne peut être supérieure à six mois. Cet administrateur accomplit, au nom du représentant de l'État dans le département et pour le compte de l'établissement, les actes d'administration nécessaires à son fonctionnement, ainsi que les travaux urgents exigés par la sécurité des personnes hébergées.*** — [C. fam., art. 212.] — V. art. R. 331-6.

Art. L. 331-6-1 *(Abrogé par Ord. n° 2018-22 du 17 janv. 2018, art. 1er-17°) (L. n° 2007-308 du 5 mars 2007, art. 28)* ***Les établissements et les services relevant du présent titre sont également soumis aux dispositions de la section 4 du chapitre III du titre I du livre III du présent code.***

Art. L. 331-7 *(Abrogé par Ord. n° 2018-22 du 17 janv. 2018, art. 1er-18°)* ***« Le représentant de l'État dans le département ou le président du conseil départemental, en vertu de sa mission de surveillance des mineurs du département, peut adresser des injonctions aux établissements et personnes morales de droit privé mentionnés à l'article L. 321-1 et au 1° de l'article L. 312-1.***

« Le représentant de l'État dans le département peut fermer l'établissement en cas de violation des dispositions relatives à l'obligation scolaire ou à l'emploi des jeunes ou lorsqu'il estime que la santé, la moralité ou l'éducation des mineurs sont menacées.

« En cas d'urgence, le représentant de l'État dans le département peut prononcer une mesure de fermeture immédiate par arrêté motivé et à titre provisoire. » *(Abrogé par Ord. n° 2005-727 du 30 juin 2005)* ***« Il en saisit le conseil départemental de protection de l'enfance dans le délai d'un mois. »***

En cas de *(Ord. n° 2018-22 du 17 janv. 2018, art. 1er-18°)* « cessation définitive de l'activité d'un établissement, d'un service ou d'un lieu de vie et d'accueil autorisé en vertu de l'article L. 312-1 ou déclaré en vertu de l'article L. 321-1 », les créances que peuvent détenir les mineurs sur ce dernier sont garanties par un privilège général sur les meubles et par une hypothèque légale sur les immeubles appartenant à *(Ord. n° 2018-22 du 17 janv. 2018, art. 1er-18°)* « l'organisme gestionnaire », inscrite *(Ord. n° 2010-638 du 10 juin 2010, art. 13-I, en vigueur le 1er janv. 2013)* « au service chargé de la publicité foncière » à la requête du représentant de l'État dans le département ou du président du conseil départemental. – *[C. fam., art. 97.]*

Art. L. 331-8 *(Ord. n° 2018-22 du 17 janv. 2018, art. 1er-19°)* Les dispositions du présent titre sont applicables aux établissements du type de ceux mentionnés à l'article L. 321-1 ainsi qu'à l'article L. 322-1, et créés par des collectivités publiques.

Pour l'application de la section 4 du chapitre III du titre I du livre III et lorsqu'il est fait mention par ces dispositions de l'autorité compétente pour délivrer l'autorisation, il convient de lire :

– pour les établissements du type de ceux mentionnés à l'article L. 321-1, le président du conseil départemental ;

– pour les établissements du type de ceux mentionnés à l'article L. 322-2, le représentant de l'État dans le département.

Art. L. 331-8-1 *(L. n° 2015-1776 du 28 déc. 2015, art. 30)* Les établissements et services et les lieux de vie et d'accueil informent sans délai, dans des conditions fixées par décret en Conseil d'État, les autorités administratives compétentes pour leur délivrer l'autorisation prévue à l'article L. 313-1 ou pour recevoir leur déclaration en application des articles L. 321-1 et L. 322-1 de tout dysfonctionnement grave dans leur gestion ou leur organisation susceptible d'affecter la prise en charge des usagers, leur accompagnement ou le respect de leurs droits et de tout évènement ayant pour effet de menacer ou de compromettre la santé, la sécurité ou le bien-être physique ou moral des personnes prises en charge ou accompagnées.

Art. L. 331-8-2 *(Ord. n° 2018-22 du 17 janv. 2018, art. 1er-20°)* Les agents mentionnés à l'article L. 313-13 habilités et assermentés à cet effet dans des conditions fixées par décret en Conseil d'État, recherchent et constatent les infractions définies au présent code, à l'exception de celles prévues à l'article L. 227-8, dans les conditions prévues à l'article L. 313-13-1, par des procès-verbaux transmis au procureur de la République, qui font foi jusqu'à preuve contraire. Lorsque l'établissement ou le service accueille des majeurs bénéficiant d'une mesure de protection juridique, ils en transmettent une copie pour information aux juges des tutelles du ressort.

Art. L. 331-9 Sauf disposition contraire, les modalités d'application du présent chapitre sont prises par décret en Conseil d'État *(Abrogé par Ord. n° 2010-177 du 23 févr. 2010, art. 18-I-42°)* ***« pris après avis du conseil supérieur de l'aide sociale »***. – *[C. fam., art. 215.] – V. art. R. 321-1 s.*

TITRE IV DISPOSITIONS SPÉCIFIQUES À CERTAINES CATÉGORIES D'ÉTABLISSEMENTS

COMMENTAIRE

Au sein du livre III relatif à « l'action sociale et médico-sociale mise en œuvre par des établissements et services », dont l'essentiel des dispositions définit le régime de droit commun des établissements et services qui reçoivent des bénéficiaires de l'aide sociale ou des prestataires de la sécurité sociale et qui sont donc à ce titre habilités, autorisés et financés par la puissance publique, ce titre IV concerne des structures qui soit, ne recevant pas des bénéficiaires de l'aide sociale, ont un caractère commercial (structures d'hébergement de personnes âgées, chapitre II), soit, bien que financées par la puissance publique, sont soumises à un régime juridique spécifique (centres d'action médico-sociale précoce, centres pour handicapés adultes, centres d'hébergement et de réinsertion sociale, chapitres III à V) dont les dispositions se surajoutent au droit commun. ❑

CHAPITRE I POUPONNIÈRES

Le présent chapitre ne comprend pas de dispositions législatives.

CHAPITRE II HÉBERGEMENT DE PERSONNES ÂGÉES

BIBL. ▸ FABRE, L'hospitalisation à domicile en établissement social et médico-social, *RDSS 2013. 119* .

COMMENTAIRE

Les dispositions des articles L. 342-1 à L. 342-6 concernent principalement les établissements qui, n'étant pas habilités à recevoir des bénéficiaires de l'aide sociale, sont donc principalement des structures commerciales.

Ce chapitre reprend en fait les dispositions de la loi n° 90-600 du 6 juillet 1990 (introduites au code par l'article 77 de la loi du 2 janvier 2002) qui, dans un secteur où l'usager finance lui-même sa prise en charge, entendait d'une part rendre plus transparentes les relations entre le prestataire de services et la personne âgée, et d'autre part réguler les prix des prestations.

Pour l'essentiel, le cadre juridique impose la signature d'un « contrat » entre la personne âgée et le gestionnaire (art. L. 342-1 et L. 342-2), établit un principe de fixation du prix des prestations et de son évolution (art. L. 342-3 à L. 342-5) et définit un régime de sanctions (art. L. 342-6).

En ce qui concerne le « contrat », il convient d'indiquer, qu'imposé à ces structures par la loi du 6 juillet 1990, il est maintenant requis, du fait de la loi du 2 janvier 2002, pour l'ensemble des établissements sociaux et médico-sociaux sous la dénomination de « contrat de séjour » (art. L. 311-4, al. 2) ; cette obligation doit être cependant nuancée par la possibilité pour certaines structures, définies par décret, de ne mettre en place qu'un « document individuel de prise en charge ».

En matière de prix des prestations, ces derniers sont librement débattus entre l'usager et le prestataire, à l'exception naturellement du prix des prestations de la sécurité sociale et de prise en charge de la dépendance (art. L. 314-2, 1° et 2°) ; le mécanisme de régulation porte sur l'évolution ultérieure du prix puisque cette dernière doit se maintenir à l'intérieur d'un pourcentage fixé annuellement par arrêté ministériel ; le « conseil de la vie sociale », instance antérieurement obligatoire dans ces structures sous le nom de « conseil d'établissement » et désormais étendue à tous les établissements sociaux et médico-sociaux (art. L. 311-6), doit être consulté obligatoirement sur les tarifs proposés.

Enfin, un régime de sanctions en matière de non-respect de la réglementation des prix est prévu (art. L. 342-6) et il relève des dispositions de l'ordonnance du 1er décembre 1986 relative à la liberté des prix et de la concurrence. ❑

Art. L. 342-1 *(L. n° 2002-2 du 2 janv. 2002, art. 77)* **Sont soumis aux dispositions du présent chapitre :**

1° Les établissements mentionnés au 6° du I de l'article L. 312-1, lorsqu'ils ne sont ni habilités à recevoir des bénéficiaires de l'aide sociale ni conventionnés au titre de l'aide personnalisée au logement ;

2° Les mêmes établissements, lorsqu'ils n'accueillent pas à titre principal des bénéficiaires de l'aide sociale pour la fraction de leur capacité au titre de laquelle ils ne sont pas habilités à recevoir des bénéficiaires de l'aide sociale ;

(L. n° 2015-1776 du 28 déc. 2015, art. 12) **« 3° Les établissements conventionnés au titre de l'aide personnalisée au logement et non habilités à recevoir des bénéficiaires**

de l'aide sociale, pour ce qui concerne les prestations qui ne sont pas prises en compte dans le calcul de la part de la redevance assimilable au loyer et aux charges locatives récupérables conformément aux conventions mentionnées à l'article L. 353-2 du code de la construction et de l'habitation ; » — *Les dispositions issues de l'art. 12 de la L. n° 2015-1776 du 28 déc. 2015 ne sont pas applicables en Guadeloupe, en Guyane, à La Réunion, en Martinique, à Saint-Pierre-et-Miquelon, à Mayotte, à Saint-Barthélemy et à Saint-Martin (L. préc., art. 84-I-A, II-A, III-A et IV-A).*

(Ord. n° 2005-1477 du 1er déc. 2005, art. 8) **« 4° Les établissements d'hébergement pour personnes âgées habilités au titre de l'aide sociale, dans les conditions précisées au I de l'article L. 342-3-1. »**

Ces établissements ne peuvent héberger une personne âgée sans qu'au préalable un contrat écrit ait été passé avec cette personne ou son représentant légal. Pour la signature de ce contrat, la personne ou son représentant légal peut se faire accompagner d'une personne de son choix.

V. Arr. du 23 déc. 2022 relatif aux prix des prestations d'hébergement de certains établissements accueillant des personnes âgées (JO 30 déc., NOR : ECOC2232246A).

COMMENTAIRE

A la liste des établissements soumis aux dispositions spécifiques de ce chapitre, l'ordonnance n° 2005-1477 du 1er décembre 2005 (art. 8) a ajouté (dernier alinéa nouveau) les établissements d'accueil de personnes âgées qui comportent au sein de leur effectif un nombre minoritaire de bénéficiaires de l'aide sociale et pour lesquels la tarification par les autorités départementales n'intervient donc qu'à titre accessoire ; en effet, ils relèvent dorénavant, s'ils le souhaitent, d'un régime plus souple de tarification, organisé par le nouvel article L. 342-3-1.

Il est à noter que le 3° de cette disposition a fait l'objet d'une réécriture par la loi du 28 décembre 2015 adaptant la société au vieillissement dans un but de plus grande précision.

1. Régime du contrat de séjour. Le contrat de séjour par lequel une maison de retraite s'oblige à héberger une personne âgée et à fournir des prestations hôtelières, sociales et médicales n'est pas soumis aux règles du code civil relatives au louage de choses et n'est régi que par la convention des parties. • Civ. 3e, 1er juill. 1998, n° 96-17.515 P : *RDSS 1998. 877, obs. Lhuillier*.

2. Établissement de santé et situation non contractuelle. Un établissement hospitalier tient de l'art. L. 6145-9 CSP le pouvoir d'assurer l'exécution forcée du recouvrement de ses créances par l'émission de titres de recette pouvant donner lieu à recouvrement forcé, notamment par voie d'opposition à tiers détenteur ; par suite, un hôpital qui détient une créance sur un usager du service public administratif dont il a la charge, usager qui n'est pas dans une situation contractuelle vis-à-vis de ce service, y compris lorsqu'il a conclu un contrat d'hébergement en application de l'art. L. 342-1 CASF, n'est pas recevable à demander au juge des référés de condamner l'intéressé à lui verser une provision au titre de sa créance, une telle condamnation n'étant susceptible d'emporter aucun effet juridique qu'il n'avait les moyens de produire lui-même. • CE 3 févr. 2016, n° 388643 : *RDSS 2016. 332, concl. Decout-Paolini*.

Art. L. 342-2 Le contrat est à durée indéterminée ; il précise les conditions et les modalités de sa résiliation. Il comporte en annexe un document contractuel décrivant l'ensemble des prestations qui sont offertes par l'établissement et indiquant le prix de chacune d'elles, fixé *(L. n° 2015-1776 du 28 déc. 2015, art. 57-1°)* **« en application des deux premiers alinéas » de l'article L. 342-3. Le document est complété en cas de création d'une nouvelle prestation.**

Ce document détermine aussi les conditions de facturation de chaque prestation en cas d'absence ou d'hospitalisation du souscripteur.

(L. n° 2015-1776 du 28 déc. 2015, art. 57-1°) **« Pour les établissements relevant du premier alinéa du I de l'article L. 313-12, le contrat prévoit dans tous les cas un ensemble de prestations minimales relatives à l'hébergement, dont la liste est fixée par décret, qui est dit "socle de prestations". »**

Le contrat précise les *(L. n° 2015-1776 du 28 déc. 2015, art. 57-1°)* **« autres » prestations dont le souscripteur a déclaré vouloir bénéficier. Un avenant au contrat est établi lorsque, pendant la durée du contrat, le résident demande le bénéfice d'une prestation supplémentaire ou renonce à une prestation.** *(Abrogé par Ord. n° 2020-232* *du 11 mars 2020, art. 42-2°)* ***« Lorsqu'un préposé de l'établissement est désigné gérant de la tutelle en vertu de l'article 499 du code civil, les dispositions du deuxième alinéa de l'article 500 dudit code sont applicables pour la conclusion de l'avenant. »***

Lorsque, préalablement à l'entrée dans l'établissement, la personne âgée ou *(Ord. n° 2020-232 du 11 mars 2020, art. 42-2°)* **« la personne chargée à son égard d'une mesure de protection juridique avec représentation relative à la personne » a déclaré vouloir conclure un contrat pour un hébergement d'une durée limitée, inférieure à six mois, le contrat est alors à durée déterminée. Il contient les mêmes éléments que ceux définis aux alinéas précédents. Lorsqu'une personne est hébergée, sur la base d'un contrat à durée déterminée, au-delà d'une période de six mois consécutifs, le contrat est transformé de plein droit en contrat à durée indéterminée et soumis aux dispositions des articles L. 342-1 à L. 342-6.** — *[L. n° 90-600 du 6 juill. 1990, art. 2.]*

Les dispositions relatives au socle de prestations prévu à l'art. L. 342-2, dans sa rédaction résultant de l'art. 57 de la L. n° 2015-1776 du 28 déc. 2015, ne sont pas applicables aux contrats conclus avant la date d'entrée en vigueur du décret mentionné au même art. L. 342-2 (L. préc., art. 97).

L'Ord. n° 2020-232 du 11 mars 2020 n'est pas applicable en Nouvelle-Calédonie. Elle entre en vigueur à une date fixée par décret en Conseil d'État et au plus tard le 1er oct. 2020. Elle est applicable aux mesures de protection juridique en cours au jour de son entrée en vigueur et aux situations dans lesquelles aucune décision n'a été prise au jour de son entrée en vigueur (Ord. préc., art. 45 et 46, JO 12 mars).

Art. L. 342-3 *(L. n° 2015-1776 du 28 déc. 2015, art. 57-2°)* **« Le socle de prestations prévu au troisième alinéa de l'article L. 342-2 fait l'objet d'un prix global. Toute clause prévoyant un prix distinct pour une prestation relevant du socle de prestations est réputée non écrite.**

« Le prix du socle de prestations et les prix des autres prestations d'hébergement sont librement fixés lors de la signature du contrat. Ils varient ensuite, dans des conditions fixées par décret, dans la limite d'un pourcentage fixé au 1er janvier de chaque année par arrêté des ministres chargés des personnes âgées et de l'économie, compte tenu de l'évolution des coûts de la construction et des loyers, des produits alimentaires et des services et du taux d'évolution des retraites de base prévu à l'article L. 161-23-1 du code de la sécurité sociale.

« Le conseil de la vie sociale est consulté au moins une fois par an sur le niveau du prix du socle de prestations et sur le prix des autres prestations d'hébergement ainsi qu'à chaque création d'une nouvelle prestation.

« Pour les établissements relevant du 3° de l'article L. 342-1 du présent code, le prix du socle de prestations pris en compte dans le calcul de la part de redevance assimilable au loyer et aux charges locatives récupérables évolue conformément à ce que prévoit la convention conclue au titre de l'aide personnalisée au logement ; seules les autres prestations évoluent en fonction de l'arrêté interministériel mentionné au deuxième alinéa du présent article. »

Lorsqu'une des prestations offertes est choisie par un résident postérieurement à la signature du contrat ou à la création de cette prestation, son prix est celui qui figure dans le document contractuel mentionné à l'article L. 342-2, majoré, le cas échéant, dans la limite des pourcentages de variation autorisés depuis la date de signature du contrat ou de la création de la prestation si celle-ci est postérieure. — *[L. n° 90-600 du 6 juill. 1990, art. 3.]*

COMMENTAIRE

L'article L. 342-3 a été intégralement réécrit par la loi n° 2015-1776 du 28 décembre 2015 relative à l'adaptation de la société au vieillissement. Il s'agit d'une disposition très importante dans la mesure où elle encadre les modalités de fixation des tarifs pratiqués dans les structures d'hébergement des personnes âgées non habilitées au titre de l'aide sociale. Antérieurement, les prix pratiqués, non seulement étaient librement fixés lors de la signature du contrat, ce qui reste la norme, mais encore pouvaient connaître de fortes évolutions du fait de la facturation de « nouvelles » prestations en cours d'exécution du contrat, elles aussi librement établies.

Afin de garantir plus solidement le coût de l'hébergement, la disposition nouvelle reprend la notion de « socle de prestations » (art. L. 342-2) qui doit faire l'objet d'un prix global établi lors de la signature du contrat, les prestations qui y sont incluses ne pouvant ensuite plus faire l'objet d'une facturation supplémentaire. Peuvent s'ajouter à ce « socle » des prestations d'hébergement autres, l'ensemble de leurs prix ne pouvant varier qu'en référence à un pourcentage fixé par décret. Enfin, le conseil de la vie sociale de chaque établissement doit être consulté deux fois par an sur ces tarifs. ❑

1. Contestation de l'arrêté ministériel. L'arrêté dont la requérante a demandé l'abrogation ayant pour seul objet, conformément à l'art. L. 342-3 sur le fondement duquel il a été pris, de déterminer les limites dans lesquelles les établissements d'hébergement de personnes âgées sont autorisés à augmenter leurs tarifs, il en résulte, alors qu'un nouvel arrêté ayant le même objet a été pris l'année suivante, que l'arrêté dont l'abrogation est en cause a, de plein droit, cessé d'être applicable à la fin de l'année à laquelle il se rapportait; par suite, si des conclusions tendant à l'annulation de l'arrêté litigieux lui-même conservaient un objet, celles tendant à l'annulation du refus de l'abroger sont devenues sans objet alors même que le montant des tarifs qui a pu être atteint, compte tenu des hausses qu'il autorisait, a continué de produire des effets après l'adoption du nouvel arrêté. • CE 11 janv. 2006, *Mme Lellouche,* n° 274282 B.

2. Tarif dépendance et absence du résident. Il ne saurait être utilement soutenu que les règles selon lesquelles la facturation du tarif journalier afférent à la dépendance est suspendue en cas d'absence de la personne hébergée, dont la dépendance peut alors être prise en charge soit dans le cadre d'une hospitalisation, soit à domicile, ne peuvent trouver à s'appliquer aux établissements non habilités à recevoir des bénéficiaires de l'aide sociale ni conventionnés au titre de l'aide personnalisée au logement pour lesquels l'art. L. 342-3 du CASF dispose qu'ils fixent librement le prix de chaque prestation avec la personne hébergée lors de la signature du contrat d'accueil, dès lors qu'il ressort des termes mêmes de cet art. que les prestations liées à la dépendance ne sont pas au nombre de celles pour lesquelles la libre fixation du prix est prévue. • CE 10 janv. 2007, *Synerpa,* n° 258876.

3. Étendue du pouvoir réglementaire. Il résulte des dispositions de l'art. L. 342-3 CASF, éclairées par les travaux préparatoires de la loi du 6 juill. 1990 relative aux conditions de fixation des prix des prestations fournies par certains établissements assurant l'hébergement des personnes âgées et de la loi du 28 déc. 2015 dont elles sont issues, que le législateur, sans remettre en cause la libre fixation du prix des prestations d'hébergement, par contrat conclu entre la personne âgée accueillie et l'établissement d'hébergement au moment de l'entrée de la personne dans cet établissement, a entendu procéder à un encadrement de l'évolution ultérieure de ce prix qui ménage un équilibre entre, d'une part, la nécessité pour le gestionnaire de rentabiliser l'investissement consenti et d'assurer une gestion prévisionnelle de son personnel dans de bonnes conditions, et, d'autre part, la prise en compte de l'évolution des facultés contributives des personnes âgées accueillies, pour éviter qu'elles ne soient contraintes de quitter l'établissement; en prévoyant, pour la mise en œuvre de ces dispositions législatives, une formule de calcul du taux maximal d'évolution du prix des prestations d'hébergement qui diffère selon que les retraites de base connaissent une évolution inférieure ou supérieure à celle des charges des établissements et ne garantit aux établissements, pour les contrats conclus à compter du 1er janv. 2016, une évolution du prix égale à l'évolution de leurs charges que si l'évolution des retraites de base est au moins égale, le pouvoir réglementaire, qui a assuré la prise en compte des différents critères retenus par le législateur, n'a pas méconnu les dispositions de l'art. L. 342-3 et n'a pas porté une atteinte excessive à la liberté contractuelle. • CE 17 nov. 2017, n° 400939 B. ♦ Par ailleurs, compte tenu notamment de la liberté de fixation du prix des prestations qui régit la conclusion du contrat, ainsi que de la possibilité, prévue par l'art. L. 342-4 du même code, de fixation pour un établissement d'un pourcentage supérieur en cas d'augmentation importante des coûts d'exploitation résultant de l'amélioration de prestations existantes ou de la modification des conditions de gestion ou d'exploitation, le pouvoir réglementaire n'a pas commis d'erreur manifeste d'appréciation en prévoyant, lorsque le taux d'évolution des retraites de base est inférieur à celui des charges des établissements, que le pourcentage maximal d'évolution du prix des prestations d'hébergement est égal à la moyenne de ces deux taux, retenus chacun dans la même proportion. • Même arrêt.

Art. L. 342-3-1 *(Ord. n° 2005-1477 du 1er déc. 2005, art. 8)* **Les établissements d'hébergement pour personnes âgées habilités au titre de l'aide sociale mentionnés au 6° du I de l'article L. 312-1 peuvent être soumis aux dispositions du présent chapitre, à leur demande et après accord du président du conseil départemental compétent, dans le cadre d'une convention d'aide sociale, lorsqu'il est constaté que l'établissement a accueilli en moyenne moins de 50 % de bénéficiaires de l'aide sociale par rapport à sa dernière capacité agréée sur les trois exercices précédant celui de la demande.**

Dans ce cas, une convention d'aide sociale, dont le contenu minimal est fixé par décret, est conclue pour une durée maximale de cinq ans entre le représentant de l'établissement et le président du conseil départemental. Elle précise notamment :

1° Les conditions de réservation et de mise à disposition des places pour les bénéficiaires de l'aide sociale à l'hébergement des personnes âgées ;

2° Le montant des différents tarifs afférents à l'hébergement pouvant être pris en charge par l'aide sociale départementale et la définition des prestations garanties auxquelles ces tarifs correspondent.

Les tarifs afférents à l'hébergement pouvant être pris en charge par l'aide sociale départementale sont revalorisés chaque année pendant toute la durée de la convention du pourcentage prévu à l'article L. 342-3.

COMMENTAIRE

L'article L. 342-3-1 a été introduit au code par l'ordonnance n° 2005-1477 du 1er décembre 2005. Dans le but de simplifier les procédures de tarification des établissements sociaux et médico-sociaux, cet article, de façon optionnelle et pour les établissements accueillant moins de 50 % de bénéficiaires de l'aide sociale au sein de leur effectif, propose d'étendre le régime conventionnel organisé par le présent chapitre du code ; ainsi, s'ils le souhaitent, ces établissements peuvent dorénavant, plutôt que d'être soumis à la tarification annuelle de droit commun (L. 314-1 à L. 314-13), opter pour l'établissement d'une « convention d'aide sociale » signée avec le président du conseil départemental, d'une durée de cinq ans, cette convention définissant le montant des différents tarifs applicables aux bénéficiaires de l'aide sociale. Ce dispositif permet donc à la puissance publique d'alléger le poids considérable que représentent les procédures annuelles de tarification pour un grand nombre d'établissements dans lesquels les bénéficiaires de l'aide sociale sont en fait très minoritaires. Sur le plan des principes, cela constitue donc une forme nouvelle de tarification pluriannuelle, allant dans le même sens que les nouvelles dispositions de l'article L. 313-11. ❑

Art. L. 342-4 **Le** *(L. n° 2015-1776 du 28 déc. 2015, art. 57-3°)* **« président du conseil départemental » peut fixer un pourcentage supérieur en cas d'augmentation importante des coûts d'exploitation résultant d'amélioration de prestations existantes ou de la modification des conditions de gestion ou d'exploitation.**

L'établissement qui demande le bénéfice de ces dispositions doit adresser au *(L. n° 2015-1776 du 28 déc. 2015, art. 57-3°)* **« président du conseil départemental », conjointement à sa demande, l'avis rendu par le** *(L. n° 2015-1776 du 28 déc. 2015, art. 57-3°)* **« conseil de la vie sociale ».** – *[L. n° 90-600 du 6 juill. 1990, art. 4.]*

En application des art. L. 231-5 et L. 231-6 CRPA, le silence gardé pendant deux mois par l'administration vaut décision de rejet pour les demandes de dérogation au taux plafond d'évolution des tarifs des prestations d'hébergement des établissements accueillant des personnes âgées et pour les demandes de fixation d'un pourcentage supérieur de bénéficiaires de l'aide sociale en cas d'augmentation importante des coûts d'exploitation résultant d'améliorations de prestations existantes ou de la modification des conditions de gestion ou d'exploitation (Décr. nos 2014-1280 et 2014-1286 du 23 oct. 2014, applicables pour les demandes présentées à compter du 12 nov. 2014).

Art. L. 342-5 *(L. n° 2015-1776 du 28 déc. 2015, art. 59-I-3°)* **Constitue un manquement passible d'une amende administrative dont le montant ne peut excéder 3 000 € pour une personne physique et 15 000 € pour une personne morale le fait :**

1° D'héberger une personne âgée sans avoir au préalable conclu le contrat écrit conformément à l'article L. 342-1 ;

2° De proposer ou conclure un contrat dont une des stipulations n'est pas conforme à l'article L. 342-2 ;

3° De pratiquer des prix supérieurs à ceux résultant de l'application du pourcentage de variation fixé par les arrêtés prévus aux articles L. 342-3 et L. 342-4.

(Ord. n° 2016-301 du 14 mars 2016, art. 4-2°, en vigueur le 1er juill. 2016) **« Ces manquements sont recherchés et constatés par les agents mentionnés aux articles L. 511-3 et L. 511-21 du code de la consommation, dans les conditions prévues à l'article L. 511-7 du même code. » Lorsque le manquement fait l'objet d'une sanction et que toutes les voies de recours ont été épuisées, l'autorité administrative chargée**

de la concurrence et de la consommation informe le président du conseil départemental de la nature des manquements sanctionnés.

L'amende est prononcée dans les conditions prévues *(Ord. n° 2016-301 du 14 mars 2016, art. 4-2°, en vigueur le 1er juill. 2016)* **« au chapitre II du titre II du livre V du code de la consommation ».**

COMMENTAIRE

Intégralement réécrit par la loi du 28 décembre 2015, l'article L. 345-5 détaille dorénavant les faits constitutifs de manquements et, par là, passibles de sanctions administratives (1°, 2° et 3°). Il est à noter que ces manquements sont recherchés et constatés par les services de la concurrence, de la consommation et de la répression des fraudes, ce qui ancre les établissements concernés davantage dans le droit de la consommation que dans celui de l'aide et de l'action sociales. Cependant, le président du conseil départemental doit en être informé, ce qui permet aux autorités en charge de l'action sociale de prendre en compte ces faits dans la conduite de leur politique. ❑

Art. L. 342-6 *(L. n° 2007-290 du 5 mars 2007, art. 39)* **Les dispositions du présent chapitre s'appliquent sans préjudice de celles qui figurent au chapitre III du titre III du livre VI du code de la construction et de l'habitation.**

V. art. R. 342-1.

COMMENTAIRE

L'article L. 342-6 (introduit par la loi n° 2007-290 du 5 mars 2007) précise les articles précédents s'agissant de l'hébergement des personnes âgées dans des établissements qui n'ont pas été habilités au titre de l'aide sociale ou qui reçoivent principalement des personnes ne bénéficiant pas de l'aide sociale ; il complète les droits qui leur sont garantis en renvoyant aux dispositions du code de la construction et de l'habitation qui organisent la protection des personnes accueillies en logement-foyer (CCH, art. L. 633-1 s.). ❑

CHAPITRE III CENTRES D'ACTION MÉDICO-SOCIALE PRÉCOCE

COMMENTAIRE

Les « centres d'action médico-sociale précoce » font partie d'un ensemble d'établissements d'accueil et de protection sanitaire et sociale de la petite enfance parmi lesquels figurent notamment les crèches, les crèches familiales, les pouponnières, les haltes-garderies, toutes ces structures étant fondées juridiquement sur des textes réglementaires.

Disposant d'un fondement législatif intégré au code de la santé publique (art. L. 2132-4 et L. 2112-8) et repris à l'article L. 343-1, les centres d'action médico-sociale précoce ont une mission spécifique de prise en charge, dans une logique préventive, des jeunes enfants pour lesquels un handicap a été décelé notamment à l'occasion des examens médicaux obligatoires prévus à l'article L. 2132-2 du code de la santé publique.

Ces structures délivrent des prestations sous forme de cure ambulatoire aux enfants pris en charge par elle, et assurent de plus un soutien aux familles. ❑

Art. L. 343-1 Les règles relatives aux centres d'action médico-sociale précoce sont fixées par les dispositions *(L. n° 2023-1250 du 26 déc. 2023, art. 83-I)* **« de l'article L. 2132-4 » du code de la santé publique ci-après reproduites :**

Art. L. 2132-4 Les personnes titulaires de l'exercice de l'autorité parentale ou celles à qui un enfant a été confié sont informées, dans le respect des règles déontologiques, lorsqu'un handicap a été suspecté, décelé ou signalé chez ce dernier, notamment au cours des examens médicaux prévus à l'article L. 2132-2 du code de la santé publique, de la nature du handicap et de la possibilité pour l'enfant d'être accueilli dans des centres spécialisés, notamment, dans des centres d'action médico-sociale précoce, en vue de prévenir ou de réduire l'aggravation de ce handicap.

Dans les centres d'action médico-sociale précoce, la prise en charge s'effectue sous forme de cure ambulatoire comportant l'intervention d'une équipe pluridisciplinaire. Elle comporte une action de conseil et de soutien de la famille ou des personnes auxquelles l'enfant a été confié. Elle est assurée, s'il y a lieu, en liaison avec les institutions d'éducation préscolaires et les établissements et services mentionnés à l'article L. 2324-1.

Le financement de ces centres est assuré dans les conditions définies à l'article L. 2112-8 du code de la santé publique.

Art. L. 2112-8 *(Abrogé par L. nº 2023-1250 du 26 déc. 2023, art. 83-I) Le financement des centres d'action médico-sociale précoce mentionnés à l'article L. 2132-4 est assuré par une dotation globale annuelle à la charge des régimes d'assurance maladie pour 80 % de son montant et du département pour le solde.*

Art. L. 343-2 *Abrogé par Ord. nº 2010-177 du 23 févr. 2010, art. 18-I-43º.*

CHAPITRE IV CENTRES POUR HANDICAPÉS ADULTES

BIBL. ▶ DUMORTIER et FELTESSE, Un nouveau champ d'action pour les CAT : le travail à l'extérieur, *RDSS 1987. 111.* – JOLY, La vraie fausse révolution de l'assimilation des personnes handicapées en ESAT à des travailleurs au sens du droit de l'UE, *RDT 2015. 373*. – MANANGA, Le statut du travailleur handicapé mental en établissement ou service d'aide par le travail (ESAT) et l'application du droit du travail, *RDT 2008. 89*. – POINSOT, Travail protégé : chronique d'une mort annoncée ?, *RDT 2015. 369*. – RIHAL, Le statut des personnes handicapées employées par les ESAT, entre travailleurs et usagers d'un établissement social, *RDSS 2014. 46*. – ZRIBI, L'avenir du travail protégé, centres d'aide par le travail et intégration, *1998, Éd. ENSP.*

Art. L. 344-1 Dans les établissements ou services destinés à recevoir les personnes handicapées adultes n'ayant pu acquérir un minimum d'autonomie et dont l'état nécessite une surveillance médicale et des soins constants, les frais d'accueil et de soins sont pris en charge au titre de l'assurance maladie. – *[L. nº 75-534 du 30 juin 1975, art. 46, 1re phrase.]*

(L. nº 2009-1646 du 24 déc. 2009, art. 58) **« L'application de l'article L. 174-4 du code de la sécurité sociale relatif au forfait journalier ne peut conduire à faire descendre les ressources des personnes handicapées accueillies dans ces établissements au-dessous d'un minimum fixé par décret et par référence à l'allocation aux adultes handicapés. »** *(L. nº 2021-1549 du 1er déc. 2021, art. 15-I)* **« Ce minimum ne tient pas compte des primes liées aux performances versées par l'État aux sportifs de l'équipe de France médaillés aux jeux paralympiques. »**

COMMENTAIRE

A côté des établissements d'hébergement collectif qui existaient antérieurement, la loi nº 75-534 du 30 juin 1975 d'orientation en faveur des personnes handicapées a créé un nouveau type d'établissement, les « maisons d'accueil spécialisé » (MAS) qui correspondent à la définition donnée par cet article L. 344-1 (L. nº 75-534, art. 46) : il s'agit d'établissements ou de services destinés à recevoir les personnes « n'ayant pu acquérir un minimum d'autonomie et dont l'état nécessite une surveillance médicale et des soins constants ». Cette structure entre dans la liste des établissements soumis à la police spéciale organisée par le présent code aux articles L. 312-1 et suivants. La disposition ci-dessus apporte un élément d'importance en ce qui concerne leur régime juridique : ils sont financés par l'assurance maladie tant en ce qui concerne l'hébergement qu'en ce qui concerne les soins sous réserve du paiement du forfait journalier par l'intéressé (CSS, art. L. 174-4, R. 821-13) ; cette disposition était très novatrice en son temps puisqu'elle garantissait un financement de bon niveau par les assurances sociales à des structures spécifiques et adaptées aux handicapés alors qu'antérieurement elles relevaient de l'aide sociale qui mélangeait (le plus souvent dans des hospices) des populations très diverses.

L'article L. 174-4 du CSS ayant institué un forfait journalier, l'article L. 344-1 prévoit le maintien, au profit de la personne prise en charge, d'un minimum de ressources fixé par les autorités publiques et calculé en référence au montant de l'AAH. La loi de finances rectificative nº 2021-1549 du 1er décembre 2021 exclut du calcul du montant des ressources constituant la base du minimum à maintenir à la personne handicapée les primes liées à ses performances sportives dans le cadre des activités paralympiques. ❑

Art. L. 344-1-1 *(L. nº 2005-102 du 11 févr. 2005, art. 39-III)* **Les établissements et services qui accueillent ou accompagnent les personnes handicapées adultes qui n'ont pu acquérir un minimum d'autonomie leur assurent un soutien médico-social et édu-**

catif permettant le développement de leurs potentialités et des acquisitions nouvelles, ainsi qu'un milieu de vie favorisant leur épanouissement personnel et social. Un décret détermine les obligations de ces établissements et services, notamment la composition et les qualifications des équipes pluridisciplinaires dont ils doivent disposer.

COMMENTAIRE

La loi n° 2005-102 du 11 février 2005 pour l'égalité des droits et des chances, la participation et la citoyenneté des personnes handicapées a ajouté cette disposition qui complète l'article L. 344-1 en cadrant, certes de façon très large, les missions des « maisons d'accueil spécialisées » (MAS) ; la nouveauté, par rapport à la réglementation antérieure, réside dans la référence au « développement des potentialités » et à « l'épanouissement personnel et social » des personnes handicapées. En effet, ces structures qui accueillent des adultes handicapés dépourvus d'un « minimum d'autonomie », dit le texte, courent souvent le risque de s'en tenir à une prise en charge dénuée de toute perspective d'évolution positive des personnes. C'est pour tenter de conjurer ce risque que la loi (laquelle doit être précisée par un décret) tente d'impulser une dynamique dans ces établissements. ❑

Art. L. 344-1-2 *(L. n° 2009-1646 du 24 déc. 2009, art. 52)* **Les frais de transport entre le domicile et l'établissement des personnes adultes handicapées fréquentant en accueil de jour les établissements mentionnés à l'article L. 344-1 ou les foyers d'accueil médicalisés mentionnés au 7° du I de l'article L. 312-1 sont inclus dans les dépenses d'exploitation de ces établissements et foyers et sont financés par l'assurance maladie.**

COMMENTAIRE

Dans le même sens que la disposition précédente, et pour tenir compte de problèmes apparus depuis l'adoption de la loi n° 2005-102 du 5 février 2005, la LFSS pour 2010 (L. n° 2009-1646 du 24 déc. 2009) a fait droit à des demandes réitérées des structures prenant en charge les personnes handicapées : à partir du moment où il convient de diversifier les modes de prise en charge de ces personnes, notamment en articulant des accueils en établissement avec des accueils de jour liés à un maintien à domicile, il convenait que les frais de transport soient inclus dans les dotations financières supportées par l'assurance maladie. ❑

Art. L. 344-2 *(L. n° 2005-102 du 11 févr. 2005, art. 39-II)* **Les établissements et services d'***(L. n° 2023-1196 du 18 déc. 2023, art. 15-I)* **« accompagnement » par le travail accueillent des personnes handicapées** *(L. n° 2022-217 du 21 févr. 2022, art. 136-II)* **« pour lesquelles la commission prévue à l'article L. 146-9 a constaté une capacité de travail réduite, dans des conditions définies par décret, et la nécessité d'un accompagnement médical, social et médico-social. » Ils leur offrent des possibilités d'activités diverses à caractère professionnel, ainsi qu'un soutien médico-social et éducatif, en vue de favoriser leur épanouissement personnel et social.** — *V. art. R. 243-1 à R. 243-4, R. 344-6 s.*

(L. n° 2022-217 du 21 févr. 2022, art. 136-II) **« Les personnes accueillies dans ces établissements et services peuvent travailler, simultanément et à temps partiel, dans une entreprise ordinaire ou dans une entreprise adaptée ou exercer, dans les mêmes conditions, une activité professionnelle indépendante, sans toutefois pouvoir accomplir de travaux rémunérés au-delà de la durée légale de travail effectif des salariés à temps complet prévue à l'article L. 3121-27 du code du travail. Un décret précise les modalités de mise en œuvre du présent alinéa.**

« Ces établissements et services » *(L. n° 2018-1317 du 28 déc. 2018, art. 270)* **« signent avec les organismes mentionnés au 1°** ***bis*** **de l'article L. 5311-4 du code du travail une convention leur ouvrant la possibilité de prescrire les périodes mentionnées à l'article L. 5135-1 du même code. »**

Les contrats d'objectifs triennaux conclus avant le 1er janv. 2019 continuent de produire leurs effets jusqu'à leur terme (L. n° 2018-771 du 5 sept. 2019, art. 76-X).

COMMENTAIRE

La loi n° 2005-102 du 11 février 2005 a redessiné l'ensemble des dispositifs d'accès à l'emploi des personnes handicapées. Dans cet ensemble, un redécoupage a été opéré entre le travail en milieu ordinaire dont font désormais intégralement partie les anciens « ateliers protégés » (devenus « entreprises adaptées ») et le travail protégé qui, pour l'essentiel, s'organise au sein des « établissements et services d'accompagnement par le travail (nouvelle dénomination générique remplaçant celle de « centre d'aide par le travail », modifiée par la loi du 18 décembre 2023 pour le plein emploi qui a introduit le terme « accompagnement » à la place de celui d'« aide »). Le rattachement des entreprises adaptées (qui ne sont pas, à la différence des établissements et services d'aide par le travail, des institutions sociales mais des entreprises) au milieu de travail ordinaire a pour conséquence de faire bénéficier un plus grand nombre de personnes handicapées des statuts d'emploi de droit commun.

Les « établissements et services d'accompagnement par le travail » (ESAT), définis à l'ancien article 167 du code de la famille et de l'aide sociale et organisés par le décret n° 77-1546 du 31 décembre 1977, figurent au nombre des structures soumises à la police spéciale des établissements et services organisée aux articles L. 312-1 et suivants. Il s'agit de structures ayant une double vocation : une vocation sociale d'intégration de la personne handicapée et une vocation économique de production de biens ou de services. Les ESAT constituent des institutions médico-sociales et non des entreprises à la différence des « entreprises adaptées » (anciens « ateliers protégés » : C. trav., art. L. 323-31 s.), ce qui entraîne plusieurs conséquences : les organismes susceptibles de les créer, qui peuvent être aussi bien de droit public que de droit privé, sont soumis à autorisation préfectorale et doivent de plus passer une convention avec l'État (Décr. n° 77-1546 du 31 déc. 1977) ; les personnes handicapées qui y sont admises n'ont pas le statut de salarié, ne sont pas liées à l'établissement par un contrat de travail mais relèvent cependant de nombre de dispositions du code du travail en ce qui concerne tant les droits individuels que collectifs (art. L. 344-2-6 à L. 344-2-10 introduit au code par la L. n° 2023-1196 du 18 déc. 2023).

L'article L. 344-2 assouplit cependant les modalités concrètes d'accès au travail des personnes handicapées de deux façons : d'une part, du côté de l'organisme gestionnaire, un même ESAT peut comporter plusieurs « sections », c'est-à-dire gérer à la fois un atelier protégé, un service de distribution de travail à domicile et une section d'aide par le travail ; dans cette hypothèse, chaque section relève d'un régime juridique spécifique tant en ce qui concerne ses modalités de création et de fonctionnement que pour le statut des personnes accueillies ; d'autre part, du côté du handicapé, une personne accueillie dans un ESAT peut être autorisée à exercer une activité extérieure, tout en restant rattachée à l'établissement.

La loi de finances n° 2018-1317 du 28 décembre 2018 a ajouté une disposition à l'article L. 344-2 : il s'agit d'offrir la possibilité, au bénéfice des travailleurs handicapés en ESAT et pour les gestionnaires de ces établissements et services, de signer des conventions avec les structures du service public de l'emploi (celles qui sont en charge du placement, de l'insertion, de la formation et de l'accompagnement des demandeurs d'emploi et notamment celles qui sont dédiées à l'appui apporté en la matière aux travailleurs handicapés, C. trav., art. L. 5311-4) et de signer aussi des conventions permettant à leur bénéficiaire de suivre des « périodes de mise en situation en milieu professionnel » telles que prévues à l'article L. 5135-1 du code du travail.

Outre le fait qu'elle a renforcé les conditions justifiant l'accès à un ESAT (art. L. 344-2, al. 1er) en indiquant notamment que cela doit être lié à la nécessité d'un accompagnement médical, social et médico-social, la loi n° 2022-217 du 21 février 2022 relative à la différenciation, la décentralisation, la déconcentration et portant diverses mesures de simplification de l'action publique (loi « 3DS ») a entendu faciliter davantage encore l'accès des travailleurs handicapés aux entreprises ou activités ordinaires ; dans ce sens, elle consacre le fait, pour une personne handicapée, de pouvoir travailler simultanément et à temps partiel dans une entreprise de droit commun ou mener une activité indépendante et être prise en charge par un ESAT. ❑

1. Renvoi d'un centre d'aide par le travail. Commet une faute au sens de l'art. 1382 C. civ. l'association qui renvoie un adulte handicapé d'un centre d'aide par le travail, sans en aviser la COTOREP qui avait décidé de l'y maintenir ; ainsi, elle a, d'une manière brutale, privé l'intéressé de son placement et de sa rémunération, l'obligeant à entreprendre lui-même les démarches que la COTOREP aurait pu faire pour lui désigner un autre centre et le privant de la possibilité de justifier des motifs de son renvoi. • Civ. 2e, 5 oct. 1994, n° 92-16.657 P : *D. 1995. 301, note Dagorne-Labbe ; RDSS 1995. 574, obs. Alfandari*.

2. Faute inexcusable de l'employeur. En vertu des art. 9 et 19, al. 1er du décret n° 77-1546 du

31 déc. 1977, les Centres d'aide par le travail (CAT) sont soumis aux obligations de l'employeur prévues par la législation sur les accidents du travail du livre IV du code de la sécurité sociale ; il en résulte qu'ils sont tenus d'une obligation de sécurité de résultat dont le manquement a le caractère d'une faute inexcusable lorsque l'établissement avait ou aurait dû avoir conscience du danger auquel était exposé le travailleur concerné et qu'il n'a pas pris les mesures nécessaires pour l'en préserver. • Civ. 2e, 16 sept. 2003 : *RJS 2003. 910, n° 1325.*

3. Dommages causés par une personne handicapée placée dans un CAT. L'association, qui accepte la charge d'organiser et de contrôler, à titre permanent, le mode de vie d'un handicapé mental dans un milieu protégé (en l'occurrence un CAT) en le soumettant à un régime comportant une totale liberté de circulation dans la journée, doit répondre de celui-ci au sens de l'art. 1384, al. 1er, C. civ., et est tenue de réparer les dommages qu'il a causés • Cass., ass. plén., 29 mars 1991, *Assoc. Centres éducatifs du Limousin c/ Blieck*, n° 89-15.231 P : *JCP 1991. 21673, concl. et note Dontenwille et Ghestin ; RTD com. 1991. 258, note Alfandari et Jeantin ; RDSS 1991. 401, note Monéger ; D. 1991. 324, note Larroumet ; Répertoire Defrénois, 1991. 729, note Aubert ; RTD civ. 1991. 541, note Jourdain ; Gaz. Pal, 1992, n° 219, p. 12, note Chabas.*

4. CAT et service public. Si l'insertion sociale et professionnelle des personnes handicapées constitue une mission d'intérêt général, il résulte toutefois des dispositions de la loi du 30 juin 1975, éclairées par leurs travaux préparatoires, que le législateur a entendu exclure que la mission assurée par les organismes privés gestionnaires de centres d'aide par le travail revête le caractère d'une mission de service public. • CE 22 févr. 2007 : *Lebon 92 ; RDSS 2007. 499, concl. Vérot, note Koubi et Guglielmi ; AJDA 2007. 793, Lenica et Boucher ; JCP Adm. 2007. 2066, concl. Vérot et note Rouault ; ibid. 2007. 2145, note Guglielmi et Koubi.*

5. Incompétence du juge administratif. Il résulte de la L. n° 75-535 du 30 juin 1975 et de la L. n° 2002-2 du 2 janv. 2002 que le législateur a entendu exclure que la mission assurée par les organismes privés gestionnaires des établissements et services aujourd'hui mentionnés au 7° de l'art. L. 312-1 CASF revête le caractère d'une mission de service public ; par suite, la juridiction administrative n'est pas compétente pour connaître d'un litige relatif à l'admission d'une personne handicapée au sein d'un tel établissement ou service lorsqu'il est géré par une personne morale de droit privé. • CE 26 mars 2019, n° 428371 B.

6. Statut des travailleurs handicapés des établissements et services d'aide par le travail. La notion de « travailleur », au sens de l'art. 7 de la Dir. 2003/88 et de l'art. 31, § 2, de la Charte des droits fondamentaux de l'UE, prévoyant un droit à une période annuelle de congés payés doit être interprétée en ce sens qu'elle peut englober une personne admise dans un CAT. • CJUE 26 mars 2015, *Gérard Fenoll c/ Centre d'aide par le travail La Jouvene, Assoc. de parents et d'amis de personnes handicapées mentales (APEI)*, n° C-316/13 : *AJCT 2015. 480, obs. Didriche ; RDT 2015. 469, obs. Canut ; RDSS 2015. 714, note Hocquet de Lajartre et Rihal .* ♦ Si les usagers d'un CAT peuvent être regardés comme des travailleurs, au sens de l'art. 7 de la Dir. 2003/88/CE du Parlement et du Conseil du 4 nov. 2003 du fait de l'utilité économique des prestations fournies et rémunérées, ils ne peuvent se prévaloir d'un droit à congés qu'à compter de l'entrée en vigueur, le 1er janv. 2007, du Décr. n° 2006-703 du 16 juin 2006 réformant l'art. R. 243-11 CASF et portant application de l'art. L. 344-2-2 du même code ; pour une période antérieure à cette date, ils ne peuvent invoquer l'interprétation, à la lumière de la Dir. 2003/88/CE du Parlement européen et du Conseil du 4 novembre 2003, de textes de droit interne inapplicables, en l'absence de contrat de travail, aux usagers d'un centre d'aide par le travail. • Soc. 16 déc. 2015, n° 11-22.376 P : *D. actu. 18 janv. 2016, obs. Fraisse.* ♦ Les personnes reconnues travailleurs handicapés et orientées par la CDAPH vers un établissement ou service d'aide par le travail sont usagers de ces établissements et ne sont pas liés à ceux-ci par un contrat de travail ; il en résulte que ces établissements ne peuvent rompre le contrat en application des art. L. 1226-2 s. C. trav. • Soc. 14 déc. 2022, n° 21-10.263 : *RDSS 2023. 328, note Rousset .*

Art. L. 344-2-1 *(L. n° 2005-102 du 11 févr. 2005, art. 39-IV)* **Les établissements et services d'***(L. n° 2023-1196 du 18 déc. 2023, art. 15-I)* **« accompagnement » par le travail mettent en œuvre ou favorisent l'accès à des actions d'entretien des connaissances, de maintien des acquis scolaires et de formation professionnelle, ainsi que des actions éducatives d'accès à l'autonomie et d'implication dans la vie sociale, au bénéfice des personnes handicapées qu'ils accueillent, dans des conditions fixées par décret.**

Les modalités de validation des acquis de l'expérience de ces personnes sont fixées par décret.

COMMENTAIRE

La loi n° 2005-102 du 11 février 2005 a souhaité réinscrire le travail dit « protégé » dans une dynamique. Certes, bien qu'il prenne en charge des personnes qui ne peuvent travailler dans des entreprises ordinaires ou adaptées ni exercer une activité indépendante, ce secteur doit cependant favoriser la progression tant scolaire que professionnelle des personnes concernées et, plus largement, concourir à leur éducation et au développement de leur autonomie. Telle est l'orientation qui se trouve consacrée dans cet article L. 344-2-1. ❑

Art. L. 344-2-2 *(L. n° 2005-102 du 11 févr. 2005, art. 39-IV)* **Les personnes handicapées admises dans les établissements et services d'***(L. n° 2023-1196 du 18 déc. 2023, art. 15-I)* **« accompagnement » par le travail bénéficient d'un droit à congés dont les modalités d'organisation sont fixées par décret.**

Art. L. 344-2-3 *(L. n° 2005-102 du 11 févr. 2005, art. 39-IV)* **Sont applicables aux personnes handicapées admises dans les établissements et services visés à l'article L. 344-2 les** *(L. n° 2023-1196 du 18 déc. 2023, art. 14-I)* **« articles L. 1225-62 à L. 1225-65 » du code du travail relatives au congé de présence parentale.**

Art. L. 344-2-4 *(L. n° 2005-102 du 11 févr. 2005, art. 39-IV)* **Les personnes handicapées admises dans un établissement ou un service d'***(L. n° 2023-1196 du 18 déc. 2023, art. 15-I)* **« accompagnement » par le travail peuvent,** *(L. n° 2023-1196 du 18 déc. 2023, art. 14-I)* **« sous réserve que cette opération n'ait pas de but lucratif » et selon des modalités fixées par voie réglementaire, être mises à disposition d'une entreprise afin d'exercer une activité à l'extérieur de l'établissement ou du service auquel elles demeurent rattachées.**

COMMENTAIRE

Cette disposition est à relier à l'article L. 344-2-1 car elle concourt, comme ce dernier, à recadrer les missions des ESAT. Afin de donner la possibilité aux personnes handicapées de rejoindre le milieu ordinaire de travail, les ESAT peuvent les « mettre à disposition » d'entreprises, ce qui permet ainsi aux intéressés d'exercer une activité professionnelle à l'extérieur de la structure tout en restant juridiquement rattachés à elle. La loi du 18 décembre 2023 pour le plein emploi a ajouté une précision au texte : la mise à disposition du travailleur handicapé ne doit pas avoir de but lucratif. ❑

Art. L. 344-2-5 *(L. n° 2005-102 du 11 févr. 2005, art. 39-IV)* **Lorsqu'une personne handicapée accueillie dans un établissement ou un service d'***(L. n° 2023-1196 du 18 déc. 2023, art. 15-I)* **« accompagnement » par le travail conclut un des contrats de travail prévus** *(L. n° 2016-1088 du 8 août 2016, art. 100-1°)* **« au premier alinéa de l'article L. 1221-2 et aux articles L. 1242-2, L. 1242-3, L. 1251-1, L. 5134-20, L. 5134-65, L. 6221-1 et L. 6325-1 » du code du travail,** *(L. n° 2023-1196 du 18 déc. 2023, art. 14-I)* **« une convention d'appui est conclue entre l'établissement ou le service d'accompagnement par le travail, l'employeur et éventuellement le service d'accompagnement à la vie sociale, sauf opposition de la personne ou de son représentant légal. » Cette convention précise les modalités de l'aide apportée par l'établissement ou le service d'***(L. n° 2023-1196 du 18 déc. 2023, art. 15-I)* **« accompagnement » par le travail et éventuellement le service d'accompagnement à la vie sociale au travailleur handicapé et à son employeur pendant la durée du contrat de travail dans la limite d'une durée maximale d'un an renouvelable deux fois pour cette même durée.**

(L. n° 2023-1196 du 18 déc. 2023, art. 14-I) **« La sortie d'un établissement ou d'un service d'accompagnement par le travail vers le milieu ordinaire de travail s'effectue dans le cadre d'un parcours renforcé en emploi, dont les modalités sont fixées par décret. »**

En cas de rupture de ce contrat de travail ou lorsqu'elle n'est pas définitivement recrutée par l'employeur au terme de celui-ci, la personne handicapée est réintégrée de plein droit dans l'établissement ou le service d'*(L. n° 2023-1196 du 18 déc. 2023, art. 15-I)* **« accompagnement » par le travail d'origine ou, à défaut, dans un autre établissement ou service d'***(L. n° 2023-1196 du 18 déc. 2023, art. 15-I)* **« accompagnement » par le travail avec lequel un accord a été conclu à cet effet. La convention**

mentionnée au *(L. nº 2023-1196 du 18 déc. 2023, art. 14-I)* **« premier alinéa du présent article » prévoit également les modalités de cette réintégration.**

L'Ord. nº 2020-232 du 11 mars 2020 n'est pas applicable en Nouvelle-Calédonie. Elle entre en vigueur à une date fixée par décret en Conseil d'État et au plus tard le 1er oct. 2020. Elle est applicable aux mesures de protection juridique en cours au jour de son entrée en vigueur et aux situations dans lesquelles aucune décision n'a été prise au jour de son entrée en vigueur (Ord. préc., art. 45 et 46, JO 12 mars).

COMMENTAIRE

La disposition ci-dessus complète les articles L. 344-3-1 et L. 344-3-2 ; due, comme eux, à la loi nº 2005-102 du 11 février 2005, elle entend contribuer à décloisonner le « travail protégé » par rapport au travail ordinaire, en allant plus loin que la seule « mise à disposition » de l'article L. 344-3-2. Elle permet au travailleur handicapé, admis dans un ESAT et qui peut conclure un contrat de travail de droit commun, un contrat initiative-emploi ou un contrat d'accompagnement dans l'emploi, de bénéficier d'une convention dénommée « convention d'appui » (L. nº 2023-1196 du 18 déc. 2023, art. 14-1) passée entre l'ESAT, son employeur en milieu ordinaire et éventuellement un service d'accompagnement à la vie sociale ; cette convention permet aussi, en cas de rupture du contrat de travail, la réintégration de la personne handicapée dans l'ESAT. Un travailleur handicapé qui sort d'un ESAT vers le milieu ordinaire de travail bénéficie d'un « parcours renforcé en emploi », dont les modalités sont fixées par décret (L. nº 2023-1196 du 18 déc. 2023, art. 14-1). ❑

Art. L. 344-2-6 *(L. nº 2023-1196 du 18 déc. 2023, art. 14-I)* **Sont applicables aux personnes handicapées accueillies dans un établissement ou un service d'accompagnement par le travail les articles suivants du code du travail :**

1º Les articles L. 2141-1 à L. 2141-3 ainsi que les articles L. 2141-6 et L. 2141-7-1 ;

2º Les articles L. 2281-1 à L. 2281-4 ;

(L. nº 2023-1196 du 18 déc. 2023, art. 14-II, en vigueur le 1er juill. 2024) **« 3º Les articles L. 3261-2 à L. 3261-4, L. 3262-1 à L. 3262-7 et L. 3263-1 ; »**

4º Les articles L. 4131-1 à L. 4132-5.

Pour l'application des articles mentionnés aux 1º à 4º du présent article, l'établissement ou le service d'accompagnement par le travail s'acquitte des obligations de l'employeur.

COMMENTAIRE

La loi nº 2023-1196 du 18 décembre 2023 pour le plein emploi a ajouté l'article L. 344-2-6 ci-dessus et les articles L. 344-2-7 à L. 344-2-10 qui viennent renforcer les droits des travailleurs handicapés au sein des ESAT en les alignant sur le droit commun : droit syndical (C. trav., art. L. 2141-1 à L. 2141-3, L. 2141-6 et L. 2141-7-1), droit d'expression collective des salariés (C. trav., art. L. 2281-1 à L. 2281-4), droits d'alerte et de retrait (C. trav., art. L. 4131-1 à L. 4132-5) pour ce qui concerne l'art. L. 344-2-6 ; droit de grève au titre de l'article L. 344-2-7 ; instance représentative comprenant à parité des travailleurs handicapés et des salariés de la structure, de nature consultative et compétente sur les questions de qualité de vie au travail, d'hygiène et de sécurité ainsi que sur l'évaluation et la prévention des risques professionnels prévue à l'article L. 344-2-8 ; représentation de l'instance prévue à l'article L. 344-2-8, avec voix consultative, aux réunions du comité social et économique de l'établissement ou du service prévue à l'article L. 344-2-9 ; enfin, en application de l'article L. 344-2-10, droit à une couverture collective à adhésion obligatoire en matière de remboursements complémentaires de frais occasionnés par une maladie, une maternité ou un accident. ❑

Art. L. 344-2-7 *(L. nº 2023-1196 du 18 déc. 2023, art. 14-I)* **Les personnes handicapées accueillies dans un établissement ou un service d'accompagnement par le travail ont le droit de grève dans le cadre de leurs activités à caractère professionnel. Les dispositions du code du travail relatives à l'exercice de ce droit et aux procédures de règlement des conflits collectifs leur sont applicables.**

Art. L. 344-2-8 *(L. nº 2023-1196 du 18 déc. 2023, art. 14-I)* **Dans les établissements et les services d'accompagnement par le travail, une instance, composée en nombre**

égal de représentants des personnes handicapées accueillies et de représentants des salariés de l'établissement ou du service, émet des avis et formule des propositions sur la qualité de vie au travail, sur l'hygiène et la sécurité ainsi que sur l'évaluation et la prévention des risques professionnels.

Les modalités de désignation des membres de cette instance, ses attributions et ses modalités de fonctionnement sont fixées par voie réglementaire.

Art. L. 344-2-9 *(L. nº 2023-1196 du 18 déc. 2023, art. 14-I)* **Des représentants de l'instance prévue à l'article L. 344-2-8 assistent, avec voix consultative, aux réunions du comité social et économique de l'établissement ou du service, dans les conditions fixées au présent article. Un décret fixe les règles de désignation de ces représentants.**

Dans les établissements employant de onze à quarante-neuf salariés, les représentants mentionnés au premier alinéa du présent article assistent aux réunions des membres de la délégation du personnel du comité social et économique prévues à l'article L. 2315-21 du code du travail portant sur la santé, la sécurité et les conditions de travail.

Dans les établissements employant au moins cinquante salariés, les représentants mentionnés au premier alinéa du présent article assistent aux réunions du comité social et économique portant sur la santé, la sécurité et les conditions de travail et aux réunions de la commission santé, sécurité et conditions de travail.

Art. L. 344-2-10 *(L. nº 2023-1196 du 18 déc. 2023, art. 14-I et II, en vigueur le 1er juill. 2024)* **Les personnes handicapées accueillies dans un établissement ou un service d'accompagnement par le travail bénéficient d'une couverture collective à adhésion obligatoire en matière de remboursements complémentaires de frais occasionnés par une maladie, une maternité ou un accident dont chacune des catégories de garanties et la part du financement assurée par l'établissement sont au moins aussi favorables que celles mentionnées aux II et III de l'article L. 911-7 du code de la sécurité sociale.**

Un décret fixe les catégories de personnes mentionnées au premier alinéa du présent article pouvant se dispenser, à leur initiative, de l'obligation de couverture, eu égard à la nature ou aux caractéristiques de leur activité ou au fait qu'elles disposent par ailleurs d'une couverture complémentaire. Il précise également les adaptations dont fait l'objet la couverture des personnes relevant du régime local d'assurance maladie complémentaire des départements du Haut-Rhin, du Bas-Rhin et de la Moselle défini à l'article L. 325-1 du code de la sécurité sociale, en raison de la couverture garantie par ce régime.

Les dispositions du code de la sécurité sociale et du code général des impôts qui s'appliquent aux contributions à la charge de l'employeur pour le financement de garanties portant sur le remboursement ou sur l'indemnisation de frais occasionnés par une maladie, une maternité ou un accident s'appliquent dans les mêmes conditions aux couvertures souscrites en application du présent article.

Art. L. 344-3 **Les prix de journée ou toutes autres modalités de financement de l'exploitation des établissements de rééducation professionnelle et d'***(L. nº 2023-1196 du 18 déc. 2023, art. 15-I)* **« accompagnement » par le travail agréés pour recevoir des bénéficiaires de l'aide sociale aux personnes handicapées sont fixés par voie réglementaire.**

Dans les établissements de rééducation professionnelle, ils comprennent, d'une part, les frais concernant l'hébergement et l'entretien de la personne handicapée, d'autre part, ceux qui sont directement entraînés par la formation professionnelle ou le fonctionnement de l'atelier, et notamment les frais de transport collectif dans des conditions fixées par décret.

Dans les établissements d'*(L. nº 2023-1196 du 18 déc. 2023, art. 15-I)* **« accompagnement » par le travail, ils comprennent, à l'exclusion des charges directement entraînées par l'activité de production et de commercialisation de l'établissement, d'une part, les frais concernant l'hébergement et l'entretien de la personne handicapée, d'autre part, les charges de fonctionnement de l'activité sociale de l'établissement, et notamment les charges entraînées par le soutien éducatif et médico-social de la per-**

sonne handicapée dans son activité de caractère professionnel ainsi que les frais de transport collectif. Toutefois, à titre exceptionnel et pour une durée limitée, dans des conditions fixées par décret, peuvent être inclus dans les charges de fonctionnement certains frais directement entraînés par l'activité de production et de commercialisation de l'établissement. – *[C. fam., art. 168, al. 1er à 3.]*

COMMENTAIRE

L'article L. 344-3 est la reprise des alinéas 1er à 3 de l'ancien article 168 du code de la famille et de l'action sociale ; cet ancien article 168, ainsi distribué dans la codification nouvelle entre la présente disposition et les articles L. 344-4 et L. 344-5, constituait la base juridique du financement des établissements et services d'accueil des personnes handicapées.

La présente disposition concerne le financement des centres de rééducation professionnelle et les ESAT.

Les centres de rééducation professionnelle participent au reclassement du travailleur handicapé (réadaptation fonctionnelle, orientation, rééducation et formation professionnelle) qui est l'une des missions concourant à son insertion professionnelle. Ces centres de rééducation, de statut privé, sont institués par les caisses de sécurité sociale ou par des associations, sont agréés par l'État et bénéficient de l'assistance de l'AFPA (C. trav., art. L. 323-15) ; ils entrent dans la liste des établissements et services sociaux et médico-sociaux fixée à l'article L. 312-1.

L'article L. 344-2 détermine les types de frais qui sont pris en compte pour assurer le financement tant des centres de rééducation professionnelle que des ESAT, selon des formes de tarification (prix de journée ou budget global) qui sont fixées par le pouvoir réglementaire (V. art. L. 314-8 et al. 1er du présent article).

Pour les centres de rééducation professionnelle, sont pris en compte les frais d'hébergement et d'entretien ainsi que les frais de formation professionnelle ; pour les ESAT, les frais d'hébergement et d'entretien des personnes ainsi que les charges de fonctionnement de l'activité sociale (frais de soutien éducatif et médico-social). ❑

Art. L. 344-4 Les frais des établissements de rééducation professionnelle directement entraînés par la formation professionnelle ou le fonctionnement de l'atelier, ainsi que les charges de fonctionnement de l'activité sociale *(L. nº 2015-1702 du 21 déc. 2015, art. 74-I-6º, en vigueur le 1er janv. 2017)* **« des établissements mentionnés au *a* du 5º du I de l'article L. 312-1 » sont pris en charge sans qu'il soit tenu compte des ressources de l'intéressé,** *(L. nº 2015-1702 du 21 déc. 2015, art. 74-I-6º, en vigueur le 1er janv. 2017)* **« par l'assurance maladie ».** – *[C. fam., art. 168, al. 4.]*

COMMENTAIRE

Cet article (al. 4 de l'ancien art. 168), qu'il faut relier à l'article L. 344-5, détermine l'imputation du financement d'une part, des centres de rééducation professionnelle et, d'autre part, des ESAT. Alors que les premiers bénéficiaient déjà d'un financement par l'assurance maladie, les seconds font l'objet d'un changement important à cet égard : antérieurement, leur prise en charge relevait du budget de l'aide sociale d'État ; la loi nº 2015-1776 du 28 décembre 2015 l'a basculée vers l'assurance maladie.

Les charges prises en compte par ces financements doivent être considérées avec attention : il ne s'agit que des frais directement liés à la formation professionnelle pour ce qui concerne les centres de rééducation professionnelle, et uniquement des frais liés à l'activité sociale (frais de soutien éducatif et médico-social) pour ce qui concerne les ESAT. Autre élément à mettre en évidence : on ne prend pas en compte, dans la tarification de ces structures, les ressources des personnes handicapées qu'elles prennent en charge. ❑

Art. L. 344-5 *(L. nº 2005-102 du 11 févr. 2005, art. 18-III)* **« Les frais d'hébergement et d'entretien des personnes handicapées accueillies, quel que soit leur âge, dans les établissements mentionnés au *b* du 5º et au 7º du I de l'article L. 312-1, à l'exception de celles accueillies dans les établissements relevant de l'article L. 344-1, sont à la charge : »**

1º A titre principal, de l'intéressé lui-même sans toutefois que la contribution qui lui est réclamée puisse faire descendre ses ressources au-dessous d'un minimum fixé

par décret et par référence à l'allocation aux handicapés adultes, différent selon qu'il travaille ou non. *(L. nº 2021-1549 du 1er déc. 2021, art. 15-I)* **« Ce minimum ne tient pas compte des primes liées aux performances versées par l'État aux sportifs de l'équipe de France médaillés aux jeux paralympiques. » Ce minimum est majoré, le cas échéant, du montant des rentes viagères mentionnées à l'article 199 *septies* du code général des impôts** *(L. nº 2005-102 du 11 févr. 2005, art. 18-IV)* **« ainsi que des intérêts capitalisés produits par les fonds placés sur les contrats visés au 2º du I de l'article 199 *septies* du même code »** *(L. nº 2016-1088 du 8 août 2016, art. 99-IV)* **« ainsi que du montant de la prime mentionnée à l'article L. 841-1 du code de la sécurité sociale » ;** *– V. art. D. 344-34 à D. 344-39.*

2º Et, pour le surplus éventuel, de l'aide sociale sans qu'il soit tenu compte de la participation pouvant être demandée aux personnes tenues à l'obligation alimentaire à l'égard de l'intéressé, et sans qu'il y ait lieu à l'application des dispositions relatives au recours en récupération des prestations d'aide sociale lorsque les héritiers du bénéficiaire décédé sont son conjoint, ses enfants *(L. nº 2005-102 du 11 févr. 2005, art. 18-I)* **« , ses parents » ou la personne qui a assumé, de façon effective et constante, la charge du handicapé** *(L. nº 2005-102 du 11 févr. 2005, art. 18-II)* **« ni sur le légataire, ni sur le donataire »** *(L. nº 2015-1776 du 28 déc. 2015, art. 83-IV)* **« ou le bénéficiaire d'un contrat d'assurance vie ».** *(L. nº 2002-303 du 4 mars 2002, art. 2)* **« Les sommes versées, au titre de l'aide sociale dans ce cadre, ne font pas l'objet d'un recouvrement à l'encontre du bénéficiaire lorsque celui-ci est revenu à meilleure fortune ».** *– [C. fam., art. 168, al. 5 à 7.]*

COMMENTAIRE

L'article L. 344-5 détermine les conditions de prise en charge des frais d'hébergement et d'entretien d'une part dans les établissements visés par les articles L. 344-2, L. 344-3 et L. 344-4 – c'est-à-dire les centres de rééducation professionnelle et les ESAT, ces derniers pouvant effectivement joindre à l'activité productive ou de formation professionnelle un hébergement –, d'autre part dans les foyers et foyers-logements qui accueillent des personnes handicapées pour pourvoir à leur entretien quotidien.

Cette dernière catégorie d'établissements regroupe les foyers de vie dits aussi « occupationnels » qui accueillent des personnes disposant d'une autonomie telle qu'un accueil en MAS n'est pas justifié mais sans qu'elles soient aptes à exercer un travail productif ; les foyers d'hébergement pour adultes handicapés qui accueillent, pour leur entretien, des personnes travaillant soit en milieu de travail ordinaire, soit en établissement de travail protégé, ou qui sont en centre de rééducation professionnelle ; des foyers dits « à double tarification » qui comportent cependant, pour des personnes ne requérant pas une prise en charge totale par l'assurance maladie, une certaine médicalisation.

La couverture des frais d'hébergement et d'entretien est assurée « à titre principal », indique le texte, par la personne handicapée elle-même. Cependant, la loi pose en obligation la nécessité de laisser à la personne prise en charge un minimum de ressources ; le pouvoir réglementaire a fixé les règles relatives à la participation des personnes handicapées à leur hébergement et à leur entretien ainsi qu'au minimum de ressources devant être laissées à leur disposition (Décr. nº 77-1547 et nº 77-1548 du 31 déc. 1977) ; la loi de finances rectificative nº 2021-1549 du 1er décembre 2021 exclut pour le calcul de ce minimum les primes liées aux performances de l'intéressé dans le cadre des sports paralympiques ; ce minimum varie selon que la personne handicapée exerce une activité professionnelle ou non, qu'elle est accueillie en internat ou en externat, qu'elle a ou non des charges de famille. Pour la part des frais qui n'est pas prise en charge par la personne handicapée, c'est l'aide sociale départementale qui l'assume ; comme le prévoyait déjà l'ancien article 168 (al. 5 à 7), l'admission à l'aide sociale se fait sans que l'on puisse mettre en jeu les éventuelles créances alimentaires du demandeur ; de même les recours en récupération à l'encontre de sa succession (à condition que les héritiers soient le conjoint, les enfants ou encore la personne qui a assumé la charge effective et constante de la personne handicapée) sont écartés ainsi que le recouvrement des crédits publics engagés à l'encontre du bénéficiaire revenu à meilleure fortune, la loi nº 2015-1776 du 28 décembre 2015 y ayant ajouté l'exclusion de toute action en récupération à l'encontre du bénéficiaire d'une assurance vie.

1. Obligation particulière de secours incombant au conjoint. En exonérant les personnes tenues à l'obligation alimentaire à l'égard de la personne handicapée de toute participation aux frais d'hébergement de celle-ci, l'art. L. 344-5 n'a pas entendu faire obstacle à la prise en compte de l'obligation particulière de secours qui incombe au conjoint en vertu de l'art. 212 C. civ. • T. confl. 17 déc. 2001, *Mme Lucand : CJAS n° 2002/01, p. 15* • CE 27 avr. 2001, *Dpt Yonne*, n° 213345 : *Lebon 175 ; CJAS n° 01/10, p. 7 ; RDSS 2001. 847, obs. Bocquillon* • Comm. centr. aide soc. 18 mars 1988 : *RF aff. soc. 1989, cah. jur. n° 4, p. 38.*

2. Absence de décision de la COTOREP. En cas d'absence de décision de la COTOREP, il ne saurait y avoir prise en charge par l'aide sociale. • Comm. centr. aide soc. 19 oct. 1984 : *RF aff. soc. 1985, n° 3, p. 53.* ♦ Mais la commission départementale ne saurait, dans la mesure où cette condition supplémentaire n'est prévue par aucun texte, limiter la prise en charge par l'aide sociale au montant du prix de journée le plus élevé d'un établissement équivalent situé dans le département. • Comm. centr. aide soc. 1er juill. 1988, *Dpt Haut-Rhin : EJCCAS n° 43-5, p. 1.*

3. Personne admise sans exciper de sa qualité de personne handicapée. Si les personnes entrent dans ces établissements sans exciper de leur qualité de personnes handicapées et donc prennent en charge l'intégralité des frais d'hébergement, elles n'ont pas à solliciter l'intervention de la COTOREP et de la commission d'admission à l'aide sociale. • Comm. centr. aide soc. 19 févr. 1988 : *RF aff. soc. 1988, cah. jur. n° 2, p. 37.* ♦ Les allocations qu'elles perçoivent ne peuvent pas, par voie de conséquence, être réduites ou suspendues. • Comm. centr. aide soc. 16 déc. 1988 : *RF aff. soc. 1989, cah. jur. n° 2, p. 47.*

4. Personnes accueillies comme externes. Aucune participation aux frais d'entretien ne peut être demandée aux personnes accueillies comme externes dans ce type d'établissements. • CE 26 juill. 1996, *Canciani c/ Dpt Haute-Garonne*, n° 125813 B. • Comm. centr. aide soc. 21 août 2000 : *CJAS n° 2000/06, p. 97* • 30 avr. 2001 : *CJAS n° 2001/11, p. 101* • Comm. centr. aide soc. 4 févr. 2005 : *CJAS, n° 2005/02, p. 3.*

5. Service de suite d'un CAT. Les services de suite des centres d'aide par le travail ne sont – pas plus que ces derniers – des établissements d'hébergement : seul l'est un foyer en internat ; dans la mesure où l'article L. 344-5 ne prévoit la prise en charge que des frais « d'hébergement et d'entretien » dans les établissements et où ces services doivent être tenus comme relevant de l'action sociale, la charge des frais qu'ils génèrent est, compte tenu de la convention liant le gestionnaire du service au département qui en a autorisé le fonctionnement, au département d'implantation du service et/ou à celui de résidence de la personne bénéficiant de son intervention • Comm. centr. aide soc. 9 juin 2008, dossier n° 071592 : *CJAS n° 2008/4.*

6. Personnes accueillies en semi-internat. Aucune participation ne peut être demandée à une personne handicapée accueillie dans un foyer fonctionnant en semi-internat • Comm. centr. aide soc. 7 juin 2004 : *CJAS, n° 2004/05, p. 167.*

7. Distinction entre établissement et service. Les dépenses liées aux SAVS et aux SAMSAH, qui relèvent du 7° de l'art. L. 312-1 CASF, incombent au département pour les frais d'accompagnement à la vie sociale ; l'art. L. 344-5 du même code ne prévoyant la prise en charge par l'aide sociale au titre de l'aide sociale légale que des frais d'hébergement et d'entretien en établissement et non en service, le financement de celui-ci relève de l'aide sociale facultative mise en place par le département (et donc de la compétence du juge de droit commun) et non de l'aide sociale légale. • Comm. centr. aide soc. 7 oct. 2016, dossier n° 150036 : *CJAS n° 2017/02.*

8. Personne exerçant une activité professionnelle. Lorsque l'établissement assure un hébergement et un entretien complet y compris la totalité des repas, le pensionnaire doit pouvoir disposer librement chaque mois, s'il travaille, du tiers des ressources provenant de son travail ou des ressources garanties résultant de sa situation ainsi que de 10 % de ses autres ressources sans que le minimum puisse être inférieur à 30 % du montant mensuel de l'AAH. • Comm. centr. aide soc. 16 oct. 2001 : *CJAS n° 2002/01, p. 113.* ♦ Lorsque le pensionnaire prend régulièrement à l'extérieur de l'établissement au moins cinq des principaux repas au cours d'une semaine, 20 % du montant mensuel de l'AAH s'ajoutent aux pourcentages précédents. • Comm. centr. aide soc. 28 juin 2000 : *CJAS n° 2000/06, p. 105* • 16 oct. 2001 : *CJAS n° 2002/01, p. 117.* ♦ Il résulte du décret du 31 déc. 1977, d'une part, que les repas fournis par les centres d'aide par le travail entrent dans leurs frais de fonctionnement, d'autre part, que la contribution demandée à ce titre aux personnes handicapées est différente de celle qui leur est demandée au titre des frais d'hébergement. Dans ces conditions, dès lors que des repas ne sont pas compris dans le forfait d'hébergement, ils doivent être regardés comme « pris à l'extérieur de l'établissement », nonobstant la circonstance que ces repas seraient matériellement servis à l'intérieur de l'établissement ; par suite, le travailleur handicapé bénéficie de l'art. 3 dudit décret en vertu duquel la somme qui est laissée à sa disposition doit être majorée de 20 % du montant mensuel de l'allocation aux adultes handicapés. • CE 26 févr. 1992, *Melle Bouvet*, n° 109838 : *Lebon 76 ; RDSS 1993. 543, obs. Kessler.*

9. Minimum de ressources. La personne handicapée doit pouvoir conserver en tout état de cause un minimum de ressources dont le montant varie en fonction d'un certain nombre d'éléments (qualité ou non de travailleur, existence ou non de frais d'entretien, externat ou internat, de charges de famille...). • Comm. centr. aide soc. 17 oct. 1986 : *RF aff. soc. 1987, cah. jur. n° 1, p. 40, concl. Fornacciari* • 22 sept. 1989, *Dpt Yonne : EJCCAS n° 43-2, p. 1* • CE 30 juin 2003, *Dpt Paris c/ Ass. pour une insertion sociale vers l'extérieur : RDSS 2004. 396, note Tourette*. ♦ Le minimum de ressources devant rester à la disposition de l'intéressé doit être retranché du total des ressources dont elle peut disposer pour participer aux frais d'hébergement et non du montant dû au centre d'hébergement. • CE 27 avr. 2001, *Dpt Yonne*, n° 213345 : *Lebon 175* ; *CJAS n° 2001/10, p. 7.* ♦ Une allocation solidarité handicap servie par une mutuelle à ses adhérents et attribuée sans règlement d'une cotisation spécifique, en fonction de leurs ressources et du budget alloué à cette prestation, ne constitue pas une rente viagère au sens de l'art. 199 *septies* CGI ; par suite, elle n'est pas exclue des ressources à prendre en compte pour le calcul de la participation financière de la personne hébergée aux frais de son hébergement en foyer • Comm. centr. aide soc. 7 juin 2004 : *CJAS, n° 2004/05, p. 179.*

10. Rente viagère et minimum de ressources. La rente viagère d'orphelin servie par la caisse nationale de retraite et la caisse nationale de prévoyance des ouvriers du bâtiment doit être exclue des ressources à prendre en compte pour la détermination de la participation de l'intéressé aux frais de séjour et d'entretien dans l'institution d'accueil • CE 27 juill. 2005, n° 262606 : *CJAS n° 2005/05, p. 141.*

11. Impositions sur le revenu et minimum de ressources. Il résulte, des art. 2 et 3 du décret n° 77-1548 du 31 déc. 1977 (art. D. 344-35 et D. 344-36, CASF) que la somme dont doit pouvoir disposer librement chaque mois le handicapé placé dans un établissement qui assure un hébergement et un entretien complet, y compris la totalité des repas, lui soit garantie même après paiement de l'impôt sur le revenu. • CE 17 mars 1993, *Gabeur*, n° 94562 B : *RDSS 1993. 493, concl. Le Chatelier*.

12. Impôts fonciers, impôt de solidarité sur la fortune et participation du bénéficiaire. Les sommes réclamées à un contribuable au titre des impôts fonciers sur des biens qu'il n'occupe pas et de l'impôt de solidarité sur la fortune, qui dépendent dans une large mesure de décisions prises dans la gestion de son patrimoine, ne peuvent être regardées comme des dépenses exclusives de tout choix de gestion ; dès lors, elles ne sauraient être déduites de l'assiette du calcul de la participation d'un bénéficiaire de l'aide sociale à ses frais d'hébergement et d'entretien au sein d'un foyer d'accueil médicalisé. • CE 28 déc. 2016, *Dpt des Yvelines*, n° 394140 : *Lebon* ; *RDSS 2017. 371, concl. Decout-Paolini*.

13. Appréciation des ressources. Si les dispositions de l'art. L. 344-5, applicables à la période postérieure à l'entrée en vigueur de la loi du 2 janv. 2002 dont elles sont issues, prévoient que les rentes telles que celles résultant des contrats d'assurance vie sont exclues des ressources prises en compte pour le calcul de la participation de l'intéressé, ces dispositions ne font pas obstacle à la prise en compte des revenus procurés par de tels contrats avant le versement des rentes. • CE 15 mai 2006, *Arnaud*, n° 270715 B : *RDSS 2006. 938, obs. Borgetto*.

14. Pouvoirs du juge de l'aide sociale. Aucune disposition ne permet au juge de l'aide sociale de décider d'une remise ou d'une modération de la participation de la personne handicapée, fût-il juge de plein contentieux • Comm. centr. aide soc. 10 mai 2004 : *CJAS n° 2004/05, p. 175.*

15. Date d'effet de la prise en charge. La règle issue du décret du 11 juin 1954 selon laquelle la prise en charge des frais d'hébergement au titre de l'aide sociale peut prendre effet à compter de la date d'entrée dans l'établissement à condition que l'aide ait été demandée dans les deux mois après cette date n'est pas applicable lorsque, antérieurement à l'entrée dans l'établissement, l'intéressé bénéficiait déjà et à un même titre de l'aide sociale : dans ce cas, la prise en charge des frais d'hébergement prend effet à compter de la date d'entrée dans l'établissement. • Comm. centr. aide soc. 21 août 2000 : *CJAS n° 2001/06, p. 153* • 2 juill. 2002 : *CJAS n° 2002/05, p. 155.*

16. Date à prendre en compte pour l'application des textes. Si, par les dispositions ajoutées par la loi du 4 mars 2002 à l'art. L. 344-5, le législateur a entendu interdire toute action en récupération pour retour à meilleure fortune à compter de l'entrée en vigueur de cette loi, il n'a pas, en l'absence de disposition expresse en ce sens, modifié les règles applicables aux actions engagées à cette date à l'égard de situations définitivement constituées ; par suite, les dispositions applicables à l'action en récupération exercée, avant l'entrée en vigueur de la loi du 4 mars 2002, contre l'intéressé pour retour à meilleure fortune sont celles de l'art. L. 344-5, dans sa rédaction antérieure à sa modification par la loi du 4 mars 2002 • CE 1er oct. 2004, *Mazzoni*, n° 253288 B : *RDSS 2005. 160, obs. Tourette* ; *JCP E, 2005. 1155, note B. Cazin, Lanzarone.*

17. Notion de charge effective et constante. Par charge effective et constante, il n'y a pas lieu d'entendre la charge matérielle de la personne handicapée telle qu'assumée par une tierce personne mais un engagement continu envers la personne handicapée, essentiellement d'ordre affectif. • Comm. centr. aide soc. 5 févr. 2001 : *CJAS, n° 01/08, p. 129.* V. aussi • Comm. centr. aide soc. 17 août 2001 : *CJAS n° 01/12, p. 35.* ♦ Outre qu'elle n'est pas nécessairement une charge matérielle mais peut être également une charge affective et morale, la charge effective et constante d'une personne handicapée envisagée par l'art. L. 344-5 n'est pas celle de la tierce personne qui ne peut être assurée, en cas de placement, que par le personnel du foyer, mais celle qui révèle de la part de ceux qui l'assument un engagement personnel apportant au handicapé, même placé, le soutien de type familial dont il conserve le besoin • Comm. centr. aide soc. 15 déc. 2006, n° 060092 : *CJAS n° 07/03.* ♦ Doit être regardé comme ayant assumé, de façon effective et constante, la charge d'une personne handicapée le père, tuteur et représentant légal de cette dernière qui n'a cessé, tant avant l'admission dans le foyer que pendant le séjour dans celui-ci, la totalité de ses responsabilités à l'égard de son fils dont il s'est occupé activement sur tous les plans, en pourvoyant à son confort matériel et psychologique, en organisant des séjours en famille à l'occasion des fêtes et en lui rendant de fréquentes visites • CE 29 mars 1991, *Levesque : D. 1991. IR 123*. ♦ La charge effective et constante s'entend d'un engagement régulier et personnel de l'héritier auprès de la personne handicapée, placée en établissement, tant d'ordre matériel qu'affectif et moral. • Civ. 2e, 26 janv. 2023, n° 21-18.653 B.

18. Conformité à la constitution. En exemptant certaines personnes du recours en récupération instauré par l'art. L. 132-8 CASF, le législateur a entendu tenir compte d'une part, de l'aide apportée à la personne handicapée bénéficiaire de l'aide sociale et, d'autre part, de la proximité particulière des personnes exemptées avec elle et a distingué, parmi les héritiers, ceux qui ont effectivement assumé la prise en charge de l'intéressée, ceux, parents, enfants ou conjoint, qui peuvent être présumés l'avoir fait, parce qu'ils sont tenus à son égard par une obligation alimentaire légale, et ceux, donataires ou légataires, qui lui sont liés par une proximité particulière que manifeste la gratification qu'elle leur a consentie ; ainsi, la distinction opérée avec les autres héritiers repose sur des critères objectifs et rationnels en rapport direct avec l'objet de la loi et ne méconnaît donc pas le principe d'égalité. • Cons. const. 21 oct. 2016, n° 2016-592 QPC : *JO 23 oct. 2016 ; LPA 2017, n° 12, p. 7, note Niemec-Gombert.* ♦ Par ailleurs, les personnes handicapées n'étant pas placées dans la même situation que les personnes âgées au regard des exigences de leur prise en charge par l'aide sociale, le législateur a pu, sans méconnaître ce principe, prévoir des modalités différentes de récupération de l'aide sociale dans l'un et l'autre cas. • Même arrêt. ♦ Enfin, le législateur ayant étendu aux personnes handicapées hébergées dans des EHPAD ou des unités de soins de longue durée le régime d'exemption de recours en récupération prévu à l'art. L. 344-5 dans deux situations (lorsque les intéressées étaient précédemment hébergées dans un établissement dédié au handicap ou lorsque leur incapacité a été reconnue au moins égale à un pourcentage fixé par décret avant leurs 65 ans), les personnes handicapées âgées peuvent être prises en charge au titre de l'aide sociale, soit en raison de leur handicap, soit en raison de leur âge ; par suite, en faisant prévaloir, selon le cas, l'âge ou le handicap, le législateur a retenu des critères objectifs et rationnels en rapport direct avec l'objet de la loi. • Même arrêt.

Art. L. 344-5-1 *(L. n° 2005-102 du 11 févr. 2005, art. 18-V)* **Toute personne handicapée qui a été accueillie dans un des établissements ou services mentionnés au 7° du I de l'article L. 312-1 bénéficie des dispositions de l'article L. 344-5 lorsqu'elle est hébergée dans un des établissements et services mentionnés au 6° du I de l'article L. 312-1 du présent code et** *(Ord. n° 2010-177 du 23 févr. 2010, art. 18-I-44°)* **« dans les établissements de santé autorisés à dispenser des soins de longue durée ».**

(L. n° 2009-879 du 21 juill. 2009, art. 124-I-18°) **« L'article L. 344-5 du présent code s'applique également à toute personne handicapée accueillie dans un établissement ou service mentionné au 6° du I de l'article L. 312-1 ou dans un établissement autorisé à dispenser des soins de longue durée, et dont l'incapacité, reconnue à la demande de l'intéressé avant l'âge mentionné au premier alinéa de l'article L. 113-1, est au moins égale à un pourcentage fixé par décret. »**

Les dispositions de cet art. s'appliquent aux personnes handicapées accueillies, au 12 févr. 2005, dans l'un des établissements ou services mentionnés au 6° du I de l'art. L. 312-1 du même code, dès lors qu'elles satisfont aux conditions posées (L. n° 2005-102 du 11 févr. 2005, art. 18-VI).

Art. L. 344-6 **Dans les établissements d'***(L. n° 2023-1196 du 18 déc. 2023, art. 15-I)* **« accompagnement » par le travail, les personnes handicapées acquittent une participation forfaitaire au prix du repas lorsque celui-ci leur est fourni. Cette participation, identique pour tous les établissements, est fixée par arrêté du ministre chargé de l'action sociale et vient en atténuation des charges de fonctionnement de l'activité sociale desdits établissements.** — *[C. fam., art. 168, al. 8.]*

Art. L. 344-6-1 *(Ord. n° 2022-1336 du 19 oct. 2022, art. 16, en vigueur le 1er déc. 2024 au plus tard)* **Les établissements ou services d'***(L. n° 2023-1196 du 18 déc. 2023, art. 15-I)* **« accompagnement » par le travail peuvent être implantés dans les locaux**

de l'administration pénitentiaire et accueillir des personnes détenues handicapées pour l'exercice d'une activité de travail en détention, dans les conditions fixées par les dispositions de la section 8 du chapitre II du titre I du livre IV du code pénitentiaire.

COMMENTAIRE

L'ordonnance n° 2022-1336 du 19 octobre 2022 relative aux droits sociaux des personnes détenues (art. 16) a introduit l'article L. 344-6-1. Cette disposition constitue une innovation à souligner : dans les centres de détention peuvent être implantés des ESAT destinés à fournir une activité professionnelle aux détenus handicapés, cela dans le cadre des dispositions du code pénitentiaire qui organise ces types d'activités au sein des établissements qu'il réglemente. ❑

Art. L. 344-7 **Sauf disposition contraire, les modalités d'application du présent chapitre sont déterminées par décret en Conseil d'État, et notamment :**

1° Les conditions de l'agrément des établissements et services mentionnés à l'article L. 344-1 ainsi que celles relatives à la prise en charge de ces soins ;

2° Les conditions dans lesquelles sont prises en charge par la sécurité sociale et, le cas échéant, par l'aide sociale, les dépenses exposées, dans les établissements recevant des personnes atteintes de troubles mentaux, pour les personnes dont l'état ne nécessite plus le maintien en établissement de santé mais qui requièrent temporairement une surveillance médicale et un encadrement en vue de leur réinsertion sociale. – *[L. n° 75-534 du 30 juin 1975, art. 46, 2e phrase, et art. 47.]*

V. art. D. 245-10 et R. 344-1 s.

CHAPITRE V CENTRES D'HÉBERGEMENT ET DE RÉINSERTION SOCIALE

BIBL. ▶ ABALLEA et BENJAMIN, Les centres d'hébergement et de réadaptation sociale, évaluation d'expériences innovantes, *Rapport FORS, 1987.* – AUVIGNE et YAHIEL, Rapport d'enquête sur la situation financière des CAT et des CHRS, *IGF/IGAS 1993.* – BALLET, Les CHRS, *Les cahiers de l'habitat, n° 17, 1997.* – BORGETTO et LAFORE, Droit de l'aide et de l'action sociales, *Domat-Montchrestien, 11e éd., 2021, n° 586 s.* – BRUNETEAUX, Vide juridique et renvois arbitraires dans les Centres d'Hébergement d'Urgence parisiens, *RDSS 2007. 965* . – CHARRIER et LEGROS, État des lieux d'insertion, 1993, CREDOC. – DERREZ et BALLAND, Le logement des personnes défavorisées, *ASH (suppl. au n° 2526), oct. 2007.* – GREMION et LIPIANSKY, Héberger, l'accueil des sans-abri dans un département d'Île-de-France, *Cahiers du PUCA, n° 107, 1999.* – PADIEU, L'hébergement et la réadaptation sociale en 1985, *Solidarité-santé, ét. stat., n° 1, 1986. 77.* – ROUQUETTE, Les politiques publiques en faveur du logement, *Vie sociale, n° 5-6, 1993, p. 25.* – RULLAC, Le droit au logement opposable et l'hébergement social : analyse socio-juridique d'une loi réactionnelle, *Dr. soc. 2010. 806* . – VILLEROY DE GALHAU, Rapport d'enquête sur les centres d'hébergement, 1995, *Min. Econ. et Finances, 1995.*

COMMENTAIRE

Ce chapitre V, qui concerne les centres d'hébergement et de réinsertion sociale (CHRS), reprend les dispositions codifiées aux articles 185 (art. L. 345-1) et 185-3, alinéa 1er (art. L. 345-3) et 2 (art. L. 345-4), de l'ancien code de la famille et de l'aide sociale.

Il intègre de plus à l'article L. 345-2 l'article 157-III de la loi n° 98-657 du 29 juillet 1998 relative à la lutte contre les exclusions et qui vise le dispositif de « veille sociale ».

En ce qui concerne les centres d'hébergement et de réinsertion sociale, il s'agit des structures mettant en œuvre l'aide sociale à l'hébergement qui est une prestation légale relevant de la compétence de l'État. Cette forme d'aide sociale, à l'origine réservée à des catégories précises et limitées de bénéficiaires (prostituées, vagabonds, sortants de prison), s'est élargie à partir de la loi n° 74-955 du 19 novembre 1974 pour s'adresser à l'ensemble « des personnes et des familles qui connaissent de graves difficultés » tant économiques que familiales, de logement, de santé ou d'insertion. Ces centres, qui entrent dans la liste des établissements et services soumis à autorisation de l'article L. 312-1, assurent selon cette disposition, en comportant ou non un hébergement, « l'accueil, notamment dans les situations d'urgence, le soutien ou l'accompagnement social, l'adaptation à la vie active ou l'insertion sociale et professionnelle des personnes ou des familles en difficulté ou en situation de détresse». L'article L. 345-3 surajoute au régime juridique de l'autorisation et de l'habilitation prévues aux articles L. 313-1 à L. 313-9 l'obligation d'établir avec l'État une convention, laquelle est donc obligatoire pour les CHRS alors qu'elle ne l'est pas à l'égard des autres types d'établissements et services (art. L. 313-8-1). Cette convention veut garantir la meilleure cohérence possible dans l'accueil des personnes en graves difficultés, cela notamment grâce à la définition précise des missions et des catégories accueillies par chaque CHRS.

Jusque-là, les CHRS avaient vocation à accueillir aussi les demandeurs d'asile. La loi n° 2006-911 du 24 juillet 2006 relative à l'immigration et à l'intégration a créé une nouvelle catégorie d'établissement social pour assumer cette mission, le «centre d'accueil pour demandeurs d'asile» et l'a doté d'un régime juridique spécifique constituant un nouveau chapitre au sein du présent titre IV consacré aux dispositions relatives à des catégories spécifiques d'établissements (art. L. 348-1 à L. 348-4). En principe, donc, les demandeurs d'asile ne doivent pas être pris en charge par un CHRS durant la durée d'examen de leur demande. Cependant, certains CHRS peuvent accueillir temporairement ces demandeurs et sont alors dénommés «centres provisoires d'hébergement» : l'article L. 345-1 a été modifié dans ce sens.

En complément des dispositions relatives à l'aide sociale à l'hébergement et aux CHRS, la loi du 29 juillet 1998 a prévu un dispositif de «veille sociale», introduit au code à l'article L. 345-2. Le représentant de l'État dans le département doit donc mettre en place ce service qui, fonctionnant en permanence, est en charge d'évaluer les demandes qui lui sont présentées et d'orienter les personnes en difficulté en leur proposant la réponse immédiate seule à même de régler les situations d'urgence.

Il est à noter que la loi n° 2014-873 du 4 août 2014 pour l'égalité réelle entre les femmes et les hommes a ajouté à l'article L. 345-1 un alinéa qui introduit le secret professionnel dans les CHRS, et cela, pour l'ensemble de leurs personnels. Le but : protéger ces professionnels et les personnes prises en charge dans les foyers accueillant notamment des femmes victimes de violences.

La loi de finances pour 2018 (L. n° 2018-1837 du 30 déc. 2017) a introduit à l'article L. 345-1 une disposition imposant aux CHRS la transmission de données qui leur sont demandées par les autorités ministérielles. A défaut de le faire, le texte prévoit que l'établissement se verra appliquer une tarification d'office. ❑

Art. L. 345-1 Bénéficient, sur leur demande, de l'aide sociale pour être accueillies dans des centres d'hébergement et de réinsertion sociale publics ou privés les personnes et les familles qui connaissent de graves difficultés, notamment économiques, familiales, de logement, de santé ou d'insertion, en vue de les aider à accéder ou à recouvrer leur autonomie personnelle et sociale. *(L. n° 2006-911 du 24 juill. 2006, art. 95-XIV)* **«Les étrangers s'étant vu reconnaître la qualité de réfugié ou accorder le bénéfice de la protection subsidiaire en application du** *(Ord. n° 2020-1733 du 16 déc. 2020, art. 4-6°, en vigueur le 1er mai 2021)* **«livre V» du code de l'entrée et du séjour des étrangers et du droit d'asile peuvent être accueillis dans des centres d'hébergement et de réinsertion sociale dénommés "centres provisoires d'hébergement"** *(L. n° 2015-925 du 29 juill. 2015, art. 31-2°)* **«définis au chapitre IX du titre IV du livre III du présent code».»**

Les centres d'hébergement et de réinsertion sociale, dont les conditions de fonctionnement et de financement sont prévues par voie réglementaire, assurent tout ou partie des missions définies au *(L. n° 2002-2 du 2 janv. 2002, art. 75-I-7°)* **«8° du I» de l'article L. 312-1, en vue de faire accéder les personnes qu'ils prennent en charge à l'autonomie sociale.** *(L. n° 2017-1837 du 30 déc. 2017, art. 128)* **«Les centres remplissent chaque année une enquête nationale de coûts relative au secteur de l'accueil, de l'hébergement et de l'insertion, pour le recueil des données relatives à l'année précédente. En l'absence de transmission de ces données, l'autorité compétente de l'État procède à une tarification d'office de l'établissement. Le contenu et les modalités de recueil des données sont définis par voie réglementaire.»** — *V. dernière note ss. art.*

Ce règlement précise, d'une part, les modalités selon lesquelles les personnes accueillies participent à proportion de leurs ressources à leurs frais d'hébergement et d'entretien et, d'autre part, les conditions dans lesquelles elles perçoivent la rémunération mentionnée à l'article L. 241-12 du code de la sécurité sociale lorsqu'elles

prennent part aux activités d'insertion professionnelle prévues à l'alinéa précédent. – *[C. fam., art. 185, al. 1er à 3.]*

(L. no 2003-239 du 18 mars 2003, art. 43) **« Des places en centres d'hébergement et de réinsertion sociale sont ouvertes à l'accueil des victimes de la traite des êtres humains** *(L. no 2016-444 du 13 avr. 2016, art. 10)* **« , du proxénétisme et de la prostitution » dans des conditions sécurisantes ».**

(L. no 2014-873 du 4 août 2014, art. 38) **« Les personnels des centres d'hébergement et de réinsertion sociale sont tenus au secret professionnel dans les conditions prévues aux articles 226-13 et 226-14 du code pénal. Par dérogation au même article 226-13, ils peuvent échanger entre eux les informations confidentielles dont ils disposent et qui sont strictement nécessaires à la prise de décision. »**

Les établissements mentionnés soit au deuxième al. de l'art. L. 345-1 CASF, soit à l'art. L. 322-1 du même code intervenant dans le secteur de l'accueil, de l'hébergement et de l'insertion et ouverts plus de neuf mois dans l'année, remplissent l'enquête nationale de coûts au plus tard le 31 mars 2018 pour le recueil des données relatives à l'année 2016. En l'absence de transmission de ces données, l'autorité compétente de l'État procède à une tarification d'office de l'établissement mentionné à l'art. L. 345-1 dudit code ou ne verse pas la partie de la subvention subordonnée au fait d'avoir rempli l'enquête nationale de coûts à l'établissement mentionné à l'art. L. 322-8-1 du même code. – V. Arr. du 12 mars 2018 (JO 21 mars), mod. par Arr. du 26 août 2020 (JO 3 sept., NOR : TRES2022798A).

1. Notion de centre d'hébergement. Les services gérés par une association habilitée à recevoir, aider, orienter et héberger provisoirement des prostituées constituent non pas des centres d'hébergement et de réadaptation sociale au sens du premier alinéa de l'art. 185 du C. fam. (art. L. 341-1 CASF), mais des services sociaux au sens de l'art. 185-1 (art. L. 121-9 CASF). • CE 29 déc. 1997, *Assoc. amicale du Nid*, no 160139 B.

2. Compétence de la commission d'admission à l'aide sociale. La commission d'admission à l'aide sociale a compétence pour fixer dans quelle mesure les frais d'accueil dans les centres d'hébergement et de réadaptation sociale sont pris en charge par les collectivités d'assistance et, par suite, pour fixer le montant de la participation aux dépenses engagées et à engager laissée à la charge du bénéficiaire et de ses débiteurs alimentaires. • CE 17 mars 1993, *Épx Deloye*, no 98173 B : *RDSS 1993. 493, concl. Le Chatelier ; D. 1993. IR 121.*

3. Financement des activités d'insertion par l'économique gérées par le centre. Les activités d'insertion par l'économique, gérées par les centres d'hébergement et de réinsertion sociale, n'ont pas à être financées par l'aide sociale d'État et peuvent donc faire l'objet d'un budget spécifique ; par suite, le pouvoir réglementaire n'était pas obligé de préciser le contenu de certaines missions confiées aux CHRS. • CE 30 déc. 2002, *Féd. nat. assoc. accueil et réinsertion sociale : AJDA 2003. 859, note Tourette.*

4. Responsabilité en cas de dommage. La responsabilité d'une personne publique qui ne gère pas le service mais contribue seulement à son financement ou en assure la tutelle ne peut être recherchée qu'à raison de fautes commises dans ses missions de financement et de tutelle ; par suite, l'État ne saurait être tenu pour responsable des dommages résultant d'un dysfonctionnement d'un CHRS lorsque celui-ci est géré par une autre collectivité, en l'occurrence un département • CE 21 nov. 2008, *Min. Intérieur et Min. travail c/ Mme Marin : RDSS 2009. 163, concl. Courrèges.*

Art. L. 345-2 *(L. no 2009-323 du 25 mars 2009, art. 71)* **Dans chaque département est mis en place, sous l'autorité du représentant de l'État, un dispositif de veille sociale chargé d'accueillir les personnes sans abri ou en détresse, de procéder à une première évaluation de leur situation médicale, psychique et sociale et de les orienter vers les structures ou services qu'appelle leur état.** *(L. no 2014-366 du 24 mars 2014, art. 30-1o)* **« Cette orientation est assurée par un service intégré d'accueil et d'orientation, dans les conditions définies par la convention conclue avec le représentant de l'État dans le département prévue à l'article L. 345-2-4. »**

Ce dispositif fonctionne sans interruption et peut être saisi par toute personne, organisme ou collectivité.

(Abrogé par L. no 2014-366 du 24 mars 2014, art. 30-1o) ***« Les établissements mentionnés au 8o du I de l'article L. 312-1 informent en temps réel de leurs places vacantes le représentant de l'État qui répartit en conséquence les personnes recueillies.***

« A la demande du représentant de l'État, cette régulation peut être assurée par un des établissements mentionnés à l'alinéa précédent, sous réserve de son accord. »

V. Circ. du 8 avr. 2010 relative au service intégré de l'accueil et de l'orientation (SIAO), MEEDDM no 2010/12 du 10 juill. 2010, p. 85.

BIBL. ▶ BEAUVILLE (Dir.), La veille sociale face à l'urgence, *Éd. ESF-FNARS, 2001*. – GELOT et LESTERPT, Le traitement de l'urgence sociale et l'évolution des politiques publiques, *RDSS 2007. 399*. – LAFORE, Le Social face à l'urgence, *RDSS 2007. 379*. – Divers, L'urgence sociale : du Fonds d'urgence sociale aux Commissions de l'action sociale d'urgence, *RF aff. soc. nº 1, 2001*. – SASSIER, L'urgence ou comment s'en débarrasser ?, *Inf. soc. nº 66, 1998. 36*. – VIDAL-NAQUET et DOURLENS, Dans les labyrinthes de l'urgence, le cas de l'administration sanitaire et sociale, *CERPE, 1998*. – TOURETTE, L'urgence dans le droit de l'aide sociale, *RDSS 2007. 386*.

1. *Droit à l'hébergement d'urgence et juge des référés.* Pour l'application de l'art. L. 521-2 CJA, seule une carence caractérisée des autorités de l'État dans la mise en œuvre du droit à l'hébergement d'urgence peut faire apparaître une atteinte manifestement illégale à une liberté fondamentale permettant au juge des référés de faire usage des pouvoirs qu'il tient de ce texte en ordonnant à l'administration de faire droit à une demande d'hébergement d'urgence ; partant, il lui incombe d'apprécier dans chaque cas les diligences accomplies par l'administration en tenant compte des moyens dont elle dispose ainsi que de l'âge, de l'état de santé et de la situation de famille de la personne intéressée. • CE 12 déc. 2013, nº 373799. ♦ Dans la mesure où les art. L. 345-2 s. permettent aux personnes qui en remplissent les conditions de solliciter le bénéfice du droit à l'hébergement d'urgence reconnu par la loi à toute personne sans abri qui se trouve en situation de détresse médicale, psychique ou sociale, le demandeur peut dès lors saisir le juge des référés de conclusions tendant à ce qu'il soit enjoint à l'administration de prendre toutes mesures afin d'assurer son hébergement d'urgence dans les plus brefs délais, sans qu'ait d'incidence sur la recevabilité d'une telle requête l'existence de la voie de droit prévue à l'art. L. 441-2-3-1 CCH, qui est ouverte devant la juridiction administrative aux fins, distinctes, d'obtenir l'exécution d'une décision de la commission de médiation, peu important d'ailleurs que cette voie de droit ait ou non été exercée, et dont les effets ne peuvent, contrairement à ce que soutient le ministre, eu égard en particulier au délai devant être respecté avant de l'exercer et à celui imparti au juge pour statuer, être regardés comme équivalents. • CE 29 déc. 2023, nº 489206 B.

2. *Notion de carence caractérisée.* Les ressortissants étrangers qui font l'objet d'une obligation de quitter le territoire français ou dont la demande d'asile a été définitivement rejetée et qui doivent ainsi quitter le territoire n'ayant pas vocation à bénéficier du dispositif d'hébergement d'urgence, une carence constitutive d'une atteinte grave et manifestement illégale à une liberté fondamentale ne saurait être caractérisée, à l'issue de la période strictement nécessaire à la mise en œuvre de leur départ volontaire, qu'en cas de circonstances exceptionnelles ; constitue une telle circonstance, en particulier lorsque, notamment du fait de leur très jeune âge, une solution appropriée ne pourrait être trouvée dans leur prise en charge hors de leur milieu de vie habituel par le service de l'aide sociale à l'enfance, l'existence d'un risque grave pour la santé ou la sécurité d'enfants mineurs, dont l'intérêt supérieur doit être une considération primordiale dans les décisions les concernant. • CE, sect., 13 juill. 2016, nº 400074 : *Lebon ; AJDA 2016. 2162, note Rihal*.

3. *Évacuation d'un campement non constitutive d'une voie de fait.* Dans la mesure où elle s'est accompagnée, sur décision du préfet, de propositions d'accueil, pour les personnes intéressées, dans des centres d'hébergement situés sur l'ensemble du territoire national et de la mise à disposition de moyens de transport vers ces lieux d'accueil, et où elle ne s'est pas traduite par une exécution forcée, l'évacuation d'un campement de gens du voyage se rattache à la mission confiée au préfet par l'art. L. 345-2, consistant à mettre en place dans le département un dispositif de veille sociale chargé d'accueillir les personnes sans abri ou en détresse, de procéder à une évaluation de leur situation et de les orienter vers les structures ou services qu'appelle leur état, et ne saurait être qualifiée de voie de fait. • T. confl. 4 juill. 2022, nº C4248 B.

Art. L. 345-2-1 *(L. nº 2009-323 du 25 mars 2009, art. 72)* **En Île-de-France, un dispositif unique de veille sociale est mis en place à la demande et sous l'autorité du représentant de l'État dans la région.**

Art. L. 345-2-2 *(L. nº 2009-323 du 25 mars 2009, art. 73)* **Toute personne sans abri en situation de détresse médicale, psychique** *(L. nº 2014-366 du 24 mars 2014, art. 45)* **« ou » sociale a accès, à tout moment, à un dispositif d'hébergement d'urgence.**

Cet hébergement d'urgence doit lui permettre, dans des conditions d'accueil conformes à la dignité de la personne humaine *(L. nº 2018-1021 du 23 nov. 2018, art. 125)* **« et garantissant la sécurité des biens et des personnes », de bénéficier de prestations assurant le gîte, le couvert et l'hygiène, une première évaluation médicale, psychique et sociale, réalisée au sein de la structure d'hébergement ou, par convention, par des professionnels ou des organismes extérieurs et d'être orientée vers tout**

professionnel ou toute structure susceptibles de lui apporter l'aide justifiée par son état, notamment un centre d'hébergement et de réinsertion sociale, un hébergement de stabilisation, une pension de famille, un logement-foyer, un établissement pour personnes âgées dépendantes, un lit halte soins santé ou un service hospitalier.

(L. n° 2018-1021 du 23 nov. 2018, art. 125) **« L'hébergement d'urgence prend en compte, de la manière la plus adaptée possible, les besoins de la personne accueillie, notamment lorsque celle-ci est accompagnée par un animal de compagnie. »**

1. Hébergement d'urgence et hébergement en hôtel. Si l'art. L. 345-2-2 a instauré un droit à l'hébergement d'urgence des personnes en situation de détresse, la mise en œuvre de ce droit n'implique pas nécessairement qu'il prenne la forme d'un hébergement en hôtel, ce type d'hébergement n'étant qu'une des modalités mises en œuvre par le dispositif de veille sociale en Île-de-France, dont le SAMU social de Paris est l'un des opérateurs ; par suite, l'encadrement de l'hébergement en hôtel, dans le but de le réserver aux personnes prioritaires à raison de leur situation d'extrême vulnérabilité, ne méconnaît pas, par lui-même, le droit reconnu par le législateur à toute personne sans abri, en situation de détresse, d'accéder à tout moment à une structure d'hébergement d'urgence. • CE 23 déc. 2011, n° 350884.

2. Hébergement d'urgence et liberté fondamentale. Il appartient aux autorités de l'État de mettre en œuvre le droit à l'hébergement d'urgence reconnu par la loi à toute personne sans abri qui se trouve en situation de détresse médicale, psychique et sociale, étant entendu qu'une carence caractérisée dans l'accomplissement de cette tâche peut faire apparaître, pour l'application de l'art. L. 521-2 CJA, une atteinte grave et manifestement illégale à une liberté fondamentale lorsqu'elle entraîne des conséquences graves pour la personne intéressée ; par suite, il incombe au juge des référés d'apprécier dans chaque cas les diligences accomplies par l'administration en tenant compte des moyens dont elle dispose ainsi que de l'âge, de l'état de la santé et de la situation de famille de la personne intéressée. • CE, réf., 10 févr. 2012, n° 356456 : *AJDA 2012. 716, note Duranthon ; D. 2012. 555.*

3. Hébergement d'urgence et compétence juridictionnelle. Eu égard à la nature du dispositif de veille sociale, qui n'a pas pour objet de décider de la prise en charge financière de l'hébergement des intéressés par l'aide sociale, la réponse donnée à une demande d'accueil dans une structure d'hébergement d'urgence, telle que celles prévues par l'art. L. 345-2-2 CASF, ne peut être regardée comme une décision d'admission à l'aide sociale au sens de l'art. L. 131-2 ; dès lors, les décisions accueillant ou rejetant des demandes d'accueil dans une structure d'hébergement d'urgence ne relèvent pas de la compétence des juridictions de l'aide sociale. • CE 27 juill. 2016, n° 400144 B : *RDSS 2016. 980, obs. Faberon.*

4. Compétence supplétive de l'État. Si sont, en principe, à la charge de l'État les mesures d'aide sociale relatives à l'hébergement des personnes qui connaissent de graves difficultés, notamment économiques ou de logement, ainsi que l'hébergement d'urgence des personnes sans abri en situation de détresse médicale, psychique ou sociale, la prise en charge, qui inclut l'hébergement, le cas échéant en urgence, des femmes enceintes et des mères isolées avec leurs enfants de moins de trois ans qui ont besoin d'un soutien matériel et psychologique, notamment parce qu'elles sont sans domicile, incombe au département ; si toute personne peut s'adresser au service intégré d'accueil et d'orientation et si l'État ne pourrait légalement refuser aux femmes susmentionnées un hébergement d'urgence au seul motif qu'il incombe en principe au département d'assurer leur prise en charge, l'intervention de l'État ne revêt qu'un caractère supplétif, dans l'hypothèse où le département n'aurait pas accompli les diligences qui lui reviennent, et ne fait d'ailleurs pas obstacle à ce que puisse être recherchée la responsabilité du département en cas de carence avérée et prolongée. • CE 1er juill. 2020, n° 425528 B.

5. Carence de l'État à l'égard de personnes tenues de quitter le territoire national. Si les ressortissants étrangers qui font l'objet d'une obligation de quitter le territoire français ou dont la demande d'asile a été définitivement rejetée et qui doivent ainsi quitter le territoire n'ont, en principe, pas vocation à bénéficier du dispositif d'hébergement d'urgence, ils relèvent néanmoins du champ d'application de l'art. L. 345-2-2 ; par suite, la situation de ces ressortissants ne fait pas obstacle à ce qu'une carence avérée et prolongée de l'État soit caractérisée en l'absence même de circonstances exceptionnelles, qu'il revient seulement au juge des référés de prendre en considération lorsqu'il est saisi, en application de l'art. L. 521-2 CJA, pour déterminer si cette carence caractérise en outre une atteinte grave et manifestement illégale à une liberté fondamentale au sens de cet article. • CE 22 déc. 2022, n° 458724 B : *AJDA 2023. 1018, note Long et Rihal.* ♦ Une carence constitutive d'une atteinte grave et manifestement illégale à une liberté fondamentale ne saurait être caractérisée, à l'issue de la période strictement nécessaire à la mise en œuvre de leur départ volontaire, qu'en cas de circonstances exceptionnelles ; constitue une circonstance exceptionnelle, en particulier lorsque, notamment du fait de leur très jeune âge, une solution appropriée ne pourrait être trouvée dans leur prise en charge hors de leur milieu de vie habituel par le service de l'aide sociale à l'enfance, l'existence d'un risque grave pour la santé ou la sécurité d'enfants mineurs, dont l'intérêt supérieur doit être une considération primordiale dans les décisions les concernant. • CE, ord., 31 août 2023, n° 481062.

Art. L. 345-2-3 *(L. n° 2009-323 du 25 mars 2009, art. 73)* **Toute personne accueillie dans une structure d'hébergement d'urgence doit pouvoir y bénéficier d'un accompagnement personnalisé et y demeurer, dès lors qu'elle le souhaite, jusqu'à ce qu'une orientation lui soit proposée. Cette orientation est effectuée vers une structure d'hébergement stable ou de soins, ou vers un logement, adaptés à sa situation.**

Art. L. 345-2-4 *(L. n° 2014-366 du 24 mars 2014, art. 30-2°)* **Afin d'assurer le meilleur traitement de l'ensemble des demandes d'hébergement et de logement formées par les personnes ou familles sans domicile ou éprouvant des difficultés particulières, en raison de l'inadaptation de leurs ressources ou de leurs conditions d'existence, pour accéder par leurs propres moyens à un logement décent et indépendant et d'améliorer la fluidité entre ces deux secteurs, une convention est conclue dans chaque département entre l'État et une personne morale pour assurer un service intégré d'accueil et d'orientation qui a pour missions, sur le territoire départemental :**

1° De recenser toutes les places d'hébergement, les logements en résidence sociale ainsi que les logements des organismes qui exercent les activités d'intermédiation locative ;

2° De gérer le service d'appel téléphonique pour les personnes ou familles mentionnées au premier alinéa ;

3° De veiller à la réalisation d'une évaluation sociale, médicale et psychique des personnes ou familles mentionnées au même premier alinéa, de traiter équitablement leurs demandes et de leur faire des propositions d'orientation adaptées à leurs besoins, transmises aux organismes susceptibles d'y satisfaire ;

4° De suivre le parcours des personnes ou familles mentionnées audit premier alinéa prises en charge, jusqu'à la stabilisation de leur situation ;

5° De contribuer à l'identification des personnes en demande d'un logement, si besoin avec un accompagnement social ;

6° D'assurer la coordination des personnes concourant au dispositif de veille sociale prévu à l'article L. 345-2 et, lorsque la convention prévue au premier alinéa du présent article le prévoit, la coordination des acteurs mentionnés à l'article L. 345-2-6 ;

7° De produire les données statistiques d'activité, de suivi et de pilotage du dispositif d'accueil, d'hébergement et d'accompagnement vers l'insertion et le logement ;

8° De participer à l'observation sociale.

(L. n° 2018-1021 du 23 nov. 2018, art. 125) **« Par dérogation au premier alinéa de l'article L. 345-2 et du présent article, les missions du service intégré d'accueil et d'orientation et des personnes morales concourant au dispositif de veille sociale prévu à l'article L. 345-2 peuvent être exercées à l'échelon de plusieurs départements. A cette fin, une convention peut être conclue entre une personne morale et les représentants de l'État dans plusieurs départements pour assurer, sous l'autorité, dans chaque département, du représentant de l'État, un service intégré d'accueil et d'orientation intervenant sur le territoire de plusieurs départements. »**

Art. L. 345-2-5 *(L. n° 2014-366 du 24 mars 2014, art. 30-2°)* **La convention prévue à l'article L. 345-2-4 comporte notamment :**

1° Les engagements de la personne morale gérant le service intégré d'accueil et d'orientation en matière d'objectifs et d'information du représentant de l'État et de coopération avec les services intégrés d'accueil et d'orientation d'autres départements ;

2° Les modalités de suivi de l'activité du service ;

3° Les modalités de participation à la gouvernance du service des personnes prises en charge ou ayant été prises en charge dans le cadre du dispositif d'accueil, d'hébergement et d'accompagnement vers l'insertion et le logement ;

4° Le cas échéant, les modalités d'organisation spécifiques du service eu égard aux caractéristiques et contraintes particulières propres au département ;

5° Les financements accordés par l'État.

Art. L. 345-2-6 *(L. nº 2014-366 du 24 mars 2014, art. 30-2º)* Pour l'exercice de ses missions, le service intégré d'accueil et d'orientation peut passer des conventions avec :

1° Les personnes morales de droit public ou de droit privé concourant au dispositif de veille sociale prévu à l'article L. 345-2 ;

2° Les personnes morales de droit public ou de droit privé assurant l'accueil, l'évaluation, le soutien, l'hébergement ou l'accompagnement des personnes ou familles mentionnées au premier alinéa de l'article L. 345-2-4 ;

3° Les organismes bénéficiant de l'aide pour loger à titre temporaire des personnes défavorisées*(L. nº 2016-444 du 13 avr. 2016, art. 9-II)* « et les associations agréées en application de l'article L. 121-9 du présent code » mentionnés à l'article L. 851-1 du code de la sécurité sociale ;

4° Les organismes qui exercent les activités d'intermédiation locative et de gestion locative sociale prévus à l'article L. 365-4 du code de la construction et de l'habitation ;

5° Les logements-foyers mentionnés à l'article L. 633-1 du même code accueillant les personnes ou familles mentionnées au premier alinéa de l'article L. 345-2-4 du présent code ;

6° Les résidences hôtelières à vocation sociale prévues à l'article L. 631-11 du code de la construction et de l'habitation accueillant les personnes ou familles mentionnées au même premier alinéa de l'article L. 345-2-4 du présent code ;

7° Les dispositifs spécialisés d'hébergement et d'accompagnement, dont le dispositif national de l'asile, les services pénitentiaires d'insertion et de probation et les services de l'aide sociale à l'enfance ;

8° Les bailleurs sociaux ;

9° Les organismes agréés qui exercent les activités mentionnées aux 1° et 2° de l'article L. 365-1 du code de la construction et de l'habitation ;

10° Les collectivités territoriales, leurs groupements et leurs établissements publics ;

11° Les agences régionales de santé, les établissements de santé et les établissements médico-sociaux.

Art. L. 345-2-7 *(L. nº 2014-366 du 24 mars 2014, art. 30-2º)* Lorsqu'elles bénéficient d'un financement de l'État, les personnes morales assurant un hébergement, à l'exception du dispositif national de l'asile, et les organismes bénéficiant de l'aide pour loger à titre temporaire des personnes défavorisées *(L. nº 2016-444 du 13 avr. 2016, art. 9-II)* « et les associations agréées en application de l'article L. 121-9 du présent code » mentionnés à l'article L. 851-1 du code de la sécurité sociale :

1° Mettent à disposition du service intégré d'accueil et d'orientation leurs places d'hébergement et l'informent de toutes les places vacantes ou susceptibles de l'être ;

2° Mettent en œuvre les propositions d'orientation du service intégré d'accueil et d'orientation, conformément aux articles L. 345-1, L. 345-2-2 et L. 345-2-3 du présent code, et, le cas échéant, motivent le refus d'une admission.

Les personnes morales assurant un hébergement peuvent admettre, en urgence, les personnes en situation de détresse médicale, psychique ou sociale sous réserve d'en informer le service intégré d'accueil et d'orientation.

Art. L. 345-2-8 *(L. nº 2014-366 du 24 mars 2014, art. 30-2º)* Lorsqu'ils bénéficient d'un financement de l'État, les organismes qui exercent des activités d'intermédiation et de gestion locative sociale, prévus à l'article L. 365-4 du code de la construction et de l'habitation, les logements-foyers mentionnés à l'article L. 633-1 du même code et les résidences hôtelières à vocation sociale prévues à l'article L. 631-11 dudit code accueillant les personnes ou familles mentionnées au premier alinéa de l'article L. 345-2-4 du présent code :

1° Informent le service intégré d'accueil et d'orientation des logements vacants ou susceptibles de l'être ;

2° Examinent les propositions d'orientation du service intégré d'accueil et d'orientation et les mettent en œuvre selon les procédures qui leur sont propres.

Art. L. 345-2-9 *(L. n° 2014-366 du 24 mars 2014, art. 30-2°)* En Île-de-France, le représentant de l'État dans la région, dans le cadre d'une conférence régionale, coordonne l'action des services intégrés d'accueil et d'orientation de chaque département.

Pour les autres régions métropolitaines, le représentant de l'État dans la région détermine les modalités de coordination des services intégrés d'accueil et d'orientation de chaque département. Cette coordination peut prendre la forme d'une conférence régionale.

Art. L. 345-2-10 *(L. n° 2014-366 du 24 mars 2014, art. 30-2°)* Les personnes appelées à intervenir dans l'instruction des demandes de prise en charge, l'évaluation et l'orientation des personnes ou familles mentionnées au premier alinéa de l'article L. 345-2-4 et ayant recours au dispositif d'accueil, d'hébergement et d'accompagnement vers l'insertion et le logement sont tenues au secret professionnel dans les conditions prévues aux articles 226-13 et 226-14 du code pénal.

Par dérogation au même article 226-13, les personnes mentionnées au premier alinéa du présent article peuvent échanger entre elles les informations confidentielles dont elles disposent et qui sont strictement nécessaires à la prise de décision.

Les personnes mentionnées au même premier alinéa communiquent aux services chargés de l'instruction des recours prévus à l'article L. 441-2-3 du code de la construction et de l'habitation les informations dont elles disposent, dans les conditions prévues au second alinéa du VI du même article.

Art. L. 345-2-11 *(L. n° 2014-366 du 24 mars 2014, art. 30-2°)* Toute personne prise en charge dans un centre d'hébergement a accès à une information sur ses droits fondamentaux et les protections particulières dont elle bénéficie, sur les voies de recours à sa disposition et les moyens de les exercer, ainsi qu'à la liste des associations de défense des personnes en situation d'exclusion par le logement agréées dans le département.

Art. L. 345-3 Le bénéfice de l'aide sociale ne peut être accordé ou maintenu aux personnes ou familles accueillies dans un centre d'hébergement et de réinsertion *(Abrogé par L. n° 2015-1702 du 21 déc. 2015, art. 74-I-5°, en vigueur le 1er janv. 2017)* « *ou dans un centre d'aide par le travail* » que si une convention a été conclue à cette fin entre le centre et l'État *(L. n° 2009-879 du 21 juill. 2009, art. 124-I-11°)* « ou si un contrat pluriannuel d'objectifs et de moyens a été conclu entre *(L. n° 2015-1702 du 21 déc. 2015, art. 74-I-5°, à compter du 1er janv. 2017)* « la » personne morale gestionnaire et l'État dans des conditions définies par décret ». – *[C. fam., art. 185-3, al. 1er.]*

V. art. R. 345-1 s.

Art. L. 345-4 Des décrets en Conseil d'État déterminent :

1° Les conditions de fonctionnement et de financement des centres mentionnés à l'article L. 345-1 ;

2° Les règles générales auxquelles doivent obéir les conventions prévues *(L. n° 2014-366 du 24 mars 2014, art. 30-3°)* « aux articles L. 345-2-4 et L. 345-3 ; – *[C. fam., art. 185-3, al. 2.]*

« 3° Après avis de la Commission nationale de l'informatique et des libertés, les informations et données échangées entre l'État et les personnes morales participant à la prise en charge des personnes ou des familles sans domicile. Les dispositions de l'article L. 345-2-10 du présent code ne s'appliquent pas à cet échange d'informations et de données. »

CHAPITRE VI CENTRE D'ACCUEIL ET DE SOINS HOSPITALIERS DE NANTERRE

Art. L. 346-1 Les règles relatives au centre d'accueil et de soins hospitaliers de Nanterre sont fixées par les dispositions de l'article L. 6147-2 du code de la santé publique ci-après reproduites :

Art. L. 6147-2 Les missions exercées au sein d'unités distinctes par l'établissement public de la ville de Paris à caractère social et sanitaire, dénommé « centre d'accueil et de soins hospitaliers » et situé à Nanterre, comprennent :

1° L'accueil, la réadaptation sociale des personnes sans abri orientées par le préfet de police de Paris ainsi que l'hébergement et la réadaptation sociale des personnes mentionnées à l'article L. 345-1 du code de l'action sociale, dans la limite des capacités autorisées par le représentant de l'État dans la région conformément aux dispositions du titre I du livre III du code de l'action sociale ;

(Ord. nº 2010-177 du 23 févr. 2010, art. 1er-22) « 2° L'exercice des missions de service public définies à l'article L. 6112-1 dans les conditions prévues à l'article L. 6112-3 ; »

3° L'hébergement et les soins de personnes âgées et des personnes handicapées qui y résident.

La composition du conseil d'administration, dont la présidence est assurée par le préfet de police de Paris et où sont notamment représentés, d'une part, la ville de Paris et, d'autre part, le département des Hauts-de-Seine et la ville de Nanterre est fixée par voie réglementaire.

Le directeur est nommé par arrêté des ministres chargés de l'action sociale, de l'intérieur et de la santé, après avis du président du conseil d'administration.

Le centre d'accueil et de soins hospitaliers est soumis, en ce qui concerne son budget et son fonctionnement, aux dispositions du présent livre. *(Abrogé par Ord. nº 2005-1112 du 1er sept. 2005) « Il est soumis à la tutelle de l'État. »* Les modalités d'application des dispositions du présent titre *(L. nº 2009-879 du 21 juill. 2009, art. 15)* « peuvent faire l'objet, par voie réglementaire, de dérogations en vue de les adapter » aux conditions particulières de fonctionnement de cet établissement.

A l'exception des dispositions concernant le budget, l'administration et le fonctionnement, le titre I du livre III du code de l'action sociale est applicable à l'établissement pour ses activités sociales et médico-sociales.

En cas de cessation d'activité totale ou partielle, le patrimoine immobilier sera restitué, pour tout ou partie, selon le cas, à la ville de Paris.

CHAPITRE VII SERVICES D'AIDE ET D'ACCOMPAGNEMENT NON HABILITÉS À L'AIDE SOCIALE *(L. nº 2015-1776 du 28 déc. 2015, art. 47-I-8º)*.

A compter du 30 juin 2023 au plus tard, le Chap. VII est intitulé : Services autonomie à domicile non habilités à l'aide sociale (L. nº 2021-1754 du 23 déc. 2021, art. 44-I-C).

COMMENTAIRE

La loi nº 2005-841 du 26 juillet 2005 avait créé, pour les services d'aide et d'accompagnement à domicile, un double régime juridique (art. L. 313-1-2) : soit un régime d'autorisation identique à celui prévu pour l'ensemble des ESMS de l'article L. 312-1, soit un régime de simple agrément. La loi nº 2015-1776 du 28 décembre 2015 relative à l'adaptation de la société au vieillissement a modifié cette situation en substituant à l'agrément un mécanisme d'autorisation, certes « spécifique » mais proche de l'autorisation. Cette novation a justifié l'adaptation des dispositions composant le chapitre ci-dessous.

Ces services ont été regroupés sous une appellation générique par la LFSS nº 2021-1754 du 23 décembre 2021 ; ils sont dénommés « services autonomie à domicile » (art. L. 313-1-3). ❑

Art. L. 347-1 Dans les services *(L. nº 2021-1754 du 23 déc. 2021, art. 44-I-C, en vigueur au plus tard le 30 juin 2023)* **« autonomie à domicile mentionnés à l'article L. 313-1-3 » qui ne sont pas habilités à recevoir des bénéficiaires de l'aide sociale », les prix des prestations de service** *(L. nº 2021-1754 du 23 déc. 2021, art. 44-I-C, en* *vigueur au plus tard le 30 juin 2023)* **« d'aide et d'accompagnement » sont librement fixés lors de la signature du contrat conclu entre le prestataire de service et le bénéficiaire.** *(L. nº 2015-1776 du 28 déc. 2015, art. 47-I-9º)* **« Le contrat est à durée indéterminée ; il précise les conditions et les modalités de sa résiliation. »**

Les prix des prestations contractuelles varient ensuite dans la limite d'un pourcentage fixé par arrêté *(L. nº 2015-1776 du 28 déc. 2015, art. 47-I-9º)* **« des ministres chargés de l'économie et des finances, des personnes âgées et de l'autonomie » compte tenu de l'évolution des salaires et du coût des services.** – *V. Arr. du 23 déc. 2022 relatif aux prix des prestations de certains services d'aide et d'accompagnement à domicile (JO 30 déc., NOR : ECOC2232243A).*

Le *(L. nº 2015-1776 du 28 déc. 2015, art. 47-I-9º)* **« président du conseil départemental » peut fixer un pourcentage supérieur en cas d'augmentation importante des coûts d'exploitation résultant de l'amélioration des prestations existantes ou de la modification des conditions de gestion ou d'exploitation.**

(L. nº 2021-1754 du 23 déc. 2021, art. 44-I-C, en vigueur au plus tard le 30 juin 2023) **« Les services peuvent appliquer un pourcentage d'évolution annuelle des prix supérieur à celui mentionné au deuxième alinéa du présent article lorsque le prix résultant de l'application de ce dernier taux demeure inférieur au tarif horaire arrêté par le département en application des articles L. 232-3 et L. 245-6. »**

En application des art. L. 231-5 et L. 231-6 CRPA, le silence gardé pendant deux mois par l'administration vaut décision de rejet pour les demandes de dérogation au taux plafond d'évolution des tarifs des prestations de certains services d'aide et d'accompagnement à domicile (Décr. nº 2014-1280 du 23 oct. 2014, applicable pour les demandes présentées à compter du 12 nov. 2014).

Art. L. 347-2 *(L. nº 2014-344 du 17 mars 2014, art. 117-2º)* **Les manquements à l'article L. 347-1 du présent code sont passibles d'une amende administrative dont le montant ne peut excéder 3 000 € pour une personne physique et 15 000 € pour une personne morale.** *(Ord. nº 2016-301 du 14 mars 2016, art. 4-3º, en vigueur le 1er juill. 2016)* **« Ces manquements sont recherchés et constatés par les agents mentionnés aux articles L. 511-3 et L. 511-21 du code de la consommation, dans les conditions prévues à l'article L. 511-7 du même code. » L'amende est prononcée dans les conditions prévues** *(Ord. nº 2016-301 du 14 mars 2016, art. 4-3º, en vigueur le 1er juill. 2016)* **« au chapitre II du titre II du livre V » du code de la consommation.**

CHAPITRE VIII CENTRES D'ACCUEIL POUR DEMANDEURS D'ASILE

(L. nº 2006-911 du 24 juill. 2006, art. 95-XV)

BIBL. ▶ BURRIEZ, Les collectivités territoriales et l'accueil des réfugiés, *RFDA 2023. 109*. – HARDY, La « question migratoire » : nouvelle frontière de l'action sociale de l'État et nouveau défi pour le travail social, *RDSS 2018. 146*. – LE BOT, La justiciabilité des droits sociaux dans le cadre des procédures d'urgence, *RDSS 2010. 812*. – SLAMA, Le droit à des conditions matérielles d'accueil décentes : une nouvelle forme de justiciabilité pour quelle effectivité ?, *RDSS 2010. 858*. – THÉRON, Brèves remarques sur l'accueil et la prise en charge sociale des demandeurs d'asile en France, *RDSS 2012. 330*.

COMMENTAIRE

La loi nº 2006-911 du 24 juillet 2006 relative à l'immigration et à l'intégration a ajouté, au sein du titre 4 du Livre 3 du code qui organise le régime juridique de diverses catégories d'établissements soumis à des dispositions spécifiques par rapport au droit commun tel que défini essentiellement dans le titre 1, un nouveau chapitre consacré à une catégorie d'établissements créée par cette loi : les centres d'accueil pour demandeurs d'asile.

Ces structures existaient antérieurement en fait, mais étaient intégrées en droit dans le régime juridique des centres d'hébergement et de réinsertion sociale (art. L. 345-1 à L. 345-4). Dorénavant et en conséquence, les centres d'hébergement et de réinsertion sociale n'ont plus vocation à accueillir les demandeurs d'asile, si ce n'est au titre d'un accueil provisoire (V. art. L. 345-1 modifié par L. nº 2006-911, 24 juill. 2006) dont logiquement le relais doit être pris ensuite par un centre d'accueil réservé aux demandeurs d'asile. Le Gouvernement a considéré en effet, et le Parlement l'a suivi sur ce point, qu'il convenait, d'une part, de donner à ces centres un régime juridique propre puisqu'ils prennent en charge des publics ayant des besoins spécifiques et, d'autre part, de construire un dispositif global et rationnel de prise en charge de ces personnes.

Bien que les centres d'accueil pour les demandeurs d'asile relèvent du droit commun des établissements et services sociaux et médico-sociaux puisque la loi du 24 juillet 2006 les a intégrés dans la liste définie à l'article L. 312-1 (nouveau 13°), le présent chapitre entend à la fois en définir les missions (art. L. 348-2) et en préciser le régime juridique pour tenir compte de la spécificité des publics qu'ils ont vocation à accueillir (art. L. 348-1, L. 348-3 et L. 348-4).

La loi n° 2015-925 du 29 juillet 2015 réformant le droit d'asile a apporté diverses modifications dans les dispositions concernant les centres d'accueil des demandeurs d'asile (CADA). La logique d'ensemble consiste à accroître les spécificités du régime des CADA en les dissociant quelque peu des règles applicables aux autres catégories d'établissements sociaux et médico-sociaux ; du côté du cadre général, les prestations qu'ils délivrent n'ont plus la nature de prestations d'aide sociale légale, leur régime d'autorisation est particulier ainsi que les règles concernant leur évaluation ; du côté du régime propre aux CADA, il est institué un régime particulier en matière d'admission (abrogation de l'art. L. 348-3) et le régime des conventions liant le CADA aux pouvoirs publics est réorganisé (art. L. 348-4, convention-type ou CPOM). ❑

Art. L. 348-1 *(L. n° 2015-925 du 29 juill. 2015, art. 24-9°)* **Les personnes dont la demande d'asile a été enregistrée conformément** *(Ord. n° 2020-1733 du 16 déc. 2020, art. 4-7°, en vigueur le 1er mai 2021)* **« au chapitre I du titre II du livre V » du code de l'entrée et du séjour des étrangers et du droit d'asile peuvent bénéficier d'un hébergement en centre d'accueil pour demandeurs d'asile, à l'exception des personnes dont la demande d'asile relève d'un autre État, au sens de l'article** *(Ord. n° 2020-1733 du 16 déc. 2020, art. 4-7°, en vigueur le 1er mai 2021)* **« L. 571-1 » du même code.** *– L'art. L. 348-1, dans sa rédaction résultant de la L. n° 2015-925 du 29 juill. 2015, s'applique aux demandeurs d'asile dont la demande a été enregistrée à compter du 1er nov. 2015. Les dispositions préc. sont applicables à Saint-Barthélemy et à Saint-Martin (L. préc., art. 35-V et VIII ; Décr. n° 2015-1166 du 21 sept. 2015, art. 29 et 30-II).*

Ancien art. L. 348-1 ***Bénéficient, sur leur demande, de l'aide sociale pour être accueillis dans les centres d'accueil pour demandeurs d'asile les étrangers en possession d'un des documents de séjour mentionnés à l'article L. 742-1 du code de l'entrée et du séjour des étrangers et du droit d'asile.***

1. Admission aux prestations. Il résulte, tant de la directive n° 2003/9/CE du 27 janv. 2003 que du règlement (CE) n° 2725/2000 du 11 déc. 2000, d'une part que l'étranger qui demande à bénéficier de l'asile doit justifier de son identité, de manière à permettre aux autorités nationales de s'assurer notamment qu'il n'a pas formulé d'autres demandes, d'autre part que les demandeurs d'asile âgés de plus de 14 ans ont l'obligation d'accepter que leurs empreintes digitales soient relevées ; par suite, les autorités nationales ne portent pas une atteinte grave et manifestement illégale au droit d'asile en s'abstenant de délivrer au demandeur une autorisation provisoire de séjour et en ne prenant pas, en conséquence, les mesures prévues par le CASF en vue d'assurer sa prise en charge lorsque l'intéressé refuse de se soumettre à ladite obligation ou, en rendant volontairement impossible l'identification de ses empreintes, les place, de manière délibérée, par son propre comportement, dans l'incapacité d'instruire sa demande. • CE, réf., 2 nov. 2009, *Min. Immigration, intégration, identité nat. et développement solidaire*, nos 332887 à 332890 B.

2. Pouvoirs du juge des référés. S'il appartient à l'autorité compétente de procurer aux demandeurs d'asile les conditions matérielles d'accueil prévues par le CASF, conformément aux objectifs de la Dir. n° 2003/9/CE du 27 janv. 2003, le juge des référés ne peut adresser une injonction à l'administration que dans le cas où, d'une part, le comportement de celle-ci fait apparaître une méconnaissance manifeste de ces exigences et où, d'autre part, il résulte de ce comportement des conséquences graves pour le demandeur d'asile, compte tenu notamment de son âge, de son état de santé ou de sa situation de famille. • CE, réf., 5 avr. 2013, n° 367232 B : *AJDA 2013. 1633, note Michelet*. ♦ Si l'état de santé de l'intéressée, dont la gravité est attestée par plusieurs certificats médicaux, nécessite sans tarder une prise en charge médicale, eu égard aux conditions de grande précarité dans lesquelles elle vit, dans la rue, depuis son arrivée en France, il n'apparaît pas, en l'état de l'instruction, d'une gravité telle qu'il nécessiterait un hébergement d'urgence immédiat ; par suite, il importe que l'intéressée soit orientée, dans les plus brefs délais, vers une structure médicale appropriée, et que soit recueilli, auprès des autorités médicales compétentes, un avis complet et à jour sur son état de santé afin, le cas échéant, de pouvoir en tirer les conséquences qui s'imposeraient en termes d'hébergement d'urgence. • Même arrêt.

3. Nature des prestations. En application des dispositions des art. L. 348-1 s. CASF, les demandeurs d'asile peuvent être admis à l'aide sociale pour être accueillis dans les centres pour demandeurs d'asile, ceux qui n'ayant pas d'un niveau de ressources suffisant bénéficiant d'une allocation mensuelle de subsistance ; ils ont également vocation à bénéficier, outre du dispositif d'accueil d'urgence spécialisé pour demandeurs d'asile, qui a pour objet de les accueillir provisoirement dans des structures collectives ou dans des hôtels en attente d'un accueil en centre pour demandeurs d'asile, du dispositif général de veille sociale prévu par l'art. L. 345-2 CASF, lequel peut conduire à leur admission dans un centre d'hébergement d'urgence ou un centre d'hébergement et de réinsertion sociale ; enfin, en vertu des art. L. 5423-8-1° et L. 5423-9-2° C. trav., ils peuvent bénéficier, sous condition d'âge et de ressources, d'une allocation temporaire d'attente à condition de ne pas être bénéficiaires d'un séjour en centre d'hébergement pris en charge au titre de l'aide sociale. • CE, réf., 13 août 2010, n° 342330 B. • CE, réf., 22 nov. 2010, n° 344373 B. ♦ L'autorité compétente doit, aussi longtemps que l'intéressé est admis à se maintenir sur le territoire en qualité de demandeur d'asile et quelle que soit la procédure d'examen de sa demande, lui assurer, selon ses besoins et ses ressources, des conditions d'accueil comprenant le logement, la nourriture et l'habillement, fournies en nature ou sous la forme d'allocations financières ou de bons ou en combinant ces formules. • CE, réf., 19 nov. 2010, *Min. de l'Intérieur c/ Panokheel : Lebon 446 ; D. 2010. 2918, obs. Slama et Pouly ; ibid. 2012. 390 ; AJDI 2011. 421, chron. Zitouni .*

4. Carence fautive de l'État. La carence fautive de l'État à remplir ses obligations engage sa responsabilité à l'égard du demandeur d'asile, au titre des troubles dans les conditions d'existence ; ces troubles doivent être appréciés en tenant compte, non seulement du montant de la prise en charge dont le demandeur d'asile a été privé du fait de cette carence, mais aussi, notamment, des conditions d'hébergement, de nourriture et d'habillement qui ont perduré du fait de la carence de l'État et du nombre de personnes dont le demandeur d'asile a la charge pendant la période de responsabilité de l'État. • CE 8 juill. 2020, n° 425310 B.

5. Demandeurs d'asile et bénéfice de l'allocation temporaire d'attente. La Dir. n° 2003/09/CE du Conseil du 27 janv. 2003, relative à des normes minimales pour l'accueil des demandeurs d'asile dans les États membres, doit être interprétée en ce sens qu'un État membre saisi d'une demande d'asile est tenu d'octroyer les conditions minimales d'accueil des demandeurs d'asile établies par la Dir. n° 2003/09 même à un demandeur d'asile pour lequel il décide, en application du Règl. (CE) n° 343/2003 du Conseil, du 18 févr. 2003, établissant les critères et mécanismes de détermination de l'État membre responsable de l'examen d'une demande d'asile présentée dans l'un des États membres par un ressortissant d'un pays tiers, de requérir un autre État membre aux fins de prendre en charge ou de reprendre en charge ce demandeur en tant qu'État membre responsable de l'examen de sa demande d'asile. L'obligation pour l'État membre saisi d'une demande d'asile d'octroyer les conditions minimales établies par la Dir. n° 2003/09 à un demandeur d'asile pour lequel il décide, en application du Règl. n° 343/2003, de requérir un autre État membre aux fins de prendre en charge ou de reprendre en charge ce demandeur en tant qu'État membre responsable de l'examen de sa demande d'asile cesse lors du transfert effectif du même demandeur par l'État membre requérant et la charge financière de l'octroi de ces conditions minimales incombe à ce dernier État membre, sur lequel pèse ladite obligation. • CJUE 27 sept. 2012, n° C-179/11, *Cimade et GISTI : RDSS 2013. 73, note Boutayeb .* ♦ Le demandeur d'asile dont la demande relève de la compétence d'un autre État a, sous réserve des dispositions de l'art. L. 5423-9 C. trav., droit à l'allocation temporaire d'attente lorsqu'il remplit les conditions d'âge et de ressources prévues, jusqu'à ce qu'il ait effectivement été transféré dans l'État requis ou, le cas échéant, jusqu'à ce que la France, ayant finalement engagé l'examen de sa demande, se soit prononcée sur celle-ci. • CE 17 avr. 2013, *Cimade et GISTI,* n° 335924 B.

6. Régime applicable au département de Mayotte. Si le département de Mayotte relève, depuis le 31 mars 2011, en application de l'art. L.O. 3511-1 CGCT, du régime de l'identité législative prévu à l'art. 73 de la Constitution, l'instauration d'un tel régime n'a pas pour effet de rendre applicable audit département l'ensemble du droit applicable en métropole en lieu et place de la législation spéciale en vigueur dans cette collectivité mais permet l'applicabilité de plein droit, au département de Mayotte, des lois et règlements édictés à compter de cette date, sous réserve des adaptations éventuelles tenant aux caractéristiques et contraintes particulières de cette collectivité ; par suite, ce régime n'a pas eu pour effet de rendre applicable à Mayotte l'art. L. 348-1, qui a été édicté avant le 31 mars 2011 et n'a pas d'équivalent dans les dispositions particulières du code de l'action sociale applicables à Mayotte ; dans la mesure où cet article n'a pas non plus été rendu applicable à ce département par d'autres dispositions, notamment par une ordonnance prise en application de l'art. 30 de la loi du 7 déc. 2010 relative au département de Mayotte, c'est donc à bon droit que le juge des référés du tribunal administratif de Mayotte a jugé que l'art. L. 348-1, même s'il avait été pris pour mettre en œuvre le droit d'asile, n'était pas applicable à Mayotte. • CE 5 juill. 2012, n° 358266 B.

Art. L. 348-2 *(L. n° 2015-925 du 29 juill. 2015, art. 24-10°)* **« I. — Les centres d'accueil pour demandeurs d'asile ont pour mission d'assurer l'accueil, l'hébergement ainsi que l'accompagnement social et administratif des personnes dont la demande d'asile a été enregistrée, pendant la durée d'instruction de cette demande. »**
— L'art. L. 348-2, dans sa rédaction résultant de la L. n° 2015-925 du 29 juill. 2015, s'applique aux demandeurs d'asile dont la demande a été enregistrée à compter du 1er nov. 2015. Les dispositions préc. sont applicables à Saint-Barthélemy et à Saint-Martin (L. préc., art. 35-V et VIII ; Décr. n° 2015-1166 du 21 sept. 2015, art. 29 et 30-II).

Cette mission prend fin à l'expiration du délai de recours contre la décision de l'Office français de protection des réfugiés et apatrides ou à la date de la notification de la décision de la *(L. n° 2007-1631 du 20 nov. 2007)* **« Cour nationale du droit d'asile ».**

Un décret en Conseil d'État détermine les conditions dans lesquelles les personnes s'étant vu reconnaître la qualité de réfugié ou accorder le bénéfice de la protection subsidiaire et les personnes ayant fait l'objet d'une décision de rejet définitive peuvent être maintenues dans un centre d'accueil pour demandeurs d'asile à titre exceptionnel et temporaire.

II. — Les conditions de fonctionnement et de financement des centres d'accueil pour demandeurs d'asile sont fixées par décret en Conseil d'État. Ce décret précise notamment les modalités selon lesquelles les personnes accueillies participent à proportion de leurs ressources à leurs frais d'hébergement, de restauration et d'entretien.

Ancien art. L. 348-2 *I. — Les centres d'accueil pour demandeurs d'asile ont pour mission d'assurer l'accueil, l'hébergement ainsi que l'accompagnement social et administratif des demandeurs d'asile en possession de l'un des documents de séjour mentionnés à l'article L. 742-1 du code de l'entrée et du séjour des étrangers et du droit d'asile, pendant la durée d'instruction de leur demande d'asile.*

Cette mission prend fin à l'expiration du délai de recours contre la décision de l'Office français de protection des réfugiés et apatrides ou à la date de la notification de la décision de la (L. n° 2007-1631 du 20 nov. 2007) *« Cour nationale du droit d'asile ».*

Un décret en Conseil d'État détermine les conditions dans lesquelles les personnes s'étant vu reconnaître la qualité de réfugié ou accorder le bénéfice de la protection subsidiaire et les personnes ayant fait l'objet d'une décision de rejet définitive peuvent être maintenues dans un centre d'accueil pour demandeurs d'asile à titre exceptionnel et temporaire.

II. — Les conditions de fonctionnement et de financement des centres d'accueil pour demandeurs d'asile sont fixées par décret en Conseil d'État. Ce décret précise notamment les modalités selon lesquelles les personnes accueillies participent à proportion de leurs ressources à leurs frais d'hébergement, de restauration et d'entretien.

Absence de demande d'hébergement. Il ne peut être déduit des art. L. 441-2-3 et L. 441-2-3-1 CCH et des art. L. 348-1 et L. 348-2 CASF, en l'absence de mention expresse en ce sens, qu'un demandeur d'asile ne puisse se prévaloir d'un droit à l'hébergement dans le cadre de la procédure prévue au III de l'art. L. 441-2-3 précité du seul fait qu'il n'a pas présenté une demande d'hébergement dans le cadre des dispositions du CASF qui sont spécifiques à cette catégorie de demandeurs. • CE 1er août 2013, n° 345130 B.

Art. L. 348-3 *(Abrogé par L. n° 2015-925 du 29 juill. 2015, art. 24-11°) **I. — Les décisions d'admission dans un centre d'accueil pour demandeurs d'asile et de sortie de ce centre sont prises par le gestionnaire dudit centre avec l'accord de l'autorité administrative compétente de l'État.***

II. — Dans le cadre de sa mission d'accueil des demandeurs d'asile définie à l'article L. 341-9 [R. 5223-1 s. nouv.] ***du code du travail, l'****(Décr. n° 2009-331 du 25 mars 2009)* ***« Office français de l'immigration et de l'intégration » coordonne la gestion de l'hébergement dans les centres d'accueil pour demandeurs d'asile. A cette fin, elle*** [il] ***conçoit, met en œuvre et gère, dans les conditions prévues par la loi n° 78-17 du 6 janvier 1978 relative à l'informatique, aux fichiers et aux libertés, un traitement automatisé de données relatives aux capacités d'hébergement des centres d'accueil pour demandeurs d'asile, à l'utilisation de ces capacités et aux demandeurs d'asile qui y sont accueillis.***

III. — Les personnes morales chargées de la gestion des centres d'accueil pour demandeurs d'asile sont tenues de déclarer, dans le cadre du traitement automatisé de données mentionné au II, les places disponibles dans les centres d'accueil à l'*(Décr. n° 2009-331 du 25 mars 2009)* ***« Office français de l'immigration et de l'intégration » et à l'autorité administrative compétente de l'État et de leur transmettre les informations, qu'elles tiennent à jour, concernant les personnes accueillies.***

1. Compétence du préfet. Dans la mesure où l'art. L. 348-3 CASF se borne à confier à l'Agence nationale d'accueil des étrangers et des migrations [devenue l'OFII] le soin de coordonner la gestion de l'hébergement dans les centres d'accueil pour demandeurs d'asile, sans lui donner compétence pour adresser aux demandeurs d'asile les offres de prise en charge dans de tels centres, un décret a pu valablement confier au préfet la mission de formuler les offres de prise en charge en centres d'accueil pour demandeurs d'asile. • CE 16 juin 2008, *Assoc. La Cimade*, n° 300636 B.

2. Pilotage du dispositif national d'accueil. En s'attachant d'une part à prévoir, dans une circulaire relative au pilotage du dispositif national d'accueil dans les centres d'accueil pour demandeurs d'asile, que les demandes d'accueil qui ne peuvent être satisfaites au plan départemental font l'objet d'un examen au niveau régional puis national, d'autre part à prescrire aux préfets, afin de pouvoir mettre en œuvre une péréquation nationale entre les centres et dans le but d'assurer le bon fonctionnement du dispositif d'accueil des demandeurs d'asile sur l'ensemble du territoire national, de mettre à la disposition de l'administration centrale 30 % des places vacantes, sauf dans les régions Île-de-France et Rhône-Alpes, le ministre auteur de la circulaire attaquée n'a pas excédé ses pouvoirs puisqu'il s'est borné à donner, dans l'exercice de son autorité hiérarchique, des instructions aux préfets, dont l'accord est requis pour procéder à l'admission dans les centres d'accueil en vertu de l'article L. 348-3. • CE 17 oct. 2012, n° 353576 B.

Art. L. 348-4 *(L. n° 2015-925 du 29 juill. 2015, art. 24-12°)* **« L'État conclut une convention avec le centre d'accueil pour demandeurs d'asile ou un contrat pluriannuel d'objectifs et de moyens avec la personne morale gestionnaire de ce centre. »** – *L'art. L. 348-4, dans sa rédaction résultant de la L. n° 2015-925 du 29 juill. 2015, s'applique aux demandeurs d'asile dont la demande a été enregistrée à compter du 1er nov. 2015. Les dispositions préc. sont applicables à Saint-Barthélemy et à Saint-Martin (L. préc., art. 35-V et VIII; Décr. n° 2015-1166 du 21 sept. 2015, art. 29 et 30-II).*

Cette convention doit être conforme à une convention type dont les stipulations sont déterminées par décret et qui prévoient notamment les objectifs, les moyens, les activités et les modalités de contrôle d'un centre d'accueil pour demandeurs d'asile. *– V., ci-dessous, l'annexe au Décr. n° 2015-1898 du 30 déc. 2015 (JO 31 déc.).*

ANNEXE

CONVENTION TYPE RELATIVE AU FONCTIONNEMENT DU CENTRE D'ACCUEIL POUR DEMANDEURS D'ASILE DE ...

Entre :

L'État, représenté par le préfet de..

Et .... *(nom de l'organisme)*

Vu la convention de Genève du 28 juillet 1951 et le protocole de New York du 31 janvier 1967 relatifs au statut des réfugiés ;

Vu le code de l'action sociale et des familles ;

Vu le code de l'entrée et du séjour des étrangers et du droit d'asile ;

Il est convenu ce qui suit :

Article 1er *Missions.* L'organisme s'engage à faire fonctionner un centre d'accueil pour demandeurs d'asile (CADA), selon les règles retenues dans le cahier des charges ci-annexé.

Cet établissement, spécialisé dans l'accueil et l'accompagnement des demandeurs d'asile, a vocation à :

1. Accueillir et héberger des demandeurs d'asile dont la demande est en cours d'instruction et détenteurs de l'attestation de demandeur d'asile mentionnée à l'article L. 741-1 du code de l'entrée et du séjour des étrangers et du droit d'asile (CESEDA) ;
2. Assurer l'accompagnement social et administratif des demandeurs d'asile hébergés ;
3. Évaluer la vulnérabilité du demandeur d'asile tout au long du séjour dans le centre ;

4. Délivrer une attestation au demandeur d'asile et assurer la mission de domiciliation ;

5. Préparer et organiser la sortie du centre des demandeurs d'asile qui ont fait l'objet d'une décision définitive de l'Office français de protection des réfugiés et apatrides (OFPRA) ou de la Cour nationale du droit d'asile (CNDA) ;

6. Informer les demandeurs d'asile sur les dispositifs et modalités d'aide au retour volontaire dans leur pays d'origine proposés par la direction territoriale de l'Office français de l'immigration et de l'intégration (OFII) dès leur entrée dans le centre et pendant toute la durée du séjour, aux diverses étapes de la procédure de demande d'asile, notamment :

— lors de la notification d'une décision de rejet de l'OFPRA, que celle-ci fasse ou non l'objet d'un recours ;

— lors de la notification d'une décision de rejet de la CNDA.

Capacité d'accueil et caractéristiques de la prise en charge

Article 2 *Objectifs assignés au centre.* 1° Organiser des conditions satisfaisantes de prise en charge de l'hébergement et de l'accompagnement social du demandeur d'asile et de sa famille pendant la période d'instruction de sa demande, selon les modalités prévues par un cahier des charges fixé par arrêté ;

2° Mettre en œuvre des moyens adaptés d'aide et d'accompagnement administratif du demandeur d'asile, s'agissant notamment de la procédure de demande d'asile devant l'OFPRA ;

3° Informer sur le recours devant la CNDA et permettre l'accès à l'aide juridictionnelle ;

4° Préparer et organiser la sortie des personnes hébergées dont la demande a fait l'objet d'une décision définitive ;

5° Informer systématiquement le demandeur d'asile sur les dispositifs et modalités d'aide au retour volontaire dans son pays d'origine proposés par la direction territoriale de l'OFII de........

Article 3 *Capacité d'accueil et caractéristiques de la prise en charge.* Le gestionnaire de l'établissement s'engage à accueillir .... personnes, conformément à la capacité autorisée par arrêté préfectoral en date du .... et à faire signer aux personnes hébergées un contrat individuel de séjour pris sur le modèle du contrat type fixé par arrêté.

La cohabitation de plusieurs personnes isolées ou ménages, impliquant le partage des pièces de vie, doit être organisée lorsque la structure des logements n'est pas adaptée à l'accueil de personnes ou ménages seuls.

Les caractéristiques du centre d'accueil sont détaillées comme suit : ....(*description du centre*).

Article 4 *Modalités d'admission et séjour.* La décision d'admission du demandeur d'asile dans le CADA est prise par l'OFII, qui recueille l'avis du directeur du centre en application des dispositions de l'article L. 744-3 du CESEDA. Les personnes accueillies et leurs familles sont demandeurs d'asile au sens de l'article L. 741-1 du CESEDA ; elles doivent être en possession d'une attestation de demande d'asile.

Dans le respect des dispositions de l'article L. 311-9 du code de l'action sociale et des familles (CASF), le CADA doit rechercher une solution évitant la séparation des membres de la famille nucléaire (enfants, parents ou conjoints) des personnes déjà admises à séjourner au CADA. Les enfants mineurs de personnes hébergées en CADA sont autorisés à rejoindre leur famille. Les autres membres (conjoints ou enfants majeurs à charge de personnes hébergées en CADA) sont autorisés à rejoindre leur famille à condition d'être en possession d'une attestation de demande d'asile.

Le demandeur d'asile est admis à séjourner dans le CADA pendant la durée de la procédure d'instruction de sa demande d'asile. Il signe le contrat individuel de séjour qui précise les conditions et modalités de sa prise en charge dans le centre conformément aux dispositions de l'article R. 744-6 du CESEDA.

Article 5 *Sortie du CADA.* 1. L'exclusion d'un demandeur d'asile peut être prononcée par le directeur du centre pour les motifs suivants :

— non-respect du règlement de fonctionnement ;

— actes de violence à l'encontre des autres résidents ou de l'équipe du centre ;

— comportements délictueux et infraction à la législation française entraînant des poursuites judiciaires ;

— fausses déclarations concernant son identité ou sa situation personnelle ;

— refus de transfert dans un autre centre ;

— refus par une personne ayant obtenu le statut de réfugié ou le bénéfice de la protection subsidiaire d'une proposition d'hébergement ou de logement.

2. Sortie du centre à l'issue *[de]* la procédure d'asile.

Le gestionnaire du centre est informé par l'OFII de l'intervention d'une décision définitive sur la demande d'asile d'une personne hébergée dans le centre et de la décision de sortie du centre de cette personne. Pour chacune de ces décisions est précisée la date à laquelle elles ont été notifiées au demandeur. Dès que cette information été réalisée auprès du gestionnaire, ce dernier communique à la personne concernée la fin de sa prise en charge à compter de la date mentionnée dans la décision de sortie.

La personne peut toutefois être maintenue dans le centre, à titre exceptionnel et temporaire, dans les conditions suivantes :

— la personne hébergée ayant obtenu le statut de réfugié ou le bénéfice de la protection subsidiaire peut, si elle en fait la demande, être maintenue dans le centre pour préparer la sortie, dans la limite d'une durée de trois mois à compter de la date de notification de la décision définitive. Durant ce délai, l'intéressé prépare les modalités de sa sortie du centre. Le gestionnaire de CADA, en lien avec le préfet et les services compétents, met tout en œuvre pour favoriser son accession à l'autonomie. A cet effet, il facilite son accès le plus rapidement possible à ses droits civils et sociaux et l'aide à trouver une solution de logement ou d'hébergement adaptée à sa situation. Le gestionnaire est invité à contractualiser cette phase au moyen d'un avenant au contrat de séjour précisant les conditions de préparation en commun de cette sortie de CADA.

A titre exceptionnel, ce délai de séjour complémentaire peut être prolongé pour une durée maximale de trois mois supplémentaires, avec l'accord de l'OFII.

Un ménage composé d'un bénéficiaire d'une protection internationale (adulte ou mineur accompagnant) et d'un demandeur d'asile ou d'une personne déboutée de sa demande d'asile bénéficie du délai de sortie accordé aux bénéficiaires d'une protection internationale, c'est-à-dire un délai de trois mois renouvelable une fois avec l'accord de l'OFII. Ce délai de maintien court à partir de la date de notification de l'admission au bénéfice de la protection internationale.

Un ménage composé d'un demandeur d'asile et d'une personne dont la demande d'asile a été rejetée peut se maintenir en CADA tant qu'il n'est pas statué définitivement sur la demande d'asile en cours de procédure. Toutefois, lorsqu'une demande d'asile est introduite tardivement, manifestement pour retarder la sortie du ménage du CADA, l'OFII peut prendre une décision de fin de prise en charge, sur le fondement du 3° de l'article L. 744-8 du CESEDA.

— la personne hébergée déboutée de sa demande d'asile peut, si elle en fait la demande, être maintenue dans le centre pour une durée maximale d'un mois à compter de la date de notification de la décision définitive la concernant. Durant cette période, l'intéressé prépare les modalités de sa sortie du centre. Le gestionnaire lui délivre toutes les informations nécessaires à la mise en œuvre d'un projet d'aide au retour volontaire. Toutefois, la personne qui a sollicité auprès de l'OFII le bénéfice de l'aide au retour dans son pays d'origine, dans le délai de quinze jours à compter de la notification de la décision défavorable la concernant, peut, à titre exceptionnel, être maintenue dans le centre jusqu'à la notification de la décision de sortie prise par l'OFII.

Le même délai de sortie s'applique, le cas échéant, aux personnes sollicitant un réexamen de leur demande d'asile auprès de l'OFPRA. Toutefois, dans l'hypothèse où l'office considère la demande de réexamen recevable et le *[la]* notifie à l'intéressé dans ce délai, l'OFII peut prendre une décision de maintien dans le lieu d'hébergement.

Le gestionnaire est invité à contractualiser cette phase au moyen d'un avenant au contrat de séjour précisant les conditions de préparation en commun de cette sortie de CADA.

Conformément aux dispositions de l'article L. 744-3 du CESEDA, les décisions de sortie d'un CADA sont prises par l'OFII, après consultation du directeur du centre. Le directeur du centre informe l'OFII des modalités envisagées pour la mise en œuvre de la décision de sortie du centre.

En cas de difficulté, le gestionnaire ou l'OFII peut solliciter le concours du préfet de département du lieu d'implantation de son centre, qui met en demeure l'intéressé de quitter les lieux dans les cas mentionnés au II de l'article R. 744-12 du CESEDA. En application de ces dispositions, si la mise en demeure est infructueuse, le préfet saisit le président du tribunal administratif sur le fondement de l'article L. 521-3 du code de justice administrative afin d'enjoindre à l'occupant en présence indue de quitter les lieux.

Article 6 *Participation aux frais de prise en charge.* En application des articles L. 348-2 II du code de l'action sociale et des familles (CASF) et R. 744-10 du CESEDA, toute personne hébergée en CADA dont le niveau de ressources mensuelles est égal ou supérieur au montant du revenu de solidarité active défini à l'article L. 262-2 du CASF acquitte une participation financière à ses frais d'hébergement et d'entretien. Le montant de cette participation est fixé par le préfet du département sur la base d'un barème établi par arrêté des ministres chargés des affaires sociales, de l'asile et du budget. L'intéressé acquitte sa contribution à l'établissement, qui lui délivre un récépissé.

Cette participation financière constitue un produit inscrit à la section d'exploitation du centre et vient en déduction du montant de la dotation globale de financement. Au cas par cas et avec l'accord de l'autorité de tarification, cette contribution peut être utilisée en tout ou partie pour aider les personnes hébergées qui sont dans l'attente du premier versement de l'allocation pour demandeur d'asile.

Article 7 *Prestations offertes par le CADA.* Le gestionnaire du centre s'engage à fournir à la personne accueillie les prestations suivantes :

— l'accueil et l'hébergement ;

— l'accompagnement social et administratif ;

— la mission de domiciliation et la délivrance de l'attestation afférente ;

— l'aide à la scolarisation des enfants, et la mise en relation avec les services publics locaux et les activités de loisir ou de bénévolat offertes sur le territoire ;

— l'accompagnement de la sortie du centre.

Article 8 *Suivi des personnes accueillies et échange d'information.* 1. Suivi des personnes accueillies.

Le gestionnaire est tenu de conserver l'ensemble des dossiers de suivi et d'accompagnement des personnes accueillies dans le centre (à l'exception des dossiers médicaux et des éléments relatifs au contenu de la demande d'asile), pendant deux années civiles après leur sortie.

Il tient un registre coté et paraphé comportant l'état-civil des personnes hébergées, avec indication de leurs dates d'entrée et de sortie.

2. Échanges d'informations.

En application de l'article L. 744-4 du CESEDA, le gestionnaire de l'établissement s'engage à renseigner en temps réel le système d'information administré par l'OFII, appelé DN@, mis gracieusement à sa disposition. Ce système vise à offrir une connaissance précise et actualisée du dispositif national d'accueil (DNA) afin d'en permettre un meilleur pilotage.

Le gestionnaire s'engage à informer l'OFII des vulnérabilités éventuellement détectées lors du séjour dans le centre.

Par ailleurs, le directeur du centre doit informer l'OFII dès qu'un demandeur d'asile a abandonné son lieu d'hébergement au sens de l'article R. 744-9 du CESEDA. Dans cette hypothèse, l'OFII peut, en application de l'article L. 744-8 du CESEDA, décider de suspendre le bénéfice des conditions matérielles d'accueil. Le demandeur d'asile ayant abandonné son hébergement ne peut l'occuper à nouveau. Ce n'est qu'après avoir pris une décision mettant fin à la suspension que l'OFII peut prendre une décision d'admission dans un lieu d'hébergement en application de l'article L. 744-3 du CESEDA.

Enfin, le gestionnaire de l'établissement s'engage à répondre dans les meilleurs délais aux questionnaires qui lui seraient adressés par l'OFII ou l'État (administration centrale ou services déconcentrés), dans le cadre d'enquêtes ponctuelles.

Article 9 *Moyens en personnel.* Pour permettre la mise en œuvre de ses missions, l'établissement dispose de l'effectif en personnels défini selon des modalités précisées par le cahier des charges susmentionné. Celui-ci est exprimé en ETPT (1 ETPT pour un minimum de 15 personnes accueillies, sauf situations dérogatoires prévues par le cahier des charges) dont 50 % au moins sont des travailleurs sociaux attestant des qualifications professionnelles requises.

Conformément aux dispositions de l'article R. 314-19 du CASF, le tableau des effectifs du personnel, annexé aux propositions budgétaires, fait apparaître pour l'année considérée le nombre prévisionnel des emplois par grade ou qualification. Les suppressions, transformations et créations d'emploi font l'objet d'une présentation distincte.

Le recrutement et la gestion du personnel sont soumis, le cas échéant, aux stipulations de la convention collective du .... ou de l'accord d'entreprise.

Article 10 *Financement, service fait.* Les dispositions financières applicables sont celles prévues par les articles R. 314-1 à R. 314-64 et R. 314-80 à R. 314-208 du CASF.

Le gestionnaire s'engage à adopter le cadre budgétaire normalisé annexé à l'arrêté du 22 octobre 2003 relatif au cadre budgétaire des établissements sociaux et médico-sociaux.

La dotation globale de financement versée par l'État tient compte des publics accueillis et des conditions de leur prise en charge telles qu'elles résultent de la présente convention. Elle est définie dans des conditions précisées aux articles R. 314-106 à R. 314-110 et R. 314-150 à R. 314-157 du CASF.

Article 11 *Contrôle.* Le gestionnaire s'engage à se soumettre à tout contrôle technique, administratif et financier des services de l'État, conformément aux dispositions des articles R. 314-56 à R. 314-62 du CASF.

1. Contrôle administratif et financier.

Le gestionnaire s'engage à respecter les délais de présentation des documents budgétaires et comptables prévus à l'article R. 314-3 du CASF ainsi que les règles relatives au contrôle administratif et financier définies aux articles R. 314-56 à R. 314-62 du même code.

Contrôle de la gestion des personnels.

Le gestionnaire tient notamment à la disposition du préfet les dossiers des personnels du centre qui devront comporter tous justificatifs permettant de reconstituer leur carrière (diplômes, éventuelles attestations des employeurs précédents, fiche récapitulative des passages d'échelon, changements de grade, etc.).

1. Contrôle du respect par le gestionnaire de ses obligations s'agissant des publics susceptibles d'être accueillis.

Le gestionnaire s'engage à respecter les dispositions des articles L. 348-1 et L. 348-2 du CASF qui précisent la nature des missions des CADA et les publics accueillis.

Article 12 *Évaluation des activités et de la qualité des prestations.* Conformément à l'article L. 312-8 du CASF, le gestionnaire procède à des évaluations de ses activités et de la qualité des prestations de son CADA, au regard notamment de procédures, de références et de recommandations de bonnes pratiques professionnelles validées, ou en cas de carence, élaborées par l'Agence nationale de l'évaluation et de la qualité des établissements et services sociaux et médico-sociaux (ANESM).

Le gestionnaire rend compte au préfet chaque année de l'avancement de sa démarche d'évaluation interne dans le rapport d'activité prévu à l'article R. 314-50 du CASF, en application de l'article D. 312-203 du même code. Il communique au préfet, les résultats d'au moins une évaluation interne au plus tard trois ans avant la date du renouvellement de son autorisation.

En outre, le gestionnaire doit faire procéder à l'évaluation des activités de son CADA et de la qualité des prestations qu'il délivre par un organisme extérieur, habilité par l'ANESM. Au cours de la période d'autorisation, le gestionnaire de CADA fera procéder à deux évaluations externes, sauf dispositions particulières pour les centres autorisés avant la date de promulgation de la loi n° 2009-879 du 21 juillet 2009 portant réforme de l'hôpital et relative aux patients, à la santé et aux territoires, dite "HPST". Le renouvellement, total ou partiel, de l'autorisation de quinze ans délivrée par le préfet est subordonné aux résultats de cette évaluation externe.

Dans le rapport d'activité, que le gestionnaire adresse conjointement au préfet et à l'OFII, figurent des éléments sur la meilleure utilisation des capacités d'hébergement, sur la recherche de solutions de sortie des centres et les partenariats mis en œuvre à cette fin (recherche de logement pour les réfugiés, proposition de l'aide au retour aux déboutés), ainsi que sur la qualité des prestations offertes aux personnes hébergées. Dans les rapports d'évaluation figurent notamment des éléments relatifs à l'impact des actions conduites au regard de leur utilité sociale ou de l'intérêt général.

La fluidité de la gestion de l'établissement est un élément essentiel (mais non exclusif) de cette évaluation : sont en particulier pris en compte le suivi et le signalement des places vacantes à l'OFII et la gestion des sorties dans le respect des dispositions des articles R. 744-9, R. 744-11 et R. 744-12 du CESEDA.

A cet égard, les indicateurs de pilotage doivent tendre vers les taux cibles suivants : un taux d'occupation d'au moins 97 %, un taux de présence indue des réfugiés et bénéficiaires de la protection subsidiaire inférieur à 3 %, et un taux de présence indue des personnes déboutées de leur demande d'asile inférieur à 4 %. Par ailleurs, il sera tenu compte de l'évolution des capacités d'accueil réelles du CADA en fonction des profils des demandeurs d'asile hébergés.

En cas de non-respect de ces objectifs, la procédure de minoration budgétaire prévue par l'article R. 314-52 du CASF pourra être mise en œuvre. Elle prévoit, en cas de mauvais fonctionnement du centre, se traduisant par un taux anormalement élevé de personnes déboutées de leur demande d'asile et de bénéficiaires d'une protection en présence indue, ou par un faible taux d'occupation du centre, et ce sur une durée anormalement longue, la possibilité de procéder à une minoration de la dotation globale de financement de l'année n + 2, correspondant au coût d'activités manifestement étrangères à la mission du CADA au cours de l'année n. Cette procédure peut être mise en œuvre après une phase contradictoire de discussion avec l'opérateur gestionnaire du centre.

Article 13 *Durée et validité de la convention.* La présente convention est conclue pour une durée de cinq ans à compter de sa signature. Elle pourra être modifiée, durant cette période, par avenant conclu par accord entre les deux parties, en cas notamment d'évolution substantielle des missions définies à l'article 1er ou des actions énumérées à l'article 7 de la présente convention.

Elle pourra, avant ce terme, être dénoncée par le gestionnaire du centre sous réserve d'un préavis de six mois notifié par lettre recommandée avec accusé de réception ou par l'État.

Six mois avant le terme quinquennal, les parties engageront les négociations, à l'initiative de l'organisme cocontractant, afin d'arrêter les conditions dans lesquelles une nouvelle convention peut être conclue.

Article 14 *Cessation d'activité de l'établissement.* Dans le cas d'un établissement géré par une association privée, le gestionnaire s'engage, dans le cadre de la présente convention, en cas de cessation d'activité du centre, à verser à un établissement public ou à un établissement privé poursuivant un but similaire, éventuellement à une collectivité publique, le fonds de roulement et les provisions non employées ainsi que la somme correspondant à la plus-value immobilière résultant des dépenses couvertes par la dotation globale.

L'évaluation de la plus-value est confiée au service des domaines.

L'organisme attributaire des sommes précitées est choisi par l'association gestionnaire, avec l'accord du préfet, ou, à défaut, désigné par le préfet.

Article 15 *Contentieux.* Les litiges survenant du fait de l'exécution de la présente convention seront portés devant le tribunal administratif de ....

Article 16 *Dispositions finales.*

La présente convention est établie en deux exemplaires originaux. L'exemplaire conservé aux archives de l'administration seul fait foi.

CHAPITRE IX CENTRES PROVISOIRES D'HÉBERGEMENT

(L. nº 2015-925 du 29 juill. 2015, art. 31-1º)

COMMENTAIRE

La loi nº 2015-925 du 29 juillet 2015 réformant le droit d'asile a créé une nouvelle structure pour faire face à l'évolution des populations devant être accueillies. Il s'agit des centres provisoires d'hébergement.

Cette nouvelle structure a pour mission de recevoir les étrangers s'étant vu reconnaître la qualité de réfugié ou accorder le bénéfice de la protection subsidiaire prévue par les textes relatifs à l'entrée et au séjour des étrangers et au droit d'asile.

L'article L. 349-2 en définit les missions : hébergement et accompagnement dans un but d'intégration de ces personnes. C'est l'OFPRA qui prononce les décisions d'admission (art. L. 349-3), la disposition suivante (art. L. 349-4) imposant à ces centres provisoires, pour qu'ils puissent fonctionner, la conclusion soit d'une convention dans le respect d'une convention-type, soit d'un CPOM entre ce dernier et l'État. ❑

Art. L. 349-1 Les étrangers s'étant vu reconnaître la qualité de réfugié ou accorder le bénéfice de la protection subsidiaire en application du *(Ord. nº 2020-1733 du 16 déc. 2020, art. 4-8º, en vigueur le 1er mai 2021)* **« livre V » du code de l'entrée et du séjour des étrangers et du droit d'asile peuvent bénéficier d'un hébergement en centre provisoire d'hébergement.**

Art. L. 349-2 I. — Les centres provisoires d'hébergement ont pour mission d'assurer l'accueil, l'hébergement ainsi que l'accompagnement linguistique, social, professionnel et juridique des personnes qu'ils hébergent, en vue de leur intégration.

II. — Les centres provisoires d'hébergement coordonnent les actions d'intégration des étrangers s'étant vu reconnaître la qualité de réfugié ou accorder le bénéfice de la protection subsidiaire en application du *(Ord. n° 2020-1733 du 16 déc. 2020, art. 4-8°, en vigueur le 1er mai 2021)* « livre V » du code de l'entrée et du séjour des étrangers et du droit d'asile présents dans le département.

III. — Pour assurer l'intégration des publics qu'ils accompagnent, les centres provisoires d'hébergement concluent des conventions avec les acteurs de l'intégration.

Art. L. 349-3 I. — Les décisions d'admission dans un centre provisoire d'hébergement, de sortie de ce centre et de changement de centre sont prises par l'Office français de l'immigration et de l'intégration, après consultation du directeur du centre. A cette fin, les places en centres provisoires d'hébergement sont intégrées au traitement automatisé de données mentionné à l'article *(Ord. n° 2020-1733 du 16 déc. 2020, art. 4-8°, en vigueur le 1er mai 2021)* « L. 142-4 » du code de l'entrée et du séjour des étrangers et du droit d'asile.

(L. n° 2018-778 du 10 sept. 2018, art. 15, en vigueur au plus tard le 1er janv. 2019) « Pour l'accès aux centres provisoires d'hébergement, il est tenu compte de la vulnérabilité de l'intéressé, de ses liens personnels et familiaux et de la région dans laquelle il a résidé pendant l'examen de sa demande d'asile. »

II. — Les personnes accueillies participent à proportion de leurs ressources à leurs frais d'hébergement, de restauration et d'entretien.

III. — Les conditions de fonctionnement et de financement des centres provisoires d'hébergement sont fixées par décret en Conseil d'État.

Les dispositions issues de la L. n° 2018-778 du 10 sept. 2018 sont entrées en vigueur à une date fixée par décret en Conseil d'État, et au plus tard le 1er janv. 2019 et s'appliquent aux demandes qui lui sont postérieures (L. préc., art. 71-III).

Art. L. 349-4 L'État conclut une convention avec le centre provisoire d'hébergement ou un contrat pluriannuel d'objectifs et de moyens avec la personne morale gestionnaire de ce centre.

Cette convention doit être conforme à une convention type dont les stipulations sont déterminées par décret et prévoient notamment les objectifs, les moyens, les activités et les modalités de contrôle d'un centre provisoire d'hébergement. — *V. cette convention ci-dessous.*

ANNEXE

CONVENTION TYPE RELATIVE AU FONCTIONNEMENT DU CENTRE PROVISOIRE D'HÉBERGEMENT DE ...

Entre :

L'État, représenté par le préfet de (*département d'implantation du centre*), désigné ci-après par les termes "le préfet", d'une part,

et ... (*nom de l'organisme*), représenté par ..., d'autre part, désigné par les termes "l'organisme gestionnaire",

Vu la convention de Genève du 28 juillet 1951 et le protocole de New York du 31 janvier 1967 relatifs au statut des réfugiés ;

Vu le code de l'action sociale et des familles, notamment ses articles L. 313-8-1, L. 345-3 et L. 349-4 ;

Vu le code de l'entrée et du séjour des étrangers et du droit d'asile ;

Vu le décret n° 2016-253 du 2 mars 2016 relatif aux centres provisoires d'hébergement des réfugiés et des bénéficiaires de la protection subsidiaire,

Il est convenu ce qui suit :

Article 1er *Missions.* L'organisme gestionnaire s'engage à faire fonctionner, dans le respect des dispositions législatives et réglementaires en vigueur, un centre provisoire d'hébergement (CPH). Ce centre ayant qualité de centre d'hébergement et de réinsertion sociale spécialisé dans l'accueil et l'accompagnement des réfugiés et des bénéficiaires de la protection subsidiaire (ci-après les "bénéficiaires d'une protection internationale") a vocation à :

1. Accueillir et héberger des bénéficiaires d'une protection internationale.
2. Assurer l'accompagnement social des hébergés, notamment pour faciliter leur accès aux droits fondamentaux (civiques et sociaux) ainsi qu'aux allocations et prestations auxquelles ils peuvent prétendre.
3. Accompagner les bénéficiaires vers l'accès aux soins et à la santé.
4. Accompagner les bénéficiaires dans leur action d'insertion par l'accès à l'emploi et/ou la formation professionnelle selon un projet individualisé.
5. Assurer l'accompagnement dans les actes de la vie quotidienne, ainsi que le soutien à la parentalité et à la scolarité.
6. Assurer la domiciliation des bénéficiaires et leur délivrer l'attestation afférente.
7. Accompagner vers l'insertion par le logement les bénéficiaires et préparer leur sortie du centre.
8. Accompagner les bénéficiaires à la vie sociale et l'insertion dans le tissu social par des actions de coopération avec les acteurs locaux afin de mobiliser les dispositifs de droit commun existants.
9. Faciliter l'accès à une formation linguistique.
10. Être le référent pour des actions d'intégration des bénéficiaires d'une protection internationale présents sur le territoire, à travers la signature d'une ou *[de]* plusieurs conventions.

Article 2 *Objectifs.* Le centre cherche à atteindre les objectifs suivants :

— mettre en place les conditions optimales pour une intégration durable et réussie du bénéficiaire et de sa famille par un accompagnement global dans la construction d'un projet d'insertion socioprofessionnelle individualisé ;

— faciliter l'accès aux services d'insertion de droit commun à un public plus vulnérable du fait de son parcours d'exil ;

— optimiser la gestion du centre en tendant vers un taux d'occupation d'au moins 97 % et un taux de bénéficiaires ayant dépassé un délai de séjour d'un an de moins de 7 %.

Ces objectifs sont évalués dans les conditions prévues à l'article 15.

Article 3 *Capacité d'accueil et caractéristiques de la prise en charge.* Le centre provisoire d'hébergement (CPH) géré par .... est situé à ...., il dispose d'une capacité d'accueil de .... places autorisées en vertu de .... (*référence de l'acte valant autorisation*) ....

Les personnes prises en charge sont admises au bénéfice de l'aide sociale d'État.

L'organisme gestionnaire s'engage à faire signer aux personnes hébergées un contrat individuel de séjour dans les conditions prévues à l'article D. 311 du code de l'action sociale et des familles (CASF).

Article 4 *Conditions d'admission.* Les personnes accueillies en centre provisoire d'hébergement sont des bénéficiaires d'une protection internationale et leur famille (conjoint, concubin reconnu réfugié par l'Office français de protection des réfugiés et apatrides [OFPRA] au titre de l'unité de famille, partenaires dans le cadre d'une union civile, enfants mineurs, enfants majeurs à charge). A ce titre, elles peuvent être admises en CPH dès la notification d'une décision individuelle favorable de l'OFPRA, de la Cour nationale du droit d'asile ou du Conseil d'État.

Les bénéficiaires doivent également répondre aux critères d'admission à l'aide sociale d'État mentionnés au premier alinéa de l'article L. 345-1 du CASF. L'admission à l'aide sociale d'État est prononcée par le préfet pour une période de neuf mois, renouvelable par période de trois mois.

Dans le respect des dispositions de l'article L. 311-9 du CASF, l'organisme gestionnaire doit rechercher une solution évitant la séparation des conjoints, enfants mineurs ou dans leur dix-neuvième année avec une personne hébergée dans le centre. Ces derniers peuvent être admis en CPH pour la rejoindre dans les cas suivants :

— ces personnes sont déjà présentes sur le territoire français, en situation régulière, et répondent aux critères d'accès à l'aide sociale de l'État ;

— ces personnes sont admises au séjour au titre d'une procédure de réunification familiale, dès lors que leur présence est nécessaire dans le cadre des démarches d'accès au logement engagées par la personne hébergée.

Article 5 *Décisions d'admission et durée du séjour.* En application de l'article L. 349-3 du CASF, l'Office français de l'immigration et de l'intégration (OFII) prend les décisions d'admission des personnes orientées dans les centres. En vue d'assurer les orientations, le responsable du CPH communique à l'OFII sans délai les places disponibles dans le centre ou susceptibles de l'être ainsi que les informations tenues à jour sur les personnes accueillies.

La durée de la prise en charge des personnes admises en CPH est de neuf mois. Cette prise en charge peut toutefois être prolongée à titre exceptionnel par période de trois mois si la situation de l'hébergé ou celle de sa famille le justifie. La décision de prolongation est prise par l'OFII, sur le fondement des justifications adressées par le CPH, notamment l'évaluation de la personne ou de sa famille, et notifiée par l'organisme gestionnaire.

Article 6 *Sortie du centre.* Lorsqu'il est proposé au bénéficiaire un logement ou un hébergement alternatif, et qu'il dispose de ressources suffisantes à son autonomie, ce dernier libère le logement qu'il occupe au sein du CPH.

Article 7 *Participation aux frais de prise en charge.* Tout bénéficiaire qui dispose de ressources s'acquitte d'une participation financière à ses frais d'hébergement dont le montant est fixé conformément au barème établi par l'arrêté du 13 mars 2002 portant application de l'article 8 du décret n° 2001-576 du 3 juillet 2001 relatif aux conditions de fonctionnement et de financement des centres d'hébergement et de réinsertion sociale. Ce barème tient notamment compte des ressources de la personne ou de la famille accueillie et des dépenses restant à sa charge pendant la période d'accueil.

Cette contribution constitue une recette en atténuation portée au budget de fonctionnement du centre. Au cas par cas et avec l'accord de l'autorité de tarification, la contribution de la personne hébergée peut être utilisée en tout ou partie pour des dépenses liées à l'installation dans un logement.

Article 8 *Prestations offertes par le CPH.* L'organisme gestionnaire du centre s'engage à fournir à la personne accueillie les prestations suivantes :

— l'accueil, l'hébergement et l'accès au logement ;
— l'accompagnement administratif et dans les actes de la vie quotidienne ;
— l'accès aux droits civiques et sociaux ;
— l'accès à la santé et aux soins ;
— l'accompagnement vers l'emploi et la formation professionnelle.

Article 9 *Suivi des personnes accueillies et échange d'information[s].* 1. Suivi des personnes accueillies

L'organisme gestionnaire tient un dossier coté et paraphé mentionnant l'état civil de la personne hébergée avec indication de la date d'entrée et de sortie du centre.

Le dossier de la personne hébergée ainsi que tout document relatif à son accompagnement (excepté le dossier médical et les documents relatifs au contenu de la demande d'asile) est *[sont]* conservé *[conservés]* par l'organisme gestionnaire pendant deux années civiles après sa sortie.

2. Échanges d'informations

En application de l'article L. 349-3 du CASF, l'organisme gestionnaire s'engage à renseigner le système d'information administré par l'OFII, intitulé DN@, mis gracieusement à sa disposition. Ce système vise à offrir une connaissance précise et actualisée du dispositif national d'accueil (DNA) afin d'en permettre un meilleur pilotage.

L'organisme gestionnaire répond dans les meilleurs délais à toute sollicitation de l'OFII ou des services de l'État, notamment aux questionnaires transmis dans le cadre d'enquêtes.

Article 10 *Obligations liées au statut d'établissement social.* Conformément aux dispositions du CASF, les CPH sont soumis aux obligations légales et réglementaires suivantes :

a) Respect des droits et liberté de l'usager (1° à 7° de l'article L. 311-3) ;
b) Information de l'usager.

Le centre remet à la personne accueillie les documents suivants :

— un livret d'accueil (article L. 311-4) ;
— la "charte des droits et libertés de la personne accueillie" prévue par l'arrêté du 8 septembre 2003 publié au *JO* n° 234 du 9 octobre 2003 ;
— le règlement de fonctionnement du centre (articles L. 311-4 et L. 311-7) ;

— un contrat de séjour (article L. 311-4).

Ces documents sont remis dans une langue comprise par le bénéficiaire ou, à défaut, lui sont expliqués à l'oral, à son arrivée au centre, dans une langue qu'il comprend.

c) Conseil de la vie sociale (article L. 311-6).

Afin d'associer les bénéficiaires au fonctionnement du centre, il est institué un conseil de vie sociale ou d'autres formes de participation dans les conditions prévues à l'article D. 311-3.

En application de l'article L. 311-8, le CPH élabore, pour une durée maximale de cinq ans, un projet d'établissement résultant d'un travail associant les administrateurs, les personnels salariés et bénévoles ainsi que les usagers.

Article 11 *Assurances.* L'organisme gestionnaire devra se garantir en permanence contre tous les risques d'accidents pouvant survenir aux personnes hébergées ou susceptibles d'être causés par ces derniers *[dernières]* et dont l'établissement pourrait être responsable selon les dispositions des articles 1382 et 1384 du code civil.

Article 12 *Moyens en personnel.* Pour accomplir ses missions, le CPH dispose d'un effectif déterminé conformément aux dispositions des articles L. 314-1 à L. 314-13 et R. 314-63 du CASF. Cet effectif est calculé sur la base d'un ratio d'un ETP pour un minimum de dix personnes accueillies : la moitié au moins des personnels sont des travailleurs sociaux attestant des qualités professionnelles requises.

Le recrutement et la gestion des personnels sont soumis, le cas échéant, aux stipulations des accords collectifs ou à un accord d'entreprise.

Article 13 *Financement, service fait.* Les règles comptables et budgétaires applicables sont celles prévues par les articles R. 314-1 à R. 314-208 du CASF. L'organisme gestionnaire s'engage à en respecter les termes notamment en ce qui concerne les délais de présentation des documents budgétaires.

L'organisme gestionnaire s'engage à adopter le cadre budgétaire normalisé annexé à l'arrêté du 22 octobre 2003 relatif aux modèles de documents budgétaires, comptables et financiers des établissements et services sociaux et médico-sociaux, 'publié au *JO* n° 247 du 24 octobre 2003).

La dotation globale de financement versée par l'État tient compte des publics accueillis et des conditions de prise en charge telles qu'elles résultent de la présente convention. Elle est définie dans des conditions prévues aux articles R. 314-106 à R. 314-110 et R. 314-150 à R. 314-157 du CASF.

Article 14 *Contrôle.* 1. Contrôle administratif et financier.

L'organisme gestionnaire s'engage à respecter les délais de présentation des documents budgétaires et comptables prévus à l'article R. 314-3 du CASF ainsi que les règles relatives au contrôle administratif et financier définies aux articles R. 314-56 à R. 314-62.

Il communique au préfet les informations requises en vue de la mise en place d'un contrôle de gestion. Il est destinataire des informations relatives au centre dans le cadre de la mise en œuvre de sa gestion.

2. Contrôle de la gestion des personnels.

L'organisme gestionnaire tient à la disposition du préfet les dossiers des membres du personnel du centre qui devront comporter tout justificatif permettant de reconstituer leur carrière (diplômes, attestation des employeurs précédents, fiche récapitulative des passages d'échelon, changement de grade, etc.).

3. Contrôle du respect par le gestionnaire de ses obligations au regard du public accueilli.

L'organisme gestionnaire s'engage à respecter les dispositions des articles L. 349-1 et L. 349-2 du CASF qui précisent la nature des missions des CPH et la qualité des publics accueillis, et à faire en sorte que le respect de ces dispositions puisse être vérifié.

4. Mission d'enquête.

Lorsqu'un établissement ou un service connaît des difficultés de fonctionnement ou de gestion, le préfet peut le soumettre à une mission d'enquête dans les conditions prévues à l'article R. 314-62 du CASF.

Article 15 *Évaluation des activités et de la qualité des prestations.* Conformément à l'article L. 312-8 du CASF, l'organisme gestionnaire évalue ses activités et la qualité des prestations qu'il fournit, au regard notamment de procédures, de références et de recommandations de bonnes pratiques professionnelles validées ou, à défaut, élaborées par l'Agence nationale de l'évaluation et de la qualité des établissements et services sociaux et médico-sociaux (ANESM).

Évaluation interne

Chaque année, l'organisme gestionnaire rend compte au préfet de l'avancement de sa démarche d'évaluation interne (article D. 312-203 du CASF) dans le rapport d'activité prévu à l'article R. 314-50 du CASF.

Évaluation externe

L'activité du CPH et la qualité de ses prestations sont évaluées par un organisme extérieur, habilité par l'ANESM. Au cours de la période d'autorisation, l'organisme gestionnaire de CPH fait procéder à deux évaluations externes, sauf dispositions particulières pour les centres autorisés avant la date de promulgation de la loi n° 2009-879 du 21 juillet 2009 portant réforme de l'hôpital et relative aux patients, à la santé et aux territoires, dite "HPST". Le renouvellement total ou partiel de l'autorisation de quinze ans délivrée par le préfet est subordonné aux résultats de cette évaluation externe.

Évaluation préfectorale

Le préfet et l'organisme gestionnaire évaluent l'ensemble des conditions d'accueil des bénéficiaires d'une protection au regard des objectifs définis à l'article 2.

Rapports d'activité et d'évaluation

Dans le rapport d'activité figurent des éléments sur la meilleure utilisation des capacités d'hébergement, la recherche de solutions de sortie des centres et les partenariats mis en œuvre à cette fin, et la qualité des prestations offertes aux personnes hébergées.

Dans les rapports d'évaluation figurent notamment des éléments relatifs à l'impact des actions conduites au regard de leur utilité sociale ou de l'intérêt général.

Article 16 *Durée de validité de la convention.* La présente convention est conclue pour une durée de cinq ans à compter de sa date de signature. Elle peut être modifiée pendant cette période par avenant conclu par accord entre les deux parties, notamment en cas d'évolution substantielle des missions définies à l'article 1er.

La convention peut être dénoncée avant son terme par l'organisme gestionnaire du centre sous réserve d'un préavis de six mois notifié au préfet de département par lettre recommandée avec avis de réception ou par l'État.

Six mois avant le terme de la convention, les parties engageront les négociations à l'initiative de l'organisme gestionnaire afin d'arrêter les conditions dans lesquelles une nouvelle convention peut être conclue.

Article 17 *Cessation d'activité.* Dans le cas d'un centre géré par une association privée, l'organisme gestionnaire s'engage dans le cadre de la présente convention, en cas de cessation d'activité du centre, à verser à un établissement, ou service poursuivant un but similaire, le fonds de roulement et les provisions non employés ainsi que la somme correspondant à la plus-value immobilière résultant des dépenses couvertes par la dotation globale.

L'évaluation de la plus-value est confiée à France domaine.

L'organisme attributaire des sommes précitées est choisi par l'organisme gestionnaire avec l'accord du préfet. A défaut, il est désigné par le préfet.

Article 18 *Contentieux.* Les litiges survenant du fait de l'exécution de la présente convention sont portés devant le tribunal administratif de .... Ils peuvent donner lieu à conciliation dans les conditions prévues à l'article L. 211-4 du code de justice administrative.

Article 19 *Dispositions finales.* La présente convention est établie en deux exemplaires originaux. L'exemplaire conservé aux archives de l'administration seul fait foi.

TITRE V CONTENTIEUX DE LA TARIFICATION SANITAIRE ET SOCIALE

BIBL. ▶ DELNATTE, Le contentieux de la tarification sanitaire et sociale, *RDSS 1995. 805*. – DELNATTE et L'HUILLIER, Le contentieux de la tarification sanitaire et sociale, *RDSS 1993. 134*. – DURAND-VIEL, Le contrôle des établissements sociaux et médico-sociaux par les juridictions de la tarification sanitaire et sociale, *RDSS 2010. 454*. – FELISSI, Le contentieux de la tarification sanitaire et sociale, *ASH (suppl. au n° 2512), 15 juin 2007.*

– LEVY, Le contrôle juridictionnel des décisions de tarification sanitaire et sociale, *AJDA 1995. 361*. – MATT, Le contentieux de la tarification sanitaire et sociale (2014-2015), *RDSS 2015. 915*; Le contentieux de la tarification sanitaire et sociale (2015-2017), *RDSS 2017. 724*. – NÉGRIN, Contentieux de l'aide et de l'action sociales, *J.-Cl. Adm. 2003, n° 1138*. – PRÉTOT, La réforme du contentieux de la tarification sanitaire et sociale, *AJDA 1991. 26*. – TOURDIAS, La juridiction sanitaire et sociale après la loi du 3 janvier 2002, *AJDA 2002. 748*; La juridiction tarifaire après le décret du 22 octobre 2003, *AJDA 2005. 298*; La juridiction sanitaire et sociale après l'ordonnance du 1er septembre 2005 et le décret du 21 février 2006, *LPA, n° 221, 2006. 9*. – VINSONNEAU, Les juridictions de la tarification sanitaire et sociale : des juridictions en pleine mutation, *RDSS 2006. 123*; Synthèse des décisions de la Cour nationale de la tarification sanitaire et sociale rendues de 2007 à 2013, *RDSS 2014. 933*; *ibid. 1122*; Synthèse des décisions de la Cour nationale de la tarification sanitaire et sociale rendues en 2018, *RDSS 2020. 363*; Le contentieux de la tarification sanitaire et sociale (2020-2023), *RDSS 2023. 931*.

CHAPITRE UNIQUE

COMMENTAIRE

La contestation des décisions de tarification des prestations sociales et médico-sociales (art. L. 314-1 à L. 314-9) relevait anciennement d'une instance nationale unique : la section permanente du Conseil supérieur de l'aide sociale (C. fam., art. 201).

C'est la loi n° 86-17 du 6 janvier 1986 qui, adaptant la législation du secteur social et médico-social au transfert des compétences opéré par la loi n° 83-663 du 22 juillet 1983, a en outre réorganisé ce contentieux en créant une nouvelle juridiction, la commission interrégionale de la tarification sanitaire et sociale, et en redéfinissant les compétences de la section permanente du Conseil supérieur désormais dénommée Commission nationale de la tarification sanitaire et sociale.

La loi n° 2002-2 du 2 janvier 2002 a rebaptisé ces juridictions spécialisées en dénommant l'ancienne commission interrégionale « tribunal interrégional de la tarification sanitaire et sociale » et l'ancienne Commission nationale « Cour nationale de la tarification sanitaire et sociale ».

La loi n° 2023-1059 du 20 novembre 2023 d'orientation et de programmation du ministère de la Justice 2023-2027 a poursuivi le mouvement de rattachement des contentieux sociaux au droit commun engagé avec la loi du 18 novembre 2016, en supprimant la juridiction spécialisée constituée du tribunal interrégional de la tarification sanitaire et sociale et de la cour nationale de la tarification sanitaire et sociale pour confier ces contentieux aux juridictions administratives. ❑

Art. L. 351-1 **Les recours dirigés contre les décisions prises par le représentant de l'État dans le département** *(L. n° 2015-1776 du 28 déc. 2015, art. 62)* **« , le représentant de l'État dans la région »,** le *(Ord. n° 2010-177 du 23 févr. 2010, art. 18-I-45°)* **« directeur général de l'agence régionale de santé » et le président du conseil départemental, séparément ou conjointement, ainsi que** *(Ord. n° 2005-1088 du 1er sept. 2005, art. 3)* **« par le président du conseil régional et », le cas échéant, par les ministres compétents, déterminant les dotations globales,** *(Ord. n° 2005-406 du 2 mai 2005, art. 18-I)* **« les dotations annuelles, les forfaits annuels, les dotations de financement des missions d'intérêt général et d'aide à la contractualisation », les remboursements forfaitaires** *(Ord. n° 2005-1088 du 1er sept. 2005, art. 3)* **« , subventions obligatoires aux établissements de santé mentionnés à l'article L. 4383-5 du code de la santé publique », les prix de journée et autres tarifs des établissements et services sanitaires, sociaux et médico-sociaux de statut public ou privé** *(Ord. n° 2005-406 du 2 mai 2005, art. 18-I)* **« et d'organismes concourant aux soins », sont portés, en premier ressort, devant** *(L. n° 2002-2 du 2 janv. 2002, art. 59-I-A)* **« le tribunal interrégional » de la tarification sanitaire et sociale** *[nouvelle rédaction issue de la L. n° 2023-1059 du 20 nov. 2023, art. 56-I, en vigueur le 1er janv. 2025 : [tribunal] « administratif »]. — [C. fam., art. 201.] — V. art. R. 351-1 s.*

Les affaires pendantes devant les tribunaux interrégionaux de la tarification sanitaire et sociale et devant la Cour nationale de la tarification sociale sont, le 1er janv. 2025, transférées aux tribunaux administratifs et à la cour administrative d'appel compétents (L. n° 2023-1059 du 20 nov. 2023, art. 60-XIV).

1. Service d'accueil de prostituées. Les services gérés par une association habilitée à recevoir, aider, orienter et héberger provisoirement des prostituées, s'ils ne constituent pas des centres d'hébergement et de réadaptation sociale au sens du premier alinéa de l'art. 185 du C. fam. (art. L. 341-1 CASF), doivent être regardés comme des services sociaux au sens de l'art. 185-1 (art. L. 121-9 CASF). Dès lors, la somme allouée à l'association au titre de ces services doit être regardée, compte tenu du fait qu'elle est versée au vu d'un budget prévisionnel et couvre l'ensemble des dépenses de fonctionnement de ces services, et quand bien même elle revêt la forme d'une subvention, comme étant au nombre des modalités de financement auxquelles le législateur a entendu se référer pour définir la compétence des juridictions spéciales de la tarification sanitaire et sociale. • CE 29 déc. 1997, *Assoc. amicale du Nid*, n° 160139 B.

2. Compétence et remboursement des frais de transport. La demande de parents tendant non pas à l'annulation ou à la réformation de l'une des décisions mentionnées à l'art. L. 351-1, mais au remboursement des frais de transport exposés pour conduire quotidiennement leur fils au centre d'éducation motrice dans lequel il est placé soulève un litige qui relève de la compétence du Tribunal des affaires de sécurité sociale; par suite, elle doit être rejetée, si elle est présentée devant le TITSS, comme portée devant une juridiction incompétente pour en connaître. • CNCTSS 28 sept. 2007, *M. et Mme P. c/ Assoc. « Accueil savoyard » et Préfet de Savoie*, n° A. 2003.035.

3. Compétence et refus de remboursement. Le litige indemnitaire opposant une association à un département du fait de son refus de prendre en charge financièrement les dépenses qu'elle a engagées au titre de l'accueil au sein de centres des femmes enceintes et des mères isolées avec leurs enfants de moins de trois ans, qui n'a pas pour objet la révision des recettes arrêtées au titre des exercices litigieux par le préfet, ne se rattache pas à la détermination des tarifs des établissements et services sociaux et médico-sociaux au sens de l'art. L. 351-1 CASF ; il relève, dès lors, de la compétence du juge administratif de droit commun et non des juridictions de la tarification sanitaire et sociale. • CE 1er juill. 2020, n° 425528 B : *AJDA 2021. 97, note Cavalier*.

4. Centre d'aide par le travail. La dotation attribuée à une association gérant un centre d'aide par le travail doit être regardée, eu égard au fait qu'elle est allouée au vu d'un budget prévisionnel et couvre l'ensemble des dépenses de fonctionnement, et quelle que soit la forme qu'elle revêt, qu'il s'agisse d'une dotation globale de financement, d'une subvention ou de toute autre forme de remboursement, comme étant au nombre des modalités de financement auxquelles le législateur a entendu se référer pour définir la compétence des juridictions spéciales de la tarification sanitaire et sociale. • CE 26 mars 1999, *Foyer Au Grand Sauvoy*, n° 181756 : *RDSS 1999. 593, obs. Lhuillier*.

5. Lieux de vie et d'accueil. Le recours contre une décision par laquelle une autorité de tarification, au nombre desquelles le président du conseil départemental, détermine le forfait journalier d'un lieu de vie et d'accueil relève des litiges que l'art. L. 351-1 attribue à la compétence du tribunal interrégional de la tarification sanitaire et sociale. • CE 26 sept. 2016, n° 398347. ♦ Si l'association requérante a été autorisée à créer un établissement d'accueil temporaire pour enfants handicapés, pour lequel le directeur général de l'agence régionale de santé a fixé un forfait global de soins, elle ne dispose toutefois pas d'autorisation pour les lieux de vie pour jeunes autistes et psychotiques ; par suite, aucun tarif n'ayant été fixé par l'autorité administrative pour ces structures, les litiges opposant l'association au département sur la prise en charge des frais d'hébergement des mineurs ne se rattachent pas à la détermination des tarifs des établissements et services sanitaires, sociaux et médico-sociaux au sens de l'art. L. 351-1 CASF mais relèvent, en première instance, de la compétence du tribunal administratif et non de celle du tribunal interrégional de la tarification sanitaire et sociale. • CE 12 oct. 2018, n° 420940 A.

6. Acte préparatoire. La lettre informant une association gestionnaire d'un établissement social ou médico-social du refus de l'autorité de tarification de prendre en compte l'intégralité de la reprise d'ancienneté du nouveau directeur d'établissement dans les bases de calcul du tarif à venir constitue un acte préparatoire à un arrêté de tarification ; par suite, elle ne peut être contestée devant le juge administratif de droit commun et entre dans le champ d'attribution du TITSS. • CE 16 nov. 2009, *Assoc. Mars 95*, n° 325632 B. ♦ Néanmoins, dans la mesure où cette lettre doit s'analyser non pas comme un arrêté de tarification, mais comme un simple acte préparatoire à celui-ci, elle ne saurait être contestée directement devant le juge spécialisé de la tarification. • Même arrêt.

7. Convention collective. Il appartient au juge, saisi d'un litige sur l'étendue des avantages accordés par une convention collective, d'apprécier le sens et la portée de ladite convention. • CITSS Paris, 15 déc. 1993, *Assoc. Foyers Matter : RDSS 1994. 486, concl. Haïm*.

8. Exécution du jugement. En cas d'inexécution totale ou partielle de la chose jugée par une commission interrégionale de tarification sanitaire et sociale, le tribunal administratif n'est pas recevable, à la demande de l'association bénéficiaire du jugement, à enjoindre à l'Administration de procéder à l'exécution de ce jugement mais est compétent pour condamner l'État à réparer l'illégalité ainsi commise sur le fondement de la responsabilité pour faute. • TA Nantes, 9 oct. 1997, *Assoc. Trajet : RDSS 1998. 581, concl. Millet*.

9. Intérêt à agir. Une association de défense des intérêts de résidents en maison de retraite n'est pas fondée à contester les prix de journée d'un foyer logement. • CITSS Lyon, 18 févr. 2000 : *RDSS 2001. 137, concl. Bonnet*. ♦ Il résulte, de ce que les pourvois en cassation formés devant le Conseil d'État contre les décisions de la CNTSS ne peuvent tendre qu'à l'annulation ou à la réformation du dispositif de la décision attaquée, qu'un pourvoi en cassation dirigé contre la partie du dispositif qui fait droit aux conclusions de la requête qu'avait présentée l'intéressé devant les juges d'appel n'est pas recevable, quels que soient les motifs retenus par les juges du fond, notamment quant aux modalités de calcul de la dotation ou du prix de journée fixé par cette juridiction ; par suite, l'association requérante ne justifie d'aucun intérêt à demander l'annulation de la décision attaquée en tant qu'elle fait droit à ses conclusions de première instance relatives au montant du prix de journée, alors même que le mode de calcul retenu par la cour dans ses motifs ne lui donnerait pas satisfaction. • CE 30 janv. 2008, *Assoc. orientation et rééducation des enfants et adolescents de la Gironde*, n° 274556 : *RDSS 2008, n° 3, concl. Courrèges*.

10. Litiges nés d'une décision de reversement. Les litiges nés des décisions de reversement prises sur le fondement du II de l'art. R. 314-104, lesquelles peuvent intervenir indifféremment à l'égard de tout établissement entrant dans le champ d'application de cet article et pour les différentes catégories de financement qui leur sont allouées et qui peuvent donc ne pas mettre en cause des financements par l'allocation personnalisée d'autonomie, supposent des appréciations sur la nature, la réalité et l'objet des dépenses exposées ; se rattachant à la détermination des tarifs des établissements et services sanitaires, sociaux et médico-sociaux au sens de l'art. L. 351-1, ils doivent être portés, en premier ressort, devant le tribunal interrégional de la tarification sanitaire et sociale. • CE, avis, 21 juin 2006, n° 290909 B.

11. Principe du contradictoire et mémoire en réplique. Lorsqu'un requérant présente dans les délais impartis un mémoire en réplique comportant des éléments nouveaux sur lesquels le juge de la tarification entend se fonder, il appartient au président de la juridiction de mettre la partie défenderesse à même de prendre connaissance de ce mémoire et de différer la clôture de l'instruction afin de lui permettre de présenter utilement ses observations avant l'audience. • CE 30 janv. 2008, *Assoc. orientation et rééducation des enfants et adolescents de la Gironde*, n° 274556 : *RDSS 2008. 528, concl. Courrèges*.

12. Inopérance des moyens de légalité externe. Lorsque le juge du tarif est saisi de conclusions en vue de réformer les dotations globales ou prix de journée fixés par l'autorité administrative, il détermine lui-même directement le tarif applicable en sa qualité de juge de plein contentieux et n'a donc pas à examiner les moyens de légalité externe dirigés contre la décision administrative. • CNTSS, 9 juill. 2015, *Préfet région Languedoc-Roussillon c/ Assoc. Amicale du Nid*, n° A. 2013-01 : *AJDA 2016. 666, concl. Matt*. ♦ Lorsque le tribunal interrégional de la tarification sanitaire et sociale est saisi d'un recours introduit sur le fondement des dispositions de l'art. L. 351-1, il lui appartient, eu égard tant à la finalité de son intervention qu'à sa qualité de juge de plein contentieux, non de se prononcer sur les éventuels vices propres de la décision litigieuse, mais d'examiner le bien-fondé du tarif fixé par l'administration ou le droit du demandeur à se voir attribuer la somme qu'il réclame ; s'il estime que le tarif a été illégalement fixé ou la somme demandée illégalement refusée, il lui appartient d'annuler ou de réformer, s'il y a lieu, cette décision en fixant alors lui-même, pour l'exercice en cause, un tarif conforme aux textes en vigueur ou le montant de la somme attribuée à l'intéressé ou, s'il ne peut y procéder, en renvoyant l'intéressé devant l'administration afin qu'elle procède à cette fixation sur les bases qu'il indique dans les motifs de son jugement. • CE 20 oct. 2017, n° 401554 B.

13. Décisions du directeur de l'ARS. Les décisions par lesquelles le directeur général de l'agence régionale de santé a fixé le montant des sommes à récupérer auprès d'un établissement au titre de la minoration des tarifs, qui n'ont pas le caractère de sanction, se rattachent à la détermination des tarifs des établissements et services sanitaires, sociaux et médico-sociaux au sens de l'art. L. 351-1 du CASF ; par suite, les litiges relatifs à ces décisions relèvent de la compétence en premier ressort du TITSS. • CE 9 févr. 2018, n° 412583 B.

14. Services d'aide et d'accompagnement à domicile. Les aides aux services d'aide et d'accompagnement à domicile prévues par les dispositions des Ord. du 25 mars 2020 relative aux adaptations des règles d'organisation et de fonctionnement des établissements sociaux et médico-sociaux et du 9 déc. 2020 prolongeant, rétablissant ou adaptant diverses dispositions sociales pour faire face à l'épidémie de covid-19 et des décrets des 29 juin 2020 et 2 avr. 2021 précisant les modalités de financement des services d'aide et d'accompagnement à domicile dans le cadre de l'épidémie de covid-19 ne sont pas au nombre des décisions mentionnées à l'art. L. 351-1 ; par suite, la requête tendant à l'annulation de la délibération prise sur le fondement de ces ordonnances et ces décrets relève de la compétence du tribunal administratif et non de celle du TITSS. • CE 14 avr. 2023, n° 469698 B.

Art. L. 351-2 *(Abrogé par L. n° 2023-1059 du 20 nov. 2023, art. 56-I, à compter du 1er janv. 2025) (Ord. n° 2005-1088 du 1er sept. 2005, art. 1er)* ***Le tribunal interrégional de la tarification sanitaire et sociale est présidé par un conseiller d'État ou un membre du corps des***

tribunaux administratifs et des cours administratives d'appel ayant le grade de président, en activité ou honoraire, nommé par le vice-président du Conseil d'État.

Un président suppléant est nommé dans les mêmes conditions.

Il comprend en outre :

1° Quatre membres nommés par le président de la cour administrative d'appel du siège du tribunal au sein d'une liste établie par le préfet de région de ce siège, dont deux en qualité de membre titulaire et deux en qualité de membre suppléant ;

(Ord. n° 2010-177 du 23 févr. 2010, art. 13-I) *« 2° Quatre membres nommés par le président de la cour administrative d'appel du siège du tribunal au sein d'une liste proposée, dans des conditions fixées par décret, par les représentants à la conférence régionale de la santé et de l'autonomie des organismes gestionnaires d'établissements et services de santé, sociaux et médico-sociaux et des usagers de ces établissements, dont deux en qualité de membre titulaire et deux en qualité de membre suppléant. »*

Ces membres sont nommés pour une période de cinq ans renouvelable. Ils sont choisis parmi les personnes qui présentent les garanties d'indépendance et d'impartialité nécessaires, et que leur compétence ou leur expérience qualifient particulièrement pour l'exercice de leur mission.

Les modalités de désignation des membres du tribunal sont fixées par décret en Conseil d'État.

Les fonctions de rapporteur sont exercées soit par des membres de la juridiction, soit par des personnes choisies, pour une durée définie par décret en Conseil d'État, par le président de la juridiction et présentant les garanties mentionnées au septième alinéa. Le rapporteur a voix délibérative.

En cas de partage égal, la voix du président est prépondérante.

Les fonctions de commissaire du Gouvernement sont exercées par un ou plusieurs membres du corps des tribunaux administratifs et des cours administratives d'appel, en activité ou honoraires, nommés par le président de la cour administrative d'appel du siège du tribunal.

Le président du tribunal peut, par ordonnance, régler les affaires dont la nature ne justifie pas l'intervention d'une formation collégiale.

V. note ss. art. L. 351-1.

Ancien art. L. 351-2 (Ord. n° 2005-1088 du 1er sept. 2005, art. 1er) *Le tribunal interrégional de la tarification sanitaire et sociale est présidé par un conseiller d'État ou un membre du corps des tribunaux administratifs et des cours administratives d'appel ayant le grade de président, en activité ou honoraire, nommé par le vice-président du Conseil d'État.*

Un président suppléant est nommé dans les mêmes conditions.

Il comprend en outre :

1° Quatre membres nommés par le président de la cour administrative d'appel du siège du tribunal au sein d'une liste établie par le préfet de région de ce siège, dont deux en qualité de membre titulaire et deux en qualité de membre suppléant ;

2° Deux membres nommés par le président de la cour administrative d'appel du siège du tribunal au sein d'une liste proposée par le collège formé des membres du comité régional de l'organisation sociale et médico-sociale du siège du tribunal mentionnés aux 2° et 4° du II de l'article L. 312-3, dont un en qualité de membre titulaire et un en qualité de membre suppléant ;

3° Deux membres nommés par le président de la cour administrative d'appel du siège du tribunal au sein d'une liste proposée par le collège formé des membres du comité régional de l'organisation sanitaire du siège du tribunal mentionnés aux 3° et 6° de l'article L. 6121-10 du code de la santé publique, dont un en qualité de membre titulaire et un en qualité de membre suppléant.

Ces membres sont nommés pour une période de cinq ans renouvelable. Ils sont choisis parmi les personnes qui présentent les garanties d'indépendance et d'impartialité nécessaires, et que leur compétence ou leur expérience qualifient particulièrement pour l'exercice de leur mission.

Les modalités de désignation des membres du tribunal sont fixées par décret en Conseil d'État.

Les fonctions de rapporteur sont exercées soit par des membres de la juridiction, soit par des personnes choisies, pour une durée définie par décret en Conseil d'État, par le président de la juridiction et présentant les garanties mentionnées au septième alinéa. Le rapporteur a voix délibérative.

En cas de partage égal, la voix du président est prépondérante.

Les fonctions de commissaire du Gouvernement sont exercées par un ou plusieurs membres du corps des tribunaux administratifs et des cours administratives d'appel, en activité ou honoraires, nommés par le président de la cour administrative d'appel du siège du tribunal.

Le président du tribunal peut, par ordonnance, régler les affaires dont la nature ne justifie pas l'intervention d'une formation collégiale.

1. Composition du tribunal interrégional. Dans la mesure où l'acceptation d'une demande de récusation de certains membres d'un tribunal interrégional de tarification sanitaire et sociale fondée sur l'absence supposée d'impartialité des membres fonctionnaires empêcherait cette juridiction spécialisée de fonctionner, il n'appartient qu'au législateur de revoir, s'il le juge opportun, la composition de celle-ci. • TITSS Paris, 13 déc. 2002, *Assoc. nat. parents d'enfants déficients auditifs : AJDA 2003. 867, concl. Libes*.

2. Principe du contradictoire et mémoire en défense. Il résulte des dispositions de l'art. R. 351-23 CASF que la partie défenderesse devant le TITSS ne peut être réputée avoir acquiescé aux faits que si, après avoir reçu une mise en demeure dans les conditions qu'elles prévoient, elle n'a pas produit de mémoire en défense avant la clôture de l'instruction. • CE 30 janv. 2008, *Assoc. orientation et rééducation des enfants et adolescents de la Gironde*, n° 274556 : *RDSS 2008. 528, concl. Courrèges*.

Art. L. 351-3 **Les recours sont introduits** *(Abrogé par L. n° 2023-1059 du 20 nov. 2023, art. 56-I, à compter du 1er janv. 2025)* ***« devant*** *(L. n° 2002-2 du 2 janv. 2002, art. 59-I-A)* ***« le tribunal interrégional » de la tarification sanitaire et sociale »*** **par toute personne physique ou morale intéressée, par les organismes de sécurité sociale, par le** *(Ord. n° 2010-177 du 23 févr. 2010, art. 18-I-45°)* **« directeur général de l'agence régionale de santé » et par le représentant de l'État dans le département où a son siège l'établissement ou le service dont la tarification est contestée.** — *[C. fam., art. 201-1, al. 1er.]*

V. note ss. art. L. 351-1.

Art. L. 351-4 *(Abrogé par L. n° 2023-1059 du 20 nov. 2023, art. 56-I, à compter du 1er janv. 2025)* ***La*** *(L. n° 2002-2 du 2 janv. 2002, art. 59-I-D)* ***« Cour » nationale de la tarification sanitaire et sociale est compétente pour statuer en appel des décisions des*** *(L. n° 2002-2 du 2 janv. 2002, art. 59-I-C)* ***« tribunaux interrégionaux » de la tarification sanitaire et sociale.*** — [C. fam., art. 201-1, al. 3 ; Décr. n° 90-359 du 11 avr. 1990, art. 1er.]

V. note ss. art. L. 351-1.

Art. L. 351-5 *(Abrogé par L. n° 2023-1059 du 20 nov. 2023, art. 56-I, à compter du 1er janv. 2025) (Ord. n° 2005-1088 du 1er sept. 2005, art. 2)* ***La Cour nationale de la tarification sanitaire et sociale est présidée par le président de la section sociale du Conseil d'État ou, en son absence,*** *(Décr. n° 2008-1164 du 13 nov. 2008)* ***« par un des conseillers d'État désignés à cet effet par le vice-président du Conseil d'État ».***

Elle comprend en outre :

1° Six membres nommés par le vice-président du Conseil d'État au sein d'une liste proposée par les ministres chargés de la sécurité sociale, de la santé et de l'action sociale, dont trois en qualité de membre titulaire et trois en qualité de membre suppléant.

2° Six membres nommés par le vice-président du Conseil d'État au sein d'une liste proposée par le collège formé des membres du comité national de l'organisation sanitaire et sociale siégeant au titre des 2° et 4° de l'article L. 6121-7 du code de la santé publique, dont trois en qualité de membre titulaire et trois en qualité de membre suppléant.

Ces membres sont nommés pour une période de cinq ans renouvelable. Ils sont choisis parmi les personnes qui présentent les garanties d'indépendance et d'impartialité nécessaires, et que leur compétence ou leur expérience qualifient particulièrement pour l'exercice de leur mission.

Les modalités de désignation des membres de la Cour sont fixées par voie de décret en Conseil d'État.

Les fonctions de rapporteur sont exercées soit par des membres de la juridiction, soit par des personnes choisies, pour une durée définie par décret en Conseil d'État, par le président de la juridiction et présentant les garanties mentionnées au 5e alinéa. Le rapporteur a voix délibérative.

(Décr. n° 2008-1164 du 13 nov. 2008) ***« Des » commissaires du Gouvernement sont désignés parmi les membres du Conseil d'État par le vice-président du Conseil d'État.***

Les décisions de la cour sont rendues en formation plénière sous la présidence du président de la section sociale (*Décr. nº 2008-1164 du 13 nov. 2008*) ***« ou de l'un des conseillers d'État désignés » en application du premier alinéa du présent article. Elles peuvent également être rendues en formation restreinte comportant, outre le président de la cour ou son suppléant, deux assesseurs désignés au titre du 1º et du 2º du présent article.***

Le président de la cour peut, par ordonnance, régler les affaires dont la nature ne justifie pas l'intervention d'une formation collégiale.

V. note ss. art. L. 351-1.

Présence de fonctionnaires et impartialité. Les dispositions régissant la composition des formations de jugement de la CNTSS doivent être mises en œuvre dans le respect du principe d'impartialité qui s'applique à toute juridiction, et que rappellent les stipulations de l'art. 6 de la Conv. EDH ; il peut être porté atteinte à ce principe lorsque, sans que des garanties appropriées assurent son indépendance, les fonctions exercées par un fonctionnaire appelé à siéger dans une des formations de jugement de la CNTSS le font participer à l'activité des services en charge des questions soumises à la juridiction ainsi que lorsque des membres de l'assemblée délibérante d'une collectivité territoriale qui est partie à l'instance siègent dans l'une des formations de jugement de cette cour ; par suite, lorsqu'elle statue sur un litige portant sur la tarification des prestations fournies par les établissements ou services auxquels l'autorité judiciaire confie directement et habituellement des mineurs, la CNTSS ne peut comprendre de conseillers généraux issus du département en cause ni des fonctionnaires exerçant leur activité au sein de la direction en charge de la protection judiciaire de la jeunesse au ministère de la justice. • CE 30 janv. 2008, *Assoc. orientation et rééducation des enfants et adolescents de la Gironde*, nº 274556 : *RDSS 2008, nº 3, concl. Courrèges*.

Art. L. 351-6 (*Ord. nº 2005-1477 du 1er déc. 2005, art. 9*) **Les décisions du juge du tarif** [*nouvelle rédaction issue de la L. nº 2023-1059 du 20 nov. 2023, art. 56-I, en vigueur le 1er janv. 2025 : [Les décisions] « juridictionnelles en matière de tarification sanitaire et sociale »*] **sont mises en œuvre lors de l'exercice au cours duquel elles sont notifiées à l'autorité de tarification par une décision budgétaire modificative.**

Lorsqu'une décision du juge du tarif passée en force de chose jugée fixe, ou entraîne nécessairement, une modification du tarif [*nouvelle rédaction issue de la L. nº 2023-1059 du 20 nov. 2023, art. 56-I, en vigueur le 1er janv. 2025 : [décision] « juridictionnelle »*] **pour un exercice déjà clos, l'exécution de la décision fait l'objet de modalités comptables et financières simplifiées fixées par décret en Conseil d'État.**

Tout paiement de sommes supplémentaires tient compte, le cas échéant, des sommes déjà versées au même titre par l'autorité de tarification.

V. note ss. art. L. 351-1.

Mise en œuvre des décisions du juge du tarif. Il résulte des dispositions des art. L. 351-6 et R. 314-63 CASF qu'il appartient à l'autorité de tarification, pour mettre en œuvre la décision du juge du tarif, d'abonder les dépenses approuvées de l'exercice au cours duquel cette décision a été notifiée du montant correspondant aux dépenses rétablies par le juge du tarif, d'abonder les recettes tarifaires du même exercice pour un montant identique et de procéder au versement qui en résulte, en tenant compte, le cas échéant, des sommes déjà versées au même titre. • CE 19 juin 2013, *Assoc. Mahra*, nº 359608 B : *RDSS 2013. 707, concl. Lallet*. ♦ Lorsque l'autorité de tarification n'a pas exécuté la décision du juge du tarif, le juge de l'exécution lui enjoint de le faire sur le fondement de l'art. L. 911-5 CJA, pendant l'exercice en cours, en versant les sommes correspondantes, augmentées des intérêts légaux, sous réserve des sommes qu'elle établit avoir déjà versées au même titre, notamment sous forme d'avances ou de reprises. • Même arrêt.

Art. L. 351-7 (*Abrogé par L. nº 2023-1059 du 20 nov. 2023, art. 56-I, à compter du 1er janv. 2025*) (*L. nº 2002-2 du 2 janv. 2002, art. 59-II*) ***Les articles L. 113-1 et*** (*Ord. nº 2005-1477 du 1er déc. 2005, art. 9*) ***« L. 911-1 à L. 911-3 » du code de justice administrative sont applicables par la Cour nationale de la tarification sanitaire et sociale et par les tribunaux interrégionaux de la tarification sanitaire et sociale.***

V. note ss. art. L. 351-1.

Si l'art. L. 351-7 rend applicables les art. L. 911-1 à L. 911-8 CJA à la cour nationale de la tarification sanitaire et sociale et aux tribunaux interrégionaux de la tarification sanitaire et sociale, l'entrée en vigueur de l'art. L. 351-7 est subordonnée à l'intervention du décret en Conseil d'État qui, en vertu de l'art. L. 351-8 CASF, doit notamment déterminer les règles de procédure applicables devant les juridictions de la tarification sanitaire et sociale en matière d'exécution des décisions juridictionnelles ; par suite, et en l'absence d'adoption d'un tel décret, le Conseil d'État demeure compétent pour assurer l'exécution des décisions de ces juridictions. • CE 28 avr. 2004, *Foyer logement résidence Maurice Villatte : Lebon 177* ; *RDSS 2004. 672, concl. Devys* ; *AJDA 2004. 1541, note Markus* • TITSS Lyon, 22 oct. 2004, *Assoc. Claire Joie*, n° 0313173.

Art. L. 351-8 *(L. n° 2002-2 du 2 janv. 2002, art. 59-III)* **Sauf disposition contraire, les modalités d'application du présent chapitre sont déterminées par décret en Conseil d'État, notamment les règles de procédure applicables devant les juridictions de la tarification sanitaire et sociale et les modalités de désignation des membres des tribunaux interrégionaux.**

Nouvel art. L. 351-8 (L. n° 2023-1059 du 20 nov. 2023, art. 56-I, en vigueur le 1er janv. 2025) ***Les modalités d'application du présent chapitre, notamment la désignation des tribunaux administratifs et de la cour administrative d'appel compétents, sont déterminées par décret en Conseil d'État.*** — V. note ss. art. L. 351-1.

TITRE VI FINANCEMENT DE LA PROTECTION JUDICIAIRE DES MAJEURS

(L. n° 2007-308 du 5 mars 2007, art. 17)

Les dispositions issues de la L. n° 2007-308 du 5 mars 2007, art. 17, sont applicables à compter du 1er janv. 2009 (L. préc., art. 45).

COMMENTAIRE

Ayant réorganisé les mesures judiciaires de protection (sauvegarde de justice, tutelle, curatelle, mesure d'assistance judiciaire en lieu et place de l'ancienne tutelle aux prestations familiales) et homogénéisé le régime juridique des organismes et personnes physiques en charge de la mise en œuvre des mesures, la loi portant réforme de la protection juridique des majeurs a dû logiquement réaménager aussi les modalités de financement de ces activités. C'est la raison pour laquelle ce nouveau titre « Financement de la protection judiciaire des majeurs » a été ajouté au Livre III (« Action sociale et médico-sociale mise en œuvre par des établissements et services » (art. L. 361-1 à L. 361-3).

En ce qui concerne tout d'abord les mesures de sauvegarde de justice, de tutelle ou de curatelle, outre la part prise en charge par le majeur protégé lui-même en proportion de ses capacités contributives, ce financement revient à l'État lorsque le bénéficiaire ne perçoit pas de prestations sociales ou ne perçoit que des prestations d'aide sociale ou l'APA de la part du département (art. L. 361-1, I). Si le majeur bénéficie de l'une des prestations sociales entrant dans le champ d'application de la « mesure d'assistance judiciaire », ce sont les organismes débiteurs de ces prestations qui en assument le coût. Les organismes gestionnaires des services mandataires judiciaires de la protection des majeurs sont financés selon le mécanisme de la dotation globale (art. L. 371-1, I, dernier alinéa). Enfin, les modalités de financement des services mandataires qui dépendent d'organismes de santé ou d'organismes médico-sociaux sont organisées (art. L. 371-1, II).

En ce qui concerne ensuite la mise en œuvre de la nouvelle « mesure d'assistance judiciaire », le financement est mis à la charge des organismes débiteurs des prestations sociales en cause (art. L. 361-2). ❑

CHAPITRE UNIQUE DISPOSITIONS FINANCIÈRES

Art. L. 361-1 *(L. n° 2015-1785 du 29 déc. 2015, art. 53-III-2°, en vigueur le 1er janv. 2016)* **« I. — Déduction faite de la participation financière du majeur protégé en application de l'article L. 471-5, les services mentionnés au 14° du I de l'article L. 312-1 qui ne relèvent pas des II et III du présent article bénéficient d'un financement sous forme d'une dotation globale dont le montant est déterminé en fonction d'indicateurs liés, en particulier, à la charge de travail résultant de l'exécution des mesures de protection.**

« Cette dotation globale est à la charge du département du lieu d'implantation du siège de l'organisme gestionnaire du service pour 0,3 % de son montant et de l'État pour le solde. » — *V. Arr. du 15 mai 2023 fixant les dotations régionales limitatives relatives* *aux frais de fonctionnement des services mandataires judiciaires à la protection des majeurs relevant du I de l'art. L. 361-1 CASF (JO 2 juin, NOR : APHA2312415A).*

II. – Pour l'exercice de la mesure de protection ordonnée par l'autorité judiciaire au titre du mandat spécial auquel il peut être recouru dans le cadre de la sauvegarde de justice ou au titre de la curatelle, de la tutelle ou de la mesure d'accompagnement judiciaire, les services mentionnés au 14° du I de l'article L. 312-1 qui sont gérés par des établissements mentionnés aux *a*, *b* et *c* de l'article *(L. n° 2023-1250 du 26 déc. 2023, art. 49-VI)* « L. 162-22 » du code de la sécurité sociale et dispensant les soins mentionnés à l'article L. 3221-1 du code de la santé publique bénéficient d'un financement de la dotation annuelle mentionnée à l'article L. 174-1 du code de la sécurité sociale, déduction faite des prélèvements opérés par ces services sur les ressources du majeur protégé.

III. – Les charges d'exploitation ainsi que les prélèvements sur les ressources du majeur protégé, réalisés en application de l'article L. 471-5, sont budgétés et retracés dans le budget ou l'état de recettes et de dépenses :

1° Des établissements mentionnés aux 6° et 7° du I de l'article L. 312-1, qui gèrent des services mentionnés au 14° du I du même article ;

2° Des établissements de santé, publics ou privés, mentionnés aux *a*, *b* et *c* de l'article L. 162-22-6 du code de la sécurité sociale, qui dispensent *(Ord. n° 2010-177 du 23 févr. 2010, art. 18-I-46°)* « des soins de longue durée » et gèrent des services mentionnés au 14° du I de l'article L. 312-1 du présent code.

(Abrogé par Ord. n° 2010-177 du 23 févr. 2010, art. 18-I-46°) ***« 3° Des hôpitaux locaux mentionnés à l'article L. 6141-2 du code de la santé publique, qui dispensent les soins mentionnés au 2° de l'article L. 6111-2 du même code et gèrent des services mentionnés au 14° du I de l'article L. 312-1 du présent code. »***

Art. L. 361-2 Les services mentionnés au 15° du I de l'article L. 312-1 qui mettent en œuvre une mesure ordonnée par l'autorité judiciaire en application de l'article 375-9-1 du code civil bénéficient d'un financement de l'organisme de sécurité sociale qui verse la prestation faisant l'objet de la mesure. Lorsque plusieurs prestations sociales font l'objet de ladite mesure, la charge incombe à l'organisme versant la prestation sociale dont le montant est le plus élevé.

Le financement prévu au premier alinéa est versé sous forme d'une dotation globale. Son montant est déterminé en fonction d'indicateurs liés, en particulier, à la charge de travail résultant de l'exécution des mesures de protection.

Art. L. 361-3 Les modalités d'application du présent chapitre sont fixées par décret en Conseil d'État.

LIVRE IV PROFESSIONS ET ACTIVITÉS SOCIALES

(L. n° 2007-308 du 5 mars 2007, art. 14).

BIBL. ▶ ABALLEA, Crise du travail social, malaise des travailleurs sociaux, *Rech. et prév. n° 44, 1996. 11*. – ALFANDARI et PINTIAU, Le travailleur social, identité et avenir, *RDSS 1993. 605*. – ALLARD, Éducateur, un p'tit boulot sans histoire, *L'Harmattan, 1997*. – AUBY, Les travailleurs sociaux dans la fonction publique et la décentralisation, *RDSS 1993. 661*. – AUTÈS, Travail social et pauvreté, *Syros 1992*; Le travail social redéfini, *Rech. et prév. n° 44, 1996. 1*. – BAILLEAU *et alii*, Lectures sociologiques du travail social, *Éd. ouvrières, 1985*. – BORGETTO et LAFORE, Droit de l'aide et de l'action sociales, *Domat-Montchrestien, 11e éd., 2021, nos 128 s*. – CAMPERGUE, Les travailleurs sociaux et la jurisprudence prud'homale, *Dr. soc. 1997. 699*. – CATHALA, Repères juridiques du travail social, *2e éd., Éd. ESF 1999*. – CHOPART (Dir.), Les mutations du travail social, *Dunod, 2000*. – DAMON, Accompagnement social et référent unique, *RDSS 2018. 987*. – Divers, Les professionnels du social, *Inf. soc. 1/1985*; Le travail social en Europe, *Vie soc. n° 2-3/1994*; A quoi sert le travail social ?, *Esprit, mars-avr. 1998*; Travail social : mutations des pratiques, évolution des compétences, *Vie soc. n° 1, 2000*; Travail social : l'individu, le groupe, le collectif, *Inf. soc. n° 83, 2000*; Les métiers du social, *Inf. soc. n° 94, 2001*; Guide du travailleur social, *TSA-Éditions 2000*. – DONZELOT, La police des familles, *Minuit, 1977*. – DURRLEMAN (Dir.), Redéfinir le travail social, réorganiser l'action sociale, *La Doc. fr. 1994*. – DUTRENIT, Gestion et évaluation des services sociaux, *Economica, 1989*; Travail social, description et évolution des métiers, *La Doc. fr. 1996*. – GAL, VILCHIEN et SALZBERG (Rapport), Le statut des conseillères conjugales et familiales, *2006, IGAS*. – GARAPON, La déontologie du travailleur social : repère ou repaire, *RDSS 1993. 725*. – HANN, Les raisons d'être du travail social, *1983, ESF*. – HENNION, Les spécificités du droit du travail applicables aux travailleurs sociaux, *RDSS 1993. 640*; Les professions sociales : quelles évolutions depuis 2002 ?, *RDSS 2022. 61*. – HENNION-MOREAU et PINTIAU, La place des travailleurs sociaux dans les réformes de la protection sociale, *RDSS 1996. 835*. – ION, Le travail social à l'épreuve du territoire, *Privat, 1992*; Les professionnels dirigent-ils l'action sociale ?, *p. 111, in* BORGETTO et CHAUVIÈRE (Dir.), Qui gouverne le social ?, *Éd. Dalloz, 2008*. – ION et TRICART, Les travailleurs sociaux, *4e éd. La Découverte 1998*. – LALIRE, Les nouvelles fonctions des travailleurs sociaux, *RDSS 1993. 621*. – LORTHIOIS (Rapport), Mutations de la société et travail social, *Éd. du JO, 2000*. – MAYNARD, Décentralisation départementale et travailleurs sociaux, *Inf. soc., n° 121, 2005. 100*. – MONDOLFO, Travail social et développement, *Dunod, 2001*. – PEZET, VILLATTE et LOGEAY, De l'usure à l'identité professionnelle, le burn-out des travailleurs sociaux, *TSA-Éditions, 1992*. – SERVOIN et DUCHEMIN, Introduction au travail social, *1983, ESF*. – THÉVENET, Les travailleurs sociaux, vingt ans après, *RF aff. soc. 1988. 63*; Les travailleurs sociaux et sanitaires dans la fonction publique territoriale, *RDSS 1992. 143*. – THÉVENET et DESIGAUX, Les travailleurs sociaux, *4e éd. 1999, PUF*. – VERDES-LEROUX, Le travail social, *1978, Éd. Minuit*.

▶ **Sur la responsabilité.** GIUDICELLI-DELAGE, La responsabilité pénale des travailleurs sociaux au regard du nouveau code pénal, *RDSS 1993. 708*. – HENNION, La responsabilité des travailleurs sociaux, *éd. ASH, 2e éd., 2012*; Violences, vulnérabilités et responsabilités des travailleurs sociaux, *RDSS 2012. 1109*. – L'HUILLIER, L'évolution du droit de la responsabilité civile et administrative à l'égard des travailleurs sociaux, *RDSS 1993. 694*; La responsabilité des professionnels de l'action sociale, *Cahiers ASH, 2e éd., 2012*. – V. aussi *supra*, **Bibl. gén.**, Livre troisième.

TITRE I ASSISTANTS DE SERVICE SOCIAL

COMMENTAIRE

La profession d'assistant de service social est la plus ancienne profession du travail social. Apparue à la fin du 19e siècle, elle est organisée dans l'entre-deux guerres (brevet de capacité créé en 1932 et diplôme d'État créé en 1938), alors que les autres corps professionnels (éducateur spécialisé, animateur, conseiller en économie sociale et familiale) ne se développent et ne s'organisent que dans les années 1960.

Cette ancienneté et aussi, naturellement, la nature de ses fonctions qui le mettent au contact direct avec les conditions de vie des personnes et des familles, expliquent que l'assistant de service social fasse l'objet d'un cadre statutaire spécifique antérieurement organisé aux articles 218 à 228 de l'ancien code de la famille et de l'aide sociale.

Ce statut constitue cette profession en « profession protégée » et comporte plusieurs éléments : une protection du diplôme, gage de compétence, qui, devant tenir compte de la libre circulation des travailleurs au sein de l'Union européenne, a donc intégré des dispositions permettant l'exercice de cette profession par des ressortissants des autres états membres (art. L. 411-1) ; cette législation protectrice comporte aussi des possibilités d'action publique pour les groupements professionnels leur permettant de protéger le diplôme (art. L. 411-4), ainsi que des sanctions permettant de prononcer l'interdiction d'exercer la profession (art. L. 411-5) ; l'obligation pour leur titulaire de faire enregistrer en préfecture leur diplôme et de procéder à un nouvel enregistrement à chaque changement de résidence vers un autre département (art. L. 411-2) ; surtout, l'obligation au secret professionnel des articles 226-13 et 226-14 du code pénal, qui constitue l'aspect le plus caractéristique de ce statut, l'assistant de service social étant le seul travailleur social à être soumis à ce secret (art. L. 411-3). ❑

CHAPITRE UNIQUE

Art. L. 411-1 *(Ord. nº 2008-507 du 30 mai 2008, art. 4-I)* **Peuvent porter le titre professionnel ou occuper un emploi d'assistant de service social les titulaires du diplôme d'État français d'assistant de service social.**

Peuvent également être autorisés à porter le titre ou occuper un emploi d'assistant de service social les ressortissants d'un État membre de *(L. nº 2011-302 du 22 mars 2011, art. 16-I)* **« l'Union européenne ou »** *(L. nº 2009-879 du 21 juill. 2009, art. 124-I-25º)* **« d'un autre État partie à l'accord sur l'Espace économique européen, à une convention internationale ou un arrangement en matière de reconnaissance mutuelle des qualifications professionnelles » qui ne possèdent pas le diplôme mentionné au premier alinéa mais qui, après avoir suivi avec succès un cycle d'études postsecondaires, sont titulaires :**

1º D'un titre de formation délivré par l'autorité compétente d'un État, membre ou partie, et qui est requis pour accéder à la profession d'assistant de service social ou pour l'exercer dans cet État ;

2º Ou d'un titre de formation délivré par l'autorité compétente d'un État, membre ou partie, qui ne réglemente pas l'accès à la profession d'assistant de service social ou son exercice et attestant de la préparation du titulaire à l'exercice de cette profession, si l'intéressé justifie avoir exercé pendant *(Ord. nº 2016-1809 du 22 déc. 2016, art. 11-I)* **« une année » à temps plein** *(Ord. nº 2016-1809 du 22 déc. 2016, art. 11-I)* **« ou à temps partiel pendant une durée totale équivalente » au cours des dix dernières années dans un État, membre ou partie** *(L. nº 2011-302 du 22 mars 2011, art. 16-I)* **« ; cette justification n'est pas requise lorsque la formation conduisant à cette profession est réglementée dans l'État membre ou partie dans lequel elle a été validée » ;**

3º Ou d'un titre de formation délivré par un État tiers, accompagné d'une attestation de l'autorité compétente de l'État membre ou partie qui a reconnu ce titre certifiant que l'intéressé a exercé légalement la profession d'assistant de service social dans cet État pendant au moins trois ans à temps plein ;

L'intéressé doit faire la preuve qu'il possède les connaissances linguistiques nécessaires à l'exercice de la profession.

Dans le cas où l'examen des qualifications professionnelles attestées par *(L. nº 2009-179 du 17 févr. 2009, art. 38 ; L. nº 2009-879 du 21 juill. 2009, art. 124-I-25º ; Ord. nº 2016-1809 du 22 déc. 2016, art. 11-I)* **« le titre ou ensemble des titres de formation, de l'expérience professionnelle à temps plein ou à temps partiel pendant une durée totale équivalente pertinente de l'intéressé et de l'apprentissage tout au long de la vie ayant fait l'objet, à cette fin, d'une validation en bonne et due forme par un organisme compétent, » fait apparaître des différences substantielles au regard de celles requises pour l'accès et l'exercice de la profession en France, l'autorité compétente exige que l'intéressé se soumette à une mesure de compensation qui consiste, au choix de ce dernier, en une épreuve d'aptitude ou en un stage d'adaptation.**

La délivrance de l'attestation de capacité à exercer permet au bénéficiaire d'exercer la profession dans les mêmes conditions que les titulaires du diplôme mentionné au premier alinéa.

(L. nº 2009-879 du 21 juill. 2009, art. 124-I-25º) **« Le bénéficiaire peut faire usage de son titre de formation dans la langue de l'État qui le lui a délivré. Il est tenu de faire figurer le lieu et l'établissement où il l'a obtenu. »**

V. note de service 9 avr. 2002, App., v° Professions - Personnels.

En application des art. L. 231-5 et L. 231-6 CRPA, le délai à l'expiration duquel le silence gardé par l'administration vaut décision d'acceptation est fixé à deux mois pour les demandes d'autorisation à porter le titre ou occuper un emploi d'assistant de service social accordée aux ressortissants d'un État membre de l'Union européenne ou d'un autre État partie à l'accord sur l'Espace économique européen, à une convention internationale ou un arrangement en matière de reconnaissance mutuelle des qualifications professionnelles, selon les dispositions du deuxième al. de l'art. L. 411-1 (Décr. n° 2014-1287 du 23 oct. 2014, applicable aux demandes présentées à compter du 12 nov. 2014).

Art. L. 411-1-1 *(Ord. n° 2008-507 du 30 mai 2008, art. 4-II)* **L'assistant de service social, ressortissant d'un État membre de** *(L. n° 2011-302 du 22 mars 2011, art. 16-II)* **« l'Union » européenne ou d'un autre État partie à l'accord sur l'Espace économique européen qui est établi et exerce légalement les activités d'assistant de service social dans l'un de ces États, peut les exercer en France, de manière temporaire et occasionnelle, sans avoir à procéder aux formalités prévues à l'article L. 411-2.**

Lorsque l'exercice ou la formation conduisant à la profession n'est pas réglementé dans l'État où il est établi, le prestataire de services doit justifier *(Ord. n° 2016-1809 du 22 déc. 2016, art. 11-II)* **« avoir exercé pendant une année ou à temps partiel pendant une durée totale équivalente » au moins au cours des dix années précédentes.**

Le prestataire de services est soumis aux règles relatives aux conditions d'exercice de la profession et à l'usage du titre professionnel ainsi qu'aux principes éthiques et déontologiques de la profession.

L'exercice temporaire et occasionnel de la profession est subordonné lors de la première prestation à une déclaration écrite préalable, auprès de l'autorité compétente, établie en français.

La prestation de services est réalisée sous le titre professionnel de l'État d'établissement rédigé dans l'une des langues officielles de cet État.

Le prestataire de services peut faire usage de son titre de formation dans la langue de l'État qui le lui a délivré. Il est tenu de faire figurer le lieu et l'établissement où il l'a obtenu.

Art. L. 411-2 *(Ord. n° 2005-1040 du 26 août 2005, art. 7)* **Les assistants de service social sont tenus de faire enregistrer sans frais leur diplôme ou attestation de capacité à exercer auprès du service de l'État compétent ou de l'organisme désigné à cette fin. En cas de changement de situation professionnelle, ils en informent ce service ou cet organisme.**

Il est établi, pour chaque département, par le service de l'État compétent ou de l'organisme désigné à cette fin, une liste de cette profession, portée à la connaissance du public.

Les modalités d'application du présent article sont fixées par décret. — *V. art. D. 451-100 s.*

Art. L. 411-3 **Les assistants de service social et les étudiants des écoles se préparant à l'exercice de cette profession sont tenus au secret professionnel dans les conditions et sous les réserves énoncées aux articles 226-13 et 226-14 du code pénal.**

La communication par ces personnes à l'autorité judiciaire ou aux services administratifs chargés de la protection de l'enfance, en vue de ladite protection, d'indications concernant des mineurs dont la santé, la sécurité, la moralité ou l'éducation sont compromises n'expose pas, de ce fait, les intéressés aux peines fixées par l'article 226-13 du code pénal. — *[C. fam., art. 225.]*

BIBL. ▶ GHICA-LEMARCHAND, La responsabilité pénale de la violation du secret professionnel, *RDSS 2015. 419*. – HENNION-MOREAU, Du secret dans l'exercice de la profession des travailleurs sociaux, *RDSS 1991. 183*. – ROSENCZVEIG et VERDIER, Le secret professionnel des travailleurs sociaux, *Ed. Jeunesse et droit, 1996*. – VERNY, La notion de secret professionnel, *RDSS 2015. 395*.

1. Secret professionnel et obligation de discrétion. L'art. 378 C. pén. ne vise que les faits parvenus à la connaissance d'une personne dans l'exercice d'une profession aux actes de laquelle la loi, dans un intérêt général et d'ordre public, a imprimé le caractère confidentiel ou dans le cas où ces mêmes faits lui ont été confiés sous le sceau du secret en raison d'une semblable profession. Il n'en est pas ainsi des éducateurs de jeunes délinquants ou inadaptés ou d'éducateurs de prévention, à qui s'impose seulement l'obligation de discrétion. • Crim. 4 nov. 1971, nº 91-95.370 P : *D. 1973. 227, note Chevassus ; JCP 1972. II. 17256, note Mayer-Jack.*

2. Qualité de témoin. L'obligation de déposer en justice édictée par l'art. 109 C. pr. pén. n'est imposée aux personnes citées comme témoins que sous réserve des dépositions de l'art. 378 C. pén., lequel dispose notamment que les personnes visées à l'al. 1er quand elles sont citées en justice, relativement aux sévices ou privations de soins sur la personne des mineurs de 15 ans dont elles ont eu connaissance à l'occasion de l'exercice de leur profession, sont « libres de fournir leur témoignage sans s'exposer à aucune peine ». Il en découle nécessairement que les personnes, et particulièrement les assistantes sociales, qui sont ainsi, dans le cas considéré, autorisées à témoigner, sont également libres de ne pas le faire. • Crim. 14 févr. 1978, nº 77-90.644 P : *D. 1978. 354, note Pradel.*

3. Secret professionnel et faute. L'initiative prise par un moniteur-éducateur d'une maison d'accueil de jeunes en difficulté qui, sans en avoir référé à la direction, fait une déposition à la gendarmerie à propos de faits délictuels qui auraient été commis par certains jeunes, constitue, eu égard à la nature de l'établissement et au fait que la direction avait donné aux éducateurs des instructions sur l'attitude à tenir face à ces agissements, une faute d'une gravité suffisante pour justifier le licenciement. • CE 12 avr. 1995, *Héniau,* nº 133800 B : *Dr. soc. 1996. 150, obs. Hennion-Moreau.* ♦ En relatant devant des tiers à une assistante maternelle des faits graves, susceptibles de remettre en cause son agrément, dont elle-même et son mari étaient soupçonnés sur la base de divers signalements et dont elles étaient chargées de vérifier l'exactitude, les assistantes sociales du service social départemental ont manqué à l'obligation de secret professionnel édictée par l'art. 225 du C. fam. (devenu art. L. 411-3 CASF) ; un tel manquement constitue une faute de nature à engager la responsabilité du département. • CAA Lyon, 30 déc. 1992, *Épx Catelin,* nº 91LY00520 B. • CE 29 déc. 1997, *Épx Catelin,* nº 145250.

Art. L. 411-4 **Les groupements professionnels régulièrement constitués d'assistants ou d'auxiliaires de service social sont habilités à mettre en mouvement l'action publique par voie de citation directe devant la juridiction correctionnelle en raison d'infractions relatives à l'exercice de la profession d'assistant de service social, sans préjudice de la faculté de se porter partie civile dans toute poursuite intentée par le ministère public.** – *[C. fam., art. 228.]*

Art. L. 411-5 **L'interdiction temporaire ou définitive d'exercer la profession d'assistant ou d'auxiliaire de service social peut être prononcée, à titre de peine complémentaire, par les cours et tribunaux en matière criminelle ou correctionnelle, sauf, dans ce dernier cas, lorsque la peine principale est peine d'amende.** – *[C. fam., art. 227, al. 1er.]*

Art. L. 411-6 **Sauf disposition contraire, les modalités d'application du présent chapitre sont déterminées par décret en Conseil d'État, et notamment les mesures nécessaires à l'application de l'article L. 411-1.** – *[C. fam., art. 218, dernier al.]*

TITRE II ASSISTANTS MATERNELS ET ASSISTANTS FAMILIAUX

(L. nº 2005-706 du 27 juin 2005).

CHAPITRE I DISPOSITIONS GÉNÉRALES

COMMENTAIRE

Une assistante maternelle (dénommée autrefois « nourrice ») est une « personne qui accueille habituellement des mineurs à son domicile » contre rémunération.

Cette profession, longtemps recouverte par l'appellation unique « d'assistante maternelle », renvoyait cependant à une diversité d'activités : l'accueil d'enfants pour en assurer la garde à la journée (accueil « non permanent ») dans le cadre d'un service rendu à des parents ayant une activité professionnelle ; cette activité de garde pouvait s'exercer directement à la demande de la famille ou s'exercer dans le cadre d'une « crèche familiale », la gardienne étant alors recrutée et rémunérée par un organisme intermédiaire ; l'énorme majorité des assistantes maternelles était dans ce cas. Par ailleurs, environ 50 000 « assistantes maternelles » se voyaient confier des mineurs de façon permanente par le service de l'aide sociale à l'enfance, soit dans le cadre de leur protection administrative par le service (art. L. 221-1 à L. 224-11), soit dans le cadre de l'assistance éducative des articles 375-1 et suivants du code civil.

Jusqu'à la loi du 17 mai 1977, modifiée à plusieurs reprises depuis (lois n° 92-642 du 12 juill. 1992 et n° 93-121 du 27 janv. 1993), cette profession n'avait pas de véritable statut qui définisse les droits et obligations des assistantes et de leurs employeurs. Les dispositions adoptées à partir du texte de 1977, qui figuraient antérieurement aux articles 123-1 et suivants du code de la famille et de l'aide sociale, ont été reprises ici, dans ce chapitre « Dispositions générales » (art. L. 421-1 à L. 421-12).

Quel que soit leur employeur et quels que soient l'âge et les modalités d'accueil du mineur, la loi distinguant cependant par certains aspects l'accueil permanent de l'accueil non permanent (art. L. 421-1, al. 3, L. 421-2), les assistantes maternelles ne pouvaient exercer leur activité qu'à la condition d'obtenir un agrément délivré par le président du conseil départemental après instruction de la demande par le service départemental de PMI (CSP, L. 2112-1 s.). Une formation était devenue obligatoire ; elle est organisée par le service de PMI (CSP, art. L. 2112-2-7°).

Lorsque l'assistant maternel est employé par une personne morale (crèche familiale ou département pour l'essentiel), l'article L. 421-10 prévoyait qu'un « contrat d'accueil » distinct du contrat de travail doit être établi pour chaque mineur accueilli ; cette même disposition introduisait aussi la notion de « famille d'accueil » qui, au-delà de l'assistante maternelle elle-même, incluait l'ensemble des membres de sa famille dans le contrat d'accueil en déterminant le rôle de l'ensemble de ces personnes dans le projet éducatif.

Enfin, un régime de retrait, de suspension ou de modification de l'agrément avait été aménagé aux articles L. 421-4 et L. 421-5 ainsi qu'un système de sanctions dans les cas d'exercice de cette activité sans agrément (art. L. 421-6 à L. 421-9).

La loi n° 2004-1 du 2 janvier 2004 relative à l'accueil et à la protection de l'enfance avait entendu préciser le nombre d'enfants qui peuvent être accueillis. La loi n° 2005-706 du 27 juin 2005 avait repris cette question (art. L. 421-4) en limitant à trois le nombre d'enfants accueillis, y compris l'enfant de l'assistant maternel lui-même s'il est présent à son domicile. La LFSS n° 2008-1330 du 17 décembre 2008 a porté ce nombre à quatre, afin d'accroître un nombre de places qui est notoirement insuffisant par rapport à la demande.

Par ailleurs, sur ce socle juridique forgé progressivement et intégré au code (art. L. 421-1 à L. 422-8) et dont bien des éléments ont été conservés, la loi n° 2005-706 du 27 juin 2005 a entendu reconstruire un nouveau statut. Trois objectifs ont justifié cette réforme : promouvoir des formes d'accueil de qualité de façon à favoriser le développement et l'épanouissement des enfants pris en charge ; de là, réorganiser les modes de garde ; enfin, en lien avec les finalités précédentes, revaloriser le statut des professionnels. L'effet le plus manifeste de la réforme a été d'opérer, dans cette profession à la dénomination autrefois homogène, une distinction entre deux professions : « l'assistant maternel » qui accueille des enfants de façon non permanente à son domicile (art. L. 421-1) et « l'assistant familial » qui permet – et ceci constitue alors l'une des formes de prise en charge des mineurs confiés à l'aide sociale à l'enfance – une prise en charge permanente à son domicile (art. L. 421-2).

Les dispositions de ce chapitre déterminent le cadre juridique dans lequel peuvent s'exercer ces deux formes d'activité. Les éléments les plus saillants sont les suivants.

Les « assistants maternels » accueillent de façon non permanente des enfants confiés par leurs parents, soit directement, soit par l'intermédiaire d'un service d'accueil ; ils peuvent être employés par une personne morale, privée ou publique, ou par des particuliers employeurs (L. 421-1). Il est à noter que l'ordonnance n° 2021-611 du 19 mai 2021 relative aux services aux familles a introduit à l'article L. 421-1 les « maisons d'assistants maternels » (art. L. 424-1).

Ils doivent, pour exercer cette profession, être titulaires d'un agrément délivré par le président du conseil départemental (art. L. 421-6) ; certaines personnes en sont dispensées (art. L. 421-17 : personnes de la famille de l'enfant, « personnes dignes de confiance » de l'art. 375 C. civ., etc.) ; l'agrément est accordé au vu des conditions d'accueil des enfants (art. L. 421-6).

Les dispositions concernant le nombre de mineurs accueillis ont été réécrites par l'ordonnance n° 2021-611 du 19 mai 2021 relative aux services aux familles (art. L. 421-4 et L. 421-4-1) : l'agrément est limité à quatre enfants (au lieu de trois antérieurement), limité à deux dans le cadre de l'agrément initial, ces nombres étant aménagés pour des périodes exceptionnelles, en considération de l'âge des enfants ou encore en considération du nombre d'enfants présents simultanément ; l'article L. 421-4-1, introduit par l'ordonnance du 19 mai 2021, permet au président du conseil départemental de déroger à ces règles quantitatives d'accueil, cela « pour répondre à des besoins spécifiques, si les conditions d'accueil le permettent et à titre provisoire ».

L'agrément, accordé pour cinq ans, est renouvelable sous réserve que l'intéressé ait suivi une formation obligatoire ; le refus, le retrait ou la suspension de l'agrément sont organisés (art. L. 421-6 et L. 421-9). Une obligation de formation est légalement prévue (art. L. 421-14). Le statut juridique de l'assistant maternel, lorsqu'il est salarié directement par les familles qui ont recours à ses services, est défini : obligation d'un contrat de travail, complété par un contrat d'accueil ; obligation d'assurance pour la responsabilité civile et professionnelle (art. L. 421-13) ; obligation au secret professionnel, mais avec une levée du secret en cas de constat de dangers ou de mauvais traitements. La loi n° 2020-1525 du 7 décembre 2020 d'accélération et de simplification de l'action publique (art. 100) a introduit à l'article L. 421-3 une condition supplémentaire pour l'obtention de l'agrément de l'assistant maternel : il doit autoriser la publication de son identité et de ses coordonnées, cela paraissant nécessaire à la connaissance par les familles et les organismes compétents de sa localisation pour entrer en relation avec lui. Outre la facilitation de l'accès aux assistants maternels, le même texte, dans un sens identique de plus grande transparence de l'offre en la matière au bénéfice des familles, soumet ces derniers à une obligation de déclaration et d'information en ce qui concerne les places qui sont disponibles pour l'accueil d'enfants ; le manquement à cette obligation ne peut faire l'objet que d'un avertissement et ne peut entraîner une suspension ou un retrait de l'agrément, tout au moins pour sa première occurrence (art. L. 421-4).

L'« assistant familial » accueille, habituellement et de façon permanente à son domicile, des mineurs et des jeunes majeurs de moins de 21 ans (art. L. 421-2). Son activité s'insère dans le dispositif de protection de l'enfance (aide sociale à l'enfance), un dispositif médico-social ou un service d'accueil familial thérapeutique. Il exerce sa profession en qualité de salarié de personnes morales de droit public ou de droit privé et doit être lui aussi agréé (art. L. 421-3).

La loi n° 2022-140 du 7 février 2022 relative à la protection des enfants a porté une attention particulière aux assistants familiaux qui accompagnent plus de la moitié des enfants de l'ASE. D'un côté, le texte a voulu valoriser cette profession, notamment en assurant une rémunération minimale. De l'autre, elle a renforcé les garanties que ces personnes doivent donner principalement sur le plan de leur comportement, notamment en définissant des moyens pour prévenir les faits de maltraitance et de violence dont les enfants peuvent être victimes. Aux dispositions relatives à la profession d'assistant familial, la loi a ainsi ajouté de nouvelles règles : les unes renforcent le soutien, le suivi et l'accompagnement de leurs activités ainsi que leur intégration dans des équipes de professionnels en mettant à la charge de leurs employeurs le soin d'y pourvoir (art. L. 421-17-1 et L. 421-17-2) ; d'autres veulent assurer un contrôle de l'accès à la profession pour en exclure des personnes pouvant présenter des risques dans la prise en charge des enfants : retrait d'agrément entraînant l'impossibilité de s'en voir attribuer un nouveau (art. L. 421-6), refus d'agrément dans l'hypothèse où le demandeur dont l'activité se déroule à son domicile réside avec une personne inscrite au fichier judiciaire automatisé des auteurs d'infractions sexuelles ou violentes (art. L. 421-3) ; création d'un base nationale recensant les agréments délivrés pour l'exercice de la profession d'assistant familial ainsi que les suspensions et les retraits d'agrément (art. L. 421-7-1). ❑

BIBL. ▸ DEFIX, L'évolution de la responsabilité sans faute du département en matière sociale et médico-sociale, *RDSS 2015. 52*.

Art. L. 421-1 *(L. n° 2005-706 du 27 juin 2005, art. 6)* **L'assistant maternel est la personne qui, moyennant rémunération, accueille habituellement et de façon non permanente des mineurs à son domicile** *(Ord. n° 2021-611 du 19 mai 2021, art. 3-1°)* **« ou dans un lieu distinct de son domicile appelé "maison d'assistants maternels" tel que défini à l'article L. 424-1 ».**

L'assistant maternel accueille des mineurs confiés par leurs parents, directement ou par l'intermédiaire d'un service d'accueil mentionné à l'article L. 2324-1 du code de la santé publique. Il exerce sa profession comme salarié de particuliers employeurs ou de personnes morales de droit public ou de personnes morales de droit privé dans les conditions prévues au chapitre III *(Ord. n° 2007-329 du 12 mars 2007, art. 5-1°)* **« du présent livre », après avoir été agréé à cet effet.** — *V. ces dispositions, App., Professions — Personnels.*

Les dispositions de l'Ord. n° 2007-329 du 12 mars 2007 entrent en vigueur le 1er mai 2008 (L. n° 2008-67 du 21 janv. 2008, art. 2-X).

BIBL. ▸ CHAPLAIN et CUSTOS-LUCIDI, Les métiers de la petite enfance, des professions en quête d'identité, *Syros 2001*. – LAHALLE, Commentaire de la loi du 27 juin 2005 relative aux assistants maternels et aux assistants familiaux, *JCP S 2005, n° 12, 1149.* – NEIRINCK, Profession : assistante maternelle, *LPA n° 36, 2000. 6.* – RIHAL, La séparation des professions d'assistant maternel et d'assistant familial, *RDSS 2005. 798*. – WIERNASZ, Sur le licenciement « sans faute » des assistantes maternelles à titre permanent, *RDSS 2005. 809*.

1. *Refus injustifié d'agrément.* Même si certaines conceptions éducatives de l'intéressée peuvent ne pas être partagées par tous les parents désireux de recourir aux services d'une assistante maternelle, une personne ne saurait voir sa demande d'agrément rejetée par le président du conseil général dès lors qu'elle présente des garanties suffisantes pour accueillir des mineurs dans des conditions propres à assurer leur développement et leur sécurité. • CE 26 juill. 1996, *Dpt Maine-et-Loire,* n° 165492 : *RDSS 1997. 385, obs. Pintiau*

2. *Refus de renouvellement de l'agrément.* Eu égard à la nature de ses motifs, qui se fondent sur une appréciation défavorable portée sur l'intéressée, et à la gravité de la mesure qui en est résultée, la décision de refus de renouvellement d'agrément ne peut régulièrement intervenir qu'après que l'intéressée eut été mise à même de présenter des observations concernant les griefs relevés à son rencontre. • CE 4 juin 1982, *Mme Boulet,* n° 21735 : *Lebon 199*.

3. *Application du code du travail.* Les dispositions du code du travail relatives aux assistantes maternelles ne s'appliquent qu'aux assistantes maternelles qui sont titulaires de l'agrément prévu à l'art. 123-1 du code de la famille et de l'aide sociale (devenu art. L. 421-1 CASF) et qui accueillent habituellement à leur domicile, moyennant rémunération, des mineurs qui leur sont confiés par des particuliers ou par des personnes morales de droit privé. • Soc. 5 janv. 1995, n° 91-41.857 P : *D. 1995. IR 60 ; Dr. soc. 1995. 190 ; Cah. soc. barreau 1995. 49, S. 18.*

4. *Cotisations sociales.* L'aide à la famille instituée par l'art. L. 841-1 du CSS au profit du ménage ou de la personne employant une assistante maternelle ne bénéficie qu'à l'employeur, ainsi libéré de l'obligation d'acquitter les cotisations sociales, le salarié conservant la charge du prélèvement des cotisations salariales sur sa rémunération. • Soc. 17 juin 1997, n° 94-41.147 P : *RDSS 1998. 152, concl. Chauvy ; D. 1997. IR 95*

5. *Champ de compétence du tribunal d'instance.* Les litiges entre assistantes maternelles et parents relèvent de la compétence du tribunal d'instance selon l'art. R. 321-6, 3° COJ. • Soc. 28 juin 1995 : *Cah. soc. barreau 1995. 283, A. 52 ; RJS 1995. 623, n° 962.* ♦ Les dispositions de l'art. R. 321-6, 3° COJ, selon lesquelles le tribunal d'instance est compétent pour connaître des contestations entre les nourrices ou les personnes et établissements prenant des enfants en garde ou en pension et ceux qui leur confient, ne s'appliquent pas aux relations liées entre les établissements auxquels sont remis des enfants en vue de leur placement et les nourrices ou les personnes auxquelles ceux-ci les confient. • Soc. 28 févr. 2001, n° 98-41.673 P.

6. *Nature du contrôle exercé par le juge de l'excès de pouvoir.* Le juge de l'excès de pouvoir exerce un contrôle normal sur l'appréciation par le président du conseil général de l'aptitude d'une candidate à l'agrément en qualité d'assistante maternelle à remplir les conditions légales et réglementaires. • CE 16 janv. 1991, *Mme Mas,* n° 110556 B.

7. *Responsabilité du département.* Si le décès de l'enfant admis au service de l'aide sociale à l'enfance en qualité de « recueilli temporairement » et confié à une gardienne agréée est imputable à une faute commise par cette dernière, la responsabilité du département est susceptible d'être engagée. • CE 18 déc. 1987, *Épx Garcia,* n° 33799.

8. *Délégation de signature.* Si, aux termes des dispositions de l'art. L. 3221-3 du CGCT, le président du conseil général est le chef des services du département et peut, sous sa surveillance et sa responsabilité, donner délégation de signature en toute matière aux responsables desdits services, un responsable territorial ou de circonscription au sein de la direction des affaires sociales d'un département ne peut être regardé comme un responsable de service départemental au sens de ces dispositions ; par suite, est illégal l'arrêté d'un président de conseil général donnant délégation de signature à un tel fonctionnaire départemental en matière d'agrément des assistantes maternelles. • TA Rennes, 4 mars 1998, n° 96699 B.

9. *Intérêt à agir.* Une association départementale des gardiennes d'enfants et de parents d'enfants gardés ne justifie pas d'un intérêt lui donnant qualité pour agir contre la décision par laquelle le président du conseil général n'a fait que partiellement droit à la demande d'agrément d'une assistante maternelle en la limitant à la garde de trois enfants. • CE 8 juill. 1998, *Burais et a.,* n° 157891 B. ♦ La qualité de mère d'enfants gardés par une assistante maternelle, si elle permet d'intervenir au soutien d'une requête formée par l'intéressée et dirigée contre la décision par laquelle le président du conseil général n'a fait que partiellement droit à sa demande d'agrément en la limitant à la garde de trois enfants, ne donne pas un intérêt suffisant pour agir contre une décision individuelle défavorable pour son destinataire • Même arrêt.

Art. L. 421-2 *(L. n° 2005-706 du 27 juin 2005, art. 7)* **L'assistant familial est la personne qui, moyennant rémunération, accueille habituellement et de façon permanente des mineurs et des jeunes majeurs de moins de vingt et un ans à son domicile.**

Son activité s'insère dans un dispositif de protection de l'enfance, un dispositif médico-social ou un service d'accueil familial thérapeutique. Il exerce sa profession comme salarié de personnes morales de droit public ou de personnes morales de droit privé dans les conditions prévues par les dispositions du présent titre ainsi que par celles du chapitre III *(Ord. n° 2007-329 du 12 mars 2007, art. 5-2°)* **« du présent livre », après avoir été agréé à cet effet.** — *V. ces dispositions, App., Professions — Personnels.*

L'assistant familial constitue, avec l'ensemble des personnes résidant à son domicile, une famille d'accueil.

Les dispositions de l'Ord. n° 2007-329 du 12 mars 2007 entrent en vigueur le 1er mai 2008 (L. n° 2008-67 du 21 janv. 2008, art. 2-X).

1. Retrait d'agrément justifié. Est justifié le retrait de l'agrément d'une assistante maternelle en raison de la suspicion d'abus sexuels pesant sur son mari à l'égard d'une mineure qui lui avait été confiée par le service de l'aide sociale à l'enfance. • CAA Bordeaux, 29 oct. 2002, *Dpt Charente : AJDA 2003. IR 302*. ♦ Le président du conseil général n'a pas commis d'erreur manifeste d'appréciation en mettant fin au contrat de travail de la requérante et en lui retirant son agrément d'assistante maternelle dès lors que les procès-verbaux de la gendarmerie font état de faits, consistant notamment en brimades et châtiments corporels d'une particulière gravité et qu'un rapport de l'aide sociale à l'enfance décrit une évolution notablement favorable des enfants après plusieurs mois de séjour dans de nouvelles familles d'accueil. • CAA Nantes, 17 oct. 2002 : *AJDA 2003. IR 151*.

2. Retrait d'agrément injustifié. Dès lors que la direction de l'action sociale du département détenait un dossier comprenant notamment 12 courriers de parents (dont deux reçus à la suite d'entretiens téléphoniques) et 3 comptes rendus d'entretiens téléphoniques avec des parents, documents qui, du fait de leur classement au dossier de l'assistante maternelle, portaient une appréciation ou un jugement de valeur sur celle-ci et lui étaient donc en principe communicables, l'administration, saisie quelques jours avant la réunion de la commission consultative d'une demande expresse du défenseur de l'intéressée, ne pouvait légalement refuser de façon générale la communication desdits documents sans violer les droits de la défense • CAA Paris, 19 janv. 2005, n° 02PA00516 : *AJDA 2005. 855*. ♦ N'a pas commis d'erreur de droit la cour qui, après avoir constaté que les seuls faits reprochés à l'intéressée étaient relatifs à une information judiciaire ouverte à l'encontre de son époux à la suite de la plainte d'un tiers pour des faits d'atteinte sexuelle sur une mineure qui avait été confiée à sa garde, s'est fondée sur le jugement du TGI prononçant la relaxe dudit époux pour estimer que l'arrêté du président du conseil général portant retrait d'agrément était illégal. • CE 9 mars 2007, *Dpt Hérault,* n° 278651. ♦ Commet une erreur d'appréciation le président du conseil général qui retire l'agrément d'une assistante maternelle en se fondant sur la seule ouverture d'une enquête préliminaire relative à d'éventuels abus sexuels commis par son conjoint et sur un examen clinique normal sans relever dans le comportement de l'enfant un élément équivoque. • TA Pau, 29 juin 2007 : *AJDA 2007. 2157, concl. Riou*. ♦ De même, doit être annulée la décision du président du conseil général de retirer l'agrément d'assistante maternelle accordé à la requérante en se fondant sur le doute concernant le comportement de son époux qu'avaient fait naître les propos d'une enfant confiée à sa garde le mettant en cause, alors que, par la suite, l'intéressé a bénéficié d'une décision de non-lieu du juge d'instruction au motif que l'instruction n'avait pas permis d'établir les faits allégués • CE 28 nov. 2007, *Dpt Meurthe-et-Moselle,* n° 282307 B. ♦ Commet une erreur de droit la Cour qui, pour juger que le président du conseil départemental était fondé à estimer que les conditions d'accueil proposées par l'intéressée ne garantissaient plus la sécurité des enfants accueillis et à lui retirer son agrément pour ce motif, s'est seulement fondée sur la seule existence d'une perquisition administrative non spontanément portée à la connaissance de l'administration et en écartant comme dépourvues d'incidence sur la légalité du retrait d'agrément les circonstances qu'aucune poursuite n'avait été engagée à la suite de cette perquisition et que celle-ci s'est déroulée en l'absence des enfants • CE 7 juill. 2021, n° 440582 B. ♦ En application des art. L. 421-1 et 421-2, il appartient à l'administration d'établir que la personne titulaire de l'agrément ne satisfait pas, à la date de la décision de retrait, aux conditions auxquelles la délivrance de l'agrément est subordonnée ; par suite, doit être annulée la décision de retrait d'un agrément prise par le président d'un conseil général qui, en s'étant abstenu de procéder à de nouvelles investigations pour établir la matérialité des faits reprochés au compagnon de la requérante, ne pouvait légalement estimer réunies les conditions d'un retrait d'agrément • CAA Versailles, 15 janv. 2009, n° 07VE01296. ♦ Si le président du conseil général peut suspendre un agrément sur le fondement de simples suspicions établissant qu'un risque pèse sur la sécurité des enfants dans le milieu de garde en cause, lesdites suspicions, en l'attente des résultats de l'enquête judiciaire, doivent être étayées par les éléments du dossier administratif ; par suite, il appartient aux services départementaux de faire les diligences nécessaires pour rechercher les éléments de toute nature établissant que la personne titulaire de l'agrément ne satisfaisait pas, à la date de la décision de suspension, aux conditions auxquelles la délivrance de l'agrément est subordonnée. • CAA Bordeaux, 3 nov. 2009, *Dpt. Dordogne*, n° 09BX00380.

3. Retrait d'agrément et défaut d'information. Dès lors qu'il n'est pas établi que le fait, pour une assistante maternelle, d'avoir omis pendant plusieurs mois d'informer le service de PMI du départ de sa fille de son domicile à la suite d'un placement dans un foyer de l'aide à l'enfance ait eu la moindre conséquence sur les conditions d'accueil des enfants gardés par l'intéressée ainsi que sur leur bien-être et leur sécurité, il s'ensuit, même si ce manquement aux obligations mentionnées à l'article R. 421-38 CASF pouvait justifier que soit prise une sanction à l'encontre de l'intéressée, que ledit manquement ne revêt pas, en lui-même, une gravité suffisante pour justifier à lui seul le retrait définitif de l'agrément d'assistante maternelle dont bénéficiait cette dernière. • CAA Versailles, 7 juill. 2011, *Dpt. de Seine-Saint-Denis*, n° 10VE00529. ♦ Dans la mesure où un assistant familial doit informer sans délai le département qui l'emploie de tout événement significatif susceptible de porter atteinte à la santé physique ou psychique d'un mineur qu'il accueille, afin que le service de l'aide sociale à l'enfance puisse, le cas échéant, trouver des solutions appropriées permettant d'assurer la protection de ce mineur, commet une erreur de droit la Cour qui a estimé que des relations sexuelles imposées à un mineur n'étaient pas au nombre des faits qu'un assistant familial était tenu de déclarer au département et qu'en conséquence, il ne pouvait être reproché à l'intéressé d'avoir manqué à une obligation d'information de son employeur. • CE 26 déc. 2013, n° 354265.

4. Retrait d'agrément et responsabilité. Si les décisions successives de suspension et de retrait d'un agrément, fondées sur de fortes suspicions d'agressions sexuelles sur mineurs par un membre de l'entourage, sont légalement justifiées par l'intérêt général qui s'attache à la protection de la santé, la sécurité et l'épanouissement des mineurs accueillis, alors même que l'auteur présumé des agressions a, postérieurement aux décisions en cause, été reconnu innocent des actes qui lui étaient reprochés, la préoccupation de l'intérêt des enfants accueillis n'en a pas moins conduit l'administration à faire peser sur l'assistante maternelle une charge anormale en lui faisant supporter les conséquences, financières et morales, de décisions légales s'appuyant sur des faits matériellement inexacts ; par suite, c'est à tort que le juge a estimé que ces décisions de suspension et de retrait de l'agrément n'étaient pas, même en l'absence de faute du département, de nature à engager la responsabilité de cette collectivité envers l'intéressée • CAA Nancy, 6 janv. 2005, *Mme Monnier : RDSS 2005. 336, obs. Tourette ; J.-Cl. Coll. terr., juin 2005. 35, note Lemaire.*

5. Retrait d'agrément et dépôt de plainte. Une assistante maternelle n'est pas fondée à soutenir que seule une plainte avec constitution de partie civile aurait pu justifier une suspension de son agrément : en raison de la seule existence de cette plainte et de la gravité des faits invoqués, le président du conseil général a pu légalement estimer qu'il existait des risques sérieux quant à la santé, la sécurité et l'épanouissement des mineurs accueillis • CAA Versailles, 26 mai 2005, n° 03VE01334.

6. Retrait d'agrément et procédure pénale. Il résulte des art. L. 421-2, L. 421-3 et L. 421-6 CASF qu'il incombe au président du conseil départemental de s'assurer que les conditions d'accueil garantissent la sécurité, la santé et l'épanouissement des enfants accueillis ; dans l'hypothèse où il est informé de suspicions de comportements susceptibles de compromettre la santé, la sécurité ou l'épanouissement d'un enfant, de la part du bénéficiaire de l'agrément ou de son entourage, il lui appartient de tenir compte de tous les éléments portés à la connaissance des services compétents du département ou recueillis par eux : il peut procéder à la suspension de l'agrément lorsque ces éléments revêtent un caractère suffisant de vraisemblance et de gravité et révèlent une situation d'urgence, ce dont il lui appartient le cas échéant de justifier en cas de contestation de cette mesure de suspension devant le juge administratif, sans que puisse y faire obstacle la circonstance qu'une procédure pénale serait engagée, à laquelle s'appliquent les dispositions de l'art. 11 C pr. pén. • CE 9 nov. 2023, n° 474932 B.

Art. L. 421-3 *(L. n° 2005-706 du 27 juin 2005, art. 7)* **L'agrément nécessaire pour exercer la profession d'assistant maternel ou d'assistant familial est délivré par le président du conseil départemental du département où le demandeur réside.**

(L. n° 2010-625 du 9 juin 2010, art. 7-II) **« Un référentiel approuvé par décret en Conseil d'État fixe les critères d'agrément. »**

Au cours de la procédure d'instruction de la demande d'agrément, le service départemental de protection maternelle et infantile mentionné au chapitre II du titre I du livre I de la deuxième partie du code de la santé publique peut solliciter l'avis d'un assistant maternel ou d'un assistant familial n'exerçant plus cette profession, mais disposant d'une expérience professionnelle d'au moins dix ans, et titulaire d'un des diplômes prévus par voie réglementaire.

La procédure d'instruction doit permettre de s'assurer de la maîtrise du français oral par le candidat.

L'agrément est accordé à ces deux professions si les conditions d'accueil garantissent la sécurité, la santé et l'épanouissement des mineurs et majeurs de moins de vingt et un ans accueillis, en tenant compte des aptitudes éducatives de la personne *(L. n° 2020-1525 du 7 déc. 2020, art. 100-I)* **« , et, pour l'assistant maternel uniquement, si celui-ci autorise la publication de son identité et de ses coordonnées, dans des conditions prévues par décret en Conseil d'État strictement nécessaires à la connaissance par les familles de la localisation des professionnels et à leur mise en relation avec eux, par les organismes chargés d'une mission de service public mentionnés par arrêté des ministres chargés de la famille et de la sécurité sociale ». Les modalités d'octroi ainsi que la durée de l'agrément sont définies par décret. Cette durée peut être différente selon que l'agrément est délivré pour l'exercice de la profession d'assistant maternel ou d'assistant familial. Les conditions de renouvellement de l'agrément sont fixées par ce décret. Sans préjudice des dispositions de l'article L. 421-9, le renouvellement de l'agrément des assistants familiaux est** *(L. n° 2016-457 du 14 avr. 2016, art. 3-2°)* **« , sous réserve des vérifications effectuées au titre du sixième alinéa du présent article, » automatique et sans limitation de durée lorsque la formation mentionnée à l'article L. 421-15 est sanctionnée par l'obtention d'une qualification.** – *V. Arr. du 31 août 2021 fixant la liste des organismes en charge d'une mission de service public mentionnés à l'art. L. 421-3 CASF (JO 2 sept., NOR : SSAS2117580A).*

Un arrêté du ministre chargé de la famille fixe la composition du dossier de demande d'agrément ainsi que le contenu du formulaire de demande qui, seul, peut être exigé à ce titre. – *V. Arr. du 13 juill. 2022 fixant le modèle de formulaire en vue de l'agrément des assistants maternels et la composition du dossier de demande d'agrément (JO 30 juill., NOR : APHA2220893A), mod. par Arr. du 10 nov. 2022 (JO 29 nov., NOR : APHA2231996A).*

Il définit également les modalités de versement au dossier d'un extrait du *(L. n° 2016-457 du 14 avr. 2016, art. 3-2°)* **« bulletin n° 2 du casier judiciaire » de chaque majeur vivant au domicile du demandeur** *(L. n° 2022-140 du 7 févr. 2022, art. 21-I, en vigueur le 1er nov. 2022)* **« lorsque ce domicile est le lieu d'exercice de sa profession », à l'exception des majeurs accueillis en application d'une mesure d'aide sociale à l'enfance. L'agrément n'est pas accordé si l'un des majeurs concernés a fait l'objet d'une condamnation pour une infraction visée aux articles 221-1 à 221-5, 222-1 à 222-18, 222-23 à 222-33, 224-1 à 224-5,** *(L. n° 2016-444 du 13 avr. 2016, art. 20-III)* **« au second alinéa de l'article 225-12-1 et aux articles 225-12-2 » à 225-12-4, 227-1, 227-2 et 227-15 à 227-28 du code pénal. Pour toute autre infraction inscrite au** *(L. n° 2016-457 du 14 avr. 2016, art. 3-2°)* **« bulletin n° 2 » du casier judiciaire, il revient au service départemental de protection maternelle et infantile de juger de l'opportunité de délivrer ou non l'agrément.**

(L. n° 2022-140 du 7 févr. 2022, art. 21-I, en vigueur le 1er nov. 2022) **« L'agrément n'est pas accordé si l'une des personnes majeures ou mineures âgées d'au moins treize ans vivant au domicile du demandeur, lorsque ce domicile est le lieu d'exercice de sa profession, à l'exception de celles accueillies en application d'une mesure d'aide sociale à l'enfance, est inscrite au fichier judiciaire automatisé des auteurs d'infractions sexuelles ou violentes. »**

Tout refus d'agrément doit être motivé.

Les conjoints des membres des Forces françaises et de l'Élément civil stationnés en Allemagne qui souhaitent exercer la profession d'assistant maternel pour accueillir des mineurs à charge de personnes membres des Forces françaises et de l'Élément civil *(L. n° 2011-525 du 17 mai 2011, art. 141-I-4°)* **« sollicitent » un agrément auprès du président du conseil départemental d'un département** *(L. n° 2011-525 du 17 mai 2011, art. 141-I-4°)* **« frontalier ». Les modalités de délivrance de l'agrément sont prévues par convention entre l'État et les départements concernés.**

Les dispositions de l'art. 100-I de la L. n° 2020-1525 du 7 déc. 2020 sont applicables à une date fixée par arrêté conjoint des ministres chargés de la famille et de la sécurité sociale, et au plus tard le 1er sept. 2021, y compris aux assistants maternels agréés à cette date. Par dérogation, les mêmes dispositions sont applicables à une date fixée par arrêté conjoint des ministres chargés de la famille et de la sécurité sociale, et au plus tard le 1er avr. 2022, pour les établissements mentionnés au dern. al. de l'art. L. 531-6 CSS (L. préc., art. 100-II).

Art. L. 421-4 *(Ord. nº 2021-611 du 19 mai 2021, art. 3-2º)* I. — Le nombre d'enfants qu'un professionnel est autorisé à accueillir en sa qualité d'assistant maternel dans le cadre de son agrément est de quatre.

L'agrément initial du professionnel autorise l'accueil de deux enfants au minimum en sa qualité d'assistant maternel, sauf si les conditions d'accueil ne le permettent pas.

Sans préjudice du nombre de contrats de travail en cours d'exécution de l'assistant maternel, le nombre maximal d'enfants pouvant être accueillis simultanément par un professionnel en sa qualité d'assistant maternel est fixé par son agrément.

Dans le respect de la limite fixée par son agrément et des dispositions du présent titre, l'assistant maternel détermine librement le nombre d'enfants qu'il accueille en cette qualité.

II. — Pendant les heures où il accueille des enfants en sa qualité d'assistant maternel, le nombre total de mineurs âgés de moins de onze ans simultanément sous la responsabilité exclusive de l'assistant maternel ne peut excéder six, dont au maximum quatre enfants de moins de trois ans.

Exceptionnellement et de manière limitée dans le temps, pour répondre à un besoin temporaire, notamment lors de vacances scolaires, ou imprévisible, ce nombre limite peut être augmenté de deux enfants dans la limite inchangée de quatre enfants de moins de trois ans sous la responsabilité exclusive de l'assistant maternel. Les conditions de mise en œuvre de cette dérogation sont fixées par décret.

III. — Les assistants maternels respectent des obligations de déclaration et d'information, notamment relatives à leurs disponibilités d'accueil. Le manquement à l'obligation de déclaration relative aux disponibilités d'accueil de l'assistant maternel ne peut faire l'objet, pour sa première occurrence, que d'un simple avertissement et ne peut constituer un motif de suspension de l'agrément ou le seul motif de son retrait.

IV. — Les critères de l'agrément, les conditions de déclaration et d'information relatives aux disponibilités d'accueil ainsi que les modalités du contrôle auquel sont soumis les assistants maternels sont définies *[définis]* par décret en Conseil d'État.

Les dispositions du I de l'art. L. 421-4 dans leur rédaction résultant de l'Ord. nº 2021-611 du 19 mai 2021 s'appliquent aux demandes d'agrément, de renouvellement ou de modification d'agrément d'assistant maternel déposées à compter de leur date d'entrée en vigueur (Ord. préc., art. 11-III, JO 20 mai).

Art. L. 421-4-1 *(Ord. nº 2021-611 du 19 mai 2021, art. 3-3º)* I. — Pour répondre à des besoins spécifiques, le président du conseil départemental peut, si les conditions d'accueil le permettent et à titre dérogatoire, autoriser tout assistant maternel à accueillir en cette qualité plus de quatre enfants simultanément, dans la limite de six mineurs âgés de moins de onze ans au total.

Lorsque le nombre de mineurs fixé par l'agrément est inférieur à quatre, le président du conseil départemental peut modifier celui-ci pour augmenter le nombre de mineurs que l'assistant maternel est autorisé à accueillir simultanément en sa qualité d'assistant maternel, dans la limite de quatre enfants de moins de onze ans et dans les conditions mentionnées au premier alinéa.

II. — Pour permettre d'accueillir des enfants de manière ponctuelle, notamment dans les situations mentionnées à l'article L. 214-7 et pour remplacer un collègue momentanément indisponible, tout professionnel peut, de manière limitée dans le temps et sous réserve du respect de conditions de sécurité suffisantes, accueillir en sa qualité d'assistant maternel un enfant de plus que le nombre de mineurs fixé par son agrément.

III. — Lorsqu'un assistant maternel a recours aux dispositions du présent article, le nombre de mineurs âgés de moins de onze ans simultanément placés sous sa responsabilité exclusive respecte à chaque instant la limite fixée par les dispositions du premier alinéa du II de l'article L. 421-4.

IV. — Les conditions d'application du présent article sont fixées par décret.

Art. L. 421-5 *(L. nº 2005-706 du 27 juin 2005, art. 7)* L'agrément de l'assistant familial précise le nombre des mineurs qu'il est autorisé à accueillir. Le nombre des

mineurs accueillis à titre permanent et de façon continue ne peut être supérieur à trois, y compris les jeunes majeurs de moins de vingt et un ans. Toutefois, le président du conseil départemental peut, si les conditions d'accueil le permettent et à titre dérogatoire, autoriser l'accueil de plus de trois enfants pour répondre à des besoins spécifiques.

Art. L. 421-6 *(L. nº 2005-706 du 27 juin 2005, art. 8)* **« Lorsque la demande d'agrément concerne l'exercice de la profession d'assistant maternel, la décision du président du conseil départemental est notifiée dans un délai de trois mois à compter de cette demande. A défaut de notification d'une décision dans ce délai, l'agrément est réputé acquis.**

« Lorsque la demande d'agrément concerne l'exercice de la profession d'assistant familial, la décision du président du conseil départemental est notifiée dans un délai de quatre mois à compter de cette demande. A défaut de notification d'une décision dans ce délai, l'agrément est réputé acquis, ce délai pouvant être prolongé de deux mois suite à une décision motivée du président du conseil départemental ».

Si les conditions de l'agrément cessent d'être remplies, le président du conseil départemental peut, après avis d'une commission consultative paritaire départementale, modifier le contenu de l'agrément ou procéder à son retrait. En cas d'urgence, le président du conseil départemental peut suspendre l'agrément. *(L. nº 2005-706 du 27 juin 2005, art. 8)* **« Tant que l'agrément reste suspendu, aucun enfant ne peut être confié.**

« Toute décision de retrait de l'agrément, de suspension de l'agrément ou de modification de son contenu doit être dûment motivée et transmise sans délai aux intéressés. »

(L. nº 2022-140 du 7 févr. 2022, art. 30-1º) **« En cas de retrait d'un agrément motivé notamment par la commission de faits de violences à l'encontre des mineurs accueillis, il ne peut être délivré de nouvel agrément à la personne à qui l'agrément a été retiré avant l'expiration d'un délai approprié, quel que soit le département dans lequel la nouvelle demande est présentée. Les modalités d'application du présent alinéa sont définies par décret en Conseil d'État. »**

La composition, les attributions et les modalités de fonctionnement de la commission présidée par le président du conseil départemental ou son représentant, mentionnée au troisième alinéa, sont définies par voie réglementaire.

La commission est notamment consultée chaque année sur le programme de formation des assistants maternels *(L. nº 2005-706 du 27 juin 2005, art. 8)* **« et des assistants familiaux » ainsi que sur le bilan de fonctionnement de l'agrément.** – *[Anc. art. L. 421-2.]*

1. Retrait et consultation obligatoire de la commission consultative paritaire. S'il incombe au président du conseil départemental de s'assurer que les conditions d'accueil garantissent la sécurité, la santé et l'épanouissement des enfants accueillis et de procéder au retrait de l'agrément de l'assistant maternel si ces conditions ne sont plus remplies, il ne peut le faire qu'après avoir saisi pour avis la commission consultative paritaire départementale compétente, devant laquelle l'intéressé est en droit de présenter ses observations écrites ou orales, en lui indiquant, ainsi qu'à l'assistant maternel concerné, les motifs de la décision envisagée ; il en résulte qu'un tel retrait ne peut intervenir pour un motif qui n'aurait pas été soumis à la commission consultative paritaire départementale et sur lequel l'intéressé n'aurait pu présenter devant elle ses observations. • CE 15 juill. 2020, ♖ nº 427621.

2. Saisine obligatoire de la commission consultative. Le président du conseil départemental est tenu de saisir la commission consultative paritaire départementale lorsqu'il envisage de ne pas renouveler l'agrément d'un assistant maternel, y compris lorsqu'il envisage, de sa propre initiative, d'apporter une restriction au nouvel agrément par rapport à l'agrément dont l'intéressé bénéficiait jusque-là. • CE 31 déc. 2020, ♖ nº 437006 B. ♦ S'il incombe au président du conseil départemental de s'assurer que les conditions d'accueil garantissent la sécurité, la santé et l'épanouissement des enfants accueillis et de procéder au retrait de l'agrément de l'assistant familial si ces conditions ne sont plus remplies, il ne peut le faire qu'après avoir saisi pour avis la commission consultative paritaire départementale compétente, devant laquelle l'intéressé est en droit de présenter ses observations écrites ou orales, en lui indiquant, ainsi qu'à l'assistant familial concerné, les motifs de la décision envisagée ; la consultation de cette commission sur ces motifs, à laquelle est attachée la possibilité pour l'intéressé de présenter ses observations, revêt ainsi pour ce dernier le caractère d'une garantie. Il en résulte qu'un tel retrait ne peut intervenir pour un motif qui n'aurait pas été soumis à la commission consultative paritaire départementale et sur lequel l'intéressé n'aurait pu présenter devant elle ses observations. • CE 9 nov. 2023, n° 473633 B. ♦ Dans l'hypothèse où le président du conseil départemental envisage de retirer l'agrément d'un assistant familial après avoir été informé de suspicions de comportements susceptibles de compromettre la santé, la sécurité ou l'épanouissement d'un enfant, de la part du bénéficiaire de l'agrément ou de son entourage, il lui incombe, avant de prendre une décision de retrait d'agrément, de communiquer à l'intéressé ainsi qu'à la commission consultative paritaire les éléments sur lesquels il entend se fonder ; si la communication de certains de ces éléments est de nature à porter gravement préjudice aux personnes qui auraient alerté les services du département, à l'enfant concerné ou aux autres enfants accueillis ou susceptibles de l'être, il incombe au département non de les communiquer dans leur intégralité mais d'informer l'intéressé et la commission de leur teneur, de telle sorte que, tout en veillant à la préservation des autres intérêts en présence, l'intéressé puisse se défendre utilement et que la commission puisse rendre un avis sur la décision envisagée. • Même arrêt.

Art. L. 421-7 Lorsqu'un assistant maternel *(L. n° 2005-706 du 27 juin 2005, art. 8)* « ou un assistant familial » agréé change de département de résidence, son agrément demeure valable sous réserve d'une déclaration préalable adressée au président du conseil départemental du département de sa nouvelle résidence *(L. n° 2005-706 du 27 juin 2005, art. 8)* « et *(Abrogé par L. n° 2022-140 du 7 févr. 2022, art. 30-2°)* « , *s'agissant des assistants maternels,* » d'une vérification par le président du conseil départemental dans le délai d'un mois à compter de leur emménagement, que leurs nouvelles conditions de logement satisfont aux conditions mentionnées *(L. n° 2022-140 du 7 févr. 2022, art. 30-2°)* « à » l'article L. 421-3 ». — *[Anc. art. L. 421-3.]*

Art. L. 421-7-1 *(L. n° 2022-140 du 7 févr. 2022, art. 30-3°)* Le groupement d'intérêt public mentionné à l'article L. 147-14 gère une base nationale recensant les agréments délivrés pour l'exercice de la profession d'assistant familial ainsi que les suspensions et les retraits d'agrément. Cette base recense également les suspensions et retraits d'agréments des assistants maternels.

Les informations concernant ces agréments, suspensions et retraits font l'objet d'un traitement automatisé de données pour permettre l'opposabilité des retraits d'agrément en cas de changement de département et, s'agissant des assistants familiaux, pour permettre aux employeurs de s'assurer de la validité de l'agrément de la personne qu'ils emploient.

Un décret en Conseil d'État, pris après avis public et motivé de la Commission nationale de l'informatique et des libertés, définit les modalités d'application du présent article. Il précise les données enregistrées, leurs modalités de transmission, leur durée de conservation, les conditions de leur mise à jour, les catégories de personnes pouvant y accéder ou en être destinataires ainsi que les modalités d'exercice des droits des personnes concernées. Il précise également l'articulation entre le traitement mentionné au deuxième alinéa du présent article et ceux éventuellement réalisés pour la mise en œuvre de l'article L. 421-9.

Art. L. 421-8 Le président du conseil départemental informe le maire de la commune de résidence de l'assistant maternel *(L. n° 2005-706 du 27 juin 2005, art. 8)* « ainsi que le président de la communauté de communes concernée » de toute décision d'agrément, de suspension, de retrait ou de modification du contenu de l'agrément concernant l'intéressé ; il informe également le maire *(L. n° 2005-706 du 27 juin 2005, art. 8)* « ainsi que le président de la communauté de communes » de toute déclaration reçue au titre de l'article L. 421-7.

Il établit et tient à jour la liste, dressée par commune, des assistants maternels agréés dans le département. Cette liste est mise à la disposition des familles dans les services du département *(L. n° 2005-706 du 27 juin 2005, art. 8-III)* « , de la mairie pour ce qui concerne chaque commune, de tout service ou organisation chargé par les pouvoirs publics d'informer les familles sur l'offre d'accueil existant sur leur territoire et de tout service ou organisation ayant compétence pour informer les assistants maternels sur leurs droits et obligations. La liste de ces services et organisations est fixée par voie réglementaire. » — *[Anc. art. L. 421-4.]*

Art. L. 421-9 *(L. nº 2005-706 du 27 juin 2005, art. 8) (Ord. nº 2015-682 du 18 juin 2015, art. 4-II, en vigueur le 1er janv. 2016)* **« Le président du conseil départemental informe de l'octroi, du renouvellement, du retrait, de la suspension, de la date de fin d'agrément ou de cessation d'activité, du contenu ou de la modification du contenu de l'agrément de l'assistant maternel les organismes débiteurs des aides à la famille instituées par l'article L. 531-5 du code de la sécurité sociale, l'organisme de recouvrement des cotisations sociales mentionné à l'article L. 531-8 du code de la sécurité sociale, les représentants légaux du ou des mineurs accueillis et la personne morale qui, le cas échéant, l'emploie.**

« Les modalités de transmission de ces informations sont précisées par arrêté du ministre chargé de la sécurité sociale. – *V. Arr. du 20 oct. 2016 fixant les modalités de transmission entre les départements, les organismes débiteurs des prestations familiales et le Centre national Pajemploi des informations relatives aux assistants maternels (JO 29 oct.).*

« Les agents des conseils départementaux sont autorisés à communiquer à l'organisme de recouvrement mentionné à l'article L. 133-5-10 toute information nécessaire à sa mission de recouvrement des cotisations et contributions sociales. »

Le président du conseil départemental informe la personne morale qui l'emploie du retrait, de la suspension ou de la modification du contenu de l'agrément d'un assistant familial. – *[Anc. art. L. 421-5.]*

Art. L. 421-10 *(L. nº 2005-706 du 27 juin 2005, art. 8)* **La personne qui accueille habituellement des mineurs à son domicile moyennant rémunération sans avoir préalablement obtenu l'agrément institué par l'article L. 421-3 et dont la situation est signalée au président du conseil départemental est mise en demeure par celui-ci de présenter une demande d'agrément dans le délai de quinze jours. Son ou ses employeurs sont informés de cette mise en demeure par le président du conseil départemental.** – *[Anc. art. L. 421-6.]*

1. Nature du litige. Le litige opposant une assistante maternelle agréée à une association lui ayant confié des enfants au titre de l'aide sociale à l'enfance est un litige de droit privé dès lors que l'association, même si elle est investie d'une mission de service public et bénéficie de financements publics, constitue une personne morale de droit privé • T. confl. 16 juin 1997 : *Lebon 531*.

2. Désignation de la famille d'accueil. C'est à la personne morale de droit privé, à laquelle un mineur a été provisoirement confié par décision judiciaire, qu'il appartient de désigner la famille d'accueil, dans les conditions prévues notamment par l'art. 123-3 CFAS (devenu L. 421-10 CASF), sans qu'il soit porté atteinte aux pouvoirs reconnus au juge par les art. 375-6 et 375-7 al. 2 C. civ. • Civ. 1re, 6 mai 1980 : *Bull. civ. I, nº 135.*

3. Indemnité journalière. Il résulte de la combinaison des art. L. 773-5 et L. 773-12 C. trav. que seules les assistantes maternelles ayant accueilli des mineurs à titre permanent peuvent prétendre à une indemnité journalière pour les périodes pendant lesquelles leur employeur a été dans l'impossibilité de leur confier des enfants • Soc. 5 juin 2002, nº 00-44.994 P : *RJS 2002. 786, nº 1041.*

4. Dommages causés à une personne résidant au domicile de l'assistante maternelle. Eu égard au rôle reconnu à la famille d'accueil par les dispositions de l'art. L. 421-10 CASF, la responsabilité du département s'étend aux dommages subis par les personnes résidant au domicile de l'assistante maternelle, notamment par le conjoint de celle-ci • CE 23 juill. 2003, *Calon : Lebon 340 ; AJDA 2003. 2329, concl. I. de Silva ; JCP Adm. 2003, nº 43, p. 1396, note G. Chavrier ; D. 2003 IR 2414.*

5. Dommages causés à l'enfant. Les mauvais traitements et sévices infligés à l'intéressé par les différents membres des familles d'accueil dans lesquelles elle a été placée n'ayant été rendus possibles que du fait de la carence du service du département chargé de l'aide sociale à l'enfance dans l'exercice du contrôle qui lui incombait des conditions de placement de l'intéressée dans ces familles, il en résulte qu'eu égard au rôle reconnu à la famille d'accueil par les dispositions de l'art. L. 421-10 CASF les membres de ces familles ne sauraient être regardés comme des tiers dont les fautes propres seraient susceptibles d'exonérer le département d'une partie de sa responsabilité • CE 13 oct. 2003, *Lina Vinot : Lebon 398 ; RFDA, 2004. 171.* ♦ Le département qui a fait preuve de carences en ne mettant pas en œuvre les moyens nécessaires pour contrôler les conditions du placement de l'enfant doit être regardé comme ayant commis des fautes qui ont rendu possibles les sévices et les agressions sexuelles que cet enfant a subis lorsqu'il était confié à l'assistante familiale et qui, par suite, sont de nature à engager sa responsabilité. • TA Grenoble, 13 juill. 2012, nº 1005941 : *AJDA 2012. 1913, concl. Habchi.*

Art. L. 421-11 *(L. nº 2005-706 du 27 juin 2005, art. 8)* **En cas d'application des articles L. 421-9 et L. 421-10, l'assistant maternel ou la personne mentionnée à l'article**

L. 421-10 est tenu de fournir au président du conseil départemental, sur sa demande, les noms et adresses des représentants légaux des mineurs qu'il ou qu'elle accueille. – *[Anc. art. L. 421-7.]*

Art. L. 421-12 *(L. n° 2005-706 du 27 juin 2005, art. 8)* **Le fait d'accueillir à son domicile moyennant rémunération des mineurs sans avoir déféré à une mise en demeure prononcée en application de l'article L. 421-10, ou après une décision de refus, de suspension ou de retrait d'agrément, est puni des peines prévues à l'article L. 321-4.** – *[Anc. art. L. 421-8.]*

Retrait ou suspension d'agrément et indemnité de licenciement. Le droit à indemnité de licenciement découlant de la loi du 19 janv. 1978 n'est de manière générale écarté, selon les termes mêmes de l'art. 5 de l'accord qui y est annexé, qu'en cas de faute grave du salarié ; le fait qu'en vertu de l'art. L. 421-12 le retrait ou la suspension de l'agrément contraignent l'employeur à cesser d'employer l'assistant maternel concerné n'est pas nécessairement assimilable à un cas de force majeure exonérant l'employeur de l'obligation de verser l'indemnité de licenciement prévue par l'art. 5 de l'accord annexé à la loi du 19 janv. 1978, étant entendu que c'est au juge du contrat de travail qu'il appartient, le cas échéant, d'apprécier si les éléments de la force majeure sont constitués, en fonction des données propres à chaque affaire. • CE 26 févr. 2007, *Féd. nat. des particuliers employeurs*, n° 280606 B.

Art. L. 421-13 **Les assistants maternels agréés employés par des particuliers doivent obligatoirement s'assurer pour** *(L. n° 2005-706 du 27 juin 2005, art. 8)* **« tous les dommages, quelle qu'en soit l'origine, » que les enfants gardés pourraient provoquer et pour ceux dont ils pourraient être victimes. Leurs employeurs sont tenus, avant de leur confier un enfant, de vérifier qu'ils ont bien satisfait à cette obligation.**

(L. n° 2005-706 du 27 juin 2005, art. 8) **« Les assistants maternels employés par des personnes morales, les assistants familiaux ainsi que les personnes désignées temporairement pour remplacer ces derniers sont obligatoirement couverts contre les mêmes risques par les soins des personnes morales qui les emploient. »** – *[Anc. art. L. 421-9.]*

1. Responsabilité sans faute du département. L'art. L. 421-9 du CASF prévoyant d'une part que les assistantes maternelles agréées pour accueillir habituellement des mineurs à leur domicile moyennant rémunération, lorsqu'elles sont employées par des particuliers, doivent obligatoirement s'assurer pour les dommages que les enfants gardés pourraient provoquer et pour ceux dont ils pourraient être victimes, d'autre part que les assistantes maternelles agréées employées par des personnes morales sont obligatoirement couvertes contre les mêmes risques par les soins desdites personnes morales, il s'ensuit que la responsabilité du département, dont relève le service de l'aide sociale à l'enfance, est engagée, même sans faute, envers une assistante maternelle agréée pour les dommages subis par celle-ci du fait d'un enfant dont l'accueil lui a été confié. • CE 23 juill. 2003, *Calon*, n° 203549 : *Lebon 340* ; *AJDA 2003. 2329, concl. de Silva* ; *JCP Adm. 2003, n° 43, p. 1396, note Chavrier* ; *D. 2003. IR 2414*.

2. Absence de responsabilité sans faute à l'égard d'un agent contractuel de droit public. En dehors des hypothèses dans lesquelles le législateur a entendu instituer un régime de responsabilité particulier, comme c'est le cas, notamment, pour les assistants maternels agréés, envers lesquels la responsabilité du département, dont relève le service d'aide sociale à l'enfance, est engagée, même sans faute, pour les dommages subis du fait d'un enfant dont l'accueil leur a été confié, un agent contractuel de droit public, dès lors qu'il ne se prévaut pas d'une faute intentionnelle de son employeur ou de l'un des préposés de celui-ci, ne peut exercer contre cet employeur une action en réparation devant les juridictions administratives, conformément aux règles du droit commun, à la suite d'un accident du travail dont il a été la victime et ne peut, en particulier, lorsque cet accident est imputable à un mineur dont le juge des enfants avait confié la garde à son employeur dans le cadre d'une mesure d'assistance éducative et avait ainsi transféré à ce dernier la responsabilité d'organiser, diriger et contrôler la vie de ce mineur, rechercher l'engagement de la responsabilité sans faute de son employeur en tant que personne responsable de ce mineur ; il en résulte que si un département emploie une monitrice éducatrice contractuelle lors de l'agression dont celle-ci est victime dans les locaux du réseau éducatif départemental, sa qualité d'employeur prévaut, pour les actions en réparation de cet accident du travail, sur celle de personne chargée de la responsabilité d'organiser, diriger et contrôler la vie du mineur auquel cet accident est imputable. • CE 22 juin 2011, *Mme A*, n° 320744 B : *RDSS 2011. 970, obs. Cristol*.

Art. L. 421-14 *(L. n° 2005-706 du 27 juin 2005, art. 9)* **Tout assistant maternel agréé doit suivre une formation dont les modalités de mise en œuvre par le département, la durée, le contenu et les conditions de validation sont définis par décret.**

(L. nº 2010-625 du 9 juin 2010, art. 6-II) « Une initiation aux gestes de secourisme *(L. nº 2019-721 du 10 juill. 2019, art. 2)* « , à la prévention des violences éducatives ordinaires » ainsi qu'aux spécificités de l'organisation de l'accueil collectif des mineurs est obligatoire pour exercer la profession d'assistant maternel. »

Le décret mentionné au premier alinéa précise la durée de formation qui doit être obligatoirement suivie avant d'accueillir des enfants ainsi que les dispenses de formation qui peuvent être accordées si l'assistant maternel justifie d'une formation antérieure équivalente.

Le département organise et finance, durant les temps de formation obligatoire après leur embauche, l'accueil des enfants confiés aux assistants maternels, selon des modalités respectant l'intérêt des enfants et les obligations professionnelles de leurs parents. — *V. art. D. 421-44*

(L. nº 2010-625 du 9 juin 2010, art. 6-II) « La durée et le contenu des formations suivies par un assistant maternel figurent sur son agrément. »

Art. L. 421-15 *(L. nº 2005-706 du 27 juin 2005, art. 9)* Dans les deux mois qui précèdent l'accueil du premier enfant confié à un assistant familial au titre du premier contrat de travail suivant son agrément, l'assistant familial bénéficie d'un stage préparatoire à l'accueil d'enfants, organisé par son employeur, d'une durée définie par décret. Dans l'attente qu'un enfant lui soit confié, il perçoit une rémunération dont le montant minimal est déterminé par décret, en référence au salaire minimum de croissance.

Dans le délai de trois ans après le premier contrat de travail suivant son agrément, tout assistant familial doit suivre une formation adaptée aux besoins spécifiques des enfants accueillis. Cette formation est à la charge de l'employeur qui organise et finance l'accueil de l'enfant pendant les heures de formation. Un décret détermine la durée, le contenu, les conditions d'organisation et les critères nationaux de validation de cette formation ainsi que les dispenses de formation qui peuvent être accordées si l'assistant familial justifie d'une formation antérieure équivalente.

Sur le diplôme d'État d'assistant familial, V. art. D. 451-100 s.

Art. L. 421-16 *(L. nº 2005-706 du 27 juin 2005, art. 10)* « Il est conclu entre l'assistant familial et son employeur, pour chaque mineur accueilli, un contrat d'accueil annexé au contrat de travail. »

Ce contrat précise notamment le rôle de la famille d'accueil et celui du service ou organisme employeur à l'égard du mineur et de sa famille. Il fixe les conditions de l'arrivée de l'enfant dans la famille d'accueil et de son départ, ainsi que du soutien éducatif dont il bénéficiera. *(L. nº 2005-706 du 27 juin 2005, art. 10-3º)* « Il précise les modalités d'information de l'assistant familial sur la situation de l'enfant, notamment sur le plan de sa santé et de son état psychologique et sur les conséquences de sa situation sur la prise en charge au quotidien ; il indique les modalités selon lesquelles l'assistant familial participe à la mise en œuvre et au suivi du projet individualisé pour l'enfant. *(L. nº 2016-297 du 14 mars 2016, art. 22-II)* « Il reproduit les dispositions du projet pour l'enfant mentionnées à l'article L. 223-1-2 relatives à l'exercice des actes usuels de l'autorité parentale et à l'information des titulaires de l'autorité parentale sur cet exercice. » Il fixe en outre les modalités de remplacement temporaire à domicile de l'assistant familial, le cas échéant par un membre de la famille d'accueil. »

Le contrat précise également si l'accueil permanent du mineur est continu ou intermittent. L'accueil est continu s'il est prévu pour une durée supérieure à quinze jours consécutifs, y compris les jours d'accueil en internat scolaire ou *(L. nº 2005-102 du 11 févr. 2005, art. 67-IV)* « dans un établissement ou service mentionné au 2 du I de l'article L. 312-1 » *(L. nº 2005-706 du 27 juin 2005, art. 10)* « ou à caractère médical, psychologique et social ou de formation professionnelle », ou s'il est prévu pour une durée supérieure à un mois lorsque l'enfant n'est pas confié les samedis et dimanches ; *(L. nº 2005-706 du 27 juin 2005, art. 10-3º)* « l'accueil qui n'est pas continu ou à la charge principale de l'assistant familial est intermittent ».

Le contrat d'accueil est porté à la connaissance des autres membres de la famille d'accueil.

Sauf situation d'urgence mettant en cause la sécurité de l'enfant, *(L. nº 2005-706 du 27 juin 2005, art. 10-5º)* **« l'assistant familial » est consulté préalablement sur toute décision prise par la personne morale qui l'emploie concernant le mineur qu'elle accueille à titre permanent ; elle participe à l'évaluation de la situation de ce mineur.** – *[C. fam., art. 123-3.]*

1. Nature du litige. Le litige opposant une assistante maternelle agréée à une association lui ayant confié des enfants au titre de l'aide sociale à l'enfance est un litige de droit privé dès lors que l'association, même si elle est investie d'une mission de service public et bénéficie de financements publics, constitue une personne morale de droit privé. • T. confl. 16 juin 1997, nº 03050 : *Lebon 531*.

2. Désignation de la famille d'accueil. C'est à la personne morale de droit privé, à laquelle un mineur a été provisoirement confié par décision judiciaire, qu'il appartient de désigner la famille d'accueil, dans les conditions prévues notamment par l'art. 123-3 du C. fam. (devenu L. 421-10 CASF), sans qu'il soit porté atteinte aux pouvoirs reconnus au juge par les art. 375-6 et 375-7 al. 2 C. civ. • Civ. 1re, 6 mai 1980, nº 79-80.002 P.

3. Indemnité journalière. Il résulte de la combinaison des art. L. 773-5 et L. 773-12 C. trav. que seules les assistantes maternelles ayant accueilli des mineurs à titre permanent peuvent prétendre à une indemnité journalière pour les périodes pendant lesquelles leur employeur a été dans l'impossibilité de leur confier des enfants. • Soc. 5 juin 2002, nº 00-44.994 P : *RJS 2002. 786, nº 1041.*

4. Famille d'accueil et responsabilité du département. Eu égard au rôle reconnu à la famille d'accueil par les dispositions de l'art. L. 421-10 CASF, la responsabilité du département s'étend aux dommages subis par les personnes résidant au domicile de l'assistante maternelle, notamment par le conjoint de celle-ci. • CE 23 juill. 2003, *Calon,* nº 203549 : *Lebon 340 ; AJDA 2003. 2329, concl. de Silva ; JCP Adm. 2003, nº 43, p. 1396, note Chavrier ; D. 2003. IR 2414*.

Art. L. 421-17 **Les dispositions du présent chapitre** *(Ord. nº 2021-611 du 19 mai 2021, art. 3-4º)* **« à l'exception du premier alinéa du II de l'article L. 421-4 » ne sont pas applicables lorsque les assistants maternels** *(L. nº 2005-706 du 27 juin 2005, art. 11)* **« et les assistants familiaux » ont avec les mineurs accueillis un lien de parenté ou d'alliance jusqu'au sixième degré inclus, sauf dans le cas où l'enfant est placé par l'intermédiaire d'une personne morale de droit public ou de droit privé.**

Elles ne sont pas non plus applicables aux personnes dignes de confiance mentionnées à l'ordonnance nº 45-174 du 2 février 1945 relative à l'enfance délinquante et à l'article 375 du code civil ainsi qu'aux personnes accueillant des mineurs exclusivement à l'occasion des vacances scolaires, des congés professionnels et des loisirs.

Elles sont applicables aux familles d'accueil relevant des centres de placement familiaux *(L. nº 2005-706 du 27 juin 2005, art. 11)* **« ainsi qu'aux assistants familiaux accueillant des majeurs de moins de vingt et un ans dans le cadre des dispositions de l'article L. 222-5 du présent code ».** – *[Anc. art. L. 421-11.]*

Personne digne de confiance. Si l'autorité compétente peut tenir compte, pour la délivrance ou le maintien de l'agrément d'assistante maternelle, dans l'intérêt des mineurs susceptibles d'être accueillis à ce titre, du nombre d'enfants hébergés ou accueillis par ailleurs, les dispositions législatives et réglementaires ne font pas obstacle à ce qu'une assistante maternelle régulièrement agréée pour l'accueil d'un nombre déterminé de mineurs puisse recevoir d'autres enfants ou adolescents au titre d'une législation ou d'une réglementation différente ; en se fondant, pour retirer l'agrément d'assistante maternelle, sur le fait qu'elle avait recueilli un nombre d'enfants supérieur à celui qui était autorisé par son agrément, alors qu'ils lui avaient été confiés au titre d'autres textes et notamment en sa qualité de personne digne de confiance, l'autorité administrative a commis une erreur de droit. • CE 22 févr. 1995, *Canavesio,* nº 112301 B : *RDSS 1996. 122, obs. Pintiau*.

Art. L. 421-17-1 *(L. nº 2005-706 du 27 juin 2005, art. 12)* **Le suivi des pratiques professionnelles des assistants maternels employés par des particuliers est assuré par le service départemental de protection maternelle et infantile visé au chapitre II du titre I du livre I de la deuxième partie du code de la santé publique. Cette mission incombe à la personne morale de droit public ou de droit privé employeur s'agissant des assistants familiaux et des assistants maternels exerçant dans une crèche familiale. Dans tous les cas, l'avis d'un ancien assistant maternel ou familial répondant aux critères fixés au deuxième alinéa de l'article L. 421-3 peut être sollicité.**

Art. L. 421-17-2 *(L. nº 2022-140 du 7 févr. 2022, art. 28-I, en vigueur le 1er sept. 2022)* **L'employeur assure l'accompagnement et le soutien professionnels des assistants familiaux qu'il emploie. A cette fin, l'assistant familial est intégré dans une équipe de professionnels qualifiés dans les domaines social, éducatif, psychologique et médical. Il participe à l'élaboration et au suivi du projet pour l'enfant mentionné à l'article L. 223-1-1.**

Art. L. 421-18 *(L. nº 2005-706 du 27 juin 2005, art. 5 et 11)* **Sauf disposition contraire, les modalités d'application du présent chapitre sont déterminées par décret en Conseil d'État, et notamment la composition, les attributions et les modalités de fonctionnement de la commission prévue à l'article L. 421-6.** – *[Anc. art. L. 421-12.]*

CHAPITRE II ASSISTANTS MATERNELS ET ASSISTANTS FAMILIAUX EMPLOYÉS PAR DES PERSONNES MORALES DE DROIT PUBLIC

(L. nº 2005-706 du 27 juin 2005, art. 11).

BIBL. ▶ FITTE-DUVAL, Les communes employant ses assistantes maternelles : des employeurs comme les autres ?, *Dr. ouvrier, nº 891, 2022. 500.*

COMMENTAIRE

Ce deuxième chapitre reprend les dispositions des articles 123-5 à 123-11 de l'ancien code de la famille et de l'aide sociale.

Son apport essentiel tient dans le fait que les assistants maternels, lorsqu'ils sont employés par des collectivités territoriales, des établissements publics de santé ou sociaux et médico-sociaux, sont des agents non titulaires de ces personnes morales de droit public (art. L. 422-6 et L. 422-7). Ils sont soumis au droit commun du travail ; le présent chapitre en détermine les bases légales (art. L. 773-3 à L. 773-17 du code du travail), leur assure des droits syndicaux (art. L. 422-2), prévoit une protection sociale (art. L. 422-3), un suivi par une équipe de professionnels (art. L. 422-5) et organise à l'article L. 422-4 un dispositif d'accueil en urgence ou de courte durée. La loi nº 2022-140 du 7 février 2022 relative à la protection des enfants a apporté à ces dispositions quelques retouches, parmi lesquelles l'abrogation de l'article L. 422-4, dont les dispositions sont reprises à l'article L. 423-30-1 (accueil en urgence ; V. aussi art. L. 221-2-3) ou encore la prolongation de l'accueil au-delà de la limite d'âge du professionnel pour assurer la continuité de la prise en charge (art. L. 422-5-1). ❑

Art. L. 422-1 **Les articles** *(Ord. nº 2007-329 du 12 mars 2007, art. 5-3º)* **« L. 423-3 à L. 423-13, L. 423-15, L. 423-17 à L. 423-22, L. 423-27 à** *(L. nº 2022-140 du 7 févr. 2022, art. 29-1º)* **« L. 423-33-1 » et L. 423-35 » s'appliquent aux assistants maternels** *(L. nº 2005-706 du 27 juin 2005, art. 11)* **« et aux assistants familiaux » employés par des personnes morales de droit public.**

Lorsque les *(L. nº 2005-706 du 27 juin 2005, art. 11)* **« assistants familiaux » sont employés par le département, les indemnités mentionnées à l'article** *(Ord. nº 2007-329 du 12 mars 2007, art. 5-4º)* **« L. 423-30 » sont fixées par délibération du conseil départemental.** – *[C. fam., art. 123-5.]*

V. art. R. 422-1 s.

Les dispositions de l'Ord. nº 2007-329 du 12 mars 2007 entrent en vigueur le 1er mai 2008 (L. nº 2008-67 du 21 janv. 2008, art. 2-X).

1. Plancher de rémunération. Les dispositions de l'art. L. 773-3 du code du travail, auxquelles renvoie l'art. 123-5 du C. fam. (devenu L. 422-1 CASF) applicables aux assistantes maternelles, qui instituent un plancher de rémunération par enfant et par unité de temps, n'interdisent pas à l'employeur d'attribuer aux assistantes maternelles une rémunération supérieure à ce plancher, y compris sous forme de complément de traitement ; par suite, est légale une délibération instituant une prime d'ancienneté mensuelle. • CE 3 mai 1995, *Cne Villepinte*, nº 107209 : *Lebon 189 ; RDSS 1996. 123, obs. Pintiau.*

2. Licenciement justifié même en l'absence de faute. En application des art. L. 773-12 et L. 773-7 du code du travail, le département est tenu, alors même qu'aucune faute ne serait reprochée à l'intéressée, de prononcer le licenciement d'une assistante maternelle à qui l'employeur n'a pas confié d'enfant pendant une durée de trois mois consécutifs et de le lui signifier dans les formes prévues auxdits articles. • CE 5 nov. 1986, *Dpt Morbihan : Lebon T. 595* • CE 15 févr. 1991, *Mme Objois*, n° 85205.

3. Absence d'indemnité. Aucune indemnité n'est due pour les périodes où aucun enfant n'est confié à l'assistante maternelle pour les familles auxquelles l'association qui l'employait avait prononcé son licenciement. • Soc. 5 juin 2002, n° 00-44.994 P : *D. 2002. IR 2030* ; *RJS 2002. 786, n° 1041.*

4. Protection de l'assistante maternelle en cas de licenciement. La faculté reconnue à une association de ne plus confier d'enfant à une assistante maternelle, par ailleurs salariée protégée, ne peut la priver des mesures spéciales prévues par la loi en cas de licenciement. • Soc. 9 juin 1988 : *D. 1989. Somm. 162, obs. Frossard* • 7 juill. 1988 *Bull. civ. V, n° 422.*

5. Taux réduit de cotisations. La loi n° 77-505 du 17 mai 1977 qui a conféré un statut professionnel aux assistantes maternelles concerne, selon l'art. L. 773-1 C. trav., les personnes qui accueillent habituellement des mineurs à leur domicile, moyennant rémunération et qui, titulaires de l'agrément prévu à l'art. 123-1 du C. fam. (devenu art. L. 421-1 CASF), ont souscrit une assurance pour couvrir les risques d'accidents causés ou subis par les enfants qui leur sont confiés ; par suite, le taux réduit de cotisations prévu pour ces assistantes maternelles ne peut être appliqué à une personne venant à assurer la garde d'enfants au domicile d'un particulier. • Soc. 19 déc. 1991, n° 88-12.357 P.

6. Charge des cotisations salariales. Conserve la charge du prélèvement des cotisations salariales sur sa rémunération l'assistante maternelle dont l'employeur bénéficie de l'aide à la famille dont le montant est égal à celui des cotisations patronales et salariales en application de l'art. L. 841-1 du même code. • Soc. 6 mars 1997, n° 93-46.491 P : *D. 1997. IR 95*.

Art. L. 422-2 Le droit syndical est reconnu aux assistants maternels *(L. n° 2005-706 du 27 juin 2005, art. 11)* « et aux assistants familiaux » relevant du présent chapitre. Les syndicats professionnels régis par le livre IV *[Partie II, Livre I nouv.]* du code du travail peuvent ester en justice devant toute juridiction. Ils peuvent notamment, devant les juridictions de l'ordre administratif, se pourvoir contre les actes réglementaires concernant le statut de ces assistants maternels *(L. n° 2005-706 du 27 juin 2005, art. 11)* « et de ces assistants familiaux » et contre les décisions individuelles portant atteinte à leurs intérêts collectifs. — *[C. fam., art. 123-6.]*

Art. L. 422-3 Les assistants maternels *(L. n° 2005-706 du 27 juin 2005, art. 11)* « et les assistants familiaux » relevant du présent chapitre qui se trouvent involontairement privés d'emploi et qui se sont inscrits comme demandeurs d'emploi auprès des services compétents ont droit à un revenu de remplacement dans les conditions fixées *(L. n° 2005-706 du 27 juin 2005, art. 11)* « par le code du travail ». — *[C. fam., art. 123-7.]*

Art. L. 422-4 *(Abrogé par L. n° 2022-140 du 7 févr. 2022, art. 28-I, à compter du 1er sept. 2022)* ***Afin de pouvoir assurer sans délai des accueils urgents et de courte durée, les services concernés peuvent spécialiser dans cette forme d'accueil certains des*** *(L. n° 2005-706 du 27 juin 2005, art. 11)* ***« assistants familiaux » qu'ils emploient.***

Ces personnes s'engagent à recevoir immédiatement les enfants présentés par le service dans la limite d'un nombre maximum convenu avec lui.

En contrepartie, elles perçoivent, durant les périodes où aucun enfant ne leur est confié, une indemnité de disponibilité dont le montant minimum, supérieur à celui de l'indemnité prévue par l'article *(Ord. n° 2007-329 du 12 mars 2007, art. 5-5°)* ***« L. 423-20 », est fixé par décret en référence au salaire minimum interprofessionnel de croissance.*** — [C. fam., art. 123-8.]

Art. L. 422-5 Le département assure par une équipe de professionnels qualifiés dans les domaines social, éducatif, psychologique et médical l'*(L. n° 2022-140 du 7 févr. 2022, art. 28-I, en vigueur le 1er sept. 2022)* « évaluation de la qualité de l'accueil des enfants pris en charge par les assistants familiaux qu'il emploie ». — *[C. fam., art. 123-9.]*

Art. L. 422-5-1 *(L. n° 2022-140 du 7 févr. 2022, art. 31)* Après avis du médecin de prévention, l'assistant familial peut être autorisé, à sa demande, à travailler au delà de la limite d'âge mentionnée à l'article L. 556-11 du code général de la fonction publique, dans la limite de trois ans, afin de prolonger l'accompagnement du mineur ou du majeur âgé de moins de vingt et un ans qu'il accueille.

Cette autorisation est délivrée pour un an. Elle peut être renouvelée selon les mêmes conditions, après avis du médecin de prévention.

Art. L. 422-6 **Les assistants maternels** *(L. n° 2005-706 du 27 juin 2005, art. 11)* **« et les assistants familiaux » employés par des collectivités territoriales sont des agents non titulaires de ces collectivités. Les dispositions particulières qui leur sont applicables compte tenu du caractère spécifique de leur activité, sont fixées par voie réglementaire.** – *[C. fam., art. 123-10.]*

V. art. R. 422-1.

Qualité d'agent public. Les assistantes maternelles qui ont été recrutées par un département pour accueillir en garde permanente à leur domicile des mineurs qui leur sont confiés par le service départemental de l'aide sociale à l'enfance exercent des fonctions qui les font participer directement à l'exécution du service public de l'aide sociale à l'enfance et ont ainsi la qualité d'agent public. • CE 23 déc. 1987, *Féd. des personnels des services des dpt et régions CGT-FO,* n° 79958 B.

Art. L. 422-7 **Les assistants maternels** *(L. n° 2005-706 du 27 juin 2005, art. 11)* **« et les assistants familiaux » employés par des établissements publics de santé ou des établissements sociaux ou médico-sociaux publics ou à caractère public sont des agents non titulaires de ces établissements. Les dispositions particulières qui leur sont applicables compte tenu du caractère spécifique de leur activité, sont fixées par voie réglementaire.** – *[C. fam., art. 123-11.]*

Art. L. 422-8 **Sauf disposition contraire, les modalités d'application du présent chapitre sont déterminées par décret en Conseil d'État, et notamment :**

1° *Abrogé par L. n° 2005-706 du 27 juin 2005, art. 11.*

2° Les dispositions particulières applicables aux assistants maternels *(L. n° 2005-706 du 27 juin 2005, art. 11)* **« et aux assistants familiaux » employés par des collectivités territoriales ;**

3° Les dispositions particulières applicables aux assistants maternels *(L. n° 2005-706 du 27 juin 2005, art. 11)* **« et aux assistants familiaux » employés par des établissements publics de santé ou des établissements sociaux ou médico-sociaux.**

CHAPITRE III ASSISTANTS MATERNELS ET ASSISTANTS FAMILIAUX EMPLOYÉS PAR DES PERSONNES DE DROIT PRIVÉ

(Ord. n° 2007-329 du 12 mars 2007, art. 5-6°)

Les dispositions de l'Ord. n° 2007-329 du 12 mars 2007 sont entrées en vigueur le 1er mai 2008 (L. n° 2008-67 du 21 janv. 2008, art. 2-X).

SECTION 1 Dispositions communes à tous les assistants maternels et familiaux

SOUS-SECTION 1 Champ d'application

COMMENTAIRE

Les dispositions du code allant de l'article L. 423-1 à L. 423-35 déterminent le statut d'emploi des assistants maternels et des assistants familiaux, les règles pouvant différer selon qu'il s'agit des premiers ou des seconds ou encore selon qu'ils relèvent de personnes morales de droit public ou de personnes morales ou physiques de droit privé. Ainsi sont établies la définition des activités entrant dans le champ concerné (art. L. 423-1), les règles de droit public social qui leur sont applicables (art. L. 423-2), les conditions générales de leur rémunération (art. L. 423-4 et L. 423-5), leurs congés (art. L. 423-6 et L. 423-7) ; viennent ensuite les règles applicables aux assistants maternels et familiaux qui sont employés par des personnes morales de droit privé (contrat, rémunération, congés, droits collectifs, art. L. 423-8 à L. 423-16) ; suivent les dispositions concernant les seuls assistants maternels, qu'ils soient employés par des particuliers ou des personnes morales de droit privé (art. L. 423-17 à L. 423-28), puis celles relatives aux assistants familiaux en distinguant selon la nature juridique de leur employeur (art. L. 423-29 à L. 423-35).

A cet ensemble, structuré au fil des réformes dans un sens d'affermissement des statuts et des garanties collectives de ces professionnels, la loi n° 2022-140 du 7 février 2022 relative à la protection des enfants a apporté des aménagements allant dans le sens d'une valorisation de ces métiers : garantie d'une rémunération en cas de suspension de l'agrément (art. L. 423-8), rémunération minimale (art. L. 423-30), spécialisation de certains assistants familiaux pour des accueils en urgence avec des contreparties notamment financières (art. L. 423-30-1), encadrement renforcé du contrat de travail (art. L. 423-31), droit au repos et aux congés (art. L. 423-33-1). ❑

Art. L. 423-1 Relèvent des dispositions du présent chapitre, sous réserve qu'elles soient titulaires de l'agrément prévu à l'article L. 421-3, les personnes qui accueillent habituellement à leur domicile, moyennant rémunération, des mineurs et, en application des dispositions de l'article L. 421-17, des majeurs de moins de vingt et un ans qui leur sont confiés par des particuliers ou par des personnes morales de droit privé.

Art. L. 423-2 Sont applicables aux assistants maternels et assistants familiaux employés par des personnes de droit privé les dispositions du code du travail relatives :

1° Aux discriminations et harcèlements, prévues par les titres III et V du livre I de la première partie ;

2° A l'égalité professionnelle entre les femmes et les hommes, prévues par le deuxième alinéa de l'article L. 1142-2 ;

3° A la maternité, à la paternité, à l'adoption et à l'éducation des enfants, prévues par le chapitre V du titre II du livre II de la première partie ;

4° Au contrat de travail à durée déterminée, prévues par le titre IV du livre II de la première partie ;

5° A la résolution des différends qui peuvent s'élever à l'occasion d'un contrat de travail entre les assistants maternels ou familiaux et les particuliers ou les personnes morales de droit privé mentionnés à l'article L. 773-1 du présent code ainsi qu'au conseil de prud'hommes, prévues par le livre IV de la première partie du code du travail. La section des activités diverses des conseils de prud'hommes est compétente pour connaître de ces différends ;

6° A la négociation collective et aux conventions et accords collectifs de travail, prévues par le livre II de la deuxième partie ;

7° Aux syndicats professionnels, prévues par le livre I de la deuxième partie ;

8° Aux délégués du personnel et au comité d'entreprise, prévues par les titres I et II du livre II de la deuxième partie ;

9° Aux conflits collectifs, prévues par le livre V de la deuxième partie ;

10° A la journée du 1er mai, prévues par la section 2 du chapitre III du titre III du livre I de la troisième partie ;

11° A la durée du congé payé, prévues par la section 2 du chapitre I du titre IV du livre I de la troisième partie ;

(L. n° 2023-171 du 9 mars 2023, art. 18-II) **« 12° Aux congés pour événements familiaux, de solidarité familiale et de proche aidant, prévus aux articles L. 3142-1 à L. 3142-27 ; »**

13° A l'égalité de rémunération entre les femmes et les hommes, prévues par le titre II du livre II de la troisième partie ;

14° Au paiement du salaire, prévues par le titre IV du livre II de la troisième partie ;

15° Aux saisies et cessions de rémunérations, prévues par le chapitre II du titre V du livre II de la troisième partie ;

16° Au régime d'assurance des travailleurs involontairement privés d'emploi, prévues par le chapitre II du titre II du livre IV de la cinquième partie ;

17° A la formation professionnelle continue, prévues aux livres I, III et IV de la sixième partie.

Rupture du contrat de travail. Il résulte de l'art. L. 423-2, ensemble l'art. 18 de la convention collective nationale des assistants maternels employés par des particuliers, que les dispositions du code du travail sur la rupture du contrat de travail ne sont pas applicables aux assistants maternels employés par des particuliers et que le montant de l'indemnité de licenciement prévu par la convention collective du

1er juill. 2004 est égal à 1/120 du total des salaires nets perçus pendant la durée du contrat ; par suite, a violé ces textes le conseil des prud'hommes qui a calculé un rappel d'indemnité de licenciement sur la base d'1/5 de mois de salaire par année d'ancienneté en application de l'art. R. 1234-2 C. trav. au motif que celui-ci était plus favorable à la salariée. • Soc. 31 mai 2012 : *RDSS 2012. 762, obs. Boulmier*.

SOUS-SECTION 2 **Contrat de travail**

Art. L. 423-3 Le contrat de travail des assistants maternels et des assistants familiaux est un contrat écrit.

SOUS-SECTION 3 **Rémunération, indemnités et fournitures**

Art. L. 423-4 Les éléments et le montant minimal des indemnités et fournitures destinées à l'entretien de l'enfant sont déterminés par décret.

Art. L. 423-5 La rémunération de l'assistant maternel ou de l'assistant familial reste due par l'employeur :

1° Pendant les périodes de formation des assistants maternels mentionnées à l'article L. 421-14. La rémunération intervient après l'embauche ;

2° Pendant les périodes de formation des assistants familiaux mentionnées à l'article L. 421-15.

SOUS-SECTION 4 **Congés**

Art. L. 423-6 Les assistants maternels et les assistants familiaux perçoivent une indemnité représentative du congé annuel payé qui est égale au dixième du total formé par la rémunération reçue en application des articles L. 423-13, L. 423-19, L. 423-20 et L. 423-30 et par l'indemnité de congé payé de l'année précédente.

Art. L. 423-7 Lorsque le contrat de travail de l'assistant maternel ou de l'assistant familial est rompu avant que le salarié ait pu bénéficier de la totalité du congé auquel il avait droit, il reçoit, pour la fraction de congé dont il n'a pas bénéficié, une indemnité compensatrice déterminée d'après les dispositions de l'article L. 423-6.

L'indemnité compensatrice est due dès lors que la rupture du contrat de travail n'a pas été provoquée par la faute lourde du salarié et sans qu'il y ait lieu de distinguer suivant que cette rupture résulte du fait du salarié ou du fait de l'employeur.

SECTION 2 **Dispositions particulières aux assistants maternels et assistants familiaux employés par des personnes morales de droit privé**

SOUS-SECTION 1 **Contrat de travail**

Art. L. 423-8 En cas de suspension de l'agrément, l'assistant maternel ou l'assistant familial relevant de la présente section est suspendu de ses fonctions par l'employeur pendant une période qui ne peut excéder quatre mois. Durant cette période, l'assistant maternel *(Abrogé par L. n° 2022-140 du 7 févr. 2022, art. 28-I, à compter du 1er sept. 2022)* *« ou l'assistant familial »* bénéficie d'une indemnité compensatrice qui ne peut être inférieure à un montant minimal fixé par décret. *(L. n° 2022-140 du 7 févr. 2022, art. 28-I, à compter du 1er sept. 2022)* « Durant la même période, l'assistant familial suspendu de ses fonctions bénéficie du maintien de sa rémunération, hors indemnités d'entretien et de fournitures. »

En cas de retrait d'agrément, l'employeur est tenu de procéder au licenciement par lettre recommandée avec demande d'avis de réception.

L'assistant maternel ou l'assistant familial suspendu de ses fonctions bénéficie, à sa demande, d'un accompagnement psychologique mis à sa disposition par son employeur pendant le temps de la suspension de ses fonctions.

1. Licenciement et présomption d'innocence. Le licenciement auquel est tenu de procéder l'employeur, en application de l'art. L. 423-8, n'est qu'une conséquence directe du retrait d'agrément et ne saurait, dès lors, être regardé comme une sanction ayant le caractère d'une punition ; par suite, est inopérant le grief tiré de la méconnaissance du principe de présomption d'innocence. • Cons. const.

1er avr. 2011, n° 2011-119 QPC : *JO 2 avr. 2011, p. 5895 ; RDSS 2011. 524, note Boulmier.*

2. Licenciement et droit au travail. En prévoyant un agrément pour exercer la profession d'assistant maternel ou d'assistant familial, le législateur a entendu garantir « la sécurité, la santé et l'épanouissement des mineurs et majeurs de moins de vingt et un ans » ; ce faisant, il a opéré une conciliation entre le droit d'obtenir un emploi et les exigences constitutionnelles des dixième et onzième alinéas du Préambule de la Constitution de 1946 ; d'où il suit qu'il n'a méconnu ni le principe d'égalité devant la loi, ni le droit pour chacun d'obtenir un emploi. • Même décision (V. note 1).

3. Suspension et absence de faute du département. Eu égard au caractère temporaire et conservatoire de la mesure de suspension et aux garanties qui y sont attachées aux termes de l'art. L. 423-8 CASF, une telle mesure n'apparaît pas, en principe, de nature à provoquer, pour l'assistant maternel ou familial qui en est l'objet, un préjudice anormal et spécial susceptible d'engager la responsabilité sans faute du département, quand bien même les suspicions qui l'ont légalement justifiée s'avéreraient infondées. • CAA Marseille, 9 janv. 2020, n° 18MA00793 : *AJDA 2020. 1020, note Loheac-Derboulle.*

Art. L. 423-9 **Après l'expiration de la période d'essai de trois mois d'accueil de l'enfant, la rupture du contrat à l'initiative de l'assistant maternel ou de l'assistant familial relevant de la présente section est subordonnée à un préavis de quinze jours, à moins que l'employeur n'accepte d'abréger cette durée. A partir d'une ancienneté de six mois, ce délai est porté à un mois, à moins que l'employeur n'accepte d'abréger cette durée.**

La décision, par l'intéressé, de ne plus garder un enfant qui lui était confié est soumise aux mêmes conditions.

L'inobservation de celles-ci constitue une rupture abusive qui ouvre droit, au profit de l'organisme employeur, à des dommages et intérêts.

Art. L. 423-10 **L'employeur qui envisage, pour un motif réel et sérieux, de licencier un assistant maternel ou un assistant familial qu'il emploie depuis trois mois au moins convoque celui-ci et le reçoit en entretien dans les conditions prévues aux articles L. 1232-2 à L. 1232-4 du code du travail. Au cours de l'entretien, l'employeur est tenu d'indiquer le ou les motifs de la décision envisagée et de recueillir les explications du salarié.**

L'employeur qui décide de licencier un assistant maternel ou un assistant familial relevant de la présente section doit notifier et motiver sa décision dans les conditions prévues à l'article L. 1232-6 du code du travail. La date de présentation de la lettre recommandée fixe le point de départ du préavis éventuellement dû en vertu de l'article L. 773-21. L'inobservation du préavis donne lieu au versement d'une indemnité compensatrice.

Conditions de forme. Les art. L. 423-10 et L. 422-1 CASF prévoient que l'entretien préalable au licenciement d'un assistant maternel se fait dans les conditions prévues, notamment, à l'art. L. 1232-4 C. trav., qui dispose que le salarié peut se faire assister par une personne de son choix appartenant au personnel de l'entreprise et que, s'il n'y a pas d'institutions représentatives du personnel dans l'entreprise, il est informé de sa possibilité de se faire assister par un membre du personnel de l'entreprise ou par un conseiller du salarié choisi sur une liste dressée par l'administration ; cependant, eu égard au rôle et aux modalités d'élection du comité technique départemental, tels qu'ils résultent de l'art. 32 de la L. n° 84-53 du 26 janv. 1984 et de l'art. 8 du Décr. n° 85-565 du 30 mai 1985, un département doit être regardé, lorsqu'il envisage de licencier un assistant familial employé par lui, comme étant doté d'une institution représentative du personnel au sens des dispositions de ce même art. L. 1232-4 ; par suite, la convocation à l'entretien préalable n'a pas à préciser à l'agent qu'il peut se faire assister d'un conseiller du salarié ni à lui communiquer l'adresse des services pouvant lui communiquer la liste de ces conseillers. • CE 30 mai 2016, n° 381274 B.

Art. L. 423-11 **En cas de licenciement pour un motif autre qu'une faute grave, l'assistant maternel ou l'assistant familial relevant de la présente section a droit :**

1° A un préavis de quinze jours s'il justifie, au service du même employeur, d'une ancienneté comprise entre trois et six mois ;

2° A un préavis d'un mois s'il justifie d'une ancienneté comprise entre six mois et *(L. n° 2008-67 du 21 janv. 2008, art. 2-II)* **« deux ans et à un » préavis de deux mois s'il justifie d'une ancienneté d'au moins deux ans.**

Art. L. 423-12 En cas de licenciement pour un motif autre qu'une faute grave, l'assistant maternel ou l'assistant familial relevant de la présente section justifiant d'une ancienneté d'au moins deux ans au service du même employeur a droit à une indemnité qui ne se confond pas avec l'indemnité compensatrice prévue à l'article L. 423-10.

Le montant minimal de cette indemnité de licenciement est fixé par décret d'après la moyenne mensuelle des sommes perçues par l'intéressé au titre des six meilleurs mois consécutifs de salaire versés par l'employeur qui le licencie.

(L. nº 2010-625 du 9 juin 2010, art. 9) « Ce décret précise le montant minimal de cette indemnité de licenciement lorsque le licenciement est prononcé pour inaptitude professionnelle consécutive à un accident du travail ou à une maladie professionnelle. »

SOUS-SECTION 2 Rémunération

Art. L. 423-13 Le décret prévu aux articles L. 423-19 et L. 423-30 précise les cas dans lesquels la rémunération de l'assistant maternel ou de l'assistant familial relevant de la présente section est majorée pour tenir compte de sujétions exceptionnelles entraînées éventuellement par des handicaps, maladies ou inadaptations, ainsi que le montant minimum de cette majoration.

SOUS-SECTION 3 Congés

Art. L. 423-14 Les dispositions *(L. nº 2016-1088 du 8 août 2016, art. 9-VII)* « du chapitre II du titre IV du livre I de la troisième partie » du code du travail, relatives au congé et période de travail à temps partiel pour la création ou la reprise d'entreprise et au congé sabbatique, sont applicables aux personnes relevant de la présente section.

SOUS-SECTION 4 Exercice d'un mandat et droit d'expression

Art. L. 423-15 Lorsque l'assistant maternel ou l'assistant familial relevant de la présente section exerce un mandat de délégué syndical, de représentant syndical ou de représentant du personnel, l'employeur organise et finance, le cas échéant, l'accueil des enfants qui lui sont habituellement confiés pendant les temps correspondant à l'exercice de cette fonction.

Art. L. 423-16 Les dispositions des articles L. 2281-1 à L. 2281-12 du code du travail, relatives au droit d'expression directe et collective des salariés, sont applicables aux personnes relevant de la présente section.

SECTION 3 Assistants maternels

SOUS-SECTION 1 Dispositions communes à tous les assistants maternels

Art. L. 423-17 Les mentions du contrat de travail des assistants maternels sont définies par décret. Elles font référence en particulier à la décision d'agrément délivrée par le président du conseil départemental ainsi qu'à la garantie d'assurance souscrite par les intéressés ou le cas échéant par leur employeur.

Une convention ou un accord collectif de travail étendu applicable aux assistants maternels peut notamment compléter ou adapter les dispositions du présent article ainsi que des articles L. 423-21 à L. 423-23.

Art. L. 423-18 Les éléments et le montant minimal des indemnités et fournitures des assistants maternels destinées à l'entretien de l'enfant sont fixés en fonction de la durée d'accueil effective de l'enfant.

Les indemnités et fournitures ne sont pas remises en cas d'absence de l'enfant.

Art. L. 423-19 Sans préjudice des indemnités et fournitures qui leur sont remises pour l'entretien des enfants, les assistants maternels perçoivent une rémunération dont le montant minimal, par enfant présent et par heure, est déterminé par décret en référence au salaire minimum de croissance. Cette rémunération est versée au moins une fois par mois.

Une convention ou un accord collectif de travail étendu ou une convention ou un accord collectif d'entreprise ou d'établissement peut prévoir que, dans le cas d'une répartition inégale des heures d'accueil entre les mois de l'année de référence, la rémunération mensuelle est indépendante des heures d'accueil réelles et est calculée dans les conditions prévues par la convention ou l'accord. A défaut de convention ou d'accord, le contrat de travail peut prévoir ce dispositif et en fixer les modalités.

Art. L. 423-20 En cas d'absence d'un enfant pendant une période d'accueil prévue par le contrat, l'assistant maternel bénéficie, dans les conditions et limites de la convention collective nationale des assistants maternels, du maintien de sa rémunération, sauf si l'enfant ne peut être accueilli du seul fait de l'assistant maternel ou lorsque l'absence est due à une maladie de l'enfant attestée par un certificat médical.

Dans ce dernier cas, l'assistant maternel a droit à une indemnité compensatrice dont le montant minimal est fixé par décret.

Art. L. 423-21 L'assistant maternel bénéficie d'un repos quotidien d'une durée minimale de onze heures consécutives.

Un décret, une convention ou un accord collectif étendu peut, dans des conditions prévues par décret et sous réserve de respecter le droit à un repos compensateur ou à une indemnité, déroger aux dispositions du premier alinéa.

Art. L. 423-22 L'assistant maternel ne peut être employé plus de six jours consécutifs. Le repos hebdomadaire de l'assistant maternel a une durée minimale de vingt-quatre heures auxquelles s'ajoutent les heures consécutives de repos quotidien prévues à l'article L. 423-21.

L'employeur ne peut demander à un assistant maternel de travailler plus de quarante-huit heures par semaine, cette durée étant calculée comme une moyenne sur une période de quatre mois, sans avoir obtenu l'accord de celui-ci et sans respecter des conditions définies par décret. Avec l'accord du salarié, cette durée peut être calculée comme une moyenne sur une période de douze mois, dans le respect d'un plafond annuel de 2 250 heures.

SOUS-SECTION 2 Dispositions applicables aux seuls assistants maternels employés par des particuliers

Art. L. 423-23 *(Ord. nº 2021-611 du 19 mai 2021, art. 4-1º)* « L'assistant maternel relevant de la présente sous-section est employé par un ou plusieurs particuliers. »

L'assistant maternel relevant de la présente sous-section et son ou ses employeurs fixent d'un commun accord, au plus tard le 1er mars de chaque année, les dates de congés de l'assistant maternel de manière à lui permettre de bénéficier de congés effectifs sans aucun accueil d'enfant.

A défaut d'accord à cette date, l'assistant maternel qui a plusieurs employeurs fixe lui-même les dates de ses congés pour une durée et dans des conditions définies par décret.

Dans le cas où l'assistant maternel n'a qu'un seul employeur, les dates de congés sont fixées par ce dernier.

Art. L. 423-23-1 *(Ord. nº 2021-611 du 19 mai 2021, art. 4-2º)* L'assistant maternel employé par un ou plusieurs particuliers bénéficie de la surveillance médicale définie au titre II du livre VI de la quatrième partie du code du travail.

Art. L. 423-24 Le particulier employeur qui décide de ne plus confier d'enfant à un assistant maternel qu'il employait depuis trois mois doit notifier à l'intéressé sa décision de rompre le contrat par lettre recommandée avec demande d'avis de réception. La date de présentation de la lettre recommandée fixe le point de départ du préavis

éventuellement dû en vertu de l'article L. 423-25. L'inobservation de ce préavis donne lieu au versement d'une indemnité compensatrice du congé dû.

Le particulier employeur qui ne peut plus confier d'enfant à un assistant maternel qu'il employait depuis trois mois au moins, en raison de la suspension ou du retrait de l'agrément de celui-ci, tels qu'ils sont prévus par les dispositions de l'article L. 421-6, doit notifier à l'intéressé la rupture du contrat de travail par lettre recommandée avec demande d'avis de réception. Les charges liées à la rupture du contrat de travail consécutives à la suspension ou au retrait de l'agrément ne peuvent être supportées par le particulier employeur.

1. Licenciement et droit de retrait d'un enfant. Si le droit de retrait d'un enfant ouvert par l'art. L. 773-8 C. trav. (devenu L. 423-24 CASF) aux particuliers employant des assistantes maternelles peut s'exercer librement, le motif de ce retrait ne doit pas être illicite. • Soc. 17 juin 1997, nº 94-41.147 P. ♦ Si le droit de retrait d'un enfant ouvert aux particuliers employant des assistantes maternelles peut s'exercer librement, le motif de ce retrait ne doit pas être illicite ; en particulier, il ne peut être porté atteinte aux dispositions d'ordre public relatives à la protection de la maternité. • Soc. 26 mars 2002, nº 99-45.980 P. ♦ Les dispositions de l'art. L. 423-24 n'exigent nullement que le droit de retrait d'un enfant confié à une assistante maternelle employée par un particulier soit précédé d'une convocation de la salariée à un entretien préalable ; de plus, ce droit de retrait d'un enfant ouvert par ce même article s'exerce librement et ne peut être sanctionné seulement que par l'allocation de dommages-intérêts en cas de retrait abusif. • Soc. 2 juill. 2002, nº 00-40.394 P : *D. 2002. 2583*.

2. Preuve du paiement des heures supplémentaires. Si les dispositions du code du travail relatives à la durée du travail ne sont pas applicables aux assistants maternels employés par les particuliers, qui sont soumis à la convention collective nationale du 1er juillet 2004, il n'en va pas de même de celles de l'article L. 3171-4 C. trav. relatives à la preuve de l'existence ou du nombre d'heures effectuées ; par suite, doit être cassé le jugement du conseil de prud'hommes qui a fait peser la charge de la preuve de l'existence et du nombre d'heures de travail accomplies sur la seule salariée. • Soc. 8 juin 2011 : *RDSS 2011. 967, obs. Boulmier*.

3. Conformité à la Constitution. N'est pas nouvelle ni ne présente un caractère sérieux la question prioritaire de constitutionnalité tendant à ce que soit déclaré non conforme à la Constitution en ce qu'il constituerait une atteinte au principe d'égalité à valeur constitutionnelle et de l'intérêt supérieur de l'enfant consacré par la Convention internationale des droits de l'enfant de 1989 l'art. L. 423-24, portant sur l'application aux assistants maternels engagés par contrat à durée déterminée des dispositions prévues par le titre IV du livre II du C. trav. • Soc. 25 janv. 2012, nº 11-40.090.

Art. L. 423-25 **L'assistant maternel qui justifie auprès du même employeur d'une ancienneté d'au moins trois mois a droit, en cas de rupture du contrat de travail par son employeur, sauf en cas de faute grave et sous réserve des dispositions de l'article L. 423-27, à un préavis de quinze jours avant le retrait de l'enfant qui lui était confié.**

La durée du préavis est portée à un mois lorsque l'enfant est accueilli depuis un an ou plus.

Art. L. 423-26 **La décision de l'assistant maternel de ne plus garder un enfant qui lui était confié depuis au moins trois mois est subordonnée, sous réserve des dispositions de l'article L. 423-27, à un préavis d'un mois, à moins que l'employeur n'accepte d'abréger cette durée. L'inobservation de ce préavis constitue une rupture abusive qui ouvre droit, au profit de l'employeur, au versement de dommages et intérêts.**

Art. L. 423-27 **Le préavis n'est pas requis dans le cas où la rupture est liée à l'impossibilité de confier ou d'accueillir un enfant compte tenu de la suspension ou du retrait de l'agrément de l'assistant maternel relevant de la présente section, tels qu'ils sont prévus par les dispositions de l'article L. 421-6.**

SOUS-SECTION 3 Dispositions applicables aux seuls assistants maternels employés par des personnes morales de droit privé

Art. L. 423-28 **Après le départ d'un enfant, l'assistant maternel relevant de la présente sous-section a droit, jusqu'à ce que son employeur lui confie un ou plusieurs enfants conformément à son contrat de travail, à une indemnité, pendant une durée**

maximum de quatre mois, dont le montant et les conditions de versement sont définis par décret.

L'assistant maternel a de même droit à une indemnité, pendant une durée maximum de quatre mois, dans les conditions prévues au premier alinéa, lorsque son contrat de travail est maintenu à l'issue de la période de suspension de fonction prévue à l'article L. 423-8.

SECTION 4 **Assistants familiaux**

SOUS-SECTION 1 **Dispositions communes à tous les assistants familiaux**

Art. L. 423-29 **Les indemnités et fournitures des assistants familiaux sont dues pour toute journée d'accueil commencée.**

SOUS-SECTION 2 **Dispositions applicables aux seuls assistants familiaux employés par des personnes morales de droit privé**

Art. L. 423-30 *(L. nº 2022-140 du 7 févr. 2022, art. 28-I, en vigueur le 1er sept. 2022)* **Sous réserve de stipulations contractuelles et conventionnelles plus favorables et sans préjudice des indemnités et fournitures qui leur sont remises pour l'entretien des enfants, les assistants familiaux relevant de la présente sous-section bénéficient d'une rémunération garantie correspondant à la durée mentionnée dans le contrat d'accueil, dans les conditions prévues au présent article.**

Les éléments de cette rémunération et son montant minimal sont déterminés par décret en référence au salaire minimum interprofessionnel de croissance.

Ce montant minimal varie selon que l'accueil est continu ou intermittent, au sens de l'article L. 421-16, et en fonction du nombre d'enfants accueillis confiés par un ou plusieurs employeurs.

Il ne peut être inférieur au salaire minimum interprofessionnel de croissance mensuel.

La rémunération cesse d'être versée lorsque l'enfant accueilli quitte définitivement le domicile de l'assistant familial.

L'employeur verse à l'assistant familial une indemnité dont le montant ne peut être inférieur à 80 % de la rémunération prévue par le contrat, hors indemnités et fournitures, pour les accueils non réalisés, lorsque le nombre d'enfants qui lui sont confiés est inférieur aux prévisions du contrat du fait de l'employeur. Le présent alinéa n'est pas applicable aux accueils prévus à l'article L. 423-30-1.

Art. L. 423-30-1 *(L. nº 2022-140 du 7 févr. 2022, art. 28-I, en vigueur le 1er sept. 2022)* **Afin de pouvoir assurer sans délai des accueils urgents et de courte durée, les employeurs peuvent spécialiser dans cette forme d'accueil certains des assistants familiaux qu'ils emploient.**

Ces assistants familiaux s'engagent à recevoir immédiatement les enfants présentés par l'employeur, dans la limite d'un nombre maximal convenu avec lui.

En contrepartie, ils perçoivent, durant les périodes où aucun enfant ne leur est confié, une indemnité de disponibilité, dont le montant minimal, supérieur à celui de l'indemnité prévue au dernier alinéa de l'article L. 423-30, est fixé par décret en référence au salaire minimum interprofessionnel de croissance.

Art. L. 423-31 *(L. nº 2022-140 du 7 févr. 2022, art. 28-I, en vigueur le 1er sept. 2022)* **Le contrat de travail passé entre l'assistant familial et son employeur précise le nombre de mineurs ou de jeunes majeurs âgés de moins de vingt et un ans susceptibles d'être confiés à l'assistant familial, dans les limites prévues par l'agrément de ce dernier.**

Il peut inclure une clause d'exclusivité ou prévoir des restrictions aux possibilités de cumul d'employeurs, si l'employeur est en mesure :

1º Soit de lui confier autant d'enfants que le nombre fixé par l'agrément détenu par l'assistant familial ;

2° Soit de compenser ces restrictions par un salaire égal à celui dont l'assistant familial aurait bénéficié s'il avait effectivement accueilli autant d'enfants que son agrément le permet.

Le présent article n'est pas applicable aux accueils prévus à l'article L. 423-30-1.

Il peut être dérogé aux clauses ou stipulations mentionnées au deuxième alinéa du présent article, avec l'accord de l'employeur, en cas de situation exceptionnelle et imprévisible.

Art. L. 423-32 L'employeur qui n'a pas d'enfant à confier à un assistant familial pendant une durée de quatre mois consécutifs est tenu de recommencer à verser la totalité du salaire à l'issue de cette période s'il ne procède pas au licenciement de l'assistant familial fondé sur cette absence d'enfants à lui confier.

1. *Absence d'enfant confié à l'assistant maternel.* Il résulte de l'art. L. 431-32 qu'à l'expiration d'une période de quatre mois pendant laquelle il ne lui a confié aucun enfant, l'employeur d'un assistant familial, s'il ne décide pas de le licencier, doit le maintenir en fonctions en recommençant à lui verser la totalité du salaire qu'il percevait jusqu'à la date à laquelle aucun enfant ne lui a été confié, sans qu'aucune disposition ne limite cette notion de totalité du salaire à l'un seulement des éléments de la rémunération d'un assistant familial, en particulier à la seule part fixe correspondant à la fonction globale d'accueil • CE 26 sept. 2014, n° 357768 B.

2. *Encadrement du licenciement.* Le licenciement prévu à l'art. L. 423-32, qui ne peut être motivé par le fait que l'assistant familial ne remplit plus les conditions de l'agrément, doit être justifié soit par l'absence de tout enfant à confier à l'assistant familial, soit par la circonstance que le département a été conduit, par une appréciation soumise au contrôle du juge, pour assurer la meilleure prise en charge des enfants, au regard notamment, de leur âge, de leur situation familiale et de leur santé, des conditions définies par l'agrément de l'assistant familial concerné et des disponibilités d'autres assistants familiaux, à ne pas confier d'enfant pendant cette période à l'assistant familial dont le licenciement est envisagé ; en revanche, il ne résulte ni de ces dispositions, ni d'aucun principe qu'un tel licenciement ne pourrait être légalement motivé que par la circonstance que l'employeur public serait contraint de ne plus confier d'enfant à l'assistant maternel concerné par des raisons d'intérêt général dont il devrait justifier. • CE 1er juill. 2020, n° 423600 B.

Art. L. 423-33 Les assistants familiaux ne peuvent se séparer des mineurs qui leur sont confiés pendant les repos *(L. n° 2008-67 du 21 janv. 2008, art. 2-II)* « hebdomadaires » *(L. n° 2022-140 du 7 févr. 2022, art. 29-2°)* « ou mensuels », jours fériés, congés annuels, congés d'adoption ou congés de formation ou congés pour événements familiaux sans l'accord préalable de leur employeur.

La décision de celui-ci est fondée sur la situation de chaque enfant, en fonction, notamment, de ses besoins psychologiques et affectifs et des possibilités de remise à sa famille naturelle. Elle tient compte aussi des souhaits de la famille d'accueil.

Toutefois, sous réserve de l'intérêt de l'enfant, l'employeur doit autoriser l'assistant familial qui en a effectué la demande écrite à se séparer simultanément de tous les enfants accueillis pendant une durée minimale de jours de congés annuels et une durée minimale de jours à répartir sur l'année, définies par décret.

L'employeur qui a autorisé l'assistant familial à se séparer de tous les enfants accueillis pour la durée de ses congés payés *(L. n° 2022-140 du 7 févr. 2022, art. 29-2°)* « ou, le cas échéant, du repos mensuel dont il peut bénéficier au titre de l'article L. 423-33-1 » organise les modalités de placement de ces enfants en leur garantissant un accueil temporaire de qualité pour permettre à l'assistant familial chez qui ils sont habituellement placés de faire valoir ses droits *(Abrogé par L. n° 2022-140 du 7 févr. 2022, art. 29-2°) « à congés »*.

Lorsque l'enfant est maintenu chez l'assistant familial pendant la période de congés annuels de ce dernier, la rémunération de celui-ci est maintenue et s'ajoute aux indemnités prévues à l'article L. 773-4.

Si, à l'occasion d'une maternité, l'assistant familial relevant de la présente sous-section désire qu'un enfant qui lui a été confié lui soit momentanément retiré, il fixe la date de départ et la durée du retrait dans les limites prévues pour le repos des femmes en couches. Il fait connaître cette date et cette durée à l'employeur avant la fin du septième mois de sa grossesse.

Avec leur accord écrit, il est institué un report de congés au bénéfice des assistants familiaux qui n'ont pas utilisé la totalité des droits ouverts au cinquième alinéa. Ce compte permet à son titulaire d'accumuler des droits à congés rémunérés, par report des congés annuels.

L'assistant familial voit alors sa rémunération maintenue pendant la période de congés annuels, sans que s'ajoutent à celle-ci les indemnités prévues à l'article L. 773-4. Les droits à congés acquis au titre du report de congés doivent être exercés au plus tard à la date à laquelle l'assistant familial cesse définitivement ses fonctions ou liquide sa pension de retraite.

Art. L. 423-33-1 *(L. nº 2022-140 du 7 févr. 2022, art. 29-3º)* **Le contrat de travail passé entre l'assistant familial et son employeur peut prévoir que l'assistant familial bénéficie d'au moins un samedi et un dimanche de repos consécutifs par mois, qui ne s'imputent pas sur la durée de congés payés qui lui est accordée.**

Les quatre premiers alinéas de l'article L. 423-33 sont applicables à tout jour de repos mensuel mentionné au premier alinéa du présent article.

Art. L. 423-34 **Le contrat passé entre la personne morale de droit privé et l'assistant familial peut prévoir que l'exercice** *(L. nº 2022-140 du 7 févr. 2022, art. 28-I, en vigueur le 1er sept. 2022)* **« de toute » autre activité professionnelle ne sera possible qu'avec l'accord de l'employeur. L'employeur ne peut refuser son autorisation que lorsque l'activité envisagée est incompatible avec l'accueil du ou des enfants déjà confiés. Ce refus doit être motivé.**

Les modalités d'application de cette disposition sont fixées par décret.

Art. L. 423-35 **Dans le cas prévu à l'article L. 423-32, si l'employeur décide de procéder au licenciement, il convoque l'assistant familial par lettre recommandée avec demande d'avis de réception et le reçoit en entretien dans les conditions prévues aux articles L. 1232-2 à L. 1232-4 du code du travail. La lettre de licenciement ne peut être expédiée moins d'un jour franc après la date pour laquelle le salarié a été convoqué à l'entretien. L'employeur doit indiquer à l'assistant familial, au cours de l'entretien et dans la lettre recommandée, le motif pour lequel il ne lui confie plus d'enfants.**

CHAPITRE IV MAISONS D'ASSISTANTS MATERNELS

(L. nº 2010-625 du 9 juin 2010, art. 1er)

COMMENTAIRE

La loi nº 2010-625 du 9 juin 2010 a introduit au code, outre divers aménagements relatifs au statut des assistants maternels (art. L. 421-1 à L. 423-35), un nouveau chapitre IV concernant les « maisons d'assistants maternels ». La reconnaissance légale de ce nouveau type de structures est à rattacher aux difficultés récurrentes rencontrées en matière d'accueil des jeunes enfants, difficultés se ramenant pour l'essentiel au nombre insuffisant de structures proposées par rapport à la demande. Or, on met dorénavant un accent tout particulier sur les aspects positifs du développement d'une offre massive en la matière : facilitation de l'accès des femmes à l'activité professionnelle et donc contribution de ces structures à une meilleure égalité entre hommes et femmes sur ce terrain ; socialisation précoce d'enfants, ce qui peut pallier les difficultés de certains milieux familiaux et aider ainsi à atténuer les inégalités sociales. Le but de ces maisons : réduire les effets négatifs liés à des accueils individualisés (difficultés d'accès à l'offre, rigidité des réponses, contraintes pesant sur les assistantes et/ou sur les parents, etc.) en aménageant un dispositif plus souple pour les parents et en procédant à une mutualisation et à un partage des contraintes entre les assistants maternels.

L'ordonnance du 19 mai 2021 relative aux services aux familles a réécrit ou modifié certaines des dispositions de ce chapitre (art. L. 424-1 et L. 424-6 réécrits, art. L. 424-5 modifié). Dans le but de favoriser ce type d'exercice mais aussi de l'encadrer mieux, a été limité à six professionnels le nombre d'assistants maternels pouvant exercer dans une même maison avec au maximum quatre le faisant simultanément ; pour le nombre d'enfants, ils ne peuvent excéder vingt présents en même temps (art. L. 424-1). Les modalités d'agrément des assistants maternels en maison sont précisées ; des dispositions sont par ailleurs établies pour passer de ce type d'exercice à l'exercice individuel et inversement (art. L. 424-5) ; enfin, précision d'importance, l'article L. 424-6 prévoit que les particuliers qui emploient un assistant maternel exerçant dans une maison perçoivent le complément de libre choix du mode de garde dans les conditions prévues à l'article L. 531-5 du code de la sécurité sociale. ❑

Art. L. 424-1 *(Ord. nº 2021-611 du 19 mai 2021, art. 5-1º)* **L'assistant maternel peut, dans des conditions définies par décret en Conseil d'État, accueillir des mineurs au sein d'un lieu appelé "maison d'assistants maternels", distinct de son domicile et de celui des mineurs accueillis et de leurs représentants légaux.**

Le nombre d'assistants maternels pouvant exercer dans une même maison d'assistants maternels est d'un à six professionnels, dont au maximum quatre simultanément.

Le nombre d'enfants simultanément accueillis dans une maison d'assistants maternels ne peut excéder vingt.

Art. L. 424-2 **Chaque parent peut autoriser l'assistant maternel qui accueille son enfant à déléguer cet accueil à un ou plusieurs assistants maternels exerçant dans la même maison.**

L'autorisation figure dans le contrat de travail de l'assistant maternel. L'accord de chaque assistant maternel auquel l'accueil peut être délégué est joint en annexe au contrat de travail de l'assistant maternel délégant. L'assistant maternel délégataire reçoit copie du contrat de travail de l'assistant maternel délégant.

La délégation d'accueil ne fait l'objet d'aucune rémunération.

Art. L. 424-3 **La délégation d'accueil prévue à l'article L. 424-2 ne peut aboutir à ce qu'un assistant maternel accueille un nombre d'enfants supérieur à celui prévu par son agrément, ni à ce qu'il n'assure pas le nombre d'heures d'accueil mensuel prévu par son ou ses contrats de travail.**

Art. L. 424-4 **Les assistants maternels qui bénéficient de la délégation d'accueil s'assurent pour tous les dommages, y compris ceux survenant au cours d'une période où l'accueil est délégué, que les enfants pourraient provoquer et pour ceux dont ils pourraient être victimes. Cette obligation fait l'objet d'un engagement écrit des intéressés lorsque la demande d'agrément est formulée auprès du président du conseil départemental dans les conditions prévues à l'article L. 424-5.**

Art. L. 424-5 **Lorsqu'une personne souhaite exercer la profession d'assistant maternel dans une maison d'assistants maternels** *(Ord. nº 2021-611 du 19 mai 2021, art. 5-2º)* **« dans les conditions fixées à l'article L. 421-4 » et ne dispose pas encore de l'agrément défini à l'article L. 421-3, elle en fait la demande auprès du président du conseil départemental du département dans lequel est située la maison.** *(Abrogé par Ord. nº 2021-611 du 19 mai 2021, art. 5-2º)* ***« S'il lui est accordé, cet agrément fixe le nombre et l'âge des mineurs qu'elle est autorisée à accueillir simultanément dans la maison d'assistants maternels. Ce nombre ne peut être supérieur à quatre. »*** **L'assistant maternel qui souhaite, après avoir exercé en maison, accueillir des mineurs à son domicile et ne dispose pas de l'agrément nécessaire à cet effet en fait la demande au président du conseil départemental du département où il réside.**

L'assistant maternel déjà agréé qui souhaite exercer dans une maison d'assistants maternels demande au président du conseil départemental du département dans lequel est située la maison la modification de son agrément en précisant le nombre de mineurs qu'il prévoit d'y accueillir. Si les conditions d'accueil de la maison garantissent la sécurité et la santé des mineurs, l'agrément modifié est accordé et précise le nombre et l'âge des mineurs que l'assistant maternel peut accueillir simultanément. *(Abrogé par Ord. nº 2021-611 du 19 mai 2021, art. 5-2º)* ***« Ce nombre ne peut être supérieur à quatre. »*** **L'assistant maternel peut, après avoir exercé en maison, accueillir des mineurs à son domicile s'il dispose déjà de l'agrément nécessaire.**

A défaut de réponse à la demande d'agrément ou de modification d'agrément dans un délai de trois mois après réception de la demande, celle-ci est réputée acquise.

La délivrance de l'agrément ou de l'agrément modifié ne peut être conditionnée à la signature d'une convention entre le président du conseil départemental, l'organisme mentionné à l'article L. 212-2 du code de la sécurité sociale et les assistants maternels.

(Ord. n° 2021-611 du 19 mai 2021, art. 5-2°) « L'agrément destiné à l'exercice en maison d'assistants maternels est accordé dans les conditions fixées à l'article L. 421-4. »

Les dispositions de l'art. L. 424-5 dans leur rédaction résultant de l'Ord. n° 2021-611 du 19 mai 2021 s'appliquent aux demandes d'agrément, de renouvellement ou de modification d'agrément d'assistant maternel déposées à compter de leur date d'entrée en vigueur (Ord. préc., art. 11-III, JO 20 mai).

Art. L. 424-6 *(Ord. n° 2021-611 du 19 mai 2021, art. 5-3°)* Le ou les particuliers employant un assistant maternel exerçant dans une maison d'assistants maternels perçoivent le complément de libre choix du mode de garde dans les conditions prévues à l'article L. 531-5 du code de la sécurité sociale.

Art. L. 424-7 Les assistants maternels accueillant des enfants dans une maison d'assistants maternels et les particuliers qui les emploient bénéficient des mêmes droits et avantages et ont les mêmes obligations que ceux prévus par les dispositions légales et conventionnelles applicables aux assistants maternels accueillant des enfants à leur domicile.

TITRE III ÉDUCATEURS ET AIDES FAMILIAUX, PERSONNELS PÉDAGOGIQUES OCCASIONNELS DES ACCUEILS COLLECTIFS DE MINEURS, PERMANENTS DES LIEUX DE VIE

(L. n° 2008-67 du 21 janv. 2008, art. 2-IV).

(Ord. n° 2007-329 du 12 mars 2007, art. 5-7°)

Les dispositions de l'Ord. n° 2007-329 du 12 mars 2007 sont entrées en vigueur le 1er mai 2008 (L. n° 2008-67 du 21 janv. 2008, art. 2-X).

CHAPITRE I ÉDUCATEURS ET AIDES FAMILIAUX

Art. L. 431-1 Les éducateurs familiaux employés par des associations gestionnaires de villages d'enfants autorisés en application de l'article L. 313-1 exercent, dans un logement mis à disposition à cet effet par l'association, une responsabilité permanente auprès de fratries d'enfants.

Les aides familiaux employés par des associations gestionnaires de villages d'enfants autorisés en application du même article L. 313-1 exercent, dans un logement mis à disposition à cet effet par l'association, la responsabilité de remplacer ou de suppléer les éducateurs familiaux auprès de fratries d'enfants.

Art. L. 431-2 Les éducateurs et les aides familiaux ne sont pas soumis aux dispositions relatives à la durée du travail, la répartition et l'aménagement des horaires prévues par le titre II du livre I de la troisième partie du code du travail et celles relatives aux repos quotidien et hebdomadaire prévues par les chapitre I et II du titre III du même livre.

Art. L. 431-3 La durée de travail des éducateurs et aides familiaux est fixée par convention collective ou accord d'entreprise, en nombre de journées sur une base annuelle.

La convention ou l'accord collectif doit fixer le nombre de journées travaillées, qui ne peut dépasser un plafond annuel de deux cent cinquante-huit jours, et déterminer les modalités de suivi de l'organisation du travail des salariés concernés.

Lorsque le nombre de jours travaillés dépasse le plafond annuel fixé par la convention ou l'accord, après déduction, le cas échéant, du nombre de jours affectés sur un compte épargne-temps et des congés payés reportés dans les conditions prévues à l'article *(L. n° 2016-1088 du 8 août 2016, art. 8-V)* « L. 3141-22 » du code du travail, le salarié doit bénéficier, au cours des trois premiers mois de l'année suivante, d'un nombre de jours égal à ce dépassement. Ce nombre de jours réduit le plafond annuel de l'année durant laquelle ils sont pris.

Art. L. 431-4 L'employeur doit tenir à la disposition de l'inspecteur du travail, pendant une durée de trois ans, le ou les documents existant dans l'association permettant de comptabiliser le nombre de jours de travail effectués par les salariés.

CHAPITRE II PERSONNELS PÉDAGOGIQUES OCCASIONNELS DES ACCUEILS COLLECTIFS DE MINEURS

Art. L. 432-1 La participation occasionnelle, dans les conditions fixées au présent article, d'une personne physique à des fonctions d'animation ou de direction d'un accueil collectif de mineurs à caractère éducatif organisé à l'occasion de vacances scolaires, de congés professionnels ou de loisirs, dans les conditions prévues aux articles L. 227-4 et suivants, est qualifiée d'engagement éducatif.

Sont également qualifiées d'engagement éducatif :

– la participation occasionnelle, pour le compte d'une personne physique ou morale bénéficiant de l'agrément "Vacances adaptées organisées" prévu à l'article 48 de la loi n° 2005-102 du 11 février 2005 pour l'égalité des droits et des chances, la participation et la citoyenneté des personnes handicapées, d'une personne physique à des fonctions d'animation ou de direction ;

– la participation occasionnelle d'une personne physique, pour le compte d'une personne morale agréée au titre de l'article L. 312-1, à l'accompagnement exclusif des activités de loisirs et des activités sportives, dans des établissements et services pour enfants, adolescents ou adultes handicapés, ou lors de séjours d'accueil temporaire pour des activités liées aux vacances.

Est qualifiée de la même manière la participation occasionnelle, pour le compte d'une association bénéficiant d'une habilitation de l'autorité administrative et dans les mêmes limites, d'une personne physique à l'encadrement de stages destinés aux personnes engagées dans un cursus de formation leur permettant d'exercer les fonctions mentionnées au premier alinéa.

Art. L. 432-2 *(L. n° 2012-387 du 22 mars 2012, art. 124-1°)* Ne sont pas applicables à une personne titulaire d'un contrat d'engagement éducatif les dispositions suivantes de la troisième partie du code du travail :

(L. n° 2016-1088 du 8 août 2016, art. 8-V) « 1° Le titre II du livre I relatif à la durée du travail, à la répartition et à l'aménagement des horaires, à l'exception de l'article L. 3121-1 relatif à la durée du travail effectif, de la sous-section 1 de la section 2 du chapitre I relative au temps de pause et des articles L. 3122-1, L. 3122-2, L. 3122-5, L. 3122-8 à L. 3122-16 et L. 3122-19 à L. 3122-23 relatifs au travail de nuit ; »

2° Les chapitres I et II du titre III du livre I relatifs au repos quotidien et au repos hebdomadaire ;

3° Les chapitres I et II du titre III du livre II relatifs au salaire minimum interprofessionnel de croissance et à la rémunération mensuelle minimale.

Art. L. 432-3 Sans préjudice des indemnités et avantages en nature dont elles peuvent bénéficier, les personnes titulaires d'un contrat d'engagement éducatif perçoivent une rémunération dont le montant minimum journalier est fixé par décret par référence au salaire minimum de croissance. Cette rémunération est versée au moins une fois par mois.

Art. L. 432-4 *(L. n° 2012-387 du 22 mars 2012, art. 124-2°)* Le nombre de jours travaillés par une personne titulaire d'un contrat d'engagement éducatif ne peut excéder un plafond de quatre-vingts jours, apprécié sur chaque période de douze mois consécutifs.

La totalité des heures de travail accomplies au titre du contrat d'engagement éducatif et de tout autre contrat ne peut excéder quarante-huit heures par semaine, calculées en moyenne sur une période de six mois consécutifs.

Art. L. 432-5 *(L. nº 2012-387 du 22 mars 2012, art. 124-3º)* **La personne titulaire d'un contrat d'engagement éducatif bénéficie au cours de chaque période de vingt-quatre heures d'une période minimale de repos de onze heures consécutives.**

Cette période de repos peut être soit supprimée, soit réduite, sans pouvoir être inférieure à huit heures. La personne titulaire d'un contrat d'engagement éducatif bénéficie alors d'un repos compensateur égal à la fraction du repos dont elle n'a pu bénéficier. Ce repos est accordé en tout ou partie pendant l'accueil dans des conditions fixées par décret.

Art. L. 432-6 *(L. nº 2012-387 du 22 mars 2012, art. 124-3º)* **La personne titulaire d'un contrat d'engagement éducatif bénéficie, au cours de chaque période de sept jours, d'une période minimale de repos de vingt-quatre heures consécutives.**

CHAPITRE III **PERMANENTS DES LIEUX DE VIE**

(L. nº 2008-67 du 21 janv. 2008, art. 2-IV)

Art. L. 433-1 Les lieux de vie et d'accueil, autorisés en application de l'article L. 313-1, sont gérés par des personnes physiques ou morales.

Dans le cadre de leur mission, les permanents responsables de la prise en charge exercent, sur le site du lieu de vie, un accompagnement continu et quotidien des personnes accueillies.

Les assistants permanents, qui peuvent être employés par la personne physique ou morale gestionnaire du lieu de vie, suppléent ou remplacent les permanents responsables.

Les permanents responsables et les assistants permanents ne sont pas soumis aux dispositions relatives à la durée du travail, à la répartition et à l'aménagement des horaires des titres I et II du livre I de la troisième partie du code du travail ni aux dispositions relatives aux repos et jours fériés des chapitres I et II ainsi que de la section 3 du chapitre III du titre III de ce même livre.

Leur durée de travail est de deux cent cinquante-huit jours par an.

Les modalités de suivi de l'organisation du travail des salariés concernés sont définies par décret. *— V. art. D. 316-1-1 s.*

L'employeur doit tenir à la disposition de l'inspecteur du travail, pendant une durée de trois ans, le ou les documents existants permettant de comptabiliser le nombre de jours de travail effectués par les permanents responsables et les assistants permanents. Lorsque le nombre de jours travaillés dépasse deux cent cinquante-huit jours après déduction, le cas échéant, du nombre de jours affectés sur un compte épargne-temps et des congés reportés dans les conditions prévues à l'article *(L. nº 2016-1088 du 8 août 2016, art. 8-V)* **« L. 3141-22 » du code du travail, le salarié doit bénéficier, au cours des trois premiers mois de l'année suivante, d'un nombre de jours égal à ce dépassement. Ce nombre de jours réduit le plafond annuel légal de l'année durant laquelle ils sont pris.**

Art. L. 433-2 *(L. nº 2022-217 du 21 févr. 2022, art. 134-II)* **L'article L. 433-1 est applicable aux personnes qui font le choix, à titre de résidence principale, d'un mode d'habitation prévu à l'article L. 281-1, lorsque leur travail consiste à apporter un accompagnement continu et quotidien aux personnes avec lesquelles elles partagent leur résidence.**

TITRE IV **PARTICULIERS ACCUEILLANT DES PERSONNES ÂGÉES OU HANDICAPÉES**

COMMENTAIRE

Jusqu'en 1989, la possibilité pour des personnes âgées ou handicapées d'être accueillies par des particuliers contre rémunération n'était envisageable que pour les bénéficiaires de l'aide sociale, cet accueil étant de plus conditionné par l'établissement d'une convention entre l'accueillant et le président du conseil départemental. Cette forme d'accueil apparaissant comme une alternative intéressante au placement en établissement, les pouvoirs publics ont entendu l'organiser : la loi n° 89-475 du 10 juillet 1989 a donc procédé à un élargissement de son champ tout en confondant dans le même ensemble personnes âgées et personnes handicapées.

Le vieillissement des familles d'accueil et la diminution des demandes d'agrément due en grande partie au caractère peu attractif du statut offert par le dispositif fondé sur la loi du 10 juillet 1989 ont convaincu les autorités publiques de la nécessité de rénover cette forme d'accueil. C'est ainsi que la loi n° 2002-73 du 17 janvier 2002 de modernisation sociale a restitué à l'État un certain nombre de prérogatives autrefois dévolues aux départements, notamment en matière de fixation des rémunérations.

Les structures d'accueil proposées et gérées par des personnes physiques, les « accueillants familiaux », ne constituant pas des établissements et services sociaux et médico-sociaux au sens de l'article L. 312-1, les dispositions concernées prennent donc logiquement place dans le code au sein d'un livre IV « Professions et activités d'accueil », inclues dans un titre IV intitulé « Particuliers accueillant des personnes âgées ou handicapées ».

La loi n° 2007-290 du 5 mars 2007 instituant le droit au logement opposable et portant diverses dispositions pour la cohésion sociale a introduit dans ce titre un nouveau chapitre consacré aux « accueillants familiaux employés par des personnes morales de droit public ou de droit privé ». Ces dispositions, faisant suite à la volonté d'élargir cette forme d'accueil qui était visée notamment par la loi n° 2002-73 du 17 janvier 2002, veulent permettre une nouvelle extension de l'accueil en milieu familial en l'organisant auprès de personnes qui ne seraient plus uniquement à leur propre compte car assurant ces fonctions en qualité de salariés de personnes morales. ❑

CHAPITRE I **ACCUEILLANTS FAMILIAUX ET MODALITÉS D'AGRÉMENT** *(L. n° 2002-73 du 17 janv. 2002, art. 51-I-1°).*

BIBL. ▶ AUBY, Les contrats d'hébergement des personnes âgées, *RDSS 1994. 519*. – BORGETTO, Institutions et structures d'accueil pour personnes âgées, *fasc. n° 172, in* J.-M. AUBY (Dir.), Traité de droit médical et hospitalier, *Litec*. – BORGETTO et LAFORE, Droit de l'aide et de l'action sociales, *Domat-Montchrestien, 11e éd., 2021, nos 350 s.* – UNIOPSS, L'accueil familial des personnes âgées. Survivance du passé... formule d'avenir, *1987*. – GHEBALI-BAILLY, L'agrément de l'accueil familial de personnes âgées ou handicapées adultes, *RDSS 1993. 384* et *564*. – GRAND, Les conditions de l'accueil familial des personnes âgées et handicapées, *RF aff. soc. 1989, p. 33*. – KESSLER, La mise en place de l'accueil par des particuliers à leur domicile à titre onéreux des personnes âgées, *RDSS 1989. 583*.

Art. L. 441-1 *(L. n° 2002-73 du 17 janv. 2002, art. 51-I-2°)* **Pour accueillir habituellement à son domicile, à titre onéreux, des personnes âgées ou handicapées adultes n'appartenant pas à sa famille jusqu'au quatrième degré inclus et, s'agissant des personnes handicapées adultes, ne relevant pas des dispositions de l'article L. 344-1, une personne ou un couple doit, au préalable, faire l'objet d'un agrément, renouvelable, par le président du conseil départemental de son département de résidence qui en instruit la demande.**

La personne ou le couple agréé est dénommé accueillant familial.

(L. n° 2015-1776 du 28 déc. 2015, art. 56-I-1°) **« L'agrément ne peut être accordé que si les conditions d'accueil garantissent la continuité de celui-ci, la protection de la santé, la sécurité et le bien-être physique et moral des personnes accueillies, si les accueillants se sont engagés à suivre une formation initiale et continue et une initiation aux gestes de secourisme organisées par le président du conseil départemental et si un suivi social et médico-social des personnes accueillies peut être assuré. Un décret en Conseil d'État fixe les critères d'agrément.**

« La décision d'agrément fixe le nombre de personnes pouvant être accueillies, dans la limite de trois personnes de manière simultanée et de huit contrats d'accueil au total. Le président du conseil départemental peut, si les conditions d'accueil le permettent et à titre dérogatoire, autoriser l'accueil simultané de quatre personnes au maximum lorsque, parmi ces quatre personnes, un couple est accueilli. La décision précise les modalités d'accueil prévues : à temps complet ou partiel, en particulier accueil de jour ou accueil de nuit, permanent, temporaire ou séquentiel. La décision

d'agrément peut préciser les caractéristiques, en termes de handicap et de perte d'autonomie, des personnes susceptibles d'être accueillies.

« Toute décision de refus d'agrément est motivée et, lorsqu'elle fait suite à une demande de renouvellement d'agrément, prise après avis de la commission consultative mentionnée à l'article L. 441-2.

« Le président du conseil départemental peut subordonner, le cas échéant dans le cadre de la décision d'agrément, l'accueil de personnes dont les caractéristiques en termes de perte d'autonomie ou de handicap le nécessitent à des modalités spécifiques de formation, de suivi et d'accompagnement de l'accueillant familial et, le cas échéant, de la personne accueillie. »

En cas de changement de résidence, l'agrément demeure valable sous réserve d'une déclaration préalable auprès du président du conseil départemental du nouveau lieu de résidence qui s'assure que les conditions mentionnées au *(L. n° 2015-1776 du 28 déc. 2015, art. 56-I-1°)* **« troisième » alinéa sont remplies.**

L'agrément vaut, sauf mention contraire, habilitation à recevoir des bénéficiaires de l'aide sociale au titre des articles L. 113-1 et L. 241-1. – *V. art. R. 441-1 s.*

COMMENTAIRE

L'article L. 441-1 encadre l'accueil, au domicile de particuliers et à titre onéreux, de personnes âgées ou handicapées.

Tout d'abord, il interdit que cet accueil puisse s'organiser à l'intérieur de la parenté, de façon à ne pas introduire des rapports pécuniaires au sein de la solidarité familiale ; on peut noter que, *a contrario*, c'est le choix inverse qui a été fait en matière d'allocation personnalisée d'autonomie puisque des personnes appartenant à la famille peuvent être rémunérées pour prendre en charge une personne âgée dépendante (art. L. 232-7).

Ensuite, les personnes handicapées relevant d'une prise en charge dans les maisons d'accueil spécialisé (MAS) organisées à l'article L. 344-1 ne peuvent pas en principe faire l'objet d'un accueil familial, compte tenu de la surveillance et des soins constants qu'elles nécessitent. Cependant, un régime spécifique en la matière est défini pour elles à l'article L. 441-3.

Enfin, la loi impose la nécessité, pour ce que le texte lui-même dénomme « l'accueillant familial », d'obtenir un agrément préalable à l'accueil. L'agrément est délivré par le président du conseil départemental à condition que soient garanties la qualité de l'accueil (santé, sécurité physique et morale, bien-être des personnes) et la compétence des accueillants (ils ont l'obligation de suivre une formation initiale et continue), et que soit assuré un suivi social et médico-social des personnes.

Cet agrément vaut habilitation à recevoir des bénéficiaires de l'aide sociale, qu'il s'agisse de l'aide sociale aux personnes âgées (art. L. 113-1) ou de l'aide sociale aux personnes handicapées (art. L. 241-1). La loi du 28 décembre 2015 relative à l'adaptation de la société au vieillissement a réécrit les dispositions concernant cet agrément de façon à encadrer encore plus fortement les modalités des accueils qu'il rend possibles.

Notons que l'ordonnance n° 2005-1477 du 1er décembre 2005 (art. 16) est venue combler un vide juridique en établissant clairement la compétence du président du conseil départemental pour organiser la formation initiale et continue à laquelle sont tenus les accueillants familiaux (al. 4 de l'art. 444-1). ❑

1. Prise en charge du suivi social et médico-social. Le suivi social et médico-social visé par l'art. L. 441-1 relève du président du conseil général qui a accordé l'agrément ; s'il est assuré par une association, il constitue une action volontaire et n'a donc pas à être pris en charge, en l'absence de dispositions en ce sens figurant dans le règlement départemental d'aide sociale, par le conseil général. • Comm. centr. aide soc. 26 sept. 2000 : *CJAS n° 2001/07, p. 161.*

2. Mise en œuvre du suivi social et médico-social. Si le suivi médico-social des personnes hébergées implique nécessairement des visites sur place des agents chargés, par le département, de cette mission, ces contrôles ne sauraient être tributaires d'un accord préalable ou de restrictions imposées par l'hébergeant, en dehors de troubles manifestement illicites apportés à la vie privée des occupants des lieux ; par suite, une visite à l'heure du repas, dans des locaux à usage collectif ne suffit pas à caractériser une intrusion illégale dans l'établissement soumis à contrôle. • CAA Nancy, 25 mars 1999, n° 96NC00105.

3. Refus de délivrer un agrément. Ne commet pas d'erreur de droit le juge des référés qui estime que, dès lors qu'elle ne disposait pas, à la date de la décision de refus d'agrément, d'un logement totalement construit qui lui aurait permis d'accueillir des personnes âgées, aucun des moyens soulevés par l'intéressée à l'encontre de cette décision n'était de nature à faire naître un doute sérieux quant à sa légalité • CE 28 déc. 2007, *Mme A.*, n° 303879 B.

4. *Contenu de l'agrément.* Pour l'accueil à domicile de personnes âgées par un accueillant familial, l'agrément ne peut être limité à des personnes nommément désignées. • CAA Bordeaux, 13 nov. 2001, *Mme Latour : RDSS 2002. 338, concl. Rey*.

5. *Effets de l'agrément.* L'octroi et le maintien de l'agrément sont subordonnés au respect par l'hébergeant des conditions prévues par les textes ; par suite, la requérante ne peut s'estimer dispensée d'observer les directives contenues dans une lettre d'engagement, envoyée par le département, du seul fait qu'elle n'a jamais signé ce document, dès lors que ce dernier ne faisait que confirmer, sur certains points, les obligations issues de dispositions législatives et réglementaires inhérentes à l'agrément sollicité. • CAA Nancy, 25 mars 1999, n° 96NC00105. ♦ Si la présence d'une quatrième personne âgée a été constatée lors de la visite de contrôle, alors que l'agrément se trouve limité à trois pensionnaires, la requérante ne peut utilement invoquer l'hébergement de cette quatrième personne âgée dans l'une des « chambres d'hôte » que comporte son établissement, dès lors qu'il n'est pas contesté que l'intéressée a effectivement accès aux mêmes services que les locataires accueillis dans le cadre de l'agrément sus-évoqué. • Même arrêt.

6. *Habilitation à l'aide sociale.* L'habilitation à recevoir des bénéficiaires de l'aide sociale n'est pas de droit et peut être dissociée de l'agrément donné par le président du conseil général. • Comm. centr. aide soc. 9 mars 1995, *Dpt Pas-de-Calais : EJCCAS n° 23-7, p. 1.*

7. *Dépassement du nombre de personnes pouvant être accueillies.* Commet une erreur de droit le juge des référés qui estime que le seul fait, pour un accueillant familial, d'accueillir une quatrième personne, en méconnaissance des dispositions de l'art. L. 441-1 rappelées dans l'agrément qui lui a été accordé n'est pas de nature à justifier légalement le retrait d'agrément et juge, par suite, que les moyens invoqués par l'intéressé sont propres à créer un doute sérieux quant à la légalité de l'arrêté litigieux • CE 8 déc. 2004, *Dpt Bouches-du-Rhône*, n° 267305.

8. *Retrait d'agrément.* N'a pas fait une inexacte application des dispositions légales le président du conseil général qui, constatant que les faits reprochés témoignaient non seulement de manquements dans les conditions matérielles d'existence, mais également d'un manque d'attention ainsi que d'insuffisances dans les soins prodigués, ayant pu affecter l'état physique ou moral des pensionnaires et que les services sociaux départementaux ont relevé les difficultés rencontrées par le travailleur social spécialisé pour instaurer des relations stables et confiantes avec l'accueillant familial, a estimé que l'accueil des personnes âgées n'était plus assuré dans des conditions garantissant la protection de la santé, la sécurité et le bien-être physique et moral des personnes accueillies et permettant l'exercice d'un suivi social et médico-social satisfaisant • CE 27 juin 2005, *Dpt Charente-Maritime*, n° 257051 B : *AJDA 2005. 2362, note Rihal*.

Art. L. 441-2 *(L. n° 2002-73 du 17 janv. 2002, art. 51-I-3°)* **Le président du conseil départemental organise le contrôle des accueillants familiaux, de leurs remplaçants et le suivi social et médico-social des personnes accueillies.**

Si les conditions mentionnées au *(L. n° 2015-1776 du 28 déc. 2015, art. 56-I-2°)* **« troisième » alinéa de l'article L. 441-1 cessent d'être remplies, il enjoint l'accueillant familial d'y remédier dans un délai fixé par le décret mentionné au même article. S'il n'a pas été satisfait à cette injonction, l'agrément est retiré après avis de la commission consultative. L'agrément peut également être retiré selon les mêmes modalités et au terme du même délai, en cas de non-conclusion du contrat mentionné à l'article L. 442-1, ou si celui-ci méconnaît les prescriptions mentionnées au même article, en cas de non-souscription d'un contrat d'assurance par l'accueillant, ou si le montant de l'indemnité représentative mentionnée au 4° de l'article L. 442-1 est manifestement abusif. En cas d'urgence, l'agrément peut être retiré sans injonction préalable ni consultation de la commission précédemment mentionnée.**

COMMENTAIRE

C'est le président du conseil départemental du département de résidence de la personne ou du couple accueillants qui est en charge du contrôle ainsi que du suivi médico-social des personnes accueillies.

En conséquence l'article L. 441-2 définit une procédure de retrait de l'agrément qui peut intervenir soit du fait du non-respect des conditions relatives à l'accueil qui l'ont motivé, soit du fait du non-respect des dispositions de l'article L. 442-1 relatif au contrat liant obligatoirement les personnes accueillies et les accueillants.

Art. L. 441-3 *(L. nº 2002-73 du 17 janv. 2002, art. 51-I-4º)* **Les personnes handicapées relevant de l'article L. 344-1 peuvent faire l'objet d'un placement familial, à titre permanent** *(L. nº 2015-1776 du 28 déc. 2015, art. 56-I-3º)* **« , séquentiel » ou temporaire, organisé sous la responsabilité d'un établissement médico-social ou d'un service mentionné audit article ou d'une association agréée à cet effet conjointement par le président du conseil départemental et le représentant de l'État dans le département, dans les conditions prévues par voie réglementaire.**

COMMENTAIRE

Il s'agit du régime spécifique de l'accueil familial des personnes handicapées qui relèvent en principe d'un accueil en MAS (art. L. 344-1). Un tel placement chez une personne ou un couple, que ce soit à titre temporaire ou permanent, ne peut se faire que par la médiation d'un établissement, d'un service médico-social ou d'une association agréée. Cette disposition a pour finalité, compte tenu des nécessités de surveillance et de soins dont doivent bénéficier ces personnes, de permettre ce type d'accueil tout en s'assurant qu'il se fasse sous la responsabilité d'une structure spécialisée à laquelle est confiée la personne handicapée. ❑

Art. L. 441-3-1 *(Ord. nº 2016-1562 du 21 nov. 2016, art. 23-IV, en vigueur le 1er janv. 2018)* **Pour l'application à la collectivité de Corse des dispositions du présent chapitre, le président du conseil exécutif de Corse exerce les attributions du président du conseil départemental.**

Art. L. 441-4 *(L. nº 2002-73 du 17 janv. 2002, art. 51-I-5º)* **Un décret en Conseil d'État fixe les modalités et le délai d'instruction de la demande d'agrément, la procédure de retrait, la composition de la commission consultative de retrait, la durée pour laquelle ledit agrément est accordé et renouvelé ainsi que le délai pour représenter une nouvelle demande après décision de refus ou retrait.**

CHAPITRE II CONTRAT ENTRE LA PERSONNE ACCUEILLIE ET L'ACCUEILLANT FAMILIAL *(L. nº 2002-73 du 17 janv. 2002, art. 51-I-6º).*

COMMENTAIRE

La personne âgée ou handicapée accueillie par un accueillant familial agréé doit conclure avec celui-ci un contrat écrit.

Établi conformément à un contrat type adopté par voie réglementaire, il comporte un ensemble d'éléments obligatoires : période d'essai, délai pour modifier ou dénoncer le contrat ; droits et obligations des parties, congés des accueillants et modalités de leur remplacement ; divers éléments de la rémunération qui est décomposée par la loi en services rendus, sujétions particulières, frais d'entretien courant de la personne, indemnité représentative pour la mise à disposition de pièces réservées à la personne accueillie.

Le régime juridique de cette rémunération est complexe. D'une part, elle est soumise à un montant minimum établi réglementairement et référé au SMIC pour ce qui concerne le paiement des services ; elle est encadrée par le pouvoir réglementaire entre un minimum et un maximum pour les indemnités représentant les frais d'entretien et de logement. D'autre part, elle est soumise, là encore pour la partie couvrant les services, à un minimum de cotisations retraite de façon à permettre la prise en compte des périodes considérées pour le calcul des pensions au profit des accueillants (CSS, art. L. 351-2). La personne accueillie a la double qualité de locataire et d'employeur ; mais, malgré cette assimilation à un employeur, et à condition que soient respectés les minima et maxima évoqués, elle est exonérée des cotisations employeur du régime général ; en revanche, l'accueillant doit cotiser à ce régime pour la rémunération des services rendus. Ces dispositions ont pour but de rendre suffisamment attractive cette forme d'accueil à la fois pour les personnes accueillies et pour les accueillants.

Il est à noter que la loi du 28 décembre 2015 relative à l'adaptation de la société au vieillissement a apporté un certain nombre de modifications à l'article L. 442-1 : nécessité que le contrat prévoie un « projet d'accueil personnalisé », conditions d'évolution de l'indemnité pour « sujétions particulières » (2º), garantie de l'exercice des droits et libertés individuels, recours possible à la personne qualifiée de l'article L. 311-5 ou à une personne accompagnant la personne âgée de l'article L. 311-5-1. ❑

Art. L. 442-1 *(L. nº 2002-73 du 17 janv. 2002, art. 51-I-7º)* **Toute personne accueillie au domicile d'un accueillant familial ou, s'il y a lieu, son représentant légal passe avec ledit accueillant un contrat écrit.**

Ce contrat est conforme aux stipulations d'un contrat type établi par voie réglementaire après avis des représentants des présidents de conseil départemental. Ce contrat type précise la durée de la période d'essai et, passée cette période, les conditions dans lesquelles les parties peuvent modifier ou dénoncer ledit contrat, le délai de prévenance qui ne peut être inférieur à deux mois ainsi que les indemnités éventuellement dues.

(L. nº 2015-1776 du 28 déc. 2015, art. 56-I-4º) **« Ce contrat prévoit un projet d'accueil personnalisé au regard des besoins de la personne accueillie. »**

Ce contrat précise la nature ainsi que les conditions matérielles et financières de l'accueil. Il prévoit notamment :

1º Une rémunération journalière des services rendus ainsi qu'une indemnité de congé calculée conformément aux dispositions de l'article L. 223-11 *[L. 3141-22 nouv.]* **du code du travail ;**

2º Le cas échéant, une indemnité en cas de sujétions particulières ;

3º Une indemnité représentative des frais d'entretien courant de la personne accueillie ;

4º Une indemnité représentative de mise à disposition de la ou des pièces réservées à la personne accueillie.

(Ord. nº 2018-474 du 12 juin 2018, art. 9) **« La rémunération ainsi que les indemnités mentionnées aux 1º et 2º sont soumises aux régimes fiscal et social portant sur les revenus d'activité des salariés. » Cette rémunération, qui ne peut être inférieure à un minimum fixé par décret et évolue comme le salaire minimum de croissance prévu à l'article L. 141-2** *[L. 3231-2 nouv.]* **du code du travail, donne lieu au versement d'un minimum de cotisations permettant la validation des périodes considérées pour la détermination du droit à pension conformément aux dispositions du premier alinéa de l'article L. 351-2 du code de la sécurité sociale. Les indemnités mentionnées respectivement aux 2º et 3º sont comprises entre un minimum et un maximum fixés par décret.** *(L. nº 2015-1776 du 28 déc. 2015, art. 56-I-4º)* **« L'indemnité mentionnée au même 2º est revalorisée conformément à l'évolution du salaire minimum mentionné à l'article L. 3231-2 du code du travail. L'indemnité mentionnée au même 3º est revalorisée conformément à l'évolution de l'indice national des prix à la consommation.** – *Les dispositions de l'Ord. nº 2018-474 du 12 juin 2018 s'appliquent aux cotisations et contributions dues pour les périodes courant à compter du 1er sept. 2018 (Ord. préc., art. 16).*

« La rémunération et les indemnités prévues aux 1º à 4º peuvent être déclarées et, le cas échéant, versées par le chèque emploi-service universel défini à l'article L. 1271-1 du code du travail *(Abrogé par L. nº 2017-1836 du 30 déc. 2017, art. 14-IV, à compter du 1er janv. 2019)* ***« , sous réserve de l'article L. 1271-2 du même code ».*** **»** – *Cet al. n'est pas applicable à Mayotte (L. nº 2015-1776 du 28 déc. 2015, art. 84-III-A).*

Ce contrat prévoit également les droits et obligations des parties ainsi que les droits en matière de congés annuels des accueillants familiaux et les modalités de remplacement de ceux-ci. – *V. art. D. 442-3.*

(L. nº 2015-1776 du 28 déc. 2015, art. 56-I-4º) **« Il garantit à la personne accueillie l'exercice des droits et libertés individuels énoncés à l'article L. 311-3. A cet effet, la charte des droits et libertés de la personne accueillie mentionnée à l'article L. 311-4 lui est annexée.**

« Le contrat prévoit également la possibilité pour la personne accueillie de recourir aux dispositifs prévus aux articles L. 311-5 et L. 311-5-1. »

Remplaçant de l'accueillant familial. Il résulte de l'art. L. 442-1 CASF que l'accueillant familial n'est pas lié à la personne accueillie par un contrat de travail ; il en va de même, par voie de conséquence, du remplaçant de l'accueillant familial • Soc. 18 janv. 2018, nº 16-18.936 : *RDSS 2018. 369, obs. Dagorne-Labbé.*

Art. L. 442-2 *Abrogé par L. nº 2002-73 du 17 janv. 2002, art. 51-I-8º.*

CHAPITRE III DISPOSITIONS COMMUNES

COMMENTAIRE

Ce troisième chapitre du titre quatrième du livre IV réunit un ensemble de dispositions diverses destinées à encadrer l'accueil, contre rémunération et au domicile d'un particulier agréé, d'une personne handicapée ou âgée. Ces dispositions ont été sensiblement modifiées par la loi n° 2002-73 du 17 janvier 2002 ; elles sont de natures assez disparates.

Plusieurs visent à protéger les personnes accueillies notamment en imposant aux cocontractants la souscription d'une assurance (art. L. 443-4). Par ailleurs, en vue d'unifier et de simplifier les divers régimes d'incapacité d'exercice, l'ordonnance n° 2005-1477 du 1er décembre 2005 (art. 15) a abrogé l'article L. 443-2 qui interdisait antérieurement l'agrément de personnes condamnées pour divers délits.

Deux articles définissent le régime des sanctions encourues par les accueillants qui ne sont pas agréés au sens de la loi : une procédure de régularisation est prévue (art. L. 443-8) et des sanctions pénales sont instituées à défaut d'exécution (art. L. 443-9).

La loi n° 2015-1776 du 28 décembre 2015 a ajouté une nouvelle disposition (art. L. 443-11) qui cadre l'obligation de formation initiale et continue que doivent recevoir les accueillants des personnes âgées et handicapées à leur domicile.

Le régime juridique du contrat d'accueil est complété par une disposition (art. L. 443-7) qui organise le cas où l'accueillant de la personne âgée ou handicapée est dans le même temps son tuteur : comme naturellement, dans cette configuration, le contrat d'accueil ne pourrait être signé entre accueillant et accueilli (sauf exception lorsqu'en application de l'article 510 du code civil, le juge des tutelles autorise un majeur protégé à conclure lui-même un contrat avec son tuteur), l'intervention du subrogé tuteur ou d'un tuteur *ad hoc* nommé par le juge des tutelles est prévue ; un pouvoir d'homologation du contrat est alors confié au conseil de famille et dans le cas où le majeur protégé est autorisé à contracter, au juge des tutelles lui-même.

Enfin, ce chapitre élargit l'accueil familial dans deux directions : d'une part, du point de vue des personnes concernées, en prévoyant un accueil familial pour les malades mentaux dénommé « accueil familial thérapeutique » ; dans ce cas, l'accueil s'organise sous la responsabilité d'un établissement ou d'un service de soins qui assume, en lieu et place du président du conseil départemental, les compétences de contrôle prévues à l'article L. 441-2 et qui, de plus, signe le contrat d'accueil avec l'accueillant (art. L. 443-10). D'autre part, et c'est là un des apports importants de la loi du 17 janvier 2002, les modalités mêmes de l'accueil familial sont élargies (art. L. 443-12) en permettant que les personnes morales de droit public ou de droit privé qui gèrent les établissements ou services visés au 5° et 7° de l'article L. 312-1 (il s'agit des ESAT et centres de réadaptation et de rééducation ainsi que des foyers d'accueil pour personnes handicapées) soient les employeurs directs d'accueillants à domicile ; le recours à ce dispositif suppose que les organismes gestionnaires aient reçu l'accord du président du conseil départemental et qu'un contrat de travail distinct du contrat d'accueil soit conclu entre l'organisme et l'accueillant. ❑

Art. L. 443-1 *Abrogé par L. n° 2002-73 du 17 janv. 2002, art. 51-I-9°.*

Art. L. 443-2 *Abrogé par Ord. n° 2005-1477 du 1er déc. 2005, art. 15.*

Art. L. 443-3 *Abrogé par L. n° 2002-73 du 17 janv. 2002, art. 51-I-11°.*

Art. L. 443-4 Le bénéficiaire de l'agrément *(L. n° 2007-290 du 5 mars 2007, art. 57-II)* **« ou, le cas échéant, la personne morale employeur » est tenu de souscrire un contrat d'assurance garantissant les conséquences pécuniaires de sa responsabilité civile en raison des dommages subis par les personnes accueillies et d'en justifier auprès du président du conseil départemental.**

De même, la personne accueillie est tenue de justifier d'un contrat d'assurance garantissant les conséquences pécuniaires de sa responsabilité civile en raison des dommages subis par les tiers et leurs biens. Le bénéficiaire de l'agrément a la qualité de tiers au sens de cet alinéa.

Un décret fixe les modalités d'application du présent article. — *[L. n° 89-475 du 10 juill. 1989, art. 12 (I, II et IV).] — V. Décr. n° 91-88 du 23 janv. 1991, App., v° Personnes âgées.*

Art. L. 443-5 Les rapports entre le bénéficiaire de l'agrément et la personne qui l'accueille ne sont pas régis par les articles 6 et 7 de la loi n° 86-1290 du 23 décembre 1986 tendant à favoriser l'investissement locatif, l'accession à la propriété de logements sociaux et le développement de l'offre foncière, même lorsque la personne accueillie a la qualité de locataire ou de sous-locataire. – *[L. n° 89-475 du 10 juill. 1989, art. 12 (III).]*

Art. L. 443-6 *Abrogé par L. n° 2015-1776 du 28 déc. 2015, art. 28-II.*

Art. L. 443-7 Dans le cas où le bénéficiaire de l'agrément est tuteur de la personne qu'il accueille, le contrat prévu *(L. n° 2002-73 du 17 janv. 2002, art. 51-I-14°)* « à l'article L. 442-1 » est conclu par le subrogé tuteur ou, à défaut de subrogé tuteur, par un tuteur *ad hoc* nommé par le juge des tutelles. Le contrat doit être homologué par le conseil de famille ou, en l'absence de conseil de famille, par le juge des tutelles. L'homologation du juge des tutelles est également requise si le juge a autorisé le majeur protégé à conclure lui-même le contrat avec son tuteur en application de l'article 501 du code civil ou lorsque le bénéficiaire de l'agrément est le curateur de la personne accueillie. – *[L. n° 89-475 du 10 juill. 1989, art. 14.]*

Art. L. 443-8 Toute personne qui, sans avoir été agréée, accueille habituellement à son domicile, à titre onéreux, de manière temporaire ou permanente, à temps partiel ou à temps complet, une ou plusieurs personnes âgées ou handicapées adultes, est mise en demeure par le président du conseil départemental de régulariser sa situation dans le délai qu'il lui fixe. – *[L. n° 89-475 du 10 juill. 1989, art. 16.]*

Art. L. 443-9 Le fait d'accueillir à son domicile, à titre onéreux, des personnes âgées ou handicapées adultes, sans avoir déféré à la mise en demeure prévue à l'article L. 443-8 ou après une décision de refus ou de retrait d'agrément, alors que cet hébergement est soumis aux conditions mentionnées *(L. n° 2002-73 du 17 janv. 2002, art. 51-I-15°)* « aux articles L. 441-1 et L. 441-3 », est puni des peines prévues par l'article L. 321-4. Dans ce cas le représentant de l'État dans le département met fin à l'accueil. – *[L. n° 89-475 du 10 juill. 1989, art. 17.]*

Art. L. 443-10 Sans préjudice des dispositions relatives à l'accueil thérapeutique, les personnes agréées mentionnées *(L. n° 2002-73 du 17 janv. 2002, art. 51-I-16°)* « à l'article L. 441-1 » peuvent accueillir des malades mentaux en accueil familial thérapeutique organisé sous la responsabilité d'un établissement ou d'un service de soins. *(L. n° 2009-879 du 21 juill. 2009, art. 92)* « Les obligations incombant au président du conseil départemental en vertu de l'article L. 441-1 peuvent être assumées par l'établissement ou le service de soins. Les obligations incombant au président du conseil départemental en vertu de l'article L. 441-2 sont assumées par l'établissement ou le service de soins. Les accueillants familiaux thérapeutiques employés par cet établissement ou service sont des agents non titulaires de cet établissement ou service. »

(L. n° 2002-73 du 17 janv. 2002, art. 51-I-17°) « Pour chaque personne accueillie, l'établissement ou service de soins passe avec l'accueillant familial un contrat écrit. »

En contrepartie des prestations fournies, l'établissement ou service de soins attribue :

1° Une rémunération journalière de service rendu majorée, le cas échéant, pour sujétion particulière ; cette rémunération ne peut être inférieure au minimum fixé en application de l'article *(L. n° 2002-73 du 17 janv. 2002, art. 51-I-18°)* « L. 442-1 » pour la rémunération mentionnée au 1° de cet article et obéit au même régime fiscal que celui des salaires ;

2° Une indemnité représentative des frais d'entretien courant de la personne accueillie ;

3° Un loyer pour la ou les pièces réservées au malade ;

4° Une indemnité correspondant aux prestations de soutien offertes au patient, dont le montant minimum est fixé par le représentant de l'État dans le département

et qui est modulé selon les prestations demandées à la famille d'accueil. – *[L. nº 89-475 du 10 juill. 1989, art. 18.]*

1. Rémunération de l'accueillant familial thérapeutique. Les accueillants thérapeutiques recrutés par un contrat conclu avec un centre hospitalier après une enquête sociale pour accueillir à domicile des personnes souffrant de troubles mentaux doivent bénéficier d'une rémunération et d'indemnités qui ne peuvent être inférieures à celles accordées aux accueillants familiaux agréés par le président du conseil général et recrutés, sur le fondement des dispositions de l'art. L. 443-10 CASF, par un établissement psychiatrique dans le cadre de son service d'accueil familial thérapeutique. • CE 28 juill. 2011, *CH Gérard Marchant*, nº 337367.

2. Compétence contentieuse. Il résulte de l'ensemble des dispositions des art. L. 441-1 s. CASF, et notamment de celles de l'art. L. 443-10 applicables aux personnes agréées pour accueillir à leur domicile des malades mentaux en « accueil familial thérapeutique », que l'établissement avec lequel ces personnes ont passé contrat à cette fin a, à leur égard, la qualité d'employeur ; par suite, les accueillants familiaux thérapeutiques sont, lorsqu'ils sont employés par un établissement public de santé, des agents non titulaires de cet établissement, ainsi d'ailleurs que le précisent désormais les dispositions introduites à l'art. L. 443-10 par l'art. 92 de la loi du 21 juillet 2009 ; il en résulte que le litige opposant l'intéressée à un établissement public de santé gérant un service public à caractère administratif relève de la compétence de la juridiction administrative. • T. confl. 14 mai 2012, nº C3870 B.

Art. L. 443-11 *(L. nº 2015-1776 du 28 déc. 2015, art. 56-I-5º)* **Les objectifs, le contenu, la durée et les modalités de mise en œuvre de la formation initiale et continue prévue à l'article L. 441-1 sont définis par décret. Ce décret précise la durée de la formation qui doit être obligatoirement suivie avant le premier accueil ainsi que les dispenses de formation qui peuvent être accordées si l'accueillant familial justifie d'une formation antérieure équivalente.**

L'initiation aux gestes de secourisme prévue au même article L. 441-1 est préalable au premier accueil.

Le département prend en charge, lorsqu'il n'est pas assuré, l'accueil des personnes dont l'état de handicap ou de perte d'autonomie le nécessite, durant les temps de formation obligatoire des accueillants. – *Les conditions d'application de l'art. L. 443-11 aux personnes qui disposent, à la date de publication de la L. nº 2015-1776 du 28 déc. 2015, de l'agrément prévu à l'art. L. 441-1 sont prévues par décret (L. préc., art. 96).*

Art. L. 443-12 *Abrogé par L. nº 2007-290 du 5 mars 2007, art. 57-I.*

CHAPITRE IV ACCUEILLANTS FAMILIAUX EMPLOYÉS PAR DES PERSONNES MORALES DE DROIT PUBLIC OU DE DROIT PRIVÉ

(L. nº 2007-290 du 5 mars 2007, art. 57-III)

COMMENTAIRE

Ce chapitre, introduit au code par la loi nº 2007-290 du 5 mars 2007 instituant le droit au logement opposable et portant diverses dispositions pour la cohésion sociale, a pour but d'élargir les modalités d'accueil en famille de personnes âgées ou handicapées en offrant la possibilité aux collectivités publiques ou à des personnes privées gestionnaires de salarier directement ces « accueillants ». Ce dispositif ressemble à ce qui est déjà établi pour les « assistants familiaux de l'aide sociale à l'enfance » (art. L. 421-1 à L. 422-8). Après accord du président du conseil départemental, des personnes morales publiques ou privées peuvent donc employer des accueillants familiaux définis à l'article L. 441-1. A l'instar des « assistants familiaux », ceux qui sont employés par des collectivités publiques sont des agents non titulaires de ces organismes, que l'employeur soit une collectivité territoriale ou un établissement social et médico-social public, auxquels la LFSS nº 2008-1330 du 17 déc. 2008 a ajouté les établissements publics de santé (art. L. 444-1). Leur statut salarial est défini par renvoi aux dispositions du code du travail, leur situation spécifique étant réglée par un contrat de travail écrit devant les lier à l'employeur (art. L. 444-3). La loi (art. L. 444-5 s.) encadre cependant divers aspects de la relation de travail : rémunération, temps de travail (horaires, jours de fériés ou de repos, congés...), suspension de l'activité, nombre de personnes accueillies, formation, retrait de l'agrément et rupture du contrat.

De plus, profondément remanié par la loi du 28 décembre 2015 relative à l'adaptation de la société au vieillissement, l'article L. 444-2 renforce les droits et protections des accueillants familiaux salariés en étendant expressément à leur profit un grand nombre de garanties du code du travail : non-discrimination, égalité professionnelle entre femmes et hommes, législation relative au harcèlement, règles de formation et d'exécution et de rupture du contrat de travail, résolution contentieuse des litiges, droit syndical, négociation et accords collectifs. ❑

Art. L. 444-1 **Les personnes morales de droit public ou de droit privé peuvent, après accord du président du conseil départemental du département de résidence de l'accueillant familial, être employeurs des accueillants familiaux mentionnés à l'article L. 441-1.**

Les accueillants familiaux employés par des collectivités territoriales ou leurs établissements publics administratifs sont des agents non titulaires de ces collectivités. Les accueillants familiaux employés par des établissements sociaux ou médico-sociaux publics sont des agents non titulaires de ces établissements. *(L. nº 2008-1330 du 17 déc. 2008, art. 66)* **« Les accueillants familiaux employés par des établissements publics de santé sont des agents non titulaires de ces établissements. »**

Les dispositions particulières qui leur sont applicables sont fixées par voie réglementaire.

Le présent chapitre n'est pas applicable aux accueillants familiaux mentionnés à l'article L. 443-10 ayant passé un contrat avec un établissement ou service de soins pour accueillir des malades mentaux en accueil familial thérapeutique.

Art. L. 444-2 *(L. nº 2015-1776 du 28 déc. 2015, art. 56-I-6º)* **Sont applicables aux personnes relevant du présent chapitre les dispositions du code du travail relatives :**

1º Aux discriminations, prévues aux chapitres II à IV du titre III du livre I de la même première partie ;

2º A l'égalité professionnelle entre les femmes et les hommes, prévues au chapitre II du titre IV du même livre I ;

3º Aux harcèlements, prévues aux chapitres II à IV du titre V dudit livre I ;

4º A la formation et à l'exécution du contrat de travail, prévues au chapitre IV, aux sous-sections 1 à 3 et 6 de la section 1 et aux sections 2 à 6 du chapitre V et à la sous-section 1 de la section 2, à l'exception des articles L. 1226-4-2 et L. 1226-4-3, et à la section 3 du chapitre VI du titre II du livre II de la première partie ;

5º A la rupture du contrat de travail à durée indéterminée, prévues aux chapitres I et II, à la sous-section 1 de la section 2, aux sous-sections 2 et 3 de la section 3 et aux paragraphes 1 et 2 de la sous-section 3 de la section 4 du chapitre III, aux sous-sections 1 à 4 et 6 de la section 1 et aux sous-sections 1 et 2 de la section 2 du chapitre IV, à la section 1 et aux sous-sections 3 et 4 de la section 2 du chapitre V et à la sous-section 1 de la section 1 du chapitre VII du titre III du même livre II et aux articles L. 1233-59 et L. 1237-10 ;

6º Au contrat de travail à durée déterminée, prévues aux chapitres I à VII du titre IV dudit livre II ;

7º A la résolution des litiges et au conseil de prud'hommes, prévues aux titres I à V du livre IV de ladite première partie ;

8º Aux syndicats professionnels, prévues au titre I, au chapitre I et à la section 1 du chapitre II du titre II et aux chapitres I et II, aux sections 1 à 4 du chapitre III et au chapitre IV du titre IV du livre I de la deuxième partie ;

9º A la négociation collective et aux conventions et accords collectifs de travail, prévues au livre II de la même deuxième partie, à l'exception du chapitre III du titre VIII ;

10º Aux institutions représentatives du personnel, prévues au titre I à l'exception du chapitre VI, aux chapitres I et II du titre II, au titre III à l'exception du chapitre V, au titre IV à l'exception du chapitre VI et au titre V à l'exception du chapitre V du livre III de ladite deuxième partie et aux articles L. 2323-1 à L. 2327-19 ;

11° Aux salariés protégés, prévues aux sections 2 à 6 du chapitre I et aux sections 2 à 4 du chapitre II du titre I, à la section 3 du chapitre I et aux sections 1 et 2 du chapitre II du titre II et au chapitre VII du titre III du livre IV de la même deuxième partie et aux articles L. 2421-3 et L. 2421-8 ;

12° Aux conflits collectifs, prévues aux titres I et II du livre V de la même deuxième partie ;

13° A la durée du travail, aux repos et aux congés, prévues à la section 2 du chapitre III du titre III et aux sections 2 et 3 du chapitre I et aux sous-sections 1 et 2 de la section 1 et aux sous-sections 1 à 3 et 5 à 7 et aux paragraphes 1 à 4 de la sous-section 10 de la section 2 du chapitre II du titre IV du livre I de la troisième partie ;

14° Aux salaires et avantages divers, prévues au titre I, aux chapitres I à V du titre IV et aux chapitres II et III du titre V du livre II de la même troisième partie ;

15° A l'intéressement, prévues à la section 1 du chapitre V du titre IV du livre III de ladite troisième partie ;

16° A la santé et la sécurité au travail, prévues à la section 1 du chapitre IV du titre V du livre I et aux chapitres I à IV du titre II du livre VI de la quatrième partie, sauf les articles L. 4624-2 à *(L. nº 2016-1088 du 8 août 2016, art. 102-III)* **« L. 4624-10 » ;** — *Les dispositions issues de la L. nº 2016-1088 du 8 août 2016 entrent en vigueur à la date de publication des décrets pris pour son application, et au plus tard le 1er janv. 2017 (L. préc., art. 102-V).*

17° Aux dispositions en faveur de l'emploi, prévues aux sections 1 à 4 du chapitre II du titre II du livre IV de la cinquième partie et aux articles L. 5422-20 et L. 5422-21 ;

18° A la formation professionnelle tout au long de la vie, prévues à la section 1 du chapitre I du titre I et aux chapitres I et II du titre II du livre I, aux chapitres I à V du titre I, aux chapitres I à V du titre II, aux chapitres I et II du titre III et aux titres IV à VI du livre III, au chapitre I du titre I et aux chapitres I et II du titre II du livre IV et à la section 4 du chapitre III et au chapitre IV du titre II du livre V de la sixième partie et aux articles L. 6111-3, L. 6326-1, L. 6326-2 *(Abrogé par L. nº 2022-1598 du 21 déc. 2022, art. 10-III) «, L. 6412-1 »* **et L. 6523-2.**

Art. L. 444-3 **Il est conclu, pour chaque personne accueillie, entre l'accueillant familial et son employeur un contrat de travail écrit.**

Tout contrat de travail fait l'objet d'une période d'essai de trois mois, éventuellement renouvelable après accord écrit du salarié.

Pour chaque personne accueillie, il est conclu entre la personne accueillie, l'accueillant familial et, si ce dernier le souhaite, l'employeur un contrat d'accueil conforme aux stipulations d'un contrat type établi par voie réglementaire après avis des représentants des présidents de conseil départemental.

Art. L. 444-4 **Les accueillants familiaux perçoivent une rémunération garantie dont le montant minimal est déterminé en référence au salaire minimum de croissance. Le montant de la rémunération est fonction du nombre de personnes accueillies et de la durée du travail. Cette rémunération est complétée des indemnités mentionnées aux 2° à 4° de l'article L. 442-1. Les montants des indemnités mentionnées aux 2° et 3° du même article L. 442-1 sont compris entre un minimum et un maximum fixés par décret.**

Le nombre de journées travaillées ne peut excéder pour chaque salarié un plafond annuel de deux cent cinquante-huit jours. Les modalités de détermination de la durée et de suivi de l'organisation du travail sont fixées par accord collectif de travail ou, à défaut, par décret.

L'employeur doit tenir à la disposition de l'inspecteur du travail, pendant une durée de trois ans, le ou les documents permettant de comptabiliser le nombre de jours de travail effectués par le salarié.

Lorsque le nombre annuel de jours travaillés, sans excéder le plafond légal susmentionné, dépasse le plafond fixé par accord collectif de travail, après déduction, le cas échéant, des jours affectés à un compte épargne-temps et des congés reportés dans les conditions prévues à l'article L. 223-9 *[L. 3141-21 nouv.]* **du code du travail, le salarié doit bénéficier, au cours des trois premiers mois de l'année suivante, d'un**

nombre de jours supplémentaires de congé égal au dépassement constaté et le plafond de jours travaillés afférent à cette année est réduit à due concurrence.

Art. L. 444-5 Lorsque, du fait de la personne accueillie, l'accueil d'une ou plusieurs personnes est provisoirement suspendu, notamment en cas d'hospitalisation ou de séjour dans la famille naturelle, l'accueillant familial a droit à une indemnité dont le montant et les conditions de versement sont définis par décret.

L'employeur qui ne peut pas confier à un accueillant familial le nombre de personnes prévues contractuellement, pendant une durée de quatre mois consécutifs, est tenu soit de recommencer à verser la totalité du salaire à l'issue de cette période, soit de procéder au licenciement économique de l'accueillant familial, motivé par cette absence de personne à confier, ou à la modification d'un élément essentiel du contrat de travail.

Art. L. 444-6 Les accueillants familiaux ne peuvent se séparer de l'ensemble des personnes qu'ils accueillent pendant les repos hebdomadaires, jours fériés, congés payés et congés de formation sans l'autorisation préalable de leur employeur. L'employeur est tenu d'accorder le congé principal demandé pendant la période définie au troisième alinéa de l'article L. 223-8 *[L. 3141-17 s. nouv.]* du code du travail. Il est tenu d'accorder d'autres congés, répartis sur l'année, dont la durée minimale est définie par décret.

Pendant les congés des accueillants, l'employeur est tenu de prévoir les modalités d'accueil des personnes accueillies en leur garantissant un accueil temporaire de qualité par un autre accueillant familial ou dans un établissement social et médico-social.

La formation initiale et continue prévue à l'article L. 441-1 du présent code est à la charge de l'employeur qui organise et finance l'accueil de la ou des personnes accueillies pendant les heures de formation.

Art. L. 444-7 Lorsque l'accueillant familial relevant du présent chapitre exerce un mandat de délégué syndical, de représentant syndical ou de représentant du personnel, l'employeur organise et finance, le cas échéant, l'accueil des personnes qui lui sont habituellement confiées pendant les temps correspondant à l'exercice de cette fonction.

Art. L. 444-8 En cas de retrait d'agrément, l'employeur est tenu de procéder au licenciement dans le respect des dispositions législatives et réglementaires en vigueur.

Le président du conseil départemental informe la personne morale qui l'emploie du retrait ou de la modification du contenu de l'agrément d'un accueillant familial.

Art. L. 444-9 En cas de rupture du contrat de travail à l'initiative de l'employeur, sauf en cas de faute grave ou lourde, ainsi qu'en cas de rupture à l'initiative du salarié, les parties respectent les délais de préavis suivants :

1° Quinze jours pour une ancienneté comprise entre trois et six mois ;

2° Un mois pour une ancienneté comprise entre six mois et moins de deux ans ;

3° Deux mois pour une ancienneté d'au moins deux ans.

TITRE V FORMATION DES TRAVAILLEURS SOCIAUX

CHAPITRE I DISPOSITIONS GÉNÉRALES

BIBL. ▶ ABALLEA, BENJAMIN et MENARD, Le métier de conseillère en économie sociale et familiale : professionnalité et enjeux, *Syros, 1998*. – CHAUVIÈRE, La professionnalisation du travail social à l'épreuve de la décentralisation, *RDSS 2011. 54* ✎. – Divers, La formation interrogée, *Synd. nat. des associations pour la sauvegarde de l'enfance, 2001* ; Nouvelles missions, nouvelles formations, *Inf. soc. 1994, n° 38*. – DUGUE, Formation en alternance et diplôme professionnel, *RF aff. soc. 1999, n° 1, p. 105*. – HENNION-MOREAU, La formation des travailleurs sociaux, *RDSS 2005. 36* ✎. – MANANGA, La réforme des formations et des professions sociales : une nécessité pour l'accompagnement des usagers des établissements et services sociaux et médico-sociaux, *RDSS 2008. 546* ✎. – RATER-GARCETTE, La professionnalisation du travail social, action sociale, syndicalisme, formation, 1880-1920, *L'Harmattan, 1997*. – DE RIDDER, Les professions sociales : du modèle de la qualification au modèle de la compétence ?, *RF aff. soc. 1999, n° 2, p. 95*. – ROUZEL, Le travail d'éducateur spécialisé, *Dunod, 1997*. – THÉVENET, La formation des travailleurs sociaux, *RDSS 1986. 462*.

COMMENTAIRE

L'article L. 312-1 (II, al. 3) pose le principe suivant : « les prestations délivrées par les établissements et services (...) sont réalisées par des équipes pluridisciplinaires qualifiées ; ces établissements et services sont dirigés par des professionnels dont le niveau de qualification est fixé par décret... ». La volonté d'améliorer la qualité des services en développant la qualification des professionnels conduisait tout naturellement à renforcer le cadre légal relatif à la formation des travailleurs sociaux.

Bien que cette préoccupation ne soit pas nouvelle, la qualification des travailleurs sociaux et des professions d'encadrement des établissements et services sociaux et médico-sociaux n'a fait l'objet d'un encadrement que de manière relativement récente : en dehors des assistants sociaux (art. L. 411-1 à L. 411-6), les autres professions sociales n'ont été encadrées par un diplôme d'État que dans les années 60-70 (diplôme d'éducateur spécialisé en 1967, d'éducateur de jeunes enfants en 1973, de conseiller en économie sociale et familiale en 1973, d'animateur en 1979).

La loi n° 75-535 du 30 juin 1975 relative aux institutions sociales et médico-sociales (art. 29) avait inclus dans son champ les centres de formation professionnelle au travail social en les considérant comme des établissements à caractère social ; la loi n° 98-657 du 29 juillet 1998 relative à la lutte contre les exclusions (art. 151) a conservé la même logique en élargissant cependant les missions des centres de formation et en adoptant un objectif de décloisonnement de ces professions ; surtout, ce texte a introduit un mécanisme de schéma national et de schémas régionaux des formations sociales qui, sous l'autorité de l'État, visent à aménager une cohérence entre les formations et les besoins.

L'ensemble de ces dispositions a été introduit dans le code au sein de ce chapitre unique qui constitue le titre cinquième relatif à la formation des travailleurs sociaux. On y retrouve les divers éléments progressivement définis par les législations antérieures : mission des « formations sociales », participation « au service public » des établissements publics ou privés qui les organisent, diplômes et titres délivrés par l'État, contrôle par ce dernier du respect des programmes, de la qualification des formateurs et des directeurs et de la qualité des enseignements, cet ensemble figurant à l'article L. 451-1. Le mécanisme de l'agrément nécessaire au fonctionnement des formations est organisé à l'article L. 451-2, lequel prévoit aussi l'établissement de schémas régionaux des formations sociales. Sont encadrées également les modalités de financement de ces mêmes structures à l'article L. 451-2-1. Enfin, des mécanismes d'aides aux étudiants sont définis par l'article L. 451-3.

Une modification d'importance est cependant survenue suite à l'adoption de la loi n° 2004-809 du 13 août 2004 relative aux libertés et responsabilités locales. L'article L. 451-1 a été entièrement réécrit de façon à y réaffirmer les responsabilités de l'État tant en matière de diplômes et titres qu'en matière de contrôle des qualifications des personnels et de la qualité pédagogique des formations. Mais désormais les établissements publics ou privés ne sont plus soumis à l'égard de l'État qu'à une procédure de déclaration préalable ; cela tient au fait que c'est maintenant la région qui agrée les centres de formation (art. L. 451-2 dans sa nouvelle rédaction) et qui les finance, au terme d'une politique de formation des travailleurs sociaux qu'elle se voit chargée de définir et de mettre en œuvre. Les relations entre la région et les établissements sont organisées dans le cadre d'une convention qui les lie pour définir les conditions du financement des activités pédagogiques et des charges administratives qui y sont liées, ainsi que des dépenses d'investissement, d'entretien et de fonctionnement des locaux (article L. 451-2-1 nouveau).

On doit enfin évoquer deux aspects importants du nouveau cadre législatif. D'une part, les départements sont associés à la politique régionale de formation, la loi y faisant référence à deux reprises ; ainsi, le schéma régional des formations doit être élaboré « en association avec les départements » (art. L. 451-1, al 1) ; de même, la région peut déléguer par convention aux départements qui en font la demande sa compétence d'agrément des centres de formation (art. L. 451-1, al. 3). D'autre part, concernant les frais de formation auxquels sont exposés les étudiants, le principe de la gratuité des études est affirmé à l'article L. 451-2-1, la même disposition prévoyant cependant la perception de droits d'inscription dont le montant maximum est fixé chaque année par arrêté ; enfin, et dans le même domaine, l'article L. 451-3 dans sa nouvelle rédaction substitue aux aides aux étudiants antérieurement à la charge de l'État des aides de la région dont la nature, le montant et les conditions d'attribution sont déterminées par le conseil régional, cela dans une configuration minimale (taux et barème) fixée par décret.

La loi n° 2014-288 du 5 mars 2014 relative à la formation professionnelle, à l'emploi et à la démocratie sociale a rajouté dans l'art. L. 451-1, au titre d'un suivi pédagogique des établissements, des dispositions concernant le contrôle par l'État du respect des textes relatifs aux diplômes, la qualification des formateurs intervenant dans les formations ainsi que la qualité des enseignements dispensés. ❑

Art. L. 451-1 *(L. nº 2004-809 du 13 août 2004, art. 52)* **Les formations sociales contribuent à la qualification et à la promotion des professionnels et des personnels salariés et non salariés engagés dans la lutte contre les exclusions et contre la maltraitance, dans la prévention et la compensation de la perte d'autonomie, des handicaps ou des inadaptations** *(L. nº 2016-444 du 13 avr. 2016, art. 2)* **«, dans la prévention de la prostitution et l'identification des situations de prostitution, de proxénétisme et de traite des êtres humains» et dans la promotion** *(L. nº 2007-290 du 5 mars 2007, art. 6)* **«du droit au logement, de la cohésion sociale» et du développement social.**

Les diplômes et titres de travail social sont délivrés par l'État conformément aux dispositions du I de l'article L. 335-6 du code de l'éducation, dans le respect des orientations définies par le ministre chargé des affaires sociales après avis du Conseil supérieur du travail social.

(L. nº 2014-288 du 5 mars 2014, art. 21-XI-1º, en vigueur le 1er janv. 2015) **«Les établissements publics ou privés sont soumis, pour dispenser une formation préparant à un diplôme de travail social, à un agrément délivré par la région sur la base du schéma régional des formations sociales, après avis du représentant de l'État dans la région, ainsi qu'aux obligations et interdictions prévues respectivement aux articles L. 6352-1 et L. 6352-2 du code du travail.**

«La région peut, par voie de convention, déléguer aux départements qui en font la demande sa compétence d'agrément des établissements dispensant des formations sociales situés sur leur territoire.»

L'État contrôle, en outre, dans des conditions fixées par voie réglementaire, le respect des *(L. nº 2014-288 du 5 mars 2014, art. 21-XI-1º, en vigueur le 1er janv. 2015)* **«textes relatifs aux diplômes», la qualification des formateurs et directeurs d'établissement et la qualité des enseignements délivrés par** *(L. nº 2014-288 du 5 mars 2014, art. 21-XI-1º, en vigueur le 1er janv. 2015)* **«les établissements agréés» pendant la durée des formations, préparant aux diplômes et titres de travail social.** *(L. nº 2014-288 du 5 mars 2014, art. 21-XI-1º, en vigueur le 1er janv. 2015)* **«Ce contrôle pédagogique est effectué, pour chaque niveau de diplôme, en tenant compte notamment du rôle des partenaires en matière d'alternance, d'enseignements et de recherche ainsi que des démarches d'évaluation interne et d'actualisation des compétences pédagogiques. Il est formalisé dans un avis qui est transmis à la région.»**

Les départements sont consultés sur la définition et le contenu des formations.

(L. nº 2005-102 du 11 févr. 2005, art. 62-I-3º) **«La Caisse nationale de solidarité pour l'autonomie mentionnée à l'article** *(Ord. nº 2021-1554 du 1er déc. 2021, art. 3-11º)* **«L. 223-5 du code de la sécurité sociale» participe aux travaux relatifs à la définition et au contenu des formations qui concernent les personnels salariés et non salariés engagés dans la prévention et la compensation des handicaps et de la perte d'autonomie.»** — *Les dispositions de l'Ord. nº 2021-1554 du 1er déc. 2021 sont entrées en vigueur le lendemain de la publication du Décr. nº 2022-801 du 12 mai 2022, soit le 14 mai 2022 (Décr. préc., art. 1er, JO 13 mai).*

«Un décret fixe les modalités d'application du présent article et, notamment, *(L. nº 2014-288 du 5 mars 2014, art. 21-XI-1º, en vigueur le 1er janv. 2015)* **«les conditions d'agrément, les modalités d'enregistrement des établissements dispensant une formation préparant à un diplôme de travail social et» les sanctions encourues en cas de non-respect des prescriptions du présent article.**

Les dispositions issues de la L. nº 2014-288 du 5 mars 2014 sont applicables, sous réserve de l'entrée en vigueur des dispositions relevant de la loi de finances, à compter du 1er janv. 2015 (L. préc., art. 27-I et II).

V. art. R. 451-1 s.

En application des art. L. 231-5 et L. 231-6 CRPA, le silence gardé pendant quatre mois par une collectivité territoriale ou un de ses établissements publics vaut décision de rejet pour les demandes d'agrément des établissements de formation de travailleurs sociaux (Décr. nº 2015-1461 du 10 nov. 2015, applicable pour les demandes présentées à compter du 12 nov. 2015).

Art. L. 451-2 *(L. nº 2004-809 du 13 août 2004, art. 53)* La région définit et met en œuvre la politique de formation des travailleurs sociaux. Dans le cadre de l'élaboration du schéma régional des formations sociales, elle recense, en association avec les départements *(L. nº 2023-1196 du 18 déc. 2023, art. 17-I)* « et les comités départementaux des services aux familles », les besoins de formation à prendre en compte pour la conduite de l'action sociale et médico-sociale et indique comment elle compte y répondre.

(L. nº 2014-288 du 5 mars 2014, art. 21-XI-2º, en vigueur le 1er janv. 2015) « La région assure, dans les conditions prévues à l'article L. 451-2-1 du présent code, le financement des établissements agréés pour dispenser une formation sociale initiale, exception faite des établissements mentionnés aux articles L. 214-5 et L. 611-1 du code de l'éducation. Ces établissements agréés participent au service public régional de la formation professionnelle.

« Elle assure également le financement des établissements agréés pour dispenser une formation sociale continue pour les demandeurs d'emplois, lorsqu'ils participent au service public régional de la formation professionnelle défini à l'article L. 6121-2 du code du travail. » — *V. note ss. art. L. 451-1.*

Art. L. 451-2-1 *(L. nº 2004-809 du 13 août 2004, art. 54)* Les établissements agréés par la région pour dispenser des formations sociales initiales souscrivent avec elle une convention pour bénéficier des financements nécessaires à la mise en œuvre desdites formations.

L'aide financière de la région à ces établissements est constituée par une subvention annuelle couvrant les dépenses administratives et celles liées à leur activité pédagogique. La région participe également, dans des conditions définies par une délibération du conseil régional, à leurs dépenses d'investissement, d'entretien et de fonctionnement des locaux.

Aucune condition de résidence n'est opposable aux étudiants.

La gratuité des études dans les établissements de formation dispensant des formations sociales initiales est assurée pour lesdites formations.

Les établissements agréés perçoivent toutefois de la part des étudiants des droits d'inscription dont le montant maximum est fixé chaque année par référence au niveau arrêté pour les droits de scolarité dans les instituts universitaires professionnalisés. En supplément des droits d'inscription, ils peuvent prélever des frais de scolarité correspondant à la rémunération de services aux étudiants. Ils peuvent également bénéficier des rémunérations de services, participations des employeurs ou subventions des collectivités publiques.

Art. L. 451-3 *(L. nº 2004-809 du 13 août 2004, art. 55)* La région est compétente pour attribuer des aides aux étudiants inscrits dans les établissements mentionnés à l'article *(L. nº 2006-396 du 31 mars 2006)* « L. 451-2-1 ». La nature, le montant et les conditions d'attribution de ces aides sont fixés par délibération du conseil régional.

Un décret fixe les règles minimales de taux et de barème de ces aides. — *V. art. D. 451-7.*

Art. L. 451-4 Sauf disposition contraire, les modalités d'application du présent chapitre sont déterminées par décret en Conseil d'État, et notamment celles prévues aux articles L. 451-1 et L. 451-2.

CHAPITRE II FORMATION SUPÉRIEURE

Art. L. 452-1 *(L. nº 2014-288 du 5 mars 2014, art. 21-XI-3º, en vigueur le 1er janv. 2015)* Les diplômes de travail social délivrés après l'obtention du baccalauréat s'inscrivent dans le cadre de l'espace européen de la recherche et de l'enseignement supérieur mentionné au 4º de l'article L. 123-2 du code de l'éducation.

Les établissements qui dispensent ces formations développent des coopérations avec des établissements d'enseignement supérieur et de recherche. — *V. note ss. art. L. 451-1.*

TITRE VI RECONNAISSANCE DES QUALIFICATIONS PROFESSIONNELLES

(L. nº 2007-293 du 5 mars 2007, art. 28)

COMMENTAIRE

Ce titre VI du livre quatrième du code a été introduit par la loi nº 2007-293 du 5 mars 2007 rénovant la protection de l'enfance. Les dispositions nouvelles (art. L. 461-1 à L. 461-4) ont une portée plus large que la seule protection de l'enfance puisqu'elles recouvrent le champ de l'ensemble des professions sociales. Ces professions sont accessibles aux titulaires de diplômes d'État dont la préparation est assurée par des organismes de formation habilités spécialement dans des conditions prévues aux articles L. 451-1 à L. 451-4. Par ailleurs, les conventions collectives du secteur social et médico-social, qui sont agréées par les autorités publiques selon des modalités prévues à l'article L. 314-6, prévoient les conditions d'emploi de ces professionnels. Ainsi, en droit, pour certaines professions dont celle d'assistant de service social ou en fait, pour d'autres, l'exercice professionnel de ces métiers est suspendu à la possession du diplôme d'État. Il fallait donc, en application des obligations de la France dans le cadre des traités et réglementations de l'Union européenne et plus largement de l'Espace économique européen, que les conditions d'accès des nationaux des États membres de ces institutions soient définies, en vertu du principe de la liberté de circulation des travailleurs dans l'espace européen. C'est ce qu'organisent les articles composant ce nouveau titre VI. Pour l'essentiel, y sont prévues d'une part, les modalités de reconnaissance des titres et qualifications détenus par des nationaux d'autres pays membres pour l'exercice des professions sociales (art. L. 461-1 et L. 461-2), et d'autre part, les modalités d'organisation d'épreuves d'aptitude pour les candidats qui ne peuvent justifier de qualifications considérées comme équivalentes (art. L. 461-3 et L. 461-4). ❑

Art. L. 461-1 **Les conditions et modalités de reconnaissance des qualifications professionnelles des ressortissants d'un État membre de la Communauté européenne ou d'un autre État partie à l'accord sur l'Espace économique européen souhaitant accéder à des activités professionnelles dans le champ couvert par une des conventions collectives mentionnées au premier alinéa de l'article L. 314-6 qui prévoient la détention d'un diplôme de travail social créé en vertu de l'article L. 451-1 sont fixées aux articles L. 461-2 à L. 461-4.**

Art. L. 461-2 **Pour bénéficier de la reconnaissance de leurs qualifications professionnelles, les candidats visés à l'article L. 461-1 doivent justifier :**

1° D'un diplôme, certificat ou titre permettant l'exercice d'activités professionnelles similaires faisant l'objet d'une réglementation dans l'État membre ou autre État partie d'origine ou de provenance, et de niveau équivalent ou immédiatement inférieur, au regard des articles 11 et 13 de la directive 2005/36/CE du Parlement européen et du Conseil, du 7 septembre 2005, relative à la reconnaissance des qualifications professionnelles, à celui prévu par la convention collective, délivré :

***a)* Soit par l'autorité compétente de cet État et sanctionnant une formation acquise de façon prépondérante dans la Communauté européenne ou l'Espace économique européen ;**

***b)* Soit par un pays tiers, à condition que l'autorité compétente de l'État membre ou autre État partie qui a reconnu le diplôme, certificat ou autre titre atteste que son titulaire a une expérience professionnelle de trois ans au moins dans cet État ;**

2° Ou d'un diplôme, certification ou titre et de l'exercice à plein temps d'activités professionnelles similaires pendant deux ans au moins au cours des dix années précédentes dans un État membre ou autre État partie d'origine ou de provenance qui ne réglemente pas l'accès ou l'exercice d'activités similaires.

Toutefois, cette condition d'une expérience professionnelle de deux ans n'est pas exigée lorsque le ou les titres de formation détenus par les demandeurs sanctionnent une formation réglementée par l'État membre d'origine.

Art. L. 461-3 **Lorsque la formation du demandeur est inférieure d'au moins un an à celle prévue par la convention collective ou lorsque cette formation porte sur des**

matières substantiellement différentes, en termes de durée ou de contenu, de celles qui figurent au programme du diplôme français et dont la connaissance est essentielle à l'exercice des activités professionnelles concernées, sauf notamment si les connaissances qu'il a acquises au cours de son expérience professionnelle sont de nature à rendre cette vérification inutile, le demandeur choisit soit de se soumettre à une épreuve d'aptitude, soit d'accomplir un stage d'adaptation dont la durée ne peut excéder trois ans.

Art. L. 461-4 La décision de reconnaissance des qualifications professionnelles du demandeur est motivée. Elle doit intervenir au plus tard dans un délai de quatre mois à compter de la date du récépissé, qui est délivré à réception du dossier complet.

TITRE VII MANDATAIRES JUDICIAIRES À LA PROTECTION DES MAJEURS ET DÉLÉGUÉS AUX PRESTATIONS FAMILIALES

(L. nº 2007-308 du 5 mars 2007, art. 14)

COMMENTAIRE

La loi nº 2007-293 du 5 mars 2007 rénovant la protection de l'enfance a ajouté au code, au sein du livre IV intitulé désormais du fait de la loi portant réforme de la protection juridique des majeurs « Professions et activités sociales » (l'ancien intitulé étant « Professions et activités d'accueil »), un nouveau titre VI relatif à la « Reconnaissance des qualifications professionnelles ».

La loi portant réforme de la protection juridique des majeurs introduit un nouveau titre VII : « Mandataires judiciaires à la protection des majeurs et délégués aux prestations familiales ».

Ce titre comporte quatre chapitres, l'un portant sur les dispositions communes à l'ensemble des mandataires à la protection des majeurs, qu'il s'agisse des « services mandataires » ou des « personnes physiques », le second concernant les « personnes physiques mandataires », le troisième introduisant des dispositions pénales relatives à ces activités et enfin le quatrième chapitre consacré, lui, aux « délégués aux prestations familiales », qui constituent un type d'activités spécifiques et consacrées comme telles par la réglementation.

L'objet des quatre chapitres constituant le titre VII est d'organiser l'ensemble des activités, des services et des personnes qui apportent leur concours à l'autorité judiciaire pour mettre en œuvre les diverses mesures de protection des majeurs : sauvegarde de justice, tutelle, curatelle ainsi que la nouvelle « mesure d'accompagnement judiciaire », mesure civile qui s'est substituée à l'ancienne « tutelle aux prestations sociales » du code de la sécurité sociale (art. L. 162-1). Jusque-là, ces opérateurs – délégués à la tutelle d'État, gérants de tutelle et tuteurs aux prestations sociales – étaient soumis à des statuts et réglementations disparates. Ces nouvelles dispositions visent à harmoniser les conditions de fonctionnement de toutes ces activités : ce qu'elles font dans le cadre du code de l'action sociale et des familles afin de souligner que leur mission éminemment sociale doit prendre le pas sur leurs fonctions patrimoniales. ❑

CHAPITRE I DISPOSITIONS COMMUNES AUX MANDATAIRES JUDICIAIRES À LA PROTECTION DES MAJEURS

(L. nº 2007-308 du 5 mars 2007, art. 14)

Les dispositions de la L. nº 2007-308 du 5 mars 2007, art. 14, sont applicables à compter du 1er janv. 2009 (L. préc., art. 45).

BIBL. ▸ Dumery, Responsabilité civile des organes de protection : la nouvelle donne, *RDSS 2008. 844*. – Favier, Les mandataires judiciaires à la protection des majeurs : une nouvelle profession sociale, *RDSS 2008. 826*. – Fossier, Le droit des tutelles après sa réforme : nouvelle branche du droit social ?, *RDSS 2007. 672*. – Mananga, Sur les mesures d'application de la réforme de la protection juridique des majeurs, *RDSS 2009. 536*. – Plazy, La personne de l'incapable, *La Mouette, 2001*. – Pollet, Le mandataire judiciaire à la protection des majeurs face au secret professionnel, *RDSS 2013. 711*. – Renaud et Séraphin, Les majeurs protégés, état des lieux, *Recherches familiales, UNAF, 2004*. – Séraphin, Les conditions de la reconnaissance, l'exemple des majeurs protégés, *Handicap, Rev. sc. hum. et soc, CTNERHI, nº 105-106, 2005* (V. aussi Bibl. sous art. L. 271-1).

COMMENTAIRE

L'apport principal de ce chapitre tient tout d'abord au fait qu'il englobe l'ensemble de tous les types d'auxiliaires du juge des tutelles dans une définition juridique commune à tous les types d'activités et de mesures (art. L. 471-1). Ensuite, sont prévues les formalités nécessaires pour exercer ces mesures, notamment l'inscription sur une liste départementale (L. 471-2) ainsi que l'obligation de satisfaire à diverses conditions préalables dont des conditions de moralité (L. 471-3). Point important : est affirmé le principe de la primauté de la participation du majeur protégé au financement des mesures et, par là même, de la subsidiarité du financement public (art. L. 471-3).

Enfin, les conditions d'application des principes et obligations définis aux articles L. 311-3 à L. 311-9 visant les usagers des établissements et services sociaux et médico-sociaux sont précisées pour les services ou les personnes physiques qui apportent leur concours à la protection juridique des majeurs (art. L. 471-5 s.). ❑

Art. L. 471-1 Les mandataires judiciaires à la protection des majeurs exercent à titre habituel les mesures de protection des majeurs que le juge des tutelles leur confie au titre du mandat spécial auquel il peut être recouru dans le cadre de la sauvegarde de justice ou au titre de la curatelle, de la tutelle ou de la mesure d'accompagnement judiciaire.

Art. L. 471-2 Les mandataires judiciaires à la protection des majeurs sont inscrits sur une liste dressée et tenue à jour par le représentant de l'État dans le département.

Cette liste comprend :

1° Les services mentionnés au 14° du I de l'article L. 312-1 ;

2° Les personnes agréées au titre de l'article L. 472-1 ;

3° Les personnes désignées dans la déclaration prévue à l'article L. 472-6.

Les personnes inscrites sur cette liste prêtent serment dans des conditions prévues par décret en Conseil d'État.

Décret n° 2008-1512 du 30 décembre 2008,

Fixant les modalités d'inscription sur les listes prévues aux articles L. 471-2, L. 471-3, L. 474-1 et L. 474-2 du code de l'action sociale et des familles (JO 31 déc.).

Art. 3 I. — Le préfet inscrit sur la liste prévue à l'article L. 471-2 du code de l'action sociale et des familles le nom et les coordonnées des personnes suivantes :

1° Les personnes morales mentionnées au I de l'article 44 de la loi n° 2007-308 du 5 mars 2007 portant réforme de la protection juridique des majeurs, jusqu'à ce qu'elles se soient conformées aux dispositions de la section 1 du chapitre III du titre I du livre III du code de l'action sociale et des familles et, au plus tard, jusqu'au 31 décembre *(Décr. n° 2011-936 du 1er août 2011, art. 10-I)* « 2011 » ;

2° Les personnes physiques mentionnées au II de l'article 44 de la loi n° 2007-308 du 5 mars 2007 portant réforme de la protection juridique des majeurs, jusqu'à ce qu'elles se soient conformées aux dispositions de l'article L. 472-1 du code de l'action sociale et des familles et, au plus tard, jusqu'au 31 décembre *(Décr. n° 2011-936 du 1er août 2011, art. 10-I)* « 2011 » ;

3° Les préposés d'établissement mentionnés au IV de l'article 44 de la loi n° 2007-308 du 5 mars 2007 portant réforme de la protection juridique des majeurs, jusqu'à ce que leur établissement se soit conformé aux dispositions de l'article L. 472-6 du code de l'action sociale et des familles et, au plus tard, jusqu'au 31 décembre *(Décr. n° 2011-936 du 1er août 2011, art. 10-I)* « 2011 ».

II. — Le préfet notifie sans délai aux juridictions intéressées le nom et les coordonnées des personnes mentionnées au I en mentionnant également :

1° La catégorie de mesures de protection des majeurs qu'elles sont habilitées à exercer ;

2° Les tribunaux judiciaires *[ancienne rédaction : tribunaux d'instance]* dans les ressorts desquels elles sont habilitées à exercer des mesures de protection ;

3° La date d'échéance de leur inscription sur la liste.

Art. L. 471-2-1 *(L. n° 2015-1776 du 28 déc. 2015, art. 33)* **Un décret en Conseil d'État définit les cas dans lesquels tout mandataire judiciaire ou toute personne physique ayant reçu délégation d'un service mandataire peut exercer l'activité de mandataire judiciaire à la protection des majeurs selon un mode d'exercice différent de celui**

pour lequel il a été initialement agréé ou habilité, dans des conditions permettant de garantir l'indépendance professionnelle de la personne exerçant l'activité de mandataire judiciaire à la protection des majeurs, le respect des droits et libertés de la personne protégée et la continuité de sa prise en charge. — *Pour leur application à Mayotte, les dispositions issues de l'art. 33 de la L. n° 2015-1776 du 28 déc. 2015 entrent en vigueur à compter du 1er janv. 2016, conformément à l'art. 11 de l'Ord. n° 2012-785 du 31 mai 2012 portant extension et adaptation du code de l'action sociale et des familles au département de Mayotte (L. préc., art. 84-III-B).*

Art. L. 471-3 **Dans le respect des dispositions de la loi n° 78-17 du 6 janvier 1978 relative à l'informatique, aux fichiers et aux libertés, les services mentionnés au 14° du I de l'article L. 312-1, dont l'autorisation fait l'objet d'un retrait en application de l'article L. 313-18, ainsi que les mandataires judiciaires à la protection des majeurs, dont l'agrément prévu à l'article L. 472-1 ou, selon les cas, la déclaration prévue à l'article L. 472-6, fait l'objet d'une suspension, d'un retrait ou d'une annulation sont répertoriés dans une liste nationale, tenue à jour. Outre le représentant de l'État dans le département, le procureur de la République peut consulter cette liste.**

Art. L. 471-4 **Les mandataires judiciaires à la protection des majeurs doivent satisfaire à des conditions de moralité, d'âge, de formation certifiée par l'État et d'expérience professionnelle.**

Lorsque le mandat judiciaire à la protection des majeurs a été confié à un service mentionné au 14° du I de l'article L. 312-1, les conditions prévues au premier alinéa sont exigées des personnes physiques appartenant à ce service qui ont reçu délégation de celui-ci pour assurer la mise en œuvre de la mesure. Ce service informe le représentant de l'État dans le département des méthodes de recrutement suivies pour se conformer aux dispositions du présent article et des règles internes qu'il s'est fixées pour le contrôle de ses agents dans l'exercice de leur mission.

Art. L. 471-5 **Le coût des mesures exercées par les mandataires judiciaires à la protection des majeurs et ordonnées par l'autorité judiciaire au titre du mandat spécial auquel il peut être recouru dans le cadre de la sauvegarde de justice ou au titre de la curatelle, de la tutelle ou de la mesure d'accompagnement judiciaire est à la charge totale ou partielle de la personne protégée en fonction de ses ressources. Lorsqu'il n'est pas intégralement supporté par la personne protégée, il est pris en charge dans les conditions fixées par les articles L. 361-1, L. 472-3 et L. 472-9.**

A titre exceptionnel, le juge peut, après avoir recueilli l'avis du procureur de la République, allouer au mandataire judiciaire à la protection des majeurs, pour l'accomplissement d'un acte ou d'une série d'actes requis par l'exercice de la mesure de protection et impliquant des diligences particulièrement longues ou complexes, une indemnité en complément des sommes perçues au titre du premier alinéa lorsqu'elles s'avèrent manifestement insuffisantes. Cette indemnité est à la charge de la personne et est fixée par le juge en application d'un barème national établi par décret.

(L. n° 2015-1785 du 29 déc. 2015, art. 53-III-3°, en vigueur le 1er janv. 2016) **« Les agents des organismes de sécurité sociale sont habilités à transmettre au représentant de l'État dans le département les informations dont ils disposent sur les ressources de leurs allocataires et sur les prestations qu'ils leur servent afin de permettre aux services de l'État dans le département de vérifier le montant de la participation de la personne protégée au financement du coût des mesures prévues au présent article. »**

1. Montant de la participation financière. Il résulte des dispositions de l'art. L. 471-5 et des art. L. 361-1, L. 472-3 et L. 472-9 éclairées par les travaux parlementaires que si les personnes bénéficiant d'une mesure de protection participent au financement de cette mesure, le montant de cette participation financière ne peut être supérieur au coût de ladite mesure. • CE 4 févr. 2011, *Féd. nationale des associations tutélaires et a.*, n° 325721 B : *AJCT 2011. 236, obs. Aubin ; RDSS 2011. 719, note Lapouble*.

2. Conformité de la participation financière à l'alinéa 11 du préambule de la Constitution de 1946. Pour permettre à toute personne de bénéficier d'une mesure de protection juridique lorsqu'elle se trouve dans l'impossibilité de pourvoir seule à ses intérêts en raison d'une altération de ses facultés, les art. 419 C. civ. et L. 471-5 CASF ont prévu un financement public des mesures de protection lorsque la personne ne dispose pas des ressources pour en assumer le coût ; si l'existence d'un tel financement public met en œuvre le onzième alinéa du Préambule de 1946, cette exigence constitutionnelle n'impose pas que la collectivité publique prenne en charge, quel que soit leur coût, toutes les diligences susceptibles d'être accomplies au titre d'une mesure de protection juridique. • Cons. const. 17 juin 2011, n° 2011-136 QPC : *JO 18 juin, p. 10458.*

3. Conformité de la participation financière au principe d'égalité. Si, en règle générale, le principe d'égalité impose de traiter de la même façon des personnes qui se trouvent dans la même situation, il n'en résulte pas pour autant qu'il oblige à traiter différemment des personnes se trouvant dans des situations différentes ; les dispositions contestées issues des art. 419 C. civ. et L. 471-5 CASF, qui laissent à la charge de la personne protégée, dans tous les cas, le coût de l'indemnité en complément susceptible d'être allouée au mandataire judiciaire à la protection des majeurs, ne méconnaissent pas le principe d'égalité. • Cons. const. 17 juin 2011, n° 2011-136 QPC : *préc. note 2.*

4. Prise en charge à titre exceptionnel par la collectivité. Si le préfet peut, à titre exceptionnel et en raison de circonstances particulières, décider d'une prise en charge temporaire totale ou partielle par la collectivité publique des dépenses incombant au majeur protégé, cette faculté ne saurait être regardée comme instituant un droit que pourrait revendiquer toute personne confrontée à des difficultés ; dès lors, le préfet peut légalement se fonder, pour refuser d'accorder le bénéfice de cette mesure, sur des motifs tirés de l'insuffisance des crédits disponibles, sous le contrôle du juge administratif à qui il appartient de censurer une décision de refus en cas d'erreur de fait ou de droit, d'erreur manifeste d'appréciation ou de détournement de pouvoir. • CE 25 oct. 2018, n° 403417 B : *AJDA 2019. 180, concl. Dutheillet de Lamothe.*

Art. L. 471-6 *(L. n° 2015-1776 du 28 déc. 2015, art. 32-I-1°)* **Afin de garantir l'exercice effectif des droits et libertés de la personne protégée, notamment de prévenir tout risque de maltraitance, le mandataire judiciaire à la protection des majeurs remet personnellement à la personne protégée ou, dès lors que l'état de cette dernière ne lui permet pas d'en mesurer la portée, à un membre du conseil de famille s'il a été constitué ou, à défaut, à un parent, un allié ou une personne de son entourage dont il connaît l'existence, le cas échéant à la personne de confiance désignée au titre de l'article L. 311-5-1 :**

1° Une notice d'information à laquelle est annexée une charte des droits de la personne protégée ;

2° Un document individuel de protection des majeurs qui vaut, le cas échéant, document individuel de prise en charge pour l'application du quatrième alinéa de l'article L. 311-4.

Ce document définit les objectifs et la nature de la mesure de protection, dans le respect des principes déontologiques et éthiques, des recommandations de bonnes pratiques professionnelles et, le cas échéant, du projet de service. Il détaille la liste et la nature des prestations offertes ainsi que le montant prévisionnel des prélèvements opérés sur les ressources de la personne protégée. Le contenu minimal de ce document est fixé par décret.

Une copie des documents mentionnés aux 1° et 2° du présent article est, dans tous les cas, adressée à la personne par tout moyen propre à en établir la date de réception.

Pour leur application à Mayotte, les dispositions issues de l'art. 32 de la L. n° 2015-1776 du 28 déc. 2015 entrent en vigueur à compter du 1er janv. 2016, conformément à l'art. 11 de l'Ord. n° 2012-785 du 31 mai 2012 portant extension et adaptation du code de l'action sociale et des familles au département de Mayotte (L. préc., art. 84-III-B).

Art. L. 471-7 **Afin de garantir l'exercice effectif des droits mentionnés aux articles L. 311-3 à L. 311-9, lorsque** *(Ord. n° 2020-232 du 11 mars 2020, art. 44)* **« la personne chargée d'une mesure de protection juridique avec représentation relative à la personne à l'égard » d'un usager d'un établissement mentionné à l'article L. 472-6 est un mandataire judiciaire à la protection des majeurs mentionné au même article :**

1° Les documents mentionnés aux trois premiers alinéas de l'article L. 311-4 sont personnellement remis à la personne protégée ou, dès lors que l'état de cette dernière ne lui permet pas d'en mesurer la portée, à un membre du conseil de famille s'il a été constitué ou, à défaut, à un parent, un allié ou une personne de son entourage dont l'existence est connue ;

2° La participation directe de la personne à l'élaboration du document individuel de prise en charge mentionné à l'article L. 311-4 est requise à moins que son état ne lui permette pas d'exprimer une volonté éclairée ;

3° La faculté mentionnée à l'article L. 311-5 est exercée directement par l'intéressé. Lorsque son état ne lui permet pas d'exprimer une volonté éclairée, elle est exercée par un membre du conseil de famille s'il a été constitué ou, à défaut, par un parent, un allié ou une personne de son entourage dont l'existence est connue ;

4° L'association des personnes protégées au fonctionnement du service ou de l'établissement leur est garantie par leur participation directe au conseil de la vie sociale prévu à l'article L. 311-6 ou, lorsque leur état ne le leur permet pas, par d'autres formes de participation prévues par le même article.

Le présent article s'applique lorsque *(Ord. n° 2020-232 du 11 mars 2020, art. 44)* **« la personne chargée d'une mesure de protection juridique avec représentation relative à la personne à l'égard » d'un usager d'un établissement ou d'un service social ou médico-social mentionné au I de l'article L. 312-1 est un mandataire judiciaire à la protection des majeurs mentionné au 14° du même I, géré par cet établissement ou ce service ou par le gestionnaire de cet établissement ou de ce service s'il n'est pas doté d'une personnalité morale propre.**

L'Ord. n° 2020-232 du 11 mars 2020 n'est pas applicable en Nouvelle-Calédonie. Elle entre en vigueur à une date fixée par décret en Conseil d'État et au plus tard le 1er oct. 2020. Elle est applicable aux mesures de protection juridique en cours au jour de son entrée en vigueur et aux situations dans lesquelles aucune décision n'a été prise au jour de son entrée en vigueur (Ord. préc., art. 45 et 46, JO 12 mars).

Art. L. 471-8 **Afin de garantir l'exercice effectif des droits mentionnés aux articles L. 311-3 à L. 311-9, lorsque le mandataire judiciaire à la protection des majeurs est un service mentionné au 14° du I de l'article L. 312-1 :**

1° La notice d'information prévue *(L. n° 2015-1776 du 28 déc. 2015, art. 32-I-2°)* **« au 1° de l'article L. 471-6 » et le règlement de fonctionnement prévu à l'article L. 311-7 sont remis dans les conditions définies au 1° de l'article L. 471-7 ;**

2° Le 3° de l'article L. 471-7 est applicable ;

(L. n° 2015-1776 du 28 déc. 2015, art. 32-I-2°) **« 3° Le document individuel de protection des majeurs prévu au 2° de l'article L. 471-6 est également remis à la personne ; »**

4° Les personnes protégées sont associées au fonctionnement de l'établissement ou du service par leur participation directe au conseil de la vie sociale prévu à l'article L. 311-6 ou, lorsque leur état ne le leur permet pas, par d'autres formes de participation prévues par le même article.

Pour leur application à Mayotte, les dispositions issues de l'art. 32 de la L. n° 2015-1776 du 28 déc. 2015 entrent en vigueur à compter du 1er janv. 2016, conformément à l'art. 11 de l'Ord. n° 2012-785 du 31 mai 2012 portant extension et adaptation du code de l'action sociale et des familles au département de Mayotte (L. préc., art. 84-III-B).

Art. L. 471-9 **Les modalités d'application de l'article L. 471-5 ainsi que les adaptations apportées à la mise en œuvre de l'article L. 311-5 par l'article L. 471-7 sont fixées par décret en Conseil d'État.**

CHAPITRE II PERSONNES PHYSIQUES MANDATAIRES JUDICIAIRES À LA PROTECTION DES MAJEURS

(L. n° 2007-308 du 5 mars 2007, art. 19)

Les dispositions de la L. n° 2007-308 du 5 mars 2007, art. 19, sont applicables à compter du 1er janv. 2009 (L. préc., art. 45).

COMMENTAIRE

Au sein du nouveau titre VII du livre IV consacré aux « Mandataires judiciaires à la protection des majeurs et délégués aux prestations familiales », la loi n° 2007-308 du 5 mars 2007 portant réforme de la protection juridique des majeurs a introduit ce chapitre II qui concerne non plus les « Services mandataires » (chap. I, art. L. 471-1 à L. 471-8), mais les « Personnes physiques mandataires judiciaires à la protection des majeurs ».

Il s'agit là des personnes qui, sous le nom de « gérant de tutelle privé », mettent en œuvre les mesures judiciaires de protection (sauvegarde de justice, tutelle, curatelle ou mesure d'assistance judiciaire) soit à titre individuel, soit au sein d'établissements sociaux ou médico-sociaux.

Le législateur a entendu rénover les conditions d'exercice de ces activités et s'assurer des meilleures garanties possibles sur la qualité de leurs interventions. Les dispositions essentielles concernent tout d'abord l'institution d'une procédure d'agrément (art. L. 472-1) délivré par le préfet de département, dans le respect de diverses conditions notamment d'aptitude professionnelle. Ces personnes doivent aussi justifier de garanties pour assumer les conséquences pécuniaires de leur responsabilité civile en raison des dommages éventuels subis par les personnes prises en charge.

La loi du 28 décembre 2015 relative à l'adaptation de la société au vieillissement a modifié la procédure d'agrément des mandataires judiciaires. Abrogeant l'alinéa 2 de l'article L. 472-1, elle a introduit un article L. 472-1-1 qui aménage, sous la responsabilité du représentant de l'État, une procédure d'appel à candidatures à partir de laquelle sont sélectionnés les candidats qui répondent aux exigences au regard notamment des objectifs du schéma d'organisation sociale et médico-sociale.

Le financement de l'intervention des personnes physiques mandataires se fait dans les mêmes conditions que celui des personnes morales (livre III, titre VI, art. L. 361-1 à L. 361-3).

De plus, pour que la protection judiciaire puisse s'exercer au sein des établissements hébergeant des personnes âgées ou handicapées, la loi prévoit la désignation obligatoire d'agents de ces établissements pour assumer ces fonctions dès lors que la capacité d'accueil dépasse un certain seuil (art. L. 472-5 s.). Le financement des mandataires désignés au sein des établissements s'organise dans les conditions prévues aux articles L. 361-1 s. Enfin, les textes organisent un contrôle administratif de l'activité des personnes physiques mandataires selon des modalités inspirées des dispositions applicables aux services soumis à autorisation, mais adaptées aux conditions de l'exercice à titre individuel. Ce contrôle est exercé sous la responsabilité du préfet de département (art. L. 472-10 s.). ❑

SECTION 1 Activité exercée à titre individuel

Art. L. 472-1 Les personnes physiques qui exercent à titre individuel et habituel les mesures de protection des majeurs ordonnées par l'autorité judiciaire au titre du mandat spécial auquel il peut être recouru dans le cadre de la sauvegarde de justice ou au titre de la curatelle, de la tutelle ou de la mesure d'accompagnement judiciaire font l'objet, préalablement à leur inscription sur la liste prévue à l'article L. 471-2, d'un agrément en qualité de mandataire judiciaire à la protection des majeurs.

(Abrogé par L. nº 2015-1776 du 28 déc. 2015, art. 34-I-1º) ***« L'agrément est délivré par le représentant de l'État dans le département, après vérification que la personne satisfait aux conditions prévues par les articles L. 471-4 et L. 472-2 et avis conforme du procureur de la République.***

« L'agrément doit s'inscrire dans les objectifs et répondre aux besoins fixés par le schéma régional d'organisation sociale et médico-sociale prévu à l'article L. 312-5.

« Tout changement affectant les conditions prévues par les articles L. 471-4 et L. 472-2 ainsi que la nature des mesures que les personnes physiques exercent à titre individuel comme mandataire judiciaire à la protection des majeurs justifie un nouvel agrément dans les conditions prévues aux alinéas précédents. » *— Pour leur application à Mayotte, les dispositions issues de l'art. 34 de la L. nº 2015-1776 du 28 déc. 2015 entrent en vigueur à compter du 1er janv. 2016, conformément à l'art. 11 de l'Ord. nº 2012-785 du 31 mai 2012 portant extension et adaptation du code de l'action sociale et des familles au département de Mayotte (L. préc., art. 84-III-B).*

En application des art. L. 231-5 et L. 231-6 CRPA, le silence gardé pendant quatre mois par l'administration vaut décision de rejet pour les demandes d'agrément en qualité de mandataire judiciaire à la protection des majeurs des personnes physiques qui exercent à titre individuel et habituel les mesures de protection des majeurs ordonnées par l'autorité judiciaire au titre du mandat spécial auquel il peut être recouru dans le cadre de la sauvegarde de justice ou au titre de la curatelle, de la tutelle ou de la mesure d'accompagnement judiciaire, préalablement à leur inscription sur la liste prévue à l'article L. 471-2 (Décr. n° 2014-1286 du 23 oct. 2014, applicable pour les demandes présentées à compter du 12 nov. 2014).

Encadrement de l'activité de mandataire. L'absence de limitations quantitatives et temporelles encadrant l'activité de mandataire judiciaire à la protection des majeurs exerçant à titre individuel n'est pas contraire à l'objectif de renforcement des garanties accordées aux majeurs protégés poursuivi par le législateur, aucune disposition législative n'imposant au pouvoir réglementaire de prévoir de telles limitations; en réalité, un tel objectif est notamment assuré par la possibilité donnée aux préfets d'adresser des injonctions aux mandataires judiciaires à la protection des majeurs et, le cas échéant, de leur retirer leur agrément, ainsi que par l'obligation qui est faite à ces derniers d'adresser chaque semestre aux juges concernés une déclaration indiquant le nombre total et la nature des mesures de protection des majeurs qu'ils exercent, une copie de ce rapport étant envoyée au préfet. • CE 4 févr. 2011, *Féd. nationale des associations tutélaires et a.*, n° 325722 B : *AJCT 2011. 236, obs. Aubin*.

Art. L. 472-1-1 *(L. n° 2015-1776 du 28 déc. 2015, art. 34-I-2°)* **L'agrément est délivré après un appel à candidatures émis par le représentant de l'État dans le département, qui fixe la date à laquelle les dossiers de candidature doivent être déposés. Les conditions d'application du présent alinéa, notamment les informations qui doivent être fournies par les candidats, sont fixées par décret.**

Le représentant de l'État dans le département arrête la liste des candidats dont le dossier est recevable au regard des conditions prévues aux articles L. 471-4 et L. 472-2.

Il classe les candidatures figurant sur la liste mentionnée au deuxième alinéa du présent article et en sélectionne certaines, en fonction des objectifs et des besoins fixés par le schéma régional d'organisation sociale et médico-sociale prévu au *b* du 2° de l'article L. 312-5 et de critères garantissant la qualité, la proximité et la continuité de la prise en charge définis par décret en Conseil d'État.

Le représentant de l'État dans le département délivre l'agrément aux candidats sélectionnés, après avis conforme du procureur de la République.

Tout changement dans l'activité, l'installation ou l'organisation d'un mandataire ou dans les garanties en matière de responsabilité civile prévues à l'article L. 472-2 doit être porté à la connaissance de l'autorité compétente. Tout changement affectant le respect des critères mentionnés aux deuxième et troisième alinéas du présent article ainsi que la nature des mesures que le mandataire exerce nécessite la délivrance d'un nouvel agrément dans les conditions prévues au présent article.

Pour leur application à Mayotte, les dispositions issues de l'art. 34 de la L. n° 2015-1776 du 28 déc. 2015 entrent en vigueur à compter du 1er janv. 2016, conformément à l'art. 11 de l'Ord. n° 2012-785 du 31 mai 2012 portant extension et adaptation du code de l'action sociale et des familles au département de Mayotte (L. préc., art. 84-III-B).

Art. L. 472-2 **Le bénéficiaire de l'agrément doit justifier de garanties des conséquences pécuniaires de sa responsabilité civile en raison des dommages subis par les personnes qu'il prend en charge.**

Art. L. 472-3 **Les mandats judiciaires à la protection des majeurs exercés en application de la présente section bénéficient d'un financement** *(L. n° 2015-1785 du 29 déc. 2015, art. 53-III-4°, en vigueur le 1er janv. 2016)* **« de l'État ». La rémunération des personnes physiques mandataires judiciaires à la protection des majeurs est déterminée en fonction d'indicateurs liés, en particulier, à la charge de travail résultant de l'exécution des mesures de protection dont elles ont la charge.**

Art. L. 472-4 **Un décret en Conseil d'État fixe les modalités d'application de la présente section.**

SECTION 2 Activité exercée en qualité de préposé d'établissement hébergeant des majeurs

Art. L. 472-5 **Lorsqu'ils sont publics, les établissements mentionnés aux 6° et 7° du I de l'article L. 312-1 qui hébergent des personnes adultes handicapées ou des personnes âgées et dont la capacité d'accueil est supérieure à un seuil fixé par décret**

sont tenus de désigner un ou plusieurs agents comme mandataires judiciaires à la protection des majeurs pour exercer les mesures ordonnées par l'autorité judiciaire au titre du mandat spécial auquel il peut être recouru dans le cadre de la sauvegarde de justice ou au titre de la curatelle, de la tutelle ou de la mesure d'accompagnement judiciaire.

Ils peuvent toutefois confier l'exercice de ces mesures à un service mentionné au 14° du I de l'article L. 312-1, géré par eux-mêmes ou par un syndicat interhospitalier, un groupement d'intérêt public, un groupement de coopération sanitaire ou un groupement de coopération sociale ou médico-sociale dont ils sont membres.

Ils peuvent également recourir, par voie de convention, aux prestations d'un autre établissement disposant d'un service mentionné au 14° du I de l'article L. 312-1 ou d'un ou de plusieurs agents mentionnés au premier alinéa du présent article et déclarés auprès du représentant de l'État.

Art. L. 472-6 Un établissement mentionné au 6° ou au 7° du I de l'article L. 312-1 ne peut désigner l'un de ses agents en qualité de mandataire judiciaire à la protection des majeurs que si un exercice indépendant des mesures de protection qui lui sont confiées par le juge peut être assuré de manière effective.

L'agent désigné doit satisfaire aux conditions prévues à l'article L. 471-4.

La désignation opérée en application du premier alinéa est soumise à déclaration préalable auprès du représentant de l'État dans le département. Celui-ci informe sans délai le procureur de la République des déclarations qu'il a reçues.

Les conditions d'application du présent article sont fixées par décret en Conseil d'État.

Désignation du responsable d'établissement comme mandataire judiciaire. Il résulte des dispositions du CASF (art. L. 471-1, L. 472-6, L. 472-8 et L. 472-10), d'une part, que l'exercice des fonctions de mandataire judiciaire à la protection de majeurs soignés ou hébergés dans un établissement de santé ou dans un établissement social ou médico-social est réservé aux personnes ou services répondant aux critères fixés par le législateur, inscrits sur une liste dressée et tenue à jour par le préfet et désignés à cette fin par le juge des tutelles et, d'autre part, que la condition d'exercice indépendant des mesures de protection confiées par le juge fait obstacle à ce que le responsable de l'établissement puisse être désigné en qualité de mandataire judiciaire à la protection des majeurs. • CE 22 oct. 2014, *Féd. hospitalière de France*, n° 363263 B : *AJDA 2015. 393, note Rihal*; *AJ fam. 2015. 58, obs. Montourcy*.

Art. L. 472-7 Tout changement affectant les conditions prévues par l'article L. 471-4, la nature des mesures exercées ainsi que l'identité des préposés d'établissements d'hébergement désignés comme mandataires judiciaires à la protection des majeurs justifie une nouvelle déclaration dans les conditions prévues à l'article L. 472-6.

Art. L. 472-8 Le représentant de l'État dans le département peut, sur avis conforme du procureur de la République ou à la demande de celui-ci, faire opposition à la déclaration opérée en application du troisième alinéa de l'article L. 472-6 ou de l'article L. 472-7, dans un délai de deux mois à compter de sa réception, s'il apparaît que l'intéressé ne satisfait pas aux conditions prévues à l'article L. 471-4 ou au premier alinéa de l'article L. 472-6. Il en est de même si les conditions d'exercice du mandat ne permettent pas de garantir que le respect de la santé, de la sécurité et du bien-être physique et moral de la personne protégée sera assuré.

Art. L. 472-9 Les mandats judiciaires à la protection des majeurs exercés par les agents désignés par un établissement mentionné au 6° ou au 7° du I de l'article L. 312-1 bénéficient, selon des modalités déterminées par décret en Conseil d'État, d'un financement fixé dans les conditions prévues :

1° Au II de l'article L. 361-1 lorsqu'ils sont mis en œuvre par les préposés des établissements mentionnés au même II ;

2° Au III du même article lorsqu'ils sont mis en œuvre par les préposés des établissements mentionnés au même III.

SECTION 3 Dispositions communes

Art. L. 472-10 Sans préjudice des dispositions des articles 416 et 417 du code civil, le représentant de l'État dans le département exerce un contrôle de l'activité des mandataires judiciaires à la protection des majeurs. *(Ord. n° 2018-22 du 17 janv. 2018, art. 1er-21°)* « Ce contrôle est effectué par les personnels mentionnés au II de l'article L. 313-13 dans les conditions prévues à l'article L. 313-13-1. »

En cas de violation par le mandataire judiciaire à la protection des majeurs des lois et règlements ou lorsque la santé, la sécurité ou le bien-être physique ou moral de la personne protégée est menacé ou compromis par les conditions d'exercice de la mesure de protection judiciaire, le représentant de l'État dans le département, après avoir entendu l'intéressé, lui adresse, d'office ou à la demande du procureur de la République, une injonction assortie d'un délai circonstancié qu'il fixe. Il en est de même lorsque l'indépendance du préposé d'un établissement mentionné au premier alinéa de l'article L. 472-6 dans l'exercice des mesures de protection qui lui sont confiées par le juge n'est pas effective. *(Ord. n° 2018-22 du 17 janv. 2018, art. 1er-21°)* « Les juges des tutelles du ressort en sont informés. »

S'il n'est pas satisfait à l'injonction dans le délai fixé, le représentant de l'État dans le département, sur avis conforme du procureur de la République ou à la demande de celui-ci, retire l'agrément prévu à l'article L. 472-1 ou annule les effets de la déclaration prévue à l'article L. 472-6.

En cas d'urgence, l'agrément ou la déclaration peut être suspendu, sans injonction préalable et, au besoin, d'office, dans des conditions fixées par décret en Conseil d'État.

Le procureur de la République *(Ord. n° 2018-22 du 17 janv. 2018, art. 1er-21°)* « et les juges des tutelles du premier ressort sont informés » de la suspension, du retrait ou de l'annulation visés aux deux alinéas précédents.

CHAPITRE III DISPOSITIONS PÉNALES COMMUNES AUX MANDATAIRES JUDICIAIRES À LA PROTECTION DES MAJEURS

(L. n° 2007-308 du 5 mars 2007, art. 20)

Les dispositions de la L. n° 2007-308 du 5 mars 2007, art. 20, sont applicables à compter du 1er janv. 2009 (L. préc., art. 45).

COMMENTAIRE

Ce troisième chapitre du nouveau titre VII du code consacré aux services et personnes physiques mandataires de la protection des majeurs (art. L. 473-1 à L. 473-4) complète les sanctions administratives prévues aux articles L. 472-10 et suivants par des sanctions pénales en cas d'infraction aux règles régissant l'activité des personnes physiques mandataires judiciaires à la protection des majeurs. De telles mesures sont logiques : si les sanctions pénales aux articles L. 313-21 et suivants du code de l'action sociale et des familles sont applicables de plein droit aux services mandataires judiciaires à la protection des majeurs, encore convenait-il d'aménager la répression d'actes délictueux commis par les personnes physiques. ❑

Art. L. 473-1 Le fait d'exercer une activité de mandataire judiciaire à la protection des majeurs sans avoir été agréé au titre de l'article L. 472-1 ou déclaré au sens de l'article L. 472-6 ou malgré la suspension, le retrait ou l'annulation prononcé en application de l'article L. 472-10 ou le retrait d'autorisation prévu à l'article L. 313-18 est puni d'un an d'emprisonnement et de 15 000 € d'amende.

Art. L. 473-2 Le fait, pour un établissement mentionné au 6° ou au 7° du I de l'article L. 312-1, de désigner l'un de ses agents sans effectuer la déclaration prévue à l'article L. 472-6, de le maintenir dans l'exercice de ses fonctions malgré l'opposition prévue par l'article L. 472-8 ou la suspension ou l'annulation de la déclaration prévue à l'article L. 472-10 ou de modifier son activité sans effectuer la déclaration prévue par l'article L. 472-7 est puni de 30 000 € d'amende.

Art. L. 473-3 **Les personnes physiques coupables des infractions prévues au présent chapitre encourent également les peines suivantes :**

1° L'interdiction, suivant les modalités prévues par l'article 131-27 du code pénal, d'exploiter ou de diriger un établissement mentionné au 6° ou au 7° du I de l'article L. 312-1 du présent code ou d'exercer une activité de mandataire judiciaire à la protection des majeurs ;

2° L'affichage ou la diffusion de la décision prononcée dans les conditions prévues par l'article 131-35 du code pénal.

Art. L. 473-4 **Les personnes morales reconnues pénalement responsables, dans les conditions prévues à l'article 121-2 du code pénal, des infractions prévues au présent chapitre encourent** *(L. n° 2009-526 du 12 mai 2009, art. 125)* **« , outre l'amende suivant les modalités prévues par l'article 131-38 du code pénal, » les peines suivantes :**

(Abrogé par L. n° 2009-526 du 12 mai 2009, art. 125) ***« 1° L'amende dans les conditions prévues à l'article 131-38 du même code ; »***

2° L'interdiction, pour une durée de cinq ans au plus, d'exploiter ou de diriger un établissement mentionné au 6° ou au 7° du I de l'article L. 312-1 du présent code, ou d'exercer une activité de mandataire judiciaire à la protection des majeurs ;

3° La peine mentionnée au 9° de l'article 131-39 du code pénal.

CHAPITRE IV DÉLÉGUÉS AUX PRESTATIONS FAMILIALES

(L. n° 2007-308 du 5 mars 2007, art. 23)

Les dispositions de la L. n° 2007-308 du 5 mars 2007, art. 23, sont applicables à compter du 1er janv. 2009 (L. préc., art. 45).

COMMENTAIRE

Ce chapitre, qui figure au sein du nouveau titre VII introduit dans le livre III du code, vise une autre catégorie d'intervenants en matière de protection judiciaire : les délégués aux prestations familiales. Parallèlement à ce qui a été établi pour les mandataires judiciaires prenant en charge des majeurs (art. L. 472-1 s.), les dispositions ci-dessous concernent les personnes intervenant sur décision du juge des enfants pour exercer une tutelle aux prestations familiales (CSS, art. L. 552-6).

La loi n° 2009-526 du 12 mai 2009 de simplification et de clarification du droit a modifié diverses dispositions concernant le statut des délégués aux prestations familiales. D'une part, à l'article L. 474-2, cette loi a supprimé une référence erronée à « l'annulation » de leur agrément, cette sanction ne figurant pas parmi celles prévues à l'article L. 474-5 : cet agrément peut seulement être suspendu ou retiré, et les professionnels ayant fait l'objet de ces mesures figurent sur une liste nationale tenue à jour que le procureur de la République peut consulter. Par ailleurs, la loi aligne la procédure d'agrément des délégués « personnes physiques » sur celle prévue pour les délégués « personnes morales » en prévoyant à leur égard aussi un avis conforme du procureur de la République (art. L. 474-4). ❑

Art. L. 474-1 **Les délégués aux prestations familiales exercent à titre habituel les mesures ordonnées par l'autorité judiciaire en application de l'article 375-9-1 du code civil.**

Ils sont inscrits sur une liste dressée et tenue à jour par le représentant de l'État dans le département qui comprend :

1° Les services mentionnés au 15° du I de l'article L. 312-1 ;

2° Les personnes agréées au titre de l'article L. 474-4.

Les personnes inscrites sur cette liste prêtent serment dans des conditions définies par décret en Conseil d'État.

Décret n° 2008-1512 du 30 décembre 2008,

Fixant les modalités d'inscription sur les listes prévues aux articles L. 471-2, L. 471-3, L. 474-1 et L. 474-2 du code de l'action sociale et des familles (JO 31 déc.).

Art. 4 I. — Le préfet inscrit sur la liste prévue à l'article L. 474-1 du code de l'action sociale et des familles le nom et les coordonnées des personnes suivantes :

1° Les personnes morales mentionnées au V de l'article 44 de la loi n° 2007-308 du 5 mars 2007 portant réforme de la protection juridique des majeurs, jusqu'à ce qu'elles se soient conformées aux dispositions de la section 1 du chapitre III du titre I du livre III du code de l'action sociale et des familles et, au plus tard, jusqu'au 31 décembre *(Décr. n° 2011-936 du 1er août 2011, art. 10-I)* « 2011 » ;

2° Les personnes physiques mentionnées au V de l'article 44 de la loi n° 2007-308 du 5 mars 2007 portant réforme de la protection juridique des majeurs, jusqu'à ce qu'elles se soient conformées aux dispositions de l'article L. 474-4 du code de l'action sociale et des familles et, au plus tard, jusqu'au 31 décembre *(Décr. n° 2011-936 du 1er août 2011, art. 10-I)* « 2011 ».

II. — Le préfet notifie sans délai aux juridictions intéressées le nom et les coordonnées des personnes mentionnées au I en mentionnant également l'échéance de leur inscription sur la liste.

Art. L. 474-2 **Dans le respect des dispositions de la loi n° 78-17 du 6 janvier 1978 relative à l'informatique, aux fichiers et aux libertés, les services mentionnés au 15° du I de l'article L. 312-1, dont l'autorisation fait l'objet d'un retrait en application de l'article L. 313-18, ainsi que les délégués aux prestations familiales, dont l'agrément prévu à l'article L. 474-4 fait l'objet d'une suspension** *(L. n° 2009-526 du 12 mai 2009, art. 116)* **« ou d'un retrait », sont répertoriés dans une liste nationale tenue à jour. Outre le représentant de l'État dans le département, le procureur de la République peut consulter cette liste.**

Art. L. 474-3 **Les délégués aux prestations familiales doivent satisfaire à des conditions de moralité, d'âge, de formation certifiée par l'État et d'expérience professionnelle.**

Lorsque la mesure judiciaire d'aide à la gestion du budget familial a été confiée à un service mentionné au 15° du I de l'article L. 312-1, les conditions du premier alinéa sont exigées des personnes physiques appartenant à ce service qui ont reçu délégation de celui-ci pour assurer la mise en œuvre de la mesure. Ce service informe le représentant de l'État dans le département des méthodes de recrutement suivies pour se conformer aux dispositions du présent article et des règles internes qu'il s'est fixées pour le contrôle de ses agents dans l'exercice de leur mission.

Art. L. 474-4 **Pour être inscrites sur la liste mentionnée à l'article L. 474-1, les personnes physiques qui exercent à titre individuel et habituel les mesures ordonnées par l'autorité judiciaire en application de l'article 375-9-1 du code civil font l'objet d'un agrément délivré par le représentant de l'État dans le département.**

Cet agrément est délivré après *(L. n° 2009-526 du 12 mai 2009, art. 116)* **« avis conforme du procureur de la République et » vérification que la personne satisfait aux conditions prévues par l'article L. 474-3 et justifie de garanties contre les conséquences pécuniaires de sa responsabilité civile en raison des dommages subis par les personnes qu'elle prend en charge.**

L'agrément doit s'inscrire dans les objectifs et répondre aux besoins fixés par le schéma régional d'organisation sociale et médico-sociale prévu à l'article L. 312-5.

Tout changement affectant les conditions mentionnées au deuxième alinéa justifie un nouvel agrément dans les conditions prévues par le présent article.

Les dispositions du présent article sont précisées par un décret en Conseil d'État.

En application des art. L. 231-5 et L. 231-6 CRPA, et par exception à l'application du délai de deux mois prévu à l'art. L. 231-1 du même code, le délai à l'expiration duquel le silence gardé par l'administration vaut décision d'acceptation est fixé à quatre mois pour les demandes d'agrément des personnes physiques qui exercent à titre individuel et habituel les mesures ordonnées par l'autorité judiciaire en application de l'art. 375-9-1 C. civ. (Décr. n° 2014-1287 du 23 oct. 2014, applicable aux demandes présentées à compter du 12 nov. 2014).

Art. L. 474-5 **Le représentant de l'État dans le département exerce un contrôle de l'activité des délégués aux prestations familiales.** *(Ord. n° 2018-22 du 17 janv. 2018, art. 1er-21°)* **« Ce contrôle est effectué par les personnels mentionnés au II de l'article L. 313-13 dans les conditions prévues à l'article L. 313-13-1. »**

En cas de violation par le délégué aux prestations familiales des lois et règlements ou lorsque la santé, la sécurité, la moralité, l'éducation ou le développement du mineur protégé est menacé ou compromis par les conditions d'exercice de la mesure prévue à l'article 375-9-1 du code civil, le représentant de l'État dans le département, après avoir entendu l'intéressé, lui adresse, d'office ou à la demande du procureur de la République, une injonction assortie d'un délai circonstancié qu'il fixe.

S'il n'est pas satisfait à l'injonction dans le délai fixé, le représentant de l'État dans le département retire l'agrément prévu à l'article L. 474-4, sur avis conforme du procureur de la République ou à la demande de celui-ci.

En cas d'urgence, l'agrément peut être suspendu, sans injonction préalable et, au besoin d'office, dans des conditions fixées par décret en Conseil d'État.

Le procureur de la République est informé de la suspension ou du retrait visés aux deux alinéas précédents.

Art. L. 474-6 Le fait d'exercer une activité de délégué aux prestations familiales sans avoir été agréé au titre de l'article L. 474-4, ou malgré la suspension ou le retrait dont l'agrément a fait l'objet en application de l'article L. 474-5, ou malgré le retrait de l'autorisation en application de l'article L. 313-18, est puni d'un an d'emprisonnement et de 15 000 € d'amende.

Art. L. 474-7 Les personnes physiques coupables des infractions prévues au présent chapitre encourent également les peines suivantes :

1° L'interdiction, suivant les modalités prévues par l'article 131-27 du code pénal, d'exercer une activité de délégué aux prestations familiales ;

2° L'affichage ou la diffusion de la décision prononcée dans les conditions prévues par l'article 131-35 du code pénal.

Art. L. 474-8 Les mesures ordonnées par l'autorité judiciaire en application de l'article 375-9-1 du code civil et mises en œuvre par des personnes physiques bénéficient d'un financement fixé dans les conditions prévues au premier alinéa de l'article L. 361-2.

LIVRE V DISPOSITIONS PARTICULIÈRES APPLICABLES À CERTAINES PARTIES DU TERRITOIRE

TITRE I DÉPARTEMENTS DU BAS-RHIN, DU HAUT-RHIN ET DE LA MOSELLE

BIBL. ▶ A. DORT, Le régime d'aide sociale en Alsace-Moselle, *RDSS 2012. 723* ; Institut de droit local : Le droit local d'aide sociale et sa place dans le droit général, *Actes du colloque, 1988, Colmar* ; Le guide du droit local, Le droit applicable en Alsace et en Moselle de A à Z, *Economica, 3e éd. 2002*. – KERSCHEN et KESSLER, L'assurance maladie en Alsace-Moselle : des origines à nos jours, *Bibliothèque de l'Institut de recherche juridique de la Sorbonne, 2e éd., t. 40, 2013*. – KESSLER, Le droit local de l'aide sociale, *Rev. dr. local 1997, no 21*. – KINTZ, Aide sociale, *J.-Cl. Alsace-Moselle, Fasc. 670*.

COMMENTAIRE

Les dispositions du titre I issues des lois locales du 30 mai 1908 sur le domicile de secours et du 8 novembre 1909 prise pour son exécution explicitent le régime particulier de l'aide sociale en vigueur dans ces trois départements ; après avoir dans un premier temps rappelé le principe d'un régime dérogatoire renvoyant aux lois locales (il ne comportait initialement que quatre articles dont deux relatifs au RMI), ce titre I a été par la suite sensiblement détaillé et renforcé suite à l'abrogation desdites lois opérée par la loi dite de modernisation sociale du 17 janvier 2002.

Ainsi qu'il l'a été indiqué lors des débats ayant présidé à l'adoption de cette dernière, l'objectif a consisté surtout à procéder à une simple « actualisation des termes juridiques et à une mise à jour formelle du droit local, sans remettre en cause les règles de fond spécifiques aux communes de ces départements qui demeurent applicables ». Pour l'essentiel, il s'agit de l'obligation, pour la commune où réside une personne dénuée de ressources, de lui procurer un abri, des secours en nature ou en espèces, des soins en cas de maladie, un travail adapté à ses capacités et des funérailles décentes, la commune pouvant créer pour cela des structures d'insertion ou d'hébergement temporaire, le cas échéant sous la forme d'un établissement public spécialisé. Par souci de coordination, l'article L. 512-1 du code de l'action sociale et des familles (ancien art. 23, al. 1er, de la L. no 88-1088 du 1er déc. 1988) relatif aux conditions de versement du RMI dans les départements concernés avait été réaménagé pour tenir compte des modifications survenues. Cet article (L. 512-1) ainsi que le suivant (L. 512-2) ont été réécrits, sans changement sur le fond, pour substituer le revenu de solidarité active (RSA) au RMI qui, du fait de la loi no 2008-1249 du 1er décembre 2008, disparaît à compter du 1er juin 2009. ❑

CHAPITRE I AIDE SOCIALE COMMUNALE

(L. no 2002-73 du 17 janv. 2002, art. 220)

Art. L. 511-1 Les dispositions du présent code ne font pas obstacle à l'application, dans les départements du Bas-Rhin, du Haut-Rhin et de la Moselle, des dispositions du présent chapitre.

Art. L. 511-2 Toute personne dénuée de ressources et âgée de plus de seize ans doit recevoir de la commune dans laquelle elle se trouve un abri, l'entretien indispensable, les soins et prescriptions nécessaires en cas de maladie ainsi que des funérailles décentes. L'aide est accordée sans préjudice du droit de réclamer le remboursement des frais à la commune dans laquelle la personne dénuée de ressources a son domicile de secours communal.

Art. L. 511-3 L'aide prévue à l'article L. 511-2 peut être notamment octroyée en distribuant à la personne dénuée de ressources des secours en nature ou en espèces, en assurant son placement dans un établissement d'accueil approprié, en lui fournissant du travail adapté à ses capacités ou en lui procurant un accompagnement socio-éducatif.

A ces fins, la commune peut créer des structures d'insertion ou d'hébergement temporaire.

Art. L. 511-4 **L'aide prévue à l'article L. 511-2 peut être confiée par le conseil municipal à un établissement public spécialisé. Elle peut être assurée dans le cadre d'une coopération intercommunale.**

Art. L. 511-5 **Le domicile de secours communal est déterminé par application aux communes des départements mentionnés à l'article L. 511-1 des règles prévues au chapitre II du titre II du livre I pour la détermination du domicile de secours départemental.**

Art. L. 511-6 **L'aide prévue à l'article L. 511-2 est à la charge de la commune dans laquelle la personne dénuée de ressources a son domicile de secours communal.**

Art. L. 511-7 **En cas de carence de l'intéressé, le maire de la commune peut demander en son lieu et place à l'autorité judiciaire la fixation de la dette alimentaire et le versement de son montant à la commune.**

Art. L. 511-8 **Les dépenses résultant de l'application des dispositions du présent chapitre sont inscrites au budget communal à titre de dépenses obligatoires.**

Art. L. 511-9 **Les décisions individuelles d'attribution ou de refus d'attribution d'une aide, prises en application du présent chapitre, peuvent faire l'objet de recours contentieux dans les conditions prévues au chapitre IV du titre III du livre I.**

Les contestations relatives à la détermination du domicile de secours communal sont portées, en premier ressort, devant le tribunal administratif de Strasbourg.

Art. L. 511-10 **Un décret en Conseil d'État fixe en tant que de besoin, pour les départements mentionnés à l'article L. 511-1, les mesures d'adaptation des dispositions du présent code rendues nécessaires pour l'application du présent chapitre.**

CHAPITRE II **REVENU DE SOLIDARITÉ ACTIVE** *(L. nº 2008-1249 du 1er déc. 2008, en vigueur le 1er juin 2009).*

Art. L. 512-1 *(L. nº 2002-73 du 17 janv. 2002, art. 220-II)* **Le versement** *(L. nº 2008-1249 du 1er déc. 2008, en vigueur le 1er juin 2009)* **« du revenu de solidarité active prévu » à l'article L. 262-1 n'est pas subordonné à la condition que l'intéressé fasse valoir ses droits aux prestations prévues aux articles L. 511-2 à L. 511-9.**

Art. L. 512-2 **Sauf disposition contraire, les modalités d'application du présent chapitre sont, en tant que de besoin, déterminées par décret en Conseil d'État.**

TITRE II **GUADELOUPE, GUYANE, MARTINIQUE ET LA RÉUNION** *(Ord. nº 2012-785 du 31 mai 2012, art. 1er).*

BIBL. ▸ CRECHET, Les habits neufs du RMI avec l'outil « agence d'insertion », *Inf. soc. nº 69, 1998, p. 68.* – ELUTHER, Problèmes et perspectives de la politique sociale dans les départements d'outre-mer : le cas de la Guadeloupe, *Dr. soc. 1989. 190.* – MARINACCE et BEDON, Les prestations sociales et familiales dans les outre-mer, *Constructif, nº 65, 2023. 48.* – TURBLIN, La contribution territoriale des Caf des DOM : la recentralisation du RSA au 1er janvier 2020 à La Réunion, *Regards CNESS EN3S, nº 56, 2020. 185.*

COMMENTAIRE

Le code de l'action sociale et des familles intègre, dans un deuxième titre (art. L. 521-1 à L. 523-2) puis un troisième titre (art. L. 531-1 à L. 572-5), les dispositions législatives relatives d'une part aux départements d'outre-mer (Guadeloupe, Guyane, Martinique, La Réunion, titre II) et d'autre part aux communautés d'outre-mer (Saint-Pierre-et-Miquelon, Mayotte, territoires de Wallis-et-Futuna, Polynésie française, Nouvelle-Calédonie, titre III).

S'agissant tout d'abord des départements d'outre-mer (art. L. 521-1 à L. 523-2), une disposition à caractère général, l'article L. 521-1, remet aux mains du pouvoir réglementaire le soin de déterminer des conditions particulières d'application de la loi en ce qui concerne une liste de domaines : admission à l'aide sociale de droit commun (art. L. 131-1 à L. 134-10), admission à l'aide sociale de l'État (art. L. 251-1 à L. 253-4), prestations d'aide sociale aux familles (art. L. 212-1 et L. 212-2), aide à domicile et placement des personnes âgées (art. L. 231-1 à L. 231-6) et handicapées (art. L. 241-1 à L. 246-1), admission dans les CAT (art. L. 344-1 à L. 344-7) et dans les CHRS (art. L. 345-1 à L. 345-4). La législation comportait par ailleurs des dispositions spécifiques aux DROM concernant la mise en œuvre de l'ancien RMI (art. L. 522-1 à L. 522-17). Ces dispositions ont été réaménagées par l'ordonnance n° 2010-686 du 24 juin 2010 portant extension et adaptation dans les départements d'outre-mer, à Saint-Barthélemy, Saint-Martin et Saint-Pierre-et-Miquelon de la loi n° 2008-1249 du 1er décembre 2008 généralisant le revenu de solidarité active et réformant les politiques d'insertion. Sur le plan des organes, la possibilité de confier la gestion du nouveau RSA à une « agence d'insertion », établissement public départemental à caractère administratif, est conservée, les départements en question pouvant cependant ne pas y recourir en choisissant de le gérer en régie : ce qui va dans le sens d'une plus grande autonomie des collectivités concernées quant aux modalités de mise en œuvre du nouveau dispositif. Par ailleurs, l'ensemble des dispositions est modifié pour introduire dans les DROM le nouveau dispositif que constitue le RSA.

S'agissant ensuite des communautés d'outre-mer et de la Nouvelle-Calédonie, lesquelles ont, dans certains domaines de l'action sociale, un régime juridique spécifique, la législation (art. L. 531-1 à L. 572-5) précise les dispositions du code qui n'y sont pas applicables, adapte certaines dispositions qui y sont applicables et comporte au cas par cas des régimes juridiques spécifiques en certaines matières, notamment en matière d'aide sociale légale (art. L. 542-1 à L. 542-9 pour Mayotte), d'aide sociale à l'enfance et de droit des pupilles (art. L. 543-1 à L. 544-4 pour Mayotte, ainsi que L. 552-1 à L. 552-5 pour Wallis-et-Futuna ou encore L. 562-1 à L. 562-5 en Polynésie française), de droit d'accès aux origines personnelles (art. L. 551-1 et L. 551-2 pour Wallis-et-Futuna, L. 561-1 et L. 561-2 pour la Polynésie française et L. 571-1 et L. 571-2 pour la Nouvelle-Calédonie). ❑

CHAPITRE I DISPOSITIONS GÉNÉRALES

Art. L. 521-1 Un décret en Conseil d'État détermine en tant que de besoin les conditions particulières d'application aux départements d'outre-mer des dispositions relatives :

1° Aux procédures mentionnées au titre III du livre I ;

2° Aux centres communaux et intercommunaux d'action sociale mentionnés à la section 2 du chapitre III du titre II du livre I ;

3° A l'aide médicale de l'État mentionnée au titre V du livre II ;

4° Aux prestations à la famille mentionnées au chapitre II du titre I du livre II ;

5° A l'aide et au placement pour les personnes âgées mentionnés au chapitre I du titre III du livre II ;

6° Aux personnes handicapées mentionnées au titre IV du livre II ;

7° A l'admission dans les *(L. n° 2023-1196 du 18 déc. 2023, art. 14-I)* **« établissements et les services » d'aide par le travail mentionnée au chapitre IV du titre IV du livre III ;**

8° A l'admission dans les centres d'hébergement et de réinsertion sociale mentionnée au chapitre V du titre IV du livre III. — *[C. fam., art. 202, al. 2, 2e partie.]*

Art. L. 521-2 *(Abrogé par L. n° 2020-1576 du 14 déc. 2020, art. 32-I, à compter du 1er janv. 2021) (L. n° 2015-1776 du 28 déc. 2015, art. 84-I-B)* ***Le 1° de l'article L. 14-10-10 n'est pas applicable en Guadeloupe, en Guyane, à La Réunion et en Martinique.***

Art. L. 521-3 *(L. n° 2015-1776 du 28 déc. 2015, art. 84-I-B)* **Pour l'application du quatrième alinéa de l'article L. 342-3 en Guadeloupe, en Guyane, à La Réunion et en Martinique, les mots : "conformément à ce que prévoit la convention conclue au titre de l'aide personnalisée au logement" sont remplacés par les mots : "dans des conditions prévues par décret".**

Art. L. 521-4 *(L. n° 2015-1776 du 28 déc. 2015, art. 84-I-B)* **Pour son application en Guadeloupe, le chapitre III du titre III du livre II du présent code s'applique dans les conditions prévues aux articles L. 1442-1 à L. 1442-6 du code de la santé publique.**

Art. L. 521-5 *(L. nº 2015-1776 du 28 déc. 2015, art. 84-I-B)* **Pour l'application en Guyane du chapitre III du titre III du livre II du présent code, un décret en Conseil d'État fixe les conditions particulières d'adaptation des dispositions législatives applicables, notamment celles relatives à la conférence des financeurs mentionnée à l'article L. 233-1.**

CHAPITRE II **REVENU DE SOLIDARITÉ ACTIVE** *(Ord. nº 2010-686 du 24 juin 2010, art. 1er-II, en vigueur le 1er janv. 2011).*

Les dispositions de ce chapitre, issues de l'Ord. nº 2010-686 du 24 juin 2010, ne s'appliquent pas à Saint-Barthélemy et à Saint-Martin.

Toutefois, les contrats d'insertion par l'activité conclus par l'agence d'insertion de la Guadeloupe avec les résidents de ces collectivités se poursuivent jusqu'à leur terme (Ord. préc., en vigueur le 1er janv. 2011).

Art. L. 522-1 *(Ord. nº 2010-686 du 24 juin 2010, art. 1er-II, en vigueur le 1er janv. 2011)* **Dans chaque département d'outre-mer, une agence d'insertion, établissement public départemental à caractère administratif, assure les missions suivantes :**

1º Elle exerce les compétences relatives aux décisions individuelles concernant le revenu de solidarité active, ainsi qu'au contrat d'engagements réciproques en matière d'insertion sociale ou professionnelle mentionné à l'article L. 262-36 ;

2º Elle concourt à l'élaboration du programme départemental d'insertion prévu à l'article L. 263-1 et le met en œuvre ;

3º Elle est associée à l'élaboration du pacte territorial d'insertion prévu à l'article L. 263-2 et participe à sa mise en œuvre.

(Abrogé par Ord. nº 2015-1578 du 3 déc. 2015, art. 2-1º, à compter du 1er janv. 2016) ***« 4º Elle conclut les contrats d'insertion par l'activité mentionnés à l'article L. 522-8 et établit le programme annuel de tâches d'utilité sociale auxquelles les titulaires de ces contrats sont affectés. »***

Toutefois, le conseil départemental peut décider d'exercer tout ou partie des compétences mentionnées aux alinéas précédents, le cas échéant dans le cadre de délégations à d'autres organismes, dans les conditions définies par l'article L. 121-6 et le chapitre II du titre VI du livre II du présent code et par l'article L. 5134-19-2 du code du travail. Lorsque le conseil départemental décide d'exercer la totalité de ces compétences, l'agence d'insertion est supprimée.

Art. L. 522-1-1 *(Ord. nº 2010-686 du 24 juin 2010, art. 1er-III, en vigueur le 1er janv. 2011)* **I. — En cas de suppression de l'agence d'insertion, les biens, droits et obligations de l'agence sont transférés au département.**

La situation des personnels exerçant leurs fonctions dans l'agence à la date de la délibération du conseil départemental décidant la suppression de celle-ci est régie par les dispositions suivantes :

1º Les fonctionnaires territoriaux sont affectés au département ;

2º Les fonctionnaires d'État poursuivent leur activité auprès du département, dans la même situation administrative que celle dans laquelle ils étaient placés antérieurement ;

3º Les agents contractuels sont transférés au département. Ils conservent à titre individuel le bénéfice des stipulations de leur contrat.

II. — Lorsque le conseil départemental décide de n'exercer qu'une partie des compétences mentionnées à l'article L. 522-1, le département est substitué aux droits et obligations de l'agence pour l'exercice des compétences transférées.

Le président du conseil départemental détermine, après avis du conseil d'administration de l'agence, les biens qui sont transférés au département, en veillant à ce que l'agence conserve les moyens nécessaires à son fonctionnement ainsi qu'à l'accomplissement des missions dont elle garde la compétence.

Le président du conseil départemental détermine, après avis du conseil d'administration de l'agence, les services ou parties de services de cette dernière qui sont trans-

férés ainsi que la liste des personnels concernés. La situation des personnels concernés est régie par les dispositions mentionnées au I.

Art. L. 522-2 **L'agence d'insertion est administrée par un conseil d'administration présidé par le président du conseil départemental. Le président du conseil d'administration a autorité sur les personnels de l'agence.** *(L. nº 2003-1200 du 18 déc. 2003, art. 40-II)* **« Il est ordonnateur des recettes et des dépenses de l'agence. »** – *[L. nº 88-1088 du 1er déc. 1988, art. 42-7, al. 1er à 4.]*

Art. L. 522-3 *(L. nº 2003-1200 du 18 déc. 2003, art. 40-III)* **Le conseil d'administration comprend :**

(Abrogé par Ord. nº 2010-686 du 24 juin 2010, art. 1er-IV, à compter du 1er janv. 2011) ***« 1º Des représentants des services de l'État dans le département ; »***

1º Des représentants du département ;

2º Des représentants de la région et des communes ou des établissements publics de coopération intercommunale ;

3º Des personnalités qualifiées choisies au sein d'associations ou d'institutions intervenant dans le domaine de l'insertion sociale et professionnelle. – *Les 2º, 3º, 4º deviennent respectivement les 1º, 2º et 3º à compter du 1er janv. 2011 (Ord. nº 2010-686 du 24 juin 2010, art. 1er-IV).*

Les représentants du département constituent la majorité des membres.

Le conseil d'administration comprend, en outre, un représentant du personnel avec voix consultative.

Le président du conseil départemental arrête la liste des membres du conseil d'administration, désignés le cas échéant par la collectivité ou la personne morale qu'ils représentent.

Art. L. 522-4 **Le conseil d'administration délibère sur les matières suivantes :**

1º La détermination des orientations générales de l'action conduite par l'agence d'insertion pour l'exécution de ses missions ;

(Abrogé par Ord. nº 2010-686 du 24 juin 2010, art. 1er-V, à compter du 1er janv. 2011) ***« 2º Le programme départemental d'insertion dans les conditions prévues à l'article L. 263-3 ; »***

2º Le programme annuel des tâches d'utilité sociale ;

3º Le budget de l'agence, les décisions modificatives, le tableau des emplois et les questions relatives à l'organisation et au fonctionnement général de l'agence. – *Les 3º et 4º deviennent respectivement les 2º et 3º à compter du 1er janv. 2011 (Ord. nº 2010-686 du 24 juin 2010, art. 1er-V).* – *[L. nº 88-1088 du 1er déc. 1988, art. 42-7, al. 10 à 14.]*

Art. L. 522-5 **L'agence d'insertion est dirigée par un directeur nommé** *(L. nº 2003-1200 du 18 déc. 2003, art. 40-IV)* **« par arrêté du président du conseil départemental ».**

« Le directeur est recruté sur un emploi contractuel soit par voie de détachement de la fonction publique de l'État ou de la fonction publique territoriale, soit directement par contrat à durée déterminée d'une durée de trois ans renouvelable par expresse reconduction, sous réserve de détenir un niveau de formation et de qualification équivalant à celui des agents de catégorie A des fonctions publiques précitées. Le directeur est régi dans son emploi par les dispositions des deuxième et quatrième alinéas de l'article 136 de la loi nº 84-53 du 26 janvier 1984 portant dispositions statutaires relatives à la fonction publique territoriale. Il prépare et exécute les délibérations du conseil d'administration. *(Abrogé par L. nº 2003-1200 du 18 déc. 2003, art. 40-IV)* ***« Il est ordonnateur des dépenses et des recettes de l'agence ».*** **Il passe les marchés au nom de l'établissement et reçoit en son nom les dons, legs et subventions. Il dirige les services de l'agence et peut recevoir par arrêté délégation du président du conseil d'administration pour l'ensemble des actes relatifs au personnel de l'agence. Il tient la comptabilité de l'engagement des dépenses dans les conditions prévues à l'article L. 3341-1 du code général des collectivités territoriales.** – *[L. nº 88-1088 du 1er déc. 1988, art. 42-7, al. 15 et 16.]*

Art. L. 522-6 Un comité d'orientation, placé auprès du directeur, est consulté sur l'élaboration *(Abrogé par Ord. n° 2010-686 du 24 juin 2010, art. 1er-VI, à compter du 1er janv. 2011)* ***« du programme départemental d'insertion et »*** du programme annuel de tâches d'utilité sociale.

(L. n° 2003-1200 du 18 déc. 2003, art. 40-V) « Le comité d'orientation est composé de représentants des organisations syndicales représentatives des employeurs et des salariés, désignés par le président du conseil départemental sur proposition de ces organisations et de représentants d'institutions, d'organismes ou d'associations intervenant dans le domaine économique et social ou en matière de formation professionnelle. »

Art. L. 522-7 *(Ord. n° 2010-686 du 24 juin 2010, art. 1er-VII)* L'agence d'insertion est partie à la convention prévue *(L. n° 2010-1487 du 7 déc. 2010, art. 31-II)* « aux articles L. 262-25 et L. 262-32 ».

Pour l'application de l'article L. 262-39 dans les départements d'outre-mer, les équipes pluridisciplinaires constituées par le président du conseil départemental peuvent comprendre des personnels de l'agence d'insertion. *– Entrée en vigueur le 1er janv. 2011.*

Art. L. 522-8 *Abrogé par Ord. n° 2015-1578 du 3 déc. 2015, art. 2-2°, à compter du 1er janv. 2016.*

Art. L. 522-9 *(L. n° 2003-1200 du 18 déc. 2003, art. 40-VI)* « L'agence reçoit la contribution du département au financement des actions d'insertion mentionnée à l'article L. 522-15. »

(Abrogé par Ord. n° 2010-686 du 24 juin 2010, art. 1er-IX, à compter du 1er janv. 2011) ***« Pendant une durée d'un an à compter de la date d'entrée en vigueur de la loi n° 2003-1200 du 18 décembre 2003 portant décentralisation en matière de revenu minimum d'insertion et créant un revenu minimum d'activité, un volume de crédits au moins égal à 16,25 % des sommes versées au cours de l'exercice précédent au titre de l'allocation de revenu minimum d'insertion doit être consacré à l'insertion des bénéficiaires de cette allocation et à l'accompagnement des bénéficiaires du contrat insertion-revenu minimum d'activité. »***

(Abrogé par Ord. n° 2015-1578 du 3 déc. 2015, art. 2-3°, à compter du 1er janv. 2016) ***« Les ressources de chaque agence comprennent également la participation financière de l'État aux contrats d'insertion par l'activité, déterminée dans des conditions définies par voie réglementaire ainsi que celle des collectivités, personnes ou organismes mentionnés*** *(Ord. n° 2010-686 du 24 juin 2010, art. 1er-IX, en vigueur le 1er janv. 2011)* ***« à l'article L. 5134-21 du code du travail », les revenus des immeubles, les dons et legs, les subventions et toutes les ressources autorisées par la loi et les règlements en vigueur. »*** *– [L. n° 88-1088 du 1er déc. 1988, art. 42-9.]*

Art. L. 522-10 Les agences d'insertion sont soumises au régime administratif, financier et budgétaire prévu par les articles L. 1612-1 à L. 1612-20 et L. 3131-1 à L. 3132-4 du code général des collectivités territoriales.

La comptabilité de chaque agence d'insertion est tenue par un agent comptable nommé par arrêté du ministre chargé du budget.

Les dispositions des articles L. 1617-2, L. 1617-3 et L. 1617-5 du code général des collectivités territoriales sont applicables aux agences d'insertion. Ces dernières sont, en outre, soumises à la première partie du livre II du code des juridictions financières. *– [L. n° 88-1088 du 1er déc. 1988, art. 42-10.]*

Art. L. 522-11 Par dérogation aux articles L. 262-14 *(Ord. n° 2010-686 du 24 juin 2010, art. 1er-X, en vigueur le 1er janv. 2011)* « et L. 262-15 », dans les départements d'outre-mer, la demande *(Ord. n° 2010-686 du 24 juin 2010, art. 1er-X, en vigueur le 1er janv. 2011)* « de revenu de solidarité active » est déposée auprès de la caisse d'allocations familiales ou d'un organisme sans but lucratif agréé par *(L. n° 2003-1200 du 18 déc. 2003, art. 40-VII)* « le président du » conseil départemental dans des conditions fixées par décret.

La caisse ou l'organisme assure l'instruction administrative du dossier *(L. n° 2003-1200 du 18 déc. 2003, art. 40-VII)* « pour le compte du département ».

(Abrogé par Ord. n° 2010-686 du 24 juin 2010, art. 1er-X, à compter du 1er janv. 2011) ***« L'instruction sociale du dossier est effectuée par l'agence d'insertion, saisie sans délai de toute ouverture de droit. L'agence assume également la responsabilité de l'élaboration du contrat d'insertion mentionné à l'article L. 262-37 et en suit la mise en œuvre. Elle peut conventionner à cet effet des organismes investis d'une mission de service public ou sans but lucratif. »*** – *[L. n° 88-1088 du 1er déc. 1988, art. 42-11.]*

Art. L. 522-12 *(Abrogé par L. n° 2016-1917 du 29 déc. 2016, art. 152-I, à compter du 1er janv. 2017) (Ord. n° 2010-686 du 24 juin 2010, art. 1er-XI)* ***Pour l'application du troisième alinéa*** *(L. n° 2012-1404 du 17 déc. 2012, art. 3-V-2°)* ***« du I » de l'article L. 262-24 dans les départements d'outre-mer, l'allocation n'est intégralement à la charge du Fonds national des solidarités actives que si le contrat unique d'insertion*** *(L. n° 2015-994 du 17 août 2015, art. 58-16°)* ***« ou le contrat à durée déterminée » prend la forme du contrat d'accompagnement dans l'emploi.***

Art. L. 522-13 *(Ord. n° 2010-686 du 24 juin 2010, art. 1er-XII, en vigueur le 1er janv. 2011)* Pour l'application de l'article L. 262-56 dans les départements d'outre-mer, il est ajouté, après les mots : "mentionnées à l'article L. 262-25", les mots : ", l'agence d'insertion".

Art. L. 522-14 *(L. n° 2003-1200 du 18 déc. 2003, art. 51)* « Dans les départements d'outre-mer et à Saint-Pierre-et-Miquelon, un revenu de solidarité est versé aux » *(Ord. n° 2010-686 du 24 juin 2010, art. 1er-XIII, en vigueur le 1er janv. 2011)* « bénéficiaires du revenu de solidarité active âgés d'au moins cinquante-cinq ans » qui s'engagent à quitter définitivement le marché du travail et de l'insertion après avoir été depuis deux ans au moins bénéficiaires du revenu minimum d'insertion *(Ord. n° 2010-686 du 24 juin 2010, art. 1er-XIII, en vigueur le 1er janv. 2011)* « ou du revenu de solidarité active sans avoir exercé aucune activité professionnelle ».

Le montant du revenu de solidarité est fixé par décret. – *V. Décr. n° 2011-316 du 22 mars 2011, App., v° Insertion.*

Le revenu de solidarité est versé à un seul membre du foyer, et jusqu'à ce que l'intéressé bénéficie d'une retraite à taux plein, et au plus tard à soixante-cinq ans.

(L. n° 2019-1479 du 28 déc. 2019, art. 77-IV) « Le financement du revenu de solidarité est assuré par le département en Guadeloupe et par la collectivité territoriale en Martinique. Il est assuré par l'État en Guyane à compter du 1er janvier 2019 et à La Réunion à compter du 1er janvier 2020.

« Le département de Guadeloupe et la collectivité territoriale de Martinique peuvent modifier, en fonction de l'évolution du marché du travail dans le département ou la collectivité territoriale, les conditions d'accès à l'allocation relatives à l'âge du bénéficiaire et à la durée de perception du revenu de solidarité active, sous réserve des dispositions prévues au premier alinéa. » – *Sur les conditions de mise en œuvre de la recentralisation du RSA à La Réunion et du revenu de solidarité à La Réunion et en Guyane, V. art. 77-VI à IX de la L. n° 2019-1479 du 28 déc. 2019, ss. art. L. 522-20.*

Un décret en Conseil d'État précise, en tant que de besoin, les modalités d'application du présent article. – *[L. n° 88-1088 du 1er déc. 1988, art. 42-14.]*

Art. L. 522-15 *(L. n° 2003-1200 du 18 déc. 2003, art. 40-X)* Une convention entre le département et l'agence d'insertion détermine le montant et les modalités de versement de la contribution de celui-ci au budget de l'agence. Cette contribution est déterminée au vu des actions inscrites au programme départemental d'insertion et des dépenses de structure correspondantes.

Art. L. 522-16 *(Abrogé par L. n° 2016-1917 du 29 déc. 2016, art. 87-II, à compter du 1er janv. 2017) (L. n° 2010-1487 du 7 déc. 2010, art. 31-II)* ***Par dérogation à l'article L. 262-7, pour bénéficier du revenu de solidarité active dans les départements d'outre-mer, le travailleur relevant du régime mentionné à l'article L. 722-1 du code rural et de la pêche maritime doit mettre en valeur une exploitation dont la superficie, déterminée en application de***

l'article (Ord. n° 2016-391 du 31 mars 2016 art. 12) ***« L. 781-9 » du même code, est inférieure, par personne non salariée participant à la mise en valeur de l'exploitation et répondant aux conditions fixées à l'article L. 262-2 du présent code, à une superficie plafond fixée par arrêté des ministres chargés de l'agriculture, du budget, de la sécurité sociale et des départements d'outre-mer.***

Lorsque, parmi les personnes non salariées, se trouve un couple de conjoints, partenaires liés par un pacte civil de solidarité ou concubins, un seul des membres du couple est pris en compte pour l'application du premier alinéa.

Art. L. 522-17 Les modalités particulières d'application du présent chapitre, dans le respect des principes mis en œuvre en métropole, sont fixées par décret en Conseil d'État, après consultation des collectivités locales compétentes.

(Abrogé par Ord. n° 2010-686 du 24 juin 2010, art. 1er-XV, à compter du 1er janv. 2011) ***« Ces modalités doivent permettre notamment de mieux prendre en compte les spécificités économiques et sociales de ces départements afin d'améliorer :***

« 1° Les modalités de fixation de l'allocation *(L. n° 2006-339 du 23 mars 2006)* ***« et de la prime forfaitaire instituée par l'article L. 262-11 » et de détermination des ressources prises en compte pour le calcul de l'allocation de revenu minimum d'insertion notamment en ce qui concerne les personnes non salariées des professions agricoles ; »***

2° *Abrogé par L. n° 2003-1200 du 18 déc. 2003, art. 40-XI.*

Art. L. 522-18 *(Ord. n° 2010-686 du 24 juin 2010, art. 1er-XVI, en vigueur le 1er janv. 2011)* « En application de l'article L. 5134-19-2 du code du travail, le président du conseil départemental peut déléguer *(L. n° 2012-1189 du 26 oct. 2012, art. 7-V)* « la décision d'attribution de l'aide à l'insertion professionnelle mentionnée à » l'article L. 5134-19-1 du même code à l'agence d'insertion pour les bénéficiaires du revenu de solidarité active. »

L'agence d'insertion reçoit du département les crédits nécessaires à la mise en œuvre de ces attributions, selon une convention qui détermine leur montant et les modalités de leur versement à l'établissement.

Pour l'application de la loi n° 2008-1249 du 1er déc. 2008 aux départements d'outre-mer, V. App., v° Insertion.

Art. L. 522-19 *(L. n° 2018-1317 du 28 déc. 2018, art. 81, en vigueur le 1er janv. 2019)* Pour leur application en Guyane, les dispositions du chapitre II du titre VI du livre II du présent code sont ainsi modifiées :

[Dispositions déclarées non conformes à la Constitution par la décision du Conseil constitutionnel n° 2018-777 du 28 décembre 2018.]

2° A l'article L. 262-8, les mots : "le président du conseil départemental peut déroger, par une décision individuelle" sont remplacés par les mots : "la caisse d'allocations familiales peut déroger, pour le compte de l'État" ;

3° L'article L. 262-11 est ainsi modifié :

a) Au début du premier alinéa, les mots : "Les organismes chargés de l'instruction des demandes et du service du revenu de solidarité active, mentionnés aux articles L. 262-15 et L. 262-16, assistent" sont remplacés par les mots : "La caisse d'allocations familiales assiste" ;

b) Au second alinéa, les mots : "chargé du service" sont remplacés par le mot : "précité" et les mots : "du département" sont remplacés par les mots : "de l'État" ;

4° L'article L. 262-12 est ainsi modifié :

a) Au début de la deuxième phrase, les mots : "Le président du conseil départemental" sont remplacés par les mots : "La caisse d'allocations familiales" ;

b) Au début de la dernière phrase, le mot : "Il" est remplacé par le mot : "Elle" ;

5° L'article L. 262-13 est ainsi rédigé :

Art. L. 262-13 Le revenu de solidarité active est attribué, pour le compte de l'État, par la caisse d'allocations familiales au demandeur qui réside dans le ressort de la collectivité territoriale de Guyane ou y a élu domicile, dans les conditions prévues au chapitre IV du présent titre.

6° L'article L. 262-15 est ainsi modifié :

a) Le premier alinéa est ainsi rédigé :

"L'instruction administrative de la demande est effectuée par la caisse d'allocations familiales. Peuvent également procéder à cette instruction, dans des conditions définies par convention, le centre communal ou intercommunal d'action sociale du lieu de résidence du demandeur, des associations ou des organismes à but non lucratif." ;

b) Au début du second alinéa, les mots : "Le décret mentionné au premier alinéa" sont remplacés par les mots : "Un décret" ;

7° L'article L. 262-16 est ainsi rédigé :

Art. L. 262-16 Le service du revenu de solidarité active est assuré, dans le ressort de la collectivité territoriale de Guyane, par la caisse d'allocations familiales pour le compte de l'État.

8° L'article L. 262-21 est ainsi modifié :

a) Au deuxième alinéa, les mots : "le président du conseil départemental" sont remplacés par les mots : "la caisse d'allocations familiales" et, après le mot : "dérogation,", sont insérés les mots : "pour le compte de l'État," ;

b) Le troisième alinéa est ainsi modifié :

– à la première phrase, les mots : "au président du conseil départemental" sont remplacés par les mots : "à la caisse d'allocations familiales" ;

– la deuxième phrase est supprimée ;

9° L'article L. 262-22 est ainsi rédigé :

Art. L. 262-22 La caisse d'allocations familiales peut procéder, pour le compte de l'État, au versement d'avances sur droits supposés.

10° L'article L. 262-24 est ainsi rédigé :

Art. L. 262-24 Le revenu de solidarité active est financé par l'État.

Les frais de gestion supplémentaires exposés par la caisse d'allocations familiales de Guyane, au titre des nouvelles compétences qui lui sont déléguées en vertu du présent chapitre à compter du 1er janvier 2019, selon les modalités fixées par la convention mentionnée à l'article L. 262-25, sont pris en charge par l'État dans des conditions fixées par décret, en tenant compte de la réalisation des objectifs fixés par la même convention.

11° L'article L. 262-25 est ainsi rédigé :

Art. L. 262-25 Une convention est conclue entre l'État et la caisse d'allocations familiales de Guyane.

Cette convention précise en particulier :

1° Les conditions dans lesquelles les demandes de revenu de solidarité active sont instruites et dans lesquelles le revenu de solidarité active est attribué, servi et contrôlé par la caisse d'allocations familiales pour le compte de l'État ;

2° Les modalités d'exercice par la caisse d'allocations familiales des compétences déléguées par l'État en matière d'orientation des bénéficiaires prévue à l'article L. 262-29 ;

3° Les objectifs fixés par l'État à la caisse d'allocations familiales pour l'exercice des compétences déléguées ainsi que les modalités de contrôle et d'évaluation de leur réalisation, notamment en matière d'instruction, d'orientation et de lutte contre la fraude ;

4° Les engagements de qualité de service et de contrôle pris par la caisse d'allocations familiales auprès de l'État, notamment afin de favoriser l'accès au revenu de solidarité active et de limiter les paiements indus ;

5° Les modalités d'échange de données entre les parties.

Un décret détermine les règles générales applicables à cette convention.

12° L'article L. 262-26 n'est pas applicable ;

13° L'article L. 262-29 est ainsi modifié :

a) Au début du premier alinéa, les mots : "Le président du conseil départemental" sont remplacés par les mots : "La caisse d'allocations familiales" ;

b) Au 1°, les mots : "le département" sont remplacés par les mots : "la caisse d'allocations familiales" ;

c) Au 2°, les mots : "les autorités ou" sont remplacés par les mots : "la collectivité territoriale de Guyane qui peut décider de recourir à des" ;

d) Il est ajouté un alinéa ainsi rédigé :

"La caisse d'allocations familiales assure elle-même l'accompagnement du bénéficiaire lorsque ce dernier a droit à la majoration prévue à l'article L. 262-9 du présent code." ;

14° L'article L. 262-30 est ainsi modifié :

a) Au troisième alinéa, les mots : "au président du conseil départemental" sont remplacés par les mots : "à la caisse d'allocations familiales" ;

b) Au début du dernier alinéa, les mots : "Le président du conseil départemental" sont remplacés par les mots : "L'organisme vers lequel le bénéficiaire du revenu de solidarité active est orienté" ;

15° A la seconde phrase de l'article L. 262-31, les mots : "du conseil départemental" sont remplacés par les mots : "de l'assemblée de Guyane" ;

16° A la première phrase de l'article L. 262-32, les mots : "le département, l'institution mentionnée à l'article L. 5312-1 du code du travail, l'État, le cas échéant, les personnes morales gestionnaires des plans locaux pluriannuels pour l'insertion et l'emploi, les organismes mentionnés à l'article L. 262-16 du présent code et un représentant des centres communaux et intercommunaux d'action sociale" sont remplacés par les mots : "l'État, la caisse d'allocations familiales, la collectivité territoriale de Guyane, l'institution mentionnée à l'article L. 5312-1 du code du travail et, le cas échéant, les personnes morales gestionnaires des plans locaux pluriannuels pour l'insertion et l'emploi ainsi que les organismes mentionnés à l'article L. 262-29 du présent code." ;

17° L'article L. 262-33 n'est pas applicable ;

18° L'article L. 262-35 est ainsi modifié :

a) Au premier alinéa, les mots : "le département, représenté par le président du conseil départemental" sont remplacés par les mots : "la collectivité territoriale de Guyane, représentée par le président de l'assemblée de Guyane" ;

b) A la fin du dernier alinéa, les mots : "du conseil départemental" sont remplacés par les mots : "de l'assemblée de Guyane" ;

19° L'article L. 262-36 est ainsi modifié :

a) Au premier alinéa, les mots : "le département, représenté par le président du conseil départemental" sont remplacés par les mots : "la collectivité territoriale de Guyane, représentée par le président de l'assemblée de Guyane" ;

b) Au début du second alinéa, les mots : "Le département" sont remplacés par les mots : "La collectivité territoriale de Guyane" ;

20° L'article L. 262-37 est ainsi modifié :

a) A la fin du premier alinéa, les mots : "le président du conseil départemental" sont remplacés par les mots : "la caisse d'allocations familiales" ;

b) L'avant-dernier alinéa est supprimé ;

c) Au dernier alinéa, les mots : "l'organisme payeur sur décision du président du conseil départemental" sont remplacés par les mots : "la caisse d'allocations familiales" ;

21° Au début du premier alinéa de l'article L. 262-38, les mots : "Le président du conseil départemental" sont remplacés par les mots : "Le directeur de la caisse d'allocations familiales";

22° Au premier alinéa de l'article L. 262-39, au début, les mots : "Le président du conseil départemental" sont remplacés par les mots : "Le directeur de la caisse d'allocations familiales" et les mots : "du département" sont remplacés par les mots : "de la collectivité territoriale de Guyane" ;

23° L'article L. 262-40 est ainsi modifié :

a) Le premier alinéa est ainsi rédigé :

"Pour l'exercice de ses compétences, la caisse d'allocations familiales demande toutes les informations nécessaires à l'identification de la situation du foyer :" ;

b) Le 2° est ainsi rédigé :

"2° A la collectivité territoriale de Guyane ;"

c) Le sixième alinéa est ainsi rédigé :

"Les informations recueillies peuvent être communiquées, pour l'exercice de leurs compétences, aux membres de l'équipe pluridisciplinaire mentionnée à l'article L. 262-39." ;

d) Le septième alinéa est ainsi rédigé :

"La caisse d'allocations familiales peut communiquer, le cas échéant, les informations recueillies dans l'exercice de ses missions de contrôle aux membres de l'équipe pluridisciplinaire mentionnée au sixième alinéa." ;

e) Au début du huitième alinéa, les mots : "Les organismes chargés de son versement réalisent" sont remplacés par les mots : "La caisse d'allocations familiales réalise" ;

f) Les deux derniers alinéas sont supprimés ;

24° A la première phrase du premier alinéa de l'article L. 262-41, les mots : "le président du conseil départemental ou les organismes chargés de l'instruction des demandes ou du versement" sont remplacés par les mots : "les organismes chargés de l'instruction des demandes" ;

25° A l'article L. 262-42, les mots : "le président du conseil départemental" sont remplacés par les mots : "la caisse d'allocations familiales" ;

26° A l'article L. 262-43, les mots : "porte cette information à la connaissance du président du conseil départemental, en vue notamment de la mise en œuvre des" sont remplacés par les mots : "met en œuvre les" ;

27° A la seconde phrase du premier alinéa de l'article L. 262-45, les mots : "ou le département" sont remplacés par les mots :", pour le compte de l'État," ;

28° L'article L. 262-46 est ainsi modifié :

a) Le premier alinéa est ainsi rédigé :

"Tout paiement indu de revenu de solidarité active est récupéré par l'organisme chargé du service de celui-ci dans les conditions définies au présent article." ;

b) Le huitième alinéa est supprimé ;

c) Au neuvième alinéa, les mots : "par le président du conseil départemental" sont remplacés par les mots :", pour le compte de l'État, par la commission de recours amiable qui connaît des réclamations relevant de l'article L. 142-1 du code de la sécurité sociale" ;

d) Le dernier alinéa est ainsi rédigé :

"La créance détenue par la caisse d'allocations familiales à l'encontre d'un bénéficiaire du revenu de solidarité active dont le lieu de résidence est transféré dans un autre département ou qui élit domicile dans un autre département est transférée en principal, frais et accessoires au département d'accueil ou, s'agissant du Département de Mayotte *(L. n° 2019-1479 du 28 déc. 2019, art. 77-II, en vigueur le 1er janv. 2020)* « et du département de La Réunion », à l'organisme chargé du versement du revenu de solidarité active en application de l'article L. 262-16 du présent code et du X de l'article L. 542-6 *(L. n° 2019-1479 du 28 déc. 2019, art. 77-II, en vigueur le 1er janv. 2020)* « et du 27° de l'article L. 522-20." » ;

29° L'article L. 262-47 est ainsi modifié :

a) Le premier alinéa est ainsi rédigé :

"Toute réclamation dirigée contre une décision relative au revenu de solidarité active fait l'objet, préalablement à l'exercice d'un recours contentieux, d'un recours administratif devant la commission de recours amiable qui connaît des réclamations relevant de l'article L. 142-1 du code de la sécurité sociale. Les modalités d'examen du recours sont définies par décret en Conseil d'État." ;

b) Après le même premier alinéa, sont insérés deux alinéas ainsi rédigés :

"Les recours contentieux relatifs aux décisions mentionnées au premier alinéa du présent article sont portés devant la juridiction administrative.

"Le bénéficiaire du revenu de solidarité active est informé, par tout moyen, des modalités de réclamation et de recours décrites aux deux premiers alinéas." ;

30° L'article L. 262-52 est ainsi modifié :

a) Le premier alinéa est ainsi modifié :

— à la première phrase, les mots : "amende administrative" sont remplacés par le mot : "pénalité" ;

— à la deuxième phrase, les mots : "président du conseil départemental" sont remplacés par les mots : "directeur de la caisse d'allocations familiales" ;

— la dernière phrase est supprimée ;

b) Le deuxième alinéa est ainsi modifié :

— à la première phrase, le mot : "amende" est remplacé par le mot : "pénalité" ;

– la deuxième phrase est ainsi rédigée : "Si une telle décision de non-lieu ou de relaxe intervient postérieurement au prononcé d'une pénalité, la révision de cette pénalité est de droit." ;

– au début de la dernière phrase, les mots : "L'amende administrative" sont remplacés par les mots : "La pénalité" ;

c) Le dernier alinéa est supprimé ;

31° L'article L. 262-56 n'est pas applicable."

Art. L. 522-20 *(L. nº 2019-1479 du 28 déc. 2019, art. 77-I, en vigueur le 1er janv. 2020, ss. réserve des dispositions transitoires figurant ss. le présent art.)* Pour son application à La Réunion, le chapitre II du titre VI du livre II est ainsi modifié :

1° A l'article L. 262-8, les mots : "le président du conseil départemental peut déroger, par une décision individuelle" sont remplacés par les mots : "la caisse d'allocations familiales peut déroger, pour le compte de l'État" ;

2° L'article L. 262-11 est ainsi modifié :

a) Au début du premier alinéa, les mots : "Les organismes chargés de l'instruction des demandes et du service du revenu de solidarité active, mentionnés aux articles L. 262-15 et L. 262-16, assistent" sont remplacés par les mots : "La caisse d'allocations familiales assiste" ;

b) Au second alinéa, les mots : "chargé du service" sont remplacés par le mot : "précité" et les mots : "du département" sont remplacés par les mots : "de l'État" ;

3° L'article L. 262-12 est ainsi modifié :

a) Au début de la deuxième phrase, les mots : "Le président du conseil départemental" sont remplacés par les mots : "La caisse d'allocations familiales" ;

b) Au début de la dernière phrase, le mot : "Il" est remplacé par le mot : "Elle" ;

4° L'article L. 262-13 est ainsi rédigé :

Art. L. 262-13 Le revenu de solidarité active est attribué, pour le compte de l'État, par la caisse d'allocations familiales au demandeur qui réside dans le ressort du département de La Réunion ou y a élu domicile, dans les conditions prévues au chapitre IV du présent titre.

5° L'article L. 262-15 est ainsi modifié :

a) Le premier alinéa est ainsi rédigé :

"L'instruction administrative de la demande est effectuée à titre gratuit par la caisse d'allocations familiales. Peuvent également procéder à cette instruction, dans des conditions définies par convention, le centre communal ou intercommunal d'action sociale du lieu de résidence du demandeur, des associations ou des organismes à but non lucratif." ;

b) Au début du second alinéa, les mots : "Le décret mentionné au premier alinéa" sont remplacés par les mots : "Un décret" ;

6° L'article L. 262-16 est ainsi rédigé :

Art. L. 262-16 Le service du revenu de solidarité active est assuré, dans le ressort du département de La Réunion, par la caisse d'allocations familiales pour le compte de l'État.

7° L'article L. 262-21 est ainsi modifié :

a) Au deuxième alinéa, les mots : "le président du conseil départemental" sont remplacés par les mots : "la caisse d'allocations familiales" et, après le mot : "dérogation,", sont insérés les mots : "pour le compte de l'État," ;

b) Le troisième alinéa est ainsi modifié :

– à la première phrase, les mots : "au président du conseil départemental" sont remplacés par les mots : "à la caisse d'allocations familiales" ;

– la deuxième phrase est supprimée ;

8° L'article L. 262-22 est ainsi rédigé :

Art. L. 262-22 La caisse d'allocations familiales peut procéder, pour le compte de l'État, au versement d'avances sur droits supposés.

9° L'article L. 262-24 est ainsi rédigé :

Art. L. 262-24 Le revenu de solidarité active est financé par l'État.

Les frais de gestion supplémentaires exposés par la caisse d'allocations familiales de La Réunion, au titre des nouvelles compétences qui lui sont déléguées en vertu du présent chapitre à compter du 1er janvier 2020, selon les modalités fixées par la convention mentionnée à l'article L. 262-25, sont pris en charge par l'État dans des conditions fixées par décret, en tenant compte de la réalisation des objectifs fixés par la même convention.

10° L'article L. 262-25 est ainsi rédigé :

Art. L. 262-25 Une convention est conclue entre l'État et la caisse d'allocations familiales de La Réunion.

Cette convention précise en particulier :

1° Les conditions dans lesquelles les demandes de revenu de solidarité active sont instruites et dans lesquelles le revenu de solidarité active est attribué, servi et contrôlé par la caisse d'allocations familiales pour le compte de l'État ;

2° Les modalités d'exercice par la caisse d'allocations familiales des compétences déléguées par l'État en matière d'orientation des bénéficiaires prévue à l'article L. 262-29 ;

3° Les objectifs fixés par l'État à la caisse d'allocations familiales pour l'exercice des compétences déléguées ainsi que les modalités de contrôle et d'évaluation de leur réalisation, notamment en matière d'instruction, d'orientation et de lutte contre la fraude ;

4° Les engagements de qualité de service et de contrôle pris par la caisse d'allocations familiales auprès de l'État, notamment afin de favoriser l'accès au revenu de solidarité active et de limiter les paiements indus ;

5° Les modalités d'échange de données entre les parties.

Un décret détermine les règles générales applicables à cette convention.

11° L'article L. 262-26 n'est pas applicable ;

12° L'article L. 262-29 est ainsi modifié :

a) Au début du premier alinéa, les mots : "Le président du conseil départemental" sont remplacés par les mots : "La caisse d'allocations familiales" ;

b) Au 1°, les mots : "le département" sont remplacés par les mots : "la caisse d'allocations familiales" ;

c) Au 2°, les mots : "les autorités ou" sont remplacés par les mots : "le département de La Réunion qui peut décider de recourir à des" ;

d) Il est ajouté un alinéa ainsi rédigé :

"La caisse d'allocations familiales assure elle-même l'accompagnement du bénéficiaire lorsque ce dernier a droit à la majoration prévue à l'article L. 262-9 du présent code." ;

13° L'article L. 262-30 est ainsi modifié :

a) Au troisième alinéa, les mots : "au président du conseil départemental" sont remplacés par les mots : "à la caisse d'allocations familiales" ;

b) Au début du dernier alinéa, les mots : "Le président du conseil départemental" sont remplacés par les mots : "L'organisme vers lequel le bénéficiaire du revenu de solidarité active est orienté" ;

14° A la seconde phrase de l'article L. 262-31, après les mots : "du conseil départemental" sont ajoutés les mots : "de La Réunion" ;

15° A la première phrase de l'article L. 262-32, les mots : "le département, l'institution mentionnée à l'article L. 5312-1 du code du travail, l'État, le cas échéant, les personnes morales gestionnaires des plans locaux pluriannuels pour l'insertion et l'emploi, les organismes mentionnés à l'article L. 262-16 du présent code et un représentant des centres communaux et intercommunaux d'action sociale" sont remplacés par les mots : "l'État, la caisse d'allocations familiales, le département de La Réunion, l'institution mentionnée à l'article L. 5312-1 du code du travail et, le cas échéant, les personnes morales gestionnaires des plans locaux pluriannuels pour l'insertion et l'emploi ainsi que les organismes mentionnés à l'article L. 262-29 du présent code" ; *— Sur l'entrée en vigueur des 12° à 15° du présent art., V. note ss. le présent art.*

16° L'article L. 262-33 n'est pas applicable ;

17° L'article L. 262-35 est ainsi modifié :

a) Au premier alinéa, après le mot : "départemental", sont ajoutés les mots : "de La Réunion" ;

b) A la fin du dernier alinéa, après le mot : "départemental", sont ajoutés les mots : "de La Réunion" ;

18° L'article L. 262-36 est ainsi modifié :

a) Au premier alinéa, après le mot : "départemental", sont insérés les mots : "de La Réunion" ;

b) Au début du second alinéa, après le mot : "département", sont insérés les mots : "de La Réunion" ;

19° L'article L. 262-37 est ainsi modifié :

a) A la fin du premier alinéa, les mots : "le président du conseil départemental" sont remplacés par les mots : "la caisse d'allocations familiales" ;

b) L'avant-dernier alinéa est supprimé ;

c) Au dernier alinéa, les mots : "l'organisme payeur sur décision du président du conseil départemental" sont remplacés par les mots : "la caisse d'allocations familiales" ;

20° Au début du premier alinéa de l'article L. 262-38, les mots : "Le président du conseil départemental" sont remplacés par les mots : "Le directeur de la caisse d'allocations familiales" ;

21° Au début du premier alinéa de l'article L. 262-39, les mots : "Le président du conseil départemental" sont remplacés par les mots : "Le directeur de la caisse d'allocations familiales" et, après le mot : "département", sont insérés les mots : "de La Réunion" ; *– Sur l'entrée en vigueur du 21° du présent art., V. note ss. le présent art.*

22° L'article L. 262-40 est ainsi modifié :

a) Le premier alinéa est ainsi rédigé :

"Pour l'exercice de ses compétences, la caisse d'allocations familiales demande toutes les informations nécessaires à l'identification de la situation du foyer :" ;

b) Le 2° est ainsi rédigé :

"2° Au conseil départemental de La Réunion ;"

c) Le sixième alinéa est ainsi rédigé :

"Les informations recueillies peuvent être communiquées, pour l'exercice de leurs compétences, aux membres de l'équipe pluridisciplinaire mentionnée à l'article L. 262-39." ;

d) Le septième alinéa est ainsi rédigé :

"La caisse d'allocations familiales peut communiquer, le cas échéant, les informations recueillies dans l'exercice de ses missions de contrôle aux membres de l'équipe pluridisciplinaire mentionnée au sixième alinéa." ;

e) Au début du huitième alinéa, les mots : "Les organismes chargés de son versement réalisent" sont remplacés par les mots : "La caisse d'allocations familiales réalise" ;

f) Les deux derniers alinéas sont supprimés ;

23° A la première phrase du premier alinéa de l'article L. 262-41, les mots : "le président du conseil départemental ou les organismes chargés de l'instruction des demandes ou du versement" sont remplacés par les mots : "les organismes chargés de l'instruction des demandes" ;

24° A l'article L. 262-42, les mots : "le président du conseil départemental" sont remplacés par les mots : "la caisse d'allocations familiales";

25° A l'article L. 262-43, les mots : "porte cette information à la connaissance du président du conseil départemental, en vue notamment de la mise en œuvre des" sont remplacés par les mots : "met en œuvre les" ;

26° A la seconde phrase du premier alinéa de l'article L. 262-45, les mots : "ou le département" sont remplacés par les mots :", pour le compte de l'État," ;

27° L'article L. 262-46 est ainsi modifié :

a) Le premier alinéa est ainsi rédigé :

"Tout paiement indu de revenu de solidarité active est récupéré par l'organisme chargé du service de celui-ci dans les conditions définies au présent article." ;

b) Le huitième alinéa est supprimé ;

c) Au neuvième alinéa, les mots : "par le président du conseil départemental" sont remplacés par les mots :", pour le compte de l'État, par la commission de recours amiable qui connaît des réclamations relevant de l'article L. 142-1 du code de la sécurité sociale" ;

d) Le dernier alinéa est ainsi rédigé :

"La créance détenue par la caisse d'allocations familiales à l'encontre d'un bénéficiaire du revenu de solidarité active dont le lieu de résidence est transféré dans un autre département ou qui élit domicile dans un autre département est transférée en principal, frais et accessoires au département d'accueil ou, s'agissant du Département de Mayotte et de la collectivité territoriale de Guyane, à l'organisme chargé du versement du revenu de solidarité active en application, selon le cas, de l'article L. 262-16, du X de l'article L. 542-6 ou du 28° de l'article L. 522-19 du présent code." ;

28° L'article L. 262-47 est ainsi modifié :

a) Le premier alinéa est ainsi rédigé :

"Toute réclamation dirigée contre une décision relative au revenu de solidarité active fait l'objet, préalablement à l'exercice d'un recours contentieux, d'un recours administratif devant la commission de recours amiable qui connaît des réclamations relevant de l'article L. 142-1 du code de la sécurité sociale. Les modalités d'examen du recours sont définies par décret en Conseil d'État." ;

***b)* Après le même premier alinéa, sont insérés deux alinéas ainsi rédigés :**

"Les recours contentieux relatifs aux décisions mentionnées au premier alinéa du présent article sont portés devant la juridiction administrative.

"Le bénéficiaire du revenu de solidarité active est informé, par tout moyen, des modalités de réclamation et de recours décrites aux deux premiers alinéas." ;

29° L'article L. 262-52 est ainsi modifié :

***a)* Le premier alinéa est ainsi modifié :**

— à la première phrase, les mots : "amende administrative" sont remplacés par le mot : "pénalité" ;

— à la deuxième phrase, les mots : "président du conseil départemental" sont remplacés par les mots : "directeur de la caisse d'allocations familiales" ;

— la dernière phrase est supprimée ;

***b)* Le deuxième alinéa est ainsi modifié :**

— à la première phrase, le mot : "amende" est remplacé par le mot : "pénalité" ;

— la deuxième phrase est ainsi rédigée : "Si une telle décision de non-lieu ou de relaxe intervient postérieurement au prononcé d'une pénalité, la révision de cette pénalité est de droit." ;

— au début de la dernière phrase, les mots : "L'amende administrative" sont remplacés par les mots : "La pénalité" ;

***c)* Le dernier alinéa est supprimé ;**

30° L'article L. 262-56 n'est pas applicable.

Les dispositions de l'art. 77-I de la L. n° 2019-1479 du 28 déc. 2019 entrent en vigueur le 1er janv. 2020, à l'exception des 12° à 15° et du 21° de l'art. L. 522-20 qui entrent en vigueur le 1er déc. 2020 et sont applicables sous réserve des dispositions suivantes :

1° Les indus et rappels sont instruits et recouvrés par la caisse d'allocations familiales de La Réunion et sont financés par l'État, à l'exception de ceux dont le fait générateur est antérieur au 1er janv. 2020 ;

2° Afin d'assurer la continuité du traitement des recours exercés par les bénéficiaires du RSA à l'encontre des décisions prises par le président du conseil départemental de La Réunion, les recours antérieurs au 1er janv. 2020 restent à la charge du département, qui supporte les conséquences financières des décisions rendues sur ces recours. Les recours déposés devant le département de La Réunion à compter du 1er janv. 2020 sont transférés à la caisse d'allocations familiales de La Réunion, qui en assure l'instruction dans les conditions prévues à l'art. L. 262-47 CASF dans sa rédaction applicable à La Réunion (L. préc., art. 77-III).

Loi n° 2019-1479 du 28 décembre 2019,

De finances pour 2020 (JO 29 déc.).

Art. 77 *[...]*

VI. — Le transfert à l'État de la compétence en matière d'attribution et d'orientation des bénéficiaires des allocations mentionnées aux articles L. 262-2 et L. 522-14 du code de l'action sociale et des familles est effectué à compter du 1er janvier 2020 à La Réunion. Le transfert à l'État de la compétence en matière d'attribution des allocations mentionnées aux articles L. 262-2 et L. 522-14 du code de l'action sociale et des familles et en matière d'orientation de leurs bénéficiaires ainsi que le transfert de la charge du financement de ces allocations s'accompagnent de l'attribution à l'État de ressources équivalentes à celles qui étaient consacrées à leur exercice par le département de La Réunion.

VII. — Le montant du droit à compensation au profit de l'État est égal à la moyenne, sur la période de 2017 à 2019, des dépenses actualisées relatives aux allocations mentionnées aux articles L. 262-2 et L. 522-14 du code de l'action sociale et des familles exposées par le département de La Réunion, incluant la valorisation financière des emplois exprimés en équivalent temps plein travaillé non transférés à l'État affectés à l'attribution des allocations.

Pour l'année 2020, un montant provisionnel du droit à compensation au profit de l'État est calculé. Il est égal à la moyenne des dépenses mentionnées au premier alinéa du présent VII sur la période de 2016 à 2018. Il est procédé ultérieurement à l'ajustement de ce montant afin d'arrêter le montant du droit à compensation définitif selon les modalités de calcul mentionnées au même premier alinéa.

Le montant du droit à compensation est calculé à titre provisionnel sur la base des dépenses des allocations précitées retracées dans les comptes de gestion au titre des exercices 2016, 2017 et 2018 ainsi qu'en tenant compte de la valorisation financière des emplois exprimés en équivalent temps plein travaillé non transférés à l'État affectés à l'attribution des allocations, estimée à titre provisoire sur la base d'un coût unitaire de dépenses de personnel par bénéficiaire des allocations précitées calculé à partir de l'état des dépenses de personnel figurant dans les comptes de gestion pour l'exercice 2018.

VIII. — A compter du 1er janvier 2020, l'État cesse le versement au département de La Réunion des fractions du produit de la taxe intérieure de consommation sur les produits énergétiques allouées à cette collectivité territoriale au titre de la compensation du transfert du revenu minimum d'insertion et de la généralisation du revenu de solidarité active en application de l'article 59 de la loi de finances pour 2004 (n° 2003-1311 du 30 décembre 2003) et de l'article 51 de la loi n° 2008-1425 du 27 décembre 2008 de finances pour 2009 ainsi que, à compter de la même date, le versement des ressources allouées au titre du fonds défini à l'article L. 3334-16-2 du code général des collectivités territoriales et du dispositif de compensation péréquée défini à l'article L. 3334-16-3 du même code.

IX. — Afin d'assurer la compensation intégrale, prévue au VI, des charges transférées par le département de La Réunion, il est procédé à une réfaction de la dotation forfaitaire mentionnée à l'article L. 3334-3 du code général des collectivités territoriales perçue en 2019 par le département ainsi que, le cas échéant, à une reprise complémentaire par l'affectation au budget général de l'État d'une fraction du produit de la taxe sur les tabacs prévue à l'article 268 du code des douanes et à l'article 575 E du code général des impôts et une réfaction de la dotation de compensation, mentionnée à l'article L. 3334-7-1 du code général des collectivités territoriales, du département d'un montant calculé selon les modalités précisées au présent IX.

Le montant de la reprise complémentaire de ressources sur la dotation de compensation mentionnée à l'article L. 3334-7-1 du code général des collectivités territoriales est égal au solde entre, d'une part, le montant du droit à compensation au profit de l'État défini au premier alinéa du VII du présent article et, d'autre part, le montant des ressources de compensation et d'accompagnement énoncées au VIII et versées au département de La Réunion par l'État en 2019 auquel s'ajoutent le montant de la réfaction de la dotation forfaitaire prévue au premier alinéa du présent IX et la fraction du produit de la taxe sur les tabacs affectée au budget général de l'État prévue au quatrième alinéa du 4 de l'article 268 du code des douanes et au cinquième alinéa de l'article 575 E du code général des impôts.

A titre provisionnel, pour l'année 2020, le montant de la reprise complémentaire de ressources sur la dotation de compensation mentionnée à l'article L. 3334-7-1 du même code est égal au solde entre, d'une part, le montant provisionnel du droit à compensation au profit de l'État défini au deuxième alinéa du VII du présent article et, d'autre part, le montant des ressources de compensation et d'accompagnement énoncées au VIII et versées au département de La Réunion par l'État en 2018 auquel s'ajoutent le montant de la réfaction de la dotation forfaitaire prévue au premier alinéa du présent IX et la fraction du produit de la taxe sur les tabacs affectée au budget général de l'État prévue au quatrième alinéa du 4 de l'article 268 du code des douanes et au cinquième alinéa de l'article 575 E du code général des impôts.

Un ajustement ultérieur est effectué en 2021 au titre du droit à compensation définitif de l'État, selon les modalités prévues au deuxième alinéa du présent IX, tenant compte notamment du montant des ressources de compensation et d'accompagnement versées par l'État en 2019 et de la valorisation définitive des emplois exprimés en équivalent temps plein travaillé non transférés à l'État alloués à l'attribution des allocations mentionnées aux articles L. 262-2 et L. 522-14 du code de l'action sociale et des familles.

[...]

CHAPITRE III AIDE SOCIALE À LA FAMILLE ET À L'ENFANCE

SECTION UNIQUE Service d'accueil téléphonique

Art. L. 523-1 La convention constitutive du groupement d'intérêt public qui gère le service d'accueil téléphonique pour les mineurs maltraités, mentionné à l'article

L. 226-6, prévoit des dispositions particulières pour adapter les conditions d'activité du service dans ces départements. – *[C. fam., art. 71, al. 1er, dernière phrase.]*

Art. L. 523-2 **La participation financière des départements, prévue** *(L. no 2022-140 du 7 févr. 2022, art. 36-I)* **« au dernier alinéa de l'article L. 147-15 », peut faire l'objet d'adaptations particulières, par voie réglementaire, aux départements d'outre-mer.** – *[C. fam., art. 71, al. 7.]*

TITRE III SAINT-PIERRE-ET-MIQUELON

CHAPITRE UNIQUE DISPOSITIONS GÉNÉRALES

Art. L. 531-1 **Ne sont pas applicables à la collectivité territoriale de Saint-Pierre-et-Miquelon les dispositions suivantes du présent code :**

(Abrogé par L. no 2020-1576 du 14 déc. 2020, art. 32-I, à compter du 1er janv. 2021) (L. no 2015-1776 du 28 déc. 2015, art. 84-II-B-1o) ***« 1o A Le 1o de l'article L. 14-10-10 ; »***

1o L'article L. 241-2 ;

2o et 3o *Abrogés par L. no 2002-303 du 4 mars 2002, art. 117;*

4o Le titre V du livre III. – *[Ord. no 77-1102 du 26 sept. 1977, art. 1er.]*

Art. L. 531-2 **En matière d'aide médicale, les dispositions législatives applicables à Saint-Pierre-et-Miquelon antérieurement au présent code demeurent en vigueur.** *(Abrogé par L. no 2003-1200 du 18 déc. 2003, art. 41-1o)* ***« La contribution de la collectivité territoriale aux dépenses d'insertion mentionnées à l'article L. 263-5 demeure fixée à 20 %. »*** – *[L. no 99-641 du 27 juill. 1999, art. 72 (8o).]*

Art. L. 531-3 **Les compétences de la collectivité territoriale en matière d'aide et d'action sociales donnent lieu à une compensation financière définie selon les modalités prévues aux articles L. 1614-1 à L. 1614-3 du code général des collectivités territoriales. Cette compensation évolue à l'avenir comme la dotation générale de décentralisation prévue à l'article L. 1614-4 du même code.**

Après avis du *(Ord. no 2010-331 du 25 mars 2010, art. 7)* **« conseil territorial » de Saint-Pierre-et-Miquelon, un arrêté conjoint du ministre chargé de l'outre-mer, du ministre chargé du budget, du ministre chargé de la fonction publique, du ministre chargé de la réforme de l'État et de la décentralisation et du ministre chargé du travail et des affaires sociales fixe le montant de cette compensation.** –*[Ord. no 77-1102 du 26 sept. 1977, art. 2.]*

Art. L. 531-4 **La caisse de prévoyance sociale peut, à la demande du** *(Ord. no 2010-331 du 25 mars 2010, art. 7)* **« conseil territorial » et par convention, être chargée de tout ou partie de l'aide sociale.**

La caisse de prévoyance sociale participe au financement des dépenses d'action sociale à hauteur au moins de 2 % du montant des cotisations encaissées annuellement. – *[L. no 96-609 du 5 juill. 1996, art. 57 (IV).]*

Art. L. 531-5 **Pour l'application des dispositions prévues du présent code applicables à Saint-Pierre-et-Miquelon, les mots mentionnés ci-dessous sont respectivement remplacés par les mots suivants :**

– "département" par "collectivité territoriale de Saint-Pierre-et-Miquelon" ;

(Ord. no 2010-686 du 24 juin 2010, art. 2-I, en vigueur le 1er janv. 2011) **« – "président du conseil départemental" par "président du conseil territorial" ; »**

– "représentant de l'État dans le département" par "représentant de l'État dans la collectivité" ;

– *(Ord. no 2019-964 du 18 sept. 2019, art. 1er, en vigueur le 1er janv. 2020)* **« "le tribunal judiciaire" par le "tribunal de première instance" » ;**

– *(L. no 2019-222 du 23 mars 2019, art. 96-I)* **« "les tribunaux de grande instance spécialement désignés en application de l'article L. 211-16 du code de l'organisation judiciaire" » par "les juridictions de droit commun" ;**

– "les régimes d'assurance maladie" par "la caisse de prévoyance sociale" ;

(L. nº 2005-102 du 11 févr. 2005, art. 93-2º) « – "conseil départemental consultatif des personnes handicapées" par "conseil territorial consultatif des personnes handicapées". »

De même, les références à des dispositions non applicables dans la collectivité sont remplacées par les références aux dispositions ayant le même objet applicable localement. – *[L. nº 75-534 du 30 juin 1975, art. 63.]*

(Ord. nº 2010-331 du 25 mars 2010, art. 7) « A Saint-Pierre-et-Miquelon, les compétences dévolues par le présent code au directeur général de l'agence régionale de santé sont exercées par le représentant de l'État. Les compétences exercées au titre du présent code par les agences régionales de santé sont exercées par l'administration territoriale de santé mentionnée à l'article L. 1441-1 du code de la santé publique.

« Pour l'application de l'article L. 312-5, le schéma régional d'organisation médico-sociale est dénommé schéma territorial d'organisation médico-sociale. »

(Ord. nº 2010-686 du 24 juin 2010, art. 2-I, en vigueur le 1er janv. 2011) « Les missions dévolues aux organismes débiteurs de prestations familiales par *(L. nº 2023-140 du 28 févr. 2023, art. 2-I et 7, en vigueur au plus tard le 28 nov. 2023)* « le chapitre IV *bis* du titre I et » les chapitres II et III du titre VI du livre II sont confiées à la caisse de prévoyance sociale de Saint-Pierre-et-Miquelon. »

Art. L. 531-5-1 *(Ord. nº 2010-686 du 24 juin 2010, art. 2-II)* Les dispositions des articles *(L. nº 2010-1487 du 7 déc. 2010, art. 31-II ; L. nº 2016-1917 du 29 déc. 2016, art. 87-II, en vigueur le 1er janv. 2017)* « L. 522-12 et L. 522-14 » sont applicables à Saint-Pierre-et-Miquelon.

Art. L. 531-6 Des décrets en Conseil d'État fixent en tant que de besoin les conditions particulières d'adaptation des dispositions législatives applicables à la collectivité de Saint-Pierre-et-Miquelon *(Ord. nº 2010-331 du 25 mars 2010, art. 7)* « et notamment celles relatives à la commission *(L. nº 2015-1776 du 28 déc. 2015, art. 65-10º)* « d'information et » de sélection d'appel à projet *[projets]* ou à la conférence territoriale de la santé et de l'autonomie mentionnée à l'article L. 1441-4 du code de la santé publique ».

Art. L. 531-7 *(L. nº 2005-102 du 11 févr. 2005, art. 93-1º)* I. – Pour l'application à Saint-Pierre-et-Miquelon du septième alinéa de l'article L. 245-6, les mots : "mentionnées au 2° du I de l'article 199 *septies* du code général des impôts" sont supprimés.

II. – Pour l'application à Saint-Pierre-et-Miquelon de la première phrase de l'article L. 241-9, les mots : "*(L. nº 2019-222 du 23 mars 2019, art. 96-I)* « tribunaux de grande instance spécialement désignés en application de l'article L. 211-16 du code de l'organisation judiciaire »" sont remplacés par les mots : "juridiction de droit commun".

(Ord. nº 2008-859 du 28 août 2008, art. 1er) « III. – Pour l'application à Saint-Pierre-et-Miquelon des articles *(L. nº 2015-1776 du 28 déc. 2015, art. 81-6º)* « L. 146-3 » à L. 146-13, les références à la "maison départementale des personnes handicapées" sont remplacées par les références au "service commun défini à l'article L. 531-8". » – *Dispositions applicables à compter du 1er janv. 2009.*

Art. L. 531-8 *(Ord. nº 2008-859 du 28 août 2008, art. 1er)* Pour l'application à Saint-Pierre-et-Miquelon des dispositions des articles L. 146-3 et L. 146-4, les services de l'État et de la collectivité mettent en place un service commun chargé d'exercer une mission d'accueil, d'information, d'accompagnement et de conseil des personnes handicapées et de leur famille, ainsi que de sensibilisation de tous les citoyens au handicap.

Pour l'exercice de ses missions, le service commun peut s'appuyer sur les centres communaux ou intercommunaux d'action sociale ou des organismes assurant des services d'évaluation et d'accompagnement des besoins des personnes handicapées avec lesquels l'État ou la collectivité a passé convention.

Il peut organiser des actions de coordination avec les autres dispositifs sanitaires et médico-sociaux concernant les personnes handicapées.

Son organisation et les modalités de son fonctionnement sont fixées par décret.

Les services de l'État et de la collectivité territoriale peuvent passer convention avec d'autres personnes morales, notamment celles représentant les organismes gestionnaires d'établissements ou de services destinés aux personnes handicapées, celles assurant une mission de coordination en leur faveur ou celles participant au fonds départemental de compensation. *— Dispositions applicables à compter du 1er janv. 2009.*

Art. L. 531-9 *(Ord. nº 2008-859 du 28 août 2008, art. 1er)* Pour l'application à Saint-Pierre-et-Miquelon de l'article L. 146-5, la gestion du fonds créé à cet article est assurée par la caisse de prévoyance sociale de Saint-Pierre-et-Miquelon. *— Dispositions applicables à compter du 1er janv. 2009.*

Art. L. 531-10 *(L. nº 2015-1776 du 28 déc. 2015, art. 84-II-B-2º)* L'article L. 146-3-1 est applicable à Saint-Pierre-et-Miquelon, sous réserve des adaptations prévues à l'article L. 531-8.

Art. L. 531-11 *(L. nº 2015-1776 du 28 déc. 2015, art. 84-II-B-2º)* Le chapitre III du titre III du livre II du présent code s'applique dans les conditions prévues au code de la santé publique, notamment à l'article L. 1441-3 du même code.

Des décrets en Conseil d'État fixent les conditions particulières d'adaptation des dispositions législatives applicables à la collectivité de Saint-Pierre-et-Miquelon, notamment celles relatives à la conférence des financeurs mentionnée à l'article L. 233-1 du présent code et au conseil départemental de la citoyenneté et de l'autonomie mentionné à l'article L. 149-1.

Art. L. 531-12 *(L. nº 2015-1776 du 28 déc. 2015, art. 84-II-B-2º)* Pour l'application à Saint-Pierre-et-Miquelon du quatrième alinéa de l'article L. 342-3, les mots : "conformément à ce que prévoit la convention conclue au titre de l'aide personnalisée au logement" sont remplacés par les mots : "dans des conditions prévues par décret".

TITRE IV DÉPARTEMENT DE MAYOTTE

(Ord. nº 2012-785 du 31 mai 2012, art. 3)

Le CASF est applicable à Mayotte dans les conditions prévues par l'Ord. nº 2012-785 du 31 mai 2012. Il en est de même, pour les besoins de cette application, des dispositions du CSS auxquelles ces dispositions renvoient (Ord. préc., art. 2).

V. dispositions financières et transitoires ss. art. L. 545-3.

CHAPITRE PRÉLIMINAIRE

Art. L. 540-1 Pour leur application à Mayotte, les dispositions des livres I à IV du présent code sont modifiées conformément aux dispositions du présent titre.

CHAPITRE I ADAPTATIONS DU LIVRE PREMIER

SECTION 1 Dispositions générales

Art. L. 541-1 Pour l'application du titre I du livre I :

I. — L'article L. 111-2 est ainsi modifié :

(Abrogé par L. nº 2015-925 du 29 juill. 2015, art. 24-13º) « 1º Au 2º, les mots : "ou dans un centre d'accueil pour demandeurs d'asile" sont supprimés ; »

2º Le 3º est ainsi rédigé :

"3º De l'accès aux soins, dans les conditions prévues à l'article L. 542-5" ;

3º Au 4º, les mots : "Des allocations" et "en France métropolitaine" sont remplacés respectivement par les mots : "Des aides" et "à Mayotte".

II. — A l'article L. 111-3, le mot : "métropolitain" est remplacé par les mots : "de Mayotte".

(Abrogé par L. nº 2015-925 du 29 juill. 2015, art. 24-13º) ***« III. — A l'article L. 111-3-1, les mots : "et les centres d'accueil pour demandeurs d'asile" sont supprimés. »***

IV. — L'article L. 112-2 est ainsi rédigé :

Art. L. 112-2 Afin d'aider les familles à élever leurs enfants, il leur est accordé notamment des prestations familiales mentionnées à l'article 2 de l'ordonnance nº 2002-149 du 7 février 2002 relative à l'extension et la généralisation des prestations familiales et à la protection sociale dans la collectivité départementale de Mayotte et des aides en espèce et en nature définies pour Mayotte, notamment, par le présent code, par le code de l'éducation nationale ou par des dispositions particulières.

V. — Pour l'application du premier alinéa de l'article L. 114-1-1, avant les mots : "La personne" sont insérés les mots : "Dans les conditions prévues à la section 4 du chapitre II du titre IV du livre V".

(Abrogé par Ord. nº 2017-1491 du 25 oct. 2017, art. 10-1º, à compter du 1er janv. 2018) ***« VI. — Aux articles L. 114-3 et L. 114-3-1, les mots : "applicable à Mayotte" sont insérés après les mots : "code du travail".***

« VII. — A l'article L. 115-2, les mots : "l'institution mentionnée à l'article L. 5312-1 du code du travail, les maisons de l'emploi ou, à défaut, les personnes morales gestionnaires des plans locaux pluriannuels pour l'insertion et l'emploi, les établissements publics," sont remplacés par les mots : "l'institution mentionnée à l'article L. 326-6 du code du travail applicable à Mayotte et les autres organismes publics ou privés locaux concourant à l'insertion et à la lutte contre le chômage". »

VIII. — Au premier alinéa de l'article L. 115-3, les mots : "de son patrimoine," sont supprimés.

(Abrogé par Ord. nº 2017-1491 du 25 oct. 2017, art. 10-1º, à compter du 1er janv. 2018) (L. nº 2015-1776 du 28 déc. 2015, art. 84-III-C-1º) ***« IX. — L'article L. 116-4 est ainsi modifié :***

« 1º A la première phrase du premier alinéa, la référence : "au 2º de l'article L. 7231-1 du code du travail" est remplacée par la référence : "à l'article L. 821-1 du code du travail applicable à Mayotte" ;

« 2º Au second alinéa, les mots : "mentionnés à l'article L. 7221-1 du code du travail" sont supprimés ».

SECTION 2 Compétences

Art. L. 541-2 Pour l'application du titre II du livre I :

I. — A l'article L. 121-7 :

1º Le 2º est ainsi rédigé :

"2º Les frais de prise en charge des soins résultant de la mise en œuvre de l'article L. 542-5" ;

2º Les 4º et 5º ne sont pas applicables.

(Abrogé par L. nº 2015-925 du 29 juill. 2015, art. 24-14º) ***« 3º Au 10º, les mots : "dans les centres d'accueil pour demandeurs d'asile mentionnés à l'article L. 348-1" sont supprimés. »***

II. — La section 4 du chapitre I du titre II est ainsi rédigée :

Section 4

Organisme de sécurité sociale

Art. L. 121-11 Les règles relatives à l'action sociale du régime de sécurité sociale sont définies par les dispositions particulières en vigueur en matière de sécurité sociale à Mayotte, notamment par l'article 22 de l'ordonnance nº 96-1122 du 20 décembre 1996 relative à l'amélioration de la santé publique, à l'assurance maladie, maternité, invalidité et décès, au financement de la sécurité sociale à Mayotte, et à la caisse de sécurité sociale de Mayotte et par le chapitre III de l'ordonnance nº 2002-149 du 7 février 2002 relative à l'extension et la généralisation des prestations familiales et à la protection sociale dans la collectivité départementale de Mayotte.

III. — L'article *[L.]* 121-13 n'est pas applicable.

(Abrogé par L. nº 2014-173 du 21 févr. 2014, art. 14-II, à compter du 1er janv. 2016) ***« IV. — L'article L. 121-15 est complété par un alinéa ainsi rédigé :***

« "Le délégué local de l'agence est le représentant de l'État à Mayotte". »

V. — L'article L. 123-7 n'est pas applicable.

VI. — Au quatrième alinéa de l'article L. 123-8, après les mots : "des communes" sont ajoutés les mots : "à Mayotte".

SECTION 3 Procédures

Art. L. 541-3 Pour l'application du titre III du livre I :

I. — A l'article L. 131-1, les mots : "sous réserve de l'article L. 252-1" sont supprimés.

II. — Au dernier alinéa de l'article L. 132-1, les mots : "à l'aide médicale de l'État, laquelle est régie par le chapitre I du titre V du livre II" sont remplacés par les mots : "à la prise en charge des soins, laquelle est régie par l'article L. 542-5".

III. — A l'article L. 132-4, les mots : "l'allocation de logement à caractère social" sont remplacés par les mots : "les aides au logement en vigueur à Mayotte".

IV. — A l'article L. 132-9, les mots : "dans les conditions prévues à l'article 2428 du code civil" sont remplacés par les mots : "dans les conditions prévues pour Mayotte au code civil, notamment à son livre V".

V. — A l'article L. 133-3, les mots : "des organismes de la sécurité sociale et de la mutualité sociale agricole" sont remplacés par les mots : "des organismes de sécurité sociale à Mayotte".

SECTION 4 Institutions

Art. L. 541-4 Pour l'application du titre IV du livre I :

I. — *Abrogé par L. nº 2015-1776 du 28 déc. 2015, art. 81-7º.*

II. — A l'article L. 146-3 :

1º *Abrogé par Ord. nº 2014-463 du 7 mai 2014, art. 2-1º.*

2º Les mots : "L. 412-8-3, L. 432-9, L. 541-1, L. 821-1 et L. 821-2 du code de la sécurité sociale" sont remplacés par les mots : "31 de l'ordonnance nº 2006-1588 du 13 décembre 2006 relative au régime de prévention, de réparation et de tarification des accidents du travail et des maladies professionnelles à Mayotte, 10-1 de l'ordonnance nº 2002-149 du 7 février 2002 relative à l'extension et la généralisation des prestations familiales et à la protection sociale dans la collectivité départementale de Mayotte et 35 de l'ordonnance nº 2002-411 du 27 mars 2002 relative à la protection sanitaire et sociale à Mayotte".

III. — Au *[Le]* deuxième alinéa de l'article L. 146-4 est ainsi modifié :

1º Au deuxième alinéa, les mots : "et les organismes locaux d'assurance maladie et d'allocations familiales du régime général de sécurité sociale définis aux articles L. 211-1 et L. 212-1 du code de la sécurité sociale" sont remplacés par les mots : "et les organismes de sécurité sociale à Mayotte";

2º Au *b* du 3º, les mots : "des organismes locaux d'assurance maladie et d'allocations familiales du régime général, définis aux articles L. 211-1 et L. 212-1 du code de la sécurité sociale" sont remplacés par les mots : "des organismes de sécurité sociale à Mayotte".

IV. — L'article L. 146-5 est ainsi modifié :

1º et 2º *Abrogés par Ord. nº 2014-463 du 7 mai 2014, art. 2-2º.*

3º Au dernier alinéa, les mots : "les organismes d'assurance maladie, les caisses d'allocations familiales," sont remplacés par les mots : "les organismes de sécurité sociale," *(Abrogé par Ord. nº 2017-1491 du 25 oct. 2017, art. 10-2º, à compter du 1er janv. 2018)* ***« et les mots : "l'association mentionnée à l'article L. 323-8-3 du code du travail, le fonds prévu à l'article L. 323-8-6-1 du même code" sont remplacés par les mots : "l'association mentionnée à l'article L. 328-45 du code du travail applicable à Mayotte" »***.

V. — *Abrogé par Ord. nº 2014-463 du 7 mai 2014, art. 2-3º.*

(Abrogé par Ord. nº 2021-1553 du 1er déc. 2021, art. 4, au plus tard à compter du 30 juin 2022) ***« VI. — L'article L. 14-10-4 n'est pas applicable.***

« *(Ord. nº 2014-463 du 7 mai 2014, art. 2-4º à 6º)* ***« VII. — Le*** *(L. nº 2015-1776 du 28 déc. 2015, art. 84-III-C-2º ; L. nº 2017-1836 du 30 déc. 2017, art. 28-III)* ***« 1º et le dernier alinéa du 2º du II » et le a et le deuxième alinéa du b du III de l'article L. 14-10-5 ne sont pas applicables.***

« VIII. — Au d *(L. nº 2015-1776 du 28 déc. 2015, art. 84-III-C-2º)* ***« du 1º du I » de l'article L. 14-10-6, les mots : "à l'exception de ceux ouvrant droit à la majoration prévue à l'article L. 262-9" ne sont pas applicables.***

« IX. — A l'article L. 14-10-7 :

« a) Au c du *(L. nº 2015-1776 du 28 déc. 2015, art. 85-II)* ***« III », les références aux articles L. 341-1, L. 821-1 et L. 821-2 du code de la sécurité sociale sont remplacées par les références à l'article 20-1 de l'ordonnance nº 96-1122 du 20 décembre 1996 relative à l'amélioration de la santé publique, à l'assurance maladie, maternité, invalidité et décès, au financement de la sécurité sociale à Mayotte et à la caisse de sécurité sociale de Mayotte et à l'article 35 de l'ordonnance nº 2002-411 du 27 mars 2002 relative à la protection sanitaire et sociale à Mayotte ;***

« b) Au d du *(L. nº 2015-1776 du 28 déc. 2015, art. 85-II)* ***« III », la référence à l'article L. 541-1 du code de la sécurité sociale est remplacée par la référence à l'article 10-1 de l'ordonnance nº 2002-149 du 7 février 2002 relative à l'extension et la généralisation des prestations familiales et à la protection sociale dans la collectivité départementale de Mayotte ». »***

(Abrogé par L. nº 2020-1576 du 14 déc. 2020, art. 32-I, à compter du 1er janv. 2021) *(L. nº 2015-1776 du 28 déc. 2015, art. 84-III-C-2º)* ***« X. — Le 1º de l'article L. 14-10-10 n'est pas applicable. »***

(L. nº 2015-1776 du 28 déc. 2015, art. 84-III-C-2º) **« XI. — Des décrets en Conseil d'État fixent les conditions particulières d'adaptation des dispositions législatives relatives à la conférence des financeurs prévue à l'article L. 233-1 et au conseil départemental de la citoyenneté et de l'autonomie mentionné à l'article L. 149-1. »**

CHAPITRE II ADAPTATIONS DU LIVRE II

SECTION 1 Famille

Art. L. 542-1 Pour l'application du titre I du livre II :

I. — *Abrogé par Ord. nº 2014-463 du 7 mai 2014, art. 3.*

II. — A l'article L. 214-5, les mots : "des caisses d'allocations familiales" sont remplacés par les mots : "l'organisme gestionnaire du régime des prestations familiales à Mayotte mentionné à l'article 19 de l'ordonnance nº 2002-149 du 7 février 2002 relative à l'extension et la généralisation des prestations familiales et à la protection sociale dans la collectivité départementale de Mayotte".

(Abrogé par Ord. nº 2017-1491 du 25 oct. 2017, art. 10-3º, à compter du 1er janv. 2018) ***« III. — A l'article L. 214-6, les mots : "mentionné au titre I du livre III du code du travail" sont remplacés par les mots : "mentionné au chapitre VI du titre II du livre III du code du travail applicable à Mayotte". »***

1. Portée du régime de l'identité législative. Si le département de Mayotte relève, depuis le 31 mars 2011, en application de l'art. L.O. 3511-1 du CGCT, du régime de l'identité législative prévu à l'art. 73 de la Constitution, l'instauration d'un tel régime n'a pas pour effet de rendre applicable audit département l'ensemble du droit applicable en métropole en lieu et place de la législation spéciale en vigueur dans cette collectivité mais permet l'applicabilité de plein droit, au département de Mayotte, des lois et règlements édictés à compter de cette date, sous réserve des adaptations éventuelles tenant aux caractéristiques et contraintes particulières de cette collectivité. • CE 5 juill. 2012, nº 358266 B.

2. L'inapplicabilité à Mayotte des dispositions relatives aux centres d'accueil pour demandeurs d'asile. Le régime de l'identité législative n'a pas eu pour effet de rendre applicable à Mayotte l'art. L. 348-1 relatif à l'admission dans les centres d'accueil pour demandeurs d'asile, lequel a été édicté avant le 31 mars 2011 et n'a pas d'équivalent dans les dispositions particulières du code de l'action sociale applicables à Mayotte. • CE 5 juill. 2012, nº 358266 : *préc. note 1.*

SECTION 2 Enfance

Art. L. 542-2 Pour l'application du titre II du livre II :

I. — L'article L. 221-1 est complété par les dispositions suivantes :

"Outre les missions dont il est chargé par l'article L. 221-1, le service de l'aide sociale à l'enfance peut entreprendre ou soutenir des actions d'éducation familiale, notamment dans les établissements scolaires publics et privés."

II. — Les deuxième et cinquième alinéas de l'article L. 222-6 ne sont pas applicables.

(Abrogé par Ord. n° 2014-463 du 7 mai 2014, art. 4) *« III. — Les articles L. 225-8 à L. 225-20 ne sont pas applicables. »*

(Abrogé par Ord. n° 2013-1208 du 24 déc. 2013, art. 6) *« IV. — A l'article L. 226-1, la référence : "L. 2112-1" est remplacée par la référence : "L. 2411-4". »*

V. — Les articles L. 523-1 et L. 523-2 sont applicables au Département de Mayotte.

SECTION 3 Personnes âgées

Art. L. 542-3 Pour l'application du titre III du livre II :

I. — L'article L. 231-1 est ainsi modifié :

1° Au deuxième alinéa, les mots : "l'allocation simple et" sont supprimés ;

2° Au quatrième alinéa, les mots : "le taux de l'allocation simple" sont supprimés.

— V. dispositions financières et transitoires ss. art. L. 545-3.

(Ord. n° 2014-463 du 7 mai 2014, art. 5, en vigueur le 1er janv. 2015) « II. — Pour l'application du chapitre II :

« 1° A l'article L. 232-1, les mots : "dans des conditions identiques sur l'ensemble du territoire national" sont complétés par les mots : "sous réserve des adaptations prévues au présent chapitre" ;

« 2° *(L. n° 2015-1776 du 28 déc. 2015, art. 84-III-C-3°)* « L'avant-dernier » alinéa de l'article L. 232-6 est ainsi modifié :

« *a)* Après les mots : "sauf refus exprès du bénéficiaires *[bénéficiaire]*", sont ajoutés les mots : "ou absence d'offre de service organisée" ;

(Abrogé par L. n° 2015-1776 du 28 déc. 2015, art. 84-III-C-3°) *« b) Les mots : "agréé dans les conditions fixées à l'article L. 129-1 du code du travail" sont remplacés par les mots : "autorisé au titre du 1° de l'article L. 313-1-2" ; »*

(L. n° 2015-1776 du 28 déc. 2015, art. 84-III-C-3°) « 3° Le deuxième alinéa de l'article L. 232-7 du présent code n'est pas applicable ; »

(Ord. n° 2014-463 du 7 mai 2014, art. 5, en vigueur le 1er janv. 2015) « 4° A l'article L. 232-11, les mots : "au livre I" sont remplacés par les mots : "au chapitre I du titre IV du livre V" ;

(Abrogé par L. n° 2015-1776 du 28 déc. 2015, art. 84-III-C-3°) *« 5° A l'article L. 232-13, les mots : "agréés dans les conditions prévues à l'article L. 129-1 du code du travail" sont remplacés par les mots : "autorisé au titre du 1° de l'article L. 313-1-2" ; »*

(L. n° 2015-1776 du 28 déc. 2015, art. 84-III-C-3°) « 6° Le quatrième alinéa de l'article L. 232-15 du présent code n'est pas applicable ; »

« 7° A l'article L. 232-20, les mots : "le conseil départemental de l'ordre des médecins" sont remplacés par les mots : "le conseil de l'ordre des médecins de Mayotte" ;

« 8° A l'article L. 232-23, les mots : "ni avec la majoration pour aide constante d'une tierce personne prévue à l'article L. 355-1 du code de la sécurité sociale, ni avec la prestation complémentaire pour recours à tierce personne prévue à l'article L. 434-2 du même code" ne sont pas applicables. »

(L. n° 2015-1776 du 28 déc. 2015, art. 84-III-C-3°) « III. — Le chapitre III du titre III du livre II du présent code s'applique dans les conditions prévues aux articles L. 1443-1 à L. 1443-7 du code de la santé publique.

« Le 2° de l'article L. 233-1 du présent code n'est pas applicable. »

SECTION 4 Personnes handicapées

Art. L. 542-4 Pour l'application du titre IV du livre II :

I. – Au premier alinéa de l'article L. 241-1, les mots : "prévu au premier alinéa de l'article L. 821-1 du code de la sécurité sociale" sont remplacés par les mots : "prévu par l'article 35 de l'ordonnance n° 2002-411 du 27 mars 2002 relative à la protection sanitaire et sociale à Mayotte".

II. – L'article L. 241-2 n'est pas applicable.

III. – A l'article L. 241-3, les mots :", ou qui a été *(L. n° 2016-1321 du 7 oct. 2016, art. 107-I)* « classée dans la catégorie mentionnée au 3° de l'article L. 341-4 du code » de la sécurité sociale" sont supprimés.

IV. – *Abrogé par L. n° 2016-1321 du 7 oct. 2016, art. 107-I.*

V. – L'article L. 241-6 est ainsi modifié :

1° Au *a* du 3° :

– les mots : "de l'allocation et, éventuellement, de son complément mentionnés à l'article L. 541-1 du code de la sécurité sociale, de la majoration mentionnée à l'article L. 541-4 du même code," sont remplacés par les mots : "de l'allocation d'éducation de l'enfant handicapé prévue par l'article 10-1 de l'ordonnance n° 2002-149 du 7 février 2002 modifiée relative à l'extension et la généralisation des prestations familiales et à la protection sociale dans la collectivité départementale de Mayotte" ;

– les mots : "l'allocation prévue aux articles L. 821-1 et L. 821-2 du code de la sécurité sociale et du complément de ressources prévu à l'article L. 821-1-1 du même code" sont remplacés par les mots : "l'allocation pour adulte handicapé prévue par l'article 35 de l'ordonnance n° 2002-411 du 27 mars 2002 modifiée relative à la protection sanitaire et sociale à Mayotte *(Ord. n° 2017-1177 du 19 juill. 2017, art. 2, en vigueur le 1er déc. 2017)* « et du complément de ressources prévu à l'article 35-1 de la même ordonnance »" ;

(Ord. n° 2014-463 du 7 mai 2014, art. 6-1°) « 2° Le *c* n'est pas applicable ».

(Abrogé par Ord. n° 2017-1491 du 25 oct. 2017, art. 10-4°, à compter du 1er janv. 2018) ***« 3° Au 4° les mots : "l'article L. 323-10 du code du travail ;" sont remplacés par les mots : "les articles L. 328-22 et L. 328-23 du code du travail applicable à Mayotte". »***

VI. – A l'article L. 241-8, les mots : "et de leurs compléments prévus aux articles L. 541-1 et L. 821-1 à L. 821-2 du code de la sécurité sociale" sont remplacés par les mots : "prévues par l'article 10-1 de l'ordonnance n° 2002-149 du 7 février 2002 modifiée relative à l'extension et la généralisation des prestations familiales et à la protection sociale dans la collectivité départementale de Mayotte et par l'article 35 de l'ordonnance n° 2002-411 du 27 mars 2002 modifiée relative à la protection sanitaire et sociale à Mayotte".

(Abrogé par Ord. n° 2018-358 du 16 mai 2018, art. 2) ***« VII. – Au premier alinéa de l'article L. 241-9, les mots : "la juridiction du contentieux technique de la sécurité sociale" sont remplacés par les mots : "le tribunal de grande instance". »*** – *Les dispositions issues de l'art. 2 de l'Ord. n° 2018-358 du 16 mai 2018 entrent en vigueur à la date fixée par le décret mentionné au premier al. du I de l'art. 114 [V. cet art. en tête du chap. IV du titre III du livre I] de la L. n° 2016-1547 du 18 nov. 2016, et au plus tard le 1er janv. 2019.*

VIII. – A l'article L. 242-12, les mots : "les établissements d'éducation mentionnés à l'article L. 321-1 du code de la sécurité sociale" sont remplacés par les mots : "les établissements et services d'éducation mentionnés au 2° et au 12° du I de l'article L. 312-1".

IX. – L'article L. 242-14 est ainsi rédigé :

Art. L. 242-14 Les règles relatives à l'allocation d'éducation de l'enfant handicapé sont fixées par l'article 10-1 de l'ordonnance n° 2002-149 du 7 février 2002 modifiée relative à l'extension et la généralisation des prestations familiales et à la protection sociale dans la collectivité départementale de Mayotte.

X. – A l'article L. 243-4, les mots : "tel qu'applicable à Mayotte" sont insérés après les mots : "salaire minimum de croissance".

XI. – A l'article L. 243-5 :

(Abrogé par Ord. n° 2017-1491 du 25 oct. 2017, art. 10-4°, à compter du 1er janv. 2018) ***« 1° Après les mots : "au sens du code du travail" sont insérés les mots : "applicable à Mayotte" ; »***

2° Les mots : "de l'article L. 242-1 du code de la sécurité sociale, et des dispositions relatives à l'assiette des cotisations au régime des assurances sociales agricoles" sont remplacés par les mots : "des dispositions de sécurité sociale en vigueur à Mayotte relatives à l'assiette des cotisations et contributions".

XII. — L'article L. 244-1 est ainsi rédigé :

Art. L. 244-1 Les règles relatives à l'allocation aux adultes handicapés sont fixées par les articles 35 à 42 de l'ordonnance n° 2002-411 du 27 mars 2002 modifiée relative à la protection sanitaire et sociale à Mayotte.

(Ord. n° 2014-463 du 7 mai 2014, art. 6-2°) « XIII. — Pour l'application du chapitre V :

« A. — L'article L. 245-1 est ainsi modifié :

« 1° Les mots : "ou à Saint-Pierre-et-Miquelon" sont remplacés par les mots : "à Saint-Pierre-et-Miquelon ou à Mayotte" ;

« 2° Pour son application à Mayotte, la référence à l'article L. 541-1 du code de la sécurité sociale est remplacée par la référence à l'article 10-1 de l'ordonnance n° 2002-149 du 7 février 2002 relative à l'extension et la généralisation des prestations familiales et à la protection sociale dans la collectivité départementale de Mayotte ;

« 3° Le III est remplacé par les dispositions suivantes :

« "III. — Les bénéficiaires de l'allocation d'éducation de l'enfant handicapé prévue au premier alinéa de l'article 10-1 de l'ordonnance n° 2002-149 du 7 février 2002 relative à l'extension et la généralisation des prestations familiales et à la protection sociale dans la collectivité départementale de Mayotte peuvent la cumuler :

« "1° Soit avec la prestation de compensation prévue au présent article, *(L. n° 2017-256 du 28 févr. 2017, art. 23-II et III)* « dans des conditions fixées par décret, lorsque les conditions d'ouverture du droit au complément de l'allocation d'éducation de l'enfant handicapé sont réunies et lorsqu'ils sont exposés, du fait du handicap de leur enfant, à des charges relevant de l'article L. 245-3 du présent code. Dans ce cas, le cumul s'effectue à l'exclusion du complément de l'allocation d'éducation de l'enfant handicapé. »

« "Les taux de réduction de l'activité professionnelle, les durées du recours à une tierce personne et les montants des dépenses sont définis par décret en Conseil d'État ;

« "2° Soit avec le seul élément de la prestation mentionné au 3° de l'article L. 245-3, dans des conditions fixées par décret, lorsqu'ils sont exposés, du fait du handicap de leur enfant, à des charges relevant *(L. n° 2017-256 du 28 févr. 2017, art. 23-II et III)* « du même » 3°. *(L. n° 2017-256 du 28 févr. 2017, art. 23-II, en vigueur le 1er janv. 2018)* « "Ces charges ne peuvent alors être prises en compte pour l'attribution du complément de l'allocation d'éducation de l'enfant handicapé." »

« B. — L'article L. 245-2 est ainsi modifié :

« 1° Au premier alinéa, les mots : "dans des conditions identiques sur l'ensemble du territoire national" sont complétés par les mots : "sous réserve des adaptations prévues au présent chapitre" ;

« 2° Au dernier alinéa, les mots : "devant la juridiction du contentieux technique de la sécurité sociale" sont remplacés par les mots : "devant le tribunal judiciaire *[ancienne rédaction : tribunal de grande instance]*".

« C. — Au 2° de l'article L. 245-3, les mots : "des prestations prévues au 1° de l'article L. 321-1 du code de la sécurité sociale" sont remplacés par les mots : "de la couverture des frais d'appareils assurée par l'assurance maladie".

« D. — A l'article L. 245-4, après les mots : "la législation du travail et de la convention collective", le mot : "en vigueur" est remplacé par les mots : "applicables à Mayotte".

(Abrogé par Ord. n° 2017-1491 du 25 oct. 2017, art. 10-4°, à compter du 1er janv. 2018) ***« E. — A l'article L. 245-12 :***

« 1° Au premier alinéa :

*« **a)** Abrogé par L. n° 2015-1776 du 28 déc. 2015, art. 84-III-C-4°.*

« b) Les mots : "au sens du chapitre I du titre II du livre I du code du travail" sont remplacés par les mots : "au sens du code du travail applicable à Mayotte." ;

« 2° Au troisième alinéa, les mots : "agréé dans les conditions prévues à l'article L. 129-1 du code du travail" sont remplacés par les mots : "autorisé au titre du 1° de l'article L. 313-1-2". »

SECTION 5 **Accès aux soins des personnes étrangères en situation irrégulière**

Art. L. 542-5 **Pour leur application à Mayotte, les dispositions du titre V du livre II sont remplacées par les dispositions suivantes :**

Art. L. 251-1 Les dispositions applicables aux personnes étrangères, qui ne remplissent pas les conditions de régularité du séjour définies par *(Ord. n° 2014-464 du 7 mai 2014, art. 21-III)* « le code de l'entrée et du séjour des étrangers et du droit d'asile » pour la prise en charge des soins auxquels elles ne peuvent faire face, sont définies à l'article L. 6416-5 du code de la santé publique.

SECTION 6 **Lutte contre la pauvreté et les exclusions** *(Ord. n° 2012-785 du 31 mai 2012, art. 4).*

Art. L. 542-6 *(Ord. n° 2011-1641 du 24 nov. 2011, art. 2-II ; Ord. n° 2012-785 du 31 mai 2012, art. 4)* **Pour leur application à Mayotte, les dispositions du titre VI du livre II du présent code sont ainsi modifiées :**

I. — *Abrogé par Ord. n° 2013-80 du 25 janv. 2013, art. 4.*

II. — A l'article L. 262-3 :

1° Le premier alinéa est complété par les dispositions suivantes : "En outre, il est procédé par décret à des revalorisations spécifiques à Mayotte, en vue de réduire la différence de montant forfaitaire avec la métropole et les autres départements d'outre-mer." ;

2° Au 3°, les mots : "notamment celles affectées au logement mentionnées *(Ord. n° 2019-770 du 17 juill. 2019, art. 3-9°, en vigueur le 1er sept. 2019)* **« à l'article L. 821-1 » du code de la construction et de l'habitation" sont remplacés par les mots :** *(Ord. n° 2013-80 du 25 janv. 2013, art. 4-2°)* **« "notamment celles affectées au logement mentionnées » à l'article 10 de l'ordonnance n° 2002-149 du 7 février 2002 relative à l'extension et la généralisation des prestations familiales et à la protection sociale dans la collectivité départementale de Mayotte** *(Ord. n° 2013-80 du 25 janv. 2013, art. 4-2°)* **« et au titre VI *bis* de l'ordonnance n° 2002-411 du 27 mars 2002 relative à la protection sanitaire et sociale à Mayotte »".**

3° *Abrogé par L. n° 2016-1917 du 29 déc. 2016, art. 87-I.*

III. — A l'article L. 262-4 :

1° Les mots : "depuis au moins cinq ans" sont remplacés par les mots : "depuis au moins quinze ans" ;

2° *Abrogé par Ord. n° 2014-464 du 7 mai 2014, art. 21-II.*

3° Le *b* du 2° est supprimé ;

4° La seconde phrase du 3° et la seconde phrase du 4° sont supprimées ;

IV. — A l'article L. 262-5 :

1° Les mots : "doivent remplir les conditions mentionnées à l'article L. 512-2 du code de la sécurité sociale" sont remplacés par les mots : "doivent justifier de l'une des conditions suivantes :

— leur naissance en France ;

— leur entrée régulière dans le cadre de la procédure de regroupement familial ;

— leur qualité de membre de famille de réfugié, d'apatride ou de bénéficiaire de la protection subsidiaire ;

— leur qualité d'enfant d'étranger titulaire de la carte de séjour temporaire portant la mention : 'vie privée et familiale' ;

— leur qualité d'étranger titulaire de la carte de séjour temporaire portant la mention : *(Abrogé par L. n° 2024-42 du 26 janv. 2024, art. 30-III)* ***« passeport »*** **'talent'. —** *[Ord. n° 2020-1733 du 16 déc. 2020, art. 4-10°.]*

2° Il est ajouté un troisième alinéa ainsi rédigé :

"Lorsqu'un bénéficiaire est marié sous le régime du statut civil de droit local, dans sa version antérieure à l'ordonnance n° 2010-590 du 3 juin 2010 portant dispositions relatives au statut civil de droit local applicable à Mayotte et aux juridictions compétentes pour en connaître, seule sa première épouse est prise en compte au titre de ses droits. Ses autres épouses peuvent faire, le cas échéant, une demande à titre personnel ; dans ce cas, les ressources de leur mari sont prises en compte pour le droit et le calcul du revenu de solidarité active. Les enfants sont pris en compte au titre du foyer de leur mère."

(Abrogé par Ord. n° 2017-1491 du 25 oct. 2017, art. 10-5°, à compter du 1er janv. 2018) *« V. — A l'article L. 262-6, les mots : "des articles L. 6313-1 et L. 6314-1 du code du travail" sont remplacés par les mots : "de l'article L. 711-2 du code du travail applicable à Mayotte" et les mots : "sur la liste visée à l'article L. 5411-1 du même code" sont remplacés par les mots : "auprès de l'institution mentionnée au premier alinéa de l'article L. 326 du même code, conformément à l'article L. 326-2". »*

(L. n° 2016-1917 du 29 déc. 2016, art. 87-I) « VI. — A l'article L. 262-7, les mots : "mentionnés à l'article L. 611-1 du code de la sécurité sociale et aux articles L. 722-1 et L. 781-9 du code rural et de la pêche maritime, ainsi qu'aux salariés employés dans les industries et établissements mentionnés à l'article L. 3132-7 du code du travail ou exerçant leur activité de manière intermittente" sont remplacés par les mots : "déclarant des bénéfices industriels ou commerciaux ou des bénéfices non commerciaux, aux travailleurs déclarant des bénéfices agricoles et à ceux exerçant leur activité de manière saisonnière ou intermittente". »

VII. — Les articles L. 262-7-1 à L. 262-9 ne sont pas applicables.

(L. n° 2018-1317 du 28 déc. 2018, art. 81, en vigueur le 1er janv. 2019) « VII *bis*. — L'article L. 262-11 est ainsi modifié :

« 1° Au début du premier alinéa, les mots : "Les organismes chargés de l'instruction des demandes et du service du revenu de solidarité active, mentionnés aux articles L. 262-15 et L. 262-16, assistent" sont remplacés par les mot : "La caisse gestionnaire du régime des prestations familiales à Mayotte assiste" ;

« 2° Au second alinéa, les mots : "l'organisme chargé du service" sont remplacés par les mots : "l'organisme mentionné au premier alinéa du présent article" et les mots : "du département" sont remplacés par les mots : "de l'État". »

VIII. — A l'article L. 262-12, *(L. n° 2018-1317 du 28 déc. 2018, art. 81, en vigueur le 1er janv. 2019)* « les mots : "Le président du conseil départemental" sont remplacés par les mots : "La caisse gestionnaire du régime des prestations familiales à Mayotte" et » les mots : "ou à celui de l'allocation de soutien familial" sont remplacés par les mots : "ou à un cinquième du montant forfaitaire mentionné au 2° de l'article L. 262-2 fixé pour un foyer composé d'une seule personne".

(L. n° 2018-1317 du 28 déc. 2018, art. 81, en vigueur le 1er janv. 2019) « VIII *bis*. — L'article L. 262-13 est ainsi rédigé :

Art. L. 262-13 Le revenu de solidarité active est attribué, pour le compte de l'État, par la caisse gestionnaire du régime des prestations familiales à Mayotte au demandeur qui réside dans le ressort du Département de Mayotte ou y a élu domicile, dans les conditions prévues au chapitre IV du présent titre. »

IX. — Les articles L. 262-14 et L. 262-15 sont remplacés par les dispositions suivantes :

[Art. L. 262-14] *(L. n° 2018-1317 du 28 déc. 2018, art. 81, en vigueur le 1er janv. 2019)* La demande de revenu de solidarité active est déposée auprès de la caisse gestionnaire du régime des prestations familiales à Mayotte ou d'un organisme sans but lucratif agréé dans des conditions fixées par décret.

[Art. L. 262-15] La caisse ou l'organisme assure l'instruction administrative du dossier *(Abrogé par L. n° 2018-1317 du 28 déc. 2018, art. 81, à compter du 1er janv. 2019) « pour le compte du département »*.

X. — A l'article L. 262-16, les mots :", dans chaque département, par les caisses d'allocations familiales et, pour leurs ressortissants, par les caisses de mutualité

sociale agricole" sont remplacés par les mots : "à Mayotte par la caisse gestionnaire du régime des prestations familiales mentionnée à l'article 19 de l'ordonnance n° 2002-149 du 7 février 2002 relative à l'extension et la généralisation des prestations familiales et à la protection sociale dans la collectivité départementale de Mayotte".

(L. nº 2018-1317 du 28 déc. 2018, art. 81, en vigueur le 1er janv. 2019) **« XI. – L'article L. 262-21 est ainsi modifié :**

« 1° Au deuxième alinéa, les mots : "le président du conseil départemental" sont remplacés par les mots : "la caisse gestionnaire du régime des prestations familiales à Mayotte" et, après le mot : "dérogation,", sont insérés les mots : "pour le compte de l'État," ;

« 2° Le troisième alinéa est ainsi modifié :

« *a)* A la première phrase, les mots : "au président du conseil départemental" sont remplacés par les mots : "à l'organisme mentionné au deuxième alinéa du présent article" ;

« *b)* La deuxième phrase est supprimée.

« XI *bis*. – L'article L. 262-22 est ainsi rédigé :

Art. L. 262-22 La caisse gestionnaire du régime des prestations familiales à Mayotte peut procéder, pour le compte de l'État, au versement d'avances sur droits supposés.

« XII. – L'article L. 262-24 est ainsi rédigé :

Art. L. 262-24 Le revenu de solidarité active est financé par l'État.

Les frais de gestion supplémentaires exposés par la caisse gestionnaire du régime des prestations familiales à Mayotte au titre des nouvelles compétences qui lui sont déléguées en vertu du présent chapitre à compter du 1er janvier 2019, selon les modalités fixées par la convention mentionnée à l'article L. 262-25, sont financés par l'État dans des conditions fixées par décret, en tenant compte de la réalisation des objectifs fixés par la même convention.

« XIII. – L'article L. 262-25 est ainsi rédigé :

Art. L. 262-25 Une convention est conclue entre l'État et la caisse gestionnaire du régime des prestations familiales à Mayotte.

Cette convention précise en particulier :

1° Les conditions dans lesquelles les demandes de revenu de solidarité active sont instruites et dans lesquelles le revenu de solidarité active est attribué, servi et contrôlé par la caisse gestionnaire du régime des prestations familiales à Mayotte pour le compte de l'État ;

2° Les modalités d'exercice par la caisse gestionnaire du régime des prestations familiales à Mayotte des compétences déléguées par l'État en matière d'orientation des bénéficiaires prévue à l'article L. 261-29 ;

3° Les objectifs fixés par l'État à la caisse gestionnaire du régime des prestations familiales à Mayotte pour l'exercice des compétences déléguées, ainsi que les modalités de contrôle et d'évaluation de leur réalisation, notamment en matière d'instruction, d'orientation et de lutte contre la fraude ;

4° Les engagements de qualité de service et de contrôle pris par la caisse gestionnaire du régime des prestations familiales à Mayotte auprès de l'État, notamment afin de favoriser l'accès au revenu de solidarité active et de limiter les paiements indus ;

5° Les modalités d'échange de données entre les parties.

Un décret détermine les règles générales applicables à cette convention.

(Abrogé par Ord. nº 2017-1491 du 25 oct. 2017, art. 10-5°, à compter du 1er janv. 2018) ***« XIV. – Au troisième alinéa de l'article L. 262-30, les mots : "à l'article L. 5411-1 du code du travail" sont remplacés par les mots : "à l'article L. 326-7 du code du travail applicable à Mayotte".***

(L. nº 2018-1317 du 28 déc. 2018, art. 81, en vigueur le 1er janv. 2019) **« XV. – L'article L. 262-26 n'est pas applicable.**

« XVI. – L'article L. 262-29 est ainsi modifié :

« 1° Au début du premier alinéa, les mots : "Le président du conseil départemental" sont remplacés par les mots : "La caisse gestionnaire du régime des prestations familiales à Mayotte" ;

« 2° Au 1°, les mots : "le département" sont remplacés par les mots : "la caisse gestionnaire du régime des prestations familiales à Mayotte" ;

« 3° Au 2°, les mots : "les autorités ou" sont remplacés par les mots : "le conseil départemental de Mayotte qui peut décider de recourir à d'autres".

« XVII. — L'article L. 262-30 est ainsi modifié :

« 1° Au troisième alinéa, les mots : "au président du conseil départemental" sont remplacés par les mots : "à la caisse gestionnaire du régime des prestations familiales à Mayotte" ;

« 2° Au début du dernier alinéa, les mots : "Le président du conseil départemental" sont remplacés par les mots : "L'organisme vers lequel le bénéficiaire du revenu de solidarité active est orienté".

« XVIII. — A la première phrase de l'article L. 262-32, les mots : "le département, l'institution mentionnée à l'article L. 5312-1 du code du travail, l'État, le cas échéant, les personnes morales gestionnaires des plans locaux pluriannuels pour l'insertion et l'emploi, les organismes mentionnés à l'article L. 262-16 du présent code et un représentant des centres communaux et intercommunaux d'action sociale" sont remplacés par les mots : "l'État, la caisse gestionnaire du régime des prestations familiales à Mayotte, le Département de Mayotte, l'institution mentionnée à l'article L. 5312-1 du code du travail, le cas échéant, les personnes morales gestionnaires des plans locaux pluriannuels pour l'insertion et l'emploi et les organismes mentionnés à l'article L. 262-29 du présent code".

« XIX. — L'article L. 262-33 n'est pas applicable.

« XIX *bis*. — L'article L. 262-37 est ainsi modifié :

« 1° A la fin du premier alinéa, les mots : "le président du conseil départemental" sont remplacés par les mots : "la caisse gestionnaire du régime des prestations familiales à Mayotte" ;

« 2° L'avant-dernier alinéa est supprimé ;

« 3° Au dernier alinéa, les mots : "l'organisme payeur sur décision du président du conseil départemental" sont remplacés par les mots : "la caisse gestionnaire du régime des prestations familiales à Mayotte".

« XIX *ter*. — Au début du premier alinéa de l'article L. 262-38, les mots : "Le président du conseil départemental" sont remplacés par les mots : "Le directeur de la caisse gestionnaire du régime des prestations familiales à Mayotte".

« XIX *quater*. — Au début du premier alinéa de l'article L. 262-39, les mots : "Le président du conseil départemental" sont remplacés par les mots : "Le directeur de la caisse gestionnaire du régime des prestations familiales à Mayotte".

« XIX *quinquies*. — L'article L. 262-40 est ainsi modifié :

« 1° Le premier alinéa est ainsi rédigé :

« "Pour l'exercice de ses compétences, la caisse gestionnaire du régime des prestations familiales à Mayotte demande toutes les informations nécessaires à l'identification de la situation du foyer :" ;

« 2° Le 2° est ainsi rédigé :

« "2° Au conseil départemental de Mayotte ;"

« 3° Le sixième alinéa est ainsi rédigé :

« "Les informations recueillies peuvent être communiquées, pour l'exercice de leurs compétences, aux membres de l'équipe pluridisciplinaire mentionnée à l'article L. 262-39." ;

« 4° Le septième alinéa est ainsi rédigé :

« "La caisse gestionnaire du régime des prestations familiales à Mayotte peut communiquer, le cas échéant, les informations recueillies dans l'exercice de ses missions de contrôle aux membres de l'équipe pluridisciplinaire mentionnée au sixième alinéa du présent article." ;

« 5° Au début du huitième alinéa, les mots : "Les organismes chargés de son versement réalisent" sont remplacés par les mots : "La caisse gestionnaire du régime des prestations familiales à Mayotte réalise" ;

« 6° Les deux derniers alinéas sont supprimés.

« XIX *sexies*. — A la première phrase du premier alinéa de l'article L. 262-41, les mots : "le président du conseil départemental ou les organismes chargés de l'instruction des demandes ou du versement" sont remplacés par les mots : "les organismes chargés de l'instruction des demandes".

« XIX *septies.* – A l'article L. 262-42, les mots : "le président du conseil départemental" sont remplacés par les mots : "la caisse gestionnaire du régime des prestations familiales à Mayotte". »

XX. – A l'article L. 262-43 :

1° Les mots : "en application de la procédure prévue à l'article L. 114-15 du code de la sécurité sociale" sont remplacés par les mots : *(Ord. n° 2017-1491 du 25 oct. 2017, art. 10-5°, en vigueur le 1er janv. 2018)* « "à la suite d'un contrôle ayant appréhendé une situation de travail illégal au sens de l'article L. 8211-1 du code du travail" » ;

(L. n° 2018-1317 du 28 déc. 2018, art. 81, en vigueur le 1er janv. 2019) « 2° Les mots : "porte cette information à la connaissance du président du conseil départemental, en vue notamment de la mise en œuvre des" sont remplacés par les mots : "met en œuvre les". »

« XXI. – L'article L. 262-45 est ainsi modifié :

« 1° A la seconde phrase du premier alinéa, les mots : "l'organisme chargé du service du revenu de solidarité active ou le département" sont remplacés par les mots : "la caisse gestionnaire du régime des prestations familiales à Mayotte" ;

« 2° A la fin du dernier alinéa, les mots » : "des articles L. 553-2, L. 821-5-1 *(Abrogé par Ord. n° 2019-770 du 17 juill. 2019, art. 3-9°, à compter du 1er sept. 2019)* « , L. 835-3 » *(Ord. n° 2016-160 du 18 févr. 2016, art. 3-2°)* « ou L. 845-3 » du code de la sécurité sociale, L. 262-46 du code de l'action sociale et des familles ou *(Ord. n° 2019-770 du 17 juill. 2019, art. 3-9°, en vigueur le 1er sept. 2019)* « L. 823-9 » du code de la construction et de l'habitation" sont remplacés par les mots : "de l'ordonnance n° 2002-149 du 7 février 2002 relative à l'extension et la généralisation des prestations familiales et à la protection sociale dans la collectivité départementale de Mayotte, de l'article L. 262-46 ou de l'article 40 de l'ordonnance n° 2002-411 du 27 mars 2002 relative à la protection sanitaire et sociale à Mayotte" *(Ord. n° 2016-160 du 18 févr. 2016, art. 3-2°)* « ou de l'article L. 845-3 du code de la sécurité sociale ».

XXII. – A l'article L. 262-46 :

(L. n° 2018-1317 du 28 déc. 2018, art. 81, en vigueur le 1er janv. 2019) « 1° A Le premier alinéa est ainsi rédigé :

« "Tout paiement indu de revenu de solidarité active est récupéré par l'organisme chargé du service de celui-ci dans les conditions définies au présent article." ; »

1° Au quatrième alinéa, les mots : "au titre des prestations familiales *(Ord. n° 2019-770 du 17 juill. 2019, art. 3-9°, en vigueur le 1er sept. 2019)* « et de la prime d'activité mentionnées, respectivement, aux articles L. 511-1 et L. 841-1 du code de la sécurité sociale », au titre des prestations mentionnées au titre II du livre VIII du même code ainsi qu'au titre de l'aide personnalisée au logement mentionnée à l'article L. 351-1 du code de la construction et de l'habitation" sont remplacés par les mots : "au titre des prestations familiales mentionnées à l'ordonnance n° 2002-149 du 7 février 2002 relative à l'extension et la généralisation des prestations familiales et à la protection sociale dans la collectivité départementale de Mayotte, ainsi qu'au titre de l'allocation pour adulte handicapé instituée par le chapitre II du titre VI de l'ordonnance n° 2002-411 du 27 mars 2002 relative à la protection sanitaire et sociale à Mayotte" *(Ord. n° 2016-160 du 18 févr. 2016, art. 3-3°)* « , au titre de l'article 42-1 de la même ordonnance ainsi qu'au titre de l'article L. 841-1 du code de la sécurité sociale. » ;

2° Le sixième alinéa est remplacé par les dispositions suivantes :

"Les retenues mentionnées aux troisième et quatrième alinéas sont déterminées en application des règles prévues par l'article 13 de l'ordonnance n° 2002-149 du 7 février 2002 relative à l'extension et la généralisation des prestations familiales et à la protection sociale dans la collectivité départementale de Mayotte." ;

3° Le septième alinéa est remplacé par les dispositions suivantes :

"Pour le recouvrement de l'allocation mentionnée à l'article L. 262-2 indûment versée, le directeur de la caisse gestionnaire du régime des prestations familiales à Mayotte peut, dans les délais et selon les conditions fixés par voie réglementaire, délivrer une contrainte qui, à défaut d'opposition du débiteur devant la juridiction compétente, comporte tous les effets d'un jugement et confère notamment le bénéfice de l'hypothèque judiciaire."

(L. nº 2018-1317 du 28 déc. 2018, art. 81 ; L. nº 2019-1479 du 28 déc. 2019, art. 77-II, en vigueur le 1er janv. 2020) **« 4º Au dernier alinéa, les mots : "un département" sont remplacés par les mots : "la caisse gestionnaire du régime des prestations familiales à Mayotte" et, à la fin, sont ajoutés les mots : "ou, s'agissant de la collectivité territoriale de Guyane et du département de La Réunion, à l'organisme chargé du versement du revenu de solidarité active en application de l'article L. 262-16 et du 7º de l'article L. 522-19 et du 6º de l'article L. 522-20".**

« XXIII. — L'article L. 262-47 est ainsi modifié :

« 1º Le premier alinéa est ainsi rédigé :

« "Toute réclamation dirigée contre une décision relative au revenu de solidarité active fait l'objet, préalablement à l'exercice d'un recours contentieux, d'un recours administratif devant la commission de recours amiable qui connaît des réclamations relevant de l'article L. 142-1 du code de la sécurité sociale. Les modalités d'examen du recours sont définies par décret en Conseil d'État." ;

« 2º Après le même premier alinéa, sont insérés deux alinéas ainsi rédigés :

« "Les recours contentieux relatifs aux décisions mentionnées au premier alinéa du présent article sont portés devant la juridiction administrative.

« "Le bénéficiaire du revenu de solidarité active est informé, par tout moyen, des modalités de réclamation et de recours décrites aux deux premiers alinéas du présent article."

« XXIV. — L'article L. 262-52 est ainsi modifié :

« 1º Le premier alinéa est ainsi modifié :

« *a)* A la première phrase, les mots : "amende administrative" sont remplacés par le mot : "pénalité" ;

« *b)* A la seconde phrase, les mots : "président du conseil départemental" sont remplacés par les mots : "directeur de la caisse gestionnaire du régime des prestations familiales à Mayotte" ;

« *c)* La dernière phrase est supprimée ;

« 2º Le deuxième alinéa est ainsi modifié :

« *a)* A la première phrase, le mot : "amende" est remplacé par le mot : "pénalité" ;

« *b)* La deuxième phrase est ainsi rédigée : "Si une telle décision de non-lieu ou de relaxe intervient postérieurement au prononcé d'une pénalité, la révision de cette pénalité est de droit." ;

« *c)* Au début de la dernière phrase, les mots : "L'amende administrative" sont remplacés par les mots : "La pénalité" ;

« 3º Le dernier alinéa est supprimé. »

XXV. — *Abrogé par Ord. nº 2016-160 du 18 févr. 2016, art. 3-5º.*

XXVI. — Le quatrième alinéa de l'article L. 263-2 n'est pas applicable.

XXVII. — Les articles L. 263-3 et L. 263-4 ne sont pas applicables.

XXVIII. — L'article L. 264-1 est ainsi modifié :

1º Les mots : "à l'exception de l'aide médicale de l'État mentionnée à l'article L. 251-1," sont remplacés par les mots : "à l'exception de la prise en charge des frais, mentionnée à l'article L. 542-5,".

2º *Abrogé par Ord. nº 2014-464 du 7 mai 2014, art. 7.*

XXIX. — Au dernier alinéa de l'article L. 264-2, les mots : "prévus au titre I du livre III du code de l'entrée et du séjour des étrangers et du droit d'asile." sont remplacés par les mots : *(Ord. nº 2016-160 du 18 févr. 2016, art. 3-6º)* **« "délivrés en application du code de l'entrée et du séjour des étrangers et du droit d'asile, tel qu'applicable à Mayotte en vertu de l'ordonnance nº 2014-464 du 7 mai 2014 portant extension et adaptation à Mayotte du code de l'entrée et du séjour des étrangers et du droit d'asile." »**

XXX. — *Abrogé par Ord. nº 2016-160 du 18 févr. 2016, art. 3-7º.*

CHAPITRE III ADAPTATIONS DU LIVRE III

SECTION 1 Établissements et services soumis à autorisation

Art. L. 543-1 **Pour l'application du titre I du livre III :**

I. — A l'article L. 311-9, les mots : "mentionnés aux 1º, 8º et 13º du I de l'article L. 312-1," sont remplacés par les mots : "mentionnés aux 1º et 8º du I de l'article L. 312-1,".

II. — A l'article L. 312-1 :

(Abrogé par Ord. n° 2017-1491 du 25 oct. 2017, art. 10-6°, à compter du 1er janv. 2018) ***« 1° Le 5° est ainsi rédigé :***

« "5° Les établissements ou services :

« "a) D'aide par le travail, à l'exception des entreprises adaptées définies aux articles L. 328-33 et suivants du code du travail applicable à Mayotte ;

« "b) De réadaptation, de préorientation et de rééducation professionnelle pour les travailleurs handicapés mentionnés à l'article L. 328-24 du même code ;" »

2° Le 13° n'est pas applicable.

III. — L'article L. 312-5 est ainsi modifié :

1° Le *a* du 2° est supprimé ;

(Abrogé par L. n° 2019-774 du 24 juill. 2019, art. 64-V, à compter du 1er janv. 2020) ***« 2° Au 3°, il est inséré un second alinéa ainsi rédigé :***

« "Le schéma d'organisation médico-sociale de La Réunion et de Mayotte et le programme prévu à l'article L. 312-5-1 sont élaborés et arrêtés par le directeur général de l'agence de santé de l'océan Indien mentionné à l'article L. 1434-12 du code de la santé publique après consultation des commissions de coordination compétentes de La Réunion et de Mayotte et après avis des présidents des conseils départementaux de La Réunion et de Mayotte." »

IV. — L'article L. 312-5-3 est ainsi modifié :

1° *Abrogé par L. n° 2014-366 du 24 mars 2014, art. 34-II.*

2° Le II n'est pas applicable ;

3° Le 2° du III n'est pas applicable ;

4° Aux 4° et 5° du III, après les mots : "du code de la construction et de l'habitation" sont insérés les mots : "tel qu'applicable à Mayotte" ;

5° Les IV à VI ne sont pas applicables.

V. — *Abrogé par L. n° 2015-1776 du 28 déc. 2015, art. 84-III-C-5°.*

VI. — Les deuxième *(L. n° 2017-1836 du 30 déc. 2017, art. 72-II, en vigueur le 1er avr. 2018)* « et » *(L. n° 2019-774 du 24 juill. 2019, art. 75-I, en vigueur le 1er janv. 2021)* « troisième » alinéas de l'article L. 312-8 sont supprimés.

VII. — *Abrogé par L. n° 2015-1776 du 28 déc. 2015, art. 84-III-C-5°.*

VIII. — Au *c* de l'article L. 313-3 les références aux 12° et 13° sont remplacées par la référence au 12°.

IX. — *Abrogé par L. n° 2015-925 du 29 juill. 2015, art. 24-15°.*

X. — *Abrogé par L. n° 2015-1776 du 28 déc. 2015, art. 84-III-C-5°.*

(Abrogé par Ord. n° 2017-1491 du 25 oct. 2017, art. 10-6°, à compter du 1er janv. 2018) ***« XI. — A l'article L. 313-14, après les mots : "par le code du travail" sont ajoutés les mots : "applicable à Mayotte". »***

XII. — *Abrogé par Ord. n° 2014-463 du 7 mai 2014, art. 8-3°.*

XIII. — *Abrogé par L. n° 2015-1776 du 28 déc. 2015, art. 84-III-C-5°.*

(Abrogé par Ord. n° 2017-1491 du 25 oct. 2017, art. 10-6°, à compter du 1er janv. 2018) ***« XIV. — A l'article L. 313-23-1, les mots : "des articles L. 212-1 et L. 220-1 du code du travail" sont remplacés par les mots : "de l'article L. 212-1 du code du travail applicable à Mayotte".***

« XV. — A l'article L. 313-23-2, après les mots : "par le code du travail" sont ajoutés les mots : "applicable à Mayotte". »

XVI. — L'article L. 313-23-3 n'est pas applicable.

(Abrogé par Ord. n° 2017-1491 du 25 oct. 2017, art. 10-6°, à compter du 1er janv. 2018) ***« XVII. — A l'article L. 313-25, les mots : "au sens de l'article L. 212-15-1 du code du travail" sont supprimés. »***

XVIII. — *Abrogé par L. n° 2015-1776 du 28 déc. 2015, art. 84-III-C-5°.*

XIX. — Le premier alinéa du II de l'article L. 314-3 est complété d'une phrase ainsi rédigée : "La Caisse nationale de solidarité pour l'autonomie arrête également le montant de la dotation pour Mayotte."

XX. — A l'article L. 314-4, la référence au 13° de l'article L. 312-1 est supprimée.

XXI. — L'article L. 314-8 est ainsi modifié :

1° Au quatrième alinéa, les mots : "Dans un délai de six mois à compter de la promulgation de la loi n° 2009-879 du 21 juillet 2009 portant réforme de l'hôpital et relative aux patients, à la santé et aux territoires," sont supprimés ;

2° Au sixième alinéa, les mots :", et sans qu'il soit fait application des dispositions du code de la sécurité sociale et du code rural et de la pêche maritime relatives à l'ouverture du droit aux prestations couvertes par les régimes de base, au remboursement de la part garantie par l'assurance maladie, à la participation de l'assuré aux tarifs servant de base aux remboursements, ainsi qu'au forfait mentionné à l'article L. 174-4 du code de la sécurité sociale" sont supprimés;

3° Au septième alinéa, les mots : "Ces dispositions s'appliquent à compter du 1er janvier 2008. Elles sont applicables aux conventions mentionnées au I de l'article L. 313-12 en cours à cette date." sont supprimés;

4° *Abrogé par L. n° 2012-1404 du 17 déc. 2012, art. 67-III.*

5° Au dernier alinéa, les mots : "de droit commun prévues par la section 4 du chapitre II du titre VI du livre I du code de la sécurité sociale" sont remplacés par les mots : "prévues à l'article 20-5 de l'ordonnance n° 96-1122 du 20 décembre 1996 relative à l'amélioration de la santé publique, à l'assurance maladie, maternité, invalidité et décès, au financement de la sécurité sociale à Mayotte et à la caisse de sécurité sociale de Mayotte";

6° Il est complété par les dispositions suivantes :

"Les crédits correspondant aux dépenses prises en charge par l'assurance maladie pour les établissements et services mentionnés au I de l'article L. 312-1 sont versés par la caisse de sécurité sociale de Mayotte.

"Jusqu'au 31 décembre 2016, le financement des établissements et services énumérés aux 2°, 3°, 5°, 7° et 9° du I de l'article L. 312-1 est assuré sous forme de dotations annuelles arrêtées dans le cadre de contrats pluriannuels conclus, sur le fondement de l'article L. 313-11, entre les personnes, physiques ou morales, gestionnaires des établissements et services et la ou les autorités chargées de la tarification, ainsi que, le cas échéant, la caisse de sécurité sociale de Mayotte."

XXII. – A l'article L. 314-11, la référence au 13° de l'article L. 312-1 est supprimée.

XXIII. – *Abrogé par L. n° 2015-1776 du 28 déc. 2015, art. 67-III.*

XXIV. – L'article L. 315-7 est ainsi modifié :

1° La référence au 13° de l'article L. 312-1 est supprimée;

2° Le deuxième alinéa est supprimé;

3° Au troisième alinéa, les mots : "des alinéas précédents" sont remplacés par les mots : "de l'alinéa précédent".

XXV. – Après le 6° de l'article L. 315-10, il est inséré un alinéa ainsi rédigé :

"Le nombre par catégorie de représentants mentionnée aux 1°, 3°, 4° à 6° peut être réduit à un représentant."

XXVI. – A l'article L. 315-16, les mots : "directeur départemental des finances publiques" sont remplacés par les mots : "directeur des finances publiques de Mayotte".

SECTION 2 Établissements soumis à déclaration

Art. L. 543-2 Le titre II n'est pas applicable à Mayotte.

SECTION 3 Dispositions diverses

Art. L. 543-3 I. – L'intitulé du titre III est ainsi rédigé : "Dispositions relatives au contrôle".

(Ord. n° 2018-22 du 17 janv. 2018, art. 1er-22°) « II. – A l'article L. 331-1, les mots : "ou déclarés dans les conditions du présent code, à l'exception de ceux régis par l'article L. 227-4" sont supprimés, le mot : "ou" est inséré avant le mot : "agréés", et les mots : "ou recevoir la déclaration" sont supprimés. »

(Abrogé par Ord. n° 2018-22 du 17 janv. 2018, art. 1er-22°) « III. – A l'article L. 331-3, les mots : "relatifs aux points mentionnés dans la déclaration d'ouverture et" sont supprimés.

« IV. – L'article L. 331-6-1 n'est pas applicable. »

(Ord. n° 2018-22 du 17 janv. 2018, art. 1er-22°) « V. – L'article L. 331-8 n'est pas applicable. »

(L. nº 2015-1776 du 28 déc. 2015, art. 84-III-C-6º) « VI. — A l'article L. 331-8-1, les mots : "ou pour recevoir leur déclaration en application des articles L. 321-1 et L. 322-1" sont supprimés. »

SECTION 4 Dispositions spécifiques à certaines catégories d'établissements

Art. L. 543-4 Pour l'application du titre IV :

(L. nº 2015-1776 du 28 déc. 2015, art. 84-III-C-7º) « I. — A l'article L. 342-3, à la fin du deuxième alinéa, les mots : "prévu à l'article L. 161-23-1 du code de la sécurité sociale" sont remplacés par les mots : "prévu à l'article 13 de l'ordonnance nº 2002-411 du 27 mars 2002 relative à la protection sanitaire et sociale à Mayotte" et, au quatrième alinéa, les mots : "conformément à ce que prévoit la convention conclue au titre de l'aide personnalisée au logement" sont remplacés par les mots : "dans des conditions prévues par décret". »

II. — Le deuxième alinéa de l'article L. 344-1 n'est pas applicable.

III. — L'article L. 344-2-3 n'est pas applicable.

(Abrogé par Ord. nº 2017-1491 du 25 oct. 2017, art. 10-7º, à compter du 1er janv. 2018) *« IV. — A l'article L. 344-2-4, les mots : "L. 125-3 du code du travail" sont remplacés par les mots : "L. 124-3 du code du travail applicable à Mayotte".*

« V. — A l'article L. 344-2-5, les mots : "L. 122-2, L. 322-4-7 et L. 322-4-8 du code du travail" sont remplacés par les mots : "L. 122-1-1 et L. 322-1 du code du travail applicable à Mayotte". »

VI. — *Abrogé par Ord. nº 2014-463 du 7 mai 2014, art. 9.*

VII. — A l'article L. 345-1 :

1º *Abrogé par Ord. nº 2014-464 du 7 mai 2014, art. 21-II.*

2º Les mots : "la rémunération mentionnée à l'article L. 241-12 du code de la sécurité sociale lorsqu'elles prennent part aux activités d'insertion professionnelle prévues à l'alinéa précédent" sont remplacés par les mots : "une rémunération".

(L. nº 2015-1776 du 28 déc. 2015, art. 84-III-C-7º) « VIII. — Les chapitres VI et VIII ne sont pas applicables. »

SECTION 5 Contentieux de la tarification sanitaire et sociale

Art. L. 543-5 Pour l'application du titre V :

A l'article L. 351-1 :

1º Les mots : "le président du conseil régional et," sont supprimés ;

2º Les mots : "les dotations de financement des missions d'intérêt général et d'aide à la contractualisation," sont supprimés.

SECTION 6 Financement de la protection judiciaire des majeurs

Art. L. 543-6 Pour l'application du titre VI :

A l'article L. 361-1, la référence à l'article L. 174-1 du code de la sécurité sociale est remplacée par la référence à l'article L. 6416-3 du code de la santé publique.

CHAPITRE IV ADAPTATION DU LIVRE IV

SECTION 1 Assistants de service social

Art. L. 544-1 Pour l'application du titre I du livre IV :

L'article L. 411-1 est complété par les dispositions suivantes :

"Les personnes occupant au 1er juillet 2012 un emploi d'assistant de service social sans avoir le titre de formation requis ont dix ans à compter de cette même date pour obtenir le diplôme d'État d'assistant de service social par la formation ou par la validation des acquis de l'expérience."

SECTION 2 **Assistants maternels et assistants familiaux**

Art. L. 544-2 Pour l'application du titre II du livre IV :

I. — Le dernier alinéa de l'article L. 421-3 est ainsi rédigé :

"Lorsque la condition mentionnée au quatrième alinéa n'est pas remplie au moment de la demande d'agrément, celui-ci est délivré à titre provisoire pour une durée de cinq ans si les autres conditions sont réunies. L'assistant maternel ou l'assistant familial fait la preuve de la maîtrise du français oral dans les cinq ans qui suivent l'obtention de l'agrément. Dans le cas contraire, il est mis fin à l'agrément."

(Abrogé par Ord. nº 2021-1553 du 1er déc. 2021, art. 4, au plus tard à compter du 31 déc. 2023) (Ord. nº 2015-682 du 18 juin 2015, art. 4-III) ***« II. — Les trois premiers alinéas de l'article L. 421-9 ne sont pas applicables. »***

III. — A l'article L. 421-12, la référence à l'article L. 321-4 est remplacée par la référence à l'article L. 321-4 tel qu'applicable en métropole.

(Abrogé par Ord. nº 2017-1491 du 25 oct. 2017, art. 10-8º, à compter du 1er janv. 2018) ***« IV. — A l'article L. 421-15, les mots : "au salaire minimum de croissance." sont remplacés par les mots : "au salaire minimum interprofessionnel garanti en vigueur à Mayotte." »***

V. — L'article L. 421-17 est ainsi modifié :

1º Le premier alinéa n'est pas applicable ;

2º Au deuxième alinéa, le mot : "Elles" est remplacé par les mots : "Les dispositions du présent chapitre".

VI. — L'article L. 421-18 est complété par les dispositions suivantes :

"Pour l'application à Mayotte des articles L. 421-6, L. 421-14 et L. 421-15, un décret prévoit, le cas échéant, une composition et des modalités de désignation des membres de la commission consultative paritaire départementale, des durées, contenus et conditions de validation, de formation et de stage, particuliers."

(Abrogé par Ord. nº 2017-1491 du 25 oct. 2017, art. 10-8º, à compter du 1er janv. 2018) ***« VII. — Aux articles L. 422-2 et L. 422-3, après les mots : "par le code du travail" sont ajoutés les mots : "applicable à Mayotte".***

« VIII. — A l'article L. 422-4, les mots : "au salaire minimum de croissance." sont remplacés par les mots : "au salaire minimum interprofessionnel garanti en vigueur à Mayotte." »

(Ord. nº 2017-1491 du 25 oct. 2017, art. 10-8º, en vigueur le 1er janv. 2018) **« IX. — Pour l'application à Mayotte de l'article L. 423-2, la résolution des différends qui peuvent s'élever à l'occasion d'un contrat de travail entre les assistants maternels ou familiaux et les particuliers ou les personnes morales de droit privé mentionnées à l'article L. 423-1 et qui relèvent du tribunal du travail et des prud'hommes dans les conditions prévues par l'article 2 de l'ordonnance nº 91-26 du 25 février 1991 modifiée relative au code du travail applicable dans la collectivité territoriale de Mayotte jusqu'à la date d'entrée en vigueur à Mayotte des dispositions relatives au conseil des prud'hommes prévue par l'article 33 de l'ordonnance nº 2017-1491 du 25 octobre 2017 ».**

X. — A l'article L. 423-8, après les mots : "demande d'avis de réception" sont ajoutés les mots : "ou remise en mains propres de cette notification contre accusé de réception".

(Abrogé par Ord. nº 2017-1491 du 25 oct. 2017, art. 10-8º, à compter du 1er janv. 2018) ***« XI. — L'article L. 423-10 est ainsi modifié :***

« 1º Les mots : "dans les conditions prévues aux articles L. 1232-2 à L. 1232-4 du code du travail" sont remplacés par les mots : "dans les conditions prévues à l'article L. 122-27 du code du travail applicable à Mayotte" ;

« 2º Les mots : "à l'article L. 1232-6 du code du travail." sont remplacés par les mots : "aux articles L. 122-27-1 et au premier alinéa de l'article L. 122-28 du code du travail applicable à Mayotte." ;

« 3º Les mots : "à l'article L. 773-21" sont remplacés par les mots : "aux articles L. 423-9, L. 423-11 et L. 423-25." ;

« 4º Après le mot : "recommandée" sont ajoutés les mots : "ou remise en mains propres contre accusé de réception".

« XII. – L'article L. 423-14 est ainsi rédigé :

Art. L. 423-14 *Les dispositions de la section 8 du chapitre II du titre II du livre I du code du travail en vigueur à Mayotte relatives au congé pour la création ou la reprise d'entreprise sont applicables aux personnes relevant de la présente section.*

« XIII. – A l'article L. 423-15, les mots :", de représentant syndical" sont supprimés.
« XIV. – L'article L. 423-16 est ainsi rédigé :

Art. L. 423-16 *Les personnels relevant de la présente section disposent des mêmes droits et devoirs que ceux des salariés régis par le code du travail applicable à Mayotte en matière de droit d'expression directe et collective.*

« XV. – A l'article L. 423-19, les mots : "au salaire minimum de croissance." sont remplacés par les mots : "au salaire minimum interprofessionnel garanti en vigueur à Mayotte." »

XVI. – Au premier alinéa de l'article L. 423-20, les mots :", dans les conditions et limites de la convention collective nationale des assistants maternels," sont supprimés.

XVII. – A l'article L. 423-24, après les mots : "lettre recommandée avec demande d'avis de réception" sont ajoutés les mots : "ou remise en mains propres contre accusé de réception" et les mots : "présentation de la lettre recommandée" sont remplacés par les mots : "présentation de la lettre".

(Abrogé par Ord. n° 2017-1491 du 25 oct. 2017, art. 10-8°, à compter du 1er janv. 2018) *« XVIII. – Aux articles L. 423-30 et L. 423-31, les mots : "au salaire minimum de croissance." sont remplacés par les mots : "au salaire minimum interprofessionnel garanti en vigueur à Mayotte." »*

XIX. – L'article L. 423-33 est ainsi modifié :

1° La référence à l'article L. 773-4 est remplacée par la référence aux articles L. 423-6 et L. 423-7 ;

2° Les deux derniers alinéas ne sont pas applicables.

XX. – L'article L. 423-35 est ainsi modifié :

(Abrogé par Ord. n° 2017-1491 du 25 oct. 2017, art. 10-8°, à compter du 1er janv. 2018) *« 1° Les mots : "dans les conditions prévues aux articles L. 1232-2 à L. 1232-4 du code du travail." sont remplacés par les mots : "dans les conditions prévues aux articles L. 122-27, L. 122-27-1 et au premier alinéa de l'article L. 122-28 du code du travail applicable à Mayotte." ; »*

2° Après les mots : "lettre recommandée avec demande d'avis de réception" sont ajoutés les mots : "ou remise en mains propres contre accusé de réception" ;

3° Les mots : "dans la lettre recommandée" sont remplacés par les mots : "dans la lettre".

XXI. – A l'article L. 424-5, les mots : "l'organisme mentionné à l'article L. 212-2 du code de la sécurité sociale" sont remplacés par les mots : "la caisse gestionnaire des prestations familiales à Mayotte".

(Abrogé par Ord. n° 2021-1553 du 1er déc. 2021, art. 4, au plus tard à compter du 31 déc. 2023) *« XXII. – L'article L. 424-6 n'est pas applicable. »*

SECTION 3 Éducateurs et aides familiaux, personnels occasionnels des accueils collectifs de mineurs, permanents des lieux de vie

Art. L. 544-3 Pour l'application du titre III du livre IV :

(Abrogé par Ord. n° 2017-1491 du 25 oct. 2017, art. 10-9°, à compter du 1er janv. 2018) *« I. – L'article L. 431-2 est ainsi rédigé :*

Art. L. 431-2 *Les éducateurs et les aides familiaux ne sont pas soumis aux dispositions relatives à la durée du travail, la répartition et l'aménagement des horaires prévues aux sections 1 et 2 du chapitre II du titre I du livre II du code du travail applicable à Mayotte ni à celles relatives au repos hebdomadaire prévues par le chapitre I du titre II du même livre. »*

II. – L'article L. 431-3 est ainsi modifié :

1° Au premier alinéa, avant les mots : "convention collective" sont ajoutés les mots : "décret, à défaut de" ;

2° Au deuxième alinéa, avant les mots : "La convention", sont insérés les mots : "Le décret," ;

(Abrogé par Ord. n° 2017-1491 du 25 oct. 2017, art. 10-9°, à compter du 1er janv. 2018)
« 3° Les mots : "du nombre de jours affectés sur un compte épargne-temps et" sont supprimés ;

« 4° Les mots : "après déduction, le cas échéant, du nombre de jours affectés sur un compte épargne-temps et des congés payés reportés dans les conditions prévues à l'article L. 3141-21 du code du travail," sont supprimés.

« III. — L'article L. 432-2 est ainsi rédigé :

Art. L. 432-2 *Ne sont pas applicables à une personne titulaire d'un contrat d'engagement éducatif les dispositions suivantes du code du travail applicable à Mayotte :*

1° Le chapitre II du titre I du livre II relatif à la durée du travail, à la répartition et à l'aménagement des horaires, à l'exception de l'article L. 212-4 relatif au temps de travail effectif et au temps de pause ;

2° Le chapitre I du titre II du livre II relatif au repos hebdomadaire ;

3° Le chapitre I du titre IV du livre I relatif au salaire minimum interprofessionnel garanti.

« IV. — A l'article L. 432-3, les mots : "au salaire minimum de croissance." sont remplacés par les mots : "au salaire minimum interprofessionnel garanti en vigueur à Mayotte.".

« V. — Le quatrième alinéa de l'article L. 433-1 est ainsi rédigé :

« "Les permanents responsables et les assistants permanents ne sont pas soumis aux dispositions relatives à la durée du travail, à la répartition et à l'aménagement des horaires des sections 1 et 2 du chapitre II du titre I du livre II du code du travail applicable à Mayotte ni aux dispositions relatives aux repos et jours fériés des chapitre I et II du titre II du même livre." ;

« Les deux dernières phrases du dernier alinéa sont remplacées par les dispositions suivantes : "Lorsque le nombre de jours travaillés dépasse deux cent cinquante-huit, le salarié doit bénéficier, au cours des trois premiers mois de l'année suivante, d'un nombre de jours égal à ce dépassement. Ce nombre de jours réduit le plafond annuel conventionnel de l'année durant laquelle ils sont pris." »

SECTION 4 Particuliers accueillant des personnes âgées ou handicapées

Art. L. 544-4 Pour l'application du titre IV du livre IV :

I. — L'article L. 441-4 est complété par les dispositions suivantes :

"Il définit les conditions d'accueil pour obtenir l'agrément."

II. — L'article L. 442-1 est ainsi modifié :

(Abrogé par Ord. n° 2017-1491 du 25 oct. 2017, art. 10-10°, à compter du 1er janv. 2018)
« 1° Au 1°, les mots : "aux dispositions de l'article L. 223-11 du code du travail" sont remplacés par les mots : "aux dispositions de l'article L. 223-21 du code du travail applicable à Mayotte" ; »

2° Au *(L. n° 2015-1776 du 28 déc. 2015, art. 56-I-7°)* « neuvième alinéa », les mots : "du droit à pension conformément aux dispositions du premier alinéa de l'article L. 351-2 du code de la sécurité sociale" sont remplacés par les mots : "du droit à pension de retraite conformément aux dispositions de sécurité sociale applicables à Mayotte".

III. — A l'article L. 443-5, les mots : "les articles 6 et 7 de la loi n° 86-1290 du 23 décembre 1986" sont remplacés par les mots : "les dispositions en vigueur à Mayotte concernant les obligations des bailleurs et des locataires".

IV. — A l'article L. 443-9, la référence à l'article L. 321-4 est remplacée par la référence à l'article L. 321-4 tel qu'applicable en métropole.

(Abrogé par Ord. n° 2017-1491 du 25 oct. 2017, art. 10-10°, à compter du 1er janv. 2018)
« V. — L'article L. 444-2 est ainsi rédigé :

Art. L. 444-2 *Sont applicables aux personnes relevant du présent chapitre les dispositions suivantes du code du travail applicable à Mayotte :*

1° Les chapitres II à IV du titre III et le titre V du livre préliminaire ;

2° Les chapitres I à III du titre II, le titre III et les chapitres préliminaire [préliminaires], III et V du titre IV du livre I ;

3° Les sections 1 à 3 du chapitre II du titre I, les chapitres III, IV et V du titre II et le titre IV du livre II ;

4° Le chapitre VII du titre II du livre III ;

5° Les titres I, III et IV du livre IV ;

6° Les livres V et VII.

« VI. — A l'article L. 444-4, les mots : "après déduction, le cas échéant, des jours affectés à un compte épargne-temps et des congés reportés dans les conditions prévues à l'article L. 223-9 du code du travail," sont supprimés.

« VII. — A l'article L. 444-6, les mots : "pendant la période définie au troisième alinéa de l'article L. 223-8 du code du travail" sont remplacés par les mots : "pendant la période définie au premier alinéa de l'article L. 223-13 du code du travail applicable à Mayotte".

« VIII. — A l'article L. 444-7, les mots :", de représentant syndical" sont supprimés. »

SECTION 5 Formation des travailleurs sociaux

Art. L. 544-5 Pour l'application du titre V du livre IV :

(Abrogé par Ord. n° 2017-1491 du 25 oct. 2017, art. 10-11°, à compter du 1er janv. 2018) ***« I. — A l'article L. 451-1, la référence aux 2 et 4 de l'article L. 920-4 du code du travail est remplacée par la référence aux articles L. 732-1 et L. 732-2 du code du travail applicable à Mayotte. »***

II. — L'article L. 451-2 est ainsi modifié :

1° Les mots : "La région" sont remplacés par les mots : "Le Département de Mayotte" et le mot : "elle" est remplacé par le mot : "il" ;

2° Le mot : "régional" est remplacé par le mot : "mahorais" et les mots :", en association avec les départements," ne sont pas applicables ;

3° Le dernier alinéa n'est pas applicable.

III. — L'article L. 451-2-1 est ainsi modifié :

1° Les mots : "La région" sont remplacés par les mots : "Le Département de Mayotte" et le mot : "elle" est remplacé par le mot : "il" ;

2° Les mots : "de la région" sont remplacés par les mots : "de la collectivité" et le mot : "régional" est remplacé par le mot : "général".

IV. — A l'article L. 451-3, les mots : "La région est compétente" sont remplacés par les mots : "Le Département de Mayotte est compétent" et le mot : "régional" est remplacé par le mot : "général".

SECTION 6 Reconnaissance des qualifications professionnelles

Cette section ne contient pas de disposition.

SECTION 7 Mandataires judiciaires à la protection des majeurs et délégués aux prestations familiales

Art. L. 544-6 Pour l'application du titre VII du livre IV :

(Abrogé par L. n° 2015-1776 du 28 déc. 2015, art. 34-II-1°) ***« I. — A l'article L. 472-1, le mot : "régional" est supprimé. »*** *— Pour leur application à Mayotte, les art. 32, 33 et 34 de la L. n° 2015-1776 du 28 déc. 2015 entrent en vigueur à compter du 1er janv. 2016, conformément à l'art. 11 de l'Ord. n° 2012-785 du 31 mai 2012 portant extension et adaptation du code de l'action sociale et des familles au département de Mayotte (L. préc., art. 84-III-B).*

II. — A l'article L. 472-5, les mots : "un syndicat interhospitalier," sont supprimés.

CHAPITRE V DISPOSITIONS COMMUNES

Art. L. 545-1 *(Abrogé par L. n° 2019-774 du 24 juill. 2019, art. 64-V, à compter du 1er janv. 2020)* ***L'agence de santé de l'océan Indien exerce à La Réunion et à Mayotte les compétences dévolues aux agences régionales de santé.***

Le directeur général de l'agence exerce les compétences dévolues au directeur général de l'agence régionale de santé mentionné à l'article L. 1432-2 du code de la santé publique.

Art. L. 545-2 **Pour l'application à Mayotte du livre III, le degré de dépendance des personnes âgées est mesuré à l'aide de la grille nationale prévue par l'article L. 232-2 dans sa version applicable en métropole.**

Art. L. 545-3 **Pour l'application des dispositions du présent code, les mots énumérés ci-dessous sont remplacés par les mots suivants :**

1° "département" et "département d'outre-mer" par : "Département de Mayotte" ;

2° "la collectivité territoriale" par : "Mayotte" ;

(Abrogé par Ord. n° 2019-964 du 18 sept. 2019, art. 1er, en vigueur le 1er janv. 2020) ***« 3° "tribunal de grande instance" par : "tribunal d'instance" ; »***

4° "représentant de l'État dans le département" ou "représentant de l'État dans la région" par : "représentant de l'État à Mayotte".

(Abrogé par L. n° 2019-774 du 24 juill. 2019, art. 64-V, à compter du 1er janv. 2020) ***« 5° "schéma régional d'organisation sociale et médico-sociale" par : "schéma d'organisation sociale de Mayotte et schéma d'organisation médico-sociale de La Réunion et de Mayotte mentionné à l'article L. 1443-4 du code de la santé publique" ;***

« 6° "agence régionale de santé" par : "agence de santé de l'océan Indien". »

Ordonnance n° 2012-785 du 31 mai 2012,

Portant extension et adaptation du code de l'action sociale et des familles au département de Mayotte (JO 1er juin).

TITRE III. DISPOSITIONS FINANCIÈRES

Art. 9 I. — Les dispositions qui confient au Département de Mayotte la responsabilité de l'aide sociale à destination des personnes âgées et handicapées entrent en vigueur sous réserve de la compensation des charges en résultant dans les conditions fixées par la loi de finances.

Le montant de cette compensation financière est calculé, sous le contrôle de la commission consultative sur l'évaluation des charges mentionnée à l'article L. 1211-4-1 du code général des collectivités territoriales dans les conditions prévues aux articles L. 1614-3 et L. 1614-3-1 du même code, et après avis du comité local mentionné à l'article L. 1711-3 du même code.

II. — Les dispositions *(L. n° 2015-1785 du 29 déc. 2015, art. 53-IV, en vigueur le 1er janv. 2016)* « de l'article L. 361-1 relatives au financement de la dotation globale par le département » entrent en application à Mayotte, sous réserve de la compensation des charges en résultant dans les conditions fixées par la loi de finances.

Le montant de cette compensation financière est calculé, sous le contrôle de la commission consultative sur l'évaluation des charges mentionnée à l'article L. 1211-4-1 du code général des collectivités territoriales dans les conditions prévues aux articles L. 1614-3 et L. 1614-3-1 du même code, et après avis du comité local mentionné à l'article L. 1711-3 du même code.

III. — Les charges qui résultent, pour le Département de Mayotte, du financement de la formation des assistants maternels prévues à l'article L. 421-14 du code de l'action sociale et des familles, sont compensées par l'État dans les conditions fixées par la loi de finances.

Le montant de cette compensation financière est calculé, sous le contrôle de la commission consultative sur l'évaluation des charges mentionnée à l'article L. 1211-4-1 du code général des collectivités territoriales dans les conditions prévues aux articles L. 1614-3 et L. 1614-3-1 du même code, et après avis du comité local mentionné à l'article L. 1711-3 du même code :

— au titre de la formation des assistants maternels mentionnée au premier alinéa de l'article L. 421-14 précité, en fonction du nombre d'assistants maternels recensés au 31 décembre 2013 dans le Département de Mayotte, de la durée de la formation obligatoire des assistants maternels, ainsi que du coût horaire de formation ;

— au titre de l'initiation aux gestes de secourisme mentionnée au deuxième alinéa du même article, en fonction du nombre d'assistants maternels recensés au 31 décembre 2013 dans le Département de Mayotte, de la durée de la formation d'initiation aux gestes de secourisme, ainsi que du coût horaire de formation ;

— au titre de l'accueil des enfants confiés aux assistants maternels durant les temps de formation obligatoire après leur embauche, mentionné au quatrième alinéa du même article, en fonction de la durée de la formation obligatoire après l'embauche, du montant minimal de la rémunération et des montants minimaux d'indemnité d'entretien versés aux assistants maternels.

IV. — Les charges nettes qui résultent, pour le Département de Mayotte, du financement des formations sociales initiales et des aides aux étudiants inscrits dans les conditions prévues à l'article L. 544-5 du code de l'action sociale et des familles issu de la présente ordonnance sont compensées par l'État dans les conditions fixées par la loi de finances.

Au titre des années 2013 à 2017, cette compensation est calculée de manière à permettre, d'une part, le financement forfaitaire d'un nombre de places de formation initiale correspondant aux besoins de formation à prendre en compte pour la conduite de l'action sociale et médico-sociale à Mayotte et, d'autre part, le financement des bourses aux étudiants inscrits dans les établissements agréés, éligibles, sur la base d'un montant forfaitaire annuel d'aide par étudiant boursier.

Au titre des années 2018 et suivantes, cette compensation est ajustée de manière définitive au vu du nombre moyen de travailleurs sociaux à former chaque année et du taux d'étudiants boursiers constaté.

La commission consultative sur l'évaluation des charges mentionnée à l'article L. 1211-4-1 du code général des collectivités territoriales est consultée, après avis du comité local mentionné à l'article L. 1711-3 du même code, dans les conditions prévues aux articles L. 1614-3 et L. 1614-3-1 du même code :

— en 2012 sur les modalités d'évaluation de la compensation provisionnelle échelonnée allouée au Département de Mayotte au titre de la période 2013-2017 ;

— en 2017, sur les modalités d'évaluation de la compensation définitive allouée au Département de Mayotte.

TITRE IV. DISPOSITIONS TRANSITOIRES ET FINALES

Art. 10 Les dispositions du code de l'action sociale et des familles entrent en vigueur à Mayotte dans les conditions suivantes :

1° L'article L. 115-3 entre en vigueur le 1er janvier 2013 ;

2° Les dispositions du chapitre II du titre II et les chapitres I et II du titre III du livre I sont applicables aux nouvelles demandes d'admission à l'aide sociale déposées à Mayotte à compter du 1er janvier 2014 ;

Jusqu'à cette date, les dispositions correspondantes des articles L. 540-1, L. 542-1, L. 542-2, L. 542-3, L. 542-8, L. 542-9, L. 548-2, L. 548-3 et L. 548-4 demeurent en vigueur dans leur rédaction antérieure à la présente ordonnance ;

3° *(Ord. n° 2014-463 du 7 mai 2014, art. 12, en vigueur le 1er janv. 2015)* « A l'exception de l'article L. 146-8, » les articles L. 146-3 à L. 146-13 du livre I et le chapitre I *bis* du titre IV du livre II entrent en vigueur à une date fixée par décret et au plus tard le 1er janvier 2016 ;

Jusqu'à la date mentionnée au premier alinéa, les articles L. 545-1 à L. 545-4, dans leur rédaction antérieure à la présente ordonnance, demeurent en vigueur et l'article L. 545-1, dans cette même rédaction est complété par une phrase ainsi rédigée : "En 2012 et pour les exercices suivants, la Caisse nationale de solidarité pour l'autonomie verse le concours prévu au *b* du III de l'article L. 14-10-5 pour l'installation et le fonctionnement des maisons départementales des personnes handicapées pour le financement du service commun prévu au présent article." ;

Une évaluation du fonctionnement du service commun mentionné à l'article L. 545-1, dans sa rédaction antérieure à la présente ordonnance, est réalisée au plus tard le 30 juin 2015 ;

(Ord. n° 2014-463 du 7 mai 2014, art. 12, en vigueur le 1er janv. 2015) « 3° *bis* La commission prévue à l'article L. 545-2 dans sa rédaction antérieure à la présente ordonnance est compétente pour instruire les droits à la prestation de compensation dans les conditions prévues au titre IV du livre V du code de l'action sociale et des familles.

« Les décisions prises par cette commission peuvent faire l'objet d'un recours devant le tribunal judiciaire *[ancienne rédaction : tribunal de grande instance]*.

« Jusqu'à la date prévue au 3°, la référence à l'article L. 146-9 est remplacée par la référence à l'article L. 545-2 tel que maintenu en vigueur par ce même 3°. »

4° Les dispositions des articles L. 226-10 et L. 226-11 et le chapitre VIII du titre IV du livre II entrent en vigueur le 1er janvier 2014. Jusqu'à cette date, les dispositions correspondantes des articles L. 542-1, L. 548-2, L. 548-3 et L. 548-4 demeurent en vigueur dans leur rédaction antérieure à la présente ordonnance ;

5° Les dispositions de l'article L. 421-14 relatives à la formation des assistants maternels entrent en vigueur le 1er janvier 2014, sous réserve de l'inscription préalable dans la loi de finances des dispositions relatives aux modalités de compensation des charges correspondantes prévues au I de l'article 4 de la présente ordonnance ;

6° Les dispositions du titre V du livre IV entrent en vigueur le 1er janvier 2013, sous réserve, pour les articles L. 451-2 et L. 451-3, de l'inscription préalable dans la loi de finances des dispositions relatives aux modalités de compensation des charges correspondantes prévues au II de l'article 4 de la présente ordonnance ;

7° Les titres I, III et IV du livre IV entrent en vigueur le 1er janvier 2014. Ces dispositions sont applicables aux nouvelles situations d'accueil intervenant à compter de la date d'entrée en vigueur du titre IV du livre IV. Elles sont applicables aux situations d'accueil ayant débuté avant cette date dans les conditions définies par le II de l'article 12 ;

8° Le titre VII du livre II, les 14° et 15° du I de l'article L. 312-1, le titre VI du livre III et le titre VII du livre IV entrent en vigueur le 1er janvier 2016.

Art. 11 I. — L'article 27, à l'exception du IV, de la loi n° 2007-293 du 5 mars 2007 portant réforme de la protection de l'enfance est applicable à Mayotte à compter du 1er janvier 2013 selon des modalités définies par décret.

II. — Pour son application à Mayotte, l'article 44 de la loi n° 2007-308 du 5 mars 2007 portant réforme de la protection juridique des majeurs est ainsi modifié :

1° Au premier alinéa du I et au V, les mots : "à compter de l'entrée en vigueur de la présente loi" sont remplacés par les mots : "à compter du 1er janvier 2016" ;

2° Il est inséré un I *bis* ainsi rédigé :

"I *bis*. — Les personnes physiques ou morales qui étaient habilitées avant le 1er janvier 2016 pour exercer la tutelle d'État ou la curatelle d'État ou la gérance de tutelle en qualité d'administrateur spécial sont à compter de cette même date inscrites sur la liste mentionnée au premier alinéa de l'article L. 471-2 du code de l'action sociale et des familles dans sa version applicable à Mayotte, sous réserve des conditions suivantes :

"1° Les services relevant du 1° du même article disposent d'un délai de trois ans à compter de cette même date pour obtenir l'autorisation mentionnée à l'article L. 313-3 du même code. L'article L. 313-1-1 du même code n'est pas applicable pour l'obtention de cette autorisation ;

"2° Les personnes physiques relevant du 2° du même article disposent d'un délai de trois ans à compter de cette même date pour obtenir l'agrément mentionné à l'article L. 471-1 du même code."

3° Au II, les mots : "dans un délai de trois ans à compter de l'entrée en vigueur du décret prévu à l'article L. 472-4 du même code et au plus tard le 1er janvier 2012" sont remplacés par les mots : "au plus tard dans le délai prévu au I" ;

4° Au III :

a) Les mots : "aux régimes de sécurité sociale applicables en vertu des articles L. 613-1 et L. 622-5 du code de la sécurité sociale" sont remplacés par les mots : "aux régimes de sécurité sociale dans les conditions prévues par l'ordonnance n° 96-1122 du 20 décembre 1996 susvisée" ;

b) Les mots : "au plus tard le 1er janvier 2012" sont remplacés par les mots : "au plus tard dans le délai prévu au I" ;

5° Au IV, les mots : "dans un délai de trois ans à compter de l'entrée en vigueur de son décret d'application et au plus tard le 1er janvier 2012" sont remplacés par les mots : "au plus tard dans le délai prévu au I" ;

6° Au V, les mots : "dans un délai de trois ans à compter de l'entrée en vigueur du décret en Conseil d'État prévu au même article et au plus tard le 1er janvier 2012" sont remplacés par les mots : "au plus tard dans le délai prévu au I".

Art. 12 I. — Dans l'attente du calcul d'un potentiel fiscal tel que prévu par l'article L. 3543-1 du code général des collectivités territoriales pour Mayotte, le concours prévu à l'article L. 14-10-7 du code de l'action sociale et des familles relatif à l'installation et au fonctionnement des maisons départementales des personnes handicapées, versée *[versé]* au service commun prévu à l'article L. 545-1 du même code dans sa rédaction antérieure à la présente ordonnance, est réparti en retenant, pour le Département de Mayotte, une valeur nulle pour le potentiel fiscal.

II. — Le président du conseil départemental de Mayotte peut accorder un agrément, dont la durée est fixée par décret, aux personnes qui, à la date d'entrée en vigueur du titre IV du livre IV du code de l'action sociale et des familles, accueillent des personnes handicapées ou âgées dans les conditions prévues à l'article L. 441-1 du même code sans satisfaire à l'ensemble des conditions d'agrément. L'agrément n'est délivré qu'à l'effet de poursuivre l'accueil des personnes handicapées ou âgées déjà accueillies et sous réserve de satisfaire à la condition assurantielle prévue au premier alinéa de l'article L. 443-4 du même code dans un délai de trois mois.

TITRE V TERRITOIRE DES ÎLES WALLIS-ET-FUTUNA

CHAPITRE I ACCÈS AUX ORIGINES PERSONNELLES

(L. n° 2002-93 du 22 janv. 2002, art. 9-A-II)

Art. L. 551-1 Les articles L. 147-1 à L. 147-11 sont applicables dans le territoire des îles Wallis-et-Futuna sous réserve des adaptations suivantes :

(Ord. n° 2023-53 du 1er févr. 2023, art. 9-I) « — les articles L. 147-1 et L. 147-2 sont applicables dans leur rédaction résultant de la loi n° 2021-1017 du 2 août 2021 » ;

— à l'article L. 147-1, la référence : "L. 222-6" est remplacée par la référence "L. 551-2" ;

— à l'article L. 147-3, les mots : "du président du conseil départemental" sont remplacés par les mots : "de l'administrateur supérieur des îles Wallis-et-Futuna" ;

— à l'article L. 147-4, les mots : "au président du conseil départemental" sont remplacés par les mots : "à l'administrateur supérieur des îles Wallis-et-Futuna" ;

— le second alinéa de l'article L. 147-8 est ainsi rédigé :

"Sous réserve des dispositions de l'article 6 de la loi n° 51-711 du 7 juin 1951 sur l'obligation, la coordination et le secret en matière de statistiques, les administrations ou services de l'État sont tenus de réunir et de communiquer au Conseil national les renseignements dont ils disposent permettant de déterminer les adresses de la mère et du père de naissance."

Art. L. 551-2 Toute femme qui demande, lors de son accouchement, la préservation du secret de son admission et de son identité par un établissement de santé est informée des conséquences juridiques de cette demande et de l'importance pour toute personne de connaître ses origines et son histoire. Elle est donc invitée à laisser, si elle l'accepte, des renseignements sur sa santé et celle du père, les origines de l'enfant et les circonstances de la naissance ainsi que, sous pli fermé, son identité. Elle est informée de la possibilité qu'elle a de lever à tout moment le secret de son identité et, qu'à défaut, son identité ne pourra être communiquée que dans les conditions prévues à l'article L. 147-6. Elle est également informée qu'elle peut à tout moment donner son identité sous pli fermé ou compléter les renseignements qu'elle a donnés au moment de la naissance. Les prénoms donnés à l'enfant et, le cas échéant, mention du fait qu'ils l'ont été par la mère, ainsi que le sexe de l'enfant, la date, le lieu et l'heure de sa naissance sont mentionnés à l'extérieur de ce pli. Ces formalités sont accomplies par les personnes visées à l'alinéa suivant avisées sous la responsabilité du directeur de l'établissement de santé. A défaut, elles sont accomplies sous la responsabilité de ce directeur.

L'administrateur supérieur des îles Wallis-et-Futuna désigne au sein de ses services au moins deux personnes chargées d'assurer les relations avec le Conseil national pour l'accès aux origines personnelles, d'organiser, dès que possible, la mise en œuvre de l'accompagnement psychologique et social dont peut bénéficier la femme et de recevoir, lors de la naissance, le pli fermé mentionné au premier alinéa, de lui délivrer l'information prévue à l'article L. 224-5 et de recueillir les renseignements relatifs à la santé des père et mère de naissance, aux origines de l'enfant et aux raisons et circonstances de sa remise au service de l'aide sociale à l'enfance ou à l'organisme autorisé et habilité pour l'adoption. Ces personnes s'assurent également de la mise en place d'un accompagnement psychologique de l'enfant. Elles sont tenues de suivre une formation initiale et continue leur permettant de remplir ces missions. Cette formation est assurée par le Conseil national pour l'accès aux origines personnelles qui procède à un suivi régulier de ces personnes.

Les modalités d'application du présent article sont fixées par décret en Conseil d'État.

Sur les conditions de traitement et de conservation des informations et renseignements nécessaires à l'accès aux origines personnelles, V. art. R. 147-25 s.

CHAPITRE II **PUPILLES DE L'ÉTAT** *(Ord. nº 2022-1292 du 5 oct. 2022, art. 25-5º, en vigueur le 1er janv. 2023).*

Art. L. 552-1 **Les articles L. 224-1** *(Ord. nº 2022-1292 du 5 oct. 2022, art. 25-6º, en vigueur le 1er janv. 2023)* **« à L. 224-3, L. 224-4 à L. 224-9, L. 224-11 à L. 224-12 » et L. 225-1 à** *(Ord. nº 2022-1292 du 5 oct. 2022, art. 25-6º, en vigueur le 1er janv. 2023)* **« L. 225-10 » sont applicables dans le territoire des îles Wallis-et-Futuna, sous réserve des adaptations prévues au présent chapitre.**

Les dispositions de l'Ord. nº 2022-1292 du 5 oct. 2022 sont entrées en vigueur le 1er janv. 2023 et s'appliquent aux instances introduites à compter de cette date (Ord. préc., art. 27).

Art. L. 552-2 **Pour l'application des dispositions prévues à** *(L. nº 2002-93 du 22 janv. 2002, art. 9-A-I)* **« l'article L. 552-1 », les mots mentionnés ci-dessous sont respectivement remplacés par les mots suivants :**

— "représentant de l'État dans le département » par « administrateur supérieur des îles Wallis-et-Futuna" ;

— "président du conseil *(Ord. nº 2022-1292 du 5 oct. 2022, art. 25-7º, en vigueur le 1er janv. 2023)* **« départemental »" par "président de l'assemblée territoriale" ;**

— "tribunal *(Ord. nº 2022-1292 du 5 oct. 2022, art. 25-7º, en vigueur le 1er janv. 2023)* **« judiciaire » par "tribunal de première instance" ;**

— "*(Ord. nº 2022-1292 du 5 oct. 2022, art. 25-7º, en vigueur le 1er janv. 2023)* **« directeur départemental des finances publiques »" par "***(Ord. nº 2022-1292 du 5 oct. 2022, art. 25-7º, en vigueur le 1er janv. 2023)* **« directeur des finances publiques » des îles Wallis-et-Futuna" ;**

— "département" par "territoire" ;

(L. nº 2013-673 du 26 juill. 2013, art. 3-II, en vigueur le 1er janv. 2014) **« — "service de l'aide sociale à l'enfance" par "service chargé de l'aide sociale à l'enfance". »**

V. note ss. art. L. 552-1.

Art. L. 552-2-1 *(L. nº 2002-93 du 22 janv. 2002, art. 9-A-I)* **Pour l'application dans le territoire des îles Wallis-et-Futuna de l'article L. 224-1, les mots : "dans les conditions prévues à l'article L. 223-4" sont remplacés par les mots : "par le service** *(L. nº 2013-673 du 26 juill. 2013, art. 3-III, en vigueur le 1er janv. 2014)* **« chargé » de l'aide sociale à l'enfance".**

Art. L. 552-3 *(Ord. nº 2022-1292 du 5 oct. 2022, art. 25-8º, en vigueur le 1er janv. 2023)* **Pour son application dans le territoire des îles Wallis-et-Futuna, l'article L. 224-2 est ainsi rédigé :**

Art. L. 224-2 Les membres du conseil de famille sont nommés par l'administrateur supérieur des îles Wallis-et-Futuna, en considération de l'intérêt porté à la politique publique de protection de l'enfance, en fonction de leur aptitude ainsi que de leur disponibilité.

Outre le tuteur, chaque conseil de famille comprend :

— des représentants de l'assemblée territoriale désignés par cette assemblée sur proposition de son président ;

— des membres des associations à caractère familial ou d'accueil ;

— des représentants des pupilles de l'État choisis par l'administrateur supérieur des îles Wallis-et-Futuna ;

— des personnalités qualifiées désignées par l'administrateur supérieur des îles Wallis-et-Futuna.

L'administrateur supérieur des îles Wallis-et-Futuna désigne en l'absence de pupilles de l'État toute personne disposant des qualités requises pour assurer la représentation des pupilles.

Le mandat de ses membres est de six ans. Nul ne peut exercer plus de trois mandats, dont plus de deux en tant que titulaire.

A chaque renouvellement d'un conseil de famille des pupilles de l'État, les membres nouvellement nommés bénéficient d'une formation préalable à leur prise de fonction, dans des conditions définies par décret.

Dans l'intérêt des pupilles de l'État, les membres titulaires veillent à être présents à chaque réunion du conseil de famille des pupilles de l'État ou, à défaut, à se faire remplacer par leur suppléant.

Les membres du conseil de famille sont tenus au secret professionnel dans les conditions prévues aux articles 226-13 et 226-14 du code pénal.

L'administrateur supérieur des îles Wallis-et-Futuna peut mettre fin au mandat des membres du conseil de famille en cas de manquement caractérisé à leurs obligations.

Il est institué un conseil de famille supplémentaire lorsque le nombre de pupilles suivis par le conseil de famille existant est supérieur à cinquante.

La composition et les règles de fonctionnement du ou des conseils de famille institués dans le territoire des îles Wallis-et-Futuna sont fixées par voie réglementaire.

V. note ss. art. L. 552-1.

Art. L. 552-3-1 *(L. nº 2002-93 du 22 janv. 2002, art. 9-A-I)* **Pour l'application dans le territoire des îles Wallis-et-Futuna de l'article L. 224-7, la référence : "L. 222-6" est remplacée par la référence : "L. 551-2".**

Art. L. 552-4 *(Abrogé par Ord. nº 2022-1292 du 5 oct. 2022, art. 25-9º, à compter du 1er janv. 2023)* ***Lors de la constitution initiale du conseil de famille, le mandat des membres est pour la moitié de ceux-ci de trois ans et pour l'autre moitié de six ans.***

V. note ss. art. L. 552-1.

Art. L. 552-5 **Pour son application dans le territoire des îles Wallis-et-Futuna, l'article L. 225-3 est ainsi rédigé :**

Art. L. 225-3 Les personnes qui demandent l'agrément bénéficient de l'accompagnement de la personne de leur choix, représentant ou non une association, dans leurs démarches auprès de la commission. Néanmoins, celle-ci a la possibilité de leur proposer également un entretien individuel.

Elles peuvent demander que tout ou partie des investigations effectuées pour l'instruction du dossier soient accomplies une seconde fois et par d'autres personnes que celles auxquelles elles avaient été confiées initialement. Elles sont informées du déroulement de ladite instruction et peuvent prendre connaissance de tout document figurant dans leur dossier dans les conditions fixées par les articles 3 et 4 de la loi nº 78-753 du 17 juillet 1978 portant diverses mesures d'amélioration des relations entre l'administration et le public et diverses dispositions d'ordre administratif, social et fiscal *[art. L. 311-3 et L. 311-4 CPRF]*

CHAPITRE III *[ABROGÉ]* POLITIQUE DE LA VILLE ET COHÉSION SOCIALE

(Abrogé par L. nº 2014-173 du 21 févr. 2014, art. 14-II, à compter du 1er janv. 2016)

Le chapitre III est abrogé par la L. nº 2014-173 du 21 févr. 2014, à compter du 1er janv. 2016 (L. préc., art. 14-II, mod. par L. nº 2014-1654 du 29 déc. 2014, art. 105).

Art. L. 553-1 *(L. nº 2011-267 du 14 mars 2011, art. 140-II)* ***L'Agence nationale pour la cohésion sociale et l'égalité des chances mentionnée à la section 6 du chapitre I du titre II du livre I peut exercer ses missions à la demande des autorités compétentes dans les îles Wallis-et-Futuna.***

Le représentant de l'État est le délégué local de l'agence. Il exerce à ce titre les attributions prévues au second alinéa de l'article L. 121-15.

CHAPITRE IV PROTECTION DES MAJEURS

(Ord. nº 2012-1222 du 2 nov. 2012, art. 5)

SECTION 1 Dispositions générales

Art. L. 554-1 **Les dispositions suivantes des livres I, II et III sont applicables de plein droit dans le territoire des îles Wallis-et-Futuna :**

1º L'article L. 133-6, qui pour son application à Wallis-et-Futuna est ainsi modifié :

a) Le premier alinéa est ainsi rédigé :

"Nul ne peut exercer ou être agréé en qualité de mandataire judiciaire s'il a été condamné définitivement pour crime ou à une peine d'au moins deux mois d'emprisonnement sans sursis pour les délits prévus :" ;

b) Le dernier alinéa est supprimé ;

2° L'article L. 215-4 ;

3° L'article L. 311-3, qui pour son application à Wallis-et-Futuna est ainsi rédigé :

Art. L. 311-3 L'exercice des droits et libertés individuels est garanti à toute personne protégée dans les conditions prévues au titre VII du livre IV. Dans le respect des dispositions législatives et réglementaires en vigueur, lui sont assurés :

1° Le respect de sa dignité, de son intégrité, de sa vie privée, de son intimité et de sa sécurité ;

2° La confidentialité des informations la concernant ;

3° L'accès à toute information ou document relatifs à sa prise en charge, sauf dispositions législatives contraires ;

4° Une information sur ses droits fondamentaux et les protections particulières légales et contractuelles dont elle bénéficie ainsi que les voies de recours à sa disposition.

Art. L. 554-2 L'article L. 361-1 n'est pas applicable dans le territoire des îles Wallis-et-Futuna.

SECTION 2 Mandataires judiciaires à la protection des majeurs

SOUS-SECTION 1 Dispositions communes aux mandataires judiciaires à la protection des majeurs

Art. L. 554-3 Pour son application dans le territoire des îles Wallis-et-Futuna, le chapitre I du titre VII du livre IV est ainsi modifié :

1° L'article L. 471-2 est ainsi modifié :

a) Les mots : "le représentant de l'État dans le département" sont remplacés par les mots : "l'administrateur supérieur des îles Wallis-et-Futuna" ;

b) Les mots : "au 14° du I de l'article L. 312-1" sont remplacés par les mots : "à l'article L. 554-4" ;

2° L'article L. 471-3 est ainsi modifié :

a) Les mots : "au 14° du I de l'article L. 312-1" sont remplacés par les mots : "à l'article L. 554-4" ;

b) La référence à l'article L. 313-18 est remplacée par la référence à l'article L. 554-6 ;

c) Les mots : "le représentant de l'État dans le département" sont remplacés par les mots : "l'administrateur supérieur des îles Wallis-et-Futuna" ;

3° L'article L. 471-4 est ainsi modifié :

a) Les mots : "au 14° du I de l'article L. 312-1" sont remplacés par les mots : "à l'article L. 554-4" ;

b) Les mots : "le représentant de l'État dans le département" sont remplacés par les mots : "l'administrateur supérieur des îles Wallis-et-Futuna" ;

4° A l'article L. 471-5, la dernière phrase du premier alinéa est remplacée par les dispositions suivantes : "Lorsque ce coût n'est pas intégralement supporté par la personne protégée, les mesures exercées par les mandataires judiciaires à la protection des majeurs bénéficient d'un financement de l'État, déterminé en prenant notamment en compte la charge de travail résultant de l'exécution des mesures de protection" ;

5° L'article L. 471-7 n'est pas applicable ;

6° L'article L. 471-8 est ainsi rédigé :

Art. L. 471-8 Afin de garantir l'exercice effectif des droits mentionnés à l'article L. 311-3, lorsque le mandataire judiciaire à la protection des majeurs est un service mentionné à l'article L. 554-4 :

1° La notice d'information prévue *(L. n° 2015-1776 du 28 déc. 2015, art. 32-II-1°)* « au 1° de l'article L. 471-6 » est remise personnellement à la personne protégée ou, dès lors que l'état de cette dernière ne lui permet pas d'en mesurer la portée, à un membre du conseil de famille s'il a été constitué ou, à défaut, à un parent, un allié ou une personne de son entourage dont l'existence est connue ;

(L. nº 2015-1776 du 28 déc. 2015, art. 32-II-2º) « 2º Le document individuel de protection des majeurs prévu au 2º de l'article L. 471-6 est également remis à la personne ; »

3º Les personnes protégées sont associées au fonctionnement du service.

7º A l'article L. 471-9, les mots "ainsi que les adaptations apportées à la mise en œuvre de l'article L. 311-5 par l'article L. 471-7" sont supprimés.

SOUS-SECTION 2 **Services mandataires judiciaires à la protection des majeurs**

Art. L. 554-4 Sont des services mandataires judiciaires à la protection des majeurs les services dotés ou non d'une personnalité morale propre, mettant en œuvre les mesures de protection des majeurs ordonnées par l'autorité judiciaire au titre du mandat spécial auquel il peut être recouru dans le cadre de la sauvegarde de justice ou au titre de la curatelle, de la tutelle ou de la mesure d'accompagnement judiciaire.

Art. L. 554-5 L'exercice des mandats de protection des majeurs par les services sociaux mentionnés à l'article L. 554-3 est soumis à une autorisation délivrée par l'administrateur supérieur des îles Wallis-et-Futuna selon des modalités fixées par décret en Conseil d'État, après avis conforme du procureur de la République. – *En application L. 231-5 et L. 231-6 CRPA, le silence gardé pendant deux mois par l'administration vaut décision de rejet pour les demandes d'autorisation d'exercice, en Polynésie française, des mandats de protection des majeurs par les services sociaux (Décr. nº 2014-1286 du 23 oct. 2014, applicable pour les demandes présentées à compter du 12 nov. 2014).*

Art. L. 554-6 Sans préjudice des dispositions des articles 416 et 417 du code civil, l'administrateur supérieur des îles Wallis-et-Futuna exerce un contrôle de l'activité des services mandataires judiciaires à la protection des majeurs.

En cas de violation par le service mandataire judiciaire à la protection des majeurs des lois et règlements ou lorsque la santé, la sécurité ou le bien-être physique ou moral de la personne protégée est menacé ou compromis par les conditions d'exercice de la mesure de protection judiciaire, l'administrateur supérieur des îles Wallis-et-Futuna, après avoir entendu le responsable du service, lui adresse, d'office ou à la demande du procureur de la République, une injonction assortie d'un délai circonstancié qu'il fixe.

S'il n'est pas satisfait à l'injonction dans le délai fixé, l'administrateur supérieur des îles Wallis-et-Futuna, sur avis conforme du procureur de la République ou à la demande de celui-ci, retire l'autorisation prévue à l'article L. 554-5.

En cas d'urgence, l'autorisation prévue à l'article L. 554-5 peut être suspendue sans injonction préalable et, au besoin, d'office, dans des conditions fixées par décret en Conseil d'État.

Le procureur de la République est informé de la suspension ou du retrait visés aux deux alinéas précédents.

SOUS-SECTION 3 **Personnes physiques mandataires judiciaires à la protection des majeurs exerçant leur activité à titre individuel ou en qualité de préposé d'établissement hébergeant des majeurs**

Art. L. 554-7 Pour son application dans le territoire des îles Wallis-et-Futuna, le chapitre II du titre VII du livre IV est ainsi modifié :

1º *(L. nº 2015-1776 du 28 déc. 2015, art. 34-II-2º)* « A l'article L. 472-1-1, aux premier, deuxième et quatrième alinéas », les mots : "le représentant de l'État dans le département" sont remplacés par les mots : "l'administrateur supérieur des îles Wallis-et-Futuna" et *(L. nº 2015-1776 du 28 déc. 2015, art. 34-II-2º)* « , au troisième alinéa, les mots : "des objectifs et des besoins fixés par le schéma régional d'organisation sociale et médico-sociale prévu au *b* du 2º de l'article L. 312-5 et" sont supprimés » ;

2º Les articles L. 472-3 et L. 472-5 ne sont pas applicables ;

3° L'article L. 472-6 est ainsi modifié :

a) Au premier alinéa, les mots : "Un établissement mentionné au 6° ou au 7° du I de l'article L. 312-1" sont remplacés par les mots : "Un établissement hébergeant des personnes adultes handicapées ou des personnes âgées ou dispensant des soins de longue durée ou de psychiatrie, dans les conditions prévues par la réglementation applicable localement," ;

b) Au troisième alinéa, les mots : "du représentant de l'État dans le département" sont remplacés par les mots : "de l'administrateur supérieur des îles Wallis-et-Futuna" ;

4° A l'article L. 472-8, les mots : "du représentant de l'État dans le département" sont remplacés par les mots : "de l'administrateur supérieur des îles Wallis-et-Futuna" ;

5° L'article L. 472-9 n'est pas applicable ;

6° A l'article L. 472-10, les mots : "le représentant de l'État dans le département" sont remplacés par les mots : "de l'administrateur supérieur des îles Wallis-et-Futuna".

SOUS-SECTION 4 Dispositions pénales communes aux mandataires judiciaires à la protection des majeurs

Art. L. 554-8 Pour son application dans le territoire des îles Wallis-et-Futuna, le chapitre III du titre VII du livre IV est ainsi modifié :

1° A l'article L. 473-1, la référence à l'article L. 313-18 est remplacée par la référence à l'article L. 554-6 ;

2° A l'article L. 473-2, les mots : "au 6° ou 7° du I de l'article L. 312-1" sont remplacés par les mots : "à l'article L. 472-6" ;

3° Aux articles L. 473-3 et L. 473-4, les mots : "d'exploiter ou de diriger un établissement mentionné au 6° ou au 7° du I de l'article L. 312-1 du présent code ou" sont supprimés.

TITRE VI POLYNÉSIE FRANÇAISE

CHAPITRE I A DISPOSITIONS RELATIVES À L'OBLIGATION ALIMENTAIRE

(L. n° 2004-193 du 27 févr. 2004, art. 26)

Art. L. 560-1 Les articles L. 132-6 à L. 132-10 sont applicables en Polynésie française sous réserve des adaptations prévues au présent chapitre.

Art. L. 560-2 Dans le deuxième alinéa de l'article L. 132-6, les mots : "la commission" sont remplacés par les mots : "l'organisme".

Art. L. 560-3 I. – Pour l'application de l'article L. 132-7, les mots : "le représentant de l'État ou le président du conseil départemental" sont remplacés par les mots : "l'autorité territorialement compétente » et les mots : "selon le cas, à l'État ou au département" sont remplacés par les mots : "à la collectivité compétente".

II. – Pour l'application du premier alinéa de l'article L. 132-8, les mots : "selon le cas, par l'État ou le département" sont remplacés par les mots : "par la collectivité compétente".

III. – Pour l'application de l'avant-dernier alinéa de l'article L. 132-8, les mots : "de soins de ville prévus par l'article L. 111-2 et la prise en charge du forfait journalier," sont supprimés.

IV. – Pour l'application du dernier alinéa de l'article L. 132-8, les mots : "ou de la prise en charge du forfait journalier" sont supprimés.

V. – Pour l'application du premier alinéa de l'article L. 132-9, les mots : "le représentant de l'État ou le président du conseil départemental" sont remplacés par les mots : "l'autorité territorialement compétente".

VI. – Pour l'application du dernier alinéa de l'article L. 132-9, les mots : "et la prise en charge du forfait journalier" sont supprimés.

VII. — Pour l'application de l'article L. 132-10, les mots : "L'État ou le département sont, dans la limite des prestations allouées, subrogés » sont remplacés par les mots : "La collectivité compétente est, dans la limite des prestations allouées, subrogée".

CHAPITRE I ACCÈS AUX ORIGINES PERSONNELLES

(L. nº 2002-93 du 22 janv. 2002, art. 10-A-II)

Art. L. 561-1 **I. — Les articles L. 147-1 à L. 147-11 sont applicables en Polynésie française.**

(Ord. nº 2023-53 du 1er févr. 2023, art. 9-I) **« Les articles L. 147-1 et L. 147-2 y sont applicables dans leur rédaction résultant de la loi nº 2021-1017 du 2 août 2021. »**

II. — Pour l'application de l'article L. 147-1, la référence : "L. 222-6" est remplacée par la référence : "L. 561-2".

III. — Pour l'application de l'article L. 147-3, les mots : "du président du conseil départemental" sont remplacés par les mots : "du président du gouvernement de la Polynésie française".

IV. — Pour l'application de l'article L. 147-4, les mots : "au président du conseil départemental" sont remplacés par les mots : "au président du gouvernement de la Polynésie française".

V. — Pour l'application du cinquième alinéa de l'article L. 147-5, les mots : "établissements de santé et les services départementaux" sont remplacés par les mots : "établissements de santé et services territoriaux ».

VI. — Pour son application en Polynésie française, le second alinéa de l'article L. 147-8 est ainsi rédigé :

"Sous réserve des dispositions de l'article 6 de la loi nº 51-711 du 7 juin 1951 sur l'obligation, la coordination et le secret en matière de statistiques, les administrations ou services de l'État sont tenus de réunir et de communiquer au conseil national les renseignements dont ils disposent permettant de déterminer les adresses de la mère et du père de naissance."

Art. L. 561-2 **Toute femme qui demande, lors de son accouchement, la préservation du secret de son admission et de son identité par un établissement de santé est informée des conséquences juridiques de cette demande et de l'importance pour toute personne de connaître ses origines et son histoire. Elle est donc invitée à laisser, si elle l'accepte, des renseignements sur sa santé et celle du père, les origines de l'enfant et les circonstances de la naissance ainsi que, sous pli fermé, son identité. Elle est informée de la possibilité qu'elle a de lever à tout moment le secret de son identité et, qu'à défaut, son identité ne pourra être communiquée que dans les conditions prévues à l'article L. 147-6. Elle est également informée qu'elle peut à tout moment donner son identité sous pli fermé ou compléter les renseignements qu'elle a donnés au moment de la naissance. Les prénoms donnés à l'enfant et, le cas échéant, mention du fait qu'ils l'ont été par la mère, ainsi que le sexe de l'enfant, la date, le lieu et l'heure de sa naissance sont mentionnés à l'extérieur de ce pli. Ces formalités sont accomplies par les personnes désignées dans le cadre de la convention entre l'État et la Polynésie française prévue à l'article 10 de la loi nº 2002-93 du 22 janvier 2002 relative à l'accès aux origines des personnes adoptées et pupilles de l'État, avisées sous la responsabilité du directeur de l'établissement de santé. A défaut, elles sont accomplies sous la responsabilité de ce directeur.**

Sur les conditions de traitement et de conservation des informations et renseignements nécessaires à l'accès aux origines personnelles, V. art. R. 147-25 s.

CHAPITRE II PUPILLES DE L'ÉTAT *(Ord. nº 2022-1292 du 5 oct. 2022, art. 25-10º, en vigueur le 1er janv. 2023).*

Art. L. 562-1 **Les articles L. 224-1** *(Ord. nº 2022-1292 du 5 oct. 2022, art. 25-11º, en vigueur le 1er janv. 2023)* **« à L. 224-3, L. 224-4 à L. 224-9, L. 224-11 à L. 224-12 » et L. 225-1 à** *(Ord. nº 2022-1292 du 5 oct. 2022, art. 25-11º, en vigueur le 1er janv.*

2023) « L. 225-10 » sont applicables en Polynésie française, sous réserve des adaptations prévues au présent chapitre.

Les dispositions de l'Ord. nº 2022-1292 du 5 oct. 2022 sont entrées en vigueur le 1er janv. 2023 et s'appliquent aux instances introduites à compter de cette date (Ord. préc., art. 27).

S'il revient à l'État, en vertu de sa compétence en matière de droit civil, d'édicter les dispositions relatives à l'état civil et à la capacité des personnes, il incombe en revanche à la Polynésie française d'adopter les mesures nécessaires en matière d'aide sociale et, en particulier, de prendre les mesures relatives à la tutelle et à l'adoption des pupilles de l'État. • CE, avis, 24 nov. 2000, nº 364750 : *EDCE nº 52, 2001. 244.*

Art. L. 562-2 Pour l'application des dispositions prévues à *(L. nº 2002-93 du 22 janv. 2002, art. 10-A-I)* **« l'article L. 562-1 », les mots mentionnés ci-dessous sont respectivement remplacés par les mots suivants :**

— "représentant de l'État dans le département" par "haut-commissaire de la République en Polynésie française" ;

— "président du conseil départemental" par *(L. nº 2002-93 du 22 janv. 2002, art. 10-A-I)* **"président du gouvernement de la Polynésie française" ;**

— "tribunal *(Ord. nº 2022-1292 du 5 oct. 2022, art. 25-12º, en vigueur le 1er janv. 2023)* **« judiciaire** *[ancienne rédaction : de grande instance]*" **» par "tribunal de première instance" ;**

(Ord. nº 2022-1292 du 5 oct. 2022, art. 25-12º, en vigueur le 1er janv. 2023) **« — "directeur départemental des finances publiques" par "directeur des finances publiques de Polynésie française" ; »**

— "département" par "territoire" ;

— *(L. nº 2002-93 du 22 janv. 2002, art. 10-A-I)* **« "service de l'aide sociale à l'enfance" par : "service chargé de l'aide sociale à l'enfance" ».**

V. note ss. art. L. 562-1.

Art. L. 562-2-1 *(L. nº 2002-93 du 22 janv. 2002, art. 10-A-I)* **Pour l'application en Polynésie française de l'article L. 224-1, les mots : "dans les conditions prévues à l'article L. 223-4" sont remplacés par les mots : "par le service chargé de l'aide sociale à l'enfance".**

Art. L. 562-3 *(Ord. nº 2022-1292 du 5 oct. 2022, art. 25-13º, en vigueur le 1er janv. 2023)* **Pour son application en Polynésie française, l'article L. 224-2 est ainsi rédigé :**

Art. L. 224-2 Les membres du conseil de famille sont nommés par le haut-commissaire de Polynésie française, en considération de l'intérêt porté à la politique publique de protection de l'enfance, en fonction de leur aptitude ainsi que de leur disponibilité.

Outre le tuteur, chaque conseil de famille comprend :

— des représentants de l'assemblée de la Polynésie française désignés par cette assemblée sur proposition de son président ;

— des représentants du gouvernement de Polynésie française ;

— des membres des associations à caractère familial ou d'accueil ;

— des représentants des pupilles de l'État choisis par le haut-commissaire de la République en Polynésie française ;

— des personnalités qualifiées désignées par le haut-commissaire de la République en Polynésie française.

Le haut-commissaire de la République en Polynésie française désigne en l'absence de pupilles de l'État toute personne disposant des qualités requises pour assurer la représentation des pupilles.

Le mandat de ses membres est de six ans. Nul ne peut exercer plus de trois mandats, dont plus de deux en tant que titulaire.

A chaque renouvellement d'un conseil de famille des pupilles de l'État, les membres nouvellement nommés bénéficient d'une formation préalable à leur prise de fonction, dans des conditions définies par décret.

Dans l'intérêt des pupilles de l'État, les membres titulaires veillent à être présents à chaque réunion du conseil de famille des pupilles de l'État ou, à défaut, à se faire remplacer par leur suppléant.

Les membres du conseil de famille sont tenus au secret professionnel dans les conditions prévues aux articles 226-13 et 226-14 du code pénal.

Le haut-commissaire de la République en Polynésie française peut mettre fin au mandat des membres du conseil de famille en cas de manquement caractérisé à leurs obligations.

Il est institué un conseil de famille supplémentaire lorsque le nombre de pupilles suivis par le conseil de famille existant est supérieur à cinquante.

La composition et les règles de fonctionnement du ou des conseils de famille institués en Polynésie française sont fixées par voie réglementaire.

V. note ss. art. L. 562-1.

Art. L. 562-3-1 *(L. nº 2002-93 du 22 janv. 2002, art. 10-A-I)* **Pour son application en Polynésie française, au troisième alinéa (1°) de l'article L. 224-5, après les mots : "sécurité sociale", sont insérés les mots : "ou de protection sociale".**

Art. L. 562-3-2 *(L. nº 2002-93 du 22 janv. 2002, art. 10-A-I)* **Pour l'application en Polynésie française de l'article L. 224-7, la référence : "L. 222-6" est remplacée par la référence : "L. 561-2".**

Art. L. 562-4 *(Abrogé par Ord. nº 2022-1292 du 5 oct. 2022, art. 25-14°, à compter du 1er janv. 2023)* ***Lors de la constitution initiale du conseil de famille, le mandat des membres est pour la moitié de ceux-ci de trois ans et pour l'autre moitié de six ans.***

V. note ss. art. L. 562-1.

Art. L. 562-5 **Pour son application en Polynésie française, l'article L. 225-3 est ainsi rédigé :**

Art. L. 225-3 Les personnes qui demandent l'agrément bénéficient de l'accompagnement de la personne de leur choix, représentant ou non une association, dans leurs démarches auprès de la commission. Néanmoins, celle-ci a la possibilité de leur proposer également un entretien individuel.

Elles peuvent demander que tout ou partie des investigations effectuées pour l'instruction du dossier soient accomplies une seconde fois et par d'autres personnes que celles auxquelles elles avaient été confiées initialement. Elles sont informées du déroulement de ladite instruction et peuvent prendre connaissance de tout document figurant dans leur dossier dans les conditions fixées par les articles 3 et 4 de la loi nº 78-753 du 17 juillet 1978 portant diverses mesures d'amélioration des relations entre l'administration et le public et diverses dispositions d'ordre administratif, social et fiscal *[L. 311-3 et L. 311-4 CRPA]*.

CHAPITRE III *[ABROGÉ]* POLITIQUE DE LA VILLE ET COHÉSION SOCIALE

(Abrogé par L. nº 2014-173 du 21 févr. 2014, art. 14-II, à compter du 1er janv. 2016)

Le chapitre III est abrogé par la L. nº 2014-173 du 21 févr. 2014, à compter du 1er janv. 2016 (L. préc., art. 14-II, mod. par L. nº 2014-1654 du 29 déc. 2014, art. 105).

Art. L. 563-1 *Abrogé par L. nº 2014-173 du 21 févr. 2014, art. 14-II, à compter du 1er janv. 2016.*

CHAPITRE IV PROTECTION DES MAJEURS

(Ord. nº 2012-1222 du 2 nov. 2012, art. 6)

SECTION 1 Dispositions générales

Art. L. 564-1 **Les dispositions suivantes des livres I, II et III du présent code sont applicables de plein droit en Polynésie française :**

1° L'article L. 133-6 qui, pour son application en Polynésie française, est ainsi modifié :

***a)* Le premier alinéa est ainsi rédigé :**

"Nul ne peut exercer ou être agréé en qualité de mandataire judiciaire s'il a été condamné définitivement pour crime ou à une peine d'au moins deux mois d'emprisonnement sans sursis pour les délits prévus :" ;

b) Le dernier alinéa est supprimé ;

2° L'article L. 215-4 ;

3° L'article L. 311-3 qui, pour son application en Polynésie française, est ainsi rédigé :

Art. L. 311-3 L'exercice des droits et libertés individuels est garanti à toute personne protégée dans les conditions prévues au titre VII du livre IV. Dans le respect des dispositions législatives et réglementaires en vigueur, lui sont assurés :

1° Le respect de sa dignité, de son intégrité, de sa vie privée, de son intimité et de sa sécurité ;

2° La confidentialité des informations la concernant ;

3° L'accès à toute information ou document relatifs à sa prise en charge, sauf dispositions législatives contraires ;

4° Une information sur ses droits fondamentaux et les protections particulières légales et contractuelles dont elle bénéficie ainsi que les voies de recours à sa disposition.

Art. L. 564-2 L'article L. 361-1 n'est pas applicable en Polynésie française.

SECTION 2 Mandataires judiciaires à la protection des majeurs

SOUS-SECTION 1 Dispositions communes aux mandataires judiciaires à la protection des majeurs

Art. L. 564-3 Pour son application en Polynésie française, le chapitre I du titre VII du livre IV est ainsi modifié :

1° L'article L. 471-2 est ainsi modifié :

a) Les mots : "le représentant de l'État dans le département" sont remplacés par les mots : "le haut-commissaire de la République en Polynésie française" ;

b) Les mots : "au 14° du I de l'article L. 312-1" sont remplacés par les mots : "à l'article L. 564-4" ;

2° L'article L. 471-3 est ainsi modifié :

a) Les mots : "au 14° du I de l'article L. 312-1" sont remplacés par les mots : "à l'article L. 564-4" ;

b) La référence à l'article L. 313-18 est remplacée par la référence à l'article L. 564-6 ;

c) Les mots : "le représentant de l'État dans le département" sont remplacés par les mots : "le haut-commissaire de la République en Polynésie française" ;

3° L'article L. 471-4 est ainsi modifié :

a) Les mots : "au 14° du I de l'article L. 312-1" sont remplacés par les mots : "à l'article L. 564-4" ;

b) Les mots : "le représentant de l'État dans le département" sont remplacés par les mots : "le haut-commissaire de la République en Polynésie française" ;

4° A l'article L. 471-5, la dernière phrase du premier alinéa est remplacée par les dispositions suivantes : "Lorsque ce coût n'est pas intégralement supporté par la personne protégée, les mesures exercées par les mandataires judiciaires à la protection des majeurs bénéficient d'un financement de l'État, déterminé en prenant notamment en compte la charge de travail résultant de l'exécution des mesures de protection." ;

5° L'article L. 471-7 n'est pas applicable ;

6° L'article L. 471-8 est ainsi rédigé :

Art. L. 471-8 Afin de garantir l'exercice effectif des droits mentionnés à l'article L. 311-3, lorsque le mandataire judiciaire à la protection des majeurs est un service mentionné à l'article L. 564-4 :

1° La notice d'information prévue *(L. n° 2015-1776 du 28 déc. 2015, art. 32-II-1°)* « au 1° de l'article L. 471-6 » est remise personnellement à la personne protégée ou, dès lors que l'état de cette dernière ne lui permet pas d'en mesurer la portée, à un membre du conseil de famille s'il a été constitué ou, à défaut, à un parent, un allié ou une personne de son entourage dont l'existence est connue ;

(L. nº 2015-1776 du 28 déc. 2015, art. 32-II-2º) « 2º Le document individuel de protection des majeurs prévu au 2º de l'article L. 471-6 est également remis à la personne ; »

3º Les personnes protégées sont associées au fonctionnement du service.

7º A l'article L. 471-9, les mots : "ainsi que les adaptations apportées à la mise en œuvre de l'article L. 311-5 par l'article L. 471-7" sont supprimés.

SOUS-SECTION 2 Services mandataires judiciaires à la protection des majeurs

V. les dispositions transitoires ss. l'art. L. 554-6 (Ord. nº 2012-1222 du 2 nov. 2012, art. 8-I).

Art. L. 564-4 Sont des services mandataires judiciaires à la protection des majeurs les services dotés ou non d'une personnalité morale propre, mettant en œuvre les mesures de protection des majeurs ordonnées par l'autorité judiciaire au titre du mandat spécial auquel il peut être recouru dans le cadre de la sauvegarde de justice ou au titre de la curatelle, de la tutelle ou de la mesure d'accompagnement judiciaire.

Art. L. 564-5 L'exercice des mandats de protection des majeurs par les services sociaux mentionnés à l'article L. 563-4 est soumis à une autorisation délivrée par le haut-commissaire de la République en Polynésie française selon des modalités fixées par décret en Conseil d'État, après avis conforme du procureur de la République. – *En application L. 231-5 et L. 231-6 CRPA, le silence gardé pendant deux mois par l'administration vaut décision de rejet pour les demandes d'autorisation d'exercice, dans les îles Wallis-et-Futuna, des mandats de protection des majeurs par les services mandataires par les services sociaux (Décr. nº 2014-1286 du 23 oct. 2014, applicable pour les demandes présentées à compter du 12 nov. 2014).*

Art. L. 564-6 Sans préjudice des dispositions des articles 416 et 417 du code civil, le haut-commissaire de la République en Polynésie française exerce un contrôle de l'activité des services mandataires judiciaires à la protection des majeurs.

En cas de violation par le service mandataire judiciaire à la protection des majeurs des lois et règlements ou lorsque la santé, la sécurité ou le bien-être physique ou moral de la personne protégée est menacé ou compromis par les conditions d'exercice de la mesure de protection judiciaire, le haut-commissaire de la République en Polynésie française, après avoir entendu le responsable du service, lui adresse, d'office ou à la demande du procureur de la République, une injonction assortie d'un délai circonstancié qu'il fixe.

S'il n'est pas satisfait à l'injonction dans le délai fixé, le haut-commissaire de la République en Polynésie française, sur avis conforme du procureur de la République ou à la demande de celui-ci, retire l'autorisation prévue à l'article L. 564-5.

En cas d'urgence, l'autorisation prévue à l'article L. 564-5 peut être suspendue sans injonction préalable et, au besoin, d'office, dans des conditions fixées par décret en Conseil d'État.

Le procureur de la République est informé de la suspension ou du retrait visés aux deux alinéas précédents.

SOUS-SECTION 3 Personnes physiques mandataires judiciaires à la protection des majeurs exerçant leur activité à titre individuel ou en qualité de préposé d'établissement hébergeant des majeurs

Art. L. 564-7 Pour son application en Polynésie française, le chapitre II du titre VII du livre IV est ainsi modifié :

1º *(L. nº 2015-1776 du 28 déc. 2015, art. 34-II-2º)* « A l'article L. 472-1-1, aux premier, deuxième et quatrième alinéas », les mots : "le représentant de l'État dans le département" sont remplacés par les mots : "le haut-commissaire de la République en Polynésie française" et *(L. nº 2015-1776 du 28 déc. 2015, art. 34-II-2º)* « , au troisième alinéa, les mots : "des objectifs et des besoins fixés par le schéma régional d'organisation sociale et médico-sociale prévu au *b* du 2º de l'article L. 312-5 et" sont supprimés » ;

2º Les articles L. 472-3 et L. 472-5 ne sont pas applicables ;

3º L'article L. 472-6 est ainsi modifié :

a) Au premier alinéa, les mots : "Un établissement mentionné au 6° ou au 7° du I de l'article L. 312-1" sont remplacés par les mots : "Un établissement hébergeant des personnes adultes handicapées ou des personnes âgées ou dispensant des soins de longue durée ou de psychiatrie, dans les conditions prévues par la réglementation applicable localement," ;

b) Au troisième alinéa, les mots : "du représentant de l'État dans le département" sont remplacés par les mots : "du haut-commissaire de la République en Polynésie française" ;

4° A l'article L. 472-8, les mots : "du représentant de l'État dans le département" sont remplacés par les mots : "du haut-commissaire de la République en Polynésie française" ;

5° L'article L. 472-9 n'est pas applicable ;

6° A l'article L. 472-10, les mots : "le représentant de l'État dans le département" sont remplacés par les mots : "le haut-commissaire de la République en Polynésie française".

SOUS-SECTION 4 Dispositions pénales communes aux mandataires judiciaires à la protection des majeurs

Art. L. 564-8 Pour son application en Polynésie française, le chapitre III du titre VII du livre IV est ainsi modifié :

1° A l'article L. 473-1, la référence à l'article L. 313-18 est remplacée par la référence à l'article L. 564-6 ;

2° A l'article L. 473-2, les mots : "au 6° ou au 7° du I de l'article L. 312-1" sont remplacés par les mots : "à l'article L. 472-6" ;

3° Aux articles L. 473-3 et L. 473-4, les mots : "d'exploiter ou de diriger un établissement mentionné au 6° ou au 7° du I de l'article L. 312-1 du présent code ou" sont supprimés.

TITRE VII NOUVELLE-CALÉDONIE

BIBL. ▶ TOLME, La protection sociale dans les collectivités d'outre-mer : l'exemple de la CAFAT de Nouvelle-Calédonie, *Regards CNESS EN3S, n° 56, 2020. 195.*

CHAPITRE I ACCÈS AUX ORIGINES PERSONNELLES

(L. n° 2002-93 du 22 janv. 2002, art. 11-A-II)

Art. L. 571-1 I. — Les articles L. 147-1 à L. 147-11 sont applicables en Nouvelle-Calédonie.

(Ord. n° 2023-53 du 1er févr. 2023, art. 9-I) « Les articles L. 147-1 et L. 147-2 y sont applicables dans leur rédaction résultant de la loi n° 2021-1017 du 2 août 2021. »

II. — Pour l'application de l'article L. 147-1, la référence : "L. 222-6" est remplacée par la référence : "L. 571-2".

III. — Pour l'application de l'article L. 147-3, les mots : "du président du conseil départemental" sont remplacés par les mots : "au président de l'assemblée de province territorialement compétente".

IV. — Pour l'application de l'article L. 147-4, les mots : "au président du conseil départemental" sont remplacés par les mots : "au président de l'assemblée de province territorialement compétente".

V. — Pour l'application du cinquième alinéa de l'article L. 147-5, les mots : "établissements de santé et les services départementaux" sont remplacés par les mots : "services communaux".

VI. — Pour l'application en Nouvelle-Calédonie, le second alinéa de l'article L. 147-8 est ainsi rédigé :

"Sous réserve des dispositions de l'article 6 de la loi n° 51-711 du 7 juin 1951 sur l'obligation, la coordination et le secret en matière de statistiques, les administrations ou services de l'État sont tenus de réunir et de communiquer au conseil national les

renseignements dont ils disposent permettant de déterminer les adresses de la mère et du père de naissance."

Art. L. 571-2 **Toute femme qui demande, lors de son accouchement, la préservation du secret de son admission et de son identité par un établissement de santé est informée des conséquences juridiques de cette demande et de l'importance pour toute personne de connaître ses origines et son histoire. Elle est donc invitée à laisser, si elle l'accepte, des renseignements sur sa santé et celle du père, les origines de l'enfant et les circonstances de la naissance ainsi que, sous pli fermé, son identité. Elle est informée de la possibilité qu'elle a de lever à tout moment le secret de son identité et, qu'à défaut, son identité ne pourra être communiquée que dans les conditions prévues à l'article L. 147-6. Elle est également informée qu'elle peut à tout moment donner son identité sous pli fermé ou compléter les renseignements qu'elle a donnés au moment de la naissance. Les prénoms donnés à l'enfant et, le cas échéant, mention du fait qu'ils l'ont été par la mère, ainsi que le sexe de l'enfant, la date, le lieu et l'heure de sa naissance sont mentionnés à l'extérieur de ce pli. Ces formalités sont accomplies par les personnes désignées dans le cadre de la convention entre l'État et la Nouvelle-Calédonie prévue à l'article 11 de la loi nº 2002-93 du 22 janvier 2002 relative à l'accès aux origines des personnes adoptées et pupilles de l'État, avisées sous la responsabilité du directeur de l'établissement de santé. A défaut, elles sont accomplies sous la responsabilité de ce directeur.**

Sur les conditions de traitement et de conservation des informations et renseignements nécessaires à l'accès aux origines personnelles, V. art. R. 147-25 s.

CHAPITRE II **STATUT DES PUPILLES DE L'ÉTAT** *(L. nº 2002-93 du 22 janv. 2002, art. 11-A-I).*

Art. L. 572-1 **Les articles L. 224-1 à L. 224-9 et L. 225-1 à L. 225-7 sont applicables en Nouvelle-Calédonie, sous réserve des adaptations prévues au présent chapitre.**

Art. L. 572-2 **Pour l'application des dispositions prévues à** *(L. nº 2002-93 du 22 janv. 2002, art. 11-A-I)* **« l'article L. 572-1 », les mots mentionnés ci-dessous sont respectivement remplacés par les mots suivants :**

— "représentant de l'État dans le département" par "haut-commissaire de la République en Nouvelle-Calédonie" ;

— "président du conseil départemental" par "président de l'assemblée de province territorialement compétente" ;

— "tribunal judiciaire *[ancienne rédaction : tribunal de grande instance]* **" par "tribunal de première instance" ;**

— "département" par "province".

Art. L. 572-2-1 *(L. nº 2002-93 du 22 janv. 2002, art. 11-A-I)* **Pour l'application en Nouvelle-Calédonie de l'article L. 224-1, les mots : "dans les conditions prévues à l'article L. 223-4" sont remplacés par les mots : "par le service de l'aide sociale à l'enfance".**

Art. L. 572-3 **Pour son application en Nouvelle-Calédonie, l'article L. 224-2 est ainsi rédigé :**

Art. L. 224-2 Chaque conseil de famille comprend :

— des représentants des assemblées de provinces désignés par ces assemblées sur proposition de leur président ;

— des membres des associations à caractère familial ou d'accueil ;

— des représentants des pupilles de l'État choisis par le haut-commissaire de la République en Nouvelle-Calédonie ;

— des personnalités qualifiées désignées par le haut-commissaire de la République en Nouvelle-Calédonie.

Le haut-commissaire de la République en Nouvelle-Calédonie désigne en l'absence de pupilles de l'État toute personne disposant des qualités requises pour assurer la représentation des pupilles.

Le conseil de famille est renouvelé par moitié. Le mandat de ses membres est de six ans. Il est renouvelable une fois. Ses membres assurant la représentation d'associations peuvent se faire remplacer par leur suppléant.

Les membres du conseil de famille sont tenus au secret professionnel selon les prescriptions des articles 226-13 et 226-14 du code pénal.

La composition et les règles de fonctionnement du ou des conseils de famille institués en Nouvelle-Calédonie sont fixées par voie réglementaire.

Art. L. 572-3-1 *(L. n° 2002-93 du 22 janv. 2002, art. 11-A-I)* **Pour l'application en Nouvelle-Calédonie de l'article L. 224-7, la référence : "L. 222-6" est remplacée par la référence : "L. 571-2".**

Art. L. 572-4 Lors de la constitution initiale du conseil de famille, le mandat des membres est pour la moitié de ceux-ci de trois ans et pour l'autre moitié de six ans.

Art. L. 572-5 Pour son application en Nouvelle-Calédonie, l'article L. 225-3 est ainsi rédigé :

Art. L. 225-3 Les personnes qui demandent l'agrément bénéficient de l'accompagnement de la personne de leur choix, représentant ou non une association, dans leurs démarches auprès de la commission. Néanmoins, celle-ci a la possibilité de leur proposer également un entretien individuel.

Elles peuvent demander que tout ou partie des investigations effectuées pour l'instruction du dossier soient accomplies une seconde fois et par d'autres personnes que celles auxquelles elles avaient été confiées initialement. Elles sont informées du déroulement de ladite instruction et peuvent prendre connaissance de tout document figurant dans leur dossier dans les conditions fixées par les articles 3 et 4 de la loi n° 78-753 du 17 juillet 1978 portant diverses mesures d'amélioration des relations entre l'administration et le public et diverses dispositions d'ordre administratif, social et fiscal.

CHAPITRE III *[ABROGÉ]* POLITIQUE DE LA VILLE ET COHÉSION SOCIALE

(Abrogé par L. n° 2014-173 du 21 févr. 2014, art. 14-II, à compter du 1er janv. 2016)

Le chapitre III est abrogé par la L. n° 2014-173 du 21 févr. 2014, à compter du 1er janv. 2016 (L. préc., art. 14-II, mod. par L. n° 2014-1654 du 29 déc. 2014, art. 105).

Art. L. 573-1 *Abrogé par L. n° 2014-173 du 21 févr. 2014, art. 14-II, à compter du 1er janv. 2016.*

CHAPITRE IV PROTECTION DES MAJEURS

(Ord. n° 2012-1222 du 2 nov. 2012, art. 7)

SECTION 1 Dispositions générales

Art. L. 574-1 Les dispositions suivantes des livres I, II et III du présent code sont applicables de plein droit en Nouvelle-Calédonie :

1° L'article L. 133-6, qui, pour son application en Nouvelle-Calédonie, est ainsi modifié :

***a)* Le premier alinéa est ainsi rédigé :**

"Nul ne peut exercer ou être agréé en qualité de mandataire judiciaire s'il a été condamné définitivement pour crime ou à une peine d'au moins deux mois d'emprisonnement sans sursis pour les délits prévus :" ;

***b)* Le dernier alinéa est supprimé ;**

2° L'article L. 215-4 ;

3° L'article L. 311-3, qui, pour son application en Nouvelle-Calédonie, est ainsi rédigé :

Art. L. 311-3 L'exercice des droits et libertés individuels est garanti à toute personne protégée dans les conditions prévues au titre VII du livre IV. Dans le respect des dispositions législatives et réglementaires en vigueur, lui sont assurés :

1° Le respect de sa dignité, de son intégrité, de sa vie privée, de son intimité et de sa sécurité ;

2° La confidentialité des informations la concernant ;

3° L'accès à toute information ou document relatifs à sa prise en charge, sauf dispositions législatives contraires ;

4° Une information sur ses droits fondamentaux et les protections particulières légales et contractuelles dont elle bénéficie ainsi que les voies de recours à sa disposition.

Art. L. 574-2 L'article L. 361-1 n'est pas applicable en Nouvelle-Calédonie.

SECTION 2 Mandataires judiciaires à la protection des majeurs

SOUS-SECTION 1 Dispositions communes aux mandataires judiciaires à la protection des majeurs

Art. L. 574-3 Pour son application en Nouvelle-Calédonie, le chapitre I du titre VII du livre IV est ainsi modifié :

1° L'article L. 471-2 est ainsi modifié :

a) Les mots : "le représentant de l'État dans le département" sont remplacés par les mots : "le haut-commissaire de la République en Nouvelle-Calédonie" ;

b) Les mots : "au 14° du I de l'article L. 312-1" sont remplacés par les mots : "à l'article L. 574-4" ;

2° L'article L. 471-3 est ainsi modifié :

a) Les mots : "au 14° du I de l'article L. 312-1" sont remplacés par les mots : "à l'article L. 574-4" ;

b) La référence à l'article L. 313-18 est remplacée par la référence à l'article L. 574-6 ;

c) Les mots : "le représentant de l'État dans le département" sont remplacés par les mots : "le haut-commissaire de la République en Nouvelle-Calédonie" ;

3° L'article L. 471-4 est ainsi modifié :

a) Les mots : "au 14° du I de l'article L. 312-1" sont remplacés par les mots : "à l'article L. 574-4" ;

b) Les mots : "le représentant de l'État dans le département" sont remplacés par les mots : "le haut-commissaire de la République en Nouvelle-Calédonie" ;

4° A l'article L. 471-5, la dernière phrase du premier alinéa est remplacée par les dispositions suivantes : "Lorsque ce coût n'est pas intégralement supporté par la personne protégée, les mesures exercées par les mandataires judiciaires à la protection des majeurs bénéficient d'un financement de l'État, déterminé en prenant notamment en compte la charge de travail résultant de l'exécution des mesures de protection" ;

5° L'article L. 471-7 n'est pas applicable ;

6° L'article L. 471-8 est ainsi rédigé :

Art. L. 471-8 Afin de garantir l'exercice effectif des droits mentionnés à l'article L. 311-3, lorsque le mandataire judiciaire à la protection des majeurs est un service mentionné à l'article L. 574-4 :

1° La notice d'information prévue *(L. n° 2015-1776 du 28 déc. 2015, art. 32-II-1°)* « au 1° de l'article L. 471-6 » est remise personnellement à la personne protégée ou, dès lors que l'état de cette dernière ne lui permet pas d'en mesurer la portée, à un membre du conseil de famille s'il a été constitué ou, à défaut, à un parent, un allié ou une personne de son entourage dont l'existence est connue ;

(L. n° 2015-1776 du 28 déc. 2015, art. 32-II-2°) « 2° Le document individuel de protection des majeurs prévu au 2° de l'article L. 471-6 est également remis à la personne ; »

3° Les personnes protégées sont associées au fonctionnement du service ;

7° A l'article L. 471-9, les mots "ainsi que les adaptations apportées à la mise en œuvre de l'article L. 311-5 par l'article L. 471-7" sont supprimés.

SOUS-SECTION 2 Services mandataires judiciaires à la protection des majeurs

V. les dispositions transitoires ss. l'art. L. 554-6 (Ord. n° 2012-1222 du 2 nov. 2012, art. 8-I).

Art. L. 574-4 Sont des services mandataires judiciaires à la protection des majeurs les services, dotés ou non d'une personnalité morale propre, mettant en œuvre les mesures de protection des majeurs ordonnées par l'autorité judiciaire au titre du mandat spécial auquel il peut être recouru dans le cadre de la sauvegarde de justice ou au titre de la curatelle, de la tutelle ou de la mesure d'accompagnement judiciaire.

Art. L. 574-5 L'exercice des mandats de protection des majeurs par les services sociaux mentionnés à l'article L. 574-3 est soumis à une autorisation délivrée par le haut-commissaire de la République en Nouvelle-Calédonie selon des modalités fixées par décret en Conseil d'État, après avis conforme du procureur de la République. – *En applicationdes art. L. 231-5 et L. 231-6 CRPA, le silence gardé pendant deux mois par l'administration vaut décision de rejet pour les demandes d'autorisation d'exercice, en Nouvelle-Calédonie, des mandats de protection des majeurs par les services sociaux (Décr. n° 2014-1286 du 23 oct. 2014, applicable pour les demandes présentées à compter du 12 nov. 2014).*

Art. L. 574-6 Sans préjudice des dispositions des articles 416 et 417 du code civil, le haut-commissaire de la République en Nouvelle-Calédonie exerce un contrôle de l'activité des services mandataires judiciaires à la protection des majeurs.

En cas de violation par le service mandataire judiciaire à la protection des majeurs des lois et règlements ou lorsque la santé, la sécurité ou le bien-être physique ou moral de la personne protégée est menacé ou compromis par les conditions d'exercice de la mesure de protection judiciaire, le haut-commissaire de la République en Nouvelle-Calédonie, après avoir entendu le responsable du service, lui adresse, d'office ou à la demande du procureur de la République, une injonction assortie d'un délai circonstancié qu'il fixe.

S'il n'est pas satisfait à l'injonction dans le délai fixé, le haut-commissaire de la République en Nouvelle-Calédonie, sur avis conforme du procureur de la République ou à la demande de celui-ci, retire l'autorisation prévue à l'article L. 574-5.

En cas d'urgence, l'autorisation prévue à l'article L. 574-5 peut être suspendue sans injonction préalable et, au besoin, d'office, dans des conditions fixées par décret en Conseil d'État.

Le procureur de la République est informé de la suspension ou du retrait visés aux deux alinéas précédents.

SOUS-SECTION 3 Personnes physiques mandataires judiciaires à la protection des majeurs exerçant leur activité à titre individuel ou en qualité de préposé d'établissement hébergeant des majeurs

Art. L. 574-7 Pour son application en Polynésie française, le chapitre II du titre VII du livre IV est ainsi modifié :

1° *(L. n° 2015-1776 du 28 déc. 2015, art. 34-II-2°)* « A l'article L. 472-1-1, aux premier, deuxième et quatrième alinéas », les mots : "le représentant de l'État dans le département" sont remplacés par les mots : "le haut-commissaire de la République en Nouvelle-Calédonie" et *(L. n° 2015-1776 du 28 déc. 2015, art. 34-II-2°)* « , au troisième alinéa, les mots : "des objectifs et des besoins fixés par le schéma régional d'organisation sociale et médico-sociale prévu au *b* du 2° de l'article L. 312-5 et" sont supprimés » ;

2° Les articles L. 472-3 et L. 472-5 ne sont pas applicables ;

3° L'article L. 472-6 est ainsi modifié :

a) Au premier alinéa, les mots : "Un établissement mentionné au 6° ou au 7° du I de l'article L. 312-1" sont remplacés par les mots : "Un établissement hébergeant des personnes adultes handicapées ou des personnes âgées ou dispensant des soins de longue durée ou de psychiatrie, dans les conditions prévues par la réglementation applicable localement," ;

b) Au troisième alinéa, les mots : "du représentant de l'État dans le département" sont remplacés par les mots : "du haut-commissaire de la République en Nouvelle-Calédonie" ;

4° A l'article L. 472-8, les mots : "du représentant de l'État dans le département" sont remplacés par les mots : "du haut-commissaire de la République en Nouvelle-Calédonie" ;

5° L'article L. 472-9 n'est pas applicable ;

6° A l'article L. 472-10, les mots : "le représentant de l'État dans le département" sont remplacés par les mots : "le haut-commissaire de la République en Nouvelle-Calédonie".

SOUS-SECTION 4 Dispositions pénales communes aux mandataires judiciaires à la protection des majeurs

Art. L. 574-8 Pour son application en Nouvelle-Calédonie, le chapitre III du titre VII du livre IV est ainsi modifié :

1° A l'article L. 473-1, la référence à l'article L. 313-18 est remplacée par la référence à l'article L. 574-6 ;

2° A l'article L. 473-2, les mots : "au 6° ou au 7° du I de l'article L. 312-1" sont remplacés par les mots : "à l'article L. 472-6" ;

3° Aux articles L. 473-3 et L. 473-4, les mots : "d'exploiter ou de diriger un établissement mentionné au 6° ou au 7° du I de l'article L. 312-1 du présent code ou" sont supprimés.

TITRE VIII SAINT-BARTHÉLEMY ET SAINT-MARTIN

(Ord. n° 2010-331 du 25 mars 2010, art. 12)

CHAPITRE I DISPOSITIONS COMMUNES À SAINT-BARTHÉLEMY ET À SAINT-MARTIN *(L. n° 2022-217 du 21 févr. 2022, art. 138-1°).*

Art. L. 581-1 Pour l'application du présent code à Saint-Barthélemy et à Saint-Martin :

a) La référence au département est remplacée par la référence à la collectivité et la référence au niveau départemental est remplacée par la référence au niveau territorial ;

(L. n° 2015-1776 du 28 déc. 2015, art. 81-8°) « *b)* Pour l'application de l'article L. 149-1, les mots : "départemental", "départementale", "le département" et "du département" sont remplacés, respectivement, par les mots : "territorial", "territoriale", "la collectivité territoriale" et "de la collectivité territoriale" ; »

(Abrogé par L. n° 2015-1776 du 28 déc. 2015, art. 81-8°) « c) Pour l'application de l'article L. 149-1, les mots : "départemental" et "départementaux" sont remplacés par les mots : "territorial" et "territoriaux" ; »

d) Pour l'application de l'article L. 214-5, les mots : "départementale" et les mots : "le département" sont remplacés par les mots : "territorial" et "la collectivité territoriale" *(Ord. n° 2021-611 du 19 mai 2021, art. 10-II)* « et les mots : "un représentant des communes et intercommunalités du département" sont supprimés ».

Art. L. 581-2 Pour l'application du présent code à Saint-Barthélemy et à Saint-Martin, les attributions dévolues au conseil départemental ou à son président sont exercées respectivement par le conseil territorial ou par son président.

Art. L. 581-3 Pour l'application du présent code à Saint-Barthélemy et à Saint-Martin, les attributions dévolues au représentant de l'État dans la région ou dans le département sont exercées par le représentant de l'État dans chacune de ces collectivités.

Art. L. 581-4 **L'agence de santé de la Guadeloupe, de Saint-Barthélemy et de Saint-Martin mentionnée à l'article L. 1442-2 du code de la santé publique exerce en Guadeloupe, à Saint-Barthélemy et à Saint-Martin les compétences dévolues par le présent code aux agences régionales de santé.**

Art. L. 581-5 *(L. nº 2016-1547 du 18 nov. 2016, art. 12-II, en vigueur le 1er janv. 2019 ; L. nº 2019-222 du 23 mars 2019, art. 96-I)* **La juridiction compétente en Guadeloupe pour connaître du contentieux mentionné à l'article L. 142-1 du code de la sécurité sociale est compétente à Saint-Barthélemy et à Saint-Martin.** – *Sur les dispositions transitoires de l'art. 12 de la L. nº 2016-1547 du 18 nov. 2016, V. note ss. le nouv. chap. IV du titre III du livre premier.*

Art. L. 581-6 **Pour l'application du présent code à Saint-Barthélemy et à Saint-Martin, la maison départementale des personnes handicapées est dénommée "maison territoriale des personnes handicapées".**

Art. L. 581-7 **Sauf dispositions contraires, un décret en Conseil d'État détermine en tant que de besoin les conditions particulières d'application à Saint-Barthélemy et à Saint-Martin des dispositions relatives :**

1º A la commission *(L. nº 2015-1776 du 28 déc. 2015, art. 65-10º)* **« d'information et » de sélection d'appel à projet** *[projets]* **social ou médico-social mentionnée à l'article L. 313-1-1 ;**

2º *(L. nº 2016-1547 du 18 nov. 2016, art. 12-II et 114-I, en vigueur le 1er janv. 2019)* **« Aux juridictions compétentes pour connaître du contentieux mentionné » à l'article L. 134-1 ;**

3º A la maison territoriale du handicap mentionnée à l'article L. 581-6.

Art. L. 581-8 *(Ord. nº 2010-686 du 24 juin 2010, art. 3, en vigueur le 1er janv. 2011)* **Par dérogation aux articles L. 262-14 et L. 262-15, à Saint-Barthélemy et à Saint-Martin, la demande d'allocation du revenu de solidarité active est déposée auprès de la caisse d'allocations familiales ou d'un organisme sans but lucratif agréé par le président du conseil territorial dans des conditions fixées par décret.**

La caisse ou l'organisme assure l'instruction administrative du dossier pour le compte de la collectivité d'outre-mer.

Art. L. 581-9 *(Ord. nº 2010-686 du 24 juin 2010, art. 3)* **Les dispositions des articles** *(L. nº 2010-1487 du 7 déc. 2010, art. 31-II ; L. nº 2016-1917 du 29 déc. 2016, art. 87-II, en vigueur le 1er janv. 2017)* **« L. 522-12 et L. 522-14 » sont applicables à Saint-Barthélemy et à Saint-Martin.**

(L. nº 2019-1479 du 28 déc. 2019, art. 77-V) **« Pour l'application de l'article L. 522-14 à Saint-Barthélemy et à Saint-Martin, les quatrième et avant-dernier alinéas sont ainsi rédigés :**

« "Le financement du revenu de solidarité est assuré par la collectivité d'outre-mer.

« "Le conseil territorial peut modifier, en fonction de l'évolution du marché du travail dans la collectivité, les conditions d'accès à l'allocation relatives à l'âge du bénéficiaire et à la durée de perception du revenu de solidarité active, sous réserve des dispositions prévues au premier alinéa." »

Art. L. 581-10 *(Abrogé par L. nº 2020-1576 du 14 déc. 2020, art. 32-I, à compter du 1er janv. 2021) (L. nº 2015-1776 du 28 déc. 2015, art. 84-IV-B)* ***Le 1º de l'article L. 14-10-10 n'est pas applicable à Saint-Barthélemy et à Saint-Martin.***

Art. L. 581-11 *(L. nº 2015-1776 du 28 déc. 2015, art. 84-IV-B)* **Pour son application à Saint-Barthélemy et à Saint-Martin, le chapitre III du titre III du livre II du présent code s'applique dans les conditions prévues aux articles L. 1442-1 à L. 1442-6 du code de la santé publique.**

Des décrets en Conseil d'État fixent les conditions particulières d'adaptation des dispositions législatives applicables à Saint-Barthélemy et à Saint-Martin, notamment celles relatives à la conférence des financeurs mentionnée à l'article L. 233-1 du

présent code et au conseil départemental de la citoyenneté et de l'autonomie mentionné à l'article L. 149-1.

Art. L. 581-12 *(L. nº 2015-1776 du 28 déc. 2015, art. 84-IV-B)* Pour l'application à Saint-Barthélemy et à Saint-Martin du quatrième alinéa de l'article L. 342-3, les mots : "conformément à ce que prévoit la convention conclue au titre de l'aide personnalisée au logement" sont remplacés par les mots : "dans des conditions prévues par décret".

CHAPITRE II DISPOSITIONS RELATIVES À SAINT-BARTHÉLEMY

(L. nº 2022-217 du 21 févr. 2022, art. 138-2º)

Art. L. 582-1 Le conseil mentionné aux articles L. 149-1 et L. 149-2 est présidé par le président du conseil territorial. Il est composé d'un représentant :

1º Du conseil territorial ;

2º De l'agence de santé ;

3º Du recteur d'académie ;

4º Du directeur de la caisse de prévoyance sociale de Saint-Barthélemy ;

5º Des intervenants qui contribuent au maintien du lien social des personnes âgées et des personnes handicapées ;

6º Des personnes âgées, des personnes retraitées issues notamment des organisations syndicales représentatives, des personnes handicapées, de leurs familles et de leurs proches aidants.

Les modalités de désignation des membres et de fonctionnement du conseil territorial de la citoyenneté et de l'autonomie sont fixées par arrêté du représentant de l'État.

Art. L. 582-2 Pour l'application à Saint-Barthélemy des articles L. 146-3 et L. 146-4, un service de la collectivité territoriale peut, dans le cadre d'une convention passée avec l'État, exercer les missions d'une maison départementale des personnes handicapées.

Ce service peut organiser des actions de coordination avec les autres dispositifs sanitaires et médico-sociaux concernant les personnes handicapées.

La collectivité territoriale peut passer une convention avec les organismes de sécurité sociale ainsi qu'avec d'autres personnes morales, notamment celles représentant les organismes gestionnaires d'établissements ou de services destinés aux personnes handicapées, celles assurant une mission de coordination en leur faveur ou celles participant au fonds départemental de compensation.

Pour l'application de l'article L. 149-4, la Caisse nationale de solidarité pour l'autonomie peut délivrer au service mentionné au premier alinéa du présent article le label de maison départementale de l'autonomie, dans des conditions précisées par décret.

TITRE IX TERRES AUSTRALES ET ANTARCTIQUES FRANÇAISES

(Ord. nº 2010-331 du 25 mars 2010, art. 12).

(L. nº 2005-102 du 11 févr. 2005, art. 2-IV-2º)

CHAPITRE UNIQUE PRINCIPES GÉNÉRAUX

Art. L. 591-1 Le premier alinéa de l'article L. 114-1, l'article L. 114-5 et le quatrième alinéa de l'article L. 146-1 sont applicables dans les Terres australes et antarctiques françaises. – *[Anc. art. L. 581-1.]*

DEUXIÈME PARTIE : *RÉGLEMENTAIRE*

(Décr. n° 2004-1136 du 21 oct. 2004)

LIVRE I DISPOSITIONS GÉNÉRALES

TITRE I PRINCIPES GÉNÉRAUX

CHAPITRE I DROIT À L'AIDE SOCIALE

Le présent chapitre ne comprend pas de dispositions réglementaires.

CHAPITRE II POLITIQUE FAMILIALE

SECTION 1 Dispositions générales

Art. R. 112-1 La famille est une des valeurs essentielles sur lesquelles est fondée la société. C'est sur elle que repose l'avenir de la nation.

La politique familiale est conçue de manière globale.

(Abrogé par Décr. n° 2008-1112 du 30 oct. 2008) « Le Gouvernement organise chaque année une conférence nationale de la famille à laquelle il convie le mouvement familial et les organismes qualifiés. » – [L. n° 94-629 du 25 juill. 1994, art. 1er et 41.]

Art. D. 112-2 *(Décr. n° 2021-1644 du 14 déc. 2021, art. 1er-1°)* Pour l'application de l'avant-dernier alinéa de l'article L. 214-5, le ministre chargé de la famille réunit au moins une fois par an les représentants nationaux des membres des comités départementaux des services aux familles, en vue notamment d'élaborer une synthèse nationale de leurs activités dans l'année écoulée.

SECTION 2 Protocole de mise en œuvre et de coordination des actions de prévention menées en direction de l'enfant et de sa famille

(Décr. n° 2016-1248 du 22 sept. 2016, art. 1er)

Art. D. 112-3 Le protocole mentionné à l'article L. 112-5, établi dans chaque département par le président du conseil départemental, permet de promouvoir et d'impulser les actions de prévention menées dans le département en vue de les développer, d'améliorer leur qualité, leur complémentarité et leur cohérence.

Le protocole précise notamment les modalités de mobilisation des différents acteurs auprès de l'enfant et de sa famille afin de garantir la coordination des interventions.

Ces actions de prévention, qui s'appuient sur les potentialités de l'enfant, de l'adolescent et sur les ressources des parents et de leur entourage, visent dès la période périnatale à :

1° Soutenir et promouvoir le développement physique, affectif, intellectuel, social de l'enfant ou de l'adolescent, dans le respect de ses droits et dans son intérêt au sens de la convention des droits de l'enfant du 20 novembre 1989, et prévenir les difficultés auxquelles il peut être confronté qui compromettraient son développement ;

2° Promouvoir le soutien au développement de la fonction parentale, et prévenir les difficultés auxquelles les parents peuvent être confrontés dans l'exercice de leur fonction parentale et de leurs responsabilités éducatives.

Art. D. 112-4 Le protocole identifie les principes communs de prévention, recense et structure les actions de prévention menées dans le département mentionnées à l'article D. 112-3. Au sein de ce protocole sont définies les priorités partagées par l'ensemble des responsables institutionnels et associatifs concernés, qui sont hiérarchisées et, au besoin, complétées.

Le protocole est élaboré en lien avec les autres démarches partenariales existant sur le territoire départemental qui répondent aux finalités définies à l'article D. 112-3, notamment le schéma d'organisation sociale et médico-sociale prévu à l'article L. 312-4 pour les établissements et services mentionnés au 1° du I de l'article L. 312-1. Il fait l'objet d'un échange dans le cadre de la commission compétente dans le domaine de la prévention prévue au 2° de l'article L. 1432-1 du code de la santé publique.

Le protocole fait référence aux accords de partenariat conclus entre les responsables institutionnels et associatifs mettant en œuvre des actions de prévention.

Les modalités de suivi de la mise en œuvre du protocole sont définies dans chaque département.

Le protocole est établi pour une durée maximale de cinq ans, à l'issue de laquelle un bilan est réalisé.

Art. D. 112-5 Le président du conseil départemental établit le protocole, en associant ses services concernés, avec les services de l'État, de la caisse d'allocations familiales et des communes, conformément à l'article L. 112-5. Il associe également tout responsable institutionnel ou associatif amené à mettre en place les actions définies à l'article D. 112-3, notamment l'agence régionale de la santé, la caisse primaire d'assurance maladie et la mutualité sociale agricole.

Le protocole est signé par le président du conseil départemental, le préfet, le directeur territorial de la protection judiciaire de la jeunesse, l'inspecteur d'académie, directeur académique des services de l'éducation nationale, le directeur de la caisse d'allocations familiales, et dans la mesure du possible, par le directeur de l'Agence régionale de la santé, le directeur de la caisse primaire d'assurance maladie, le directeur de la mutualité sociale agricole, ainsi que par les autres responsables institutionnels et associatifs associés à la démarche.

CHAPITRE III PERSONNES ÂGÉES

Art. D. 113-1 à D. 113-6 *Abrogés par Décr. n° 2011-1073 du 8 sept. 2011, art. 1er-1°.*

CHAPITRE IV PERSONNES HANDICAPÉES

Art. R. 114-1 L'État coordonne et anime les interventions des organismes mentionnés à l'article L. 114-2 par l'intermédiaire du comité interministériel de coordination en matière d'adaptation et de réadaptation, assisté du conseil national consultatif des personnes handicapées prévu à l'article L. 146-1. – *[L. n° 75-534 du 30 juin 1975, art. 1er, al. 4.]*

Art. R. 114-2 En vue de faciliter l'insertion ou la réinsertion socio-professionnelle des personnes handicapées, l'État, en collaboration avec les organismes et associations concernés, définit et met en œuvre un programme d'information régulière du public, en particulier des étudiants des établissements d'enseignement, sur les différents handicaps et sur les difficultés et les capacités des personnes handicapées. – *[L. n° 75-534 du 30 juin 1975, art. 56.]*

Art. R. 114-3 Des aides personnelles ont pour objet d'adapter le logement aux besoins spécifiques des handicapés de ressources modestes. Les aides personnelles aux personnes handicapées peuvent être prises en charge au titre de l'action sanitaire et sociale des caisses gestionnaires de l'allocation aux handicapés adultes.

Art. D. 114-4 *(Abrogé par Décr. n° 2018-785 du 12 sept. 2018, art. 17) (Décr. n° 2006-1331 du 31 oct. 2006)* ***L'Observatoire national sur la formation, la recherche et l'innovation sur le handicap, institué à l'article L. 114-3-1, est placé auprès du ministre chargé des personnes handicapées.***

L'observatoire lui remet tous les trois ans un rapport portant sur les dispositifs et actions de formation sur le handicap, sur la recherche et l'innovation et sur la prévention dans le domaine du handicap. Ce rapport est également transmis aux ministres chargés de l'éduca-

tion nationale, de la recherche, de l'enseignement supérieur, de la formation professionnelle et de la santé, ainsi qu'au conseil scientifique de la Caisse nationale de solidarité pour l'autonomie et au Conseil national consultatif des personnes handicapées.

L'observatoire peut également élaborer des rapports d'étape annuels sur l'ensemble du champ de sa mission ou sur l'un des domaines définis aux quatrième, cinquième et sixième alinéas ci-dessous.

En ce qui concerne la recherche et l'innovation, l'observatoire apprécie la prise en compte du handicap dans les différents programmes de recherche et recense ceux qui concernent le domaine du handicap. En tenant compte des résultats des recherches, il émet des préconisations au regard des besoins de recherche, d'évaluation et de valorisation exprimés par les acteurs professionnels et sociaux. Il peut également susciter l'organisation de réunions de valorisation des recherches et des innovations récentes à l'attention des associations de personnes handicapées, des professionnels du domaine et des administrations et organismes concernés. Il peut enfin faire des propositions visant à favoriser le développement de réseaux internationaux dans ce domaine.

En matière de formation, pour les professionnels intervenant dans le champ du handicap, l'observatoire procède au recensement et à l'analyse des formations contribuant à la construction de leurs compétences dans ce domaine. Il étudie également les formations qui s'adressent à l'ensemble des professionnels mentionnés aux articles L. 1110-1-1 du code de la santé publique, L. 112-5 du code de l'éducation et (Décr. n° 2014-1407 du 26 nov. 2014, art. 7) *« au V de l'article 41 de la loi n° 2005-102 du 11 février 2005 pour l'égalité des droits et des chances, la participation et la citoyenneté des personnes handicapées », ainsi qu'à ceux mentionnés à l'article 79 de la loi n° 2005-102 du 11 février 2005. Il analyse la manière dont est assurée la sensibilisation au handicap dans le cadre des autres formations. Il émet des préconisations en ces matières.*

En ce qui concerne la prévention, l'observatoire dresse un état des lieux des principaux programmes de l'ensemble des acteurs publics et privés concernant le domaine de la prévention du handicap et du dépistage des problèmes de santé prévus par le code de la santé publique, le code de l'éducation et le code du travail. Il s'attache à identifier et analyser les actions de prévention particulièrement innovantes et qui visent à améliorer la qualité de vie. Il apprécie également la manière dont les personnes handicapées sont prises en compte en tant que bénéficiaires des politiques de santé publique. Il émet un avis sur les actions de prévention à valoriser et à mutualiser, au regard de l'exigence de coordination des politiques menées dans ces domaines.

Art. D. 114-5 (Abrogé par Décr. n° 2018-785 du 12 sept. 2018, art. 17) (Décr. n° 2006-1331 du 31 oct. 2006) *L'Observatoire national sur la formation, la recherche et l'innovation sur le handicap est doté d'un conseil d'orientation composé des membres suivants :*

a) Un président ;

b) Dix-huit membres d'associations représentant les personnes handicapées et leurs familles ou agissant dans le domaine du handicap, désignés par le Conseil national consultatif des personnes handicapées ;

c) Six personnalités compétentes en matière de prévention et de dépistage ;

d) Six personnalités compétentes en matière de formation dans le domaine du handicap ;

e) Six personnalités compétentes en matière d'innovation et de recherche dans le domaine du handicap ;

f) Le directeur de l'Institut national supérieur de formation et de recherche pour l'éducation des jeunes handicapés et les enseignements adaptés ;

g) Le directeur général de l'Institut national de la statistique et des études économiques ;

h) Le premier vice-président de la conférence des présidents d'université ;

i) Le directeur général de l'Institut national de la santé et de la recherche médicale ;

j) Le directeur de l'Institut national d'études démographiques ;

k) Le directeur général du Centre national de la recherche scientifique ;

l) Le directeur de l'Agence nationale de la recherche ;

m) Le directeur général de l'Institut national de recherche sur les transports et leur sécurité ;

n) Le président de la société anonyme OSEO ;

o) Le président du Centre scientifique et technique du bâtiment ;

p) Le président du programme de recherche et d'innovation dans les transports terrestres ;

q) Le président du Comité de liaison pour l'accessibilité des transports, du cadre bâti et du tourisme ;

r) Le président de l'(Décr. n° 2016-523 du 27 avr. 2016, art. 4-III, en vigueur le 1er mai 2016) *« Agence nationale de santé publique » ;*

s) Le président de l'Association des régions de France ;

t) Le président de l'Assemblée des départements de France ;

u) Le directeur de la Caisse nationale de solidarité pour l'autonomie.

Le président et les personnes mentionnées aux b à e ci-dessus sont nommés pour une durée de trois ans par arrêté du ministre chargé des personnes handicapées.

Les fonctions des membres du conseil d'orientation sont gratuites.

Le conseil d'orientation constitue en son sein des groupes de travail sur les trois domaines définis respectivement aux quatrième, cinquième et sixième alinéas de l'article D. 114-4. Chaque groupe de travail peut procéder à l'audition de représentants d'organismes spécialisés ou d'experts compétents dans son champ d'action.

Des représentants des administrations concernées peuvent assister aux séances des groupes de travail.

Le conseil d'orientation est réuni au moins deux fois par an par le président. Il peut être également réuni à l'initiative de la majorité de ses membres.

Le conseil d'orientation élabore son règlement intérieur. Chaque année, il détermine son programme de travail, qu'il soumet au ministre en charge des personnes handicapées. Il organise le calendrier des travaux.

Art. D. 114-6 (Abrogé par Décr. n° 2018-785 du 12 sept. 2018, art. 17) (Décr. n° 2006-1331 du 31 oct. 2006) *Le secrétariat de l'Observatoire national sur la formation, la recherche et l'innovation sur le handicap est assuré par le* (Décr. n° 2009-1367 du 6 nov. 2009, art. 4) *« secrétaire général du comité interministériel du handicap ».*

La direction générale de la cohésion sociale, la direction générale de la santé, la direction générale de l'offre de soins, la direction de la recherche, des études, de l'évaluation et des statistiques, la délégation générale à l'emploi et à la formation professionnelle, la direction de l'animation de la recherche, des études et des statistiques, la direction générale de l'urbanisme, de l'habitat et de la construction, la direction générale de l'enseignement supérieur et la direction générale de la recherche et de l'innovation réalisent, chacune dans son domaine de compétences, les travaux prévus au programme de travail annuel.

CHAPITRE V LUTTE CONTRE LA PAUVRETÉ ET LES EXCLUSIONS

SECTION 1 Dispositions générales

Art. R. 115-1 Outre le *(Décr. n° 2009-404 du 15 avr. 2009, en vigueur le 1er juin 2009)* « revenu de solidarité active », le dispositif de réponse à l'urgence sociale et de lutte contre la pauvreté comprend notamment les mesures d'accueil et d'hébergement d'urgence mises en œuvre dans le cadre des programmes de lutte contre la pauvreté et la précarité, les actions menées à partir des centres d'hébergement et de réinsertion sociale, *(Décr. n° 2019-703 du 4 juill. 2019, art. 1er-II, en vigueur le 1er oct. 2019)* « la lutte contre la précarité alimentaire telle que définie par l'article L. 266-1, » l'aide à la prise en charge des factures impayées d'eau et d'énergie, les dispositifs locaux d'accès aux soins des plus démunis, les mesures prévues pour la prévention et le règlement des difficultés liées au surendettement des particuliers et des familles, les plans départementaux d'action pour le logement des personnes défavorisées, les fonds d'aide aux jeunes en difficulté, les mesures favorisant le retour à l'emploi et la lutte contre l'exclusion professionnelle, notamment par l'insertion par l'activité économique, la politique de la ville et le développement social des quartiers. – *[L. n° 88-1088 du 1er déc. 1988, art. 43.]*

SECTION 2 Comité interministériel de lutte contre les exclusions

Art. R. 115-2 Un comité interministériel de lutte contre les exclusions est chargé de définir et de coordonner la politique du Gouvernement en matière de prévention des exclusions et de lutte contre celles-ci, ainsi que d'en suivre l'application.

Le comité examine, à la demande du Premier ministre, des projets de textes législatifs ou réglementaires concourant à la lutte contre les exclusions.

Il se prononce sur les programmes d'action relatifs à la prévention de l'exclusion sociale et à la lutte contre celle-ci mis en œuvre par les différents départements ministériels concernés et il en suit l'application.

Le comité prévoit les moyens budgétaires nécessaires à la lutte contre les exclusions.

Il examine le rapport prévu par l'article L. 115-4. – *[Décr. nº 99-104 du 12 févr. 1999, art. 1er.]*

Art. R. 115-3 Le comité est présidé par le Premier ministre. Il comprend les ministres chargés des affaires sociales, de l'agriculture, de l'aménagement du territoire, du budget, des collectivités territoriales, de la culture, de l'outre-mer, des affaires européennes, de l'économie et des finances, de l'éducation, et de l'emploi, le ministre de l'intérieur, le ministre chargé de la jeunesse, le ministre de la justice, les ministres chargés du logement, de la santé, des sports, des transports et de la ville.

D'autres ministres peuvent être appelés à siéger au comité pour les questions relevant de leurs compétences. Le comité se réunit au moins une fois par an. – *[Décr. nº 99-104 du 12 févr. 1999, art. 2.]*

Art. R. 115-4 Un comité permanent prépare les travaux du comité interministériel et veille à l'application des décisions prises et aux conditions de leur mise en œuvre par chacun des départements ministériels concernés.

Présidé par le ministre chargé de la lutte contre la précarité et l'exclusion ou son représentant, le comité permanent comprend un représentant de chacun des ministres mentionnés à l'article R. 115-3 et, le cas échéant, un représentant de chacun des ministres intéressés par les questions inscrites à l'ordre du jour. Il comprend, en outre, un préfet de région désigné par arrêté du Premier ministre. – *[Décr. nº 99-104 du 12 févr. 1999, art. 3.]*

SECTION 3 Mesure de la pauvreté

(Décr. nº 2009-554 du 20 mai 2009)

Art. R. 115-5 L'objectif quantifié de réduction de la pauvreté mentionné à l'article L. 115-4-1 est suivi au moyen d'un tableau de bord composé d'indicateurs relatifs à onze objectifs thématiques de lutte contre la pauvreté :

1º Lutter contre la pauvreté monétaire et les inégalités ;
2º Lutter contre le cumul des difficultés de conditions de vie ;
3º Lutter contre la pauvreté des enfants ;
4º Lutter contre la pauvreté des jeunes ;
5º Lutter contre la pauvreté des personnes âgées ;
6º Lutter contre la pauvreté des personnes qui ont un emploi ;
7º Favoriser l'accès à l'emploi ;
8º Favoriser l'accès au logement et le maintien dans le logement ;
9º Favoriser l'accès à l'éducation et à la formation ;
10º Favoriser l'accès aux soins ;
11º Lutter contre l'exclusion bancaire.

La liste des indicateurs et leur définition figurent à l'annexe 1-1.

La direction de la recherche, des études, de l'évaluation et des statistiques est chargée de la collecte des données permettant d'établir les résultats des indicateurs du tableau de bord. Cette collecte est effectuée à partir de sources issues de la statistique publique, notamment de l'Institut national de la statistique et des études économiques, de la direction de l'animation de la recherche, des études et des statistiques, de la direction générale de l'aménagement, du logement et de la nature, de la direction de l'évaluation, de la prospective et de la performance, de la Caisse nationale des allocations familiales et de la Banque de France.

Le tableau de bord est annexé au rapport annuel prévu à l'article L. 115-4-1.

SECTION 4 *[ABROGÉE]* Aide alimentaire *(Décr. nº 2012-63 du 19 janv. 2012, art. 3).*

(Abrogée par Décr. nº 2019-703 du 4 juill. 2019, art. 1er-II, à compter du 1er oct. 2019)

Art. R. 115-6 *Les règles relatives à l'aide alimentaire telle que définie à l'article R. 115-5 sont fixées par les dispositions des articles R. 230-9 à R. 230-24 et D. 271-7 du code rural et de la pêche maritime.*

SECTION 5 Participation des personnes prises en charge par le dispositif d'accueil, d'hébergement et d'accompagnement vers l'insertion et le logement des personnes sans domicile

(Décr. nº 2016-1440 du 26 oct. 2016, art. 1er)

Art. D. 115-7 Les instances de concertation prévues à l'article L. 115-2-1 permettant d'assurer la participation effective des personnes prises en charge, ou l'ayant été, par le dispositif d'accueil, d'hébergement et d'accompagnement vers l'insertion et le logement des personnes sans domicile sont dénommées : "conseil national des personnes accueillies ou accompagnées" et "conseil régional des personnes accueillies ou accompagnées".

Les instances de concertation prévues au premier alinéa sont des lieux d'échanges, de réflexion, de construction collective et d'alerte des pouvoirs publics pour les personnes accueillies ou accompagnées, ou l'ayant été, dans des structures d'hébergement, des pensions de famille ou des résidences sociales et pour les intervenants sociaux.

Art. D. 115-8 Les instances de concertation prévues à l'article D. 115-7 réunissent les personnes accueillies ou accompagnées, souhaitant sur la base du volontariat participer à ces réunions et qui ont été sollicitées par les associations mentionnées au cinquième alinéa de l'article L. 115-1 ayant une expérience dans l'accompagnement du processus de participation des personnes en situation d'exclusion avec lesquelles l'État a conclu une convention pour la réalisation de ces missions.

Ces réunions sont animées et organisées par ces associations en étroite collaboration avec les personnes accueillies ou accompagnées mentionnées au premier alinéa.

Art. D. 115-9 La convention mentionnée à l'article D. 115-8 définit notamment :

1° Les missions confiées aux instances prévues à l'article D. 115-7. Ces instances doivent contribuer à permettre l'expression des personnes prises en charge, ou l'ayant été, par le dispositif d'accueil, d'hébergement et d'accompagnement vers l'insertion et le logement des personnes sans domicile sur les sujets relatifs à la définition, au suivi et à l'évaluation du dispositif d'accueil, d'hébergement, d'accompagnement global et d'insertion. Le conseil national des personnes accueillies ou accompagnées coordonne l'activité des conseils régionaux des personnes accueillies et accompagnées et veille à l'harmonisation des règles de fonctionnement des instances de concertation ;

2° Les modalités d'évaluation de ces missions. Un bilan d'activité qualitatif et quantitatif est remis chaque année aux ministres chargés des affaires sociales et du logement ;

3° Les modalités de publication des travaux des instances prévues à l'article D. 115-7 lesquels sont rendus publics par tous moyens appropriés et présentés au président du Conseil national des politiques de lutte contre la pauvreté et l'exclusion sociale.

Art. D. 115-10 Les instances de concertation prévues à l'article D. 115-7 se réunissent en séance plénière au moins quatre fois par an. Ces séances plénières sont ouvertes à toutes les personnes accueillies ou accompagnées, ou l'ayant été, qui souhaitent y participer. Elles sont également ouvertes aux personnes en situation de

précarité, de pauvreté ou d'exclusion sociale. Les personnes accueillies ou accompagnées présentes aux séances plénières sont représentatives de la diversité du dispositif d'accueil d'hébergement et d'accompagnement vers l'insertion et le logement. Les inscriptions sont ouvertes un mois avant la date de la séance. Elles sont clôturées deux jours avant la tenue de la réunion. Dans la limite d'un tiers des inscrits, elles sont également ouvertes aux intervenants sociaux, aux représentants des services de l'État, à des collectivités territoriales ou autres organismes publics et aux associations mentionnées au cinquième alinéa de l'article L. 115-1.

Art. D. 115-11 **Les instances de concertation prévues à l'article D. 115-7 élisent en séance plénière, parmi les personnes accueillies ou accompagnées, des délégués, à la majorité des suffrages exprimés. Le nombre de délégués élus par instance ne peut pas être inférieur à deux.**

Les délégués représentent les personnes accueillies ou accompagnées, ou l'ayant été, dans les organismes consultatifs dont les textes qui les régissent prévoient une telle représentation.

Les délégués sont élus pour une durée d'une année renouvelable une fois. – *V. note ss. art.*

Les délégués sont chargés, conjointement avec les associations mentionnées à l'article D. 115-13, de définir l'ordre du jour, de fixer les dates, d'organiser et d'animer les séances plénières des instances prévues à l'article D. 115-7.

Les délégués, en lien avec les associations mentionnées à l'article D. 115-8, proposent un programme de travail, validé, lors d'une séance plénière, à la majorité des suffrages exprimés.

Il est mis fin au mandat des délégués, en cours au 27 oct. 2016, date de publication du Décr. nº 2016-1440 du 26 oct. 2016, un an après la publication de ce dernier, soit le 27 oct. 2017. A compter de cette date, le mandat des membres est celui fixé par le troisième al. de l'art. D. 115-11 dans sa rédaction issue du décret susvisé (Décr. préc., art. 2).

Art. D. 115-12 **Sans préjudice des dispositions prévues des** *[aux]* **articles D. 115-10 à D. 115-11, les principes d'organisation et de fonctionnement des instances prévues à l'article D. 115-7 sont définis dans un règlement lequel est approuvé par l'instance concernée lors d'une séance plénière à la majorité des suffrages exprimés. Il est rendu public par tous moyens appropriés.**

CHAPITRE VI ACTION SOCIALE ET MÉDICO-SOCIALE

(Décr. nº 2007-330 du 12 mars 2007)

SECTION UNIQUE *[ABROGÉE]* Comité national pour la bientraitance et les droits des personnes âgées et des personnes handicapées

(Abrogée par Décr. nº 2016-1441 du 25 oct. 2016, art. 3-1º)

Art. D. 116-1 *Le Comité national pour la bientraitance et les droits des personnes âgées et des personnes handicapées, présidé par le ministre chargé des personnes âgées et des personnes handicapées, a pour mission d'aider à la définition, à la mise en œuvre et au suivi des politiques de promotion de la bientraitance et de prévention et de lutte contre la maltraitance des personnes âgées et des personnes handicapées.*

Il peut être consulté par les ministres concernés sur toute question dans ce domaine.

Art. D. 116-2 *Outre son président, le Comité national pour la bientraitance et les droits des personnes âgées et des personnes handicapées est composé de représentants des administrations et organismes en charge de la politique en faveur des personnes âgées et des personnes handicapées ou intervenant dans le champ de la protection des personnes :*

1º Le secrétaire général des ministères chargés des affaires sociales ;

2º Le directeur général de la cohésion sociale ;

3º Le directeur général de l'offre de soins ;

4º Le directeur général de la santé ;

5° Le directeur des affaires criminelles et des grâces ;

6° Le directeur général de la police nationale ;

7° Un représentant des directions régionales de la jeunesse, des sports et de la cohésion sociale, nommé par le ministre chargé des personnes âgées et des personnes handicapées ;

8° Un représentant des directions départementales de la cohésion sociale et des directions départementales de la cohésion sociale et de la protection des populations, nommé par le ministre chargé des personnes âgées et des personnes handicapées ;

9° Deux représentants des agences régionales de santé, nommés par le ministre chargé des personnes âgées et des personnes handicapées ;

10° Le directeur de l'Agence nationale de l'évaluation et de la qualité des établissements et services sociaux et médico-sociaux ;

11° Le directeur de la Caisse nationale de solidarité pour l'autonomie ;

12° Le président de l'Assemblée des départements de France ;

13° Le président de l'Union nationale des centres communaux d'action sociale ;

14° Trois représentants du Comité national des retraités et des personnes âgées, désignés par celui-ci ;

15° Deux représentants du Conseil national consultatif des personnes handicapées, désignés par celui-ci ;

16° Le Défenseur des droits ;

17° Le président de l'Union nationale des associations familiales ;

18° Le président de l'association Allô maltraitance des personnes âgées et/ou des personnes handicapées (ALMA France) ;

19° Le président de l'association Handicap-Age-Bientraitance-Écoute-Orientation (HABEO) ;

20° Le président de l'Institut national d'aide aux victimes et de médiation (INAVEM) ;

21° Le président de la Fédération nationale des associations de personnes âgées et de leurs familles (FNAPAEF) ;

22° Le président de la Fédération internationale des associations de personnes âgées (FIAPA) ;

23° Le président de l'association France Alzheimer ;

24° Le président de la Fondation Médéric Alzheimer ;

25° Le président de la Fondation nationale de gérontologie (FNG) ;

26° Le président de la Conférence nationale de la santé (CNS) ;

27° Le président du collectif interassociatif sur la santé (CISS) ;

28° Le président de l'Union nationale de l'aide, des soins et des services aux domiciles (UNA) ;

29° Le président de l'Union nationale des associations d'aide à domicile en milieu rural (UNADMR) ;

30° Le président de l'association Adessa A Domicile ;

31° Le président de la Fédération nationale des particuliers employeurs (FEPEM) ;

32° Le président de l'Association des directeurs au service des personnes âgées (AD-PA) ;

33° Le président de la Fédération nationale des associations de directeurs d'établissements et services pour personnes âgées (FNADEPA) ;

34° Le président de la Fédération hospitalière de France (FHF) ;

35° Le président de la Fédération des établissements hospitaliers et d'assistance privés (FEHAP) ;

36° Le président de la Fédération nationale des associations de parents et amis employeurs et gestionnaires d'établissements et services pour personnes handicapées mentales (FEGAPEI) ;

37° Le président de l'association des instituts thérapeutiques, éducatifs et pédagogiques et de leurs réseaux (AIRE) ;

38° Le président de l'Association nationale des directeurs et cadres des ESAT (ANDICAT) ;

39° Le président de l'Association des paralysés de France (APF) ;

40° Le président de l'Union nationale des associations de parents, de personnes handicapées mentales et de leurs amis (UNAPEI) ;

41° Le président de la Fédération française des associations d'infirmes moteurs cérébraux (FFAIMC) ;

42° Le président du comité de liaison et d'action des parents d'enfants et d'adultes atteints de handicaps associés (CLAPEAHA) ;

43° Le président de l'Union nationale des amis et familles de malades mentaux (UNAFAM) ;

44° Le président de l'Union nationale pour l'insertion sociale du déficient auditif (UNISDA) ;

45° Le président de la Confédération française pour la promotion sociale des aveugles et amblyopes (CFPSAA) ;

46° Le président de l'association pour adultes et jeunes handicapés (APAJH) ;

47° Le président de l'association Les petits frères des pauvres ;

48° Le président de l'Union nationale interfédérale des œuvres et organismes privés sanitaires et sociaux (UNIOPSS) ;

49° Le président du Syndicat national des établissements et résidences privés pour personnes âgées (SYNERPA) ;

50° Le président de la Fédération nationale avenir et qualité de vie des personnes âgées (FNAQPA) ;

51° Le président de l'ordre national des médecins ;

52° Le président de la Fédération française des associations des médecins coordonnateurs en EHPAD (FFAMCO) ;

53° Le président du comité d'entente des formations infirmières et cadres (CEFIEC) ;

54° Le président de la Fédération nationale des associations d'aides-soignants (FNASS) ;

55° Le président de la conférence des directeurs d'EHPAD ;

56° Dix personnalités nommées en raison de leur compétence par le ministre chargé des personnes âgées et des personnes handicapées.

Art. D. 116-3 *Le Comité national pour la bientraitance et les droits des personnes âgées et des personnes handicapées se réunit, au moins une fois par an, sur convocation de son président. Est inscrite à l'ordre du jour toute question présentée par au moins quinze de ses membres.*

Le président du comité, sur proposition des membres, arrête un programme de travail annuel.

Le Comité national peut renvoyer à des commissions l'étude des questions soumises à son examen. Il procède aux auditions qu'il juge nécessaires.

Le secrétariat du comité est assuré par la direction générale de la cohésion sociale.

CHAPITRE VII PERSONNES IMMIGRÉES OU ISSUES DE L'IMMIGRATION

(*Décr. n° 2015-1239 du 6 oct. 2015, en vigueur le 1er janv. 2016*)

Les traitements automatisés de données à caractère personnel mis en œuvre en application de l'art. 1er du Décr. n° 2015-1239 du 6 oct. 2015 sont soumis aux formalités préalables prévues par la L. n° 78-17 du 6 janv. 1978 modifiée relative à l'informatique, aux fichiers et aux libertés.

Les dispositions du Décr. n° 2015-1239 du 6 oct. 2015 s'appliquent aux demandes présentées à compter du 1er janv. 2016 (Décr. préc., art. 2 et 3).

SECTION 1 Aide à la vie familiale et sociale des anciens migrants dans leur pays d'origine (*L. n° 2019-1479 du 28 déc. 2019, art. 269-II*).

SOUS-SECTION 1 Ouverture du droit

§ 1 Conditions d'ouverture du droit

Art. R. 117-1 Pour le bénéfice de l'aide à la vie familiale et sociale des anciens migrants dans leur pays d'origine mentionnée à l'article L. 117-3, le demandeur justifie de la régularité de son séjour et atteste qu'il vit seul.

Art. R. 117-2 Pour l'appréciation de l'inaptitude au travail mentionnée au troisième alinéa de l'article L. 117-3, lorsque le demandeur âgé de moins de soixante-cinq ans est titulaire d'un avantage de vieillesse pour la liquidation duquel il n'a pas fait connaître son inaptitude au travail ou ne relève d'aucun régime de base obligatoire d'assurance vieillesse, *(Décr. nº 2020-1799 du 30 déc. 2020, art. 1er-1º, en vigueur le 1er janv. 2021)* « l'organisme » mentionné à l'article R. 117-10 communique le dossier à la caisse du régime général chargée de la gestion du risque vieillesse dans le ressort de laquelle réside le demandeur. La demande est alors instruite par la caisse conformément aux dispositions des articles L. 351-7 et R. 351-21 du code de la sécurité sociale. La caisse renvoie ensuite, avec un avis motivé, le dossier *(Décr. nº 2020-1799 du 30 déc. 2020, art. 1er-1º, en vigueur le 1er janv. 2021)* « à l'organisme mentionné à l'article R. 117-10 ».

Art. R. 117-3 Pour l'application du quatrième alinéa de l'article L. 117-3, le demandeur ne peut bénéficier de *(L. nº 2019-1479 du 28 déc. 2019, art. 269-II)* « l'aide à la vie familiale et sociale » des anciens migrants dans leur pays d'origine, avant la date d'entrée en jouissance qu'il a fixée, lors de sa demande de liquidation auprès des organismes redevables, de l'ensemble des pensions personnelles et de réversion auxquelles il peut prétendre. Dans le cas où il ne remplit pas les conditions d'attribution d'une ou plusieurs de ses pensions à la date pour laquelle il demande le bénéfice de l'aide, il en apporte la preuve par tous moyens. L'aide est alors calculée sans tenir compte de ces pensions jusqu'au dernier jour du mois civil précédant celui au cours duquel ces conditions d'attribution sont remplies.

Art. R. 117-4 Le demandeur non ressortissant d'un État membre de l'Union européenne, d'un autre État partie à l'accord sur l'Espace économique européen ou de la Confédération suisse établit par tout mode de preuve, et notamment par la production de ses avis d'imposition ou de non-imposition sur le revenu fournis par l'administration fiscale, de ses bulletins de salaire et de son passeport, sa résidence régulière et ininterrompue en France pendant les quinze années précédant la demande d'aide.

Art. R. 117-5 Le demandeur justifie *(Décr. nº 2020-1799 du 30 déc. 2020, art. 1er-2º, en vigueur le 1er janv. 2021)* « , pour la première demande, » des modalités de logement prévues au sixième alinéa de l'article L. 117-3 par la production du contrat d'occupation prévu à l'article L. 633-2 du code de la construction et de l'habitation ou de quittances de loyer.

Art. R. 117-6 *(Abrogé par Décr. nº 2020-1799 du 30 déc. 2020, art. 1er-3º, à compter du 1er janv. 2021)* ***Pour l'application du huitième alinéa de l'article L. 117-3, la durée de séjour dans le pays d'origine du bénéficiaire de l'aide doit être supérieure à six mois sur l'année civile. Toutefois, le respect de cette condition est apprécié sur une période de deux ans à compter de l'attribution ou du renouvellement de l'aide. Lors de l'attribution de l'aide, une information spécifique sur cette condition de résidence est délivrée au demandeur, qui s'engage sur l'honneur à la respecter.***

§ 2 Détermination des ressources

Art. R. 117-7 La personne qui sollicite le bénéfice de l'aide est tenue de faire connaître *(Décr. nº 2020-1799 du 30 déc. 2020, art. 1er-4º, en vigueur le 1er janv. 2021)* « à l'organisme » mentionné à l'article R. 117-10 le montant de ses ressources.

(Décr. nº 2020-1799 du 30 déc. 2020, art. 1er-4º, en vigueur le 1er janv. 2021) « Cet organisme » peut procéder à toute enquête ou recherche nécessaire et demander tout éclaircissement utile.

Art. R. 117-8 Les ressources prises en compte pour l'attribution du droit et la détermination du montant de l'aide sont, à l'exception de la présente aide, celles définies *(Décr. nº 2020-1799 du 30 déc. 2020, art. 1er-5º, en vigueur le 1er janv. 2021)* « à l'article R. 822-4 » du code de la construction et de l'habitation.

Art. R. 117-9 **Le plafond de ressources annuelles prévu au septième alinéa de l'article L. 117-3 est fixé, à compter du** *(Décr. nº 2020-1799 du 30 déc. 2020, art. 1er-6º, en vigueur le 1er janv. 2021)* **« 1er janvier 2021, à 7 584 €. Le plafond de ressources et le montant de l'aide fixés en application de l'article R. 117-19, sont revalorisés le 1er octobre de chaque année par application du coefficient mentionné à l'article L. 161-25 du code de la sécurité sociale. »**

SOUS-SECTION 2 Attribution et service de l'aide

§ 1 Organisation et financement de la gestion de l'aide

(Décr. nº 2020-1799 du 30 déc. 2020, art. 1er-7º, en vigueur le 1er janv. 2021)

Les personnes qui bénéficient au 1er janv. 2021 de l'aide définie à l'art. L. 117-3 CASF continuent à la percevoir, dans les conditions définies par le Décr. nº 2020-1799 du 30 déc. 2020, sans devoir déposer un nouveau dossier de demande auprès de la Caisse centrale de la mutualité sociale agricole (Décr. préc., art. 2-II).

Art. R. 117-10 **La Caisse centrale de la mutualité sociale agricole assure, pour le compte de l'État, la gestion administrative, comptable et financière de l'aide mentionnée à l'article L. 117-3 dans les conditions fixées par une convention de mandat passée entre le directeur général de la Caisse centrale de la mutualité sociale agricole, le ministre chargé de la cohésion sociale, le ministre chargé de la sécurité sociale, le ministre chargé du budget et le ministre chargé de l'agriculture.**

Art. R. 117-11 **Le directeur général de la Caisse centrale de la mutualité sociale agricole peut déléguer tout ou partie de la gestion de l'aide mentionnée à l'article L. 117-3 à une caisse de la mutualité sociale agricole, y compris la gestion du contentieux. Cette délégation fait l'objet d'une convention conclue par les directeurs des deux organismes, après avis du conseil d'administration de la Caisse centrale de la mutualité sociale agricole et du conseil d'administration de la caisse concernée.**

Art. R. 117-12 **La Caisse centrale de la mutualité sociale agricole rembourse annuellement à la Caisse nationale d'assurance vieillesse les dépenses exposées pour l'application de l'article R. 117-2, selon les tarifs des honoraires, rémunérations et frais accessoires dus aux médecins par les assurés sociaux et fixés par les conventions prévues à l'article L. 162-5 du code de la sécurité sociale.**

§ 2 Recueil et instruction de la demande d'aide

Art. D. 117-16 **Le modèle de la demande d'aide à la vie familiale et sociale des anciens migrants dans leur pays d'origine est déterminé par arrêté du ministre chargé de la cohésion sociale.**

Art. R. 117-17 **L'aide est attribuée sur demande de l'intéressé introduite auprès** *(Décr. nº 2020-1799 du 30 déc. 2020, art. 1er-8º, en vigueur le 1er janv. 2021)* **« de l'organisme » mentionné à l'article R. 117-10.**

Art. R. 117-18 *(Décr. nº 2020-1799 du 30 déc. 2020, art. 1er-9º, en vigueur le 1er janv. 2021)* **« L'organisme » mentionné à l'article R. 117-10 notifie au demandeur une décision motivée d'attribution de l'aide ou de rejet de la demande. Cette notification, qui est faite par tout moyen permettant d'établir une date certaine de réception, mentionne les voies et délais de recours ainsi que la juridiction compétente.**

En cas d'attribution de l'aide, *(Décr. nº 2020-1799 du 30 déc. 2020, art. 1er-9º, en vigueur le 1er janv. 2021)* **« l'organisme » mentionné à l'article R. 117-10 en informe concomitamment l'organisme ou le service cité à l'article L. 815-7 du code de la sécurité sociale servant l'allocation de solidarité aux personnes âgées, ainsi que l'organisme servant l'allocation de logement.**

Le silence gardé pendant plus de quatre mois par *(Décr. nº 2020-1799 du 30 déc. 2020, art. 1er-9º, en vigueur le 1er janv. 2021)* **« l'organisme » mentionné à l'article R. 117-10 sur la demande d'attribution de l'aide vaut décision de rejet.**

§ 3 Détermination du montant de l'aide

Art. R. 117-19 *(Décr. nº 2020-1799 du 30 déc. 2020, art. 1er-10º, en vigueur le 1er janv. 2021)* **Le montant mensuel de l'aide à la vie familiale et sociale est de 632 €, intégralement cumulable avec les ressources annuelles du demandeur, tant que celles-ci ne dépassent pas un montant total de 632 €. Au-delà, l'aide est dégressive linéairement et s'annule lorsque les ressources annuelles du demandeur sont supérieures ou égales à 7 584 €.**

§ 4 Service et versement de l'aide

Art. R. 117-20 L'aide à la vie familiale et sociale des anciens migrants dans leur pays d'origine est servie par *(Décr. nº 2020-1799 du 30 déc. 2020, art. 1er-9º)* **« l'organisme » mentionné à l'article R. 117-10.**

Art. R. 117-21 Au vu des déclarations souscrites par le demandeur et compte tenu des renseignements recueillis, *(Décr. nº 2020-1799 du 30 déc. 2020, art. 1er-9º, en vigueur le 1er janv. 2021)* **« l'organisme » mentionné à l'article R. 117-10 détermine le montant de l'aide auquel l'intéressé a droit.**

Art. R. 117-22 *(Décr. nº 2020-1799 du 30 déc. 2020, art. 1er-11º, en vigueur le 1er janv. 2021)* **L'aide est due à compter du premier jour du mois suivant la date de réception de la demande. Le premier versement intervient au plus tard dans les deux mois à compter de l'ouverture du droit. L'aide est versée mensuellement.**

Art. R. 117-23 *(Abrogé par Décr. nº 2020-1799 du 30 déc. 2020, art. 1er-12º, à compter du 1er janv. 2021)* ***L'aide est renouvelée selon les mêmes conditions que celles requises lors de l'ouverture du droit, à l'exception de celle prévue à l'article R. 117-4.***

SOUS-SECTION 3 Contrôle des conditions d'attribution de l'aide

Art. D. 117-24 Le bénéficiaire de l'aide à la vie familiale et sociale des anciens migrants dans leur pays d'origine est tenu de déclarer *(Décr. nº 2020-1804 du 30 déc. 2020, art. 1er-1º, en vigueur le 1er janv. 2021)* **« à l'organisme » mentionné à l'article R. 117-10 tout changement survenu dans sa résidence, ses ressources ou sa situation familiale.**

Art. D. 117-25 *(Décr. nº 2020-1804 du 30 déc. 2020, art. 1er-éº, en vigueur le 1er janv. 2021)* **« Le bénéficiaire de l'aide apporte tous les douze mois suivant l'attribution de l'aide la preuve qu'il continue à remplir les conditions d'attribution requises. Il produit notamment à cet effet : »**

1º Son dernier avis d'imposition ou de non-imposition sur le revenu fourni par l'administration *(Décr. nº 2020-1804 du 30 déc. 2020, art. 1er-2º, en vigueur le 1er janv. 2021)* **« fiscale ou une déclaration annuelle de ressources en l'absence d'un tel avis ; »**

(Abrogé par Décr. nº 2020-1804 du 30 déc. 2020, art. 1er-2º, à compter du 1er janv. 2021) ***« 2º Son titre de séjour en cours de validité s'il n'est pas ressortissant d'un État membre de l'Union européenne, d'un autre État partie à l'accord sur l'Espace économique européen ou de la Confédération suisse ; »***

3º Un certificat d'existence au sens de l'article 1983 du code civil.

Art. D. 117-26 L'aide est supprimée lorsqu'il est constaté que l'une des conditions exigées pour son service n'est plus remplie.

(Décr. nº 2020-1804 du 30 déc. 2020, art. 1er-3º, en vigueur le 1er janv. 2021) **« L'organisme » mentionné à l'article R. 117-10 notifie à l'intéressé la décision de suppression et le montant des sommes indument perçues. Cette notification, qui est faite par tout moyen permettant d'établir une date certaine de réception, mentionne les**

voies et délais de recours ainsi que la juridiction compétente. Il informe par ailleurs l'organisme ou le service mentionné à l'article L. 815-7 du code de la sécurité sociale compétent pour servir à l'intéressé l'allocation de solidarité aux personnes âgées ainsi que l'organisme servant l'allocation de logement en vue de sa réintégration dans ses droits liés à la résidence.

L'intéressé rembourse alors *(Décr. n° 2020-1804 du 30 déc. 2020, art. 1er-3°, en vigueur le 1er janv. 2021)* **« à l'organisme » mentionné à l'article R. 117-10 les sommes indûment perçues au titre de l'aide** *(Abrogé par Décr. n° 2020-1804 du 30 déc. 2020, art. 1er-3°, à compter du 1er janv. 2021)* ***« au prorata du nombre de mois restant à courir pour l'année en cours ».***

Tout paiement indu de l'aide est récupéré par le fonds *[l'organisme]* **mentionné à l'article R. 117-10.**

Toute réclamation dirigée contre une décision de récupération de l'indu, le dépôt d'une demande de remise ou de réduction de créance ainsi que les recours administratifs et contentieux, y compris en appel, contre les décisions prises sur ces réclamations et demandes ont un caractère suspensif.

Le présent article est applicable dans les conditions prévues *(Décr. n° 2020-1804 du 30 déc. 2020, art. 1er-3°, en vigueur le 1er janv. 2021)* **« au deuxième alinéa de l'article R. 117-28 ».**

SOUS-SECTION 4 Renoncement au bénéfice de l'aide

Art. R. 117-27 *(Décr. n° 2020-1799 du 30 déc. 2020, art. 1er-13°, en vigueur le 1er janv. 2021)* **« Lorsque le bénéficiaire de l'aide à la vie familiale et sociale des anciens migrants décide de renoncer à l'aide, il en informe l'organisme mentionné à l'article R. 117-10. Celui-ci lui notifie la décision de suppression de son aide par tout moyen permettant de donner date certaine à sa réception. La décision prend effet le premier du mois suivant les deux mois qui courent à compter de la date de réception, par le bénéficiaire, de la notification. »**

(Abrogé par Décr. n° 2020-1799 du 30 déc. 2020, art. 1er-13°, à compter du 1er janv. 2021) ***« Le fonds mentionné à l'article R. 117-10 notifie à l'intéressé la décision de suppression de son aide et l'éventuel montant de l'indu. »*** **Cette notification** *(Abrogé par Décr. n° 2020-1799 du 30 déc. 2020, art. 1er-13°, à compter du 1er janv. 2021)* ***« , qui est faite par tout moyen permettant d'établir une date certaine de réception, »*** **mentionne les voies et délais de recours ainsi que la juridiction compétente. Il informe par ailleurs l'organisme ou le service mentionné à l'article L. 815-7 du code de la sécurité sociale compétent pour servir à l'intéressé l'allocation de solidarité aux personnes âgées, ainsi que l'organisme servant l'allocation de logement en vue de sa réintégration dans ses droits liés à la résidence.**

Art. R. 117-28 *(Abrogé par Décr. n° 2020-1799 du 30 déc. 2020, art. 1er-14°, à compter du 1er janv. 2021)* ***« Dans l'hypothèse mentionnée à l'article R. 117-27, l'intéressé rembourse au fonds mentionné à l'article R. 117-10 les sommes indûment perçues au prorata du nombre de mois restant à courir pour l'année en cours. »***

Toute réclamation dirigée contre une décision de remboursement, le dépôt d'une demande de remise ou de réduction de créance ainsi que les recours administratifs et contentieux, y compris en appel, contre les décisions prises sur ces réclamations et demandes ont un caractère suspensif.

Le directeur général de la *(Décr. n° 2020-1799 du 30 déc. 2020, art. 1er-14°, en vigueur le 1er janv. 2021)* **« Caisse centrale de la mutualité sociale agricole » peut proposer au ministre chargé de la cohésion sociale de remettre ou réduire la créance en cas de bonne foi ou de précarité de la situation du débiteur, sauf si cette créance résulte d'une manœuvre frauduleuse ou d'une fausse déclaration.**

Art. R. 117-29 **En cas de renoncement au bénéfice de l'aide à la vie familiale et sociale des anciens migrants dans leur pays d'origine, l'intéressé ne peut déposer une nouvelle demande d'aide avant l'expiration d'un délai de six mois à compter de la notification de la suppression de l'aide versée précédemment.**

SOUS-SECTION 5 Dispositions diverses

Art. R. 117-30 *(Décr. n° 2020-1799 du 30 déc. 2020, art. 1er-15°, en vigueur le 1er janv. 2021)* Le directeur général de la Caisse centrale de la mutualité sociale agricole ou, le cas échéant, le directeur de la Caisse de la mutualité sociale agricole délégataire est habilité à représenter l'État devant la juridiction administrative.

TITRE II COMPÉTENCES

CHAPITRE I COLLECTIVITÉS PUBLIQUES ET ORGANISMES RESPONSABLES

SECTION 1 Départements

Art. R. 121-1 Les règles relatives aux modalités d'établissement par le département de statistiques en matière d'action sociale sont fixées par les dispositions des articles R. 1614-28 à R. 1614-35 du code général des collectivités territoriales.

SECTION 2 Communes

Art. R. 121-2 *(Décr. n° 2005-1135 du 7 sept. 2005, art. 2)* En vue de la constitution du registre nominatif mentionné à l'article L. 121-6-1, le maire informe, par tous moyens appropriés, les habitants de la commune de la finalité de ce registre qui est exclusivement limité à la mise en œuvre du plan d'alerte et d'urgence institué par l'article L. 116-3, du caractère facultatif de l'inscription, des modalités de celle-ci auprès des services municipaux ainsi que des catégories de services destinataires des informations collectées en cas de déclenchement du plan d'alerte et d'urgence et de l'existence d'un droit d'accès et de rectification des données nominatives.

Art. R. 121-3 *(Décr. n° 2005-1135 du 7 sept. 2005, art. 2)* Les personnes pouvant être inscrites sur le registre nominatif sont :

1° Les personnes âgées de 65 ans et plus, résidant à leur domicile ;

2° Les personnes mentionnées au second alinéa de l'article L. 113-1 résidant à leur domicile ;

3° Les personnes adultes handicapées bénéficiant de l'un des avantages prévus au titre IV du livre II ou d'une pension d'invalidité servie au titre d'un régime de base de la sécurité sociale ou du code des pensions militaires d'invalidité et des victimes de la guerre et résidant à leur domicile.

Art. R. 121-4 *(Décr. n° 2005-1135 du 7 sept. 2005, art. 2)* Les informations figurant dans le registre nominatif sont :

1° Les éléments relatifs à l'identité et à la situation à domicile de la personne inscrite sur le registre, à savoir :

a) Ses nom et prénoms ;

b) Sa date de naissance ;

c) La qualité au titre de laquelle elle est inscrite sur le registre nominatif ;

d) Son adresse ;

e) Son numéro de téléphone ;

f) Le cas échéant, les coordonnées du service intervenant à domicile ;

g) Le cas échéant, la personne à prévenir en cas d'urgence ;

2° Les éléments relatifs à la demande, à savoir :

a) La date de la demande ;

b) Le cas échéant, le nom et la qualité de la tierce personne ayant effectué la demande.

Art. R. 121-5 *(Décr. n° 2005-1135 du 7 sept. 2005, art. 2)* En cas de changement de résidence au sein de la commune, la personne inscrite sur le registre nominatif ou *(Décr. n° 2021-684 du 28 mai 2021, art. 22)* « la personne chargée à son égard d'une mesure de protection juridique avec représentation relative à la personne » communique sa nouvelle adresse au maire.

En cas de changement de commune de résidence, la personne inscrite sur le registre nominatif ou *(Décr. n° 2021-684 du 28 mai 2021, art. 22)* « la personne chargée à son égard d'une mesure de protection juridique avec représentation relative à la personne » en informe le maire. Cette information vaut demande de radiation du registre nominatif.

Art. R. 121-6 *(Décr. n° 2005-1135 du 7 sept. 2005, art. 2)* L'inscription sur le registre nominatif est opérée à tout moment dès la déclaration de la personne concernée ou de *(Décr. n° 2021-684 du 28 mai 2021, art. 22)* « la personne chargée à son égard d'une mesure de protection juridique avec représentation relative à la personne », qui utilise tout moyen à sa disposition, soit par écrit ou, le cas échéant, à l'aide d'un formulaire mis à disposition par le maire, soit sur appel téléphonique ou, le cas échéant, enregistrement au numéro d'appel prévu à cet effet, soit par courrier électronique.

Lorsqu'elle émane d'un tiers, la demande d'inscription est faite par écrit.

La demande est adressée au maire de la commune de résidence de l'intéressé. Le maire en accuse réception dans un délai de huit jours à la personne qui a demandé à être inscrite sur le registre nominatif ou à *(Décr. n° 2021-684 du 28 mai 2021, art. 22)* « la personne chargée à son égard d'une mesure de protection juridique avec représentation relative à la personne ». Le maire informe l'intéressé qu'à défaut d'opposition de sa part la réception de l'accusé de réception vaut confirmation de son accord pour figurer sur le registre précité et qu'il peut en être radié à tout moment sur sa demande.

Art. R. 121-7 *(Décr. n° 2005-1135 du 7 sept. 2005, art. 2)* Le maire assure la conservation des dossiers des demandeurs et prend toutes les précautions utiles pour préserver la confidentialité et la sécurité des renseignements collectés.

Seules les personnes nommément désignées par le maire sont habilitées à enregistrer, traiter, conserver et modifier les données du registre nominatif.

Les personnes concourant à la collecte des informations, à la constitution, à l'enregistrement et à la mise à jour du registre nominatif, ainsi que toutes celles ayant accès aux données contenues dans ce registre sont tenues au secret professionnel dans les conditions prévues aux articles 226-13, 226-14 et 226-31 du code pénal.

Art. R. 121-8 *(Décr. n° 2005-1135 du 7 sept. 2005, art. 2)* Le maire communique, à leur demande, au représentant de l'État dans le département et, à Paris, au préfet de police, en leur qualité d'autorité chargée de la mise en œuvre du plan d'alerte d'urgence mentionné à l'article L. 116-3 dans des conditions propres à en assurer la confidentialité, le registre nominatif qu'il a constitué et régulièrement mis à jour.

Les autorités mentionnées au présent article et à l'article R. 121-10 sont tenues, lorsqu'elles ont connaissance du caractère inexact ou incomplet des données recueillies, de communiquer au maire les éléments permettant la mise à jour du registre.

Art. R. 121-9 *(Décr. n° 2005-1135 du 7 sept. 2005, art. 2)* Le représentant de l'État dans le département et, à Paris, le préfet de police peuvent communiquer, dans des conditions propres à en assurer la confidentialité, tout ou partie des informations mentionnées à l'article R. 121-4 aux autorités et aux services chargés, à l'occasion du plan d'alerte et d'urgence mentionné à l'article L. 116-3, de l'organisation et de la coordination des interventions à domicile pour la mise en œuvre de ce plan, dans la mesure où cette communication est nécessaire à leur action.

Le représentant de l'État dans le département et, à Paris, le préfet de police ainsi que les autorités qu'ils en rendent destinataires prennent toutes les précautions utiles pour préserver la confidentialité et la sécurité des renseignements qui leur sont communiqués. A ce titre, le préfet désigne les personnes susceptibles d'être rendues destinataires de tout ou partie des données contenues dans les registres communaux et fixe la nature des données susceptibles de leur être communiquées.

Art. R. 121-10 *(Décr. nº 2005-1135 du 7 sept. 2005, art. 2)* **Le droit d'accès et de rectification prévu par la loi nº 78-17 du 6 janvier 1978 relative à l'informatique, aux fichiers et aux libertés s'exerce auprès du maire de la commune où sont conservés les renseignements et de l'ensemble des destinataires des données.**

Ce droit peut, le cas échéant, être exercé par *(Décr. nº 2021-684 du 28 mai 2021, art. 23)* **« la personne chargée d'une mesure de protection juridique avec représentation relative à la personne à l'égard » de la personne inscrite au registre nominatif.**

Toute personne figurant sur le registre nominatif qui fait usage de son droit d'accès et de rectification ne peut accéder qu'aux seules informations relatives à son inscription.

Art. R. 121-11 *(Décr. nº 2005-1135 du 7 sept. 2005, art. 2)* **Les données mentionnées à l'article R. 121-4 sont conservées jusqu'au décès de la personne en cause ou jusqu'à sa demande de radiation du registre nominatif.**

Art. R. 121-12 *(Décr. nº 2005-1135 du 7 sept. 2005, art. 2)* **Les organismes mettant en œuvre des traitements de données personnelles dans le respect de l'ensemble des dispositions du présent chapitre sont dispensés, par dérogation à l'article 12 du décret du 17 juillet 1978 pris pour l'application des chapitres I à IV et VII de la loi nº 78-17 du 6 janvier 1978 relative à l'informatique, aux fichiers et aux libertés, de présenter à la Commission nationale de l'informatique et des libertés le dossier de demande d'avis ayant le même objet que ces dispositions.**

Tout autre traitement des données recueillies dans les conditions de la présente section doit préalablement faire l'objet de formalités déclaratives auprès de la Commission nationale de l'informatique et des libertés, conformément aux dispositions de la loi du 6 janvier 1978 ci-dessus mentionnée.

SECTION 3 **État**

SOUS-SECTION 1 **Agrément des associations chargées de participer à l'élaboration et à la mise en œuvre du parcours de sortie de la prostitution et d'insertion sociale et professionnelle**

(Décr. nº 2016-1467 du 28 oct. 2016, art. 1er)

Art. R. 121-12-1 Les associations régulièrement déclarées depuis aux moins trois années ayant pour activité statutaire de proposer une aide et un accompagnement aux personnes en situation de prostitution, aux victimes de traite des êtres humains, aux femmes victimes de violences, aux personnes en difficulté, peuvent faire l'objet d'un agrément délivré par le préfet de département du lieu d'implantation du siège de l'association.

§ 1 Conditions, modalités et effets de la délivrance de l'agrément

Art. R. 121-12-2 L'agrément mentionné à l'article L. 121-9 est délivré à toute association qui, à la date de la demande d'agrément, justifie :

1º D'un engagement de sa part, par délibération de son assemblée générale, de mettre en œuvre une politique de prise en charge globale des personnes en situation de prostitution, des victimes de proxénétisme et de traite des êtres humains aux fins d'exploitation sexuelle dont la finalité est la sortie de la prostitution ;

2º De moyens humains et matériels lui permettant d'assurer sa mission de mise en œuvre du parcours de sortie de la prostitution, ainsi que d'un réseau de partenaires institutionnels et associatifs y contribuant ;

3º De la mise en place d'actions de formation de ses salariés et bénévoles ayant pour objet l'accompagnement des personnes prostituées dans la mise en œuvre d'un projet d'insertion sociale et professionnelle et permettant à ces personnes d'accéder à des alternatives à la prostitution.

Art. R. 121-12-3 La demande d'agrément, signée par le représentant légal de l'association, est adressée au préfet de département du lieu d'implantation du siège de l'association. Elle précise les départements pour lesquels l'association souhaite mettre en œuvre le parcours de sortie de la prostitution et d'insertion sociale et professionnelle et sollicite l'agrément. La composition du dossier de demande d'agrément est fixée par arrêté du ministre chargé des droits des femmes.

Le silence gardé pendant quatre mois par l'autorité administrative à compter de la réception du dossier complet de la demande d'agrément vaut agrément.

Le dossier est réputé complet si, dans un délai de deux mois à compter de sa réception, le préfet de département compétent n'a pas fait connaître au demandeur la liste des pièces manquantes ou incomplètes, par tous moyens permettant de conférer date certaine à cette demande de complément.

L'agrément est délivré par décision du préfet de département du lieu d'implantation du siège de l'association pour une durée de trois ans renouvelable.

V. Arr. du 4 nov. 2016 pris en application de la ss.-sect. 1 de la sect. III du chap. I du titre II du livre I de la partie réglementaire du CASF relatif à l'agrément des associations participant à l'élaboration et à la mise en œuvre du parcours de sortie de la prostitution et d'insertion sociale et professionnelle (JO 23 nov.).

§ 2 Renouvellement et retrait de l'agrément

Art. R. 121-12-4 L'agrément peut faire l'objet, à l'initiative de l'association bénéficiaire, d'une demande de renouvellement dans les mêmes conditions et avec les mêmes effets que celles et ceux énoncés à l'article R. 121-12-3.

Art. R. 121-12-5 I. — L'agrément peut être retiré lorsque l'association :

1° Cesse de satisfaire à l'une des conditions requises pour la délivrance de l'agrément dans le cadre de la mise en œuvre du parcours de sortie de la prostitution et d'insertion sociale et professionnelle ;

2° Ne remplit pas sa mission de mise en œuvre du parcours de sortie de la prostitution et d'insertion sociale et professionnelle ;

3° N'a pas signalé aux autorités administratives le changement des statuts de l'association ;

4° N'a pas transmis son compte rendu d'activité annuel ou son rapport financier annuel ;

5° A refusé de communiquer des pièces justificatives exigées lors d'un contrôle effectué après l'octroi de l'agrément.

II. — Lorsque le retrait de l'agrément est envisagé, il est fait application des dispositions de l'article L. 122-1 du code des relations entre le public et l'administration.

SOUS-SECTION 2 Commission départementale de lutte contre la prostitution, le proxénétisme et la traite des êtres humains aux fins d'exploitation sexuelle

(Décr. n° 2016-1467 du 28 oct. 2016, art. 1er)

Art. R. 121-12-6 Une commission départementale de lutte contre la prostitution, le proxénétisme et la traite des êtres humains aux fins d'exploitation sexuelle est créée dans chaque département. Elle est régie par les articles 8 et 9 du décret n° 2006-665 du 7 juin 2006 modifié.

La commission départementale exerce auprès du préfet du département les missions prévues par l'article L. 121-9 du présent code. A ce titre, elle :

1° Favorise la cohérence et le développement des politiques de protection et d'assistance en faveur des victimes de la prostitution, du proxénétisme et de la traite des êtres humains aux fins d'exploitation sexuelle menées dans le département ;

2° Rend un avis sur les demandes qui lui sont soumises de mise en place et de renouvellement des parcours de sortie de la prostitution et d'insertion sociale et professionnelle.

Art. R. 121-12-7 La commission départementale de lutte contre la prostitution, le proxénétisme et la traite des êtres humains aux fins d'exploitation sexuelle est présidée par le préfet du département ou son représentant. Elle est composée :

1° D'un magistrat judiciaire en fonction dans une juridiction du département, ou d'un magistrat honoraire. Ce magistrat est désigné par les chefs de la cour d'appel dans le ressort de laquelle se situe le département ;

2° Du directeur départemental de la cohésion sociale ou son représentant ;

3° Du directeur *(Décr. n° 2023-1013 du 2 nov. 2023, art. 12-1°, en vigueur le 1er déc. 2023)* « départemental ou interdépartemental de la police nationale » ou son représentant ;

(Décr. n° 2023-1013 du 2 nov. 2023, art. 12-2°, en vigueur le 1er déc. 2023) « 4° Du directeur zonal de la police nationale ou son représentant ; »

5° Du commandant du groupement de gendarmerie départementale ou son représentant ;

6° Du chef du service de la préfecture chargé des étrangers ou son représentant ;

7° Du directeur de l'unité départementale de la direction régionale des entreprises, de la concurrence, de la consommation, du travail et de l'emploi ou son représentant ;

8° Du directeur académique des services de l'éducation nationale ou son représentant ;

9° D'un médecin désigné par le conseil départemental de l'ordre des médecins ;

10° De représentants des collectivités territoriales et de leurs établissements publics de coopération intercommunale ;

11° De représentants d'associations agréées conformément aux dispositions de l'article R. 121-12-2.

Le préfet arrête la liste des membres de la commission départementale mentionnés aux 1°, 9°, 10° et 11°. Ses membres sont nommés pour une durée de trois ans renouvelable.

A Paris, la commission départementale est présidée conjointement par le préfet de Paris ou son représentant et le préfet de police ou son représentant. La liste de ses membres est arrêtée par le préfet de Paris et le préfet de police.

Dans les Bouches-du-Rhône, la commission départementale est présidée conjointement par le préfet de département ou son représentant et par le préfet de police des Bouches-du-Rhône ou son représentant. La liste de ses membres est arrêtée par le préfet de département et le préfet de police des Bouches-du-Rhône.

Le représentant d'une association agréée ne peut siéger à la commission départementale lorsque la commission statue sur la situation individuelle d'une personne ayant fait l'objet par elle de l'instruction prévue au deuxième alinéa de l'article R. 121-12-9.

Art. R. 121-12-8 La commission départementale de lutte contre la prostitution, le proxénétisme et la traite des êtres humains aux fins d'exploitation sexuelle se réunit au moins une fois par an pour délibérer de la politique départementale en la matière, et autant que de besoin pour l'examen des dossiers individuels relatifs aux demandes d'engagement et de renouvellement du parcours de sortie de la prostitution et d'insertion sociale et professionnelle. L'organisation et les modalités de l'examen préparatoire des dossiers soumis à la commission sont fixées par l'arrêté du préfet prévu à l'article 8 du décret n° 2006-665 du 7 juin 2006 modifié.

Art. R. 121-12-9 Les situations individuelles des personnes qui présentent une demande d'engagement dans un parcours de sortie de la prostitution ou qui en demandent le renouvellement font l'objet d'une instruction par l'association agréée. Celle-ci présente les engagements de la personne concernée, les actions prévues dans le cadre du projet d'insertion sociale et professionnelle, leur durée, les résultats attendus ou réalisés et émet un avis sur sa situation. La commission rend un avis sur la mise en place et le renouvellement des parcours de sortie de la prostitution et d'insertion sociale et professionnelle qui lui sont soumis.

Lors du renouvellement du parcours de sortie de la prostitution, la commission examine la mise en œuvre des actions menées au bénéfice de la personne et tient compte du respect des engagements figurant dans le document de suivi du parcours de sortie de la prostitution et d'insertion sociale et professionnelle prévu à l'article R. 121-12-12, ainsi que des difficultés rencontrées par la personne.

Art. R. 121-12-10 Après avis de la commission, le préfet de département autorise ou refuse d'autoriser l'engagement de la personne dans le parcours de sortie de la prostitution et d'insertion sociale et professionnelle ou son renouvellement. Il lui notifie sa décision, ainsi qu'à l'association en charge de l'instruction de la demande.

La décision de non-renouvellement du parcours de sortie de la prostitution et d'insertion sociale et professionnelle met fin à compter de la date de notification à l'ensemble des droits ouverts au titre de l'engagement dans ce parcours prévus à l'article R. 121-12-13 après que la personne a été mise en mesure de présenter ses observations.

Le parcours de sortie de la prostitution et d'insertion sociale et professionnelle est autorisé pour une durée de six mois renouvelable, sans que sa durée totale n'excède vingt-quatre mois.

En cas d'interruption et de reprise du parcours, le calcul de la durée du parcours de sortie prend en compte le cumul des différentes périodes durant lesquelles la personne concernée bénéficie des droits ouverts au titre du parcours prévus à l'article R. 121-12-13, sans que la durée totale de ces périodes cumulées n'excède vingt-quatre mois.

SOUS-SECTION 3 Parcours de sortie de la prostitution et d'insertion sociale et professionnelle

(Décr. nº 2016-1467 du 28 oct. 2016, art. 1er)

Art. R. 121-12-11 La personne engagée dans le parcours de sortie de la prostitution et d'insertion sociale et professionnelle prévu à l'article L. 121-9 peut notamment bénéficier :

1° D'un logement dans le respect des conditions réglementaires d'accès à un logement locatif social, d'un accueil en logement-foyer ou d'un hébergement adapté à sa situation dans les conditions des articles L. 345-2, L. 345-2-7 et L. 345-2-8 du code de l'action sociale et des familles ;

2° D'un accompagnement visant à faciliter l'accès aux soins, sur le plan physique et psychologique, et aux droits, en particulier ceux mentionnés au cinquième alinéa du II de l'article L. 121-9 ;

3° D'actions d'insertion sociale, visant à favoriser la socialisation, l'autonomie des personnes dans leur vie quotidienne et l'élaboration d'un projet d'insertion professionnelle.

Art. R. 121-12-12 Le parcours de sortie de la prostitution et d'insertion sociale et professionnelle est formalisé dans un document élaboré par l'association agréée et la personne concernée. Il retrace, d'une part, l'ensemble des actions prévues au bénéfice de la personne et, d'autre part, ses engagements à respecter les objectifs du parcours et son suivi.

Art. R. 121-12-13 La décision du préfet de département d'autoriser ou de renouveler le parcours de sortie de la prostitution et d'insertion sociale et professionnelle ouvre droit au versement de l'aide financière à l'insertion sociale et professionnelle dans les conditions prévues à l'article L. 121-9 et permet la délivrance aux personnes étrangères d'une autorisation provisoire de séjour d'une durée minimale de six mois ouvrant droit à l'exercice d'une activité professionnelle, dans les conditions prévues à l'article *(Décr. nº 2020-1734 du 16 déc. 2020, art. 4-1º, en vigueur le 1er mai 2021)* « L. 425-4 » du code de l'entrée et du séjour des étrangers et du droit d'asile.

SOUS-SECTION 4 Aide financière à l'insertion sociale et professionnelle

(Décr. nº 2017-1635 du 29 nov. 2017, art. 1er)

Art. R. 121-12-13-1 La personne engagée dans le parcours de sortie de la prostitution et d'insertion sociale et professionnelle prévu à l'article L. 121-9 bénéficie de l'aide financière à l'insertion sociale et professionnelle si elle remplit, à la date à laquelle l'autorité administrative se prononce sur sa demande, les conditions suivantes :

1º Être âgée de plus de dix-huit ans ;

2º Être française ou ressortissante d'un État de l'Union européenne, d'un autre État partie à l'accord sur l'espace économique européen ou de la Confédération suisse, ou détenir l'un des documents de séjour mentionnés à l'article *(Décr. nº 2020-1734 du 16 déc. 2020, art. 4-2º, en vigueur le 1er mai 2021)* « L. 411-1 » du code de l'entrée et du séjour des étrangers et du droit d'asile, un récépissé de demande de renouvellement de l'un de ces documents de séjour ou une autorisation provisoire de séjour qui autorise son titulaire à exercer une activité professionnelle ;

3º Justifier de ressources mensuelles, au sein du foyer, inférieures au montant forfaitaire du revenu de solidarité active prévu à l'article L. 262-2, pour une personne seule, cette condition étant appréciée au moment de la demande d'allocation sur la base des ressources perçues le mois précédent de la demande ;

4º Ne pas percevoir ou pouvoir prétendre au bénéfice des allocations prévues à l'article L. 262-2 et à l'article *(Décr. nº 2020-1734 du 16 déc. 2020, art. 4-2º, en vigueur le 1er mai 2021)* « L. 553-1 » du code de l'entrée et du séjour des étrangers et du droit d'asile.

Les personnes bénéficiant de l'allocation temporaire d'attente sur le fondement de l'art. L. 5423-8 C. trav., en vigueur jusqu'au 1er sept. 2017, ne peuvent prétendre au bénéfice de l'aide financière à l'insertion sociale et professionnelle (Décr. nº 2017-1635 du 29 nov. 2017, art. 2).

Art. R. 121-12-13-2 En cas de non-respect par le bénéficiaire de l'aide des engagements mentionnés à l'article R. 121-12-12 ou si ce dernier ne remplit plus les conditions mentionnées à l'article R. 121-12-13-1, le représentant de l'État dans le département peut décider de mettre fin au versement de l'aide à compter du mois suivant sa décision. – *V. note ss. art. R. 121-12-13-1.*

Art. D. 121-12-14 *(Décr. nº 2017-542 du 13 avr. 2017, art. 1er)* Le montant mensuel de l'aide financière à l'insertion sociale et professionnelle mentionné à l'article L. 121-9 du présent code est composé d'un montant forfaitaire, dont le niveau varie en fonction du nombre d'enfants à charge au sens de l'article L. 512-3 du code de la sécurité sociale.

Le montant mensuel de l'allocation est défini en application du barème suivant :

COMPOSITION FAMILIALE	MONTANT MENSUEL
1 personne	343,20 €
1 personne et 1 enfant à charge	449,28 €
1 personne et 2 enfants à charge	555,36 €
1 personne et 3 enfants à charge	661,44 €
Par enfant à charge supplémentaire	+ 106,08 €

Ce barème a été modifié par le Décr. nº 2022-1340 du 19 oct. 2022 et est applicable aux prestations dues à compter du 1er juill. 2022 (Décr. préc., art. 1er-1º et 2).

Art. D. 121-12-15 *(Décr. nº 2017-542 du 13 avr. 2017, art. 1er)* I. — Une ou plusieurs caisses de mutualité sociale agricole mentionnées à l'article L. 723-1 du code rural et de la pêche maritime sont chargées d'arrêter et de verser le montant de l'aide financière à l'insertion sociale et professionnelle aux bénéficiaires de cette aide en application du II de l'article L. 121-9 du présent code.

II. — L'État conclut une convention avec la caisse centrale de la mutualité sociale agricole définissant les modalités de gestion de l'aide et le remboursement par l'État des dépenses effectuées à ce titre.

Art. D. 121-12-16 *(Décr. nº 2017-542 du 13 avr. 2017, art. 1er)* L'aide financière à l'insertion sociale et professionnelle est accordée, sauf changement de situation, pour la même période que celle définie par la décision d'autoriser ou de renouveler le parcours de sortie de la prostitution et d'insertion sociale et professionnelle mentionnée à l'article R. 121-12-13 du présent code. Elle est versée mensuellement à terme échu.

Art. D. 121-12-17 *(Décr. nº 2017-542 du 13 avr. 2017, art. 1er)* Dans le cadre de l'instruction de sa demande d'aide financière à l'insertion sociale et professionnelle, le demandeur fournit à l'organisme mentionné au I de l'article D. 121-12-15 toutes informations relatives à son domicile, à sa situation de famille, à ses ressources et à ses biens, ainsi qu'à ceux des membres du foyer.

L'organisme demande les informations et les pièces justificatives complémentaires nécessaires à l'établissement des droits du demandeur et au versement de l'aide.

Le demandeur ou le bénéficiaire de l'aide doivent faire connaître à l'organisme toute modification d'un ou des éléments fournis dans le cadre de sa demande d'aide financière. L'organisme procède au réexamen du bénéfice de l'aide et de son montant.

Art. D. 121-12-18 *(Décr. nº 2017-542 du 13 avr. 2017, art. 1er)* L'organisme mentionné au II de l'article D. 121-12-15 a pour mission :

1º De procéder à l'instruction des demandes d'aide financière à l'insertion sociale et professionnelle ;

2º De transmettre annuellement au ministre chargé des affaires sociales, au ministre chargé des droits des femmes et au ministre chargé du budget et des comptes publics les données, agrégées aux niveaux départemental et national, relatives aux effectifs et aux caractéristiques des bénéficiaires de l'aide précisées dans la convention de gestion prévue au II de l'article D. 121-12-15, portant notamment sur le sexe, l'âge, la nationalité et le département de résidence ;

3º De transmettre sur une base trimestrielle les informations relatives aux montants versés au titre de l'article D. 121-12-15 au ministre chargé des affaires sociales et de la santé, au ministre chargé des droits des femmes et au ministre chargé du budget et des comptes publics.

SOUS-SECTION 5 Directeur général de l'agence régionale de santé

(Décr. nº 2023-260 du 7 avr. 2023, art. 2)

Art. R. 121-12-19 Les dispositions des articles R. 1435-40 à R. 1435-42 du code de la santé publique sont applicables aux décisions prises par le directeur général de l'agence régionale de santé en application du présent code.

SECTION 4 Organismes de sécurité sociale

La présente section ne comprend pas de dispositions réglementaires.

SECTION 6 *[ABROGÉE]* Agence nationale pour la cohésion sociale et l'égalité des chances

(Abrogée par Décr. nº 2019-1190 du 18 nov. 2019, art. 2, à compter du 1er janv. 2020)

(Décr. nº 2006-945 du 28 juill. 2006, art. 1er)

Art. R. 121-13 *(Décr. nº 2009-1356 du 5 nov. 2009, art. 1er)* ***La tutelle de l'État sur l'Agence nationale pour la cohésion sociale et l'égalité des chances mentionnée à l'article L. 121-14 est exercée par le ministre chargé de la ville. Un contrat pluriannuel d'objectifs et de performance est conclu avec l'État pour la mise en œuvre de ses missions.***

SOUS-SECTION 1 *[ABROGÉE]* **Organisation administrative**

Art. R. 121-14 (*Décr. n° 2009-1356 du 5 nov. 2009, art. 2*) ***L'Agence nationale pour la cohésion sociale et l'égalité des chances est administrée par un conseil d'administration qui comprend :***

1° Treize représentants de l'État disposant de la moitié des voix :

— le commissaire général délégué à l'égalité des territoires disposant de quatre voix ;

— le directeur général de la cohésion sociale disposant d'une voix ;

— le secrétaire général du ministère de l'intérieur disposant de deux voix ;

— le secrétaire général du comité interministériel de prévention de la délinquance disposant d'une voix ;

— le directeur du budget disposant de deux voix ;

— le délégué général à l'emploi et à la formation professionnelle disposant d'une voix ;

— le (*Décr. n° 2014-47 du 21 janv. 2014, art. 1er*) ***« directeur général des étrangers en France » disposant d'une voix ;***

— le directeur général de l'enseignement scolaire disposant d'une voix ;

— le secrétaire général du ministère de la justice disposant d'une voix ;

— le directeur général de la santé disposant d'une voix ;

— le secrétaire général du ministère chargé de la culture disposant d'une voix ;

— le directeur de la jeunesse, de l'éducation populaire et de la vie associative disposant d'une voix ;

— le directeur de l'habitat, de l'urbanisme et des paysages disposant d'une voix.

2° Huit représentants des organisations syndicales d'employeurs et de salariés représentatives au plan national disposant chacun d'une voix ;

3° Deux représentants du Parlement disposant chacun d'une voix :

— un député ;

— un sénateur ;

4° Quatre représentants des communes, de leurs groupements, des départements et des régions disposant chacun d'une voix désignés respectivement par :

— l'Association des maires de France ;

— l'Assemblée des départements de France ;

— l'Association des régions de France ;

— l'Association des communautés de France ;

5° Quatre personnalités qualifiées, choisies en raison de leur expérience dans les domaines de compétence de l'agence, disposant chacune d'une voix.

Le mandat des membres du conseil d'administration autres que ceux mentionnés au 1° et au 3° est de trois ans. Il est renouvelable. Les membres mentionnés au 3° siègent pour la durée du mandat à l'origine de leur désignation.

Les membres du conseil d'administration autres que ceux mentionnés aux 1°, 3° et 4° sont désignés par arrêté du ministre chargé de la tutelle de l'agence. La liste des membres mentionnés aux 3° et 4° est établie par arrêté du même ministre.

Les membres mentionnés au 1° peuvent se faire représenter.

Un suppléant est nommé dans les mêmes conditions pour chacun des membres mentionnés aux 2° à 5°.

La perte de la qualité au titre de laquelle un membre a été nommé entraîne sa démission de plein droit du conseil d'administration.

En cas de vacance, pour quelque cause que ce soit, du siège d'un membre titulaire ou suppléant du conseil d'administration, il est pourvu à son remplacement dans les mêmes conditions, pour la durée du mandat restant à courir si cette vacance survient plus de six mois avant le terme normal de celui-ci.

Art. R. 121-15 ***Le président du conseil d'administration de l'Agence nationale pour la cohésion sociale et l'égalité des chances est choisi parmi les personnalités qualifiées et nommé par décret sur proposition des ministres de tutelle.***

En cas d'absence ou d'empêchement du président, le conseil d'administration est présidé par un vice-président élu par le conseil d'administration parmi les personnalités qualifiées.

Art. R. 121-16 ***Le conseil d'administration se réunit au moins deux fois par an, sur convocation de son président, qui fixe l'ordre du jour sur proposition du directeur général. Il est réuni de plein droit à la demande écrite d'un tiers de ses membres ou à celle d'un ministre de tutelle sur les points de l'ordre du jour déterminés par eux, dans le délai d'un mois suivant la demande.***

Chacun des membres du conseil d'administration peut se faire représenter par un autre membre, dans la limite de deux mandats par membre présent.

L'ordre du jour est communiqué aux membres du conseil d'administration au moins dix jours avant la réunion.

Le conseil d'administration ne peut délibérer que si la moitié au moins de ses membres sont présents ou représentés. Si le quorum n'est pas atteint, le conseil est convoqué à nouveau sur le même ordre du jour, dans un délai maximum de un mois ; il délibère alors quel que soit le nombre des membres présents ou représentés.

Les délibérations sont prises à la majorité des voix des membres présents ou représentés. En cas de partage, la voix du président est prépondérante.

Le directeur général de l'agence, le *(Décr. n° 2012-1247 du 7 nov. 2012, art. 2, en vigueur le 1er janv. 2013)* ***« contrôleur budgétaire » et l'agent comptable assistent aux séances du conseil d'administration avec voix consultative.***

Le conseil d'administration entend les ministres de tutelle à leur demande.

Le président du conseil d'administration peut inviter toute personne qu'il souhaite à assister à tout ou partie d'une réunion du conseil d'administration.

Art. R. 121-17 ***Le conseil d'administration règle par ses délibérations les affaires de l'établissement. A ce titre, il exerce les attributions suivantes :***

1° Il arrête l'organisation générale de l'agence et le tableau des emplois ;

2° Il vote le budget et ses modifications. Il approuve le compte financier et décide de l'affectation des résultats ;

3° Il autorise les emprunts, dans les limites d'un plafond fixé par décret ;

4° Il délibère sur le projet de contrat pluriannuel d'objectifs et de *(Décr. n° 2012-1261 du 13 nov. 2012, art. 1er-1°)* ***« performance » conclu avec l'État ;***

5° Il fixe les programmes pluriannuels et annuels des interventions de l'agence ;

6° Il détermine la part des crédits destinés aux concours financiers qu'il attribue au niveau national et celle destinée au niveau territorial ;

7° Il approuve la répartition des dotations financières que le directeur général délègue aux délégués de l'agence *(Abrogé par Décr. n° 2009-1356 du 5 nov. 2009, art. 3)* ***« et notifie aux directeurs régionaux de l'agence » ;***

8° Il approuve les concours financiers attribués au niveau national et dont le montant est supérieur à un seuil fixé par arrêté ministériel conjoint du ministre chargé du budget et des ministres de tutelle ; — V. Arr. du 30 oct. 2006 (JO 11 nov.).

9° Il est tenu informé, lors de chacune de ses réunions, des conventions pluriannuelles mentionnées *(Décr. n° 2012-1261 du 13 nov. 2012, art. 1er-1°)* ***« au quatrième alinéa » de l'article L. 121-14*** *(Abrogé par Décr. n° 2012-1261 du 13 nov. 2012, art. 1er-2°)* ***« du code de l'action sociale et des familles » signées au nom de l'agence depuis sa dernière réunion ;***

10° Il approuve les transactions et accepte les dons et legs ;

(Abrogé par Décr. n° 2012-1261 du 13 nov. 2012, art. 1er-3°) ***« 11° Il délivre les agréments de service civil volontaire dans des conditions prévues à l'article L. 121-19 ; »***

11° Il délibère sur le rapport annuel d'activité présenté par le directeur général qui retrace l'exécution du programme de subventions et d'interventions ainsi que la gestion de l'établissement ;

12° Il autorise les programmes d'actions de l'agence au titre de ses relations internationales. — Le 12° devient le 11° et le 13° devient le 12° (Décr. n° 2012-1261 du 13 nov. 2012, art. 1er-4°).

(Décr. n° 2009-1356 du 5 nov. 2009, art. 3) ***« Le conseil d'administration peut déléguer au directeur général de l'agence les compétences prévues*** *(Décr. n° 2012-1261 du 13 nov. 2012, art. 1er-5°)* ***« aux 7° et 10° du présent article », dans des conditions et limites qu'il détermine. »***

Art. R. 121-18 (Décr. n° 2012-1247 du 7 nov. 2012, art. 24-3°, en vigueur le 1er janv. 2013) *« Les délibérations portant sur le budget et le compte financier sont exécutoires dans les conditions prévues par le titre III du décret n° 2012-1246 du 7 novembre 2012 relatif à la gestion budgétaire et comptable publique. »*

Les autres délibérations sont exécutoires quinze jours après leur réception par les ministres de tutelle si ceux-ci ne s'y sont pas opposé [opposés] ; elles peuvent néanmoins être immédiatement exécutées, en cas d'urgence déclarée par le conseil d'administration et après autorisation des ministres de tutelle.

Art. R. 121-19 *Les membres du conseil d'administration exercent leurs fonctions à titre gratuit. Ils peuvent cependant bénéficier, pour leur participation aux séances du conseil, du remboursement de leurs frais dans les conditions prévues par la réglementation applicable aux fonctionnaires de l'État.*

Ils ne peuvent prêter leur concours à l'agence à titre onéreux.

Ils déclarent les fonctions qu'ils occupent et les intérêts qu'ils détiennent dans les organismes, sociétés et associations qui bénéficient ou ont vocation à bénéficier des concours financiers accordés par l'agence.

Ces déclarations sont faites au (Décr. n° 2012-1247 du 7 nov. 2012, art. 2, en vigueur le 1er janv. 2013) *« contrôleur budgétaire » et communiquées au président du conseil d'administration.*

Ils ne peuvent prendre part aux délibérations lorsqu'ils ont un intérêt personnel à l'affaire qui en est l'objet.

Art. R. 121-20 *Le directeur général est nommé par décret sur proposition* (Décr. n° 2012-1261 du 13 nov. 2012, art. 2-1°) *« du ministre de tutelle ».*

Il assure la gestion et la conduite générale de l'agence, il la représente en justice et dans tous les actes de la vie civile. Il est ordonnateur des recettes et des dépenses de l'agence. Il recrute le personnel placé sous son autorité. Il passe les actes, contrats ou marchés et conclut les transactions nécessaires au bon fonctionnement de l'agence.

Il prépare les séances du conseil d'administration. Il exécute ses délibérations et lui rend compte, à chaque réunion, de l'activité de l'agence et des décisions prises sur le fondement des délégations qu'il a reçues.

Il signe les conventions mentionnées (Décr. n° 2012-1261 du 13 nov. 2012, art. 2-2°) *« au quatrième alinéa » de l'article L. 121-14* (Abrogé par Décr. n° 2012-1261 du 13 nov. 2012, art. 2-2°) *« du code de l'action sociale et des familles », à l'exception de celles mentionnées au dernier alinéa de l'article L. 121-15.*

Il décide des concours financiers dont le montant est inférieur au seuil mentionné au 8° de l'article R. 121-17.

Il délègue aux délégués de l'agence les crédits correspondant à la répartition décidée par le conseil d'administration. (Abrogé par Décr. n° 2009-1356 du 5 nov. 2009, art. 4) *« Il notifie aux directeurs régionaux les dotations financières correspondant aux missions qu'il leur confie ».*

Dans les domaines autres que ceux qui sont mentionnés au deuxième alinéa de l'article L. 121-15, il peut déléguer sa signature aux délégués de l'agence.

Il peut également la déléguer aux (Abrogé par Décr. n° 2009-1356 du 5 nov. 2009, art. 4) *« directeurs régionaux et aux autres » agents de l'établissement.*

Il peut nommer des ordonnateurs secondaires autres que ceux définis à l'article R. 121-21.

Il établit le rapport annuel d'activité, le soumet pour approbation au conseil d'administration puis le communique aux ministres de tutelle.

En cas d'absence ou d'empêchement, il est suppléé par le directeur général adjoint qu'il a désigné au préalable.

Art. R. 121-21 (Décr. n° 2012-509 du 18 avr. 2012, art. 8 ; Décr. n° 2012-1261 du 13 nov. 2012, art. 3) *« Le représentant de l'État dans la région, le département et la collectivité de Corse est le délégué territorial de l'agence pour son action dans la collectivité, notamment dans les conditions fixées à l'article L. 121-15 et à l'article 59-2 du décret n° 2004-374 du 29 avril 2004 modifié relatif aux pouvoirs des préfets, à l'organisation et à l'action de l'État dans les régions et départements.*

« Le représentant de l'État dans les départements d'outre-mer, à Mayotte, en Nouvelle-Calédonie, en Polynésie française et dans les îles Wallis-et-Futuna est le délégué territorial de l'agence pour son action dans la collectivité.

« En outre, le représentant de l'État, en qualité de délégué territorial, est l'ordonnateur secondaire pour les programmes d'intervention et les crédits qui lui sont délégués par le directeur général. »

(Décr. nº 2009-1356 du 5 nov. 2009, art. 5) *« Le délégué assure l'instruction des demandes de financement et des dossiers de convention. Il attribue les subventions allouées par l'agence et signe avec la personne bénéficiaire les conventions dont ces subventions sont assorties. »*

Il instruit les demandes de versement de subvention formulées par les collectivités territoriales, les établissements publics de coopération intercommunale et les organismes publics ou privés, notamment les associations, et contrôle l'exécution des opérations qui en font l'objet.

Les projets d'actes et documents émanant du délégué de l'agence (Abrogé par Décr. nº 2009-1356 du 5 nov. 2009, art. 5) *« dans le département » en sa qualité d'ordonnateur secondaire sont soumis* (Décr. nº 2012-1247 du 7 nov. 2012, art. 2, en vigueur le 1er janv. 2013) *« au contrôleur budgétaire » placée* [placé] *auprès de l'autorité administrative déconcentrée.*

Un arrêté cosigné par le ministre chargé du budget et les ministres de tutelle précise les modalités de ce contrôle.

Il établit chaque année, à l'attention du directeur général de l'agence, un rapport relatif à l'état d'avancement des conventions signées (Abrogé par Décr. nº 2009-1356 du 5 nov. 2009, art. 5) *« dans le département », en particulier celles concernant les quartiers prioritaires de la politique de la ville.*

Un délégué adjoint est nommé par le directeur général de l'agence sur proposition du représentant de l'État. Le délégué délègue sa signature en tant que de besoin au délégué adjoint et aux personnels placés sous son autorité qui apportent leur concours à l'agence.

(Abrogé par Décr. nº 2009-1356 du 5 nov. 2009, art. 5) *« Les modalités du concours des services placés sous l'autorité du représentant de l'État sont définies par convention entre l'agence et les ministres concernés. »*

Art. R. 121-22 (Décr. nº 2009-1356 du 5 nov. 2009, art. 6) *Le délégué de l'agence* (Décr. nº 2012-1261 du 13 nov. 2012, art. 4) *« dans chaque région métropolitaine, y compris en Corse, » assure la coordination de l'action des délégués départementaux et veille à la mise en œuvre par ceux-ci des orientations définies par le conseil d'administration de l'agence et des instructions fixées par le directeur général.*

A ce titre :

1º Il propose au directeur général une répartition des crédits entre chaque département ;

2º Il propose à l'agence un programme de formation des acteurs publics et associatifs participant aux interventions de cette dernière ;

3º Il coordonne les évaluations des interventions de l'agence ;

4º Il met en œuvre le contrôle de l'utilisation des crédits de l'agence et définit le programme d'audit et de contrôle des organismes qui bénéficient de ces crédits ;

5º Il met en œuvre ou soutient financièrement les actions qui relèvent du niveau régional au moyen des crédits qui lui ont été délégués à cet effet.

La direction régionale de la jeunesse, des sports et de la cohésion sociale lui apporte son concours pour l'exercice des missions figurant au présent article.

Art. R. 121-22-1 (Décr. nº 2012-1261 du 13 nov. 2012, art. 5) *Le délégué de l'agence dans les départements d'outre-mer et à Mayotte met en œuvre les orientations définies par le conseil d'administration de l'agence et les instructions fixées par le directeur général.*

A ce titre :

1º Il propose à l'agence un programme de formation des acteurs publics et associatifs participant aux interventions de cette dernière ;

2º Il coordonne les évaluations des interventions de l'agence ;

3º Il met en œuvre le contrôle de l'utilisation des crédits de l'agence et définit le programme d'audit et de contrôle des organismes qui bénéficient de ces crédits ;

La direction de la jeunesse, des sports et de la cohésion sociale lui apporte son concours pour l'exercice des missions figurant au présent article.

Art. R. 121-23 *Un comité régional pour la cohésion sociale et l'égalité des chances est créé dans chaque région et en Corse.*

Il est constitué :

1° Pour moitié, de représentants de l'État ou de ses établissements publics, parmi lesquels le ou les préfets de département de la région ;

2° Pour l'autre moitié :

a) De représentants des collectivités territoriales de la région ou de leurs groupements ;

b) De représentants des organisations syndicales de salariés et d'employeurs ;

c) D'un ou plusieurs représentants des organismes locaux des régimes obligatoires de sécurité sociale, de la mutualité sociale agricole ou de la mutualité dans la région ;

d) De personnalités désignées en raison de leur expérience dans les domaines de compétence de l'agence.

Les membres du comité régional et leurs suppléants sont nommés pour une durée de trois ans, renouvelable.

Un arrêté du préfet de région et, en Corse, du préfet de Corse détermine la composition du comité régional.

Art. R. 121-24 *Le préfet de région et, en Corse, le préfet de Corse préside le comité régional. Il a voix prépondérante en cas de partage.*

Le président convoque les membres du comité et fixe l'ordre du jour sur proposition du directeur régional. Il peut demander l'audition de toute personne, service ou organisme, utile à ses travaux.

Le secrétariat du comité est assuré (Décr. n° 2009-1356 du 5 nov. 2009, art. 6) *« par la direction régionale de la jeunesse, des sports et de la cohésion sociale ».* — V. note ss. R. 121-22.

Art. R. 121-25 (Décr. n° 2009-1356 du 5 nov. 2009, art. 7) *« Le comité régional est consulté, dans le cadre des orientations nationales fixées par le conseil d'administration, sur les priorités des programmes régionaux de l'agence. »*

Il est informé de la répartition des dotations financières entre les départements de la région et des conditions d'exécution des conventions pluriannuelles souscrites par l'agence dans le ressort de la région.

(Abrogé par Décr. n° 2009-1356 du 5 nov. 2009, art. 7) *« Il délibère sur le programme d'utilisation des crédits notifiés en propre au directeur régional ».*

Il veille, sous l'autorité du préfet de région et, en Corse, du préfet de Corse, à la coordination des travaux de l'agence avec l'action des services de l'État et à l'optimisation de l'emploi des crédits dans les domaines d'intervention communs.

SOUS-SECTION 2 *[ABROGÉE]* **Régime financier et comptable**

Art. R. 121-26 (Décr. n° 2012-1247 du 7 nov. 2012, art. 24-4°, en vigueur le 1er janv. 2013) *« L'Agence est soumise aux dispositions des titres I et III du décret n° 2012-1246 du 7 novembre 2012 relatif à la gestion budgétaire et comptable publique. »*

(Abrogé par Décr. n° 2012-1247 du 7 nov. 2012, art. 24-4°, à compter du 1er janv. 2013) *« L'agence est soumise au contrôle financier prévu par le décret n° 2005-757 du 4 juillet 2005 relatif au contrôle financier au sein des établissements publics administratifs de l'État.*

« L'agent comptable de l'agence est nommé par arrêté conjoint des ministres de tutelle et du ministre chargé du budget. »

Des agents comptables secondaires peuvent être nommés (Décr. n° 2012-1247 du 7 nov. 2012, art. 24-4°, en vigueur le 1er janv. 2013) *« dans les conditions prévues au premier alinéa de l'article 189 du décret n° 2012-1246 du 7 novembre 2012 relatif à la gestion budgétaire et comptable publique » sur proposition du directeur général et sur avis conforme de l'agent comptable.*

SECTION 7 Service civil volontaire

(Décr. n° 2006-838 du 12 juill. 2006, art. 1er)

SOUS-SECTION 1 Agrément au titre du service civil volontaire

Art. D. 121-27 L'agrément est délivré par l'Agence nationale pour la cohésion sociale et l'égalité des chances à la personne morale de droit public ou privé ayant une mission d'intérêt général ou d'insertion professionnelle qui :

1° Est reconnue pour son expérience et la qualité de son intervention dans des actions d'intérêt général ;

2° Dispose d'une activité ou d'un programme d'activités d'intérêt général susceptibles d'être confiées à des jeunes âgés de seize à vingt-cinq ans révolus justifiant d'une résidence régulière et continue de plus d'un an en France et conformes à la nature de sa mission générale ;

3° Présente les garanties nécessaires à un accompagnement individualisé des jeunes accueillis, au regard des obligations attachées au service civil volontaire, notamment en ce qui concerne la formation aux valeurs civiques et le tutorat, définies respectivement aux articles D. 121-30 et D. 121-31 ;

4° Dispose d'au moins un salarié chargé de l'encadrement de la structure ;

5° Est à jour de ses cotisations sociales et fiscales et offre des garanties financières suffisantes au bon déroulement des missions agréées ;

6° S'engage à respecter la charte du service civil volontaire définie par arrêté du ministre en charge de la cohésion sociale. *— V. Arr. du 21 août 2006 (JO 22 août).*

(Décr. n° 2006-1699 du 23 déc. 2006) « Un groupement de personnes morales peut être agréé pour confier à des jeunes une activité ou un programme d'activité d'intérêt général. Cet agrément vaut pour chacun de ses membres, sous réserve que ceux-ci respectent les conditions mentionnées aux 4°, 5° et 6° du présent article au moment du dépôt du dossier de demande d'agrément.

« Les membres du groupement mentionnés dans la décision d'agrément sont autorisés à accueillir des jeunes uniquement pour les activités d'intérêt général agréées dudit groupement, sous réserve qu'ils respectent la condition mentionnée au 3° du présent article. »

La composition du dossier d'agrément est fixée par décision du directeur général de l'Agence nationale pour la cohésion sociale et l'égalité des chances.

L'agrément est accordé pour une durée de trois ans et pour un nombre maximal de jeunes accueillis simultanément au sein de la structure. Il est renouvelable par décision expresse. *(Décr. n° 2006-1699 du 23 déc. 2006)* « L'agrément délivré à un groupement de personnes morales comporte la liste des membres qui en bénéficient et le nombre maximal de jeunes que chacun est autorisé à accueillir simultanément. »

L'Agence nationale pour la cohésion sociale et l'égalité des chances peut à tout moment contrôler les conditions d'exercice du service civil volontaire au sein de l'organisme agréé. Celui-ci doit tenir à cet effet à la disposition de cette autorité les documents probants ou les pièces justificatives nécessaires à ce contrôle. *(Décr. n° 2006-1699 du 23 déc. 2006)* « Lorsqu'un groupement agréé a connaissance qu'un de ses membres ne satisfait plus aux conditions de l'agrément, il en informe l'agence. »

L'agrément peut être retiré suivant les mêmes formes que la délivrance lorsque l'organisme agréé cesse de remplir l'une des conditions énoncées ci-dessus.

La décision portant retrait d'agrément ne peut intervenir qu'après que l'organisme a été mis à même de présenter ses observations dans un délai de trois mois à compter de la réception de la notification des griefs formulés par l'Agence nationale pour la cohésion sociale et l'égalité des chances. *(Décr. n° 2006-1699 du 23 déc. 2006)* « La décision portant retrait d'agrément d'un membre d'un groupement de personnes morales modifie en conséquence la liste des membres mentionnée dans la décision d'agrément du groupement. »

Les décisions d'agrément *(Décr. n° 2006-1699 du 23 déc. 2006)* « , de modification d'agrément » et de retrait d'agrément sont publiées au *Journal officiel* de la République française.

SOUS-SECTION 2 Conditions d'exercice du service civil volontaire

Art. D. 121-28 Le service civil volontaire a une durée minimale continue de six, neuf ou douze mois.

La durée hebdomadaire de la mission agréée au titre du service civil volontaire est au moins égale à vingt-six heures.

A l'exception des cas dans lesquels le service civil volontaire est accompli dans le cadre des dispositifs et volontariats mentionnés à l'article D. 121-34, le contrat qui lie le jeune et la structure agréée est un contrat de volontariat associatif, un contrat de volontariat civil de cohésion sociale et de solidarité, un contrat de volontariat civil à l'aide technique ou un contrat d'accompagnement dans l'emploi.

Au début du service civil volontaire, il est remis au jeune une carte nominative portant la mention : "Service civil volontaire".

La structure agréée ne peut confier à un jeune relevant du service civil volontaire une mission accomplie préalablement par un salarié ayant été licencié ou ayant démissionné durant les six derniers mois.

La structure d'accueil informe l'Agence nationale pour la cohésion sociale et l'égalité des chances de toute interruption ou fin anticipée du service civil volontaire avant la date d'échéance prévue.

Art. D. 121-29 Pour chaque jeune, la structure d'accueil établit un programme de service civil volontaire, qui définit les activités d'intérêt général, le programme de formation, notamment aux valeurs civiques, et les modalités du tutorat. Il lui est remis un livret explicitant les valeurs et l'organisation institutionnelle de la République française.

Dans le dernier mois du service civil volontaire et en tant que de besoin, l'organisme accompagne le jeune dans sa recherche d'un emploi ou d'une formation qualifiante.

Art. D. 121-30 La structure d'accueil est tenue d'assurer la formation des jeunes aux valeurs civiques, telle qu'elle est définie dans la charte du service civil volontaire. L'Agence nationale pour la cohésion sociale et l'égalité des chances vérifie l'effectivité et la qualité de la formation dispensée.

V. Arr. du 21 août 2006 (JO 22 août) fixant les dispositions de la charte du service volontaire.

Art. D. 121-31 La structure agréée désigne un tuteur du jeune effectuant un service civil volontaire.

Le tuteur assure un suivi individualisé et régulier du jeune dans l'accomplissement de son service civil volontaire. Ce tutorat a également pour objectif d'aider et d'accompagner le jeune à accéder à un emploi ou à une formation qualifiante à l'issue du service civil volontaire. Si, à l'issue du service civil volontaire, le jeune n'a pu accéder à un emploi ou à une formation qualifiante, le tutorat se poursuit pendant les deux mois suivants afin notamment d'assurer une prise en charge du jeune par le service public de l'emploi.

La charte du service civil volontaire fixe le nombre maximal de jeunes placés sous la responsabilité d'un tuteur.

V. Arr. du 21 août 2006 (JO 22 août) fixant les dispositions de la charte du service volontaire.

Art. D. 121-32 Un brevet de service civil volontaire atteste de l'accomplissement du programme défini à l'article D. 121-29.

Ce brevet de service civil volontaire, conforme à un modèle fixé par un arrêté du ministre en charge de la cohésion sociale, est délivré à l'intéressé par la structure d'accueil.

L'Agence nationale pour la cohésion sociale et l'égalité des chances tient un registre de tous les jeunes ayant effectué un service civil volontaire.

Le refus de délivrer le brevet de service civil volontaire peut faire l'objet d'un recours auprès de l'Agence nationale pour la cohésion sociale et l'égalité des chances.

SOUS-SECTION 3 Financement du service civil volontaire

Art. D. 121-33 L'accueil de chaque jeune au titre du service civil volontaire ouvre droit à un financement de l'Agence nationale pour la cohésion sociale et l'égalité des chances *(Décr. nº 2006-1699 du 23 déc. 2006)* « fixé par convention conclue avec l'organisme agréé » permettant de prendre en charge tout ou partie de l'allocation versée au volontaire et des obligations inhérentes au service civil volontaire que sont la formation aux valeurs civiques et l'accompagnement du jeune, tels que définis respectivement aux articles D. 121-30 et D. 121-31.

Un décret fixe le montant et les modalités du concours financier alloué en fonction du contrat qui lie le jeune et la structure d'accueil. *— V. Décr. nº 2006-1024 du 21 août 2006 (JO 22 août).*

L'attribution de ce financement est exclusive de tout autre concours financier des services de l'État ou de ses établissements publics au titre du service civil volontaire.

Les organismes bénéficiant de financements au titre du service civil volontaire rendent compte chaque année de l'activité des jeunes accueillis, auprès de l'Agence nationale pour la cohésion sociale et l'égalité des chances, au plus tard le 31 mars de l'année suivante.

SOUS-SECTION 4 Agrément de droit au titre du service civil volontaire

Art. D. 121-34 Sur la demande des structures d'accueil, sont agréées de droit au titre du service civil volontaire et pour une durée indéterminée les missions proposées aux jeunes dans les dispositifs suivants :

a) Le volontariat de prévention, sécurité et défense civile ;
b) Le volontariat international en administration ;
c) Le volontariat de solidarité internationale ;
d) Le volontariat pour l'insertion ;
e) Les cadets de la République, option police nationale.

A l'issue de la mission, le brevet de service civil volontaire mentionné à l'article D. 121-32 est délivré à l'intéressé par la structure d'accueil.

Les missions accueillant des jeunes dans les dispositifs énumérés ci-dessus ne peuvent bénéficier de financement de l'Agence nationale pour la cohésion sociale et l'égalité des chances au titre du service civil volontaire.

Les structures accueillant des jeunes dans le cadre de ces dispositifs agréés sont tenues de communiquer, à l'issue du service civil volontaire, à l'Agence nationale pour la cohésion sociale et l'égalité des chances, les informations suivantes :

1º L'état civil des jeunes auxquels a été remis un brevet de service civil volontaire ;
2º La durée du service civil volontaire accompli.

CHAPITRE II DOMICILE DE SECOURS

Le présent chapitre ne comprend pas de dispositions réglementaires.

CHAPITRE III ORGANISATION ADMINISTRATIVE

SECTION 1 Services départementaux

La présente section ne comprend pas de dispositions réglementaires.

SECTION 2 Centre communal ou intercommunal d'action sociale

SOUS-SECTION 1 Missions

Art. R. 123-1 *(Décr. nº 2016-824 du 21 juin 2016)* I. — Les centres communaux et intercommunaux d'action sociale produisent une analyse des besoins sociaux de l'ensemble de la population du territoire de leur ressort.

II. — L'analyse des besoins sociaux consiste en un diagnostic sociodémographique à partir des données d'observation sociale du territoire. Ce diagnostic est établi avec l'ensemble des partenaires, publics ou privés, qui participent à la mise en œuvre des actions de prévention et de développement social telles que mentionnées à l'article L. 123-5.

III. – L'analyse des besoins sociaux fait l'objet d'un rapport présenté au conseil d'administration au cours de l'année civile qui suit chaque renouvellement général des conseils municipaux. Les années suivantes, des analyses complémentaires, notamment thématiques, peuvent être présentées au conseil d'administration lors du débat d'orientation budgétaire ou, à défaut, lors du vote du budget.

Art. R. 123-2 Les centres d'action sociale mettent en œuvre, sur la base du rapport mentionné à l'article R. 123-1, une action sociale générale, telle qu'elle est définie par l'article L. 123-5 et des actions spécifiques.

Ils peuvent intervenir au moyen de prestations en espèces, remboursables ou non, et de prestations en nature. – *[Décr. n° 95-562 du 6 mai 1995, art. 2.]*

Art. R. 123-3 Les centres d'action sociale peuvent créer et gérer tout établissement ou service à caractère social ou médico-social. – *[Décr. n° 95-562 du 6 mai 1995, art. 3.]*

Art. R. 123-4 Les centres d'action sociale exercent leur action en liaison avec les services et institutions publics et privés de caractère social. A cet effet ils peuvent mettre en œuvre des moyens ou des structures de concertation et de coordination. – *[Décr. n° 95-562 du 6 mai 1995, art. 4.]*

Art. R. 123-5 A l'occasion de toute demande d'aide sociale déposée par une personne résidant dans la commune, y ayant élu domicile, ou réputée y résider, ou encore se trouvant dans l'une des situations définies à l'article L. 111-3, les centres d'action sociale procèdent aux enquêtes sociales en vue d'établir ou de compléter le dossier d'admission à l'aide sociale. – *[Décr. n° 95-562 du 6 mai 1995, art. 5.]*

Art. R. 123-6 Les centres d'action sociale constituent et tiennent à jour un fichier des personnes bénéficiaires d'une prestation d'aide sociale, résidant sur le territoire de la commune ou des communes considérées. Les informations nominatives de ce fichier sont protégées par le secret professionnel. – *[Décr. n° 95-562 du 6 mai 1995, art. 6.]*

SOUS-SECTION 2 **Dispositions relatives au centre communal d'action sociale**

§ 1 Composition du conseil d'administration

Art. R. 123-7 *(Abrogé par Décr. n° 2023-632 du 20 juill. 2023, art. 1er-1°)* ***Le conseil d'administration du centre communal d'action sociale est présidé par le maire. Il comprend en nombre égal, au maximum huit membres élus en son sein par le conseil municipal et huit membres nommés par le maire parmi les personnes non membres du conseil municipal mentionnées au quatrième alinéa de l'article L. 123-6.***

Le nombre des membres du conseil d'administration est fixé par délibération du conseil municipal. – [Décr. n° 95-562 du 6 mai 1995, art. 7.]

Art. R. 123-8 Les membres élus en son sein par le conseil municipal le sont au scrutin de liste, à la représentation proportionnelle au plus fort reste, sans panachage ni vote préférentiel. Le scrutin est secret.

Chaque conseiller municipal ou groupe de conseillers municipaux peut présenter une liste de candidats même incomplète. Dans cette hypothèse, si le nombre de candidats figurant sur une liste est inférieur au nombre de sièges qui reviennent à celle-ci, le ou les sièges non pourvus le sont par les autres listes.

Les sièges sont attribués aux candidats d'après l'ordre de présentation sur chaque liste.

Si plusieurs listes ont le même reste pour l'attribution du ou des sièges restant à pourvoir, ceux-ci reviennent à la ou aux listes qui ont obtenu le plus grand nombre de suffrages. En cas d'égalité de suffrages, le siège est attribué au plus âgé des candidats. – *[Décr. n° 95-562 du 6 mai 1995, art. 8.]*

Art. R. 123-9 Le ou les sièges laissés vacants par un ou des conseillers municipaux, pour quelque cause que ce soit, sont pourvus dans l'ordre de la liste à laquelle appartiennent le ou les intéressés.

Lorsque ces dispositions ne peuvent pas ou ne peuvent plus être appliquées, le ou les sièges laissés vacants sont pourvus par les candidats de celle des autres listes qui a obtenu le plus grand nombre de suffrages. En cas d'égalité des suffrages, le siège est attribué au plus âgé des candidats.

Dans l'hypothèse où il ne reste aucun candidat sur aucune des listes, il est procédé dans le délai de deux mois au renouvellement de l'ensemble des administrateurs élus dans les conditions prévues par la présente sous-section. – *[Décr. n° 95-562 du 6 mai 1995, art. 9.]*

Art. R. 123-10 Dès son renouvellement, le conseil municipal procède, dans un délai maximum de deux mois, à l'élection des nouveaux membres du conseil d'administration du centre d'action sociale.

Le mandat des membres précédemment élus par le conseil municipal prend fin dès l'élection des nouveaux membres et au plus tard dans le délai fixé au premier alinéa. – *[Décr. n° 95-562 du 6 mai 1995, art. 10.]*

Art. R. 123-11 Dès le renouvellement du conseil municipal, les associations mentionnées au dernier alinéa de l'article L. 123-6 sont informées collectivement par voie d'affichage en mairie et, le cas échéant, par tout autre moyen, notamment par voie de presse, du prochain renouvellement des membres nommés du conseil d'administration du centre d'action sociale ainsi que du délai, qui ne peut être inférieur à quinze jours, dans lequel elles peuvent formuler des propositions concernant leurs représentants.

En ce qui concerne les associations familiales, les propositions sont présentées, conformément au dernier alinéa de l'article L. 123-6, par l'union départementale des associations familiales.

Les associations qui œuvrent dans le domaine de l'insertion et de la lutte contre les exclusions, les associations de retraités et de personnes âgées et les associations de personnes handicapées proposent au maire une liste comportant, sauf impossibilité dûment justifiée, au moins trois personnes répondant aux conditions prévues par le quatrième alinéa de l'article L. 123-6.

Les associations ayant le même objet peuvent proposer une liste commune. – *[Décr. n° 95-562 du 6 mai 1995, art. 11.]*

Art. R. 123-12 Les membres du conseil d'administration mentionnés au quatrième alinéa de l'article L. 123-6 sont nommés par le maire dans le délai fixé à l'article R. 123-10. – *[Décr. n° 95-562 du 6 mai 1995, art. 12.]*

Art. R. 123-13 Si le remplacement d'un membre du conseil d'administration a lieu avant la date du renouvellement du conseil, les fonctions du nouveau membre expirent à la date où auraient cessé celles du membre remplacé. – *[Décr. n° 95-562 du 6 mai 1995, art. 13.]*

Art. R. 123-14 Les membres du conseil d'administration qui se sont abstenus sans motif légitime de siéger au cours de trois séances consécutives peuvent, après que le maire, président du conseil d'administration, les a mis à même de présenter leurs observations, être déclarés démissionnaires d'office par le conseil municipal sur proposition du maire pour les membres élus ou par le maire pour les membres que celui-ci a nommés. – *[Décr. n° 95-562 du 6 mai 1995, art. 14.]*

Art. R. 123-15 Ne peuvent siéger au conseil d'administration les personnes qui sont fournisseurs de biens ou de services au centre d'action sociale. – *[Décr. n° 95-562 du 6 mai 1995, art. 15.]*

§ 2 Fonctionnement du conseil d'administration

Art. R. 123-16 Le conseil d'administration du centre d'action sociale tient au moins une séance par trimestre. Il se réunit sur convocation de son président, soit à l'initiative de celui-ci, soit à la demande de la majorité des membres du conseil.

Un membre du conseil d'administration empêché d'assister à une séance peut donner à un administrateur de son choix pouvoir écrit de voter en son nom. Un même administrateur ne peut être porteur que d'un seul mandat. Le mandat est toujours révocable.

La convocation est accompagnée de l'ordre du jour arrêté par le président; elle est adressée aux membres du conseil trois jours au moins avant la date de la réunion et accompagnée, dans les villes de 3 500 habitants et plus, d'un rapport explicatif sur les affaires soumises à délibération.

Le règlement intérieur mentionné à l'article R. 123-19 peut prévoir la réunion à date déterminée du conseil d'administration. Il précise les modalités particulières de convocation des membres applicables dans ce cas. – *[Décr. n° 95-562 du 6 mai 1995, art. 16.]*

Art. R. 123-17 Le conseil d'administration ne peut valablement délibérer que lorsque la majorité des membres en exercice assiste à la séance.

Si ce nombre n'est pas atteint, une nouvelle convocation est adressée aux membres du conseil dans les conditions prévues à l'article R. 123-16. Le conseil peut alors délibérer quel que soit le nombre des membres présents. – *[Décr. n° 95-562 du 6 mai 1995, art. 17.]*

Art. R. 123-18 Les délibérations sont prises à la majorité absolue des suffrages exprimés.

En cas de partage des voix, celle du président est prépondérante.

Il est voté au scrutin secret toutes les fois que le tiers des membres présents le réclame ou qu'il s'agit de procéder à une nomination.

En cas d'empêchement du président *(Décr. n° 2023-632 du 20 juill. 2023, art. 1er-2°)* «, du vice-président» et du vice-président *(Décr. n° 2023-632 du 20 juill. 2023, art. 1er-2°)* «délégué», la présidence de la séance est assurée par le plus ancien des membres présents et, à ancienneté égale, par le plus âgé. – *[Décr. n° 95-562 du 6 mai 1995, art. 18.]*

Art. R. 123-19 Le conseil d'administration établit son règlement intérieur.

Le règlement intérieur peut prévoir la désignation au sein du conseil d'administration d'une commission permanente, dont il détermine le fonctionnement et les attributions. Outre son président, qui est le maire ou un conseiller municipal désigné par lui, cette commission est composée pour moitié de conseillers municipaux et pour moitié de membres nommés, désignés les uns et les autres par le conseil d'administration. – *[Décr. n° 95-562 du 6 mai 1995, art. 19.]*

Art. R. 123-20 Sous réserve des dispositions des articles L. 2121-34 et L. 2241-5 du code général des collectivités territoriales et du premier alinéa de l'article L. 123-8, le conseil d'administration règle par ses délibérations les affaires du centre d'action sociale. – *[Décr. n° 95-562 du 6 mai 1995, art. 20.]*

Art. R. 123-21 Le conseil d'administration peut donner délégation de pouvoirs à son président *(Décr. n° 2023-632 du 20 juill. 2023, art. 1er-3°)* «, à son vice-président» ou à son vice-président *(Décr. n° 2023-632 du 20 juill. 2023, art. 1er-3°)* «délégué» dans les matières suivantes :

1° attribution des prestations dans des conditions définies par le conseil d'administration;

2° préparation, passation, exécution et règlement des marchés de travaux, de fournitures et de services passés selon la procédure adaptée prévue à l'article 26 du code des marchés publics;

3° conclusion et révision des contrats de louage de choses pour une durée n'excédant pas douze ans;

4° conclusion de contrats d'assurance;

5° création des régies comptables nécessaires au fonctionnement du centre d'action sociale et des services qu'il gère;

6° fixation des rémunérations et règlement des frais et honoraires des avocats, notaires, avoués, huissiers de justice et experts ;
7° exercice au nom du centre d'action sociale des actions en justice ou défense du centre dans les actions intentées contre lui, dans les cas définis par le conseil d'administration ; – *[Décr. nº 95-562 du 6 mai 1995, art. 21.]*
(Décr. nº 2009-404 du 15 avr. 2009, en vigueur le 1er juin 2009) **« 8° Délivrance, refus de délivrance et résiliation des élections de domicile mentionnées à l'article L. 264-2 ».**

Art. R. 123-22 **Les décisions prises par le président** *(Décr. nº 2023-632 du 20 juill. 2023, art. 1er-4º)* **« , le vice-président » ou le vice-président** *(Décr. nº 2023-632 du 20 juill. 2023, art. 1er-4º)* **« délégué » dans les matières mentionnées à l'article R. 123-21 sont soumises aux mêmes règles que celles qui sont applicables aux délibérations du conseil d'administration portant sur les mêmes objets.**
Sauf disposition contraire figurant dans la délibération du conseil d'administration portant délégation, les décisions prises en application de celle-ci doivent être signées personnellement par le président *(Décr. nº 2023-632 du 20 juill. 2023, art. 1er-4º)* **« , le vice-président » ou le vice-président** *(Décr. nº 2023-632 du 20 juill. 2023, art. 1er-4º)* **« délégué ». Les décisions relatives aux matières ayant fait l'objet de la délégation sont prises, en cas d'absence ou d'empêchement du président** *(Décr. nº 2023-632 du 20 juill. 2023, art. 1er-4º)* **« , du vice-président » ou du vice-président** *(Décr. nº 2023-632 du 20 juill. 2023, art. 1er-4º)* **« délégué », par le conseil d'administration.**
Le président *(Décr. nº 2023-632 du 20 juill. 2023, art. 1er-4º)* **« , le vice-président » ou le vice-président** *(Décr. nº 2023-632 du 20 juill. 2023, art. 1er-4º)* **« délégué » doit rendre compte, à chacune des réunions du conseil d'administration, des décisions qu'il a prises en vertu de la délégation qu'il a reçue.**
Le conseil d'administration peut mettre fin à la délégation. – *[Décr. nº 95-562 du 6 mai 1995, art. 22.]*

Art. R. 123-23 **Le président du conseil d'administration prépare et exécute les délibérations du conseil ; il est ordonnateur des dépenses et des recettes du budget du centre. Il nomme les agents du centre.**
Il peut, sous sa surveillance et sa responsabilité, déléguer une partie de ses fonctions ou sa signature au vice-président *(Décr. nº 2023-632 du 20 juill. 2023, art. 1er-5º)* **« , au vice-président délégué » et au directeur.**
Le président du conseil d'administration nomme à l'emploi de directeur du centre d'action sociale. Celui-ci assiste aux réunions du conseil d'administration et de sa commission permanente et en assure le secrétariat. – *[Décr. nº 95-562 du 6 mai 1995, art. 23.]*

Art. R. 123-24 **Le directeur peut, par délégation du maire, prononcer l'admission d'urgence à l'aide sociale prévue à l'article L. 131-3.** – *[Décr. nº 95-562 du 6 mai 1995, art. 24.]*

Art. R. 123-25 **Les recettes d'exploitation et de fonctionnement du centre d'action sociale peuvent comprendre notamment :**
1° Les subventions versées par la commune ;
2° Les produits provenant des prestations de services fournies par le centre ;
3° Les versements effectués par les organismes d'assurance maladie, d'assurance vieillesse, les caisses d'allocations familiales ou par tout autre organisme ou collectivité au titre de leur participation financière aux services et aux établissements gérés par le centre ;
4° Le produit des prestations remboursables mentionnées au premier alinéa de l'article L. 123-5 ;
5° Les subventions d'exploitation et les participations ;
6° Les remboursements des frais liés à l'établissement des dossiers de demandes d'aide sociale légale ;

7° Les ressources propres du centre, notamment celles provenant des dons et legs qui lui sont faits;

8° Le tiers du produit des concessions de terrains dans les cimetières accordées en vertu des articles L. 2223-14 et L. 2223-15 du code général des collectivités territoriales. – *[Décr. nº 95-562 du 6 mai 1995, art. 25.]*

Art. R. 123-26 Les fonctions de comptable du centre d'action sociale sont exercées par le receveur de la commune. – *[Décr. nº 95-562 du 6 mai 1995, art. 26.]*

SOUS-SECTION 3 Dispositions relatives au centre intercommunal d'action sociale

Art. R. 123-27 Les dispositions des articles R. 123-1 à *(Décr. nº 2023-632 du 20 juill. 2023, art. 1er-6°)* « R. 123-6 », R. 123-10 à R. 123-23 et R. 123-25 sont *(Abrogé par Décr. nº 2023-632 du 20 juill. 2023, art. 1er-6°)* *« , sous réserve de l'article R. 123-28, »* applicables aux centres intercommunaux d'action sociale créés par les communes constituées en établissement public de coopération intercommunale. Pour l'application de ces dispositions, le président de l'établissement public de coopération intercommunale est substitué au maire et l'organe délibérant de cet établissement est substitué au conseil municipal. – *[Décr. nº 95-562 du 6 mai 1995, art. 27.]*

Art. R. 123-28 *(Abrogé par Décr. nº 2023-632 du 20 juill. 2023, art. 1er-7°)* ***L'organe délibérant de l'établissement public de coopération intercommunale peut décider d'accroître à part égale le nombre des membres élus et des membres nommés du conseil d'administration dans la limite du double du nombre maximum fixé à l'article R. 123-7.*** – [Décr. nº 95-562 du 6 mai 1995, art. 28.]

Art. R. 123-29 L'organe délibérant de l'établissement public de coopération intercommunale élit ses représentants au conseil d'administration du centre intercommunal d'action sociale au scrutin majoritaire à deux tours. Il détermine au préalable si le scrutin est uninominal ou de liste.

Le scrutin est secret.

En cas d'égalité de suffrages, le candidat le plus âgé est déclaré élu.

En cas de vacance d'un siège, pour quelque cause que ce soit, il est procédé à une nouvelle élection dans un délai de deux mois à compter de la vacance du siège. – *[Décr. nº 95-562 du 6 mai 1995, art. 29.]*

Art. R. 123-30 Les fonctions de comptable du centre intercommunal d'action sociale sont exercées par le comptable de l'établissement public de coopération intercommunale. – *[Décr. nº 95-562 du 6 mai 1995, art. 30.]*

SOUS-SECTION 4 Dispositions relatives aux sections des centres d'action sociale des communes associées

Art. R. 123-31 En application du 3° de l'article L. 2113-13 du code général des collectivités territoriales *(Décr. nº 2012-124 du 30 janv. 2012, art. 2-I)* « dans sa rédaction antérieure à la loi nº 2010-1563 du 16 décembre 2010 de réforme des collectivités territoriales », les éléments actifs et passifs ainsi que les droits et obligations du centre d'action sociale ayant existé dans l'ancienne commune sont, à compter de la date d'effet de la fusion, transférés à la section du centre d'action sociale de la commune associée, sans qu'il puisse être porté atteinte aux affectations régulièrement établies. – *[Décr. nº 95-562 du 6 mai 1995, art. 31.]*

Art. R. 123-32 La section du centre d'action sociale mentionnée au 3° de l'article L. 2113-13 du code général des collectivités territoriales participe à l'instruction des demandes d'aide sociale formulées par les personnes ayant leur résidence sur le territoire de la commune associée ou y ayant élu domicile ou réputées y résider, ou encore se trouvant dans l'une des situations définies à l'article L. 111-3.

La section exerce, dans le ressort territorial de la commune associée et dans la limite de ses moyens propres ou de ceux qui lui sont attribués par le centre d'action sociale, les attributions définies au premier alinéa de l'article L. 123-5 et aux articles R. 123-1 à R. 123-5.

Elle participe à la constitution du fichier mentionné à l'article R. 123-6. – *[Décr. n° 95-562 du 6 mai 1995, art. 32.]*

Art. R. 123-33 La section du centre d'action sociale est gérée par un comité comprenant, outre le maire délégué, président :

1° un membre élu en son sein par le conseil consultatif prévu à l'article L. 2113-17 du code général des collectivités territoriales, ou à défaut et jusqu'au prochain renouvellement du conseil municipal, par le conseil municipal, après avis, le cas échéant, de la commission consultative prévue à l'article L. 2113-23 du code général des collectivités territoriales ;

2° deux membres élus en son sein par le conseil d'administration du centre d'action sociale parmi les délégués du conseil municipal ;

3° trois membres nommés par le maire, représentant des associations mentionnées au septième alinéa de l'article L. 123-6.

Les membres du comité sont élus ou nommés à la suite de chaque renouvellement du conseil municipal et pour la durée du mandat de ce conseil. – *[Décr. n° 95-562 du 6 mai 1995, art. 33.]*

Art. R. 123-34 Les dispositions de l'article L. 123-8 concernant le fonctionnement administratif et la comptabilité du centre d'action sociale sont applicables à la section du centre d'action sociale. – *[Décr. n° 95-562 du 6 mai 1995, art. 34.]*

Art. R. 123-35 La section du centre d'action sociale est dotée d'un budget voté par le comité.

Elle dispose comme ressources propres du produit des subventions et de celui des dons et legs qui lui sont faits.

En outre, elle reçoit annuellement du centre d'action sociale, sur les ressources ordinaires de celui-ci, une subvention de fonctionnement dont le montant est fixé par le conseil d'administration du centre d'action sociale en fonction des besoins de la section. – *[Décr. n° 95-562 du 6 mai 1995, art. 35.]*

Art. R. 123-36 Le maire délégué est ordonnateur des recettes et des dépenses du budget de la section du centre d'action sociale.

Le comptable du centre d'action sociale est conjointement le comptable de la section du centre d'action sociale. – *[Décr. n° 95-562 du 6 mai 1995, art. 36.]*

Art. R. 123-37 Les dispositions des articles R. 123-10 à R. 123-18 et R. 123-20 à R. 123-22 sont applicables au fonctionnement de la section du centre d'action sociale de la commune associée.

La convocation des membres de la section du centre d'action sociale n'est toutefois accompagnée d'un rapport explicatif sur les affaires soumises à l'ordre du jour que dans les seules communes associées dont la population est égale ou supérieure à 3 500 habitants. – *[Décr. n° 95-562 du 6 mai 1995, art. 37.]*

Art. R. 123-38 En cas de suppression de la commune associée dans les conditions prévues à l'article L. 2113-16 du code général des collectivités territoriales, tous les éléments actifs et passifs de la section du centre d'action sociale ainsi que tous les droits et obligations de cet établissement sont, à compter du jour où la suppression prend effet, transférés au centre d'action sociale. – *[Décr. n° 95-562 du 6 mai 1995, art. 38.]*

SOUS-SECTION 5 **Dispositions relatives au centre d'action sociale de la ville de Paris**

§ 1 Dispositions générales

Art. R. 123-39 Le centre communal d'action sociale de Paris, dénommé « centre d'action sociale de la ville de Paris », est soumis à l'ensemble de la législation et de la réglementation applicables aux centres communaux d'action sociale sous réserve des dispositions de la présente sous-section. – *[Décr. n° 95-563 du 6 mai 1995, art. 1er.]*

Art. R. 123-40 *(Abrogé par Décr. nº 2023-632 du 20 juill. 2023, art. 1er-8º)* ***« Le conseil d'administration du centre d'action sociale de la ville de Paris est présidé par le maire de Paris et comprend en nombre égal, au maximum seize membres élus en son sein par le conseil de Paris et seize membres nommés par le maire parmi les personnes, non membres du conseil de Paris, participant à des actions de prévention, d'animation ou de développement social menées** (Décr. nº 2019-854 du 20 août 2019, art. 2-1º)* ***« sur le territoire de la Ville de Paris ». »***

Au nombre des membres nommés *(Décr. nº 2023-632 du 20 juill. 2023, art. 1er-8º)* « par le maire au conseil d'administration du centre d'action sociale de la ville de Paris » doivent figurer au moins un représentant des associations *(Abrogé par Décr. nº 2019-854 du 20 août 2019, art. 2-1º)* ***« de la ville »*** qui œuvrent dans le domaine de l'insertion et de la lutte contre les exclusions, au moins deux représentants des associations familiales désignés sur proposition de l'union départementale des associations familiales, au moins un représentant des associations de retraités et de personnes âgées *(Abrogé par Décr. nº 2019-854 du 20 août 2019, art. 2-1º)* ***« de la ville »*** et au moins un représentant des associations de personnes handicapées *(Abrogé par Décr. nº 2019-854 du 20 août 2019, art. 2-1º)* ***« de la ville »***. – *[Décr. nº 95-563 du 6 mai 1995, art. 2.]*

Art. R. 123-41 Le conseil d'administration élit, parmi ses membres appartenant au conseil *(Décr. nº 2019-854 du 20 août 2019, art. 2-2º)* « de la Ville » de Paris, *(Décr. nº 2019-854 du 20 août 2019, art. 2-2º)* « des vice-présidents dont le nombre maximum est de » *(Décr. nº 2023-632 du 20 juill. 2023, art. 1er-9º)* « six » qui suppléent le président en cas d'absence et dont l'un peut recevoir délégation du maire pour présider la commission d'appel d'offres *(Décr. nº 2011-1000 du 25 août 2011, art. 50-IV)* « prévue par l'article » *(Décr. nº 2019-854 du 20 août 2019, art. 2-2º)* « **L. 1414-2** du code général des collectivités territoriales ». – *[Décr. nº 95-563 du 6 mai 1995, art. 3.]*

Art. R. 123-42 *(Abrogé par Décr. nº 2019-854 du 20 août 2019, art. 2-3º)* ***Le directeur des affaires sanitaires et sociales de Paris et un agent du département de Paris, désigné par le président du conseil de Paris, assistent aux séances du conseil d'administration avec voix consultative.*** – [Décr. nº 95-563 du 6 mai 1995, art. 4.]

Art. R. 123-43 Le président du conseil d'administration nomme les agents du centre.

Il peut, sous sa surveillance et sa responsabilité, déléguer une partie de ses fonctions ou sa signature aux vice-présidents *(Décr. nº 2005-1135 du 7 sept. 2005, art. 1er)* « , au directeur général et aux responsables des services ». – *[Décr. nº 95-563 du 6 mai 1995, art. 6.]*

Art. R. 123-44 Le conseil d'administration peut, sous réserve des dispositions de l'article R. 123-45, donner délégation de pouvoirs à son président et à ses vice-présidents.

Les dispositions de l'article R. 123-22 sont applicables à toutes les matières dans lesquelles cette délégation est donnée. – *[Décr. nº 95-563 du 6 mai 1995, art. 5.]*

Art. R. 123-45 Le directeur général du centre d'action sociale de la ville de Paris est nommé par le maire, président du conseil d'administration.

Le directeur général :

1º prépare et soumet au conseil d'administration les budgets et les comptes ainsi que le rapport annuel ;

2º prépare et exécute les délibérations du conseil d'administration ;

3º assure le secrétariat et la tenue du registre des délibérations du conseil d'administration auquel il participe ;

4º a autorité sur les services du centre et en assure la conduite générale ;

5º exerce les fonctions d'ordonnateur et passe les marchés ;

6º administre le patrimoine du centre.

Dans les matières énumérées ci-dessus, le directeur général peut déléguer sa signature aux responsables des services du centre. – *[Décr. nº 95-563 du 6 mai 1995, art. 7.]*

Art. R. 123-46 Le directeur général peut accorder une aide financière d'urgence aux personnes en difficulté. La dépense est imputée sur le crédit ouvert annuellement pour les aides facultatives au budget du centre. Elle ne peut dépasser 3 p. 100 du total de ce crédit. – *[Décr. nº 95-563 du 6 mai 1995, art. 8.]*

(Décr. nº 2019-854 du 20 août 2019, art. 2-4º) « Le directeur général peut déléguer sa signature aux responsables des services du centre. »

Art. R. 123-47 Les fonctions de comptable du centre d'action sociale de la ville de Paris sont exercées par un *(Décr. nº 2014-551 du 27 mai 2014, art. 1er-1º)* « comptable de la direction générale des finances publiques » ayant la qualité de comptable principal. – *[Décr. nº 95-563 du 6 mai 1995, art. 9.]*

Art. R. 123-48 Les dispositions des sous-sections 1 et 2 de la présente section sont applicables au centre d'action sociale de la ville de Paris, à l'exception *(Abrogé par Décr. nº 2023-632 du 20 juill. 2023, art. 1er-10º)* ***« du premier alinéa de l'article R. 123-7, »*** du deuxième alinéa de l'article R. 123-19 et des articles R. 123-21, R. 123-23 et R. 123-26. – *[Décr. nº 95-563 du 6 mai 1995, art. 10.]*

§ 2 Dispositions relatives aux sections d'arrondissement et aux autres services du centre d'action sociale

Art. R. 123-49 *(Décr. nº 2019-854 du 20 août 2019, art. 2-5º)* Sur le territoire de la Ville de Paris, des services du centre d'action sociale assurent le fonctionnement de l'aide sociale municipale, sous l'autorité du conseil d'administration, et participent au fonctionnement de l'aide sociale légale.

Art. R. 123-50 *(Décr. nº 2019-854 du 20 août 2019, art. 2-9º)* Le conseil d'administration définit par délibération le fonctionnement des comités de gestion, ainsi que les modalités de dépôt des demandes d'admission au bénéfice de l'aide sociale.

Art. R. 123-51 *(Décr. nº 2019-854 du 20 août 2019, art. 2-10º)* Le comité de gestion, instance d'information et de concertation, est présidé par le maire d'arrondissement ou de secteur, lorsque des arrondissements sont regroupés dans un secteur unique en application de l'article L. 2511-5 du code général des collectivités territoriales. Il est composé, outre son président, de membres élus du conseil d'arrondissement et de personnalités qualifiées.

Art. R. 123-52 Les directeurs *(Abrogé par Décr. nº 2019-854 du 20 août 2019, art. 2-11º)* ***« de section d'arrondissement ou les responsables »*** des services mentionnés au deuxième alinéa de l'article R. 123-49 *(Décr. nº 2019-854 du 20 août 2019, art. 2-11º)* « ou leurs adjoints » peuvent, par délégation du maire de Paris, prononcer l'admission d'urgence à l'aide sociale prévue par l'article L. 131-3. – *[Anc. art. R. 123-61.]*

Art. R. 123-53 *(Abrogé par Décr. nº 2019-854 du 20 août 2019, art. 2-6º)* ***Les services de chaque section d'arrondissement sont placés sous l'autorité d'un directeur nommé par le maire de Paris sur proposition du directeur général du centre.***

Les directeurs de section peuvent être désignés comme régisseurs de recettes et de dépenses. – [Décr. nº 95-563 du 6 mai 1995, art. 15.]

Art. R. 123-54 *(Décr. nº 2019-854 du 20 août 2019, art. 2-7º)* Dans le cadre de la délégation de pouvoirs qu'ils peuvent recevoir du conseil d'administration à cet effet, le directeur général, les directeurs ainsi que les directeurs adjoints des services mentionnés à l'article R. 123-49 attribuent les prestations d'aide sociale municipale en espèces ou en nature.

Le directeur général peut déléguer sa signature aux responsables des services du centre d'action sociale.

Art. R. 123-55 *(Abrogé par Décr. nº 2019-854 du 20 août 2019, art. 2-8º)* ***En cas d'extrême urgence, le directeur de section peut accorder à une personne en difficulté les aides relevant***

normalement du comité de gestion ou de la commission permanente qui en sont informés lors de leur prochaine séance. La somme des dépenses effectuées à ce titre ne peut pas dépasser la limite fixée pour chaque arrondissement par le conseil d'administration du centre. — [Décr. nº 95-563 du 6 mai 1995, art. 17.]

Art. R. 123-56 *(Abrogé par Décr. nº 2019-854 du 20 août 2019, art. 2-8º)* ***Outre leur participation au comité de gestion, les administrateurs bénévoles exercent les différentes activités qui leur sont confiées par le directeur de la section d'arrondissement du centre. A ce titre, ils peuvent se faire aider par des administrateurs adjoints bénévoles.***

Le nombre d'administrateurs adjoints bénévoles de chaque section d'arrondissement est fixé par le conseil d'administration du centre, qui les nomme sur proposition du maire de Paris pour une durée d'une année renouvelable. — [Décr. nº 95-563 du 6 mai 1995, art. 18, al. 1er et 19.]

Art. R. 123-57 *(Abrogé par Décr. nº 2019-854 du 20 août 2019, art. 2-8º)* ***Les administrateurs et les administrateurs adjoints bénévoles doivent rester étrangers à tout maniement de deniers du centre d'action sociale.*** — [Décr. nº 95-563 du 6 mai 1995, art. 18, al. 2.]

Art. R. 123-58 *(Abrogé par Décr. nº 2019-854 du 20 août 2019, art. 2-8º)* ***Après huit ans de fonctions comme administrateur ou administrateur adjoint, les administrateurs bénévoles peuvent être nommés administrateurs honoraires par le conseil d'administration du centre.*** — [Décr. nº 95-563 du 6 mai 1995, art. 20.]

Art. R. 123-59 *(Abrogé par Décr. nº 2019-854 du 20 août 2019, art. 2-8º)* ***Tout administrateur bénévole faisant partie de la commission permanente du comité de gestion qui, sans motif légitime, s'abstient d'assister pendant six mois consécutifs aux séances de cette commission est réputé démissionnaire. Cette démission est constatée par le conseil d'administration du centre sur proposition du président du comité de gestion. L'intéressé est remplacé.***

Les administrateurs et les administrateurs adjoints bénévoles peuvent être suspendus ou révoqués par arrêté motivé du maire de Paris après que celui-ci les a mis à même de présenter leurs observations. — [Décr. nº 95-563 du 6 mai 1995, art. 21.]

Art. R. 123-60 *Devient l'art. R. 123-50 (Décr. nº 2019-854 du 20 août 2019, art. 2-9º).*

Art. R. 123-61 *Devient l'art. R. 123-52 (Décr. nº 2019-854 du 20 août 2019, art. 2-11º).*

SOUS-SECTION 6 Dispositions particulières applicables aux centres communaux d'action sociale de Marseille et de Lyon

§ 1 Marseille

Art. R. 123-62 *(Abrogé par Décr. nº 2023-632 du 20 juill. 2023, art. 1er-11º)* ***« Le conseil d'administration du centre communal d'action sociale de Marseille est présidé par le maire et comprend en nombre égal, au maximum seize membres élus par le conseil municipal en son sein à la représentation proportionnelle, dans les conditions fixées à l'article R. 123-8, et seize membres nommés par le maire parmi les personnes non membres du conseil municipal participant à des actions de prévention, d'animation ou de développement social menées dans la ville de Marseille. »***

Au nombre des membres nommés *(Décr. nº 2023-632 du 20 juill. 2023, art. 1er-11º)* « par le maire au conseil d'administration du centre communal d'action sociale de Marseille » doivent figurer au moins un représentant des associations du département qui œuvrent dans le domaine de l'insertion et de la lutte contre les exclusions, au moins deux représentants des associations familiales désignés sur proposition de l'union départementale des associations familiales, au moins un représentant des associations de retraités et de personnes âgées du département et au moins un représentant des associations de personnes handicapées du département. — *[Décr. nº 95-562 du 6 mai 1995, art. 39.]*

Art. R. 123-63 Les fonctions de comptable du centre communal d'action sociale de Marseille sont exercées par le receveur municipal. — *[Décr. nº 95-562 du 6 mai 1995, art. 40.]*

§ 2 Lyon

Art. R. 123-64 *(Abrogé par Décr. nº 2023-632 du 20 juill. 2023, art. 1er-12º)* ***« Le conseil d'administration du centre communal d'action sociale de Lyon est présidé par le maire et comprend en nombre égal, au maximum seize membres élus par le conseil municipal en son sein à la représentation proportionnelle, dans les conditions fixées à l'article R. 123-8, et seize membres nommés par le maire parmi les personnes non membres du conseil municipal participant à des actions de prévention, d'animation ou de développement social menées dans la ville de Lyon. »***

Au nombre des membres nommés *(Décr. nº 2023-632 du 20 juill. 2023, art. 1er-12º)* « par le maire au conseil d'administration du centre communal d'action sociale de Lyon » doivent figurer au moins un représentant des associations du département qui œuvrent dans le domaine de l'insertion et de la lutte contre les exclusions, au moins deux représentants des associations familiales désignés sur proposition de l'union départementale des associations familiales, au moins un représentant des associations de retraités et de personnes âgées du département et au moins un représentant des associations de personnes handicapées du département. – *[Décr. nº 95-562 du 6 mai 1995, art. 41.]*

Art. R. 123-65 Les fonctions de comptable du centre communal d'action sociale de Lyon sont exercées par le receveur municipal. – *[Décr. nº 95-562 du 6 mai 1995, art. 42.]*

TITRE III PROCÉDURES

CHAPITRE I ADMISSION

Art. R. 131-1 *(Décr. nº 2007-198 du 13 févr. 2007)* Dans le cadre de l'instruction des demandes d'admission au bénéfice de l'aide sociale, le demandeur, accompagné, le cas échéant, d'une personne de son choix ou son représentant dûment mandaté à cet effet, est entendu, s'il le souhaite, préalablement à la décision du président du conseil départemental ou du préfet.

Le président du conseil départemental ou le préfet informe le maire de la commune de résidence du demandeur, et, le cas échéant, le président du centre communal ou intercommunal d'action sociale où la demande a été déposée de toute décision d'admission ou de refus d'admission à l'aide sociale, ainsi que de suspension, de révision ou de répétition d'indu.

Art. R. 131-2 Sauf dispositions contraires, les demandes tendant à obtenir le bénéfice de l'aide sociale prévue aux titres III et IV du livre II prennent effet au premier jour de la quinzaine suivant la date à laquelle elles ont été présentées.

Toutefois, pour la prise en charge des frais d'hébergement des personnes accueillies dans un établissement social ou médico-social, habilité à recevoir des bénéficiaires de l'aide sociale ou dans un établissement de santé dispensant des soins de longue durée, la décision d'attribution de l'aide sociale peut prendre effet à compter du jour d'entrée dans l'établissement si la demande a été déposée dans les deux mois qui suivent ce jour. Ce délai peut être prolongé une fois, dans la limite de deux mois, par le président du conseil départemental *(Décr. nº 2007-198 du 13 févr. 2007)* « ou le préfet ».

Le jour d'entrée mentionné au deuxième alinéa s'entend, pour les pensionnaires payants, du jour où l'intéressé, faute de ressources suffisantes, n'est plus en mesure de s'acquitter de ses frais de séjour. – *[Ancien art. R. 131-1.]*

Art. R. 131-3 Sous réserve des dispositions des articles L. 232-25, L. 245-7 et L. 262-40, les décisions accordant le bénéfice de l'aide sociale peuvent faire l'objet, pour l'avenir, d'une révision lorsque des éléments nouveaux modifient la situation au vu de laquelle ces décisions sont intervenues. Il est procédé à cette révision dans les formes prévues pour l'admission à l'aide sociale. – *[Ancien art. R. 131-2.]*

Art. R. 131-4 Lorsque les décisions administratives d'admission ont été prises sur la base de déclarations incomplètes ou erronées, il peut être procédé à leur révision,

avec répétition de l'indu. Dans ce cas, la révision est poursuivie devant l'autorité qui a pris la décision.

(Décr. nº 2007-828 du 11 mai 2007, art. 2 ; Décr. nº 2010-344 du 31 mars 2010, art. 222) **« Toutefois, les allocations d'aide sociale servies aux personnes résidant dans un établissement comportant un hébergement permanent et relevant des 6° et 7° du I de l'article L. 312-1 du présent code ou dans un établissement de santé autorisé à dispenser des soins de longue durée sont versées à terme à échoir. »** – *Dispositions applicables à compter du 1er juill. 2007 (Décr. nº 2007-828 du 11 mai 2007, art. 6).*

Dans les cas prévus à l'article *(Décr. nº 2007-198 du 13 févr. 2007)* **« R. 131-3 » et au premier alinéa du présent article, la procédure de révision est engagée par le président du conseil départemental ou le préfet et l'intéressé est mis en mesure de présenter ses observations.** – *[Ancien art. R. 131-3.]*

Art. R. 131-5 **Les allocations d'aide sociale sont versées mensuellement et à terme échu à moins que les intéressés n'aient donné leur accord pour un terme plus long.**

Elles sont payées au lieu de résidence de l'intéressé, soit à lui-même, soit à une personne désignée par lui. A leur demande, elles sont payées aux personnes âgées ou handicapées ayant des problèmes de mobilité par un moyen leur évitant de se déplacer.

(Décr. nº 2007-198 du 13 févr. 2007) **« L'autorité administrative compétente en application de l'article L. 131-2 » peut décider que le versement des allocations d'aide sociale sera fractionné par décisions spécialement motivées.**

Les allocations d'aide sociale ont un caractère alimentaire. Elles sont incessibles et insaisissables. – *[Ancien art. R. 131-4.]*

Art. R. 131-6 **En cas de décès d'un bénéficiaire de l'aide sociale, le maire avise le service d'aide sociale chargé du mandatement des allocations dans le délai de dix jours à compter soit du décès, soit de la date à laquelle celui-ci est porté à sa connaissance en application de l'article 80 du code civil.**

Lorsque le décès se produit dans un établissement de santé ou dans un établissement d'hébergement social ou médico-social, l'obligation prévue au premier alinéa incombe au directeur de l'établissement. – *[Ancien art. R. 131-5.]*

Art. R. 131-7 **Les frais de visite occasionnés par la délivrance de certificats médicaux aux postulants à l'aide sociale sont à la charge de ces postulants ou à celle de l'aide médicale de l'État si les intéressés y ont été admis.**

Les frais afférents aux contre-visites sont à la charge des services d'aide sociale.

Les frais de transport des bénéficiaires des diverses formes d'aide sociale, lorsque ces déplacements sont reconnus indispensables, sont compris dans les dépenses d'aide sociale. – *[Ancien art. R. 131-6.]*

Art. R. 131-8 *(Décr. nº 2007-198 du 13 févr. 2007)* **I. – Lorsqu'un président de conseil départemental est saisi d'une demande d'admission à l'aide sociale, dont la charge financière au sens du 1° de l'article L. 121-7 lui paraît incomber à l'État, il transmet le dossier au préfet au plus tard dans le mois de la réception de la demande. Si ce dernier n'admet pas la compétence de l'État, il transmet le dossier au plus tard dans le mois de sa saisine** *(Décr. nº 2018-928 du 29 oct. 2018, art. 4, en vigueur le 1er janv. 2019)* **« au tribunal administratif de Paris ».**

II. – Lorsque le préfet est saisi d'une demande d'admission à l'aide sociale, dont la charge financière au sens de l'article L. 121-1 lui paraît relever d'un département, il transmet le dossier au plus tard dans le mois de la réception de la demande au président du conseil départemental du département qu'il estime compétent. Si ce dernier n'admet pas la compétence de son département, il retourne le dossier au préfet au plus tard dans le mois de sa saisine. Si le préfet persiste à décliner la compétence de l'État, il transmet le dossier au plus tard dans le mois de sa saisine *(Décr. nº 2018-928 du 29 oct. 2018, art. 4, en vigueur le 1er janv. 2019)* **« au tribunal administratif de Paris ».**

(Décr. nº 2018-928 du 29 oct. 2018, art. 4, en vigueur le 1er janv. 2019) **« III. – Lorsqu'un président de conseil départemental, saisi en application de la dernière phrase**

du premier alinéa de l'article L. 122-4 n'admet pas sa compétence, il transmet le dossier au tribunal administratif de Paris. »

CHAPITRE II PARTICIPATION ET RÉCUPÉRATION

SECTION 1 Appréciation des revenus des postulants

Art. R. 132-1 **Pour l'appréciation des ressources des postulants prévue à l'article L. 132-1, les biens non productifs de revenu, à l'exclusion de ceux constituant l'habitation principale du demandeur, sont considérés comme procurant un revenu annuel égal à 50 p. 100 de leur valeur locative s'il s'agit d'immeubles bâtis, à 80 p. 100 de cette valeur s'il s'agit de terrains non bâtis et à 3 p. 100 du montant des capitaux.** – *[Décr. nº 54-883 du 2 sept. 1954, art. 1er, al. 1er.]*

SECTION 2 Participation des personnes accueillies en établissement pour personnes âgées

Art. R. 132-2 **Sauf dans les cas prévus à l'article L. 132-4, où la perception de ses revenus est assurée par l'établissement, la personne accueillie de façon permanente ou temporaire, au titre de l'aide sociale, dans un établissement social ou médico-social relevant de l'aide sociale aux personnes âgées, s'acquitte elle-même de sa contribution à ses frais de séjour.** – *[Décr. nº 54-883 du 2 sept. 1954, art. 2-1.]*

Art. R. 132-3 **Les demandes prévues à l'article L. 132-4, en vue d'autoriser la perception des revenus par les établissements sont adressées au président du conseil départemental.**

La demande comporte l'indication des conditions dans lesquelles la défaillance de paiement est intervenue, la durée de celle-ci, ainsi que, le cas échéant, les observations de l'intéressé ou de *(Décr. nº 2021-684 du 28 mai 2021, art. 24)* **« la personne chargée à son égard d'une mesure de protection juridique avec représentation relative aux biens ». Dans le cas où la demande émane de la personne concernée, elle est accompagnée de l'avis du responsable de l'établissement.** – *[Décr. nº 54-883 du 2 sept. 1954, art. 2-2.]*

Art. R. 132-4 **Le président du conseil départemental dispose, pour se prononcer sur la demande de perception des revenus, d'un délai d'un mois courant à compter de la date de réception de celle-ci.**

A l'expiration de ce délai et sauf si, au cours de celui-ci, une décision expresse a été notifiée à la personne et à l'établissement intéressés, l'autorisation est réputée acquise. La personne concernée en est immédiatement informée.

La durée de l'autorisation est de deux ans lorsqu'elle a été tacitement délivrée. Lorsque l'autorisation résulte d'une décision expresse notifiée dans les conditions prévues au deuxième alinéa, sa durée ne peut être inférieure à deux ans ni supérieure à quatre ans. – *[Décr. nº 54-883 du 2 sept. 1954, art. 2-3.]*

Art. R. 132-5 **En cas d'autorisation de la perception des revenus par l'établissement, la personne concernée doit remettre au responsable de l'établissement les informations nécessaires à la perception de l'ensemble de ses revenus, y compris l'allocation de logement à caractère social, et lui donner les pouvoirs nécessaires à l'encaissement desdits revenus, sous réserve de la restitution de la part non affectée au remboursement des frais de séjour.**

Sur demande de versement accompagnée, en cas d'autorisation expresse, d'une copie de celle-ci, l'organisme débiteur effectue le paiement direct au comptable de l'établissement public ou au responsable de l'établissement privé, dans le mois qui suit la réception de cette demande. – *[Décr. nº 54-883 du 2 sept. 1954, art. 2-4.]*

Art. R. 132-6 **Le responsable de l'établissement dresse, pour chaque exercice, avant le 28 février de l'année suivante, ainsi que lorsque la personne concernée cesse de se trouver dans l'établissement, dans le mois de celui-ci, un état précisant les sommes**

encaissées et les dates d'encaissement ainsi qu'aux différentes dates, les sommes affectées au remboursement des frais de séjour et les sommes reversées à la personne concernée. – *[Décr. n° 54-883 du 2 sept. 1954, art. 2-5.]*

Art. R. 132-7 Lorsque, dans les cas mentionnés à l'article L. 111-3, l'État prend en charge les dépenses d'aide sociale, les compétences confiées par l'article R. 132-4 au président du conseil départemental sont exercées par le préfet du département. – *[Décr. n° 54-883 du 2 sept. 1954, art. 2-6.]*

SECTION 3 Participation des familles

Art. R. 132-8 Les participations exigées des familles, en vertu de l'article L. 132-5 sont calculées en tenant compte de la moyenne des allocations familiales versées pour les enfants à charge, quel que soit le rang de l'enfant bénéficiaire de l'aide sociale.

Sous réserve des dispositions de l'article L. 521-2 du code de la sécurité sociale, le service d'aide sociale reçoit directement et intégralement les allocations familiales dues au titre d'un enfant lorsque :

1° l'enfant étant hospitalisé ou placé dans un établissement de rééducation au titre de l'aide sociale, les parents ne se sont pas acquittés pendant la période de trois mois de la participation laissée à leur charge par *(Décr. n° 2007-198 du 13 févr. 2007)* « le président du conseil départemental ou le préfet » et que cette participation est au moins égale au montant des allocations dues au titre de l'enfant considéré ;

2° l'enfant est confié au service d'aide sociale à l'enfance pour une durée supérieure à un mois. – *[Décr. n° 54-883 du 2 sept. 1954, art. 3.]*

SECTION 4 Mise en jeu de l'obligation alimentaire

Art. R. 132-9 Pour l'application de l'article L. 132-6, le postulant fournit, au moment du dépôt de sa demande, la liste nominative des personnes tenues envers lui à l'obligation alimentaire définie par les articles 205 à 211 du code civil, lorsqu'il sollicite l'attribution d'une prestation accordée en tenant compte de la participation de ses obligés alimentaires.

Ces personnes sont invitées à fixer leur participation éventuelle aux dépenses susceptibles d'être engagées en faveur du postulant ou à l'entretien de ce dernier.

La décision prononcée dans les conditions prévues par l'article L. 131-2 est notifiée à l'intéressé et, le cas échéant, aux personnes tenues à l'obligation alimentaire en avisant ces dernières qu'elles sont tenues conjointement au remboursement de la somme non prise en charge par le service d'aide sociale et non couverte par la participation financière du bénéficiaire. A défaut d'entente entre elles ou avec l'intéressé, le montant des obligations alimentaires respectives est fixé par l'autorité judiciaire de la résidence du bénéficiaire de l'aide sociale. – *[Décr. n° 54-883 du 2 sept. 1954, art. 4.]*

Art. R. 132-10 Lorsque les recours prévus aux articles L. 132-7 et L. 132-8 sont portés devant le tribunal judiciaire *[ancienne rédaction : tribunal de grande instance]* ou la cour d'appel, le ministère d'avocat *(Abrogé par Décr. n° 2012-634 du 3 mai 2012, art. 21-3°)* *« ou d'avoué »* n'est pas obligatoire.

Lorsque ces recours relèvent de la compétence du juge aux affaires familiales, celui-ci est saisi par simple requête émanant de l'autorité publique demanderesse. Dans la huitaine qui suit le dépôt de cette requête, le secrétaire-greffier convoque les parties pour une audience de conciliation par lettre recommandée avec demande d'avis de réception. Les citations et autres actes de procédure sont notifiés en la même forme.

Les délais courent à compter de cette notification. – *[C. fam., art. 196, al. 3 et 4.]*

SECTION 5 Recours en récupération

Art. R. 132-11 Les recours prévus à l'article L. 132-8 sont exercés, dans tous les cas, dans la limite du montant des prestations allouées au bénéficiaire de l'aide sociale.

En cas de donation, le recours est exercé jusqu'à concurrence de la valeur des biens donnés par le bénéficiaire de l'aide sociale, appréciée au jour de l'introduction du recours, déduction faite, le cas échéant, des plus-values résultant des impenses ou du travail du donataire.

En cas de legs, le recours est exercé jusqu'à concurrence de la valeur des biens légués au jour de l'ouverture de la succession.

(Décr. nº 2007-198 du 13 févr. 2007) « Le président du conseil départemental ou le préfet fixe le montant des sommes à récupérer. Il peut décider de reporter la récupération en tout ou partie.

« Les dispositions du premier alinéa de l'article R. 131-1 sont applicables aux actions en récupération introduites par le président du conseil départemental ou le préfet à l'encontre des personnes mentionnées aux 1° à 3° de l'article L. 132-8. »

Art. R. 132-12 Le recouvrement sur la succession du bénéficiaire, prévu à l'article L. 132-8, des sommes versées au titre de l'aide sociale à domicile, de l'aide médicale à domicile, de la prestation spécifique dépendance ou de la prise en charge du forfait journalier prévu à l'article L. 174-4 du code de la sécurité sociale s'exerce sur la partie de l'actif net successoral qui excède 46 000 euros. Seules les dépenses supérieures à 760 euros, et pour la part excédant ce montant, peuvent donner lieu à ce recouvrement. — *[Décr. nº 61-495 du 15 mai 1961, art. 4-1.]*

SECTION 6 Hypothèque légale

Art. R. 132-13 L'inscription de l'hypothèque légale mentionnée à l'article L. 132-9 est prise au profit de la collectivité supportant directement les prestations d'aide sociale.

Le montant de cette créance, même éventuelle, est évalué au bordereau d'inscription. — *[Décr. nº 54-883 du 2 sept. 1954, art. 5.]*

Art. R. 132-14 L'inscription de l'hypothèque ne peut être prise que si l'allocataire possède des biens immobiliers d'une valeur égale ou supérieure à 1 500 euros.

Cette valeur est appréciée à la date de l'inscription. Dans le cas où l'allocataire est propriétaire de plusieurs immeubles, l'inscription peut n'être prise que sur l'un ou certains d'entre eux, même si la valeur de chacun est inférieure à 1 500 euros. — *[Décr. nº 54-883 du 2 sept. 1954, art. 6.]*

Art. R. 132-15 Dès que les prestations allouées dépassent l'évaluation figurant au bordereau d'inscription primitif, la collectivité intéressée a la faculté de requérir contre le bénéficiaire de l'aide sociale une nouvelle inscription d'hypothèque.

En cas de décès du bénéficiaire ou de cessation du versement des prestations en nature ou en espèce, cette nouvelle inscription doit être prise dans un délai maximum de trois mois. — *[Décr. nº 54-883 du 2 sept. 1954, art. 7.]*

Art. R. 132-16 La mainlevée des inscriptions prises en conformité des articles R. 132-13 à R. 132-15 est donnée soit d'office soit à la requête du débiteur par décision du président du conseil départemental ou du préfet.

Cette décision intervient au vu de pièces justificatives, soit du remboursement de la créance soit d'une remise *(Abrogé par Décr. nº 2007-198 du 13 févr. 2007)* ***« prononcée par la commission d'admission »***, en application du quatrième alinéa de l'article R. 132-11. — *[Décr. nº 54-883 du 2 sept. 1954, art. 8.]*

CHAPITRE III CONTRÔLE EN MATIÈRE D'AIDE SOCIALE, CONFIDENTIALITÉ DES DONNÉES ET INCOMPATIBILITÉS *(Décr. nº 2019-1382 du 17 déc. 2019, art. 1er-1º).*

Le présent chapitre ne comprend pas de dispositions réglementaires.

CHAPITRE IV CONTENTIEUX

Art. R. 134-1 *(Décr. nº 2018-928 du 29 oct. 2018, art. 4, en vigueur le 1er janv. 2019)* Les dispositions relatives à la procédure contentieuse fixées par le chapitre 2 du

titre IV du livre I du code de la sécurité sociale sont applicables aux contentieux mentionnés à l'article L. 134-3.

Art. R. 134-2 *(Décr. n° 2020-1073 du 18 août 2020, art. 2)* **Les directeurs des organismes de sécurité sociale représentent l'État devant le tribunal administratif dans les litiges relatifs aux décisions qu'ils prennent pour son compte concernant les prestations, allocations ou droits attribués au titre de l'aide ou de l'action sociale en application du présent code.** — *Les mémoires signés par les préfets et enregistrés au greffe du tribunal administratif avant l'entrée en vigueur du Décr. n° 2020-1073 du 18 août 2020 sont réputés avoir été valablement signés par l'autorité compétente pour signer ces mémoires en application des dispositions dudit décret (Décr. préc., art. 4).*

SECTION 1 *[ABROGÉE]* Commission départementale

(Abrogée par Décr. n° 2018-928 du 29 oct. 2018, art. 4, à compter du 1er janv. 2019)

Ancien art. R. 134-1 ***La commission départementale d'aide sociale siège au chef-lieu du département.*** — [C. fam., art. 128, al. 2, 1re phrase.]

Ancien art. R. 134-2 ***La commission départementale ne peut valablement délibérer que si la majorité absolue de ses membres ayant voix délibérative est présente.*** — [Décr. n° 90-1124 du 17 déc. 1990, art. 8.]

SECTION 2 *[ABROGÉE]* Commission centrale d'aide sociale

(Abrogée par Décr. n° 2018-928 du 29 oct. 2018, art. 4, à compter du 1er janv. 2019)

Art. R. 134-3 ***La commission centrale d'aide sociale comprend six sections. Chaque section est composée de quatre membres. Elle peut comporter deux sous-sections.*** — [Décr. n° 90-1124 du 17 déc. 1990, art. 1er.]

Art. R. 134-4 ***Le président et le vice-président de chaque section ainsi que le président de chaque sous-section sont désignés parmi les membres de la section ou de la sous-section par le ministre chargé de l'action sociale.*** — [C. fam., art. 129, al. 5 à 6.]

Art. R. 134-5 ***Le président de la commission centrale organise le fonctionnement général de la commission ; il répartit les affaires entre les sections.***

Il décide de la création de sous-sections au sein d'une ou plusieurs sections.

Il peut présider chacune des sections de la commission centrale. — [Décr. n° 90-1124 du 17 déc. 1990, art. 2.]

Art. R. 134-6 ***Chaque sous-section comprend deux membres : le président ou le vice-président de la section, président, et un assesseur choisi par le président de la commission centrale d'aide sociale parmi les membres de la section.*** — [Décr. n° 90-1124 du 17 déc. 1990, art. 3.]

Art. R. 134-7 ***Les affaires sont jugées par une section ou une sous-section. Elles peuvent être renvoyées à deux sections réunies ou à l'assemblée plénière par le président de la commission à son initiative, ou à celle d'un président de section ou de sous-section.***

L'assemblée plénière et les sections réunies sont présidées soit par le président de la commission centrale, soit par le président de section le plus ancien ou, en cas d'égalité d'ancienneté, le plus âgé. — [Décr. n° 90-1124 du 17 déc. 1990, art. 4.]

Art. R. 134-8 ***Un membre de la commission centrale empêché peut, avec l'autorisation du président de la section ou de la sous-section, être remplacé, pour une séance déterminée, par un autre membre de la commission.***

Chacune des formations de jugement ne peut valablement délibérer que si la majorité absolue de ses membres ayant voix délibérative est présente. — [Décr. n° 90-1124 du 17 déc. 1990, art. 5.]

Art. R. 134-9 *Les membres de la commission centrale qui se sont abstenus de siéger au cours de trois séances consécutives sans motif valable peuvent être déclarés démissionnaires d'office par décision du ministre chargé de l'action sociale.* – [Décr. n° 90-1124 du 17 déc. 1990, art. 6.]

SECTION 3 *[ABROGÉE]* Dispositions communes

(Abrogée par Décr. n° 2018-928 du 29 oct. 2018, art. 4, à compter du 1er janv. 2019)

Art. R. 134-10 *Les recours sont introduits devant la commission centrale d'aide sociale ou la commission départementale d'aide sociale dans le délai de deux mois à compter de la notification de la décision.*

Il en va de même des recours présentés devant la commission centrale contre les décisions prises en application de l'article L. 212-1. – [C. fam., art. 129, al. 1er, 1re partie.]

Art. R. 134-11 *Le délai des recours que peut engager le ministre en application de l'article L. 134-5 est fixé à deux mois ; il a pour point de départ la notification de la décision.* – [C. fam., art. 131, al. 3.]

Art. R. 134-12 *En leurs diverses formations de jugement, la commission départementale d'aide sociale et la commission centrale d'aide sociale peuvent, pour le jugement de toute affaire soulevant une question médicale, ordonner qu'il soit procédé à une expertise. Les dépenses afférentes aux frais d'expertise sont à la charge de l'État.*

Les rémunérations des médecins experts sont fixées par arrêté des ministres chargés de l'action sociale et du budget. – [Décr. n° 90-1124 du 17 déc. 1990, art. 7.]

TITRE IV INSTITUTIONS

CHAPITRE I HAUT CONSEIL DE LA FAMILLE, DE L'ENFANCE ET DE L'ÂGE

(Décr. n° 2016-1441 du 25 oct. 2016, art. 1er)

Art. D. 141-1 Le Haut Conseil de la famille, de l'enfance et de l'âge est composé de trois formations spécialisées respectivement :

1° Dans le champ de la famille ;

2° Dans le champ de l'enfance et de l'adolescence ;

3° Dans le champ de l'âge, notamment l'avancée en âge des personnes âgées et des personnes retraitées et l'adaptation de la société au vieillissement.

Le Haut Conseil comprend trois vice-présidents nommés par arrêté du Premier ministre et chargés d'assurer chacun la présidence d'une de ces trois formations. Cet arrêté détermine également l'ordre selon lequel chacun d'eux exerce, pour une année, la présidence du Haut Conseil.

Art. D. 141-2 I. – Outre le vice-président du Haut Conseil qui la préside, la formation spécialisée dans le champ de la famille comprend soixante-treize membres répartis en six collèges :

1° Cinq membres élus :

a) Un député, désigné par le président de l'Assemblée nationale ;

b) Un sénateur, désigné par le président du Sénat ;

c) Un conseiller régional, désigné par l'Association des régions de France ;

d) Un conseiller départemental, désigné par l'Assemblée des départements de France ;

e) Un conseiller municipal, désigné par l'Association des maires de France et des présidents d'intercommunalité ;

2° Treize membres représentant l'État et les caisses de sécurité sociale, désignés respectivement par :

a) Le directeur général de la cohésion sociale ;

b) Le directeur de la sécurité sociale ;

c) Le directeur des affaires civiles et du sceau ;

d) Le directeur de la recherche, des études, de l'évaluation et des statistiques ;

(Décr. nº 2020-1445 du 24 nov. 2020, art. 1er-I) « *e)* Le directeur de l'Institut national de la statistique et des études économiques » ;

f) Le directeur général du Trésor ;

g) Le directeur du budget ;

h) Le commissaire général à la stratégie et à la prospective ;

i) Le président du conseil d'administration de la Caisse nationale des allocations familiales ;

j) Le directeur de la Caisse nationale des allocations familiales ;

k) Le président de la Caisse centrale de la mutualité sociale agricole ;

l) Le directeur de la Caisse centrale de la mutualité sociale agricole ;

m) Le directeur de l'Institut national des études démographiques ;

3° Quatorze membres représentant le mouvement familial :

a) Cinq représentants désignés par l'Union nationale des associations familiales ;

b) Un représentant désigné par le Conseil national des associations familiales laïques ;

c) Un représentant désigné par l'association Familles de France ;

d) Un représentant désigné par l'association Familles rurales ;

e) Un représentant désigné par la Confédération syndicale des familles ;

f) Un représentant désigné par la Confédération nationale des associations familiales catholiques ;

g) Un représentant désigné par l'Union des familles laïques ;

h) Un représentant désigné par la Fédération des associations familiales protestantes ;

i) Un représentant désigné par la Fédération syndicale des familles monoparentales ;

j) Un représentant désigné par l'Association des parents et futurs parents gays et lesbiens ;

4° Sept membres représentant les associations ou organismes concourant aux politiques en faveur des familles vulnérables et des personnes handicapées :

a) Un représentant désigné par ATD Quart monde ;

b) Un représentant désigné par le Secours catholique ;

c) Un représentant désigné par le Secours populaire ;

d) Un représentant désigné par le président du Conseil national des politiques de lutte contre la pauvreté et l'exclusion sociale ;

e) *(Décr. nº 2020-1445 du 24 nov. 2020, art. 1er-I)* « Un représentant désigné » par le Conseil national consultatif des personnes handicapées ;

f) Un représentant désigné par le président de l'Union nationale des centres communaux d'action sociale ;

(Décr. nº 2020-1445 du 24 nov. 2020, art. 1er-I) « *g)* Un représentant désigné par l'Union nationale interfédérale des œuvres et organismes privés non lucratifs sanitaires et sociaux ; »

5° Seize membres représentant les assurés sociaux et les employeurs :

a) Un représentant désigné par la Confédération générale du travail ;

b) Un représentant désigné par la Confédération française démocratique du travail ;

c) Un représentant désigné par la Confédération générale du travail-Force ouvrière ;

d) Un représentant désigné par la Confédération française de l'encadrement-Confédération générale des cadres ;

e) Un représentant désigné par la Confédération française des travailleurs chrétiens ;

f) Un représentant désigné par la Fédération syndicale unitaire ;

g) Un représentant désigné par l'Union nationale des syndicats autonomes ;

h) Un représentant désigné par le Mouvement des entreprises de France ;

i) Un représentant désigné par la Confédération *(Abrogé par Décr. n° 2020-621 du 22 mai 2020, art. 3-III)* « *générale* » des petites et moyennes entreprises ;

j) Un représentant désigné par l'Union *(Décr. n° 2020-621 du 22 mai 2020, art. 3-III)* « des entreprises de proximité » ;

k) Un représentant désigné par la Fédération nationale des syndicats d'exploitants agricoles ;

l) Un représentant désigné par l'Union nationale des professions libérales ;

m) Un représentant désigné par l'Union fédérative nationale des associations de familles d'accueil et assistants maternels ;

n) Un représentant désigné par la Fédération des particuliers employeurs de France ;

o) Un représentant désigné par le Syndicat national employeur des acteurs du lien social et familial ;

p) Un représentant du Syndicat professionnel des assistants maternels et assistants familiaux ;

6° Dix-huit personnalités qualifiées ou représentants de personnes morales nommés par arrêté du Premier ministre sur proposition du ministre chargé de la famille en raison de leurs actions, travaux de recherche, d'expertise ou d'évaluation sur les questions relatives à la famille.

II. — Outre le vice-président du Haut Conseil qui la préside, la formation spécialisée dans le champ de l'enfance et de l'adolescence comprend soixante-sept membres répartis en quatre collèges :

1° Six membres élus :

a) Un député, désigné par le président de l'Assemblée nationale ;

b) Un sénateur, désigné par le président du Sénat ;

c) Un conseiller régional, désigné par l'Association des régions de France ;

d) Un conseiller départemental, désigné par l'Assemblée des départements de France ;

e) Un conseiller municipal, désigné par l'Association des maires de France et des présidents d'intercommunalité ;

f) Un représentant désigné par le président de l'Union nationale des centres communaux d'action sociale ;

2° *(Décr. n° 2020-1445 du 24 nov. 2020, art. 1er-II)* « Vingt-et-un » membres représentant l'État, les caisses de sécurité sociale et les institutions ou organismes compétents et désignés respectivement par :

a) Le directeur général de la cohésion sociale ;

b) Le directeur général de la santé ;

c) Le directeur général de l'enseignement scolaire ;

d) Le directeur de la protection judiciaire de la jeunesse ;

e) Le directeur de la jeunesse, de l'éducation populaire et de la vie associative ;

f) Le secrétaire général du ministère de la culture et de la communication ;

g) Le directeur de la recherche, des études, de l'évaluation et des statistiques ;

(Décr. n° 2020-1445 du 24 nov. 2020, art. 1er-II) « *h)* Le directeur de la sécurité sociale ;

« *i)* Le directeur général des collectivités locales ; »

j) Le commissaire général à la stratégie et à la prospective ;

k) Le directeur de la Caisse nationale des allocations familiales ;

l) Le directeur de la Caisse centrale de la mutualité sociale agricole ;

m) Le directeur de l'Agence nationale de santé publique ;

n) Le Défenseur des droits ;

o) Le président du Conseil supérieur de l'audiovisuel ;

p) Le président du Conseil national des politiques de lutte contre la pauvreté et l'exclusion sociale ;

(Décr. n° 2020-1445 du 24 nov. 2020, art. 1er-II) « *q)* Le directeur général de la police nationale ; »

r) Le président du Conseil national de la protection de l'enfance ;

s) Le président du Conseil d'orientation des politiques de jeunesse ;

t) Le président du Conseil national consultatif des personnes handicapées ;

u) Le président du GIP *(Décr. n° 2023-299 du 21 avr. 2023, art. 1er-1°)* « pour la protection de l'enfance, l'adoption et l'accès aux origines personnelles » ; – *Les dispositions modifiées par le 1° de l'art. 1er du Décr. n° 2023-299 du 21 avr. 2023 peuvent être modifiées par décret (Décr. préc., art. 3).*

3° *(Décr. n° 2020-1445 du 24 nov. 2020, art. 1er-II)* « Vingt-six » membres représentant des associations et personnes morales de droit public ou privé, autres que l'État et les collectivités territoriales, concourant à la politique de l'enfance et de l'adolescence :

a) Deux représentants désignés par l'Union nationale des associations familiales ;

b) Un représentant désigné par l'Union nationale interfédérale des œuvres et organismes privés sanitaires et sociaux ;

c) Un représentant désigné par la Convention nationale des associations de protection de l'enfance ;

d) Un représentant désigné par la Fédération nationale des centres sociaux et socioculturels de France ;

e) Un représentant désigné par la Fédération nationale des écoles des parents et des éducateurs ;

f) Un représentant désigné par la Fédération des conseils de parents d'élèves ;

g) Un représentant désigné par la Fédération des parents d'élèves de l'enseignement public ;

h) Un représentant désigné par l'Union nationale des associations de parents d'élèves de l'enseignement libre ;

i) Deux représentants désignés par le collectif Construire ensemble la politique de l'enfance ;

j) Un représentant désigné par UNICEF France ;

k) Un représentant désigné par La Voix de l'enfant ;

l) Un représentant désigné par le Conseil français des associations pour les droits de l'enfant ;

m) Un représentant désigné par Défense des enfants – International ;

n) Un représentant désigné par le Réseau national des juniors associations ;

o) Un représentant désigné par *(Décr. n° 2020-1445 du 24 nov. 2020, art. 1er-II)* « la Fondation des apprentis d'Auteuil » ;

p) Un représentant désigné par la Ligue de l'enseignement ;

q) Un représentant désigné par Solidarité laïque ;

r) Un représentant désigné par les centres d'entraînement aux méthodes d'éducation active ;

s) Un représentant désigné par la Fédération nationale des maisons des adolescents ;

t) Un représentant désigné par l'association Enfance et musique ;

u) Un représentant désigné par *(Décr. n° 2020-1445 du 24 nov. 2020, art. 1er-II)* « l'Association nationale des directeurs d'action sociale et de santé des départements et métropoles » ;

v) Un représentant désigné par le Secours catholique ;

w) Un représentant désigné par le Secours populaire ;

(Décr. n° 2020-1445 du 24 nov. 2020, art. 1er-II) « *x)* Un représentant désigné par le Réseau français des villes éducatrices » ;

4° Quatorze personnalités qualifiées ou représentants de personnes morales nommées par arrêté du Premier ministre sur proposition du ministre chargé de l'enfance en raison de leurs actions, travaux de recherche, d'expertise ou d'évaluation sur les questions relatives à l'enfance et l'adolescence.

III. – Outre le vice-président du Haut Conseil qui la préside, la formation spécialisée dans le champ de l'âge comprend *(Décr. n° 2020-1445 du 24 nov. 2020, art. 1er-III)* « quatre-vingt-sept » membres répartis en six collèges :

1° *(Décr. n° 2020-1445 du 24 nov. 2020, art. 1er-III)* « Sept » membres élus et représentants de l'action sociale territoriale :

a) Un député, désigné par le président de l'Assemblée nationale ;

b) Un sénateur, désigné par le président du Sénat ;

c) Un conseiller régional, désigné par l'Association des régions de France ;

d) Deux conseillers départementaux, désignés par l'Assemblée des départements de France ;

e) Un conseiller municipal, désigné par l'Association des maires de France et des présidents d'intercommunalité ;

(Décr. n° 2020-1445 du 24 nov. 2020, art. 1er-III) « *f)* Le conseiller Politiques sociales de l'équipe permanente de l'Association des départements de France ;

« 2° Dix-huit » membres représentant l'État et les conseils consultatifs compétents :

a) Un représentant désigné par le directeur général de la cohésion sociale ;

b) Un représentant désigné par le directeur de la sécurité sociale ;

c) Un représentant désigné par le directeur de la recherche, des études, de l'évaluation et des statistiques ;

d) Un représentant désigné par le directeur général de la santé ;

e) Un représentant désigné par le directeur du budget ;

f) Un représentant désigné par le directeur général du Trésor ;

g) Un représentant désigné par le commissaire général à la stratégie et à la prospective ;

h) Un directeur général d'agence régionale de santé désigné par le secrétaire général des ministères chargés des affaires sociales ;

i) Un représentant désigné par le directeur de la Caisse nationale de solidarité pour l'autonomie ;

j) Un représentant désigné par *(Décr. n° 2020-1445 du 24 nov. 2020, art. 1er-III)* « le directeur général de l'Agence de l'environnement et de la maîtrise de l'énergie » ;

k) Un représentant désigné par le directeur des affaires civiles et du sceau ;

l) Un représentant désigné par le directeur de l'habitat, de l'urbanisme et des paysages ;

m) Un représentant désigné par *(Décr. n° 2020-1445 du 24 nov. 2020, art. 1er-III)* « le directeur général de l'Agence nationale de la cohésion des territoires » ;

n) Un représentant désigné par le directeur de l'Agence nationale de l'habitat ;

o) Un représentant désigné par le président du Conseil d'orientation des retraites ;

p) Un représentant désigné par le président du Conseil national des politiques de lutte contre la pauvreté et l'exclusion sociale ;

(Décr. n° 2020-1445 du 24 nov. 2020, art. 1er-III) « *q)* Un représentant désigné par le directeur de l'Agence nationale pour le renouvellement urbain ;

« *r)* Le président de la commission permanente en charge des questions de bientraitance mentionnée au I de l'article D. 141-4 ;

« 3° Sept » membres représentant les organismes et acteurs de la protection sociale :

a) Un représentant désigné par la Caisse nationale de l'assurance maladie *(Abrogé par Décr. n° 2020-621 du 22 mai 2020, art. 3-III)* *« des travailleurs salariés »* ;

b) *(Décr. n° 2020-1445 du 24 nov. 2020, art. 1er-III)* « Un représentant désigné » par la Caisse nationale d'assurance vieillesse ;

c) Un représentant désigné par la Caisse centrale de la mutualité sociale agricole ;

(Abrogé par Décr. n° 2020-621 du 22 mai 2020, art. 3-III) *« d) Un représentant désigné par la Caisse nationale du régime social des indépendants ; »*

(Abrogé par Décr. n° 2020-1445 du 24 nov. 2020, art. 1er-III) *« e) Un représentant désigné par la Caisse nationale de retraites des agents des collectivités locales ; »*

d) Un représentant désigné par le groupement d'intérêt économique de l'association pour le régime de retraite complémentaire des salariés et de l'association générale des institutions de retraite des cadres ;

e) Un représentant désigné par la Fédération nationale de la mutualité française ;

f) Un représentant désigné par le Centre technique des institutions de prévoyance ;

g) Un représentant désigné par la Fédération française des sociétés d'assurance ;

— Les al. f à i deviennent respectivement les al. d à g (Décr. n° 2020-1445 du 24 nov. 2020, art. 1er-III).

4° *(Décr. n° 2020-1445 du 24 nov. 2020, art. 1er-III)* « Dix-sept » membres représentant des organisations syndicales et des associations de personnes retraitées, de personnes âgées et de leurs familles :

a) Un représentant désigné par la Confédération générale du travail ;

b) Un représentant désigné par la Confédération française démocratique du travail ;

c) Un représentant désigné par la Confédération générale du travail-Force ouvrière ;

d) Un représentant désigné par la Confédération française de l'encadrement-Confédération générale des cadres ;

e) Un représentant désigné par la Confédération française des travailleurs chrétiens ;

f) Un représentant désigné par la Fédération générale des retraités de la fonction publique ;

g) Un représentant désigné par le Mouvement des entreprises de France ;

(Abrogé par Décr. n° 2020-1445 du 24 nov. 2020, art. 1er-III) ***« h) Un représentant désigné par la Confédération des petites et moyennes entreprises ; »***

h) Un représentant désigné par l'Union *(Décr. n° 2020-621 du 22 mai 2020, art. 3-III)* « des entreprises de proximité » ;

i) Un représentant désigné par la Fédération syndicale unitaire ;

j) Un représentant désigné par l'Union nationale des syndicats autonomes ;

k) Un représentant désigné par l'Union nationale des professions libérales ;

l) Un représentant désigné par la Fédération nationale des syndicats d'exploitants agricoles ;

m) Un représentant désigné par la Fédération nationale des associations de retraités ;

n) Un représentant désigné par l'Union nationale des retraités et des personnes âgées ;

o) Un représentant désigné par la Confédération nationale des retraités ;

p) Un représentant désigné par l'Union française des retraités ;

q) Un représentant désigné par la Confédération française des retraités ; – *Les al. i à r deviennent respectivement les al. h à q (Décr. n° 2020-1445 du 24 nov. 2020, art. 1er-III).*

(Abrogé par Décr. n° 2020-1445 du 24 nov. 2020, art. 1er-III) ***« s) Un représentant désigné par Générations Mouvement – fédération nationale ; »***

5° *(Décr. n° 2020-1445 du 24 nov. 2020, art. 1er-III)* « Vingt-six » membres représentant des associations et personnes morales de droit public ou privé, autres que l'État et les collectivités territoriales, œuvrant dans le domaine de l'âge *(Décr. n° 2020-1445 du 24 nov. 2020, art. 1er-III)* « , de la bientraitance, de la recherche et de l'innovation et de l'économie sociale et solidaire » désignés au sein des organismes suivants :

a) Un représentant désigné par l'Union nationale des associations familiales ;

b) Un représentant désigné par l'Association nationale des aidants ;

c) Un représentant désigné par la Fédération 3977 contre la maltraitance ;

d) Un représentant désigné par la Fédération nationale d'aide aux victimes et de médiation ;

e) Un représentant désigné par la Société française de gériatrie et de gérontologie ;

f) Un représentant désigné par *(Décr. n° 2020-1445 du 24 nov. 2020, art. 1er-III)* « Notaires de France » ;

g) Un représentant désigné par l'association MONALISA ;

h) Un représentant désigné par l'association France Alzheimer ;

i) Un représentant désigné par la Fédération hospitalière de France ;

j) Un représentant désigné par la Fédération des établissements hospitaliers et d'aide à la personne ;

k) Un représentant désigné par le Syndicat national des établissements et résidences privés pour personnes âgées ;

l) Un représentant désigné par l'Union nationale interfédérale des œuvres et organismes privés non lucratifs sanitaires et sociaux ;

m) Un représentant désigné par la Fédération nationale des associations des directeurs d'établissements et services pour personnes âgées ;

n) Un représentant désigné par l'Union nationale de l'aide, des soins et des services aux domiciles ;

o) Un représentant désigné par l'Union nationale des associations d'aide à domicile en milieu rural ;

p) Un représentant désigné par l'Union nationale des centres communaux d'action sociale ;

q) Un représentant désigné par la Fédération du service aux particuliers ;

r) Un représentant désigné par la Fédération française des services à la personne et de proximité ;

s) Un représentant *(Décr. nº 2020-1445 du 24 nov. 2020, art. 1er-III)* « du groupe SOS seniors désigné par le Groupe SOS » ;

t) Un représentant désigné par *(Décr. nº 2020-1445 du 24 nov. 2020, art. 1er-III)* « le Centre de recherche pour l'étude et l'observation des conditions de vie » ;

u) Un représentant désigné par l'Association des directeurs au service des personnes âgées ;

v) *(Décr. nº 2020-1445 du 24 nov. 2020, art. 1er-III)* « Un représentant désigné » par le Conseil national consultatif des personnes handicapées ;

w) Un représentant désigné par l'Association France Silver Eco ;

(Décr. nº 2020-1445 du 24 nov. 2020, art. 1er-III) « *x)* Un représentant désigné par le directeur de l'Institut national de recherche en informatique et en automatique ;

« *y)* Un représentant désigné par le groupe Korian ;

« *z)* Un représentant désigné par la Fédération des particuliers employeurs de France ; »

6º Douze personnalités qualifiées nommées par arrêté du Premier ministre sur proposition du ministre chargé des personnes âgées en raison de leurs actions, travaux de recherche, d'expertise ou d'évaluation sur les questions relatives aux personnes âgées et aux personnes retraitées.

IV. — Toute personne, organisation ou institution qualifiée peut être appelée à participer aux travaux du Haut Conseil, selon des modalités définies par ce dernier.

V. — La formation spécialisée dans le champ de l'enfance et de l'adolescence associe à ses travaux un collège de douze enfants et adolescents, constitué dans des conditions définies par arrêté du ministre chargé de l'enfance.

Art. D. 141-3 I. — Les membres du Haut Conseil sont nommés ou désignés pour une durée de trois ans renouvelable sous réserve des dispositions prévues au II. La désignation des députés est renouvelée après chaque élection générale de l'Assemblée nationale et la désignation des sénateurs est renouvelée à chaque renouvellement triennal du Sénat.

Le premier mandat des membres du Haut Conseil prend fin le 1er octobre 2019. Les mandats suivants prennent fin le 1er octobre de la troisième année suivant chaque renouvellement du Haut Conseil. Si la nomination ou la désignation des nouveaux membres est postérieure au 1er octobre, les membres sortants continuent de siéger jusqu'à la nomination ou la désignation de leurs successeurs. Le présent alinéa ne s'applique pas aux députés et aux sénateurs, dont les mandats sont renouvelés dans les conditions prévues à l'alinéa précédent.

Le mandat des membres prend fin s'ils perdent la qualité au titre de laquelle ils ont été nommés ou désignés.

II. — L'écart entre le nombre de femmes et d'hommes parmi les membres du Haut Conseil et au sein de chacun des collèges des trois formations spécialisées ne peut être supérieur à un. A cette fin :

1º Les trois vice-présidents comprennent au moins une femme et un homme ;

2º Chaque personne appelée à nommer ou désigner plus d'un membre fait en sorte que l'écart entre le nombre de femmes et d'hommes n'excède pas un ;

3º Parmi les personnes appelées à désigner un membre, un tirage au sort détermine celles qui désignent une femme et celles qui désignent un homme, sauf pour les personnes qui ont, conjointement avec une ou plusieurs personnes appartenant au même collège, préalablement désigné en nombre égal des femmes et des hommes. Le présent alinéa s'applique également pour la détermination du sexe du dernier membre désigné par l'union mentionnée au *a* du 3° du I de l'article D. 141-2. Les modalités du tirage au sort, ainsi que les conditions et les délais dans lesquels des désignations conjointes peuvent être effectuées, sont précisées par arrêté des ministres chargés de la famille, de l'enfance et des personnes âgées. — *V. Arr. du 2 nov. 2016 précisant les modalités de mise en œuvre de la parité au Haut Conseil de la famille, de l'enfance et de l'âge (JO 13 nov.).*

En cas de décès, de démission ou de cessation de fonctions pour toute autre cause, le membre nommé ou désigné à la suite de la vacance de poste pour la durée du mandat restant à courir est de même sexe que celui qu'il remplace.

Art. D. 141-4 I. — Le Haut Conseil constitue, conjointement avec le Conseil national consultatif des personnes handicapées, une commission permanente en charge des questions de bientraitance, à laquelle participent des membres de chacune de ses formations spécialisées ainsi que, le cas échéant, des personnalités extérieures.

II. — Avec l'accord du président et du ou des vice-présidents de la ou des formations spécialisées concernées, le Haut Conseil et les formations spécialisées peuvent constituer en leur sein des commissions de travail, présidées chacune par un membre du Haut Conseil et composées de membres du Haut Conseil ainsi que, le cas échéant, de personnalités extérieures.

III. — Le président propose un programme de travail annuel aux membres du Haut Conseil qui tient compte des saisines du Premier ministre et des ministres concernés ainsi que des propositions de chacune des formations spécialisées.

IV. — Le Haut Conseil est réuni au moins une fois par an, à l'initiative du président, du Premier ministre, du ministre chargé de la famille, du ministre chargé de l'enfance ou du ministre chargé des personnes âgées, ou à la demande d'un tiers au moins de ses membres. L'ordre du jour des réunions est fixé par le président.

Chacune des trois formations spécialisées est réunie au moins quatre fois par an, à l'initiative de son président, du Premier ministre ou, respectivement, du ministre chargé de la famille, du ministre chargé de l'enfance ou du ministre chargé des personnes âgées, ou à la demande d'un tiers au moins de leurs membres. L'ordre du jour des réunions est fixé par le vice-président.

V. — Le Haut Conseil, dans le cadre des formations spécialisées dans le champ de l'enfance et de l'âge, est saisi par le ministre compétent des projets de loi ou d'ordonnance les concernant.

Sauf urgence, dûment invoquée dans la lettre de saisine, l'avis de la formation spécialisée concernée doit être notifié au ministre compétent dans le délai de vingt et un jours à compter de la date de réception du projet. En cas d'urgence, ce délai est réduit à quarante-huit heures et l'avis peut alors être rendu par voie électronique.

A défaut de notification au ministre compétent d'un avis dans les délais fixés au présent V, l'avis est réputé rendu.

(Décr. n° 2021-1644 du 14 déc. 2021, art. 1er-19°) « VI. — Tous les six ans, le Haut Conseil de la famille, de l'enfance et de l'âge transmet au ministre chargé de la famille un rapport sur les travaux des comités départementaux des services aux familles s'appuyant sur les rapports transmis par les présidents des comités départementaux des services aux familles. Il formule le cas échéant à cette occasion des recommandations en matière d'accueil du jeune enfant et de soutien à la parentalité. »

Art. D. 141-5 Le Haut Conseil est assisté d'un secrétaire général nommé par le Premier ministre, sur proposition des ministres chargés de la famille, de l'enfance et des personnes âgées. Le secrétaire général assure, sous l'autorité du président, l'organisation des travaux du Haut Conseil ainsi que l'établissement des procès-verbaux, des rapports et avis.

Les dépenses concernant l'occupation de locaux, le soutien logistique, les emplois et crédits nécessaires au fonctionnement du Haut Conseil sont inscrites au budget des services du Premier ministre.

Art. D. 141-6 Sauf dispositions législatives contraires, les administrations de l'État et les établissements publics de l'État communiquent au Haut Conseil les éléments d'information et les études dont ils disposent et qui apparaissent nécessaires à ce conseil pour l'exercice de ses missions.

Le Haut Conseil peut leur faire connaître ses besoins afin qu'ils soient pris en considération lors de l'établissement, par les administrations et établissements concernés, de leurs programmes d'études et leurs travaux statistiques.

Le Haut Conseil peut faire appel à la collaboration des organismes publics ou privés concernés par les politiques relevant de sa compétence. Il peut également associer à ses travaux des personnalités extérieures, françaises et étrangères, qu'il choisit en raison de leur compétence ou de leur fonction.

Art. D. 141-7 Le président et les vice-présidents perçoivent une indemnité à caractère forfaitaire et mensuel, fixée par arrêté du Premier ministre. *– V. Arr. du 2 déc. 2016 fixant le montant des indemnités susceptibles d'être allouées aux vice-présidents et aux collaborateurs du Haut Conseil de la famille, de l'enfance et de l'âge (JO 4 déc.).*

Le Haut Conseil peut faire appel à des collaborateurs, appartenant ou non à l'administration. Ceux-ci peuvent bénéficier d'indemnités, dont le montant est fixé par le président du Haut Conseil en fonction du temps nécessaire à la préparation de l'étude qui leur aura été confiée ainsi que de sa complexité, dans la limite d'un montant maximal fixé par arrêté du Premier ministre.

Les frais de déplacement et de séjour des membres du Haut Conseil ainsi que des personnes invitées à participer à ses travaux sont remboursés dans les conditions prévues par la réglementation applicable aux personnels civils de l'État.

CHAPITRE I *BIS* CONSEIL POUR LES DROITS ET DEVOIRS DES FAMILLES

(Décr. nº 2007-667 du 2 mai 2007)

Art. D. 141-8 La représentation de l'État au conseil pour les droits et devoirs des familles peut être assurée par :

– le préfet ou son représentant ;
– le directeur départemental des affaires sanitaires et sociales ou son représentant ;
– le directeur académique des services de l'éducation nationale agissant sur délégation du recteur d'académie, ou son représentant ;
– le directeur départemental de la jeunesse et des sports ou son représentant.

Les représentants des services de l'État appelés à participer au conseil pour les droits et devoirs des familles sont désignés par le préfet de département.

CHAPITRE I *TER [ABROGÉ]* COMITÉ NATIONAL DE SOUTIEN À LA PARENTALITÉ

(Abrogé par Décr. nº 2016-1441 du 25 oct. 2016, art. 3-2º)

Art. D. 141-9 *Le Comité national de soutien à la parentalité, placé auprès du ministre chargé de la famille, a pour mission de contribuer à la conception, à la mise en œuvre et au suivi de la politique et des mesures de soutien à la parentalité définies par l'État et les organismes de la branche famille de la sécurité sociale.*

Il favorise la coordination des acteurs et veille à la structuration et à l'articulation des différents dispositifs d'appui à la parentalité, afin d'améliorer l'efficacité et la lisibilité des actions menées auprès des familles. Il veille à ce que ces dispositifs s'adressent à l'ensemble des parents. Il en définit les priorités d'action.

Il met en œuvre une démarche d'évaluation, de communication et d'information en matière d'accompagnement des parents.

Il peut être consulté par les ministres concernés sur toute question relative au soutien à la parentalité.

Art. D. 141-10 *Le Comité national de soutien à la parentalité est présidé par le ministre chargé de la famille. Le président de la Caisse nationale des allocations familiales en est le vice-président. Il comprend, en outre, trente-cinq membres répartis comme suit :*

1° Sept membres représentant l'État :

a) Le directeur général de la cohésion sociale ;

b) Le directeur de la protection judiciaire de la jeunesse ;

c) Le directeur général de l'enseignement scolaire ;

d) Le directeur de l'accueil, de l'intégration et de la citoyenneté ;

e) Le chef du service de l'accès au droit et à la justice et de l'aide aux victimes ;

f) Le secrétaire général du comité interministériel de prévention de la délinquance ;

g) Le commissaire général délégué à l'égalité des territoires ;

2° Un représentant de l'Agence nationale pour la cohésion sociale et l'égalité des chances, désigné par celle-ci ;

3° Un représentant de l'Agence nationale de lutte contre l'illettrisme, désigné par celle-ci ;

4° Un représentant du Conseil supérieur du travail social, désigné par celui-ci ;

5° Le directeur de la Caisse nationale d'allocations familiales ;

6° Le directeur de la Caisse centrale de la mutualité sociale agricole ;

7° Quatre représentants des collectivités territoriales :

a) Deux représentants de l'Assemblée des départements de France, désignés par celle-ci ;

b) Deux représentants de l'Association des maires de France, désignés par celle-ci ;

8° Dix-neuf membres représentant les associations désignés par arrêté du ministre chargé de la famille à raison de leurs compétences dans le domaine du soutien à la parentalité.

Art. D. 141-11 *Le Comité national de soutien à la parentalité se réunit au moins une fois par an en séance plénière sur convocation de son président, de son vice-président ou à la demande d'un tiers de ses membres.*

Le comité peut être convoqué dans les mêmes conditions en formation restreinte. Sa composition est en ce cas fixée, dans la convocation, en fonction de l'ordre du jour. Il est alors présidé par le directeur général de la cohésion sociale. Le directeur de la Caisse nationale des allocations familiales en est le vice-président.

Le programme de travail annuel du comité est arrêté en séance plénière sur proposition conjointe de son président et de son vice-président. Le suivi de sa mise en œuvre est assuré en formation restreinte.

Des groupes techniques constitués au sein du comité contribuent à ses travaux et assurent la mise en œuvre et l'évaluation des dispositifs de soutien à la parentalité.

Les membres du comité exercent leurs fonctions à titre gratuit.

La participation aux séances ouvre droit au remboursement des frais exposés dans les conditions prévues par la réglementation applicable aux fonctionnaires de l'État.

Art. D. 141-12 *Le comité établit son règlement intérieur.*

Son secrétariat est assuré par la direction générale de la cohésion sociale.

Le mandat des membres du comité prend fin le 15 novembre 2013. A la même date, les dispositions du présent chapitre cessent de s'appliquer.

CHAPITRE II HAUT CONSEIL DU TRAVAIL SOCIAL

(Décr. n° 2016-905 du 1er juill. 2016, art. 1er)

La commission instituée par le Décr. n° 2016-905 du 1er juill. 2016 est créée pour une durée de cinq ans à compter du 4 juill., lendemain de la date de sa publication (Décr. préc., art. 2).

Art. D. 142-1 I. — Le Haut Conseil du travail social est une instance interministérielle placée auprès du ministre chargé des affaires sociales. Il a pour missions :

1° D'assister le ministre chargé des affaires sociales de ses avis sur toutes les questions qui concernent le travail social et le développement social ;

2° D'élaborer des éléments de doctrine en matière d'éthique et de déontologie du travail social, et de diffusion des bonnes pratiques professionnelles ;

3° De formuler des recommandations et des avis concernant les évolutions à apporter aux pratiques professionnelles.

A cet effet, il réalise des travaux d'observation, d'évaluation et de recherche sur le travail social.

II. – Le Haut Conseil du travail social peut être consulté par le Premier ministre et le ministre chargé des affaires sociales sur les projets de textes législatifs et réglementaires ainsi que les programmes d'actions ayant une incidence sur le travail social. Il peut être consulté par les ministres sur toute question en lien avec le travail social dans les domaines qui relèvent de leur compétence.

Il élabore et met en œuvre une stratégie de communication *(Décr. n° 2019-1177 du 14 nov. 2019, art. 1er)* « de ses travaux et » des connaissances établies en matière de travail social.

III. – Sans préjudice des missions confiées au Commissariat général à la stratégie et à la prospective, le Haut Conseil du travail social réunit annuellement les présidents des instances ayant un lien avec le travail social dont la liste est fixée par arrêté du ministre chargé des affaires sociales et leur communique le résultat de ses travaux.

Art. D. 142-1-1 *(Décr. n° 2017-877 du 6 mai 2017, art. 1er)* Le travail social vise à permettre l'accès des personnes à l'ensemble des droits fondamentaux, à faciliter leur inclusion sociale et à exercer une pleine citoyenneté. Dans un but d'émancipation, d'accès à l'autonomie, de protection et de participation des personnes, le travail social contribue à promouvoir, par des approches individuelles et collectives, le changement social, le développement social et la cohésion de la société. Il participe au développement des capacités des personnes à agir pour elles-mêmes et dans leur environnement.

A cette fin, le travail social regroupe un ensemble de pratiques professionnelles qui s'inscrit dans un champ pluridisciplinaire et interdisciplinaire. Il s'appuie sur des principes éthiques et déontologiques, sur des savoirs universitaires en sciences sociales et humaines, sur les savoirs pratiques et théoriques des professionnels du travail social et les savoirs issus de l'expérience des personnes bénéficiant d'un accompagnement social, celles-ci étant associées à la construction des réponses à leurs besoins. Il se fonde sur la relation entre le professionnel du travail social et la personne accompagnée, dans le respect de la dignité de cette dernière.

Le travail social s'exerce dans le cadre des principes de solidarité, de justice sociale et prend en considération la diversité des personnes bénéficiant d'un accompagnement social.

Art. D. 142-2 Le Haut Conseil du travail social est présidé par une personnalité reconnue pour ses connaissances et son expérience dans les domaines de compétence du conseil, nommée par décret.

Outre son président, *(Décr. n° 2019-1177 du 14 nov. 2019, art. 2)* « le Haut Conseil du travail social comprend 66 membres répartis en six collèges » dont la composition est précisée par arrêté du ministre chargé des affaires sociales :

1° Un collège représentant les pouvoirs publics, composé de représentants des ministères ayant un lien avec le travail social et de représentants des collectivités territoriales ;

2° Un collège représentant les professionnels du travail social, composé de représentants des organisations syndicales de salariés du secteur social et médico-social, de représentants des organisations d'employeurs du secteur social et médico-social et des représentants des organisations professionnelles ;

3° Un collège représentant les personnes accompagnées, composé de représentants des associations concernées ;

4° Un collège représentant les organismes nationaux œuvrant dans le domaine social et médico-social, notamment en matière de *(Décr. n° 2019-1177 du 14 nov. 2019, art. 2)* « protection sociale et » formation ;

(Décr. n° 2019-1177 du 14 nov. 2019, art. 2) « 5° Un collège représentant les comités locaux du travail social et du développement social ;

« 6° » Un collège de personnalités désignées par le ministre chargé des affaires sociales en raison de leur qualité, de leur compétence ou de leur expérience.

Deux vice-présidents sont élus, respectivement en leur sein, par les représentants des collectivités territoriales et par les représentants des professionnels du travail social.

Les membres du Haut Conseil du travail social sont nommés pour *(Décr. n° 2019-1177 du 14 nov. 2019, art. 2)* « deux » ans par arrêté du ministre chargé des affaires sociales.

(Décr. n° 2019-1177 du 14 nov. 2019, art. 2) « Un suppléant est désigné dans les mêmes conditions que le titulaire, pour les membres des 1er, 2e, 3e, 4e, et 5e collèges.

« Le Haut Conseil du travail social est assisté d'un secrétaire général qui assure, sous l'autorité du président, l'organisation des travaux du Haut Conseil et l'animation du réseau des comités locaux du travail social et du développement social.

« La fonction de secrétaire général du Haut Conseil du travail social est assurée par le ministère chargé des affaires sociales. »

Art. D. 142-3 Sur proposition de son président, le Haut Conseil adopte un règlement intérieur qui précise les modalités de son fonctionnement.

Art. D. 142-4 Le Haut Conseil du travail social peut se faire communiquer par les services de l'État, en tant que de besoin, les éléments d'information et d'études dont ces derniers disposent, dès lors qu'ils lui apparaissent nécessaires pour l'exercice de ses missions. Le Haut Conseil du travail social leur fait connaître ses besoins afin qu'ils soient pris en compte dans leurs programmes d'études et leurs travaux statistiques.

CHAPITRE III CONSEIL NATIONAL DES POLITIQUES DE LUTTE CONTRE LA PAUVRETÉ ET L'EXCLUSION SOCIALE

Art. R. 143-1 Le conseil national des politiques de lutte contre la pauvreté et l'exclusion sociale prévu à l'article L. 143-1 est placé auprès du Premier ministre.

Il assiste le Gouvernement de ses avis sur toutes les questions de portée générale qui concernent la lutte contre la pauvreté et l'exclusion sociale.

Il assure une concertation entre les pouvoirs publics et les associations, organisations *(Décr. n° 2013-1161 du 17 déc. 2013, art. 1er-1°)* « , personnalités désignées en raison de leurs compétences » qui agissent dans le domaine de la lutte contre la pauvreté et l'exclusion sociale *(Décr. n° 2013-1161 du 17 déc. 2013, art. 1er-2°)* « et des personnes en situation de pauvreté ou de précarité. »

Il peut être consulté par le Premier ministre sur les projets de texte législatif ou réglementaire et sur les programmes d'action relatifs à l'insertion et à la lutte contre la pauvreté et l'exclusion sociale. Il peut également être saisi pour avis par les membres du Gouvernement dans les domaines qui relèvent de leur compétence.

Le conseil peut, de sa propre initiative, proposer aux pouvoirs publics les mesures qui paraissent de nature à améliorer la lutte contre la pauvreté et l'exclusion sociale. – *[Décr. n° 99-216 du 22 mars 1999, art. 1er.]*

Art. R. 143-2 *(Décr. n° 2019-1077 du 22 oct. 2019)* Outre son président, qui est désigné par le Premier ministre, le conseil comprend les membres suivants :

1° Huit élus et représentants de l'action sociale territoriale :

a) Un député, désigné par le président de l'Assemblée nationale ;

b) Un sénateur, désigné par le président du Sénat ;

c) Un conseiller régional, nommé par le Premier ministre sur proposition de l'Association des régions de France ;

d) Deux conseillers départementaux, nommés par le Premier ministre sur proposition de l'Assemblée des départements de France ;

e) Un maire, nommé par le Premier ministre sur proposition de l'Association des maires de France ;

f) Le président de l'Union nationale des centres communaux d'action sociale ;

g) Un maire ou un président d'établissement public de coopération intercommunale sur proposition de France Urbaine ;

2° Huit représentants des personnes morales, autres que l'État et les collectivités territoriales, concourant à l'insertion et à la lutte contre les exclusions, nommés par le Premier ministre sur proposition du ministre chargé des affaires sociales ;

3° Huit représentants nommés par le Premier ministre sur proposition des organisations syndicales nationales de salariés représentatives au sens de l'article L. 2121-1 du code du travail et des organisations professionnelles nationales d'employeurs représentatives ;

4° Huit personnalités désignées en raison de leurs compétences en matière de lutte contre la pauvreté et l'exclusion sociale nommées par le Premier ministre sur proposition du ministre chargé des affaires sociales ;

5° Trente-deux personnes en situation de pauvreté ou de précarité, nommées par le Premier ministre à la suite d'un appel à manifestation d'intérêt auprès des associations qui agissent dans le domaine de la lutte contre la pauvreté et l'exclusion sociale.

Le président du Conseil économique, social et environnemental est membre de droit du conseil.

Sont invités au conseil :

a) Les ministres chargés des affaires sociales, du budget, des collectivités territoriales, de la culture, de l'éducation nationale, de l'économie, de la jeunesse, de la justice, du logement, de la santé, des sports, du travail, de l'emploi, de la famille, de la ville, de l'outre-mer, des droits des femmes, de l'égalité des territoires, ou leurs représentants ;

b) Le directeur général de la Caisse nationale d'assurance maladie des travailleurs salariés, le directeur de la Caisse nationale des allocations familiales, le directeur de la Caisse centrale de mutualité sociale agricole, le directeur général de Pôle emploi et le délégué général de l'Union sociale pour l'habitat ou leur représentant ;

c) Le président du Haut Comité pour le logement des personnes défavorisées, le président du Conseil de l'inclusion dans l'emploi, le président du Conseil d'orientation des politiques de jeunesse, les deux vice-présidents du Conseil national des villes *(Abrogé par Décr. n° 2019-1379 du 18 déc. 2019, art. 4-I, à compter du 1er janv. 2020)* « , ***le président de l'Observatoire national de la pauvreté et de l'exclusion sociale*** » et le président du Haut Conseil du travail social ;

d) Un représentant des associations familiales désigné par l'Union nationale des associations familiales et un représentant de la Commission nationale consultative des gens du voyage.

Art. R. 143-3 *(Décr. n° 2019-1077 du 22 oct. 2019)* Le président et les membres du conseil sont nommés pour trois ans par arrêté du Premier ministre, à l'exception du président du Conseil économique, social et environnemental.

Lorsqu'un membre titulaire ou suppléant perd, en cours de mandat, la qualité au titre de laquelle il a été nommé ou désigné, il est procédé, dans les mêmes conditions, à une nouvelle nomination ou désignation pour la durée du mandat restant à courir.

Art. R. 143-4 *(Décr. n° 2019-1077 du 22 oct. 2019)* Un suppléant est nommé dans les mêmes conditions que le titulaire pour les membres du conseil mentionnés du 1° au 3° de l'article R. 143-2.

Par dérogation à l'article R. 133-3 du code des relations entre le public et l'administration, les membres du conseil désignés en fonction de leur mandat électif et mentionnés du *c* au *g* du 1° de l'article R. 143-2 peuvent se faire suppléer par un membre des services de l'assemblée à laquelle ils appartiennent.

Art. R. 143-5 Tout membre qui perd la qualité en raison de laquelle il a été nommé cesse de faire partie du conseil. Il est pourvu à son remplacement dans un délai de trois mois, selon les modalités fixées aux articles R. 143-2 à R. 143-4, pour la durée du mandat restant à courir.

En cas d'empêchement définitif, de démission ou de décès d'un membre du conseil, il est procédé à son remplacement dans les mêmes conditions. – *[Décr. n° 99-216 du 22 mars 1999, art. 5.]*

Art. D. 143-6 Le conseil se réunit au moins deux fois par an sur convocation de son président.

Il peut également être réuni à tout moment à la demande du Premier ministre ou à celle du tiers de ses membres.

Le conseil peut rendre publics ses vœux et propositions. – *[Décr. nº 99-216 du 22 mars 1999, art. 6.]*

Art. D. 143-7 *(Décr. nº 2019-1379 du 18 déc. 2019, art. 4-I, en vigueur le 1er janv. 2020)* « Pour remplir ses missions, le conseil fait appel, en tant que de besoin, aux services de l'État et sollicite le concours des services des collectivités territoriales.

« Il s'appuie sur un comité scientifique permanent constitué de membres de chaque collège et d'invités désignés par le président du conseil ainsi que de neuf personnalités qualifiées choisies parmi les universitaires et chercheurs dont la compétence est reconnue dans le domaine de la pauvreté et de la lutte contre les exclusions, nommées par arrêté du Premier ministre sur proposition du président du conseil.

« Le président du comité scientifique est désigné par le président du Conseil national des politiques de lutte contre la pauvreté et l'exclusion sociale.

« Le conseil peut également faire appel à la collaboration des organismes publics ou privés concernés par la lutte contre la pauvreté et l'exclusion sociale et professionnelle. »

Le conseil peut associer à ses travaux des personnalités extérieures, françaises et étrangères, qu'il choisit en raison de leur compétence ou de leur fonction.

Il peut constituer en son sein des groupes de travail, présidés chacun par un membre du conseil et composés de membres du conseil et, le cas échéant, de personnalités extérieures. Chaque groupe de travail désigne un rapporteur. – *[Décr. nº 99-216 du 22 mars 1999, art. 7.]*

Art. D. 143-8 Les crédits nécessaires au fonctionnement du conseil sont inscrits au budget du ministère des affaires sociales.

(Décr. nº 2005-853 du 25 juill. 2005) « Le secrétariat du Conseil national des politiques de lutte contre la pauvreté et l'exclusion sociale est assuré par la direction générale de la cohésion sociale. »

CHAPITRE IV OBSERVATOIRE NATIONAL DE LA PAUVRETÉ ET DE L'EXCLUSION SOCIALE

Art. R. 144-1 *(Abrogé par Décr. nº 2019-1379 du 18 déc. 2019, art. 4-I, à compter du 1er janv. 2020) L'observatoire national de la pauvreté et de l'exclusion sociale prévu à l'article L. 144-1, comprend :*

1º Un président nommé pour trois ans par arrêté du ministre chargé de l'action sociale ;

2º (Décr. nº 2013-1323 du 27 déc. 2013, art. 1er-1º, en vigueur le 1er mars 2014) « Neuf » membres de droit :

a) Le directeur général de l'institut national de la statistique et des études économiques, ou son représentant ;

b) Le Commissaire général à la stratégie et à la prospective, ou son représentant ;

c) Le directeur de la recherche, des études, de l'évaluation et des statistiques au ministère des affaires sociales, ou son représentant ;

d) Le directeur de l'animation de la recherche, des études et des statistiques au ministère du travail et de l'emploi, ou son représentant ;

e) Le (Décr. nº 2013-1323 du 27 déc. 2013, art. 1er-2º, en vigueur le 1er mars 2014) « directeur général du Trésor » au ministère de l'économie et des finances, ou son représentant ;

f) Le directeur de la caisse nationale des allocations familiales, ou son représentant ;

g) Le président du conseil national des politiques de lutte contre la pauvreté et l'exclusion sociale ;

(Décr. nº 2013-1323 du 27 déc. 2013, art. 1er-3º, en vigueur le 1er mars 2014) « h) Le directeur général de la cohésion sociale au ministère chargé des affaires sociales, ou son représentant ;

« i) Le directeur de l'évaluation, de la prospective et de la performance au ministère chargé de l'éducation, ou son représentant ; »

3° *(Décr. n° 2013-1323 du 27 déc. 2013, art. 1er-4°, en vigueur le 1er mars 2014) « Neuf » personnalités qualifiées, ayant concouru ou concourant par leur action à l'insertion et à la lutte contre les exclusions, nommées pour trois ans par arrêté du ministre chargé des affaires sociales ;*

4° *(Décr. n° 2013-1323 du 27 déc. 2013, art. 1er-4°, en vigueur le 1er mars 2014) « Neuf » personnalités qualifiées, parmi les universitaires et chercheurs dont la compétence est reconnue dans le domaine de la pauvreté et de la lutte contre les exclusions, nommées pour trois ans par arrêté du ministre chargé des affaires sociales.* — [Décr. n° 99-215 du 22 mars 1999, art. 1er.]

Art. R. 144-2 *(Abrogé par Décr. n° 2019-1379 du 18 déc. 2019, art. 4-I, à compter du 1er janv. 2020) L'observatoire définit chaque année un programme de travail qui précise notamment les études qu'il fait réaliser. Ce programme de travail est élaboré en tenant compte des avis et recommandations formulés par le conseil national des politiques de lutte contre la pauvreté et l'exclusion sociale.* — [Décr. n° 99-215 du 22 mars 1999, art. 2.]

Art. R. 144-3 *(Abrogé par Décr. n° 2019-1379 du 18 déc. 2019, art. 4-I, à compter du 1er janv. 2020) L'observatoire peut convenir de programmes d'études avec tout organisme public ou privé, départemental ou régional, dont la mission est l'observation des situations de pauvreté et d'exclusion. Il peut associer à ses travaux des personnalités extérieures, françaises et étrangères, qu'il choisit en raison de leur compétence ou de leur fonction.* — [Décr. n° 99-215 du 22 mars 1999, art. 3.]

Art. R. 144-4 *(Abrogé par Décr. n° 2019-1379 du 18 déc. 2019, art. 4-I, à compter du 1er janv. 2020) L'observatoire se réunit au moins deux fois par an sur convocation de son président ou à la demande du ministre chargé des affaires sociales. Il peut également être réuni sur demande du tiers de ses membres. La direction de la recherche, des études, de l'évaluation et des statistiques du ministère des affaires sociales assure le secrétariat de l'observatoire.* — [Décr. n° 99-215 du 22 mars 1999, art. 4.]

CHAPITRE V COORDINATION DES INTERVENTIONS

SECTION 1 *[ABROGÉE]* Conventions entre les acteurs engagés dans la prévention et la lutte contre les exclusions *(Décr. n° 2005-1135 du 7 sept. 2005).*

(Abrogée par Décr. n° 2007-1436 du 4 oct. 2007)

Art. R. 145-1 à R. 145-3 *Abrogés par Décr. n° 2007-1436 du 4 oct. 2007.*

SECTION 2 Commission départementale de la cohésion sociale

(Décr. n° 2006-665 du 7 juin 2006, art. 26)

Art. R. 145-4 La commission départementale de la cohésion sociale concourt à l'élaboration et à la mise en œuvre des politiques publiques de cohésion sociale. Elle est régie par les dispositions des articles 8 et 9 du décret n° 2006-665 du 7 juin 2006.

A ce titre, elle participe à la mise en place, dans le département, des politiques d'insertion sociale, de prévention et de lutte contre l'exclusion, de prévention des expulsions, d'accueil et d'intégration des personnes immigrées, de la ville, décidées par l'État.

Elle contribue à la mise en cohérence et au développement coordonné de ces politiques, afin de permettre aux personnes en situation de précarité ou confrontées à une difficulté de nature particulière d'accéder à l'emploi, au logement, à la santé, à l'éducation, à la formation, à la justice et à la culture et de bénéficier, le cas échéant, d'un accompagnement adapté vers l'intégration et l'insertion.

Elle peut être saisie par le préfet, ou proposer toutes mesures relatives à l'élaboration, à la mise en œuvre, au suivi et à l'évaluation de ces politiques publiques.

Art. R. 145-5 La commission départementale de la cohésion sociale est présidée par le préfet. Elle bénéficie, en tant que de besoin, du concours des services de l'État et organismes placés sous tutelle compétents dans la mise en œuvre des politiques de cohésion sociale.

Elle agit de concert avec les instances et organismes intervenant dans son champ de compétence, et notamment :

– la commission départementale de l'emploi et de l'insertion ;
– la commission départementale pour la promotion de l'égalité des chances et de la citoyenneté ;
– le conseil départemental de l'éducation nationale ;
– le conseil départemental de la jeunesse, des sports et de la vie associative ;
– le conseil départemental de prévention de la délinquance, d'aide aux victimes et de lutte contre la drogue, les dérives sectaires et les violences faites aux femmes ;
– la commission départementale des gens du voyage ;
– la commission départementale de l'environnement et des risques sanitaires et technologiques en ce qui concerne l'insalubrité et l'habitat indigne ;
– la section départementale des aides publiques au logement ;
– la commission départementale d'examen des situations de surendettement des particuliers et des familles ;
– le conseil départemental de l'accès au droit.

Art. R. 145-6 Outre les représentants des services de l'État et des organismes sous tutelle concourant à la cohésion sociale, la commission départementale de la cohésion sociale comprend :

– des représentants des collectivités territoriales ;
– des représentants de personnes morales de droit public ou privé concourant à la cohésion sociale ;
– des représentants des usagers.

CHAPITRE VI CONSULTATION DES PERSONNES HANDICAPÉES

SECTION 1 Conseil national consultatif des personnes handicapées

(Décr. nº 2020-90 du 5 févr. 2020, art. 1er)

Art. D. 146-1 *(Décr. nº 2023-844 du 30 août 2023, art. 1er-1º)* Le Conseil national consultatif des personnes handicapées prévu à l'article L. 146-1 comprend les collèges suivants :

1º Un collège des représentants des associations de personnes handicapées, désignés par celles-ci ;

2º Un collège des représentants des associations de familles de personnes handicapées, désignés par celles-ci ;

3º Un collège composé comme suit :

a) Des représentants des associations ou d'organismes professionnels qui interviennent dans le champ du handicap, désignés par ceux-ci ;

b) Des représentants des organisations syndicales de salariés interprofessionnelles représentatives au plan national et des organisations professionnelles nationales d'employeurs, désignées par celles-ci ;

c) Des représentants des organismes institutionnels et des établissements publics intervenant dans le champ du handicap et agissant dans les domaines de la prévention, l'emploi, la protection sociale et la recherche, désignés par ceux-ci ;

d) Un député et un sénateur désignés par leur assemblée respective ;

e) Trois représentants des collectivités territoriales nommés, respectivement sur proposition de l'association des régions de France, sur proposition de l'assemblée des départements de France et sur proposition de l'association des maires de France ;

f) Un représentant du Conseil économique, social et environnemental, désigné par lui.

Les membres qui siègent au collège des représentants des associations de personnes handicapées représentent 60 % des membres du Conseil national consultatif des personnes handicapées.

Les membres qui siègent au collège des représentants des associations de familles de personnes handicapées représentent 20 % des membres du Conseil national consultatif des personnes handicapées.

Les membres qui siègent au collège prévu au 3° représentent 20 % des membres du Conseil national consultatif des personnes handicapées.

Nul ne peut siéger au sein de plusieurs collèges.

Le nombre de membres des collèges, les organisations, établissements publics, organismes et associations mentionnés aux 1°, 2° et *a, b* et *c* du 3° est fixé par arrêté du ministre chargé des personnes handicapées.

Art. D. 146-2 Pour chacun des membres titulaires du Conseil national consultatif des personnes handicapées à l'exception de ceux visés *(Décr. nº 2023-844 du 30 août 2023, art. 1er-2º)* « aux *d* et *f* du 3° » de l'article D. 146-1, un membre suppléant est désigné *(Abrogé par Décr. nº 2023-844 du 30 août 2023, art. 1er-2º)* « *, dans les mêmes conditions* ».

Les membres sont nommés pour une durée de trois ans à l'exception des membres mentionnés *(Décr. nº 2023-844 du 30 août 2023, art. 1er-2º)* « aux *d, e* et *f* du 3° » de l'article D. 146-1 qui sont désignés pour la durée de leur mandat au sein, respectivement des collectivités, des assemblées et du conseil qu'ils représentent.

Les membres titulaires et suppléants mentionnés *(Décr. nº 2023-844 du 30 août 2023, art. 1er-2º)* « aux 1°, 2° et *a, b* et *c* du 3° » de l'article D. 146-1 sont nommés par le ministre chargé des personnes handicapées, et pour les membres mentionnés aux 1° à 4° sur proposition des associations et organismes qu'ils représentent.

(Décr. nº 2023-844 du 30 août 2023, art. 1er-2º) « Afin de faire cesser ou de prévenir toute situation de conflit d'intérêts, le membre qui estime avoir un lien d'intérêt direct ou indirect dans la question examinée de nature à influencer ou paraître influencer l'exercice indépendant, impartial et objectif de ses fonctions s'abstient de prendre part aux travaux, aux délibérations et aux votes du Conseil ».

Les membres titulaires ou suppléants *(Décr. nº 2023-844 du 30 août 2023, art. 1er-2º)* « , à l'exception du président et des vice-présidents », exercent leurs fonctions à titre gratuit.

Tout membre qui décède, démissionne, ou perd la qualité au titre de laquelle il a été désigné, cesse de faire partie du Conseil national consultatif des personnes handicapées. Lorsqu'un membre cesse, quel qu'en soit le motif, de faire partie du Conseil national consultatif des personnes handicapées, un nouveau membre est désigné, dans les mêmes conditions, pour la durée restant à courir du mandat.

Art. D. 146-3 Un président est nommé pour trois ans par arrêté du ministre chargé des personnes handicapées. Il bénéficie d'une voix.

Art. D. 146-4 L'assemblée plénière du Conseil national consultatif des personnes handicapées réunit l'ensemble des membres des collèges définis à l'article D. 146-1, pour débattre et délibérer sur les projets d'avis, *(Décr. nº 2023-844 du 30 août 2023, art. 1er-3º)* « de motions, de contributions, » de rapports soumis à l'adoption des membres, dans une approche collégiale et pluridisciplinaire.

Des représentants des ministres, désignés par ceux-ci, ainsi que le secrétaire général du comité interministériel du handicap, participent aux séances du Conseil national consultatif des personnes handicapées. Ceux-ci *(Décr. nº 2023-844 du 30 août 2023, art. 1er-3º)* « ne prennent pas part aux votes.

« Des invités permanents aux assemblées plénières, qui ne prennent pas part aux votes, sont prévus par le règlement intérieur parmi lesquels le Défenseur des droits, le président de la commission nationale consultative des droits de l'homme, les hauts fonctionnaires au handicap et à l'inclusion, les sous-préfets référents handicap et

accessibilité, des représentants des conseils départementaux de la citoyenneté et de l'autonomie, et des représentants des fonds pour l'insertion professionnelle et des administrations centrales. »

Le président peut inviter, en fonction de l'ordre du jour, des personnes extérieures à participer aux travaux prévus sans voix délibérative. *(Décr. n° 2023-844 du 30 août 2023, art. 1er-3°)* **« Le Conseil national consultatif des personnes handicapées peut faire appel à des collaborateurs, appartenant ou non à l'administration, afin de réaliser des études. Leurs missions sont fixées par le règlement intérieur les** *[et les]* **dispositions du quatrième aliéna** *[alinéa]* **de l'article D. 142-6 sont applicables à ces collaborateurs. »**

Le Conseil national consultatif des personnes handicapées peut adopter des avis par voie électronique.

Art. D. 146-5 *(Décr. n° 2023-844 du 30 août 2023, art. 1er-4°)* **« Une commission permanente présidée » par le président du Conseil national consultatif des personnes handicapées est** *(Décr. n° 2023-844 du 30 août 2023, art. 1er-4°)* **« chargée » de la préparation et du suivi des travaux du Conseil.** *(Décr. n° 2023-844 du 30 août 2023, art. 1er-4°)* **« Elle réunit vingt-quatre membres dont trois vice-présidents nommés par arrêté du ministre chargé des personnes handicapées parmi les membres du Conseil national consultatif des personnes handicapées, sur proposition de son président. Elle se réunit sur convocation du président ou à la demande d'au moins un tiers de ses membres.**

« Le président soumet au vote de l'assemblée plénière la liste des membres de la commission permanente. »

En cas d'urgence motivée par la demande d'un ministre, sur délégation de l'assemblée plénière, *(Décr. n° 2023-844 du 30 août 2023, art. 1er-4°)* **« la commission permanente » exerce l'ensemble des attributions dévolues à l'assemblée plénière.**

(Décr. n° 2023-844 du 30 août 2023, art. 1er-4°) **« La commission permanente » prépare un règlement intérieur et le soumet au vote de l'assemblée plénière du Conseil national consultatif des personnes handicapées.**

Le président peut inviter, en fonction de l'ordre du jour, des personnes extérieures au Conseil national consultatif des personnes handicapées à participer aux travaux sans voix délibérative, afin d'apporter des éléments d'information nécessaires aux travaux du comité.

Art. D. 146-6 *(Décr. n° 2023-844 du 30 août 2023, art. 1er-5°)* **Pour étudier les questions soumises à son examen, le Conseil national consultatif des personnes handicapées organise six commissions spécialisées et huit délégations dont la liste est arrêtée par la commission permanente et précisée dans le règlement intérieur.**

Les commissions spécialisées intègrent des personnes choisies en raison de leur expertise. Elles en informent le président du Conseil national consultatif des personnes handicapées.

Art. D. 146-7 **A la demande de ses membres,** *(Décr. n° 2023-844 du 30 août 2023, art. 1er-6°)* **« la commission permanente » peut constituer des groupes de travail.**

Art. D. 146-8 **Le Conseil national consultatif des personnes handicapées se réunit au moins trois fois par an, sur convocation de son président, qui arrête l'ordre du jour en lien avec le secrétaire général du comité interministériel du handicap, et à la demande d'un ministre représenté au conseil au titre de l'article D. 146-4.**

Art. D. 146-9 **Le secrétariat du Conseil national consultatif des personnes handicapées est assuré par le secrétaire général du comité interministériel du handicap, avec le concours du ministère chargé des solidarités qui prend à sa charge les frais de fonctionnement de l'instance.**

Art. D. 146-10 *(Abrogé par Décr. n° 2023-844 du 30 août 2023, art. 1er-7°)* ***Trois membres du Conseil national consultatif des personnes handicapées sont désignés par le président pour assurer le suivi des avis rendus.***

Art. D. 146-11 *(Décr. nº 2020-417 du 8 avr. 2020)* **« Un conseil pour les questions sémantiques, sociologiques et éthiques » comprend des membres du Conseil national consultatif des personnes handicapées désignés par le président. Il peut inviter des personnes choisies en raison de leur expertise.** *(Abrogé par Décr. nº 2023-844 du 30 août 2023, art. 1er-8º)* ***« Il a pour mission d'organiser les débats éthiques attachés à une société plus inclusive. »***

Art. D. 146-12 **Le Conseil national consultatif des personnes handicapées remet au ministre chargé des personnes handicapées, un rapport de fin de mandat sur l'application de la politique intéressant les personnes handicapées, qui intègre les contributions apportées par les conseils départementaux de la citoyenneté et de l'autonomie.**

Art. D. 146-12-1 *(Décr. nº 2023-844 du 30 août 2023, art. 1er-9º ; Rect. JO 2 sept.)* **Le président et les vice-présidents perçoivent une indemnité à caractère forfaitaire et mensuel, fixée par arrêté du ministre chargé des solidarités.**

Le Conseil national consultatif des personnes handicapées peut faire appel à des collaborateurs mentionnés à l'article D. 146-4. Ceux-ci peuvent bénéficier d'indemnités, dont le montant est fixé par le président du Conseil national consultatif des personnes handicapées, en fonction du temps nécessaire à la préparation de l'étude qui leur a été confiée ainsi que de sa complexité, dans la limite d'un montant maximal fixé par arrêté du ministre chargé des solidarités.

Les frais de déplacement et de séjour des membres du Conseil national consultatif des personnes handicapées ainsi que des personnes invitées à participer à ses travaux et des facilitateurs et auxiliaires de vie sont remboursés dans les conditions prévues par la réglementation applicable aux personnels civils de l'État.

SECTION 2 **Comité stratégique relatif à la compensation du handicap des enfants et aux transports des personnes en situation de handicap**

(Décr. nº 2021-833 du 29 juin 2021)

Art. D. 146-13 **Le comité stratégique relatif à la compensation du handicap des enfants et aux transports des personnes en situation de handicap, prévu à l'article 4 de la loi nº 2020-220 du 6 mars 2020 visant à améliorer l'accès à la prestation de compensation du handicap, est présidé par le ministre chargé des personnes handicapées.**

Outre son président, il comprend :

1º Trois représentants des collectivités territoriales, désignés respectivement par l'association des régions de France, par l'assemblée des départements de France et par l'association des maires de France et des présidents d'intercommunalité ;

2º Au titre des associations :

***a)* Six membres du Conseil national consultatif des personnes handicapées, désignés par son comité de gouvernance ;**

***b)* Un représentant des maisons départementales des personnes handicapées, désigné par l'association des directeurs de maisons départementales des personnes handicapées ;**

3º Au titre des organismes nationaux :

***a)* Le directeur général de la caisse nationale de solidarité pour l'autonomie ;**

***b)* Le directeur général de la caisse nationale des allocations familiales ;**

***c)* Le directeur général de la caisse nationale d'assurance maladie ;**

***d)* Le secrétaire général du comité interministériel du handicap ;**

4º Au titre des représentants de l'État :

***a)* Pour le ministre chargé des affaires sociales :**

— le secrétaire général des ministères chargés des affaires sociales ;

— le directeur général de la cohésion sociale ;

— le directeur de la sécurité sociale ;

b) Pour les ministres chargés des transports et des relations avec les collectivités territoriales :

– le délégué ministériel à l'accessibilité ;

– le directeur général des collectivités locales ;

5° Trois personnalités qualifiées désignées par le ministre chargé des personnes handicapées.

En fonction de son ordre du jour, le comité peut inviter toute personne susceptible de lui apporter des éléments d'informations nécessaires à ses travaux.

Art. D. 146-14 Le comité stratégique se réunit au moins une fois par an sur convocation du président.

Art. D. 146-15 Le secrétariat du comité est assuré par la direction générale de la cohésion sociale, avec le concours du ministère chargé des affaires sociales qui prend à sa charge les frais de fonctionnement de l'instance.

SECTION 3 Maison départementale des personnes handicapées

(Décr. n° 2005-1587 du 19 déc. 2005)

SOUS-SECTION 1 Constitution et fonctionnement

Art. R. 146-16 La convention constitutive du groupement d'intérêt public dénommé "maison départementale des personnes handicapées" est conclue entre les membres de droit désignés au deuxième alinéa de l'article L. 146-4 et, le cas échéant, les personnes morales mentionnées au troisième alinéa du même article qui souhaitent participer à ce groupement. Cependant, en application du quinzième alinéa du même article, le groupement peut être initialement constitué alors même que certains membres de droit n'y seraient pas partie.

La convention constitutive est approuvée par arrêté du président du conseil départemental.

Le groupement d'intérêt public jouit de la personnalité morale à compter de la publication au Recueil des actes administratifs du département de cet arrêté accompagné d'extraits de la convention mentionnant obligatoirement :

1° La dénomination et l'objet du groupement ;

2° L'identité de ses membres fondateurs ;

3° Le siège du groupement.

Les modifications de la convention constitutive font l'objet d'une approbation et d'une publication dans les mêmes conditions.

Art. R. 146-17 La convention constitutive comporte obligatoirement les stipulations suivantes :

1° Désignation et objet du groupement ;

2° Désignation des membres ;

3° Conditions d'adhésion de nouveaux membres et de retrait ou d'exclusion de membres, à l'exclusion des membres de droit ;

4° Fixation du siège et du lieu physique d'implantation de la maison départementale des personnes handicapées ;

5° Nature et montant des concours des membres du groupement à son fonctionnement ;

6° Missions du directeur ;

7° Personnel du groupement ;

8° Procédure de préparation, d'approbation et d'exécution du budget.

Les membres du groupement participent au fonctionnement de la maison départementale en mettant à sa disposition des moyens sous forme de contributions en nature, en personnels ou financières.

Art. R. 146-18 Les représentants des services de l'État au sein de la commission exécutive sont au nombre de trois.

Art. R. 146-19 A l'exception de son président et des membres désignés en application du *a* *(Décr. n° 2012-1414 du 18 déc. 2012, art. 1er)* « et du *d* » du 3° de l'article L. 146-4, les membres de la commission exécutive sont désignés pour une durée de quatre ans, renouvelable. Des suppléants peuvent être désignés dans les mêmes conditions.

Tout membre démissionnaire ou ayant perdu la qualité à raison de laquelle il a été désigné est remplacé dans les mêmes conditions. Pour ceux des membres dont le mandat a une durée déterminée, le remplaçant est nommé pour la durée du mandat restant à courir.

Art. R. 146-20 La commission exécutive arrête son règlement intérieur et désigne un bureau.

Elle se réunit au moins deux fois par an.

Art. R. 146-21 Les décisions de la commission exécutive sont exécutoires de plein droit.

Toutefois, le président du conseil départemental peut, dans un délai de quinze jours, et lorsqu'il s'agit de décisions relatives au budget et à ses décisions modificatives ou à l'organisation de la maison départementale, provoquer une nouvelle délibération de la commission exécutive. Dans ce cas, il est sursis à l'exécution de la décision jusqu'à ce que la commission exécutive se soit à nouveau prononcée. Le président du conseil départemental ne peut s'opposer à l'exécution de la décision prise sur nouvelle délibération de la commission exécutive.

Art. R. 146-22 La commission exécutive est consultée sur la demande d'adhésion au groupement de nouveaux membres. La décision d'adhésion fait l'objet d'un avenant à la convention approuvé par arrêté pris et publié dans les conditions fixées à ce même article.

Le retrait du groupement d'un membre, autre qu'un membre de droit, ne peut être effectif qu'après que ce membre s'est acquitté de ses obligations à l'égard du groupement pour l'exercice en cours et les exercices précédents.

L'exclusion du groupement d'un membre pour inexécution de ses obligations à l'égard du groupement ou pour comportement incompatible avec les missions qui sont confiées au groupement par la loi peut être décidée par décision unanime des autres membres du groupement, après consultation de la commission exécutive.

Le retrait ou l'exclusion d'un membre du groupement font l'objet d'un avenant à la convention approuvé par arrêté pris et publié dans les conditions fixées à l'article R. 146-16.

Art. R. 146-23 *(Décr. n° 2012-1247 du 7 nov. 2012, art. 24-5°, en vigueur le 1er janv. 2013)* « Le groupement est soumis aux dispositions du titre I du décret n° 2012-1246 du 7 novembre 2012 relatif à la gestion budgétaire et comptable publique et, par dérogation aux dispositions des articles 1er et 3 de ce décret, aux dispositions du code général des collectivités territoriales relatives aux règles budgétaires, financières et comptables applicables aux départements. Le comptable public porte le titre d'agent comptable. »

Le groupement est soumis au contrôle de la chambre régionale des comptes dans les conditions prévues par le code des juridictions financières.

L'agent comptable est nommé par le préfet après avis du *(Décr. n° 2012-1247 du 7 nov. 2012, art. 24-5°, en vigueur le 1er janv. 2013)* « directeur départemental des finances publiques ». Il ne peut être remplacé ou révoqué que dans les mêmes formes.

Art. R. 146-24 Le directeur de la maison départementale met en œuvre les décisions de la commission exécutive.

Ses autres missions sont définies par la convention constitutive du groupement.

Art. R. 146-24-1 *(Décr. n° 2012-91 du 26 janv. 2012, art. 12-1°)* Sous réserve des dispositions de la présente section, le décret n° 2012-91 du 26 janvier 2012 relatif aux groupements d'intérêt public est applicable aux groupements d'intérêt public

régis par les dispositions de l'article L. 146-3 du présent code. — *Les dispositions du Décr. nº 2012-91 du 26 janv. 2012 sont applicables à Wallis-et-Futuna, en Polynésie française, en Nouvelle-Calédonie et dans les Terres australes et antarctiques françaises (Décr. préc., art. 15).*

Art. R. 146-24-2 *(Décr. nº 2012-1414 du 18 déc. 2012, art. 2)* **La mise à disposition d'un fonctionnaire régi par le statut général de la fonction publique d'État peut prendre fin avant le terme prévu par décision de l'autorité dont relève le fonctionnaire, sur demande de l'administration d'origine, de la maison départementale des personnes handicapées ou du fonctionnaire.**

Lorsque la demande de fin de mise à disposition émane de l'administration d'origine ou de la maison départementale des personnes handicapées, elle doit être motivée.

Lorsque la demande émane de l'agent, il adresse sa demande à son administration d'origine et en informe la maison départementale des personnes handicapées. L'administration d'origine dispose d'un délai de trois mois pour faire droit à cette demande et affecter le fonctionnaire aux fonctions qu'il exerçait précédemment dans son service d'origine ou lui proposer une affectation à un emploi que son grade lui donne vocation à occuper.

A compter de la date de la réponse de l'administration d'origine court un préavis de six mois. Toutefois, ce préavis peut être réduit, après accord entre l'administration d'origine et la maison départementale des personnes handicapées.

SOUS-SECTION 2 Dépôt des demandes

Art. R. 146-25 **Pour bénéficier des droits ou prestations mentionnés à l'article L. 241-6, la personne handicapée ou, le cas échéant, son représentant légal** *(Décr. nº 2021-684 du 28 mai 2021, art. 25)* **« s'il s'agit d'un mineur ou, s'il s'agit d'un majeur faisant l'objet d'une mesure de protection juridique avec représentation relative à la personne, la personne chargée de cette mesure », dépose une demande auprès de la maison départementale des personnes handicapées** *(Décr. nº 2012-1414 du 18 déc. 2012, art. 3-1º et 2º)* **« compétente en application des dispositions de l'article L. 146-3.**

« Lorsqu'un domicile de secours ne peut être déterminé, la maison départementale des personnes handicapées du lieu de résidence de la personne handicapée est compétente pour instruire la demande. Dans ce cas, si un domicile de secours vient à être identifié, la maison départementale des personnes handicapées en est informée et transmet le dossier à la maison départementale des personnes handicapées compétente en en informant la personne handicapée. »

Lorsque, conformément aux dispositions mentionnées au dernier alinéa de l'article L. 241-6, l'établissement ou le service qui accueille une personne handicapée formule, auprès de la maison départementale des personnes handicapées, une demande de révision d'une décision d'orientation, la personne handicapée, ainsi que, le cas échéant, son représentant légal *(Décr. nº 2021-684 du 28 mai 2021, art. 25)* **« s'il s'agit d'un mineur ou, s'il s'agit d'un majeur faisant l'objet d'une mesure de protection juridique avec représentation relative à la personne, la personne chargée de cette mesure », sont immédiatement informés de cette demande par l'établissement ou le service.**

En application des art. L. 231-5 et L. 231-6 CRPA, le silence gardé pendant quatre mois par l'administration vaut décision de rejet pour les décisions de la commission des droits et de l'autonomie des personnes handicapées sur les droits des personnes handicapées (hors attributions de prestations financières) (Décr. nº 2015-1451 du 10 nov. 2015, applicable pour les demandes présentées à compter du 12 nov. 2015).

Sur les exceptions à l'application du droit des usagers de saisir l'administration par voie électronique concernant les démarches effectuées auprès des organismes de sécurité sociale et des collectivités territoriales, de leurs établissements publics ou des établissements publics de coopération intercommunale, V. **CRPA**, *App., vº Saisine par voie électronique — Exceptions.*

Art. R. 146-25-1 *(Décr. nº 2019-1501 du 30 déc. 2019, art. 2-1º, en vigueur le 1er janv. 2020)* **Par dérogation à l'article R. 146-25 et au I de l'article R. 241-12, les bénéfi-**

ciaires de l'allocation mentionnée à l'article R. 245-3 dans sa rédaction antérieure au 12 février 2005 et de la carte mobilité inclusion portant la mention invalidité bénéficient, sans nouvelle demande de leur part, d'une prorogation de leurs droits sans limitation de durée dès lors que la commission des droits et de l'autonomie des personnes handicapées ou le président du conseil départemental constatent que les conditions fixées par l'arrêté pris en application du second alinéa de l'article R. 241-15 sont remplies.

Par dérogation aux dispositions de l'article R. 146-25, les bénéficiaires de la reconnaissance de la qualité de travailleur handicapé et de l'orientation vers le marché du travail prévues par l'article L. 5213-2 du code du travail bénéficient, sans nouvelle demande de leur part, d'une prorogation de leurs droits sans limitation de durée dès lors que la commission des droits et de l'autonomie des personnes handicapées constate que les conditions fixées par le second alinéa de l'article R. 241-31 du présent code sont remplies.

Lorsque la commission des droits et de l'autonomie des personnes handicapées ou le président du conseil départemental prorogent des droits en application du présent article ou du deuxième alinéa de l'article R. 821-2 du code de la sécurité sociale, ils prorogent les autres droits du bénéficiaire si les conditions d'attribution sont remplies et dans la limite des durées maximales règlementaires.

Art. R. 146-26 La demande est accompagnée d'un certificat médical de moins *(Décr. nº 2021-391 du 2 avr. 2021, art. 1er)* « d'un an *[ancienne rédaction : six mois]* » et, le cas échéant, des éléments d'un projet de vie. *(Décr. nº 2015-1746 du 23 déc. 2015, art. 1er-2º)* « Dans le cas d'un handicap susceptible d'une évolution rapide, l'équipe pluridisciplinaire mentionnée à l'article L. 146-8 du même code peut demander un certificat médical d'une durée de validité inférieure. » — *Les dispositions du Décr. nº 2021-391 du 2 avr. 2021 sont applicables aux demandes présentées sur le fondement de l'art. R. 146-25 CASF sur lesquelles il n'a pas été statué à la date de son entrée en vigueur (Décr. préc., art. 2, JO 4 avr.).*

Les modèles de formulaires de demande ainsi que la liste des pièces justificatives à fournir sont fixés par arrêté du ministre chargé des personnes handicapées.

(Décr. nº 2012-1414 du 18 déc. 2012, art. 4) « Lorsque la demande est accompagnée de l'ensemble des documents prévus aux deux alinéas précédents, elle est recevable. »

Le formulaire de demande doit être accessible aux personnes handicapées ; à défaut, la maison départementale des personnes handicapées assure à ces personnes, par tout moyen, une aide à la formulation de leur demande.

V. 2e note ss. art. R. 146-25.

V. Arr. du 5 mai 2017 relatif au modèle de formulaire de certificat médical pour une demande auprès des maisons départementales des personnes handicapées (JO 7 mai). — V. égal. Arr. du 21 oct. 2022 relatif à la mise en œuvre d'une expérimentation d'une version 2 du formulaire CERFA nº 15692 de demande auprès des maisons départementales des personnes handicapées (JO 3 nov., NOR : APHA2230399A), mod. par Arr. du 20 févr. 2023 (JO 13 mai, NOR : APHA2301254A).

V. Arr. du 23 févr. 2021 relatif au modèle de formulaire de demande auprès des maisons départementales des personnes handicapées pour la compensation des besoins liés à l'exercice de la parentalité dans le cadre de la prestation de compensation du handicap (JO 17 avr., NOR : PRMA2101701A).

SOUS-SECTION 3 Équipe pluridisciplinaire

Art. R. 146-27 L'équipe pluridisciplinaire mentionnée à l'article L. 146-8 réunit des professionnels ayant des compétences médicales ou paramédicales, des compétences dans les domaines de la psychologie, du travail social, de la formation scolaire et universitaire, de l'emploi et de la formation professionnelle. Sa composition doit permettre l'évaluation des besoins de compensation du handicap quelle que soit la nature de la demande et le type du ou des handicaps ; cette composition peut varier en fonction des particularités de la situation de la personne handicapée. *(Décr. nº 2015-85 du 28 janv. 2015, art. 1er-1º)* « Lorsqu'elle se prononce sur des questions relatives à la scolarisation, elle comprend un enseignant du premier ou du second degré. »

Les membres de l'équipe pluridisciplinaire sont nommés par le directeur de la maison départementale, qui désigne en son sein un coordonnateur chargé d'assurer son organisation et son fonctionnement.
(Décr. nº 2015-85 du 28 janv. 2015, art. 1er-2º et 3º) « Le directeur peut, sur proposition du coordonnateur, faire appel à des experts, notamment les membres de la commission départementale définie à l'article D. 332-7 du code de l'éducation, chargés d'apporter leur concours à l'évaluation réalisée par l'équipe pluridisciplinaire.

« A la demande de l'élève majeur, ou, s'il est mineur, de ses parents ou de son représentant légal, les professionnels dont le concours apparaît utile peuvent être invités par le directeur à contribuer aux travaux de l'équipe pluridisciplinaire. »

SOUS-SECTION 4 **Plan personnalisé de compensation du handicap**

Art. R. 146-28 *(Décr. nº 2008-110 du 6 févr. 2008)* « L'équipe pluridisciplinaire évalue les besoins de compensation de la personne handicapée en tenant compte de ses souhaits, formalisés dans un projet de vie. Les références mentionnées à l'article L. 146-8 pour l'appréciation de ces besoins sont précisées dans un guide d'évaluation prenant en compte l'ensemble de la situation notamment matérielle, familiale, sanitaire, scolaire, professionnelle et psychologique de la personne handicapée. Le modèle de ce guide d'évaluation est déterminé par un arrêté du ministre chargé des personnes handicapées. *— V. Arr. du 6 févr. 2008 (JO 6 mai).*

« La maison départementale des personnes handicapées apporte son aide, sur leur demande, à la personne handicapée ou à son représentant légal *(Décr. nº 2021-684 du 28 mai 2021, art. 25)* « s'il s'agit d'un mineur ou, s'il s'agit d'un majeur faisant l'objet d'une mesure de protection juridique avec représentation relative à la personne, la personne chargée de cette mesure », pour la confection du projet de vie prévu à l'alinéa précédent. »

L'équipe pluridisciplinaire détermine, le cas échéant, un taux d'incapacité permanente en application du guide-barème pour l'évaluation des déficiences et incapacités des personnes handicapées figurant à l'annexe 2-4 au décret nº 2004-1136 du 21 octobre 2004 relatif au code de l'action sociale et des familles (partie réglementaire). Elle se fonde en outre sur les référentiels prévus par des réglementations spécifiques pour l'accès à certains droits ou prestations.

Art. R. 146-29 Le plan personnalisé de compensation est élaboré par l'équipe pluridisciplinaire au terme d'un dialogue avec la personne handicapée relatif à son projet de vie. Il comprend des propositions de mesures de toute nature, notamment concernant des droits ou prestations mentionnées à l'article L. 241-6, destinées à apporter, à la personne handicapée, au regard de son projet de vie, une compensation aux limitations d'activités ou restrictions de participation à la vie en société qu'elle rencontre du fait de son handicap.

Le plan personnalisé de compensation comporte, le cas échéant, un volet consacré à l'emploi et à la formation professionnelle ou le projet personnalisé de scolarisation mentionné à l'article L. 112-2 du code de l'éducation.

Le plan de compensation est transmis à la personne handicapée ou, le cas échéant, à son représentant légal *(Décr. nº 2021-684 du 28 mai 2021, art. 25)* « s'il s'agit d'un mineur ou, s'il s'agit d'un majeur faisant l'objet d'une mesure de protection juridique avec représentation relative à la personne qui n'est pas apte à exprimer sa volonté, à la personne chargée de cette mesure », qui dispose d'un délai de quinze jours pour faire connaître ses observations. La commission des droits et de l'autonomie des personnes handicapées est informée de ces observations.

Art. D. 146-29-1 *(Décr. nº 2017-137 du 7 févr. 2017)* Pour l'application de l'article L. 114-1-1, l'agence régionale de santé, les services de l'État ou les établissements publics qui en relèvent, le conseil départemental ou les établissements publics qui en relèvent, les établissements publics de coopération intercommunale constitués sur le territoire départemental, le conseil régional et la métropole de Lyon, chacun pour leur ressort territorial et dans leur champ de compétences, communiquent à l'équipe pluridisciplinaire mentionnée à l'article L. 146-8 les informations nécessaires à l'élaboration des plans d'accompagnement globaux et à leur modification.

Art. D. 146-29-2 *(Décr. n° 2017-137 du 7 févr. 2017)* I. — Les informations mentionnées à l'article D. 146-29-1 sont transmises sous format papier ou sur support électronique, notamment dans le cadre de répertoires opérationnels de ressources. Elles portent sur :

1° Les ressources et les dispositifs sociaux et médico-sociaux permettant d'accompagner les personnes handicapées, notamment l'offre des établissements et services sociaux et médico-sociaux mentionnée au I de l'article L. 312-1 et le fonctionnement en dispositif intégré défini à l'article L. 312-7-1 ;

2° Les ressources et les dispositifs en matière de scolarisation et d'accompagnement en milieu ordinaire des enfants et adolescents handicapés ;

3° Les ressources et les dispositifs en matière de soins somatiques et psychiatriques pouvant assurer des interventions préventives et thérapeutiques destinées aux personnes handicapées ;

4° Les ressources et les dispositifs en matière de formation et l'emploi en milieu ordinaire pour les personnes handicapées ;

5° Les ressources et les dispositifs en matière de d'insertion sociale des personnes handicapées, y compris dans le domaine du logement ;

6° Les ressources et les dispositifs en matière d'appui aux aidants des personnes handicapées ;

7° Les ressources et les dispositifs en matière d'appui mutuel aux personnes handicapées.

En outre, lorsque l'élaboration d'un plan d'accompagnement global le nécessite, l'équipe pluridisciplinaire demande à l'agence régionale de la santé les informations relatives aux professionnels de santé et aux psychologues exerçant à titre libéral dans son ressort.

II. — Les informations mentionnées au I précisent autant que possible :

1° Les modes et les capacités d'accueil, d'accompagnement et de prise en charge ;

2° L'organisation territoriale des ressources et des dispositifs, y compris les coopérations et les coordinations mises en œuvre et les dispositifs d'appui à la coordination des professionnels, dont les *(Décr. n° 2021-1797 du 23 déc. 2021, art. 2-1°)* « dispositifs d'appui à la coordination et les dispositifs spécifiques régionaux mentionnés respectivement aux articles L. 6327-2 et L. 6327-6 *[ancienne rédaction : plates-formes territoriales d'appui mentionnées à l'article D. 6327-3]* » du code de la santé publique ; *— Les dispositions modifiées ou abrogées par les dispositions du Décr. n° 2021-1797 du 23 déc. 2021 demeurent applicables, dans leur rédaction antérieure à celle résultant dudit Décr., aux dispositifs d'appui existants mentionnés au II de l'art. 23 de la L. n° 2019-774 du 24 juill. 2019 jusqu'à l'intégration de ces derniers dans un dispositif d'appui à la coordination mentionné à l'art. L. 6327-2 ou à l'art. L. 6327-6 CSP et, au plus tard, jusqu'à la date fixée au II de l'art. 23 de cette même loi, soit le 26 juill. 2022 (Décr. préc., art. 3).*

3° Les dispositifs innovants, identifiés notamment dans le cadre des contrats pluriannuels d'objectifs et de moyens ;

4° Pour les informations mentionnées au 1°, la disponibilité des capacités d'accueil et d'accompagnement des établissements et des services sociaux et médico-sociaux, telle qu'elle est renseignée par le système d'information de suivi des orientations des personnes handicapées ;

5° Pour les informations mentionnées au 1° et au 3°, les prévisions annuelles de création, de transformation ou d'extension des établissements et des services sociaux, médico-sociaux et sanitaires.

III. — Les membres de la commission exécutive de la maison départementale des personnes handicapées mentionnée à l'article L. 146-4 examinent et échangent régulièrement sur les informations mentionnées au présent article et sur les modalités de leur transmission.

Art. D. 146-29-3 *(Décr. n° 2017-137 du 7 févr. 2017)* Lorsque les informations mentionnées à l'article D. 146-29-1 se révèlent insuffisantes pour élaborer un plan d'accompagnement global, l'équipe pluridisciplinaire définie à l'article L. 146-8 demande des informations complémentaires aux autorités, aux collectivités et aux établissements publics énumérés à l'article D. 146-29-1 ne relevant pas du ressort territorial de la maison départementale pour personnes handicapées concernée.

Ces demandes d'informations complémentaires peuvent également être adressées à d'autres maisons départementales des personnes handicapées.

SOUS-SECTION 5 Référent pour l'insertion professionnelle

Art. R. 146-30 Le référent pour l'insertion professionnelle est chargé des relations de la maison départementale avec le directeur départemental du travail, de l'emploi et de la formation professionnelle pour toutes les questions relatives à l'insertion professionnelle des personnes handicapées.

SOUS-SECTION 6 Accompagnement des personnes handicapées

Art. R. 146-31 La maison départementale apporte aux personnes handicapées et à leur famille l'aide nécessaire à la mise en œuvre des décisions prises par la commission des droits et de l'autonomie des personnes handicapées, notamment dans leurs démarches auprès des établissements, services et organismes qui accueillent des personnes handicapées.

Art. R. 146-31-1 *(Décr. n° 2016-1347 du 10 oct. 2016, art. 1er)* En application du 19° de l'article L. 412-8 du code de la sécurité sociale, des périodes de mises en situation en milieu professionnel peuvent être prescrites, au bénéfice des personnes handicapées, dans les établissements ou services d'aide par le travail mentionnés au *a* du 5° du I de l'article L. 312-1 du présent code. Ces périodes ont pour objet, en fonction du projet de vie de la personne concernée, soit de compléter ou de confirmer l'évaluation faite par l'équipe pluridisciplinaire mentionnée à l'article R. 146-28, soit de mettre en œuvre les décisions d'orientation professionnelle prises au titre de l'article L. 241-6 par la commission des droits et de l'autonomie des personnes handicapées.

Art. R. 146-31-2 *(Décr. n° 2016-1347 du 10 oct. 2016, art. 1er)* I. — Sur proposition du coordonnateur de l'équipe pluridisciplinaire mentionné à l'article R. 146-27, les périodes de mises en situation en milieu professionnel prévues à l'article R. 146-31-1 sont prescrites par le directeur de la maison départementale des personnes handicapées. Dans les conditions précisées par une convention passée à cette fin avec la maison départementale des personnes handicapées, le pouvoir de prescription peut être délégué soit aux organismes assurant des services d'évaluation ou d'accompagnement des besoins des personnes handicapées mentionnés au sixième alinéa de l'article L. 146-3, soit à d'autres organismes accompagnant des personnes handicapées.

II. — La possibilité de prescrire des mises en situation en milieu professionnel au titre de la convention mentionnée au I ne peut être liée à aucune clause financière et peut être suspendue ou retirée sans préavis par le directeur de la maison départementale des personnes handicapées.

III. — La convention mentionnée au I comporte les indications suivantes :

1° La dénomination, l'adresse, la forme juridique de chaque partie à la convention, ainsi que le nom et la fonction de chaque signataire ;

2° Les catégories de personnes pouvant se voir prescrire des périodes de mise en situation en milieu professionnel parmi celles accompagnées par l'organisme prescripteur ;

3° La durée de la convention ;

4° Les objectifs et les modalités d'organisation des mises en situation en milieu professionnel, qui devront être précisés dans chaque prescription individuelle, ainsi que les modalités de transmission de leurs résultats à la maison départementale des personnes handicapées.

Art. R. 146-31-3 *(Décr. nº 2016-1347 du 10 oct. 2016, art. 1er)* Les périodes de mise en situation en milieu professionnel font l'objet d'une convention entre le bénéficiaire et l'établissement ou service dans lequel il effectue la mise en situation professionnelle.

Cette convention comporte les indications suivantes :

1º La dénomination, l'adresse et la forme juridique de l'organisme prescripteur ;

2º Les nom, prénom, adresse et date de naissance du bénéficiaire ;

3º La dénomination, l'adresse, la forme juridique, le numéro et la date d'immatriculation de l'établissement ou du service d'accueil, son activité principale ainsi que le nom et la fonction de la personne en charge de l'accueil et du suivi du bénéficiaire et de la transmission des consignes d'hygiène et de sécurité ;

4º Les dates de début et de fin de la ou des périodes de mise en situation en milieu professionnel, le nombre d'heures de présence, le lieu d'exécution, l'objet assigné à cette période parmi ceux mentionnés au I de l'article R. 146-31-1 ainsi que le ou les objectifs précis fixés dans ce cadre, conformément à la prescription individuelle, et les modalités prévues pour évaluer leur réalisation ;

5º La description des tâches confiées au bénéficiaire ainsi que les horaires de présence dans l'établissement d'accueil.

Un arrêté du ministre chargé des personnes handicapées détermine le modèle de cette convention. — *V. Arr. du 28 mars 2017 relatif au modèle de convention de mise en situation en milieu professionnel en établissement et service d'aide par le travail, mentionnée à l'art. R. 146-31-3 CASF (JO 7 avr.).*

Une copie de la convention est adressée à l'organisme prescripteur par l'établissement ou service d'accueil, dès sa signature. L'évaluation réalisée au titre du 4º est transmise à l'équipe pluridisciplinaire mentionnée à l'article R. 146-28 dans les quinze jours suivant la fin de la mise en situation professionnelle.

Art. R. 146-31-4 *(Décr. nº 2016-1347 du 10 oct. 2016, art. 1er)* La convention mentionnée à l'article R. 146-31-3 est conclue pour une durée ne pouvant excéder dix jours ouvrés, que la présence du bénéficiaire au sein de l'établissement d'accueil soit continue ou discontinue.

Lorsque les objectifs fixés conformément au 4º de l'article R. 146-31-3 n'ont pas été atteints, la convention peut être renouvelée une fois, pour le même objet et les mêmes objectifs que ceux initialement fixés et pour une durée au plus égale à celle mentionnée au premier alinéa du présent article.

Il peut être conclu, avec un même bénéficiaire et au cours d'une période de douze mois consécutifs, au plus deux conventions de mise en situation en milieu professionnel dans le même établissement d'accueil, sous réserve que ces conventions comportent des objets ou des objectifs différents et sans que la durée totale de ces conventions, renouvellements compris, n'excède vingt jours sur la même période.

Art. R. 146-31-5 *(Décr. nº 2016-1347 du 10 oct. 2016, art. 1er)* Pendant la période de mise en situation en milieu professionnel, le bénéficiaire observe le règlement intérieur de l'établissement d'accueil et les mesures en matière d'hygiène et de sécurité propres aux activités prévues par la convention mentionnée à l'article R. 146-31-3.

L'établissement d'accueil désigne une personne chargée d'aider, d'informer, de guider et d'évaluer le bénéficiaire.

Art. D. 146-31-6 *(Décr. nº 2022-639 du 25 avr. 2022, en vigueur le 1er juill. 2022)* Les ressources personnelles nettes d'impôts mentionnées au deuxième alinéa de l'article L. 146-5 sont déterminées à partir du dernier avis d'imposition ou de non-imposition du demandeur, selon la formule suivante :

$$Rd = (RFR - IR) / N$$

Dans laquelle :

a) Rd représente le revenu pris en compte pour l'instruction de la demande ;

b) RFR représente le revenu fiscal de référence ;

c) IR représente le montant de l'impôt sur le revenu net, porté à zéro s'il est négatif ;

d) N représente le nombre de parts du foyer fiscal.

Art. D. 146-31-7 *(Décr. nº 2022-639 du 25 avr. 2022, en vigueur le 1er juill. 2022)* **Les aides financières mentionnées à l'article L. 146-5 sont attribuées par le fonds départemental de compensation du handicap afin de permettre aux personnes handicapées de faire face aux frais liés à la compensation des conséquences de leur handicap, telle que définie à l'article L. 114-1-1, restant à leur charge. Elles tiennent compte, pour chaque demande, des aides financières ayant le même objet déjà mises en œuvre par d'autres organismes.**

Le fonds départemental de compensation du handicap identifie l'ensemble des aides susceptibles d'être attribuées à des fins de compensation du handicap, y compris par d'autres organismes. Le cas échéant, il transmet à ces organismes, sous réserve de l'accord du demandeur, les éléments relatifs à l'évaluation des besoins et aux aides déjà préconisées.

SOUS-SECTION 7 Conciliation

Art. R. 146-32 Les conditions suivantes sont exigées des personnes qualifiées pour figurer sur la liste mentionnée à l'article L. 146-10 :

1° Ne pas avoir fait l'objet d'une condamnation, d'une incapacité ou d'une déchéance mentionnées sur le bulletin nº 2 du casier judiciaire ;

2° N'avoir pas été l'auteur de faits contraires à l'honneur, à la probité et aux bonnes mœurs ayant donné lieu à une sanction disciplinaire ou administrative de destitution, radiation, révocation, de retrait d'agrément ou d'autorisation ;

3° Posséder par l'exercice présent ou passé d'une activité professionnelle ou bénévole, la qualification requise eu égard à la nature des différends à régler ;

4° Présenter les garanties d'indépendance nécessaires à l'exercice de la mission de conciliation.

La liste des personnes qualifiées est arrêtée par le président de la commission exécutive. Elle est tenue à jour et actualisée au moins tous les trois ans.

Art. R. 146-33 La fonction de conciliation est exercée à titre gratuit.

Les frais de déplacement, engagés le cas échéant par la personne qualifiée chargée d'une mission de conciliation, sont remboursés par la maison départementale des personnes handicapées, selon les modalités fixées par le décret nº 2001-654 du 19 juillet 2001 fixant les conditions et les modalités de règlement des frais occasionnés par les déplacements des personnels des collectivités locales et établissements publics mentionnés à l'article 2 de la loi nº 84-53 du 26 janvier 1984 modifiée portant dispositions statutaires relatives à la fonction publique territoriale et abrogeant le décret nº 91-573 du 19 juin 1991.

Art. R. 146-34 En cas de désaccord avec une décision de la commission des droits et de l'autonomie des personnes handicapées, la personne handicapée peut demander au directeur de la maison départementale des personnes handicapées de désigner une personne qualifiée.

Art. R. 146-35 La personne qualifiée peut avoir accès au dossier relatif à la personne handicapée détenu par la maison départementale des personnes handicapées, à l'exclusion des documents médicaux. Elle est tenue au secret professionnel dans les conditions prévues aux articles 226-13 et 226-14 du code pénal.

Elle dispose de deux mois pour effectuer sa mission de conciliation, pendant lesquels le délai de recours contentieux est suspendu. La mission est close par la production d'un rapport de mission notifié au demandeur et à la maison départementale des personnes handicapées. Cette notification met fin à la suspension des délais de recours.

Les constatations de la personne qualifiée et les déclarations qu'elle recueille ne peuvent être ni produites ni invoquées dans la suite de la procédure sans l'accord des parties, ni, en tout état de cause, dans une autre instance.

SOUS-SECTION 8 **Recueil des données sur les suites réservées par les établissements et services aux orientations prononcées par la commission des droits et de l'autonomie**

(Décr. nº 2007-159 du 6 févr. 2007)

Art. R. 146-36 Les établissements et services désignés par la commission des droits et de l'autonomie en application du 2º de l'article L. 241-6 informent la maison départementale des personnes handicapées dont relève cette commission de la suite réservée aux désignations opérées par ladite commission.

La transmission de cette information intervient dans le délai de quinze jours à compter de la date de réponse de l'établissement ou du service à la personne handicapée ou à son représentant. L'établissement ou le service doit également signaler à cette occasion la capacité d'accueil éventuellement disponible ainsi que le nombre de personnes en attente d'admission.

Les données ainsi recueillies font l'objet d'un traitement selon les modalités définies *(Décr. nº 2007-965 du 15 mai 2007, art. 2)* « par les dispositions des articles R. 146-38 à R. 146-48 et par le décret prévu par l'article L. 247-2 ».

Art. R. 146-37 Le préfet ou le président du conseil départemental informent la maison départementale des personnes handicapées de tout nouvel établissement ou service autorisé à accueillir une personne handicapée dans le département, en précisant la nature de cet établissement ou service, sa spécialité et sa capacité d'accueil. En cas d'extension, de modification ou de retrait de l'autorisation, la maison départementale précitée en est informée par l'autorité ayant pris la décision.

SOUS-SECTION 9 **Traitement automatisé de données à caractère personnel** *(Décr. nº 2007-965 du 15 mai 2007, art. 1er).*

Les art. D. 247-1 à R. 247-7 dans leur rédaction résultant du Décr. nº 2017-879 du 9 mai 2017 deviennent respectivement les art. R. 146-38 à R. 146-44 et sont insérés à la ss.-sect. 9 de la sect. III du chap. VI du titre IV du livre I (Décr. préc., art. 3-III).

Art. R. 146-38 *(Décr. nº 2008-833 du 22 août 2008)* Un système national d'information statistique est mis en œuvre par la Caisse nationale de solidarité pour l'autonomie.

Ce système a les finalités suivantes :

1º Contribuer à une meilleure connaissance de l'activité des maisons départementales des personnes handicapées, notamment en ce qui concerne les moyens humains *(Décr. nº 2017-879 du 9 mai 2017, art. 2-1º)* « et financiers » mis en œuvre, le nombre de demandes reçues, les délais de traitement des demandes *(Décr. nº 2017-879 du 9 mai 2017, art. 2-1º)* « et à la mesure de la satisfaction de leurs usagers ; »

2º Améliorer les connaissances relatives aux caractéristiques des personnes handicapées, à la nature de leurs déficiences, à leurs besoins de compensation de la perte d'autonomie et aux réponses apportées à ces besoins ;

3º Contribuer à une meilleure connaissance du contenu des décisions *(Décr. nº 2017-879 du 9 mai 2017, art. 2-1º)* « et avis pris » par les commissions des droits et de l'autonomie des personnes handicapées, des recours et des contentieux éventuels formés contre ces décisions ainsi que de la suite qui leur est donnée, et du suivi de l'exécution de ces décisions ;

4º Contribuer à une meilleure gestion des politiques du handicap, notamment dans les domaines suivants :

a) L'emploi et l'éducation ;

b) La planification des structures d'accueil ;

c) La compensation individuelle du handicap en termes techniques et financiers ;

(Décr. nº 2017-879 du 9 mai 2017, art. 2-1º) « *d)* Le suivi des parcours. »

5º Permettre aux maisons départementales des personnes handicapées de disposer des outils nécessaires à la mise en œuvre des actions en direction des personnes handicapées ;

6° Permettre à la Caisse nationale de solidarité pour l'autonomie de disposer des éléments lui permettant de veiller à l'équité du traitement des demandes de compensation ;

(Décr. n° 2017-879 du 9 mai 2017, art. 2-1°) « 7° Contribuer à la connaissance des dépenses médico-sociales ;

« 8° Contribuer à alimenter le système national des données de santé prévu à l'article L. 1461-1 du code de la santé publique. » – *[Ancien art. D. 247-1.]*

Art. R. 146-39 *(Décr. n° 2008-833 du 22 août 2008)* Les informations enregistrées dans le système national d'information transmises par les maisons départementales des personnes handicapées à la Caisse nationale de solidarité pour l'autonomie concernent :

(Décr. n° 2017-879 du 9 mai 2017, art. 2-2°) « 1° L'identifiant des demandeurs ayant fait l'objet de mesures adéquates de pseudonymisation permettant d'assurer la confidentialité de l'identité des personnes ; »

2° L'identification du département dans lequel est située la maison départementale des personnes handicapées ;

3° La date et le motif d'ouverture et, le cas échéant, de fermeture du dossier et, en cas de transfert, le département d'origine ou destinataire ;

4° L'année et le mois de naissance, le sexe, la situation familiale des demandeurs ainsi que ceux de leurs représentants légaux dans le cas où ils sont mineurs ou majeurs placés sous un régime de protection ;

5° Le niveau de formation et la situation professionnelle du demandeur ;

6° La situation des parents, le cas échéant des représentants légaux ou des aidants familiaux au regard de l'emploi ;

7° La nature du diagnostic médical, l'origine et la nature des déficiences *(Décr. n° 2017-879 du 9 mai 2017, art. 2-2°)* « , les limitations d'activité, les besoins et les attentes » désignées *[désignés]* par référence aux classifications reconnues en matière de maladies et de handicaps ainsi qu'aux nomenclatures de limitation d'activité *(Décr. n° 2017-879 du 9 mai 2017, art. 2-2°)* « , de besoins et d'attentes », recensées par arrêté du ministre chargé des personnes handicapées ;

8° La présentation du projet de vie et l'objet des demandes ;

9° Pour chaque évaluation, la composition de l'équipe pluridisciplinaire, le processus d'évaluation des besoins de compensation de la personne handicapée, les résultats de l'évaluation et le contenu détaillé du plan personnalisé de compensation proposé ;

10° *a)* Les dates d'examen des plans personnalisés de compensation par la commission des droits et de l'autonomie *(Décr. n° 2017-879 du 9 mai 2017, art. 2-2°)* « avec la mention de leurs éventuelles composantes notamment le plan d'accompagnement global et le projet personnalisé de scolarisation ; »

b) *(Abrogé par Décr. n° 2017-879 du 9 mai 2017, art. 2-2°)* *« Sous forme de données agrégées, »* Le contenu, la date, la durée de mise en œuvre et le suivi de ses décisions *(Décr. n° 2017-879 du 9 mai 2017, art. 2-2°)* « et avis » ainsi que lorsque la commission désigne un établissement ou service dans les conditions prévues au 2° de l'article L. 241-6, le numéro national d'identification de l'établissement ou service désigné et la durée pendant laquelle les personnes doivent être accueillies ou accompagnées ;

c) Les demandes de conciliation et les recours éventuels formés contre ces décisions ainsi que leur résultat ;

(Décr. n° 2017-879 du 9 mai 2017, art. 2-2°) « 11° Les suites réservées aux orientations prononcées par la commission des droits et de l'autonomie des personnes handicapées, recueillies notamment auprès des établissements et services susceptibles d'accueillir ou d'accompagner les personnes concernées ;

« 12° Les informations relatives au contenu des décisions au titre du fonds départemental de compensation du handicap. »

(Abrogé par Décr. n° 2017-879 du 9 mai 2017, art. 2-2°) *« Un arrêté conjoint du ministre chargé des personnes handicapées, du ministre chargé de l'emploi et du ministre chargé de l'éducation nationale, pris après avis de la Commission nationale de l'informatique et des libertés, fixe les modalités d'application du présent article, le calendrier de transmission des*

données ainsi que leur format permettant de préserver la sécurité des données et notamment d'empêcher qu'elles ne soient déformées, endommagées ou que des tiers non autorisés n'y aient accès. » – *[Ancien art. D. 247-2.]*

Art. R. 146-39-1 *(Décr. nº 2017-879 du 9 mai 2017, art. 2-3º)* **La caisse nationale de solidarité pour l'autonomie est destinataire des informations suivantes transmises par les maisons départementales des personnes handicapées :**

1º Les ressources ainsi que la nature et le montant des dépenses du fonds départemental de compensation du handicap ;

2º Les effectifs non nominatifs des personnels de la maison départementale des personnes handicapées ainsi que le montant et la répartition des financements reçus ;

3º La mesure non nominative de la satisfaction de leurs usagers ;

4º Les données caractérisant l'activité et le fonctionnement des maisons départementales des personnes handicapées.

Le directeur de la caisse nationale de solidarité pour l'autonomie définit le cadre de recueil de ces informations. – *[Anc. art. D. 247-2-1.]*

Art. R. 146-39-2 *(Décr. nº 2017-879 du 9 mai 2017, art. 2-3º)* **La maison départementale des personnes handicapées transmet à la caisse nationale de solidarité pour l'autonomie :**

1º Les données prévues à l'article *(Décr. nº 2017-879 du 9 mai 2017, art. 3-IV)* **« R. 146-39 » disponibles dans son système d'information, arrêtées sur la base de nomenclatures et de formats définis dans les référentiels d'interopérabilité prévus à l'article** *(Décr. nº 2017-879 du 9 mai 2017, art. 3-IV)* **« R. 247-12 », dans le mois qui suit chaque trimestre, les données relatives au trimestre écoulé ;**

2º Avant la fin du premier semestre de chaque année, les données prévues à l'article *(Décr. nº 2017-879 du 9 mai 2017, art. 3-IV)* **« R. 146-39-1 », arrêtées au 31 décembre de l'année précédente.**

– *[Anc. art. D. 247-2-2.]*

Art. R. 146-40 *(Décr. nº 2017-879 du 9 mai 2017, art. 2-4º)* **I. – Les données transmises par les maisons départementales des personnes handicapées font l'objet de mesures adéquates de pseudonymisation permettant d'assurer la confidentialité de l'identité des personnes, constitué d'un code non signifiant obtenu par un procédé cryptographique irréversible du numéro d'inscription au répertoire national d'identification des personnes physiques. Ces mesures permettent de conserver le chaînage des décisions et d'alimenter le système national des données de santé.**

II. – Pour le système national d'information statistique mis en œuvre par la caisse nationale de solidarité pour l'autonomie, et pour les traitements utilisant des données à caractère personnel de ce système :

1º Aucune décision ne peut être prise à l'encontre d'une personne physique identifiée sur le fondement des données la concernant et figurant dans l'un de ces traitements ;

2º Les personnes responsables de ces traitements, ainsi que celles les mettant en œuvre ou autorisées à accéder aux données à caractère personnel qui en sont issues, sont soumises au secret professionnel dans les conditions et sous les peines prévues à l'article 226-13 du code pénal ;

3º L'accès aux données s'effectue dans des conditions assurant la confidentialité et l'intégrité des données et la traçabilité des accès et des autres traitements, conformément à un référentiel prévu au 3º du IV de l'article L. 1461-1 du code de la santé publique ;

4º Les données qui font l'objet d'une mise à la disposition du public sont traitées pour prendre la forme de statistiques agrégées de telle sorte que l'identification, directe ou indirecte, des personnes concernées y est impossible. – *[Ancien art. D. 247-3.]*

Art. R. 146-41 *(Décr. nº 2008-833 du 22 août 2008)* **Les données individuelles** *(Décr. nº 2017-879 du 9 mai 2017, art. 2-5º)* **« , ayant fait l'objet de mesures adéquates de pseudonymisation permettant d'assurer la confidentialité de l'identité des personnes, »**

anonymisées concernant les demandeurs sont conservées trois ans à compter de leur enregistrement. – *[Ancien art. D. 247-4.]*

Art. R. 146-42 *(Décr. nº 2008-833 du 22 août 2008)* Les destinataires individuellement désignés et dûment habilités par leurs organismes et dont les noms sont communiqués au directeur de la Caisse nationale de solidarité pour l'autonomie, des informations contenues dans le système national d'information sont, à raison de leurs fonctions :

(Décr. nº 2017-879 du 9 mai 2017, art. 2-6º) « 1º Pour l'ensemble des données individuelles comportant le numéro d'inscription au répertoire national d'identification des personnes physiques, les agents nommément désignés par le directeur du groupement d'intérêt public prévu à l'article L. 1462-1 du code de la santé publique ;

« 2º Pour l'ensemble des données individuelles ayant fait l'objet de mesures adéquates de pseudonymisation permettant d'assurer la confidentialité de l'identité des personnes, les agents habilités des services statistiques du ministère chargé de l'assurance maladie, de la santé, de l'action sociale, des personnes handicapées, des personnes âgées, pour ce qui concerne les informations individuelles nécessaires à la constitution des échantillons statistiquement représentatifs mentionnés à l'article L. 247-4 ; »

3º Pour l'ensemble des informations, aussi bien sous forme de données statistiques agrégées que sous forme de données individuelles anonymisées :

a) Les agents nommément désignés par chaque responsable des traitements de la maison départementale des personnes handicapées, pour les données des seuls demandeurs de leur département ;

b) Les agents de la Caisse nationale de solidarité pour l'autonomie nommément désignés par le directeur de la caisse ;

c) Les agents des caisses nationales de sécurité sociale et de la Caisse centrale de mutualité sociale agricole nommément désignés par les directeurs de ces caisses ;

d) Les agents des administrations centrales des ministères chargés de l'assurance maladie, de la santé, de l'action sociale, des personnes handicapées, des personnes âgées, de l'emploi et de l'éducation nationale nommément désignés par les directeurs d'administration centrale compétents, ainsi que les agents des services déconcentrés de ces ministères nommément désignés par les directeurs des services déconcentrés compétents ;

e) Les agents de l'*(Décr. nº 2016-523 du 27 avr. 2016, art. 4-III, en vigueur le 1er mai 2016)* « Agence nationale de santé publique » nommément désignés par le directeur de l'institut ;

(Décr. nº 2010-344 du 31 mars 2010, art. 225) « *f)* Les agents des agences régionales de santé nommément désignés par le directeur général de chaque agence *(Décr. nº 2017-879 du 9 mai 2017, art. 2-6º)* « dans les conditions prévues à l'article L. 1435-6 du code de la santé publique » ; »

4º Pour l'ensemble des informations, uniquement sous forme de données statistiques agrégées :

a) Les agents des collectivités territoriales dans le cadre de leurs missions concernant le handicap ;

b) Les agents de l'*(Décr. nº 2012-597 du 27 avr. 2012, art. 5-II)* « Agence nationale de sécurité du médicament et des produits de santé » et de la Haute Autorité de santé nommément désignés par le directeur de l'agence et par le directeur de la haute autorité ;

c) Les agents de la direction du budget et les agents de la direction de la prévision des ministères chargés du budget et de la prévision nommément désignés par le directeur du budget et par le directeur de la prévision ;

d) Les membres du haut conseil pour l'avenir de l'assurance maladie nommément désignés par le président du haut conseil ;

e) Les membres de *(Décr. nº 2021-848 du 29 juin 2021, art. 2-1º)* « la Plateforme » des données de santé nommément désignés par le *(Décr. nº 2017-879 du 9 mai 2017, art. 2-6°; Décr. n° 2021-848 du 29 juin 2021, art. 2-2° et 3°)* **« directeur de la Plateforme » ;**

(Abrogé par Décr. n° 2018-785 du 12 sept. 2018, art. 17) **« *f) Le secrétariat de l'Observatoire national sur la formation, la recherche et l'innovation sur le handicap ;* »**

g) **Le secrétariat du Conseil national consultatif des personnes handicapées ;** *— Les 1° et 2° deviennent respectivement les 3° et 4° (Décr. n° 2017-879 du 9 mai 2017, art. 2-6°).*

(Décr. n° 2017-879 du 9 mai 2017, art. 2-6°) **« 5° Le responsable des traitements prévus aux 2° et 3° n'est autorisé à accéder aux données et à procéder à des appariements avec des données du système national des données de santé que dans la mesure où ces actions sont rendues strictement nécessaires par les finalités de la recherche, de l'étude ou de l'évaluation ou par les missions de l'organisme concerné. »** *— [Ancien art. D. 247-5.]*

Art. R. 146-43 *(Décr. n° 2008-833 du 22 août 2008)* **Le système d'information conserve pendant une durée de trois ans les informations relatives aux enregistrements et interrogations dont il fait l'objet, en précisant la qualité de la personne ou autorité ayant procédé à l'opération. Ces informations peuvent donner lieu à des exploitations statistiques.**

(Décr. n° 2017-879 du 9 mai 2017, art. 2-7°) **« Le système d'information est hébergé auprès d'un organisme qui satisfait aux conditions d'agrément définies en application de l'article L. 1111-8 du code de la santé publique. »** *— [Ancien art. D. 247-6.]*

Art. R. 146-44 *(Décr. n° 2007-828 du 11 mai 2007)* **Un arrêté des ministres chargés des personnes handicapées et des collectivités territoriales fixe la liste et les modalités de transmission par chaque département au service statistique du ministère chargé des personnes handicapées des données statistiques agrégées mentionnées à l'article L. 247-3 et relatives aux bénéficiaires de la prestation de compensation, aux décisions mentionnées à l'article R. 245-69, aux montants versés et au nombre d'heures d'aide humaine payées par le département.** *— V. Arr. du 21 juin 2011 (JO 30 juin).*

Les résultats de l'exploitation des informations recueillies sont transmis aux départements et font l'objet de publications régulières. *— [Ancien art. R. 247-7.]*

CHAPITRE VII INSTITUTIONS COMPÉTENTES EN MATIÈRE DE PROTECTION DE L'ENFANCE, D'ADOPTION ET D'ACCÈS AUX ORIGINES PERSONNELLES *(Décr. n° 2022-1729 du 30 déc. 2022, art. 1er-I).*

SECTION 1 Conseil national pour l'accès aux origines personnelles *(Décr. n° 2022-1729 du 30 déc. 2022, art. 1er-I).*

SOUS-SECTION 1 Composition et fonctionnement du conseil national pour l'accès aux origines personnelles *(Décr. n° 2022-1729 du 30 déc. 2022, art. 1er-I).*

Art. R. 147-1 **Les membres du Conseil national pour l'accès aux origines personnelles prévu à l'article L. 147-1 sont nommés pour trois ans par arrêté du ministre chargé de la famille.**

Les magistrats sont nommés par arrêté du ministre de la justice et du ministre chargé de la famille.

Leur mandat est renouvelable deux fois. *— [Décr. n° 2002-781 du 3 mai 2002, art. 1er.]*

Art. R. 147-2 **Le magistrat de l'ordre judiciaire est nommé sur proposition du premier président de la Cour de cassation.**

Le membre de la juridiction administrative est nommé sur proposition du vice-président du Conseil d'État.

Le représentant des conseils départementaux est nommé sur proposition de l'Assemblée des départements de France.

Les représentants des ministres concernés sont :

1° Le directeur général de la cohésion sociale ou son représentant au ministère des affaires sociales ;

2° Le directeur des affaires civiles et du sceau ou son représentant au ministère de la justice ;

3° Le directeur des Français à l'étranger ou son représentant au ministère des affaires étrangères ;

4° Le directeur général des collectivités locales ou son représentant au ministère de l'intérieur ;

5° Le directeur des affaires politiques, administratives et financières ou son représentant au ministère de l'outre-mer. – *[Décr. n° 2002-781 du 3 mai 2002, art. 2.]*

Art. R. 147-3 Le président du conseil national et son suppléant sont nommés parmi les membres du conseil national par arrêté du ministre chargé de la famille. Lorsque le président ou son suppléant est un magistrat, il est nommé par arrêté du ministre de la justice et du ministre chargé de la famille. – *[Décr. n° 2002-781 du 3 mai 2002, art. 3.]*

Art. R. 147-4 En cas de cessation des fonctions d'un membre du conseil national en cours de mandat pour quelque cause que ce soit, son remplacement s'effectue pour la durée du mandat restant à accomplir par la nomination d'un nouveau membre selon les mêmes modalités que pour le précédent titulaire. – *[Décr. n° 2002-781 du 3 mai 2002, art. 4.]*

Art. R. 147-5 Le conseil national se réunit à la demande de son président, du ministre chargé de *(Décr. n° 2023-299 du 21 avr. 2023, art. 1er-2°)* « l'enfance » ou de la majorité de ses membres. – *[Décr. n° 2002-781 du 3 mai 2002, art. 5.]*

Art. R. 147-6 Le président peut appeler à participer aux travaux du conseil national, à titre consultatif, toute personne dont le concours lui paraît utile, notamment *(Décr. n° 2023-299 du 21 avr. 2023, art. 1er-3°)* « les correspondants départementaux du conseil national désignés en application de l'article L. 223-7, les représentants des organismes autorisés ou habilités pour l'adoption ainsi que le président du groupement d'intérêt public mentionné à l'article L. 147-14 ou son représentant ». – *[Décr. n° 2002-781 du 3 mai 2002, art. 6.]*

Art. R. 147-7 *(Décr. n° 2023-299 du 21 avr. 2023, art. 1er-4°)* La préparation des travaux du conseil national et le suivi de l'exécution de ses décisions sont assurés par son secrétariat général.

Art. R. 147-8 *(Décr. n° 2023-299 du 21 avr. 2023, art. 1er-4°)* Le président signe tous les actes pour lesquels il a reçu une délégation de pouvoir du conseil national. Il peut déléguer sa signature à un représentant du secrétariat général du conseil national désigné par le groupement d'intérêt public mentionné à l'article L. 147-14.

Art. R. 147-9 Le conseil national établit un rapport annuel d'activité dans lequel il présente ses avis et toute proposition ou recommandation lui paraissant utiles. Ce rapport est rendu public. – *[Décr. n° 2002-781 du 3 mai 2002, art. 9.]*

Art. R. 147-10 Pour l'exercice de sa mission d'information des collectivités et organismes mentionnés à l'article L. 147-1, le conseil national organise ou fait organiser des sessions d'information auxquelles peuvent être associés les personnels concernés des établissements de santé, des centres *(Décr. n° 2023-299 du 21 avr. 2023, art. 1er-5°)* « de santé sexuelle » et de toute association intéressée. – *[Décr. n° 2002-781 du 3 mai 2002, art. 10.]*

Art. D. 147-11 En application du dernier alinéa de l'article L. 223-7, le conseil national organise pour les correspondants départementaux :

– une formation initiale dans les six mois suivant leur désignation ;

– une formation continue qui peut être dispensée par des organismes avec lesquels il passe une convention. – *[Décr. n° 2002-781 du 3 mai 2002, art. 11.]*

Art. R. 147-12 Le conseil national établit et diffuse tous documents utiles à l'information des collectivités et organismes prévus au deuxième alinéa de l'article L. 147-1 et à la formation de ses correspondants départementaux.

Il veille à la coordination des actions des centres *(Décr. n° 2023-299 du 21 avr. 2023, art. 1er-5°)* « de santé sexuelle », des services départementaux, des établissements de santé et des associations. – *[Décr. n° 2002-781 du 3 mai 2002, art. 12.]*

Art. R. 147-13 Les demandes et déclarations prévues aux articles L. 147-2 et L. 147-3 sont accompagnées de toutes pièces justificatives de l'identité et de la qualité de leurs auteurs. Il est accusé réception de ces demandes et déclarations dans un délai d'un mois. Le demandeur est, à intervalles réguliers, informé du résultat des investigations. – *[Décr. n° 2002-781 du 3 mai 2002, art. 13.]*

Art. R. 147-14 Le président du conseil départemental transmet au conseil national, dans le mois de leur réception, les demandes d'accès aux origines dont il est saisi :

1° Lorsque le dossier révèle une demande expresse de secret sans que celui-ci soit levé ;

2° Lorsque son examen ne permet pas d'établir de manière certaine la volonté de secret du ou des parents de naissance ;

3° Lorsqu'il résulte du dossier que le ou les parents de naissance sont décédés sans avoir procédé à la levée du secret. – *[Décr. n° 2002-781 du 3 mai 2002, art. 14.]*

Art. R. 147-15 Lorsque le conseil national reçoit une demande d'accès à la connaissance des origines alors que le secret de l'identité du ou des parents de naissance n'a pas été levé, il procède à la nomination d'un de ses membres ou d'*(Décr. n° 2023-299 du 21 avr. 2023, art. 1er-6°)* « un agent du secrétariat général mentionné à l'article R. 147-7 » aux fins d'ouverture du pli fermé mentionné à l'article L. 222-6. – *[Décr. n° 2002-781 du 3 mai 2002, art. 15.]*

Art. R. 147-16 Pour recueillir le consentement du parent de naissance à la levée du secret ou vérifier l'absence de volonté de secret de l'identité de la mère ou du père de naissance, le conseil national peut mandater *(Décr. n° 2023-299 du 21 avr. 2023, art. 1er-6°)* « un agent du secrétariat général mentionné à l'article R. 147-7 », un correspondant départemental ou une personne particulièrement qualifiée à cette fin. Pour l'exercice de ces missions, les personnes mandatées veillent au respect de la vie privée et à la confidentialité des informations qui s'y attachent. Elles rendent compte du résultat de leur action au conseil national. – *[Décr. n° 2002-781 du 3 mai 2002, art. 16.]*

Art. R. 147-17 Le conseil national, ou la personne mandatée par lui, peut proposer un accompagnement psychologique et social aux personnes concernées par les demandes dont il est saisi.

Si le conseil national, ou la personne mandatée par lui, est saisi d'une demande de rencontre, il s'assure du consentement des personnes concernées. – *[Décr. n° 2002-781 du 3 mai 2002, art. 17.]*

Art. R. 147-18 Dans tous les cas d'accouchement secret, le pli fermé prévu à l'article L. 222-6 est conservé sous la responsabilité du président du conseil départemental et versé au dossier de l'enfant détenu par le service de l'aide sociale à l'enfance. – *[Décr. n° 2002-781 du 3 mai 2002, art. 18.]*

Art. R. 147-19 Les copies des demandes et déclarations reçues par le conseil national en application de l'article L. 147-2 sont transmises par celui-ci au président du conseil départemental dans le délai d'un mois suivant leur réception. Elles sont versées sans délai au dossier de l'enfant. – *[Décr. n° 2002-781 du 3 mai 2002, art. 19.]*

Art. R. 147-20 Le dossier de l'enfant est conservé sous la responsabilité du président du conseil départemental. Il peut être à tout moment complété, à l'initiative notamment des parents de naissance. Lors d'une consultation du dossier de l'enfant, les

personnes mentionnées au 1° de l'article L. 147-2 sont avisées qu'elles peuvent demander à être informées du dépôt ultérieur du *[de]* **tout élément nouveau appelé à le compléter.** – *[Décr. n° 2002-781 du 3 mai 2002, art. 20.]*

Art. R. 147-20-1 *(Décr. n° 2022-360 du 14 mars 2022, art. 1er)* **Les demandes et déclarations mentionnées à l'article L. 147-2 et à l'article L. 147-3, ainsi que les pièces justificatives mentionnées à l'article R. 147-13, sont transmises par le demandeur par tout moyen permettant de donner date certaine à leur réception.**

Art. R. 147-20-2 *(Décr. n° 2022-360 du 14 mars 2022, art. 1er)* **Sont remis au Conseil national pour l'accès aux origines personnelles par tout moyen sécurisé donnant une date certaine à leur réception, selon des modalités définies par arrêté du ministre chargé de la famille :**

1° Le pli fermé mentionné aux articles L. 222-6, L. 551-2, L. 561-2 et L. 571-2 ;

2° Les demandes d'accès aux origines transmises par le président du conseil départemental en application de l'article R. 147-14 ;

3° L'ensemble des renseignements et informations transmis par les institutions et administrations en vertu des articles L. 147-4, L. 147-5, L. 147-8 et L. 147-9.

SOUS-SECTION 2 **Information et accompagnement des mères de naissance** *(Décr. n° 2022-1729 du 30 déc. 2022, art. 1er-I)*.

Art. R. 147-21 Le président du conseil départemental veille à la coordination de l'action de ses services et de ceux relevant des établissements et associations concernés. Il désigne au sein du service de l'aide sociale à l'enfance et du service de protection maternelle et infantile les personnes chargées d'accomplir les missions d'information et d'accompagnement prévues aux articles L. 222-6 et L. 223-7, et notamment les correspondants départementaux du conseil national. – *[Décr. n° 2002-781 du 3 mai 2002, art. 21.]*

Art. R. 147-22 Les informations prévues à l'article L. 222-6[,] **celles qui doivent être délivrées en application de l'article L. 224-5** *(Décr. n° 2023-1426 du 30 déc. 2023, art. 24-1°)* **« , ainsi que celles qui doivent être délivrées en application de l'article R. 1131-5-6 du code de la santé publique » font l'objet d'un document établi par le conseil national. Ce document est remis à la femme lors de son accouchement et, au plus tard, pendant son séjour dans l'établissement de santé.**

Ce document précise :

1° Les effets juridiques de la demande expresse de secret ou de son absence ;

2° Les modalités de levée du secret ;

3° Les moyens de communiquer l'identité de la mère de naissance à l'enfant ou aux personnes mentionnées au 3° de l'article L. 147-2, de son vivant ou après son décès ;

4° Les conséquences de son choix en matière de filiation et notamment les modalités et le délai pendant lequel elle peut, le cas échéant, établir volontairement le lien de filiation ainsi que les effets qui s'attachent au placement et à l'adoption plénière de l'enfant ;

5° Le rôle du conseil national pour l'accès aux origines personnelles et celui de ses correspondants dans le département ;

6° La nature des renseignements qu'elle est invitée à laisser dans l'intérêt de l'enfant ainsi que les modalités de conservation et de transmission de ces renseignements et de ceux contenus dans le pli fermé ; – *[Décr. n° 2002-781 du 3 mai 2002, art. 22.]*

(Décr. n° 2023-1426 du 30 déc. 2023, art. 24-1°) **« 7° La procédure qui sera mise en œuvre, dans les conditions prévues à l'article L. 1131-1-2 du code de la santé publique et sans que soit remis en cause le secret de son identité, par le conseil national en cas de diagnostic, soit chez l'enfant soit la concernant, d'une anomalie génétique pouvant être responsable d'une affection grave justifiant des mesures de prévention, y compris de conseil génétique, ou de soins, ainsi que les risques qu'elle**

ferait courir à l'enfant en n'informant pas le prescripteur de sa qualité de mère de naissance mentionnée au 2° de l'article L. 147-2. »

Art. R. 147-23 Le correspondant du conseil national recueille sur un document établi en double exemplaire et conforme à un modèle défini par arrêté du ministre chargé de la famille les renseignements prévus à l'article L. 223-7.

Il atteste sur ce document :

– que la mère de naissance a été invitée à laisser son identité sous pli fermé et qu'elle a demandé expressément le secret de cette identité ;

– que lui ont été remis le document d'information prévu à l'article R. 147-22 accompagné des explications nécessaires ainsi qu'un modèle de lettre de demande de restitution de l'enfant comportant les coordonnées du service compétent.

Il y mentionne, le cas échéant, les objets laissés par la mère de naissance.

Un exemplaire de ce document est versé au dossier de l'enfant. Selon la situation de ce dernier, il est intégré ou annexé *(Abrogé par Décr. nº 2023-779 du 14 août 2023, art. 2-2º)* « ***soit*** » au procès-verbal d'admission de l'enfant en tant que pupille, prévu à l'article L. 224-5 *(Abrogé par Décr. nº 2023-779 du 14 août 2023, art. 2-2º)* « ***, soit au document prévu à l'article R. 225-25*** ». Un autre exemplaire est remis à la mère de naissance. – *[Décr. nº 2002-781 du 3 mai 2002, art. 23.]*

Art. R. 147-24 Les correspondants départementaux prévus à l'article R. 147-21 établissent un compte rendu annuel de leur activité. Ils adressent également au conseil national un relevé semestriel non nominatif des accouchements secrets et des enfants remis à la naissance en vue de leur adoption, des demandes de levée de secret et des demandes d'accès aux origines, des remises d'identité sous pli fermé ainsi que des demandes de rapprochement. – *[Décr. nº 2002-781 du 3 mai 2002, art. 24.]*

SOUS-SECTION 3 **Conditions de traitement et de conservation des données à caractère personnel permettant l'accès aux origines personnelles** *(Décr. nº 2022-1729 du 30 déc. 2022, art. 1er-I)*.

Art. R. 147-25 Le Conseil national pour l'accès aux origines personnelles met en œuvre un traitement de données à caractère personnel dénommé ORPER, pour l'exécution de sa mission d'intérêt public, conformément aux dispositions du e du 1 de l'article 6 du règlement (UE) 2016/679 du 27 avril 2016. Ce traitement a pour finalités :

1° De permettre la conservation et l'exploitation des demandes, déclarations et autres documents établis sous l'autorité du conseil ou transmis à celui-ci, notamment par les personnes, administrations et organismes mentionnés aux articles L. 147-5, L. 147-8 et L. 147-9, pour la mise en œuvre de la législation relative à l'accès aux origines personnelles ;

2° D'assurer le suivi et le traitement des demandes et déclarations dont le conseil est saisi en matière d'accès aux origines personnelles, afin de vérifier l'identité et la qualité du demandeur ou du déclarant, d'instruire les demandes d'accès aux origines et de procéder le cas échéant, au terme de l'instruction, à la communication de l'identité des parents de naissance et des renseignements ne portant pas atteinte au secret de cette identité ;

3° D'établir des statistiques sous forme anonyme sur l'activité du conseil et sur la mise en œuvre de la législation relative à l'accès aux origines personnelles.

Art. R. 147-26 Le Conseil national pour l'accès aux origines personnelles assure l'enregistrement sous forme numérique, dans le traitement ORPER, des documents suivants :

1° Les demandes et déclarations mentionnées à l'article L. 147-2 et à l'article L. 147-3, ainsi que les pièces justificatives mentionnées à l'article R. 147-13 ;

2° Les pièces dont le conseil est destinataire en application des articles L. 147-5, L. 147-8 et L. 147-9 ;

3° Le pli fermé mentionné à l'article L. 222-6, ainsi que le document mentionné à l'article R. 147-23 ;

4° Les pièces recueillies, les documents produits et les comptes rendus établis par les agents du conseil ou par les personnes qu'il mandate en vue d'identifier les parents de naissance ;

5° Les rapports résultant de la procédure décrite à l'article R. 147-16.

Les documents mentionnés aux 1° à 5° sont également conservés par le conseil dans un dossier sur support papier.

Art. R. 147-27 Sont susceptibles d'être enregistrées dans le traitement ORPER, sous forme de données numériques propres à assurer l'instruction et le suivi des dossiers du Conseil national pour l'accès aux origines personnelles, les catégories d'informations suivantes, extraites le cas échéant des documents mentionnés à l'article R. 147-26 :

1° Les informations nécessaires à l'identification et à l'établissement de la qualité de l'auteur de la demande ou de la déclaration, de ses représentants légaux, ascendants et descendants, ainsi que de ses collatéraux privilégiés, y compris les informations figurant sur les documents d'identité, les actes de naissance ou certificats d'origine, le jugement d'adoption du demandeur et la copie du certificat de décès des parents de naissance ;

2° Les informations nécessaires au suivi de la demande, y compris le numéro d'identification permettant de préserver la confidentialité de l'identité des personnes concernées attribué à chaque demande ;

3° La mention de la date de l'accusé de réception prévu à l'article R. 147-13 ;

4° Les informations relatives à la date et au lieu de l'accouchement ;

5° Les informations relatives à la date et aux modalités de remise de l'enfant au service de l'aide sociale à l'enfance ou à un organisme autorisé et habilité pour l'adoption ou à un organisme étranger qui a recueilli l'enfant, ainsi que les informations d'ordre administratif et social transmises par les établissements de santé de naissance dans le cadre de la recherche des parents de naissance ;

6° La mention concernant la présence ou l'absence, dans le dossier, d'éléments relatifs aux parents de naissance ou à l'indication de leur nom ;

7° Toutes informations, dont le conseil est destinataire en application des articles L. 147-5, L. 147-8 et L. 147-9, pouvant concourir à l'identification des parents de naissance ainsi qu'à leur localisation, notamment des informations relatives aux parcours scolaire, universitaire ou professionnel de la personne recherchée ou à sa prise en charge sociale et médico-sociale ;

8° La teneur et les dates des courriers échangés en application des articles L. 147-4 à L. 147-6, L. 147-8 et L. 147-9 ;

9° La mention et la date de la manifestation de volonté justifiant la levée du secret en application de l'article L. 147-6, du refus opposé à la levée du secret ou du décès du ou des parents de naissance ;

10° La mention et la date de la communication au demandeur de l'identité des parents de naissance ou du refus de levée de secret de ceux-ci ;

11° La mention, la date et la teneur de la communication de renseignements ne portant pas atteinte au secret de l'identité dans les conditions prévues à l'avant-dernier alinéa de l'article L. 147-5 ;

12° La mention et la date de l'acceptation ou du refus de l'accompagnement proposé par le conseil, ainsi que de la tenue éventuelle d'une rencontre dans les conditions prévues à l'article R. 147-17 ;

13° La mention de la clôture provisoire ou définitive du dossier.

Les données à caractère personnel concernant des personnes susceptibles d'être les parents de naissance, enregistrées dans le traitement au titre des premiers actes d'instruction, sont supprimées sans délai dès qu'il est établi que ces personnes ne sont pas concernées par l'accouchement dans le secret à l'origine de la saisine du conseil.

Art. R. 147-28 Le Conseil national pour l'accès aux origines personnelles établit des statistiques anonymes sur la base des documents et informations mentionnés aux articles R. 147-26 et R. 147-27.

Peuvent également être enregistrés dans le traitement ORPER les relevés semestriels non nominatifs des accouchements secrets et des enfants remis à la naissance en vue de leur adoption, des levées de secret et des demandes d'accès aux origines, des remises d'identité sous pli fermé ainsi que des demandes de rapprochement, adressés au conseil par ses correspondants départementaux en application de l'article R. 147-24.

Art. R. 147-29 Sont seuls habilités à enregistrer et consulter les données du traitement ORPER le président et le secrétaire général du Conseil national pour l'accès aux origines personnelles ainsi que *(Décr. n° 2023-299 du 21 avr. 2023, art. 1er-7°)* « les agents du secrétariat général mentionné à l'article R. 147-7 », dans les limites de leur besoin d'en connaître.

Les personnes, établissements, services et organismes mentionnés aux articles L. 147-4 à L. 147-6, L. 147-8 et L. 147-9 peuvent être rendus destinataires des documents et données mentionnées *[mentionnés]* aux articles R. 147-26 et R. 147-27, dans la mesure où cette communication est strictement nécessaire pour obtenir de leur part des informations permettant d'instruire une demande d'accès aux origines personnelles.

Cette communication est réalisée par tout moyen sécurisé donnant une date certaine à sa réception.

Art. R. 147-30 Les dossiers clos pour un motif tenant à l'incompétence du Conseil national pour l'accès aux origines personnelles sont conservés dans le traitement ORPER pendant une durée d'un an à compter de la date d'enregistrement.

Les dossiers clos après communication de l'identité des parents de naissance sont conservés pendant une durée de cinq ans à compter de la date de clôture.

Les dossiers faisant l'objet, pour un autre motif, d'une clôture provisoire, en raison notamment de l'impossibilité d'identifier les parents de naissance ou d'un refus de levée du secret, sont conservés pendant une durée de dix ans à compter de la date de clôture.

En cas de réouverture du dossier faisant suite à une nouvelle demande, les délais prévus à l'alinéa précédent sont interrompus.

Art. R. 147-31 Les demandeurs et les déclarants reçoivent les informations prévues aux a, b, c, e du 1 ainsi qu'aux a, b et d du 2 de l'article 13 du règlement (UE) 2016/679 du 27 avril 2016, lors de la transmission de l'accusé de réception prévu à l'article R. 147-13 du présent code.

En application des b et c du 5 de l'article 14 du même règlement, l'exigence d'information prévue à cet article 14 en cas de collecte indirecte de données à caractère personnel n'est pas applicable aux autres personnes dont les données sont recueillies à l'occasion de l'instruction d'une demande ou d'une déclaration. Le Conseil national pour l'accès aux origines personnelles met à disposition sur son site internet les informations prévues aux a, c, d et e du 1 ainsi qu'aux a, c, e et f du 2 de l'article 14 du règlement.

Art. R. 147-32 Les personnes dont les données sont traitées peuvent exercer leur droit d'accès aux données les concernant, prévu à l'article 15 du règlement (UE) 2016/679 du 27 avril 2016, à l'exclusion de toute donnée personnelle relative à une autre personne physique, ainsi que leur droit de rectification et leur droit à la limitation, dans les conditions prévues aux articles 16 et 18 du même règlement, auprès du secrétariat général du Conseil national pour l'accès aux origines personnelles, au moyen d'une adresse électronique mentionnée sur le site du conseil ou par voie postale.

En application du e et du i du 1 de l'article 23 du même règlement (UE), le droit à l'effacement et le droit d'opposition ne s'appliquent pas à ce traitement.

Art. R. 147-33 Les données mentionnées à l'article R. 147-28 sont conservées sur support informatique pendant un an à compter de la date de clôture définitive du dossier. A l'issue de ce délai, ne sont conservés que l'identité du demandeur et le numéro d'enregistrement du dossier afin de l'identifier ultérieurement, le cas échéant, parmi les dossiers conservés sur support papier.

Les données figurant sur un autre support sont conservées dans les conditions prévues pour les archives publiques par le livre II du code du patrimoine.

SOUS-SECTION 4 Conditions de mise en œuvre de l'information à la parentèle en cas d'anomalie génétique pouvant être responsable d'une affection grave justifiant des mesures de prévention, y compris de conseil génétique, dans le cadre d'un accouchement dans le secret de l'identité des parents de naissance

(Décr. nº 2023-1426 du 30 déc. 2023, art. 24-2º)

Art. R. 147-33-1 Pour l'application de l'article L. 1131-1-2 du code de la santé publique, le prescripteur transmet l'identité, les coordonnées et le consentement de la personne mentionnée au 1º ou au 2º de l'article L. 147-2 chez laquelle a été diagnostiquée une anomalie génétique pouvant être responsable d'une affection grave justifiant des mesures de prévention, y compris de conseil génétique, ou de soins au Conseil national, par tout moyen donnant date certaine à sa réception, afin qu'il identifie, selon le cas, la ou les personnes mentionnées au 1º ou au 2º de l'article L. 147-2 concernées par cette information.

Le Conseil national n'est pas destinataire des données médicales relatives à l'anomalie génétique en cause, ni des risques qui lui sont associés.

Art. R. 147-33-2 Le Conseil national recherche l'identité et les coordonnées de la ou des personnes mentionnées au 1º ou au 2º de l'article L. 147-2 susceptibles d'être concernées par le diagnostic de l'anomalie génétique dans les conditions prévues aux articles L. 147-5 et L. 147-8, en utilisant notamment le traitement de données à caractère personnel mentionné à l'article R. 147-25.

Art. R. 147-33-3 Le Conseil national porte à la connaissance de la personne identifiée l'existence d'une information médicale de nature génétique susceptible de la concerner, telle que définie au troisième aliéna de l'article L. 1131-1-2 du code de la santé publique, par tout moyen donnant date certaine à la réception de cette information.

Si la personne ainsi informée souhaite connaître l'anomalie génétique en cause, elle transmet au conseil national les coordonnées du médecin qualifié en génétique qu'elle a choisi. Le conseil national transmet alors à ce médecin les coordonnées du prescripteur de l'examen, afin qu'il puisse lui communiquer ladite anomalie.

SECTION 2 Conseil national de l'adoption

(Décr. nº 2022-1729 du 30 déc. 2022, art. 1er-I)

Art. D. 147-34 *(Décr. nº 2022-1646 du 23 déc. 2022, art. 1er-3º)* I. – Le Conseil national de l'adoption mentionné à l'article L. 147-12 est placé auprès du ministre chargé de l'enfance. Il comprend trente-et-un membres répartis dans quatre collèges :

1º Le premier collège est composé de onze membres représentant les institutions, collectivités et administrations territoriales compétentes :

a) Un sénateur désigné par le président du Sénat ;

b) Un député désigné par le président de l'Assemblée nationale ;

c) Deux présidents de conseils départementaux désignés par l'Assemblée des départements de France ;

d) Le défenseur des droits ou son représentant ;

e) Un magistrat désigné par le garde des sceaux, ministre de la justice ;

f) Deux directeurs départementaux de l'emploi, du travail et des solidarités ou leurs représentants nommés par le ministre chargé de la famille ;

g) Deux représentants des services d'action sociale et de santé des départements ou leurs représentants nommés par le ministre chargé de la famille ;

h) Le président du groupement d'intérêt public prévu à l'article L. 147-14 ou son représentant ;

2° Le deuxième collège est composé de cinq membres représentant les administrations centrales compétentes :

a) Le directeur des affaires civiles et du sceau ou son représentant ;

b) Le directeur général de la cohésion sociale ou son représentant ;

c) Le directeur général de la santé ou son représentant ;

d) Le directeur des français à l'étranger et de l'administration consulaire ou son représentant ;

e) Le directeur général des collectivités locales ou son représentant ;

3° Le troisième collège est composé de huit membres et leurs suppléants représentant les associations :

a) Un membre d'association familiale, désigné par l'Union nationale des associations familiales ;

b) Deux membres d'associations de familles adoptives dont une spécialisée dans l'adoption internationale ;

c) Deux membres d'associations représentant les personnes adoptées ;

d) Un membre d'association représentant les pupilles et anciens pupilles de l'État ;

e) Un membre d'organisme autorisé ou habilité pour l'adoption ;

f) Un membre de l'association assurant la représentation en France du service social international ;

4° Le quatrième collège est composé de sept personnalités qualifiées en raison de l'intérêt qu'elles portent à l'adoption et à la famille, dont le président du Conseil national de la protection de l'enfance ou son représentant.

II. — Les membres du deuxième collège ne prennent pas part au vote.

III. — Les membres des troisième et quatrième collèges sont nommés par arrêté des ministres chargés de la famille, de la justice et des affaires étrangères.

Le mandat des membres mentionnés aux *e*, *f*, *g* du 1°, aux 3° et 4° du I est de trois ans, renouvelable une fois.

IV. — Le président du Conseil national et son suppléant sont nommés parmi les membres du Conseil national par arrêté du ministre chargé de l'enfance. Lorsque le président ou son suppléant est un magistrat, il est nommé par un arrêté conjoint du ministre de la justice et du ministre chargé de l'enfance.

V. — Le Conseil national est composé dans le respect du principe de parité entre les hommes et les femmes. A cette fin, les membres du troisième collège et leurs suppléants sont de sexe différent.

VI. — Tout membre qui perd la qualité pour laquelle il a été nommé cesse de faire partie du conseil. Il est pourvu à son remplacement dans un délai de trois mois pour la durée du mandat restant à courir. Si cette durée est inférieure à deux ans, ce mandat n'est pas pris en compte pour l'application des règles fixées au III du présent article en matière de limitation du nombre de mandat de ses membres.

En cas d'empêchement définitif, de démission ou de décès d'un membre du conseil, il est procédé à son remplacement dans les mêmes conditions. — *[Anc. art. D. 148-0-1.]*

La Direction générale de la cohésion sociale assure le secrétariat général du Conseil national de l'adoption jusqu'à l'entrée en vigueur de la convention constitutive du groupement d'intérêt public prévu à l'art. L. 147-14 CASF.

Les dispositions du Décr. n° 2022-1646 du 23 déc. 2022 entrent en vigueur le lendemain de sa publication, à l'exception des dispositions relatives à la nomination du président du Conseil national de la protection de l'enfance prévues au 4° du I qui entrent en vigueur à compter de la publication du décret prévu au IV de l'art. 36 de la L. n° 2022-140 du 7 févr. 2022 relative à la protection des enfants (Décr. n° 2022-1646 du 23 déc. 2022, art. 2 et 3).

SECTION 3 Conseil national de la protection de l'enfance

(Décr. n° 2022-1729 du 30 déc. 2022, art. 1er-I)

Art. D. 147-35 Le Conseil national de la protection de l'enfance émet des avis et formule toutes propositions utiles relatives à la prévention et à la protection de l'enfance. A cette fin :

1° Il propose au Gouvernement des orientations nationales de prévention et de protection de l'enfance dans le cadre de la construction d'une stratégie nationale ;

2° Il assiste le Gouvernement en rendant des avis sur toutes les questions qui concernent la prévention et la protection de l'enfance et peut de sa propre initiative proposer aux pouvoirs publics, après évaluation, les mesures de nature à améliorer les interventions en protection de l'enfance ;

3° Il contribue à orienter les études, les travaux de prospective et d'évaluation menés dans le champ de la prévention et de la protection de l'enfance ;

4° Il formule des recommandations visant à promouvoir la convergence des politiques menées au niveau local en s'appuyant sur les expériences conduites au niveau territorial comme à l'étranger ;

5° Il formule des recommandations dans le champ de la formation initiale et continue des professionnels de la prévention et de la protection de l'enfance.

En outre, le Conseil national de la protection de l'enfance est consulté sur les projets de texte législatif ou réglementaire portant sur la prévention et la protection des enfants.

Il peut être saisi par le Premier ministre, le ministre chargé de l'enfance et les ministres concernés par la protection de l'enfance de toute question relevant de son champ de compétences.

Il peut se saisir de toute question relative à la protection de l'enfance.

Art. D. 147-36 I. — Le Conseil national de la protection de l'enfance comprend soixante-six membres répartis dans les cinq collèges suivants :

1° Le premier collège est composé de seize membres représentant les institutions, collectivités et administrations compétentes :

a) six conseillers départementaux, désignés par l'Assemblée des départements de France, dont un conseiller départemental d'outre-mer ;

b) le directeur de la protection judiciaire de la jeunesse ou son représentant ;

c) le directeur général de l'enseignement scolaire ou son représentant ;

d) le directeur général de la cohésion sociale ou son représentant ;

e) le directeur général de l'offre de soins ou son représentant ;

f) le directeur général de la santé ou son représentant ;

g) *(Décr. nº 2023-299 du 21 avr. 2023, art. 1er-8º)* « le directeur des Français à l'étranger et de l'administration consulaire ou son représentant » ; — *Les dispositions modifiées par le 8º de l'art. 1er du Décr. nº 2023-299 du 21 avr. 2023 peuvent être modifiées par décret (Décr. préc., art. 3).*

h) le président de la formation enfance du Haut Conseil de la famille, de l'enfance et de l'âge ou son représentant ;

i) le président du groupement d'intérêt public prévu à l'article L. 147-14 ou son représentant ;

j) le président du Conseil national de l'adoption ou son représentant ;

k) le Défenseur des droits ou son représentant ;

2° Le deuxième collège est composé de huit membres proposés par les associations d'usagers, anciens usagers ou leurs familles ;

3° Le troisième collège est composé de quatorze membres proposés par les fédérations et les associations intervenant dans le champ de la prévention et la protection de l'enfance ;

4° Le quatrième collège est composé de seize membres, dont au moins deux magistrats, proposés par les associations de professionnels et organismes de formations ;

5° Le cinquième collège est composé de douze personnalités qualifiées œuvrant dans le champ de la protection de l'enfance.

Pour chacun des membres des deuxième, troisième et quatrième collèges, un membre suppléant est désigné selon les mêmes modalités.

II. — La liste des associations, organismes, établissements publics et organisations mentionnés aux deuxième, troisième et quatrième collèges est fixée par arrêté du ministre chargé de l'enfance.

III. – Les membres du premier collège représentant les administrations centrales ne prennent pas part au vote.

IV. – Le conseil national associe à ses travaux un collège composé d'enfants et d'adolescents, constitué dans des conditions définies par arrêté du ministre chargé de l'enfance.

Art. D. 147-37 I. – Le Conseil national de la protection de l'enfance est placé auprès du Premier ministre.

II. – Le président du Conseil national de la protection de l'enfance est nommé parmi les membres du collège des personnalités qualifiées par arrêté du ministre chargé de l'enfance.

III. – Les membres du Conseil national de la protection de l'enfance sont nommés pour une durée de trois ans, renouvelable une fois, par arrêté du ministre chargé de l'enfance.

Tout membre qui perd la qualité en raison de laquelle il a été nommé cesse de faire partie du conseil. Il est pourvu à son remplacement dans un délai de trois mois pour la durée du mandat restant à courir.

En cas d'empêchement définitif, de démission ou de décès d'un membre du conseil, il est procédé à son remplacement dans les mêmes conditions.

IV. – Le Conseil national de la protection de l'enfance se réunit au moins une fois par an en séance plénière sur convocation de son président.

Il peut convier à ses séances et associer à ses travaux toute personne dont l'expertise est nécessaire.

Il peut en tant que de besoin constituer en son sein des commissions permanentes thématiques.

Le conseil peut également constituer en son sein des groupes de travail, présidés chacun par un membre du conseil et composés de membres du conseil et, le cas échéant, de personnalités extérieures. Chaque groupe de travail désigne un rapporteur.

V. – Le groupement d'intérêt public prévu à l'article L. 147-14 assure le secrétariat du Conseil national de la protection de l'enfance. A cette fin, il organise les moyens humains, financiers et logistiques nécessaires à son bon fonctionnement.

Le secrétaire général du Conseil national de la protection de l'enfance est nommé après avis du président du conseil.

SECTION 4 Dispositions communes aux trois conseils

(Décr. n° 2022-1729 du 30 déc. 2022, art. 1er-I)

Art. D. 147-38 Les trois conseils peuvent se réunir à deux ou trois conseils sur proposition de leurs présidents ou après un vote ayant recueilli le nombre de voix nécessaires pour approuver cette proposition, selon leurs règles respectives en matière de quorum.

Lorsqu'un avis est rendu en commun, chaque conseil approuve ses décisions selon ses propres modalités de vote.

Art. D. 147-39 Lorsqu'ils sont saisis pour avis sur un projet de texte législatif ou réglementaire, les avis des conseils sont réputés rendus dans un délai d'un mois après leur saisine. En cas d'urgence, l'auteur de la saisine peut demander que l'avis soit rendu dans un délai de 48 heures.

Les séances des conseils ne sont pas publiques. Les conseils peuvent rendre publics leurs avis.

Art. D. 147-40 Les fonctions de présidents, de vice-présidents et de membres des conseils sont exercées à titre gratuit.

Les membres, ainsi que les personnalités extérieures invitées au Conseil, peuvent être remboursés de leurs frais de déplacement.

CHAPITRE VIII **AUTORITÉ CENTRALE POUR L'ADOPTION INTERNATIONALE** *(Décr. nº 2022-1729 du 30 déc. 2022, art. 1er-II).*

SECTION 1 *(Décr. nº 2022-1646 du 23 déc. 2022, art. 1er-3º).*

Art. D. 148-0-1 *Devient art. D. 147-34 (Décr. nº 2022-1729 du 30 déc. 2022, art. 1er-II).*

SECTION 2 *[ABROGÉE]* **Conseil national de la protection de l'enfance** *(Décr. nº 2022-1646 du 23 déc. 2022, art. 1er-2º).*

(Abrogée par Décr. nº 2022-1729 du 30 déc. 2022, art. 1er-II)
(Décr. nº 2016-1284 du 29 sept. 2016)

Art. D. 148-1 ***Le Conseil national de la protection de l'enfance favorise la coordination des acteurs de la protection de l'enfance. A cette fin :***

1º Il propose au Gouvernement les orientations nationales de la protection de l'enfance dans le but de construire une stratégie nationale ;

2º Il assiste le Gouvernement en rendant des avis sur toutes les questions qui concernent la protection de l'enfance et peut de sa propre initiative proposer aux pouvoirs publics, après évaluation, les mesures de nature à améliorer les interventions en protection de l'enfance ;

3º Il contribue à orienter les études stratégiques, les travaux de prospective et d'évaluation menés dans le champ de la protection de l'enfance ;

4º Il promeut la convergence des politiques menées au niveau local en s'appuyant sur les expériences conduites au niveau territorial comme à l'étranger ;

5º Il formule des recommandations dans le champ de la formation initiale et continue des professionnels de la protection de l'enfance.

En outre, le Conseil national de la protection de l'enfance est consulté sur les projets de texte législatif ou réglementaire *(Décr. nº 2017-96 du 27 janv. 2017, art. 1er-1º)* ***« portant à titre principal sur la protection de l'enfance ».***

Il peut être saisi par le Premier ministre, le ministre chargé des familles et de l'enfance et les autres ministres concernés de toute question relevant de son champ de compétences.

Il peut se saisir de toute question relative à la protection de l'enfance.

Art. D. 148-2 ***I. — Le Conseil national de la protection de l'enfance comprend*** *(Décr. nº 2017-96 du 27 janv. 2017, art. 1er-2º)* ***« quatre-vingt-deux » membres répartis dans les cinq collèges suivants :***

1º *(Décr. nº 2017-96 du 27 janv. 2017, art. 1er-2º)* ***« Vingt-quatre » membres représentant les institutions, collectivités et administrations compétentes :***

(Abrogé par Décr. nº 2017-96 du 27 janv. 2017, art. 1er-2º) ***« a) deux sénateurs, désignés par le président du Sénat ;***

« b) deux députés, désignés par le président de l'Assemblée nationale ; »

a) neuf conseillers départementaux, désignés par l'Assemblée des départements de France ;

b) l'ambassadeur chargé de l'adoption internationale ou son représentant ;

c) le directeur des affaires civiles et du sceau ou son représentant ;

d) le directeur de la protection judiciaire de la jeunesse ou son représentant ;

e) le directeur général de l'enseignement scolaire ou son représentant ;

f) le directeur général de la cohésion sociale ou son représentant ;

g) le directeur général de la santé ou son représentant ;

h) *(Décr. nº 2019-1190 du 18 nov. 2019, art. 3, en vigueur le 1er janv. 2020)* ***« le directeur général des collectivités locales » ou son représentant ;***

i) le directeur de la recherche, des études, de l'évaluation et des statistiques ou son représentant ;

j) un représentant de l'inspection générale des affaires sociales ;

k) le président de la formation enfance du Haut Conseil de la famille, de l'enfance et de l'âge ou son représentant ;

l) le président du groupement d'intérêt public "Enfance en danger" ou son représentant ;

m) le président du groupement d'intérêt public "Agence française de l'adoption" ou son représentant ;

n) le président de la Caisse nationale des allocations familiales ou son représentant ;
o) le président de la Caisse centrale de mutualité sociale agricole ou son représentant ;
p) le Défenseur des droits ou son représentant ; — Les c à r du 1° deviennent les a à p du 1° (Décr. n° 2017-96 du 27 janv. 2017, art. 1er-2°).

2° Vingt-trois membres représentant la société civile et les associations :
a) quatre représentants désignés par l'Union nationale interfédérale des œuvres et organismes privés sanitaires et sociaux ;
b) quatre représentants désignés par la Convention nationale des associations de protection de l'enfant permettant d'assurer la représentativité de l'ensemble des mouvements ;
c) un représentant du Groupe national des établissements publics sociaux et médico-sociaux ;
d) un représentant de l'Union nationale des centres communaux d'action sociale ;
e) un représentant de l'Union nationale des associations familiales ;
f) le président de l'Observatoire de l'action sociale décentralisée ou son représentant ;
g) un représentant du Comité national de liaison des acteurs de prévention spécialisée ;
h) un représentant de l'association ATD Quart Monde ;
i) un représentant de l'association SOS Petits Princes ;
j) deux représentants des associations des personnes ayant été accueillies à l'aide sociale à l'enfance, dont au moins un membre de la Fédération nationale des associations départementales d'entraide des personnes accueillies en protection de l'enfance ;
k) un représentant de l'association Enfance et Partage ;
l) un représentant de l'association (Décr. n° 2017-96 du 27 janv. 2017, art. 1er-2°) *« Enfance et familles d'adoption » ;*
m) un représentant de la Fédération française des organismes autorisés pour l'adoption ;
n) un représentant de l'association Conseil national des adoptés ;
o) un représentant de l'association Mouvement pour l'adoption sans frontières ;
p) un représentant de l'association La Voix des adoptés ;

3° Treize membres représentant les associations de professionnels :
a) un représentant de l'Association nationale des assistants de service social ;
b) un représentant de l'Organisation nationale des éducateurs spécialisés ;
c) un représentant de l'Union fédérale nationale des associations de familles d'accueil et assistants maternels ;
d) un représentant de l'Association nationale des directeurs de l'enfance et de la famille ;
e) un représentant de l'Association nationale des directeurs d'action sociale et de santé ;
f) un représentant du Conseil national de l'ordre des médecins ;
g) un représentant du Syndicat national des médecins de protection maternelle et infantile ;
h) un représentant de la Société française de pédiatrie ;
i) un représentant de l'Association des psychiatres de secteur infanto-juvénile ;
j) un représentant du Conseil national des barreaux spécialement formé pour assister les enfants ;
k) deux représentants de l'Association française des magistrats de la jeunesse et de la famille, un juge des enfants et un juge aux affaires familiales ;
l) un représentant de la Fédération nationale des administrateurs ad hoc ;

4° Cinq membres représentant les organismes de formation :
a) un représentant du Centre national de la fonction publique territoriale ;
b) un représentant de l'Union nationale des acteurs de formation et de recherche en intervention sociale ;
c) un représentant de l'École nationale de la magistrature ;
d) un représentant de l'École nationale de la protection judiciaire de la jeunesse ;
e) un représentant de l'Association nationale pour la formation permanente du personnel hospitalier ;

5° (Décr. n° 2017-96 du 27 janv. 2017, art. 1er-2°) *« Dix-sept » personnalités qualifiées œuvrant dans le champ de la protection de l'enfance.*

(Décr. n° 2017-96 du 27 janv. 2017, art. 1er-2°) *« Pour chacun des membres mentionnés aux a et j du 1°, au 2° à l'exception du f, au 3° et au 4°, un membre suppléant est désigné selon les mêmes modalités. »*

II. — Chaque collège est composé de telle sorte que l'écart entre le nombre de femmes et d'hommes ne soit pas supérieur à un. Les membres de droit siégeant ès qualités sont exclus du décompte paritaire.

A cette fin, chaque autorité amenée à désigner un nombre pair de membres désigne autant de femmes que d'hommes.

Un tirage au sort est organisé pour déterminer le sexe des membres à nommer par les autorités chargées de désigner un seul membre. Les conditions de déroulement de ce tirage au sort sont définies par un arrêté du ministre chargé des familles et de l'enfance.

Les membres suppléants sont de même sexe que les titulaires.

III. — En cas de décès, de démission ou de cessation de fonctions pour toute autre cause, le membre nommé à la suite de la vacance de poste pour la durée du mandat restant à courir est de même sexe que celui qu'il remplace.

Art. D. 148-3 *I. — Le Conseil national de la protection de l'enfance est placé auprès du Premier ministre. Il est présidé par le ministre chargé des familles et de l'enfance. Un vice-président est nommé sur proposition du président au sein du cinquième collège. Le vice-président assure la présidence du conseil lorsque le ministre est absent.*

Un secrétaire général est nommé par le président du conseil pour assurer le fonctionnement courant du conseil. (Décr. n° 2017-96 du 27 janv. 2017, art. 1er-3°) *« Il est placé sous l'autorité fonctionnelle du directeur général de la cohésion sociale. »*

II. — Les membres du Conseil national de la protection de l'enfance, dont le vice-président, sont nommés pour une durée de trois ans renouvelable une fois, par arrêté du Premier ministre.

Tout membre qui perd la qualité en raison de laquelle il a été nommé cesse de faire partie du conseil. Il est pourvu à son remplacement dans un délai de trois mois pour la durée du mandat restant à courir.

En cas d'empêchement définitif, de démission ou de décès d'un membre du conseil, il est procédé à son remplacement dans les mêmes conditions.

III. — Le ministre chargé des familles et de l'enfance fixe l'ordre du jour du conseil et arrête le programme de travail annuel du conseil.

IV. — Le Conseil national de la protection de l'enfance se réunit au moins une fois par an en séance plénière sur convocation de son président.

Il peut convier à ses séances et associer à ses travaux toute personne dont l'expertise est nécessaire.

Le conseil constitue en son sein une commission permanente sur l'adoption dont il fixe la composition lors de sa première séance. Sa composition peut être revue lors des assemblées plénières du conseil. La commission permanente sur l'adoption se réunit au moins une fois par an et traite de sujets liés à l'adoption nationale et internationale.

Il peut en tant que de besoin être constitué d'autres commissions permanentes thématiques.

Le conseil peut également constituer en son sein des groupes de travail, présidés chacun par un membre du conseil et composés de membres du conseil et, le cas échéant, de personnalités extérieures. Chaque groupe de travail désigne un rapporteur.

V. — Les séances du Conseil national de la protection de l'enfance ne sont pas publiques.

Le conseil peut rendre publics ses avis.

VI. — Le président du Conseil national de la protection de l'enfance ou son représentant, ainsi que le secrétaire général du conseil, ou son représentant, siègent au sein de la formation enfance du Haut Conseil de la famille, de l'enfance et de l'âge, prévu à l'article L. 142-1.

VII. — Les crédits nécessaires au fonctionnement du Conseil national de la protection de l'enfance sont inscrits au budget du ministère des affaires sociales.

Le secrétariat du Conseil national de la protection de l'enfance est assuré par la direction générale de la cohésion sociale.

VIII. — Les fonctions de président, de vice-président et de membres du Conseil national de la protection de l'enfance sont exercées à titre gratuit.

Le président et les membres peuvent se faire rembourser leurs frais de déplacement dans les conditions fixées par le décret n° 2006-781 du 3 juillet 2006.

SECTION 3 *(Décr. nº 2022-1729 du 30 déc. 2022, art. 1er-II).*

Art. R. 148-4 *(Décr. nº 2009-407 du 14 avr. 2009)* **Le service chargé de l'adoption internationale** *(Décr. nº 2023-779 du 14 août 2023, art. 3-1º)* **« prévue à l'article 6 de la convention de La Haye du 29 mai 1993 sur la protection des enfants et la coopération en matière d'adoption internationale, ci-après désignée "convention de La Haye", publiée au** ***Journal officiel*** **de la République française du 13 septembre 1998 » du ministère des affaires étrangères constitue l'Autorité centrale pour l'adoption internationale.**

Art. R. 148-5 *(Décr. nº 2009-407 du 14 avr. 2009)* **L'Autorité centrale pour l'adoption internationale bénéficie, en tant que de besoin, du concours des services compétents relevant des autres ministres, notamment le ministre de la justice et le ministre chargé de la famille.**

Des magistrats, des *(Décr. nº 2023-779 du 14 août 2023, art. 3-2º)* **« agents » des autres services de l'État et des** *(Décr. nº 2023-779 du 14 août 2023, art. 3-2º)* **« agents » territoriaux peuvent être mis à sa disposition ou détachés auprès d'elle dans les conditions prévues par l'ordonnance nº 58-1270 du 22 décembre 1958, la loi nº 84-53 du 26 janvier 1984 et le décret nº 85-986 du 16 septembre 1985.**

Les services compétents des départements, *(Décr. nº 2023-299 du 21 avr. 2023, art. 1er-9º)* **« le groupement d'intérêt public mentionné à l'article L. 147-14** *[ancienne rédaction : l'Agence française de l'adoption]* **» et les organismes privés autorisés et habilités pour l'adoption internationale peuvent également lui apporter leur concours.**

Les dispositions modifiées par le 9º de l'art. 1er du Décr. nº 2023-299 du 21 avr. 2023 restent applicables dans leur rédaction antérieure à l'entrée en vigueur dudit décret, au plus tard jusqu'au 1er janv. 2025, pour l'exercice par le groupement d'intérêt public dénommé « Agence française de l'adoption » de sa mission d'intermédiaire pour l'adoption dans les États qui n'ont pas délivré au groupement mentionné à l'art. L. 147-14 CASF l'autorisation prévue à l'art. 12 de la Conv. de La Haye du 29 mai 1993 relative à la protection des enfants et à la coopération en matière d'adoption internationale (Décr. préc., art. 4).

Art. R. 148-6 *(Décr. nº 2009-407 du 14 avr. 2009)* **L'Autorité centrale pour l'adoption internationale veille au respect par la France de ses obligations au titre de la convention de La Haye** *(Abrogé par Décr. nº 2023-779 du 14 août 2023, art. 3-3º)* ***« du 29 mai 1993 sur la protection des enfants et la coopération en matière d'adoption internationale, ci-après désignée "convention de La Haye", publiée au Journal officiel de la République française du 13 septembre 1998 ».*** **Elle exerce les compétences et les fonctions confiées par ladite convention à l'autorité centrale** *(Abrogé par Décr. nº 2023-779 du 14 août 2023, art. 3-3º)* ***« prévue à son article 6 ».***

Art. R. 148-7 *(Décr. nº 2009-407 du 14 avr. 2009)* **L'Autorité centrale pour l'adoption internationale exerce une mission permanente de veille, de régulation et d'orientation sur les questions de l'adoption internationale, notamment sur :**

1º Les conditions d'application de la convention de La Haye du 29 mai 1993 dans tout État partie à ladite convention ;

2º L'application des conventions bilatérales entre la France et un pays tiers relatives à l'adoption internationale ;

3º Les conditions de l'adoption internationale dans les différents pays d'origine, en particulier au regard du respect des droits des enfants ;

4º L'implantation et la complémentarité dans les différents pays d'origine *(Décr. nº 2023-299 du 21 avr. 2023, art. 1er-10º)* **« du groupement d'intérêt public mentionné à l'article L. 147-14** *[ancienne rédaction : de l'Agence française de l'adoption]* **» et des organismes privés autorisés et habilités pour l'adoption internationale ; à ce titre, l'Autorité centrale pour l'adoption internationale peut définir, au nom de l'État et par convention avec lesdits organismes, les modalités de leur intervention dans les pays d'origine des enfants.**

Les dispositions modifiées par le 10º de l'art. 1er du Décr. nº 2023-299 du 21 avr. 2023 restent applicables dans leur rédaction antérieure à l'entrée en vigueur dudit décret, au plus tard jusqu'au 1er janv. 2025, pour l'exercice par le groupement d'intérêt public dénommé « Agence française de l'adoption » de sa mission d'intermédiaire pour l'adoption dans les États qui n'ont pas délivré au groupement mentionné à l'art. L. 147-14 CASF l'autorisation prévue à l'art. 12 de la Conv. de La Haye du 29 mai 1993 relative à la protection des enfants et à la coopération en matière d'adoption internationale (Décr. préc., art. 4).

Art. R. 148-8 *(Décr. n° 2009-407 du 14 avr. 2009)* **L'Autorité centrale pour l'adoption internationale conduit des missions de coopération internationale, bilatérale ou multilatérale, en matière d'adoption ou de protection de l'enfance.**

Art. R. 148-9 *(Décr. n° 2009-407 du 14 avr. 2009)* **L'Autorité centrale pour l'adoption internationale peut saisir le Conseil** *(Décr. n° 2023-299 du 21 avr. 2023, art. 1er-11°)* **« national » de l'adoption de toute question relative à l'adoption internationale. Elle reçoit communication des avis et propositions de ce conseil.**

Art. R. 148-10 *(Décr. n° 2009-407 du 14 avr. 2009)* **L'Autorité centrale pour l'adoption internationale instruit les demandes et prépare les décisions du ministre des affaires étrangères relatives à :**

1° L'habilitation des organismes privés autorisés pour l'adoption ainsi que, le cas échéant, la modification, la suspension ou le retrait de cette habilitation, dans les conditions prévues à l'article L. 225-12 ;

2° L'habilitation *(Décr. n° 2023-299 du 21 avr. 2023, art. 1er-10°)* **« du groupement d'intérêt public mentionné à l'article L. 147-14** *[ancienne rédaction : de l'Agence française de l'adoption]* **» dans les États non parties à la convention de La Haye du 29 mai 1993 ainsi que, le cas échéant, la modification, la suspension ou le retrait de cette habilitation, dans les conditions prévues à l'article L. 225-15 ;**

3° Le cas échéant, la suspension, la cessation ou la reprise de l'activité *(Décr. n° 2023-299 du 21 avr. 2023, art. 1er-10°)* **« du groupement d'intérêt public mentionné à l'article L. 147-14** *[ancienne rédaction : de l'Agence française de l'adoption]* **» dans les États parties à la convention de La Haye du 29 mai 1993, dans les conditions prévues à l'article L. 225-15 ;**

4° La suspension ou la reprise des adoptions en fonction des circonstances et des garanties apportées par les procédures mises en œuvre par les pays d'origine des enfants dans les conditions prévues au présent code.

Les dispositions modifiées par le 10° de l'art. 1er du Décr. n° 2023-299 du 21 avr. 2023 restent applicables dans leur rédaction antérieure à l'entrée en vigueur dudit décret, au plus tard jusqu'au 1er janv. 2025, pour l'exercice par le groupement d'intérêt public dénommé « Agence française de l'adoption » de sa mission d'intermédiaire pour l'adoption dans les États qui n'ont pas délivré au groupement mentionné à l'art. L. 147-14 CASF l'autorisation prévue à l'art. 12 de la Conv. de La Haye du 29 mai 1993 relative à la protection des enfants et à la coopération en matière d'adoption internationale (Décr. préc., art. 4).

Art. R. 148-11 *(Décr. n° 2009-407 du 14 avr. 2009)* **L'Autorité centrale pour l'adoption internationale établit les instructions particulières en matière de visas adressées aux chefs de mission diplomatique et aux chefs de poste consulaire pour la délivrance des visas relatifs aux procédures d'adoption internationale.**

Art. R. 148-11-1 *(Décr. n° 2009-407 du 14 avr. 2009)* **L'Autorité centrale pour l'adoption internationale établit chaque année un rapport d'activité qui est communiqué au Conseil** *(Décr. n° 2023-299 du 21 avr. 2023, art. 1er-11°)* **« national » de l'adoption ainsi qu'au ministre de la justice et au ministre chargé de la famille.**

Art. R. 148-11-2 *(Décr. n° 2009-407 du 14 avr. 2009)* **L'Autorité centrale pour l'adoption internationale peut confier** *(Décr. n° 2023-299 du 21 avr. 2023, art. 1er-12°)* **« au groupement d'intérêt public mentionné à l'article L. 147-14** *[ancienne rédaction : à l'Agence française de l'adoption]* **» et aux organismes privés autorisés et habilités pour l'adoption internationale** *(Décr. n° 2023-779 du 14 août 2023, art. 3-4°)* **« certaines de ses fonctions, conformément aux stipulations de la convention de La Haye du 29 mai 1993 ».**

Les dispositions modifiées par les 12° à 16° de l'art. 1er du Décr. n° 2023-299 du 21 avr. 2023 restent applicables dans leur rédaction antérieure à l'entrée en vigueur dudit décret, au plus tard jusqu'au 1er janv. 2025, pour l'exercice par le groupement d'intérêt public dénommé « Agence française de l'adoption » de sa mission d'intermédiaire pour l'adoption dans les États qui n'ont pas délivré au groupement mentionné à l'art. L. 147-14 CASF l'autorisation prévue à l'art. 12 de la Conv. de La Haye du 29 mai 1993 relative à la protection des enfants et à la coopération en matière d'adoption internationale (Décr. préc., art. 4).

CHAPITRE IX INSTITUTIONS COMMUNES AUX PERSONNES ÂGÉES ET AUX PERSONNES HANDICAPÉES

(Décr. no 2016-1206 du 7 sept. 2016, art. 1er-1o)

SECTION 1 Le conseil départemental de la citoyenneté et de l'autonomie

Art. D. 149-1 Le conseil départemental de la citoyenneté et de l'autonomie, institué par l'article L. 149-1, est une instance consultative composée des deux formations spécialisées suivantes :

1° Une formation spécialisée pour les questions relatives aux personnes âgées ;

2° Une formation spécialisée pour les questions relatives aux personnes handicapées.

La formation plénière réunit les membres de ces deux formations spécialisées.

Sur proposition du conseil, d'autres formations spécialisées peuvent être constituées sous forme de commissions spécialisées relatives aux questions spécifiques intéressant les personnes âgées ou les personnes handicapées et relevant de son champ de compétence. Lorsqu'une commission spécialisée concerne les deux publics, elle est composée à parts égales de représentants de la formation spécialisée des personnes âgées et de représentants de la formation spécialisée des personnes handicapées.

Le conseil peut associer à ses travaux toute personne susceptible de lui apporter des informations utiles.

Art. D. 149-2 Outre le président du conseil départemental qui préside le conseil départemental de la citoyenneté et de l'autonomie, celui-ci comprend des membres de droit ainsi que d'autres membres, mentionnés au *d* du 4° des articles D. 149-3 et D. 149-4, sous réserve de l'accord de la majorité des membres de droit.

Le conseil comprend des membres titulaires et des membres suppléants. Toutefois, parmi les membres mentionnés au *d* du 4° des articles D. 149-3 et D. 149-4, les personnes qualifiées n'ont pas de suppléant.

Le conseil comprend deux vice-présidents, qui sont issus du premier collège. Ils sont élus en formation plénière parmi les candidats proposés par les formations spécialisées mentionnées aux articles D. 149-3 et D. 149-4.

Les commissions spécialisées portant sur des sujets communs aux personnes âgées et aux personnes handicapées sont présidées conjointement par les deux vice-présidents.

Art. D. 149-3 La formation spécialisée pour les questions relatives aux personnes âgées est composée comme suit :

1° Premier collège : représentants des usagers retraités, personnes âgées, de leurs familles et proches aidants.

a) Huit représentants des personnes âgées, de leurs familles et des proches aidants désignés sur propositions des associations figurant sur une liste arrêtée par le président du conseil départemental ;

b) Cinq représentants des personnes retraitées désignés, sur propositions des organisations syndicales représentatives au niveau national ;

c) Trois représentants des personnes retraitées désignés parmi les autres organisations syndicales siégeant au Haut Conseil de la famille, de l'enfance et de l'âge dans la formation spécialisée du champ de l'âge, choisies par le président du conseil départemental en fonction de leur activité dans le département, sur proposition de ces organisations syndicales ;

2° Deuxième collège : représentants des institutions.

a) Deux représentants du conseil départemental désigné par le président du conseil départemental ou, le cas échéant, un représentant du conseil départemental et un

représentant du conseil de la métropole, désignés respectivement par le président du conseil départemental et le président de la métropole, *(Décr. nº 2017-1863 du 29 déc. 2017, art. 1er-I, en vigueur le 1er janv. 2018)* **« et en Corse, un conseiller à l'assemblée de Corse et un conseiller exécutif désignés respectivement par l'assemblée de Corse et le président du conseil exécutif ; »**

b) **Deux représentants des autres collectivités et établissements publics de coopération intercommunale désignés sur proposition de l'association départementale des maires ou, à Paris, du maire de Paris ;**

c) **Le directeur départemental chargé de la cohésion sociale ou son représentant** *(Décr. nº 2017-1863 du 29 déc. 2017, art. 1er-I, en vigueur le 1er janv. 2018)* **« ou en Corse, le directeur régional de la jeunesse, des sports et de la cohésion sociale ou son représentant » ;** – *A compter du 1er avr. 2021, les références au « directeur départemental chargé de la cohésion sociale » et au « directeur régional de la jeunesse, des sports et de la cohésion sociale » sont remplacées respectivement par les références au « directeur départemental de l'emploi, du travail et des solidarités » et au « directeur régional de l'économie, de l'emploi, du travail et des solidarités » (Décr. nº 2020-1545 du 9 déc. 2020, art. 28-IX et X).*

d) **Le directeur général de l'agence régionale de santé ou son représentant ;**

e) **Un représentant de l'Agence nationale de l'habitat dans le département désigné sur proposition du préfet ;**

f) **Quatre représentants des régimes de base d'assurance vieillesse et d'assurance maladie désignés sur propositions de la Caisse primaire d'assurance maladie, de la Mutualité sociale agricole** *(Abrogé par Décr. nº 2020-621 du 22 mai 2020, art. 3-III)* **«, *du régime social des indépendants* » et de la caisse d'assurance retraite et de la santé au travail ou de la Caisse nationale d'assurance vieillesse mentionnée à l'article L. 222-1 du code de la sécurité sociale pour l'Île-de-France ;** *(Décr. nº 2017-1863 du 29 déc. 2017, art. 1er-I, en vigueur le 1er janv. 2018)* **« en Corse, le représentant du régime de base d'assurance maladie est désigné sur propositions conjointes des directeurs des caisses primaires d'assurance maladie de Haute-Corse et de Corse-du-Sud ; »** *(Décr. nº 2021-53 du 21 janv. 2021, art. 1er-1º)* **« dans la Collectivité européenne d'Alsace, le représentant du régime de base d'assurance maladie est désigné sur propositions conjointes des directeurs des caisses primaires d'assurance maladie du Haut-Rhin et du Bas-Rhin ; »**

g) **Un représentant des institutions de retraite complémentaire désigné sur propositions des fédérations des institutions de retraite complémentaire ;**

h) **Un représentant des organismes régis par le code de la mutualité, désigné sur proposition de la Fédération nationale de la mutualité française.**

3º Troisième collège : représentants des organismes et professionnels œuvrant en faveur des personnes âgées.

a) **Cinq représentants des organisations syndicales représentatives de salariés, ainsi qu'un représentant de l'Union nationale des syndicats autonomes, désignés sur propositions de chacune de ces organisations ;**

b) **Quatre représentants des organisations représentant les employeurs, les professionnels et les gestionnaires d'établissements et de services sociaux et médico-sociaux, désignés sur proposition des organisations figurant sur une liste arrêtée conjointement par le directeur général de l'agence régionale de santé et le président du conseil départemental ;**

c) **Un représentant des intervenants bénévoles qui contribuent au maintien du lien social des personnes âgées, désigné sur propositions des associations figurant sur une liste arrêtée par le président du conseil départemental.**

4º Quatrième collège : représentants des personnes physiques ou morales concernées par les politiques de l'autonomie et de la citoyenneté des personnes âgées ou intervenant dans le domaine de compétence du conseil.

a) **Un représentant des autorités organisatrices de transports, désigné sur proposition du président du conseil régional ;**

b) **Un représentant des bailleurs sociaux, désigné sur proposition du préfet** *(Décr. nº 2021-53 du 21 janv. 2021, art. 1er-1º)* **« , ou, dans la Collectivité européenne d'Alsace sur proposition conjointe des préfets du Haut-Rhin et du Bas-Rhin » ;**

c) Un architecte urbaniste, désigné sur proposition du préfet *(Décr. nº 2021-53 du 21 janv. 2021, art. 1er-1º)* « , ou, dans la Collectivité européenne d'Alsace sur proposition conjointe des préfets du Haut-Rhin et du Bas-Rhin » ;

d) Cinq personnes physiques ou morales concernées par la politique de l'autonomie et de l'accessibilité universelle et intervenant dans les domaines de la citoyenneté, de la santé, de l'activité physique, des loisirs, de la vie associative, de la culture et du tourisme proposées conjointement par le préfet et le président du conseil départemental désignées dans les conditions prévues à l'article L. 149-2. *(Décr. nº 2021-53 du 21 janv. 2021, art. 1er-1º)* « Dans la Collectivité européenne d'Alsace, ces personnes physiques ou morales sont proposées conjointement par les préfets du Haut-Rhin et du Bas-Rhin et le président du conseil départemental. »

Art. D. 149-4 La formation spécialisée pour les questions relatives aux personnes handicapées est composée comme suit :

1º Premier collège : représentants des usagers.

Seize représentants des personnes handicapées, de leurs familles et des proches aidants désignés sur propositions des associations figurant sur une liste arrêtée conjointement par le préfet et le président du conseil départemental. *(Décr. nº 2021-53 du 21 janv. 2021, art. 1er-2º)* « Dans la Collectivité européenne d'Alsace, ces représentants des usagers sont désignés sur propositions des associations figurant sur une liste arrêtée conjointement par le président du conseil départemental et les préfets du Haut-Rhin et du Bas-Rhin ; »

2º Deuxième collège : représentants des institutions.

a) Deux représentants du conseil départemental désignés par le président du conseil départemental ou, le cas échéant, un représentant du conseil départemental et un représentant du conseil de la métropole, désignés respectivement par le président du conseil départemental et le président de la métropole, *(Décr. nº 2017-1863 du 29 déc. 2017, art. 1er-I, en vigueur le 1er janv. 2018)* « et en Corse, un conseiller à l'assemblée de Corse et un conseiller exécutif désignés respectivement par l'assemblée de Corse et le président du conseil exécutif ; »

b) Le président du conseil régional ou son représentant ;

c) Deux représentants des autres collectivités et établissements publics de coopération intercommunale désignés sur proposition de l'association départementale des maires ou, à Paris, du maire de Paris ;

d) Le directeur départemental chargé de la cohésion sociale ou son représentant *(Décr. nº 2017-1863 du 29 déc. 2017, art. 1er-I, en vigueur le 1er janv. 2018)* « , ou en Corse, le directeur régional de la jeunesse, des sports et de la cohésion sociale ou son représentant » ; *— A compter du 1er avr. 2021, les références au « directeur départemental chargé de la cohésion sociale » et au « directeur régional de la jeunesse, des sports et de la cohésion sociale » sont remplacées respectivement par les références au « directeur départemental de l'emploi, du travail et des solidarités » et au « directeur régional de l'économie, de l'emploi, du travail et des solidarités » (Décr. nº 2020-1545 du 9 déc. 2020, art. 28-IX et X).*

e) Le directeur régional des entreprises, de la concurrence, de la consommation, du travail et de l'emploi ou son représentant ;

f) Le recteur d'académie ou son représentant ;

g) Le directeur général de l'agence régionale de santé ou son représentant ;

h) Un représentant de l'agence nationale de l'habitat dans le département, désigné sur proposition du préfet ;

i) Deux représentants des régimes de base d'assurance vieillesse et d'assurance maladie désignés sur propositions de la caisse primaire d'assurance maladie et de la caisse d'assurance retraite et de la santé au travail ou de la Caisse nationale d'assurance vieillesse mentionnée à l'article L. 222-1 du code de la sécurité sociale pour l'Île-de-France ; *(Décr. nº 2017-1863 du 29 déc. 2017, art. 1er, en vigueur le 1er janv. 2018)* « en Corse, les représentants du régime de base d'assurance maladie sont désignés sur propositions conjointes des directeurs des caisses primaires d'assurance maladie de Haute-Corse et de Corse-du-Sud ; » *(Décr. nº 2021-53 du 21 janv. 2021, art. 1er-2º)* « dans la Collectivité européenne d'Alsace, les représentants du régime de base d'assurance maladie sont désignés sur proposition conjointe des directeurs des caisses primaires d'assurance maladie du Haut-Rhin et du Bas-Rhin ; »

j) Un représentant des organismes régis par le code de la mutualité, désigné sur proposition de la Fédération nationale de la mutualité française.

3° Troisième collège : représentants des organismes et professionnels œuvrant en faveur des personnes handicapées.

a) Cinq représentants des organisations syndicales représentatives de salariés, ainsi qu'un représentant de l'Union nationale des syndicats autonomes, désignés sur propositions de chacune de ces organisations ;

b) Quatre représentants des organisations représentant les employeurs, les professionnels et les gestionnaires d'établissements et de services sociaux et médico-sociaux, désignés sur proposition des organisations figurant sur une liste arrêtée conjointement par le directeur général de l'agence régionale de santé et le président du conseil départemental ;

c) Un représentant des intervenants bénévoles qui contribuent au maintien de la participation des personnes handicapées, désigné sur propositions des associations figurant sur une liste arrêtée par le président du conseil départemental.

4° Quatrième collège : représentants des personnes physiques ou morales concernées par les politiques de l'autonomie et de la citoyenneté des personnes handicapées ou intervenant dans le domaine de compétence du conseil.

a) Un représentant des autorités organisatrices de transports, désigné sur proposition du président du conseil régional ;

b) Un représentant des bailleurs sociaux, désigné sur proposition du préfet *(Décr. n° 2021-53 du 21 janv. 2021, art. 1er-2°)* « , ou dans la Collectivité européenne d'Alsace, sur proposition conjointe des préfets du Haut-Rhin et du Bas-Rhin » ;

c) Un architecte urbaniste, désigné sur proposition du préfet *(Décr. n° 2021-53 du 21 janv. 2021, art. 1er-2°)* « , ou dans la Collectivité européenne d'Alsace, sur proposition conjointe des préfets du Haut-Rhin et du Bas-Rhin » ;

d) Cinq personnes physiques ou morales concernées par la politique de l'autonomie et de l'accessibilité universelle et intervenant dans les domaines de la citoyenneté, de la santé, de l'activité physique, des loisirs, de la vie associative, de la culture et du tourisme proposées conjointement par le préfet et le président du conseil départemental désignées dans les conditions prévues à l'article L. 149-2. *(Décr. n° 2021-53 du 21 janv. 2021, art. 1er-2°)* « Dans la Collectivité européenne d'Alsace, ces personnes physiques ou morales sont proposées conjointement par le président du conseil départemental et les préfets du Haut-Rhin et du Bas-Rhin. »

Art. D. 149-5 I. — Le représentant de l'Agence nationale de l'habitat dans le département ainsi que les deux représentants des régimes de base d'assurance vieillesse et d'assurance maladie sont communs aux deuxièmes collèges des deux formations spécialisées.

II. — Les membres du quatrième collège sont communs aux deux formations.

Art. D. 149-6 I. — Chaque formation spécialisée comprend un nombre égal de membres et au maximum 48 membres.

II. — Le président du conseil départemental arrête la liste nominative des membres titulaires et des membres suppléants du conseil départemental de la citoyenneté et de l'autonomie.

Dans le cas d'un conseil départemental-métropolitain de la citoyenneté et de l'autonomie, cette liste est arrêtée conjointement par le président du conseil départemental et le président du conseil de la métropole.

Art. D. 149-7 Le mandat des membres du conseil départemental de la citoyenneté et de l'autonomie est fixé à trois ans. Les conditions d'exercice du mandat sont définies à l'article R. 133-4 du code des relations entre le public et l'administration.

Art. D. 149-8 Le conseil départemental de la citoyenneté et de l'autonomie adopte un règlement intérieur qui détermine ses modalités de fonctionnement.

Art. D. 149-9 La formation plénière du conseil départemental de la citoyenneté et de l'autonomie se réunit au minimum deux fois par an. Le président et les vice-présidents du conseil départemental de la citoyenneté et de l'autonomie en déterminent l'ordre du jour dans les conditions prévues à l'article R. 133-5 du code des relations entre le public et l'administration et mène les débats. Les vice-présidents déterminent l'ordre du jour des réunions, mènent les débats et transmettent à la formation plénière les informations relatives à l'activité des formations et commissions spécialisées.

A la demande d'au moins un tiers de ses membres, chaque formation et chaque commission peut débattre de toute question relevant de son champ de compétence.

Art. D. 149-10 La formation plénière du conseil départemental de la citoyenneté et de l'autonomie se réunit sur convocation du président, à son initiative ou à la demande d'au moins un tiers de ses membres.

Les formations et commissions spécialisées sont réunies sur convocation du ou des vice-présidents, à leur initiative ou à la demande d'au moins un tiers de leurs membres.

Au moins dix jours avant la date de la réunion, une convocation comportant l'ordre du jour et, le cas échéant, les documents nécessaires à l'examen des affaires qui y sont inscrites est adressée aux membres de la formation ou commission intéressée.

Art. D. 149-11 Le conseil départemental de la citoyenneté et de l'autonomie peut donner pouvoir aux formations spécialisées de rendre un avis sur les sujets les concernant exclusivement. Dans ce cas, la formation spécialisée est présidée par le président du conseil.

Les avis du conseil départemental de la citoyenneté et de l'autonomie, prévus à l'article L. 149-1, sont rendus dans les conditions prévues aux articles R. 133-11, R. 133-12 et au premier alinéa de l'article R. 133-14 du code des relations entre le public et l'administration.

Art. D. 149-12 Chacune des deux formations spécialisées pour les questions relatives aux personnes âgées et aux personnes handicapées désigne en son sein un bureau, chargé de :

1° Proposer l'ordre du jour des séances ;

2° Assurer la coordination entre les différentes formations du conseil ;

3° Coordonner les représentations extérieures ;

4° Préparer la rédaction du rapport biennal ;

5° Veiller au respect des délais impartis pour la formulation des avis et au respect du règlement intérieur.

Les bureaux comprennent chacun six membres, dont le vice-président. Les deux bureaux réunis forment le bureau de la formation plénière.

Le secrétariat du conseil est assuré selon des modalités définies dans le règlement intérieur.

Art. D. 149-12-1 Les conseils départementaux de la citoyenneté et de l'autonomie d'une même région peuvent débattre de tout sujet relatif aux politiques de l'autonomie et de la citoyenneté des personnes âgées et des personnes handicapées, selon des modalités d'organisation qu'ils définissent. – *Anc. art. D. 149-13.*

Art. D. 149-12-2 *(Décr. nº 2017-1863 du 29 déc. 2017, art. 1er, en vigueur le 1er janv. 2018)* Pour l'application des dispositions de la présente section à la collectivité de Corse, les références au préfet sont remplacées par la référence au préfet de Corse.

SECTION 2 **Maisons départementales de l'autonomie**

(Décr. nº 2016-1873 du 26 déc. 2016, art. 1er)

Le Décr. nº 2016-1873 du 26 déc. 2016 fait l'objet d'une évaluation de sa mise en œuvre au plus tard deux ans suivant sa publication (JO 28 déc.). Cette évaluation est présentée au conseil de la Caisse nationale de solidarité pour l'autonomie mentionné à l'art. R. 14-10-2 CASF (Décr. préc., art. 4).

Art. D. 149-13 Le président du conseil départemental qui souhaite faire labelliser la structure correspondant à une maison départementale de l'autonomie en application du dernier alinéa de l'article L. 149-4 saisit la Caisse nationale de solidarité pour l'autonomie d'une demande en ce sens.

Il informe de cette demande la commission exécutive de la maison départementale des personnes handicapées mentionnée à l'article L. 146-4 et le conseil départemental de la citoyenneté et de l'autonomie mentionné à l'article L. 149-1 et leur transmet les pièces définies à l'article D. 149-14.

La maison départementale de l'autonomie est labellisée par la Caisse nationale de solidarité pour l'autonomie lorsqu'elle respecte les prescriptions du cahier des charges fixé à l'annexe 1-2.

Art. D. 149-14 La demande de labellisation est accompagnée des pièces suivantes :

1° Les délibérations du conseil départemental relatives, d'une part, à la création de la maison départementale de l'autonomie et, d'autre part, à la demande de labellisation ;

2° Pour les organisations correspondant à des maisons départementales de l'autonomie en cours de création ou créées moins d'un an avant la date de la demande, les pièces justificatives mentionnées au chapitre 1 du cahier des charges fixé à l'annexe 1-2, ainsi que les procès-verbaux des réunions des instances mentionnées à l'article D. 149-13 au cours desquelles le projet de maison départementale de l'autonomie ou la demande de labellisation ont été présentés. Les pièces justificatives prévues aux chapitres 2, 3 et, le cas échéant, 4 du cahier des charges précité sont transmises dans un délai d'un an et deux mois à compter de sa création ;

3° Pour les organisations correspondant à des maisons départementales de l'autonomie créées plus d'un an avant la date de la demande, les pièces justificatives mentionnées aux chapitres 1, 2, 3 et, le cas échéant, 4 du cahier des charges précité. — *V. note ss. art.*

La Caisse nationale de la solidarité pour l'autonomie accuse réception du dossier complet ou fait connaître au président du conseil départemental qui a effectué la demande la nature des pièces justificatives ou des informations manquantes, dans un délai d'un mois à compter de la réception de la demande.

Par dérogation aux dispositions des 2° et 3° de l'art. D. 149-14 CASF, le dossier de demande de labellisation des maisons départementales de l'autonomie créées antérieurement à la publication du Décr. n° 2016-1873 du 26 déc. 2016 comprend les pièces justificatives suivantes :

1° Pour les organisations correspondant à des maisons départementales de l'autonomie créées avant le 29 déc. 2015 :

a) L'avis conforme de la commission exécutive de la maison départementale des personnes handicapées prévue au quatrième al. de l'art. L. 146-4 du même code ;

b) Sous réserve de son installation, l'avis du conseil départemental de la citoyenneté et de l'autonomie prévu à l'art. L. 149-1 du même code ;

c) Les pièces justificatives prévues aux chapitres 2, 3 et, le cas échéant, 4 de l'annexe 1-2 du même code ;

2° Pour les organisations correspondant à des maisons départementales de l'autonomie créées avant le 29 déc. 2015 et moins d'un an avant leur demande de labellisation :

a) L'avis conforme de la commission exécutive de la maison départementale des personnes handicapées prévue au quatrième al. de l'art. L. 146-4 du même code ;

b) Sous réserve de son installation, l'avis du conseil départemental de la citoyenneté et de l'autonomie prévu à l'art. L. 149-1 du même code sur la demande de labellisation ;

c) Les pièces justificatives prévues aux paragraphes 1.1 et 1.4 du chapitre 1 de l'annexe 1-2 du même code. Les pièces justificatives prévues aux chapitres 2, 3 et, le cas échéant, 4 de la même annexe sont transmises dans un délai d'un an et deux mois à compter de leur création.

3° Pour les maisons départementales de l'autonomie créées à compter du 29 déc. 2015 :

a) L'avis conforme de la commission exécutive de la maison départementale des personnes handicapées, prévu au troisième al. de l'art. L. 149-4 du même code, sur la constitution de la maison départementale ;

b) Sous réserve de son installation, l'avis du conseil départemental de la citoyenneté et de l'autonomie prévu à l'art. L. 149-1 du même code, prévu au troisième al. de l'art. L. 149-4 du même code, sur la constitution de la maison départementale ;

c) Les pièces justificatives prévues aux chapitres 2, 3 et, le cas échéant, 4 de l'annexe 1-2 du même code.

4° Pour les maisons départementales de l'autonomie créées à compter du 29 déc. 2015 et moins d'un an avant leur demande de labellisation :

a) L'avis conforme de la commission exécutive de la maison départementale des personnes handicapées, prévu au troisième alinéa de l'art. L. 149-4 du même code, sur la constitution de la maison départementale ;

b) Sous réserve de son installation, l'avis du conseil départemental de la citoyenneté et de l'autonomie mentionné à l'art. L. 149-1 du même code, prévu au troisième al. de l'art. L. 149-4 du même code, sur la constitution de la maison départementale ;

c) Les pièces justificatives prévues aux paragraphes 1.1 et 1.4 du chapitre 1 de l'annexe 1-2 du même code. Les pièces justificatives prévues aux chapitres 2, 3 et, le cas échéant, 4 de la même annexe sont transmises dans un délai d'un an et deux mois à compter de la création de la maison départementale (Décr. n° 2016-1873 du 26 déc. 2016, art. 3).

Art. D. 149-15 **Dans le cadre de l'instruction de la demande, si le dossier mentionné à l'article D. 149-14 nécessite des précisions, la Caisse nationale de la solidarité pour l'autonomie sollicite le conseil départemental et, le cas échéant, la commission exécutive de la maison départementale des personnes handicapées et le conseil départemental de la citoyenneté et de l'autonomie.**

La décision relative à la demande de labellisation est prise par le directeur de la Caisse nationale de solidarité pour l'autonomie après avis de la commission de labellisation prévue à l'article D. 149-16.

La Caisse notifie sa décision au plus tard dans un délai de six mois après réception du dossier complet.

La décision de refus est motivée et assortie, le cas échéant, des propositions d'amélioration du projet ou de l'organisation et du fonctionnement de la maison départementale de l'autonomie de nature à permettre une labellisation ultérieure.

La labellisation d'une maison départementale de l'autonomie créée moins d'un an avant la demande de labellisation est accordée sous réserve de la transmission par le président du conseil départemental, dans un délai d'un an et deux mois à compter de sa création, des pièces justificatives prévues aux chapitres 2, 3 et, le cas échéant, 4 du cahier des charges fixé à l'annexe 1-2. La transmission des pièces justificatives prévues aux chapitres 2, 3 et, le cas échéant, 4 donne lieu à un nouvel examen.

Art. D. 149-16 **La commission de labellisation placée auprès de la Caisse nationale de solidarité pour l'autonomie comprend :**

1° Trois représentants d'associations de personnes handicapées, membres du conseil de la caisse mentionnée à l'article *(Décr. n° 2022-980 du 2 juill. 2022, art. 4-I)* **« R. 223-2 du code de la sécurité sociale » et désignés par ce conseil ;**

2° Trois représentants d'associations de personnes âgées, membres du conseil de la caisse mentionnée à l'article *(Décr. n° 2022-980 du 2 juill. 2022, art. 4-I)* **« R. 223-2 du code de la sécurité sociale » et désignés par ce conseil ;**

3° Trois représentants des conseils départementaux, désignés par l'Assemblée des départements de France ;

4° Un représentant du ministre chargé des affaires sociales, désigné par ce dernier.

La commission élit en son sein un président.

La Caisse nationale de solidarité pour l'autonomie instruit les dossiers de demande de labellisation et les présente devant la commission.

Lorsque la demande de labellisation porte sur une maison départementale de l'autonomie relevant d'un conseil départemental membre de la commission, son représentant ne participe pas aux débats de la commission.

La commission se réunit en fonction des demandes de labellisation dont la caisse a été saisie, et au moins une fois par an.

La commission mentionnée à l'art. D. 149-16 est créée pour une durée de cinq ans à compter de la date de publication du Décr. n° 2016-1873 du 26 déc. 2016 (Décr. préc., art. 5, JO 28 déc.).

Art. D. 149-17 **Le label est délivré pour une durée de cinq ans. Il est renouvelé tacitement lorsque le fonctionnement de la maison départementale de l'autonomie, apprécié au regard des données transmises chaque année en application du quatrième alinéa de l'article L. 149-4, demeure conforme au cahier des charges fixé à l'annexe 1-2.**

Art. D. 149-18 **Le président du conseil départemental transmet chaque année au conseil départemental de la citoyenneté et de l'autonomie, ainsi qu'à la Caisse nationale de solidarité pour l'autonomie, un rapport d'activité de la maison départementale de l'autonomie, qu'elle soit ou non labellisée, conforme à un modèle national établi par la Caisse.**

Art. D. 149-19 **La Caisse, lorsqu'elle constate ou est informée que la maison départementale de l'autonomie labellisée ne respecte plus les prescriptions du cahier des charges, saisit le président du conseil départemental et l'enjoint le cas échéant d'y remédier.**

A défaut de mise en conformité dans un délai imparti par la Caisse nationale de solidarité pour l'autonomie et, après avis de la commission de labellisation prévue à l'article D. 149-16, laquelle peut procéder à l'audition du président du conseil départemental ou de son représentant, le label est retiré par décision motivée du directeur de la Caisse nationale de solidarité pour l'autonomie.

CHAPITRE X *[ABROGÉ]* CAISSE NATIONALE DE SOLIDARITÉ POUR L'AUTONOMIE

(Abrogé par Décr. n° 2022-980 du 2 juill. 2022, art. 2-IV)
(Décr. n° 2005-373 du 20 avr. 2005)

SECTION 1 *[ABROGÉE]* Conseil

SOUS-SECTION 1 *[ABROGÉE]* Compétence

Art. R. 14-10-1 ***Le conseil de la Caisse nationale de solidarité pour l'autonomie exerce les compétences mentionnées au III de l'article L. 14-10-3.***

(Décr. n° 2009-386 du 7 avr. 2009, art. 24) ***« Conformément aux dispositions de l'article R. 114-6-1 du code de la sécurité sociale, les comptes annuels sont établis par l'agent comptable et arrêtés par le directeur. Les comptes annuels sont ensuite présentés par le directeur et l'agent comptable au conseil qui les approuve, sauf vote contraire à la majorité des deux tiers des membres. »***

Il établit son règlement intérieur.

SOUS-SECTION 2 *[ABROGÉE]* Composition

Art. R. 14-10-2 *Devient l'art. R. 223-2 CSS (Décr. n° 2022-980 du 2 juill. 2022, art. 2-II).*

Art. R. 14-10-3 *Devient l'art. R. 223-3 CSS (Décr. n° 2022-980 du 2 juill. 2022, art. 2-II).*

Art. R. 14-10-4 *Devient l'art. R. 223-4 CSS (Décr. n° 2022-980 du 2 juill. 2022, art. 2-II).*

Art. R. 14-10-5 *Devient l'art. R. 223-5 CSS (Décr. n° 2022-980 du 2 juill. 2022, art. 2-II).*

SOUS-SECTION 3 *[ABROGÉE]* Fonctionnement

Art. R. 14-10-6 *Devient l'art. R. 223-6 CSS (Décr. n° 2022-980 du 2 juill. 2022, art. 2-II).*

Art. R. 14-10-7 *Devient l'art. R. 223-7 CSS (Décr. n° 2022-980 du 2 juill. 2022, art. 2-II).*

Art. R. 14-10-8 *Devient l'art. R. 223-8 CSS (Décr. n° 2022-980 du 2 juill. 2022, art. 2-II).*

Art. R. 14-10-9 ***En cas d'empêchement d'un membre titulaire et de son suppléant, le titulaire peut donner délégation à un autre membre pour le nombre de voix dont il dispose. Aucun membre ne peut recevoir plus d'une délégation.***

Art. R. 14-10-10 *Devient l'art. R. 223-9 CSS (Décr. n° 2022-980 du 2 juill. 2022, art. 2-II).*

Art. R. 14-10-11 *Devient l'art. R. 223-10 CSS (Décr. n° 2022-980 du 2 juill. 2022, art. 2-II).*

Art. R. 14-10-12 *Devient l'art. R. 223-11 CSS (Décr. n° 2022-980 du 2 juill. 2022, art. 2-II).*

Art. R. 14-10-13 *Devient l'art. R. 223-12 CSS (Décr. n° 2022-980 du 2 juill. 2022, art. 2-II).*

Art. R. 14-10-14 ***Les fonctions de membre du conseil sont exercées à titre gratuit. Les frais de déplacement et de séjour sont remboursés dans les conditions prévues par un arrêté des ministres chargés de l'action sociale, de la sécurité sociale et du budget.***

SECTION 2 *[ABROGÉE]* **Directeur**

Art. R. 14-10-15 ***Le directeur de la Caisse nationale de solidarité pour l'autonomie est nommé par décret pour une durée de trois ans.***

Il prépare les délibérations du conseil et met en œuvre les orientations et les décisions qui en résultent. Il peut recevoir délégation du conseil.

Art. R. 14-10-16 ***Pour l'application de l'article L. 14-10-1, le directeur prépare les délibérations du conseil et met en œuvre les orientations et les décisions qui en résultent, ainsi que la réalisation des objectifs définis dans la convention d'objectifs et de gestion prévue au II du même article.***

Le directeur est responsable du bon fonctionnement de la caisse. Il a seul autorité sur le personnel, fixe l'organisation du travail dans les services et assure la discipline générale. Sous réserve de dispositions législatives ou réglementaires donnant compétence à une autre autorité, il prend toutes mesures individuelles concernant la gestion du personnel.

Le directeur assure la gestion des budgets de gestion et d'intervention et arrête notamment les états prévisionnels. Il est l'ordonnateur des recettes et des dépenses. Il représente la caisse en justice et dans tous les actes de la vie civile. Il conclut au nom de la caisse tous les contrats, conventions et marchés. Il prend les actes d'acquisition et d'aliénation des biens mobiliers et immobiliers et accepte les dons et legs. Il peut signer des transactions sur les litiges.

Le directeur peut déléguer sa signature à ceux de ses collaborateurs qui exercent une fonction de direction au sein de l'établissement pour effectuer en son nom soit certains actes, soit tous les actes relatifs à certaines de ses attributions. En cas de vacance d'emploi, d'absence momentanée ou d'empêchement du directeur, ses fonctions sont exercées par un agent de direction de la caisse désigné préalablement à cet effet par lui.

Art. R. 14-10-17 ***Le directeur rend compte périodiquement au conseil de la mise en œuvre de ses orientations, ainsi que de la gestion de l'établissement. Il informe le conseil des évolutions susceptibles d'entraîner le non-respect des objectifs déterminés par celui-ci.***

Art. R. 14-10-18 *Devient l'art. R. 223-15 CSS (Décr. n° 2022-980 du 2 juill. 2022, art. 2-II).*

Art. R. 14-10-19 ***Dans les conditions prévues par la convention d'objectifs et de gestion mentionnée au II de l'article L. 14-10-1, le directeur communique toute information et réalise toute étude demandée par les ministres chargés de l'action sociale, de la sécurité sociale ou du budget.***

Art. R. 14-10-20 *Devient l'art. R. 223-16 CSS (Décr. n° 2022-980 du 2 juill. 2022, art. 2-II).*

SECTION 3 *[ABROGÉE]* **Agent comptable**

Art. R. 14-10-21 *Abrogé par Décr. n° 2012-1247 du 7 nov. 2012, art. 24-1°.*

Art. R. 14-10-22 *(Décr. n° 2012-1247 du 7 nov. 2012, art. 24-2°)* ***Sous réserve des dispositions de l'article R. 14-10-48, la Caisse nationale de solidarité pour l'autonomie est soumise aux dispositions des titres I et III du décret n° 2012-1246 du 7 novembre 2012 relatif à la gestion budgétaire et comptable publique.***

SECTION 4 *[ABROGÉE]* **Conseil scientifique**

SOUS-SECTION 1 *[ABROGÉE]* **Composition**

Art. R. 14-10-23 *Devient l'art. R. 223-17 CSS (Décr. n° 2022-980 du 2 juill. 2022, art. 2-II).*

SOUS-SECTION 2 *[ABROGÉE]* **Rôle et modalités de fonctionnement**

Art. R. 14-10-24 *Les membres du conseil scientifique sont nommés pour une durée de quatre ans.*

Art. R. 14-10-25 *Le président et le vice-président sont nommés parmi les membres du conseil scientifique par les ministres en charge des personnes handicapées et des personnes âgées.*

Art. R. 14-10-26 *Les fonctions de membre du conseil scientifique sont incompatibles avec la qualité de membre du conseil de la Caisse nationale de solidarité pour l'autonomie.*

Art. R. 14-10-27 *Le conseil scientifique adopte à la majorité de ses membres son règlement intérieur. Celui-ci peut prévoir la constitution de commissions spécialisées chargées de préparer les travaux du conseil scientifique.*

Le secrétariat du conseil scientifique est assuré par les services de la Caisse nationale de solidarité pour l'autonomie.

Art. R. 14-10-28 *Devient l'art. R. 223-18 CSS (Décr. nº 2022-980 du 2 juill. 2022, art. 2-II).*

Art. R. 14-10-29 *Le conseil scientifique peut entendre toute personne dont il estime l'audition utile à son information.*

Art. R. 14-10-30 *Tout membre du conseil scientifique qui a un intérêt direct ou indirect dans une affaire soumise à l'examen du conseil doit en informer le président.*

Art. R. 14-10-31 *Les fonctions de membre du conseil scientifique sont exercées à titre gratuit. Les frais de déplacement des membres du conseil scientifique sont pris en charge dans les conditions prévues à l'article R. 14-10-14.*

Les frais de fonctionnement du conseil scientifique sont pris en charge par la Caisse nationale de solidarité pour l'autonomie.

SECTION 5 *[ABROGÉE]* **Concours versés aux départements**

(Décr. nº 2005-1590 du 19 déc. 2005)

SOUS-SECTION 1 *[ABROGÉE]* **Concours au titre de la prestation de compensation et au titre des maisons départementales des personnes handicapées** *(Décr. nº 2006-1816 du 23 déc. 2006).*

Art. R. 14-10-32 *Devient l'art. R. 178-1 CSS (Décr. nº 2022-980 du 2 juill. 2022, art. 2-I).*

Art. R. 14-10-33 *Devient l'art. R. 178-2 CSS (Décr. nº 2022-980 du 2 juill. 2022, art. 2-I).*

Art. R. 14-10-34 *Devient l'art. R. 178-3 CSS (Décr. nº 2022-980 du 2 juill. 2022, art. 2-I).*

Art. R. 14-10-35 *Devient l'art. R. 178-4 CSS (Décr. nº 2022-980 du 2 juill. 2022, art. 2-I).*

Art. R. 14-10-36 *Devient l'art. R. 178-5 CSS (Décr. nº 2022-980 du 2 juill. 2022, art. 2-I).*

Art. R. 14-10-37 *Devient l'art. R. 178-6 CSS (Décr. nº 2022-980 du 2 juill. 2022, art. 2-I).*

SOUS-SECTION 2 *[ABROGÉE]* **Concours au titre de l'allocation personnalisée d'autonomie**

(Décr. nº 2006-1816 du 23 déc. 2006)

Art. R. 14-10-38 *Devient l'art. R. 178-7 CSS (Décr. nº 2022-980 du 2 juill. 2022, art. 2-I).*

Art. R. 14-10-38-1 *Devient l'art. R. 178-8 CSS (Décr. nº 2022-980 du 2 juill. 2022, art. 2-I).*

Art. R. 14-10-38-2 *Devient l'art. R. 178-9 CSS (Décr. nº 2022-980 du 2 juill. 2022, art. 2-I).*

Art. R. 14-10-39 *Devient l'art. R. 178-10 CSS (Décr. nº 2022-980 du 2 juill. 2022, art. 2-I).*

Art. R. 14-10-40 *Devient l'art. R. 178-11 CSS (Décr. n° 2022-980 du 2 juill. 2022, art. 2-I).*

Art. R. 14-10-40-1 *Devient l'art. R. 178-12 CSS (Décr. n° 2022-980 du 2 juill. 2022, art. 2-I).*

Art. R. 14-10-41 *Devient l'art. R. 178-13 CSS (Décr. n° 2022-980 du 2 juill. 2022, art. 2-I).*

Art. R. 14-10-42 *Devient l'art. R. 178-14 CSS (Décr. n° 2022-980 du 2 juill. 2022, art. 2-I).*

Art. R. 14-10-42-1 *Devient l'art. R. 178-15 CSS (Décr. n° 2022-980 du 2 juill. 2022, art. 2-I).*

Art. R. 14-10-42-2 *Devient l'art. R. 178-16 CSS (Décr. n° 2022-980 du 2 juill. 2022, art. 2-I).*

Art. R. 14-10-42-3 *Devient l'art. R. 178-17 CSS (Décr. n° 2022-980 du 2 juill. 2022, art. 2-I).*

Art. R. 14-10-42-4 *Devient l'art. R. 178-18 CSS (Décr. n° 2022-980 du 2 juill. 2022, art. 2-I).*

Art. R. 14-10-42-5 *Devient l'art. R. 178-19 CSS (Décr. n° 2022-980 du 2 juill. 2022, art. 2-I).*

Art. R. 14-10-42-6 *Devient l'art. R. 178-20 CSS (Décr. n° 2022-980 du 2 juill. 2022, art. 2-I).*

SECTION 6 *[ABROGÉE]* Ressources et charges

(Décr. n° 2006-1144 du 12 sept. 2006, art. 1er)

SOUS-SECTION 1 *[ABROGÉE]* Dispositions financières générales

(Décr. n° 2006-1816 du 23 déc. 2006)

Art. R. 14-10-43 ***I. — Le produit*** *(Décr. n° 2013-827 du 16 sept. 2013, art. 5)* ***« des contributions prévues au 1° et au 1° bis » de l'article L. 14-10-4 et la part du produit de la contribution sociale prévue à l'article L. 136-1 du code de la sécurité sociale et affectée à la Caisse nationale de solidarité pour l'autonomie sont centralisés par l'Agence centrale des organismes de sécurité sociale et versés par cette dernière à la caisse, dans les conditions fixées par la convention prévue à l'article R. 14-10-45, sous déduction d'une retenue pour frais de recouvrement fixée par arrêté conjoint des ministres chargés de la sécurité sociale, des personnes âgées, des personnes handicapées et du budget.***

II. — Le produit de la contribution prévue au 2° de l'article L. 14-10-4 et la part du produit des contributions sociales prévues aux articles L. 136-6, L. 136-7 et L. 136-7-1 du code de la sécurité sociale et affectées à la caisse nationale de solidarité pour l'autonomie sont versés par l'État à la caisse dans les conditions fixées par la convention prévue à l'article R. 14-10-45.

Art. R. 14-10-44 ***Le taux prévu au 4° de l'article L. 14-10-4 est fixé à 50 %. La participation prévue au même article et affectée à la Caisse nationale de solidarité pour l'autonomie est versée avant le 30 juin par les régimes obligatoires de base d'assurance vieillesse.***

Art. R. 14-10-45 ***La Caisse nationale de solidarité pour l'autonomie conclut une convention avec l'État et l'Agence centrale des organismes de sécurité sociale, ayant notamment pour objet de préciser les modalités et la périodicité de versement des recettes prévues à l'article L. 14-10-4, ainsi que les informations et les pièces justificatives qui doivent être communiquées à la caisse.***

A défaut de conclusion de la convention mentionnée à l'alinéa précédent, les relations financières entre la caisse et l'État, d'une part, et la caisse et l'Agence centrale des organismes de sécurité sociale, d'autre part, sont fixées par un arrêté conjoint des ministres chargés de la sécurité sociale et du budget.

Art. R. 14-10-46 *La Caisse nationale de solidarité pour l'autonomie verse aux régimes obligatoires d'assurance maladie des acomptes, dans la limite de 90 % de la fraction des contributions visées aux 1° et 2° de l'article L. 14-10-4 affectée aux ressources de la section mentionnée au I de l'article L. 14-10-5.*

Le taux appliqué pour la détermination des acomptes mentionnés à l'alinéa précédent est fixé par arrêté conjoint des ministres chargés de la sécurité sociale, des personnes âgées, des personnes handicapées et du budget. Ces acomptes sont répartis entre les régimes selon le même prorata que celui prévu en matière de charges par l'article L. 14-10-4.

Les modalités et la périodicité de versement aux régimes obligatoires d'assurance maladie sont définies par des conventions conclues avec la caisse.

A défaut de conclusion de convention, les relations financières entre la caisse et les régimes obligatoires d'assurance maladie sont fixées par un arrêté conjoint des ministres chargés de la sécurité sociale et du budget.

Art. R. 14-10-47 *Pour l'application des dispositions prévues aux b des 1 et 2 du I de l'article L. 14-10-5, les régimes d'assurance maladie notifient à la caisse les charges afférentes à l'accueil de leurs affiliés dans les établissements et services mentionnés aux 1 et 2 du même article, dans des conditions définies dans les conventions mentionnées à l'article R. 14-10-46.*

Art. R. 14-10-48 (Décr. n° 2008-1124 du 3 nov. 2008) *Les disponibilités excédant les besoins de trésorerie de la Caisse nationale de solidarité pour l'autonomie peuvent faire l'objet de placements en valeurs d'État, en valeurs garanties par l'État et en titres de créances négociables émis par l'Agence centrale des organismes de sécurité sociale. Ces placements peuvent être effectués dans le cadre de conventions conclues avec un établissement public ou la Caisse des dépôts et consignations.*

(Décr. n° 2009-882 du 21 juill. 2009, art. 1er) *« Les disponibilités excédant les besoins de trésorerie de la Caisse nationale de solidarité pour l'autonomie peuvent également être déposées, suivant les modalités fixées par la convention prévue à l'article L. 225-1-3 du code de la sécurité sociale, auprès de l'Agence centrale des organismes de sécurité sociale. Elles sont alors productives d'intérêts. »*

SOUS-SECTION 2 *[ABROGÉE]* **Modernisation des services d'aide à domicile, promotion des actions innovantes et professionnalisation des métiers de service concernant les personnes âgées et les personnes handicapées** (Décr. n° 2006-1816 du 23 déc. 2006 ; Décr. n° 2007-828 du 11 mai 2007, art. 1er).

Art. R. 14-10-49 (Décr. n° 2011-844 du 15 juill. 2011, art. 1er-1°) *« Les dépenses mentionnées au b du 1 et du 2 du IV de l'article L. 14-10-5 sont : »*

(Décr. n° 2012-1331 du 29 nov. 2012, art. 3-1°) *« 1° Les dépenses de modernisation des services d'aide et d'accompagnement à domicile* (Décr. n° 2017-882 du 9 mai 2017, art. 2-1°) *« relevant du 6° et du 7° du I de l'article L. 312-1 » ; »*

2° Les dépenses assurant la promotion d'actions innovantes permettant de faciliter le maintien à domicile (Décr. n° 2011-844 du 15 juill. 2011, art. 1er-4°) *« des personnes handicapées et » des personnes âgées dépendantes, notamment par la création de structures d'accueil à temps partiel ;*

3° Les dépenses relatives aux formations d'adaptation à l'emploi et de mise à jour des connaissances professionnelles :

(Décr. n° 2017-882 du 9 mai 2017, art. 2-2°) *« a) Des personnels des services mentionnés au 1° ou des intervenants directement employés par des personnes âgées en perte d'autonomie ou des personnes handicapées pour leur apporter une assistance dans les actes quotidiens de la vie ; »*

b) Résultant d'actions mises en œuvre par les organisations professionnelles des particuliers qui emploient sans but lucratif des salariés à domicile ;

4° Les dépenses relatives à la qualification :

a) Des personnels de l'aide à domicile des (Décr. n° 2017-882 du 9 mai 2017, art. 2-3°) *« services » mentionnés au 1° ;*

b) Résultant d'actions mises en œuvre par des organisations professionnelles des particuliers qui emploient sans but lucratif des salariés à domicile ;

5° Les dépenses de qualification préparant (Décr. n° 2011-844 du 15 juill. 2011, art. 1er-5°) *« notamment » au diplôme d'État d'infirmier, au diplôme d'État d'aide-soignant et au diplôme d'État* (Décr. n° 2017-882 du 9 mai 2017, art. 2-4°) *« d'accompagnement éducatif et social » des personnels* (Décr. n° 2011-844 du 15 juill. 2011, art. 1er-5°) *« des établissements et services qui accueillent des personnes handicapées et » des établissements d'hébergement pour personnes âgées mentionnés aux I, I bis et II de l'article L. 313-12, des services de soins infirmiers à domicile et des services polyvalents d'aide et de soins à domicile ;*

(Décr. n° 2011-844 du 15 juill. 2011, art. 1er-6°) *« 6° Les dépenses relatives* (Décr. n° 2012-1331 du 29 nov. 2012, art. 3-1°) *« aux actions de » formation des accueillants familiaux mentionnés à l'article L. 441-1 ;*

« 7° Les dépenses relatives (Décr. n° 2012-1331 du 29 nov. 2012, art. 3-1°) *« aux actions de » formation* (Décr. n° 2017-882 du 9 mai 2017, art. 2-5°) *« et d'accompagnement des proches aidants. Ces actions de formation et d'accompagnement » bénéficient aux personnes qui viennent en aide à titre non professionnel à une personne âgée dépendante ou à une personne handicapée de leur entourage, afin de l'aider à accomplir tout ou partie des actes de la vie quotidienne ; »*

(Décr. n° 2012-1331 du 29 nov. 2012, art. 3-1°) *« 8° Les actions mentionnées au b de l'article L. 14-10-9, dans les conditions prévues à cet article ;*

(Décr. n° 2017-882 du 9 mai 2017, art. 2-6°) *« 9° Les dépenses relatives aux actions de formation et de soutien des bénévoles qui contribuent au maintien du lien social des personnes âgées et des personnes handicapées ;*

« 10° Les dépenses d'accompagnement de projets de création et de consolidation de services polyvalents d'aide et de soins à domicile. »

« Les dépenses relatives aux actions de formation et de qualification mentionnées aux 3°, 4°, 5°, 6° et 8°, lorsqu'elles sont au bénéfice de salariés, peuvent couvrir les frais mentionnés à l'article L. 6331-21 du code du travail et aux 1°, 2° et 3° de l'article R. 6332-50 du même code.

« Les dépenses relatives aux actions de formation mentionnées au 6° lorsqu'elles sont au bénéfice de personnes n'ayant pas la qualité de salarié et au 7° peuvent couvrir les frais pédagogiques, de documentation directement liés aux actions, d'accueil et de transport des stagiaires (Décr. n° 2017-882 du 9 mai 2017, art. 2-7°) *« , et le cas échéant, pour les accueillants familiaux, les frais mentionnés à l'article L. 443-11 ou les frais liés à la compensation de la perte de leur rémunération ».*

« Les dépenses mentionnées au présent article peuvent couvrir les frais liés au pilotage de la mise en œuvre d'actions financées en application des alinéas ci-dessus. »

Art. R. 14-10-50 *Devient l'art. R. 223-19 CSS (Décr. n° 2022-980 du 2 juill. 2022, art. 2-II).*

Art. R. 14-10-51 *Devient l'art. R. 223-20 CSS (Décr. n° 2022-980 du 2 juill. 2022, art. 2-II).*

Art. R. 14-10-52 *Abrogé par Décr. n° 2012-1331 du 29 nov. 2012, art. 3-4°.*

SECTION 7 *[ABROGÉE]* Conventions entre la caisse nationale de solidarité pour l'autonomie et les organismes d'assurance maladie vieillesse

(Décr. n° 2006-939 du 27 juill. 2006)

Art. D. 14-10-55 *Les organismes nationaux d'assurance maladie et d'assurance vieillesse avec lesquels la Caisse nationale de solidarité pour l'autonomie conclut des conventions, en application des dispositions du III de l'article L. 14-10-1, sont les caisses nationales mentionnées aux articles L. 221-1* (Décr. n° 2020-621 du 22 mai 2020, art. 3-III) *« et L. 221-1* [L. 222-1] *» du code de la sécurité sociale et la Caisse centrale de la mutualité sociale agricole mentionnée à l'article L. 723-1 du code rural et de la pêche maritime.*

Art. D. 14-10-56 Devient l'art. D. 223-3 CSS (Décr. n° 2022-980 du 2 juill. 2022, art. 2-III).

Art. D. 14-10-57 Devient l'art. D. 223-4 CSS (Décr. n° 2022-980 du 2 juill. 2022, art. 2-III).

LIVRE II **DIFFÉRENTES FORMES D'AIDE ET D'ACTION SOCIALES**

TITRE I **FAMILLE**

CHAPITRE I **ASSOCIATIONS FAMILIALES**

Art. R. 211-1 Peuvent adhérer aux associations familiales définies à l'article L. 211-1 les étrangers qui résidant en France depuis un an au moins sont titulaires d'un titre de séjour les autorisant à y résider pour trois ans au moins et qui ont un ou plusieurs membres de leur famille y résidant sous le couvert d'un titre de même durée dont la liste est établie par arrêté du ministre de l'intérieur et du ministre chargé de la famille. – *[Décr. n° 76-272 du 26 mars 1976, art. 1er.]*

Art. R. 211-2 Les élections aux conseils d'administration des unions nationale et départementales ont lieu à bulletin secret et à la majorité absolue des suffrages exprimés au premier tour. – *[Décr. n° 76-272 du 26 mars 1976, art. 2.]*

(Décr. n° 2012-712 du 7 mai 2012, art. 1er-1°) « Il peut être recouru au vote électronique selon les modalités prévues aux articles R. 211-2-1 à R. 211-2-11. »

Art. R. 211-2-1 *(Décr. n° 2012-712 du 7 mai 2012, art. 1er-2°)* Le recours au vote électronique est organisé dans le respect des principes fondamentaux qui commandent les opérations électorales, notamment la sincérité des opérations électorales, l'accès au vote de tous les électeurs, le secret du scrutin, le caractère personnel, libre et anonyme du vote, l'intégrité des suffrages exprimés, la surveillance effective du scrutin et le contrôle *a posteriori* par le juge de l'élection.

Art. R. 211-2-2 *(Décr. n° 2012-712 du 7 mai 2012, art. 1er-2°)* Un bureau du vote par voie électronique est chargé du contrôle de l'ensemble des opérations de vote par voie électronique et du dépouillement du scrutin. Sa composition est déterminée par le règlement intérieur de l'union départementale ou de l'union nationale.

Le bureau du vote par voie électronique s'assure notamment :

1° De la mise en œuvre des dispositifs de sécurité prévus pour garantir le secret du vote par voie électronique et son intégrité ;

2° De la confidentialité du fichier des électeurs comportant les éléments permettant leur identification, du chiffrement de l'urne électronique et de son caractère distinct du fichier des électeurs ;

3° De la conservation des différents supports d'information et des conditions de sécurité et de confidentialité des données pendant et après le scrutin.

Il vérifie la qualité des personnes autorisées à accéder à chacun des traitements automatisés.

Les membres du bureau du vote par voie électronique peuvent accéder à tout moment aux locaux hébergeant les traitements automatisés.

Art. R. 211-2-3 *(Décr. n° 2012-712 du 7 mai 2012, art. 1er-2°)* Le système de vote électronique comporte les mesures physiques et logiques permettant d'assurer la confidentialité des données transmises, notamment la confidentialité des fichiers constitués pour établir les listes électorales, ainsi que la sécurité de l'adressage des moyens d'authentification, de l'émargement, de l'enregistrement et du dépouillement des votes.

Les fonctions de sécurité des systèmes de vote électronique doivent être conformes au référentiel général de sécurité prévu à l'article 9 de l'ordonnance n° 2005-1516 du 8 décembre 2005 relative aux échanges électroniques entre les usagers et les autorités administratives et entre les autorités administratives.

Le système de vote électronique comporte un dispositif de secours offrant les mêmes garanties et les mêmes caractéristiques que le système principal et capable d'en prendre automatiquement le relais en cas de panne n'entraînant pas d'altération des données. En cas d'altération des données résultant, notamment, d'une panne, d'une infection virale ou d'une attaque du système par un tiers, le bureau de vote électronique a compétence, après consultation des personnes désignées préalablement à cette fin par le directeur de l'union départementale ou de l'union nationale, pour prendre toute mesure d'information et de sauvegarde et pour décider la suspension, l'arrêt ou la reprise des opérations de vote électronique.

Art. R. 211-2-4 *(Décr. nº 2012-712 du 7 mai 2012, art. 1er-2º)* Les données relatives aux électeurs inscrits sur les listes électorales ainsi que les données relatives aux votes font l'objet de traitements informatiques distincts, dédiés et isolés, respectivement dénommés "fichier des électeurs" et "urne électronique".

En cas de recours à un même système de vote pour plusieurs scrutins, chacun de ces scrutins doit être isolé sur un système informatique indépendant.

Le fichier des électeurs comporte le nombre de suffrages attribué à chaque association familiale ou à chaque union départementale en application de l'article L. 211-9. Les données du fichier "urne électronique" font l'objet d'un chiffrement.

Art. R. 211-2-5 *(Décr. nº 2012-712 du 7 mai 2012, art. 1er-2º)* Préalablement à la mise en place ou à toute modification substantielle de sa conception, le système de vote électronique fait l'objet d'une expertise indépendante destinée à vérifier le respect des garanties prévues par le présent chapitre. Cette expertise couvre l'intégralité du dispositif installé avant le scrutin, les conditions d'utilisation du système de vote durant le scrutin ainsi que les étapes postérieures au vote.

Le rapport de l'expert est tenu à la disposition de la Commission nationale de l'informatique et des libertés et des candidats au scrutin.

Art. R. 211-2-6 *(Décr. nº 2012-712 du 7 mai 2012, art. 1er-2º)* Une décision de l'union départementale ou de l'union nationale fixe pour chaque scrutin les modalités de fonctionnement du système de vote électronique retenu, le calendrier et le déroulement des opérations électorales.

Art. R. 211-2-7 *(Décr. nº 2012-712 du 7 mai 2012, art. 1er-2º)* Chaque électeur reçoit au moins un mois avant le premier jour du scrutin une notice d'information détaillée sur le déroulement des opérations électorales et un moyen d'authentification lui permettant de participer au scrutin. Ce moyen d'authentification lui est transmis selon des modalités garantissant sa confidentialité. Lorsque le vote électronique a lieu dans des locaux prévus à cet effet, l'électeur peut demander à ce qu'une copie du moyen d'authentification lui soit remise le jour de l'élection.

Art. R. 211-2-8 *(Décr. nº 2012-712 du 7 mai 2012, art. 1er-2º)* Avant l'ouverture du vote, le bureau du vote par voie électronique constate le scellement du système de vote, son bon fonctionnement et la remise à zéro du compteur des suffrages et vérifie que l'urne électronique est vide. Il procède à l'établissement et à la répartition de clefs de chiffrement selon des modalités définies par la décision de l'union départementale ou de l'union nationale mentionnée par l'article R. 211-2-6.

Il déclare alors le vote ouvert.

Art. R. 211-2-9 *(Décr. nº 2012-712 du 7 mai 2012, art. 1er-2º)* Pour voter par voie électronique, l'électeur, après s'être identifié, exprime puis valide son vote. Lorsque le vote électronique a lieu dans des locaux prévus à cet effet, le vote a lieu dans un isoloir.

Le vote est anonyme. Il est chiffré par le système dès son émission sur le terminal utilisé par l'électeur, avant sa transmission au fichier "urne électronique". La liaison entre le terminal de vote et le serveur hébergeant le fichier "urne électronique" est également chiffrée.

La transmission du vote et l'émargement font l'objet d'un accusé de réception que l'électeur a la possibilité de conserver.

Art. R. 211-2-10 *(Décr. nº 2012-712 du 7 mai 2012, art. 1er-2º)* I. – Dès la clôture du scrutin, le contenu de l'urne, les listes d'émargement et les états courants gérés par les serveurs sont figés, horodatés et scellés automatiquement sur l'ensemble des serveurs, dans des conditions garantissant la conservation des données.

Le bureau de vote contrôle, avant le dépouillement, le scellement du système.

II. – Le décompte des voix obtenues par chaque candidat apparaît lisiblement à l'écran et fait l'objet d'une édition sécurisée afin d'être porté au procès-verbal. Le bureau de vote contrôle que la somme des suffrages émis par voie électronique correspond au nombre de votants de la liste d'émargement électronique.

III. – Le système de vote électronique est scellé après la décision de clôture du dépouillement prise par le président du bureau de vote. Le scellement interdit toute reprise ou modification des résultats. Toutefois, la procédure de décompte des votes enregistrés doit pouvoir être déroulée de nouveau si nécessaire, notamment en cas de contentieux électoral.

Art. R. 211-2-11 *(Décr. nº 2012-712 du 7 mai 2012, art. 1er-2º)* Jusqu'à l'expiration du délai de recours contentieux et, lorsqu'une action contentieuse a été engagée, jusqu'à la décision juridictionnelle devenue définitive, les fichiers supports comprenant la copie des programmes sources et des programmes exécutables, les matériels de vote, les fichiers d'émargement, de résultats et de sauvegarde sont conservés sous scellés, sous le contrôle du bureau du vote par voie électronique.

A l'expiration du délai de recours ou, lorsqu'une action contentieuse a été engagée, après l'intervention d'une décision juridictionnelle devenue définitive, il est procédé à la destruction des fichiers supports, sous le contrôle du bureau du vote par voie électronique.

Art. R. 211-3 *(Décr. nº 2012-712 du 7 mai 2012, art. 1er-3º)* Quelle que soit la modalité de vote retenue, les délégués de chaque association ou union peuvent exprimer les suffrages dont ils disposent par un ou plusieurs bulletins.

Art. R. 211-4 Les associations familiales font connaître avant le 31 janvier de chaque année au conseil d'administration de l'union départementale et éventuellement à celui de l'union locale à laquelle elles adhèrent la totalité des voix dont elles doivent bénéficier par application de l'article L. 211-9. Elles fournissent au conseil d'administration de l'union toute justification à cet égard. Avant le 1er mars de chaque année, les unions départementales communiquent les mêmes renseignements au conseil d'administration de l'union nationale. – *[Décr. nº 76-272 du 26 mars 1976, art. 4.]*

Art. R. 211-5 Un même membre ne peut figurer simultanément sur les listes électorales de plusieurs associations familiales ; il peut adhérer à plusieurs associations mais il doit choisir celle dans laquelle il entend voter. Les unions départementales des associations familiales sont habilitées à effectuer tout contrôle sur ce point et à obtenir des intéressés les rectifications nécessaires. – *[Décr. nº 76-272 du 26 mars 1976, art. 5.]*

Art. R. 211-6 Une association familiale peut, par délibération spéciale notifiée au conseil d'administration de l'union départementale, confier ses mandats aux délégués d'une autre association. Une même association ne peut être investie du droit d'exercer plus de cinq mandats en dehors du sien. Toutefois cette limitation n'est pas applicable si l'association exerce les mandats d'autres associations adhérant comme elle à une même fédération départementale membre de l'union départementale. – *[Décr. nº 76-272 du 26 mars 1976, art. 6.]*

Art. R. 211-7 L'union nationale, les unions départementales et locales peuvent faire appel, à titre consultatif, aux représentants de tous autres groupements à but familial qui ne constitueraient pas une association familiale au sens de l'article L. 211-1. – *[C. fam., art. 10.]*

Art. R. 211-8 *(Décr. nº 2005-1715 du 29 déc. 2005)* Au cours du premier trimestre de chaque année, et au plus tard le 31 mars, un versement est effectué par la Caisse nationale des associations familiales et la Caisse centrale de mutualité sociale agricole, sur le compte spécialement ouvert à cet effet par l'Union nationale des associations familiales, égal pour chacune à *(Décr. nº 2008-1500 du 30 déc. 2008)* « 60 % »

de sa contribution au fonds spécial institué par le 1° de l'article L. 211-10 au titre de l'exercice précédent. L'union nationale alloue à chaque union départementale des associations familiales une somme égale à *(Décr. n° 2008-1500 du 30 déc. 2008)* « 60 % » de la fraction du fonds spécial dont elle a été bénéficiaire au titre de l'exercice précédent.

Le versement du solde de leurs contributions respectives au fonds spécial par ces deux organismes intervient au plus tard le *(Décr. n° 2008-1500 du 30 déc. 2008)* « 31 octobre ». L'union nationale réalloue en partie cette somme aux unions départementales dans les conditions fixées aux R. 211-12 et R. 211-14.

Art. R. 211-9 *(Décr. n° 2005-1715 du 29 déc. 2005)* Le montant des prestations familiales servant de base à la répartition de la charge du fonds spécial entre la Caisse nationale des allocations familiales et la Caisse centrale de mutualité sociale agricole est fixé pour chacun de ces organismes par les ministres chargés de la famille et de la sécurité sociale, au plus tard le 30 juin de chaque année, après consultation de ces organismes.

Art. R. 211-10 *(Décr. n° 2005-1715 du 29 déc. 2005)* Les ministres chargés de la famille et de la sécurité sociale notifient à la Caisse nationale des allocations familiales et à la Caisse centrale de mutualité sociale agricole, au plus tard le 30 juin de chaque année, le montant de leurs contributions respectives au fonds spécial.

Art. R. 211-11 *(Décr. n° 2005-1715 du 29 déc. 2005)* Les montants de chacune des parts du fonds spécial mentionnées aux *a* et *b* du 1° de l'article L. 211-10 sont fixés chaque année avant le 30 juin par un arrêté des ministres chargés de la famille et de la sécurité sociale.

Art. R. 211-12 *(Décr. n° 2005-1715 du 29 déc. 2005)* 1° La première part du fonds spécial, mentionnée au *a* du 1° de l'article L. 211-10, est répartie entre l'union nationale et les unions départementales, à raison respectivement de 30 % et de 70 %.

2° Le montant attribué à chaque union départementale est constitué d'une partie forfaitaire de 70 000 euros en 2005, qui évolue chaque année dans les conditions définies au premier alinéa de l'article L. 551-1 du code de la sécurité sociale, et d'une partie ajustable.

La partie ajustable est déterminée à raison de 60 % en fonction de la population du département, siège de l'union départementale, et à raison de 40 % en fonction du rapport entre le nombre des adhérents aux associations familiales, au sens de l'article L. 211-1, composant l'union départementale et la population du département. — *Ces dispositions sont applicables à compter du 1er janv. 2009.*

L'augmentation annuelle de la part, prévue au a du 1° de l'art. L. 211-10 du même code, est répartie entre les unions départementales, au prorata de la part qu'elles auraient obtenue en application des dispositions du 2° de l'art. R. 211-12 (Décr. n° 2005-1715 du 29 déc. 2005, art. 3).

3° Avant le *(Décr. n° 2008-1500 du 30 déc. 2008)* « 30 septembre » de chaque année, un arrêté des ministres chargés de la famille et de la sécurité sociale fixe le montant de la part ainsi dévolue à l'union nationale et à chaque union départementale. A cette fin, l'union nationale leur transmet chaque année, avant le 31 mai, le nombre des adhérents, au sens de l'article L. 211-1 et au 1er janvier de l'année, aux associations familiales composant chacune des unions départementales.

Art. R. 211-13 *(Décr. n° 2005-1715 du 29 déc. 2005)* L'union nationale et chaque union départementale reversent au plus tard le *(Décr. n° 2008-1500 du 30 déc. 2008)* « 31 octobre » une fraction de leurs parts respectives mentionnées dans l'arrêté mentionné au 3° de l'article R. 211-12, dans les conditions suivantes :

1° L'union nationale affecte 25 % de sa part au soutien des fédérations nationales, confédérations nationales et associations familiales nationales visées à l'article L. 211-5, en fonction de leur champ de compétences, du nombre de leurs adhérents, au sens de l'article L. 211-1, portés sur les listes des unions départementales, et du nombre d'unions départementales dans lesquelles elles sont représentées.

2° Chaque union départementale affecte 10 % de sa part au soutien des fédérations et associations familiales mentionnées à l'article L. 211-4, en fonction de leur champ de compétences, de leur nombre dans le département et du nombre de leurs adhérents, au sens de l'article L. 211-1, portés sur les listes des unions départementales.

Lorsque, afin de pouvoir assurer les missions qui leur sont confiées par les 1°, 2° et 4° de l'article L. 211-3, les unions départementales de départements limitrophes se regroupent au sein d'une association interdépartementale, créée dans le cadre de la loi du 1er juillet 1901, à laquelle elles confient par convention la réalisation, au niveau interdépartemental, de tout ou partie de ces missions, elles versent une redevance à l'association interdépartementale ainsi créée en compensation du service qu'elle leur rend. Dans ce cas, elles ont à justifier de l'utilisation de cette redevance à l'occasion des contrôles et évaluations des actions qu'elles mettent en œuvre dans le cadre de l'utilisation du fonds spécial.

Art. R. 211-14 *(Décr. n° 2005-1715 du 29 déc. 2005)* La seconde part du fonds spécial, mentionnée au *b* du 1° de l'article L. 211-10, fait l'objet de conventions d'objectifs. Le modèle type en est fixé par arrêté des ministres chargés de la famille et de la sécurité sociale.

Sur cette seconde part, un montant fixé par arrêté du ministre chargé de la famille, après avis de la commission visée à l'article R. 211-16, est attribué à l'union nationale pour financer toutes actions qu'elle conduit au niveau national dans le cadre de sa convention d'objectifs et pour rémunérer sa fonction de suivi et d'évaluation de la mise en œuvre par les unions départementales de leurs propres conventions d'objectifs. Le complément de la seconde part fait l'objet d'une répartition par l'union nationale entre les unions départementales qui ont conclu avec elle des conventions d'objectifs, après avis des directeurs départementaux des affaires sanitaires et sociales. Cette répartition est portée par l'union nationale à la connaissance des ministres chargés de la famille et de la sécurité sociale, ainsi que de la commission d'évaluation et de contrôle visée à l'article R. 211-16.

V. Arr. du 29 avr. 2022 relatif au modèle de convention type de la convention d'objectifs pris en application de l'art. R. 211-14 CASF (JO 14 mai, NOR : SSAA2213130A).

Art. R. 211-15 *(Décr. n° 2005-1715 du 29 déc. 2005 ; Décr. n° 2008-1500 du 30 déc. 2008)* Dans les délais prévus au II de l'article R. 314-49 de chaque année, chaque union départementale adresse au président de l'union nationale un dossier comprenant ses comptes de résultats, bilans, annexes, ainsi qu'un budget prévisionnel, établis en application de l'article R. 314-81. Le dossier comprend également un rapport d'activité portant sur toutes les actions financées par le fonds spécial, en distinguant celles définies aux *a* et *b* du 1° de l'article L. 211-10, et mentionnant le niveau de réalisation de ces actions, avec les indicateurs afférents, ainsi que les actions prévues pour l'année en cours, avec les indicateurs d'activité correspondants.

Chaque union départementale adresse le même dossier au directeur départemental des affaires sanitaires et sociales.

L'union nationale, en ce qui la concerne, adresse les pièces prévues au premier alinéa du présent article, avant le 15 mai de chaque année, au ministre chargé de la famille.

Le président de l'union nationale transmet au ministre chargé de la famille, avant le 30 juin de chaque année, un rapport de synthèse sur l'utilisation du fonds spécial au cours de l'année précédente, qui fait l'objet d'une présentation devant la commission mentionnée à l'article R. 211-16.

Un état récapitulatif des sommes attribuées aux fédérations, confédérations et associations familiales mentionnées à l'article R. 211-13 est annexé au compte de résultat de chaque union d'associations familiales. Cet état récapitulatif porte en outre, s'il y a lieu, le montant de la redevance mentionnée au dernier alinéa de cet article.

Les fédérations, confédérations et associations familiales mentionnées à l'alinéa précédent, attributaires d'une part du fonds spécial, en justifient l'utilisation, en particulier dans un compte rendu financier, conforme à celui mentionné à l'article 10 de la loi du 12 avril 2000 relative aux droits des citoyens dans leurs relations avec les administrations. Celui-ci est transmis chaque année avec leurs autres documents comptables respectivement au ministre chargé de la famille et au président de l'union nationale pour les fédérations, confédérations et associations familiales nationales mentionnées au 1° de l'article R. 211-13 et au directeur départemental des affaires sanitaires et sociales et au président de l'union départementale pour les fédérations et associations familiales visées au 2° de l'article R. 211-13.

Art. R. 211-16 *(Décr. nº 2005-1715 du 29 déc. 2005)* Il est institué, auprès des ministres chargés de la famille et de la sécurité sociale, une commission d'évaluation et de contrôle présidée par un inspecteur général des affaires sociales, et comprenant :

1. Deux représentants du ministre chargé de la famille ;
2. Un représentant du ministre chargé de la sécurité sociale ;
3. Un représentant du ministre chargé du budget ;
4. Un représentant du ministre chargé de l'agriculture ;
5. Le directeur de la Caisse nationale des allocations familiales, ou son représentant ;
6. Le directeur de la Caisse centrale de la mutualité sociale agricole, ou son représentant.

La commission se réunit au moins une fois par an. Elle entend le président de l'union nationale sur le rapport transmis au ministre chargé de la famille, prévu au quatrième alinéa de l'article R. 211-15, les représentants de l'union nationale désignés par son président, ainsi que tout représentant des unions d'associations familiales, de l'État ou d'autres institutions qu'elle juge utile d'entendre.

Les ministres chargés de la famille et de la sécurité sociale présentent à la commission les résultats des contrôles et des évaluations sur l'utilisation du fonds spécial par l'union nationale qu'ils ont menés au cours de l'exercice écoulé. Lui sont aussi présentés les résultats des contrôles et des évaluations des actions mises en œuvre par les unions départementales dans le cadre de l'utilisation du fonds spécial.

CHAPITRE II AIDE SOCIALE AUX FAMILLES

Le présent chapitre ne comprend pas de dispositions réglementaires.

CHAPITRE III ÉDUCATION ET CONSEIL FAMILIAL

Art. R. 213-1 Les dispositions relatives à l'information des adultes à la vie du couple et de la famille sont fixées aux articles R. 2311-1 et suivants du code de la santé publique.

CHAPITRE IV ACCUEIL DES JEUNES ENFANTS

SECTION 1 Commission départementale de l'accueil des jeunes enfants *(Décr. nº 2009-404 du 15 avr. 2009, en vigueur le 1er juin 2009).*

Art. D. 214-1 *(Décr. nº 2021-1644 du 14 déc. 2021, art. 1er-2°)* I. — Le comité départemental des services aux familles mentionné à l'article L. 214-5 est une instance de réflexion, de conseil, de proposition et de suivi concernant toutes questions relatives à l'organisation, au fonctionnement, au maintien et au développement des services aux familles tels que définis à l'article L. 214-1, ainsi qu'au suivi des améliorations de la qualité en application des chartes mentionnées aux articles L. 214-1-1 et L. 214-1-2.

Le comité étudie toute question relative aux politiques d'accueil du jeune enfant et de soutien à la parentalité dans le département, et propose, dans le cadre des orientations nationales et locales relatives aux services aux familles, les mesures permettant de favoriser leur maintien et leur développement.

II. — Le comité départemental des services aux familles organise la coordination des actions de ses membres en vue d'en améliorer l'efficacité en matière :

1° De développement et de maintien de services aux familles dans les conditions mentionnées au II de l'article L. 214-1-1 ;

2° D'information des candidats potentiels au métier d'assistant maternel, d'accompagnement et d'information des assistants maternels agréés dans les conditions mentionnées à l'article L. 214-6 ;

3° D'information et d'orientation des familles sur les modes d'accueil du jeune enfant et sur les services de soutien à la parentalité ;

4° De coopération entre professionnels aux fins de garantir l'organisation des transitions de l'enfant entre les différents services dans les conditions mentionnées au IV de l'article L. 214-1-1 ;

5° De formation des professionnels de l'accueil du jeune enfant et du soutien à la parentalité. Le comité recense les besoins prospectifs en matière de formation initiale et continue et examine les conditions de mise en œuvre des actions mentionnées au troisième alinéa de l'article L. 113-1 et à l'article L. 542-1 du code de l'éducation ;

6° D'information des employeurs sur les politiques d'accueil du jeune enfant et de soutien à la parentalité.

III. — Le comité recueille auprès des services du conseil départemental, de la caisse d'allocations familiales, de la caisse de mutualité sociale agricole, des agences locales pour l'emploi et des organismes chargés de l'insertion des publics rencontrant des difficultés particulières d'accès à l'emploi toutes données permettant de réaliser un suivi des actions menées en application de l'article L. 214-7 visant à favoriser l'accès des personnes en situation d'insertion professionnelle à des solutions d'accueil pour leurs enfants, notamment le nombre de places réservées à cet accueil et les partenariats établis entre des acteurs de services aux familles et de l'insertion. Le comité formule des propositions, notamment en matière de partenariats, destinées à faciliter l'accès dans le département des enfants de ces familles à des modes d'accueil.

Art. D. 214-2 *(Décr. n° 2021-1644 du 14 déc. 2021, art. 1er-3°)* I. — Le comité départemental des services aux familles établit un schéma départemental des services aux familles pluriannuel mentionné à l'article L. 214-5 et évalue sa mise en œuvre.

II. — Le schéma départemental comporte :

1° Un diagnostic territorialisé de l'offre et des besoins d'accueil du jeune enfant, de soutien à la parentalité et de formation professionnelle initiale et continue des professionnels de l'accueil du jeune enfant et du soutien à la parentalité. Ce diagnostic recense notamment les schémas communaux et intercommunaux prévus aux articles L. 214-2 et L. 214-3 ;

2° Un plan d'actions départemental organisant le maintien, le développement, la diversification, la complémentarité et la coordination de l'offre d'accueil du jeune enfant et de soutien à la parentalité ;

Ce plan établit, pour chaque action, des objectifs et un niveau de résultat attendu ;

Le comité s'assure de la cohérence de ces objectifs avec les actions conduites par ses membres, le cas échéant dans le cadre de conventions qu'ils concluent entre eux, notamment la caisse d'allocation familiale et les collectivités territoriales ;

3° Une synthèse d'indicateurs communs à tous les départements.

La liste de ces indicateurs et leurs modalités de renseignement sont fixées par arrêté du ministre chargé de la famille. Elle comprend notamment des informations relatives au taux de couverture global de l'accueil de jeunes enfants, au nombre de créations de places d'accueil, à l'accessibilité des modes d'accueil aux publics en situation de handicap ou parcours d'insertion sociale ou professionnelle et à l'offre de services de soutien à la parentalité.

III. — Le schéma départemental est adopté dans les douze mois suivant le renouvellement du comité départemental mentionné à l'article D. 214-1, pour une durée maximale de six ans.

Les premiers schémas départementaux adoptés à compter de la publication du Décr. n° 2021-1644 du 14 déc. 2021 dans les conditions mentionnées à l'art. 1er-3° dudit Décr. sont adoptés avant le 1er sept. 2022. Par dérogation au dern. al. du même art. 1er-3°, la durée de ces premiers schémas est de quatre ans (Décr. préc., art. 2-II).

Art. D. 214-2-1 *(Décr. nº 2021-1644 du 14 déc. 2021, art. 1er-4º)* Le schéma départemental des services aux familles mentionné à l'article D. 214-2 est adressé par le président du comité départemental des services aux familles au ministre chargé de la famille dans le mois qui suit son adoption par le comité. Une synthèse des travaux du comité, et notamment de la mise en œuvre du schéma, est adressée dans les mêmes formes chaque année et au plus tard le 1er février.

Au plus tard trois mois avant l'échéance du schéma départemental, le comité adopte un rapport d'évaluation de la mise en œuvre du schéma, comprenant une évaluation de la mise en œuvre du plan d'actions départemental prévu au 2º du II de l'article D. 214-2. Ce rapport est adressé pour information au ministre chargé de la famille et au président du Haut Conseil de la famille, de l'enfance et de l'âge prévu à l'article L. 142-1.

Art. D. 214-3 *(Décr. nº 2021-1644 du 14 déc. 2021, art. 1er-5º)* I. — Le comité départemental des services aux familles est présidé par le préfet du département ou son représentant.

Les vice-présidents du comité départemental des services aux familles sont :

1º Le président du conseil départemental ou un conseiller départemental désigné par lui ;

2º Un maire *(Décr. nº 2022-1772 du 30 déc. 2022, art. 5-1º)* « , adjoint au maire » ou président d'établissement public de coopération intercommunale du département, désigné par l'association départementale des maires ;

3º Le président du conseil d'administration de la caisse d'allocations familiales ou un administrateur de ce conseil d'administration désigné par celui-ci.

En cas de pluralité de caisses d'allocations familiales dans le département, les présidents des conseils d'administration désignent celui chargé de les représenter.

II. — Le comité départemental des services aux familles comprend en outre trente-sept membres répartis comme suit :

1º Quatre maires ou présidents d'établissements publics de coopération intercommunale, désignés par l'association départementale des maires, dont un au moins d'une commune de plus de 10 000 habitants ou, si le département ne comporte pas de communes de cette taille, d'une commune de plus de 3 500 habitants ; pour Paris, le maire ou son représentant et trois membres du conseil de Paris désignés par le conseil de Paris ;

2º Quatre représentants des services du conseil départemental désignés par le président du conseil départemental, dont le médecin responsable du service de protection maternelle et infantile ou son représentant et le directeur de la maison départementale des personnes handicapées ou son représentant ;

3º Le directeur responsable de la formation des services du conseil régional de la région d'appartenance du département ;

4º Trois représentants des services de l'État, dont le directeur départemental chargé de la cohésion sociale ou son représentant, le directeur des services départementaux de l'éducation nationale ou son représentant et le directeur des services départementaux compétents en matière de prévention de la délinquance ou son représentant ;

5º Le délégué départemental de l'agence régionale de santé ;

6º Un magistrat désigné par le premier président de la cour d'appel ;

7º Un administrateur de la caisse de mutualité sociale agricole, désigné par le président du conseil d'administration de la caisse après consultation du responsable départemental de l'action sanitaire et sociale de la caisse de la mutualité sociale agricole ;

8º Quatre représentants des services de la caisse d'allocations familiales ou de la caisse de la mutualité sociale agricole, conjointement désignés par leurs directeurs ;

En cas de pluralité de caisses d'allocations familiales dans le département, les directeurs *(Abrogé par Décr. nº 2022-1772 du 30 déc. 2022, art. 5-2º) « des conseils d'administration »* désignent les personnes chargées de représenter leurs services ;

9º Cinq représentants d'associations ou d'organismes gestionnaires d'établissements ou de services d'accueil du jeune enfant ou de soutien à la parentalité ou de

leurs regroupements, dont au moins un représentant du secteur public, un représentant du secteur privé non lucratif, un représentant du secteur privé marchand et un représentant d'associations professionnelles d'assistants maternels, désignés par le préfet sur proposition des vice-présidents ;

10° Cinq représentants des professionnels des services aux familles, représentatifs des différents modes d'accueil et dispositifs présents dans le département, dont deux représentants des assistants maternels, deux représentants des professionnels des modes d'accueil collectif et un représentant des professionnels du soutien à la parentalité, désignés par les organisations syndicales représentatives ;

11° Un représentant des particuliers-employeurs d'assistants maternels ou de garde d'enfants à domicile, conjointement désigné par les organisations représentatives des particuliers employeurs ;

12° Un représentant des employeurs privés conjointement désigné par la ou les chambres de commerce et d'industrie, la chambre de métiers et de l'artisanat de région, la chambre régionale de l'économie sociale et solidaire et la chambre d'agriculture ;

13° Un représentant des employeurs publics du département, désigné par le secrétaire général aux affaires régionales ;

14° Le président de l'union départementale des associations familiales ou son représentant ainsi que deux parents ou représentants légaux d'enfants désignés par le préfet sur proposition du président de l'union départementale des associations familiales ;

15° Deux personnes qualifiées dans le domaine de l'accueil des jeunes enfants, du soutien à la parentalité et de la conciliation de la vie familiale et de la vie professionnelle, désignées par le préfet sur proposition des vice-présidents.

Pour chacun des membres désignés, un suppléant est désigné dans les mêmes conditions.

III. – La liste des membres du comité est arrêtée par le président du comité, après avis des vice-présidents, tous les six ans.

Le mandat des membres du comité est de six ans renouvelables. Il prend fin s'ils perdent la qualité au titre de laquelle ils ont été désignés.

Dans ce cas ou en cas de démission ou de décès d'un membre avant l'expiration de son mandat, il est pourvu à son remplacement dans un délai d'un mois. Le mandat de son remplaçant prend fin à la date à laquelle aurait cessé celui du membre qu'il a remplacé.

Les membres du comité exercent leur mandat à titre gratuit.

IV. – Pour l'application des dispositions du présent article à la collectivité de Corse, les références au préfet sont remplacées par la référence au préfet de Corse et les références au président du conseil départemental en Corse sont remplacées par la référence au président du conseil exécutif.

Pour l'application des dispositions du présent article à la Collectivité européenne d'Alsace, les références au préfet sont remplacées par la référence aux préfets du Bas-Rhin et du Haut-Rhin qui exercent une présidence alternée du comité.

Par dérogation aux dispositions de l'art. 1er-5° du Décr. n° 2021-1644 du 14 déc. 2021, les membres des premiers comités départementaux des services aux familles nommés à compter de la publication dudit Décr. sont nommés, dans chaque département, pour une durée de quatre ans par arrêté du représentant de l'État pris avant le 1er mars 2022.

La première séance plénière du comité mentionné à l'al. précédent est convoquée avant le 1er mai 2022 dans les conditions mentionnées l'art. 1er-7° [v. art. D. 214-6] du même Décr. (Décr. préc., art. 2-I).

Art. D. 214-4 *(Décr. n° 2021-1644 du 14 déc. 2021, art. 1er)* **La caisse d'allocations familiales du département assure le secrétariat du comité départemental des services aux familles et organise à ce titre ses travaux.**

La caisse désigne à cet effet au sein de ses services un secrétaire du comité, après consultation du responsable départemental de l'action sanitaire et sociale de la caisse de la mutualité sociale agricole.

Le secrétaire ne prend pas part aux votes du comité.

Art. D. 214-5 **Le mandat des membres de la commission prend fin s'ils perdent la qualité au titre de laquelle ils ont été désignés.**

Lorsqu'un membre cesse d'appartenir à la commission départementale avant l'expiration de son mandat, il est pourvu à son remplacement dans un délai d'un mois. Dans ce cas, les fonctions du nouveau membre prennent fin à la date à laquelle auraient cessé celles du membre qu'il a remplacé. – *[Décr. nº 2002-798 du 3 mai 2002, art. 2, deuxième partie.]*

Art. D. 214-6 *(Décr. nº 2021-1644 du 14 déc. 2021, art. 1er-7º)* **Le comité départemental des services aux familles se réunit autant que nécessaire et au moins une fois par an en séance plénière sur convocation de son président, à l'initiative de celui-ci, de l'un des vice-présidents ou d'un tiers de ses membres. La première séance plénière est convoquée dans les huit mois suivant l'arrêté de nomination de ses membres.**

Le comité départemental des services aux familles élabore son règlement intérieur, adopté en séance plénière à la majorité simple. Il peut constituer en son sein des sous-commissions et des groupes de travail et s'adjoindre le concours d'experts qui ne peuvent prendre part aux votes.

SECTION 2 Garantie d'accès aux établissements d'accueil des jeunes enfants des personnes en insertion sociale ou professionnelle *(Décr. nº 2009-404 du 15 avr. 2009, en vigueur le 1er juin 2009).*

Art. D. 214-7 *(Décr. nº 2006-1753 du 23 déc. 2006 ; Décr. nº 2009-404 du 15 avr. 2009, en vigueur le 1er juin 2009)* Le nombre de places garanties en application de l'article L. 214-7 est fixé chaque année par la personne physique ou morale gestionnaire de l'établissement ou du service. Ce nombre ainsi que les modalités selon lesquelles le gestionnaire s'organise pour garantir l'accueil de ces enfants figurent dans une annexe au projet d'établissement ou de service mentionné à l'article R. 2324-29 du code de la santé publique, qui est transmise au président du conseil départemental.

Le nombre mentionné au premier alinéa ne peut être inférieur, sauf pour les établissements et services mis en place par des employeurs pour l'accueil exclusif des enfants de leurs salariés, à une place par tranche de vingt places d'accueil.

Les enfants admis dans un établissement ou un service d'accueil au titre de l'obligation instituée par l'article L. 214-7 et dont l'accueil est poursuivi lorsque leurs parents achèvent leur parcours d'insertion sociale ou professionnelle continuent d'être comptabilisés dans le nombre mentionné au premier alinéa.

La personne physique ou morale gestionnaire d'un établissement ou d'un service d'accueil peut également s'acquitter de son obligation :

1º Soit d'une manière globale sur l'ensemble des établissements et services dont elle assure la gestion ;

2º Soit en créant, gérant ou finançant un service de garde d'enfants au domicile parental agréé au titre de l'article L. 7231-1 du code du travail, avec lequel elle passe convention ;

3º Soit en passant convention à cette fin avec des assistants maternels.

(Abrogé par Décr. nº 2009-404 du 15 avr. 2009, à compter du 1er juin 2009) « L'établissement ou le service accueillant un enfant au titre de l'article L. 214-7 veille à proposer à son ou ses parents ayant cessé l'activité professionnelle ou la formation rémunérée à l'origine de l'admission de leur enfant une solution d'accueil leur permettant d'accomplir les démarches nécessaires à une recherche active d'emploi. Cette proposition tient compte, dans les conditions fixées dans l'annexe au projet d'établissement prévue au premier alinéa, des autres demandes d'accueil reçues par le gestionnaire et des priorités qu'il détermine pour y répondre. »

Art. D. 214-7-1 *(Décr. nº 2009-404 du 15 avr. 2009, en vigueur le 1er juin 2009)* Les personnes bénéficiaires de l'obligation mentionnée à l'article L. 214-7 sont celles dont les ressources telles que définies à l'article L. 262-3 sont inférieures au montant forfaitaire mentionné au 2º de l'article L. 262-2, ou à l'article L. 262-9 si elles remplissent les conditions mentionnées à cet article.

L'accueil des enfants dont les parents cessent de remplir les conditions mentionnées au premier alinéa du fait d'une reprise d'emploi ou de l'accès à une formation professionnelle rémunérée est poursuivi. Ces enfants continuent d'être comptabilisés au titre des places garanties en application du premier alinéa de l'article D. 214-7.

Art. D. 214-8 *(Décr. nº 2006-1753 du 23 déc. 2006)* Les personnes physiques ou morales de droit privé gestionnaires d'un ou de plusieurs établissements ou services informent le maire de la commune d'implantation de leurs établissements et services ou, le cas échéant, le président de l'établissement public de coopération intercommunale compétent en matière d'accueil des jeunes enfants, des actions qu'elles ont mises en place au titre de l'obligation instituée par l'article L. 214-7.

Les autorités publiques mentionnées au premier alinéa veillent à faire connaître les actions mises en place par les établissements et services implantés sur leur territoire au titre de l'article L. 214-7 aux organismes et aux professionnels compétents en matière d'insertion professionnelle des *(Décr. nº 2009-404 du 15 avr. 2009, en vigueur le 1er juin 2009)* « personnes » mentionnées à l'article L. 214-7 ou en matière d'accueil des jeunes enfants, ainsi qu'à la commission départementale de l'accueil des jeunes enfants.

SECTION 3 Information des professionnels et des familles

(Décr. nº 2021-1115 du 25 août 2021, en vigueur le 1er sept. 2021)

Art. D. 214-9 Les missions des relais petite enfance prévus à l'article L. 214-2-1 sont les suivantes :

1º Participer à l'information des candidats potentiels au métier d'assistant maternel selon les orientations définies par le comité départemental des services aux familles dans les conditions prévues à l'article L. 214-6 ;

2º Offrir aux assistants maternels et, le cas échéant, aux professionnels de la garde d'enfants à domicile, un cadre pour échanger sur leurs pratiques professionnelles ainsi que les conseiller pour mettre en œuvre les principes applicables à l'accueil du jeune enfant prévus par la charte nationale mentionnée à l'article L. 214-1-1, notamment en organisant des temps d'éveil et de socialisation pour les enfants qu'ils accueillent ;

3º Faciliter l'accès à la formation continue des assistants maternels et, le cas échéant, aux professionnels de la garde d'enfants à domicile, et les informer sur leurs possibilités d'évolution professionnelle, sans préjudice des missions spécifiques confiées au service départemental de protection maternelle et infantile prévues au chapitre II du titre I du livre I de la deuxième partie du code de la santé publique ;

4º Assister les assistants maternels dans les démarches à accomplir en application des articles L. 421-3 et L. 421-4 ;

5º Informer les parents, ou les représentants légaux, sur les modes d'accueil du jeune enfant définis à l'article L. 214-1, individuels et collectifs, présents sur leur territoire et les accompagner dans le choix de l'accueil le mieux adapté à leurs besoins en tenant compte des orientations définies, le cas échéant, par le comité départemental des services aux familles visé à l'article L. 214-5.

Art. D. 214-10 Sont soumis à l'obligation de communication de leurs disponibilités d'accueil prévue à l'article L. 214-2-2 les établissements et services mentionnés aux premier et deuxième alinéas de l'article L. 2324-1 du code de la santé publique, à l'exception des pouponnières prévues à l'article R. 2324-1 du même code.

CHAPITRE IV *BIS* AIDE UNIVERSELLE D'URGENCE POUR LES PERSONNES VICTIMES DE VIOLENCES CONJUGALES

(Décr. nº 2023-1088 du 24 nov. 2023, art. 1er, en vigueur le 28 nov. 2023)

SECTION 1 Ouverture du droit

SOUS-SECTION 1 Conditions d'ouverture du droit

Art. D. 214-11 Les pièces justificatives mentionnées à l'article L. 214-9 attestant de la situation de violences conjugales du demandeur sont valables un an.

Art. D. 214-12 L'aide financière mentionnée à l'article L. 214-9 ne peut être attribuée qu'une fois par période de douze mois à compter de la date de la décision d'attribution.

SOUS-SECTION 2 Détermination de la modalité et du montant de l'aide

Art. D. 214-13 L'aide financière mentionnée à l'article L. 214-9 prend la forme d'un prêt sans intérêt ou d'une aide non remboursable. Elle est versée en une fois.

Elle est attribuée sous forme de prêt sans intérêt lorsque le demandeur de l'aide perçoit des ressources, définies à l'article D. 214-15, excédant un pourcentage du montant du salaire minimum de croissance mentionné à l'article L. 3231-2 du code du travail, net des prélèvements sociaux obligatoires, rapporté à une valeur mensuelle. Ce pourcentage est fixé à :

1° 150 % pour une personne seule ;

2° 225 % pour une personne seule avec un enfant à charge ;

3° 270 % pour une personne seule avec deux enfants à charge ;

4° 330 % pour une personne seule avec trois enfants à charge ou plus.

Lorsque le demandeur perçoit des ressources inférieures ou égales au pourcentage fixé au deuxième alinéa, l'aide est attribuée sous la forme d'une aide non remboursable.

Les montants des seuils de ressources résultant de l'application du présent article sont revalorisés au 1er avril de chaque année, sur la base du montant du salaire minimum de croissance mentionné au deuxième alinéa, en vigueur au 1er janvier de la même année.

Art. D. 214-14 Le montant de l'aide est égal au montant forfaitaire du revenu de solidarité active mentionné au premier alinéa de l'article L. 262-3. Il est majoré en fonction du nombre d'enfants à charge au sens de l'article D. 214-16, dans les conditions prévues à l'article R. 262-1.

Lorsque le bénéficiaire perçoit des ressources, définies à l'article D. 214-15, supérieures à un pourcentage du montant du salaire minimum de croissance mentionné à l'article L. 3231-2 du code du travail, net des prélèvements sociaux obligatoires, en vigueur au 1er janvier précédant la demande de l'aide, rapporté à une valeur mensuelle, le montant de l'aide calculé en application du 1er alinéa est minoré :

1° De 20 % lorsque les ressources sont supérieures à 50 % du salaire de croissance précité net mensuel et inférieures ou égales à ce salaire ;

2° De 40 % lorsque les ressources sont supérieures à ce salaire et inférieures ou égales à 150 % du même salaire ;

3° De 60 % lorsque les ressources sont supérieures à 150 % du salaire précité.

Les montants des seuils de ressources calculés en application du présent article sont revalorisés au 1er avril de chaque année, sur la base du montant du salaire minimum de croissance mentionné au deuxième alinéa, en vigueur au 1er janvier de la même année.

Art. D. 214-15 I. – Sont pris en compte pour la détermination du montant de l'aide :

1° Les revenus d'activité professionnelle salariée et non salariée ;

2° L'aide légale ou conventionnelle aux salariés en chômage partiel ;

3° Les indemnités perçues à l'occasion des congés légaux de maternité, de paternité ou d'adoption ;

4° Les indemnités journalières de sécurité sociale, de base et complémentaires, perçues en cas d'incapacité physique médicalement constatée de continuer ou de reprendre le travail, d'accident du travail ou de maladie professionnelle pendant une durée qui ne peut excéder trois mois à compter de l'arrêt de travail ;

5° Les allocations prévues aux 1° et 3° de l'article L. 5421-2 du code du travail ;

6° La rémunération garantie perçue par les travailleurs handicapés admis dans un établissement ou un service d'aide par le travail ;

7° Les pensions de retraite, perçus le mois précédant la demande d'aide ou, si la personne n'en a pas connaissance, l'avant-dernier mois précédant cette demande.

II. – Pour les travailleurs non-salariés, les revenus d'activité professionnelle mentionnés au 1° du I sont appréciés de la manière suivante :

1° Pour les travailleurs non-salariés non agricoles, est pris en compte le montant du dernier chiffre d'affaires ou bénéfice connu déclaré, divisé par un, trois ou douze, selon que la périodicité de la déclaration est mensuelle, trimestrielle ou annuelle ;

2° Pour les travailleurs non-salariés agricoles, le montant du dernier bénéfice annuel connu déclaré, divisé par douze ;

3° Dans le cas où le travailleur non salarié n'a déclaré aucun chiffre d'affaires ou bénéfice, ses revenus professionnels sont estimés égaux au montant du revenu de solidarité active mentionné au premier alinéa de l'article L. 262-3.

III. – Le montant de chaque catégorie de ressources mentionnée aux I et II est tronqué après la virgule pour l'appréciation des ressources prises en compte pour la détermination de la nature et du montant de l'aide.

Art. D. 214-16 Pour la détermination des seuils de ressources prévus aux articles D. 214-13 et D. 214-14, sont pris en compte les enfants à charge du demandeur à la date de la demande et relevant de son autorité parentale au sens de l'article 371-2 du code civil, ou qui en relevaient jusqu'à leur dix-huitième anniversaire, âgés de moins de vingt et un ans.

SECTION 2 Attribution et service de l'aide

SOUS-SECTION 1 Organisation de la gestion de l'aide

Art. D. 214-17 La Caisse nationale d'allocations familiales et la Caisse centrale de la mutualité sociale agricole assurent, chacune en ce qui la concerne et pour le compte de l'État, la gestion administrative, comptable et financière de l'aide. Les modalités de financement de l'aide par l'État, de contrôle de l'aide par les organismes débiteurs de prestations familiales et de suivi statistique de l'aide sont fixées par des conventions conclues respectivement par le directeur général de la Caisse nationale d'allocations familiales et celui de la Caisse centrale de la mutualité sociale agricole d'une part, et le ministre chargé de la cohésion sociale, le ministre chargé des droits des femmes, et, le cas échéant, le ministre chargé de l'agriculture d'autre part.

La Caisse nationale d'allocations familiales et la Caisse centrale de la mutualité sociale agricole centralisent les opérations financières et comptables réalisées au titre de l'aide d'urgence, respectivement par les caisses d'allocations familiales et les caisses de mutualité sociale agricole.

§ *[SOUS-SECTION]* 2 INSTRUCTION DE LA DEMANDE D'AIDE

Art. D. 214-18 La demande d'aide est réalisée au moyen d'un formulaire homologué auprès de l'organisme en charge de son service.

Le formulaire de demande comporte des informations relatives à l'identité, à la situation familiale et professionnelle ainsi qu'aux ressources du demandeur.

La demande est assortie d'une copie de l'une des pièces mentionnées à l'article L. 214-9 attestant de la situation de violences conjugales.

Le formulaire prévoit l'engagement par le demandeur de l'aide de rembourser celle-ci lorsqu'elle est accordée sous forme de prêt, sauf dans les cas mentionnés à la deuxième phrase du premier alinéa de l'article L. 214-12, et de transmettre à l'organisme qui la lui a attribuée les informations sur l'existence d'une procédure pénale, son état d'avancement et son issue, notamment l'éventuelle condamnation de son conjoint, partenaire de pacte civil de solidarité ou concubin à l'une des peines mentionnées à l'article L. 214-12. Il permet le recueil du consentement du demandeur à la transmission de sa demande d'aide auprès du président du conseil départemental compétent.

La demande est adressée à l'organisme dont la personne ou un membre de son foyer est allocataire, le cas échéant, et, à défaut, à l'organisme de son adresse de résidence déterminé en application de l'article R. 514-1 du code de la sécurité sociale. Dans le cas où le demandeur relève d'un foyer dont aucune personne n'est allocataire, il n'est pas tenu compte du conjoint, partenaire de pacte civil de solidarité ou concubin concerné par la situation à l'origine de la demande d'aide pour la détermination de l'organisme compétent, ni, le cas échéant, du nouveau conjoint, partenaire de pacte civil de solidarité ou concubin du demandeur.

Art. D. 214-19 Les délais de versement mentionnés à l'article L. 214-10 courent à compter du recueil par l'organisme débiteur des prestations familiales de l'ensemble des informations nécessaires à l'appréciation des conditions d'ouverture du droit à l'aide et à son calcul.

Art. D. 214-20 La décision d'attribution de l'aide ou de rejet de la demande est motivée et notifiée par l'organisme chargé d'instruire la demande par tout moyen permettant d'établir une date certaine de réception. Elle mentionne les voies et délais de recours ainsi que la juridiction compétente.

SOUS-SECTION 3 REMBOURSEMENT DU PRÊT

Art. D. 214-21 Le remboursement de l'aide attribuée sous forme de prêt est exigible de son bénéficiaire à compter du vingt-quatrième mois qui en suit l'attribution, sauf dans le cas où :

1° Une procédure pénale mentionnée au premier alinéa de l'article L. 214-12 est en cours, auquel cas le remboursement et la prescription du recouvrement restent suspendus jusqu'à ce que l'organisme qui a attribué l'aide ait connaissance de l'issue de cette procédure.

2° La procédure pénale engagée à l'encontre du conjoint, partenaire de pacte civil de solidarité ou concubin du bénéficiaire a donné lieu à une décision définitive demandant à celui-ci le remboursement du prêt au titre de la peine complémentaire prévue à l'article 222-44-1 du code pénal, de la mesure de composition pénale prévue au 20° de l'article 41-2 du code de procédure pénale ou de la mesure de classement sous condition de versement pécuniaire prévue au 4° de l'article 41-1 du même code.

Elle est remboursée par son bénéficiaire par fractions égales, en vingt-quatre mensualités au maximum, à compter de la date d'exigibilité déterminée en application du présent article.

Le bénéficiaire du prêt peut opter, alternativement ou cumulativement, pour un remboursement anticipé, ainsi que pour un remboursement en une seule fois ou sur un nombre de mensualités inférieur à vingt-quatre, ou pour un prélèvement sur les autres prestations à échoir, mentionnées à l'article L. 214-14, qui lui sont versées par l'organisme débiteur de prestations familiales.

Il peut, au regard de sa situation financière, solliciter une remise totale ou partielle du remboursement du prêt auprès de l'organisme qui le lui a attribué, dans les conditions prévues par les articles D. 847-1 à D. 847-3 du code de la sécurité sociale en cas d'indus de prime d'activité.

Art. D. 214-22 Les décisions de remise et de réduction du remboursement du prêt, ainsi que les motifs d'exonération de son remboursement prévus à l'article L. 214-12, éteignent les créances correspondantes des organismes qui ont attribué les prêts. Le montant correspondant à ces créances éteintes, ainsi qu'aux admissions en non-valeur, est à la charge de l'État.

SECTION 3 Droits et aides accessoires au revenu de solidarité active

Art. D. 214-23 L'organisme qui attribue l'aide met à la disposition du bénéficiaire une attestation d'attribution de l'aide, précisant sa forme, lui permettant le cas échéant de solliciter le bénéfice de droits et aides accessoires au revenu de solidarité active auprès des organismes qui les attribuent.

Art. D. 214-24 La demande du bénéfice des droits et des aides accessoires au revenu de solidarité active est instruite par les institutions et organismes qui les attribuent, en tenant notamment compte de la situation financière, sociale et professionnelle des personnes.

SECTION 4 Contrôle, contentieux et lutte contre la fraude

Art. D. 214-25 Le délai maximal du remboursement des indus en un ou plusieurs versements prévus à l'article L. 214-14 est fixé à douze mois.

Sont applicables à l'aide d'urgence :

1° Les dispositions des articles R. 847-1, R. 847-2 et R. 847-3 du code de la sécurité sociale ;

2° Les dispositions de l'article D. 847-1 du même code, lorsque le bénéficiaire de l'aide est allocataire à la date de constatation de l'indu. Dans le cas contraire, l'indu est récupérable par fractions égales en douze mensualités maximum.

CHAPITRE V DISPOSITIONS DIVERSES EN FAVEUR DES FAMILLES

SECTION 1 Fête des mères

Art. R. 215-1 Chaque année, la République française rend officiellement hommage, aux mères, au cours d'une journée consacrée à la célébration de la "Fête des mères".

Le ministre chargé de la famille organise cette fête avec le concours de l'union nationale des associations familiales. – *[C. fam., art. 17.]*

Art. D. 215-2 La fête des mères est fixée au dernier dimanche de mai. Si cette date coïncide avec celle de la Pentecôte, la fête des mères a lieu le premier dimanche de juin. – *[C. fam., art. 18.]*

SECTION 2 Carte nationale de priorité de la famille

Art. R. 215-3 Une carte de priorité est délivrée par les organismes chargés du versement des prestations familiales aux personnes remplissant l'une des conditions suivantes :

1° Femmes enceintes ;

2° Personnes ayant la charge effective et permanente, au sens de l'article L. 521-2 du code de la sécurité sociale, d'un enfant de moins de trois ans ;

3° Personnes ayant la charge effective ou permanente, au sens du même article, d'au moins trois enfants de moins de seize ans ou de deux enfants de moins de quatre ans.

Cette carte est délivrée par le préfet aux personnes qui, décorées de la médaille de la famille, n'en sont pas déjà titulaires par application des alinéas précédents. – *[C. fam., art. 22, première partie.]*

Art. R. 215-4 La carte est valable :

1° Pour les femmes enceintes, pendant toute la durée de la grossesse ;

2° Pour les cas mentionnés aux 2° et 3° de l'article R. 215-3, pour une durée de trois ans, avec renouvellement pour la même période si les conditions continuent d'être remplies ;

3° Pour les personnes décorées de la médaille de la famille, pour une durée illimitée. – *[C. fam., art. 22, deuxième partie.]*

Art. R. 215-5 La carte de priorité donne à son titulaire se présentant en personne un droit de priorité pour l'accès aux bureaux et guichets des administrations et services publics et aux transports publics. Il ne peut être fait usage de ce droit qu'au profit du titulaire de la carte et des personnes vivant effectivement à son foyer. – *[C. fam., art. 24.]*

Art. R. 215-6 Des arrêtés du ministre chargé de la famille déterminent les conditions d'application des articles R. 215-3 à R. 215-5 ; ils précisent notamment les conditions et les limites dans lesquelles s'exerce le droit de priorité, les obligations qui peuvent être imposées aux titulaires de la carte ainsi que les mesures destinées à empêcher tout abus du droit qui leur est reconnu. – *[C. fam., art. 31.]*

SECTION 3 Médaille de la famille

Art. D. 215-7 *(Décr. nº 2013-438 du 28 mai 2013, art. 1er) (Décr. nº 2022-203 du 17 févr. 2022, art. 1er)* « I. — La médaille de l'enfance et des familles est une distinction honorifique décernée afin de rendre hommage à leurs mérites, et de leur témoigner la reconnaissance de la Nation :

« 1° Aux personnes qui élèvent ou qui ont élevé dignement au moins quatre enfants français ;

« 2° Aux personnes qui élèvent ou qui ont élevé dignement un ou des enfants dans un contexte familial, social ou économique particulièrement difficile.

« Peuvent obtenir cette distinction le ou les parents ou autres titulaires de l'autorité parentale dont l'aîné a atteint l'âge de seize ans, qui, dans l'exercice de leur autorité parentale, ont manifesté une attention et un effort constants pour assumer leur rôle dans les meilleures conditions morales et matérielles possibles.

« II. — Par dérogation aux dispositions du I, cette distinction peut également être attribuée :

« 1° Aux personnes qui, au décès de leurs parents, élèvent ou ont élevé seuls pendant au moins deux ans un ou plusieurs de leurs frères et sœurs ;

2° Aux personnes élevant ou ayant élevé seuls pendant au moins deux ans un ou plusieurs enfants de leur famille devenus orphelins ;

« 3° Aux veuves et veufs de guerre ou d'acte de terrorisme qui élèvent ou ont élevé seuls un ou des enfants du fait du décès de leur conjoint ;

« 4° Aux personnes qui dédient ou qui ont dédié leur vie professionnelle ou leur action bénévole à l'accompagnement, à la protection et à la défense de l'enfance et des familles, notamment dans les domaines de l'accueil des jeunes enfants, de la protection de l'enfance, du soutien à la parentalité, de la prévention et de la lutte contre la pauvreté des enfants et des familles et de la protection maternelle et infantile ;

« 5° Aux personnes ayant rendu des services exceptionnels pour l'accompagnement et le soutien des familles ou pour l'accompagnement et la protection des enfants et de leurs droits.

« III. — » La médaille peut être accordée à titre posthume si la proposition est faite dans les deux ans du décès *(Décr. nº 2022-203 du 17 févr. 2022, art. 1er)* « de la personne concernée.

« IV. — » Les personnes de nationalité étrangère, hors les ressortissants des États membres de l'Union européenne ou parties à l'accord sur l'Espace économique européen, ne peuvent bénéficier de la médaille française de la famille que si elles sont en situation régulière au regard de la législation sur le séjour ou si elles sont titulaires d'un récépissé de demande de renouvellement de titre de séjour.

Art. D. 215-8 *(Décr. nº 2013-438 du 28 mai 2013, art. 2)* La *(Décr. nº 2022-203 du 17 févr. 2022, art. 2)* « médaille de l'enfance et des familles » est d'un module de 33 millimètres et frappée dans un métal bronze doré.

Elle porte sur l'avers la représentation *(Décr. nº 2022-203 du 17 févr. 2022, art. 2)* « de deux paumes de mains entourées de motifs végétaux et enserrant en gigogne deux autres paires de paumes de main » et l'inscription *(Décr. nº 2022-203 du 17 févr. 2022, art. 2)* « médaille de l'enfance et des familles » et, sur le revers, les mots : "République française" *(Décr. nº 2022-203 du 17 févr. 2022, art. 2)* « ornés de motifs végétaux ».

La médaille se porte, suspendue à un ruban, sur le côté gauche de la poitrine. Le ruban, de 32 millimètres de largeur, est divisé, dans le sens vertical, en trois parties égales par une bande médiane vert lumière placée entre deux bandes rouge ponceau.

L'insigne est constitué par un ruban aux couleurs du ruban de la médaille.

Art. D. 215-9 *Abrogé par Décr. nº 2006-672 du 8 juin 2006, à compter du 9 juin 2009.*

Art. D. 215-10 *(Décr. nº 2022-203 du 17 févr. 2022, art. 3)* **« I. — Le pouvoir de conférer la médaille de l'enfance et des familles :**

« 1° Est délégué dans chaque département au préfet, après avis motivé du président de l'union départementale des associations familiales, lorsque la médaille est décernée au titre du I de l'article D. 215-7, à l'exception des familles domiciliées à l'étranger pour lesquelles la médaille est décernée par arrêté du ministre chargé de la famille ;

« 2° Est exercé concurremment par le préfet de département et le ministre chargé de la famille lorsque la médaille est décernée au titre des 1° à 4° du II de l'article D. 215-7 ;

« 3° Est exercé par le ministre chargé de la famille, de sa propre initiative ou sur saisine conjointe du préfet et du président de l'union départementale des associations familiales, lorsque la médaille est décernée au titre du 5° du II de l'article D. 215-7.

« II. — » « Préalablement *(Décr. nº 2022-203 du 17 févr. 2022, art. 3)* **« aux décisions qu'ils prennent en application des 2°, 3° et 4° du I », le ministre chargé de la famille** *(Décr. nº 2022-203 du 17 févr. 2022, art. 3)* **« et le préfet de département » peut recueillir l'avis de l'Union nationale des associations familiales »** *(Décr. nº 2022-203 du 17 févr. 2022, art. 3)* **« et de l'union départementale des associations familiales.**

« III. — » Sur sa demande, le postulant peut obtenir communication des motifs ayant fondé le refus de l'octroi de la médaille. — *[Décr. nº 82-938 du 28 oct. 1982, art. 4.]*

Art. D. 215-11 **Les titulaires de la** *(Décr. nº 2022-203 du 17 févr. 2022, art. 4)* **« médaille de l'enfance et des familles » reçoivent un diplôme contenant un extrait de l'arrêté d'attribution. Ils sont en outre autorisés à porter l'insigne et la médaille métallique qui peuvent leur être délivrés.**

Ces diplômes, insignes et médailles, doivent être conformes aux modèles arrêtés par le ministre chargé de la famille. — *[Décr. nº 82-938 du 28 oct. 1982, art. 5.]*

V. Arr. du 22 avr. 2022 relatif au diplôme de la médaille de l'enfance et des familles (JO 27 avr., NOR : SSAA2212363A).

Art. D. 215-12 **Le droit de porter l'insigne et la** *(Décr. nº 2022-203 du 17 févr. 2022, art. 4)* **« médaille de l'enfance et des familles » ainsi que le bénéfice des avantages attachés à la possession de cette distinction peuvent par décision de l'autorité qui a qualité pour l'attribuer** *(Abrogé par Décr. nº 2013-438 du 28 mai 2013, art. 4)* **« *, prise après avis de la commission compétente,* » être retirés aux titulaires lorsque l'une des conditions prévues à l'article D. 215-7 cesse d'être remplie.**

En cas de démérite notoire et d'urgence et en attendant qu'une décision de retrait soit intervenue, les droits et avantages mentionnés au premier alinéa peuvent être suspendus par décision de l'autorité qui a qualité pour attribuer la médaille.

Les chefs des parquets transmettent aux préfets copie des décisions rendues en matière criminelle, correctionnelle ou de police à l'encontre des titulaires de la médaille ou de leur conjoint. — *[Décr. nº 82-938 du 28 oct. 1982, art. 6.]*

Art. D. 215-13 *(Décr. nº 2013-438 du 28 mai 2013, art. 5)* **Un arrêté du ministre chargé de la famille fixe les modalités de présentation et d'instruction des demandes ainsi que les modalités de proposition d'attribution et de retrait de la** *(Décr. nº 2022-203 du 17 févr. 2022, art. 4)* **« médaille de l'enfance et des familles ».**

Les conditions particulières d'application de la présente section pour les familles domiciliées à l'étranger sont fixées par arrêté conjoint du ministre chargé de la famille et du ministre chargé des affaires étrangères.

SECTION 4 Information et soutien des personnes appelées à exercer ou exerçant une mesure de protection juridique des majeurs en application de l'article 449 du code civil

(Décr. nº 2008-1507 du 30 déc. 2008)

Art. R. 215-14 Pour bénéficier de l'information prévue à l'article L. 215-4, les personnes appelées à exercer ou exerçant une mesure de protection juridique en application de l'article 449 du code civil s'adressent aux greffes des *(Décr. n° 2019-913 du 30 août 2019, art. 3, en vigueur le 1er janv. 2020)* « tribunaux judiciaires *[ancienne rédaction : tribunaux d'instance et de grande instance]* ». Les greffes leur remettent la liste des personnes et des structures qui délivrent cette information. Cette liste est établie et mise à jour par le procureur de la République après avis des juges des tutelles de son ressort.

Art. R. 215-15 L'information mentionnée à l'article L. 215-4 est délivrée sous la forme d'un document ou sur internet. En toute hypothèse, elle comporte :

1° Un rappel du fait que la protection d'une personne vulnérable est d'abord un devoir des familles, et subsidiairement une charge confiée à la collectivité publique ;

2° Une explication précise du contenu des principes fondamentaux de la protection juridique issus de l'article 428 du code civil, que sont le principe de nécessité, le principe de subsidiarité et le principe de proportionnalité ;

3° Une présentation de la législation sur la protection des personnes majeures vulnérables ;

4° Le contenu de la charte des droits et libertés de la personne majeure protégée figurant à l'annexe 4-3 ;

5° La description du contenu des mesures de protection juridique des majeurs ;

6° L'énoncé des droits et obligations de la personne chargée d'exercer la mesure de protection.

Art. R. 215-16 I. — A sa demande, l'intéressé peut bénéficier d'un soutien technique apporté par les personnes et les structures inscrites sur la liste prévue à l'article R. 215-14.

Ce soutien technique consiste en une information personnalisée et une aide technique dans la formalisation des actes de saisine de l'autorité judiciaire et dans la mise en œuvre des diligences nécessaires à la protection des intérêts de la personne protégée.

II. — Toute personne physique qui apporte un soutien technique doit satisfaire aux conditions fixées au I de l'annexe 4-6. Elle intervient ponctuellement, ne peut constituer d'archive nominative concernant la personne protégée et la mesure dont elle fait l'objet et est tenue au secret.

Lorsqu'elle souhaite réaliser les actions de soutien conjointement avec des tiers, la personne ou la structure mentionnées au premier alinéa passe une convention avec ceux-ci pour en préciser les modalités de mise en œuvre.

Ces modalités sont définies aux II et III de l'annexe 4-6.

Art. R. 215-17 L'information délivrée au titre de la présente section doit être objective et impartiale. Elle n'a pas pour objet d'influencer la personne qui la reçoit dans les décisions relatives à la situation personnelle, patrimoniale, financière et économique de la personne protégée.

SECTION 5 Dispositions pénales et sanctions

Art. R. 215-18 Tout agent de la force publique, qui a refusé ou négligé d'assurer le respect des droits attachés à la possession régulière de la carte nationale de priorité, s'expose à des sanctions disciplinaires. — *[Anc. art. R. 215-14.]*

Art. R. 215-19 Le fait d'user de la carte nationale de priorité de la famille sans en être titulaire ou sans satisfaire aux conditions fixées à l'article R. 215-3 est puni de l'amende prévue pour les contraventions de la 5e classe.

La récidive de la contravention prévue au présent article est réprimée conformément à l'article 132-11 du code pénal. — *[Anc. art. R. 215-15.]*

Art. R. 215-20 Le fait de s'opposer par injure, menace, violence ou par tout autre moyen à l'exercice du droit de priorité de la famille est puni de l'amende prévue pour les contraventions de la 5e classe. — *[Anc. art. R. 215-16.]*

CHAPITRE VI **ESPACE DE RENCONTRE**

(Décr. n° 2012-1153 du 15 oct. 2012, art. 1er)

Les personnes gestionnaires d'un espace de rencontre en activité à la date d'entrée en vigueur du Décr. n° 2012-1153 du 15 oct. 2012 doivent déposer leur demande d'agrément avant le 1er juill. 2013 (Décr. préc., art. 2).

Art. D. 216-1 L'espace de rencontre est un lieu permettant à un enfant de rencontrer l'un de ses parents ou un tiers, ou de faire l'objet d'une remise à un parent ou à un tiers. Il contribue au maintien des relations entre un enfant et ses parents ou un tiers, notamment en assurant la sécurité physique et morale et la qualité d'accueil des enfants, des parents et des tiers.

Un espace de rencontre peut être désigné par une autorité judiciaire sur le fondement des articles 373-2-1, 373-2-9 et 375-7 du code civil sous réserve de faire l'objet d'un agrément délivré dans les conditions prévues au présent chapitre.

Un espace de rencontre peut être financé, notamment par l'État, les caisses d'allocations familiales ou les conseils départementaux.

Art. R. 216-2 La demande d'agrément comprenant les éléments énumérés à l'article D. 216-3 est adressée au préfet du département du lieu d'implantation de l'espace de rencontre par lettre recommandée avec demande d'avis de réception ou par tout moyen permettant d'établir une date certaine. A défaut de notification d'une décision dans un délai de deux mois à compter de la réception d'un dossier complet, l'agrément est réputé acquis. Tout refus d'agrément doit être motivé.

Art. D. 216-3 La demande d'agrément comporte les éléments suivants :

a) L'identité de la personne gestionnaire de l'espace de rencontre ;

b) L'adresse et les coordonnées de l'espace de rencontre ;

c) Un document précisant les objectifs, les modalités d'accueil et les moyens mis en œuvre, compte tenu du public accueilli et du contexte local, notamment en ce qui concerne les capacités d'accueil, les effectifs et la qualification des personnes chargées de l'accueil des familles ;

d) Le plan des locaux, avec la superficie et la destination des pièces ;

e) Le cas échéant, l'autorisation d'ouverture au public délivrée par le maire attestant la sécurité et l'accessibilité des locaux ou à défaut l'avis de la commission de sécurité ;

f) Les attestations d'assurance concernant l'espace de rencontre ;

g) Le règlement de fonctionnement mentionné à l'article D. 216-5 ou le projet de ce document s'il n'a pas encore été adopté.

Pour les espaces de rencontre gérés par une personne morale de droit privé, ces pièces sont complétées par les statuts de l'organisme gestionnaire et la liste des membres des organes dirigeants.

Art. D. 216-4 Au vu du dossier présenté conformément à l'article D. 216-3, le préfet accorde l'agrément lorsque les conditions suivantes sont remplies :

a) Les modalités d'accueil et les moyens mis en œuvre par l'espace de rencontre permettent d'assurer des conditions satisfaisantes de sécurité, d'hygiène et de confort ;

b) Les personnes chargées de l'accueil des familles au sein de l'espace de rencontre justifient d'une expérience ou d'une qualification suffisante dans le domaine des relations avec les familles et avec les enfants ;

c) Les personnes qui interviennent dans l'espace de rencontre, qu'elles soient professionnelles ou bénévoles, pour exercer des fonctions à quelque titre que ce soit satisfont aux dispositions de l'article L. 133-6 du code de l'action sociale et des familles.

Art. D. 216-5 Le règlement de fonctionnement de l'espace de rencontre précise les modalités d'organisation et de fonctionnement de l'espace de rencontre. Un arrêté

du ministre chargé de la famille précise les modalités d'organisation et de fonctionnement qui doivent être prévues par le règlement de fonctionnement de l'espace de rencontre ainsi que le nombre minimum d'accueillants présents par famille accueillie. – *V. Arr. du 28 juin 2013 relatif aux modalités de fonctionnement et d'organisation des espaces de rencontre (JO 10 juill.).*

Le règlement est porté à la connaissance des parents et des tiers. Ils s'engagent par écrit à le respecter.

Art. D. 216-6 L'agrément est retiré par le préfet lorsque les conditions requises par l'article D. 216-4 ne sont plus réunies.

La personne gestionnaire de l'espace de rencontre qui ne remplit plus les conditions de l'agrément en est informée par lettre recommandée avec avis de réception ou par tout moyen permettant d'établir une date certaine. Elle dispose d'un délai d'un mois pour faire valoir ses observations.

Art. D. 216-7 Les espaces de rencontre agréés sont inscrits sur une liste dressée et tenue à jour par le représentant de l'État dans le département. Il la notifie sans délai aux juridictions intéressées lors de son établissement et à chaque remise à jour.

Après le 1er sept. 2013, seuls les espaces figurant sur la liste visée à l'art. D. 216-7 peuvent faire l'objet d'une désignation par l'autorité judiciaire (Décr. nº 2012-1153 du 15 oct. 2012, art. 2).

CHAPITRE VII CENTRES D'INFORMATION SUR LES DROITS DES FEMMES ET DES FAMILLES

(Décr. nº 2015-1745 du 23 déc. 2015, art. 1er)

Les dispositions du Décr. nº 2015-1745 du 23 déc. 2015 sont applicables dans les îles Wallis-et-Futuna, en Polynésie française et en Nouvelle-Calédonie (Décr. préc., art. 4-I).

SECTION 1 Dispositions générales

Art. D. 217-1 Les associations régulièrement déclarées ayant pour objet statutaire de mettre à disposition des femmes et des familles toutes informations, notamment familiale, sociale, professionnelle, économique, éducative et de santé, tendant à promouvoir les droits des femmes et l'égalité entre les femmes et les hommes ainsi qu'à lutter contre les violences et les préjugés sexistes, peuvent recevoir des subventions de l'État sous réserve d'être agréées en tant que centres d'information sur les droits des femmes et des familles dans les conditions prévues au présent chapitre.

Sont considérées comme des informations, au sens du présent chapitre, les données à caractère documentaire et les renseignements juridiques délivrés de façon gratuite et exclusive de toute consultation juridique au sens de la loi nº 71-1130 du 31 décembre 1971 modifiée portant réforme de certaines professions judiciaires et juridiques *(Abrogé par Décr. nº 2019-1383 du 18 déc. 2019, art. 3-1º)* **«*, à l'occasion d'entretiens individuels ou collectifs dans des permanences prévues à cet effet, notamment dans les quartiers prioritaires de la politique de la ville*».**

(Décr. nº 2019-1383 du 18 déc. 2019, art. 3-1º) **« Les informations sont délivrées dans des conditions de nature à garantir leur confidentialité lors de séances d'entretien individuelles ou collectives se déroulant dans des locaux d'accès public dénommés "permanences d'information juridique" et pouvant, le cas échéant, avoir lieu par visioconférence. »**

Les dispositions modifiées par le Décr. nº 2019-1383 du 18 déc. 2019 peuvent être modifiées par des actes pris dans les formes requises pour leur modification antérieurement à son entrée en vigueur (Décr. préc. art. 9, JO 19 déc.).

Art. D. 217-2 L'agrément précise les modalités de présentation au public des centres d'information sur les droits des femmes et des familles.

(Décr. nº 2019-1383 du 18 déc. 2019, art. 3-2º) **« Les membres, les salariés et les bénévoles » de ces associations agréées sont tenus à une obligation de discrétion professionnelle pour tous faits ou informations dont ils ont connaissance dans le cadre**

de leur activité. Compte tenu de la spécificité des activités de ces centres d'information, l'association veille à ce que les intervenants en contact avec le public respectent les principes de neutralité et de laïcité en application de l'article L. 1121-1 du code du travail. – *V. note ss. art. D. 217-1.*

SECTION 2 Conditions, modalités de la délivrance de l'agrément et obligations afférentes

Art. D. 217-3 **L'agrément ne peut être délivré qu'aux associations mentionnées au premier alinéa de l'article D. 217-1 qui, à la date de la demande d'agrément, justifient** *(Abrogé par Décr. nº 2019-1383 du 18 déc. 2019, art. 3-3º)* ***« depuis au moins une année »*** **:**

1° De statuts associatifs garantissant le respect du principe de non-discrimination et l'égal accès des femmes et des hommes à ses instances dirigeantes ;

2° De l'existence d'une gestion saine, prudente et désintéressée par des administrateurs bénévoles n'ayant aucun intérêt financier direct ou indirect dans l'activité ou les résultats de l'association ;

3° De la présence parmi leurs salariés chargés de diffuser les informations juridiques d'un ou plusieurs juristes référents, titulaires d'un diplôme universitaire sanctionnant une formation juridique d'une durée au moins égale à quatre années d'études supérieures après le baccalauréat.

Les statuts, financements et conditions d'organisation et de fonctionnement de l'association ne doivent pas être de nature à limiter son indépendance.

Les associations agréées ne peuvent avoir une activité lucrative qu'à titre accessoire. *(Décr. nº 2019-1383 du 18 déc. 2019, art. 3-3º)* **« Les associations agréées ne font pas appel, pour les personnels de direction, et d'encadrement, ainsi que pour ceux exerçant des fonctions juridiques, à des personnes ayant été condamnées pénalement ou sanctionnées disciplinairement pour des faits contraires à l'honneur, à la probité et aux bonnes mœurs. »**

V. note ss. art. D. 217-1.

Art. R. 217-4 **L'agrément est délivré par décision du** *(Décr. nº 2019-1383 du 18 déc. 2019, art. 3-4º)* **« préfet de région » pour une durée de** *(Décr. nº 2019-1383 du 18 déc. 2019, art. 3-4º)* **« cinq » ans renouvelable.** – *V. note ss. art. D. 217-1.*

Le silence gardé pendant quatre mois par l'autorité administrative à compter de la réception du dossier complet de demande d'agrément vaut décision implicite d'accord.

Art. D. 217-5 **La demande d'agrément signée par le représentant légal de l'association et le dossier correspondant sont adressés, par tous moyens permettant de conférer date certaine, au représentant de l'État dans la région dans laquelle l'association a son siège social. Celui-ci instruit la demande et transmet une copie de la demande et du dossier complet par voie dématérialisée avec accusé de réception électronique au** *(Décr. nº 2019-1383 du 18 déc. 2019, art. 3-5º)* **« préfet de département ».**

La composition du dossier joint à la demande d'agrément est fixée par arrêté du ministre chargé des droits des femmes *(Décr. nº 2019-1383 du 18 déc. 2019, art. 3-5º)* **« , afin de lui permettre, le cas échéant, de formuler un avis motivé pouvant comporter des réserves ou des préconisations ».** – *V. Arr. du 20 janv. 2016 (JO 24 janv.).*

Le dossier est réputé complet si, dans un délai d'un mois à compter de sa réception, le représentant de l'État dans la région n'a pas fait connaître au demandeur, par tous moyens permettant de conférer date certaine, la liste des pièces manquantes ou incomplètes.

V. note ss. art. D. 217-1.

Art. D. 217-6 **L'association agréée rend compte de l'activité pour laquelle elle est agréée en transmettant par voie dématérialisée au représentant de l'État dans la région, au plus tard à la fin du premier semestre de chaque année, un compte rendu d'activité pour l'année écoulée et le rapport financier annuel de l'association approuvé par son assemblée générale.** – *V. Arr. du 20 janv. 2016 (JO 24 janv.).*

L'association notifie dans les meilleurs délais, par tous moyens permettant de conférer date certaine, au représentant de l'État dans la région dans laquelle celle-ci exerce son activité toute modification postérieure à la délivrance de l'agrément des statuts de l'association ou des conditions d'exercice de l'activité agréée.

L'autorité administrative qui a délivré l'agrément peut à tout moment faire procéder à un contrôle du respect par l'association agréée des conditions de délivrance et de maintien de l'agrément. L'association agréée est tenue de communiquer tous documents probants ou pièces justificatives nécessaires au bon accomplissement du contrôle.

SECTION 3 **Renouvellement, transfert et retrait de l'agrément**

Art. R. 217-7 L'agrément peut faire l'objet, à l'initiative de l'association bénéficiaire, d'une demande de renouvellement dans les mêmes conditions que celles prévues pour sa délivrance à l'article D. 217-5 et avec les mêmes effets que ceux énoncés à l'article R. 217-4.

Art. D. 217-8 L'agrément accordé à une association en tant que centre d'information sur les droits des femmes et des familles peut faire l'objet d'un transfert dans les cas suivants :

1° En cas de fusion d'une ou plusieurs associations, dont l'une au moins bénéficie d'un agrément en tant que centre d'information sur les droits des femmes et des familles, que celle-ci s'opère avec ou sans création d'une nouvelle structure associative ;

2° En cas de scission en deux ou plusieurs associations, qu'elle soit ou non réalisée par apport à une nouvelle association.

Le transfert d'agrément ne peut s'effectuer qu'au profit d'une seule structure associative destinataire et ne vaut que pour la durée restant à courir du dernier agrément accordé au titre des dispositions du présent chapitre.

Pour en bénéficier, la structure associative destinataire doit remplir les conditions de délivrance de l'agrément, sous réserve de la condition d'ancienneté prévue à l'article R. 217-3.

La demande de transfert d'agrément est adressée, par tous moyens permettant de conférer date certaine, *(Abrogé par Décr. nº 2019-1383 du 18 déc. 2019, art. 3-6º)* *« au ministre chargé des droits des femmes et »* au représentant de l'État dans la région du siège de l'association. Elle indique les conséquences qui en résulteront par rapport à l'agrément initialement délivré, en particulier quant à l'évolution du volume horaire de son activité d'information du public et quant à l'évolution du volume de ses effectifs de juristes référents. La composition du dossier joint à cette demande est fixée par arrêté du *(Décr. nº 2019-1383 du 18 déc. 2019, art. 3-6º)* « ministre chargé des droits des femmes. — *V. Arr. du 20 janv. 2016 (JO 24 janv.). — V. note ss. art. D. 217-1.*

Art. R. 217-9 Le transfert d'agrément est accordé par décision du *(Décr. nº 2019-1383 du 18 déc. 2019, art. 3-7º)* « préfet de région ».

Le silence gardé pendant quatre mois par le *(Décr. nº 2019-1383 du 18 déc. 2019, art. 3-7º)* « préfet de région » à compter de la réception de la demande de transfert d'agrément vaut décision implicite d'accord.

Tout agrément initialement délivré prend fin de plein droit en cas de fusion ou de scission effectuée en l'absence de décision *(Décr. nº 2019-1383 du 18 déc. 2019, art. 3-7º)* « préfectorale » accordant le transfert d'agrément.

V. note ss. art. D. 217-1.

Art. D. 217-10 I. — L'agrément en tant que centre d'information sur les droits des femmes et des familles peut être retiré, en cas d'urgence après mesure conservatoire de suspension, dans les cas suivants :

1° Lorsque l'association qui en bénéficie cesse de satisfaire à l'une des conditions requises pour la délivrance de l'agrément ;

2° Pour tout motif grave, notamment :

a) En cas de changement non déclaré aux autorités administratives des statuts de l'association ;

b) En cas de non-respect d'une condition substantielle de l'agrément ;

c) En l'absence de transmission du compte rendu d'activité et du rapport financier annuels ;

d) En cas de refus de communication des pièces justificatives exigées lors d'un contrôle après octroi de l'agrément.

(Décr. nº 2019-1383 du 18 déc. 2019, art. 3-8º) « II. — La mesure de suspension de l'agrément est prise par le préfet de région, qui la notifie à l'association concernée par tout moyen permettant de conférer date certaine à sa réception. La durée de la suspension ne peut excéder quatre mois.

« Si, à l'issue du délai fixé par la mesure de suspension, l'association ne s'est pas conformée aux obligations qui lui ont été imposées, le préfet de région peut retirer l'agrément. A défaut de décision de retrait, la suspension est levée et l'agrément s'applique à nouveau pour la période restant à courir.

« III. — L'association dont le retrait d'agrément est envisagé, est préalablement informée des motifs justifiant ce retrait et de la possibilité de présenter des observations écrites. Cette information doit intervenir au plus tard un mois avant la décision de retrait. La décision de retrait d'agrément, dûment motivée, est prise par le préfet de région, qui la notifie à l'association concernée par tout moyen permettant de conférer date certaine à sa réception. » — *V. note ss. art. D. 217-1.*

IV. — La décision de retrait d'agrément fait obstacle au versement à l'association de la subvention de l'État.

TITRE II ENFANCE

CHAPITRE I SERVICE DE L'AIDE SOCIALE À L'ENFANCE

SECTION 1 Protection sociale de l'enfance en danger

Art. R. 221-1 Dans chaque département, le président du conseil départemental est chargé d'exercer une action sociale préventive auprès des familles dont les conditions d'existence risquent de mettre en danger la santé, la sécurité, la moralité ou l'éducation de leurs enfants. — *[Décr. nº 59-100 du 7 janv. 1959, art. 1er, al. 1er.]*

Art. R. 221-2 S'il y a lieu, dans les cas qui soulèvent des problèmes particuliers, le président du conseil départemental suscite de la part des parents toutes les mesures utiles et notamment, une mesure de placement approprié ou d'action éducative.

Il intervient auprès de l'autorité judiciaire en signalant soit au procureur de la République soit au juge des enfants, les cas qui lui paraissent relever des articles 375 à 375-8 du code civil.

S'agissant de mineurs émancipés ou de majeurs âgés de moins de vingt et un ans, le président du conseil départemental ne peut agir que sur demande des intéressés et lorsque ces derniers éprouvent des difficultés d'insertion sociale faute de ressources ou d'un soutien familial suffisants. — *[Décr. nº 59-100 du 7 janv. 1959, art. 2.]*

Art. R. 221-3 Sans préjudice de l'application des dispositions de l'article 375-1 du code civil et de l'intervention des autorités locales ou de toutes les personnes qui ont compétences à des titres divers pour assurer la protection de l'enfance, le service de prévention est saisi par les assistants de service social, qui, à quelque service qu'ils appartiennent, se trouvent, dans l'exercice de leurs fonctions en présence d'un des cas mentionnés à l'article R. 221-1. — *[Décr. nº 59-100 du 7 janv. 1959, art. 4.]*

SECTION 2 Mesures d'assistance éducative

Art. R. 221-4 Le juge des enfants, saisi en vertu des articles 375 à 375-8 du code civil, avise de l'ouverture de la procédure ou de l'instance modificative le président du conseil départemental.

Le président du conseil départemental communique au juge des enfants les renseignements que possèdent ses services sur le mineur et sur la famille et lui fournit tous avis utiles. – *[Décr. nº 59-1095 du 21 sept. 1959, art. 1er.]*

SECTION 3 Transmission d'informations entre départements

(Décr. nº 2013-994 du 7 nov. 2013, art. 2)

Art. R. 221-5 Lorsqu'il engage la procédure de transmission d'informations prévue à l'article L. 221-3, le président du conseil départemental du département d'origine procède, sauf intérêt contraire de l'enfant, aux formalités précisées, selon le cas, aux articles R. 221-5-1, R. 221-5-2 et R. 221-5-3.

Art. R. 221-5-1 Dans le cas où le mineur est concerné par une information préoccupante en cours de traitement ou d'évaluation, le président du conseil départemental du département d'origine informe les parents ou les représentants légaux de ce mineur de la procédure de transmission d'informations qu'il engage avec le département d'accueil et de ses implications sur le traitement ou l'évaluation en cours.

Art. R. 221-5-2 I. – Dans le cas où le mineur est concerné par une prestation administrative d'aide sociale à l'enfance en cours de réalisation, hors aide financière, le président du conseil départemental du département d'origine informe les parents ou les représentants légaux du mineur de la procédure de transmission d'informations et recueille leur accord écrit avant d'engager cette procédure.

II. – En l'absence de cet accord, le président du conseil départemental du département d'origine évalue si l'interruption de cette prestation met en danger ou risque de mettre en danger le mineur concerné.

III. – Lorsque l'interruption de la prestation met en danger le mineur concerné, le président du conseil départemental du département d'origine, après en avoir informé les parents ou les représentants légaux du mineur, saisit l'autorité judiciaire en application de l'article L. 226-4 et transmet au président du conseil départemental du département d'accueil les informations relatives au mineur et à la famille concernés.

IV. – Lorsque l'interruption de la prestation risque de mettre en danger le mineur concerné, le président du conseil départemental du département d'origine, après en avoir informé les parents ou les représentants légaux du mineur, transmet cette information préoccupante au président du conseil départemental du département d'accueil en application de l'article L. 226-2-1 ainsi que les informations relatives au mineur et à la famille concernés.

Art. R. 221-5-3 Dans le cas où le mineur est concerné par une mesure d'assistance éducative, le président du conseil départemental du département d'origine, avisé du dessaisissement de la juridiction en application du troisième alinéa de l'article L. 228-4, informe les parents ou les représentants légaux du mineur de la procédure de transmission d'informations qu'il engage en vue de la poursuite de la mesure en cours.

Art. R. 221-6 I. – Le président du conseil départemental du département d'origine transmet la copie des documents suivants au président du conseil départemental du département d'accueil, sous réserve des dispositions de l'article R. 221-7 :

1º Les informations recueillies par le département dans le cadre d'une information préoccupante ;

2º L'ensemble des décisions d'assistance éducative ou d'attribution de prestation administrative d'aide sociale à l'enfance ;

3º Le rapport d'évaluation prévu au quatrième alinéa de l'article L. 223-1 ;

4º Le rapport annuel de situation de l'enfant prévu à l'article L. 223-5 ;

5º Le rapport circonstancié prévu à l'article L. 221-4 ;

6º Le projet pour l'enfant prévu au cinquième alinéa de l'article L. 223-1.

Le président du conseil départemental d'origine peut, le cas échéant, transmettre tout autre document susceptible d'éclairer les spécificités de la situation du mineur.

II. – Toutefois, dans le cas prévu au troisième alinéa de l'article L. 228-4 et si le juge des enfants du département d'accueil maintient l'exercice de la mesure d'assistance éducative sous la responsabilité du président du conseil départemental du département d'origine, seule une copie des documents suivants est transmise au président du conseil départemental du département d'accueil :

1° La décision d'assistance éducative en cours d'exécution ;

2° L'ensemble des documents permettant la prise en charge financière du mineur concerné.

Art. R. 221-7 La transmission des documents mentionnés aux articles R. 221-6 et R. 221-7 intervient dans les meilleurs délais, sous pli confidentiel, par lettre recommandée avec demande d'avis de réception.

Le président du conseil départemental peut également transmettre ces documents par voie électronique. Dans ce cas, il recourt à des produits ou services mettant en œuvre des fonctions de sécurité conformes aux règles techniques fixées par le référentiel général de sécurité prévu à l'article 9 de l'ordonnance n° 2005-1516 du 8 décembre 2005 relative aux échanges électroniques entre les usagers et les autorités administratives et précisé dans le décret n° 2010-112 du 2 février 2010. Préalablement à la transmission de documents par voie électronique, le président du conseil départemental rend publique, sur son site internet ou par arrêté, l'attestation relative au respect des dispositions de sécurité visées dans l'article 5 du décret du 2 février 2010.

Art. R. 221-8 Ont seuls accès à ces données les agents individuellement désignés et dûment habilités par le président du conseil départemental dans le cadre des missions qui leur sont confiées.

Art. R. 221-9 Les données peuvent être conservées pendant une durée de deux années à compter de la fin de la dernière opération enregistrée ou de la dernière mesure sociale décidée.

Toutefois, les informations relatives aux enfants bénéficiant d'actions éducatives en milieu ouvert et celles relatives aux enfants placés peuvent être conservées respectivement pendant cinq et dix ans.

Les données ne peuvent plus être transmises lorsque l'enfant a atteint l'âge de la majorité, sauf s'il bénéficie d'une mesure d'action éducative.

Art. R. 221-10 Lorsque les parents ou les représentants légaux de l'enfant ont été informés de l'existence d'une information préoccupante les concernant, ils sont également informés de l'informatisation de ces données.

Les droits d'accès et de rectification prévus par les articles 39 et 40 de la loi du 6 janvier 1978 s'exercent auprès du président du conseil départemental auquel l'information a été transmise.

SECTION 3 *BIS* Conditions d'accueil exceptionnel pour les situations d'urgence ou pour assurer la mise à l'abri des personnes mineures ou majeures âgées de moins de vingt et un ans prises en charge par l'aide sociale à l'enfance

(Décr. n° 2024-119 du 16 févr. 2024, art. 1er)

V. ***Addendum, p. 2151.***

Art. D. 221-10-1 à D. 221-10-3

SECTION 4 Conditions d'accueil et d'évaluation de la situation des mineurs privés temporairement ou définitivement de la protection de leur famille

(Décr. n° 2016-840 du 24 juin 2016, art. 1er)

SOUS-SECTION 1 Conditions d'évaluation de la situation des mineurs privés temporairement ou définitivement de la protection de leur famille

Art. R. 221-11 *(Décr. n° 2023-1240 du 22 déc. 2023, art. 1er-1°)* I. — La durée de l'accueil provisoire d'urgence prévu au I de l'article L. 221-2-4 est de cinq jours à compter du premier jour de la prise en charge de la personne se déclarant mineure et privée temporairement ou définitivement de la protection de sa famille. L'accueil peut être prolongé deux fois pour la même durée. Le président du conseil départemental informe sans délai le procureur de la République de cet accueil et de ses éventuelles prolongations.

II. — L'évaluation de la minorité et de l'isolement prévue au II de l'article L. 221-2-4 est réalisée pendant la période d'accueil provisoire d'urgence et après que la personne accueillie a bénéficié d'un temps de répit.

III. — Au cours du temps de répit, le président du conseil départemental identifie les besoins en santé de la personne accueillie en vue, le cas échéant, d'une orientation vers une prise en charge adaptée. Les éléments obtenus à cette occasion ne peuvent pas être utilisés pour évaluer la minorité et la situation d'isolement de la personne accueillie.

La durée du temps de répit est déterminée par le président du conseil départemental en fonction de la situation de la personne accueillie au moment où elle se présente, en particulier de son état de santé physique et psychique ainsi que du temps nécessaire pour que la personne soit informée, dans une langue qu'elle comprend, des modalités et des enjeux attachés à l'évaluation.

IV. — L'évaluation de la minorité et de l'isolement est organisée selon les modalités précisées dans un référentiel national fixé par arrêté des ministres de la justice et de l'intérieur ainsi que des ministres chargés de l'enfance, des collectivités territoriales et de l'outre-mer.

Les entretiens sont conduits par des professionnels justifiant d'une formation ou d'une expérience définie par arrêté des ministres mentionnés à l'alinéa précédent dans le cadre d'une approche pluridisciplinaire. Ces entretiens se déroulent dans une langue comprise par la personne accueillie.

V. — Pour l'application du troisième alinéa du II de l'article L. 221-2-4, le président du conseil départemental conclut avec le préfet de département et, à Paris, avec le préfet de police, une convention qui fixe les modalités selon lesquelles l'action de leurs services est coordonnée, notamment en ce qui concerne la présentation de la personne aux fins de renseigner le traitement de données prévu à l'article R. 221-15-1. Cette convention est établie sur la base d'une convention-type dont le contenu est fixé par arrêté du ministre de l'intérieur et du ministre chargé de l'enfance. — *V. Arr. du 1er févr. 2024 relatif à la convention-type prévue à l'art. R. 221-11 CASF (JO 7 févr., NOR : IOMV2400975A).*

Le président du conseil départemental organise l'accompagnement à la préfecture des personnes accueillies.

Lorsqu'une personne refuse de communiquer toute donnée utile à son identification ou de communiquer les données à caractère personnel mentionnées à l'article R. 221-15-2, le préfet en informe le président du conseil départemental chargé de l'évaluation.

VI. — Au terme du délai mentionné au I ou avant l'expiration de ce délai si l'évaluation a été conduite avant son terme, le président du conseil départemental rend la décision prévue par le septième alinéa du II de l'article L. 221-2-4 et, le cas échéant, saisit le procureur de la République en vertu du quatrième alinéa de l'article L. 223-2 aux fins d'application du deuxième alinéa de l'article 375-5 du code civil. Dans ce cas, l'accueil provisoire d'urgence mentionné au I se prolonge jusqu'à la décision de l'autorité judiciaire.

Si le président du conseil départemental estime que la situation de la personne accueillie ne justifie pas la saisine de l'autorité judiciaire, il notifie à cette personne une décision de refus de prise en charge délivrée dans les conditions de l'article R. 223-2 du code de l'action sociale et des familles. Dans ce cas, l'accueil provisoire d'urgence prend fin.

VII. — Lorsqu'une personne qui a été évaluée majeure saisit l'autorité judiciaire en application de l'article 375 du code civil, le président du conseil départemental, dès qu'il en a connaissance, en informe le préfet de département et, à Paris, le préfet de police, et lui notifie la date de la mesure d'assistance éducative éventuellement prononcée par l'autorité judiciaire.

Art. R. 221-12 *(Décr. nº 2020-768 du 23 juin 2020, art. 1er)* **I. — Font l'objet de contributions forfaitaires de l'État :**

1° Les missions des départements relatives à la mise à l'abri des personnes se déclarant mineures et privées temporairement ou définitivement de la protection de leur famille ;

2° Les missions des départements relatives à l'évaluation de la situation de ces personnes au regard notamment de leurs déclarations sur leur identité, leur âge, leur famille d'origine, leur nationalité et leur état d'isolement, ainsi que *(Décr. nº 2023-1240 du 22 déc. 2023, art. 1er-2°)* **« l'identification » de leurs besoins en santé.**

Un arrêté conjoint des ministres chargés *(Décr. nº 2023-1240 du 22 déc. 2023, art. 1er-2°)* **« de l'enfance » et du budget précise les modalités de calcul de ces contributions et définit le modèle d'attestation à produire par le président du conseil départemental pour en bénéficier.** — *V. Arr. du 28 juin 2019 pris en application de l'art. R. 221-12 CASF et relatif à la participation forfaitaire de l'État à la phase de mise à l'abri et d'évaluation des personnes se déclarant mineures et privées temporairement ou définitivement de la protection de leur famille (JO 18 juill., NOR : SSAA1906009A), mod. par Arr. du 23 oct. 2020 (JO 28 oct., NOR : SSAA2002021A).*

(Décr. nº 2023-1240 du 22 déc. 2023, art. 1er-2°) **« II. — La contribution prévue au 2° du I du présent article est réduite, en tout ou partie, dans une mesure fixée par arrêté des ministres chargés de l'enfance et du budget, lorsque le président du conseil départemental :**

« 1° N'a pas conclu avec le préfet de département ou, à Paris, avec le préfet de police, la convention mentionnée au V de l'article R. 221-11 qui fixe les modalités selon lesquelles l'action de leurs services est coordonnée et ne justifie pas avoir pris de mesures d'organisation de présentation des personnes accueillies ;

« 2° A conclu avec le préfet de département ou, à Paris, avec le préfet de police, la convention mentionnée au V de l'article R. 221-11, mais ne justifie pas avoir pris les mesures prévues par cette convention ;

« 3° N'a pas transmis les informations prévues au III de l'article L. 221-2-4. »

— Les dispositions du II de l'art. R. 221-12, issues du Décr. nº 2023-1240 du 22 déc. 2023, sont applicables aux évaluations clôturées à compter du 1er janv. 2024 (Décr. préc., art. 2).

SOUS-SECTION 2 Conditions d'orientation des mineurs privés temporairement ou définitivement de la protection de leur famille

Art. R. 221-13 **I. —** *(Décr. nº 2023-1253 du 26 déc. 2023, art. 1er-1°)* **« Pour l'application de l'article L. 221-2-2, » le ministre de la justice rend publique au 15 avril, pour l'année civile en cours, la clé de répartition propre à chaque département définie au II.**

Cette clé de répartition est appliquée tout au long de l'année aux départements concernés en fonction du nombre de mineurs à accueillir dans l'ensemble de ces départements.

II. — Un arrêté du ministre de la justice précise les modalités de calcul de la clé de répartition *(Décr. nº 2023-1253 du 26 déc. 2023, art. 1er-2°)* **« entre les départements ».** — *V. Arr. du 28 juin 2016 pris en application du Décr. nº 2016-840 du 24 juin 2016 relatif aux modalités de calcul de la clé de répartition des orientations des mineurs privés temporairement ou définitivement de la protection de leur famille (JO 30 juin, NOR : JUSF1617871A), mod. par Arr. du 19 déc. 2019 (JO 20 déc., NOR : JUSF1935598A).*

Cette clé est égale à la somme :

(Décr. nº 2019-1410 du 19 déc. 2019, art. 1er) **« 1° De la population totale du département** *(Décr. nº 2023-1253 du 26 déc. 2023, art. 1er-3°)* **« diminuée du nombre de bénéficiaires du revenu de solidarité active et de leurs ayants droit dans ce département, » rapportée à la population totale de l'ensemble des départements concernés,** *(Décr. nº 2023-1253 du 26 déc. 2023, art. 1er-3°)* **« diminuée du nombre de bénéficiaires du revenu de solidarité active et de leurs ayants droit dans ces départements, » et ; »**

2° Du cinquième du rapport entre :

***a)* D'une part, la différence entre :**

– le nombre de mineurs *(Décr. nº 2023-1253 du 26 déc. 2023, art. 1er-4º)* « et de majeurs de moins de vingt et un ans » privés temporairement ou définitivement de la protection de leur famille que ce département aurait dû accueillir au 31 décembre de l'année précédente en appliquant la valeur du 1º au nombre de mineurs *(Décr. nº 2023-1253 du 26 déc. 2023, art. 1er-4º)* « et de majeurs de moins de vingt et un ans » accueillis dans l'ensemble des départements à cette date, et ;

– le nombre de mineurs *(Décr. nº 2023-1253 du 26 déc. 2023, art. 1er-4º)* « et de majeurs de moins de vingt et un ans » effectivement pris en charge par le département à cette date ;

b) D'autre part, le nombre de mineurs *(Décr. nº 2023-1253 du 26 déc. 2023, art. 1er-4º)* « et de majeurs de moins de vingt et un ans » accueillis dans l'ensemble des départements concernés au 31 décembre de l'année précédente.

Art. R. 221-14 I. – *(Décr. nº 2023-1253 du 26 déc. 2023, art. 2-1º)* « Le président du conseil départemental transmet au ministre de la justice le nombre total de mineurs privés temporairement ou définitivement de la protection de leur famille qui lui ont été confiés sur décision judiciaire et qui étaient pris en charge par le service d'aide sociale à l'enfance ou qui faisaient l'objet d'un accueil provisoire d'urgence au 31 décembre de l'année précédente, ainsi que le nombre total de majeurs de moins de vingt et un ans privés temporairement ou définitivement de la protection de leur famille qui étaient pris en charge par le service d'aide sociale à l'enfance au 31 décembre de l'année précédente. » Cette transmission intervient avant le 31 mars de l'année en cours.

II. – A défaut de déclaration transmise dans le délai mentionné au I, le nombre de mineurs *(Décr. nº 2023-1253 du 26 déc. 2023, art. 2-2º)* « et de majeurs pris en charge » au 31 décembre de l'année précédente est fixé à zéro.

V. Arr. du 19 sept. 2023 fixant le montant du financement exceptionnel de l'État pour la prise en charge des mineurs non accompagnés confiés à l'aide sociale à l'enfance sur décision de justice et pris en charge au 31 déc. 2022 (JO 21 sept., NOR : PRMA2316654A).

Art. R. 221-15 I. – Il est institué un comité de suivi du dispositif national de mise à l'abri, d'évaluation et d'orientation des mineurs privés temporairement ou définitivement de la protection de leur famille.

II. – *(Décr. nº 2019-670 du 27 juin 2019, art. 3)* « Ce comité est présidé par le ministre de la justice et le ministre chargé de la famille, ou leurs représentants. Il a pour mission : »

1º De suivre la mise en œuvre du dispositif ;

2º D'assurer la concertation sur ce sujet entre les services de l'État, les conseils départementaux et les associations concernées ;

3º D'examiner les évolutions constatées ;

4º De proposer des actions à développer à l'attention *(Décr. nº 2019-670 du 27 juin 2019, art. 3)* « du Gouvernement.

« Ce comité est destinataire une fois par an d'un bilan du fonctionnement du dispositif et du financement forfaitaire prévu à l'article R. 221-12. »

III. – La composition du comité et ses règles de fonctionnement sont précisées par un arrêté des ministres mentionnés au III de l'article R. 221-11. Le comité comprend :

(Décr. nº 2019-670 du 27 juin 2019, art. 3) « 1º Des représentants du ministre de la justice, du ministre de l'intérieur et des ministres chargés de la famille, du budget et des collectivités territoriales ; »

2º Un représentant du ministre des affaires étrangères et un représentant du ministre chargé de l'éducation nationale ;

3º Des représentants des départements, dans la proportion d'au moins un tiers de ses membres ;

4º Des représentants des associations œuvrant dans l'intérêt de l'enfance et de la jeunesse ainsi que des personnalités qualifiées désignés par les ministres mentionnés au 1º.

SOUS-SECTION 3 Appui à l'évaluation de la minorité

(*Décr. n° 2019-57 du 30 janv. 2019, art. 2*)

Les dispositions du Décr. n° 2019-57 du 30 janv. 2019 sont applicables à Saint-Barthélemy et à Saint-Martin (Décr. préc., art. 5).

Art. R. 221-15-1 Le ministre de l'intérieur (direction générale des étrangers en France) est autorisé à mettre en œuvre un traitement automatisé de données à caractère personnel dénommé "appui à l'évaluation de la minorité" (AEM), ayant pour finalités de mieux garantir la protection de l'enfance et de lutter contre l'entrée et le séjour irréguliers des étrangers en France et, à cet effet :

1° D'identifier, à partir de leurs empreintes digitales, les personnes se déclarant mineures et privées temporairement ou définitivement de la protection de leur famille et ainsi de lutter contre la fraude documentaire et la fraude à l'identité ;

2° De permettre une meilleure coordination des services de l'État et des services compétents en matière d'accueil et d'évaluation de la situation des personnes mentionnées au 1° ;

3° D'améliorer la fiabilité de l'évaluation et d'en raccourcir les délais ;

4° D'accélérer la prise en charge des personnes évaluées mineures ;

5° De prévenir le détournement du dispositif de protection de l'enfance par des personnes majeures ou des personnes se présentant successivement dans plusieurs départements.

Art. R. 221-15-2 I. — Peuvent être enregistrées dans le traitement mentionné à l'article R. 221-15-1 les images numérisées du visage et des empreintes digitales de deux doigts des personnes qui se déclarent mineures et privées temporairement ou définitivement de la protection de leur famille.

II. — Peuvent également être enregistrées dans ce traitement les données à caractère personnel et les informations relatives aux personnes qui se déclarent mineures et privées temporairement ou définitivement de la protection de leur famille suivantes :

1° État civil : nom, prénom(s), date et lieu de naissance, sexe, situation familiale ;

2° Nationalité ;

3° Commune de rattachement ou adresse de l'organisme d'accueil auprès duquel la personne est domiciliée ;

4° Coordonnées téléphoniques et électroniques ;

5° Langue(s) parlée(s) ;

6° Données relatives à la filiation de la personne (noms, prénoms des parents) ;

7° Références des documents d'identité et de voyage détenus et du visa d'entrée délivré ;

8° Date et conditions d'entrée en France ;

9° Conseil départemental chargé de l'évaluation ;

10° Données transmises par le conseil départemental chargé de l'évaluation :

a) Numéro de procédure du service de l'aide sociale à l'enfance ;

b) Date à laquelle l'évaluation de la situation de la personne a pris fin et indications des résultats de l'évaluation au regard de la minorité et de l'isolement ;

c) Le cas échéant, existence d'une saisine de l'autorité judiciaire par une personne évaluée majeure et date de la mesure d'assistance éducative lorsqu'une telle mesure est prononcée ;

11° Données enregistrées par l'agent de préfecture responsable du traitement :

a) Numéro de procédure attribué par le traitement AEM ;

b) Date de la notification au préfet de département et, à Paris, au préfet de police de la date à laquelle l'évaluation de la situation de la personne a pris fin.

III. — Le traitement ne comporte pas de dispositif de recherche permettant l'identification à partir de l'image numérisée du visage.

Art. R. 221-15-3 I. – Peuvent accéder, à raison de leurs attributions et dans la limite du besoin d'en connaître, à tout ou partie des données à caractère personnel et informations mentionnées à l'article R. 221-15-2 :

1° Les agents des préfectures et des sous-préfectures chargés de la mise en œuvre de la réglementation concernant les ressortissants étrangers, individuellement désignés et spécialement habilités par le préfet et, à Paris, par le préfet de police ;

2° Aux fins d'administration du traitement, les agents relevant des services centraux du ministère de l'intérieur chargés de l'immigration et du séjour ainsi que des applications et des systèmes d'information relatifs aux étrangers en France, individuellement désignés et spécialement habilités par le ministre de l'intérieur.

II. – Peuvent accéder, à des fins exclusives d'établissement de statistiques, aux informations anonymisées obtenues à partir du traitement mentionné à l'article R. 221-15-1 les agents chargés des études et des statistiques affectés à la direction générale des étrangers en France et à la direction de la recherche, des études, de l'évaluation et des statistiques du ministère chargé des affaires sociales, dans le respect de l'article 7 *bis* de la loi n° 51-711 du 7 juin 1951 modifiée sur l'obligation, la coordination et le secret en matière de statistiques.

Art. R. 221-15-4 Peuvent être destinataires des données à caractère personnel et informations mentionnées à l'article R. 221-15-2, à raison de leurs attributions et dans la limite du besoin d'en connaître, à l'exclusion de l'image numérisée des empreintes digitales :

1° Le procureur de la République territorialement compétent et les personnes individuellement désignées et spécialement habilitées par ce dernier ;

2° Les agents en charge de la protection de l'enfance du conseil départemental compétent, individuellement désignés et spécialement habilités par le président du conseil départemental.

Art. R. 221-15-5 Lorsque la personne mentionnée au 1° de l'article R. 221-15-1 est de nationalité étrangère et qu'elle a été évaluée majeure à l'issue de la procédure prévue par l'article L. 221-2-2, les agents mentionnés au 1° du I de l'article R. 221-15-3 ouvrent dans le traitement mentionné à l'article *(Décr. n° 2020-1734 du 16 déc. 2020, art. 4-3°, en vigueur le 1er mai 2021)* « R. 142-11 » du code de l'entrée et du séjour des étrangers et du droit d'asile un dossier qui permet le transfert des données de la personne concernée qui figurent dans le traitement mentionné à l'article R. 221-15-1 vers celui mentionné à l'article *(Décr. n° 2020-1734 du 16 déc. 2020, art. 4-3°, en vigueur le 1er mai 2021)* « R. 142-11 » précité.

Art. R. 221-15-6 Les données sont effacées du traitement mentionné à l'article R. 221-15-1 au terme d'un délai maximal d'un an à compter de la notification au préfet de département et, à Paris, au préfet de police de la date à laquelle l'évaluation de la situation de la personne a pris fin.

Lorsque le président du conseil départemental n'a pas procédé à la notification mentionnée au précédent alinéa, les données sont effacées au terme d'un délai de dix-huit mois à compter de leur enregistrement.

Art. R. 221-15-7 Les opérations de création, de modification, de consultation, de communication, de transfert et de suppression des données à caractère personnel et informations du traitement mentionné à l'article R. 221-15-1 font l'objet d'un enregistrement comprenant l'identifiant de l'auteur, la date, l'heure, la nature de l'opération et le numéro de procédure. Ces informations sont conservées pendant six ans.

Art. R. 221-15-8 Préalablement à la collecte de ses données, la personne mentionnée au 1° de l'article R. 221-15-1 est informée par un formulaire dédié et rédigé dans une langue qu'elle comprend ou dont il est raisonnable de supposer qu'elle la comprend ou, à défaut, sous toute autre forme orale appropriée :

1° De la nature des données à caractère personnel et informations enregistrées dans le traitement mentionné à l'article R. 221-15-1 ;

2° De l'enregistrement de ses empreintes digitales dans ce traitement;

3° Si elle est de nationalité étrangère et évaluée majeure, du transfert des données la concernant vers le traitement prévu à l'article *(Décr. n° 2020-1734 du 16 déc. 2020, art. 4-3°, en vigueur le 1er mai 2021)* « R. 142-11 » du code de l'entrée et du séjour des étrangers et du droit d'asile;

4° Qu'en cas de refus de communiquer toute information utile à son identification ou de refus de communiquer ses données à caractère personnel dans le traitement mentionné à l'article R. 221-15-1, le président du conseil départemental compétent en est informé;

5° Si elle est de nationalité étrangère et évaluée majeure, qu'elle fera l'objet d'un examen de sa situation et, le cas échéant, d'une mesure d'éloignement;

6° Des autres informations prévues à l'article 13 du règlement (UE) 2016/679 du 27 avril 2016 relatif à la protection des personnes physiques à l'égard du traitement des données à caractère personnel et à la libre circulation de ces données, et abrogeant la directive 95/46/CE.

Art. R. 221-15-9 I. — Afin de garantir l'objectif d'intérêt public général de protection de l'enfance, le droit d'opposition prévu à l'article 21 du règlement (UE) 2016/679 du 27 avril 2016 précité ne s'applique pas au présent traitement en application de l'article 23 du même règlement et de l'article 38 de la loi n° 78-17 du 6 janvier 1978 modifiée relative à l'informatique, aux fichiers et aux libertés.

II. — Les droits d'accès, de rectification et à la limitation s'exercent auprès du préfet de département et, à Paris, du préfet de police dans les conditions prévues respectivement aux articles 15, 16 et 18 du même règlement.

SECTION 5 Accueil durable et bénévole de l'enfant par un tiers

(Décr. n° 2016-1352 du 10 oct. 2016)

Art. D. 221-16 L'accueil durable et bénévole par un tiers, prévu à l'article L. 221-2-1, d'un enfant pris en charge par le service de l'aide sociale à l'enfance, s'exerce au domicile de ce tiers. Cet accueil peut être permanent ou non, en fonction des besoins de l'enfant. Il s'inscrit dans le cadre du projet pour l'enfant prévu à l'article L. 223-1-1.

Art. D. 221-17 I. — Avant de décider de confier un enfant à un tiers dans le cadre de l'accueil mentionné à l'article L. 221-2-1, le président du conseil départemental procède à une évaluation de la situation de l'enfant, afin de s'assurer que cet accueil est conforme à son intérêt.

II. — Le tiers est recherché dans l'environnement de l'enfant, parmi les personnes qu'il connaît déjà ou parmi d'autres personnes susceptibles d'accueillir durablement l'enfant et de répondre de manière adaptée à ses besoins. Conformément aux dispositions du 6° de l'article L. 221-1, les liens d'attachement que l'enfant a pu nouer avec d'autres personnes que ses parents sont pris en compte.

Art. D. 221-18 Sur le fondement de l'évaluation mentionnée à l'article D. 221-17 et préalablement à toute décision, le président du conseil départemental délivre à l'enfant, aux titulaires de l'autorité parentale, au tuteur, au délégataire de l'exercice de l'autorité parentale ainsi qu'au tiers auquel il envisage de confier l'enfant, l'information nécessaire à la compréhension de ce type d'accueil.

A ce titre, il leur présente le rôle du tiers à l'égard de l'enfant.

Il informe le tiers de ses obligations à l'égard de l'enfant, de l'accompagnement dont il pourra bénéficier à sa demande lors de cet accueil, ainsi que des modalités de contrôle dont il fera l'objet.

Art. D. 221-19 I. — Dès lors que le tiers, informé dans les conditions prévues à l'article D. 221-18, accepte de se voir confier l'enfant, le président du conseil départemental procède à une évaluation de la situation du tiers.

A cette fin, au moins un entretien entre le service de l'aide sociale à l'enfance et le tiers est organisé au domicile de ce dernier. Cet entretien vise à s'assurer que le tiers est en capacité de veiller à garantir le développement physique, affectif, intellectuel et social de l'enfant et notamment à préserver sa santé, sa sécurité et sa moralité.

Le tiers informe le président du conseil départemental de l'ensemble des personnes vivant à son domicile.

II. — Dans le cadre du contrôle mentionné au dernier alinéa de l'article L. 221-1 et à l'article L. 221-2-1, préalablement à la décision de confier l'enfant au tiers, le président du conseil départemental s'assure que le tiers ainsi que les majeurs vivant à son domicile n'ont pas fait l'objet d'une condamnation pour une infraction prévue aux articles 222-1 à 222-18, 222-23 à 222-33, 224-1 à 224-5, au second alinéa de l'article 225-12-1 et aux articles 225-12-2 à 225-12-4, 227-1, 227-2 et 227-15 à 227-28 du code pénal.

Art. D. 221-20 Le président du conseil départemental recueille, conformément aux dispositions de l'article L. 223-2, l'accord écrit du ou des parents titulaires de l'exercice de l'autorité parentale ou du délégataire, à la mise en place de cet accueil.

Si l'enfant est pupille de l'État, l'accord du tuteur et du conseil de famille sont recueillis selon les modalités prévues aux articles L. 224-1 et R. 224-11.

En application des articles L. 112-3 et L. 223-4, le président du conseil départemental recueille l'avis de l'enfant, dans des conditions appropriées à son âge et son discernement. Il s'assure que l'enfant a compris le sens de ce projet.

Le président du conseil départemental recueille également l'accord écrit du tiers en lui précisant les modalités d'accueil de l'enfant.

Art. D. 221-21 Après avoir évalué la situation de l'enfant et du tiers et après avoir recueilli les accords nécessaires conformément aux dispositions des articles D. 221-19 et D. 221-20, le président du conseil départemental prend par écrit une décision confiant l'enfant au tiers. Cette décision précise les modalités d'accueil de l'enfant.

Art. D. 221-22 Le président du conseil départemental met en place un accompagnement et un suivi du tiers, par un service du conseil départemental ou un organisme habilité par celui-ci.

Cet accompagnement vise à s'assurer de la bonne prise en compte des besoins fondamentaux de l'enfant par le tiers et que cet accueil contribue au développement physique affectif, intellectuel et social de l'enfant. Il permet de vérifier l'adéquation de l'accueil avec le projet pour l'enfant.

Cet accompagnement vise également à apporter aide et soutien au tiers. Dans ce cadre, les modalités selon lesquelles le tiers peut joindre à tout moment le service de l'aide sociale à l'enfance en cas d'urgence sont déterminées par le président du conseil départemental.

L'accompagnement prend *(Décr. n° 2023-826 du 28 août 2023, art. 1er-1°)* « notamment » la forme d'entretiens et de visites au domicile du tiers. Un référent désigné par le service *(Décr. n° 2023-826 du 28 août 2023, art. 1er-1°)* « de l'aide sociale à l'enfance » ou l'organisme habilité rencontre le tiers ainsi que l'enfant régulièrement et autant que de besoin. Cet accompagnement est renforcé pour les enfants de moins de *(Décr. n° 2023-826 du 28 août 2023, art. 1er-1°)* « trois » ans.

L'accompagnement peut prendre appui sur un réseau de partenaires de proximité.

Art. D. 221-23 L'accueil chez un tiers fait l'objet d'évaluations régulières, conformément aux dispositions de l'article L. 223-5.

Si l'évaluation fait apparaître que l'accueil chez le tiers n'est plus en adéquation avec les besoins fondamentaux de l'enfant, il y est mis fin. Un nouveau projet est alors formé pour l'enfant.

Art. D. 221-24 En application des dispositions de l'article L. 221-2-1, le tiers fait l'objet de contrôles par le service de l'aide sociale à l'enfance.

Lorsque l'exercice du contrôle fait apparaître que le tiers ou un majeur vivant à son domicile fait l'objet d'une condamnation pour une infraction visée à l'article D. 221-19, que les besoins fondamentaux de l'enfant sont insuffisamment pris en compte, le président du conseil départemental retire l'enfant confié au tiers.

SECTION 5 *BIS* Accueil de l'enfant chez un membre de la famille ou un tiers digne de confiance

(Décr. n° 2023-826 du 28 août 2023, art. 1er-2°)

Art. D. 221-24-2 Dès qu'il prend la décision de confier un enfant à un autre membre de la famille ou à un tiers digne de confiance en application du 2° de l'article 375-3 du code civil, le juge des enfants notifie sa décision au président du conseil départemental du département où réside la personne à qui l'enfant est confié. Le juge des enfants charge le service de l'aide sociale à l'enfance, ou un organisme habilité par celui-ci, d'informer et d'accompagner la personne à qui l'enfant est confié.

L'information et l'accompagnement du membre de la famille ou du tiers digne de confiance par le service de l'aide sociale à l'enfance ou par l'organisme public ou privé habilité prévu à l'article L. 221-4 permettent d'assurer :

1° La bonne prise en compte des besoins fondamentaux de l'enfant par le membre de la famille ou le tiers digne de confiance à qui l'enfant a été confié ;

2° L'implication de ces derniers dans la mise en œuvre du projet pour l'enfant, en veillant en particulier à sa bonne santé et au suivi de sa scolarité ;

3° La contribution de cet accueil au développement physique, affectif, intellectuel et social de l'enfant.

Cet accompagnement apporte aide et soutien au membre de la famille ou au tiers digne de confiance à qui l'enfant a été confié. Les modalités de contact d'urgence avec le service de l'aide sociale à l'enfance ou l'organisme habilité sont déterminées par le président du conseil départemental.

L'accompagnement prend notamment la forme d'entretiens et de visites au domicile du membre de la famille ou du tiers digne de confiance à qui l'enfant a été confié. Un référent désigné par le service de l'aide sociale à l'enfance ou par l'organisme habilité rencontre le membre de la famille ou le tiers digne de confiance à qui l'enfant a été confié. Il rencontre également l'enfant, de manière régulière et autant que de besoin. Cet accompagnement est renforcé pour les enfants de moins de trois ans.

L'accompagnement prend en compte le lien avec les parents et peut prendre appui sur un réseau de partenaires de proximité.

Art. D. 221-24-3 L'accueil chez un membre de la famille ou un tiers digne de confiance tel qu'il est prévu au 2° de l'article 375-3 du code civil fait l'objet d'évaluations régulières, conformément aux dispositions de l'article L. 223-5 du présent code. Ces évaluations sont transmises au juge des enfants par le président du conseil départemental.

Si l'évaluation fait apparaître que l'accueil chez le membre de la famille ou le tiers digne de confiance n'est plus en adéquation avec les besoins fondamentaux de l'enfant, le président du conseil départemental en informe le juge des enfants.

Art. D. 221-24-4 Les personnes mentionnées au 2° de l'article 375-3 du code civil perçoivent une allocation qui couvre les dépenses d'entretien, d'éducation et de conduite de l'enfant, conformément aux dispositions de l'article L. 228-3 du présent code. Cette indemnité est calculée conformément aux dispositions de l'article R. 228-3.

Dès notification par le juge des enfants de la décision de placement de l'enfant chez le membre de la famille ou le tiers digne de confiance, le président du conseil départemental fixe le montant et les modalités de versement de l'allocation prévue à l'article L. 228-3.

SECTION 6 Médecin référent "protection de l'enfance"

(Décr. n° 2016-1503 du 7 nov. 2016)

Art. D. 221-25 Le président du conseil départemental désigne comme médecin référent "protection de l'enfance" un médecin des services départementaux.

Le médecin référent "protection de l'enfance" contribue :

1° Au repérage des enfants en danger ou en risque de l'être, à l'information sur les conduites à tenir dans ces situations ainsi qu'à une meilleure prise en compte de la santé physique et psychique des enfants accompagnés par l'aide sociale à l'enfance ;

2° A l'articulation entre les services départementaux intervenant dans le dispositif de protection de l'enfance, notamment le service de protection maternelle et infantile et la cellule de recueil, de traitement et d'évaluation des informations préoccupantes, ainsi qu'entre les services départementaux et les médecins libéraux, hospitaliers et de santé scolaire du département ;

3° A l'acquisition de connaissances partagées sur la protection de l'enfance entre les différents acteurs visés à l'alinéa précédent.

Le médecin référent "protection de l'enfance" peut être un interlocuteur départemental en matière de protection de l'enfance pour les médecins libéraux, hospitaliers ou de santé scolaire.

Art. D. 221-26 Le médecin référent "protection de l'enfance" propose, dans le domaine de la santé des enfants en risque de danger ou protégés, les actions nécessaires à la coordination des services départementaux et à la coordination de ces services avec les médecins mentionnés au 2° de l'article D. 221-25.

Il peut conduire ou participer à la mise en œuvre de ces actions, qui peuvent prendre la forme de réunions d'information et de sensibilisation sur la protection de l'enfance, d'échanges sur les pratiques et les procédures, de formations telles que prévues aux articles L. 542-1 et D. 542-1 du code de l'éducation.

SECTION 7 Parrainage

(Décr. n° 2024-118 du 16 févr. 2024, art. 1er-2°)

V. ***Addendum*, *p. 2151*.**

Art. D. 221-27 à D. 221-33

SECTION 8 Mentorat

(Décr. n° 2024-117 du 16 févr. 2024, art. 1er)

V. ***Addendum*, *p. 2153*.**

Art. D. 221-34 à D. 221-40

CHAPITRE II PRESTATIONS D'AIDE SOCIALE À L'ENFANCE

SECTION 1 Aide à domicile

Art. R. 222-1 Les frais d'intervention d'un technicien ou d'une technicienne de l'intervention sociale et familiale, ainsi que les frais d'intervention d'une aide ménagère, sont, sur demande, assumés en tout ou partie par le service de l'aide sociale à l'enfance, dans la mesure où ils ne sont pas pris en charge par un organisme de sécurité sociale ou tout autre service ou lorsque cette prise en charge est insuffisante. – *[Décr. n° 77-613 du 10 juin 1977, art. 1er.]*

Art. R. 222-2 L'admission au bénéfice des dispositions de l'article R. 222-1 est prononcée par le président du conseil départemental qui fixe les modalités de la prise en charge par l'aide sociale à l'enfance et, le cas échéant, le montant de la participation du bénéficiaire à la dépense. – *[Décr. n° 77-613 du 10 juin 1977, art. 2.]*

Art. R. 222-3 Lorsque le département peut s'assurer le concours de techniciens ou de techniciennes de l'intervention sociale et familiale et le concours d'aides ménagères par voie de conventions conclues avec un ou plusieurs organismes employeurs, ces conventions déterminent notamment les modalités des rétributions versées à ces organismes, compte tenu du coût horaire des interventions. – *[Décr. n° 77-613 du 10 juin 1977, art. 3.]*

Art. R. 222-4 Indépendamment des conventions prévues à l'article R. 222-3 et en vue d'assurer la coordination des interventions et de leur financement, le département peut conclure une convention avec les organismes de sécurité sociale, les autres organismes ou services participant au financement et le ou les organismes employeurs.

Cette convention fixe les principes concourant à l'action commune et les obligations respectives des parties signataires dans le respect des règles de compétence et

de gestion qui s'imposent à chacun des organismes participant au financement des interventions. – *[Décr. nº 77-613 du 10 juin 1977, art. 4.]*

SECTION 1 *BIS [ABROGÉE]* Contrat de responsabilité parentale

(Abrogée par Décr. nº 2014-918 du 18 août 2014, art. 2)

Art. R. 222-4-1 à R. 222-4-5 *Abrogés par Décr. nº 2014-918 du 18 août 2014, art. 2.*

SECTION 2 Information des mères de naissance

Art. R. 222-5 **Les modalités de délivrance aux mères de l'information mentionnée à l'article L. 222-6 sont fixées à l'article R. 147-22.**

SECTION 3 Accompagnement des majeurs âgés de moins de vingt-et-un ans et des mineurs émancipés

(Décr. nº 2022-1125 du 5 août 2022)

Art. R. 222-6 **Le président du conseil départemental complète si nécessaire, pour les personnes mentionnées au 5º de l'article L. 222-5 ayant été accueillies au titre des 1º, 2º ou 3º du même article, le projet d'accès à l'autonomie formalisé lors de l'entretien pour l'autonomie mentionné à l'article L. 222-5-1, afin de couvrir les besoins suivants :**

1º L'accès à des ressources financières nécessaires à un accompagnement vers l'autonomie ;

2º L'accès à un logement ou un hébergement ;

3º L'accès à un emploi, une formation ou un dispositif d'insertion professionnelle ;

4º L'accès aux soins ;

5º L'accès à un accompagnement dans les démarches administratives ;

6º Un accompagnement socio-éducatif visant à consolider et à favoriser le développement physique, psychique, affectif, culturel et social.

Art. R. 222-7 **Les mesures d'accompagnement vers l'autonomie sont décidées en concertation avec les personnes concernées, par le président du conseil départemental, en lien avec le représentant de l'État dans le département et les autres acteurs ayant conclu conjointement avec lui le protocole mentionné à l'article L. 222-5-2. Les mesures sont mises en œuvre avec la participation active des personnes concernées.**

Art. R. 222-8 **Il est institué, dans chaque département, une commission départementale d'accès à l'autonomie des jeunes majeurs, présidée par le président du conseil départemental, qui réunit le représentant de l'État dans le département, le président du conseil régional et les institutions et organismes mentionnés à l'article L. 222-5-2, aux fins d'élaborer et d'assurer le suivi de la mise en œuvre des protocoles prévus par le même article. Un arrêté conjoint du ministre chargé de l'enfance et du ministre en charge des collectivités territoriales en fixe la composition et en précise les modalités de fonctionnement.** – *V. Arr. du 8 août 2023 instituant la commission départementale d'accès à l'autonomie (JO 9 août, NOR : PRMA2318798A).*

Art. R. 222-9 **Le président du conseil départemental présente chaque année, devant l'observatoire départemental de la protection de l'enfance, un bilan relatif à l'accompagnement vers l'autonomie des personnes mentionnées au 5º de l'article L. 222-5 ainsi qu'aux activités de la commission départementale d'accès à l'autonomie des jeunes majeurs.**

CHAPITRE III DROITS DES FAMILLES DANS LEURS RAPPORTS AVEC LES SERVICES DE L'AIDE SOCIALE À L'ENFANCE

SECTION 1 Information et droits des familles *(Décr. nº 2016-1283 du 28 sept. 2016).*

Art. R. 223-1 **L'information prévue à l'article L. 223-1 porte sur :**

1º Les aides de toute nature prévues pour assurer la protection de la famille et de l'enfance avec l'indication des organismes qui les dispensent, ainsi que les consé-

quences, au regard des règles d'octroi de ces aides, de l'attribution des prestations du service de l'aide sociale à l'enfance ;

2° Les droits et devoirs afférents à l'autorité parentale, ainsi que les conséquences, au regard des modalités d'exercice de cette autorité, de l'attribution des prestations du service de l'aide sociale à l'enfance ;

3° Le droit d'accès aux dossiers et documents administratifs ;

4° Les dispositions du deuxième alinéa de l'article L. 223-1 et de l'article L. 223-4 ;

5° Les nom et qualité de la personne habilitée à prendre la décision. – *[Décr. nº 85-936 du 23 août 1985, art. 1er.]*

Art. R. 223-2 Les décisions d'attribution, de refus d'attribution, de modification de la nature ou des modalités d'attribution d'une prestation doivent être motivées.

Leur notification doit mentionner les délais et modalités de mise en œuvre des voies de recours. – *[Décr. nº 85-936 du 23 août 1985, art. 2.]*

Art. R. 223-3 Toute décision d'attribution d'une prestation en espèces mentionne :

1° La durée de la mesure, son montant et sa périodicité ;

2° Les nom et qualité des personnes chargées du suivi de la mesure et les conditions dans lesquelles elles l'exercent ;

3° Les conditions de révision de la mesure. – *[Décr. nº 85-936 du 23 août 1985, art. 3.]*

Art. R. 223-4 Pour l'attribution d'une prestation, autre qu'une prestation en espèces, permettant le maintien de l'enfant dans sa famille, le formulaire sur lequel est recueilli l'accord des parents ou du représentant légal prévu au premier alinéa de l'article L. 223-2 mentionne :

1° La nature et la durée de la mesure ;

2° Les nom et qualité des personnes chargées du suivi de la mesure et les conditions dans lesquelles elles l'exercent ;

3° Les conditions de révision de la mesure. – *[Décr. nº 85-936 du 23 août 1985, art. 4.]*

Art. R. 223-5 Pour toute décision relative au placement d'un enfant, le formulaire sur lequel est recueilli l'accord des parents ou du représentant légal prévu aux premier et troisième alinéas de l'article L. 223-2 mentionne :

1° Le mode de placement et, selon le cas, les nom et adresse de l'assistant maternel, ou l'indication de l'établissement, ainsi que le nom du responsable de cet établissement ;

2° La durée du placement ;

3° Les modalités suivant lesquelles est assuré le maintien des liens entre l'enfant et ses parents, et notamment les conditions dans lesquelles ils exerceront leurs droits de visite et d'hébergement, compte tenu, selon le mode de placement, des conditions normales de la vie familiale ou du règlement intérieur de l'établissement ;

4° L'identité des personnes qu'ils autorisent à entretenir des relations avec l'enfant et les conditions d'exercice de celles-ci ;

5° Les conditions de la participation financière des parents ou du représentant légal à la prise en charge de l'enfant ;

6° Les nom et qualité des personnes chargées d'assurer le suivi du placement et les conditions dans lesquelles elles l'exercent ;

7° Les conditions de révision de la mesure. – *[Décr. nº 85-936 du 23 août 1985, art. 5.]*

Art. R. 223-6 Après avoir donné leur accord pour le placement d'un enfant, les parents ou le représentant légal reçoivent un document qui leur indique :

1° Que le service de l'aide sociale à l'enfance ne pourra pas assurer la garde de l'enfant au-delà de la date fixée par la décision de placement ;

2° Que les parents sont tenus d'accueillir à nouveau leur enfant à cette date, à moins qu'ils ne demandent le renouvellement du placement ;

3° Que le service est tenu de saisir les autorités judiciaires si les conditions fixées au 2° ne sont pas remplies ;

4° Le contenu des diverses décisions que les autorités judiciaires pourront prendre pour déterminer la situation de l'enfant. – *[Décr. nº 85-936 du 23 août 1985, art. 6.]*

Art. R. 223-7 L'avis préalable des parents ou du représentant légal prévu à l'article L. 223-3 mentionne les éléments énumérés à l'article R. 223-4 et aux 1°, 6° et 7° de l'article R. 223-5 ainsi que ceux des éléments mentionnés aux 2°, 3°, 4° et 5° de l'article R. 223-5 qui ne sont pas fixés dans la décision judiciaire. – *[Décr. n° 85-936 du 23 août 1985, art. 7.]*

Art. R. 223-8 Les demandes d'accord préalable prévues aux premier et troisième alinéas de l'article L. 223-2, et la demande d'avis prévue à l'article L. 223-3 sont formulées par lettre recommandée avec demande d'avis de réception.

L'accord, lorsqu'il concerne une décision relative au lieu et au mode de placement d'un enfant déjà admis dans le service, et l'avis sont réputés donnés à l'expiration des délais fixés au troisième alinéa de l'article L. 223-2. – *[Décr. n° 85-936 du 23 août 1985, art. 8.]*

Art. R. 223-9 L'avis du mineur prévu à l'article L. 223-4 et les conditions dans lesquelles il a été recueilli font l'objet d'un rapport établi par la personne mandatée auprès de lui par le service de l'aide sociale à l'enfance. – *[Décr. n° 85-936 du 23 août 1985, art. 9.]*

Art. R. 223-10 Les dispositions prévues aux articles R. 223-1 à R. 223-8 sont applicables aux prestations attribuées aux mineurs émancipés à l'exception du 2° de l'article R. 223-1, des 3° et 4° de l'article R. 223-5 et des articles R. 223-6 et R. 223-7. – *[Décr. n° 85-936 du 23 août 1985, art. 10.]*

Art. R. 223-11 Le recueil d'information prévu à l'article L. 223-7 est effectué selon les modalités précisées à l'article R. 147-23.

Art. D. 223-11-1 *(Décr. n° 2023-826 du 28 août 2023, art. 1er-4°)* Afin d'accompagner le mineur dans ses démarches, notamment en vue de préparer son autonomie, le service de l'aide sociale à l'enfance l'informe qu'il peut désigner une personne de confiance, en application de l'article L. 223-1-3. Le mineur procède, par écrit ou oralement, à la désignation de la personne de confiance, qu'il choisit librement en concertation avec son éducateur référent.

SECTION 2 **Référentiel fixant le contenu du projet pour l'enfant**

(Décr. n° 2016-1283 du 28 sept. 2016)

Art. D. 223-12 Le projet pour l'enfant est établi par le président du conseil départemental pour tout enfant bénéficiant d'une prestation d'aide sociale à l'enfance, hors aides financières, ou d'une mesure de protection judiciaire, dans un délai de trois mois à compter du début de la prestation ou de la mesure. En vue d'établir le projet pour l'enfant, le président du conseil départemental organise, le cas échéant, conformément aux dispositions de l'article L. 221-4, les coordinations nécessaires pour l'élaboration du projet pour l'enfant avec les services chargés de l'exécution des mesures.

Le projet pour l'enfant est centré sur l'enfant. Il vise à garantir son développement, son bien-être et à favoriser son autonomie.

Le projet pour l'enfant prend en compte les besoins fondamentaux de l'enfant, sur les plans physique, psychique, affectif, intellectuel et social, au regard notamment de son âge, de sa situation personnelle, de son environnement et de son histoire.

Le projet pour l'enfant accompagne l'enfant tout au long de son parcours au titre de la protection de l'enfance. Il vise ainsi à assurer la stabilité de ce parcours ainsi que la continuité et la cohérence des actions conduites auprès de l'enfant, de sa famille et de son environnement.

Art. D. 223-13 Le projet pour l'enfant est établi dans un objectif de construction commune entre les titulaires de l'autorité parentale, l'enfant, les tiers impliqués dans la vie de l'enfant, les services départementaux et, le cas échéant, le service ou l'établissement auquel le juge a confié la mesure.

L'élaboration du projet pour l'enfant s'appuie sur l'évaluation de sa situation prévue à l'article L. 223-1, prenant en compte la situation de l'enfant, celle de sa famille, les aides auxquelles il peut être fait appel dans son environnement, ainsi que sur l'évaluation médicale et psychologique prévue à l'article L. 223-1-1.

Il prend la forme d'un document unique et structuré indiquant les objectifs et la nature des interventions menées en direction de l'enfant, des titulaires de l'autorité parentale et de son environnement.

Le projet pour l'enfant est actualisé sur la base des rapports de situation établis au moins tous les ans pour les enfants de plus de deux ans et au moins tous les six mois pour les enfants de moins de deux ans. L'actualisation du projet pour l'enfant prend en compte notamment les changements de modalités d'accompagnement.

Art. D. 223-14 Le projet pour l'enfant contient les informations essentielles relatives à l'enfant, notamment :

1° Des informations portant sur son identité : nom, prénom, sexe, date et lieu de naissance ;

2° Des informations relatives à l'autorité parentale : identité et adresse des titulaires de l'autorité parentale ;

3° Des informations relatives à son lieu de vie ;

4° Des informations relatives à la fratrie de l'enfant.

Il mentionne le service du conseil départemental ou habilité par celui-ci en charge de l'accompagnement de l'enfant et l'identité du référent désigné.

Le projet pour l'enfant mentionne la décision administrative ou judiciaire de protection de l'enfance qui fonde l'intervention auprès de l'enfant en précisant la date et le lieu de la décision, les motifs de la décision ainsi que son contenu. Les objectifs de la décision sont rappelés afin que le projet pour l'enfant soit construit en cohérence avec ces objectifs. Il précise, le cas échéant, les modalités d'exercice du droit de visite et d'hébergement des titulaires de l'autorité parentale ainsi que des autres personnes de son entourage.

Les autres documents relatifs à la prise en charge et à l'accompagnement de l'enfant, notamment le document individuel de prise en charge prévu à l'article L. 311-4, le contrat d'accueil prévu à l'article L. 442-1 et, le cas échéant, le plan personnalisé de compensation, s'articulent avec le projet pour l'enfant.

Art. D. 223-15 I. – Le projet pour l'enfant prend en compte les domaines de vie suivants :

1° Le développement, la santé physique et psychique de l'enfant ;

2° Les relations avec la famille et les tiers ;

3° La scolarité et la vie sociale de l'enfant.

II. – Pour chacun des domaines mentionnés au I, le projet pour l'enfant présente :

1° Les éléments synthétiques d'évaluation actualisée, et notamment ceux de l'évaluation médicale et psychologique prévue à l'article L. 223-1-1 pour le domaine de vie relatif au développement, à la santé physique et psychique de l'enfant ;

2° Les observations et propositions des titulaires de l'autorité parentale, de l'enfant et de son environnement.

Concernant le domaine de vie relatif au développement, à la santé physique et psychique de l'enfant, les besoins de soins et d'accompagnement sont identifiés, notamment dans les situations de handicap.

Sur la base de ces éléments et en cohérence avec les domaines de vie, le projet pour l'enfant définit les objectifs poursuivis et un plan d'actions. Ce plan d'actions décrit les actions à mener auprès de l'enfant, des titulaires de l'autorité parentale et de son environnement. Il précise également la durée et les dates d'échéance des actions ainsi que les acteurs les mettant en œuvre.

Le projet pour l'enfant intègre le projet d'accès à l'autonomie prévu à l'article L. 222-5-1.

Art. D. 223-16 Le projet pour l'enfant est signé par le président du conseil départemental. Dans le cas d'une mesure d'assistance éducative en milieu ouvert mentionnée à l'article 375-2 du code civil ou de placement mentionnée aux 4° et 5° de l'article

375-3 du code civil, le cadre du service ou de l'établissement à qui le juge a confié la mesure vise le projet pour l'enfant et le transmet au président du conseil départemental pour signature.

Il est proposé aux titulaires de l'autorité parentale ainsi qu'à l'enfant en âge de discernement de signer le projet pour l'enfant.

Le projet pour l'enfant comporte les dates auxquelles le document a été remis aux titulaires de l'autorité parentale, à l'enfant, selon des modalités adaptées à son âge et à son degré de maturité, aux services chargés de mettre en œuvre les interventions et au juge dès lors que celui-ci est saisi.

Il identifie les personnes physiques ou morales auxquelles le projet pour l'enfant est communicable.

Art. D. 223-17 Lorsque le projet pour l'enfant concerne un enfant pris en charge par le service de l'aide sociale à l'enfance confié à une personne physique ou morale, le projet pour l'enfant comporte une annexe relative aux actes usuels.

Cette annexe précise la liste des actes usuels de l'autorité parentale que la personne physique ou morale à qui l'enfant est confié ne peut pas accomplir au nom du service de l'aide sociale à l'enfance sans lui en référer préalablement. Elle précise également les modalités selon lesquelles les titulaires de l'autorité parentale sont informés de l'exercice de ces actes usuels.

SECTION 3 Référentiel fixant le contenu et les modalités d'élaboration du rapport de situation de l'enfant

(Décr. nº 2016-1557 du 17 nov. 2016, art. 1er)

Art. R. 223-18 Le rapport de situation de l'enfant est élaboré au moins une fois par an ou tous les six mois pour les enfants âgés de moins de deux ans.

Il a pour objectif d'apprécier la situation de l'enfant au regard de ses besoins fondamentaux sur les plans physique, psychique, affectif, intellectuel et social et de s'assurer de son bon développement et de son bien-être.

Il permet d'actualiser le projet pour l'enfant prévu à l'article L. 223-1-1 en s'assurant notamment qu'il répond bien aux besoins de l'enfant et à leur évolution. Il permet également de s'assurer de l'adaptation à la situation de l'enfant de la prestation d'aide sociale à l'enfance ou du bon accomplissement des objectifs fixés par la décision judiciaire.

Art. R. 223-19 Le rapport de situation de l'enfant est élaboré après une évaluation pluridisciplinaire de sa situation prévue à l'article L. 223-5.

Il prend en compte les objectifs poursuivis et le plan d'actions définis dans le projet pour l'enfant et porte notamment sur les trois domaines de vie suivants prévus aux articles L. 223-5 *[et suivants]* et dans le référentiel fixant le contenu du projet pour l'enfant :

1° Le développement, la santé physique et psychique de l'enfant ;

2° Les relations de l'enfant avec sa famille et les tiers intervenant dans sa vie ;

3° La scolarité et la vie sociale de l'enfant.

Le rapport de situation porte également le cas échéant sur le projet d'accès à l'autonomie élaboré dans l'année qui précède la majorité de l'enfant en application de l'article L. 222-5-1.

Art. R. 223-20 I. – Le rapport de situation de l'enfant présente :

1° Les éléments principaux tirés de l'évaluation pluridisciplinaire de la situation de l'enfant ;

2° Le bilan de la mise en œuvre des actions définies dans le projet pour l'enfant en mettant en exergue les points d'évolution, les actions à poursuivre et l'implication des parents ;

3° Le bilan de l'atteinte des objectifs fixés dans la décision administrative ou judiciaire ;

4° Pour les enfants concernés, le bilan des actions mises en place dans le cadre du projet d'accès à l'autonomie prévu à l'article L. 222-5-1.

II. — Il propose dans sa conclusion, le cas échéant :

1° Des ajustements du plan d'actions prévu dans le projet pour l'enfant ;

2° Des évolutions des objectifs fixés dans la décision administrative ou judiciaire ;

3° Des ajustements du projet d'accès à l'autonomie pour les enfants concernés ;

4° Un arrêt, un maintien ou un renouvellement de la prestation d'aide sociale à l'enfance.

Il donne, le cas échéant, un avis sur une éventuelle évolution de la mesure judiciaire ou du statut juridique de l'enfant ;

5° La saisine de la commission prévue à l'article L. 223-1, en cas de risque de délaissement parental ou lorsque le statut juridique de l'enfant paraît inadapté à ses besoins.

Il contient les dates et faits marquants de la vie de l'enfant, de sa famille et de son environnement pendant la période visée par le rapport et les éventuelles décisions prises durant cette période.

Art. R. 223-21 Le président du conseil départemental porte le contenu et les conclusions du rapport à la connaissance du père, de la mère, de toute autre personne exerçant l'autorité parentale, du tuteur et du mineur, en fonction de son âge et de sa maturité. Lorsque ce rapport est transmis à l'autorité judiciaire, cette démarche est faite préalablement.

SECTION 4 Commission d'examen de la situation et du statut des enfants confiés

(Décr. nº 2016-1639 du 30 nov. 2016)

Art. D. 223-26 La commission pluridisciplinaire et pluri-institutionnelle mentionnée à l'article L. 223-1 est dénommée commission d'examen de la situation et du statut des enfants confiés.

Cette commission est composée notamment :

1° D'un représentant de la direction départementale de la cohésion sociale, chargé des pupilles de l'État ; *— A compter du 1er avr. 2021, la référence à la « direction départementale de la cohésion sociale » est remplacée par la référence à la « direction départementale de l'emploi, du travail et des solidarités » (Décr. nº 2020-1545 du 9 déc. 2020, art. 28-IX).*

2° Du responsable du service départemental de l'aide sociale à l'enfance ou son représentant ;

3° Du responsable du service départemental de l'adoption ou son représentant ;

4° D'un magistrat du siège ou du parquet compétent en matière de protection de l'enfance, choisi d'un commun accord entre les chefs de cour et désigné par le premier président ou le procureur général de la cour d'appel ;

5° D'un médecin ;

6° D'un psychologue pour enfant ou un pédopsychiatre ;

7° D'un cadre éducatif d'un service habilité au titre de l'aide sociale à l'enfance ;

8° Le cas échéant, d'un représentant de la Fédération nationale des associations départementales d'entraide des personnes accueillies en protection de l'enfance ;

Le président du conseil départemental établit un règlement intérieur prévoyant notamment la fréquence des réunions, le délai de saisine de la commission et les règles de représentation.

Art. D. 223-27 La commission d'examen de la situation et du statut des enfants confiés examine tous les ans la situation des enfants confiés à l'aide sociale à l'enfance depuis plus d'un an, lorsqu'il existe un risque de délaissement parental ou lorsque le statut juridique de l'enfant paraît inadapté à ses besoins. Elle examine la situation des enfants de moins de deux ans tous les six mois.

La commission est saisie par le président du conseil départemental directement ou sur proposition de toute personne concernée par la situation de l'enfant, sur la base du rapport sur la situation de l'enfant prévu à l'article L. 223-5.

La commission peut entendre toute personne dont l'audition lui paraît utile. Sont associés à l'examen de la situation de l'enfant le service et la personne physique qui l'accueillent ou l'accompagnent au quotidien.

La commission transmet son avis au président du conseil départemental dans lequel il peut être proposé une évolution du statut de l'enfant. Cet avis permet, le cas échéant, l'actualisation du projet pour l'enfant.

Un recensement annuel des situations examinées et des suites données est réalisé par le responsable du service départemental de l'aide sociale à l'enfance et transmis à l'observatoire départemental de la protection de l'enfance mentionné à l'article L. 226-3-1.

SECTION 5 Délai de placement prévu à l'article L. 227-2-1

(Décr. n° 2016-1638 du 30 nov. 2016, art. 1er)

Art. D. 223-28 Tous les deux ans, le service départemental de l'aide sociale à l'enfance examine l'opportunité de mettre en œuvre d'autres mesures que le placement en assistance éducative pour tout enfant qui lui a été confié en application de l'article 375-3 du code civil depuis deux ans.

Pour les enfants âgés de moins de deux ans à la date à laquelle ils ont été confiés au service de l'aide sociale à l'enfance, l'examen prévu à l'alinéa précédent a lieu un an après qu'ils ont été confiés au service de l'aide sociale à l'enfance en application de l'article 375-3 du code civil puis un an après.

SECTION 6 Visite en présence d'un tiers

(Décr. n° 2017-1572 du 15 nov. 2017, art. 1er)

Art. R. 223-29 La visite en présence d'un tiers prévue à l'article 375-7 du code civil vise à protéger, à accompagner et à évaluer la relation entre l'enfant et son ou ses parents. Elle s'effectue soit en présence permanente du tiers, soit en présence intermittente du tiers.

Art. R. 223-30 Le tiers est, dans la mesure du possible, le même pour l'ensemble des visites organisées entre un enfant et son ou ses parents. Cependant, si cela s'avère nécessaire, les visites peuvent être assurées en alternance avec un autre tiers.

Sauf dispositions contraires prévues par la décision judiciaire, la visite s'effectue dans un lieu préalablement déterminé par la personne physique ou morale à qui l'enfant est confié en concertation avec le tiers et, conformément aux dispositions des articles L. 223-2 et L. 223-4, avec le mineur et ses représentants légaux.

Le lieu, l'horaire et la fréquence des visites sont définis en prenant en compte l'âge, le rythme et les besoins de l'enfant, les disponibilités du ou des parents ainsi que les objectifs assignés à ces visites par le juge des enfants.

Art. R. 223-31 Lorsque la visite s'effectue en présence d'un tiers professionnel, celui-ci dispose de connaissances et de compétences portant sur le développement et les besoins fondamentaux de l'enfant en fonction de son âge, la fonction parentale et les situations familiales. Il dispose notamment de connaissances sur les conséquences des carences, négligences et maltraitances sur l'enfant.

Le tiers professionnel transmet une analyse à la personne morale à qui l'enfant est confié et au juge des enfants, selon un rythme et des conditions définis par ce dernier, sur les effets de ces visites sur l'enfant ainsi que sur la qualité et l'évolution de la relation entre l'enfant et son ou ses parents.

Lorsque l'enfant a été confié à l'autre parent ou à un tiers prévu au 2° de l'article 375-3 du code civil, le tiers professionnel transmet son analyse au juge des enfants dans les conditions prévues à l'alinéa précédent.

La personne morale à qui l'enfant est confié peut proposer à tout moment au juge des enfants la poursuite, l'aménagement ou la suspension du droit de visite sur la base des éléments transmis par le tiers professionnel.

CHAPITRE IV PUPILLES DE L'ÉTAT

SECTION 1 Organes chargés de la tutelle

SOUS-SECTION 1 Composition du conseil de famille

Art. R. 224-1 Chaque pupille de l'État est confié au même conseil de famille des pupilles de l'État.

Lorsque l'effectif des pupilles de l'État d'un département justifie la création de plusieurs conseils de famille, le préfet fixe leur nombre ainsi que la liste des pupilles relevant de chacun d'entre eux. Il doit obligatoirement confier les frères et sœurs à un même conseil de famille. – *[Décr. nº 85-937 du 23 août 1985, art. 1er.]*

Art. R. 224-2 Il doit être institué, dans chaque département, un conseil de famille supplémentaire lorsque l'effectif du ou des conseils de famille est supérieur à cinquante pupilles. – *[Décr. nº 85-937 du 23 août 1985, art. 2.]*

Art. R. 224-3 Chaque conseil de famille des pupilles de l'État est composé de :

1° Deux représentants du conseil départemental désignés par cette assemblée, sur proposition de son président *(Décr. nº 2018-76 du 8 févr. 2018, art. 1er-1º)* « ou, en Corse, deux conseillers à l'Assemblée de Corse désignés par cette assemblée » ;

2° Deux membres d'associations familiales, dont une association de familles adoptives ;

3° Un membre de l'association d'entraide des pupilles et anciens pupilles de l'État du département ;

4° Un membre d'une association d'assistants maternels ;

5° Deux personnalités qualifiées en raison de l'intérêt qu'elles portent à la protection de l'enfance et de la famille. – *[Décr. nº 85-937 du 23 août 1985, art. 3.]*

Art. R. 224-4 Les membres mentionnés aux 2°, 3° et 4° de l'article R. 224-3 ainsi que leurs suppléants sont désignés par le préfet sur des listes de présentation établies par chaque association, comportant autant de noms que de membres du conseil de famille à désigner, plus un.

Lorsque la désignation de l'un ou l'autre des membres mentionnés aux 2°, 3° et 4° de l'article R. 224-3 est rendue impossible, en raison de l'absence des associations considérées dans le département ou de l'absence ou de l'insuffisance des listes de présentation, le préfet y supplée en nommant toute personne de son choix ayant la qualité correspondante. – *[Décr. nº 85-937 du 23 août 1985, art. 4.]*

Art. R. 224-5 A l'exception des représentants du conseil départemental, nul ne peut être membre de plus de deux conseils de famille des pupilles de l'État. – *[Décr. nº 85-937 du 23 août 1985, art. 5.]*

Art. R. 224-6 Les mandats remplis partiellement ne sont pas pris en compte, au regard des règles de renouvellement fixées au cinquième alinéa de l'article L. 224-2, lorsque leur durée est inférieure à trois ans.

Une ou deux désignations en qualité de suppléant ne font pas obstacle à une désignation en qualité de titulaire. – *[Décr. nº 85-937 du 23 août 1985, art. 6.]*

SOUS-SECTION 2 Fonctionnement du conseil de famille

Art. R. 224-7 Le conseil de famille est réuni à la diligence et en présence du préfet ou de son représentant, qui fixe son ordre du jour et en informe le président du conseil départemental.

Il désigne en son sein, pour une durée de trois ans renouvelable, un président, dont la voix est prépondérante en cas de partage des voix. Un vice-président est désigné dans les mêmes conditions et pour la même durée ; il supplée le président en cas d'empêchement ou de démission de celui-ci. Dans le cas de démission du président, un nouveau vice-président est désigné pour la durée du mandat restant à accomplir.

Le conseil de famille délibère valablement lorsque la moitié au moins de ses membres sont présents. Lorsque ce quorum n'est pas atteint, le préfet convoque une nouvelle réunion qui se tient dans les trois semaines qui suivent. Le conseil délibère valablement lors de cette seconde réunion quel que soit l'effectif des membres présents. Toute délibération du conseil de famille doit être motivée.

Les membres du conseil de famille personnellement concernés par la situation d'un pupille ne prennent pas part aux délibérations relatives à celle-ci.

Sur leur demande, les membres du conseil de famille peuvent consulter sur place, dans les huit jours précédant la réunion, les dossiers des pupilles dont la situation doit être examinée. Ces dossiers sont à leur disposition pendant la séance. Ils peuvent dans les mêmes conditions consulter les dossiers des candidats retenus pour adopter le pupille dont l'adoption est proposée. – *[Décr. n° 85-937 du 23 août 1985, art. 7.]*

Art. R. 224-8 Les convocations aux réunions du conseil de famille sont adressées aux membres par le préfet au moins trois semaines avant la réunion. Toute convocation doit mentionner les noms des pupilles dont la situation sera examinée ainsi que l'objet de cet examen et, le cas échéant, les nom et qualité de la personne qui a sollicité cet examen. Doit être également mentionnée la possibilité de consulter les dossiers des candidats retenus pour l'adoption conformément aux dispositions de l'article R. 224-7.

La personne à qui le pupille a été confié ou les futurs adoptants lorsque le pupille est placé en vue d'adoption ou confié à leur garde, ainsi que le président du conseil départemental et le pupille capable de discernement sont avisés, par les soins du tuteur, des réunions du conseil de famille dans les mêmes délais et formes que les membres de ce conseil. – *[Décr. n° 85-937 du 23 août 1985, art. 8.]*

Art. R. 224-9 La personne à laquelle le pupille est confié et le président du conseil départemental ou son représentant sont entendus par le conseil de famille à leur demande, ou à la demande du tuteur, ou d'un membre du conseil de famille.

Le président du conseil départemental ou son représentant peut demander à ce que la personne à laquelle le pupille est confié soit entendue par le conseil de famille, qui peut également demander l'audition du président du conseil départemental ou de son représentant.

Le conseil de famille entend, au moins une fois par an, la personne à laquelle le pupille est confié.

A la demande d'un des membres du conseil, du tuteur, ou d'une des personnes mentionnées au premier alinéa, le conseil peut également recueillir les observations de toute personne participant à l'éducation du pupille ou de toute personne qualifiée.

Le pupille capable de discernement, s'il le demande, est entendu par le conseil de famille ou par l'un de ses membres désigné par lui à cet effet. Il peut également demander à ce que soient organisées les auditions prévues par le présent article.

A sa demande, le pupille capable de discernement s'entretient avec son tuteur ou le représentant de celui-ci sur toutes questions relatives à sa situation ; le tuteur veille à ce que le pupille soit en mesure d'exercer ce droit.

Les personnes entendues par le conseil de famille en application du présent article sont tenues au secret professionnel selon les prescriptions des articles 226-13 et 226-14 du code pénal. Leur audition peut être remplacée par une communication écrite, sous réserve des dispositions de l'article R. 224-24. – *[Décr. n° 85-937 du 23 août 1985, art. 9.]*

Art. R. 224-10 Les réunions du conseil de famille font l'objet de procès-verbaux établis par le préfet et signés par le président.

Ils sont communiqués au responsable du service de l'aide sociale à l'enfance selon le II de l'article 34 de la loi n° 82-213 du 2 mars 1982 relative aux droits et libertés des communes, des départements et des régions.

Le pupille capable de discernement peut prendre connaissance du procès-verbal des délibérations qui le concernent ; le président du conseil de famille lui propose, dans ce cas, l'assistance d'un membre du conseil.

Toute personne entendue par le conseil de famille en application des articles R. 224-9, R. 224-23, R. 224-24 et R. 224-25, ou dont la situation est examinée en application des articles R. 224-15, R. 224-17 et R. 224-20, peut prendre connaissance des procès-verbaux des délibérations la concernant personnellement.

Les observations des personnes auxquelles les procès-verbaux sont communiqués sont, sur leur demande, consignées en annexe à ceux-ci.

Au moment de la mise en œuvre de la décision de placement en vue de l'adoption d'un pupille de l'État auprès d'une personne agréée, le tuteur adresse sans délai à celle-ci un extrait du procès-verbal de la réunion du conseil de famille faisant état de l'accord du conseil de famille des pupilles de l'État.

Lorsque le conseil de famille a examiné, en application de l'article R. 224-15, le projet d'adoption formé par la personne à laquelle un pupille a été confié, le tuteur adresse sans délai à celle-ci un extrait du procès-verbal de la réunion du conseil de famille se prononçant sur ce projet. – *[Décr. n° 85-937 du 23 août 1985, art. 10.]*

Art. R. 224-11 Le préfet établit chaque année un rapport sur le fonctionnement des conseils de famille et sur la situation des pupilles de l'État de son département. Ce rapport est communiqué aux conseils de famille et au président du conseil départemental et transmis au ministre chargé de l'action sociale avec leurs observations éventuelles. – *[Décr. n° 85-937 du 23 août 1985, art. 24.]*

SOUS-SECTION 3 Rôle du conseil de famille

Art. R. 224-12 La situation des enfants définitivement admis en qualité de pupilles de l'État en application de l'article L. 224-4 doit être examinée par le conseil de famille dans un délai de deux mois à compter de la date d'admission même lorsque celle-ci a fait l'objet d'un recours.

Lorsque la décision d'admission a fait l'objet d'un recours, le conseil de famille doit à nouveau examiner la situation du pupille dans un délai de deux mois à compter de la date à laquelle la décision juridictionnelle est devenue définitive, sans préjudice de l'examen annuel prescrit au deuxième alinéa de l'article L. 224-1. – *[Décr. n° 85-937 du 23 août 1985, art. 11.]*

Art. R. 224-13 La situation des enfants susceptibles d'être admis en qualité de pupilles de l'État en application du 3° de l'article L. 224-4 doit être examinée par le conseil de famille dans un délai de deux mois à compter de la date à laquelle ces enfants ont été déclarés pupilles de l'État à titre provisoire.

Le conseil doit notamment s'assurer des dispositions prises pour informer celui des père ou mère qui n'a pas remis l'enfant au service, de l'éventualité de son admission en qualité de pupille de l'État et des conséquences de celle-ci. – *[Décr. n° 85-937 du 23 août 1985, art. 12.]*

Art. R. 224-14 La situation des enfants susceptibles d'être admis en qualité de pupilles de l'État en application du 4° de l'article L. 224-4 doit être examinée par le conseil de famille dans un délai de deux mois à compter de la date à laquelle ces enfants ont été déclarés pupilles de l'État à titre provisoire.

Le conseil doit notamment s'assurer de la situation de l'enfant au regard des possibilités d'ouverture de la tutelle régie par les dispositions du code civil. – *[Décr. n° 85-937 du 23 août 1985, art. 13.]*

Art. R. 224-15 Lorsque la personne à laquelle le pupille de l'État a été confié souhaite l'adopter, elle doit en informer le préfet en précisant si elle demande une réunion du conseil de famille, selon l'article R. 224-24, pour qu'il statue sur ce projet. Le préfet informe immédiatement le président du conseil départemental de cette demande.

Le conseil de famille examine la demande sur la présentation, par le président du conseil départemental, de tous les éléments permettant d'apprécier la situation du pupille auprès du demandeur et des membres de sa famille.

Le conseil de famille peut ajourner sa délibération à trois mois au maximum, pour qu'il soit procédé à toute enquête complémentaire à caractère social, psychologique ou médical sur la situation du pupille auprès du demandeur.

Lorsque le conseil de famille se prononce en faveur d'un projet d'adoption plénière, le tuteur fixe, avec son accord, la date de placement en vue d'adoption défini à l'article 351 du code civil. – *[Décr. n° 85-937 du 23 août 1985, art. 16.]*

Art. R. 224-16 Lorsque la personne à laquelle le pupille de l'État a été confié a fait connaître son souhait de l'adopter, dans les conditions prévues à l'article R. 224-15, le conseil de famille ne peut examiner un autre projet d'adoption qu'après avoir statué sur cette demande et à l'expiration des délais de recours contre sa délibération, ainsi que, le cas échéant, après que *(Décr. n° 2012-1443 du 24 déc. 2012, art. 4)* « la cour d'appel a statué ». – *[Décr. n° 85-937 du 23 août 1985, art. 17.]*

Art. R. 224-17 Le président du conseil départemental présente au tuteur et au conseil de famille la liste des personnes agréées conformément à l'article L. 225-2 en leur exposant la situation de celles d'entre elles qu'il estime susceptible d'offrir les conditions d'accueil les plus favorables au pupille dont l'adoption est envisagée, et en leur communiquant les dossiers correspondants. Le tuteur et le conseil de famille peuvent demander que leur soit communiqué tout autre dossier d'une personne agréée.

Lorsque les circonstances particulières à la situation d'un pupille le justifient, le tuteur peut, en accord avec le conseil de famille, définir les conditions particulières selon lesquelles le pupille sera confié aux futurs adoptants. Celles-ci doivent recevoir l'accord préalable des intéressés qui peuvent, à cette fin, être entendus par le conseil de famille ou le tuteur.

Le tuteur fixe, en accord avec le conseil de famille, la date du placement en vue d'adoption défini à l'article 351 du code civil ou, lorsque le projet concerne une adoption simple ou comporte des conditions particulières selon l'alinéa précédent, la date à laquelle le pupille sera confié aux futurs adoptants.

Les personnes agréées auxquelles un pupille de l'État est confié en application du présent article bénéficient de plein droit du maintien de leur agrément jusqu'à l'intervention du jugement d'adoption. – *[Décr. n° 85-937 du 23 août 1985, art. 18.]*

Art. R. 224-18 La définition des projets d'adoption selon les articles R. 224-15 ou R. 224-17 est, en outre, soumise aux dispositions suivantes :

1° Lorsque la décision d'admission d'un enfant en qualité de pupille de l'État a fait l'objet d'un recours, quel qu'il soit, le conseil de famille ne peut examiner aucun projet d'adoption tant que la décision juridictionnelle n'est pas devenue définitive ;

2° Le consentement à l'adoption doit être donné par le conseil de famille *(Abrogé par Décr. n° 2022-1630 du 23 déc. 2022, art. 2-1°)* « ***, dans les conditions fixées à l'article 349 du code civil,*** » avant la date du placement en vue d'adoption ou la date à laquelle le pupille est confié *(Décr. n° 2022-1630 du 23 déc. 2022, art. 2-1°)* « au futur ou » aux futurs adoptants ;

3° Le tuteur fixe, en accord avec le conseil de famille, les informations qui devront être données *(Décr. n° 2022-1630 du 23 déc. 2022, art. 2-1°)* « au futur ou » aux futurs adoptants sur la situation du pupille ; ces informations doivent leur être données dans les délais fixés au 2° du présent article et, compte tenu des droits ouverts aux adoptants, après l'intervention du jugement d'adoption. – *[Décr. n° 85-937 du 23 août 1985, art. 19.]*

Les dispositions du Décr. n° 2022-1630 du 23 déc. 2022 sont entrées en vigueur le 1er janv. 2023 et s'appliquent aux instances introduites à compter de cette date (Décr. préc., art. 5).

Art. R. 224-19 Lorsque le président du conseil départemental n'est pas en mesure de présenter un dossier de personne agréée pour un pupille dont l'adoption est proposée par le tuteur, celui-ci doit demander au responsable du service de l'aide sociale à l'enfance de lui communiquer tous les dossiers des personnes agréées dans le département, conformément au II de l'article 34 de la loi n° 82-213 du 2 mars 1982 relative aux droits et libertés des communes, des départements et des régions.

Il peut également demander au préfet de tout autre département de consulter, dans les mêmes conditions, les dossiers des personnes agréées dans son département, en lui transmettant toutes informations utiles sur la situation du pupille concerné.

Les informations concernant les pupilles de l'État transmises au ministre chargé de la famille conformément aux dispositions de l'article L. 225-1 sont fixées par arrêté de celui-ci. – *[Décr. n° 85-937 du 23 août 1985, art. 20.]*

Art. R. 224-20 Les dossiers des personnes agréées que le tuteur estime, à la suite de l'examen prévu à l'article R. 224-19, susceptibles d'accueillir le pupille dont l'adoption est envisagée sont communiqués pour avis au responsable du service de l'aide sociale à l'enfance. Ils sont présentés au conseil de famille par celui-ci ou par le tuteur lui-même.

Le conseil de famille peut ajourner sa délibération à trois mois, au maximum, pour qu'il soit procédé à toute enquête complémentaire à caractère social, psychologique ou médical sur les conditions d'accueil que les personnes concernées offriront au pupille. – *[Décr. n° 85-937 du 23 août 1985, art. 21.]*

Art. R. 224-21 Lorsqu'il est saisi d'une demande d'accord préalable à propos d'une décision relative au lieu et au mode de placement d'un pupille, le tuteur doit réunir le conseil de famille dans un délai de deux mois. Il doit préalablement s'enquérir de l'avis du pupille et des dispositions prises par le service pour le recueillir.

Lorsque, en application des dispositions du dernier alinéa de l'article L. 224-1, le tuteur ou son représentant prend en urgence les mesures que nécessite la situation du pupille, il recueille l'avis du mineur; il en informe sans délai le président du conseil de famille et il justifie celles-ci devant le conseil de famille dans le délai de deux mois. – *[Décr. n° 85-937 du 23 août 1985, art. 22.]*

Art. R. 224-22 Lorsque le lieu de placement d'un pupille est fixé dans un autre département que celui où a été prononcée son admission, le président du conseil départemental transmet au président du conseil départemental du département d'accueil une copie de la décision relative au lieu de placement du pupille.

Le président du conseil départemental du département d'accueil transmet au président du conseil départemental du département d'admission tout élément d'information utile sur la situation du pupille. – *[Décr. n° 85-937 du 23 août 1985, art. 22-1.]*

Art. R. 224-23 Sous réserve des décisions intervenues en application du dernier alinéa de l'article L. 224-8, ou de l'article 371-4 du code civil, le tuteur fixe, en accord avec le conseil de famille, les conditions suivant lesquelles toute personne, parent ou non, peut entretenir des relations avec un enfant déclaré provisoirement ou admis définitivement pupille de l'État. Lorsqu'il est saisi d'une telle demande, le tuteur doit réunir le conseil de famille dans un délai de deux mois.

Les demandeurs peuvent être entendus par le conseil de famille, à leur demande ou à la demande de l'une des personnes mentionnées au premier alinéa de l'article R. 224-9. Ils peuvent être accompagnés d'une personne de leur choix. – *[Décr. n° 85-937 du 23 août 1985, art. 23.]*

Art. R. 224-24 Outre l'examen annuel prescrit au deuxième alinéa de l'article L. 224-1, qui est assuré à la diligence du tuteur, la situation des pupilles de l'État est réexaminée à tout moment par le conseil de famille à la demande d'un de ses membres, du tuteur, du pupille lui-même s'il est capable de discernement, du responsable du service de l'aide sociale à l'enfance, de la personne à laquelle le pupille est confié ou des futurs adoptants lorsque ce pupille est placé en vue d'adoption ou confié à leur garde.

La demande doit être motivée et adressée au tuteur par lettre recommandée avec demande d'avis de réception. Le tuteur doit réunir le conseil de famille dans un délai d'un mois à compter de la réception de cette demande.

Sauf dans le cas où elle émane du pupille lui-même, la demande est considérée comme nulle si la personne qui l'a formulée ne se présente pas pour être entendue par le conseil lors de sa réunion. Le préfet peut toutefois, en cas de force majeure justifiant cette absence, ajourner la réunion à trois semaines, au maximum. – *[Décr. n° 85-937 du 23 août 1985, art. 14.]*

Art. R. 224-25 Lorsqu'il est saisi d'une demande de restitution d'un pupille en application du dernier alinéa de l'article L. 224-6, le tuteur doit réunir le conseil de famille dans un délai d'un mois.

Les demandeurs sont entendus par le conseil s'ils le souhaitent. Ils peuvent être accompagnés d'une personne de leur choix. – *[Décr. n° 85-937 du 23 août 1985, art. 15.]*

SECTION 2 Admission en qualité de pupille de l'État

La présente section ne comprend pas de dispositions réglementaires.

SECTION 3 Statut des pupilles

La présente section ne comprend pas de dispositions réglementaires.

SECTION 4 Dispositions communes

La présente section ne comprend pas de dispositions réglementaires.

CHAPITRE V ADOPTION

SECTION 1 Adoption des pupilles de l'État

SOUS-SECTION 1 Dispositions relatives à l'agrément

Art. R. 225-1 Toute personne qui sollicite l'agrément prévu aux articles L. 225-2 et L. 225-15 doit en faire la demande au président du conseil départemental de son département de résidence. Si elle ne réside pas en France, elle peut s'adresser au président du conseil départemental du département où elle résidait auparavant ou à celui d'un département dans lequel elle a conservé des attaches. – *[Décr. n° 98-771 du 1er sept. 1998, art. 1er.]*

Art. R. 225-2 Les personnes doivent être informées, dans un délai de deux mois après s'être adressées au président du conseil départemental :

1° Des dimensions psychologiques, éducatives et culturelles de l'adoption pour l'enfant et les parents adoptifs ;

2° De la procédure judiciaire de l'adoption et de la procédure administrative préalable fixée par la présente sous-section, et notamment des dispositions relatives :

a) Au droit d'accès des intéressés à leur dossier ;

b) Au fonctionnement de la commission d'agrément ;

c) A la possibilité de demander que tout ou partie des investigations soit accompli une seconde fois conformément au deuxième alinéa de l'article L. 225-3.

Un document récapitulant ces informations doit être remis aux personnes ;

3° De l'effectif, de l'âge, de la situation au regard de l'adoption des pupilles de l'État du département ainsi que des conditions d'admission dans ce statut ;

4° Des principes régissant l'adoption internationale et résultant notamment de la convention de La Haye du 29 mai 1993 sur la protection des enfants et la coopération en matière d'adoption internationale, des spécificités afférentes à l'adoption d'enfants étrangers et des institutions françaises compétentes en matière d'adoption internationale ;

5° Des conditions de fonctionnement *(Décr. n° 2023-299 du 21 avr. 2023, art. 1er-10°)* « du groupement d'intérêt public mentionné à l'article L. 147-14 *[ancienne rédac-*

tion : de l'Agence française de l'adoption] » et des organismes autorisés et habilités pour servir d'intermédiaires pour l'adoption ou le placement en vue d'adoption d'enfants, et de la liste des organismes autorisés ou ayant régulièrement déposé une déclaration de fonctionnement dans le département ; — *V. note ss. art.*

6° Du nombre de demandeurs et de personnes agréées dans le département ;

7° De l'existence et du type de renseignements contenus dans le fichier des décisions relatives à l'agrément mis en place par le ministre chargé de la famille.

(Décr. n° 2006-981 du 1er août 2006, art. 1er) « Lors du premier entretien, il est remis aux intéressés un questionnaire établi selon un modèle type fixé par arrêté du ministre chargé de la famille. » — *V. Arr. du 17 oct. 2006 (JO 17 oct.).*

Au reçu de ces informations, l'intéressé fait parvenir au président du conseil départemental la confirmation de sa demande *(Décr. n° 2006-981 du 1er août 2006, art. 1er)* « par lettre recommandée avec demande d'avis de réception. Il peut y » préciser ses souhaits, notamment en ce qui concerne le nombre et l'âge de pupilles de l'État ou d'enfants étrangers qu'il désire accueillir. — *[Décr. n° 98-771 du 1er sept. 1998, art. 2.]*

Les dispositions modifiées par le 10° de l'art. 1er du Décr. n° 2023-299 du 21 avr. 2023 restent applicables dans leur rédaction antérieure à l'entrée en vigueur dudit décret, au plus tard jusqu'au 1er janv. 2025, pour l'exercice par le groupement d'intérêt public dénommé « Agence française de l'adoption » de sa mission d'intermédiaire pour l'adoption dans les États qui n'ont pas délivré au groupement mentionné à l'art. L. 147-14 CASF l'autorisation prévue à l'art. 12 de la Conv. de La Haye du 29 mai 1993 relative à la protection des enfants et à la coopération en matière d'adoption internationale (Décr. préc., art. 4).

Art. R. 225-3 Au moment de la confirmation de sa demande, l'intéressé doit communiquer au président du conseil départemental :

1° Une copie intégrale de son acte de naissance et, s'il a un ou des enfants, de son livret de famille ;

2° Un bulletin n° 3 de casier judiciaire ;

3° Un certificat médical datant de moins de trois mois, établi par un médecin figurant sur une liste établie par le président du conseil départemental attestant que son état de santé, ainsi que celui des personnes résidant à son foyer, ne présente pas de contre-indication à l'accueil d'enfants en vue d'adoption ;

4° Tout document attestant les ressources dont il dispose ; — *[Décr. n° 98-771 du 1er sept. 1998, art. 3.]*

(Décr. n° 2006-981 du 1er août 2006, art. 1er) « 5° Le questionnaire mentionné à l'article R. 225-2 dûment complété. »

Art. R. 225-4 Avant de délivrer l'agrément, le président du conseil départemental doit s'assurer que les conditions d'accueil offertes par le demandeur sur les plans familial, éducatif et psychologique correspondent aux besoins et à l'intérêt d'un enfant adopté.

A cet effet, il fait procéder, auprès du demandeur, à des investigations comportant notamment :

— une évaluation de la situation familiale, des capacités éducatives ainsi que des possibilités d'accueil en vue d'adoption d'un enfant pupille de l'État ou d'un enfant étranger ; cette évaluation est confiée à des assistants de service social, à des éducateurs spécialisés ou à des éducateurs de jeunes enfants, diplômés d'État ;

— une évaluation, confiée à des psychologues territoriaux, *(Décr. n° 2006-981 du 1er août 2006, art. 1er)* « aux mêmes professionnels relevant d'organismes publics ou privés habilités mentionnés au septième alinéa de l'article L. 221-1 ou » à des médecins psychiatres, du contexte psychologique dans lequel est formé le projet d'adopter.

(Décr. n° 2006-981 du 1er août 2006, art. 1er) « Les évaluations sociale et psychologique donnent lieu chacune à deux rencontres au moins entre le demandeur et le professionnel concerné. Pour l'évaluation sociale, une des rencontres au moins a lieu au domicile du demandeur. »

Le demandeur est informé, au moins quinze jours avant la consultation prévue à l'article R. 225-5, qu'il peut prendre connaissance des documents établis à l'issue des investigations menées en application des alinéas précédents. Les erreurs matérielles figurant dans ces documents sont rectifiées de droit à sa demande écrite. Il peut, à l'occasion de cette consultation, faire connaître par écrit ses observations sur ces documents et préciser son projet d'adoption. Ces éléments sont portés à la connaissance de la commission. – *[Décr. n° 98-771 du 1er sept. 1998, art. 4.]*

Art. R. 225-5 La décision est prise par le président du conseil départemental après consultation de la commission d'agrément prévue à l'article R. 225-9.

Le demandeur est informé de la possibilité d'être entendu par la commission sur sa propre demande et dans les conditions fixées au deuxième alinéa de l'article L. 223-1. Il peut également, dans les mêmes conditions, être entendu par la commission sur la demande d'au moins deux de ses membres.

La commission rend son avis hors la présence du demandeur et, le cas échéant, de la personne qui l'assiste. – *[Décr. n° 98-771 du 1er sept. 1998, art. 5.]*

Art. D. 225-6 *(Décr. n° 2006-981 du 1er août 2006, art. 1er ; Décr. n° 2006-1272 du 17 oct. 2006)* L'arrêté du président du conseil départemental délivrant l'agrément est établi selon le modèle figurant à l'annexe 2-6. La notice jointe à cet agrément est établie selon le modèle figurant à l'annexe 2-7.

Art. R. 225-7 Toute personne titulaire de l'agrément doit confirmer au président du conseil départemental de son département de résidence, chaque année et pendant la durée de validité de l'agrément, qu'elle maintient son projet d'adoption, en précisant si elle souhaite accueillir un pupille de l'État en vue d'adoption.

Lors de la confirmation prévue au premier alinéa, l'intéressé transmet au président du conseil départemental une déclaration sur l'honneur indiquant si sa situation matrimoniale ou la composition de sa famille se sont modifiées et précisant le cas échéant quelles ont été les modifications.

(Décr. n° 2006-981 du 1er août 2006, art. 1er) « Au plus tard au terme de la deuxième année de validité de l'agrément, le président du conseil départemental procède à un entretien avec la personne titulaire de l'agrément en vue de l'actualisation du dossier. »

(Décr. n° 2006-981 du 1er août 2006, art. 1er) « En cas de modification des conditions d'accueil constatées lors de la délivrance de l'agrément, notamment de la situation matrimoniale, ou en l'absence de déclaration sur l'honneur, le président du conseil départemental peut faire procéder à des investigations complémentaires sur les conditions d'accueil et, le cas échéant, retirer l'agrément. » Lorsqu'il envisage de retirer l'agrément ou de le modifier, il saisit pour avis la commission prévue à l'article R. 225-9. – *[Décr. n° 98-771 du 1er sept. 1998, art. 7.]*

Art. R. 225-8 La personne agréée qui change de département de résidence doit, par lettre recommandée avec demande d'avis de réception, déclarer son adresse au président du conseil départemental du département de sa nouvelle résidence au plus tard dans *(Décr. n° 2006-981 du 1er août 2006, art. 1er)* « le délai de deux mois » suivant son emménagement, en joignant une copie de la décision d'agrément.

Le président du conseil départemental du département où résidait antérieurement la personne agréée transmet au président du conseil départemental qui a reçu la déclaration prévue au premier alinéa, sur sa demande, le dossier de la personne concernée. – *[Décr. n° 98-771 du 1er sept. 1998, art. 8.]*

SOUS-SECTION 2 **Dispositions relatives à la commission d'agrément**

Art. R. 225-9 La commission d'agrément prévue par l'article L. 225-2 comprend :

1° Trois personnes appartenant au service qui remplit les missions d'aide sociale à l'enfance et ayant une compétence dans le domaine de l'adoption ou leurs suppléants désignés parmi les personnes répondant aux mêmes conditions ;

2° Deux membres du conseil de famille des pupilles de l'État du département : l'un nommé sur proposition de l'union départementale des associations familiales parmi les membres nommés au titre du 2° de l'article R. 224-3 ; l'autre assurant la représentation de l'association départementale d'entraide entre les pupilles et anciens pupilles de l'État ; ces membres peuvent être remplacés par leurs suppléants, désignés parmi les personnes répondant aux mêmes conditions ;

3° Une personnalité qualifiée dans le domaine de la protection sociale et sanitaire de l'enfance.

Les membres de la commission, dont le président et le vice-président, sont nommés pour six ans par le président du conseil départemental.

Le président du conseil départemental fixe le nombre et le ressort géographique des commissions d'agrément dans le département. – *[Décr. n° 98-771 du 1er sept. 1998, art. 9.]*

Art. R. 225-10 La commission se réunit valablement si la moitié des membres sont présents.

Elle émet un avis motivé. En cas de partage des voix, la voix du président est prépondérante et les avis minoritaires sont mentionnés au procès-verbal.

Le président du conseil départemental fixe le règlement intérieur. – *[Décr. n° 98-771 du 1er sept. 1998, art. 10.]*

Art. R. 225-11 Les membres titulaires et suppléants de la commission d'agrément sont tenus au secret professionnel sous les peines et dans les conditions prévues par les articles 226-13 et 226-14 du code pénal.

Ils ne participent pas aux délibérations concernant la demande de personnes à l'égard desquelles ils ont un lien personnel. – *[Décr. n° 98-771 du 1er sept. 1998, art. 11.]*

SECTION 2 Organismes autorisés et habilités pour l'adoption

SOUS-SECTION 1 Missions des organismes

Art. R. 225-12 Pour obtenir l'autorisation de servir d'intermédiaire pour l'adoption *(Décr. n° 2023-779 du 14 août 2023, art. 1er-1°)* « de mineurs résidant habituellement à l'étranger », une personne morale de droit privé doit être en mesure d'exercer l'ensemble des activités suivantes :

1° Aide à la préparation du projet d'adoption et conseils pour la constitution du dossier ;

2° Information sur les aspects techniques et juridiques de la procédure d'adoption *(Décr. n° 2023-779 du 14 août 2023, art. 1er-1°)* « internationale » ;

3° Accompagnement de la famille *(Décr. n° 2023-779 du 14 août 2023, art. 1er-1°)* « , dont elle a conduit ou suivi la procédure d'adoption » après l'arrivée de l'enfant dans les conditions fixées à l'article *(Décr. n° 2005-1135 du 7 sept. 2005, art. 1er)* « L. 225-18 ».

La personne morale autorisée est dite « organisme autorisé pour l'adoption ». – *[Décr. n° 2002-575 du 18 avr. 2002, art. 1er, première partie.]*

Art. R. 225-13 Pour être habilité à exercer son activité au profit des mineurs *(Abrogé par Décr. n° 2023-779 du 14 août 2023, art. 1er-2°)* ***« de quinze ans de nationalité étrangère et »*** résidant *(Décr. n° 2023-779 du 14 août 2023, art. 1er-2°)* « habituellement » à l'étranger, l'organisme autorisé pour l'adoption doit en outre être en mesure :

1° De déterminer, en relation avec les autorités compétentes du pays d'origine, les modalités de choix d'une famille adoptive ;

2° D'acheminer les dossiers des candidats à l'adoption vers des personnes ou institutions compétentes pour prononcer l'adoption ;

3° De conduire ou suivre la procédure prévue conformément au droit en vigueur. – *[Décr. n° 2002-575 du 18 avr. 2002, art. 1er, deuxième partie.]*

Art. R. 225-14 Les activités prévues au 3° de l'article R. 225-12 *(Abrogé par Décr. n° 2023-779 du 14 août 2023, art. 1er-3°)* ***« et à l'article R. 225-13 »*** ne peuvent être exercées que par des intermédiaires autorisés *(Abrogé par Décr. n° 2023-779 du 14 août 2023, art. 1er-3°)* ***« ou habilités »***. *(Décr. n° 2023-779 du 14 août 2023, art. 1er-3°)* « Les activités prévues à l'article R. 225-13 ne peuvent être exercées que par des intermédiaires habilités. » – *[Décr. n° 2002-575 du 18 avr. 2002, art. 1er, troisième partie.]*

SOUS-SECTION 2 **Autorisation et déclaration de fonctionnement**

§ 1 Autorisation

Art. R. 225-15 **Toute personne morale de droit privé qui souhaite obtenir l'autorisation prévue à l'article L. 225-11 doit en faire la demande au président du conseil départemental du département de son siège social et lui fournir :**

(Décr. n° 2023-779 du 14 août 2023, art. 1er-4°) **« 1° Les statuts et une copie de la déclaration de création de la personne morale au *Journal officiel* de la République française ;**

« 2° La liste des membres des organes dirigeants, des personnels salariés et bénévoles intervenant dans le fonctionnement de l'organisme en France et dans les pays d'origine, avec l'indication de leurs noms, adresses et fonctions ;

« 3° Un document permettant d'apprécier l'aptitude de la personne morale de droit privé à assurer les activités mentionnées à l'article R. 225-12 et exposant notamment :

« *a)* La description de l'ensemble de ses activités en France et à l'étranger ;

« *b)* La liste des services offerts aux candidats à l'adoption, notamment les modalités de préparation des candidats à la parentalité et aux aspects juridiques de la procédure d'adoption, les modalités de mise en œuvre du suivi des enfants adoptés ou placés en vue de l'adoption ;

« *c)* Les modalités de formation continue des personnes intervenant au sein de la structure ; »

« *d)* Les conditions financières de fonctionnement prévues, le projet de budget pour l'exercice en cours, le bilan et le compte de résultat de l'exercice précédent en cas d'activité antérieure ainsi que, le cas échéant, le compte d'emploi correspondant aux subventions reçues ; »

(Abrogé par Décr. n° 2023-779 du 14 août 2023, art. 1er-4°) ***« 4° La liste des personnes intervenant dans le fonctionnement de l'organisme avec l'indication de leurs noms, adresses et fonctions ; »***

4° Le nom et l'adresse professionnelle du ou des médecins dont le demandeur s'est attaché la collaboration ;

5° Le nom et l'adresse du comptable chargé de la tenue des comptes de l'organisme. – *Les 5° et 6° deviennent respectivement les 4° et 5° (Décr. n° 2023-779 du 14 août 2023, art. 1er-4°).*

Ndlr : Les 5° et 6° devenant respectivement les 4° et 5° de l'art. R. 225-15 par le Décr. n° 2023-779 du 14 août 2023, le 4° dudit article est implicitement abrogé.

Art. R. 225-16 *(Abrogé par Décr. n° 2023-779 du 14 août 2023, art. 1er-5°)* ***Lorsque le demandeur envisage de recueillir des enfants nés sur le territoire français en vue de les confier en adoption, il doit fournir en outre :***

1° Un exemplaire du document prévu à l'article R. 225-25 ;

2° Les noms et adresses des personnes qui assureront le recueil et le suivi social, psychologique et médical des enfants ;

3° Le décompte des sommes, correspondant aux frais engagés, qui seront demandées aux futurs adoptants.

L'accueil provisoire des enfants ne peut être effectué que par des assistants maternels agréés ou des établissements sanitaires ou sociaux dûment autorisés. – [Décr. n° 2002-575 du 18 avr. 2002, art. 3.]

Art. R. 225-17 **Pour chacune des personnes mentionnées** *(Décr. n° 2023-779 du 14 août 2023, art. 1er-6°)* **« au 2° de l'article R. 225-15 », le demandeur doit fournir :**

1° Un extrait de l'acte de naissance ;

(Abrogé par Décr. n° 2023-779 du 14 août 2023, art. 1er-6°) ***« 2° Un bulletin n° 3 du casier judiciaire ; »***

2° Un *curriculum vitae* justifiant d'une compétence ou d'une expérience dans le domaine de l'enfance et de la famille, *(Décr. n° 2023-779 du 14 août 2023, art. 1er-6°)* **« ou dans le domaine juridique » énonçant le cas échéant les titres ou qualifications y afférents.** – *Le 3° devient le 2° (Décr. n° 2023-779 du 14 août 2023, art. 1er-6°).*

Art. R. 225-18 Pour les personnes mentionnées aux *(Décr. n° 2023-779 du 14 août 2023, art. 1er-7°)* « 4° et 5° » de l'article R. 225-15, le demandeur doit fournir :

1° Un extrait de l'acte de naissance ;

(Abrogé par Décr. n° 2023-779 du 14 août 2023, art. 1er-7°) ***« 2° Un bulletin n° 3 du casier judiciaire ; »***

2° Un *curriculum vitae* énonçant les titres *(Décr. n° 2023-779 du 14 août 2023, art. 1er-7°)* « et » qualifications. — *Le 3° devient le 2° (Décr. n° 2023-779 du 14 août 2023, art. 1er-7°).*

Art. R. 225-19 *(Décr. n° 2023-779 du 14 août 2023, art. 1er-8°)* Le président du conseil départemental notifie à l'organisme la réception du dossier complet. Lorsque la demande n'est pas accompagnée de tous les renseignements et pièces justificatives, il lui notifie la liste des éléments manquants. En l'absence de transmission des éléments demandés dans les quinze jours suivant la réception de cette liste, la demande d'autorisation est réputée abandonnée.

Dès réception du dossier complet, le président du conseil départemental en transmet copie au ministre chargé de la famille et au ministre chargé des affaires étrangères qui donnent, chacun, leur avis sur la demande d'autorisation dans un délai de deux mois. En l'absence de réponse de leur part à l'expiration de ce délai, leur avis est réputé favorable.

Le président du conseil départemental instruit les demandes en s'assurant que les modalités de fonctionnement de l'organisme demandeur et les personnels intervenants en son sein présentent des garanties suffisantes pour assurer la protection des enfants, de leurs parents et des futurs adoptants. Il vérifie notamment que les personnes mentionnées au 2° de l'article R. 225-15 seront en mesure, compte tenu de leur domicile et du nombre de familles auprès desquelles elles interviennent, d'assurer effectivement la préparation et l'accompagnement des candidats à l'adoption ainsi que le suivi de l'enfant prévu à l'article L. 225-18.

Pour l'instruction de la demande, il peut faire procéder à toutes les enquêtes qu'il estime nécessaires.

Art. R. 225-19-1 *(Décr. n° 2023-779 du 14 août 2023, art. 1er-9°)* L'autorisation mentionnée à l'article R. 225-15 est délivrée pour une durée de cinq ans.

Le silence gardé pendant quatre mois par le président du conseil départemental à compter de la réception du dossier complet de demande d'autorisation vaut décision de rejet de celle-ci.

L'autorisation peut être renouvelée dans les mêmes conditions que celles prévues pour sa délivrance. La demande de renouvellement est déposée dans l'année précédant la fin de validité de l'autorisation et, au plus tard, six mois avant son échéance.

Le président du conseil départemental informe le ministre chargé de la famille et le ministre chargé des affaires étrangères de la décision qu'il prend relativement à l'autorisation demandée.

Art. R. 225-20 L'autorisation ne peut être accordée si l'une des personnes mentionnées aux articles R. 225-15, *(Abrogé par Décr. n° 2023-779 du 14 août 2023, art. 1er-10°)* ***« R. 225-16, »*** R. 225-17 et R. 225-18 a fait l'objet :

1° D'une condamnation pénale figurant au bulletin n° 2 du casier judiciaire pour crime ou pour l'un des délits tels que définis aux sections suivantes :

a) Sections 1, 3 et 4 du chapitre II du titre II du livre II du code pénal ;
b) Section 1 du chapitre IV du titre II du livre II du code pénal ;
c) Sections 2 et 3 du chapitre V du titre II du livre II du code pénal ;
d) Chapitre VII du titre II du livre II du code pénal ;
e) Chapitres I et II du livre III du code pénal ;
f) Section 1 du chapitre III du titre I du livre III du code pénal ;
g) Section 1 du chapitre IV du titre I du livre III du code pénal ;
h) Chapitre I du titre II du livre IV du code pénal ;

(Décr. n° 2023-779 du 14 août 2023, art. 1er-10°) « 2° D'une condamnation prévue par l'article L. 225-19 » ;

3° D'une mesure de retrait total ou partiel de l'autorité parentale.

Elle ne peut être accordée si l'une des personnes mentionnées ci-dessus ne jouit pas de la pleine capacité juridique. – *[Décr. nº 2002-575 du 18 avr. 2002, art. 7.]*

Art. R. 225-21 **Toute modification des éléments fournis en application des articles R. 225-15,** *(Abrogé par Décr. nº 2023-779 du 14 août 2023, art. 1er-11°)* ***« R. 225-16, »*** **R. 225-17 et R. 225-18 doit être notifiée dans un délai de quinze jours au président du conseil départemental du département concerné.**

(Décr. nº 2023-779 du 14 août 2023, art. 1er-11°) **« L'organisme autorisé établit chaque année un rapport financier et un rapport d'activité mentionnant notamment le nombre d'adoptions internationales réalisées ainsi que les difficultés rencontrées dans la conduite des projets d'adoption. Le rapport financier et le rapport d'activité de l'organisme sont adressés au président du conseil départemental du département qui a délivré l'autorisation, aux ministres chargés de la famille et des affaires étrangères ainsi que, le cas échéant, aux présidents des conseils départementaux auxquels il a adressé la déclaration de fonctionnement mentionnée à l'article R. 225-22. »** – *[Décr. nº 2002-575 du 18 avr. 2002, art. 8.]*

§ 2 Déclaration

Art. R. 225-22 **Tout organisme autorisé pour l'adoption, qui entend servir d'intermédiaire pour l'adoption** *(Décr. nº 2023-779 du 14 août 2023, art. 1er-12°)* **« de mineurs résidant habituellement à l'étranger » dans un autre département, doit, préalablement à l'exercice de cette activité, adresser au président du conseil départemental dudit département une déclaration de fonctionnement. Cette déclaration, accompagnée de la copie de l'autorisation départementale dont bénéficie l'organisme, doit être adressée par** *(Décr. nº 2023-779 du 14 août 2023, art. 1er-12°)* **« tout moyen permettant de donner date certaine à sa réception » et préciser :**

1° Les noms et adresses des personnes mentionnées *(Décr. nº 2023-779 du 14 août 2023, art. 1er-12°)* **« aux 2° et 4° de l'article R. 225-15 », ainsi que des correspondants locaux de l'organisme ;**

2° La liste des départements dans lesquels le demandeur a fait une déclaration de fonctionnement, pour lesquels le président du conseil départemental n'a pas pris une décision d'interdiction d'exercice ;

3° Le cas échéant, une copie du rapport d'activité mentionné à l'article R. 225-21. – *[Décr. nº 2002-575 du 18 avr. 2002, art. 9.]*

Art. R. 225-23 **Si le dossier de déclaration prévu à l'article R. 225-22 est reconnu complet, le président du conseil départemental délivre un récépissé dans un délai de huit jours. Si le dossier est incomplet, il demande dans le même délai à l'organisme de le compléter.**

(Décr. nº 2023-779 du 14 août 2023, art. 1er-13°) **« La déclaration prend effet à la date du récépissé. Le président du conseil départemental qui l'a délivré en adresse copie au président du conseil départemental ayant autorisé l'organisme, ainsi qu'au ministre chargé des affaires étrangères et au ministre chargé de la famille. »**

Le président du conseil départemental qui a autorisé l'organisme transmet au président du conseil départemental du département qui a reçu la déclaration, sur sa demande, copie du dossier de l'organisme concerné. *(Abrogé par Décr. nº 2023-779 du 14 août 2023, art. 1er-13°)* ***« Il informe le ministre des affaires étrangères. »*** – *[Décr. nº 2002-575 du 18 avr. 2002, art. 10.]*

§ 3 *[ABROGÉ]* Recueil d'enfants nés sur le territoire français

(Abrogé par Décr. nº 2023-779 du 14 août 2023, art. 1er-14°)

Art. R. 225-24 ***Tout organisme autorisé pour l'adoption qui recueille un enfant en vue de son adoption dans un département métropolitain, dans un département d'outre-mer ou dans la collectivité territoriale de Saint-Pierre-et-Miquelon doit en faire la déclaration dans***

les trois jours, par lettre recommandée, au président du conseil départemental du département ou de la collectivité territoriale dans lequel l'enfant a été recueilli en précisant :

1° Les modalités de l'accueil provisoire de l'enfant ;

2° Les informations dont il dispose sur la situation familiale et l'état civil de l'enfant.

Le président du conseil départemental vérifie ces informations.

L'organisme transmet également au président du conseil départemental une copie du document prévu à l'article R. 225-25.

Si le ressort administratif d'accueil de l'enfant est différent de celui où il a été recueilli, l'organisme adresse simultanément une copie de la déclaration au président du conseil départemental. — [Décr. n° 2002-575 du 18 avr. 2002, art. 11.]

Art. R. 225-25 *Lors du recueil d'un enfant sur le territoire de la République française, l'organisme autorisé pour l'adoption établit un document attestant que les père et mère de naissance, ou la personne qui lui remet l'enfant si sa filiation est inconnue, ont été informés :*

1° Des mesures instituées, notamment par l'État, les collectivités territoriales et les organismes de sécurité sociale pour aider les parents à élever eux-mêmes leurs enfants ;

2° Des délais et conditions suivant lesquels l'enfant pourra être repris par ses père et mère, et notamment de leur droit de le reprendre sans aucune formalité pendant un délai de deux mois ;

3° Des conséquences du recueil et du placement en vue d'adoption de l'enfant, au regard notamment de l'article (Décr. n° 2022-1630 du 23 déc. 2022, art. 2-2°) *« 352-2 » du code civil ;* — Les dispositions du Décr. n° 2022-1630 du 23 déc. 2022 sont entrées en vigueur le 1er janv. 2023 et s'appliquent aux instances introduites à compter de cette date (Décr. préc., art. 5).

4° De la possibilité de laisser, à l'occasion de l'établissement du document rédigé lors du recueil par l'organisme, tous renseignements concernant les origines de l'enfant ainsi que les raisons et les circonstances de ce recueil, et des modalités selon lesquelles ces renseignements sont recueillis.

Dans l'hypothèse où la femme a demandé lors de son accouchement la préservation du secret de son admission et de son identité, ces renseignements sont recueillis par le correspondant du Conseil national pour l'accès aux origines personnelles dans le département où l'enfant est recueilli ; la femme est également informée de la possibilité qu'elle a de déclarer son identité à tout moment ainsi que de lever le secret de celle-ci. A sa demande, le recueil d'information peut se faire en présence de la personne de l'organisme autorisé qui l'accompagne.

L'organisme donne aux parents ou à la personne qui lui remet l'enfant une copie du document établi conformément au premier alinéa. — [Décr. n° 2002-575 du 18 avr. 2002, art. 12.]

Art. R. 225-26 *L'organisme doit remettre aux parents un modèle de lettre de rétractation de leur consentement à l'adoption portant l'adresse à laquelle elle devra, le cas échéant, être expédiée par voie recommandée avec demande d'avis de réception. En cas de rétraction du consentement à l'adoption ou de demande de restitution de l'enfant, l'organisme en informe dans les trois jours le président du conseil départemental du département ou de la collectivité territoriale dans lequel l'enfant a été recueilli.* — [Décr. n° 2002-575 du 18 avr. 2002, art. 13.]

Art. R. 225-27 *L'organisme autorisé pour l'adoption doit faire procéder à un examen médical approfondi de tout enfant qu'il recueille sur le territoire de la République française, dans un délai de deux mois suivant la date de recueil, par l'un des médecins mentionnés au 5° de l'article R. 225-15. Les résultats de cet examen sont communiqués à la personne qui assure l'accueil provisoire de l'enfant. Le dossier médical de l'enfant est communiqué au médecin désigné par les futurs adoptants lors de la réalisation du placement en vue d'adoption.* — [Décr. n° 2002-575 du 18 avr. 2002, art. 14.]

Art. R. 225-28 *Lors de la réalisation du placement en vue d'adoption d'un enfant recueilli en France, l'organisme doit en avertir, dans un délai de huit jours, le président du conseil* *départemental du département où résident les futurs adoptants. Cette notification doit mentionner les éléments relatifs à l'état civil de l'enfant dont l'organisme dispose, la date et les conditions dans lesquelles a été donné le consentement à l'adoption ainsi que le nom de la personne qui assurera l'accompagnement de l'enfant et de sa famille.* – [Décr. n° 2002-575 du 18 avr. 2002, art. 15.]

Art. R. 225-29 *(Décr. n° 2017-890 du 6 mai 2017, art. 52, en vigueur le 1er nov. 2017)* ***Les organismes bénéficiant de l'autorisation prévue au premier alinéa de l'article L. 225-11 sont habilités à se faire délivrer des copies intégrales des actes de naissance des enfants qu'ils recueillent.***

§ 3 Retrait d'autorisation et interdiction de fonctionnement

Le § 4 devient le § 3 et comprend les art. R. 225-30 à R. 225-32 (Décr. n° 2023-779 du 14 août 2023, art. 1er-14°).

Art. R. 225-30 *(Décr. n° 2023-779 du 14 août 2023, art. 1er-15°)* **I. — Le président du conseil départemental qui a délivré l'autorisation mentionnée à l'article R. 225-15 met fin aux activités de l'organisme par retrait d'autorisation, après que celui-ci a été mis à même de présenter ses observations dans les conditions prévues à l'article L. 122-1 du code des relations entre le public et l'administration :**

1° Lorsque l'organisme ne présente plus les garanties suffisantes pour assurer les activités mentionnées à l'article R. 225-12 dans le respect des droits des enfants, leurs parents et des futurs adoptants ;

2° S'il apparaît que l'une des personnes mentionnées aux 2°, 4° ou 5° de l'article R. 225-15 se trouve dans l'un des cas prévus à l'article R. 225-20 ;

3° Lorsque l'organisme fait obstacle au contrôle de son fonctionnement ou de l'exercice de ses missions par le président du conseil départemental ;

4° Si l'organisme ne respecte pas les dispositions de l'article R. 225-41 ;

5° Lorsqu'un placement est effectué dans un département sans que soient respectées les règles de notification fixées par les articles R. 225-37 et R. 225-43 ;

6° Lorsque l'organisme sollicite ou accepte des futurs adoptants, pour lui-même ou pour toute autre personne physique ou morale, un don de quelque nature que ce soit ; cette interdiction s'applique jusqu'à ce que le jugement d'adoption soit devenu définitif ou jusqu'à la transcription du jugement étranger ;

7° Si l'organisme ne justifie d'aucune activité pendant une durée de trois ans.

II. — Dans les cas mentionnés aux 1° à 7° du I, le président du conseil départemental qui a délivré un récépissé de déclaration de fonctionnement mentionné à l'article R. 225-22 prend une décision portant interdiction à l'organisme de fonctionner dans son département après que celui-ci a été mis à même de présenter ses observations dans les conditions prévues à l'article L. 122-1 du code des relations entre le public et l'administration.

Art. R. 225-31 *(Décr. n° 2023-779 du 14 août 2023, art. 1er-16°)* **Le président du conseil départemental qui procède au retrait d'une autorisation en informe sans délai, en précisant les motifs de cette décision, les ministres chargés de la famille et des affaires étrangères, ainsi que les présidents des conseils départementaux des départements où l'organisme a procédé à une déclaration de fonctionnement.**

Le président du conseil départemental qui interdit le fonctionnement d'un organisme en informe sans délai, en précisant les motifs de cette décision, le président du conseil départemental qui a délivré l'autorisation, le ministre chargé de la famille et le ministre chargé des affaires étrangères.

Le retrait de l'autorisation délivrée par le département du siège social de l'organisme emporte de plein droit interdiction de son fonctionnement dans les autres départements.

Art. R. 225-32 **Le président du conseil départemental peut décider que le retrait de l'autorisation ou l'interdiction de fonctionnement ne prendra effet qu'à l'expiration d'un délai maximum d'un an pendant lequel l'organisme pourra continuer d'exercer**

son activité pour mener à bien les procédures qu'il a engagées dans les conditions prévues au deuxième alinéa de l'article R. 225-41 en faveur des personnes résidant dans le département. La liste des familles et des enfants concernés est mentionnée en annexe à la décision.

Lorsqu'un organisme a fait l'objet d'un retrait d'autorisation ou d'une interdiction de fonctionner, ou en cas de cessation définitive de ses activités, il doit verser aux archives départementales les dossiers individuels *(Décr. nº 2023-779 du 14 août 2023, art. 1er-17º)* « qu'il détient. Les archives concernant les enfants ayant fait l'objet d'une adoption internationale » sont communiquées au ministre des affaires étrangères à sa demande. — *[Décr. nº 2002-575 du 18 avr. 2002, art. 19.]*

SOUS-SECTION 3 **Habilitation**

Art. R. 225-33 *(Décr. nº 2023-779 du 14 août 2023, art. 1er-18º)* Tout organisme autorisé pour l'adoption qui souhaite obtenir l'habilitation prévue à l'article L. 225-12 en fait la demande motivée auprès du ministre chargé des affaires étrangères et lui fournit une copie de l'autorisation prévue à l'article L. 225-11 et, le cas échéant, des récépissés de la déclaration de fonctionnement prévue à l'article R. 225-22.

L'organisme fournit en outre :

1º Ses statuts ainsi qu'une copie de la déclaration de création de la personne morale au *Journal officiel* de la République française ;

2º La liste des membres des organes dirigeants, des personnels salariés et bénévoles en France et dans les pays dans lesquels il sollicite une habilitation, avec l'indication de leurs noms, adresses, qualifications et fonctions, ainsi que, pour chacun des membres des organes dirigeants, une déclaration d'intérêts mentionnant les liens de toute nature, directs ou par personne interposée, qu'il a avec les autorités ou institutions du pays dans lequel il souhaite obtenir l'habilitation, ainsi qu'avec les structures de ce pays agissant dans le champ de la protection de l'enfance ;

3º Un document permettant d'apprécier son aptitude à assurer les activités mentionnées à l'article R. 225-13 et de nature à établir qu'il dispose des connaissances suffisantes sur l'État concerné, en particulier sur :

a) Le système de protection de l'enfance dans cet État et en particulier l'identité des institutions ou organismes autorisés à proposer des enfants à l'adoption internationale ;

b) Le cadre juridique en matière d'adoption internationale et d'accès aux origines ;

c) Les délais de procédure ;

d) Le profil des enfants adoptables ;

e) Les exigences de cet État en matière de suivi des enfants adoptés ou placés en vue d'adoption ;

4º Les supports d'informations communiqués aux candidats ;

5º Un document exposant, en isolant, s'il y a lieu, le projet d'activité d'intermédiaire en vue d'adoption, les conditions financières de fonctionnement prévues, le projet de budget pour l'exercice en cours, le bilan et le compte de résultat de l'exercice précédent en cas d'activité antérieure ainsi que, le cas échéant, le compte d'emploi correspondant aux subventions reçues ;

6º Le décompte des sommes qui seront demandées aux futurs adoptants selon le modèle fixé par arrêté du ministre des affaires étrangères ;

7º Les noms et adresses des personnes qui assureront le suivi des enfants adoptés ou placés en vue d'adoption ;

8º Les nom et adresse de la personne chargée de la tenue des comptes de l'organisme ;

9º Un extrait d'acte de naissance des personnes mentionnées au 2º qui exercent leurs missions en France ainsi que des personnes mentionnées aux 7º et 8º ;

10º Des documents relatifs à l'état civil, au casier judiciaire ou à ce qui en tient lieu dans le pays considéré, et le *curriculum vitae* des correspondants locaux de l'organisme ;

11° La convention liant l'organisme à son ou ses correspondants locaux, qui doivent présenter toutes garanties d'indépendance à l'égard des autorités chargées de la procédure locale ainsi que des responsables des institutions ou organismes auprès desquels sont recueillis les enfants ;

12° Des informations sur l'organisation de l'acheminement des enfants vers le territoire français ;

13° Un exemplaire des documents contractuels établis en application de l'article R. 225-41 ainsi qu'un exemplaire de tous les autres documents à l'intention des futurs adoptants et relatifs à la législation et aux procédures en vigueur dans chaque pays où ils interviennent, aux autorités de ces pays habilitées à prendre les décisions concernant les enfants, et à la situation juridique qu'elles confèrent aux adoptés et aux adoptants ainsi qu'aux obligations qui peuvent en résulter pour ces derniers et pour l'organisme.

Art. R. 225-33-1 Le ministre chargé des affaires étrangères notifie à l'organisme la réception du dossier complet. Lorsque la demande n'est pas accompagnée de tous les renseignements et pièces justificatives, il lui notifie la liste des éléments manquants. En l'absence de transmission des éléments demandés dans les quinze jours suivant la réception de cette liste, la demande d'habilitation est réputée abandonnée.

L'habilitation est délivrée pour une durée de cinq ans.

Le silence gardé pendant quatre mois par le ministre chargé des affaires étrangères à compter de la réception du dossier complet de demande d'habilitation vaut décision de rejet de celle-ci.

L'habilitation peut être renouvelée dans les mêmes conditions que celles prévues pour sa délivrance.

Le ministre chargé des affaires étrangères informe les présidents des conseils départementaux où opère l'organisme des décisions qu'il prend sur les demandes d'habilitation soumises par celui-ci.

Art. R. 225-33-2 L'habilitation ne peut être accordée si l'une des personnes mentionnées au 2° ou aux 7° et 8° de l'article R. 225-33 se trouve dans l'une des situations mentionnées à l'article R. 225-20.

Art. R. 225-34 Les décisions d'habilitation et de retrait sont prises par arrêté du ministre des affaires étrangères. *(Abrogé par Décr. n° 2009-407 du 14 avr. 2009)* ***« Lors de la première demande d'habilitation d'un organisme autorisé pour l'adoption, le ministre des affaires étrangères recueille l'avis de l'autorité centrale pour l'adoption internationale. »***

Le ministre apprécie s'il y a lieu d'accorder l'habilitation compte tenu de la situation propre du pays concerné, des garanties assurées aux enfants, à leurs parents et aux futurs adoptants, de la qualité du projet présenté, de la connaissance du pays concerné, notamment des institutions locales chargées de l'adoption, ainsi que *(Décr. n° 2009-407 du 14 avr. 2009)* « de l'intervention éventuelle *(Décr. n° 2023-299 du 21 avr. 2023, art. 1er-10°)* « du groupement d'intérêt public mentionné à l'article L. 147-14 *[ancienne rédaction : de l'Agence française de l'adoption]* » et d'autres organismes privés autorisés et habilités pour l'adoption internationale » déjà habilités au titre du pays considéré.

L'arrêté d'habilitation mentionne les pays dans lesquels l'organisme peut exercer son activité.

En cas d'urgence, le ministre des affaires étrangères peut suspendre, par arrêté, l'habilitation en précisant les motifs de cette décision. *(Abrogé par Décr. n° 2009-407 du 14 avr. 2009)* ***« Il en informe sans délai l'autorité centrale pour l'adoption internationale. »*** — *[Décr. n° 2002-575 du 18 avr. 2002, art. 21.]*

Les dispositions modifiées par le 10° de l'art. 1er du Décr. n° 2023-299 du 21 avr. 2023 restent applicables dans leur rédaction antérieure à l'entrée en vigueur dudit décret, au plus tard jusqu'au 1er janv. 2025, pour l'exercice par le groupement d'intérêt public dénommé « Agence française de l'adoption » de sa mission d'intermédiaire pour l'adoption dans les États qui n'ont pas délivré au groupement mentionné à l'art. L. 147-14 CASF l'autorisation prévue à l'art. 12 de la Conv. de La Haye du 29 mai 1993 relative à la protection des enfants et à la coopération en matière d'adoption internationale (Décr. préc., art. 4).

Art. R. 225-35 Tout organisme habilité doit informer sous quinzaine le ministre des affaires étrangères de sa cessation d'activité dans un pays mentionné dans la décision d'habilitation ainsi que de toute modification des éléments fournis en application de l'article R. 225-33. Il doit recueillir l'avis préalable du ministre des affaires étrangères pour toute modification des éléments fournis en application des *(Décr. nº 2023-779 du 14 août 2023, art. 1er-20º)* « 3°, 6°, 9°, 11° et 12° » de l'article R. 225-33.

(Abrogé par Décr. nº 2023-779 du 14 août 2023, art. 1er-20º) ***« L'organisme habilité pour l'adoption établit chaque année un rapport d'activité mentionnant notamment le nombre d'adoptions réalisées, le nombre de dossiers en cours, les difficultés rencontrées dans la conduite des projets. Ce rapport est adressé au ministre des affaires étrangères et aux départements concernés. »*** – *[Décr. nº 2002-575 du 18 avr. 2002, art. 22.]*

Art. R. 225-36 Lorsque les organismes habilités pour l'adoption internationale en vue de l'application de la convention de La Haye du 29 mai 1993 sur la protection des enfants et la coopération en matière d'adoption internationale :

1° Procèdent à la transmission à une autorité centrale ou à un organisme agréé étranger des rapports prévus aux articles 15 et 16 de la convention susmentionnée ;

2° Ou sollicitent l'accord d'une autorité centrale ou d'un organisme agréé étranger, en vue de la poursuite de la procédure, ils sont tenus d'en informer sans délai le ministre des affaires étrangères.

Ils avisent le ministre des affaires étrangères de toute difficulté de mise en œuvre de la convention susmentionnée. – *[Décr. nº 2002-575 du 18 avr. 2002, art. 23.]*

Art. R. 225-37 L'organisme habilité doit communiquer sans délai *(Décr. nº 2023-779 du 14 août 2023, art. 1er-21º)* « aux candidats à l'adoption avant qu'ils ne donnent leur accord » pour la mise en relation avec celui-ci, le dossier de l'enfant *(Décr. nº 2023-779 du 14 août 2023, art. 1er-21º)* « que les autorités compétentes de l'État d'origine proposent de lui confier », et notamment toutes les informations à caractère médical dont il dispose.

Lorsque l'enfant est confié en vertu d'une décision émanant d'une autorité étrangère, l'organisme doit en fournir une copie, dans un délai de huit jours à compter de la date de l'arrivée de l'enfant dans la famille, au président du conseil départemental de son lieu de résidence. – *[Décr. nº 2002-575 du 18 avr. 2002, art. 24.]*

Art. R. 225-38 *(Décr. nº 2023-779 du 14 août 2023, art. 1er-22º)* Le ministre chargé des affaires étrangères modifie ou retire l'habilitation accordée à l'organisme, après que celui-ci a été mis à même de présenter ses observations dans les conditions prévues à l'article L. 122-1 du code des relations entre le public et l'administration :

1° Si l'organisme ne présente plus les garanties suffisantes pour assurer les activités mentionnées à l'article R. 225-13 dans le respect des droits des enfants, de leurs parents et des futurs adoptants ;

2° Si l'évolution de la situation du pays pour lequel elle a été accordée ne permet plus de mener à bien des procédures d'adoption d'enfants résidant dans celui-ci par des personnes résidant en France ;

3° En cas de décision de retrait d'autorisation prise par le président du conseil départemental ;

4° Si l'organisme engage un projet d'adoption auprès de candidats à l'adoption résidant dans un département où il n'est détenteur ni d'une autorisation ni d'un récépissé de déclaration de fonctionnement ;

5° Si l'organisme conduit ou suit des procédures d'adoption dans des pays qui ne sont pas mentionnés dans son habilitation ou s'il réalise des adoptions dans un pays où l'adoption est suspendue par arrêté du ministre chargé des affaires étrangères ;

6° Si l'organisme réalise ou modifie le placement d'un enfant en violation des décisions intervenues dans son pays d'origine ;

7° Si l'organisme reçoit des futurs adoptants des fonds ne correspondant pas aux sommes prévues au 6° de l'article R. 225-33 ou s'il contrevient aux dispositions de l'article R. 225-41 ;

8° Si l'organisme a informé le ministre chargé des affaires étrangères de la cessation de son activité dans un pays en application de l'article R. 225-35 ;

9° Si l'organisme fait obstacle au contrôle par le ministre chargé des affaires étrangères de son fonctionnement ou de la régularité des procédures d'adoption qu'il conduit ou suit ou si les dossiers d'adoption soumis à l'Autorité centrale présentent de manière répétée des lacunes, des incohérences, des documents dépourvus de garanties suffisantes d'authenticité ;

10° Si l'organisme contrevient aux dispositions de la convention de La Haye du 29 mai 1993 sur la protection des enfants et la coopération en matière d'adoption internationale ;

11° Si l'organisme n'a pas obtenu des autorités étrangères compétentes l'autorisation prévue à l'article 12 de la convention de La Haye du 29 mai 1993 sur la protection des enfants et la coopération en matière d'adoption internationale ou si cette autorisation lui a été retirée.

12° S'il apparaît, postérieurement à la délivrance de l'autorisation ou de la déclaration de fonctionnement, que l'une des personnes mentionnées au 2° ou aux 7° et 8° de l'article R. 225-33 se trouve dans l'un des cas prévus à l'article R. 225-33-2.

Art. R. 225-39 Le ministre des affaires étrangères peut décider que la décision de retrait d'habilitation ne prendra effet qu'à l'expiration d'un délai maximum d'un an pendant lequel l'organisme pourra continuer son activité pour achever les procédures *(Décr. n° 2023-779 du 14 août 2023, art. 1er-23°)* « d'adoptions internationales » qu'il a engagées dans les pays étrangers. La liste des familles et des enfants concernés est annexée à la décision de retrait d'habilitation. – *[Décr. n° 2002-575 du 18 avr. 2002, art. 26.]*

(Décr. n° 2023-779 du 14 août 2023, art. 1er-23°) « Le ministre chargé des affaires étrangères informe le président du conseil départemental du siège social de l'organisme et, le cas échéant, les présidents des conseils départementaux auxquels l'organisme a adressé une déclaration de fonctionnement de toutes décisions relatives aux habilitations. »

SOUS-SECTION 4 Dispositions communes aux organismes autorisés et habilités

Art. R. 225-40 Les dirigeants des organismes ainsi que les personnes intervenant dans l'accompagnement des familles doivent suivre une formation *(Décr. n° 2023-779 du 14 août 2023, art. 1er-24°)* « adaptée à leurs missions et à leurs besoins » dans un délai *(Décr. n° 2023-779 du 14 août 2023, art. 1er-24°)* « d'un an » à compter de la notification de l'autorisation ou, le cas échéant, dans un délai *(Décr. n° 2023-779 du 14 août 2023, art. 1er-24°)* « d'un an » à compter de leur entrée en fonction dans l'organisme. *(Décr. n° 2023-779 du 14 août 2023, art. 1er-24°)* « Ils sont également soumis à une obligation de formation continue. » Il en *(Décr. n° 2023-779 du 14 août 2023, art. 1er-24°)* « est » rendu compte dans le bilan annuel d'activité de l'organisme. – *[Décr. n° 2002-575 du 18 avr. 2002, art. 27.]*

Art. R. 225-41 L'organisme autorisé pour l'adoption s'assure que les personnes qui s'adressent à lui sont titulaires de l'agrément prévu par *(Décr. n° 2023-779 du 14 août 2023, art. 1er-25°)* « l'article L. 225-17 ».

Lorsque l'organisme est en mesure de prendre en charge un dossier de candidature, compte tenu de ses capacités de fonctionnement et des conditions requises dans les pays dans lesquels il est habilité, il *(Décr. n° 2023-779 du 14 août 2023, art. 1er-25°)* « établit » avec les futurs adoptants *(Décr. n° 2023-779 du 14 août 2023, art. 1er-25°)* « une convention » de mise en relation entre ceux-ci et l'enfant se référant notamment aux pays d'*(Décr. n° 2023-779 du 14 août 2023, art. 1er-25°)* « origine » et à l'âge du ou des enfants qui pourraient leur être confiés conformément à l'agrément qui leur a été délivré *(Décr. n° 2023-779 du 14 août 2023, art. 1er-25°)* « et à leurs obligations en matière de suivi de l'enfant adopté ou placé en vue d'adoption ». Copie de *(Décr. n° 2023-779 du 14 août 2023, art. 1er-25°)* « cette convention » est remise aux futurs adoptants.

Aucune somme d'argent ne peut être demandée par l'organisme avant la définition *(Décr. nº 2023-779 du 14 août 2023, art. 1er-25º)* **« de la convention » de mise en relation.** – *[Décr. nº 2002-575 du 18 avr. 2002, art. 28.]*

En application des art. L. 231-5 et L. 231-6 CRPA, le silence gardé pendant deux mois par l'administration vaut décision de rejet pour les demandes de prise en charge d'un dossier de candidature à l'adoption par un organisme autorisé (Décr. nº 2015-1451 du 10 nov. 2015, applicable pour les demandes présentées à compter du 12 nov. 2015).

En application des art. L. 231-5 et L. 231-6 CRPA, le silence gardé pendant neuf mois par une collectivité territoriale ou un de ses établissements publics vaut décision de rejet pour les demandes d'agrément à l'adoption (Décr. nº 2015-1459 du 10 nov. 2015, applicable pour les demandes présentées à compter du 12 nov. 2015).

Art. R. 225-42 **L'organisme transmet au président du conseil départemental, dans les six mois** *(Décr. nº 2023-779 du 14 août 2023, art. 1er-26º)* **« puis dans les douze mois » suivant l'arrivée de l'enfant, un rapport sur la situation familiale et le développement psychologique de l'enfant. Copie de** *(Décr. nº 2023-779 du 14 août 2023, art. 1er-26º)* **« ces rapports sont » remise à la famille.**

L'organisme informe sans délai le président du conseil départemental *(Décr. nº 2023-779 du 14 août 2023, art. 1er-26º)* **« et le ministre chargé des affaires étrangères des décisions prononçant le placement en vue d'adoption ou l'adoption et des transcriptions des jugements étrangers. »** – *[Décr. nº 2002-575 du 18 avr. 2002, art. 29.]*

Art. R. 225-43 **L'organisme autorisé pour l'adoption doit informer, dans un délai de trois jours, les présidents de conseils départementaux compétents de toute modification apportée au lieu de placement de l'enfant en fournissant toute justification de fait et de droit. Il en est de même en cas d'impossibilité de réaliser le projet prévu.** *(Abrogé par Décr. nº 2023-779 du 14 août 2023, art. 1er-27º)* ***« S'il s'agit d'un enfant confié en vertu d'une décision émanant d'une autorité étrangère, »*** **l'organisme doit également en informer le ministre des affaires étrangères dans le même délai.** – *[Décr. nº 2002-575 du 18 avr. 2002, art. 30.]*

Art. R. 225-44 **Les dossiers que l'organisme autorisé constitue à propos des futurs adoptants et des enfants** *(Abrogé par Décr. nº 2023-779 du 14 août 2023, art. 1er-28º)* ***« qu'il recueille ou qu'il confie en vertu d'une décision émanant d'une autorité étrangère »*** **peuvent être consultés par le président du conseil départemental et par le ministre des affaires étrangères et sont communiqués, à leur demande, au procureur de la République et au tribunal lors de la procédure d'adoption.** – *[Décr. nº 2002-575 du 18 avr. 2002, art. 31.]*

Art. R. 225-45 **Les organismes autorisés et habilités doivent établir entre eux des relations de coopération, notamment pour l'organisation de formations. Ils peuvent également conclure entre eux des conventions pour l'exercice des activités mentionnées au 3º de l'article R. 225-12 et à l'article R. 225-13, afin notamment de répondre aux exigences de proximité et de disponibilité des personnes qui accompagnent les familles. Ces conventions n'entrent en vigueur qu'après accord des présidents des conseils départementaux des départements des sièges sociaux des organismes et du ministre des affaires étrangères.** – *[Décr. nº 2002-575 du 18 avr. 2002, art. 32.]*

Art. R. 225-46 *(Abrogé par Décr. nº 2023-779 du 14 août 2023, art. 1er-29º)* ***L'État aide à la mise en place d'un réseau structuré d'organismes autorisés conformément aux articles L. 225-11 et L. 225-12.*** – [C. fam., art. 100-2-1, al. 1er.]

SECTION 3 Groupement d'intérêt public pour la protection de l'enfance, l'adoption et l'accès aux origines personnelles *[ancienne rédaction : Agence française de l'adoption] (Décr. nº 2023-299 du 21 avr. 2023, art. 1er-13º).*

(Décr. nº 2006-811 du 6 juill. 2006, art. 2)

Les dispositions modifiées par les 9º, 12º à 16º et 18º de l'art. 1er du Décr. nº 2023-299 du 21 avr. 2023 restent applicables dans leur rédaction antérieure à l'entrée en vigueur dudit décret, au plus tard jusqu'au 1er janv. 2025, pour l'exercice par le groupement d'intérêt public dénommé « Agence française de l'adoption » de sa mission d'intermédiaire pour l'adoption dans les États qui n'ont pas délivré au groupement mentionné à l'art. L. 147-14 CASF l'autorisation prévue à l'art. 12 de la Conv. de La Haye du 29 mai 1993 relative à la protection des enfants et à la coopération en matière d'adoption internationale (Décr. préc., art. 4).

Art. R. 225-47 *(Décr. n° 2023-299 du 21 avr. 2023, art. 1er-14°)* **« Le groupement d'intérêt public mentionné à l'article L. 147-14** *[ancienne rédaction : L'Agence française de l'adoption]* **» exerce les activités prévues aux 1° et 2° de l'article R. 225-12 et à l'article R. 225-13.**

L'activité prévue au 3° de l'article R. 225-12 est exercée par le service de l'aide sociale à l'enfance du département où réside l'enfant dans les conditions fixées à l'article L. 225-18.

Art. R. 225-48 **En vue d'obtenir l'habilitation prévue à l'article L. 225-12,** *(Décr. n° 2023-299 du 21 avr. 2023, art. 1er-9°)* **« le groupement d'intérêt public mentionné à l'article L. 147-14** *[ancienne rédaction : l'Agence française pour l'adoption]* **» doit fournir les pièces prévues aux 4°, 7°, 8°, 9°, 10° et 11° de l'article R. 225-33.**

Art. R. 225-49 **Pour l'exercice de ses missions,** *(Décr. n° 2023-299 du 21 avr. 2023, art. 1er-15°)* **« le groupement d'intérêt public mentionné à l'article L. 147-14** *[ancienne rédaction : l'agence]* **» s'appuie sur des correspondants départementaux désignés conformément à l'article L. 225-16.**

Les correspondants départementaux exercent une mission d'information et de conseil, notamment sur les aspects techniques et juridiques de la procédure d'adoption.

Art. R. 225-50 **Les dispositions des articles R. 225-34 à R. 225-37, R. 225-38, à l'exception du 1°, R. 225-39, du premier alinéa de l'article R. 225-41 et de l'article R. 225-44 sont applicables** *(Décr. n° 2023-299 du 21 avr. 2023, art. 1er-12°)* **« au groupement d'intérêt public mentionné à l'article L. 147-14** *[ancienne rédaction : à l'Agence française de l'adoption]* **».**

Art. R. 225-51 **Les personnes souhaitant adopter un enfant définissent avec** *(Décr. n° 2023-299 du 21 avr. 2023, art. 1er-16°)* **« le groupement d'intérêt public mentionné à l'article L. 147-14** *[ancienne rédaction : l'agence]* **» les éléments essentiels de leur projet d'adoption, en ce qui concerne notamment le pays d'origine et l'âge du ou des enfants qui pourraient leur être confiés. Une copie du projet d'adoption leur est remis.** — *En application des art. L. 231-5 et L. 231-6 CRPA, le silence gardé pendant deux mois par l'administration vaut décision de rejet pour les demandes de prise en charge d'un dossier de candidature à l'adoption par l'Agence française de l'adoption (Décr. n° 2015-1451 du 10 nov. 2015, applicable pour les demandes présentées à compter du 12 nov. 2015).*

Art. R. 225-52 *(Abrogé par Décr. n° 2023-299 du 21 avr. 2023, art. 1er-17°)* ***L'État contribue sous la forme d'une dotation financière annuelle au fonctionnement de l'Agence française de l'adoption.***

Les départements contribuent à l'exercice des missions de l'agence par la désignation au sein de leurs services d'au moins un correspondant local qui assure les fonctions définies à l'article R. 225-49. Ils peuvent apporter, le cas échéant, des moyens complémentaires de fonctionnement.

Art. R. 225-53 *(Abrogé par Décr. n° 2023-299 du 21 avr. 2023, art. 1er-18°) (Décr. n° 2012-91 du 26 janv. 2012, art. 12-2°)* ***Sous réserve des dispositions de la présente section, le décret n° 2012-91 du 26 janvier 2012 relatif aux groupements d'intérêt public est applicable au groupement d'intérêt public régi par les dispositions de l'article L. 225-15 du présent code.***

SECTION 4 **Adoption internationale** *(Décr. n° 2006-811 du 6 juill. 2006, art. 1er).*

La présente section ne comprend pas de dispositions réglementaires.

CHAPITRE VI PROTECTION DES MINEURS EN DANGER ET RECUEIL DES INFORMATIONS PRÉOCCUPANTES *(Décr. nº 2008-774 du 30 juill. 2008)*.

SECTION 1 Formation des professionnels

Art. D. 226-1 Les règles relatives à la formation à la prévention des mauvais traitement sont fixées par les dispositions de l'article premier du décret du 9 décembre 1991 relatif à la formation des professionnels concernés par la prévention des mauvais traitements à l'égard des mineurs et la protection des mineurs maltraités.

Art. D. 226-1-1 *(Décr. nº 2008-774 du 30 juill. 2008)* En application de l'article L. 226-12-1, les cadres territoriaux qui, par délégation du président du conseil départemental, prennent des décisions relatives à la protection de l'enfance et fixent les modalités de leur mise en œuvre suivent, après leur prise de fonction, une formation relative à la protection de l'enfance, organisée conformément au 2° de l'article 1er de la loi du 12 juillet 1984 modifiée relative à la formation des agents de la fonction publique territoriale.

Cette formation, d'une durée de 240 heures, est commencée dans l'année qui suit leur prise de fonction et se déroule sur une amplitude maximale de 18 mois.

La formation théorique d'une durée de 200 heures comprend 30 heures effectuées en commun avec les professionnels d'autres institutions intervenant dans le champ de la protection de l'enfance.

Le stage pratique, d'une durée de 40 heures, est organisé sous la responsabilité de l'employeur et selon des modalités définies en concertation avec l'organisme chargé de la formation. Il est effectué dans une institution participant à la protection de l'enfance autre que celle à laquelle les cadres territoriaux concernés appartiennent.

Art. D. 226-1-2 *(Décr. nº 2008-774 du 30 juill. 2008)* La formation prévue à l'article D. 226-1-1 comprend les quatre domaines de compétences suivants :

1° Être capable de situer la prévention et la protection de l'enfance dans une perspective historique et philosophique ;

2° Connaître les principes directeurs des théories et des pratiques des sciences humaines concernant le développement de l'enfant et de la famille ;

3° Maîtriser le dispositif de protection de l'enfance et le cadre législatif et réglementaire ;

4° Être capable de se situer dans le dispositif de protection de l'enfance.

Le contenu de la formation dans chacun de ces domaines est fixé par arrêté conjoint du ministre chargé de la famille et du ministre chargé des collectivités territoriales. *— V. Arr. du 25 sept. 2008 (JO 8 oct.).*

Art. D. 226-1-3 *(Décr. nº 2008-774 du 30 juill. 2008)* A l'issue de la formation prévue à l'article D. 226-1-1, l'organisme de formation délivre à l'intéressé une attestation de suivi de la formation, précisant la durée et les thèmes abordés dans ce cadre.

Les dispositions du Décr. nº 2008-774 du 30 juill. 2008 sont entrées en vigueur le 3 nov. 2008. — Les cadres territoriaux qui exercent déjà, au moment de l'entrée en vigueur du présent décret, les missions mentionnées à l'art. D. 226-1-1 depuis plus d'un an peuvent ne suivre, au titre de la formation de perfectionnement dispensée en cours de carrière à la demande de l'employeur ou de l'agent, qu'une partie de la formation mentionnée aux articles ci-dessus (Décr. préc., art. 2).

SECTION 2 Service d'accueil téléphonique

Art. R. 226-2 Le service d'accueil téléphonique mentionné à l'article L. 226-6 est assisté d'un comité technique composé des représentants du conseil d'administration du groupement d'intérêt public *(Décr. nº 2023-299 du 21 avr. 2023, art. 1er-19°)* « mentionné à l'article L. 147-14 » et des associations concourant à la protection de l'enfance et de la famille ainsi que d'experts et de personnes qualifiées.

Le comité technique est consulté sur l'organisation et l'activité du service, ainsi que sur les conditions de collaboration entre celui-ci et les départements. Il donne son avis préalablement à la publication de l'étude épidémiologique mentionnée à l'article L. 226-6. – *[C. fam., art. 71, al. 5 et 6.]*

Art. R. 226-2-1 *(Décr. nº 2012-91 du 26 janv. 2012, art. 12-3º)* Sous réserve des dispositions de la présente section, le décret nº 2012-91 du 26 janvier 2012 relatif aux groupements d'intérêt public est applicable au groupement d'intérêt public *(Décr. nº 2023-299 du 21 avr. 2023, art. 1er-20º)* « mentionné à l'article L. 147-14 » du présent code. – *Les dispositions du Décr. nº 2012-91 du 26 janv. 2012 sont applicables à Wallis-et-Futuna, en Polynésie française, en Nouvelle-Calédonie et dans les Terres australes et antarctiques françaises (Décr. préc., art. 15).*

SECTION 2 *BIS* Information préoccupante

(Décr. nº 2013-994 du 7 nov. 2013, art. 1er)

Art. R. 226-2-2 L'information préoccupante est une information transmise à la cellule départementale mentionnée au deuxième alinéa de l'article L. 226-3 pour alerter le président du conseil départemental sur la situation d'un mineur, bénéficiant ou non d'un accompagnement, pouvant laisser craindre que sa santé, sa sécurité ou sa moralité sont en danger ou en risque de l'être ou que les conditions de son éducation ou de son développement physique, affectif, intellectuel et social sont gravement compromises ou en risque de l'être.

La finalité de cette transmission est d'évaluer la situation d'un mineur et de déterminer les actions de protection et d'aide dont ce mineur et sa famille peuvent bénéficier.

Art. D. 226-2-3 *(Décr. nº 2016-1476 du 28 oct. 2016, art. 1er)* I. — L'évaluation prévue à l'article L. 226-3 porte sur la situation du mineur faisant l'objet d'une information préoccupante et sur celle des autres mineurs présents au domicile.

II. — L'évaluation mentionnée au I a pour objet :

1º D'apprécier le danger ou le risque de danger au regard des besoins et des droits fondamentaux, de l'état de santé, des conditions d'éducation, du développement, du bien-être et des signes de souffrance éventuels du mineur. Elle n'a pas pour objet de déterminer la véracité des faits allégués ;

2º De proposer les réponses de protection les mieux adaptées en prenant en compte et en mettant en évidence notamment la capacité des titulaires de l'autorité parentale à se mobiliser pour la protection du mineur, leurs ressources et celles des personnes de leur environnement.

Cette évaluation est menée indépendamment des procédures judiciaires éventuellement en cours.

III. — Au regard de l'ensemble de ces finalités, l'évaluation de l'information préoccupante porte sur :

1º L'existence, la nature et la caractérisation du danger ou risque de danger encouru par le mineur ;

2º La capacité des titulaires de l'autorité parentale et des personnes de l'environnement du mineur à se mobiliser pour répondre à ses besoins ;

3º Les aides et le soutien mobilisables pour le mineur et sa famille, et leur aptitude à s'en saisir.

IV. — Sont pris en compte au cours de cette évaluation :

1º L'avis du mineur sur sa situation ;

2º L'avis des titulaires de l'autorité parentale sur les besoins du mineur, leurs difficultés éventuelles, leur compréhension de la situation et les propositions qu'ils pourraient formuler ;

3º Les éventuelles informations préoccupantes reçues antérieurement.

(Décr. nº 2022-1728 du 30 déc. 2022, art. 2) « V. — Cette évaluation doit être menée conformément au référentiel national d'évaluation des situations de danger ou de risque de danger pour l'enfant approuvé par décret. »

Art. D. 226-2-4 *(Décr. nº 2016-1476 du 28 oct. 2016, art. 1er)* I. — Dès lors qu'une première analyse d'une information reçue à la cellule de recueil, de traitement et d'évaluation mentionnée à l'article L. 226-3 fait apparaître qu'il s'agit d'une information préoccupante au sens de l'article R. 226-2-2, le président du conseil départemental :

1º Confie l'évaluation de la situation du mineur à l'équipe pluridisciplinaire mentionnée à l'article L. 226-3 ;

2º Le cas échéant, saisit l'autorité judiciaire des situations de danger grave et immédiat, notamment dans les situations de maltraitance, conformément aux dispositions de l'article L. 226-4.

II. — L'évaluation est réalisée sous l'autorité du président du conseil départemental dans un délai de trois mois à compter de la réception de l'information préoccupante. Ce délai est réduit en fonction de la nature et de la caractérisation du danger ou risque de danger et de l'âge du mineur, notamment s'il a moins de deux ans.

Lorsque l'évaluation en cours fait apparaître une situation visée à l'article L. 226-4, le président du conseil départemental saisit l'autorité judiciaire.

Art. D. 226-2-5 *(Décr. nº 2016-1476 du 28 oct. 2016, art. 1er)* I. — La composition de l'équipe pluridisciplinaire mentionnée à l'article L. 226-3 est déterminée en fonction de la situation du mineur et des difficultés qu'il rencontre.

Cette équipe est composée d'au moins deux professionnels exerçant dans les domaines de l'action socio-éducative, de l'action sociale, de la santé ou de la psychologie.

Les professionnels composant cette équipe relèvent des services départementaux de l'aide sociale à l'enfance, de la protection maternelle et infantile, du service social départemental ou de la cellule mentionnée à l'article L. 226-3.

Des professionnels issus d'autres services, institutions ou associations, concourant à la protection de l'enfance, notamment le service de promotion de la santé en faveur des élèves et le service social en faveur des élèves, réalisent en cas de besoin l'évaluation ou y participent.

Lorsque l'évaluation en cours fait apparaître une problématique spécifique, relevant éventuellement du handicap, et nécessite d'être complétée, l'équipe pluridisciplinaire, sous la responsabilité du président du conseil départemental, recourt à des experts ou services spécialisés.

Les professionnels chargés de l'évaluation sont, sauf exception, différents de ceux chargés du suivi de la famille.

II. — Les professionnels chargés de l'évaluation d'une information préoccupante disposent d'une formation et de connaissances spécifiques portant sur le développement et les besoins fondamentaux de l'enfant en fonction de son âge, la fonction parentale et les situations familiales. Ils sont notamment formés aux conséquences des carences, négligences et maltraitances.

Ces professionnels sont également formés aux méthodes d'évaluation des situations individuelles. Ils s'appuient sur des outils et cadres de référence définis et partagés au sein du conseil départemental et au niveau national.

Les connaissances de ces professionnels sont actualisées.

III. — Le partage d'informations entre les professionnels mentionnés au I aux fins d'évaluer la situation s'effectue dans les conditions fixées à l'article L. 226-2-2.

Art. D. 226-2-6 *(Décr. nº 2016-1476 du 28 oct. 2016, art. 1er)* I. — Sauf intérêt contraire du mineur, les titulaires de l'autorité parentale sont informés par le président du conseil départemental de la mise en place d'une évaluation.

II. — Au cours de l'évaluation, l'équipe pluridisciplinaire recueille l'avis du mineur, des titulaires de l'autorité parentale, ainsi que des personnes de leur environnement.

L'avis des professionnels qui connaissent le mineur dans son quotidien, dans le cadre de soins ou d'un accompagnement, est également recueilli.

Un ou plusieurs membres de l'équipe pluridisciplinaire rencontrent le mineur et les titulaires de l'autorité parentale au moins une fois à leur domicile. En fonction de son âge et de son degré de maturité, une rencontre est organisée avec le mineur sans les titulaires de l'autorité parentale, avec l'accord de ces derniers.

Au cours de l'évaluation, l'impossibilité de rencontrer le mineur, seul ou en présence des titulaires de l'autorité parentale, conduit à la saisine de l'autorité judiciaire.

Art. D. 226-2-7 *(Décr. n° 2016-1476 du 28 oct. 2016, art. 1er)* I. — Un rapport est élaboré à l'issue de l'évaluation sur la base des contributions, de l'analyse de chaque professionnel de l'équipe pluridisciplinaire, et de l'avis du mineur, des titulaires de l'autorité parentale, et des personnes de leur environnement, afin de disposer d'une vision d'ensemble de la situation.

Ce rapport comporte les informations relatives à la situation du mineur faisant l'objet d'une information préoccupante, des autres mineurs présents au domicile et des titulaires de l'autorité parentale.

Si l'un des titulaires de l'autorité parentale ne peut pas être rencontré, le rapport en précise les raisons.

II. — La conclusion unique et commune du rapport d'évaluation confirme ou infirme l'existence d'un danger ou d'un risque de danger au sens des articles L. 221-1 et R. 226-2-2, et de l'article 375 du code civil. Elle fait apparaître les éventuelles différences d'appréciation entre les professionnels.

La conclusion formule les propositions suivantes :

1° Soit un classement ;

2° Soit des propositions d'actions adaptées à la situation, telles qu'un accompagnement de la famille, une prestation d'aide sociale à l'enfance ;

3° Soit la saisine de l'autorité judiciaire, qui est argumentée.

III. — Le rapport est transmis au président du conseil départemental pour les suites à donner à l'évaluation. Si nécessaire, celui-ci peut demander des compléments d'information et d'évaluation.

Sauf intérêt contraire du mineur, ce dernier ainsi que les titulaires de l'autorité parentale sont informés du contenu du rapport et des suites données à l'évaluation.

Art. D. 226-2-8 *(Décr. n° 2022-1697 du 29 déc. 2022, art. 1er)* L'information de la personne ayant transmis une information préoccupante, prévue au deuxième alinéa de l'article L. 226-5, a pour finalité la confirmation de la prise en considération des éléments transmis et la confortation de la mobilisation de cette personne autour de la situation.

Cette information est de principe, sauf :

1° si elle est contraire à l'intérêt de l'enfant ;

2° si elle risque de faire courir un danger à l'enfant ;

3° si elle risque de faire courir un risque à la personne émettrice mentionnée au premier alinéa, si elle vit au domicile de l'enfant.

Le contenu et les modalités de cette information sont déterminés pour chaque situation par la cellule de recueil, de traitement et d'évaluation des informations préoccupantes. Les éléments transmis à la personne à l'origine de la transmission de l'information préoccupante sur les suites données s'apprécient au regard du respect de l'intérêt de l'enfant, du respect du droit à la vie privée et familiale et du secret professionnel.

SECTION 2 *TER* Composition pluri-institutionnelle de l'observatoire départemental de la protection de l'enfance

(Décr. n° 2016-1285 du 29 sept. 2016)

Art. D. 226-3-1 L'observatoire départemental de la protection de l'enfance est placé sous l'autorité du président du conseil départemental.

La composition pluri-institutionnelle de l'observatoire est déterminée au regard des cinq missions définies à l'article L. 226-3-1. Elle permet une représentation des acteurs institutionnels et associatifs mettant en œuvre la politique de protection de l'enfance dans le département ou y concourant.

Art. D. 226-3-2 L'observatoire départemental de la protection de l'enfance est composé :

1° De représentants de l'État dans le département :

— le préfet ou son représentant, qui peut être notamment le directeur départemental de la cohésion sociale ou son représentant, *(Décr. n° 2017-1863 du 29 déc. 2017, art. 1er-II, en vigueur le 1er janv. 2018)* « et en Corse, les préfets de Haute-Corse et de Corse-du-Sud ou leurs représentants qui peuvent notamment être les directeurs départementaux de la cohésion sociale et de la protection des populations ou leurs représentants » ;

(Décr. n° 2021-53 du 21 janv. 2021, art. 3-I) « — le directeur académique des services de l'éducation nationale agissant sur délégation du recteur d'académie, ou, son représentant ou en Corse et pour la Collectivité européenne d'Alsace, le recteur d'académie ou son représentant ; »

— le directeur territorial de la protection judiciaire de la jeunesse ou son représentant ;

— le directeur *(Décr. n° 2023-1109 du 29 nov. 2023, art. 1er-1°, en vigueur au plus tard le 1er févr. 2024)* « départemental ou interdépartemental de la police nationale » ou son représentant *(Décr. n° 2017-1863 du 29 déc. 2017, art. 1er-II, en vigueur le 1er janv. 2018)* « ou en Corse, les directeurs *(Décr. n° 2023-1109 du 29 nov. 2023, art. 1er-1°, en vigueur au plus tard le 1er févr. 2024)* « interdépartementaux de la police nationale » de Haute-Corse et de Corse-du-Sud ou leurs représentants » *(Décr. n° 2021-53 du 21 janv. 2021, art. 3-I)* « , ou dans la Collectivité européenne d'Alsace, les directeurs *(Décr. n° 2023-1109 du 29 nov. 2023, art. 1er-1°, en vigueur au plus tard le 1er févr. 2024)* « interdépartementaux de la police nationale » du Haut-Rhin et du Bas-Rhin ou leurs représentants ; »

— le commandant de groupement de gendarmerie ou son représentant *(Décr. n° 2017-1863 du 29 déc. 2017, art. 1er-II, en vigueur le 1er janv. 2018)* « ou en Corse, les commandants de groupement de gendarmerie de Haute-Corse et de Corse-du-Sud ou leurs représentants » *(Décr. n° 2021-53 du 21 janv. 2021, art. 3-I)* « , ou dans la Collectivité européenne d'Alsace, les commandants de groupement de gendarmerie du Haut-Rhin et du Bas-Rhin ou leurs représentants ; »

2° De représentants du conseil départemental *(Décr. n° 2017-1863 du 29 déc. 2017, art. 1er-II, en vigueur le 1er janv. 2018)* « ou en Corse, de la collectivité de Corse » :

— le président du conseil départemental représenté, le cas échéant, par le(s) élu(s) en charge des politiques de la protection de l'enfance *(Décr. n° 2017-1863 du 29 déc. 2017, art. 1er-II, en vigueur le 1er janv. 2018)* « ou en Corse, le président du conseil exécutif et deux conseillers à l'assemblée de Corse désignés par cette assemblée » ;

— les services mettant en œuvre la protection de l'enfance ou y concourant, notamment l'aide sociale à l'enfance, la protection maternelle et infantile, le service social départemental ;

3° Du directeur de l'agence régionale de santé ou son représentant ;

4° De deux magistrats du siège, dont un juge des enfants, désignés par chaque président de tribunal judiciaire *[ancienne rédaction : tribunal de grande instance]* ;

5° D'un magistrat du parquet désigné par chaque procureur de la République ;

6° Du directeur de la caisse d'allocations familiales ou son représentant *(Décr. n° 2017-1863 du 29 déc. 2017, art. 1er-II, en vigueur le 1er janv. 2018)* « ou en Corse, les directeurs des caisses d'allocations familiales de Haute-Corse et de Corse-du-Sud ou leurs représentants » *(Décr. n° 2021-53 du 21 janv. 2021, art. 3-I)* « , ou dans la Collectivité européenne d'Alsace, les directeurs des caisses d'allocations familiales du Haut-Rhin et du Bas-Rhin ou leurs représentants ; »

7° Du directeur de la maison départementale des personnes handicapées ou son représentant ; *— Jusqu'au 31 déc. 2021, pour l'application du 7° de l'art. D. 226-3-2, les directeurs des maisons départementales des personnes handicapées du Haut-Rhin et du Bas-Rhin ou leurs représentants siègent à l'observatoire départemental de la protection de l'enfance de la Collectivité européenne d'Alsace (Décr. n° 2021-53 du 21 janv. 2021, art. 3-II).*

8° D'un représentant de l'ordre des avocats spécialement formé pour représenter les enfants, désigné par le bâtonnier ;

9° De représentants d'associations concourant à la protection de l'enfance, notamment des gestionnaires d'établissements et services ;

10° De représentants de l'union départementale des associations familiales prévue à l'article L. 211-2, de l'association départementale d'entraide mentionnée à l'article L. 224-11 et, le cas échéant, d'autres associations représentant des enfants, adolescents et familles bénéficiant ou ayant bénéficié d'interventions au titre de la protection de l'enfance, des associations de défense des droits des enfants ;

11° De représentants du conseil de l'ordre des médecins, des professionnels exerçant notamment dans les champs de la pédiatrie, de la pédopsychiatrie, de la périnatalité et, le cas échéant, de la médecine légale ;

12° De représentants d'organismes et d'universités délivrant des formations continues dans le domaine de la protection de l'enfance.

(Décr. n° 2017-1863 du 29 déc. 2017, art. 1er-II, en vigueur le 1er janv. 2018) **« En Corse, le magistrat du parquet mentionné au 5° est désigné d'un commun accord par les procureurs de la République de Bastia et d'Ajaccio et le représentant de l'ordre des avocats mentionné au 8° est désigné d'un commun accord par les bâtonniers de Bastia et d'Ajaccio. »**

En fonction des ressources et des projets de territoire, d'autres acteurs institutionnels et associatifs, ainsi que des personnes qualifiées, peuvent être membres de l'observatoire départemental de la protection de l'enfance.

Le président du conseil départemental arrête la liste des membres de l'observatoire.

En tant que de besoin, l'observatoire associe à ses travaux tout organisme ou personne qu'il estime utile.

SECTION 3 Transmission d'informations sous forme anonyme aux observatoires départementaux de la protection de l'enfance et à l'observatoire national de la protection de l'enfance

(Décr. n° 2016-1966 du 28 déc. 2016, art. 1er, en vigueur le 1er janv. 2017)

Art. D. 226-3-3 **Le président du conseil départemental transmet annuellement les informations mentionnées à l'article D. 226-3-5** *(Décr. n° 2021-929 du 12 juill. 2021, art. 2-I)* **« , pour ce qui le concerne, » à l'observatoire départemental de la protection de l'enfance et à l'Observatoire national de la protection de l'enfance, pour l'exercice de leurs missions définies respectivement à l'article L. 226-3-1 et au** *(Décr. n° 2023-299 du 21 avr. 2023, art. 1er-21°)* **« deuxième » alinéa de l'article L. 226-6.** *(Décr. n° 2021-929 du 12 juill. 2021, art. 2-I)* **« Le ministre de la justice transmet annuellement les informations mentionnées à l'article D. 226-3-5, pour ce qui le concerne, à l'Observatoire national de la protection de l'enfance. »** *— Les dispositions modifiées par le 21° de l'art. 1er du Décr. n° 2023-299 du 21 avr. 2023 peuvent être modifiées par décret (Décr. préc., art. 3).*

Cette transmission a pour objet :

(Décr. n° 2021-929 du 12 juill. 2021, art. 2-I) **« 1° De contribuer à la connaissance de la population et du parcours des mineurs et des jeunes majeurs bénéficiant d'une prestation d'aide sociale à l'enfance ou d'une décision judiciaire en matière d'assistance éducative ou sur le fondement** *(Décr. n° 2021-929 du 12 juill. 2021, art. 2-II, en vigueur le 30 sept. 2021)* **« du code de la justice pénale des mineurs », mises en œuvre concomitamment ou successivement, ainsi qu'à la connaissance de l'activité des services et établissements de protection de l'enfance et de protection judiciaire de la jeunesse ; »**

2° De faciliter l'analyse de la cohérence et de la continuité des actions mises en œuvre au bénéfice des mineurs, de leur famille et des jeunes majeurs au titre de la protection de l'enfance.

Les dispositions du Décr. n° 2021-929 du 12 juill. 2021 s'appliquent aux mesures et prestations décidées après la date d'entrée en vigueur dudit Décr., soit le 15 juill. 2021 (Décr. préc., art. 9, JO 14 juill.).

Art. D. 226-3-4 *(Décr. n° 2021-929 du 12 juill. 2021, art. 3)* « Le président du conseil départemental et le ministre de la justice recueillent et enregistrent les informations mentionnées à l'article D. 226-3-5 conformément aux dispositions de la loi n° 78-17 du 6 janvier 1978 modifiée relative à l'informatique, aux fichiers et aux libertés et à celles du règlement (UE) 2016/679 du Parlement européen et du Conseil du 27 avril 2016 relatif à la protection des personnes physiques à l'égard du traitement des données à caractère personnel et à la libre circulation de ces données.

« Ces informations font l'objet, avant leur transmission, d'une pseudonymisation, au sens du paragraphe 5 de l'article 4 du règlement (UE) 206/679 du Parlement européen et du Conseil du 27 avril 2016 susmentionné, réalisée à partir du prénom, du mois et de l'année de naissance du mineur ou du majeur âgé de moins de vingt et un ans, ainsi que du nom de famille de la mère du mineur ou du majeur âgé de moins de vingt et un ans. Un procédé de cryptage informatique irréversible garantit la pseudonymisation de l'identité du mineur ou du majeur âgé de moins de vingt et un ans, des responsables légaux du mineur et de toute autre personne ayant eu à connaître la situation du mineur. Ce procédé donne lieu à l'établissement d'un identifiant unique par mineur ou majeur âgé de moins de vingt et un ans. »

La présentation des résultats du traitement de ces données par les observatoires départementaux de la protection de l'enfance et par l'Observatoire national de la protection de l'enfance ne permet pas l'identification, directe ou indirecte, des personnes concernées.

Sur l'entrée en vigueur du Décr. n° 2021-929 du 12 juill. 2021, V. note ss. art. D. 226-3-3.

Art. D. 226-3-5 La liste des informations transmises sous forme anonyme à l'observatoire départemental de la protection de l'enfance et à l'Observatoire national de la protection de l'enfance figure à l'annexe 2.8.

(Décr. n° 2021-929 du 12 juill. 2021, art. 4) « La liste des informations pseudonymisées transmises par le ministre de la justice à l'Observatoire national de la protection de l'enfance figure à l'annexe 2-8-1. » — *Sur l'entrée en vigueur du Décr. n° 2021-929 du 12 juill. 2021, V. note ss. art. D. 226-3-3.*

Art. D. 226-3-6 *(Décr. n° 2021-929 du 12 juill. 2021, art. 5)* Le président du conseil départemental et le ministre de la justice, chacun pour ce qui le concerne, procèdent au recueil et à l'enregistrement des informations mentionnées à l'article D. 226-3-5. — *Sur l'entrée en vigueur du Décr. n° 2021-929 du 12 juill. 2021, V. note ss. art. D. 226-3-3.*

Art. D. 226-3-7 *(Décr. n° 2021-929 du 12 juill. 2021, art. 6-I)* Les informations mentionnées à l'article D. 226-3-5 figurant aux annexes 2-8 et 2-8-1 sont renseignées à l'occasion, notamment, d'un changement relatif à la situation du mineur ou du majeur âgé de moins de vingt et un ans portant sur l'évaluation de sa situation, sur les prestations d'aide sociale à l'enfance ou les mesures de protection judiciaire dont il bénéficie, ou les mesures pénales dont il fait l'objet. Elles font l'objet d'une extraction informatique annuelle.

Les informations mentionnées à l'annexe 2-8 sont transmises, dans les conditions prévues à l'article D. 226-3-4, par le président du conseil départemental à l'observatoire départemental de la protection de l'enfance et à l'Observatoire national de la protection de l'enfance au plus tard le 30 avril de l'année qui suit l'année civile durant laquelle les mesures ou prestations ont été décidées, renouvelées ou terminées.

Les informations mentionnées à l'annexe 2-8-1 sont transmises, dans les conditions prévues à l'article D. 226-3-4, par le ministère de la justice à l'Observatoire national de la protection de l'enfance :

1° En ce qui concerne les mesures prises sur le fondement des articles 375-2 et 375-3 du code civil et de l'article 1183 du code de procédure civile, au plus tard le 30 avril de l'année qui suit l'année civile durant laquelle ces mesures, financées ou mises en œuvre par la protection judiciaire de la jeunesse, ont été décidées, renouvelées ou terminées ;

2° En ce qui concerne les mesures prises sur le fondement *(Décr. n° 2021-929 du 12 juill. 2021, art. 6-II, en vigueur le 30 sept. 2021)* **« du code de la justice pénale des mineurs », au plus tard le 31 mai de l'année qui suit l'année civile durant laquelle ces mesures ont été décidées, renouvelées ou terminées.**

Sur l'entrée en vigueur du Décr. n° 2021-929 du 12 juill. 2021, V. note ss. art. D. 226-3-3.

Art. D. 226-3-8 **Chaque année l'Observatoire national de la protection de l'enfance transmet au président du conseil départemental** *(Décr. n° 2021-929 du 12 juill. 2021, art. 7)* **« , au directeur territorial de la protection judiciaire de la jeunesse, » et au président de l'observatoire départemental de la protection de l'enfance le résultat du traitement des informations relatives à leur département, dans un délai de six mois à compter de la réception de ces informations.** *— Sur l'entrée en vigueur du Décr. n° 2021-929 du 12 juill. 2021, V. note ss. art. D. 226-3-3.*

Art. D. 226-3-9 **L'Observatoire national de la protection de l'enfance transmet chaque année au ministre de la justice et au ministre chargé de la famille le résultat du traitement et de l'analyse des informations relatives à l'ensemble des départements. Ce rapport est rendu public et présente le nombre de départements ayant remonté leurs informations et la part des informations renseignées.**

Art. D. 226-3-10 **Aux fins d'exploitation statistique, l'Observatoire national de la protection de l'enfance et l'observatoire départemental de la protection de l'enfance conservent pendant une durée de cinq ans après les 21 ans du jeune les données anonymisées qu'ils détiennent. Au-delà de cette durée, l'Observatoire national de la protection de l'enfance conserve un échantillon d'un tiers de la génération de jeunes ayant atteint 21 ans cinq ans auparavant, aux fins d'études et de recherches.**

CHAPITRE VII MINEURS ACCUEILLIS HORS DU DOMICILE PARENTAL

SECTION 1 Protection des mineurs à l'occasion des vacances scolaires, des congés professionnels et des loisirs

SOUS-SECTION UNIQUE Dispositions générales

Art. R. 227-1 *(Décr. n° 2006-923 du 26 juill. 2006, art. 2)* **Les accueils mentionnés à l'article L. 227-4 sont ceux qui sont organisés par toute personne morale, tout groupement de fait ou par une personne physique si cette dernière perçoit une rétribution. Ils sont répartis dans les catégories ainsi définies :**

I. — Les accueils avec hébergement comprenant :

1° Le séjour de vacances d'au moins sept mineurs, dès lors que la durée de leur hébergement est supérieure à trois nuits consécutives ;

2° Le séjour court d'au moins sept mineurs, en dehors d'une famille, pour une durée d'hébergement d'une à trois nuits ;

3° Le séjour spécifique avec hébergement d'au moins sept mineurs, âgés de six ans ou plus, dès lors qu'il est organisé par des personnes morales dont l'objet essentiel est le développement d'activités particulières. Un arrêté du ministre chargé de la jeunesse précise la liste de ces personnes morales et des activités concernées ; *— V. Arr. du 1er août 2006 (JO 9 sept.), mod. par Arr. du 23 déc. 2008 (JO 6 janv.), et Arr. du 3 nov. 2015 (JO 11 nov.).*

4° Le séjour de vacances dans une famille de deux à six mineurs, pendant leurs vacances, se déroulant *(Décr. n° 2009-679 du 11 juin 2009)* **« en France, » dans une famille, dès lors que la durée de leur hébergement est au moins égale à quatre nuits consécutives. Lorsque ce type de séjour est organisé par une personne morale dans plusieurs familles, les conditions d'effectif minimal ne sont pas prises en compte ;**

(Décr. n° 2020-922 du 29 juill. 2020, art. 2-1°) **« 5° Le séjour de cohésion défini à l'article R. 113-1 du code du service national. »** *— V. dernières notes ss. art.*

(Décr. n° 2009-679 du 11 juin 2009) **« Les dispositions du présent I ne sont pas applicables aux séjours directement liés aux compétitions sportives organisées pour**

leurs licenciés mineurs par les fédérations sportives agréées, leurs organes déconcentrés et les clubs qui leur sont affiliés dans les conditions prévues par le code du sport. »

II. — Les accueils sans hébergement comprenant :

1° *(Décr. nº 2014-1320 du 3 nov. 2014, art. 1er-1º)* **« L'accueil de loisirs de sept mineurs au moins, » en dehors d'une famille, pendant au moins quatorze jours consécutifs ou non au cours d'une même année sur le temps extrascolaire ou périscolaire pour une durée minimale de deux heures par journée de fonctionnement** *(Décr. nº 2016-1051 du 1er août 2016, art. 2)* **« ou, d'une heure minimale par journée de fonctionnement pour l'accueil de loisirs périscolaires organisé dans le cadre d'un projet éducatif territorial conclu en application de l'article L. 551-1 du code de l'éducation. » Il se caractérise par une fréquentation régulière des mineurs inscrits auxquels il offre une diversité d'activités organisées.** — *Les dispositions issues du Décr. nº 2016-1051 du 1er août 2016 entrent en vigueur à la rentrée scolaire 2016 (Décr. préc., art. 7).*

(Décr. nº 2014-1320 du 3 nov. 2014, art. 1er-2º) **« L'accueil de loisirs extrascolaire est celui qui se déroule** *(Décr. nº 2018-647 du 23 juill. 2018, art. 1er)* **« les samedis où il n'y a pas école, les dimanches et pendant les vacances scolaires ». L'effectif maximum accueilli est de trois cents mineurs.**

« L'accueil de loisirs périscolaire est celui qui se déroule *(Décr. nº 2018-647 du 23 juill. 2018, art. 1er)* **« les autres jours ». L'effectif maximum accueilli est celui de l'école à laquelle il s'adosse. Lorsque l'accueil se déroule sur plusieurs sites ou lorsqu'il regroupe des enfants de plusieurs écoles, l'effectif maximum accueilli est limité à trois cents. »**

2° L'accueil de jeunes de sept à quarante mineurs, âgés de quatorze ans ou plus, en dehors d'une famille, pendant au moins quatorze jours consécutifs ou non au cours d'une même année et répondant à un besoin social particulier explicité dans le projet éducatif mentionné à l'article R. 227-23.

(Décr. nº 2009-679 du 11 juin 2009) **« L'hébergement d'une durée d'une à quatre nuits, organisé dans le cadre de l'un des accueils mentionnés aux 1° et 2°** *(Décr. nº 2018-647 du 23 juill. 2018, art. 1er)* **« ci-dessus », constitue une activité de ces accueils dès lors qu'il concerne les mêmes mineurs dans le cadre du même projet éducatif » ;**

III. — L'accueil de scoutisme d'au moins sept mineurs, avec et sans hébergement, organisé par une association dont l'objet est la pratique du scoutisme et bénéficiant d'un agrément national délivré par le ministre chargé de la jeunesse.

Les dispositions issues du Décr. nº 2018-647 du 23 juill. 2018 entrent en vigueur à la rentrée scolaire 2018 (Décr. préc., art. 3).

Le recteur de région académique, agissant sous l'autorité du ministre chargé de la jeunesse, organise le séjour de cohésion mentionné au 5º du I de l'art. R. 227-1. Il assure le recrutement et la gestion des personnes physiques participant à des fonctions d'animation ou de direction de ce séjour, notamment de celles recrutées par un contrat d'engagement éducatif en application de l'art. L. 432-1 CASF. En Guyane et à Saint-Pierre-et-Miquelon, le représentant de l'État exerce les missions confiées au recteur de région académique (Décr. nº 2020-922 du 29 juill. 2020, art. 3-II et IV).

Les dispositions de l'art. 2 du Décr. nº 2020-922 du 29 juill. 2020 sont applicables sur l'ensemble du territoire de la République, à l'exception de la Nouvelle-Calédonie, de la Polynésie française et des îles Wallis-et-Futuna. Pour ces territoires, des conventions entre l'État et les collectivités compétentes en matière d'accueil des mineurs définissent les modalités de mise en œuvre du séjour de cohésion (Décr. préc., art. 12-I et II).

Art. R. 227-2 **1°** *(Décr. nº 2006-923 du 26 juill. 2006, art. 3)* **« Toute personne » organisant l'accueil en France de mineurs mentionné à l'article R. 227-1** *(Décr. nº 2006-923 du 26 juill. 2006, art. 3)* **« doit » en faire préalablement la déclaration au représentant de l'État dans le département.** *(Abrogé par Décr. nº 2006-923 du 26 juill. 2006, art. 3)* ***« A moins qu'il ne s'oppose à l'organisation de cet accueil, celui-ci délivre un récépissé, lequel vaut autorisation. »***

Dans le cas où la personne qui organise un accueil de mineurs est établie en France, la déclaration est effectuée auprès du préfet du département du lieu du domicile ou du siège social.

Celui-ci en *(Décr. nº 2006-923 du 26 juill. 2006, art. 3)* « informe le » préfet du département où l'accueil doit se dérouler.

Dans le cas où la personne qui organise l'accueil de mineurs est établie à l'étranger, la déclaration est effectuée auprès du préfet du département où cet accueil doit se dérouler ;

(Décr. nº 2006-923 du 26 juill. 2006, art. 3) « 2° Toute personne établie en France et organisant à l'étranger un accueil avec hébergement défini à l'article R. 227-1 doit en faire préalablement la déclaration au représentant de l'État dans le département du lieu de son domicile ou de son siège social ;

« 3° » Toute personne établie dans un autre État membre de l'Union européenne *(Décr. nº 2006-923 du 26 juill. 2006, art. 3)* « ou dans un État » partie à l'accord sur l'Espace économique européen organisant sur le territoire de l'un de ces États l'accueil de mineurs de nationalité française ou résidant habituellement en France peut effectuer une déclaration *(Abrogé par Décr. nº 2006-923 du 26 juill. 2006, art. 3)* ***« auprès de l'autorité administrative selon des modalités prévues par un arrêté conjoint du ministre de l'intérieur et du ministre chargé de la jeunesse »*** ;

(Décr. nº 2006-923 du 26 juill. 2006, art. 3) « 4° Ces déclarations comprennent, notamment, des informations relatives aux organisateurs, aux modalités d'accueil, au public accueilli, aux personnes concourant à l'accueil, aux obligations relatives au projet éducatif, au contrat d'assurance et aux locaux.

« Un arrêté conjoint du ministre chargé de la jeunesse, du ministre de l'intérieur et du ministre chargé de la famille précise les dispositions du précédent alinéa et les modalités d'envoi ou de dépôt de ces déclarations ;

« 5° Toute personne assurant la gestion de locaux hébergeant des mineurs accueillis dans le cadre de l'article R. 227-1 doit en faire préalablement la déclaration au représentant de l'État dans le département de leur implantation. Cette déclaration comprend, notamment, des informations relatives à l'exploitant des locaux, aux locaux, et au public hébergé, fixées par arrêté conjoint du ministre chargé de la jeunesse, du ministre de l'intérieur et du ministre chargé de la santé. Les modalités de cette déclaration sont précisées par le même arrêté. » – *Entrée en vigueur le 1er sept. 2006.*

V. Arr. du 25 sept. 2006 relatif à la déclaration préalable des locaux d'hébergement (JO 15 nov.).

V. également l'Arr. du 3 nov. 2014 relatif à la déclaration préalable aux accueils de mineurs prévue par l'article R. 227-2 du CASF (JO 5 nov.).

Art. R. 227-3 Les organisateurs mentionnés à l'article R. 227-2 vérifient que les personnes appelées, à quelque titre que ce soit, à prendre part à un accueil de mineurs n'ont pas fait l'objet d'une mesure administrative prise en application des articles L. 227-10 et L. 227-11.

A cet effet, ils peuvent avoir accès au fichier des personnes ayant fait l'objet d'une telle mesure, qui est établi dans des conditions fixées par arrêté du ministre chargé de la jeunesse, pris après avis de la Commission nationale de l'informatique et des libertés. – *[Décr. nº 2002-883 du 3 mai 2002, art. 3.]*

Art. R. 227-4 L'injonction mentionnée *(Décr. nº 2006-923 du 26 juill. 2006, art. 4)* « au premier alinéa du I de l'article L. 227-11 » est adressée par le préfet du lieu du déroulement de l'accueil et précise le ou les motifs pour lesquels elle est prononcée ainsi que le délai accordé à l'intéressé pour mettre fin aux manquements et risques signalés. Elle est notifiée à l'organisateur de l'accueil *(Décr. nº 2006-923 du 26 juill. 2006, art. 4)* « ainsi que, le cas échéant, au » responsable de l'accueil des mineurs mentionné à l'article R. 227-1 ou à l'exploitant des locaux *(Décr. nº 2006-923 du 26 juill. 2006, art. 4)* « ou du terrain » les accueillant.

(Décr. nº 2006-923 du 26 juill. 2006, art. 4) « Les décisions mentionnées au sixième alinéa du I de l'article L. 227-11 sont notifiées dans les mêmes conditions.

« L'injonction mentionnée au premier alinéa du II de l'article L. 227-11 est notifiée à l'organisateur par le préfet du lieu de son siège ; elle précise le ou les motifs pour lesquels elle est prononcée ainsi que le délai accordé à l'intéressé pour mettre fin aux manquements et risques signalés.

« Les décisions mentionnées au deuxième alinéa du II de l'article L. 227-11 sont notifiées dans les mêmes conditions. » – *Entrée en vigueur le 1er sept. 2006.*

§ 1 Dispositions relatives à l'hygiène et à la sécurité

Art. R. 227-5 *(Décr. no 2006-923 du 26 juill. 2006, art. 5)* « Les accueils mentionnés à l'article R. 227-1 doivent disposer de lieux d'activités adaptés aux conditions climatiques. En matière de restauration, ils doivent respecter les conditions d'hygiène conformes à la réglementation en vigueur. »

Lorsque ces *(Décr. no 2006-923 du 26 juill. 2006, art. 5)* « accueils » sont organisés dans des bâtiments, ceux-ci doivent satisfaire aux conditions techniques d'hygiène et de sécurité requises notamment par les règles de sécurité contre les risques d'incendie et de panique dans les établissements recevant du public, par les règles générales de construction et par le règlement sanitaire départemental en vigueur. – *[Décr. no 2002-883 du 3 mai 2002, art. 5.] – Entrée en vigueur le 1er sept. 2006.*

Art. R. 227-6 *(Décr. no 2006-923 du 26 juill. 2006, art. 6)* « Les accueils avec hébergement » mentionnés à l'article R. 227-1 doivent être organisés de façon à permettre aux filles et aux garçons âgés de plus de six ans de dormir dans des lieux séparés. Chaque mineur hébergé doit disposer d'un moyen de couchage individuel. – *[Décr. no 2002-883 du 3 mai 2002, art. 6.]*

(Décr. no 2006-923 du 26 juill. 2006, art. 6) « L'hébergement des personnes qui assurent la direction ou l'animation de ces accueils doit permettre les meilleures conditions de sécurité des mineurs.

« Ces accueils doivent disposer d'un lieu permettant d'isoler les malades. » – *Entrée en vigueur le 1er sept. 2006.*

Art. R. 227-7 *(Décr. no 2018-42 du 25 janv. 2018, art. 4)* L'admission d'un mineur selon l'une des modalités prévues à l'article R. 227-1 est subordonnée à la présentation d'un document attestant de sa situation au regard des obligations vaccinales conformément aux dispositions de l'article R. 3111-8 du code de la santé publique. Elle est également soumise à la fourniture par les responsables légaux du mineur de renseignements d'ordre médical dont la liste est fixée par arrêté conjoint du ministre chargé de la santé et du ministre chargé de la jeunesse.

Ces informations sont adressées à l'organisateur de l'accueil ou à son représentant qui s'assure du respect de leur confidentialité.

Art. R. 227-8 Les personnes qui participent à l'un des accueils mentionnés à l'article R. 227-1 doivent produire, avant leur entrée en fonction, un document attestant qu'elles ont satisfait aux obligations légales en matière de vaccination. – *[Décr. no 2002-883 du 3 mai 2002, art. 8.]*

Art. R. 227-9 L'organisateur d'un *(Décr. no 2006-923 du 26 juill. 2006, art. 8)* « accueil » mentionné à l'article R. 227-1 met à la disposition du directeur *(Décr. no 2006-923 du 26 juill. 2006, art. 8)* « de l'accueil » et de son équipe :

1o Des moyens de communication permettant d'alerter rapidement les secours ;

2o La liste des personnes et organismes susceptibles d'intervenir en cas d'urgence.

Un registre mentionnant les soins donnés aux mineurs est tenu *(Abrogé par Décr. no 2006-923 du 26 juill. 2006, art. 8)* ***« par le directeur du centre »***.

Le suivi sanitaire est assuré, dans des conditions fixées par arrêté *(Décr. no 2006-923 du 26 juill. 2006, art. 8)* « conjoint » du ministre chargé de la santé et du ministre chargé de la jeunesse, par une personne désignée par le directeur *(Décr. no 2006-923 du 26 juill. 2006, art. 8)* « de l'accueil ». – *[Décr. no 2002-883 du 3 mai 2002, art. 9.] – Entrée en vigueur le 1er sept. 2006.*

Art. R. 227-10 L'aménagement de l'espace dans lequel se déroulent les activités physiques ainsi que le matériel et les équipements utilisés pour leur pratique doivent permettre d'assurer la sécurité des mineurs. Un arrêté du ministre chargé de la jeunesse fixe, en tant que de besoin, les modalités d'application du présent article. – *[Décr. nº 2002-883 du 3 mai 2002, art. 10.]*

Art. R. 227-11 Les personnes organisant l'accueil des mineurs ou leur représentant sont tenues d'informer sans délai le préfet du département du lieu d'accueil de tout accident grave ainsi que de toute situation présentant ou ayant présenté des risques graves pour la santé et la sécurité physique ou morale des mineurs.

Elles informent également sans délai de tout accident ou maladie les représentants légaux du mineur concerné. – *[Décr. nº 2002-883 du 3 mai 2002, art. 11.]*

§ 2 Dispositions relatives à la qualification des personnes encadrant les mineurs dans les accueils collectifs de mineurs à caractère éducatif *(Décr. nº 2009-679 du 11 juin 2009)*.

Art. R. 227-12 *(Décr. nº 2006-923 du 26 juill. 2006, art. 9)* Les fonctions d'animation en séjours de vacances et en accueils de loisirs sont exercées :

1° Par les titulaires du brevet d'aptitude aux fonctions d'animateur ou d'un diplôme, titre ou certificat de qualification figurant sur une liste pouvant tenir compte de la durée de l'accueil, du nombre et de l'âge des mineurs. Cette liste est arrêtée par le ministre chargé de la jeunesse après avis *(Décr. nº 2016-1376 du 12 oct. 2016, art. 2-2°)* « du Conseil d'orientation des politiques de jeunesse institué par le décret nº 2016-1377 du 12 octobre 2016 » ;

2° Par les agents de la fonction publique dans le cadre de leurs missions et relevant des corps ou des cadres d'emploi dont la liste est fixée par arrêté conjoint du ministre chargé de la jeunesse et des ministres dont ils relèvent ; – *V. Arr. du 20 mars 2007 (JO 30 mars), mod. par Arr. du 29 mai 2015 (JO 6 juin).*

3° Par les personnes qui, dans le cadre de la préparation du brevet d'aptitude aux fonctions d'animateur ou de l'un des diplômes ou titres figurant sur la liste mentionnée au premier alinéa, effectuent un stage pratique ou une période de formation ;

4° A titre subsidiaire, par des personnes autres que celles mentionnées aux alinéas précédents.

Le nombre des personnes mentionnées aux 1° et 2° ne peut être inférieur à la moitié de l'effectif requis. Celui des personnes mentionnées au 4° ne peut être supérieur à 20 % dudit effectif, ou à une personne lorsque cet effectif est de trois ou quatre. – *Entrée en vigueur le 1er sept. 2006.*

V. Arr. du 9 févr. 2007 (JO 27 févr.), mod. par Arr. du 28 oct. 2008 (JO 11 nov.) et par Arr. du 3 nov. 2014 (JO 5 nov.).

Art. R. 227-13 *(Décr. nº 2011-1136 du 20 sept. 2011)* Dans les accueils mentionnés à l'article R. 227-1, l'encadrement des activités physiques est assuré, selon les activités pratiquées, par une ou des personnes majeures répondant chacune aux conditions prévues à l'un des alinéas ci-après, qu'elles exercent ou non également des fonctions d'animation au sens des articles R. 227-15, R. 227-16 et R. 227-19 :

1° Être titulaire d'un diplôme, d'un titre à finalité professionnelle ou d'un certificat de qualification inscrit sur la liste mentionnée à l'article R. 212-2 du code du sport et exercer dans les conditions prévues à ce même article *(Décr. nº 2012-1062 du 17 sept. 2012)* « ou être en cours de formation préparant à l'un de ces diplômes, titres ou certificats de qualification dans les conditions prévues à l'article R. 212-4 du même code » ;

2° Être ressortissant d'un État membre de l'Union européenne ou d'un autre État partie à l'accord sur l'Espace économique européen et répondre aux conditions exigées par le code du sport pour exercer la profession d'éducateur sportif sur le territoire national ;

3° Être militaire, ou fonctionnaire relevant des titres II, III et IV du statut général des fonctionnaires et exerçant dans le cadre des missions prévues par son statut particulier, ou enseignant des établissements d'enseignement publics ou des établissements d'enseignement privés sous contrat avec l'État dans l'exercice de ses missions ;

4° Dans les seuls accueils de loisirs, les séjours de vacances ou les accueils de scoutisme et sous réserve que les activités soient mises en œuvre par une association affiliée à une fédération sportive titulaire de l'agrément prévu à l'article L. 131-8 du code du sport, être bénévole et membre de cette association ainsi que titulaire d'une qualification délivrée dans la discipline concernée par cette fédération ;

5° Dans les seuls accueils de loisirs, les séjours de vacances ou les accueils de scoutisme, être membre permanent de l'équipe pédagogique ainsi que titulaire d'une des qualifications mentionnées au 1° de l'article R. 227-12 ou bien agent de la fonction publique mentionné au 2° de ce même article, et titulaire en outre d'une qualification délivrée dans la discipline concernée par une fédération sportive titulaire de l'agrément prévu à l'article L. 131-8 du code du sport ;

6° Sous réserve que l'activité physique pratiquée relève d'activités énumérées par un arrêté conjoint du ministre chargé de la jeunesse et du ministre chargé des sports, être membre permanent de l'équipe pédagogique d'un accueil de loisirs, d'un séjour de vacances ou d'un accueil de scoutisme, et respecter les conditions spécifiques prévues par ce même arrêté.

Pour l'encadrement de certaines activités physiques déterminées en fonction des risques encourus, les conditions spécifiques de pratique, d'effectifs et de qualification des personnes mentionnées au présent article sont en outre précisées par un arrêté conjoint du ministre chargé de la jeunesse et du ministre chargé des sports en tenant compte de la nature de ces risques, du type d'accueil prévu, du lieu de déroulement de l'activité ainsi que du niveau de pratique et de l'âge des mineurs accueillis.

V. Arr. du 25 avr. 2012 portant application de l'art. R. 227-13 CASF (JO 10 mai, NOR : MENV1221832A), mod. par Arr. du 7 juin 2013 (JO 23 juin, NOR : SPOJ1314783A), Arr. du 21 juin 2023 (JO 27 sept., NOR : MENV2316548A).

Art. R. 227-14 *(Décr. n° 2006-923 du 26 juill. 2006, art. 11)* I. — Les fonctions de direction des séjours de vacances et des accueils de loisirs sont exercées :

1° Par les personnes titulaires du brevet d'aptitude aux fonctions de directeur ou d'un diplôme, titre ou certificat de qualification figurant sur une liste arrêtée par le ministre chargé de la jeunesse après avis *(Décr. n° 2016-1376 du 12 oct. 2016, art. 2-2°)* « du Conseil d'orientation des politiques de jeunesse institué par le décret n° 2016-1377 du 12 octobre 2016 » ;

2° Par les agents de la fonction publique dans le cadre de leurs missions et relevant des corps ou des cadres d'emploi dont la liste est fixée par arrêté conjoint du ministre chargé de la jeunesse et des ministres dont ils relèvent ; — *V. Arr. du 20 mars 2007 (JO 30 mars), mod. par Arr. du 29 mai 2015 (JO 6 juin).*

3° Par les personnes qui, dans le cadre de la préparation du brevet d'aptitude aux fonctions de directeur ou de l'un des diplômes ou titres figurant sur la liste mentionnée au 1° du I, effectuent un stage pratique ou une période de formation.

II. — Toutefois, à titre exceptionnel, pour satisfaire un besoin auquel il ne peut être répondu par ailleurs et durant une période limitée, le représentant de l'État dans le département du domicile de l'organisateur peut aménager les conditions d'exercice de ces fonctions, selon des dispositions fixées par arrêté du ministre chargé de la jeunesse et tenant compte de la durée de l'accueil, du nombre et de l'âge des mineurs. — *V. Arr. du 13 févr. 2007 (JO 22 févr.), mod. par Arr. du 31 juill. 2008 (JO 28 août) et Arr. du 12 déc. 2013 (JO 26 déc.) ; Arr. du 21 mai 2007 (JO 9 juin), mod. par Arr. du 2 nov. 2009 (JO 10 nov.), accueil de scoutisme.*

III. — Dans les accueils de loisirs organisés pour un nombre de mineurs et une durée supérieure à des seuils fixés par arrêté du ministre chargé de la jeunesse, les fonctions de direction sont réservées aux personnes répondant aux exigences de qualification professionnelle dont la liste est fixée par l'arrêté mentionné au 1° du I *(Décr. n° 2009-679 du 11 juin 2009)* « et aux personnes visées au 2° du même I ». — *Entrée en vigueur le 1er sept. 2006. — V. Arr. du 9 févr. 2007 (JO 27 févr.), mod. par Arr. du 28 oct. 2008 (JO 11 nov.) et Arr. du 3 nov. 2014 (JO 5 nov.).*

(Décr. n° 2009-679 du 11 juin 2009) « IV. — Dans les accueils de loisirs organisés à titre gratuit pour les usagers, encadrés par des personnes non rémunérées, pour un nombre de mineurs et une durée inférieurs à des seuils fixés par arrêté du ministre

chargé de la jeunesse, les fonctions de direction peuvent être exercées par des personnes qui ne répondent pas aux exigences de qualification prévues au I, mais dont l'expérience et les compétences techniques et pédagogiques ont été reconnues par le représentant de l'État dans le département au regard de l'objet de l'accueil. »

En application des art. L. 231-5 et L. 231-6 CRPA, le silence gardé pendant deux mois par l'administration vaut décision de rejet pour les demandes de dérogation pour l'exercice des fonctions de direction des séjours de vacances organisés pour une durée de moins de 21 jours et pour un effectif d'au plus 50 mineurs âgés de six ans et plus et pour les demandes de dérogation pour l'exercice des fonctions de direction des accueils de loisirs organisés pour une durée d'au plus 80 jours et pour un effectif d'au plus 50 mineurs, selon les dispositions du II de l'art. R. 227-14 (Décr. n° 2014-1306 du 23 oct. 2014, applicable pour les demandes présentées à compter du 12 nov. 2014).

Art. R. 227-15 *(Décr. n° 2006-923 du 26 juill. 2006, art. 12)* **Sous réserve des dispositions de l'article R. 227-16, l'effectif minimum des personnes exerçant des fonctions d'animation en séjours de vacances et en accueils de loisirs est fixé comme suit :**

1° Un animateur pour huit mineurs âgés de moins de six ans ;

2° Un animateur pour douze mineurs âgés de six ans ou plus. *— Entrée en vigueur le 1er sept. 2006.*

Art. R. 227-16 *(Décr. n° 2006-923 du 26 juill. 2006, art. 13) (Décr. n° 2016-1051 du 1er août 2016, art. 3-1°)* **« I. — »** *(Décr. n° 2014-1320 du 3 nov. 2014, art. 2)* **« Pour l'encadrement des enfants en accueils de loisirs périscolaires », lorsqu'il relève des dispositions de l'article L. 227-4, l'effectif minimum des personnes exerçant des fonctions d'animation est fixé comme suit :**

(Décr. n° 2018-647 du 23 juill. 2018, art. 2) **« 1° Pour les enfants âgés de moins de six ans, un animateur pour huit mineurs lorsque la durée de l'accueil de loisirs excède cinq heures consécutives et un animateur pour dix mineurs lorsque la durée de l'accueil de loisirs n'excède pas cinq heures consécutives ;**

« 2° Pour les enfants âgés de six ans ou plus, un animateur pour douze mineurs lorsque la durée de l'accueil de loisirs excède cinq heures consécutives et un animateur pour quatorze mineurs lorsque la durée de l'accueil de loisirs n'excède pas cinq heures consécutives.

« II. — L'effectif minimum des personnes exerçant des fonctions d'animation en accueils de loisirs périscolaires peut être réduit pour les activités organisées dans le cadre d'un projet éducatif territorial et dans les conditions prévues au deuxième alinéa de l'article R. 551-13 du code de l'éducation, sans pouvoir être inférieur à :

« 1° Pour les enfants âgés de moins de six ans, un animateur pour dix mineurs ; cet effectif est d'un animateur pour quatorze mineurs lorsque la durée de l'accueil de loisirs n'excède pas cinq heures consécutives ;

« 2° Pour les enfants âgés de six ans ou plus, un animateur pour quatorze mineurs ; cet effectif est d'un animateur pour dix-huit mineurs lorsque la durée de l'accueil de loisirs n'excède pas cinq heures consécutives.

« En cas de déplacement des enfants entre l'école et l'un des locaux prévus au deuxième alinéa de l'article R. 551-13 du même code, le taux d'encadrement applicable durant le temps du trajet est celui fixé au I du présent article pour les accueils de loisirs n'excédant pas cinq heures consécutives. »

Les dispositions issues du Décr. n° 2018-647 du 23 juill. 2018 sont entrées en vigueur à la rentrée scolaire 2018 (Décr. préc., art. 3).

Art. R. 227-17 *(Décr. n° 2006-923 du 26 juill. 2006, art. 14)* **En accueil de loisirs, lorsque le nombre de mineurs ou la durée de l'accueil sont inférieurs à un seuil fixé par arrêté du ministre chargé de la jeunesse, le directeur peut être inclus dans l'effectif des personnes exerçant des fonctions d'animation.** *— Entrée en vigueur le 1er sept. 2006. — V. Arr. du 13 févr. 2007 (JO 22 févr.), mod. par Arr. du 31 juill. 2008 (JO 28 août) et Arr. du 12 déc. 2013 (JO 26 déc.). — V. note ss. art. R. 227-14.*

(Décr. n° 2009-679 du 11 juin 2009) **« Pour l'hébergement, d'une durée d'une à quatre nuits, qui constitue une activité accessoire à l'un des accueils mentionnés au II de l'article R. 227-1, l'effectif de l'encadrement des mineurs de moins de quatorze**

ans est déterminé conformément aux dispositions de l'article R. 227-15, sans pouvoir être inférieur à deux personnes. »

Art. R. 227-18 *(Décr. n° 2006-923 du 26 juill. 2006, art. 15)* **En séjour de vacances :**

1° L'effectif de l'encadrement ne peut être inférieur à deux personnes ;

2° Lorsque l'effectif accueilli est supérieur à cent mineurs, le directeur doit être assisté d'un ou plusieurs adjoints, qui doivent satisfaire aux conditions de qualification mentionnées à l'article R. 227-14, à raison d'un adjoint supplémentaire par tranche de cinquante mineurs au-delà de cent ;

3° Lorsque les mineurs accueillis sont âgés de quatorze ans ou plus et que l'effectif est inférieur au seuil prévu par arrêté du ministre chargé de la jeunesse, le directeur peut être inclus dans l'effectif des personnes exerçant des fonctions d'animation. — *Entrée en vigueur le 1er sept. 2006. — V. Arr. du 13 févr. 2007 (JO 22 févr.), mod. par Arr. du 31 juill. 2008 (JO 28 août) et Arr. du 12 déc. 2013 (JO 26 déc.).*

V. note ss. art. R. 227-14.

Art. R. 227-19 *(Décr. n° 2006-923 du 26 juill. 2006, art. 16)* **I. — En séjour spécifique :**

1° Une personne majeure est désignée par l'organisateur comme directeur du séjour ;

2° L'effectif de l'encadrement ne peut être inférieur à deux personnes, sauf dispositions contraires fixées par l'arrêté mentionné à l'article R. 227-1 ;

3° Les conditions de qualification et le taux de l'encadrement sont ceux prévus par les normes ou la réglementation relatives à l'activité principale du séjour.

II. — En séjour court :

1° Une personne majeure s'assure des conditions d'hygiène et de sécurité dans lesquelles l'hébergement se déroule ;

2° L'effectif de l'encadrement ne peut être inférieur à deux personnes ;

3° Les conditions de qualification et d'effectifs d'encadrement mentionnées aux articles R. 227-12, R. 227-14 et R. 227-15 ne sont pas requises *(Abrogé par Décr. n° 2009-679 du 11 juin 2009)* ***« sauf lorsque ces séjours représentent un élément accessoire d'un accueil sans hébergement mentionné au R. 227-1 et qu'ils s'adressent aux mêmes mineurs dans le cadre du même projet éducatif ».***

III. — En accueil de jeunes :

1° Les conditions d'encadrement sont définies par convention entre l'organisateur et le représentant de l'État dans le département pour répondre aux besoins identifiés ;

2° L'organisateur désigne un animateur qualifié comme référent de cet accueil ou, lorsque l'action se déroule sur plusieurs sites, un directeur qualifié qui coordonne l'action de référents locaux.

IV. — En accueil de scoutisme :

1° Les dispositions des articles R. 227-12 à R. 227-15 s'appliquent ;

2° L'effectif d'encadrement peut être modifié par arrêté du ministre chargé de la jeunesse en fonction du public accueilli. — *V. Arr. du 21 mai 2007 (JO 9 juin 2007), mod. par Arr. du 2 nov. 2009 (JO 10 nov.).*

(Décr. n° 2020-922 du 29 juill. 2020, art. 2-2°) **« V. — En séjour de cohésion :**

« 1° Le recteur de région académique désigne comme chef de centre une personne majeure, chargée de la direction du séjour ;

« 2° Les dispositions des articles R. 227-12, R. 227-13 et R. 227-15 s'appliquent.

« Toutefois, pour l'application de l'article R. 227-12, le nombre des personnes mentionnés *[mentionnées]* **au 4° de cet article peut atteindre 40 % de l'effectif. »** — *Les dispositions de l'art. 2 du Décr. n° 2020-922 du 29 juill. 2020 sont applicables sur l'ensemble du territoire de la République, à l'exception de la Nouvelle-Calédonie, de la Polynésie française et des îles Wallis-et-Futuna. Pour ces territoires, des conventions entre l'État et les collectivités compétentes en matière d'accueil des mineurs définissent les modalités de mise en œuvre du séjour de cohésion (Décr. préc., art. 12-I et II).*

Art. R. 227-20 *(Décr. nº 2006-923 du 26 juill. 2006, art. 17)* Les personnes prenant part ponctuellement à l'encadrement ne sont pas comprises dans les effectifs minima mentionnés aux articles R. 227-15 à R. 227-19.

(Décr. nº 2016-1051 du 1er août 2016, art. 4) « Dans les accueils de loisirs périscolaires organisés dans le cadre d'un projet éducatif territorial conclu en application de l'article L. 551-1 du code de l'éducation, les personnes qui participent ponctuellement avec le ou les animateurs à l'encadrement des activités sont comprises, pendant le temps où elles y participent effectivement et pour l'application de l'article R. 227-12, dans le calcul des taux d'encadrement mentionnés au II de l'article R. 227-16. » — *Les dispositions issues du Décr. nº 2016-1051 du 1er août 2016 sont entrées en vigueur à la rentrée scolaire 2016 (Décr. préc., art. 7).*

Art. R. 227-21 Des titres et diplômes étrangers peuvent être reconnus équivalents aux titres et diplômes français permettant d'exercer des fonctions d'animation ou des fonctions de direction *(Décr. nº 2009-679 du 11 juin 2009)* « dans les accueils collectifs de mineurs à caractère éducatif ». Ils sont inscrits par arrêté du ministre chargé de la jeunesse sur les listes mentionnées aux articles R. 227-12 et R. 227-14 *(Abrogé par Décr. nº 2006-923 du 26 juill. 2006, art. 18)* ***« , après avis du Conseil national de l'éducation populaire et de la jeunesse ».***

Le *(Décr. nº 2020-1542 du 9 déc. 2020, art. 10-1º, en vigueur le 1er janv. 2021)* « recteur de région académique » du lieu de domicile du demandeur délivre l'attestation d'équivalence à toute personne titulaire d'un diplôme ou d'un titre étranger inscrit sur les listes mentionnées à l'alinéa précédent. *(Décr. nº 2020-1542 du 9 déc. 2020, art. 10-1º, en vigueur le 1er janv. 2021)* « Cette attestation est délivrée par le préfet en Guyane et à Saint-Pierre-et-Miquelon. » — *[Décr. nº 2002-883 du 3 mai 2002, art. 21.] — Entrée en vigueur le 1er sept. 2006.*

Art. R. 227-22 Peuvent être autorisés à exercer en France les fonctions d'animation ou de direction d'un *(Décr. nº 2006-923 du 26 juill. 2006, art. 19)* « séjour de vacances ou d'un accueil » de loisirs les ressortissants d'un autre État membre de l'Union européenne ou d'un autre État partie à l'accord sur l'Espace économique européen qui, sans être titulaires d'un diplôme figurant sur les listes mentionnées aux articles R. 227-12 et R. 227-14, possèdent :

1º Un titre acquis dans un État mentionné à l'alinéa précédent réglementant l'exercice de la fonction concernée ;

2º Un titre acquis dans un pays tiers, admis en équivalence dans un État cité au premier alinéa qui réglemente l'exercice de cette fonction, et justifient avoir exercé la fonction concernée pendant deux années au moins dans cet État ;

3º Un diplôme sanctionnant un cycle d'études orienté spécifiquement vers l'exercice de la fonction qu'ils désirent exercer en France, délivré par une autorité compétente d'un État cité au premier alinéa ou dans des conditions définies par cet État ;

4º Un titre autre que ceux mentionnés aux 1º, 2º et 3º ci-dessus, délivré par une autorité compétente d'un État cité au premier alinéa ou dans des conditions définies par cet État dès lors que les intéressés justifient, dans la fonction, d'une expérience professionnelle de deux années au moins acquise dans un État cité au premier alinéa qui ne réglemente pas l'exercice de la fonction concernée.

Dans tous les cas, lorsque la formation de l'intéressé porte sur des programmes substantiellement différents de ceux du diplôme exigé par la législation nationale ou lorsque le titre dont il justifie ne prépare pas à l'intégralité des fonctions auxquelles donne accès la possession du diplôme national, l'autorité compétente peut exiger que le demandeur choisisse soit de se soumettre à une épreuve d'aptitude, soit d'accomplir un stage d'adaptation dont la durée ne peut excéder deux ans et qui fait l'objet d'une évaluation.

La décision est notifiée par le *(Décr. nº 2020-1542 du 9 déc. 2020, art. 10-2º, en vigueur le 1er janv. 2021)* « recteur de région académique » du lieu de domicile du demandeur *(Décr. nº 2020-1542 du 9 déc. 2020, art. 10-2º, en vigueur le 1er janv. 2021)* « sauf en Guyane et à Saint-Pierre-et-Miquelon où elle est notifiée par le préfet », après avis *(Décr. nº 2016-1376 du 12 oct. 2016, art. 2-2º)* « du Conseil d'orientation des politiques de jeunesse institué par le décret n° 2016-1377 du 12 octobre 2016 », dans un délai de quatre mois à compter du dépôt de la demande dans ses services.

Un arrêté du ministre chargé de la jeunesse précise la composition du dossier de demande d'équivalence et détermine les modalités du dépôt de la demande. – *[Décr. n° 2002-883 du 3 mai 2002, art. 22.] – Entrée en vigueur le 1er sept. 2006.*

SECTION 2 Projet éducatif

Art. R. 227-23 Le projet éducatif mentionné au deuxième alinéa de l'article L. 227-4 est décrit dans un document élaboré par la personne physique ou morale organisant *(Décr. n° 2006-923 du 26 juill. 2006, art. 20)* « un des accueils mentionnés à l'article R. 227-1 ».

Ce document prend en compte, dans l'organisation de la vie collective et lors de la pratique des diverses activités, et notamment des activités physiques et sportives, les besoins psychologiques et physiologiques des mineurs.

Lorsque l'organisateur accueille *(Abrogé par Décr. n° 2006-923 du 26 juill. 2006, art. 20) « en centre de vacances ou en centre de loisirs sans hébergement »* des mineurs valides et des mineurs atteints de troubles de la santé ou de handicaps, le projet éducatif prend en compte les spécificités de cet accueil. – *[Décr. n° 2002-885 du 3 mai 2002, art. 1er.] – Entrée en vigueur le 1er sept. 2006.*

Art. R. 227-24 Le projet éducatif définit les objectifs de l'action éducative des personnes qui *(Décr. n° 2006-923 du 26 juill. 2006, art. 21)* « assurent la direction ou l'animation des accueils mentionnés à l'article R. 227-1 » et précise les mesures prises par la personne physique ou morale organisant l'accueil pour être informée des conditions de déroulement de celui-ci.

Les personnes qui *(Décr. n° 2006-923 du 26 juill. 2006, art. 21)* « assurent la direction ou l'animation de l'un de ces accueils » prennent connaissance du projet éducatif avant leur entrée en fonctions.

Elles sont informées des moyens matériels et financiers mis à leur disposition. – *[Décr. n° 2002-885 du 3 mai 2002, art. 2.] – Entrée en vigueur le 1er sept. 2006.*

Art. R. 227-25 *(Décr. n° 2006-923 du 26 juill. 2006, art. 22)* « La personne qui assure la direction d'un des accueils mentionnés à l'article R. 227-1 met en œuvre le projet éducatif sauf lorsqu'il s'agit de séjours définis au 4° *(Décr. n° 2020-922 du 29 juill. 2020, art. 2-3°)* « et au 5° » du I du même article, dans les conditions qu'il définit dans un document, élaboré en concertation avec les personnes qui assurent l'animation de cet accueil.

« La personne physique ou morale organisant l'accueil est tenue de s'assurer de la mise en œuvre des dispositions mentionnées à l'alinéa précédent. »

Ce document prend en considération l'âge des mineurs accueillis.

Il précise notamment :

1° La nature des activités proposées en fonction des modalités d'accueil, et, lorsqu'il s'agit d'activités physiques ou sportives, les conditions dans lesquelles celles-ci sont mises en œuvre ;

2° La répartition des temps respectifs d'activité et de repos ;

3° Les modalités de participation des mineurs ;

4° Le cas échéant, les mesures envisagées pour les mineurs atteints de troubles de la santé ou de handicaps ;

5° Les modalités de fonctionnement de l'équipe constituée du directeur mentionné au premier alinéa, des animateurs et de ceux qui participent à l'accueil des mineurs ;

6° Les modalités d'évaluation de l'accueil ;

7° Les caractéristiques des locaux et des espaces utilisés. – *[Décr. n° 2002-885 du 3 mai 2002, art. 3.]*

Art. R. 227-26 *(Décr. n° 2006-923 du 26 juill. 2006, art. 23)* Le projet éducatif et le document mentionné à l'article R. 227-25 sont communiqués aux représentants légaux des mineurs avant l'accueil de ces derniers ainsi qu'aux agents mentionnés à l'article L. 227-9 dans des conditions fixées par arrêté du ministre chargé de la jeunesse. – *Entrée en vigueur le 1er sept. 2006.*

SECTION 3 Obligation d'assurance de responsabilité civile relative aux accueils de mineurs

Art. R. 227-27 Les contrats d'assurance garantissent, en application de l'article L. 227-5, les conséquences dommageables de la responsabilité civile encourue par :

1° Les personnes organisant l'accueil de mineurs prévu à l'article L. 227-4 et les exploitants des locaux recevant ces mineurs ;

2° Leurs préposés, rémunérés ou non ;

3° Les participants aux activités. – *[Décr. n° 2002-538 du 12 avr. 2002, art. 1er.]*

Art. R. 227-28 Les contrats mentionnés à l'article R. 227-27 sont établis en fonction des caractéristiques des activités proposées, et notamment de celles présentant des risques particuliers. – *[Décr. n° 2002-538 du 12 avr. 2002, art. 2.]*

Art. R. 227-29 La souscription des contrats mentionnés à l'article R. 227-27 est justifiée par une attestation délivrée par l'assureur, qui doit comporter nécessairement les mentions suivantes :

1° La référence aux dispositions légales et réglementaires.

2° La raison sociale de la ou des entreprises d'assurances concernées ;

3° Le numéro du contrat d'assurance souscrit ;

4° La période de validité du contrat ;

5° Le nom et l'adresse du souscripteur ;

6° L'étendue et le montant des garanties ;

7° La nature des activités couvertes. – *[Décr. n° 2002-538 du 12 avr. 2002, art. 3.]*

Art. R. 227-30 Le souscripteur fournit à la demande de toute personne garantie par le contrat l'attestation mentionnée à l'article R. 227-29. – *[Décr. n° 2002-538 du 12 avr. 2002, art. 4.]*

CHAPITRE VIII DISPOSITIONS FINANCIÈRES

SECTION UNIQUE Contribution à la prise en charge par l'aide sociale à l'enfance

Art. R. 228-1 La contribution prévue à l'article L. 228-2 ne peut être supérieure mensuellement, pour chaque personne prise en charge par le service de l'aide sociale à l'enfance, à 50 p. 100 de la base mensuelle de calcul des prestations familiales mentionnée à l'article L. 551-1 du code de la sécurité sociale.

Lorsque la contribution est calculée par jour de prise en charge, son montant par jour ne peut être supérieur au trentième du plafond prévu au premier alinéa. – *[Décr. n° 87-961 du 25 nov. 1987, art. 1er, 1re partie.]*

Art. R. 228-2 Lorsque la part des allocations familiales dues à la famille pour l'enfant confié au service de l'aide sociale à l'enfance est versée à ce service, son montant est déduit de la contribution que le service peut demander à la famille. – *[Décr. n° 87-961 du 25 nov. 1987, art. 2.]*

Art. R. 228-3 Les frais d'entretien et d'éducation des mineurs mentionnés aux 1°, 3° et dernier alinéa de l'article L. 228-3 sont remboursés aux particuliers sur la base :

– d'un prix de pension mensuel auquel s'ajoute une indemnité d'entretien et de surveillance lorsque le mineur est placé dans une famille, se trouve en apprentissage ou poursuit ses études ;

– d'une indemnité de surveillance et, éventuellement, d'entretien lorsque le mineur est salarié.

Des arrêtés déterminent les conditions dans lesquelles sont fixés les prix de pension et les indemnités ainsi que les modalités de calcul des frais de transfèrement des mineurs ci-dessus mentionnés. – *[Décr. n° 59-101 du 7 janv. 1959, art. 10.]*

TITRE III PERSONNES ÂGÉES

CHAPITRE I AIDE À DOMICILE ET PLACEMENT

Art. R. 231-1 Le montant de l'allocation simple à domicile attribuée aux personnes âgées en application de l'article L. 231-1 est fixé au niveau du montant de *(Ord. n° 2004-605 du 24 juin 2004, art. 3)* « l'allocation de solidarité aux personnes âgées » prévu à l'article L. 815-4 du code de la sécurité sociale.

L'allocation simple à domicile ne peut se cumuler avec un avantage vieillesse et est cumulable avec les ressources personnelles dont peuvent disposer les requérants dans la limite du même plafond de ressources que pour *(Ord. n° 2004-605 du 24 juin 2004, art. 3)* « l'allocation de solidarité aux personnes âgées ». – *[Décr. n° 54-1128 du 15 nov. 1954, art. 3.]*

Les personnes qui, à la date d'entrée en vigueur de l'Ord. n° 2004-605 du 24 juin 2004 [entrée en vigueur le 1er janv. 2006], sont titulaires de l'allocation aux vieux travailleurs salariés, dans sa rédaction antérieure à l'entrée en vigueur de l'ordonnance précitée, continuent à percevoir ces prestations selon les règles applicables avant cette entrée en vigueur (Ord. préc., art. 3).

Art. R. 231-2 L'octroi des services ménagers mentionnés à l'article L. 231-1 peut être envisagé, dans les communes où un tel service est organisé, au profit des personnes ayant besoin, pour demeurer à leur domicile, d'une aide matérielle et ne disposant pas de ressources supérieures à celles prévues pour l'octroi de l'allocation simple, sans qu'il soit tenu compte des aides au logement.

(Décr. n° 2007-198 du 13 févr. 2007) « Le président du conseil départemental ou le préfet » fixe la nature des services et leur durée dans la limite mensuelle de trente heures. Lorsque deux ou plusieurs bénéficiaires vivent en commun, le nombre maximum d'heures est réduit d'un cinquième pour chacun des bénéficiaires. – *[Décr. n° 54-1128 du 15 nov. 1954, art. 6.]*

Art. R. 231-3 Les dépenses afférentes au fonctionnement des foyers mentionnés à l'article L. 231-3 et habilités par le président du conseil départemental font l'objet d'une prise en charge par les services de l'aide sociale lorsqu'elles ne sont pas couvertes par la participation des intéressés et les ressources propres du foyer.

La participation desdits services est limitée aux frais de repas servis aux personnes âgées mentionnées à l'article L. 113-1 et ne disposant pas de ressources supérieures au plafond fixé pour l'octroi de l'allocation *(Décr. n° 2007-198 du 13 févr. 2007)* « de solidarité aux personnes âgées » et prévu à l'article *(Décr. n° 2007-198 du 13 févr. 2007)* « L. 815-9 » du code de la sécurité sociale. Son montant est fixé par arrêté du président du conseil départemental en fonction du prix de revient des repas.

La participation des intéressés est déterminée *(Abrogé par Décr. n° 2007-198 du 13 févr. 2007)* ***« par la commission d'admission »*** compte tenu de leurs ressources et du prix du repas. – *[Décr. n° 54-883 du 2 sept. 1954, art. 15.]*

Art. R. 231-4 *(Décr. n° 2016-1743 du 15 déc. 2016, art. 4-I)* « L'accueil » à titre onéreux chez un particulier au titre de l'aide sociale donne lieu à une prise en charge *(Abrogé par Décr. n° 2007-198 du 13 févr. 2007)* ***« déterminée par la commission d'admission à l'aide sociale »***, compte tenu :

1° D'un plafond constitué par la rémunération et les indemnités mentionnées aux 1° et 2° de l'article L. 442-1, le cas échéant selon la convention accompagnant l'habilitation à recevoir des bénéficiaires de l'aide sociale ;

2° Des ressources de la personne accueillie, y compris celles résultant de l'obligation alimentaire.

Cette prise en charge doit garantir à l'intéressé la libre disposition d'une somme au moins égale au dixième de ses ressources, ainsi qu'au centième du montant annuel

des prestations minimales de vieillesse arrondi à l'euro le plus proche. – *[Décr. n° 54-883 du 2 sept. 1954, art. 16.]*

Les dispositions du Décr. n° 2016-1743 du 15 déc. 2016 s'appliquent pour les contrats de séjour conclus dans les établissements relevant du 6° du I de l'art. L. 312-1 CASF, y compris ceux énumérés à l'art. L. 342-1 du même code, à compter du 1er avr. 2017.

Les contrats de séjour conclus antérieurement au 1er avr. 2017 sont complétés, le cas échéant, par l'annexe mentionnée à l'art. L. 311-4-1 CASF au plus tard au 28 juin 2017 (Décr. préc., du 15 déc. 2016, art. 5).

Art. R. 231-5 *(Décr. n° 2016-1743 du 15 déc. 2016, art. 4-I)* **« L'accueil » dans un établissement comporte, soit le logement seulement, soit l'ensemble de l'entretien.** – *[Décr. n° 54-883 du 2 sept. 1954, art. 17, al. 1er.] – V. note ss. art. R. 231-4.*

Art. R. 231-6 **La somme minimale laissée mensuellement à la disposition des personnes placées dans un établissement au titre de l'aide sociale aux personnes âgées, par application des dispositions des articles L. 132-3 et L. 132-4 est fixée, lorsque** *(Décr. n° 2016-1743 du 15 déc. 2016, art. 4-II)* **« l'accueil » comporte l'entretien, à un centième du montant annuel des prestations minimales de vieillesse, arrondi à l'euro le plus proche. Dans le cas contraire, l'arrêté fixant le prix de journée de l'établissement détermine la somme au-delà de laquelle est opéré le prélèvement de 90 p. 100 prévu audit article L. 132-3. Cette somme ne peut être inférieure au montant des prestations minimales de vieillesse.** – *[Décr. n° 54-1128 du 15 nov. 1954, art. 5, al. 1er.] – V. note ss. art. R. 231-4.*

CHAPITRE II ALLOCATION PERSONNALISÉE D'AUTONOMIE

SECTION 1 Allocation personnalisée d'autonomie et qualité des services rendus aux personnes âgées

SOUS-SECTION 1 Conditions générales d'attribution de l'allocation personnalisée d'autonomie

Art. R. 232-1 **L'âge à partir duquel est ouvert le droit à l'allocation personnalisée d'autonomie mentionnée au premier alinéa de l'article L. 232-1 est fixé à soixante ans.** – *[Décr. n° 2001-1085 du 20 nov. 2001, art. 1er.]*

Art. R. 232-2 **Peuvent prétendre de plein droit à l'allocation personnalisée d'autonomie, sous réserve de remplir les conditions d'âge et de perte d'autonomie mentionnées à l'article L. 232-2, les personnes étrangères titulaires de la carte de résident ou d'un titre de séjour exigé pour résider régulièrement en France en application** *(Décr. n° 2016-210 du 26 févr. 2016, art. 1er-1°, en vigueur le 1er mars 2016 ; Décr. n° 2020-1734 du 16 déc. 2020, art. 4-4°, en vigueur le 1er mai 2021)* **« du livre IV du code de l'entrée et du séjour des étrangers et du droit d'asile » ou en application de traités et accords internationaux.** – *[Décr. n° 2001-1085 du 20 nov. 2001, art. 2.]*

Art. R. 232-3 **Le degré de perte d'autonomie des demandeurs de l'allocation personnalisée d'autonomie dans l'accomplissement des actes de la vie quotidienne est évalué par référence à la grille nationale mentionnée à l'article L. 232-2 et figurant à l'annexe 2-1. Il est coté selon trois modalités, conformément aux instructions contenues dans le guide de remplissage de la grille précitée.**

Les données recueillies à l'aide de la grille mentionnée au premier alinéa sont traitées selon le mode opératoire de calcul unique, décrit en annexe 2-2, qui permet de classer les demandeurs en six groupes *(Décr. n° 2008-821 du 21 août 2008)* **« , dits groupes iso-ressources, » en fonction des aides directes à la personne et des aides techniques nécessitées en fonction de leur état.** – *[Décr. n° 2001-1084 du 20 nov. 2001, art. 1er.] – Annexe 2-1 et Annexe 2-2.*

Art. R. 232-4 **Les personnes classées dans l'un des groupes 1 à 4 de la grille nationale bénéficient de l'allocation personnalisée d'autonomie sous réserve de remplir les**

conditions d'âge et de résidence prévues au premier alinéa de l'article L. 232-2. – *[Décr. nº 2001-1084 du 20 nov. 2001, art. 2.]*

Art. R. 232-5 *(Décr. nº 2016-210 du 26 févr. 2016, art. 1er-2º, en vigueur le 1er mars 2016)* **« I. – » Pour l'appréciation en vue du calcul de la participation mentionnée aux articles L. 232-4 et L. 232-8 des ressources du demandeur de l'allocation personnalisée d'autonomie, il est tenu compte :**

1º Du revenu déclaré de l'année de référence tel que mentionné sur le dernier avis d'imposition ou de non-imposition, des revenus soumis au prélèvement libératoire en application *(Décr. nº 2016-210 du 26 févr. 2016, art. 1er-2º, en vigueur le 1er mars 2016)* **« des articles 125-0 A et 125 D » du code général des impôts et, le cas échéant, de ceux du conjoint, du concubin ou de la personne avec qui il a été conclu un pacte civil de solidarité pour l'année civile de référence ;**

2º Des biens ou capitaux qui ne sont ni exploités ni placés, selon les modalités fixées à l'article R. 132-1. Toutefois, cette disposition ne s'applique pas à la résidence principale lorsqu'elle est occupée par l'intéressé, son conjoint, son concubin ou la personne avec qui il a conclu un pacte civil de solidarité, ses enfants ou petits-enfants.

(Décr. nº 2016-210 du 26 févr. 2016, art. 1er-2º, en vigueur le 1er mars 2016) **« II. – » Les prestations sociales qui, en application des articles L. 232-4 et L. 232-8, ne sont pas prises en compte dans le calcul des ressources de l'intéressé sont les suivantes :**

1º Les prestations en nature dues au titre de l'assurance maladie, maternité, invalidité ou de l'assurance accident du travail ou au titre de la couverture maladie universelle ;

2º *(Décr. nº 2019-772 du 24 juill. 2019, art. 3-2º, en vigueur le 1er sept. 2019)* **« Les aides personnelles au logement mentionnées à l'article L. 821-1 » du code de la construction et de l'habitation ;**

3º Les primes de déménagement instituées par *(Décr. nº 2019-772 du 24 juill. 2019, art. 3-2º, en vigueur le 1er sept. 2019)* **« l'article L. 821-4 » du code de la construction et de l'habitation ;**

4º L'indemnité en capital attribuée à la victime d'un accident du travail, prévue à l'article L. 434-1 du code de la sécurité sociale ;

5º La prime de rééducation et le prêt d'honneur mentionnés à l'article R. 432-10 du code de la sécurité sociale ;

6º La prise en charge des frais funéraires mentionnés à l'article L. 435-1 du code de la sécurité sociale ;

7º Le capital décès servi par un régime de sécurité sociale. – *[Décr. nº 2001-1084 du 20 nov. 2001, art. 3.]*

Art. R. 232-6 En cas de modification de la situation financière du demandeur ou du bénéficiaire de l'allocation personnalisée d'autonomie à raison du décès, du chômage, de l'admission au bénéfice d'une pension de retraite ou d'invalidité du conjoint, du concubin ou de la personne avec qui il a conclu un pacte civil de solidarité, ou à raison du divorce ou d'une séparation, il est procédé à une appréciation spécifique des ressources de l'année civile de référence, telle que fixée à l'article R. 232-5, dans les conditions prévues aux articles *(Décr. nº 2016-210 du 26 févr. 2016, art. 1er-3º, en vigueur le 1er mars 2016)* **« R. 532-4, R. 532-5 et R. 532-7 » du code de la sécurité sociale.**

Les montants respectifs de l'allocation personnalisée d'autonomie et de la participation financière font, en tant que de besoin, l'objet d'une réévaluation à compter du premier jour du mois qui suit le changement de situation mentionné au premier alinéa. – *[Décr. nº 2001-1084 du 20 nov. 2001, art. 4.]*

SOUS-SECTION 2 Allocation personnalisée d'autonomie à domicile

§ 1 Procédure d'instruction et modalités d'élaboration du plan d'aide

Art. R. 232-7 *(Décr. nº 2016-210 du 26 févr. 2016, art. 1er-4º, en vigueur le 1er mars 2016)* **« I. – » La demande d'allocation personnalisée d'autonomie est instruite par**

une équipe médico-sociale qui comprend au moins un médecin et un travailleur social.

Au cours de son instruction, l'équipe médico-sociale consulte le médecin désigné, le cas échéant, par le demandeur. Si l'intéressé le souhaite, ce médecin assiste à la visite à domicile *(Décr. n° 2016-210 du 26 févr. 2016, art. 1er-4°, en vigueur le 1er mars 2016)* **« effectuée par l'un au moins des membres de l'équipe médico-sociale. » L'équipe médico-sociale procède à la même consultation à l'occasion de la révision de l'allocation personnalisée d'autonomie.**

(Décr. n° 2016-210 du 26 févr. 2016, art. 1er-4°, en vigueur le 1er mars 2016) **« Pour l'appréciation des besoins en matière d'aides techniques et d'adaptation du logement, les membres de l'équipe médico-sociale peuvent recourir, le cas échéant, à des compétences en ergothérapie. »**

Au cours de la visite à domicile *(Décr. n° 2016-210 du 26 févr. 2016, art. 1er-4°, en vigueur le 1er mars 2016)* **« prévue au deuxième alinéa » effectuée par l'un au moins des membres de l'équipe médico-sociale, l'intéressé et, le cas échéant,** *(Décr. n° 2021-684 du 28 mai 2021, art. 26)* **« la personne chargée à son égard d'une mesure de protection juridique avec représentation » ou ses proches reçoivent tous conseils et informations en rapport avec le besoin d'aide du postulant à l'allocation personnalisée d'autonomie** *(Décr. n° 2016-210 du 26 févr. 2016, art. 1er-4°, en vigueur le 1er mars 2016)* **« et de ses proches aidants et aux** *[avec les]* **modalités de valorisation du plan d'aide ». Ils sont notamment informés que l'équipe médico-sociale doit avoir connaissance de tout changement dans la situation de l'intéressé.**

(Décr. n° 2016-210 du 26 févr. 2016, art. 1er-4°, en vigueur le 1er mars 2016) **« II. — » Dans un délai de trente jours à compter de la date du dépôt du dossier de demande complet, l'équipe médico-sociale adresse une proposition de plan d'aide à l'intéressé,** *(Décr. n° 2016-210 du 26 févr. 2016, art. 1er-4°, en vigueur le 1er mars 2016)* **« qui indique notamment la nature des aides accordées, le volume d'heures d'aide à domicile, le montant du plan d'aide, le taux et le montant de la participation financière du bénéficiaire ainsi que le montant de son allocation. L'intéressé » dispose d'un délai de dix jours, à compter de la date de réception de la proposition, pour présenter ses observations et en demander la modification ; dans ce cas, une proposition définitive lui est adressée dans les huit jours. En cas de refus exprès ou d'absence de réponse de l'intéressé à cette proposition dans le délai de dix jours, la demande d'allocation personnalisée d'autonomie est alors réputée refusée.**

(Décr. n° 2016-210 du 26 févr. 2016, art. 1er-4°) **« III. — La proposition définitive de plan d'aide est assortie de l'indication des autres aides utiles au soutien à domicile du bénéficiaire et de son aidant mentionnées au 4° de l'article L. 232-6, notamment les aides techniques et les travaux d'adaptation du logement susceptibles de faire l'objet d'une prise en charge financière dans le cadre de la conférence des financeurs de la prévention de la perte d'autonomie mentionnée à l'article L. 233-1 ou par l'Agence nationale de l'habitat.**

« L'équipe médico-sociale transmet, sous réserve de l'accord du bénéficiaire et le cas échéant de son aidant, les éléments relatifs à l'évaluation des besoins et aux aides préconisées mentionnées à l'alinéa précédent aux institutions et professionnels compétents pour l'attribution de financements relatifs à ces aides.

« IV. — » Lorsque le degré de perte d'autonomie de l'intéressé ne justifie pas l'établissement d'un plan d'aide, un compte-rendu de visite est établi. *(Décr. n° 2016-210 du 26 févr. 2016, art. 1er-4°)* **« Il est transmis, si l'équipe médico-sociale le juge opportun et sous réserve de l'accord du demandeur, à la caisse de retraite dont celui-ci relève, assorti des éléments sur l'appréciation de son degré** *[de]* **dépendance, et le cas échéant l'évaluation de ses besoins. »** — *[Décr. n° 2001-1085 du 20 nov. 2001, art. 13.]*

Art. R. 232-8 **L'allocation personnalisée d'autonomie est affectée à la couverture des dépenses de toute nature figurant dans le plan d'aide élaboré par l'équipe médico-sociale mentionnée à l'article L. 232-3.**

Ces dépenses s'entendent notamment de la rémunération de l'intervenant *(Décr. n° 2016-210 du 26 févr. 2016, art. 1er-5°, en vigueur le 1er mars 2016)* **« ou du service**

d'aide » à domicile, du règlement des frais d'accueil temporaire, avec ou sans hébergement, dans des établissements ou services autorisés à cet effet, *(Décr. n° 2016-210 du 26 févr. 2016, art. 1er-5°, en vigueur le 1er mars 2016)* **« du règlement, en fonction des services prévus par le plan d'aide qu'ils assurent, de tout ou partie de la rémunération des » accueillants familiaux mentionnés à l'article L. 441-1 ainsi que des dépenses de transport, d'aides techniques, d'adaptation du logement et de toute autre dépense concourant à l'autonomie du bénéficiaire** *(Décr. n° 2016-210 du 26 févr. 2016, art. 1er-5°, en vigueur le 1er mars 2016)* **« définie notamment par le règlement départemental d'aide sociale mentionné à l'article L. 121-3 ».** – *[Décr. n° 2001-1085 du 20 nov. 2001, art. 14.]*

Art. D. 232-8-1 *(Décr. n° 2023-1431 du 30 déc. 2023, art. 1er, en vigueur le 1er janv. 2024)* **Le nombre d'heures maximal du temps consacré au lien social concourant à prévenir la perte d'autonomie mentionné au 3° de l'article L. 232-6 est fixé à neuf heures par mois.**

Art. R. 232-9 *(Décr. n° 2016-210 du 26 févr. 2016, art. 1er-6°, en vigueur le 1er mars 2016)* **Pour la détermination du montant du plan d'aide, la valorisation des heures d'aide à domicile est opérée en fonction de tarifs arrêtés par le président du conseil départemental, notamment selon qu'il y ait recours à un prestataire, un mandataire ou un emploi direct. Ces tarifs tiennent compte des statuts publics, des conventions collectives ou accords d'entreprise applicables aux salariés concernés.**

§ 1 *BIS* Répit et relais des proches aidants

(Décr. n° 2016-210 du 26 févr. 2016, art. 1er-7°, en vigueur le 1er mars 2016)

Art. D. 232-9-1 **I. – L'équipe médico-sociale apprécie le besoin de répit de l'aidant sur la base des référentiels mentionnés au 2° de l'article L. 232-6, concomitamment à l'évaluation de la situation de la personne âgée aidée, à l'occasion d'une première demande ou d'une demande de révision, ou à la demande du proche aidant.**

Elle propose, dans le cadre du plan d'aide, et dans le respect des dispositions de l'article R. 232-7, le recours à un ou des dispositifs d'accueil temporaire, en établissement ou en famille d'accueil, de relais à domicile, ou à tout autre dispositif permettant de répondre au besoin de l'aidant et adapté à l'état de la personne âgée.

II. – Peuvent bénéficier, à ce titre, de la majoration du montant de leur plan d'aide mentionnée à l'article L. 232-3-2, au-delà des plafonds calculés selon les modalités prévues à l'article R. 232-10, les bénéficiaires de l'allocation personnalisée d'autonomie dont le proche aidant assure une présence ou une aide indispensable à sa vie à domicile, et qui ne peut être remplacé pour ce faire par une autre personne à titre non professionnel.

III. – Le montant maximum de la majoration est fixé, pour une année, à 0,453 fois le montant mensuel de la majoration pour aide constante d'une tierce personne.

Les dispositions de l'art. D. 232-9-1, dans sa rédaction issue du Décr. n° 2016-210 du 26 févr. 2016, sont applicables dès sa publication (JO 28 févr.), sans attendre celle de l'arrêté relatif aux référentiels mentionné au 2° de l'art. L. 232-6 CASF (Décr. préc., art. 8-III).

Art. D. 232-9-2 **I. – Peuvent bénéficier de la majoration du montant de leur plan d'aide mentionnée à l'article L. 232-3-3, au-delà des plafonds calculés selon les modalités prévues à l'article R. 232-10, les bénéficiaires de l'allocation personnalisée d'autonomie dont le proche aidant qui assure une présence ou une aide indispensable à sa** *[leur]* **vie à domicile est hospitalisé et ne peut être remplacé pour ce faire par une autre personne à titre non professionnel.**

II. – Le montant maximum de la majoration mentionnée à l'article L. 232-3-3 est fixé à 0,9 fois le montant mensuel de la majoration pour aide constante d'une tierce personne.

III. – Dans le cas d'une hospitalisation du proche aidant rendant nécessaire un renforcement des prises en charge professionnelles du bénéficiaire de l'allocation personnalisée d'autonomie, celui-ci ou son proche aidant adresse une demande au

président du conseil départemental indiquant la date et la durée prévisibles de l'hospitalisation, assortie des documents en attestant, les caractéristiques de l'aide apportée par l'aidant, la nature de la solution de relais souhaitée et, le cas échéant, l'établissement ou le service identifié pour l'assurer.

Dans le cas d'une hospitalisation programmée, la demande est adressée dès que la date en est connue, et au maximum un mois avant cette date.

IV. — L'équipe médico-sociale, ou un autre professionnel ou organisme mandaté par le président du conseil départemental, propose au bénéficiaire de l'allocation personnalisée d'autonomie et à son aidant, après échange avec eux, et au vu des caractéristiques et des besoins d'accompagnement du bénéficiaire, des possibilités de relais de son aidant et de l'offre de service disponible, la ou les solutions de relais les plus adaptées pour la durée de l'hospitalisation de l'aidant. Elle prend en compte, dans la mesure du possible, les propositions d'organisation formulées par le bénéficiaire, son proche aidant, son entourage familial, ou des professionnels de leur entourage.

En cas d'absence de réponse du président du conseil départemental huit jours avant la date de l'hospitalisation et en cas d'urgence, la majoration est attribuée à titre provisoire jusqu'à la date de notification de la décision, pour un montant correspondant au coût de la solution de relais demandée, dans le respect des limites fixées au II et déduction faite de la participation calculée dans les conditions prévues à l'article R. 232-11. La différence éventuelle entre le montant accordé à titre provisoire et le montant prévu par la décision du président du conseil départemental, pour ce qui concerne la période de relais non encore effectuée, peut être récupérée par le département dans les conditions prévues au deuxième alinéa de l'article D. 232-31.

V. — Lorsque, dans les situations d'urgence, aucune solution n'est proposée, le président du conseil départemental propose et, si nécessaire, organise et met en place la solution de relais.

§ 2 Montant de l'allocation

Art. R. 232-10 *(Décr. n° 2016-210 du 26 févr. 2016, art. 1er-8°, en vigueur le 1er mars 2016)* « Le plafond mentionné à l'article L. 232-3-1 est fixé » de la manière suivante :

1° Pour les personnes classées dans le groupe 1 de la grille nationale mentionnée à l'article *(Décr. n° 2016-210 du 26 févr. 2016, art. 1er-8°, en vigueur le 1er mars 2016)* « L. 232-2 » à *(Décr. n° 2024-2 du 2 janv. 2024, art. 1er-2°, en vigueur le 1er janv. 2024)* « 1,615 » fois le montant de la majoration pour aide constante d'une tierce personne mentionnée à l'article L. 355-1 du code de la sécurité sociale ;

2° Pour les personnes classées dans le groupe 2 de la grille nationale à *(Décr. n° 2024-2 du 2 janv. 2024, art. 1er-2°, en vigueur le 1er janv. 2024)* « 1,306 » fois le montant de la majoration pour aide constante d'une tierce personne précitée ;

3° Pour les personnes classées dans le groupe 3 de la grille nationale à *(Décr. n° 2024-2 du 2 janv. 2024, art. 1er-2°, en vigueur le 1er janv. 2024)* « 0,944 » fois le montant de la majoration pour aide constante d'une tierce personne précitée ;

4° Pour les personnes classées dans le groupe 4 de la grille nationale à *(Décr. n° 2024-2 du 2 janv. 2024, art. 1er-2°, en vigueur le 1er janv. 2024)* « 0,630 » fois le montant de la majoration pour aide constante d'une tierce personne précitée.

(Abrogé par Décr. n° 2016-210 du 26 févr. 2016, art. 1er-8°, à compter du 1er mars 2016) ***« Les coefficients susmentionnés sont, le cas échéant, automatiquement majorés de façon à ce que la revalorisation annuelle des tarifs nationaux mentionnés au premier alinéa ne soit pas inférieure à l'évolution des prix à la consommation hors tabac prévue à l'article L. 232-3. »*** — *[Décr. n° 2001-1084 du 20 nov. 2001, art. 6.]*

Art. R. 232-10-1 *(Décr. n° 2016-210 du 26 févr. 2016, art. 1er-9°, en vigueur le 1er mars 2016)* Le coût des aides techniques et des travaux d'adaptation du logement mentionnés au premier alinéa du III de l'article R. 232-7, dont le financement ne peut être assuré par l'allocation personnalisée d'autonomie compte tenu des plafonds calculés en application de l'article R. 232-10, peut être pris en charge au titre du 1° de l'article L. 233-1 dans les conditions prévues au chapitre III du titre III du livre II.

Art. R. 232-11 *(Décr. n° 2016-210 du 26 févr. 2016, art. 1er-10°, en vigueur le 1er mars 2016)* **« I. — La participation financière du bénéficiaire de l'allocation personnalisée d'autonomie à domicile prévue à l'article L. 232-4 est déterminée par application à la fraction du plan d'aide qu'il utilise, ou, dans le cas prévu au troisième alinéa de l'article L. 232-4, au plan d'aide accepté, d'un taux de participation fixé de la manière suivante :**

« 1° Pour les bénéficiaires dont les ressources mensuelles sont inférieures ou égales à 0,725 fois le montant mensuel de la majoration pour aide constante d'une tierce personne mentionnée à l'article L. 355-1 du code de la sécurité sociale, le taux de participation est nul ;

« 2° Pour les bénéficiaires dont les ressources mensuelles sont supérieures à 0,725 fois et inférieures ou égales à 2,67 fois le montant mensuel de la majoration pour aide constante d'une tierce personne susvisée, le taux de participation est déterminé en appliquant la formule suivante :

« T = P/A

« Avec

« P =

« $(A_1 \times \frac{R - 0,725 \times S}{2,67 \times S - 0,725 \times S} \times 0,9)$

« +

« $(A_2 \times \frac{R - 0,725 \times S}{2,67 \times S - 0,725 \times S} \times 0,9 \times (\frac{1 - 0,4}{2,67 \times S - 0,725 \times S}) \times R + \frac{0,4 \times 2,67 \times S - 0,725 \times S}{2,67 \times S - 0,725 \times S}))$

« +

« $(A_3 \times \frac{R - 0,725 \times S}{2,67 \times S - 0,725 \times S} \times 0,9 \times$

« $(\frac{1 - 0,2}{2,67 \times S - 0,725 \times S}) \times R + \frac{0,2 \times 2,67 \times S - 0,725 \times S}{2,67 \times S - 0,725 \times S}))$

« où :

« *a)* T est le taux de participation financière du bénéficiaire ;

« *b)* P est la participation financière calculée en fonction du plan d'aide accepté par le bénéficiaire ;

« *c)* A est le montant du plan d'aide accepté par le bénéficiaire ;

« *d)* A1, A2 et A3 sont les fractions du montant du plan d'aide accepté par le bénéficiaire :

« — A1 correspond à la fraction inférieure à 0,317 fois le montant mensuel de la majoration pour aide constante d'une tierce personne ;

« — A2 correspond à la fraction comprise entre 0,317 fois et 0,498 fois ce montant ;

« — A3 correspond à la fraction supérieure à 0,498 fois ce montant ;

« *e)* R est le revenu mensuel du bénéficiaire ;

« *f)* S est le montant de la majoration pour aide constante d'une tierce personne mentionnée à l'article L. 355-1 du code de la sécurité sociale ;

« 3° Pour les bénéficiaires dont le revenu mensuel est supérieur à 2,67 fois le montant de la majoration pour aide constante d'une tierce personne, le taux de participation est égal à 0,90.

« II. — La valeur des *(Décr. n° 2019-613 du 19 juin 2019, art. 4-I)* **« titres spéciaux de paiement mentionnés au B de l'article L. 1271-1 du code du travail » utilisés, le cas échéant, pour le paiement de l'allocation personnalisée d'autonomie est déterminée en référence au taux de participation mentionné au I.**

« III. — » Lorsque le bénéfice de l'allocation personnalisée d'autonomie à domicile est ouvert à l'un des membres ou aux deux membres d'un couple résidant conjointement à domicile, le calcul des ressources mensuelles de chaque membre du couple, pour déterminer le montant de la participation prévue à l'article L. 232-4, correspond au total des ressources du couple calculées dans les conditions fixées aux articles R. 232-5 et R. 232-6, divisé par 1,7. — *[Décr. n° 2001-1084 du 20 nov. 2001, art. 7.]*

Art. D. 232-11-1 *(Décr. n° 2016-210 du 26 févr. 2016, art. 1er-11°, en vigueur le 1er mars 2016)* **I. — La mise en œuvre des modalités de calcul de l'allocation et de la participation forfaitaires prévues au troisième alinéa de l'article L. 232-4 est précédée d'un réexamen des besoins d'aide à domicile des bénéficiaires de l'allocation personnalisée d'autonomie dont la fraction non utilisée de la partie du plan d'aide relative à l'aide à domicile excède 10 % en moyenne sur une période de trois mois et, le cas échéant, d'une révision de la décision d'attribution de l'allocation personnalisée d'autonomie par le président du conseil départemental. Celui-ci peut en réduire le taux.**

Lorsque l'allocation et la participation sont forfaitaires, le service *(Décr. n° 2023-608 du 13 juill. 2023, art. 1er-1°)* **« autonomie » à domicile assure, le cas échéant par un dispositif de télégestion, le suivi des heures d'aide à domicile réalisées. Il tient à la disposition du bénéficiaire et du président du conseil départemental les informations relatives à ce suivi, les transmet au moins chaque mois au bénéficiaire et les communique, sur sa demande, au président du conseil départemental.**

II. — Le bénéficiaire de la prestation peut, suivant des modalités fixées par le contrat pluriannuel d'objectifs et de moyens mentionné à l'article L. 313-11-1, bénéficier du report des heures d'aide à domicile non effectuées, ainsi que d'une suspension de sa participation forfaitaire en cas d'absence du domicile du fait d'une hospitalisation, d'un accueil temporaire ou pour convenance personnelle. En cas d'hospitalisation, le forfait est suspendu dans un délai qui ne peut excéder trente jours à compter du début de l'hospitalisation.

L'interruption et la fin des droits à l'allocation personnalisée d'autonomie à domicile entraînent, respectivement, la suspension et l'arrêt de sa participation forfaitaire.

III. — La participation forfaitaire afférente à la fraction non utilisée de la partie du plan d'aide relative à l'aide à domicile fait l'objet d'un remboursement au bénéficiaire pour la fraction qui excède 5 % en moyenne sur une période de six mois, dans un délai et selon des modalités fixés par le contrat pluriannuel d'objectifs de moyens mentionné à l'article L. 313-11-1. Le bénéficiaire fait l'objet, à sa demande ou à celle du service, d'un réexamen de ses besoins d'aide à domicile par le président du conseil départemental dans un délai qui ne peut excéder deux mois à compter du dépôt de la demande. Au terme de ce délai, à défaut d'une notification, son allocation personnalisée d'autonomie et sa participation sont réputées révisées sur la base de son plan d'aide diminué des heures d'aide à domicile non utilisées, jusqu'à ce que la décision le concernant lui soit notifiée.

§ 3 Dispositions particulières visant à la qualité du service rendu

Art. R. 232-12 En application du *(Décr. n° 2016-210 du 26 févr. 2016, art. 1er-12°, en vigueur le 1er mars 2016)* « sixième » alinéa de l'article L. 232-6, sauf refus exprès du bénéficiaire, l'allocation personnalisée d'autonomie est affectée à la rémunération d'un service prestataire d'aide à domicile *(Abrogé par Décr. n° 2016-210 du 26 févr. 2016, art. 1er-12°, à compter du 1er mars 2016)* ***« agréé dans les conditions fixées à l'article L. 129-1 du code du travail »***, pour :

1° Les personnes nécessitant une surveillance régulière du fait de la détérioration de leur état physique ou intellectuel ou en raison de leur insuffisance d'entourage familial ou social ;

2° Les personnes classées dans les groupes 1 et 2 de la grille nationale prévue à l'article L. 232-2. — *[Décr. n° 2001-1085 du 20 nov. 2001, art. 16.]*

Art. R. 232-13 Le refus exprès du bénéficiaire, mentionné à l'article L. 232-6, de recourir à un service prestataire d'aide à domicile *(Abrogé par Décr. n° 2016-210 du 26 févr. 2016, art. 1er-13°, à compter du 1er mars 2016)* ***« agréé dans les conditions fixées à l'article L. 129-1 du code du travail »***, est formulé par écrit sur le plan d'aide soumis à l'acceptation de l'intéressé dans les conditions prévues à l'article R. 232-7. — *[Décr. n° 2001-1085 du 20 nov. 2001, art. 17.]*

Art. R. 232-14 *(Abrogé par Décr. n° 2016-210 du 26 févr. 2016, art. 1er-14°, à compter du 1er mars 2016)* ***La participation du bénéficiaire de l'allocation personnalisée d'autonomie***

est majorée de 10 p. 100 lorsque ce dernier fait appel soit à un service prestataire d'aide ménagère non agréé dans les conditions fixées à l'article L. 129-1 du code du travail ou non géré par un centre communal ou intercommunal d'action sociale, soit à une tierce personne qu'il emploie directement et qui ne justifie pas d'une expérience acquise ou d'un niveau de qualification définis par arrêté du ministre chargé des personnes âgées.

§ 4 Contrôle d'effectivité et suspension de l'aide

Art. R. 232-15 Sans préjudice des obligations mises à la charge des employeurs par le code du travail, les bénéficiaires de l'allocation personnalisée d'autonomie sont tenus de conserver les justificatifs des dépenses autres que de personnel correspondant au montant de l'allocation personnalisée d'autonomie et à leur participation financière prévues dans le plan d'aide, acquittées au cours des six derniers mois aux fins de la mise en œuvre éventuelle par les services compétents des dispositions de l'article L. 232-16. – *[Décr. nº 2001-1085 du 20 nov. 2001, art. 19.]*

Art. R. 232-16 Dans les cas mentionnés au *(Décr. nº 2016-210 du 26 févr. 2016, art. 1er-15º, en vigueur le 1er mars 2016)* « quatrième » alinéa de l'article L. 232-7, le président du conseil départemental met en demeure le bénéficiaire ou, le cas échéant, *(Décr. nº 2021-684 du 28 mai 2021, art. 27-1º)* « si le bénéficiaire fait l'objet d'une mesure de protection juridique avec représentation, la personne chargée de cette mesure », par lettre recommandée avec demande d'avis de réception, de remédier aux carences constatées. Si le bénéficiaire ou *(Décr. nº 2021-684 du 28 mai 2021, art. 27-2º)* « la personne chargée de la mesure de protection juridique » n'a pas déféré dans le délai d'un mois à la demande du président du conseil départemental, celui-ci peut suspendre le service de l'allocation par une décision motivée.

Dans ce cas, sa décision prend effet au premier jour du mois suivant sa notification à l'intéressé par lettre recommandée avec accusé de réception.

Le service de l'allocation est rétabli au premier jour du mois au cours duquel le bénéficiaire justifie qu'il a remédié aux carences constatées. – *[Décr. nº 2001-1085 du 20 nov. 2001, art. 20.]*

Art. R. 232-17 Le département organise le contrôle d'effectivité de l'aide. – *[Décr. nº 2001-1085 du 20 nov. 2001, art. 21.]*

SOUS-SECTION 3 Allocation personnalisée d'autonomie en établissement

§ 1 Dispositions générales

Art. R. 232-18 Le niveau de perte d'autonomie des résidents est déterminé dans chaque établissement sous la responsabilité du médecin coordonnateur dans les conditions prévues *(Décr. nº 2016-210 du 26 févr. 2016, art. 1er-16º, en vigueur le 1er mars 2016)* « aux articles R. 314-170 à R. 314-170-7 » ou, à défaut, sous la responsabilité d'un médecin conventionné au titre de l'assurance maladie. – *[Décr. nº 2001-1085 du 20 nov. 2001, art. 22.]*

Art. R. 232-19 I. – Lorsque le bénéficiaire de l'allocation personnalisée d'autonomie est hébergé dans un établissement *(Décr. nº 2016-210 du 26 févr. 2016, art. 1er-17º, en vigueur le 1er mars 2016)* « mentionné au I et au premier alinéa du II de » l'article L. 313-12, sa participation est calculée selon les modalités suivantes :

1º Si son revenu mensuel est inférieur à 2,21 fois le montant de la majoration pour aide constante d'une tierce personne mentionnée à l'article L. 355-1 du code de la sécurité sociale, sa participation est égale au montant du tarif afférent à la dépendance de l'établissement applicable aux personnes classées dans les groupes iso-ressources 5 et 6 de la grille nationale mentionnée à l'article L. 232-2 :

P = TD 5/6

où :

P représente la participation du résident bénéficiaire de l'allocation personnalisée d'autonomie ;

TD 5/6 représente le tarif dépendance de l'établissement applicable aux résidents classés dans les groupes iso-ressources 5 et 6 ;

2° Si son revenu mensuel est compris entre 2,21 et 3,40 fois le montant de la majoration pour aide constante d'une tierce personne précitée, sa participation est calculée en appliquant la formule suivante :

$$P = TD\,5/6 + \left[(A - TD\,5/6) \times \left[\frac{R - (S \times 2{,}21)}{S \times 1{,}19} \right] \times 80\,\% \right]$$

où :

P représente la participation financière à la charge du bénéficiaire ;

TD 5/6 représente le tarif dépendance de l'établissement applicable aux résidents classés dans les groupes iso-ressources 5 et 6 ;

A est le tarif dépendance de l'établissement correspondant au groupe iso-ressources dans lequel est classé le bénéficiaire ;

R est le revenu mensuel de la personne ;

S est le montant de la majoration pour aide constante d'une tierce personne mentionnée à l'article L. 355-1 du code de la sécurité sociale ;

3° Si son revenu mensuel est supérieur à 3,40 fois le montant de la majoration pour aide constante d'une tierce personne précitée, sa participation est calculée selon la formule suivante :

$$P = TD\,5/6 + [(A - TD\,5/6) \times 80\,\%]$$

où :

P, TD 5/6 et A représentent les mêmes valeurs qu'au 2° ci-dessus.

II. – Lorsque le bénéfice de l'allocation personnalisée d'autonomie en établissement d'hébergement est ouvert à l'un des membres ou aux deux membres d'un couple, le calcul des ressources mensuelles de chaque membre du couple, pour déterminer le montant de la participation prévue à l'article L. 232-8, correspond au total des ressources du couple calculées dans les conditions fixées aux articles R. 232-5 et R. 232-6, divisé par 2.

§ 2 Dispositions particulières relatives à certains établissements

Art. D. 232-20 Le plan d'aide destiné à la personne âgée dépendante qui réside dans un établissement relevant de l'article *(Décr. n° 2016-696 du 27 mai 2016, art. 1er-I)* « D. 313-17 » est élaboré par l'équipe médico-sociale mentionnée à l'article L. 232-3.

Ce plan d'aide prend en compte les charges afférentes à la dépendance de l'établissement telles que définies à l'article *(Décr. n° 2007-793 du 9 mai 2007, art. 4)* « D. 232-21 » ainsi que les interventions supplémentaires, extérieures à l'établissement, qui sont nécessaires au résident concerné et qui ne sont pas assurées par l'établissement. – *[Anc. art. R. 232-20.]*

Les dispositions du Décr. n° 2016-696 du 27 mai 2016 s'appliquent aux résidences autonomie régies par le III et le IV de l'art. L. 313-12 au plus tard le 1er juill. 2016 (Décr. préc., art. 11-II).

Art. D. 232-21 I. Les charges afférentes à la dépendance dans les établissements relevant de l'article *(Décr. n° 2007-793 du 9 mai 2007, art. 4)* « D. 313-16 » sont :

(Décr. n° 2005-118 du 10 févr. 2005, art. 2-1°) « 1° *a)* La rémunération et les charges sociales et fiscales y afférentes des auxiliaires de vie et des auxiliaires de gériatrie, des psychologues, des maîtresses de maison ainsi que des aides-soignants et des aides médico-psychologiques ;

« *b)* Par dérogation au *a* ci-dessus, dans les structures mentionnées à l'article D. 313-20, la rémunération et les charges sociales et fiscales y afférentes des auxiliaires de vie et des auxiliaires de gériatrie, des psychologues, des maîtresses de maison *(Décr. n° 2007-661 du 30 avr. 2007, art. 1er-I)* « , 30 % du forfait journalier de frais de transport fixé par décision des ministres chargés des personnes âgées et de la sécurité sociale » ainsi que 30 % de la rémunération et des charges sociales et fiscales y afférentes des aides-soignants et des aides médico-psychologiques ; »

2° 30 p. 100 des rémunérations et les charges sociales et fiscales y afférentes des agents de service et des veilleurs de nuit ;

3° Les couches, alèses et produits absorbants.

Les tarifs afférents à la dépendance sont calculés, d'une part, en prenant en compte le niveau de dépendance de chaque résident de l'établissement, et, d'autre part, en appliquant aux charges définies aux 1°, 2° et 3° les formules de calcul précisées *(Décr. n° 2005-118 du 10 févr. 2005, art. 2-2°)* « au *b* et au *c* de l'annexe 3-1 ».

Le tarif journalier afférent à la dépendance applicable au résident est pris en compte dans le cadre du plan d'aide défini au deuxième alinéa de l'article *(Décr. n° 2007-793 du 9 mai 2007, art. 4)* « D. 232-20 ». Le résident s'en acquitte auprès de l'établissement.

II. Dans les établissements habilités au titre de l'aide sociale, le tarif journalier afférent à l'hébergement est calculé en prenant en compte l'ensemble des charges nettes de l'établissement, d'une part, minorées ou majorées, le cas échéant, par l'incorporation des résultats des exercices antérieurs et, d'autre part, minorées des tarifs journaliers afférents à la dépendance définis au I.

Le tarif journalier afférent à l'hébergement peut être modulé en application de l'article R. 314-183. — *[Anc. art. R. 232-21.]*

Art. D. 232-22 Les dispositions des articles *(Décr. n° 2007-793 du 9 mai 2007, art. 4)* « D. 232-20 et D. 232-21 » sont applicables *(Décr. n° 2016-696 du 27 mai 2016, art. 1er-II)* « aux établissements qui accueillent des personnes âgées dépendantes dans des proportions inférieures aux seuils mentionnés à l'article D. 313-15, à l'exception des établissements relevant des III et IV de l'article L. 313-12. » Les modalités de la prise en charge médicale des résidents doivent être précisées dans le règlement de fonctionnement mentionné à l'article L. 311-7. — *[Décr. n° 2001-1086 du 20 nov. 2001, art. 7]* — *[Anc. art. R. 232-22.]*

Les dispositions du Décr. n° 2016-696 du 27 mai 2016 s'appliquent aux résidences autonomie régies par le III et le IV de l'art. L. 313-12 au plus tard le 1er juill. 2016 (Décr. préc., art. 11-II).

SECTION 2 Gestion de l'allocation personnalisée d'autonomie

SOUS-SECTION 1 Instruction des demandes

§ 1 Constitution du dossier de demande

Art. R. 232-23 Le dossier de demande d'allocation personnalisée d'autonomie prévu à l'article L. 232-14 est délivré par les services du département ou, lorsque les conventions mentionnées aux deux premiers alinéas de l'article L. 232-13 le prévoient, par les organismes signataires de ces conventions.

Ce dossier est adressé au président du conseil départemental qui dispose d'un délai de dix jours pour en accuser réception *(Abrogé par Décr. n° 2016-210 du 26 févr. 2016, art. 2-1°, à compter du 1er mars 2016)* ***« et pour informer de son dépôt le maire de la commune de résidence du demandeur »***. Cet accusé de réception mentionne la date d'enregistrement du dossier de demande complet. Pour les bénéficiaires hébergés dans les établissements mentionnés au *(Décr. n° 2016-210 du 26 févr. 2016, art. 2-1°, en vigueur le 1er mars 2016)* « troisième » alinéa de l'article L. 232-14, la date d'enregistrement correspond à la date d'ouverture des droits. Pour les bénéficiaires résidant à leur domicile, la date d'enregistrement fait courir le délai de deux mois imparti au président du conseil départemental pour notifier sa décision, la date d'ouverture des droits de ces derniers s'entendant comme la date de la notification de cette décision.

Lorsqu'il constate que le dossier présenté est incomplet, le président du conseil départemental fait connaître au demandeur dans le délai de dix jours à compter de la réception de la demande le nombre et la nature des pièces justificatives manquantes. — *[Décr. n° 2001-1085 du 20 nov. 2001, art. 3.]*

Art. R. 232-24 *(Décr. n° 2023-593 du 11 juill. 2023, art. 1er-1°, en vigueur le 1er oct. 2023)* « La demande d'allocation personnalisée d'autonomie à domicile s'effectue au moyen d'un formulaire CERFA prévu à cet effet, qui fixe la liste des pièces à joindre

et comprend notamment des éléments déclaratifs concernant le demandeur et son conjoint, leurs ressources et leur patrimoine, ainsi que, le cas échéant, des informations concernant les proches aidants du demandeur et la carte mobilité inclusion. »

Le modèle de dossier de demande d'allocation personnalisée d'autonomie *(Décr. nº 2023-593 du 11 juill. 2023, art. 1er-1º, en vigueur le 1er oct. 2023)* **« en établissement », qui comprend des éléments déclaratifs relatifs aux revenus et au patrimoine ne figurant pas sur la déclaration destinée au calcul de l'impôt sur le revenu, et la liste des pièces justificatives, sont fixés en annexe 2-3** *[V. JO 26 oct. 2004]. — [Décr. nº 2001-1085 du 20 nov. 2001, art. 4.]*

Art. R. 232-24-1 *(Décr. nº 2016-210 du 26 févr. 2016, art. 4-I) (Décr. nº 2023-593 du 11 juill. 2023, art. 1er-2º, en vigueur le 1er oct. 2023)* **« Le formulaire et le modèle de dossier prévus à l'article R. 232-24 permettent » aux demandeurs de l'allocation de solliciter le bénéfice** *(Décr. nº 2016-1849 du 23 déc. 2016, art. 1er-1º)* **« de la carte mobilité inclusion mentionnée à l'article L. 241-3 ».**

§ 2 Commission de proposition et de conciliation

Art. D. 232-25 *(Abrogé par Décr. nº 2016-210 du 26 févr. 2016, art. 2-3º, à compter du 1er mars 2016)* ***La commission mentionnée à l'article L. 232-12 comprend, outre son président, six membres désignés par le président du conseil départemental :***

1º Trois membres représentant le département ;

2º Deux membres représentant les organismes de sécurité sociale ;

3º Un membre désigné au titre d'une institution ou d'un organisme public social et médico-social ayant conclu avec le département la convention prévue au deuxième alinéa de l'article L. 232-13 ou, à défaut, un maire désigné sur proposition de l'assemblée départementale des maires.

La commission se réunit en tant que de besoin sur convocation de son président.

Elle propose au président du conseil départemental les montants d'allocation personnalisée d'autonomie correspondant aux besoins des personnes, évalués dans les conditions prévues aux articles R. 232-7 et R. 232-17 et à leurs ressources. Lorsque le président du conseil départemental ne retient pas une proposition, la commission est tenue de formuler une nouvelle proposition lors de sa plus prochaine réunion.

Les propositions de la commission sont arrêtées à la majorité des voix. En cas d'égal partage des voix, celle du président est prépondérante.

Art. D. 232-26 *(Abrogé par Décr. nº 2016-210 du 26 févr. 2016, art. 2-3º, à compter du 1er mars 2016)* ***Pour l'exercice des attributions qui lui sont dévolues par l'article L. 232-18, la commission s'adjoint cinq représentants des usagers nommés par le président du conseil départemental, dont deux personnalités qualifiées désignées sur proposition du comité départemental des retraités et personnes âgées.***

Lorsqu'elle est saisie d'un litige sur l'appréciation du degré de perte d'autonomie, la commission recueille l'avis d'un médecin qui ne peut être celui qui a procédé à l'évaluation initiale du degré de perte d'autonomie du requérant.

La saisine de la commission suspend les délais du recours contentieux.

Cette saisine est effectuée par lettre recommandée avec accusé de réception adressée à son président dans le délai de deux mois à compter de la notification de la décision. La commission dispose d'un délai d'un mois pour formuler une proposition en vue du règlement du litige dont elle a été saisie.

Au vu de la proposition formulée par la commission, le président du conseil départemental prend, dans le délai de quinze jours, une nouvelle décision confirmant ou infirmant la décision initiale.

Les propositions de la commission sont communiquées à l'auteur de la saisine.

SOUS-SECTION 2 Décision d'attribution

Art. R. 232-27 **La décision accordant l'allocation personnalisée d'autonomie, notifiée au demandeur, mentionne, outre le délai prévu à l'article R. 232-28, le montant**

mensuel de l'allocation, *(Décr. nº 2016-210 du 26 févr. 2016, art. 2-4º, en vigueur le 1er mars 2016)* **« le cas échéant le montant de la majoration mentionnée à l'article L. 232-3-2, » celui de la participation financière du bénéficiaire ainsi que le montant du premier versement calculé conformément aux dispositions de l'article R. 232-30** *(Décr. nº 2016-210 du 26 févr. 2016, art. 2-4º, en vigueur le 1er mars 2016)* **« , en distinguant le cas échéant les montants liés à la majoration précitée ».**

Dans les établissements ayant conclu *(Décr. nº 2016-210 du 26 févr. 2016, art. 2-4º, en vigueur le 1er mars 2016)* **« le contrat prévu au IV *ter* » de l'article L. 313-12, le montant mensuel mentionné au premier alinéa est égal au tarif dépendance diminué de la participation qui reste à la charge du résident, multiplié par le nombre de jour du mois considéré.** – *[Décr. nº 2001-1085 du 20 nov. 2001, art. 5.]*

Art. R. 232-28 La décision déterminant le montant de l'allocation personnalisée d'autonomie fait l'objet d'une révision périodique dans le délai qu'elle détermine en fonction de l'état du bénéficiaire. Elle peut aussi être révisée à tout moment à la demande de l'intéressé, ou le cas échéant de *(Décr. nº 2021-684 du 28 mai 2021, art. 28-1º)* **« la personne chargée à son égard d'une mesure de protection juridique avec représentation », ou à l'initiative du président du conseil départemental si des éléments nouveaux modifient la situation personnelle du bénéficiaire** *(Décr. nº 2016-210 du 26 févr. 2016, art. 2-5º, en vigueur le 1er mars 2016)* **« ou de son proche aidant » au vu de laquelle cette décision est intervenue.**

(Décr. nº 2016-210 du 26 févr. 2016, art. 2-5º, en vigueur le 1er mars 2017) **« Les demandes de révision formulées par les bénéficiaires,** *(Décr. nº 2021-684 du 28 mai 2021, art. 28-2º)* **« les personnes chargées à leur égard d'une mesure de protection juridique avec représentation » ou leurs proches aidants, sont instruites selon la procédure et dans les délais prévus, selon le cas, pour une première demande ou pour une demande en urgence. »** – *[Décr. nº 2001-1085 du 20 nov. 2001, art. 8.]*

Art. R. 232-28-1 *(Abrogé par Décr. nº 2016-1849 du 23 déc. 2016, art. 1er-1º, à compter du 1er janv. 2017) (Décr. nº 2016-210 du 26 févr. 2016, art. 4-II)* ***La décision mentionnée à l'article R. 232-27, ainsi que la décision la révisant mentionnée à l'article R. 232-28, lorsqu'elle concerne une personne classée dans le groupe 1 ou 2 de la grille nationale mentionnée à l'article L. 232-2 qui a demandé le bénéfice de l'une des cartes mentionnées aux articles L. 241-3 et L. 241-3-2, est transmise par le président du conseil départemental au directeur de la maison départementale des personnes handicapées.***

Art. R. 232-29 Lorsque l'allocation est attribuée en application du troisième alinéa de l'article L. 232-12 et du *(Décr. nº 2016-210 du 26 févr. 2016, art. 2-6º, en vigueur le 1er mars 2016)* **« cinquième » alinéa de l'article L. 232-14, le montant forfaitaire attribué est, respectivement, égal, à domicile, à 50 p. 100 du montant du** *(Décr. nº 2016-210 du 26 févr. 2016, art. 2-6º, en vigueur le 1er mars 2016)* **« plafond » mentionné à l'article** *(Décr. nº 2016-210 du 26 févr. 2016, art. 2-6º, en vigueur le 1er mars 2016)* **« L. 232-3-1 » correspondant au degré de perte d'autonomie le plus important, et, en établissement, à 50 p. 100 du tarif afférent à la dépendance de l'établissement considéré applicable aux résidents classés dans les groupes iso-ressources 1 et 2.**

Cette avance s'impute sur les montants de l'allocation personnalisée d'autonomie versée ultérieurement. – *[Décr. nº 2001-1084 du 20 nov. 2001, art. 5.]*

SOUS-SECTION 3 Versement de l'allocation personnalisée d'autonomie

§ 1 Dispositions communes

Art. R. 232-30 Lorsqu'elle est versée directement à son bénéficiaire, l'allocation personnalisée d'autonomie est mandatée au plus tard le 10 du mois au titre duquel elle est versée.

Le premier versement intervient le mois qui suit celui de la décision d'attribution. Il comprend le versement de l'allocation personnalisée d'autonomie due à compter de la date d'ouverture des droits telle que définie à l'article R. 232-23. – *[Décr. nº 2001-1085 du 20 nov. 2001, art. 6.]*

Art. D. 232-31 L'allocation personnalisée d'autonomie n'est pas versée lorsque son montant mensuel après déduction de la participation financière de l'intéressé mentionnée à l'article L. 232-4 est inférieur ou égal à trois fois la valeur brute du salaire horaire minimum de croissance.

Tout paiement indu est récupéré par retenues sur le montant des allocations à échoir ou, si le bénéficiaire n'est plus éligible à l'allocation personnalisée d'autonomie, par remboursement du trop-perçu en un ou plusieurs versements. Les retenues ne peuvent excéder, par versement, 20 p. 100 du montant de l'allocation versée. Toutefois, les indus ne sont pas recouvrés lorsque leur montant total est inférieur ou égal au montant mentionné au premier alinéa. – *[Décr. n° 2001-1085 du 20 nov. 2001, art. 7.]*

Art. R. 232-32 Lorsque le bénéficiaire de l'allocation personnalisée d'autonomie est hospitalisé dans un établissement de santé pour recevoir des soins de courte durée, de suite *(Décr. n° 2008-377 du 17 avr. 2008)* « et » de réadaptation *(Abrogé par Décr. n° 2010-344 du 31 mars 2010, art. 223)* ***« mentionnés aux a et b du 1° de l'article L. 6111-2 du code de la santé publique »***, le service de la prestation est maintenu pendant les trente premiers jours d'hospitalisation ; au-delà, le service de l'allocation est suspendu *(Décr. n° 2016-210 du 26 févr. 2016, art. 2-7°, en vigueur le 1er mars 2016)* « , sauf si le bénéficiaire est hospitalisé à domicile. »

Le service de l'allocation est repris, sans nouvelle demande, à compter du premier jour du mois au cours duquel l'intéressé n'est plus hospitalisé dans un des établissements mentionnés au premier alinéa. – *[Décr. n° 2001-1085 du 20 nov. 2001, art. 12.]*

§ 2 Dispositions particulières à l'allocation à domicile

Art. D. 232-33 Les dépenses correspondant au règlement de *(Décr. n° 2016-210 du 26 févr. 2016, art. 2-8°, en vigueur le 1er mars 2016)* « prestations de répit ou de relais à domicile ou » d'accueil temporaire, avec ou sans hébergement, dans des établissements autorisés à cet effet *(Décr. n° 2016-210 du 26 févr. 2016, art. 2-8°, en vigueur le 1er mars 2016)* « ou en accueil familial » ainsi qu'aux dépenses d'aides techniques et d'adaptation du logement lorsque ces dernières concernent la résidence principale, peuvent, sur proposition de l'équipe médico-sociale, être versées, conformément à l'article *(Décr. n° 2016-210 du 26 févr. 2016, art. 2-8°, en vigueur le 1er mars 2016)* « L. 232-15 » selon une périodicité autre que mensuelle.

(Abrogé par Décr. n° 2016-210 du 26 févr. 2016, art. 2-8°, à compter du 1er mars 2016) ***« Toutefois, ledit versement ne peut prendre en compte que des dépenses correspondant à quatre mensualités groupées au cours d'une même année. »*** – *[Décr. n° 2001-1086 du 20 nov. 2001, art. 2.]*

§ 3 Dispositions particulières à l'allocation en établissement

Art. R. 232-34 Le montant minimum tenu mensuellement à la disposition des bénéficiaires en application de l'article L. 232-9 est fixé à un centième du montant annuel *(Décr. n° 2016-210 du 26 févr. 2016, art. 2-9°, en vigueur le 1er mars 2016)* « de l'allocation de solidarité aux personnes âgées mentionnée à l'article L. 815-1 du code de la sécurité sociale », arrondi à l'euro le plus proche. – *[Décr. n° 2001-1084 du 20 nov. 2001, art. 9.]*

Art. D. 232-35 *(Décr. n° 2016-210 du 26 févr. 2016, art. 2-10°, en vigueur le 1er mars 2016)* Le montant mentionné au second alinéa de l'article L. 232-10 est égal au montant mensuel de l'allocation de solidarité aux personnes âgées mentionnée à l'article L. 815-1 du code de la sécurité sociale.

SOUS-SECTION 4 Dispositions diverses

§ 1 *[ABROGÉ]* Le comité scientifique

(Abrogé par Décr. n° 2007-828 du 11 mai 2007, art. 3)

Art. D. 232-36 et D. 232-37 *Abrogés par Décr. n° 2007-828 du 11 mai 2007, art. 3.*

§ 2 Système d'information

Art. D. 232-38 *(Décr. nº 2017-344 du 16 mars 2017, art. 3)* Un arrêté des ministres chargés des personnes âgées et des collectivités territoriales fixe la liste des données statistiques agrégées mentionnées à l'article L. 232-21-1 et relatives aux demandes, à leur instruction, aux décisions, aux recours, aux bénéficiaires, aux montants d'allocation personnalisée d'autonomie notifiés et versés, à la nature, au volume et au montant des aides financées par l'allocation, ainsi qu'aux modalités de versement de l'allocation, aux équipes médico-sociales mentionnées à l'article L. 232-3 et aux dispositifs conventionnels mentionnés à l'article L. 232-13.

Les données mentionnées au premier alinéa relatives à chaque trimestre sont transmises dans le mois qui suit par les présidents des conseils départementaux au ministre chargé des personnes âgées au moyen d'un questionnaire à saisir sur un site internet public mis à leur disposition par celui-ci.

Les résultats de l'exploitation des informations recueillies sont transmis aux conseils départementaux et font l'objet de publications régulières.

Art. D. 232-39 *(Décr. nº 2017-344 du 16 mars 2017, art. 3)* I. — Pour la mise en œuvre de l'article L. 232-21-2, les conseils départementaux transmettent au ministre chargé des personnes âgées les données individuelles relatives à l'instruction des demandes et aux bénéficiaires de l'allocation personnalisée d'autonomie et aux bénéficiaires de l'aide sociale à l'hébergement portant sur :

1º En ce qui concerne l'allocation personnalisée d'autonomie :

a) Les caractéristiques de la personne, et de son établissement si elle est hébergée en établissement ;

b) Les informations relatives à la première demande du bénéficiaire, à la décision d'attribution afférente, aux demandes ultérieures d'allocation ou de révision, ainsi qu'à la cessation du droit ;

c) Les informations relatives aux évaluations prévues à l'article L. 232-6 dont la personne a bénéficié depuis sa première demande, incluant son classement en groupe-iso-ressources au regard de la grille fixée à l'annexe 2-1 du présent code et la cotation des variables prévues par cette grille et de données recueillies dans le cadre de ces évaluations ;

d) La nature, le volume et les montants des aides prévues dans le plan d'aide notifié au bénéficiaire, ou attribuées le cas échéant à titre complémentaire au bénéficiaire par le conseil départemental ;

e) Les montants versés, les modalités de leur versement, les volumes correspondants, et la participation financière du bénéficiaire pour les différentes aides humaines, aides non humaines régulières ou ponctuelles, et aides pour le répit ou le relais des proches aidants ;

S'agissant des données relatives à l'instruction des demandes, seuls les éléments mentionnés aux *a*, *b* et *c* sont concernés ;

2º En ce qui concerne l'aide sociale à l'hébergement :

a) Les caractéristiques de la personne, et de son établissement ;

b) Les informations relatives à la première demande du bénéficiaire, à la décision d'attribution afférente, aux demandes et décisions ultérieures ainsi qu'à la cessation du droit ;

c) Les éléments pris en compte pour le calcul et les montants attribués, ainsi que le montant de la participation du bénéficiaire et de celle de ses obligés alimentaires aux frais d'hébergement en établissement ;

d) Les informations relatives à l'existence, à la nature et aux montants du recouvrement sur la succession, sur le légataire, sur le donataire ou sur le bénéficiaire d'un contrat d'assurance vie, dont a fait l'objet l'aide attribuée.

S'agissant des données relatives à l'instruction des demandes, seuls les éléments mentionnés aux *a* et *b* sont concernés.

II. — Au plus tard le 30 juin 2018 puis, ultérieurement, selon une périodicité prévue par arrêté du ministre chargé des personnes âgées et qui ne pourra être inférieure à deux ans, au plus tard au 30 juin de l'année considérée, les conseils départementaux transmettent les données mentionnées au I relatives à l'allocation personnalisée d'autonomie et à l'aide sociale à l'hébergement relatives à l'année précédant l'année de leur transmission.

III. — Un arrêté des ministres chargés des personnes âgées et des collectivités territoriales fixe les spécifications techniques de ces données et les modalités de leur transmission. Il détermine la périodicité mentionnée au II au-delà de l'année 2018. Le service destinataire ne peut communiquer à son tour ces données, transmises en application du présent article, que dans les conditions fixées par l'article 7 *bis* de la loi n° 51-711 modifiée du 7 juin 1951 sur l'obligation, la coordination et le secret en matière de statistiques.

Art. R. 232-40 *(Décr. n° 2017-880 du 9 mai 2017, art. 1er)* Les conseils départementaux sont autorisés à créer des traitements de données à caractère personnel pour l'attribution, la gestion et le contrôle d'effectivité de l'allocation personnalisée d'autonomie mentionnée à l'article L. 232-1 et de l'aide sociale prévue à l'article L. 231-4.

Ces traitements ont pour finalités :

1° L'évaluation de la situation et des besoins des personnes âgées, ainsi que, le cas échéant, de leurs proches aidants, en vue de déterminer leur degré de perte d'autonomie, leur éligibilité à l'allocation personnalisée d'autonomie, le contenu de leur plan d'aide et les évolutions de ces situations et besoins, ainsi que ceux, le cas échéant, de leurs proches aidants ;

2° L'évaluation de leurs ressources et, dans le cas de l'aide sociale à l'hébergement, *[de]* celles de leurs obligés alimentaires, en vue du calcul de leurs droits à l'allocation concernée ;

3° La notification des décisions relatives à l'allocation personnalisée d'autonomie et à l'aide sociale à l'hébergement, le paiement de l'une et l'autre de ces aides aux bénéficiaires ou aux services, établissements et prestataires intervenant à leur profit ;

4° Le suivi des interventions des services du conseil départemental auprès des demandeurs et des bénéficiaires ;

5° La facilitation des échanges avec d'autres conseils départementaux ou d'autres institutions nécessaires à l'appréciation des droits des demandeurs et bénéficiaires ;

6° L'utilisation des informations nécessaires au suivi et au traitement des procédures amiables, recours gracieux et actions contentieuses ;

7° La réalisation du contrôle de l'utilisation des prestations ;

8° La connaissance de la population des demandeurs et bénéficiaires de l'allocation personnalisée d'autonomie et des demandeurs et bénéficiaires de l'aide sociale à l'hébergement à des fins de pilotage départemental ;

9° L'amélioration du parcours de santé des bénéficiaires de l'allocation personnalisée d'autonomie et de l'aide sociale à l'hébergement, notamment dans le cadre de la méthode mentionnée à l'article L. 113-3 et des plates-formes territoriales d'appui à la coordination des parcours de santé complexes prévues à l'article L. 6327-2 du code de la santé publique ;

10° La constitution d'échantillons statistiquement représentatifs prévue à l'article L. 232-21-2, visant à rendre possible l'étude des situations et des parcours des personnes y compris lorsqu'elles changent de département.

Art. R. 232-41 *(Décr. n° 2017-880 du 9 mai 2017, art. 1er)* Pour la mise en œuvre des finalités définies à l'article R. 232-40, les conseils départementaux collectent, tiennent à jour et conservent les données individuelles relatives aux demandeurs et aux bénéficiaires de l'allocation personnalisée d'autonomie et aux demandeurs et aux bénéficiaires de l'aide sociale à l'hébergement portant sur :

1° En ce qui concerne les demandeurs et les bénéficiaires de l'allocation personnalisée d'autonomie :

a) Le numéro d'inscription au répertoire national d'identification des personnes physiques (NIR) créé par le décret du 22 janvier 1982 relatif au répertoire national d'identification des personnes physiques et celui ou ceux qui lui auraient été précédemment attribués ou, pour les personnes en instance d'attribution d'un numéro d'inscription au répertoire national d'identification des personnes physiques, un numéro *(Décr. n° 2022-292 du 1er mars 2022, art. 2-I, en vigueur le 1er mars 2022)* « d'identification » d'attente (NIA) ;

b) L'identité de la personne : nom de naissance, le cas échéant nom d'usage, prénoms, sexe, date et lieu de naissance, le cas échéant date de décès ;

c) L'adresse du lieu de résidence, et si elle est différente, celle du domicile habituel de la personne ;

d) Le cas échéant, le département du domicile de secours de la personne ;

e) La situation de famille de la personne ;

f) Les catégories de ressources de la personne et leur montant ;

g) Le cas échéant, le régime de protection juridique de la personne et l'identité et les coordonnées de *(Décr. n° 2021-684 du 28 mai 2021, art. 29-1°)* « la ou les *[des]* personnes chargées à son égard d'une mesure de protection juridique avec représentation » ;

h) Le cas échéant, l'identité (nom de naissance, le cas échéant nom d'usage, prénoms) et les coordonnées (adresse postale et numéros de téléphone) des proches aidants ;

i) Le cas échéant, le numéro d'identification au fichier national des établissements sanitaires et sociaux (FINESS) et les caractéristiques de l'établissement dans lequel elle est hébergée ;

j) Les informations relatives à la première demande du bénéficiaire, à la décision d'attribution afférente, aux éventuelles demandes ultérieures d'allocation ou de révision, ainsi qu'à la cessation du droit ;

k) Les informations relatives, le cas échéant, à la date et à la nature des recours amiables et contentieux engagés contre les décisions relatives à l'allocation personnalisée d'autonomie et aux suites qui leur sont données ;

l) Les informations relatives aux évaluations prévues à l'article L. 232-6 dont la personne a bénéficié depuis sa première demande, incluant son classement en groupe-iso-ressource au regard de la grille fixée à l'annexe 2-1, la cotation des variables prévues par cette grille et les données recueillies dans le cadre de ces évaluations prévues par le référentiel fixé par l'arrêté pris en application de l'article L. 232-6 ;

m) L'activité de l'équipe mentionnée à l'article L. 232-6, notamment en matière d'évaluation des situations et des besoins, d'instruction des demandes et de mise en œuvre des décisions prises, dont le nom et la fonction de chaque évaluateur ;

n) La nature, le volume et les montants des aides prévues dans le plan d'aide notifié au bénéficiaire, ou attribuées le cas échéant à titre complémentaire au bénéficiaire par le conseil départemental ;

o) Les montants versés, les modalités de leur versement, la nature des dépenses couvertes, les volumes correspondants, et la participation financière du bénéficiaire pour les différentes aides humaines, aides non humaines régulières ou ponctuelles, et aides pour le répit ou le relais des proches aidants ;

2° En ce qui concerne les demandeurs et les bénéficiaires de l'aide sociale à l'hébergement :

a) Le numéro d'inscription au répertoire national d'identification des personnes physiques (NIR) créé par le décret du 22 janvier 1982 relatif au répertoire national d'identification des personnes physiques et celui ou ceux qui lui auraient été précédemment attribués ou, pour les personnes en instance d'attribution d'un numéro d'inscription au répertoire national d'identification des personnes physiques, un numéro *(Décr. n° 2022-292 du 1er mars 2022, art. 2-I, en vigueur le 1er mars 2022)* « d'identification » d'attente (NIA) ;

b) L'identité de la personne : nom de naissance, le cas échéant nom d'usage, prénoms, sexe, date et lieu de naissance, le cas échéant date de décès ;

c) L'adresse du lieu de résidence de la personne, et celle du son domicile antérieur ;

d) Le cas échéant le département du domicile de secours ;

e) Le cas échéant, le régime de protection juridique de la personne et l'identité et les coordonnées de *(Décr. n° 2021-684 du 28 mai 2021, art. 29-2°)* « la ou les *[des]* personnes chargées à son égard d'une mesure de protection juridique avec représentation » ;

f) La situation de famille et la situation patrimoniale de la personne ;

g) Le numéro d'identification au fichier national des établissements sanitaires et sociaux (FINESS) et les caractéristiques de son établissement ;

h) Les informations relatives à la première demande du bénéficiaire, à la décision d'attribution afférente, aux demandes et décisions ultérieures ainsi qu'à la cessation du droit ;

i) Les éléments pris en compte pour le calcul et les montants attribués, ainsi que le montant de la participation du bénéficiaire et de celle de ses obligés alimentaires aux frais d'hébergement en établissement ;

j) Les informations relatives, le cas échéant, à la date et à la nature des recours engagés contre les décisions relatives à l'aide et aux suites qui leur sont données ;

k) Les informations relatives au recouvrement sur la succession, sur le légataire, sur le donataire ou sur le bénéficiaire d'un contrat d'assurance vie dont a fait l'objet l'aide attribuée.

Art. R. 232-42 *(Décr. nº 2017-880 du 9 mai 2017, art. 1er)* Les conseils départementaux vérifient le numéro d'inscription au répertoire national d'identification des personnes physiques fourni par les demandeurs de l'allocation personnalisée d'autonomie et de l'aide sociale à l'hébergement.

Art. R. 232-43 *(Décr. nº 2017-880 du 9 mai 2017, art. 1er)* Les données utilisées par les traitements mentionnés à l'article R. 232-40 sont issues des informations :

1º Transmises par les demandeurs et les bénéficiaires de l'allocation personnalisée d'autonomie et ceux de l'aide sociale à l'hébergement ou recueillies auprès d'eux ou auprès de leurs aidants, notamment dans le cadre du dossier de demande d'allocation personnalisée d'autonomie et des pièces justificatives fournies par les demandeurs prévues à l'annexe 2-3 ainsi que de l'évaluation prévue à l'article L. 232-6 ;

2º Transmises le cas échéant par la direction générale des finances publiques en application des dispositions de l'article L. 153 A du livre des procédures fiscales ;

3º Provenant de la consultation du répertoire national commun de protections sociale (RNCPS) prévu à l'article L. 114-12-1 du code de la sécurité sociale ;

4º Transmises aux conseils départementaux, à leur demande, par les organismes mentionnés à l'article L. 232-16.

Art. R. 232-44 *(Décr. nº 2017-880 du 9 mai 2017, art. 1er)* Peuvent accéder au traitement de données, dans la limite de leurs attributions et de leur besoin d'en connaître, les personnels des administrations et organismes intervenant dans l'attribution, la gestion ou le contrôle de l'allocation personnalisée d'autonomie et de l'aide sociale à l'hébergement mentionnés ci-après, individuellement désignés et habilités par l'autorité responsable de ces administrations et organismes :

1º A l'exclusion des informations médicales et dans la limite de leurs attributions, les agents des conseils départementaux ;

2º Pour l'ensemble des informations, y compris à caractère médical, les membres de l'équipe médico-sociale prévue à l'article L. 232-3 ;

3º Le cas échéant les professionnels des organismes mentionnés au deuxième alinéa de l'article L. 232-13 auxquels le conseil départemental a confié tout ou partie de la mise en œuvre de l'allocation personnalisée d'autonomie. Dans ce cas, la convention conclue avec l'organisme définit les opérations que celui-ci est autorisé à réaliser à partir des données à caractère personnel auxquelles il a accès, ainsi que les engagements qu'il prend pour garantir leur sécurité et leur confidentialité, en particulier l'interdiction d'utiliser les données à d'autres fins que celles indiquées par la convention, ces fins devant elles-mêmes respecter les finalités mentionnées à l'article R. 232-40 ;

4º Les agents des centres communaux d'action sociale pour les demandes d'aide sociale à l'hébergement dans le cadre des dispositions de l'article L. 131-1 ;

5° Dans les mêmes conditions qu'aux 1°, 2° et 3°, les agents du conseil départemental, les membres de l'équipe médico-sociale et, le cas échéant, les professionnel des organismes mentionnés au deuxième alinéa de l'article L. 232-13 du département dont dépend la nouvelle résidence d'un bénéficiaire de l'allocation personnalisée d'autonomie ou de l'aide sociale à l'hébergement qui change de département de résidence.

Art. R. 232-45 *(Décr. n° 2017-880 du 9 mai 2017, art. 1er)* Sont destinataires des informations strictement nécessaires à l'exercice de leur mission et dans la limite de leurs attributions les personnels des administrations et organismes intervenant dans l'accompagnement des personnes âgées mentionnés ci-après, individuellement désignés et habilités par l'autorité responsable de ces administrations et organismes :

1° Les agents des maisons départementales des personnes handicapées, pour le traitement des demandes relatives à la carte mobilité inclusion prévue à l'article L. 241-3 ;

2° Les agents des caisses gestionnaires d'un régime d'assurance retraite, dans le cadre des dispositions de l'article L. 113-2-1 et des III et IV de l'article R. 232-7 ;

3° Les agents des organismes mentionnés au III de l'article R. 232-7, pour l'attribution d'aides complémentaires aux bénéficiaires de l'allocation personnalisée d'autonomie ;

4° Les professionnels intervenant dans le cadre de la méthode prévue à l'article L. 113-3 et des plates-formes territoriales d'appui à la coordination des parcours de santé complexes prévues à l'article L. 6327-2 du code de la santé publique ;

5° Les responsables des services d'aide et d'accompagnement à domicile relevant du 6° du I de l'article L. 312-1 pour la mise en œuvre des plans d'aide des bénéficiaires de l'allocation personnalisée d'autonomie, sous réserve de l'accord de la personne.

Art. R. 232-46 *(Décr. n° 2017-880 du 9 mai 2017, art. 1er)* Les conseils départementaux conservent les données relatives à un demandeur ou un bénéficiaire, y compris le numéro d'inscription au répertoire national d'identification des personnes physiques, pendant six ans après la cessation de son droit à la prestation, ou après l'intervention d'une décision définitive en cas de contentieux.

Pour répondre aux éléments de finalité mentionnés aux 8° et 10° de l'article R. 232-40, les données relatives aux demandeurs et aux bénéficiaires peuvent être conservées au-delà du délai de 6 ans, liées à un numéro d'anonymat, dans un environnement logique séparé, distinct du traitement permettant la gestion de l'allocation personnalisée d'autonomie et de l'aide sociale à l'hébergement.

Art. R. 232-47 *(Décr. n° 2017-880 du 9 mai 2017, art. 1er)* Conformément aux dispositions de l'article 32 de la loi du 6 janvier 1978 modifiée relative à l'informatique, aux fichiers et aux libertés, les personnes auxquelles les données mentionnées à l'article R. 232-41 se rapportent sont informées, dans le cadre de la notification de la décision d'attribution de l'allocation personnalisée d'autonomie ou de l'aide sociale à l'hébergement, de la finalité poursuivie par le traitement, de l'identité de son responsable, des catégories de destinataires des données, ainsi que de la durée de conservation de ces données.

Les personnes auxquelles les données mentionnées à l'article R. 232-41 se rapportent sont informées des modalités d'exercice de leurs droits d'accès et de rectification des données les concernant, prévus par les articles 39 et 40 de la loi du 6 janvier 1978, au moyen d'une information figurant sur les sites internet des conseils départementaux, ainsi que dans les formulaires de demande d'allocation personnalisée d'autonomie et d'aide sociale à l'hébergement.

Les demandeurs et les bénéficiaires de l'allocation personnalisée d'autonomie et les demandeurs et les bénéficiaires de l'aide sociale à l'hébergement peuvent exercer leurs droits d'accès et de rectification des données, prévus aux articles 39 et 40 de la loi du 6 janvier 1978, auprès du président du conseil départemental dont ils relèvent.

Les agents mentionnés aux articles R. 232-44 et R. 232-45 sont informés des modalités d'exercice de leur droit d'accès aux données les concernant par leur employeur.

Le droit d'opposition prévu par l'article 38 de la loi du 6 janvier 1978 ne s'applique pas aux traitements dont la création est autorisée par l'article R. 232-40.

Art. R. 232-48 *(Décr. n° 2017-880 du 9 mai 2017, art. 1er)* Des mesures de protection physiques et logiques sont prises pour assurer la sécurité du traitement des données, empêcher toute utilisation détournée ou frauduleuse, notamment par des tiers non autorisés, et préserver leur intégrité.

L'accès au traitement des données n'est ouvert qu'aux agents nommément désignés et pour les seules opérations auxquelles ils sont habilités. Les accès individuels à l'application s'effectuent par un dispositif sécurisé dans le respect des référentiels prévus à l'article L. 1110-4-1 du code de santé publique.

Les données d'identification des agents mentionnés aux articles R. 232-44 et R. 232-45 ayant accédé aux données sont conservées pendant une durée de trois mois après leur dernière connexion au traitement.

Art. R. 232-49 *(Décr. n° 2017-880 du 9 mai 2017, art. 1er)* En application des dispositions du IV de l'article 26 de la loi du 6 janvier 1978 modifiée relative à l'informatique, aux fichiers et aux libertés, le responsable de chacun des traitements de données autorisés sur le fondement de l'article R. 232-40 adresse à la Commission nationale de l'informatique et des libertés, préalablement à sa mise en œuvre, un engagement de conformité aux dispositions des articles R. 232-40 à R. 232-48 dans les conditions fixées par l'article 8 du décret du 20 octobre 2005 modifié pris pour l'application de la loi n° 78-17 du 6 janvier 1978.

SECTION 3 Financement de l'allocation personnalisée d'autonomie

SOUS-SECTION 2 Dispositions financières relatives à l'allocation personnalisée d'autonomie

Art. R. 232-51 *(Abrogé par Décr. n° 2016-210 du 26 févr. 2016, art. 3, à compter du 1er mars 2016) I. — Après déduction d'un montant correspondant aux dépenses annuelles prévues aux 2°, 3° et 4° du II de l'article L. 232-21* [art. abrogé], *les sommes encaissées par le fonds au cours d'un exercice, correspondant aux recettes prévues au III du même article, augmentées le cas échéant du résultat excédentaire de l'exercice précédent, sont réparties entre les départements dans les conditions prévues aux II et III ci-après.*

II. — La répartition prévue au I s'effectue au terme des calculs définis ci-après :

1° La répartition mentionnée au quatrième alinéa du II de l'article L. 232-21 est opérée pour 70 p. 100 en fonction du nombre de personnes âgées de plus de soixante-quinze ans, pour 25 p. 100 en fonction du potentiel fiscal et pour 5 p. 100 en fonction du nombre de bénéficiaires du revenu minimum d'insertion, selon la formule :

$$F_d = (PA_d/\sum PA_d) \times 70\,\% - (PF_d/\sum PF_d) \times 25\,\% + (RMI_d/\sum RMI_d) \times 5\,\%$$

dans laquelle :

a) F_d représente la fraction attribuée à un département ;

b) PA_d représente le nombre de personnes âgées de soixante-quinze ans ou plus dénombrées dans ce département lors du dernier recensement de l'INSEE ;

c) PF_d représente, pour chaque département, le potentiel fiscal de l'année précédant l'année au titre de laquelle la répartition est effectuée, tel que défini au premier alinéa de l'article L. 3334-6 du code général des collectivités territoriales ;

d) RMI_d représente le nombre de bénéficiaires du revenu minimum d'insertion, résidant dans ce département, de la pénultième année précédant l'année au titre de laquelle la répartition est effectuée.

Le montant attribué à un département est égal à la fraction attribuée à ce département en application du calcul ci-dessus, rapportée à la somme des fractions et multipliée par le montant des encaissements mentionnés au I.

2° La majoration mentionnée aux septième et huitième alinéas du II de l'article L. 232-21 est calculée pour chaque département selon la formule :
$M_d = 0{,}8 \times [D_d - (1{,}3 \times D_n)] \times PA_d$
dans laquelle :
a) M_d représente le montant de la majoration du département ;
b) D_d représente les dépenses d'allocation personnalisée d'autonomie du département rapportées au nombre de personnes âgées de plus de soixante-quinze ans du département, pour les seuls départements dont ces dépenses excèdent d'au moins 30 p. 100 les dépenses mentionnées au c.
c) D_n représente les dépenses d'allocation personnalisée d'autonomie de l'ensemble des départements rapportées au nombre de personnes âgées de plus de soixante-quinze ans sur l'ensemble du territoire national ;
d) PA_d représente le nombre de personnes âgées de plus de soixante-quinze ans du département.
Pour ce calcul, sont prises en compte les dépenses d'allocation personnalisée d'autonomie, mandatées par chaque département, de l'année au titre de laquelle la répartition est effectuée et le nombre de personnes âgées de soixante-quinze ans et plus du département dénombrées dans les dernières statistiques démographiques départementales publiées par l'Institut national de la statistique et des études économiques.
Le concours, tel qu'il résulte de la répartition effectuée en application du 1°, aux départements ne bénéficiant pas de cette majoration est diminué de la somme des majorations ainsi calculées.
3° Lorsque le montant du concours résultant, pour un département, des opérations définies aux 1° et 2° excède un montant égal à la moitié des dépenses d'allocation personnalisée d'autonomie de ce département pour l'année au titre de laquelle la répartition est effectuée, le concours est réduit de la différence entre ces deux montants.
La somme des réductions opérées sur le concours de certains départements en application de l'alinéa précédent est répartie entre les autres départements, au prorata de la répartition effectuée en application du 1° entre ces seuls départements.
Ces opérations sont renouvelées jusqu'à ce que l'attribution en résultant pour chaque département ne soit pas supérieure à la moitié des dépenses d'allocation personnalisée d'autonomie de ces départements pour l'année au titre de laquelle la répartition est effectuée.
4° Lorsque les dépenses laissées à la charge d'un département après les opérations définies aux 1°, 2° et 3° excèdent une somme égale au produit de 80 p. 100 du montant de la majoration pour tierce personne telle que définie au dixième alinéa du II de l'article L. 232-21 [art. abrogé] *par le nombre de bénéficiaires d'allocation personnalisée d'autonomie constaté au 31 décembre de l'exercice considéré, le concours dû au département est majoré de la différence entre ces deux montants.*
L'attribution résultant des opérations définies aux 1°, 2° et 3° pour les autres départements est diminuée du montant ainsi calculé, au prorata de la répartition effectuée en application du 1° entre ces seuls départements.
Ces opérations sont renouvelées jusqu'à ce que les dépenses laissées à la charge de chaque département n'excèdent pas le seuil défini au dixième alinéa du II de l'article L. 232-21 [art. abrogé].
III. — Une fraction au moins égale à 90 p. 100 des sommes mentionnées au I, encaissées au cours d'un mois, est répartie à titre d'acompte entre les départements au plus tard le dixième jour du mois suivant, sur la base de la répartition définie au 1° du II du présent article.
IV. — Le fonds procède au calcul du concours définitif de chaque département, tel qu'il résulte des opérations prévues au II du présent article et au versement du solde dû au titre d'un exercice lorsque l'ensemble des états récapitulatifs susmentionnés lui est parvenu. Ce solde est obtenu par déduction sur le concours définitif des acomptes versés en application du III du présent article.
Dans le cas où le solde d'un département est négatif, son montant est déduit du concours de l'exercice suivant. — [Décr. n° 2001-1084 du 20 nov. 2001, art. 13.]

Art. R. 232-52 *(Abrogé par Décr. nº 2016-210 du 26 févr. 2016, art. 3, à compter du 1er mars 2016) I. — Les dépenses prévues au 2º de l'article L. 232-21* [art. abrogé] *supportées par le fonds de modernisation de l'aide à domicile s'entendent de dépenses à caractère non permanent, qui peuvent toutefois faire l'objet d'une programmation pluriannuelle. Elles ne peuvent se substituer aux dépenses à engager par les employeurs des services concernés au titre de leurs obligations légales et conventionnelles.*

II. — Les projets relatifs aux actions de modernisation de l'aide à domicile sont agréés par le ministre chargé de l'action sociale ou par le préfet de département et transmis au directeur du fonds de financement de l'allocation personnalisée d'autonomie en vue de leur mise en paiement dans la limite des crédits disponibles.

III. — Le fonds subventionne les actions de modernisation de l'aide à domicile agréées.

L'agrément prévu au 2º du II de l'article L. 232-21 [art. abrogé] *mentionne la nature, le montant et le calendrier d'exécution de l'action concernée, ainsi que le montant de celle-ci et le taux de participation du fonds de modernisation de l'aide à domicile.*

IV. — Les sommes dévolues annuellement au fonds de modernisation de l'aide à domicile mentionné au deuxième alinéa du 2º du II de l'article L. 232-21 [art. abrogé] *sont acquises audit fonds et font, le cas échéant, l'objet d'un report automatique sur les exercices budgétaires suivants.* — [Décr. nº 2001-1084 du 20 nov. 2001, art. 14.]

Art. R. 232-53 *(Abrogé par Décr. nº 2016-210 du 26 févr. 2016, art. 3, à compter du 1er mars 2016) Les départements qui bénéficient des concours mentionnés à l'article L. 232-21* [art. abrogé] *communiquent au fonds, au plus tard le 27 février, un état récapitulatif du chapitre individualisé relatif à l'allocation personnalisée d'autonomie, faisant apparaître, par article budgétaire, pour l'exercice clos, les montants des mandats et des titres émis, diminués des mandats et titres d'annulation et mentionné par le comptable du département, ainsi qu'un état récapitulatif du nombre de bénéficiaires de l'allocation personnalisée d'autonomie au 31 décembre de l'année écoulée. Les départements communiquent au fonds, à sa demande, toute information complémentaire relative à l'allocation personnalisée d'autonomie, notamment les états justificatifs comptables, nécessaire à l'exercice de sa mission.* — [Décr. nº 2001-1084 du 20 nov. 2001, art. 15.]

Art. R. 232-54 *(Abrogé par Décr. nº 2016-210 du 26 févr. 2016, art. 3, à compter du 1er mars 2016) I. — La part du produit de la contribution sociale prévue à l'article L. 136-1 du code de la sécurité sociale et affectée au fonds de financement de l'allocation personnalisée d'autonomie est centralisée par l'Agence centrale des organismes de sécurité sociale et versée par cette dernière au fonds précité dans les conditions fixées par la convention prévue à l'article R. 232-55.*

II. — La part du produit des contributions sociales prévues aux articles L. 136-6, L. 136-7 et L. 136-7-1 du code de la sécurité sociale et affectées au fonds de financement de l'allocation personnalisée d'autonomie est versée par l'État dans les conditions fixées par la convention prévue à l'article R. 232-55.

III. — Le taux prévu au 1º du III de l'article L. 232-21 [art. abrogé] *est fixé à 50 p. 100. La participation prévue au même article et affectée au fonds de financement de l'allocation personnalisée d'autonomie est versée avant le 30 juin par les régimes obligatoires de base d'assurance vieillesse.* — [Décr. nº 2001-1084 du 20 nov. 2001, art. 16.]

Art. R. 232-55 *(Abrogé par Décr. nº 2016-210 du 26 févr. 2016, art. 3, à compter du 1er mars 2016) Le fonds passe des conventions avec l'État, l'Agence centrale des organismes de sécurité sociale, les régimes obligatoires d'assurance vieillesse et le fonds de solidarité vieillesse mentionné à l'article L. 135-1 du code de la sécurité sociale, ayant notamment pour objet de préciser les modalités et la périodicité de versement des recettes ou des dépenses prévues à l'article L. 232-21* [art. abrogé] *ainsi que les pièces justificatives qui doivent être communiquées au fonds.* — [Décr. nº 2001-1084 du 20 nov. 2001, art. 17.]

Art. R. 232-56 *(Abrogé par Décr. nº 2016-210 du 26 févr. 2016, art. 3, à compter du 1er mars 2016) Les disponibilités excédant les besoins de trésorerie du fonds peuvent faire l'objet de placements dans les conditions prévues par le (Décr. nº 2012-1247 du 7 nov. 2012, art. 3-1º) « décret nº 2012-1246 du 7 novembre 2012 relatif à la gestion budgétaire et comptable*

publique». Le produit de ces placements est affecté au financement des dépenses incombant au fonds en application de l'article L. 232-21 [art. abrogé]. — [Décr. nº 2001-1084 du 20 nov. 2001, art. 18.]

Art. R. 232-57 *(Abrogé par Décr. nº 2016-210 du 26 févr. 2016, art. 3, à compter du 1er mars 2016)* ***Les frais engagés par le fonds de solidarité vieillesse pour le fonctionnement du fonds de financement de l'allocation personnalisée d'autonomie font l'objet d'un remboursement par celui-ci au titre de la prise en charge des frais de gestion par le fonds.*** — [Décr. nº 2001-1084 du 20 nov. 2001, art. 19.]

SECTION 4 Dispositions communes

Art. R. 232-58 L'allocation différentielle prévue au III de l'article 19 de la loi nº 2001-647 du 20 juillet 2001 relative à la perte d'autonomie des personnes âgées et à l'allocation personnalisée d'autonomie est égale à la différence entre le montant des prestations perçues à la date d'ouverture des droits à l'allocation personnalisée d'autonomie et garanties à leur valeur faciale à cette même date et le montant d'allocation personnalisée d'autonomie, une fois déduite la participation du bénéficiaire mentionnée aux articles L. 232-3 et L. 232-8.

Pour les personnes qui bénéficiaient avant l'entrée en vigueur de la loi du 20 juillet 2001 des prestations servies au titre des dépenses d'aide ménagère des caisses de retraite, l'allocation différentielle est égale à la différence entre le montant de la participation de la caisse de retraite et le montant d'allocation personnalisée d'autonomie, une fois déduite la participation du bénéficiaire mentionnée à l'article L. 232-3. — *[Décr. nº 2001-1084 du 20 nov. 2001, art. 20, première partie.]*

Art. R. 232-59 L'allocation différentielle fait l'objet chaque année d'une évaluation avec effet au 1er janvier pour tenir compte de l'évolution du montant de l'allocation personnalisée d'autonomie perçue par son bénéficiaire. La réduction ou la suppression de l'allocation différentielle qui résulte de ce calcul ne donne pas lieu à reversement par l'allocataire. — *[Décr. nº 2001-1084 du 20 nov. 2001, art. 20, deuxième partie.]*

Art. R. 232-60 *Abrogé par Décr. nº 2007-828 du 11 mai 2007, art. 3.*

Art. R. 232-61 Peuvent demander le bénéfice de l'allocation personnalisée d'autonomie :

1º Les bénéficiaires de l'allocation compensatrice mentionnés à l'article L. 245-3, deux mois avant leur soixantième anniversaire, et deux mois avant chaque date d'échéance de versement de cette allocation ;

2º Les personnes mentionnées à l'article 16 de la loi nº 2001-647 du 20 juillet 2001 relative à prise en charge de la perte d'autonomie de personnes âgées et à l'allocation personnalisée d'autonomie, deux mois avant chaque date d'échéance de versement de la prestation dont elles bénéficient.

Trente jours au plus tard après le dépôt du dossier de demande complet, le président du conseil départemental informe l'intéressé du montant d'allocation personnalisée d'autonomie dont il pourra bénéficier et du montant de sa participation financière. Dans les quinze jours, le demandeur doit faire connaître son choix au président du conseil départemental par écrit. Passé ce délai, il est réputé avoir choisi le maintien de la prestation dont il bénéficie. — *[Décr. nº 2001-1086 du 20 nov. 2001, art. 1er.]*

CHAPITRE III PRÉVENTION DE LA PERTE D'AUTONOMIE

(Décr. nº 2016-209 du 26 févr. 2016, art. 1er, en vigueur le 1er mars 2016)

SECTION 1 Procédure d'élaboration et d'adoption du programme coordonné de financement des actions individuelles et collectives de prévention

Art. R. 233-1 Le programme coordonné de financement des actions individuelles et collectives de prévention mentionné à l'article L. 233-1 est établi par la conférence

des financeurs de la prévention de la perte d'autonomie pour une durée qui ne peut excéder cinq ans, en tenant compte notamment des orientations nationales de prévention de la perte d'autonomie, du schéma départemental relatif aux personnes en perte d'autonomie mentionné à l'article L. 312-5 et du projet régional de santé mentionné à l'article L. 1434-2 du code de la santé publique.

Art. R. 233-2 Le président du conseil départemental et le directeur général de l'agence régionale de santé soumettent, pour avis, le projet de programme mentionné à l'article L. 233-1 au conseil départemental de la citoyenneté et de l'autonomie mentionné à l'article L. 149-1.

Le conseil départemental de la citoyenneté et de l'autonomie rend son avis dans un délai de deux mois. A défaut, à l'expiration de ce délai, son avis est réputé rendu.

Art. R. 233-3 Le programme coordonné de financement des actions individuelles et collectives de prévention mentionné à l'article L. 233-1 est adopté à la majorité des suffrages exprimés conformément aux règles fixées à l'article R. 233-14. Pour être adopté, le programme doit en outre recueillir la majorité des suffrages des membres mentionnés aux 1° à 10° de l'article R. 233-13. Il est publié par le président du conseil départemental au recueil des actes administratifs du département.

Art. R. 233-4 Un nouveau programme est élaboré six mois au moins avant le terme du programme en cours et publié au plus tard au terme de ce dernier. A défaut, le programme en cours est prorogé pour une durée maximale de douze mois en tant qu'il concerne les actions financées par les concours de la Caisse nationale de solidarité pour l'autonomie prévus *(Décr. n° 2022-980 du 2 juill. 2022, art. 4-I)* « au *d* du 3° de l'article L. 223-8 du code de la sécurité sociale ».

Art. R. 233-5 Le programme en cours peut être révisé sans que toutefois cette révision puisse avoir pour effet d'augmenter de plus d'un an la durée initiale du programme. Le programme révisé est établi dans les conditions prévues aux articles R. 233-2 et R. 233-3.

SECTION 2 Contenu du programme

Art. R. 233-6 Le programme prévu à l'article L. 233-1 définit les objectifs à atteindre sur le territoire départemental ou, le cas échéant, de la métropole ainsi que les mesures et les actions à mettre en œuvre au regard des actions visées aux 1° à 6° de l'article L. 233-1.

Ce programme inclut l'ensemble des financements et assure le suivi des actions individuelles et collectives de prévention visées aux 1° à 6° de l'article L. 233-1. Il détermine les données transmises par les membres de la conférence au titre du suivi de son activité prévu à l'article R. 233-18.

Art. R. 233-7 Les équipements et aides techniques individuelles mentionnés au 1° de l'article L. 233-1 sont tout équipement, instrument, dispositif, système technique ou logiciel adapté ou spécialement conçu pour prévenir ou compenser une limitation d'activité, destiné à une personne âgée de 60 ans et plus.

Ils doivent contribuer :

1° A maintenir ou améliorer l'autonomie dans la vie quotidienne, la participation à la vie sociale, les liens avec l'entourage ou la sécurité de la personne ;

2° A faciliter l'intervention des aidants qui accompagnent la personne ;

3° A favoriser ou accompagner le maintien ou le retour à domicile.

Art. R. 233-8 Les actions d'accompagnement des proches aidants mentionnées au 5° de l'article L. 233-1 sont les actions qui visent notamment à les informer, à les former et à leur apporter un soutien psychosocial.

Art. R. 233-9 Les actions de prévention mentionnées aux 2°, 3°, 4° et 6° de l'article L. 233-1 sont les actions individuelles ou collectives destinées aux personnes de

60 ans et plus, visant à les informer, à les sensibiliser ou à modifier des comportements individuels, en vue d'éviter, de limiter ou de retarder la perte d'autonomie. Elles peuvent également viser à identifier les personnes destinataires de ces actions.

SECTION 3 Public visé et conditions de ressources

Art. D. 233-10 La conférence propose les modalités selon lesquelles les dépenses mentionnées aux 1° et 6° de l'article L. 233-1 bénéficient, pour au moins 40 % de leur montant, à des personnes qui ne remplissent pas les conditions de perte d'autonomie mentionnées à l'article L. 232-2.

Art. D. 233-11 I. — Les aides individuelles mentionnées au 1° de l'article L. 233-1 sont accordées aux bénéficiaires de l'allocation mentionnée à l'article L. 232-3, dans les conditions prévues à l'article R. 232-7 et prises en charge financièrement dans les conditions prévues aux articles L. 232-4, R. 232-5 et R. 232-11, dans la limite, le cas échéant, de plafonds fixés par les financeurs, lorsque les plafonds de l'allocation définis à l'article R. 232-10 ne permettent pas de les financer.

II. — En Île-de-France, pour l'application des règles relatives à la participation du bénéficiaire mentionnées au I et au III de l'article R. 232-11, le revenu mensuel du bénéficiaire, et le cas échéant de celui de son conjoint, de son concubin ou de la personne avec laquelle il a été conclu un pacte civil de solidarité, est diminué de 14 %.

Art. D. 233-12 I. — Les aides individuelles mentionnées au 1° de l'article L. 233-1 sont accordées aux personnes âgées de 60 ans et plus qui ne remplissent pas les conditions fixées à l'article L. 232-2, dont le revenu brut global figurant dans le dernier avis d'imposition, additionné le cas échéant à celui de leur conjoint, de leur concubin ou de la personne avec laquelle elles ont signé un pacte civil de solidarité, est inférieur à 1,291 fois le montant de la majoration pour aide constante d'une tierce personne mentionnée à l'article L. 355-1 du code de la sécurité sociale pour une personne seule et *[à]* 1,936 fois le montant de la majoration pour aide constante d'une tierce personne précitée pour une personne vivant en couple.

II. — En Île-de-France, les plafonds de ressources sont respectivement fixés à 1,472 fois le montant de la majoration pour aide constante d'une tierce personne pour une personne seule et 2,207 fois le montant de cette majoration pour une personne vivant en couple.

III. — Le montant des aides individuelles attribuées est déterminé dans la limite, le cas échéant, de plafonds fixés par les financeurs et modulé en fonction du montant des ressources et du nombre de personnes du foyer selon le barème figurant en annexe 2-11 au présent code.

SECTION 4 Composition et fonctionnement de la conférence

Art. R. 233-13 La conférence est composée des membres titulaires et suppléants désignés comme suit :

1° Un représentant du département désigné par le président du conseil départemental et, le cas échéant, le représentant du conseil de la métropole désigné par le président du conseil de la métropole ;

2° Le directeur général de l'agence régionale de santé ou son représentant ;

3° Le délégué de l'Agence nationale de l'habitat dans le département ou son représentant ;

4° Des représentants des collectivités territoriales volontaires autres que le département et des établissements publics de coopération intercommunale volontaires qui contribuent au financement d'actions entrant dans le champ de compétence de la conférence, désignés par l'assemblée délibérante ;

5° Un représentant de la caisse d'assurance retraite et de la santé au travail ou de la Caisse nationale d'assurance vieillesse mentionnée à l'article L. 222-1 du code de la sécurité sociale pour l'Île-de-France, désigné par elle ;

6° Un représentant de la caisse primaire d'assurance maladie désigné par elle ;

(Abrogé par Décr. nº 2019-718 du 5 juill. 2019, art. 9-III) ***« 7º Un représentant de la caisse de base du régime social des indépendants désigné par elle ; »***

8º Un représentant de la Mutualité sociale agricole désigné par elle ;

9º Un représentant des institutions de retraite complémentaire désigné par elles ;

10º Un représentant désigné par la Fédération nationale de la mutualité française.

La conférence est présidée par le président du conseil départemental, ou pour toutes les affaires concernant la métropole, par le président du conseil de la métropole. Pour les affaires qu'ils traitent en commun, la conférence est coprésidée. Le directeur général de l'agence régionale de santé ou son représentant en assure la vice-présidence.

Outre les membres mentionnés aux 1º à 10º du présent article, toute autre personne physique ou morale mentionnée au sixième alinéa de l'article L. 233-3 peut être membre de la conférence dans les conditions prévues par cet alinéa.

Art. R. 233-14 I. — Pour l'expression de son suffrage, chaque membre de la conférence dispose d'une proportion de voix comme suit :

1º Le conseil départemental dispose au minimum de 25 % des voix.

L'agence régionale de santé dispose au minimum de 13 % des voix.

Les caisses des régimes de base d'assurance vieillesse mentionnées aux 5º, 7º et 8º de l'article R. 233-13 disposent au minimum de 13 % des voix.

La part de voix de chacun est majorée à due proportion lorsque le total des voix des membres de la conférence mentionnés au 2º et au 3º est inférieur à 49 %.

Dans le cadre des affaires communes d'une conférence départementale-métropolitaine, le conseil départemental et le conseil de la métropole disposent chacun de la moitié des voix prévues au 1º ;

2º Les membres mentionnés aux 3º, 4º, 6º, 9º et 10º de l'article R. 233-13 disposent chacun au maximum de 8 % des voix, dans la limite de 49 % des voix au total. La part de voix de chacun est diminuée à due proportion dans le cas où le total de leurs voix dépasse 49 % ;

3º Les membres de la conférence mentionnés au dernier alinéa de l'article R. 233-13 disposent chacun au maximum de 5 % des voix, dans la limite de 20 % au total. La part de voix de chacun est diminuée à due proportion dans le cas où le total de leurs voix dépasse 20 %.

Le total des voix mentionné aux 2º et 3º s'élève à 49 % au maximum. Le total des voix attribué aux membres mentionnés au 2º est égal au nombre des *[de]* voix résultant des alinéas précédents diminué du total des voix attribuées aux membres mentionnés au 3º.

II. — Le règlement intérieur mentionné à l'article R. 233-16 mentionne la pondération des voix de chaque membre en application des règles prévues au I.

Art. R. 233-15 La conférence peut associer à ses débats des experts dont les compétences en matière de prévention de la perte d'autonomie permettent d'éclairer ses décisions.

Art. R. 233-16 Un règlement intérieur de la conférence des financeurs de la prévention de la perte d'autonomie précise les règles d'organisation et de fonctionnement de celle-ci ainsi que les règles relatives à la prévention des conflits d'intérêts. Il est conforme à un modèle fixé par arrêté du ministre chargé des personnes âgées. — *V. Arr. du 22 juill. 2016 fixant le modèle de règlement intérieur de la conférence des financeurs de la prévention de la perte d'autonomie prévu à l'article R. 233-16 du CASF (JO 27 juill.) reproduit sur les portails et les applications mobiles Dalloz* .

Art. D. 233-17 La convention de délégation de gestion prévue à l'article L. 233-2 comporte les dispositions minimales suivantes :

1º Sa date d'effet et sa durée ;

2º Ses modalités d'évaluation, d'adaptation, de renouvellement et de dénonciation ;

3º La liste des compétences déléguées sur le fondement de l'article L. 233-2, ainsi que leurs modalités de suivi, d'évaluation et de contrôle ;

4° Les modalités de versement des crédits et l'exécution financière de la délégation ;

5° Le contenu et les modalités de transmission des informations par le délégataire au déléguant *[délégant]*, permettant au déléguant *[délégant]* de satisfaire à ses obligations prévues aux articles R. 233-18 et R. 233-19 ;

6° Les conditions de mise en œuvre et de suivi des modalités selon lesquelles les dépenses mentionnées aux 1° et 6° de l'article L. 233-1 bénéficient pour au moins 40 % de leur montant à des personnes qui ne remplissent pas les conditions de perte d'autonomie mentionnées à l'article L. 233-2, en application de l'article D. 233-10 ;

7° Les modalités de règlement amiable des litiges entre les parties.

SECTION 5 Suivi de l'activité de la conférence

Art. R. 233-18 Les données nécessaires au suivi de l'activité de la conférence des financeurs mentionnées à l'article L. 233-4 portent sur l'année écoulée. Ces données présentées par action mentionnée aux 1° à 6° de l'article L. 233-1 sont relatives :

1° Au nombre d'actions financées et aux montants financiers accordés, pour les actions et sous-actions suivantes :

a) Aides techniques, en distinguant les technologies de l'information et de la communication ;

b) Actions collectives de prévention, en distinguant celles qui portent sur la santé, le lien social, l'habitat et le cadre de vie ;

c) Actions individuelles de prévention, en distinguant celles réalisées d'une part par les services polyvalents d'aide et de soins à domicile et d'autre part par les services d'aide à domicile ;

d) Actions d'accompagnement des proches aidants ;

2° Au nombre de bénéficiaires par action ;

3° Pour les aides techniques, à la répartition des bénéficiaires :

a) Par sexe ;

b) Par tranche d'âge définie par arrêté ;

c) Par niveau de dépendance, en distinguant les personnes relevant des groupes 1 à 4 de la grille nationale mentionnée à l'article L. 232-2 et les personnes ne relevant pas de ces groupes ;

4° A l'utilisation du concours mentionné *(Décr. n° 2022-980 du 2 juill. 2022, art. 4-I)* « à l'article R. 178-16 du code de la sécurité sociale » précisant :

a) Le nombre de résidences autonomie bénéficiaires ;

b) Le nombre de personnes âgées de 60 ans et plus, non résidentes ayant participé aux actions réalisées ;

c) Le nombre de personnels en équivalent temps plein financé ;

d) Le nombre de professionnels mutualisés entre plusieurs résidences ;

e) Le nombre d'actions financées, en distinguant celles qui portent sur la santé, le lien social, l'habitat et le cadre de vie ;

f) Le montant des actions financées ;

5° Aux montants des crédits non engagés issus des concours mentionnés *(Décr. n° 2022-980 du 2 juill. 2022, art. 4-I)* « au *d* du 3° de l'article L. 223-8 du code de la sécurité sociale ».

Art. R. 233-19 Le contenu du rapport d'activité mentionné à l'article L. 233-4 est fixé par arrêté du ministre chargé des personnes âgées. Il comprend notamment les données mentionnées à l'article R. 233-18. — *V. Arr. du 30 mars 2017 fixant le contenu du rapport d'activité de la conférence des financeurs de la prévention de la perte d'autonomie, pris en application des art. R. 233-18 et R. 233-19 du CASF (JO 12 avr.).*

Le rapport d'activité est soumis pour avis au conseil départemental de la citoyenneté et de l'autonomie dans les conditions prévues à l'article R. 233-2. Il fait l'objet des modalités de décision et de publication prévues au même article.

Art. R. 233-20 Lorsque les données mentionnées à l'article R. 233-18 n'ont pas été communiquées à la Caisse nationale de solidarité pour l'autonomie, les modalités d'application du dernier alinéa de l'article L. 233-4 sont prévues par la section 5 du chapitre X du titre IV du livre I.

TITRE IV PERSONNES HANDICAPÉES

CHAPITRE I DISPOSITIONS GÉNÉRALES

SECTION 1 Prestations

Art. R. 241-1 Les dispositions des articles R. 231-2, R. 231-3, R. 231-4 et R. 231-5 sont applicables aux personnes handicapées mentionnées à l'article L. 241-1. – *[Décr. nº 54-883 du 2 sept. 1954, art. 21, dernier al.]*

Art. R. 241-2 Le taux d'incapacité mentionné au titre IV du livre II est apprécié suivant le guide-barème figurant à l'annexe 2-4. – *[Décr. nº 93-1216 du 4 nov. 1993, art. 1er.]*

Art. R. 241-3 Les personnes handicapées qui, à la date du 8 novembre 1993, bénéficiaient de la carte d'invalidité, de l'allocation d'éducation spéciale ou de l'allocation compensatrice mentionnées respectivement aux articles L. 241-3, L. 242-14 et L. 245-1, à la suite de la reconnaissance d'un taux d'incapacité apprécié suivant le barème d'invalidité prévu à l'article L. 9 du code des pensions militaires d'invalidité et des victimes de la guerre, se voient appliquer les dispositions suivantes :

1º Le taux d'incapacité ainsi déterminé antérieurement au 8 novembre 1993 ne peut être réduit du seul fait de l'application du guide-barème mentionné à l'article R. 241-2, jusqu'à la fin de la période pour laquelle ledit taux a été reconnu ;

2º A l'issue de cette période et lors des renouvellements ultérieurs :

a) Si une amélioration de l'état de la personne handicapée est constatée, le taux d'incapacité est apprécié suivant le guide-barème mentionné à l'article R. 241-2 ;

b) Si l'état de la personne handicapée n'a pas évolué ou s'il s'est dégradé, le taux d'incapacité reconnu antérieurement est reconduit si ce taux s'avère plus favorable pour le bénéficiaire que celui prévu par le guide-barème mentionné à l'article R. 241-2. – *[Décr. nº 93-1216 du 4 nov. 1993, art. 5.]*

SECTION 2 Allocation différentielle

Art. R. 241-4 L'allocation différentielle prévue à l'article L. 241-2 est accordée aux personnes qui remplissent les deux conditions suivantes :

1º Avoir eu droit, à la date d'entrée en vigueur des articles 9, 35 et 39 *[V. anc. art. L. 245-1 s.]* de la loi nº 75-534 du 30 juin 1975 d'orientation en faveur des personnes handicapées, à une ou plusieurs des allocations mentionnées à l'article L. 241-2 ou à l'allocation d'éducation spécialisée des mineurs infirmes ou à l'allocation des mineurs handicapés ou à l'allocation des handicapés adultes ;

2º Bénéficier ou pouvoir bénéficier de ce fait d'avantages dont le montant total est supérieur à celui de l'avantage ou du total des avantages actuels, mentionnés aux articles L. 242-14, L. 244-1 et L. 245-1. – *[Décr. nº 78-1210 du 26 déc. 1978, art. 1er.]*

Art. R. 241-5 L'allocation différentielle est égale, initialement, à la différence d'une part entre le montant total des avantages, énumérés au 1º de l'article R. 241-4 auquel les intéressés avaient droit à la date mentionnée au 1º de l'article R. 241-4 et d'autre part celui de l'avantage ou du total des avantages actuels.

L'allocation différentielle s'impute sur le montant des allocations énumérées au 1º de l'article R. 241-4 lorsque, par l'effet de dispositions transitoires, celles-ci sont servies après la date mentionnée au 1º de l'article R. 241-4.

Par dérogation aux alinéas qui précèdent, la comparaison peut être faite à la date du premier paiement des allocations actuelles. – *[Décr. nº 78-1210 du 26 déc. 1978, art. 2.]*

Art. R. 241-6 L'allocation différentielle est également versée aux personnes qui ne remplissent pas une ou plusieurs des conditions exigées pour obtenir les avantages prévus aux articles L. 242-14, L. 244-1 et L. 245-1, tout en continuant de satisfaire à celles qui étaient mises à l'octroi des avantages supprimés.

Dans ce cas, l'allocation versée est égale, initialement, au montant des avantages énumérés au 1° de l'article R. 241-4, auxquels les intéressés pouvaient avoir droit à la date mentionnée au 1° de l'article R. 241-4. – *[Décr. n° 78-1210 du 26 déc. 1978, art. 3.]*

Art. R. 241-7 L'allocation différentielle est réévaluée dans la même proportion et aux mêmes dates que l'allocation aux adultes handicapés mentionnée à l'article L. 244-1. – *[Décr. n° 78-1210 du 26 déc. 1978, art. 5-1.]*

Art. R. 241-8 Pour l'attribution de l'allocation différentielle il est fait application des plafonds de ressources suivants :

1° En ce qui concerne les parents qui bénéficiaient précédemment pour leur enfant handicapé de l'allocation spéciale aux parents de mineurs grands infirmes, de l'allocation d'éducation spécialisée des mineurs infirmes ou de l'allocation des mineurs handicapés, d'un plafond égal mensuellement à quatre cents fois le montant du minimum garanti augmenté de cent fois ce montant pour chacun des enfants à charge vivant au foyer ;

2° En ce qui concerne les personnes handicapées qui bénéficiaient précédemment de l'allocation supplémentaire et, le cas échéant, de l'allocation mensuelle d'aide sociale aux infirmes, aveugles et grands infirmes, d'un plafond égal mensuellement à deux cents fois le montant du minimum garanti ;

3° En ce qui concerne les personnes handicapées qui bénéficiaient précédemment de la majoration spéciale pour aide constante d'une tierce personne ou de l'allocation de compensation aux grands infirmes travailleurs, d'un plafond égal mensuellement à quatre cents fois le montant du minimum garanti. – *[Décr. n° 78-1210 du 26 déc. 1978, art. 6.]*

Art. R. 241-9 L'examen de la situation de la personne handicapée au regard de la condition relative aux ressources est effectué au moins une fois par an. Si, à raison du montant des ressources, il y a lieu à réduction de l'allocation différentielle, cette réduction n'est appliquée que sur les mensualités à échoir. S'il y a lieu à suppression de l'allocation aucun reversement n'est demandé à l'allocataire. – *[Décr. n° 78-1210 du 26 déc. 1978, art. 7.]*

Art. R. 241-10 Lorsque les conditions autres que les conditions de ressources qui étaient exigées pour l'attribution de l'une des allocations mentionnées au 1° de l'article R. 241-4 cessent d'être remplies, le montant de l'allocation différentielle est réduit en proportion de la part représentée par l'allocation en cause dans le montant de l'allocation différentielle.

Lorsque les sujétions que l'intéressé impose à son entourage sont réduites ou disparaissent, la réduction de l'allocation différentielle est opérée dans les conditions prévues au premier alinéa. – *[Décr. n° 78-1210 du 26 déc. 1978, art. 8.]*

Art. R. 241-11 Les décisions d'attribution et de suppression de l'allocation différentielle sont prises par le préfet. Il en est de même des décisions par lesquelles est fixé le montant de l'allocation. – *[Décr. n° 78-1210 du 26 déc. 1978, art. 9.]*

SECTION 3 Carte mobilité inclusion pour les personnes physiques

(Décr. n° 2016-1849 du 23 déc. 2016, art. 1er-2°, en vigueur le 1er janv. 2017)

SOUS-SECTION 1 Demande, instruction et décision relatives à la carte mobilité inclusion

Art. R. 241-12 I. – La demande de carte mobilité inclusion mentionnée au premier alinéa du I de l'article L. 241-3 est adressée à la maison départementale des personnes handicapées.

Elle est constituée des pièces suivantes :

1° Un formulaire de demande et un certificat médical conformes aux modèles fixés par un arrêté du ministre chargé des personnes handicapées ;

2° Une copie de la carte d'identité ou du passeport ou, pour la personne de nationalité étrangère, de l'une des pièces mentionnées à l'article 1er du décret n° 94-294 du 15 avril 1994.

II. — Par dérogation aux dispositions du 1° du I, la personne qui sollicite la mention "invalidité" de la carte mobilité inclusion, titulaire d'une pension d'invalidité de troisième catégorie fournit, à la place du certificat médical, un justificatif attestant de l'attribution d'une pension d'invalidité de troisième catégorie.

III. — Le demandeur et le bénéficiaire de l'allocation prévue à l'article L. 232-1 peut solliciter la carte mobilité inclusion ou son renouvellement, au moyen du formulaire de demande conforme au modèle figurant à l'annexe 2-9 au présent code ou, si la demande est jointe à une demande d'allocation personnalisée d'autonomie, au moyen du formulaire conforme au modèle de l'annexe 2-3. La demande est adressée au conseil départemental et, le cas échéant, instruite par l'équipe médico-sociale mentionnée à l'article L. 232-6.

Art. R. 241-12-1 I. — La demande de carte mobilité inclusion mentionnée au I de l'article R. 241-12 donne lieu à une évaluation par l'équipe pluridisciplinaire mentionnée à l'article L. 146-8, qui, dans le cadre de son instruction, peut, le cas échéant, convoquer le demandeur afin d'évaluer sa capacité de déplacement.

II. — Pour l'attribution de la mention "priorité pour personnes handicapées" ou de la mention "invalidité" :

1° Le taux d'incapacité permanente est apprécié en application du guide-barème pour l'évaluation des déficiences et incapacités des personnes handicapées figurant à l'annexe 2-4 au présent code ;

2° La pénibilité à la station debout est appréciée par l'équipe pluridisciplinaire en fonction des effets de son handicap sur la vie sociale du demandeur, en tenant compte, le cas échéant, des aides techniques auxquelles il a recours.

III. — La mention "invalidité" de la carte mobilité inclusion est surchargée de la sous-mention "besoin d'accompagnement" :

1° Pour les enfants ouvrant droit au troisième, quatrième, cinquième ou sixième complément de l'allocation d'éducation de l'enfant handicapé mentionnée à l'article L. 541-1 du code de la sécurité sociale ;

2° Pour les adultes qui ouvrent droit ou qui bénéficient de l'élément "aides humaines" de la prestation de compensation mentionnée à l'article L. 245-1 du code de l'action sociale et des familles ou qui perçoivent, d'un régime de sécurité sociale, une majoration pour avoir recours à l'assistance d'une tierce personne ou la prestation complémentaire de recours à une tierce personne mentionnée aux articles L. 355-1 ou L. 434-2 du code de la sécurité sociale, ou qui perçoivent l'allocation personnalisée d'autonomie mentionnée à l'article L. 232-1 du code de l'action sociale et des familles, ou qui bénéficient de l'allocation compensatrice pour tierce personne.

Cette sous-mention "besoin d'accompagnement" atteste de la nécessité pour la personne handicapée d'être accompagnée dans ses déplacements, tel qu'il est prévu à l'article L. 241-3.

La sous-mention "cécité" est également apposée dès lors que la vision centrale de la personne handicapée est inférieure à un vingtième de la normale.

IV. — Pour l'attribution de la mention "stationnement pour personnes handicapées", un arrêté des ministres chargés des personnes handicapées, des personnes âgées et des anciens combattants définit les modalités d'appréciation d'une mobilité pédestre réduite et de la perte d'autonomie dans le déplacement individuel, en tenant compte notamment de la limitation du périmètre de marche de la personne ou de la nécessité pour celle-ci de recourir systématiquement à certaines aides techniques ou à une aide humaine lors de tous ses déplacements à l'extérieur. — *V. Arr. du 3 janv. 2017 relatif aux modalités d'appréciation d'une mobilité pédestre réduite et de la perte d'autonomie dans le déplacement individuel, prévues aux art. R. 241-12-1 et R. 241-20-1 CASF (JO 5 janv.).*

V. — Après instruction de la demande, l'appréciation portée par la commission des droits et de l'autonomie mentionnée aux articles L. 146-9 et L. 241-6 est transmise au président du conseil départemental, qui délivre la carte sollicitée.

Art. R. 241-12-2 I. — Par dérogation à l'article R. 241-12-1, la carte mobilité inclusion comportant la mention "invalidité" est délivrée par le président du conseil départemental à toute personne titulaire d'une pension d'invalidité de troisième catégorie.

II. — La carte mobilité inclusion comportant les mentions "invalidité" et "stationnement pour personnes handicapées" est délivrée à titre définitif par le président du conseil départemental au bénéficiaire de l'allocation prévue à l'article L. 232-1 classé dans le*[s]* groupe*[s]* 1 ou 2 de la grille nationale mentionnée à l'article L. 232-2.

III. — L'équipe médico-sociale mentionnée à l'article L. 232-6 peut instruire les demandes de carte mobilité inclusion comportant les mentions "priorité" et "stationnement pour les personnes handicapées" formulées par les demandeurs et bénéficiaires de l'allocation personnalisée d'autonomie, y compris à l'occasion de l'instruction de leur demande d'allocation.

Art. R. 241-13 La carte mobilité inclusion est conforme à un modèle fixé par un arrêté du ministre chargé des personnes handicapées, du ministre chargé des personnes âgées et du ministre de l'intérieur. — *V. Arr. du 28 déc. 2016 fixant le modèle de la carte mobilité inclusion, prévu à l'art. R. 241-13 CASF (JO 30 déc.).*

Art. R. 241-14 La carte mobilité inclusion est attribuée à compter de la date de la décision du président du conseil départemental.

En cas de renouvellement des droits, la carte est attribuée à compter de la date de la demande ou de la date de fin de validité des droits si cette date est postérieure à la demande.

Art. R. 241-15 *(Décr. nº 2018-1222 du 24 déc. 2018, art. 1er)* La carte mobilité inclusion peut être attribuée à titre définitif ou à durée déterminée, dans ce cas cette dernière ne peut être inférieure à un an, ni excéder vingt ans.

La carte mobilité inclusion mention "invalidité" est attribuée sans limitation de durée à toute personne qui présente un taux d'incapacité permanente d'au moins 80 % et dont les limitations d'activité ne sont pas susceptibles d'évolution favorable, compte tenu des données de la science. Un arrêté du ministre chargé des personnes handicapées fixe les modalités d'appréciation de ces situations.

Art. R. 241-16 I. — En cas de perte, de vol ou de destruction, les bénéficiaires d'une carte mobilité inclusion peuvent en demander un duplicata directement auprès de l'Imprimerie nationale. La fabrication du nouveau titre entraîne l'invalidation de celui qu'il remplace.

II. — Les bénéficiaires de la mention "stationnement pour personnes handicapées" de la carte mobilité inclusion peuvent en demander un second exemplaire directement auprès de l'Imprimerie nationale.

III. — Les demandes prévues au I et au II sont effectuées par l'intermédiaire du téléservice mentionné à l'article D. 241-18-3.

Art. R. 241-17 La carte mobilité inclusion comportant la mention "stationnement pour personnes handicapées" permet à son titulaire ou à la personne qui l'accompagne effectivement de bénéficier des dispositions qui peuvent être prises en faveur des personnes handicapées par les autorités administratives compétentes en matière de circulation et de stationnement, et en particulier d'utiliser les emplacements réservés au stationnement des personnes handicapées en tous lieux ouverts au public.

Cette carte est apposée en évidence à l'intérieur et fixée contre le pare-brise du véhicule utilisé pour le transport de la personne handicapée, de manière à être contrôlée aisément par les agents habilités à constater les infractions à la réglementation de la circulation et du stationnement. Elle est retirée dès lors que la personne handicapée n'utilise plus le véhicule.

Art. R. 241-17-1 *(Décr. n° 2018-928 du 29 oct. 2018, art. 4, en vigueur le 1er janv. 2019)* Le recours préalable obligatoire formé contre une décision relative à la carte "mobilité inclusion" destinée aux personnes physiques est formé, par tout moyen lui conférant date certaine, devant le président du conseil départemental.

Ce recours préalable comprend une lettre de saisine et une copie de la décision contestée ou, lorsqu'elle est implicite, une copie de l'accusé *[de]* réception de la demande ayant fait naître cette décision. La lettre de saisine peut exposer les motifs de la contestation et les éléments insuffisamment ou incorrectement pris en compte.

Ce recours préalable est examiné selon les mêmes modalités que la demande initiale. Le silence gardé pendant plus de deux mois par l'auteur de la décision, à partir de la date à laquelle le recours préalable obligatoire a été présenté auprès du président du conseil départemental, vaut décision de rejet de la demande.

SOUS-SECTION 2 Traitement automatisé de données à caractère personnel de l'Imprimerie nationale

(Décr. n° 2016-1847 du 23 déc. 2016, art. 1er)

Art. D. 241-18 I. — L'Imprimerie nationale met en œuvre un traitement automatisé de données à caractère personnel régi par les dispositions de la présente sous-section en vue de la fabrication de la carte mobilité inclusion, de l'envoi du titre et de l'envoi des courriers relatifs à la décision d'attribution du titre prévue à l'article L. 241-3 à ses bénéficiaires et demandeurs.

II. — Ce traitement a pour finalités de permettre :

1° La fabrication et la personnalisation de la carte mobilité inclusion ;

2° La sécurisation de sa fabrication ;

3° La simplification des démarches des bénéficiaires de la carte et, dans ce cadre, l'envoi, pour le compte du président du conseil départemental, du courrier relatif à la décision d'attribution du titre, le cas échéant, la gestion directe des demandes de duplicata ou de second exemplaire formulées par les bénéficiaires ;

4° Le contrôle, par les services de la police nationale, de la gendarmerie nationale et des polices municipales, de la validité de la mention "stationnement" de la carte ;

5° La production de statistiques relatives aux bénéficiaires et demandeurs de la carte mobilité inclusion, ainsi que la transmission de ces statistiques aux conseils départementaux, aux maisons départementales pour personnes handicapées et au ministre chargé des personnes handicapées. Les données transmises par l'Imprimerie nationale aux fins d'établissement de statistiques sont des données agrégées ne permettant pas l'identification des bénéficiaires ou des demandeurs de la carte.

III. — Le responsable de ce traitement est la société anonyme "Imprimerie nationale".

Art. D. 241-18-1 Les catégories d'informations enregistrées dans le traitement sont les suivantes :

1° Les informations portant sur le demandeur de la carte :

a) Nom de famille, prénoms et, le cas échéant, nom d'usage ;

b) Adresse, adresse courriel et numéro de téléphone ;

c) Numéro de dossier ;

2° Les informations portant sur le seul bénéficiaire du titre :

a) Date et lieu de naissance, sexe ;

b) Décès ;

3° Les informations portant sur le destinataire de la notification et de la carte, s'il est différent du bénéficiaire ou du demandeur :

a) Nom de famille, prénoms, nom d'usage et qualité du représentant légal ;

b) Le cas échéant, nom de l'organisme ;

c) Adresse, adresse courriel et numéro de téléphone ;

4° Les informations relatives à la décision du président du conseil départemental :

a) En cas d'attribution de droits :

– mentions et sous-mentions de la carte, prévues respectivement aux articles L. 241-3 et R. 241-12-1 ;

– type de demande : première demande, renouvellement des droits, demande complémentaire, duplicata, second exemplaire ;

– date de la décision, date de début des droits et durée des droits accordés ;

b) En cas de refus d'attribution : mentions et sous-mentions concernées, date de la décision, motivations de la décision, délais et voies de recours ;

5° Les autres informations nécessaires à la gestion du titre :

a) Date de réception de la demande de fabrication par l'Imprimerie nationale ;

b) Date d'envoi au demandeur de la notification des droits et, le cas échéant, de la demande de photographie ;

c) Photographie du bénéficiaire ;

d) Numéro du titre ;

e) Date d'envoi du titre au bénéficiaire ;

f) Événements relatifs aux courriers : "n'habite pas à l'adresse indiquée", absence de réponse au courrier de demande de photographie ;

g) Événements relatifs au titre, notamment : fabrication retardée dans l'attente d'informations complémentaires, titre retourné par le bénéficiaire pour malfaçon ;

h) Informations relatives à une demande de duplicata et de second exemplaire : déclarations de vol, de destruction ou de perte par le bénéficiaire ; date de la demande et date de la réponse ;

6° Les informations d'ordre financier nécessaires à la réalisation de la transaction d'achat du duplicata ou du second exemplaire par le bénéficiaire :

a) Numéro de la carte de paiement ;

b) Date d'expiration et cryptogramme visuel de la carte de paiement ;

7° Les données de connexion des bénéficiaires :

a) Identifiant de connexion ;

b) Informations d'horodatage.

Art. D. 241-18-2 Les informations mentionnées aux 1° à 4° de l'article D. 241-18-1 sont transmises à l'Imprimerie nationale par les services chargés, dans chaque département, d'instruire les demandes et de délivrer la carte mobilité inclusion.

Cette transmission est effectuée par l'intermédiaire d'un accès internet sécurisé.

Art. D. 241-18-3 L'Imprimerie nationale met en place un téléservice qui permet au bénéficiaire de la carte mobilité inclusion de suivre les étapes de délivrance de la carte, à partir de la notification de la décision d'accord.

Ce téléservice permet également au bénéficiaire de transmettre sa photographie, de solliciter un duplicata ou un second support dans les conditions prévues à l'article R. 241-16.

Art. D. 241-18-4 Une information conforme aux dispositions de l'article 32 de la loi du 6 janvier 1978 est mentionnée sur les courriers transmis par l'Imprimerie nationale et sur le site internet destinés aux bénéficiaires de la carte.

Le droit d'accès et de rectification s'exerce, conformément aux articles 39 et 40 de la même loi, auprès de l'Imprimerie nationale.

Le droit d'opposition prévu à l'article 38 de la même loi ne s'applique pas.

Art. D. 241-18-5 Peuvent accéder aux informations strictement nécessaires à l'exercice de leurs missions et dans la limite de leurs attributions les agents de l'Imprimerie nationale dûment habilités. Les accès individuels au système d'information s'effectuent par une authentification au moyen d'une carte à puce de l'Imprimerie nationale. Les connexions à distance des agents de l'Imprimerie nationale ne sont pas autorisées.

Art. D. 241-18-6 Peuvent accéder à l'information relative à la validité de la carte mobilité inclusion avec la mention "stationnement" et, le cas échéant, au motif d'invalidité de la carte, dans le cadre de leurs attributions et dans la limite du besoin d'en connaître :

1° Les agents des services de la police nationale, individuellement désignés et spécialement habilités soit par les chefs des services déconcentrés de la police nationale, soit par les chefs des services de la préfecture de police ;

2° Les militaires des unités de la gendarmerie nationale, individuellement désignés et spécialement habilités par le commandant du groupement de gendarmerie départementale ;

3° Les policiers municipaux individuellement désignés et spécialement habilités par le chef du service de police municipale.

Art. D. 241-18-7 I. — Sont destinataires des informations strictement nécessaires à l'exercice de leurs missions et dans la limite de leurs attributions :

1° Les agents de la maison départementale des personnes handicapées, désignés et habilités par le directeur de la maison départementale des personnes handicapées ;

2° Les agents du conseil départemental, désignés et habilités par le président du conseil départemental.

II. — Les agents mentionnés au I ont accès au téléservice mentionné à l'article D. 241-18-3 et aux informations relatives à l'état d'avancement de la fabrication et de l'envoi du titre pour chacun de leurs bénéficiaires.

Le téléservice leur permet, à la demande du bénéficiaire, d'éditer un nouveau courrier de demande de photographie en vue de la fabrication, par l'Imprimerie nationale, de la carte.

Il leur permet également, pour le compte du bénéficiaire de la carte, de transmettre sa photographie à l'Imprimerie nationale.

Art. D. 241-18-8 Les modalités d'échanges de données sont prévues dans la convention locale conclue entre, d'une part, l'Imprimerie nationale et, d'autre part, le conseil départemental et la maison départementale des personnes handicapées.

Art. D. 241-18-9 Le traitement automatisé mentionné à l'article D. 241-18 conserve pendant une durée de trois mois les informations relatives aux enregistrements et interrogations dont il fait l'objet, en précisant l'identifiant de la personne ayant procédé à l'opération.

Un enregistrement quotidien des connexions est réalisé. Il est conservé pendant une période de trois mois.

Des mesures de protection physique et logique assurent la sécurité du traitement et des échanges des données entre l'Imprimerie nationale et les services en charge de l'instruction des demandes et de la délivrance de la carte mobilité inclusion, ainsi que pour empêcher toute utilisation détournée ou frauduleuse, notamment par des tiers non autorisés, et pour préserver leur intégrité.

Art. D. 241-18-10 Les données à caractère personnel enregistrées ne peuvent être conservées dans le système de traitement de l'Imprimerie nationale au-delà d'une période d'un an à compter de la date de fin de validité de la carte.

En cas de refus d'attribution, les données ne sont pas conservées au-delà d'une période de six mois à compter de l'envoi de la notification de la décision de refus.

Les informations d'ordre financier collectées en vue de la réalisation d'une transaction d'achat de duplicata ou de second exemplaire sont supprimées immédiatement après la réalisation de cette transaction.

Les informations d'horodatage relatives à la connexion des bénéficiaires sont conservées trois mois.

SOUS-SECTION 3 Traitement automatisé de données à caractère personnel du conseil départemental

(Décr. nº 2016-1847 du 23 déc. 2016, art. 1er)

Art. D. 241-19 I. — Pour réaliser les missions prévues à l'article L. 241-3, le conseil départemental met en œuvre un traitement automatisé de données à caractère personnel, régi par les dispositions de la présente sous-section.

II. — Ce traitement a pour finalités de permettre :

1° L'instruction des demandes de carte mobilité inclusion des demandeurs ou bénéficiaires de l'allocation personnalisée à l'autonomie, mentionnées aux II et III de l'article L. 241-3 ;

2° La notification des décisions relatives à la carte mobilité inclusion aux demandeurs de la carte et le suivi des recours engagés ;

3° La fabrication et l'envoi du titre par l'Imprimerie nationale ;

4° La production de statistiques relatives aux demandeurs de la carte mobilité inclusion.

III. — Le responsable de ce traitement est le président du conseil départemental.

Art. D. 241-19-1 Les catégories d'informations enregistrées dans le traitement sont :

1° Les informations mentionnées aux 1° à 4° de l'article D. 241-18-1 ;

2° Les informations relatives, le cas échéant, à la date et à la nature des recours et aux suites qui leur sont données.

Art. D. 241-19-2 Une information conforme aux dispositions de l'article 32 de la loi n° 78-17 du 6 janvier 1978 relative à l'informatique, aux fichiers et aux libertés est mentionnée sur les courriers transmis par le président du conseil départemental et sur le site internet ou le téléservice destinés aux demandeurs et bénéficiaires de la carte.

Le droit d'accès et de rectification s'exerce, conformément aux articles 39 et 40 de la même loi, auprès du conseil départemental.

Le droit d'opposition prévu à l'article 38 de la même loi ne s'applique pas.

Art. D. 241-19-3 I. — Les informations enregistrées concernant le demandeur ou le bénéficiaire de la carte mobilité inclusion, et s'il y a lieu son représentant légal, ne peuvent être conservées dans le système de traitement au-delà d'une période de cinq ans à compter de la date d'expiration de validité de la dernière décision intervenue ou pendant laquelle aucune intervention n'a été enregistrée dans le dossier de la personne.

II. — Au-delà de cette période, les informations sorties du système de traitement sont archivées sur un support distinct et peuvent être conservées dix ans dans des conditions de sécurité équivalentes à celles des autres données enregistrées dans le traitement mentionné à l'article D. 241-19.

Art. D. 241-19-4 Peuvent accéder au traitement de données les agents du conseil départemental individuellement désignés et habilités par le président du conseil départemental dans la limite de leurs attributions.

Art. D. 241-19-5 Lorsque la demande de carte est instruite par la commission des droits et de l'autonomie des personnes handicapées, les informations mentionnées aux 1° à 3° de l'article D. 241-18-1 sont transmises au président du conseil départemental par la maison départementale des personnes handicapées, accompagnées de l'appréciation de la commission des droits et de l'autonomie des personnes handicapées prévue au I de l'article L. 241-3.

Dans ce cas, les informations relatives à la décision et aux recours sont transmises par le conseil départemental à la maison départementale des personnes handicapées.

Art. D. 241-19-6 Sont destinataires des informations strictement nécessaires à l'exercice de leur mission et dans la limite de leurs attributions les agents de l'Imprimerie nationale, mentionnés à l'article D. 241-18-5, pour la fabrication et l'envoi de la carte mobilité inclusion.

SECTION 3 *BIS* Cartes de stationnement pour les personnes handicapées relevant du Code des pensions militaires d'invalidité et de victimes de guerre

(Décr. n° 2016-1849 du 23 déc. 2016, art. 1er-2°, en vigueur le 1er janv. 2017)

Art. R. 241-20 Les personnes relevant du code des pensions militaires d'invalidité et des victimes de guerre adressent leur demande de carte de stationnement pour personnes handicapées, mentionnée au IV de l'article L. 241-3, au service départemental de l'Office national des anciens combattants et victimes de guerre de leur lieu de résidence.

La personne qui ne relève pas d'un service départemental dépose leur demande auprès du service désigné par le directeur général de l'Office national des anciens combattants et victimes de guerre.

Cette demande est accompagnée d'un certificat médical établi à cette fin. Toute demande de renouvellement de la carte de stationnement pour personnes handicapées est présentée au minimum quatre mois avant la date d'expiration du titre.

Art. R. 241-20-1 L'instruction de la demande mentionnée à l'article R. 241-20 est assurée par le service départemental de l'Office national des anciens combattants et victimes de guerre qui peut saisir un médecin relevant du service de santé des armées ou d'un organisme ayant passé une convention avec ce service.

Le médecin peut, le cas échéant, convoquer le demandeur afin d'évaluer sa capacité de déplacement.

Le représentant de l'État dans le département délivre la carte de stationnement pour personnes handicapées aux personnes relevant du code des pensions militaires d'invalidité et des victimes de guerre après avis du service départemental de l'Office national des anciens combattants et victimes de guerre.

La carte de stationnement pour personnes handicapées est attribuée à titre définitif ou pour une durée déterminée ne pouvant être inférieure à un an.

A défaut de réponse dans un délai de deux mois à compter de la date où la demande est recevable en application des dispositions de l'article R. 146-26, la carte de stationnement est attribuée à titre provisoire, pour une durée de deux ans. Cette carte peut être retirée à tout instant s'il est établi que son bénéficiaire ne répond pas aux conditions d'attribution prévues à l'alinéa suivant.

Un arrêté des ministres chargés des personnes handicapées et des anciens combattants définit les modalités d'appréciation d'une mobilité pédestre réduite et de la perte d'autonomie dans le déplacement individuel, en tenant compte notamment de la limitation du périmètre de marche de la personne ou de la nécessité pour celle-ci de recourir systématiquement à certaines aides techniques ou à une aide humaine lors de tous ses déplacements à l'extérieur. *— V. Arr. du 3 janv. 2017 relatif aux modalités d'appréciation d'une mobilité pédestre réduite et de la perte d'autonomie dans le déplacement individuel, prévues aux art. R. 241-12-1 et R. 241-20-1 CASF (JO 5 janv.).*

Art. R. 241-20-2 Le modèle de la carte de stationnement pour personnes handicapées est fixé par arrêté des ministres chargés de l'intérieur, des anciens combattants et des personnes handicapées. *— V. Arr. du 29 déc. 2016 fixant le modèle de la carte de stationnement pour personnes handicapées, prévu à l'art. R. 241-20-2 CASF (JO 30 déc.).*

Art. R. 241-20-3 La carte de stationnement pour personnes handicapées permet à son titulaire ou à la personne qui l'accompagne effectivement de bénéficier des dispositions qui peuvent être prises en faveur des personnes handicapées par les autorités administratives compétentes en matière de circulation et de stationnement, et en particulier d'utiliser les emplacements réservés au stationnement des personnes handicapées en tous lieux ouverts au public.

La carte de stationnement pour personnes handicapées est apposée en évidence à l'intérieur et derrière le pare-brise du véhicule utilisé pour le transport de la personne handicapée, de manière à être vue aisément par les agents habilités à constater les infractions à la réglementation de la circulation et du stationnement. Elle est retirée dès lors que la personne handicapée n'utilise plus le véhicule.

SECTION 4 Carte mobilité inclusion pour les personnes morales

(Décr. n° 2016-1849 du 23 déc. 2016, art. 1er-2°, en vigueur le 1er janv. 2017)

Art. R. 241-21 La demande de carte mobilité inclusion comportant la mention "stationnement pour les personnes handicapées" formulée par un organisme utilisant un véhicule destiné au transport collectif des personnes handicapées et prévue au huitième alinéa du I de l'article L. 241-3 est adressée au représentant de l'État dans le département.

L'organisme destiné à assurer le transport collectif de personnes handicapées indique dans sa demande :

1° Sa raison sociale ainsi que son adresse précise ;

2° Ses missions et le public concerné par le transport collectif ;

3° Le type du véhicule utilisé pour ce service et son numéro d'immatriculation.

Le représentant de l'État dans le département accorde la carte mobilité inclusion comportant la mention "stationnement pour les personnes handicapées" en se fondant sur la nature du public transporté et sur la régularité du service de transport effectué.

Cette carte est attribuée pour une durée déterminée qui ne peut être inférieure à un an, ni ne peut excéder dix ans.

Elle est utilisée dans les conditions prévues à l'article R. 241-17.

SECTION 5 Dispositions pénales

(Décr. n° 2016-1849 du 23 déc. 2016, art. 1er-2°, en vigueur le 1er janv. 2017)

Art. R. 241-22 L'usage indu de la carte mobilité inclusion comportant les mentions "invalidité" ou "stationnement pour personnes handicapées", de la carte de stationnement pour personnes handicapées mentionnée au IV de l'article L. 241-3, de la carte d'invalidité mentionnée à l'article L. 241-3 dans sa rédaction antérieure au 1er janvier 2017 et de la carte européenne de stationnement mentionnée à l'article L. 241-3-2 dans sa rédaction antérieure au 1er janvier 2017 ou de la canne blanche est puni de l'amende prévue pour les contraventions de la 5e classe.

La récidive de la contravention prévue au présent article est réprimée conformément à l'article 132-11 du code pénal.

Art. R. 241-23 L'interdiction des lieux ouverts au public aux chiens guides d'aveugles et aux chiens d'assistance mentionnés au 5° de l'article L. 245-3, qui accompagnent les personnes titulaires de la carte mobilité inclusion comportant les mentions : "invalidité" ou "priorité pour personnes handicapées" mentionnées à l'article L. 241-3, de la carte d'invalidité mentionnée à l'article L. 241-3 et de la carte de priorité mentionnée à l'article L. 241-3-1 dans leur rédaction antérieure au 1er janvier 2017, est punie de l'amende prévue pour les contraventions de la 3e classe.

CHAPITRE I *BIS* COMMISSION DES DROITS ET DE L'AUTONOMIE DES PERSONNES HANDICAPÉES

(Décr. n° 2005-1589 du 19 déc. 2005)

La commission des droits et de l'autonomie des personnes handicapées de chaque département est compétente pour examiner les demandes présentées antérieurement à sa mise en place à la commission départementale de l'éducation spéciale ou à la commission technique d'orientation et de reclassement professionnel qui n'ont pas donné lieu à une décision de ces dernières commissions.

Jusqu'à la mise en place de la commission des droits et de l'autonomie des personnes handicapées, les décisions autres que l'attribution de la prestation de compensation mentionnée à l'art. L. 245-1 sont prises par la commission départementale de l'éducation spéciale ou par la commission technique d'orientation et de reclassement professionnel, en application des dispositions qui régissaient ces deux dernières commissions avant le 20 déc. 2005 (Décr. n° 2005-1589 du 19 déc. 2005, art. 3).

SECTION 1 Dispositions générales *(Décr. n° 2018-928 du 29 oct. 2018, art. 4, en vigueur le 1er janv. 2019).*

Art. R. 241-24 La commission des droits et de l'autonomie des personnes handicapées prévue à l'article L. 241-5 est composée comme suit :

1° Quatre représentants du département désignés par le président du conseil départemental *(Décr. n° 2018-76 du 8 févr. 2018, art. 1er-2°)* « ou, en Corse, quatre représentants de la collectivité de Corse désignés par le président du conseil exécutif » ;

2° *(Décr. n° 2023-575 du 6 juill. 2023, art. 1er-I)* « Trois » représentants de l'État *(Décr. n° 2010-344 du 31 mars 2010, art. 224)* « et de l'agence régionale de santé » :

a) *(Décr. n° 2010-344 du 31 mars 2010, art. 224)* « Le directeur départemental chargé de la cohésion sociale » ou son représentant *(Décr. n° 2018-76 du 8 févr. 2018, art. 1er-2°)* « ou, en Corse, *(Décr. n° 2023-575 du 6 juill. 2023, art. 1er-I)* « le directeur régional de l'économie, de l'emploi, du travail et des solidarités » ou son représentant » *(Décr. n° 2022-288 du 1er mars 2022, art. 1er-1°)* « ou, dans la Collectivité européenne d'Alsace, l'un des deux directeurs départementaux chargés de la cohésion sociale assurant également la représentation de l'autre directeur départemental, ou son représentant » ;

(Abrogé par Décr. n° 2023-575 du 6 juill. 2023, art. 1er-I) « ***b)* Le** *(Décr. n° 2010-344 du 31 mars 2010, art. 224)* ***« directeur régional des entreprises, de la concurrence, de la consommation, du travail et de l'emploi » ou son représentant ; »***

b) Le directeur académique des services de l'éducation nationale agissant sur délégation du recteur d'académie ou son représentant *(Décr. n° 2018-76 du 8 févr. 2018, art. 1er-2°)* « ou, en Corse *(Décr. n° 2022-288 du 1er mars 2022, art. 1er-1°)* « et dans la Collectivité européenne d'Alsace », le recteur d'académie ou son représentant » ;

c) *(Décr. n° 2010-344 du 31 mars 2010, art. 224)* « Le directeur général de l'agence régionale de santé ou son représentant ; » — *Les dispositions du Décr. n° 2010-344 du 31 mars 2010 ne s'appliquent pas à la région Île-de-France et ses départements et dans les régions et départements d'outre-mer (Décr. préc., art. 224). — Le b du 2° est abrogé, le c et le d deviennent respectivement b et c (Décr. n° 2023-575 du 6 juill. 2023, art. 1er-I).*

3° Deux représentants des organismes d'assurance maladie et de prestations familiales proposés *(Abrogé par Décr. n° 2012-1414 du 18 déc. 2012, art. 6-1°)* ***« conjointement »*** par le directeur *(Décr. n° 2012-1414 du 18 déc. 2012, art. 6-1°)* « départemental chargé de la cohésion sociale » *(Décr. n° 2018-76 du 8 févr. 2018, art. 1er-2°)* « ou, en Corse, par le *(Décr. n° 2023-575 du 6 juill. 2023, art. 1er-I)* « directeur régional de l'économie, de l'emploi, du travail et des solidarités » », *(Décr. n° 2022-288 du 1er mars 2022, art. 1er-2°)* « ou dans la Collectivité européenne d'Alsace, de façon conjointe, par les directeurs départementaux chargés de la cohésion sociale, » parmi les personnes présentées par ces organismes ;

4° Deux représentants des organisations syndicales proposés par *(Décr. n° 2023-575 du 6 juill. 2023, art. 1er-I)* « le directeur départemental de l'emploi, du travail et des solidarités », d'une part, parmi les personnes présentées par les organisations professionnelles d'employeurs les plus représentatives, d'autre part, parmi les personnes présentées par les organisations syndicales de salariés et de fonctionnaires les plus représentatives ;

5° Un représentant des associations de parents d'élèves proposé par le directeur académique des services de l'éducation nationale agissant sur délégation du recteur d'académie *(Décr. n° 2018-76 du 8 févr. 2018, art. 1er-2°)* « ou, en Corse *(Décr. n° 2022-288 du 1er mars 2022, art. 1er-3°)* « et dans la Collectivité européenne d'Alsace », par le recteur d'académie », parmi les personnes présentées par ces associations ;

6° Sept membres proposés par le directeur départemental chargé de la cohésion sociale *(Décr. n° 2018-76 du 8 févr. 2018, art. 1er-2°)* « ou, en Corse, par le » *(Décr. n° 2023-575 du 6 juill. 2023, art. 1er-I)* « directeur régional de l'économie, de l'emploi, du travail et des solidarités » *(Décr. n° 2022-288 du 1er mars 2022, art. 1er-4°)* « , ou, dans la Collectivité européenne d'Alsace, de façon conjointe, par les directeurs départementaux chargés de la cohésion sociale, » parmi les personnes présentées par les associations de personnes handicapées et de leurs familles ;

7° Un membre *(Décr. n° 2017-882 du 9 mai 2017, art. 3-I)* « de la formation spécialisée pour les personnes handicapées du conseil départemental de la citoyenneté et de l'autonomie » désigné par ce conseil ;

8° Deux représentants des organismes gestionnaires d'établissements ou de services pour personnes handicapées, dont un sur proposition du directeur départemental chargé de la cohésion sociale *(Décr. n° 2018-76 du 8 févr. 2018, art. 1er-2°)* « ou, en Corse, du » *(Décr. n° 2023-575 du 6 juill. 2023, art. 1er-I)* « directeur régional de l'économie, de l'emploi, du travail et des solidarités » et un sur proposition du président du conseil départemental *(Décr. n° 2022-288 du 1er mars 2022, art. 1er-5°)* « , ou, dans la Collectivité européenne d'Alsace, un sur proposition conjointe des directeurs départementaux chargés de la cohésion sociale, et un sur proposition du président du conseil départemental ».

Le préfet et le président du conseil départemental nomment, par arrêté conjoint et pour une durée de quatre ans renouvelable, les membres titulaires, à l'exception des représentants de l'État *(Décr. n° 2012-1414 du 18 déc. 2012, art. 6-1°)* « et de l'agence régionale de santé », ainsi que des suppléants, dans la limite de trois, pour chaque membre titulaire. *(Décr. n° 2022-288 du 1er mars 2022, art. 1er-6°)* « Dans la Collectivité européenne d'Alsace, ces nominations sont réalisées par arrêté conjoint des préfets du Bas-Rhin et du Haut-Rhin et du président du conseil départemental. » L'arrêté de nomination est publié au Recueil des actes administratifs du département et au Recueil des actes administratifs de la préfecture.

Un membre, titulaire ou suppléant, ne peut appartenir ni à l'équipe pluridisciplinaire mentionnée à l'article L. 146-8, ni être nommé à plusieurs titres dans la commission.

Tout membre démissionnaire ou ayant perdu la qualité à raison de laquelle il a été nommé est remplacé dans les mêmes conditions. Il peut également être mis fin aux fonctions d'un membre, titulaire ou suppléant, et pourvu à son remplacement, à la demande de l'autorité ou de l'organisme qui l'a présenté. Pour ceux des membres dont le mandat a une durée déterminée, le remplaçant est nommé pour la durée du mandat restant à courir.

Les membres de la commission siègent à titre gratuit. Leurs frais de déplacement sont remboursés par la maison départementale des personnes handicapées, selon les modalités fixées par le décret n° 2001-654 du 19 juillet 2001 fixant les conditions et les modalités de règlement des frais occasionnés par les déplacements des personnels des collectivités locales et établissements publics mentionnés à l'article 2 de la loi n° 84-53 du 26 janvier 1984 modifiée portant dispositions statutaires relatives à la fonction publique territoriale et abrogeant le décret n° 91-573 du 19 juin 1991.

En application des art. L. 231-5 et L. 231-6 CRPA, le silence gardé pendant deux mois par l'administration vaut décision de rejet pour les demandes d'admission d'une personne handicapée dans des établissements relevant de l'Office national des anciens combattants et victimes de guerre selon les dispositions des art. R. 241-24 s. (Décr. n° 2014-1283 du 23 oct. 2014, applicable pour les demandes présentées à compter du 12 nov. 2014).

A compter du 1er avr. 2021, les références au « directeur départemental chargé de la cohésion sociale » et au « directeur régional de la jeunesse, des sports et de la cohésion sociale » sont remplacées respectivement par les références au « directeur départemental de l'emploi, du travail et des solidarités » et au « directeur régional de l'économie, de l'emploi, du travail et des solidarités » (Décr. n° 2020-1545 du 9 déc. 2020, art. 28-IX et X).

Art. R. 241-25 La commission exécutive de la maison départementale des personnes handicapées peut décider d'organiser la commission des droits et de l'autonomie des personnes handicapées en sections locales ou spécialisées *(Décr. n° 2012-1414 du 18 déc. 2012, art. 6-2°)* « telles que prévues à l'article L. 241-5 » *(Abrogé par Décr. n° 2012-1414 du 18 déc. 2012, art. 6-2°)* « , ***chargées de préparer les décisions de la commission*** ». Ces sections comportent au moins un tiers de représentants des associations de personnes handicapées et de leurs familles.

Art. R. 241-26 Le président, dont le mandat de deux ans est renouvelable deux fois, est élu à bulletins secrets, parmi les membres de la commission ayant voix délibérative, sous réserve de la présence d'au moins 50 % d'entre eux. Au premier tour, son élection est acquise à la majorité des deux tiers des suffrages exprimés. Il est procédé, le cas échéant, à un deuxième tour, où son élection est acquise à la majorité absolue des suffrages exprimés, et à un troisième tour, à la majorité relative des suffrages exprimés.

A défaut de quorum, l'élection est reportée à quinzaine. Il est procédé au scrutin sans règle de quorum. Le président est élu, au premier tour à la majorité absolue des suffrages exprimés, au second tour à la majorité relative des suffrages exprimés.

Un vice-président est élu dans les mêmes conditions pour une durée identique. En cas d'organisation de la commission en sections, un deuxième vice-président peut être élu.

En cas d'empêchement ou d'absence du président, la présidence de la séance est assurée par le vice-président.

Le procès-verbal de chaque réunion, comprenant un relevé des décisions prises, est signé par le président de séance.

Art. R. 241-27 Les membres de la commission ont voix délibérative, à l'exception de ceux mentionnés au 8° de l'article *(Décr. n° 2011-974 du 16 août 2011, art. 3)* « R. 241-24 », qui n'ont que voix consultative. *(Décr. n° 2023-575 du 6 juill. 2023, art. 1er-II)* « Chaque membre ayant voix délibérative dispose d'une voix, à l'exception du membre mentionné au *a* du 2° du même article qui dispose de deux voix. »

La commission *(Décr. n° 2012-1414 du 18 déc. 2012, art. 6-3°)* « ou, le cas échéant, la section locale ou spécialisée » délibère valablement si le quorum de 50 % de ses membres est atteint. A défaut, elle délibère valablement sans quorum à quinzaine. Ses décisions sont prises à la majorité simple, et, en cas de partage des voix, la voix du président est prépondérante.

Cependant, lorsque la décision porte sur l'attribution de la prestation de compensation, les voix sont pondérées en fonction de la règle suivante : lorsque le nombre N1 des membres présents de la commission qui représentent le département est inférieur ou égal *(Décr. n° 2023-575 du 6 juill. 2023, art. 1er-II)* « au nombre N2 des voix dont disposent les autres membres présents » ayant voix délibérative, un coefficient X égal à (N2 + 1)/N1 est appliqué aux voix des représentants du département. Dans cette hypothèse, la voix du président n'est jamais prépondérante.

Art. R. 241-28 *(Décr. n° 2012-1414 du 18 déc. 2012, art. 6-4°)* « La commission peut décider de constituer une ou plusieurs formations restreintes composées au minimum de trois membres ayant voix délibérative, au nombre desquels figurent au moins un représentant du département *(Décr. n° 2018-76 du 8 févr. 2018, art. 1er-3°)* « ou, en Corse, au moins un conseiller exécutif », au moins un représentant de l'État, et, pour au moins un tiers, des représentants des personnes handicapées et de leurs familles désignés par les membres de la commission mentionnés au 6° de l'article R. 241-24,*[.]* Ces formations peuvent prendre tout ou partie des décisions dans les matières suivantes : »

1° Renouvellement d'un droit ou d'une prestation dont bénéficie une personne handicapée lorsque son handicap ou sa situation n'a pas évolué de façon significative ;

2° Reconnaissance des conditions prévues au *(Décr. n° 2023-752 du 10 août 2023, art. 1er, en vigueur le 1er sept. 2023)* « 3° de l'article L. 381-2 » du code de la sécurité sociale ;

(Abrogé par Décr. n° 2016-1849 du 23 déc. 2016, art. 1er-3°, à compter du 1er janv. 2017) ***« 3° Attribution de la carte d'invalidité ou de la carte portant la mention "Priorité pour personnes handicapées", mentionnées respectivement aux articles L. 241-3 et L. 241-3-1 du présent code ; »***

4° Reconnaissance de la qualité de travailleur handicapé répondant aux conditions définies par l'article L. 323-10 *[L. 5213-1 s. nouv.]* du code du travail ;

5° Situations nécessitant qu'une décision soit prise en urgence ;

(Décr. n° 2006-703 du 16 juin 2006, art. 1er) « 6° Prolongation ou interruption de la période d'essai d'un travailleur handicapé dans l'établissement ou le service d'aide par le travail au sein duquel il a été admis ;

« 7° Maintien ou non, à l'issue d'une mesure conservatoire prise en application de l'article R. 243-4, d'un travailleur handicapé dans l'établissement ou le service d'aide par le travail au sein duquel il a été admis. »

(Décr. n° 2016-1849 du 23 déc. 2016, art. 1er-3°, en vigueur le 1er janv. 2017) « Ces formations peuvent apprécier si l'état ou le taux d'incapacité de la personne handicapée justifie l'attribution de la carte mobilité inclusion. »

Les membres de ces formations peuvent décider de transmettre une demande à la commission plénière.

Chaque formation rend compte régulièrement à la commission du nombre et du type de décisions *(Décr. n° 2016-1849 du 23 déc. 2016, art. 1er-3°, en vigueur le 1er janv. 2017)* « et d'appréciations » prises selon cette procédure simplifiée.

La commission prévoit, dans sa délibération instituant ces formations, les règles de scrutin qui leur sont applicables, et prévoit, pour les décisions portant sur l'attribution de la prestation de compensation, des règles spécifiques transposant à ces formations les règles prévues au troisième alinéa de l'article R. 241-27.

Ne peuvent faire l'objet d'une procédure simplifiée, outre les *(Décr. n° 2018-928 du 29 oct. 2018, art. 4, en vigueur le 1er janv. 2019)* « recours préalables », les demandes de réexamen d'une précédente décision qui n'aurait pas pu être mise en œuvre pour un motif quelconque.

Si une personne handicapée ou, s'il y a lieu, son représentant légal *(Décr. n° 2021-684 du 28 mai 2021, art. 30)* « s'il s'agit d'un mineur ou, s'il s'agit d'un majeur faisant l'objet d'une mesure de protection juridique avec représentation, la personne chargée de cette mesure », s'oppose à une procédure simplifiée de décision concernant les demandes qu'elle formule, elle en fait expressément mention au moment du dépôt de la demande. La personne est également informée qu'en cas de procédure simplifiée de décision, elle ne sera pas entendue.

Les dispositions du Décr. n° 2006-703 du 16 juin 2006 sont entrées en vigueur le 1er janv. 2007 (Décr. préc., art. 10-II).

Art. R. 241-29 La commission des droits et de l'autonomie des personnes handicapées se dote d'un règlement intérieur.

Art. R. 241-30 La personne handicapée ou, le cas échéant, son représentant légal, est informée, au moins deux semaines à l'avance de la date et du lieu de la séance au cours de laquelle la commission *(Décr. n° 2012-1414 du 18 déc. 2012, art. 6-5°)* « ou, le cas échéant, la section locale ou spécialisée » se prononcera sur sa demande, ainsi que de la possibilité de se faire assister ou de se faire représenter par la personne de son choix.

Art. R. 241-31 *(Décr. n° 2018-1222 du 24 déc. 2018, art. 1er)* Les décisions de la commission sont motivées. Elles sont prises au nom de la maison départementale des personnes handicapées. Leur durée de validité ne peut être inférieure à un an ni excéder dix ans sauf dispositions législatives ou réglementaires spécifiques contraires.

La reconnaissance de la qualité de travailleur handicapé et l'orientation vers le marché du travail, prévues par l'article L. 5213-2 du code du travail, sont attribuées sans limitation de durée à toute personne qui présente, compte tenu des données de la science, une altération définitive d'une ou plusieurs fonctions physique, sensorielle, mentale, cognitive ou psychique qui réduit ses possibilités d'obtenir ou de conserver un emploi.

En cas de droits multiples, dans les situations où une attribution sans limitation de durée n'est pas possible, et sauf appréciation contraire et motivée de l'équipe pluridisciplinaire ou intérêt contraire du demandeur, les droits sont attribués pour la durée la plus longue des droits concernés. Le cas échéant, cette durée peut être inférieure à la durée la plus longue pour permettre que les dates d'échéance des différents droits soient identiques.

Art. R. 241-32 La décision de la commission des droits et de l'autonomie des personnes handicapées est notifiée par le président de la commission des droits et de l'autonomie des personnes handicapées, à la personne handicapée ou à son représentant légal *(Décr. n° 2021-684 du 28 mai 2021, art. 31)* « s'il s'agit d'un mineur ou, s'il s'agit d'un majeur faisant l'objet d'une mesure de protection juridique avec représentation, *[à]* la personne chargée de cette mesure », ainsi qu'aux organismes concernés.

(Décr. n° 2018-928 du 29 oct. 2018, art. 4, en vigueur le 1er janv. 2019) « La notification de la décision indique les délais et voies de recours contentieux, l'obligation d'exercice d'un recours préalable ainsi que l'autorité devant laquelle il doit être formé. Elle rappelle le droit de demander, avant l'engagement d'un recours préalable, l'intervention d'une personne qualifiée chargée de proposer des mesures de conciliation conformément aux dispositions de l'article L. 146-10 ou de bénéficier des procédures de traitement amiable des litiges conformément aux dispositions de l'article L. 146-13. »

(Décr. n° 2019-1501 du 30 déc. 2019, art. 2-2°, en vigueur le 1er janv. 2020) « Lorsque la commission des droits et de l'autonomie des personnes handicapées ou le président du conseil départemental prorogent des droits en application de l'article R. 146-25-1 ou du deuxième alinéa de l'article R. 821-2 du code de la sécurité sociale, la notification de la décision précise en outre que le bénéficiaire peut solliciter à tout moment la maison départementale des personnes handicapées afin d'obtenir un nouvel examen de sa situation et, le cas échéant, une révision de ses droits. »

Art. R. 241-33 Le silence gardé pendant plus de quatre mois par la commission des droits et de l'autonomie des personnes handicapées *(Décr. n° 2012-1414 du 18 déc. 2012, art. 6-7°)* « à partir de la date à laquelle la demande présentée auprès de la maison départementale des personnes handicapées doit être regardée comme recevable dans les conditions mentionnées à l'article R. 146-26 » vaut décision de rejet.
— En application des art. L. 231-5 et L. 231-6 CRPA, le silence gardé pendant quatre mois par l'administration vaut décision de rejet pour les décisions de la commission des droits et de l'autonomie des personnes handicapées sur les droits des personnes handicapées (hors attributions de prestations financières) (Décr. n° 2015-1451 du 10 nov. 2015, applicable pour les demandes présentées à compter du 12 nov. 2015).

Art. R. 241-34 La commission des droits et de l'autonomie des personnes handicapées transmet chaque année un rapport d'activité portant sur son fonctionnement et sur l'exercice de ses missions à la commission exécutive de la maison départementale des personnes handicapées au préfet, au président du conseil départemental, au *(Décr. n° 2017-882 du 9 mai 2017, art. 3-I)* « conseil départemental de la citoyenneté et de l'autonomie » et à la commission exécutive de la maison départementale des personnes handicapées.

SECTION 2 Recours préalable obligatoire

(Décr. n° 2018-928 du 29 oct. 2018, art. 4, en vigueur le 1er janv. 2019)

Art. R. 241-35 Le recours contentieux formé à l'encontre des décisions prises par la commission des droits et de l'autonomie des personnes handicapées au titre des 1° et 2° du I de l'article L. 241-6 à l'égard d'un adulte handicapé dans le domaine de la rééducation professionnelle, du travail adapté ou protégé, et du 4° du I dudit article est précédé d'un recours préalable.

Art. R. 241-36 Le recours préalable obligatoire formé à l'encontre des décisions mentionnées au *(Décr. n° 2019-1506 du 30 déc. 2019, art. 6-1°, en vigueur le 1er janv. 2020)* « 8° de l'article L. 142-1 » du code de la sécurité sociale et à l'article R. 241-35 du présent code est adressé par toute personne ou tout organisme intéressé, à la maison départementale des personnes handicapées par tout moyen lui conférant date certaine.

Ce recours préalable comprend une lettre de saisine à l'attention de la commission des droits et de l'autonomie des personnes handicapées ayant pris la décision contestée et une copie de cette décision ou, lorsqu'elle est implicite, une copie de l'accusé *[de]* réception de la demande ayant fait naître cette décision. La lettre de saisine peut exposer les motifs de la contestation et les éléments insuffisamment ou incorrectement pris en compte.

Art. R. 241-37 Le recours préalable obligatoire formé contre les décisions de la commission des droits et de l'autonomie des personnes handicapées est dépourvu d'effet suspensif, sauf lorsqu'il est formé par la personne handicapée ou son représentant légal *(Décr. nº 2021-684 du 28 mai 2021, art. 32)* « s'il s'agit d'un mineur ou, s'il s'agit d'un majeur faisant l'objet d'une mesure de protection juridique avec représentation, les personnes chargées de cette mesure » à l'encontre des décisions relevant du 2º du I de l'article L. 241-6.

Art. R. 241-38 L'engagement d'une procédure de conciliation en application des dispositions du premier alinéa de l'article L. 146-10 suspend le délai du recours préalable obligatoire.

Art. R. 241-39 La commission des droits et de l'autonomie des personnes handicapées examine le recours préalable obligatoire selon les modalités prévues pour l'examen des demandes initiales prévues à la section 1 du présent chapitre.

Art. R. 241-40 Dans le cadre du recours préalable exercé sur le fondement de l'article *(Décr. nº 2019-1506 du 30 déc. 2019, art. 6-2º, en vigueur le 1er janv. 2020)* « L. 142-4 » du code de la sécurité sociale, la situation du requérant fait l'objet, en tant que de besoin, d'une nouvelle évaluation par l'équipe pluridisciplinaire mentionnée à l'article L. 146-8 du présent code.

Art. R. 241-41 Le silence gardé pendant plus de deux mois par la commission des droits et de l'autonomie des personnes handicapées à partir de la date à laquelle le recours préalable obligatoire a été adressé à la maison départementale des personnes handicapées vaut décision de rejet de la demande.

CHAPITRE II **ENFANCE ET ADOLESCENCE HANDICAPÉES** *(Décr. nº 2005-1589 du 19 déc. 2005)*.

SECTION 1 **Scolarité et accompagnement des enfants et des adolescents handicapés**

Art. R. 242-1 à R. 242-13 *Abrogés par Décr. nº 2005-1589 du 19 déc. 2005.*

SECTION 2 **Prise en charge**

Art. D. 242-14 Le coût du transport collectif des enfants ou adolescents handicapés pour se rendre dans les établissements d'éducation mentionnés à l'article L. 321-1 du code de la sécurité sociale fonctionnant en externat ou semi-internat et en revenir est inclus dans les dépenses d'exploitation, quelles que soient les modalités de leur distribution, lorsque ces établissements entrent dans l'une des catégories suivantes :

(Décr. nº 2008-376 du 17 avr. 2008) « 1º Les établissements de santé autorisés à dispenser des *(Décr. nº 2022-24 du 11 janv. 2022, art. 3, en vigueur le 1er juin 2023)* « soins médicaux et de réadaptation » aux enfants et adolescents en application de l'article R. 6123-120 du code de la santé publique ; »

2º Les établissements pour enfant inadaptés ;

3º Les établissements recevant des mineurs infirmes moteurs cérébraux ;

4º Les établissements recevant des enfants ou adolescents atteints d'infirmités motrices ;

5º Les établissements recevant des enfants ou adolescents atteints de déficiences sensorielles.

Il est pris en charge à ce titre par les organismes de sécurité sociale et, éventuellement, par l'aide sociale, à la condition que les conditions d'exécution du transport collectif tenant compte notamment du caractère des établissements et de la nature des handicaps des enfants et adolescents transportés aient été préalablement approuvées par le préfet. – *[Décr. nº 77-540 du 27 mai 1977, art. unique.]*

Art. R. 242-15 Les règles relatives à la prise en charge des frais de transport individuel des élèves et étudiants handicapés vers les établissements scolaires et universitaires sont fixées par les dispositions des articles 1 à 4 du décret n° 84-478 du 19 juin 1984 relatif aux conditions d'application de l'article 29 de la loi n° 83-663 du 22 juillet 1983 en ce qui concerne le transport des élèves et étudiants gravement handicapés et, pour la région Île-de-France, par les dispositions des articles 1 à 7 du décret n° 77-864 du 22 juillet 1977 fixant les conditions d'application de l'article 8 de la loi n° 75-534 du 30 juin 1975 d'orientation en faveur des personnes handicapées.

SECTION 3 Allocation d'éducation spéciale

Art. R. 242-16 Les dispositions relatives à l'allocation d'éducation spéciale sont fixées aux articles R. 541-1 à R. 541-7 du code de la sécurité sociale.

SECTION 4 *[ABROGÉE]* Dispositions communes

(Abrogée par Décr. n° 2012-1331 du 29 nov. 2012, art. 3-5°)

Art. R. 242-17 et R. 242-18 *Abrogés par Décr. n° 2012-1331 du 29 nov. 2012, art. 3-5°.*

CHAPITRE III TRAVAILLEURS HANDICAPÉS ADMIS EN ÉTABLISSEMENTS ET SERVICES D'AIDE PAR LE TRAVAIL *(Décr. n° 2006-703 du 16 juin 2006, art. 2-I)*.

SECTION 1 Orientation par la commission des droits et de l'autonomie des personnes handicapées *(Décr. n° 2006-703 du 16 juin 2006, art. 2-II)*.

Art. R. 243-1 *(Décr. n° 2006-703 du 16 juin 2006, art. 2-III) (Abrogé par Décr. n° 2022-1561 du 13 déc. 2022, art. 1er-1°) « Sous réserve des dispositions prévues à l'article R. 243-3, »* La commission des droits et de l'autonomie des personnes handicapées oriente vers les établissements et services d'aide par le travail les personnes handicapées ayant une capacité de travail inférieure à un tiers au sens de l'article R. 341-2 du code de la sécurité sociale, mais dont elle estime que l'aptitude potentielle à travailler est suffisante pour justifier leur admission dans ces établissements et services.

(Décr. n° 2022-1561 du 13 déc. 2022, art. 1er-1°) « La commission des droits et de l'autonomie des personnes handicapées peut également orienter vers les établissements et services d'aide par le travail des personnes handicapées dont la capacité de travail est supérieure ou égale au tiers de la capacité normale lorsque leur besoin d'un ou de plusieurs soutiens médicaux, éducatifs, sociaux, psychologiques le justifie.

« La décision de la commission précise les accompagnements et soutiens médicaux, éducatifs, sociaux ou psychologiques dont les personnes accueillies doivent bénéficier. »

Art. R. 243-2 *(Décr. n° 2006-703 du 16 juin 2006, art. 2-IV)* La commission des droits et de l'autonomie des personnes handicapées prend une décision d'orientation en établissement ou service d'aide par le travail qui peut prévoir une période d'essai dont la durée ne peut excéder six mois. Elle peut, sur proposition du directeur de l'établissement ou du service d'aide par le travail, prolonger la période d'essai de six mois au plus. A la demande de la personne handicapée ou du directeur de l'établissement ou du service d'aide par le travail, la commission peut, sur le fondement des informations qu'elle aura recueillies, décider l'interruption anticipée de la période d'essai.

La commission prononce une nouvelle orientation lorsque le maintien dans l'établissement ou le service d'aide par le travail au sein duquel la personne handicapée a été admise cesse et que l'admission dans un autre établissement ou service d'aide par le travail n'est pas souhaitable.

V. note ss. art. R. 243-1.

En application des art. L. 231-5 et L. 231-6 CRPA, le silence gardé pendant deux mois par l'administration vaut décision de rejet pour les demandes de prolongation ou d'interruption de la période d'essai éventuelle attachée à la décision d'orientation en établissement (Décr. nº 2015-1451 du 10 nov. 2015, applicable pour les demandes présentées à compter du 12 nov. 2015).

Art. R. 243-3 *(Décr. nº 2022-1561 du 13 déc. 2022, art. 1er-2º, en vigueur le 1er janv. 2023)* **La décision par laquelle la commission des droits et de l'autonomie des personnes handicapées oriente vers un établissement ou un service d'aide par le travail permet, pendant toute sa durée, à la personne handicapée concernée d'exercer, simultanément et à temps partiel, une activité au sein de cet établissement ou de ce service et une activité professionnelle en milieu ordinaire de travail.**

Art. R. 243-3-1 *(Décr. nº 2022-1561 du 13 déc. 2022, art. 1er-3º, en vigueur le 1er janv. 2023)* **L'activité professionnelle en milieu ordinaire de travail mentionnée à l'article R. 243-3 peut être exercée dans une entreprise, une collectivité territoriale, un établissement public, une association ou toute autre personne morale de droit public ou privé, ainsi qu'auprès d'une personne physique, à l'exclusion de l'employeur auprès duquel le travailleur est mis à disposition en application de l'article L. 344-2-4.**

Cette activité peut également être exercée dans une entreprise adaptée ou dans une entreprise adaptée gérée en budget annexe par l'établissement ou le service d'aide par le travail qui accueille le travailleur concerné.

Elle peut être accomplie dans le cadre d'un contrat prévu au premier alinéa de l'article L. 1221-2 et aux articles L. 1242-2, L. 1242-3, L. 1251-1, L. 5134-20, L. 5134-65, L. 6221-1 et L. 6325-1 du code du travail.

Le cumul d'une activité au sein d'un établissement ou d'un service d'aide par le travail et d'une autre activité professionnelle à temps partiel en milieu ordinaire de travail ne peut conduire à dépasser :

1º Au cours d'une même journée, la durée maximale quotidienne de travail fixée à l'article L. 3121-18 du code du travail, pour les travailleurs de dix-huit ans et plus, et à l'article L. 3162-1 du même code, pour ceux âgés de moins de dix-huit ans ;

2º La durée légale de travail prévue à l'article L. 3121-27 du code du travail.

Lorsque l'activité professionnelle à temps partiel est exercée dans une collectivité publique, le travailleur est soumis aux dispositions législatives et réglementaires équivalentes à celles mentionnées aux 1º et 2º du présent article applicables aux agents publics.

La répartition du temps de travail et des congés est organisée d'un commun accord entre le travailleur, l'établissement ou le service d'aide par le travail et l'employeur.

Art. R. 243-4 *(Décr. nº 2006-703 du 16 juin 2006, art. 2-VII)* **Lorsque le directeur de l'établissement ou du service d'aide par le travail considère que le comportement d'un travailleur handicapé met gravement en danger sa santé ou sa sécurité, la santé ou la sécurité des autres travailleurs handicapés ou des personnels de l'établissement ou du service d'aide par le travail ou porte gravement atteinte aux biens de cet établissement ou service, celui-ci peut prendre une mesure conservatoire, valable pour une durée maximale d'un mois, qui suspend le maintien de ce travailleur handicapé au sein de l'établissement ou du service.**

La maison départementale des personnes handicapées est immédiatement saisie par le directeur de l'établissement ou du service d'aide par le travail de cette mesure. La commission des droits et de l'autonomie des personnes handicapées qui a prononcé l'orientation décide du maintien ou non du travailleur handicapé concerné dans l'établissement ou le service au sein duquel il était admis. Si la commission ne s'est pas encore prononcée à la date d'échéance de la mesure conservatoire, celle-ci est automatiquement prorogée jusqu'à la décision de la commission.

Lorsque le maintien d'un travailleur handicapé au sein de l'établissement ou du service est suspendu, le travailleur handicapé peut faire valoir ses droits devant la commission en se faisant assister par un membre du personnel ou un usager de l'établissement ou du service, ou en faisant appel à une personne qualifiée extérieure

à l'établissement telle que visée à l'article L. 311-5. La rémunération garantie est maintenue pendant toute la période de suspension.

La mesure conservatoire de suspension n'a pas pour effet de priver la personne concernée de la possibilité de continuer à être accueillie pendant cette période dans un établissement d'hébergement pour personnes handicapées.

V. note ss. art. R. 243-1.

Art. R. 243-4-1 *(Décr. nº 2022-1561 du 13 déc. 2022, art. 1er-4º)* **Les travailleurs handicapés qui quittent un établissement ou un service d'aide par le travail pour rejoindre le milieu ordinaire de travail, bénéficient du dispositif de parcours renforcé en emploi mentionné à l'article L. 5213-2 du code du travail.**

SECTION 2 Droit des travailleurs handicapés admis dans un établissement ou un service d'aide par le travail *(Décr. nº 2006-703 du 16 juin 2006, art. 2-VIII).*

SOUS-SECTION 1 Rémunération garantie *(Décr. nº 2006-703 du 16 juin 2006, art. 2-IX).*

Art. R. 243-5 *(Décr. nº 2006-703 du 16 juin 2006, art. 2-X)* **Dès la conclusion du contrat de soutien et d'aide par le travail mentionné à l'article L. 311-4, les travailleurs handicapés admis dans un établissement ou un service d'aide par le travail et qui exercent une activité à caractère professionnel à temps plein perçoivent une rémunération garantie dont le montant est compris** *(Décr. nº 2018-194 du 21 mars 2018, art. 1er)* **« entre 55,7 % et 110,7 % » du salaire minimum de croissance.**

Dans la limite de la durée du travail effectif mentionnée *(Décr. nº 2016-1551 du 18 nov. 2016, art. 6-I, en vigueur le 1er janv. 2017)* **« aux articles L. 3121-27 et L. 3121-18 » du code du travail, les travailleurs handicapés sont réputés avoir exercé une activité à temps plein, qui englobe le temps consacré aux activités de soutien qui conditionnent son exercice, dès lors qu'ils effectuent la durée correspondante fixée dans le règlement de fonctionnement de l'établissement ou du service d'aide par le travail.**

L'exercice d'une activité à temps partiel, quelle qu'en soit la durée, entraîne une réduction proportionnelle du montant de la rémunération garantie.

Les dispositions issues du Décr. nº 2018-194 du 21 mars 2018 s'appliquent aux droits ouverts en matière de rémunération garantie pour la période courant à compter du 1er janv. 2018 (Décr. préc., art. 2).

Art. R. 243-6 *(Décr. nº 2006-703 du 16 juin 2006, art. 2-XI)* **La rémunération garantie se compose d'une part financée par l'établissement ou le service d'aide par le travail, qui ne peut être inférieure à 5 % du salaire minimum de croissance, et d'une aide au poste qui ne peut être** *(Décr. nº 2018-194 du 21 mars 2018, art. 1er)* **« supérieure à 50,7 % » de ce même salaire.**

Le montant de l'aide au poste *(Décr. nº 2018-194 du 21 mars 2018, art. 1er)* **« s'élève à 50,7 % » du salaire minimum de croissance lorsque la part de la rémunération financée par l'établissement ou le service d'aide par le travail est supérieure à 5 % et inférieure ou égale à 20 % du salaire minimum de croissance.**

Lorsque la part de la rémunération garantie qui est financée par l'établissement ou le service d'aide par le travail dépasse le seuil de 20 % du salaire minimum de croissance, *(Décr. nº 2018-194 du 21 mars 2018, art. 1er)* **« le pourcentage de 50,7 % » mentionné à l'alinéa précédent est ensuite réduit de 0,5 % pour chaque hausse de 1 % de la part de la rémunération financée par l'établissement ou le service précités.** *— V. note ss. art. R. 243-5.*

Il est fait mention du montant d'aide au poste sur le bulletin de paie de chacune des personnes handicapées admises en établissement ou service d'aide par le travail. *— Entrée en vigueur le 1er janv. 2007.*

(Décr. nº 2007-874 du 14 mai 2007, art. 1er, en vigueur le 1er janv. 2007) **« Si l'établissement ou le service d'aide par le travail décide, en application du 3º du II de l'article R. 314-51, d'affecter une partie de son excédent d'exploitation à l'intéressement des travailleurs handicapés, le montant de la prime versée à ce titre à chacun de ceux-ci est limité à un plafond égal à 10 % du montant total annuel de la part de rémunéra-**

tion garantie directement financée par l'établissement ou le service d'aide par le travail pour ce même travailleur au cours de l'exercice au titre duquel l'excédent d'exploitation est constaté. Cette prime d'intéressement à l'excédent d'exploitation, qui doit être portée sur le bulletin de paie correspondant au mois de son versement, est assujettie au versement des cotisations mentionnées au premier alinéa de l'article R. 243-9. La part de cotisations incombant à l'établissement ou au service d'aide par le travail ne donne pas lieu à compensation par l'État. »

Art. R. 243-7 *(Décr. nº 2006-703 du 16 juin 2006, art. 2-XII)* **La rémunération garantie est due pendant toutes les périodes de suspension de l'exercice de l'activité à caractère professionnel prévues aux articles R. 243-4, R. 243-11, R. 243-12 et R. 243-13.**

La rémunération garantie est maintenue en totalité pendant les périodes ouvrant droit à une indemnisation au titre de l'assurance maladie. – *Entrée en vigueur le 1er janv. 2007.*

(Décr. nº 2007-874 du 14 mai 2007, art. 2, en vigueur le 1er janv. 2007) **« Lorsque la rémunération garantie est maintenue en application de l'alinéa ci-dessus, l'établissement ou le service d'aide par le travail est subrogé dans les droits du travailleur handicapé aux indemnités journalières. La part revenant à l'État, au prorata de sa participation à la rémunération garantie, vient en déduction de la compensation prévue à l'article L. 243-6. »**

Art. R. 243-8 *(Abrogé par Décr. nº 2022-1561 du 13 déc. 2022, art. 2-1º) (Décr. nº 2006-703 du 16 juin 2006, art. 2-XIII)* ***Au plus tard le 30 avril de chaque année, les établissements ou les services d'aide par le travail doivent présenter au directeur départemental des affaires sanitaires et sociales un rapport sur leur politique en faveur des travailleurs handicapés qu'ils accueillent, en particulier en matière de rémunération garantie versée et de mise en œuvre d'actions de formation.***

Sur le fondement de ce rapport, une convention ou, le cas échéant, un avenant à la convention mentionnée à l'article R. 344-7 est signé entre le représentant de l'État dans le département et l'organisation gestionnaire.

Cette convention est conclue pour une durée maximale de trois ans et peut être dénoncée chaque année dans des conditions prévues par la convention.

Elle peut fixer un objectif d'augmentation du taux moyen de financement de la rémunération garantie par l'établissement ou le service d'aide par le travail, en prenant en compte notamment l'amélioration constatée de la productivité moyenne des personnes accueillies et l'accroissement de la valeur ajoutée dégagée par l'exploitation. Elle définit des orientations en matière de formation des travailleurs handicapés.

Cet objectif d'augmentation doit demeurer compatible avec le projet de l'établissement ou du service d'aide par le travail. Il ne peut avoir pour effet de remettre en cause des investissements nécessaires à l'accomplissement de la mission qui lui est assignée par l'article L. 344-2.

Art. R. 243-9 *(Décr. nº 2006-703 du 16 juin 2006, art. 2-XIV)* **Les cotisations prévues à l'article L. 242-1 du code de la sécurité sociale et aux articles L. 741-3, L. 741-9,** *(Décr. nº 2007-874 du 14 mai 2007, art. 3)* **« L. 751-10 à L. 751-13 » du code rural et de la pêche maritime ainsi que les cotisations de retraite complémentaire dues pour les travailleurs handicapés de l'établissement ou du service d'aide par le travail se répartissent ainsi qu'il suit :**

a) **Le travailleur handicapé acquitte la part de cotisations qui lui incombe sur le montant de ce qu'il perçoit au titre de la rémunération garantie ;**

b) **L'État assure à l'organisme gestionnaire de l'établissement ou du service d'aide par le travail la compensation de la part de cotisations incombant à l'employeur sur une base définie par arrêté du ministre chargé des personnes handicapées et du ministre chargé de la sécurité sociale ;** – *V. Arr. du 28 déc. 2006 (JO 26 janv.) et Arr. du 6 juill. 2007 (JO 31 juill.).*

c) **La part de cotisations incombant à l'employeur qui correspond au montant de la part de la rémunération garantie financée par l'établissement ou le service d'aide par le travail est prise en charge par ledit établissement ou service.**

Les établissements et services d'aide par le travail ne sont pas assujettis au versement des cotisations d'assurance chômage.

Sous réserve de l'utilisation des fonds collectés aux actions de formation prévues à l'article L. 344-2-1, l'État assure à l'organisme gestionnaire de l'établissement ou du service d'aide par le travail la compensation de la participation au financement de la formation professionnelle continue. Cette compensation est calculée sur la base d'une assiette forfaitaire définie par arrêté du ministre chargé des handicapés et du ministre chargé de la formation professionnelle. – *V. Arr. du 14 mai 2007 (JO 15 mai).*

(Décr. nº 2007-874 du 14 mai 2007, art. 3) « L'État assure également à l'organisme gestionnaire la compensation d'une partie des cotisations payées au titre de l'affiliation des travailleurs handicapés accueillis dans cet établissement ou service à une institution de prévoyance agréée par l'État au sens de l'article L. 931-4 du code de la sécurité sociale, à une mutuelle régie par le code de la mutualité ou à une société d'assurances ou une entreprise d'assurances régie par le code des assurances afin de permettre la prise en charge de la part de rémunération garantie directement financée par l'établissement ou service d'aide par le travail notamment pendant les périodes mentionnées au deuxième alinéa de l'article R. 243-7 du présent code. Cette compensation est calculée sur la base d'une assiette forfaitaire définie par arrêté du ministre chargé des personnes handicapées et du ministre chargé de la sécurité sociale. »

Ces dispositions sont entrées en vigueur le 1er janv. 2007 (Décr. nº 2006-703 du 16 juin 2006, art. 10-II et Décr. nº 2007-874 du 14 mai 2007, art. 7).

Art. R. 243-10 *(Décr. nº 2006-703 du 16 juin 2006, art. 2-XV)* En vue de la compensation totale des charges et des cotisations afférentes à la partie de la rémunération garantie égale à l'aide au poste, telle que prévue à l'article L. 243-6, les organismes gestionnaires des établissements et des services d'aide par le travail adressent des états justificatifs mensuels à l'organisme compétent retenu par le ministre chargé des personnes handicapées.

Ces dispositions sont entrées en vigueur le 1er janv. 2007 (Décr. nº 2006-703 du 16 juin 2006, art. 10-II).

SOUS-SECTION 2 **Autres droits sociaux** *(Décr. nº 2006-703 du 16 juin 2006, art. 2-XVI).*

Art. R. 243-11 *(Décr. nº 2006-703 du 16 juin 2006, art. 2-XVII)* Le travailleur handicapé qui a conclu un contrat de soutien et d'aide par le travail et qui justifie d'un mois de présence dans l'établissement ou le service d'aide par le travail a droit à un congé annuel, qui donne lieu au versement de la rémunération garantie et dont la durée est déterminée à raison de deux jours et demi ouvrables par mois d'accueil en établissement ou service d'aide par le travail. La durée totale de ce congé, qui ne peut excéder trente jours ouvrables, peut être augmentée de trois jours mobiles, dont l'attribution est laissée à l'appréciation du directeur de l'établissement ou du service d'aide par le travail.

(Décr. nº 2022-1561 du 13 déc. 2022, art. 2-2º) « Les congés mentionnés au premier alinéa sont pris au cours de l'année de leur acquisition.

« Le travailleur handicapé de retour d'un congé de maternité prévu à l'article L. 1225-17 du code du travail ou d'un congé d'adoption prévu à l'article L. 1225-37 du même code a droit au congé payé annuel mentionné au premier alinéa, quelle que soit la période de congé payé fixée par le règlement de fonctionnement de l'établissement ou du service d'aide par le travail pour l'ensemble des travailleurs handicapés.

« Les congés non pris du fait de l'absence du travailleur handicapé pour maladie, pour accident du travail ou maladie professionnelle sont reportés après la date de reprise du travail, y compris si celle-ci intervient après l'expiration de la période de congé mentionnée à l'alinéa précédent. »

Art. R. 243-11-1 *(Décr. nº 2022-1561 du 13 déc. 2022, art. 2-3º)* Lorsqu'un travailleur handicapé exerce, à titre exceptionnel ou régulier, une activité à caractère professionnel qui le prive du repos dominical, son accord préalable est requis dans les conditions prévues au premier alinéa de l'article L. 3132-25-4 du code du travail. Il bénéficie, en plus de son repos hebdomadaire, d'un repos compensateur. Il perçoit également une rémunération garantie au moins égale au double de la rémunération garantie normalement due pour une durée de travail équivalente.

En cas de jour férié travaillé, l'établissement ou le service d'aide par le travail peut, en plus de la rémunération garantie correspondant au travail accompli, accorder au travailleur handicapé une journée de repos compensateur.

Le 1er mai est un jour férié et chômé, sauf dans les établissements et les services d'aide par le travail qui, en raison de la nature de leur activité, ne peuvent interrompre le travail. Lorsqu'un travailleur handicapé exerce une activité à caractère professionnel le 1er mai, il perçoit une rémunération égale au double de la rémunération garantie normalement due pour une durée de travail équivalente.

Le chômage de ces jours fériés ne peut entraîner aucune perte de rémunération.

Art. R. 243-12 *(Décr. nº 2022-1561 du 13 déc. 2022, art. 2-4º)* Le travailleur handicapé accueilli à temps plein ou à temps partiel en établissement ou en service d'aide par le travail bénéficie, sur justification et à l'occasion de certains événements familiaux, d'un congé de :

1º Cinq jours pour le décès d'un enfant ou sept jours ouvrés lorsque l'enfant est âgé de moins de vingt-cinq ans et quel que soit son âge si l'enfant décédé était lui-même parent ou en cas de décès d'une personne âgée de moins de vingt-cinq ans à sa charge effective et permanente ;

2º Quatre jours pour le mariage du travailleur ou la conclusion d'un pacte civil de solidarité ;

3º Trois jours pour chaque naissance survenue à son foyer ou pour l'arrivée d'un enfant placé en vue de son adoption ;

4º Trois jours pour le décès du conjoint, du concubin, de la personne avec laquelle il a conclu un pacte civil de solidarité, du père, de la mère, du beau-père, de la belle-mère, d'un frère ou d'une sœur ;

5º Deux jours pour l'annonce de la survenue d'un handicap, d'une pathologie chronique nécessitant un apprentissage thérapeutique ou d'un cancer chez un enfant ;

6º Un jour pour le mariage d'un enfant.

Le travailleur handicapé a droit à un congé de deuil en cas de décès de son enfant âgé de moins de vingt-cinq ans ou d'une personne âgée de moins de vingt-cinq ans à sa charge effective et permanente. Ce congé, d'une durée de huit jours qui peuvent être fractionnés, peut être pris dans un délai d'un an à compter de la date du décès.

Art. R. 243-13 *(Décr. nº 2022-1561 du 13 déc. 2022, art. 2-5º)* Le travailleur handicapé accueilli à temps plein ou à temps partiel en établissement ou en service d'aide par le travail bénéficie, dans les conditions et selon les modalités définies par les dispositions mentionnées ci-dessous du code du travail :

1º De l'autorisation d'absence prévue à l'article L. 1225-16 ;

2º Des congés mentionnés :

a) Aux articles L. 1225-17 à L. 1225-24 ;

b) A l'article L. 1225-28 ;

c) Aux articles L. 1225-35 et L. 1225-35-1 ;

d) Aux articles L. 1225-47 à L. 1225-54 ;

e) A l'article L. 1225-61 ;

f) Aux articles L. 1225-62 à L. 1225-65, à l'exclusion de l'article L. 1225-64 ;

g) Aux articles L. 3142-6 à L. 3142-9 et aux articles L. 3142-12 et L. 3142-15 ;

h) Aux articles L. 3142-16 à L. 3142-24, à l'exclusion des articles L. 3142-22 et L. 3142-23, et à l'article L. 3142-27.

A l'issue de ces congés, le travailleur handicapé réintègre son établissement ou service d'aide par le travail d'origine, avec une rémunération au moins équivalente.

Art. R. 243-13-1 *(Décr. nº 2022-1561 du 13 déc. 2022, art. 2-6º)* L'ensemble des travailleurs handicapés accueillis dans un établissement ou un service d'aide par le travail, quel que soit le lieu où ils exercent leur activité à caractère professionnel, élisent

en leur sein, pour une durée de trois ans renouvelable, un délégué chargé de les représenter auprès de la direction de l'établissement ou du service, sur des situations d'ordre individuel.

Sont éligibles les travailleurs âgés de dix-huit ans révolus et accueillis dans l'établissement ou le service depuis au moins six mois.

Le délégué bénéficie, pour l'exercice de cette fonction, d'une formation prise en charge par l'établissement ou le service d'aide par le travail qui l'accueille.

Pour l'exercice de son mandat, le délégué dispose d'au plus cinq heures de délégation par mois.

Le temps de représentation et les heures de délégation sont considérés comme temps de travail et donnent lieu au versement de la rémunération garantie pour les durées correspondantes.

Le délégué est membre de droit du conseil de la vie sociale avec voix consultative.

Art. R. 243-13-2 *(Décr. nº 2022-1561 du 13 déc. 2022, art. 2-6º)* **Les travailleurs handicapés accueillis en établissements ou services d'aide par le travail disposent d'un carnet de parcours et de compétences, élaboré conformément à un modèle fixé par arrêté du ministre chargé des personnes handicapées.**

Lors de chaque entretien annuel, ce carnet permet à la personne accompagnée d'évaluer elle-même ses compétences, ses formations et expériences et d'exprimer ses souhaits pour l'année à venir.

Le carnet de parcours et de compétences est la propriété du travailleur handicapé, qui le conserve quel que soit le lieu où il exerce son activité à caractère professionnel.

SOUS-SECTION 3 **Formation, démarche de reconnaissance des savoir-faire et des compétences et validation des acquis de l'expérience des travailleurs handicapés**

(Décr. nº 2009-565 du 20 mai 2009)

Art. D. 243-14 **Lorsque le travailleur handicapé accueilli en établissement ou service d'aide par le travail accède à une action de formation professionnelle, il bénéficie d'un congé de formation qui le dispense en tout ou partie de l'exercice de son activité à caractère professionnel.**

Pendant la durée de ce congé de formation, le travailleur handicapé bénéficie du maintien de sa rémunération garantie.

Les actions de formation professionnelle sont éligibles aux dépenses prises en charge par l'organisme paritaire collecteur agréé lorsque l'établissement ou le service d'aide par le travail verse une contribution globale auprès d'un tel organisme au titre du financement de la formation professionnelle prévu au dernier alinéa de l'article R. 243-9.

Art. D. 243-15 **Les établissements et services d'aide par le travail peuvent contribuer au soutien de la validation des acquis de l'expérience prévue au deuxième alinéa de l'article L. 344-2-1 en mettant en œuvre une démarche de reconnaissance des savoir-faire et des compétences des travailleurs handicapés qu'ils accueillent comprenant une analyse détaillée des compétences mises en œuvre par les travailleurs handicapés lors de leur activité à caractère professionnel.**

La démarche de reconnaissance des savoir-faire et des compétences et la validation des acquis de l'expérience visent à favoriser, dans le respect de chaque projet individuel, la professionnalisation, l'épanouissement personnel et social des travailleurs handicapés et leur mobilité au sein de l'établissement ou du service d'aide par le travail qui les accueille, d'autres établissements ou services de même nature ou vers le milieu ordinaire de travail.

Art. D. 243-16 **Les établissements ou services d'aide par le travail favorisent l'accès des travailleurs handicapés à la démarche de reconnaissance des savoir-faire et des compétences et à la validation des acquis de l'expérience par des actions de soutien, d'accompagnement et de formation.**

Ils peuvent également faire évoluer leurs modes d'organisation et leurs pratiques professionnelles afin de contribuer à la réalisation des objectifs de formation professionnelle continue des travailleurs handicapés.

Art. D. 243-17 La mise en œuvre de la démarche de reconnaissance des savoir-faire et des compétences et de la validation des acquis de l'expérience par un établissement ou service d'aide par le travail implique la formation des équipes d'encadrement concernées.

Les établissements ou services d'aide par le travail peuvent en outre faire appel à un organisme ou service extérieur afin de renforcer la coordination de l'ensemble des actions et interventions liées à la démarche de reconnaissance des savoir-faire et des compétences et à la validation des acquis de l'expérience.

Art. D. 243-18 Le contrat de soutien et d'aide par le travail mentionné aux articles L. 311-4 et D. 311-0-1 doit faire état, dans le cadre d'avenants d'actualisation, de la progression du travailleur handicapé dans la démarche de reconnaissance des savoir-faire et des compétences.

Les avenants au contrat de soutien et d'aide par le travail peuvent être joints au dossier de validation des acquis de l'expérience.

Ce contrat doit également mentionner les diplômes, titres ou certificats de qualification obtenus en tout ou partie dans le cadre d'une action de validation des acquis de l'expérience.

Art. D. 243-19 La démarche de reconnaissance des savoir-faire et des compétences a vocation à favoriser l'accès des travailleurs handicapés accueillis à un parcours de qualification professionnelle au moyen notamment d'actions de formation en lien avec leur projet individuel et la recherche ultérieure d'une certification dans le cadre de la validation des acquis de l'expérience.

Les modalités d'organisation et d'attestation dans le cadre de la démarche de reconnaissance des savoir-faire et des compétences des travailleurs handicapés sont du ressort des établissements ou services d'aide par le travail.

Art. D. 243-20 Des documents attestant des compétences et savoir-faire des travailleurs handicapés peuvent leur être remis par les établissements ou services d'aide par le travail qui les accueillent.

Les attestations de compétence sont élaborées sur la base de l'analyse détaillée des compétences mises en œuvre par les travailleurs handicapés lors des activités à caractère professionnel.

Les établissements ou services d'aide par le travail peuvent impliquer les professionnels extérieurs concernés par le champ d'activités pour délivrer les attestations de compétence et en faciliter ainsi l'utilisation ultérieure dans un autre cadre d'activité professionnel.

Art. D. 243-21 Lors de cette démarche de reconnaissance des savoir-faire et des compétences, les établissements ou services d'aide par le travail veillent à ce qu'une information sur les certifications existantes soit assurée à l'ensemble des candidats susceptibles de s'engager dans la validation des acquis de l'expérience.

Le choix de la certification repose sur le projet professionnel du candidat et prend en compte le mode de validation le plus adapté à ses aptitudes.

Art. D. 243-22 La validation des acquis de l'expérience vise à permettre aux travailleurs handicapés accueillis en établissement ou service d'aide par le travail d'obtenir tout ou partie d'un diplôme, d'un titre à finalité professionnelle ou d'un certificat de qualification professionnelle, enregistrés dans le répertoire national des certifications professionnelles, dès lors qu'ils peuvent se prévaloir d'une expérience à caractère professionnel d'au moins trois ans en lien avec la certification visée.

Les travailleurs handicapés bénéficient du régime de droit commun de validation des acquis de l'expérience déterminé par le certificateur dont relève la certification visée et, le cas échéant, des aménagements d'épreuves liés à la reconnaissance de la qualité de travailleur handicapé.

Art. D. 243-23 Les travailleurs handicapés bénéficient d'un accompagnement renforcé tout au long des actions de validation des acquis de l'expérience tendant à l'obtention d'une certification. Cet accompagnement est assuré par les personnels d'encadrement de l'établissement ou service d'aide par le travail ou tout organisme expert commandité par l'établissement.

A ce titre et en cas de constitution d'un dossier, le candidat bénéficie d'une aide à la formalisation de ses compétences et à la constitution des moyens de preuves complémentaires. Le candidat peut en outre avoir recours aux services d'un transcripteur pour l'aider à la rédaction du dossier.

La durée du dispositif global d'accompagnement est adaptée en fonction des contraintes liées à la nature du handicap du candidat et des difficultés liées à la certification visée.

Art. D. 243-24 Pour chaque action de validation des acquis de l'expérience, le travailleur handicapé a droit à un congé.

Pendant la durée de ce congé, au minimum de vingt-quatre heures, le travailleur handicapé a droit au maintien de sa rémunération garantie.

Ce congé peut être demandé notamment pour l'accompagnement renforcé prévu au premier alinéa de l'article précédent.

Au terme de ce congé, l'établissement ou service d'aide par le travail peut demander au bénéficiaire de lui remettre une attestation de présence.

La durée de ce congé ne peut être imputée sur la durée du congé annuel mentionné à l'article R. 243-11 et est assimilée à un temps d'activité à caractère professionnel pour la détermination des droits de l'intéressé en matière de congé annuel ou de tout autre droit ou avantage subordonné à une condition d'ancienneté dans l'établissement ou le service d'aide par le travail.

Art. D. 243-25 La demande de congé pour validation des acquis de l'expérience est adressée par le travailleur handicapé au directeur de l'établissement ou du service d'aide par le travail qui doit faire connaître par écrit à l'intéressé son accord ou les motifs qui le conduisent à différer la date de début du congé. Ce report ne peut excéder six mois à compter de la demande du travailleur handicapé.

Art. D. 243-26 En cas de validation partielle d'un diplôme, d'un titre ou d'un certificat de qualification, l'établissement ou le service d'aide par le travail facilite dans la mesure du possible l'accès ultérieur des travailleurs handicapés concernés aux actions de formation nécessaires à la validation complémentaire pour la certification visée.

Art. D. 243-27 *(Abrogé par Décr. n° 2022-1561 du 13 déc. 2022, art. 2-7°) La convention d'aide sociale mentionnée à l'article R. 344-7 peut prévoir l'organisation d'un service de soutien et d'accompagnement des travailleurs handicapés engagés dans la démarche de reconnaissance et la validation des acquis de l'expérience, commun à plusieurs établissements ou services d'aide par le travail.*

Art. D. 243-28 *(Abrogé par Décr. n° 2022-1561 du 13 déc. 2022, art. 2-7°) Le rapport prévu au premier alinéa de l'article R. 243-8 doit indiquer le montant des dépenses réalisées au cours de l'année considérée au titre de la démarche de reconnaissance, de la validation des acquis de l'expérience et des actions de formation visant à en favoriser l'accès. Il doit préciser en outre le nombre de travailleurs handicapés concernés, les attestations de compétence relevant de la démarche de reconnaissance, diplômes, titres ou certificats de qualification obtenus en tout ou partie lors de la validation des acquis de l'expérience ainsi que les actions complémentaires de formation.*

La convention mentionnée au deuxième alinéa de l'article R. 243-8 peut comporter, au titre des orientations en matière de formation des travailleurs handicapés, des clauses relatives aux actions relevant de la démarche de reconnaissance des savoir-faire et des compétences et de la validation des acquis de l'expérience.

Art. D. 243-29 Les dépenses réalisées par l'établissement ou le service d'aide par le travail au titre de l'accompagnement et des modalités d'organisation et d'attestation de la démarche de reconnaissance des savoir-faire et des compétences des travailleurs handicapés sont imputées sur le budget principal de l'activité sociale mentionné à l'article R. 344-10.

Art. D. 243-30 Le dispositif d'accompagnement et d'aide prévu pour les travailleurs handicapés engagés dans la validation des acquis de l'expérience est éligible aux dépenses prises en charge par l'organisme paritaire collecteur agréé lorsque l'établissement ou le service d'aide par le travail verse une contribution globale auprès d'un tel organisme au titre du financement de la formation professionnelle prévu au dernier alinéa de l'article R. 243-9.

Art. D. 243-31 Les actions de formation intervenant dans le cadre de la démarche de reconnaissance des savoir-faire et des compétences et la validation des acquis de l'expérience sont éligibles aux dépenses prises en charge par l'organisme paritaire collecteur agréé lorsque l'établissement ou le service d'aide par le travail verse une contribution globale auprès d'un tel organisme au titre du financement de la formation professionnelle prévu au dernier alinéa de l'article R. 243-9.

SECTION 3 Participation de l'État au paiement des accessoires de salaire

La présente section ne comprend pas de dispositions réglementaires.

CHAPITRE IV ALLOCATION AUX ADULTES HANDICAPÉS

Art. R. 244-1 Les dispositions relatives à l'allocation aux adultes handicapés sont fixées aux articles R. 821-1 à *(Décr. n° 2005-724 du 29 juin 2005)* « R. 821-10 » du code de la sécurité sociale.

CHAPITRE V LA PRESTATION DE COMPENSATION À DOMICILE

(Décr. n° 2005-1588 du 19 déc. 2005)

SECTION 1 Conditions générales d'attribution de la prestation de compensation à domicile

SOUS-SECTION 1 Conditions de résidence

Art. R. 245-1 Est réputée avoir une résidence stable en France métropolitaine, dans les départements mentionnés à l'article L. 751-1 du code de la sécurité sociale ou à Saint-Pierre-et-Miquelon la personne handicapée qui y réside de façon permanente et régulière ou accomplit hors de ces territoires :

1° Soit un ou plusieurs séjours provisoires dont la durée n'excède pas trois mois au cours de l'année civile ; en cas de séjour de plus de trois mois hors de ces territoires, soit de date à date, soit sur une année civile, la prestation de compensation n'est versée que pour les seuls mois civils complets de présence sur ces territoires. En cas de versements ponctuels de cette prestation, le montant total attribué est diminué à due proportion ; toutefois en cas de séjour de moins de six mois hors de ces territoires, cette réduction n'est pas appliquée pour la partie de la prestation concernant les aides techniques et les aménagements de logement ou du véhicule pris en compte en vertu des 2° et 3° de l'article L. 245-3 ;

2° Soit un séjour de plus longue durée lorsqu'il est justifié que le séjour est nécessaire pour lui permettre soit de poursuivre ses études, soit d'apprendre une langue étrangère, soit de parfaire sa formation professionnelle.

Les personnes de nationalité étrangère, hors les ressortissants des États membres de la Communauté européenne ou des autres parties à l'accord sur l'Espace économique européen, doivent en outre justifier qu'elles sont titulaires d'une carte de résident ou d'un titre de séjour exigé pour résider régulièrement en France en application de la législation relative aux conditions d'entrée et de séjour des étrangers en France ou en application de traités et accords internationaux.

Art. R. 245-2 *Abrogé par Décr. nº 2007-893 du 15 mai 2007.*

SOUS-SECTION 2 Conditions d'âge

(Décr. nº 2005-1591 du 19 déc. 2005)

Art. D. 245-3 La limite d'âge maximale pour solliciter la prestation de compensation est fixée à soixante ans. *(Abrogé par Décr. nº 2020-1826 du 31 déc. 2020, art. 4-1º)* ***« Toutefois, les personnes dont le handicap répondait avant l'âge de soixante ans aux critères du I de l'article L. 245-1 peuvent solliciter la prestation jusqu'à** (Décr. nº 2006-1311 du 25 oct. 2006, art. 4)* ***« soixante-quinze ans ». »***

Cette limite d'âge ne s'applique pas *(Décr. nº 2020-1826 du 31 déc. 2020, art. 4-2º)* « aux personnes dont le handicap répondait avant l'âge de soixante ans aux critères du I de l'article L. 245-1 et » aux bénéficiaires de l'allocation compensatrice optant pour le bénéfice de la prestation de compensation en application de l'article 95 de la loi nº 2005-102 du 11 février 2005 pour l'égalité des droits et des chances, la participation et la citoyenneté des personnes handicapées.

SOUS-SECTION 3 Critères de handicap

(Décr. nº 2005-1591 du 19 déc. 2005)

Art. D. 245-4 A le droit *(Décr. nº 2008-451 du 7 mai 2008, art. 1er)* « , ou ouvre le droit, » à la prestation de compensation, dans les conditions prévues au présent chapitre pour chacun des éléments prévus à l'article L. 245-3, la personne qui présente une difficulté absolue pour la réalisation d'une activité ou une difficulté grave pour la réalisation d'au moins deux activités telles que définies dans le référentiel figurant à l'annexe 2-5 et dans des conditions précisées dans ce référentiel. Les difficultés dans la réalisation de cette ou de ces activités doivent être définitives, ou d'une durée prévisible d'au moins un an.

SECTION 2 Conditions particulières d'attribution de chaque élément de la prestation de compensation

SOUS-SECTION 1 Besoin d'aides humaines

Art. D. 245-5 *(Décr. nº 2005-1591 du 19 déc. 2005)* La prestation de compensation prend en charge le besoin d'aides humaines apprécié au moyen du référentiel figurant à l'annexe 2-5 du code de l'action sociale et des familles.

(Abrogé par Décr. nº 2006-1311 du 25 oct. 2006, art. 3) ***« Lorsque l'aide apportée, pour tout ou partie des actes essentiels, est prise en charge financièrement à un autre titre, le temps d'aide correspondant est décompté du temps d'aide humaine pris en compte au titre de la prestation de compensation. »***

Art. R. 245-6 Les frais supplémentaires résultant de l'exercice d'une activité professionnelle ou d'une fonction élective mentionnés à l'article L. 245-4 sont les frais liés aux aides humaines directement apportées à la personne, à l'exclusion des frais liés à l'accompagnement de celle-ci sur son poste de travail.

Pour l'application de l'article L. 245-4 sont assimilés à une activité professionnelle les stages et formations rémunérés visant à favoriser l'insertion professionnelle des personnes handicapées ainsi que les démarches effectuées pour la recherche d'emploi par une personne inscrite à *(Décr. nº 2014-524 du 22 mai 2014, art. 17)* « Pôle emploi » ou par une personne prise en charge par un organisme de placement spécialisé.

Les fonctions électives mentionnées à l'article L. 245-4 sont celles prévues au code électoral et celles d'élu du Parlement européen. Les fonctions exercées dans les instances consultatives et organismes où siègent de droit des représentants des associations ou organismes regroupant des personnes handicapées ou leurs familles sont assimilées à des fonctions électives.

Art. R. 245-7 Est considéré comme un aidant familial, pour l'application de l'article L. 245-12, le conjoint, le concubin, la personne avec laquelle *(Décr. n° 2008-450 du 7 mai 2008)* « la personne handicapée » a conclu un pacte civil de solidarité, l'ascendant, le descendant ou le collatéral jusqu'au quatrième degré *(Décr. n° 2008-450 du 7 mai 2008)* « de la personne handicapée », ou l'ascendant, le descendant ou le collatéral jusqu'au quatrième degré de l'autre membre du couple qui apporte l'aide humaine définie en application des dispositions de l'article L. 245-3 du présent code et qui n'est pas salarié pour cette aide.

(Décr. n° 2008-450 du 7 mai 2008) « Lorsque la prestation est accordée au titre du 1° du III de l'article L. 245-1, est également considéré comme aidant familial, dès lors qu'il remplit les conditions mentionnées à l'alinéa précédent, le conjoint, le concubin ou la personne avec laquelle un parent de l'enfant handicapé a conclu un pacte civil de solidarité ainsi que toute personne qui réside avec la personne handicapée et qui entretient des liens étroits et stables avec elle. »

Art. D. 245-8 *(Décr. n° 2005-1591 du 19 déc. 2005 ; Décr. n° 2008-451 du 7 mai 2008, art. 1er)* « En application du deuxième alinéa de l'article L. 245-12, la personne handicapée ou, si elle est mineure, la personne qui en a la charge peut utiliser les sommes attribuées au titre de l'élément lié à un besoin d'aide humaine de la prestation de compensation pour salarier un membre de la famille de la personne handicapée autre que le conjoint, le concubin ou la personne avec laquelle elle a conclu un pacte civil de solidarité ou autre qu'un obligé alimentaire du premier degré, à condition que ce dernier n'ait pas fait valoir ses droits à la retraite et qu'il ait cessé ou renoncé totalement ou partiellement à une activité professionnelle pour être employé par la personne handicapée ou, si elle est mineure, la personne qui en a la charge. Toutefois, lorsque son état nécessite à la fois une aide totale pour la plupart des actes essentiels et une présence constante ou quasi-constante due à un besoin de soins ou d'aide pour les gestes de la vie quotidienne, la personne handicapée majeure ou émancipée peut utiliser ces sommes pour salarier son conjoint, son concubin, la personne avec laquelle elle a conclu un pacte civil de solidarité ou un obligé alimentaire du premier degré. »

Dans le cas où le membre de la famille salarié par la personne handicapée est son tuteur, le contrat de travail est conclu par le subrogé tuteur ou, à défaut de subrogé tuteur, par un tuteur *ad hoc* nommé par le juge des tutelles. Le contrat de travail doit être homologué par le conseil de famille ou, en l'absence de conseil de famille, par le juge des tutelles. L'homologation du juge des tutelles est également requise si le juge a autorisé le majeur protégé à conclure lui-même le contrat de travail avec son tuteur ou lorsque le membre de la famille salarié par la personne handicapée est son curateur.

Art. D. 245-9 *(Décr. n° 2005-1591 du 19 déc. 2005)* Les personnes atteintes de cécité, c'est-à-dire dont la vision centrale *(Décr. n° 2022-570 du 19 avr. 2022, art. 1er-1°, en vigueur le 1er janv. 2023)* « après correction » est nulle ou inférieure à 1/20 de la vision normale, sont considérées comme remplissant les conditions qui permettent l'attribution *(Décr. n° 2010-16 du 7 janv. 2010, art. 1er)* « et le maintien » de l'élément de la prestation lié à un besoin d'aides humaines *(Décr. n° 2010-16 du 7 janv. 2010, art. 1er)* « d'un montant forfaitaire déterminé sur la base d'un temps d'aide » de 50 heures par mois *(Décr. n° 2010-16 du 7 janv. 2010, art. 1er)* « auquel est appliqué le » tarif fixé par arrêté du ministre chargé des personnes handicapées. Quand le besoin d'aides humaines apprécié au moyen du référentiel figurant à l'annexe 2-5 du code de l'action sociale et des familles le justifie, le montant attribué peut être supérieur à 50 heures.

Sans préjudice des moyens dont la mise en place incombe aux services publics en application de l'article 78 de la loi n° 2005-102 du 11 février 2005 ou des mesures

d'accompagnement prévues à l'article L. 123-4-1 du code de l'éducation, les personnes atteintes d'une surdité sévère, profonde ou totale, c'est-à-dire dont la perte auditive moyenne est supérieure à 70 dB, et qui recourent au dispositif de communication adapté nécessitant une aide humaine, sont considérées remplir les conditions qui permettent l'attribution *(Décr. nº 2010-16 du 7 janv. 2010, art. 1er)* **« et le maintien », pour leurs besoins de communication, de l'élément de la prestation lié à un besoin d'aide humaine** *(Décr. nº 2010-16 du 7 janv. 2010, art. 1er)* **« d'un montant forfaitaire déterminé sur la base d'un temps d'aide » de 30 heures par mois** *(Décr. nº 2010-16 du 7 janv. 2010, art. 1er)* **« auquel est appliqué le » tarif fixé par arrêté du ministre chargé des personnes handicapées. Quand le besoin d'aides humaines apprécié au moyen du référentiel figurant à l'annexe 2-5 du code de l'action sociale et des familles le justifie, il peut être fixé au-delà de 30 heures.** *(Abrogé par Décr. nº 2022-570 du 19 avr. 2022, art. 1er-2º, en vigueur le 1er janv. 2023)* ***« La perte auditive est appréciée selon les recommandations du Bureau international d'audiophonologie, à partir de la perte en décibels, aux fréquences de 500 Hz, 1 000 Hz, 2 000 Hz, 4 000 Hz. »***

(Décr. nº 2022-570 du 19 avr. 2022, art. 1er-3º, à compter du 1er janv. 2023) **« Les personnes cumulant une déficience auditive et une déficience visuelle, sont réputées remplir les conditions qui permettent l'attribution et le maintien de l'élément de la prestation lié à un besoin d'aide humaine d'un montant forfaitaire déterminé sur la base d'un temps d'aide conformément au tableau suivant, auquel est appliqué le tarif fixé par arrêté du ministre chargé des personnes handicapées.**

	Vision centrale après correction par rapport à la vision normale OU Champ visuel	supérieure ou égale à 1/10ème et inférieure à 3/10ème / Supérieur ou égal à 20° et inférieur à 40°	supérieure ou égale à 1/20ème et inférieure à 1/10ème / Supérieur ou égal à 10° et inférieur à 20°	inférieure à 1/20ème / inférieur à 10°
Perte auditive moyenne sans appareillage	Supérieure à 41 dB et inférieure ou égale à 56 dB	30 heures	30 heures	50 heures
	Supérieure à 56 dB et inférieure ou égale à 70 dB	30 heures	50 heures	80 heures
	Supérieure à 70 dB	50 heures	80 heures	80 heures

« Quand le besoin d'aides humaines apprécié au moyen du référentiel figurant à l'annexe 2-5 le justifie, le montant attribué peut l'être pour un temps d'aide supérieur à 80 heures.

« Pour l'application du présent article, la perte auditive est appréciée selon les recommandations du Bureau international d'audiophonologie, à partir de la perte en décibels, aux fréquences de 500 Hz, 1 000 Hz, 2 000 Hz, 4 000 Hz. »

SOUS-SECTION 2 **Besoin d'aides techniques**

Art. D. 245-10 *(Décr. nº 2005-1591 du 19 déc. 2005)* **Les aides techniques mentionnées au 2º de l'article L. 245-3 sont tout instrument, équipement ou système technique adapté ou spécialement conçu pour compenser une limitation d'activité rencontrée par une personne du fait de son handicap, acquis ou loué par la personne handicapée pour son usage personnel** *(Décr. nº 2020-1826 du 31 déc. 2020, art. 1er-I)* **« y compris pour répondre à un besoin lié à l'exercice de la parentalité ».**

Les dispositions de l'art. 1er du Décr. nº 2020-1826 du 31 déc. 2020 sont applicables aux demandes de la prestation de compensation du handicap déposées à compter du 1er janv. 2021, ainsi qu'aux demandes en cours d'instruction devant la commission des droits et de l'autonomie des personnes handicapées à la date d'entrée en vigueur du décret susvisé (Décr. préc., art. 5).

Art. D. 245-11 *(Décr. nº 2005-1591 du 19 déc. 2005)* **Le besoin d'aides techniques est apprécié au moyen du référentiel figurant à l'annexe 2-5.**

(Décr. nº 2020-1826 du 31 déc. 2020, art. 1er-I) **« Les parents bénéficiaires de la prestation de compensation du handicap sont considérées comme remplissant les conditions qui permettent l'attribution et le maintien de l'élément de la prestation lié à un besoin d'aides techniques lié à l'exercice de la parentalité, selon les modalités fixées par l'annexe 2-5 du code de l'action sociale et des familles. »** — *V. note ss. art. D. 245-10.*

Art. R. 245-12 **Le ministre chargé des personnes handicapées détermine en tant que de besoin par arrêté les indications et spécifications auxquelles sont soumises les aides techniques pour être inscrites sur la liste des aides dont les tarifs sont fixés en application de l'article R. 245-42 et qui ne figurent pas sur la liste des produits et des prestations mentionnée à l'article L. 165-1 du code de la sécurité sociale.**

SOUS-SECTION 3 Aménagement du logement, du véhicule et surcoûts résultant du transport

(Décr. nº 2005-1591 du 19 déc. 2005)

§ 1 Bénéficiaires de l'allocation d'éducation de l'enfant handicapé

Art. D. 245-13 **Tout bénéficiaire de l'allocation d'éducation de l'enfant handicapé peut prétendre** *(Décr. nº 2008-451 du 7 mai 2008, art. 1er)* **« en application du 2º du III de l'article L. 245-1 » au bénéfice de l'élément de la prestation de compensation lié à un aménagement du logement, du véhicule ou aux surcoûts résultant du transport dès lors que l'enfant remplit les critères de handicap définis à l'article D. 245-4.**

(Abrogé par Décr. nº 2008-451 du 7 mai 2008, art. 1er) ***« En cas de séparation des parents, la prestation de compensation peut prendre en charge l'aménagement du logement ou du véhicule du parent n'ayant pas la charge de l'enfant sous condition de l'établissement préalable d'un compromis écrit entre les deux parents. Ce compromis comporte, de la part du parent n'ayant pas la charge de l'enfant, l'engagement d'effectuer les aménagements et, de la part du parent ayant la charge de l'enfant, l'engagement de reverser à l'autre parent la partie de la prestation correspondant à ces aménagements. »***

§ 2 Critères et conditions d'affectation

1 AMÉNAGEMENT DU LOGEMENT

Art. D. 245-14 **Peuvent être pris en compte au titre du 3º de l'article L. 245-3 les frais d'aménagements du logement, y compris consécutifs à des emprunts, qui concourent à maintenir ou améliorer l'autonomie de la personne handicapée par l'adaptation et l'accessibilité du logement dans les conditions définies au référentiel figurant à l'annexe 2-5 du code de l'action sociale et des familles, ainsi que les coûts entraînés par le déménagement et l'installation des équipements nécessaires lorsque l'aménagement du logement est impossible ou jugé trop coûteux au vu de l'évaluation réalisée par l'équipe mentionnée à l'article L. 146-8, et que le demandeur fait le choix d'un déménagement dans un logement répondant aux normes réglementaires d'accessibilité.**

Art. D. 245-15 **En cas d'évolution prévisible du handicap, le plan de compensation peut intégrer des travaux destinés à faciliter des adaptations ultérieures.**

Art. D. 245-16 **L'aménagement du domicile de la personne qui l'héberge peut être pris en charge au titre de l'élément de la prestation relevant du 3º de l'article L. 245-3 lorsque la personne handicapée a sa résidence chez un ascendant, un descendant ou un collatéral jusqu'au quatrième degré, ou chez un ascendant, un descendant ou un collatéral jusqu'au quatrième degré de son conjoint, de son concubin ou de la personne avec laquelle elle a conclu un pacte civil de solidarité.**

Art. D. 245-17 Ne peuvent être pris en compte au titre de l'élément de la prestation relevant du 3° de l'article L. 245-3 :

1° L'aménagement du domicile de l'accueillant familial défini à l'article L. 441-1 ;

2° Les demandes d'aménagements rendues nécessaires par un manquement aux dispositions législatives et réglementaires relatives à l'accessibilité du logement.

2 AMÉNAGEMENT DU VÉHICULE ET SURCOÛTS LIÉS AU TRANSPORT

Art. D. 245-18 Peuvent être pris en compte au titre du 3° de l'article L. 245-3 :

1° L'aménagement du véhicule habituellement utilisé par la personne handicapée, que celle-ci soit conducteur ou passager. Peuvent aussi être pris en compte les options ou accessoires pour un besoin directement lié au handicap ;

2° Les surcoûts liés au transport de la personne handicapée.

Art. D. 245-19 S'agissant de l'aménagement du poste de conduite d'un véhicule exigeant la possession du permis de conduire, seule peut bénéficier de l'affectation de la prestation de compensation à cet effet la personne dont le permis fait mention d'un tel besoin ou la personne qui manifeste son intention d'apprendre à conduire en utilisant la conduite accompagnée et qui produit l'avis établi par le médecin, lors de la visite médicale préalable en application de l'article R. 221-19 du code de la route, ainsi que l'avis du délégué à l'éducation routière.

Art. D. 245-20 Seuls sont pris en compte les surcoûts liés à des transports réguliers, fréquents ou correspondant à un départ annuel en congés.

Art. D. 245-21 *Abrogé par Décr. n° 2006-1311 du 25 oct. 2006, art. 3.*

Art. D. 245-22 Ne peuvent être pris en compte les surcoûts liés au transport qui résulteraient d'un non-respect, à la date de la demande, des obligations mises à la charge des autorités compétentes pour l'organisation du transport public afin de mettre à disposition des personnes handicapées ou à mobilité réduite des moyens de transport adaptés en cas d'impossibilité technique avérée de mise en accessibilité des réseaux existants.

SOUS-SECTION 4 Charges spécifiques ou exceptionnelles

(Décr. n° 2005-1591 du 19 déc. 2005)

Art. D. 245-23 Sont susceptibles d'être prises en compte comme charges spécifiques les dépenses permanentes et prévisibles liées au handicap et n'ouvrant pas droit à une prise en charge au titre d'un des autres éléments de la prestation de compensation.

Sont susceptibles d'être prises en compte comme charges exceptionnelles les dépenses ponctuelles liées au handicap et n'ouvrant pas droit à une prise en charge au titre d'un des autres éléments de la prestation de compensation.

SOUS-SECTION 5 Attribution et entretien des aides animalières

(Décr. n° 2005-1591 du 19 déc. 2005)

Art. D. 245-24 Ne peuvent être prises en compte au titre de cet élément de la prestation de compensation que les aides animalières qui concourent à maintenir ou à améliorer l'autonomie de la personne handicapée dans la vie quotidienne.

Art. D. 245-24-1 *(Décr. n° 2005-1776 du 30 déc. 2005)* Un label est attribué pour une période de un à cinq ans renouvelable *(Abrogé par Décr. n° 2014-362 du 20 mars 2014, art. 2-1°)* « *, après avis d'une commission,* » aux centres d'éducation de chiens d'assistance ou aux centres d'éducation de chiens guides d'aveugle qui en font la demande ou, le cas échéant, aux organismes gestionnaires desdits centres pour chacun d'entre eux, par arrêté du préfet du département dans lequel le centre est implanté.

(Abrogé par Décr. nº 2014-362 du 20 mars 2014, art. 2-2º) ***« Un label provisoire, dont la durée de validité ne peut excéder deux ans, est attribué aux centres ou, le cas échéant, aux organismes gestionnaires desdits centres, créés après la date de publication du décret nº 2005-1776 du 30 décembre 2005 relatif à la labellisation des centres d'éducation des chiens d'assistance ou des chiens guides d'aveugle. Au terme de ce délai, le label est attribué dans les conditions mentionnées au premier alinéa et au vu d'un rapport adopté par la commission susmentionnée portant sur le fonctionnement de ces centres.***

« La composition et les modalités de fonctionnement de la commission chargée d'examiner et de donner un avis sur les demandes de labellisation des centres d'éducation de chiens d'assistance et des centres d'éducation de chiens guides d'aveugle ou, le cas échéant, de leur organisme gestionnaire sont fixées par arrêté conjoint du ministre chargé des personnes handicapées et du ministre de l'agriculture et de la pêche. »

Pour une période de cinq ans à compter de la publication du Décr. nº 2014-362 du 20 mars 2014, pour obtenir le label mentionné à l'art. D. 245-24-1 ou son renouvellement, les centres d'éducation de chiens d'assistance ou leurs organismes gestionnaires peuvent employer, pour remplir les fonctions d'éducateur de chien, des personnes titulaires d'une attestation répondant aux conditions fixées par arrêté conjoint du ministre chargé des personnes handicapées et du ministre chargé de l'agriculture (Décr. préc., art. 6, JO 22 mars). — V. Arr. du 20 mars 2014 relatif aux critères techniques de labellisation des centres d'éducation des chiens d'assistance et des centres d'éducation des chiens-guides d'aveugles et à la création d'un certificat national (JO 22 mars).

Art. D. 245-24-2 *(Décr. nº 2005-1776 du 30 déc. 2005)* **Pour obtenir le label** *(Abrogé par Décr. nº 2014-362 du 20 mars 2014, art. 3-1º)* ***« , ou le label provisoire, »*** **mentionné à l'article D. 245-24-1 ou son renouvellement, chaque centre ou organisme gestionnaire doit remplir les conditions suivantes :**

1º Établir un contrat de mise à disposition du chien avec chaque bénéficiaire de l'aide animalière *(Décr. nº 2014-362 du 20 mars 2014, art. 3-2º)* **« ou avec le directeur de chaque établissement social ou médico-social » afin d'assurer un suivi du chien garantissant à la personne handicapée la sécurité et l'efficacité de l'aide apportée ;**

2º Élaborer un document détaillant avec précision les modalités de sélection et la provenance des chiots ;

3º Tenir, pour chaque chien, un carnet de suivi régulièrement documenté tout au long de son activité d'assistance, tant sur le plan sanitaire que comportemental ;

4º Placer à titre gracieux les chiots en famille d'accueil durant une période minimale de dix mois pour un chien guide et de seize mois pour un chien d'assistance ;

5º Éduquer les chiens durant une période de six mois minimum en vue de l'assistance aux personnes ;

6º S'assurer d'un placement de qualité des chiens lorsque ceux-ci ont terminé leur travail d'assistance auprès de la personne handicapée ;

7º Employer des personnes possédant un titre relatif à l'éducation des chiens guides d'aveugle ou à l'éducation des chiens d'assistance inscrit au répertoire national des certifications professionnelles en vue de l'éducation des chiens guides d'aveugle ou des chiens d'assistance ;

8º Disposer d'un comité d'attribution des chiens chargé d'examiner les demandes d'attribution et de se prononcer, après entretien avec le bénéficiaire, sur l'aptitude de celui-ci à utiliser et à entretenir un chien d'assistance ou un chien guide d'aveugle au regard d'un certificat médical datant de moins de trois mois. Ce comité comprend au moins un médecin, un éducateur de chien qualifié et, pour les centres d'éducation de chiens guides d'aveugle, un instructeur de locomotion titulaire du certificat d'aptitude à l'éducation et à la rééducation de la locomotion auprès des personnes déficientes visuelles délivré par le ministre chargé des personnes handicapées ;

9º Attribuer un chien d'assistance ou un chien guide d'aveugle aux seules personnes titulaires *(Décr. nº 2016-1849 du 23 déc. 2016, art. 1er-4º, en vigueur le 1er janv. 2017)* **« d'une carte mobilité inclusion comportant la mention "priorité pour personnes handicapées" ou la mention "invalidité" prévue à l'article L. 241-3, » d'une carte d'invalidité prévue à l'article L. 241-3** *(Décr. nº 2016-1849 du 23 déc. 2016, art. 1er-4º, en vigueur le 1er janv. 2017)* **« ou d'une carte de priorité prévue à l'article L. 241-3-1 dans leur rédaction antérieure au 1er janvier 2017 » du code de l'action sociale et des**

familles *(Décr. nº 2014-362 du 20 mars 2014, art. 3-3º)* **« ou à un établissement social ou médico-social » ;**

10º Mettre en place, avant toute remise officielle d'un chien à une personne handicapée, un stage d'adaptation entre la personne handicapée et le chien, d'une durée minimale de deux semaines. Lorsqu'il s'agit de la remise d'un chien guide d'aveugle, l'une des deux semaines doit être effectuée sur le lieu de vie de la personne ;

11º Respecter les critères techniques définis par arrêté conjoint du ministre chargé des personnes handicapées et du ministre de l'agriculture et de la pêche.

Art. D. 245-24-3 *(Décr. nº 2005-1776 du 30 déc. 2005)* **La demande de labellisation est adressée au préfet du département dans lequel le centre est implanté. Elle est accompagnée de pièces dont la liste est prévue par arrêté conjoint du ministre chargé des personnes handicapées et du ministre de l'agriculture et de la pêche.**

Chaque centre labellisé, et, le cas échéant, chaque organisme gestionnaire d'un centre, adresse, annuellement, au préfet *(Abrogé par Décr. nº 2014-362 du 20 mars 2014, art. 4-1º)* ***« et à la commission mentionnée à l'article D. 245-24-1 »*** **un rapport d'activité et un rapport financier détaillés.**

Le préfet peut retirer le label au centre ou à l'organisme ne respectant pas tout ou partie des critères exigés pour l'obtention du label, plus particulièrement ceux ayant trait à la sécurité des personnes handicapées et aux conditions générales prévues pour l'exercice ou le fonctionnement de cette activité.

(Abrogé par Décr. nº 2014-362 du 20 mars 2014, art. 4-2º) ***« Il peut demander un avis préalable à la commission mentionnée à l'article D. 245-24-1, qu'il saisit des renseignements collectés. »***

Art. D. 245-24-4 *(Décr. nº 2014-362 du 20 mars 2014, art. 5)* **Un certificat national, dont le modèle est fixé par arrêté conjoint du ministre chargé des personnes handicapées et du ministre chargé de l'agriculture, est remis aux détenteurs de chiens en formation, en activité ou non. Ce certificat est délivré sous la responsabilité des centres qui détiennent le label mentionné à l'article D. 245-24-1.**

Ce certificat justifie de l'éducation du chien par un centre labellisé et permet l'accès aux transports, aux lieux ouverts au public ainsi qu'à ceux permettant une activité professionnelle, formatrice ou éducative.

SECTION 3 Gestion de la prestation de compensation

SOUS-SECTION 1 Instruction de la demande

(Décr. nº 2005-1591 du 19 déc. 2005)

Art. D. 245-25 **Lors du dépôt de sa demande à la maison départementale des personnes handicapées, la personne handicapée fournit les pièces justifiant notamment de son identité et de son domicile ainsi qu'un certificat médical. Cette liste peut être complétée par arrêté du ministre en charge des personnes handicapées. La personne précise également, à cette occasion, si elle est titulaire d'une prestation en espèces de sécurité sociale au titre de l'aide humaine nécessitée par son handicap.**

Art. D. 245-26 **Dans le cadre de l'instruction de la demande, la maison départementale des personnes handicapées demande les pièces justificatives complémentaires nécessaires à l'établissement des droits du demandeur et à la liquidation de la prestation.**

(Décr. nº 2008-451 du 7 mai 2008, art. 1er) **« En cas de séparation des parents, la prestation de compensation peut être affectée à la couverture des charges du parent n'ayant pas la charge de l'enfant, sous condition de l'établissement préalable d'un compromis écrit entre les deux parents. Le compromis précise les modalités d'aides incombant à chacun des parents. Il comporte, de la part du parent ayant la charge de l'enfant, l'engagement de reverser à l'autre parent la partie correspondant à la compensation des charges prévues à l'article L. 245-3 qu'il a exposée, et de la part du parent n'ayant pas la charge de l'enfant, l'engagement à fournir à l'autre parent les pièces justifiant l'effectivité de ces charges. »**

Art. D. 245-27 Pour l'évaluation des besoins d'aides humaines, le plan personnalisé de compensation précise le nombre d'heures proposées au titre des actes essentiels, de la surveillance, des frais supplémentaires liés à l'exercice d'une activité professionnelle ou d'une fonction élective *(Décr. nº 2020-1826 du 31 déc. 2020, art. 1er-I)* « , de l'aide à l'exercice de la parentalité » définis dans le référentiel figurant à l'annexe 2-5 du code de l'action sociale et des familles en les répartissant selon le statut de l'aidant. Toutefois, l'ensemble des réponses aux différents besoins d'aide humaines identifiés doivent être mentionnées dans le plan personnalisé de compensation prévu à l'article L. 146-8 du code de l'action sociale et des familles, y compris celles qui ne relèvent pas de la prestation de compensation, afin de permettre à la maison départementale des personnes handicapées de proposer aux organismes concernés une mutualisation de leurs interventions. — *V. note ss. art. D. 245-10.*

Le plan personnalisé de compensation précise le cas échéant le nombre d'heures proposées au titre de l'article D. 245-9.

L'équipe pluridisciplinaire recueille l'avis du médecin du travail sur les éléments du plan personnalisé de compensation qui répondent à des besoins d'aide humaine liés à l'exercice d'une activité professionnelle lorsque l'aidant est susceptible d'intervenir sur le lieu de travail. Elle s'assure auprès de la personne handicapée de l'accord de l'employeur concernant cette intervention.

Art. D. 245-28 Pour l'évaluation des besoins d'adaptation du logement et du véhicule, le demandeur fait établir plusieurs devis avec descriptif sur la base des propositions de l'équipe pluridisciplinaire.

SOUS-SECTION 2 Décision d'attribution

Art. D. 245-29 *(Décr. nº 2005-1591 du 19 déc. 2005)* *(Décr. nº 2021-1394 du 27 oct. 2021, art. 1er-I, en vigueur le 1er janv. 2022)* « I. — » En cas d'évolution du handicap de la personne ou des facteurs ayant déterminé les charges prises en compte, *(Décr. nº 2008-451 du 7 mai 2008, art. 1er)* « le bénéficiaire » peut déposer une nouvelle demande avant la fin de la période d'attribution en cours. La commission des droits et de l'autonomie des personnes handicapées réexamine les droits à la prestation de compensation si elle estime, au vu des éléments nouveaux, que le plan de compensation de la personne handicapée est substantiellement modifié. *(Décr. nº 2008-451 du 7 mai 2008, art. 1er)* « Elle fixe le montant de la prestation sans tenir compte des montants déjà attribués pour les éléments concernés. »

(Décr. nº 2021-1394 du 27 oct. 2021, art. 1er-I, en vigueur le 1er janv. 2022) « II. — Lorsqu'un droit à la prestation est ouvert sans limitation de durée en application du premier alinéa de l'article L. 245-6 et sans préjudice des dispositions du I et de l'article R. 245-71, la maison départementale des personnes handicapées dont relève le bénéficiaire l'informe, au moins une fois tous les dix ans à compter de la date de décision d'attribution, de son droit à demander une nouvelle évaluation de ses besoins et de solliciter le cas échéant un réexamen de son plan personnalisé de compensation. »

Art. D. 245-30 *(Décr. nº 2005-1591 du 19 déc. 2005)* Lorsque la commission des droits et de l'autonomie des personnes handicapées est saisie par le président du conseil départemental en application de l'article R. 245-71, elle réexamine les droits à la prestation de compensation, après avoir mis la personne handicapée en mesure de faire connaître ses observations dans le cadre des procédures prévues aux articles R. 146-32 à R. 146-35.

§ 1 Contenu de la décision d'attribution

(Décr. nº 2005-1591 du 19 déc. 2005)

Art. D. 245-31 Les décisions de la commission des droits et de l'autonomie des personnes handicapées mentionnée à l'article L. 241-5 indiquent pour chacun des éléments de la prestation de compensation attribués :

1° La nature des dépenses pour lesquelles chaque élément est affecté, en précisant, pour l'élément lié à un besoin d'aides humaines, la répartition des heures selon le statut de l'aidant *(Décr. n° 2010-16 du 7 janv. 2010, art. 2)* « ; ou, le cas échéant, l'attribution d'un forfait prévu à l'article D. 245-9 ; »

2° La durée d'attribution ;

3° Le montant total attribué, sauf pour l'élément mentionné au 1° de l'article L. 245-3 ;

4° Le montant mensuel attribué ;

5° Les modalités de versement choisies par le bénéficiaire ;

(Décr. n° 2016-1535 du 15 nov. 2016, art. 1er-1°) « 6° Le cas échéant, pour les éléments relevant du 2° au 4° de l'article L. 245-3, en accord avec le bénéficiaire, l'identité de la ou des personnes physiques ou morales ayant conventionné avec le conseil départemental, et à laquelle ou auxquelles les éléments seront versés directement. »

(Décr. n° 2008-451 du 7 mai 2008, art. 1er) « Lorsque la prestation de compensation est attribuée en application du 1° du III de l'article L. 245-1, les décisions font mention du choix effectué en application du I de l'article D. 245-32-1. »

Lorsqu'une décision ne mentionne pas un élément déjà attribué par une décision précédente en cours de validité, le droit à cet élément est maintenu.

§ 2 Droit d'option

Art. R. 245-32 Toute personne bénéficiaire de l'allocation compensatrice, prévue à l'article L. 245-1 dans sa rédaction antérieure à la loi n° 2005-102 du 11 février 2005, peut demander le bénéfice de la prestation de compensation. Lorsque cette demande de prestation est formulée à la date d'échéance de renouvellement du droit à l'allocation compensatrice, l'option mentionnée à l'article 95 de la loi n° 2005-102 du 11 février 2005 est exercée par la personne bénéficiaire, préalablement informée des montants respectifs de l'allocation et de la prestation auxquels elle peut avoir droit.

Pour l'application de cet article, les dispositions du chapitre V du titre IV du livre II du CASF dans leur rédaction antérieure au décret n° 2005-1588 du 19 déc. 2005 continuent à s'appliquer pour le versement de l'allocation compensatrice aux personnes handicapées qui optent pour son maintien.

Art. D. 245-32-1 *(Décr. n° 2008-451 du 7 mai 2008, art. 1er)* I. — Le choix prévu au III de l'article L. 245-1 est exercé sur la base des propositions figurant dans le plan personnalisé de compensation, lesquelles précisent les montants respectifs de l'allocation d'éducation de l'enfant handicapé, de son complément et de la prestation de compensation. Il est exprimé en même temps que d'éventuelles observations, dans les délais prévus à l'article R. 146-29. La commission des droits et de l'autonomie des personnes handicapées en est informée.

Lorsque la personne n'exprime aucun choix, si elle perçoit une prestation, il est présumé qu'elle souhaite continuer à la percevoir ou, si elle ne perçoit aucune des deux prestations, il est présumé qu'elle souhaite percevoir le complément de l'allocation d'éducation de l'enfant handicapé.

Lorsque la décision de la commission des droits et de l'autonomie des personnes handicapées diffère des propositions qui figurent dans le plan personnalisé de compensation, en ce qui concerne l'allocation d'éducation de l'enfant handicapé ou la prestation de compensation, le bénéficiaire dispose d'un délai d'un mois après notification de la décision pour modifier son choix auprès de la maison départementale des personnes handicapées.

La maison départementale des personnes handicapées transmet sans délai la décision aux organismes payeurs, lorsque le choix de la personne est définitif.

II. — Toute demande par un bénéficiaire au titre du 1° du III de l'article L. 245-1 de renouvellement ou de révision de la prestation de compensation au titre de l'article D. 245-29 entraîne un réexamen des conditions pour bénéficier du complément de l'allocation d'éducation de l'enfant handicapé.

Le bénéficiaire des éléments mentionnés aux 2°, 4° et 5° de l'article L. 245-3 ne peut opter pour le complément de l'allocation prévue à l'article L. 541-1 du code de la sécurité sociale qu'à la date d'échéance de l'attribution de ces éléments, dès lors qu'ils ont donné lieu à versement ponctuel.

§ 3 Durées maximales d'attribution de la prestation de compensation

(Décr. nº 2005-1591 du 19 déc. 2005)

Art. D. 245-33 *(Décr. nº 2021-1394 du 27 oct. 2021, art. 1er-II, en vigueur le 1er janv. 2022)* I. — Sans préjudice des dispositions prévues à l'article D. 245-29, la prestation de compensation est attribuée pour une durée déterminée, inférieure ou égale à dix ans pour chacun des éléments mentionnés à l'article L. 245-3.

II. — Par dérogation au I et sans préjudice des dispositions prévues à l'article D. 245-29, sont accordés sans limitation de durée :

1° L'élément mentionné au 1° de l'article L. 245-3 lorsque, pour l'application des conditions mentionnées au 1 de la section 5 du chapitre II de l'annexe 2-5, les difficultés présentées par la personne ne sont pas susceptibles d'évolution favorable ;

2° Les éléments mentionnés au 2° à 5° de l'article L. 245-3 lorsque le handicap n'est pas susceptible d'évoluer favorablement.

III. — En cas de versements ponctuels :

1° Le total des versements correspondant à l'élément 1 de la prestation de compensation ne peut excéder deux mois de prestation. A l'issue de cette période, le versement reprend dans les conditions mentionnées à l'article R. 245-61. Le bénéficiaire apporte tout élément justifiant le besoin d'un versement ponctuel auprès du président du conseil départemental ;

2° Le total des versements correspondant aux éléments 2 à 5 de la prestation ne peut dépasser le montant maximum prévu à l'article R. 245-37 sur une période ne dépassant pas la durée fixée au I du présent article.

§ 4 Date d'ouverture des droits

(Décr. nº 2005-1591 du 19 déc. 2005)

Art. D. 245-34 La date d'ouverture des droits est le premier jour du mois du dépôt de la demande. *(Abrogé par Décr. nº 2016-1535 du 15 nov. 2016, art. 1er-2°)* « ***A titre transitoire, cette date d'ouverture peut être fixée dès le 1er janvier 2006 pour les personnes remplissant les conditions d'attribution de la prestation de compensation et déposant leur demande entre le 1er janvier 2006 et le 1er juillet 2006, à condition qu'ils justifient les charges exposées sur cette période.*** »

(Décr. nº 2016-1535 du 15 nov. 2016, art. 1er-2°) « Par dérogation aux dispositions du premier alinéa, pour les aides relevant du 2° de l'article L. 245-3, les droits sont ouverts à compter de la date d'acquisition ou de location de l'instrument, équipement ou système technique correspondant. Cette date est au plus tôt le premier jour du sixième mois précédant le dépôt de la demande. »

(Décr. nº 2008-451 du 7 mai 2008, art. 1er) « Pour les demandes faites en application du 1° du III de l'article L. 245-1 par le bénéficiaire d'un complément de l'allocation prévue à l'article L. 541-1 du code de la sécurité sociale, la date d'attribution de la prestation de compensation est fixée par la commission des droits et de l'autonomie :

« 1° Au premier jour qui suit la date d'échéance du droit de cette allocation ;

« 2° Lorsque la demande est faite en cas d'évolution du handicap de la personne ou des facteurs ayant déterminé les charges prises en compte :

« *a)* Au premier jour du mois de la décision de la commission ;

« *b)* A une date comprise entre le premier jour du mois du dépôt de la demande et la date de la décision de la commission, lorsque le bénéficiaire justifie avoir été exposé à des charges supplémentaires prises en compte au titre de la prestation de compensation. »

En cas d'interruption de l'aide décidée en application de l'article R. 245-71, celle-ci prend effet à compter de la date à laquelle la commission des droits et de l'autonomie des personnes handicapées a statué.

Art. D. 245-35 Au moins six mois avant l'expiration de la période d'attribution de l'élément mentionné au 1° de l'article L. 245-3 de la prestation de compensation, ainsi que des autres éléments lorsque ceux-ci donnent lieu à des versements mensuels, la commission des droits et de l'autonomie des personnes handicapées invite le bénéficiaire à lui adresser une demande de renouvellement.

§ 5 Procédure d'urgence

Art. R. 245-36 En cas d'urgence attestée, l'intéressé peut, à tout moment de l'instruction de sa demande de prestation de compensation, joindre une demande particulière sur laquelle le président du conseil départemental statue en urgence dans un délai de quinze jours ouvrés en arrêtant le montant provisoire de la prestation de compensation. Le ministre chargé des personnes handicapées peut fixer par arrêté les conditions particulières dans lesquelles l'urgence est attestée. – *V. Arr. du 27 juin 2006 (JO 30 juin).*

(Décr. nº 2008-450 du 7 mai 2008) « Le président du conseil départemental informe l'organisme débiteur des prestations familiales de l'attribution provisoire de la prestation lorsque le bénéficiaire perçoit l'allocation prévue à l'article L. 541-1 du code de la sécurité sociale. »

SOUS-SECTION 3 Montants maximaux attribuables au titre des éléments de la prestation de compensation

Art. R. 245-37 Les montants attribuables au titre des éléments de la prestation de compensation mentionnés aux 2°, 3°, 4° et 5° de l'article L. 245-3 peuvent être modulés selon la nature des dépenses prises en charge. Ils sont fixés par arrêté du ministre chargé des personnes handicapées. – *V. Arr. du 28 déc. 2005 (JO 30 déc.).*

Art. R. 245-38 Le ministre chargé des personnes handicapées détermine par arrêté les conditions de revalorisation des tarifs.

Art. R. 245-39 Le montant mensuel maximal de l'élément de la prestation de compensation mentionné au 1° de l'article L. 245-3 est fixé par arrêté du ministre chargé des personnes handicapées. – *V. Arr. du 28 déc. 2005 (JO 30 déc.).*

SOUS-SECTION 4 Fixation du montant de la prestation de compensation

Art. R. 245-40 *(Décr. nº 2006-703 du 16 juin 2006, art. 9)* Pour fixer les montants attribués au titre des divers éléments de cette prestation, la commission déduit les sommes versées correspondant à un droit de même nature ouvert au titre d'un régime de sécurité sociale.

Ces dispositions s'appliquent à compter du 17 juin 2006 (Décr. nº 2006-703 du 16 juin 2006, art. 10-I).

Art. R. 245-41 Le temps d'aide humaine quotidien pris en compte pour le calcul du montant attribué au titre de l'élément de la prestation prévu au 1° de l'article L. 245-3 est déterminé au moyen du référentiel déterminé en application de l'article L. 245-3 du présent code.

Le temps d'aide quotidien est multiplié par 365 de façon à obtenir le temps d'aide humaine annuel.

Le montant mensuel attribué au titre de l'élément lié à un besoin d'aides humaines est égal au temps d'aide annuel multiplié par le tarif applicable et variable en fonction du statut de l'aidant et divisé par 12, dans la limite du montant mensuel maximum fixé à l'article R. 245-39.

Art. R. 245-42 Les montants attribués au titre des divers éléments de la prestation de compensation sont déterminés dans la limite des frais supportés par la personne handicapée. Ils sont établis à partir de tarifs fixés par arrêtés du ministre chargé des personnes handicapées.

Pour l'élément mentionné au 5° de l'article L. 245-3, l'arrêté du ministre fixe un montant et, en cas de versement mensuel, un tarif forfaitaires.

SOUS-SECTION 5 Liquidation de la prestation

§ 1 Conditions de cumul avec une prestation en espèces de sécurité sociale

(Décr. nº 2005-1591 du 19 déc. 2005)

Art. D. 245-43 Lorsque la personne handicapée bénéficie d'une prestation en espèces de sécurité sociale ayant pour objet de compenser les coûts liés au recours à une tierce personne, le président du conseil départemental déduit le montant de cette prestation du montant mensuel attribué au titre de l'élément de la prestation prévu au 1° de l'article L. 245-3.

Art. D. 245-44 Le montant de la prestation de sécurité sociale pris en compte est le montant perçu au cours du mois au titre duquel la prestation de compensation est due.

§ 2 Ressources

Art. R. 245-45 Les ressources prises en compte pour la détermination du taux de prise en charge sont les ressources perçues au cours de l'année civile précédant celle de la demande.

Lorsque la prestation de compensation est attribuée pour un enfant bénéficiaire de l'allocation d'éducation de l'enfant handicapé, les ressources prises en compte au titre de l'article L. 245-6 sont les ressources de la personne ou du ménage ayant l'enfant handicapé à charge.

Art. R. 245-46 Le président du conseil départemental applique le taux de prise en charge mentionné à l'article L. 245-6. Ce taux est fixé par arrêté du ministre chargé des personnes handicapées.

Art. R. 245-47 Les revenus de remplacements mentionnés au cinquième alinéa de l'article L. 245-6 sont les suivants :

1° Avantages de vieillesse ou d'invalidité relevant d'un régime obligatoire législatif ou conventionnel ;

2° Allocations versées aux travailleurs privés d'emploi en application du livre III *[Partie V nouv.]* du code du travail ;

3° Allocations de cessation anticipée d'activité prévue à l'article 41 de la loi de financement de la sécurité sociale pour 1999 ;

4° Indemnités de maladie, maternité, accident du travail, maladies professionnelles versées en application des livres III, IV et VII du code de la sécurité sociale ;

5° Prestation compensatoire mentionnée à l'article 270 du code civil ;

6° Pension alimentaire mentionnée à l'article 373-2-2 du code civil ;

7° Bourses d'étudiant.

Art. R. 245-48 Les prestations sociales à objet spécialisé mentionnées à l'article L. 245-6 sont les suivantes :

1° Prestations familiales et prestations du livre V du code de la sécurité sociale ;

2° Allocations mentionnées aux titres I et II du livre VIII du code de la sécurité sociale ;

3° Allocations de logement et aides personnalisées au logement mentionnées *(Décr. nº 2019-772 du 24 juill. 2019, art. 3-3°, en vigueur le 1er sept. 2019)* « à l'article L. 821-1 du » code de la construction et de l'habitation ;

4° *(Décr. nº 2009-404 du 15 avr. 2009, en vigueur le 1er juin 2009)* « Revenu de solidarité active » prévu au titre VI du livre II du code de l'action sociale et des familles ;

5° Primes de déménagement ;

6° Rente ou indemnité en capital pour la victime ou ses ayants droit mentionnée au livre IV du code de la sécurité sociale ;

7° Prestations en nature au titre de l'assurance maladie, maternité, accident du travail et décès ;

(Décr. nº 2015-1709 du 21 déc. 2015, art. 3-I-2°, en vigueur le 1er janv. 2016) « 8° Prime d'activité mentionnée à l'article L. 841-1 du code de la sécurité sociale ».

Art. R. 245-49 Le bénéficiaire peut demander au président du conseil départemental de réviser le taux de prise en charge lorsqu'une ressource prise en compte pour l'application de l'article R. 245-46 cesse de lui être versée. La révision éventuelle prend effet à compter du premier jour du mois suivant celui de la demande.

§ 3 Obligations du bénéficiaire

(Décr. nº 2005-1591 du 19 déc. 2005)

Art. D. 245-50 L'allocataire de la prestation de compensation informe la commission des droits et de l'autonomie des personnes handicapées et le président du conseil départemental de toute modification de sa situation de nature à affecter ses droits.

Art. D. 245-51 Lorsque le bénéficiaire rémunère un ou plusieurs salariés, y compris un membre de sa famille, il déclare au président du conseil départemental l'identité et le statut du ou des salariés à la rémunération desquels la prestation est utilisée, le lien de parenté éventuel avec le ou les salariés, le montant des sommes versées à chaque salarié ainsi que, le cas échéant, l'organisme mandataire auquel il fait appel. Lorsqu'il choisit de faire appel, comme mandataire de l'élément mentionné au 1° de l'article L. 245-3, à un organisme mandataire agréé ou à un centre communal d'action sociale, il le déclare au président du conseil départemental.

Lorsque le bénéficiaire fait appel à un aidant familial qu'il dédommage, il déclare au président du conseil départemental l'identité et le lien de parenté de celui-ci.

Lorsque le bénéficiaire fait appel à un service prestataire d'aide à domicile, il déclare au président du conseil départemental le service prestataire qui intervient auprès de lui ainsi que le montant des sommes qu'il lui verse.

(Décr. nº 2008-451 du 7 mai 2008, art. 1er) « Dans le cas où la prestation de compensation est attribuée en application du 1° du III de l'article L. 245-1, le bénéficiaire informe le président du conseil départemental des modalités du droit de visite ou de la résidence en alternance et transmet le compromis mentionné à l'article D. 245-26, lorsqu'il y a séparation des parents. Il l'informe également de la date à laquelle l'enfant est admis dans un établissement mentionné au 2° du I de l'article L. 312-1. »

Art. D. 245-52 Le bénéficiaire de la prestation de compensation conserve pendant deux ans les justificatifs des dépenses auxquelles la prestation de compensation est affectée.

Art. D. 245-53 S'agissant des dépenses d'aménagement du logement ou du véhicule, le bénéficiaire de la prestation de compensation transmet au président du conseil départemental, à l'issue de ces travaux d'aménagement, les factures et le descriptif correspondant.

Art. D. 245-54 L'acquisition ou la location des aides techniques pour lesquels *[lesquelles]* l'élément mentionné au 2° de l'article L. 245-3 est attribué doit s'effectuer au plus tard dans les douze mois suivant la notification de la décision d'attribution.

Art. D. 245-55 Les travaux d'aménagement du logement doivent débuter dans les douze mois suivant la notification de la décision d'attribution et être achevés dans les trois ans suivant cette notification. Une prolongation des délais peut, dans la limite d'un an, être accordée par l'organisme payeur sur demande dûment motivée du bénéficiaire de la prestation de compensation, lorsque des circonstances extérieures à la volonté de l'intéressé ont fait obstacle à la réalisation des travaux.

Art. D. 245-56 L'aménagement du véhicule doit être effectué au plus tard dans les douze mois suivant la notification de la décision d'attribution.

§ 4 Contrôles

(*Décr. n° 2005-1591 du 19 déc. 2005*)

Art. D. 245-57 Le président du conseil départemental organise le contrôle de l'utilisation de la prestation à la compensation des charges pour lesquelles elle a été attribuée au bénéficiaire.

Art. D. 245-58 Le président du conseil départemental peut à tout moment procéder ou faire procéder à un contrôle sur place ou sur pièces en vue de vérifier si les conditions d'attribution de la prestation de compensation sont ou restent réunies ou si le bénéficiaire de cette prestation a consacré cette prestation à la compensation des charges pour lesquelles elle lui a été attribuée. (*Décr. n° 2010-16 du 7 janv. 2010, art. 3*) « En cas d'attribution d'un forfait prévu à l'article D. 245-9, le contrôle consiste à vérifier si les conditions d'attribution de la prestation de compensation sont ou restent réunies. »

Art. D. 245-59 Pour la vérification du respect des conditions d'attribution de l'élément lié aux aides animalières, le président du conseil départemental peut à tout moment s'adresser au centre de formation du chien reçu par le bénéficiaire pour recueillir des renseignements sur la situation de l'aide animalière.

Art. D. 245-60 Pour la vérification du respect des conditions d'attribution de l'élément lié à l'aménagement du logement ou du véhicule, les travaux réalisés doivent être conformes au plan de compensation. Le président du conseil départemental peut faire procéder à tout contrôle sur place ou sur pièces.

§ 5 Versement de la prestation

Art. R. 245-61 Le président du conseil départemental notifie les montants qui seront versés à la personne handicapée et, le cas échéant, au mandataire de cette personne pour l'élément mentionné au 1° de l'article L. 245-3 qu'elle a désigné en application du troisième alinéa de l'article L. 245-12.

Art. R. 245-62 En cas de modification, en cours de droits, des taux de prise en charge, du montant des prestations en espèces de sécurité sociale à déduire ou du montant des aides mentionnées à l'article R. 245-40, le président du conseil départemental ajuste à due concurrence le montant de la prestation servie.

Art. R. 245-63 En cas de modification des tarifs de l'élément lié à un besoin d'aides humaines ou en cas de modification du statut du ou des aidants, le président du conseil départemental procède à un nouveau calcul du montant de la prestation avec effet à compter du mois où cette modification est intervenue.

Art. R. 245-64 Lorsque le président du conseil départemental décide, en application de l'article L. 245-8, de verser l'élément de la prestation relevant du 1° de l'article L. 245-3 à une personne physique ou morale ou à un organisme, la décision de ne plus verser directement cet élément de la prestation à la personne handicapée lui est notifiée au moins un mois avant sa mise en œuvre.

Art. R. 245-64-1 (*Décr. n° 2016-1535 du 15 nov. 2016, art. 1er-3°*) Le président du conseil départemental peut verser, en application de l'article L. 245-8, les éléments de la prestation de compensation relevant du 2° au 4° de l'article L. 245-3 directement à la ou aux personnes physiques ou morales choisies par le bénéficiaire et conventionnées avec le département, conformément à la décision d'attribution de la commission des droits et de l'autonomie.

Art. R. 245-65 Lorsqu'en application de l'article L. 245-13, la prestation fait l'objet d'un ou plusieurs versements ponctuels, le nombre de ces versements est limité à trois.

Art. D. 245-66 *(Décr. nº 2005-1591 du 19 déc. 2005)* Si, postérieurement à la décision de commission des droits et de l'autonomie des personnes handicapées, une personne handicapée qui avait opté initialement pour des versements mensuels demande qu'un ou plusieurs éléments de la prestation de compensation lui soient servis sous forme de versements ponctuels, elle en informe le président du conseil départemental. Celui-ci arrête les versements mensuels et déduit les versements mensuels déjà effectués pour déterminer le montant à servir par versements ponctuels pour le ou les éléments de la prestation concernés.

Art. R. 245-67 Pour les éléments relevant du 2º, 3º, 4º et 5º de l'article L. 245-3, les versements ponctuels sont effectués sur présentation de factures.

Toutefois, par exception, lorsque le bénéficiaire a fait le choix de versements ponctuels pour l'aménagement de son logement ou de son véhicule, une partie du montant du troisième élément de la prestation correspondant à 30 % du montant total accordé à ce titre, peut être versée, à sa demande, sur présentation du devis, à compter du début de ces travaux d'aménagement. Le reste de la somme est versé sur présentation de factures au président du conseil départemental après vérification de la conformité de celles-ci avec le descriptif accompagnant le plan personnalisé de compensation prévu à l'article L. 245-2.

Art. R. 245-68 *(Décr. nº 2011-1132 du 20 sept. 2011, art. 2)* Les éléments de la prestation de compensation finançant des charges mentionnées à l'article L. 1271-1 du code du travail peuvent être versés sous forme de *(Décr. nº 2019-613 du 19 juin 2019, art. 4-II)* « titre spécial de paiement mentionné au B de l'article L. 1271-1 du même code », si le bénéficiaire ou son représentant légal *(Décr. nº 2021-684 du 28 mai 2021, art. 33)* « s'il s'agit d'un mineur ou s'il s'agit d'un majeur faisant l'objet d'une mesure de protection juridique avec représentation qui n'est pas apte à exprimer sa volonté, la personne chargée de cette mesure, après avoir pris en compte l'avis de la personne protégée, » en est d'accord.

SOUS-SECTION 6 Suspension, interruption de l'aide et récupération des indus

Art. R. 245-69 Lorsque le président du conseil départemental suspend ou interrompt le versement de la prestation de compensation ou d'un ou plusieurs de ses éléments ou demande la récupération de l'indu en application des articles R. 245-70 à R. 245-72, il en informe la commission des droits et de l'autonomie des personnes handicapées.

§ 1 Suspension de l'aide

Art. R. 245-70 Le versement de la prestation de compensation ou d'un ou plusieurs de ses éléments peut être suspendu par le président du conseil départemental en cas de manquement du bénéficiaire à ses obligations déclaratives, après que l'intéressé a été mis en mesure de faire connaître ses observations. La suspension prend fin dès que le bénéficiaire justifie des éléments exigés ou s'acquitte de ses obligations déclaratives. Les sommes correspondant aux droits acquis pendant la période de suspension lui sont alors versées.

§ 2 Interruption de l'aide

Art. R. 245-71 Lorsqu'il estime que la personne handicapée cesse de remplir les conditions au vu desquelles le bénéfice de la prestation de compensation lui a été attribué, le président du conseil départemental saisit la commission des droits et de l'autonomie des personnes handicapées aux fins de réexamen du droit à la prestation et lui transmet toutes informations portées à sa connaissance relatives à l'établissement des droits de l'intéressé à cette prestation. La commission statue sans délai.

§ 3 Récupération des indus

Art. R. 245-72 **Tout paiement indu est récupéré en priorité par retenue sur les versements ultérieurs de la prestation de compensation. A défaut, le recouvrement de cet indu est poursuivi comme en matière de contributions directes, conformément aux dispositions de l'article L. 1617-5 du code général des collectivités territoriales.**

CHAPITRE V *[ANCIEN]* ALLOCATION COMPENSATRICE

SOUS-SECTION 1 *[ANCIENNE]* Dispositions générales

Ancien art. D. 245-1 *Pour l'application des dispositions de l'article L. 245-1, le taux d'incapacité permanente exigé pour l'attribution de l'allocation compensatrice est d'au moins 80 p. 100.*

Ce taux d'incapacité est apprécié suivant le guide-barème mentionné à l'article R. 241-2. — [Décr. n° 77-1549 du 31 déc. 1977, art. 1er.]

Ancien art. D. 245-2 ***L'allocation compensatrice est due, lorsque ses autres conditions d'attribution sont réunies, à toute personne âgée d'au moins seize ans qui cesse de remplir les conditions exigées pour ouvrir droit aux allocations familiales. Le droit à l'allocation compensatrice cesse d'être ouvert à l'âge de soixante ans, sous réserve des dispositions des articles L. 245-3 et L. 245-4.*** — [Décr. n° 77-1549 du 31 déc. 1977, art. 2.]

SOUS-SECTION 2 *[ANCIENNE]* Allocation compensatrice attribuée au titre de la tierce personne

Ancien art. R. 245-3 ***Peut prétendre à l'allocation compensatrice au taux de 80 p. 100 de la majoration accordée aux invalides mentionnés au 3° de l'article L. 341-4 du code de la sécurité sociale, la personne handicapée dont l'état nécessite l'aide d'une tierce personne pour la plupart des actes essentiels de l'existence et qui justifie que cette aide ne peut lui être apportée, compte tenu des conditions où elle vit, que :***

1° Par une ou plusieurs personnes rémunérées ;

2° Ou par une ou plusieurs personnes de son entourage subissant de ce fait un manque à gagner ;

3° Ou dans un établissement d'hébergement, grâce au concours du personnel de cet établissement ou d'un personnel recruté à cet effet. — [Décr. n° 77-1549 du 31 déc. 1977, art. 3.]

L'allocation mentionnée à l'art. R. 245-3 (anc.) dans sa rédaction antérieure au 12 févr. 2005 est renouvelée sans limitation de durée aux personnes remplissant les conditions fixées par l'arrêté pris en application du second al. de l'art. R. 241-15 CASF (Décr. n° 2019-1501 du 30 déc. 2019, art. 1er).

Ancien art. R. 245-4 ***Peut prétendre à l'allocation compensatrice à un taux compris entre 40 p. 100 et 70 p. 100 de la majoration accordée aux invalides mentionnés au 3° de l'article L. 341-4 du code de la sécurité sociale la personne handicapée dont l'état nécessite l'aide d'une tierce personne :***

— soit seulement pour un ou plusieurs actes essentiels de l'existence ;

— soit pour la plupart des actes essentiels de l'existence, mais sans que cela entraîne pour la ou les personnes qui lui apportent cette aide un manque à gagner appréciable, ni que cela justifie son admission dans un établissement d'hébergement. — [Décr. n° 77-1549 du 31 déc. 1977, art. 4.]

Ancien art. R. 245-5 ***En application de l'article L. 245-9, le service de l'allocation compensatrice accordée pour aide d'une tierce personne peut être suspendu par le président du conseil général lorsque celui-ci constate que le bénéficiaire de cette allocation ne reçoit pas l'aide effective d'une tierce personne pour accomplir les actes essentiels de l'existence.*** — [Décr. n° 77-1549 du 31 déc. 1977, art. 5, I.]

Ancien art. R. 245-6 ***Postérieurement au versement initial de l'allocation compensatrice pour l'aide d'une tierce personne, le bénéficiaire de cette allocation est tenu, sur demande du président du conseil général, qui peut être renouvelée, d'adresser à ce dernier une déclaration indiquant l'identité et l'adresse de la ou des personnes qui lui apportent l'aide qu'exige son état ainsi que les modalités de cette aide. Cette déclaration est accompagnée, le cas échéant, des copies des justificatifs de salaires si cette ou ces personnes sont rémunérées, ou des justifications relatives***

au manque à gagner subi, du fait de cette aide, par une ou plusieurs personnes de l'entourage du bénéficiaire.

La déclaration prévue au premier alinéa doit être faite dans un délai de deux mois à compter de la réception par l'allocataire du formulaire qui lui est adressé à cette fin par le président du conseil général et qui mentionne notamment ledit délai.

Si le bénéficiaire de l'allocation compensatrice n'a pas envoyé la déclaration ou les justifications dans le délai de deux mois mentionné au deuxième alinéa, le président du conseil général le met en demeure, par lettre recommandée avec accusé de réception, de les produire dans un délai d'un mois.

Si l'allocataire n'a pas produit la déclaration demandée à l'expiration du délai de mise en demeure, ou si le contrôle effectué en application de l'article L. 133-2 révèle que la déclaration est inexacte ou que les justifications ne sont pas probantes, le président du conseil général peut suspendre le service de l'allocation compensatrice pour aide d'une tierce personne. — [Décr. n° 77-1549 du 31 déc. 1977, art. 5, II et III.]

Ancien art. R. 245-7 *Le président du conseil général notifie à l'intéressé, par lettre recommandée avec accusé de réception, sa décision de suspendre le service de l'allocation compensatrice pour aide d'une tierce personne.*

La notification indique la date et les motifs de la suspension, ainsi que les voies et délais de recours.

La suspension du service de l'allocation prend effet au premier jour du mois suivant la date de notification à l'intéressé.

Le service de l'allocation doit être rétabli dès que le bénéficiaire justifie qu'il reçoit l'aide effective d'une tierce personne pour accomplir les actes essentiels de l'existence. — [Décr. n° 77-1549 du 31 déc. 1977, art. 5, IV, V et VI.]

Ancien art. R. 245-8 *Le président du conseil général informe la commission technique d'orientation et de reclassement professionnel de la suspension et du rétablissement du service de l'allocation compensatrice pour aide d'une tierce personne.* — [Décr. n° 77-1549 du 31 déc. 1977, art. 5, VII.]

Ancien art. R. 245-9 *Les personnes atteintes de cécité, c'est-à-dire dont la vision centrale est nulle ou inférieure à un vingtième de la normale, sont considérées comme remplissant les conditions qui permettent l'attribution et, le maintien de l'allocation compensatrice au taux de 80 p. 100 de la majoration accordée aux invalides mentionnés au 3° de l'article L. 341-4 du code de la sécurité sociale.* — [Décr. n° 77-1549 du 31 déc. 1977, art. 6.]

Ancien art. R. 245-10 *Par dérogation aux articles R. 245-5 et R. 245-9, l'allocation compensatrice pour aide d'une tierce personne est versée pendant les quarante-cinq premiers jours d'hospitalisation du bénéficiaire; au-delà de cette période, son service est suspendu.* — [Décr. n° 77-1549 du 31 déc. 1977, art. 6 *bis*.]

Le service de l'allocation compensatrice est maintenu durant les quarante-cinq premiers jours de séjour du bénéficiaire en maison d'accueil spécialisée. Au-delà de cette période, le service en est suspendu ou, si le bénéficiaire est reçu en accueil de jour, est réduit dans les conditions déterminées par la commission technique d'orientation et de reclassement professionnel.

Toutefois, la réduction de l'allocation n'est opérée que pendant les périodes où la personne handicapée est effectivement accueillie dans l'établissement, à l'exclusion des périodes de congé ou de suspension de la prise en charge. — [Décr. n° 78-1211 du 26 déc. 1978, art. 12.]

SOUS-SECTION 3 *[ANCIENNE]* Allocation compensatrice attribuée au titre d'une activité professionnelle

Ancien art. R. 245-11 *Peut prétendre à l'allocation compensatrice à un taux fixé en pourcentage de la majoration accordée aux invalides mentionnés au 3° de l'article L. 341-4 du code de la sécurité sociale et dans la limite de 80 p. 100 de cette majoration la personne handicapée qui exerce une activité professionnelle et qui justifie que cette activité lui impose des frais supplémentaires.*

Le montant de l'allocation compensatrice est déterminé, suivant la référence et dans les limites prévues au premier alinéa, en fonction des frais supplémentaires, habituels ou exceptionnels, exposés par la personne handicapée.

Sont considérés comme frais supplémentaires les frais de toute nature liés à l'exercice d'une activité professionnelle et que n'exposerait pas un travailleur valide exerçant la même activité. – [Décr. nº 77-1549 du 31 déc. 1977, art. 7.]

SOUS-SECTION 4 *[ANCIENNE]* Dispositions communes

Ancien art. R. 245-12 *Toute personne handicapée qui remplit à la fois les conditions relatives à la nécessité de l'aide effective d'une tierce personne pour les actes essentiels de l'existence et celles qui sont relatives à l'exercice d'une activité professionnelle bénéficie d'une allocation égale à la plus élevée des deux allocations auxquelles elle aurait pu prétendre au titre de l'une ou de l'autre de ces conditions, augmentée de 20 p. 100 de la majoration accordée aux invalides mentionnés au 3º de l'article L. 341-4 du code de la sécurité sociale.* – [Décr. nº 77-1549 du 31 déc. 1977, art. 8.]

Ancien art. R. 245-13 *Les dispositions de l'article D. 821-2 du code de la sécurité sociale sont applicables à l'allocation compensatrice, le plafond de ressources prévu par ces dispositions étant toutefois, conformément à l'article L. 245-6, augmenté du montant de l'allocation accordée.* – [Décr. nº 77-1549 du 31 déc. 1977, art. 9.]

Ancien art. R. 245-14 *Le revenu dont il est tenu compte pour l'application de la condition de ressources prévue à l'article L. 245-6 est évalué selon les modalités fixées à l'article R. 821-4 du code de la sécurité sociale.*

Toutefois le quart seulement des ressources provenant du travail de la personne handicapée est pris en compte dans cette évaluation.

Sont considérées comme ressources provenant du travail les rémunérations versées aux stagiaires de la formation professionnelle. – [Décr. nº 77-1549 du 31 déc. 1977, art. 10.]

SOUS-SECTION 5 *[ANCIENNE]* Procédure d'attribution

Ancien art. R. 245-15 *La demande d'allocation compensatrice accompagnée de toutes les pièces justificatives utiles est adressée à la commission technique d'orientation et de reclassement professionnel du lieu de résidence de l'intéressé par l'intermédiaire du président du conseil général qui en informe le centre communal ou intercommunal d'action sociale de la commune de résidence de l'intéressé.*

La demande peut être déposée à la mairie de la résidence de l'intéressé ; le dossier, constitué par les soins du centre communal ou intercommunal d'action sociale, est transmis au président du conseil général. – [Décr. nº 77-1549 du 31 déc. 1977, art. 11.]

Ancien art. R. 245-16 *Le modèle de la demande et la liste des pièces justificatives sont fixés par un arrêté du ministre chargé de l'action sociale.* – [Décr. nº 77-1549 du 31 déc. 1977, art. 12.]

Ancien art. R. 245-17 *La commission technique d'orientation et de reclassement professionnel prend une décision en ce qui concerne :*

1º Le taux d'incapacité permanente de la personne handicapée ;

2º La nécessité de l'aide effective d'une tierce personne pour les actes essentiels de l'existence ;

3º La nature et la permanence de l'aide nécessaire ;

4º L'importance des frais supplémentaires imposés par l'exercice de l'activité professionnelle ;

5º En conséquence des décisions prises aux 3º et 4º ci-dessus, le taux de l'allocation compensatrice accordée ;

6º Le cas échéant, le point de départ de l'attribution de l'allocation et la durée pendant laquelle elle est versée compte tenu des besoins auxquels elle doit faire face.

La commission technique d'orientation et de reclassement professionnel révise périodiquement ses décisions relatives à l'allocation compensatrice soit au terme qu'elle a elle-même fixé, soit à la demande de l'intéressé ou à celle du président du conseil général. – [Décr. nº 77-1549 du 31 déc. 1977, art. 13.]

Ancien art. R. 245-18 *Le montant de l'allocation compensatrice est fixé par le président du conseil général du département de la résidence de l'intéressé, compte tenu :*

1º De la décision de la commission technique d'orientation et de reclassement professionnel en ce qui concerne le taux de l'allocation compensatrice accordée ;

2º Des ressources de l'intéressé appréciées dans les conditions prévues aux articles R. 245-13 et R. 245-14. – [Décr. nº 77-1549 du 31 déc. 1977, art. 14.]

Ancien art. R. 245-19 *L'allocation compensatrice est attribuée à compter du premier jour du mois du dépôt de la demande ou le cas échéant de la date fixée par la commission en vertu du 6° de l'article R. 245-17, si cette date est postérieure à celle du dépôt de la demande.* – [Décr. n° 77-1549 du 31 déc. 1977, art. 15.]

Ancien art. R. 245-20 *L'allocation compensatrice se cumule, s'il y a lieu, avec l'allocation aux adultes handicapés ou avec tout avantage de vieillesse ou d'invalidité, à l'exception des avantages analogues ayant le même objet que l'allocation compensatrice.*

L'allocation compensatrice n'entre pas en compte dans les ressources de l'intéressé pour l'appréciation de ses droits à l'allocation aux adultes handicapés. – [Décr. n° 77-1549 du 31 déc. 1977, art. 16.]

CHAPITRE V-1 LA PRESTATION DE COMPENSATION EN ÉTABLISSEMENT

(Décr. n° 2007-158 du 5 févr. 2007)

Art. D. 245-73 Sauf dispositions contraires fixées par le présent chapitre, les dispositions du chapitre V du présent titre s'appliquent aux personnes handicapées hébergées ou accompagnées dans un établissement social on médico-social ou hospitalisées dans un établissement de santé ou à domicile.

Si le conseil départemental en a ainsi décidé sur le fondement de l'article L. 121-4, elles s'appliquent également, dans les mêmes conditions, aux personnes handicapées ayant fait l'objet, faute de possibilité d'accueil adapté plus proche, d'une orientation, dont la durée de validité est limitée conformément à l'article R. 241-31, vers un établissement situé dans un pays ayant une frontière commune avec la France, à la condition que leur accueil donne lieu à une prise en charge par l'assurance maladie ou par l'aide sociale.

Art. D. 245-74 En cas d'hospitalisation dans un établissement de santé ou d'hébergement dans un établissement social ou médico-social, donnant lieu à une prise en charge par l'assurance maladie ou par l'aide sociale, intervenant en cours de droit à la prestation de compensation, le versement de l'élément de la prestation de compensation mentionné au 1° de l'article L. 245-3 est réduit à hauteur de 10 % du montant antérieurement versé dans les limites d'un montant minimum et d'un montant maximum fixés par arrêté du ministre chargé des personnes handicapées. Cette réduction intervient au-delà de quarante-cinq jours consécutifs de séjour ou de soixante jours lorsque la personne handicapée est dans l'obligation de licencier de ce fait son ou ses aides à domicile. Ce délai n'est pas interrompu en cas de sortie ne mettant pas un terme à la prise en charge. Le versement intégral est rétabli pendant les périodes d'interruption de l'hospitalisation ou de l'hébergement.

Lorsque la personne handicapée est hospitalisée dans un établissement de santé ou hébergée dans un établissement social ou médico-social au moment de la demande de prestation de compensation, la commission des droits et de l'autonomie des personnes handicapées décide de l'attribution de l'élément de la prestation de compensation mentionné au 1° de l'article L. 245-3 pour les périodes d'interruption de l'hospitalisation ou de l'hébergement et fixe le montant journalier correspondant. Le montant journalier réduit servi pendant les périodes d'hospitalisation ou d'hébergement est fixé à 10 % de ce montant dans les limites d'un montant journalier minimum et d'un montant journalier maximum fixés par arrêté du ministre chargé des personnes handicapées.

Art. D. 245-75 Lorsque, au moment de sa demande de prestation de compensation, la personne handicapée est hospitalisée dans un établissement de santé ou hébergée dans un établissement social ou médico-social financé par l'assurance maladie ou par l'aide sociale, la commission des droits et de l'autonomie des personnes handicapées fixe le montant de l'élément de la prestation de compensation mentionné au 2° de l'article L. 245-3 à partir des besoins en aides techniques, telles que définies à l'article

D. 245-10, que l'établissement ne couvre pas habituellement dans le cadre de ses missions.

Art. D. 245-76 **Lorsque, au moment de sa demande de prestation de compensation, la personne handicapée est hospitalisée dans un établissement de santé, hébergée dans un établissement social ou médico-social, la commission des droits et de l'autonomie des personnes handicapées prend en compte les frais mentionnés à l'article D. 245-14 exposés par les bénéficiaires de l'allocation d'éducation de l'enfant handicapé et par les personnes qui séjournent au moins trente jours par an à leur domicile ou au domicile d'une personne visée à l'article D. 245-16.**

Art. D. 245-77 **Lorsque, au moment de sa demande de prestation de compensation, la personne handicapée est hospitalisée dans un établissement de santé, hébergée ou accueillie dans la journée dans un établissement ou service social ou médico-social et que la commission des droits et de l'autonomie constate la nécessité pour la personne handicapée soit d'avoir recours à un transport assuré par un tiers, soit d'effectuer un déplacement aller et retour supérieur à 50 kilomètres, le montant attribuable fixé en application de l'article R. 245-37 au titre de surcoûts liés aux transports est majoré dans des conditions fixées par arrêté du ministre chargé des personnes handicapées. Le conseil départemental peut autoriser la commission des droits et de l'autonomie des personnes handicapées à fixer, à titre exceptionnel et compte tenu de la longueur du trajet ou de l'importance des frais engagés en raison notamment de la lourdeur du handicap, un montant supérieur au montant attribuable mentionné au présent alinéa.**

Le montant attribué au titre des surcoûts liés aux transports est fixé après application des articles R. 245-40 et R. 245-42.

Les tarifs des trajets entre le domicile ou le lieu de résidence, permanent ou non, de la personne handicapée et l'établissement d'hospitalisation, d'hébergement ou d'accueil sont fixés par arrêté du ministre chargé des personnes handicapées.

Lorsque le transport est assuré par un tiers autre qu'une entreprise ou un organisme de transports, il est tenu compte de la distance accomplie par celui-ci pour aller chercher la personne handicapée sur le lieu où elle est hospitalisée ou hébergée et pour regagner le point de départ après avoir raccompagné cette personne.

Art. D. 245-78 **Lorsque, au moment de sa demande de prestation de compensation, la personne handicapée est hospitalisée dans un établissement de santé ou hébergée dans un établissement social ou médico-social financé par l'assurance maladie ou par l'aide sociale, la commission des droits et de l'autonomie des personnes handicapées fixe le montant de l'élément de la prestation de compensation mentionné au 4° de l'article L. 245-3 en prenant en compte les charges spécifiques qui ne correspondent pas aux missions de l'établissement ou du service ou celles intervenant pendant les périodes d'interruption de l'hospitalisation ou de l'hébergement.**

CHAPITRE VI PERSONNES ATTEINTES DE SYNDROME AUTISTIQUE

Le présent chapitre ne comprend pas de dispositions réglementaires.

CHAPITRE VII TRAITEMENT AUTOMATISÉ DE DONNÉES À CARACTÈRE PERSONNEL DE LA MAISON DÉPARTEMENTALE DES PERSONNES HANDICAPÉES (*Décr. n° 2017-879 du 9 mai 2017, art. 3-I*).

Les art. R. 146-38 à R. 146-49 dans leur rédaction résultant du Décr. n° 2017-879 du 9 mai 2017 deviennent respectivement les art. R. 247-1 à R. 247-12 et sont insérés au chap. VII du titre IV du livre II (Décr. préc., art. 3-II).

Art. R. 247-1 (*Décr. n° 2007-965 du 15 mai 2007, art. 1er*) **I. — Pour réaliser les missions prévues à l'article L. 146-3, la maison départementale des personnes handicapées met en œuvre un traitement automatisé de données à caractère personnel,**

dénommé "système de gestion et d'information des maisons départementales des personnes handicapées" et régi par les dispositions de la présente sous-section.

II. – Ce traitement a pour finalités de permettre :

1° Le suivi de l'accueil des personnes qui s'adressent aux services de la maison départementale des personnes handicapées ;

(Décr. n° 2017-879 du 9 mai 2017, art. 1er-1°) « 2° L'instruction des demandes de prestation ou d'orientation de la personne handicapée, comprenant notamment :

« *a)* L'identification des attentes et des besoins des personnes et, le cas échéant, de leurs proches aidants, ainsi que les prestations requises permettant de définir les interventions dans les domaines de l'accompagnement, de l'éducation et de la scolarisation, des soins, de l'insertion professionnelle ou sociale et de l'aide aux aidants ;

« *b)* La connaissance de la situation des personnes justifiant l'élaboration d'un plan d'accompagnement global ; »

3° Le suivi des parcours individuels de la personne handicapée, notamment en matière d'orientation scolaire et d'orientation professionnelle *(Décr. n° 2017-879 du 9 mai 2017, art. 1er-1°)* « , d'orientation vers un établissement ou service social ou médico-social. Ce suivi comprend notamment le recueil des suites réservées aux orientations prononcées par la commission des droits pour l'autonomie des personnes handicapées, notamment auprès des établissements, des services et des dispositifs intégrés susceptibles d'accueillir ou d'accompagner les personnes concernées mentionnés aux articles L. 312-1, L. 312-7 et L. 312-7-1 » ;

4° La gestion des travaux de l'équipe pluridisciplinaire qui procède à l'évaluation de la situation et des besoins de compensation de la personne handicapée, mentionnée à l'article L. 146-8 ;

5° L'organisation et le suivi des travaux de la commission des droits et de l'autonomie des personnes handicapées mentionnée à l'article L. 146-9, la notification des décisions de cette commission aux usagers et aux organismes concernés, le suivi de la mise en œuvre de ces décisions et des suites réservées aux orientations par les établissements ou services médico-sociaux ainsi que la gestion des recours éventuels ;

6° La simplification des démarches des usagers :

(Décr. n° 2017-879 du 9 mai 2017, art. 1er-1°) « *a)* Par la mise en place d'un télé service *[téléservice]* permettant aux usagers de faire leurs demandes et d'en assurer le suivi ;

« *b)* Par la participation à la coordination des parcours de santé complexes prévue à l'article L. 6327-1 du code de la santé publique ;

« *c)* Par la transmission des informations contenues dans le formulaire de demande lorsque la décision ou l'avis de la commission des droits et de l'autonomie est mise en œuvre par un organisme tiers ;

« 7° L'organisation, le suivi des travaux et la gestion des ressources du fonds départemental de compensation mentionné à l'article L. 146-5, ainsi que la notification et le suivi de la mise en œuvre des décisions de ce fonds ; »

8° La production de statistiques relatives aux personnes qui s'adressent à la maison départementale des personnes handicapées et à l'activité des maisons départementales des personnes handicapées, nécessaires au suivi des politiques du handicap et à l'élaboration et à la mise en œuvre du schéma départemental, ainsi que la transmission de ces statistiques, en application des articles *(Décr. n° 2017-879 du 9 mai 2017, art. 1er-1°)* « L. 146-3-1 » et L. 247-4, aux organismes et administrations intéressés ;

(Décr. n° 2016-1847 du 23 déc. 2016, art. 2-1°) « 9° La transmission des informations, mentionnées à l'article D. 241-18-2, nécessaires à la délivrance, à la fabrication et à l'envoi au bénéficiaire de la carte mobilité inclusion mentionnée à l'article L. 241-3 » ;

(Décr. n° 2017-879 du 9 mai 2017, art. 1er-1°) « 10° La gestion des ressources humaines, le fonctionnement et le financement des maisons départementale *[départementales]* des personnes handicapées. »

III. – Le responsable de ce traitement est le directeur de la maison départementale des personnes handicapées dans le cadre, conformément aux dispositions de l'article

R. 146-24, des orientations définies par la commission exécutive de ce groupement d'intérêt public. – *[Ancien art. R. 146-38.]*

Art. R. 247-2 *(Décr. nº 2007-965 du 15 mai 2007, art. 1er)* Les catégories d'informations enregistrées dans le traitement sont les suivantes :

1º Informations portant sur la personne handicapée :

a) Numéro d'inscription au répertoire national d'identification des personnes physiques ;

b) Nom de famille, prénoms et, le cas échéant, nom d'usage ;

c) Date et lieu de naissance, sexe ;

d) Nationalité, selon l'une des catégories suivantes : Français, ressortissant de l'Union européenne, ressortissant d'un pays tiers ;

e) Adresse du domicile et, s'il y a lieu, de résidence ;

f) Nature du diagnostic médical, des déficiences *(Décr. nº 2017-879 du 9 mai 2017, art. 1er-2º)* « , des limitations d'activité, des besoins et des attentes », désignées par référence aux classifications reconnues en matière de maladies et de handicaps ainsi qu'aux nomenclatures de limitation d'activité *(Décr. nº 2017-879 du 9 mai 2017, art. 1er-2º)* « de besoins et d'attentes », recensées par arrêté du ministre chargé des personnes handicapées ;

g) Le cas échéant, régime de protection juridique ;

h) Situation familiale, composition de la famille, existence d'aidants familiaux et, dans le cas des mineurs, situation au regard de l'emploi des parents ou du représentant légal *(Abrogé par Décr. nº 2017-879 du 9 mai 2017, art. 1er-2º)* *« et, le cas échéant, des aidants familiaux »* ;

i) Niveau de formation et situation professionnelle du demandeur ;

j) Dans le cas où la demande porte sur l'une des prestations mentionnées aux articles L. 541-1, L. 821-1 et L. 821-2 du code de la sécurité sociale et à l'article L. 245-1 du code de l'action sociale et des familles *(Décr. nº 2017-879 du 9 mai 2017, art. 1er-2º)* « ou sur la carte prévue à l'article L. 241-3 du code de l'action sociale et des familles, » ressources, *(Décr. nº 2017-879 du 9 mai 2017, art. 1er-2º)* « pensions et prestations » prises en compte pour l'attribution de ces prestations *(Décr. nº 2017-879 du 9 mai 2017, art. 1er-2º)* « ou de cette carte » et domiciliation bancaire ;

2º Informations portant sur le représentant légal du demandeur lorsque celui-ci est un mineur ou *(Décr. nº 2021-684 du 28 mai 2021, art. 34-1º)* « sur la ou les personnes chargée*[s]* d'une mesure de protection juridique avec représentation s'il s'agit d'un majeur faisant l'objet d'une telle mesure » :

a) Numéro d'inscription au répertoire national d'identification des personnes physiques ;

b) Nom de famille, prénoms et, le cas échéant, nom d'usage ;

c) Adresses ;

d) Date et lieu de naissance, sexe ;

e) Nature du mandat au titre duquel est exercée la fonction de représentant légal *(Décr. nº 2021-684 du 28 mai 2021, art. 34-2º)* « s'il s'agit d'un mineur ou s'il s'agit d'un majeur faisant l'objet d'une mesure de protection juridique avec représentation la ou les personnes chargées à son égard de la mesure » ;

(Décr. nº 2017-879 du 9 mai 2017, art. 1er-2º) « 3º Informations portant sur l'aidant :

« *a)* Date de naissance ;

« *b)* Cohabitation avec la personne aidée ;

« *c)* Lien de parenté ou de proximité avec la personne aidée ;

« *d)* Situation au regard de l'emploi ;

« *e)* Nature de l'aide apportée ;

« *f)* Attentes et besoins ; »

4º Informations relatives à la nature des demandes et à la suite qui leur est donnée :

a) Nature et objet de la demande ;

b) Dates des différentes étapes de l'instruction et de l'examen de la demande par la commission des droits et de l'autonomie des personnes handicapées ;

c) Composition de l'équipe pluridisciplinaire *(Décr. nº 2017-879 du 9 mai 2017, art. 1er-2º)* « et du groupe opérationnel de synthèse » ;

d) Résultats de l'évaluation de l'incapacité permanente et des besoins de compensation de la personne handicapée, exprimés par référence aux nomenclatures de limitation d'activité fixées par arrêté du ministre chargé des personnes handicapées ;

e) Contenu du plan personnalisé de compensation du handicap *(Décr. nº 2017-879 du 9 mai 2017, art. 1er-2º)* « du projet personnalisé de scolarisation et le cas échéant du projet personnalisé de scolarisation et du plan d'accompagnement global » ;

f) Nature, objet, date, durée de validité et contenu des *(Décr. nº 2017-879 du 9 mai 2017, art. 1er-2º)* « décisions et avis rendus » par la commission des droits et de l'autonomie des personnes handicapées ;

g) Le cas échéant, dates et nature des recours et suite qui leur est donnée ;

5º Informations relatives à l'équipe pluridisciplinaire et aux agents d'instruction *(Décr. nº 2017-879 du 9 mai 2017, art. 1er-2º)* « , aux membres du groupe opérationnel de synthèse ainsi que celles relatives aux coordonnateurs de parcours et aux acteurs de la mise en œuvre du plan d'action global prévu à l'article L. 114-1-1 du présent code » :

a) Nom de famille, prénoms et, le cas échéant, nom d'usage ;

b) Adresse professionnelle ;

c) Qualité ;

6º Informations relatives aux membres de la commission des droits et de l'autonomie des personnes handicapées :

a) Nom de famille, prénoms et, le cas échéant, nom d'usage ;

b) Adresses ;

c) Qualité ;

d) Date de nomination ; — *Les 3º, 4º et 5º deviennent respectivement les 4º, 5º et 6º (Décr. nº 2017-879 du 9 mai 2017, art. 1er-2º).*

(Décr. nº 2017-879 du 9 mai 2017, art. 1er-2º) « 7º Informations relatives au fonds départemental de compensation du handicap :

« **a)** Le contenu des décisions rendues par le fonds départemental de compensation du handicap ;

« **b)** Les ressources ainsi que le montant des dépenses du fonds départemental de compensation du handicap ;

« 8º Informations relatives aux maisons départementales des personnes handicapées :

« **a)** Le montant et la répartition des financements reçus par la maison départementale des personnes handicapées ;

« **b)** Les données relatives à la caractérisation de l'activité et au fonctionnement de la maison départementale des personnes handicapées. » — *[Ancien art. R. 146-39.]*

Art. R. 247-3 *(Décr. nº 2007-965 du 15 mai 2007, art. 1er)* I. — Les informations enregistrées concernant la personne handicapée, et s'il y a lieu son représentant légal *(Décr. nº 2021-684 du 28 mai 2021, art. 35)* « s'il s'agit d'un mineur ou s'il s'agit d'un majeur faisant l'objet d'une mesure de protection juridique avec représentation, la ou les personnes chargées à son égard de la mesure », ne peuvent être conservées dans le système de traitement au-delà d'une période de cinq ans à compter de la date d'expiration de validité de la dernière décision intervenue ou pendant laquelle aucune intervention n'a été enregistrée dans le dossier de la personne handicapée.

II. — Les informations enregistrées concernant les personnels de l'équipe pluridisciplinaire et les personnels d'instruction ne peuvent être conservées au-delà de leur présence au sein de la maison départementale ou de l'équipe. Les informations enregistrées concernant les membres de la commission des droits et de l'autonomie des personnes handicapées ne peuvent être conservées au-delà de la durée de leur mandat.

III. — Au-delà de cette période, les informations sorties du système de traitement sont archivées sur un support distinct et peuvent être conservées dix ans dans des conditions de sécurité équivalentes à celles des autres données enregistrées dans le traitement mentionné à l'article *(Décr. nº 2017-879 du 9 mai 2017, art. 3-IV)* « R. 247-1 ». — *[Ancien art. R. 146-40.]*

Art. R. 247-4 *(Décr. nº 2007-965 du 15 mai 2007, art. 1er)* **Peuvent accéder au traitement de données :**

1º A l'exclusion des informations médicales mentionnées au *f* du 1º de l'article *(Décr. nº 2017-879 du 9 mai 2017, art. 3-IV)* **« R. 247-2 », les agents de la maison départementale des personnes handicapées individuellement désignés et habilités par le directeur dans la limite de leurs attributions ;**

(Décr. nº 2017-879 du 9 mai 2017, art. 1er-3º) **« 2º Pour l'ensemble des informations, y compris celles à caractère médical, les membres de l'équipe pluridisciplinaire prévue à l'article L. 146-8 » ;**

3º Dans les mêmes conditions qu'au 1º, les agents de la maison départementale dont dépend sa nouvelle résidence, lorsque la personne handicapée a déposé une demande en cas de déménagement ou obtenu une décision favorable. — *[Ancien art. R. 146-41.]*

Art. R. 247-5 *(Décr. nº 2007-965 du 15 mai 2007, art. 1er)* **I. — Sont destinataires des informations strictement nécessaires à l'exercice de leur mission et dans la limite de leurs attributions les personnels des administrations et organismes intervenant dans la gestion de la prise en charge du handicap mentionnés ci-après, désignés et habilités par l'autorité responsable de ces administrations et organismes :**

(Décr. nº 2017-879 du 9 mai 2017, art. 1er-4º) **« 1º Les agents du département pour l'exercice des missions suivantes :**

« *a)* Pour le paiement des prestations prévues aux articles L. 245-1 et suivants et à l'article 95 de la loi du 11 février 2005 pour l'égalité des droits et des chances, la participation et la citoyenneté des personnes handicapées.

« *b)* Pour le paiement des aides sociales légales et la prise en charge des frais liés aux transports scolaires prévue à l'article L. 213-11 du code de l'éducation et, en région Île-de-France, conformément aux dispositions des articles L. 213-14 et L. 821-5 du même code, les agents d'Île-de-France Mobilités pour la prise en charge des frais liés aux transports scolaires et universitaires ;

« *c)* Pour la délivrance de la carte mobilité inclusion mentionnée à l'article L. 241-3 ;

« *d)* Pour l'élaboration, la modification ou la mise en œuvre du plan d'accompagnement global mentionné à l'article L. 146-8 ;

« *e)* Pour le suivi des suites données aux orientations vers des établissements et des services qui relèvent de leur tutelle, susceptibles d'accueillir ou d'accompagner les personnes concernées et enfin pour le suivi des prises en charge conjointes à l'aide sociale à l'enfance et aux établissements pour enfants et jeunes handicapés. »

2º Les agents de la caisse d'allocations familiales *(Décr. nº 2016-1847 du 23 déc. 2016, art. 2-2º)* **« et de la mutualité sociale agricole », pour le paiement des prestations prévues aux articles L. 541-1 et suivants et L. 821-1 et suivants du code de la sécurité sociale ;**

3º Les agents des organismes d'assurance maladie, pour la prise en charge de l'accueil et des soins dans les établissements sociaux et médico-sociaux *(Décr. nº 2017-879 du 9 mai 2017, art. 1er-4º)* **« ainsi que pour l'élaboration, la modification ou la mise en œuvre du plan d'accompagnement global mentionné à l'article L. 146-8 ; »**

4º Les agents des services départementaux de l'éducation nationale, pour la mise en œuvre des décisions relatives à la scolarisation des jeunes handicapés ;

5º Les agents de la direction *(Décr. nº 2017-879 du 9 mai 2017, art. 1er-4º)* **« régionale des entreprises, de la concurrence, de la consommation, du travail et de l'emploi », de** *(Décr. nº 2014-524 du 22 mai 2014, art. 17)* **« Pôle emploi », des organismes en charge du service public de l'emploi et des organismes mentionnés à l'article L. 323-11** *[R. 5213-1, R. 5213-2 et R. 5213-7 s. nouv.]* **du code du travail, pour la mise en œuvre les** *[des]* **décisions d'orientation professionnelle ;**

6º Les agents des établissements et services médico-sociaux accueillant des personnes handicapées ;

7º Les agents des services du payeur départemental, pour la mise en œuvre des paiements effectués dans le cadre du fonds départemental de compensation ;

8º Les agents des organismes mentionnés à l'article L. 146-3 du présent code, pour les missions sous-traitées définies par la convention ;

(Décr. nº 2016-1847 du 23 déc. 2016, art. 2-2º) « 9º Les agents de l'Imprimerie nationale pour la fabrication de la carte mobilité inclusion mentionnée à l'article L. 241-3 ; »

(Décr. nº 2017-879 du 9 mai 2017, art. 1er-4º) « 10º Les agents de l'agence régionale de santé pour l'élaboration, la modification ou la mise en œuvre du plan d'accompagnement global mentionné à l'article L. 146-8 et pour le suivi des suites données aux orientations vers des établissements et services qui relèvent de la tutelle de l'agence régionale de santé, susceptibles d'accueillir ou d'accompagner les personnes concernées ;

« 11º Les professionnels, contribuant à l'élaboration, la modification ou la mise en œuvre du plan d'accompagnement global mentionné à l'article L. 146-8 autres que ceux relevant des 1º, 4º, 5º, 6º et 7º du présent article ; »

II. — Lorsque l'accueil des personnes, la gestion des données et l'évaluation des personnes handicapées sont confiés par la maison départementale des personnes handicapées à l'un des organismes mentionnés à l'article L. 146-3, la convention signée avec l'organisme doit définir les opérations que celui-ci est autorisé à réaliser à partir des données à caractère personnel auxquelles il a accès, ainsi que les engagements qu'il prend pour garantir leur sécurité et leur confidentialité, en particulier l'interdiction d'utiliser les données à d'autres fins que celles indiquées par la convention.

(Décr. nº 2017-879 du 9 mai 2017, art. 1er-4º) « III. — Les agents de la caisse nationale de solidarité désignés par son directeur sont destinataires des informations mentionnées à l'article L. 146-3-1, ayant fait l'objet de mesures adéquates de pseudonymisation permettant d'assurer la confidentialité de l'identité des personnes.

« IV. — Les agents du département et les agents de l'agence régionale de santé sont destinataires de l'ensemble des informations sur la situation des personnes bénéficiant d'une orientation vers un établissement ou service social ou médico-social, aussi bien sous forme de données statistiques agrégées que sous forme de données individuelles anonymisées. » — *[Ancien art. R. 146-42.]*

Art. R. 247-6 *(Décr. nº 2017-879 du 9 mai 2017, art. 1er-5º)* La maison départementale des personnes handicapées a recours au numéro d'inscription au répertoire national d'identification des usagers pour :

1º Référencer les données recueillies par l'équipe pluridisciplinaire mentionnée à l'article L. 146-8 dans le cadre de leurs missions et assurer les échanges d'informations nécessaires à la mise en œuvre des interventions requises dans un objectif d'inclusion : éducatives et de scolarisation, thérapeutiques, d'insertion professionnelle ou sociale, d'aide aux aidants ;

2º Transmettre les notifications de décisions et informations contenues dans le formulaire de demande, à l'organisme chargé de la mise en œuvre de ces décisions, dès lors que cet organisme est autorisé à utiliser ce numéro ;

3º Transmettre les données à la caisse nationale de solidarité pour l'autonomie en application de l'article L. 146-3-1 du présent code.

Les données transmises par la maison départementale des personnes handicapées aux fins d'établissement de statistiques, autres que celles mentionnées à l'article L. 146-3-1, comportent un identifiant garantissant l'anonymat établi par un codage informatique irréversible.

Les données individuelles transmises par la maison départementale des personnes handicapées en application de l'article L. 146-3-1 font l'objet de mesures adéquates de pseudonymisation permettant d'assurer la confidentialité et la protection de l'identité des personnes. — *[Anc. art. R. 146-43.]*

Art. R. 247-7 *(Décr. nº 2007-965 du 15 mai 2007, art. 1er)* Une information conforme aux dispositions de l'article 32 de la loi du 6 janvier 1978 modifiée relative à l'informatique, aux fichiers et aux libertés figure sur tous les formulaires de demande *(Décr. nº 2017-879 du 9 mai 2017, art. 1er-6º)* « et téléservice. Elle » est affichée dans les locaux de la maison départementale des personnes handicapées.

Le droit d'accès et de rectification s'exerce conformément aux articles 39 et 40 de la même loi auprès du service que le responsable du traitement des données a désigné à cet effet. — *[Ancien art. R. 146-44.]*

Art. R. 247-8 *(Décr. nº 2007-965 du 15 mai 2007, art. 1er)* **Le droit d'opposition prévu à l'article 38 de la loi du 6 janvier 1978 modifiée relative à l'informatique, aux fichiers et aux libertés ne s'applique pas au traitement mentionné à l'article** *(Décr. nº 2017-879 du 9 mai 2017, art. 3-IV)* **« R. 247-1 ».** – *[Ancien art. R. 146-45.]*

Art. R. 247-9 *(Décr. nº 2007-965 du 15 mai 2007, art. 1er)* **Le traitement automatisé mentionné à l'article** *(Décr. nº 2017-879 du 9 mai 2017, art. 3-IV)* **« R. 247-1 » conserve pendant une durée de trois mois les informations relatives aux enregistrements et interrogations dont il fait l'objet, en précisant l'identifiant de la personne ayant procédé à l'opération.** – *[Ancien art. R. 146-46.]*

Art. R. 247-10 *(Décr. nº 2007-965 du 15 mai 2007, art. 1er)* **Des mesures de protection physiques et logiques sont prises pour assurer la sécurité du traitement des données, empêcher toute utilisation détournée ou frauduleuse, notamment par des tiers non autorisés, et préserver leur intégrité.**

L'accès au traitement des données n'est ouvert qu'aux agents nommément désignés et pour les seules opérations auxquelles ils sont habilités. Les accès individuels à l'application s'effectuent par un *(Décr. nº 2017-879 du 9 mai 2017, art. 1er-7º)* **« dispositif sécurisé dans le respect des référentiels prévus à l'article L. 1110-4-1 du code de la santé publique. »**

Un dispositif approprié limite les connexions à distance aux seuls postes de travail des agents des administrations ou des organismes mentionnés à l'article R. 146-42 *[R. 247-5]* **habilités à accéder au système d'information.**

Un enregistrement quotidien des connexions est réalisé. Il est conservé pendant une période de trois mois. – *[Ancien art. R. 146-47.]*

Art. R. 247-11 *(Décr. nº 2007-965 du 15 mai 2007, art. 1er)* **La mise en œuvre par la maison départementale des personnes handicapées du traitement de données à caractère personnel mentionné à l'article** *(Décr. nº 2017-879 du 9 mai 2017, art. 3-IV)* **« R. 247-1 » est subordonnée à l'envoi préalable à la Commission nationale de l'informatique et des libertés d'une déclaration attestant de la conformité du traitement aux dispositions de la présente sous-section.** – *[Ancien art. R. 146-48.]*

Art. R. 247-12 *(Décr. nº 2017-879 du 9 mai 2017, art. 1er-8º)* **Le traitement des données mis en œuvre par la maison départementale des personnes handicapées est conforme aux référentiels d'interopérabilité élaborés par la caisse nationale de solidarité pour l'autonomie.**

Ces référentiels d'interopérabilité constituent le cadre fonctionnel et de sécurité permettant la mise en œuvre progressive du système d'information commun prévu à l'article L. 247-2. Ils sont établis en lien avec le groupement visé à l'article L. 1111-24 du code de la santé publique et sont conformes aux référentiels élaborés par ce groupement en application de l'article L. 1110-4-1 du même code.

Ils sont approuvés par arrêté du ministre en charge des personnes handicapées, pris après avis de la Commission nationale de l'informatique et des libertés. – *[Anc. art. R. 146-49.]*

TITRE V PERSONNES NON BÉNÉFICIAIRES DE LA COUVERTURE MALADIE UNIVERSELLE

CHAPITRE I DROIT À L'AIDE MÉDICALE DE L'ÉTAT

(Décr. nº 2011-1314 du 17 oct. 2011, art. 1er)

Art. R. 251-1 **Sont exclus de la prise en charge par l'aide médicale de l'État telle que prévue au 1º de l'article L. 251-2 :**

1º Les frais relatifs aux cures thermales tels que définis à l'article *(Décr. nº 2015-1865 du 30 déc. 2015, art. 11-II-1º, en vigueur le 1er janv. 2016)* **« R. 160-24 » du code de la sécurité sociale ;**

2° Les actes techniques et les examens de biologie médicale spécifiques à l'assistance médicale à la procréation, tels que mentionnés dans la liste prévue à l'article L. 162-1-7 du code de la sécurité sociale ;

3° Les médicaments et produits relevant respectivement des articles L. 162-17 et L. 165-1 du même code et nécessaires à la réalisation des actes et examens définis au 2° du présent article ;

(Décr. n° 2015-120 du 3 févr. 2015, art. 1er-I) « 4° Les médicaments dont le service médical rendu a été classé comme faible et pour lesquels la participation de l'assuré est fixée dans les limites prévues au 14° de l'article *(Décr. n° 2015-1865 du 30 déc. 2015, art. 11-II-1°, en vigueur le 1er janv. 2016)* « R. 160-5 » du code de la sécurité sociale. »

Art. R. 251-2 *(Décr. n° 2017-240 du 24 févr. 2017, art. 6)* Les étrangers qui demandent le bénéfice de l'aide médicale de l'État pour une personne tierce, en application des dispositions du 2° de l'article L. 251-1, établissent annuellement une déclaration sur l'honneur, cosignée par la personne tierce, attestant que cette personne se trouve à leur charge effective, totale et permanente. Ils la transmettent à l'organisme dont ils relèvent.

Art. R. 251-3 *(Décr. n° 2020-1325 du 30 oct. 2020, art. 1er, en vigueur le 1er janv. 2021)* Les frais mentionnés au huitième alinéa de l'article L. 251-2 correspondent aux prestations suivantes, lorsqu'elles sont programmées, ne présentent pas un caractère d'urgence et ne concernent pas des bénéficiaires mineurs :

1° Les prestations mentionnées ci-après, réalisées en établissement de santé et liées à des pathologies non sévères, lorsqu'elles ne concernent pas des traumas, fractures, brûlures, infections, hémorragies, tumeurs suspectées ou avérées :

a) Libérations de nerfs superficiels à l'exception du médian au canal carpien ;

b) Libérations du médian au canal carpien ;

c) Interventions sur le cristallin avec ou sans vitrectomie ;

d) Allogreffes de cornée ;

e) Interventions sur le cristallin avec trabéculectomie ;

f) Rhinoplasties ;

g) Pose d'implants cochléaires ;

h) Interventions de reconstruction de l'oreille moyenne ;

i) Interventions pour oreilles décollées ;

j) Prothèses de genou ;

k) Prothèses d'épaule ;

l) Prothèses de hanche pour des affections autres que des traumatismes récents ;

m) Interventions sur la hanche et le fémur sauf traumatismes récents ;

n) Interventions sur le sein pour des affections non malignes autres que les actes de biopsie et d'excision locale ;

o) Gastroplasties pour obésité ;

p) Autres interventions pour obésité ;

2° Les actes réalisés par des professionnels de santé exerçant en ville suivants :

a) Les transports sanitaires en lien avec les prestations hospitalières mentionnées au 1° ;

b) Les actes de masso-kinésithérapie prescrits suite à des prestations hospitalières mentionnées au 1°.

Art. R. 251-4 *(Décr. n° 2020-1325 du 30 oct. 2020, art. 1er, en vigueur le 1er janv. 2021)* Le délai d'ancienneté mentionné au huitième alinéa de l'article L. 251-2 est fixé à neuf mois à compter de la première admission à l'aide médicale de l'État.

Lorsque le droit à l'aide médicale de l'État d'une personne mentionnée à l'article L. 251-1 a expiré et que cette dernière forme une nouvelle demande d'admission, le délai d'ancienneté s'applique à compter de la date de cette nouvelle demande lorsque l'admission précédente a été accordée ou renouvelée plus de deux ans auparavant.

Art. R. 251-5 *(Décr. n° 2020-1325 du 30 oct. 2020, art. 1er, en vigueur le 1er janv. 2021)* La demande de prise en charge dérogatoire visant à obtenir l'accord préalable mentionné au huitième alinéa de l'article L. 251-2 est formée par le prescripteur et est adressée au service du contrôle médical compétent par voie dématérialisée. L'avis du service médical est transmis au prescripteur qui le tient à disposition du bénéficiaire. L'absence de réponse du service du contrôle médical dans un délai de quinze jours à compter de la réception de la demande complète vaut accord de prise en charge.

Si les frais concernés par la demande mentionnée au premier alinéa sont également subordonnés à une demande d'accord préalable mentionnée à l'article L. 315-2 du code la sécurité sociale, le professionnel de santé justifie chaque demande au regard des critères fixés aux articles L. 251-2 du code de l'action sociale et des familles et L. 315-2 du code de la sécurité sociale. La prise en charge des frais concernés est subordonnée à l'accord du service du contrôle médical sur les deux demandes.

CHAPITRE II MODALITÉS D'ADMISSION

Art. R. 252-1 *(Décr. nº 2011-1314 du 17 oct. 2011, art. 2)* Pour bénéficier du service des prestations définies à l'article L. 251-2, la condition de stabilité de la résidence en France prévue à l'article L. 252-3 est réputée satisfaite dès lors que sont remplies les conditions fixées à l'article *(Décr. nº 2015-1865 du 30 déc. 2015, art. 11-II-1º, en vigueur le 1er janv. 2016)* « R. 111-2 » du code de la sécurité sociale.

Art. D. 252-2 *(Décr. nº 2020-1325 du 30 oct. 2020, art. 1er, en vigueur le 1er janv. 2021)* I. — La première demande d'aide médicale de l'État est déposée par le demandeur ou une autre personne majeure du foyer auprès de l'organisme d'assurance maladie de son lieu de résidence, ou auprès d'une maison de services au public mentionnée à l'article 27 de la loi nº 2000-321 du 12 avril 2000 relative aux droits des citoyens dans leurs relations avec les administrations habilitées par ce dernier.

Elle peut également être déposée auprès d'un établissement de santé ou une permanence d'accès aux soins de santé mentionnée *[mentionné]* à l'article L. 6111-1-1 du code de la santé publique dans lequel le demandeur ou un membre du foyer est pris en charge. Dans ce cas, l'établissement transmet le dossier de demande, dans un délai de huit jours, à l'organisme d'assurance maladie.

(Décr. nº 2021-1152 du 3 sept. 2021) « Elle peut aussi être déposée auprès d'un centre de santé mentionné à l'article L. 6323-1 du code de la santé publique, d'une maison de santé mentionnée à l'article L. 6323-3 du même code, ou d'une association régie par la loi du 1er juillet 1901, sous réserve que soient remplies les conditions cumulatives suivantes :

« 1º Le centre de santé, la maison de santé, ou l'association accompagne des personnes en situation de précarité dans les démarches nécessaires à la mise en œuvre de leurs droits relatifs à leur parcours de santé ;

« 2º Le centre de santé, la maison de santé, ou l'association leur permet d'accéder, en lien avec des professionnels de santé partenaires, à des soins de premier recours, qui sont pris en charge dès l'attribution de leurs droits ;

« 3º Une convention a été établie avec l'agence régionale de santé, qui prévoit les engagements du centre de santé, de la maison de santé ou de l'association et modalités de soutien par l'agence régionale de santé du dispositif d'accompagnement social et de délivrance des soins ;

« 4º Une convention a été établie entre le centre de santé, la maison de santé ou l'association et l'organisme d'assurance maladie qui précise les modalités de dépôt et de transmission des demandes d'aide médicale de l'État auprès de cet organisme.

« Le dossier de demande d'aide médicale de l'État est alors transmis par le centre de santé, la maison de santé, ou l'association dans un délai de huit jours à l'organisme d'assurance maladie. »

II. — Par dérogation aux dispositions du I :

1º La première demande d'un mineur isolé peut être déposée auprès d'un organisme d'assurance maladie par toute structure de prise en charge ou d'accompagnement de ces personnes, ou association de défense des droits des usagers du système de santé ou des personnes en situation de précarité ;

2º La première demande d'aide médicale de l'État des personnes à mobilité réduite peut être déposée dans les conditions prévues au quatrième alinéa de l'article L. 252-1 ;

3° Lorsque le demandeur est placé sous un régime de tutelle ou de curatelle, son tuteur ou curateur peut déposer sa première demande d'aide médicale de l'État dans les conditions prévues au quatrième alinéa de l'article L. 252-1.

CHAPITRE III DISPOSITIONS FINANCIÈRES

Art. D. 253-1 *(Décr. n° 2011-656 du 10 juin 2011)* Le Fonds national de l'aide médicale de l'État prévu à l'article L. 253-3-1 est administré par un conseil de gestion, assisté d'un secrétariat placé sous l'autorité du ministre chargé de la santé.

Art. D. 253-2 *(Décr. n° 2011-656 du 10 juin 2011)* Le conseil de gestion du Fonds national de l'aide médicale de l'État est composé :

1° Du directeur de la sécurité sociale et de deux représentants qu'il désigne ;

2° Du directeur général de la cohésion sociale ou de son représentant ;

3° Du directeur général de l'offre de soins ou de son représentant ;

4° Du directeur du budget ou de son représentant ;

5° Du directeur général de la Caisse nationale de l'assurance maladie *(Abrogé par Décr. n° 2020-621 du 22 mai 2020, art. 3-VI)* « *des travailleurs salariés* » ;

6° Du directeur de l'Agence centrale des organismes de sécurité sociale.

Les membres mentionnés aux 5° et 6° peuvent se faire représenter par un membre de l'institution à laquelle ils appartiennent.

Le directeur général de la Caisse des dépôts et consignations, ou son représentant, assiste au conseil de gestion, sans voix délibérative.

Le directeur de la sécurité sociale, ou son représentant, assure la présidence du conseil de gestion du Fonds national de l'aide médicale d'État.

Art. D. 253-3 *(Décr. n° 2011-656 du 10 juin 2011)* Le conseil de gestion se réunit au moins une fois par an sur convocation du président.

Pour l'expression de son suffrage, chaque membre du conseil dispose d'une voix.

Les délibérations du conseil sont adoptées à la majorité simple des suffrages exprimés. En cas de partage, la voix du président est prépondérante.

Le conseil de gestion ne délibère valablement que si la moitié des membres sont présents ou représentés en séance. Lorsque le conseil ne peut, faute de quorum, délibérer valablement, il peut à nouveau être réuni et délibérer valablement, quel que soit le nombre des membres présents, sous un délai d'un jour franc.

Art. D. 253-4 *(Décr. n° 2011-656 du 10 juin 2011)* Chaque année, sur proposition du président, le conseil de gestion adopte, avant le 31 mars :

1° *(Décr. n° 2012-1247 du 7 nov. 2012, art. 2, en vigueur le 1er janv. 2013)* « Le budget » afférent aux obligations de toute nature incombant au fonds ;

2° Le bilan, le compte de résultat et le rapport d'activité concernant l'exercice écoulé.

TITRE VI LUTTE CONTRE LA PAUVRETÉ ET LES EXCLUSIONS

CHAPITRE I LOGEMENT

SECTION 1 Aides générales au logement

La présente section ne comprend pas de dispositions réglementaires.

SECTION 2 Fourniture d'eau et d'énergie

SOUS-SECTION 1 Électricité

§ 1 Aide au paiement des factures impayées

Art. R. 261-1 *Abrogé par Décr. n° 2008-780 du 13 août 2008, à compter du 1er déc. 2008.*

Art. D. 261-2 et D. 261-3 *Abrogés par Décr. n° 2005-1135 du 7 sept. 2005.*

§ 2 **Mesures de prévention**

Art. D. 261-4 et D. 261-5 *Abrogés par Décr. n° 2005-1135 du 7 sept. 2005.*

§ 3 **Fonctionnement des commissions**

Art. R. 261-6 à R. 261-8 *Abrogés par Décr. n° 2005-1135 du 7 sept. 2005.*

SOUS-SECTION 2 **Gaz**

Art. R. 261-2 *Abrogé par Décr. n° 2008-780 du 13 août 2008, à compter du 1er déc. 2008.*

SECTION 3 Aide aux organismes logeant à titre temporaire des personnes défavorisées

Art. R. 261-3 **Les dispositions relatives à l'aide aux organismes logeant à titre temporaire des personnes défavorisées sont fixées aux articles R. 851-1 à R. 852-3 du code de la sécurité sociale.** – *[Anc. art. R. 261-10.]*

CHAPITRE II REVENU DE SOLIDARITÉ ACTIVE

(Décr. n° 2009-404 du 15 avr. 2009, en vigueur le 1er juin 2009)

Le présent chapitre est applicable à Mayotte dans les conditions prévues par le Décr. n° 2014-1407 du 26 nov. 2014 (V. art. R. 541-1 s.). Il en est de même, pour les besoins de cette application, des dispositions du CSS auxquelles ces dispositions renvoient (Décr. préc.).

SECTION 1 Dispositions générales

Art. R. 262-1 **Le montant forfaitaire mentionné** *(Décr. n° 2015-1709 du 21 déc. 2015, art. 2-1°, en vigueur le 1er janv. 2016)* **« à » l'article L. 262-2 applicable à un foyer composé d'une seule personne est majoré de 50 % lorsque le foyer comporte deux personnes. Ce montant est ensuite majoré de 30 % pour chaque personne supplémentaire présente au foyer et à la charge de l'intéressé. Toutefois, lorsque le foyer comporte plus de deux enfants ou personnes de moins de vingt-cinq ans à charge, à l'exception du conjoint, du partenaire lié par un pacte civil de solidarité ou du concubin de l'intéressé, la majoration à laquelle ouvre droit chacun de ces enfants ou personnes est portée à 40 % à partir de la troisième personne.**

Dans le cas des personnes isolées au sens de l'article L. 262-9, le montant majoré est égal à *(Décr. n° 2009-716 du 18 juin 2009, art. 11-I)* **« 128,412 % » du montant forfaitaire mentionné à l'article L. 262-2 applicable à un foyer composé d'une seule personne. S'y ajoute, pour chaque enfant à charge, un supplément égal à** *(Décr. n° 2009-716 du 18 juin 2009, art. 11-I)* **« 42,804 % » du montant forfaitaire applicable à un foyer composé d'une seule personne, mentionné à l'article L. 262-2. Le même supplément s'applique lorsque le foyer comporte d'autres personnes à charge que des enfants.**

Art. R. 262-2 **La durée maximale pendant laquelle la majoration du montant forfaitaire mentionnée à l'article L. 262-9 est perçue est de douze mois. Pour bénéficier de cette durée maximale, la demande doit être présentée dans un délai de six mois** *(Décr. n° 2017-122 du 1er févr. 2017, art. 1er-1°)* **« soit à compter de la date à laquelle une personne isolée commence à assumer la charge effective et permanente d'un enfant ou, pour les femmes enceintes, à la date de la déclaration de grossesse, soit à compter de la date à laquelle une personne ayant un ou plusieurs enfants doit, du fait qu'elle devient isolée, en assumer désormais la charge effective et permanente ». Au-delà de ce délai, la durée de service de l'allocation majorée est réduite à due proportion.**

Toutefois, cette durée de douze mois est prolongée jusqu'à ce que le plus jeune enfant à charge ait atteint l'âge de trois ans. Cette disposition s'applique même si le parent isolé n'a assumé la charge de l'enfant qu'après la date à laquelle les conditions d'ouverture du droit à l'allocation ont été réunies.

Art. R. 262-3 Pour le bénéfice du revenu de solidarité active, sont considérés comme à charge :

1° Les enfants ouvrant droit aux prestations familiales ;

2° Les autres enfants et personnes de moins de vingt-cinq ans qui sont à la charge effective et permanente du bénéficiaire à condition, lorsqu'ils sont arrivés au foyer après leur dix-septième anniversaire, d'avoir avec le bénéficiaire ou son conjoint, son concubin ou le partenaire lié par un pacte civil de solidarité un lien de parenté jusqu'au quatrième degré inclus.

Toutefois, *(Décr. nº 2010-961 du 25 août 2010, art. 1er)* « ne sont considérées comme à charge ni les personnes bénéficiaires de l'allocation de revenu de solidarité active au titre de l'article L. 262-7-1, ni » les personnes qui perçoivent des ressources égales ou supérieures à la majoration du revenu garanti à laquelle elles ouvrent droit.

Art. R. 262-4 *(Décr. nº 2017-122 du 1er févr. 2017, art. 1er-2º, en vigueur le 1er janv. 2017)* La périodicité mentionnée à l'article L. 262-21 pour le réexamen du montant de l'allocation de revenu de solidarité active est trimestrielle.

L'allocation est liquidée pour des périodes successives de trois mois à partir des ressources calculées conformément à l'article R. 262-7.

Ce montant n'est pas modifié entre deux réexamens périodiques, sauf dans les cas mentionnés à l'article R. 262-4-1.

Pour chacun des trois mois, la composition du foyer et la situation d'isolement mentionnée à l'article L. 262-9 retenues pour la détermination du montant forfaitaire sont celles du foyer au dernier jour du mois considéré, sous réserve des dispositions des 1° et 2° ci-dessous :

1° Il n'est pas tenu compte, pour le calcul du revenu de solidarité active, de l'ancien conjoint, concubin, ou partenaire lié par un pacte civil de solidarité du bénéficiaire, ni de ses ressources, lorsque celui-ci n'appartient plus au foyer lors du dépôt de la demande ou lors du réexamen périodique mentionné à l'article L. 262-21 ;

2° Le conjoint, concubin ou partenaire lié par un pacte civil de solidarité du bénéficiaire lors du dépôt de la demande ou lors du réexamen périodique est réputé avoir appartenu au foyer tout au long des trois mois précédents.

Art. R. 262-4-1 *(Décr. nº 2017-122 du 1er févr. 2017, art. 1er-3º, en vigueur le 1er janv. 2017)* Par dérogation à l'article R. 262-4, le montant de l'allocation est révisé entre deux réexamens périodiques, lorsque se produisent les changements de situation suivants :

1° Lorsque la perception de certaines ressources est interrompue dans les conditions mentionnées à l'article R. 262-13 ;

2° Lorsque le bénéficiaire et son conjoint, son partenaire lié par un pacte civil de solidarité ou son concubin interrompent la *[leur]* vie commune ;

3° Lorsque le bénéficiaire se trouve dans la situation d'isolement mentionnée à l'article L. 262-9.

La modification des droits prend effet à compter du premier jour du mois civil au cours duquel s'est produit l'évènement modifiant la situation de l'intéressé.

SECTION 2 Prestation de revenu de solidarité active

SOUS-SECTION 1 Conditions d'ouverture du droit

§ 1 Conditions d'éligibilité *(Décr. nº 2017-122 du 1er févr. 2017, art. 1er-4º, en vigueur le 1er janv. 2017)*.

Art. R. 262-4-2 *(Décr. nº 2017-122 du 1er févr. 2017, art. 1er-5º, en vigueur le 1er janv. 2017)* Les conditions mentionnées aux articles L. 262-2 et L. 262-4 doivent être remplies par le bénéficiaire et son conjoint, concubin ou partenaire lié par un pacte civil de solidarité le mois du droit.

Art. R. 262-5 Pour l'application de l'article L. 262-2, est considérée comme résidant en France la personne qui y réside de façon permanente ou qui accomplit hors de France un ou plusieurs séjours dont la durée de date à date ou la durée totale par année civile n'excède pas trois mois. Les séjours hors de France qui résultent des contrats mentionnés aux articles L. 262-34 ou L. 262-35 ou du projet personnalisé d'accès à l'emploi mentionné à l'article L. 5411-6-1 du code du travail ne sont pas pris en compte dans le calcul de cette durée.

En cas de séjour hors de France de plus de trois mois, l'allocation n'est versée que pour les seuls mois civils complets de présence sur le territoire.

§ 2 Détermination des ressources

Art. R. 262-6 Les ressources prises en compte pour la détermination du montant du revenu de solidarité active comprennent, sous les réserves et selon les modalités figurant au présent chapitre, l'ensemble des ressources, de quelque nature qu'elles soient, de toutes les personnes composant le foyer, et notamment les avantages en nature ainsi que les revenus procurés par des biens mobiliers et immobiliers et par des capitaux.

Les dispositions de l'article R. 132-1 sont applicables au revenu de solidarité active.

Art. R. 262-7 *(Décr. n° 2017-122 du 1er févr. 2017, art. 1er-6°, en vigueur le 1er janv. 2017)* I. — Le montant dû au foyer bénéficiaire du revenu de solidarité active est égal à la moyenne des montants intermédiaires calculés pour chacun des trois mois précédant l'examen ou le réexamen périodique du droit.

II. — Pour le calcul de l'allocation, les ressources du trimestre de référence prises en compte sont les suivantes :

1° La moyenne mensuelle des ressources perçues au cours des trois mois précédant la demande ou la révision, à l'exception de celles prévues aux 2° et 3° ;

2° Le montant mensuel des prestations versées par l'organisme chargé du service du revenu de solidarité active, sous réserve des dispositions des articles R. 262-10 et R. 262-11. Ces prestations sont intégralement affectées au mois de perception ;

3° Le montant des ressources ayant le caractère de revenus professionnels ou en tenant lieu mentionnées à l'article R. 262-12 présentant un caractère exceptionnel. Celles-ci sont intégralement affectées au mois de perception.

Pour l'application du présent article, un arrêté conjoint des ministres chargés de l'action sociale et du budget fixe les règles de calcul et les modalités permettant d'apprécier le caractère exceptionnel de ces ressources.

Art. R. 262-8 *(Abrogé par Décr. n° 2015-1709 du 21 déc. 2015, art. 2-2°, à compter du 1er janv. 2016) Ont le caractère de revenus professionnels ou en tiennent lieu en application du 1° de l'article L. 262-3 :*

1° L'ensemble des revenus tirés d'une activité salariée ou non salariée ;

2° Les revenus tirés de stages de formation professionnelle ;

3° Les revenus tirés de stages réalisés en application de l'article 9 de la loi n° 2006-396 du 31 mars 2006 pour l'égalité des chances ;

4° L'aide légale ou conventionnelle aux salariés en chômage partiel ;

5° Les indemnités perçues à l'occasion des congés légaux de maternité, de paternité ou d'adoption ;

6° Les indemnités journalières de sécurité sociale, de base et complémentaires, perçues en cas d'incapacité physique médicalement constatée de continuer ou de reprendre le travail, d'accident du travail ou de maladie professionnelle pendant une durée qui ne peut excéder trois mois à compter de l'arrêt de travail.

V. Arr. du 17 déc. 2009 : Règles de calcul et modalités d'appréciation du caractère exceptionnel de certaines ressources pour la détermination des droits au RSA (JO 20 déc.), v° App., Insertion.

Art. R. 262-9 *(Décr. nº 2023-1378 du 28 déc. 2023, art. 1er-1º)* « Sauf lorsqu'ils constituent un élément des revenus professionnels mentionnés à l'article R. 262-12, » les avantages en nature procurés par un logement occupé soit par son propriétaire ne bénéficiant pas d'aide personnelle au logement, soit, à titre gratuit, par les membres du foyer, sont évalués mensuellement et de manière forfaitaire :

1° A 12 % du montant forfaitaire mentionné *(Décr. nº 2015-1709 du 21 déc. 2015, art. 2-3º, en vigueur le 1er janv. 2016)* « à » l'article L. 262-2 applicable à un foyer composé d'une seule personne ;

2° A 16 % du montant forfaitaire calculé pour deux personnes lorsque le foyer se compose de deux personnes ;

3° A 16,5 % du montant forfaitaire calculé pour trois personnes lorsque le foyer se compose de trois personnes ou plus.

Les avantages en nature procurés par un jardin exploité à usage privatif ne sont pas pris en compte.

Les dispositions du Décr. nº 2023-1378 du 28 déc. 2023 sont applicables aux ressources perçues à compter du 1er janv. 2024 et déclarées à compter du 1er févr. 2024 (Décr. préc., art. 4-II).

Art. R. 262-10 Les aides personnelles au logement prévues *(Décr. nº 2019-772 du 24 juill. 2019, art. 3-4º, en vigueur le 1er sept. 2019)* « à l'article L. 821-1 » du code de la construction et de l'habitation sont incluses dans les ressources dans la limite d'un forfait calculé selon les modalités fixées aux 1°, 2° et 3° de l'article R. 262-9.

Cependant, lorsque les personnes autres que le bénéficiaire mentionnées aux 2° et 3° de l'article R. 262-9 ne sont pas prises en compte pour l'attribution des aides personnelles au logement, elles sont exclues du calcul de ce forfait.

Art. R. 262-10-1 *(Décr. nº 2014-554 du 27 mai 2014, art. 1er, en vigueur le 1er avr. 2014)* I. — Le complément familial majoré, mentionné à l'article L. 522-3 du code de la sécurité sociale, est pris en compte pour la détermination du montant de revenu de solidarité active, à hauteur d'un forfait égal à 41,65 % de la base mensuelle de calcul des allocations familiales déterminée en application de l'article L. 551-1 du même code.

II. — L'allocation de soutien familial mentionnée à l'article L. 523-1 du code de la sécurité sociale est prise en compte pour la détermination du montant de revenu de solidarité active, dans la limite d'un forfait égal à :

1° 30 % de la base mensuelle de calcul des allocations familiales déterminée en application de l'article L. 551-1 du même code pour chaque enfant mentionné au 1° de l'article L. 523-3 ;

2° 22,5 % de la base mensuelle de calcul des allocations familiales déterminée en application de l'article L. 551-1 du même code pour chaque enfant mentionné au 2° de l'article L. 523-3.

Art. R. 262-11 Pour l'application de l'article R. 262-6, il n'est pas tenu compte :

1° De la prime à la naissance ou à l'adoption mentionnée à l'article L. 531-2 du code de la sécurité sociale ;

2° De l'allocation de base mentionnée à l'article L. 531-3 du code de la sécurité sociale due pour le mois au cours duquel intervient la naissance ou, dans les situations visées à l'article L. 262-9 du présent code, jusqu'au dernier jour du mois civil au cours duquel l'enfant atteint l'âge de trois mois ;

3° De la majoration pour âge des allocations familiales mentionnée à l'article L. 521-3 du code de la sécurité sociale ainsi que de l'allocation forfaitaire instituée par le second alinéa de l'article L. 521-1 du même code ;

4° De l'allocation de rentrée scolaire mentionnée à l'article L. 543-1 du code de la sécurité sociale ;

5° Du complément de libre choix du mode de garde mentionné aux articles L. 531-5 à L. 531-9 du code de la sécurité sociale ;

6° De l'allocation d'éducation de l'enfant handicapé et de ses compléments mentionnés à l'article L. 541-1 du code de la sécurité sociale, de la majoration spécifique pour personne isolée mentionnée à l'article L. 541-4 du même code *(Abrogé par Décr.*

nº 2020-1343 du 4 nov. 2020, art. 1er-1º) ***« ainsi que de la prestation de compensation du handicap lorsqu'elle est perçue en application de l'article 94 de la loi nº 2007-1786 du 19 décembre 2007 de financement de la sécurité sociale pour 2008 »*** ; *– Sur l'entrée en vigueur du Décr. nº 2020-1343 du 4 nov. 2020, V. note ss. art.*

7º De l'allocation journalière de présence parentale mentionnée à l'article L. 544-1 du code de la sécurité sociale ;

8º Des primes de déménagement prévues par *(Décr. nº 2019-772 du 24 juill. 2019, art. 3-5º, en vigueur le 1er sept. 2019)* **« l'article L. 821-4 » du code de la construction et de l'habitation ;**

9º De la prestation de compensation mentionnée à l'article L. 245-1 *(Décr. nº 2020-1343 du 4 nov. 2020, art. 1er-2º)* **« pour l'ensemble des éléments visés à l'article L. 245-3 » ou de l'allocation compensatrice prévue au chapitre V du titre IV du livre II du code de l'action sociale et des familles dans sa rédaction antérieure à la loi nº 2005-102 du 11 février 2005 pour l'égalité des droits et des chances, la participation et la citoyenneté des personnes handicapées, lorsque** *(Décr. nº 2020-1343 du 4 nov. 2020, art. 1er-2º)* **« cette dernière » sert à rémunérer un tiers ne faisant pas partie du foyer du bénéficiaire du revenu de solidarité active ;** *– Sur l'entrée en vigueur du Décr. nº 2020-1343 du 4 nov. 2020, V. note ss. art.*

10º Des prestations en nature dues au titre des assurances maladie, maternité, accidents du travail et maladies professionnelles ou au titre de l'aide médicale de l'État ;

(Décr. nº 2019-718 du 5 juill. 2019, art. 4-4º) **« 11º Des indemnités et allocations, accordées en cas de remplacement, mentionnées aux articles L. 663-1 et L. 663-2 du code de la sécurité sociale et aux articles L. 732-10 à L. 732-12-2 du code rural et de la pêche maritime ; »**

12º De l'indemnité en capital attribuée à la victime d'un accident du travail prévue à l'article L. 434-1 du code de la sécurité sociale ;

13º De la prime de rééducation et du prêt d'honneur mentionnés à l'article R. 432-10 du code de la sécurité sociale ;

14º Des aides et secours financiers dont le montant ou la périodicité n'ont pas de caractère régulier ainsi que des aides et secours affectés à des dépenses concourant à l'insertion du bénéficiaire et de sa famille, notamment dans les domaines du logement, des transports, de l'éducation et de la formation ;

15º De la prime de retour à l'emploi et de l'aide personnalisée de retour à l'emploi mentionnées respectivement aux articles L. 5133-1 et L. 5133-8 du code du travail ainsi que de l'allocation mentionnée à l'article L. 5131-6 du même code ;

16º Des bourses d'études ainsi que de l'allocation pour la diversité dans la fonction publique ;

17º Des frais funéraires mentionnés à l'article L. 435-1 du code de la sécurité sociale ;

18º Du capital décès servi par un régime de sécurité sociale *(Décr. nº 2023-1378 du 28 déc. 2023, art. 1er-2º)* **« et de l'allocation versée au conjoint en cas de décès du bénéficiaire de l'allocation d'aide au retour à l'emploi en application de l'article 36 de l'annexe A du décret nº 2019-797 du 26 juillet 2019 modifié relatif au régime d'assurance chômage » ;**

19º De l'allocation du fonds de solidarité en faveur des anciens combattants d'Afrique du Nord prévue à l'article 125 de la loi nº 91-1322 de finances pour 1992 ;

20º De l'aide spécifique en faveur des conjoints survivants de nationalité française des membres des formations supplétives et assimilés, mentionnée aux premier et troisième alinéas de l'article 10 de la loi nº 94-488 du 11 juin 1994 relative aux rapatriés, anciens membres des formations supplétives et assimilés ou victimes de la captivité en Algérie ;

21º De l'allocation de reconnaissance *(Décr. nº 2022-393 du 18 mars 2022, art. 3-1º)* **« prévue à l'article 6 de la loi nº 2005-158 du 23 février 2005 portant reconnaissance de la Nation et contribution nationale en faveur des Français rapatriés ;**

« 21° *bis* De l'allocation viagère prévue à l'article 133 de la loi n° 2015-1785 du 29 décembre 2015 de finances pour 2016 ; »

22° Des mesures de réparation mentionnées à l'article 2 du décret n° 2000-657 du 13 juillet 2000 instituant une mesure de réparation pour les orphelins dont les parents ont été victimes de persécutions antisémites ;

23° Des mesures de réparation mentionnées à l'article 2 du décret n° 2004-751 du 27 juillet 2004 instituant une aide financière en reconnaissance des souffrances endurées par les orphelins dont les parents ont été victimes d'actes de barbarie durant la Deuxième Guerre mondiale ;

(Décr. n° 2010-1783 du 31 déc. 2010, art. 1er, en vigueur le 1er janv. 2011) « 24° Du revenu de solidarité prévu à l'article L. 522-14 du code de l'action sociale et des familles » ;

(Décr. n° 2015-1709 du 21 déc. 2015, art. 2-4°, en vigueur le 1er janv. 2016) « 25° De la prime d'activité prévue à l'article L. 841-1 du code de la sécurité sociale » ;

(Décr. n° 2020-1343 du 4 nov. 2020, art. 1er-3°) « 26° Des sommes perçues au titre du dédommagement par l'aidant familial tel que défini à l'article R. 245-7 du présent code ;

« 27° De l'allocation prévue à l'article L. 168-8 du code de la sécurité sociale » ;

(Décr. n° 2021-306 du 23 mars 2021, art. 5) « 28° De l'allocation forfaitaire versée en cas de décès d'un enfant, mentionnée à l'article L. 545-1 du code de la sécurité sociale » ;

(Décr. n° 2023-1378 du 28 déc. 2023, art. 1er-2°) « 29° Des indemnités destinées à l'entretien de l'enfant mentionnées à l'article L. 423-4 du présent code ;

« 30° De l'allocation personnalisée d'autonomie mentionnée à l'article L. 232-1 ;

« 31° De la majoration pour aide constante d'une tierce personne accordée en application de l'article L. 355-1 du code de la sécurité sociale ;

« 32° De la prestation complémentaire pour recours à tierce personne mentionnée au troisième alinéa de l'article L. 434-2 du même code ;

« 33° De la majoration spéciale pour assistance d'une tierce personne mentionnée à l'article L. 30 *bis* du code des pensions civiles et militaires de retraites et à l'article 34 du décret n° 2003-1306 du 26 décembre 2003 relatif au régime de retraite des fonctionnaires affiliés à la Caisse nationale de retraites des agents des collectivités locales ;

« 34° De la majoration attribuée aux bénéficiaires des dispositions du 3° de l'article D. 712-15 du code de la sécurité sociale ou du 3° du V de l'article 6 du décret n° 60-58 du 11 janvier 1960 modifié relatif au régime de sécurité sociale des agents permanents des départements, des communes et de leurs établissements publics n'ayant pas le caractère industriel ou commercial ;

« 35° De la majoration de la pension d'invalidité attribuée en application de l'article L. 133-1 du code des pensions militaires d'invalidité et des victimes de guerre ;

« 36° De la majoration de la pension d'invalidité attribuée en application du règlement du Conseil de la protection sociale des travailleurs indépendants approuvé par l'arrêté prévu à l'article L. 632-3 du code de la sécurité sociale ;

« 37° De l'allocation journalière d'accompagnement d'une personne en fin de vie mentionnée à l'article L. 168-1 du code de la sécurité sociale ;

« 38° De l'aide financière d'urgence versée à une personne victime de violences conjugales en application de l'article L. 214-9 du présent code. »

Les dispositions du Décr. n° 2020-1343 du 4 nov. 2020 sont applicables au calcul des droits au RSA et à la prime d'activité dus à compter de l'entrée en vigueur dudit décret (Décr. préc., art. 3, JO 5 nov.).

Les dispositions de l'art. 5 du Décr. n° 2021-306 du 23 mars 2021 sont applicables au calcul des droits au revenu de solidarité active, à la prime d'activité et à la protection complémentaire en matière de santé dus à compter de son entrée en vigueur, soit le 25 mars 2021 (Décr. préc., art. 7, JO 24 mars).

Les dispositions du Décr. n° 2023-1378 du 28 déc. 2023 sont applicables aux ressources perçues à compter du 1er janv. 2024 et déclarées à compter du 1er févr. 2024 (Décr. préc., art. 4-II).

Art. R. 262-12 *(Décr. nº 2023-1378 du 28 déc. 2023, art. 1er-3º)* **« I. — »** *(Décr. nº 2015-1709 du 21 déc. 2015, art. 2-5º, en vigueur le 1er janv. 2016)* **« Ont le caractère de revenus professionnels ou en tiennent lieu en application du** *(Décr. nº 2023-1378 du 28 déc. 2023, art. 1er-3º)* **« 1º » de l'article L. 262-3 :**

« 1º L'ensemble des revenus tirés d'une activité salariée ou non salariée ;

« 2º Les revenus tirés de stages de formation professionnelle ;

« 3º Les revenus tirés de stages réalisés en application de l'article 9 de la loi nº 2006-396 du 31 mars 2006 pour l'égalité des chances ;

« 4º L'aide légale ou conventionnelle aux salariés en chômage partiel ;

« 5º Les indemnités perçues à l'occasion des congés légaux de maternité, de paternité ou d'adoption ;

« 6º Les indemnités journalières de sécurité sociale, de base et complémentaires, perçues en cas d'incapacité physique médicalement constatée de continuer ou de reprendre le travail, d'accident du travail ou de maladie professionnelle pendant une durée qui ne peut excéder trois mois à compter de l'arrêt de travail.

(Décr. nº 2023-1378 du 28 déc. 2023, art. 1er-3º) **« II. — Les revenus professionnels mentionnés au I, à l'exception des revenus tirés d'une activité non salariée mentionnés au 1º du I et définis aux articles R. 262-18 et R. 262-19, sont pris en compte pour un montant égal à la différence entre :**

« 1º D'une part, les montants, pour leur valeur brute, correspondant aux sommes, ainsi qu'aux avantages et accessoires, le cas échéant en nature, qui y sont associés, dus en contrepartie ou à l'occasion d'un travail, d'une activité ou de l'exercice d'un mandat ou d'une fonction élective, ainsi qu'aux sommes destinées à compenser la perte de revenu d'activité, quelle qu'en soit la dénomination et les modalités de versement, à l'exception du financement par l'employeur des garanties collectives mentionnées à l'article L. 911-1 du code de la sécurité sociale et du versement mentionné au I de l'article L. 911-7-1 du même code, ainsi que la contribution des employeurs aux chèques-vacances prévue à l'article L. 411-1 du code du tourisme et au financement des activités et prestations prévues à l'article L. 7233-4 du code du travail ;

« 2º D'autre part, le montant des cotisations et contributions sociales à la charge du bénéficiaire des revenus mentionnés au I, instituées ou rendues obligatoires par des dispositions législatives ou réglementaires, ainsi que les montants correspondant au financement par le salarié des garanties collectives mentionnées à l'article L. 911-1 du code de la sécurité sociale. »

Les dispositions du Décr. nº 2023-1378 du 28 déc. 2023 sont applicables aux ressources perçues à compter du 1er janv. 2024 et déclarées à compter du 1er févr. 2024 (Décr. préc., art. 4-II).

Art. R. 262-13 **Il n'est tenu compte ni des ressources ayant le caractère de revenus professionnels ou en tenant lieu mentionnées à l'article** *(Décr. nº 2015-1709 du 21 déc. 2015, art. 2-6º, en vigueur le 1er janv. 2016)* **« R. 262-12 », ni des allocations aux travailleurs** *(Abrogé par Décr. nº 2019-796 du 26 juill. 2019, art. 5-1º, à compter du 1er nov. 2019)* ***« involontairement »*** **privés d'emploi mentionnées par** *(Décr. nº 2019-796 du 26 juill. 2019, art. 5-2º, en vigueur le 1er nov. 2019)* **« les articles L. 5422-1, L. 5423-1 et L. 5424-25 » du code du travail, lorsqu'il est justifié que la perception de ces revenus est interrompue de manière certaine et que l'intéressé ne peut prétendre à un revenu de substitution.**

Les autres ressources ne sont pas prises en compte, dans la limite mensuelle du montant forfaitaire mentionné *(Décr. nº 2015-1709 du 21 déc. 2015, art. 2-6º, en vigueur le 1er janv. 2016)* **« à » l'article L. 262-2 fixé pour un foyer composé d'une seule personne, lorsqu'il est justifié que leur perception est interrompue de manière certaine et que l'intéressé ne peut prétendre à un revenu de substitution.**

(Décr. nº 2017-122 du 1er févr. 2017, art. 1er-8º, en vigueur le 1er janv. 2017) **« Lorsque la perception des ressources mentionnées aux deux alinéas précédents est rétablie, celles-ci sont prises en compte pour le calcul du revenu de solidarité active à compter du réexamen périodique mentionné à l'article L. 262-21 suivant la reprise de perception desdites ressources. »**

Sur décision individuelle du président du conseil départemental au vu de la situation exceptionnelle du demandeur au regard de son insertion sociale et professionnelle, il

n'est pas fait application des dispositions du premier alinéa lorsque l'interruption de la perception de ressources résulte d'une démission.

Art. R. 262-14 **Sur décision individuelle du président du conseil départemental au vu de la situation exceptionnelle du demandeur au regard de son insertion sociale et professionnelle, il n'est pas tenu compte des libéralités consenties aux membres du foyer.**

Art. R. 262-15 *(Abrogé par Décr. nº 2017-122 du 1er févr. 2017, art. 1er-9º, à compter du 1er janv. 2017)* ***Lorsque des ressources ayant le caractère de revenus professionnels ou en tenant lieu mentionnées à l'article*** *(Décr. nº 2015-1709 du 21 déc. 2015, art. 2-7º)* ***« R. 262-12 » présentent un caractère exceptionnel, elles sont exclues du calcul mentionné à l'article*** *(Décr. nº 2015-1709 du 21 déc. 2015, art. 2-7º)* ***« R. 262-7 » et intégralement affectées au calcul des droits payés au bénéficiaire au titre du premier mois de versement de l'allocation suivant le trimestre de référence.***

Pour l'application du présent article, un arrêté conjoint des ministres chargés de l'action sociale et du budget fixe les règles de calcul et les conditions permettant d'apprécier le caractère exceptionnel de ces ressources.

§ 3 Dispositions propres aux non-salariés et aux personnes exerçant une activité saisonnière

Art. D. 262-16 *(Abrogé par Décr. nº 2017-123 du 1er févr. 2017, art. 1er-1º, à compter du 1er janv. 2017)* ***Les personnes relevant du régime mentionné à l'article L. 611-1 du code de la sécurité sociale peuvent prétendre au revenu de solidarité active lorsque le dernier chiffre d'affaires annuel connu, actualisé le cas échéant, n'excède pas, selon la nature de l'activité exercée, les montants fixés aux articles 50-0 et 102 ter du code général des impôts.***

Le montant du dernier chiffre d'affaires connu est, s'il y a lieu, actualisé, en fonction du taux d'évolution, en moyenne annuelle, de l'indice général des prix à la consommation des ménages, entre l'année de la demande et celle à laquelle le chiffre d'affaires se rapporte, tel que ce taux d'évolution figure dans le rapport économique et financier annexé au projet de loi de finances.

Art. D. 262-17 *(Abrogé par Décr. nº 2017-123 du 1er févr. 2017, art. 1er-1º, à compter du 1er janv. 2017)* ***Les travailleurs non salariés relevant du régime mentionné à l'article L. 722-1 du code rural et de la pêche maritime répondant aux conditions fixées par l'article L. 262-2 du présent code peuvent prétendre au bénéfice du revenu de solidarité active lorsqu'ils mettent en valeur une exploitation pour laquelle le dernier bénéfice agricole connu n'excède pas 800 fois le montant du salaire minimum de croissance en vigueur au 1er janvier de l'année de référence.***

Le montant défini à l'alinéa précédent est majoré de 50 % lorsque le foyer se compose de deux personnes et de 30 % pour chaque personne supplémentaire à condition que ces personnes soient :

1º Le conjoint, partenaire lié par un pacte civil de solidarité ou le concubin de l'intéressé ;

2º Un aide familial, au sens de l'article L. 722-10 du code rural et de la pêche maritime, âgé de moins de vingt-cinq ans et non chargé de famille ;

3º Un associé d'exploitation défini par les articles L. 321-6 à L. 321-12 du code rural et de la pêche maritime âgé de moins de vingt-cinq ans et non chargé de famille ;

4º Une personne de dix-sept à vingt-cinq ans remplissant les conditions fixées à l'article R. 262-3 du présent code.

Toutefois, lorsque le foyer se compose de plus de deux personnes mentionnées aux 2º, 3º et 4º ci-dessus, le montant défini au premier alinéa est majoré de 40 % à partir de la troisième personne.

Art. R. 262-18 **Les revenus professionnels relevant de l'impôt sur le revenu dans la catégorie des bénéfices agricoles s'entendent des bénéfices de l'avant-dernière année précédant celle au cours de laquelle le droit à l'allocation est examiné** *(Décr. nº 2017-811 du 5 mai 2017, art. 1er-1º, en vigueur le 1er juill. 2017)* **« ou révisé, ou ceux de la dernière année s'ils sont connus, pourvu qu'ils correspondent à une année complète d'activité.**

« Pour les travailleurs indépendants qui en font la demande, le calcul prévu à l'article R. 262-7 prend en compte le total des recettes du trimestre précédant l'examen ou la révision du droit, en lui appliquant le taux d'abattement forfaitaire prévu au deuxième alinéa de l'article 64 *bis* du code général des impôts dès lors que le total des recettes des douze derniers mois n'excède pas le montant fixé au I de l'article 69 du code général des impôts et sous réserve d'un accord du président du conseil départemental.

« Cette demande peut être faite à tout moment et est valable pour les trimestres de l'année civile en cours dont le total des recettes trimestrielles déclarées n'excède pas le quart du montant fixé au même article. Elle est tacitement reconduite sauf demande contraire du bénéficiaire.

« Si le travailleur indépendant demande également le bénéfice de la prime d'activité, mentionnée à l'article L. 841-1 du code de la sécurité sociale, cette demande porte sur le même mode de calcul pour la détermination et le calcul du droit à la prime d'activité. »

Toute aide, subvention et indemnité non retenue pour la fixation du bénéfice forfaitaire ainsi que pour le bénéfice mentionné à l'article 76 du code général des impôts est ajoutée aux revenus définis aux alinéas précédents. Un arrêté préfectoral recense celles qui ont été prises en considération pour la fixation du forfait. Le président du conseil départemental reçoit communication de cet arrêté.

Art. R. 262-19 Les bénéfices industriels et commerciaux et les bénéfices non commerciaux s'entendent des résultats ou bénéfices déterminés en fonction des régimes d'imposition applicables au titre de la pénultième année *(Décr. nº 2017-811 du 5 mai 2017, art. 1er-2º, en vigueur le 1er juill. 2017)* « , ou [de] ceux de la dernière année s'ils sont connus, pourvu qu'ils correspondent à une année complète d'activité ». *(Décr. nº 2009-933 du 29 juill. 2009, art. 1er)* « S'y ajoutent les amortissements et les plus-values professionnels.

« Par dérogation à l'alinéa précédent, pour les travailleurs indépendants *(Décr. nº 2019-718 du 5 juill. 2019, art. 2-III)* « mentionnés à l'article L. 613-7 » du code de la sécurité sociale *(Décr. nº 2015-1709 du 21 déc. 2015, art. 2-8º, en vigueur le 1er janv. 2016)* « et pour les travailleurs indépendants mentionnés à l'article L. 382-1 du même code bénéficiant du régime prévu à l'article 102 *ter* du code général des impôts », le calcul prévu à l'article R. 262-7 du présent code prend en compte le chiffre d'affaires réalisé au cours des trois mois précédant la demande d'allocation ou la révision en lui appliquant, selon les activités exercées, les taux d'abattement forfaitaires prévus aux articles 50-0 et 102 *ter* du code général des impôts. »

(Décr. nº 2017-811 du 5 mai 2017, art. 1er-2º, en vigueur le 1er juill. 2017) « Le calcul prévu à l'alinéa précédent est également applicable aux travailleurs indépendants qui en font la demande, dès lors que le chiffre d'affaires des douze derniers mois n'excède pas, selon la nature de l'activité exercée, les montants fixés aux articles 50-0 et 102 *ter* du code général des impôts, et sous réserve d'un accord du président du conseil départemental.

« Cette demande peut être faite à tout moment et est valable pour les trimestres de l'année civile en cours dont le chiffre d'affaires trimestriel déclaré n'excède pas, selon la nature de l'activité exercée, le quart des montants fixés aux mêmes articles. Elle est tacitement reconduite sauf demande contraire du bénéficiaire.

« Si le travailleur indépendant demande également le bénéfice de la prime d'activité, mentionnée à l'article L. 841-1 du code de la sécurité sociale, cette demande porte sur le même mode de calcul pour la détermination et le calcul du droit à la prime d'activité. »

Art. R. 262-20 Pour les personnes mentionnées à l'article 62 du code général des impôts, les revenus perçus s'entendent des rémunérations avant déduction pour frais professionnels.

Art. R. 262-21 Pour l'appréciation des revenus professionnels définis aux articles R. 262-18 et R. 262-19 *(Décr. nº 2009-933 du 29 juill. 2009, art. 2)* « autres que ceux mentionnés au dernier alinéa de l'article R. 262-19 », il est fait abstraction des déficits catégoriels et des moins-values subis au cours de l'année de référence ainsi que des déficits constatés au cours des années antérieures.

Ces revenus professionnels sont revalorisés en fonction du taux d'évolution en moyenne annuelle de l'indice général des prix à la consommation hors tabac entre l'année à laquelle ces revenus professionnels se rapportent et celle à laquelle est présentée la demande, tel que ce taux d'évolution figure dans le rapport économique et financier annexé au projet de loi de finances.

Art. R. 262-22 Les revenus professionnels des non-salariés pris en compte *(Décr. n° 2009-933 du 29 juill. 2009, art. 2)* « autres que ceux mentionnés au dernier alinéa de l'article R. 262-19 » sont égaux à 25 % des revenus annuels fixés en application de l'article R. 262-23.

Art. R. 262-23 Selon les modalités prévues aux articles R. 262-18 à R. 262-22, le président du conseil départemental arrête l'évaluation des revenus professionnels non salariés nécessaires au calcul du revenu de solidarité active. A cet effet, il tient compte, soit à son initiative, soit à la demande de l'intéressé, des éléments de toute nature relatifs aux revenus professionnels de l'intéressé.

Art. R. 262-24 En l'absence de déclaration ou d'imposition d'une ou plusieurs activités non salariées, le président du conseil départemental évalue le revenu au vu de l'ensemble des éléments d'appréciation fournis par le demandeur.

Art. R. 262-25 Si le bénéficiaire, son conjoint, le partenaire lié par un pacte civil de solidarité ou le concubin ou l'une des personnes à charge définies à l'article R. 262-3 exerce *(Décr. n° 2009-933 du 29 juill. 2009, art. 3)* « une activité à caractère saisonnier, salariée ou non salariée, » et si le montant de ses ressources, telles que définies à l'article R. 532-3 du code de la sécurité sociale pour la dernière année civile, est supérieur à douze fois le montant forfaitaire mensuel applicable au foyer au 1er janvier de cette année, l'intéressé ne peut bénéficier du revenu de solidarité active ou cesse d'y avoir droit, sauf s'il justifie d'une modification effective de sa situation professionnelle.

§ 4 Conditions applicables aux personnes âgées de dix-huit à vingt-cinq ans

(Décr. n° 2010-961 du 25 août 2010, art. 1er)

Le Décr. n° 2010-961 du 25 août 2010 entre en vigueur au plus tard le 1er janv. 2011 dans les départements d'outre-mer et les collectivités de Saint-Barthélemy, Saint-Martin et Saint-Pierre-et-Miquelon (Décr. préc., art. 2).

Art. D. 262-25-1 Pour l'application de l'article L. 262-7-1, le bénéfice du revenu de solidarité active est ouvert aux demandeurs ayant exercé une activité professionnelle pendant un nombre d'heures de travail au moins égal au double du nombre d'heures annuelles mentionné *(Décr. n° 2016-1553 du 18 nov. 2016, art. 7-I, en vigueur le 1er janv. 2017)* « au troisième alinéa de l'article L. 3121-41 » du code du travail.

Ces heures doivent avoir été effectuées au cours d'une période de référence de trois années précédant la date de la demande compte non tenu, le cas échéant, des périodes de perception de l'allocation d'assurance prévue à l'article L. 5422-1 du code du travail, de l'allocation mentionnée au 5° de l'article L. 1233-68 du même code et de l'allocation prévue à l'article 6 de l'ordonnance n° 2006-433 du 13 avril 2006 relative à l'expérimentation du contrat de transition professionnelle, prises dans la limite de six mois. Toutefois, les heures d'activité occasionnelle ou réduite ouvrant droit au bénéfice des allocations susmentionnées sont prises en considération pour le calcul du nombre minimal d'heures de travail fixé au premier alinéa.

Art. D. 262-25-2 *(Décr. n° 2010-961 du 25 août 2010, art. 1er)* Les travailleurs non salariés des professions non agricoles sont réputés remplir la condition relative au

nombre minimal d'heures de travail fixée au premier alinéa de l'article D. 262-25-1 s'ils justifient, au cours d'une période minimale de deux ans, à la fois :

1° D'une immatriculation au registre *(Décr. n° 2022-1015 du 19 juill. 2022, art. 2, en vigueur le 1er janv. 2023)* **« national des entreprises prévu à l'article L. 123-36 du code de commerce ou », pour les artistes auteurs, d'une affiliation au régime général de sécurité sociale dans les conditions prévues aux articles L. 382-1 et R. 382-1 du code de la sécurité sociale ;**

2° D'un niveau de chiffre d'affaires au moins égal à quarante-trois fois le montant forfaitaire mensuel du revenu de solidarité active pour une personne seule en vigueur au 1er janvier de l'année de réalisation du chiffre d'affaires considéré.

Art. D. 262-25-3 **Les personnes relevant du régime mentionné à l'article L. 722-1 du code rural et de la pêche maritime sont réputées remplir la condition relative au nombre minimal d'heures de travail fixée au premier alinéa de l'article D. 262-25-1 si elles justifient, au cours d'une période minimale de deux ans, à la fois :**

1° D'une affiliation au régime mentionné à l'article L. 722-1 du code rural et de la pêche maritime ;

2° D'un niveau de chiffre d'affaires au moins égal à vingt-quatre fois le montant forfaitaire mensuel du revenu de solidarité active pour une personne seule en vigueur au 1er janvier de l'année de réalisation du chiffre d'affaires considéré.

Art. D. 262-25-4 **Pour apprécier la condition de durée d'exercice professionnel fixée par le premier alinéa de l'article D. 262-25-1, il est tenu compte des différentes activités exercées au cours de la période de référence mentionnée au second alinéa du même article. Le cas échéant, la durée des activités relevant des articles D. 262-25-2 ou D. 262-25-3 est prise en considération à due proportion de la durée d'immatriculation, de déclaration ou d'affiliation, sous réserve que la condition de niveau de chiffre d'affaires, proratisée, soit remplie.**

SOUS-SECTION 2 Attribution et service de la prestation

§ 1 Recueil et instruction des demandes d'allocation

Art. R. 262-25-5 *(Décr. n° 2017-122 du 1er févr. 2017, art. 1er-10°)* **Lorsqu'elle est déposée auprès des organismes mentionnés à l'article L. 262-16, la demande de revenu de solidarité active est réalisée soit par téléservice, soit par le dépôt d'un formulaire. L'utilisation du téléservice dispense, le cas échéant, l'usager de la fourniture de pièces justificatives dès lors que ces organismes disposent des informations nécessaires ou qu'elles peuvent être obtenues auprès des administrations, collectivités et organismes mentionnés à l'article L. 262-40.**

(Décr. n° 2022-565 du 15 avr. 2022, art. 2-1°) **« Cette demande permet également de réaliser les démarches en vue de l'attribution de la protection complémentaire en matière de santé mentionnée à l'article L. 861-1 du code de la sécurité sociale. » –** *Les dispositions de l'art. 2 du Décr. n° 2022-565 du 15 avr. 2022 sont applicables aux demandes de revenu de solidarité active effectuées à compter du 1er janv. 2022 (Décr. préc., art. 3-I).*

Art. D. 262-26 **La demande de revenu de solidarité active peut être déposée :**

a) **Auprès du centre communal ou intercommunal d'action sociale du lieu de domicile du demandeur, lorsque son conseil d'administration a décidé d'instruire les demandes de revenu de solidarité active en application de l'article L. 262-15 ;**

b) **Auprès des services du département ;**

c) **Auprès des associations ou organismes à but non lucratif auquel le président du conseil départemental a délégué l'instruction administrative ;**

d) **Auprès des organismes chargés du service du revenu de solidarité active mentionnés à l'article L. 262-16 ;**

e) **Auprès de Pôle emploi, dès lors que son conseil d'administration a décidé d'instruire les demandes de revenu de solidarité active, en application de l'article D. 262-27.**

Sur les exceptions à l'application du droit des usagers de saisir l'administration par voie électronique concernant les démarches effectuées auprès des organismes de sécurité sociale et des collectivités territoriales, de leurs établissements publics ou des établissements publics de coopération intercommunale, V. ***CRPA****, App., v° Saisine par voie électronique – Exceptions.*

Art. D. 262-27 **Le conseil d'administration de Pôle emploi peut décider que cet organisme instruit tout ou partie des demandes de revenu de solidarité active. Les modalités d'exercice de cette mission, et notamment les catégories de demandeurs d'emploi pour lesquelles cette instruction est réalisée, sont précisées dans une convention conclue entre Pôle emploi, la Caisse nationale des allocations familiales et la Caisse centrale de la mutualité agricole, après avis de l'association représentative des départements au niveau national.**

Art. D. 262-28 **Les demandes de revenu de solidarité active sont instruites à titre gratuit par les services ou organismes auprès desquels elles ont été déposées.**

Art. D. 262-29 **Les organismes chargés de l'instruction des demandes de revenu de solidarité active définissent en commun avec le président du conseil départemental un engagement de qualité de service, garantissant, au travers de critères mesurables, la fiabilité et la rapidité des opérations d'instruction.**

Art. D. 262-30 **La délégation accordée par le président du conseil départemental sur le fondement de l'article L. 262-15 fixe notamment le ressort territorial dans lequel l'association ou organisme est habilité à recevoir et instruire les demandes de revenu de solidarité active.**

Art. R. 262-31 **Le formulaire de demande d'allocation de revenu de solidarité active est fixé par arrêté conjoint des ministres chargés de l'action sociale, de la sécurité sociale et des collectivités territoriales.** – *V. Arr. du 7 mai 2009 (JO 27 mai), mod. par Arr. du 19 janv. 2011 (JO 29 janv.).*

§ 2 Liquidation, versement et révision de l'allocation

Art. R. 262-32 **Lorsque, au sein du foyer, un des membres ou son conjoint, partenaire lié par un pacte civil de solidarité ou concubin est déjà allocataire au titre des prestations familiales, il est également le bénéficiaire au titre de l'allocation de revenu de solidarité active.**

Dans le cas contraire, le bénéficiaire est celui qu'ils désignent d'un commun accord. Ce droit d'option peut être exercé à tout moment. L'option ne peut être remise en cause qu'au bout d'un an, sauf changement de situation. Si ce droit d'option n'est pas exercé, le bénéficiaire est celui qui a déposé la demande d'allocation.

Art. R. 262-33 **Sans préjudice des dispositions particulières prévues aux articles L. 262-37 et L. 262-38, l'allocation est due à compter du premier jour du mois civil au cours duquel la demande a été déposée auprès d'un des organismes mentionnés à l'article D. 262-26.**

Art. D. 262-34 *(Abrogé par Décr. n° 2017-123 du 1er févr. 2017, art. 1er-2°, à compter du 1er janv. 2017)* ***L'allocation est liquidée pour des périodes successives de trois mois à partir des ressources calculées conformément à l'article R. 262-7.***

Toutefois, les changements de situation de nature à modifier les droits au revenu de solidarité active prennent effet à compter du premier jour du mois civil au cours duquel s'est produit l'évènement modifiant la situation de l'intéressé. Ils cessent de produire leurs effets à compter du premier jour du mois civil qui suit celui au cours duquel les conditions cessent d'être réunies.

Lorsque au cours d'un même mois interviennent successivement la cessation d'une activité ou d'une formation, puis la reprise d'une activité ou d'une formation, le bénéficiaire est réputé, pour le calcul du revenu de solidarité active, avoir exercé son activité de manière continue au cours du mois.

Art. R. 262-35 Le revenu de solidarité active cesse d'être dû à compter du premier jour du mois civil au cours duquel les conditions d'ouverture du droit cessent d'être réunies. Toutefois, en cas de décès du bénéficiaire, d'un enfant ou d'un autre membre du foyer, l'allocation ou la majoration d'allocation cesse d'être due au premier jour du mois civil qui suit celui du décès.

Art. R. 262-36 L'allocation de revenu de solidarité active est versée mensuellement à terme échu.

Art. R. 262-37 Le bénéficiaire de l'allocation de revenu de solidarité active est tenu de faire connaître à l'organisme chargé du service de la prestation toutes informations relatives à sa résidence, à sa situation de famille, aux activités, aux ressources et aux biens des membres du foyer ; il doit faire connaître à cet organisme tout changement intervenu dans l'un ou l'autre de ces éléments.

Art. R. 262-38 En cas de non-retour de la déclaration trimestrielle de ressources dans les délais nécessaires pour procéder au calcul de l'allocation, le président du conseil départemental peut décider qu'une avance est versée au bénéficiaire. Les modalités de calcul de cette avance, ainsi que les conditions qui justifient que l'intéressé puisse y prétendre, sont fixées par délibération du conseil départemental.

Art. R. 262-39 Le montant au-dessous duquel l'allocation n'est pas versée est fixé à 6 €.

Art. R. 262-40 Le président du conseil départemental met fin au droit au revenu de solidarité active et procède à la radiation de la liste des bénéficiaires du revenu de solidarité active, selon les cas :

1° Dans les délais fixés à l'article R. 262-35 lorsque les conditions d'ouverture du droit cessent d'être réunies *(Abrogé par Décr. n° 2012-294 du 1er mars 2012, art. 1er-1°)* *« et à la suite d'une suspension de versement décidée en application de l'article L. 262-37 »* ;

2° Le premier jour du mois qui suit une période de quatre mois civils consécutifs d'interruption de versement de l'allocation, lorsque les ressources du foyer sont d'un montant supérieur à celui du *(Décr. n° 2015-1709 du 21 déc. 2015, art. 2-9°, en vigueur le 1er janv. 2016)* « montant forfaitaire » mentionné à l'article L. 262-2 ou lorsque l'interruption est prononcée en application de l'article L. 262-12 *(Décr. n° 2015-1709 du 21 déc. 2015, art. 2-9°, en vigueur le 1er janv. 2016)* « , et d'interruption du versement de la prime d'activité mentionnée à l'article L. 841-1 du code de la sécurité sociale. Lorsque la prime d'activité est versée et que les ressources sont supérieures au montant forfaitaire, le bénéficiaire peut demander la radiation de la liste des bénéficiaires du revenu de solidarité active » ;

(Décr. n° 2012-294 du 1er mars 2012, art. 1er-2°) « 3° Au terme de la durée de suspension du versement décidée en vertu du 2° de l'article R. 262-68 lorsque la radiation est prononcée en application de l'article L. 262-38. »

Par dérogation au 2°, lorsque l'un des membres du foyer a conclu un des contrats mentionnés aux articles L. 262-35 et L. 262-36 ou un projet personnalisé d'accès à l'emploi mentionné à l'article L. 5411-6-1 du code du travail, la fin de droit au revenu de solidarité active est reportée à l'échéance du contrat ou du projet.

Les dispositions de l'art. 1er du Décr. n° 2012-294 du 1er mars 2012 sont applicables aux procédures de suspension qui seront engagées à compter du 1er avr. 2012 (Décr. préc., art. 4).

Art. R. 262-41 Les organismes à but non lucratif agréés à cette fin par le président du conseil départemental peuvent recevoir et reverser à leurs bénéficiaires le revenu de solidarité active.

Art. R. 262-42 Les caisses de mutualité sociale agricole assurent le service du revenu de solidarité active :

1° Lorsque le bénéficiaire, son conjoint, son partenaire lié par un pacte civil de solidarité ou son concubin relève du régime des non-salariés agricoles ;

2° Lorsque le bénéficiaire, son conjoint, son partenaire lié par un pacte civil de solidarité ou son concubin est salarié agricole, chef d'exploitation ou d'entreprise agricole ou artisan rural, sauf si des prestations familiales sont versées à l'un ou à l'autre par une caisse d'allocations familiales.

§ 3 Suspension ou réduction de l'allocation

Art. R. 262-43 Si un bénéficiaire qui n'a ni conjoint, ni partenaire lié par un pacte civil de solidarité, ni concubin, ni personne à charge est hospitalisé dans un établissement de santé pendant plus de soixante jours, en bénéficiant d'une prise en charge par l'assurance maladie, le montant de son allocation est réduit de 50 %. Cette disposition n'est pas applicable aux personnes en état de grossesse.

La réduction de l'allocation n'est opérée que pendant les périodes durant lesquelles le bénéficiaire est effectivement accueilli dans un établissement de santé, à l'exclusion des périodes de suspension de la prise en charge par l'assurance maladie.

Art. R. 262-44 La réduction de l'allocation faite en application de l'article R. 262-43 est opérée *(Décr. n° 2017-122 du 1er févr. 2017, art. 1er-11°, en vigueur le 1er janv. 2017)* « à compter de la deuxième révision périodique suivant le début de l'hospitalisation ».

Le service de l'allocation est repris au taux normal, sans nouvelle demande, à compter du premier jour du mois au cours duquel l'intéressé n'est plus hospitalisé dans un établissement de santé.

Art. R. 262-45 Si un bénéficiaire qui n'a ni conjoint, ni partenaire lié par un pacte civil de solidarité, ni concubin, ni personne à charge est détenu dans un établissement relevant de l'administration pénitentiaire pour une durée supérieure à soixante jours, son allocation est suspendue *(Décr. n° 2017-122 du 1er févr. 2017, art. 1er-12°, en vigueur le 1er janv. 2017)* « à compter de la deuxième révision trimestrielle suivant le début de son incarcération ».

Si le bénéficiaire a un conjoint, un partenaire lié par un pacte civil de solidarité, un concubin ou une personne à charge définie à l'article R. 262-3, il est procédé au terme du délai mentionné au premier alinéa à un examen des droits dont bénéficient ces autres personnes, le bénéficiaire n'étant plus alors compté au nombre des membres du foyer.

Le service de l'allocation est repris à compter du premier jour du mois au cours duquel prend fin l'incarcération.

Les dispositions du présent article ne sont pas applicables aux personnes qui, conservant un enfant à charge, ont droit à la majoration mentionnée à l'article L. 262-9.

Art. R. 262-46 Conformément à l'article L. 262-10, le foyer dispose d'un délai de deux mois à compter du dépôt de sa demande pour faire valoir ses droits aux prestations sociales mentionnées au premier alinéa de cet article.

Toutefois, le droit à l'allocation de soutien familial est, en application de l'article R. 523-2 du code de la sécurité sociale, ouvert aux bénéficiaires de la majoration mentionnée à l'article L. 262-9 sans qu'ils aient à en faire la demande.

Lorsque le foyer ne remplit pas les conditions d'ouverture de droit à l'allocation de soutien familial, mais qu'il a acquis des droits à des créances d'aliments, il dispose d'un délai de quatre mois à compter de sa demande d'allocation de revenu de solidarité active pour faire valoir ses droits.

Art. R. 262-47 Le foyer qui acquiert des droits aux prestations sociales ou aux créances d'aliments mentionnées à l'article L. 262-10 dont il ne disposait pas lors de l'ouverture du droit à l'allocation de revenu de solidarité active est tenu de faire valoir ces droits et d'informer le président du conseil départemental, ainsi que l'organisme chargé du service de l'allocation, du changement de sa situation. Le président du conseil départemental enjoint si nécessaire le bénéficiaire de procéder aux démarches correspondantes. Les délais mentionnés à l'article R. 262-46 courent à compter de cette notification.

Art. R. 262-48 La dispense de faire valoir ses droits à créance alimentaire peut être accordée au foyer lorsque le débiteur d'aliments, pour des raisons tenant notamment aux difficultés sociales qu'il rencontre, à sa situation de santé ou à sa situation familiale, est hors d'état de remplir les obligations mentionnées aux troisième et quatrième alinéas de l'article L. 262-10.

Il peut également en être dispensé s'il dispose d'un motif légitime de ne pas faire valoir ses droits.

Art. R. 262-49 Si, à l'issue des délais mentionnés aux articles R. 262-46 et R. 262-47, le foyer n'a pas fait valoir ses droits aux prestations ou aux créances d'aliments mentionnées à l'article L. 262-10 ou n'a pas demandé à être dispensé de cette obligation et que le président du conseil départemental a l'intention de mettre fin au versement de l'allocation ou de procéder à une réduction de l'allocation, ce dernier en informe par écrit le foyer, lui indique le cas échéant le montant de la réduction envisagée et lui fait connaître qu'il dispose d'un délai d'un mois pour présenter des observations écrites ou demander à être entendu, assisté, le cas échéant, de la personne de son choix.

Les dispositions de l'alinéa précédent sont également applicables lorsque le président du conseil départemental envisage de refuser la dispense demandée.

La réduction mentionnée à l'article L. 262-12 est au plus égale au montant de l'allocation de soutien familial mentionnée à l'article L. 523-1 due à un parent ayant un seul enfant.

Les informations prévues aux alinéas précédents et la décision de réduction ou de fin de droit de l'allocation prise par le président du conseil départemental sont notifiées au foyer par lettre recommandée avec avis de réception. La réduction prend fin, par décision du président du conseil départemental, le premier jour du mois au cours duquel le foyer a fourni des éléments justifiant qu'il a fait valoir ses droits.

SOUS-SECTION 3 Financement du revenu de solidarité active

Art. D. 262-50 *(Abrogé par Décr. n° 2017-123 du 1er févr. 2017, art. 1er-3°, à compter du 1er janv. 2017) Le Fonds national des solidarités actives prévu à l'article L. 262-24 est administré par un conseil de gestion, assisté d'un secrétariat placé sous l'autorité du ministre chargé de l'action sociale.*

La Caisse des dépôts et consignations assure la gestion administrative, comptable et financière du Fonds national des solidarités actives dans les conditions fixées par un protocole d'accord passé entre le président du conseil de gestion et le directeur général de la Caisse des dépôts et consignations, approuvé par le conseil de gestion.

Art. D. 262-51 *(Abrogé par Décr. n° 2017-123 du 1er févr. 2017, art. 1er-3°, à compter du 1er janv. 2017) Le conseil de gestion du Fonds national des solidarités actives est composé :*

1° D'un président, désigné par arrêté du ministre chargé de l'action sociale, et de deux autres représentants du ministre chargé de l'action sociale ;

2° D'un représentant du ministre chargé du budget ;

3° D'un représentant du ministre chargé de la sécurité sociale ;

4° D'un représentant du ministre chargé de l'emploi ;

5° D'un représentant du ministre chargé de l'agriculture ;

6° D'un représentant du ministre chargé des collectivités territoriales ;

7° Du directeur général de la Caisse des dépôts et consignations ;

8° Du président du conseil d'administration de la Caisse nationale des allocations familiales ;

9° Du président du conseil central d'administration de la Mutualité sociale agricole ;

10° Du président du conseil d'administration de l'Agence centrale des organismes de sécurité sociale ;

11° Du directeur général de Pôle emploi.

Chacun des membres mentionnés aux 7° à 11° peut se faire représenter par un membre de l'institution à laquelle il appartient.

Art. D. 262-52 *(Abrogé par Décr. nº 2017-123 du 1er févr. 2017, art. 1er-3º, à compter du 1er janv. 2017)* ***Le conseil de gestion se réunit au moins une fois par an sur convocation du président.***

Art. D. 262-53 *(Abrogé par Décr. nº 2017-123 du 1er févr. 2017, art. 1er-3º, à compter du 1er janv. 2017)* ***Pour l'expression de son suffrage, chaque membre du conseil dispose d'une voix.***

Les délibérations du conseil sont adoptées à la majorité simple des suffrages exprimés. En cas de partage, la voix du président est prépondérante.

Le conseil de gestion ne délibère valablement que si la moitié des membres sont présents ou représentés en séance. Lorsque le conseil ne peut, faute de quorum, délibérer valablement, il peut à nouveau être réuni et délibérer valablement, quel que soit le nombre des membres présents, sous un délai d'un jour franc.

Art. D. 262-54 *(Abrogé par Décr. nº 2017-123 du 1er févr. 2017, art. 1er-3º, à compter du 1er janv. 2017)* ***Le conseil de gestion est consulté par le président sur les conventions mentionnées au III de l'article L. 262-25. Il peut être saisi de toute question relative à la gestion et au financement des dépenses mentionnées au quatrième alinéa de l'article L. 262-24.***

Art. D. 262-55 *(Abrogé par Décr. nº 2017-123 du 1er févr. 2017, art. 1er-3º, à compter du 1er janv. 2017)* ***La Caisse nationale des allocations familiales et la Caisse centrale de la mutualité sociale agricole font connaître au secrétariat du Fonds national des solidarités actives :***

1º Au cours des quinze premiers jours du deuxième mois de chaque trimestre :

a) Le montant des sommes qu'elles ont effectivement payées, sur la période trimestrielle écoulée, au titre du revenu de solidarité active, en distinguant :

— la part à la charge des départements ;

— la part à la charge du Fonds national des solidarités actives « *(Abrogé par Décr. nº 2015-1710 du 21 déc. 2015, art. 3-2º, à compter du 1er janv. 2016)* ***et, au sein de celle-ci, les sommes versées aux bénéficiaires du revenu de solidarité active qui ont conclu la convention individuelle mentionnée à l'article L. 5134-19-1 du code du travail pendant la période mentionnée au 5º de l'article L. 262-3 du présent code » ;***

b) Le montant des frais de gestion exposés par les organismes mentionnés à l'article *(Décr. nº 2015-1710 du 21 déc. 2015, art. 3-2º, en vigueur le 1er janv. 2016)* ***« L. 843-1 » ;***

2º Avant le 28 février de chaque année, le montant total des sommes effectivement payées au cours de l'année précédente au titre de chacune des dépenses mentionnées au 1º.

Art. D. 262-56 *(Abrogé par Décr. nº 2017-123 du 1er févr. 2017, art. 1er-3º, à compter du 1er janv. 2017)* ***Chaque année, sur proposition du président, le conseil de gestion adopte, avant le 31 mars :***

1º Pour l'exercice à venir, *(Décr. nº 2012-1247 du 7 nov. 2012, art. 2)* ***« le budget » afférentes*** [afférent] ***aux obligations de toute nature incombant au fonds ;***

2º Le bilan, le compte de résultat et le rapport d'activité concernant l'exercice écoulé.

Art. D. 262-57 *(Abrogé par Décr. nº 2017-123 du 1er févr. 2017, art. 1er-3º, à compter du 1er janv. 2017)* ***I. — Les recettes du Fonds national des solidarités actives sont les suivantes :***

1º La contribution de l'État ;

(Décr. nº 2015-1710 du 21 déc. 2015, art. 3-3º, en vigueur le 1er janv. 2016) ***« 2º Le reversement du Fonds de solidarité mentionné à l'article L. 5423-25 du code du travail ; »***

(Abrogé par Décr. nº 2015-1710 du 21 déc. 2015, art. 3-3º, à compter du 1er janv. 2016) ***« 3º Les revenus des fonds placés ; »***

4º Les recettes accidentelles et diverses.

II. — Les dépenses du Fonds national des solidarités actives sont les suivantes :

1º Les sommes versées au titre *(Abrogé par Décr. nº 2015-1710 du 21 déc. 2015, art. 3-3º, à compter du 1er janv. 2016)* ***« de la part » du revenu de solidarité active*** *(Décr. nº 2015-1710 du 21 déc. 2015, art. 3-3º, en vigueur le 1er janv. 2016)* ***« conformément à » l'article L. 262-24 ;***

2º Les sommes versées au titre de l'aide personnalisée de retour à l'emploi mentionnée à l'article L. 5133-8 du code du travail ;

3° La part des frais de gestion exposés au titre du versement (Décr. n° 2015-1710 du 21 déc. 2015, art. 3-3°, en vigueur le 1er janv. 2016) ***« de la prime d'activité mentionnée à l'article L. 841-1 du code de la sécurité sociale, » par les organismes mentionnés à l'article*** *(Décr. n° 2015-1710 du 21 déc. 2015, art. 3-3°, en vigueur le 1er janv. 2016)* ***« L. 843-1 » et prise en charge par le fonds ;***

4° Les frais de fonctionnement du fonds ;

5° Les frais de procédure ;

6° Les dépenses accidentelles et diverses ;

(Décr. n° 2015-1710 du 21 déc. 2015, art. 3-3°, en vigueur le 1er janv. 2016) ***« 7° Les rappels de droits et les frais de contentieux relatifs au revenu de solidarité active qui, en vertu des dispositions du code de l'action sociale et des familles applicables antérieurement au 1er janvier 2016, n'étaient pas à la charge des départements. »***

Art. D. 262-58 *(Abrogé par Décr. n° 2017-123 du 1er févr. 2017, art. 1er-3°, à compter du 1er janv. 2017)* ***Lorsque la convention prévue à l'article L. 262-25 n'a pu être signée, le Fonds national des solidarités actives verse à l'Agence centrale des organismes de sécurité sociale, pour le compte de la Caisse nationale des allocations familiales, ainsi qu'à la Caisse centrale de la mutualité sociale agricole sa contribution au financement des dépenses mentionnées*** *(Décr. n° 2015-1710 du 21 déc. 2015, art. 3-4°, en vigueur le 1er janv. 2016)* ***« aux 1°, 3° et 4° du II de l'article D. 262-57 » dans les conditions définies ci-après.***

Le 5 de chaque mois ou le jour ouvré qui précède, le Fonds national des solidarités actives verse à la Caisse nationale des allocations familiales et à la Caisse centrale de la mutualité sociale agricole un acompte égal au douzième de leurs dépenses inscrites dans *(Décr. n° 2012-1247 du 7 nov. 2012, art. 2)* ***« le budget » prévu à l'article D. 262-56. Par dérogation, pour le mois de janvier, le versement se fait le 15 du mois ou le jour ouvré qui précède.***

Art. D. 262-59 *(Abrogé par Décr. n° 2017-123 du 1er févr. 2017, art. 1er-3°, à compter du 1er janv. 2017)* ***Pour la gestion du Fonds national des solidarités actives, la Caisse des dépôts et consignations ouvre dans ses écritures un compte particulier où elle enregistre les opérations de dépenses et de recettes du fonds.***

Elle adresse chaque trimestre et en début d'année civile au président du conseil de gestion tous les éléments financiers nécessaires à l'établissement des documents prévus à l'article D. 262-56.

SOUS-SECTION 4 Conventions conclues entre le département et les organismes chargés du service de l'allocation

Art. R. 262-60 La convention prévue à l'article L. 262-25 comporte des dispositions générales relatives à :

1° Sa date d'effet et sa durée ;

2° Ses modalités d'évaluation, d'adaptation, de renouvellement et de dénonciation ;

3° La liste des compétences déléguées sur le fondement de l'article L. 262-13, ainsi que leurs modalités de suivi, d'évaluation et de contrôle ;

4° Les conditions et limites dans lesquelles la commission de recours amiable de ces organismes rend un avis sur les recours administratifs adressés au président du conseil départemental ; ces stipulations portent notamment sur l'objet et le montant des litiges dont la commission est saisie et les conditions financières de cette intervention ;

5° Les modalités de règlement amiable des litiges entre les parties.

Art. D. 262-61 Pour l'organisation des relations financières au titre du service du revenu de solidarité active, la convention prévoit :

1° Le versement par le département d'acomptes mensuels à l'organisme chargé du service du revenu de solidarité active, sur la base de demandes d'acomptes établies conformément aux prescriptions du II de l'article L. 262-25.

Les acomptes sont versés au plus tard le dernier jour de chaque mois. Ils sont égaux au montant des dépenses comptabilisées par l'organisme au titre de la part du revenu de solidarité active à la charge du département au cours du dernier mois civil connu.

Ils donnent lieu à régularisation à la fin de chaque exercice, la différence entre la somme des acomptes versés et les dépenses effectivement comptabilisées par l'organisme au cours de l'exercice s'imputant sur l'acompte mensuel le plus proche ;

2° Les modalités de remboursement des charges financières qui pourraient résulter pour l'organisme chargé du service de l'allocation des retards de versement des acomptes mensuels par le département. Cette opération s'effectue au moins une fois par an ;

3° *(Décr. n° 2009-716 du 18 juin 2009, art. 11-II)* « Un plan d'action destiné à prévenir les indus, à améliorer l'information du département sur les indus et, le cas échéant, sur les changements de domicile ou de résidence des débiteurs d'indus, ainsi qu'à en faciliter le recouvrement. » Pour l'application de l'article L. 262-46, la convention précise le délai à l'issue duquel l'organisme transmet au département les indus non recouvrés, les missions de recouvrement qui sont confiées à l'organisme pendant cette période et les modalités de transmission des informations définies audit article.

Art. D. 262-62 L'exercice des compétences déléguées qui ne se rattachent pas à l'instruction et au service de la prestation ainsi que les actions supplémentaires réalisées à la demande du président du conseil départemental peuvent donner lieu à une rémunération des organismes chargés du service du revenu de solidarité active. Cette rémunération est, s'il y a lieu, fixée dans la convention.

Art. D. 262-63 Pour l'organisation du contrôle du revenu de solidarité active et les échanges d'information, la convention comporte :

1° Un plan détaillé de contrôle du service de l'allocation portant sur une analyse des risques identifiés au niveau national et local. Ce plan de contrôle tient compte des outils nationaux développés dans les systèmes d'information respectifs des gestionnaires et de la situation locale du département. A ce titre, la convention peut compléter les engagements nationaux de qualité de service et de contrôle de l'organisme ainsi que les outils, notamment informatiques, dont dispose, au sein de son réseau national, l'organisme chargé du service du revenu de solidarité active ;

2° Les délais dans lesquels chaque partie prend et communique à l'autre partie les décisions relevant de sa compétence et conditionnant la liquidation des droits ;

3° Les modalités pratiques des transmissions d'informations prévues par le présent chapitre entre l'organisme chargé du service du revenu de solidarité active et le président du conseil départemental.

Art. D. 262-64 En l'absence de convention :

1° L'organisme chargé du service assure l'instruction et le service de l'allocation pour le compte du département dans les conditions fixées par le présent code et procède au contrôle des bénéficiaires en application des mesures arrêtées dans le cadre du plan national de maîtrise des risques ;

2° Le département assure le financement de la part de l'allocation à sa charge dans les conditions prévues au 1° et au 2° de l'article D. 262-61. Pour l'application du 2° de l'article D. 262-61, le taux d'intérêt retenu pour le calcul des éventuelles charges financières est le taux moyen pondéré du marché monétaire au jour le jour en euro plus un point. Le remboursement de ces charges est effectué dans le mois qui suit la fin de chaque trimestre civil.

SECTION 3 Droits et devoirs des bénéficiaires du revenu de solidarité active

Art. D. 262-65 Le montant des revenus tirés de l'exercice d'une activité professionnelle en deçà duquel le bénéficiaire du revenu de solidarité active est tenu, en application de l'article L. 262-28, de rechercher un emploi, d'entreprendre les démarches nécessaires à la création de sa propre activité ou les actions nécessaires à une meilleure insertion sociale ou professionnelle est égal, en moyenne mensuelle calculée sur le trimestre de référence, à 500 €.

Art. R. 262-65-1 *(Décr. n° 2012-294 du 1er mars 2012, art. 2)* **Lorsque l'un des organismes mentionnés à l'article L. 262-16 constate qu'un bénéficiaire satisfait les conditions prévues à l'article L. 262-28, il informe l'intéressé des obligations auxquelles il est tenu en application des dispositions de cet article et notifie simultanément cette information au président du conseil départemental.**

Les dispositions de l'art. 2 du Décr. n° 2012-294 du 1er mars 2012 sont applicables aux procédures d'orientation qui seront engagées sur la base des constats faits par les organismes chargés du service du revenu de solidarité active à compter du 1er avr. 2012 (Décr. préc., art. 4).

Art. R. 262-65-2 *(Décr. n° 2012-294 du 1er mars 2012, art. 2)* **Le président du conseil départemental décide de l'orientation du bénéficiaire prévue à l'article L. 262-29 dans un délai de deux mois à compter de la réception par ses services de la notification mentionnée à l'article R. 262-65-1.** – *V. note ss. art. R. 262-65-1.*

Art. R. 262-65-3 *(Décr. n° 2012-294 du 1er mars 2012, art. 2)* **Lorsque, du fait du bénéficiaire et sans motif légitime de sa part, la décision d'orientation n'a pas pu intervenir dans le délai prévu à l'article R. 262-65-2, le bénéficiaire fait l'objet, à cette date, en application du 2° de l'article L. 262-29, de l'orientation prévue par cette disposition, et relève des dispositions de l'article L. 262-36. Cette décision lui est notifiée par le président du conseil départemental.** – *V. note ss. art. R. 262-65-1.*

Art. R. 262-66 **Lorsque les conventions mentionnées au I de l'article L. 262-25 et à l'article L. 262-32 le prévoient, les organismes chargés du service du revenu de solidarité active apportent leur concours au président du conseil départemental dans la mise en œuvre des dispositions de l'article L. 262-29. Selon les modalités fixées par ces conventions, ils recourent, pour l'exercice de cette mission, au référentiel commun d'aide à la décision pour l'orientation des bénéficiaires, élaboré par la Caisse nationale des allocations familiales, la Caisse centrale de mutualité sociale agricole et Pôle emploi. Ce référentiel est soumis, pour avis, à l'association représentative des départements au plan national.**

Art. R. 262-67 **Les personnes titulaires du contrat unique d'insertion mentionné à l'article L. 5134-19-1 du code du travail** *(Décr. n° 2015-1709 du 21 déc. 2015, art. 2-10°, en vigueur le 1er janv. 2016)* **« ou du contrat à durée déterminée signé avec un atelier ou chantier d'insertion, prévu à l'article L. 5132-15-1 du même code », lorsqu'elles ne sont plus tenues aux obligations mentionnées à l'article L. 262-28 du présent code, bénéficient, jusqu'à l'échéance de la convention individuelle attachée à ce contrat, du droit à l'accompagnement dans les conditions déterminées en application de l'article L. 262-29.**

Art. R. 262-68 **La suspension du revenu de solidarité active mentionnée à l'article L. 262-37 peut être prononcée, en tout ou partie, dans les conditions suivantes :**

1° Lorsque le bénéficiaire n'a jamais fait l'objet d'une décision de suspension, en tout ou partie, le président du conseil départemental peut décider de réduire l'allocation *(Décr. n° 2012-294 du 1er mars 2012, art. 3-1°)* **« d'un montant qui ne peut dépasser 80 % du montant dû au bénéficiaire au titre du dernier mois du trimestre de référence pour une durée qui peut aller de un à trois mois » ;**

2° Lorsque le bénéficiaire a déjà fait l'objet d'une telle décision, le président du conseil départemental peut réduire l'allocation pour un montant qu'il détermine *(Décr. n° 2012-294 du 1er mars 2012, art. 3-2° et 3°)* **« pour une durée qui peut aller de un à quatre mois ;**

« 3° Toutefois, lorsque le foyer est composé de plus d'une personne, la suspension prévue aux 1° et 2° ne peut excéder 50 % du montant dû au bénéficiaire au titre du dernier mois du trimestre de référence. »

Lorsque la décision a été fondée sur un motif erroné, il est procédé à une régularisation des sommes non versées.

Les dispositions de l'art. 3 du Décr. n° 2012-294 du 1er mars 2012 sont applicables aux procédures de suspension qui seront engagées à compter du 1er avr. 2012 (Décr. préc., art. 4).

Art. R. 262-69 Lorsque le président du conseil départemental envisage de réduire ou suspendre en tout ou partie le revenu de solidarité active en application de l'article L. 262-37, il en informe l'intéressé par courrier en lui indiquant les motifs pour lesquels il engage cette procédure et les conséquences qu'elle peut avoir pour lui.

L'intéressé est invité à présenter ses observations à l'équipe pluridisciplinaire compétente dans un délai maximum d'un mois à compter de la date de notification de ce courrier. Il est informé de la possibilité d'être entendu par l'équipe pluridisciplinaire et, à l'occasion de cette audition, d'être assisté de la personne de son choix.

Art. R. 262-70 Le président du conseil départemental arrête le nombre, le ressort, la composition et le règlement de fonctionnement des équipes pluridisciplinaires mentionnées à l'article L. 262-39.

Art. R. 262-71 Lorsqu'elle est saisie, en application *(Décr. nº 2015-1709 du 21 déc. 2015, art. 2-11º, en vigueur le 1er janv. 2016)* « de l'article L. 262-39 », d'une demande d'avis, l'équipe pluridisciplinaire compétente se prononce dans le délai d'un mois à compter de sa saisine, s'il y a lieu au vu des observations écrites ou orales présentées par le bénéficiaire. Si elle ne s'est pas prononcée au terme de ce délai, son avis est réputé rendu.

Le président du conseil départemental peut prendre la décision ayant motivé la consultation de l'équipe pluridisciplinaire dès réception de l'avis ou, à défaut, dès l'expiration du délai mentionné à l'alinéa précédent.

Lorsqu'elle est saisie, en application de l'article L. 262-39, de demandes d'avis concernant des propositions de réorientation vers les organismes d'insertion sociale et professionnelle, l'équipe pluridisciplinaire compétente se prononce dans le délai d'un mois à compter de sa saisine. Si elle ne s'est pas prononcée au terme de ce délai, son avis est réputé rendu.

Le président du conseil départemental prend les décisions de réorientation dès réception de l'avis de l'équipe pluridisciplinaire ou, à défaut, dès l'expiration du délai mentionné à l'alinéa précédent.

Art. R. 262-72 Pour l'application de l'article L. 262-37, le bénéficiaire du revenu de solidarité active qui, en application du 1º de l'article R. 5411-17 du code du travail, cesse d'être inscrit sur la liste des demandeurs d'emploi est, à défaut de réinscription sous un délai d'un mois, considéré comme ne satisfaisant plus aux obligations mentionnées à l'article L. 262-37 du présent code.

Art. D. 262-73 La durée de radiation mentionnée au troisième alinéa de l'article L. 262-30, au-delà de laquelle le référent doit proposer au président du conseil départemental une nouvelle orientation, est fixée à deux mois.

SECTION 4 Contrôle, contentieux et lutte contre la fraude

§ 1 Évaluation des éléments du train de vie

Art. R. 262-74 L'évaluation forfaitaire du train de vie prévue à l'article L. 262-41 prend en compte les éléments et barèmes suivants :

1º Propriétés bâties détenues ou occupées par le demandeur ou le bénéficiaire : un quart de la valeur locative annuelle définie aux articles 1494 à 1508 et 1516 à 1518 B du code général des impôts. Pour les propriétés situées sur un territoire dans lequel aucune valeur locative n'est applicable ou ne peut être connue, la valeur locative est celle du logement occupé par le demandeur ou le bénéficiaire ;

2º Propriétés non bâties détenues ou occupées par le demandeur ou le bénéficiaire : un quart de la valeur locative annuelle définie aux articles 1509 à 1518 A du code général des impôts. Pour les propriétés situées sur un territoire dans lequel aucune valeur locative n'est applicable ou ne peut être connue, la valeur locative est celle du logement occupé par le demandeur ou le bénéficiaire ;

3º Travaux, charges et frais d'entretien des immeubles : 80 % du montant des dépenses ;

4° Personnels et services domestiques : 80 % du montant des dépenses ;
5° Automobiles, bateaux de plaisance, motocyclettes : 6,25 % de la valeur vénale de chaque bien lorsque celle-ci est supérieure à 10 000 € ;
6° Appareils électroménagers, équipements son-hifi-vidéo, matériels informatiques : 80 % du montant des dépenses lorsque celles-ci sont supérieures à 1 000 € ;
7° Objets d'art ou de collection, articles de joaillerie et métaux précieux : 0,75 % de leur valeur vénale ;
8° Voyages, séjours en hôtels et locations saisonnières, restaurants, frais de réception, biens et services culturels, éducatifs, de communication ou de loisirs : 80 % du montant des dépenses ;
9° Clubs de sports et de loisirs, droits de chasse : 80 % du montant des dépenses ;
10° Capitaux : 2,5 % du montant à la fin de la période de référence.

Art. R. 262-75 Pour l'application de l'article R. 262-74 :
1° Les dépenses sont celles réglées au bénéfice du foyer du demandeur ou du bénéficiaire pendant la période de référence ;
2° La valeur vénale des biens est la valeur réelle à la date de la disposition. Sont retenus notamment à fin d'évaluation, lorsqu'ils existent :
a) Le montant garanti par le contrat d'assurance ;
b) L'estimation particulière effectuée par un professionnel ;
c) La référence issue d'une publication professionnelle faisant autorité.

Art. R. 262-76 La période de référence est celle mentionnée à l'article D. 262-34.

Art. D. 262-77 Le plafond mentionné à l'article L. 262-41 en deçà duquel le patrimoine professionnel du foyer n'est pas pris en compte pour l'application des dispositions dudit article est égal au plafond mensuel mentionné au premier alinéa de l'article L. 241-3 du code de la sécurité sociale.

Art. R. 262-78 Lorsqu'il est envisagé de faire usage de la procédure prévue à l'article L. 262-41, le président du conseil départemental, sur demande ou après consultation de l'organisme chargé du service de l'allocation, en informe le demandeur ou le bénéficiaire de la prestation, par lettre recommandée avec accusé de réception. Cette lettre a pour objet :
1° De l'informer de l'objet de la procédure engagée, de son déroulement, de ses conséquences éventuelles, de sa possibilité de demander à être entendu et à être assisté, lors de cet entretien, de la personne de son choix, des sanctions applicables en cas de déclarations fausses ou incomplètes et de ce que le résultat de cette évaluation sera transmis aux autres organismes de sécurité sociale qui lui attribuent, le cas échéant, des prestations sous conditions de ressources ;
2° De l'inviter à renvoyer, dans un délai de trente jours, le questionnaire adressé par l'organisme visant à évaluer les différents éléments de son train de vie accompagné de toutes les pièces justificatives, en précisant qu'à défaut de réponse complète dans ce délai les dispositions du troisième alinéa de l'article L. 161-1-4 du code de la sécurité sociale seront appliquées.

Art. R. 262-79 La disproportion marquée entre le train de vie et les ressources déclarées est constatée lorsque le montant du train de vie évalué forfaitairement en application de l'article R. 262-74 est supérieur ou égal à un montant résultant, pour la période de référence, du double de la somme :
1° Du montant forfaitaire applicable au foyer ;
2° Des prestations et aides mentionnées aux articles *[à l'article]* R. 262-10 ;
3° Des revenus professionnels et assimilés mentionnés à l'article *(Décr. n° 2015-1709 du 21 déc. 2015, art. 2-12°, en vigueur le 1er janv. 2016)* « R. 262-12 ».
Dans ce cas, l'évaluation forfaitaire des éléments du train de vie est prise en compte pour la détermination du droit au revenu de solidarité active.

Art. R. 262-80 Lorsque les ressources prises en compte selon l'évaluation forfaitaire du train de vie ne donnent pas droit au revenu de solidarité active, l'allocation peut être accordée par le président du conseil départemental en cas de circonstances exceptionnelles liées notamment à la situation économique et sociale du foyer, ou s'il est établi que la disproportion marquée a cessé. En cas de refus, la décision est notifiée au demandeur ou au bénéficiaire, par lettre recommandée avec accusé de réception. Elle est motivée et indique les voies de recours dont dispose l'intéressé.

Art. R. 262-81 L'information transmise au ministre chargé de l'action sociale par la Caisse nationale des allocations familiales et la Caisse centrale de la mutualité sociale agricole, en vertu de l'article L. 262-54, comprend, à la fin de chaque trimestre, un bilan de l'application des dispositions prévues à la présente sous-section.

§ 2 Contrôle

Art. R. 262-82 Tout formulaire relatif au revenu de solidarité active fait mention de la possibilité pour le président du conseil départemental, les organismes chargés de l'instruction et du service de l'allocation d'effectuer les vérifications des déclarations des bénéficiaires.

Art. R. 262-83 Le bénéficiaire du revenu de solidarité active ainsi que les membres du foyer sont tenus de produire, à la demande de l'organisme chargé du service de la prestation et au moins une fois par an, toute pièce justificative nécessaire au contrôle des conditions d'ouverture de droit, en particulier au contrôle des ressources, notamment les bulletins de salaire. En cas de non-présentation des pièces demandées, il est fait application des dispositions de l'article L. 161-1-4 du code de la sécurité sociale.

Les organismes peuvent se dispenser de la demande mentionnée au premier alinéa lorsqu'ils sont en mesure d'effectuer des contrôles par d'autres moyens mis à leur disposition et en particulier lorsqu'ils peuvent obtenir auprès des personnes morales compétentes les informations en cause par transmission électronique de données.

Art. R. 262-84 Les organismes qui assurent le service de la prestation sont tenus, lors de la notification de la décision d'attribution de l'allocation de revenu de solidarité active, d'informer le bénéficiaire de l'ensemble des droits et des obligations qui s'attachent à cette qualité.

§ 3 Lutte contre la fraude

Art. R. 262-85 Pour l'application de l'article L. 262-52, les compétences dévolues au directeur de l'organisme de sécurité sociale et à la commission constituée au sein du conseil d'administration de cet organisme sont exercées respectivement par le président du conseil départemental et l'équipe pluridisciplinaire mentionnée à l'article L. 262-39.

Art. R. 262-86 *(Abrogé par Décr. n° 2015-1709 du 21 déc. 2015, art. 2-13°, à compter du 1er janv. 2016)* ***La procédure contradictoire applicable pour prononcer la sanction mentionnée à l'article L. 262-53 est celle applicable au titre de l'article L. 262-52.***

§ 4 Contentieux

Art. R. 262-87 Le président du conseil départemental peut décider que deux personnes le représentant siègent avec voie délibérative au sein de la commission de recours amiable mentionnée à l'article R. 142-1 du code de la sécurité sociale, lorsqu'elle est consultée à l'occasion d'un recours administratif préalable dirigé contre une décision relative au revenu de solidarité active.

Art. R. 262-88 Le recours administratif préalable mentionné à l'article L. 262-47 est adressé par le bénéficiaire au président du conseil départemental dans un délai de deux mois à compter de la notification de la décision contestée. Il motive sa réclamation.

Le recours présenté par une association en application de l'article L. 262-47 n'est recevable que s'il est accompagné d'une lettre de l'intéressé donnant mandat à l'association d'agir en son nom.

Art. R. 262-89 Sauf lorsque la convention mentionnée à l'article L. 262-25 en dispose autrement, ce recours est adressé par le président du conseil départemental pour avis à la commission de recours amiable mentionnée à l'article R. 142-1 du code de la sécurité sociale.

Dans les cas prévus dans la convention mentionnée à l'article L. 262-25 dans lesquels la commission de recours amiable n'est pas saisie, le président du conseil départemental statue, dans un délai de deux mois, sur le recours administratif qui lui a été adressé. Cette décision est motivée.

Art. R. 262-90 Lorsqu'elle est saisie, la commission de recours amiable se prononce dans un délai d'un mois à compter de la date de saisine. A réception de l'avis, le président du conseil départemental statue, sous un mois, sur le recours administratif qui lui a été adressé.

Si elle ne s'est pas prononcée au terme du délai mentionné au précédent alinéa, son avis est réputé rendu et le président du conseil départemental statue, sous un mois, sur le recours administratif qui lui a été adressé.

L'avis de la commission et la décision du président du conseil départemental sont motivés.

Art. R. 262-91 Les décisions relatives au revenu de solidarité active mentionnent les voies de recours ouvertes aux bénéficiaires et précisent les modalités du recours administratif préalable institué par l'article L. 262-47.

SECTION 5 Recours et récupération

Art. R. 262-92 Le montant mentionné à l'article L. 262-46, au-dessous duquel l'allocation indûment versée ne donne pas lieu à récupération, est fixé à 77 €.

Art. R. 262-92-1 *(Décr. nº 2021-306 du 23 mars 2021, art. 3-1º)* I. — L'action en recouvrement du paiement indu de revenu de solidarité active s'ouvre par l'envoi au bénéficiaire par le président du conseil départemental ou, le cas échéant, par le directeur de l'organisme chargé du service de cette prestation, par tout moyen donnant date certaine à sa réception, d'une notification constatant, sur la base des informations dont dispose l'organisme, que le bénéficiaire a perçu un indu. Cette notification :

1º Précise la nature et la date du ou des versements en cause, le montant des sommes réclamées et le motif justifiant la récupération de l'indu ;

2º Indique :

a) Les modalités selon lesquelles, dans un délai de vingt jours à compter de la réception de cette notification et préalablement à l'exercice du recours mentionné à l'article L. 262-47, le bénéficiaire peut demander la rectification des informations ayant une incidence sur le montant de l'indu ;

b) La possibilité pour l'organisme, lorsque le bénéficiaire ne fait pas usage du *a*, de récupérer à compter de l'expiration du délai mentionné à l'article R. 262-88 les sommes indûment versées par retenues sur les montants à échoir, sauf si le bénéficiaire rembourse ces sommes en une seule fois, sans préjudice de la possibilité pour ce dernier d'exercer les recours mentionnés à l'article L. 262-47 ;

c) Les voies et délais de recours.

II. — Pour l'application du huitième alinéa de l'article L. 133-4-1 du code de la sécurité sociale :

1º Le délai au terme duquel naît une décision implicite de rejet de la demande de rectification mentionnée au *a* du 2º du I ci-dessus est fixé à un mois ;

2º Le délai à l'issue duquel la mise en recouvrement peut être effectuée est fixé à deux mois suivant l'expiration du délai au terme duquel naît une décision implicite de rejet, sans préjudice de la possibilité pour le bénéficiaire d'exercer le recours prévu à l'article L. 262-47 du présent code.

III. – La demande de rectification présentée dans le délai mentionné au *a* du 2° du I interrompt le délai de saisine du président du conseil départemental mentionné à l'article R. 262-88. Cette interruption prend fin, selon le cas, à la date de réception de la notification de la décision de l'autorité statuant sur la demande de rectification ou à l'expiration du délai au terme duquel naît une décision implicite de rejet.

Lorsque l'autorité statue sur la demande de rectification avant l'expiration du délai mentionné au 1° du II, la nouvelle notification adressée au bénéficiaire en cas de rejet total ou partiel de la demande :

1° Précise le motif ayant conduit au rejet total ou partiel de la demande ;

2° Indique la possibilité pour l'organisme de récupérer les sommes indûment versées par retenues sur les montants à échoir, sauf si le bénéficiaire rembourse ces sommes en une seule fois, sans préjudice de la possibilité pour ce dernier d'exercer les recours mentionnés à l'article L. 262-47 ;

3° Indique les voies et délais de recours.

IV. – Lorsque la demande de rectification est présentée postérieurement au délai mentionné au premier alinéa du II et avant l'expiration du délai de saisine du président du conseil départemental mentionné à l'article R. 262-88 :

1° En cas de demande formulée par écrit, celle-ci est réputée être exercée dans les conditions du recours préalable mentionné à l'article L. 262-47 ;

2° En cas de demande formulée par oral, le bénéficiaire dispose d'un délai de vingt jours pour produire les documents rappelant sa demande et la justifiant. Le défaut de production de ces documents dans le délai imparti entraîne le rejet de la demande. Si le bénéficiaire produit ces documents dans le délai imparti, sa demande est réputée être exercée dans les conditions du recours préalable mentionné à l'article L. 262-47.

Les dispositions de l'art. 3 du Décr. nº 2021-306 du 23 mars 2021 sont applicables aux indus notifiés à compter de son entrée en vigueur, soit le 25 mars 2021 (Décr. préc., art. 7, JO 24 mars).

Art. R. 262-93 Lorsque le débiteur d'un indu a cessé de percevoir le revenu de solidarité active puis en est à nouveau bénéficiaire, le payeur départemental peut procéder au recouvrement du titre de recettes par précompte sur les allocations à échoir.

Art. R. 262-94 Lorsque l'organisme chargé du service du revenu de solidarité active recouvre un indu sur la prestation à échoir, les sommes correspondantes sont remboursées aux collectivités créancières au prorata des créances qu'elles détiennent.

Art. R. 262-94-1 *(Décr. nº 2009-988 du 20 août 2009, art. 2, en vigueur le 1er janv. 2010)* Après la mise en œuvre de la procédure de recouvrement sur les prestations à échoir mentionnée à l'article L. 262-46, l'organisme chargé du service du revenu de solidarité active peut mettre en œuvre la procédure de contrainte dans les conditions prévues à l'article L. 161-1-5 du code de la sécurité sociale.

Lorsque l'organisme chargé du service du revenu de solidarité active agit pour le compte du département, la mise en œuvre de cette procédure se fait dans des conditions précisées par la convention mentionnée au I de l'article L. 262-25 du présent code.

Art. D. 262-94-2 *(Décr. nº 2011-99 du 24 janv. 2011, art. 5)* Les dispositions des articles D. 553-1, D. 553-2 *(Décr. nº 2019-268 du 2 avr. 2019, art. 2)* « , D. 553-4 et D. 553-5 » du code de la sécurité sociale sont applicables au recouvrement des indus de revenu de solidarité active.

SECTION 6 Échanges d'informations et suivi statistique

SOUS-SECTION 1 Informations relatives au revenu de solidarité active

Art. D. 262-95 Avant la fin du premier trimestre de chaque année, le président du conseil départemental transmet au représentant de l'État dans le département et aux services statistiques des ministères chargés de l'action sociale et de l'emploi des données agrégées portant sur l'année précédente et relatives :

1° Au suivi de l'instruction administrative des demandes de revenu de solidarité active et de l'orientation des bénéficiaires du revenu de solidarité active ;

2° A la mise en œuvre de l'accompagnement des bénéficiaires du revenu de solidarité active, à la nature et à la répartition des actions d'insertion et au contrôle des devoirs des bénéficiaires du revenu de solidarité active ;

3° Aux crédits consacrés à l'insertion ;

4° Aux dépenses de personnel et aux effectifs affectés à la gestion du revenu de solidarité active ;

5° Au suivi des contentieux et aux dossiers examinés par les commissions de recours amiable.

Art. D. 262-96 Avant la fin de chaque trimestre, la Caisse nationale des allocations familiales et la Caisse centrale de mutualité sociale agricole transmettent aux services statistiques des ministères chargés de l'action sociale et de l'emploi des données agrégées aux niveaux départemental et national portant sur le trimestre précédent, relatives :

1° Aux effectifs et aux caractéristiques des bénéficiaires du revenu de solidarité active et de leurs ayants droit à la fin du trimestre ainsi qu'aux montants de revenus initiaux et de prestations servies ;

2° Aux effectifs des bénéficiaires du revenu de solidarité active et de leurs ayants droit à la fin de chaque mois du trimestre ;

3° Aux effectifs et caractéristiques des bénéficiaires du revenu de solidarité active et de leurs ayants droit ayant changé de statut au regard de l'emploi au cours du trimestre ;

4° Aux caractéristiques des bénéficiaires du revenu de solidarité active et de leurs ayants droit entrés, suspendus et sortis à la fin de chaque mois du trimestre ainsi qu'aux motifs de sorties.

Art. D. 262-97 Avant la fin du premier trimestre de chaque année, la Caisse nationale des allocations familiales et la Caisse centrale de mutualité sociale agricole transmettent aux services statistiques des ministères chargés de l'action sociale et de l'emploi des données agrégées aux niveaux départemental et national portant sur l'année précédente, relatives :

1° Aux caractéristiques des bénéficiaires du revenu de solidarité active et de leurs ayants droit au 31 décembre de l'année précédente ;

2° Aux caractéristiques des bénéficiaires entrés dans le dispositif du revenu de solidarité active et de leurs ayants droit au cours de l'année précédente et toujours présents au 31 décembre de ladite année ;

3° Aux dépenses afférentes à l'allocation de revenu de solidarité active ;

4° Au suivi de l'instruction administrative des demandes de revenu de solidarité active et de l'appui à l'orientation des bénéficiaires du revenu de solidarité active ;

5° A la mise en œuvre du service de l'allocation.

Art. D. 262-98 Les informations mentionnées à l'article L. 262-55 sont transmises aux services statistiques des ministères chargés de l'action sociale et de l'emploi.

Art. D. 262-99 Les listes des informations statistiques à transmettre en application de la présente sous-section sont fixées par des arrêtés conjoints des ministres chargés de l'action sociale et de l'emploi ainsi que, lorsque ces transmissions sont effectuées par les départements, par le ministre chargé des collectivités territoriales.

Art. D. 262-100 Les services statistiques des ministères chargés de l'action sociale et de l'emploi ainsi que la Caisse nationale des allocations familiales et la Caisse centrale de la mutualité sociale agricole assurent la publication régulière des résultats de l'exploitation des données recueillies en application de la présente sous-section.

Art. R. 262-101 La Caisse nationale des allocations familiales et la Caisse centrale de mutualité sociale agricole centralisent les opérations financières et comptables réalisées, au titre du revenu de solidarité active, respectivement par les caisses d'allocations familiales et les caisses de mutualité sociale agricole.

SOUS-SECTION 2 Traitement de données à caractère personnel "@RSA"

(Décr. nº 2009-716 du 18 juin 2009, art. 1er)

Art. R. 262-102 Est autorisée la création, par la Caisse nationale des allocations familiales, d'un traitement de données à caractère personnel, dénommé "@RSA", mis à la disposition des organismes instructeurs du revenu de solidarité active *(Décr. nº 2015-1863 du 29 déc. 2015, art. 8-1º)* « et des organismes instructeurs de la prime d'activité ». La finalité de ce traitement est d'instruire les demandes et de faciliter l'orientation des demandeurs vers un accompagnement social et professionnel adapté *(Décr. nº 2011-2096 du 30 déc. 2011, art. 1er-1º)* « , ainsi que de faciliter l'accès à la protection complémentaire en matière de santé des demandeurs » *(Décr. nº 2022-565 du 15 avr. 2022, art. 2-2º)* « du revenu de solidarité active ». A cet effet, il assure la mise en commun de données à caractère personnel et d'informations déjà détenues par ces organismes ainsi que par Pôle emploi.

Le traitement est composé de deux modules :

(Décr. nº 2011-2096 du 30 déc. 2011, art. 1er-1º) « 1º Un module d'instruction, dont l'objet est, d'une part, le recueil des données relatives à la demande de revenu de solidarité active *(Décr. nº 2015-1863 du 29 déc. 2015, art. 8-1º)* « et de prime d'activité » permettant aux organismes mentionnés au premier alinéa de réaliser l'instruction de cette demande et, d'autre part, le recueil des données relatives *(Décr. nº 2022-565 du 15 avr. 2022, art. 2-2º)* « à l'attribution, sauf en cas de refus du demandeur, de la » protection complémentaire en matière de santé et leur transmission aux caisses d'assurance maladie mentionnées au premier alinéa de l'article L. 861-5 du code de la sécurité sociale pour les demandeurs dont les ressources sont présumées ne pas excéder le montant forfaitaire prévu *(Décr. nº 2022-565 du 15 avr. 2022, art. 2-2º)* « à » l'article L. 262-2 du code de l'action sociale et des familles ; »

2º Un module d'aide à l'orientation, dont l'objet est *(Décr. nº 2011-2096 du 30 déc. 2011, art. 1er-1º)* « le recueil des informations permettant » de préparer la décision d'orientation des bénéficiaires du revenu de solidarité active prise par le président du conseil départemental.

Les dispositions de l'art. 2 du Décr. nº 2022-565 du 15 avr. 2022 sont applicables aux demandes de revenu de solidarité active effectuées à compter du 1er janv. 2022 (Décr. préc., art. 3-I).

Art. R. 262-103 *(Décr. nº 2011-2096 du 30 déc. 2011, art. 1er-2º)* I. — Les catégories de données à caractère personnel relatives aux demandeurs enregistrées dans le cadre du module d'instruction sont :

A. — Les données communes d'identification, qui comportent :

1º Pour chacun des membres du foyer :

a) Le nom de famille et, le cas échéant, le nom marital ou le nom d'usage, les prénoms, la date de naissance *(Abrogé par Décr. nº 2022-565 du 15 avr. 2022, art. 2-3º)* « *, la situation familiale* » ;

b) Le numéro d'inscription au répertoire national d'identification des personnes physiques ;

c) La nationalité, sous l'une des formes suivantes : Français, ressortissant d'un État membre de l'Union européenne ou partie à l'Espace économique européen, ressortissant d'un État tiers ;

(Décr. nº 2022-565 du 15 avr. 2022, art. 2-3º) « *d)* Le lien de parenté avec le demandeur. »

2º Pour le demandeur :

a) L'adresse ;

b) L'organisme dont il relève pour le service du revenu de solidarité active ;

c) Le numéro d'allocataire délivré par l'organisme débiteur des prestations familiales ;

(Décr. nº 2022-565 du 15 avr. 2022, art. 2-3º) « *d)* La situation familiale et la date depuis laquelle elle est constituée. »

B. – Les données relatives à la demande de revenu de solidarité active *(Décr. nº 2015-1863 du 29 déc. 2015, art. 8-2º)* « et de prime d'activité », qui comportent :

1º Pour chacun des membres du foyer :

a) Le lieu de naissance ;

b) Les éléments relatifs aux ressources et aux droits à pension alimentaire ;

c) La situation professionnelle ;

2º Pour le demandeur, la situation au regard du logement.

(Décr. nº 2022-565 du 15 avr. 2022, art. 2-3º) « C. – L'information selon laquelle le bénéfice de la protection complémentaire en matière de santé n'a pas été sollicité par le demandeur et dans le cas contraire : »

1º L'organisme d'assurance maladie dont il relève ;

2º L'organisme mentionné au *a* ou *b* de l'article L. 861-4 du code de la sécurité sociale choisi. – *Les dispositions de l'art. 2 du Décr. nº 2022-565 du 15 avr. 2022 sont applicables aux demandes de revenu de solidarité active effectuées à compter du 1er janv. 2022 (Décr. préc., art. 3-I).*

II. – Les données à caractère personnel mentionnées aux A et B du I peuvent être importées automatiquement à partir du traitement automatisé de données mis en œuvre par Pôle emploi et dénommé "AIDA (accès intégré aux données des ASSEDIC)" ainsi qu'à partir de traitements automatisés de données mis en œuvre par les organismes chargés du service du revenu de solidarité active *(Décr. nº 2015-1863 du 29 déc. 2015, art. 8-2º)* « et les organismes chargés du service de la prime d'activité » pour la gestion des prestations familiales.

Art. R. 262-104 Les données à caractère personnel et informations relatives aux bénéficiaires enregistrées dans le cadre du module d'aide à l'orientation sont *(Décr. nº 2023-188 du 17 mars 2023, art. 3)* « les données de contact ainsi que » celles prévues par le référentiel commun d'aide à la décision mentionné à l'article R. 262-66. Ces données et informations relèvent des catégories suivantes :

1º Situation antérieure à la demande de revenu de solidarité active et justifiant celle-ci ;

2º Déclaration de la personne sur l'existence ou la perception de difficultés susceptibles de faire obstacle à son insertion professionnelle :

a) Problèmes de santé ;

b) Reconnaissance de la qualité de travailleur handicapé ;

c) Difficultés de lecture, d'écriture ou de compréhension du français ;

d) Difficultés à faire les démarches administratives ;

e) Endettement ;

f) Autres types de difficultés.

Ces rubriques, à l'exception de la dernière, sont renseignées par "OUI" ou par "NON" ;

3º Bénéfice d'actions d'accompagnement et nature de cet accompagnement ;

4º Difficultés de disponibilité liées à la garde d'enfants ou de proches dépendants ;

5º Informations relatives au logement et à la capacité du foyer à faire face à ses charges ;

6º Informations relatives au niveau d'études et aux compétences professionnelles ;

7º Informations relatives à la situation professionnelle actuelle et à celle recherchée ;

8º Informations relatives à la mobilité.

Art. R. 262-104-1 *(Décr. nº 2011-2096 du 30 déc. 2011, art. 1er-3º)* L'agent instructeur informe le demandeur des conditions dans lesquelles les données sont recueillies dans chaque module mentionné à l'article R. 262-102 ainsi que, pour *(Décr. nº 2022-565 du 15 avr. 2022, art. 2-4º)* « l'attribution de la » protection complémentaire en matière de santé, de la nécessité de choix, par chacun des membres du foyer, de l'organisme mentionné au *[aux]* *a* ou *b* de l'article L. 861-4 du code de la sécurité sociale. Il procède à la saisine des informations mentionnées aux articles R. 262-103 et R. 262-104 du présent code et en vérifie l'exactitude auprès du demandeur. Le ou les récépissé(s) correspondant à ces saisies sont remis ensuite au demandeur. Ils

indiquent la date de dépôt, auprès du service instructeur du revenu de solidarité active *(Décr. n° 2015-1863 du 29 déc. 2015, art. 8-3°)* **« ou de la prime d'activité », de la demande de revenu de solidarité active** *(Décr. n° 2015-1863 du 29 déc. 2015, art. 8-3°)* **« ou de prime d'activité » et** *(Décr. n° 2022-565 du 15 avr. 2022, art. 2-4°)* **« la date à laquelle le demandeur du revenu de solidarité active a accepté ou refusé l'attribution de la » protection complémentaire en matière de santé.**

Les dispositions de l'art. 2 du Décr. n° 2022-565 du 15 avr. 2022 sont applicables aux demandes de revenu de solidarité active effectuées à compter du 1er janv. 2022 (Décr. préc., art. 3-I).

Art. R. 262-105 La convention mentionnée à l'article L. 262-32 précise ceux des modules du traitement institué par la présente sous-section qui sont utilisés par les organismes chargés de l'instruction et du service de la prestation. Elle détermine, parmi celles mentionnées à l'article R. 262-104, la liste des questions du module posées au demandeur, ainsi que les règles selon lesquelles une proposition d'orientation est fournie au président du conseil départemental.

Les conventions ne peuvent prévoir de recueillir, dans le cadre du traitement autorisé par la présente sous-section, d'autres données ou informations que celles relevant des catégories mentionnées aux articles R. 262-103 et R. 262-104.

Art. R. 262-106 *(Décr. n° 2011-2096 du 30 déc. 2011, art. 1er-4°)* **I. — Le système de traitement de données "@RSA" conserve les données pendant la durée nécessaire à leur validation, d'une part, à leur transmission au département et aux organismes chargés du service de la prestation ou aux caisses d'assurance maladie mentionnées au premier alinéa de l'article L. 861-5 du code de la sécurité sociale, d'autre part. Cette durée est de cinq mois au plus à compter de la saisie des données.**

II. — Le demandeur donne son accord pour le recueil et la transmission des données relatives à *(Décr. n° 2022-565 du 15 avr. 2022, art. 2-5°)* **« l'attribution de la » protection complémentaire en matière de santé effectuée en application** *(Abrogé par Décr. n° 2022-565 du 15 avr. 2022, art. 2-5°)* ***« du deuxième alinéa »*** **de l'article L. 861-5 du code de la sécurité sociale. Le récépissé prévu à l'article R. 262-104-1 du présent code comporte la mention de cet accord.** *(Décr. n° 2022-565 du 15 avr. 2022, art. 2-5°)* **« Lorsque le demandeur s'est opposé à l'attribution de la protection complémentaire en matière de santé, cette information est transmise aux caisses d'assurance maladie aux fins de la mise en œuvre des dispositions de l'article L. 261-1 du code de la sécurité sociale pour les périodes postérieures à celle à laquelle il a été renoncé. »**

III. — Les organismes chargés du service du revenu de solidarité active *(Décr. n° 2015-1863 du 29 déc. 2015, art. 8-4°)* **« , ceux chargés du service de la prime d'activité » et ceux chargés de** *(Décr. n° 2022-565 du 15 avr. 2022, art. 2-5°)* **« l'attribution de la » protection complémentaire en matière de santé conservent les données et informations pendant une durée de trois ans à dater de leur collecte ou de leur transmission, sous réserve des dispositions du IV.**

IV. — La Caisse nationale des allocations familiales et la Caisse centrale de la mutualité sociale agricole conservent, sans limitation de durée et après application d'un codage informatique en garantissant l'anonymat, les données et informations nécessaires à l'établissement des statistiques qui leur incombe.

Les dispositions de l'art. 2 du Décr. n° 2022-565 du 15 avr. 2022 sont applicables aux demandes de revenu de solidarité active effectuées à compter du 1er janv. 2022 (Décr. préc., art. 3-I).

Art. R. 262-107 *(Décr. n° 2011-2096 du 30 déc. 2011, art. 1er-5°)* **« I. — » Peuvent directement accéder aux données à caractère personnel et aux informations** *(Décr. n° 2011-2096 du 30 déc. 2011, art. 1er-5°)* **« mentionnées aux A et B du I de l'article R. 262-103 et à l'article R. 262-104, pour les nécessités liées aux seules finalités mentionnées à l'article R. 262-102 et au IV de l'article R. 262-106 », les agents individuellement habilités par le directeur de la caisse d'allocations familiales territorialement compétente.**

Lorsqu'un autre organisme instructeur *(Décr. n° 2011-2096 du 30 déc. 2011, art. 1er-5°)* **« des demandes de revenu de solidarité active** *(Décr. n° 2015-1863 du 29 déc. 2015, art. 8-5°)* **« ou de prime d'activité » » utilise le traitement "@RSA", une convention passée entre le directeur de la caisse d'allocations familiales et le responsable de cet**

organisme fixe les conditions de délivrance et de renouvellement de l'habilitation des agents dudit organisme, leur durée ainsi que les prérogatives dont dispose le directeur de la caisse pour en contrôler le respect effectif sur pièces et sur place.

Les traces des consultations, mises à jour et échanges sont conservées pendant une durée d'un an à compter de la réalisation de ces opérations.

(Décr. nº 2011-2096 du 30 déc. 2011, art. 1er-5º) « II. — Sont destinataires des données à caractère personnel et des informations relatives à la demande de protection complémentaire en matière de santé mentionnées aux A et C du I de l'article R. 262-103, transmises dans les conditions mentionnées au II de l'article R. 262-106, et pour les nécessités liées aux seules finalités mentionnées à l'article R. 262-102, les agents individuellement habilités par le directeur de la caisse d'assurance maladie territorialement compétente. »

(Décr. nº 2023-188 du 17 mars 2023, art. 3) « III. — Sont également destinataires des données à caractère personnel mentionnées à l'article R. 262-104, aux seules fins de participer à la mise en œuvre du dispositif d'orientation et du droit à l'accompagnement prévus aux articles L. 262-27 à L. 262-29, les agents individuellement habilités par le directeur général de Pôle emploi. »

Art. R. 262-108 Les droits d'accès et de rectification prévus par les articles 39 et 40 de la loi nº 78-17 du 6 janvier 1978 relative à l'informatique, aux fichiers et aux libertés s'exercent :

(Décr. nº 2011-2096 du 30 déc. 2011, art. 1er-6º) « 1º Pour les données recueillies dans le cadre du module d'instruction :

« *a)* Relatives à la demande de revenu de solidarité active *(Décr. nº 2015-1863 du 29 déc. 2015, art. 8-6º)* « ou de prime d'activité », auprès de l'organisme chargé du service du revenu de solidarité active ;

« *b)* Relatives à la demande de protection complémentaire en matière de santé, auprès de la caisse d'assurance maladie dont relève l'intéressé ;

« 2º Pour les informations recueillies dans le cadre du module d'aide à l'orientation, auprès du département. »

Art. R. 262-109 Le droit d'opposition prévu au premier alinéa de l'article 38 de la loi nº 78-17 du 6 janvier 1978 relative à l'informatique, aux fichiers et aux libertés ne s'applique pas au traitement autorisé à la présente sous-section.

SOUS-SECTION 3 Utilisation du numéro d'inscription au répertoire national d'identification des personnes physiques

(Décr. nº 2009-716 du 18 juin 2009, art. 1er)

Art. R. 262-110 Les traitements de données à caractère personnel destinés à l'instruction, au service et au contrôle du revenu de solidarité active, mis en œuvre par les organismes chargés du service de cette prestation, par les départements, par Pôle emploi ou par les organismes qui versent les rémunérations ou les aides à l'emploi ou à la formation, pour répondre aux seules finalités mentionnées au cinquième alinéa de l'article L. 262-40, peuvent utiliser le numéro d'inscription au répertoire national d'identification des personnes physiques.

SOUS-SECTION 4 Transmission au président du conseil départemental des inscriptions, cessations d'inscription et radiations sur la liste des demandeurs d'emploi

(Décr. nº 2009-716 du 18 juin 2009, art. 1er)

Art. R. 262-111 Est autorisée la création par Pôle emploi d'un traitement de données à caractère personnel, dénommé "Listes transmises aux présidents des conseils départementaux", ayant pour finalités de permettre au président du conseil départemental :

1° De suivre, conformément aux dispositions de l'article L. 262-42, les inscriptions, cessations d'inscription et radiations, sur la liste des demandeurs d'emploi, des bénéficiaires du revenu de solidarité active ;

2° De contrôler le respect, par les bénéficiaires du revenu de solidarité active, des obligations mentionnées à l'article L. 262-28 ;

3° Le cas échéant, de mettre en œuvre les sanctions prévues à l'article L. 262-37.

Art. R. 262-112 Les catégories de données à caractère personnel et informations relatives au bénéficiaire et, s'il y a lieu, à son conjoint, concubin ou partenaire lié par un pacte civil de solidarité enregistrées dans le traitement, sont les suivantes :

(Décr. nº 2011-2096 du 30 déc. 2011, art. 1er-7º) « 1° Le nom de famille ou, le cas échéant, le nom marital, le prénom, la date de naissance et l'adresse ; »

2° Le numéro d'inscription au répertoire national d'identification des personnes physiques ;

3° L'identifiant attribué par Pôle emploi ;

4° L'opération effectuée sur la liste des demandeurs d'emploi :

a) Inscription ;

b) Cessation d'inscription dans les conditions mentionnées au 1° de l'article R. 5411-17 du code du travail ;

c) Radiation ;

5° En cas de cessation d'inscription ou de radiation, le motif ;

6° La durée de la radiation.

Les données mentionnées au présent article sont extraites automatiquement du traitement de données à caractère personnel mis en œuvre par Pôle emploi et dénommé "GIDE".

Art. R. 262-113 Les données à caractère personnel et informations enregistrées dans le traitement mentionné à l'article R. 262-111 sont conservées par Pôle emploi pendant une période de deux mois suivant leur transmission au président du conseil départemental.

Art. R. 262-114 Sont destinataires de tout ou partie des données à caractère personnel et des informations mentionnées à l'article R. 262-112 *(Décr. nº 2011-2096 du 30 déc. 2011, art. 1er-8º)* « les agents de Pôle emploi dûment habilités, et, » pour les nécessités liées aux seules finalités mentionnées à l'article R. 262-111, les agents du département individuellement habilités par le président du conseil départemental.

Lorsqu'un département utilise le traitement institué par la présente sous-section, une convention passée entre le directeur de Pôle emploi et le président du conseil départemental fixe les conditions de délivrance, de durée et de renouvellement de l'habilitation *(Décr. nº 2011-2096 du 30 déc. 2011, art. 1er-8º)* « des agents du département ».

Les traces des consultations, mises à jour et échanges sont conservées pendant une durée d'un an à compter de la réalisation de ces opérations.

Art. R. 262-115 Les droits d'accès et de rectification prévus par les articles 39 et 40 de la loi nº 78-17 du 6 janvier 1978 relative à l'informatique, aux fichiers et aux libertés s'exercent auprès de l'agence de Pôle emploi dont relève l'intéressé.

Art. R. 262-116 Le droit d'opposition prévu au premier alinéa de l'article 38 de la loi nº 78-17 du 6 janvier 1978 relative à l'informatique, aux fichiers et aux libertés ne s'applique pas au traitement prévu par la présente sous-section.

SOUS-SECTION 4 *BIS* Traitement de données à caractère personnel relatif à l'orientation et l'accompagnement des bénéficiaires du revenu de solidarité active

(Décr. nº 2011-2096 du 30 déc. 2011, art. 1er-9º)

Art. R. 262-116-1 Est autorisée la création, par Pôle emploi, d'un traitement de données à caractère personnel, dénommé "échanges de données entre Pôle emploi et les départements pour l'orientation et l'accompagnement des bénéficiaires du revenu de solidarité active", ayant pour finalité de :

1° Simplifier les démarches des bénéficiaires du revenu de solidarité active au titre de leurs obligations mentionnées à l'article L. 262-28 ;

2° Faciliter et améliorer l'orientation et l'accompagnement des bénéficiaires du revenu de solidarité active en coordonnant les actions d'insertion dont ils bénéficient, notamment dans le cadre des dispositions du cinquième alinéa de l'article L. 262-40 ;

3° Informer les présidents des conseils départementaux des mesures d'accompagnement prises à l'égard des bénéficiaires du revenu de solidarité active orientés vers Pôle emploi en application de l'article L. 262-29.

Art. R. 262-116-2 L'échange des données à caractère personnel est relatif aux bénéficiaires du revenu de solidarité active mentionnés au premier alinéa de l'article L. 262-27 qui sont soit des demandeurs d'emploi, soit des personnes orientées vers Pôle emploi en application de l'article L. 262-29. Ces données sont les suivantes :

A. – Les données détenues par Pôle emploi pouvant être importées dans les systèmes de traitement de données à caractère personnel des départements à des fins d'orientation et d'accompagnement :

1° Les données relatives à l'inscription comme demandeur d'emploi :

a) La date et la catégorie d'inscription comme demandeur d'emploi ;

b) L'identifiant attribué par Pôle emploi ;

c) La situation particulière du demandeur d'emploi au regard de l'emploi ;

d) La date et le motif de la dernière cessation d'inscription comme demandeur d'emploi ;

e) La date, le motif et la durée de la dernière radiation ;

2° Les données relatives à la demande d'emploi et à son suivi :

a) Le niveau de formation du demandeur d'emploi, son secteur de formation, le métier recherché (code ROME) ;

b) La structure principale de suivi du demandeur d'emploi à Pôle emploi, le cas échéant, la structure de suivi délégué ainsi que le nom et les coordonnées du référent du demandeur d'emploi à Pôle emploi ;

c) La date de la notification du projet personnalisé d'accès à l'emploi ainsi que son objectif et, le cas échant *[échéant]*, la date de la signature du projet personnalisé d'accès à l'emploi valant contrat d'engagement réciproque et son objectif ;

d) Le parcours de retour à l'emploi mis en œuvre par Pôle emploi.

B. – Les données détenues par les départements pouvant être importées dans le système de traitement de données à caractère personnel de Pôle emploi à des fins de mise en cohérence des parcours d'accompagnement :

1° La date et la nature de la décision d'orientation prise par le président du conseil départemental en application de l'article L. 262-29 ;

2° L'organisme au sein duquel le référent unique a été désigné en application de l'article L. 262-30 ;

3° Le nom et les coordonnées du correspondant désigné par le président du conseil départemental en application de l'article L. 262-30.

C. – Les données permettant le rapprochement des traitements automatisés des données à caractère personnel mis en œuvre par Pôle emploi et les départements :

1° Le numéro d'inscription au répertoire national d'identification des personnes physiques ;

2° Les données communes d'identification : le nom de famille et, le cas échéant, le nom marital, le prénom, la date de naissance et la commune de résidence ;

3° L'identifiant attribué par l'organisme chargé du service du RSA.

Art. R. 262-116-3 Les données mentionnées à l'article R. 262-116-2 peuvent être importées à partir des traitements automatisés de données relatifs soit à la gestion de la demande d'emploi mis*[e]* en œuvre par Pôle emploi, soit à l'orientation des bénéficiaires du revenu de solidarité active mis*[e]* en œuvre par les départements.

Lorsqu'un département souhaite accéder au traitement prévu à l'article R. 262-116-1, une convention conclue entre le président du conseil départemental et Pôle emploi détermine les modalités selon lesquelles les données à caractère personnel sont échangées.

Art. R. 262-116-4 I. – Le traitement institué par la présente sous-section conserve les données pendant la durée nécessaire à leur transmission aux départements et à Pôle emploi et à leur rapprochement dans leur système de traitement de données à caractère personnel respectif. Cette durée est au maximum de deux mois à compter de cette transmission.

II. – Les départements et Pôle emploi conservent les données mentionnées aux A et B de l'article R. 262-116-2 pendant une durée maximale de trois ans à compter de leur transmission.

Art. R. 262-116-5 I. – Sont destinataires des données mentionnées aux A et B de l'article R. 262-116-2, pour les nécessités liées aux seules finalités mentionnées à l'article R. 262-116-1, les agents du département concerné et de Pôle emploi, désignés et habilités par l'autorité responsable de ces administration et organisme pour accéder aux traitements mentionnés au premier alinéa de l'article R. 262-116-3.

II. – Les agents du département mentionnés au I ne sont destinataires que des données relatives aux demandeurs d'emploi domiciliés dans leur département.

Art. R. 262-116-6 I. – Le droit d'accès aux données prévu par l'article 39 de la loi n° 78-17 du 6 janvier 1978 relative à l'informatique, aux fichiers et aux libertés s'exerce auprès de l'agence de Pôle emploi dont relève l'intéressé.

II. – Le droit de rectification prévu par l'article 40 de la loi précitée s'exerce auprès de l'agence de Pôle emploi dont relève l'intéressé pour les données transmises par Pôle emploi et auprès du département pour les données transmises par celui-ci.

Art. R. 262-116-7 Le droit d'opposition prévu au premier alinéa de l'article 38 de la loi n° 78-17 du 6 janvier 1978 relative à l'informatique, aux fichiers et aux libertés ne s'applique pas au traitement prévu par la présente sous-section.

SOUS-SECTION 5 Échantillon national inter-régimes *[interrégimes]* d'allocataires de compléments de revenus d'activité et de minima sociaux *(Décr. n° 2015-1863 du 29 déc. 2015, art. 8-7°)*.

(Décr. n° 2009-716 du 18 juin 2009, art. 1er)

Art. R. 262-117 Est autorisée la création, par le ministère chargé de l'action sociale, d'un traitement de données à caractère personnel à des fins statistiques, dénommé "échantillon national inter-régimes *[interrégimes]* d'allocataires de minima sociaux *(Décr. n° 2015-1863 du 29 déc. 2015, art. 8-8°)* « (ENIACRAMS) »" permettant de suivre l'évolution annuelle de la situation et des trajectoires d'un échantillon de personnes bénéficiaires de minima sociaux *(Décr. n° 2015-1863 du 29 déc. 2015, art. 8-8°)* « et de compléments de revenus d'activité », notamment au regard de leur situation vis-à-vis de l'emploi.

Art. R. 262-118 *(Décr. n° 2015-1863 du 29 déc. 2015, art. 8-9°)* L'échantillon national interrégimes d'allocataires de compléments de revenus d'activité et de minima sociaux est constitué de personnes qui sont ou ont été bénéficiaires à titre personnel ou à titre familial, de l'une des prestations suivantes : revenu minimum d'insertion, prime forfaitaire, allocation aux adultes handicapés, allocation de solidarité spécifique, allocation de parent isolé, revenu de solidarité active, prime d'activité.

L'arrêté mentionné à l'article R. 262-120 précise les critères d'échantillonnage.

Art. R. 262-119 Pour constituer l'*(Décr. n° 2015-1863 du 29 déc. 2015, art. 8-7°)* « échantillon national inter-régimes *[interrégimes]* d'allocataires de compléments de revenus d'activité et de minima sociaux », l'Institut national de la statistique et des études économiques est autorisé à extraire du répertoire national d'identification des personnes physiques les données à caractère personnel suivantes :

1° Le numéro d'inscription à ce répertoire des personnes répondant aux critères mentionnés à l'article R. 262-118 ;
2° Leur nom de famille ;
3° Leurs prénoms ;
4° Leur sexe ;
5° La date et le lieu de leur naissance.

L'Institut national de la statistique et des études économiques attribue à chacune de ces personnes un numéro d'ordre personnel propre à l'*(Décr. n° 2015-1863 du 29 déc. 2015, art. 8-7°)* « échantillon national inter-régimes *[interrégimes]* d'allocataires de compléments de revenus d'activité et de minima sociaux ».

Art. R. 262-120 Les données à caractère personnel mentionnées à l'article R. 262-119 sont transmises, au moins une fois par an, à la Caisse nationale des allocations familiales, à la Caisse centrale de la mutualité sociale agricole, à l'Institut national de la statistique et des études économiques, à l'institution gestionnaire du régime d'assurance chômage et à Pôle emploi. Ces organismes complètent les données qui leur sont transmises par les données qu'ils détiennent, relatives à la situation personnelle, familiale, socio-économique, professionnelle et géographique des bénéficiaires de l'une des prestations mentionnées à l'article R. 262-118.

A cette fin, les organismes mentionnés au premier alinéa sont autorisés à utiliser le numéro d'inscription au répertoire national d'identification des personnes physiques.

Un arrêté pris par le ministre chargé de l'action sociale et le ministre dont relève l'Institut national de la statistique et des études économiques fixe la liste des données mentionnées au premier alinéa pertinentes pour la réalisation de l'étude mentionnée à l'article R. 262-117.

V. Arr. du 24 avr. 2017 relatif à des traitements automatisés de données à caractère personnel pour la mise en œuvre de l'échantillon national interrégimes d'allocataires de compléments de revenus d'activité et de minima sociaux (JO 4 mai).

Art. R. 262-121 Les données et informations agrégées mentionnées à l'article R. 262-120 sont transmises par les organismes mentionnés au même article, au moins une fois par an, aux services statistiques du ministre chargé de l'action sociale en vue de constituer l'*(Décr. n° 2015-1863 du 29 déc. 2015, art. 8-7°)* « échantillon national inter-régimes *[interrégimes]* d'allocataires de compléments de revenus d'activité et de minima sociaux », à l'exception du numéro d'inscription au répertoire national d'identification des personnes physiques, des nom de famille, prénoms et jour de naissance des personnes qui y figurent.

L'Institut national de la statistique et des études économiques communique aux services statistiques du ministre chargé de l'action sociale l'information sur le décès des personnes pour lesquelles des données ont été transmises dans le cadre de l'article R. 262-120 aux organismes mentionnés au même article. A cette fin, il lui transmet au moins une fois par an un fichier comportant le numéro d'ordre personnel propre à l'*(Décr. n° 2015-1863 du 29 déc. 2015, art. 8-7°)* « échantillon national inter-régimes *[interrégimes]* d'allocataires de compléments de revenus d'activité et de minima sociaux » et la date du décès.

CHAPITRE III ACTIONS D'INSERTION

SECTION 1 Partage de données entre acteurs de l'insertion

(Décr. n° 2023-188 du 17 mars 2023, art. 1er)

Art. R. 263-1 I. – Il est créé un traitement de données à caractère personnel dénommé "Parcours insertion emploi" visant à faciliter le partage et l'échange d'informations et de données relatives aux personnes rencontrant des difficultés sociales et professionnelles particulières entre les organismes mentionnés aux 1° à 4° du I de l'article L. 263-4-1.

Le traitement est placé sous la responsabilité du ministre chargé de l'insertion et est mis en œuvre, pour le compte de ce dernier, par le groupement d'intérêt public dénommé "Plateforme de l'inclusion". L'État, représenté par les ministres chargés de l'insertion et, le cas échéant, de l'emploi ou des affaires sociales, détient la majorité des voix au sein des organes délibérants de ce groupement d'intérêt public.

II. – Au sens de la présente section, on entend par :

1° "Personnes en insertion" les personnes rencontrant des difficultés sociales et professionnelles particulières engagées dans un parcours d'insertion et bénéficiant des services fournis par un ou plusieurs des organismes mentionnés aux 1° à 4° du I de l'article L. 263-4-1 ;

2° "Professionnels utilisateurs" les personnes physiques, qui interagissent au moyen des services numériques mis en œuvre dans le cadre du traitement mentionné au I, désignées, en leur sein, par les acteurs de l'insertion habilités, dans les conditions prévues à l'article R. 263-4, à avoir accès à tout ou partie des données à caractère personnel incluses dans ce traitement.

Art. R. 263-2 Le traitement mentionné au I de l'article R. 263-1 a pour finalités :

1° La mise à disposition, au moyen de services numériques, des informations et des données nécessaires à l'identification des personnes en insertion, à l'évaluation de leur situation, au suivi de leur parcours d'insertion, ainsi que, le cas échéant, à la réalisation des actions d'accompagnement social, socio-professionnel ou professionnel ;

2° Le partage et l'enrichissement, entre les acteurs de l'insertion habilités dans les conditions prévues à l'article R. 263-4, des données strictement nécessaires à la mise en œuvre de leurs missions ;

3° L'accès des personnes en insertion aux informations relatives à leur parcours, par le biais d'un compte personnel dans le ou les services numériques correspondants, afin de favoriser leur mobilisation et leur participation à la définition du parcours ;

4° L'amélioration de la qualité du service rendu aux personnes en insertion et aux professionnels utilisateurs, notamment en leur évitant de communiquer ou de saisir plusieurs fois les mêmes informations ;

5° La communication d'informations aux personnes en insertion ou leur sollicitation à des fins d'enquête ou d'évaluation ;

6° La production de statistiques, nationales et locales, à des fins d'évaluation des politiques publiques.

Art. R. 263-3 I. – Peuvent être enregistrées dans le traitement mentionné au I de l'article R. 263-1, dans la stricte mesure où elles sont nécessaires à la poursuite des finalités mentionnées à l'article R. 263-2, les catégories d'informations ou de données suivantes :

1° Les données relatives aux personnes en insertion :

a) Les données d'identité, dont le numéro d'inscription au répertoire d'identification des personnes physiques, et de contact ;

b) Les données concernant la nature des prestations, allocations et aides individuelles perçues ;

c) Les informations sur la situation et les contraintes familiales ;

d) Les informations sur la situation sociale et professionnelle ;

e) Les informations, relatives aux difficultés susceptibles de faire obstacle à l'insertion sociale et professionnelle, permettant de réaliser le diagnostic des besoins d'accompagnement et ayant trait au logement, aux difficultés financières, à l'accès et à l'utilisation des outils numériques, à la mobilité, aux difficultés administratives, à la maîtrise de la langue française, à l'emploi ou à la formation ;

2° Les informations sur les étapes et les décisions administratives intervenant tout au long du parcours d'insertion, ainsi que les actions prescrites, engagées ou à engager ;

3° Les données d'identité et de contact des acteurs de l'insertion habilités dans les conditions prévues à l'article R. 263-4 et des professionnels utilisateurs ;

4° Les données relatives à la traçabilité des accès et actions des personnes en insertion et des professionnels utilisateurs, y compris les traces techniques.

II. — Peuvent être enregistrées et faire l'objet d'échanges limités, dans les conditions prévues à l'article R. 263-5, dans la stricte mesure où elles sont nécessaires à la poursuite des finalités mentionnées à l'article R. 263-2 *[,]* les données suivantes :

1° Le cas échéant, l'information relative à l'existence d'une reconnaissance de la qualité de travailleur handicapé lorsqu'elle est nécessaire à l'accompagnement de la personne concernée ;

2° Les données concernant la santé strictement nécessaires à l'accompagnement de la personne concernée ;

3° Les informations relatives à la dénomination et à l'objet des acteurs de l'insertion, habilités dans les conditions prévues à l'article R. 263-4, pouvant révéler l'orientation sexuelle, les opinions politiques, les convictions philosophiques et religieuses, ainsi qu'à des condamnations pénales, des infractions ou des mesures de sûreté connexes.

Art. R. 263-4 I. — L'utilisation des services numériques mis en œuvre dans le cadre du traitement mentionné au I de l'article R. 263-1 est soumise à la délivrance d'une habilitation dans les conditions définies au présent article.

II. — Dans chaque département, le groupement d'intérêt public mentionné au I de l'article R. 263-1 habilite un ou plusieurs organismes administrateurs de territoire parmi les organismes mentionnés aux articles L. 5312-1 et L. 5314-1 du code du travail ou ceux mentionnés à l'article L. 262-16 et à l'avant-dernier alinéa de l'article L. 115-2 du présent code. L'organisme administrateur de territoire ou, à défaut, le groupement d'intérêt public mentionné au I de l'article R. 263-1 habilite tout organisme en faisant la demande parmi ceux mentionnés aux 1° à 3° du I de l'article L. 263-4-1.

III. — L'habilitation des organismes mentionnés au 4° du I de l'article L. 263-4-1 qui en font la demande est subordonnée à la vérification préalable par l'organisme administrateur de territoire ou, à défaut, le groupement d'intérêt public mentionné au I de l'article R. 263-1 qu'ils fournissent un service à caractère social, socio-professionnel ou professionnel, dans le cadre d'une délégation de service public, d'un marché public ou d'une convention, pour le compte d'un des organismes suivants :

1° Les organismes mentionnés aux 1° à 3° de l'article L. 5311-2, aux 1° *bis* et 2° de l'article L. 5311-4 et à l'article L. 5314-1 du code du travail, ainsi que les collectivités territoriales et les établissements publics de coopération intercommunale ;

2° Les caisses d'allocations familiales et les caisses de mutualité sociale agricole.

IV. — Sans préjudice des dispositions de l'article R. 263-5, l'habilitation d'un acteur de l'insertion ne permet l'accès qu'aux informations et données du traitement relatives aux personnes en insertion dont il assure l'accompagnement ou le suivi.

V. — Lorsque plusieurs organismes administrateurs de territoire ont été habilités par le groupement d'intérêt public mentionné au I de l'article R. 263-1 dans un même département, un organisme tiers ne peut adresser une même demande d'habilitation qu'à un seul organisme administrateur de territoire de son choix.

Les organismes administrateurs de territoire tiennent un registre des organismes qu'ils habilitent au titre des II et III. Ces registres contiennent les pièces justificatives requises au titre du III.

Art. R. 263-5 I. — Sont autorisées à consulter ou à enregistrer les données du traitement mentionné au I de l'article R. 263-1, à raison de leurs attributions respectives et dans la limite du besoin d'en connaître et pour ce qui relève des finalités mentionnées à l'article R. 263-2, les personnes désignées et habilitées à cette fin par les acteurs de l'insertion habilités dans les conditions prévues à l'article R. 263-4.

II. — Les acteurs de l'insertion habilités dans les conditions prévues à l'article R. 263-4 peuvent importer dans leurs propres systèmes de traitement de données à caractère personnel, le cas échéant de manière automatisée, tout ou partie des données enregistrées dans le traitement mentionné au I de l'article R. 263-1, à l'exception des informations ou données mentionnées aux 1° à 3° du II de l'article R. 263-3, dans la stricte mesure où leur exploitation est nécessaire à la poursuite des finalités définies à l'article R. 263-2.

Par dérogation à l'alinéa précédent, peuvent seuls importer dans leurs propres systèmes de traitement de données à caractère personnel des informations ou données mentionnées aux 1° à 3° du II de l'article R. 263-3, sous réserve de la présentation des garanties appropriées pour assurer la sécurité et la confidentialité des données, les acteurs de l'insertion suivants, habilités dans les conditions prévues à l'article R. 263-4 :

1° Les organismes mentionnés aux 1° et 2° de l'article L. 5311-2, aux 1° *bis* et 2° de l'article L. 5311-4 et à l'article L. 5314-1 du code du travail ;

2° L'organisme mentionné à l'avant-dernier alinéa de l'article L. 115-2 du présent code ;

3° Les centres communaux et intercommunaux d'action sociale ;

4° Les caisses d'allocations familiales et les caisses de mutualité sociale agricole.

III. – Les données mentionnées au *a* du 1° et au 3° du I de l'article R. 263-3 peuvent être accessibles en l'absence d'accompagnement ou de suivi, dans la stricte mesure où leur exploitation est nécessaire à la poursuite de la finalité mentionnée au 4° de l'article R. 263-2, aux acteurs de l'insertion suivants, habilités dans les conditions prévues à l'article R. 263-4 :

1° Les organismes mentionnés aux 1° et 2° de l'article L. 5311-2, aux 1° *bis* et 2° de l'article L. 5311-4 et à l'article L. 5314-1 du code du travail, ainsi que les collectivités territoriales et les établissements publics de coopération intercommunale ;

2° Les centres communaux et intercommunaux d'action sociale ;

3° Les caisses d'allocations familiales et les caisses de mutualité sociale agricole.

IV. – Les services de l'État chargés de l'emploi et de l'égalité professionnelle mentionnés au 1° de l'article L. 5311-2 du code du travail ont accès à l'ensemble des données du traitement mentionné au I de l'article R. 263-1 du présent code, dans la stricte mesure où leur exploitation est nécessaire à la poursuite de la finalité mentionnée au 6° de l'article R. 263-2.

Art. R. 263-6 La personne en insertion titulaire d'un compte personnel attaché à un service numérique mis en œuvre dans le cadre du traitement mentionné au I de l'article R. 263-1 dispose d'un accès direct aux données à caractère personnel la concernant mentionnées aux 1° et 2° du I de l'article R. 263-3 en vue de les renseigner et de les actualiser. Elle dispose également d'un accès direct, aux seuls *[seules]* fins de consultation, aux données mentionnées au 3° du même I concernant les professionnels utilisateurs et les acteurs de l'insertion habilités dans les conditions prévues à l'article R. 263-4, qui lui fournissent un accompagnement, et aux données mentionnées au 4° de ce I la concernant.

Art. R. 263-7 L'information des personnes en insertion est assurée conformément aux articles 13 et 14 du règlement (UE) 2016/679 du Parlement européen et du Conseil du 27 avril 2016, sur le site internet du groupement d'intérêt public mentionné au I de l'article R. 263-1 ou, le cas échéant, directement auprès des acteurs de l'insertion habilités dans les conditions prévues à l'article R. 263-4.

Les droits d'accès et de rectification des données, les droits à l'effacement et à la limitation et le droit d'opposition, prévus respectivement aux articles 15, 16, 17, 18 et 21 du même règlement, s'exercent auprès du groupement d'intérêt public mentionné au I de l'article R. 263-1.

Art. R. 263-8 Sous réserve des dispositions prévues à l'article R. 263-9, les informations et données à caractère personnel et les informations enregistrées dans le traitement mentionné au I de l'article R. 263-1 sont conservées en base active pendant une durée de deux ans à compter de la dernière communication individuelle avec la personne en insertion. Elles sont ensuite conservées deux ans en base d'archivage intermédiaire.

En cas de contentieux, les délais mentionnés au premier alinéa sont prorogés, le cas échéant, jusqu'à l'intervention d'une décision juridictionnelle définitive.

Les données sont détruites sans délai lorsqu'il est constaté que la personne n'est pas bénéficiaire des services fournis par un ou plusieurs des organismes mentionnés au I de l'article L. 263-4-1.

Art. R. 263-9 Toute opération relative au traitement mentionné au I de l'article R. 263-1 au moyen de services numériques fait l'objet d'un enregistrement comprenant l'identification de l'utilisateur du service, la date, l'heure et la nature de l'opération. Ces informations sont conservées pendant une durée de six mois.

En cas de contentieux, ce délai est prorogé, le cas échéant, jusqu'à l'intervention d'une décision juridictionnelle définitive.

SECTION 2 Dispositif local d'insertion

La présente section ne comprend pas de dispositions réglementaires.

SECTION 3 Dispositif national d'insertion

La présente section ne comprend pas de dispositions réglementaires.

SECTION 4 Personnes bénéficiaires de l'allocation de parent isolé

Art. R. 263-2 *Abrogé par Décr. n° 2009-404 du 15 avr. 2009, à compter du 1er juin 2009.*

CHAPITRE IV DOMICILIATION

Art. D. 264-1 *(Décr. n° 2016-641 du 19 mai 2016, art. 1er)* L'élection de domicile mentionnée à l'article L. 264-2 est accordée pour une durée d'un an.

Les modèles de formulaire de demande d'élection de domicile et d'attestation de domicile sont fixés par arrêté conjoint des ministres chargés de l'action sociale, de la santé et du ministre de l'intérieur.

Le formulaire de demande d'élection précise l'identité du demandeur et de ses ayants droits *[ayants droit]*, la date du dépôt de la demande ainsi que le nom et l'adresse de l'organisme auprès duquel la demande a été effectuée.

L'attestation d'élection de domicile précise notamment le nom et l'adresse de l'organisme agréé ou du centre communal ou intercommunal d'action sociale, la date de l'élection de domicile et sa durée de validité.

Les centres communaux ou intercommunaux d'action sociale et les organismes agréés mentionnés à l'article L. 264-1 qui reçoivent un formulaire de demande d'élection de domicile doivent en accuser réception et y répondre dans un délai fixé à deux mois.

En cas d'acceptation de la demande d'élection de domicile, les organismes agréés mentionnés à l'article L. 264-1 et les centres communaux et intercommunaux d'action sociale remettent aux intéressés une attestation d'élection de domicile.

Art. D. 264-2 *(Décr. n° 2007-1124 du 20 juill. 2007, art. 1er)* Toute demande d'élection de domicile ou de renouvellement doit être suivie d'un entretien avec l'intéressé. Il reçoit alors une information sur ses droits et obligations en matière de domiciliation en application des lois, des règlements et, le cas échéant, du règlement intérieur de l'organisme. Il est invité à faire connaître à l'organisme s'il est déjà en possession d'une attestation délivrée par un organisme mentionné à l'article L. 264-1.

Art. D. 264-3 *(Décr. n° 2016-641 du 19 mai 2016, art. 2)* L'organisme agréé mentionné à l'article L. 264-1 ou le centre communal ou intercommunal d'action sociale qui assure la domiciliation y met fin lorsque l'intéressé ne s'est pas présenté ou à défaut n'a pas contacté l'organisme agréé ou le centre pendant plus de trois mois consécutifs, sauf si cette absence de manifestation est justifiée par des raisons de santé ou de privation de liberté. A cette fin, l'organisme tient à jour un enregistrement des contacts avec l'intéressé.

Art. R. 264-4 *(Décr. nº 2016-632 du 19 mai 2016, art. 1er)* **Sont considérées comme ayant un lien avec la commune ou le groupement de communes au sens de l'article L. 264-4 les personnes dont le lieu de séjour est le territoire de la commune ou du groupement de communes à la date de demande d'élection de domicile, indépendamment du statut ou du mode de résidence.**

Les personnes qui ne remplissent pas la condition énoncée à l'alinéa précédent sont également considérées comme ayant un lien avec la commune ou le groupement de communes, au sens de l'article L. 264-4, dès lors qu'elles satisfont à l'une des conditions suivantes :

— y exercer une activité professionnelle ;

— y bénéficier d'une action d'insertion ou d'un suivi social, médico-social ou professionnel ou avoir entrepris des démarches à cet effet ;

— présenter des liens familiaux avec une personne vivant dans la commune ;

— exercer l'autorité parentale sur un enfant mineur qui y est scolarisé.

Art. D. 264-5 *(Décr. nº 2007-1124 du 20 juill. 2007, art. 1er)* **Le cahier des charges mentionné à l'article L. 264-7 fixe les obligations auxquelles doivent satisfaire les organismes qui sollicitent un agrément pour procéder à l'élection de domicile, en particulier celles :**

1º D'adresser chaque année au préfet de département le rapport mentionné à l'article D. 264-8 ;

(Abrogé par Décr. nº 2016-641 du 19 mai 2016, art. 3-1º) ***« 2º D'informer une fois par mois les départements et les organismes de sécurité sociale concernés des décisions d'attribution et de retrait d'élection de domicile ; »***

2º De délivrer des attestations d'élection de domicile conformes au modèle défini par arrêté ; *— Les 3º, 4º et 5º deviennent les 2º, 3º et 4º (Décr. nº 2016-641 du 19 mai 2016, art. 3-2º).*

3º De procéder au retrait de l'attestation lorsqu'ils ont connaissance du fait que la personne dispose d'un domicile stable ;

4º D'adresser au plus tard trois mois avant l'expiration de l'agrément une demande de renouvellement.

I. — Les cahiers des charges arrêtés par le représentant de l'État dans le département en application de l'art. L. 264-7, mis à jour en application de l'art. 46 de la L. nº 2014-366 du 24 mars 2014, sont publiés au recueil des actes administratifs de la préfecture au plus tard le 1er sept. 2016.

II. — Les organismes titulaires d'un agrément délivré au titre de l'art. D. 264-5, antérieurement à l'entrée en vigueur du cahier des charges mis à jour en application du I ci-dessus, peuvent continuer de recueillir des demandes d'élection de domicile. En l'absence de demande d'un nouvel agrément, au titre de l'art. L. 264-1 et fondée sur le nouveau cahier des charges, les agréments ainsi maintenus en vigueur sont caducs au 1er mars 2017.

III. — Les attestations d'élection de domicile délivrées en application du II ci-dessus demeurent valables pour la durée qu'elles mentionnent (Décr. nº 2016-641 du 19 mai 2016, art. 11).

Art. D. 264-6 *(Décr. nº 2007-1124 du 20 juill. 2007, art. 1er)* **Les organismes mentionnés à l'article L. 264-1 sont tenus de recevoir la correspondance destinée aux personnes domiciliées et de la mettre à leur disposition.**

Art. D. 264-7 *(Décr. nº 2007-1124 du 20 juill. 2007, art. 1er)* **Pour l'exercice de leur mission, les organismes payeurs des prestations sociales mentionnées aux deuxième et dernier alinéas de l'article L. 264-1 peuvent s'assurer auprès de l'organisme indiqué par l'attestation qu'une personne est bien domiciliée chez lui. L'organisme est tenu de lui communiquer cette information** *(Décr. nº 2016-641 du 19 mai 2016, art. 4)* **« dans le mois qui suit la demande ».**

Art. D. 264-8 *(Décr. nº 2007-1124 du 20 juill. 2007, art. 1er)* **Les** *(Décr. nº 2016-641 du 19 mai 2016, art. 5-2º)* **« organismes agréés et centres communaux et intercommunaux d'action sociale » transmettent chaque année au préfet de département un bilan de leur activité de domiciliation comportant notamment :**

(Décr. nº 2016-641 du 19 mai 2016, art. 5-1º et 3º) « 1º Le nombre d'élections de domicile en cours de validité et le nombre de personnes domiciliées au 31 décembre de l'année écoulée ;

« 2º Le nombre d'élections de domicile délivrées dans l'année ainsi que le nombre de radiations et de refus avec leurs principaux motifs ; »

3º Les moyens matériels et humains dont dispose l'organisme ou le centre d'action sociale pour assurer son activité de domiciliation ;

4º Pour les seuls organismes agréés, les conditions de mise en œuvre du cahier des charges ;

(Décr. nº 2016-641 du 19 mai 2016, art. 5-4º) « 5º Les jours et horaires d'ouverture. »

Art. D. 264-9 *(Décr. nº 2007-1124 du 20 juill. 2007, art. 1er)* Peuvent être agréés aux fins de recevoir les déclarations d'élection de domicile les organismes à but non lucratif qui mènent des actions contre l'exclusion ou pour l'accès aux soins, les établissements et services sociaux et médico-sociaux mentionnés au 8º de l'article L. 312-1, les organismes d'aide aux personnes âgées mentionnés à l'article L. 232-13 ainsi que les centres *(Décr. nº 2016-641 du 19 mai 2016, art. 6-1º)* « d'hébergement d'urgence relevant de l'article L. 322-1 du code de l'action sociale et des familles, les établissements de santé et les services sociaux départementaux ».

Lorsque ces organismes sont des associations, ils doivent à la date de la demande d'agrément justifier depuis un an au moins d'activités dans les domaines mentionnés à l'alinéa précédent.

(Décr. nº 2016-641 du 19 mai 2016, art. 6-2º) « Les personnes hébergées de manière stable au sein des organismes mentionnés au premier alinéa et qui peuvent y recevoir leur courrier sont réputées y être domiciliées sans que l'organisme n'ait besoin d'obtenir un agrément à ce titre. »

Art. D. 264-10 *(Décr. nº 2007-1124 du 20 juill. 2007, art. 1er)* La demande d'agrément comporte :

1º La raison sociale de l'organisme ;

2º L'adresse de l'organisme demandeur ;

3º La nature des activités exercées depuis au moins un an et les publics concernés ;

4º Les statuts de l'organisme ;

5º Les éléments permettant d'apprécier l'aptitude de l'organisme à assurer effectivement sa mission de domiciliation ;

6º L'indication du cadre géographique pour lequel l'agrément est sollicité ;

7º Un projet de règlement intérieur décrivant l'organisation de sa mission de domiciliation et précisant les procédures retenues pour la gestion du courrier.

Le préfet de département peut mentionner dans le cahier des charges prévu à l'article L. 264-7 d'autres éléments constitutifs de la demande d'agrément.

Art. D. 264-11 *(Décr. nº 2007-1124 du 20 juill. 2007, art. 1er)* L'agrément est délivré pour une durée maximale de *(Décr. nº 2016-641 du 19 mai 2016, art. 7)* « cinq » ans.

Art. D. 264-12 *(Décr. nº 2007-1124 du 20 juill. 2007, art. 1er)* L'agrément peut être retiré, après que l'organisme a été mis en mesure de présenter ses observations, lorsqu'il ne respecte pas le cahier des charges mentionné à l'article L. 264-7 *(Décr. nº 2016-641 du 19 mai 2016, art. 8)* « , » lorsqu'il cesse de remplir les conditions mentionnées à l'article D. 264-9 *(Décr. nº 2016-641 du 19 mai 2016, art. 8)* « , ou à sa demande.

« Le préfet de département ayant procédé au retrait d'un agrément en raison du non-respect du cahier des charges mentionné à l'article L. 264-7 en informe les préfets des autres départements de la région. »

Le préfet de département désigne les organismes chargés d'assurer la domiciliation des personnes qui avaient élu domicile dans l'organisme auquel il a retiré l'agrément.

Art. D. 264-13 *(Décr. nº 2007-1124 du 20 juill. 2007, art. 1er)* Les décisions d'agrément et de retrait d'agrément, ainsi que le cahier des charges mentionné à l'article L. 264-7, sont publiés au recueil des actes administratifs de la préfecture.

Art. D. 264-14 *(Décr. nº 2007-1124 du 20 juill. 2007, art. 1er)* Dans le cadre du dispositif de veille sociale mentionné à l'article L. 345-2, le préfet de département s'assure de la couverture des besoins sur l'ensemble du territoire et du bon fonctionnement du service en matière de domiciliation.

(Décr. nº 2016-641 du 19 mai 2016, art. 9) « A cette fin, il rédige un schéma départemental de la domiciliation sous la coordination du préfet de région, qui constitue une annexe du plan départemental d'action pour le logement et l'hébergement des personnes défavorisées. »

Art. D. 264-15 *(Décr. nº 2007-1124 du 20 juill. 2007, art. 1er)* Pour l'application de l'article L. 264-6, le préfet de département transmet aux maires *(Décr. nº 2016-641 du 19 mai 2016, art. 10-1º)* « , aux centres communaux et intercommunaux d'action sociale, aux organismes agréés et aux organismes payeurs » la liste des organismes agréés dans le département *(Décr. nº 2016-641 du 19 mai 2016, art. 10-2º)* « en précisant leurs coordonnées, les types de publics accueillis et les horaires d'ouverture au public ».

CHAPITRE V STATUT DES PERSONNES ACCUEILLIES PAR DES ORGANISMES D'ACCUEIL COMMUNAUTAIRE ET D'ACTIVITÉS SOLIDAIRES

(Décr. nº 2009-863 du 14 juill. 2009)

SECTION 1 Agrément des organismes mentionnés à l'article L. 265-1

Art. R. 265-1 L'agrément est délivré par arrêté du préfet du département du siège social de l'organisme concerné.

Lorsqu'il est délivré à un groupement auquel adhèrent des organismes situés dans plusieurs départements ou à un organisme qui comporte des établissements dans plusieurs départements, l'agrément est délivré par arrêté *(Décr. nº 2019-1383 du 18 déc. 2019, art. 3-9º)* « du préfet de la région dans laquelle est établi le siège du groupement ou de l'organisme » dans les conditions définies à l'article R. 265-3. Cet agrément vaut agrément des organismes ou établissements locaux dont la liste figure en annexe à l'arrêté.

Les dispositions modifiées par le Décr. nº 2019-1383 du 18 déc. 2019 peuvent être modifiées par des actes pris dans les formes requises pour leur modification antérieurement à son entrée en vigueur.

Les dispositions des 9º, 10º et 11º de l'art. 3 du Décr. nº 2019-1383 du 18 déc. 2019 s'appliquent aux agréments arrivant à échéance à compter du 1er avr. 2020 (Décr. préc., art. 9 et 10, JO 19 déc.).

Art. R. 265-2 Pour délivrer ou refuser l'agrément prévu au premier alinéa de l'article R. 265-1, le représentant de l'État dans le département prend en compte les éléments suivants :

1º Les garanties techniques et déontologiques présentées par l'organisme, notamment son indépendance et sa transparence financières, la nature de son action en faveur des personnes en difficulté et son respect des valeurs républicaines ;

2º Les garanties apportées aux personnes accueillies concernant les conditions d'hébergement, d'exercice de l'activité, de soutien personnel, d'accompagnement social et de soutien financier prévues à l'article L. 265-1 ;

3º Les caractéristiques des personnes accueillies et la nature des activités exercées ;

4º Le caractère à but non lucratif de l'organisme.

Le préfet du département consulte pour avis sur la demande d'agrément la commission départementale de la cohésion sociale mentionnée à l'article R. 145-4. La commission donne son avis dans un délai de deux mois après réception du dossier complet de la demande. Elle sollicite, en vue de leur audition, les représentants départementaux des organisations syndicales représentatives au niveau national, lorsque ces organisations ne sont pas représentées en son sein.

Préalablement à l'avis de la commission, il est demandé aux membres de déclarer leurs intérêts à l'égard *(Décr. n° 2019-1383 du 18 déc. 2019, art. 3-10°)* « du groupement ou de l'un des organismes concernés » et il est procédé à l'identification des éventuels conflits d'intérêt. Les membres de la commission qui rencontreraient un conflit d'intérêt *[intérêts]* ne prennent pas part au vote. — *V. notes ss. art. R. 265-1.*

Le préfet du département prend la décision de délivrance ou de refus de l'agrément dans un délai de deux mois à compter de l'avis de la commission. Lorsque le préfet délivre l'agrément, il en informe le ministre chargé de l'action sociale. A défaut de décision dans ce délai, la demande d'agrément est refusée. Si l'organisme a demandé l'application des dispositions de l'article L. 241-12 du code de la sécurité sociale, la décision d'agrément emporte, pour l'organisme, application de ces dispositions.

Art. R. 265-3 Pour délivrer ou refuser l'agrément à un groupement ou à un organisme prévu au deuxième alinéa de l'article R. 265-1, *(Décr. n° 2019-1383 du 18 déc. 2019, art. 3-11°)* « le préfet de région prend » en compte les éléments suivants :

1° Les garanties techniques et déontologiques présentées par le groupement ou par l'organisme, notamment l'indépendance et la transparence financières, la nature de son action en faveur des personnes en difficulté et le respect des valeurs républicaines ;

2° Les garanties apportées aux personnes accueillies relatives aux conditions d'hébergement, d'exercice de l'activité, de soutien personnel, d'accompagnement social et de soutien financier, prévues à l'article L. 265-1 ;

3° Le caractère à but non lucratif du groupement ou de l'organisme ou des adhérents et établissements affiliés ;

4° Les caractéristiques des personnes accueillies et la nature des activités exercées ;

5° Les modalités selon lesquelles le groupement ou l'organisme s'assure du respect par ses adhérents, ses affiliés ou ses établissements des garanties mentionnées au 2° ci-dessus.

(Décr. n° 2019-1383 du 18 déc. 2019, art. 3-11°) « Le préfet de région » consulte pour avis sur la demande d'agrément le Conseil national des politiques de lutte contre la pauvreté et l'exclusion prévu à l'article L. 143-1.

Le conseil donne un avis dans un délai de deux mois après réception du dossier complet de la demande.

Préalablement à l'avis du conseil national, il est procédé à une vérification des intérêts déclarés de ses membres à l'égard du groupement ou de l'organisme et à l'identification des éventuels conflits d'intérêt. Les membres du conseil national qui rencontreraient un conflit d'intérêt *[intérêts]* ne prennent pas part au vote.

(Décr. n° 2019-1383 du 18 déc. 2019, art. 3-11°) « Le préfet de région prend sa » décision de refus ou de délivrance de l'agrément dans un délai de deux mois à compter de l'avis du conseil national.

(Décr. n° 2019-1383 du 18 déc. 2019, art. 3-11°) « L'absence de décision à l'issue d'un délai de quatre mois à compter de la date de demande vaut décision implicite d'acceptation. Lorsque le préfet de région délivre l'agrément, il en informe le ministre chargé de l'action sociale. »

Si le groupement, pour tout ou partie de ses adhérents ou affiliés, ou l'organisme pour ses établissements a demandé à bénéficier des dispositions de l'article L. 241-12 du code de la sécurité sociale, la décision d'agrément emporte, pour les organismes en cause, application de ces dispositions.

V. notes ss. art. R. 265-1.

Art. R. 265-4 La demande d'agrément est adressée à l'autorité administrative compétente, par lettre recommandée avec demande d'avis de réception ou par voie légale par le représentant légal de l'organisme ou du groupement. Elle comprend :

1° Les motifs de la demande et les conséquences attendues de l'agrément ;

2° La raison sociale de l'organisme demandeur et son adresse ainsi que, le cas échéant, les raisons sociales et adresses des adhérents, affiliés ou établissements, s'il s'agit d'un organisme ou d'un groupement mentionné au deuxième alinéa de l'article R. 265-1 ;

3° Le projet social et les statuts de l'organisme et, s'il s'agit d'un groupement, le projet social et les statuts des organismes adhérents ou affiliés ;

4° Un dossier précisant les règles de vie communautaire, les caractéristiques des personnes accueillies auxquelles s'appliquent ces règles, les modalités de participation des personnes accueillies à des activités solidaires, le soutien financier qu'elles reçoivent et, le cas échéant, leur participation financière à la vie communautaire, les conditions dans lesquelles la santé et la sécurité au travail de ces personnes sont garanties, et les autres activités de l'organisme ou du groupement demandeur ;

5° Le projet de convention mentionnée au septième alinéa de l'article L. 265-1 ;

6° Les comptes de l'organisme ou du groupement demandeur au titre des deux derniers exercices ainsi qu'une description de ses moyens humains et financiers.

SECTION 2 Suivi, renouvellement et retrait de l'agrément

Art. R. 265-5 Toute modification des éléments mentionnés aux 2° et 3° de l'article R. 265-4 est notifiée à l'autorité administrative ayant délivré l'agrément.

Art. R. 265-6 La convention mentionnée au septième alinéa de l'article L. 265-1 prévoit les modalités de suivi de son exécution.

Art. R. 265-7 L'agrément est accordé pour une durée de cinq ans. Il est renouvelable.

Art. R. 265-8 L'action des organismes est soumise à une évaluation par les autorités qui ont délivré l'agrément. Cette évaluation prend en compte les finalités définies par les textes fondateurs de l'organisme ou du groupement au moment où il a présenté sa demande d'agrément.

Art. R. 265-9 La demande de renouvellement est déposée au plus tard trois mois avant l'échéance de l'agrément.

Elle est accompagnée d'un bilan qualitatif et quantitatif de l'activité assurée pendant la période de l'agrément par l'organisme ou le groupement en faveur des personnes accueillies. Ce bilan précise les caractéristiques de ces personnes, les modalités et la durée de leur séjour, leur devenir et les actions conduites en vue de leur insertion sociale et professionnelle. Pour les groupements, le bilan précise en outre l'activité des adhérents, établissements ou affiliés dans ces mêmes domaines.

Art. R. 265-10 L'agrément peut être retiré, à titre temporaire ou définitif, en cas de méconnaissance par l'organisme ou le groupement agréé des dispositions de l'article L. 265-1 et des dispositions du présent chapitre, après que l'organisme ou le groupement a été invité à présenter ses observations.

Art. R. 265-11 Les ministres chargés de l'action sociale, du travail et de la sécurité sociale transmettent tous les deux ans au Conseil national de lutte contre la pauvreté et les exclusions un rapport relatif aux conditions d'application de l'article L. 265-1.

CHAPITRE VI LUTTE CONTRE LA PRÉCARITÉ ALIMENTAIRE

(Décr. n° 2019-703 du 4 juill. 2019, art. 1er-II, en vigueur le 1er oct. 2019)

SECTION 1 Lutte contre la précarité alimentaire

Art. R. 266-1 Les contributions publiques destinées à la mise en œuvre de l'aide alimentaire au sens de l'article L. 266-2 s'entendent de toute contribution publique destinée à l'achat de denrées alimentaires pour l'aide alimentaire ou destinée à la couverture de besoins d'investissement ou de coûts de fonctionnement relatifs à la mise en œuvre de cette aide.

SECTION 2 **Conditions d'habilitation à l'aide alimentaire**

Les personnes morales de droit privé disposant d'une habitation en cours de validité à la date d'entrée en vigueur du Décr. nº 2019-703 du 4 juill. 2019 disposent d'un délai d'un an à compter de cette date pour se mettre en conformité avec les obligations résultant dudit décret (Décr. préc., art. 4-I).

Art. R. 266-2 **La personne morale de droit privé peut être habilitée au niveau national en application de l'article L. 266-2 si elle satisfait aux conditions suivantes :**

1° Être une association, une union d'associations, une fédération d'associations ou une autre personne morale de droit privé dont l'activité est à vocation nationale ;

2° Disposer d'une équipe nationale permanente de responsables opérationnels et des moyens permettant, sur une partie suffisante du territoire, dans des conditions fixées par un arrêté au regard du nombre et de la répartition des départements concernés :

***a)* Soit la distribution de denrées alimentaires aux personnes en situation de vulnérabilité économique ou sociale ;**

***b)* Soit la fourniture de denrées alimentaires à des personnes morales de droit public ou à des personnes morales de droit privé habilitées à l'aide alimentaire ;**

3° Pour les structures mentionnées au *a* du 2°, proposer un accompagnement, qui comporte au moins des actions d'écoute, d'information ou d'orientation ;

4° Mettre en place des actions qui contribuent à rechercher une offre alimentaire qui réponde aux objectifs des premier et troisième alinéas de l'article L. 266-1 ;

5° Mettre en place des procédures relatives au respect des normes en vigueur en matière d'hygiène et de sécurité des denrées alimentaires, notamment :

***a)* Disposer d'une analyse des risques et avoir mis en place les mesures correctives appropriées ;**

***b)* Disposer d'un ou de plusieurs plans de formation en matière d'hygiène alimentaire adaptés aux différentes activités ;**

6° Assurer la traçabilité physique et comptable des denrées alimentaires à chaque étape de la réception, de la transformation, du stockage et de la distribution ;

7° Mettre en place les procédures de collecte et de transmission des données statistiques relatives à l'activité d'aide alimentaire mentionnées au dernier alinéa de l'article L. 266-2 ;

8° S'engager à se soumettre aux contrôles définis à l'article R. 266-11.

V. Arr. du 28 août 2019 relatif à la composition du dossier de demande d'habilitation pour recevoir des contributions publiques destinées à la mise en œuvre de l'aide alimentaire (JO 28 sept., NOR : SSAA1923899A).

Art. R. 266-3 **La personne morale de droit privé n'ayant pas une vocation nationale au sens du 1° de l'article R. 266-2 peut être habilitée au niveau régional sous réserve qu'elle satisfasse aux conditions fixées aux 3°, 4°, 5°, 6°, 7° et 8° de l'article R. 266-2 et qu'elle dispose des moyens permettant la mise en œuvre d'une activité ayant pour objet :**

***a)* La distribution de denrées alimentaires aux personnes en situation de vulnérabilité économique ou sociale ;**

***b)* Ou la fourniture de denrées alimentaires à des personnes morales de droit public ou à des personnes morales de droit privé habilitées à l'aide alimentaire.**

Art. R. 266-4 **I. — Pour être habilitée au niveau national, la personne morale de droit privé adresse sa demande au ministre chargé de l'action sociale avant la date fixée par arrêté du ministre chargé de l'action sociale.**

II. — Le ministre chargé de l'action sociale et le ministre chargé de l'alimentation fixent par arrêté conjoint la liste des personnes morales de droit privé habilitées conformément aux dispositions de l'article R. 266-2.

III. — La décision d'habilitation est prise, par le ministre chargé de l'action sociale et le ministre chargé de l'alimentation, après avis d'une commission nationale composée :

***a)* D'un représentant de la direction générale de la cohésion sociale ;**

b) D'un représentant de la direction générale de l'alimentation ;
c) D'un représentant de la direction générale de la santé ;
d) D'un représentant de la direction générale de la concurrence, de la consommation et de la répression des fraudes.

La commission est coprésidée par le représentant de la direction générale de la cohésion sociale et le représentant de la direction générale de l'alimentation.

IV. — Pour une union ou une fédération d'associations, l'habilitation est accordée à la personne morale de droit privé pour elle-même et pour ceux de ses membres qu'elle désigne selon des modalités prévues par arrêté du ministre chargé de l'action sociale.

Pour les autres formes de groupements d'associations, l'habilitation peut être accordée, selon des modalités prévues par arrêté du ministre chargé de l'action sociale, aux personnes morales désignées dans sa demande par la personne morale qui sollicite l'habilitation et qui justifient remplir les conditions de l'article R. 266-2.

Les sites où est réalisée l'activité d'aide alimentaire pour laquelle la personne morale est habilitée sont déclarés selon des modalités définies par arrêté du ministre chargé de l'action sociale.

V. — La première habilitation est accordée pour une durée pouvant aller d'un an à trois ans, en fonction de l'expérience du demandeur et des garanties qu'il présente. Les habilitations suivantes sont accordées pour une durée de cinq ans. — *La première phrase du V de l'article R. 266-4, issue du Décr. nº 2019-703 du 4 juill. 2019, n'est pas applicable aux personnes morales de droit privé disposant d'une habilitation avant l'entrée du décret susvisé (Décr. préc., art. 4-III).*

VI. — L'absence de décision à l'issue d'un délai de quatre mois à compter de la date fixée par l'arrêté mentionné au premier alinéa du présent article vaut décision implicite d'acceptation de la demande d'habilitation. — *V. note ss. art.*

VII. — Un arrêté du ministre chargé de l'action sociale fixe les modalités de dépôt de la demande d'habilitation nationale, la composition du dossier de demande d'habilitation et les modalités de désignation et de déclaration prévues au IV du présent article.

En application des art. L. 231-5 et L. 231-6 CRPA et par exception à l'application du délai de deux mois prévu à l'article L. 231-1 du même code, le délai à l'expiration duquel le silence gardé par l'administration vaut décision d'acceptation est fixé à quatre mois pour l'habilitation des personnes morales de droit privé à l'aide alimentaire (Décr. nº 2014-1287 du 23 oct. 2014, mod. par Décr. nº 2019-703 du 4 juill. 2019, art. 2).

Art. R. 266-5 I. — Pour être habilitée au niveau régional, la personne morale de droit privé adresse sa demande au préfet de région de son siège social avant la date fixée par arrêté du préfet de région.

II. — La décision d'habilitation est prise par le préfet de région.

III. — Le préfet de région fixe par arrêté la liste des personnes morales de droit privé habilitées conformément aux dispositions de l'article R. 266-3.

IV. — Les sites où est réalisée l'activité d'aide alimentaire pour laquelle la personne morale est habilitée sont déclarés selon des modalités définies par arrêté du ministre chargé de l'action sociale.

V. — La première habilitation est accordée pour une durée pouvant aller d'un an à trois ans, en fonction de l'expérience du demandeur et des garanties qu'il présente. Les habilitations suivantes sont accordées pour une durée de cinq ans. — *La première phrase du V de l'article R. 266-4, issue du Décr. nº 2019-703 du 4 juill. 2019, n'est pas applicable aux personnes morales de droit privé disposant d'une habilitation avant l'entrée du décret susvisé (Décr. préc., art. 4-III).*

VI. — L'absence de décision à l'issue d'un délai de quatre mois à compter de la date fixée par l'arrêté mentionnée au premier alinéa du présent article vaut décision implicite d'acceptation de la demande d'habilitation. — *V. note ss. art. R. 266-4.*

VII. — Un arrêté du ministre chargé de l'action sociale fixe les modalités de dépôt de la demande d'habilitation régionale, la composition du dossier de demande d'habilitation et les modalités de déclaration prévues au IV.

Art. D. 266-6 *(Décr. nº 2019-794 du 26 juill. 2019, art. 1er-II, en vigueur le 1er oct. 2019)* **Les personnes morales de droit public ou les personnes morales de droit privé habilitées en application de l'article L. 266-2 peuvent bénéficier des retraits définis par le règlement 1308/2013 du Parlement** *[européen]* **et du Conseil du 17 décembre 2013 portant organisation commune des marchés des produits agricoles.**

Art. D. 266-7 *(Décr. nº 2021-948 du 15 juill. 2021, art. 1er-I)* **Les ministres chargés de l'action sociale et de l'alimentation lancent tous les cinq ans un avis d'appel à candidature** *[candidatures]* **pour bénéficier des denrées obtenues au moyen des crédits prévus par le règlement (UE) 2021/1057 du Parlement européen et du Conseil du 24 juin 2021 instituant le Fonds social européen plus (FSE+) et abrogeant le règlement (UE) nº 1296/2013.**

Art. D. 266-8 *(Décr. nº 2021-948 du 15 juill. 2021, art. 1er-II)* **Les ministres chargés de l'action sociale et de l'alimentation fixent par arrêté le cahier des charges de l'appel à candidature** *[candidatures]* **ainsi que les modalités de son organisation.**

L'appel à candidature *[candidatures]* **est ouvert pour une durée de deux mois suivant la date de sa publication au** ***Journal officiel*** **de la République française.**

Seules des personnes morales de droit public ou des personnes morales de droit privé inscrites sur la liste prévue à l'article R. 266-4 et habilitées au niveau national pour recevoir des contributions publiques destinées à la mise en œuvre de l'aide alimentaire peuvent se porter candidates.

Art. D. 266-9 *(Décr. nº 2019-794 du 26 juill. 2019, art. 1er-II, en vigueur le 1er oct. 2019)* **Le ministre chargé de l'action sociale et le ministre chargé de l'alimentation arrêtent après avis de la commission nationale mentionnée à l'article R. 266-4 la liste des personnes morales de droit public et des personnes morales de droit privé habilitées retenues pour bénéficier pendant cinq ans des denrées mentionnées à l'article D. 266-7.**

Art. D. 266-10 *(Décr. nº 2019-794 du 26 juill. 2019, art. 1er-II, en vigueur le 1er oct. 2019)* **En cas de manquement aux obligations relatives au cahier des charges de l'appel à candidature** *[candidatures]* **mentionné à l'article D. 266-8, les ministres chargés de l'action sociale et de l'alimentation peuvent procéder, dans le respect du principe du contradictoire, à la modification de la liste des personnes morales mentionnées à l'article D. 266-9 dans les conditions prévues par l'article R. 266-12.**

Art. R. 266-10 **Afin d'identifier les besoins quantitatifs et qualitatifs de l'aide alimentaire, les personnes morales de droit privé habilitées sont tenues de fournir à l'autorité administrative les données chiffrées de leur activité.**

Un arrêté du ministre chargé de l'action sociale définit ces données chiffrées et fixe les modalités de leur transmission.

SECTION 3 Contrôle et sanctions du respect des obligations résultant de l'habilitation des personnes morales

Art. R. 266-11 **L'autorité compétente pour délivrer l'habilitation en contrôle le respect. Le contrôle a pour objet la vérification du respect des obligations résultant de l'habilitation mentionnée à la section 2.**

Art. R. 266-12 **I. — En cas de manquement aux obligations résultant du présent chapitre, l'autorité compétente en vertu de l'article R. 266-11 peut enjoindre à la personne morale de droit privé habilitée d'y remédier, dans un délai qu'elle fixe, raisonnable et adapté à l'objectif recherché.**

II. — S'il n'a pas été satisfait à l'injonction dans le délai fixé, les ministres chargés de l'action sociale et de l'alimentation peuvent, après avoir recueilli les observations de la personne morale de droit privée habilitée, et dans le respect du principe du contradictoire, procéder à la suspension de l'habilitation mentionnée à l'article R. 266-2 pour une durée ne pouvant excéder six mois.

S'il n'a pas été satisfait à l'injonction dans le délai fixé, le préfet de région peut, après avoir recueilli les observations de la personne morale de droit privé habilitée, et dans le respect du principe du contradictoire, procéder à la suspension de l'habilitation mentionnée à l'article R. 266-3 pour une durée ne pouvant excéder six mois.

III. – S'il n'a pas été mis fin aux manquements en cause à l'issue de la période de suspension, les autorités compétentes peuvent, après avoir recueilli les observations de la personne morale de droit privé habilitée, et dans le respect du principe du contradictoire, procéder au retrait de l'habilitation.

TITRE VII ACCOMPAGNEMENT DE LA PERSONNE EN MATIÈRE SOCIALE ET BUDGÉTAIRE *(Décr. nº 2008-1506 du 30 déc. 2008).*

CHAPITRE I LA MESURE D'ACCOMPAGNEMENT SOCIAL PERSONNALISÉ *(Décr. nº 2008-1506 du 30 déc. 2008).*

SECTION 1 Le contrat d'accompagnement social personnalisé *(Décr. nº 2008-1506 du 30 déc. 2008).*

Art. R. 271-1 *(Décr. nº 2008-1506 du 30 déc. 2008)* Le contrat mentionné à l'article L. 271-1 est conclu *(Décr. nº 2011-936 du 1er août 2011, art. 2)* « par le département, représenté par le président du conseil départemental ».

Art. D. 271-2 *(Décr. nº 2008-1498 du 22 déc. 2008)* Les prestations sociales mentionnées aux articles L. 271-1 et L. 271-5 sont :

1° L'aide personnalisée au logement mentionnée *(Décr. nº 2019-772 du 24 juill. 2019, art. 3-6°, en vigueur le 1er sept. 2019)* « au 1° de l'article L. 821-1 » du code de la construction et de l'habitation, dès lors qu'elle n'est pas versée en tiers payant selon les modalités prévues *(Décr. nº 2019-772 du 24 juill. 2019, art. 3-6°, en vigueur le 1er sept. 2019)* « à l'article D. 832-1 du même code » ;

2° L'allocation de logement sociale mentionnée *(Décr. nº 2019-772 du 24 juill. 2019, art. 3-6°, en vigueur le 1er sept. 2019)* « au *b* du 2° de l'article L. 821-1 du code de la construction et de l'habitation », dès lors qu'elle n'est pas versée en tiers payant ;

3° L'allocation personnalisée d'autonomie mentionnée à l'article L. 232-1 du présent code, dès lors qu'elle n'est pas versée directement aux établissements et services mentionnés à l'article L. 232-15 selon les conditions prévues au même article ;

4° L'allocation de solidarité aux personnes âgées mentionnée à l'article L. 815-1 du code de la sécurité sociale ;

5° L'allocation aux vieux travailleurs salariés mentionnée à l'article 2 de l'ordonnance nº 2004-605 du 24 juin 2004 simplifiant le minimum vieillesse ;

6° L'allocation aux vieux travailleurs non salariés mentionnée au même article ;

7° L'allocation aux mères de famille mentionnée au même article ;

8° L'allocation spéciale vieillesse prévue à l'article L. 814-1 du code de la sécurité sociale et sa majoration prévue à l'article L. 814-2 du même code dans leur rédaction antérieure à l'entrée en vigueur de la même ordonnance ;

9° L'allocation viagère dont peuvent bénéficier les rapatriés en vertu de la loi du 2 juillet 1963 visée ci-dessus et mentionnée à l'article 2 de la même ordonnance ;

10° L'allocation de vieillesse agricole mentionnée à l'article 2 de la même ordonnance ;

11° L'allocation supplémentaire mentionnée à l'article L. 815-2 du code de la sécurité sociale, dans sa rédaction antérieure à l'entrée en vigueur de la même ordonnance ;

12° L'allocation supplémentaire d'invalidité mentionnée à l'article L. 815-24 du code de la sécurité sociale ;

13° L'allocation aux adultes handicapés mentionnée à l'article L. 821-1 du même code, le complément de ressources mentionné à l'article L. 821-1-1 du même code et la majoration pour la vie autonome mentionnée à l'article L. 821-1-2 du même code ;

14° L'allocation compensatrice mentionnée à l'article 95 de la loi n° 2005-102 du 11 février 2005 pour l'égalité des droits et des chances, la participation et la citoyenneté des personnes handicapées ;

15° La prestation de compensation du handicap mentionnée aux I et II de l'article L. 245-1 du présent code, sauf si elle est versée dans les conditions prévues à l'article L. 245-11 ;

(Décr. n° 2020-1688 du 23 déc. 2020, art. 2-1°, en vigueur le 1er janv. 2021) « 16° L'allocation journalière du proche aidant ; »

(Décr. n° 2015-1710 du 21 déc. 2015, art. 4-I, en vigueur le 1er janv. 2016) « 17° Le revenu de solidarité active ; »

18° La prestation d'accueil du jeune enfant mentionnée à l'article L. 511-1 du code de la sécurité sociale ;

19° Les allocations familiales mentionnées au même article ;

20° Le complément familial mentionné au même article ;

21° L'allocation de logement mentionnée *(Décr. n° 2019-772 du 24 juill. 2019, art. 3-6°, en vigueur le 1er sept. 2019)* « au *a* du 2° de l'article L. 821-1 du code de la construction et de l'habitation », dès lors qu'elle n'est pas versée en tiers payant au bailleur ;

22° L'allocation d'éducation de l'enfant handicapé mentionnée au même article ;

23° L'allocation de soutien familial mentionnée au même article ;

24° L'allocation de rentrée scolaire mentionnée au même article ;

(Décr. n° 2020-1688 du 23 déc. 2020, art. 2-2°, en vigueur le 1er janv. 2021) « 24° *bis* L'allocation forfaitaire mentionnée à l'article L. 545-1 du code de la sécurité sociale ; »

25° L'allocation journalière de présence parentale mentionnée au même article ;

26° La rente versée aux orphelins en cas d'accident du travail mentionnée à l'article L. 434-10 du code de la sécurité sociale ;

27° L'allocation représentative de services ménagers mentionnée aux articles L. 231-1 et L. 241-1 du présent code ;

28° L'allocation différentielle mentionnée à l'article L. 241-2 du présent code ;

29° La prestation de compensation du handicap mentionnée au III de l'article L. 245-1 du présent code.

Les dispositions du Décr. n° 2020-1688 du 23 déc. 2020 sont entrées en vigueur au 1er janv. 2021, au titre des enfants dont le décès intervient à compter de cette date (Décr. préc., art. 3).

Art. R. 271-3 *(Décr. n° 2008-1506 du 30 déc. 2008)* Le bénéficiaire du contrat mentionné à l'article L. 271-1 peut autoriser, dans les conditions prévues à l'article L. 271-2, le département à percevoir et gérer pour son compte une ou plusieurs des prestations mentionnées aux 1° à 17° de l'article D. 271-2.

Si la situation de la personne le justifie, cette autorisation peut être étendue, sauf application de l'article 375-9-1 du code civil, à une ou à plusieurs des prestations mentionnées aux 18° à 29° de l'article D. 271-2.

Art. R. 271-4 *(Décr. n° 2008-1506 du 30 déc. 2008)* Les prestations mentionnées aux 1° à 3°, 14°, 15°, 27° et 29° de l'article D. 271-2 sont entièrement affectées conformément à l'objet pour lequel elles ont été attribuées à leur bénéficiaire.

Art. D. 271-5 *(Décr. n° 2008-1498 du 22 déc. 2008)* Le plafond mentionné à l'article L. 271-4 est celui qui est prévu *(Décr. n° 2018-767 du 31 août 2018, art. 1er, en vigueur le 1er sept. 2018)* « par le deuxième alinéa de l'article R. 471-5-3 » pour chaque tranche de revenu des bénéficiaires de mesures de protection des majeurs.

SECTION 2 La procédure d'autorisation de versement direct des prestations sociales au bailleur

(Décr. n° 2008-1506 du 30 déc. 2008)

Art. R. 271-6 Les prestations qui peuvent être versées directement au bailleur en application de l'article L. 271-5 sont celles qui sont mentionnées aux 1°, 2°, 4° à 13°

(Décr. nº 2009-404 du 15 avr. 2009, en vigueur le 1er juin 2009) « et 17° » de l'article D. 271-2.

Si le montant de ces prestations est insuffisant, l'autorisation mentionnée à l'alinéa précédent peut être étendue, sauf application de l'article 375-9-1 du code civil, à une ou plusieurs des prestations mentionnées aux 18° à 26° et au 28° de l'article D. 271-2 du présent code.

Art. R. 271-7 La demande prévue à l'article L. 271-5 est portée devant le tribunal judiciaire *[ancienne rédaction : tribunal d'instance]* du lieu où demeure le bénéficiaire des prestations sociales.

Art. R. 271-8 Le juge du tribunal judiciaire *[ancienne rédaction : juge d'instance]* est saisi par requête du président du conseil départemental, faite, remise ou adressée au greffe.

A peine de nullité, la requête doit contenir :

1° L'indication des nom, prénoms et domicile du bénéficiaire des prestations sociales ;

2° L'indication des nom et adresse des organismes débiteurs des prestations sociales ;

3° L'indication des nom, prénom et adresse du bailleur, ou, s'il s'agit d'une personne morale, de sa dénomination et de son siège social ;

4° Un exposé sommaire des motifs de la demande.

Sous la même sanction, elle est datée et signée.

Le président du conseil départemental doit joindre les pièces invoquées à l'appui de la requête.

Art. R. 271-9 Sous réserve des dispositions des articles suivants, l'affaire est instruite et jugée comme en matière gracieuse conformément aux dispositions des articles 25 et suivants du code de procédure civile.

Art. R. 271-10 Le président du conseil départemental communique les motifs et pièces invoqués à l'appui de la requête au bénéficiaire des prestations sociales par lettre recommandée avec demande d'avis de réception.

Il peut ne pas se présenter à l'audience s'il justifie que le bénéficiaire des prestations sociales a eu connaissance des motifs et pièces ainsi communiqués.

Dans ce cas, le président du conseil départemental est réputé avoir comparu.

Art. R. 271-11 Le juge statue, le bénéficiaire des prestations sociales entendu ou appelé.

Art. R. 271-12 Au vu des éléments de la cause, le juge se prononce sur la demande du président du conseil départemental dans le mois de l'audience.

Art. R. 271-13 Le greffe adresse copie du jugement par lettre simple au bailleur et à l'organisme débiteur de prestations sociales.

Art. R. 271-14 Il est procédé au renouvellement ou à la mainlevée de la mesure dans les conditions prévues à la présente section.

Art. R. 271-15 Si les causes ayant conduit à ordonner la mesure ont cessé, le bénéficiaire des prestations sociales peut saisir le juge du tribunal judiciaire *[ancienne rédaction : juge d'instance]* par requête aux fins d'en obtenir la mainlevée. Les règles de la présente section sont applicables.

Art. R. 271-16 Les décisions rendues par le juge du tribunal judiciaire *[ancienne rédaction : juge d'instance]* sont susceptibles d'appel dans les quinze jours de leur notification.

CHAPITRE II **LA MESURE D'ACCOMPAGNEMENT JUDICIAIRE** *(Décr. nº 2008-1506 du 30 déc. 2008)*.

Art. D. 272-1 *(Décr. nº 2008-1498 du 22 déc. 2008)* Les prestations sociales mentionnées à l'article 495-4 du code civil sont celles qui sont mentionnées à l'article D. 271-2 du présent code.

Art. R. 272-2 *(Décr. nº 2008-1506 du 30 déc. 2008)* En vertu de l'article 495-4 du code civil, le juge détermine parmi les prestations mentionnées aux 1° à 17° de l'article D. 271-2 du présent code, lors du prononcé de la mesure d'accompagnement judiciaire, les prestations sociales sur la gestion desquelles porte cette mesure.

Si la situation de l'intéressé le justifie, le juge peut décider, lors du prononcé de la mesure d'accompagnement judiciaire, d'étendre, sauf application de l'article 375-9-1 du code civil, aux prestations désignées aux 18° à 29° de l'article D. 271-2 du présent code les prestations sur la gestion desquelles porte la mesure.

Les prestations mentionnées aux 1° à 3°, 14°, 15°, 27° et 29° de l'article D. 271-2 sont entièrement affectées conformément à l'objet pour lequel elles ont été attribuées à leur bénéficiaire.

TITRE VIII HABITAT INCLUSIF POUR LES PERSONNES HANDICAPÉES ET LES PERSONNES ÂGÉES

(Décr. nº 2019-629 du 24 juin 2019, art. 1er)

CHAPITRE UNIQUE HABITAT INCLUSIF POUR LES PERSONNES HANDICAPÉES ET LES PERSONNES ÂGÉES

Art. D. 281-1 La personne morale mentionnée à l'article L. 281-2 chargée d'assurer le projet de vie sociale et partagée est dénommée le porteur de l'habitat inclusif et doit à ce titre :

1° Élaborer avec les habitants le projet de vie sociale et partagée, en s'assurant de la participation de chacun d'entre eux et dans le respect du cahier des charges mentionné à l'article L. 281-1 ;

2° Animer et réguler la vie quotidienne de l'habitat inclusif ;

3° Organiser des partenariats avec l'ensemble des acteurs concourant à la mise en œuvre du projet de vie sociale et partagée, notamment avec des opérateurs sociaux, médico-sociaux et sanitaires, ainsi qu'avec des acteurs locaux et associatifs, dans le respect du libre choix de la personne ;

4° Déterminer les activités proposées au sein ou en dehors de l'habitat selon et avec le public auquel l'habitat inclusif est destiné et ses besoins, s'assurer de l'adaptation de l'ensemble des locaux et mobiliser les ressources des acteurs mentionnés au 3° dans le cadre des partenariats ;

5° Assurer les relations avec le propriétaire dans le cadre de l'utilisation et du fonctionnement du ou des locaux communs affectés au projet de vie sociale et partagée.

Pour la réalisation de ces missions, le porteur de l'habitat inclusif s'appuie sur un ou des professionnels chargés d'animer le projet de vie sociale et partagée, qui peuvent accompagner les habitants dans leurs relations avec les partenaires mentionnés au 3° du premier alinéa. Ces professionnels disposent des compétences permettant la réalisation du projet de vie sociale et partagée de l'habitat inclusif.

Art. D. 281-2 Le forfait pour l'habitat inclusif, mentionné à l'article L. 281-2 du présent code, peut être attribué pour :

1° Les personnes handicapées bénéficiaires de l'allocation prévue à l'article L. 821-1 et L. 821-2 du code de la sécurité sociale, ou de la prestation de compensation prévue à l'article L. 245-1 du présent code ou de l'allocation compensatrice prévue à l'article L. 245-1 du présent code dans sa version antérieure à la loi nº 2005-102 du 11 février 2005, ou les personnes majeures orientées vers un établissement ou un service mentionné au 2°, 5° ou 7° de l'article L. 312-1 par la commission des droits et de l'autonomie des personnes handicapées mentionnée à l'article L. 146-9 du présent code, ou les personnes bénéficiaires d'une pension au titre du 2° et du 3° de l'article L. 341-4 du code de la sécurité sociale ;

2° Les personnes âgées en perte d'autonomie, classées dans les groupes iso ressources 1 à 5 de la grille nationale mentionnée à l'article L. 232-2 et figurant à l'annexe 2-1 du présent code.

Art. D. 281-3 Le forfait pour l'habitat inclusif est versé au profit de la personne morale chargée d'assurer le projet de vie sociale et partagée lorsque l'habitat inclusif remplit les conditions fixées par le cahier des charges mentionné à l'article L. 281-1 et lorsqu'il est retenu par l'agence régionale de santé à la suite d'un appel à candidatures.

Le montant, la durée du forfait et les modalités de versement et de suivi de l'utilisation du forfait, et le cas échéant de son reversement, font l'objet d'une convention avec l'agence régionale de santé.

Le montant individuel, identique pour chaque habitant, est compris entre 3 000 € et 8 000€ par an et par habitant. Ce montant est modulé par l'agence régionale de santé selon l'intensité du projet de vie sociale et partagée, définie selon les critères suivants :

1° Le temps consacré à l'animation du projet de vie sociale et partagée par le ou les professionnels mentionnés au dernier alinéa du *[de l'article]* D. 281-1 ;

2° La nature et les caractéristiques des actions identifiées dans le cadre du projet de vie sociale et partagée dans l'habitat ;

3° Les partenariats organisés avec les acteurs mentionnés au 3° de l'article D. 281-1 pour assurer la participation sociale et citoyenne des habitants.

Le montant total des forfaits individuels versés pour un même habitat inclusif ne peut dépasser 60 000 euros.

Le départ d'un habitant ne fait pas l'objet d'une retenue dès lors qu'un nouvel habitant remplissant les conditions d'attribution du forfait pour l'habitat inclusif, tel que définies à l'article D. 281-2, emménage dans l'habitat inclusif dans un délai inférieur à trois mois.

LIVRE III ACTION SOCIALE ET MÉDICO-SOCIALE MISE EN ŒUVRE PAR DES ÉTABLISSEMENTS ET DES SERVICES

TITRE I ÉTABLISSEMENTS ET SERVICES SOUMIS À AUTORISATION

CHAPITRE I DISPOSITIONS GÉNÉRALES

SECTION 1 Missions

Art. D. 311 *(Décr. nº 2004-1274 du 26 nov. 2004, art. 1er)* I. — Le contrat de séjour mentionné à l'article L. 311-4 est conclu dans les établissements et services mentionnés aux 1°, 2°, 5°, 6°, 7°, 8°, 9°, 10°, *(Décr. nº 2007-1300 du 31 août 2007 ; Décr. nº 2016-502 du 22 avr. 2016, art. 1er-1°, en vigueur le 1er juill. 2016)* « 12° et 16° » *(Abrogé par Décr. 2015-1166 du 21 sept. 2015, art. 25, à compter du 1er nov. 2015)* *« , 13° »* du I et au III de l'article L. 312-1, dans le cas d'un séjour continu ou discontinu d'une durée prévisionnelle supérieure à deux mois.

Ce contrat est conclu entre la personne accueillie ou son représentant légal et le représentant de l'établissement, de l'organisme gestionnaire de l'établissement ou du service, du lieu de vie et d'accueil. Lorsque la personne accueillie ou son représentant légal refuse la signature dudit contrat, il est procédé à l'établissement du document individuel de prise en charge mentionné au II du présent article.

Pour les établissements mentionnés à l'article L. 342-1, lorsqu'ils accueillent des personnes âgées dépendantes, les dispositions du présent article leur sont applicables en matière de contrat de séjour, sans préjudice de l'application de l'article L. 342-2.

Le contrat prévu à l'article L. 442-1 vaut contrat de séjour.

II. — Le document individuel de prise en charge mentionné à l'article L. 311-4 est établi :

a) Dans les établissements et services mentionnés aux 3°, 4° et 11° du I de l'article L. 312-1 ;

b) Dans les établissements et services ou lieux de vie et d'accueil mentionnés au I du présent article, dans le cas d'un séjour inférieur à deux mois ou lorsque la prise en charge ou l'accompagnement ne nécessite aucun séjour ou lorsqu'il s'effectue à domicile ou en milieu ordinaire de vie ;

c) Dans les établissements, services et lieux de vie et d'accueil mentionnés au I du présent article, pour le cas des mineurs pris en charge au titre d'une mesure éducative ordonnée par l'autorité judiciaire en application des législations relatives à l'enfance délinquante ou à l'assistance éducative ;

(Décr. nº 2023-608 du 13 juill. 2023, art. 1er-2°) « *d)* Dans les services mentionnés au premier alinéa de l'article L. 313-1-3, respectivement pour les prestations d'aide et d'accompagnement et pour les prestations de soins délivrées par ces services. Ces documents sont contresignés par la personne accompagnée, par son représentant légal lorsqu'il s'agit d'une personne mineure ou par la personne chargée de la mesure de protection juridique lorsqu'il s'agit d'un majeur protégé ;

« *e)* Dans les services mentionnés aux 1° et 16° du I de l'article L. 312-1, pour les prestations d'aide et d'accompagnement délivrées par ces services. Ce document est contresigné par un membre de la famille accompagnée détenant l'autorité parentale mentionnée à l'article 371-1 du code civil.

« Le document individuel de prise en charge est établi et signé par le directeur de l'établissement ou par une personne désignée par l'organisme ou la personne gestionnaire de l'établissement, du service ou du lieu de vie et d'accueil. Dans les établissements, services et lieux de vie et d'accueil mentionnés aux *a*, *b* et *c* du présent II, il peut être contresigné par la personne accueillie, par son représentant légal lorsqu'il s'agit d'une personne mineure ou par la personne chargée de la mesure de protection juridique lorsqu'il s'agit d'un majeur protégé. »

III. — Le contrat de séjour ou le document individuel de prise en charge est établi lors de l'admission et remis à chaque personne et, le cas échéant, à son représentant légal, au plus tard dans les quinze jours qui suivent l'admission. Le contrat est signé dans le mois qui suit l'admission. La participation de la personne admise et, si nécessaire, de sa famille ou de son représentant légal est obligatoirement requise pour l'établissement du contrat ou document, à peine de nullité de celui-ci. Le document individuel mentionne le nom des personnes participant à son élaboration conjointe. L'avis du mineur doit être recueilli.

Pour la signature du contrat, la personne accueillie ou son représentant légal peut être accompagnée de la personne *(Décr. n° 2016-1743 du 15 déc. 2016, art. 1er-1°)* « de confiance désignée en application de l'article L. 311-5-1. Une copie du contrat de séjour signé est remise à la personne de confiance, après accord du résident. » – *V. 3e et 4e notes ss. art.*

IV. – Le contrat de séjour ou le document individuel de prise en charge est établi pour la durée qu'il fixe. Il prévoit les conditions et les modalités de sa résiliation ou de sa révision ou de la cessation des mesures qu'il contient.

V. – Le contrat de séjour comporte :

1° La définition avec l'usager ou son représentant légal des objectifs de la prise en charge ;

2° La mention des prestations d'action sociale ou médico-sociale, éducatives, pédagogiques, de soins et thérapeutiques, de soutien ou d'accompagnement les plus adaptées qui peuvent être mises en œuvre dès la signature du contrat dans l'attente de l'avenant mentionné au septième alinéa du présent article ;

3° La description des conditions de séjour et d'accueil. *(Décr. n° 2022-734 du 28 avr. 2022, art. 1er-1°)* « Cette description comporte notamment, pour les établissements d'hébergement pour personnes âgées dépendantes mentionnés au I de l'article L. 313-12, la liste des prestations relatives à l'hébergement relevant du socle de prestations prévu à l'article L. 314-2 et, pour les résidences autonomie mentionnées au III de l'article L. 313-12, la liste des prestations minimales prévue à ce même article. Pour ces mêmes catégories d'établissements, la description mentionne également les prestations délivrées ou proposées à l'ensemble des personnes accueillies et ne relevant pas du socle ou de la liste des prestations minimales, ainsi que les prestations d'hébergement facultatives auxquelles le résident souscrit » ;

4° Selon la catégorie de prise en charge concernée, *(Décr. n° 2022-734 du 28 avr. 2022, art. 1er-1°)* « les modalités de calcul et » les conditions de la participation financière du bénéficiaire ou de facturation *(Décr. n° 2022-734 du 28 avr. 2022, art. 1er-1°)* « de chaque prestation ou ensemble de prestations », y compris en cas d'absence ou d'hospitalisation ;

5° Pour l'admission en centre d'hébergement et de réinsertion *(Abrogé par Décr. 2015-1166 du 21 sept. 2015, art. 25, à compter du 1er nov. 2015)* ***« et en centre d'accueil pour demandeurs d'asile »***, les conditions de l'application de l'article L. 111-3-1 ;

(Décr. n° 2010-1731 du 30 déc. 2010, art. 3, en vigueur le 1er janv. 2011) « 6° La mention de l'obligation, pour les professionnels de santé libéraux appelés à intervenir au sein de l'établissement, de conclure avec ce dernier le contrat prévu à l'article R. 313-30-1 ;

(Décr. n° 2016-696 du 27 mai 2016, art. 2) « 7° Pour les résidences autonomie, les modalités et les conditions de l'accueil dans un établissement mentionné aux I et II de l'article L. 313-12, des résidents dont l'évolution du niveau de dépendance entraînerait un dépassement des seuils mentionnés au deuxième alinéa de l'article D. 313-24-1. »

(Décr. n° 2016-1743 du 15 déc. 2016, art. 1er-1°) « 8° Le cas échéant, dans les établissements relevant du 6° du I de l'article L. 312-1, y compris ceux énumérés à l'article L. 342-1, l'annexe mentionnée au I de l'article L. 311-4-1 *(Décr. n° 2022-734 du 28 avr. 2022, art. 1er-1°)* « et la mention du droit de rétractation prévu au II du même article. ». »

« La liste des professionnels ayant conclu un contrat est mise à jour et tenue, à titre d'information, à la disposition des personnes accueillies ou de leurs représentants légaux. Toute personne accueillie dans un établissement d'hébergement pour personnes âgées dépendantes peut demander que cette liste soit complétée par la men-

tion d'un professionnel de santé appelé par elle à intervenir dans l'établissement et ayant signé le contrat prévu ci-dessus. »

Un avenant précise dans le délai maximum de six mois les objectifs et les prestations adaptées à la personne. Chaque année, la définition des objectifs et des prestations est réactualisée.

Le contrat est établi, le cas échéant, en tenant compte des mesures et décisions administratives, de justice, médicales et thérapeutiques ou d'orientation, préalablement ordonnées, adoptées ou arrêtées par les instances ou autorités compétentes. Dans ce cas, les termes du contrat mentionnent ces mesures ou décisions.

Le contrat porte sur les points mentionnés aux 1° à 5° et ne relevant pas de ces décisions ou de ces mesures.

VI. — Le document individuel de prise en charge comporte l'énoncé des prestations mentionnées aux 1° et 2° et, en tant que de besoin, les éléments mentionnés aux 4° et 5° du V. Il peut contenir les éléments prévus au 3° de ce même V.

Il est fait application à ce document individuel de prise en charge des trois derniers alinéas du V.

Dans les établissements ou services mentionnés au 4° du I de l'article L. 312-1 et dans les cas prévus au *c* du II du présent article, les dispositions dudit document sont conformes aux termes de la mesure éducative ordonnée par l'autorité judiciaire.

VII. — Les changements des termes initiaux du contrat ou du document font l'objet d'avenants ou de modifications conclus ou élaborés dans les mêmes conditions.

(Décr. n° 2022-734 du 28 avr. 2022, art. 1er-1°) **« Dans ces mêmes établissements et services, le contrat ou le document individuel de prise en charge précise que le prix ou le tarif des prestations est susceptible d'évoluer annuellement dans les conditions prévues par la réglementation en vigueur. En cas de modification des prix et tarifs, le gestionnaire informe par écrit le bénéficiaire ou son représentant légal du nouveau montant applicable. »**

VIII. — Le contrat ou le document individuel comporte une annexe à caractère indicatif et non contractuel relative aux tarifs généraux et aux conditions de facturation de chaque prestation, de l'établissement ou du service. Cette annexe est mise à jour à chaque changement de tarification et au moins une fois par an.

Les dispositions du présent VIII ne s'appliquent pas aux établissements, services et lieux de vie et d'accueil dans lesquels la participation financière des usagers n'est pas requise.

IX. — L'établissement, le service ou le lieu de vie et d'accueil doit conserver copie des pièces prévues au présent article afin de pouvoir le cas échéant les produire pour l'application des articles L. 313-13, L. 313-14 et L. 313-21, notamment.

(Décr. n° 2022-734 du 28 avr. 2022, art. 1er-1°) **« X. — Lorsque le document individuel de prise en charge est établi par un service** *(Décr. n° 2023-608 du 13 juill. 2023, art. 1er-2°)* **« mentionné à l'article L. 313-1-3 pour des prestations d'aide et d'accompagnement ou relevant des 1° ou » 16° du I de l'article L. 312-1 :**

« 1° Par dérogation aux VI et VIII du présent article, il comporte l'énoncé des prestations mentionnées aux 1°, 2° et 4° du V du présent article, et son annexe relative aux prix et tarifs généraux et aux conditions de facturation de chaque prestation du service a un caractère contractuel ;

« 2° Il mentionne les jours et les horaires d'interventions au domicile établis avec le bénéficiaire *(Décr. n° 2023-608 du 13 juill. 2023, art. 1er-2°)* **« , avec son représentant légal lorsqu'il s'agit d'une personne mineure ou avec la personne chargée de la mesure de protection juridique lorsqu'il s'agit d'un majeur protégé », les conditions de leur modification en cas d'imprévu, ainsi que les conditions générales de remplacement des intervenants** *(Abrogé par Décr. n° 2023-608 du 13 juill. 2023, art. 1er-2°)* ***« habituels »*** **en cas d'absence de ces derniers. »**

Les dispositions issues du Décr. n° 2015-1166 du 21 sept. 2015 sont applicables à Saint-Barthélemy et à Saint-Martin (Décr. préc., art. 29).

Les dispositions issues de l'art. 2 du Décr. n° 2016-696 du 27 mai 2016 ne sont pas applicables en Guadeloupe, en Guyane, à La Réunion, en Martinique, à Saint-Pierre-et-Miquelon, à Mayotte, à Saint-Barthélemy et à Saint-Martin. Toutefois, ces mêmes dispositions s'appliquent aux résidences autonomie régies par le III et le IV de l'art. L. 313-12 au plus tard le 1er juill. 2016 (Décr. préc., art. 9 et 11-II).

Les dispositions du Décr. no 2016-1743 du 15 déc. 2016 s'appliquent pour les contrats de séjour conclus dans les établissements relevant du 6o du I de l'art. L. 312-1 CASF, y compris ceux énumérés à l'art. L. 342-1 du même code, à compter du 1er avr. 2017.

Les contrats de séjour conclus antérieurement au 1er avr. 2017 sont complétés, le cas échéant, par l'annexe mentionnée à l'art. L. 311-4-1 CASF au plus tard au 28 juin 2017 (Décr. préc., art. 5).

Les dispositions du 1o de l'art. 1er du Décr. no 2022-734 du 28 avr. 2022 peuvent être modifiées par décret simple et entrent en vigueur le 1er janv. 2023, pour les contrats conclus à compter de cette date ou pour les documents individuels de prise en charge remis à compter de cette même date (Décr. préc., art. 2 et 3-III).

SECTION 2 Droit des usagers

SOUS-SECTION 1 Contrat de séjour ou document individuel de prise en charge

Art. D. 311-0-1 *(Décr. no 2006-1752 du 23 déc. 2006)* **Le contrat de séjour passé entre l'établissement ou le service d'aide par le travail et chaque travailleur handicapé, dénommé "contrat de soutien et d'aide par le travail", doit prendre en compte l'expression des besoins et des attentes du travailleur handicapé ainsi que les conditions d'organisation et de fonctionnement propres à l'établissement ou au service d'aide par le travail. Le modèle de "contrat de soutien et d'aide par le travail" est défini à l'annexe 3-9** *(V. cette annexe).*

Ces dispositions entrent en vigueur le 1er janv. 2007 (Décr. no 2006-1752 du 23 déc. 2006, art. 4).

Art. D. 311-0-2 *(Décr. no 2008-1556 du 31 déc. 2008)* **Pour l'application du 2o de l'article L. 471-7, si l'état de la personne protégée ne lui permet pas de comprendre la portée du document individuel de prise en charge, un membre du conseil de famille s'il a été constitué ou, à défaut, un parent, un allié ou une personne de son entourage ayant des liens étroits et stables avec elle, dont le mandataire judiciaire à la protection des majeurs connaît l'existence ou le subrogé curateur ou tuteur, peut être associé à l'élaboration du document. La personne associée à l'élaboration du document s'en voit remettre une copie.**

Art. D. 311-0-3 *(Décr. no 2016-696 du 27 mai 2016, art. 3)* **I. — La personne résidant dans un établissement relevant des I et II de l'article L. 313-12 ou son représentant légal peut résilier son contrat de séjour par écrit à tout moment, sous réserve d'un délai de préavis d'un mois, dans les conditions fixées au deuxième alinéa du II de l'article L. 311-4-1. Lorsqu'elle réside dans un autre établissement relevant du 6o du I de l'article L. 312-1, ce préavis est fixé à huit jours.**

II. — Le gestionnaire d'un établissement mentionné au 6o du I de l'article L. 312-1 peut résilier le contrat de séjour dans l'un des cas prévus au III de l'article L. 311-4-1 sous réserve d'un délai de préavis d'un mois.

Les dispositions du présent art., issues du Décr. no 2016-696 du 27 mai 2016, s'appliquent aux contrats conclus à compter du 1er juill. 2016 (Décr. préc., art. 11-III).

Art. D. 311-0-4 *(Décr. no 2016-1395 du 18 oct. 2016, art. 1er)* **Huit jours au moins avant l'entretien mentionné au cinquième alinéa de l'article L. 311-4, le directeur de l'établissement ou toute autre personne formellement désignée par lui informe la personne accueillie et, le cas échéant, son représentant légal, qu'elle peut désigner une personne de confiance en application de l'article L. 311-5-1. A cet effet, il lui remet, ainsi que, le cas échéant, à son représentant légal, une notice d'information établie conformément au modèle fixé en annexe 4-10, avec des explications orales adaptées à son degré de compréhension. Il veille à la compréhension de celles-ci par la personne accueillie.**

La délivrance de l'information sur la personne de confiance est attestée par un document daté et signé par le directeur de l'établissement ou son représentant et la

personne accueillie et, le cas échéant, son représentant légal. Une copie du document est remise à ces derniers.

La condition du délai de huit jours prévue au premier alinéa cesse de s'appliquer dès lors que la personne accueillie désigne sa personne de confiance.

Les dispositions du présent article ne s'appliquent pas :

1° Lorsque la personne accueillie a déjà désigné une personne de confiance en application de l'article L. 311-5-1 ; ou

2° Lorsque l'information relative à la personne de confiance a été délivrée antérieurement dans les conditions précisées au premier alinéa par un établissement ou service mentionné au sixième alinéa de l'article L. 311-4 ; ou,

3° Pour les demandeurs d'asile, lorsque l'information relative à la personne de confiance a été délivrée par l'Office français de l'immigration et de l'intégration en remettant la notice d'information.

Art. D. 311-0-4-1 *(Décr. n° 2022-734 du 28 avr. 2022, art. 1er-2°)* Le prix ou le tarif horaire mentionné dans le document individuel de prise en charge et facturé par les services proposant de l'aide et de l'accompagnement à domicile relevant des 6° ou 7° du I de l'article L. 312-1 intègre l'ensemble des frais inhérents à la prestation, à l'exception des éventuels frais annexes correspondant à des exigences particulières ayant fait l'objet d'une demande écrite du bénéficiaire, ou de frais kilométriques pour les prestations d'accompagnement.

Ne peuvent, en particulier, être facturés indépendamment du prix ou du tarif horaire des prestations :

1° Les frais de gestion administrative ;

2° Les coûts éventuels exposés par le service pour le remplacement d'un intervenant en cas d'absence de celui-ci, pour le maintien des intervenants habituels après une absence du bénéficiaire.

Le temps de prestation mentionné dans le document individuel de prise en charge correspond au temps effectivement consacré au service auprès du bénéficiaire, à l'exclusion notamment du temps de trajet de l'intervenant.

Les dispositions du 2° de l'art. 1er du Décr. n° 2022-734 du 28 avr. 2022 peuvent être modifiées par décret simple et sont entrées en vigueur le 1er janv. 2023, pour les contrats conclus à compter de cette date ou pour les documents individuels de prise en charge remis à compter de cette même date (Décr. préc., art. 2 et 3-III).

SOUS-SECTION 1 *BIS* Annexe au contrat de séjour définissant les mesures individuelles relatives à la liberté d'aller et venir du résident

(Décr. n° 2016-1743 du 15 déc. 2016, art. 1er-2°)

Les dispositions du Décr. n° 2016-1743 du 15 déc. 2016 s'appliquent pour les contrats de séjour conclus dans les établissements relevant du 6° du I de l'art. L. 312-1 CASF, y compris ceux énumérés à l'art. L. 342-1 du même code, à compter du 1er avr. 2017.

Les contrats de séjour conclus antérieurement au 1er avr. 2017 sont complétés, le cas échéant, par l'annexe mentionnée à l'art. L. 311-4-1 CASF au plus tard au 28 juin 2017 (Décr. préc., art. 5).

Art. R. 311-0-5 Les dispositions de la présente sous-section sont applicables aux établissements relevant du 6° du I de l'article L. 312-1, y compris ceux énumérés à l'article L. 342-1.

Art. R. 311-0-6 Le contenu de l'annexe au contrat de séjour mentionnée à l'article L. 311-4-1 est défini par un modèle-type fixé à l'annexe 3-9-1 intitulé "Mesures individuelles permettant d'assurer l'intégrité physique et la sécurité du résident et de soutenir l'exercice de sa liberté d'aller et venir". Cette annexe 3-9-1 comprend également une notice explicative.

Art. R. 311-0-7 Après examen du résident, le médecin coordonnateur ou à défaut, le médecin traitant, réunit, autant que de besoin, l'équipe médico-sociale pour réaliser une évaluation pluridisciplinaire des risques et des bénéfices des mesures envisagées pour assurer l'intégrité physique et la sécurité de celui-ci et pour soutenir l'exercice de sa liberté d'aller et venir. L'évaluation est conservée dans le dossier médical du résident. A l'issue de cette évaluation, sur proposition du médecin coordonnateur ou, à défaut, du médecin traitant, le directeur d'établissement arrête le projet d'annexe au contrat de séjour qui respecte le modèle fixé à l'annexe 3-9-1 et qui précise le nom et la fonction des personnes ayant participé à son élaboration. Il en avise le résident et, dans le cas d'une mesure de protection juridique, la personne chargée de la protection.

Le directeur d'établissement transmet par tout moyen conférant date certaine le projet d'annexe au contrat de séjour au résident et, le cas échéant, à la personne chargée de la mesure de protection juridique et, après accord du résident, à sa personne de confiance désignée en application de l'article L. 311-5-1, en les informant des mesures envisagées.

Préalablement à la signature de l'annexe, le résident et, le cas échéant, la personne chargée de la mesure de protection juridique et, après accord du résident, sa personne de confiance, peuvent être reçus par le médecin coordonnateur ou à défaut, par une personne de l'équipe médico-sociale ayant participé à l'évaluation pluridisciplinaire ou par le médecin traitant, pour bénéficier d'explications complémentaires.

Quinze jours au moins après réception du projet d'annexe, le résident et, le cas échéant, la personne chargée de la mesure de protection juridique et, après accord du résident, sa personne de confiance, sont reçus en entretien par le directeur d'établissement, ou toute autre personne formellement désignée par lui. Le directeur d'établissement, ou son représentant, s'assure de la compréhension, par le résident, des mesures envisagées dans le projet d'annexe et recherche son consentement sur chacune d'entre elles. A l'issue de cet entretien, le directeur, ou son représentant, et le résident et, le cas échéant, la personne chargée de la mesure de protection juridique, signent conjointement l'annexe au contrat de séjour.

L'annexe au contrat de séjour signée est remise au résident et, le cas échéant, à la personne chargée de la mesure de protection juridique, après accord du résident, à sa personne de confiance au plus tard dans les quinze jours suivant l'entretien.

Art. R. 311-0-8 En cas de force majeure et dans l'attente de l'aboutissement de la procédure mentionnée à l'article R. 311-0-7, ou d'impossibilité manifeste pour le résident de signer l'annexe au contrat de séjour mentionnée à l'article L. 311-4-1, le médecin coordonnateur et le directeur d'établissement ou son représentant, prennent provisoirement les mesures strictement nécessaires pour mettre fin au danger que le résident fait courir à lui-même par son propre comportement du fait des conséquences des troubles qui l'affectent. Ils en informent immédiatement, dans le cas d'une mesure de protection juridique, la personne chargée de la protection ou la personne de confiance lorsque celle-ci a été désignée. S'il ne bénéficie pas d'une mesure de protection juridique, une sauvegarde de justice est *(Décr. nº 2018-767 du 31 août 2018, art. 1er, en vigueur le 1er sept. 2018)* « déclarée » par le médecin traitant ou le médecin coordonnateur dans les conditions prévues à l'article L. 3211-6 du code de la santé publique. *(Décr. nº 2018-767 du 31 août 2018, art. 1er, en vigueur le 1er sept. 2018)* « Dans le cas de l'ouverture ultérieure d'une mesure de protection juridique à la personne, la personne chargée de la protection » est informé *[informée]* des mesures provisoires concernant le résident. Ces mesures provisoires sont inscrites dans l'annexe au contrat de séjour et peuvent être révisées à tout moment.

Art. R. 311-0-9 L'annexe au contrat de séjour mentionnée à l'article L. 311-4-1 peut être révisée à l'initiative :

1° Du médecin coordonnateur ou à défaut, du médecin traitant qui en informe le résident et, le cas échéant, la personne chargée de la mesure de protection juridique et sa personne de confiance ;

2° Du directeur d'établissement, qui saisit le médecin coordonnateur, ou à défaut, le médecin traitant et en informe le résident et, le cas échéant, la personne chargée de la mesure de protection juridique et sa personne de confiance ;

3° Du résident ou sur proposition de la personne chargée de la mesure de protection juridique ou de sa personne de confiance, par demande écrite transmise au directeur d'établissement.

Cette révision de l'annexe peut intervenir à tout moment, selon la même procédure que celle prévue à l'article D. 311-0-7. Les mesures que l'annexe comporte font l'objet de l'évaluation prévue au 1er alinéa de l'article R. 311-0-7 au moins tous les six mois.

SOUS-SECTION 2 **Personne qualifiée**

Art. R. 311-1 **En temps utile et, en tout état de cause, dès la fin de son intervention, la personne qualifiée, mentionnée à l'article L. 311-5, informe le demandeur d'aide ou son représentant légal** *(Décr. no 2021-684 du 28 mai 2021, art. 36)* **« s'il s'agit d'un mineur ou, s'il s'agit d'un majeur faisant l'objet d'une mesure de protection juridique avec représentation, la personne chargée de la mesure de protection » par lettre recommandée avec avis de réception des suites données à sa demande et, le cas échéant, des mesures qu'elle peut être amenée à suggérer, et des démarches qu'elle a entreprises.**

Elle en rend compte à l'autorité chargée du contrôle de l'établissement, du service ou du lieu de vie et d'accueil et, en tant que de besoin, à l'autorité judiciaire.

Elle peut également tenir informé la personne ou l'organisme gestionnaire. – *[Décr. no 2003-1094 du 14 nov. 2003, art. 1er.]*

Art. R. 311-2 **Les frais de déplacement, engagés le cas échéant par la personne qualifiée, peuvent être remboursés :**

1° soit en application du décret no 2001-654 du 19 juillet 2001 fixant les conditions et les modalités de règlement des frais occasionnés par les déplacements des personnels des collectivités locales et établissements publics mentionnés à l'article 2 de la loi no 84-53 du 26 janvier 1984 modifiée portant dispositions statutaires relatives à la fonction publique territoriale et abrogeant le décret no 91-573 du 19 juin 1991, pour les personnes accueillies dans des établissements et services autorisés par le président du conseil départemental en application du *a)* de l'article L. 313-3 ;

2° soit en application du décret no 2006-781 du 3 juillet 2006 fixant les conditions et les modalités de règlement des frais occasionnés par les déplacements temporaires des personnels civils de l'État, pour les personnes accueillies dans des établissements et services autorisés par le représentant de l'État en application du *b)* de l'article L. 313-3 ;

3° à parts égales, en application de ces mêmes décrets, pour les personnes accueillies dans des établissements et services autorisés conjointement par ces mêmes autorités publiques en application du dernier alinéa de l'article L. 313-3.

Les frais de timbres et de téléphone peuvent aussi faire l'objet d'un remboursement sur la base de justificatifs. Le remboursement de ces frais est pris en charge selon les cas énoncés aux alinéas précédents par l'État ou le département. – *[Décr. no 2003-1094 du 14 nov. 2003, art. 2.]*

SOUS-SECTION 3 **Conseil de la vie sociale et autres formes de participation**

§ 1 Dispositions générales

Art. D. 311-3 Le conseil de la vie sociale est mis en place lorsque l'établissement ou le service assure un hébergement ou un accueil de jour continu ou une activité d'aide par le travail au sens du premier alinéa de l'article L. 344-2. Il n'est pas obligatoire lorsque l'établissement ou service accueille majoritairement des mineurs de moins de onze ans, des personnes relevant *(Décr. no 2005-1367 du 2 nov. 2005)* « majoritairement » du dernier alinéa de l'article D. 311-9 *(Décr. no 2005-1367 du 2 nov. 2005)* « ainsi que dans les lieux de vie et d'accueil relevant du III » de l'article L. 312-1.

Lorsque le conseil de la vie sociale n'est pas mis en place, il est institué *(Abrogé par Décr. no 2022-688 du 25 avr. 2022, art. 1er-1°, à compter du 1er janv. 2023)* *« un groupe d'expression ou »* toute autre forme de participation.

Lorsque plusieurs établissements ou services sociaux ou médico-sociaux *(Décr. n° 2015-1447 du 6 nov. 2015, art. 1er-1°, en vigueur le 1er mai 2016)* **« ou établissements ou services mentionnés au deuxième alinéa de l'article L. 311-6 » sont gérés par une même personne publique ou privée, une instance commune de participation peut être instituée pour une même catégorie d'établissements ou de services, au sens de l'article L. 312-1.** – *[Décr. n° 2004-287 du 25 mars 2004, art. 1er, relatif au conseil de la vie sociale et aux autres formes de participation institués par l'art. L. 311-6 du code de l'action sociale et des familles.]*

(Décr. n° 2005-1367 du 2 nov. 2005) **« Dans les établissements et services relevant des** *(Décr. n° 2007-1300 du 31 août 2007)* **« 8°, 9° et 13° » de l'article L. 312-1** *(Décr. n° 2015-1447 du 6 nov. 2015, art. 1er-2°, en vigueur le 1er mai 2016)* **« et dans ceux mentionnés au deuxième alinéa de l'article L. 311-6 », lorsque les durées de la prise en charge sont inférieures à la durée minimum du mandat telle que prévue à l'article D. 311-8, il peut être procédé à la mise en œuvre de l'une des autres formes de participation prévues aux articles D. 311-21 et suivants. Il peut également être procédé à la mise en œuvre de ces autres formes de participation lorsque ces établissements et services accueillent majoritairement des personnes pouvant recourir à l'organisme mentionné à l'article D. 311-32. »**

§ 2 Composition et fonctionnement

Art. D. 311-4 La décision instituant le conseil de la vie sociale fixe le nombre et la répartition des membres titulaires et suppléants de ce conseil. – *[Décr. n° 2004-287 du 25 mars 2004, art. 2, relatif au conseil de la vie sociale.]*

(Décr. n° 2022-688 du 25 avr. 2022, art. 1er-2°, en vigueur le 1er janv. 2023) **« La direction notifie la décision instituant le conseil de la vie sociale à l'autorité administrative compétente pour délivrer l'autorisation. »**

Art. D. 311-5 *(Décr. n° 2022-688 du 25 avr. 2022, art. 1er-3°, en vigueur le 1er janv. 2023)* **I. – Le conseil de la vie sociale comprend au moins :**

1° Deux représentants des personnes accompagnées ;

2° Un représentant des professionnels employés par l'établissement ou le service élu dans les conditions prévues à l'article D. 311-13 ;

3° Un représentant de l'organisme gestionnaire.

II. – Si la nature de l'établissement ou du service le justifie, il comprend également :

1° Un représentant de groupement des personnes accompagnées de la catégorie concernée d'établissements ou de services au sens du I de l'article L. 312-1 ;

2° Un représentant des familles ou des proches aidants des personnes accompagnées ;

3° Un représentant des représentants légaux des personnes accompagnées ;

4° Un représentant des mandataires judiciaires à la protection des majeurs dans les établissements et services relevant du 14° du I de l'article L. 312-1 ;

5° Un représentant des bénévoles accompagnant les personnes s'ils interviennent dans l'établissement ou le service ;

6° Le médecin coordonnateur de l'établissement ;

7° Un représentant des membres de l'équipe médico-soignante.

Le nombre des représentants des personnes accueillies, d'une part, et de leur famille ou de leurs représentants légaux, d'autre part, doit être supérieur à la moitié du nombre total des membres du conseil.

Art. D. 311-6 *(Abrogé par Décr. n° 2022-688 du 25 avr. 2022, art. 1er-4°, à compter du 1er janv. 2023)* ***L'absence de désignation de titulaires et suppléants ne fait pas obstacle à la mise en place du conseil sous réserve que le nombre de représentants des personnes accueillies et de leurs familles ou de leurs représentants légaux soit supérieur à la moitié du nombre total des membres du conseil désignés.*** – [Décr. n° 2004-287 du 25 mars 2004, art. 4, relatif au conseil de la vie sociale.]

Art. D. 311-7 *(Décr. n° 2022-688 du 25 avr. 2022, art. 1er-5°, en vigueur le 1er janv. 2023)* « Lorsque les personnes accueillies sont dans l'impossibilité de participer directement au conseil, en raison de leur très jeune âge, leurs sièges sont attribués aux représentants des familles ou aux représentants légaux. »

(Décr. n° 2005-1367 du 2 nov. 2005) « Dans le cas où la représentation des familles ou des représentants légaux n'est pas justifiée en raison de la catégorie des personnes accueillies ou de la nature de la prise en charge, les sièges sont attribués aux personnes accueillies.

« Lorsque les sièges des familles ou des représentants légaux, d'une part, ou ceux des personnes accueillies, d'autre part, ne peuvent être pourvus, en raison notamment des difficultés de représentation, un constat de carence est dressé par le directeur, son représentant ou le représentant qualifié de l'organisme gestionnaire.

« Dans les cas mentionnés au présent article, la majorité prévue au dernier alinéa de l'article D. 311-5 est déterminée sur les seuls représentants des personnes accueillies ou sur les seuls représentants des familles ou des représentants légaux. »

Art. D. 311-8 *(Décr. n° 2022-688 du 25 avr. 2022, art. 1er-6°, en vigueur le 1er janv. 2023)* « Le conseil fixe la durée du mandat de ses membres dans le règlement intérieur mentionné à l'article D. 311-19. »

(Décr. n° 2005-1367 du 2 nov. 2005) « Lorsqu'un membre cesse sa fonction en cours de mandat, notamment en raison de la fin de la prise en charge dont il était bénéficiaire, il est remplacé par son suppléant ou un autre bénéficiaire élu ou désigné dans les mêmes formes qui devient titulaire du mandat. Il est ensuite procédé à la désignation d'un autre suppléant pour la durée restante du mandat.

« Dans les établissements et services relevant des *(Décr. n° 2007-1300 du 31 août 2007)* « 8°, 9° et 13° » de l'article L. 312-1 *(Décr. n° 2015-1447 du 6 nov. 2015, art. 1er-3°, en vigueur le 1er mai 2016)* « et dans ceux mentionnés au deuxième alinéa de l'article L. 311-6 », le remplacement pour la durée du mandat restante des membres représentant les personnes accueillies peut être assuré par une procédure de désignation. L'accord des personnes désignées est requis. Les modalités de désignation sont précisées par l'instance ou la personne mentionnée à l'article D. 311-27. »

Art. D. 311-9 Le président du conseil est élu au scrutin secret et à la majorité des votants par et parmi *(Décr. n° 2005-1367 du 2 nov. 2005)* « les membres représentant les personnes accueillies ou en cas d'impossibilité ou d'empêchement, par et parmi » *(Décr. n° 2022-688 du 25 avr. 2022, art. 1er-7°, en vigueur le 1er janv. 2023)* « les représentants mentionnés aux 1° à 4° *[du]* II de l'article D. 311-5 ». En cas de partage égal des voix, le candidat le plus âgé est déclaré élu.

(Décr. n° 2022-688 du 25 avr. 2022, art. 1er-7°, en vigueur le 1er janv. 2023) « Le président du conseil de la vie sociale assure l'expression libre de tous les membres. »

Le président suppléant est élu selon les mêmes modalités parmi les membres représentant soit les personnes *(Décr. n° 2022-688 du 25 avr. 2022, art. 1er-7°, en vigueur le 1er janv. 2023)* « accompagnées, soit les représentants mentionnés aux 1° à 4° *[du]* II de l'article D. 311-5 ».

Le directeur ou son représentant siège avec voix consultative.

Toutefois, dans les établissements ou services prenant en charge habituellement les mineurs faisant l'objet de mesures éducatives ordonnées par l'autorité judiciaire en application des dispositions législatives relatives à l'enfance délinquante ou à l'assistance éducative, le directeur ou son représentant siège en tant que président avec voix délibérative. – *[Décr. n° 2004-287 du 25 mars 2004, art. 6, relatif au conseil de la vie sociale.]*

Art. D. 311-10 Sous réserve des dispositions de l'article D. 311-30, les représentants des personnes *(Décr. n° 2022-688 du 25 avr. 2022, art. 1er-8°, en vigueur le 1er janv. 2023)* « accompagnées et les représentants mentionnés aux 1° à 4° *[du]* II de l'article D. 311-5 » sont élus par vote à bulletin secret à la majorité des votants respectivement par l'ensemble des personnes *(Décr. n° 2022-688 du 25 avr. 2022, art. 1er-8°, en vigueur le 1er janv. 2023)* « accompagnées » et *(Décr. n° 2005-1367 du 2 nov. 2005;*

Décr. n° 2022-688 du 25 avr. 2022, art. 1er-8°, en vigueur le 1er janv. 2023) **« par l'ensemble des représentants mentionnés aux 1° à 4°** *[du]* **II de l'article D. 311-5 ». Des suppléants sont élus dans les mêmes conditions.**

Sont élus le ou les candidats ayant obtenu le plus grand nombre de voix. A égalité de voix, il est procédé par tirage au sort entre les intéressés. – *[Décr. n° 2004-287 du 25 mars 2004, art. 9, relatif au conseil de la vie sociale.]*

(Décr. n° 2005-1367 du 2 nov. 2005) **« Dans les établissements et services relevant des** *(Décr. n° 2007-1300 du 31 août 2007)* **« 8°, 9° et 13° » de l'article L. 312-1** *(Décr. n° 2015-1447 du 6 nov. 2015, art. 1er-3°, en vigueur le 1er mai 2016)* **« et dans ceux mentionnés au deuxième alinéa de l'article L. 311-6 », les représentants des personnes accueillies peuvent être désignés avec leur accord sans qu'il y ait lieu de procéder à des élections. Les modalités de désignation sont précisées par le** *(Décr. n° 2022-688 du 25 avr. 2022, art. 1er-25°, en vigueur le 1er janv. 2023)* **« règlement intérieur ». »**

Art. D. 311-11 **Sont éligibles :**

1° pour représenter les personnes *(Décr. n° 2022-688 du 25 avr. 2022, art. 1er-9°, en vigueur le 1er janv. 2023)* **« accompagnées », toute personne âgée de plus de onze ans ;**

(Décr. n° 2005-1367 du 2 nov. 2005 ; Décr. n° 2022-688 du 25 avr. 2022, art. 1er-9°, en vigueur le 1er janv. 2023) **« 2° pour représenter les familles, tout parent, même allié, d'un bénéficiaire, jusqu'au quatrième degré, toute personne disposant de l'autorité parentale, tout représentant légal, toute personne chargée d'une mesure de protection juridique avec représentation. »**

(Décr. n° 2022-688 du 25 avr. 2022, art. 1er-9°, en vigueur le 1er janv. 2023) **« Dans le cas où la représentation des personnes accompagnées ne peut être assurée, au maximum deux représentants de groupements de personnes accompagnées sont éligibles pour les représenter. La participation des personnes accompagnées est systématiquement recherchée. »**

Art. D. 311-12 *(Abrogé par Décr. n° 2022-688 du 25 avr. 2022, art. 1er-10°, à compter du 1er janv. 2023)* ***Les personnels des établissements et services de droit privé soit salariés, soit salariés mis à la disposition de ceux-ci, sont représentés au conseil de la vie sociale :***

1° dans ceux occupant moins de onze salariés, par des représentants élus par l'ensemble des personnels ci-dessus définis ;

2° dans ceux occupant onze salariés ou plus, par des représentants élus, parmi l'ensemble des personnels, par les membres du comité d'entreprise ou, à défaut, par les délégués du personnel ou, s'il n'existe pas d'institution représentative du personnel, par les personnels eux-mêmes.

Ces représentants sont élus au scrutin secret. – [Décr. n° 2004-287 du 25 mars 2004, art. 11, relatif au conseil de la vie sociale.]

Art. D. 311-13 *(Décr. n° 2022-688 du 25 avr. 2022, art. 1er-11°, en vigueur le 1er janv. 2023)* **Les représentants des professionnels employés dans l'établissement ou le service siégeant au sein du conseil de la vie sociale, sont élus par l'ensemble des salariés de droit privé ou agents nommés dans des emplois permanents. Les candidats doivent avoir une ancienneté au moins égale à six mois au sein de l'établissement ou service ou dans la profession s'il s'agit d'une création. Le scrutin est secret et majoritaire à un tour. En cas d'égal partage des voix, le candidat ayant la plus grande ancienneté dans l'établissement et service ou dans la profession est proclamé élu.**

Art. D. 311-14 **Les suppléants des personnels sont désignés dans les mêmes conditions que les titulaires.** *(Abrogé par Décr. n° 2022-688 du 25 avr. 2022, art. 1er-12°, à compter du 1er janv. 2023)* ***« Le mandat des personnels au conseil de la vie sociale cesse à l'expiration de leur mandat prévu à l'article D. 311-13. »***

Art. D. 311-15 *(Décr. n° 2022-688 du 25 avr. 2022, art. 1er-13°, en vigueur le 1er janv. 2023)* **I. – Le conseil exerce les attributions suivantes :**

1° Il donne son avis et peut faire des propositions sur toute question intéressant le fonctionnement de l'établissement ou du service notamment sur les droits et libertés des personnes accompagnées, sur l'organisation intérieure et la vie quotidienne, les

activités, l'animation socio-culturelle et les prestations proposées par l'établissement ou services, les projets de travaux et d'équipements, la nature et le prix des services rendus, l'affectation des locaux collectifs, l'entretien des locaux, les relogements prévus en cas de travaux ou de fermeture, l'animation de la vie institutionnelle et les mesures prises pour favoriser les relations entre ces participants ainsi que les modifications substantielles touchant aux conditions de prises en charge ;

2° Il est associé à l'élaboration ou à la révision du projet d'établissement ou du service mentionné à l'article L. 311-8, en particulier son volet portant sur la politique de prévention et de lutte contre la maltraitance ;

3° Il est entendu lors de la procédure d'évaluation, est informé des résultats et associé aux mesures correctrices à mettre en place ;

4° Il est consulté sur le plan d'organisation des transports des personnes adultes handicapées bénéficiant d'un accueil de jour, dans les conditions prévues à l'article R. 314-17, pour les établissements mentionnés à l'article L. 344-1 et les foyers d'accueil médicalisé mentionnés au 7° du I de l'article L. 312-1.

II. — Dans le cas où il est saisi de demandes d'information ou de réclamations concernant les dysfonctionnements mentionnés à l'article L. 331-8-1, le président oriente les demandeurs vers les personnes qualifiées, le dispositif de médiation ou le délégué territorial du défenseur des droits.

III. — Les établissements mentionnés au I de l'article L. 313-12 réalisent chaque année une enquête de satisfaction sur la base de la méthodologie et des outils élaborés par la Haute Autorité de santé. Les résultats de ces enquêtes sont affichés dans l'espace d'accueil de ces établissements et sont examinés tous les ans par le conseil.

Art. D. 311-16 **Le conseil se réunit au moins trois fois par an sur convocation du président ou, dans les établissements mentionnés au dernier alinéa de l'article D. 311-9, du directeur, qui fixent l'ordre du jour des séances. Celui-ci doit être communiqué** *(Décr. n° 2022-688 du 25 avr. 2022, art. 1er-14°, en vigueur le 1er janv. 2023)* **« au moins quinze jours » avant la tenue du conseil et être accompagné des informations nécessaires. En outre, sauf dans les établissements mentionnés au dernier alinéa de l'article D. 311-9, le conseil est réuni de plein droit à la demande, selon le cas,** *(Décr. n° 2022-688 du 25 avr. 2022, art. 1er-14°, en vigueur le 1er janv. 2023)* **« à la majorité » de ses membres ou de la personne gestionnaire.** — *[Décr. n° 2004-287 du 25 mars 2004, art. 15, relatif au conseil de la vie sociale.]*

Art. D. 311-17 *(Décr. n° 2022-688 du 25 avr. 2022, art. 1er-15°, en vigueur le 1er janv. 2023)* **« Les avis ne sont valablement émis que si le nombre des représentants des personnes accompagnées et des représentants mentionnés aux 1° à 4°** *[du]* **II de l'article D. 311-5 présents est supérieur à la moitié des membres. »**

Dans le cas contraire, l'examen de la question est inscrit à une séance ultérieure. Si lors de cette séance, ce nombre n'est pas atteint, la délibération est prise à la majorité des membres présents. — *[Décr. n° 2004-287 du 25 mars 2004, art. 16, relatif au conseil de la vie sociale.]*

Art. D. 311-18 **Le conseil peut appeler toute personne à participer à ses réunions à titre consultatif en fonction de l'ordre du jour.** *(Abrogé par Décr. n° 2022-688 du 25 avr. 2022, art. 1er-16°, à compter du 1er janv. 2023)* ***« Un représentant élu de la commune d'implantation de l'activité ou un représentant élu d'un groupement de coopération intercommunal peut être invité par le conseil de la vie sociale à assister aux débats. »***

(Décr. n° 2022-688 du 25 avr. 2022, art. 1er-16°, en vigueur le 1er janv. 2023) **« Peuvent demander à assister aux débats du conseil de la vie sociale :**

« — un représentant élu de la commune d'implantation de l'activité ou un représentant élu d'un groupement de coopération intercommunal ;

« — un représentant du conseil départemental ;

« — un représentant de l'autorité compétente pour délivrer l'autorisation ;

« — un représentant du conseil départemental de la citoyenneté et de l'autonomie ;

« — une personne qualifiée mentionnée à l'article L. 311-5 ;

« — le représentant du défenseur des droits. »

Art. D. 311-19 Le conseil établit son règlement intérieur dès sa première réunion. – *[Décr. nº 2004-287 du 25 mars 2004, art. 17, relatif au conseil de la vie sociale.]*

Art. D. 311-20 *(Décr. nº 2022-688 du 25 avr. 2022, art. 1er-17º, en vigueur le 1er janv. 2023)* Le relevé de conclusions de chaque séance est établi par le secrétaire de séance, désigné par et parmi les personnes accompagnées ou, en cas d'impossibilité ou d'empêchement, par et parmi les représentants mentionnés aux 1° à 4° *[du]* II de l'article D. 311-5, assisté en tant que de besoin par l'administration de l'établissement, service ou lieu de vie et d'accueil. Il est signé par le président. Il est transmis en même temps que l'ordre du jour mentionné à l'article D. 311-16 en vue de son adoption par le conseil. Il est ensuite transmis à l'instance compétente de l'organisme gestionnaire et à l'autorité administrative compétente pour l'autorisation.

Chaque année, le conseil de la vie sociale rédige un rapport d'activité que le président du conseil de la vie sociale présente à l'instance compétente de l'organisme gestionnaire de l'établissement.

§ 3 Autres formes de participation

Art. D. 311-21 *(Décr. nº 2022-688 du 25 avr. 2022, art. 1er-18º, en vigueur le 1er janv. 2023)* « La participation prévue à l'article L. 311-6 peut également s'exercer selon l'une des modalités suivantes ou selon toute autre modalité déterminée par le responsable de l'établissement ou du service : »

1° par l'institution de groupes d'expression institués au niveau de l'ensemble de l'établissement, du service ou du lieu de vie et d'accueil, ou d'un service ou d'un ensemble de services de ceux-ci ;

(Décr. nº 2022-688 du 25 avr. 2022, art. 1er-18º, en vigueur le 1er janv. 2023) « 2° Par l'organisation de consultations de l'ensemble des personnes accompagnées ainsi que des représentants mentionnés aux 1° à 4° *[du]* II de l'article D. 311-5, sur toutes questions concernant l'organisation ou le fonctionnement de l'établissement, du service ou du lieu de vie ou d'accueil ; »

3° par la mise en œuvre d'enquêtes de satisfaction. Ces enquêtes sont obligatoires pour les services prenant en charge à domicile des personnes dont la situation ne permet pas de recourir aux autres formes de participation prévues par la présente sous-section. – *[Décr. nº 2004-287 du 25 mars 2004, art. 19, relatif au conseil de la vie sociale.]*

Art. D. 311-22 *(Décr. nº 2022-688 du 25 avr. 2022, art. 1er-19º, en vigueur le 1er janv. 2023)* « L'acte instituant des instances de participation autres que le conseil de la vie sociale précise la composition et les modalités de fonctionnement de ces instances qui comportent obligatoirement des représentants mentionnés aux 1° à 4° *[du]* II de l'article D. 311-5, en nombre supérieur à la moitié. »

(Décr. nº 2005-1367 du 2 nov. 2005) « Le directeur ou son représentant y assiste. En fonction de l'ordre du jour, il peut être fait application de l'article D. 311-18. »

Art. D. 311-23 Le *(Décr. nº 2022-688 du 25 avr. 2022, art. 1er-25º, en vigueur le 1er janv. 2023)* « règlement intérieur » adapte les modalités de consultation mises en œuvre compte tenu des formes de participations instituées.

L'ordre du jour des séances accompagné des explications nécessaires à sa compréhension est obligatoirement notifié aux membres des instances *(Décr. nº 2022-688 du 25 avr. 2022, art. 1er-20º, en vigueur le 1er janv. 2023)* « quinze jours » au plus tard avant leur tenue.

L'enquête de satisfaction *(Décr. nº 2005-1367 du 2 nov. 2005)* « , lorsqu'elle est réalisée dans le cadre du deuxième alinéa de l'article D. 311-3, » adressée aux *(Décr. nº 2022-688 du 25 avr. 2022, art. 1er-19º, en vigueur le 1er janv. 2023)* « personnes accompagnées » concerne obligatoirement les sujets énoncés à l'article D. 311-15. – *[Décr. nº 2004-287 du 25 mars 2004, art. 21, relatif au conseil de la vie sociale.]*

Art. D. 311-24 Les modalités d'établissement et de délibération des comptes rendus de séance des instances de participation autres que le conseil de la vie sociale sont prévues par le *(Décr. nº 2022-688 du 25 avr. 2022, art. 1er-25º, en vigueur le 1er janv. 2023)* « règlement intérieur » compte tenu des caractéristiques particulières des modes de participation institués. — *[Décr. nº 2004-287 du 25 mars 2004, art. 22, relatif au conseil de la vie sociale.]*

Art. D. 311-25 *(Décr. nº 2022-688 du 25 avr. 2022, art. 1er-21º, en vigueur le 1er janv. 2023)* Sous réserve des dispositions de l'article D. 311-30, les modalités d'élection ou de désignation aux instances de participation autres que le conseil de la vie sociale des représentants des personnes accompagnées, de ceux des représentants mentionnés aux 1º à 4º *[du]* II de l'article D. 311-5, de ceux des membres et de ceux de l'organisme gestionnaire sont précisées par l'instance ou la personne mentionnée à l'article D. 311-27 et figurent au règlement intérieur de l'établissement, du service ou du lieu de vie et d'accueil.

La direction de l'établissement ou du service est tenue de consulter le conseil de la vie sociale et met en place d'autres formes de participation lors de sa démarche d'évaluation de la qualité des prestations.

§ 4 Dispositions communes

Art. D. 311-26 Les instances de participation prévues à l'article D. 311-3 sont obligatoirement consultées sur l'élaboration et la modification du *(Décr. nº 2022-688 du 25 avr. 2022, art. 1er-25º, en vigueur le 1er janv. 2023)* « règlement intérieur » et du projet d'établissement ou de service prévus aux articles L. 311-7 et L. 311-8. L'enquête de satisfaction mentionnée au 3º de l'article D. 311-21 porte notamment sur le règlement et le projet d'établissement ou de service. — *[Décr. nº 2004-287 du 25 mars 2004, art. 24, relatif au conseil de la vie sociale.]*

Art. D. 311-27 L'acte instituant le conseil de la vie sociale ou des autres instances de participation mises en place dans l'établissement, le service ou le lieu de vie ou d'accueil est adopté par l'instance compétente de l'organisme gestionnaire ou établi par la personne physique gestionnaire du lieu de vie et d'accueil. *(Décr. nº 2022-688 du 25 avr. 2022, art. 1er-22º, en vigueur le 1er janv. 2023)* « Il est transmis à l'autorité compétente pour délivrer l'autorisation à l'établissement ou au service concerné. »

Art. D. 311-28 Les informations échangées lors des débats qui sont relatives aux personnes doivent rester confidentielles. — *[Décr. nº 2004-287 du 25 mars 2004, art. 26, relatif au conseil de la vie sociale.]*

Art. D. 311-29 Les instances de participation sont tenues informées lors des séances ou enquêtes ultérieures des suites réservées aux avis et propositions qu'elles ont émis *(Décr. nº 2022-688 du 25 avr. 2022, art. 1er-23º, en vigueur le 1er janv. 2023)* « dans les conditions prévues par leur règlement intérieur ».

Art. D. 311-30 Dans les établissements et services prenant en charge habituellement des mineurs faisant l'objet de mesures éducatives ordonnées par l'autorité judiciaire en application des dispositions relatives à l'enfance délinquante ou à l'assistance éducative, le directeur peut convier la totalité des *(Décr. nº 2022-688 du 25 avr. 2022, art. 1er-24º, en vigueur le 1er janv. 2023)* « personnes accompagnées » au fonctionnement des instances. Dans ce cas, il n'est pas procédé aux élections ou aux autres désignations prévues par les dispositions de la présente sous-section ou le *(Décr. nº 2022-688 du 25 avr. 2022, art. 1er-25º, en vigueur le 1er janv. 2023)* « règlement intérieur ». — *[Décr. nº 2004-287 du 25 mars 2004, art. 28, relatif au conseil de la vie sociale.]*

Art. D. 311-31 Le temps de présence des personnes handicapées *(Décr. nº 2022-688 du 25 avr. 2022, art. 1er-26º, en vigueur le 1er janv. 2023)* « accompagnées en établisse-

ment et service d'aide par le travail » dans les instances de participation est considéré comme temps de travail.

Le temps de présence des personnes représentant les personnels est considéré comme temps de travail. – *[Décr. nº 2004-287 du 25 mars 2004, art. 29 et 30, relatif au conseil de la vie sociale.]*

Art. D. 311-32 **Les représentants des personnes accueillies peuvent en tant que de besoin se faire assister d'une tierce personne** *(Décr. nº 2005-1367 du 2 nov. 2005)* **« ou d'un organisme aidant à la traduction » afin de permettre la compréhension de leurs interventions.**

Art. D. 311-32-1 *(Décr. nº 2005-1367 du 2 nov. 2005)* **Le relevé de conclusions des formes de participation mises en œuvre peut être consulté sur place par les bénéficiaires de la prise en charge, les familles ou les représentants légaux,** *(Décr. nº 2022-688 du 25 avr. 2022, art. 1er-27º, en vigueur le 1er janv. 2023)* **« les personnes chargées d'une mesure de protection juridique avec représentation, un représentant de groupement des personnes accompagnées de la catégorie concernée d'établissements ou de services au sens du I de l'article L. 312-1 »** *[,]* **qui n'en sont pas membres.**

SOUS-SECTION 4 Règlement de fonctionnement

Art. R. 311-33 **Le règlement de fonctionnement est arrêté par l'instance compétente de l'organisme gestionnaire, après consultation des instances représentatives du personnel de l'établissement ou du service et du conseil de la vie sociale ou des autres instances de participation instituées en application de l'article L. 311-6.**

Il est modifié selon une périodicité qu'il prévoit. Celle-ci ne peut être supérieure à cinq ans. – *[Décr. nº 2003-1095 du 14 nov. 2003, art. 1er.]*

Art. R. 311-34 **Sans préjudice de sa remise à toute personne accueillie ou à son représentant légal** *(Décr. nº 2021-684 du 28 mai 2021, art. 37)* **« s'il s'agit d'un mineur ou à la personne chargée de la mesure de protection juridique, s'il s'agit d'un majeur faisant l'objet d'une mesure de protection juridique avec représentation relative à la personne, » en annexe du livret d'accueil, le règlement de fonctionnement est affiché dans les locaux de l'établissement ou du service et remis à chaque personne qui y est prise en charge ou qui y exerce, soit à titre de salarié ou d'agent public, soit à titre libéral, ou qui y intervient à titre bénévole.** – *[Décr. nº 2003-1095 du 14 nov. 2003, art. 2.]*

Art. R. 311-35 **Le règlement de fonctionnement indique les principales modalités concrètes d'exercice des droits énoncés au présent code, notamment de ceux mentionnés à l'article L. 311-3. Il précise, le cas échéant, les modalités d'association de la famille à la vie de l'établissement ou du service.**

Il indique l'organisation et l'affectation à usage collectif ou privé des locaux et bâtiments ainsi que les conditions générales de leur accès et de leur utilisation.

Il précise les mesures relatives à la sûreté des personnes et des biens.

Il prévoit les mesures à prendre en cas d'urgence ou de situations exceptionnelles.

Il fixe les modalités de rétablissement des prestations dispensées par l'établissement ou le service lorsqu'elles ont été interrompues. – *[Décr. nº 2003-1095 du 14 nov. 2003, art. 3.]*

Art. R. 311-36 **Le règlement de fonctionnement précise les dispositions relatives aux transferts et déplacements, aux modalités d'organisation des transports, aux conditions d'organisation de la délivrance des prestations offertes par l'établissement à l'extérieur.**

Art. R. 311-37 **Dans le respect des dispositions de la charte arrêtée en application des dispositions de l'article L. 311-4, le règlement de fonctionnement énumère les règles essentielles de vie collective.**

A cet effet, il fixe les obligations faites aux personnes accueillies ou prises en charge pour permettre la réalisation des prestations qui leur sont nécessaires, y compris lorsqu'elles sont délivrées hors de l'établissement. Ces obligations concernent, notamment, le respect des décisions de prise en charge, des termes du contrat ou du document individuel de prise en charge, le respect des rythmes de vie collectifs, le comportement civil à l'égard des autres personnes accueillies ou prises en charge, comme des membres du personnel, le respect des biens et équipements collectifs. Elles concernent également les prescriptions d'hygiène de vie nécessaires.

Il rappelle que les faits de violence sur autrui sont susceptibles d'entraîner des procédures administratives et judiciaires.

Il rappelle également, et, en tant que de besoin, précise les obligations de l'organisme gestionnaire de l'établissement ou du service ou du lieu de vie et d'accueil en matière de protection des mineurs, les temps de sorties autorisées, ainsi que les procédures de signalement déclenchées en cas de sortie non autorisée. – *[Décr. nº 2003-1095 du 14 nov. 2003, art. 9.]*

Art. R. 311-37-1 *(Décr. nº 2016-1743 du 15 déc. 2016, art. 1er-2º)* Dans les établissements relevant du 6º du I de l'article L. 312-1, les mesures collectives relatives à l'exercice de la liberté d'aller et venir des résidents figurant au règlement de fonctionnement font l'objet, à la suite des évaluations mentionnées au 2º de l'article R. 314-170, d'une évaluation pluridisciplinaire de leur proportionnalité par rapport aux risques encourus par les résidents, dans le cadre d'une procédure associant l'équipe médico-sociale de l'établissement.

Les dispositions du Décr. nº 2016-1743 du 15 déc. 2016 s'appliquent pour les contrats de séjour conclus dans les établissements relevant du 6º du I de l'art. L. 312-1 CASF, y compris ceux énumérés à l'art. L. 342-1 du même code, à compter du 1er avr. 2017.

Les contrats de séjour conclus antérieurement au 1er avr. 2017 sont complétés, le cas échéant, par l'annexe mentionnée à l'art. L. 311-4-1 CASF au plus tard au 28 juin 2017 (Décr. préc., art. 5).

SOUS-SECTION 5 Projets d'établissement ou de service

(Décr. nº 2006-122 du 6 févr. 2006)

Art. D. 311-38 Lorsqu'un projet général de soins est prévu pour l'application du projet d'établissement ou de service mentionné à l'article L. 311-8, il définit l'ensemble des mesures propres à assurer les soins palliatifs que l'état des personnes accueillies requiert, y compris les plans de formation spécifique des personnels.

Le projet d'établissement comporte alors les actions de coopération nécessaires à la réalisation du volet relatif aux soins palliatifs, le cas échéant dans le cadre des réseaux sociaux ou médico-sociaux mentionnés à l'article L. 312-7.

La démarche de soins palliatifs du projet d'établissement ou de service est élaborée par le directeur de l'établissement et le médecin coordinateur ou le médecin de l'établissement en concertation avec les professionnels intervenant dans l'établissement.

Art. R. 311-38-1 *(Décr. nº 2024-8 du 3 janv. 2024, art. 5-1º)* I. — Le plan mentionné au second alinéa de l'article L. 311-8, intitulé "Plan bleu", prend en compte les objectifs opérationnels fixés dans le dispositif "ORSAN" définis à l'article R. 3131-4 du code de la santé publique.

II. – Le plan mentionné au I contient notamment :

1º Les modalités d'organisation de la cellule de crise et ses missions ;

2º Les procédures de gestion des événements précisant, le cas échéant, les partenariats conclus avec des établissements de santé ;

3º Les modalités de continuité de l'activité de l'établissement ;

4º Les modalités de mise en œuvre de ses dispositions et de leur levée ;

5º Le recensement des moyens de réponse en particulier des équipements et matériels disponibles au sein de l'établissement ainsi que les modalités d'organisation et de déploiement, adaptés à chacun des plans de réponse du dispositif "ORSAN" ;

6° Le plan de formation des personnels de l'établissement aux situations sanitaires exceptionnelles conformément au programme annuel ou pluriannuel mentionné au 2° de l'article R. 3131-4 du code de la santé publique.

III. – Le plan mentionné au I est arrêté par l'instance compétente de l'organisme gestionnaire, après consultation des instances représentatives du personnel de l'établissement ou du service et du conseil de la vie sociale ou des autres instances de participation instituées en application de l'article L. 311-6 du présent code.

IV. – Le plan mentionné au I est transmis au préfet du département, au directeur général de l'agence régionale de santé et au service d'aide médicale urgente (SAMU) territorialement compétent.

V. – Le plan mentionné au I est évalué, notamment sur la base d'exercices, et est révisé chaque année. Son évaluation et sa révision font l'objet d'une présentation aux instances compétentes des établissements sociaux et médico-sociaux.

Art. R. 311-38-2 *(Décr. nº 2024-8 du 3 janv. 2024, art. 5-1º)* Les dispositions du plan mentionné au I de l'article R. 311-38-1 sont mises en œuvre par le directeur de l'établissement, soit à son initiative, en informant sans délai le préfet du département, le directeur général de l'agence régionale de santé ainsi que le président du conseil départemental, lorsque l'établissement concerné relève de sa compétence, soit à la demande de ces derniers.

SOUS-SECTION 6 **Livret d'accueil**

(Décr. nº 2016-1395 du 18 oct. 2016)

Art. D. 311-39 La notice d'information mentionnée à l'article D. 311-0-4 est annexée au livret d'accueil des établissements et services sociaux et médico-sociaux prenant en charge des personnes majeures.

SOUS-SECTION 7 **Référent sportif**

(Décr. nº 2023-621 du 17 juill. 2023, art. 1er)

Art. D. 311-40 I. – Dans chaque établissement mentionné au I de l'article L. 312-1, le directeur désigne parmi ses personnels le référent pour l'activité physique et sportive mentionné à l'article L. 311-12. Le directeur recueille l'accord de l'intéressé et s'assure qu'il dispose, sur son temps de travail, des disponibilités nécessaires à l'exercice de ces fonctions.

II. – Le référent informe régulièrement les personnes accompagnées par l'établissement de l'offre d'activité physique et sportive assurée au sein de l'établissement et à proximité de celui-ci, notamment au sein des maisons sport-santé mentionnées à l'article L. 1173-1 du code de la santé publique.

Il en informe également le conseil de la vie sociale ou toute autre instance de participation mise en place au sein de l'établissement, les familles des personnes accompagnées, les représentants légaux lorsqu'il s'agit de mineurs, les personnes chargées de la mesure de protection juridique lorsqu'il s'agit de majeurs faisant l'objet d'une mesure de protection juridique avec représentation relative à la personne, et les personnes de confiance mentionnées à l'article L. 311-5-1. Il exerce cette mission en lien avec les professionnels intervenant dans l'établissement.

Il veille à ce que l'information délivrée soit claire et adaptée à la compréhension de tous.

Il peut également proposer aux personnes accompagnées, le cas échéant en lien avec leur médecin traitant, un plan personnalisé d'activité physique et sportive dont l'élaboration et le suivi sont partagés avec les professionnels intervenant dans l'établissement.

III. – Le directeur assure, par le biais de la formation continue, le développement des compétences du référent nécessaires à l'exercice de ses fonctions.

CHAPITRE II ORGANISATION DE L'ACTION SOCIALE ET MÉDICO-SOCIALE

SECTION 1 Établissements et services sociaux et médico-sociaux

SOUS-SECTION 1 Prestations délivrées

§ PRÉLIMINAIRE Nomenclatures

(Décr. n° 2017-982 du 9 mai 2017, art. 1er)

Les dispositions de l'art. 1er du Décr. n° 2017-982 du 9 mai 2017 s'appliquent aux autorisations délivrées à compter du 1er juin 2017.

Toutefois, elles ne sont pas applicables :

— aux autorisations qui ont donné lieu avant cette date à la publication d'un avis d'appel à projets conformément aux dispositions de l'art. R. 313-4-1 CASF ;

— aux autorisations exonérées de la procédure d'appel à projets qui ont fait l'objet d'une demande présentée avant cette date dans les conditions prévues à l'art. L. 313-2 du même code (Décr. préc., art. 2).

SOUS-§ 1 *Établissements et services accompagnant des personnes handicapées ou malades chroniques*

Art. D. 312-0-1 Les établissements et services mentionnés au 2° du I de l'article L. 312-1 relèvent de l'une des catégories suivantes :

1° Institut médico-éducatif ;

2° Institut thérapeutique éducatif et pédagogique ;

3° Institut d'éducation motrice ;

4° Établissement pour enfants ou adolescents polyhandicapés ;

5° Institut pour déficients auditifs ;

6° Institut pour déficients visuels ;

7° Centre médico-psycho-pédagogique ;

8° Bureau d'aide psychologique universitaire ;

9° Service assurant un accompagnement à domicile ou en milieu ordinaire non rattaché à un établissement.

Les établissements mentionnés aux 1° à 6° peuvent assurer, pour les personnes qu'ils accueillent, l'ensemble des formes d'accueil et d'accompagnement prévues au dernier alinéa du I de l'article L. 312-1.

Art. D. 312-0-2 I. — Les établissements mentionnés au 7° du I de l'article L. 312-1 relèvent de l'une des catégories suivantes :

1° Maison d'accueil spécialisée ;

2° Établissement d'accueil médicalisé en tout ou partie ;

3° Établissement d'accueil non médicalisé.

Les établissements mentionnés aux 1° à 3° peuvent assurer, pour les personnes qu'ils accueillent, l'ensemble des formes d'accueil et d'accompagnement prévues au dernier alinéa du I de l'article L. 312-1.

II. — Les services mentionnés au 7° du I de l'article L. 312-1 relèvent de l'une des catégories suivantes :

1° Service d'accompagnement médico-social pour adultes handicapés ;

2° Service d'accompagnement à la vie sociale ;

3° *(Décr. n° 2023-608 du 13 juill. 2023, art. 1er-3°)* « Services autonomie à domicile ».

(Abrogé par Décr. n° 2023-608 du 13 juill. 2023, art. 1er-3°) « 4° Service polyvalent d'aide et de soins à domicile ;

« 5° Service d'aide et d'accompagnement à domicile. »

Art. D. 312-0-3 I. — L'autorisation des établissements et services mentionnés respectivement aux 2°, 3°, 5° et 7° du I de l'article L. 312-1 est délivrée, soit au titre de l'accompagnement de l'ensemble des publics concernés par celle de ces dispositions dont ils relèvent, soit au titre d'une spécialisation dans l'accompagnement d'un ou plusieurs des publics suivants :

1° Personnes présentant des déficiences intellectuelles ;

2° Personnes présentant des troubles du spectre de l'autisme ;

3° Personnes présentant un handicap psychique ;

4° Enfants, adolescents et jeunes adultes qui, bien que leurs potentialités intellectuelles et cognitives soient préservées, présentent des difficultés psychologiques dont l'expression, notamment l'intensité des troubles du comportement, perturbe gravement la socialisation et l'accès aux apprentissages ;

5° Personnes polyhandicapées, présentant un dysfonctionnement cérébral précoce ou survenu au cours du développement, ayant pour conséquence de graves perturbations à expressions multiples et évolutives de l'efficience motrice, perceptive, cognitive et de la construction des relations avec l'environnement physique et humain, et une situation évolutive d'extrême vulnérabilité physique, psychique et sociale au cours de laquelle certaines de ces personnes peuvent présenter, de manière transitoire ou durable, des signes de la série autistique ;

6° Personnes présentant une déficience motrice ;

7° Personnes présentant une déficience auditive grave ;

8° Personnes présentant une déficience visuelle grave ;

9° Personnes cérébro-lésées telles que définies à l'article D. 312-161-2 ;

10° Personnes présentant un handicap cognitif spécifique.

Toutefois, certains établissements ou services peuvent être spécialisés dans l'accompagnement de publics définis de manière différente lorsqu'ils assurent également des fonctions de formation, d'information, de conseil, d'expertise ou de coordination au bénéfice d'autres établissements ou services en vue de l'accueil de ces publics.

Aucune spécialisation n'exclut la prise en charge de personnes présentant des troubles associés à ceux qui font l'objet de la spécialité autorisée.

II. — Les établissements et services prévus au 2° du I de l'article L. 312-1 peuvent en outre être spécialisés dans un ou plusieurs des types d'accompagnement suivants :

1° L'accompagnement précoce de jeunes enfants ;

2° La préparation d'adolescents et jeunes adultes à la vie professionnelle ;

3° L'accompagnement d'étudiants de l'enseignement supérieur ;

4° L'accompagnement des enfants, adolescents et jeunes adultes ne relevant pas des 1° à 3° qui précèdent.

§ 1 Services de soutien à domicile

(Décr. n° 2023-608 du 13 juill. 2023, art. 1er-4°)

SOUS-§ 1 Services autonomie à domicile

Décret n° 2023-608 du 13 juillet 2023,

Relatif aux services autonomie à domicile mentionnés à l'article L. 313-1-3 du code de l'action sociale et des familles et aux services d'aide et d'accompagnement à domicile relevant des 1° et 16° du I de l'article L. 312-1 du même code (JO 16 juill.).

Art. 5 I. — Lorsque les services de soins infirmiers à domicile relevant des 6° ou 7° du I de l'article L. 312-1 du code de l'action sociale et des familles déposent une demande en application du C du II de l'article 44 de la loi n° 2021-1754 du 23 décembre 2021 susvisée, ils peuvent solliciter l'autorisation de constituer un service autonomie à domicile selon des modalités prévues par une convention d'une durée maximale de trois ans avec un ou plusieurs services déjà autorisés pour l'activité d'aide et d'accompagnement à domicile, dans la perspective de la constitution d'un service autonomie à domicile doté d'une entité juridique unique à l'issue de cette période. Dans ce cas, le président du conseil départemental et le directeur général de l'agence régionale de santé peuvent délivrer l'autorisation sollicitée sous réserve que les services respectent les dispositions de l'article 1er du présent décret, notamment le cahier des charges mentionné à l'article D. 312-1 du même code, à l'exception de l'obligation prévue au deuxième alinéa du point 4.3.2 du même cahier des charges, et que la convention précise les modalités d'échanges de données entre les services signataires.

Le président du conseil départemental et le directeur général de l'agence régionale de santé peuvent diligenter les contrôles et prendre les mesures prévus aux articles L. 313-13, L. 313-14 et L. 313-16 à L. 313-19 du même code pour s'assurer du respect dudit cahier des charges.

L'autorisation prévue au premier alinéa est réputée caduque en l'absence de constitution, au terme du délai prévu par la convention, en service autonomie à domicile doté d'une entité juridique unique.

Les services autonomie à domicile autorisés au titre du 1° de l'article L. 313-1-3 du code de l'action sociale et des familles au terme de la convention mentionnée au premier alinéa sont intégrés dans la programmation pluriannuelle prévue à l'article D. 312-204 du même code dans un délai minimum de deux ans suivant la date de leur autorisation.

Art. D. 312-1 I. — Les services autonomie à domicile mentionnés à l'article L. 313-1-3 interviennent auprès :

1° De personnes âgées de soixante ans et plus en perte d'autonomie ou malades ;

2° De personnes présentant un handicap ;

3° De personnes de moins de soixante ans atteintes des pathologies chroniques mentionnées au 7° du I de l'article L. 312-1 ou présentant une affection mentionnée aux 3° et 4° de l'article L. 322-3 du code de la sécurité sociale.

Ces personnes disposent de la liberté de choix du service chargé de leur accompagnement.

II. — Les services autonomie à domicile concourent à préserver et soutenir l'autonomie des personnes qu'ils accompagnent et à leur permettre de vivre dans le lieu de résidence de leur choix tant que cela est possible.

Ces services interviennent au domicile ou lors des déplacements des personnes depuis leur domicile. Le domicile s'entend de tout lieu de résidence de la personne, à titre permanent ou temporaire, y compris une structure d'hébergement non médicalisée.

(Décr. n° 2023-608 du 13 juill. 2023, art. 2 et 5-II, en vigueur le 1er janv. 2024) « Ils contribuent au repérage des fragilités de la personne accompagnée, notamment lorsqu'ils interviennent :

« 1° Au titre du temps consacré au lien social mentionné à l'article L. 232-6 ;

« 2° Dans le cadre du soutien à l'autonomie prévu au chapitre 2 de l'annexe 2-5. »

Ils contribuent également à la prévention, au repérage des situations de maltraitance et des besoins des aidants, ainsi qu'aux réponses à y apporter.

Les services autonomie à domicile mettent en place une réponse coordonnée aux besoins et attentes de la personne, en proposant :

1° Des prestations d'aide et d'accompagnement dans les actes quotidiens de la vie ;

2° Une réponse aux besoins de soins dans les conditions prévues à l'article D. 312-3 ;

3° Une aide à l'insertion sociale ;

4° Des actions de prévention de la perte d'autonomie, de préservation, de restauration et de soutien à l'autonomie.

Ils peuvent également proposer des actions de soutien aux proches aidants de la personne accompagnée.

III. — Le gestionnaire détermine si la prestation attendue est en adéquation avec les compétences et les moyens qu'il peut mettre en œuvre. Lorsque le service autonomie à domicile n'est pas en capacité de répondre à la demande de la personne accompagnée, il l'oriente vers une structure ou un professionnel en capacité d'y répondre, en substitution ou en complément.

Les services autonomie à domicile assurent eux-mêmes ou font assurer les prestations mentionnées au II, quel que soit le moment où celles-ci s'avèrent nécessaires afin de garantir la continuité de l'accompagnement.

IV. — Les services autonomie à domicile respectent les conditions minimales d'organisation et de fonctionnement fixées par le cahier des charges figurant à l'annexe 3-0.

V. – Les services autonomie à domicile relevant du 6° du I de l'article L. 312-1 peuvent assurer la mission de centre de ressources territorial mentionnée à l'article L. 313-12-3, dans des conditions fixées par un arrêté du ministre chargé des personnes âgées.

Art. D. 312-2 Pour la mise en œuvre des aides mentionnées aux 1° et 3° du II de l'article D. 312-1, le service autonomie à domicile réalise les activités et prestations suivantes :

1° L'assistance dans les actes quotidiens de la vie. Cette assistance peut inclure des actions de soins relevant d'actes médicaux dans les conditions prévues à l'article L. 1111-6-1 du code de la santé publique et du décret n° 99-426 du 27 mai 1 999 habilitant certaines catégories de personnes à effectuer des aspirations endotrachéales ;

2° La conduite du véhicule personnel des personnes accompagnées du domicile au travail, sur le lieu de vacances ou pour les démarches administratives ;

3° L'accompagnement de ces personnes dans leurs déplacements en dehors de leur domicile.

Lorsqu'elles sont réalisées dans les conditions prévues au 3° de l'article L. 7232-6 du code du travail, ces activités et prestations sont soumises à autorisation, en application de l'article L. 313-1 du présent code.

Art. D. 312-3 I. – Lorsqu'il relève du 1° de l'article L. 313-1-3, le service autonomie à domicile dispense des prestations de soins infirmiers sous la forme de soins techniques, de soins de base et relationnels et, en tant que de besoin, de soins délivrés par les professionnels mentionnés au *b* du 2° de l'article D. 312-5. Il intervient sur prescription médicale ou renouvellement de celle-ci par un infirmier exerçant en pratique avancée dans les conditions prévues à l'article R. 4301-3 du code de la santé publique.

Il peut proposer un accompagnement des personnes à la téléconsultation.

Il peut intervenir pour des prestations de soins dans les établissements mentionnés au II de l'article L. 313-12.

Il peut concourir à l'accompagnement de la fin de vie et aux soins palliatifs, en lien avec les équipes mentionnées à l'article R. 162-1-16 du code de la sécurité sociale et à l'article D. 6124-197 du code de la santé publique.

Le service autonomie à domicile tient le relevé, pour chaque personne bénéficiant de ces soins, des périodes d'intervention du service, des prescriptions et des indications thérapeutiques qui ont motivé ces interventions, ainsi que de la nature de ces dernières. Ce relevé est tenu à la disposition du médecin inspecteur de santé publique de l'agence régionale de la santé et du service du contrôle médical des organismes d'assurance maladie ainsi que, le cas échéant, du médecin de l'équipe pluridisciplinaire mentionnée à l'article L. 146-8.

II. – Lorsqu'il relève du 2° de l'article L. 313-1-3, le service autonomie à domicile ne dispense pas lui-même des prestations de soins infirmiers mais il assure l'accès des personnes à de tels soins lorsqu'elles en ont besoin.

Dans le respect du droit au libre choix du praticien défini à l'article L. 1110-8 du code de la santé publique, il assure :

1° Pour les personnes qu'il accompagne dans le cadre d'une prestation d'aide à domicile et qui en font la demande, la mise en relation avec d'autres services ou professionnels dispensant des prestations de soins à domicile, notamment les services autonomie à domicile relevant du 1° de l'article L. 313-1-3 du présent code, les infirmiers libéraux ou les centres de santé infirmiers relevant de l'article L. 6323-1 du code de la santé publique ;

2° Pour les personnes qu'il n'accompagne pas au titre de son activité d'aide et d'accompagnement à domicile, dès lors qu'elles le solliciteraient pour des prestations de soins infirmiers, l'orientation vers une structure ou un professionnel de santé susceptible de répondre à leurs besoins.

Il définit dans le projet de service mentionné à l'article L. 311-8 l'organisation du service permettant de garantir cette mise en relation et cette orientation. Il peut à cet effet conclure une ou plusieurs conventions avec des structures ou des professionnels de santé assurant une activité de soins à domicile.

Art. D. 312-4 Le responsable d'un service autonomie à domicile relevant du 1° de l'article L. 313-1-3 organise le fonctionnement intégré des activités d'aide, d'accompagnement et de soins afin de garantir la cohérence des interventions auprès des personnes accompagnées. Cette organisation repose notamment sur la désignation d'une personne chargée de la coordination. L'organisation prévue à cet effet est décrite dans le projet de service mentionné à l'article L. 311-8.

Le service autonomie à domicile assure ses missions dans la zone d'intervention fixée dans l'autorisation mentionnée à l'article L. 313-1, qui est identique pour les activités d'aide et de soins.

Art. D. 312-5 I. – Pour assurer ses missions, le service autonomie à domicile recourt, dans des conditions précisées par l'annexe 3-0 :

1° Pour les interventions d'aide et d'accompagnement à domicile, à des aides à domicile, notamment des accompagnants éducatifs et sociaux ;

2° Le cas échéant, pour les interventions de soins à domicile :

a) A des infirmiers, des aides-soignants, des accompagnants éducatifs et sociaux ;

b) En tant que de besoin, à des pédicures-podologues, des ergothérapeutes, des psychologues, des masseurs-kinésithérapeutes, des diététiciens, des orthophonistes, des psychomotriciens et des intervenants en activité physique adaptée mentionnés à l'article D. 1172-2 du code de la santé publique.

Lorsqu'il relève du 1° de l'article L. 313-1-3, le service autonomie à domicile comprend en outre un infirmier coordonnateur pour assurer, dans des conditions précisées par l'annexe 3-0, la coordination des interventions réalisées par les personnels mentionnés au 2°.

II. – Pour la réalisation des interventions de soins à domicile, les infirmiers exerçant à titre libéral, les professionnels libéraux mentionnés au *b* du 2° du I et les centres de santé infirmiers prévus à l'article L. 6323-1 du code de la santé publique peuvent exercer au sein d'un service autonomie à domicile à la condition d'avoir conclu une convention avec l'organisme gestionnaire de ce service, dont le contenu minimal est prévu dans le cahier des charges mentionné à l'article D. 312-1 du présent code.

III. – L'intervention conjointe d'un établissement d'hospitalisation à domicile et d'un service autonomie à domicile est organisée dans les conditions prévues au II de l'article D. 6124-205 du code de la santé publique. Dans ce cas, les éventuelles interventions des personnels mentionnés au b du 2° du I du présent article sont organisées et coordonnées par l'établissement d'hospitalisation à domicile.

SOUS-§ 2 Services d'aide et d'accompagnement à domicile aux familles

Art. D. 312-6 Les services d'aide et d'accompagnement à domicile aux familles mentionnés aux 1° et 16° du I de l'article L. 312-1 exercent :

1° Des actions de prévention mentionnées à l'article L. 112-3 et des missions au titre de l'aide sociale à l'enfance mentionnées aux 1° à 3°, 5°, 5° *bis* et 6° à 8° de l'article L. 221-1 dans les conditions et modalités d'intervention définies aux articles L. 222-2 et L. 222-3. Les services garantissent l'exercice des droits de visite en présence d'un tiers prévus à l'article 375-7 du code civil ;

2° Des missions d'aide à domicile pour le soutien ou l'accompagnement de familles qui rencontrent une difficulté temporaire de nature à mettre en péril leur autonomie, leur équilibre et leur maintien dans l'environnement social. Cet accompagnement vise, prioritairement, à soutenir la fonction parentale ainsi qu'à faciliter les relations entre parents et enfants mineurs et, subsidiairement, à créer les conditions favorables à l'autonomie et à l'inclusion.

Art. D. 312-6-1 Pour assurer leurs missions, les services mentionnés aux 1° et 16° du I de l'article L. 312-1 recourent notamment à des techniciens de l'intervention sociale et familiale.

Art. D. 312-6-2 Est soumise à autorisation, lorsqu'elle est réalisée dans les conditions prévues au 3° de l'article L. 7232-6 du code du travail, l'activité d'aide personnelle à domicile aux familles fragilisées relevant des 1° et 16° du I de l'article L. 312-1 du présent code, à l'exclusion des actes de soins relevant d'actes médicaux.

Art. D. 312-6-3 Les services mentionnés aux 1° et 16° du I de l'article L. 312-1 respectent les conditions minimales d'organisation et de fonctionnement fixées par le cahier des charges figurant à l'annexe 3-0-1.

SOUS-§ 3 Services polyvalents d'aide et de soins à domicile

(Décr. n° 2005-1135 du 7 sept. 2005, art. 3)

Art. D. 312-7 Les services qui assurent, conformément aux dispositions des 6° et 7° de l'article L. 312-1, les missions d'un service de soins à domicile tel que défini à l'article D. 312-1 et les missions d'un service d'aide et d'accompagnement défini à l'article D. 312-6 sont dénommés services polyvalents d'aide et de soins à domicile.

L'élaboration d'un projet individualisé d'aide, d'accompagnement et de soins, sur la base d'une évaluation globale des besoins de la personne, est conduite par une équipe pluridisciplinaire composée des personnels mentionnés aux articles D. 312-2 et D. 312-6 et coordonnée par un personnel salarié du service.

SOUS-§ 4 Dispositions communes

(Décr. n° 2005-1135 du 7 sept. 2005, art. 3)

Art. D. 312-7-1 Les services de soins infirmiers à domicile, les services d'aide et d'accompagnement à domicile et les services polyvalents d'aide et de soins à domicile disposent de locaux leur permettant d'assurer leurs missions, en particulier la coordination des prestations et des personnels mentionnés aux articles D. 312-2 et D. 312-6. Ces locaux peuvent être organisés sous forme de plusieurs antennes.

Afin de garantir la continuité des interventions et leur bonne coordination, les services de soins infirmiers à domicile, les services d'aide et d'accompagnement à domicile et les services polyvalents d'aide et de soins à domicile assurent eux-mêmes ou font assurer les prestations mentionnées au premier alinéa, quel que soit le moment où celles-ci s'avèrent nécessaires.

Art. D. 312-7-2 *(Décr. n° 2022-731 du 27 avr. 2022, art. 1er-3°)* Les services autonomie à domicile relevant du 6° du I de l'article L. 312-1 peuvent assurer la mission de centre de ressources territorial mentionnée à l'article L. 313-12-3, dans des conditions fixées par un arrêté du ministre chargé des personnes âgées.

Dans l'attente de leur constitution en services autonomie à domicile dans les conditions prévues par l'art. 44 de la L. n° 2021-1754 du 23 déc. 2021, les dispositions du 3° de l'art. 1er du Décr. n° 2022-731 du 27 avr. 2022 sont applicables aux services d'aide et d'accompagnement à domicile, aux services de soins infirmiers à domicile ainsi qu'aux services polyvalents d'aide et de soins à domicile relevant du 6° du I de l'art. L. 312-1 CASF (Décr. préc., art. 2-II).

§ 2 Accueil temporaire

Art. D. 312-8 I. — L'accueil temporaire mentionné à l'article L. 312-1 s'adresse aux personnes handicapées de tous âges et aux personnes âgées et s'entend comme un accueil organisé pour une durée limitée, le cas échéant sur un mode séquentiel, à temps complet ou partiel, avec ou sans hébergement, y compris en accueil de jour.

II. — L'accueil temporaire vise à développer ou maintenir les acquis et l'autonomie de la personne accueillie et faciliter ou préserver son intégration sociale.

L'accueil temporaire peut être organisé en complément des prises en charge habituelles en établissements et services, qu'il s'agisse d'établissements de santé *(Décr. n° 2011-1211 du 29 sept. 2011, art. 1er-I)* « autorisés à dispenser des soins de longue durée » ou d'établissements sociaux ou médico-sociaux au sens du I de l'article L. 312-1 du présent code.

L'accueil temporaire vise, selon les cas :

a) à organiser, pour les intéressés, des périodes de répit ou des périodes de transition entre deux prises en charge, des réponses à une interruption momentanée de prise en charge ou une réponse adaptée à une modification ponctuelle ou momentanée de leurs besoins ou à une situation d'urgence ;

b) à organiser, pour l'entourage, des périodes de répit ou à relayer, en cas de besoin, les interventions des professionnels des établissements et services ou des aidants familiaux, bénévoles ou professionnels, assurant habituellement l'accompagnement ou la prise en charge.

III. – L'accueil temporaire est mis en œuvre par les établissements et services sociaux et médico-sociaux mentionnés aux 2°, 6°, 7° et 12° du I de l'article L. 312-1.

(Décr. n° 2011-1211 du 29 sept. 2011, art. 1er-II) « IV. – *(Décr. n° 2016-1164 du 26 août 2016, art. 2, en vigueur le 1er oct. 2016)* « La capacité minimale en accueil de jour est fixée à six places dès lors que l'activité prévisionnelle est assurée. »

« Ne sont pas soumises aux capacités minimales mentionnées à l'alinéa précédent les structures qui mettent en œuvre un projet d'établissement ou de service spécifique à l'accueil de jour et qui se sont fixées comme objectif de réaliser annuellement un nombre de journées d'activité supérieur ou égal à 80 % du nombre de journées prévisionnelles fixé au budget de l'année considérée. La réalisation de cet objectif est appréciée par l'agence régionale de santé dans le ressort de laquelle la structure est établie dans les conditions fixées par arrêté du ministre chargé des personnes âgées. »

– Les structures et établissements bénéficiant d'une autorisation en application de l'art. L. 313-4 pour un accueil de jour disposent d'un délai de trois ans à compter de la publication du Décr. n° 2011-1211 du 29 sept. 2011 pour se conformer aux capacités minimales mentionnées au IV du présent art. (Décr. préc., art. 4).

Art. D. 312-9 I. – L'accueil temporaire est organisé dans le respect des conditions techniques minimales d'organisation et de fonctionnement des établissements et services mentionnés au III de l'article D. 312-8.

II. – Les établissements et services mentionnés au I du présent article peuvent pratiquer exclusivement l'accueil temporaire. Ils peuvent accueillir des personnes présentant plusieurs formes de handicaps ou de dépendances. L'établissement ou le service doit disposer d'unités d'accueil ou de vie qui prennent chacune en charge au maximum douze personnes.

Les locaux répondent aux règles d'accessibilité et de sécurité en vigueur, ainsi qu'aux normes particulières existantes pour l'accueil de certains publics concernés par le projet d'établissement.

Ces locaux tiennent également compte du contenu du projet d'établissement afin notamment de s'adapter aux caractéristiques des publics accueillis.

III. – Pour les établissements pratiquant l'accueil temporaire de manière non exclusive *(Décr. n° 2017-982 du 9 mai 2017, art. 1er-2°)* « et autorisés pour l'accueil de personnes âgées au titre du 6° ou du 12° du I de l'article L. 312-1 », les demandes et les décisions d'autorisation mentionnées aux articles L. 313-2 et L. 313-4 mentionnent le nombre de places réservées à l'accueil temporaire.

Le projet d'établissement ou de service et le règlement de fonctionnement, mentionnés respectivement aux articles L. 311-7 et L. 311-8, prévoient les modalités d'organisation et de fonctionnement de l'accueil temporaire. *– V. note ss. art.*

(Décr. n° 2007-661 du 30 avr. 2007, art. 2) « IV. – Les établissements mentionnés au I de l'article L. 313-12 qui organisent un accueil de jour en complément des prises en charge d'hébergement et les établissements mentionnés à l'article D. 313-20 doivent proposer une solution de transport adaptée aux besoins des personnes bénéficiant de l'accueil de jour.

« V. – Pour bénéficier de la prise en charge d'un forfait journalier de frais de transport, les gestionnaires des établissements mentionnés au IV doivent justifier des modalités d'organisation des transports. » *(Décr. n° 2011-1211 du 29 sept. 2011, art. 2)* « A défaut, ils remboursent aux personnes accueillies ou à leurs familles les frais de transport qu'elles supportent, dans la limite de ce forfait. »

Les dispositions de l'art. 1er du Décr. nº 2017-982 du 9 mai 2017 s'appliquent aux autorisations délivrées à compter du 1er juin 2017.
Toutefois, elles ne sont pas applicables :
— aux autorisations qui ont donné lieu avant cette date à la publication d'un avis d'appel à projets conformément aux dispositions de l'art. R. 313-4-1 CASF ;
— aux autorisations exonérées de la procédure d'appel à projets qui ont fait l'objet d'une demande présentée avant cette date dans les conditions prévues à l'art. L. 313-2 du même code (Décr. préc., art. 2).

Art. D. 312-10 I. — L'admission en accueil temporaire dans une structure médico-sociale qui accueille des personnes handicapées est prononcée par le responsable de l'établissement, après décision des commissions départementales mentionnées aux articles L. 242-2 et L. 243-1.

Dans la limite de quatre-vingt dix jours par an, ces commissions se prononcent pour chaque personne handicapée, sur un temps annuel de prise en charge en accueil temporaire dans ces structures. Elles déterminent en tant que de besoin sa périodicité et les modalités de la prise en charge.

II. — A titre dérogatoire, en cas d'urgence, l'admission directe d'une personne handicapée présentant un taux d'incapacité au moins égal à 80 % peut être réalisée pour des séjours inférieurs à huit jours pour les enfants et quinze jours pour les adultes.

Le directeur qui a prononcé cette admission en informe la commission départementale dont relève la personne visée au premier alinéa du présent article dans un délai maximal de vingt-quatre heures suivant l'admission. Il est également tenu d'adresser à cette même instance, à l'issue du séjour, une évaluation sur ledit séjour dans un délai de quinze jours après la sortie de la personne.

La commission fait connaître dans les meilleurs délais, le cas échéant au vu de l'évaluation mentionnée à l'alinéa précédent, sa décision à l'égard de cette admission et peut décider, s'il y a lieu, d'autres périodes de prise en charge en accueil temporaire.

SOUS-SECTION 2 Conditions techniques minimales d'organisation et de fonctionnement des établissements

Art. D. 312-10-0-1 *(Abrogé par Décr. nº 2023-608 du 13 juill. 2023, art. 1er-5º) (Décr. nº 2016-502 du 22 avr. 2016, art. 4-I)* ***Les conditions techniques minimales d'organisation et de fonctionnement des services d'aide et d'accompagnement à domicile mentionnés aux 1º, 6º, 7º et 16º du I de l'article L. 312-1 sont définies dans le cahier des charges figurant à l'annexe 3-0 du présent code.***

§ PRÉLIMINAIRE Coopération entre les établissements et services accueillant des enfants et adolescents handicapés et les établissements d'enseignement scolaire

(Décr. nº 2009-378 du 2 avr. 2009)

Art. D. 312-10-1 Les dispositions du présent paragraphe s'appliquent aux établissements et services mentionnés aux 2º et 3º du I de l'article L. 312-1.

Art. D. 312-10-2 Les règles relatives au parcours de formation de l'élève handicapé sont définies aux articles D. 351-3 à D. 351-20 du code de l'éducation.

Conformément aux dispositions de l'article D. 351-4 du même code, l'élève reste inscrit dans son établissement scolaire de référence lorsqu'il est accueilli dans l'un des établissements ou services mentionnés au 2º du I de l'article L. 312-1.

Le directeur de l'établissement ou du service s'assure auprès des parents ou du représentant légal de l'enfant, de l'adolescent ou du jeune adulte qu'une information sur les droits relatifs à cette inscription leur a bien été donnée.

Art. D. 312-10-3 Un projet individualisé d'accompagnement est conçu et mis en œuvre sous la responsabilité du directeur du service ou de l'établissement, en cohérence avec le plan personnalisé de compensation de chacun des enfants, adolescents ou jeunes adultes accueillis dans l'institution.

La mise en œuvre du projet personnalisé de scolarisation prévu à l'article L. 112-2 du code de l'éducation constitue l'un des volets du projet individualisé d'accompagnement.

Dans le cadre du projet individualisé d'accompagnement, les méthodes et pratiques pédagogiques en vigueur dans les établissements scolaires mises en œuvre par les enseignants des établissements et services médico-sociaux sont complétées, en tant que de besoin, par un accompagnement adapté par d'autres professionnels de l'équipe du service ou de l'établissement médico-social, en fonction des particularités de l'enfant pris en charge.

Dans les établissements mentionnés à l'article D. 312-59-1, le projet personnalisé d'accompagnement prévu au 2° du II de l'article D. 312-59-2 se substitue au projet individualisé d'accompagnement.

Art. D. 312-10-4 Ainsi qu'il est dit au III de l'article L. 241-6, la décision d'orientation de la commission des droits et de l'autonomie prise au titre du 2° du I du même article s'impose aux établissements ou aux services médico-sociaux désignés par cette commission.

Conformément à cet article, elle entraîne l'affectation de l'enfant dans l'un des établissements ou services proposés à la famille par la commission des droits et de l'autonomie des personnes handicapées dans la limite de la spécialité au titre de laquelle les établissements ou services ont été autorisés ou agréés.

Art. D. 312-10-5 Les interventions réalisées au titre de la coopération entre les établissements et les services médico-sociaux mentionnés aux 2° et 3° du I de l'article L. 312-1, d'une part, et les établissements d'enseignement mentionnés à l'article L. 351-1 du code de l'éducation, d'autre part, s'inscrivent dans le cadre des actions d'intégration prévues au 4° de l'article L. 311-1 et des dispositions relatives au parcours de formation des enfants et adolescents handicapés prévues par les articles L. 112-1 à L. 112-3 du code de l'éducation.

Art. D. 312-10-6 La coopération entre les établissements scolaires et les établissements et services du secteur médico-social est organisée par des conventions passées entre ces établissements et services.

La mise en œuvre du projet personnalisé de scolarisation des enfants, des adolescents ou des jeunes adultes handicapés orientés vers un établissement ou un service médico-social et scolarisés dans une école ou dans l'un des établissements mentionnés à l'article L. 351-1 du code de l'éducation donne lieu à une convention qui précise les modalités pratiques des interventions des professionnels et les moyens disponibles mis en œuvre par l'établissement ou le service au sein de l'école ou de l'établissement d'enseignement pour réaliser les actions prévues dans le projet personnalisé de scolarisation de l'élève et organisées par l'équipe de suivi de la scolarisation.

Lorsque l'élève bénéficie d'un dispositif d'enseignement organisé au titre d'une unité d'enseignement définie à l'article D. 351-17 du code de l'éducation, la convention mentionnée à l'alinéa précédent est rédigée en conformité avec les dispositions de la convention constitutive de l'unité d'enseignement prévue par l'article D. 351-18 du code de l'éducation.

Ces conventions sont conclues entre le représentant de l'organisme gestionnaire ou le représentant du service ou de l'établissement médico-social lorsqu'il s'agit d'un établissement public et le chef de l'un des établissements mentionnés à l'article L. 351-1 du code de l'éducation, le directeur académique des services de l'éducation nationale agissant sur délégation du recteur d'académie, s'agissant des écoles maternelles ou élémentaires, ou le directeur régional de l'alimentation, de l'agriculture et de la forêt ou son représentant pour l'enseignement agricole.

Art. D. 312-10-7 Les démarches et méthodes pédagogiques adaptées aux potentialités et aux capacités cognitives des élèves orientés vers un établissement ou un service médico-social donnent lieu à une concertation entre les enseignants des établissements scolaires et les enseignants des unités d'enseignement. Elles bénéficient des éclairages apportés par les autres professionnels de l'établissement scolaire ou de l'établissement ou du service médico-social.

Art. D. 312-10-8 Dans le cadre de la formation initiale et continue des enseignants et des personnels d'encadrement, d'accueil, techniques et de service de l'éducation nationale prévue à l'article L. 112-5 du code de l'éducation, les autorités académiques peuvent avoir recours, s'agissant de la mise en œuvre des actions de formation concernant l'accueil et l'éducation des élèves et des étudiants handicapés, à des professionnels qualifiés issus des établissements ou services et des centres de ressources mentionnés aux 2°, 3° et 11° du I de l'article L. 312-1 ou à des associations de personnes handicapées et de leurs familles.

La contribution de ces personnels aux actions de formation donne lieu à la signature de conventions entre les représentants des établissements, services ou associations concernés et les autorités académiques. Ces actions de formation associent le cas échéant les personnels concernés du ministère de l'agriculture et de la pêche dans le cadre de conventions signées entre l'autorité académique et le directeur régional de l'alimentation, de l'agriculture et de la forêt.

Art. D. 312-10-9 Les établissements et services médico-sociaux contribuent, en tant que de besoin, à l'enseignement consacré à la connaissance et au respect des personnes handicapées dispensé dans le cadre des programmes d'éducation civique en application de l'article L. 312-15 du code de l'éducation.

Art. D. 312-10-10 Les professionnels non enseignants de l'établissement ou du service médico-social contribuent étroitement à la mise en œuvre du projet personnalisé de scolarisation aux fins d'apporter, par la diversité de leurs compétences, l'accompagnement indispensable permettant de répondre de façon appropriée aux besoins de l'enfant, de l'adolescent ou du jeune adulte en situation scolaire.

Pour ce faire, le suivi de l'enfant, de l'adolescent ou du jeune adulte au sein des écoles et des établissements scolaires est assuré par ces personnels, selon leurs disponibilités.

Art. D. 312-10-11 Lorsque les professionnels des établissements ou des services médico-sociaux interviennent dans les établissements scolaires, ils restent sous la responsabilité hiérarchique du directeur de l'établissement ou du service médico-social. Ces professionnels sont soumis aux dispositions contenues dans le règlement intérieur de l'établissement scolaire.

Ils exercent conformément aux obligations professionnelles mentionnées dans leur contrat de travail ou dans leur statut, selon qu'il s'agit de personnel de droit privé ou de droit public, quels que soient le lieu et le mode de leurs interventions.

Art. D. 312-10-12 Les schémas d'organisation sociale et médico-sociale prévus à l'article L. 312-4 comprennent les créations et transformations d'établissements ou de services nécessitées par l'amélioration des dispositifs de scolarisation des élèves handicapés.

A ce titre, ils précisent le cadre de la coopération et de la coordination entre les établissements et services mentionnés aux 2°, 3° et 11° du I de l'article L. 312-1 ainsi qu'avec les établissements de santé définis aux articles L. 6111-1 et L. 6111-2 du code de la santé publique.

Art. D. 312-10-13 *(Décr. nº 2020-515 du 4 mai 2020, art. 1er-1º)* Dans chaque département, la collectivité de Corse et les collectivités territoriales de Guyane et Martinique, le directeur général de l'agence régionale de santé et le recteur de l'académie organisent un comité départemental de suivi de l'école inclusive chargé du suivi, de la coordination et de l'amélioration des parcours de scolarisation et de formation des enfants, des adolescents ou des jeunes adultes en situation de handicap, dans le respect des principes de l'école inclusive et de la coopération mentionnée au VII de l'article L. 312-1.

Art. D. 312-10-13-1 *(Décr. nº 2020-515 du 4 mai 2020, art. 1er-2º)* Le comité départemental de suivi de l'école inclusive est composé :

a) Du directeur général de l'agence régionale de santé ou de son représentant ;

b) Du directeur académique des services de l'éducation nationale ou de son représentant ;

c) De l'autorité académique en charge de l'enseignement agricole ou de son représentant ;

d) Du directeur de la maison départementale des personnes handicapées ou de son représentant ;

e) Du président du conseil départemental ou de son représentant ;

f) Du président du conseil régional ou de son représentant ;

g) D'un représentant des communes et établissements publics de coopération intercommunale siégeant à la formation spécialisée pour les questions relatives aux personnes handicapées du conseil départemental de la citoyenneté et de l'autonomie ;

h) D'un représentant des associations de parents d'enfants en situation de handicap désigné parmi les membres du premier collège de la formation spécialisée pour les questions relatives aux personnes handicapées du conseil départemental de la citoyenneté et de l'autonomie mentionné au 1º de l'article D. 149-4 ;

i) D'un représentant des organismes gestionnaires désigné parmi les organismes membres du troisième collège de la formation spécialisée pour les questions relatives aux personnes handicapées du conseil départemental de la citoyenneté et de l'autonomie mentionné au 3º de l'article D. 149-4.

Le comité départemental de suivi de l'école inclusive est présidé conjointement par le directeur général de l'agence régionale de santé et le directeur académique des services de l'éducation nationale.

Les présidents peuvent convier toute autre personne ou organisation concernée par le parcours de scolarisation et de formation des enfants, des adolescents ou des jeunes adultes en situation de handicap.

Le directeur général de l'agence régionale de santé et le recteur de l'académie peuvent décider de définir le périmètre et la composition du comité à une échelle interdépartementale.

Art. D. 312-10-13-2 *(Décr. nº 2020-515 du 4 mai 2020, art. 1er-2º)* Le comité départemental de suivi de l'école inclusive établit un état des lieux des moyens consacrés à l'école inclusive et à l'accompagnement médico-social des élèves en situation de handicap par les différentes autorités compétentes, ainsi qu'un bilan annuel des résultats qualitatifs et quantitatifs au regard des objectifs et des moyens.

A partir des données collectées et de l'état des lieux mentionné précédemment, il examine, en vue de leur coordination et d'un maillage territorial cohérent, les programmations et les déploiements nécessaires pour l'accueil, la formation et l'accompagnement des élèves en situation de handicap.

Le comité départemental de suivi de l'école inclusive encourage le développement des actions de formation croisée en matière d'école inclusive et de coopération. Il en dresse le bilan.

Art. D. 312-10-13-3 *(Décr. nº 2020-515 du 4 mai 2020, art. 1er-2º)* Un rapport des travaux menés par le comité départemental de suivi de l'école inclusive est adressé annuellement au conseil départemental de l'éducation nationale, à la commission de coordination des politiques publiques dans le domaine des prises en charge et des accompagnements médico-sociaux et à la formation spécialisée pour les questions relatives aux personnes handicapées du conseil départemental de la citoyenneté et de l'autonomie. Ce rapport est annexé au rapport biennal du conseil départemental de la citoyenneté et de l'autonomie sur la mise en œuvre des politiques de l'autonomie dans le département mentionné à l'article L. 149-1.

Art. D. 312-10-14 L'arrêté prévu à l'article D. 351-20 du code de l'éducation définit le projet pédagogique de l'unité d'enseignement. Ce projet pédagogique constitue l'une des composantes du projet de l'établissement ou du service médico-social visé à l'article L. 311-8. En application du projet personnalisé de scolarisation de chaque élève, il doit notamment décrire les objectifs, outils, démarches et supports pédagogiques adaptés permettant à chacun, quel que soit son handicap, de réaliser, en référence aux programmes scolaires en vigueur, et en complément de l'enseignement reçu au sein des établissements scolaires, les apprentissages rendus possibles et nécessaires à la suite de l'évaluation réalisée par l'équipe pluridisciplinaire de la maison départementale des personnes handicapées.

Art. D. 312-10-15 L'arrêté prévu à l'article D. 351-20 du code de l'éducation précise les conditions de mise en œuvre des unités d'enseignement, notamment les missions des personnels qui y exercent. Il fixe également les conditions de l'évaluation de ces unités, réalisée en lien avec l'Agence nationale d'évaluation sociale et médico-sociale.

Art. D. 312-10-16 L'enseignant référent prévu à l'article D. 351-12 du code de l'éducation et dont les missions sont définies par arrêté interministériel peut être sollicité, en tant que de besoin, par l'équipe éducative et pédagogique de l'établissement ou du service médico-social pour tout aspect de prise en charge pouvant avoir un impact sur le parcours de formation de l'élève.

§ 1 Établissements accueillant des enfants ou adolescents présentant des déficiences intellectuelles

SOUS-§ 1 *Dispositions générales*

Art. D. 312-11 *(Décr. nº 2009-378 du 2 avr. 2009)* Les dispositions du présent paragraphe sont applicables aux établissements et services qui accueillent et accompagnent des enfants ou des adolescents présentant un déficit intellectuel, conformément à leur plan personnalisé de compensation comprenant le projet personnalisé de scolarisation et prenant en compte les aspects psychologiques et psychopathologiques ainsi que le recours, autant que de besoin, à des techniques de rééducation, telles que l'orthophonie, la kinésithérapie et la psychomotricité.

Ces établissements et services accueillent également les enfants ou adolescents lorsque la déficience intellectuelle s'accompagne de troubles, tels que des troubles de la personnalité, des troubles comitiaux, des troubles moteurs et sensoriels et des troubles graves de la communication de toutes origines, ainsi que des maladies chroniques compatibles avec une vie collective.

Art. D. 312-12 *(Décr. nº 2009-378 du 2 avr. 2009)* L'accompagnement mis en place au sein de l'établissement ou du service tend à favoriser l'épanouissement, la réalisation de toutes les potentialités intellectuelles, affectives et corporelles, l'autonomie maximale quotidienne et sociale des enfants ou des adolescents accueillis.

Il a également pour objectif d'assurer leur insertion dans les différents domaines de la vie, la formation générale et professionnelle.

Cet accompagnement peut concerner les enfants adolescents aux différents stades de l'éducation précoce et, selon leur niveau d'acquisition, de la formation préélémentaire, élémentaire, secondaire et technique. Les missions de l'établissement ou du service comprennent :

1º L'accompagnement de la famille et de l'entourage habituel de l'enfant ou de l'adolescent ;

2º Les soins et les rééducations ;

3º La surveillance médicale régulière, générale ainsi que de la déficience et des situations de handicap ;

4º L'établissement d'un projet individualisé d'accompagnement prévoyant :

a) L'enseignement et le soutien permettant à chaque enfant de réaliser, dans le cadre du projet personnalisé de scolarisation, en référence aux programmes scolaires en vigueur, les apprentissages nécessaires ;

b) Des actions tendant à développer la personnalité de l'enfant ou de l'adolescent et à faciliter la communication et la socialisation.

Un projet d'établissement à visée pédagogique, éducative et thérapeutique précise les objectifs et les moyens mis en œuvre pour assurer cet accompagnement.

Art. D. 312-13 Il est pratiqué au moins un examen complet de tous les enfants une fois en cours d'année, ainsi que des examens autant que de besoin en fonction de l'évolution de l'enfant.

Aucun traitement n'est entrepris s'il n'a été prescrit par un des médecins attachés à l'établissement ou par un médecin appelé en consultation.

Art. D. 312-14 *(Décr. nº 2009-378 du 2 avr. 2009)* La famille est associée à l'élaboration du projet individualisé d'accompagnement, à sa mise en œuvre, à son suivi régulier et à son évaluation.

L'équipe médico-psychopédagogique de l'établissement ou du service fait parvenir à la famille, au moins tous les semestres, des informations détaillées sur l'évolution de l'enfant ou de l'adolescent et chaque année un bilan pluridisciplinaire complet de sa situation.

Au moins une fois par an, les parents sont invités à rencontrer les professionnels de l'établissement. Ils sont également saisis de tout fait ou décision relevant de l'autorité parentale.

SOUS-§ 2 *Organisation de l'établissement ou du service*

Art. D. 312-15 *(Décr. nº 2009-378 du 2 avr. 2009)* L'établissement ou le service peut comporter une unité d'enseignement, créée par convention conformément aux dispositions du 2° de l'article D. 312-10-5. L'unité d'enseignement a pour mission de dispenser :

1° Un enseignement général permettant d'assurer les apprentissages scolaires et le développement de l'autonomie et de la socialisation ;

2° Un enseignement professionnel intégrant l'initiation et la première formation professionnelle pour les adolescents déficients intellectuels.

L'unité d'enseignement recourt à des méthodes pédagogiques adaptées. Les objectifs, les contenus, les certifications de la première formation professionnelle se réfèrent aux programmes scolaires en vigueur.

Pour orienter chaque élève vers l'activité qu'il est le mieux à même d'exercer, compte tenu de ses aptitudes propres, l'établissement ou le service s'assure le concours de services d'orientation. Cette première formation professionnelle est réalisée en liaison étroite avec le milieu professionnel.

L'établissement ou le service peut être organisé en sections notamment pour l'accueil des jeunes déficients intellectuels avec handicaps moteurs ou sensoriels associés. Les locaux et les équipements sont aménagés en conséquence.

Dans le cadre de l'enseignement professionnel, l'établissement ou le service peut également faire appel à des éducateurs techniques spécialisés.

Des actions thérapeutiques et éducatives particulières définies individuellement en fonction des besoins propres à chaque enfant ou adolescent sont réalisées conformément au projet individualisé d'accompagnement. Ces actions sont mises en œuvre, en tant que de besoin, en liaison avec d'autres services ou établissements spécialisés, dans le cadre de conventions passées avec ces services ou établissements.

Art. D. 312-16 Toutes les fois que cela est possible, les enfants ou adolescents demeurent hébergés dans leur famille et sont *(Décr. nº 2009-378 du 2 avr. 2009)* « accueillis », à temps partiel ou à temps plein, dans un établissement scolaire ordinaire.

L'établissement peut fonctionner en externat, en semi-internat ou en internat. Dans ce dernier cas, il peut assurer l'hébergement dans ses propres locaux, dans des internats qu'il gère, dans des internats gérés par d'autres organismes *(Abrogé par Décr. nº 2017-982 du 9 mai 2017, art. 1er-3°)* « ***, dans la limite du nombre total de lits autorisés,*** » ou dans des centres d'accueil familial spécialisé. — *V. note ss. art. D. 312-9.*

Art. D. 312-17 Dans le cadre du projet *(Décr. n° 2009-378 du 2 avr. 2009)* « d'établissement », des transferts de l'ensemble ou partie de l'établissement peuvent être organisés sous la responsabilité du directeur. Un arrêté précise les conditions dans lesquelles ces transferts sont organisés.

Art. D. 312-18 L'établissement ou le service assure l'accompagnement de l'insertion sociale et professionnelle de l'adolescent à sa sortie. Afin d'apporter son appui au jeune et à sa famille, en liaison avec les services administratifs et sociaux compétents auxquels il ne se substitue pas, il apporte son concours aux démarches nécessaires pour faciliter l'insertion professionnelle et l'insertion sociale.

Cet accompagnement *(Abrogé par Décr. n° 2009-378 du 2 avr. 2009)* *« court »* est poursuivi sur une durée minimum de trois ans.

Art. D. 312-19 *(Décr. n° 2009-378 du 2 avr. 2009)* « Pour chaque enfant ou adolescent est élaboré un projet individualisé d'accompagnement, tel que défini à l'article D. 312-10-2, intégrant trois composantes : pédagogique, éducative et thérapeutique. » L'ensemble des personnels mentionnés aux articles D. 312-21, D. 312-24 et D. 312-25 *(Décr. n° 2009-378 du 2 avr. 2009)* « sont associés à son élaboration ». Le directeur de l'établissement *(Décr. n° 2009-378 du 2 avr. 2009)* « ou du service » est responsable de son élaboration et de sa mise en œuvre, dans le respect des compétences et des règles déontologiques des différents professionnels. Il en assure la cohérence ainsi que la coordination avec les intervenants extérieurs. Il organise et préside notamment les réunions de synthèse.

SOUS-§ 3 *Personnels*

Art. D. 312-20 *(Décr. n° 2009-378 du 2 avr. 2009)* Le directeur a la responsabilité générale du fonctionnement de l'établissement ou du service. Il doit posséder les qualifications mentionnées aux articles D. 312-176-6 et D. 312-176-7 ou remplir les conditions de dérogation prévues à l'article D. 312-176-8.

Lorsqu'il s'agit d'un établissement ou d'un service médico-social de droit privé, les compétences et les missions que la personne physique ou morale gestionnaire confie par délégation au directeur de l'établissement sont précisées dans un document unique selon les dispositions de l'article D. 312-176-5.

Le directeur doit en outre être apte physiquement, moralement et professionnellement à assurer la garde et l'éducation d'enfants et d'adolescents, ainsi que le bon fonctionnement d'un établissement.

Art. D. 312-21 L'établissement s'assure les services d'une équipe médicale et paramédicale, comprenant notamment :

1° un psychiatre possédant une formation dans le domaine de l'enfance et de l'adolescence ;

2° un pédiatre, ou, selon l'âge des personnes accueillies et en fonction des besoins de l'établissement, un médecin généraliste ;

3° un psychologue ;

4° un infirmier ou une infirmière ;

5° selon les besoins des enfants, notamment des kinésithérapeutes, orthophonistes, psychomotriciens ;

6° en fonction des besoins, un médecin ayant une compétence particulière en neurologie, en ophtalmologie, en audiophonologie ou en rééducation et réadaptation fonctionnelle.

Art. D. 312-22 *(Décr. n° 2009-378 du 2 avr. 2009)* « Sous la responsabilité de l'un des médecins mentionnés aux 1° et 2° de l'article D. 312-21, l'équipe médicale et paramédicale :

« 1° met en œuvre les composantes thérapeutique et rééducative du projet individualisé d'accompagnement de l'enfant ou de l'adolescent ; »

2° assure la surveillance de la santé des enfants ou adolescents en coordination avec leur médecin de famille ;

3° assure, en coordination avec le directeur ainsi qu'avec le médecin du travail, la surveillance générale de l'établissement en ce qui concerne l'hygiène de vie des enfants ou adolescents, leur alimentation et l'hygiène des locaux.

Art. D. 312-23 **Des accords sont passés avec un oto-rhino-laryngologiste et un dentiste ou un stomatologiste afin qu'ils puissent prodiguer leurs soins aux enfants accueillis dans l'établissement.**

Art. D. 312-24 **Tout établissement comporte un service social confié à un assistant de service social, exerçant soit à temps partiel, soit à temps complet, si l'établissement compte au moins cent places.**

Art. D. 312-25 *(Décr. nº 2009-378 du 2 avr. 2009)* **« L'établissement s'assure le concours d'une équipe pédagogique et éducative comprenant selon l'âge et les besoins des enfants :**

« 1° Des enseignants mentionnés dans l'arrêté prévu à l'article D. 351-20 du code de l'éducation dont la rémunération est prise en charge par l'État en application de l'article L. 351-1 du même code ;

« 2° Des éducateurs assurant des actions orientées vers le développement de la personnalité et la socialisation des enfants et adolescents.

« Dans le cadre de l'enseignement professionnel, l'établissement ou le service peut également faire appel à des éducateurs techniques. »

Les enseignants mentionnés au deuxième alinéa sont recrutés dans les catégories suivantes :

1° instituteurs spécialisés ou professeurs des écoles spécialisés, titulaires du certificat d'aptitude professionnelle pour les aides spécialisées, les enseignements adaptés et la scolarisation des élèves en situation de handicap ;

2° professeurs d'enseignement général et de première formation professionnelle ;

3° professeurs d'enseignement technique ou professionnel, lorsqu'existe une section de formation professionnelle.

En outre, il est fait appel à des professeurs d'éducation physique et sportive.

La section de formation professionnelle peut en outre faire appel à des éducateurs techniques spécialisés. Elle peut également solliciter le concours d'artisans locaux ou d'ouvriers qualifiés présentant les qualités indispensables pour ces fonctions.

Les éducateurs mentionnés au troisième alinéa sont recrutés, à raison de un pour quinze enfants, dans les catégories suivantes :

1° éducateurs spécialisés ;

2° éducateurs de jeunes enfants ;

3° moniteurs-éducateurs.

Le nombre d'éducateurs est fixé de sorte à pouvoir assurer les remplacements liés aux congés.

Cette équipe peut être complétée, selon les besoins, par le recours à des aides médico-psychologiques.

Art. D. 312-26 **Chacun des membres des équipes médicale, pédagogique et éducative possède les diplômes d'État ou les équivalences reconnues nécessaires à l'exercice de ses compétences.**

SOUS-§ 4 *Installations*

Art. D. 312-27 **Lorsqu'il est situé en milieu rural, le terrain d'assiette de l'établissement est calculé sur la base de deux hectares pour cinquante lits. Ce terrain doit bénéficier d'un environnement sain et agréable et de communications faciles avec les villes avoisinantes.**

Tout établissement accueillant des enfants comporte des terrains de jeux. Tout internat comporte des espaces verts suffisants.

La construction des locaux est conçue de façon à favoriser la vie en petits groupes relativement autonomes.

Des locaux en nombre suffisant et de dimension appropriée sont prévus pour l'ensemble des activités d'enseignement, sportives ou liées à la pédagogie, à la formation professionnelle, à la rééducation, et notamment une salle de réunion, une bibliothèque de documentation, un dépôt d'archives. Les diverses activités devront s'effectuer, autant que possible, dans des lieux distincts et clairement identifiables par les enfants ou adolescents.

Les enfants disposent d'une salle de jour distincte de leurs chambres.

D'une manière générale, les lieux d'accueil de l'enfant doivent présenter un aspect familial. Dans le restaurant d'enfants, l'espace est aménagé de manière à permettre la prise des repas en petits groupes.

Les locaux techniques, cuisine, buanderie, ateliers d'entretien notamment, sont installés en fonction des besoins.

Art. D. 312-28 Dans les établissements mixtes, les enfants de chaque sexe ont des chambres différentes à partir de l'âge de six ans.

Les enfants peuvent être logés en chambres collectives ou particulières.

La surface des chambres individuelles est d'au moins neuf mètres carrés. Les chambres collectives comprennent au maximum quatre lits et une surface d'au moins cinq mètres carrés par lit.

La disposition des chambres préserve une intimité suffisante pour les enfants ou adolescents. A cet effet, ils disposent des aménagements usuels existant dans un environnement familial, notamment d'une armoire, d'un placard et d'une armoire de toilette.

Art. D. 312-29 Les locaux réservés au personnel, y compris les toilettes, sont séparés de ceux réservés aux enfants ou aux adolescents.

Art. D. 312-30 Les toilettes sont réparties à proximité des chambres, des salles à manger et des lieux de réunion : elles sont en nombre suffisant, y compris à l'extérieur. En outre, elles sont pourvues de portes susceptibles d'être ouvertes de l'extérieur en cas de nécessité.

Art. D. 312-31 Des lavabos à eau courante individuels sont installés à proximité des chambres et des salles à manger.

Une installation de douches est exigée, à raison d'un poste de douches pour six. L'établissement comporte également des baignoires.

Même lorsqu'il fonctionne en externat, il est équipé de salles de bains ou douches en nombre suffisant.

Toutes les pièces d'eau sont pourvues de sols antidérapants. Toutes les installations d'eau accessibles aux enfants ou adolescents sont pourvues de dispositifs destinés à éviter à ceux-ci d'être ébouillantés.

L'établissement veille à la propreté du linge.

Art. D. 312-32 L'établissement se conforme aux lois et règlements applicables en matière d'accessibilité, d'hygiène et de sécurité. La qualité de l'eau est régulièrement contrôlée conformément aux dispositions de la section 1 du chapitre I du titre II du livre III de la première partie du code de la santé publique.

Art. D. 312-33 L'établissement comporte :

1° un cabinet médical équipé, précédé d'une salle d'attente ;

2° une salle de soins distincte du cabinet médical si celui-ci est utilisé toute la journée. Une réserve de pharmacie y est constituée dans un placard fermant à clé.

Tout établissement est doté d'une infirmerie de deux ou trois chambres individuelles.

Lorsque l'établissement fonctionne en internat, l'infirmerie comporte une salle commune de jour pour les enfants malades qui peuvent se lever, une pièce pour la toilette des malades et une chambre pour l'infirmier de garde.

Des locaux sont prévus pour les rééducations individuelles et les activités de groupe.

Un registre de l'état sanitaire mentionne tous les accidents ou incidents survenus, ainsi que les hospitalisations effectuées.

SOUS-§ 5 *Fonctionnement de l'établissement*

Art. D. 312-34 Avant son entrée en fonctions, tout membre du personnel est soumis à un examen général comportant notamment :

— une radiographie ou une radiophotographie pulmonaire à moins qu'un cliché datant de moins de deux mois ne puisse être fourni ;

— une épreuve cutanée à la tuberculine.

En outre, les agents sont tenus de subir chaque année un examen clinique à la suite duquel le médecin du travail peut prescrire les investigations complémentaires qu'il juge nécessaires.

Art. D. 312-35 *(Décr. n° 2009-378 du 2 avr. 2009)* Le directeur prononce l'admission de l'enfant ou de l'adolescent conformément à la décision de la commission des droits et de l'autonomie des personnes handicapées et dans les conditions fixées à l'article D. 312-10-3. Le directeur est tenu d'informer dans un délai de quinze jours la maison départementale des personnes handicapées de la suite réservée à la désignation opérée par la commission des droits et de l'autonomie conformément aux dispositions de l'article R. 146-36.

Art. D. 312-36 Sauf contre-indication expresse notifiée par le médecin traitant, les enfants satisfont aux obligations vaccinales prévues par la loi *(Abrogé par Décr. n° 2006-331 du 21 mars 2006)* ***«, complétées le cas échéant par les vaccinations contre la rubéole, la rougeole et les oreillons».***

Art. D. 312-37 *(Décr. n° 2009-378 du 2 avr. 2009)* L'établissement ou le service constitue et conserve pour chaque enfant ou adolescent, dans le respect des règles de droit régissant le secret professionnel et la conservation des documents, un dossier comportant, outre les informations d'état civil :

1° Les résultats des examens et enquêtes qui ont motivé la décision d'orientation prononcée par la commission des droits et de l'autonomie des personnes handicapées ;

2° Une autorisation écrite des parents ou tuteurs permettant la mise en œuvre de traitements urgents qui peuvent être reconnus nécessaires par les médecins de l'établissement ;

3° Le projet individualisé d'accompagnement défini par l'établissement pour l'enfant ou l'adolescent avec le projet personnalisé de scolarisation notifié par la commission des droits et de l'autonomie, constituant le volet scolaire ;

4° Le compte rendu des réunions de synthèse et de l'équipe de suivi de la scolarisation consacrées à l'enfant ou l'adolescent ;

5° Le compte rendu régulier des acquisitions scolaires et de la formation professionnelle ;

6° La décision et les motifs de la sortie établis par la commission des droits et de l'autonomie des personnes handicapées ainsi que, le cas échéant, l'orientation donnée aux enfants ou aux adolescents ;

7° Les informations dont dispose l'établissement sur le devenir du jeune pendant un délai de trois ans après la sortie définitive ;

8° Le compte rendu de la surveillance régulière du développement psychologique, cognitif et corporel de l'enfant ou de l'adolescent ;

9° Les certificats médicaux et les résultats des examens cliniques et complémentaires pratiqués à l'intérieur ou à l'extérieur de l'établissement ou du service.

Le contenu et l'usage du dossier de l'intéressé doivent être conformes à la législation en vigueur, notamment aux articles L. 1111-7 et L. 1111-8 du code de la santé publique.

Art. D. 312-38 *(Décr. n° 2009-378 du 2 avr. 2009)* Le projet d'établissement ou du service établi après consultation du conseil de la vie sociale ou d'une autre instance de participation instituée conformément à l'article L. 311-8 fixe les objectifs pédagogiques, éducatifs et thérapeutiques de l'établissement ou du service ainsi que les modalités de leur réalisation et de l'évaluation de leurs résultats. Il comprend notamment le projet pédagogique de l'unité d'enseignement. Ce projet est adopté par le conseil d'administration et porté à la connaissance de la tutelle.

Le projet d'établissement prévoit un emploi du temps équilibré des enfants ou des adolescents avec, éventuellement, et selon les directives des équipes médicale, pédagogique et éducative, les modifications adaptées au projet individualisé d'accompagnement défini pour chaque jeune.

Afin notamment de faciliter le maintien des liens familiaux, le règlement de fonctionnement de l'établissement détermine les périodes de vacances. Il précise en outre les modalités et les horaires de retour de l'enfant dans sa famille ou les conditions de visite des parents dans l'établissement ou le service.

Art. D. 312-39 L'établissement ne peut imposer aux enfants ou adolescents une tenue vestimentaire visant à les distinguer collectivement tant à l'intérieur qu'à l'extérieur du centre.

Les enfants ou adolescents ne sont pas utilisés pour effectuer les tâches incombant normalement au personnel de l'établissement. Ils ne peuvent être employés aux services généraux que dans le cadre du *(Décr. nº 2009-378 du 2 avr. 2009)* « projet individualisé d'accompagnement » et sous la surveillance des équipes médicales, pédagogiques et éducatives.

Les sanctions corporelles sont interdites.

Art. D. 312-40 Dans le cadre du *(Décr. nº 2009-378 du 2 avr. 2009)* « projet individualisé d'accompagnement », les enfants ou adolescents demeurent sous le contrôle du personnel de l'établissement *(Décr. nº 2009-378 du 2 avr. 2009)* « ou du service ».

Un registre des présences est tenu quotidiennement sous la responsabilité du directeur.

Dans le cas d'un établissement fonctionnant en internat, une surveillance de nuit adaptée est organisée.

La direction de chaque établissement doit contracter une assurance générale couvrant les risques d'implantation et de fonctionnement, notamment au bénéfice de ses pensionnaires, lorsque ceux-ci ne sont pas couverts par le titre I du livre IV du code de la sécurité sociale.

SOUS-§ 6 *Centres d'accueil familial spécialisé*

Art. D. 312-41 Les enfants ou adolescents peuvent être hébergés dans des centres d'accueil familial spécialisé, conformément aux dispositions de l'article D. 312-16.

Le centre d'accueil familial spécialisé a pour but de mettre à la disposition des enfants ou adolescents un environnement psychologique, éducatif et affectif complémentaire de celui qu'ils peuvent trouver dans leur propre entourage.

Art. D. 312-42 Le centre d'accueil familial spécialisé ne peut être créé et géré que par des établissements autorisés au titre des paragraphes 1 à 5 de la présente sous-section, ainsi que par des centres médico-psychopédagogiques et des centres d'action médico-sociale précoce.

Le directeur de l'établissement auquel est rattaché un centre d'accueil familial spécialisé assure la gestion du centre.

Un centre d'accueil familial spécialisé ne peut recevoir que les catégories d'enfants ou d'adolescents dont l'organisme gestionnaire s'occupe effectivement.

Le suivi de l'enfant ou de l'adolescent est assuré par l'équipe médicale, psychologique, éducative et pédagogique de l'établissement ou du service de rattachement.

Art. D. 312-43 Les dispositions des sous-paragraphes 1, 2, 3 et 5 s'appliquent lorsque les enfants ou adolescents sont hébergés en centre d'accueil familial spécialisé.

Art. D. 312-44 Les centres d'accueil familial spécialisé veillent à ce que le suivi médical et social de l'enfant ou de l'adolescent soit convenablement assuré ainsi que sa scolarité.

Ils évitent la dispersion géographique.

Art. D. 312-45 Les familles d'accueil sont agréées conformément aux dispositions des articles R. 421-1 à R. 421-13.

De plus, le centre d'accueil familial spécialisé communique à l'autorité de tutelle les noms et adresses des familles auxquelles il recourt ainsi que le nombre d'enfants ou d'adolescents qu'elles reçoivent.

Art. D. 312-46 Le nombre d'enfants ou d'adolescents placés dans une même famille ne peut être supérieur à trois. Les enfants ou adolescents sont logés dans le même domicile que la famille d'accueil et dans des chambres distinctes.

Art. D. 312-47 Le choix de la famille d'accueil d'un enfant ou adolescent placé dans l'établissement par la *(Décr. nº 2009-378 du 2 avr. 2009)* « commission des droits et de l'autonomie des personnes handicapées », sous réserve des dispositions de l'article D. 312-45, est prononcé par le directeur après avis de l'équipe médicale, éducative et pédagogique de l'établissement et après observation des relations de l'enfant ou adolescent mis en présence de dans son nouveau milieu.

Il est tenu compte autant que possible des opinions et convictions du milieu familial de l'enfant ou adolescent au moment du choix de la famille d'accueil.

Art. D. 312-48 Les familles d'accueil signalent à la direction du centre toute difficulté relative à l'état de santé de l'enfant ou de l'adolescent ou à son comportement scolaire, familial ou social.

En cas de difficultés entre l'enfant ou l'adolescent et la famille d'accueil, le directeur de l'établissement peut décider le placement de l'enfant ou de l'adolescent dans une autre famille.

Art. D. 312-49 La direction du centre constitue, pour chacune des familles éducatrices, un dossier indiquant notamment les possibilités d'accueil dont elle dispose, les enfants ou adolescents reçus par elle, la durée de leur séjour, les incidents éventuels durant le placement.

Art. D. 312-50 Les informations nécessaires à la connaissance de l'enfant ou de l'adolescent sont transmises à la famille d'accueil. Celle-ci est soumise au secret professionnel dans les mêmes conditions que le personnel de l'établissement de rattachement.

La famille d'accueil participe à l'élaboration du *(Décr. nº 2009-378 du 2 avr. 2009)* « projet individualisé d'accompagnement » et apporte toute information intéressant la vie de l'enfant ou de l'adolescent. Elle participe aux réunions de coordination, qui ont lieu périodiquement et au moins une fois par trimestre.

Art. D. 312-51 Le centre s'assure le concours permanent d'un personnel qualifié. Il dispose d'un personnel technique comportant au moins un assistant de service social ou un éducateur.

Des visites de la famille d'accueil sont prévues autant que de besoin et au minimum une fois par trimestre.

Art. D. 312-52 L'organisme gestionnaire passe un accord avec un médecin proche de la famille d'accueil pour le traitement des affections intercurrentes. Une convention particulière est passée avec les établissements appropriés afin de permettre en cas de besoin l'hospitalisation rapide des enfants ou adolescents.

Chaque fois que l'état de l'enfant ou de l'adolescent le requiert, il est fait appel au concours, à titre de consultants, de médecins spécialistes.

Chaque famille d'accueil informe la direction du centre du nom du médecin auquel il a été fait appel en cas d'urgence.

Art. D. 312-53 Les parents de l'enfant ou de l'adolescent donnent leur accord au placement dans une famille d'accueil et aux éventuelles réorientations.

L'établissement ou le service veille à ce que des liaisons s'établissent entre la famille légale d'origine et la famille d'accueil.

Art. D. 312-54 L'établissement ou le service contracte une assurance garantissant les accidents survenant à l'enfant ou à l'adolescent ou provoqués par lui.

SOUS-§ 7 *Services d'éducation spéciale et de soins à domicile*

Art. D. 312-55 Un service d'éducation spéciale et de soins à domicile peut être rattaché à l'établissement. Ce service peut être également autonome.

Son action est orientée, selon les âges, vers :

1° *(Décr. nº 2009-378 du 2 avr. 2009)* « l'accompagnement » précoce pour les enfants de la naissance à six ans comportant le conseil et l'accompagnement des familles et de l'entourage familier de l'enfant, l'approfondissement du diagnostic, l'aide au développement psychomoteur initial de l'enfant et la préparation des orientations collectives ultérieures :

2° le soutien *(Décr. nº 2009-378 du 2 avr. 2009)* « à la scolarisation » ou à l'acquisition de l'autonomie comportant l'ensemble des moyens médicaux, paramédicaux, psycho-sociaux, éducatifs et pédagogiques adaptés.

Les interventions s'accomplissent dans les différents lieux de vie et d'activité de l'enfant ou adolescent, domicile, crèche, école, et dans les locaux du service.

Le service d'éducation spéciale et de soins à domicile œuvre en liaison étroite notamment avec les secteurs de psychiatrie infanto-juvénile, les services hospitaliers, la protection maternelle et infantile et les centres d'action médico-sociale précoce, les centres médico-psycho-pédagogiques.

Des conventions peuvent être passées pour certaines des prestations nécessaires avec ces services ou des intervenants spécialisés proches du domicile des parents.

Art. D. 312-56 Le service d'éducation spéciale et de soins à domicile comprend une équipe médicale et paramédicale telle que définie à l'article D. 312-21.

Il comprend également des éducateurs assurant des actions orientées vers le développement de la personnalité et la socialisation des enfants ou adolescents.

Il comprend en tant que de besoin un ou des enseignants spécialisés.

Art. D. 312-57 Lorsque le service d'éducation spéciale et de soins à domicile est autonome, la direction en est assurée par un directeur possédant les qualifications et les aptitudes fixées par les dispositions de l'article D. 312-20 et qui en exerce la responsabilité dans les conditions définies à l'article D. 312-19.

L'un des deux médecins mentionnés à l'article D. 312-21 *(Décr. nº 2009-378 du 2 avr. 2009)* « s'assure de l'application des dimensions thérapeutique et rééducative du projet individualisé d'accompagnement des enfants ou adolescents » ainsi que, en liaison avec le médecin de la famille, la surveillance de la santé des enfants ou adolescents.

Art. D. 312-58 Lorsque le service d'éducation spéciale et de soins à domicile intervient dans le cadre *(Décr. nº 2009-378 du 2 avr. 2009)* « de la scolarisation », une convention passée avec, selon les cycles d'enseignement, le directeur académique des services de l'éducation nationale agissant sur délégation du recteur d'académie ou le chef d'établissement scolaire précise les conditions d'intervention du service dans le cadre du *(Décr. nº 2009-378 du 2 avr. 2009)* « projet d'établissement ».

(Décr. nº 2009-378 du 2 avr. 2009) « La convention conclue conformément aux dispositions de l'article D. 312-10-5 précise » également les modalités d'intervention des personnels spécialisés (lieux, durée, fréquence, réunions de synthèse). Lui est annexée la liste des personnels enseignants et spécialisés appelés à intervenir auprès des enfants ou adolescents, avec leurs qualifications et statuts.

Art. D. 312-59 *(Abrogé par Décr. nº 2017-982 du 9 mai 2017, art. 1er-5º)* ***Chaque section ou service fait l'objet d'un arrêté d'autorisation dans les conditions prévues par le chapitre III du présent livre.*** — V. note ss. art. D. 312-9.

§ 1 *BIS* Les instituts thérapeutiques, éducatifs et pédagogiques

(Décr. nº 2005-11 du 6 janv. 2005, art. 1er)

SOUS-§ 1 *Dispositions générales*

Art. D. 312-59-1 Les instituts thérapeutiques, éducatifs et pédagogiques accueillent les enfants, adolescents ou jeunes adultes qui présentent des difficultés psychologiques dont l'expression, notamment l'intensité des troubles du comportement, perturbe gravement la socialisation et l'accès aux apprentissages. Ces enfants, adolescents et jeunes adultes se trouvent, malgré des potentialités intellectuelles et cognitives préservées, engagés dans un processus handicapant qui nécessite le recours à des actions conjuguées et à un accompagnement personnalisé tels que définis au II de l'article D. 312-59-2.

Art. D. 312-59-2 I. — Les instituts thérapeutiques, éducatifs et pédagogiques :

1º Accompagnent le développement des personnes mentionnées à l'article D. 312-59-1, au moyen d'une intervention interdisciplinaire. Cet accompagnement amène ces personnes à prendre conscience de leurs ressources, de leurs difficultés et à se mobiliser pour aller vers leur autonomie ;

2º Dispensent des soins et des rééducations ;

3º Favorisent le maintien du lien des intéressés avec leur milieu familial et social ;

4º Promeuvent leur intégration dans les différents domaines de la vie, notamment en matière de formation générale et professionnelle. A ce titre, ils favorisent le maintien ou préparent l'accueil des intéressés en écoles et établissements scolaires, dans des dispositifs ordinaires ou adaptés *(Décr. nº 2009-378 du 2 avr. 2009)* « , ou au titre de l'unité d'enseignement créée par convention conformément aux dispositions du troisième alinéa de l'article D. 312-10-6 » ;

5º Assurent, à l'issue de l'accompagnement, un suivi de ces personnes pendant une période définie et renouvelable dans la limite de trois années ;

6º Peuvent participer, en liaison avec les autres intervenants compétents, à des actions de prévention, de repérage des troubles du comportement et de recherche de solutions adaptées pour les personnes mentionnées à l'article D. 312-59-1.

II. — Pour mettre en œuvre les missions définies au I du présent article, les instituts thérapeutiques, éducatifs et pédagogiques disposent d'une équipe interdisciplinaire qui :

1º Conjugue des actions thérapeutiques, éducatives et pédagogiques sous la forme d'une intervention interdisciplinaire réalisée en partenariat avec les équipes de psychiatrie de secteur, les services et établissements de l'éducation nationale et, le cas échéant, les services de l'aide sociale à l'enfance et ceux de la protection judiciaire de la jeunesse ;

2º Réalise ces actions dans le cadre d'un projet personnalisé d'accompagnement, adapté à la situation et l'évolution de chaque personne accueillie.

Les instituts thérapeutiques, éducatifs et pédagogiques se dotent, conformément à l'article L. 311-8, d'un projet d'établissement tel que défini à l'article D. 312-59-4.

Art. D. 312-59-3 Les parents ou les détenteurs de l'autorité parentale sont des acteurs à part entière du processus de développement de leur enfant. Ils sont associés aussi étroitement que possible à l'élaboration du projet personnalisé d'accompagnement et à son évolution, jusqu'à la fin de la prise en charge, ainsi qu'à l'élaboration du projet de sortie. Leur participation doit être recherchée dès la phase d'admission et tout au long de la prise en charge.

Toutes les fois que cela est possible, les enfants, adolescents ou jeunes adultes résident dans leur famille.

Lors de l'admission, le livret d'accueil visé à l'article L. 311-4 est communiqué à la famille et, le cas échéant, au jeune concerné. Les parents ou les détenteurs de l'autorité parentale sont saisis de tout fait ou décision relevant de l'autorité parentale.

Ils sont destinataires chaque année d'un bilan complet de la situation de l'enfant, de l'adolescent ou, avec son accord, du jeune adulte.

Art. D. 312-59-3-1 *(Décr. n° 2017-620 du 24 avr. 2017, art. 1er-I)* Les conditions selon lesquelles les instituts thérapeutiques, éducatifs et pédagogiques et les services d'éducation spéciale et de soins à domicile mentionnés au 5° de l'article D. 312-59-5 peuvent fonctionner en dispositif intégré en application de l'article L. 312-7-1 sont définies dans le cahier des charges figurant à l'annexe 2-12 du présent code.

Les modalités d'établissement du bilan annuel adressé par les établissements et services signataires de la convention conclue en application de l'article L. 312-7-1 en vue du fonctionnement en dispositif intégré sont fixées par l'annexe 2-13 du présent code.

SOUS-§ 2 *Organisation de l'établissement*

Art. D. 312-59-4 Le projet d'établissement prévu à l'article L. 311-8 garantit la cohérence, la continuité et la qualité des projets personnalisés d'accompagnement. Ce projet :

1° Définit les modalités de mise en œuvre des missions énumérées au I de l'article D. 312-59-2 et des composantes thérapeutique, éducative, pédagogique et sociale mentionnées aux articles D. 312-59-9 à D. 312-59-12 et précise les conditions d'intervention des membres de l'équipe interdisciplinaire, mentionnés à ces mêmes articles ;

(Décr. n° 2009-378 du 2 avr. 2009) « 1° *bis* Comprend le projet pédagogique de l'unité d'enseignement mise en place par l'établissement ou le service ; »

2° Détaille les caractéristiques générales des prises en charge, des accompagnements et des prestations mis en œuvre par l'établissement qui constituent le cadre de référence des projets personnalisés d'accompagnement élaborés dans les conditions prévues à l'article D. 312-59-5 ;

3° Précise le contenu de la collaboration de l'établissement avec d'autres partenaires afin de favoriser la qualité de la prise en charge de ces personnes ainsi que la préparation ou la poursuite de leur intégration en milieu de vie ordinaire. Cette collaboration peut donner lieu à la conclusion d'une convention ou s'inscrit dans l'une des autres formules de coopération mentionnées *(Décr. n° 2009-378 du 2 avr. 2009)* « aux articles L. 312-7 et D. 312-10-12 » ;

4° Détermine la nature des dispositifs propres à garantir une bonne animation de l'équipe interdisciplinaire ainsi que la mise en œuvre de programmes de formation et d'actions de soutien des personnels telles que définies à l'article D. 312-59-16 ;

5° Formalise les procédures relatives à l'amélioration de la qualité du fonctionnement de l'établissement et des prestations qui y sont délivrées. Cette formalisation vient soutenir la mise en œuvre de l'évaluation interne telle que définie au premier alinéa de l'article L. 312-8 du présent code.

Art. D. 312-59-5 I. – Chaque projet personnalisé d'accompagnement mentionné au 2° du II de l'article D. 312-59-2 :

1° Tient compte de la situation singulière des personnes mentionnées à l'article D. 312-59-1 et de leurs parents *(Décr. n° 2009-378 du 2 avr. 2009)* « ou des détenteurs de l'autorité parentale » ;

2° Comporte une composante thérapeutique, éducative et pédagogique ;

3° Propose des modalités d'accompagnement diversifiées, modulables et évolutives. Conformément au 1° du II de l'article D. 312-59-2, quand d'autres partenaires sont associés au suivi de la personne, une cohérence doit être recherchée entre leurs actions et l'accompagnement proposé ;

4° Détermine les étapes de la prise en charge, la périodicité des bilans et les modalités du suivi mis en place pour garantir une intervention évolutive et adaptable ;

5° Est mis en œuvre à temps complet ou à temps partiel, en internat, en semi-internat, en externat, en centre d'accueil familial spécialisé dans les conditions prévues aux articles D. 312-41 à D. 312-54, le cas échéant, dans le cadre d'un service d'éducation spéciale et de soins à domicile tel que prévu aux articles D. 312-55 à D. 312-59 ;

6° Organise la mise en œuvre des transferts de l'établissement dans les conditions prévues à l'article D. 312-17.

II. – Les principales caractéristiques du projet personnalisé d'accompagnement sont retracées, selon les cas, dans le contrat de séjour ou dans le document individuel de prise en charge visés à l'article L. 311-4.

Art. D. 312-59-6 Un dossier individuel renseigné et actualisé est ouvert pour chaque personne admise. Le dossier retrace l'évolution de la personne au cours de son accompagnement. Il comporte les divers volets correspondant aux composantes thérapeutique, éducative et pédagogique du projet personnalisé d'accompagnement, *(Décr. n° 2009-378 du 2 avr. 2009)* « notamment le projet personnalisé de scolarisation notifié par la commission des droits et de l'autonomie des personnes handicapées et » le dossier établi lors de l'admission, ainsi que tous les comptes rendus de réunions ou d'intervention concernant l'enfant, l'adolescent ou le jeune adulte. Il contient les autorisations écrites demandées aux parents ou aux détenteurs de l'autorité parentale. Il fait aussi mention des faits notables intervenus dans le cadre de l'accompagnement et des suites qui leur ont été données. A l'issue de l'accompagnement, le dossier est complété par les informations qui permettront son suivi tel que prévu au deuxième alinéa de l'article D. 312-59-15.

Les certificats médicaux, les résultats des examens cliniques et complémentaires pratiqués à l'intérieur ou à l'extérieur de l'établissement ou du service figurent dans le dossier médical de l'intéressé.

Le contenu et l'usage des dossiers doivent être conformes à la législation en vigueur et notamment aux articles L. 1111-7 et L. 1111-8 du code de la santé publique.

SOUS-§ 3 *Les personnels*

Art. D. 312-59-7 Dans le respect des prérogatives de l'organe délibérant de la personne morale gestionnaire de l'établissement, le directeur exerce la responsabilité générale du fonctionnement de l'établissement, notamment en matière administrative, financière et comptable. Il assure la coordination des interventions thérapeutiques, éducatives, pédagogiques et met en œuvre les coopérations mentionnées au 3° de l'article D. 312-59-4.

A ce titre, le directeur :

1° Est responsable de la mise en œuvre du projet d'établissement et de son évolution, en liaison avec l'équipe interdisciplinaire ;

2° S'assure du bon accueil des personnes et des familles et s'assure de la tenue du registre mentionné à l'article L. 331-2 ;

3° Veille à l'évaluation régulière de la qualité des projets personnalisés d'accompagnement des enfants et des adolescents et préside les réunions de synthèse ;

4° Veille au respect d'une approche interdisciplinaire du travail en équipe et est, à ce titre, garant de la cohésion de l'équipe interdisciplinaire et de ses différentes composantes mentionnées aux articles D. 312-59-9 à D. 312-59-12 ;

5° Organise le développement des relations avec les institutions et intervenants extérieurs qui participent à l'accompagnement de la personne ;

6° Mobilise les moyens propres à assurer la formation continue et le soutien permanent des professionnels ;

7° Veille à la qualité de l'environnement, à la sécurité des enfants, des adolescents et des jeunes adultes, à leur développement dans le respect de leurs droits, de leur confort et de leur bien-être et s'assure que l'ensemble de l'organisation concourt à cet objectif ;

8° Doit répondre aux conditions prévues à l'article D. 312-20.

Art. D. 312-59-8 L'équipe interdisciplinaire concourt à l'élaboration et à la réalisation des différentes dimensions du projet personnalisé d'accompagnement. Sa composition et son fonctionnement sont conformes au projet d'établissement et permettent sa mise en œuvre.

Art. D. 312-59-9 I. – L'équipe interdisciplinaire comporte une équipe médicale, paramédicale et psychologique qui :

1° Dresse dès l'admission un bilan de santé puis veille à son actualisation pour chaque enfant, adolescent ou jeune adulte accueilli ;

2° Assure une fonction générale de surveillance de la santé physique et psychique des enfants, adolescents et jeunes adultes accueillis ;

3° Veille à la réalisation du projet d'établissement dans sa dimension thérapeutique ;

4° En lien avec les autres membres de l'équipe interdisciplinaire et les partenaires extérieurs, notamment les médecins traitants, met en œuvre, au sein de l'établissement, et veille à la délivrance, à l'extérieur de celui-ci, de toute forme de soins et de soutien psychologique.

L'équipe médicale, paramédicale et psychologique est animée par un médecin psychiatre, qui en coordonne les actions. Aucun traitement n'est entrepris s'il n'a été prescrit par un médecin. Un registre de l'état sanitaire mentionne tous les accidents et incidents survenus ainsi que les hospitalisations effectuées.

II. – L'équipe visée au I du présent article :

1° Comprend :

– un psychiatre possédant une formation dans le domaine de l'enfance et de l'adolescence, le cas échéant exerçant dans un secteur de psychiatrie infanto-juvénile ;

– un pédiatre ou un médecin généraliste ;

– un psychologue clinicien ;

2° En fonction du projet d'établissement, comprend ou associe tout ou partie des professionnels suivants :

– orthophonistes ;

– psychomotriciens ;

– les auxiliaires médicaux tels que mentionnés au livre III de la quatrième partie du code de la santé publique, requis ;

3° Développe, dans le cadre du projet d'établissement, des liens fonctionnels avec les secteurs de psychiatrie concernés.

Art. D. 312-59-10 L'équipe interdisciplinaire comporte une équipe éducative qui veille au développement de la personnalité et à la socialisation des enfants, des adolescents et des jeunes adultes, les suit dans leur vie quotidienne et dans la réalisation de leur projet personnalisé d'accompagnement, à l'intérieur comme à l'extérieur de l'établissement.

La fonction de référent est assurée au sein de l'équipe éducative. Elle favorise pour chaque enfant, adolescent ou jeune adulte accueilli et sa famille la continuité et la cohérence de l'accompagnement. Ses modalités de mise en œuvre sont prévues par le projet d'établissement.

La surveillance de nuit des enfants, des adolescents et des jeunes adultes participe à l'exercice de la fonction éducative.

L'équipe éducative comprend notamment les professionnels ayant une qualification pour exercer les fonctions suivantes :

– éducateurs spécialisés ou éducateurs de jeunes enfants et moniteurs-éducateurs ;

– éducateurs techniques spécialisés ;

– agents qui, au sein des unités de vie, sont appelés à prendre en charge certains aspects matériels de la vie quotidienne des enfants ou adolescents et assurent une fonction de maître ou maîtresse de maison.

Art. D. 312-59-11 Au sein de l'équipe interdisciplinaire et conformément au projet personnalisé d'accompagnement, l'équipe pédagogique accompagne la personne dans

ses apprentissages et dans la poursuite de sa formation, sous la responsabilité du directeur.

(Décr. n° 2009-378 du 2 avr. 2009) **« Sans préjudice de la possibilité de fréquenter une école ou un établissement scolaire, à temps partiel ou à temps plein, les enfants et adolescents peuvent être accueillis au titre de l'unité d'enseignement. Dans ce cadre, des dispositifs de formation professionnelle initiale peuvent leur être proposés. Les enseignements sont dispensés dans le cadre des programmes publiés par le ministère chargé de l'éducation nationale ou de l'agriculture. La formation professionnelle est réalisée en liaison étroite avec le milieu professionnel.**

« L'établissement s'assure le concours d'une équipe pédagogique comprenant, selon l'âge et le besoin des personnes, des enseignants mentionnés dans l'arrêté prévu à l'article D. 351-20 du code de l'éducation. »

En application de l'article L. 351-1 du code de l'éducation, la rémunération de ces enseignants est prise en charge par l'État. Ils sont recrutés dans les catégories suivantes :

– instituteurs ou professeurs des écoles spécialisés, titulaires du certificat d'aptitude professionnelle pour les aides spécialisées, les enseignements adaptés et la scolarisation des élèves en situation de handicap (CAPA-SH), option D ;

– enseignants du second degré dispensant un enseignement général ou une première formation professionnelle titulaires du certificat complémentaire pour les enseignements adaptés et la scolarisation des élèves en situation de handicap (2CA-SH), option D.

Il est fait appel à des professeurs d'éducation physique et sportive ou des éducateurs sportifs.

Art. D. 312-59-12 **L'établissement recourt aux compétences d'un service social.**

Art. D. 312-59-13 **Tous les personnels recrutés dans ces établissements et services sont soumis aux dispositions de l'article D. 312-34.**

Chacun des membres de l'équipe interdisciplinaire possède les diplômes ou les équivalences reconnus nécessaires à l'exercice de ses compétences.

SOUS-§ 4 *Fonctionnement de l'établissement*

Art. D. 312-59-14 *(Décr. n° 2009-378 du 2 avr. 2009)* **« Le directeur prononce l'admission de l'enfant ou de l'adolescent conformément à la décision de la commission des droits et de l'autonomie des personnes handicapées et dans les conditions fixées à l'article D. 312-10-3. Le directeur est tenu d'informer dans un délai de quinze jours la maison départementale des personnes handicapées de la suite réservée à la désignation opérée par la commission des droits et de l'autonomie conformément aux dispositions de l'article R. 146-36. »**

Lorsque, après avis de l'équipe interdisciplinaire, le directeur est amené à constater que l'orientation dans son établissement n'est pas conforme à l'intérêt de l'enfant, de l'adolescent ou du jeune adulte, il en informe la commission et peut proposer une autre solution à la commission, *(Décr. n° 2009-378 du 2 avr. 2009)* **« aux parents ou aux détenteurs de l'autorité parentale » ou contribuer à l'élaboration d'une solution de remplacement plus adaptée.**

Les démarches mentionnées à l'alinéa précédent s'effectuent dans le respect des dispositions de l'article L. 351-2 du code de l'éducation et ne peuvent faire obstacle à la mise en œuvre de la décision visée au second alinéa dudit article.

Art. D. 312-59-15 **Quatre mois avant la date de révision de la décision d'orientation telle que prévue à l'article** *(Décr. n° 2009-378 du 2 avr. 2009)* **« L. 241-6 », l'établissement élabore un bilan circonstancié de l'évolution de la personne afin de proposer soit une prorogation de la prise en charge, soit la sortie de l'établissement.**

Ce bilan propose, le cas échéant, les mesures d'accompagnement prévues par l'établissement en cas de sortie pour permettre à la commission mentionnée à l'article

(Décr. n° 2009-378 du 2 avr. 2009) « L. 146-9 » de statuer. Les modalités de suivi doivent faire l'objet d'une proposition écrite.

La sortie des enfants, adolescents ou jeunes adultes est prononcée par le directeur après intervention de la décision de la commission précitée.

Un projet de formation scolaire et professionnelle est élaboré. Il prévoit notamment les conditions dans lesquelles la personne peut fréquenter l'école ou l'établissement scolaire dont elle dépend, à temps partiel ou à temps plein.

Avec l'accord des parents et l'avis de l'intéressé ou son accord s'il est majeur, l'école ou l'établissement scolaire d'origine est informé de son devenir.

Art. D. 312-59-16 L'établissement développe des modes de soutien aux professionnels. Ces soutiens peuvent prendre notamment la forme d'actions de supervisions et d'analyse des pratiques menées par des professionnels distincts de ceux appartenant à l'équipe thérapeutique.

SOUS-§ 5 *Des installations*

Art. D. 312-59-17 L'implantation de l'établissement garantit son insertion dans la communauté sociale et l'accès aux infrastructures, notamment culturelles et sportives.

L'organisation et l'utilisation des locaux et des installations extérieures doivent permettre la surveillance adaptée des enfants, adolescents ou jeunes adultes.

Les locaux sont adaptés à la vocation de l'établissement et à l'âge des personnes accueillies. Des sections séparées doivent être prévues pour les enfants, les adolescents et, si nécessaire, les jeunes adultes.

Ils doivent permettre des prises en charge par petits groupes au sein d'unités de vie et créer un cadre favorisant le respect de chacun et de son intimité.

Les locaux et l'espace sont organisés de manière à distinguer les lieux pédagogiques, les lieux de soins, les lieux collectifs de socialisation et d'animation, les lieux de résidence et de vie quotidienne pour permettre un fonctionnement autonome de chacun des groupes en tant que de besoin.

L'équipe mentionnée à l'article D. 312-59-9 bénéficie de lieux de consultation afin notamment de réaliser les entretiens et thérapies individuels des personnes accueillies et de recevoir les familles.

Les installations sont conformes aux dispositions des articles D. 312-28 à D. 312-33.

SOUS-§ 6 *Dispositions transitoires*

Art. D. 312-59-18 Les instituts de rééducation et les établissements visés à l'article D. 312-11 qui accueillent le public visé à l'article D. 312-59-1 doivent se mettre en conformité avec les dispositions du présent paragraphe avant le 1er septembre 2008.

§ 2 Établissements et services prenant en charge des enfants ou adolescents présentant une déficience motrice

SOUS-§ 1 *Dispositions générales*

Art. D. 312-60 *(Décr. n° 2009-378 du 2 avr. 2009)* Les dispositions du présent paragraphe sont applicables aux établissements et services qui accueillent et accompagnent des enfants ou des adolescents présentant une déficience motrice, conformément à leur plan personnalisé de compensation comprenant le projet personnalisé de scolarisation et prenant en compte le recours à des moyens spécifiques pour le suivi médical, la scolarisation, la formation générale et professionnelle, afin de réaliser leur intégration familiale, sociale et professionnelle.

Art. D. 312-61 *(Décr. n° 2009-378 du 2 avr. 2009)* L'accompagnement mis en place au sein de l'établissement ou du service peut concerner les enfants ou adolescents déficients moteurs aux différents stades de l'éducation précoce et selon leur niveau d'acquisition, de la formation préélémentaire, élémentaire, secondaire dans l'enseignement général, professionnel ou technologique.

Les missions de l'établissement ou du service comprennent :

1° L'accompagnement de la famille et de l'entourage habituel de l'enfant ou de l'adolescent ;

2° La surveillance médicale, les soins, le maternage et l'appareillage adapté ;

3° L'éducation motrice ou les rééducations fonctionnelles nécessaires ;

4° L'éveil et le développement de la relation entre l'enfant et son entourage selon des techniques éducatives ou palliatives, notamment dans le domaine de la locomotion et de la communication ;

5° L'établissement, pour chaque enfant, adolescent ou jeune adulte, d'un projet individualisé d'accompagnement prévoyant :

a) L'enseignement et le soutien assurant la mise en œuvre du projet personnalisé de scolarisation et permettant à chaque enfant de réaliser, en référence aux programmes scolaires en vigueur, les apprentissages nécessaires ;

b) Des actions d'éducation adaptée tendant à développer la personnalité et l'autonomie sociale et utilisant autant que faire se peut les moyens socio-culturels existants ;

6° L'élaboration d'un projet d'établissement à visée pédagogique, éducative et thérapeutique précisant les objectifs et les moyens mis en œuvre pour assurer cet accompagnement.

Art. D. 312-62 Il est pratiqué au moins un examen complet de tous les enfants une fois en cours d'année, ainsi que des examens autant que de besoin en fonction de l'évolution de l'enfant.

Aucun traitement n'est entrepris s'il n'a été prescrit par un des médecins attachés à l'établissement ou par un médecin appelé en consultation.

Art. D. 312-63 *(Décr. nº 2009-378 du 2 avr. 2009)* La famille est associée à l'élaboration du projet individualisé d'accompagnement, à sa mise en œuvre, à son suivi régulier et à son évaluation.

L'équipe médico-psychopédagogique de l'établissement ou du service fait parvenir à la famille, au moins tous les trimestres, des informations détaillées sur l'évolution de l'enfant ou de l'adolescent et chaque année un bilan pluridisciplinaire complet de la situation du jeune.

Au moins une fois par an, les parents sont invités à rencontrer les professionnels de l'établissement. Ils sont également saisis de tout fait ou décision relevant de l'autorité parentale.

SOUS-§ 2 *Organisation de l'établissement ou du service*

Art. D. 312-64 *(Décr. nº 2009-378 du 2 avr. 2009)* L'établissement ou le service peut comporter une unité d'enseignement, créée par convention conformément aux dispositions du troisième alinéa de l'article D. 312-10-6. L'unité d'enseignement a pour mission de dispenser :

1° Un enseignement général permettant d'assurer les apprentissages scolaires et le développement de l'autonomie et de la socialisation ;

2° Un enseignement professionnel intégrant l'initiation et la première formation professionnelle pour les jeunes déficients moteurs.

L'unité d'enseignement recourt à des méthodes pédagogiques adaptées. Les objectifs, les contenus, les certifications de la première formation professionnelle se réfèrent aux programmes scolaires en vigueur.

Pour orienter chaque élève vers l'activité qu'il est le mieux à même d'exercer, compte tenu de ses aptitudes propres, l'établissement ou le service s'assure le concours de services d'orientation. Cette première formation professionnelle est réalisée en liaison étroite avec le milieu professionnel.

L'établissement ou le service peut être organisé en sections notamment pour l'accueil de jeunes déficients moteurs présentant des handicaps associés importants, tels que des troubles de la personnalité et du comportement, des déficiences intellectuelles, motrices, visuelles, auditives ou autres. De même, une section de préparation à la vie sociale peut accueillir les adolescents, qui, en raison de la gravité de leur déficience motrice, ne pourraient envisager une insertion professionnelle même en milieu de travail protégé.

Les locaux et les équipements doivent être aménagés en conséquence.

Dans le cadre de l'enseignement professionnel, l'établissement ou le service peut également faire appel à des éducateurs techniques spécialisés.

Des actions thérapeutiques et éducatives particulières définies individuellement en fonction des besoins propres à chaque enfant ou adolescent sont réalisées conformément à son projet individualisé d'accompagnement. Ces actions sont mises en œuvre, en tant que de besoin, en liaison avec d'autres services ou établissements spécialisés par des conventions dans le cadre des dispositions de l'article D. 312-10-12.

Art. D. 312-65 Les dispositions des articles D. 312-16, D. 312-18 et D. 312-19 sont applicables aux établissements régis par le présent paragraphe.

SOUS-§ 3 *Personnels*

Art. D. 312-66 L'établissement s'assure les services d'une équipe médicale, paramédicale et psychosociale travaillant en liaison avec les enseignants et les éducateurs et comprenant au moins :

1° un médecin spécialiste de rééducation et réadaptation fonctionnelles, à raison d'au moins une vacation de quatre heures par semaine pour vingt-quatre enfants accueillis ;

2° un pédiatre *(Abrogé par Décr. n° 2009-378 du 2 avr. 2009)* « ***, pour tout établissement prenant en charge des enfants*** ».

L'équipe comprend également des membres des professions suivantes :

1° infirmier, kinésithérapeute, ergothérapeute, orthophoniste ;

2° psychologue ;

3° assistant de service social ;

4° En fonction des besoins de l'établissement :

a) des médecins qualifiés spécialistes ou compétents notamment en psychiatrie, chirurgie orthopédique ou traumatologie, neurologie, urologie ;

b) des auxiliaires médicaux (audio-prothésistes, pédicures, podologues) ;

c) des appareilleurs ;

d) des aides-soignantes ;

e) des auxiliaires de puériculture ;

f) des psychomotriciens ;

g) des orthoptistes ;

h) des rééducateurs divers.

Des accords sont passés avec un oto-rhino-laryngologiste et un dentiste ou un stomatologiste afin qu'ils puissent prodiguer leurs soins aux enfants accueillis dans l'établissement.

Une convention est passée avec un service hospitalier possédant un service de réanimation susceptible d'intervenir dans des délais rapprochés.

Art. D. 312-67 *(Décr. n° 2009-378 du 2 avr. 2009)* « Sous la responsabilité de l'un des deux médecins mentionnés aux 1° et 2° de l'article D. 312-66, l'équipe médicale et paramédicale :

« 1° met en œuvre les composantes thérapeutique et rééducative du projet individualisé d'accompagnement des enfants ou des adolescents ; »

2° assure, en liaison avec les autres médecins attachés à l'établissement, la surveillance de la santé des enfants ou adolescents en coordination avec le médecin de famille du jeune déficient moteur ;

3° assure, en coordination avec le directeur ainsi qu'avec le médecin du travail, la surveillance générale de l'établissement en ce qui concerne l'hygiène de vie des enfants ou adolescents, leur alimentation et l'hygiène des locaux.

Art. D. 312-68 L'effectif des personnels mentionnés au cinquième alinéa de l'article D. 312-66 comprend :

1° des kinésithérapeutes, à raison de un pour huit enfants en cas de rééducation motrice intensive et de un pour vingt-quatre enfants en cas de rééducation d'entretien ; à partir de trois groupes, l'un d'eux assumera les fonctions de kinésithérapeute chef ;

2° des ergothérapeutes spécialement formés pour la rééducation, à raison de un pour huit enfants et de un au minimum pour vingt-quatre enfants en cas de rééducation d'entretien ; à partir de trois groupes, l'un d'eux assumera les fonctions d'ergothérapeute chef ;

3° une infirmière ou un infirmier polyvalent à temps plein ;

4° des aides-soignants, à raison de trois pour seize enfants, assurant par roulement le service de jour et de nuit ;

5° des éducateurs, à raison d'un éducateur pour huit internes ou demi-pensionnaires ; ces éducateurs ont la responsabilité des enfants en dehors des heures de classe, d'atelier ou de rééducation motrice ; chaque « groupe de famille » est placé sous l'égide d'un éducateur ;

6° des orthophonistes, au nombre de un pour huit enfants ayant des troubles de la parole.

L'assistant de service social mentionné au septième alinéa de l'article D. 312-66 exerce à temps complet ou à temps partiel, en liaison avec le service social de secteur.

Il est pratiqué au moins un examen complet de tous les enfants une fois en cours d'année, ainsi que des examens autant que de besoin en fonction de l'évolution de l'enfant.

Aucun traitement n'est entrepris s'il n'a été prescrit par un des médecins attachés à l'établissement ou par un médecin appelé en consultation.

Art. D. 312-69 L'établissement s'assure également les services d'une équipe éducative et enseignante comprenant, selon l'âge ou le développement des enfants, des membres des professions suivantes :

1° éducateurs spécialisés ;

2° éducateurs de jeunes enfants ;

3° moniteurs éducateurs ;

4° aides médico-psychologiques ;

5° éducateurs techniques spécialisés ;

(Décr. n° 2009-378 du 2 avr. 2009) « 6° enseignants mentionnés dans l'arrêté prévu à l'article D. 351-20 du code de l'éducation ;

« 7° éducateurs sportifs et moniteurs sportifs lorsque ces personnels existent déjà au sein de l'établissement. »

SOUS-§ 4 *Installation*

Art. D. 312-70 L'établissement comprend des salles destinées *(Décr. n° 2009-378 du 2 avr. 2009)* « à l'unité d'enseignement, » aux activités de groupe ainsi que des salles adaptées aux différents types de rééducation nécessités par les catégories d'enfants ou d'adolescents *(Décr. n° 2009-378 du 2 avr. 2009)* « accueillis », notamment des installations de balnéothérapie.

Art. D. 312-71 La surface des chambres individuelles des enfants ou adolescents est d'au moins 10,5 mètres carrés.

Les chambres collectives comprennent au maximum quatre lits, pour une surface d'au moins 10 mètres carrés par lit.

L'écart entre chaque lit est de 1,5 mètre au moins.

Les fenêtres des chambres et de l'ensemble des locaux sont situées à une hauteur permettant notamment aux jeunes handicapés en fauteuil roulant de bénéficier constamment d'une vue sur l'extérieur.

Art. D. 312-72 Le mobilier des chambres et le matériel des locaux sont accessibles, sans danger et facilement utilisables par les enfants ou adolescents.

Le matériel devra, dans toute la mesure du possible, se rapprocher du matériel normalement utilisé par les enfants non handicapés, tout en pouvant être adapté à chacun des problèmes individuels rencontrés par les enfants ou adolescents.

Art. D. 312-73 Les lavabos, en nombre suffisant, sont pourvus de robinets spéciaux accessibles aux jeunes handicapés et munis de dispositifs leur garantissant l'équilibre.

Une baignoire ou une installation de douches avec siphon de sol est exigée à raison d'une pour au plus quatre enfants. La baignoire comporte une main courante. Un dégagement assez grand est prévu dans la pièce pour une aide éventuelle et l'utilisation de matériel de portage.

L'établissement prévoit un espace suffisant pour l'installation de tables de change.

Des toilettes adaptées et accessibles pour tout type de handicap, sans aide pour un certain nombre d'entre elles et avec aide pour d'autres, sont installées, à raison d'un bloc-toilettes commun pour quatre enfants ou adolescents.

Art. D. 312-74 L'établissement dispose de portes à ouverture automatique aux points d'accès principaux.

Les couloirs utilisés par les enfants ou adolescents sont les plus spacieux possible, ne comportent aucune piste de marche ou de circulation avec des difficultés ou des obstacles et sont constitués de matériaux permettant l'adhérence au sol.

Les murs sont protégés par des pare-chocs et des revêtements adaptés et sont munis de mains courantes.

Des installations de soulève-malades, fixes ou mobiles, sont prévues dans les locaux de rééducation, dans certains sanitaires et dans l'infirmerie.

L'établissement dispose d'un matériel d'oxygénothérapie et d'aspiration. Le personnel soignant reçoit la formation nécessaire à son utilisation sous la responsabilité d'un médecin de l'établissement en cas d'urgence et dans l'attente de l'intervention des services spécialisés.

SOUS-§ 5 *Service d'éducation spéciale et de soins à domicile*

Art. D. 312-75 Un service d'éducation spéciale et de soins à domicile peut être rattaché à l'établissement. Ce service peut être également autonome.

Son action est orientée, selon les âges, vers :

– *(Décr. n° 2009-378 du 2 avr. 2009)* « l'accompagnement » précoce pour les enfants de la naissance à six ans comportant le conseil et l'accompagnement des familles et de l'entourage familier de l'enfant, l'approfondissement du diagnostic, le traitement et la rééducation qui en découlent, le développement psychomoteur initial de l'enfant et la préparation des orientations collectives ultérieures ;

– le soutien *(Décr. n° 2009-378 du 2 avr. 2009)* « à la scolarisation » ou à l'acquisition de l'autonomie comportant l'ensemble des moyens médicaux, paramédicaux, psychosociaux, éducatifs et pédagogiques adaptés.

Les interventions s'accomplissent dans les différents lieux de vie et d'activité de l'enfant ou adolescent, domicile, crèche, établissement d'enseignement, et dans les locaux du service.

Le service d'éducation spéciale et de soins à domicile œuvre en liaison étroite avec les services hospitaliers, la protection maternelle et infantile et les centres d'action médico-sociale précoce.

Des conventions peuvent être passées pour certaines des prestations nécessaires avec ces services ou des intervenants spécialisés proches du domicile des parents.

Art. D. 312-76 Le service d'éducation spéciale et de soins à domicile comprend une équipe médicale et paramédicale telle que définie à l'article D. 312-66.

Il comprend également des éducateurs assurant des actions orientées vers le développement de la personnalité et la socialisation des enfants ou adolescents.

Il comprend en tant que de besoin un ou des enseignants spécialisés.

Art. D. 312-77 Lorsque le service d'éducation spéciale et de soins à domicile est autonome, la direction en est assurée par un directeur possédant les qualifications et les aptitudes fixées par les dispositions de l'article D. 312-20 et qui en exerce la responsabilité dans les conditions définies à l'article D. 312-19.

L'un des deux médecins mentionnés à l'article D. 312-66 assure :

— l'application du *(Décr. nº 2009-378 du 2 avr. 2009)* « projet individualisé d'accompagnement » des enfants ou adolescents ;

— en liaison avec le médecin de famille et au besoin avec les services hospitaliers, la surveillance de la santé des enfants ou adolescents.

Art. D. 312-78 Lorsque le service d'éducation spéciale et de soins à domicile intervient dans le cadre *(Décr. nº 2009-378 du 2 avr. 2009)* « de la scolarisation », une convention passée avec, selon les cycles d'enseignement, le directeur académique des services de l'éducation nationale agissant sur délégation du recteur d'académie ou le chef d'établissement scolaire précise les conditions d'intervention du service dans le cadre du *(Décr. nº 2009-378 du 2 avr. 2009)* « projet d'établissement.

« La convention conclue conformément aux dispositions de l'article D. 312-10-6 précise » également les modalités d'intervention des personnels spécialisés, notamment les lieux, la durée, la fréquence de ces interventions, les réunions de synthèse. Lui est annexée la liste des personnels enseignants et spécialisés appelés à intervenir auprès des enfants ou adolescents, avec leurs qualifications et statuts.

Art. D. 312-79 *(Abrogé par Décr. nº 2017-982 du 9 mai 2017, art. 1er-5º)* ***Chaque section ou service fait l'objet d'un arrêté d'autorisation dans les conditions prévues par le chapitre III du présent titre.*** — V. note ss. art. D. 312-9.

SOUS-§ 6 *Dispositions diverses*

Art. D. 312-80 Compte tenu de la nature des handicaps, des modifications, déterminées par le directeur départemental des affaires sanitaires et sociales, pourront être apportées tant en ce qui concerne les structures architecturales que les personnels d'encadrement employés.

Les conditions relatives aux installations et aux personnels nécessaires pour certaines rééducations, telles l'orthophonie ou l'ergothérapie, pourront être adaptées dans la mesure où les catégories de mineurs accueillis ne relèvent pas de ces rééducations particulières.

Art. D. 312-81 A titre dérogatoire, sont maintenues les autorisations des établissements et services implantés dans les villes universitaires et qui accueillent des étudiants présentant des conditions fonctionnelles ou neuromotrices rendant impossible le suivi d'études universitaires dans des conditions normales.

Mis à part les établissements existants spécialement conçus pour collégiens, lycéens et étudiants, ces établissements et services, géographiquement distincts des établissements d'*(Décr. nº 2009-378 du 2 avr. 2009)* « éducation adaptée », peuvent accueillir des jeunes adultes jusqu'à l'âge de vingt-cinq ans.

Ils concourent à l'intégration universitaire et culturelle de ces étudiants. A cette fin ils passent convention avec les autorités universitaires en vue de préciser les obligations réciproques des services.

Art. D. 312-82 Sauf dispositions contraires figurant au présent paragraphe, sont applicables aux établissements et services concernés les dispositions des articles D. 312-17, D. 312-20 et D. 312-24 à D. 312-54.

§ 3 Établissements et services prenant en charge des enfants ou adolescents polyhandicapés

SOUS-§ 1 *Dispositions générales*

Art. D. 312-83 *(Décr. nº 2009-378 du 2 avr. 2009)* « Les dispositions du présent paragraphe sont applicables aux établissements et services qui accueillent et accompagnent, conformément à leur plan personnalisé de compensation comprenant le

projet personnalisé de scolarisation, des enfants ou adolescents présentant » *(Décr. nº 2017-982 du 9 mai 2017, art. 1er-4º)* **« un handicap tel que défini au 5º de l'article D. 312-0-3 ».** – *V. note ss. art. D. 312-9.*

Ce polyhandicap éventuellement aggravé d'autres déficiences ou troubles nécessite le recours à des techniques spécialisées pour le suivi médical, l'apprentissage des moyens de relation et de communication, le développement des capacités d'éveil sensori-moteur et intellectuelles concourant à l'exercice d'une autonomie optimale.

Art. D. 312-84 *(Décr. nº 2009-378 du 2 avr. 2009)* **Les missions de l'établissement ou du service comprennent :**

1º L'accompagnement de la famille et de l'entourage habituel de l'enfant ou de l'adolescent, notamment dans la révélation des déficiences et des incapacités, la découverte de leurs conséquences et l'apprentissage des moyens de relation et de communication ;

2º L'éveil et le développement des potentialités de l'enfant, selon des stratégies éducatives individualisées ;

3º L'amélioration et la préservation des potentialités motrices, notamment par l'utilisation de toute technique adaptée de kinésithérapie ou de psychomotricité et par l'utilisation d'aides techniques ;

4º La surveillance et le traitement médical ;

5º La surveillance médicale et technique des adaptations prothétiques et orthétiques ;

6º L'établissement pour chaque enfant ou adolescent d'un projet individualisé d'accompagnement prévoyant :

***a)* Un enseignement adapté pour l'acquisition de connaissances conformément au contenu du projet personnalisé de scolarisation ;**

***b)* Des actions tendant à développer la personnalité et faciliter la communication et l'insertion sociale, notamment l'enseignement des différents actes de la vie quotidienne en vue de l'acquisition du maximum d'autonomie ; l'éducation nécessaire en vue du développement optimal de la communication et de la découverte du monde extérieur ;**

7º L'élaboration d'un projet d'établissement à visée pédagogique, éducative et thérapeutique précisant les objectifs et les moyens mis en œuvre pour assurer cet accompagnement.

Art. D. 312-85 *(Décr. nº 2009-378 du 2 avr. 2009)* **La famille est associée à l'élaboration du projet individualisé d'accompagnement, à sa mise en œuvre, à son suivi régulier et à son évaluation.**

L'équipe médico-psychopédagogique de l'établissement ou du service fait parvenir à la famille, au moins tous les semestres, des informations détaillées sur l'évolution de l'enfant ou de l'adolescent et chaque année un bilan pluridisciplinaire complet de sa situation.

Au moins une fois par an, les parents sont invités à rencontrer les professionnels de l'établissement. Ils sont également saisis de tout fait ou décision relevant de l'autorité parentale.

SOUS-§ 2 *Organisation de l'établissement ou du service*

Art. D. 312-86 *(Décr. nº 2009-378 du 2 avr. 2009)* **L'organisation générale de l'établissement permet d'accompagner l'enfant ou l'adolescent dans sa globalité de manière continue tout au long de l'année. A cet effet, l'établissement maintient auprès des enfants ou adolescents le personnel nécessaire.**

L'établissement ou le service peut comporter une unité d'enseignement, créée par convention conformément aux dispositions du troisième alinéa de l'article D. 312-10-6, qui a pour mission de dispenser les apprentissages permettant la réalisation d'acquisitions dans le champ scolaire et le développement de la personnalité et la socialisation des enfants et adolescents accueillis.

L'établissement peut accueillir temporairement des enfants ou adolescents requérant un accompagnement hors du contexte familial soit dans le cadre du projet individualisé d'accompagnement, soit en cas d'urgence.

Les enfants ou adolescents sont répartis en petits groupes de vie.

Art. D. 312-87 **Les articles D. 312-16 et D. 312-19 sont applicables aux établissements régis par le présent paragraphe.**

SOUS-§ 3 *Les personnels*

Art. D. 312-88 **L'établissement s'assure le concours d'une équipe médicale, paramédicale, psycho-sociale et éducative comprenant au moins :**

(Décr. nº 2009-378 du 2 avr. 2009) **« 1° un médecin de médecine physique et de rééducation fonctionnelle ; »**

2° un pédiatre ;

3° un psychiatre ;

4° ainsi que des membres des professions suivantes :

***a)* kinésithérapeute ;**

***b)* ergothérapeute ;**

***c)* psychomotricien ;**

***d)* orthophoniste ;**

***e)* orthoptiste ;**

***f)* infirmier, auxiliaire de puériculture, aide-soignant ;**

***g)* éducateur spécialisé, moniteur éducateur, éducateur de jeunes enfants et éducateur technique spécialisé ;**

(Décr. nº 2009-378 du 2 avr. 2009) **« *h)* un enseignant mentionné dans l'arrêté prévu à l'article D. 351-20 du code de l'éducation ; »**

***i)* aide médico-psychologique ;**

***j)* assistant de service social ;**

***k)* un psychologue.**

5° En fonction des besoins des enfants et des équipes de l'établissement :

***a)* d'autres médecins qualifiés spécialistes ou compétents ;**

***b)* un diététicien ;**

***c)* d'autres auxiliaires médicaux ;**

***d)* des rééducateurs divers.**

Aucun traitement n'est entrepris s'il n'a été prescrit par un des médecins attachés à l'établissement ou par un médecin appelé en consultation.

Le concours demandé à ces médecins spécialistes permet l'examen complet de tous les enfants une fois par semestre et une surveillance médicale régulière.

Des accords sont passés avec un oto-rhino-laryngologiste et un dentiste ou un stomatologiste afin qu'ils puissent prodiguer leurs soins aux enfants accueillis dans l'établissement.

(Décr. nº 2009-378 du 2 avr. 2009) **« Des conventions peuvent être passées avec des établissements de santé, pour l'une de leurs activités de psychiatrie infanto-juvénile, des centres d'action médico-sociale précoce, des centres médico-psychopédagogiques, des centres de ressources, d'autres établissements ou services d'éducation adaptée ou des intervenants spécialisés proches du domicile des parents. »**

En particulier, une convention est passée avec un établissement de santé possédant un service de réanimation susceptible d'intervenir dans des délais rapprochés.

Art. D. 312-89 *(Décr. nº 2009-378 du 2 avr. 2009)* **« Sous la responsabilité de l'un des médecins mentionnés aux 1° et 2° de l'article D. 312-88, l'équipe médicale et paramédicale :**

« 1° met en œuvre les composantes thérapeutique et rééducative du projet individualisé d'accompagnement de l'enfant ou de l'adolescent ; »

2° assure, en liaison avec les autres médecins attachés à l'établissement, la surveillance de la santé des enfants ou adolescents en coordination avec les médecins habituels de la famille ;

3° assure, en coordination avec le directeur ainsi qu'avec le médecin du travail, la surveillance générale de l'établissement en ce qui concerne l'hygiène de vie des enfants ou adolescents, leur alimentation et l'hygiène des locaux.

SOUS-§ 4 *Installations*

Art. D. 312-90 L'établissement comprend des salles destinées aux activités de groupe *(Décr. n° 2009-378 du 2 avr. 2009)* « , à l'unité d'enseignement » ainsi que des salles adaptées aux différents types de rééducation nécessités par les catégories d'enfants ou d'adolescents *(Décr. n° 2009-378 du 2 avr. 2009)* « accueillis », notamment des installations de balnéothérapie.

Art. D. 312-91 La surface des chambres individuelles des enfants ou adolescents est d'au moins 10,5 mètres carrés. Les chambres collectives comprennent au maximum quatre lits, pour une surface d'au moins 10 mètres carrés par lit.

L'écart entre chaque lit est de 1,5 mètre au moins.

Les fenêtres des chambres et de l'ensemble des locaux sont situées à une hauteur permettant notamment aux jeunes handicapés en fauteuil roulant de bénéficier constamment d'une vue sur l'extérieur.

Art. D. 312-92 Le mobilier des chambres et le matériel des locaux sont accessibles, sans danger et facilement utilisables par les enfants ou adolescents.

Le matériel devra se rapprocher, dans toute la mesure du possible, du matériel normalement utilisé par les enfants non handicapés, tout en pouvant être adapté à chacun des problèmes individuels rencontrés par les enfants ou adolescents.

Art. D. 312-93 Les lavabos, en nombre suffisant, sont pourvus de robinets spéciaux accessibles aux jeunes handicapés et munis de dispositifs leur garantissant l'équilibre.

Une baignoire ou une installation de douches avec siphon de sol est exigée à raison d'une pour au plus quatre enfants. La baignoire comporte une main courante. Un dégagement assez grand est prévu dans la pièce pour une aide éventuelle et l'utilisation de matériel de portage.

L'établissement prévoit un espace suffisant pour l'installation de tables de change.

Des toilettes adaptées et accessibles pour tout type de handicap, sans aide pour un certain nombre d'entre elles et avec aide pour d'autres, sont installées, à raison d'un bloc-toilettes commun pour quatre enfants ou adolescents.

Art. D. 312-94 L'établissement dispose de portes à ouverture automatique aux points d'accès principaux.

Les couloirs utilisés par les enfants ou adolescents sont les plus spacieux possible, ne comportent aucune piste de marche ou de circulation avec des difficultés ou des obstacles et sont constitués de matériaux permettant l'adhérence au sol.

Les murs sont protégés par des pare-chocs et des revêtements adaptés et sont munis de mains courantes.

Des installations de *(Décr. n° 2009-378 du 2 avr. 2009)* « lève-personne », fixes ou mobiles, sont prévues dans les locaux de rééducation, dans certains sanitaires et dans l'infirmerie.

L'établissement dispose d'un matériel d'oxygénothérapie ; le personnel soignant reçoit la formation nécessaire à son utilisation, en cas d'urgence, sous la responsabilité d'un médecin de l'établissement, et dans l'attente des services spécialisés.

SOUS-§ 5 *Services de soins et d'aide à domicile*

Art. D. 312-95 Un service de soins et d'aide à domicile peut être rattaché à l'établissement.

Son action est orientée vers :

– d'une part, *(Décr. n° 2009-378 du 2 avr. 2009)* « l'accompagnement » précoce pour les enfants de la naissance à six ans, comportant le conseil et l'accompagnement des familles et de l'entourage familier de l'enfant, l'approfondissement du diagnostic

et le développement psychomoteur initial de l'enfant ainsi que le développement de la communication ;

– d'autre part, pour l'ensemble des enfants et adolescents, le soutien *(Décr. n° 2009-378 du 2 avr. 2009)* **« à la scolarisation et » aux acquisitions de l'autonomie comportant l'ensemble des moyens médicaux, paramédicaux et psychosociaux adaptés.**

Les interventions s'accomplissent dans les différents lieux de vie et d'activité de l'enfant, domicile, crèche, notamment, et dans les locaux du service.

Le service de soins et d'aide à domicile œuvre en liaison étroite avec les services hospitaliers, le secteur de psychiatrie infanto-juvénile, les services de dépistage et de diagnostic, les centres d'action médico-sociale précoce, les centres médico-psycho-pédagogiques, les autres établissements ou services d'éducation spéciale ou les intervenants spécialisés proches du domicile des parents.

Des conventions peuvent être passées pour certaines prestations nécessaires avec ces services ou des intervenants spécialisés proches du domicile des parents.

Art. D. 312-96 *(Abrogé par Décr. n° 2017-982 du 9 mai 2017, art. 1er-5°)* ***Chaque section ou service fait l'objet d'un arrêté d'autorisation dans les conditions prévues par le titre I du livre III.*** — V. note ss. art. D. 312-9.

Art. D. 312-97 Sauf dispositions contraires figurant à la présente sous-section, sont applicables aux établissements et services concernés, les dispositions des articles D. 312-17, D. 312-20 et D. 312-24 à D. 312-54.

§ 4 Établissements et services prenant en charge des enfants ou adolescents atteints de déficience auditive grave

Art. D. 312-98 *(Décr. n° 2009-378 du 2 avr. 2009)* **Les dispositions du présent paragraphe sont applicables aux établissements et services qui accueillent et accompagnent des enfants ou des adolescents présentant une déficience auditive entraînant des troubles de la communication, conformément à leur plan personnalisé de compensation comprenant le projet personnalisé de scolarisation et prenant en compte le recours à des techniques spécialisées pour le suivi médical, l'apprentissage des moyens de communication, l'acquisition des connaissances scolaires, la formation professionnelle et l'accès à l'autonomie sociale.**

Art. D. 312-99 *(Décr. n° 2009-378 du 2 avr. 2009)* **L'accompagnement mis en place au sein de l'établissement ou du service peut concerner les enfants ou adolescents aux différents stades de l'éducation précoce, et, selon leur niveau d'acquisition, de la formation préélémentaire, élémentaire et secondaire dans l'enseignement général, professionnel ou technologique.**

Les missions de l'établissement ou du service comprennent :

1° L'accompagnement de la famille et de l'entourage habituel de l'enfant ou de l'adolescent dans l'apprentissage des moyens de communication ;

2° La surveillance médicale régulière et générale de l'état auditif (nature, importance, évolutivité, correction s'il y a lieu) et de ses conséquences sur le développement de l'enfant ou de l'adolescent ;

3° La surveillance médicale et technique de l'adaptation prothétique ;

4° L'éveil et le développement de la communication entre l'enfant déficient auditif et son entourage selon des stratégies individualisées faisant appel à l'éducation auditive, à la lecture labiale et ses aides, à l'apprentissage et à la correction de la parole ainsi qu'à la langue des signes française, selon le choix linguistique effectué par les parents auprès de la maison départementale des personnes handicapées et inscrit à ce titre dans le projet personnalisé de scolarisation de l'enfant ;

5° L'établissement pour chaque enfant ou adolescent d'un projet individualisé d'accompagnement qui prévoit :

a) L'enseignement et le soutien assurant la mise en œuvre du projet personnalisé de scolarisation et permettant à chaque enfant de réaliser, en référence aux programmes scolaires en vigueur, les apprentissages nécessaires ;

b) Des actions tendant à développer la personnalité et à faciliter l'insertion sociale ;

6° L'élaboration d'un projet d'établissement à visée pédagogique, éducative et thérapeutique précisant les objectifs et les moyens mis en œuvre pour assurer cet accompagnement.

Art. D. 312-100 *(Décr. n° 2009-378 du 2 avr. 2009)* L'établissement ou le service peut comporter une unité d'enseignement, créée par convention conformément aux dispositions du troisième alinéa de l'article D. 312-10-6. L'unité d'enseignement a pour mission de dispenser :

1° Un enseignement général permettant d'assurer les apprentissages scolaires et le développement de l'autonomie et de la socialisation ;

2° Un enseignement professionnel intégrant l'initiation et la première formation professionnelle pour les adolescents déficients auditifs.

L'unité d'enseignement recourt à des méthodes pédagogiques adaptées. Les objectifs, les contenus, les certifications de la première formation professionnelle se réfèrent aux programmes scolaires en vigueur.

Pour orienter chaque élève vers l'activité qu'il est le mieux à même d'exercer, compte tenu de ses aptitudes propres, l'établissement ou le service s'assure le concours de services d'orientation. Cette première formation professionnelle est réalisée en liaison étroite avec le milieu professionnel.

L'établissement ou le service peut être organisé en sections notamment pour l'accueil des jeunes déficients auditifs présentant des handicaps associés importants, tels que des troubles de la personnalité et du comportement, des déficiences intellectuelles, motrices, visuelles ou autres. Les locaux et les équipements doivent être aménagés en conséquence.

Dans le cadre de l'enseignement professionnel, l'établissement ou le service peut également faire appel à des éducateurs techniques spécialisés.

Des actions thérapeutiques et éducatives particulières définies individuellement en fonction des besoins propres à chaque enfant ou adolescent sont réalisées conformément au projet individualisé d'accompagnement. Ces actions sont mises en œuvre, en tant que de besoin, en liaison avec d'autres services ou établissements spécialisés, selon les modalités de convention prévues à l'article D. 312-10-12.

Art. D. 312-101 L'établissement peut fonctionner en externat, en semi-internat ou en internat. Il peut assurer l'hébergement dans ses propres locaux, dans des foyers qu'il gère, dans des foyers gérés par d'autres organismes ou dans des centres de placements familiaux spécialisés.

Toutes les fois que cela est possible, les enfants déficients auditifs demeurent hébergés dans leur famille.

Art. D. 312-102 L'établissement doit s'assurer les services d'une équipe médicale, paramédicale et psychosociale, comprenant notamment :

1° un médecin qualifié en oto-rhino-laryngologie, compétent en phoniatrie ;

2° un pédiatre ;

3° un psychologue ;

4° un assistant de service social.

5° En fonction des besoins de l'établissement :

a) un psychiatre ;

b) des rééducateurs divers.

L'établissement s'assure le concours d'un ou plusieurs audioprothésistes chargés de la surveillance technique de l'adaptation prothétique. *(Décr. n° 2009-378 du 2 avr. 2009)* « Sous la responsabilité de l'un des médecins attachés à l'établissement, l'équipe médicale et paramédicale met en œuvre les composantes thérapeutique et rééducative du projet individualisé d'accompagnement de l'enfant ou de l'adolescent. »

Le pédiatre assure la surveillance générale de l'établissement en ce qui concerne l'hygiène des locaux, l'alimentation, la discipline de vie des enfants et, en liaison avec les autres médecins, la surveillance de la santé des enfants et adolescents, en coordination avec le médecin habituel de l'enfant.

Aucun traitement n'est entrepris s'il n'a été prescrit par un des médecins attachés à l'établissement ou par un médecin appelé en consultation.

Le concours demandé à ces médecins spécialistes varie avec l'importance de l'établissement et doit permettre l'examen complet de tous les enfants une fois en cours d'année ainsi qu'un examen par trimestre scolaire et la surveillance des traitements ordonnés et des rééducations pratiquées.

Art. D. 312-103 L'établissement doit s'assurer le concours d'une équipe de professionnels prenant en charge l'ensemble des actions concernant la communication, la parole et le langage, l'enseignement et son soutien.

Elle est recrutée parmi les catégories suivantes :

(Décr. nº 2009-378 du 2 avr. 2009) « 1° enseignants mentionnés dans l'arrêté prévu à l'article D. 351-20 du code de l'éducation ; »

2° instituteurs ou professeurs des écoles titulaires du certificat d'aptitude à l'enseignement des inadaptés, option « handicapés auditifs », en fonctions dans un établissement régi par les dispositions du présent paragraphe, à la date du 24 avril 1988 ;

3° instituteurs ou professeurs des écoles titulaires du certificat d'aptitude professionnelle pour les aides spécialisées, les enseignements adaptés et la scolarisation des élèves en situation de handicap, sous réserve de l'obtention du certificat d'aptitude au professorat de l'enseignement des jeunes sourds, dans un délai de cinq ans à compter de leur affectation dans l'établissement.

L'action de ces instituteurs ou professeurs des écoles concerne l'enseignement et son soutien.

4° des orthophonistes dont l'action s'exerce selon le champ de compétence défini en application des articles L. 4341-1 et suivants du code de la santé publique.

5° des interprètes en langue des signes français (LSF) ;

6° des codeurs en langage parlé complété.

Art. D. 312-104 Les établissements peuvent s'attacher le concours de personnes sourdes disposant des qualifications professionnelles prévues au présent article ou de celle d'aides médico-psychologiques. Leur activité peut s'étendre, au-delà du champ d'exercice normal de cette qualification, à des actions concernant l'acquisition et le développement de la communication gestuelle.

Pour les actions concernant le développement personnel des enfants, leur insertion sociale ainsi que leur encadrement dans les internats et semi-internats, les établissements s'assurent le concours d'éducateurs spécialisés, d'éducateurs de jeunes enfants ou de moniteurs-éducateurs. Les éducateurs affectés dans les groupes d'enfants au stade de l'éducation précoce et de l'éducation préscolaire doivent être titulaires du diplôme d'État d'éducateur de jeunes enfants ou d'un diplôme *(Abrogé par Décr. nº 2009-378 du 2 avr. 2009)* ***« de jardinière d'enfants ou de jardinière éducatrice délivré par une école agréée ou, pour les ressortissants d'un autre État membre de la Communauté européenne ou partie à l'accord sur l'Espace économique européen, d'un diplôme ou titre »*** reconnu équivalent.

La section de première formation professionnelle doit comporter les personnels titulaires du certificat d'aptitude aux fonctions de professeur d'enseignement technique aux déficients auditifs ou munis des qualifications nécessaires pour enseigner en lycée professionnel, sous réserve d'un complément de formation spécialisée pour déficients auditifs. Lorsque cette section comporte des groupes de déficients auditifs avec handicaps associés, à défaut des personnels ci-dessus, il peut être fait appel à des éducateurs techniques spécialisés. Dans tous les cas, les liaisons nécessaires avec les entreprises sont établies afin de réaliser la meilleure adaptation possible à la vie professionnelle future.

Art. D. 312-105 Les services suivants peuvent être créés par l'établissement auquel ils sont rattachés :

— un service d'accompagnement familial et d'éducation précoce pour les enfants de la naissance à trois ans, qui assure la prise en charge définie à l'article D. 312-99 et tout particulièrement le conseil et l'accompagnement des familles et de l'entourage familier de l'enfant, l'approfondissement du diagnostic et de l'adaptation prothétique, l'éveil et le développement de la communication de l'enfant et dont les interventions peuvent avoir lieu dans les locaux du service et par des visites à domicile ;

— un service de soutien à l'éducation familiale et *(Décr. nº 2009-378 du 2 avr. 2009)* « à la scolarisation » pour les enfants de plus de trois ans qui suivent par ailleurs une scolarité à l'école ordinaire ainsi que pour les enfants de trois à six ans qui ne peuvent bénéficier d'une telle scolarité.

Des conventions peuvent être passées pour certaines des prestations nécessaires avec des centres d'audiophonologie, des services ORL (dépistage et diagnostic), des centres d'action médico-sociale précoce ou des intervenants spécialisés proches du domicile des parents.

Ces services peuvent être autonomes lorsqu'il existe une difficulté grave de rattachement.

Art. D. 312-106 *(Décr. nº 2009-378 du 2 avr. 2009)* « L'accompagnement » qui incombe au service d'accompagnement familial et d'éducation précoce est assurée par les personnels ayant les qualifications prévues par les dispositions de l'article D. 312-102 et, en tant que de besoin, de l'article D. 312-103.

Le service de soutien à l'éducation familiale et à *(Décr. nº 2009-378 du 2 avr. 2009)* « la scolarisation » réalise l'ensemble de *(Décr. nº 2009-378 du 2 avr. 2009)* « l'accompagnement défini » à l'article D. 312-99. *(Décr. nº 2009-378 du 2 avr. 2009)* « Il est assuré » par les personnels ayant les qualifications prévues aux articles D. 312-102 et D. 312-103. *(Abrogé par Décr. nº 2009-378 du 2 avr. 2009)* ***« Une convention passée entre l'établissement de rattachement ou le service s'il est autonome et les services du ministère de l'éducation nationale ou l'établissement scolaire privé sous contrat précise quels personnels apportent leur concours à la réalisation de la prise en charge et les conditions de celle-ci. »***

Art. D. 312-107 *(Abrogé par Décr. nº 2017-982 du 9 mai 2017, art. 1er-5º)* ***Chaque section ou service fait l'objet d'un arrêté d'autorisation dans les conditions prévues par le chapitre III du présent livre.*** — V. note ss. art. D. 312-9.

Art. D. 312-108 L'établissement doit disposer des locaux et équipements correspondant aux dispositions réglementaires générales d'hygiène et de sécurité.

Les locaux doivent en outre comporter les aménagements nécessaires à une bonne réception des messages visuels et auditifs, en ce qui concerne notamment la luminosité et l'insonorisation.

Des locaux doivent être prévus pour les interventions individuelles, notamment en apprentissage de la parole.

Des équipements en vue de la transmission et de l'amplification des signaux sonores et de leur visualisation sont mis à la disposition des enfants et des adolescents.

Lorsque les examens audiométriques courants sont pratiqués dans l'établissement, ce dernier doit disposer des équipements nécessaires comportant une cabine audiométrique équipée du matériel d'audiométrie tonale au casque et en champ libre et d'audiométrie vocale.

Art. D. 312-109 *(Décr. nº 2009-378 du 2 avr. 2009)* La famille est associée à l'élaboration du projet individualisé d'accompagnement, à sa mise en œuvre, à son suivi régulier et à son évaluation.

L'équipe médico-psychopédagogique de l'établissement ou du service fait parvenir à la famille, au moins tous les trimestres, des informations détaillées sur l'évolution de l'enfant ou de l'adolescent et chaque année un bilan pluridisciplinaire complet de sa situation.

Au moins une fois par an, les parents sont invités à rencontrer les professionnels de l'établissement. Ils sont également saisis de tout fait ou décision relevant de l'autorité parentale.

Art. D. 312-110 Sauf dispositions contraires figurant au présent paragraphe, les dispositions des articles D. 312-17, D. 312-18, D. 312-20, D. 312-24, D. 312-26, D. 312-27 à D. 312-54 s'appliquent aux établissements concernés.

§ 5 Établissements et services prenant en charge des enfants ou adolescents atteints de déficience visuelle grave ou de cécité

Art. D. 312-111 *(Décr. nº 2009-378 du 2 avr. 2009)* Les dispositions du présent paragraphe sont applicables aux établissements et services accueillant et accompagnant des enfants ou adolescents présentant une déficience visuelle, conformément à leur plan personnalisé de compensation comprenant le projet personnalisé de scolarisation et prenant en compte le recours à des moyens spécifiques pour le suivi médical, la compensation du handicap, l'acquisition de connaissances scolaires et d'une formation professionnelle, afin de réaliser leur intégration familiale, sociale et professionnelle.

Art. D. 312-112 *(Décr. nº 2009-378 du 2 avr. 2009)* L'accompagnement mis en place au sein de l'établissement ou du service peut concerner les enfants et adolescents, selon leur niveau d'acquisition, aux stades de l'éducation précoce, préélémentaire, élémentaire, secondaire ou technique.

Les missions de l'établissement ou du service comprennent :

1° Une surveillance médicale, notamment de l'état visuel (nature, importance, évolutivité, correction s'il y a lieu) et de ses conséquences sur le développement de l'enfant ou de l'adolescent et des déficiences associées éventuelles ;

2° L'éveil et le développement de la relation par :

a) Le développement des moyens sensoriels et psychomoteurs de compensation du handicap visuel ;

b) La stimulation et le développement de la vision fonctionnelle incluant l'utilisation éventuelle d'aides optiques ou non optiques lorsque des possibilités visuelles existent ;

c) L'acquisition de la lecture et de l'écriture en braille, de l'écriture manuscrite, de l'utilisation de la dactylographie et de la reconnaissance des éléments de dessin en relief;

d) L'apprentissage de la locomotion ainsi que l'initiation, adaptée au cas de chaque enfant, aux différents matériels techniques, électroniques ou autres ;

3° L'accompagnement des parents ou des détenteurs de l'autorité parentale et de l'entourage habituel de l'enfant ;

4° L'établissement pour chaque enfant ou adolescent d'un projet individualisé d'accompagnement qui prévoit :

a) L'enseignement et le soutien assurant la mise en œuvre du projet personnalisé de scolarisation et permettant à chaque enfant de réaliser, en référence aux programmes scolaires en vigueur, les apprentissages nécessaires ;

b) Des actions tendant à développer la personnalité et faciliter l'insertion sociale ;

5° L'élaboration d'un projet d'établissement à visée pédagogique, éducative et thérapeutique d'établissement précisant les objectifs et les moyens mis en œuvre pour assurer cet accompagnement.

Art. D. 312-113 *(Décr. nº 2009-378 du 2 avr. 2009)* L'établissement ou le service peut comporter une unité d'enseignement, créée par convention conformément aux dispositions du troisième alinéa de l'article D. 312-10-6. L'unité d'enseignement a pour mission de dispenser :

1° Un enseignement général permettant d'assurer les apprentissages scolaires et le développement de l'autonomie et de la socialisation ;

2° Un enseignement professionnel intégrant l'initiation et la première formation professionnelle pour les adolescents déficients visuels.

L'unité d'enseignement recourt à des méthodes pédagogiques adaptées et fait appel à des services de transcription et d'adaptation documentaires.

Les objectifs, les contenus, les certifications de la première formation professionnelle se réfèrent aux programmes scolaires en vigueur.

Pour orienter chaque élève vers l'activité qu'il est le mieux à même d'exercer, compte tenu de ses aptitudes propres, l'établissement ou le service s'assure le concours de services d'orientation. Cette première formation professionnelle est réalisée en liaison étroite avec le milieu professionnel.

L'établissement ou le service peut être organisé en sections notamment pour l'accueil des jeunes déficients visuels présentant des handicaps associés importants, tels que des troubles de la personnalité et du comportement, des déficiences intellectuelles, motrices, auditives ou autres. Les locaux et les équipements doivent être aménagés en conséquence.

Dans le cadre de l'enseignement professionnel, l'établissement ou le service peut également faire appel à des éducateurs techniques spécialisés.

Des actions thérapeutiques et éducatives particulières définies individuellement en fonction des besoins propres à chaque enfant ou adolescent sont réalisées conformément au projet individualisé d'accompagnement. Ces actions sont mises en œuvre, en tant que de besoin, en liaison avec d'autres services ou établissements spécialisés, selon les modalités de convention prévues à l'article D. 312-10-12.

Art. D. 312-114 L'établissement peut fonctionner en externat, en semi-internat ou en internat. Il peut assurer l'hébergement dans ses propres locaux, dans des foyers qu'il gère, dans des foyers gérés par d'autres organismes ou dans des centres de placements familiaux spécialisés.

Toutes les fois que cela est possible, les enfants déficients de la vue demeurent hébergés dans leur famille.

Art. D. 312-115 L'établissement *(Décr. nº 2009-378 du 2 avr. 2009)* « s'assure » le concours d'une équipe médicale, paramédicale et psycho-sociale travaillant en liaison avec les enseignants et les éducateurs et comprenant au moins :

1° un pédiatre ;

2° un ophtalmologiste ;

3° des rééducateurs intervenant dans les différents domaines de la compensation du handicap visuel et dans le développement de la vision fonctionnelle ;

4° un psychologue ;

(Décr. nº 2009-378 du 2 avr. 2009) « 5° un assistant de travail social ;

« 6° et, en fonction des besoins de l'établissement, un psychiatre et un neurologue.

« Sous la responsabilité de l'un des médecins attachés à l'établissement, l'équipe médicale et paramédicale met en œuvre les composantes thérapeutique et rééducative du projet individualisé d'accompagnement de l'enfant ou de l'adolescent. »

Le pédiatre assure la surveillance générale de l'établissement en ce qui concerne l'hygiène des locaux, l'alimentation, la discipline de vie des enfants et, en liaison avec les autres médecins, la surveillance de la santé des enfants et adolescents, en coordination avec le médecin habituel de l'enfant.

Aucun traitement n'est entrepris s'il n'a été prescrit par un des médecins attachés à l'établissement ou par un médecin appelé en consultation.

Le concours demandé à l'un de ces médecins varie avec l'importance de l'établissement et doit permettre l'examen complet de tous les enfants une fois en cours d'année, ainsi qu'un examen par trimestre scolaire et la surveillance des traitements ordonnés et des rééducations pratiquées.

V. Décr. nº 2020-1065 du 17 août 2020 relatif au certificat d'instructeur pour l'autonomie des personnes déficientes visuelles (JO 19 août).

Art. D. 312-116 *(Décr. nº 2009-378 du 2 avr. 2009)* L'établissement ou le service s'assure notamment le concours d'enseignants prenant en charge, en liaison avec l'équipe médicale, paramédicale et psychosociale, la formation scolaire des enfants et adolescents :

Cette équipe peut être constituée des catégories suivantes :

1° Des enseignants mentionnés dans l'arrêté prévu à l'article D. 351-20 du code de l'éducation ;

2° Des éducateurs spécialisés, des éducateurs de jeunes enfants ou des moniteurs-éducateurs et des personnels agréés par la direction départementale des affaires sanitaires, dont les actions concernent le développement personnel des enfants, leur insertion sociale ainsi que leur encadrement dans les internats et semi-internats.

Les éducateurs affectés dans les groupes d'enfants au stade de l'éducation précoce et de l'éducation préscolaire doivent être titulaires du diplôme d'État d'éducateur de jeunes enfants ou d'un diplôme reconnu équivalent.

Art. D. 312-117 Les services suivants peuvent être créés par l'établissement auquel ils sont rattachés :

— un service d'accompagnement familial et d'éducation précoce pour les enfants de la naissance à trois ans assurant *(Décr. n° 2009-378 du 2 avr. 2009)* « l'accompagnement » défini à l'article D. 312-112 et tout particulièrement le conseil et l'accompagnement des familles et de l'entourage familier de l'enfant, l'approfondissement du diagnostic et le développement psychomoteur initial de l'enfant et dont les interventions ont lieu dans les locaux du service et par des visites au domicile de l'enfant ;

— un service d'aide à l'acquisition de l'autonomie et *(Décr. n° 2009-378 du 2 avr. 2009)* « à la scolarisation » apportant, d'une part, l'ensemble des moyens de compensation du handicap, de développement de la vision fonctionnelle, d'apprentissage des techniques palliatives, d'autre part, les soutiens pédagogiques adaptés et assurant la mise à disposition des matériels et équipements spécialisés.

(Décr. n° 2009-378 du 2 avr. 2009) « Dans le cadre des dispositions de l'article D. 312-10-12 », des conventions peuvent être passées pour certaines des prestations nécessaires avec des centres d'ophtalmologie, des services de dépistage et de diagnostic, des centres d'action médico-sociale précoce ou des intervenants spécialisés proches du domicile des parents.

Ces services peuvent être autonomes lorsqu'il existe une difficulté grave de rattachement.

Art. D. 312-118 *(Décr. n° 2009-378 du 2 avr. 2009)* « L'accompagnement » qui incombe au service d'accompagnement familial et d'éducation précoce est *(Décr. n° 2009-378 du 2 avr. 2009)* « assuré » par les personnels ayant les qualifications prévues à l'article D. 312-115 et, en tant que de besoin, à l'article D. 312-116.

Le service d'aide à l'acquisition de l'autonomie et à *(Décr. n° 2009-378 du 2 avr. 2009)* « la scolarisation » effectue l'ensemble de la prise en charge définie à l'article D. 312-112. Elle est assurée par les personnels ayant les qualifications prévues aux articles D. 312-115 et D. 312-116. Une convention passée entre l'établissement de rattachement ou le service s'il est autonome et les services du ministère de l'éducation nationale ou l'établissement privé sous contrat précise quels personnels apportent leur concours à la réalisation de la prise en charge et les conditions de celle-ci.

Art. D. 312-119 *(Abrogé par Décr. n° 2017-982 du 9 mai 2017, art. 1er-5°) **Chaque section ou service fait l'objet d'un arrêté d'autorisation dans les conditions prévues par le chapitre III du présent titre.*** — V. note ss. art. D. 312-9.

Art. D. 312-120 L'établissement doit disposer des locaux et équipements correspondant aux dispositions réglementaires générales d'hygiène et de sécurité.

Les locaux devront en outre comporter les aménagements nécessaires pour une bonne réception des messages auditifs *(Décr. n° 2009-378 du 2 avr. 2009)* « , des informations tactiles et podotactiles » et une utilisation optimale des possibilités visuelles des enfants et adolescents.

Des locaux devront être prévus pour les interventions individuelles.

Lorsque des examens ophtalmologiques sont pratiqués dans l'établissement, ce dernier doit disposer des installations appropriées.

Art. D. 312-121 *(Décr. n° 2009-378 du 2 avr. 2009)* La famille est associée à l'élaboration du projet individualisé d'accompagnement, à sa mise en œuvre, à son suivi régulier et à son évaluation.

L'équipe médico-psychopédagogique de l'établissement ou du service fait parvenir à la famille, au moins tous les trimestres, des informations détaillées sur l'évolution de l'enfant ou de l'adolescent et chaque année un bilan pluridisciplinaire complet de sa situation.

Au moins une fois par an, les parents sont invités à rencontrer les professionnels de l'établissement. Ils sont également saisis de tout fait ou décision relevant de l'autorité parentale.

Art. D. 312-122 Sauf dispositions contraires figurant au présent paragraphe, les dispositions des articles D. 312-17, D. 312-18, D. 312-20, D. 312-24, D. 312-26, D. 312-27 à D. 312-54 s'appliquent aux établissements concernés.

§ 6 Pouponnières à caractère social

SOUS-§ 1 *Locaux*

Art. D. 312-123 Lorsqu'une pouponnière à caractère social héberge des enfants qui marchent et des enfants qui ne marchent pas, la disposition des locaux doit permettre la séparation des deux catégories d'enfants en cas de besoin.

Art. D. 312-124 Le sol des locaux est imperméable, lavable à l'eau additionnée de détergents neutres et de produits de désinfection. Le revêtement des murs et des cloisons est lavable, clair et ininflammable.

Les locaux sont largement éclairés et munis d'un système efficace d'aération permanente. Ils sont protégés du soleil par un système de stores extérieurs et, le cas échéant, dotés d'un dispositif de protection contre les insectes.

Art. D. 312-125 Un chauffage central réglable assure une température minimale de 20° C dans l'établissement.

L'éclairage électrique permet une mise en veilleuse pendant la nuit. Les prises de courant ne doivent pas être accessibles aux enfants.

L'eau distribuée respecte les normes de qualité en vigueur.

Art. D. 312-126 Les locaux comportent des chambres individuelles et collectives, des salles de jeux et de repas.

Art. D. 312-127 Les chambres ont une superficie minimale de trois mètres carrés et un volume de neuf mètres cubes par enfant.

Les chambres collectives ne contiennent pas plus de six berceaux ou lits-parcs.

Art. D. 312-128 Les berceaux et les lits-parcs sont d'un entretien facile, d'un modèle élevé au-dessus du sol pour faciliter les soins et disposés de façon à recevoir un éclairage et une aération suffisants. L'écart entre deux lits ou berceaux est d'au moins d'un mètre.

Pour les enfants de plus de huit mois, des lits-parcs sont utilisés. L'espacement entre les barreaux des parois latérales du lit-parc ne doit pas permettre le passage de la tête de l'enfant.

Art. D. 312-129 Chaque chambre individuelle ou collective réservée à des enfants qui ne marchent pas est munie au moins d'une baignoire-lavabo à eau chaude et eau froide, d'un pèse-bébé et d'un thermomètre mural.

La toilette et le change fréquent de ces enfants se font sur place.

Art. D. 312-130 La toilette et le change des enfants qui marchent peuvent être faits dans une salle commune spéciale comportant des lavabos, des douches ou des baignoires d'un modèle approprié à l'âge de l'enfant. Y sont prévus des toilettes appropriées à l'âge des enfants et des pots individuels en nombre égal à celui des enfants.

Une balance et une toise y sont également installées. Des armoires sont réservées aux effets personnels des enfants.

Art. D. 312-131 Toute pouponnière comporte une infirmerie. Celle-ci est équipée d'une ventilation directe et pourvue au moins d'une baignoire-lavabo, d'un pèse-bébé et d'un thermomètre mural.

L'infirmerie est disposée de telle sorte que l'enfant malade puisse être soigné et alimenté sans que le personnel ait à traverser les salles où se trouvent les autres enfants.

Art. D. 312-132 La cuisine et la biberonnerie sont indépendantes l'une de l'autre. Leurs sols et leurs murs sont facilement lavables. Toutes précautions sont prises pour éviter la pénétration des insectes et des animaux.

La biberonnerie est divisée en deux zones distinctes permettant, d'une part, le nettoyage et la stérilisation des biberons, d'autre part, la préparation correcte des laits et produits de régime et le maintien à basse température des biberons préparés d'avance.

Les tétines sont conservées à sec dans un récipient stérile et fermé. Les biberons utilisés doivent être d'un modèle à large goulot facile à nettoyer.

Art. D. 312-133 Toute pouponnière possède un jardin suffisamment spacieux et ayant une bonne exposition pour permettre les sorties régulières des enfants. Une aire de jeux est aménagée pour les plus grands.

Des terrasses doivent permettre d'installer les berceaux des plus petits.

Art. D. 312-134 Le circuit d'évacuation du linge souillé est conçu de manière à empêcher que ce linge reste dans les locaux d'hébergement.

Le linge et le matériel lavables sont lavés dans une buanderie équipée de façon à permettre une désinfection efficace et un rinçage à l'eau pure.

Art. D. 312-135 L'aménagement général des locaux et l'organisation de l'établissement doivent permettre l'évacuation facile et rapide des enfants en cas d'incendie.

Les adresses et numéros de téléphone nécessaires en cas d'urgence sont placés en évidence.

Art. D. 312-136 Lorsqu'une pouponnière à caractère social est annexée à un autre établissement, elle dispose d'une entrée particulière.

SOUS-§ 2 *Admission et surveillance des enfants*

Art. D. 312-137 L'admission d'un enfant en pouponnière ne peut être prononcée sans que la direction ait reçu un dossier comportant notamment :

1° l'état civil de l'enfant ;

2° le carnet de santé de l'enfant avec la mention des vaccinations faites ou des contre-indications éventuelles ;

3° un rapport détaillé donnant les précisions nécessaires sur les motifs de la demande d'admission et tous renseignements utiles sur la famille de l'enfant.

Art. D. 312-138 L'admission définitive ne peut être prononcée qu'après un examen de l'enfant par le médecin de la pouponnière. Cet examen a lieu dans les vingt-quatre heures suivant l'entrée de l'enfant.

Art. D. 312-139 L'enfant, au cours de son séjour, bénéficie d'un examen médical au moins une fois par mois. Avant son départ de l'établissement, il fait l'objet d'un bilan médical.

Les résultats de ces examens figurent sur sa fiche médicale et sur son carnet de santé mis à jour.

Tout enfant qui, à son entrée dans l'établissement, n'a pas reçu les vaccinations obligatoires *(Abrogé par Décr. n° 2006-331 du 21 mars 2006) « ou recommandées pour les enfants hébergés en collectivité »*, doit les recevoir, le plus tôt possible après son admission, sauf contre-indication.

Art. D. 312-140 Les enfants ne sont rendus qu'aux personnes qui les ont confiés à la pouponnière ou à leurs délégués régulièrement mandatés.

La limite d'âge de sortie de l'enfant, fixée à trois ans révolus, ne peut être reculée à titre exceptionnel que si le responsable de l'établissement le juge souhaitable dans l'intérêt de l'enfant.

Art. D. 312-141 Chaque enfant est l'objet d'une surveillance constante. Dans toute la mesure du possible, les mêmes personnes prennent soin de lui.

Art. D. 312-142 Le lit de l'enfant porte son nom. Ses objets de toilette personnels sont maintenus dans un état de propreté constant. Ils sont placés dans un casier individuel portant son nom. Sur une feuille individuelle d'observation sont inscrits les courbes de poids et de taille et les indications du régime, les traitements entrepris, les incidents médicaux. Ces renseignements sont transcrits sur le carnet de santé.

Art. D. 312-143 Dès qu'un enfant paraît suspect d'infection, le médecin de la pouponnière décide des mesures à prendre, et en particulier, de l'opportunité de l'hospitalisation de l'enfant.

Art. D. 312-144 En cas de maladie contagieuse survenant dans l'établissement, le médecin responsable envisage les mesures à prendre avec le médecin inspecteur départemental de santé publique. Il peut procéder à l'éviction des malades et à l'isolement immédiat des suspects, suspendre les admissions, procéder à la recherche des porteurs de germe parmi les enfants et le personnel, imposer des mesures de désinfection des locaux *(Abrogé par Décr. n° 2006-331 du 21 mars 2006) « ou de vaccination des enfants »* et, d'une manière générale, exiger toute mesure utile déterminée en fonction des instructions générales du ministre chargé de la santé.

Des mesures analogues sont prises si des cas de maladie contagieuse surviennent dans la commune où se trouve l'établissement et dans des conditions telles qu'elles font craindre la pénétration de cette maladie dans l'établissement.

Art. D. 312-145 Les visites familiales sont prévues à des dates et heures fixées par le règlement de fonctionnement, qui est, notamment, affiché dans les salles de réception.

Les parents sont admis dans les salles et dans les jardins.

Toutefois, les visites de plus de deux personnes à la fois peuvent être interdites par la direction.

L'entrée de l'établissement est strictement interdite à toute personne non régulièrement mandatée ainsi qu'aux parents malades et à ceux qui ont à leur domicile un malade contagieux.

SOUS-§ 3 *Personnel*

Art. D. 312-146 Outre la surveillance médicale régulière dont ils font l'objet, les enfants bénéficient des différents examens que leur état de santé peut exiger. Des médecins spécialistes peuvent être appelés à donner des soins en tant que de besoin.

Art. D. 312-147 La personne assurant la direction est logée dans l'établissement ou à proximité immédiate.

Art. D. 312-148 Le personnel de la pouponnière doit être âgé de dix-huit ans au moins. Il comprend, outre la personne assurant la direction :

1° du personnel de surveillance, composé :

a) d'une puéricultrice, assistée d'une ou plusieurs autres puéricultrices ou, à défaut, d'infirmières, à raison d'une présente pour trente lits ou fraction de trente lits, si l'établissement comporte plus de trente lits, pour assurer une surveillance sanitaire continue de jour et de nuit ;

b) d'auxiliaires de puériculture, en nombre suffisant pour assurer la permanence des soins maternels à raison d'une personne présente pour six enfants au maximum le jour, et trente enfants de nuit. Par dérogation et à titre exceptionnel, des personnels non diplômés, dont la formation professionnelle doit être assurée par l'établissement, peuvent être recrutés en fonction de situations particulières ;

c) d'un ou plusieurs éducateurs ou éducatrices de jeunes enfants pour les enfants de plus de dix-huit mois, à raison d'une personne présente pour douze enfants ou fraction de douze enfants durant la journée ;

2° du personnel de service ;

3° d'un ou d'une psychologue et, en tant que de besoin, de personnels spécialisés et de rééducateurs.

Art. D. 312-149 Le personnel de l'établissement doit être indemne de toute affection tuberculeuse, à l'exception des séquelles anciennes et cicatricielles dont l'épreuve du temps a montré l'innocuité.

Avant leur entrée en fonctions, les membres du personnel, y compris la personne assurant la direction, se soumettent à un examen médical comportant notamment un examen radiologique de l'appareil pulmonaire.

Toute personne qui occupe un emploi dans l'établissement est assujettie aux dispositions de l'article L. 3111-4 du code de la santé publique.

Art. D. 312-150 Tous les membres du personnel doivent subir annuellement, ainsi que lors de toute reprise de fonctions après une interruption pour cause de maladie de plus de quinze jours, un examen médical comportant un examen radiologique de l'appareil pulmonaire.

Après une affection contagieuse quelle qu'elle soit, l'agent ne peut reprendre son service que s'il a été reconnu inapte à transmettre l'affection et que des examens ont montré qu'il n'est plus porteur de germes pathogènes.

Le personnel se soumet à toutes les mesures prophylactiques qui pourront être prescrites par le médecin responsable de l'établissement. En particulier, le port du masque est exigé de tout membre du personnel toutes les fois que le médecin de la pouponnière le jugera utile.

SOUS-§ 4 *Mesures administratives*

Art. D. 312-151 La personne assurant la direction de la pouponnière tient :

1° Un registre spécial sur lequel le médecin responsable appose sa signature à chacune de ses visites. Sur ce registre, sont consignés toutes les remarques, tous les incidents d'ordre médical ainsi que toutes les prescriptions. Y figurent également les observations des médecins inspecteurs de santé publique et des fonctionnaires chargés du contrôle médical ;

2° Un registre matricule sur lequel sont inscrits les nom, prénoms, date de naissance de chaque enfant, les noms, adresses et profession des parents, la date de l'admission de l'enfant, la mention des vaccinations, la date et le motif de sortie ;

3° Un dossier médico-psychologique regroupant notamment les fiches médicales d'observation prévues aux articles D. 312-139 et D. 312-142 et le bilan du comportement de l'enfant ;

4° Un carnet de préparations alimentaires et menus quotidiens ;

5° Des dossiers médicaux pour tous les membres du personnel comportant la date et les résultats des examens de surveillance et l'indication du médecin ou de l'organisme les ayant pratiqués.

Tous ces documents sont conservés dans l'établissement et tenus à la disposition des médecins inspecteurs départementaux de santé publique, des médecins départementaux de protection maternelle et infantile et de tout médecin mandaté par le ministre chargé de la santé.

Le dossier médico-psychologique de l'enfant qui est transféré d'une pouponnière dans un autre établissement doit être transmis à la direction de celui-ci.

La direction doit assurer les liaisons nécessaires avec le service social des secteurs où résident les familles des enfants admis dans l'établissement.

Art. D. 312-152 La direction de l'établissement est tenue d'adresser dans les quinze jours suivant la fin de chaque trimestre, au président du conseil départemental, un état faisant ressortir le nombre d'enfants hébergés au cours du trimestre ainsi que le nombre de journées d'hospitalisation.

La direction de l'établissement peut être appelée à fournir, sur demande expresse du médecin chargé du service de protection maternelle et infantile et du médecin inspecteur de santé publique, tous les renseignements en sa possession pour l'élaboration de statistiques ou enquêtes de mortalité et de morbidité infantiles.

§ 7 Centres de soins, d'accompagnement et de prévention en addictologie

Art. D. 312-153 *(Décr. nº 2007-877 du 14 mai 2007)* Les centres de soins, d'accompagnement et de prévention en addictologie relevant des catégories d'établissement mentionnées au 9° du I de l'article L. 312-1 sont régis par les dispositions des articles D. 3411-1 à D. 3411-9 du code de la santé publique.

§ 7-1 Foyers de jeunes travailleurs

(Décr. nº 2015-951 du 31 juill. 2015, art. 1er)

Art. D. 312-153-1 Les foyers de jeunes travailleurs mentionnés au 10° du I de l'article L. 312-1 accueillent prioritairement des jeunes en activité ou en voie d'insertion sociale et professionnelle âgés de 16 à 25 ans, notamment à l'issue d'une prise en charge par le service de l'aide sociale à l'enfance au titre de l'article L. 222-5. Ils ne peuvent accueillir de personnes ayant dépassé l'âge de 30 ans.

Art. D. 312-153-2 Les foyers de jeunes travailleurs établissent et mettent en œuvre avec une équipe dédiée un projet socio-éducatif ayant pour objet l'accès à l'autonomie et au logement indépendant des jeunes qu'ils logent. Dans ce cadre, ils assurent :

1° Des actions d'accueil, d'information et d'orientation en matière de logement ;

2° Des actions dans les domaines de l'emploi, de l'exercice de la citoyenneté, de l'accès aux droits et à la culture, de la santé, de la formation et de la mobilité, du sport et des loisirs ;

3° Une restauration sur place ou à proximité, quand le logement proposé ou les locaux affectés à la vie collective ne permettent pas la préparation des repas ; toutefois, cette restauration peut être assurée par des organismes extérieurs dans le cadre de conventions conclues avec le gestionnaire du foyer.

Les actions et services mentionnés aux 1° à 3° ci-dessus peuvent être ouverts à des personnes ne résidant pas dans l'établissement. La restauration peut l'être sans condition d'âge.

Art. D. 312-153-3 Pour les foyers de jeunes travailleurs créés après la publication du décret nº 2015-951 du 31 juillet 2015, l'organisme gestionnaire doit être agréé dans les conditions prévues à l'article R. 365-4 du code de la construction et de l'habitation pour la gestion de résidences sociales, ou être dispensé de cet agrément.

§ 8 Appartements de coordination thérapeutique

SOUS-§ 1 *Appartements de coordination thérapeutique (Décr. nº 2020-1745 du 29 déc. 2020, art. 1er-5°, en vigueur le 1er janv. 2021).*

Art. D. 312-154 Les appartements de coordination thérapeutique prévus au 9° du I de l'article L. 312-1 *(Décr. nº 2020-1745 du 29 déc. 2020, art. 1er-6°, en vigueur le 1er janv. 2021)* « prennent en charge, quelle que soit leur situation administrative, » des personnes en situation de fragilité psychologique et sociale et nécessitant des

soins et un suivi médical, de manière à assurer le suivi et la coordination des soins, à garantir l'observance des traitements et à permettre un accompagnement psychologique et une aide à l'insertion.

(Décr. nº 2020-1745 du 29 déc. 2020, art. 1er-6º, en vigueur le 1er janv. 2021) **« Les établissements qui assurent la gestion des appartements de coordination thérapeutique assurent des missions d'hébergement à titre temporaire des personnes mentionnées au premier alinéa, ainsi que des missions d'accompagnement médico-social. Ils fonctionnent sans interruption.**

« Ils peuvent également assurer des missions complémentaires d'accompagnement médico-social sans hébergement pour les personnes mentionnées au premier alinéa. »

Art. D. 312-154-0 **Pour assurer leurs missions, les gestionnaires des appartements de coordination thérapeutique ont recours à une équipe pluridisciplinaire. Celle-ci comprend au moins un médecin exerçant le cas échéant à temps partiel.** — *L'art. D. 312-155 devient l'art. D. 312-154-0 (Décr. nº 2016-1940 du 28 déc. 2016, art. 1er-1º, en vigueur le 1er janv. 2017).*

SOUS-§ 2 ***Dispositifs "un chez-soi d'abord" comportant des logements accompagnés***

(Décr. nº 2016-1940 du 28 déc. 2016, art. 1er-3º, en vigueur le 1er janv. 2017)

A compter du 1er janv. 2017, les établissements agréés dans les conditions prévues par les Arr. des 11 avr. 2011 portant agrément d'une expérimentation d'actions médico-sociales « Un chez-soi d'abord » en faveur de personnes en situation de précarité (JO 24 avr.) et 2 mai 2012 portant agrément d'une expérimentation d'actions médico-sociales « Un chez-soi d'abord » en faveur de personnes en situation de précarité sur le site de Paris (JO 5 mai), sur le fondement de l'art. L. 162-31 CSS, sont réputés autorisés jusqu'au 30 juin 2018 en tant qu'établissements régis par le 9º du I de l'art. L. 312-1 CASF.

Ils disposent d'un délai d'un an à compter du 1er janv. 2017 pour se mettre en conformité avec les dispositions du Décr. nº 2016-1940 du 28 déc. 2016 et présenter une demande d'autorisation dans les conditions prévues à l'art. R. 313-8 du même code.

Un conseiller technique national exerçant au sein d'une des structures participant aux dispositifs prévus par le présent décret est chargé d'accompagner l'ensemble des établissements autorisés pour son application, notamment en ce qui concerne l'évaluation interne et les pratiques professionnelles. Sa rémunération est imputée sur la dotation allouée à l'établissement concerné, qui conclut à cette fin une convention avec les ministres chargés de l'action sociale, de la santé, de la sécurité sociale et du logement (Décr. nº 2016-1940 du 28 déc. 2016, art. 2, mod. par Décr. nº 2020-1376 du 12 nov. 2020, art. 2).

Art. D. 312-154-1 **Un appartement de coordination thérapeutique peut avoir pour objet exclusif de permettre à des personnes majeures, durablement sans abri et atteintes d'une ou de pathologies mentales sévères :**

1º D'accéder sans délai à un logement en location ou en sous-location et de s'y maintenir ;

2º De développer leur accès aux droits et à des soins efficients, leur autonomie et leur intégration sociale.

Les personnes accueillies bénéficient d'un accompagnement médico-social adapté, qui est réévalué au moins une fois par an.

Ces personnes doivent être susceptibles de bénéficier de la prise en charge de leurs frais de santé en vertu de l'article L. 160-1 du code de la sécurité sociale.

Pour accéder à un logement locatif social, elles doivent satisfaire aux conditions prévues au 1º de l'article R.* 441-1 du code de la construction et de l'habitation.

L'accueil ne peut être subordonné au suivi d'un traitement ou à l'arrêt de la consommation de substances psychoactives.

La prise en charge s'effectue sur orientation :

— soit d'une équipe mobile de psychiatrie à destination des personnes en situation de précarité ou d'une permanence d'accès aux soins de santé comprenant en son sein un psychiatre, organisées en vertu des dispositions du deuxième alinéa de l'article L. 3221-4 du code de la santé publique ;

– soit d'un service médico-psychologique régional aménagé dans un établissement pénitentiaire en application de l'article R. 3221-5 du code de la santé publique ;

– soit d'un centre de soins, d'accompagnement et de prévention en addictologie, d'un centre d'accueil et d'accompagnement à la réduction des risques pour usagers de drogue ou d'une structure participant au dispositif de veille sociale prévu à l'article L. 345-2, sous réserve, dans tous les cas, de l'avis conforme d'un psychiatre.

La personne accueillie ou son représentant légal conclut avec l'organisme gestionnaire un contrat de prise en charge comportant les mentions prévues au VI de l'article D. 311. Ce contrat est conclu et prend effet, par dérogation au III du même article, au plus tard à la date d'effet du contrat de location ou de sous-location du logement.

Lorsqu'une personne demande qu'il soit mis fin à son accompagnement, lorsqu'elle est prise en charge par un autre établissement ou service sanitaire ou médico-social ou lorsqu'elle cesse tout contact avec l'équipe pluridisciplinaire, elle conserve pendant un délai de six mois le droit à ce que cet accompagnement soit repris à sa demande, sans délai et sans conclusion d'un nouveau contrat de prise en charge. Lorsque le nombre de personnes dont le contrat de prise en charge est ainsi suspendu excède 10 % de la capacité d'accompagnement, l'organisme gestionnaire en informe sans délai le directeur général de l'agence régionale de santé.

Art. D. 312-154-2 I. – L'organisme gestionnaire d'appartements de coordination thérapeutique mentionnés à l'article D. 312-154-1 est un groupement de coopération sociale ou médico-sociale, qui ne peut avoir d'autre objet pendant les trois années suivant sa création, comportant au moins un organisme relevant de chacune des catégories suivantes :

1° Un établissement de santé assurant des soins psychiatriques, disposant notamment d'une équipe mobile de psychiatrie à destination des personnes en situation de précarité ;

2° Une personne morale agréée, d'une part, au titre des activités d'ingénierie sociale, financière et technique mentionnées au *b* et au *d* du 2° de l'article R. 365-1 du code de la construction et de l'habitation et, d'autre part, au titre des activités de location en vue de la sous-location prévues au *a* du 3° du même article, ou une personne morale dispensée de ces agréments ;

3° Un centre de soins, d'accompagnement et de prévention en addictologie ou un établissement de santé assurant une prise en charge en addictologie.

II. – L'organisme gestionnaire conclut, à moins qu'ils ne figurent parmi ses membres, une convention de coopération avec :

1° Un établissement de santé assurant des soins somatiques et disposant d'une permanence d'accès aux soins de santé ;

2° Un organisme dont l'un des objets est la lutte contre les exclusions, l'insertion ou le logement des personnes défavorisées ;

3° Un organisme représentant des usagers en santé mentale ;

4° Un organisme représentant des personnes dépourvues de logement.

Art. D. 312-154-3 Les missions des appartements mentionnés à l'article D. 312-154-1 sont assurées par une équipe pluridisciplinaire comportant, outre leur directeur, au moins :

1° Un médecin psychiatre ;

2° Un médecin généraliste, qui, sauf si la personne accompagnée en dispose autrement, est réputé désigné par elle comme son médecin traitant pour l'application de l'article L. 162-5-3 du code de la sécurité sociale ;

3° Un cadre coordinateur d'équipe disposant des qualifications prévues à l'article D. 312-176-7 ou à l'article D. 312-176-8 ;

4° Un infirmier ;

5° Un intervenant compétent en addictologie ;

6° Un médiateur de santé-pair dont l'expérience de recours aux soins en santé mentale en tant qu'utilisateur est complétée soit par une certification au moins de niveau II enregistrée au répertoire national prévu à l'article L. 335-6 du code de l'éducation, soit par une validation des acquis personnels dans les conditions déterminées par les articles D. 613-38 et suivants du même code en vue de l'accès à une telle certification, sous réserve d'un engagement à obtenir celle-ci dans un délai de cinq ans à compter du recrutement, soit, sous réserve de l'avis favorable du médecin psychiatre de l'équipe, par toute autre formation en santé mentale ;

7° Un travailleur social ;

8° Une personne en charge de la recherche des logements et de l'intermédiation locative, rémunérée par l'organisme mentionné au 2° du I de l'article D. 312-154-2.

Les membres de l'équipe pluridisciplinaire peuvent être salariés de l'organisme gestionnaire, d'un de ses membres, ou d'un des organismes avec lesquels il a conclu une convention de coopération, ou exercer à titre libéral dans le cadre d'une convention conclue avec lui.

La capacité d'accompagnement du dispositif est *(Décr. n° 2020-1376 du 12 nov. 2020, art. 1er)* « au minimum de 55 personnes ».

Art. D. 312-154-4 Au plus tard le 30 juin de chaque année, l'organisme gestionnaire communique aux ministres chargés de l'action sociale et de la sécurité sociale des informations anonymisées relatives aux personnes accueillies et à leur accompagnement, dont la liste est fixée par un arrêté conjoint des ministres chargés de l'action sociale, de la santé, de la sécurité sociale et du logement.

§ 9 Établissements pour personnes âgées *(Décr. n° 2016-696 du 27 mai 2016, art. 4-2°).*

(Décr. n° 2005-560 du 27 mai 2005)

SOUS-§ 1 *Établissements d'hébergement pour personnes âgées dépendantes*

(Décr. n° 2016-696 du 27 mai 2016, art. 4-2°)

Art. D. 312-155-0 *(Décr. n° 2016-1164 du 26 août 2016, art. 1er, en vigueur le 1er oct. 2016)* I. — Les établissements d'hébergement pour personnes âgées dépendantes mentionnés au I et au II de l'article L. 313-12 :

1° Hébergent à temps complet ou partiel, à titre permanent ou temporaire, des personnes âgées dans les conditions fixées à l'article D. 313-15 et fournissent à chaque résident, *a minima*, le socle de prestations d'hébergement prévu aux articles D. 312-159-2 et D. 342-3 ;

2° Proposent et dispensent des soins médicaux et paramédicaux adaptés, des actions de prévention et d'éducation à la santé et apportent une aide à la vie quotidienne adaptée ;

3° Mettent en place avec la personne accueillie et le cas échéant avec sa personne de confiance un projet d'accompagnement personnalisé adaptés *[adapté]* aux besoins comprenant un projet de soins et un projet de vie visant à favoriser l'exercice des droits des personnes accueillies ;

4° Lorsqu'ils proposent des modalités d'accueil particulières telles que prévues au 1° de l'article L. 314-2, ils respectent les conditions prévues aux articles D. 312-8, D. 312-9, D. 312-155-0-1 et D. 312-155-0-2 ;

5° Inscrivent leur action au sein de la coordination gériatrique locale, en relation notamment avec les *(Décr. n° 2021-1797 du 23 déc. 2021, art. 2-3°)* « dispositifs d'appui à la coordination mentionnés aux articles L. 6327-2 et L. 6327-3 du code de la santé publique », les centres locaux d'information et de coordination gérontologique mentionnés à l'article L. 312-1. *(Décr. n° 2022-731 du 27 avr. 2022, art. 1er-1°)* « Ils concluent des conventions avec un ou plusieurs établissements de santé du territoire, dont, le cas échéant, au moins un hôpital de proximité, afin de bénéficier d'interventions de structures d'hospitalisation à domicile, d'équipes mobiles ou d'autres appuis utiles à leurs missions et permettant d'assurer la continuité des soins et d'organiser l'hospitalisation de leurs résidents lorsqu'elle est nécessaire ;

« 6° Lorsque l'établissement d'hébergement pour personnes âgées dépendantes assure la mission de centre de ressources territorial mentionnée à l'article

L. 313-12-3, il respecte un cahier des charges fixé par arrêté du ministre chargé des personnes âgées. »

II. — Pour assurer leurs missions, outre son directeur et le personnel administratif, l'établissement d'hébergement pour personnes âgées dépendantes dispose d'une équipe pluridisciplinaire comprenant au moins un médecin coordonnateur dans les conditions prévues aux articles D. 312-156 à D. 312-159-1, un professionnel infirmier titulaire du diplôme d'État, des aides-soignants, des aides médico-psychologiques, des accompagnants éducatifs et sociaux et des personnels psycho-éducatifs.

Art. D. 312-155-0-1 *(Décr. nº 2016-1164 du 26 août 2016, art. 1er, en vigueur le 1er oct. 2016)* I. — Le pôle d'activités et de soins adaptés, autorisé au sein de l'établissement pour personnes âgées dépendantes ou le cas échéant en dehors de celui-ci, accueille en priorité les résidents de cet établissement ayant des troubles du comportement modérés consécutifs particulièrement d'une maladie neuro-dégénérative associée à un syndrome démentiel, qui altèrent néanmoins la qualité de vie de la personne et des autres résidents.

II. — Le pôle d'activités et de soins adaptés propose durant la journée des activités individuelles ou collectives qui concourent au maintien ou à la réhabilitation des capacités fonctionnelles restantes et des fonctions cognitives, à la mobilisation des fonctions sensorielles ainsi qu'au maintien du lien social des résidents. Un programme d'activités est élaboré par un ergothérapeute ou un psychomotricien, sous la responsabilité du médecin coordonnateur.

Le pôle élabore un projet spécifique qui prévoit ses modalités de fonctionnement, notamment en ce qui concerne :

1° Les horaires et jours d'accueil du pôle ;

2° Les activités thérapeutiques individuelles et collectives ;

3° Les modalités d'accompagnement et de soins appropriés ;

4° L'accompagnement personnalisé intégrant le rôle des proches-aidants ;

5° Les transmissions d'informations entre les équipes soignantes de l'établissement d'hébergement pour personnes âgées dépendantes et du pôle ;

6° L'organisation du déplacement des résidents entre leur unité d'hébergement et le pôle d'activités et de soins adaptés ;

7° L'organisation du déjeuner et des collations.

III. — Les principales techniques relatives à la prise en charge des troubles du comportement et au suivi de la pathologie et de l'apparition de nouveaux symptômes, qui concourent à la mise en œuvre du projet d'accompagnement et de soins, font l'objet *a minima* d'un protocole qui est suivi et évalué.

IV. — L'équipe du pôle d'activités et de soins adaptés est composée :

1° D'un psychomotricien ou d'*[un]* ergothérapeute ;

2° D'un assistant de soins en gérontologie ;

3° D'un psychologue pour les résidents et les aidants.

L'ensemble du personnel intervenant dans le pôle est spécifiquement formé à la prise en charge des maladies neuro-dégénératives.

V. — L'environnement architectural, support du projet de soins et d'activités adaptés, vise à créer pour les résidents un environnement confortable, rassurant et stimulant et à offrir des lieux de vie sociale pour le groupe, permettant d'y accueillir les familles.

Le pôle d'activités et de soins adaptés est facilement accessible depuis les unités de vie de l'établissement d'hébergement pour personnes âgées dépendantes et comprend notamment une ouverture sur l'extérieur par un prolongement sur un jardin ou sur une terrasse clos et sécurisé, librement accessible aux résidents.

Le pôle peut ne pas être organisé sur un lieu unique. En outre, l'établissement qui ne dispose pas de la surface nécessaire peut créer un pôle d'activités et de soins adaptés en dehors de l'établissement. Dans ce cas, le pôle bénéficie à au moins deux établissements, dont l'un est titulaire de l'autorisation. Une convention de coopéra-

tion est signée entre les gestionnaires des établissements et transmise à l'agence régionale de santé territorialement compétente.

Art. D. 312-155-0-2 *(Décr. nº 2016-1164 du 26 août 2016, art. 1er, en vigueur le 1er oct. 2016)* **I. — L'unité d'hébergement renforcé héberge des résidents souffrant de symptômes psycho-comportementaux sévères consécutifs d'une maladie neuro-dégénérative associée à un syndrome démentiel, qui altèrent la sécurité et la qualité de vie de la personne et des autres résidents.**

II. — L'unité d'hébergement renforcé propose sur un même lieu l'hébergement*[,]* **les soins, les activités sociales et thérapeutiques individuelles ou collectives qui concourent au maintien ou à la réhabilitation des capacités fonctionnelles et des fonctions cognitives, à la mobilisation des fonctions sensorielles ainsi qu'au maintien du lien social des résidents.**

Le projet de soins et le programme d'activités sont élaborés sous l'autorité du médecin de l'établissement de soins de longue durée ou par le médecin coordonnateur de l'établissement d'hébergement pour personnes âgées dépendantes, en lien avec le médecin traitant.

Le projet de l'unité d'hébergement renforcé prévoit ses modalités de fonctionnement, notamment les activités thérapeutiques individuelles et collectives, les modalités d'accompagnement et de soins appropriés, l'accompagnement personnalisé, les transmissions d'informations entre équipes soignantes de l'établissement d'hébergement pour personnes âgées dépendantes et l'unité.

L'avis d'un psychiatre est systématiquement recherché.

III. — Le médecin coordonnateur de l'établissement d'hébergement pour personnes âgées dépendantes coordonne et suit le projet de soins et le programme d'activité de l'unité.

L'unité d'hébergement renforcé dispose :

1° D'un médecin, le cas échéant, le médecin coordonnateur peut assurer cette mission ;

2° D'un infirmier ;

3° D'un psychomotricien ou d'*[un]* **ergothérapeute ;**

4° D'un aide-soignant ou d'un aide médico-psychologique ou d'accompagnement éducatif et social ;

5° D'un assistant de soins en gérontologie ;

6° D'un personnel soignant la nuit ;

7° D'un psychologue pour les résidents et les aidants.

L'ensemble du personnel intervenant dans l'unité est spécifiquement formé à la prise en charge des maladies neuro-dégénératives, notamment à la prise en charge des troubles du comportement perturbateurs liés à la maladie.

IV. — L'unité dispose d'espaces privées *[privés]* **et collectifs et notamment d'une ouverture sur l'extérieur par un prolongement sur un jardin ou sur une terrasse clos et sécurisé. Cet espace est accessible dans les conditions permettant de garantir la sécurité.**

La conception architecturale de l'unité vise à :

1° Favoriser un environnement convivial et non institutionnel de façon à protéger le bien-être émotionnel et réduire l'agitation et l'agressivité des résidents ;

2° Favoriser l'orientation et la déambulation dans un cadre sécurisé ;

3° Répondre à des besoins d'autonomie et d'intimité ;

4° Prendre en compte la nécessité de créer un environnement qui ne produise pas de sur-stimulations sensorielles excessives pouvant être génératrices de troubles psychologiques et comportementaux.

Art. D. 312-155-1 *(Décr. nº 2012-493 du 13 avr. 2012, art. 1er, en vigueur le 1er juin 2012)* **La demande d'admission dans un établissement d'hébergement pour personnes âgées dépendantes est conforme à un dossier défini par arrêté des ministres chargés des personnes âgées et de la santé.**

V. Arr. du 25 nov. 2019 fixant le modèle de dossier de demande unique en vue d'une admission temporaire ou permanente en établissement d'hébergement pour personnes âgées dépendantes prévu par l'art. D. 312-155-1 CASF (JO du 12 déc., NOR : SSAA1930262A).

Art. D. 312-156 *(Décr. nº 2011-1047 du 2 sept. 2011, art. 1er)* **Tout établissement hébergeant des personnes âgées dépendantes relevant du I de l'article L. 312-1 doit se doter d'un médecin coordonnateur.**

Pour les établissements *(Décr. nº 2016-696 du 27 mai 2016, art. 4-2º)* **« mentionnés » au I de l'article L. 313-12 et ceux dont la valeur du groupe iso-ressources moyen pondéré est égale ou supérieure à 800 points, le temps de présence du médecin coordonnateur, pour sa fonction de coordination, ne peut être inférieur à :**

– un équivalent temps plein de *(Décr. nº 2022-731 du 27 avr. 2022, art. 1er-2º, en vigueur le 1er janv. 2023)* **« 0,40 » pour un établissement dont la capacité autorisée est inférieure à 44 places ;**

– un équivalent temps plein de 0,40 pour un établissement dont la capacité autorisée est comprise entre 45 et 59 places ;

– un équivalent temps plein de *(Décr. nº 2022-731 du 27 avr. 2022, art. 1er-2º, en vigueur le 1er janv. 2023)* **« 0,60 » pour un établissement dont la capacité autorisée est comprise entre 60 et 99 places ;**

– un équivalent temps plein de *(Décr. nº 2022-731 du 27 avr. 2022, art. 1er-2º, en vigueur le 1er janv. 2023)* **« 0,80 » pour un établissement dont la capacité autorisée est comprise entre 100 et 199 places ;**

– un équivalent temps plein de *(Décr. nº 2022-731 du 27 avr. 2022, art. 1er-2º, en vigueur le 1er janv. 2023)* **« 1 » pour un établissement dont la capacité autorisée est égale ou supérieure à 200 places.**

Pour les groupements de coopération sociale ou médico-sociale qui exercent les missions mentionnées au *b* du 3º de l'article L. 312-7, le temps de présence du médecin coordonnateur est déterminé dans les conditions mentionnées au présent article en fonction de la totalité des capacités installées des établissements qui en sont membres et dont les organismes gestionnaires ont souhaité leur confier l'exploitation directe d'autorisations médico-sociales.

Les dispositions du Décr. nº 2016-696 du 27 mai 2016 s'appliquent aux résidences autonomie régies par le III et le IV de l'art. L. 313-12 au plus tard le 1er juill. 2016 (Décr. préc., art. 11-II).

Art. D. 312-157 **Le médecin coordonnateur doit être titulaire d'un diplôme d'études spécialisées complémentaires de gériatrie** *(Décr. nº 2019-714 du 5 juill. 2019, art. 1er)* **« , d'un diplôme d'études spécialisées de gériatrie » ou de la capacité de gérontologie ou d'un diplôme d'université de médecin coordonnateur d'établissement d'hébergement pour personnes âgées dépendantes ou, à défaut, d'une attestation de formation continue.**

L'attestation mentionnée à l'alinéa précédent est délivrée *(Abrogé par Décr. nº 2016-942 du 8 juill. 2016, art. 2-IV)* ***« par des organismes formateurs agréés au sens du 2º de l'article L. 4133-2 du code de la santé publique, »*** **après une formation conforme à un programme pédagogique fixé par arrêté des ministres chargés de la santé et des personnes âgées.** – *[Anc. art. D. 312-155-2.]*

Art. D. 312-158 **Sous la responsabilité et l'autorité administratives du responsable de l'établissement, le médecin coordonnateur** *(Décr. nº 2011-1047 du 2 sept. 2011, art. 2-1º)* **« qui assure l'encadrement médical de l'équipe soignante » :**

1º Élabore, avec le concours de l'équipe soignante, le projet général de soins, s'intégrant dans le projet d'établissement, et coordonne et évalue sa mise en œuvre ;

2º Donne un avis sur les admissions des personnes à accueillir en veillant notamment à la compatibilité de leur état de santé avec les capacités de soins de l'institution ;

(Décr. nº 2011-1047 du 2 sept. 2011, art. 2-2º) **« 3º Préside la commission de coordination gériatrique chargée d'organiser l'intervention de l'ensemble des professionnels salariés et libéraux au sein de l'établissement. Cette commission, dont les missions et la composition sont fixées par arrêté du ministre chargé des personnes âgées, se**

réunit au minimum *(Décr. nº 2019-714 du 5 juill. 2019, art. 2-1º)* « une » fois par an. – *V. Arr. du 5 sept. 2011 (JO 7 sept.).*

« Le médecin coordonnateur informe le représentant légal de l'établissement des difficultés dont il a, le cas échéant, connaissance liées au dispositif de permanence des soins prévu aux articles R. 6315-1 à R. 6315-7 du code de la santé publique ; »

4º Évalue et valide l'état de dépendance des résidents *(Décr. nº 2011-1047 du 2 sept. 2011, art. 2-3º)* « et leurs besoins en soins requis à l'aide du référentiel mentionné au deuxième alinéa du III de l'article 46 de la loi nº 2005-1579 du 19 décembre 2005 de financement de la sécurité sociale pour 2006 » ;

5º Veille à l'application des bonnes pratiques gériatriques, y compris en cas de risques sanitaires exceptionnels, formule toute recommandation utile dans ce domaine et contribue à l'évaluation de la qualité des soins ;

(Décr. nº 2019-714 du 5 juill. 2019, art. 2-2º) « 6º Coordonne la réalisation d'une évaluation gériatrique et, dans ce cadre, peut effectuer des propositions diagnostiques et thérapeutiques, médicamenteuses et non médicamenteuses. Il transmet ses conclusions au médecin traitant ou désigné par le patient. L'évaluation gériatrique est réalisée à l'entrée du résident puis en tant que de besoin ;

« 7º Contribue auprès des professionnels de santé exerçant dans l'établissement à la bonne adaptation aux impératifs gériatriques des prescriptions de médicaments et des produits et prestations inscrits sur la liste mentionnée à l'article L. 165-1 du code de la sécurité sociale. Il prend en compte les recommandations de bonnes pratiques existantes en lien, le cas échéant, avec le pharmacien chargé de la gérance de la pharmacie à usage intérieur ou le pharmacien mentionné à l'article L. 5126-6 du code de la santé publique ;

« 8º Contribue à la mise en œuvre d'une politique de formation et participe aux actions d'information des professionnels de santé exerçant dans l'établissement. Il peut également participer à l'encadrement des internes en médecine et des étudiants en médecine, notamment dans le cadre de leur service sanitaire ;

« 9º Élabore un dossier type de soins ;

« 10º Coordonne, avec le concours de l'équipe soignante, un rapport annuel d'activité médicale qu'il signe conjointement avec le directeur de l'établissement. Ce rapport retrace notamment les modalités de la prise en charge des soins et l'évolution de l'état de dépendance et de santé des résidents. Il est soumis pour avis à la commission de coordination gériatrique mentionnée au 3º qui peut émettre à cette occasion des recommandations concernant l'amélioration de la prise en charge et de la coordination des soins. Dans ce cas, les recommandations de la commission sont annexées au rapport ;

« 11º Identifie les acteurs de santé du territoire afin de fluidifier le parcours de santé des résidents. A cette fin, il donne un avis sur le contenu et participe à la mise en œuvre de la ou des conventions conclues entre l'établissement et les établissements de santé au titre de la continuité des soins ainsi que sur le contenu et la mise en place, dans l'établissement, d'une organisation adaptée en cas de risques exceptionnels. Il favorise la mise en œuvre des projets de télémédecine ; »

(Décr. nº 2007-547 du 11 avr. 2007, art. 2) « 12º Identifie les risques éventuels pour la santé publique dans les établissements et veille à la mise en œuvre de toutes mesures utiles à la prévention, la surveillance et la prise en charge de ces risques ; »

(Décr. nº 2019-714 du 5 juill. 2019, art. 2-3º) « 13º Réalise des prescriptions médicales pour les résidents de l'établissement au sein duquel il exerce ses fonctions de coordonnateur en cas de situation d'urgence ou de risques vitaux ainsi que lors de la survenue de risques exceptionnels ou collectifs nécessitant une organisation adaptée des soins, incluant la prescription de vaccins et d'antiviraux dans le cadre du suivi des épidémies de grippe saisonnière en établissement.

« Il peut intervenir pour tout acte, incluant l'acte de prescription médicamenteuse, lorsque le médecin traitant ou désigné par le patient ou son remplaçant n'est pas en mesure d'assurer une consultation par intervention dans l'établissement, conseil téléphonique ou téléprescription.

« Les médecins traitants des résidents concernés sont dans tous les cas informés des prescriptions réalisées » ;

(Décr. nº 2016-1743 du 15 déc. 2016, art. 3) « 14º Élabore, après avoir évalué leurs risques et leurs bénéfices avec le concours de l'équipe médico-sociale, les mesures particulières comprises dans l'annexe au contrat de séjour mentionnée au I de l'article L. 311-4-1. » – *V. notes ss. l'art.*

Le médecin coordonnateur ne peut pas exercer la fonction de directeur de l'établissement. – *[Anc. art. D. 312-155-3.]*

Ndlr : le Décr. nº 2017-714 du 5 juill. 2019 fait erreur quand il indique au 1º de son art. 2 : « Au deuxième alinéa, le mot "deux" est remplacé par le mot "une" », c'est au quatrième alinéa que ce mot doit être remplacé.

Les dispositions du Décr. nº 2016-1743 du 15 déc. 2016 s'appliquent pour les contrats de séjour conclus dans les établissements relevant du 6º du I de l'art. L. 312-1 CASF, y compris ceux énumérés à l'art. L. 342-1 du même code, à compter du 1er avr. 2017.

Les contrats de séjour conclus antérieurement au 1er avr. 2017 sont complétés, le cas échéant, par l'annexe mentionnée à l'art. L. 311-4-1 CASF au plus tard au 28 juin 2017 (Décr. préc., art. 5).

Art. D. 312-159 Selon la forme juridique de l'établissement, et en fonction du temps de présence du praticien, la rémunération du médecin coordonnateur est fixée :

1º Pour un établissement public, par référence, selon les cas, soit à la rémunération d'un praticien attaché ou d'un praticien hospitalier, soit à celle d'un médecin territorial hors classe ;

2º Pour un établissement privé, et sans préjudice de l'application du V de l'article L. 313-12, par référence à une convention collective agréée en application de l'article L. 314-6.

Dans le cas d'une convention collective non agréée ou en l'absence de convention collective, lorsque la rémunération du médecin coordonnateur est supérieure à celle qui aurait été allouée au titre d'une convention collective agréée, le surcoût constaté n'est pas opposable à l'autorité tarifaire compétente. – *[Anc. art. D. 312-155-4.]*

Art. D. 312-159-1 *(Décr. nº 2011-1047 du 2 sept. 2011, art. 3)* Le médecin coordonnateur signe avec le représentant légal de l'établissement un contrat mentionnant notamment :

1º Les modalités d'exercice de ses missions définies à l'article D. 312-158 et les moyens appropriés à la réalisation desdites missions au sein de l'établissement ;

2º Le temps d'activité au titre de la coordination médicale et de l'organisation de la présence du médecin coordonnateur dans l'établissement. Une mention particulière est apportée lorsque le praticien intervient au sein de plusieurs établissements. Lorsque le médecin coordonnateur intervient en tant que médecin traitant au sein du même établissement, il signe le contrat mentionné à l'article R. 313-30-1 ;

3º L'engagement du médecin coordonnateur qui ne remplirait pas les conditions de qualification pour exercer la fonction de médecin coordonnateur lors de son recrutement de satisfaire aux obligations de formation mentionnées à l'article D. 312-157 et les modalités de prise en charge financière des frais de formation par l'établissement ;

4º L'encadrement des actes de prescription médicale auprès des résidents de l'établissement.

Art. D. 312-159-2 *(Décr. nº 2015-1868 du 30 déc. 2015, art. 1er, en vigueur le 1er juill. 2016)* La liste des prestations minimales relatives à l'hébergement dans les établissements relevant du I de l'article L. 313-12 est fixée à l'annexe 2-3-1.

SOUS-§ 2 *Résidences autonomie*

(Décr. nº 2016-696 du 27 mai 2016, art. 4-2º)

Les dispositions issues du d de l'art. 4-2º du Décr. nº 2016-696 du 27 mai 2016 ne sont pas applicables en Guadeloupe, en Guyane, à La Réunion, en Martinique, à Saint-Pierre-et-Miquelon, à Mayotte, à Saint-Barthélemy et à Saint-Martin. Toutefois, à l'exception de l'art. D. 312-159-3, ces mêmes dispositions s'appliquent aux résidences autonomie régies par le III et le IV de l'art. L. 313-12 au plus tard le 1er juill. 2016 (Décr. préc., art. 9 et 11-II).

Art. D. 312-159-3 **La liste des prestations minimales, individuelles ou collectives, concourant à la prévention de la perte d'autonomie, prévue au deuxième alinéa du III de l'article L. 313-12, est celle fixée par l'annexe 2-3-2.** — *L'art. D. 312-159-3, créé par le Décr. n° 2016-696 du 27 mai 2016, s'applique aux résidences autonomie régies par le III et le IV de l'art. L. 313-12 au plus tard le 1er janv. 2021 (Décr. préc., art. 11-I).*

Art. D. 312-159-4 **I. — Le forfait autonomie, mentionné au troisième alinéa du III de l'article L. 313-12, finance tout ou partie des actions individuelles ou collectives de prévention de la perte d'autonomie, au sens de l'article R. 233-9, mises en œuvre par une résidence autonomie, au profit de ses résidents et, le cas échéant, de personnes extérieures, au moyen de :**

1° La rémunération, et les charges fiscales et sociales afférentes, de personnels disposant de compétences en matière de prévention de la perte d'autonomie, notamment des animateurs, des ergothérapeutes, des psychomotriciens et des diététiciens, le cas échéant mutualisées avec un ou plusieurs autres établissements, à l'exception de personnels réalisant des soins donnant lieu à une prise en charge par les régimes obligatoires de sécurité sociale ;

2° Le recours à un ou plusieurs intervenants extérieurs disposant de compétences en matière de prévention de la perte d'autonomie, le cas échéant mutualisé avec un ou plusieurs autres établissements ;

3° Le recours à un ou plusieurs jeunes en service civique au sens de l'article L. 120-1 du code du service national, en cours d'acquisition de compétences en matière de prévention de la perte d'autonomie, le cas échéant mutualisé avec un ou plusieurs autres établissements.

II. — Les actions individuelles ou collectives de prévention de la perte d'autonomie mentionnées au I portent notamment sur :

1° Le maintien ou l'entretien des facultés physiques, cognitives, sensorielles, motrices et psychiques ;

2° La nutrition, la diététique, la mémoire, le sommeil, les activités physiques et sportives, l'équilibre et la prévention des chutes ;

3° Le repérage et la prévention des difficultés sociales et de l'isolement social, le développement du lien social et de la citoyenneté ;

4° L'information et le conseil en matière de prévention en santé et de l'hygiène ;

5° La sensibilisation à la sécurisation du cadre de vie et le repérage des fragilités.

III. — Les dépenses prises en charge par le forfait autonomie ne peuvent donner lieu à facturation aux résidents sur leur redevance.

Art. D. 312-159-5 **I. — Le conseil départemental, et la métropole le cas échéant, fixent le montant du forfait autonomie par établissement dans le cadre d'un contrat pluriannuel d'objectifs et de moyens mentionné au troisième alinéa du III de l'article L. 313-12. Ce contrat est aussi conclu avec l'agence régionale de santé lorsque la résidence autonomie perçoit également le forfait de soins mentionné au IV de l'article L. 313-12.**

Ce contrat fixe les obligations respectives des parties signataires, notamment les engagements de la résidence autonomie à mettre en œuvre les actions individuelles ou collectives de prévention de la perte d'autonomie définies conjointement avec le département, ou le cas échéant la métropole.

Il prévoit les moyens nécessaires à la réalisation des objectifs poursuivis, conformément aux priorités définies par le programme coordonné de financement des actions individuelles et collectives de prévention mentionné à l'article R. 233-1, établi par la conférence des financeurs de la prévention de la perte d'autonomie des personnes âgées prévue à l'article L. 233-1.

(Décr. n° 2016-1815 du 21 déc. 2016, art. 1er) **« I *bis*. — Le compte d'emploi mentionné au IV de l'article L. 313-12 est présenté conformément à un modèle fixé par arrêté des ministres chargés de la sécurité sociale et des affaires sociales.**

« Il est transmis au directeur général de l'agence régionale de santé compétente au plus tard le 30 avril de l'année qui suit celle de l'exercice.

« En cas de non-utilisation ou d'utilisation non conforme du forfait de soins mentionné au IV de l'article L. 313-12, celui-ci est reversé pour l'exercice considéré et supprimé pour les exercices à venir. » *— V. dispositions transitoires du Décr. nº 2016-1815 du 21 déc. 2016 ss. la sect. IV du chap. IV du présent titre.*

II. — Le montant mentionné au I peut être modulé par le conseil départemental, ou le cas échéant par la métropole, en fonction de :

1º L'habilitation, y compris partielle, ou non à l'aide sociale de la résidence autonomie ;

2º L'ouverture ou non des actions collectives de prévention de la perte d'autonomie organisées à d'autres personnes que les résidents ;

3º La réalisation ou non d'opérations de mutualisation ou de partenariats avec des établissements relevant du 6º du I de l'article L. 312-1 ou avec des organismes proposant l'organisation d'actions de prévention de la perte d'autonomie ;

4º La mise en œuvre ou non d'actions de prévention de la perte d'autonomie dans le cadre du forfait de soins mentionné au IV de l'article L. 313-12.

III. — Le gestionnaire d'une résidence autonomie transmet tous les ans, au plus tard le 30 avril, au président du conseil départemental, ou le cas échéant au président de la métropole, les informations mentionnées au 4º de l'article R. 233-18.

SOUS-§ 3 *Dispositions communes* (*Décr. nº 2016-696 du 27 mai 2016, art. 4-2º*).

Art. D. 312-160 (*Décr. nº 2005-768 du 7 juill. 2005*) Les établissements assurant l'hébergement des personnes âgées mentionnés au 6º du I de l'article L. 312-1 sont tenus d'intégrer dans le projet d'établissement mentionné à l'article L. 311-8 un plan détaillant les modalités d'organisation à mettre en œuvre en cas de crise sanitaire ou climatique.

Ce plan doit être conforme à un cahier des charges arrêté par les ministres chargés de la santé et des personnes âgées. *— [Anc. art. D. 312-155-4-1.]*

Art. D. 312-161 (*Décr. nº 2005-768 du 7 juill. 2005*) I. — Les établissements médico-sociaux assurant l'hébergement des personnes âgées mentionnés au I de l'article L. 313-12 sont tenus d'aménager un local ou une pièce équipés d'un système fixe de rafraîchissement de l'air dans des conditions arrêtées par les ministres chargés de la santé et des personnes âgées.

II. — Les établissements médico-sociaux assurant l'hébergement des personnes âgées mentionnés aux II et III de l'article L. 313-12 sont tenus de disposer d'un local ou d'une pièce rafraîchis dans des conditions arrêtées par les ministres chargés de la santé et des personnes âgées. *— [Anc. art. D. 312-155-4-2.]*

Les dispositions du I de l'art. D. 312-161 entrent en vigueur le 8 févr. 2006 (Décr. nº 2005-768 du 7 juill. 2005, art. 2).

§ 9-1 Les unités d'évaluation, de réentraînement et d'orientation sociale et socioprofessionnelle pour personnes cérébro-lésées

(*Décr. nº 2009-299 du 17 mars 2009*)

SOUS-§ 1 *Dispositions générales*

Art. D. 312-161-1 Les dispositions du présent paragraphe s'appliquent aux établissements et services mentionnés au 11º du I de l'article L. 312-1 constitués en unités d'évaluation, de réentraînement et d'orientation sociale et socioprofessionnelle.

Art. D. 312-161-2 Les unités mentionnées à l'article D. 312-161-1 accueillent et accompagnent les personnes qui ne sont pas accueillies, simultanément, par les structures mentionnées aux articles R. 6123-119 à R. 6123-126 du code de la santé publique dont le handicap, lié en tout ou partie à des troubles cognitifs ou des troubles du comportement et de la relation affective, résulte d'un traumatisme crânien ou de toute autre lésion cérébrale acquise.

Ces unités contribuent à garantir la continuité de l'accompagnement de ces personnes en assurant les passages, au besoin itératifs, entre le secteur sanitaire, notamment en soins de suite et réadaptation, le secteur médico-social et social, le secteur éducatif et le secteur du travail.

Art. D. 312-161-3 Les unités mentionnées à l'article D. 312-161-1 ont pour mission d'accueillir, d'informer ou de conseiller les personnes mentionnées à l'article D. 312-161-2. L'accueil, l'information et le conseil peuvent être assurés de manière individuelle ou collective.

Ces unités ont également pour mission :

1° A la demande d'un professionnel intervenant de sa propre initiative ou d'une maison départementale des personnes handicapées :

a) De réaliser des évaluations préliminaires médico-psychologiques de courte durée afin de déterminer si l'intéressé peut bénéficier d'un programme de réentraînement ;

b) D'aider l'intéressé à élaborer son projet de vie ;

c) D'informer les professionnels.

2° D'apporter, lorsqu'elles en font la demande, leur concours aux équipes pluridisciplinaires mentionnées à l'article L. 146-8, notamment dans le cadre de conventions passées avec les maisons départementales des personnes handicapées ;

3° Sur décision d'orientation de la commission des droits et de l'autonomie des personnes handicapées :

a) D'évaluer de manière approfondie les potentialités et les difficultés de l'intéressé, notamment en identifiant les troubles neuropsychiques en termes cognitif, comportemental, relationnel ou affectif ; de construire et mettre en œuvre un programme de réentraînement qui doit permettre de consolider et d'accroître l'autonomie de l'intéressé ; de construire avec l'intéressé et son entourage un projet d'insertion sociale incluant, le cas échéant, une intégration scolaire ou professionnelle en milieu ordinaire, adapté ou protégé en se fondant sur l'évaluation et le programme de réentraînement mentionnés précédemment.

Cette phase d'accompagnement se fait sur une période et un rythme adaptés aux besoins de la personne. Elle peut être réalisée à titre permanent, temporaire ou selon un mode séquentiel, à temps complet ou partiel.

Elle ne peut excéder une durée cumulée de six mois par période de trois ans, sauf dérogation par décision motivée de la commission des droits et de l'autonomie des personnes handicapées ;

b) De mettre en place un suivi du projet d'insertion sociale et, le cas échéant, scolaire ou professionnelle et d'intervenir sur demande de l'intéressé ou de son représentant légal pour en faciliter la mise en œuvre. Ce suivi est assuré en liaison notamment avec les établissements et services chargés, le cas échéant, de l'accompagnement de l'intéressé.

Le suivi du projet est assuré pendant une durée de deux ans, au terme de laquelle il est proposé à l'intéressé de faire le point sur sa situation et de procéder, si nécessaire, à une nouvelle évaluation.

Art. D. 312-161-4 L'évaluation mentionnée au 3° de l'article D. 312-161-3 doit être réalisée au moins au début et au terme du programme de réentraînement par les unités mentionnées à l'article D. 312-161-1 et dans la mesure du possible en situation réelle.

Elle est communiquée à l'intéressé ou à son représentant légal.

Art. D. 312-161-5 Le programme de réentraînement mentionné au 3° de l'article D. 312-161-3 vise, notamment, à optimiser les capacités cognitives et comportementales des personnes mentionnées à l'article D. 312-161-2 en vue de favoriser leur insertion sociale, familiale et, le cas échéant, scolaire ou professionnelle en milieu ordinaire, protégé ou adapté.

Il comprend des évaluations, des ateliers et des mises en situation progressives de vie familiale, sociale, scolaire ou professionnelle.

Art. D. 312-161-6 Le projet d'insertion sociale mentionné au 3° de l'article D. 312-161-3 et les éventuelles mesures d'accompagnement préconisées sont formulés dans un document remis à l'intéressé ou son représentant légal. Ces mesures d'accompagnement sont également communiquées à la maison départementale des personnes handicapées.

Le projet d'insertion sociale et les éventuelles mesures d'accompagnement préconisées peuvent constituer des éléments du plan personnalisé de compensation mentionné à l'article R. 146-29.

SOUS-§ 2 *Personnels*

Art. D. 312-161-7 Les équipes pluriprofessionnelles des unités mentionnées à l'article D. 312-161-1 comprennent ou associent tout ou partie des professionnels suivants :

a) Des médecins, avec, dans la mesure du possible, un médecin de *(Décr. nº 2022-24 du 11 janv. 2022, art. 3, en vigueur le 1er juin 2023)* « soins médicaux et de réadaptation » et un psychiatre ;

b) Des psychologues ;

c) Des auxiliaires médicaux tels que mentionnés au livre III de la quatrième partie du code de la santé publique, notamment un orthophoniste, un psychomotricien et un ergothérapeute ;

d) Des travailleurs sociaux, notamment un assistant social et un éducateur spécialisé ;

e) Des professionnels des secteurs de l'insertion, de l'orientation et de la formation professionnelles, issus de préférence des établissements mentionnés au *b* du 5° du I de l'article L. 312-1.

Art. D. 312-161-8 Les personnels mentionnés à l'article D. 312-161-7 peuvent être salariés du service ou de la structure à laquelle ce service est rattaché ou exercer à titre libéral lorsqu'ils sont habilités à pratiquer ce mode d'exercice. Dans ce dernier cas, les professionnels libéraux concluent avec les unités mentionnées à l'article D. 312-161-1 une convention précisant notamment l'engagement du professionnel libéral à respecter le règlement de fonctionnement et le projet de service ainsi que les modalités de son intervention au sein du service de nature à garantir la qualité des prestations.

SOUS-§ 3 *Organisation et fonctionnement*

Art. D. 312-161-9 Les unités mentionnées à l'article D. 312-161-1 peuvent être autonomes ou rattachées à des établissements ou services mentionnés à l'article L. 312-1 du présent code ou à l'article L. 6111-2 du code de la santé publique. Lorsque ces unités ne sont pas autonomes, l'article R. 314-10 du présent code s'applique.

Ces mêmes unités peuvent également être membres de groupements assurant la coordination des interventions en matière d'action sociale et médico-sociale ou être constituées sous forme de ces mêmes groupements dans les conditions prévues aux articles R. 312-194-1 et suivants du présent code.

Art. D. 312-161-10 Pour chaque personne accompagnée et suivie par l'unité mentionnée à l'article D. 312-161-1, un membre de l'équipe pluriprofessionnelle est désigné comme référent.

Art. D. 312-161-11 Lorsque la direction de l'unité mentionnée à l'article D. 312-161-1 n'est pas assurée par un membre de l'équipe pluriprofessionnelle, un professionnel de l'équipe est chargé d'assurer la coordination des actions et veille à la cohérence des interventions.

§ 9-2 Les centres de ressources autisme

(Décr. n° 2017-815 du 5 mai 2017, art. 1er)

Les centres de ressources autisme disposent d'un délai de dix mois à compter du lendemain de la publication du Décr. n° 2017-815 du 5 mai 2017 pour se conformer à ses dispositions (Décr. préc., art. 2, JO 7 mai).

SOUS-§ 1 *Dispositions générales*

Art. D. 312-161-12 Les dispositions du présent paragraphe s'appliquent aux établissements et services mentionnés au 11° du I de l'article L. 312-1 autorisés en qualité de centres de ressources autisme.

Art. D. 312-161-13 Les centres de ressources autisme exercent leurs missions auprès des enfants, des adolescents et des adultes présentant un trouble du spectre de l'autisme, de leur entourage, des professionnels qui assurent leur suivi et de toute personne intéressée.

Il est constitué au moins un centre de ressources autisme par région. Lorsqu'une région comporte plus d'un centre de ressources, ces derniers concluent une convention de partenariat permettant de coordonner l'exercice de leurs missions.

Les centres de ressources autisme exercent leurs missions à l'échelon régional ou infra-régional et peuvent mener des actions inter-régionales *[interrégionales]*.

Art. D. 312-161-14 Les centres *[de]* ressources autisme ont pour missions, dans le respect des données acquises de la science et des recommandations de bonnes pratiques professionnelles mentionnées à l'article L. 312-8 du présent code et à l'article L. 161-37 du code de la sécurité sociale en matière de trouble du spectre de l'autisme :

1° D'accueillir, d'écouter, d'informer, de conseiller et d'orienter les publics mentionnés à l'article D. 312-161-13, sans préjudice des compétences des maisons départementales des personnes handicapées mentionnées à l'article L. 146-3 et dans le respect des droits des usagers ;

2° De promouvoir et de contribuer à la diffusion, auprès des personnes intéressées et de l'ensemble du réseau régional des acteurs mentionnés au 3° et au 8° du présent article :

a) Des informations actualisées sur les troubles du spectre de l'autisme, les dispositifs de diagnostic et d'évaluation, de soins, d'éducation, pédagogiques et d'accompagnement et les droits des personnes ;

b) Des recommandations de bonnes pratiques professionnelles mentionnées au premier alinéa du présent article ;

3° Avec le concours des équipes pluridisciplinaires mentionnées à l'article D. 312-161-15 :

a) D'apporter leur appui et leur expertise à la réalisation de bilans diagnostiques et fonctionnels ;

b) De réaliser des évaluations et des diagnostics fondés sur les données acquises de la science pour des situations et des cas complexes de trouble du spectre de l'autisme ;

4° De participer au développement des compétences des aidants familiaux et des professionnels œuvrant au diagnostic et à l'évaluation, aux soins, à l'accompagnement, à l'éducation et à la scolarisation des personnes avec un trouble du spectre de l'autisme, en promouvant des actions de sensibilisation ou de formation ;

5° D'apporter, en tant que de besoin et à sa demande, son *[leur]* concours à l'équipe pluridisciplinaire mentionnée à l'article L. 146-8 ;

6° De contribuer à la veille et à la réflexion sur les pratiques de diagnostic, d'évaluation, de soins, de pédagogie et d'accompagnement des personnes avec un trouble du spectre de l'autisme ;

7° De participer au développement d'études et de projets de recherche notamment épidémiologique en lien avec des équipes ou des unités de recherche, dans le domaine des troubles du spectre de l'autisme ;

8° De participer à l'animation d'un réseau régional des acteurs intervenant dans le diagnostic et l'évaluation, le soin, l'éducation, l'accompagnement et la pédagogie et le parcours des personnes présentant un trouble du spectre de l'autisme ;

9° D'apporter leur expertise et leur conseil, à leur demande, à l'agence régionale de santé mentionnée à l'article L. 1431-1 du code de la santé publique, aux services territoriaux de l'État et aux collectivités territoriales ;

10° D'apporter leur expertise et leur conseil, à leur demande, aux instances nationales et internationales intervenant dans le domaine des troubles du spectre de l'autisme.

Art. D. 312-161-15 Pour réaliser l'ensemble de leurs missions, les centres de ressources autisme organisent leur coopération avec les acteurs du réseau régional mentionné au 8° de l'article D. 312-161-14 et notamment, dans un cadre formalisé, avec un ou plusieurs établissements de santé ou services ou établissements médico-sociaux. Ils constituent avec ces derniers au moins deux équipes pluridisciplinaires constituées de professionnels médicaux, paramédicaux et de psychologues, dont l'une est compétente pour les enfants et les adolescents et l'autre pour les adultes. Ces équipes sont désignées par le directeur de l'agence régionale de santé, sur proposition du directeur du ou des établissements concernés et du directeur du centre de ressources autisme, après avis du conseil d'orientation stratégique prévu à l'article D. 312-161-20.

SOUS-§ 2 *Personnels*

Art. D. 312-161-16 Pour assurer leurs missions, les centres de ressources autisme disposent, outre d'un directeur et d'un personnel administratif, d'une équipe pluridisciplinaire et pluri-professionnelle exerçant à temps plein ou à temps partiel.

Les personnels de l'équipe pluridisciplinaire et pluri-professionnelle peuvent être soit salariés du centre ou d'une structure à laquelle *[laquelle]* il est rattaché ou avec lequel il a passé convention ou appartenant au même groupement, soit exercer à titre libéral lorsqu'ils sont habilités à pratiquer ce mode d'exercice. Dans ce dernier cas, ils concluent avec les centres de ressources autisme une convention précisant notamment leur engagement à respecter le règlement de fonctionnement et le projet de service, ainsi que les modalités de leur intervention.

SOUS-§ 3 *Organisation et fonctionnement*

Art. D. 312-161-17 Les centres de ressources autisme peuvent être autonomes ou rattachés à des établissements ou des services mentionnés au I de l'article L. 312-1 du présent code ou des établissements mentionnés à l'article L. 6111-1 du code de la santé publique. Lorsque les centres sont rattachés à l'un des établissements précités, ils appliquent les dispositions prévues à l'article R. 314-10 du présent code.

Ces centres peuvent également être membres de groupements assurant la coordination des interventions en matière d'action sociale et médico-sociale ou être constitués sous forme de ces mêmes groupements dans les conditions prévues à l'article R. 312-194-1.

Art. D. 312-161-18 Le rapport d'activité élaboré annuellement par les centres de ressources autisme détaille leur fonctionnement et l'exercice de leurs missions. Il comporte notamment une analyse de la qualité des prestations du centre de ressources *[autisme]* et des recommandations d'amélioration. Ce rapport est transmis à l'agence régionale de santé ainsi qu'à la conférence régionale de la santé et de l'autonomie mentionnée à l'article L. 1432-4 du code de la santé publique. L'agence régionale de santé transmet ce rapport aux ministres chargés des personnes handicapées et de la santé et au directeur de la Caisse nationale de solidarité pour l'autonomie.

SOUS-§ 4 *Conseil d'orientation stratégique*

Art. D. 312-161-19 Au sein de chaque centre de ressources autisme, il est créé un conseil d'orientation stratégique qui contribue par ses avis et ses propositions à la participation des bénéficiaires de l'action du centre de ressources autisme, au respect des droits des usagers et à l'exercice des missions du centre de ressources autisme.

Art. D. 312-161-20 Le conseil d'orientation stratégique émet un avis et peut faire des propositions sur toute question intéressant l'activité et le fonctionnement du centre de ressources autisme, la qualité des prestations qu'il met en œuvre au regard de ses missions et l'amélioration de leur mise en œuvre.

Le conseil est obligatoirement consulté sur :

1° Le choix des équipes pluridisciplinaires mentionnées à l'article D. 312-161-15 ;

2° L'élaboration et la modification du règlement de fonctionnement et du projet de service du centre de ressources autisme mentionnés aux articles L. 311-7 et L. 311-8 ;

3° La mise en œuvre par le centre de ressources *[autisme]* des enquêtes de satisfaction des personnes et familles et des professionnels usagers du centre de ressources *[autisme]* ou de toute autre action visant à recueillir leur expression ;

4° Le rapport d'activité du centre de ressources *[autisme]* prévu à l'article D. 312-161-18.

Art. D. 312-161-21 Le conseil d'orientation stratégique comporte :

1° Un collège composé des représentants des personnes avec un trouble du spectre de l'autisme ou de leurs familles ou de leurs représentants légaux ;

2° Un collège composé des représentants des professionnels mentionnés au 8° de l'article D. 312-161-14 et représentant l'ensemble des cinq domaines suivants :

a) Le diagnostic des personnes présentant un trouble du spectre de l'autisme ;

b) La gestion des établissements et services sociaux et médico-sociaux ;

c) Le secteur de la petite enfance ;

d) L'éducation nationale ;

e) La formation des professionnels ou la recherche ;

3° Un représentant du personnel du centre de ressources *[autisme]* et un représentant de son organisme gestionnaire.

Le directeur du centre de ressources autisme ou son représentant siège au conseil avec voix consultative.

L'instance compétente de l'organisme gestionnaire du centre de ressources *[autisme]* fixe le nombre de membres des deux collèges mentionnés aux 1° et 2°. Le nombre des membres du collège mentionné au 1° est au moins égal à huit et supérieur à la moitié du nombre total des membres du conseil. Le nombre des membres du collège mentionné au 2° est au moins égal à cinq.

Art. D. 312-161-22 I. – Les membres des collèges mentionnés aux 1° et 2° de l'article D. 312-161-21 sont désignés par le directeur général de l'agence régionale de santé :

1° Pour les membres du collège mentionné au 1° de l'article D. 312-161-21, à l'issue d'un appel à candidatures auprès des associations de personnes présentant un trouble du spectre de l'autisme ou de leurs familles ou de leurs représentants légaux ;

2° Pour les membres du collège mentionné au 2° de l'article D. 312-161-21, à l'exception de ceux intervenant dans les domaines de la petite enfance et de l'éducation nationale, à l'issue d'un appel à candidatures auprès, respectivement pour chaque domaine d'intervention, de structures comportant une équipe réalisant des diagnostics des personnes présentant un trouble du spectre de l'autisme, d'organismes gestionnaires d'établissements et services médico-sociaux et d'organismes en charge de la recherche ou de la formation ;

3° Pour les membres du collège mentionné au 2° de l'article D. 312-161-21 intervenant dans les domaines de la petite enfance et de l'éducation nationale, sur proposition, respectivement, du président du conseil départemental du département et du recteur de l'académie territorialement compétents.

Les appels à candidatures mentionnés aux 1° et 2° sont organisés dans des conditions définies par le directeur de l'agence régionale de santé.

Aucun membre de l'un des collèges ne peut être simultanément membre de l'autre collège.

II. – Les dispositions des articles D. 311-12 et D. 311-13 s'appliquent à la désignation du membre représentant le personnel du centre de ressources *[autisme]*.

III. – Pour chacun des membres du conseil, un membre suppléant est désigné dans les mêmes conditions que le membre titulaire.

IV. – Les membres du conseil d'orientation stratégique sont désignés pour une durée de trois ans renouvelable.

Lorsqu'un membre cesse sa fonction en cours de mandat, il est remplacé par son suppléant. Il est alors procédé sans délai à la désignation d'un autre membre suppléant pour la durée du mandat restant à courir.

Art. D. 312-161-23 Un président et un vice-président sont élus, respectivement parmi les membres du collège mentionné au 1° et du collège mentionné au 2° de l'article D. 312-161-21, pour une durée de trois ans renouvelable une fois, au scrutin secret et à la majorité des suffrages exprimés des membres présents des deux collèges. En cas de partage égal des voix, le candidat le plus âgé est élu.

Art. D. 312-161-24 I. – Le conseil est réuni au moins trois fois par an sur convocation de son président, qui fixe l'ordre du jour des séances en tenant compte des demandes exprimées à la majorité des membres de chacun des deux collèges mentionnés aux 1° et 2° de l'article D. 312-161-21. La réunion du conseil est de plein droit à la demande de la majorité des membres de chaque collège précité.

L'ordre du jour des séances, accompagné des informations nécessaires, est communiqué au moins huit jours avant la tenue du conseil.

II. – Les avis ou les propositions du conseil sont rendus à la majorité des voix des membres. Ils ne sont valablement émis que si le nombre des membres du collège mentionné au 1° de l'article D. 312-161-21 présents à la séance est supérieur à la moitié de la totalité des membres présents. Dans le cas contraire, l'examen de la question est inscrit à une séance ultérieure. Si, lors de cette nouvelle séance, ce seuil n'est pas atteint, l'avis est rendu à la majorité des membres présents.

Le conseil peut appeler toute personne à participer à ses réunions à titre consultatif en fonction de l'ordre du jour.

Le projet de relevé de conclusions de chaque séance est transmis pour avis, au plus tard un mois après la séance, aux membres du conseil, en vue de son approbation lors de la prochaine réunion du conseil. Il est alors transmis à l'instance compétente de l'organisme gestionnaire.

Les relevés de conclusion sont rendus publics par tout moyen et peuvent être consultés sur place par les bénéficiaires de la prise en charge, les familles ou les représentants légaux, ou les professionnels utilisateurs du centre de ressources *[autisme]* qui ne sont pas membres du conseil.

Les dispositions des articles D. 311-19 et D. 311-29 s'appliquent au conseil d'orientation stratégique.

Chacun des collèges mentionnés aux 1° et 2° de l'article D. 312-161-21 peut se réunir seul à la demande de la majorité de ses membres. Les échanges menés lors de ces réunions n'engagent pas le conseil d'orientation stratégique.

§ 9-3 Les établissements et services de préorientation et de réadaptation professionnelle

(Décr. nº 2020-1216 du 2 oct. 2020, art. 1er)

V. Arr. du 17 nov. 2022 relatif aux modalités de mise en œuvre des art. D. 312-161-25, D. 312-161-26, D. 312-161-27, D. 312-161-30, D. 312-161-31, D. 312-161-33 et D. 312-161-35 CASF relatifs aux établissements et services de préorientation et de réadaptation professionnelle mentionnés à l'art. L. 312-1 CASF (JO 19 nov., NOR : APHA2218138A).

SOUS-§ 1 *Établissements et services de préorientation*

Art. D. 312-161-25 Les établissements et les services de préorientation ont pour vocation, dans le cadre d'un accompagnement médico-psycho-social et professionnel, la réalisation des missions visées à l'article D. 312-161-26.

Ils accompagnent les travailleurs, quel que soit leur statut et leur profession, ou les personnes en recherche d'emploi, à partir de l'âge de seize ans et quel que soit *[quels que soient]* leur handicap, et reconnus handicapés ou en cours de reconnaissance de la qualité de travailleur handicapé ou en risque d'inaptitude à leur poste ou leurs fonctions et qui ont un besoin d'accompagnement médico-psycho-social et professionnel :

a) Soit sur décision de la commission des droits et de l'autonomie des personnes handicapées mentionnée à l'article L. 241-5 lorsque l'orientation professionnelle présente des difficultés particulières pour lesquelles l'équipe pluridisciplinaire mentionnée à l'article L. 146-8 n'a pu proposer une solution en réponse aux besoins de la personne ;

b) Soit sur demande, selon des modalités précisées par arrêté du ministre chargé des personnes handicapées, d'une maison départementale des personnes handicapées ou de toute personne morale ou physique.

Art. D. 312-161-26 I. – Les établissements et les services de préorientation contribuent à l'orientation professionnelle des personnes handicapées, en organisant et en mettant en œuvre tout ou partie des prestations correspondant aux missions suivantes :

1° Informer les personnes handicapées ou les professionnels sur les prestations de préorientation et de réadaptation professionnelle ;

2° Informer et sensibiliser les organismes de formation sur les spécificités de la formation des personnes handicapées ;

3° Réaliser des évaluations préliminaires médico-psycho-sociales ou à caractère professionnel de courte durée, sur demande d'une maison départementale des personnes handicapées ou sur demande, selon des modalités précisées par arrêté du ministre chargé des personnes handicapées, de toute personne morale ou physique, y compris un employeur public ou privé, afin de déterminer si la personne handicapée peut bénéficier de prestations de préorientation professionnelle ;

4° Procéder sur demande d'un employeur public ou privé à des évaluations professionnelles concernant des agents publics ou des salariés exposés à un risque d'inaptitude à leur poste ou à leurs fonctions, selon des modalités précisées par arrêté du ministre chargé des personnes handicapées ;

5° Apporter leur concours aux équipes pluridisciplinaires mentionnées à l'article L. 146-8 qui en font la demande, notamment dans le cadre de conventions passées avec les maisons départementales des personnes handicapées de leur territoire d'implantation et des territoires limitrophes, dont le modèle est fixé par arrêté du ministre chargé des personnes handicapées ;

6° Sur décision d'orientation de la commission des droits et de l'autonomie des personnes handicapées :

a) Identifier et évaluer les potentialités et les difficultés de la personne susceptibles de constituer un levier ou un frein à l'exercice d'une activité professionnelle ;

b) Aider la personne à élaborer son projet socio-professionnel en cohérence avec son projet de vie et à le valider par des mises en situation de travail caractéristiques de différentes catégories de métiers ;

c) Accompagner la personne dans la mise en œuvre effective de son projet professionnel, y compris le cas échéant en emploi accompagné.

II. – Les prestations effectuées au titre des 1° à 6° peuvent être effectuées pour partie avec un ou des organismes avec lesquels l'établissement ou le service de préorientation a passé une convention portant sur la mise en œuvre d'actions pour la réalisation du projet professionnel de la personne. Cette convention précise les missions, le rôle et les actions de chacune des parties.

Ces prestations peuvent être délivrées dans les locaux de l'établissement ou du service de préorientation, ainsi que dans les lieux où la personne suit une formation ou exerce une activité professionnelle, notamment en milieu ordinaire ou protégé, ainsi que dans tout lieu utile pour la mise en œuvre de son projet professionnel.

Leur mise en œuvre est adaptée aux besoins de la personne qui en bénéficient *[bénéficie]*, dans la limite d'une durée maximale totale de quatorze semaines sur une période de vingt-quatre mois. Des dérogations à cette limite maximale peuvent être accordées, par décision de la commission des droits et de l'autonomie des personnes handicapées mentionnée à l'article L. 241-5, aux personnes dont le handicap, l'état de santé ou la situation sociale nécessitent un ou des aménagements du bénéfice des prestations d'accompagnement ou à sa suspension temporaire, selon des modalités précisées par arrêté du ministre chargé des personnes handicapées.

Art. D. 312-161-27 A l'issue de la période de préorientation, l'établissement ou le service adresse à la commission des droits et de l'autonomie des personnes handicapées un rapport détaillé sur le projet professionnel et les capacités de la personne à l'exercice ou à l'apprentissage d'un métier, ainsi que sur les préconisations nécessaires à la mise en œuvre de son parcours, selon un modèle fixé par arrêté du ministre chargé des personnes handicapées.

Art. D. 312-161-28 Les établissements et les services de préorientation peuvent être autonomes ou rattachés à des établissements ou des services de santé autorisés au titre d'une activité de soins de suite et de réadaptation ou à des établissements de réadaptation professionnelle. Lorsque ces établissements et services ne sont pas autonomes, les dispositions de l'article R. 314-10 s'appliquent.

Art. D. 312-161-29 Les prestations mentionnées à l'article D. 312-161-26 sont mises en œuvre par une équipe pluridisciplinaire comprenant ou associant un ou plusieurs professionnels parmi les suivants :

a) Un ou des professionnels de l'orientation, de l'insertion et de la formation ;
b) Un ou des médecins ;
c) Un ou des psychologues ;
d) Un ou des ergonomes ;
e) Un ou des auxiliaires médicaux ;
f) Un ou des travailleurs sociaux.

SOUS-§ 2 *Établissements et services de réadaptation professionnelle*

Art. D. 312-161-30 Les établissements et les services de réadaptation professionnelle ont pour vocation, dans le cadre d'un accompagnement médico-psycho-social et professionnel, la réalisation des missions visées à l'article D. 312-161-31.

Ils accompagnent les travailleurs quel que soit *[quels que soient]* leur statut et leur profession, ou les personnes en recherche d'emploi, à partir de l'âge de seize ans et quel que soit leur handicap, et reconnus handicapés ou en cours de reconnaissance de la qualité de travailleur handicapé ou en risque d'inaptitude à leur poste ou leurs fonctions et qui ont un besoin d'accompagnement médico-psycho-social et professionnel, dont l'accès ou le retour à l'emploi nécessite une formation et un accompagnement médico-psycho-social et professionnel adaptés à leur situation de handicap :

a) Soit sur décision de la commission des droits et de l'autonomie des personnes handicapées mentionnée à l'article L. 241-5 ;

b) Soit sur demande, selon des modalités précisées par arrêté du ministre chargé des personnes handicapées, d'une maison départementale des personnes handicapées ou de toute personne morale ou physique.

Art. D. 312-161-31 I. — Les établissements et services de réadaptation professionnelle contribuent à la détermination et à la réalisation du projet professionnel des personnes handicapées au moyen d'actions de formation préparatoires, certifiantes, qualifiantes ou diplômantes et des accompagnements médico-psycho-sociaux et à caractère professionnel vers et dans l'emploi, en organisant et mettant en œuvre tout ou partie des prestations correspondant aux missions suivantes :

1° Informer les personnes handicapées et les professionnels sur les prestations de réadaptation professionnelle ;

2° Informer et sensibiliser les organismes de formation sur les spécificités de la formation des personnes handicapées ;

3° Réaliser des évaluations préliminaires médico-psycho-sociales et à caractère professionnel de courte durée, sur demande, selon des modalités précisées par arrêté du ministre chargé des personnes handicapées, d'une maison départementale des personnes handicapées ou de toute personne morale ou physique, y compris d'un employeur public ou privé, afin de déterminer si la personne peut bénéficier de prestations de réadaptation professionnelle ;

4° Procéder sur demande d'un employeur public ou privé à des évaluations professionnelles concernant des agents publics ou des salariés exposés à un risque d'inaptitude à leur poste ou à leurs fonctions, selon des modalités précisées par arrêté du ministre chargé des personnes handicapées ;

5° Apporter leur concours aux équipes pluridisciplinaires mentionnées à l'article L. 146-8 qui en font la demande, notamment dans le cadre de conventions passées avec les maisons départementales des personnes handicapées de leur territoire d'implantation et des territoires limitrophes, dont le modèle est fixé par arrêté du ministre chargé des personnes handicapées ;

6° Assurer des prestations d'accompagnement médico-psycho-social et de formation pour des travailleurs handicapés en contrats de formation en alternance ;

7° Assurer des prestations d'accompagnement médico-psycho-social et de formation pour des personnes accueillies par les établissements et services du 2° du I de l'article L. 312-1 ;

8° Assurer des prestations d'accompagnement médico-psycho-social et de formation pour des travailleurs handicapés accueillis en établissements ou services d'aide par le travail mentionnés au *a* du 5° du I de l'article L. 312-1, notamment pour la mise en œuvre d'un projet professionnel d'insertion en milieu ordinaire de travail ;

9° Sur décision d'orientation de la commission des droits et de l'autonomie des personnes handicapées :

a) Accompagner les personnes handicapées en vue de la validation de leur projet professionnel et de les préparer à accéder à une formation ou à un emploi, notamment par des actions de consolidation des savoirs de base spécifiques à la formation certifiante, qualifiante ou diplômante envisagée, ou à acquérir les prérequis professionnels correspondant à l'emploi ou l'activité recherchée ;

b) Assurer des formations permettant aux intéressés l'acquisition de tout ou partie d'une qualification professionnelle ou d'un diplôme ou titre à finalité professionnelle ;

c) Mettre en œuvre des accompagnements pédagogiques et médico-psycho-sociaux adaptées *[adaptés]* aux besoins de chaque personne ;

d) Accompagner les personnes vers et dans l'emploi par un soutien adapté de nature à favoriser l'accès ou le maintien en emploi, y compris le cas échéant en emploi accompagné.

II. — Les prestations effectuées au titre des 1° à 9° peuvent être effectuées pour partie avec un ou des organismes avec lesquels l'établissement ou le service de réadaptation professionnelle a passé une convention portant sur la mise en œuvre d'actions pour la réalisation du projet professionnel de la personne. Cette convention précise les missions, le rôle et les actions de chacune des parties.

Ces prestations peuvent être délivrées dans les locaux de l'établissement ou du service de réadaptation professionnelle, ainsi que dans les lieux où la personne suit une formation ou exerce une activité professionnelle, ainsi que dans tout lieu utile pour la mise en œuvre de son projet.

Leur mise en œuvre est adaptée aux besoins de la personne qui en bénéficient *[bénéficie]*, dans la limite d'une durée maximale totale de vingt-quatre mois sur une période de trois ans, lorsqu'elles comportent une formation certifiante, qualifiante ou diplômante, ou de douze mois sur une période de deux ans dans les cas mentionnés aux *a* et *c* prévus au I.

Des dérogations à cette limite maximale peuvent être accordées, par décision de la commission des droits et de l'autonomie des personnes handicapées mentionnée à l'article L. 241-5, aux personnes dont le handicap, l'état de santé ou la situation sociale nécessitent un ou des aménagements du bénéfice des prestations d'accompagnement ou à sa suspension temporaire, selon des modalités précisées par arrêté du ministre chargé des personnes handicapées. La limite maximale de vingt-quatre mois n'est pas applicable aux formations dont les durées sont fixées par voie législative ou réglementaire.

Art. D. 312-161-32 Les prestations afférentes aux missions énumérées à l'article D. 312-161-31 sont mises en œuvre par une équipe pluridisciplinaire comprenant ou associant un ou plusieurs professionnels parmi les suivants :

a) Un ou des professionnels de l'orientation, de l'insertion et de la formation ;
b) Un ou des formateurs techniques ;
c) Un ou des médecins ;
d) Un ou des psychologues ;
e) Un ou des ergonomes ;
f) Un ou des auxiliaires médicaux ;
g) Un ou des travailleurs sociaux.

SOUS-§ 3 *Dispositions communes aux établissements et services de préorientation et de réadaptation professionnelle*

Art. D. 312-161-33 Afin d'assurer tout ou partie des prestations correspondant aux missions mentionnées aux 1° à 6° de l'article D. 312-161-26 et aux 1° à 9° de l'article D. 312-161-31, les établissements et services mentionnés aux mêmes articles ou la personne morale de droit public ou privé gestionnaire desdits établissements et services peuvent mobiliser ou mettre en commun les moyens nécessaires à leur réalisation, le cas échéant au moyen d'une plateforme de services selon des modalités précisées par arrêté du ministre chargé des personnes handicapées.

Art. D. 312-161-34 Le directeur général de l'agence régionale de santé et le président du conseil régional précisent par voie conventionnelle les modalités d'intervention des établissements et des services de préorientation et de réadaptation professionnelle relevant de leur ressort territorial et qui participent au service public régional de la formation professionnelle dans le cadre du programme régional d'accès à la formation et à la qualification des travailleurs handicapés, notamment les objectifs en matière de formation et d'inclusion des personnes handicapées ainsi que le montant des dotations destinées à financer le fonctionnement de ces établissements et services, ainsi que la rémunération des stagiaires.

Art. D. 312-161-35 Les établissements et services de préorientation et de réadaptation professionnelle concluent une convention, selon les modalités fixées par arrêté du ministre chargé des personnes handicapées, avec la ou les maisons départementales des personnes handicapées de leur ressort territorial et les organismes de placement spécialisés afin d'organiser leurs interventions auprès des personnes handicapées.

Art. D. 312-161-36 Les prestations des professionnels mentionnés aux articles D. 312-161-29 et D. 312-161-32 peuvent être délivrées dans les locaux de l'établissement ou du service et dans ceux où la personne suit une formation ou exerce une activité professionnelle en milieu ordinaire ou protégé, ainsi que dans tout lieu utile pour la mise en œuvre de son projet.

Art. D. 312-161-37 Les établissements et services de préorientation et de réadaptation professionnelle, autonomes ou rattachés à un autre établissement, doivent disposer de locaux professionnels identifiés, y compris le cas échéant des installations et des aménagements temporaires, permettant d'assurer leur fonctionnement, d'organiser les prestations qu'ils délivrent et de favoriser la coordination des personnels.

Art. D. 312-161-38 Les établissements et services de préorientation et de réadaptation professionnelle peuvent proposer des prestations d'hébergement et de restauration, internalisées ou externalisées, adaptées aux besoins des personnes handicapées qu'ils accompagnent.

Art. D. 312-161-39 Les personnels mentionnés aux articles D. 312-161-29 et D. 312-161-32 peuvent être salariés de l'établissement ou du service, ou de la structure à laquelle il est rattaché *[ils sont rattachés]* ou exercer en libéral lorsqu'ils sont habilités à pratiquer ce mode d'exercice. Dans ce dernier cas, les professionnels libéraux concluent avec la personne morale gestionnaire une convention précisant notamment l'engagement du professionnel libéral à respecter le règlement de fonctionnement et le projet d'établissement ou de service, ainsi que les modalités d'exercice du professionnel au sein de l'établissement ou du service visant à garantir la qualité des prestations.

Art. D. 312-161-40 Les établissements et services de préorientation ainsi que les établissements et services de réadaptation professionnelle peuvent passer des conventions avec des personnes physiques ou morales intervenant dans les secteurs social, médico-social, sanitaire, de l'insertion, de l'orientation et de la formation, pour la réalisation des missions visées aux articles D. 312-161-26 et D. 312-161-31.

§ 10 Services d'accompagnement à la vie sociale et services d'accompagnement médico-social pour adultes handicapés

(Décr. nº 2005-223 du 11 mars 2005)

SOUS-§ 1 *Services d'accompagnement à la vie sociale*

Art. D. 312-162 Les services d'accompagnement à la vie sociale ont pour vocation de contribuer à la réalisation du projet de vie de personnes adultes handicapées par un accompagnement adapté favorisant le maintien ou la restauration de leurs liens familiaux, sociaux, scolaires, universitaires ou professionnels et facilitant leur accès à l'ensemble des services offerts par la collectivité. – *[Anc. art. D. 312-155-5.]*

Art. D. 312-163 Les services mentionnés à l'article D. 312-162 prennent en charge des personnes adultes, y compris celles ayant la qualité de travailleur handicapé, dont les déficiences et incapacités rendent nécessaires, dans des proportions adaptées aux besoins de chaque usager :

a) Une assistance ou un accompagnement pour tout ou partie des actes essentiels de l'existence ;

b) Un accompagnement social en milieu ouvert et un apprentissage à l'autonomie. – *[Anc. art. D. 312-155-6.]*

Art. D. 312-164 Dans le respect du projet de vie et des capacités d'autonomie et de vie sociale de chaque usager, les services définis à l'article D. 312-162 organisent et mettent en œuvre tout ou partie des prestations suivantes :

a) L'évaluation des besoins et des capacités d'autonomie ;

b) L'identification de l'aide à mettre en œuvre et la délivrance à cet effet d'informations et de conseils personnalisés ;

c) Le suivi et la coordination des actions des différents intervenants ;

d) Une assistance, un accompagnement ou une aide dans la réalisation des actes quotidiens de la vie et dans l'accomplissement des activités de la vie domestique et sociale ;

e) Le soutien des relations avec l'environnement familial et social ;

f) Un appui et un accompagnement contribuant à l'insertion scolaire, universitaire et professionnelle ou favorisant le maintien de cette insertion ;

g) Le suivi éducatif et psychologique.

Les prestations énumérées au présent article sont formalisées dans le cadre du dispositif mentionné au quatrième alinéa de l'article L. 311-4. – *[Anc. art. D. 312-155-7.]*

Art. D. 312-165 Les prestations énumérées à l'article D. 312-164 sont mises en œuvre par une équipe pluridisciplinaire comprenant ou associant tout ou partie des professionnels suivants :

a) Des assistants de service social ;

b) Des auxiliaires de vie sociale ;

c) Des aides médico-psychologiques ;

d) Des psychologues ;

e) Des conseillers en économie sociale et familiale ;

f) Des éducateurs spécialisés ;

g) Des moniteurs-éducateurs ;

h) Des chargés d'insertion. – *[Anc. art. D. 312-155-8.]*

SOUS-§ 2 *Les services d'accompagnement médico-social pour adultes handicapés*

Art. D. 312-166 Les services d'accompagnement médico-social pour adultes handicapés ont pour vocation, dans le cadre d'un accompagnement médico-social adapté comportant des prestations de soins, la réalisation des missions visées à l'article D. 312-162. – *[Anc. art. D. 312-155-9.]*

Art. D. 312-167 Les services définis à l'article D. 312-166 prennent en charge des personnes adultes handicapées dont les déficiences et incapacités nécessitent, en sus des interventions mentionnées à l'article D. 312-163, et dans des proportions adaptées aux besoins de chaque usager :

a) Des soins réguliers et coordonnés ;

b) Un accompagnement médical et paramédical en milieu ouvert. – *[Anc. art. D. 312-155-10.]*

Art. D. 312-168 Le projet individualisé d'accompagnement comprend, en sus des prestations mentionnées à l'article D. 312-164, tout ou partie des prestations suivantes :

a) La dispensation et la coordination de soins médicaux et paramédicaux à domicile ou un accompagnement favorisant l'accès aux soins et l'effectivité de leur mise en œuvre ;

b) Un accompagnement et un suivi médical et paramédical en milieu ordinaire de vie, y compris scolaire, universitaire et professionnel.

Les prestations mentionnées au présent article sont formalisées dans le cadre du dispositif mentionné au quatrième alinéa de l'article L. 311-4. – *[Anc. art. D. 312-155-11.]*

Art. D. 312-169 Les prestations mentionnées à l'article D. 312-168 sont mises en œuvre par une équipe pluridisciplinaire comprenant, en sus des personnels mentionnés à l'article D. 312-165, tout ou partie des professionnels suivants :

a) Des auxiliaires médicaux régis par le livre III de la quatrième partie du code de la santé publique ;

b) Des aides-soignants.

L'équipe pluridisciplinaire comprend ou associe dans tous les cas un médecin. – *[Anc. art. D. 312-155-12.]*

SOUS-§ 3 *Dispositions communes*

Art. D. 312-170 Les services définis aux articles D. 312-162 et D. 312-166 prennent en charge et accompagnent des personnes adultes handicapées de façon permanente, temporaire ou selon un mode séquentiel, sur décision de la commission mentionnée à l'article L. 146-9.

Les prestations correspondantes sont délivrées au domicile de la personne ainsi que dans tous les lieux où s'exercent ses activités sociales, de formation, y compris scolaire et universitaire, et ses activités professionnelles, en milieu ordinaire ou protégé, ainsi que, le cas échéant, dans les locaux du service. – *[Anc. art. D. 312-155-13.]*

Art. D. 312-171 Les services mentionnés aux articles D. 312-162 et D. 312-166 sont autonomes ou rattachés à l'un des établissements ou services mentionnés aux 5° et 7° du I de l'article L. 312-1.

Tout service mentionné à l'alinéa précédent, autonome ou rattaché à un établissement, doit disposer de locaux identifiés permettant d'assurer son fonctionnement, d'organiser les prestations et de favoriser la coordination des personnels.

Ces locaux peuvent être organisés sous forme de plusieurs antennes. – *[Anc. art. D. 312-155-14.]*

Art. D. 312-172 L'usager de l'un des services mentionnés aux articles D. 312-162 et D. 312-166 participe, avec l'équipe pluridisciplinaire mentionnée aux articles D. 312-165 et D. 312-169, à l'élaboration de son projet individualisé de prise en charge et d'accompagnement. Ce projet tient compte de son projet de vie et des préconisations de la commission mentionnée à l'article L. 146-9. – *[Anc. art. D. 312-155-15.]*

Art. D. 312-173 Le service doit être doté des personnels mentionnés aux articles D. 312-165 et D. 312-169, dont le nombre et la qualification sont appréciés en fonction de la qualification du service, de sa capacité, de ses objectifs et de ses modalités d'organisation et de fonctionnement, tels qu'ils ont été définis dans le projet de service.

En outre, l'équipe pluridisciplinaire de chaque service peut comporter, en tant que de besoin et dans le respect du projet de service, tout professionnel susceptible de concourir à la réalisation de sa mission.

L'ensemble des intervenants susmentionnés participent à la réalisation du projet individualisé de prise en charge et d'accompagnement de la personne adulte handicapée. – *[Anc. art. D. 312-155-16.]*

Art. D. 312-174 Les membres de l'équipe pluridisciplinaire des services mentionnés aux articles D. 312-162 et D. 312-166 possèdent les diplômes ou les titres à finalité professionnelle nécessaires à l'exercice de leurs compétences.

Les personnels mentionnés aux articles D. 312-165 et D. 312-169 peuvent être salariés du service ou de la structure à laquelle il est rattaché ou exercer en libéral lorsqu'ils sont habilités à pratiquer ce mode d'exercice. Dans ce dernier cas, les professionnels libéraux concluent avec la personne morale gestionnaire une convention précisant notamment l'engagement du professionnel libéral à respecter le règlement de fonctionnement et le projet de service, ainsi que les modalités d'exercice du professionnel au sein du service visant à garantir la qualité des prestations.

Sans préjudice des dispositions de l'alinéa précédent, des conventions fonctionnelles peuvent être passées, avec des personnes physiques ou morales intervenant dans les secteurs social, médico-social et sanitaire proches du domicile de la personne adulte handicapée, pour la réalisation de prestations complémentaires ou de proximité. – *[Anc. art. D. 312-155-17.]*

Art. D. 312-175 Lorsque le service défini aux articles D. 312-162 ou D. 312-166 intervient sur un lieu de formation ou de travail, une convention, signée par la personne handicapée, est passée pour la durée de l'intervention avec la personne physique ou morale de droit public ou privé responsable de l'établissement accueillant la personne handicapée ou employant celle-ci.

Cette convention précise les conditions d'intervention du service, la liste des personnels amenés à intervenir auprès de la personne handicapée avec leur qualification et leur statut, ainsi que leurs modalités d'intervention sur les lieux où s'exercent l'activité de formation, y compris scolaire et universitaire, et l'activité professionnelle.

Dans le respect des dispositions de l'article L. 311-3 ainsi que des attributions et des contraintes de chacun, la coopération entre le service d'accompagnement à la vie sociale ou le service d'accompagnement médico-social pour adultes handicapés et la

personne physique ou morale de droit public ou privé visée au présent article doit permettre :

a) **D'informer l'ensemble des personnes composant l'environnement de la personne handicapée des besoins de celle-ci ;**

b) **D'identifier les difficultés susceptibles de survenir et de définir les actions permettant d'y mettre fin ou de les éviter ;**

c) **De conduire une évaluation périodique des besoins de la personne handicapée afin de procéder, le cas échéant, aux adaptations nécessaires.** – *[Anc. art. D. 312-155-18.]*

Art. D. 312-176 **Les services mentionnés aux articles D. 312-162 et D. 312-166 doivent satisfaire aux conditions techniques d'organisation et de fonctionnement prévues par le présent paragraphe dans un délai de trois ans à compter de la publication du décret n° 2005-223 du 11 mars 2005 relatif aux conditions d'organisation et de fonctionnement des services d'accompagnement à la vie sociale et des services d'accompagnement médico-social pour adultes handicapés.** – *[Anc. art. D. 312-155-19.]*

§ 11 Structures dénommées "lits halte soins santé"

(Décr. n° 2016-12 du 11 janv. 2016)

Art. D. 312-176-1 **I. – Les structures dénommées "lits halte soins santé" mentionnées au 9° de l'article L. 312-1 accueillent des personnes majeures sans domicile fixe, quelle que soit leur situation administrative, ne pouvant être prises en charge par d'autres structures, dont la pathologie ou l'état général, somatique ou psychique, ne nécessite pas une prise en charge hospitalière ou médico-sociale spécialisée mais est incompatible avec la vie à la rue. Elles ne sont pas dédiées à une pathologie donnée.**

Elles ont pour missions :

1° De proposer et dispenser aux personnes accueillies des soins médicaux et paramédicaux adaptés, qui leur seraient dispensées *[dispensés]* **à leur domicile si elles en disposaient, et de participer à l'éducation à la santé et à l'éducation thérapeutique des personnes accueillies ;**

2° De mettre en place un accompagnement social personnalisé visant à faire reconnaître et valoir les droits des personnes accueillies ;

3° D'élaborer avec la personne un projet de sortie individuel.

(Décr. n° 2020-1745 du 29 déc. 2020, art. 1er-1°, en vigueur le 1er janv. 2021) **« Elles peuvent également assurer des missions complémentaires et, à ce titre, proposer et dispenser des soins médicaux et paramédicaux adaptés aux personnes majeures sans domicile fixe, quelle que soit leur situation administrative, dans le cadre d'activités réalisées au sein du site de la structure "lits halte soins santé" ou en dehors de celui-ci. Elles réalisent à ce titre un accompagnement social personnalisé visant à faire reconnaître et valoir les droits des personnes accueillies. »**

Elles assurent des prestations d'hébergement, de restauration, de blanchisserie.

Elles sont ouvertes vingt-quatre heures sur vingt-quatre, tous les jours de l'année.

II. – Les structures "lits halte soins santé" sont gérées par une personne morale de droit public ou de droit privé, ayant une connaissance du public accueilli et une expérience de sa prise en charge. Une même personne morale peut gérer plusieurs structures "lits halte soins santé", implantées sur différents sites.

III. – Les structures "lits halte soins santé" signent une convention avec un ou plusieurs établissements de santé assurant les soins somatiques et psychiatriques. Cette convention précise les conditions de mise en œuvre des interventions des professionnels de santé de ces établissements au sein des "lits halte soins santé". Elle indique également les modalités selon lesquelles la structure "lits halte soins santé" peut avoir, s'il y a lieu, accès aux plateaux techniques et à la pharmacie à usage intérieur et recours à des consultations hospitalières, et à des hospitalisations pour les personnes accueillies par la structure dont l'état sanitaire l'exige, notamment dans les situations d'urgence.

Les structures "lits halte soins santé" peuvent également conclure des conventions, contrats ou protocoles avec des partenaires publics ou privés afin que soient réalisés les actes ne pouvant être entrepris par ses personnels.

Dans les conditions prévues aux articles R. 6121-4-1 et D. 6124-311 du code de la santé publique, une convention peut être conclue avec une structure d'hospitalisation à domicile afin de répondre aux besoins sanitaires d'un patient tout en le maintenant dans la structure.

IV. — Pour assurer leurs missions, outre son directeur et le personnel administratif, les structures "lits halte soins santé" disposent d'une équipe pluridisciplinaire comprenant au moins un médecin responsable, des infirmiers diplômés, des travailleurs sociaux titulaires d'un diplôme d'État niveau III en travail social et des personnels en charge des prestations d'hébergement et d'entretien. Les "lits halte soins santé" peuvent également disposer d'aides soignants ou d'auxiliaires de vie sociale.

Les personnels peuvent être des salariés de la structure ou des intervenants extérieurs administratifs et techniques, soignants et sociaux, mis à disposition, ou des professionnels de santé libéraux rémunérés par la structure, et dont les prestations sont formalisées par contrat, convention ou protocole. *(Décr. n° 2020-1745 du 29 déc. 2020, art. 1er-1°, en vigueur le 1er janv. 2021)* **« Leur nombre est fixé en fonction du nombre de lits, des pathologies et besoins sociaux des personnes accueillies et, le cas échéant, en fonction du nombre total de personnes accueillies dans le cadre des missions complémentaires réalisées en dehors du site ou sur le site. »**

La mutualisation des personnels de plusieurs structures peut être organisée dans le cadre de la coordination des établissements prévue à l'article L. 312-7.

Les personnels amenés à travailler auprès des personnes accueillies dans les "lits halte soins santé" disposent d'une expérience préalable de travail auprès de ce public. A défaut, ils reçoivent une formation à ce type de prise en charge.

La direction des structures "lits halte soins santé" assure la supervision et le soutien de l'équipe pluridisciplinaire.

V. — Les soins sont coordonnés par des professionnels de santé placés sous la responsabilité du médecin responsable de la structure. Ce dernier établit le diagnostic, les prescriptions, le suivi des soins et traitements et s'assure de leur continuité. Il réalise, en lien avec les professionnels de santé, l'éducation à la santé et l'éducation thérapeutique du patient. Il effectue toute démarche contribuant à l'accès à des soins, non délivrés par l'établissement. En cas d'urgence, il est fait appel au 15.

VI. — Un accompagnement social adapté est réalisé sous la responsabilité du directeur de la structure. Il s'inscrit dans une continuité de prise en charge avant et après son accueil en "lits halte soins santé".

Art. D. 312-176-2 *(Abrogé par Décr. n° 2020-1745 du 29 déc. 2020, art. 1er-2°, à compter du 1er janv. 2021)* ***« I. — Le nombre de lits d'une structure "lits halte soins santé" ne peut excéder 30 lits. Toutefois, sur décision de l'agence régionale de santé, le nombre de lits peut être porté à un maximum de 50. »***

(Décr. n° 2020-1745 du 29 déc. 2020, art. 1er-2°, en vigueur le 1er janv. 2021) **« I. — L'accueil dans une structure "lits halte soins santé" se fait en chambre individuelle. » Toutefois, la structure peut être autorisée à déroger à cette règle dans la limite de trois lits par chambre maximum, après vérification des conditions d'hygiène, de fonctionnalité des soins et d'intimité des personnes accueillies.** — *Le deuxième al. devient le premier al. (Décr. n° 2020-1745 du 29 déc. 2020, art. 1er-2°, en vigueur le 1er janv. 2021).*

La structure comporte au moins :

1° Une salle de soin avec une armoire sécurisée et un coffre ;

2° Un cabinet médical avec point d'eau ;

3° Un lieu de vie et de convivialité ;

4° Un office de restauration ;

(Décr. n° 2020-1745 du 29 déc. 2020, art. 1er-2°, en vigueur le 1er janv. 2023) **« 5° Un lavabo et un cabinet de toilette par chambre et une douche pour cinq personnes accueillies. »** — *La nouvelle rédaction du 5° issue du Décr. n° 2020-1745 du 29 déc. 2020*

s'applique pour les autorisations mentionnées à l'art. L. 313-1 CASF délivrées à compter du 1er janv. 2023 (Décr. préc., art. 2).

Dans la mesure du possible, la structure assure l'accueil de l'entourage proche et prévoit un mode d'accueil des animaux accompagnants.

II. — L'orientation vers les "lits halte soins santé" est réalisée par un professionnel de santé.

Le service intégré d'accueil et d'orientation prévu à l'article L. 345-2 peut orienter les personnes vers les structures "lits halte soins santé" à la condition qu'il dispose d'au moins un professionnel de santé.

L'admission est prononcée, sur demande de la personne, par le directeur de la structure, après avis favorable du médecin responsable des "lits halte soins santé". Le refus d'admission prononcé par le directeur de la structure est motivé.

La durée prévisionnelle du séjour est au maximum de deux mois. Cette durée est renouvelable autant de fois que de besoins, en fonction de l'état sanitaire de la personne.

(Décr. no 2020-1745 du 29 déc. 2020, art. 1er-2o, en vigueur le 1er janv. 2021) « III. — » La sortie d'une personne accueillie en "lits halte soins santé" est soumise à avis médical, pris après concertation avec l'équipe pluridisciplinaire de la structure.

Les personnes souhaitant quitter volontairement le dispositif contre avis médical doivent être informées par l'équipe pluridisciplinaire des risques liés à cette sortie prématurée.

En cas de mise en danger avérée des personnels ou des résidents de la structure, le directeur, en lien avec le médecin responsable, peut prononcer l'exclusion de l'auteur des faits. L'équipe pluridisciplinaire s'assure, dans la mesure du possible, de la continuité de la prise en charge après la sortie.

IV. — Conformément aux articles L. 5126-1, L. 5126-5 et L. 5126-6 du code de la santé publique, les médicaments et les autres produits de santé destinés aux soins sont détenus et dispensés sous la responsabilité du médecin responsable de la structure ou d'un pharmacien ayant passé convention avec celle-ci.

Au regard du public accueilli et de ses missions, les "lits halte soins santé", conformément à l'article L. 6325-1 du code de la santé publique et dans les conditions prévues à l'article R. 6325-1 de ce même code, peuvent s'approvisionner en médicaments auprès des distributeurs en gros à vocation humanitaire.

Les médicaments et les autres produits de santé nécessaires aux soins en vente libre sont fournis gracieusement aux personnes accueillies. Ils sont achetés en officine ou auprès d'un grossiste ou d'un laboratoire. Pour les médicaments, les autres produits de santé et les prestations de service et de distribution de matériel soumis à prescription médicale, des ordonnances nominatives sont réalisées par le médecin responsable des "lits halte soins santé", et délivrées par un pharmacien d'officine. Les médicaments de la réserve hospitalière sont délivrés par une pharmacie hospitalière à usage intérieur.

V. — Conformément aux articles L. 174-9-1 et R. 174-7 du code de la sécurité sociale et L. 314-8 du code de l'action sociale et des familles, les structures "lits halte soins santé" sont financées sous la forme d'une dotation globale annuelle prélevée sur l'enveloppe inscrite à ce titre à l'objectif national de dépenses d'assurance maladie mentionné à l'article L. 314-3-2 du présent code, sans préjudice d'autres participations complémentaires. *(Décr. no 2020-1745 du 29 déc. 2020, art. 1er-2o, en vigueur le 1er janv. 2021)* « Pour les missions mentionnées aux 1° à 3° du I de l'article D. 312-176-1, cette dotation couvre les soins, l'accueil, les prestations d'hébergement, de restauration et le suivi social des personnes accueillies. Pour les activités exercées dans le cadre des missions complémentaires mentionnées au sixième alinéa du I du même article, réalisées au sein du site de la structure ou en dehors de celui-ci, cette dotation couvre les soins, l'accueil, la restauration le cas échéant, et le suivi social des personnes concernées. »

Les consultations et soins prescrits par le médecin responsable ne pouvant être dispensés dans la structure ne sont pas couverts par la dotation globale, à l'exception de la participation restant éventuellement à la charge de la personne accueillie. — *Les*

III et IV deviennent respectivement les IV et V (Décr. n° 2020-1745 du 29 déc. 2020, art. 1er-2°, en vigueur le 1er janv. 2021).

(Décr. n° 2020-1745 du 29 déc. 2020, art. 1er-2°, en vigueur le 1er janv. 2021) **« VI. — Les I, II et III du présent article s'appliquent aux activités exercées dans le cadre des missions mentionnées aux 1° à 3° du I de l'article D. 312-176-1. »**

§ 12 Structures dénommées "lits d'accueil médicalisés"

(Décr. n° 2016-12 du 11 janv. 2016)

Art. D. 312-176-3 **I. — Les structures dénommées "lits d'accueil médicalisés" mentionnés** *[mentionnées]* **au 9° de l'article L. 312-1 accueillent des personnes majeures sans domicile fixe, quelle que soit leur situation administrative, atteintes de pathologies lourdes et chroniques, irréversibles, séquellaires ou handicapantes, de pronostic plus ou moins sombre,** *(Décr. n° 2020-1745 du 29 déc. 2020, art. 1er-3°, en vigueur le 1er janv. 2021)* **« ne nécessitant pas une prise en charge hospitalière ou médico-sociale spécialisée mais étant incompatibles avec la vie à la rue, » pouvant engendrer une perte d'autonomie et ne pouvant être prises en charge dans d'autres structures.**

Elles ont pour missions :

1° De proposer et dispenser aux personnes accueillies des soins médicaux et paramédicaux adaptés et de participer à l'éducation à la santé et à l'éducation thérapeutique des personnes accueillies ;

2° D'apporter une aide à la vie quotidienne adaptée ;

3° De mettre en place un accompagnement social personnalisé visant à faire reconnaître et valoir les droits des personnes accueillies ;

4° D'élaborer avec la personne un projet de vie et de le mettre en œuvre.

Elles assurent des prestations d'hébergement, de restauration, de blanchisserie.

Elles sont ouvertes vingt-quatre heures sur vingt-quatre, tous les jours de l'année.

II. — Les structures "lits d'accueil médicalisés" sont gérées par une personne morale de droit public ou de droit privé, ayant une connaissance du public accueilli et une expérience de sa prise en charge. Une même personne morale peut gérer plusieurs structures "lits d'accueil médicalisés" implantées sur différents sites.

III. — Les structures "lits d'accueil médicalisés" signent une convention avec un ou plusieurs établissements de santé assurant les soins somatiques et psychiatriques. Cette convention précise les conditions de mise en œuvre des interventions des professionnels de santé de ces établissements au sein des "lits d'accueil médicalisés". Elle indique également les modalités selon lesquelles ces structures peuvent avoir, s'il y a lieu, accès aux plateaux techniques et à la pharmacie à usage intérieur et recours à des consultations hospitalières, à des hospitalisations pour des personnes accueillies dans la structure dont l'état sanitaire l'exige, notamment dans les situations d'urgence.

Les structures "lits d'accueil médicalisés" peuvent également conclure des conventions, contrats ou protocoles avec des partenaires publics ou privés afin que soient réalisés les actes ne pouvant être entrepris par ses personnels.

Dans les conditions prévues aux articles R. 6121-4-1 et D. 6124-311 du code de la santé publique, une convention peut être conclue avec une structure d'hospitalisation à domicile afin de répondre aux besoins sanitaires d'un patient tout en le maintenant en "lit d'accueil médicalisé".

IV. — Pour assurer leurs missions, outre son directeur et le personnel administratif, les structures "lits d'accueil médicalisés" disposent d'une équipe pluridisciplinaire comprenant au moins un médecin responsable, des infirmiers diplômés présents vingt-quatre heures sur vingt-quatre, des aides soignants ou auxiliaires de vie sociale, des travailleurs sociaux titulaires d'un diplôme d'État niveau III en travail social et des personnels en charge des prestations d'hébergement et d'entretien.

Les personnels peuvent être des salariés de la structure ou des intervenants extérieurs administratifs et techniques, soignants et sociaux, mis à disposition, ou de *[des]* **professionnels de santé libéraux rémunérés par la structure, et dont les prestations sont formalisées par contrat, convention ou protocole. Leur nombre est fixé en fonc-**

tion du nombre de lits, des pathologies et des besoins sociaux des personnes accueillies.

La mutualisation des personnels de plusieurs structures peut être organisée dans le cadre de la coordination des établissements prévue à l'article L. 312-7.

Les personnels amenés à travailler auprès des personnes accueillies dans les structures "lits d'accueil médicalisés" disposent d'une expérience préalable de travail auprès de ce public. A défaut, ils reçoivent une formation à ce type de prise en charge.

La direction des structures "lits d'accueil médicalisés" assure la supervision et le soutien de l'équipe pluridisciplinaire.

V. — Les soins sont coordonnés par des personnels de santé placés sous la responsabilité du médecin responsable de la structure. Ce dernier établit le diagnostic, les prescriptions, le suivi des soins, des traitements et s'assure de leur continuité. Il réalise, en lien avec les professionnels de santé, l'éducation à la santé et l'éducation thérapeutique du patient. Il effectue toute démarche contribuant à l'accès à des soins, non délivrés par l'établissement. Il peut, si la personne le souhaite, être désigné comme le médecin traitant de celle-ci. En cas d'urgence, il fait appel au 15.

VI. — Un accompagnement social adapté est réalisé sous la responsabilité du directeur de la structure. Il doit s'attacher à faire émerger, à construire, à réaliser voire à faire évoluer le projet de vie de la personne. Ce suivi doit se faire en éventuelle continuité avec les démarches réalisées par les référents sociaux antérieurs à l'admission dans la structure.

Art. D. 312-176-4 *(Abrogé par Décr. n° 2020-1745 du 29 déc. 2020, art. 1er-4°, à compter du 1er janv. 2021)* ***« I. — Une structure "lits d'accueil médicalisés" dispose d'au moins 15 lits et au maximum de 25 lits.***

« Si elle dispose de moins de 18 lits, la structure est obligatoirement sur un même site qu'une structure "lits halte soins santé". »

(Décr. n° 2020-1745 du 29 déc. 2020, art. 1er-4°, en vigueur le 1er janv. 2021) **« I. — L'accueil dans une structure "lits d'accueil médicalisés" est réalisé en chambre individuelle. » Cependant, la structure peut être autorisée à déroger à cette règle dans la limite de deux lits par chambre maximum, après vérification des conditions d'hygiène, de fonctionnalité des soins et d'intimité des personnes accueillies.** — *Le troisième al. devient le premier al. (Décr. n° 2020-1745 du 29 déc. 2020, art. 1er-4°, en vigueur le 1er janv. 2021).*

La structure comporte au moins :

1° Une salle de soin avec une armoire sécurisée et un coffre ;

2° Un cabinet médical avec point d'eau ;

3° Un lieu de vie et de convivialité ;

4° Un office de restauration ;

5° *(Décr. n° 2020-1745 du 29 déc. 2020, art. 1er-4°, en vigueur le 1er janv. 2023)* **« Un lavabo et un cabinet de toilette par chambre et une douche pour cinq personnes accueillies. »** — *La rédaction du 5° issue du Décr. n° 2020-1745 du 29 déc. 2020 s'applique pour les autorisations mentionnées à l'art. L. 313-1 CASF délivrées à compter du 1er janv. 2023 (Décr. préc., art. 2).*

Dans la mesure du possible, la structure assure l'accueil de l'entourage proche et prévoit un mode d'accueil des animaux accompagnants.

II. — L'orientation vers les structures "lits d'accueil médicalisés" est réalisée par un médecin au regard de la situation sanitaire de la personne et suite à une évaluation de sa situation sociale par un travailleur social.

L'admission est prononcée, sur demande de la personne accueillie, par le directeur de la structure, après avis favorable du médecin responsable de la structure. Le refus d'admission prononcé par le directeur est motivé.

La durée du séjour n'est pas limitée. Elle est adaptée à la situation sanitaire et sociale de la personne et permet la construction de son projet de vie.

La sortie du dispositif vers une autre structure ou cadre de vie adapté à son état est soumise à avis médical, pris en concertation avec l'équipe pluridisciplinaire qui suit la personne accueillie. Les personnes souhaitant quitter volontairement le dispositif

contre avis médical doivent être informées par l'équipe pluridisciplinaire des risques liés à cette sortie prématurée.

En cas de mise en danger avérée des personnels ou des résidents, le directeur, en lien avec le médecin responsable, peut prononcer l'exclusion de l'auteur des faits. L'équipe pluridisciplinaire s'assure, dans la mesure du possible, d'une continuité de prise en charge après la sortie.

III. – Conformément aux articles L. 5126-1, L. 5126-5 et L. 5126-6 du code de la santé publique, les médicaments et les autres produits de santé sont détenus et dispensés sous la responsabilité du médecin responsable de la structure ou d'un pharmacien ayant passé convention avec la structure.

Au regard du public accueilli et de ses missions, les structures "lits d'accueil médicalisés", conformément à l'article L. 6325-1 du code de la santé publique et dans les conditions prévues à l'article R. 6325-1 de ce même code, peuvent s'approvisionner en médicaments auprès des distributeurs en gros à vocation humanitaire.

Les médicaments et les autres produits de santé nécessaires aux soins en vente libre sont fournis gracieusement aux personnes accueillies. Ils sont achetés en officine ou auprès d'un grossiste ou d'un laboratoire. Pour les médicaments, les autres produits de santé et les prestations de service et de distribution de matériel soumis à prescription médicale, des ordonnances nominatives sont réalisées par le médecin responsable des "lits d'accueil médicalisés", et délivrées par un pharmacien d'officine. Les médicaments de la réserve hospitalière sont délivrés par une pharmacie hospitalière à usage intérieur.

IV. – Conformément à l'article L. 174-9-1 du code de la sécurité sociale, les "lits d'accueil médicalisés" sont financés sous la forme d'une dotation globale annuelle prélevée sur l'enveloppe inscrite à ce titre à l'objectif national de dépenses d'assurance maladie mentionné à l'article L. 314-3-2 du présent code.

Cette dotation couvre l'accueil, l'hébergement, la restauration, le suivi social, l'accompagnement à la vie quotidienne, l'animation et les soins des personnes accueillies.

Les consultations et soins prescrits par le médecin responsable ne pouvant être dispensés dans la structure ne sont pas couverts par la dotation globale, à l'exception de la participation restant éventuellement à la charge de la personne accueillie.

Une participation financière à l'hébergement peut être demandée à la personne accueillie. Cette participation est liée à l'existence de ressources de la personne accueillie et ne peut excéder 25 % de celles-ci.

§ 13 Structures dénommées "équipes mobiles médico-sociales intervenant auprès de personnes confrontées à des difficultés spécifiques"

(Décr. n° 2021-1170 du 9 sept. 2021)

Art. D. 312-176-4-26 I. – Les structures dénommées "équipes mobiles médico-sociales intervenant auprès de personnes confrontées à des difficultés spécifiques" assurent la prise en charge prévue au 9° du I de l'article L. 312-1 de personnes confrontées à des difficultés spécifiques, sur leur lieu de vie habituel, y compris dans des établissements sociaux et médico-sociaux, en organisant et en mettant en œuvre les prestations correspondant aux missions suivantes :

1° *a)* Proposer et dispenser aux personnes confrontées à des difficultés spécifiques des soins médicaux et paramédicaux adaptés ;

b) Réaliser des bilans de santé de ces personnes en tant que de besoin ;

c) Participer à l'éducation à la santé et à l'éducation thérapeutique de ces personnes ;

2° Engager les actions nécessaires pour leur permettre de bénéficier d'un accompagnement social personnalisé visant à faire reconnaître et valoir leurs droits ;

3° Assurer les échanges nécessaires pour garantir la prise en charge globale des personnes confrontées à des difficultés spécifiques et favoriser leur orientation vers les établissements, services et professionnels adaptés à leur situation.

Pour les missions prévues au 1°, elles peuvent, le cas échéant, intervenir sur prescription médicale ou renouvellement par un infirmier exerçant en pratique avancée dans les conditions prévues à l'article R. 4301-3 du code de la santé publique.

II. – Outre les missions prévues au I, la décision d'autorisation prévue à l'article R. 313-7 peut prévoir, pour les structures dénommées "équipes mobiles médico-sociales intervenant auprès de personnes confrontées à des difficultés spécifiques" les missions suivantes :

1° Assurer des actions de sensibilisation ou de formation aux enjeux et spécificités de ces personnes auprès des personnels des établissements sociaux et médico-sociaux ;

2° Assurer la distribution et la promotion du matériel de prévention, ainsi que du matériel adapté de réduction des risques et des dommages, auprès de consommateurs de substances psychoactives ou classées comme stupéfiants par des intervenants formés à ces pratiques ;

3° Subvenir ponctuellement à des besoins de première nécessité des personnes confrontées à des difficultés spécifiques, notamment en matière d'alimentation et d'hygiène.

III. – Les structures dénommées "équipes mobiles médico-sociales intervenant auprès de personnes confrontées à des difficultés spécifiques" sont gérées par une personne morale de droit public ou de droit privé, ayant une connaissance des publics concernés, notamment de leurs modes de vie, et de leur accompagnement spécifique.

Une même personne morale peut gérer plusieurs structures dénommées "équipes mobiles médico-sociales intervenant auprès de personnes confrontées à des difficultés spécifiques".

IV. – 1° Les structures dénommées "équipes mobiles médico-sociales intervenant auprès de personnes confrontées à des difficultés spécifiques" concluent une convention avec un ou plusieurs établissements de santé afin d'assurer les soins médicaux et paramédicaux adaptés à la situation des personnes, selon les modalités prévues par cette convention.

2° Elles concluent avec le service intégré d'accueil et d'orientation la convention prévue à l'article L. 345-2-6 au titre de leur contribution à la mission d'observation sociale mentionnée au 8° de l'article L. 345-2-4.

3° Le projet de service prévu à l'article L. 311-8 prévoit notamment les actions prévues pour garantir l'accès aux droits, notamment de droit commun, des personnes confrontées à des difficultés spécifiques.

V. – Pour assurer leurs missions, outre leur directeur et le personnel administratif le cas échéant, les structures dénommées "équipes mobiles médico-sociales intervenant auprès de personnes confrontées à des difficultés spécifiques" disposent d'une équipe pluridisciplinaire dont la composition est fixée par la décision d'autorisation prévue à l'article R. 313-7, en fonction du nombre de personnes suivies, des modalités d'intervention et des besoins sanitaires et sociaux de ces personnes.

Les personnels peuvent être des salariés de la structure, des salariés d'autres structures mis à disposition ou des professionnels libéraux, dont les prestations sont formalisées par contrat, convention ou protocole.

Les personnels amenés à travailler auprès des personnes accompagnées par les "équipes mobiles médico-sociales intervenant auprès de personnes confrontées à des difficultés spécifiques" disposent d'une expérience préalable de travail auprès de ce public. A défaut, ils reçoivent une formation adaptée à ce type de prise en charge.

SOUS-SECTION 3 Professionnels chargés de la direction d'établissements ou services sociaux ou médico-sociaux

(Décr. n° 2007-221 du 19 févr. 2007)

§ 1 Délégations et qualification des professionnels chargés de la direction d'un ou *[de]* plusieurs établissements ou services sociaux ou médico-sociaux relevant du droit privé

Art. D. 312-176-5 Dans les établissements et services sociaux et médico-sociaux de droit privé, mentionnés au I de l'article L. 312-1, lorsque la personne physique ou

morale gestionnaire confie à un professionnel la direction d'un ou plusieurs établissements ou services sociaux ou médico-sociaux, elle précise par écrit, dans un document unique, les compétences et les missions confiées par délégation à ce professionnel.

Elle rend destinataires d'une copie de ce document la ou les autorités publiques qui ont délivré l'autorisation du ou des établissements ou services concernés, ainsi que le conseil de la vie sociale visé à l'article L. 311-6.

Ce document précise la nature et l'étendue de la délégation, notamment en matière de :

— conduite de la définition et de la mise en œuvre du projet d'établissement ou de service ;

— gestion et animation des ressources humaines ;

— gestion budgétaire, financière et comptable en application des articles R. 314-9 à R. 314-55 ;

— coordination avec les institutions et intervenants extérieurs.

Art. D. 312-176-6 **Doit être titulaire d'une certification de niveau I enregistrée au répertoire national des certifications professionnelles prévu à l'article L. 335-6 du code de l'éducation le professionnel ayant reçu les délégations mentionnées aux troisième à septième alinéas de l'article D. 312-176-5 et qui, selon les situations :**

_a)_ Dirige ou administre l'un des groupements mentionnés à l'article L. 312-7 ;

_b)_ Dirige un ou plusieurs établissements ou services sociaux ou médico-sociaux répondant cumulativement, sur au moins trois exercices comptables clos consécutifs, au moins à deux des trois seuils fixés à l'article R. 612-1 du code de commerce ;

_c)_ Dirige le siège social, en application de l'article R. 314-87, d'un organisme gestionnaire autorisé.

Les professionnels chargés de la direction d'un ou de plusieurs services réputés autorisés en vertu du VI de l'art. 47 ou du IV de l'art. 48 de la L. n° 2015-1776 du 28 déc. 2015 (V. 2e note ss. art. L. 312-1), en fonction à la date de publication du Décr. n° 2016-502 du 22 avr. 2016 (V. art. D. 312-6-1, D. 312-10-0-1), qui ne justifient pas des qualifications prévues aux art. D. 312-176-6 à D. 312-176-8 et D. 312-176-10 disposent d'un délai de dix ans pour obtenir ces qualifications.

Lorsqu'ils ne justifient pas de l'ancienneté de trois ans nécessaire pour s'engager dans un parcours de validation des acquis de l'expérience à la date de publication du décret susvisé, le délai mentionné à l'al. précédent est augmenté de la durée d'expérience manquante (Décr. préc., art. 5).

Art. D. 312-176-7 **Sous réserve des dispositions législatives, réglementaires ou conventionnelles formulant des exigences supérieures, tout professionnel chargé de la direction d'un ou plusieurs établissements ou services sociaux ou médico-sociaux doit être titulaire d'une certification au moins de niveau II enregistrée au répertoire national des certifications professionnelles prévu à l'article L. 335-6 du code de l'éducation.** — *V. note ss. art. D. 312-176-6.*

Art. D. 312-176-8 **Par dérogation à l'article D. 312-176-7, les titulaires du diplôme de cadre de santé, les titulaires d'un diplôme sanitaire ou social de niveau III, justifiant d'une expérience professionnelle de trois ans dans le secteur sanitaire, social ou médico-social et qui, soit ont suivi, soit s'engagent à suivre et achever dans un délai de cinq ans une formation à l'encadrement inscrite sur une liste fixée par arrêté du ministre chargé des affaires sociales, peuvent être admis à diriger :**

— soit un établissement ou service qui emploie moins de dix salariés ;

— soit un établissement relevant du *[des] (Décr. n° 2016-696 du 27 mai 2016, art. 4-3°)* **« III et IV » de l'article L. 313-12 ;**

— soit un établissement ou un service d'une capacité inférieure au seuil fixé à l'article D. 313-16.

V. note ss. art. D. 312-176-6.

V. Arr. du 7 juin 2007 (JO 23 juin), mod. par Arr. du 26 oct. 2007 (JO 5 déc.).

Les dispositions du Décr. n° 2016-696 du 27 mai 2016 s'appliquent aux résidences autonomie régies par le III et le IV de l'art. L. 313-12 au plus tard le 1er juill. 2016 (Décr. préc., art. 11-II).

Art. D. 312-176-9 Les professionnels visés aux articles D. 312-176-6 et D. 312-176-7 peuvent être recrutés au niveau immédiatement inférieur, s'ils s'engagent à obtenir, dans un délai de trois ans à compter de leur recrutement, la certification de niveau supérieur requise.

Dans le cas où l'établissement ou le service social ou médico-social atteint les seuils fixés au *b* de l'article D. 312-176-6, le professionnel déjà chargé des fonctions de direction, qui ne serait pas titulaire d'une certification de niveau I, dispose d'un délai de trois ans à compter de la clôture du troisième exercice comptable consécutif attestant le franchissement du deuxième des seuils, pour obtenir une certification de ce niveau.

§ 2 Qualification des professionnels chargés de la direction d'un ou *[de]* plusieurs établissements ou services sociaux ou médico-sociaux relevant du droit public

Art. D. 312-176-10 Sans préjudice des dispositions de l'article R. 123-23, les dispositions des articles D. 312-176-5 à D. 312-176-9 sont applicables aux professionnels autres que ceux relevant de la fonction publique hospitalière chargés de la direction d'un ou plusieurs établissements ou services sociaux ou médico-sociaux gérés par un centre communal d'action sociale ou un centre intercommunal d'action sociale, qui ont reçu délégation à ce titre.

Les titulaires des grades, corps et emplois figurant sur une liste arrêtée par les ministres en charge des affaires sociales et des collectivités territoriales, qui ne remplissent pas les conditions de qualification définies aux articles D. 312-176-6 et D. 312-172-7 *[D. 312-176-7]*, peuvent être admis à diriger les établissements mentionnés auxdits articles. — *V. note ss. art. D. 312-176-6. — V. Arr. du 19 janv. 2010 (JO 28 janv.).*

§ 3 Dispositions communes

Art. D. 312-176-11 Les ressortissants des États membres de la Communauté européenne et des autres États parties à l'accord sur l'Espace économique européen peuvent diriger un ou plusieurs des établissements ou services sociaux ou médico-sociaux s'ils répondent aux exigences de niveaux de titres et certifications professionnelles équivalentes à celles définies aux articles D. 312-176-6 à D. 312-176-10.

Art. D. 312-176-12 En cas de non-respect des dispositions prévues aux articles D. 312-176-5 à D. 312-176-10, les dépenses afférentes aux rémunérations et avantages en nature de la personne chargée de la direction d'un établissement ou service social ou médico-social sans en réunir les conditions de qualification, peuvent être déclarées non opposables aux autorités de tarification.

Art. D. 312-176-13 En cas de non-respect des dispositions des articles D. 312-176-5 à D. 312-176-10, les dispositions de l'article L. 313-14 s'appliquent.

SECTION 2 Organismes consultatifs

SOUS-SECTION 1 Section sociale du comité national de l'organisation sanitaire et sociale

(Décr. n° 2005-434 du 6 mai 2005, art. 2-III)

Art. R. 312-177 La section sociale du Comité national de l'organisation sanitaire et sociale mentionnée *(Décr. n° 2014-1406 du 25 nov. 2014, art. 1er-1°, en vigueur le 1er déc. 2014)* « à l'article R. 6122-1 » du code de la santé publique est consultée :

1° Dans les cas prévus aux articles *(Décr. n° 2014-1406 du 25 nov. 2014, art. 1er-1°, en vigueur le 1er déc. 2014)* « L. 311-4 », L. 312-1, *(Décr. n° 2014-1406 du 25 nov. 2014, art. 1er-1°, en vigueur le 1er déc. 2014)* « L. 312-3 », L. 312-5 ;

(Abrogé par Décr. n° 2010-870 du 26 juill. 2010, art. 2-1°, à compter du 1er août 2010) « *2° Sur les projets de création, de transformation ou d'extension d'établissements ou de*

services mentionnés à l'article L. 312-1 et relevant du schéma national d'organisation sociale et médico-sociale lorsque ces projets portent sur une capacité supérieure aux seuils fixés par l'article R. 313-1. **»**

La section sociale peut, en outre, être consultée par le ministre chargé de l'action sociale sur toute question concernant l'application du livre III du code de l'action sociale et des familles. – *[Anc. art. R. 312-156.]*

Art. R. 312-178 **Outre le président ou son suppléant, la section sociale du Comité national de l'organisation sanitaire et sociale comprend :**

1° Le député désigné par la commission des affaires culturelles, familiales et sociales de l'Assemblée nationale *(Décr. nº 2014-1406 du 25 nov. 2014, art. 1er-2°, en vigueur le 1er déc. 2014)* **« en application du premier alinéa de l'article L. 6121-8 du code de la santé publique » ;**

2° Le sénateur désigné par la commission des affaires sociales du Sénat *(Décr. nº 2014-1406 du 25 nov. 2014, art. 1er-2°, en vigueur le 1er déc. 2014)* **« en application du même alinéa » ;**

(Abrogé par Décr. nº 2014-1406 du 25 nov. 2014, art. 1er-2°, à compter du 1er déc. 2014) ***« 3° Un conseiller régional désigné par le ministre chargé de l'action sociale sur propositions des associations représentatives des présidents de conseil régional ; »***

(Décr. nº 2014-1406 du 25 nov. 2014, art. 1er-2°, en vigueur le 1er déc. 2014) **« 3° Un conseiller départemental désigné par l'Association des départements de France ;**

« 4° Un conseiller municipal désigné par l'Association des maires de France ;

« 5° Un représentant de la Caisse nationale de l'assurance maladie *(Abrogé par Décr. nº 2019-718 du 5 juill. 2019, art. 9-III)* ***« des travailleurs salariés »*** **;**

« 6° Un représentant de la Caisse nationale des allocations familiales ;

« 7° Seize représentants des groupements ou fédérations représentatifs des établissements et services sociaux et médico-sociaux accueillant ou accompagnant des personnes, dont quatre représentants au titre des personnes handicapées, quatre représentants au titre de la protection administrative ou judiciaire de l'enfance, quatre représentants au titre des personnes en difficulté ou en situation de détresse, quatre représentants au titre des personnes âgées ;

« 8° Un représentant du syndicat médical le plus représentatif ;

« 9° Quatre représentants des personnels non médicaux des établissements et services sociaux et médico-sociaux, désignés par les organisations syndicales ayant la plus forte audience parmi celles qui sont reconnues représentatives au niveau national et interprofessionnel et figurant à ce titre sur la liste arrêtée en application de l'article L. 2122-11 du code du travail ;

« 10° Quatre représentants des groupements d'usagers des établissements et services sociaux et médico-sociaux ;

« 11° Une personnalité qualifiée désignée par le ministre chargé de l'action sociale. » – *[Anc. art. R. 312-157.] – Les 4° à 12° deviennent les 3° à 11° (Décr. nº 2014-1406 du 25 nov. 2014, art. 1er à 2°).*

Art. R. 312-179 *(Décr. nº 2014-1406 du 25 nov. 2014, art. 1er-3°, en vigueur le 1er déc. 2014)* **Les modalités de détermination des organismes représentés au sein de la section sociale du Comité national de l'organisation sanitaire et sociale et les modalités de fonctionnement de cette section sont fixées par la section 1 du chapitre II du titre II du livre I de la sixième partie du code de la santé publique.**

SOUS-SECTION 2 *[ABROGÉE]* Comités régionaux de l'organisation sociale et médico-sociale

(Abrogée par Décr. nº 2012-1331 du 29 nov. 2012, art. 3-6°)

Les art. de cette sous-section, anciennement art. R. 312-156 à R. 312-168, ont été renumérotés par le Décr. nº 2005-434 du 6 mai 2005, art. 9-I, 2°, puis par le Décr. nº 2005-1135 du 7 sept. 2005, art. 1er-VI.

§ 1 *[ABROGÉ]* **Composition du comité régional de l'organisation sociale et médico-sociale**

Art. R. 312-180 à R. 312-184 *Abrogés par Décr. n° 2012-1331 du 29 nov. 2012, art. 3-6°.*

§ 2 *[ABROGÉ]* **Fonctionnement du comité**

Art. R. 312-185 à R. 312-192 *Abrogés par Décr. n° 2012-1331 du 29 nov. 2012, art. 3-6°.*

SECTION 3 **Schémas d'organisation sociale et médico-sociale**

SOUS-SECTION 1 **Liste des établissements et services relevant du schéma national d'organisation médico-sociale** *(Décr. n° 2010-255 du 11 mars 2010, art. 1er).*

Les art. de cette sous-section, anciennement art. D. 312-169 à D. 312-170, ont été renumérotés par le Décr. n° 2005-434 du 6 mai 2005, art. 9-I, 3°, puis par le Décr. n° 2005-1135 du 7 sept. 2005, art. 1, VI.

Art. D. 312-193 **Relèvent du schéma national d'organisation sociale et médico-sociale mentionné au 1° de l'article L. 312-5, les établissements et services mentionnés au 2°, au *a)* du 5°, au** *[aux]* **7°, 9° et 11° du I de l'article L. 312-1, lorsqu'ils relèvent de la compétence exclusive de l'État et qu'ils accueillent à titre principal ou au sein d'une unité individualisée des personnes présentant l'un des handicaps rares définis à l'article D. 312-194.** – *[Anc. art. D. 312-172.]*

V. Arr. du 16 avr. 2021 relatif au schéma national d'organisation sociale et médico-sociale pour les handicaps rares (JO 11 juin, NOR : PRMA2102384A).

Art. D. 312-194 **Sont atteintes d'un handicap rare les personnes présentant l'une des configurations de déficiences ou de troubles associés dont le taux de prévalence n'est pas supérieur à un cas pour 10 000 habitants et relevant de l'une des catégories suivantes :**

1° l'association d'une déficience auditive grave et d'une déficience visuelle grave ;

2° l'association d'une déficience visuelle grave et d'une ou plusieurs autres déficiences graves ;

3° l'association d'une déficience auditive grave et d'une ou plusieurs autres déficiences graves ;

4° une dysphasie grave associée ou non à une autre déficience ;

5° l'association d'une ou plusieurs déficiences graves et d'une affection chronique, grave ou évolutive, telle que :

***a)* une affection mitochondriale ;**

***b)* une affection du métabolisme ;**

***c)* une affection évolutive du système nerveux ;**

***d)* une épilepsie sévère.** – *[Anc. art. D. 312-173.]*

SOUS-SECTION 2 **Modalités de détermination du nombre de places d'hébergement à atteindre par les communes**

(Décr. n° 2010-255 du 11 mars 2010, art. 1er)

Le Décr. n° 2010-255 du 11 mars 2010 introduit les art. R. 312-193-1 à R. 312-193-4 après l'art. D. 312-194.

Le Décr. n° 2010-255 du 11 mars 2010 s'applique pour le calcul des prélèvements effectués en 2011 sur les ressources fiscales des communes dans lesquelles le nombre de places d'hébergement est inférieur aux obligations mentionnées au II de l'art. L. 312-5-3. Les prélèvements sont déterminés à partir des notifications faites par les communes avant le 31 déc. 2010 (Décr. préc., art. 5).

Art. R. 312-193-1 **Afin de déterminer le nombre de places d'hébergement à atteindre, est retenu le nombre entier égal ou inférieur au quotient résultant de la division du nombre d'habitants de la commune par 1 000 ou 2 000 selon la taille et la situation de cette commune, définie au II de l'article L. 312-5-3.**

Art. R. 312-193-2 Les places d'hébergement mentionnées au III de l'article L. 312-5-3 sont comptées au titre de la commune où elles se trouvent effectivement implantées.

Art. R. 312-193-3 Le nombre des places mentionnées aux 4° et 5° du III de l'article L. 312-5-3 est déterminé de la manière suivante :

CATÉGORIES DE LOGEMENT	SURFACE HABITABLE	NOMBRE DE PLACES
Type I	Entre 9 m^2 et moins de 12 m^2	1 place
Type II	Entre 12 m^2 et moins de 23 m^2	2 places
Type III	Entre 23 m^2 et moins de 34 m^2	3 places
Type IV	Entre 34 m^2 et moins de 45 m^2	4 places
Type V	Entre 45 m^2 et moins de 56 m^2	5 places
Type VI	Entre 56 m^2 et moins de 67 m^2	6 places
Type VII	Entre 67 m^2 et moins de 78 m^2	7 places
Type VIII	Entre 78 m^2 et moins de 89 m^2	8 places
Type IX	Entre 89 m^2 et moins de 100 m^2	9 places

Pour les surfaces supérieures à 100 m^2, chaque surface supplémentaire inférieure ou égale à 10 m^2 compte pour une place supplémentaire.

Art. R. 312-193-4 Les places d'hébergement ouvertes seulement pendant la période hivernale ne sont pas prises en compte.

SOUS-SECTION 3 Consultation du comité de coordination régional de l'emploi et de la formation professionnelle et du conseil régional

(Décr. n° 2010-344 du 31 mars 2010, art. 227)

Art. D. 312-193-5 Le *(Décr. n° 2014-1055 du 16 sept. 2014, art. 5-III)* « comité régional de l'emploi, de la formation *[et]* de l'orientation professionnelles » et le conseil régional émettent un avis sur les schémas mentionnés à l'article L. 1434-12 du code de la santé publique en tant qu'ils concernent les établissements visés au *b* du 5° du I de l'article L. 312-1.

SOUS-SECTION 4 Modalités de consultation sur les schémas départementaux relatifs aux personnes handicapées et aux personnes âgées

(Décr. n° 2011-671 du 14 juin 2011)

Art. D. 312-193-6 *(Décr. n° 2016-1206 du 7 sept. 2016, art. 1er-5°)* Pour l'élaboration des schémas relatifs aux personnes handicapées ou aux personnes âgées en perte d'autonomie mentionnés à l'article L. 312-5, le président du conseil départemental consulte pour avis le conseil départemental de la citoyenneté et de l'autonomie mentionné à l'article L. 149-1.

SOUS-SECTION 5 Modalités de consultation sur les schémas régionaux relatifs à la protection juridique des majeurs et à l'aide à la gestion du budget familial

(Décr. n° 2016-1898 du 27 déc. 2016, art. 1er)

Art. D. 312-193-7 Pour l'élaboration des schémas régionaux relatifs à la protection juridique des majeurs et à l'aide à la gestion du budget familial mentionnés au *b* du 2° de l'article L. 312-5, le représentant de l'État dans la région consulte pour avis :

1° Les conseils départementaux de la citoyenneté et de l'autonomie prévus à l'article L. 149-1 ;

2° A l'issue d'un appel de candidatures, les représentants des usagers qui ne sont pas représentés au sein de ces conseils départementaux ;

3° A l'issue d'un appel de candidatures, les représentants, pour l'ensemble des modes d'exercice, des mandataires judiciaires à la protection des majeurs et des délégués aux prestations familiales.

SECTION 4 Coordination des interventions

(Décr. n° 2006-413 du 6 avr. 2006)

SOUS-SECTION UNIQUE Groupements

§ 1 Dispositions générales

Art. R. 312-194-1 En application de l'article L. 312-7, des groupements peuvent être constitués dans les conditions suivantes :

1° Des groupements d'intérêt public peuvent être constitués entre deux ou plusieurs établissements et services sociaux ou médico-sociaux, dotés de la personnalité morale, ou personnes morales gestionnaires de droit public ou de droit privé comportant au moins une personne morale de droit public ;

2° Des groupements d'intérêt économique peuvent être constitués entre deux ou plusieurs établissements et services sociaux ou médico-sociaux, dotés de la personnalité morale, ou personnes physiques ou morales gestionnaires de droit public ou de droit privé. Le but de ces groupements n'est pas de réaliser des bénéfices pour eux-mêmes ;

3° Des groupements de coopération sociale ou médico-sociale peuvent être constitués entre deux ou plusieurs établissements, services ou personnes mentionnés aux alinéas précédents ainsi qu'au 3° de l'article L. 312-7.

Les établissements de santé publics ou privés peuvent adhérer aux groupements prévus au présent article.

Art. R. 312-194-2 Un même groupement peut comprendre des établissements et services relevant d'une ou plusieurs des catégories énoncées au I de l'article L. 312-1.

Art. R. 312-194-3 Sous réserve des dispositions de la présente section, les groupements d'intérêt économique et les groupements d'intérêt public mentionnés au 2° de l'article L. 312-7 sont constitués, administrés et contrôlés, respectivement, comme les groupements d'intérêt économique relevant des articles L. 251-1 et suivants du code de commerce et comme les groupements d'intérêt public institués dans le domaine de l'action sanitaire et sociale en application de l'article 22 de la loi n° 87-571 du 23 juillet 1987 sur le développement du mécénat.

§ 2 Missions

Art. R. 312-194-4 Sans préjudice des missions propres aux groupements de coopération sociale ou médico-sociale énoncées au 3° de l'article L. 312-7, les groupements mentionnés à l'article R. 312-194-1 peuvent être constitués notamment en vue de permettre à leurs membres :

1° D'exercer ensemble des activités dans les domaines de l'action sociale ou médico-sociale au sens de l'article L. 311-1 ;

2° De créer et de gérer des équipements ou des services d'intérêt commun ou des systèmes d'information nécessaires à leurs activités ;

3° De faciliter ou d'encourager les actions concourant à l'amélioration de l'évaluation de l'activité de leurs membres et de la qualité de leurs prestations, notamment par le développement et la diffusion de procédures, de références ou de recommandations de bonnes pratiques, en lien avec les travaux *(Décr. n° 2007-324 du 8 mars 2007 ; Décr. n° 2018-465 du 11 juin 2018, art. 2)* « de la Haute Autorité de santé » ;

4° De définir ou proposer des actions de formation à destination des personnels de leurs membres.

Art. R. 312-194-5 L'autorisation mentionnée au *b* du 3° de l'article L. 312-7 pour un groupement de coopération sociale ou médico-sociale d'exercer directement, à la demande de ses membres, les missions et prestations des établissements et services énoncés à l'article L. 312-1 est délivrée dans les conditions définies au chapitre III du titre I du livre III du présent code.

Lorsqu'un tel groupement est susceptible de se voir confier, à la demande de l'un ou de plusieurs de ses membres, l'exploitation directe d'une autorisation détenue par l'un d'entre eux, l'accord de l'autorité ayant délivré cette autorisation est réputé donné au terme d'un délai de deux mois à compter de la réception de la demande en ce sens.

Les prestations fournies par un groupement de coopération sociale ou médico-sociale en application des alinéas précédents font l'objet d'une tarification arrêtée conformément aux dispositions du chapitre IV du titre I du livre III du présent code. Les tarifs sont facturés et perçus par le groupement.

§ 3 Constitution

Art. R. 312-194-6 L'autorité compétente de chacune des personnes et structures mentionnées à l'article R. 312-194-1 décide de la participation à la création ou de l'adhésion à l'une des formes de groupement énoncées au même article, au vu notamment du projet de convention constitutive ou de contrat, présenté dans des termes identiques.

Art. R. 312-194-7 La convention constitutive des groupements d'intérêt public ou des groupements de coopération sociale ou médico-sociale, mentionnés respectivement aux 2° et 3° de l'article L. 312-7, indique l'objet du groupement et la répartition des tâches entre le groupement et ses membres.

Elle comporte, en outre, les mentions suivantes :

1° La dénomination et le siège du groupement ;

2° L'identité de ses membres et leur qualité ;

3° Sa nature juridique ;

4° Sa durée ;

5° Le cas échéant, son capital ;

6° Les règles selon lesquelles sont déterminés les droits des membres du groupement ainsi que, le cas échéant, les modalités d'adaptation de ces règles ;

7° Les modalités de représentation de chacun de ses membres au sein de l'assemblée des membres ;

8° Les règles de détermination de la contribution de ses membres à ses charges de fonctionnement ainsi que leurs modalités de révision annuelle dans le cadre de la préparation du projet du budget compte tenu des charges réellement constatées au titre de l'année précédente ;

9° Les règles selon lesquelles ses membres sont tenus de ses dettes ;

10° Les règles d'adhésion, de retrait et d'exclusion des membres, notamment les modalités selon lesquelles est entendu le représentant du membre à l'égard duquel une mesure d'exclusion est envisagée ;

11° Les cas de dissolution et les modalités de dévolution des biens du groupement ;

12° Les règles relatives à son administration, son organisation et à sa représentation ;

13° Pour les groupements de coopération sociale ou médico-sociale, les conditions d'intervention des professionnels des secteurs sociaux, médico-sociaux et sanitaires, des professionnels salariés du groupement ainsi que des professionnels associés par convention, ainsi que, le cas échéant, les activités du groupement faisant l'objet des tarifications prévues au présent code.

La convention constitutive peut faire l'objet d'avenants.

Art. R. 312-194-8 Lorsqu'un groupement de coopération sociale ou médico-sociale se voit confier l'une ou les missions énoncées aux *b* et *c* du 3° de l'article L. 312-7, un protocole est annexé à la convention constitutive. Ce protocole décrit notamment l'objet de la mission, en lien avec les schémas d'organisation sociale et médico-sociale, les moyens qui y sont consacrés, le calendrier de réalisation et les modalités d'information des membres du groupement sur les étapes de mise en œuvre.

Art. R. 312-194-9 Par décision de l'assemblée des membres du groupement d'intérêt public ou du groupement de coopération sociale ou médico-sociale, le siège peut être transféré.

Art. R. 312-194-10 Après sa constitution, le groupement d'intérêt public ou le groupement de coopération sociale ou médico-sociale peut admettre de nouveaux membres, par décision de l'assemblée des membres. Cette décision est également requise en cas de changement d'identité sociale, de fusion, de regroupement ou de changement de gestionnaire affectant un membre du groupement.

En cours d'exécution de la convention, tout membre peut se retirer du groupement à l'expiration d'un exercice budgétaire, sous réserve qu'il ait notifié au groupement son intention au moins six mois avant la fin de l'exercice et que les modalités de ce retrait soient conformes aux stipulations de la convention constitutive.

Lorsque le groupement comporte au moins trois membres, l'exclusion de l'un d'entre eux peut être prononcée par l'assemblée des membres en cas de manquements aux obligations définies par la présente section, la convention constitutive ainsi que par les délibérations de l'assemblée. L'exclusion peut également être prononcée en cas d'ouverture d'une procédure de sauvegarde, de redressement ou de liquidation judiciaire. L'exclusion ne peut être prononcée qu'après audition du représentant du membre en cause selon les modalités fixées par la convention constitutive.

L'adhésion d'un nouveau membre, le retrait et l'exclusion d'un membre donnent lieu à un avenant à la convention constitutive.

Art. R. 312-194-11 Si le groupement d'intérêt public ou le groupement de coopération sociale ou médico-sociale n'engendre pas de coût de fonctionnement, il peut être créé sans apport ni participation.

Lorsque le groupement est constitué avec un capital, les apports ne peuvent être représentés par des titres négociables, ainsi que, pour les groupements de coopération sociale ou médico-sociale, par des apports en industrie. Ils peuvent être fournis en espèces sous forme de dotation financière des membres ou en nature sous forme de biens mobiliers ou immobiliers.

Les participations des membres aux charges de fonctionnement du groupement consistent en une contribution financière ou une contribution en nature sous forme de mise à disposition de locaux, de matériels ou de personnels. L'évaluation des contributions en nature est faite sur la base de leur coût réel.

Art. R. 312-194-12 Dans les groupements de coopération sociale ou médico-sociale, les droits des membres sont fixés soit à proportion de leurs apports, soit à proportion de leurs participations aux charges de fonctionnement. Dans ce dernier cas, la convention constitutive précise les modalités selon lesquelles les droits peuvent être modifiés en fonction de l'utilisation effective des moyens de fonctionnement par chacun des membres.

A défaut d'apports ou de participations, la convention constitutive définit les règles selon lesquelles les droits des membres sont déterminés.

Le nombre des voix attribuées à chacun des membres lors des votes à l'assemblée générale est proportionnel aux droits qui leurs *[leur]* sont reconnus.

Les membres sont tenus des dettes du groupement dans la proportion de leurs droits.

Art. R. 312-194-13 Le budget du groupement d'intérêt public ou du groupement de coopération sociale ou médico-sociale est voté en équilibre.

Lors de la clôture de l'exercice, le résultat de l'exercice est affecté dans les conditions définies par le régime comptable auquel est soumis le groupement.

Lorsque le groupement est soumis aux règles de la comptabilité privée, le résultat peut être réparti dans des conditions définies par la convention constitutive. A défaut, le résultat excédentaire est affecté en tout ou partie à la constitution de réserves, à la couverture des charges de fonctionnement de l'exercice suivant ou au financement des dépenses d'investissement. Le résultat déficitaire est reporté ou prélevé sur les réserves.

Art. R. 312-194-14 Les personnels mis par les membres à la disposition d'un des groupements mentionnés à l'article L. 312-7 restent régis, selon le cas, par leur contrat de travail, les conventions ou accords collectifs qui leur sont applicables ou leur statut.

Art. R. 312-194-15 Le décret nº 86-83 du 17 janvier 1986 relatif aux dispositions générales applicables aux agents non titulaires de l'État pris pour l'application de l'article 7 de la loi nº 84-16 du 11 janvier 1984 portant dispositions statutaires relatives à la fonction publique de l'État, le décret nº 88-145 du 15 février 1988 pris pour l'application de l'article 136 de la loi du 26 janvier 1984 modifiée portant dispositions statutaires relatives à la fonction publique territoriale et relatif aux agents non titulaires de la fonction publique territoriale ou le décret nº 91-155 du 6 février 1991 modifié relatif aux dispositions générales applicables aux agents contractuels des établissements mentionnés à l'article 2 de la loi nº 86-33 du 9 janvier 1986 modifiée portant dispositions statutaires relatives à la fonction publique hospitalière est applicable aux personnes recrutées par un groupement de coopération sociale ou médico-sociale constitué en personne morale de droit public, dans des conditions définies par la convention constitutive.

Art. R. 312-194-16 *(Décr. nº 2023-14 du 18 janv. 2023, art. 1er, en vigueur le 1er janv. 2024)* « I. — Lorsque le groupement de coopération sociale ou médico-sociale est constitué sous la forme d'une personne morale de droit public, il est soumis au titre I du décret nº 2012-1246 du 7 novembre 2012 relatif à la gestion budgétaire et comptable publique.

« Les règles budgétaires et comptables propres aux établissements publics sociaux et médico-sociaux fixées aux articles R. 314-64 à R. 314-74 lui sont applicables, sous réserve des dispositions suivantes :

« 1° Lorsque le groupement est une personne morale de droit public qui n'exerce pas les missions énoncées au *b* du 3° de l'article L. 312-7, le dernier alinéa de l'article R. 314-64 et l'article R. 314-67 ne lui sont pas applicables ;

« 2° Le comptable public d'un groupement qui n'exerce pas les missions énoncées au *b* du 3° de l'article L. 312-7 porte le titre d'agent comptable. Il est nommé par arrêté du préfet. Il assiste à l'assemblée générale du groupement. »

II. — Lorsque le groupement de coopération sociale ou médico-sociale est constitué sous la forme d'une personne morale de droit privé et n'exerce pas les missions énoncées au *b* du 3° de l'article L. 312-7, la comptabilité du groupement est tenue et sa gestion assurée selon les règles du droit privé.

Lorsque le groupement est une personne morale de droit privé, qui exerce les missions énoncées au *b* du 3° de l'article L. 312-7 et qui est exclusivement composé de personnes morales de droit privé à but non lucratif, les dispositions des articles R. 314-80 à R. 314-100 lui sont applicables.

Lorsque le groupement est une personne morale de droit privé, qui exerce les missions énoncées au *b* du 3° de l'article L. 312-7 et qui comprend un organisme à but lucratif ou non habilité à recevoir des bénéficiaires de l'aide sociale, les dispositions des articles R. 314-101 à R. 314-104 lui sont applicables.

Dans les deux derniers cas, le groupement fait application du plan et de l'instruction comptable des établissements et services sociaux ou médico-sociaux privés prévus aux articles R. 314-5 et R. 314-81.

Les dispositions du Décr. nº 2023-14 du 18 janv. 2023 peuvent être modifiées par un décret en Conseil d'État. Ces mêmes dispositions entrent en vigueur le 1er janv. 2024. Toutefois, les assemblées délibérantes des groupements de coopération sociale ou médico-sociale et des groupements de coopération sanitaire constitués sous la forme d'une personne morale de droit public peuvent décider de les mettre en œuvre par anticipation pour l'exercice 2023 (Décr. préc., art. 6 et 7).

Art. R. 312-194-17 La dénomination du groupement mentionné au 3° de l'article L. 312-7 est suivie de la mention "groupement de coopération sociale" ou "groupement de coopération médico-sociale", portée sur tous les actes et documents du groupement.

Art. R. 312-194-18 *(Décr. nº 2019-854 du 20 août 2019, art. 2-12º)* La convention constitutive du groupement de coopération sociale ou médico-sociale est transmise par tout moyen donnant date certaine à sa réception à l'autorité ou l'une des autorités compétentes du ressort du siège du groupement dont relève le domaine d'activité du groupement.

Le groupement jouit de la personnalité morale à compter de la date de réception de la déclaration.

La constitution du groupement donne lieu à publication au recueil des actes administratifs de l'autorité ou des autorités compétentes.

La publication fait notamment mention :

1° De la dénomination et de l'objet du groupement ;

2° De l'identité de ses membres ;

3° De son siège social ;

4° De la durée de la convention.

Les avenants à la convention constitutive font l'objet d'une procédure identique.

Les dispositions de l'art. R. 312-194-18 dans leur rédaction résultant du Décr. nº 2019-854 du 20 août 2019 s'appliquent aux déclarations de conventions constitutives reçues par l'autorité compétente ou par l'une des autorités compétentes à compter de la date d'entrée en vigueur du décret susvisé (Décr. préc., art. 6-II, JO 22 août).

§ 4 Organisation et administration

Art. R. 312-194-19 L'assemblée des groupements mentionnés à l'article L. 312-7 est composée de l'ensemble de leurs membres.

Art. R. 312-194-20 Dans les groupements de coopération sociale ou médico-sociale, l'assemblée générale se réunit sur convocation de l'administrateur du groupement aussi souvent que l'intérêt du groupement l'exige et au moins une fois par an. Elle se réunit de droit à la demande d'au moins un tiers de ses membres sur un ordre du jour déterminé. La convocation indique l'ordre du jour et le lieu de réunion.

Sauf mention contraire de la convention constitutive, l'assemblée générale est convoquée par écrit quinze jours au moins à l'avance et, en cas d'urgence, quarante-huit heures au moins à l'avance.

Le vote par procuration est autorisé lorsque le groupement compte plus de deux membres. Aucun membre ne peut cependant détenir plus d'un mandat à ce titre.

A défaut de stipulations contraires de la convention constitutive, la présidence de l'assemblée générale est assurée par l'administrateur du groupement.

Art. R. 312-194-21 Dans les groupements de coopération sociale ou médico-sociale et les groupements d'intérêt public, et sous réserve, pour ces derniers, des compétences confiées au directeur et au conseil d'administration en application de l'article L. 341-3 du code de la recherche, l'assemblée des membres délibère notamment sur :

1° Pour les groupements de coopération sociale ou médico-sociale, le budget annuel ;

2° L'approbation des comptes de chaque exercice et l'affectation des résultats ;

3° La nomination et la révocation de l'administrateur du groupement de coopération sociale ou médico-sociale ;

4° Le choix du commissaire aux comptes, dans le cas où la comptabilité du groupement est tenue et sa gestion assurée selon les règles du droit privé ;

5° Toute modification de la convention constitutive ;
6° L'admission de nouveaux membres ;
7° L'exclusion d'un membre ;
8° Le cas échéant, les conditions de remboursement des indemnités de mission définies à l'article R. 312-194-23 ;
9° L'adhésion à une structure de coopération ou le retrait de l'une d'elles ;
10° Pour les groupements de coopération sociale ou médico-sociale, les demandes d'autorisation mentionnées au *b* du 3° de l'article L. 312-7 ;
11° La prorogation ou la dissolution du groupement ainsi que les mesures nécessaires à sa liquidation ;
12° Lorsque le groupement est une personne morale de droit public, les acquisitions, aliénations, échanges d'immeubles et leur affectation ainsi que les conditions des baux de plus de dix-huit ans ;
13° Les modalités selon lesquelles chacun des membres s'engage à communiquer aux autres toutes les informations nécessaires à la réalisation de l'objet du groupement ;
14° Pour les groupements de coopération sociale ou médico-sociale, les conditions d'intervention des professionnels des secteurs sociaux, médico-sociaux et sanitaires, des professionnels salariés du groupement ainsi que des professionnels associés par convention ;
15° Pour les groupements de coopération sociale ou médico-sociale, le cas échéant, le calendrier et les modalités des fusions ou regroupements prévus au *c* du 3° de l'article L. 312-7 ;
16° Le règlement intérieur du groupement ;
(Décr. nº 2023-14 du 18 janv. 2023, art. 2, en vigueur le 1er janv. 2024) « 17° Pour les groupements de coopération sociale ou médico-sociale, personnes morales de droit public, qui n'exercent pas les missions énoncées au b du 3° de l'article L. 312-7, le montant des indemnités de l'agent comptable. »

Dans les groupements de coopération sociale ou médico-sociale, l'assemblée générale peut donner délégation à l'administrateur dans les autres matières.

Sur les dispositions du Décr. nº 2023-14 du 18 janv. 2023, V. note ss. art. R. 312-194-16.

Art. R. 312-194-22 L'assemblée des membres du groupement de coopération sociale ou médico-sociale ou du groupement d'intérêt public ne délibère valablement que si les membres présents ou représentés représentent au moins la moitié des droits des membres du groupement. A défaut, l'assemblée est à nouveau convoquée dans un délai de quinze jours et peut valablement délibérer quel que soit le nombre des membres présents ou représentés. En cas d'urgence, ce délai est ramené à huit jours.

Dans les matières définies aux 5° et 6° de l'article R. 312-194-21, les délibérations doivent être adoptées à l'unanimité des membres présents ou représentés. Dans les autres matières, sauf mention contraire de la convention constitutive, les délibérations sont adoptées si elles recueillent la majorité des voix des membres présents ou représentés. Toutefois, les délibérations mentionnées au 7° de l'article R. 312-194-21 sont valablement prises sans que puissent participer au vote les représentants du membre dont l'exclusion est demandée, sous réserve que la mesure d'exclusion soit adoptée par un nombre de membres représentant au moins la moitié des voix au sein de l'assemblée des membres du groupement.

Les délibérations de l'assemblée, consignées dans un procès-verbal de réunion, obligent tous les membres.

Art. R. 312-194-23 Les groupements de coopération sociale ou médico-sociale sont administrés par un administrateur élu en leur sein par l'assemblée générale parmi les personnes physiques ou les représentants des personnes morales, membres du groupement.

L'administrateur est nommé pour une durée de trois ans renouvelable. Il est révocable à tout moment par l'assemblée générale.

Le mandat d'administrateur est exercé gratuitement. Toutefois, des indemnités de mission peuvent lui être attribuées dans les conditions déterminées par l'assemblée

générale. Lorsque l'administrateur exerce une activité libérale, l'assemblée peut, en outre, lui allouer une indemnité forfaitaire pour tenir compte de la réduction d'activité professionnelle justifiée par l'exercice de son mandat.

L'administrateur prépare et exécute les décisions de l'assemblée générale. Il représente le groupement dans tous les actes de la vie civile et en justice. Dans les rapports avec les tiers, il engage le groupement pour tout acte entrant dans l'objet de ce dernier.

Il assure l'exécution du budget adopté par l'assemblée générale, et il a la qualité d'ordonnateur des recettes et des dépenses lorsque le groupement est soumis *(Décr. n° 2012-1247 du 7 nov. 2012, art. 1er-2°, en vigueur le 1er janv. 2013)* **« au décret n° 2012-1246 du 7 novembre 2012 relatif à la gestion budgétaire et comptable publique ».**

§ 5 Dissolution et liquidation

Art. R. 312-194-24 **Le groupement d'intérêt public ou de coopération sociale ou médico-sociale est dissous de plein droit par l'arrivée du terme de sa durée conventionnelle ainsi que, le cas échéant, dans les cas prévus par la convention constitutive.**

Il est également dissous si, du fait du retrait ou de l'exclusion d'un ou plusieurs de ses membres, il ne compte plus qu'un seul membre.

Il peut également être dissous par décision de l'assemblée des membres, notamment du fait de la réalisation ou de l'extinction de son objet.

Pour les groupements de coopération sociale ou médico-sociale, la dissolution du groupement est notifiée dans un délai de quinze jours au préfet du département dans lequel il a son siège. Celui-ci en assure la publicité dans les formes prévues à l'article R. 312-194-18.

Art. R. 312-194-25 **La dissolution du groupement d'intérêt public ou du groupement de coopération sociale ou médico-sociale entraîne sa liquidation. La personnalité morale du groupement subsiste pour les besoins de celle-ci.**

L'assemblée des membres fixe les modalités de la liquidation et nomme un ou plusieurs liquidateurs.

En cas de dissolution, les biens du groupement sont dévolus conformément aux règles déterminées par la convention constitutive ou par les avenants à celle-ci. Les biens mobiliers et immobiliers mis à disposition du groupement par un membre restent la propriété de ce membre.

SECTION 5 Évaluation et systèmes d'information

SOUS-SECTION 1 Évaluation et qualité des établissements et services sociaux et médico-sociaux *(Décr. n° 2007-324 du 8 mars 2007).*

§ 1 Évaluation des activités et de la qualité des prestations des établissements et services sociaux et médico-sociaux

(Décr. n° 2018-467 du 11 juin 2018, art. 1er)

Décret n° 2021-1476 du 12 novembre 2021,

Relatif au rythme des évaluations de la qualité des établissements et services sociaux et médico-sociaux (JO 13 nov.).

Art. 2 I. — La première programmation pluriannuelle des évaluations prévue au premier alinéa de l'article *(Décr. n° 2022-695 du 26 avr. 2022, art. 1er-2°)* « D. 312-204 » du code de l'action sociale et des familles qui suit la publication du présent décret est arrêtée au plus tard le *(Décr. n° 2022-695 du 26 avr. 2022, art. 1er-2°)* « 1er octobre 2022 » par l'autorité ou, conjointement, les autorités ayant délivré l'autorisation et détermine le rythme des évaluations du 1er juillet 2023 au 31 décembre 2027.

II. — Les établissements et services sociaux et médico-sociaux dont l'autorisation a été délivrée entre *(Décr. n° 2022-695 du 26 avr. 2022, art. 1er-2°)* « le 1er janvier 2008 et le

31 décembre 2009 » et qui n'ont pas transmis, avant l'établissement et la diffusion de la procédure et des référentiels en application du dernier alinéa de l'article L. 312-8 du code de l'action sociale et des familles *(Abrogé par Décr. n° 2022-695 du 26 avr. 2022, art. 1er-2°)* « *et au plus tard le 1er janvier 2022* », la seconde évaluation mentionnée à l'article D. 312-205 du même code dans sa rédaction en vigueur à la date de la publication du présent décret transmettent entre le *(Décr. n° 2022-695 du 26 avr. 2022, art. 1er-2°)* « 1er janvier 2023 » et le 30 juin 2023 aux autorités les résultats de leur évaluation réalisée conformément au référentiel et à la procédure mentionnés à l'article L. 312-8 du même code.

(Décr. n° 2023-608 du 13 juill. 2023, art. 4) « III. — Par dérogation aux I et II du présent article, les services de soins infirmiers à domicile, les services polyvalents d'aide et de soins à domicile et les services d'aide et d'accompagnement à domicile, relevant des 6° et 7° du I de l'article L. 312-1 du même code et autorisés avant la date mentionnée au A du II de l'article 44 de la loi n° 2021-1754 du 23 décembre 2021 de financement de la sécurité sociale pour 2022, sont régis par les dispositions suivantes :

« 1° Les services réputés autorisés au titre du B du II de l'article 44 de la loi mentionnée au premier alinéa du présent III sont intégrés à compter du 1er juillet 2025 dans la première programmation pluriannuelle des évaluations mentionnée au I du présent article ;

« 2° Les services autorisés au titre du 1° de l'article L. 313-1-3 du code de l'action sociale et des familles, après la date mentionnée au A du II de l'article 44 de la loi mentionnée au premier alinéa du présent III, transmettent aux autorités les résultats de leur évaluation dans un délai maximum de trois ans à compter de la date de leur autorisation ;

« 3° Les dispositions du II ne s'appliquent pas aux services de soins infirmiers à domicile, aux services polyvalents d'aide et de soins à domicile et aux services d'aide et d'accompagnement à domicile relevant des 1°, 6°, 7° et 16° du de l'article L. 312-1 du même code, à l'exception des services n'étant autorisés que pour les activités mentionnées aux 1° et 16° du I de l'article L. 312-1 du même code.

« Les services autorisés entre le 1er janvier 2008 et le 31 décembre 2009 ayant transmis le résultat de leur évaluation avant le 1er juillet 2023 sont intégrés dans la programmation pluriannuelle à compter du 1er janvier 2028. »

Art. D. 312-197 **I. — L'exercice de façon temporaire et occasionnelle de l'activité d'évaluation mentionnée au troisième alinéa de l'article L. 312-8 par un prestataire légalement établi dans un autre État membre de l'Union européenne ou partie à l'accord sur l'Espace économique européen est subordonné à la réception, par la Haute Autorité de santé, d'une déclaration préalable du prestataire.**

Cette déclaration établie sur un formulaire, dont le modèle est fixé par la Haute Autorité et téléchargeable gratuitement sur son site internet, est accompagnée des pièces suivantes :

1° Une pièce justifiant de la nationalité du prestataire ;

2° Une note par laquelle le prestataire expose le cadre réglementaire régissant, dans l'État où il est établi, l'activité d'évaluation de même nature que celle mentionnée au troisième alinéa de l'article L. 312-8 ;

3° Les documents attestant que le prestataire et les autres professionnels susceptibles d'intervenir pour son compte sur le territoire national :

***a)* Exercent leur activité dans leur État d'établissement conformément au cadre réglementaire mentionné au 2° ;**

***b)* S'engagent à respecter les prescriptions du cahier des charges mentionné à l'article** *(Décr. n° 2021-1476 du 12 nov. 2021, art. 1er-1°)* **« L. 312-8 » ;**

4° Une déclaration par laquelle le prestataire et les autres professionnels susceptibles d'intervenir pour son compte sur le territoire national attestent détenir un niveau de maîtrise de la langue française équivalent à celui exigé pour l'accès au niveau B2 du test de connaissance de la langue française, conformément aux référentiels établis par France Éducation international mentionné aux articles R. 314-51 et suivants du code de l'éducation ;

5° Lorsqu'il ne s'agit pas d'une première déclaration, un descriptif des évaluations externes réalisées sur le territoire national par le prestataire ou les autres professionnels susceptibles d'intervenir pour son compte au cours des douze derniers mois ;

L'inscription du prestataire sur la liste mentionnée à l'article D. 312-201 est réalisée pour une durée d'un an à compter de la date à laquelle la Haute Autorité a reçu la totalité des pièces mentionnées aux alinéas précédents, rédigées ou traduites en langue française.

Pendant la durée de son inscription, le prestataire avertit, dans le délai d'un mois, la Haute Autorité de tout changement intervenu dans les éléments mentionnés au présent article.

Les documents et informations mentionnés au présent article sont adressés par tous moyens par le prestataire et la Haute Autorité, y compris par voie électronique.

II. — Le caractère temporaire et occasionnel de l'activité est apprécié au cas par cas, en tenant compte de la durée de la prestation, de sa fréquence, de sa périodicité et de sa continuité.

Art. D. 312-198 *(Abrogé par Décr. n° 2021-1476 du 12 nov. 2021, art. 1er-2°)* ***Le cahier des charges, prévu au troisième alinéa de l'article L. 312-8 prévu à l'annexe 3-10 du présent code, fixe les principes déontologiques, les objectifs, l'organisation et la mise en œuvre de l'évaluation effectuée par des organismes habilités en application des dispositions de l'article D. 312-199 ou dûment inscrits en application des dispositions de l'article D. 312-197, ainsi que la présentation et le contenu des résultats qui en sont issus, dans les conditions prescrites à l'annexe 3-10 du présent code.***

Art. D. 312-199 *(Abrogé par Décr. n° 2021-1476 du 12 nov. 2021, art. 1er-2°)* ***L'habilitation prévue au troisième alinéa de l'article L. 312-8 est délivrée par la Haute Autorité de santé.***

La Haute Autorité fixe le formulaire de demande d'habilitation. Il est téléchargeable gratuitement sur le site internet de la Haute Autorité.

L'organisme habilité doit déclarer à la Haute Autorité, dans un délai de deux mois, tout changement dans les indications données dans le cadre de sa demande d'habilitation.

Ni l'organisme habilité ni l'un des professionnels intervenant pour le compte d'un organisme habilité ne peut, à l'exception des opérations de facturation qui sont la contrepartie de cette opération, avoir, au moment de l'évaluation, ou avoir eu, au cours de l'année précédente, d'intérêt financier direct ou indirect dans l'organisme gestionnaire de l'établissement ou du service concerné. L'existence d'un conflit d'intérêts avéré peut entraîner le retrait de la liste des organismes habilités par la Haute Autorité de santé. Ces dispositions s'appliquent de la même façon en cas de non-respect des règles déontologiques.

Art. D. 312-200 Le rapport d'évaluation prévu par le cahier des charges mentionné à l'article D. 312-198 est transmis, *(Décr. n° 2021-1476 du 12 nov. 2021, art. 1er-3°)* « enrichi » le cas échéant de ses observations écrites, par la personne physique ou la personne morale de droit public ou de droit privé gestionnaire de l'établissement ou du service social ou médico-social évalué à l'autorité ou aux autorités compétentes en vertu de l'article L. 313-3 *(Décr. n° 2021-1476 du 12 nov. 2021, art. 1er-3°)* « et à la Haute Autorité de santé ».

Art. D. 312-201 La liste des organismes habilités et des prestataires inscrits en application des dispositions de l'article D. 312-197 par la Haute Autorité de santé est publiée au *Bulletin officiel* du ministère chargé de l'action sociale. Cette liste est également consultable sur le site internet de la Haute Autorité *(Décr. n° 2021-1476 du 12 nov. 2021, art. 1er-4°)* « de santé ».

Art. D. 312-202 *(Abrogé par Décr. n° 2021-1476 du 12 nov. 2021, art. 1er-5°)* ***« Les organismes habilités et les prestataires relevant des dispositions de l'article D. 312-197 rendent à la Haute Autorité de santé, selon des formes et une périodicité qu'elle détermine, et au moins tous les sept ans, un rapport d'activité qui permet notamment d'examiner le respect du cahier des charges mentionné à l'article D. 312-198 et des critères d'habilitation. »***

Dans le cadre de sa mission d'habilitation des organismes et de contrôle des prestataires relevant des dispositions de l'article D. 312-197, la Haute Autorité est informée par la personne physique ou la personne morale de droit public ou de droit privé gestionnaire de l'établissement ou du service social ou médico-social ou par l'autorité

ayant délivré l'autorisation des différends ou manquements survenus en matière de méthodologie d'évaluation et de production des résultats.

Lorsqu'il résulte de l'application des dispositions précédentes que les termes du cahier des charges mentionné à l'article *(Décr. n° 2021-1476 du 12 nov. 2021, art. 1er-5°)* **« L. 312-8 » ne sont pas respectés, la Haute Autorité peut, après avoir recueilli les observations de l'organisme ou du prestataire concerné, suspendre ou retirer l'habilitation ou, lorsqu'il relève des dispositions de l'article D. 312-197, suspendre ou retirer son inscription sur la liste mentionnée à l'article D. 312-201.**

Art. D. 312-203 *(Décr. n° 2021-1476 du 12 nov. 2021, art. 1er-6°)* **Les actions engagées dans le cadre de la démarche d'amélioration continue de la qualité mentionnée à l'article L. 312-8 sont mentionné*[e]*s dans le rapport annuel d'activité des établissements et services concernés.**

Art. D. 312-204 *(Décr. n° 2021-1476 du 12 nov. 2021, art. 1er-7°)* **En application du premier alinéa de l'article L. 312-8, les établissements et services mentionnés à l'article L. 312-1 transmettent tous les cinq ans les résultats des évaluations de la qualité des prestations qu'ils délivrent, selon une programmation pluriannuelle arrêtée par l'autorité ou, conjointement, les autorités ayant délivré l'autorisation et, le cas échéant, modifiée par les mêmes autorités, notamment pour tenir compte de changements intervenus dans la situation des établissements et services concernés.**

Pour les établissements et services ayant conclu avec les autorités compétentes un contrat pluriannuel d'objectifs et de moyens en application des articles L. 313-11, L. 313-11-1, L. 313-11-2, L. 313-12 et L. 313-12-2, cette programmation est établie conformément aux calendriers d'évaluations prévus dans les contrats.

Sont pris en compte pour le renouvellement de l'autorisation les résultats des évaluations mentionnés au premier alinéa de l'article L. 313-1 transmis conformément à la programmation visés au premier alinéa du présent article dans la période comprise entre la date de l'autorisation ou de son renouvellement et au plus tard deux ans avant la date de fin de l'autorisation.

Art. *[D.]* 312-205 *(Abrogé par Décr. n° 2021-1476 du 12 nov. 2021, art. 1er-8°)* ***La première des deux évaluations externes prévues au quatrième alinéa de l'article L. 312-8 est effectuée au plus tard sept ans après la date de l'autorisation et la seconde au plus tard deux ans avant la date de son renouvellement.***

Le rapport d'évaluation externe effectué en application de l'alinéa précédent ou en application du cinquième alinéa de l'article L. 312-8, accompagné, le cas échéant, des observations de la personne gestionnaire de l'établissement ou du service, est communiqué aux autorités compétentes mentionnées à l'article D. 312-200 au plus tard le trentième jour suivant l'échéance des deux ans précédant la date du renouvellement de l'autorisation.

Lorsqu'un contrat pluriannuel a été conclu par les établissements et services concernés, le calendrier de ces évaluations peut être prévu par le contrat dans les limites fixées à l'alinéa précédent.

Art. *[D.]* 312-206 L'organisme habilité *(Abrogé par Décr. n° 2021-1476 du 12 nov. 2021, art. 1er-9°)* ***« ou dûment inscrit »*** **en application des dispositions de l'article** *(Décr. n° 2021-1476 du 12 nov. 2021, art. 1er-9°)* **« L. 312-8 » qui procède à l'évaluation** *(Abrogé par Décr. n° 2021-1476 du 12 nov. 2021, art. 1er-9°)* ***« externe »*** **prend en compte la certification obtenue par l'établissement ou le service pour les activités et prestations qui font l'objet de l'évaluation externe dans les conditions prévues au présent article. Cette prise en compte ne dispense pas l'établissement ou le service de l'obligation de faire procéder à l'évaluation externe prévue à l'article L. 312-8.**

I. — Sont prises en compte les certifications qui répondent aux conditions suivantes :

— elles ont été réalisées par un des organismes mentionnés à l'article L. 433-4 du code de la consommation conformément à un référentiel de certification en application de l'article L. 433-3 du même code ;

– elles sont en cours de validité lorsque le référentiel prévoit que la certification est obtenue pour une durée limitée.

La personne ayant qualité pour représenter l'établissement ou le service soumis à l'évaluation produit auprès de l'organisme habilité qui procède à l'évaluation les pièces attestant que les conditions mentionnées aux deux alinéas précédents sont remplies.

II. – Les certifications sont prises en compte par l'organisme qui procède à l'évaluation *(Abrogé par Décr. nº 2021-1476 du 12 nov. 2021, art. 1er-9º)* *« externe »* dans les limites de la correspondance définie, pour chaque référentiel de certification, par arrêté du ministre chargé des affaires sociales pris après avis de la Haute Autorité de santé sur la base d'un tableau de correspondance entre le référentiel de certification et *(Décr. nº 2021-1476 du 12 nov. 2021, art. 1er-9º)* « la procédure et le référentiel mentionnés au dernier alinéa de l'article L. 312-8 ». L'organisme qui a élaboré le référentiel de certification communique à la Haute Autorité les éléments nécessaires à la réalisation du tableau.

La reconnaissance d'éléments de correspondance porte sur tout ou partie du tableau.

L'organisme auteur d'un référentiel ayant fait l'objet d'une reconnaissance de correspondance rend compte sans délai à la Haute Autorité de toute mesure prise par le directeur général du Comité français d'accréditation en application de l'article 4 du décret du 19 décembre 2008 relatif à l'accréditation et à l'évaluation de conformité pris en application de l'article 137 de la loi nº 2008-776 du 4 août 2008 de modernisation de l'économie.

§ 2 Commission de l'évaluation et de l'amélioration de la qualité des établissements et services sociaux et médico-sociaux mentionnée à l'article L. 312-8

(Décr. nº 2018-466 du 11 juin 2018, art. 5)

Art. R. 312-207 I. – La Commission de l'évaluation et de l'amélioration de la qualité des établissements et services sociaux et médico-sociaux est composée des membres suivants :

1º Vingt-cinq membres titulaires ayant voix délibérative, nommés par décision du collège de la Haute Autorité de santé, pour une durée de trois ans renouvelable deux fois :

a) Vingt et un membres choisis principalement en raison de leurs compétences scientifiques ou techniques dans le domaine des établissements et services mentionnés à l'article L. 312-1, dont un président et un vice-président choisis au sein du collège de la Haute Autorité de santé, et deux autres vice-présidents. Le président de la commission et le vice-président choisis au sein du collège de la Haute Autorité de santé sont nommés par décision du président de la Haute Autorité de santé ;

b) Quatre membres choisis parmi les adhérents d'une association d'usagers d'un établissement ou service social ou médico-social mentionné à l'article L. 312-1 ;

2º Huit membres suppléants qui assistent aux séances avec voix consultative :

a) Six membres nommés dans les mêmes conditions que les membres titulaires mentionnés au *a* du 1º et appelés, dans l'ordre de leur nomination, à remplacer les membres titulaires ;

b) Deux membres suppléants appelés à remplacer le ou les membres titulaires mentionnés au *b* du 1º, nommés dans les mêmes conditions ;

3º Neuf membres ayant une voix consultative :

a) Le directeur général de la cohésion sociale, le directeur général de la santé, le directeur de la sécurité sociale, le directeur général de l'offre de soins, le directeur de la recherche, des études, de l'évaluation et des statistiques, le directeur de la protection judiciaire de la jeunesse ;

b) Le directeur de la Caisse nationale de solidarité pour l'autonomie et le directeur de l'Agence nationale d'appui à la performance des établissements de santé et médico-sociaux, ou leur représentant qu'ils désignent ;

c) Le président de l'Assemblée des départements de France, ou son représentant qu'il désigne.

II. — La commission peut entendre toute personne dont elle juge l'audition utile.

Art. R. 312-208 Les délibérations de la commission ne sont valables que si au moins treize de ses membres ayant voix délibérative sont présents.

Lorsque le quorum n'est pas atteint, la commission délibère valablement sans condition de quorum après une nouvelle convocation portant sur le même ordre du jour et spécifiant qu'aucun quorum ne sera exigé.

Les décisions sont prises à la majorité des voix, le président ayant voix prépondérante en cas de partage égal des voix.

Art. R. 312-209 La commission se réunit sur convocation de son président.

La commission élabore son règlement intérieur.

Art. R. 312-210 La Commission de l'évaluation et de l'amélioration de la qualité des établissements et services sociaux et médico-sociaux établit et diffuse, à son initiative ou à la demande des ministres chargés des affaires sociales, du ministre de la justice ou du collège de la Haute Autorité de santé, les procédures, références ou recommandations de bonnes pratiques professionnelles mentionnées au premier alinéa de l'article L. 312-8.

SOUS-SECTION 2 Systèmes d'information

(Décr. nº 2015-1868 du 30 déc. 2015)

§ UNIQUE Remontée d'informations par les établissements et services pour personnes âgées à la caisse nationale de solidarité pour l'autonomie

Art. D. 312-211 I. — Les établissements d'hébergement pour personnes âgées dépendantes relevant du 6º du I du *[de l'article]* L. 312-1 transmettent chaque année à la Caisse nationale de solidarité pour l'autonomie, au plus tard le 30 juin, les informations relatives à leur capacité d'hébergement, permanent et temporaire, celles relatives *(Décr. nº 2022-734 du 28 avr. 2022, art. 1er-3º)* « à tous les prix » du socle de prestations d'hébergement prévu aux articles L. 342-3 et *(Décr. nº 2022-734 du 28 avr. 2022, art. 1er-3º)* « L. 314-2 » ainsi que leurs tarifs afférents à la dépendance.

(Décr. nº 2022-734 du 28 avr. 2022, art. 1er-3º) « Ils transmettent également, pour la même date, les indicateurs suivants :

« 1º La composition du plateau technique ;

« 2º Le profil des chambres (doubles/ simples) ;

« 3º Le nombre de places habilitées à l'aide sociale à l'hébergement ;

« 4º La présence d'un infirmier de nuit et d'un médecin coordonnateur dans l'établissement ;

« 5º Le partenariat avec un dispositif d'appui à la coordination des parcours de santé mentionné à l'article L. 6327-1 du code de la santé publique.

« Un arrêté du ministre en charge des affaires sociales définit le contenu et les modalités de calcul de ces indicateurs. » — *A compter du 30 juin 2023 au plus tard, les sept dern. al. du II sont déplacés après le premier al. du I (Décr. nº 2023-323 du 28 avr. 2023, art. 1er-1º et 6). — V. les modalités d'application du Décr. nº 2023-323 du 28 avr. 2023, ss. le § 6 de la ss.-sect. 4 de la sect. 2 du chap. IV du présent titre I.*

II. — Les autres établissements et les services relevant du 6º du I de l'article L. 312-1 transmettent chaque année à la Caisse nationale de solidarité pour l'autonomie, au plus tard le 30 juin, les informations relatives à leur capacité d'hébergement, permanent et temporaire, ou d'accompagnement, ainsi que les informations relatives *(Décr. nº 2022-734 du 28 avr. 2022, art. 1er-3º)* « à tous leurs tarifs ».

« Ils transmettent également, pour la même date, les indicateurs suivants :

III. — Les informations mentionnées aux I et II sont transmises à la Caisse nationale de solidarité pour l'autonomie par dépôt sur une plate-forme numérique accessible par internet, selon un format normalisé défini par cette caisse.

Ancien art. D. 312-211 *I. — **Les établissements d'hébergement pour personnes âgées dépendantes relevant du 6° du I du** [de l'article] **L. 312-1 transmettent chaque année à la Caisse nationale de solidarité pour l'autonomie, au plus tard le 30 juin, les informations relatives à leur capacité d'hébergement, permanent et temporaire, celles relatives*** (Décr. n° 2022-734 du 28 avr. 2022, art. 1er-3°) ***« à tous les prix » du socle de prestations d'hébergement prévu aux articles L. 342-3 et*** (Décr. n° 2022-734 du 28 avr. 2022, art. 1er-3°) ***« L. 314-2 » ainsi que leurs tarifs afférents à la dépendance.***

II. — Les autres établissements et les services relevant du 6° du I de l'article L. 312-1 transmettent chaque année à la Caisse nationale de solidarité pour l'autonomie, au plus tard le 30 juin, les informations relatives à leur capacité d'hébergement, permanent et temporaire, ou d'accompagnement, ainsi que les informations relatives (Décr. n° 2022-734 du 28 avr. 2022, art. 1er-3°) ***« à tous leurs tarifs.*** — V. note ss. art.

« Ils transmettent également, pour la même date, les indicateurs suivants :

« 1° La composition du plateau technique ;

« 2° Le profil des chambres (doubles/ simples) ;

« 3° Le nombre de places habilitées à l'aide sociale à l'hébergement ;

« 4° La présence d'un infirmier de nuit et d'un médecin coordonnateur dans l'établissement ;

« 5° Le partenariat avec un dispositif d'appui à la coordination des parcours de santé mentionné à l'article L. 6327-1 du code de la santé publique.

« Un arrêté du ministre en charge des affaires sociales définit le contenu et les modalités de calcul de ces indicateurs. » — V. Arr. du 13 déc. 2022 relatif à la définition et aux modalités de calcul des indicateurs mentionnés à l'art. D. 312-211 CASF (JO 15 déc., NOR : APHA2232858A).

III. — Les informations mentionnées aux I et II sont transmises à la Caisse nationale de solidarité pour l'autonomie par dépôt sur une plate-forme numérique accessible par internet, selon un format normalisé défini par cette caisse. — L'art. D. 312-207 devient l'art. D. 312-211 (Décr. n° 2018-467 du 11 juin 2018, art. 1er).

Les dispositions du Décr. n° 2015-1868 du 30 déc. 2015 sont entrées en vigueur le 1er juill. 2016, à l'exception de celles prévues au II de l'art. D. 312-207 [devenu D. 312-211] créé par le présent Décr., qui sont entrées en vigueur le 1er janv. 2017.

Pour l'année 2016 et par dérogation au I de l'art. D. 312-207 précité, les établissements d'hébergement pour personnes âgées dépendantes relevant du 6° du I de l'art. L. 312-1 du même code transmettent à la Caisse nationale de solidarité pour l'autonomie les informations prévues au I de l'art. D. 312-207 précité au plus tard le 30 nov. de cette même année (Décr. préc., art. 4).

Les dispositions du 3° de l'art. 1er du Décr. n° 2022-734 du 28 avr. 2022 peuvent être modifiées par décret simple et entrent en vigueur le 1er janv. 2023, pour les contrats conclus à compter de cette date ou pour les documents individuels de prise en charge remis à compter de cette même date (Décr. préc., art. 2 et 3-III).

CHAPITRE III DROITS ET OBLIGATIONS DES ÉTABLISSEMENTS ET SERVICES SOCIAUX ET MÉDICO-SOCIAUX

SECTION 1 Procédure d'autorisation des établissements et services sociaux et médico-sociaux et des lieux de vie et d'accueil *(Décr. n° 2010-870 du 26 juill. 2010, art. 1er-1°, en vigueur le 1er août 2010).*

SOUS-SECTION 1 Projets de création, de transformation et d'extension d'établissements, services et lieux de vie et d'accueil requérant des financements publics *(Décr. n° 2010-870 du 26 juill. 2010, art. 1er-2°, en vigueur le 1er août 2010).*

§ 1 Composition de la commission d'information et de sélection d'appel à projet social ou médico-social *(Décr. n° 2016-801 du 15 juin 2016, art. 1er-14°).*

Art. R. 313-1 *(Décr. n° 2010-870 du 26 juill. 2010, art. 1er-3°, en vigueur le 1er août 2010)* **I. — Il est institué, auprès de l'autorité ou des autorités compétentes pour délivrer l'autorisation mentionnée au I de l'article L. 313-1-1, une** *(Décr. n° 2016-801 du 15 juin 2016, art. 1er-14°)* **« commission d'information et de sélection » d'appel à projet social ou médico-social.**

Cette commission comprend, à titre permanent, les membres ayant voix délibérative mentionnés au II et les membres ayant voix consultative mentionnés au 1° du

III ainsi que, pour chaque appel à projet, les membres ayant voix consultative mentionnés aux 2° à 4° du III.

II. — Sont membres de la commission avec voix délibérative :

1° Pour les projets autorisés en application du *a* de l'article L. 313-3 :

a) Le président du conseil départemental ou son représentant, président, et trois représentants du département désignés par le président du conseil départemental *(Décr. nº 2018-76 du 8 févr. 2018, art. 2-1º)* « ou, en Corse, le président du conseil exécutif ou son représentant, et un conseiller exécutif et deux conseillers à l'Assemblée de Corse désignés respectivement par le président du conseil exécutif et l'Assemblée de Corse » ;

b) Quatre représentants d'usagers, dont un représentant d'associations de retraités et de personnes âgées, un représentant d'associations de personnes handicapées, un représentant d'associations du secteur de la protection de l'enfance et un représentant d'associations de personnes ou familles en difficultés sociales, désignés par le président du conseil départemental sur proposition du *(Décr. nº 2017-882 du 9 mai 2017, art. 3-II)* « conseil départemental de la citoyenneté et de l'autonomie, en ce qui concerne les deux premières catégories » et à l'issue d'un appel à candidature *[candidatures]* organisé dans des conditions fixées par le président du conseil départemental en ce qui concerne chacune des deux dernières catégories ;

2° Pour les projets autorisés en application du *b* de l'article L. 313-3 :

a) Le directeur général de l'agence régionale de santé ou son représentant, président, et trois représentants de l'agence désignés par son directeur général ;

b) Quatre représentants d'usagers, dont au moins un représentant d'associations de retraités et de personnes âgées, au moins un représentant d'associations de personnes handicapées et un représentant d'associations de personnes confrontées à des difficultés spécifiques, désignés par le directeur général de l'agence régionale de santé sur proposition de la commission spécialisée pour les prises en charge et accompagnements médico-sociaux de la conférence régionale de la santé et de l'autonomie ;

3° Pour les projets autorisés en application du *c* de l'article L. 313-3 :

a) Le ministre chargé de l'action sociale pour les projets relevant du schéma national d'organisation sociale et médico-sociale ou le préfet du département, ou leur représentant, président, et trois personnels des services de l'État désignés par le ministre ou le préfet, dont l'un sur proposition du garde des sceaux ;

b) Quatre représentants d'usagers, dont au moins un représentant d'associations participant à l'élaboration du plan mentionné au I de l'article L. 312-5-3, au moins un représentant d'associations de la protection judiciaire des majeurs ou de l'aide judiciaire à la gestion du budget familial et au moins un représentant d'associations ou une personnalité œuvrant dans le secteur de la protection judiciaire de l'enfance, désignés par le ministre ou le préfet à l'issue d'un appel à candidature *[candidatures]* qu'il organise en ce qui concerne les deux premières catégories et sur proposition du garde des sceaux en ce qui concerne la dernière catégorie ;

4° Pour les projets autorisés en application du *d* de l'article L. 313-3 :

a) Le président du conseil départemental ou son représentant *(Décr. nº 2018-76 du 8 févr. 2018, art. 2-1º)* « ou, en Corse, le président du conseil exécutif ou son représentant, » et le directeur général de l'agence régionale de santé ou son représentant, coprésidents, deux représentants du département désignés par le président du conseil départemental *(Décr. nº 2018-76 du 8 févr. 2018, art. 2-1º)* « ou, en Corse, un conseiller exécutif et un conseiller à l'Assemblée de Corse désignés respectivement par le président du conseil exécutif et l'Assemblée de Corse, » et deux représentants de l'agence désignés par son directeur général ;

b) Six représentants d'usagers, dont trois représentants d'associations de retraités et de personnes âgées et trois représentants d'associations de personnes handicapées, désignés conjointement par le président du conseil départemental et le directeur général de l'agence régionale de santé sur proposition du *(Décr. nº 2017-882 du 9 mai 2017, art. 3-II)* « conseil départemental de la citoyenneté et de l'autonomie » ;

5° Pour les projets autorisés en application du *e* de l'article L. 313-3 :

a) Le préfet du département ou son représentant et le président du conseil départemental ou son représentant *(Décr. nº 2018-76 du 8 févr. 2018, art. 2-1º)* « ou, en Corse, le président du conseil exécutif ou son représentant », coprésidents, deux personnels des services de l'État désignés par le préfet, dont l'un sur proposition du garde des sceaux, et deux représentants du département désignés par le président du conseil départemental *(Décr. nº 2018-76 du 8 févr. 2018, art. 2-1º)* « ou, en Corse, un conseiller exécutif et un conseiller à l'Assemblée de Corse désignés respectivement par le président du conseil exécutif et l'Assemblée de Corse » ;

b) Six représentants d'usagers, dont trois représentants d'associations participant à l'élaboration du plan mentionné au I de l'article L. 312-5-3 et trois représentants d'associations ou personnalités œuvrant dans le secteur de la protection administrative ou judiciaire de l'enfance, désignés conjointement par le préfet et le président du conseil départemental à l'issue d'un appel à candidature *[candidatures]* qu'ils organisent ou sur proposition du garde des sceaux pour le secteur de la protection judiciaire de l'enfance ;

6º Pour les projets autorisés en application du *f* de l'article L. 313-3 :

a) Le préfet du département ou son représentant et le directeur général de l'agence régionale de santé ou son représentant, coprésidents, deux personnels des services de l'État désignés par le préfet et deux représentants de l'agence désignés par son directeur général ;

b) Six représentants d'usagers, dont au moins un représentant d'associations de retraités et de personnes âgées, au moins un représentant d'associations de personnes handicapées, un représentant d'associations de personnes ou familles en difficultés sociales, un représentant d'associations de personnes confrontées à des difficultés spécifiques et un représentant d'associations ou une personnalité œuvrant dans le secteur de la protection judiciaire de l'enfance, désignés conjointement par le préfet et le directeur général de l'agence régionale de santé sur proposition de la commission spécialisée pour les prises en charge et accompagnements médico-sociaux de la conférence régionale de la santé et de l'autonomie et du garde des sceaux en ce qui concerne la dernière catégorie.

III. — Sont membres de la commission avec voix consultative :

1º Deux représentants des unions, fédérations ou groupements représentatifs des personnes morales gestionnaires des établissements et services sociaux et médico-sociaux *(Abrogé par Décr. nº 2016-801 du 15 juin 2016, art. 1er-13º)* ***« et des lieux de vie et d'accueil »***, désignés par le président ou conjointement par les coprésidents de la commission. Ces représentants ne peuvent être membres de la commission au titre du II ;

2º Deux personnalités qualifiées désignées par le président ou conjointement par les coprésidents de la commission en raison de leurs compétences dans le domaine de l'appel à projet correspondant ;

3º Au plus deux représentants d'usagers spécialement concernés par l'appel à projet correspondant, désignés par le président ou conjointement par les coprésidents de la commission ;

4º Au plus quatre personnels des services techniques, comptables ou financiers de l'autorité compétente pour délivrer l'autorisation, désignés par le président ou à parité par les coprésidents de la commission en qualité d'experts dans le domaine de l'appel à projet correspondant.

IV. — Le mandat des membres de la commission mentionnés aux II et 1º du III est de trois ans. Il est renouvelable. Des membres suppléants sont désignés dans les mêmes conditions, sous réserve des dispositions des articles R. 133-3 et R. 133-4 du code des relations entre le public et l'administration qui sont applicables aux membres de la commission. *(Décr. nº 2014-565 du 30 mai 2014, art. 1er-1º)* « Lorsque le représentant et le suppléant d'une association ou d'un organisme d'usagers mentionnés aux 1º à 6º du II sont empêchés pour l'examen d'un appel à projet, ils peuvent être remplacés par le représentant d'une autre association ou d'un autre organisme relevant de la même catégorie de membres, mandaté par le représentant empêché. »

Les membres mentionnés aux 2° à 4° du III sont désignés pour chaque appel à projet.

La liste des membres de la commission est arrêtée par l'autorité ou, conjointement, par les autorités compétentes et publiée au *Bulletin officiel* du ministère chargé de l'action sociale pour les projets relevant de la compétence du ministre ou au recueil des actes administratifs de chaque autorité compétente.

§ 2 Compétence et fonctionnement de la commission d'information et de sélection d'appel à projet social ou médico-social *(Décr. n° 2016-801 du 15 juin 2016, art. 1er-14°).*

Art. D. 313-2 *(Décr. n° 2014-565 du 30 mai 2014, art. 1er-2°)* « I. — Le seuil mentionné *(Décr. n° 2020-147 du 21 févr. 2020, art. 1er-1°)* « au 1° du II » de l'article L. 313-1-1, à partir duquel les projets d'extension d'établissements ou de services sociaux et médico-sociaux doivent être soumis à la *(Décr. n° 2016-801 du 15 juin 2016, art. 1er-14°)* « commission d'information et de sélection », correspond à une augmentation d'au moins 30 % de la capacité de l'établissement ou du service, quel que soit le mode de définition de la capacité de l'établissement ou du service prévu par les dispositions du code pour la catégorie dont il relève.

« La capacité retenue pour l'application des dispositions de l'alinéa qui précède est la plus récente des deux capacités suivantes :

« 1° La dernière capacité autorisée par appel à projet de l'établissement ou du service ;

« 2° La dernière capacité autorisée lors du renouvellement de l'autorisation.

« A défaut de ces deux capacités, la capacité retenue est celle qui était autorisée à la date de publication du décret n° 2014-565 du 30 mai 2014 modifiant la procédure d'appel à projet et d'autorisation mentionnée à l'article L. 313-1-1 du code de l'action sociale et des familles.

« Ce seuil est applicable que l'augmentation soit demandée et atteinte en une ou plusieurs fois.

(Abrogé par Décr. n° 2020-147 du 21 févr. 2020, art. 1er-1°) (Décr. n° 2016-801 du 15 juin 2016, art. 1er-1°) ***« II. — Les seuils mentionnés au III de l'article L. 313-1-1 correspondent à une augmentation de 30 % de la capacité de l'établissement ou du service transformé définie au I, quel que soit le mode de définition de la capacité de l'établissement ou du service prévu par les dispositions du code pour la catégorie dont il relève.***

« La capacité retenue pour l'application des dispositions de l'alinéa qui précède est identique à celle prévue au I. »

« III. — Le seuil mentionné au *(Décr. n° 2020-147 du 21 févr. 2020, art. 1er-1°)* « 7° » du II de l'article L. 313-1-1, au-delà duquel les projets d'extension des établissements ou services sociaux et médico-sociaux n'excédant pas une capacité de dix places ou lits sont soumis à la commission d'information et de sélection, correspond à une augmentation faisant porter la capacité autorisée à au moins quinze places ou lits.

« La capacité retenue pour l'application des dispositions de l'alinéa qui précède est identique à celle prévue au I.

« IV. — Lorsque la capacité de l'établissement ou du service n'est pas exprimée par un nombre de places ou de lits, de personnes accueillies ou accompagnées, de prestations délivrées ou de durées d'intervention, *(Abrogé par Décr. n° 2020-147 du 21 févr. 2020, art. 1er-1°)* ***« ou en cas de transformation, lorsque la nouvelle capacité n'est pas exprimée dans la même unité de mesure que celle de la capacité initiale, »*** le seuil de 30 % prévu *(Décr. n° 2020-147 du 21 févr. 2020, art. 1er-1°)* « au I » du présent article correspond à une augmentation des produits de la tarification induite par le projet et déterminée au regard des dotations annuelles prévisionnelles. Il en est de même quand la demande d'extension porte non sur la capacité autorisée, mais sur la fraction de celle-ci donnant lieu à financement public au sens de l'article L. 313-1-1. »

(Décr. n° 2019-854 du 20 août 2019, art. 2-17°) « V. — Toutefois et par dérogation aux dispositions des I à IV, le directeur général de l'agence régionale de santé et le président du conseil départemental, pour les autorisations qu'ils accordent seuls ou conjointement, peuvent appliquer un seuil plus élevé que celui résultant de ces dispositions lorsqu'un motif d'intérêt général le justifie et pour tenir compte des circonstances locales.

« La dérogation aux seuils prévus au I à III ne peut avoir pour effet de retenir un seuil dépassant 100 % d'augmentation de la capacité autorisée. La dérogation au seuil prévu au IV ne peut avoir pour effet de retenir un seuil dépassant 100 % d'augmentation des produits de la tarification.

« La dérogation est motivée dans la décision d'autorisation de l'autorité compétente, ou des autorités compétentes quand elles agissent conjointement. »

Art. R. 313-2-1 *(Décr. nº 2016-801 du 15 juin 2016, art. 1er-2º)* La transformation sans modification de la catégorie de bénéficiaires mentionnée au *(Décr. nº 2020-147 du 21 févr. 2020, art. 1er-2º)* « 3° » du II de l'article L. 313-1-1 correspond à une modification des prestations dispensées ou des publics destinataires figurant à l'acte d'autorisation, sans que cette modification emporte un changement au regard de l'alinéa dont relève l'établissement ou le service parmi les 1° à 16° du I de l'article L. 312-1.

Art. R. 313-2-2 La *(Décr. nº 2016-801 du 15 juin 2016, art. 1er-14º)* « commission d'information et de sélection » est réunie à l'initiative de l'autorité compétente pour délivrer l'autorisation selon les cas prévus à l'article L. 313-3. En cas d'autorisation conjointe, une des autorités compétentes saisit l'autre autorité qui doit exprimer son accord dans un délai d'un mois. A défaut d'accord à l'expiration de ce délai, la procédure d'appel à projet ne peut pas être engagée.

Les membres de la commission reçoivent *(Décr. nº 2016-801 du 15 juin 2016, art. 1er-3º)* « par tout moyen donnant date certaine à sa réception », quinze jours au moins avant la date de la réunion, une convocation du président ou des coprésidents comportant l'ordre du jour et les conditions dans lesquelles l'ensemble des documents nécessaires à l'examen des projets, notamment les projets présentés, leur sont rendus accessibles.

Lorsqu'il n'est pas suppléé, un membre de la commission ayant voix délibérative peut donner un mandat à un autre membre. Nul ne peut détenir plus d'un mandat.

Le quorum est atteint lorsque la moitié au moins des membres ayant voix délibérative sont présents ou ont donné mandat. Lorsque le quorum n'est pas atteint, la commission délibère valablement sans condition de quorum après une nouvelle convocation portant sur le même ordre du jour et spécifiant qu'aucun quorum ne sera exigé. Cette nouvelle réunion ne peut intervenir que dans un délai de dix jours suivant la première réunion.

(Décr. nº 2014-565 du 30 mai 2014, art. 1er-3º) « Le procès-verbal de la réunion de la commission indique la mention de l'autorité ou des autorités compétentes pour délivrer l'autorisation, le nom et la qualité des membres présents, les projets examinés au cours de la séance, l'objet, le montant et l'origine des financements publics à mobiliser, et les motifs du classement réalisé par la commission. Il précise, le cas échéant, le nom des mandataires et des mandants. Tout membre de la commission peut demander que ses observations soient portées au procès-verbal. »

Art. R. 313-2-3 La *(Décr. nº 2016-801 du 15 juin 2016, art. 1er-14º)* « commission d'information et de sélection » se prononce sur le classement des projets à la majorité des voix des membres ayant voix délibérative présents ou représentés.

Le président ou les coprésidents conjointement ont voix prépondérante en cas de partage égal des voix. Si les coprésidents ne parviennent pas à un accord pour exercer conjointement leur voix prépondérante, la commission ne procède à aucun classement des projets.

Art. R. 313-2-4 Les réunions de la *(Décr. nº 2016-801 du 15 juin 2016, art. 1er-14º)* « commission d'information et de sélection » ne sont pas publiques.

Les candidats ou leurs représentants sont entendus par la *(Décr. nº 2016-801 du 15 juin 2016, art. 1er-14º)* « commission d'information et de sélection », sauf si leurs projets ont été refusés au préalable en application de l'article R. 313-6. Ils sont informés de leur audition quinze jours avant la réunion de la commission et invités à y présenter leur projet.

Art. R. 313-2-5 Les membres de la *(Décr. nº 2016-801 du 15 juin 2016, art. 1er-14º)* « commission d'information et de sélection » ne peuvent prendre part aux délibérations lorsqu'ils ont un intérêt personnel à une affaire inscrite à l'ordre du jour. La violation de cette règle entraîne la nullité de la décision prise à la suite de cette délibération lorsqu'il n'est pas établi que la participation du ou des membres intéressés est restée sans influence sur la délibération.

Les membres de la commission remplissent une déclaration d'absence de conflit d'intérêts lors de leur désignation. *(Décr. nº 2019-854 du 20 août 2019, art. 2-13º)* « Toutefois, ne sont pas tenus à cette déclaration les membres soumis à l'obligation d'établir une déclaration publique d'intérêts au même titre, en application de l'article L. 1451-1 du code de la santé publique. » Le président ou les coprésidents conjointement peuvent, d'office ou à la demande motivée d'un membre de la commission, décider qu'il y a lieu de faire application de l'alinéa précédent.

Les membres mentionnés aux II et 1º du III de l'article R. 313-1 *(Décr. nº 2019-854 du 20 août 2019, art. 2-13º)* « du présent code » qui ne peuvent prendre part aux délibérations sont remplacés par leurs suppléants, sous réserve que ceux-ci puissent eux-mêmes prendre part aux délibérations. Les membres mentionnés aux 2º à 4º du III de l'article R. 313-1 qui ne peuvent prendre part aux délibérations sont remplacés par l'autorité qui les a désignés.

§ 3 Détermination de la réponse au besoin d'offre sociale ou médico-sociale

(Décr. nº 2010-870 du 26 juill. 2010, art. 1er-3º, en vigueur le 1er août 2010)

Art. R. 313-3 Le cahier des charges de l'appel à projet social ou médico-social est établi par l'autorité compétente pour délivrer l'autorisation. En cas d'autorisation conjointe, un projet de cahier des charges est joint à la demande d'accord préalable mentionnée au premier alinéa de l'article R. 313-2-2 en vue de son élaboration commune.

Art. R. 313-3-1 I. — Le cahier des charges de l'appel à projet :

1º Identifie les besoins sociaux et médico-sociaux à satisfaire, notamment en termes d'accueil et d'accompagnement des personnes, conformément aux schémas d'organisation sociale ou médico-sociale ainsi qu'au programme interdépartemental d'accompagnement des handicaps et de la perte d'autonomie lorsqu'il en relève ;

2º Indique les exigences que doit respecter le projet pour attester des critères mentionnés à l'article L. 313-4. Il invite à cet effet les candidats à proposer les modalités de réponse qu'ils estiment les plus aptes à satisfaire aux objectifs et besoins qu'il décrit, afin notamment d'assurer la qualité de l'accueil et de l'accompagnement des personnes ou publics concernés ;

3º Autorise les candidats à présenter des variantes aux exigences et critères qu'il pose, sous réserve du respect d'exigences minimales qu'il fixe ;

4º Mentionne les conditions particulières qui pourraient être imposées dans l'intérêt des personnes accueillies.

Pour les projets expérimentaux, le cahier des charges peut ne comporter qu'une description sommaire des besoins à satisfaire et ne pas faire état d'exigences techniques particulières, sous réserve du respect des exigences relatives à la sécurité des personnes et des biens ou sans lesquelles il est manifeste que la qualité des prestations ne peut pas être assurée.

Pour les projets innovants, le cahier des charges peut ne pas comporter de description des modalités de réponse aux besoins identifiés et ne pas fixer de coûts de fonctionnement prévisionnels.

II. — Sauf pour les projets expérimentaux ou innovants, les rubriques suivantes doivent figurer dans le cahier des charges :

1º La capacité en lits, places ou bénéficiaires à satisfaire ;

2º La zone d'implantation et les dessertes retenues ou existantes ;

3º L'état descriptif des principales caractéristiques auxquelles le projet doit satisfaire ainsi que les critères de qualité que doivent présenter les prestations ;

4° Les exigences architecturales et environnementales ;

5° Les coûts ou fourchettes de coûts de fonctionnement prévisionnels attendus ;

6° Les modalités de financement ;

7° Le montant prévisionnel des dépenses restant à la charge des personnes accueillies ;

8° Le cas échéant, l'habilitation demandée au titre de l'aide sociale ou de l'article L. 313-10.

§ 4 Déroulement de la procédure d'appel à projet social ou médico-social

(Décr. n° 2010-870 du 26 juill. 2010, art. 1er-3°, en vigueur le 1er août 2010)

Art. R. 313-4 Un calendrier prévisionnel des appels à projet est arrêté par l'autorité ou, conjointement, par les autorités compétentes et publié au *Bulletin officiel* du ministère chargé de l'action sociale pour les projets relevant de la compétence du ministre ou au recueil des actes administratifs de chaque autorité compétente.

Ce calendrier, annuel ou pluriannuel, a un caractère indicatif. Il recense les besoins par catégorie d'établissements ou services sociaux ou médico-sociaux mentionnés à l'article L. 312-1 pour la couverture desquels l'autorité ou, conjointement, les autorités compétentes envisagent de procéder à un appel à projet durant la période considérée. Il prévoit qu'au moins une des procédures d'appel à projet envisagées est réservée partiellement ou exclusivement aux projets innovants ou expérimentaux.

Les personnes morales gestionnaires des établissements et services sociaux et médico-sociaux *(Abrogé par Décr. n° 2016-801 du 15 juin 2016, art. 1er-13°) « et des lieux de vie et d'accueil »* peuvent faire connaître leurs observations sur ce calendrier dans les deux mois qui suivent sa publication.

Le calendrier prévisionnel peut être révisé en cours d'année en cas de modification substantielle. Cette révision est rendue publique dans les mêmes conditions que la publication initiale du calendrier.

Art. R. 313-4-1 L'avis d'appel à projet est constitué de l'ensemble des documents préparés par l'autorité ou, conjointement, par les autorités compétentes pour définir les besoins sociaux et médico-sociaux à satisfaire, notamment en termes d'accueil et d'accompagnement des personnes, ainsi que les modalités de financement du projet. L'appel à projet peut porter sur un ou plusieurs besoins de création, de transformation et d'extension d'établissements ou de services sociaux et médico-sociaux. Il peut être partiellement ou exclusivement réservé aux projets innovants ou expérimentaux.

Cet avis précise :

1° La qualité et l'adresse de l'autorité ou des autorités compétentes pour délivrer l'autorisation ;

2° L'objet de l'appel à projet, la catégorie ou nature d'intervention dont il relève au sens de l'article L. 312-1 ainsi que les dispositions du présent code en vertu desquelles il est procédé à l'appel à projet ;

3° Les critères de sélection et les modalités de notation ou d'évaluation des projets qui seront appliqués ;

4° Le délai de réception des réponses des candidats, qui ne peut être inférieur à soixante jours et supérieur à *(Décr. n° 2014-565 du 30 mai 2014, art. 1er-4)* « cent vingt » jours à compter de la date de publication de l'avis d'appel à projet. *(Décr. n° 2019-854 du 20 août 2019, art. 2-18°)* « Toutefois, lorsqu'un motif d'intérêt général le justifie et pour tenir compte des circonstances locales, l'autorité compétente ou, conjointement, les autorités compétentes peuvent déroger à ces limites, par décision motivée publiée avec l'avis d'appel à projet, sans que le délai puisse être inférieur à trente jours ou supérieur à cent-quatre-vingts jours ; »

5° Les modalités de dépôt des réponses ainsi que les pièces justificatives exigibles ;

6° Les modalités de consultation des documents constitutifs de l'appel à projet.

Le cahier des charges est soit annexé à l'avis d'appel à projet, soit mentionné dans cet avis avec indication de ses modalités de consultation et de diffusion.

L'avis d'appel à projet est publié au *Bulletin officiel* du ministère chargé de l'action sociale pour les projets relevant de la compétence du ministre ou au recueil des actes administratifs de chaque autorité compétente.

Art. R. 313-4-2 Les documents et informations de l'avis d'appel à projet sont rendus accessibles selon les modalités prévues par l'avis d'appel à projet. Ils sont remis gratuitement dans un délai de huit jours aux candidats qui les demandent.

Les candidats peuvent solliciter des précisions complémentaires auprès de l'autorité ou des autorités compétentes au plus tard huit jours avant l'expiration du délai de réception des réponses. Cette autorité ou, conjointement, ces autorités font connaître à l'ensemble des candidats les précisions à caractère général qu'ils estiment nécessaire d'apporter au plus tard cinq jours avant l'expiration du délai de réception des réponses.

Les moyens de transmission des documents et des informations choisis par l'autorité ou, conjointement, par les autorités compétentes doivent être accessibles à tous les candidats potentiels et ne peuvent avoir pour effet de restreindre l'accès des candidats à la procédure de sélection.

Les transmissions, les échanges et le stockage d'informations sont effectués de manière à assurer l'intégrité des données et la confidentialité des candidatures et des projets et à garantir que l'autorité ou les autorités compétentes ne prennent connaissance du contenu des candidatures et des projets qu'à l'expiration du délai de réception des réponses.

Art. R. 313-4-3 Chaque candidat, personne physique ou morale gestionnaire responsable du projet, adresse en une seule fois à l'autorité ou aux autorités compétentes, par lettre recommandée avec avis de réception ou par tout autre moyen permettant d'attester de la date de leur réception, les documents suivants :

1° Concernant sa candidature :

a) Les documents permettant de l'identifier, notamment un exemplaire de ses statuts s'il s'agit d'une personne morale de droit privé ;

b) Une déclaration sur l'honneur certifiant qu'il n'est pas l'objet de l'une des condamnations devenues définitives mentionnées au livre III du présent code ;

c) Une déclaration sur l'honneur certifiant qu'il n'est l'objet d'aucune des procédures mentionnées aux articles L. 313-16, L. 331-5, L. 471-3, L. 472-10, L. 474-2 ou L. 474-5 ;

d) Une copie de la dernière certification aux comptes s'il y est tenu en vertu du code de commerce ;

e) Des éléments descriptifs de son activité dans le domaine social et médico-social et de la situation financière de cette activité ou de son but social ou médico-social tel que résultant de ses statuts lorsqu'il ne dispose pas encore d'une telle activité ;

2° Concernant son projet :

a) Tout document permettant de décrire de manière complète le projet en réponse aux besoins décrits par le cahier des charges ;

b) Un état descriptif des principales caractéristiques auxquelles le projet doit satisfaire, dont le contenu minimal est fixé par arrêté, comportant notamment un bilan financier, un plan de financement et un budget prévisionnel ; *— V. Arr. du 30 août 2010 (JO 8 sept.).*

c) Le cas échéant, l'exposé précis des variantes proposées et les conditions de respect des exigences minimales que ces dernières doivent respecter ;

d) Dans le cas où plusieurs personnes physiques ou morales gestionnaires s'associent pour proposer un projet, un état descriptif des modalités de coopération envisagées.

§ 5 Instruction des candidatures

(Décr. nº 2010-870 du 26 juill. 2010, art. 1er-3°, en vigueur le 1er août 2010)

Art. R. 313-5 L'autorité compétente pour délivrer l'autorisation désigne au sein de ses services un ou plusieurs instructeurs. En cas d'autorisation conjointe, chaque autorité compétente désigne *(Abrogé par Décr. nº 2019-854 du 20 août 2019, art. 2-14º)* « *à parité* » un ou plusieurs instructeurs. Lorsque l'appel à projet concerne des établissements ou services mentionnés au 4º du I de l'article L. 312-1, les instructeurs des services de l'État sont désignés parmi les personnels des services déconcentrés de la protection judiciaire de la jeunesse.

Art. R. 313-5-1 Les instructeurs s'assurent de la régularité administrative des candidatures, le cas échéant en demandant aux candidats de compléter les informations fournies en application du 1º de l'article R. 313-4-3. Ils vérifient le caractère complet des projets et l'adéquation avec les besoins décrits par le cahier des charges. *(Décr. nº 2019-854 du 20 août 2019, art. 2-15º)* « Ils peuvent demander aux candidats de préciser la teneur de leur projet. » Ils établissent un compte rendu d'instruction motivé sur chacun des projets et peuvent en proposer le classement selon les critères prévus par l'avis d'appel à projet sur demande du président ou, conjointement, des coprésidents de la commission.

Les comptes rendus d'instruction sont rendus accessibles aux membres de la *(Décr. nº 2016-801 du 15 juin 2016, art. 1er-14º)* « commission d'information et de sélection » au plus tard quinze jours avant la réunion de la commission.

Les instructeurs sont entendus par la *(Décr. nº 2016-801 du 15 juin 2016, art. 1er-14º)* « commission d'information et de sélection » sur chacun des projets. Ils ne prennent pas part aux délibérations de la commission. Ils y assistent pour établir le procès-verbal.

§ 6 Sélection des projets par la commission d'information et de sélection d'appel à projet social ou médico-social *(Décr. nº 2016-801 du 15 juin 2016, art. 1er-14º)*.

(Décr. nº 2010-870 du 26 juill. 2010, art. 1er-3º, en vigueur le 1er août 2010)

Art. R. 313-6 Sont refusés au préalable et ne sont pas soumis à la *(Décr. nº 2016-801 du 15 juin 2016, art. 1er-14º)* « commission d'information et de sélection », par une décision motivée du président ou, conjointement, des coprésidents de la commission, les projets :

1º Déposés au-delà du délai mentionné dans l'avis d'appel à projet ;

2º Dont les conditions de régularité administrative mentionnées au 1º de l'article R. 313-4-3 ne sont pas satisfaites ;

3º Manifestement étrangers à l'objet de l'appel à projet ;

(Décr. nº 2019-854 du 20 août 2019, art. 2-16º) « 4º Dont les coûts de fonctionnement prévus ou leur amplitude dépassent le budget prévisionnel figurant dans le cahier des charges de l'appel à projet. »

Les membres de la *(Décr. nº 2016-801 du 15 juin 2016, art. 1er-14º)* « commission d'information et de sélection » sont informés des décisions prises sur le fondement du 3º *(Décr. nº 2019-854 du 20 août 2019, art. 2-16º)* « et du 4º » au plus tard lors de l'envoi de la convocation. Ils peuvent demander, au début de la réunion de la commission, la révision de ces décisions.

Les décisions de refus préalable sont notifiées aux candidats concernés dans un délai de huit jours suivant la réunion de la commission.

Art. R. 313-6-1 La *(Décr. nº 2016-801 du 15 juin 2016, art. 1er-14º)* « commission d'information et de sélection » peut demander, après un premier examen, à un ou plusieurs des candidats de préciser ou de compléter le contenu de leurs projets dans un délai de quinze jours suivants la notification de cette demande. L'ensemble des candidats dont les projets n'ont pas été refusés au préalable en est informé dans un délai de huit jours suivant la réunion de la commission.

La commission sursoit à l'examen des projets pendant au plus un mois à compter de la date d'envoi de la notification de la demande de complément d'information aux candidats.

Art. R. 313-6-2 Les projets sont classés par la *(Décr. nº 2016-801 du 15 juin 2016, art. 1er-14º)* « commission d'information et de sélection ». La liste des projets par ordre de classement vaut avis de la commission. Elle est publiée selon les mêmes modalités que l'avis d'appel à projet.

(Décr. nº 2014-565 du 30 mai 2014, art. 1er-5º) « Le président ou, conjointement, les coprésidents de la commission signent le procès-verbal de la réunion de la *(Décr. nº 2016-801 du 15 juin 2016, art. 1er-14º)* « commission d'information et de sélection » mentionné à l'article R. 313-2-2. »

(Abrogé par Décr. nº 2014-565 du 30 mai 2014, art. 1er-5º) « *1º La mention de l'autorité ou des autorités compétentes pour délivrer l'autorisation, l'objet, le montant et l'origine des financements publics à mobiliser ;*

« *2º Les motifs du classement réalisé par la commission.* »

Art. R. 313-6-3 Les informations dont les membres de la *(Décr. nº 2016-801 du 15 juin 2016, art. 1er-14º)* « commission d'information et de sélection », les instructeurs et le secrétariat de la commission ont à connaître dans le cadre de l'examen des projets ne sont pas publiques et ne peuvent faire l'objet d'aucune communication hors les cas prévus par la présente sous-section.

Art. R. 313-6-4 Lorsqu'aucun *[Lorsque aucun]* des projets ne répond au cahier des charges ou, en cas d'autorisation conjointe, en l'absence d'accord des autorités compétentes sur le choix à opérer à partir du classement réalisé par la *(Décr. nº 2016-801 du 15 juin 2016, art. 1er-14º)* « commission d'information et de sélection », il peut être procédé à un nouvel appel à projet sans modification au préalable du calendrier prévisionnel des appels à projet.

§ 7 Autorisation

(Décr. nº 2010-870 du 26 juill. 2010, art. 1er-3º, en vigueur le 1er août 2010)

Art. R. 313-7 L'autorisation du projet par l'autorité ou, conjointement, par les autorités compétentes est délivrée dans un délai maximum de six mois à compter de la date limite de dépôt des projets mentionnée dans l'avis d'appel à projet. L'absence de notification d'une décision dans ce délai vaut rejet du projet.

La décision d'autorisation est publiée selon les mêmes modalités que l'avis d'appel à projet. Elle est notifiée au candidat retenu par lettre recommandée avec avis de réception. Elle est également notifiée aux autres candidats ; le délai de recours court à leur égard à compter de cette notification.

Lorsque l'autorité compétente ne suit pas l'avis de la commission, elle informe sans délai les membres de la *(Décr. nº 2016-801 du 15 juin 2016, art. 1er-14º)* « commission d'information et de sélection » des motifs de sa décision.

Art. R. 313-7-1 Les projets d'extension *(Décr. nº 2016-801 du 15 juin 2016, art. 1er-4º)* « , de transformation avec ou sans changement de catégorie de bénéficiaires au sens du I de l'article L. 312-1 » et les opérations de regroupement d'établissements ou de services qui ne sont pas soumis à la *(Décr. nº 2016-801 du 15 juin 2016, art. 1er-14º)* « commission d'information et de sélection » en application de l'article D. 313-2 font l'objet d'une demande d'autorisation déposée auprès de l'autorité ou des autorités compétentes pour délivrer l'autorisation mentionnée au I de l'article L. 313-1-1.

Les dispositions de l'article L. 313-2, des deuxième et troisième alinéas de l'article R. 313-8 et de l'article R. 313-8-1 sont applicables à ces projets ou à ces opérations.

Art. D. 313-7-2 *(Décr. nº 2017-1620 du 28 nov. 2017, art. 1er)* I. — L'autorisation est réputée caduque en l'absence d'ouverture au public de l'établissement ou du service dans un délai de quatre ans suivant la notification de la décision d'autorisation.

Lorsque le projet de l'établissement ou du service ne nécessite pas la construction d'un immeuble bâti ou des travaux sur des constructions existantes soumis à permis de construire, un délai inférieur peut être fixé par la décision d'autorisation. Ce délai est déterminé en fonction de l'importance du projet et de la nature des prestations fournies, sans pouvoir être inférieur à trois mois. Il est le cas échéant mentionné dans l'avis d'appel à projet.

(Décr. n° 2018-552 du 29 juin 2018, art. 1er) « I *bis*. – Lorsque l'acte d'autorisation distingue plusieurs sites d'implantation, l'autorisation est réputée caduque pour celui ou ceux des sites n'ayant pas été ouverts au public dans les délais prévus au I.

« Lorsque l'acte d'autorisation distingue plusieurs types de prestations ou de modes d'accueil et d'accompagnement prévus au dernier alinéa du I de l'article L. 312-1, l'autorisation est réputée caduque pour le ou les types de prestations ou modes d'accueil et d'accompagnement dont la capacité autorisée n'a pas été ouverte au public dans les délais prévus au I. »

II. – Lorsque l'obligation mentionnée à l'article D. 313-11 est satisfaite dans les délais prévus au I, l'ouverture au public postérieurement à ces mêmes délais n'emporte pas caducité de l'autorisation.

III. – Les délais prévus au I peuvent être prorogés :

1° Dans la limite de trois ans, lorsque l'autorité, ou conjointement, les autorités compétentes constatent que l'établissement ou le service n'a pu ouvrir au public pour un motif non imputable à l'organisme gestionnaire ;

2° Dans la limite d'un an, lorsque l'autorité ou, conjointement, les autorités compétentes constatent que l'ouverture complète au public de la capacité autorisée est en mesure d'être achevée dans ce délai.

Le titulaire de l'autorisation adresse sa demande de prorogation à l'autorité, ou conjointement, aux autorités compétentes, par tout moyen permettant d'attester de la date de sa réception au plus tard deux mois avant l'expiration des délais prévu*[s]* au I. La demande est accompagnée de tout document justificatif.

La prorogation est acquise au titulaire de l'autorisation, si aucune décision ne lui a été notifiée dans un délai de deux mois à compter de la réception de sa demande par l'une des autorités compétentes.

IV. – La caducité est constatée par l'autorité ou, conjointement, par les autorités compétentes dans un délai de deux mois suivant l'expiration des délais prévus au I, le cas échéant prorogés en application des dispositions du III. La décision constatant la caducité est publiée et notifiée dans les mêmes conditions que l'autorisation.

(Décr. n° 2018-552 du 29 juin 2018, art. 1er) « V. – La caducité totale ou partielle de l'autorisation est appréciée à la date d'expiration des délais de caducité prévus au I, le cas échéant, prorogés en application des dispositions du III, compte tenu, le cas échéant, de la réduction de la capacité autorisée, prononcée à la demande de son titulaire et après accord de l'autorité ou des autorités compétentes.

« Le titulaire de l'autorisation adresse sa demande de réduction de capacité à l'autorité, ou conjointement, aux autorités compétentes, par tout moyen permettant d'attester de la date de sa réception au plus tard deux mois avant l'expiration des délais prévus au I. La demande est accompagnée de tout document justificatif. La réduction de capacité est acquise au titulaire de l'autorisation, si aucune décision ne lui a été notifiée dans un délai de deux mois à compter de la réception de sa demande. »

Dispositions transitoires au Décr. n° 2017-1620 du 28 nov. 2017, art. 2 :

I. – Les dispositions issues du Décr. n° 2017-1620 du 28 nov. 2017 sont applicables aux décisions d'autorisation accordées à compter du 1er janv. 2018.

II. – Toutefois, demeurent régies par les dispositions de l'art. D. 313-7-2, dans leur rédaction antérieure aux dispositions du décret préc. :

1° Les décisions d'autorisation pour lesquelles une procédure d'appel à projet a été engagée antérieurement à la date mentionnée au I ;

2° Les décisions d'autorisation ne faisant pas l'objet d'une procédure d'appel à projet et pour lesquelles une demande d'autorisation a été déposée avant la date mentionnée au I.

Dispositions transitoires au Décr. n° 2018-552 du 29 juin 2018, art. 2 :

I. – Les dispositions issues du Décr. n° 2018-552 du 29 juin 2018 sont applicables aux autorisations accordées à compter du 1er juill. 2018.

II. – Toutefois, demeurent régies par les dispositions de l'art. D. 313-7-2 dans leur rédaction antérieure aux dispositions du décret préc. :

1° Les décisions d'autorisation pour lesquelles une procédure d'appel à projet a été engagée antérieurement à la date mentionnée au premier alinéa du présent article ;

2° Les décisions d'autorisation ne faisant pas l'objet d'une procédure d'appel à projet et pour lesquelles une demande d'autorisation a été déposée avant la date mentionnée au premier alinéa du présent article.

Ancien art. D. 313-7-2 ***Le délai mentionné au troisième alinéa de l'article L. 313-1, à l'issue duquel l'autorisation qui n'a pas reçu un commencement d'exécution est caduque, est de trois ans.***

Le commencement d'exécution de l'autorisation correspond à tout élément de réalisation tendant à rendre l'autorisation effective.

Art. R. 313-7-3 **La durée de l'autorisation mentionnée à l'article L. 313-7, déterminée pour les établissements et services à caractère expérimental par l'autorité ou, conjointement, les autorités compétentes, est au moins égale à deux ans et au plus égale à cinq ans. Cette durée est précisée dans le cahier des charges de l'appel à projet et dans la décision d'autorisation.**

§ 7 *BIS* Examen des projets de transformation mentionnés aux 4° et 5° du ii de l'article L. 313-1-1 et des projets des établissements ou services mentionnés au dernier alinéa de l'article L. 315-2 *(Décr. n° 2020-147 du 21 févr. 2020, art. 1er-3°)*.

(Décr. n° 2016-801 du 15 juin 2016, art. 1er-5°)

Art. R. 313-7-4 **I. — La demande d'autorisation du projet de transformation mentionnée** *(Décr. n° 2020-147 du 21 févr. 2020, art. 1er-3°)* **« aux 4° et 5° du II » de l'article L. 313-1-1 est adressée après que la personne physique ou morale gestionnaire du projet et la ou les autorités compétentes ont négocié un projet de contrat pluriannuel d'objectifs et de moyens ou d'avenant à un contrat pluriannuel d'objectifs et de moyens existant prévoyant la mise en œuvre du projet.**

Le dossier de demande d'autorisation comprend les documents prévus par l'article R. 313-8-1, auxquels est jointe une note de situation fournissant des éléments d'analyse de nature à établir que le projet est compatible avec les objectifs et répond aux besoins sociaux et médico-sociaux fixés par le schéma régional de santé ou le schéma d'organisation sociale et médico-sociale dont il relève.

II. — La commission d'information et de sélection donne son avis sur les projets de transformation après négociation d'un contrat pluriannuel d'objectifs et de moyens ou de l'avenant à un contrat pluriannuel d'objectifs et de moyens existant, conformément au premier alinéa du I.

L'autorisation des projets de transformation ne peut être délivrée qu'après avis de la commission d'information et de sélection d'appel à projets et conclusion du contrat pluriannuel d'objectifs et de moyens ou de l'avenant à un contrat pluriannuel d'objectifs et de moyens existant.

Art. R. 313-7-5 **I. — Les projets de création, de transformation et d'extension d'établissements et services mentionnés au dernier alinéa de l'article L. 315-2 font l'objet d'une demande d'autorisation déposée auprès du président du conseil départemental en application du a de l'article L. 313-3.**

Les dispositions des articles L. 313-2 et D. 313-7-2, ainsi que celles du troisième alinéa de l'article R. 313-8 et celles de l'article R. 313-8-1, sont applicables à ces projets.

II. — L'autorisation des projets d'établissements ou services mentionnés au dernier alinéa de l'article L. 315-2 ne peut être délivrée qu'après avis de la commission d'information et de sélection d'appel à projets.

Art. R. 313-7-6 **La commission d'information et de sélection est réunie à l'initiative de l'autorité compétente pour délivrer l'autorisation, en vue de délivrer un avis sur les projets de transformation mentionnés** *(Décr. n° 2020-147 du 21 févr. 2020, art. 1er-3°)* **« aux 4° et 5° du II » de l'article L. 313-1-1 ou sur les projets d'établissements ou services mentionnés au dernier alinéa de l'article L. 315-2.**

Les membres de la commission reçoivent une convocation, par tout moyen donnant date certaine à la réception de cette convocation, quinze jours au moins avant la date

de la réunion. En cas d'autorisation conjointe, une des autorités compétentes saisit l'autre autorité qui doit exprimer son accord dans un délai d'un mois. A défaut d'accord à l'expiration de ce délai, le projet de transformation ne peut pas être engagé.

La commission fonctionne dans les conditions de convocation, de suppléance et de quorum prévues aux alinéas deux à quatre de l'article R. 313-2-2. Le cinquième alinéa du même article est applicable sous réserve du remplacement des mots : "les motifs du classement réalisé par" par les mots : "les motifs de l'avis de la commission".

Art. R. 313-7-7 Lorsqu'elle donne son avis sur les projets de transformation mentionnés *(Décr. nº 2020-147 du 21 févr. 2020, art. 1er-3º)* « aux 4º et 5º du II » de l'article L. 313-1-1 ou sur les projets d'établissements ou services mentionnés au dernier alinéa de l'article L. 315-2, la commission d'information et de sélection est composée des seuls membres mentionnés aux II et 1º du III de l'article R. 313-1.

Art. R. 313-7-8 La commission délibère dans les conditions prévues à l'article R. 313-2-3, au premier alinéa de l'article R. 313-2-4 et à l'article R. 313-2-5.

L'avis est réputé avoir été donné si la commission d'information et de sélection n'a pas émis d'avis à l'expiration d'un délai d'un mois, à compter de la réception de sa convocation par l'autorité compétente, pour se prononcer sur *[les]* projets de transformation mentionnés *(Décr. nº 2020-147 du 21 févr. 2020, art. 1er-3º)* « aux 4º et 5º du II » de l'article L. 313-1-1 et sur les projets des établissements ou services mentionnés au dernier alinéa de l'article L. 315-2.

SOUS-SECTION 1 *BIS* Projets de création, de transformation et d'extension d'établissements et services ne requérant aucun financement public

(Décr. nº 2010-870 du 26 juill. 2010, art. 1er-3º, en vigueur le 1er août 2010)

Art. R. 313-8 Les projets de création, de transformation et d'extension d'établissements ou de services sociaux et médico-sociaux relevant de l'article L. 312-1 et ne requérant aucun financement public font l'objet d'une demande d'autorisation déposée auprès de l'autorité ou des autorités compétentes pour délivrer l'autorisation mentionnée au I de l'article L. 313-1-1. La procédure mentionnée à l'article L. 313-2 leur est applicable.

En cas d'autorisation conjointe, la première autorité saisie transmet la demande à l'autre autorité dans le mois qui suit sa réception. Le délai mentionné à l'article L. 313-2 court à compter de la réception de la demande par cette deuxième autorité. La personne qui a déposé la demande est informée de cette réception.

La décision d'autorisation est publiée au recueil des actes administratifs de chaque autorité compétente. Elle est notifiée au demandeur par lettre recommandée avec avis de réception.

Les dispositions de l'article D. 313-7-2 sont applicables aux projets relevant de la présente sous-section.

Art. R. 313-8-1 Les demandes d'autorisation sont accompagnées de tout document permettant de décrire de manière complète le projet et d'apprécier le respect des critères mentionnés à l'article L. 313-4, notamment les éléments suivants :

1º La nature des prestations délivrées et les catégories de publics concernés ;

2º La répartition prévisionnelle de la capacité d'accueil par type de prestations ;

3º La répartition prévisionnelle des effectifs de personnels par type de qualifications ;

4º Le budget prévisionnel en année pleine de l'établissement ou du service pour sa première année de fonctionnement.

Le dossier de demande d'autorisation est réputé être complet si, dans le délai d'un mois à compter de sa réception, l'autorité compétente ou, en cas d'autorisation conjointe, la première autorité saisie n'a pas fait connaître au demandeur, par lettre recommandée avec avis de réception, la liste des pièces manquantes ou incomplètes.

Art. D. 313-8-2 *(Décr. nº 2016-801 du 15 juin 2016, art. 1er-6º)* **« Les opérations de regroupement d'établissements ou de services sociaux et médico-sociaux qui ne requièrent aucun financement public ne sont pas soumises à autorisation si elles n'entraînent ni extension ni transformation. »** *(Décr. nº 2014-565 du 30 mai 2014, art. 1er-6º)* **« Dans ce cas, elles sont portées à la connaissance des autorités ayant délivré l'autorisation des établissements ou services regroupés et donnent lieu à une actualisation des données figurant dans l'arrêté d'autorisation. »**

Art. R. 313-8-3 *(Décr. nº 2014-565 du 30 mai 2014, art. 1er-7º) (Décr. nº 2016-801 du 15 juin 2016, art. 1er-7º)* **« Un changement de l'établissement ou du service ne requérant aucun financement public et ne comportant pas d'extension ou de transformation n'est pas soumis à autorisation. »**

Ce changement doit être porté à la connaissance de l'autorité ou des autorités ayant délivré l'autorisation et donner lieu, le cas échéant, à une actualisation des données figurant dans l'arrêté d'autorisation.

SOUS-SECTION 1 *TER* **Projets de création et d'extension d'établissements et services mentionnés au quatrième alinéa de l'article L. 315-2** *(Décr. nº 2016-801 du 15 juin 2016, art. 1er-8º).*

Art. R. 313-9 **Les projets de création, de transformation et d'extension d'établissements et services mentionnés** *(Décr. nº 2016-801 du 15 juin 2016, art. 1er-9º)* **« au quatrième alinéa de l'article L. 315-2 » font l'objet d'une demande d'autorisation déposée auprès de l'autorité compétente de l'État en application** *(Abrogé par Décr. nº 2017-882 du 9 mai 2017, art. 4-1º) « du a et »* **du c de l'article L. 313-3.**

Les dispositions des articles L. 313-2 et D. 313-7-2, ainsi que celles du troisième alinéa de l'article R. 313-8 et celles de l'article R. 313-8-1, sont applicables aux projets relevant de la présente sous-section.

Art. D. 313-9-1 **Les opérations de regroupement d'établissements et services mentionnés au dernier alinéa de l'article L. 315-2, telles que définies à la première phrase du II de l'article D. 313-2, sont soumises à autorisation.**

SOUS-SECTION 1 *QUATER* **Dispositions particulières aux projets de création, de transformation et d'extension de services relevant des 14º et 15º du I de l'article L. 312-1**

(Décr. nº 2010-870 du 26 juill. 2010, art. 1er-3º, en vigueur le 1er août 2010)

Art. R. 313-10 **Le cahier des charges ou la demande d'autorisation précise :**

1º Pour les projets concernant un service mentionné au 14º du I de l'article L. 312-1, les dispositions propres à garantir les droits des usagers en application des articles L. 471-6 et L. 471-8 ;

2º Pour les projets concernant un service mentionné aux 14º ou 15º du I de l'article L. 312-1, les méthodes de recrutement permettant de se conformer aux dispositions des articles L. 471-4 et L. 474-3 et les règles internes fixées pour le contrôle des personnes qui ont reçu délégation des représentants du service pour assurer la mise en œuvre des mesures de protection des majeurs ou des mesures judiciaires d'aide à la gestion du budget familial.

Art. R. 313-10-1 *(Décr. nº 2008-1504 du 30 déc. 2008)* **L'autorisation d'un service mentionné au 14º ou au 15º du I de l'article L. 312-1 est délivrée par le préfet de département après avis conforme du procureur de la République près le tribunal judiciaire** *[ancienne rédaction : tribunal de grande instance]* **du chef-lieu de département.**

Art. R. 313-10-2 *(Décr. nº 2008-1504 du 30 déc. 2008)* **La décision d'autorisation d'un service mentionné au 14º du I de l'article L. 312-1 comporte une mention permettant l'exercice des mesures de protection des majeurs :**

1° Au titre du mandat spécial auquel il peut être recouru dans le cadre de la sauvegarde de justice ou au titre de la curatelle ou de la tutelle ;

2° Au titre de la mesure d'accompagnement judiciaire.

SOUS-SECTION 1 *QUINQUIES* Procédure de demande de renouvellement d'autorisation

(Décr. n° 2014-1368 du 14 nov. 2014, art. 1er)

Art. R. 313-10-3 I. — Lorsque l'autorité compétente a enjoint à l'établissement ou au service mentionné à l'article L. 313-5 de présenter une demande de renouvellement, cette demande est communiquée par la personne physique ou la personne morale de droit public ou de droit privé gestionnaire de l'établissement ou du service social ou médico-social à l'autorité ou à chacune des autorités compétentes mentionnées à l'article L. 313-3.

II. — Cette demande de renouvellement comporte :

1° S'ils n'ont pas déjà été communiqués, les résultats de l'évaluation externe mentionnée au troisième alinéa de l'article L. 312-8, accompagnés, le cas échéant, des observations de la personne gestionnaire de l'établissement ou du service ;

2° S'il y a lieu, tout document attestant des dispositions prises par l'établissement ou le service pour satisfaire aux observations figurant dans l'injonction mentionnée à l'article L. 313-5.

Art. R. 313-10-4 La demande prévue à l'article R. 313-10-3 est communiquée par l'établissement ou le service à l'autorité ou à chacune des autorités compétentes par lettre recommandée avec avis de réception ou par tout autre moyen permettant d'attester de la date de sa réception.

SOUS-SECTION 1 *SEXIES* Transmission des actes administratifs

(Décr. n° 2016-696 du 27 mai 2016, art. 5)

§ 1 Transmission des actes administratifs des résidences autonomie

Art. D. 313-10-5 Une copie des actes d'autorisation, de création, de transformation ou d'extension pris pour les établissements mentionnés aux III et IV de l'article L. 313-12 est transmise au directeur général de l'agence régionale de santé dans un délai de deux mois aux fins d'enregistrement des informations transmises dans le fichier national des établissements sanitaires et sociaux. Ces actes comportent notamment le nombre de places autorisées par type de logement.

Les dispositions issues de l'art. 5 du Décr. n° 2016-696 du 27 mai 2016 ne sont pas applicables en Guadeloupe, en Guyane, à La Réunion, en Martinique, à Saint-Pierre-et-Miquelon, à Mayotte, à Saint-Barthélemy et à Saint-Martin. Toutefois, ces mêmes dispositions s'appliquent aux résidences autonomie régies par le III et le IV de l'art. L. 313-12 au plus tard le 1er juill. 2016 (Décr. préc., art. 9 et 11-II).

§ 2 Transmission des actes relatifs aux autres établissements, services et lieux de vie et d'accueil

(Décr. n° 2016-1759 du 16 déc. 2016, art. 1er)

I. — Les dispositions du Décr. n° 2016-1759 du 16 déc. 2016, art. 1er, entrent en vigueur le 1er, févr. 2017.

II. — Des conventions conclues par le président du conseil départemental avec le représentant de l'État dans la région et le directeur général de l'agence régionale de santé précisent les conditions dans lesquelles leur sont transmis, au plus tard le 1er juill. 2018, les actes d'autorisation mentionnés à l'art. D. 313-10-6 pris avant la date prévue au I, y compris les décisions implicites de renouvellement prises en vertu de l'art. L. 313-6 CASF et les actes sur le fondement desquels des établissements, services et lieux de vie et d'accueil demeurent réputés autorisés respectivement en application du I de l'art. 80-1 de la L. n° 2002-2 du 2 janv. 2002, du III de l'art. 47 de la L. n° 2015-1776 du 28 déc. 2015 ou du III de l'art. 48 de la même loi.

Ces conventions précisent également les conditions dans lesquelles les services de l'État communiquent préalablement au président du conseil départemental les informations qu'ils détiennent en ce qui concerne les organismes susceptibles de relever des dispositions précitées de la loi du 28 déc. 2015.

Le contenu minimal des conventions prévues au présent II est précisé en tant que de besoin par un arrêté du ministre chargé des affaires sociales (Décr. n° 2016-1759 du 16 déc. 2016, art. 2).

Art. D. 313-10-6 **Sont transmis au représentant de l'État dans la région les actes d'autorisation relevant de la compétence exclusive du président du conseil départemental et relatifs :**

1° Aux établissements et services relevant du 1° ou du 16° du I de l'article L. 312-1 ;

2° Aux lieux de vie et d'accueil relevant du III du même article, à l'exception de ceux qui accueillent des personnes handicapées.

Sous réserve de l'application de l'article D. 313-10-5, les actes d'autorisation des autres établissements, services et lieux de vie et d'accueil mentionnés à l'article L. 312-1 et relevant de la compétence exclusive du président du conseil départemental sont transmis au directeur général de l'agence régionale de santé. — *V. note ss. le présent § 2.*

Art. D. 313-10-7 **La transmission prévue à l'article précédent est effectuée au plus tard dans un délai de deux mois à compter de la signature de l'acte.** — *V. note ss. le présent § 2.*

SOUS-SECTION 1 *SEPTIES* **Procédure de cession de l'autorisation**

(Décr. n° 2020-254 du 13 mars 2020, art. 1er)

Art. D. 313-10-8 **I. — La demande de cession de l'autorisation mentionnée à l'article L. 313-1 est adressée par le cessionnaire à l'autorité ou aux autorités compétentes pour délivrer l'autorisation.**

II. — La demande de cession est assortie d'un dossier comportant :

1° Une partie administrative dans laquelle figurent :

***a)* L'identité, l'adresse et le statut juridique de la personne physique ou morale, constituée ou en cours de constitution, qui demande la cession pour son compte, ainsi que la copie des statuts de l'organisme ou, le cas échéant, de la société ; si la personne morale est en cours de constitution, le dossier indique les nom, adresse et qualité de la personne qui la représente pour la demande ;**

***b)* L'acte ou l'attestation de cession signés du cédant, ou l'extrait des délibérations du conseil de surveillance ou de l'organe délibérant du cédant relatif à cette cession ;**

***c)* Le protocole d'accord portant cession de l'autorisation conclu entre le cédant et le cessionnaire ;**

***d)* Le projet d'établissement mentionné à l'article L. 311-8 ;**

2° Une partie relative aux personnels, décrivant l'état des effectifs, par type de qualifications, exerçant ou appelés à exercer dans l'établissement, et faisant apparaître les engagements du demandeur en ce qui concerne les effectifs et la qualification des personnels, nécessaires à la mise en place du projet ;

3° Une partie financière décrivant les modalités précises de financement du projet, une présentation du compte ou du budget prévisionnel de l'établissement ou du service ;

4° L'engagement du demandeur au respect des conditions techniques minimales d'organisation et de fonctionnement mentionnées au II de l'article L. 312-1.

III. — L'autorité ou les autorités compétentes pour délivrer l'autorisation peuvent demander la communication de tout document complémentaire permettant la bonne instruction du dossier pour s'assurer que le cessionnaire pressenti est en capacité de gérer l'établissement, le service ou le lieu de vie et d'accueil dans le respect de l'autorisation préexistante, le cas échéant au regard des conditions dans lesquelles il gère déjà d'autres établissements, services ou lieux de vie et d'accueil.

Le dossier de demande d'autorisation est réputé être complet si, dans le délai d'un mois à compter de sa réception, l'autorité compétente ou, en cas d'autorisation conjointe, la

première autorité saisie n'a pas fait connaître au demandeur, par lettre recommandée avec avis de réception, la liste des pièces manquantes ou incomplètes.

IV. – En application de l'article L. 313-1, l'absence de réponse de l'autorité ou des autorités compétentes dans un délai de trois mois suivant la date de réception du dossier complet vaut rejet de la demande.

Les dispositions du Décr. nº 2020-254 du 13 mars 2020 sont applicables aux demandes présentées postérieurement à la date d'entrée en vigueur du présent décret (Décr. préc., art. 2).

SOUS-SECTION 2 Contrôle de conformité des établissements

Art. D. 313-11 **Deux mois avant la date d'ouverture d'un établissement ou d'un service autorisé au titre de l'article L. 313-1** *(Décr. nº 2016-801 du 15 juin 2016, art. 1er-10º)* **« ou, en cas d'extension, deux mois avant la date d'entrée en service de la nouvelle capacité autorisée, » la personne physique ou la personne morale de droit public ou privé détentrice de l'autorisation saisit la ou les autorités compétentes mentionnées à l'article L. 313-3 ou l'autorité mentionnée à l'article L. 315-4 afin que soit conduite la visite de conformité prévue à l'article L. 313-6.** – *[Décr. nº 2003-1136 du 26 nov. 2003, art. 1er.]*

Art. D. 313-12 *(Abrogé par Décr. nº 2016-801 du 15 juin 2016, art. 1er-11º)* « ***Sauf dans le cas d'un renouvellement d'autorisation,*** » **La demande de visite prévue à l'article D. 313-11 est accompagnée d'un dossier comportant :**

1º Le projet de chacun des documents suivants :

a) **le projet d'établissement ou de service mentionné à l'article L. 311-8 ;**

b) **le règlement de fonctionnement mentionné à l'article L. 311-7 ;**

c) **le livret d'accueil mentionné à l'article L. 311-4 ;**

2º Ainsi que les éléments énumérés ci-après :

a) **la description de la forme de participation qui sera mise en œuvre conformément à l'article L. 311-6 ;**

b) **le modèle du contrat de séjour ou du document individuel de prise en charge mentionnés à l'article L. 311-4 et, le cas échéant, le modèle du contrat mentionné au dernier alinéa de l'article L. 342-1 ;**

c) **les plans des locaux ;**

d) **le tableau des effectifs du personnel, l'état du personnel déjà recruté et le curriculum vitae du directeur ;**

e) **le budget prévisionnel pour la première année de fonctionnement et la première année pleine.** – *[Décr. nº 2003-1136 du 26 nov. 2003, art. 2.]*

(Décr. nº 2008-1511 du 30 déc. 2008) **« Lorsque la demande de visite concerne un service mentionné au 14º du I de l'article L. 312-1, le dossier comporte, à la place des documents mentionnés au *c* du 1º et au *b* du 2º, le projet de notice d'information mentionnée à l'article L. 471-6 et le modèle de document individuel de protection des majeurs mentionné au 3º de l'article L. 471-8. »**

Art. D. 313-12-1 *(Décr. nº 2016-801 du 15 juin 2016, art. 1er-12º)* **En cas d'extension ne donnant pas lieu à une visite de conformité, le titulaire de l'autorisation transmet avant la date d'entrée en service de la nouvelle capacité autorisée à la ou les autorités compétentes une déclaration sur l'honneur attestant de la conformité de l'établissement ou du service aux conditions techniques minimales d'organisation et de fonctionnement mentionnées** *(Décr. nº 2017-882 du 9 mai 2017, art. 4-2º)* **« au II de l'article L. 312-1 ».**

Art. D. 313-13 **Au plus tard trois semaines avant la date d'ouverture, la ou les autorités mentionnées à l'article D. 313-11 organisent une visite de l'établissement ou du service, avec le concours** *(Abrogé par Décr. nº 2010-870 du 26 juill. 2010, art. 2-2º, à compter du 1er août 2010)* « ***des représentants de la caisse régionale d'assurance maladie et*** » **de l'échelon régional du service médical lorsque le financement de l'établissement ou du service est pris en charge en tout ou partie par l'assurance maladie.** *(Décr. nº 2011-936 du 1er août 2011, art. 3-1º)* **« Le concours de l'échelon régional du service**

médical n'est pas requis lorsque la visite concerne un service mentionné au 14° du I de l'article L. 312-1. »

Il est notamment vérifié sur place que l'établissement ou le service :

1° Est organisé conformément aux caractéristiques de l'autorisation accordée et, le cas échéant, aux conditions particulières mentionnées au sixième alinéa de l'article L. 313-4 ;

2° Respecte les conditions techniques minimales d'organisation de fonctionnement mentionnées au II de l'article L. 312-1. – *[Décr. nº 2003-1136 du 26 nov. 2003, art. 3.]*

Art. D. 313-14 **Un procès-verbal de visite est dressé par la ou les autorités mentionnées à l'article D. 313-11 et adressé sous quinzaine au titulaire de l'autorisation.**

Lorsque le résultat de la visite est positif, l'établissement peut commencer à fonctionner. Lorsque l'équipement n'est pas conforme à tout ou partie des éléments énumérés à l'article D. 313-13, la ou les autorités compétentes mentionnées à l'article D. 313-11 font connaître au titulaire de l'autorisation, sous quinzaine et par écrit, les transformations et modifications à réaliser dans un délai prescrit pour en garantir la conformité. L'entrée en fonctionnement de l'équipement est subordonnée à la constatation de la conformité de l'équipement à l'issue d'une nouvelle visite, organisée dans les mêmes conditions dans la limite du délai prévu *(Décr. nº 2011-936 du 1er août 2011, art. 3-2°)* **« à l'article D. 313-7-2 ».**

Cette seconde visite intervient dans un délai de quinze jours courant à compter de la date d'expiration du délai mentionné au premier alinéa. – *[Décr. nº 2003-1136 du 26 nov. 2003, art. 4.]*

SECTION 2 Habilitation à recevoir des mineurs confiés par l'autorité judiciaire

La présente section ne comprend pas de dispositions réglementaires.

SECTION 3 Personnes accueillies dans les établissements pour personnes âgées et modalités de tarification des petites unités de vie *(Décr. nº 2016-696 du 27 mai 2016, art. 6-1°).*

SOUS-SECTION 1 Dispositions relatives aux seuils de dépendance des personnes accueillies dans les établissements mentionnés au i de l'article L. 313-12

(Décr. nº 2016-696 du 27 mai 2016, art. 6-2°)

Art. D. 313-15 **Les établissements d'hébergement pour personnes âgées dépendantes mentionnés au I de l'article L. 313-12 accueillent une proportion de résidents classés dans les GIR 1 à 3 supérieure à 15 % de la capacité autorisée ainsi qu'une proportion de résidents classés dans les GIR 1 à 2 supérieure à 10 % de la capacité autorisée.**

Lorsque les pourcentages précités ne conduisent pas à un nombre entier, ils sont arrondis au nombre supérieur.

Les dispositions du Décr. nº 2016-696 du 27 mai 2016 s'appliquent aux résidences autonomie régies par le III et le IV de l'art. L. 313-12 au plus tard le 1er juill. 2016 (Décr. préc., art. 11-II).

SOUS-SECTION 1 *BIS [ABROGÉE]* Modalités de tarification des établissements mentionnés au I *bis* de l'article L. 313-12

(Abrogée par Décr. nº 2016-696 du 27 mai 2016, art. 6-3°)

Les dispositions du Décr. nº 2016-696 du 27 mai 2016 s'appliquent aux résidences autonomie régies par le III et le IV de l'art. L. 313-12 au plus tard le 1er juill. 2016 (Décr. préc., art. 11-II).

Art. D. 313-15-1 *(Décr. nº 2007-793 du 9 mai 2007, art. 1er)* ***Les établissements mentionnés au premier alinéa du I bis de l'article L. 313-12 dont le nombre de résidents classés, en application de l'article R. 314-171 et de l'annexe 3-6, dans les groupes GIR 1 et 2 ne dépasse pas 10 % de la capacité autorisée de l'établissement peuvent déroger à l'obligation de passer convention avec le président du conseil départemental et l'autorité compétente de l'État mentionnée au I de l'article L. 313-12.***

Art. D. 313-15-2 (*Décr. nº 2007-793 du 9 mai 2007, art. 1er*) ***Les établissements mentionnés à l'article D. 313-15-1*** (*Décr. nº 2008-1195 du 17 nov. 2008*) ***« ainsi que ceux mentionnés au premier alinéa du I ter de l'article L. 313-12 » peuvent opter pour que la convention pluriannuelle mentionnée au I de l'article L. 313-12 ne porte que sur la capacité d'accueil correspondant à l'hébergement des résidents dont le niveau de dépendance emporte classement dans les groupes GIR 1 à 4.***

La capacité d'accueil soumise à la convention pluriannuelle mentionnée au I de l'article L. 313-12 doit être installée dans un bâtiment distinct ou dans un corps de bâtiment de l'immeuble ou dans des locaux constitués en unités de vie autonomes.

Dans le cas où un établissement choisit le conventionnement partiel, il doit fournir chaque année à la caisse pivot et, sur leur demande, aux autres organismes d'assurance maladie la liste des personnes âgées dont le niveau de dépendance emporte classement dans les groupes GIR 1 à 4 ainsi que leurs nom et prénom, leur numéro d'inscription au répertoire national d'identification des personnes physiques et le nom de l'organisme de prise en charge, assorti du numéro du centre de paiement.

Art. D. 313-15-3 (*Décr. nº 2007-793 du 9 mai 2007, art. 1er*) ***Les établissements mentionnés au troisième alinéa du I bis*** (*Décr. nº 2008-1195 du 17 nov. 2008*) ***« et au premier alinéa du I ter » de l'article L. 313-12 ne peuvent admettre de nouveaux résidents dont le niveau de dépendance emporte un classement dans les groupes GIR 1 à 4 au-delà de la capacité d'accueil soumise à la convention pluriannuelle mentionnée au I de l'article L. 313-12.***

Sous réserve de la capacité d'accueil soumise à la convention pluriannuelle, l'établissement propose à ceux des résidents admis postérieurement à la date de publication du présent décret dont l'évolution du niveau de dépendance entraîne un classement dans les groupes GIR 1 à 3 un relogement dans un établissement mentionné aux I et II de l'article L. 313-12 dans un délai d'un an.

Les modalités et conditions du relogement mentionné au précédent alinéa sont précisées dans les contrats, titres d'occupation et contrats de séjour conclus en application des articles L. 311-4 du code de l'action sociale et des familles et L. 633-2 du code de la construction et de l'habitation.

Art. D. 313-15-4 (*Décr. nº 2007-793 du 9 mai 2007, art. 1er*) ***Les dispositions de l'article R. 314-170 relatives au classement des résidents selon leur niveau de dépendance s'appliquent aux établissements mentionnés aux articles D. 313-15-1 et D. 313-15-2 selon les modalités suivantes :***

1º Ce classement est réalisé par l'équipe médico-sociale mentionnée à l'article R. 232-7. Il est communiqué, à leur demande, au (*Décr. nº 2010-344 du 31 mars 2010, art. 229*) ***« directeur général de l'agence régionale de santé » et au président du conseil départemental.***

2º Sa révision est opérée tous les ans.

SOUS-SECTION 2 **Modalités de tarification des établissements mentionnés au II de l'article L. 313-12** (*Décr. nº 2005-118 du 10 févr. 2005, art. 1er-III-2º*).

Art. D. 313-16 Les établissements assurant l'hébergement des personnes âgées mentionnés au II de l'article L. 313-12 dont la capacité est inférieure à vingt-cinq places autorisées ont la possibilité de déroger aux règles fixées par le 1º de l'article L. 314-2. — *[Anc. art. R. 313-16.]*

Art. D. 313-17 (*Décr. nº 2005-118 du 10 févr. 2005, art. 1er-III*) **Les établissements relevant du II de l'article L. 313-12,** (*Décr. nº 2016-1814 du 21 déc. 2016, art. 1er-1º*) **« lorsqu'ils choisissent de déroger aux modalités de tarification des prestations remboursables aux assurées** *[assurés]* **sociaux fixées au 1º du I de l'article L. 314-2 », peuvent, en complément du tarif journalier afférent à l'hébergement et à l'accompagnement à la vie sociale et du plan d'aide défini à l'article D. 232-20 :**

1º Soit bénéficier d'un forfait journalier de soins pris en charge par l'assurance maladie sous réserve d'avoir obtenu l'autorisation de dispenser des soins aux assurés sociaux prévue à l'article L. 313-1 ; — *Sur le plafond du forfait journalier de soins, V. Arr. du 24 avr. 2023 (JO 8 juin, NOR : APHA2308942A).*

2° Soit avoir recours à l'intervention d'un service *(Décr. n° 2023-608 du 13 juill. 2023, art. 1er-6°)* « autonomie à domicile mentionné au 1° de l'article L. 313-1-3 », s'ils n'emploient pas de personnels de soins salariés.

(Décr. n° 2016-1814 du 21 déc. 2016, art. 1er-1°) « Lors de la signature du contrat mentionné au IV *ter* de l'article L. 313-12, et lors de chaque renouvellement, ces établissements précisent les modalités de tarification pour lesquelles ils optent. »

Art. D. 313-18 *(Décr. n° 2005-118 du 10 févr. 2005, art. 1er-III)* Les dépenses afférentes aux soins prises en compte dans le forfait journalier de soins mentionné au 1° de l'article D. 313-17 sont celles relatives à la rémunération des infirmiers salariés et aux charges sociales et fiscales y afférentes ainsi qu'au paiement des prestations des infirmiers libéraux.

Ce forfait est fixé par le *(Décr. n° 2010-344 du 31 mars 2010, art. 230)* « directeur général de l'agence régionale de santé », dans la limite d'un montant fixé annuellement par décision des ministres chargés de l'action sociale et de la sécurité sociale. *— V. Arr. du 24 avr. 2023 (JO 8 juin, NOR : APHA2308942A).*

Art. D. 313-19 *(Décr. n° 2005-118 du 10 févr. 2005, art. 1er-III)* Les dépenses relatives aux soins dispensés aux résidents prises en charge par l'assurance maladie sont couvertes par un forfait annuel global de soins, calculé en multipliant le montant du forfait journalier de soins par le nombre prévisionnel de journées. Ce nombre est au plus égal à 365 fois la capacité autorisée, sauf pour les établissements mentionnés à l'article D. 313-20, pour lesquels il est au plus égal à 300 fois la capacité autorisée.

Le montant des forfaits annuels globaux de soins doit être compatible avec l'objectif national de dépenses d'assurance maladie mentionné au 4° de l'article LO 111-3 du code de la sécurité sociale et avec les dispositions prévues aux articles L. 314-3 et L. 314-5 du présent code.

Art. D. 313-20 *(Décr. n° 2005-118 du 10 févr. 2005, art. 1er-III)* Par dérogation aux dispositions du premier alinéa de l'article D. 313-18, dans les structures assurant un accueil de jour qui ne sont pas rattachées à un établissement mentionné au 6° du I de l'article L. 312-1, les dépenses couvertes par le forfait de soins comprennent, outre celles relatives à la rémunération des infirmiers salariés et aux charges sociales et fiscales y afférentes ainsi qu'au paiement des prestations des infirmiers libéraux, 70 % de la rémunération des aides-soignants et des aides médico-psychologiques salariés de l'établissement et les charges sociales et fiscales y afférentes *(Décr. n° 2007-661 du 30 avr. 2007, art. 1er-II)* « , 70 % du forfait journalier de frais de transport fixé par décision des ministres chargés des personnes âgées et de la sécurité sociale ». *(Décr. n° 2011-1211 du 29 sept. 2011, art. 3)* « Les dépenses couvertes par le forfait de soins peuvent également comprendre le paiement de prestations d'ergothérapeutes et de psychomotriciens ».

Sur les plafonds des forfaits journaliers de soins et de transport, V. Arr. du 24 avr. 2023 (JO 8 juin, NOR : APHA2308942A).

Art. D. 313-21 *Abrogé par Décr. n° 2006-181 du 17 févr. 2006.*

Art. D. 313-22 *(Décr. n° 2005-118 du 10 févr. 2005, art. 1er-III)* Pour les établissements qui relèvent des dispositions des 1° et 2° de l'article D. 313-17, à l'exception des établissements mentionnés à l'article L. 342-1, le tarif journalier afférent à l'hébergement et à l'accompagnement à la vie sociale est calculé :

1° En diminuant l'ensemble des charges brutes d'exploitation :

a) Du montant du forfait annuel global de soins prévu à l'article D. 313-19 ;

b) Du montant des remboursements des prestations d'aide à l'autonomie assurées par l'établissement dans le cadre du plan d'aide mentionné à l'article D. 232-20 ;

c) De tous les autres produits d'exploitation, à l'exception de ceux relatifs à l'hébergement et à l'accompagnement à la vie sociale ;

(Abrogé par Décr. n° 2016-1814 du 21 déc. 2016, art. 1er-2°) ***« 2° En incorporant, le cas échéant et en application de l'article R. 314-51, les résultats des exercices antérieurs de l'établissement arrêtés par le président du conseil départemental. »***

Art. D. 313-23 *(Abrogé par Décr. nº 2016-1814 du 21 déc. 2016, art. 1er-2º) (Décr. nº 2005-118 du 10 févr. 2005, art. 1er-III)* ***Les établissements bénéficiaires d'un forfait annuel global de soins remettent au*** *(Décr. nº 2010-344 du 31 mars 2010, art. 230)* ***« directeur général de l'agence régionale de santé », avant le 30 avril de l'exercice suivant, un compte d'emploi et un rapport relatifs à l'utilisation des financements accordés pour les prestations de soins.***

Art. D. 313-24 *(Abrogé par Décr. nº 2016-1814 du 21 déc. 2016, art. 1er-2º) (Décr. nº 2005-118 du 10 févr. 2005, art. 1er-III)* ***Dans les établissements mentionnés au II de l'article L. 313-12, si les financements alloués ont couvert des dépenses sans rapport avec celles pour lesquelles ils étaient prévus ou si l'établissement n'est pas en mesure de justifier de leur emploi, il est procédé à leur reversement.***

(Décr. nº 2006-422 du 7 avr. 2006) ***« Toutefois, dans ces établissements, avec l'accord de l'autorité de tarification, les sommes concernées peuvent être affectées selon les dispositions prévues au troisième alinéa de l'article R. 314-104. »***

SOUS-SECTION 3 Dispositions relatives aux personnes accueillies dans les résidences autonomie mentionnées au III et au IV de l'article L. 313-12

(Décr. nº 2016-696 du 27 mai 2016, art. 6-4º)

Les dispositions issues de l'art. 6-4º du Décr. nº 2016-696 du 27 mai 2016 ne sont pas applicables en Guadeloupe, en Guyane, à La Réunion, en Martinique, à Saint-Pierre-et-Miquelon, à Mayotte, à Saint-Barthélemy et à Saint-Martin. Toutefois, ces mêmes dispositions s'appliquent aux résidences autonomie régies par le III et le IV de l'art. L. 313-12 au plus tard le 1er juill. 2016 (Décr. préc., art. 9 et 11-II).

Art. D. 313-24-1 Les établissements mentionnés au III et au IV de l'article L. 313-12 peuvent admettre, à titre dérogatoire, de nouveaux résidents remplissant les conditions de perte d'autonomie mentionnées à l'article L. 232-2, à la condition que le projet d'établissement prévoie les modalités d'accueil et de vie de personnes en perte d'autonomie et qu'une convention de partenariat soit conclue avec, d'une part, un établissement mentionné au I de l'article L. 313-12 et, d'autre part, un service médico-social ou un centre de santé ou un établissement de santé ou des professionnels de santé mentionnés au quatrième alinéa du III de l'article L. 313-12.

Ils accueillent un nombre de résidents classés en GIR 1, 2 ou 3 qui ne dépasse pas les seuils mentionnés à l'article D. 313-15.

Ils peuvent, dans le cadre d'un projet d'établissement à visée intergénérationnelle, accueillir, d'une part, des personnes handicapées et, d'autre part, des étudiants ou des jeunes travailleurs dans des proportions inférieures ou égales au total à 15 % de la capacité autorisée. Ce seuil est défini, le cas échéant, dans le cadre du contrat pluriannuel d'objectif et de moyen mentionné au troisième alinéa du III de l'article L. 313-12.

Ils proposent aux résidents, dont l'évolution du niveau de dépendance entraînerait un dépassement des seuils mentionnés à l'article D. 313-15, un accueil dans un établissement mentionné aux I et II de l'article L. 313-12 dans un délai maximum d'un an.

Les modalités et les conditions de l'accueil prévu au précédent alinéa sont précisées dans les contrats de séjour conclus en application de l'article L. 311-4.

Art. D. 313-24-2 Les conventions de partenariat mentionnées au premier alinéa de l'article D. 313-24-1 comprennent :

1º Pour les conventions conclues entre une résidence autonomie et un des établissements mentionnés au I de l'article L. 313-12 :

a) Les modalités de coordination et de gestion des actions visant à assurer et faciliter, pour les résidents en perte d'autonomie qui en expriment le besoin ou en cas de nécessité, leur accueil dans un des établissements mentionnés au I de l'article L. 313-12 ;

b) Les modalités de coordination et d'organisation des actions visant à permettre aux résidents en perte d'autonomie temporaire de recourir à l'hébergement temporaire ou à l'accueil de jour dans un de ces établissements ;

c) Les modalités d'organisation des relations et des partenariats relatives à l'organisation ou à la mutualisation de certaines actions de prévention ;

d) Les modalités de transmission d'informations relatives aux initiatives et actions respectives menées auprès des résidents ;

2° Pour les conventions conclues entre une résidence autonomie et un service médico-social, un centre de santé, un établissement de santé ou des professionnels de santé mentionnés au quatrième alinéa du III de l'article L. 313-12 :

a) Les modalités de coopération avec la résidence autonomie et d'intervention, le cas échéant, auprès des résidents, dans le respect de leur liberté de choix ;

b) Les modalités d'organisation des relations et des partenariats relatives à l'organisation ou à la mutualisation de certaines actions de prévention.

Art. D. 313-24-3 Lorsqu'un établissement mentionné au I de l'article L. 313-12 et un établissement mentionné au III ou au IV du même article se situent dans le même immeuble, la capacité d'accueil de l'un doit être installée dans un bâtiment distinct ou dans un corps de bâtiment de l'immeuble distinct ou dans des locaux constitués en unités de vie autonomes distincts de la capacité d'accueil de l'autre.

Art. D. 313-24-4 Le directeur d'un établissement mentionné au III et au IV de l'article L. 313-12 tient chaque année à disposition des services du conseil départemental et, le cas échéant, des services de l'agence régionale de santé et du propriétaire de la résidence autonomie l'effectif des résidents relevant respectivement des GIR 1 à 3, ainsi que l'effectif des personnes handicapées, des étudiants ou des jeunes travailleurs.

SECTION 4 Contrôle administratif et mesures de police administrative

(Décr. nº 2019-1382 du 17 déc. 2019, art. 1er-2º)

SOUS-SECTION 1 Contrôle effectué dans les locaux, lieux, installations et moyens de transport à usage d'habitation

Art. R. 313-25 I. — Pour l'application du deuxième alinéa de l'article L. 1421-2 du code de la santé publique, le contrôle effectué dans les locaux, lieux, installations et moyens de transport à usage d'habitation peut être annoncé préalablement à l'occupant, et, le cas échéant, à son représentant légal *(Décr. nº 2021-684 du 28 mai 2021, art. 38-1º)* « s'il s'agit d'un mineur ou, s'il s'agit de majeur faisant l'objet d'une mesure de protection juridique avec représentation, la personne chargée de cette mesure », ou inopiné.

II. — Dans les deux cas prévus au I, l'accord écrit de l'occupant ou de son représentant légal *(Décr. nº 2021-684 du 28 mai 2021, art. 38-2º)* « s'il s'agit d'un mineur ou, s'il s'agit de majeur faisant l'objet d'une mesure de protection juridique avec représentation, de la personne chargée de cette mesure, » est recueilli par un agent habilité et assermenté au moyen d'un formulaire dont le modèle est défini par arrêté du ministre en charge des affaires sociales. Ce document est annexé au rapport de contrôle. — *V. Arr. du 31 mars 2022 fixant le modèle de formulaire prévu à l'art. R. 313-25 CASF relatif au recueil de l'accord écrit de l'occupant ou de son représentant légal lors du contrôle dans les locaux, lieux, installations et moyens de transport à usage d'habitation (JO 7 avr., NOR : SSAA2210518A).*

En cas de refus de donner l'accord écrit, l'autorité ayant ordonné le contrôle peut demander au juge des libertés et de la détention du tribunal judiciaire dans le ressort duquel sont situés les lieux à visiter une autorisation de procéder au contrôle des locaux, lieux, installations et moyens de transport à usage d'habitation dans les conditions de l'article L. 1421-2-1 du code de la santé publique.

III. — Le contrôle s'effectue en présence de l'occupant des lieux qui contresigne, à la fin du contrôle sur place, la mention de l'heure de début et de fin de contrôle et peut inscrire ses observations sur le formulaire d'accord écrit. Une copie de l'accord écrit est remise à l'occupant ou à son représentant légal *(Décr. nº 2021-684 du 28 mai 2021, art. 38-3º)* « s'il s'agit d'un mineur ou, s'il s'agit de majeur faisant l'objet d'une mesure de protection juridique avec représentation, à la personne chargée de cette mesure ».

SOUS-SECTION 1 *BIS* Mise en œuvre des astreintes journalières et sanctions

(Décr. nº 2023-761 du 9 août 2023, art. 1er)

Art. R. 313-25-1 Lorsque l'autorité compétente en application de l'article L. 313-13 envisage de prononcer, à l'encontre d'une personne physique ou morale gestionnaire d'un établissement, service ou lieu de vie et d'accueil, une astreinte journalière, une décision faisant obstacle à la délivrance de toute nouvelle autorisation de gestion relevant de sa compétence ou une sanction financière, elle :

1º Notifie à la personne concernée les faits de nature à justifier l'engagement de la procédure ainsi que les montants maximums susceptibles d'être mis à sa charge et l'informe, le cas échéant, qu'elle envisage de ne plus lui accorder de nouvelle autorisation pour une durée maximale qu'elle précise ;

2º Met à même la personne concernée de présenter ses observations écrites et, le cas échéant, sur sa demande, ses observations orales ;

3º Informe la personne concernée de la possibilité de se faire assister d'un conseil ;

4º Le cas échéant, met en demeure la personne concernée de transmettre le chiffre d'affaires de son dernier exercice clos, constituant l'assiette de la sanction financière, ainsi que les documents fiscaux et comptables permettant d'en attester.

L'autorité compétente fixe un délai, qui ne peut être inférieur à huit jours, pour satisfaire aux demandes mentionnées aux 2º et 4º.

La décision, mentionnant les voies et délais de recours, est notifiée à la personne concernée. Elle indique la nature des faits constitutifs du manquement et, le cas échéant, le montant de l'astreinte journalière, la durée de l'interdiction de gérer toute nouvelle autorisation relevant de sa compétence et le montant de la sanction financière prononcée ainsi que ses modalités d'acquittement. Cette décision est transmise sans délai au représentant de l'État dans le département.

Art. R. 313-25-2 Le représentant de l'État dans le département est l'ordonnateur compétent pour l'émission des titres de perception relatifs aux astreintes journalières liquidées et aux sanctions financières prévues à l'article L. 313-14. Les titres de perception sont émis et rendus exécutoires dans les conditions fixées aux articles 112 à 124 du décret du 7 novembre 2012 susvisé relatif à la gestion budgétaire et comptable publique.

Les astreintes journalières et les sanctions financières sont recouvrées comme les créances de l'État étrangères à l'impôt et au domaine et versées au Trésor public ou à la Caisse nationale de solidarité pour l'autonomie lorsque les établissements ou services concernés relèvent de l'objectif mentionné à l'article L. 314-3-1.

Art. R. 313-25-3 L'astreinte journalière court à compter d'un jour franc suivant la notification de la décision, jusqu'au jour de la régularisation des faits ayant justifié son prononcé.

L'autorité compétente procède à sa liquidation au moins une fois par an.

L'autorité compétente transmet, sans délai, au représentant de l'État dans le département la décision liquidant l'astreinte.

SOUS-SECTION 2 Administration provisoire et cessation d'activité des établissements et services

Art. R. 313-26 L'administrateur provisoire, désigné en application des dispositions des articles L. 313-14, L. 313-14-1 ou L. 313-17, est choisi en raison de ses compé-

tences en matière médico-sociale ou sociale. Il doit satisfaire aux conditions définies aux 1 à 4° de l'article L. 811-5 du code de commerce.

Dans le cas où une rémunération est prévue par l'autorité qui l'a désigné en application de l'article L. 313-14 du présent code, cette rémunération est assurée par les établissements, services et lieux de vie et d'accueil qu'il administre, au prorata des charges d'exploitation de chacun d'eux.

Art. R. 313-26-1 **L'administrateur provisoire désigné dans le cas prévu à l'article L. 313-17 a à sa disposition l'ensemble des locaux et du personnel de l'établissement, ainsi que les fonds de l'établissement, du service ou du lieu de vie et d'accueil. La personne physique ou morale gestionnaire est tenue de lui remettre le registre coté et paraphé prévu à l'article L. 331-2, les dossiers des personnes accueillies ou accompagnées, les livres de comptabilité et l'état des stocks. L'administrateur provisoire est habilité à recouvrer les créances et à acquitter les dettes de l'établissement.**

Art. R. 313-27 **Dans le cadre de la mise en œuvre des injonctions faites en application de l'article L. 313-14 ou de l'article L. 313-14-1, l'administrateur provisoire procède, en matière de gestion des personnels, au licenciement individuel, à la remise à disposition ou à la mutation des personnels dans les conditions précisées par l'acte de désignation mentionné à l'article L. 313-14 et si ces mesures sont urgentes ou nécessaires, afin de permettre le retour à un fonctionnement normal de l'établissement, du service ou du lieu de vie et d'accueil.**

Art. R. 313-27-1 **Le retrait de l'autorisation d'un service mentionné au 14° du I de l'article L. 312-1 vaut radiation de la liste prévue à l'article L. 471-2 et inscription sur la liste prévue à l'article L. 471-3.**

Le retrait de l'autorisation d'un service mentionné au 15° du I de l'article L. 312-1 vaut radiation de la liste prévue à l'article L. 474-1 et inscription sur la liste prévue à l'article L. 474-2.

Art. D. 313-28 à D. 313-30 Deviennent respectivement les art. R. 314-97-1 à R. 314-97-3 (Décr. n° 2019-1382 du 17 déc. 2019, art. 1er-3°).

SECTION 5 Coordination des professionnels libéraux intervenant dans les établissements d'hébergement pour personnes âgées dépendantes

(Décr. n° 2010-1731 du 30 déc. 2010, art. 1er, en vigueur le 1er janv. 2011)

Les professionnels de santé exerçant à titre libéral et intervenant au même titre dans un établissement d'hébergement pour personnes âgées dépendantes avant la date d'entrée en vigueur du Décr. n° 2010-1731 du 30 déc. 2010 signent le contrat mentionné aux art. R. 313-30-1 s. au plus tard après cette date (Décr. préc., art. 4, JO 31 déc.).

Art. R. 313-30-1 **Le contrat prévu à l'article L. 314-12, conclu entre un professionnel de santé et un établissement d'hébergement pour personnes âgées dépendantes, est conforme aux contrats-types fixés par arrêté des ministres chargés de la santé, de la sécurité sociale et des personnes âgées.** *— V. Arr. du 30 déc. 2010 (JO 31 déc.), mod. par Arr. du 5 sept. 2011 (JO 7 sept.) et par Décis. du CE du 20 mars 2013 (n° 345885).*

Ces contrats types fixent les engagements réciproques des signataires, concernant *notamment* les modalités d'intervention du professionnel de santé dans l'établissement et de transmission d'informations relatives à cette intervention, les modalités de coordination des soins entre le professionnel de santé et le médecin coordonnateur de l'établissement ainsi que la formation de ce professionnel.

Les dispositions du présent article ne s'appliquent pas en cas d'intervention des médecins libéraux dans un établissement d'hébergement pour personnes âgées dépendantes en application de l'article L. 6314-1 du code de la santé publique.

L'art. 1er du Décr. n° 2010-1731 du 30 déc. 2011 est annulé en tant que l'art. R. 313-30-1 qu'il introduit dans le CASF comporte le mot « notamment » (CE 20 mars 2013, nos 345885 et a.).

Art. R. 313-30-2 Les médecins participant aux réunions de la commission de coordination gériatrique mentionnée à l'article D. 312-158 perçoivent par réunion une indemnité forfaitaire égale à quatre fois la valeur unitaire de la lettre clé C prévue par la liste mentionnée à l'article L. 162-1-7 du code de la sécurité sociale, dans la limite d'une réunion annuelle.

Art. R. 313-30-3 Les masseurs-kinésithérapeutes participant aux réunions de la commission de coordination gériatrique mentionnée à l'article D. 312-158 perçoivent par réunion une indemnité forfaitaire égale à trente-cinq fois la valeur unitaire de la lettre clé AMK prévue par la liste mentionnée à l'article L. 162-1-7 du code de la sécurité sociale, dans la limite d'une réunion annuelle.

Art. R. 313-30-4 Les indemnités forfaitaires mentionnées aux articles R. 313-30-2 et R. 313-30-3 sont financées par l'établissement d'hébergement pour personnes âgées dépendantes au titre des dépenses afférentes aux soins mentionnées au 1° de l'article L. 314-2.

SECTION 6 **Sécurité des personnes hébergées dans des établissements médico-sociaux en cas de défaillance d'énergie** *(Décr. n° 2010-1731 du 30 déc. 2010, art. 1er).*

(Décr. n° 2007-1344 du 12 sept. 2007)

Art. R. 313-31 *(Décr. n° 2014-1253 du 27 oct. 2014, art. 4, en vigueur le 1er déc. 2014)* La sécurité des personnes hébergées dans des établissements médico-sociaux en cas de défaillance du réseau d'énergie est assurée dans les conditions prévues par la sous-section 2 de la section 4 du chapitre II du titre III du livre VII de la partie réglementaire du code de la sécurité intérieure.

Art. R. 313-32 *(Abrogé par Décr. n° 2014-1253 du 27 oct. 2014, art. 16-1°, à compter du 1er déc. 2014) (Décr. n° 2009-597 du 26 mai 2009, art. 1er)* ***I. — Les établissements qui hébergent à titre permanent des personnes présentant des pathologies nécessitant l'usage de dispositifs médicaux fonctionnant à l'électricité et indispensables à leur sécurité doivent assurer la continuité de la prise en charge en mettant en place des moyens d'alimentation autonomes en énergie.***

II. — Lorsqu'ils ne sont pas soumis aux obligations mentionnées au I, les établissements médico-sociaux doivent prévoir les mesures, proportionnées aux besoins, leur permettant d'assurer par eux-mêmes la sécurité des personnes hébergées en cas de défaillance du réseau d'énergie.

Dans ce cas, le représentant légal de l'établissement peut avoir recours à des moyens mutualisés ou partagés avec d'autres établissements du secteur sanitaire, social, ou médico-social, ou avec d'autres établissements accueillant du public.

Le recours à des moyens mutualisés ou partagés avec d'autres établissements doit faire l'objet de conventions, actualisées en fonction de l'évolution des besoins.

Art. R. 313-33 *(Abrogé par Décr. n° 2014-1253 du 27 oct. 2014, art. 16-1°, à compter du 1er déc. 2014)* ***Le représentant légal de l'établissement*** *(Décr. n° 2009-597 du 26 mai 2009, art. 2)* ***« établit et » annexe au registre de sécurité de l'établissement un document décrivant les mesures prévues en cas de défaillance des réseaux d'énergie*** *(Décr. n° 2009-597 du 26 mai 2009, art. 2)* ***« qui tiennent compte de l'ensemble des caractéristiques de l'établissement et de son environnement. »***

SECTION 7 **Missions d'enquête** *(Décr. n° 2011-668 du 14 juin 2011, art. 2).*

Art. R. 313-34 *(Décr. n° 2019-1382 du 17 déc. 2019, art. 1er-4°)* I. — Lorsqu'un établissement ou un service mentionné au b du 2° de l'article L. 1431-2 du code de la santé publique connaît des difficultés financières, de fonctionnement ou de gestion budgétaire, le directeur général de l'agence régionale de santé peut le soumettre à l'examen d'une mission d'enquête budgétaire et financière dont il fixe la composition.

Lorsque l'établissement ou le service est autorisé conjointement par le directeur général de l'agence régionale de santé et par le président du conseil départemental, ce dernier est informé de la décision du directeur général de l'agence régionale de santé de diligenter une mission d'enquête budgétaire et financière. Le président du conseil départemental peut désigner des agents pour y participer.

II. — La mission d'enquête peut recueillir, sur place ou sur convocation, tout renseignement de nature budgétaire ou comptable auprès des personnes qu'elle estime utile de solliciter.

III. — Le rapport de la mission d'enquête est communiqué au responsable de l'établissement ou du service et à la personne morale qui en assure la gestion. Ceux-ci sont invités à faire valoir leurs observations.

Le directeur général d'agence régionale de santé propose des mesures de nature à remédier aux difficultés de fonctionnement constatées.

CHAPITRE IV DISPOSITIONS FINANCIÈRES

Art. R. 314-1 Les dispositions du présent chapitre *(Décr. nº 2016-1815 du 21 déc. 2016, art. 2-1º)* « , autres que celles de la section 4, » sont applicables aux établissements et services sociaux et médico-sociaux énumérés au I de l'article L. 312-1, à l'exception des foyers de jeunes travailleurs mentionnés au 10º, et des établissements ou services qui sont gérés en régie directe par une administration de l'État.

Elles sont également applicables aux établissements de santé *(Abrogé par Décr. nº 2010-344 du 31 mars 2010, art. 232) « relevant du 2º de l'article L. 6111-2 du code de la santé publique » (Décr. nº 2010-344 du 31 mars 2010, art. 232)* « autorisés à dispenser des soins de longue durée ».

(Décr. nº 2016-1815 du 21 déc. 2016, art. 2-1º) « Les articles R. 314-9 à R. 314-13, R. 314-14 à R. 314-19, R. 314-21 à R. 314-25, R. 314-36 à R. 314-39, R. 314-44 à R. 314-47, R. 314-49 à R. 314-55, R. 314-72, R. 314-73, R. 314-79 et R. 314-84 ne sont pas applicables aux établissements et services sociaux et médico-sociaux qui relèvent d'un état des prévisions de recettes et de dépenses en application du IV *ter* de l'article L. 313-12 ou de l'article L. 313-12-2. Leur sont applicables les dispositions de la section 4 du présent chapitre. » — *[Décr. nº 2003-1010 du 22 oct. 2003, art. 1er.]*

V. dispositions transitoires du Décr. nº 2016-1815 du 21 déc. 2016 ss. la sect. IV du présent chap.

Art. R. 314-2 Au sens du présent chapitre, l'expression "l'autorité de tarification" désigne, selon le cas, la ou les autorités publiques chargées d'arrêter la tarification des prestations de l'établissement ou du service, en vertu des dispositions de l'article L. 314-1 et du I de l'article R. 314-3. — *[Décr. nº 2003-1010 du 22 oct. 2003, art. 2.]*

SECTION 1 Règles de compétence en matière tarifaire

Art. R. 314-3 I. — Les propositions budgétaires et leurs annexes, établies conformément aux dispositions du sous-paragraphe 1 du paragraphe 3 de la présente sous-section, sont transmises à l'autorité de tarification par une personne ayant qualité pour représenter l'établissement, au plus tard le 31 octobre de l'année qui précède celle à laquelle elles se rapportent.

A ce titre, et en application des dispositions de l'article L. 314-1 :

1º l'autorité de tarification des établissements et services financés par le budget de l'État ou par les organismes *(Décr. nº 2022-980 du 2 juill. 2022, art. 4-I)* « de sécurité sociale » est *(Décr. nº 2010-344 du 31 mars 2010, art. 233)* « le représentant de l'État dans la région ou, pour les établissements et services mentionnés au *b* de l'article L. 313-3, le directeur général de l'agence régionale de santé, ou pour les établissements et services mentionnés au 4º du I de l'article L. 312-1, le préfet de département, chacune de ces autorités étant compétente au regard du lieu d'implantation de l'établissement ou du service » ;

2° l'autorité de tarification des établissements et services financés par l'aide sociale départementale, ou fournissant la prestation relative à la dépendance mentionnée au 2° de l'article L. 314-2, est le président du conseil départemental du département d'implantation, sous réserve des dispositions du VII de l'article L. 314-1 ;

3° le préfet et le président du conseil départemental du département d'implantation sont, chacun, autorité de tarification des établissements et services qui font l'objet d'une tarification conjointe *(Abrogé par Décr. n° 2010-344 du 31 mars 2010, art. 233)* ***« , ou d'une double tarification, »*** **en application du** ***a)*** **du III** *(Abrogé par Décr. n° 2010-344 du 31 mars 2010, art. 233)* ***« , du IV ou du V »*** **de l'article L. 314-1 ;**

(Décr. n° 2010-344 du 31 mars 2010, art. 233) **« 4° Le directeur général de l'agence régionale de santé et le président du conseil départemental du département d'implantation sont, chacun, autorité de tarification des établissements et services qui font l'objet d'une tarification conjointe** *(Abrogé par Décr. n° 2016-1815 du 21 déc. 2016, art. 2-2°)* ***« ou d'une double tarification »*****, en application »** *(Décr. n° 2016-1815 du 21 déc. 2016, art. 2-2°)* **« des IV ou V de l'article L. 314-1 ou de l'article L. 314-2. –** *Par dérogation aux dispositions du I de l'art. R. 314-3, pour l'exercice budgétaire 2021, les services relevant du I de l'art. L. 361-1 ou du 15° du I de l'art. L. 312-1 CASF transmettent les propositions budgétaires et leurs annexes au plus tard le 15 janv. 2021 (Décr. n° 2020-1684 du 23 déc. 2020, art. 2).*

« I ***bis.*** **– 1° L'obligation de transmission d'un budget prévisionnel à l'autorité de tarification au plus tard le 31 octobre de l'année qui précède celle à laquelle il se rapporte n'est pas applicable aux établissements et services qui relèvent d'un état des prévisions de recettes et de dépenses en application du IV** ***ter*** **de l'article L. 313-12 ou de l'article L. 313-12-2. Pour ces établissements et services, les modalités et délais de transmission sont précisés à l'article R. 314-210 ;**

« 2° Lorsqu'un établissement qui relève de l'article L. 315-9 exerce, d'une part, des activités mentionnées au IV ***ter*** **de l'article L. 313-12 ou à l'article L. 313-12-2 et, d'autre part, d'autres activités, les dispositions du I sont applicables à ces dernières. »** *– V. note ss. art.*

(Décr. n° 2015-1864 du 30 déc. 2015, art. 1er-6°, en vigueur le 1er janv. 2016) **« II ». – Les services mentionnés au 15° du I de l'article L. 312-1 transmettent dans le délai mentionné au I ci-dessus leurs propositions budgétaires et leurs annexes également aux organismes locaux de sécurité sociale figurant à l'article R. 314-193-4 dans le ressort desquels ils sont implantés.**

Dans un délai d'un mois à compter de la réception des documents budgétaires, les organismes locaux de sécurité sociale font parvenir à l'autorité de tarification un avis relatif aux propositions budgétaires.

Cet avis est simultanément communiqué au service ayant transmis la proposition budgétaire qui dispose d'un délai d'un mois à compter de sa réception pour faire parvenir ses observations à l'autorité de tarification.

(Abrogé par Décr. n° 2016-1815 du 21 déc. 2016, art. 2-2°) ***« III. – Les établissements mentionnés au I de l'article L. 313-12 transmettent également, dans le délai mentionné au I, leurs propositions budgétaires et leurs annexes au président du conseil départemental du département dans lequel ils sont implantés.***

« Dans un délai d'un mois à compter de la réception des documents budgétaires, le président du conseil départemental fait connaître son avis à l'autorité de tarification, ainsi qu'à l'établissement ou service. Ce dernier dispose d'un délai d'un mois à compter de la réception de l'avis pour faire parvenir ses observations à l'autorité de tarification. » *– V. note ss. art.*

IV. – Les avis et observations transmis tardivement ne sont pas pris en compte dans la procédure contradictoire décrite au présent article.

V. – Dans le cas d'une tarification conjointe ou d'une double tarification, les délais impartis aux I à III ci-dessus s'imposent à la plus tardive des transmissions à chaque autorité concernée.

V. dispositions transitoires du Décr. n° 2016-1815 du 21 déc. 2016 ss. la sect. IV du présent chap.

SECTION 2 Règles budgétaires de financement

SOUS-SECTION 1 Dispositions générales relatives à la comptabilité, au budget et à la tarification

§ 1 Principes comptables et budgétaires généraux

Art. R. 314-4 L'exercice budgétaire et comptable couvre la période du 1er janvier au 31 décembre d'une même année, sauf dans le cas d'une première mise en exploitation d'un nouvel établissement ou d'une cessation définitive d'activité. – *[Décr. nº 2003-1010 du 22 oct. 2003, art. 3.]*

Art. R. 314-5 La nomenclature budgétaire et comptable est établie par référence au plan comptable général.

Elle comporte quatre niveaux :

1º les classes de comptes ;

2º les comptes principaux ;

3º les comptes divisionnaires ;

4º les comptes élémentaires.

La liste des comptes obligatoirement ouverts dans le budget et la comptabilité des établissements et services gérés par une personne morale de droit public est fixée par arrêté conjoint des ministres chargés de la comptabilité publique, des collectivités territoriales et de l'action sociale. – *V. Arr. du 27 déc. 2023 relatif à l'instruction budgétaire et comptable M. 22 applicable aux établissements et services publics sociaux et médico-sociaux (JO 30 déc., NOR : FAMA2330685A).*

La liste des comptes obligatoirement ouverts dans le budget et la comptabilité des établissements et services gérés par une personne morale de droit privé est fixée par arrêté du ministre chargé de l'action sociale.

Les comptes non prévus dans ces listes sont ouverts conformément au plan comptable général. – *[Décr. nº 2003-1010 du 22 oct. 2003, art. 4.]*

Art. R. 314-6 *(Décr. nº 2016-1815 du 21 déc. 2016, art. 2-3º)* « I. – » La comptabilité des établissements et services sociaux et médico-sociaux a pour objet la description et le contrôle des opérations ainsi que l'information des autorités chargées de la gestion ou du contrôle de ces établissements et services.

Elle est organisée en vue de permettre :

1º La connaissance et le contrôle des opérations budgétaires et des opérations de trésorerie ;

2º L'appréciation de la situation du patrimoine ;

3º La connaissance des opérations faites avec les tiers ;

4º La détermination des résultats ;

5º Le calcul des coûts des services rendus, afin d'assurer l'utilisation des tableaux de bord mentionnés à l'article R. 314-28 et la réalisation des études mentionnées à l'article R. 314-61 ;

6º L'intégration des opérations dans la comptabilité économique nationale et dans les comptes et statistiques élaborés pour les besoins de l'État.

(Décr. nº 2016-1815 du 21 déc. 2016, art. 2-3º) « II. – L'établissement ou le service élabore, pour l'analyse de son activité et de ses coûts, un tableau faisant apparaître, après répartition analytique des charges, le montant des charges d'exploitation de son budget, le cas échéant réparti conformément aux dispositions de l'article R. 314-10 ou, lorsqu'il est fait application des dispositions de la section 4 du présent chapitre, de l'article R. 314-217.

« Le modèle de ce document et les modalités de calcul des éléments qui y figurent sont fixés par arrêté des ministres chargés de la santé, des affaires sociales, des personnes âgées et des personnes handicapées.

« Cet arrêté fixe également la date limite de transmission, qui ne peut être antérieure à la date mentionnée au II de l'article R. 314-49 et au III de l'article R. 314-232. » – *[Décr. nº 2003-1010 du 22 oct. 2003, art. 5.]*

V. dispositions transitoires du Décr. nº 2016-1815 du 21 déc. 2016 ss. la sect. IV du présent chap.

Art. R. 314-7 Le budget de l'établissement ou du service social ou médico-social est l'acte par lequel sont prévus *[prévues]* ses *(Décr. n° 2016-1815 du 21 déc. 2016, art. 2-4°)* « recettes et ses dépenses annuelles. Pour les établissements et services qui relèvent des dispositions du IV *ter* de l'article L. 313-12 ou de l'article L. 313-12-2, le budget prend la forme d'un état des prévisions de recettes et de dépenses dans les conditions fixées à la section 4 du présent chapitre ». – *[Décr. n° 2003-1010 du 22 oct. 2003, art. 6.]*

V. dispositions transitoires du Décr. n° 2016-1815 du 21 déc. 2016 ss. la sect. IV du présent chap.

Art. R. 314-8 La tarification des établissements et services sociaux et médico-sociaux prend la forme de l'un ou de plusieurs des tarifs suivants :

1° dotation globale de financement;

2° prix de journée, le cas échéant globalisé;

3° forfait journalier;

4° forfait global annuel;

5° tarif forfaitaire par mesure ordonnée par l'autorité judiciaire;

6° tarif horaire. – *[Décr. n° 2003-1010 du 22 oct. 2003, art. 7.]*

§ 2 Présentation budgétaire

Art. R. 314-9 Le budget général d'un établissement ou service social ou médico-social est présenté en deux sections.

Dans la première section sont retracées l'ensemble des opérations d'investissement de l'établissement ou du service.

Dans la seconde section sont retracées les opérations d'exploitation, le cas échéant sous la forme d'un budget principal et d'un ou plusieurs budgets annexes dans les conditions prévues à l'article R. 314-10. – *[Décr. n° 2003-1010 du 22 oct. 2003, art. 8.]*

Art. R. 314-10 I. – Lorsqu'un même établissement ou service poursuit plusieurs activités qui font l'objet de modalités de tarification ou de sources de financements distincts, l'exploitation de chacune d'entre elles est retracée séparément dans la section d'exploitation du budget général de l'établissement.

Celle-ci comprend alors, d'une part au sein d'un budget principal, les dépenses et recettes correspondant à l'activité principale de l'établissement, et d'autre part au sein d'un ou de plusieurs budgets annexes, les dépenses et recettes correspondant aux autres activités.

II. – La ventilation entre les budgets principal et annexes des charges qui leur sont communes est opérée au moyen d'un tableau de répartition, qui indique les critères utilisés à cet effet. Le tableau doit être conforme à un modèle fixé par arrêté du ministre chargé de l'action sociale. – *V. Arr. du 22 oct. 2003 (JO 24 oct.), mod. en dernier lieu par Arr. du 15 déc. 2020 (JO 20 déc., NOR : SSAA2030779A).*

III. – La présentation sous forme de budgets annexes est également possible, à la demande ou avec l'accord de l'autorité de tarification, pour les activités qui justifient que soient connues leurs conditions particulières d'exploitation. – *[Décr. n° 2003-1010 du 22 oct. 2003, art. 9.]*

Art. R. 314-11 I. – Les emplois de la section d'investissement du budget général sont classés par nature de charge. Ils sont destinés à couvrir notamment :

1° Les remboursements du capital des emprunts;

2° La production ou l'acquisition de biens mobiliers et immobiliers, y compris les charges liées aux grosses réparations;

3° L'acquisition de titres et valeurs;

4° Les dépôts effectués et les cautionnements accordés par l'établissement ou le service;

5° Les frais de premier établissement, y compris les frais d'étude qui en relèvent, et les autres immobilisations incorporelles;

6° Les reprises sur provisions;

7° Les charges à répartir sur plusieurs exercices;

8° Les emplois des comptes de liaison relatifs à l'investissement ;

9° Le résultat cumulé de la section d'investissement, s'il est déficitaire.

II. — Les ressources de la section d'investissement du budget général comprennent notamment :

1° Les subventions d'équipement ;

2° Les emprunts contractés au cours de l'exercice ;

3° Les plus-values nettes des cessions d'actifs immobilisés et des valeurs mobilières de placement ;

4° Les dons et legs en capital ou en contrepartie d'actifs immobilisés ;

5° Les amortissements des biens meubles et immeubles, corporels et incorporels, et des charges à répartir sur plusieurs exercices ;

6° Les dépôts reçus par l'établissement ou le service et les cautionnements dont il bénéficie ;

7° Les provisions et les réserves, à l'exclusion des réserves de trésorerie et de la réserve de compensation ;

8° Les ressources des comptes de liaison relatifs à l'investissement ;

9° L'excédent de la section d'exploitation affecté à l'investissement dans les conditions prévues à l'article R. 314-51 ;

10° Le résultat cumulé de la section d'investissement, s'il est excédentaire. — *[Décr. nº 2003-1010 du 22 oct. 2003, art. 10.]*

Art. R. 314-12 I. — La section d'exploitation du budget général ou d'un budget principal ou annexe retrace les charges d'exploitation normales et courantes de l'établissement ou du service, et notamment :

1° les charges d'exploitation relatives au personnel ;

2° les autres charges d'exploitation courante ;

3° les charges financières et exceptionnelles ;

4° les dotations aux comptes d'amortissements et de provisions.

II. — Elle retrace notamment, en produits :

1° les produits de la tarification ;

2° les produits des services rendus et des biens vendus autres que les valeurs immobilisées, calculés selon la réglementation en vigueur ou en vertu de conventions passées avec l'établissement ou le service ;

3° les subventions, dons et legs affectés à l'exploitation ;

4° les produits financiers et les produits exceptionnels ;

5° les reprises sur provisions ;

6° la valeur des dettes atteintes de péremption ou de déchéance ;

7° la valeur des travaux ou des productions de stocks réalisés par l'établissement ou le service pour lui-même ;

8° les transferts de charges. — *[Décr. nº 2003-1010 du 22 oct. 2003, art. 11.]*

Art. R. 314-13 I. — Les documents relatifs à la présentation, au vote et au contrôle du budget doivent être conformes aux modèles fixés par arrêté du ministre chargé de l'action sociale. — *V. Arr. du 22 oct. 2003 (JO 24 oct.), mod. en dernier lieu par Arr. du 15 déc. 2020 (JO 20 déc., NOR : SSAA2030779A).*

Les modalités de transmission de ces documents, y compris par voie électronique, peuvent être fixées par arrêté du même ministre. — *[Décr. nº 2003-1010 du 22 oct. 2003, art. 12.] — V. Arr. du 9 déc. 2005 (JO 20 déc.), mod. en dernier lieu par Arr. du 9 oct. 2019 (JO 11 oct.).*

II. — *(Décr. nº 2016-1815 du 21 déc. 2016, art. 2-5º)* « Le » budget général et, le cas échéant, le budget principal et les budgets annexes, font l'objet d'une présentation par groupes fonctionnels conformes à la nomenclature fixée en application du deuxième alinéa de l'article L. 315-15.

(Abrogé par Décr. nº 2016-1815 du 21 déc. 2016, art. 2-5º) ***« Les budgets des établissements mentionnés au I de l'article L. 313-12 sont présentés par sections d'imputation tarifaire, conformément aux dispositions de l'article R. 314-162. »*** — *V. dispositions transitoires du Décr. nº 2016-1815 du 21 déc. 2016 ss. la sect. IV du présent chap.*

§ 3 Fixation du tarif

SOUS-§ 1 *Établissement des propositions budgétaires*

Art. R. 314-14 Les prévisions de dépenses et de recettes de l'établissement ou du service sont arrêtées, sous forme de propositions budgétaires, par l'organe délibérant de l'organisme gestionnaire, dans les formes fixées au paragraphe 2 de la présente sous-section.

Les propositions budgétaires doivent respecter l'équilibre réel défini à l'article R. 314-15. – *[Décr. n° 2003-1010 du 22 oct. 2003, art. 13.]*

Art. R. 314-15 Pour être en équilibre réel, le budget d'un établissement ou service social ou médico-social doit respecter les quatre conditions suivantes :

1° La section d'investissement, la section d'exploitation du budget général et les sections d'exploitation des budgets principal et annexes lorsqu'il en existe, doivent être présentées chacune en équilibre ;

2° Les produits et les charges doivent être évalués de façon sincère ;

3° Le remboursement de la dette en capital ne doit pas être couvert par le produit des emprunts, sauf dans le cas de renégociation de ceux-ci ;

4° Les recettes affectées doivent être employées à l'usage auquel elles sont prévues.

Toutefois, en vue de financer des investissements sans recourir à l'emprunt ni mobiliser des comptes de liaison, si les disponibilités de l'établissement ou du service excèdent le niveau cumulé des dépenses courantes d'exploitation et des dettes exigibles à court terme, la section d'investissement peut présenter un déséquilibre à hauteur de cet excédent. – *[Décr. n° 2003-1010 du 22 oct. 2003, art. 14.]*

Art. R. 314-16 Au sein de la section d'exploitation du budget général et au sein des budgets principal et annexes lorsqu'ils existent, les propositions de dépenses et de recettes distinguent :

1° d'une part les montants relatifs à la poursuite des missions de l'établissement ou du service, dans les conditions résultant du budget exécutoire de l'année précédente ;

2° d'autre part les mesures nouvelles portant, au-delà des sommes mentionnées au 1°, majoration ou minoration des prévisions de dépenses et de recettes. – *[Décr. n° 2003-1010 du 22 oct. 2003, art. 15.]*

Art. R. 314-17 I. – Les propositions budgétaires de l'établissement ou du service comportent, en annexe, les documents suivants :

1° le rapport budgétaire mentionné à l'article R. 314-18 ;

2° le classement des personnes accueillies par groupes homogènes au regard de la mobilisation des ressources de l'établissement ou du service, dits groupes iso-ressources, lorsque la réglementation applicable à l'établissement ou au service prévoit un tel classement ;

3° le tableau des effectifs du personnel défini à l'article R. 314-19 ;

4° le bilan comptable de l'établissement ou du service, relatif au dernier exercice clos ;

5° les données nécessaires au calcul des indicateurs applicables à l'établissement ou au service mentionnés à l'article R. 314-28, pour l'exercice prévisionnel ;

II. – Sont également joints, le cas échéant :

1° *(Décr. n° 2006-422 du 7 avr. 2006)* « Le plan pluriannuel de financement actualisé, présenté » conformément à un modèle fixé par arrêté du ministre chargé de l'action sociale ; – *V. Arr. du 22 oct. 2003 (JO 24 oct.), mod. en dernier lieu par Arr. du 15 déc. 2020 (JO 20 déc., NOR : SSAA2030779A).*

2° le tableau de répartition des charges et produits communs mentionné au II de l'article R. 314-10 ;

3° dans le cas où l'une des activités de l'établissement ou du service, représentant plus de 20 p. 100 de sa capacité, justifie que soient connues ses conditions particulières d'exploitation, les informations mentionnées au 5° du I ci-dessus qui décrivent spécifiquement cette activité ;

(Décr. n° 2010-1084 du 15 sept. 2010, art. 1er-II) « 4° Pour les établissements mentionnés à l'article L. 344-1 et les foyers d'accueil médicalisé mentionnés au 7° du I de l'article L. 312-1 qui assurent l'accueil de jour de personnes adultes handicapées, un plan détaillant les modalités d'organisation du transport de ces personnes entre leur domicile et l'établissement, la justification de ces modalités au regard des besoins des personnes accueillies et les moyens permettant de maîtriser les coûts correspondants. Ce plan ainsi que ses modifications ultérieures sont soumis au préalable, sauf pour le premier budget suivant la création de l'établissement, à l'avis du conseil de la vie sociale mentionné à l'article L. 311-6. » – *Les dispositions issues du Décr. n° 2010-1084 du 15 sept. 2010 sont applicables aux frais de transport engagés à compter du 1er sept. 2010 (Décr. préc., art. 3).*

(Décr. n° 2006-422 du 7 avr. 2006) « Les établissements et services sociaux et médico-sociaux dont l'actif immobilisé brut est inférieur à deux fois le montant fixé en application du premier alinéa de l'article L. 612-4 du code de commerce ne sont pas tenus d'établir un plan pluriannuel d'investissement prévu à l'article R. 314-20. »

Art. R. 314-18 Les propositions budgétaires de l'établissement ou du service sont accompagnées d'un rapport budgétaire, établi par une personne ayant qualité pour représenter l'établissement. Ce rapport justifie les prévisions de dépenses et de recettes.

A ce titre, notamment :

1° Il précise les hypothèses effectuées en matière d'évolution des prix, des rémunérations et des charges sociales et fiscales relatives à la reconduction des moyens autorisés dans le cadre du budget exécutoire de l'année précédente ;

2° Il retrace, dans un tableau, l'activité et les moyens de l'établissement ou du service au cours des trois années précédentes, en faisant notamment apparaître, pour chaque année, le nombre prévisionnel et le nombre effectif de personnes prises en charge ;

3° Il effectue le bilan, sur les deux derniers exercices et l'exercice en cours, des promotions et augmentations individuelles ou catégorielles des rémunérations au sein de l'établissement ou du service ;

4° Il justifie le montant prévisionnel global de la rémunération du personnel, en détaillant les hypothèses retenues en matière de promotion et d'avancement, et leur incidence sur le nombre de points d'indice qui en résultent, par application des conventions collectives ou des dispositions statutaires applicables à l'établissement ou au service ;

5° Il indique, le cas échéant, les éléments du projet d'établissement mentionné à l'article L. 311-8 qui justifient les dépenses proposées. – *[Décr. n° 2003-1010 du 22 oct. 2003, art. 17.]*

Art. R. 314-19 Le tableau des effectifs du personnel, annexé aux propositions budgétaires, fait apparaître pour l'année considérée le nombre prévisionnel des emplois par grade ou qualification. Les suppressions, transformations et créations d'emplois font l'objet d'une présentation distincte.

Lorsque des emplois sont inscrits au tableau de répartition des charges communes mentionné au II de l'article R. 314-10, la répartition des dépenses de personnel entre les différentes activités, principale et annexes, ainsi que leurs éventuelles variations, doivent être justifiées avec précision.

Le tableau des effectifs doit être conforme à un modèle fixé par arrêté du ministre chargé de l'action sociale. – *V. Arr. du 22 oct. 2003 (JO 24 oct.), mod. en dernier lieu par Arr. du 15 déc. 2020 (JO 20 déc., NOR : SSAA2030779A).*

Art. R. 314-20 I. – Les programmes d'investissement et leurs plans de financement, ainsi que les emprunts dont la durée est supérieure à un an, doivent être approuvés par l'autorité de tarification.

A cette fin, ils font l'objet d'une présentation distincte des *(Décr. n° 2016-1815 du 21 déc. 2016, art. 2-6°)* « documents budgétaires mentionnés aux articles R. 314-3 et R. 314-210 », selon des formes fixées par arrêté du ministre chargé de l'action sociale.

L'autorité de tarification peut subordonner son accord à la mise en œuvre d'un financement par reprise sur réserve de trésorerie, dans les conditions fixées au II de l'article R. 314-48.

II. – Les programmes et les emprunts mentionnés au I sont réputés approuvés sans réserves si l'autorité de tarification n'a pas fait connaître d'opposition dans un délai de soixante jours à compter de leur réception.

III. – Les dispositions du présent article sont applicables aux modifications des programmes d'investissement, de leurs plans de financement, ou des emprunts, lorsque ces modifications sont susceptibles d'entraîner une augmentation des charges *(Abrogé par Décr. n° 2016-1815 du 21 déc. 2016, art. 2-6°)* ***« de la section »*** d'exploitation. – *[Décr. n° 2003-1010 du 22 oct. 2003, art. 19.]*

V. dispositions transitoires du Décr. n° 2016-1815 du 21 déc. 2016 ss. la sect. IV du présent chap.

SOUS-§ 2 *Transmission des propositions budgétaires et procédure contradictoire*

Art. R. 314-21 Les propositions budgétaires et leurs annexes, établies conformément aux dispositions des articles R. 314-14 à R. 314-20, sont transmises à l'autorité de tarification dans les conditions prévues à l'article R. 314-3. – *[Décr. n° 2003-1010 du 22 oct. 2003, art. 20.]*

Art. R. 314-22 En réponse aux propositions budgétaires, l'autorité de tarification fait connaître à l'établissement ou au service les modifications qu'elle propose. Celles-ci peuvent porter sur :

1° Les recettes autres que les produits de la tarification qui paraissent sous-évaluées ;

2° Les dépenses qui paraissent insuffisantes au regard notamment de leur caractère obligatoire ;

3° Les dépenses qui paraissent manifestement hors de proportion avec le service rendu ou avec le coût des établissements et services fournissant des prestations comparables ;

4° *(Décr. n° 2016-1815 du 21 déc. 2016, art. 2-7°)* « Les dépenses » qui paraissent injustifiées ou dont le niveau paraît excessif, compte tenu des conditions de satisfaction des besoins de la population, ou de l'activité et des coûts des établissements et services fournissant des prestations comparables ; – *V. dispositions transitoires du Décr. n° 2016-1815 du 21 déc. 2016 ss. la sect. IV du présent chap.*

5° Les dépenses dont la prise en compte paraît incompatible avec les dotations limitatives de crédit mentionnées aux articles L. 313-8, *(Décr. n° 2008-87 du 24 janv. 2008, art. 2)* « L. 314-3 à L. 314-5 » au regard des orientations retenues par l'autorité de tarification, pour l'ensemble des établissements et services dont elle fixe le tarif ou pour certaines catégories d'entre eux ;

6° Les modifications qui découlent de l'affectation du résultat d'exercices antérieurs, conformément aux dispositions des articles R. 314-51 à R. 314-53. – *[Décr. n° 2003-1010 du 22 oct. 2003, art. 21.]*

Art. R. 314-23 Les propositions de modifications budgétaires mentionnées à l'article R. 314-22 sont motivées.

L'autorité de tarification peut les justifier au regard, notamment :

1° des règles d'imputation des dépenses mentionnées au sous-paragraphe 3 du paragraphe 3 de la présente sous-section ;

2° des dépenses réelles constatées au cours des exercices antérieurs, lorsqu'elles correspondent à des dépenses autorisées ;

3° du classement des personnes accueillies dans l'établissement ou le service par groupes iso-ressources, mentionnés au 2° du I de l'article R. 314-17, lorsque la réglementation applicable à l'établissement ou au service prévoit un tel classement ;

4° des besoins sociaux et médico-sociaux de la population ou de certaines catégories de la population, telles qu'elles sont notamment appréciées par le schéma d'organisation sociale et médico-sociale, mentionné à l'article L. 312-4, dont relève l'établissement ou service ;

5° des stipulations d'un contrat d'objectifs et de moyens mentionné à l'article L. 313-11, d'une convention mentionnée au I de l'article L. 313-12 ou de l'une des formules de coopération énumérées à l'article L. 312-7 ;

6° des coûts des établissements et services qui fournissent des prestations comparables, et notamment des coûts moyens et médians de certaines activités ou de certaines prestations, en vue de réduire les inégalités de dotation entre établissements et services ;

7° de la valeur des indicateurs calculés dans les conditions fixées à l'article R. 314-30, rapprochée des valeurs de ces mêmes indicateurs dans les établissements ou services qui fournissent des prestations comparables ;

8° des priorités qu'elle se fixe en matière d'action sociale, notamment celles mentionnées au deuxième alinéa de l'article L. 313-8 ;

9° des résultats des études diligentées conformément aux dispositions de l'article R. 314-61 ;

(Décr. n° 2006-642 du 31 mai 2006) « 10° des indicateurs de référence arrêtés en application de l'article R. 314-33-1. » — *[Décr. n° 2003-1010 du 22 oct. 2003, art. 22.]*

Art. R. 314-24 I. — Les propositions de modifications budgétaires mentionnées à l'article R. 314-22 peuvent être formulées à l'établissement ou au service par plusieurs courriers successifs. Ceux-ci doivent lui être transmis au plus tard douze jours *(Décr. n° 2006-422 du 7 avr. 2006)* « avant l'expiration des délais prévus à l'article R. 314-36 ».

II. — Dans un délai de huit jours après réception de chaque courrier, l'établissement ou le service doit faire connaître son éventuel désaccord avec la proposition de l'autorité de tarification.

L'établissement ou le service motive ce désaccord de manière circonstanciée, en indiquant notamment les raisons qui rendent impossible, selon lui, le respect du niveau de recettes ou de dépenses que l'autorité de tarification se propose de retenir. A ce titre, il indique :

1° pour les dépenses de personnel, en quoi les projets de promotion ou d'augmentation catégorielle de l'établissement ou du service sont insusceptibles d'être adaptés pour assurer le respect du niveau de dépenses que l'autorité de tarification se propose de retenir ;

2° pour les autres dépenses, les raisons qui rendent impossible toute modification de ses propositions budgétaires visant à les rendre compatibles avec le montant total de dépenses que l'autorité de tarification se propose de retenir.

(Décr. n° 2016-1815 du 21 déc. 2016, art. 2-8°) « II *bis.* — Les courriers mentionnés aux I et II peuvent être transmis par voie électronique. » — *V. dispositions transitoires du Décr. n° 2016-1815 du 21 déc. 2016 ss. la sect. IV du présent chap.*

III. — A défaut de réponse apportée dans les conditions et délai mentionnés au II, l'établissement ou le service est réputé avoir approuvé la modification proposée par l'autorité de tarification. — *[Décr. n° 2003-1010 du 22 oct. 2003, art. 23.]*

Art. R. 314-25 Avant le dépôt des propositions budgétaires, ou en cours de procédure contradictoire, l'autorité de tarification peut faire connaître à l'établissement ou au service un montant indicatif des dépenses globales qui pourraient lui être autorisées, compte tenu des hypothèses retenues, selon le cas, par le projet de loi de finances de l'État, le projet de loi de financement de la sécurité sociale ou le projet de budget du département concerné.

Ce montant indicatif peut être confirmé ou réajusté après l'adoption des montants limitatifs mentionnés aux articles L. 313-8, *(Décr. n° 2008-87 du 24 janv. 2008, art. 2)* « L. 314-3 à L. 314-5 ».

Ces informations ne lient pas l'autorité de tarification. L'absence de réponse de l'établissement ou du service ne vaut pas acquiescement. – *[Décr. n° 2003-1010 du 22 oct. 2003, art. 24.]*

SOUS-§ 3 ***Dépenses pouvant être prises en charge***

Art. R. 314-26 **Ne peuvent être prises** *[pris]* **en compte pour la fixation du tarif d'un établissement ou d'un service relevant du présent chapitre** *(Abrogé par Décr. n° 2016-1815 du 21 déc. 2016, art. 2-9°)* ***« , à l'exception des établissements relevant du I de l'article L. 313-12, pour lesquels s'appliquent les dispositions des articles R. 314-167 et R. 314-168 »*** **:**

1° les frais d'inhumation des personnes accueillies dans l'établissement ou le service, sauf lorsque ce dernier relève du 1° ou du 4° du I de l'article L. 312-1 ;

2° les frais médicaux, notamment dentaires, les frais paramédicaux, les frais pharmaceutiques et les frais de laboratoire, autres que ceux afférents aux soins qui correspondent aux missions de l'établissement ou du service ;

(Décr. n° 2010-344 du 31 mars 2010, art. 234) **« 3° le coût des soins dispensés par les établissements de santé autres que ceux autorisés à dispenser des soins de longue durée ; »**

4° le coût des dispositifs médicaux mentionnés à l'article L. 5211-1 du code de la santé publique, à l'exception de ceux qui figurent sur une liste arrêtée par les ministres chargés de la sécurité sociale et de l'action sociale ;

5° les dépenses afférentes aux équipements individuels qui compensent les incapacités motrices et sensorielles, lorsqu'ils sont également utilisés au domicile de la personne accueillie ou qu'ils ne correspondent pas aux missions de l'établissement ou du service ;

6° le coût des examens qui nécessitent le recours à un équipement matériel lourd au sens de l'article L. 6122-14 du code de la santé publique ;

7° les dépenses d'alimentation des personnes hébergées dans les appartements de coordination thérapeutique mentionnés au 9° du I de l'article L. 312-1 ;

8° les frais liés aux actions de prévention en santé publique, à l'exception des actes et traitements mentionnés *(Décr. n° 2015-1865 du 30 déc. 2015, art. 11-II-3°, en vigueur le 1er janv. 2016)* **« au 5° de l'article L. 160-8 du code de la sécurité sociale » ;**

(Décr. n° 2006-422 du 7 avr. 2006) **« 9° Les dotations aux amortissements et aux provisions pour congés à payer et charges sociales et fiscales y afférents, dont les modalités ne respectent pas les règles de l'instruction comptable des établissements publics sociaux et médico-sociaux. »**

V. dispositions transitoires du Décr. n° 2016-1815 du 21 déc. 2016 ss. la sect. IV du présent chap.

Art. R. 314-27 **Les frais des emprunts dont la durée est supérieure à un an, et les frais afférents aux investissements, ne peuvent être pris en compte** *(Abrogé par Décr. n° 2016-1815 du 21 déc. 2016, art. 2-10°)* ***« dans les dépenses autorisées »*** **que si ces emprunts ou ces investissements ont reçu, avant la date à laquelle est arrêtée la tarification, l'approbation de l'autorité de tarification dans les conditions fixées à l'article R. 314-20.** – *[Décr. n° 2003-1010 du 22 oct. 2003, art. 26.]*

V. dispositions transitoires du Décr. n° 2016-1815 du 21 déc. 2016 ss. la sect. IV du présent chap.

SOUS-§ 4 ***Tableaux de bord***

Art. R. 314-28 **Afin de permettre, notamment, des comparaisons de coûts entre les établissements ou services qui fournissent des prestations comparables, leur fonctionnement peut être décrit par un ou plusieurs indicateurs construits à partir de différentes mesures de leur activité ou de leurs moyens.**

La liste des indicateurs applicables à chaque catégorie d'établissements ou de services résultant, soit des dispositions du I de l'article L. 312-1, soit des décrets pris en

application du premier alinéa du II du même article, est appelée tableau de bord de cette catégorie. – *[Décr. n° 2003-1010 du 22 oct. 2003, art. 27.]*

V. Décr. n° 2022-1496 du 30 nov. 2022 portant création d'un traitement de données à caractère personnel dénommé « Tableau de bord de la performance dans le secteur médico-social » (JO 1er déc., NOR : APHA2222428D).

Art. R. 314-29 **I. – Les tableaux de bord mentionnés à l'article R. 314-28 sont fixés :**

1° par arrêté du ministre chargé de l'action sociale pour les établissements ou services financés par *(Décr. n° 2008-1500 du 30 déc. 2008)* **« le budget » de l'État ou les organismes** *(Décr. n° 2022-980 du 2 juill. 2022, art. 4-I)* **« de sécurité sociale » ;**

2° par arrêté du ministre de la justice pour les établissements ou services mentionnés au *b)* du III de l'article L. 314-1 ;

3° par arrêté conjoint du ministre de la justice et du ministre de l'intérieur pour les établissements ou services mentionnés au *a)* du III de l'article L. 314-1 ;

4° par arrêté conjoint du ministre chargé de l'action sociale et du ministre de l'intérieur pour les établissements ou services financés par l'aide sociale départementale qui ne relèvent pas des 1° à 3° ci-dessus.

II. – L'arrêté relatif au tableau de bord mentionne, pour chaque indicateur, les données à partir desquelles il est calculé, assorties des retraitements comptables nécessaires, et les modalités de son calcul.

Il fixe, le cas échéant, les conditions de validité de l'indicateur, en fonction notamment des caractéristiques des établissements ou services concernés. – *[Décr. n° 2003-1010 du 22 oct. 2003, art. 28.]*

V. Arr. du 10 avr. 2019 relatif à la généralisation du tableau de bord de la performance dans le secteur médico-social (JO 12 avr., NOR : SSAA1822234A), mod. par Arr. du 11 août 2022 (JO 17 août, NOR : APHA2222414A).

Art. R. 314-30 **I. – L'autorité de tarification procède, pour chaque établissement ou service, au calcul de la valeur des indicateurs qui lui sont applicables, sur la base des données transmises en application du 5° du I de l'article R. 314-17 lors des propositions budgétaires** *(Décr. n° 2006-422 du 7 avr. 2006)* **« et du 6° de l'article R. 314-49 à la clôture de l'exercice ».**

Elle procède, à cette fin, à tous les contrôles nécessaires sur l'exactitude et la cohérence des données transmises, et effectue d'office les redressements nécessaires.

Ces redressements sont indiqués à l'établissement ou au service si l'autorité de tarification fait usage de l'indicateur dans le cadre de la procédure contradictoire de fixation du tarif, conformément au 7° de l'article R. 314-23.

II. – Si l'établissement ou le service a, à bon droit, transmis les données relatives à l'une de ses activités au titre du 5° du II de l'article R. 314-17 *(Décr. n° 2006-422 du 7 avr. 2006)* **« et du 6° de l'article R. 314-49 », l'autorité de tarification procède au calcul des indicateurs correspondants dans les conditions décrites au I.**

Elle tient compte de ces indicateurs particuliers dans les propositions de modifications budgétaires qu'elle présente sur le fondement du 7° de l'article R. 314-23. – *[Décr. n° 2003-1010 du 22 oct. 2003, art. 29.]*

Art. R. 314-31 **Pour chaque catégorie d'établissement ou service dont la tarification relève exclusivement ou conjointement** *(Décr. n° 2010-344 du 31 mars 2010, art. 235)* **« de l'État ou de l'agence régionale de la santé, le préfet de région ou le directeur général de l'agence régionale de santé » rend publiques, chaque année, les valeurs moyennes et médianes des indicateurs du tableau de bord, calculées sur la base** *(Décr. n° 2006-422 du 7 avr. 2006)* **« des comptes du dernier exercice clos », dans le ressort de la région et de chacun des départements qui la composent.**

(Décr. n° 2006-422 du 7 avr. 2006) **« Les données relatives au calcul des indicateurs des établissements ou services dont l'autorité de tarification ne fait pas usage en application du dernier alinéa de l'article R. 314-32 ne sont pas intégrées dans le calcul des valeurs moyennes et médianes. »**

Le ministre chargé de l'action sociale rend publiques, dans les mêmes conditions, les valeurs moyennes et médianes nationales des tableaux de bord pour les catégories d'établissements ou services qui font l'objet d'un schéma d'organisation national, en application du 1° de l'article L. 312-5.

Ces valeurs moyennes et médianes peuvent être utilisées à titre indicatif par l'autorité de tarification dans le cadre de la procédure contradictoire de fixation du tarif.

La référence à ces valeurs moyennes et médianes n'est toutefois possible, au soutien d'une proposition de modification budgétaire, ou au soutien d'une demande de réduction d'écarts engagée sur le fondement de l'article R. 314-33, que s'il existe un nombre minimum d'établissements ou services comparables dans la circonscription considérée. Ce nombre est fixé, pour chaque indicateur, par l'arrêté mentionné à l'article R. 314-29. – *[Décr. n° 2003-1010 du 22 oct. 2003, art. 30.]*

Art. R. 314-32 Lorsqu'elle procède à des comparaisons fondées sur la valeur pour l'établissement ou le service des indicateurs figurant aux tableaux de bord, l'autorité de tarification veille, outre le respect des conditions de validité de ces indicateurs mentionnées au deuxième alinéa du II de l'article R. 314-29, aux spécificités particulières de chaque établissement ou service.

A ce titre, elle ne fait pas usage des indicateurs du tableau de bord qui sont manifestement inadaptés au fonctionnement particulier de l'établissement ou du service. – *[Décr. n° 2003-1010 du 22 oct. 2003, art. 31.]*

Art. R. 314-33 Lorsque, la valeur d'un indicateur du tableau de bord s'écarte de la valeur moyenne ou médiane de cet indicateur au niveau national, régional ou départemental, au-delà d'un certain pourcentage fixé par l'arrêté mentionné à l'article R. 314-29, l'autorité de tarification peut demander à l'établissement ou au service d'exposer les raisons qui justifient cet écart.

Compte tenu de la réponse de l'établissement ou du service, ou à défaut de réponse dans un délai d'un mois, l'autorité de tarification peut préciser à l'établissement ou au service la nature et l'ampleur des écarts dont elle requiert la réduction, et l'échéance à laquelle ce résultat doit être atteint.

Elle peut, par ailleurs, communiquer à l'établissement ou au service les conséquences qu'elle entend tirer de ces constats dans le cadre de la plus proche fixation de tarif. Les dispositions des II et III de l'article R. 314-24 sont applicables à cette communication. – *[Décr. n° 2003-1010 du 22 oct. 2003, art. 32.]*

Art. R. 314-33-1 *(Décr. n° 2006-642 du 31 mai 2006)* Pour des catégories d'établissements et de services analogues, les ministres chargés de l'action sociale et de la sécurité sociale peuvent fixer par arrêté des indicateurs nationaux de référence assortis, le cas échéant, d'une marge de tolérance.

Ces indicateurs de référence sont calculés sur la base d'un échantillon national représentatif d'établissement et services.

Les établissements ou les services dont les coûts se situent au-dessus de ces indicateurs nationaux de référence doivent préciser les raisons qui expliquent et justifient ces écarts.

SOUS-§ 5 *Décision d'autorisation budgétaire et de tarification*

Art. R. 314-34 *(Décr. n° 2016-1815 du 21 déc. 2016, art. 2-11°)* « I. – » Les recettes et dépenses prévisionnelles de l'établissement ou du service sont autorisées par l'autorité de tarification au niveau du montant global des charges et produits de chacun des groupes fonctionnels mentionnés au II de l'article R. 314-13, à l'exception des établissements hébergeant des personnes âgées dépendantes mentionnés *(Décr. n° 2016-1815 du 21 déc. 2016, art. 2-11°)* « aux I et II » de l'article L. 313-12, pour lesquels cette autorisation s'effectue au niveau du montant global des charges et des produits de chaque section d'imputation tarifaire.

L'autorité de tarification ne peut procéder à des abattements sur les propositions budgétaires de l'établissement que sur les points qui ont préalablement fait, de sa

part, l'objet d'une proposition de modification budgétaire, dans les conditions fixées par les articles R. 314-22 à R. 314-24.

Elle fixe, conformément aux recettes et dépenses autorisées, la tarification de l'établissement ou du service. La décision de tarification fixe sa date d'effet, qui ne peut lui être postérieure de plus d'un mois. — *[Décr. n° 2003-1010 du 22 oct. 2003, art. 33.]*

(Décr. n° 2016-1815 du 21 déc. 2016, art. 2-11°) **« II. — Ces dispositions ne s'appliquent pas à la détermination des forfaits soins et dépendance des établissements mentionnés aux I et II de l'article L. 313-12.**

« Elles ne s'appliquent pas non plus aux établissements et services pour lesquels un contrat pluriannuel d'objectifs et de moyens a été signé en application du IV *ter* de l'article L. 313-12 ou de l'article L. 313-12-2. »

V. dispositions transitoires du Décr. n° 2016-1815 du 21 déc. 2016 ss. la sect. IV du présent chap.

Art. R. 314-35 **Dans le cas où la tarification n'a pas été fixée avant le 1er janvier de l'exercice auquel elle se rapporte,** *(Décr. n° 2016-1815 du 21 déc. 2016, art. 2-12°)* **« et si un tarif de reconduction provisoire n'a pas été fixé, » les recettes de tarification de l'établissement ou du service continuent d'être liquidées et perçues dans les conditions applicables à l'exercice précédent, sous réserve des dispositions de l'article R. 314-38.** — *V. dispositions transitoires du Décr. n° 2016-1815 du 21 déc. 2016 ss. la sect. IV du présent chap.*

(Décr. n° 2006-642 du 31 mai 2006) **« Lorsque les tarifs journaliers sont fixés après le 1er janvier de l'exercice en cause, les nouveaux tarifs dont la date d'effet est précisée dans l'arrêté tarifaire sont calculés en prenant en compte, en application du précédent alinéa, les produits encaissés et à encaisser entre le 1er janvier et ladite date d'effet.**

« Le calcul des tarifs journaliers prend en compte les données suivantes :

« TB, tarif qui aurait été applicable au 1er janvier de l'exercice en cours si l'arrêté de tarification avait été pris avant cette date ;

« TA *n* – 1, tarif fixé pour l'exercice précédent (*n* – 1) ;

« Y, nombre de journées calendaires écoulées du 1er janvier jusqu'à la veille de la date fixée par l'arrêté ;

« et Z, nombre de journées prévisionnelles retenu pour l'exercice en cours,

« et la formule de calcul du tarif TA *n* applicable à l'exercice en cours à partir de la date fixée par l'arrêté est alors :

$$\text{« } TA\,n = TB + \frac{[(TB - TA\,n - 1) \times Y]}{Z - Y} \text{ ».}$$

Art. R. 314-36 **I. — La décision d'autorisation budgétaire est notifiée par l'autorité de tarification à l'établissement ou au service dans un délai de soixante jours qui court à compter :**

1° de la publication de l'arrêté fixant les dotations régionales limitatives en application *(Décr. n° 2006-1144 du 12 sept. 2006, art. 2)* **« des articles L. 314-3-2 et L. 314-3-3 », pour les établissements et services financés en tout ou partie par** *(Décr. n° 2022-980 du 2 juill. 2022, art. 4-I)* **« la sécurité sociale » ;**

2° de la publication de l'arrêté fixant les dotations régionales limitatives en application de l'article L. 314-4, pour les établissements et services mentionnés *(Décr. n° 2010-344 du 31 mars 2010, art. 236)* **« au *a* du 5°, au 8° et au 13° » du I de l'article L. 312-1** *(Décr. n° 2008-1500 du 30 déc. 2008)* **« ainsi qu'au I de l'article L. 361-1 » ;**

— V. Arr. du 26 août 2021 fixant les dotations régionales limitatives relatives aux frais de fonctionnement des services mandataires judiciaires à la protection des majeurs relevant du I de l'art. L. 361-1 CASF (JO 8 sept., NOR : SSAA2125244A).

3° de la publication de la délibération du conseil départemental fixant l'objectif annuel d'évolution des dépenses en application de l'article L. 313-8, pour les tarifs fixés par le président du conseil départemental ;

4° de la publication du décret portant répartition des crédits ouverts pour le ministère de la justice au titre de la loi de finances de l'année, pour les établissements et services mentionnés au 4° du I de l'article L. 312-1 et financés en tout ou partie par le budget de l'État ;

(Décr. nº 2006-1144 du 12 sept. 2006, art. 2) **« 5° de la publication de la décision du directeur de la Caisse nationale de solidarité pour l'autonomie fixant** *(Décr. nº 2010-344 du 31 mars 2010, art. 236)* **« les dotations régionales limitatives en application du II de l'article L. 314-3 », pour les établissements et services relevant de l'article L. 314-3-1. »**

Dans le cas d'une tarification arrêtée conjointement par le préfet *(Décr. nº 2010-344 du 31 mars 2010, art. 236)* **« ou le directeur général de l'agence régionale de santé » et le président du conseil départemental, le délai court à compter de la plus tardive des dates opposables à chacune des deux autorités.**

II. — Pour les établissements et services financés par *(Décr. nº 2022-980 du 2 juill. 2022, art. 4-I)* **« la sécurité sociale », la décision d'autorisation budgétaire et de tarification est également notifiée, dans le délai mentionné au I,** *(Abrogé par Décr. nº 2010-344 du 31 mars 2010, art. 236)* ***« à la caisse régionale d'assurance maladie et »*** **à la caisse d'assurance maladie qui verse le tarif.**

(Décr. nº 2011-936 du 1er août 2011, art. 3-3°) **« II *bis*. — Pour les services mentionnés au 14° du I de l'article L. 312-1, la décision d'autorisation budgétaire et de tarification est également notifiée, dans le délai mentionné au I, aux départements** *(Décr. nº 2015-1864 du 30 déc. 2015, art. 1er-1°, en vigueur le 1er janv. 2016)* **« concernés en application du I de l'article L. 361-1 ».**

« II *ter*. — Pour les services mentionnés au 15° du I de l'article L. 312-1, la décision d'autorisation budgétaire et de tarification est également notifiée, dans le délai mentionné au I, aux organismes locaux de sécurité sociale mentionnés à l'article R. 314-193-4 qui versent une quote-part de la dotation globale de financement. »

(Décr. nº 2016-1815 du 21 déc. 2016, art. 2-13°) **« II *quater*. — L'autorité de tarification peut transmettre la décision d'autorisation budgétaire et la décision de tarification par voie électronique. »**

III. — Les tarifs fixés par le préfet *(Décr. nº 2016-1815 du 21 déc. 2016, art. 2-13°)* **« ou le directeur général de l'agence régionale de santé », le cas échéant conjointement avec le président du conseil départemental, sont publiés au recueil des actes administratifs de la préfecture. Les tarifs fixés par le président du conseil départemental, le cas échéant conjointement avec le préfet** *(Décr. nº 2016-1815 du 21 déc. 2016, art. 2-13°)* **« ou le directeur général de l'agence régionale de santé », sont publiés au recueil des actes administratifs du département.** — *[Décr. nº 2003-1010 du 22 oct. 2003, art. 35.]*

V. dispositions transitoires du Décr. nº 2016-1815 du 21 déc. 2016 ss. la sect. IV du présent chap.

Art. R. 314-37 *(Décr. nº 2006-422 du 7 avr. 2006)* **I. — Dès qu'il reçoit notification de l'arrêté de tarification ou, en cas de tarifications multiples, du dernier arrêté de tarification, l'établissement public** *(Décr. nº 2016-1815 du 21 déc. 2016, art. 2-14°)* **« transmet aux autorités de tarification, dans les trente jours, un budget établi », conformément aux montants fixés par ces arrêtés** *(Abrogé par Décr. nº 2016-1815 du 21 déc. 2016, art. 2-14°)* ***« , dans le respect des formes prévues au paragraphe 2 de la présente sous-section, un budget exécutoire ou un budget exécutoire modificatif.***

« Ce budget est communiqué à l'autorité de tarification dans les trente jours qui suivent la notification de l'arrêté de tarification ». — *V. dispositions transitoires du Décr. nº 2016-1815 du 21 déc. 2016 ss. la sect. IV du présent chap.*

II. — Le budget exécutoire d'un établissement privé est communiqué à l'autorité de tarification en cours d'exercice lorsqu'il procède à des virements de crédits entre groupes fonctionnels en application du dernier alinéa de l'article R. 314-44 ou lorsqu'il propose une décision budgétaire modificative en application du III de l'article R. 314-46.

Dans les autres cas, il est transmis avec les propositions budgétaires de l'exercice suivant.

Art. R. 314-38 *(Décr. nº 2007-399 du 23 mars 2007)* « L'autorité de tarification procède d'office à la tarification dans le délai fixé au I de l'article R. 314-36 *(Abrogé par Décr. nº 2012-1331 du 29 nov. 2012, art. 3-7º)* « ***, après avis de la caisse régionale d'assurance maladie pour les établissements et services financés par l'assurance maladie*** » :

« 1º Dans le cas où les données mentionnées au 6º du I de l'article R. 314-49 n'ont pas été transmises dans le délai prévu au II de cet article ;

« 2º Dans le cas où les propositions budgétaires n'ont pas été transmises dans les conditions et délais prévus à l'article R. 314-3. »

Le premier versement du tarif ne peut être effectué qu'après la fixation de celui-ci. Toutefois, en l'attente de cette fixation, *(Décr. nº 2016-1815 du 21 déc. 2016, art. 2-14º)* « et si un tarif de reconduction provisoire n'a pas été fixé, » la tarification en vigueur lors de l'exercice précédent peut être reconduite, sous réserve de *[des]* modifications apportées par l'autorité de tarification *(Abrogé par Décr. nº 2012-1331 du 29 nov. 2012, art. 3-7º)* « ***après avis de la caisse régionale d'assurance maladie*** ». – *[Décr. nº 2003-1010 du 22 oct. 2003, art. 37.]*

V. dispositions transitoires du Décr. nº 2016-1815 du 21 déc. 2016 ss. la sect. IV du présent chap.

SOUS-§ 6 *Fixation pluriannuelle du budget*

Art. R. 314-39 *(Décr. nº 2016-1815 du 21 déc. 2016, art. 2-16º)* « En application de l'article L. 313-11, le » budget d'un établissement ou *[d'un]* service peut être fixé selon des modalités pluriannuelles, en vue notamment :

1º d'assurer une reconduction, actualisée chaque année selon des règles permanentes, de ressources allouées lors d'un exercice antérieur ;

2º de garantir la prise en charge, sur plusieurs années, des surcoûts résultant d'un programme d'investissement ou d'une restructuration de l'établissement ou du service ;

3º d'étager sur plusieurs années l'alignement des ressources de l'établissement ou du service sur celles des équipements comparables ;

4º de mettre en œuvre un programme de réduction des écarts, à la suite d'une procédure engagée sur le fondement de l'article R. 314-33. – *[Décr. nº 2003-1010 du 22 oct. 2003, art. 38.]*

V. dispositions transitoires du Décr. nº 2016-1815 du 21 déc. 2016 ss. la sect. IV du présent chap.

Art. R. 314-39-1 *(Décr. nº 2016-1815 du 21 déc. 2016, art. 2-17º)* Les contrats mentionnés au IV *ter* de l'article L. 313-12 et à l'article L. 313-12-2 fixent les éléments pluriannuels du budget des établissements et des services relevant de leur périmètre dans les conditions prévues au *[aux]* 1º, 2º ou 4º de l'article R. 314-40.

Les budgets de commercialisation et de production d'un établissement ou *[d'un]* service relevant du *a* du 5º du I de l'article L. 312-1 sont retracés au sein du contrat pluriannuel d'objectifs et de moyens.

Les budgets des activités d'un établissement mentionné à l'article L. 315-9 qui relèvent de la compétence tarifaire du préfet sont présentés au sein du contrat pluriannuel d'objectifs et de moyens. Il en est de même lorsqu'une activité, bien que relevant de la compétence tarifaire du directeur général de l'agence régionale de santé ou du président du conseil départemental, n'est pas incluse dans le périmètre du contrat.

Les budgets relatifs aux dotations non affectées ou aux services industriels et commerciaux mentionnés à l'article R. 314-74 sont retracés au sein du contrat pluriannuel d'objectifs et de moyens.

Les contrats pluriannuels d'objectifs et de moyens signés en application du IV *ter* de l'article L. 313-12 ou de l'article L. 313-12-2 sont soumis à une présentation budgétaire et tarifaire sous la forme d'un état des prévisions de recettes et de dépenses, dans les conditions définies au présent chapitre.

V. dispositions transitoires du Décr. nº 2016-1815 du 21 déc. 2016 ss. la sect. IV du présent chap.

Art. R. 314-39-2 *(Décr. nº 2016-1815 du 21 déc. 2016, art. 2-17º)* Les contrats mentionnés aux articles R. 314-39 et R. 314-39-1 fixent leur date d'entrée en vigueur. — *V. dispositions transitoires du Décr. nº 2016-1815 du 21 déc. 2016 ss. la sect. IV du présent chap.*

Art. R. 314-40 Les éléments pluriannuels du budget sont fixés dans le cadre, soit du contrat pluriannuel prévu *(Décr. nº 2016-1815 du 21 déc. 2016, art. 2-18º)* « à l'article L. 313-11, au IV *ter* de l'article L. 313-12 et à l'article L. 313-12-2 », soit de la convention pluriannuelle mentionnée au I de l'article L. 313-12.

Le contrat ou la convention comportent alors un volet financier qui fixe, par groupes fonctionnels ou par section tarifaire selon la catégorie d'établissement ou de service, et pour la durée de la convention, les modalités de fixation annuelle de la tarification.

Ces modalités peuvent consister :

1º soit en l'application directe à l'établissement ou au service du taux d'*(Décr. nº 2016-1815 du 21 déc. 2016, art. 2-18º)* « actualisation » des dotations régionales limitatives mentionnées aux articles *(Décr. nº 2016-1815 du 21 déc. 2016, art. 2-18º)* « L. 314-3, L. 314-3-2 et L. 314-4 ou d'un objectif annuel ou pluriannuel d'évolution des dépenses délibéré par la collectivité départementale mentionnée à l'article L. 313-8 » ;

2º soit en l'application d'une formule fixe d'actualisation ou de revalorisation ;

3º soit en la conclusion d'avenants annuels d'actualisation ou de revalorisation ;

(Décr. nº 2016-1815 du 21 déc. 2016, art. 2-18º) « 4º soit en l'application d'une équation tarifaire, d'un tarif plafond ou d'un algorithme. » — *[Décr. nº 2003-1010 du 22 oct. 2003, art. 39.]*

V. dispositions transitoires du Décr. nº 2016-1815 du 21 déc. 2016 ss. la sect. IV du présent chap.

Art. R. 314-41 *Abrogé par Décr. nº 2010-344 du 31 mars 2010, art. 237.*

Art. R. 314-42 I. — Si le volet financier du contrat ou de la convention mentionnés à l'article R. 314-40 stipule que la tarification de l'établissement ou du service est intégralement fixée selon l'une des modalités mentionnées *(Décr. nº 2016-1815 du 21 déc. 2016, art. 2-19º)* au *[aux]* « 1º, 2º ou 4º » du même article, le contrat ou la convention *(Décr. nº 2016-1815 du 21 déc. 2016, art. 2-19º)* « prévoient » que la fixation annuelle du tarif n'est pas soumise à la procédure contradictoire définie au sous-paragraphe 2 du paragraphe 3 de la présente sous-section.

Le contrat ou la convention indique alors ceux des documents mentionnés aux articles R. 314-14 et R. 314-17 que l'établissement ou le service doit transmettre chaque année à l'autorité de tarification, et les délais dans lesquels cette transmission doit avoir lieu.

(Décr. nº 2016-1815 du 21 déc. 2016, art. 2-19º) « II. — Lorsque le contrat pluriannuel d'objectifs et de moyens est signé en application du IV *ter* de l'article L. 313-12 ou de l'article L. 313-12-2, le contrat ne peut pas déroger aux règles d'établissement et de transmission d'un état des prévisions de recettes et de dépenses et d'un état réalisé des recettes et des dépenses.

« III. — Indépendamment de la mise en œuvre des articles L. 313-14-1 ou R. 314-62, le volet financier des contrats pluriannuels d'objectifs et de moyens peut comporter un contrat de retour à l'équilibre financier.

« IV. — Par dérogation aux dispositions de l'article R. 314-88, lorsque le contrat pluriannuel d'objectifs et de moyens comprend l'ensemble des établissements et services gérés par l'organisme privé non lucratif, le renouvellement de l'autorisation mentionnée à l'article R. 314-87 peut être accordé sur le fondement d'une demande simplifiée. »

V. dispositions transitoires du Décr. nº 2016-1815 du 21 déc. 2016 ss. la sect. IV du présent chap.

Art. R. 314-43 Lorsqu'ils font application des dispositions du I de l'article R. 314-42, le contrat ou la convention peuvent prévoir, par dérogation au I de l'article R. 314-51 *(Décr. nº 2006-422 du 7 avr. 2006)* « et à l'article R. 314-104, » que l'affectation des résultats est librement décidée par l'établissement ou le service, dans le respect des règles fixées aux II, III et IV *(Décr. nº 2006-422 du 7 avr. 2006)* « de l'article R. 314-51 ou de l'article R. 314-104 ». – *[Décr. nº 2003-1010 du 22 oct. 2003, art. 42.]*

(Décr. nº 2016-1815 du 21 déc. 2016, art. 2-20º) « Lorsque le contrat pluriannuel d'objectifs et de moyens est signé en application du IV *ter* de l'article L. 313-12 ou de l'article L. 313-12-2, ce contrat prévoit les modalités d'affectation de ces résultats *(Décr. nº 2018-519 du 27 juin 2018, art. 1er)* « par l'établissement public ou le gestionnaire » en lien avec ses objectifs, conformément aux règles d'affectation définies à la sous-section 7 de la section 4 du présent chapitre. » *(Abrogé par Décr. nº 2018-519 du 27 juin 2018, art. 1er)* ***« Celles-ci peuvent prévoir le report à nouveau pour tout ou partie d'un excédent comptable en diminution du tarif de l'exercice sur lequel cet excédent est constaté ou de l'exercice qui suit, sauf pour les établissements mentionnés aux I et II de l'article L. 313-12.***

« Ces reports à nouveau tiennent compte de l'activité et des perspectives financières des établissements et services, au regard notamment d'un plan d'investissement. » – *V. dispositions transitoires du Décr. nº 2016-1815 du 21 déc. 2016 ss. la sect. IV du présent chap.*

Art. R. 314-43-1 *(Décr. nº 2006-422 du 7 avr. 2006)* Dans le cadre des contrats mentionnés *(Décr. nº 2016-1815 du 21 déc. 2016, art. 2-21º)* « à l'article L. 313-11, au IV *ter* de l'article L. 313-12 et à l'article L. 313-12-2 », la fixation pluriannuelle du montant global des dépenses nettes autorisées *(Décr. nº 2016-1815 du 21 déc. 2016, art. 2-21º)* « ou des dotations et forfaits globaux » peut être commune à plusieurs établissements et services, gérés par la même personne morale et relevant de la même autorité de tarification et des mêmes financements.

Ce budget pluriannuel peut prendre la forme d'une dotation globalisée pour ces établissements et services. Elle est versée dans les conditions prévues aux articles R. 314-107 et R. 314-108 ou R. 314-111 et R. 314-112 ou R. 314-115 à R. 314-117.

L'arrêté de tarification fixe chaque année le montant de la dotation globalisée ainsi que sa répartition prévisionnelle entre les différents établissements et services concernés. En cours d'exercice budgétaire, il peut être procédé par décisions modificatives des établissements et services concernés à une nouvelle répartition de la dotation globalisée, dans la limite de ce montant.

(Décr. nº 2016-1815 du 21 déc. 2016, art. 2-21º) « Cette décision modificative est soumise à l'approbation de l'autorité de tarification conformément à l'article R. 314-46, lorsque le contrat relève de l'article L. 313-11, ou à l'article R. 314-231, lorsqu'il relève du IV *ter* de l'article L. 313-12 ou de l'article L. 313-12-2.

« Lorsque le financement d'un au moins des établissements ou services est déterminé en application du 4º de l'article R. 314-40, les redéploiements opérés par la personne morale gestionnaire ne valent que pour l'exercice en cours.

« Lorsque la dotation globalisée est financée sur l'objectif global de dépenses mentionné à l'article L. 314-3 et porte sur des établissements et services implantés dans plusieurs départements d'une même région, une caisse pivot régionale peut être désignée dans les conditions fixées par le code de la sécurité sociale. »

V. dispositions transitoires du Décr. nº 2016-1815 du 21 déc. 2016 ss. la sect. IV du présent chap.

Art. R. 314-43-2 *(Décr. nº 2018-519 du 27 juin 2018, art. 1er)* I. – Le contrat mentionné au IV *ter* de l'article L. 313-12, pour les établissements et services définis au troisième alinéa du A de ce IV *ter*, et le contrat mentionné à l'article L. 313-12-2 peuvent prévoir une modulation de la dotation ou du forfait global en fonction d'objectifs d'activité contractualisés.

II. – L'activité s'apprécie en fonction des catégories d'établissements et services au regard de la nature de leurs missions et de leurs modes de fonctionnement, par des indicateurs inscrits dans le contrat. Elle est, sauf clause contraire justifiée par la spécificité des missions ou des modes de fonctionnement, évaluée au moyen d'un ou plusieurs des indicateurs suivants :

1º Le taux d'occupation, calculé en divisant le nombre de journées réalisées dans l'année par l'établissement ou le service par le nombre de journées théoriques correspondant à la capacité autorisée et financée multiplié par le nombre de journées d'ouverture de l'établissement ou du service ;

2° Le nombre de personnes accompagnées au cours de l'année civile ;

3° Le nombre de prestations réalisées au cours de l'année civile.

III. — Si l'activité réalisée est inférieure aux objectifs définis dans le contrat, et sous réserve de circonstances particulières justifiant tout ou partie de cette sous-activité, la dotation globale ou le forfait global peuvent faire l'objet d'un abattement, dont le projet est communiqué préalablement à l'organisme gestionnaire.

Le pourcentage d'abattement de la dotation globale ou du forfait global est défini par établissement et service. Il est déterminé selon des modalités prévues par le contrat et ne peut être supérieur au pourcentage correspondant à la moitié de la différence entre l'objectif d'activité fixé dans le contrat et l'activité effectivement constatée. Celle-ci se fonde sur la dernière mesure de l'activité connue.

Le directeur général de l'agence régionale de santé et, le cas échéant, le président du conseil départemental territorialement compétent, notifient à l'organisme gestionnaire, concomitamment à la notification du tarif, l'abattement dont celui-ci a fait l'objet en application du présent article.

Art. R. 314-43-3 *(Décr. nº 2023-1428 du 29 déc. 2023, art. 1er-1º)* Lorsque, en application des dispositions du IV *ter* de l'article L. 313-12 ou de l'article L. 313-12-2, à l'occasion du renouvellement du contrat, il est tenu compte, pour fixer la tarification de l'établissement ou du service, de la part des reports à nouveau excédentaires ou des réserves figurant dans ses comptes et dont le niveau n'est pas justifié par les conditions d'exploitation résultant des obligations et objectifs fixés par le contrat, ces reports ou ces réserves sont exclusivement ceux issus des produits de la tarification ou des subventions versés à l'établissement ou au service par l'État, l'agence régionale de santé, les collectivités territoriales et leurs établissements publics, ou par les organismes de sécurité sociale.

La modulation tarifaire opérée en application de ces dispositions peut porter, le cas échéant de manière inégale, sur les tarifs applicables à tout ou partie des années couvertes par le nouveau contrat. Son impact sur les recettes de l'établissement ou du service ne peut excéder, sur la durée du nouveau contrat, la moitié du montant des reports et réserves injustifiés.

Les dispositions du 1º de l'art. 1er du Décr. nº 2023-1428 du 29 déc. 2023 sont applicables aux contrats pluriannuels d'objectifs et de moyens mentionnés au IV ter de l'art. L. 313-12 et à l'art. L. 313-12-2 CASF renouvelés à compter du 1er janv. 2025 (Décr. préc., art. 2).

Art. R. 314-43-4 *(Décr. nº 2023-1428 du 29 déc. 2023, art. 1er-1º)* La modulation tarifaire mentionnée à l'article R. 314-43-3 est établie à partir d'une analyse de la situation financière de l'établissement ou du service fondée sur l'état des prévisions de recettes et de dépenses mentionné au dernier alinéa de l'article R. 314-39-1, le dernier état réalisé des recettes et des dépenses mentionné à l'article R. 314-232 et, lorsque le contrat couvre plusieurs établissements ou services, les documents comptables propres à l'établissement ou au service concerné. Elle tient compte du projet d'établissement ou de service mentionné à l'article L. 311-8 et, le cas échéant, du plan pluriannuel d'investissement, en cours et à venir, mentionné à l'article R. 314-20. — *V. note ss. art. R. 314-43-3.*

Art. R. 314-43-5 *(Décr. nº 2023-1428 du 29 déc. 2023, art. 1er-1º)* Lorsqu'il est fait application de la modulation tarifaire mentionnée à l'article R. 314-43-3, une fraction du montant des réserves injustifiées de l'établissement ou du service est transférée au compte de réserve de compensation des déficits. Cette fraction, dont le nouveau contrat précise le montant, ne peut excéder la moitié de ces réserves. — *V. note ss. art. R. 314-43-3.*

§ 4 Exécution du budget

SOUS-§ 1 *Modifications budgétaires et gestion financière en cours d'exercice*

Art. R. 314-44 Les virements de crédits, au sens du présent chapitre, sont des mouvements de compte à compte qui permettent le financement de charges nouvelles ou plus importantes que celles prévues au budget exécutoire, par des économies d'un montant identique sur d'autres dépenses prévues au même budget.

Les virements de crédit ne sont pas soumis à l'approbation de l'autorité de tarification.

Les virements de crédit entre deux groupes fonctionnels ou deux sections d'exploitation différents sont toutefois portés sans délai à la connaissance de l'autorité de tarification. — *[Décr. n° 2003-1010 du 22 oct. 2003, art. 43.]*

Art. R. 314-45 Aucun virement de crédit ne peut être opéré avant que le budget exécutoire ait été transmis à l'autorité de tarification.

Les virements de crédit doivent, par ailleurs, respecter les principes suivants :

1° aucun virement ne peut être opéré par ponction sur des sommes destinées à couvrir des charges certaines de l'exercice, notamment la rémunération du personnel effectivement en activité dans l'établissement ou le service ;

2° aucun virement ne peut être opéré pour financer des charges durables par des économies provisoires ;

3° les économies réalisables sur des charges de personnel doivent être employées en priorité au provisionnement adéquat des charges afférentes aux départs à la retraite et au compte épargne-temps ;

4° un virement ne doit pas entraîner d'augmentation des charges d'exploitation sur les exercices suivants.

Les virements de crédits qui ne respectent pas les principes fixés au présent article sont assimilés à des décisions budgétaires modificatives, et soumis à la procédure d'approbation prévue au II de l'article R. 314-46. — *[Décr. n° 2003-1010 du 22 oct. 2003, art. 44.]*

Art. R. 314-45-1 *(Décr. n° 2016-1815 du 21 déc. 2016, art. 2-22°)* Pour les établissements et services qui relèvent de l'article L. 315-1, les virements de crédits entre groupes fonctionnels sont autorisés par délibération du conseil d'administration.

Ils sont portés sans délai à la connaissance du comptable public.

V. dispositions transitoires du Décr. n° 2016-1815 du 21 déc. 2016 ss. la sect. IV du présent chap.

Art. R. 314-46 I. — Les décisions budgétaires modificatives, au sens du présent chapitre, visent à financer des charges nouvelles ou plus importantes que celles prévues au budget exécutoire par des recettes nouvelles ou plus importantes.

II. — Les décisions budgétaires modificatives dont le financement ne fait pas appel aux produits de la tarification sont transmises à l'autorité de tarification avant leur mise en œuvre. Elles ne sont pas soumises à son approbation.

Les décisions budgétaires modificatives dont le financement suppose une révision du tarif de l'exercice sont soumises à l'approbation de l'autorité de tarification. L'accord de cette dernière est réputé acquis à défaut de notification d'une réponse de sa part dans un délai de soixante jours suivant le dépôt de la demande.

III. — Les décisions budgétaires modificatives ne peuvent être approuvées que :

1° en cas de modification importante et imprévisible des conditions économiques, de nature à provoquer un accroissement substantiel des charges ;

2° en cas de modification importante du profil des personnes accueillies par l'établissement ou le service, appréciée et évaluée selon des critères médicaux et économiques, notamment au regard des groupes iso-ressources mentionnés au 2° du I de l'article R. 314-17 ;

3° en cas de modification importante et imprévisible de l'activité ;

4° en cas de réalisation d'une étude demandée sur le fondement de l'article R. 314-61.

IV. — A la suite d'une approbation, tacite ou expresse, de la demande de décision budgétaire modificative, l'autorité de tarification modifie le tarif dans un délai de quinze jours.

(Décr. n° 2006-422 du 7 avr. 2006) « V. — Après accord de l'autorité de tarification, l'établissement ou le service peut cependant solliciter une décision budgétaire modifi-

cative entraînant une révision des tarifs de prestations après le 31 octobre de l'exercice auquel elle se rapporte. »

Art. R. 314-47 L'autorité de tarification peut, en cours d'exercice budgétaire et par décision motivée, modifier d'office le montant approuvé des groupes fonctionnels ou des sections tarifaires dans les cas suivants :

(Abrogé par Décr. nº 2016-1815 du 21 déc. 2016, art. 2-23º) ***« 1º la modification, postérieurement à la fixation du tarif, de l'objectif national des dépenses d'assurance maladie ; »***

1º la modification, postérieurement à la fixation du tarif, des dotations limitatives mentionnées aux articles L. 313-8, L. 314-3, *(Décr. nº 2016-1815 du 21 déc. 2016, art. 2-23º)* « L. 314-3-2 » et L. 314-4 ;

2º la prise en compte d'une décision du juge du tarif ;

3º *(Décr. nº 2006-422 du 7 avr. 2006)* « en cas d'affectation des résultats dès l'exercice en cours, en application du 1º du II ou du III de l'article R. 314-51 ». – *Les 2º, 3º et 4º deviennent respectivement les 1º, 2º et 3º (Décr. nº 2016-1815 du 21 déc. 2016, art. 2-23º).*

Dès la notification du nouveau montant des groupes fonctionnels ou des sections tarifaires approuvés et de la valeur correspondante du tarif, l'établissement ou le service établit et transmet, conformément aux dispositions de l'article R. 314-37, un nouveau budget exécutoire. – *[Décr. nº 2003-1010 du 22 oct. 2003, art. 46.]*

V. dispositions transitoires du Décr. nº 2016-1815 du 21 déc. 2016 ss. la sect. IV du présent chap.

Art. R. 314-48 I. – Les établissements et services peuvent établir, à partir du bilan comptable *(Abrogé par Décr. nº 2016-1815 du 21 déc. 2016, art. 2-24º)* ***« mentionné au 1º du I de l'article R. 314-49 »***, un bilan financier dont le modèle est fixé par arrêté du ministre chargé de l'action sociale. – *V. dispositions transitoires du Décr. nº 2016-1815 du 21 déc. 2016 ss. la sect. IV du présent chap. – V. Arr. du 22 oct. 2003 (JO 24 oct.), mod. en dernier lieu par Arr. du 15 déc. 2020 (JO 20 déc., NOR : SSAA2030779A).*

II. – Si le bilan financier établit, sur trois exercices successifs, que les comptes de réserve de trésorerie couvrent le besoin en fonds de roulement de l'établissement ou du service, ce dernier peut procéder à une reprise de ces réserves, à un niveau qui ne peut en aucun cas excéder la plus haute différence observée, sur les trois exercices en cause, entre cette réserve et le besoin en fonds de roulement.

III. – Le besoin en fonds de roulement mentionné au II ci-dessus est égal à la différence entre, d'une part, les comptes de stocks, les charges constatées d'avance et les comptes de créances, notamment sur les usagers et les organismes payeurs, et d'autre part les comptes de dettes à l'égard des fournisseurs d'exploitation, les comptes de dettes sociales et fiscales, les produits constatés d'avance, les ressources à reverser à l'aide sociale et les fonds déposés ou reçus à l'exception de ceux des majeurs protégés. Les montants de ces comptes sont ceux qui figurent au bilan financier mentionné au I ci-dessus.

IV. – La reprise des réserves de trésorerie est soumise à l'accord de l'autorité de tarification, qui en approuve aussi le montant *(Décr. nº 2008-1500 du 30 déc. 2008)* « lequel doit être affecté au financement d'opérations d'investissement en application du 2º du II de l'article R. 314-51 ». – *[Décr. nº 2003-1010 du 22 oct. 2003, art. 47.]*

SOUS-§ 2 *Compte administratif de clôture*

Art. R. 314-49 I. – A la clôture de l'exercice, il est établi un compte administratif qui comporte :

1º le compte de résultat de l'exercice et le bilan comptable propre à l'établissement ou au service ;

2º l'état des dépenses de personnel issu notamment de la déclaration annuelle des salaires ;

3º une annexe comprenant un état synthétique des mouvements d'immobilisations de l'exercice, un état synthétique des amortissements de l'exercice, un état des emprunts et des frais financiers, un état synthétique des provisions de l'exercice et un état des échéances des dettes et des créances ;

4° l'état réalisé de la section d'investissement ;

5° les documents mentionnés aux 2° et 3° du I de l'article R. 314-17, ainsi que, le cas échéant, les documents mentionnés aux *(Décr. nº 2007-828 du 11 mai 2007, art. 4)* « 1° et 2° du II » du même article, actualisés au 31 décembre de l'exercice ;

(Décr. nº 2006-422 du 7 avr. 2006) « 6° Les données de ce dernier exercice clos nécessaires au calcul des indicateurs applicables à l'établissement et au service mentionnés à l'article R. 314-28. »

II. — Le compte administratif est transmis à l'autorité de tarification avant le 30 avril de l'année qui suit celle de l'exercice. Il est accompagné du rapport d'activité mentionné à l'article R. 314-50. *(Décr. nº 2022-734 du 28 avr. 2022, art. 1er-4°)* « Pour les établissements et services qui relèvent de l'article L. 315-1, il est également accompagné du compte de gestion mentionné à l'article R. 314-73.

« Lorsque l'organisme gestionnaire de l'établissement ou du service est soumis à l'obligation de nommer au moins un commissaire aux comptes, une copie du rapport du commissaire aux comptes correspondant à l'exercice concerné, ainsi que ses annexes, sont transmis sans délai à l'autorité de tarification après l'approbation des comptes sociaux. » — *Les dispositions du 4° de l'art. 1er du Décr. nº 2022-734 du 28 avr. 2022 sont applicables à compter de l'exercice budgétaire et comptable pour l'année 2022 (Décr. préc., art. 3-II).*

III. — Le modèle de présentation du compte administratif et des documents qui le composent est fixé par arrêté du ministre chargé de l'action sociale. — *[Décr. nº 2003-1010 du 22 oct. 2003, art. 48.]*

V. Arr. du 26 déc. 2007 fixant le cadre normalisé de présentation du compte administratif des établissements et services sociaux et médico-sociaux prévu à l'art. R. 314-49 CASF (JO 15 janv.), mod. en dernier lieu par Arr. du 15 déc. 2020 (JO 20 déc., NOR : SSAA2030779A).

Art. R. 314-50 I. — Un rapport d'activité, établi par une personne ayant qualité pour représenter l'établissement ou le service, est joint au compte administratif et décrit, pour l'exercice auquel se rapporte ce compte, l'activité et le fonctionnement de l'établissement ou du service.

Les informations qui doivent figurer dans le rapport, au titre de la description de l'activité et du fonctionnement, sont fixées par arrêté des ministres compétents pour fixer, pour chaque catégorie d'établissements ou de services, les tableaux de bord mentionnés à l'article R. 314-29. — *V. Arr. du 3 févr. 2017 (JO 23 mars).*

II. — Le rapport d'activité expose également, de façon précise et chiffrée, les raisons qui expliquent le résultat d'exploitation, notamment celles tenant à l'évolution des prix, à la politique de recrutement et de rémunération des personnels, à l'organisation du travail et à la politique d'amortissement des investissements.

En cas de déficit, le rapport doit préciser les mesures qui ont été mises en œuvre pour parvenir à l'équilibre et les raisons pour lesquelles celui-ci n'a pas été atteint. — *[Décr. nº 2003-1010 du 22 oct. 2003, art. 49.]*

Art. R. 314-51 I. — L'affectation du résultat du budget général, ou le cas échéant des budgets principal et annexes, ainsi que, pour les établissements mentionnés au I de l'article L. 313-12, de chaque section d'imputation tarifaire, est décidée par l'autorité de tarification. Celle-ci tient compte des circonstances qui expliquent le résultat.

II. — L'excédent d'exploitation peut être affecté :

1° à la réduction des charges d'exploitation de l'exercice au cours duquel il est constaté, ou de l'exercice qui suit ;

2° au financement de mesures d'investissement ;

3° au financement de mesures d'exploitation n'accroissant pas les charges d'exploitation des exercices suivant celui auquel le résultat est affecté ;

4° à un compte de réserve de compensation ;

5° à un compte de réserve de trésorerie dans la limite de la couverture du besoin en fonds de roulement, tel que défini au III de l'article R. 314-48 ;

(Décr. nº 2006-422 du 7 avr. 2006) « 6° à un compte d'excédent affecté à la compensation des charges d'amortissement des équipements, agencements et installations de mise aux normes de sécurité. »

III. – Le déficit est couvert en priorité par reprise sur le compte de réserve de compensation, le surplus étant ajouté aux charges d'exploitation de l'exercice au cours duquel le déficit est constaté, ou de l'exercice qui suit. En cas de circonstances exceptionnelles, la reprise du déficit peut être étalée sur trois exercices.

IV. – Les résultats du budget principal et des budgets annexes sont affectés aux budgets dont ils sont issus. – *[Décr. nº 2003-1010 du 22 oct. 2003, art. 50.]*

Art. R. 314-52 L'autorité de tarification peut, avant de procéder à l'affectation d'un résultat, *(Décr. nº 2016-1815 du 21 déc. 2016, art. 2-25º)* « rejeter » les dépenses qui sont manifestement étrangères, par leur nature ou par leur importance, à celles qui avaient été envisagées lors de la procédure de fixation du tarif, et qui ne sont pas justifiées par les nécessités de la gestion normale de l'établissement. – *[Décr. nº 2003-1010 du 22 oct. 2003, art. 51.]*

(Décr. nº 2016-1815 du 21 déc. 2016, art. 2-25º) « L'autorité de tarification tient compte de ce rejet dans la fixation du tarif de l'exercice *(Décr. nº 2022-734 du 28 avr. 2022, art. 1er-5º)* « durant lequel est constaté*[e]* la dépense irrégulière sur un exercice passé, ou sur l'exercice qui suit, dans une limite de cinq ans après la réception du compte administratif de clôture afférent à l'exercice auquel se rattache la dépense ». »

V. dispositions transitoires du Décr. nº 2016-1815 du 21 déc. 2016 ss. la sect. IV du présent chap.

Art. R. 314-53 La décision motivée par laquelle l'autorité de tarification affecte le résultat *(Abrogé par Décr. nº 2016-1815 du 21 déc. 2016, art. 2-26º)* « *, après en avoir le cas échéant réformé le montant dans les conditions prévues à l'article R. 314-52,* » est notifiée à l'établissement dans le cadre de la procédure de fixation du tarif de l'exercice sur lequel ce résultat est affecté. – *[Décr. nº 2003-1010 du 22 oct. 2003, art. 52.]*

V. dispositions transitoires du Décr. nº 2016-1815 du 21 déc. 2016 ss. la sect. IV du présent chap.

Art. R. 314-54 Par dérogation aux dispositions du I de l'article R. 314-51, les établissements et services peuvent fixer eux-mêmes l'affectation du résultat de l'un de leurs budgets, général, principal ou annexe, lorsque les recettes issues de la tarification représentent moins de la moitié des recettes d'exploitation du budget en question. Cette affectation doit respecter les dispositions des II, III et IV de l'article R. 314-51.

Les dispositions de l'alinéa précédent ne sont pas applicables aux établissements mentionnés au I de l'article L. 313-12. Ceux-ci peuvent toutefois fixer eux-mêmes l'affectation du résultat *(Décr. nº 2006-422 du 7 avr. 2006)* « des sections tarifaires afférentes à l'hébergement et à la dépendance », si les produits *(Décr. nº 2006-422 du 7 avr. 2006)* « des tarifs relatifs à l'hébergement ou à la dépendance », versés par le département qui fixe ce tarif, représentent moins de la moitié *(Décr. nº 2006-422 du 7 avr. 2006)* « des produits de la tarification de chacune de ces sections tarifaires ». Cette affectation doit respecter les dispositions des II, III et IV de l'article R. 314-51. – *[Décr. nº 2003-1010 du 22 oct. 2003, art. 53.]*

Art. R. 314-55 *(Décr. nº 2008-1500 du 30 déc. 2008)* En cas d'absence de transmission du compte administratif dans les délais fixés au II de l'article R. 314-49, l'autorité de tarification fixe d'office le montant et l'affectation du résultat en respectant les dispositions prévues aux II, III et IV de l'article R. 314-51. – *[Décr. nº 2003-1010 du 22 oct. 2003, art. 54.]*

SOUS-§ 3 *Dispositions diverses*

(Décr. nº 2022-734 du 28 avr. 2022, art. 1er-6º)

Art. R. 314-55-1 Les rabais, remises et ristournes obtenus auprès des fournisseurs sont imputés sur les budgets des établissements et services sur lesquels sont enregistrées les charges correspondantes.

Lorsque les rabais, remises et ristournes obtenus concernent le budget de plusieurs établissements ou services et ne peuvent être individualisés, ils sont répartis proportionnellement aux montants des charges correspondantes.

§ 5 Contrôle et évaluation

SOUS-§ 1 *Obligations des établissements et services*

Art. R. 314-56 **Au titre de leurs activités prises en charge par les produits de la tarification, les établissements et services sociaux et médico-sociaux, et la personne morale qui en assure la gestion, doivent être à tout moment en mesure de produire aux autorités de tarification ou de contrôle, sur leur demande, les pièces qui attestent du respect de leurs obligations financières, sociales et fiscales, ainsi que toute pièce dont l'établissement ou la détention sont légalement requis.**

Ces documents sont mis à la disposition des agents vérificateurs dans les lieux et les délais qu'ils fixent. – *[Décr. nº 2003-1010 du 22 oct. 2003, art. 55.]*

Art. R. 314-57 **L'inventaire des équipements et des matériels ainsi que l'état des propriétés foncières et immobilières sont tenus à la disposition des autorités de tarification ou de contrôle.** – *[Décr. nº 2003-1010 du 22 oct. 2003, art. 56.]*

Art. R. 314-58 **En vue de l'examen de** *(Décr. nº 2016-1815 du 21 déc. 2016, art. 2-27º)* **« leurs documents de clôture d'un exercice comptable », et dans l'année qui suit** *(Décr. nº 2016-1815 du 21 déc. 2016, art. 2-27º)* **« leur » transmission, les établissements et services tiennent à la disposition de l'autorité de tarification les pièces permettant de connaître les conditions dans lesquelles ils ont choisi leurs prestataires et leurs fournisseurs les plus importants.** – *[Décr. nº 2003-1010 du 22 oct. 2003, art. 57.]*

V. dispositions transitoires du Décr. nº 2016-1815 du 21 déc. 2016 ss. la sect. IV du présent chap.

Art. R. 314-59 **Lorsqu'il doit être établi en application de l'article L. 612-5 du code de commerce** *(Décr. nº 2006-584 du 23 mai 2006)* **« et du I de l'article L. 313-25 du présent code », le rapport relatif aux conventions passées directement ou par personne interposée entre la personne gestionnaire d'un établissement ou service et l'un de ses administrateurs ou l'une des personnes assurant un rôle de mandataire social, est transmis dès son établissement à l'autorité de tarification.** – *[Décr. nº 2003-1010 du 22 oct. 2003, art. 58.]*

(Décr. nº 2008-1500 du 30 déc. 2008) **« Les conventions relevant du I de l'article L. 313-25 qui, chaque année doivent être déclarées et portées à la connaissance des autorités de tarification, sont celles qui ont été passées dans l'année et celles qui, bien que conclues lors des exercices précédents, ont toujours cours. »**

Art. R. 314-60 *(Décr. nº 2007-828 du 11 mai 2007, art. 4 ; Décr. nº 2010-344 du 31 mars 2010, art. 239)* **Lorsque le directeur de la caisse d'allocations familiales du lieu d'implantation des services mentionnés** *(Abrogé par Décr. nº 2015-1864 du 30 déc. 2015, art. 1er-2º, à compter du 1er janv. 2016)* ***« au I de l'article L. 361-1 ou »*** **à l'article L. 361-2 financés en totalité ou en partie par cet organisme en fait la demande, ces services transmettent les données nécessaires au calcul des indicateurs et mentionnées aux articles R. 314-28 à R. 314-33-1 ainsi que les documents mentionnés aux articles R. 314-49, R. 314-50, R. 314-56 à R. 314-59, R. 314-86 et R. 314-100.**

Cette transmission s'effectue, le cas échéant, dans les conditions fixées par l'arrêté pris en application du I de l'article R. 314-13.

(Abrogé par Décr. nº 2010-344 du 31 mars 2010, art. 239) (Décr. nº 2008-1500 du 30 déc. 2008) ***« Lorsque le directeur de la caisse d'allocations familiales du lieu d'implantation des services mentionnés au I de l'article L. 361-1 ou à l'article L. 361-2 financés en totalité ou en partie par cet organisme en fait la demande, les services transmettent les données et documents mentionnés au premier alinéa dans les conditions mentionnées au deuxième alinéa. »***

SOUS-§ 2 *Opérations d'évaluation et de contrôle*

Art. R. 314-61 Afin de disposer d'éléments d'analyse permettant d'améliorer l'efficacité du fonctionnement d'un établissement ou d'un service, l'autorité de tarification peut lui demander ou demander à la personne morale qui en assure la gestion, de réaliser ou faire réaliser une étude dont elle précise le thème, l'objectif et les méthodes. Cette étude peut porter notamment sur :

1° les conditions de la gestion de l'établissement ou du service, et les formes alternatives qui sont envisageables ;

2° l'intérêt qu'aurait la mise en œuvre d'actions de coopération ou de coordination sur le fondement de l'article L. 312-7 ;

3° l'intérêt et le coût des conventions mentionnées à l'article R. 314-59 ou des subventions mentionnées à l'article *(Décr. n° 2007-828 du 11 mai 2007, art. 4)* « L. 313-25 ».

4° l'intérêt et le coût des conventions signées entre plusieurs organismes gestionnaires d'établissements ou services ayant des dirigeants communs, lorsque ces conventions ont une incidence sur les tarifs.

Les dépenses afférentes à cette étude sont à la charge du budget de l'établissement ou du service, et font, si nécessaire, l'objet d'une décision budgétaire modificative permettant d'en couvrir le montant. – *[Décr. n° 2003-1010 du 22 oct. 2003, art. 60.]*

Art. R. 314-62 *(Décr. n° 2019-1382 du 17 déc. 2019, art. 1er-5°)* I. — Lorsqu'un établissement ou un service dont la tarification relève de l'État ou de l'agence régionale de santé connaît des difficultés financières, de fonctionnement ou de gestion budgétaire, le préfet de département peut le soumettre à l'examen d'une mission d'enquête budgétaire et financière.

La constitution d'une mission d'enquête budgétaire et financière peut, aux mêmes conditions, être demandée au préfet par l'autorité ayant délivré l'autorisation, le directeur interrégional de la protection judiciaire de la jeunesse ou, lorsque l'établissement ou le service est financé par *(Décr. n° 2022-980 du 2 juill. 2022, art. 4-I)* « la sécurité sociale », le directeur général de l'agence régionale de santé ou l'organisme chargé du versement du tarif.

La composition de la mission est fixée par le préfet. Elle peut comporter, en fonction de son objet, le directeur départemental ou, le cas échéant, régional des finances publiques, le directeur régional de la jeunesse, des sports et de la cohésion sociale, le directeur départemental chargé de la cohésion sociale, le directeur régional et le directeur territorial de la protection judiciaire de la jeunesse, le directeur régional des entreprises, de la concurrence, de la consommation, du travail et de l'emploi ou leurs représentants. Elle peut également comporter, lorsque l'établissement ou le service est financé par *(Décr. n° 2022-980 du 2 juill. 2022, art. 4-I)* « la sécurité sociale », le directeur général de l'agence régionale de santé et celui de l'organisme chargé du versement du tarif ou leurs représentants.

Lorsque l'établissement fait, conjointement ou séparément, l'objet d'une tarification fixée par le président du conseil départemental, celui-ci est convié à participer aux travaux de la mission d'enquête, ou à s'y faire représenter.

Des fonctionnaires de l'État affectés dans d'autres départements peuvent, en fonction de leurs compétences techniques particulières et des besoins de la mission d'enquête, être mis à la disposition de celle-ci.

II. — La mission d'enquête peut recueillir, sur place ou sur convocation, tout renseignement de nature budgétaire ou comptable auprès des personnes qu'elle estime utile de solliciter.

III. — Le rapport de la mission d'enquête est communiqué au responsable de l'établissement ou du service, à la personne morale qui en assure la gestion ainsi que, pour les établissements publics, au comptable. Ceux-ci sont invités à faire valoir leurs observations.

Le préfet de département propose des mesures de nature à remédier aux difficultés de fonctionnement ou de gestion constatées.

Le préfet de département saisit, le cas échéant, les autorités de contrôle mentionnées à l'article L. 313-13, afin notamment qu'elles puissent exercer leurs pouvoirs de contrôle.

§ 6 Contentieux

Art. R. 314-63 Les décisions du juge du tarif ayant autorité de chose jugée sont mises en œuvre lors de l'exercice au cours duquel elles sont notifiées à l'autorité de tarification, par une décision budgétaire modificative.

Lorsqu'une décision du juge du tarif passée en force de chose jugée fixe, ou entraîne nécessairement, une modification du tarif pour un exercice déjà clos, l'exécution de la décision *(Décr. n° 2006-233 du 21 févr. 2006)* « fait l'objet, en application de l'article L. 351-6, des modalités comptables et financières suivantes : »

1° les dépenses approuvées de l'exercice sont abondées ou minorées du montant correspondant, respectivement, aux dépenses rétablies ou supprimées par le juge du tarif ;

2° lorsque ces dépenses doivent être couvertes par le tarif, les recettes tarifaires de l'exercice sont abondées ou minorées pour un montant identique, et font l'objet, soit d'un versement ou d'un reversement, soit d'une majoration ou d'une minoration tarifaire. Tout paiement de sommes supplémentaires tient compte, le cas échéant, des avances déjà versées au même titre par l'autorité de tarification *(Décr. n° 2006-233 du 21 févr. 2006)* « ainsi que des reprises et des affectations des résultats opérées depuis le recours » ;

3° le résultat comptable de l'exercice tient compte de cette variation de recettes. – *[Décr. n° 2003-1010 du 22 oct. 2003, art. 62.]*

SOUS-SECTION 2 Règles comptables et budgétaires applicables aux différentes catégories d'organismes gestionnaires

§ 1 Règles applicables aux établissements publics sociaux et médico-sociaux

SOUS-§ 1 *Champ d'application et règles budgétaires générales*

Art. R. 314-64 Les opérations budgétaires, comptables et financières des établissements publics sociaux et médico-sociaux mentionnés à l'article L. 315-9 sont, conformément aux dispositions *(Décr. n° 2012-1247 du 7 nov. 2012, art. 3-2°)* « du titre I du décret n° 2012-1246 du 7 novembre 2012 relatif à la gestion budgétaire et comptable publique », régies par ce texte.

Leur budget est élaboré, proposé, arrêté et exécuté dans les conditions prévues à la section 1 et à la sous-section 1 de la section 2 du présent chapitre sous réserve des dispositions particulières du présent paragraphe. – *[Décr. n° 2003-1010 du 22 oct. 2003, art. 64.]*

(Décr. n° 2016-1815 du 21 déc. 2016, art. 2-28°) « Lorsque ces établissements relèvent d'une présentation budgétaire sous la forme d'un état des prévisions de recettes et de dépenses, leur budget est fixé dans les conditions prévues à la section 4 du présent chapitre. » – *V. dispositions transitoires du Décr. n° 2016-1815 du 21 déc. 2016 ss. la sect. IV du présent chap.*

Art. R. 314-65 Le respect, dans le cadre de la procédure de fixation du tarif, des règles relatives à l'équilibre réel du budget au sens de l'article R. 314-15 *(Décr. n° 2016-1815 du 21 déc. 2016, art. 2-29°)* « ou à *[de]* l'article R. 314-222 », s'impose indépendamment de celui des règles relatives à l'équilibre budgétaire réel, au sens de l'article L. 1612-4 du code général des collectivités territoriales. – *[Décr. n° 2003-1010 du 22 oct. 2003, art. 65.]*

V. dispositions transitoires du Décr. n° 2016-1815 du 21 déc. 2016 ss. la sect. IV du présent chap.

Art. R. 314-65-1 *(Décr. nº 2008-1500 du 30 déc. 2008)* **En cas de fermeture totale ou partielle d'un établissement public social ou médico-social, les dispositions des articles L. 313-19, R. 314-97 et R. 314-98 sont mises en œuvre.**

SOUS-§ 2 ***Directeur et comptable de l'établissement public***

Art. R. 314-66 **Le directeur de l'établissement public social ou médico-social a, de plein droit, qualité pour représenter l'établissement.**

Il est ordonnateur du budget de l'établissement public. Ses opérations font l'objet d'une comptabilité administrative.

Il tient une comptabilité des dépenses engagées pour chacun des comptes prévus à l'article R. 314-5. – *[Décr. nº 2003-1010 du 22 oct. 2003, art. 66.]*

Art. R. 314-67 **I. – Les postes comptables des établissements publics sociaux et médico-sociaux relèvent des services déconcentrés** *(Décr. nº 2011-2036 du 29 déc. 2011, art. 1er-III-1º)* **« de la direction générale des finances publiques ».**

Les dépenses afférentes au fonctionnement de ces postes sont à la charge de l'État.

II. – Les *(Décr. nº 2011-2036 du 29 déc. 2011, art. 1er-III-2º)* **« mesures d'exécution forcée » pour le recouvrement des produits sont exercées selon les règles suivies en matière de contributions directes.**

III. – Sur les dons et legs qui n'ont pas encore été acceptés, le comptable fait tous les actes conservatoires nécessaires.

IV. – Le comptable répond sous huit jours aux demandes d'information de l'ordonnateur relatives à la situation de trésorerie de l'établissement.

(Décr. nº 2016-1815 du 21 déc. 2016, art. 2-30º) **« IV *bis*. – Le budget et les décisions modificatives exécutoires sont transmis sans délai au comptable public. »**

V. – L'exécution du budget est retracée au niveau le plus détaillé de la nomenclature comptable fixée en application de l'article R. 314-5. *(Décr. nº 2006-422 du 7 avr. 2006)* **« Toutefois, le comptable ne vérifie la disponibilité des crédits qu'au niveau des montants adoptés dans les conditions prévues à l'article L. 315-15. »** – *[Décr. nº 2003-1010 du 22 oct. 2003, art. 67.]*

(Décr. nº 2016-1815 du 21 déc. 2016, art. 2-30º) **« Pour les établissements et services qui relèvent des dispositions de la section 4 du présent chapitre, le comptable ne vérifie la disponibilité des crédits qu'au niveau de chacun des titres ou groupes fonctionnels qui présentent un caractère limitatif. »**

V. dispositions transitoires du Décr. nº 2016-1815 du 21 déc. 2016 ss. la sect. IV du présent chap.

Art. R. 314-67-1 *(Décr. nº 2005-1601 du 19 déc. 2005)* **Les régies créées par les établissements publics sociaux et médico-sociaux locaux sont soumises aux dispositions de la section 1 du chapitre VII du titre I du livre VI de la première partie du code général des collectivités territoriales (partie réglementaire).**

SOUS-§ 3 ***Exécution du budget***

Art. R. 314-68 *(Décr. nº 2006-422 du 7 avr. 2006)* **Les articles L. 1612-1, L. 1612-2, L. 1612-11, L. 1612-15 et L. 1612-16 à L. 1612-19-1 du code général des collectivités territoriales sont applicables aux établissements publics sociaux et médico-sociaux.**

(Décr. nº 2016-1815 du 21 déc. 2016, art. 2-31º) **« Pour l'application de ces articles, lorsque l'établissement relève de la section 4 du présent chapitre, le compte de résultat prévisionnel correspond à la section de fonctionnement et le tableau de financement prévisionnel correspond à la section d'investissement. »** – *V. dispositions transitoires du Décr. nº 2016-1815 du 21 déc. 2016 ss. la sect. IV du présent chap.*

Art. R. 314-69 *(Décr. nº 2006-584 du 23 mai 2006)* **Sans préjudice des délégations de signature consenties par application de l'article L. 315-17, le directeur est seul compétent pour passer les marchés de travaux, fournitures ou services pour l'établissement.** *(Décr. nº 2019-854 du 20 août 2019, art. 2-19º)* **« Ces marchés sont exécutoires dès leur conclusion. »**

Art. R. 314-70 et R. 314-71 *Abrogés par Décr. nº 2006-422 du 7 avr. 2006.*

Art. R. 314-72 Les dépenses de la section d'investissement régulièrement engagées mais non mandatées à la clôture de l'exercice sont notifiées par l'ordonnateur au comptable avec les justifications nécessaires *(Décr. nº 2007-46 du 10 janv. 2007, art. 7-I)* « sont reportées sur l'exercice suivant ».

Les dépenses de la section d'exploitation régulièrement engagées mais non mandatées à la clôture de l'exercice sont notifiées par l'ordonnateur au comptable avec les justifications nécessaires et rattachées au résultat dudit exercice *(Abrogé par Décr. nº 2010-344 du 31 mars 2010, art. 240)* ***« selon la procédure fixée par l'arrêté pris pour l'application du premier alinéa ».***

Les crédits budgétaires de la section d'investissement non engagés peuvent être reportés *(Abrogé par Décr. nº 2010-344 du 31 mars 2010, art. 240)* ***« selon les modalités fixées par le même arrêté ».***

Les crédits budgétaires de la section d'exploitation non engagés ne peuvent être reportés. — *[Décr. nº 2003-1010 du 22 oct. 2003, art. 72.]*

Art. R. 314-73 I. — A la clôture de l'exercice, le comptable établit le bilan et le compte de gestion, ainsi qu'un rapport rendant compte, dans le cadre de ses compétences, de l'ensemble des éléments de sa gestion et notamment de la situation patrimoniale de l'établissement.

Ce bilan et ce compte de gestion sont établis conformément à un modèle fixé par arrêté des ministres chargés de l'action sociale et de la comptabilité publique.

II. — Le directeur établit un compte administratif conforme aux dispositions de l'article R. 314-49.

Au sein de ce compte administratif, le compte de résultat doit faire notamment apparaître le résultat comptable de chaque section du budget général et de la section d'exploitation de chacun des budgets principal et annexes, ainsi que le montant des résultats à affecter.

III. — Le conseil d'administration délibère sur le compte administratif au vu du compte de gestion présenté par le comptable.

Il arrête les comptes financiers de l'établissement et fixe également par sa délibération une ou plusieurs propositions d'affectation des résultats de chaque section du budget général et des budgets principal et annexes. — *[Décr. nº 2003-1010 du 22 oct. 2003, art. 73.]*

(Décr. nº 2016-1815 du 21 déc. 2016, art. 2-32º) « Une fois rendues exécutoires, les délibérations mentionnées au III sont transmises sans délai au comptable public. » — *V. dispositions transitoires du Décr. nº 2016-1815 du 21 déc. 2016 ss. la sect. IV du présent chap.*

Art. R. 314-74 *(Décr. nº 2016-1815 du 21 déc. 2016, art. 2-33º)* « I. — » Lorsqu'un établissement public social ou médico-social gère une activité qui ne relève pas des dispositions du I de l'article L. 312-1, *(Décr. nº 2016-1815 du 21 déc. 2016, art. 2-33º)* « celle-ci est retracée dans un budget annexe ou, pour les établissements qui relèvent d'une présentation budgétaire sous la forme d'un état des prévisions de recettes et de dépenses, un compte de résultat prévisionnel annexe. » *(Abrogé par Décr. nº 2016-1815 du 21 déc. 2016, art. 2-33º)* ***« le résultat excédentaire du budget annexe correspondant peut être affecté, sur l'exercice suivant, soit à un compte de réserve de compensation, soit au financement d'opérations d'investissement, soit au financement de mesures d'exploitation du budget général. »***

(Décr. nº 2016-1815 du 21 déc. 2016, art. 2-33º) « II. — Le résultat excédentaire de ce budget annexe ou compte de résultat annexe peut être affecté, sur l'exercice suivant, soit à un compte de réserve de compensation, soit au financement d'opérations d'investissement, soit au financement de mesures d'exploitation du budget général ou du compte de résultat principal. »

Le résultat déficitaire ne peut pas être repris sur l'un des budgets *(Décr. nº 2016-1815 du 21 déc. 2016, art. 2-33º)* « ou comptes de résultat » correspondant aux activités sociales ou médico-sociales. — *[Décr. nº 2003-1010 du 22 oct. 2003, art. 74.]*

(Décr. nº 2016-1815 du 21 déc. 2016, art. 2-33º) **« III. – Lorsque cette activité fait apparaître un déficit durant trois exercices consécutifs, le directeur précise dans son rapport d'activité les mesures de redressement nécessaires à la poursuite de l'activité, ainsi que leurs délais de mise en œuvre. »**

V. dispositions transitoires du Décr. nº 2016-1815 du 21 déc. 2016 ss. la sect. IV du présent chap.

§ 2 Règles applicables aux établissements publics de santé gérant une activité sociale ou médico-sociale

Art. R. 314-75 **Les activités mentionnées à l'article R. 314-1 qui sont gérées par un établissement public de santé sont, conformément aux dispositions de l'***(Décr. nº 2007-46 du 10 janv. 2007, art. 7-II)* **« article R. 6145-12 » du code de la santé publique, retracées dans le cadre d'un** *(Décr. nº 2005-1474 du 30 nov. 2005, art. 12-I)* **« compte de résultat prévisionnel annexe » de cet établissement.**

Les règles relatives à la présentation de ce *(Décr. nº 2005-1474 du 30 nov. 2005, art. 12-I)* **« compte de résultat prévisionnel annexe » sont** *(Abrogé par Décr. nº 2016-1815 du 21 déc. 2016, art. 2-34º)* ***« , par dérogation aux dispositions du paragraphe 1 de la sous-section 1 de la présente section, »*** **fixées par les articles** *(Décr. nº 2005-1474 du 30 nov. 2005, art. 12-I)* **« R. 6145-1 à R. 6145-20 » du code de la santé publique.** – *V. note ss. art.*

(Décr. nº 2005-1474 du 30 nov. 2005, art. 12-I) **« Les règles relatives à l'exécution des comptes de résultats prévisionnels annexes sont fixées par les dispositions** *(Décr. nº 2007-46 du 10 janv. 2007, art. 7-II)* **« des sous-sections 3, 5 et 6 » de la section 1 du chapitre V** *(Décr. nº 2007-46 du 10 janv. 2007, art. 7-II)* **« du titre IV » du livre I de la partie VI du code de la santé publique. »**

Les dispositions *(Décr. nº 2005-1474 du 30 nov. 2005, art. 12-I)* **« du paragraphe 3 » de la sous-section 1 de la présente section, relatives à la présentation des propositions budgétaires et à la procédure de fixation du tarif, sont applicables** *(Décr. nº 2016-1815 du 21 déc. 2016, art. 2-34º)* **« aux comptes de résultat prévisionnels annexes des activités ne relevant pas du IV *ter* de l'article L. 313-12 ou de l'article L. 313-12-2 », à l'exception de l'article R. 314-15 et à l'exception des articles R. 314-20 et R. 314-27 en tant qu'ils ont trait aux opérations d'investissement.** – *V. note ss. art.*

(Décr. nº 2016-1815 du 21 déc. 2016, art. 2-34º) **« Les dispositions des articles R. 314-210, R. 314-219 et R. 314-220 relatives à la procédure de fixation du tarif sont applicables aux comptes de résultat prévisionnels annexes des activités relevant du IV *ter* de l'article L. 313-12 ou de l'article L. 313-12-2.**

« Afin de permettre aux autorités de tarification d'assurer le suivi des dotations financières mentionnées aux articles L. 313-8, L. 314-3, L. 314-3-2, L. 314-4 et L. 314-5, l'établissement public de santé transmet les documents mentionnés aux articles R. 314-223, R. 314-224, R. 314-232, R. 314-233 et R. 314-242 pour ses activités sociales et médico-sociales relevant du IV *ter* de l'article L. 313-12 ou de l'article L. 313-12-2. Pour ses autres activités sociales et médico-sociales, il transmet les documents prévus aux articles R. 314-13 et R. 314-49.

« La date de transmission des documents de clôture d'un exercice est au plus tard celle mentionnée à l'article R. 6145-47 du code de la santé publique. » – *V. note ss. art.*

Les dispositions des paragraphes 5 et 6 de la sous-section 1 de la présente section, relatives au contrôle et au contentieux, sont applicables aux activités sociales et médico-sociales retracées dans le *(Décr. nº 2005-1474 du 30 nov. 2005, art. 12-I)* **« compte de résultat prévisionnel annexe ».** – *[Décr. nº 2003-1010 du 22 oct. 2003, art. 75.]*

(Décr. nº 2005-1474 du 30 nov. 2005, art. 12-I) **« Les éléments de tarification mentionnés à l'article R. 314-8, pour les activités sociales et médico-sociales qui sont suivies en compte de résultat prévisionnel annexe, sont déterminés dans les conditions prévues aux sous-sections 3 et 4 de la présente section. »**

V. dispositions transitoires du Décr. nº 2016-1815 du 21 déc. 2016 ss. la sect. IV du présent chap.

Art. R. 314-76 L'autorité de tarification du budget annexe social ou médico-social est tenue informée par le directeur de l'établissement de santé de toute affectation de résultats dans le budget dont elle fixe le tarif.

(Décr. nº 2016-1815 du 21 déc. 2016, art. 2-35º) « Elle peut rejeter les dépenses réalisées dans ce budget annexe qui sont manifestement étrangères, par leur nature ou par leur importance, à celles qui avaient été envisagées lors de la procédure de fixation du tarif, et qui ne sont pas justifiées par les nécessités de la gestion normale de l'établissement ou du service social ou médico-social.

« L'autorité de tarification tient compte de ce rejet dans la fixation du tarif de l'exercice sur lequel il est constaté ou de l'exercice qui suit. » — *V. dispositions transitoires du Décr. nº 2016-1815 du 21 déc. 2016 ss. la sect. IV du présent chap.*

Art. R. 314-77 Lorsqu'un même budget annexe social ou médico-social regroupe des activités implantées dans des départements différents, l'autorité de tarification et l'autorité de contrôle compétentes sont celles du département du siège de l'établissement public de santé. — *[Décr. nº 2003-1010 du 22 oct. 2003, art. 77.]*

§ 3 Règles applicables aux établissements sociaux et médico-sociaux gérés par d'autres personnes morales de droit public

Art. R. 314-78 *(Décr. nº 2016-1815 du 21 déc. 2016, art. 2-36º)* « I. — Chaque activité sociale ou médico-sociale relevant du I de l'article L. 312-1 qui est gérée par une collectivité territoriale ou un centre communal ou intercommunal d'action sociale est retracée dans un budget annexe de cette collectivité ou de cet établissement. »

Les règles budgétaires et tarifaires propres aux établissements publics sociaux et médico-sociaux, fixées au paragraphe 1 de la sous-section 2 de la présente section, sont applicables à ce budget annexe.

Il en va de même des activités sociales et médico-sociales relevant du I de l'article L. 312-1 qui sont gérées par un établissement public national ou local, sans constituer son activité principale. — *[Décr. nº 2003-1010 du 22 oct. 2003, art. 79.]*

(Décr. nº 2016-1815 du 21 déc. 2016, art. 2-36º) « II. — Lorsque cette activité relève d'une présentation budgétaire sous la forme d'un état des prévisions de recettes et de dépenses, son budget est fixé dans les conditions prévues à la section 4 du présent chapitre. »

V. dispositions transitoires du Décr. nº 2016-1815 du 21 déc. 2016 ss. la sect. IV du présent chap.

Art. R. 314-79 Lors de la transmission des propositions budgétaires, l'autorité gestionnaire de l'établissement ou du service social ou médico-social précise celles des personnes qui ont qualité pour la représenter au cours de la procédure contradictoire de fixation du tarif. — *[Décr. nº 2003-1010 du 22 oct. 2003, art. 80.]*

§ 4 Règles applicables aux établissements et services gérés par des personnes morales de droit privé à but non lucratif

SOUS-§ 1 *Champ d'application et principes budgétaires et comptables*

Art. R. 314-80 Pour les établissements et services relevant du I de l'article L. 312-1 gérés par des personnes morales de droit privé à but non lucratif, les dispositions dans les conditions prévues à la section 1 et à la sous-section 1 de la section 2 *(Décr. nº 2016-1815 du 21 déc. 2016, art. 2-37º)* « , ou de la section 4 lorsque ces établissements et services relèvent d'un contrat pluriannuel d'objectifs et de moyens mentionné au IV *ter* de l'article L. 312-12 ou à l'article L. 313-12-2, » du présent chapitre sont complétées par les dispositions du présent paragraphe. — *[Décr. nº 2003-1010 du 22 oct. 2003, art. 81.]*

V. dispositions transitoires du Décr. nº 2016-1815 du 21 déc. 2016 ss. la sect. IV du présent chap.

Art. R. 314-81 L'arrêté prévu à l'article R. 314-5 est établi par référence :

1° au plan comptable des établissements publics sociaux et médico-sociaux, pour ce qui concerne *(Décr. nº 2006-642 du 31 mai 2006)* « les comptes d'immobilisation », les comptes de charges *(Décr. nº 2006-642 du 31 mai 2006)* « et les comptes de charges à répartir », les comptes de produits et les comptes d'affectation des résultats excédentaires ;

2° au plan comptable des associations et des fondations, pour ce qui concerne les comptes de capitaux, les comptes de stocks, les comptes de tiers, les comptes financiers, la prise en compte des frais de siège et le compte relatif à l'impôt sur les sociétés des personnes morales à but non lucratif.

Il comporte en outre des comptes de provisions réglementées relatifs à la réserve de trésorerie, ainsi que des comptes de plus-values nettes sur cessions d'éléments d'actifs immobilisés et d'éléments d'actifs circulants.

(Décr. nº 2006-642 du 31 mai 2006) « L'organisme gestionnaire dont les produits de la tarification des établissements et services relevant de l'article R. 314-1 représentent plus de 50 % de ses produits d'exploitation applique au niveau consolidé *(Décr. nº 2007-399 du 23 mars 2007)* « ou combiné » le plan comptable des établissements et services sociaux et médico-sociaux fixé par l'arrêté prévu à l'article R. 314-5. »

Art. R. 314-82 Lorsqu'un même organisme gère plusieurs établissements ou services sociaux et médico-sociaux, il est tenu une comptabilité distincte pour chaque établissement ou service.

Les mouvements financiers entre ces établissements ou services, ou entre ceux-ci et les autres structures qui relèvent de l'organisme gestionnaire, sont retracés dans des comptes de liaison. La liste des comptes de liaison est fixée par arrêté, conformément aux dispositions de l'article R. 314-5. Ces comptes distinguent les opérations afférentes à l'investissement, les opérations afférentes aux prestations internes de service et à l'exploitation, ainsi que les opérations de trésorerie à moyen et court terme.

Un arrêté du ministre chargé de l'action sociale fixe le modèle de tableau normalisé relatif aux mouvements annuels des comptes de liaison. – *V. Arr. du 22 oct. 2003 (JO 24 oct.), mod. en dernier lieu par Arr. du 15 déc. 2020 (JO 20 déc., NOR : SSAA2030779A).*

Art. R. 314-83 Par dérogation aux dispositions du premier alinéa de l'article R. 314-82, des établissements ou services implantés sur le même site et relevant de la même autorité de tarification peuvent, avec l'accord de celle-ci, faire l'objet d'un même budget général, comportant un budget principal et un ou plusieurs budgets annexes. – *[Décr. nº 2003-1010 du 22 oct. 2003, art. 84.]*

Art. R. 314-84 Les dispositions de l'article R. 314-79 sont applicables aux établissements et services relevant du présent paragraphe. – *[Décr. nº 2003-1010 du 22 oct. 2003, art. 85.]*

SOUS-§ 2 *Dépenses autorisées*

Art. R. 314-85 Pour l'approbation des propositions budgétaires relatives aux rémunérations du personnel de l'établissement ou du service, l'autorité de tarification fait application des stipulations des accords collectifs ayant reçu l'agrément mentionné à l'article L. 314-6.

Pour les agents de l'établissement ou du service qui ne sont pas couverts par un tel accord, les rémunérations sont prises en compte dans la limite de celles applicables aux personnels de la fonction publique hospitalière, ou à défaut des organismes publics analogues, qui relèvent d'une catégorie similaire et possèdent les mêmes qualifications et la même ancienneté. – *[Décr. nº 2003-1010 du 22 oct. 2003, art. 86.]*

Art. R. 314-86 I. – L'établissement ou le service ne peut faire supporter par les produits de la tarification le versement, à son organisme gestionnaire, d'une rému-

ration pour occupation de locaux, à l'exception des paiements compatibles avec le contrat de commodat définit à l'article 1875 du code civil.

II. – Les loyers éventuellement versés à une personne morale distincte de l'organisme gestionnaire ne peuvent pas prendre en compte des charges relevant du propriétaire, sauf en cas de louage emphytéotique.

En ce dernier cas, la somme du loyer annuel, des dotations aux provisions pour travaux, ainsi que des charges de grosses réparations, au sens de l'article 606 du code civil, qui sont mises à la charge du locataire, ne peut excéder, chaque année, la valeur locative de l'immeuble évaluée par le service des domaines.

III. – Les loyers versés à une personne morale dont le contrôle est assuré conjointement par plusieurs personnes morales de droit privé gestionnaires d'établissement ou services relevant du I de l'article L. 312-1 ne sont pris en compte que dans la limite de la valeur locative de l'immeuble évaluée par le service des domaines.

(Décr. n° 2006-422 du 7 avr. 2006) **« IV. – Les dispositions du III du présent article sont également applicables lorsque le contrôle de la personne morale propriétaire des locaux est assuré par l'organisme gestionnaire d'un établissement ou service social ou médico-social relevant du I de l'article L. 312-1 ou conjointement par ce dernier, lorsqu'il est majoritaire, et d'autres personnes de droit privé.**

« Dans les cas mentionnés au III et au IV du présent article », l'établissement ou service joint au compte administratif mentionné à l'article R. 314-49 les statuts de la personne morale propriétaire et la composition de son conseil d'administration, ainsi que la copie de son bilan, de son compte de résultat et de leurs annexes. – *[Décr. n° 2003-1010 du 22 oct. 2003, art. 87.]*

SOUS-§ 3 *Frais de siège*

Art. R. 314-87 **Conformément aux dispositions du VI de l'article L. 314-7, les budgets approuvés des établissements ou services peuvent comporter une quote-part de dépenses relatives aux frais du siège social de l'organisme gestionnaire.**

Cette faculté est subordonnée à l'octroi d'une autorisation, délivrée à l'organisme gestionnaire par l'autorité désignée à l'article R. 314-90, qui fixe la nature des prestations, matérielles ou intellectuelles, qui ont vocation à être prises en compte.

L'autorisation est délivrée pour cinq ans renouvelables. Elle peut être abrogée si les conditions de son octroi cessent d'être remplies. – *[Décr. n° 2003-1010 du 22 oct. 2003, art. 88.]*

En application des art. L. 231-5 et L. 231-6 CRPA, le silence gardé pendant deux mois par l'administration vaut décision de rejet pour les demandes d'autorisation de prise en compte de frais de siège social de l'organisme gestionnaire, lorsque la décision relève de l'État (Décr. n° 2014-1286 du 23 oct. 2014, applicable pour les demandes présentées à compter du 12 nov. 2014).

En application des art. L. 231-5 et L. 231-6 CRPA, le silence gardé pendant deux mois par une collectivité territoriale ou un de ses établissements publics vaut décision de rejet pour les demandes d'autorisation de prise en compte des frais de siège social de l'organisme gestionnaire, lorsque la décision relève du président du conseil départemental (Décr. n° 2015-1461 du 10 nov. 2015, applicable pour les demandes présentées à compter du 12 nov. 2015).

Art. R. 314-88 **I. – Les prestations dont la prise en charge peut être autorisée au titre de l'article R. 314-87 portent notamment sur la participation des services du siège social :**

1° à l'élaboration *(Décr. n° 2006-422 du 7 avr. 2006)* **« et l'actualisation » du projet d'établissement mentionné à l'article L. 311-8, y compris par des travaux portant sur un projet global de l'organisme gestionnaire ;**

2° à l'adaptation des moyens des établissements et services, à l'amélioration de la qualité du service rendu et à la mise en œuvre de modalités d'intervention coordonnées, conformément aux dispositions *(Décr. n° 2007-324 du 8 mars 2007)* **« des articles L. 312-7 et L. 312-8 » ;**

3° à la mise en œuvre ou à l'amélioration de systèmes d'information, notamment ceux mentionnés à l'article L. 312-9, et ceux qui sont nécessaires à l'établissement des indicateurs mentionnés à l'article R. 314-28 ;

4° à la mise en place de procédures de contrôle interne, et à l'exécution de ces contrôles ;

5° à la conduite des études mentionnées à l'article R. 314-61 ;

(Décr. nº 2006-422 du 7 avr. 2006) « 6° à la réalisation de prestations de service ou d'étude pour les établissements et services sociaux et médico-sociaux qui concourent à des économies d'échelle ; »

(Décr. nº 2006-584 du 23 mai 2006) « 7° à l'élaboration des contrats prévus à l'article R. 314-43-1. »

II. — L'autorisation est en outre subordonnée à l'existence de délégations de pouvoirs précises entre les administrateurs de l'organisme gestionnaire, les membres de sa direction générale et les agents de direction des établissements et services. Ces règles de délégation doivent être formalisées dans un document unique.

III. — Un arrêté du ministre chargé de l'action sociale fixe la liste des renseignements et des pièces qui doivent être joints à la demande d'autorisation.

Les demandes de révision de l'autorisation sont présentées dans les mêmes formes. *— [Décr. nº 2003-1010 du 22 oct. 2003, art. 89.]*

Art. R. 314-89 Les dispositions des articles R. 314-57 et R. 314-58 sont applicables à l'organisme gestionnaire lorsque les frais de son siège social sont, même partiellement, pris en charge par les produits de la tarification.

Les pièces accessibles au contrôle en application de l'article R. 314-56 doivent notamment permettre de connaître les modalités de gestion de la trésorerie consolidée, la gestion des investissements, ainsi que les rémunérations, avantages en nature et prise en charge de frais accordés aux cadres dirigeants du siège social. *— [Décr. nº 2003-1010 du 22 oct. 2003, art. 90.]*

Art. R. 314-90 I. — L'autorité compétente pour statuer sur l'autorisation mentionnée à l'article R. 314-87 est déterminée en fonction de l'origine globale des financements perçus par tous les établissement ou services placés sous la gestion de l'organisme concerné.

Ce financement global est calculé en additionnant, pour le dernier exercice clos qui précède la demande d'autorisation, les recettes de la tarification de tous les établissements ou services gérés par l'organisme demandeur, ainsi que, le cas échéant, les recettes découlant du tarif relatif à la dépendance mentionné au 2° de l'article L. 314-2, et les recettes des budgets de production et de commercialisation des centres d'aide par le travail mentionnés au *a)* du 5° du I de l'article L. 312-1.

Si plus de la moitié de cette somme relève d'un financement par le budget de l'État ou *(Décr. nº 2022-980 du 2 juill. 2022, art. 4-I)* « la sécurité sociale », *(Décr. nº 2010-344 du 31 mars 2010, art. 241)* « l'autorité compétente est déterminée » conformément aux dispositions du II ci-dessous.

Sinon, l'autorité compétente est le président du conseil départemental déterminé conformément aux dispositions du III ci-dessous.

II. — *(Décr. nº 2010-344 du 31 mars 2010, art. 241)* « L'autorité administrative compétente est le préfet de région ou le directeur général de l'agence régionale de santé dans le ressort duquel » sont implantés les établissements qui perçoivent, ensemble, la part la plus importante du financement global mentionné au I, sous réserve que cette part représente au moins 40 p. 100 du financement global.

(Décr. nº 2010-344 du 31 mars 2010, art. 241) « A défaut, l'autorité compétente est le préfet de région ou le directeur général de l'agence régionale de santé dans le ressort duquel se trouve le siège de l'organisme gestionnaire.

« Dans les deux cas, le directeur général de l'agence régionale de santé est l'autorité compétente si les produits de la tarification des établissements et services relevant du *b* de l'article L. 313-3 sont prépondérants au regard des autres financements provenant du budget de l'État et de *(Décr. nº 2022-980 du 2 juill. 2022, art. 4-I)* « la sécurité sociale » mentionnés au I.

« Par dérogation aux dispositions qui précèdent, quand les établissements et services mentionnés au 4° du I de l'article L. 312-1 placés sous la gestion de l'organisme concerné perçoivent plus de la moitié du financement global mentionné au I, l'auto-

rité compétente est le préfet du département où sont implantés les établissements qui perçoivent, ensemble, la part la plus importante de ce financement global. »

III. — Le président du conseil départemental compétent est celui du département qui contribue pour la part la plus importante au financement global mentionné au I, sous réserve que cette part représente au moins 40 p. 100 du financement global.

A défaut, le président du conseil départemental compétent est celui du département du siège de l'organisme gestionnaire. — *[Décr. nº 2003-1010 du 22 oct. 2003, art. 91.]*

Art. R. 314-91 **I. — L'organisme gestionnaire qui dispose de l'autorisation mentionnée à l'article R. 314-87 fait parvenir** *(Décr. nº 2010-344 du 31 mars 2010, art. 241)* **« à l'autorité administrative » qui a délivré cette autorisation le montant et la nature des frais de siège dont il sollicite la prise en compte, avant le 31 octobre de l'année qui précède l'exercice auquel ceux-ci se rapportent.**

Il communique simultanément cette demande aux autres autorités de tarification dont relèvent les établissements et les services qu'il gère. Dans un délai d'un mois, ces autorités font connaître leur avis *(Décr. nº 2010-344 du 31 mars 2010, art. 241)* **« à l'autorité administrative compétente mentionnée au premier alinéa ».**

Avant le 31 décembre de la même année, *(Décr. nº 2010-344 du 31 mars 2010, art. 241)* **« l'autorité administrative compétente déterminée en application de l'article R. 314-90 » communique à l'organisme gestionnaire, par un courrier motivé, le montant et la répartition des frais de siège qu'il envisage de retenir.**

L'organisme gestionnaire dispose de huit jours ouvrés, à compter de la notification de ce courrier, pour faire connaître ses observations. A défaut de réponse dans ce délai, il est réputé avoir approuvé la proposition.

Lorsqu'il a reçu la réponse de l'organisme gestionnaire, ou à défaut de réponse dans le délai fixé à l'alinéa précédent, *(Décr. nº 2010-344 du 31 mars 2010, art. 241)* **« l'autorité administrative compétente déterminée en application de l'article R. 314-90 » détermine le montant global des frais de siège qu'il estime justifiés au regard des services rendus par celui-ci, ainsi que le montant de la quote-part applicable à chaque établissement ou service, calculé conformément aux dispositions du I de l'article R. 314-92.**

Il notifie sans délai ces montants, par courrier motivé, à l'organisme gestionnaire et aux différentes autorités de tarification.

II. — Lorsqu'une autorité de tarification reprend, dans sa décision d'autorisation budgétaire et de tarification, le montant de la quote-part de frais de siège qui lui a été notifiée conformément au I, la fixation de cette dépense n'est pas soumise à la procédure contradictoire décrite aux articles R. 314-22 à R. 314-24.

III. — Un arrêté du ministre chargé de l'action sociale fixe la liste des renseignements et des pièces qui doivent être joints à la demande annuelle de prise en charge mentionnée au premier alinéa du I. — *[Décr. nº 2003-1010 du 22 oct. 2003, art. 92.]*

Art. R. 314-92 **I. — La répartition, entre les établissements et services relevant du I de l'article L. 312-1, de la quote-part de frais de siège pris en charge par chacun de leurs budgets, s'effectue au prorata des charges brutes de leurs sections d'exploitation, calculées pour le dernier exercice clos.**

Pour les établissements ou services nouvellement créés, il est tenu compte des charges de l'exercice en cours ou, à défaut, de celles des propositions budgétaires.

II. — Lorsqu'un même organisme gère simultanément des établissements ou des services qui relèvent du I de l'article L. 312-1 et des structures qui n'en relèvent pas, la demande annuelle de prise en charge mentionnée au I de l'article R. 314-91 doit établir la part des charges du siège imputable à chacune de ces deux catégories, prises dans leur ensemble. A défaut, la répartition est effectuée au prorata des charges brutes d'exploitation. — *[Décr. nº 2003-1010 du 22 oct. 2003, art. 93.]*

Art. R. 314-93 **A la demande de l'organisme gestionnaire, l'autorité mentionnée à l'article R. 314-90 peut, au moment où elle accorde l'autorisation de l'article R. 314-87, fixer également le montant des frais pris en charge sous la forme d'un**

pourcentage des charges brutes des sections d'exploitation des établissements et services concernés.

Ce pourcentage, qui est unique pour l'ensemble des établissements et services de l'organisme gestionnaire, est applicable pour la durée de l'autorisation. Il peut être révisé dans le cadre d'une révision de celle-ci.

Les dispositions de l'article R. 314-91 ne s'appliquent pas aux organismes gestionnaires qui bénéficient des dispositions du présent article. – *[Décr. nº 2003-1010 du 22 oct. 2003, art. 94.]*

Art. R. 314-94 L'organisme gestionnaire tient une comptabilité particulière pour les charges de son siège social qui sont couvertes par les quotes-parts issues des produits de la tarification.

Les résultats issus de cette comptabilité sont affectés conformément aux dispositions des II et III de l'article R. 314-51. – *[Décr. nº 2003-1010 du 22 oct. 2003, art. 95.]*

Art. R. 314-94-1 *(Décr. nº 2006-422 du 7 avr. 2006)* En application du *b* du 3° de l'article L. 312-7, plusieurs établissements et services sociaux et médico-sociaux relevant du I de l'article L. 312-1 gérés par des organismes ayant des personnalités morales distinctes peuvent créer et gérer un service commun.

Dans ce cas, ce service relève alors des II et III de l'article R. 314-51, des articles R. 314-56 à R. 314-61, R. 314-85 à R. 314-86, R. 314-93, R. 314-95, R. 314-97, R. 314-99 et R. 314-100.

Art. R. 314-94-2 *(Décr. nº 2008-1500 du 30 déc. 2008)* En matière de contrôle sur les frais de siège social, il est fait application des articles R. 314-56 à R. 314-62 et R. 314-81 à R. 314-86.

SOUS-§ 4 *Gestion financière*

Art. R. 314-95 I. — Les disponibilités de trésorerie des établissements ou services relevant du présent paragraphe peuvent faire l'objet de placements financiers à la condition que ceux-ci soient sans risque de dépréciation.

Ces placements sont effectués en titres nominatifs, en titres pour lesquels est établi le bordereau de références nominatives prévu à l'article *(Décr. nº 2009-295 du 16 mars 2009)* « L. 211-19 » du code monétaire et financier, ou en valeurs admises par la Banque de France en garantie d'avance.

II. — La contrepartie du montant des produits financiers réalisés doit être imputée en charge de la section d'exploitation de l'établissement ou du service, à un compte de dotation aux provisions réglementées.

III. — Si les produits financiers sont réalisés par l'organisme gestionnaire dans le cadre d'une gestion centralisée de la trésorerie, la quote-part issue de la trésorerie d'un établissement ou d'un service doit lui être restituée, et inscrite en ressource de sa section d'investissement.

IV. — Lorsque des produits financiers sont réalisés au niveau du siège social de l'organisme gestionnaire, grâce à une *(Décr. nº 2006-422 du 7 avr. 2006)* « gestion centralisée de trésorerie », ceux-ci peuvent être utilisés pour le financement des charges de fonctionnement du siège, sous réserve de l'accord de l'autorité administrative qui a délivré l'autorisation de l'article R. 314-87. *(Décr. nº 2006-422 du 7 avr. 2006)* « Il en va de même lorsque l'organisme gère plusieurs établissements et services sur plusieurs départements mais est financé majoritairement par *(Décr. nº 2022-980 du 2 juill. 2022, art. 4-I)* « la sécurité sociale » et le budget de l'État. »

Lorsque les établissement ou services gérés par l'organisme sont implantés dans un seul département, ces produits financiers peuvent également, et à la même condition, être affectés au financement d'investissements réalisés dans l'un de ces établissements ou services. – *[Décr. nº 2003-1010 du 22 oct. 2003, art. 96.]*

(Décr. nº 2019-1382 du 17 déc. 2019, art. 1er-6º) « V. — L'apport à un fonds de dotation ne peut pas être réalisé sur les financements mentionnés à l'article L. 313-19. »

Art. R. 314-96 I. — Pour les établissements et services dont le tarif a été fixé sous forme de prix de journée jusqu'en 1985, et sous forme de dotation globale à partir de cette date, les règlements effectués par l'État en 1986 au titre des facturations de prix de journée 1985 sont déduits des versements mensuels de la dotation globale, le solde de la dotation étant versé l'année suivante.

Pour les années ultérieures, le règlement du solde de la dotation de l'exercice précédent vient en déduction des versements de l'exercice en cours.

II. — Les créances nées de l'application du I ci-dessus, du II de l'article R. 314-109 ou des dispositions du II de l'article R. 174-16-5 du code de la sécurité sociale peuvent être soldées dans les conditions prévues au II de l'article R. 314-48. — *[Décr. nº 2003-1010 du 22 oct. 2003, art. 97.]*

SOUS-§ 5 ***Cessation d'activité ou fermeture de l'établissement ou du service*** (*Décr. nº 2006-422 du 7 avr. 2006*).

Art. R. 314-97 *(Décr. nº 2006-422 du 7 avr. 2006)* En cas de fermeture ou de cessation d'activité totale ou partielle d'un établissement ou d'un service, si les frais financiers, les dotations *(Abrogé par Décr. nº 2016-1815 du 21 déc. 2016, art. 2-39º)* ***« aux comptes d'amortissement et »*** aux comptes de provisions, les dotations au compte de réserve de trésorerie et les annuités d'emprunt contractées en vue de la constitution d'un fonds de roulement ont été pris en compte dans la fixation des tarifs, l'organisme gestionnaire reverse à un établissement ou service poursuivant un but similaire les montants *(Abrogé par Décr. nº 2016-1815 du 21 déc. 2016, art. 2-39º)* ***« des amortissements cumulés des biens, »*** des provisions non utilisées et des réserves de trésorerie apparaissant au bilan de clôture.

Les crédits d'exploitation non utilisés à la fermeture ou à la cessation d'activité et le solde de la réserve de compensation d'un établissement *(Décr. nº 2019-1382 du 17 déc. 2019, art. 1er-7º)* « ou d'un service » sont reversés aux financeurs concernés.

L'organisme gestionnaire de l'établissement ou du service qui a cessé *(Décr. nº 2019-1382 du 17 déc. 2019, art. 1er-7º)* « définitivement » son activité ou a fermé peut, avec l'accord de l'autorité de tarification, s'acquitter de l'obligation relative au reversement *(Décr. nº 2019-1382 du 17 déc. 2019, art. 1er-7º)* « des financements mentionnés aux 1º, 3º et 6º de l'article L. 313-19 », en procédant à la dévolution de l'actif net immobilisé de l'établissement ou du service.

L'organisme gestionnaire dispose d'un délai de 30 jours à compter de l'arrêté de fermeture ou de la cessation d'activité de l'établissement ou du service pour choisir entre le versement des sommes exigibles au titre du présent article et des *(Décr. nº 2016-1815 du 21 déc. 2016, art. 2-39º ; Décr. nº 2019-1382 du 17 déc. 2019, art. 1er-7º)* « 1º, 3º et 6º » de l'article L. 313-19 ou la dévolution de l'actif net immobilisé. Après ce délai, le représentant de l'État dans le département *(Décr. nº 2019-1382 du 17 déc. 2019, art. 1er-7º)* « fixe les montants mentionnés aux 1º à 6ºdu même article » après accord, le cas échéant, de l'autorité de tarification. *(Décr. nº 2019-1382 du 17 déc. 2019, art. 1er-7º)* « Lorsque le gestionnaire procède à la dévolution de l'actif net immobilisé, le représentant de l'État dans le département fixe les montants mentionnés aux 2º, 4º et 5º de cet article. »

L'autorité de tarification désigne l'attributaire du reversement. En cas de pluralité d'autorités de tarification, le préfet, après avis de ces autorités, procède à cette désignation.

V. dispositions transitoires du Décr. nº 2016-1815 du 21 déc. 2016 ss. la sect. IV du présent chap.

En application des art. L. 231-5 et L. 231-6 CRPA, le silence gardé pendant deux mois par l'administration vaut décision de rejet pour les demandes d'accord de l'autorité tarifaire sur les conditions de mise en œuvre de l'obligation de reversement des montants des amortissements cumulés des biens, des provisions non utilisées et des réserves de trésorerie apparaissant au bilan de clôture, en cas de fermeture ou de cessation d'activité totale ou partielle d'un établissement ou d'un service, pour l'application du quatrième al. de l'art. R. 314-97 (Décr. nº 2014-1286 du 23 oct. 2014, applicable pour les demandes présentées à compter du 12 nov. 2014).

En application des art. L. 231-5 et L. 231-6 CRPA, le silence gardé pendant deux mois par une collectivité territoriale ou un de ses établissements publics vaut décision de rejet pour les demandes d'accord de l'autorité tarifaire sur les conditions de mise en œuvre de l'obligation de reversement des montants des amortissements cumulés des biens, des provisions non utilisées et des réserves de trésorerie apparaissant au bilan de clôture, en cas de fermeture ou de cessation d'activité totale ou partielle d'un établissement ou d'un service, lorsque la décision relève du président du conseil départemental, pour l'application du troisième al. de l'art. R. 314-97 (Décr. nº 2015-1461 du 10 nov. 2015, applicable pour les demandes présentées à compter du 12 nov. 2015).

Art. R. 314-97-1 En cas de fermeture définitive d'un établissement ou d'un service social ou médico-social relevant du I de l'article L. 312-1 en application du titre III et de la section 4 du chapitre III du titre I du livre III du code de l'action sociale et des familles ou des articles L. 621-24 et L. 621-40 du code de commerce, à la date de ladite fermeture de l'établissement, les subventions d'investissement mentionnées au 1° de l'article L. 313-19 et les excédents d'exploitation affectés à l'investissement mentionnés à son 3° sont revalorisés en fonction de l'indice du coût de la construction publié par l'Institut national de la statistique et des études économiques de la manière suivante :

– le montant notifié de chaque subvention d'investissement est multiplié par l'indice du coût de la construction du trimestre de fermeture de l'établissement lequel est divisé par l'indice du coût de la construction du trimestre de notification de la subvention ;

– les montants, pour chaque exercice considéré, des excédents d'exploitation affectés à l'investissement sont multipliés par l'indice du coût de la construction du trimestre de fermeture de l'établissement lequel est divisé par l'indice du coût de la construction du trimestre de la décision d'affectation de l'excédent. – *[Anc. art. D. 313-28.]*

Art. R. 314-97-2 Pour les centres d'aide par le travail, les excédents d'exploitation du budget annexe de production et de commercialisation affectés à l'investissement en application du deuxième alinéa de l'article R. 314-129 sont reversés et revalorisés selon les modalités fixées au dernier alinéa *(Décr. nº 2019-1382 du 17 déc. 2019, art. 1er-3°)* « de l'article R. 314-97-1 ». – *[Anc. art. D. 313-29.]*

Art. R. 314-97-3 Pour les centres d'hébergement et de réinsertion sociale, les excédents d'exploitation du budget annexe de production et de commercialisation liés aux actions d'adaptation à la vie active affectés à l'investissement en application de l'avant-dernier alinéa de l'article R. 314-153 sont reversés et revalorisés selon les modalités fixées au dernier alinéa *(Décr. nº 2019-1382 du 17 déc. 2019, art. 1er-3°)* « de l'article R. 314-97-1 ». – *[Anc. art. D. 313-30.]*

Art. R. 314-98 En cas de cessation définitive d'activité l'autorité de tarification peut tenir compte, lors de la fixation du tarif du dernier exercice, du paiement des indemnités et charges annexes résultant du licenciement du personnel, sous réserve qu'il soit satisfait aux obligations découlant de l'application de l'article R. 314-97.

Ces dispositions sont également applicables en cas de cessation partielle d'activité. – *[Décr. nº 2003-1010 du 22 oct. 2003, art. 99.]*

SOUS-§ 6 *Contrôle et évaluation*

Art. R. 314-99 Les dispositions de l'article R. 314-56 s'appliquent à toute autre activité ou structure de l'organisme gestionnaire qui ne relève pas du I de l'article L. 312-1, sous réserve qu'il existe entre l'activité ou la structure et l'un des établissements sociaux ou médico-sociaux gérés par ce même organisme :

1° soit des comptes de liaison ;

2° soit une trésorerie commune ;

3° soit des charges ou produits communs notamment en matière de personnel, de locaux ou de frais de siège social ;

4° soit des fournitures de biens ou des prestations de services. – *[Décr. nº 2003-1010 du 22 oct. 2003, art. 100.]*

Art. R. 314-100 En application du V de l'article L. 314-7, l'organisme gestionnaire transmet, sur demande, à toute autorité de tarification de l'un des établissements ou services qu'il gère, son bilan et son compte de résultat consolidés ainsi que leurs annexes, certifiés par un commissaire aux comptes ou, s'il n'est pas légalement soumis à cette formalité, certifiés par un mandataire dûment habilité.

Il transmet également, sur demande, son grand livre des comptes. — *[Décr. nº 2003-1010 du 22 oct. 2003, art. 101.]*

§ 5 Règles applicables aux établissements et services gérés par des organismes à but lucratif ou non habilités à recevoir des bénéficiaires de l'aide sociale

Art. R. 314-101 Pour les établissements et services gérés par une personne morale de droit privé à but lucratif, les dispositions de la section 1 et de la sous-section 1 de la section 2 *(Décr. nº 2016-1815 du 21 déc. 2016, art. 2-40º)* « , ou de la section 4 lorsque ces établissements et services relèvent d'un contrat pluriannuel d'objectifs et de moyens mentionné au IV *ter* de l'article L. 312-12 ou à l'article L. 313-12-2, » sont complétées par les dispositions des articles R. 314-79, R. 314-82, R. 314-85, R. 314-99 et R. 314-100 et par celles du sous-paragraphe 3 du paragraphe 4 de la sous-section 2 de la présente section. — *[Décr. nº 2003-1010 du 22 oct. 2003, art. 102.]*

(Décr. nº 2016-1815 du 21 déc. 2016, art. 2-40º) « Lorsque ces établissements et services relèvent d'un contrat pluriannuel d'objectifs et de moyens mentionné au IV *ter* de l'article L. 312-12 ou à l'article L. 313-12-2, les dispositions des deux derniers alinéas de l'article R. 314-104 ne sont pas applicables. »

V. dispositions transitoires du Décr. nº 2016-1815 du 21 déc. 2016 ss. la sect. IV du présent chap.

Art. R. 314-102 *(Décr. nº 2006-422 du 7 avr. 2006)* Les dispositions des articles R. 314-9, R. 314-11, R. 314-15, *(Décr. nº 2007-828 du 11 mai 2007, art. 4)* « du 1º du II de l'article R. 314-17 », des articles R. 314-20, R. 314-27, R. 314-48 et R. 314-49 ne sont pas applicables aux établissements relevant de l'article L. 342-1.

Art. R. 314-103 Pour l'application des dispositions *(Décr. nº 2006-422 du 7 avr. 2006)* « des articles R. 314-56 à R. 314-61, » les établissements et services mentionnés aux articles R. 314-101 et R. 314-102 communiquent, sur demande, à l'autorité de tarification, tous les documents permettant de calculer les tarifs et les prix de revient réels des exercices antérieurs, ainsi que toute pièce de nature à attester de l'effectivité et de la qualité des prestations financées par l'État, *(Décr. nº 2022-980 du 2 juill. 2022, art. 4-I)* « la sécurité sociale » ou le département.

Art. R. 314-104 *(Décr. nº 2022-734 du 28 avr. 2022, art. 1er-7º)* « I. — » *(Décr. nº 2006-422 du 7 avr. 2006)* Les établissements relevant de l'article R. 314-102 transmettent dans les délais mentionnés au II de l'article R. 314-49 un rapport d'activité et un compte d'emploi dont le modèle est fixé par arrêté du ministre chargé de l'action sociale. — *V. Arr. du 20 mars 2007 (JO 27 mars).*

Les documents et informations mentionnés aux 2º, 3º et 4º du I de l'article R. 314-17 et, le cas échéant, au 2º du II de cet article R. 314-17 sont transmis avec le compte d'emploi.

Les résultats du compte d'emploi relatifs aux sections tarifaires afférentes à la dépendance et aux soins des établissements relevant de l'article L. 342-1 sont affectés par l'autorité de tarification compétente, en application des 1º, 3º et 4º du II ou du III de l'article R. 314-51.

Les établissements peuvent toutefois affecter eux-mêmes le résultat de la section tarifaire afférente à la dépendance, si les produits du tarif relatif à la dépendance, versés par le département qui fixe ce tarif, représentent moins de la moitié des recettes d'exploitation de cette section tarifaire. Cette affectation doit respecter les dispositions des 3º et 4º du II et des III et IV de l'article R. 314-51.

(Décr. nº 2022-734 du 28 avr. 2022, art. 1er-7º) « Par dérogation à l'article R. 314-49, lorsque l'organisme gestionnaire n'est pas soumis à la nomenclature comptable mentionnée à l'article R. 314-81, le modèle de bilan comptable est celui figurant au plan

comptable général. Il identifie les provisions, les réserves, les reports à nouveau et les résultats constitués à partir de financements publics.

« II. — Lorsqu'un même organisme gère plusieurs établissements ou services sociaux et médico-sociaux mentionnés au I, une comptabilité analytique distincte est tenue pour chaque établissement ou service, aux fins de retracer l'utilisation des dotations publiques, d'établir le cas échéant les marges réalisées et les flux financiers existant entre l'organisme gestionnaire et les établissements d'hébergement pour personnes âgées dépendantes qu'il gère.

« Chaque organisme gestionnaire fait attester par un commissaire aux comptes les éléments de comptabilité analytique mentionnés à l'alinéa précédent.

« Un arrêté du ministre chargé de l'action sociale fixe les règles de mise en œuvre de cette comptabilité analytique et les modalités de l'attestation du commissaire aux comptes, ainsi que les modalités de leur transmission aux autorités de tarification et de contrôle. »

Les dispositions du 7° de l'art. 1er du Décr. n° 2022-734 du 28 avr. 2022 sont applicables à compter de l'exercice budgétaire et comptable pour l'année 2023 (Décr. préc., art. 3-II).

Art. R. 314-104-1 *(Décr. n° 2022-735 du 28 avr. 2022, art. 1er-1°, en vigueur le 1er sept. 2022)* La dotation mentionnée au 3° du I de l'article L. 314-2-1 est attribuée aux services mentionnés à l'article L. 313-1-2 dans les conditions prévues à l'article R. 314-136-1.

Sauf stipulation contraire dans le contrat mentionné à l'article L. 313-11-1, elle est versée dans les conditions prévues à l'article R. 314-107.

SOUS-SECTION 3 Principes de financement et modalités de versement

§ 1 Financement des établissements et services

Art. R. 314-105 Les dépenses liées à l'activité sociale et médico-sociale des établissements et services régis par le présent chapitre sont, sous réserve de l'habilitation mentionnée à l'article L. 313-6, prises en charge :

I. — Pour les établissements et services mentionnés au 1° de l'article L. 312-1 :

1° pour ceux des services d'aide à domicile qui relèvent également *(Décr. n° 2006-584 du 23 mai 2006)* « des 6° et 7° » du même article, par le département, sous la forme de tarifs horaires établis et versés conformément aux dispositions du paragraphe 5 de la sous-section 4 de la section 2 ;

2° pour les autres établissements et services, par le département, sous la forme d'un prix de journée éventuellement globalisé, établi et versé dans les conditions prévues aux sous-paragraphes 3 et 4 du paragraphe 2 de la sous-section 3 de la présente section ;

(Décr. n° 2006-422 du 7 avr. 2006) « 3° Pour les équipes de prévention spécialisée relevant du 1° du I de l'article L. 312-1 et du 2° de l'article L. 221-1, sous la forme d'une dotation globale versée par le département dans les conditions précisées aux articles R. 314-106 à R. 314-109 ; »

(Décr. n° 2006-584 du 23 mai 2006) « 4° Pour les services assurant une action d'aide à domicile prévue au deuxième alinéa de l'article L. 222-3, par le département sous forme d'une dotation globale de financement versée dans les conditions précisées aux articles R. 314-106 à R. 314-109. »

II. — Pour les établissements et services mentionnés au 2° de l'article L. 312-1 :

1° pour les services d'éducation et de soins à domicile qui prennent en charge de jeunes handicapés sur décision de la *(Décr. n° 2005-1589 du 19 déc. 2005)* « commission des droits et de l'autonomie des personnes handicapées » ou, dans le cadre de l'intégration scolaire, par *(Décr. n° 2022-980 du 2 juill. 2022, art. 4-I)* « la sécurité sociale » *(Abrogé par Décr. n° 2022-980 du 2 juill. 2022, art. 4-I)* ***« en application du 3° de l'article L. 160-8 du code de la sécurité sociale »***, sous la forme d'une dotation globale établie et versée dans les conditions fixées par les articles R. 174-16-1 à R. 174-16-5 du code de la sécurité sociale ;

2° pour les autres établissements et services, par *(Décr. n° 2022-980 du 2 juill. 2022, art. 4-I)* « la sécurité sociale » *(Abrogé par Décr. n° 2022-980 du 2 juill. 2022, art. 4-I)* *« en application du 3° de l'article L. 160-8 du code de la sécurité sociale »*, sous la forme d'un prix de journée établi et versé conformément aux dispositions du sous-paragraphe 3 du paragraphe 2 de la sous-section 3 de la présente section.

III. — Pour les centres d'action médico-sociale mentionnés au 3° de l'article L. 312-1 :

Par *(Décr. n° 2022-980 du 2 juill. 2022, art. 4-I)* « la sécurité sociale » et le département d'implantation, en application de l'article L. 2112-8 du code de la santé publique, sous la forme d'une dotation globale établie et versée dans les conditions fixées à l'article R. 314-123.

IV. — Pour les établissements et services mentionnés au 4° de l'article L. 312-1 :

1° pour les établissements et services mentionnés au *a* du III de l'article L. 314-1, par le département en vertu de l'article L. 228-3, et le cas échéant par l'État, dans les conditions et sous les formes fixées à l'article R. 314-125 ;

2° pour les établissements et services mentionnés au *b* du III de l'article L. 314-1, par l'État dans les conditions et sous les formes fixées à l'article R. 314-126 ;

(Décr. n° 2006-422 du 7 avr. 2006 ; Décr. n° 2008-484 du 22 mai 2008, art. 22) « *[3°]* pour les services d'enquêtes sociales et les services d'investigation et d'orientation éducative relevant des articles 375 à 375-8 du code civil et des articles 1181 à 1200 du code de procédure civile, de l'ordonnance n° 45-174 du 2 février 1945 relative à l'enfance délinquante, par l'État, sous les formes et dans les conditions fixées aux articles R. 314-125 et R. 314-126 du code de l'action sociale et des familles. »

V. — Pour les établissements et services mentionnés au *a)* du 5° de l'article L. 312-1 :

Par *(Décr. n° 2022-980 du 2 juill. 2022, art. 4-I)* « la sécurité sociale », en application des dispositions de l'article L. 344-4 », sous la forme d'une dotation globale établie et versée dans les conditions fixées au sous-paragraphe 1 du paragraphe 2 de la sous-section 3 de la présente section. — *V. dernière note ss. art.*

VI. — Pour les établissements et services mentionnés au *b* du 5° de l'article L. 312-1 :

Par *(Décr. n° 2022-980 du 2 juill. 2022, art. 4-I)* « la sécurité sociale », en vertu des dispositions de l'article L. 344-4, pour les frais directement entraînés par la formation professionnelle, et *(Abrogé par Décr. n° 2022-980 du 2 juill. 2022, art. 4-I)* *« en vertu des dispositions du 1° de l'article L. 160-8 du code de la sécurité sociale »*, pour les frais de traitement, sous la forme d'un prix de journée établi et versé conformément aux dispositions du sous-paragraphe 3 du paragraphe 2 de la section 2.

VII. — Pour les établissements et services mentionnés au 6° de l'article L. 312-1 :

1° pour les établissements relevant *(Décr. n° 2016-1815 du 21 déc. 2016, art. 2-41°)* « du I et du II » de l'article L. 313-12, par le département dans les conditions fixées par les dispositions du paragraphe 10 de la sous-section 4, de la présente section, et par *(Décr. n° 2022-980 du 2 juill. 2022, art. 4-I)* « la sécurité sociale », sous la forme d'*(Décr. n° 2016-1815 du 21 déc. 2016, art. 2-41°)* « un forfait global relatif aux soins versé » dans les conditions fixées par les articles R. 174-9 à R. 174-16 du code de la sécurité sociale ; — *V. dernière note ss. art.*

2° pour les services *(Décr. n° 2021-1932 du 30 déc. 2021, art. 1er-2°, en vigueur le 1er janv. 2022)* « dispensant des prestations d'aide et d'accompagnement à domicile », par le département, sous la forme de tarifs horaires *(Décr. n° 2022-735 du 28 avr. 2022, art. 1er-2°, en vigueur le 1er sept. 2022)* « et, le cas échéant, de la dotation mentionnée au 3° du I de l'article L. 314-2-1 » établis et versés dans les conditions fixées au paragraphe 5 de la sous-section 4 de la présente section ;

(Décr. n° 2006-181 du 17 févr. 2006) « 3° pour les *(Décr. n° 2023-323 du 28 avr. 2023, art. 1er-2°, en vigueur au plus tard le 30 juin 2023)* « services dispensant des soins *[ancienne rédaction : les services de soins]* » infirmiers à domicile, par *(Décr. n° 2022-980 du 2 juill. 2022, art. 4-I)* « la sécurité sociale », sous la forme d'une dotation globale *(Décr. n° 2023-323 du 28 avr. 2023, art. 1er-2°, en vigueur au plus tard le 30 juin 2023)* « de soins » établie dans les conditions fixées au paragraphe 6 de la sous-section 4 de

la présente section et versée dans les conditions fixées aux articles R. 174-16-1 à R. 174-16-5 du code de la sécurité sociale » ; — *V. les modalités d'application du Décr. nº 2023-323 du 28 avr. 2023 ss. le § 6 de la ss.-sect. 4 de la sect. 2 du présent chap. IV.*

(Abrogé par Décr. nº 2008-1500 du 30 déc. 2008) *« 4º pour les établissements relevant de l'article 5 de la loi nº 2001-647 du 20 juillet 2001 relative à la prise en charge de la perte d'autonomie et à l'allocation personnalisée d'autonomie, par l'assurance maladie sous la forme d'un forfait global de soins établi dans les conditions prévues à cet article, et par le département sous la forme de tarifs journaliers établis dans les conditions prévues à l'article R. 314-192 ; »*

5º pour les établissements qui relèvent du II de l'article L. 313-12, par le département sous forme de tarifs journaliers, dans les conditions fixées par l'article R. 232-21 ;

VIII. — Pour les établissements et services mentionnés au 7º de l'article L. 312-1 :

1º pour les établissements mentionnés à l'article L. 344-1, par *(Décr. nº 2022-980 du 2 juill. 2022, art. 4-I)* « la sécurité sociale » sous la forme d'un prix de journée, établi et versé conformément aux dispositions *(Décr. nº 2010-1084 du 15 sept. 2010, art. 2-II)* « du sous-paragraphe 3 du paragraphe 2 de la présente sous-section » ;

2º pour les foyers d'accueil médicalisés et les services d'accompagnement médico-social pour adultes handicapés, par le département pour les frais d'accompagnement à la vie sociale et, le cas échéant, d'hébergement, sous la forme d'un tarif journalier établi et versé dans les conditions fixées par *(Décr. nº 2010-1084 du 15 sept. 2010, art. 2-II)* « les articles R. 314-144 et R. 314-145 », et par *(Décr. nº 2022-980 du 2 juill. 2022, art. 4-I)* « la sécurité sociale » pour les dépenses afférentes aux soins médicaux, en vertu des articles L. 174-7 et L. 162-24-1 du code de la sécurité sociale, sous la forme d'un forfait journalier établi et versé dans les conditions fixées *(Décr. nº 2010-1084 du 15 sept. 2010, art. 2-II)* « aux articles R. 314-141 et R. 314-142 » ;

(Décr. nº 2006-584 du 23 mai 2006) « 3º pour les services *(Décr. nº 2021-1932 du 30 déc. 2021, art. 1er-2º, en vigueur le 1er janv. 2022)* « dispensant des prestations d'aide et d'accompagnement à domicile », par le département, sous la forme de tarifs horaires *(Décr. nº 2022-735 du 28 avr. 2022, art. 1er-2º, en vigueur le 1er sept. 2022)* « et, le cas échéant, de la dotation mentionnée au 3º du I de l'article L. 314-2-1 » établis et versés dans les conditions fixées au paragraphe 5 de la sous-section 4 de la présente section ; »

(Décr. nº 2006-181 du 17 févr. 2006) « 4º pour les *(Décr. nº 2023-323 du 28 avr. 2023, art. 1er-2º, en vigueur au plus tard le 30 juin 2023)* « services dispensant des soins *[ancienne rédaction : services de soins]* » infirmiers à domicile, par l'assurance maladie *[la sécurité sociale]*, sous la forme d'une dotation globale *(Décr. nº 2023-323 du 28 avr. 2023, art. 1er-2º, en vigueur au plus tard le 30 juin 2023)* « de soins » établie dans les conditions fixées au paragraphe 6 de la sous-section 4 de la présente section et versée dans les conditions fixées aux articles R. 174-16-1 à R. 174-16-5 du code de la sécurité sociale » ; — *V. les modalités d'application du Décr. nº 2023-323 du 28 avr. 2023 ss. le § 6 de la ss.-sect. 4 de la sect. 2 du présent chap. IV.*

5º pour les autres établissements et services, par le département sous la forme d'un prix de journée établi et versé conformément aux dispositions du sous-paragraphe 3 du paragraphe 2 de la sous-section 3 de la présente section.

IX. — Pour les établissements et services mentionnés *(Décr. nº 2007-399 du 23 mars 2007)* « au 8º et au 13º de l'article L. 312-1 » :

1º pour les centres d'hébergement et de réinsertion sociale mentionnés à l'article L. 345-1 *(Décr. nº 2007-399 du 23 mars 2007)* « et les centres d'accueil pour demandeurs d'asile mentionnés à l'article L. 348-1 », par l'État sous la forme d'une dotation globale de financement établie et versée dans les conditions fixées au sous-paragraphe 1 du paragraphe 2 de la présente sous-section et au paragraphe 9 de la sous-section 4 de la présente section ;

(Décr. nº 2006-584 du 23 mai 2006) « 2º pour les services d'aide à domicile qui relèvent simultanément du 1º du I de l'article L. 312-1, par le département sous forme d'une dotation globale de financement versée dans les conditions précisées aux articles R. 314-106 à R. 314-109 ; »

3° pour les centres maternels et hôtels maternels qui accueillent des femmes isolées, enceintes ou accompagnées d'enfants de moins de trois ans, par le département sous la forme de prix de journées éventuellement globalisés, dans les conditions fixées par les sous-paragraphes 3 et 4 du paragraphe 2 de la sous-section 3 de la présente section ;

4° pour les autres établissements et services, par l'État sous la forme d'une dotation globale établie et versée conformément au sous-paragraphe 1 du paragraphe 2 de la sous-section 3 de la présente section.

(Décr. n° 2008-87 du 24 janv. 2008) « X. — Pour les établissements et services mentionnés au 9° de l'article L. 312-1 :

« 1° Pour les centres de soins d'accompagnement et de prévention en addictologie, les centres d'accueil et d'accompagnement à la réduction des risques pour usagers de drogues, et les structures dénommées "lits halte soins santé", par l'assurance maladie *[la sécurité sociale]*, en vertu des dispositions de l'article L. 314-8 du présent code et de l'article L. 3121-5 du code de la santé publique, sous la forme d'une dotation globale établie et versée dans les conditions fixées par les articles R. 174-7 et R. 174-8 du code de la sécurité sociale ;

« 2° Pour les appartements de coordination thérapeutique, par l'assurance maladie *[la sécurité sociale]*, en vertu des dispositions de l'article L. 314-8 du présent code, sous la forme d'une dotation globale établie et versée dans les conditions fixées par les articles R. 174-16-1 à R. 174-16-5 du code de la sécurité sociale. »

XI. — Pour les établissements et services mentionnés au 11° de l'article L. 312-1 :

Pour les dépenses afférentes aux soins dans les centres de ressources pour personnes autistes, les centres de ressources pour personnes atteintes de handicaps rares ou les unités d'évaluation, de ré-entraînement et d'orientation sociale et socioprofessionnelle pour personnes cérébro-lésées, par *(Décr. n° 2022-980 du 2 juill. 2022, art. 4-I)* « la sécurité sociale » en vertu des dispositions combinées des articles L. 162-24-1, L. 174-7 et L. 321-1 *[V. désormais art. L. 160-8]* du code de la sécurité sociale, sous la forme d'une dotation globale établie et versée dans les conditions fixées par les articles R. 174-16-1 à R. 174-16-5 du code de la sécurité sociale.

XII. — Pour les établissements *(Décr. n° 2010-344 du 31 mars 2010, art. 242)* « de santé autorisés à dispenser des soins de longue durée » :

1° pour ceux d'entre eux qui sont signataires de la convention mentionnée au I de l'article L. 313-12, par le département dans les conditions fixées par les dispositions du paragraphe 10 de la sous-section 4 de la présente section, et par *(Décr. n° 2022-980 du 2 juill. 2022, art. 4-I)* « la sécurité sociale », sous la forme d'une dotation globale, versée dans les conditions fixées par les articles R. 174-9 à R. 174-16 du code de la sécurité sociale ;

(Abrogé par Décr. n° 2008-1500 du 30 déc. 2008) ***« 2° pour ceux d'entre eux qui ne sont pas signataires de cette convention, par l'assurance maladie sous la forme d'un forfait global de soins établi dans les conditions prévues à l'article 5 de la loi n° 2001-647 du 20 juillet 2001 relative à la prise en charge de la perte d'autonomie des personnes âgées et à l'allocation personnalisée à l'autonomie, et par le département sous la forme de tarifs journaliers établis dans les conditions prévues à l'article R. 314-192. »***

(Décr. n° 2008-1500 du 30 déc. 2008) « XIII. — Pour les services mentionnés au I de l'article L. 361-1, sous forme d'une dotation globale de financement fixée et répartie par l'autorité de tarification dans les conditions fixées à l'article R. 314-193-1.

« XIV. — Pour les services mentionnés au 15° de l'article L. 312-1, sous forme d'une dotation globale de financement fixée et répartie par l'autorité de tarification dans les conditions fixées à l'article R. 314-193-3. »

(Décr. n° 2016-1815 du 21 déc. 2016, art. 2-41°) « XV. — Pour les établissements et services qui relèvent d'un contrat pluriannuel d'objectifs et de moyens mentionné à l'article L. 313-12-2, pour les financements mentionnés à l'article L. 314-3, par *(Décr. n° 2022-980 du 2 juill. 2022, art. 4-I)* « la sécurité sociale » *(Abrogé par Décr. n° 2022-980 du 2 juill. 2022, art. 4-I)* ***« en application du 3° de l'article L. 160-8 du code de la sécurité sociale »***, sous la forme d'une dotation globale calculée dans les condi-

tions prévues à l'article R. 314-40 du présent code, établie et versée dans les conditions fixées par les articles R. 174-16-1 à R. 174-16-5 du code de la sécurité sociale.

« XVI. — Lorsque l'établissement ou le service relève du 2° du I de l'article L. 312-1 du présent code et qu'il accueille régulièrement des jeunes adultes handicapés bénéficiant des dispositions de l'article L. 242-4, la dotation globale intègre la part des financements pris en charge par les conseils départementaux en application des dispositions de ce dernier article.

« Cette part est égale au montant des produits à la charge de ces collectivités constatés sur le dernier exercice. Ce montant est transmis par l'établissement ou le service au directeur général de l'agence régionale de santé, au plus tard le 31 janvier de l'année en cours.

« La part à la charge de *(Décr. n° 2022-980 du 2 juill. 2022, art. 4-I)* **« la sécurité sociale » est égale à la différence entre la dotation globale et la part des financements pris en charge par les conseils départementaux déterminée en application des dispositions de l'alinéa précédent. Elle est versée dans les conditions fixées par les articles R. 174-16-1 à R. 174-16-5 du code de la sécurité sociale.**

« La part à la charge des conseils départementaux est facturée par l'établissement ou le service sous la forme d'un prix de journée, établi et versé conformément aux dispositions du sous-paragraphe 3 du paragraphe 2 de la sous-section 3 de la présente section.

« La répartition entre financeurs peut être modifiée en cours d'année sur demande motivée de l'établissement ou du service. » — *V. avant-dernière note ss. art.*

L'art. R. 314-105, dans sa rédaction antérieure à la publication du Décr. n° 2008-87 du 24 janv. 2008, reste applicable aux centres spécialisés de soins aux toxicomanes et centres de cure ambulatoire en alcoologie bénéficiant à la date du 1er janv. 2007 de l'autorisation prévue à l'art. L. 313-1 CASF jusqu'à leur autorisation en tant que centre de soins d'accompagnement et de prévention en addictologie conformément aux dispositions de l'art. 92 de la loi de financement de la sécurité sociale pour 2007 (Décr. préc., art. 4).

V. dispositions transitoires du Décr. n° 2016-1815 du 21 déc. 2016 ss. la sect. IV du présent chap.

Les dispositions de l'art. 1er du Décr. n° 2023-323 du 28 avr. 2023 entrent en vigueur à la date de publication du décret définissant le cahier des charges des services autonomie à domicile pris en application de l'art. L. 313-1-3 CASF, dans sa rédaction résultant du I de l'art. 44 de la L. n° 2021-1754 du 23 déc. 2021, et au plus tard le 30 juin 2023 (Décr. n° 2023-323 du 28 avr. 2023, art. 6).

§ 1 *BIS* Traitement de données à caractère personnel

(Décr. n° 2018-173 du 9 mars 2018, art. 1er)

Les dispositions de l'art. 1er du Décr. n° 2018-173 du 9 mars 2018 s'appliquent dès la publication dudit décret aux établissements ou services pour personnes âgées dépendantes mentionnés au 6° du I de l'art. L. 312-1 CASF dont la caisse pivot au sens de l'art. L. 174-8 CSS relève de la caisse centrale de la Mutualité sociale agricole.

Les établissements ou services qui appliquent les dispositions des art. R. 134-105-1 à R. 134-105-9 CASF issues de l'art. 1er du Décr. n° 2018-173 du 9 mars 2018 cessent d'être soumis aux dispositions de l'art. R. 174-76-2 [erreur du JO, cet article n'existe pas] du même code, qui sont abrogées à compter du 1er janv. 2021 (Décr. préc., art. 4 et 5).

Art. R. 314-105-1 **Afin de permettre d'identifier l'ensemble des dépenses** *(Abrogé par Décr. n° 2022-980 du 2 juill. 2022, art. 4-I)* ***« d'assurance maladie »*** **relatives à la prise en charge des personnes âgées et des personnes handicapées accueillies ou accompagnées par un établissement ou service médico-social soumis à l'objectif de dépenses mentionné à l'article L. 314-3, la caisse nationale de l'assurance maladie met en œuvre un traitement de données à caractère personnel, inter-régimes** *[interrégimes]*, **dénommé "RESID-ESMS". Cette caisse a la qualité de personne responsable du traitement.**

Art. R. 314-105-2 **Le traitement mentionné à l'article R. 314-105-1 a pour finalités de permettre :**

1° Le suivi de la consommation de soins et de l'activité des professionnels de santé libéraux ou appartenant à l'équipe de soins mentionnée à l'article L. 1110-12 du code

de la santé publique, dans l'établissement ou service et hors de l'établissement ou du service, relatives à la prise en charge des personnes mentionnées à l'article R. 314-105-1 du présent code ;

2° Le suivi de la globalité de la dépense *(Décr. nº 2022-980 du 2 juill. 2022, art. 4-I)* « de sécurité sociale » rattachable aux personnes accueillies ou accompagnées par les établissements ou services mentionnés à l'article R. 314-105-1 par le rapprochement des données relatives aux budgets desdits établissements et services avec celles relatives aux remboursements au titre des soins de ville et hospitaliers qui sont dispensés aux personnes mentionnées à l'article R. 314-105-1 ;

3° Le suivi des parcours de soins des personnes mentionnées à l'article R. 316-105-1 ;

4° Les contrôles afférents aux facturations présentées au remboursement des organismes d'assurance maladie *[Ndlr : des organismes de « sécurité sociale »]* par le rapprochement des données relatives aux bénéficiaires avec celles relatives aux remboursements au titre des soins de ville et hospitaliers dispensés à ces mêmes personnes, en vue de la récupération des indus ;

(Abrogé par Décr. nº 2022-980 du 2 juill. 2022, art. 4-I) « *5° Le recueil des données nécessaires à la répartition de l'activité globale de soins entre les régimes d'assurance maladie.* »

Art. R. 314-105-3 Sont concernées par le traitement mentionné à l'article R. 314-105-1 les données relatives aux personnes accueillies ou accompagnées par les établissements et services mentionnés au même article et à l'activité des professionnels de santé libéraux ou appartenant à l'équipe de soins, pour les soins délivrés aux personnes ci-dessus mentionnées, y compris lorsqu'ils sont réalisés hors de l'établissement ou du service.

Les catégories de données pouvant être traitées sont :

1° S'agissant de l'identification des personnes accueillies ou accompagnées par l'établissement ou le service médico-social :

a) Leur nom de famille et, le cas échéant, nom d'usage, et leurs prénoms ;

b) Leur numéro d'inscription au répertoire national d'identification des personnes physiques (NIR) mentionné au premier alinéa de l'article R. 161-1 du code de la sécurité sociale et celui ou ceux qui lui auraient été précédemment attribués ou le numéro *(Décr. nº 2022-292 du 1er mars 2022, art. 2-I, en vigueur le 1er mars 2022)* « d'identification » d'attente (NIA) mentionné au dernier alinéa du même article ;

c) Leur organisme d'assurance maladie de rattachement ;

d) Leur date de naissance ;

e) Le département de leur domicile ou, le cas échéant, de leur domicile de secours ;

2° S'agissant de la prise en charge des personnes mentionnées au 1° :

a) Le cas échéant, la mesure de la dépendance de la personne âgée évaluée par référence à la grille nationale mentionnée à l'article L. 232-2 ou des données relatives au handicap ;

b) Le cas échéant, l'existence d'une décision d'orientation de la commission des droits et de l'autonomie des personnes handicapées mentionnée à l'article L. 241-5 du présent code, et sa date ;

c) La modalité de leur accueil ou accompagnement par l'établissement ou le service ;

d) Leur date d'entrée administrative dans l'établissement ou le service ;

e) Le lieu de provenance et la modalité de prise en charge antérieurs à la prise en charge par l'établissement ou le service ;

f) Le cas échéant, la prise en charge cumulée ou alternée par un autre établissement sanitaire ou un autre établissement ou service ;

g) Le cas échéant, la date de sortie administrative et son motif ;

h) Les dates de début et de fin de prise en charge et leur motif ;

i) Les jours de présence ou de prise en charge pour le mois considéré ;

j) L'identification de l'établissement ou service d'accueil ou d'accompagnement et son régime tarifaire ;

k) La nature des prestations servies à la personne par les professionnels médicaux et les auxiliaires médicaux ou appartenant à l'équipe de soins et, le cas échéant, la date d'intervention ;

3° Le montant des rémunérations versées aux professionnels de santé libéraux et intégrées dans le budget afférent aux soins de l'établissement ou du service, par catégorie professionnelle, en distinguant, pour les médecins, les généralistes des autres spécialités ;

4° Le montant des dépenses de médicaments, de dispositifs médicaux et, le cas échéant, de transports, intégrés dans le budget des établissements et services selon la modalité tarifaire qui leur est applicable ;

5° Le nom, prénom et numéro d'identification au répertoire des professionnels de santé, le cas échéant des professionnels du secteur médico-social, libéraux prescripteurs ou intervenants au titre de l'établissement ou service médico-social, ainsi que la convention entre ces professionnels et l'établissement ou service.

Art. R. 314-105-4 Le directeur de l'établissement ou du service, ou son délégataire, transmet chaque mois les informations mentionnées à l'article R. 314-105-3 aux organismes gérant un régime de base de l'assurance maladie en utilisant le traitement mentionné à l'article R. 314-105-1.

Art. R. 314-105-5 Ont accès aux données à caractère personnel et aux informations mentionnées à l'article R. 314-105-3 les agents individuellement désignés et dûment habilités de la Caisse nationale de l'assurance maladie dont les missions le justifient.

Sont destinataires de tout ou partie des données à caractère personnel et des informations mentionnées à l'article R. 314-105-3, pour satisfaire aux seules finalités mentionnées à l'article R. 314-105-2, et dans la limite du besoin d'en connaître, les agents individuellement désignés et dûment habilités des organismes gérant un régime de base de l'assurance maladie.

Art. R. 314-105-6 Les informations mentionnées à l'article R. 314-105-3 sont conservées pendant une durée de trente-trois mois par la Caisse nationale de l'assurance maladie.

Art. R. 314-105-7 La Caisse nationale de l'assurance maladie est autorisée, afin de vérifier et compléter les données relatives à l'identification et à l'affiliation des bénéficiaires, à accéder au répertoire prévu à l'article L. 161-32 du code de la sécurité sociale.

Art. R. 314-105-8 Les droits d'accès et de rectification des personnes accueillies ou accompagnées, prévus aux articles 39 et 40 de la loi n° 78-17 du 6 janvier 1978 relative à l'informatique, aux fichiers et aux libertés, s'exercent auprès du directeur de leur organisme d'assurance maladie de rattachement.

Art. R. 314-105-9 Le droit d'opposition prévu à l'article 38 de la loi n° 78-17 du 6 janvier 1978 relative à l'informatique, aux fichiers et aux libertés ne s'applique pas au traitement mentionné à l'article R. 314-105-1.

§ 2 Modalités de financement

SOUS-§ 1 *Dotation globale de financement*

Art. R. 314-106 *(Décr. n° 2016-1815 du 21 déc. 2016, art. 2-42°)* « I. — » La dotation globale de financement est égale à la différence entre, d'une part la totalité des charges d'exploitation du budget auquel elle se rapporte, après incorporation le cas échéant du *(Décr. n° 2016-1815 du 21 déc. 2016, art. 2-42°)* « report à nouveau » d'un exercice antérieur *(Décr. n° 2016-1815 du 21 déc. 2016, art. 2-42°)* « retenu par l'autorité de tarification » dans les conditions fixées à l'article R. 314-51, et d'autre part les produits d'exploitation du même budget, autres que ceux relatifs à ladite dotation. — *[Décr. n° 2003-1010 du 22 oct. 2003, art. 107.]*

(Décr. nº 2016-1815 du 21 déc. 2016, art. 2-42º) « II. — Pour les établissements et services, hors ceux mentionnés au 1º du VII et au 2º du VIII, qui relèvent de contrats mentionnés au IV *ter* de l'article L. 313-12 ou à l'article L. 313-12-2, la dotation globale de financement est égale aux produits de la tarification notifiés conformément à l'article R. 314-220. »

V. dispositions transitoires du Décr. nº 2016-1815 du 21 déc. 2016 ss. la sect. IV du présent chap.

Art. D. 314-106-1 *(Décr. nº 2016-1815 du 21 déc. 2016, art. 2-43º)* En application du premier alinéa du IV *bis* de l'article L. 314-7, la dotation globale de financement de reconduction provisoire, applicable au 1er janvier de l'année qui suit, exclut des charges d'exploitation celles qui ont été financées ponctuellement par l'autorité de tarification sur l'année en cours et, le cas échéant, la reprise du report à nouveau d'un exercice antérieur. — *V. note ss. art. R. 314-106.*

Art. R. 314-107 La dotation globale de financement est versée à l'établissement ou au service par fractions forfaitaires égales au douzième de son montant.

Le versement de chaque fraction est effectué le vingtième jour du mois ou, si ce jour n'est pas ouvré, le dernier jour ouvré précédant cette date. — *[Décr. nº 2003-1010 du 22 oct. 2003, art. 108.]*

Art. R. 314-108 Dans le cas où la dotation globale de financement n'a pas été arrêtée avant le 1er janvier de l'exercice en cause, *(Décr. nº 2016-1815 du 21 déc. 2016, art. 2-44º)* « si un tarif de reconduction provisoire n'a pas été fixé, » et jusqu'à l'intervention de la décision qui la fixe, l'autorité chargée du versement règle, sous réserve des dispositions de l'article R. 314-38, des acomptes mensuels égaux au douzième du montant de la dotation globale de l'exercice antérieur. — *[Décr. nº 2003-1010 du 22 oct. 2003, art. 109.]*

V. dispositions transitoires du Décr. nº 2016-1815 du 21 déc. 2016 ss. la sect. IV du présent chap.

Art. R. 314-109 I. — Si, lors de la première année d'application d'un financement par dotation globale de fonctionnement, la fixation de cette dotation est effectuée postérieurement au 1er janvier de l'exercice, l'autorité chargée du versement règle des acomptes mensuels égaux au douzième des dépenses autorisées lors de l'exercice antérieur.

II. — Les sommes versées, au cours de l'année d'entrée en vigueur du financement par dotation globale, au titre des paiements de l'exercice antérieur, viennent en déduction des versements mensuels mentionnés à l'article R. 314-107, le solde de la dotation globale de financement étant versé l'année suivante.

Lors de chaque exercice ultérieur, le solde de la dotation de l'exercice précédent vient en déduction des versements mensuels mentionnés à l'article R. 314-107. Le solde de la dotation globale de financement de l'exercice est versé l'année suivante. — *[Décr. nº 2003-1010 du 22 oct. 2003, art. 110.]*

Art. R. 314-110 Les dotations globales de financement qui relèvent du budget de l'État sont mises en paiement *(Décr. nº 2010-344 du 31 mars 2010, art. 243)* « par l'autorité de tarification compétente » de l'établissement ou du service bénéficiaire. — *[Décr. nº 2003-1010 du 22 oct. 2003, art. 111.]*

SOUS-§ 2 *Dispositions propres aux dotations globales et forfaits globaux de soins relevant de la sécurité sociale (Décr. nº 2022-980 du 2 juill. 2022, art. 4-I).*

Art. R. 314-111 Les dotations globales ou les forfaits globaux de soins relevant de *(Décr. nº 2022-980 du 2 juill. 2022, art. 4-I)* « la sécurité sociale » sont versés :

1º pour les dotations globales afférentes aux soins dispensés dans les *(Décr. nº 2008-87 du 24 janv. 2008)* « centres de soins, d'accompagnement et de prévention en addictologie » mentionnés à l'article L. 314-8, dans les conditions prévues par les articles R. 174-7 et R. 174-8 du code de la sécurité sociale ;

2° pour les *(Décr. n° 2016-1815 du 21 déc. 2016, art. 2-45°)* « forfaits globaux relatifs aux soins » dispensés dans les établissements *(Décr. n° 2016-1815 du 21 déc. 2016, art. 2-45°)* « mentionnés aux I et II » de l'article L. 313-12, dans les conditions prévues par les articles R. 174-9 à R. 174-16 du code de la sécurité sociale ; – *V. dernière note ss. art.*

3° pour les dotations globales ou les forfaits globaux de soins versés aux autres établissements ou services relevant du I de l'article L. 312-1, dans les conditions prévues par les articles R. 174-16-1 à R. 174-16-5 du code de la sécurité sociale. – *[Décr. n° 2003-1010 du 22 oct. 2003, art. 112.]*

L'art. R. 314-111, dans sa rédaction antérieure à la publication du Décr. n° 2008-87 du 24 janv. 2008, reste applicable aux centres spécialisés de soins aux toxicomanes et centres de cure ambulatoire en alcoologie bénéficiant à la date du 1er janv. 2007 de l'autorisation prévue à l'art. L. 313-1 CASF jusqu'à leur autorisation en tant que centre de soins d'accompagnement et de prévention en addictologie conformément aux dispositions de l'art. 92 de la loi de financement de la sécurité sociale pour 2007 (Décr. préc., art. 4).

V. dispositions transitoires du Décr. n° 2016-1815 du 21 déc. 2016 ss. la sect. IV du présent chap.

Art. R. 314-112 Afin de permettre l'exercice des compensations entre régimes et de facturer les prestations délivrées aux personnes qui ne sont pas assurées sociales, l'autorité de tarification procède, pour les dotations globales de financement et les forfaits globaux de soins qui relèvent de *(Décr. n° 2022-980 du 2 juill. 2022, art. 4-I)* « la sécurité sociale », au calcul d'un prix de journée, dans les conditions fixées à l'article R. 314-113. – *[Décr. n° 2003-1010 du 22 oct. 2003, art. 113.]*

SOUS-§ 3 *Prix de journée*

Art. R. 314-113 Le prix de journée est obtenu à partir de la différence entre, d'une part la totalité des charges d'exploitation du budget auquel il se rapporte, après incorporation le cas échéant du *(Décr. n° 2016-1815 du 21 déc. 2016, art. 2-46°)* « report à nouveau » d'un exercice antérieur *(Décr. n° 2016-1815 du 21 déc. 2016, art. 2-46°)* « retenu par l'autorité de tarification » dans les conditions fixées à l'article R. 314-51, et d'autre part les produits d'exploitation du même budget, autres que ceux relatifs audit prix de journée. Cette différence est ensuite divisée par le nombre de journées, pour obtenir le prix de journée.

Le nombre de journées mentionné à l'alinéa précédent est égal à la moyenne, sur les trois années qui précèdent l'exercice en cause, du nombre effectif de journées de personnes accueillies par l'établissement ou le service.

Lorsque l'établissement ou le service est ouvert depuis moins de trois ans, ou en cas de circonstances particulières, le nombre de journées qui sert de diviseur est égal au nombre prévisionnel de l'exercice. – *[Décr. n° 2003-1010 du 22 oct. 2003, art. 114.]*

V. dispositions transitoires du Décr. n° 2016-1815 du 21 déc. 2016 ss. la sect. IV du présent chap.

Art. D. 314-113-1 *(Décr. n° 2016-1815 du 21 déc. 2016, art. 2-47°)* En application du premier alinéa du IV *bis* de l'article L. 314-7, le prix de journée de reconduction provisoire, applicable au 1er janvier de l'année qui suit, exclut des charges d'exploitation celles qui ont été financées ponctuellement par l'autorité de tarification sur l'année en cours et, le cas échéant, la reprise du résultat de l'exercice antérieur. Le dénominateur reste identique. – *V. note ss. art. R. 314-113.*

Art. R. 314-114 Les prix de journée sont facturés mensuellement à terme échu.

Toutefois, pour les établissements relevant du 6° du I de l'article L. 312-1 *(Décr. n° 2010-344 du 31 mars 2010, art. 244)* « et pour les établissements de santé autorisés à dispenser des soins de longue durée », ils sont facturés mensuellement selon le terme à échoir. – *[Décr. n° 2003-1010 du 22 oct. 2003, art. 115.]*

SOUS-§ 4 *Prix de journée globalisés*

Art. R. 314-115 *(Décr. n° 2006-422 du 7 avr. 2006)* « Pour les établissements et services dont le tarif est fixé sous la forme d'un prix de journée, ou d'un tarif forfai-

taire par mesure, la personne publique qui a la charge du financement peut, par convention avec l'établissement ou le service, procéder au versement d'une dotation globalisée qui est égale au prix de journée multiplié par le nombre prévisionnel de journées, ou au tarif forfaitaire par mesure, calculé conformément aux dispositions de l'article R. 314-113, multiplié par le nombre de mesures ou de journées susceptibles d'être à la charge de ce financeur. »

Le règlement de cette dotation est effectué par douzièmes mensuels, le vingtième jour du mois ou, si ce jour n'est pas ouvré, le dernier jour ouvré précédant cette date. — *[Décr. nº 2003-1010 du 22 oct. 2003, art. 116.]*

(Décr. nº 2016-1815 du 21 déc. 2016, art. 2-48º) **« Lorsque l'établissement ou le service relève du 2º du I de l'article L. 312-1 et qu'il accueille régulièrement des jeunes adultes handicapés bénéficiant des dispositions de l'article L. 242-4, la dotation globalisée intègre la part des financements pris en charge par les conseils départementaux en application des dispositions de ce dernier article.**

« Cette part est égale au montant des produits à la charge de ces collectivités constatés sur le dernier exercice. Ce montant est transmis par l'établissement ou le service au directeur général de l'agence régionale de santé, au plus tard le 31 janvier de l'année en cours.

« La part à la charge de *(Décr. nº 2022-980 du 2 juill. 2022, art. 4-I)* **« la sécurité sociale » est égale à la différence entre la dotation globalisée et la part des financements pris en charge par les conseils départementaux déterminée en application des dispositions de l'alinéa précédent. Elle est versée dans les conditions fixée** *[fixées]* **par les articles R. 174-16-1 à R. 174-16-5 du code de la sécurité sociale.**

« La part à la charge des conseils départementaux est facturée par l'établissement ou le service sous la forme d'un prix de journée établi et versé conformément aux dispositions du sous-paragraphe 3 du paragraphe 2 de la sous-section 3 de la présente section.

« La répartition entre financeurs peut être modifiée en cours d'année sur demande motivée de l'établissement ou du service. » — *V. dispositions transitoires du Décr. nº 2016-1815 du 21 déc. 2016 ss. la sect. IV du présent chap.*

Art. R. 314-116 **Dans le cas où le prix de journée n'a pas été arrêté avant le 1er janvier de l'exercice en cause,** *(Décr. nº 2016-1815 du 21 déc. 2016, art. 2-49º)* **« si un tarif de reconduction provisoire n'a pas été fixé, » et jusqu'à l'intervention de la décision qui le fixe, l'autorité de tarification règle, sous réserve des dispositions de l'article R. 314-38, des acomptes mensuels égaux aux douzièmes de l'exercice antérieur.** — *V. dispositions transitoires du Décr. nº 2016-1815 du 21 déc. 2016 ss. la sect. IV du présent chap.*

Après fixation du nouveau prix de journée et de la nouvelle dotation globalisée, il est procédé à une régularisation des versements lors du plus prochain paiement. — *[Décr. nº 2003-1010 du 22 oct. 2003, art. 117.]*

Art. R. 314-117 **La convention mentionnée à l'article R. 314-115 précise notamment les modalités de règlement des créances relatives à l'exercice précédant celui du passage à la dotation globalisée.** — *[Décr. nº 2003-1010 du 22 oct. 2003, art. 118.]*

SOUS-SECTION 4 Dispositions propres à certaines catégories d'établissements

§ 1 Établissements et services accueillant des mineurs et jeunes adultes handicapés

Art. R. 314-118 **Les dispositions du présent paragraphe sont applicables aux établissements et services relevant du 2º du I de l'article L. 312-1.** — *[Décr. nº 2003-1010 du 22 oct. 2003, art. 120.]*

Art. R. 314-119 **Les établissements et services qui offrent divers modes de prise en charge tels que :**

1º des journées en externat ;

2º des journées en internat complet ;

3º des journées en internat de semaine ;

4° la demi-pension ;
5° de l'accueil temporaire ;
6° des journées d'intégration en milieu ordinaire ;

peuvent demander, soit dans le cadre de leurs propositions budgétaires, soit dans les quinze jours qui suivent la notification *(Décr. n° 2006-584 du 23 mai 2006, Décr. n° 2016-1815 du 21 déc. 2016, art. 2-50°)* « du montant des dépenses ou des recettes » autorisées, que *(Décr. n° 2006-584 du 23 mai 2006)* « leur prix de journée » soit modulé selon le mode d'accueil retenu pour l'enfant ou le jeune adulte pris en charge.

Lorsque la demande est formulée postérieurement à la notification *(Décr. n° 2006-584 du 23 mai 2006 ; Décr. n° 2016-1815 du 21 déc. 2016, art. 2-50°)* « de ces dépenses ou des *[de ces]* recettes assorties » d'un prix de journée unique, elle ne peut aboutir à des dépenses *(Décr. n° 2016-1815 du 21 déc. 2016, art. 2-50°)* « ou des recettes » prévisionnelles plus élevées que celles qui auraient résulté de l'application de ce prix de journée.

La décision d'autorisation budgétaire *(Décr. n° 2016-1815 du 21 déc. 2016, art. 2-50°)* « , la décision » de tarification ou, si la demande de l'établissement ou du service lui est postérieure, la décision qui accepte le principe de la modulation fixe le montant de chacun des tarifs. – *[Décr. n° 2003-1010 du 22 oct. 2003, art. 121.]*

V. dispositions transitoires du Décr. n° 2016-1815 du 21 déc. 2016 ss. la sect. IV du présent chap.

Art. R. 314-120 Si l'un des modes d'accueil mentionnés à l'article R. 314-119 offre une capacité de plus de 25 places et représente plus du tiers de la capacité globale de l'établissement ou du service, il fait l'objet d'un budget annexe, sauf dérogation accordée par l'autorité de tarification. – *[Décr. n° 2003-1010 du 22 oct. 2003, art. 122.]*

Art. R. 314-121 La dotation globale des services qui prennent en charge, sur décision de la *(Décr. n° 2005-1589 du 19 déc. 2005)* « commission des droits et de l'autonomie des personnes handicapées » ou dans le cadre de l'intégration scolaire, de jeunes handicapés, peut comporter la couverture des frais de déplacements de ces jeunes handicapés, afin de permettre des prises en charge collectives venant en complément des prises en charge individuelles.

Un arrêté du ministre chargé de l'action sociale fixe le montant maximum de ces frais, sous la forme d'un pourcentage des frais de déplacement des intervenants médicaux, paramédicaux, éducatifs et pédagogiques.

Cet arrêté peut prévoir plusieurs valeurs selon la nature des prestations offertes par le service concerné. – *[Décr. n° 2003-1010 du 22 oct. 2003, art. 123.]*

Art. R. 314-122 I. – Les soins complémentaires, délivrés à titre individuel par un médecin, un auxiliaire médical, un centre de santé, un établissement de santé ou un autre établissement ou service médico-social, sont pris en charge par les organismes d'assurance maladie obligatoire dans les conditions de droit commun, en sus du tarif versé à l'établissement ou au service :

1° soit lorsque leur objet ne correspond pas aux missions de l'établissement ou du service ;

2° soit, par dérogation aux dispositions du 2° de l'article R. 314-26, lorsque, bien que ressortissant aux missions de l'établissement ou du service, ces soins ne peuvent, en raison de leur intensité ou de leur technicité, être assurés par l'établissement ou le service de façon suffisamment complète ou suffisamment régulière. Dans ce cas, ces soins doivent faire l'objet d'une prescription par un médecin attaché à l'établissement ou au service.

II. – Lorsque les soins complémentaires mentionnés au I sont liés au handicap ayant motivé l'admission dans l'établissement ou le service, leur remboursement est subordonné à l'accord préalable du service du contrôle médical, dans les conditions prévues à l'article L. 315-2 du code de la sécurité sociale.

Les préconisations de la *(Décr. n° 2005-1589 du 19 déc. 2005)* « commission des droits et de l'autonomie des personnes handicapées », lorsqu'elles existent, sont jointes à la demande d'entente préalable. – *[Décr. n° 2003-1010 du 22 oct. 2003, art. 124.]*

§ 2 Centres d'action médico-sociale précoce

Art. R. 314-123 Conformément aux dispositions de l'article L. 2112-8 du code de la santé publique, la dotation globale de financement des centres d'action médico-sociale précoce mentionnés au 3° du I de l'article L. 312-1 du présent code est versée :

1° pour 20 p. 100 de cette dotation, par le département d'implantation, dans les conditions fixées au sous-paragraphe 1 du paragraphe 2 de la sous-section 3 de la présente section ;

2° pour 80 p. 100 de cette dotation, par *(Décr. nº 2022-980 du 2 juill. 2022, art. 4-I)* « la sécurité sociale » dans les conditions fixées par les articles R. 174-16-1 à R. 174-16-5 du code de la sécurité sociale. — *[Décr. nº 2003-1010 du 22 oct. 2003, art. 125.]*

Art. R. 314-124 Les dispositions de l'article R. 314-122 sont applicables aux centres d'action médico-sociale précoce. — *[Décr. nº 2003-1010 du 22 oct. 2003, art. 126.]*

§ 3 Établissements et services accueillant des mineurs ou des majeurs de moins de vingt et un ans confiés par l'autorité judiciaire

Art. R. 314-125 I. — Les prestations fournies par les établissements et services mentionnés au 4° du I de l'article L. 312-1, et relevant du *a)* du III de l'article L. 314-1, font l'objet d'un prix de journée ou d'un tarif forfaitaire par mesure.

Un arrêté du ministre de la justice fixe celui des deux modes de tarification qui est applicable à chaque type de prestation.

II. — Les prix de journée sont calculés conformément aux dispositions de l'article R. 314-113.

Les tarifs forfaitaires par mesure sont calculés sur la même base que les prix de journée, divisée par la moyenne, sur les trois exercices qui précèdent l'exercice en cause, du nombre effectif de mesures réalisées par l'établissement ou le service.

Lorsque l'établissement ou le service est ouvert depuis moins de trois ans, ou en cas de circonstances particulières, le nombre de mesures qui sert de diviseur est égal au nombre prévisionnel de l'exercice.

III. — La décision d'autorisation budgétaire et de tarification, arrêtée conjointement par le président du conseil départemental et le préfet du département, est prise par ce dernier sur le rapport du directeur interrégional de la protection judiciaire de la jeunesse.

IV. — Les prix de journée et les tarifs forfaitaires par mesure sont versés mensuellement à terme échu.

V. — Pour les prestations qui font l'objet d'un prix de journée, le préfet du département ou le président du conseil départemental peuvent, chacun en ce qui le concerne, par convention avec l'établissement ou le service, procéder au versement d'une dotation globalisée correspondant au prix de journée multiplié par le nombre prévisionnel de journées à leur charge.

Le versement de ces dotations globalisées est effectué dans les conditions fixées aux articles R. 314-115 et R. 314-116.

L'article R. 314-117 est applicable à ces conventions. — *[Décr. nº 2003-1010 du 22 oct. 2003, art. 127.]*

Art. R. 314-126 *(Décr. nº 2011-1967 du 26 déc. 2011, art. 1er-1º)* « I. — Les prestations fournies par les établissements et services mentionnés au 4° du I de l'article L. 312-1 et relevant du *b* du III de l'article L. 314-1 font l'objet d'un des modes de tarification suivants :

« 1° Un tarif forfaitaire par mesure pour les établissements et services mettant en œuvre des mesures civiles ou pénales d'investigation ou des mesures de réparation ordonnées sur le fondement *(Décr. nº 2021-682 du 27 mai 2021, art. 3-I, en vigueur le 30 sept. 2021)* « du 2° de l'article L. 422-1 du code de la justice pénale des mineurs, l'activité d'aide ou de réparation prévue au 1° de l'article L. 112-8 du même code ou la médiation prévue au 2° de l'article L. 112-8 du même code » ;

« 2° Une dotation globale de financement pour les centres éducatifs fermés mentionnés à l'article *(Décr. nº 2021-682 du 27 mai 2021, art. 3-I, en vigueur le 30 sept.*

2021) « L. 113-7 du code de la justice pénale des mineurs », ainsi que pour les établissements et services qui mettent en œuvre des mesures de placement judiciaire ordonnées sur le fondement *(Décr. n° 2021-682 du 27 mai 2021, art. 3-I, en vigueur le 30 sept. 2021)* « du code de la justice pénale des mineurs » et qui remplissent des conditions fixées par arrêté du ministre de la justice, tenant à leur capacité, à leur budget, aux modalités de prise en charge et à la durée du séjour ;

« 3° Un prix de journée pour les autres établissements et services mettant en œuvre des mesures de placement judiciaire ordonnées sur le fondement *(Décr. n° 2021-682 du 27 mai 2021, art. 3-I, en vigueur le 30 sept. 2021)* « du code de la justice pénale des mineurs ». »

II. — La décision d'autorisation budgétaire et de tarification est prise par le préfet de département sur le rapport du directeur interrégional de la protection judiciaire de la jeunesse.

III. — Les établissements et services *(Décr. n° 2011-1967 du 26 déc. 2011, art. 1er-2°)* « mentionnés aux 1° et 3° du I » ci-dessus peuvent bénéficier d'une avance qui leur est versée en début d'année ou, pour les institutions nouvellement créées, dès leur ouverture effective.

L'avance est attribuée par le préfet du département d'implantation de l'établissement ou du service, sur proposition du directeur interrégional de la protection judiciaire de la jeunesse. Son montant ne peut être supérieur aux trois quarts des dépenses correspondant à un trimestre de fonctionnement, telles qu'elles figurent au budget exécutoire.

L'avance est récupérée lors de la dernière mise en paiement des dépenses afférentes à l'exercice, lesquelles sont liquidées déduction faite de l'avance versée. — *[Décr. n° 2003-1010 du 22 oct. 2003, art. 128.]*

(Décr. n° 2011-1967 du 26 déc. 2011, art. 1er-3°) « IV. — Le montant de la dotation globale de financement des établissements et services mentionnées *[mentionnés]* au 2° du I ci-dessus est calculé conformément aux dispositions des articles R. 314-106 à R. 314-110. Il est modulé en fonction d'indicateurs prenant en compte notamment l'importance de l'activité, les coûts moyens de structures similaires, la nature de la mesure, la situation du mineur pris en charge et les dépenses de personnel. La liste des indicateurs est fixée par arrêté du ministre de la justice. »

Art. R. 314-127 Les règles tarifaires applicables aux vacances et absences occasionnelles des personnes accueillies dans les établissements et services relevant du 4° du I de l'article L. 312-1 sont fixées :

1° pour les établissements et services relevant du *a)* du III de l'article L. 314-1, par arrêté du ministre de la justice et du ministre de l'intérieur ;

2° pour les établissements et services relevant du *b)* du III de l'article L. 312-1, par arrêté du ministre de la justice. — *[Décr. n° 2003-1010 du 22 oct. 2003, art. 129.]*

§ 4 Établissements et services d'aide par le travail *(Décr. n° 2006-703 du 16 juin 2006, art. 4-I)*.

Art. R. 314-128 *(Décr. n° 2006-703 du 16 juin 2006, art. 4-II)* « A la fin de chaque exercice et avant le 30 avril de l'année qui suit l'exercice considéré, le compte de résultat propre au budget annexe de l'activité de production et de commercialisation d'un établissement ou d'un service d'aide par le travail, défini à l'article R. 344-11, est transmis au directeur *(Décr. n° 2016-1815 du 21 déc. 2016, art. 2-51°)* « général de l'agence régionale de santé ». — *V. dispositions transitoires du Décr. n° 2016-1815 du 21 déc. 2016 ss. la sect. IV du présent chap.*

« Celui-ci peut effectuer » des contrôles sur pièces et sur place afin de s'assurer que l'intérêt des travailleurs handicapés est pris en compte dans les décisions de l'établissement relatives à ce budget annexe, et notamment en ce qui concerne :

1° la nature des charges imputées à ce budget annexe ;

2° la justification et le niveau des différentes provisions ;

3° l'affectation des résultats. — *[Décr. n° 2003-1010 du 22 oct. 2003, art. 130.]*

Les dispositions du Décr. n° 2006-703 du 16 juin 2006 entrent en vigueur le 1er janv. 2007 (Décr. préc., art. 10-II).

Art. R. 314-129 I. — *(Décr. n° 2006-703 du 16 juin 2006, art. 4-IV)* « Par dérogation aux dispositions prévues à l'article R. 314-92, la quote-part des frais de siège du budget de production et de commercialisation d'un établissement ou service d'aide par le travail est calculée, à la demande de son gestionnaire, soit au prorata de ses charges brutes diminuées des aides au poste prévues à l'article L. 243-4, soit au prorata de sa valeur ajoutée. »

II. — Le résultat du budget annexe de l'activité de production et de commercialisation d'un *(Décr. n° 2016-1815 du 21 déc. 2016, art. 2-52°)* « établissement ou service » d'aide par le travail est affecté conformément aux dispositions des II, III et IV de l'article R. 314-51 *(Décr. n° 2016-1815 du 21 déc. 2016, art. 2-52°)* « ou, lorsque l'établissement ou le service relève d'un contrat pluriannuel d'objectifs et de moyens mentionné au IV *ter* de l'article L. 313-12 ou à l'article L. 313-12-2, à celles de l'article R. 314-234 ». — *[Décr. n° 2003-1010 du 22 oct. 2003, art. 131.] — V. dispositions transitoires du Décr. n° 2016-1815 du 21 déc. 2016 ss. la sect. IV du présent chap.*

§ 5 Services dispensant des prestations d'aide et d'accompagnement à domicile *(Décr. n° 2021-1932 du 30 déc. 2021, art. 1er-3°, en vigueur le 1er janv. 2022).*

Art. R. 314-130 Les services *(Décr. n° 2021-1932 du 30 déc. 2021, art. 1er-4°, en vigueur le 1er janv. 2022)* « dispensant des prestations d'aide et d'accompagnement » à domicile qui relèvent du 6° ou du 7° ou *(Décr. n° 2021-1932 du 30 déc. 2021, art. 1er-4°, en vigueur le 1er janv. 2022)* « les services d'aide à domicile » qui relèvent simultanément du 1° et du 8° du I de l'article L. 312-1 font l'objet de tarifs horaires fixés par le président du conseil départemental de leur département d'implantation. — *[Décr. n° 2003-1010 du 22 oct. 2003, art. 135.]*

Pour chaque *(Abrogé par Décr. n° 2021-1932 du 30 déc. 2021, art. 1er-4°, à compter du 1er janv. 2022)* *« établissement ou »* service, le président du conseil départemental détermine :

1° un tarif horaire des aides ou employés à domicile ;

2° un tarif horaire des auxiliaires de vie sociale et des aides médico-psychologiques ;

3° un tarif horaire des techniciens d'intervention sociale et familiale et des auxiliaires de puériculture. — *[Décr. n° 2003-1010 du 22 oct. 2003, art. 136.]*

Art. D. 314-130-1 *(Décr. n° 2024-2 du 2 janv. 2024, art. 1er-1°, en vigueur le 1er janv. 2024)* Le montant du tarif minimal mentionné au 1° du I de l'article L. 314-2-1 est égal à 0,01941 fois le montant de la majoration pour aide constante d'une tierce personne mentionnée à l'article L. 355-1 du code de la sécurité sociale applicable au 1er janvier de l'année au titre de laquelle ce montant minimal est déterminé.

Il est revalorisé au 1er janvier de chaque année.

Art. R. 314-131 Les tarifs horaires mentionnés à l'article R. 314-130 sont versés mensuellement à terme échu. — *[Décr. n° 2003-1010 du 22 oct. 2003, art. 136.]*

Art. R. 314-132 I. — Pour permettre la fixation des tarifs horaires mentionnés à l'article R. 314-130, le service distingue au sein de ses propositions budgétaires :

1° les dépenses afférentes aux rémunérations des aides et employés à domicile ;

2° les dépenses afférentes aux rémunérations des auxiliaires de vie sociale et des aides médico-psychologiques, qu'elles soient déjà diplômées ou en cours de formation ;

3° les dépenses afférentes aux rémunérations des techniciens d'intervention sociale et familiale et des auxiliaires de puériculture ;

4° les dépenses afférentes aux rémunérations des personnes qui coordonnent, encadrent ou apportent leur soutien aux agents mentionnés aux 1° à 3° ci-dessus ;

5° les frais de structure du service, calculés conformément au III du présent article.

II. – Les rémunérations mentionnées aux 1° à 4° du I comprennent les charges sociales et fiscales, et sont diminuées des éventuelles aides et subventions d'exploitation liées aux postes concernés.

III. – Les dépenses de structure mentionnées au 5° du I représentent les dépenses de direction, de gestion et d'administration générale, et notamment les frais de déplacement des personnels. Elles sont égales à la différence entre, d'une part, les charges du service, éventuellement majorées ou minorées de la reprise du résultat d'exercices antérieurs dans les conditions prévues aux articles R. 314-51 et R. 314-136, et, d'autre part, la somme des rémunérations mentionnées aux 1° à 4° du I du présent article.

Si ces dépenses sont communes à d'autres services de la même personne gestionnaire, il est joint aux propositions budgétaires du service un tableau qui permet la répartition de ces charges communes. Dans le cadre de la procédure contradictoire, le président du conseil départemental peut obtenir, sur sa demande, les documents comptables relatifs aux autres services. – *[Décr. nº 2003-1010 du 22 oct. 2003, art. 137.]*

Art. R. 314-133 Sur la base des informations mentionnées à l'article R. 314-132, le président du conseil départemental du département d'implantation détermine :

1° un coût horaire des frais de structure, égal au montant des frais de structure du service dont il accepte la prise en charge, divisé par le nombre total annuel des heures prévisionnelles d'intervention des agents mentionnés aux 1° à 3° de l'article R. 314-130 ;

2° un coût horaire de coordination, d'encadrement et de soutien, égal au montant des rémunérations et frais de coordination, d'encadrement et de soutien dont il accepte la prise en charge, divisé par le nombre total annuel des heures prévisionnelles d'intervention des agents mentionnés aux 1° à 3° de l'article R. 314-130.

Dans le cas où les dépenses de structure sont communes à d'autres activités de la même personne gestionnaire, si le tableau mentionné au III de l'article R. 314-132 n'a pas été fourni ou s'il n'apporte pas les informations nécessaires, le coût horaire des frais de structure est fixé d'office. Le président du conseil départemental peut, le cas échéant, retenir pour diviseur des dépenses de structure le montant total des heures d'intervention des différents services administrés par la personne gestionnaire. – *[Décr. nº 2003-1010 du 22 oct. 2003, art. 138.]*

Art. R. 314-134 Le tarif horaire des aides et employés à domicile est obtenu en divisant le montant des dépenses afférentes aux rémunérations des aides et employées à domicile, mentionnées au 1° du I de l'article R. 314-132, dont le président du conseil départemental accepte la prise en charge, par le nombre annuel d'heures prévisionnelles d'intervention des aides et employés à domicile, et en ajoutant à ce rapport le coût horaire de structure et le coût horaire de coordination, d'encadrement et de *(Décr. nº 2021-1932 du 30 déc. 2021, art. 1er-5°, en vigueur le 1er janv. 2022)* « soutien » calculés conformément aux 1° et 2° de l'article R. 314-133.

Le tarif horaire des auxiliaires de vie sociale et des aides médico-psychologiques est calculé de façon analogue, en retenant pour diviseur le nombre annuel d'heures prévisionnelles d'intervention de ces agents, et en ajoutant, de la même manière, les coûts horaires mentionnés à l'article R. 314-133.

Le tarif horaire des techniciens d'intervention sociale et familiale et des auxiliaires de puériculture est calculé de façon analogue, en retenant pour diviseur le nombre annuel d'heures prévisionnelles d'intervention de ces agents, et en ajoutant, de la même manière, les coûts horaires mentionnés à l'article R. 314-133. – *[Décr. nº 2003-1010 du 22 oct. 2003, art. 139.]*

Art. R. 314-135 I. – Par convention passée entre le département et le service *(Décr. nº 2021-1932 du 30 déc. 2021, art. 1er-6°, en vigueur le 1er janv. 2022)* « dispensant des prestations d'aide et d'accompagnement » à domicile, *(Décr. nº 2021-1932 du 30 déc. 2021, art. 1er-6°, en vigueur le 1er janv. 2022)* « le financement » de ce dernier peut, par dérogation aux dispositions de l'article R. 314-130, s'effectuer sous la forme d'une dotation globale de financement.

Le versement de cette dotation globale obéit aux dispositions du sous-paragraphe 1 du paragraphe 2 de la sous-section 3 de la présente section.

(Décr. nº 2021-1932 du 30 déc. 2021, art. 1er-6º, en vigueur le 1er janv. 2022) **« Pour les services relevant du 6º ou du 7º du I de l'article L. 312-1, le montant de cette dotation globale ne peut être inférieur au produit du total du nombre d'heures prévisionnel d'intervention par le montant minimal mentionné au I de l'article L. 314-2-1, le cas échéant après incorporation du report à nouveau d'un exercice antérieur retenu par le président du conseil départemental et avant soustraction du montant des produits d'exploitation directement perçus par le service. »**

(Décr. nº 2022-735 du 28 avr. 2022, art. 1er-4º, en vigueur le 1er sept. 2022) **« Pour ces services, la dotation globale de financement comprend, le cas échéant, la dotation prévue au 3º du I de l'article L. 314-2-1, attribuée dans les conditions prévues à l'article R. 314-136-1. »**

II. — La convention mentionnée au I ci-dessus peut, le cas échéant, avoir également pour signataires un ou plusieurs organismes de sécurité sociale afin d'incorporer, dans le versement de la dotation globale de financement, le montant des sommes versées par ces organismes au titre de leur action sanitaire et sociale.

Cette convention doit permettre de distinguer de façon précise les différentes activités du service prises en charge par chacun des financeurs. Elle fixe les conditions de versement de la dotation globale de financement. — *[Décr. nº 2003-1010 du 22 oct. 2003, art. 140.]*

Art. R. 314-136 **Pour l'application de l'article R. 314-51, le président du conseil départemental détermine le résultat d'un service mentionné à l'article R. 314-130 :**

1º en considérant la totalité des charges d'exploitation, sous réserve de l'application des dispositions de l'article R. 314-52 ;

2º en diminuant ensuite cette somme de tous les produits d'exploitation directement perçus par le service, y compris ceux qui sont issus des organismes de sécurité sociale au titre de leur action sanitaire et sociale, ou de contributions des caisses de retraite complémentaire ;

3º en incorporant enfin à la somme ainsi modifiée, s'il y a lieu, les résultats d'exercices antérieurs, conformément aux dispositions de l'article R. 314-51. — *[Décr. nº 2003-1010 du 22 oct. 2003, art. 141.]*

Art. R. 314-136-1 *(Décr. nº 2022-735 du 28 avr. 2022, art. 1er-5º)* **I. — L'appel à candidatures mentionné au huitième alinéa de l'article L. 314-2-2 est organisé dans chaque département au moins chaque année suivant l'établissement du schéma mentionné au deuxième alinéa du 4º de l'article L. 312-5. Il comporte au moins :**

1º Une présentation des priorités retenues par le département parmi les objectifs mentionnés à l'article L. 314-2-2 en fonction des besoins identifiés, notamment par le schéma mentionné au premier alinéa, et les éléments financiers utiles relatifs à la détermination du montant de la dotation pouvant être accordée ;

2º Pour les services qui ne sont pas habilités à recevoir des bénéficiaires de l'aide sociale, les principes selon lesquels il leur sera demandé de limiter le reste à charge des personnes accompagnées. Le reste à charge est entendu comme le total des sommes facturées par le service aux personnes accompagnées au-delà du montant des tarifs mentionnés aux articles R. 232-9 et L. 245-6 ;

3º Les règles d'organisation de l'appel à candidatures, notamment le contenu du dossier de candidature, les pièces justificatives requises, les dates et les modalités de leur dépôt ;

4º Les modalités selon lesquelles les candidatures seront retenues par le département.

Le président du conseil départemental notifie sa décision à chacun des services candidats et publie la liste des services retenus à l'issue de l'appel à candidatures.

II. — En vue du versement de la dotation, dans un délai maximal d'un an à compter de la publication des résultats de l'appel à candidatures, le président du conseil départemental conclut avec chaque gestionnaire des services retenu un contrat ou un avenant au contrat tel que mentionné à l'article L. 313-11-1.

Ce contrat prévoit, pour ce qui concerne la dotation :

1° Les actions conduites par le service afin d'améliorer la qualité de prise en charge ;

2° Les indicateurs de suivi et les modalités d'évaluation de ces actions ;

3° Lorsque les services ne sont pas habilités à recevoir des personnes bénéficiant de l'aide sociale, les modalités de limitation du reste à charge des personnes accompagnées ;

4° Les modalités de contrôle de la conduite des actions mentionnées au 1° ainsi que les conditions de cessation du versement de la dotation et de sa récupération par le président du conseil départemental, dans l'hypothèse où le service ne réalise pas ces actions ou n'applique pas les modalités de limitation du reste à charge prévues par le contrat.

III. — Le montant de la dotation et son évolution sont fixés par le contrat mentionné au II sous forme de bonifications horaires ou de montants forfaitaires pour chacune des actions réalisées par le service ou pour chacun des objectifs mentionnés à l'article L. 314-2-2 retenus dans le contrat.

Le montant de la dotation tient compte de la nature des différentes actions financées, de la fréquence de chacune d'entre elles et de leur coût pour les services.

La dotation s'ajoute aux tarifs horaires mentionnés au 2° du VII et au 3° du VIII de l'article R. 314-105 ainsi qu'à ceux mentionnés à l'article L. 245-6 et à l'article R. 232-9 lorsque les services ne sont pas habilités à recevoir des bénéficiaires de l'aide sociale.

L'attribution ou l'augmentation de cette dotation ne peut avoir pour conséquence une diminution de ces tarifs par rapport à ceux en vigueur avant l'attribution ou l'augmentation de cette dotation pour le service concerné.

Sauf stipulation contraire dans le contrat mentionné au II, la dotation mentionnée au 3° du I de l'article L. 314-2-1 est versée dans les conditions prévues à l'article R. 314-107.

IV. — Le renouvellement du contrat pluriannuel d'objectifs et de moyens vaut reconduction, pour la durée de l'autorisation mentionnée à l'article L. 313-1 restant à courir, du bénéfice de l'attribution de la dotation au titre des actions précédemment financées, sans que le service n'ait à répondre, pour ces actions, à un nouvel appel à candidatures, à condition que l'évaluation des actions financées jusque-là par la dotation complémentaire soit positive. Le service répond à l'appel à candidatures mentionné au I pour bénéficier de la dotation au titre de nouvelles actions.

§ 6 Services dispensant des soins infirmiers à domicile pour personnes âgées ou personnes handicapées *[ancienne rédaction : Services de soins infirmiers à domicile pour personnes âgées ou personnes handicapées adultes] (Décr. nº 2023-323 du 28 avr. 2023, art. 1er-3º).*

Décret nº 2023-323 du 28 avril 2023,

Relatif à la tarification des soins infirmiers à domicile pour les personnes âgées et personnes handicapées (JO 29 avr.).

Art. 4 I. — Pour les exercices 2023 à 2027, le montant de la dotation globale de soins mentionné au 1° de l'article L. 314-2-1 du code de l'action sociale et des familles est calculé selon les modalités suivantes.

(Décr. nº 2023-327 du 28 avr. 2023, art. 1er-1º) « 1° » La dotation globale cible mentionnée au 2° du IV de l'article 68 de la loi du 23 décembre 2022 susvisée est fixée chaque année par arrêté du directeur général de l'agence régionale de santé dans les conditions prévues aux articles R. 314-138 et R. 314-138-1 du même code, dans leur rédaction prévue par le présent décret, sous les réserves suivantes :

a) Pour l'exercice 2023 et par dérogation au III de l'article R. 314-138 dans sa rédaction prévue par le présent décret, le forfait global de soins est calculé sur la base du nombre de semaines de prise en charge effective des personnes accompagnées par le service en 2022 ou, dans le cas où ce nombre est plus élevé, en 2019 ;

b) Pour les exercices 2023 à 2025 et par dérogation au premier alinéa du I de l'article R. 314-138-1 dans sa rédaction issue du présent décret, le forfait global de soins est calculé sur la base de données relatives à une ou plusieurs périodes fixées par un arrêté des ministres chargés des personnes âgées, des personnes handicapées et de la sécurité sociale. Ces périodes sont choisies entre la date de publication du présent décret et le 1er juin 2023 pour les exercices 2023 et 2024 et entre le 1er juin 2023 et le 31 mai 2024 pour l'exercice 2025. Les données sont transmises, respectivement, avant le 30 juin 2023 et avant le 30 juin 2024. *— V. Arr. du 28 avr. 2023 fixant les périodes de recueil des données permettant le calcul du forfait global de soins pour les exercices 2023 à 2025 (JO 30 avr., NOR : APHA2310369A).*

(Décr. nº 2023-327 du 28 avr. 2023, art. 1er-2º) « 2º La fraction mentionnée au 2º du IV de l'article 68 de la loi du 23 décembre 2022 susvisée est fixée à :

« a) En 2023, un cinquième ;

« b) En 2024, un quart ;

« c) En 2025, un tiers ;

« d) En 2026, un demi ;

« e) En 2027, un. »

II. — Par dérogation au I, pour les exercices 2023 et 2024, lorsque le montant de la somme mentionnée au premier alinéa du IV de l'article 68 de la loi du 23 décembre 2022 susvisée est inférieur au montant de la dotation perçue en 2022 par le service concerné, le directeur général de l'agence régionale de santé fixe une dotation égale à celle de 2022.

Art. 5 I. — En vertu du VI de l'article 68 de la loi du 23 décembre 2022 susvisée *[V. cet art. ss. nouvel art. L. 313-1-3]*, le présent article est applicable, à compter de l'exercice 2023 et jusqu'au 1er janvier 2026, aux services mentionnés aux 1º, 2º et 3º du B du II de l'article 44 de la loi du 23 décembre 2021 susvisée *[V. cet art. ss. nouvel art. L. 313-1-3]*, tant que ces services ne sont pas inclus dans un contrat mentionné au IV *ter* de l'article L. 313-12 du code de l'action sociale et des familles et ne font pas l'objet d'un contrat mentionné à l'article L. 313-12-2 du même code.

II. — Par dérogation à l'article R. 314-36 du même code, le directeur général de l'agence régionale de santé notifie au service dans un délai de trente jours qui court à compter de la publication de la décision du directeur de la Caisse nationale de solidarité pour l'autonomie fixant les dotations régionales limitatives en application du II de l'article L. 314-3 :

1º Le montant des financements mentionnés au II de l'article L. 314-2-1 du même code et fixés conformément à l'article 4. Le montant des financements complémentaires peut faire l'objet d'un abattement dans les conditions et selon les modalités prévues au III de l'article R. 314-43-2 du même code ;

2º L'affectation du résultat dans les conditions prévues par les articles R. 314-51 et R. 314-53 du même code ;

3º Le prix de journée destiné à permettre, en application de l'article R. 314-112 du même code, l'exercice des compensations entre régimes et la facturation aux personnes qui ne sont pas assurées sociales.

III. — Par dérogation à l'article R. 314-3 du même code, le service transmet au directeur général de l'agence régionale de santé, au titre de son activité de soins infirmiers à domicile, son budget prévisionnel dans un délai de trente jours suivant la notification des financements mentionnés au 1º du II. Ce budget est accompagné d'une annexe établissant la capacité d'autofinancement prévisionnelle du service, selon un modèle fixé par arrêté des ministres chargés des personnes âgées, des personnes handicapées et de la sécurité sociale. *— V. Arr. du 28 avr. 2023 fixant le modèle du tableau de détermination de la capacité d'autofinancement prévisionnelle prévu par le Décr. nº 2023-323 du 28 avr. 2023 relatif à la tarification des soins infirmiers à domicile pour les personnes âgées et personnes handicapées (JO 30 avr., NOR : APHA2307231A).*

Le directeur général de l'agence régionale de santé peut rejeter le budget prévisionnel dans un délai de trente jours suivant sa réception, lorsque la capacité d'autofinancement est négative ou lorsqu'elle ne permet pas de couvrir le remboursement en capital des emprunts sur l'année. A défaut de nouveau budget prévisionnel respectant ces contraintes et transmis par le service dans un délai de trente jours suivant la notification du rejet, le directeur général de l'agence régionale de santé fixe ce budget d'office.

IV. — Pour les services relevant de l'article L. 315-1 du même code :

1º La dérogation prévue au III ne fait pas obstacle au vote et à la transmission du budget prévisionnel au titre du contrôle budgétaire et de légalité dans les conditions et délais de droit commun ;

2º Par dérogation aux dispositions du second alinéa du III, lorsque le directeur général de l'agence régionale de santé rejette le budget prévisionnel pour le motif prévu à ce second alinéa et qu'aucun nouveau budget respectant les contraintes mentionnées au premier alinéa du même III ne lui est transmis dans un délai de trente jours, le directeur général de l'agence régional de santé saisit le représentant de l'État dans le département qui met en œuvre la procédure prévue à l'article L. 1612-5 du code général des collectivités territoriales.

V. — Par dérogation du I de l'article R. 314-106 du même code, la dotation globale de soins des services mentionnés au premier alinéa du I est égale aux montants notifiés en application des 1° et 2° du II.

VI. — Pour les exercices 2023 à 2025, par dérogation aux dispositions de l'article R. 314-137 du même code, les dotations globales de soins peuvent inclure un report à nouveau dans les conditions prévues à l'article R. 314-106 du même code.

VII. — Les déficits constatés sur les exercices 2023 à 2025 sont couverts conformément au III de l'article R. 314-51 du même code. Ces dispositions s'appliquent également aux services mentionnés au 5° de l'article R. 6145-12 du code de la santé publique, conformément au II de l'article R. 6145-51 du même code.

VIII. — A compter du 1er janvier 2024 et jusqu'à l'échéance mentionnée au second alinéa du I, les dispositions du dernier alinéa de l'article R. 314-219 du même code sont applicables.

Art. 6 L'article 1er entre en vigueur à la date mentionnée au A du II de l'article 44 de la loi n° 2021-1754 du 23 décembre 2021 susvisée *[soit à la date de publication du décret définissant le cahier des charges des services autonomie à domicile pris en application de l'art. L. 313-1-3 CASF, dans sa rédaction résultant du I de l'art. 44 de la L. n° 2021-1754 du 23 déc. 2021, et au plus tard le 30 juin 2023]. – V. art. 44 de la L. n° 2021-1754 du 23 déc. 2021 ss. nouvel art. L. 313-1-3.*

Art. 7 L'article 4 peut être modifié par décret.

Art. R. 314-137 *(Décr. n° 2023-323 du 28 avr. 2023, art. 1er-4°)* **I. — La dotation globale de soins définie au II de l'article L. 314-2-1 permet de couvrir :**

1° Les charges relatives à la rémunération des salariés du service ayant qualité de psychologue, d'auxiliaire médical et notamment d'infirmier ou d'infirmier coordonnateur, d'aide-soignant, d'aide médico-psychologique ou d'accompagnant éducatif et social, ainsi que, le cas échéant, celle des infirmiers libéraux, à l'exception de la rémunération de l'évaluation de la personne accompagnée dans le cadre du bilan de soins infirmiers et la majoration de coordination infirmière ;

2° Les frais de déplacement de ces personnels ;

3° Les charges relatives aux fournitures et au petit matériel médical dont la liste est fixée par arrêté des ministres chargés des personnes âgées, des personnes handicapées et de la sécurité sociale ;

4° Les autres frais généraux de fonctionnement du service.

Les dépenses exposées pour les prestations d'aide et d'accompagnement à domicile mentionnées à l'article R. 314-130 et celles mentionnées aux articles R. 314-26 et R. 314-167 sont exclues des dépenses susceptibles d'être couvertes par la dotation globale de soins.

II. — La dotation globale de soins est égale à la somme :

1° Du forfait global de soins défini à l'article R. 314-138 ;

2° De la dotation de coordination définie à l'article R. 314-139 ;

3° Le cas échéant, des financements complémentaires définis à l'article R. 314-139-1.

III. — La dotation globale de soins est versée aux services autonomies à domicile mentionnés au 1° de l'article L. 313-1-3 dans les conditions fixées au sous-paragraphe 2 du paragraphe 2 de la sous-section 3 de la présente section.

Ancien art. R. 314-137 ***Les dépenses afférentes aux soins dispensés à domicile aux assurés sociaux par un service relevant du 6° ou du 7° du I de l'article L. 312-1 font l'objet*** (Décr. n° 2006-181 du 17 févr. 2006) ***« d'une dotation globale » de soins versée dans les conditions fixées au sous-paragraphe 2 du paragraphe 2 de la sous-section 3 de la présente section.*** – [Décr. n° 2003-1010 du 22 oct. 2003, art. 142.]

Art. R. 314-138 *(Décr. n° 2023-323 du 28 avr. 2023, art. 1er-5°)* **I. — Le montant du forfait global de soins prévu au 1° du II de l'article L. 314-2-1 est égal à la somme :**

1° D'un montant versé au titre des frais de structure et de déplacement, calculé à partir du nombre de places autorisées, dans les conditions définies au II ;

2° D'un montant versé au titre des interventions au domicile des personnes accompagnées, calculé à partir du nombre d'interventions, dans les conditions définies au III.

Il est calculé chaque année pour l'année suivante sur la base des données recueillies dans les conditions prévues à l'article R. 314-138-1.

II. — Le montant versé au titre des frais de structure et de déplacement est calculé en multipliant le nombre de places autorisées du service pour l'activité de soins à domicile au titre du 6° ou du 7° du I de l'article L. 312-1 au 31 décembre de l'année précédente par l'un des montants forfaitaires fixés par arrêté pour assurer la couverture des charges mentionnées au 2° et au 4° du I de l'article R. 314-137.

III. — Le montant versé au titre des interventions au domicile des personnes accompagnées est égal à la somme des "forfaits usagers" des personnes prises effectivement en charge par le service au cours de la période de recueil des données mentionnée au premier alinéa du I de l'article R. 314-138-1.

Le "forfait usager" d'une personne prise en charge est calculé en multipliant le montant forfaitaire hebdomadaire applicable à cette personne par le nombre de semaines de sa prise en charge effective pendant la période de recueil des données.

Un arrêté fixe les différents montants forfaitaires hebdomadaires susceptibles d'être appliqués aux personnes accompagnées, en fonction des caractéristiques de ces personnes et de leurs besoins, notamment le niveau de leur perte d'autonomie, la réalisation éventuelle d'au moins une intervention à domicile le week-end ou l'exécution de certains actes par une infirmière ou un infirmier.

Le même arrêté fixe les majorations de forfait hebdomadaire auxquelles donnent lieu certaines interventions à domicile pour des personnes nécessitant une prise en charge spécifique.

IV. — Les arrêtés prévus aux II et III sont pris par les ministres chargés des personnes âgées, des personnes handicapées et de la sécurité sociale.

Les montants des forfaits mentionnés au II et au III, ainsi que leurs majorations sont révisés chaque année.

V. Arr. du 28 avr. 2023 fixant, en application de l'art. R. 314-138 CASF, le classement des personnes âgées ou en situation de handicap accompagnées par des services proposant des prestations de soins infirmiers à domicile, en fonction de leurs caractéristiques et de leurs besoins en soins (JO 30 avr., NOR : APHA2311902A).

V. Arr. du 25 août 2023 fixant pour 2023 les montants forfaitaires mentionnés aux II et III de l'art. R. 314-138 CASF et le taux de revalorisation des produits de la tarification reconductibles afférents aux soins applicables aux services proposant des prestations de soins infirmiers à domicile pour les personnes âgées et les personnes en situation de handicap (JO 21 sept., NOR : FAMA2323464A).

Ancien art. R. 314-138 *I. — Pour l'approbation des dépenses d'un service mentionné à l'article R. 314-137, l'autorité de tarification tient compte :*

1° des charges relatives à la rémunération des infirmiers libéraux, ainsi que des charges relatives à la rémunération des salariés du service ayant qualité de psychologue, d'auxiliaire médical et notamment d'infirmier ou d'infirmier coordonnateur, d'aide-soignant, ou d'aide médico-psychologique ;

2° des frais de déplacement de ces personnels ;

3° des charges relatives aux fournitures et au petit matériel médical dont la liste est fixée par arrêté des ministres chargés de la sécurité sociale et de l'action sociale ;

4° des autres frais généraux de fonctionnement du service.

II. — Sont notamment exclues des dépenses susceptibles d'être couvertes par les produits de la tarification :

1° les prestations qui relèvent de l'activité des services d'aide à domicile mentionnés à l'article R. 314-130 ;

2° par dérogation aux dispositions de l'article R. 314-26, et en lieu et place de l'énumération qui y figure, les dépenses mentionnées aux 1° à 8° de l'article R. 314-168. — [Décr. n° 2003-1010 du 22 oct. 2003, art. 143.]

Art. R. 314-138-1 *(Décr. n° 2023-323 du 28 avr. 2023, art. 1er-6°)* I. — A compter de la deuxième année qui suit celle au cours de laquelle ils ont été autorisés ou réputés autorisés au titre du B du II de l'article 44 de la loi n° 2021-1754 du 23 décembre

2021, les services autonomie à domicile relevant du 1° de l'article L. 313-1-3 transmettent, avant le 30 juin de l'année en cours, à la Caisse nationale de solidarité pour l'autonomie et à l'agence régionale de santé territorialement compétente les données, relatives à la période du 1er juin de l'année précédente au 31 mai de l'année en cours, permettant de déterminer le montant du forfait global de soins de l'année suivante. La liste de ces données est fixée par décret.

Si ces informations ne sont pas transmises dans les délais ou que les informations transmises sont incomplètes ou ne sont pas exploitables, le directeur général de l'agence régionale de santé enjoint au service de procéder à la transmission complète ou aux corrections nécessaires dans un délai de quinze jours. S'il n'y est pas déféré dans ce délai, le forfait global de soins est fixé d'office par le directeur général de l'agence régional de santé, pour une valeur qui peut aller de 90 % à 100 % du montant fixé au titre de l'année précédente. Le montant fixé d'office est communiqué par le directeur général de l'agence régionale de santé à la Caisse nationale de solidarité pour l'autonomie et notifié au service concerné.

II. – Les agents des agences régionales de santé et des organismes payeurs de l'assurance maladie qui y ont été spécialement habilités par leurs directeurs peuvent procéder à des contrôles sur pièce et sur place des données déclarées par les services.

A l'issue du contrôle, les personnes chargées du contrôle notifient au service contrôlé leur rapport daté et signé qui mentionne la période, l'objet et les résultats du contrôle.

Si le contrôle révèle qu'un service a transmis des informations erronées, le directeur général de l'agence régionale de santé peut procéder à une régularisation du montant du forfait global de soins sur les exercices suivant le contrôle.

Art. R. 314-139 *(Décr. nº 2021-1932 du 30 déc. 2021, art. 1er-7º, en vigueur le 1er janv. 2022)* Pour chacun des services autonomie à domicile relevant du 1° de l'article L. 313-1-3, et dans le cadre de la dotation globale de *(Décr. nº 2023-323 du 28 avr. 2023, art. 1er-7º)* « soins *[ancienne rédaction : financement]* » du service mentionnée à l'article R. 314-106, le directeur général de l'agence régionale de santé fixe annuellement le montant de la dotation de coordination prévue au 2° du II de l'article L. 314-2-1.

Cette dotation, qui bénéficie aux activités d'aide et de soins de la structure, couvre le coût des actions garantissant le fonctionnement intégré de la structure et la cohérence des interventions auprès de la personne accompagnée.

Le montant de cette dotation est déterminé en tenant compte notamment du nombre de personnes accompagnées par le service et du volume d'activité d'aide et de soins de la structure.

Art. R. 314-139-1 *(Décr. nº 2023-323 du 28 avr. 2023, art. 1er-8º)* Les financements complémentaires mentionnés au quatrième alinéa du II de l'article L. 314-2-1 peuvent couvrir les dépenses suivantes :

1° Des actions visant à améliorer la qualité et la sécurité des soins ;

2° Des interventions auprès de personnes présentant des besoins spécifiques, en particulier auprès des personnes atteintes de maladies neurodégénératives, ou des interventions à des horaires spécifiques ;

3° Des actions de prévention ;

4° Des actions mises en œuvre dans le cadre de la prévention et de la gestion des situations sanitaires exceptionnelles ;

5° Des mesures prises pour améliorer l'attractivité des postes offerts par le service et les conditions d'exercice de ses agents.

Ces financements complémentaires sont définis dans le contrat prévu au IV *ter* de l'article L. 313-12 ou à l'article L. 313-12-2, qui fixe les modalités de leur revalorisation annuelle.

§ 7 Foyers d'accueil médicalisés et services d'accompagnement médico-social pour personnes adultes handicapées

Art. R. 314-140 Les dispositions du présent paragraphe sont applicables aux foyers d'accueil médicalisés mentionnés au 7° du I de l'article L. 312-1, ainsi qu'aux services dénommés « services d'accompagnement médico-social pour personnes adultes handicapées » qui relèvent du même alinéa de cet article.

Ces établissements et services bénéficient :

1° d'un forfait annuel global de soins fixé par *(Décr. n° 2010-344 du 31 mars 2010, art. 245)* « le directeur général de l'agence régionale de santé dans le ressort duquel ils sont implantés » dans les conditions prévues par *(Décr. n° 2010-1084 du 15 sept. 2010, art. 2-II)* « les articles R. 314-141 et R. 314-142 » et versé par *(Décr. n° 2022-980 du 2 juill. 2022, art. 4-I)* « la sécurité sociale », selon les modalités mentionnées au sous-paragraphe 2 du paragraphe 2 de la sous-section 3 de la présente section ;

2° d'un tarif journalier afférent à l'accompagnement à la vie sociale, et le cas échéant à l'hébergement, fixé par le président du conseil départemental de leur département d'implantation dans les conditions prévues par *(Décr. n° 2010-1084 du 15 sept. 2010, art. 2-II)* « l'article R. 314-144 » et versé par le département du domicile de la personne prise en charge dans les conditions mentionnées à *(Décr. n° 2010-1084 du 15 sept. 2010, art. 2-II)* « l'article R. 314-145 ». — *[Décr. n° 2003-1010 du 22 oct. 2003, art. 145.]*

Art. R. 314-141 Pour la fixation du forfait global annuel de soins mentionné au 1° de l'article R. 314-140, *(Décr. n° 2010-344 du 31 mars 2010, art. 245)* « le directeur général de l'agence régionale de santé » établit, dans les limites d'un forfait-plafond fixé par arrêté des ministres chargé de la sécurité sociale et de l'action sociale, le montant d'un forfait journalier afférent aux soins. — *Plafond fixé au produit de 7,66 fois le montant horaire du SMIC (Arr. du 4 juin 2007, JO 26 juill.).*

Le forfait annuel global de soins est égal au forfait journalier multiplié par le nombre prévisionnel de journées de l'établissement ou du service. — *[Décr. n° 2003-1010 du 22 oct. 2003, art. 146.]*

Art. R. 314-142 Le *(Décr. n° 2010-344 du 31 mars 2010, art. 245)* « directeur général de l'agence régionale de santé » peut, à titre dérogatoire, fixer un forfait global de soins calculé sur la base d'un forfait journalier qui excède le montant du forfait plafond mentionné à l'article R. 314-141, lorsque le budget de l'établissement ou du service supporte des charges de soins d'une particulière importance, soit en raison de la spécificité des personnes accueillies par l'établissement ou le service, soit en raison de circonstances exceptionnelles. — *[Décr. n° 2003-1010 du 22 oct. 2003, art. 147.]*

Art. R. 314-143 En vue de permettre le calcul du tarif journalier mentionné au 2° de l'article R. 314-140, le *(Décr. n° 2010-344 du 31 mars 2010, art. 245)* « directeur général de l'agence régionale de santé » notifie au président du conseil départemental le montant du forfait global notifié à l'établissement *(Décr. n° 2016-1815 du 21 déc. 2016, art. 2-53°)* « ou au service », et à défaut le montant du forfait qu'il envisage de retenir, au plus tard huit jours avant l'expiration du délai mentionné au I de l'article R. 314-36 *(Décr. n° 2016-1815 du 21 déc. 2016, art. 2-53°)* « ou à l'article R. 314-220 si l'établissement ou le service relève d'un contrat pluriannuel d'objectifs et de moyens mentionné au IV *ter* de l'article L. 313-12 ou à l'article L. 313-12-2 ». — *[Décr. n° 2003-1010 du 22 oct. 2003, art. 148.]*

V. dispositions transitoires du Décr. n° 2016-1815 du 21 déc. 2016 ss. la sect. IV du présent chap.

Art. R. 314-144 Le tarif journalier mentionné au 2° de l'article R. 314-140 est calculé conformément aux dispositions de l'article R. 314-113.

La quote-part de frais de siège éventuellement imputable à l'établissement ou au service, en vertu des dispositions du sous-paragraphe 3 du paragraphe 4 de la sous-section 2 de la présente section, est imputée sur les charges prises en considération pour le calcul de ce tarif journalier.

Lors de la déduction, en application du premier alinéa de l'article R. 314-113, des produits d'exploitation autres que ceux du tarif journalier, le président du conseil départemental déduit notamment le montant du forfait annuel global de soins transmis par le *(Décr. n° 2010-344 du 31 mars 2010, art. 245)* « directeur général de

l'agence régionale de santé » en application de l'article R. 314-143. – *[Décr. nº 2003-1010 du 22 oct. 2003, art. 149.]*

Art. R. 314-145 **Le tarif journalier mentionné à l'article R. 314-144 est facturé mensuellement, selon le terme à échoir.**

Ce tarif journalier peut être globalisé, dans les conditions prévues au sous-paragraphe 4 du paragraphe 2 de la sous-section 3 de la présente section. – *[Décr. nº 2003-1010 du 22 oct. 2003, art. 150.]*

Art. R. 314-146 **Si les financements alloués en application du 1º de l'article R. 314-140 ont couvert des dépenses sans rapport avec celles pour lesquelles ils étaient prévus, ou si l'établissement ou service n'est pas en mesure de justifier de leur emploi, il peut être procédé à leur reversement.** – *[Décr. nº 2003-1010 du 22 oct. 2003, art. 151.]*

(Décr. nº 2016-1815 du 21 déc. 2016, art. 2-54º) **« Ce reversement vient en déduction du tarif de l'exercice au cours duquel le montant à reverser est constaté, ou de l'exercice qui suit. »** – *V. dispositions transitoires du Décr. nº 2016-1815 du 21 déc. 2016 ss. la sect. IV du présent chap.*

§ 8 Autres dispositions relatives aux établissements et services qui accueillent des personnes âgées ou des adultes handicapés

Art. R. 314-147 **Pour les établissements relevant du 7º du I de l'article L. 312-1 :**

(Décr. nº 2005-1589 du 19 déc. 2005) **« I. — Les dispositions de l'article R. 314-122 sont applicables aux adultes. »**

II. — Les dispositions de l'article R. 314-119 sont applicables, notamment pour les modes d'accueil suivants :

1º l'accueil de jour ;
2º l'accueil de nuit ;
3º l'accueil jour et nuit ;
4º l'accueil temporaire ;
5º l'accueil de week-end.

III. — Les activités d'accompagnement médico-social en milieu ouvert, lorsqu'elles relèvent également du 7º du I de l'article L. 312-1, peuvent être directement assurées par un établissement relevant du présent article, dans la limite de 15 places et de 30 p. 100 de la capacité initiale de ce dernier.

Les charges et les produits du service d'accompagnement sont retracés dans le budget de l'établissement de rattachement, et pris en compte pour le calcul de son résultat. – *[Décr. nº 2003-1010 du 22 oct. 2003, art. 152.]*

Art. R. 314-148 **Les services polyvalents d'aide à domicile sont constitués d'un service d'aide à domicile relevant du paragraphe 5 de la sous-section 4 de la présente section et d'un service de soins infirmiers à domicile relevant du paragraphe 6 de la sous-section 4 de la présente section.**

Ils peuvent, conformément aux dispositions de l'article R. 314-10, présenter leurs comptes sous la forme d'un budget principal, assorti d'un ou plusieurs budgets annexes. – *[Décr. nº 2003-1010 du 22 oct. 2003, art. 153.]*

Art. R. 314-148-1 *(Décr. nº 2022-734 du 28 avr. 2022, art. 1er-9º)* **Les services proposant de l'aide et de l'accompagnement à domicile relevant des 6º ou 7º du I de l'article L. 312-1 ne peuvent pas exiger le versement d'un dépôt de garantie.** – *Les dispositions du 9º de l'art. 1er du Décr. nº 2022-734 du 28 avr. 2022 sont entrées en vigueur le 1er janv. 2023, pour les contrats conclus à compter de cette date ou pour les documents individuels de prise en charge remis à compter de cette même date (Décr. préc., art. 3-III).*

Art. R. 314-149 *(Décr. nº 2022-734 du 28 avr. 2022, art. 1er-8º)* **« I. — » Lors de l'entrée d'une personne dans un établissement relevant des 6º ou 7º du I de l'article L. 312-1, et sauf dans le cas où cette entrée fait suite à une décision d'orientation prononcée par une autorité administrative, il peut être demandé à cette personne ou**

à son représentant légal *(Décr. nº 2021-684 du 28 mai 2021, art. 39)* **« s'il s'agit d'un mineur, ou, s'il s'agit de majeur faisant l'objet d'une mesure de protection juridique avec représentation relative aux biens, à la personne chargée de cette mesure »** *(Décr. nº 2022-734 du 28 avr. 2022, art. 1er-8º)* **« un dépôt de garantie.**

« Ce dépôt de garantie » ne peut excéder *(Décr. nº 2016-1815 du 21 déc. 2016, art. 2-55º)* **« le montant du tarif » mensuel d'hébergement qui reste effectivement à la charge de la personne hébergée.** — *V. dispositions transitoires du Décr. nº 2016-1815 du 21 déc. 2016 ss. la sect. IV du présent chap.*

(Décr. nº 2022-734 du 28 avr. 2022, art. 1er-8º) **« Le dépôt de garantie est restitué » à la personne hébergée ou à son représentant légal** *(Décr. nº 2021-684 du 28 mai 2021, art. 39)* **« s'il s'agit d'un mineur, ou, s'il s'agit de majeur faisant l'objet d'une mesure de protection juridique avec représentation relative aux biens, à la personne chargée de cette mesure » dans les trente jours qui suivent sa sortie de l'établissement, déduction faite de l'éventuelle créance de ce dernier.** *(Décr. nº 2022-734 du 28 avr. 2022, art. 1er-8º)* **« La date de sortie de l'établissement correspond, dans les établissements mentionnés au 6º de l'article L. 312-1, à la date de l'état des lieux contradictoire mentionné à l'article L. 311-7-1.**

« II. — Lorsqu'une personne exerce son droit de rétractation dans les conditions prévues au premier alinéa du II de l'article L. 311-4-1, si des arrhes ont été versées préalablement à l'entrée dans l'établissement, le montant des arrhes est déduit du montant facturé au titre de la durée de séjour effectif dans l'établissement.

« III. — Pour l'application de l'article L. 314-10-1, même si les objets personnels du résident n'ont pas été retirés de la chambre qu'il occupait, l'établissement ne peut facturer le montant correspondant au socle de prestations mentionné au troisième alinéa de l'article L. 342-2 que pour une durée maximale de six jours suivant le décès du résident. Les charges variables relatives à la restauration pour un montant fixé dans le règlement départemental d'aide sociale sont déduites du montant facturé.

« Le gestionnaire justifie la durée pendant laquelle le socle de prestation est facturé soit en produisant l'exemplaire original de l'état des lieux contradictoire de sortie mentionné à l'article L. 311-7-1, qui indique la date de retrait des objets personnels du défunt, soit, dans l'attente de la réalisation de l'état des lieux de sortie, en attestant que les objets personnels n'ont pas été retirés dans les six jours suivant le décès du résident. »

Les dispositions du 8º de l'art. 1er du Décr. nº 2022-734 du 28 avr. 2022 sont entrées en vigueur le 1er janv. 2023, pour les contrats conclus à compter de cette date ou pour les documents individuels de prise en charge remis à compter de cette même date (Décr. préc., art. 3-III).

§ 9 Centres d'hébergement et de réinsertion sociale et centres d'accueil pour demandeurs d'asile *(Décr. nº 2007-399 du 23 mars 2007).*

Art. R. 314-150 **Pour la fixation de la dotation globale de financement des centres d'hébergement et de réinsertion sociale mentionnés à l'article L. 345-1** *(Décr. nº 2007-399 du 23 mars 2007)* **« et des centres d'accueil pour demandeurs d'asile mentionnés à l'article L. 348-1 »,** *(Décr. nº 2010-344 du 31 mars 2010, art. 246)* **« le préfet de la région » d'implantation tient compte des publics accueillis et des conditions de leur prise en charge, tels qu'ils résultent notamment des stipulations** *(Décr. nº 2007-399 du 23 mars 2007)* **« des conventions mentionnées aux articles L. 345-3** *(Décr. nº 2016-253 du 2 mars 2016, art. 2)* **« , L. 348-4 et L. 349-4 ».**

« Cette dotation globale de financement est calculée en appliquant les indicateurs nationaux de référence fixés dans les conditions prévues au premier alinéa de l'article R. 314-33-1, lorsque les établissements ou services n'ont pas justifié des raisons conduisant à s'en écarter. »

Art. R. 314-151 **Les produits de la section d'exploitation d'un centre d'hébergement et de réinsertion sociale** *(Décr. nº 2007-399 du 23 mars 2007)* **« ou d'un centre d'accueil pour demandeurs d'asile » comprennent notamment, conformément aux dispositions des 2º et 3º du II de l'article R. 314-12, les participations financières versées par les personnes accueillies en application de l'article R. 345-7** *(Décr.*

nº 2007-399 du 23 mars 2007) « et du I de l'article R. 348-4 », et les aides publiques au logement perçues par l'établissement. – *[Décr. nº 2003-1010 du 22 oct. 2003, art. 156.]*

Art. R. 314-152 I. – Peuvent notamment figurer dans le budget d'un centre d'hébergement et de réinsertion sociale, le cas échéant sous la forme d'un budget annexe :

1° les activités de production et de commercialisation liées aux actions d'adaptation à la vie active, prévues par l'article R. 345-3 ;

2° les autres actions non financées par l'aide sociale de l'État et qui se rattachent à la mission de l'établissement, à l'exception des activités mentionnées au II ci-dessous ;

II. – Doivent faire l'objet d'un budget propre, extérieur au budget général du centre d'hébergement et de réinsertion sociale, les activités suivantes :

1° les actions relatives à l'insertion par l'activité économique, mentionnées à l'article L. 322-4-16-7 *[L. 5132-2 nouv.]* du code du travail ;

2° les actions relatives à l'accès au logement des publics en difficulté, lorsque les produits qui leur sont affectés dépassent un montant fixé, en valeur ou en proportion, par arrêté des ministres chargés de l'action sociale et du logement. – *[Décr. nº 2003-1010 du 22 oct. 2003, art. 157.]*

Art. R. 314-153 I. – Le budget annexe de production et de commercialisation relatif à l'activité mentionnée au 1° du I de l'article R. 314-152 doit notamment comporter en charges :

1° les rémunérations des personnes qui prennent part aux actions mentionnées à l'article R. 345-3 ;

2° les matières premières, les consommables et les prestations de services nécessaires à l'activité de production et de commercialisation ;

3° les dotations aux comptes d'amortissement et de provision imputables à l'activité de production et de commercialisation.

II. – Il comporte, en produits :

1° le chiffre d'affaires résultant de la commercialisation de la production et des prestations de services ;

2° le cas échéant, une contribution du budget principal de l'établissement.

III. – Le résultat de ce budget annexe de production et de commercialisation est affecté conformément aux dispositions des II, III et IV de l'article R. 314-51.

IV. – Les dispositions de l'article R. 314-128 sont applicables au contrôle du budget annexe de production et de commercialisation. – *[Décr. nº 2003-1010 du 22 oct. 2003, art. 158.]*

Art. R. 314-154 Lorsque les actions mentionnées au 1° du II de l'article R. 314-152 sont conduites par une personne morale gestionnaire d'un centre d'hébergement et de réinsertion sociale, le budget particulier qui les retrace peut, sur la demande de la personne gestionnaire, recevoir une subvention du budget du centre d'hébergement et de réinsertion sociale.

Le principe et le montant de cette subvention sont fixés, après avis du conseil départemental de l'insertion par l'activité économique, par l'autorité de tarification du centre d'hébergement et de réinsertion sociale. Celle-ci en indique expressément le montant dans l'arrêté qui fixe la dotation globale.

Cette subvention ne peut être autorisée qu'à la condition que les personnes accueillies par le centre d'hébergement et de réinsertion sociale bénéficient effectivement des actions conduites, dans le cadre d'un projet social et financier s'étendant sur plusieurs années. – *[Décr. nº 2003-1010 du 22 oct. 2003, art. 159.]*

Art. R. 314-155 Lorsque les actions mentionnées au 2° du II de l'article R. 314-152 sont conduites par une personne morale gestionnaire d'un centre d'hébergement et de réinsertion sociale, au profit notamment des personnes ou des familles accueillies

dans ce centre, le budget particulier qui les retrace peut, sur la demande de la personne gestionnaire, recevoir une subvention du budget du centre d'hébergement et de réinsertion sociale.

Le principe et le montant de cette subvention sont fixés par l'autorité de tarification du centre d'hébergement et de réinsertion sociale. Celle-ci en indique expressément le montant dans l'arrêté qui fixe la dotation globale. – *[Décr. n° 2003-1010 du 22 oct. 2003, art. 160.]*

Art. R. 314-156 **Lorsque la personne morale gestionnaire mentionnée aux articles R. 314-154 et R. 314-155 est une personne morale de droit public, les actions mentionnées au II de l'article R. 314-152 peuvent faire l'objet, au même titre que l'activité du centre d'hébergement et de réinsertion sociale, d'un budget annexe du budget général de cette personne morale.**

Les articles R. 314-154 et R. 314-155 sont applicables aux subventions éventuellement versées à ces budgets annexes par le budget du centre d'hébergement et de réinsertion sociale. – *[Décr. n° 2003-1010 du 22 oct. 2003, art. 161.]*

Art. R. 314-157 *(Décr. n° 2007-399 du 23 mars 2007)* **« Le centre d'hébergement et de réinsertion sociale, chaque trimestre, »** *(Décr. n° 2015-1166 du 21 sept. 2015, art. 25-2°, en vigueur le 1er nov. 2015)* **« transmet » au préfet la liste des personnes accueillies entrées et sorties pendant cette période, ainsi qu'une information relative au nombre de personnes qui ont fait l'objet d'une décision de refus d'accueil, aux catégories auxquelles elles appartiennent et aux motifs de ce refus.**

L'établissement est tenu de faire connaître au préfet, sur demande, la liste des personnes présentes.

(Décr. n° 2007-399 du 23 mars 2007) **« Le centre d'hébergement et de réinsertion sociale »** *(Décr. n° 2015-1166 du 21 sept. 2015, art. 25-2°, en vigueur le 1er nov. 2015)* **« conserve » les dossiers des personnes accueillies deux années civiles après leur sortie. Les dossiers ainsi conservés peuvent à tout moment faire l'objet d'un contrôle sur place diligenté par le préfet.** – *[Décr. n° 2003-1010 du 22 oct. 2003, art. 162.]*

Les dispositions issues du Décr. n° 2015-1166 du 21 sept. 2015 sont applicables à Saint-Barthélemy et à Saint-Martin (Décr. préc., art. 29).

§ 10 Modalités particulières de financement des établissements hébergeant des personnes âgées dépendantes

SOUS-§ 1 *Principes généraux de la tarification*

Art. R. 314-158 *(Décr. n° 2016-1814 du 21 déc. 2016, art. 2-1°)* **Les prestations fournies par les établissements hébergeant des personnes âgées dépendantes relevant des I et II de l'article L. 313-12 sont financées, dans les conditions prévues au présent paragraphe, par :**

1° Un forfait global relatif aux soins en application du 1° du I de l'article L. 314-2, correspondant aux soins et prestations délivrés aux résidents affiliés à un régime obligatoire de base de sécurité sociale, auquel s'ajoutent les tarifs journaliers correspondant aux soins et prestations délivrés aux autres résidents ;

2° Un forfait global relatif à la dépendance, versé par le département d'implantation de l'établissement, en application du 2° du I de l'article L. 314-2, auquel s'ajoutent les tarifs journaliers afférents à la dépendance acquittés par les autres départements en application du II de l'article L. 232-8, les participations acquittées par les résidents bénéficiaires de l'allocation personnalisée d'autonomie en application du même article ainsi que les tarifs journaliers acquittés par les résidents non bénéficiaires de cette allocation ;

3° Des tarifs journaliers afférents à l'hébergement fixés en application du 3° du I de l'article L. 314-2, qui couvrent les charges correspondant *a minima* aux prestations mentionnées aux articles D. 312-159-2 et D. 342-3. Ces tarifs journaliers sont à la charge du résident.

SOUS-§ 2 *Forfait global relatif aux soins (Décr. n° 2016-1814 du 21 déc. 2016, art. 2-4°).*

Décret n° 2016-1814 du 21 décembre 2016,

Relatif aux principes généraux de la tarification, au forfait global de soins, au forfait global dépendance et aux tarifs journaliers des établissements hébergeant des personnes âgées dépendantes relevant du I et du II de l'article L. 313-12 du code de l'action sociale et des familles (JO 23 déc.).

Art. 5 I. — Dans l'attente de la signature du contrat pluriannuel d'objectifs et de moyen prévu au IV *ter* de l'article L. 313-12 du même code, lorsque l'établissement est habilité à l'aide sociale départementale, le tarif hébergement est fixé dans les conditions prévues à l'article L. 314-7 du même code et des dispositions réglementaires prises pour son application, sous les réserves suivantes :

1° Les articles R. 314-162 et R. 314-163 du même code sont applicables dans leur rédaction antérieure au présent décret. Toutefois, par dérogation aux dispositions de l'article R. 314-163, dans sa même rédaction, l'affectation du résultat de cette section tarifaire s'effectue par l'autorité de tarification dans les conditions précisées au 4° de l'article R. 314-234, au deuxième alinéa de l'article R. 314-235 et aux articles R. 314-236 et R. 314-237 du même code, dans leur rédaction issue du décret n° 2016-1815 du 21 décembre 2016 modifiant les dispositions financières applicables aux établissements et services sociaux et médico-sociaux mentionnés au I de l'article L. 312-1 du code de l'action sociale et des familles ;

2° Lorsque l'activité relève d'un établissement public de santé, les dispositions des articles R. 314-75 et R. 314-76 du même code, dans leur rédaction issue du décret n° 2016-1815 du 21 décembre 2016 précité, et celles de l'article R. 314-77 sont applicables.

II. — Pour l'exercice 2017 :

1° La modulation en fonction de l'activité prévue aux articles R. 314-160, R. 314-161 et R. 314-174 du code de l'action sociale et des familles, dans leur rédaction issue du présent décret, ne s'applique pas ;

2° Il n'est pas fait application de la disposition prévue au deuxième alinéa de l'article R. 314-175 du même code, dans sa rédaction issue du présent décret ;

3° La valeur du "point GIR départemental" mentionné à l'article R. 314-175 du même code, dans sa rédaction issue du présent décret, est calculée en divisant le total des charges nettes autorisées qui entrent en compte dans le calcul du tarif journalier afférent à la dépendance par le nombre de "points GIR", valorisés conformément à la colonne E de l'annexe 3-6 du même code, de l'ensemble des établissements du département pour l'exercice 2016.

III. — Pour les exercices 2017 à 2023, et par dérogation aux dispositions de l'article R. 314-173 du même code, dans sa rédaction issue du présent décret, les établissements mentionnés aux I et II de l'article L. 313-12 du même code sont financés, pour la part des prestations afférentes à la dépendance, par la somme des montants suivants :

1° Le montant des produits de la tarification reconductibles afférents à la dépendance fixé l'année précédente, revalorisé d'un taux fixé chaque année par arrêté du président du conseil départemental ;

2° Une fraction de la différence entre le forfait global relatif à la dépendance, à l'exclusion des financements complémentaires mentionnés au 2° de l'article R. 314-172 du même code, dans sa rédaction issue du présent décret, et le montant mentionné au 1° du présent II. Cette fraction est fixée à un septième en 2017, un sixième en 2018, un cinquième en 2019, un quart en 2020, un tiers en 2021, un demi en 2022 et un en 2023.

Le contrat mentionné au IV *ter* de l'article L. 313-12 peut déroger au rythme de convergence fixé au 2° du présent III.

1 STRUCTURE TARIFAIRE DES ÉTABLISSEMENTS

Art. R. 314-159 *(Décr. n° 2016-1814 du 21 déc. 2016, art. 2-4°)* **Le forfait global relatif aux soins est égal, déduction faite du produit prévisionnel de la facturation des tarifs journaliers de soins, à la somme :**

1° Du résultat de l'équation tarifaire relative aux soins déterminé en application de l'article R. 314-162 ;

2° Des financements complémentaires, mentionnés à l'article R. 314-163, définis dans le contrat prévu au IV *ter* de l'article L. 313-12.

Art. R. 314-160 *(Décr. n° 2016-1814 du 21 déc. 2016, art. 2-4°)* La part du forfait global relatif aux soins mentionnée au 1° de l'article R. 314-159 est modulée en fonction de l'activité réalisée au regard de la capacité autorisée et financée de l'établissement, dans les conditions suivantes :

1° L'activité réalisée est mesurée par le taux d'occupation au titre de l'hébergement permanent, calculé en divisant le nombre de journées réalisées dans l'année par l'établissement par le nombre de journées théoriques correspondant à la capacité autorisée et financée de places d'hébergement permanent, multiplié par le nombre de journées d'ouverture de l'établissement. Les absences de moins de soixante-douze heures pour cause d'hospitalisation ou pour convenance personnelle sont comptabilisées comme des journées réalisées ;

2° Lorsque le taux d'occupation est inférieur à un seuil fixé par arrêté des ministres chargés des affaires sociales et de la sécurité sociale, le directeur de l'agence régionale de santé module le montant du forfait global. La modulation est opérée sur la tarification de l'exercice en cours et prend en compte le dernier taux d'occupation connu ;
— V. Arr. du 28 sept. 2017 relatif au seuil mentionné à l'art. R. 314-160 déclenchant le dispositif de modulation du forfait global de soins des établissements hébergeant des personnes âgées dépendantes relevant du I et du II de l'art. L. 313-12 CASF (JO 4 oct.), mod. par Arr. du 6 juin 2019 (JO 8 juin).

3° Lorsque le taux d'occupation est au moins égal au seuil mentionné au 2°, le pourcentage de modulation est égal à la moitié de la différence entre ce taux d'occupation et ce seuil ;

4° L'autorité de tarification peut tenir compte de situations exceptionnelles pour ne pas appliquer tout ou partie de la modulation.

Art. R. 314-161 *(Décr. n° 2016-1814 du 21 déc. 2016, art. 2-4°)* Les financements complémentaires mentionnés au 2° de l'article R. 314-159 peuvent être modulés en fonction de l'activité réalisée, selon des modalités fixées dans le contrat prévu au IV *ter* de l'article L. 313-12.

Art. R. 314-162 *(Décr. n° 2016-1814 du 21 déc. 2016, art. 2-4°)* Le résultat de l'équation tarifaire mentionnée au 1° de l'article R. 314-159 est calculé en multipliant le nombre de points correspondant à l'indicateur synthétique, déterminé dans les conditions prévues à l'article R. 314-170-5, par la capacité autorisée et financée de places d'hébergement permanent de l'établissement, puis par la valeur du point.

Cette valeur est fixée par arrêté des ministres chargés des affaires sociales et de la sécurité sociale, en fonction de l'option tarifaire retenue par l'établissement en application de l'article R. 314-164 et du recours ou non à une pharmacie à usage intérieur. *— V. Arr. du 24 avr. 2023 fixant pour 2023 les valeurs du point mentionnées à l'art. R. 314-162 CASF (JO 8 juin, NOR : APHA2308940A).*

Art. R. 314-163 *(Décr. n° 2016-1814 du 21 déc. 2016, art. 2-4°)* I. — Les financements complémentaires couvrent les prestations relatives aux modalités d'accueil autorisées mentionnées aux articles D. 312-155-0 à D. 312-155-0-2 et les frais de transport mentionnés à l'article R. 314-207.

Toutefois, les dépenses relatives à l'emploi d'un psychologue dans les pôles d'activités et de soins adaptés mentionnés à l'article D. 312-155-0-1 et les unités d'hébergement renforcé mentionnés à l'article D. 312-155-0-2 relèvent des dispositions du 2° de l'article R. 314-172.

II. — Les financements complémentaires peuvent, en outre, couvrir les dépenses :

1° Des actions mises en œuvre dans le cadre de la prévention et de la gestion des situations sanitaires exceptionnelles ;

2° Du développement des parcours de santé et d'autonomie coordonnés et des modes d'exercice dont l'objectif est de mettre en œuvre des pratiques, des organisations ou des coopérations entre les structures médico-sociales, les structures sociales, les établissements et centres de santé ou les professionnels de santé, en particulier grâce aux systèmes d'information de santé ;

3° Des actions visant à améliorer la qualité et la sécurité des soins et des prises en charge des résidents notamment par le développement de la qualification des professionnels, particulièrement lorsque la complexité et l'urgence des situations le nécessitent;

4° Des actions de prévention;

5° Des opérations de modernisation, d'adaptation et de restructuration des établissements, y compris la compensation de frais financiers dans les conditions prévues à l'article D. 314-205;

6° Des actions spécifiques liées à la prise en charge des patients en situation de précarité ou de handicaps;

7° Les prestations relatives aux modalités d'accueil expérimentales relevant du 12° du I de l'article L. 312-1, ainsi que celles relatives aux structures autorisées dans le cadre d'appels à projet à caractère innovant;

(Décr. n° 2020-1372 du 10 nov. 2020) « 8° Des mesures prises pour renforcer l'attractivité de l'exercice des professions. »

Art. R. 314-164 *(Décr. n° 2016-1814 du 21 déc. 2016, art. 2-4°)* La part du forfait global relatif aux soins prévue au 1° de l'article R. 314-159 correspond à un tarif dit "global" ou un tarif dit "partiel", selon ce qui est stipulé dans le contrat prévu au IV *ter* de l'article L. 313-12.

Ce contrat ou, le cas échéant, le contrat pluriannuel prévu à l'article L. 313-11, mentionne, pour chaque établissement couvert par le contrat, l'option tarifaire choisie dans le respect des dotations régionales limitatives prévues au II de l'article L. 314-3 et des objectifs régionaux en matière de qualité et d'efficience du système de santé fixés dans le projet régional de santé prévu à l'article L. 1434-1 du code de la santé publique. En cours de contrat, l'option tarifaire peut, sous réserve du respect des mêmes conditions, être changée par voie d'avenant.

Art. R. 314-165 *(Décr. n° 2016-1814 du 21 déc. 2016, art. 2-4°)* Le tarif journalier afférent aux soins est calculé en divisant le résultat de l'équation tarifaire mentionnée au 1° de l'article R. 314-159 du présent code par le nombre de jours d'ouverture, multiplié par la capacité de places d'hébergement permanent autorisées et financées.

Art. R. 314-166 *(Décr. n° 2016-1814 du 21 déc. 2016, art. 2-4°)* I. — Les produits de la part du forfait global relatif aux soins prévue au 1° de l'article R. 314-159 et des tarifs journaliers relatifs aux soins ne peuvent être employés qu'à couvrir les charges suivantes :

1° Les charges relatives aux prestations de services à caractère médical, au petit matériel médical et aux fournitures médicales dont la liste est fixée par arrêté des ministres chargés des affaires sociales et de la sécurité sociale, dans les conditions prévues à l'article L. 314-8;

2° Les charges relatives aux interventions du médecin coordonnateur, du personnel médical, de pharmacien et d'auxiliaires médicaux assurant les soins, à l'exception de celles des diététiciens;

3° Concurremment avec les produits relatifs à la dépendance, les charges de personnel afférentes aux aides-soignants, aux aides médico-psychologiques et aux accompagnateurs éducatifs et sociaux titulaires d'un des diplômes mentionnés à l'article R. 4311-4 du code de la santé publique ou en cours de formation dans un centre agréé, y compris dans le cadre de la validation des acquis et de l'expérience professionnelle et qui exercent effectivement les fonctions attachées à ces professions;

4° L'amortissement et la dépréciation du matériel médical figurant sur une liste fixée par arrêté des ministres chargés des affaires sociales et de la sécurité sociale;

5° Les médicaments dans les conditions prévues au septième alinéa de l'article L. 314-8 du présent code;

6° Les rémunérations ou honoraires versées *[versés]* aux infirmiers libéraux intervenant au sein de l'établissement.

II. — Lorsque la part mentionnée au I relève du tarif global mentionné à l'article R. 314-164, ses produits peuvent également couvrir les rémunérations ou honoraires versés aux médecins spécialistes en médecine générale et en gériatrie et aux auxiliaires médicaux libéraux exerçant dans l'établissement, ainsi que les examens de biologie et de radiologie dont les caractéristiques sont fixées par arrêté des ministres chargés des affaires sociales et de la sécurité sociale.

2 DISPOSITIONS RELATIVES AUX PRESTATIONS DE SOINS

Art. R. 314-167 *(Décr. nº 2016-1814 du 21 déc. 2016, art. 2-4º)* Ne relèvent pas d'une prise en charge par les produits du forfait global relatif aux soins et sont à la charge des régimes obligatoires de base de l'assurance maladie, dans les conditions prévues par le code de la sécurité sociale, ou de l'aide médicale d'État, les prestations suivantes :

1º Les soins dispensés par des établissements de santé ;

2º Les séjours, les interventions d'infirmier à titre libéral pour la réalisation d'actes nécessaires à la dialyse péritonéale et les interventions de services de suppléance aux insuffisants rénaux et respiratoires chroniques ;

3º Les interventions *in situ* des équipes pluridisciplinaires relevant des secteurs de psychiatrie générale définis aux articles R. 3221-1 et R. 3221-5 du code de la santé publique ;

4º Les soins conservateurs, chirurgicaux et de prothèses dentaires réalisés en établissement de santé ou en cabinet de ville ;

5º Les examens médicaux nécessitant le recours à des équipements matériels lourds relevant de l'article L. 6122-1 du même code, lorsque ces examens ne nécessitent pas l'hospitalisation de la personne ;

6º Les honoraires des médecins spécialistes libéraux, autres que ceux mentionnés au II de l'article R. 314-166 du présent code en cas d'option pour le tarif global ;

7º Les transports sanitaires, à l'exception des transports mentionnés à l'article R. 314-207 ;

8º Pour les établissements ne disposant pas d'une pharmacie à usage intérieur, les dispositifs médicaux qui ne sont pas inclus dans la liste prévue au septième alinéa de l'article L. 314-8.

Art. D. 314-167-1 *(Décr. nº 2016-1814 du 21 déc. 2016, art. 2-4º)* I. — En cas de refus par la personne gestionnaire de l'établissement de signer le contrat prévu au IV *ter* de l'article L. 313-12, le forfait global relatif aux soins mentionné à l'article R. 314-159 peut être minoré dans les conditions suivantes :

1º Le directeur général de l'agence régionale de santé et le président du conseil départemental soumettent à la personne gestionnaire, par tout moyen conférant date certaine, une proposition de contrat ;

2º Si, dans les trois mois après la réception de cette proposition, la personne gestionnaire n'a pas entamé de négociations ni signé de contrat, le directeur général de l'agence régionale de santé lui adresse, dans les mêmes formes, une notification mentionnant la pénalité qu'elle encourt et l'informant qu'elle dispose d'un nouveau délai d'un mois, à compter de la réception de la notification, pour signer un contrat ou, si elle le refuse, pour demander à être entendue ou présenter ses observations écrites. Le directeur de l'agence régionale de santé en informe le président du conseil départemental ;

3º Si, au cours du délai de trois mois mentionné au 2º, la personne gestionnaire commence des négociations avec le directeur de l'agence régionale de santé et le président du conseil départemental, elle dispose d'un délai de six mois supplémentaires, à compter de la date du début des négociations, pour signer un contrat ;

4º Un mois avant l'expiration du délai de six mois prévu au 3º, le directeur général de l'agence régionale de santé et le président du conseil départemental soumettent à la personne gestionnaire, par tout moyen conférant date certaine, une proposition de contrat, accompagnée d'une notification mentionnant la pénalité encourue en cas de refus de sa signature ;

5° A défaut de signature du contrat à l'expiration des délais mentionnés au 2° ou au 3°, le directeur général de l'agence régionale de santé minore le forfait global relatif aux soins à hauteur d'un montant de 1 à 5 % du montant du forfait la première année et de 5 à 10 % les années suivantes. Le délai au terme duquel la sanction est prononcée est prolongé jusqu'à l'audition de l'établissement si celle-ci a été demandée avant l'expiration du délai prévu au 2°.

II. — La minoration du forfait global relatif aux soins est appliquée jusqu'à la signature du contrat par la personne gestionnaire.

Art. R. 314-168 *(Décr. n° 2016-1814 du 21 déc. 2016, art. 2-4°)* **Le forfait global relatif aux soins est versé à l'établissement par** *(Décr. n° 2022-980 du 2 juill. 2022, art. 4-I)* **« les organismes d'assurance maladie dans les conditions prévues à l'article R. 174-9 » du code de la sécurité sociale et sous réserve des déductions éventuelles opérées en application des dispositions de l'article L. 133-4-4 du même code.**

Art. R. 314-169 *(Abrogé par Décr. n° 2018-173 du 9 mars 2018, art. 3-II, à compter du 1er janv. 2020) (Décr. n° 2010-621 du 7 juin 2010)* ***I. — Afin de faciliter l'exécution des dispositions de l'article L. 133-4-4 du code de la sécurité sociale et la récupération des indus, la Caisse nationale de l'assurance maladie*** *(Abrogé par Décr. n° 2019-718 du 5 juill. 2019, art. 9-III)* ***« des travailleurs salariés » met en œuvre un traitement automatisé de données à caractère personnel, inter-régimes*** *[interrégimes]*, ***dénommé "listes des résidents et données relatives à la consommation médicale dans les établissements d'hébergement pour personnes âgées dépendantes". Sont soumis à ce traitement les résidents et l'activité des professionnels de santé libéraux dans les établissements d'hébergement pour personnes âgées dépendantes*** *(Abrogé par Décr. n° 2016-1814 du 21 déc. 2016, art. 2-4°)* ***« mentionnés au 6° du I de l'article L. 312-1 du présent code » et dont la tarification est*** *(Décr. n° 2016-1814 du 21 déc. 2016, art. 2-4°)* ***« fixée en application du présent paragraphe ».*** — V. 2e note ss. art.

II. — Ce traitement a pour finalités de permettre :

1° Le suivi de la consommation médicale et de l'activité des professionnels de santé libéraux dans l'établissement ;

2° Les contrôles afférents aux facturations présentées au remboursement des organismes d'assurance maladie par le rapprochement des données relatives aux résidents avec celles relatives aux remboursements au titre des soins de ville dispensés à ces mêmes personnes ;

3° La répartition entre les régimes du forfait de soins.

III. — Les catégories d'informations enregistrées dans le traitement sont :

1° S'agissant de l'identification des résidents présents dans l'établissement :

a) Le nom de famille et, le cas échéant, le nom marital ou d'usage, et les prénoms ;

b) Le numéro d'inscription au répertoire national d'identification des personnes physiques du résident et, le cas échéant, de l'assuré ouvrant droit ;

c) Les date et lieu de naissance ;

d) La nature de l'hébergement ;

e) Les jours de présence pour le mois considéré ;

2° L'identification de l'établissement et son régime tarifaire ;

3° Le montant des rémunérations versées aux professionnels de santé libéraux *(Décr. n° 2016-1814 du 21 déc. 2016, art. 2-4°)* ***« et pouvant être couvertes par le forfait global relatif aux soins prévu à l'article R. 314-159 », par catégorie professionnelle, en distinguant, pour les médecins, les généralistes des autres spécialités ;***

(Décr. n° 2016-1814 du 21 déc. 2016, art. 2-4°) ***« 4° La consommation globale de médicaments et de dispositifs médicaux pouvant être couverts par le forfait global relatif aux soins prévu à l'article R. 314-159. »*** — V. 2e note ss. art.

IV. — Les informations mentionnées au III sont fournies mensuellement aux organismes d'assurance maladie, par voie électronique, par le directeur de l'établissement. Elles sont conservées pendant une durée de trente[-]trois mois par la Caisse nationale de l'assurance maladie *(Abrogé par Décr. n° 2019-718 du 5 juill. 2019, art. 9-III)* ***« des travailleurs salariés ».***

V. — La Caisse nationale de l'assurance maladie *(Abrogé par Décr. n° 2019-718 du 5 juill. 2019, art. 9-III)* ***« des travailleurs salariés » est habilitée, afin de vérifier et compléter les données relatives à l'affiliation et à l'identification des résidents, à accéder au répertoire prévu à l'article L. 161-32 du code de la sécurité sociale.***

VI. — Sont destinataires de tout ou partie des données à caractère personnel et des informations mentionnées au III, pour satisfaire aux seules finalités mentionnées au II, les agents individuellement désignés et dûment habilités des caisses pivots et d'affiliation.

VII. — Les organismes nationaux des différents régimes d'assurance maladie, la Caisse nationale de solidarité pour l'autonomie et les agences régionales de santé désignent et habilitent des agents pour exploiter, à des seules fins statistiques, les données et informations mentionnées au III, à l'exception de celles mentionnées aux a et b du 1° ainsi que du lieu, jour et mois de naissance.

VIII. — Les droits d'accès et de rectification des résidents, prévus aux articles 39 et 40 de la loi n° 78-17 du 6 janvier 1978 modifiée relative à l'informatique, aux fichiers et aux libertés, s'exercent auprès du directeur de leur caisse d'affiliation.

IX. — Le droit d'opposition prévu à l'article 38 de la loi n° 78-17 du 6 janvier 1978 modifiée relative à l'informatique, aux fichiers et aux libertés ne s'applique pas au traitement *(Décr. n° 2016-1814 du 21 déc. 2016, art. 2-4°)* ***« régi par les dispositions du présent article ».*** — V. 2e note ss. art.

Les dispositions issues du Décr. n° 2010-621 du 7 juin 2010 entrent en vigueur au plus tard le 1er sept. 2010 (Décr. préc., art. 3).

V. dispositions transitoires au Décr. n° 2016-1814 du 21 déc. 2016, ss. le ss. - § 2 du présent § 10.

Pour les établissements pour personnes âgées dépendantes mentionnées au 6° du I de l'art. L. 312-1 CASF, les dispositions de l'art. R. 314-169 du même code continuent à s'appliquer jusqu'à ce que l'ensemble des établissements et services concernés appliquent les dispositions des art. R. 134-105-1 à R. 134-105-9 issus de l'art. 1er du Décr. n° 2018-173 du 9 mars 2018, et au plus tard le 31 déc. 2019 (Décr. préc., art. 3-I).

SOUS-§ 3 *Évaluation de la perte d'autonomie et des besoins en soins requis des personnes hébergées (Décr. n° 2016-1814 du 21 déc. 2016, art. 2-3°).*

Art. R. 314-170 *(Décr. n° 2013-22 du 8 janv. 2013, art. 2)* **L'évaluation de la perte d'autonomie des personnes hébergées dans l'établissement et l'évaluation de leurs besoins en soins sont réalisées par l'établissement, sous la responsabilité du médecin coordonnateur.**

(Décr. n° 2016-1814 du 21 déc. 2016, art. 2-6°) **« Ces évaluations sont réalisées, de façon simultanée, avant la conclusion du contrat mentionné au IV *ter* de l'article L. 313-12, ainsi qu'au cours de la troisième année du même contrat. »**

Art. R. 314-170-1 *(Décr. n° 2013-22 du 8 janv. 2013, art. 2)* **L'évaluation de la perte d'autonomie des personnes hébergées dans l'établissement donne lieu à un classement de chaque personne dans l'un des six groupes de la grille nationale mentionnée à l'article L. 232-2, dits "groupes iso-ressources" (GIR), par une cotation en points, dits "points GIR", en tenant compte de l'état de la personne et de l'effort de prévention nécessaire selon le barème fixé au tableau figurant à l'annexe 3-6.**

Le niveau de perte d'autonomie moyen des personnes hébergées est calculé en rapportant la somme des points obtenus par la valorisation du niveau de perte d'autonomie de chaque personne, prévue à la colonne C du tableau, au nombre de personnes hébergées. Cette moyenne est dénommée "groupe iso-ressources moyen pondéré" (GMP) de l'établissement.

Art. R. 314-170-2 *(Décr. n° 2016-1814 du 21 déc. 2016, art. 2-6°)* **L'évaluation de la perte d'autonomie prise en compte pour la détermination annuelle du forfait global relatif à la dépendance et du forfait global relatif aux soins est celle relevée dans la plus récente des évaluations prévues à l'article R. 314-170, validées au plus tard le 30 juin de l'année précédente.**

Art. R. 314-170-3 *(Décr. n° 2016-1814 du 21 déc. 2016, art. 2-6°)* **L'évaluation des besoins en soins requis des résidents de l'établissement, opérée à partir du référentiel mentionné au premier alinéa de l'article L. 314-9, consiste en une cotation de ces besoins sous forme de points dits "points Pathos" qui permet le calcul d'un indicateur synthétique des besoins en soins dit "pathos moyen pondéré" (PMP).**

Art. R. 314-170-4 *(Décr. n° 2016-1814 du 21 déc. 2016, art. 2-6°)* Le "pathos moyen pondéré" mentionné à l'article R. 314-170-3 pris en compte pour la détermination annuelle du forfait global relatif aux soins est celui relevé dans la plus récente des évaluations prévues à l'article R. 314-170, validées au plus tard le 30 juin de l'année précédente.

Art. R. 314-170-5 *(Décr. n° 2016-1814 du 21 déc. 2016, art. 2-6°)* L'indicateur synthétique dit "groupe iso-ressources moyen pondéré soins" (GMPS) rend compte du niveau de dépendance moyen des résidents de l'établissement, déterminé en application des articles R. 314-170-1 à R. 314-170-2, et de leurs besoins en soins requis, déterminés en application des articles R. 314-170-3 et R. 314-170-4.

Le nombre de points du "groupe iso-ressources moyen pondéré soins" résulte de l'addition pondérée, d'une part, du nombre de points correspondant au pathos moyen pondéré de l'établissement, calculé en application des articles R. 314-170-3 et R. 314-170-4, affecté d'un coefficient fixé par arrêté des ministres chargés des affaires sociales et de la sécurité sociale, et, d'autre part, du nombre de points correspondant au "groupe iso-ressources moyen pondéré" calculé en application de l'article R. 314-170-1.

Art. R. 314-171 *(Décr. n° 2016-1814 du 21 déc. 2016, art. 2-6°)* Les évaluations du niveau de dépendance moyen et des besoins en soins requis des personnes hébergées dans chaque établissement, telles que mentionnées aux articles R. 314-170 à R. 314-170-5, sont réalisées, validées et peuvent être contestées dans les conditions prévues à l'article L. 314-9.

Les médecins chargés de la validation des évaluations du niveau moyen de dépendance et des besoins en soins requis des personnes hébergées dans chaque établissement, mentionnés au premier alinéa de l'article L. 314-9, disposent d'un délai de quatre mois à compter de la réception des évaluations de l'établissement pour les valider. Passé ce délai, les évaluations sont réputées tacitement validées. Le cas échéant, la saisine de la commission régionale de coordination médicale, en cas de désaccord sur le classement des résidents au regard du niveau de dépendance ou des besoins en soins requis, suspend le délai de validation tacite.

Art. R. 314-171-1 *(Décr. n° 2016-1814 du 21 déc. 2016, art. 2-6°)* I. — La commission régionale de coordination médicale mentionnée au sixième alinéa de l'article L. 314-9 est composée :

1° D'un médecin désigné par le directeur général de l'agence régionale de santé territorialement compétente ;

2° D'un médecin des services sociaux et médico-sociaux de chaque département de la région, désigné par le président du conseil départemental ;

3° D'un médecin gériatre désigné par le directeur général de l'agence régionale de santé sur proposition de la société régionale de gériatrie et de gérontologie affiliée à la Société française de gériatrie et de gérontologie ;

4° D'un médecin coordonnateur désigné par le directeur général de l'agence régionale de santé sur proposition conjointe des organisations et associations de médecins coordonnateurs présentes sur le territoire et de la société régionale de gériatrie et de gérontologie.

II. — La commission régionale de coordination médicale est présidée par le médecin désigné par l'agence régionale de santé et vice-présidée par le médecin des services sociaux et médico-sociaux du département du ressort de l'établissement faisant l'objet du recours.

Les membres de la commission siègent en raison des fonctions qu'ils occupent et peuvent être suppléés par un membre du service ou de l'organisme auquel ils appartiennent.

Le médecin des services sociaux et médico-sociaux du département siège lorsqu'un litige concerne un établissement installé dans ce département. En cas d'absence ou d'empêchement de ce médecin titulaire et de son suppléant, le directeur de l'agence régionale de santé propose à un autre médecin désigné au même titre de siéger.

Les membres de la commission ne peuvent siéger s'ils ont procédé à la réalisation ou à la validation de la perte d'autonomie ou des besoins en soins des personnes hébergées dans l'établissement faisant l'objet du recours.

Le médecin coordonnateur de l'établissement est entendu par la commission, à sa demande ou à la demande du représentant légal de l'établissement.

En cas de partage égal des voix, la voix du président est prépondérante.

Art. R. 314-171-2 *(Décr. nº 2013-22 du 8 janv. 2013, art. 3)* La commission régionale de coordination médicale veille à la bonne organisation des opérations d'évaluation du niveau de perte d'autonomie moyen et des besoins en soins de chaque établissement ainsi qu'à la qualité de la formation des médecins coordonnateurs à l'utilisation des référentiels Aggir et Pathos.

Art. R. 314-171-3 *(Décr. nº 2013-22 du 8 janv. 2013, art. 3)* La commission régionale de coordination médicale est chargée de l'information sur les modalités de validation des évaluations communiquées par chaque établissement. Celles-ci sont organisées conformément à la procédure de vérification, exhaustive ou par échantillons, sur place ou sur pièces, fixée par arrêté des ministres chargés de la santé, des personnes âgées et de la sécurité sociale. — *V. Arr. du 15 nov. 2013 (JO 23 nov.).*

Elle transmet chaque année, à des fins statistiques et d'étude, le relevé de ses validations sous une forme respectant l'anonymat des personnes hébergées aux autorités chargées de la tarification et à chaque établissement ainsi qu'au directeur de la Caisse nationale de solidarité pour l'autonomie et aux ministres chargés de la santé et des personnes âgées.

SOUS-§ 4 *Forfait global relatif à la dépendance*

(Décr. nº 2016-1814 du 21 déc. 2016, art. 2-3º)

Art. R. 314-172 Le forfait global relatif à la dépendance est égal à la somme :

1º Du résultat de l'équation tarifaire relative à la dépendance calculée sur la base du niveau de perte d'autonomie des personnes hébergées par l'établissement ;

2º Des financements complémentaires définis dans le contrat prévu au IV *ter* de l'article L. 313-12.

Art. R. 314-173 I. — Le forfait global relatif à la dépendance à la charge du département d'implantation de l'établissement, prévu au 2º du I de l'article L. 314-2, est déterminé comme suit :

1º Le niveau de perte d'autonomie moyen des personnes hébergées est calculé en divisant la somme des "points GIR" obtenus par la valorisation prévue à la colonne E de l'annexe 3-6 par le nombre de personnes hébergées, multiplié par la capacité autorisée et financée d'hébergement permanent de l'établissement ;

2º Ce produit est multiplié par la valeur du "point GIR" départemental, déterminée par le président du conseil départemental conformément aux dispositions de l'article R. 314-175 ;

3º Du produit obtenu au 2º sont soustraits, d'une part, le montant prévisionnel de la participation des résidents mentionnée au I de l'article L. 232-8, notamment le tarif journalier afférent à la dépendance applicable aux résidents classés dans les groupes 5 et 6 de la grille nationale mentionnée à l'article L. 232-2 et, d'autre part, le montant des tarifs journaliers afférents à la dépendance applicables aux autres départements dans lesquels certains résidents ont conservé leur domicile de secours, ainsi que la participation acquittée par les résidents de moins de soixante ans.

II. — Pour calculer le tarif journalier :

1º Le produit obtenu au 2º du I est divisé par le nombre de "points GIR" de l'établissement résultant du classement de ses résidents puis par le nombre de jours d'ouverture de l'établissement ;

2° Le résultat obtenu au 1° est :

a) Multiplié par 280 pour calculer le tarif annuel afférent à la dépendance applicable aux résidents classés dans les groupes 5 et 6 de la grille nationale mentionnée à l'article L. 232-2 ;

b) Multiplié par 660 pour calculer le tarif annuel afférent à la dépendance applicable aux résidents classés dans les groupes 3 et 4 de la même grille ;

c) Multiplié par 1 040 pour calculer le tarif annuel afférent à la dépendance applicable aux résidents classés dans les groupes 1 et 2 de la même grille.

Art. R. 314-174 La part du forfait global relatif à la dépendance mentionnée au 1° de l'article R. 314-172 est modulée en fonction de l'activité réalisée au regard de la capacité de places autorisées et financées d'hébergement permanent de l'établissement, dans les conditions suivantes :

1° L'activité réalisée est mesurée par le taux d'occupation, calculé en divisant le nombre de journées réalisées dans l'année par l'établissement par le nombre de journées théoriques correspondant à la capacité autorisée et financée de places d'hébergement permanent, multiplié par le nombre de journées d'ouverture de l'établissement. Les absences de moins de soixante-douze heures pour cause d'hospitalisation ou pour convenance personnelle sont comptabilisées dans le total du nombre de journées réalisées ;

2° Lorsque le taux d'occupation au titre de l'hébergement permanent est inférieur à un seuil fixé par arrêté des ministres chargés des affaires sociales et des collectivités territoriales, le président du conseil départemental module le montant du forfait global. La modulation est opérée sur la tarification de l'exercice en cours et prend en compte le dernier taux d'occupation connu ;

3° Le pourcentage de minoration de la part du forfait mentionnée au 1° de l'article R. 314-172 est égal à la moitié de la différence entre le seuil mentionné au 2° et le taux d'occupation défini au 1° du présent article ;

4° L'autorité de tarification peut tenir compte de situations exceptionnelles pour ne pas appliquer tout ou partie de la modulation.

Art. R. 314-175 Le président du conseil départemental fixe chaque année, par arrêté pris au plus tard le 1er avril, une valeur de référence appelée "point GIR départemental". Cette valeur est au moins égale à la valeur du point arrêtée l'année précédente.

La valeur de référence est calculée en divisant la somme des forfaits globaux relatifs à la dépendance, avant soustraction des participations et des tarifs journaliers, alloués l'année précédente à l'ensemble des établissements du département, par la somme de leurs "points GIR" de l'année précédente calculés conformément à la colonne E de l'annexe 3-6.

Art. R. 314-176 La part du forfait global relatif à la dépendance mentionnée au 1° de l'article R. 314-172 et les ressources mentionnées au 3° du I de l'article R. 314-173 ne peuvent couvrir que les charges suivantes :

1° Les fournitures pour l'incontinence ;

2° Concurremment avec les produits relatifs à l'hébergement, les fournitures hôtelières, les produits d'entretien, les prestations de blanchissage et de nettoyage à l'extérieur ;

3° Les charges relatives à l'emploi de personnels affectés aux fonctions de blanchissage, nettoyage et service des repas, concurremment avec les produits relatifs à l'hébergement ;

4° Concurremment avec les produits relatifs aux soins, les charges de personnel afférentes aux aides-soignants et aux aides médico-psychologiques ainsi qu'aux accompagnateurs éducatifs et sociaux titulaires d'un des diplômes mentionnés à l'article R. 4311-4 du code de la santé publique ou en cours de formation dans un centre agréé, y compris dans le cadre de la validation des acquis de l'expérience professionnelle, et qui exercent effectivement les fonctions attachées à ces professions ;

5° Les charges nettes relatives à l'emploi de psychologues ;

6° Les amortissements et dépréciations du matériel et du mobilier, permettant la prise en charge de la dépendance et la prévention de son aggravation.

Art. R. 314-177 **Le forfait global relatif à la dépendance, après soustraction du montant prévisionnel des participations et des tarifs journaliers, est versé par le département d'implantation de l'établissement selon les modalités définies aux articles R. 314-107 et R. 314-108.**

Les tarifs journaliers à la charge des autres départements et des résidents sont versés selon les modalités définies aux articles R. 314-115 à R. 314-117.

Art. R. 314-178 **La participation prévue au I de l'article L. 232-8, notamment les tarifs journaliers à la charge des résidents classés dans les groupes 5 et 6 de la grille nationale mentionnée à l'article L. 232-2, est perçue par l'établissement d'accueil.**

Pendant la période d'hospitalisation avec hébergement d'un résident, sa participation au tarif afférent à la dépendance à sa charge ne lui est pas facturée.

Il en va de même pendant la période d'absence pour convenances personnelles d'un résident à condition qu'il ait informé préalablement l'établissement de cette absence dans les délais prévus dans son contrat de séjour.

SOUS-§ 5 *Tarifs afférents à l'hébergement* *(Décr. nº 2016-1814 du 21 déc. 2016, art. 2-3º).*

Art. R. 314-179 *(Décr. nº 2016-1814 du 21 déc. 2016, art. 2-7º)* **Les tarifs journaliers moyens afférents à l'hébergement ne peuvent couvrir que les charges suivantes :**

1° Les charges d'exploitation à caractère hôtelier et d'administration générale ;

2° Concurremment avec les produits relatifs à la dépendance, les fournitures hôtelières, les produits d'entretien, les prestations de blanchissage et de nettoyage à l'extérieur ;

3° Les charges relatives à l'emploi de personnel assurant l'accueil, l'animation de la vie sociale, l'entretien, la restauration et l'administration générale ;

4° Les charges relatives à l'emploi de personnels affectés aux fonctions de blanchissage, nettoyage et service des repas, concurremment avec les produits relatifs à la dépendance ;

5° Les amortissements des biens meubles et immeubles autres que le matériel médical ;

6° Les dotations aux provisions, les charges financières et exceptionnelles.

Art. R. 314-180 *(Décr. nº 2016-1814 du 21 déc. 2016, art. 2-7º)* **Le tarif journalier moyen afférent à l'hébergement ne peut pas prendre en compte les charges relevant exclusivement des forfaits globaux relatifs aux soins et à la dépendance en application, respectivement, des articles R. 314-166 et R. 314-176.**

Art. R. 314-181 *(Décr. nº 2016-1814 du 21 déc. 2016, art. 2-7º)* **Le tarif journalier moyen afférent à l'hébergement pour l'exercice est calculé en divisant le montant des charges nettes d'exploitation afférentes à l'hébergement par la moyenne, sur les trois années qui précèdent l'exercice, du nombre effectif de journées de personnes accueillies dans l'établissement.**

Lorsque l'établissement est ouvert depuis moins de trois ans, ou en cas de circonstances particulières, le nombre de journées figurant au diviseur est égal au nombre prévisionnel de l'exercice.

Art. R. 314-182 *(Décr. nº 2016-1814 du 21 déc. 2016, art. 2-7º)* **« I. – » Le tarif journalier moyen afférent à l'hébergement peut être modulé par l'organisme gestionnaire afin de tenir compte notamment :**

1° du nombre de lits par chambre ;

2° des chambres pour couples dont l'un des membres n'est pas dépendant ;

3° de la localisation et du confort de la chambre ;

(Abrogé par Décr. nº 2016-1814 du 21 déc. 2016, art. 2-7º) ***« 4º de la non-utilisation du service de restauration collective de l'établissement ;***

« 5º de la non-utilisation du service de blanchisserie de l'établissement ; »

4° de l'accueil temporaire ;

5° de l'accueil de jour ;

6° *(Décr. nº 2008-1500 du 30 déc. 2008)* « Pour les personnes dont la mesure de protection des majeurs est confiée à un agent désigné en application de l'article L. 472-6, des surcoûts nets afférents aux charges de personnel de cet agent diminués des participations financières des personnes protégées en application de l'article L. 471-5. » – *Les 6º, 7º et 8º deviennent respectivement les 4º, 5º et 6º (Décr. nº 2016-1814 du 21 déc. 2016, art. 2-7º).*

(Abrogé par Décr. nº 2016-1814 du 21 déc. 2016, art. 2-7º) ***« Dans le cas où l'accueil de jour ne fait pas l'objet d'un budget annexe ou d'un budget spécifique, le tarif de l'accueil de jour est constitué, d'une part d'un tarif hébergement modulé en application du présent article et d'autre part, du tarif dépendance correspondant au groupe iso-ressources de la personne concernée minoré d'un taux fixé par le président du conseil départemental. »***

(Décr. nº 2016-1814 du 21 déc. 2016, art. 2-7º) « II. — » Sur proposition du directeur de l'établissement, le président du conseil départemental arrête les tarifs ainsi modulés après s'être assuré :

1° Que ces derniers ne génèrent pas de recettes supérieures à celles qu'aurait entraînées l'application uniforme à tous les hébergés du tarif journalier moyen afférent à l'hébergement défini à l'article *(Décr. nº 2016-1814 du 21 déc. 2016, art. 2-7º)* « R. 314-181 » ;

2° Que les bénéficiaires de l'aide sociale à l'hébergement ne font pas l'objet d'une quelconque discrimination.

(Abrogé par Décr. nº 2016-1814 du 21 déc. 2016, art. 2-7º) ***« Lorsque le nombre de places d'accueil de jour est supérieur au seuil fixé par le décret pris en application du II de l'article L. 313-12, cet accueil de jour doit faire l'objet, soit d'un budget annexe, soit d'un budget spécifique.***

« Les logements foyers qui relèvent de façon combinée du 6º du I de l'article L. 312-1 et de l'article L. 633-1 du code de la construction et de l'habitation, et qui ont conclu la convention prévue au I de l'article L. 313-12, peuvent continuer de percevoir la redevance, définie aux articles R. 353-156 à R. 353-159 du code de la construction et de l'habitation, correspondant aux tarifs journaliers afférents à l'hébergement. » – *[Décr. nº 99-316 du 26 avr. 1999, art. 23-1.]*

Art. R. 314-183 Pour les établissements relevant du 2° de l'article L. 342-1, le tarif journalier afférent à l'hébergement des personnes qui sont bénéficiaires de l'aide sociale est arrêté par le président du conseil départemental du lieu d'implantation de l'établissement *(Décr. nº 2006-584 du 23 mai 2006)* « dans le cadre » *(Décr. nº 2016-1814 du 21 déc. 2016, art. 2-7º)* « du contrat prévu au IV *ter* de l'article L. 313-12 ».

Art. R. 314-184 *(Décr. nº 2006-584 du 23 mai 2006)* L'évolution des prix moyens de revient de l'hébergement qui vont servir de références pour la fixation des tarifs opposables à l'aide sociale départementale est calculée en appliquant la formule de calcul prévue au *a bis*) de l'annexe 3.1 du présent code. Le cas échéant, il est aussi pris en compte les conséquences de la taxe à la valeur ajoutée applicable. – *L'art. R. 314-183-1 devient l'art. R. 314-184 (Décr. nº 2016-1814 du 21 déc. 2016, art. 2-7º).*

Art. R. 314-185 *(Décr. nº 2016-1814 du 21 déc. 2016, art. 2-7º)* Les établissements ayant conclu un contrat mentionné à l'article L. 313-11 ou au IV *ter* de l'article L. 313-12 appliquent les dispositions prévues à l'article R. 314-42.

Art. R. 314-186 *(Décr. nº 2016-1814 du 21 déc. 2016, art. 2-7º)* Les tarifs afférents à l'hébergement sont payés mensuellement à terme à échoir.

Les tarifs afférents à l'hébergement des bénéficiaires de l'aide sociale départementale sont payés à terme à échoir en application de l'article R. 131-4 ou font l'objet, en application des dispositions de l'article R. 314-115, du versement d'une dotation globalisée fixée par arrêté du président du conseil départemental.

SOUS-§ 6 ***Modalités de mise en œuvre des études de coûts de revient et de tarifs dans les établissements d'hébergement pour personnes âgées dépendantes*** *(Décr. n° 2016-1814 du 21 déc. 2016, art. 2-3°).*

Art. R. 314-186-1 Les études *(Abrogé par Décr. n° 2022-980 du 2 juill. 2022, art. 4-I) « prévues au 11° du I de l'article L. 14-10-1 »* portant sur les coûts de revient et de tarifs dans les établissements d'hébergement pour personnes âgées dépendantes mentionnés au 6° du I de l'article L. 312-1 *(Décr. n° 2022-980 du 2 juill. 2022, art. 4-I)* « , conduites » par la Caisse nationale de solidarité pour l'autonomie *(Décr. n° 2022-980 du 2 juill. 2022, art. 4-I)* « en application du 2° de l'article L. 223-5 du code de la sécurité sociale, sont réalisées », avec le concours de l'Agence technique de l'information sur l'hospitalisation mentionnée à l'article R. 6113-1 du code de la santé publique, auprès d'un échantillon d'établissements volontaires.

Ces études ont pour objet l'analyse des coûts supportés par les établissements d'hébergement pour personnes âgées dépendantes par catégorie de résidents.

Pour contribuer à la réalisation de ces études, l'Agence technique de l'information sur l'hospitalisation recueille :

1° Auprès des établissements participant aux études, pour le compte de la Caisse nationale de solidarité pour l'autonomie conformément aux dispositions de l'article L. 312-9, les données mentionnées au III de l'article R. 314-186-2, ainsi que les données comptables, dans des conditions prévues par une convention conclue entre l'établissement d'une part et l'Agence technique de l'information sur l'hospitalisation ainsi que l'agence régionale de santé dont relève l'établissement d'autre part ;

2° Auprès de la Caisse nationale *(Décr. n° 2019-718 du 5 juill. 2019, art. 9-III)* « de l'assurance maladie », les données relatives à l'activité des professionnels de santé libéraux, à la consommation en dispositifs médicaux et en médicaments relatives aux résidents ainsi que les dates d'entrées et de sorties des résidents des établissements d'hébergement pour personnes âgées dépendantes participant aux études ;

3° Auprès de la Caisse nationale de solidarité pour l'autonomie, les données relatives au statut juridique des établissements d'hébergement pour personnes âgées dépendantes, à leur capacité et au montant des financements qui leur sont accordés par les agences régionales de santé.

L'Agence technique de l'information sur l'hospitalisation transmet à la Caisse nationale de solidarité pour l'autonomie les résultats du traitement des données, effectué à sa demande et conformément aux dispositions de l'article R. 314-186-2, afin de lui permettre de réaliser les études mentionnées au premier alinéa du présent article.

Art. R. 314-186-2 I. — Pour contribuer à la réalisation des études prévues à l'article R. 314-186-1, l'Agence technique de l'information sur l'hospitalisation est autorisée à mettre en œuvre un traitement automatisé de données dénommé ENC-EHPAD. L'Agence technique de l'information sur l'hospitalisation est désignée comme le responsable de ce traitement, conformément à l'article 3 de la loi n° 78-17 du 6 janvier 1978 modifiée relative à l'informatique, aux fichiers et aux libertés.

II. — Ce traitement a pour finalité l'analyse des coûts de revient et des tarifs des établissements d'hébergement pour personnes âgées dépendantes mentionnés au 6° du I de l'article L. 312-1, nécessaire pour la réalisation *(Décr. n° 2022-980 du 2 juill. 2022, art. 4-I)* « des études précitées, » par catégorie de résidents à partir des données mentionnées au III du présent article.

III. — Les catégories de données relatives aux résidents, enregistrées dans le traitement, sont :

1° Les données de la grille nationale mentionnée à l'article R. 232-3 et figurant à l'annexe 2-1 ;

2° Les données du référentiel mentionné à l'article L. 314-9, avec une mention précisant, pour les résidents relevant d'un profil de soins d'équilibration nécessitant une surveillance particulière, précisé par arrêté du ministre chargé de la santé, s'ils sont atteints d'une pathologie chronique ;

3° Le numéro anonyme du résident, établi à partir de son numéro d'inscription au répertoire national d'identification des personnes physiques (NIR) ;

4° L'unité de prise en charge du résident au sein de l'établissement ;

5° Pour chaque résident, les hospitalisations supérieures à 48 heures en médecine, en chirurgie, en psychiatrie ou en *(Décr. n° 2022-24 du 11 janv. 2022, art. 3, en vigueur le 1er juin 2023)* « soins médicaux et de réadaptation », en précisant le caractère programmé ou non programmé de cette hospitalisation ;

6° Pour chaque résident, le recours à un service d'hospitalisation à domicile et les motifs de recours ;

7° Pour chaque résident, le recours à des séances ou prestations de masseur-kinésithérapeute, de psychomotricien et d'ergothérapeute ;

8° Le recueil du temps de travail des infirmiers, aides-soignants, aides médico-psychologiques et agents de service auprès de chaque résident sur une semaine type ;

9° Le type d'alimentation du résident ;

10° Le sexe et la date de naissance du résident ;

11° Le décès éventuel du résident, depuis la dernière évaluation de la perte d'autonomie et des besoins de soins des personnes hébergées dans l'établissement.

IV. — Les informations mentionnées au III du présent article sont recueillies par les personnes habilitées au sein des établissements. Seuls sont habilités à accéder aux données de santé à caractère personnel enregistrées dans le présent traitement ou à les extraire, dans les limites de leurs missions et de leurs compétences, le médecin coordonnateur de l'établissement d'hébergement pour personnes âgées dépendantes et le médecin chargé de la validation des évaluations de la perte d'autonomie et des besoins en soins des personnes hébergées dans chaque établissement mentionnées aux quatrième et cinquième alinéas de l'article L. 314-9.

V. — Les résidents des établissements concernés sont tenus informés de ce recueil, dans les conditions prévues à l'article 32 de la loi n° 78-17 du 6 janvier 1978 modifiée relative à l'informatique, aux fichiers et aux libertés. Ils peuvent exercer un droit d'accès aux informations ainsi recueillies et un droit de rectification de ces informations, ainsi que le droit d'opposition prévu à l'article 38 de la même loi, auprès du directeur de l'établissement.

VI. — Après leur anonymisation, les informations mentionnées au III du présent article sont transmises trimestriellement sur une plate-forme spécifique de l'agence technique de l'information sur l'hospitalisation par le directeur de l'établissement pour satisfaire aux seules finalités mentionnées au II du présent article.

VII. — Les informations mentionnées au III du présent article sont conservées deux ans par l'établissement et dix ans à l'agence technique de l'information sur l'hospitalisation, à compter de la date de début de transmission des données par l'établissement.

SOUS-§ 7 *Dispositions diverses* *(Décr. n° 2016-1814 du 21 déc. 2016, art. 2-3°).*

Art. R. 314-187 Dans le cas où les tarifs journaliers afférents aux soins ne sont pas susceptibles d'être pris en charge soit au titre de l'aide médicale, soit par un organisme *(Décr. n° 2022-980 du 2 juill. 2022, art. 4-I)* « de sécurité sociale », ou par tout autre organisme public, les intéressés ou, à défaut, un tiers, souscrivent un engagement d'acquitter les frais de toute nature afférents au régime choisi. Ils sont tenus, sauf dans les cas d'urgence, de verser au moment de leur entrée dans l'établissement une provision renouvelable calculée sur la base de la durée estimée du séjour. En cas de sortie avant l'expiration du délai prévu, la fraction dépassant le nombre de jours de présence est restituée. — *[Décr. n° 99-316 du 26 avr. 1999, art. 29.]*

Art. R. 314-188 *(Décr. n° 2016-1814 du 21 déc. 2016, art. 2-8°)* Les résidents de moins de soixante ans dans les établissements hébergeant des personnes âgées dépendantes ne font pas l'objet de la classification prévue à l'article R. 314-170-1.

Le prix de journée de l'hébergement des résidents de moins de soixante ans est calculé en divisant le produit obtenu au 2° du I de l'article R. 314-173 par le nombre de jours d'ouverture, multiplié par la capacité de places autorisées et financées de l'établissement. Au résultat ainsi obtenu, est ajouté le tarif moyen journalier afférent à l'hébergement.

Les produits relatifs aux prix de journée de l'hébergement des personnes hébergées de moins de soixante ans sont affectés à la couverture des charges mentionnées à l'article R. 314-179, pour un montant calculé sur la base du tarif journalier moyen afférent à l'hébergement, et sont affectés pour le solde à la couverture des charges mentionnées à l'article R. 314-176.

Art. R. 314-189 *(Décr. nº 2016-1814 du 21 déc. 2016, art. 2-8º)* Les dispositions de l'article R. 314-181 et du II de l'article R. 314-182 ne sont pas applicables aux établissements régis par les articles L. 342-1 à L. 342-6.

§ 10 *BIS* Modalités de financement des établissements de santé autorisés à délivrer des soins de longue durée

(Décr. nº 2016-1814 du 21 déc. 2016, art. 3)

Art. R. 314-190 Pour les établissements de santé autorisés, en application de l'article L. 6122-1 du code de la santé publique, à délivrer des soins de longue durée, les dispositions applicables sont celles des articles R. 314-158 à R. 314-193 du présent code, dans leur version antérieure à l'entrée en vigueur de la loi nº 2015-1776 du 28 décembre 2015 relative à l'adaptation de la société au vieillissement.

§ 11 Services mettant en œuvre les mesures de protection des majeurs mentionnés au i de l'article L. 361-1

(Décr. nº 2008-1500 du 30 déc. 2008)

Art. R. 314-193-1 I. — La dotation globale de financement des services mettant en œuvre des mesures de protection des majeurs relevant du I de l'article L. 361-1 est calculée conformément à l'article R. 314-106.

Les produits d'exploitation mentionnés à l'article R. 314-106 comprennent, notamment, le montant correspondant à la participation financière des majeurs protégés prévue par l'article L. 471-5.

Le montant de la dotation globale de financement est modulé en fonction d'indicateurs prenant en compte notamment la charge liée à la nature de la mesure de protection, à la situation de la personne protégée et au temps de travail effectif des personnels. La liste des indicateurs est fixée par arrêté du ministre chargé de la famille en application des articles R. 314-28 à R. 314-33-1.

II. — L'arrêté de tarification fixe le montant de la dotation globale de financement *(Décr. nº 2015-1864 du 30 déc. 2015, art. 1er-3º, en vigueur le 1er janv. 2016)* « conformément aux dispositions prévues au I de l'article L. 361-1 ».

III. — *(Décr. nº 2015-1864 du 30 déc. 2015, art. 1er-3º, en vigueur le 1er janv. 2016)* « La dotation globale de financement est versée par l'État et les départements concernés en application du I de l'article L. 361-1 » dans les conditions prévues à l'article R. 314-107.

(Abrogé par Décr. nº 2015-1864 du 30 déc. 2015, art. 1er-3º, à compter du 1er janv. 2016) ***« Dans le cas où il y a plusieurs organismes de sécurité sociale appartenant à la même branche, l'organisme de sécurité sociale de la branche du lieu d'implantation du siège de l'organisme gestionnaire verse la dotation globale ou sa quote-part. »***

Art. R. 314-193-2 *(Abrogé par Décr. nº 2015-1864 du 30 déc. 2015, art. 1er-6º, à compter du 1er janv. 2016)* ***Les organismes locaux de sécurité sociale consultés en application du VIII de l'article L. 314-1 sont la caisse d'allocations familiales*** *(Décr. nº 2010-344 du 31 mars 2010, art. 250)* ***« [,] la caisse d'assurance retraite et de la santé au travail » et la caisse de mutualité sociale agricole.***

§ 12 Services relevant du 15º du I de l'article L. 312-1

(Décr. nº 2008-1500 du 30 déc. 2008)

Art. R. 314-193-3 I. — La dotation globale de financement d'un service relevant du 15º du I de l'article L. 312-1 est calculée conformément à l'article R. 314-106.

Le montant de cette dotation est modulé en fonction d'indicateurs qui tiennent compte notamment de la charge liée au mandat, à la situation de la famille qui fait l'objet de la mesure judiciaire d'aide à la gestion du budget familial et au temps de travail effectif des personnels. La liste des indicateurs est fixée par arrêté du ministre chargé de la famille en application des articles R. 314-28 à R. 314-33-1.

II. — L'arrêté de tarification fixe la dotation globale de financement d'un service mentionné au présent paragraphe et répartit cette dernière entre les organismes de sécurité sociale en tenant compte des prestations sociales perçues par les personnes bénéficiant d'une mesure judiciaire d'aide à la gestion du budget familial *(Décr. n° 2011-936 du 1er août 2011, art. 3-4°)* « au 31 décembre du dernier exercice clos à la date du dépôt des propositions budgétaires » et conformément aux dispositions de l'article L. 361-2.

III. — La dotation globale de financement des services mentionnés au présent paragraphe et, le cas échéant, les quotes-parts de cette dotation globale sont versées par les financeurs concernés dans les conditions prévues à l'article R. 314-107.

L'organisme de sécurité sociale du lieu d'implantation du siège de l'organisme gestionnaire verse la dotation globale ou sa quote-part.

Art. R. 314-193-4 Les organismes locaux de sécurité sociale consultés en application du IX de l'article L. 314-1 sont la caisse d'allocations familiales et la caisse de mutualité sociale agricole.

§ 13 Dispositions particulières applicables à diverses catégories d'établissements et de services

Le paragraphe 11 devient le paragraphe 13 (Décr. n° 2008-1500 du 30 déc. 2008).

SOUS-§ 1 *Accueil temporaire*

Art. R. 314-194 *(Décr. n° 2006-422 du 7 avr. 2006)* I. — L'accueil temporaire est régi par les dispositions des articles D. 312-8 à D. 312-10.

II. — Les charges nettes de l'accueil temporaire relevant du 5° de l'article R. 314-119 et du 4° de l'article R. 314-147 font l'objet d'un forfait global annuel versé pour les établissements financés par *(Décr. n° 2022-980 du 2 juill. 2022, art. 4-I)* « la sécurité sociale » selon les modalités prévues au 3° de l'article R. 314-111 et pour les établissements dont le tarif est fixé par le président du conseil départemental selon les modalités prévues aux articles R. 314-106 à R. 314-108.

Ce forfait global annuel est pris en compte dans les produits de la tarification de l'établissement de rattachement et entre dans le calcul du résultat de ce dernier.

III. — Lorsque l'accueil temporaire relevant du 5° de l'article R. 314-119 ou du 4° de l'article R. 314-147 fait l'objet d'un budget annexe en application de l'article R. 314-120 ou d'un budget propre, son financement est assuré par une dotation globale de financement calculée en application des articles R. 314-106 à R. 314-108 et versée selon les modalités prévues au 3° de l'article R. 314-111.

IV. — Lorsque l'accueil temporaire relevant du 4° de l'article R. 314-147 fait l'objet d'un budget annexe ou d'un budget propre, son financement est assuré par une dotation globale de financement calculée et versée en application des articles R. 314-106 à R. 314-108.

V. — En application du 2° de l'article L. 314-8 du présent code, les participations des bénéficiaires de l'accueil temporaire dans les établissements pour adultes relevant du 7° du I de l'article L. 312-1 ne peuvent pas excéder le montant du forfait journalier hospitalier prévu à l'article L. 174-4 du code de la sécurité sociale pour un accueil avec hébergement et les deux tiers de ce montant pour un accueil de jour.

SOUS-§ 2 *Dispositions diverses*

Art. R. 314-195 Les établissements et services relevant du 11° du I de l'article L. 312-1, et notamment les centres régionaux de l'enfance et des adultes inadaptés et les comités de liaison, d'information et de coordination en gérontologie, peuvent, sans préjudice des financements mentionnés au XI de l'article R. 314-105, être financés par :

1° la vente de leurs prestations de service ;

2° les cotisations et contributions de leurs adhérents ;

3° les remboursements sur les opérations faites en commun ;

4° des subventions d'exploitation, dans le cadre de conventions de financement.

L'affectation de leurs résultat est décidée dans les conditions fixées aux II et III de l'article R. 314-51. – *[Décr. nº 2003-1010 du 22 oct. 2003, art. 163.]*

Art. R. 314-196 Les dispositions de l'article R. 314-149 sont applicables aux établissements *(Décr. nº 2010-344 du 31 mars 2010, art. 251)* « de santé relevant du code de la santé publique autorisés à dispenser des soins de longue durée ». – *[Décr. nº 2003-1010 du 22 oct. 2003, art. 164.]*

Art. R. 314-196-1 *(Décr. nº 2008-87 du 24 janv. 2008, art. 2)* Les activités, notamment de prévention et d'éducation pour la santé, qui ne sont pas financées par les régimes obligatoires d'assurance maladie en application des articles L. 314-3-2 et L. 314-3-3 font l'objet, dès lors que les produits qui leur sont affectés dépassent le montant fixé par l'arrêté des ministres chargés de l'action sociale et du logement pris en application de l'article R. 314-152, d'un budget propre lorsque le gestionnaire est un organisme de droit privé et d'un budget annexe, pour les établissements publics.

SOUS-SECTION 5 Dispositions relatives à la réglementation du travail

§ 1 Conventions collectives et accords de retraite *(Décr. nº 77-1113 du 30 sept. 1977, art. 1er)*.

Art. R. 314-197 *(Décr. nº 2005-1758 du 29 déc. 2005)* Sous réserve des dispositions de l'article R. 314-200, l'agrément mentionné à l'article L. 314-6 du code de l'action sociale et des familles est donné *(Décr. nº 2009-597 du 26 mai 2009, art. 5)* « par le ministre chargé de l'action sociale ».

Les conventions ou accords sont transmis par lettre recommandée avec avis de réception par toute partie signataire au ministre chargé de l'action sociale, dont les services assurent le secrétariat de la Commission nationale d'agrément qui en accuse réception par lettre recommandée avec avis de réception.

Les modalités de transmission ainsi que la liste des pièces du dossier de demande d'agrément comprenant notamment une analyse des modifications apportées aux stipulations en vigueur par la convention ou l'accord transmis, et le chiffrage de son coût indiquant notamment sa répartition entre les différents financeurs sont précisés par arrêté *(Décr. nº 2009-597 du 26 mai 2009, art. 5)* « du ministre chargé de l'action sociale ». – *V. Arr. du 17 mai 2006 (JO 3 juin).*

En fonction des besoins de l'instruction, des informations complémentaires peuvent être demandées.

Art. R. 314-198 *(Décr. nº 2005-1758 du 29 déc. 2005 ; Décr. nº 2009-597 du 26 mai 2009, art. 5)* I. — La Commission nationale d'agrément comprend :

a) Un représentant du ministre chargé de l'action sociale, président ;

b) Un représentant du ministre chargé du travail ;

c) Un représentant du ministre chargé de la sécurité sociale ;

d) Un représentant du ministre chargé du budget ;

e) Un représentant du garde des sceaux, ministre de la justice ;

f) Un représentant du ministre chargé des collectivités territoriales ;

g) Trois présidents de conseil départemental désignés par l'Assemblée des départements de France ou leurs représentants ;

Elle comprend également, à titre consultatif :

a) Le directeur général de la Caisse nationale *(Décr. nº 2019-718 du 5 juill. 2019, art. 9-III)* « de l'assurance maladie » ou son représentant ;

b) Le directeur de la Caisse nationale d'allocations familiales ou son représentant ;

c) Le directeur de la Caisse nationale d'assurance vieillesse *(Abrogé par Décr. nº 2019-718 du 5 juill. 2019, art. 9-III)* « *des travailleurs salariés* » ou son représentant ;

d) Le directeur de la Caisse nationale de solidarité pour l'autonomie ou son représentant.

II. – La Commission nationale d'agrément peut consulter tout expert qu'elle juge nécessaire d'entendre.

Les décisions prises après avis de la Commission nationale d'agrément font l'objet d'une notification par lettre recommandée avec avis de réception aux signataires de la convention ou de l'accord et d'une publication au *Journal officiel* de la République française.

L'absence de décision dans le délai de quatre mois à compter de la date d'avis de réception de la transmission prévue au deuxième alinéa de l'article R. 314-197 vaut décision *(Décr. n° 2016-1815 du 21 déc. 2016, art. 2-56°)* « d'agrément ». – *V. dispositions transitoires du Décr. n° 2016-1815 du 21 déc. 2016 ss. la sect. IV du présent chap.*

Art. R. 314-199 *(L. n° 2005-1758 du 29 déc. 2005)* Les paramètres d'évolution de la masse salariale figurent dans le rapport prévu à l'article L. 314-6.

Dans la limite du montant fixé au premier alinéa de l'article L. 314-4 et compte tenu de l'objectif des dépenses d'assurance maladie fixé par la loi de financement de la sécurité sociale et des objectifs mentionnés à l'article L. 313-8, ces paramètres sont fixés au regard notamment :

a) Des orientations nationales ou locales en matière de prise en charge des personnes ;

b) Des mesures législatives ou réglementaires ayant une incidence sur la masse salariale des établissements et services *(Abrogé par Décr. n° 2009-597 du 26 mai 2009, art. 5)* « *sanitaires* » sociaux et médico-sociaux et des services concourant à leur fonctionnement du siège de leurs organismes gestionnaires.

Ils peuvent également varier compte tenu de l'évolution prévisionnelle des rémunérations des personnels des établissements et services *(Abrogé par Décr. n° 2009-597 du 26 mai 2009, art. 5)* « *sanitaires* » sociaux et médico-sociaux compte tenu de leur ancienneté ou de leur qualification.

Un arrêté du ministre de l'action sociale précise les modalités de recueil auprès des départements des informations relatives aux objectifs mentionnés à l'article L. 313-8. – *V. Arr. du 17 mai 2006 (JO 3 juin).*

Art. R. 314-200 *(Décr. n° 2005-1758 du 29 déc. 2005)* Les conventions collectives et accords de retraite applicables au personnel des organismes de sécurité sociale restent soumis à agrément dans les conditions prévues à l'article L. 123-1 du code de la sécurité sociale.

Toutefois l'agrément des conventions collectives et accords de retraite, en tant qu'ils s'appliquent spécifiquement dans des établissements ou services visés à l'article L. 314-6 du code de l'action sociale et des familles, est donné après consultation *(Décr. n° 2009-597 du 26 mai 2009, art. 5)* « du ministre chargé de l'action sociale ».

§ 2 Durée du travail

Art. R. 314-201 Les dispositions du présent paragraphe sont applicables :

1° aux établissements gérés par des personnes privées à but non lucratif comportant un hébergement qui sont mentionnés aux 1°, 2°, 4°, 6°, 7° et 8° du I de l'article L. 312-1 ;

2° aux emplois à temps plein de personnels éducatifs, d'infirmiers ou d'aides-soignants ou de personnels de même niveau de qualification appelés à les remplacer dont les titulaires assurent en chambre de veille au sein de l'établissement la responsabilité d'une surveillance nocturne. – *[Décr. n° 2001-1384 du 31 déc. 2001, art. 1er.]*

Art. R. 314-202 Pour le calcul de la durée légale du travail dans les établissements et pour les emplois mentionnés à l'article R. 314-201, chacune des périodes de surveillance nocturne en chambre de veille est décomptée comme trois heures de travail effectif pour les neuf premières heures et comme une demi-heure pour chaque heure au-delà de neuf heures. – *[Décr. n° 2001-1384 du 31 déc. 2001, art. 2.]*

Art. R. 314-203 La période de présence en chambre de veille s'étend du coucher au lever des personnes accueillies tels qu'ils sont fixés par les tableaux de service, sans que sa durée puisse excéder douze heures. – *[Décr. n° 2001-1384 du 31 déc. 2001, art. 3.]*

Art. R. 314-203-1 *(Décr. n° 2007-106 du 29 janv. 2007)* Le recours au régime d'équivalence prévu à l'article R. 314-202 ne peut avoir pour effet de porter :

1° A plus de quarante-huit heures la durée hebdomadaire moyenne de travail des salariés, décomptée heure pour heure, sur une période quelconque de quatre mois consécutifs ;

2° A plus de douze heures la durée de travail des travailleurs de nuit, décomptée heure pour heure, sur une période quelconque de vingt-quatre heures ; ces salariés bénéficient de périodes de repos d'une durée au moins équivalente au nombre d'heures qui sont effectuées au-delà de la huitième heure.

Pour l'appréciation de la qualité de travailleur de nuit selon les dispositions de l'article *(Décr. n° 2016-1551 du 18 nov. 2016, art. 6-I, en vigueur le 1er janv. 2017)* « L. 3122-5 » du code du travail, le temps de travail des salariés soumis au régime d'équivalence de l'article R. 314-202 est décompté heure pour heure.

Art. R. 314-203-2 *(Décr. n° 2007-106 du 29 janv. 2007)* Aucun salarié auquel est appliqué le régime d'équivalence prévu par l'article R. 314-202 ne peut accomplir un temps de travail, décompté heure pour heure, excédant six heures consécutives, sans bénéficier d'un temps de pause d'une durée minimale de vingt minutes.

SECTION 3 **Dispositions diverses**

Art. R. 314-204 Dans les établissements *(Décr. n° 2006-584 du 23 mai 2006 ; Décr. n° 2010-344 du 31 mars 2010, art. 252)* « relevant du 6° et du 7° du I de l'article L. 312-1 et dans les établissements de santé autorisés à dispenser des soins de longue durée », le tarif journalier afférent à l'hébergement est, en cas d'absence de plus de soixante-douze heures, minoré des charges variables relatives à la restauration et à l'hôtellerie pour un montant fixé dans le règlement départemental d'aide sociale. Pour les absences de plus de soixante-douze heures pour cause d'hospitalisation, *(Décr. n° 2022-734 du 28 avr. 2022, art. 1er-10°)* « le tarif journalier afférent à l'hébergement est minoré de l'intégralité » du montant du forfait hospitalier. – *[Décr. n° 99-316 du 26 avr. 1999, art. 7.]*

Les dispositions du 10° de l'art. 1er du Décr. n° 2022-734 du 28 avr. 2022 sont entrées en vigueur le 1er janv. 2023, pour les contrats conclus à compter de cette date ou pour les documents individuels de prise en charge remis à compter de cette même date (Décr. préc., art. 3-III).

Art. D. 314-205 *(Décr. n° 2007-1554 du 31 oct. 2007)* Nonobstant les dispositions de l'article R. 314-162, dans les établissements et services relevant des 2°, 3° et 4° de l'article L. 342-1 et les établissements habilités à l'aide sociale pour la totalité de leurs places relevant du 6° du I de l'article L. 312-1 ayant conclu *(Décr. n° 2016-1815 du 21 déc. 2016, art. 2-57°)* « le contrat pluriannuel d'objectifs et de moyens mentionné au IV *ter* de l'article de l'article L. 313-12 », les frais financiers peuvent être pris en charge par *(Décr. n° 2022-980 du 2 juill. 2022, art. 4-I)* « la sécurité sociale » sous réserve de l'accord de l'autorité de tarification compétente pour la section tarifaire afférente aux soins et dans la limite des crédits notifiés à cet effet. – *V. dispositions transitoires du Décr. n° 2016-1815 du 21 déc. 2016 ss. la sect. IV du présent chap.*

Ces frais sont pris en charge lorsque :

1° Le plan pluriannuel de financement prévu à l'article R. 314-20 a été approuvé par le président du conseil départemental qui tarife l'hébergement ;

2° Le taux d'endettement de l'établissement ou du service résultant du rapport entre, d'une part, les emprunts contractés ou à contracter et, d'autre part, les financements stables hors amortissements cumulés du fonds de roulement d'investissement calculé conformément au bilan financier prévu à l'article R. 314-48, est inférieur à 50 % ;

3° L'établissement ou le service pratique une politique de dépôts et cautionnements en application de l'article R. 314-149 ;

4° Les reprises sur les réserves de trésorerie ou de couverture du besoin en fonds de roulement ont, le cas échéant, été effectuées si les conditions prévues à l'article R. 314-48 sont réunies ;

5° Les liquidités permanentes de l'établissement ou du service ne dépassent pas un niveau égal ou supérieur à trente jours d'exploitation.

Les crédits affectés à la compensation des frais financiers sont imputés en charges de la section tarifaire afférente aux soins en procédant à une dotation au compte de provision réglementée pour le renouvellement des immobilisations.

Afin de couvrir les frais financiers, ils sont, ensuite, imputés en produits de la section tarifaire afférente à l'hébergement par une reprise sur provisions réglementées pour renouvellement des immobilisations.

Art. D. 314-206 *(Décr. n° 2007-1554 du 31 oct. 2007)* Sans préjudice de l'application de l'article D. 314-205 pour les établissements relevant de l'article L. 313-12, dans les établissements et services relevant de l'article R. 314-1, des provisions réglementées pour le renouvellement des immobilisations peuvent être constituées et des amortissements dérogatoires peuvent être pratiqués avant détermination du résultat comptable, dans les conditions suivantes :

1° Après accord de l'autorité de tarification compétente dans les conditions prévues aux articles R. 314-45 ou R. 314-46 ;

2° Dans la limite des crédits limitatifs mentionnés aux articles L. 314-3 à L. 314-5, dès lors que ceux-ci sont disponibles ;

3° En application du 4° de l'article R. 314-12 et des plans de comptes prévus à l'article R. 314-5.

Art. R. 314-207 *(Décr. n° 2007-827 du 11 mai 2007, art. 3)* I. — Dans les établissements mentionnés *(Décr. n° 2016-1815 du 21 déc. 2016, art. 2-58°)* « au I et au II » de l'article L. 313-12, les frais de transport entre le domicile et l'établissement des personnes bénéficiant d'un accueil de jour sont pris en charge par *(Décr. n° 2022-980 du 2 juill. 2022, art. 4-I)* « la sécurité sociale » sous forme d'un forfait journalier applicable au nombre de places autorisées. Ce forfait est fixé dans la limite d'un plafond déterminé chaque année par arrêté des ministres chargés de la sécurité sociale et des personnes âgées. — *V. dispositions transitoires du Décr. n° 2016-1815 du 21 déc. 2016 ss. la sect. IV du présent chap.*

II. — Pour bénéficier de la prise en charge, le gestionnaire de l'établissement doit justifier de modalités d'organisation des transports adaptées aux besoins des personnes accueillies et aux conditions prévues au I.

Sur le plafond du forfait journalier de transport, V. Arr. du 24 avr. 2023 (JO 8 juin, NOR : APHA2308942A).

Art. R. 314-208 *(Décr. n° 2010-1084 du 15 sept. 2010, art. 1er-I)* Pour les établissements mentionnés à l'article L. 344-1 et les foyers d'accueil médicalisé mentionnés au 7° du I de l'article L. 312-1, les frais de transport liés aux trajets aller et retour entre le domicile et l'établissement des personnes adultes handicapées bénéficiant d'un accueil de jour sont inscrits parmi les dépenses d'exploitation, dans la limite d'un montant égal au produit du nombre de places installées en accueil de jour dans l'établissement et d'un plafond unitaire dont le montant et les modalités de revalorisation sont déterminés par arrêté des ministres chargés de la sécurité sociale et des personnes handicapées. — *V. Arr. du 15 sept. 2010 (JO 16 sept.).*

Sous réserve de la transmission du plan d'organisation des transports dans les conditions prévues au 4° du II de l'article R. 314-17 *(Décr. n° 2016-1815 du 21 déc. 2016, art. 2-59°)* « ou à l'article R. 314-223 lorsque l'établissement relève d'un contrat pluriannuel d'objectifs et de moyens mentionné au IV *ter* de l'article L. 313-12 ou à l'article L. 313-12-2 », les frais de transport définis en application de l'alinéa précédent sont pris en compte pour la détermination du prix de journée mentionné à l'article R. 314-113, s'agissant des établissements mentionnés à l'article L. 344-1, ou du forfait annuel global de soins mentionné à l'article R. 314-140, s'agis-

sant des foyers d'accueil médicalisé mentionnés au 7° du I de l'article L. 312-1. – *V. dernière note ss. art.*

Les propositions de modifications budgétaires mentionnées aux articles R. 314-22 et R. 314-23 tiennent compte également, pour les dépenses inscrites en application du premier alinéa du présent article, des moyens engagés par l'établissement pour adapter l'organisation des transports aux besoins des personnes accueillies et pour maîtriser les coûts. *(Décr. n° 2016-1815 du 21 déc. 2016, art. 2-59°)* **« Lorsque l'établissement relève d'un contrat pluriannuel d'objectifs et de moyens mentionné au IV *ter* de l'article L. 313-12 ou à l'article L. 313-12-2, il est fait application des stipulations contenues le cas échéant dans le contrat. »** – *V. dernière note ss. art.*

A titre dérogatoire, le directeur général de l'agence régionale de santé peut autoriser l'inscription au budget de dépenses de transport d'un montant supérieur à celui résultant de l'application du plafond mentionné au premier alinéa, lorsque l'établissement supporte des frais d'une importance particulière liée à la lourdeur du handicap des personnes accueillies, au contenu des projets individuels d'accompagnement ou à l'éloignement géographique entre le domicile des personnes accueillies et l'établissement. L'application du présent alinéa ne peut avoir pour effet d'aboutir au dépassement de la dotation régionale limitative mentionnée au II de l'article L. 314-3.

Les dispositions issues du Décr. n° 2010-1084 du 15 sept. 2010 sont applicables aux frais de transport engagés à compter du 1er sept. 2010 (Décr. préc., art. 3).

V. dispositions transitoires du Décr. n° 2016-1815 du 21 déc. 2016 ss. la sect. IV du présent chap.

Art. R. 314-209 *(Décr. n° 2016-1815 du 21 déc. 2016, art. 2-60°)* **Pour l'Assistance publique-Hôpitaux de Paris, le président du conseil de Paris fixe l'élément de tarification des prestations d'hébergement et les tarifs afférents à la dépendance des établissements de santé autorisés à dispenser des soins de longue durée et des activités relevant de l'article L. 312-1.**

V. dispositions transitoires du Décr. n° 2016-1815 du 21 déc. 2016 ss. la sect. IV du présent chap.

SECTION 4 Dispositions particulières applicables aux établissements et services sociaux et médico-sociaux relevant d'un état des prévisions de recettes et de dépenses

(Décr. n° 2016-1815 du 21 déc. 2016, art. 2-61°)

Décret n° 2016-1815 du 21 décembre 2016,

Modifiant les dispositions financières applicables aux établissements et services sociaux et médico-sociaux mentionnés au I de l'article L. 312-1 du code de l'action sociale et des familles (JO 23 déc.).

Art. 4 Les dispositions du présent décret sont applicables, sous réserves *[réserve]* des dispositions des articles 5 à 9, à compter de l'exercice budgétaire et comptable 2017.

Art. 5 I. — Dans l'attente de la signature du contrat pluriannuel d'objectifs et de moyen prévu au IV *ter* de l'article L. 313-12 du code de l'action sociale et des familles :

1° Lorsque l'établissement est habilité à l'aide sociale départementale, le tarif hébergement est fixé dans les conditions prévues à l'article L. 314-7 du même code et des dispositions réglementaires prises pour son application, sous les réserves suivantes :

a) Les articles R. 314-162 et R. 314-163 du même code sont applicables dans leur rédaction antérieure au décret n° 2016-1814 du 21 décembre 2016 relatif aux principes généraux de la tarification, au forfait global de soins, au forfait global dépendance et aux tarifs journaliers des établissements hébergeant des personnes âgées dépendantes relevant du I et du II de l'article L. 313-12 du même code. Toutefois, par dérogation aux dispositions de l'article R. 314-163, dans sa même rédaction, l'affectation du résultat de cette section tarifaire s'effectue par l'autorité de tarification dans les conditions précisées au 4° de l'article R. 314-234, au deuxième alinéa de l'article R. 314-235 et aux articles R. 314-236 et R. 314-237 du même code, dans leur rédaction issue du présent décret ;

b) Lorsque l'activité relève d'un établissement public de santé, les dispositions des articles R. 314-75 à R. 314-77 du même code, dans leur rédaction issue du présent décret, sont applicables;

2° Les établissements mentionnés aux I et II de l'article L. 313-12 du même code transmettent simultanément au directeur général de l'agence régionale de santé et au président du conseil départemental du lieu d'implantation de l'établissement, l'état des prévisions de recettes et de dépenses dans les délais et conditions prévus à l'article R. 314-210 du même code, dans sa rédaction issue du présent décret. Ce document prend en compte l'ensemble des tarifs notifiés par le directeur général de l'agence régionale de santé et le président du conseil départemental. L'approbation ou le rejet de l'état des prévisions de recettes et de dépenses est réalisé conformément à l'article R. 314-225 du même code, dans sa rédaction issue du présent décret;

3° Le gestionnaire de plusieurs établissements mentionnés aux I et II de l'article L. 313-12 du même code regroupe ces établissements, lorsqu'ils sont implantés dans un même département, au sein d'un état des prévisions de recettes et de dépenses unique. Pour un gestionnaire privé, le compte de résultat prévisionnel principal est le compte de résultat de l'établissement le plus ancien ou celui dont les dépenses d'exploitation sont les plus importantes.

II. — Dans l'attente de la signature du contrat pluriannuel d'objectifs et de moyen prévu au IV *ter* de l'article L. 313-12 du même code :

1° Les dispositions de l'article R. 314-40 du même code, dans leur rédaction résultant du présent décret, sont applicables, dans les conditions prévues par cet article, aux établissements et services soumis à autorisation ayant conclu la convention prévue au I de l'article L. 313-12, dans sa version antérieure à la loi n° 2015-1776 du 28 décembre 2015 relative à l'adaptation de la société au vieillissement;

2° Les dispositions de l'article D. 314-205 du même code, dans leur rédaction résultant du présent décret, sont applicables, dans les conditions prévues par cet article, aux établissements habilités à l'aide sociale pour la totalité de leurs places relevant du 6° du I de l'article L. 312-1 ayant conclu la convention prévue au I de l'article L. 313-12, dans sa version antérieure à la loi précitée du 28 décembre 2015;

3° Les autorités de tarification peuvent s'opposer à l'affectation des résultats décidée en application de l'article R. 314-234 et mettent en œuvre, le cas échéant, les dispositions de l'article R. 314-230 du même code, dans leur rédaction issue du présent décret.

Art. 6 Au titre des exercices 2017 et 2018, par dérogation aux dispositions des articles R. 314-159 et R. 314-171 du même code, dans leur rédaction issue du présent décret, les forfaits globaux de soins et les forfaits globaux relatifs à la dépendance mentionnés à l'article L. 314-2 du même code peuvent inclure un report à nouveau dans les conditions précisées à l'article R. 314-106 du même code, dans sa rédaction issue du présent décret.

Art. 7 Pour l'application des dispositions de l'article R. 314-39-2 du même code, lorsque le contrat prévu au IV *ter* de l'article L. 313-12 inclut d'autres catégories d'établissements ou de services mentionnées au I de l'article L. 312-1 ou, lorsque le contrat est signé en application de l'article L. 313-12-2, l'état des prévisions de recettes et de dépenses est mis en place à compter de l'exercice budgétaire et comptable suivant.

Art. 8 Un contrat pluriannuel d'objectif et de moyens signé au titre de l'article L. 313-11 du même code pour un ou plusieurs établissements ou services mentionnés à l'article L. 313-12-2 peut être transposé en contrat relevant de ce dernier article sous réserve de la signature d'un avenant, qui ne peut proroger la durée du contrat initial de plus de cinq années.

Art. 9 I. — Pour l'exercice budgétaire et comptable 2017, les articles R. 314-211, R. 314-213, R. 314-214 et R. 314-217 du même code, dans leur rédaction issue du présent décret, ne sont pas applicables aux établissements et services mentionnés à l'article L. 315-1 qui relèvent des dispositions du IV *ter* de l'article L. 313-12 ou de l'article L. 313-12-2. Sont applicables à ces établissements et services les dispositions suivantes :

1° Ils élaborent, au titre de l'exercice 2017, un budget prévisionnel de transition qui se substitue à l'état des prévisions de recettes et de dépenses mentionné à l'article R. 314-211, dans sa rédaction issue du présent décret. Ce document, dont le modèle est fixé par arrêté des ministres chargés de la sécurité sociale et des affaires sociales, est présenté dans les conditions prévues aux articles R. 314-9 à R. 314-12, dans leur rédaction issue du présent décret; — *V. Arr. du 27 déc. 2016 fixant les modèles de documents transitoires mentionnés à l'art. 9 du Décr.*

n° 2016-1815 du 21 déc. 2016 modifiant les dispositions financières applicables aux établissements et services sociaux et médico-sociaux mentionnés au I de l'art. L. 312-1 CASF (JO 30 déc.).

2° Pour l'application des dispositions de la section 4 du chapitre IV du titre I du livre III du code de l'action sociale et des familles, dans leur rédaction issue du présent décret, le compte de résultat prévisionnel correspond à la section d'exploitation et le tableau de financement prévisionnel correspond à la section d'investissement;

3° Les dispositions du II de l'article R. 314-222, dans sa rédaction issue du présent décret, sont remplacées par les dispositions suivantes :

"Les prévisions budgétaires de la section d'exploitation et de la section d'investissement sont présentées en équilibre ou en excédent.

"Toutefois, la section d'investissement peut être présentée en déficit dans les conditions prévues au dernier alinéa de l'article R. 314-15.

"De même, pour les établissements et services mentionnés au premier alinéa du présent I, la section d'exploitation peut prévoir un déficit prévisionnel dont le montant doit être inférieur à la différence entre le fond *[fonds]* de roulement disponible au 1er janvier de l'exercice concerné et le déficit prévisionnel de la section d'investissement.

"La section d'exploitation des autres établissements et services mentionnés est présentée en équilibre strict.

"La section d'exploitation des activités mentionnées à l'article R. 314-74 et aux budgets de commercialisation ou de production d'un établissement ou service relevant du *a* du 5° du I de l'article L. 312-1 sont présentés en équilibre ou en excédent."

II. — A la clôture de l'exercice 2017 :

1° L'état réalisé des recettes et des dépenses mentionné au 1° du I de l'article R. 314-232 est remplacé par un document synthétique de transition dont le modèle est fixé par les ministres chargés de la santé, de la sécurité sociale, des affaires sociales et des personnes handicapées;

2° Les documents prévus au I de l'article R. 314-240 sont remplacés par ceux mentionnés au I de l'article R. 314-73.

III. — Pour l'exercice 2017, par dérogation aux dispositions de l'article R. 314-219, dans sa rédaction issue du présent décret, le tableau relatif à l'activité prévisionnelle est transmis à l'autorité de tarification au plus tard le 1er janvier 2017.

SOUS-SECTION 1 Règles de compétence en matière tarifaire

V. dispositions transitoires du Décr. n° 2016-1815 du 21 déc. 2016 ss. la sect. IV du présent chap.

Art. R. 314-210 **I. — L'état des prévisions de recettes et de dépenses et ses annexes, établis conformément aux dispositions des sous-sections 2 et 4 de la présente section, sont transmis par l'établissement public ou le gestionnaire du ou des établissements et services concernés aux autorités de tarification selon les modalités suivantes :**

1° Lorsque l'état des prévisions de recettes et de dépenses comprend uniquement des activités ou des établissements et des services mentionnés au *b* de l'article L. 313-3, il est transmis au directeur général de l'agence régionale de santé de la région d'implantation de ces établissements et services;

2° Lorsque l'état des prévisions de recettes et de dépenses comprend des activités ou des établissements et des services mentionnés au *a* et au *d* de l'article L. 313-3, il est transmis au directeur général de l'agence régionale de santé et au président du conseil départemental du lieu d'implantation de ces activités ou établissements et services. Si ces activités ou établissements et services sont implantés dans plusieurs départements d'une même région, chaque président du conseil départemental compétent est destinataire de ce document.

II. — Lorsque l'établissement relève de l'article L. 315-9 et qu'il exerce une activité annexe relevant de la compétence tarifaire du préfet, cette activité est retracée dans l'état des prévisions de recettes et de dépenses. Il en est de même lorsque l'activité, bien que relevant de la compétence tarifaire du directeur général de l'agence régionale de santé ou du président du conseil départemental, n'est pas incluse dans le périmètre du contrat pluriannuel d'objectifs et de moyens mentionné au IV *ter* de l'article L. 313-12 ou à l'article L. 313-12-2. Lorsque l'activité relève de la compé-

tence tarifaire du préfet, l'établissement lui transmet une copie de l'état des prévisions de recettes et de dépenses dans les délais mentionnés au III du présent article. Le préfet peut communiquer ses observations au directeur général de l'agence régionale de santé ainsi qu'à l'établissement.

L'activité fait l'objet d'un budget prévisionnel spécifique dans les conditions définies au I de l'article R. 314-3. Ce document n'a, dans ce cas, qu'une visée tarifaire.

III. — L'état des prévisions de recettes et de dépenses d'un exercice et ses documents annexes sont transmis avant le 30 avril de l'exercice auquel il se rapporte, ou, si l'autorité de tarification n'a pas notifié ses produits de la tarification avant le 31 mars du même exercice, dans les trente jours qui suivent cette notification, et au plus tard le 30 juin de l'exercice. Le délai de trente jours court à compter :

1° De la notification par le directeur général de l'agence régionale de santé, des financements mentionnés à l'article L. 314-3 alloués au titre de cet exercice ;

2° Ou de la notification, par le président du conseil départemental, des financements mentionnés au deuxième alinéa de l'article L. 313-8 alloués au titre de cet exercice ;

3° Ou de la plus tardive des notifications de financements alloués au titre de cet exercice lorsqu'un ou plusieurs établissements ou services, ou activités, relèvent d'une compétence tarifaire conjointe du directeur général de l'agence régionale de santé et du président du conseil départemental.

IV. — Dans l'attente de ces notifications, les prévisions de recettes peuvent inclure des sommes escomptées au cours de l'exercice, prévues dans le contrat pluriannuel d'objectifs et de moyens ou dans un engagement contractuel spécifique, et non encore notifiées, dont le montant est justifié dans le rapport mentionné à l'article R. 314-223. L'absence d'observations de l'autorité de tarification ne vaut pas engagement de notification de ces financements.

V. — Le directeur général de l'agence régionale de santé et le président du conseil départemental notifient leurs financements dans les délais prévus à l'article R. 314-220.

SOUS-SECTION 2 Dispositions générales relatives à l'état des prévisions de recettes et de dépenses

V. dispositions transitoires du Décr. n° 2016-1815 du 21 déc. 2016 ss. la sect. IV du présent chap.

Art. R. 314-211 L'état des prévisions de recettes et de dépenses et ses annexes sont conformes aux modèles fixés par arrêté des ministres chargés de la sécurité sociale et des affaires sociales. — *V. Arr. du 27 déc. 2016 (JO 30 déc.), mod. en dernier lieu par Arr. du 25 nov. 2022 (JO 6 déc., NOR : APHA2222632A).*

Les modalités de transmission de ces documents, y compris par voie électronique, sont fixées par arrêté des mêmes ministres.

Art. R. 314-212 I. — L'état des prévisions de recettes et de dépenses d'un établissement public mentionné à l'article L. 315-9, qui gère à titre principal ou annexe des établissements ou services relevant des dispositions du IV *ter* de l'article L. 313-12 ou de l'article L. 313-12-2, comprend l'ensemble des activités gérées par l'établissement.

II. — L'état des prévisions de recettes et de dépenses des autres établissements et services regroupe l'ensemble des établissements et services inclus dans le contrat pluriannuel d'objectifs et de moyens mentionné au IV *ter* de l'article L. 313-12 ou de l'article L. 313-12-2.

Le cas échéant, il peut comprendre l'ensemble des établissements et services d'un même gestionnaire privé non lucratif relevant du périmètre géographique de ce contrat.

Art. R. 314-213 I. — L'état des prévisions de recettes et de dépenses se compose :

1° D'un compte de résultat prévisionnel principal, dans lequel sont prévus et autorisés les charges et les produits de l'activité principale de l'établissement ou du service ;

2° Le cas échéant, d'un ou plusieurs comptes de résultats prévisionnels annexes dans lesquels sont prévus et autorisés les charges et les produits de chacune des activités annexes, définies dans les conditions fixées à l'article R. 314-217 ;

3° D'un tableau de calcul de la capacité d'autofinancement prévisionnelle, laquelle est reprise dans le tableau de financement prévisionnel ;

4° D'un tableau de financement prévisionnel dans lequel sont prévues et autorisées les recettes et les dépenses, dénommées respectivement ressources stables et emplois stables, relatives aux opérations d'investissement se rapportant à l'ensemble des établissements et services relevant de l'état des prévisions de recettes et de dépenses ;

5° D'un tableau retraçant l'impact de ces prévisions sur le fonds de roulement et la trésorerie de ces établissements et services ;

6° D'un plan global de financement pluriannuel, simulant la trajectoire financière des établissements et services sur une période glissante de six ans ;

7° D'un tableau de répartition des charges communes inscrites dans les comptes de résultat prévisionnels.

II. — Le plan global de financement pluriannuel définit les orientations pluriannuelles de financement des établissements et services qui relèvent de l'état des prévisions de recettes et de dépenses. Il retrace l'ensemble des dépenses et des recettes prévisionnelles d'exploitation et d'investissement, ainsi que l'évolution du résultat prévisionnel, de la capacité d'autofinancement, du fonds de roulement, du besoin en fonds de roulement et de la trésorerie. Il détermine notamment les dépenses prévisionnelles résultant de la réalisation de l'ensemble des opérations mentionnées au programme d'investissement prévu au I de l'article L. 314-7 et leurs modalités de financement, en investissement et en exploitation. Les opérations appelées à figurer dans le programme d'investissement et les engagements hors bilan sont inscrites dans ce plan global de financement pluriannuel.

Art. R. 314-214 **Les comptes de résultats prévisionnels sont présentés par groupes fonctionnels. Le tableau de financement prévisionnel est présenté par titres. La composition des groupes fonctionnels et des titres est fixée par arrêté des ministres chargés des affaires sociales, de la comptabilité publique et des collectivités territoriales.** — *V. Arr. du 29 déc. 2016 fixant la composition des titres prévus à l'art. R. 314-214 CASF et le niveau de vote des crédits d'investissement des établissements publics sociaux et médico-sociaux (JO 30 déc.).*

Art. R. 314-215 **Le cas échéant, les services communs et les frais de siège sont répartis entre les différents comptes de résultat prévisionnels de l'état des prévisions de recettes et de dépenses.**

Art. R. 314-216 *(Abrogé par Décr. n° 2022-734 du 28 avr. 2022, art. 1er-11°)* ***Par dérogation aux dispositions de l'article R. 314-213, l'état des prévisions de recettes et de dépenses est remplacé, pour les établissements d'hébergement pour personnes âgées dépendantes privés relevant des articles L. 342-1 à L. 342-6, par un état des prévisions de recettes et de dépenses simplifié qui regroupe, le cas échéant, le compte de résultat prévisionnel principal et le ou les comptes de résultat prévisionnels annexes.***

Ce document comporte un tableau de répartition des charges communes.

Il est conforme au modèle fixé par arrêté des ministres chargés de la sécurité sociale et des affaires sociales. — V. Arr. du 27 déc. 2016 (JO 30 déc.), mod. en dernier lieu par Arr. du 25 nov. 2022 (JO 6 déc., NOR : APHA2222632A).

Les modalités de transmission de ce document, y compris par voie électronique, sont fixées par arrêté des mêmes ministres.

Les dispositions du 11° de l'art. 1er du Décr. n° 2022-734 du 28 avr. 2022 sont applicables à compter de l'exercice budgétaire et comptable pour l'année 2023 (Décr. préc., art. 3-II).

Art. R. 314-217 **I. — Lorsqu'un même établissement ou service poursuit plusieurs activités qui font l'objet de modalités de tarification ou de sources de financements distinctes, l'exploitation de chacune d'entre elles est retracée séparément dans un compte de résultat prévisionnel.**

L'activité principale de l'établissement est retracée dans un compte de résultat prévisionnel principal. Les autres activités sont retracées dans des comptes de résultats prévisionnels annexes.

II. – La ventilation entre le compte de résultat prévisionnel principal et les comptes de résultat prévisionnels annexes des charges qui leur sont communes est opérée au moyen d'un tableau de répartition, qui indique les critères utilisés à cet effet. Le tableau est conforme à un modèle fixé par arrêté des ministres chargés de la sécurité sociale et des affaires sociales. – *V. Arr. du 27 déc. 2016 (JO 30 déc.), mod. en dernier lieu par Arr. du 25 nov. 2022 (JO 6 déc., NOR : APHA2222632A).*

III. – La présentation sous forme de comptes de résultats prévisionnels annexes est également possible, à la demande ou avec l'accord de l'autorité de tarification, pour les activités qui justifient que soient connues leurs conditions particulières d'exploitation.

Art. R. 314-218 Pour les établissements et services publics qui relèvent de l'article L. 315-1, les crédits inscrits à l'état des prévisions de recettes et de dépenses présentent un caractère évaluatif, à l'exception de ceux du groupe fonctionnel afférent aux dépenses de personnel qui présentent un caractère limitatif.

Pour les établissements et services privés, les crédits inscrits à l'état des prévisions de recettes et de dépenses présentent un caractère évaluatif.

Si l'état des prévisions de recettes et de dépenses est arrêté d'office dans les conditions prévues à l'article R. 314-226, les crédits mentionnés aux premier et deuxième alinéas ont un caractère limitatif.

SOUS-SECTION 3 **Notification des recettes de l'état des prévisions de recettes et de dépenses**

V. dispositions transitoires du Décr. n° 2016-1815 du 21 déc. 2016 ss. la sect. IV du présent chap.

Art. R. 314-219 Le gestionnaire ou l'établissement public transmet, au plus tard le 31 octobre de l'année qui précède l'exercice concerné, un tableau relatif à l'activité prévisionnelle qui permet notamment de déterminer les tarifs journaliers applicables. Le tableau d'activité prévisionnelle peut être différencié en fonction de la catégorie d'établissements ou de services concernée. Les modèles de tableaux d'activité et les modalités de leur transmission, y compris par voie électronique, sont fixés par arrêté des ministres chargés de la sécurité sociale et des affaires sociales. – *V. Arr. du 27 déc. 2016 (JO 30 déc.), mod. en dernier lieu par Arr. du 25 nov. 2022 (JO 6 déc., NOR : APHA2222632A).*

Dans un délai de soixante jours, l'autorité de tarification peut transmettre des observations sur ces prévisions.

L'autorité de tarification peut faire connaître au gestionnaire ou à l'établissement public un montant indicatif des financements qui pourraient lui être autorisés, compte tenu des hypothèses retenues, selon le cas, par le projet de loi de financement de la sécurité sociale ou le projet de budget du département concerné.

(Décr. n° 2023-323 du 28 avr. 2023, art. 1er-9°, en vigueur le 30 juin 2023 au plus tard) « Par dérogation au premier alinéa du présent article, le tableau relatif à l'activité prévisionnelle des services mentionnés à l'article L. 313-1-3 est transmis pour le 15 mars de l'année en cours. » – *V. les modalités d'application du Décr. n° 2023-323 du 28 avr. 2023 ss. le § 6 de la ss.-sect. 4 de la sect. 2 du présent chap. IV.*

Art. R. 314-220 I. – Les produits de tarification des établissements et services inclus dans le champ des contrats pluriannuels d'objectifs et de moyens mentionnés au IV *ter* de l'article L. 313-12 et à l'article L. 313-12-2 sont notifiés par l'autorité de tarification au gestionnaire ou à l'établissement public dans un délai de trente jours qui court à compter :

1° De la publication de la décision du directeur de la Caisse nationale de solidarité pour l'autonomie fixant les dotations régionales limitatives en application du II de l'article L. 314-3, pour les établissements et services relevant de l'article L. 314-3-1 ;

2° De la publication de la délibération du conseil départemental fixant l'objectif annuel d'évolution des dépenses en application de l'article L. 313-8, pour les tarifs fixés par le président du conseil départemental.

Dans le cas d'une tarification arrêtée conjointement par le directeur général de l'agence régionale de santé et le président du conseil départemental, le délai court à compter de la plus tardive des dates opposables à chacune de ces deux autorités.

II. – Les notifications prévues au I déterminent également les prix de journée, forfaits journaliers ou tarifs horaires applicables aux établissements et services relevant des contrats mentionnés au I.

Pour les établissements et services financés par *(Décr. nº 2022-980 du 2 juill. 2022, art. 4-I)* « la sécurité sociale », elles sont également transmises, dans les délais mentionnés au I, à la caisse d'assurance maladie qui verse le financement.

Les notifications peuvent être effectuées par voie électronique.

III. – Les notification *[notifications]* des produits de la tarification mentionnées au I prennent en compte, le cas échéant, l'impact sur les tarifs des situations mentionnées aux 3° et 4° du I de l'article R. 314-230.

SOUS-SECTION 4 Élaboration de l'état des prévisions de recettes et de dépenses

V. dispositions transitoires du Décr. nº 2016-1815 du 21 déc. 2016 ss. la sect. IV du présent chap.

Art. R. 314-221 L'état des prévisions de recettes et de dépenses satisfait les conditions suivantes :

1° Chacun des comptes de résultat prévisionnels respecte l'équilibre réel tel que défini à l'article R. 314-222 ;

2° L'état des prévisions de recettes et de dépenses tient compte des engagements prévus au contrat pluriannuel d'objectifs et de moyens ;

3° En cas de situation financière dégradée, il intègre les mesures de redressement adaptées.

Art. R. 314-222 I. – Pour être en équilibre réel, l'état des prévisions de recettes et de dépenses doit respecter les cinq conditions suivantes :

1° Les produits de la tarification sont ceux notifiés ;

2° Les recettes et les dépenses sont évaluées de façon sincère ;

3° Le remboursement de la dette en capital n'est pas couvert par le produit des emprunts, sauf dans le cas de renégociation de ceux-ci ;

4° La capacité d'autofinancement est suffisante pour couvrir le remboursement en capital des emprunts à échoir au cours de l'exercice ;

5° Les recettes affectées sont employées à l'usage auquel elles sont prévues.

II. – Les comptes de résultat prévisionnels respectent également les conditions suivantes :

1° Les comptes de résultat prévisionnels des établissements et services qui relèvent, séparément ou conjointement, de la compétence tarifaire du directeur général de l'agence régionale de santé et du président du conseil départemental et qui sont inclus dans le périmètre du contrat pluriannuel d'objectifs et de moyens mentionné au IV *ter* de l'article L. 313-12 ou à l'article L. 313-12-2, peuvent présenter un déficit prévisionnel qui reste compatible avec le plan global de financement pluriannuel ;

2° Les comptes de résultat prévisionnels des établissements et services qui relèvent de la compétence tarifaire du préfet ou qui relèvent, séparément ou conjointement, de la compétence tarifaire du directeur général de l'agence régionale de santé et du président du conseil départemental mais qui ne sont pas inclus dans le périmètre du contrat mentionné au 1°, sont présentés en équilibre conformément au 1° de l'article R. 314-15 ;

3° Les comptes de résultats prévisionnels afférents aux activités mentionnées à l'article R. 314-74 sont présentés en équilibre, conformément au 1° de l'article R. 314-15, ou en excédent ;

4° Les budgets de commercialisation ou de production d'un établissement ou service relevant du *a* du 5° du I de l'article L. 312-1 peuvent présenter un déficit si les réserves et reports à nouveau constitués sur ce budget en maintiennent l'équilibre financier.

Art. R. 314-223 I. — L'état des prévisions de recettes et de dépenses est accompagné des documents annexes suivants :

1° Un rapport budgétaire et financier qui porte sur :

a) L'analyse globale des équilibres généraux, qui explicite les hypothèses retenues en matière de dépenses et de recettes et retrace les principales évolutions par rapport à l'année précédente ;

b) L'activité prévisionnelle et les moyens du ou des établissements et services, comparés aux derniers exercices clos, au regard notamment des objectifs du contrat pluriannuel d'objectifs et de moyens ;

c) Pour les dépenses de personnel, l'analyse de l'évolution de la masse salariale ;

2° Lorsque l'établissement ou le service est cofinancé, une annexe financière qui permet d'identifier les charges couvertes par les différents financeurs ou les différentes sections tarifaires ;

3° Un tableau prévisionnel des effectifs rémunérés défini à l'article R. 314-224 ;

4° Les données nécessaires au calcul des indicateurs applicables à l'établissement ou au service.

Les documents mentionnés aux 2°, 3° et 4° sont établis pour chaque compte de résultat prévisionnel relevant de la compétence des autorités de tarification.

II. — Sont également joints, le cas échéant, à l'état des prévisions de recettes et de dépenses :

1° Le plan pluriannuel d'investissement actualisé ;

2° Pour les établissements mentionnés à l'article L. 344-1 et les foyers d'accueil médicalisé mentionnés au 7° du I de l'article L. 312-1 qui assurent l'accueil de jour de personnes adultes handicapées, un plan détaillant les modalités de transport. — *V. Arr. du 27 déc. 2016 (JO 30 déc.), mod. en dernier lieu par Arr. du 25 nov. 2022 (JO 6 déc., NOR : APHA2222632A).*

Art. R. 314-224 Le tableau prévisionnel des effectifs rémunérés fait apparaître, pour chacun des comptes de résultat prévisionnels, par type d'emplois, les rémunérations et les charges sociales et fiscales du personnel inscrit au budget.

Ce tableau distingue le montant des crédits affectés aux emplois permanents et ceux affectés aux emplois temporaires. Il fait également apparaître les rémunérations ou honoraires du personnel relevant des services extérieurs.

Le modèle de tableau prévisionnel des effectifs rémunérés est fixé par arrêté des ministres chargés de la sécurité sociale et des affaires sociales. — *V. Arr. du 27 déc. 2016 (JO 30 déc.), mod. en dernier lieu par Arr. du 25 nov. 2022 (JO 6 déc., NOR : APHA2222632A).*

SOUS-SECTION 5 Approbation de l'état des prévisions de recettes et de dépenses

V. dispositions transitoires du Décr. n° 2016-1815 du 21 déc. 2016 ss. la sect. IV du présent chap.

Art. R. 314-225 I. — L'autorité de tarification peut s'opposer à l'état des prévisions de recettes et de dépenses lorsque celui-ci n'est pas fixé conformément aux dispositions de l'article R. 314-221 ou n'est pas accompagné des documents mentionnés à l'article R. 314-223. Ce refus peut également être fondé sur un désaccord sur la répartition d'une dotation globalisée commune ou sur l'évolution des équilibres et ratios financiers.

II. — En l'absence d'approbation expresse, l'état des prévisions de recettes et de dépenses est réputé approuvé si, à l'issue d'un délai de trente jours suivant sa réception, l'autorité de tarification n'a pas fait connaître son opposition.

Pour les établissements et services signataires d'un plan de redressement ou d'un contrat de retour à l'équilibre financier, l'état des prévisions de recettes et de dépenses est réputé rejeté si, à l'issue d'un délai de trente jours suivant sa réception, l'autorité de tarification n'a pas fait connaître son approbation.

III. — L'approbation ou le rejet de l'état des prévisions de recettes et de dépenses relève de la compétence du directeur général de l'agence régionale de santé lorsque les établissements et services relèvent de sa compétence tarifaire exclusive et d'une compétence conjointe avec le président du ou des conseils départementaux concernés lorsqu'au moins un de ces établissements et services est financé conjointement.

IV. — Les décisions modificatives sont approuvées dans les mêmes conditions.

V. — L'autorité de tarification peut formuler des observations sur l'état des prévisions de recettes et de dépenses. La transmission de ces observations vaut approbation de l'état des prévisions de recettes et de dépenses mais peut être assortie d'une demande de relevé infra-annuel. Cette demande fixe la date d'observation et le délai dans lequel ce relevé doit être transmis.

Le modèle de relevé infra-annuel est fixé par arrêté des ministres chargés de la sécurité sociale et des affaires sociales. *— V. Arr. du 27 déc. 2016 (JO 30 déc.), mod. en dernier lieu par Arr. du 25 nov. 2022 (JO 6 déc., NOR : APHA2222632A).*

Art. R. 314-226 Dans le cas où l'état des prévisions de recettes et de dépenses est rejeté, un nouvel état des prévisions de recettes et de dépenses est établi dans un délai de trente jours suivant la décision de rejet. Il tient compte des motifs de rejet qui lui ont été opposés.

Si ce nouvel état n'est pas établi dans le délai et les conditions impartis, le directeur général de l'agence régionale de santé, le cas échéant après avis du président du ou des conseils départementaux concernés, fixe l'état des prévisions de recettes et de dépenses des établissements et services mentionnés aux articles R. 314-80 et R. 314-101. Pour les établissements et services relevant de l'article L. 315-1, l'autorité de tarification saisit le représentant de l'État dans le département qui met en œuvre la procédure prévue à l'article L. 1612-5 du code général des collectivités territoriales.

Ces dispositions sont également applicables en cas de modifications de l'état des prévisions de recettes et de dépenses.

SOUS-SECTION 6 Virements de crédits et décisions modificatives

V. dispositions transitoires du Décr. n° 2016-1815 du 21 déc. 2016 ss. la sect. IV du présent chap.

Art. R. 314-227 Les virements de crédits, au sens de la présente sous-section, sont des mouvements de compte à compte qui permettent le financement de charges nouvelles ou plus importantes que celles prévues à l'état des prévisions de recettes et de dépenses exécutoire, par des économies d'un montant identique sur d'autres dépenses prévues au même budget.

Art. R. 314-228 Aucun virement ne peut être opéré par ponction sur des sommes destinées à couvrir des charges certaines de l'exercice, notamment la rémunération du personnel effectivement en activité dans l'établissement ou le service.

Les économies réalisables sur des charges de personnel sont employées en priorité au provisionnement adéquat des charges afférentes aux départs à la retraite et au compte épargne-temps.

Art. R. 314-229 I. — Les décisions budgétaires modificatives, au sens du présent chapitre, visent à modifier le montant initial des prévisions budgétaires votées.

Elles consistent à financer des charges nouvelles, ou plus importantes que celles prévues à l'état des prévisions de recettes et de dépenses exécutoire, par des recettes nouvelles ou plus importantes, ou à diminuer le montant des recettes et des dépenses de l'état des prévisions de recettes et de dépenses exécutoire.

II. — Une décision modificative est présentée dans le délai d'un mois lorsque :

1° Pour les établissements publics, l'un des groupes fonctionnels qui revêt un caractère limitatif est insuffisamment doté et qu'il n'est pas abondé par un virement de crédit prévu à l'article R. 314-226 ;

2° Une dépense engagée sur un compte éventuellement non doté ou insuffisamment doté au budget approuvé est de nature à bouleverser l'économie générale du budget ;

3° Les évolutions de l'activité de l'établissement ou du service ou du niveau de ses dépenses sont manifestement incompatibles avec le respect de l'économie générale du budget.

III. — L'économie générale du budget est considérée comme bouleversée lorsque, notamment, l'une au moins des conditions suivantes est remplie :

1° La prévision actualisée de la capacité d'autofinancement est insuffisante pour couvrir le remboursement en capital des emprunts à échoir au cours de l'exercice ;

2° La prévision actualisée du prélèvement sur le fonds de roulement excède le fonds de roulement net global disponible au 1er janvier de l'exercice.

Art. R. 314-230 I. — L'autorité de tarification peut, en cours d'exercice budgétaire et par décision motivée, demander l'adoption d'une décision modificative dans les cas suivants :

1° La modification, postérieurement à la fixation du tarif, des dotations limitatives mentionnées aux articles L. 313-8, L. 314-3, L. 314-3-2 et L. 314-4 ;

2° La prise en compte d'une décision du juge du tarif ;

3° Lorsque l'affectation du résultat n'est pas conforme aux objectifs du contrat pluriannuel d'objectifs et de moyens *(Abrogé par Décr. n° 2018-519 du 27 juin 2018, art. 2)* *« ou lorsque ce contrat prévoit, pour les établissements et services relevant de l'article L. 313-12-2, un report à nouveau de tout ou partie d'un excédent comptable en diminution du tarif de l'exercice qui suit »* ;

(Décr. n° 2023-1428 du 29 déc. 2023, art. 1er-2°-a) « 4° Au titre des récupérations d'indus prévues par l'article L. 313-14-2 et le IV de l'article L. 314-2-3 ; »

(Décr. n° 2023-1428 du 29 déc. 2023, art. 1er-2°-b) « 5° Lorsque la modulation prévue à l'article R. 314-43-3 prend effet rétroactivement sur une année pour laquelle le document mentionné à l'article R. 314-211 a déjà été transmis aux autorités de tarification. »

II. — A défaut, l'impact sur les tarifs des cas mentionnés aux 3° *(Décr. n° 2023-1428 du 29 déc. 2023, art. 1er-2°-c)* « , 4° et 5° » du I du présent article est pris en compte dans l'état des prévisions de recettes et de dépenses qui suit. — *Les dispositions du b et du c du 2° de l'art. 1er du Décr. n° 2023-1428 du 29 déc. 2023 sont applicables aux contrats pluriannuels d'objectifs et de moyens mentionnés au IV ter de l'art. L. 313-12 et à l'art. L. 313-12-2 CASF renouvelés à compter du 1er janv. 2025 (Décr. préc., art. 2).*

Art. R. 314-231 Les décisions modificatives sont soumises à l'approbation de l'autorité de tarification.

Art. R. 314-231-1 *(Décr. n° 2022-734 du 28 avr. 2022, art. 1er-12°)* Les rabais, remises et ristournes obtenus auprès des fournisseurs sont imputés sur les budgets des établissements et services sur lesquels sont enregistrées les charges correspondantes.

Lorsque les rabais, remises et ristournes obtenus concernent le budget de plusieurs établissements ou services et ne peuvent être individualisés, ils sont répartis proportionnellement aux montants des charges correspondantes.

SOUS-SECTION 7 Clôture de l'exercice et affectation des résultats comptables

V. dispositions transitoires du Décr. n° 2016-1815 du 21 déc. 2016 ss. la sect. IV du présent chap.

Art. R. 314-232 I. — A la clôture de l'exercice, il est établi un état réalisé des recettes et des dépenses qui comporte :

1° Le cadre normalisé de l'état réalisé des recettes et des dépenses, dont le modèle est fixé par arrêté des ministres chargés de la sécurité sociale et des affaires sociales ;

2° Un compte d'emploi établi pour chaque compte de résultat, qui comprend :

a) Une annexe relative à l'activité réalisée, dont le modèle est fixé par arrêté des ministres chargés de la sécurité sociale et des affaires sociales, et qui différencie, le cas échéant, les charges couvertes par les différents financeurs ;

b) Le tableau des effectifs et des rémunérations, qui inclut les charges sociales et fiscales ;

c) Le tableau de détermination et d'affectation du ou des résultats ;

d) Les données nécessaires au calcul des indicateurs applicables à l'établissement ou au service ;

e) Le cas échéant, le plan pluriannuel d'investissement actualisé ;

(Décr. n° 2022-734 du 28 avr. 2022, art. 1er-13°-a) « *f)* Un bilan dont le modèle est conforme à celui mentionné à l'article R. 314-49. » *— Les dispositions du a du 13° de l'art. 1er du Décr. n° 2022-734 du 28 avr. 2022 sont applicables à compter de l'exercice budgétaire et comptable pour l'année 2023 (Décr. préc., art. 3-II).*

3° Un rapport financier et d'activité qui porte sur :

a) L'exécution budgétaire de l'exercice considéré ;

b) L'activité et le fonctionnement des établissements et services, au regard notamment des objectifs du contrat mentionné au IV *ter* de l'article L. 313-12 ou à l'article L. 313-12-2 ;

c) L'affectation des résultats. *— V. Arr. du 27 déc. 2016 (JO 30 déc.), mod. en dernier lieu par Arr. du 25 nov. 2022 (JO 6 déc., NOR : APHA2222632A).*

II. — L'état réalisé des recettes et des dépenses est établi pour l'ensemble des établissements et services inclus dans le contrat mentionné au IV *ter* de l'article L. 313-12 ou à l'article L. 313-12-2.

Pour les établissements qui relèvent de l'article L. 315-9, il est établi pour l'ensemble des activités de l'établissement.

III. — L'état réalisé des recettes et des dépenses est transmis à l'autorité de tarification au plus tard le 30 avril de l'année qui suit l'exercice auquel il se rapporte. *(Décr. n° 2022-734 du 28 avr. 2022, art. 1er-13°-b et c)* « Pour les établissements et services qui relèvent de l'article L. 315-1, il est accompagné du compte de gestion mentionné à l'article R. 314-240.

« IV. — Lorsque l'organisme gestionnaire de l'établissement ou du service est soumis à l'obligation de nommer au moins un commissaire aux comptes, une copie du rapport du commissaire aux comptes correspondant à l'exercice concerné, ainsi que ses annexes, sont transmis sans délai à l'autorité de tarification après l'approbation des comptes sociaux. » *— Les dispositions des b et c du 13° de l'art. 1er du Décr. n° 2022-734 du 28 avr. 2022 sont applicables à compter de l'exercice budgétaire et comptable pour l'année 2022 (Décr. préc., art. 3-II).*

Art. R. 314-233 *(Décr. n° 2022-734 du 28 avr. 2022, art. 1er-14°)* Par dérogation aux dispositions de l'article R. 314-232, le cadre normalisé de l'état réalisé des recettes et des dépenses est remplacé, pour les activités médico-sociales relevant d'un établissement public de santé, par un état réalisé des charges et des produits qui regroupe les comptes de résultat prévisionnels annexes.

Ce document comporte un tableau de répartition des charges communes.

Il est conforme au modèle fixé par les ministres chargés de la sécurité sociale et des affaires sociales.

Les dispositions du 14° de l'art. 1er du Décr. n° 2022-734 du 28 avr. 2022 sont applicables à compter de l'exercice budgétaire et comptable pour l'année 2023 (Décr. préc., art. 3-II).

Art. R. 314-234 Les résultats du compte de résultat principal et de chaque compte de résultat annexe sont affectés *(Décr. n° 2018-519 du 27 juin 2018, art. 2)* « par l'établissement public ou le gestionnaire », au cours de l'exercice suivant celui auquel il se rapporte, selon les modalités suivantes :

1° L'excédent d'exploitation est affecté :

a) En priorité, à l'apurement des déficits antérieurs de ce compte de résultat ;

b) A un compte de report à nouveau ;
c) Au financement de mesures d'investissement ;
d) A un compte de réserve de compensation ;
e) A un compte de réserve de trésorerie, dans la limite de la couverture du besoin en fonds de roulement, tel que défini au III de l'article R. 314-48 ;
f) A un compte d'excédent affecté à la compensation des charges d'amortissement des équipements, agencements et installations de mise aux normes de sécurité ;
2° Le déficit de chacun des comptes de résultat est :
a) Couvert en priorité par le compte de report à nouveau excédentaire de ce compte de résultat ;
b) Puis, le cas échéant, couvert par la reprise de la réserve de compensation de ce compte de résultat ;
c) Pour le surplus éventuel, affecté à un compte de report à nouveau déficitaire de ce compte de résultat ;
3° Les résultats du compte de résultat principal et des comptes de résultat annexes sont affectés aux comptes de résultat dont ils sont issus ;
4° Les résultats des comptes de résultat mentionnés au 2° du II de l'article R. 314-222 sont affectés par l'autorité de tarification dans les conditions prévues aux 1°, 2° et 3° du présent article.

Art. R. 314-235 Le résultat est affecté dans le respect des modalités définies dans le contrat pluriannuel d'objectifs et de moyens prévu au IV *ter* de l'article L. 313-12 ou à l'article L. 313-12-2.

Les plus-values nettes de cession d'éléments d'actif des comptes de résultat mentionnés au 2° du II de l'article R. 314-222 sont affectées au financement de mesures d'investissement.

Par dérogation aux dispositions du 3° de l'article R. 314-234, les contrats mentionnés au premier alinéa peuvent prévoir pour les gestionnaires privés une libre affectation des résultats entre les comptes de résultat mentionnés au 1° du II de l'article R. 314-222.

Art. R. 314-236 L'autorité de tarification peut rejeter les dépenses qui sont manifestement étrangères, par leur nature ou par leur importance, à celles qui avaient été envisagées lors de la procédure de fixation du tarif, et qui ne sont pas justifiées par les nécessités de la gestion normale de l'établissement ou du service.

L'autorité de tarification tient compte de ce rejet dans la fixation du tarif de l'exercice *(Décr. nº 2022-734 du 28 avr. 2022, art. 1er-15º)* « durant lequel est constaté*[e]* la dépense irrégulière sur un exercice passé, ou sur l'exercice qui suit, dans une limite de cinq ans après la réception de l'état réalisé des recettes et des dépenses afférent à l'exercice auquel se rattache la dépense ».

Art. R. 314-237 En cas d'absence de transmission des documents mentionnés à l'article R. 314-232, dans les délais fixés au III du même article, l'autorité de tarification fixe d'office le montant et l'affectation du ou des résultats.

SOUS-SECTION 8 Dispositions applicables à certaines catégories de gestionnaires

V. dispositions transitoires du Décr. nº 2016-1815 du 21 déc. 2016 ss. la sect. IV du présent chap.

§ 1 Établissements sociaux et médico-sociaux publics dotés ou non de la personnalité juridique

V. dispositions transitoires du Décr. nº 2016-1815 du 21 déc. 2016 ss. la sect. IV du présent chap.

Art. R. 314-238 Un virement de crédits qui vient abonder un groupe fonctionnel ou un titre revêtant un caractère limitatif est autorisé par délibération du conseil d'administration.

Un virement de crédits entre groupes fonctionnels à caractère évaluatif ou l'abondement d'un groupe fonctionnel à caractère évaluatif par prélèvement sur un groupe

fonctionnel à caractère limitatif relève de la compétence du directeur de l'établissement.

L'abondement de crédits d'un groupe fonctionnel à caractère limitatif est financé, dans le cadre d'un virement de crédits, par la diminution de crédits non consommés et disponibles d'un groupe fonctionnel à caractère évaluatif.

Les virements de crédits entre groupes fonctionnels ou titres sont portés sans délai à la connaissance du comptable public.

Art. R. 314-239 **Les dépenses d'exploitation régulièrement engagées mais non mandatées à la clôture de l'exercice sont notifiées par l'ordonnateur au comptable avec les justifications nécessaires et rattachées au résultat dudit exercice.**

Art. R. 314-240 **I. — A la clôture de l'exercice, le comptable établit le bilan et le compte de gestion, ainsi qu'un rapport rendant compte, dans le cadre de ses compétences, de l'ensemble des éléments de sa gestion et notamment de la situation patrimoniale de l'établissement.**

Ce bilan et ce compte de gestion sont établis conformément à un modèle fixé par arrêté des ministres chargés des affaires sociales et de la comptabilité publique. — *V. Arr. du 27 déc. 2016 (JO 30 déc.), mod. en dernier lieu par Arr. du 25 nov. 2022 (JO 6 déc., NOR : APHA2222632A).*

II. — Le directeur établit l'état réalisé des recettes et des dépenses prévu à l'article R. 314-232.

III. — Le conseil d'administration délibère sur l'état réalisé des recettes et des dépenses au vu du compte de gestion présenté par le comptable.

Il arrête les comptes financiers de l'établissement et fixe par sa délibération l'affectation des résultats des différents comptes de résultat conformément aux objectifs du contrat pluriannuel d'objectifs et de moyens.

IV. — Une fois rendues exécutoires, les délibérations mentionnées au III du présent article sont transmises sans délai au comptable public.

Art. R. 314-241 **Lorsqu'un établissement public social ou médico-social gère des activités implantées dans différentes régions, l'agence régionale de santé compétente pour notifier les financements mentionnés à l'article L. 314-3 est celle du lieu d'implantation de la direction de l'établissement. Pour la validation de l'état des prévisions de recettes et de dépenses, elle recueille, le cas échéant, l'avis du ou des présidents des conseils départementaux concernés.**

§ 2 Activités sociales et médico-sociales relevant d'un établissement public de santé

V. dispositions transitoires du Décr. n° 2016-1815 du 21 déc. 2016 ss. la sect. IV du présent chap.

Art. R. 314-242 **I. — Par dérogation aux dispositions de l'article R. 314-213, l'établissement public de santé transmet un état prévisionnel des charges et des produits qui regroupe l'ensemble des activités sociales et médico-sociales inclus dans le contrat pluriannuel d'objectifs et de moyens mentionnés au IV *ter* de l'article L. 313-12 ou à l'article L. 313-12-2.**

Ce document comporte un tableau de répartition des charges communes.

Il est conforme au modèle fixé par les ministres chargés de la sécurité sociale et des affaires sociales.

Les modalités de transmission de ce document, y compris par voie électronique, sont fixées par arrêté des mêmes ministres. — *V. Arr. du 27 déc. 2016 (JO 30 déc.), mod. en dernier lieu par Arr. du 25 nov. 2022 (JO 6 déc., NOR : APHA2222632A).*

II. — L'état prévisionnel des charges et des produits est transmis dans les délais mentionnés au III de l'article R. 314-210.

III. — L'autorité de tarification transmet ses observations sur ce document au directeur de l'établissement public de santé dans le délai de trente jours suivant sa réception.

§ 3 Établissements et services sociaux et médico-sociaux gérés par des personnes morales de droit privé

V. dispositions transitoires du Décr. nº 2016-1815 du 21 déc. 2016 ss. la sect. IV du présent chap.

Art. R. 314-243 Lorsqu'un organisme privé gère concomitamment un ou plusieurs établissements d'hébergement pour personnes âgées dépendantes relevant des articles L. 342-1 à L. 342-6 et un ou plusieurs établissements ou services qui n'en relèvent pas, il peut demander aux autorités de tarification d'établir un état des prévisions de recettes et de dépenses unique pour l'ensemble des établissements et services qui relèvent du périmètre du contrat pluriannuel d'objectifs et de moyens mentionné au IV *ter* de l'article L. 313-12.

L'état des prévisions de recettes et de dépenses produit est celui prévu à l'article R. 314-213.

§ 4 Établissements et services sociaux et médico-sociaux non habilités à l'aide sociale ou relevant d'un organisme gestionnaire commercial

V. dispositions transitoires du Décr. nº 2016-1815 du 21 déc. 2016 ss. la sect. IV du présent chap.

Art. R. 314-244 Les résultats comptables des établissements et services mentionnés à l'article R. 314-102 sont affectés conformément aux objectifs mentionnés dans le cadre des contrats pluriannuels d'objectifs et de moyens mentionnés au IV *ter* de l'article L. 313-12 et à l'article L. 313-12-2.

Les résultats du compte d'emploi relatifs aux tarifs afférents à la dépendance et aux soins des établissements relevant de l'article L. 342-1 sont affectés conformément aux dispositions du contrat pluriannuel d'objectifs et de moyen mentionné au IV *ter* de l'article L. 313-12, en application des *a*, *b* et *d* du 1°, du 2° et du 3° de l'article R. 314-234.

La dérogation mentionnée au troisième alinéa de l'article R. 314-235 peut s'appliquer lorsque la personne morale gère plusieurs établissement ou services qui relèvent du même contrat mentionné au premier alinéa du présent article.

CHAPITRE V DISPOSITIONS PROPRES AUX ÉTABLISSEMENTS ET SERVICES SOCIAUX ET MÉDICO-SOCIAUX RELEVANT DE PERSONNES MORALES DE DROIT PUBLIC

SECTION 1 Dispositions générales

Art. R. 315-1 Sous réserve des avis et de l'autorisation prévus à l'article *(Décr. nº 2016-801 du 15 juin 2016, art. 2-1°)* « L. 313-1-1 », les établissements publics mentionnés à l'article L. 315-1 qui relèvent d'une seule collectivité territoriale sont créés par une délibération du conseil de ladite collectivité.

Lorsqu'ils relèvent de plusieurs collectivités territoriales ou qu'ils sont constitués avec la participation financière d'un centre communal ou intercommunal d'action sociale, leur création ne peut résulter que de délibérations identiques des organes délibérants de chacune de ces collectivités ou organismes.

La ou les délibérations fixent notamment :

a) l'objet et les missions qui sont assignés à l'établissement public ;

b) son siège et son implantation ;

c) son organisation et ses règles de fonctionnement ;

d) sous réserve des articles *(Décr. nº 2005-1260 du 4 oct. 2005, art. 2)* « R. 315-6 à R. 315-14 », la composition de son conseil d'administration ainsi que les modalités de désignation des représentants des personnes qu'il accueille. – *[Décr. nº 78-612 du 23 mai 1978, art. 1er.]*

Art. R. 315-2 Lorsque la création de l'établissement public est liée à la mise en place d'un nouvel équipement ou à une extension importante au sens de l'article *(Décr. nº 2016-801 du 15 juin 2016, art. 2-2º)* « D. 313-2 », d'un équipement existant sur le territoire d'une commune dont cet établissement ne relève pas, cette mesure ne peut être prise qu'après avis du conseil municipal de cette commune. – *[Décr. nº 78-612 du 23 mai 1978, art. 3.]*

Art. R. 315-3 Sont réputés de même nature les établissements sociaux ou médico-sociaux qui poursuivent des objectifs analogues ou complémentaires en faveur d'une même catégorie de bénéficiaires. – *[Décr. nº 78-612 du 23 mai 1978, art. 28.]*

Art. R. 315-4 La suppression d'un établissement public intervient à l'initiative de la ou des collectivités ou organismes concernés, ou sur la demande motivée des deux tiers des membres de son conseil d'administration ou lorsque *(Décr. nº 2010-344 du 31 mars 2010, art. 253)* « l'autorité compétente » a, dans les conditions prévues aux articles L. 313-15 et L. 313-16, prononcé la fermeture totale et définitive du ou des équipements que l'établissement gère.

Elle résulte d'une délibération de la collectivité territoriale qui a créé l'établissement. Lorsque plusieurs collectivités territoriales ou un centre communal ou intercommunal d'action sociale ont participé à la création, les délibérations des conseils de ces collectivités ou organismes doivent être rédigées en des termes identiques.

(Décr. nº 2016-801 du 15 juin 2016, art. 2-3º) « La ou les délibérations doivent prévoir le transfert des biens affectés au fonctionnement de l'établissement supprimé ainsi que des droits, dont l'autorisation de fonctionnement de l'établissement ou du service et obligations le concernant à la ou aux collectivités territoriales, à un établissement de même nature au sens de l'article R. 315-3, ou à un établissement de santé. »

A défaut, le transfert est réalisé par le préfet du département dans lequel est implanté l'établissement. – *[Décr. nº 78-612 du 23 mai 1978, art. 4.]*

Art. R. 315-5 Un dossier, établi selon un modèle fixé par arrêté du ministre chargé de l'action sociale, est annexé à la ou aux délibérations portant création de l'établissement. – *[Décr. nº 78-612 du 23 mai 1978, art. 2.]*

SECTION 2 Statut des établissements publics sociaux et médico-sociaux dotés de la personnalité juridique

SOUS-SECTION 1 Composition et fonctionnement des conseils d'administration

Art. R. 315-6 *(Décr. nº 2005-1260 du 4 oct. 2005, art. 1er)* *(Décr. nº 2018-76 du 8 févr. 2018, art. 2-2º)* « I. – » Le conseil d'administration des établissements publics sociaux et médico-sociaux qui relèvent d'une seule commune ou d'un seul département comprend douze membres. Ce nombre est porté à treize dans le cas où l'établissement public a son siège sur le territoire d'une commune dont il ne relève pas.

Sous réserve des dispositions de l'article L. 315-11, ce conseil d'administration est composé de :

1º Trois représentants de la collectivité territoriale de rattachement, dont le maire ou le président du conseil départemental ou leur représentant respectif, élu dans les conditions fixées au dernier alinéa du I de l'article L. 315-10, qui assure la présidence du conseil d'administration ;

2º Un représentant de la commune d'implantation si elle n'est pas représentée au titre du 1º ;

3º Trois représentants des départements qui supportent, en tout ou partie, les frais de prise en charge des personnes accueillies ;

4º Deux des membres du ou des conseils de la vie sociale ou des instances de participation institués par l'article L. 311-6, représentant les personnes bénéficiaires des prestations ou, à défaut, leurs familles ou leurs représentants légaux ;

5º Deux représentants du personnel de l'établissement dont, pour les établissements réalisant des soins éligibles à une prise en charge, un représentant du personnel médical ou thérapeutique ou, dans les établissements hébergeant des personnes âgées dépendantes, le médecin coordonnateur ou, lorsque l'établissement ne comprend pas ces personnels dans ses effectifs, un représentant du personnel en charge des soins ;

6° Deux personnes désignées en fonction de leurs compétences dans le champ d'intervention de l'établissement ou en matière d'action sociale ou médico-sociale.

(Décr. n° 2018-76 du 8 févr. 2018, art. 2-2°) « II. — En Corse, le conseil d'administration des établissements et services publics sociaux et médico-sociaux rattachés à la collectivité de Corse est composé au titre du 1° de trois membres du conseil exécutif de Corse dont le président du conseil exécutif ou leur représentant respectif.

« Dans le cas où il n'y a pas lieu de désigner de représentants au titre du 3°, l'Assemblée de Corse désigne deux représentants dans les conditions fixées à l'article R. 315-11. Le troisième représentant est désigné par la commune d'implantation de l'établissement.

« Lorsque la collectivité de Corse supporte en tout ou partie les frais de prise en charge des personnes accueillies dans les établissements publics sociaux et médico-sociaux rattachés à d'autres collectivités, le président du conseil exécutif désigne au titre du 3° les conseillers qui siégeront au sein du conseil d'administration de ces établissements. »

Art. R. 315-7 *(Décr. n° 2005-1260 du 4 oct. 2005, art. 1er)* Dans le cas où il n'y a pas lieu de désigner de représentant au titre du 3° de l'article L. 315-10, la collectivité territoriale dont relève l'établissement désigne les trois représentants mentionnés au 3° de l'article R. 315-6, dans les conditions fixées au I de l'article R. 315-11. Toutefois, l'un de ces représentants est désigné par la commune d'implantation si celle-ci n'est pas représentée au titre du 1° de l'article R. 315-6.

Art. R. 315-8 *(Décr. n° 2005-1260 du 4 oct. 2005, art. 1er)* Le nombre des membres du conseil d'administration des établissements publics intercommunaux et interdépartementaux est de douze au minimum et de vingt-deux au maximum. Ces nombres sont portés respectivement à treize et à vingt-trois dans le cas où l'établissement public a son siège sur le territoire d'une commune dont il ne relève pas.

Sous réserve des dispositions de l'article L. 315-11, ce conseil d'administration est composé de :

1° Trois représentants au moins des collectivités territoriales qui sont à l'origine de la création de l'établissement ou de l'établissement public de coopération intercommunale à l'origine de la création de l'établissement, dont l'un assure la présidence du conseil d'administration, élus dans les conditions fixées au I de l'article L. 315-10, au I de l'article R. 315-9 et au I de l'article R. 315-11 ;

2° Un représentant de la commune d'implantation si elle n'est pas représentée au titre du 1° ;

3° Trois représentants au moins des départements qui supportent, en tout ou partie, les frais de prise en charge des personnes accueillies ;

4° Deux au moins des membres du ou des conseils de la vie sociale ou des instances de participation institués par l'article L. 311-6, représentant les personnes bénéficiaires des prestations ou, à défaut, leurs familles ou leurs représentants légaux ;

5° Deux représentants au moins du personnel de l'établissement dont, pour les établissements réalisant des soins éligibles à une prise en charge, un représentant du personnel médical ou thérapeutique ou, dans les établissements hébergeant des personnes âgées dépendantes, le médecin coordonnateur ou, lorsque l'établissement ne comprend pas ces personnels dans ses effectifs, un représentant du personnel en charge des soins ;

6° Deux personnes au moins désignées en fonction de leurs compétences dans le champ d'intervention de l'établissement ou en matière d'action sociale ou médico-sociale.

Les effectifs mentionnés aux 1°, 3°, 4°, 5° et 6° sont fixés, selon le cas, par les collectivités territoriales qui sont à l'origine de la création de l'établissement, conformément aux dispositions du I de l'article R. 315-9, ou par délibération de l'organe

délibérant de l'établissement public de coopération intercommunale à l'origine de la création de l'établissement.

Art. R. 315-9 *(Décr. nº 2005-1260 du 4 oct. 2005, art. 1er)* **I. — A défaut d'accord entre les communes qui sont à l'origine de la création d'un établissement social ou médico-social intercommunal mentionné à l'article R. 315-8 sur la désignation de leurs représentants au conseil d'administration de cet établissement, les maires de ces communes se réunissent en un collège qui élit ces représentants. De même, à défaut d'accord entre les départements qui sont à l'origine de la création d'un établissement interdépartemental mentionné au même article sur la désignation de leurs représentants au conseil d'administration de cet établissement, les présidents des conseils départementaux de ces départements se réunissent en un collège qui élit ces représentants.**

II. — Dans le cas où il n'y a pas lieu de désigner de représentant au titre du 3° de l'article L. 315-10, les trois représentants au moins mentionnés au 3° de l'article R. 315-8 sont désignés par les collectivités territoriales ou l'établissement public de coopération intercommunale dont relève l'établissement, dans les conditions fixées au dernier alinéa du I de l'article L. 315-10, au I du présent article et au I de l'article R. 315-11.

Art. R. 315-10 *(Décr. nº 2005-1260 du 4 oct. 2005, art. 1er)* **Dans les établissements réalisant des soins éligibles à une prise en charge et dont aucun des médecins n'est salarié, le directeur de l'établissement peut désigner l'un d'entre eux pour assister au conseil d'administration avec voix consultative.**

Le directeur de l'établissement ou, en cas d'empêchement, son représentant assiste au conseil avec voix consultative. Il peut se faire accompagner des collaborateurs de son choix. Le secrétariat est assuré à sa diligence.

Art. R. 315-11 *(Décr. nº 2005-1260 du 4 oct. 2005, art. 1er)* **I. — Les représentants dans les conseils d'administration mentionnés aux articles R. 315-6 et R. 315-8 des collectivités territoriales et des établissements publics de coopération intercommunale, autres que le maire, le président du conseil départemental ou le président de l'organe délibérant de l'établissement public de coopération intercommunale, sont élus par leur assemblée délibérante au scrutin secret, à la majorité absolue au premier tour, à la majorité relative au second.**

En cas d'égalité des voix, le plus âgé des candidats est proclamé élu.

II. — Les représentants des départements qui assurent, en tout ou partie, le financement de la prise en charge des personnes accueillies sont élus par leur assemblée délibérante.

Aucun de ces départements ne peut détenir la totalité des sièges.

La répartition des sièges à pourvoir entre ces départements s'effectue, dans les limites fixées aux articles R. 315-6 et R. 315-8, en proportion de leurs financements respectifs à la date de l'élection, avec répartition des sièges restants au plus fort reste.

III. — Les représentants du personnel médical mentionnés au 5° de l'article R. 315-6 et au 5° de l'article R. 315-8 sont désignés par le directeur.

Art. R. 315-12 *(Décr. nº 2005-1260 du 4 oct. 2005, art. 1er)* **Les membres des conseils d'administration mentionnés au 4° de l'article R. 315-6 et au 4° de l'article R. 315-8 sont élus, au sein du ou des conseils de la vie sociale ou des instances de participation, parmi les représentants des personnes bénéficiaires des prestations ou, en l'absence de ces représentants, parmi ceux de leurs familles ou de leurs représentants légaux.**

Les élections des représentants des personnes bénéficiaires des prestations sont organisées par le directeur de l'établissement. Le vote par correspondance est admis.

Art. R. 315-13 *(Décr. nº 2005-1260 du 4 oct. 2005, art. 1er)* **Les représentants du personnel, autre que médical, mentionnés au 5° de l'article R. 315-6 et au 5° de l'article R. 315-8 sont désignés par le directeur sur proposition des organisations syndicales les plus représentatives dans l'établissement.**

Pour les établissements dont le personnel est soumis aux dispositions de la loi n° 86-33 du 9 janvier 1986 portant dispositions statutaires relatives à la fonction publique hospitalière, cette représentativité est appréciée en fonction des résultats obtenus par chacune des organisations à l'occasion de l'élection du comité technique d'établissement mentionné à l'article L. 315-13. La répartition des sièges s'opère proportionnellement au nombre de voix recueillies par chaque organisation syndicale avec répartition des restes à la plus forte moyenne. En cas d'égalité des suffrages obtenus, l'ordre d'attribution des sièges entre les différentes organisations est déterminé par voie de tirage au sort.

Pour les autres établissements, la représentativité est appréciée en fonction des résultats obtenus par chacune des organisations à l'occasion de l'élection du comité technique.

Dans le cas où il n'existe pas d'organisation syndicale dans l'établissement ou lorsqu'il est fait application du troisième alinéa de l'article L. 315-13, les représentants du personnel sont élus par et parmi l'ensemble des agents. Le scrutin est secret et majoritaire à un tour. En cas de partage égal des voix, le candidat ayant la plus grande ancienneté dans l'établissement ou, le cas échéant, dans la profession est proclamé élu.

Les élections prévues à l'alinéa précédent sont organisées par le directeur de l'établissement. Le vote par correspondance est admis.

Art. R. 315-14 *(Décr. n° 2005-1260 du 4 oct. 2005, art. 1er)* Les personnalités qualifiées mentionnées au 6° de l'article R. 315-6 et au 6° de l'article R. 315-8 sont désignées :

1° Pour les établissements mentionnés à l'article R. 315-6, par l'organe exécutif de la collectivité territoriale de rattachement ;

2° Pour les établissements mentionnés à l'article R. 315-8, par le président de l'organe délibérant de l'établissement public de coopération intercommunale pour un établissement intercommunal créé par cet établissement public de coopération intercommunale et selon les modalités fixées au I de l'article R. 315-9 pour les autres établissements.

Pour les établissements réalisant des soins éligibles à une prise en charge, l'une au moins de ces personnalités qualifiées est choisie au sein des associations ayant une activité reconnue dans le domaine de la qualité des soins membres des collèges définis aux articles *(Décr. n° 2022-980 du 2 juill. 2022, art. 4-I)* « R. 223-4 et R. 223-5 du code de la sécurité sociale », présentes dans le ressort territorial de l'établissement. Ces personnalités sont désignées sur une liste rassemblant les propositions desdites associations.

Art. R. 315-15 *(Décr. n° 2005-1260 du 4 oct. 2005, art. 1er)* Le membre du conseil d'administration qui se trouve dans un des cas d'incapacité ou d'incompatibilité prévus à l'article L. 315-11 est immédiatement déclaré démissionnaire d'office par le préfet de département du siège de l'établissement *(Décr. n° 2010-344 du 31 mars 2010, art. 254)* « ou le directeur général de l'agence régionale de santé où se trouve ce siège pour les établissements dont l'autorisation relève de la compétence du directeur général de l'agence régionale de santé, soit exclusive, soit conjointe avec le président du conseil départemental ».

Art. R. 315-16 *(Décr. n° 2005-1260 du 4 oct. 2005, art. 1er)* Sous réserve des dispositions du dernier alinéa du I de l'article L. 315-10, le conseil d'administration est présidé par le maire pour un établissement communal, le président du conseil départemental pour un établissement départemental et le président de l'organe délibérant de l'établissement public de coopération intercommunale pour un établissement intercommunal créé par cet établissement public de coopération intercommunale.

Pour les autres établissements intercommunaux et pour les établissements interdépartementaux, le président du conseil d'administration est désigné selon les modalités fixées au I de l'article R. 315-9.

Le conseil d'administration élit un vice-président. En cas d'empêchement du président et du vice-président, la présidence est assurée par le plus ancien des membres présents ayant voix délibérative et, à ancienneté égale, par le plus âgé.

Art. R. 315-17 *(Décr. n° 2005-1260 du 4 oct. 2005, art. 1er)* Lorsque le conseil d'administration examine une question individuelle, tout membre ou personne présente dont la situation est examinée ou ayant avec l'intéressé un lien de parenté ou d'alliance jusqu'au quatrième degré inclus doit se retirer de la séance. Le vote a lieu au scrutin secret.

Art. R. 315-18 Pour l'application des dispositions *(Décr. n° 2005-1260 du 4 oct. 2005, art. 2)* « du 4° de l'article R. 315-6 et du 4° de l'article R. 315-8 », dans les établissements d'hébergement en vue de la réinsertion sociale, les représentants des personnes accueillies peuvent également être des personnes ayant montré un intérêt particulier pour les catégories de personnes accueillies dans l'établissement. Ces personnes sont désignées par le préfet du département d'implantation. — *[Anc. art. R. 315-12.]*

Art. R. 315-19 *(Abrogé par Décr. n° 2005-1260 du 4 oct. 2005, art. 2)* *« Les élections des représentants des personnels et des personnes accueillies sont organisées à la diligence du directeur de l'établissement.*

« Le vote par correspondance est admis. »

Dès sa première réunion, le conseil d'administration, par délibération, constate les élections et désignations intervenues et dresse la liste de ses membres. — *[Anc. art. R. 315-13.]*

Art. R. 315-20 *(Décr. n° 2005-1260 du 4 oct. 2005, art. 2)* Les anciens membres du conseil d'administration qui ont exercé leurs fonctions d'administrateur pendant au moins douze ans peuvent obtenir, sur leur demande, l'honorariat.

L'honorariat leur est conféré par le représentant de l'État dans le département d'implantation de l'établissement. Il n'est assorti d'aucun avantage financier imputable sur le budget de l'établissement.

Art. R. 315-21 *(Décr. n° 2005-1260 du 4 oct. 2005, art. 2)* Les fonctions de membre du conseil d'administration des établissements publics mentionnés à la présente sous-section sont gratuites.

La durée du mandat des membres du conseil d'administration est fixée à trois ans. Ce mandat est renouvelable. Toutefois, sous réserve des dispositions de l'alinéa ci-dessous, ce mandat prend fin avant l'expiration de cette durée si le membre du conseil cesse d'exercer le mandat ou les fonctions au titre desquels il a été élu.

Le mandat des membres du conseil d'administration qui appartiennent à l'assemblée délibérante d'une collectivité territoriale ou d'un établissement public de coopération intercommunale prend fin lors du renouvellement de cette assemblée ou à la date de sa dissolution. Toutefois, ce mandat est alors prolongé jusqu'à l'élection de leur remplaçant par la nouvelle assemblée. Ces dispositions sont applicables aux représentants du personnel et des personnes bénéficiaires des prestations en cas de renouvellement des instances dont ils sont issus.

Art. R. 315-22 Le président du conseil d'administration prononce la démission d'office des membres qui, sans motif valable, n'ont pas assisté à trois séances consécutives du conseil.

Il est pourvu dans le délai d'un mois au remplacement des membres qui ont cessé leurs fonctions avant l'expiration de leur mandat. Dans ce cas, les fonctions du nouveau membre prennent fin à la date à laquelle aurait pris fin le mandat du membre qu'il a remplacé. — *[Anc. art. R. 315-16.]*

Art. R. 315-23 *(Décr. n° 2005-1260 du 4 oct. 2005, art. 2)* « Des autorisations spéciales d'absence n'entrant pas en compte dans le calcul des congés annuels sont accordées, dans les conditions prévues par la législation en vigueur, aux agents rémunérés d'un établissement, membres de son conseil d'administration, pour leur permettre d'accomplir leur mission au sein de ce conseil. »

Les employeurs sont tenus de laisser aux salariés de leur entreprise, membres du conseil d'administration d'un établissement public mentionné au présent chapitre, le temps nécessaire pour exercer leur mandat au sein de ce conseil.

La suspension du travail qui en résulte ne peut être une cause de rupture par l'employeur du contrat de travail, et ce, à peine de dommages et intérêts au profit du salarié. – *[Anc. art. R. 315-17.]*

Art. R. 315-23-1 Le conseil d'administration se réunit sur convocation de son président ou, en cas d'absence ou d'empêchement de celui-ci, de son vice-président.

Le règlement intérieur de chaque établissement fixe le nombre des séances du conseil d'administration qui ne peut être inférieur à quatre séances par an ainsi que les modalités de convocation de ses membres.

En dehors des séances prévues dans le règlement intérieur, le conseil est réuni sur demande écrite soit des deux tiers de ses membres, soit du directeur.

L'ordre du jour est arrêté par le président ou, en cas d'absence ou d'empêchement de celui-ci, par le vice-président et adressé au moins sept jours à l'avance, sauf cas d'urgence, à l'ensemble des membres du conseil ainsi qu'aux personnes habituellement convoquées à titre consultatif. – *[Anc. art. R. 315-18.]*

Art. R. 315-23-2 Les séances du conseil d'administration ne sont pas publiques. En cas d'incident, le président peut suspendre la séance ou prononcer son renvoi. Le conseil d'administration doit alors obligatoirement être convoqué à nouveau dans un délai de quinze jours. – *[Anc. art. R. 315-19.]*

Art. R. 315-23-3 Le conseil d'administration ne peut valablement délibérer que si la majorité de ses membres ayant voix délibérative sont présents.

Si ce quorum n'est pas atteint, le conseil est à nouveau convoqué dans un délai de huit jours au moins et de quinze jours au plus ; la délibération prise à la seconde séance est valable quel que soit le nombre de membres présents.

En cas de vote, celui-ci a lieu au scrutin secret lorsque le quart au moins des membres présents en fait la demande.

Sauf dans le cas de scrutin secret, la voix du président est prépondérante s'il y a partage égal des voix.

Le vote par correspondance ou le vote par procuration n'est pas admis. – *[Anc. art. R. 315-20.]*

Art. R. 315-23-4 Les délibérations du conseil d'administration sont consignées dans un registre spécial confié à la garde du directeur de l'établissement. Ce registre est mis à la disposition des administrateurs qui peuvent le consulter sur place. Ils peuvent également obtenir des copies ou extraits des délibérations mais sont tenus, dans l'usage qu'ils en font, au respect des prescriptions des articles 226-13 et 226-14 du code pénal. – *[Anc. art. R. 315-22.]*

Art. R. 315-23-5 Les délibérations du conseil des établissements mentionnés au présent chapitre ne deviennent exécutoires, dans les conditions fixées soit au titre III du livre II de la deuxième partie *(Décr. n° 2005-1135 du 7 sept. 2005, art. 1er)* « soit au titre III du livre I de la deuxième partie et au titre III du livre I de la troisième partie du code général des collectivités territoriales », que lorsqu'il a été procédé à leur affichage par voie d'extrait ou à leur notification ainsi qu'à leur transmission au préfet ou à son délégué dans l'arrondissement *(Décr. n° 2010-344 du 31 mars 2010, art. 254)* « , ou au directeur général de l'agence régionale de santé compétent en application de l'article L. 315-14 ». – *[Décr. n° 78-612 du 23 mai 1978, art. 19.]* – *[Anc. art. R. 315-23.]*

SOUS-SECTION 2 **Dispositions relatives au personnel**

Art. R. 315-24 Sous réserve des dispositions statutaires en vigueur, les directeurs des établissements publics régis par le présent chapitre sont nommés par le ministre chargé de l'action sociale après avis du président du conseil d'administration. Le ministre peut déléguer ce pouvoir aux préfets.

Les fonctions de comptable sont assurées par les comptables des *(Décr. nº 2014-551 du 27 mai 2014, art. 1er-3º)* « services déconcentrés de la direction générale des finances publiques ». – *[Décr. nº 78-612 du 23 mai 1978, art. 22.]*

Art. R. 315-25 Sans préjudice des attributions qui lui sont conférées et de celles que le conseil d'administration peut lui déléguer, en application des dispositions de l'article L. 315-17, le directeur a la responsabilité de la marche générale de l'établissement. Il est chargé de l'animation technique, de l'administration et de la gestion de l'établissement.

Il procède à la nomination du personnel dans la limite des effectifs arrêtés par le conseil d'administration et dans les conditions prévues par les statuts particuliers applicables à ces personnels. – *[Décr. nº 78-612 du 23 mai 1978, art. 23.]*

Art. R. 315-26 Dans la mesure où elles ne sont pas fixées par la loi nº 86-33 du 9 janvier 1986 portant dispositions statutaires relatives à la fonction publique hospitalière ou par toute autre disposition législative ou réglementaire, les règles concernant les personnels des établissements publics soumis aux dispositions du présent chapitre sont établies par délibération du conseil d'administration. – *[Décr. nº 78-612 du 23 mai 1978, art. 24.]*

SOUS-SECTION 3 Modalités de concertation

§ 1 Modalités de constitution des comités techniques d'établissement

Art. R. 315-27 *(Décr. nº 2021-1570 du 3 déc. 2021, art. 84)* Les modalités d'organisation et de fonctionnement des comités sociaux d'établissement sont régies par les dispositions du décret nº 2021-1570 du 3 décembre 2021 relatif aux comités sociaux d'établissement des établissements publics de santé, des établissements sociaux, des établissements médico-sociaux et des groupements de coopération sanitaire de moyens de droit public.

Art. R. 315-28 *(Abrogé par Décr. nº 2021-1570 du 3 déc. 2021, art. 87, à compter du 1er janv. 2023) (Décr. nº 2018-695 du 2 août 2018, art. 14) **La durée du mandat des représentants du personnel est fixée à quatre ans. Ce mandat est renouvelable. Toutefois, lorsqu'un comité technique d'établissement est créé ou renouvelé entre deux renouvellements généraux, les représentants du personnel sont élus dans les conditions prévues à la présente sous-section, pour la durée du mandat restant à courir jusqu'au renouvellement général.***

Art. R. 315-29 *(Abrogé par Décr. nº 2021-1570 du 3 déc. 2021, art. 87, à compter du 1er janv. 2023) (Décr. nº 2011-585 du 26 mai 2011, art. 3) **« Les modalités de remplacement d'un représentant du personnel qui cesse en cours de mandat d'exercer ses fonctions en raison de son décès, ou à la suite d'une démission de ses fonctions dans l'établissement ou de son mandat, d'un changement d'établissement, ou parce qu'il est frappé de l'une des causes d'inéligibilité prévues à l'article R. 315-36 sont les suivantes :***

« 1º Lorsque l'élection a eu lieu au scrutin de liste, le représentant titulaire est remplacé par un suppléant de la liste au titre de laquelle il a été élu. Le suppléant est lui-même remplacé par le premier candidat restant non élu de la même liste. Lorsque, faute d'un nombre suffisant de candidats, l'organisation syndicale se trouve dans l'impossibilité de pourvoir à ce remplacement, elle désigne le représentant parmi les agents éligibles** (Décr. nº 2014-821 du 18 juill. 2014, art. 3-1º) **« en application des dispositions de » l'article R. 315-36 ;

« 2º Lorsque l'élection a eu lieu sur sigle, le représentant titulaire est remplacé par un suppléant désigné à l'issue du scrutin par l'organisation syndicale qui avait obtenu le siège parmi les agents éligibles** (Abrogé par Décr. nº 2014-821 du 18 juill. 2014, art. 3-2º) **« du collège considéré ». Le suppléant est remplacé dans les mêmes conditions. Il en est de même lorsqu'il est mis fin au mandat d'un représentant titulaire ou suppléant, sur demande écrite

de l'organisation syndicale détentrice du siège. En ce cas, la cessation de fonction devient effective un mois après la réception de cette demande par le directeur de l'établissement. »

Le mandat des représentants titulaires ou suppléants désignés dans les conditions prévues par le présent article prend fin à la date à laquelle aurait normalement pris fin le mandat des titulaires ou des suppléants qu'ils remplacent. — [Décr. n° 2003-802 du 26 août 2003, art. 3.]

Art. R. 315-30 *(Abrogé par Décr. nº 2014-821 du 18 juill. 2014, art. 4)* ***Lorsqu'un représentant titulaire ou suppléant change de catégorie, tout en demeurant dans l'établissement, il continue à représenter le collège au titre duquel il a été élu*** *(Décr. nº 2011-585 du 26 mai 2011, art. 4)* ***« , ou désigné en cas de scrutin sur sigle ».*** — [Décr. n° 2003-802 du 26 août 2003, art. 4.]

Art. R. 315-31 *(Abrogé par Décr. nº 2021-1570 du 3 déc. 2021, art. 87, à compter du 1er janv. 2023) (Décr. nº 2011-585 du 26 mai 2011, art. 5)* ***Les modalités de remplacement d'un représentant titulaire qui se trouve dans l'impossibilité d'assister à une réunion du comité technique d'établissement sont les suivantes :***

1º Lorsque l'élection a eu lieu au scrutin de liste, il peut être remplacé par l'un quelconque des suppléants de l'organisation syndicale pour laquelle il a été élu ;

2º Lorsque l'élection a eu lieu sur sigle, le représentant titulaire est remplacé par l'un quelconque des suppléants désignés en application des dispositions de l'article R. 315-48 par l'organisation syndicale qui avait obtenu le siège.

Art. R. 315-32 *(Abrogé par Décr. nº 2021-1570 du 3 déc. 2021, art. 87, à compter du 1er janv. 2023) (Décr. nº 2011-585 du 26 mai 2011, art. 6)* ***La date des élections pour le renouvellement général des comités techniques d'établissement des établissements publics sociaux et médico-sociaux est fixée par arrêté du Premier ministre, du ministre chargé de la fonction publique et des ministres chargés de la santé et des affaires sociales. Cette date est rendue publique au moins six mois à l'avance par affichage dans les établissements concernés. Lorsque l'élection des membres d'un comité technique d'établissement a lieu entre deux renouvellements généraux, notamment en cas de création d'un comité technique d'établissement, la date du scrutin est fixée par le directeur de l'établissement après consultation des organisations syndicales remplissant, dans la fonction publique hospitalière, les conditions fixées*** *(Décr. nº 2017-1201 du 27 juill. 2017, art. 33)* ***« au I de l'article 9 bis » de la loi nº 83-634 du 13 juillet 1983.***

En cas de fusion d'établissements à moins de six mois du dernier ou du prochain renouvellement général, le comité technique d'établissement du nouvel établissement ainsi créé est constitué sur la base des suffrages cumulés obtenus par les organisations syndicales lors du dernier scrutin organisé dans chacun des établissements préexistants. Les sièges sont attribués aux organisations syndicales conformément aux dispositions des articles [R.] ***315-46 à*** [R.] ***315-48 du présent code.***

Art. R. 315-33 *(Abrogé par Décr. nº 2021-1570 du 3 déc. 2021, art. 87, à compter du 1er janv. 2023) (Décr. nº 2018-695 du 2 août 2018, art. 15)* ***Sont électeurs pour la désignation des représentants du personnel au sein du comité technique d'établissement les personnels mentionnés du 1º au 5º du II de l'article R. 315-27.***

Toutefois, les fonctionnaires appartenant à un corps de catégorie A gérés et recrutés au niveau national en application du cinquième alinéa de l'article 4 de la loi du 9 janvier 1986 précitée n'ont pas la qualité d'électeur.

Art. R. 315-34 *(Abrogé par Décr. nº 2021-1570 du 3 déc. 2021, art. 87, à compter du 1er janv. 2023)* ***Le directeur de l'établissement dresse la liste électorale. La qualité d'électeur est appréciée à la date du scrutin. Dans le cas prévu à l'article R. 315-41, une liste électorale est établie pour chaque section de vote.***

La liste électorale est affichée dans l'établissement et, s'il y a lieu, dans les établissements annexes, soixante jours au moins avant la date fixée pour le scrutin. — [Décr. n° 2003-802 du 26 août 2003, art. 8.]

Art. R. 315-35 *(Abrogé par Décr. nº 2021-1570 du 3 déc. 2021, art. 87, à compter du 1er janv. 2023)* ***Dans le délai de huit jours suivant l'affichage, les électeurs peuvent vérifier les inscriptions et, le cas échéant, présenter au directeur de l'établissement des demandes d'inscription ou des réclamations contre les inscriptions ou omissions sur la liste électorale. A l'expiration de ce délai, le directeur affiche dans les quarante-huit heures les modifications apportées à la liste électorale. Pendant cinq jours, à compter de cet affichage, des réclamations peuvent être formulées contre les inscriptions ou radiations ainsi prononcées. Le directeur statue alors dans les vingt-quatre heures.***

A l'expiration du délai de seize jours suivant l'affichage, la liste électorale est close. La liste électorale ainsi close est transmise, sur leur demande, aux organisations syndicales *(Décr. nº 2011-585 du 26 mai 2011, art. 7)* ***« remplissant, dans la fonction publique hospitalière, les conditions fixées*** *(Décr. nº 2017-1201 du 27 juill. 2017, art. 33)* ***« au I de l'article 9 bis » de la loi nº 83-634 du 13 juillet 1983 portant droits et obligations des fonctionnaires ».***

Aucune modification n'est alors admise, sauf si un événement postérieur et prenant effet au plus tard à la veille du scrutin entraîne, pour un agent, l'acquisition ou la perte de la qualité d'électeur.

Dans ce cas, l'inscription ou la radiation est prononcée au plus tard à la veille du scrutin par le directeur de l'établissement, soit de sa propre initiative, soit à la demande de l'intéressé et immédiatement portée à la connaissance des personnels par voie d'affichage, sans toutefois entraîner de modifications du nombre de sièges à pourvoir. — [Décr. nº 2003-802 du 26 août 2003, art. 9.]

Art. R. 315-36 *(Abrogé par Décr. nº 2021-1570 du 3 déc. 2021, art. 87, à compter du 1er janv. 2023)* ***Sont éligibles*** *(Abrogé par Décr. nº 2014-821 du 18 juill. 2014, art. 6)* ***« au titre d'un collège déterminé » les personnels inscrits sur la liste électorale*** *(Abrogé par Décr. nº 2014-821 du 18 juill. 2014, art. 6)* ***« de ce collège » et qui, à la date du scrutin, sont en fonction depuis au moins trois mois dans l'établissement.*** — [Décr. nº 2003-802 du 26 août 2003, art. 10.]

(Décr. nº 2011-585 du 26 mai 2011, art. 8) ***« Toutefois, ne peuvent être élus :***

« 1º Les personnels en congé de longue maladie, en congé de longue durée ou de grave maladie ;

« 2º Les personnels qui ont été frappés d'une rétrogradation ou d'une exclusion temporaire de fonctions de trois mois à deux ans, à moins qu'ils n'aient été amnistiés ou n'aient été relevés de leur sanction dans les conditions prévues à l'article 14 du décret nº 89-822 du 7 novembre 1989 relatif à la procédure disciplinaire applicable aux fonctionnaires relevant de la fonction publique hospitalière ;

« 3º Les agents frappés d'une des incapacités énoncées par les articles L. 5 et L. 6 du code électoral. »

Art. R. 315-36-1 *(Abrogé par Décr. nº 2021-1570 du 3 déc. 2021, art. 87, à compter du 1er janv. 2023) (Décr. nº 2011-585 du 26 mai 2011, art. 9)* ***Les représentants du personnel au comité technique d'établissement sont élus*** *(Abrogé par Décr. nº 2014-821 du 18 juill. 2014, art. 7-1º)* ***« par collège » au scrutin de liste.***

Par dérogation, il est recouru au vote sur sigle pour la désignation des représentants du personnel dans les établissements de moins de cinquante agents.

L'établissement qui a recours au scrutin sur sigle en informe la délégation départementale de l'agence régionale de santé et le représentant de l'État dans le département afin qu'une liste de ces établissements *(Décr. nº 2014-821 du 18 juill. 2014, art. 7-2º)* ***« soit communiquée aux » organisations syndicales.***

Art. R. 315-36-2 *(Abrogé par Décr. nº 2021-1570 du 3 déc. 2021, art. 87, à compter du 1er janv. 2023) (Décr. nº 2011-585 du 26 mai 2011, art. 9)* ***Les candidatures sont présentées par les organisations syndicales qui, dans la fonction publique hospitalière, remplissent les conditions fixées*** *(Décr. nº 2017-1201 du 27 juill. 2017, art. 30-1º)* ***« au I de l'article 9 bis » de la loi nº 83-634 du 13 juillet 1983 modifiée portant droits et obligations des fonctionnaires.***

Elles sont déposées à la direction de l'établissement au moins quarante-deux jours avant la date fixée pour les élections.

(Décr. n° 2014-821 du 18 juill. 2014, art. 8) *« L'administration affiche dès que possible, après la date limite de dépôt des candidatures, la liste des organisations syndicales ayant légalement déposé une candidature de liste ou de sigle. Ces candidatures sont tenues à disposition des organisations syndicales et des électeurs dans un lieu déterminé par le directeur d'établissement. »*

Lorsque l'administration constate que l'organisation syndicale ne satisfait pas aux conditions fixées (Décr. n° 2017-1201 du 27 juill. 2017, art. 30-1°) *« au I de l'article 9 bis » de la loi du 13 juillet 1983 susmentionnée, elle informe le délégué de liste par décision motivée et au plus tard le jour suivant la date limite de dépôt de l'irrecevabilité de la candidature.*

En cas de contestation de la décision de l'administration devant le tribunal administratif compétent, le premier délai mentionné au cinquième alinéa du présent article ainsi que le premier délai mentionné au premier alinéa de l'article R. 315-38 ne courent qu'à compter de la notification du jugement du tribunal administratif.

Lorsque plusieurs organisations syndicales affiliées à une même union de syndicats de fonctionnaires ont déposé des candidatures concurrentes pour une même élection, l'administration en informe, dans un délai de trois jours à compter de la date limite de dépôt des candidatures, les délégués de chacune des listes concernées. Ces derniers disposent alors d'un délai de trois jours pour procéder aux modifications ou aux retraits de candidatures nécessaires.

Si, après l'expiration de ce dernier délai, ces modifications ou retraits ne sont pas intervenus, l'administration informe dans un délai de trois jours l'union des syndicats dont les listes se réclament. Celle-ci dispose alors d'un délai de cinq jours pour indiquer à l'administration, (Décr. n° 2018-695 du 2 août 2018, art. 16) *« par tout moyen conférant date certaine », la liste qui pourra se prévaloir de l'appartenance à l'union.*

En l'absence de cette indication, les organisations syndicales ayant déposé les listes en cause ne peuvent bénéficier des dispositions du 2° (Décr. n° 2017-1201 du 27 juill. 2017, art. 30-2°) *« du I » de l'article 9 bis de la loi du 13 juillet 1983 susmentionnée et ne peuvent se prévaloir de l'appartenance à l'union pour l'application du présent décret. Ces organisations syndicales ne peuvent alors participer au scrutin que si elles satisfont elles-mêmes aux dispositions du 1°* (Décr. n° 2017-1201 du 27 juill. 2017, art. 30-2°) *« du I » de l'article 9 bis de la loi du 13 juillet 1983 susmentionnée.*

Chaque organisation syndicale ne peut présenter qu'une candidature pour un même scrutin.

Art. R. 315-37 (Abrogé par Décr. n° 2021-1570 du 3 déc. 2021, art. 87, à compter du 1er janv. 2023) (Décr. n° 2011-585 du 26 mai 2011, art. 10) *I. — Chaque candidature doit comporter le nom d'un délégué qui, en cas de scrutin de liste, peut être ou non candidat, désigné par l'organisation syndicale afin de représenter la candidature dans toutes opérations électorales. L'organisation syndicale peut désigner un délégué suppléant.*

Les candidatures peuvent être communes à plusieurs organisations syndicales.

(Décr. n° 2014-821 du 18 juill. 2014, art. 9) *« Le dépôt des candidatures fait l'objet d'un récépissé établi selon un modèle type remis ou adressé au délégué de candidature ou à son suppléant.*

« II. — En cas d'élection au scrutin de liste, nul ne peut être candidat sur plusieurs listes pour un même scrutin.

« Chaque liste comprend un nombre de noms égal au moins aux deux tiers et au plus au nombre de sièges de représentants titulaires et de représentants suppléants à pourvoir, sans qu'il soit fait mention pour chacun des candidats de la qualité de titulaire ou de suppléant. En outre, elle doit comporter un nombre pair de noms au moment de leur dépôt. »

(Décr. n° 2017-1201 du 27 juill. 2017, art. 31-1°) *« Chaque liste comprend un nombre de femmes et d'hommes correspondant aux parts respectives de femmes et d'hommes représentés au sein du comité technique d'établissement. Ce nombre est calculé sur l'ensemble des candidats inscrits sur la liste.*

« Lorsque l'application de l'alinéa précédent n'aboutit pas à un nombre entier de candidats à désigner pour chacun des deux sexes, l'organisation syndicale procède indifféremment à l'arrondi à l'entier inférieur ou supérieur. »

(*Décr. nº 2014-821 du 18 juill. 2014, art. 9*) ***« Si une liste comporte, à la date limite de dépôt prévue à l'article R. 315-36-2, un nombre de candidats supérieur ou inférieur à celui fixé au cinquième alinéa du présent article, l'organisation syndicale qui a déposé cette liste est réputée n'avoir présenté aucun candidat.***

« Le dépôt de chaque liste est accompagné d'une déclaration de candidature signée de chaque candidat. (*Décr. nº 2017-1201 du 27 juill. 2017, art. 31-2º*) ***« Chaque liste déposée mentionne les nom, prénoms et sexe de chaque candidat et indique le nombre de femmes et d'hommes. » Le dépôt fait l'objet d'un récépissé, établi selon un modèle type, remis par le directeur d'établissement au délégué de liste ou au délégué suppléant. »***

III. — Lorsqu'il est recouru à l'élection au scrutin sur sigle dans les conditions prévues aux deuxième et troisième alinéas de l'article R. 315-36-1, l'organisation syndicale fait acte de candidature sans qu'il y ait lieu d'appliquer le II du présent article.

Art. R. 315-38 (*Abrogé par Décr. nº 2021-1570 du 3 déc. 2021, art. 87, à compter du 1er janv. 2023*) (*Décr. nº 2011-585 du 26 mai 2011, art. 11*) ***« Dans le délai de huit jours suivant la date limite de dépôt des listes, le directeur procède à leur vérification et porte sans délai les irrégularités constatées à la connaissance des délégués de listes. Ces derniers peuvent alors procéder, dans un délai de cinq jours à compter de l'expiration du délai de huit jours susmentionné, aux modifications nécessaires.*** (*Décr. nº 2017-1201 du 27 juill. 2017, art. 32-1º*) ***« Chaque candidat inéligible est remplacé par un candidat désigné dans le respect des règles définies aux troisième et quatrième alinéas du II de l'article R. 315-37. A l'occasion de cette désignation, le délégué de liste peut modifier l'ordre de présentation de la liste. » Aucune liste ne peut être modifiée après l'expiration de ce délai de cinq jours. A défaut de rectification au terme de ce délai, le directeur raye de la liste les candidats inéligibles. Cette liste peut néanmoins participer aux élections si elle satisfait toujours*** (*Décr. nº 2018-695 du 2 août 2018, art. 17*) ***« à la condition de comprendre un nombre de noms égal au moins aux deux tiers des sièges de représentants titulaires et suppléants à pourvoir »*** (*Décr. nº 2017-1201 du 27 juill. 2017, art. 32-2º*) ***« et si elle respecte sur ce nombre les parts respectives de femmes et d'hommes telles que définies au troisième alinéa du II de l'article R. 315-37 ». »***

(*Décr. nº 2014-821 du 18 juill. 2014, art. 10*) ***« Les candidatures sur liste ou sigle établies dans les conditions prévues par les articles R. 315-36-2, R. 315-37, ainsi que par l'alinéa précédent, sont affichées dans l'établissement dès que possible et au plus tard à l'issue des délais mentionnés à l'article R. 315-36-2. »***

(*Décr. nº 2018-695 du 2 août 2018, art. 17*) ***« Toutefois, si le fait motivant l'inéligibilité d'un candidat est intervenu après la date limite prévue pour le dépôt des listes, ce candidat peut être remplacé jusqu'au quinzième jour précédant le scrutin sans qu'il y ait lieu de modifier la date de celui-ci. »***

Sous réserve des alinéas précédents, aucun retrait de candidature ne peut être opéré et aucune nouvelle candidature ne peut être déposée après le dépôt des listes de candidats. — [Décr. nº 2003-802 du 26 août 2003, art. 12.]

Art. R. 315-39 (*Abrogé par Décr. nº 2021-1570 du 3 déc. 2021, art. 87, à compter du 1er janv. 2023*) (*Décr. nº 2014-821 du 18 juill. 2014, art. 11*) ***Le directeur de l'établissement fixe, après consultation des organisations syndicales présentant leur candidature, le modèle des bulletins de vote et des enveloppes.***

Les bulletins de vote et les enveloppes établis d'après un modèle type défini par arrêté du ministre chargé de la santé, ainsi que les professions de foi répondant aux conditions fixées par le même arrêté, sont réalisés par l'administration et à ses frais.

Les bulletins de vote mentionnent l'objet et la date du scrutin, l'intitulé de la liste et le nom des candidats ou, le cas échéant, la dénomination du sigle ainsi que l'appartenance éventuelle de l'organisation syndicale à une union de syndicats à caractère national.

Les documents électoraux sont adressés par l'établissement et à ses frais au domicile de chaque électeur dans des conditions prévues par l'arrêté mentionné au deuxième alinéa du présent article.

Seul le matériel électoral fourni par l'administration est valide.

Art. R. 315-40 (*Abrogé par Décr. nº 2021-1570 du 3 déc. 2021, art. 87, à compter du 1er janv. 2023*) (*Décr. nº 2018-695 du 2 août 2018, art. 18*) ***Un bureau de vote est institué dans chaque établissement.***

Le bureau de vote comprend un président et un secrétaire désignés par le directeur de l'établissement ou par l'administrateur du groupement de coopération sanitaire de moyens de droit public ainsi qu'un assesseur désigné par chaque organisation syndicale ayant présenté sa candidature. Dans le cas où ces organisations syndicales ne désignent pas d'assesseurs en nombre suffisant, le président peut compléter le bureau de vote en faisant appel à des électeurs présents à l'ouverture du bureau de vote.

En cas d'absence ou d'empêchement, le président est remplacé par le secrétaire.

Art. R. 315-41 *(Abrogé par Décr. nº 2021-1570 du 3 déc. 2021, art. 87, à compter du 1er janv. 2023)* ***En cas de dispersion des services, les électeurs peuvent être répartis en*** *(Décr. nº 2018-695 du 2 août 2018, art. 19)* ***« bureaux de vote secondaires » par décision du directeur de l'établissement prise après consultation des organisations*** *(Décr. nº 2011-585 du 26 mai 2011, art. 14)* ***« syndicales » présentant*** *(Décr. nº 2011-585 du 26 mai 2011, art. 14)* ***« leur candidature ». Le directeur de l'établissement désigne le président de chaque*** *(Décr. nº 2018-695 du 2 août 2018, art. 19)* ***« bureau de vote secondaire ». Celle-ci*** [Celui-ci] ***comprend des assesseurs désignés dans les conditions prévues à l'article R. 315-40.*** — [Décr. nº 2003-802 du 26 août 2003, art. 15.]

Art. R. 315-42 *(Abrogé par Décr. nº 2021-1570 du 3 déc. 2021, art. 87, à compter du 1er janv. 2023) (Décr. nº 2011-585 du 26 mai 2011, art. 15)* ***Les opérations électorales se déroulent dans l'établissement pendant les heures de service. Le scrutin est ouvert sans interruption pendant au moins sept heures. Les horaires d'ouverture et de clôture du scrutin sont arrêtés en fonction des effectifs de l'établissement par le directeur, après consultation des organisations syndicales ayant présenté leur candidature.***

Le vote peut avoir lieu par correspondance.

Le vote par procuration n'est pas admis.

Art. R. 315-43 *(Abrogé par Décr. nº 2021-1570 du 3 déc. 2021, art. 87, à compter du 1er janv. 2023)* ***En cas de vote par correspondance, le bulletin de vote est inclus dans une première enveloppe non cachetée vierge de toute inscription. Cette enveloppe est placée dans une seconde enveloppe cachetée, signée par l'agent et portant au recto la mention*** *(Décr. nº 2014-821 du 18 juill. 2014, art. 13)* ***« de » l'identité de l'électeur. L'ensemble est adressé par voie postale au directeur de l'établissement et doit parvenir au bureau de vote avant l'heure de clôture du scrutin. Les bulletins arrivés après cette heure limite n'entrent pas en compte dans le résultat du dépouillement.***

Seul le matériel électoral fourni par l'établissement peut être utilisé.

Le directeur de l'établissement tient un registre des votes par correspondance. — [Décr. nº 2003-802 du 26 août 2003, art. 17.]

Art. R. 315-44 *(Abrogé par Décr. nº 2021-1570 du 3 déc. 2021, art. 87, à compter du 1er janv. 2023)* ***Dans chaque lieu de vote, la liste électorale est émargée par chaque électeur votant et par un membre du bureau, ou par ce dernier seulement dans le cas du vote par correspondance.*** — [Décr. nº 2003-802 du 26 août 2003, art. 18.]

(Décr. nº 2011-585 du 26 mai 2011, art. 16) ***« Le vote a lieu au scrutin secret. En cas de scrutin de liste, les électeurs ne peuvent voter que pour une liste sans radiation ni adjonction de noms et sans modification de l'ordre de présentation des candidats. En cas de scrutin sur sigle, les électeurs ne doivent porter aucune mention sur le bulletin. »***

Est nul tout bulletin établi en méconnaissance de l'une de ces conditions. — [Décr. nº 2003-802 du 26 août 2003, art. 18.]

Art. R. 315-45 *(Abrogé par Décr. nº 2021-1570 du 3 déc. 2021, art. 87, à compter du 1er janv. 2023)* ***Le dépouillement des bulletins est effectué par le bureau de vote et, le cas échéant, les*** *(Décr. nº 2018-695 du 2 août 2018, art. 19)* ***« bureaux de vote secondaires » dès la clôture du scrutin.***

Les votes par correspondance sont dépouillés par le bureau de vote ou, le cas échéant, par les *(Décr. nº 2018-695 du 2 août 2018, art. 19)* ***« bureaux de vote secondaires », en même temps et dans les mêmes conditions que les votes sur place après qu'il a été procédé à leur recensement dans les conditions fixées aux alinéas suivants.***

Pour le recensement des votes par correspondance, la liste électorale est émargée par un membre du bureau au fur et à mesure de l'ouverture des enveloppes extérieures cachetées portant les mentions relatives à l'identification de l'électeur.

L'enveloppe intérieure vierge est déposée sans être ouverte dans l'urne contenant les suffrages des électeurs ayant voté sur place. Sont mises à part sans donner lieu à émargement :

1° les enveloppes extérieures non acheminées par la poste ;

2° les enveloppes parvenues au bureau de vote ou à la section de vote après le délai fixé à l'article R. 315-43 ;

3° les enveloppes qui ne comportent pas la signature de l'électeur et son nom, écrit lisiblement ;

4° les enveloppes parvenues en plusieurs exemplaires sous la signature d'un même électeur ;

5° les enveloppes comprenant plusieurs enveloppes intérieures ;

6° les enveloppes émanant d'électeurs ayant pris part au vote sur place.

Les suffrages correspondant à ces enveloppes sont déclarés nuls. — [Décr. n° 2003-802 du 26 août 2003, art. 19.]

Art. R. 315-46 *(Abrogé par Décr. n° 2021-1570 du 3 déc. 2021, art. 87, à compter du 1er janv. 2023)* ***Le bureau de vote procède successivement :***

1° au dépouillement du scrutin pour les électeurs inscrits auprès dudit bureau ;

2° le cas échéant, au récolement des suffrages dépouillés par les sections de vote qui lui sont transmis par celles-ci accompagnés d'un procès-verbal établi dans les conditions prévues à l'article R. 315-48 ;

3° à la détermination du nombre total de suffrages valablement exprimés obtenus par chaque *(Décr. n° 2011-585 du 26 mai 2011, art. 18)* ***« candidature ».***

Il détermine en outre le quotient électoral en divisant le nombre de suffrages valablement exprimés par le nombre de représentants titulaires à élire *(Abrogé par Décr. n° 2014-821 du 18 juill. 2014, art. 14)* ***« dans chaque collège ».*** — [Décr. n° 2003-802 du 26 août 2003, art. 20.]

Art. R. 315-47 *(Abrogé par Décr. n° 2021-1570 du 3 déc. 2021, art. 87, à compter du 1er janv. 2023) (Décr. n° 2014-821 du 18 juill. 2014, art. 15)* ***I. — Les représentants du personnel sont élus à la représentation proportionnelle. La désignation des membres titulaires est effectuée dans les conditions suivantes :***

Chaque organisation syndicale a droit à autant de sièges de représentants titulaires du personnel que le nombre de voix recueillies par elle contient de fois le quotient électoral.

Les sièges de représentants titulaires restants éventuellement à pourvoir sont attribués suivant la règle de la plus forte moyenne.

En cas de liste ne comportant pas un nombre de noms égal au nombre de sièges de titulaires ou de suppléants à pourvoir, lors du dépôt des candidatures ou au terme de la procédure prévue à l'article R. 315-38, l'organisation syndicale ne peut prétendre à l'obtention de plus de sièges de représentants titulaires et de représentants suppléants du personnel que ceux pour lesquels elle a proposé des candidats. Les sièges éventuellement restant [restants] ***ne sont pas attribués.***

II. — En cas de scrutin de liste, lorsque pour l'attribution d'un siège des listes obtiennent la même moyenne, le siège est attribué à la liste ayant obtenu le plus grand nombre de voix. Si les listes en cause ont recueilli le même nombre de voix, le siège est attribué à celle qui a présenté le plus grand nombre de candidats. Si plusieurs listes ont obtenu le même nombre de voix et ont présenté le même nombre de candidats, le siège est attribué au candidat le plus âgé.

Les représentants titulaires sont désignés dans l'ordre de présentation des listes par les organisations syndicales en fonction du nombre de sièges qu'elles ont obtenus. Les représentants suppléants sont également désignés dans l'ordre de présentation desdites listes à la suite des représentants titulaires et en nombre égal à ceux-ci.

III. — En cas de scrutin sur sigle, lorsque pour l'attribution d'un siège des organisations syndicales obtiennent la même moyenne, celui-ci est attribué à l'organisation syndicale ayant obtenu le plus grand nombre de voix. En cas d'égalité de suffrages, le siège est attribué par voie de tirage au sort parmi les organisations syndicales concernées.

IV. — Lorsqu'une candidature de liste ou de sigle commune a été établie par des organisations syndicales, la répartition entre elles des suffrages exprimés se fait sur la base indiquée et rendue publique par les organisations syndicales concernées lors du dépôt de leur candidature. Cette répartition est mentionnée sur les candidatures affichées dans les bureaux et sections de vote. A défaut d'une telle indication, la répartition des suffrages se fait à part égale entre les organisations syndicales concernées.

Art. R. 315-48 *(Abrogé par Décr. nº 2021-1570 du 3 déc. 2021, art. 87, à compter du 1er janv. 2023) (Décr. nº 2018-695 du 2 août 2018, art. 20)* ***Le bureau de vote proclame les résultats.***

Un procès-verbal des opérations électorales est établi par le président du bureau de vote et le cas échéant par les présidents des bureaux de vote secondaires, ils sont signés par les membres de ceux-ci. Le président du bureau de vote établit le procès-verbal récapitulatif de l'ensemble des opérations électorales qui est signé par les membres de celui-ci.

Le procès-verbal mentionne le nombre d'électeurs, le nombre de votants, le nombre de votes blancs, le nombre de votes nuls, le nombre de suffrages valablement exprimés et le nombre de voix obtenues par chaque candidature en présence. Sont annexées à ce procès-verbal les enveloppes mises à part sans être ouvertes, les bulletins blancs et les bulletins nuls.

En présence des membres du bureau de vote, son président enregistre les résultats des élections sur la plate-forme de saisie automatisée des résultats mise à disposition par le ministre chargé de la santé et y télécharge le procès-verbal signé. Le président du bureau de vote communique, dans les vingt-quatre heures suivant le scrutin, une copie du procès-verbal aux délégués de liste, à défaut de délégué de liste, à chaque organisation syndicale ayant présenté sa candidature, ainsi qu'au directeur général de l'agence régionale de santé. Ce dernier vérifie la concordance entre les procès-verbaux et les résultats enregistrés par les présidents des bureaux de vote sur la plate-forme de saisie automatisée des résultats et valide. Cette validation entraîne l'agrégation automatisée des résultats ainsi que leur transmission au ministre chargé de la santé.

Le directeur général de l'agence régionale de santé communique dans un délai de quarante-huit heures les résultats régionaux au ministre chargé de la santé.

Les résultats du scrutin sont publiés, sans délai, par voie d'affichage par le directeur de l'établissement.

Chaque organisation syndicale ayant obtenu un ou plusieurs sièges de représentants titulaires au comité technique d'établissement à l'issue du scrutin sur sigle doit désigner l'ensemble de ses représentants, titulaires et suppléants, dans un délai qui ne peut être ni inférieur à quinze jours ni supérieur à trente jours suivant réception du procès-verbal des élections et communiquer la liste de ces représentants au directeur de l'établissement.

Le procès-verbal et les documents annexés sont conservés par le directeur de l'établissement.

Art. R. 315-48-1 *(Abrogé par Décr. nº 2021-1570 du 3 déc. 2021, art. 87, à compter du 1er janv. 2023) (Décr. nº 2011-585 du 26 mai 2011, art. 21)* ***Lorsque aucune candidature de liste ou de sigle n'a été présentée par les organisations syndicales, il est procédé à un tirage au sort parmi les*** *(Abrogé par Décr. nº 2014-821 du 18 juill. 2014, art. 17-1º)* ***« agents » électeurs*** *(Abrogé par Décr. nº 2014-821 du 18 juill. 2014, art. 17-1º)* ***« du collège concerné ».***

En outre, en cas de scrutin sur sigle, lorsque l'organisation syndicale ne peut désigner, dans le délai fixé à l'article R. 315-48, ses représentants sur le ou les sièges auxquels elle a droit, ces sièges demeurent non attribués. Il est alors procédé au tirage au sort parmi les agents éligibles, au moment de la désignation *(Abrogé par Décr. nº 2014-821 du 18 juill. 2014, art. 17-2º)* ***« au collège concerné », pour pourvoir les sièges restant*** [restants] *(Abrogé par Décr. nº 2014-821 du 18 juill. 2014, art. 17-2º)* ***« au sein de ce collège ».***

Art. R. 315-49 *(Abrogé par Décr. nº 2021-1570 du 3 déc. 2021, art. 87, à compter du 1er janv. 2023) (Décr. nº 2011-585 du 26 mai 2011, art. 22)* ***« Sans préjudice des dispositions prévues au dernier alinéa*** *(Décr. nº 2017-1201 du 27 juill. 2017, art. 34)* ***« du I » de l'article 9 bis de la loi nº 83-634 du 13 juillet 1983 portant droits et obligations des fonctionnaires, » les contestations de la validité des élections sont portées dans un délai de cinq jours à compter de la proclamation des résultats devant le directeur de l'établissement. Celui-ci statue dans les quarante-huit heures par une décision motivée, dont il adresse aussitôt une copie*** *(Abrogé par Décr. nº 2014-821 du 18 juill. 2014, art. 18-1º)* ***« au préfet ou »*** *(Décr. nº 2010-344 du*

31 mars 2010, art. 255) ***« au directeur général de l'agence régionale de santé ».*** *(Décr. nº 2010-821 du 18 juill. 2014, art. 18-2º)* ***« Les contestations sont ensuite portées, le cas échéant, devant la juridiction administrative. »*** — [Décr. nº 2003-802 du 26 août 2003, art. 23.]

Art. R. 315-50 *Abrogé par Décr. nº 2011-585 du 26 mai 2011, art. 27.*

§ 2 Attributions des comités techniques d'établissement

Art. R. 315-51 *(Abrogé par Décr. nº 2021-1570 du 3 déc. 2021, art. 87, à compter du 1er janv. 2023)* ***Pour l'application du 6º de l'article L. 315-13, le comité technique d'établissement est consulté sur les critères de répartition de la prime de service.*** — [Décr. nº 2003-802 du 26 août 2003, art. 25.]

§ 3 Fonctionnement des comités techniques d'établissement

Art. R. 315-52 *(Abrogé par Décr. nº 2021-1570 du 3 déc. 2021, art. 87, à compter du 1er janv. 2023)* ***Le comité technique d'établissement établit son règlement intérieur.*** — [Décr. nº 2003-802 du 26 août 2003, art. 26.]

Art. R. 315-53 *(Abrogé par Décr. nº 2021-1570 du 3 déc. 2021, art. 87, à compter du 1er janv. 2023)* ***Le comité élit parmi les membres titulaires un secrétaire. Un procès-verbal de chaque séance est établi. Il est signé par le président et le secrétaire et transmis dans un délai de trente jours aux membres du comité. Ce procès-verbal est soumis à approbation lors de la séance suivante.*** — [Décr. nº 2003-802 du 26 août 2003, art. 27.]

Art. R. 315-54 *(Abrogé par Décr. nº 2021-1570 du 3 déc. 2021, art. 87, à compter du 1er janv. 2023)* ***Les réunions du comité ont lieu sur convocation de son président, à l'initiative de celui-ci ou sur demande écrite de la moitié au moins des représentants titulaires du personnel. Dans ce dernier cas, le comité doit être réuni dans un délai*** *(Décr. nº 2011-585 du 26 mai 2011, art. 23)* ***« de quinze jours ».*** — [Décr. nº 2003-802 du 26 août 2003, art. 28.]

La convocation est accompagnée de l'ordre du jour de la séance.

Le comité se réunit au moins une fois par trimestre.

Lorsqu'ils ne siègent pas avec voix délibérative en application de l'article R. 315-31, les membres suppléants peuvent assister aux séances du comité technique d'établissement dans la limite d'un représentant par organisation syndicale *(Abrogé par Décr. nº 2011-585 du 26 mai 2011, art. 23)* ***« ou par liste mentionnée au troisième alinéa de l'article L. 315-13, » sans pouvoir prendre part ni aux débats ni aux votes.***

Les séances du comité technique d'établissement ne sont pas publiques. — [Décr. nº 2003-802 du 26 août 2003, art. 35.]

Art. R. 315-55 *(Abrogé par Décr. nº 2021-1570 du 3 déc. 2021, art. 87, à compter du 1er janv. 2023)* ***L'ordre du jour est fixé par le président. Doivent notamment y être inscrites les questions entrant dans la compétence du comité d'établissement dont l'examen a été demandé par la moitié au moins des représentants titulaires du personnel.*** — [Décr. nº 2003-802 du 26 août 2003, art. 29.]

Art. R. 315-56 *(Abrogé par Décr. nº 2021-1570 du 3 déc. 2021, art. 87, à compter du 1er janv. 2023)* ***Le président du comité, à son initiative ou à la demande de membres titulaires du comité, peut convoquer des experts afin qu'ils soient entendus sur un point inscrit à l'ordre du jour.***

Les experts n'ont pas voix délibérative. Ils ne peuvent assister qu'à la partie des débats relative aux questions motivant leur présence sans pouvoir participer au vote.

Lorsque l'ordre du jour du comité comporte des questions intéressant l'hygiène, la sécurité et les conditions de travail, le médecin du travail assiste avec voix consultative à la réunion du comité.

Le président du comité, en sa qualité de chef d'établissement, peut se faire assister du ou des collaborateurs de son choix, sans que celui-ci ou ceux-ci puissent prendre part aux votes. — [Décr. nº 2003-802 du 26 août 2003, art. 30.]

Art. R. 315-57 *(Abrogé par Décr. nº 2021-1570 du 3 déc. 2021, art. 87, à compter du 1er janv. 2023) (Décr. nº 2011-585 du 26 mai 2011, art. 24)* ***Le comité ne délibère valablement que si la moitié au moins de ses membres ayant voix délibérative sont présents lors de l'ouverture de la réunion. Lorsque ce quorum n'est pas atteint, une nouvelle réunion est organisée dans un délai de huit jours. Le comité siège alors valablement sur le même ordre du jour quel que soit le nombre de membres présents. Il ne peut alors être fait application des dispositions prévues à l'article R. 315-58.***

Art. R. 315-58 *(Abrogé par Décr. nº 2021-1570 du 3 déc. 2021, art. 87, à compter du 1er janv. 2023)* ***Le comité émet des avis ou des vœux à la majorité des suffrages exprimés. S'il est procédé à un vote, celui-ci a lieu à main levée, sauf s'il est demandé un vote à bulletin secret. Le président ne prend pas part au vote. En cas de partage égal des voix, l'avis est réputé avoir été donné ou la proposition formulée.*** — [Décr. nº 2003-802 du 26 août 2003, art. 32.]

(Décr. nº 2011-585 du 26 mai 2011, art. 25) ***« Lorsqu'un projet ou une question recueille un vote défavorable unanime de la part des représentants du personnel, membres du comité, le projet ou la question fait l'objet d'un réexamen et une nouvelle délibération est organisée dans un délai qui ne peut être inférieur à huit jours et supérieur à trente jours. La convocation est adressée dans un délai de huit jours aux membres du comité.***

« Le comité siège alors valablement quel que soit le nombre de membres présents. Il ne peut être appelé à délibérer une nouvelle fois suivant cette même procédure. »

Art. R. 315-59 *(Abrogé par Décr. nº 2021-1570 du 3 déc. 2021, art. 87, à compter du 1er janv. 2023)* ***Les avis ou vœux émis par le comité technique d'établissement sont portés par le président à la connaissance du conseil d'administration de l'établissement. Ils sont également portés par voie d'affichage, à la diligence du directeur de l'établissement, à la connaissance du personnel dans un délai de quinze jours.*** — [Décr. nº 2003-802 du 26 août 2003, art. 33.]

Art. R. 315-60 *(Abrogé par Décr. nº 2021-1570 du 3 déc. 2021, art. 87, à compter du 1er janv. 2023)* ***Le comité doit, dans un délai de deux mois, être informé, par une communication écrite du président à chacun des membres, des suites données à ses avis ou vœux.*** — [Décr. nº 2003-802 du 26 août 2003, art. 34.]

Art. R. 315-61 *(Abrogé par Décr. nº 2021-1570 du 3 déc. 2021, art. 87, à compter du 1er janv. 2023)* ***Toutes facilités doivent être données aux membres du comité pour exercer leurs fonctions. Communication doit leur être donnée des pièces et documents nécessaires à l'accomplissement de leurs fonctions au plus tard quinze jours avant la date de la séance.*** — [Décr. nº 2003-802 du 26 août 2003, art. 36.]

Art. R. 315-62 *(Abrogé par Décr. nº 2021-1570 du 3 déc. 2021, art. 87, à compter du 1er janv. 2023)* ***Les personnes participant, à quelque titre que ce soit, aux travaux du comité technique d'établissement sont tenues à l'obligation de discrétion professionnelle à raison des pièces et documents dont ils ont eu connaissance à l'occasion de ces travaux.*** — [Décr. nº 2003-802 du 26 août 2003, art. 37.]

Art. R. 315-63 *(Abrogé par Décr. nº 2021-1570 du 3 déc. 2021, art. 87, à compter du 1er janv. 2023)* ***Les membres titulaires et suppléants du comité et les experts convoqués ne perçoivent aucune indemnité du fait de leurs fonctions dans ce comité. Ils sont toutefois indemnisés de leurs frais de déplacement et de séjour dans les conditions fixées par la réglementation.*** — [Décr. nº 2003-802 du 26 août 2003, art. 38.]

Art. D. 315-64 *Abrogé par Décr. nº 2011-585 du 26 mai 2011, art. 27.*

§ 4 Moyens de fonctionnement

Art. R. 315-65 *(Abrogé par Décr. nº 2021-1570 du 3 déc. 2021, art. 87, à compter du 1er janv. 2023)* ***Pour l'application du dernier alinéa de l'article L. 315-13, lors de la procédure d'adoption du budget, le conseil d'administration détermine annuellement les moyens mis***

à la disposition du comité pour l'accomplissement de ses missions. – [Décr. n° 2003-803 du 26 août 2003, art. 2.]

Art. R. 315-66 *(Abrogé par Décr. n° 2021-1570 du 3 déc. 2021, art. 87, à compter du 1er janv. 2023)* ***Un congé de formation avec traitement est attribué aux représentants titulaires du personnel au comité technique d'établissement. La durée maximale de ce congé est de cinq jours.*** *(Décr. n° 2007-1242 du 21 août 2007)* ***« Dans les établissements de moins de cinquante agents dans lesquels les représentants du personnel au comité technique d'établissement exercent les missions dévolues aux membres du comité d'hygiène, de sécurité et des conditions de travail, un congé de formation avec traitement lié à l'exercice de ces deux mandats est attribué aux représentants titulaires du comité technique d'établissement. La durée maximale de ce congé est de sept jours. » Tout nouveau mandat ouvre droit au renouvellement de ce congé. Les organismes chargés d'assurer la formation sont soit les organismes figurant sur la liste établie en application de l'article 1er du décret n° 88-676 du 6 mai 1988 relatif à l'attribution du congé pour formation syndicale dans la fonction publique hospitalière, soit les organismes figurant sur la liste mentionnée à l'article R. 236-18*** [R. 4614-26 s. nouv.] ***du code du travail.***

Le congé de formation est pris en une ou deux fois à la demande du bénéficiaire.

Les dépenses afférentes au congé de formation susvisé comprennent notamment les dépenses d'enseignement et d'organisation matérielle des stages ainsi que les frais de déplacement et de séjour des stagiaires. Le montant journalier est fixé par référence au montant fixé à l'arrêté mentionné à l'article D. 514-3 [D. 1442-3 s. nouv.] ***du code du travail.***

Les dépenses prises en charge par l'établissement au titre de cette formation ne s'imputent pas sur le financement des actions de formation prévues par le décret n° 90-319 du 5 avril 1990 relatif à la formation professionnelle continue des agents de la fonction publique hospitalière. – [Décr. n° 2003-803 du 26 août 2003, art. 3.]

SOUS-SECTION 4 **Délégations**

Art. D. 315-67 Pour les actes de gestion courante relatifs aux besoins de fonctionnement de l'établissement, à l'accueil et au suivi des personnes bénéficiaires d'une prise en charge et aux personnels, le directeur d'un établissement public social ou médico-social peut, sous sa surveillance et sous sa responsabilité, déléguer sa signature au sein de l'établissement qu'il dirige, à un ou plusieurs directeurs membres de l'équipe de direction ou appartenant à l'un des corps de directeurs de la fonction publique hospitalière ou à un ou plusieurs fonctionnaires appartenant à un corps ou occupant un emploi classé dans la catégorie A ou en leur absence, dans la catégorie B. – *[Décr. n° 2004-135 du 11 févr. 2004, art. 1er, pris pour l'application.]*

Art. D. 315-68 Toute délégation doit être écrite et doit mentionner :

1° le nom et la fonction de l'agent auquel la délégation est donnée ;

2° la nature des actes délégués, les matières précises de la délégation ainsi que sa durée ;

3° le cas échéant, les conditions et réserves dont le directeur juge opportun d'assortir la délégation ;

4° l'obligation pour le délégataire de rendre compte des actes pris dans l'exercice de cette délégation. – *[Décr. n° 2004-135 du 11 févr. 2004, art. 2, pris pour l'application.]*

Art. D. 315-69 La délégation de signature peut être retirée à tout moment.

Sous réserve des dispositions de l'article D. 315-67, elle doit être en rapport avec les fonctions, la qualification ou le grade du délégataire. Un même délégant peut donner plusieurs délégations conformes chacune aux prescriptions de l'article D. 315-68, notamment pour faire face aux absences. – *[Décr. n° 2004-135 du 11 févr. 2004, art. 3, pris pour l'application.]*

Art. D. 315-70 Les délégations prévues à l'article D. 315-67 sont communiquées au conseil d'administration. Elles sont adressées sans délai à l'autorité compétente de l'État pour information. Elles sont également transmises sans délai au comptable de l'établissement lorsqu'elles concernent des actes liés à la fonction d'ordonnateur.

Elles font l'objet d'une publication au sein de l'établissement. – *[Décr. nº 2004-135 du 11 févr. 2004, art. 4, pris pour l'application.]*

Art. D. 315-71 Le directeur peut recevoir délégation du président du conseil d'administration dans les conditions qu'il prévoit :

1° pour l'exercice des attributions du conseil d'administration relevant des 6°, 8°, 11°, 12° et 13° de l'article L. 315-12 ;

2° ainsi que pour l'exercice des attributions relevant du 7° de cet article, sauf lorsqu'elles sont exercées dans le cadre du 4° du même article ;

(Décr. nº 2006-422 du 7 avr. 2006) « 3° pour l'exercice des attributions du conseil d'administration relevant du *(Décr. nº 2008-1195 du 17 nov. 2008)* « 4° de l'article L. 315-12 », lorsque l'autorité de tarification a procédé à des modifications des propositions budgétaires en application de l'article L. 314-7. »

Les délégations sont communiquées au conseil d'administration. Elles font l'objet d'une publication au sein de l'établissement. – *[Décr. nº 2004-135 du 11 févr. 2004, art. 5, pris pour l'application.]*

CHAPITRE VI AUTRES CATÉGORIES D'ÉTABLISSEMENTS ET DE SERVICES SOUMIS À AUTORISATION

(Décr. nº 2004-1444 du 23 déc. 2004)

SECTION UNIQUE Lieux de vie et d'accueil

Art. D. 316-1 I. – Un lieu de vie et d'accueil, au sens du III de l'article L. 312-1 vise, par un accompagnement continu et quotidien, à favoriser l'insertion sociale des personnes accueillies. Il constitue le milieu de vie habituel et commun des personnes accueillies et des permanents mentionnés au III dont l'un au moins réside sur le site où il est implanté.

A l'égard des mineurs qui lui sont confiés, le lieu de vie et d'accueil exerce également une mission d'éducation, de protection et de surveillance.

II. – Le lieu de vie et d'accueil est géré par une personne physique ou morale autorisée à accueillir au moins trois et au plus sept personnes, majeures ou mineures relevant des catégories énumérées au I de l'article D. 316-2, afin notamment de favoriser leur insertion sociale.

Par dérogation à l'alinéa précédent, l'autorisation mentionnée *(Décr. nº 2013-11 du 4 janv. 2013, art. 1er-I)* « à l'article L. 313-1-1 » peut porter à dix le nombre maximal de personnes accueillies, sous réserve que ces personnes soient réparties dans deux unités de vie individualisées et que ces unités respectent chacune le nombre maximal fixé à l'alinéa précédent, dans le respect de la capacité globale prévue à ce même alinéa.

III. – La structure est animée par une ou plusieurs personnes, dénommées permanents de lieux de vie, qui organisent et garantissent la mise en œuvre des missions mentionnées au I du présent article.

Sans préjudice du recrutement d'autres personnes salariées, la permanence de l'accueil dans la structure est garantie par un taux d'encadrement minimal fixé à une personne accueillante, exprimée en équivalent temps plein, pour trois personnes accueillies, lorsque la structure accueille des personnes relevant des catégories mentionnées aux 1 à 4 du I de l'article D. 316-2.

Art. D. 316-1-1 *(Décr. nº 2021-909 du 8 juill. 2021)* Dans les lieux de vie et d'accueil autorisés en application de l'article L. 313-1, un calendrier prévisionnel des jours de travail est établi mensuellement et remis par l'employeur aux salariés huit jours avant le début du mois auquel il s'applique.

Pour l'application du premier alinéa, il est entendu par jour de travail un jour pendant lequel le salarié exerce ses fonctions, quel que soit le nombre d'heures de travail quotidien.

Le calendrier prévisionnel détermine les jours de repos dans le respect de la durée de travail mentionnée au cinquième alinéa de l'article L. 433-1.

Pour les salariés ne résidant pas sur le lieu de vie et d'accueil, le calendrier précise les horaires d'arrivée et de départ.

Le salarié est réputé résider sur le lieu de vie et d'accueil lorsqu'il y loge pendant une période minimale de soixante-douze heures consécutives.

Le contrat de travail prévoit, le cas échéant, les périodes pendant lesquelles le salarié réside sur le lieu de vie et d'accueil.

Art. D. 316-1-2 *(Décr. nº 2021-909 du 8 juill. 2021)* Le salarié peut demander à son employeur une modification du calendrier prévisionnel mentionné à l'article D. 316-1-1. Il en fait la demande au moins sept jours avant le premier jour de la modification demandée.

L'employeur répond dans un délai de deux jours francs après réception de la demande. Le calendrier prévisionnel est, le cas échéant, révisé et remis au salarié concerné.

Afin de respecter les taux d'encadrement applicables aux lieux de vie et d'accueil, l'employeur peut modifier unilatéralement le calendrier initialement fixé. L'employeur respecte un délai de prévenance d'au moins sept jours francs, sauf en cas de circonstances exceptionnelles où ce délai peut être réduit à un jour franc. L'employeur transmet au salarié le calendrier révisé dans les mêmes délais.

Les dispositions du présent article s'appliquent sans préjudice des modalités spécifiques de prise des congés payés et autres congés définies par le titre IV du livre I de la troisième partie du code du travail, notamment s'agissant des délais de prévenance.

Art. D. 316-1-3 *(Décr. nº 2021-909 du 8 juill. 2021)* L'employeur assure un suivi régulier de la charge de travail des salariés en organisant des entretiens réguliers.

Un entretien annuel obligatoire est organisé à l'initiative de l'employeur. Sont abordés *[abordées]* au cours de cet entretien la charge de travail du salarié, l'organisation du travail au sein du lieu de vie et d'accueil et ses conséquences éventuelles sur la vie familiale ou personnelle du salarié.

Un entretien peut être organisé à la demande du salarié s'il rencontre des difficultés liées à la charge ou l'organisation du travail. Un bilan est réalisé trois mois après cet entretien pour évaluer les actions correctrices le cas échéant engagées ou celles qui doivent être mises en œuvre.

Art. D. 316-1-4 *(Décr. nº 2021-909 du 8 juill. 2021)* Aux seules fins de calcul des durées maximales de travail et des durées de repos prévues au présent article, l'employeur décompte par tout moyen les heures de travail effectuées par les salariés qui ne résident pas sur le lieu de vie et d'accueil.

A défaut d'établissement des temps de repos et de pause dont bénéficient ces salariés, la période comprise entre l'heure d'arrivée sur le lieu de travail et l'heure de départ pour rentrer au domicile constitue du temps de travail au sens du premier alinéa.

La durée hebdomadaire du travail des salariés mentionnés au premier alinéa n'excède pas quarante-huit heures en moyenne sur une période de quatre mois consécutifs.

Lorsque l'organisation du travail ne permet pas d'accorder aux salariés mentionnés au premier alinéa des garanties équivalentes à celles prévues par le code du travail en matière de repos quotidien, de temps de pause, de repos hebdomadaire et de durée de travail de nuit, un repos compensateur leur est octroyé.

La durée du repos compensateur est, exprimée en heures, la suivante :

1º Une durée équivalente à celle du repos quotidien de onze heures mentionné à l'article L. 3131-1 du code du travail dont le salarié n'a pas bénéficié ;

2º Une durée équivalente à celle du temps de pause de vingt minutes toutes les six heures de travail mentionné à l'article L. 3121-16 du code du travail dont le salarié n'a pas bénéficié ;

3° Pour les travailleurs de nuit au sens de l'article L. 3122-5 du code du travail, une durée équivalente à la durée de travail ayant excédé les huit heures quotidiennes maximales de travail mentionnées à l'article L. 3122-6 du même code ;

4° Une durée équivalente à celle du repos hebdomadaire de vingt-quatre heures mentionné à l'article L. 3132-2 du code du travail dont le salarié n'a pas bénéficié.

Le repos compensateur est pris par journée ou demi-journée. Aux fins de calcul des heures de repos prises, la durée d'une journée de repos est égale à la durée que le salarié aurait travaillée en l'absence de repos compensateurs ou, si cette durée ne peut être déterminée, à la moyenne des heures de travail quotidiennes effectuées le dernier mois au cours duquel le salarié a exercé ses fonctions au sein du lieu de vie et d'accueil.

Lorsque le repos compensateur est pris par journée, celle-ci est déduite du nombre de jours de travail mentionné au cinquième alinéa de l'article L. 433-1 du présent code.

Art. D. 316-2 I. — Peuvent être accueillies dans un lieu de vie et d'accueil les personnes relevant des catégories énumérées ci-après :

1. Des mineurs et des majeurs de moins de vingt et un ans relevant de l'article L. 222-5 ;

2. Des mineurs et des majeurs de moins de vingt et un ans placés directement par l'autorité judiciaire en application :

(Décr. n° 2021-683 du 27 mai 2021, art. 3, en vigueur le 30 sept. 2021) « *a)* Des 3° des articles L. 112-14 et L. 112-5 du code de la justice pénale des mineurs ; »

b) Du 3° de l'article 375-3 du code civil ;

c) Du 5° alinéa de l'article 1er du décret n° 75-96 du 18 février 1975 fixant les modalités de mise en œuvre d'une action de protection judiciaire en faveur des jeunes majeurs ;

3. Des mineurs ou majeurs présentant des troubles psychiques ;

4. Des mineurs ou majeurs handicapés ou présentant des difficultés d'adaptation ;

5. Des personnes en situation de précarité ou d'exclusion sociale.

II. — Ne peuvent être accueillis simultanément dans un lieu de vie et d'accueil, sans que la structure se voie appliquer les articles D. 341-1 à D. 341-7, plus de trois enfants de moins de trois ans accomplis.

III. — Les structures mentionnées à l'article D. 316-1 ne peuvent accueillir sur un même site des personnes relevant de plusieurs catégories mentionnées au I du présent article que si :

1. La cohabitation en résultant ne présente pas de danger pour la santé, la sécurité, l'intégrité ou le bien-être physique et moral des intéressés ;

2. L'autorisation mentionnée *(Décr. n° 2013-11 du 4 janv. 2013, art. 1er-I)* « à l'article L. 313-1-1 » l'a expressément prévu et a précisé les catégories concernées.

(Décr. n° 2013-11 du 4 janv. 2013, art. 1er-II) « IV. — La prise en charge dans un lieu de vie et d'accueil des personnes mentionnées au I du présent article est financée :

« *a)* Par le département ayant adressé ou orienté les personnes mentionnées aux 1 et *b* du 2 du I ;

« *b)* Par l'État pour les personnes mentionnées aux *a* et *c* du 2, au 5 et, le cas échéant, au 4 du I ;

« *c)* Par les établissements sanitaires ou médico-sociaux ou les familles pour les personnes mentionnées au 3 et, le cas échéant, au 4 du I. »

Art. D. 316-3 Selon les cas, les personnes énumérées au I de l'article D. 316-2 peuvent être adressées ou orientées :

1. Par un président de conseil départemental, un préfet de département, une autorité judiciaire *(Décr. n° 2010-344 du 31 mars 2010, art. 256)* « , un directeur général d'une agence régionale de santé » ;

2. Par un établissement de santé, un établissement ou un service social ou médico-social ;

3. Par la famille, le représentant légal ou l'entourage des intéressés ;

4. Par les commissions mentionnées *(Décr. nº 2010-344 du 31 mars 2010, art. 256)* « à l'article L. 245-1 ».

Les autorités, les personnes physiques et morales et les commissions précitées peuvent être extérieures au département d'implantation du lieu de vie et d'accueil.

Art. D. 316-4 I. — Les dispositions relatives au contrôle, mentionnées à la section 4 du chapitre III du titre I du livre III du code de l'action sociale et des familles sont applicables aux lieux de vie et d'accueil.

II. — Dans le respect du principe de confidentialité mentionné au 4º de l'article L. 311-3, le responsable du lieu de vie et d'accueil retrace, dans un document, les indications relatives aux caractéristiques des personnes accueillies ainsi que la date de leur entrée et celle de leur sortie.

Ce document est tenu en permanence à la disposition des autorités et personnes morales mentionnées aux 1 et 2 de l'article D. 316-3. En cas de modification, il est transmis sans délai aux autorités ayant délivré l'autorisation mentionnée *(Décr. nº 2013-11 du 4 janv. 2013, art. 1er-I)* « à l'article L. 313-1-1 ».

III. — Le responsable du lieu de vie et d'accueil établit, au moins chaque année, un rapport sur l'évolution de la situation de chaque personne accueillie et sur l'organisation des conditions de son accueil.

Ce rapport est adressé à l'autorité, la personne morale ou la commission mentionnées aux 1, 2 et 4 de l'article D. 316-3, responsable de l'adressage ou de l'orientation.

Dans le cas où la personne a été adressée par l'une des personnes physiques mentionnées au 3 de l'article D. 316-3, ledit rapport est transmis au préfet de département d'implantation du lieu de vie et d'accueil.

Art. D. 316-5 *(Décr. nº 2013-11 du 4 janv. 2013, art. 1er-III)* I. — Les frais de fonctionnement de chaque lieu de vie et d'accueil défini à la présente section sont pris en charge par les organismes financeurs mentionnés au IV de l'article D. 316-2 sous la forme d'un forfait journalier.

L'année de création du lieu de vie et d'accueil, puis tous les trois ans, la personne ayant qualité pour représenter le lieu de vie et d'accueil adresse par lettre recommandée avec demande d'avis de réception une proposition de forfait journalier aux autorités compétentes pour délivrer l'autorisation de création prévue à l'article L. 313-1-1. Cette proposition est fondée sur un projet de budget respectant la nomenclature comptable définie par l'arrêté prévu à l'article R. 314-5. Ce projet est joint à la proposition.

Les autorités de tarification arrêtent un forfait journalier pour l'année civile en cours et les deux exercices suivants, dans les soixante jours qui suivent la réception de la proposition de la personne ayant qualité pour représenter le lieu de vie et d'accueil.

Ce forfait journalier est opposable aux organismes financeurs mentionnés au IV de l'article D. 316-2 dès sa notification.

Lors d'un renouvellement tarifaire, si le forfait journalier n'a pas été arrêté avant le 1er janvier de l'exercice en cause, et jusqu'à l'intervention de la décision qui l'arrête, l'autorité chargée du versement règle les forfaits journaliers sur la base du montant du forfait arrêté pour l'exercice antérieur.

II. — Le montant du forfait journalier, exprimé en multiple de la valeur horaire du salaire minimum de croissance déterminé dans les conditions prévues aux articles L. 3231-2 à L. 3231-11 du code du travail, est composé :

1º D'un forfait de base, dont le montant ne peut être supérieur à 14,5 fois la valeur horaire du salaire minimum de croissance, qui est destiné à prendre en charge forfaitairement les dépenses suivantes :

a) La rémunération du ou des permanents et des autres personnels salariés du lieu de vie et d'accueil mentionnés au III de l'article D. 316-1 ainsi que les charges sociales et, le cas échéant, fiscales afférentes à ces rémunérations ;

b) Les charges d'exploitation à caractère hôtelier et d'administration générale ;

c) Les charges d'exploitation relatives à l'animation, à l'accompagnement social et à l'exercice des missions prévues au I de l'article D. 316-1 ;

d) Les allocations arrêtées par les départements d'accueil en faveur des mineurs et des jeunes majeurs confiés par un service d'aide sociale à l'enfance ;

e) Les amortissements du matériel et du mobilier permettant l'accueil des résidents ;

f) Les provisions pour risques et charges ;

g) La taxe nette sur la valeur ajoutée pour la fourniture de logement et de nourriture dès lors que ces services constituent les prestations principales couvertes par le forfait journalier.

2° Le cas échéant, lorsque le projet prévu à l'article L. 311-8 repose sur des modes d'organisation particuliers ou fait appel à des supports spécifiques, d'un forfait complémentaire qui est destiné à prendre en charge forfaitairement tout ou partie des dépenses non prévues dans le forfait de base.

Art. D. 316-6 *(Décr. nº 2013-11 du 4 janv. 2013, art. 1er-III)* I. — Les forfaits journaliers mentionnés aux 1° et 2° de l'article D. 316-5 sont fixés pour l'année en cours et les deux années suivantes. Ils sont indexés sur la valeur du salaire minimum de croissance en vigueur au 1er janvier de l'année, sous réserve de la transmission du compte d'emploi prévu au III ci-après.

II. — Chaque organisme financeur peut conclure avec la personne ayant qualité pour représenter le lieu de vie et d'accueil une convention triennale de prise en charge déterminant, notamment, les conditions d'exercice des prestations et les modalités de versement des forfaits journaliers fixés dans les conditions prévues à l'article D. 316-5.

III. — Les lieux de vie et d'accueil transmettent chaque année avant le 30 avril aux organismes financeurs mentionnés au I de l'article D. 316-5 un compte d'emploi, dont le modèle est fixé par arrêté du ministre chargé de l'action sociale et du ministre de l'intérieur, relatif à l'utilisation des financements provenant des forfaits journaliers au titre de l'année précédente. Jusqu'à transmission du compte d'emploi, le montant du forfait journalier versé pour l'année considérée ne peut dépasser le montant du forfait arrêté pour l'exercice précédent.

IV. — Les sommes allouées sont totalement ou partiellement reversées aux organismes financeurs si elles ont couvert :

1° Des dépenses sans rapport avec celles mentionnées au 1° du II de l'article D. 316-5 ou acceptées au titre du 2° du II du même article ;

2° Des dépenses dont le lieu de vie et d'accueil n'est pas en mesure de justifier l'emploi ;

3° Des dépenses dont le niveau paraît excessif, au regard de l'activité et des coûts des lieux de vie fournissant des prestations comparables. — *Le Décr. nº 2013-11 du 4 janv. 2013 relatif à la tarification et au financement des lieux de vie et d'accueil et modifiant le CASF est annulé en tant qu'il introduit dans ce code le 3° du IV de l'art. D. 316-6 et en tant qu'il ne prévoit pas de dispositions transitoires à son entrée en vigueur (CE 23 déc. 2014, nos 366440, 366563, 366583).*

V. — Les articles R. 314-56 à R. 314-59, R. 314-62, R. 314-99 et R. 314-100 sont applicables aux lieux de vie et d'accueil.

Art. R. 316-7 *Abrogé par CE du 21 nov. 2008, nº 293960.* — Le Conseil d'État, dans un arrêt rendu le 21 nov. 2008 (nº 293960), a annulé l'art. 29 du Décr. nº 2006-422 du 7 avr. 2006 qui créait les art. R. 316-5, R. 316-6 et R. 316-7.

TITRE II ÉTABLISSEMENTS SOUMIS À DÉCLARATION

CHAPITRE I ACCUEIL DE MINEURS

Art. R. 321-1 Constituent un établissement soumis aux dispositions des articles L. 321-1 et L. 321-3 et à celles du présent chapitre les installations aménagées par une personne physique ou par une personne morale de droit privé pour héberger ou accueillir collectivement, de façon habituelle, des mineurs quel que soit leur nombre, sans les insérer dans une famille. — *[Décr. nº 72-990 du 23 oct. 1972, art. 1er.]*

Art. R. 321-2 Toute personne qui crée un établissement répondant à la définition de l'article R. 321-1 et qui participe à son exploitation ne doit présenter aucune contre-indication médicale apparente à l'exercice d'un tel rôle.

La personne chargée de la direction de l'établissement ne doit présenter aucune contre-indication médicale apparente pour assumer la responsabilité d'un établissement d'enfants.

Elle doit, en outre, justifier avoir exercé pendant cinq années une fonction éducative, sociale, médicale ou paramédicale de préférence dans un établissement ou un service s'occupant de mineurs et avoir au moins trente ans, cette limite d'âge étant abaissée, sans que la réduction puisse excéder cinq ans, en faveur des titulaires des diplômes dont la liste est fixée par arrêté des ministres chargés de l'action sociale et de l'enseignement supérieur. – *[Décr. nº 72-990 du 23 oct. 1972, art. 2.]*

Art. R. 321-3 La déclaration prévue à l'article L. 321-1 concernant les établissements accueillant des mineurs doit être déposée, deux mois avant l'ouverture, auprès des services du département du lieu de l'établissement. – *[Décr. nº 72-990 du 23 oct. 1972, art. 3.]*

Art. R. 321-4 La déclaration mentionnée à l'article L. 321-1 est accompagnée :

1° s'il s'agit d'une personne morale, d'une copie des statuts et de l'indication des membres des organes dirigeants ;

2° s'il s'agit d'une personne physique, d'un acte de naissance, d'un extrait de casier judiciaire, d'un certificat médical par un médecin assermenté, de l'indication des lieux où elle a résidé, des professions qu'elle a exercées pendant les dix années précédentes et, le cas échéant, de ses titres et qualifications ;

3° le cas échéant, des récépissés et des documents attestant que les formalités requises pour l'ouverture d'un établissement d'enseignement privé ont été accomplies, en application des dispositions du chapitre 1er du titre 4 du livre 4 du code de l'éducation ;

4° des plans des locaux affectés à l'hébergement ou à l'accueil des mineurs et des dispositifs de sécurité prévus ;

5° du règlement intérieur de l'établissement ;

6° du budget prévisionnel ;

7° des documents et renseignements énumérés au 2° ci-dessus, pour la personne chargée de la direction de l'établissement ;

8° le cas échéant, de l'indication de l'état civil de l'économe ou de la personne en tenant lieu ;

9° de la nomenclature des postes de personnels qui doivent être chargés de l'encadrement ;

La déclaration doit en outre comporter :

1° des renseignements sur l'effectif, l'âge, le sexe et les catégories de mineurs qui seront reçus dans l'établissement ;

2° des indications sur les conditions dans lesquelles seront assurés : la surveillance médicale des mineurs ou, s'il y a lieu, les soins et l'éducation spécialisée que requiert leur état ; selon leur âge, l'enseignement général ou technologique et, s'ils ont terminé leur apprentissage, la rémunération ou le pécule versé en contrepartie de leur travail ;

3° l'évaluation des frais de séjour demandés aux intéressés, éventuellement l'indication des organismes de prise en charge pressentis et des conditions d'assurance. – *[Décr. nº 72-990 du 23 oct. 1972, art. 4.]*

Art. R. 321-5 Le président du conseil départemental fait opposition dans les deux mois de la déclaration par une décision motivée, s'il apparaît au vu des renseignements fournis et des enquêtes effectuées, que les dispositions réglementaires ne sont pas respectées ou que les garanties minimales concernant les bonnes mœurs, la santé, la sécurité, l'hygiène, l'éducation ou le bien-être des mineurs ne sont pas remplies, notamment si la personne à qui sera confiée la direction de l'établissement n'est pas apte à assurer la garde et l'éducation des mineurs ainsi que le bon fonctionnement de l'établissement. – *[Décr. nº 72-990 du 23 oct. 1972, art. 5.]*

Art. R. 321-6 Les dispositions qui précèdent ne font pas obstacle à l'application des réglementations relatives à certaines catégories d'établissements, notamment à celles qui concernent soit les personnes, institutions ou services recevant des mineurs délinquants, soit les personnes privées, services ou établissements gérés par des organismes privés chargés, d'une manière habituelle, des mesures d'assistance éducative, soit enfin la protection des mineurs à l'occasion des vacances scolaires, des congés professionnels et des loisirs ou les centres de loisirs sans hébergement. – *[Décr. n° 72-990 du 23 oct. 1972, art. 6.]*

Art. R. 321-7 Sauf en cas de force majeure, doivent être déclarés au président du conseil départemental, deux mois au moins avant qu'ils interviennent, les changements concernant :

1° les personnes qui assurent la direction ou l'exploitation de l'établissement ;

2° l'effectif, l'âge et les catégories de mineurs accueillis ;

3° la nature et les méthodes générales d'éducation, de rééducation et de soins ;

4° le plan et les conditions générales d'organisation des locaux affectés aux mineurs ;

5° les conditions financières de fonctionnement.

A défaut d'opposition motivée du président du conseil départemental dans les deux mois, les modifications annoncées peuvent être exécutées. – *[Décr. n° 72-990 du 23 oct. 1972, art. 8.]*

Art. R. 321-8 Le président du conseil départemental doit être, dans le mois, avisé des changements qui interviennent, concernant :

– la propriété de l'immeuble ou les modalités juridiques de sa jouissance ;

– les dispositions statutaires relatives à l'objet, aux moyens d'action et aux organes délibérants. – *[Décr. n° 72-990 du 23 oct. 1972, art. 9.]*

Art. R. 321-9 Chaque année, au 1er novembre, la liste nominative du personnel d'encadrement, du personnel d'enseignement et du personnel médical et paramédical, à temps complet ou à temps partiel, est fournie au président du conseil départemental. – *[Décr. n° 72-990 du 23 oct. 1972, art. 10.]*

CHAPITRE II ACCUEIL D'ADULTES

Art. R. 322-1 Sont considérées comme établissements, au sens de l'article L. 322-1 et des dispositions du présent chapitre, les installations aménagées par une personne morale de droit privé pour l'hébergement collectif et permanent d'adultes en vue de leur réadaptation sociale, quel que soit leur nombre, sans les insérer dans une famille. – *[Décr. n° 72-990 du 23 oct. 1972, art. 12.]*

Art. R. 322-2 Toute personne qui crée un établissement répondant à la définition de l'article R. 322-1 et qui participe à son exploitation ne doit présenter aucune contre-indication médicale apparente à l'exercice d'un tel rôle.

La personne chargée de la direction de l'établissement ne doit présenter aucune contre-indication médicale apparente pour assumer la responsabilité d'un établissement de cette nature. – *[Décr. n° 72-990 du 23 oct. 1972, art. 13.]*

Art. R. 322-3 La déclaration prévue à l'article L. 322-2 doit être déposée deux mois avant l'ouverture à la préfecture ou au conseil départemental du lieu de l'établissement. – *[Décr. n° 72-990 du 23 oct. 1972, art. 14.]*

Art. R. 322-4 I. – La déclaration est accompagnée :

1° s'il s'agit d'un *[une]* personne morale, d'une copie des statuts et de l'indication des membres des organes dirigeants ;

2° s'il s'agit d'une personne physique, d'un acte de naissance, d'un extrait de casier judiciaire, d'un certificat médical délivré par un médecin assermenté, de l'indication des lieux où l'intéressé a résidé et des professions exercées pendant les dix années précédentes et, le cas échéant, de ses titres et qualifications ;

3° des plans des locaux affectés à l'hébergement des personnes intéressées et des mesures de sécurité prévues ;

4° du règlement intérieur de l'établissement ;

5° du budget prévisionnel ;

6° des documents et renseignements énumérés au 2° ci-dessus, pour la personne chargée de la direction de l'établissement ;

7° le cas échéant, de l'indication de l'état civil de l'économe ou de la personne en tenant lieu.

II. — En outre, la déclaration doit comporter :

1° des renseignements sur les catégories de personnes hébergées, leur sexe et l'effectif envisagé ;

2° des indications sur les conditions dans lesquelles seront assurés l'entretien, la surveillance médicale des personnes hébergées ainsi que, le cas échéant, leur formation professionnelle et leur réadaptation sociale ainsi que, s'il y a lieu, les conditions dans lesquelles seront prévus le travail des intéressés et leur rémunération ;

3° l'évaluation des frais de séjour demandés aux intéressés, éventuellement l'intervention des organismes de prise en charge pressentis et des conditions d'assurance. — *[Décr. nº 72-990 du 23 oct. 1972, art. 15.]*

Art. R. 322-5 **Le préfet ou le président du conseil départemental fait opposition dans les deux mois de la déclaration par une décision motivée s'il apparaît, au vu des renseignements fournis et des enquêtes effectuées, que les dispositions réglementaires ne sont pas respectées ou que les garanties minimales concernant les bonnes mœurs, la santé, la sécurité, l'hygiène ou le bien-être des personnes hébergées ne sont pas remplies.** — *[Décr. nº 72-990 du 23 oct. 1972, art. 16.]*

Art. R. 322-6 **Sauf cas de force majeure, doivent être déclarés au préfet ou au président du conseil départemental, deux mois au moins avant qu'ils interviennent, les changements concernant :**

1° les personnes qui assurent la direction ou l'exploitation de l'établissement ;

2° l'effectif et les catégories de personnes hébergées ;

3° le cas échéant, les méthodes de formation professionnelle et les conditions de travail et de rémunération ;

4° le plan et les conditions générales d'organisation des locaux affectés à l'hébergement ;

5° les conditions financières de fonctionnement.

A défaut d'opposition motivée du préfet ou du président du conseil départemental dans les deux mois de la déclaration, les modifications annoncées peuvent être exécutées. — *[Décr. nº 72-990 du 23 oct. 1972, art. 17.]*

Art. R. 322-7 **Le préfet ou le président du conseil départemental doit être avisé, dans le mois, des changements qui interviennent, concernant :**

1° la propriété de l'immeuble ou les modalités juridiques de sa jouissance ;

2° les dispositions statutaires relatives à l'objet, aux moyens d'action et aux règles générales présidant à la constitution des organes délibérants. — *[Décr. nº 72-990 du 23 oct. 1972, art. 18.]*

CHAPITRE III DISPOSITIONS COMMUNES

Le présent chapitre ne comprend pas de dispositions réglementaires.

TITRE III DISPOSITIONS COMMUNES AUX ÉTABLISSEMENTS, SERVICES ET LIEUX DE VIE ET D'ACCUEIL SOUMIS À AUTORISATION, HABILITATION, AGRÉMENT ET DÉCLARATION *(Décr. nº 2019-1382 du 17 déc. 2019, art. 1er-8º).*

CHAPITRE UNIQUE

SECTION 1 Conseil départemental de l'enfance

Art. D. 331-1 **Le conseil départemental de la protection de l'enfance comprend :**

1° Le préfet ;

2° Un juge des enfants ;
3° Un magistrat du parquet ;
4° Le directeur territorial de la protection judiciaire de la jeunesse ;
5° Le directeur départemental des affaires sanitaires et sociales ;
6° Un médecin inspecteur de santé publique ;
7° Le directeur académique des services de l'éducation nationale agissant sur délégation du recteur d'académie ;
8° Le directeur départemental de la jeunesse et des sports ;
(Décr. n° 2023-1109 du 29 nov. 2023, art. 1er-2°, en vigueur au plus tard le 1er févr. 2024) « 9° Le directeur départemental ou interdépartemental de la police nationale ; »
10° Le commandant du groupement de gendarmerie ;
11° Deux représentants des associations familiales ;
12° Un représentant des caisses d'allocations familiales ;
13° Un représentant des caisses primaires d'assurance maladie ;
14° Deux représentants des associations de jeunesse ;
15° Un conseiller départemental ;
16° Un maire ;
17° Des personnes qualifiées dans la limite de trois. – *[Décr. n° 67-161 du 24 févr. 1967, art. 1er, al. 1, 2 et 3.]*

Art. D. 331-2 Le conseil est présidé par le préfet, qui en nomme les membres, à l'exception du juge des enfants désigné par le premier président de la cour d'appel, du magistrat du parquet désigné par le procureur général et du conseiller départemental désigné par le conseil départemental. – *[Décr. n° 67-161 du 24 févr. 1967, art. 2.]*

Art. D. 331-3 Le conseil est consulté par le préfet :
1° *Abrogé par Décr. n° 2006-422 du 7 avr. 2006, à compter du 9 avr. 2006.*
2° en application et dans les conditions prévues par l'article L. 211-7 *[L. 7124-3, L. 7124-5, R. 7124-3, R. 7124-10 et R. 7124-26 nouv.]* du code du travail ;
3° lorsque le préfet envisage d'interdire l'accès d'un établissement aux mineurs de dix-huit ans en application de l'ordonnance n° 59-28 du 5 janvier 1959 réglementant l'accès des mineurs à certains établissements. – *[Décr. n° 67-161 du 24 févr. 1967, art. 3.]*

Art. D. 331-4 Le préfet fixe la périodicité des réunions du conseil.
L'ordre du jour est porté à la connaissance de ses membres huit jours au moins avant chaque séance.
Lors de la première réunion de chaque année, le conseil examine les résultats des mesures prises et propose, compte tenu des suggestions des différents services concourant à la protection de l'enfance, les modalités selon lesquelles s'organisera leur collaboration, notamment dans le domaine de l'information des familles et du signalement des enfants en danger. – *[Décr. n° 67-161 du 24 févr. 1967, art. 4.]*

SECTION 2 Surveillance des établissements

Art. R. 331-5 Le registre prévu à l'article L. 331-2 est coté et paraphé par le maire. – *[Décr. n° 72-990 du 23 oct. 1972, art. 20.]*

SECTION 3 Modalités d'habilitation et d'assermentation des agents

(Décr. n° 2019-1382 du 17 déc. 2019, art. 1er-8°)

Art. R. 331-6 I. – Peuvent être habilités, dans les limites de leurs compétences respectives, à constater les infractions mentionnées à l'article L. 331-8-2 :
1° Les agents mentionnés aux articles L. 1421-1 et L. 1435-7 du code de la santé publique ;
2° Les médecins territoriaux, les ingénieurs territoriaux, les ingénieurs en chef territoriaux et les techniciens exerçant leurs fonctions dans les départements ;
3° Les inspecteurs de salubrité de la ville de Paris ;

4° Les agents départementaux mentionnés à l'article L. 133-2 du présent code ;
5° Les agents non titulaires des départements qui exercent depuis plus de douze mois des fonctions analogues à celles exercées par les fonctionnaires mentionnés aux 2° et 3°.

II. – Les agents mentionnés au I sont habilités par arrêté nominatif des autorités suivantes :

a) Le préfet de département, le préfet de région ou le directeur général de l'agence régionale de santé pour les agents mentionnés au 1° du I respectivement placés sous leur autorité ;

b) Le président du conseil départemental pour les agents mentionnés aux 2° et 4° du I ; pour les inspecteurs de salubrité de la ville de Paris, l'agrément prononcé en application des articles R. 531-3 à R. 531-9 du code de la sécurité intérieure vaut habilitation.

III. – Pour accorder l'habilitation mentionnée au I, l'autorité compétente tient compte de l'affectation de l'agent, ainsi que de son niveau de formation ou de son expérience au regard des exigences requises pour l'exercice des missions de police judiciaire définies à l'article L. 331-8-2 du présent code.

Art. R. 331-6-1 I. – Pour l'application de l'article L. 331-8-2, les agents habilités conformément aux dispositions de 1'article R. 331-6 doivent, devant le tribunal judiciaire dans le ressort duquel se trouve leur résidence administrative, prêter le serment suivant : "Je jure et promets de bien et loyalement remplir mes fonctions et d'observer, en tout, les devoirs qu'elles m'imposent. Je jure également de ne rien révéler ou utiliser de ce qui sera porté à ma connaissance à l'occasion de l'exercice de mes fonctions".

Le greffier du tribunal judiciaire porte la mention de cette prestation de serment, de sa date et de son lieu sur la carte professionnelle ou, à défaut, sur l'arrêté d'habilitation de l'agent.

II. – Les agents habilités et assermentés exercent leurs prérogatives dans les limites territoriales de leur affectation, ou le cas échéant dans les limites de la compétence territoriale de l'autorité auprès de laquelle ils sont mis à disposition en vertu du II de l'article L. 313-13.

III. – En cas de changement d'affectation en dehors du ressort de compétence territoriale de l'autorité d'habilitation, l'habilitation est caduque. Une nouvelle habilitation peut être délivrée dans les conditions prévues à l'articles *[article]* R. 331-6.

Lorsque l'agent habilité a déjà été assermenté, à quelque titre que ce soit, pour constater des infractions, il n'a pas à renouveler sa prestation de serment. Sur justification, le greffier du tribunal judiciaire dans le ressort duquel se trouve sa résidence administrative enregistre cette prestation de serment sur la carte professionnelle ou à défaut sur l'arrêté d'habilitation de l'agent.

SECTION 4 **Administration provisoire et cessation définitive d'activité des établissements et services** *(Décr. n° 2019-1382 du 17 déc. 2019, art. 1er-8°)*.

Art. R. 331-7 *(Décr. n° 2019-1382 du 17 déc. 2019, art. 1er-8°)* L'administration provisoire des établissements et services habilités à recevoir des bénéficiaires de l'aide sociale, agréés ou déclarés dans les conditions du présent code, à l'exception de ceux régis par l'article L. 227-4, est exercée dans les conditions définies à la section 4 du chapitre III du titre I du livre III. Lorsqu'il est fait mention par ces dispositions de l'autorité compétente pour délivrer l'autorisation, il convient de lire l'autorité compétente pour délivrer l'habilitation ou l'agrément, ou recevoir la déclaration.

SECTION 5 **Obligation de déclaration des dysfonctionnements graves et événements prévus à l'article L. 331-8-1**

(Décr. n° 2016-1813 du 21 déc. 2016, art. 1er, en vigueur le 1er janv. 2017)

Art. R. 331-8 Sans préjudice des déclarations et signalements prévus par d'autres dispositions législatives et, le cas échéant, du rapport à l'autorité judiciaire, le directeur de l'établissement, du service, du lieu de vie ou du lieu d'accueil ou, à défaut, le responsable de la structure transmet à l'autorité administrative compétente, sans délai et par tout moyen, les informations concernant les dysfonctionnements graves et événements prévus par l'article L. 331-8-1. Lorsque l'information a été transmise oralement, elle est confirmée dans les 48 heures par messagerie électronique ou, à défaut, par courrier postal.

Cette transmission est effectuée selon un formulaire pris par un arrêté des ministres de la justice et de l'intérieur et des ministres chargés du logement, des personnes âgées, des personnes handicapées, de la protection de l'enfance et de la santé. Cet arrêté précise la nature des dysfonctionnements et événements dont les autorités administratives doivent être informées ainsi que le contenu de l'information et notamment la nature du dysfonctionnement ou de l'événement, les circonstances de sa survenue, ses conséquences, ainsi que les mesures immédiates prises et les dispositions envisagées pour y mettre fin et en éviter la reproduction. – *V. Arr. du 28 déc. 2016 relatif à l'obligation de signalement des structures sociales et médico-sociales (JO 31 déc.).*

L'information transmise ne contient aucune donnée nominative et garantit par son contenu l'anonymat des personnes accueillies et du personnel.

Toute information complémentaire se rattachant au dysfonctionnement ou à l'événement déclaré fait l'objet d'une transmission à l'autorité administrative dans les mêmes conditions.

Art. R. 331-9 En cas d'événement indésirable grave associé à des soins, la déclaration au directeur général de l'agence régionale de santé prévue aux articles L. 1413-14 et L. 1413-15 du code de la santé publique vaut information de cette autorité au titre de l'article L. 331-8-1 du code de l'action sociale et des familles. Lorsque la structure concernée par cet événement relève d'une autre autorité administrative compétente, le directeur ou, à défaut, le responsable de la structure doit également l'en informer dans les conditions prévues à l'article R. 331-8.

Art. R. 331-10 Le conseil de la vie sociale de l'établissement, du service, du lieu de vie ou du lieu d'accueil concerné ou, à défaut, les groupes d'expression prévus au 1° de l'article D. 311-21 sont avisés des dysfonctionnements et des événements mentionnés à l'article L. 331-8-1 qui affectent l'organisation ou le fonctionnement de la structure. Le directeur de l'établissement, du service, du lieu de vie ou du lieu d'accueil ou, à défaut, le responsable de la structure communique à ces instances la nature du dysfonctionnement ou de l'événement ainsi que, le cas échéant, les dispositions prises ou envisagées par la structure pour remédier à cette situation et en éviter la reproduction.

TITRE IV DISPOSITIONS SPÉCIFIQUES À CERTAINES CATÉGORIES D'ÉTABLISSEMENTS

CHAPITRE I POUPONNIÈRES

Art. D. 341-1 Les pouponnières à caractère social ont pour objet de garder jour et nuit les enfants de moins de trois ans accomplis qui ne peuvent ni rester au sein de leur famille ni bénéficier d'un placement familial surveillé et dont l'état de santé ne nécessite pas de soins médicaux.

Doit être considérée comme pouponnière à caractère social l'accueil par une même personne de plus de trois enfants âgés de moins de trois ans étrangers à la famille dans les conditions prévues au premier alinéa. – *[Décr. n° 74-58 du 15 janv. 1974, art. 1er, al. 1 à 3 et 13.]*

Art. D. 341-2 Ainsi qu'il est dit à l'article R. 2324-2 du code de la santé publique : "Les pouponnières à caractère social et les pouponnières à caractère sanitaire peuvent former un même établissement à condition que celui-ci comprenne deux services distincts." – *[Décr. n° 74-58 du 15 janv. 1974, art. 2.]*

Art. D. 341-3 Le président du conseil départemental du département où la pouponnière à caractère social est implantée ne peut délivrer l'autorisation mentionnée à l'article L. 313-1 que si :

1° L'établissement s'est assuré le concours d'un médecin qualifié en pédiatrie ;

2° Le personnel attaché à l'établissement présente les garanties sanitaires, morales et professionnelles exigées ;

3° Les locaux satisfont aux conditions techniques d'hygiène et de sécurité requises notamment par les règlements de sécurité contre les risques d'incendie et de panique dans les établissements recevant du public, par les règles générales de construction des bâtiments d'habitation et par le règlement sanitaire départemental en vigueur ;

4° Le règlement de fonctionnement a été agréé par le président du conseil départemental. – *[Décr. n° 74-58 du 15 janv. 1974, art. 4.]*

Art. D. 341-4 L'autorisation de création d'une pouponnière à caractère social fixe le nombre des enfants qui peuvent y être admis. Le nombre de cinquante enfants ne peut être dépassé qu'à titre exceptionnel. – *[Décr. n° 74-58 du 15 janv. 1974, art. 5.]*

Art. D. 341-5 La direction d'une pouponnière à caractère social ne peut être assurée que par une personne âgée de vingt-cinq ans au moins et de soixante-cinq au plus. Elle doit être médecin ou puéricultrice. Lorsque la direction est assurée par une puéricultrice, cette dernière doit justifier de cinq ans au moins d'exercice de la profession avant son entrée en fonctions.

La personne assurant la direction d'une pouponnière à caractère social doit être agréée par le président du conseil départemental. – *[Décr. n° 74-58 du 15 janv. 1974, art. 6.]*

En application des art. L. 231-5 et L. 231-6 CRPA et par dérogation au délai de deux mois prévu à l'art. L. 231-1 du même code, le délai à l'expiration duquel le silence gardé par une collectivité territoriale ou un de ses établissements publics vaut décision d'acceptation est fixé à trois mois pour les demandes d'agrément d'une personne assurant la direction de pouponnières à caractère social (Décr. n° 2015-1460 du 10 nov. 2015, applicable aux demandes présentées à compter du 12 nov. 2015).

Art. D. 341-6 Les pouponnières à caractère social font l'objet de visites régulières d'un médecin qualifié en pédiatrie, agréé par le président du conseil départemental et qui doit, notamment, confirmer après examen, l'admission des enfants, surveiller leur santé, prescrire s'il y a lieu l'exclusion des malades, décider après guérison de leur retour dans l'établissement.

La personne assurant la direction est tenue de fournir tous renseignements utiles et de donner toute facilité pour visiter l'établissement aux personnes régulièrement mandatées par le ministre chargé des affaires sociales. – *[Décr. n° 74-58 du 15 janv. 1974, art. 7.]*

En application des art. L. 231-5 et L. 231-6 CRPA et par dérogation au délai de deux mois prévu à l'art. L. 231-1 du même code, le délai à l'expiration duquel le silence gardé par une collectivité territoriale ou un de ses établissements publics vaut décision d'acceptation est fixé à trois mois pour les demandes d'agrément d'un médecin chargé de visites des pouponnières à caractère social (Décr. n° 2015-1460 du 10 nov. 2015, applicable aux demandes présentées à compter du 12 nov. 2015).

Art. D. 341-7 Les conditions techniques et de fonctionnement auxquelles doivent répondre les pouponnières à caractère social sont fixées par les articles D. 312-123 à D. 312-152. – *[Décr. n° 74-58 du 15 janv. 1974, art. 14.]*

CHAPITRE II HÉBERGEMENT DE PERSONNES ÂGÉES

Art. R. 342-1 *(Abrogé par Décr. n° 2022-734 du 28 avr. 2022, art. 1er-16°)* ***Est puni de l'amende prévue pour les contraventions de la cinquième classe, le fait, dans un établissement mentionné à l'article L. 342-1 :***

1° d'héberger une personne âgée sans avoir au préalable conclu le contrat écrit conformément aux dispositions de l'article L. 342-1 ;

2° de conclure un contrat dont les stipulations ne sont pas conformes aux dispositions de l'article L. 342-2 ;

3° de pratiquer des tarifs supérieurs à ceux résultant de l'application du pourcentage de variation fixé par l'arrêté ministériel ou préfectoral prévus aux articles L. 342-3 et L. 342-4.

La récidive des contraventions prévues au présent article est réprimée conformément aux articles 132-11 et 132-15 du code pénal. – [Décr. n° 91-322 du 27 mars 1991, art. 1er, sauf 4°.]

Art. D. 342-2 *(Décr. n° 2006-584 du 23 mai 2006)* **La convention d'aide sociale prévue à l'article L. 342-3-1 définit la nature et les conditions de mise en œuvre des missions assurées par l'établissement accueillant des personnes âgées par référence au schéma gérontologique départemental.**

Cette convention mentionne notamment :

– les catégories de publics que l'établissement s'engage à accueillir ;

– la nature des actions qu'il conduit au bénéfice de ces publics ;

– les conditions d'admission et de réservation des places des bénéficiaires de l'aide sociale ;

– les modalités de coordination avec les services sociaux aux fins de faciliter l'admission des bénéficiaires de l'aide sociale ;

– les modalités selon lesquelles sont assurés les soutiens sociaux aux bénéficiaires de l'aide sociale ;

– les montants des tarifs pris en charge par l'aide sociale, leurs règles de calcul et de revalorisation.

Art. D. 342-3 *(Décr. n° 2015-1868 du 30 déc. 2015, art. 2, en vigueur le 1er juill. 2016)* **La liste des prestations minimales relatives à l'hébergement prévue au troisième alinéa de l'article L. 342-2 est fixée à l'annexe 2-3-1.**

Art. D. 342-4 *(Décr. n° 2016-696 du 27 mai 2016, art. 7)* **La liste des prestations minimales prévue au deuxième alinéa du III de l'article L. 313-12 est fixée à l'annexe 2-3-2.**

L'art. D. 342-4, créé par le Décr. n° 2016-696 du 27 mai 2016, s'applique aux résidences autonomie régies par le III et le IV de l'art. L. 313-12 au plus tard le 1er janv. 2021. Il n'est pas applicable en Guadeloupe, en Guyane, à La Réunion, en Martinique, à Saint-Pierre-et-Miquelon, à Mayotte, à Saint-Barthélemy et à Saint-Martin (Décr. préc., art. 9 et 11-I).

Art. D. 342-5 *(Décr. n° 2015-1873 du 30 déc. 2015, art. 1er, en vigueur le 1er janv. 2016)* **La formule permettant de déterminer le taux maximal d'évolution des prix du socle de prestations et des autres prestations d'hébergement prévu à l'article L. 342-3 est fixée à l'annexe 2-3-3.**

CHAPITRE III CENTRES D'ACTION MÉDICO-SOCIALE PRÉCOCE

Le présent chapitre ne comprend pas de dispositions réglementaires.

CHAPITRE IV CENTRES POUR HANDICAPÉS ADULTES

SECTION 1 Maisons d'accueil spécialisées

Art. R. 344-1 **Les maisons d'accueil spécialisées reçoivent, conformément aux dispositions de l'article L. 344-1 et sur décision de la** *(Décr. n° 2005-1589 du 19 déc. 2005)* **« commission des droits et de l'autonomie des personnes handicapées », des personnes adultes qu'un handicap intellectuel, moteur ou somatique grave ou une association de handicaps intellectuels, moteurs ou sensoriels rendent incapables de se suffire à elles-mêmes dans les actes essentiels de l'existence et tributaires d'une surveillance médicale et de soins constants.** – *[Décr. n° 78-1211 du 26 déc. 1978, art. 1er.]*

Art. R. 344-2 **Les maisons d'accueil spécialisées doivent assurer de manière permanente aux personnes qu'elles accueillent :**

1° l'hébergement ;

2° les soins médicaux et paramédicaux ou correspondant à la vocation des établissements ;

3° les aides à la vie courante et les soins d'entretien nécessités par l'état de dépendance des personnes accueillies ;

4° des activités de vie sociale, en particulier d'occupation et d'animation, destinées notamment à préserver et améliorer les acquis et prévenir les régressions de ces personnes.

Elles peuvent en outre être autorisées à recevoir soit en accueil de jour permanent, soit en accueil temporaire des personnes handicapées mentionnées à l'article R. 344-1. – *[Décr. nº 78-1211 du 26 déc. 1978,art. 2.]*

Art. R. 344-3 *Abrogé par Décr. nº 2006-422 du 7 avr. 2006, à compter du 9 avr. 2006.*

Art. R. 344-4 *et* R. 344-5 *Abrogés par Décr. nº 2005-1260 du 4 oct. 2005, art. 3.*

SECTION 1-1 Établissements et services accueillant des adultes handicapés qui n'ont pu acquérir un minimum d'autonomie

(Décr. nº 2009-322 du 20 mars 2009)

§ 1 Dispositions générales

Art. D. 344-5-1 Les dispositions de la présente section sont applicables aux maisons d'accueil spécialisées, aux foyers d'accueil médicalisé et aux services d'accompagnement médico-social pour adultes handicapés mentionnés au 7° de l'article L. 312-1, lorsqu'ils accueillent ou accompagnent des personnes handicapées adultes mentionnées à l'article L. 344-1-1. Ces personnes présentent une situation complexe de handicap, avec altération de leurs capacités de décision et d'action dans les actes essentiels de la vie quotidienne.

Cette situation résulte :

a) Soit d'un handicap grave à expression multiple associant déficience motrice et déficience intellectuelle sévère ou profonde et entraînant une restriction extrême de l'autonomie et des possibilités de perception, d'expression et de relation ;

b) Soit d'une association de déficiences graves avec un retard mental moyen sévère ou profond entraînant une dépendance importante ;

c) Soit d'une déficience intellectuelle, cognitive ou psychique sévère ou profonde associée à d'autres troubles, dont des troubles du comportement qui perturbent gravement la socialisation et nécessitent une surveillance constante.

Art. D. 344-5-2 Les personnes handicapées mentionnées à l'article D. 344-5-1 cumulent tout ou partie des besoins suivants :

1° Besoin d'une aide pour la plupart des activités relevant de l'entretien personnel et, le cas échéant, de la mobilité ;

2° Besoin d'une aide à la communication et à l'expression de leurs besoins et attentes ;

3° Besoin d'une aide pour tout ou partie des tâches et exigences générales et pour la relation avec autrui, notamment pour la prise de décision ;

4° Besoin d'un soutien au développement et au maintien des acquisitions cognitives ;

5° Besoin de soins de santé réguliers et d'accompagnement psychologique.

Les besoins d'aide mentionnés du 1° au 3° résultent de difficultés dans la réalisation effective des activités concernées qui, lorsqu'elles sont accomplies, ne peuvent l'être qu'avec l'aide d'un tiers ou avec une surveillance continue.

Les besoins d'aide, de soutien ou de soins justifient un accompagnement médico-social soutenu.

Ces besoins sont évalués par l'équipe pluridisciplinaire de la maison départementale des personnes handicapées, dans les conditions fixées à l'article R. 146-28.

§ 2 Dispositions générales sur la qualité et la continuité de l'accompagnement

Art. D. 344-5-3 Pour les personnes qu'ils accueillent ou accompagnent, les établissements et services mentionnés à l'article D. 344-5-1 :

1° Favorisent, quelle que soit la restriction de leur autonomie, leur relation aux autres et l'expression de leurs choix et de leur consentement en développant toutes leurs possibilités de communication verbale, motrice ou sensorielle, avec le recours à une aide humaine et, si besoin, à une aide technique ;

2° Développent leurs potentialités par une stimulation adaptée tout au long de leur existence, maintiennent leurs acquis et favorisent leur apprentissage et leur autonomie par des actions socio-éducatives adaptées en les accompagnant dans l'accomplissement de tous les actes de la vie quotidienne ;

3° Favorisent leur participation à une vie sociale, culturelle et sportive par des activités adaptées ;

4° Portent une attention permanente à toute expression d'une souffrance physique ou psychique ;

5° Veillent au développement de leur vie affective et au maintien du lien avec leur famille ou leurs proches ;

6° Garantissent l'intimité en leur préservant un espace de vie privatif ;

7° Assurent un accompagnement médical coordonné garantissant la qualité des soins ;

8° Privilégient l'accueil des personnes par petits groupes au sein d'unités de vie.

§ 3 Dispositions relatives au contrat de séjour

Art. D. 344-5-4 Sans préjudice des dispositions de l'article D. 311, le contrat de séjour mentionné à l'article L. 311-4 :

1° Tient compte de la situation spécifique des personnes mentionnées à l'article D. 344-5-1, de leur projet de vie et de leur famille ;

2° Détaille les objectifs et les actions de soutien médico-social et éducatif adaptés aux souhaits et capacités de la personne et à son âge ;

3° Prévoit, par toute mesure adaptée, la participation de la personne aux réunions et aux décisions la concernant.

§ 4 Dispositions relatives à l'organisation et au fonctionnement des établissements et services

Art. D. 344-5-5 Afin de garantir la qualité de l'accueil ou de l'accompagnement des personnes mentionnées à l'article D. 344-5-1, le projet d'établissement ou de service prévu à l'article L. 311-8 :

1° Précise les objectifs et les moyens mis en œuvre pour assurer collectivement la qualité d'accueil ou d'accompagnement ;

2° Détaille les caractéristiques générales des accompagnements et prestations mis en œuvre par l'établissement ou le service qui constituent le cadre de référence des actions de soutien médico-social et éducatif prévues par le contrat de séjour visé à l'article D. 344-5-4 ;

3° Précise les modalités de la mise en place et les missions d'un référent pour chaque personne accompagnée chargé notamment de favoriser la cohérence et la continuité de l'accompagnement ;

4° Détaille la composition de l'équipe pluridisciplinaire et précise les modalités de coordination des différents professionnels entre eux et avec les partenaires extérieurs ;

5° Sous la responsabilité d'un médecin, organise la coordination des soins au sein de l'établissement ou du service et avec les praticiens extérieurs. Le représentant légal ou la famille y est associé dans le respect des dispositions du code civil et du code de la santé publique relatives aux majeurs protégés ;

6° Formalise les procédures relatives à l'amélioration de la qualité de fonctionnement de l'établissement ou du service et des prestations qui sont délivrées ;

7° Précise le contenu de la collaboration de l'établissement ou du service avec d'autres partenaires, notamment lorsque la personne est accompagnée par plusieurs structures. Cette collaboration est formalisée et peut donner lieu à la conclusion d'une convention ou s'inscrire dans l'une des autres formules de coopération mentionnées à l'article L. 312-7 ;

8° Prévoit les modalités de transmission aux structures d'accompagnement de toute information sur les mesures permettant la continuité et la cohérence de l'accompagnement lorsque la personne est réorientée ;

9° Prévoit les modalités d'élaboration d'accès et de transmission des documents mentionnés à l'article D. 344-5-8.

Art. D. 344-5-6 Pour répondre aux situations nécessitant une intervention d'urgence, les établissements mentionnés à l'article D. 344-5-1 :

1° Disposent d'un matériel permettant la restitution et le maintien des fonctions vitales, dans l'attente de la prise en charge des personnes qu'ils accueillent vers un établissement de santé ;

2° Passent une convention avec un établissement de santé ayant pour objet de définir les conditions et les modalités de transfert et de prise en charge des personnes.

Art. D. 344-5-7 L'organisation générale de l'établissement ou du service garantit l'accompagnement de la personne dans sa globalité de manière continue tout au long de l'année.

Sans préjudice des dispositions des articles R. 311-33 à R. 311-37, le règlement de fonctionnement de l'établissement ou du service détermine les périodes d'ouverture de l'établissement ou du service.

Pour chaque période de fermeture, l'établissement ou le service, en concertation avec la personne, sa famille, ses proches ou son représentant légal, organise l'accueil de la personne dans sa famille, chez ses proches, dans un établissement ou service médico-social ou dans un séjour de vacances adaptées organisées dans les conditions prévues aux articles R. 412-8 à R. 412-17 du code du tourisme.

Art. D. 344-5-8 Lorsque la personne accueillie ou accompagnée consulte un professionnel de santé ou est admise temporairement dans un établissement de santé ou est accueillie de façon provisoire dans un établissement ou service de santé, social ou médico-social ou participe à un séjour de vacances adaptées organisées dans les conditions prévues aux articles R. 412-8 à R. 412-17 du code du tourisme, les établissements et services mentionnés à l'article D. 344-5-1 transmettent à l'établissement, au service ou au centre un dossier contenant :

1° Une fiche exposant de façon simple les principales caractéristiques et les précautions à prévoir pour le type de handicap présenté par la personne ;

2° Une fiche, à l'intention d'un médecin, présentant les informations médicales relatives à la personne ;

3° Une fiche de liaison paramédicale indiquant les soins quotidiens et les éventuelles aides techniques dont la personne a besoin ;

4° Une fiche sur les habitudes de vie et les conduites à tenir propres à la personne.

Art. D. 344-5-9 Lorsque la personne est amenée à se déplacer en consultation médicale, paramédicale ou liée à la compensation de son handicap, l'établissement ou le service assure la présence à ses côtés d'une tierce personne la connaissant.

§ 5 Dispositions relatives au personnel

Art. D. 344-5-10 Le directeur de l'établissement ou du service a la responsabilité du fonctionnement général de l'établissement ou du service.

Sans préjudice des dispositions de l'article D. 312-176-5, le directeur est le garant de la qualité de l'accueil et de l'accompagnement des personnes mentionnées à l'article D. 344-5-1. A ce titre, le directeur :

1° En concertation avec la personne handicapée, sa famille, son représentant légal et l'équipe pluridisciplinaire, désigne le référent de chaque personne accompagnée, visé au 3° du D. 344-5-5 ;

2° Mobilise les moyens propres à assurer la formation continue et le soutien permanent des professionnels.

Art. D. 344-5-11 La composition et le fonctionnement de l'équipe pluridisciplinaire permettent la réalisation de chaque accompagnement individualisé défini dans les contrats de séjour, en cohérence avec le projet d'établissement ou de service.

A ce titre, l'équipe pluridisciplinaire :

1° Dresse dès l'admission un bilan pluridisciplinaire de l'état général et de la situation de la personne ;

2° Veille à l'actualisation de ce bilan dont un exemplaire est adressé chaque année à la famille ou au représentant légal par le directeur ;

3° Assure une fonction générale de prévention et de surveillance de la santé physique et psychique ;

4° Apporte, dans l'accomplissement des actes essentiels de la vie quotidienne, un accompagnement qui favorise l'apprentissage et l'autonomie des personnes ;

5° Favorise l'épanouissement personnel et social de chacune des personnes.

Art. D. 344-5-12 L'établissement ou le service s'assure le concours d'une équipe pluridisciplinaire disposant de compétences dans les domaines médical, paramédical, psychologique, éducatif et social, de la rééducation et de la réadaptation.

L'organisation et la composition de l'équipe pluridisciplinaire intervenant auprès des personnes adultes handicapées n'ayant pu acquérir un minimum d'autonomie garantissent :

1° Un accompagnement au quotidien dans les actes essentiels de la vie quotidienne et les activités éducatives, sociales, culturelles et sportives ;

2° La cohérence et la continuité des soins de toute nature que nécessite l'état de la personne, par la coordination des intervenants ;

3° Un encadrement des professionnels dans les conditions prévues à l'article D. 344-5-13.

Un arrêté du ministre chargé des personnes handicapées et du ministre chargé de la protection sociale détermine les conditions d'application de ces dispositions.

Dans les établissements et services accueillant des personnes mentionnées à l'article D. 344-5-1, la composition de l'équipe pluridisciplinaire et les effectifs doivent tenir compte des spécificités des personnes accompagnées qui nécessitent un accompagnement renforcé.

Art. D. 344-5-13 Pour la mise en œuvre des articles D. 344-5-11 et D. 344-5-12, l'équipe pluridisciplinaire comprend ou associe :

1° Au moins un membre de chacune des professions suivantes :

a) Médecin généraliste ;
b) Éducateur spécialisé ;
c) Moniteur éducateur ;
d) Assistant de service social ;
e) Psychologue ;
f) Infirmier ;
g) Aide-soignant ;
h) Aide médico-psychologique ;
i) Auxiliaire de vie sociale ;

2° Selon les besoins des personnes mentionnées à l'article D. 344-5-1, des membres des professions suivantes :

a) Psychiatre ;
b) Autres médecins qualifiés spécialistes ;
c) Kinésithérapeute ;
d) Psychomotricien ;
e) Ergothérapeute ;
f) Orthophoniste ;
g) Orthoptiste ;
h) Prothésiste et orthésiste pour l'appareillage des personnes handicapées ;
i) Diététicien ;
j) Professeur d'éducation physique et sportive ou éducateur sportif ;
k) Animateur.

Art. D. 344-5-14 Pour répondre aux obligations fixées aux articles D. 344-5-11 et D. 344-5-12, les professionnels mentionnés à l'article D. 344-5-13 sont titulaires des diplômes mentionnés au présent code ou au code de la santé publique ou titulaires d'une qualification enregistrée au répertoire national des certifications professionnelles prévu à l'article L. 335-6 du code de l'éducation ou, pour les ressortissants d'un autre État membre de la Communauté européenne ou d'un autre État partie à l'Espace économique européen, d'un titre de formation équivalent.

L'établissement ou le service a une mission de transmission des savoirs, d'encadrement et d'intégration des nouveaux personnels, stagiaires ou recrutés, dont les modalités d'organisation sont prévues dans le projet d'établissement ou de service.

Art. D. 344-5-14*[-1]* Lorsque la taille de l'établissement ou du service ou le nombre de personnes accompagnées ne permettent pas la constitution totale de l'équipe pluridisciplinaire, l'établissement ou le service peut :

1° Passer des conventions avec d'autres établissements et services sociaux et médico-sociaux ;

2° Être membre d'un groupement de coopération sanitaire visé à l'article L. 6133-1 du code de la santé publique ou membre d'un des groupements visés à l'article L. 312-7.

Ndlr : le Décr. n° 2009-322 du 20 mars 2009 introduit deux art. D. 344-5-14.

Art. D. 344-5-15 Les personnels de l'équipe pluridisciplinaire peuvent être salariés de l'établissement, du service ou d'une structure avec laquelle est conclue une convention ou qui est membre du même groupement, ou exercer à titre libéral lorsqu'ils sont habilités à pratiquer ce mode d'exercice. Dans ce dernier cas, les professionnels libéraux s'engagent vis-à-vis des établissements ou services visés à l'article D. 344-5-1 à respecter le règlement de fonctionnement et le projet d'établissement ou de service, ainsi qu'à adapter leurs modalités d'intervention afin de garantir la qualité des prestations.

Art. D. 344-5-16 L'établissement ou le service développe des partenariats avec d'autres établissements et services du secteur afin de mettre en place des actions de formation continue et des modes de soutien communs à l'ensemble de leurs professionnels. Les modes de soutien peuvent prendre la forme d'actions de supervision et d'analyse des pratiques.

SECTION 2 **Établissements et services d'aide par le travail** *(Décr. n° 2006-703 du 16 juin 2006, art. 3-I).*

SOUS-SECTION 1 **Dispositions générales**

Art. R. 344-6 Les *(Décr. n° 2006-703 du 16 juin 2006, art. 3-II)* « établissements et services d'aide par le travail » accueillent les personnes handicapées, quelle que soit la nature de leur handicap, sur décision de la *(Décr. n° 2006-703 du 16 juin 2006, art. 3-II)* « commission des droits et de l'autonomie des personnes handicapées », à partir de l'âge de vingt ans. Ils peuvent également accueillir les personnes handicapées dont l'âge est compris entre seize et vingt ans ; *(Décr. n° 2006-703 du 16 juin 2006, art. 3-II)* « dans ce cas, la commission des droits et de l'autonomie des personnes handicapées siège en formation plénière ». — *[Décr. n° 77-1546 du 31 déc. 1977, art. 1er.]*

Art. R. 344-7 *(Décr. n° 2022-1561 du 13 déc. 2022, art. 3-1°)* Afin de faciliter le parcours et l'accompagnement dans le marché du travail des travailleurs handicapés qu'ils accueillent, les établissements et les services d'aide par le travail concluent une convention de partenariat avec :

1° Au moins, un des acteurs du service public de l'emploi de leur territoire, mentionnés aux articles L. 5214-3-1, L. 5312-1 et L. 5314-1 du code du travail ;

2° Le gestionnaire de la plateforme d'emploi accompagné du département, dans le cadre du dispositif mentionné à l'article L. 5213-2-1 du code du travail ;

3° Au moins, une entreprise adaptée du département ou d'un département limitrophe.

Art. R. 344-7-1 *(Décr. nº 2022-1561 du 13 déc. 2022, art. 3-2º)* Dans les établissements et les services d'aide par le travail, une instance, composée en nombre égal de représentants des usagers et de représentants des salariés de l'établissement ou du service, est instituée. Les représentants des usagers au sein de cette instance sont les représentants des usagers qui siègent au sein du conseil de la vie sociale et le délégué mentionné à l'article R. 243-13-1.

Cette instance élit, en son sein, son président.

Elle émet des avis et formule des propositions sur la qualité de vie au travail, l'hygiène et la sécurité, ainsi que l'évaluation et la prévention des risques professionnels.

Elle se réunit au moins une fois tous les trimestres.

Art. R. 344-7-2 *(Décr. nº 2022-1561 du 13 déc. 2022, art. 3-2º)* Au plus tard le 30 avril de chaque année, les établissements et les services d'aide par le travail présentent au directeur général de l'agence régionale de santé un rapport sur la mise en œuvre des actions en direction des travailleurs handicapés qu'ils accompagnent.

Art. R. 344-8 Les *(Décr. nº 2006-703 du 16 juin 2006, art. 3-IV)* « établissements et les services d'aide par le travail » doivent répondre aux conditions d'hygiène et de sécurité prévues par les articles *(Décr. nº 2022-1561 du 13 déc. 2022, art. 3-3º)* « L. 4111-1 » et suivants du code du travail.

Les *(Décr. nº 2006-703 du 16 juin 2006, art. 3-IV)* « établissements et les services d'aide par le travail » sont soumis aux règles de la médecine du travail *(Décr. nº 2006-703 du 16 juin 2006, art. 3-IV)* « telles que prévues aux articles *(Décr. nº 2022-1561 du 13 déc. 2022, art. 3-3º)* « L. 4622-2 » et suivants du même code ». – *[Décr. nº 77-1546 du 31 déc. 1977, art. 9 et 10.]*

Art. R. 344-9 L'exploitation des *(Décr. nº 2006-703 du 16 juin 2006, art. 3-V)* « établissements et les *[des]* services d'aide par le travail » est retracée au sein de deux budgets : le budget principal de l'activité sociale de l'établissement et le budget annexe de l'activité de production et de commercialisation. – *[Décr. nº 77-1546 du 31 déc. 1977, art. 11.]*

Art. R. 344-10 Le budget principal de l'activité sociale comprend notamment en charges :

1º *(Décr. nº 2006-703 du 16 juin 2006, art. 3-VI)* « les frais entraînés par le soutien médico-social et éducatif des personnes handicapées afférents à leur activité à caractère professionnel et concourant à l'épanouissement personnel et social des travailleurs handicapés ;

« 2º les frais de transport collectif des travailleurs handicapés lorsque des contraintes tenant à l'environnement ou aux capacités des travailleurs handicapés l'exigent » ;

3º la part résultant de la ventilation des charges communes aux deux budgets ;

4º le cas échéant, à titre exceptionnel et dans les conditions fixées à l'article R. 344-13, certains frais directement entraînés par l'activité de production et de commercialisation.

Ce budget comprend en produits notamment la dotation globale de financement.

Art. R. 344-11 Le budget annexe de l'activité de production et de commercialisation comprend les seuls frais directement entraînés par l'activité de production et de commercialisation, au nombre desquels :

1º la rémunération *(Décr. nº 2006-703 du 16 juin 2006, art. 3-VII)* « garantie » des personnes handicapées et les charges sociales et fiscales afférentes *(Décr. nº 2006-703 du 16 juin 2006, art. 3-VII)* « y compris, les dépenses de service de santé au travail pour les travailleurs handicapés » ;

2º le coût d'achat des matières premières destinées à la production ;

3º les dotations aux comptes d'amortissement et de provision imputables à l'activité de production et de commercialisation ;

4º la part résultant de la ventilation des charges communes aux deux budgets.

Ce budget comprend en produits *(Décr. nº 2006-703 du 16 juin 2006, art. 3-VII)* « le montant global des aides au poste versées en application de l'article L. 243-4 et suivants ainsi que » l'intégralité des recettes dégagées par l'activité de production et de commercialisation.

Le budget annexe de l'activité de production et de commercialisation peut être établi conformément aux dispositions du plan comptable général.

Art. R. 344-12 Par dérogation aux dispositions de l'article R. 344-9, le budget de l'activité sociale et le budget de l'activité de production et de commercialisation peuvent, pour les *(Décr. nº 2006-703 du 16 juin 2006, art. 3-VIII)* « établissements ou les services d'aide par le travail » gérés par des établissements publics, faire l'objet, l'un comme l'autre, d'un budget annexe de l'établissement gestionnaire.

(Décr. nº 2007-874 du 14 mai 2007, art. 4) « Par dérogation aux dispositions de l'article R. 323-61 du code du travail, les établissements publics qui gèrent des établissements ou services d'aide par le travail peuvent aussi gérer en budget annexe une entreprise adaptée conformément aux dispositions du plan comptable des établissements publics sociaux et médico-sociaux.

« Par dérogation aux dispositions de l'article R. 344-9 du présent code et de l'article R. 323-61 *[R. 5213-70 s. nouv.]* du code du travail, une entreprise adaptée dont l'organisme gestionnaire est une personne morale de droit privé à but non lucratif peut être gérée, conformément aux dispositions du plan comptable des établissements privés sociaux et médico-sociaux, en budget annexe d'un établissement ou service d'aide par le travail, si sa capacité d'accueil est inférieure à quinze places ou à la moitié de la capacité autorisée pour ledit établissement ou service. »

Art. R. 344-13 A l'exclusion des charges relatives à la rémunération *(Décr. nº 2006-703 du 16 juin 2006, art. 3-IX)* « garantie » des personnes handicapées, certaines charges ou fractions de charges directement entraînées par *(Abrogé par Décr. nº 2006-703 du 16 juin 2006, art. 3-IX) « les activités de »* l'activité de production et de commercialisation peuvent, à titre exceptionnel, être inscrites dans les charges du budget prévisionnel de l'activité sociale.

Cette inscription n'est possible que lorsque le budget prévisionnel de l'activité de production et de commercialisation présente, pour l'exercice en cause, un déséquilibre lié soit au démarrage ou à la reconversion de cette activité, soit à une modification importante et imprévisible de ses conditions économiques, et susceptible de mettre en cause le fonctionnement normal de l'établissement *(Décr. nº 2006-703 du 16 juin 2006, art. 3-IX)* « ou du service d'aide par le travail ».

Les dispositions du présent article relatives à cette inscription exceptionnelle ne peuvent recevoir application plus de trois années consécutives pour un même *(Décr. nº 2006-703 du 16 juin 2006, art. 3-IX)* « établissement ou service » d'aide par le travail. – *[Décr. nº 77-1546 du 31 déc. 1977, art. 12, mod. par Décr. nº 95-714 du 9 mai 1995.]*

Art. R. 344-14 L'état récapitulatif des charges communes aux deux budgets mentionnés à l'article R. 344-9 ainsi que leur ventilation comptable et les critères selon lesquels elle a été opérée sont transmis au *(Décr. nº 2010-344 du 31 mars 2010, art. 258)* « directeur général de l'agence régionale de santé » lors de la soumission des prévisions budgétaires *(Décr. nº 2006-703 du 16 juin 2006, art. 3-X)* « de l'établissement ou du service d'aide par le travail ». Il en est de même lors de la transmission du compte administratif.

Une convention passée entre le *(Décr. nº 2010-344 du 31 mars 2010, art. 258)* « directeur général de l'agence régionale de santé » et *(Décr. nº 2006-703 du 16 juin 2006, art. 3-X)* « l'établissement ou le service d'aide par le travail » peut fixer les critères selon lesquels est opérée la ventilation des charges communes. – *[Décr. nº 77-1546 du 31 déc. 1977, art. 13.]*

Art. R. 344-15 *(Décr. nº 2006-703 du 16 juin 2006, art. 3-XII)* Les obligations de l'employeur prévues par la législation sur les accidents du travail du livre IV du code

de la sécurité sociale et du chapitre I du titre III du livre VII du code rural et de la pêche maritime incombent à la personne ou à l'organisme responsable de la gestion de l'établissement ou du service d'aide par le travail.

SOUS-SECTION 2 Exercice d'une activité à caractère professionnel en milieu ordinaire de travail par des travailleurs handicapés admis en établissement ou service d'aide par le travail

(Décr. nº 2007-874 du 14 mai 2007, art. 5)

Les dispositions du Décr. nº 2007-874 du 14 mai 2007 sont applicables à compter du 1er janv. 2007 (Décr. nº 2007-874 du 14 mai 2007, art. 7).

Art. R. 344-16 **Lorsque l'exercice d'une activité à caractère professionnel en milieu ordinaire de travail est susceptible de favoriser l'épanouissement personnel et professionnel et de développer la capacité d'emploi de travailleurs handicapés admis dans un établissement ou un service d'aide par le travail, cet établissement ou ce service peut, avec l'accord des intéressés et dans les conditions définies par la présente sous-section, mettre une ou plusieurs personnes handicapées à la disposition d'une entreprise, d'une collectivité territoriale, d'un établissement public, d'une association ou de toute autre personne morale de droit public ou de droit privé ainsi qu'auprès d'une personne physique.**

Quelles que soient les modalités d'exercice de cette activité à caractère professionnel en milieu ordinaire de travail, les travailleurs handicapés concernés continuent à bénéficier d'un accompagnement médico-social et professionnel assuré par l'établissement ou le service d'aide par le travail auquel ils demeurent rattachés.

Art. R. 344-17 **Un contrat écrit est passé entre l'établissement ou le service d'aide par le travail et la personne physique ou morale auprès de laquelle la mise à disposition est réalisée.**

Ce contrat précise notamment :

1° Le nom du ou des travailleurs handicapés concernés et, en cas de mise à disposition d'équipes dont la composition est susceptible de varier, le nombre de travailleurs handicapés qui les composent ;

2° La nature de l'activité ou des activités confiées aux travailleurs handicapés, ainsi que le lieu et les horaires de travail ;

3° La base de facturation à l'utilisateur du travail fourni ou du service rendu *(Décr. nº 2022-1561 du 13 déc. 2022, art. 3-4°)* **« , de l'appui individualisé mentionné à l'article D. 5213-81 du code du travail » et des dépenses correspondant aux charges particulières d'exploitation incombant à l'établissement ou au service d'aide par le travail entraînées par la mise à disposition ;**

4° Les conditions dans lesquelles l'établissement ou le service d'aide par le travail assure au travailleur handicapé l'aide et le soutien médico-social qui lui incombent ;

5° Les conditions dans lesquelles est exercée la surveillance médicale du travailleur handicapé prévue *(Décr. nº 2022-1561 du 13 déc. 2022, art. 3-4°)* **« aux articles R. 4624-19 et R. 4624-20 » du code du travail ou à l'article R. 717-16 du code rural et de la pêche maritime ;**

6° Les mesures prévues pour assurer l'adaptation du travailleur handicapé à son nouveau milieu de travail.

(Décr. nº 2022-1561 du 13 déc. 2022, art. 3-4°) **« La facturation, mentionnée au 3°, de l'appui individualisé et des charges particulières d'exploitation entraînées par la mise à disposition prend en compte le coût du salaire chargé du personnel qui assure cet appui rapporté au pourcentage du temps passé à cette action, ainsi que les frais de déplacement éventuels du travailleur pour se rendre sur le lieu de mise à disposition, à l'exclusion de toute marge financière. Le contrat de mise à disposition conclu entre l'établissement ou le service d'aide par le travail et l'utilisateur du ou des travailleurs mis à disposition fait mention des différentes composantes de la facturation et de leurs montants respectifs. »**

Art. R. 344-18 Lorsqu'il porte sur la mise à disposition individuelle d'un ou plusieurs travailleurs handicapés nommément désignés, le contrat mentionné à l'article R. 344-17 a une durée maximale de deux ans. Il est communiqué à la maison départementale des personnes handicapées dans les quinze jours qui suivent sa signature.

La prolongation au-delà de deux ans de cette mise à disposition du travailleur handicapé est subordonnée à l'accord de la commission des droits et de l'autonomie des personnes handicapées. Cet accord est demandé par le directeur de l'établissement ou du service d'aide par le travail.

Art. R. 344-19 Les dispositions concernant l'hygiène et la sécurité auxquelles est assujettie la personne physique ou morale qui a passé contrat avec l'établissement ou le service d'aide par le travail sont applicables aux travailleurs handicapés qui sont mis à sa disposition.

Lorsque l'activité exercée par le travailleur handicapé nécessite une surveillance médicale renforcée ou particulière au sens des articles R. 4624-19 et R. 4624-20 du code du travail ou de l'article R. 717-16 du code rural et de la pêche maritime, les obligations correspondantes sont à la charge de l'utilisateur.

Art. R. 344-20 Les dispositions des articles R. 243-5 à *(Décr. n° 2022-1561 du 13 déc. 2022, art. 3-5°)* « R. 243-13-2 » et des articles R. 344-6 à R. 344-15 demeurent applicables aux établissements ou services d'aide par le travail dans le cas où des travailleurs handicapés exercent une activité dans les conditions définies par la présente sous-section.

Art. R. 344-21 Les travailleurs handicapés qui exercent leur activité dans les conditions définies par la présente sous-section sont compris dans les effectifs des personnes accueillies par l'établissement ou le service d'aide par le travail.

SECTION 3 Dispositions applicables aux personnes accueillies dans les centres pour handicapés adultes

SOUS-SECTION 1 Contribution aux frais d'hébergement et d'entretien

Art. R. 344-29 Toute personne handicapée qui est accueillie de façon permanente ou temporaire, à la charge de l'aide sociale, dans un établissement de rééducation professionnelle fonctionnant en internat, dans un foyer-logement ou dans tout autre établissement d'hébergement pour personnes handicapées doit s'acquitter d'une contribution qu'elle verse à l'établissement ou qu'elle donne pouvoir à celui-ci d'encaisser.

Cette contribution, qui a pour seul objet de couvrir tout ou partie des frais d'hébergement et d'entretien de la personne handicapée, est fixée par *(Décr. n° 2006-584 du 23 mai 2006)* « le président du conseil départemental » *(Décr. n° 2007-198 du 13 févr. 2007 ; Décr. n° 2010-344 du 31 mars 2010, art. 259)* « ou le préfet ou le directeur général de l'agence régionale de santé », au moment de la décision de prise en charge, compte tenu des ressources du pensionnaire, de telle sorte que celui-ci puisse conserver le minimum fixé en application du 1° de l'article L. 344-5. Elle peut varier ultérieurement selon l'évolution des ressources mensuelles de l'intéressé.

L'aide sociale prend en charge les frais d'hébergement et d'entretien qui dépassent la contribution du pensionnaire. — *[Décr. n° 77-1547 du 31 déc. 1977, art. 1er.]*

Art. R. 344-30 *(Décr. n° 2006-584 du 23 mai 2006)* « Le président du conseil départemental » *(Décr. n° 2007-198 du 13 févr. 2007 ; Décr. n° 2010-344 du 31 mars 2010, art. 259)* « ou le préfet ou le directeur général de l'agence régionale de santé » peut prévoir une exonération de la contribution pendant les périodes de vacances et, à cette fin, fragmenter la contribution en semaines, une semaine représentant trois treizièmes de la contribution mensuelle. — *[Décr. n° 77-1547 du 31 déc. 1977, art. 3.]*

Art. R. 344-31 Si le pensionnaire ne s'acquitte pas de sa contribution pendant deux mois consécutifs, l'établissement est fondé, sans préjudice des recours de droit commun, à réclamer le paiement direct à son profit de l'allocation aux adultes handicapés à charge pour lui de reverser à l'intéressé le minimum de ressources fixé en application de l'article L. 344-5.

L'organisme débiteur de l'allocation aux adultes handicapés ne peut refuser le paiement direct à l'établissement qui doit être effectué à partir du mois suivant celui au cours duquel il est réclamé. – *[Décr. nº 77-1547 du 31 déc. 1977, art. 2.]*

Art. R. 344-32 Lorsque le pensionnaire est obligé, pour effectuer les actes ordinaires de la vie, d'avoir recours à l'assistance d'une tierce personne et qu'il bénéficie à ce titre de l'allocation compensatrice prévue à l'article L. 245-1, le paiement de cette allocation est suspendu à concurrence d'un montant fixé par *(Décr. nº 2006-584 du 23 mai 2006)* « le président du conseil départemental » *(Décr. nº 2007-198 du 13 févr. 2007 ; Décr. nº 2010-344 du 31 mars 2010, art. 259)* « ou le préfet ou le directeur général de l'agence régionale de santé », en proportion de l'aide qui lui est assurée par le personnel de l'établissement pendant qu'il y séjourne et au maximum à concurrence de 90 p. 100. – *[Décr. nº 77-1547 du 31 déc. 1977, art. 4-I.]*

Art. R. 344-33 Lorsque le pensionnaire expose des frais supplémentaires liés à l'exercice d'une activité professionnelle et qu'il bénéficie à ce titre de l'allocation compensatrice, il garde la disposition de celle-ci. Toutefois, si l'établissement le décharge d'une partie de ces frais par des services et notamment par la mise à sa disposition de moyens de transports adaptés, le paiement de l'allocation est suspendu jusqu'à concurrence d'un montant fixé par *(Décr. nº 2006-584 du 23 mai 2006)* « le président du conseil départemental » *(Décr. nº 2007-198 du 13 févr. 2007 ; Décr. nº 2010-344 du 31 mars 2010, art. 259)* « ou le préfet ou le directeur général de l'agence régionale de santé ». – *[Décr. nº 77-1547 du 31 déc. 1977, art. 4-II.]*

SOUS-SECTION 2 Minimum de ressources

Art. D. 344-34 Le minimum de ressources qui, en application du 1º de l'article L. 344-5, doit être laissé à la disposition des personnes handicapées lorsqu'elles sont accueillies dans des établissements pour personnes handicapées est fixé dans les conditions déterminées par la présente sous-section. – *[Décr. nº 77-1548 du 31 déc. 1977, art. 1er.]*

Art. D. 344-35 Lorsque l'établissement assure un hébergement et un entretien complet, y compris la totalité des repas, le pensionnaire doit pouvoir disposer librement chaque mois :

1º s'il ne travaille pas, de 10 % de l'ensemble de ses ressources mensuelles et, au minimum, *(Décr. nº 2005-725 du 29 juin 2005, art. 7)* « de 30 % du montant mensuel de l'allocation aux adultes handicapés » ;

2º s'il travaille, s'il bénéficie d'une aide aux travailleurs privés d'emploi, s'il effectue un stage de formation professionnelle ou de rééducation professionnelle, du tiers des ressources garanties résultant de sa situation ainsi que de 10 % de ses autres ressources, sans que ce minimum puisse être inférieur *(Décr. nº 2005-725 du 29 juin 2005, art. 7)* « à 50 % » du montant mensuel de l'allocation aux adultes handicapés. – *[Décr. nº 77-1548 du 31 déc. 1977, art. 2.]*

Art. D. 344-36 Lorsque le pensionnaire prend régulièrement à l'extérieur de l'établissement au moins cinq des principaux repas au cours d'une semaine, 20 p. 100 du montant mensuel de l'allocation aux adultes handicapés s'ajoutent aux pourcentages mentionnés aux 1º et 2º de l'article D. 344-35.

La même majoration est accordée lorsque l'établissement fonctionne comme internat de semaine. – *[Décr. nº 77-1548 du 31 déc. 1977, art. 3.]*

Art. D. 344-37 Le pensionnaire d'un foyer-logement pour personnes handicapées doit pouvoir disposer librement chaque mois pour son entretien :

1º s'il ne travaille pas, de ressources au moins égales au montant de l'allocation aux adultes handicapés ;

2° s'il travaille, s'il bénéficie d'une aide aux travailleurs privés d'emploi, s'il effectue un stage de formation professionnelle ou de rééducation professionnelle, du minimum fixé au 2° de l'article D. 344-35 majoré de 75 p. 100 du montant mensuel de l'allocation aux adultes handicapés. – *[Décr. n° 77-1548 du 31 déc. 1977, art. 4.]*

Art. D. 344-38 **Lorsque le pensionnaire doit assumer la responsabilité de l'entretien d'une famille pendant la durée de son séjour dans l'établissement, il doit pouvoir disposer librement, chaque mois, en plus du minimum de ressources personnelles calculé comme il est dit aux articles D. 344-35 à D. 344-37 :**

1° s'il est marié, sans enfant et si son conjoint ne travaille pas pour un motif reconnu valable par *(Décr. n° 2007-198 du 13 févr. 2007 ; Décr. n° 2010-344 du 31 mars 2010, art. 260)* **« le président du conseil départemental ou le préfet ou le directeur général de l'agence régionale de santé », de 35 p. 100 du montant mensuel de l'allocation aux adultes handicapés ;**

2° de 30 p. 100 du montant mensuel de l'allocation aux adultes handicapés par enfant ou par ascendant à charge. – *[Décr. n° 77-1548 du 31 déc. 1977, art. 5.]*

Art. D. 344-39 **Les pourcentages mentionnés aux articles D. 344-36, D. 344-37 et D. 344-38 s'ajoutent à ceux prévus à l'article D. 344-35 sans conférer aux intéressés un droit à l'augmentation ni de la garantie de ressources, ni de l'allocation aux adultes handicapés, ni de toute autre pension ou allocation perçue par ailleurs.** – *[Décr. n° 77-1548 du 31 déc. 1977, art. 6.]*

SOUS-SECTION 3 Personnes handicapées accueillies dans certains établissements et services

(Décr. n° 2009-206 du 19 févr. 2009)

Art. D. 344-40 **Pour l'application du second alinéa de l'article L. 344-5-1, le taux d'incapacité permanente, apprécié en application du guide-barème pour l'évaluation des déficiences et incapacités des personnes handicapées figurant à l'annexe 2-4, est d'au moins 80 %.**

Art. D. 344-41 *(Décr. n° 2010-15 du 7 janv. 2010, art. 1er)* **Le minimum de ressources qui doit être laissé à la disposition des personnes handicapées accueillies dans les maisons d'accueil spécialisées est égal à 30 % du montant mensuel de l'allocation aux adultes handicapés.** – *Les dispositions du Décr. n° 2010-15 du 7 janv. 2010 s'appliquent au forfait journalier dû à compter du 1er janv. 2010 (Décr. préc., art. 2).*

V. Arr. du 24 août 2010 (JO 3 sept.).

CHAPITRE V CENTRES D'HÉBERGEMENT ET DE RÉINSERTION *(Décr. n° 2006-1380 du 13 nov. 2006, art. 1er ; Décr. n° 2007-399 du 23 mars 2007).*

SECTION 1 Activités et organisation

Art. R. 345-1 **La convention prévue par l'article L. 345-3 définit la nature et les conditions de mise en œuvre des missions assurées par le centre d'hébergement et de réinsertion sociale en application du 8° de l'article L. 312-1 et par référence au** *(Décr. n° 2015-1446 du 6 nov. 2015, art. 1er-1°, en vigueur le 1er mai 2016)* **« plan mentionné à l'article L. 312-5-3 ». Sans préjudice des informations prévues par l'article L. 313-8-1, la convention mentionne, notamment :**

1° la ou les catégories de publics que le centre d'hébergement et de réinsertion sociale s'engage à accueillir ;

2° la nature des actions qu'il conduit au bénéfice de ces publics ;

3° la capacité d'accueil du centre ;

4° *Abrogé par Décr. n° 2006-422 du 7 avr. 2006, à compter du 9 avr. 2006.*

5° les conditions dans lesquelles le centre assure l'accueil des personnes en situation d'urgence ;

6° le cas échéant, la base de calcul de la rémunération prévue à l'article R. 345-3.

La convention précise également les modalités du concours que le centre apporte *(Décr. n° 2015-1446 du 6 nov. 2015, art. 1er-2°, en vigueur le 1er mai 2016)* « au service intégré d'accueil et d'orientation défini à l'article L. 345-2-4 et » au dispositif de veille défini à l'article L. 345-2. — *[Décr. n° 2001-576 du 3 juill. 2001, art. 1er.]*

Art. R. 345-1-1 *(Décr. n° 2010-344 du 31 mars 2010, art. 261)* Lorsqu'un contrat pluriannuel d'objectifs et de moyens est conclu en application de l'article L. 313-12-2 par un organisme gestionnaire d'un centre d'hébergement et de réinsertion sociale, ce contrat emporte les effets de la convention prévue à l'article L. 345-3 s'il comporte les mentions prévues à l'article R. 345-1.

Art. R. 345-2 Lorsqu'un centre d'hébergement et de réinsertion sociale conclut avec l'État l'une des conventions prévues *(Décr. n° 2010-344 du 31 mars 2010, art. 261)* « aux articles L. 5132-1 à L. 5132-3 et L. 5132-16 du code du travail », cette convention mentionne, le cas échéant, le nombre moyen annuel de personnes accueillies dans les conditions prévues à l'article R. 345-3 ainsi que les conditions de leur rémunération. — *[Décr. n° 2001-576 du 3 juill. 2001, art. 2.]*

Art. R. 345-3 Les centres d'hébergement et de réinsertion sociale peuvent organiser des actions ayant pour objet l'adaptation à la vie active par l'apprentissage ou le réapprentissage des règles nécessaires à l'exercice d'une activité professionnelle. Ces actions s'adressent à des personnes qui ne sont pas en mesure d'effectuer un travail régulier en raison d'un cumul de difficultés, notamment sociales, professionnelles ou liées à leur état de santé et qui, pour ce motif, n'ont pas vocation à bénéficier des aides à l'insertion par l'activité économique, prévues par le V de l'article L. 322-4-16 *[L. 5132-3 nouv.]* du code du travail.

Les personnes qui prennent part à ces actions reçoivent une rémunération horaire comprise entre 30 p. 100 et 80 p. 100 du SMIC attribuée par le centre, compte tenu de leurs autres ressources et du caractère de l'activité pratiquée selon qu'elle est à dominante productive ou à dominante occupationnelle. La durée mensuelle de l'action ne peut excéder quatre-vingts heures. — *[Décr. n° 2001-576 du 3 juill. 2001, art. 3.]*

SECTION 2 Accueil et séjour

Art. R. 345-4 *(Décr. n° 2015-1446 du 6 nov. 2015, art. 2-1°, en vigueur le 1er mai 2016)* « La décision d'accueillir, à sa demande, une personne ou une famille est prononcée par le responsable du centre d'hébergement et de réinsertion sociale désigné à l'administration sur proposition d'orientation du service intégré d'accueil et d'orientation. Dans les cas d'urgence mentionnés au dernier alinéa de l'article L. 345-2-7, la décision est prise par le responsable du centre qui en informe le service intégré d'accueil et d'orientation.

« La proposition d'orientation du service intégré d'accueil et d'orientation tient compte de la situation de la personne ou de la famille, de la capacité du centre, des catégories de personnes qu'il est habilité à recevoir ainsi que des activités d'insertion qu'il est habilité à mettre en œuvre et qui sont mentionnées dans la convention citée à l'article R. 345-1.

« La décision d'accueil est prise pour une durée déterminée en tenant compte de l'évaluation de la situation de la personne ou de la famille. Elle est transmise sans délai au préfet, par tout moyen lui conférant une date certaine, accompagnée de la demande d'admission à l'aide sociale signée par l'intéressé et des documents qui la justifient. En l'absence de réponse dans le mois qui suit la réception, cette demande est réputée acceptée. La situation de la personne et de la famille accueillie fait l'objet d'un bilan au moins tous les six mois. »

Au plus tard un mois avant l'expiration de la période d'accueil, le responsable du centre d'hébergement et de réinsertion sociale peut demander au préfet la prolongation de l'admission à l'aide sociale. Cette demande, qui doit être motivée, est réputée acceptée en l'absence de réponse dans le mois qui suit sa réception.

La décision de refus d'accueil, prononcée par le responsable du centre d'hébergement et de réinsertion sociale, est notifiée à l'intéressé *(Décr. n° 2015-1446 du 6 nov. 2015, art. 2-2°, en vigueur le 1er mai 2016)* **« et au service intégré d'accueil et d'orientation » sous la forme la plus appropriée. Cette décision doit être expressément motivée.**

La participation aux actions d'adaptation à la vie active mentionnées à l'article R. 345-3 ne peut excéder une durée de six mois, sauf accord du préfet pour une même durée de six mois renouvelable.

Le centre d'hébergement et de réinsertion sociale fournit sans délai son appui aux personnes accueillies pour l'établissement de leurs droits sociaux, en particulier en matière de ressources et de couverture médicale. — *[Décr. n° 2001-576 du 3 juill. 2001, art. 4.]*

En application des art. L. 231-5 et L. 231-6 CRPA, le silence gardé pendant deux mois par une collectivité territoriale ou un de ses établissements publics vaut décision de rejet pour les décisions d'accueil dans un centre d'hébergement et de réinsertion sociale géré par une personne publique (centre communal d'action sociale) (Décr. n° 2015-1461 du 10 nov. 2015, applicable pour les demandes présentées à compter du 12 nov. 2015).

Art. R. 345-5 *Abrogé par Décr. n° 2007-399 du 23 mars 2007.*

Art. R. 345-6 *Abrogé par Décr. n° 2010-255 du 11 mars 2010, art. 3.*

Art. R. 345-7 Les personnes accueillies dans les centres d'hébergement et de réinsertion sociale acquittent une participation financière à leur frais d'hébergement et d'entretien. Le montant de cette participation est fixé par le préfet *(Décr. n° 2010-344 du 31 mars 2010, art. 262)* **« de région » sur la base d'un barème établi par arrêté du ministre chargé de l'action sociale et du ministre chargé du budget. La décision est notifiée à l'intéressé par le directeur de l'établissement.**

Le barème tient compte notamment :

— des ressources de la personne ou de la famille accueillie ;

— des dépenses restant à sa charge pendant la période d'accueil.

L'arrêté prévu ci-dessus fixe le minimum de ressources laissé à la disposition de la personne ou de la famille accueillie après acquittement de sa participation.

La personne accueillie acquitte directement sa contribution à l'établissement qui lui en délivre récépissé. — *[Décr. n° 2001-576 du 3 juill. 2001, art. 8.]*

SECTION 3 Dispositif de veille sociale

(Décr. n° 2010-255 du 11 mars 2010, art. 2)

Art. D. 345-8 Pour permettre l'accomplissement des missions définies à l'article L. 345-2, le dispositif de veille sociale comprend *(Décr. n° 2015-1447 du 6 nov. 2015, art. 2, en vigueur le 1er mai 2016)* **« un service d'appel téléphonique dénommé "115" mentionné au troisième alinéa de l'article L. 345-2-4 et géré par le service intégré d'accueil et d'orientation ». En outre, il comprend selon les besoins du département, identifiés par le préfet :**

1° Un ou des accueils de jour ;

2° Une ou des équipes mobiles chargées d'aller au contact des personnes sans abri ;

3° Un ou des services d'accueil et d'orientation (SAO).

(Décr. n° 2015-1447 du 6 nov. 2015, art. 2, en vigueur le 1er mai 2016) **« Les services mentionnés aux 1° à 3° fonctionnent » sous l'autorité du préfet du département, dans le cadre de conventions qui précisent l'activité de chaque service, son mode de financement et les indicateurs d'évaluation de son action.**

(Décr. n° 2015-1447 du 6 nov. 2015, art. 2, en vigueur le 1er mai 2016) **« Les services mentionnés aux 1° à 3° sont cordonnés** *[coordonnés]* **par le service intégré d'accueil et d'orientation. »**

Le Décr. n° 2010-255 du 11 mars 2010 s'applique pour le calcul des prélèvements effectués en 2011 sur les ressources fiscales des communes dans lesquelles le nombre de places d'hébergement est inférieur aux obligations mentionnées au II de l'art. L. 312-5-3. Les prélèvements sont déterminés à partir des notifications faites par les communes avant le 31 déc. 2010 (Décr. préc., art. 5).

Art. R. 345-9 *(Décr. n° 2015-1446 du 6 nov. 2015, art. 3, en vigueur le 1er mai 2016)* La convention prévue à l'article L. 345-2-4 du code de l'action sociale et des familles fixe les obligations respectives de l'État et du service intégré d'accueil et d'orientation et prévoit les moyens nécessaires à la réalisation des objectifs poursuivis.

Elle est conclue dans chaque département pour une durée pluriannuelle dans la limite de cinq ans.

Cette convention, outre les dispositions prévues à l'article L. 345-2-5 du même code, précise :

1° Les modalités de recensement des places et des logements mentionné au 1° de l'article L. 345-2-4 ;

2° Les modalités de fonctionnement du service d'appel téléphonique dénommé "115" mentionné au 2° de l'article L. 345-2-4 ;

3° Les modalités par lesquelles le service intégré d'accueil et d'orientation veille à la réalisation de l'évaluation des personnes ou familles mentionnées au premier alinéa de l'article L. 345-2-4 ainsi qu'au suivi de leur parcours ;

4° La liste et l'objet des conventions signées ou susceptibles d'être signées par le service intégré d'accueil et d'orientation en application de l'article L. 345-2-6 ainsi que, le cas échéant, la ou les catégories de publics concernés ;

5° Les modalités selon lesquelles le service intégré d'accueil et d'orientation met en œuvre les dispositions du deuxième alinéa du III de l'article L. 441-2-3 du code de la construction et de l'habitation relatives à l'orientation des personnes désignées par le représentant de l'État, après décision favorable de la commission de médiation saisie en application du premier alinéa du même III ;

6° La liste des indicateurs d'activité devant être transmis au représentant de l'État par le service intégré d'accueil et d'orientation ainsi que leur périodicité ;

7° Les données statistiques concernant le dispositif d'accueil, d'hébergement et d'accompagnement vers l'insertion et le logement devant être transmises au représentant de l'État par le service intégré d'accueil et d'orientation en application du 7° de l'article L. 345-2-4 ;

8° Les modalités de la transmission annuelle par le service intégré d'accueil et d'orientation d'un bilan d'activité comportant le bilan des conventions passées en application de l'article L. 345-2-6 du code de l'action sociale et des familles ;

9° Les modalités d'évaluation, au terme de la convention, des conditions de réalisation des missions du service intégré d'accueil et d'orientation prévues à l'article L. 345-2-4 et des obligations prévues au présent article.

Art. R. 345-10 *(Décr. n° 2015-1446 du 6 nov. 2015, art. 3, en vigueur le 1er mai 2016)* Les organismes exerçant des activités d'intermédiation et de gestion locative sociale, les logements-foyers et les résidences hôtelières à vocation sociale mentionnés à l'article L. 345-2-8 informent par tout moyen le service intégré d'accueil et d'orientation des suites données à ses propositions d'orientation selon des modalités déterminées conjointement avec ce service.

SECTION 4 Droits des personnes prises en charge dans les centres d'hébergement

(Décr. n° 2016-404 du 4 avr. 2016, art. 1er)

Art. D. 345-11 I. — Afin de garantir l'accès à l'information sur les droits fondamentaux prévue à l'article L. 345-2-11 dans tous les centres d'hébergement, lors de l'accueil dans un centre d'hébergement ne relevant pas du 8° du I de l'article L. 312-1, il est remis à la personne ou à son représentant légal le texte de la charte des droits et libertés mentionnée à l'article L. 311-4.

II. — Dans tous les centres d'hébergement, il est également remis à la personne ou à son représentant légal, lors de son accueil, la liste des associations mentionnée à l'article L. 345-2-11.

Pour l'application du précédent alinéa, le représentant de l'État dans le département tient à jour la liste des associations de défense agréées au titre des articles

L. 441-2-3 ou L. 441-2-3-1 du code de la construction et de l'habitation ou au titre de l'article L. 365-3 du même code pour les activités mentionnées au *b* du 2° de l'article R. 365-1 du même code. Il la rend accessible au public sur un site internet et la communique, à sa demande, au responsable du centre d'hébergement.

III. — Le responsable du centre d'hébergement met à la disposition de la personne accueillie les coordonnées des dispositifs d'accès au droit du département, qui pourront l'informer des voies et modalités de recours à sa disposition.

IV. — Les documents mentionnés au présent article sont affichés par le responsable du centre d'hébergement dans un lieu accessible à toutes les personnes accueillies.

CHAPITRE VI CENTRE D'ACCUEIL ET DE SOINS HOSPITALIERS DE NANTERRE

Art. R. 346-1 **Les règles relatives au centre d'accueil et de soins hospitaliers de Nanterre sont fixées par les dispositions des articles 1er à 9 du décret du 9 mai 1990 relatif à l'administration et au fonctionnement du centre d'accueil et de soins hospitaliers de Nanterre.**

CHAPITRE VII *[ABROGÉ]* SERVICES D'AIDE ET D'ACCOMPAGNEMENT NON SOUMIS À AUTORISATION

(Abrogé par Décr. nº 2017-705 du 2 mai 2017, art. 1er-1º)
(Décr. nº 2006-912 du 24 juill. 2006, art. 1er)

Art. D. 347-1 ***Les services relevant du 2º de l'article L. 313-1-1*** [L. 313-1-2] ***font procéder, tous les cinq ans, à l'évaluation de leurs activités et de la qualité des prestations qu'ils délivrent, par un organisme extérieur, habilité à y procéder conformément aux dispositions de l'article L. 312-8. L'organisme est soumis aux obligations prévues à cet article. L'évaluation est conduite dans chacun des établissements gérés par l'organisme agréé au sens de l'article*** *(Décr. nº 2012-147 du 30 janv. 2012, art. 4-I)* ***« L. 7232-1 » du code du travail.***

Ses résultats sont communiqués au préfet qui a délivré l'agrément six mois au moins avant l'expiration du délai de renouvellement de l'agrément. Le préfet les transmet aux présidents des conseils départementaux dont l'avis est sollicité pour le renouvellement de l'agrément.

Les organismes agréés par une décision prise entre le 8 nov. 2004 et le 8 nov. 2005 sont soumis à la procédure d'évaluation à compter du 8 nov. 2000 (Décr. nº 2006-912 du 24 juill. 2006, art. 2).

Art. D. 347-2 ***Pour les services relevant du 2º de l'article L. 313-1-1*** [L. 313-1-2], ***le respect des dispositions du cahier des charges mentionné au 5º de l'article*** *(Décr. nº 2012-147 du 30 janv. 2012, art. 4-II)* ***« R. 7232-7 » du code du travail relatives au suivi et à l'évaluation des interventions dispense de l'évaluation interne mentionnée au premier alinéa de l'article L. 312-8.***

Art. D. 347-3 ***Les services relevant du 2º de l'article*** *(Décr. nº 2012-147 du 30 janv. 2012, art. 4-III)* ***« L. 313-1-2 », qui auront fait l'objet d'une certification volontaire au sens de l'article*** *(Décr. nº 2012-147 du 30 janv. 2012, art. 4-III)* ***« R. 7232-9 » du code du travail définie à l'article L. 115-27 ainsi qu'aux articles R. 115-1 à R. 115-9 du code de la consommation, sont dispensés de l'évaluation prévue à l'article D. 347-1, si la certification répond aux conditions suivantes :***

1º Le champ de la certification couvre l'activité relevant de l'article *(Décr. nº 2012-147 du 30 janv. 2012, art. 4-III)* ***« L. 313-1-2 » ;***

2º Le référentiel utilisé est élaboré et validé conformément à l'article R. 115-8 du code de la consommation ;

3º L'organisme certificateur bénéficie d'une accréditation par une instance reconnue à cet effet et selon les normes européennes de la série 45000 ;

4º La certification répond à la périodicité prévue au premier alinéa de l'article D. 347-1 ;

5º Les résultats de la certification sont communiqués selon les modalités prévues au second alinéa de l'article D. 347-1.

CHAPITRE VIII CENTRES D'ACCUEIL POUR DEMANDEURS D'ASILE

(Décr. nº 2007-399 du 23 mars 2007)

Art. R. 348-1 à R. 348-4 *Abrogés par Décr. nº 2015-1166 du 21 sept. 2015, art. 25-3º, à compter du 1er nov. 2015.*

Art. R. 348-5 **Sans préjudice des dispositions prévues aux articles R. 314-1 à R. 314-110, le gestionnaire du centre d'accueil pour demandeurs d'asile communique aux autorités de tarification mentionnées à l'article L. 314-1 les informations requises en vue de la mise en place d'un système de contrôle de gestion. Il est destinataire des informations relatives à son établissement dans le cadre de la mise en œuvre de ce contrôle de gestion.**

Art. D. 348-6 *(Décr. nº 2007-1300 du 31 août 2007)* **I. — Sans préjudice de l'application des dispositions prévues par l'article L. 313-8-1, la convention prévue par l'article L. 348-4 précise la nature et les conditions de mise en œuvre des missions assurées par le centre d'accueil pour demandeurs d'asile en application du I de l'article L. 348-2. A ce titre, elle mentionne obligatoirement :**
— les capacités d'accueil de l'établissement ;
— les modalités d'admission ;
— les conditions et durées de séjour ;
— l'activité de l'établissement, les objectifs poursuivis et les moyens mis en œuvre ;
— les échanges d'informations entre le gestionnaire de l'établissement et les services de l'État ;
— les modalités de financement de l'établissement et de son contrôle, les modalités d'évaluation de son action ;
— la durée d'application de la convention et les modalités du suivi de sa mise en œuvre ;
— les conditions, les délais et les formes dans lesquelles la convention peut être renouvelée ou dénoncée.

II. — La convention type prévue par l'article L. 384-4 *[L. 348-4]* **du code de l'action sociale et des familles est annexée au** *(Décr. nº 2015-1898 du 30 déc. 2015, art. 2)* **« décret nº 2015-1898 du 30 décembre 2015 » relatif aux conventions conclues entre les centres d'accueil pour demandeurs d'asile et l'État et aux relations avec les usagers, modifiant le code de l'action sociale et des familles ».**

Art. R. 348-6-1 *(Décr. nº 2010-344 du 31 mars 2010, art. 263)* **Lorsqu'un contrat pluriannuel d'objectifs et de moyens est conclu en application de l'article L. 313-12-2 par un organisme gestionnaire d'un centre d'accueil pour demandeurs d'asile, ce contrat emporte les effets de la convention prévue à l'article L. 348-4 s'il comporte les mentions prévues par les dispositions réglementaires définissant le contenu d'une telle convention.**

CHAPITRE IX CENTRES PROVISOIRES D'HÉBERGEMENT

(Décr. nº 2016-253 du 2 mars 2016, art. 1er)

Art. R. 349-1 **Les centres provisoires d'hébergement accueillent, sur décision de l'Office français de l'immigration et de l'intégration, les réfugiés et les bénéficiaires de la protection subsidiaire pour une période de neuf mois. Après évaluation de la situation de la personne ou de celle de sa famille, cette période peut être prolongée, par période de trois mois, par l'Office français de l'immigration et de l'intégration.**

Les centres transmettent sans délai au préfet de département la demande d'admission à l'aide sociale signée et datée par l'intéressé, ainsi que les pièces justificatives.

Art. R. 349-2 **I. — Les centres provisoires d'hébergement concluent la convention de coopération prévue à l'article L. 349-2 avec les acteurs de l'intégration présents**

dans le département, notamment Pôle emploi, la caisse d'allocations familiales et la caisse primaire d'assurance maladie.

II. — La convention mentionnée au I rappelle que les centres ont pour mission en tant que coordinateurs départementaux des actions d'intégration des étrangers :

1° D'organiser des actions d'information et de sensibilisation sur les droits et le statut des réfugiés et des bénéficiaires de la protection subsidiaire auprès des acteurs institutionnels et associatifs locaux œuvrant dans le domaine de l'intégration et de l'insertion ;

2° De favoriser un accès rapide à la formation linguistique prévue *(Décr. nº 2020-1734 du 16 déc. 2020, art. 4-5º, en vigueur le 1er mai 2021)* **« à l'article R. 413-8 » du code de l'entrée et du séjour des étrangers et du droit d'asile.**

III. — La convention mentionnée au I a pour objet :

1° De définir le rôle de chacun des acteurs dans le parcours d'intégration des réfugiés et bénéficiaires de la protection subsidiaire ;

2° D'organiser des rencontres régulières entre les acteurs ;

3° D'encadrer la mission de conseil des centres auprès des signataires ;

4° De prévoir que les centres puissent ponctuellement assurer un accompagnement administratif et social en faveur des réfugiés ou des bénéficiaires de la protection subsidiaire qui n'y résident pas.

Art. R. 349-3 Le montant de la participation aux frais d'hébergement, de restauration et d'entretien à la charge des personnes accueillies dans un centre provisoire d'hébergement est fixé par le préfet de région sur la base du barème prévu par l'article R. 345-7. La décision est notifiée à l'intéressé par le directeur du centre.

Art. D. 349-4 I. — La convention prévue par l'article L. 349-4 comprend les mentions définis *[définies]* à l'article L. 313-8-1 et se substitue à celle prévue à l'article L. 345-3. Elle précise en outre :

1° Les capacités d'accueil du centre ;

2° Les modalités d'admission ;

3° Les conditions et durées de séjour ;

4° L'activité du centre, les objectifs poursuivis, les moyens mis en œuvre et les modalités d'évaluation de son action ;

5° Les échanges d'informations entre le gestionnaire du centre et l'Office français de l'immigration et de l'intégration ;

6° Les modalités de financement du centre et de son contrôle ;

7° La durée d'application de la convention et les modalités du suivi de sa mise en œuvre.

II. — La convention type prévue par l'article L. 349-4 est annexée au décret nº 2016-253 du 2 mars 2016 relatif aux centres provisoires d'hébergement des réfugiés et des bénéficiaires de la protection subsidiaire.

TITRE V CONTENTIEUX DE LA TARIFICATION SANITAIRE ET SOCIALE

CHAPITRE UNIQUE

SECTION 1 Tribunaux interrégionaux de la tarification sanitaire et sociale

(Décr. nº 2006-233 du 21 févr. 2006)

Toutes les procédures en cours devant les tribunaux interrégionaux et la Cour nationale de la tarification sanitaire et sociale sont transférées aux tribunaux interrégionaux et à la Cour nationale tels qu'institués par les art. L. 351-2 et L. 351-5 dans leur rédaction issue de l'Ord. nº 2005-1088 du 1er sept. 2005 (Décr. nº 2006-233 du 21 févr. 2006, art. 5).

Art. R. 351-1 Le tribunal interrégional compétent pour connaître des recours dirigés contre les décisions mentionnées au VI de l'article L. 314-1 et aux articles L. 314-9 et L. 351-1 est celui dans le ressort duquel est situé l'établissement ou le service dont la tarification ou le classement global des résidents par niveau de dépendance est contesté.

Art. R. 351-2 Le siège et le ressort des tribunaux interrégionaux de la tarification sanitaire et sociale institués par l'article L. 351-1 sont ainsi fixés :

Bordeaux : Aquitaine, Languedoc-Roussillon, Limousin, Midi-Pyrénées, Poitou-Charentes ;

Lyon : Auvergne, Corse, Provence-Alpes-Côte d'Azur, Rhône-Alpes ;

Nancy : Alsace, Bourgogne, Champagne-Ardenne, Franche-Comté, Lorraine, Nord-Pas-de-Calais, Picardie ;

Nantes : Basse-Normandie, Bretagne, Centre, Haute-Normandie, Pays de la Loire, Saint-Pierre-et-Miquelon ;

Paris : Île-de-France, Guadeloupe, Guyane, Martinique, Réunion.

Art. R. 351-3 Les membres appelés à siéger aux tribunaux interrégionaux de la tarification sanitaire et sociale au titre du 1° de l'article L. 351-2 sont nommés par le président de la cour administrative d'appel du siège du tribunal au sein d'une liste comportant au moins huit noms établie par le préfet de région de ce siège.

Cette nomination intervient après avis du président du tribunal interrégional de la tarification sanitaire et sociale.

Art. D. 351-3-1 *(Décr. n° 2010-344 du 31 mars 2010, art. 264)* Les membres appelés à siéger aux tribunaux interrégionaux de la tarification sanitaire et sociale au titre du 2° de l'article L. 351-2 sont nommés au sein d'une liste comportant au moins huit noms, proposés à part égale par deux collèges comprenant respectivement :

– les représentants des organismes gestionnaires d'établissements et services de santé et des usagers de ces établissements au sein de la commission spécialisée de l'organisation des soins de la conférence régionale de la santé et de l'autonomie ;

– les représentants des organismes gestionnaires d'établissements et services sociaux et médico-sociaux et des usagers de ces établissements au sein de la commission spécialisée de la conférence régionale de la santé et de l'autonomie compétente pour les prises en charge et accompagnement médico-sociaux.

Ces collèges sont réunis à la demande du président du tribunal interrégional de la tarification sanitaire et sociale dans le délai d'un mois au moins avant la date de renouvellement du mandat des membres du tribunal. Ils délibèrent des candidatures déposées auprès des présidents des commissions spécialisées et communiquées aux membres de ces collèges cinq jours au moins avant la date de la réunion. Il est, le cas échéant, procédé par vote des membres présents au scrutin uninominal majoritaire sur chacune des candidatures présentées. Le vote est secret.

Ndlr : ces dispositions sont applicables à compter du prochain renouvellement des tribunaux interrégionaux de la tarification sanitaire et sociale.

Art. R. 351-4 *(Décr. n° 2010-344 du 31 mars 2010, art. 264)* La nomination des personnalités retenues pour siéger aux tribunaux interrégionaux de la tarification sanitaire et sociale au titre du 2° de l'article L. 351-2 intervient après avis du président du tribunal interrégional de la tarification sanitaire et sociale. *– V. note ss. art. D. 351-3-1.*

Art. R. 351-5 *(Décr. n° 2008-1165 du 13 nov. 2008)* Lorsque l'un des membres titulaires d'un tribunal interrégional de tarification sanitaire et sociale se trouve dans l'impossibilité d'exercer son mandat ou lorsqu'avant l'expiration de son mandat, il démissionne ou cesse de remplir les conditions requises pour exercer ses fonctions, il est remplacé par un membre suppléant.

Lorsqu'un suppléant est appelé à remplacer un membre titulaire pour le reste de son mandat, ou lorsqu'il est lui-même dans l'impossibilité d'exercer la suite de son mandat, il est procédé à la désignation complémentaire d'un suppléant dans le délai de deux mois selon la procédure prévue aux articles R. 351-3 et R. 351-4. Dans ce cas, les listes présentées doivent comporter au moins deux noms.

Art. R. 351-6 Les rapporteurs qui ne sont pas membres du tribunal sont nommés pour cinq ans par le président du tribunal interrégional soit parmi les membres du corps des tribunaux administratifs et des cours administratives d'appel, du corps des magistrats des chambres régionales des comptes ou parmi les magistrats de l'ordre judiciaire, en activité ou honoraires, après accord du président de la juridiction dont ils relèvent, soit parmi les fonctionnaires et agents publics de catégorie A en activité ou honoraires proposés par le préfet de région du siège du tribunal.

Ils peuvent aussi être choisis en tant que de besoin au sein d'une liste de personnalités n'appartenant pas aux catégories mentionnées au précédent alinéa et désignées en raison de leur compétence particulière en matière de santé, de sécurité sociale ou d'action sociale établie par arrêté des ministres chargés de la justice, de la santé et de l'aide sociale.

Les rapporteurs qui ne sont pas des magistrats satisfont aux dispositions du septième alinéa de l'article L. 351-2.

Art. R. 351-7 *(Décr. nº 2012-433 du 30 mars 2012, art. 1er, en vigueur le 1er avr. 2012)* Le greffe des audiences et l'exécution des actes de procédure des tribunaux interrégionaux de la tarification sanitaire et sociale de Bordeaux, Lyon, Nancy et Nantes sont assurés, sous l'autorité du président de ces tribunaux, par des agents affectés auprès des cours administratives d'appel ayant le même siège.

Le greffe des audiences et l'exécution des actes de procédure du tribunal interrégional de la tarification sanitaire et sociale de Paris sont assurés, sous l'autorité du président de ce tribunal, par des agents du Conseil d'État.

SECTION 2 Cour nationale de la tarification sanitaire et sociale

(Décr. nº 2006-233 du 21 févr. 2006)

Toutes les procédures en cours devant les tribunaux interrégionaux et la Cour nationale de la tarification sanitaire et sociale sont transférées aux tribunaux interrégionaux et à la Cour nationale tels qu'institués par les articles L. 351-2 et L. 351-5 dans leur rédaction issue de l'Ord. nº 2005-1088 du 1er sept. 2005 (Décr. nº 2006-233 du 21 févr. 2006, art. 5).

Art. R. 351-8 Les membres appelés à siéger à la Cour nationale de la tarification sanitaire et sociale au titre du 1° de l'article L. 351-5 sont nommés par le vice-président du Conseil d'État au sein d'une liste comportant au moins douze noms proposés par les ministres chargés de la sécurité sociale, de la santé et de l'action sociale.

Cette nomination intervient après avis du président de la Cour nationale de la tarification sanitaire et sociale.

Art. R. 351-9 Les membres appelés à siéger à la Cour nationale de la tarification sanitaire et sociale au titre du 2° de l'article L. 351-5 sont nommés par le vice-président du Conseil d'État au sein d'une liste comportant au moins douze noms proposée par le président du Comité national de l'organisation sanitaire et sociale au nom du collège mentionné au 2° de l'article L. 351-5.

Les membres du collège sont réunis à la demande du président de la Cour nationale de la tarification sanitaire et sociale par le président du Comité national de l'organisation sanitaire et sociale dans le délai d'un mois au moins avant la date de renouvellement du mandat des membres de la cour.

Le collège délibère des candidatures déposées auprès du président du Comité national de l'organisation sanitaire et sociale et communiquées aux membres du collège cinq jours au moins avant la date de la réunion. Il est, le cas échéant, procédé par vote au scrutin uninominal majoritaire sur chacune des candidatures présentées. Le vote est secret.

La nomination des personnalités retenues intervient après avis du président de la Cour nationale de la tarification sanitaire et sociale.

Art. R. 351-10 *(Décr. nº 2008-1165 du 13 nov. 2008)* Lorsque l'un des membres titulaires de la Cour nationale de la tarification sanitaire et sociale se trouve dans l'impossibilité d'exercer son mandat ou lorsqu'avant l'expiration de son mandat, il démissionne ou cesse de remplir les conditions requises pour exercer ses fonctions, il est remplacé par un membre suppléant.

Lorsqu'un suppléant est appelé à remplacer un membre titulaire pour le reste de son mandat ou lorsqu'il est lui-même dans l'impossibilité d'exercer la suite de son mandat, il est procédé à la désignation complémentaire d'un suppléant dans le délai de deux mois selon la procédure prévue aux articles R. 351-8 et R. 351-9. Dans ce cas, les listes présentées doivent comporter au moins deux noms.

Art. R. 351-11 La cour siège soit en formation plénière, soit en formation restreinte.

La formation plénière comprend, outre le rapporteur, les sept membres mentionnés à l'article L. 351-5. Elle est présidée par la *[le]* président de la section sociale du Conseil d'État ou par le conseiller d'État désigné en application du premier alinéa de l'article L. 351-5.

La formation restreinte comprend, outre le rapporteur, trois membres dont obligatoirement un membre désigné au titre du 1° et un membre désigné au titre du 2° de l'article L. 351-5.

La formation restreinte ou son président peuvent à tout moment renvoyer l'affaire à la formation plénière.

Art. R. 351-12 Les rapporteurs qui ne sont pas membres de la cour sont nommés pour cinq ans par le président de la Cour nationale de la tarification sanitaire et sociale soit parmi les membres du Conseil d'État, de la Cour des comptes, du corps des tribunaux administratifs et des cours administratives d'appel, du corps des magistrats des chambres régionales des comptes ou parmi les magistrats de l'ordre judiciaire, en activité ou honoraires, après accord du président de la juridiction dont ils relèvent, soit parmi les fonctionnaires et agents publics de catégorie A en activité ou honoraires proposés par les ministres chargés de la sécurité sociale, de la santé et de l'action sociale.

Ils peuvent aussi être choisis en tant que de besoin au sein d'une liste de personnalités n'appartenant pas aux catégories mentionnées au précédent alinéa et désignées en raison de leur compétence particulière en matière de santé, de sécurité sociale ou d'action sociale établie par arrêté des ministres chargés de la justice, de la santé et de l'aide sociale.

Les rapporteurs qui ne sont pas des magistrats satisfont aux dispositions du cinquième alinéa de l'article L. 351-5.

Art. R. 351-13 Les commissaires du Gouvernement mentionnés à l'article L. 351-5 sont désignés par le vice-président du Conseil d'État.

Art. R. 351-14 *(Décr. nº 2012-433 du 30 mars 2012, art. 2, en vigueur le 1er avr. 2012)* Le greffe des audiences et l'exécution des actes de procédure de la Cour nationale de la tarification sanitaire et sociale sont assurés, sous l'autorité du président de cette cour, par des agents du Conseil d'État.

SECTION 2 *BIS* Règles d'organisation et de fonctionnement communes aux tribunaux interrégionaux de la tarification sanitaire et sociale et à la cour nationale de la tarification sanitaire et sociale

(Décr. nº 2012-433 du 30 mars 2012, art. 3, en vigueur le 1er avr. 2012)

Art. R. 351-14-1 Le vice-président du Conseil d'État ordonnance les dépenses de la Cour nationale de la tarification sanitaire et sociale et des tribunaux interrégionaux de la tarification sanitaire et sociale.

Le secrétaire général et les secrétaires généraux adjoints du Conseil d'État peuvent recevoir délégation du vice-président pour signer tous actes et arrêtés concernant la gestion administrative et budgétaire de la Cour nationale de la tarification sanitaire et sociale et des tribunaux interrégionaux de la tarification sanitaire et sociale.

Délégation peut également être donnée, aux mêmes fins, aux chefs de service du Conseil d'État et aux fonctionnaires du secrétariat général appartenant à un corps de catégorie A ainsi qu'aux agents contractuels chargés de fonctions d'un niveau équivalent.

Délégation peut, en outre, être donnée aux autres agents du Conseil d'État à l'effet de signer, sous la responsabilité des personnes mentionnées aux trois premiers alinéas, toute pièce relative aux dépenses et aux ordres de recettes.

Art. R. 351-14-2 Les présidents des cours administratives d'appel de Bordeaux, Lyon, Nancy et Nantes sont institués ordonnateurs secondaires des dépenses de fonctionnement du tribunal interrégional de la tarification sanitaire et sociale ayant le même siège. Ils peuvent déléguer, en cas d'absence ou d'empêchement, leur signature, sous leur responsabilité, à un membre de leur juridiction ou à un fonctionnaire de greffe de catégorie A.

SECTION 3 **Dispositions procédurales applicables à la juridiction de la tarification sanitaire et sociale** *(Décr. n° 2006-233 du 21 févr. 2006).*

Art. R. 351-15 Les recours mentionnés à l'article L. 351-3 doivent être exercés dans le délai d'un mois qui court à compter de la date de publication de la décision attaquée ou à l'égard des personnes et organismes auxquels elle est notifiée à compter de la date de notification. — *[C. fam., art. 201-1, al. 2.]*

(Décr. n° 2006-233 du 21 févr. 2006 ; Décr. n° 2008-484 du 22 mai 2008, art. 22) « Les délais supplémentaires de distance prévus aux articles 643 et 644 du code de procédure civile s'ajoutent au délai prévu au premier alinéa du présent article. »

Art. R. 351-16 Les recours mentionnés à l'article L. 351-4 doivent être exercés dans le délai d'un mois à compter de la notification *(Décr. n° 2005-1135 du 7 sept. 2005, art. 1er)* « de la décision ». — *[C. fam., art. 201-1, al. 3, mention du délai.]*

Art. R. 351-17 Le recours doit contenir l'exposé des faits et des moyens de droit sur lesquels il se fonde ainsi que les conclusions, et être accompagné de la décision ou du jugement attaqué ou de sa copie conforme et de la copie conforme des documents auxquels il se réfère.

Les délais de recours d'un mois institués par les articles R. 351-15 et R. 351-16 sont des délais francs. — *[Décr. n° 90-359 du 11 avr. 1990, art. 19.]*

Art. R. 351-18 La motivation des moyens tirés de l'illégalité interne d'une décision de tarification doit comporter les raisons pour lesquelles il n'était pas possible, selon le requérant, d'adapter ses propositions budgétaires aux montants approuvés par l'autorité de tarification. — *[Décr. n° 90-359 du 11 avr. 1990, art. 19-1.]*

Art. R. 351-19 Les recours et les mémoires doivent être signés par les parties ou par un mandataire qui, s'il n'est ni avocat au Conseil d'État et à la Cour de cassation, ni avocat inscrit à un barreau *(Abrogé par Décr. n° 2012-634 du 3 mai 2012, art. 21-3°)* « *, ni avoué* », doit justifier d'un mandat spécial et écrit. Ils sont déposés, contre récépissé, ou adressés par envoi recommandé au greffe *(Décr. n° 2005-1135 du 7 sept. 2005, art. 1er)* « de la juridiction », où ils sont enregistrés à la date et dans l'ordre d'arrivée.

Les recours, mémoires et observations doivent être accompagnés de quatre copies certifiées conformes par leurs auteurs. — *[Décr. n° 90-359 du 11 avr. 1990, art. 20.]*

Art. R. 351-19-1 *(Décr. n° 2012-1331 du 29 nov. 2012, art. 3-9°)* Le directeur général de l'agence régionale de santé représente l'État devant les tribunaux interrégionaux et la cour nationale dans tous les litiges relatifs aux décisions mentionnées à l'article L. 351-1 qu'il prend.

Art. R. 351-20 Immédiatement après son enregistrement, le recours formé devant le tribunal interrégional est communiqué, par les soins du greffe, à l'auteur de la décision litigieuse, ainsi qu'à l'organisme gestionnaire de l'établissement ou du service dont la tarification est contestée, si cet établissement ou service n'est pas l'auteur du recours. *(Abrogé par Décr. n° 2010-344 du 31 mars 2010, art. 265)* « ***Le recours est également communiqué à*** *(Décr. n° 2009-1540 du 10 déc. 2009, art. 10-II-5°)* « ***l'autorité***

administrative compétente en matière de tutelle des établissements sanitaires et médico-sociaux ou à l'autorité administrative compétente en matière de tutelle des établissements sociaux» (Décr. n° 2006-233 du 21 févr. 2006) «, à la caisse régionale d'assurance maladie lorsqu'il concerne un établissement financé en totalité ou en partie par des organismes de sécurité sociale» ainsi qu'au préfet du département où est situé ledit établissement ou service lorsqu'il n'est pas l'auteur de la décision litigieuse.» – [Décr. n° 90-359 du 11 avr. 1990, art. 21.]

Art. R. 351-21 Immédiatement après son enregistrement, le recours formé devant la Cour nationale est communiqué par les soins du greffe aux parties défenderesses *(Décr. n° 2006-233 du 21 févr. 2006)* « ainsi qu'à la Caisse nationale *(Décr. n° 2019-718 du 5 juill. 2019, art. 9-III)* « de l'assurance maladie » lorsqu'il concerne un établissement financé en totalité ou en partie par des organismes de sécurité sociale ». – *[Décr. n° 90-359 du 11 avr. 1990, art. 22.]*

Art. R. 351-22 En cas de contestation contentieuse d'une décision de tarification par un moyen tiré de l'illégalité des abattements effectués sur le fondement du 5° de l'article R. 314-22, le président de la juridiction invite l'autorité de tarification à présenter, en défense, les orientations sur le fondement desquelles elle a réparti, entre les différents établissements et services de son ressort, les diminutions de crédits rendues nécessaires par le caractère limitatif des dotations, ainsi que les raisons pour lesquelles l'établissement ou service requérant ne répondait pas à ces orientations. – *[Décr. n° 90-359 du 11 avr. 1990, art. 22-1.]*

Art. R. 351-23 Les destinataires de la communication du recours doivent produire leurs défenses et observations dans le délai, renouvelable une fois sur demande expresse, de quarante-cinq jours suivant cette communication. A l'issue de ce délai, si, après une mise en demeure du président de la *(Décr. n° 2005-1135 du 7 sept. 2005, art. 1er)* « juridiction », la partie défenderesse n'a produit aucun mémoire, elle est réputée avoir acquiescé aux faits exposés dans le recours. Mention de cette dernière disposition doit être faite, pour produire effet, dans la mise en demeure. – *[Décr. n° 90-359 du 11 avr. 1990, art. 23.]*

Art. R. 351-24 La défense et les observations en réponse sont immédiatement communiquées au requérant, qui peut répliquer dans le mois suivant cette communication. – *[Décr. n° 90-359 du 11 avr. 1990, art. 24.]*

Art. R. 351-25 En vue de leurs défenses, observations ou répliques prévues aux articles R. 351-23 et R. 351-24, les parties elles-mêmes ou les personnes mentionnées à l'article R. 351-19 peuvent prendre connaissance et au besoin copie des pièces de l'affaire, sans déplacement du dossier, au greffe *(Décr. n° 2005-1135 du 7 sept. 2005, art. 1er)* « de la juridiction ». – *[Décr. n° 90-359 du 11 avr. 1990, art. 25.]*

Art. R. 351-25-1 *(Décr. n° 2006-233 du 21 févr. 2006)* Lorsque la décision lui paraît susceptible d'être fondée sur un moyen relevé d'office, le président de la formation de jugement en informe les parties avant la séance de jugement et fixe le délai dans lequel elles peuvent présenter leurs observations sur le moyen communiqué.

Les dispositions du présent article ne sont pas applicables lorsqu'il est fait application des dispositions de l'article R. 351-28.

Art. R. 351-26 Sauf décision contraire du président *(Décr. n° 2005-1135 du 7 sept. 2005, art. 1er)* « de la juridiction », l'instruction est close par l'enregistrement de la réplique ou, à défaut, par l'expiration du délai imparti pour sa production, et il n'est pas tenu compte de la réplique éventuellement enregistrée après l'expiration de ce délai. – *[Décr. n° 90-359 du 11 avr. 1990, art. 26.]*

Art. R. 351-27 Les communications des recours, mémoires et observations sont faites par le greffe *(Décr. n° 2005-1135 du 7 sept. 2005, art. 1er)* « de la juridiction » à personne, ou à domicile, par lettre recommandée avec demande d'avis de réception,

ou par voie administrative, contre récépissé, par l'autorité que désigne le président. – *[Décr. nº 90-359 du 11 avr. 1990, art. 27.]*

Art. R. 351-28 *(Décr. nº 2006-233 du 21 févr. 2006)* **Les présidents des tribunaux interrégionaux et de la cour nationale peuvent par ordonnance :**

1° Donner acte des désistements ;

2° Rejeter les requêtes ne relevant manifestement pas de la compétence de la juridiction tarifaire ;

3° Constater qu'il n'y a pas lieu de statuer sur une requête ;

4° Rejeter les requêtes irrecevables présentées en méconnaissance de l'article R. 351-19 ainsi que celles qui sont entachées d'une irrecevabilité manifeste non susceptible d'être couverte en cours d'instance ;

5° Statuer sur les requêtes qui ne présentent plus à juger de questions autres que la charge des dépens ou la condamnation aux frais non compris dans les dépens ;

6° Statuer sur les requêtes relevant d'une série, qui, sans appeler de nouvelle appréciation ou qualification des faits, présentent à juger en droit des questions identiques à celles qu'elle a déjà tranchées ensemble par une même décision passée en force de chose jugée.

Ils peuvent, en outre, rejeter par ordonnance des conclusions à fin de sursis à exécution d'une décision juridictionnelle.

Art. R. 351-28-1 *(Décr. nº 2006-233 du 21 févr. 2006)* **Lorsque le président d'un tribunal interrégional ou de la cour nationale constate que la minute d'une décision est entachée d'une erreur ou d'une omission matérielle, il peut y apporter, par ordonnance rendue dans le délai de deux mois à compter de la notification aux parties de cette décision, les corrections que la raison commande.**

La notification de l'ordonnance rectificative rouvre le délai d'appel contre le jugement ou l'ordonnance ainsi corrigés.

Art. R. 351-29 *(Décr. nº 2006-233 du 21 févr. 2006)* **« Avant de clore le dossier d'instruction, le président de la juridiction demande à l'établissement ou au service concerné ainsi qu'à l'autorité de tarification de lui communiquer les pièces relatives à toute décision de nature financière intervenue postérieurement au recours en première instance ou en appel, notamment celles modifiant le montant d'un ou plusieurs des éléments tarifaires mentionnés à l'article L. 351-1. »**

Le dossier du recours est, après clôture de l'instruction, remis au rapporteur désigné par le président *(Décr. nº 2005-1135 du 7 sept. 2005, art. 1er)* **« de la juridiction ». Le rapporteur prépare, sur chaque affaire, un rapport et un projet de décision ou de jugement, qui sont ensuite transmis avec le dossier au commissaire du Gouvernement que désigne le président.**

Le commissaire du Gouvernement, après examen du recours, l'inscrit à un rôle de séance. Le rôle est définitivement arrêté par le président. Avis est donné, par lettre recommandée, aux parties dont les affaires sont inscrites au rôle de la date de la séance de jugement, dix jours au moins avant celle-ci. – *[Décr. nº 90-359 du 11 avr. 1990, art. 29.]*

Art. R. 351-30 **Sur chaque affaire, après la présentation en séance publique du rapport, les parties elles-mêmes, ou les personnes mentionnées à l'article R. 351-19, peuvent présenter de brèves observations orales à l'appui de leurs conclusions écrites.**

Le commissaire du Gouvernement donne ensuite ses conclusions et l'affaire est mise en délibéré. – *[Décr. nº 90-359 du 11 avr. 1990, art. 30.]*

Art. R. 351-31 **La Cour nationale ne peut siéger en formation plénière que si au moins** *(Décr. nº 2006-233 du 21 févr. 2006)* **« cinq » de ses membres sont présents.** *(Abrogé par Décr. nº 2006-233 du 21 févr. 2006)* ***« Elle ne peut siéger en formation ordinaire que si sept de ses membres sont présents. »***

Le tribunal interrégional ne peut siéger que si au moins *(Décr. nº 2006-233 du 21 févr. 2006)* **« trois » de ses membres sont présents.** – *[Décr. nº 90-359 du 11 avr. 1990, art. 31.]*

(Décr. n° 2007-962 du 15 mai 2007, art. 1er) « En cas de partage égal, la voix du président est prépondérante. »

Art. R. 351-32 *(Décr. n° 2006-233 du 21 févr. 2006)* Le membre de la juridiction qui suppose en sa personne une cause de récusation ou estime en conscience devoir s'abstenir se fait remplacer par un autre membre de la juridiction que désigne le président de la juridiction.

Art. R. 351-33 Après délibéré hors la présence du public et des parties, la décision ou le jugement est prononcé en séance publique.

(Décr. n° 2005-1135 du 7 sept. 2005, art. 1er) « La juridiction » peut, avant de statuer, ordonner tous suppléments d'instruction ou expertises qu'il estime nécessaires en fixant le délai dans lequel il doit y être procédé. – *[Décr. n° 90-359 du 11 avr. 1990, art. 33.]*

Art. R. 351-34 Les jugements sont rendus au nom du peuple français. Ils contiennent les noms des parties, l'exposé sommaire de leurs moyens et conclusions, le visa des dispositions législatives ou réglementaires dont ces jugements font application. Mention y est faite que le rapporteur, les parties, s'il y a lieu, et le commissaire du Gouvernement ont été entendus. Ces décisions sont motivées et portent l'indication du nom des membres du tribunal, y compris le rapporteur, qui ont concouru à la décision ou au jugement. – *[Décr. n° 90-359 du 11 avr. 1990, art. 34.]*

Art. R. 351-35 Lorsqu'elle annule *(Décr. n° 2005-1135 du 7 sept. 2005, art. 1er)* « la décision ou le jugement » contesté, *(Décr. n° 2005-1135 du 7 sept. 2005, art. 1er)* « la juridiction » fixe elle-même le montant de la dotation globale, du forfait de soins, du prix de journée ou autre élément de tarification qui était en litige, ou renvoie à l'auteur de la décision annulée le soin d'en fixer le montant sur les bases qu'il indique. – *[Décr. n° 90-359 du 11 avr. 1990, art. 35.]*

Art. R. 351-36 La minute du jugement est signée par le président, le rapporteur et le greffe.

Une expédition du jugement certifiée conforme par le greffe est immédiatement notifiée par ses soins, par lettre recommandée avec demande d'avis de réception, à chacune des parties, ainsi que, par lettre recommandée, aux autres personnes ou autorités administratives auxquelles avait été communiqué le recours.

L'expédition du jugement porte la formule exécutoire suivante : "La République mande et ordonne au ministre de... (ou au président du conseil départemental du département de...) et à tous huissiers à ce requis en ce qui concerne les voies de droit commun contre les parties privées, de pourvoir à l'exécution du présent jugement." – *[Décr. n° 90-359 du 11 avr. 1990, art. 36.]*

Art. R. 351-37 Les décisions et jugements sont insérés par extraits comportant le dispositif au recueil des actes administratifs de la préfecture du département où est situé l'établissement ou service concerné par le litige. – *[Décr. n° 90-359 du 11 avr. 1990, art. 37.]*

Art. R. 351-38 Les jugements des tribunaux interrégionaux ne sont pas susceptibles d'opposition. – *[Décr. n° 90-359 du 11 avr. 1990, art. 38.]*

Art. R. 351-39 Quand un jugement de la Cour nationale est rendu par défaut, la partie défaillante peut y faire opposition dans le délai de quinze jours à partir de la notification qui lui a été faite. – *[Décr. n° 90-359 du 11 avr. 1990, art. 39.]*

Art. R. 351-40 Toute personne peut former tierce opposition à un jugement s'il préjudicie à ses droits, dès lors que cette personne n'a pas été appelée, ni présente ou représentée dans l'instance ayant abouti à ce jugement.

Si le tiers opposant a néanmoins reçu notification du jugement, la tierce opposition ne peut être formée que dans le délai d'un mois à compter de cette notification. – *[Décr. n° 90-359 du 11 avr. 1990, art. 40.]*

Art. R. 351-41 **Le montant des indemnités et remboursements de frais pouvant être alloués aux présidents, membres, commissaires du Gouvernement et rapporteurs de la Cour nationale et des tribunaux interrégionaux de la tarification sanitaire et sociale est fixé par arrêté des ministres chargés de la sécurité sociale, de la santé, de l'action sociale et du budget.** – *[Décr. nº 90-359 du 11 avr. 1990, art. 41.]*

TITRE VI FINANCEMENT DE LA PROTECTION JUDICIAIRE DES MAJEURS

(Décr. nº 2008-1498 du 22 déc. 2008)

CHAPITRE UNIQUE DISPOSITIONS FINANCIÈRES

Art. D. 361-1 et R. 361-2 *Abrogés par Décr. nº 2015-1864 du 30 déc. 2015, art. 1er-6, à compter du 1er janv. 2016.*

LIVRE IV PROFESSIONS ET ACTIVITÉS SOCIALES *(Décr. nº 2010-1404 du 12 nov. 2010, art. 2-I).*

TITRE I ASSISTANTS DE SERVICE SOCIAL

CHAPITRE UNIQUE

Art. R. 411-1 Dans chaque département, le préfet dresse annuellement la liste des personnes qui exercent régulièrement la profession d'assistant *(Abrogé par Décr. nº 2009-55 du 15 janv. 2009)* ***« ou d'auxiliaire »*** de service social en indiquant la date et la nature des diplômes ou autres titres dont elles sont pourvues.

Cette liste est insérée au recueil des actes administratifs de la préfecture. Le directeur départemental *(Décr. nº 2017-413 du 27 mars 2017, art. 1er)* « de la cohésion sociale » la tient à la disposition des intéressés. Une copie certifiée en est adressée au ministre chargé des affaires sociales. – *[C. fam., art. 223.]*

Art. R. 411-2 Il est délivré aux assistants de service social une carte professionnelle dont le modèle est établi par le ministre chargé des affaires sociales. – *[C. fam., art. 224.]*

Art. R. 411-3 *(Décr. nº 2005-1135 du 7 sept. 2005, art. 4-II; Décr. nº 2009-55 du 15 janv. 2009) (Décr. nº 2017-413 du 27 mars 2017, art. 2-1º)* « Les ressortissants d'un État membre de l'Union européenne, d'un État partie à l'accord de l'Espace économique européen », à une convention internationale ou un arrangement en matière de reconnaissance mutuelle des qualifications professionnelles non titulaires d'un diplôme d'État français d'assistant de service social qui souhaitent exercer en France la profession d'assistant de service social doivent obtenir une attestation de capacité à exercer délivrée par *(Décr. nº 2019-1383 du 18 déc. 2019, art. 3-12º)* « le préfet de région ».

(Décr. nº 2017-413 du 27 mars 2017, art. 2-2º) « Conformément aux dispositions du septième alinéa de l'article L. 411-1, l'intéressé doit se soumettre préalablement à une mesure de compensation, lorsque son titre ou ensemble de titres de formation comporte des différences substantielles, en termes de contenu dans des domaines dont la connaissance est essentielle à l'exercice des activités professionnelles d'assistant de service social, sauf s'il a acquis ces connaissances au cours de son expérience professionnelle.

« Le préfet de région vérifie les qualifications professionnelles des intéressés, organise les mesures de compensation et procède, après reconnaissance des qualifications professionnelles, aux vérifications des connaissances linguistiques nécessaires conformément aux dispositions de l'article 10 de l'ordonnance nº 2016-1809 du 22 décembre 2016. »

Sont considérées comme essentielles à l'exercice de la profession en France les connaissances correspondant à la formation requise pour l'exercice de la profession relatives aux théories et pratiques de l'intervention en service social y compris l'éthique, aux politiques sociales, à la législation et à la réglementation relatives à l'accès aux droits.

(Abrogé par Décr. nº 2012-711 du 7 mai 2012, art. 1er-1º) ***« La décision de soumettre l'intéressé à une mesure de compensation consistant soit en une épreuve d'aptitude, soit en un stage d'adaptation et le refus de délivrer l'attestation de capacité à exercer sont motivés. Ces décisions sont prises dans un délai de quatre mois à compter de la date du récépissé qui est délivré à l'intéressé à réception du dossier complet de demande d'attestation. »***

(Abrogé par Décr. nº 2017-413 du 27 mars 2017, art. 2-3º) ***« La vérification des qualifications professionnelles et les mesures de compensation sont organisées par le préfet de région.***

« En cas de doute sur les connaissances linguistiques nécessaires à l'exercice de la profession, le représentant de l'État dans la région vérifie le caractère suffisant de la maîtrise de la langue française. »

(Décr. nº 2012-711 du 7 mai 2012, art. 1er-2º) **« La décision relative à la capacité à exercer est prise par** *(Décr. nº 2019-1383 du 18 déc. 2019, art. 3-12º)* **« le préfet de région ». Elle est motivée s'il s'agit d'un refus ou si l'exercice est subordonné à une épreuve d'aptitude ou à un stage d'adaptation. Elle intervient au plus tard dans le délai de quatre mois à compter de la date de réception du dossier complet. »**

En cas de succès à l'épreuve d'aptitude ou de validation du stage d'adaptation, *(Décr. nº 2019-1383 du 18 déc. 2019, art. 3-12º)* **« le préfet de région » délivre l'attestation de capacité à exercer.**

Sont fixées par arrêté du ministre chargé des affaires sociales :

1º Les modalités de présentation de la demande d'attestation de capacité à exercer, et notamment la composition du dossier accompagnant cette demande ;

2º Les conditions d'organisation et les modalités de notation de l'épreuve d'aptitude ainsi que la composition du jury chargé de l'évaluer ;

3º Les conditions de validation du stage d'adaptation. – *[Anc. art. R. 451-37.]* – *V. Arr. du 31 mars 2009 relatif aux conditions d'accès à la profession d'assistant de service social pour les titulaires de diplômes étrangers (JO 12 avr.), mod. par Arr. du 26 juill. 2011 (JO 18 août).*

Les dispositions modifiées par le Décr. nº 2019-1383 du 18 déc. 2019 peuvent être modifiées par des actes pris dans les formes requises pour leur modification antérieurement à son entrée en vigueur (Décr. préc., art. 9, JO 19 déc.).

Art. R. 411-4 *(Décr. nº 2009-55 du 15 janv. 2009)* **L'épreuve d'aptitude a pour objet de vérifier au moyen d'épreuves écrites et orales que l'intéressé a une connaissance appropriée des** *(Décr. nº 2017-413 du 27 mars 2017, art. 3-1º)* **« domaines » figurant au programme du titre de formation permettant l'exercice de la profession en France qui ne lui ont pas été enseignées ou qu'il n'a pas acquises par l'expérience professionnelle** *(Décr. nº 2017-413 du 27 mars 2017, art. 3-1º et 2º)* **« à temps plein ou à temps partiel, ou par l'apprentissage tout au long de la vie validé par un organisme compétent. Elle porte sur des domaines à choisir parmi ceux dont les connaissances et les compétences afférentes sont essentielles à l'exercice de la profession. »** – *[Anc. art. R. 451-38.]*

Art. R. 411-5 *(Décr. nº 2009-55 du 15 janv. 2009)* **Le stage d'adaptation a pour objet de faire acquérir aux intéressés les connaissances définies à l'article R. 411-4. Il est réalisé sous la responsabilité d'un professionnel qualifié et peut être accompagné d'une formation théorique complémentaire.** – *[Anc. art. R. 451-39.]*

Art. R. 411-6 *(Décr. nº 2005-1135 du 7 sept. 2005, art. 4-II ; Décr. nº 2009-55 du 15 janv. 2009)* **Les ressortissants des États autres que ceux mentionnés à l'article** *(Décr. nº 2012-711 du 7 mai 2012, art. 2)* **« R. 411-3 », titulaires d'un diplôme de service social sanctionnant une formation théorique et pratique post-secondaire d'une durée minimale de trois ans, qui souhaitent exercer en France la profession d'assistant de service social peuvent être autorisés par le préfet de région à suivre un stage d'adaptation en vue de l'obtention du diplôme d'État d'assistant de service social, lorsque leur formation est comparable à celle préparant au diplôme d'État ou lorsque les différences sont compensées par les connaissances acquises au cours de l'expérience professionnelle.** – *[Anc. art. R. 451-40.]*

Art. R. 411-7 *(Décr. nº 2009-55 du 15 janv. 2009)* **En application de l'article L. 411-1-1, l'exercice de façon temporaire et occasionnelle de la profession d'assistant de service social est subordonné, préalablement à la première prestation, à une déclaration écrite, établie en français, auprès du ministre chargé des affaires sociales. Cette déclaration est renouvelée une fois par an si le prestataire envisage de fournir une nouvelle prestation de service. En cas de changement dans sa situation au regard des documents précédemment fournis, le prestataire déclare ces modifications et fournit les pièces correspondantes.**

Le caractère temporaire et occasionnel de la prestation est apprécié, au cas par cas, en tenant compte de la durée de la prestation, de sa fréquence, de sa périodicité et de sa continuité.

Le ministre chargé des affaires sociales enregistre le prestataire sur une liste spécifique et lui adresse un récépissé comportant son numéro d'enregistrement dans un délai n'excédant pas un mois.

Art. R. 411-8 *(Décr. n° 2009-55 du 15 janv. 2009)* La déclaration mentionnée à l'article R. 411-7 est établie sur un formulaire, dont le modèle est arrêté par le ministre chargé des affaires sociales. Elle est accompagnée :

1° D'une pièce justifiant la nationalité du demandeur ;

2° *(Décr. n° 2017-413 du 27 mars 2017, art. 4-1°)* « D'une attestation établie en application de l'article 5 de l'ordonnance n° 2016-1809 du 22 décembre 2016, » certifiant qu'il est établi et exerce légalement les activités d'assistant de service social dans un État membre et qu'il n'encourt, au moment de la délivrance de l'attestation, aucune interdiction même temporaire d'exercer ;

3° D'un justificatif prouvant ses qualifications professionnelles ;

4° Des informations relatives aux couvertures d'assurance ou autres moyens de protection personnelle ou collective concernant la responsabilité professionnelle.

Le prestataire doit également préciser si la profession *(Décr. n° 2012-711 du 7 mai 2012, art. 3)* « ou la formation y conduisant » est réglementée dans l'État où il est établi. Dans le cas contraire, il doit justifier de l'exercice de la profession *(Décr. n° 2017-413 du 27 mars 2017, art. 4-2°)* « à temps plein ou à temps partiel, » pendant au moins *(Décr. n° 2017-413 du 27 mars 2017, art. 4-2°)* « une année » au cours des dix années qui précèdent la prestation.

Art. R. 411-9 *(Décr. n° 2009-55 du 15 janv. 2009)* En cas de doute sur les connaissances linguistiques nécessaires à l'exercice de la profession, le préfet de région vérifie, à la demande du ministre, le caractère suffisant de la maîtrise de la langue française.

Art. R. 411-10 Est puni de l'amende prévue pour les contraventions de la cinquième classe le fait d'exercer illégalement la profession d'assistant *(Abrogé par Décr. n° 2009-55 du 15 janv. 2009)* *« ou d'auxiliaire »* de service social. En cas de récidive, la contravention est réprimée conformément à l'article 132-11 du code pénal. – *[Anc. art. R. 411-3.]*

TITRE II ASSISTANTS MATERNELS ET ASSISTANTS FAMILIAUX

(Décr. n° 2006-1153 du 14 sept. 2006, art. 1er-I)

CHAPITRE I DISPOSITIONS GÉNÉRALES

Au chap. I du titre II du livre IV de la partie réglementaire du CASF, les mots : « président du conseil général » sont remplacés, à chaque occurrence, par les mots : « président du conseil départemental » (Décr. n° 2021-1644 du 14 déc. 2021, art. 1er-18°).

Art. R. 421-1 *(Décr. n° 2006-1153 du 14 sept. 2006, art. 1er)* En application des dispositions de l'article L. 2112-2 (7°) du code de la santé publique et selon les modalités prévues à l'article L. 214-6, le président du conseil départemental organise de façon régulière des séances d'information relatives à l'activité d'assistant maternel à destination des candidats éventuels à cette profession, au cours desquelles sont présentés notamment le rôle et les responsabilités de l'assistant maternel, les modalités d'exercice de la profession, les conditions de l'agrément prévu par l'article L. 421-3, les droits et obligations qui s'attachent à cet agrément, les besoins de l'enfant et les relations avec les parents ou les personnes responsables de l'enfant.

Des représentants d'associations et d'organisations représentatives d'assistants maternels, des personnes morales et des particuliers employeurs peuvent être invités à participer à ces séances.

Dans les communes ou leurs groupements dotés d'un relais assistants maternels tel que défini à l'article L. 214-2-1, le président du conseil départemental peut associer ce dernier à l'organisation des réunions d'information. – *[Applicable à compter du 1er janv. 2007.]*

Art. D. 421-2 *(Décr. no 2006-1153 du 14 sept. 2006, art. 1er)* Le président du conseil départemental peut également organiser des séances d'information relatives à l'activité d'assistant familial, au cours desquelles sont évoqués notamment les modalités d'exercice de cette activité, les conditions de l'agrément prévues par l'article L. 421-3, les droits et obligations qui s'attachent à cet agrément, les besoins de l'enfant et les relations avec les parents ou les personnes responsables de l'enfant.

Des représentants d'associations et d'organisations représentatives d'assistants familiaux ainsi que des personnes morales employeurs peuvent être invités à participer à ces séances. – *[Applicable à compter du 1er janv. 2007.]*

SECTION 1 Procédures d'agrément

(Décr. no 2006-1153 du 14 sept. 2006, art. 1er)

SOUS-SECTION 1 Conditions, modalités de délivrance, contenu et durée de l'agrément

Art. R. 421-3 Pour obtenir l'agrément d'assistant maternel ou d'assistant familial, le candidat doit :

1o Présenter les garanties nécessaires pour accueillir des mineurs dans des conditions propres à assurer leur développement physique, intellectuel et affectif ;

2o Passer un examen médical qui a pour objet de vérifier que son état de santé lui permet d'accueillir habituellement des mineurs et dont le contenu est fixé par arrêté des ministres chargés de la santé et de la famille ;

(Décr. no 2021-1446 du 4 nov. 2021, art. 1er-1o) « 3o Disposer d'un logement ou, dans le cas d'un agrément pour l'exercice dans une maison d'assistants maternels, d'un local dédié dont l'état, les dimensions, les conditions d'accès et l'environnement permettent d'assurer le bien-être et la sécurité des mineurs, compte tenu du nombre d'enfants et des exigences fixées par le référentiel en annexe 4-8 pour un agrément d'assistant maternel ou par le référentiel en annexe 4-9 pour un agrément d'assistant familial. »

Art. D. 421-4 L'instruction de la demande d'agrément d'assistant maternel ou d'assistant familial comporte :

1o L'examen du dossier mentionné à l'article L. 421-3 ;

2o Un ou des entretiens avec le candidat, associant, le cas échéant, les personnes résidant à son domicile ;

3o Une ou des visites au domicile du candidat ;

4o La vérification, dans le cadre des dispositions du 3o de l'article 776 du code de procédure pénale, que le candidat n'a pas fait l'objet de condamnations mentionnées à l'article L. 133-6. – *[Applicable à compter du 1er janv. 2007.]*

Art. R. 421-5 *(Décr. no 2012-364 du 15 mars 2012, art. 1er)* Les entretiens avec un candidat à des fonctions d'assistant maternel ou avec un assistant maternel agréé et les visites à son lieu d'exercice doivent permettre d'apprécier, au regard des critères précisés dans le référentiel figurant à l'annexe 4-8 du présent code, si les conditions légales d'agrément sont remplies.

(Décr. no 2021-1446 du 4 nov. 2021, art. 1er-2o) « Le refus d'agrément comme assistant maternel ou la décision d'autoriser un professionnel à accueillir moins de quatre enfants en cette qualité est motivé et ne peut être fondé, selon le cas, sur des exigences autres que celles fixées au III de l'article L. 214-1-1, aux quatrième, cinquième et sixième alinéas de l'article L. 421-3 et par le référentiel mentionné à l'alinéa précédent. La décision est notifiée par tout moyen donnant date certaine à la réception de cette notification. »

Les dispositions du Décr. nº 2012-364 du 15 mars 2012 s'appliquent aux demandes d'agrément, de modification et de renouvellement d'agrément déposées à compter du 1er sept. 2012 et ne sont pas applicables à Mayotte (Décr. préc., art. 2 et 3).

Art. R. 421-6 *(Décr. nº 2014-918 du 18 août 2014, art. 1er)* **Les entretiens avec un candidat à des fonctions d'assistant familial ou avec un assistant familial agréé et les visites à son domicile doivent permettre d'apprécier, au regard des critères précisés dans le référentiel figurant à l'annexe 4-9 du présent code, si les conditions légales d'agrément sont remplies.** — *Les dispositions de l'art. 1er du Décr. nº 2014-918 du 18 août 2014 s'appliquent aux demandes d'agrément, de modification et de renouvellement d'agrément déposées après l'expiration d'un délai de trois mois suivant la publication du décret susvisé (Décr. préc., art. 3, JO 21 août).*

Art. D. 421-7 **Le président du conseil départemental peut, pour réunir les éléments d'appréciation relatifs aux conditions définies aux 1° et 3° de l'article R. 421-3, faire appel à des personnes morales de droit public ou de droit privé ayant conclu à cet effet convention avec le département.** — *[Applicable à compter du 1er janv. 2007.]*

Art. D. 421-8 **Peuvent être sollicitées, pour donner leur avis dans le cadre de la procédure d'instruction des demandes d'agrément d'assistant maternel, les personnes mentionnées au troisième alinéa de l'article L. 421-3, à condition d'être titulaires du certificat d'aptitude professionnelle** *(Décr. nº 2021-1644 du 14 déc. 2021, art. 1er-8°)* **« d'accompagnant éducatif » petite enfance ou de l'un des diplômes mentionnés à l'article D. 421-49 dispensant de la formation d'assistant maternel.** — *[Applicable à compter du 1er janv. 2007.]*

Art. D. 421-9 **Peuvent être sollicitées, pour donner leur avis au cours de la procédure d'instruction des demandes d'agrément d'assistant familial, les personnes mentionnées au troisième alinéa de l'article L. 421-3, à condition qu'elles soient titulaires du diplôme sanctionnant la formation prévue à l'article L. 421-15 ou de l'un des diplômes mentionnés à l'article D. 421-43 dispensant de cette formation.** — *[Applicable à compter du 1er janv. 2007.]*

Art. D. 421-10 **Le dossier de demande d'agrément d'assistant maternel ou d'assistant familial est adressé au président du conseil départemental du département de résidence de l'intéressé par lettre recommandée avec demande d'avis de réception ou déposé auprès du service départemental compétent qui en donne récépissé.** — *[Applicable à compter du 1er janv. 2007.]*

Art. D. 421-11 **Les délais mentionnés à l'article L. 421-6 courent à compter de la date de l'avis de réception postal ou du récépissé. Toutefois, si le dossier de la demande n'est pas complet, le service compétent demande sous quinzaine à l'intéressé de compléter celui-ci. Ces délais ne courent qu'à compter de la réception du dossier complet.** — *[Applicable à compter du 1er janv. 2007.]*

Art. D. 421-12 *(Décr. nº 2021-1644 du 14 déc. 2021, art. 1er-9°)* **L'agrément d'assistant maternel est accordé pour une durée de cinq ans, sauf dans les cas prévus aux articles D. 421-21 et D. 421-21-1.**

La décision accordant l'agrément :

1° Mentionne le nombre d'enfants que l'assistant maternel est autorisé à accueillir simultanément en cette qualité ;

2° Mentionne le nombre maximal d'enfants pouvant être simultanément sous la responsabilité exclusive de l'assistant maternel, y compris ses propres enfants, dans les conditions mentionnées au II de l'article L. 421-4 ;

3° Indique, sous réserve que les conditions d'accueil soient réunies, selon quelles modalités le nombre d'enfants accueillis peut être augmenté dans les conditions mentionnées au deuxième alinéa du II de l'article L. 421-4 et à l'article L. 421-4-1 ;

4° Indique les obligations d'information et de déclaration prévues à l'article R. 421-39 que doit respecter l'assistant maternel ;

5° Rappelle que l'assistant maternel peut aider à la prise de médicaments en application de l'article L. 2111-3-1 du code de la santé publique et dans les conditions fixées à l'article R. 2111-1 du code de la santé publique ;

6° Indique la durée et le contenu des formations reçues par le professionnel en application de l'article L. 421-14.

Art. D. 421-13 L'agrément d'assistant familial est accordé pour une durée de cinq ans, sauf dans les cas prévus à l'article D. 421-22.

La décision accordant l'agrément mentionne le nombre de mineurs et de jeunes majeurs que l'assistant familial est autorisé à accueillir. — *[Applicable à compter du 1er janv. 2007.]*

Art. R. 421-14 Lorsqu'une même personne obtient un agrément d'assistant maternel et un agrément d'assistant familial, le nombre des enfants qu'elle est autorisée à accueillir ne peut être au total, sauf dérogation, supérieur à trois. — *[Applicable à compter du 1er janv. 2007.]*

Art. D. 421-15 Lorsqu'en application de l'article L. 421-6 l'agrément est réputé acquis, une attestation est délivrée sans délai par le président du *(Décr. n° 2021-1644 du 14 déc. 2021, art. 1er-10°)* « conseil départemental » à la personne intéressée.

L'attestation précise :

1° S'agissant d'un agrément d'assistant familial, le nombre de mineurs et de jeunes majeurs pour l'accueil desquels l'agrément est demandé ;

(Décr. n° 2021-1644 du 14 déc. 2021, art. 1er-10°) « 2° S'agissant d'un agrément d'assistant maternel, le nombre de mineurs pour l'accueil desquels l'agrément est demandé. »

(Abrogé par Décr. n° 2021-1644 du 14 déc. 2021, art. 1er-10°) « Le président du conseil départemental informe l'assistant maternel, lors de la remise de la décision ou de l'attestation d'agrément, que son nom, son adresse et son numéro de téléphone seront, sauf opposition de sa part, portés à la connaissance des personnes mentionnées aux articles L. 421-8 et D. 421-36.

« Le président du conseil départemental remet à l'assistant maternel, en même temps que la décision ou l'attestation d'agrément, des documents d'information relatifs à la formation, au suivi et à l'accompagnement dont il pourra bénéficier, et aux conditions d'exercice de sa profession, notamment un référentiel du métier d'accueil de jeunes enfants par un assistant maternel, défini par arrêté du ministre chargé de la famille, précisant le rôle et les responsabilités de l'assistant maternel. »

Art. D. 421-15-1 *(Décr. n° 2021-1644 du 14 déc. 2021, art. 1er-11°)* Le président du conseil départemental informe l'assistant maternel, lors de la remise de la décision ou de l'attestation d'agrément mentionnée aux articles D. 421-12 et D. 421-15, que son nom, son adresse, son adresse électronique et son numéro de téléphone seront portés à la connaissance des personnes mentionnées aux articles L. 421-8 et D. 421-36, sauf opposition de sa part.

Le président du conseil départemental remet à l'assistant maternel, en même temps que la décision ou l'attestation d'agrément, des documents d'information relatifs à la formation, au suivi et à l'accompagnement dont il pourra bénéficier, en particulier en matière de santé du jeune enfant et d'accueil inclusif des enfants atteints de maladies chroniques ou porteurs de handicap, ainsi qu'aux conditions d'exercice de sa profession. Il lui remet une copie de la charte nationale de l'accueil du jeune enfant visée à l'article L. 214-1-1.

Le président du conseil départemental indique les modalités selon lesquelles l'assistant maternel peut prendre l'attache du service de la protection maternelle et infantile et, lorsqu'il y a un relais petite enfance au sens de l'article L. 214-2-1, le nom et les coordonnées de ce relais de la commune ou de l'établissement public de coopération intercommunale où exerce l'assistant maternel.

Art. D. 421-16 Pour obtenir la dérogation prévue *(Décr. n° 2021-1644 du 14 déc. 2021, art. 1er-12°)* « au I de l'article L. 421-4-1 » ou à l'article L. 421-5 pour l'accueil

d'un nombre de mineurs et de jeunes majeurs supérieur à trois, l'intéressé adresse une demande, distincte de celle mentionnée à l'article D. 421-10, au président du *(Décr. n° 2021-1644 du 14 déc. 2021, art. 1er-12°)* **« conseil départemental ».**

La décision de dérogation est valable pour une durée définie par le président du *(Décr. n° 2021-1644 du 14 déc. 2021, art. 1er-12°)* **« conseil départemental ».** – *[Applicable à compter du 1er janv. 2007.]*

En application des art. L. 231-5 et L. 231-6 CRPA et par dérogation au délai de deux mois prévu à l'art. L. 231-1 du même code, le délai à l'expiration duquel le silence gardé par une collectivité territoriale ou un de ses établissements publics vaut décision d'acceptation est fixé à trois mois pour les demandes de dérogation pour l'accueil par assistant maternel d'un nombre de mineurs supérieur à la capacité maximale (4 enfants et plus accueillis simultanément) (Décr. n° 2015-1460 du 10 nov. 2015, applicable aux demandes présentées à compter du 12 nov. 2015).

Art. D. 421-17 *(Décr. n° 2021-1644 du 14 déc. 2021, art. 1er-13°)* **I. – Le nombre de jours au cours desquels il est fait application du second alinéa du II de l'article L. 421-4 ne peut excéder cinquante-cinq jours par année civile. L'application du même alinéa est soumise au respect de conditions de sécurité suffisantes. La décision mentionnée à l'article D. 421-15 précise si elles sont réunies pour permettre la présence d'enfants supplémentaires sous la responsabilité exclusive de l'assistant maternel, dans la limite inchangée de quatre enfants de moins de trois ans.**

L'assistant maternel qui recourt à cette possibilité en informe le président du conseil départemental sans délai et au plus tard dans les quarante-huit heures suivant ce recours. Les modalités de cette information sont déterminées par le président du conseil départemental et peuvent, le cas échéant, permettre cette information par voie dématérialisée.

Pour chaque jour où l'assistant maternel recourt à cette possibilité, il indique le nombre total d'enfants de moins de onze ans sous sa responsabilité exclusive.

II. – En application du I de l'article L. 421-4-1 et dans la limite fixée au même article, le nombre d'enfants que l'assistant maternel est autorisé à accueillir en cette qualité peut être dépassé à la demande de celui-ci et sous réserve d'un accord écrit du président du conseil départemental, pour répondre à des besoins spécifiques, notamment la période d'adaptation d'un nouvel enfant confié ou pour l'accueil, pour une durée limitée, de fratries. Dans ce cas, l'assistant maternel en informe les parents ou représentants légaux des enfants qui lui sont confiés habituellement.

III. – De manière ponctuelle, en application du II de l'article L. 421-4-1 et pour assurer la continuité de l'accueil des enfants confiés, notamment pour remplacer un autre assistant maternel momentanément indisponible ou pour la mise en œuvre des dispositions de l'article L. 214-7, un assistant maternel peut accueillir un enfant de plus que le nombre d'enfants qu'il est autorisé à accueillir en cette qualité en application de la décision d'agrément prévue à l'article D. 421-12 ou de l'attestation d'agrément prévue à l'article D. 421-15, dans la limite de cinquante heures par mois et sous réserve du respect de conditions de sécurité suffisantes.

L'assistant maternel qui recourt à cette disposition :

1° En informe les parents ou représentants légaux des enfants qui lui sont confiés habituellement ;

2° En informe sans délai et au plus tard sous quarante-huit heures le président du conseil départemental, selon les modalités fixées par celui-ci et qui peuvent, le cas échéant, permettre cette information par voie dématérialisée, en indiquant les noms, adresses postales et électroniques et numéros de téléphone du ou des représentants légaux de l'enfant accueilli, ainsi que les dates et heures auxquelles l'enfant est accueilli.

En application des art. L. 231-5 et L. 231-6 CRPA et par dérogation au délai de deux mois prévu à l'art. L. 231-1 du même code, le délai à l'expiration duquel le silence gardé par une collectivité territoriale ou un de ses établissements publics vaut décision d'acceptation est fixé à trois mois pour les demandes de dérogation exceptionnelle de dépassement pour remplacement d'assistant maternel (Décr. n° 2015-1460 du 10 nov. 2015, applicable aux demandes présentées à compter du 12 nov. 2015).

Art. D. 421-18 A titre exceptionnel, à la demande de l'employeur et avec l'accord préalable écrit de l'assistant familial et du président du conseil départemental, le nombre d'enfants que l'assistant familial est autorisé à accueillir peut être dépassé afin de lui permettre notamment de remplacer un autre assistant familial indisponible pour une courte durée.

Dans des situations exceptionnelles et imprévisibles, le nombre d'enfants que l'assistant familial est autorisé à accueillir peut être dépassé, sous la responsabilité de l'employeur, pour assurer la continuité de l'accueil. L'employeur en informe sans délai le président du conseil départemental. — *[Applicable à compter du 1er janv. 2007.]*

En application des art. L. 231-5 et L. 231-6 CRPA et par dérogation au délai de deux mois prévu à l'art. L. 231-1 du même code, le délai à l'expiration duquel le silence gardé par une collectivité territoriale ou un de ses établissements publics vaut décision d'acceptation est fixé à trois mois pour les demandes de dérogation exceptionnelle de dépassement pour remplacement d'assistant familial (Décr. nº 2015-1460 du 10 nov. 2015, applicable aux demandes présentées à compter du 12 nov. 2015).

Art. R. 421-18-1 *(Décr. nº 2021-1131 du 30 août 2021, art. 1er-1º, en vigueur le 1er sept. 2021)* Les assistants maternels agréés, à l'exception de ceux mentionnés aux articles L. 422-1 et L. 423-8 lorsqu'ils sont exclusivement employés par des personnes morales, s'inscrivent, pour l'application des dispositions du cinquième alinéa de l'article L. 421-3, sur le site Internet de la caisse nationale des allocations familiales mentionné dans le formulaire de demande d'agrément prévu à ce même article.

SOUS-SECTION 2 Renouvellement, suspension et retrait de l'agrément

Art. D. 421-19 Dans l'année qui précède la date d'échéance de l'agrément ou de son renouvellement, et au moins quatre mois avant celle-ci, le *(Décr. nº 2021-1644 du 14 déc. 2021, art. 1er-14º)* « président du conseil départemental » indique à la personne intéressée, en lui transmettant un exemplaire du formulaire mentionné à l'article L. 421-3, qu'elle doit présenter une demande de renouvellement d'agrément trois mois au moins avant cette date si elle entend continuer à bénéficier de cet agrément. — *[Applicable à compter du 1er janv. 2007.]*

(Décr. nº 2021-1644 du 14 déc. 2021, art. 1er-14º) « Dans le cas d'un premier renouvellement d'agrément d'assistant maternel, le président du conseil départemental informe l'assistant maternel de son obligation de produire les documents attestant qu'il s'est engagé dans une démarche d'amélioration continue de sa pratique professionnelle et dans un parcours de qualification professionnelle, conformément au 4º de l'article D. 421-21. »

Art. D. 421-20 Les dispositions des articles R. 421-3, D. 421-4 à D. 421-16 sont applicables aux demandes de renouvellement d'agrément des assistants maternels et familiaux. — *[Applicable à compter du 1er janv. 2007.]*

Art. D. 421-21 *(Décr. nº 2018-903 du 23 oct. 2018, art. 2, en vigueur le 1er janv. 2019)* « I. — La première demande de renouvellement de l'agrément d'un assistant maternel est accompagnée :

« 1º De l'attestation de validation mentionnée au II de l'article D. 421-45 ;

« 2º De l'attestation de suivi mentionnée au III de l'article D. 421-45 ;

« 3º Le cas échéant, de l'évaluation des périodes de formation en milieu professionnel effectuées ;

« 4º De documents justifiant :

« *a)* Que la personne demandant le renouvellement de son agrément a effectivement accueilli au moins un enfant ;

« *b)* Qu'elle s'est engagée dans la démarche d'amélioration continue de sa pratique professionnelle, dont les conditions d'appréciation sont arrêtées par le ministre chargé de la famille ; — *V. Décr. nº 2022-1772 du 30 déc. 2022 relatif aux expérimentations dans le domaine des services aux familles, aux établissements d'accueil de jeunes enfants et aux comités départementaux des services aux familles (JO 31 déc.), ss. art. L. 214-5 sur Dalloz.fr.*

« *c)* Qu'elle s'est engagée dans un parcours de qualification professionnelle, en produisant notamment un document attestant qu'elle s'est présentée à des épreuves évaluant l'acquisition de compétences en matière d'accueil du jeune enfant fixées par arrêté du ministre chargé de la famille. Sont dispensées de se présenter à ces épreuves les personnes mentionnées aux I et II de l'article D. 421-47 ; – *V. Arr. du 16 août 2021 relatif à la première demande de renouvellement de l'agrément d'un assistant maternel (JO 27 août, NOR : SSAA2125074A).*

(Décr. nº 2021-1132 du 30 août 2021, art. 1er-2º, en vigueur le 1er sept. 2021) **« *d)* Qu'elle a satisfait, sauf pour les assistants maternels mentionnés aux articles L. 422-1 et L. 423-8 exclusivement employés par des personnes morales, à ses obligations d'inscription et de renseignement de ses disponibilités respectivement mentionnées à l'article R. 421-18-1 et au cinquième alinéa de l'article R. 421-39. »**

« II. – Par dérogation au 2º du I, lorsque la date d'accueil du premier enfant par l'assistant maternel n'a pas permis d'assurer les heures de formation prévue au 2º du II de l'article D. 421-44 avant le terme de l'agrément, le président du conseil départemental peut renouveler l'agrément sous réserve que la période de formation restant à effectuer soit suivie dans les trois ans suivant le début de l'accueil du premier enfant.

« III. – » Pour statuer sur la demande de renouvellement d'un assistant maternel exerçant sa profession comme salarié d'un service d'accueil familial, le président du conseil départemental sollicite l'avis motivé de son employeur. A défaut de réponse dans un délai de deux mois, l'avis est réputé avoir été donné. – *[Applicable à compter du 1er janv. 2007.]*

La demande en vue d'un premier renouvellement de leur agrément faite par les assistants maternels agréés avant le 1er janv. 2007 est accompagnée d'un document attestant que les personnes intéressées ont suivi la formation obligatoire prévue à l'art. L. 2112-3 CSP dans sa rédaction antérieure à la L. nº 2005-706 du 27 juin 2005 ou sont titulaires d'un diplôme les en dispensant (Décr. nº 2006-1153 du 14 sept. 2006, art. 3).

En application des art. L. 231-5 et L. 231-6 CRPA et par dérogation au délai de deux mois prévu à l'art. L. 231-1 du même code, le délai à l'expiration duquel le silence gardé par une collectivité territoriale ou un de ses établissements publics vaut décision d'acceptation est fixé à trois mois pour les demandes de renouvellement d'assistant maternel (Décr. nº 2015-1460 du 10 nov. 2015, applicable aux demandes présentées à compter du 12 nov. 2015).

Art. D. 421-21-1 *(Décr. nº 2018-903 du 23 oct. 2018, art. 3, en vigueur le 1er janv. 2019)* **Tout renouvellement d'agrément est accordé pour une durée de dix ans lorsque l'assistant maternel atteste de sa réussite, dans des conditions définies par arrêté du ministre chargé de la famille, aux épreuves mentionnées au *c* du 4º du I de l'article D. 421-21.**

Sur la période de formation en milieu professionnel mentionnée à l'art. D. 421-44, V. Arr. du 5 nov. 2018 (JO 13 nov., NOR : SSAA1825950A).

Art. D. 421-22 **La première demande de renouvellement de l'agrément d'un assistant familial est accompagnée d'un document attestant que la personne intéressée a suivi la formation obligatoire prévue à l'article L. 421-15 et précisant si elle a obtenu le diplôme mentionné à l'article D. 451-100.**

Le renouvellement de l'agrément des assistants familiaux qui ont obtenu le diplôme mentionné à l'article D. 451-100 est accordé automatiquement et sans limitation de durée.

Dans les autres cas, l'agrément est renouvelé pour une durée de cinq ans, après communication par l'employeur d'éléments d'appréciation des pratiques professionnelles de l'assistant familial. En cas de silence de l'employeur dans un délai de deux mois suivant la demande de ces éléments, ces derniers sont réputés avoir été donnés. – *[Applicable à compter du 1er janv. 2007.]*

La demande en vue d'un premier renouvellement de leur agrément faite par les assistants familiaux formés ou en cours de formation à la date de publication de la L. nº 2005-706 du 27 juin 2005 relative aux assistants maternels et aux assistants familiaux est accompagnée d'un document attestant que les personnes intéressées ont suivi la formation obligatoire prévue à l'art. L. 773-17

[L. 423-13 CASF] C. trav. dans sa rédaction antérieure à la loi mentionnée ci-dessus ou sont titulaires d'un diplôme les en dispensant (Décr. nº 2006-1153 du 14 sept. 2006, art. 3).

En application des art. L. 231-5 et L. 231-6 CRPA et par dérogation au délai de deux mois prévu à l'art. L. 231-1 du même code, le délai à l'expiration duquel le silence gardé par une collectivité territoriale ou un de ses établissements publics vaut décision d'acceptation est fixé à quatre mois pour les demandes de renouvellement d'assistant familial (Décr. nº 2015-1460 du 10 nov. 2015, applicable aux demandes présentées à compter du 12 nov. 2015).

Art. R. 421-23 **Lorsque le président du conseil départemental envisage de retirer un agrément, d'y apporter une restriction ou de ne pas le renouveler, il saisit pour avis la commission consultative paritaire départementale mentionnée à l'article R. 421-27 en lui indiquant les motifs de la décision envisagée.**

L'assistant maternel ou l'assistant familial concerné est informé, quinze jours au moins avant la date de la réunion de la commission, par lettre recommandée avec demande d'avis de réception, des motifs de la décision envisagée à son encontre, de la possibilité de consulter son dossier administratif et de présenter devant la commission ses observations écrites ou orales. La liste des représentants élus des assistants maternels et des assistants familiaux à la commission lui est communiquée dans les mêmes délais. L'intéressé peut se faire assister ou représenter par une personne de son choix.

Les représentants élus des assistants maternels et des assistants familiaux à la commission sont informés, quinze jours au moins avant la date de la réunion de la commission, des dossiers qui y seront examinés et des coordonnées complètes des assistants maternels et des assistants familiaux dont le président du conseil départemental envisage de retirer, restreindre ou ne pas renouveler l'agrément. Sauf opposition de ces personnes, ils ont accès à leur dossier administratif.

La commission délibère hors la présence de l'intéressé et de la personne qui l'assiste. — *[Applicable à compter du 1er janv. 2007.]*

Art. R. 421-24 **Le président du conseil départemental informe sans délai la commission consultative paritaire départementale de toute décision de suspension d'agrément prise en application de l'article L. 421-6.**

La décision de suspension d'agrément fixe la durée pour laquelle elle est prise qui ne peut en aucun cas excéder une période de quatre mois. — *[Applicable à compter du 1er janv. 2007.]*

Art. R. 421-25 **Lorsqu'il y a refus de suivre la formation obligatoire prévue à l'article L. 421-14 pour un assistant maternel ou à l'article L. 421-15 pour un assistant familial, l'agrément est retiré. La procédure prévue à l'article R. 421-23 ne s'applique pas lorsque le président du conseil départemental envisage de retirer l'agrément pour ce motif.**

La commission consultative paritaire départementale est informée, dans le cadre de la consultation prévue à l'article L. 421-6, du nombre d'agréments retirés au motif du refus par l'assistant maternel ou familial de suivre la formation mentionnée au premier alinéa. — *[Applicable à compter du 1er janv. 2007.]*

Art. R. 421-26 **Un manquement grave ou des manquements répétés** *(Décr. nº 2021-1131 du 30 août 2021, art. 1er-2º, en vigueur le 1er sept. 2021)* **« aux obligations d'inscription, de déclaration et de notification prévues aux articles R. 421-18-1, R. 421-38, aux quatre premiers alinéas de l'article R. 421-39, et aux articles R. 421-40 et R. 421-41 » ainsi que des dépassements du nombre d'enfants mentionnés dans l'agrément et ne répondant pas aux conditions prévues par l'article R. 421-17 peuvent justifier, après avertissement, un retrait d'agrément.** — *[Applicable à compter du 1er janv. 2007.]*

SOUS-SECTION 3 **Commission consultative paritaire départementale**

Art. R. 421-27 **La commission consultative paritaire départementale, prévue par l'article L. 421-6, comprend, en nombre égal, des membres représentant le départe-**

ment et des membres représentant les assistants maternels et les assistants familiaux agréés résidant dans le département.

Le président du conseil départemental fixe par arrêté le nombre des membres de la commission qui peut être de six, huit ou dix en fonction des effectifs des assistants maternels et des assistants familiaux agréés résidant dans le département. – *[Applicable à compter du 1er janv. 2007.]*

Art. R. 421-28 La présidence de la commission est assurée par le président du conseil départemental ou par un représentant qu'il désigne parmi les conseillers départementaux ou les agents des services du département. – *[Applicable à compter du 1er janv. 2007.]*

Art. R. 421-29 Les représentants du département, outre le président du conseil départemental ou son représentant, sont des conseillers départementaux ou des agents des services du département désignés par le président du conseil départemental. Chacun d'eux dispose d'un suppléant désigné dans les mêmes conditions. – *[Applicable à compter du 1er janv. 2007.]*

Art. R. 421-30 Les assistants maternels et les assistants familiaux agréés résidant dans le département élisent leurs représentants titulaires, ainsi qu'un nombre égal de suppléants, au scrutin de liste à la représentation proportionnelle suivant la règle de la plus forte moyenne.

Les listes de candidats doivent comporter autant de noms que de sièges de titulaires et de suppléants à pourvoir.

Les modalités d'établissement et de publication préalable des listes de candidatures ainsi que les modalités de déroulement des opérations électorales sont fixées par arrêté du président du conseil départemental.

Le département organise et finance l'ensemble des opérations électorales. – *[Applicable à compter du 1er janv. 2007.]*

Art. R. 421-31 Les bulletins de vote sont recensés et dépouillés par une commission électorale présidée par le président du conseil départemental ou son représentant, mentionné à l'article R. 421-28, et comprenant un représentant de chaque liste en présence.

Pour l'accomplissement de ces tâches, la commission électorale se fait assister en tant que de besoin par des agents des services du département.

Les opérations de dépouillement des votes sont publiques. La commission électorale proclame les résultats. – *[Applicable à compter du 1er janv. 2007.]*

Art. R. 421-32 Il est attribué à chaque liste un nombre de sièges de représentants suppléants égal à celui des représentants titulaires.

Les élus sont désignés dans l'ordre de présentation de la liste.

Le président du conseil départemental rend publics les résultats des élections. – *[Applicable à compter du 1er janv. 2007.]*

Art. R. 421-33 Le mandat des membres de la commission est d'une durée de six ans, renouvelable.

En cas de vacance, pour quelque cause que ce soit, du siège d'un représentant du département, un nouveau représentant est désigné, pour la durée du mandat en cours, dans les conditions prévues à l'article R. 421-29.

En cas de vacance, pour quelque cause que ce soit, du siège d'un représentant des assistants maternels et des assistants familiaux, le suppléant de celui-ci devient titulaire et est remplacé par le premier candidat non élu de la même liste. – *[Applicable à compter du 1er janv. 2007.]*

Art. R. 421-34 La commission se réunit sur convocation de son président et au moins une fois par an.

Elle émet ses avis à la majorité des membres présents ; en cas de partage égal des voix, la voix du président est prépondérante.

La commission établit son règlement intérieur. – *[Applicable à compter du 1er janv. 2007.]*

Art. R. 421-35 Les membres de la commission sont soumis à l'obligation de discrétion professionnelle en ce qui concerne tous les faits et documents dont ils ont connaissance en cette qualité. – *[Applicable à compter du 1er janv. 2007.]*

SECTION 2 **Accompagnement, suivi et contrôle des assistants maternels et des assistants familiaux** *(Décr. n° 2021-1644 du 14 déc. 2021, art. 1er-15°).*

(Décr. n° 2006-1153 du 14 sept. 2006, art. 1er)

Art. D. 421-36 *(Décr. n° 2021-1644 du 14 déc. 2021, art. 1er-16°)* Le président du conseil départemental met la liste des assistants maternels agréés mentionnée à l'article L. 421-8 à la disposition des relais mentionnés à l'article L. 214-2-1 et des organismes et services désignés par le comité départemental des services aux familles mentionné à l'article L. 214-6, des organisations syndicales et des associations professionnelles déclarées.

Sauf opposition des personnes concernées, cette liste comprend les adresses postales et électroniques, les numéros de téléphone des assistants maternels ainsi que le nombre d'enfants que le professionnel peut accueillir en sa qualité d'assistant maternel conformément à son agrément. Cette liste est communiquée aux organismes et associations mentionnés au premier alinéa sous forme électronique.

Art. D. 421-37 Les personnes morales employant des assistants maternels ou des assistants familiaux adressent au président du conseil départemental, lorsqu'une situation individuelle est susceptible de comporter des conséquences sur le maintien de l'agrément d'un de ses assistants, tout élément lui permettant d'assurer l'exercice de sa mission de contrôle.

Une fois par an, les personnes morales employeurs communiquent au président du conseil départemental le nom des assistants maternels ou des assistants familiaux qu'elles emploient ainsi que le nom de ceux dont le contrat de travail a pris fin. – *[Applicable à compter du 1er janv. 2007.]*

Art. R. 421-38 Les assistants maternels et les assistants familiaux agréés informent sans délai le président du conseil départemental de toute modification des informations figurant dans le formulaire de demande d'agrément mentionné à l'article L. 421-3 et relatives à leur situation familiale, aux personnes vivant à leur domicile et aux autres agréments dont ils disposent. – *[Applicable à compter du 1er janv. 2007.]*

Art. R. 421-39 L'assistant maternel est tenu de déclarer au président du conseil départemental, dans les huit jours suivant leur accueil, le nom et la date de naissance *(Décr. n° 2021-1446 du 4 nov. 2021, art. 1er-3°)* « des mineurs qu'il accueille en cette qualité à titre habituel ou, en application des dispositions du II de l'article L. 421-4, à titre exceptionnel » ainsi que les modalités de leur accueil et les noms, adresses et numéros de téléphone des représentants légaux des mineurs. Toute modification de l'un de ces éléments est déclarée dans les huit jours.

L'assistant maternel tient à la disposition des services de protection maternelle et infantile des documents relatifs à son activité prévisionnelle, ainsi qu'à son activité effective, mentionnant les jours et horaires *(Décr. n° 2021-1446 du 4 nov. 2021, art. 1er-3°)* « où il accueille des enfants en sa qualité d'assistant maternel, le nombre et l'âge des autres mineurs sous sa responsabilité exclusive ainsi que les jours où il a recours à la possibilité prévue au II de l'article L. 421-4 de dépasser exceptionnellement le nombre maximal d'enfants de moins de onze ans se trouvant simultanément sous sa responsabilité exclusive ».

Il informe le président du conseil départemental du départ définitif d'un enfant *(Abrogé par Décr. n° 2021-1131 du 30 août 2021, art. 1er-3°, à compter du 1er sept. 2021)* ***« et, selon des modalités fixées par le conseil départemental, de ses disponibilités pour accueillir des enfants ».***

(Décr. n° 2021-1131 du 30 août 2021, art. 1er-3°, en vigueur le 1er sept. 2021) « Les informations que les assistants maternels agréés communiquent aux organismes

mentionnés par l'arrêté prévu au cinquième alinéa de l'article L. 421-3 en vue de leur publication sur le site mentionné à l'article R. 421-18-1 comprennent leur numéro de téléphone, l'adresse postale de leur lieu d'exercice et leur adresse électronique. Les assistants maternels peuvent demander que ne soient pas rendus publics sur le site susmentionné, d'une part, s'ils exercent à leur domicile, leur adresse postale, d'autre part soit leur adresse électronique soit leur numéro de téléphone. Les assistants maternels mentionnés aux articles L. 422-1 et L. 423-8 lorsqu'ils sont exclusivement employés par des personnes morales ne sont pas soumis à cette obligation.

« Pour la mise en œuvre de l'obligation mentionnée au III de l'article L. 421-4, l'assistant maternel agréé renseigne sur le site mentionné au précédent alinéa ses disponibilités d'accueil en termes de jours, de plages horaires et de places, a minima avant le 1er juin et le 1er décembre de chaque année, pour les six mois suivants. L'assistant maternel peut également procéder à une mise à jour de ses disponibilités à tout moment. Les assistants maternels mentionnés aux articles L. 422-1 et L. 423-8 lorsqu'ils sont exclusivement employés par des personnes morales ne sont pas soumis à cette obligation. L'assistant maternel qui suspend temporairement ou définitivement son activité en informe la caisse d'allocations familiales compétente sur son territoire d'exercice. Dans ce cas, l'assistant maternel indique son indisponibilité sur le site mentionné à l'article R. 421-18-1 et est dispensé de l'obligation mentionnée à la première phrase du présent alinéa pendant la durée de cette suspension. »

Art. R. 421-40 L'assistant maternel employé par un particulier est tenu de déclarer sans délai au président du conseil départemental tout décès ou tout accident grave survenu à un mineur qui lui est confié.

L'assistant maternel ou l'assistant familial employé par une personne morale est tenu de déclarer sans délai à son employeur tout décès ou tout accident grave survenu à un mineur qui lui est confié.

L'employeur personne morale est tenu de déclarer au président du conseil départemental sans délai tout décès ou tout accident grave survenu à un mineur confié à un assistant maternel ou à un assistant familial qu'il emploie.

Tout employeur d'un assistant maternel ou d'un assistant familial qui retire un enfant, en raison d'une suspicion de risque de danger pour celui-ci ou de comportements compromettant la qualité de l'accueil, en informe le président du conseil départemental qui a délivré l'agrément. – *[Applicable à compter du 1er janv. 2007.]*

Art. R. 421-41 En cas de changement de résidence *(Décr. nº 2021-1446 du 4 nov. 2021, art. 1er-4º)* « de l'assistant familial ou de changement de lieu d'exercice de l'assistant maternel » à l'intérieur du département, l'assistant maternel ou l'assistant familial communique, par lettre recommandée avec demande d'avis de réception, sa nouvelle adresse au président du conseil départemental quinze jours au moins avant son emménagement.

Lorsque l'assistant maternel ou l'assistant familial change de département de résidence *(Décr. nº 2021-1446 du 4 nov. 2021, art. 1er-4º)* « ou d'exercice », il communique, dans les mêmes formes et délais, son adresse au président du conseil départemental du département de sa nouvelle résidence *(Décr. nº 2021-1446 du 4 nov. 2021, art. 1er-4º)* « ou de son nouveau lieu d'exercice » en joignant une copie de la décision mentionnée aux articles D. 421-12 ou D. 421-13 ou de l'attestation mentionnée à l'article D. 421-15.

Le président du conseil départemental du département d'origine transmet le dossier de l'intéressé au président du conseil départemental du nouveau département de résidence *(Décr. nº 2021-1446 du 4 nov. 2021, art. 1er-4º)* « ou d'exercice » dès que celui-ci en fait la demande.

(Décr. nº 2021-1446 du 4 nov. 2021, art. 1er-4º) « Lorsque l'assistant maternel ou l'assistant familial change de lieu d'exercice de son activité, le président du conseil départemental du département du nouveau lieu d'exercice s'assure en diligentant une visite que ce dernier est conforme à l'agrément existant. Lorsque les nouvelles

conditions d'accueil des enfants le justifient, le président du conseil départemental procède à la modification de l'agrément. »

Art. R. 421-42 **Le contrat d'accueil mentionné à l'article L. 421-16 indique notamment les conditions dans lesquelles le service ou l'organisme qui a confié un mineur ou un jeune majeur peut être joint en cas d'urgence.** – *[Applicable à compter du 1er janv. 2007.]*

SECTION 3 Formation des assistants maternels et des assistants familiaux *(Décr. nº 2006-1153 du 14 sept. 2006, art. 1er-V).*

Art. D. 421-43 *(Décr. nº 2005-1771 du 30 déc. 2005)* **Le stage préparatoire à l'accueil d'enfant prévu au premier alinéa de l'article L. 421-15 est d'une durée de soixante heures.**

Pour chaque assistant familial relevant des obligations de formation prévues à l'article L. 421-15, un référent professionnel est désigné au début du stage mentionné au premier alinéa du présent article et est chargé de le suivre jusqu'à la fin de la formation prévue à l'alinéa suivant du présent article. La personne désignée comme référent professionnel ne doit pas être en position d'exercer professionnellement le suivi d'enfants confiés à l'assistant familial.

La formation adaptée aux besoins spécifiques des enfants accueillis que doit suivre tout assistant familial dans le délai de trois ans après son premier contrat de travail, conformément au deuxième alinéa de l'article L. 421-15 est dispensée à partir de la pratique professionnelle des assistants familiaux sur une durée de 240 heures ; son contenu et ses conditions d'organisation sont fixés aux articles D. 451-100 à D. 451-104.

L'attestation de formation délivrée par l'établissement de formation est remise à l'assistant familial et à son employeur.

Sont dispensés de suivre la formation prévue au troisième alinéa du présent article les assistants familiaux titulaires d'un diplôme d'auxiliaire de puériculture, d'éducateur de jeunes enfants, d'éducateur spécialisé ou de puéricultrice.

(Décr. nº 2006-464 du 20 avr. 2006) **« La rémunération prévue au premier alinéa de l'article L. 421-15 ne peut être inférieure à 50 fois le salaire minimum de croissance par mois. »** – *[Anc. art. D. 421-27.]*

Art. D. 421-44 *(Décr. nº 2018-903 du 23 oct. 2018, art. 1er, en vigueur le 1er janv. 2019)* **I. — La formation de l'assistant maternel agréé prévue à l'article L. 421-14 est organisée et financée par le président du conseil départemental pour une durée totale d'au moins cent vingt heures, le cas échéant complétée de périodes de formation en milieu professionnel dans des conditions définies par arrêté du ministre chargé de la famille.**

II. — La formation prévue au I est organisée et réalisée selon les modalités suivantes :

1º Les quatre-vingts premières heures sont assurées dans un délai de six mois à compter de la réception du dossier complet de demande d'agrément de l'assistant maternel et avant tout accueil d'enfant par celui-ci.

Ce délai est toutefois porté par le président du conseil départemental à huit mois dans les départements qui justifient avoir agréé au plus cent nouveaux assistants maternels au cours de l'année civile précédant la date de demande d'agrément ;

2º La durée de formation restant à effectuer est assurée dans un délai maximum de trois ans à compter de l'accueil du premier enfant par l'assistant maternel.

Sur la période de formation en milieu professionnel mentionnée à l'art. D. 421-44, V. Arr. du 5 nov. 2018 (JO 13 nov., NOR : SSAA1825950A) ; V. CE 4 mars 2020, nº 426633 (JO 7 mars, NOR : CETX2006826S).

I. — Les dispositions issues du Décr. nº 2018-903 sont entrées en vigueur le 1er janv. 2019 sous réserves des paragraphes suivants.

II. — A titre transitoire et dérogatoire, la formation de l'assistant maternel agréé visée aux art. D. 421-44 à D. 421-47 engagée avant le 1er janv. 2019, ainsi que les modalités de délivrance des attestations correspondantes, restent soumises aux dispositions des art. D. 421-44 à D. 421-48 et

D. 421-52 CASF en vigueur avant la publication dudit Décr., sous réserve des dispositions suivantes :

1° Lorsque les soixante heures de la formation restant à effectuer en application du 3ᵉ al. de l'article D. 421-44 dans sa rédaction antérieure au 1ᵉʳ janv. 2019 n'ont pas été engagées avant le 1ᵉʳ janv. 2019, ces heures sont assurées selon les modalités suivantes dans un délai maximum de trois ans à compter de l'accueil du premier enfant :

a) Les vingt premières heures permettent à l'assistant maternel de renforcer l'acquisition des connaissances et des compétences précisées aux art. D. 421-46 et D. 421-47 dans leur rédaction antérieure au 1ᵉʳ janv. 2019.

Une évaluation des acquis de l'assistant maternel, menée en référence au socle de connaissances et de compétences attendus, est réalisée par l'organisme de formation, ou le président du conseil départemental du département qui l'assure, pendant ces vingt heures de formation, selon des modalités définies par arrêté du ministre chargé de la famille ;

b) Lorsque les résultats de l'évaluation sont satisfaisants, l'assistant maternel effectue les quarante heures restant à effectuer selon les modalités prévues au III de l'art. D. 421-45 dans sa rédaction issue dudit Décr.

Dans le cas contraire, le président du conseil départemental peut décider de procéder, ou de faire procéder par l'organisme de formation, à une deuxième évaluation des acquis, qu'il organise et finance, selon des modalités qu'il définit au regard des besoins évalués par ses services ou par l'organisme de formation. Si les résultats de cette deuxième évaluation sont satisfaisants, l'assistant maternel effectue les quarante heures restant à effectuer selon les modalités prévues au III de l'art. D. 421-45 dans sa rédaction issue du présent décret ;

2° Les assistants maternels agréés qui justifient avoir suivi la formation mentionnée à l'art. D. 421-44 dans sa rédaction antérieure au 1ᵉʳ janv. 2019 peuvent s'inscrire en 2019 à l'épreuve prévue au 2ᵉ al. de l'art. D. 421-52 dans sa rédaction antérieure au 1ᵉʳ janv. 2019 ou aux épreuves prévues au c du 4° du I de l'art. D. 421-21 dans sa rédaction issue dudit Décr.

III. — A titre transitoire et dérogatoire, le délai prévu au 1° du II de l'art. D. 421-44 CASF, dans sa rédaction issue dudit Décr., peut, pour les assistants maternels agréés entre le 1ᵉʳ juill. 2018 et le 1ᵉʳ janv. 2019 et qui n'ont pas engagé la formation visée aux art. D. 421-44 à D. 421-47 avant le 1ᵉʳ janv. 2019, être porté par le président du conseil départemental à neuf mois à compter de leur demande d'agrément.

IV. — Sont dispensés de produire l'attestation mentionnée au 1° du I de l'art. D. 421-21 les assistants maternels agréés qui justifient avoir suivi les soixante premières heures de la formation mentionnée au 2ᵉ al. de l'art. D. 421-44 dans sa rédaction antérieure au 1ᵉʳ janv. 2019.

V. — Sont dispensés de produire les attestations mentionnées aux 1° et 2° du I de l'art. D. 421-21 les assistants maternels agréés qui justifient avoir suivi la formation mentionnée à l'art. D. 421-44 dans sa rédaction antérieure au 1ᵉʳ janv. 2019 sans s'être présentés à l'épreuve prévue au 2ᵉ al. de l'art. D. 421-52 dans sa rédaction antérieure au 1ᵉʳ janv. 2019.

VI. — Sont dispensés de produire les attestations mentionnées aux 1° et 2° du I de l'art. D. 421-21 et le document mentionné au 4° du I du même art. attestant qu'ils se sont présentés à des épreuves évaluant l'acquisition de compétences en matière d'accueil du jeune enfant les assistants maternels agréés qui justifient avoir suivi la formation mentionnée à l'art. D. 421-44 dans sa rédaction antérieure au 1ᵉʳ janv. 2019 et s'être présentés à l'épreuve prévue au 2ᵉ al. de l'art. D. 421-52 dans sa rédaction antérieure au 1ᵉʳ janv. 2019 (Décr. préc., art. 5).

Ancien art. D. 421-44 (Décr. n° 2006-464 du 20 avr. 2006) ***La formation prévue à l'article L. 421-14, organisée et financée par le département, a une durée de cent vingt heures.***

Les soixante premières heures sont assurées dans un délai de six mois à compter de la demande d'agrément de l'assistant maternel et avant tout accueil d'enfant par celui-ci.

La durée de formation restant à effectuer est assurée dans un délai de deux ans à compter du début de l'accueil du premier enfant par l'assistant maternel.

Toutefois, le délai prévu au deuxième alinéa est, pour les assistants maternels agréés avant le 1ᵉʳ janvier 2009, de neuf mois à compter de leur demande d'agrément. Pour les assistants maternels agréés à compter du 1ᵉʳ janvier 2009, ce délai peut être porté à huit mois pour les départements qui justifient, au cours de l'année qui précède la date de l'agrément, d'un nombre de nouveaux assistants maternels agréés au cours de cette même année inférieur à cent. — [Anc. art. D. 421-27-1.]

Ces dispositions sont applicables aux assistants maternels agréés à compter du 1ᵉʳ janv. 2007 (Décr. n° 2006-464 du 20 avr. 2006, art. 2).

Art. D. 421-45 *(Décr. n° 2018-903 du 23 oct. 2018, art. 1er, en vigueur le 1er janv. 2019)* **I. — Les quatre-vingts premières heures de la formation mentionnées au 1° de l'article D. 421-44 permettent à l'assistant maternel d'acquérir les connaissances et les compétences précisées à l'article D. 421-46.** – *V. Arr. du 5 nov. 2018 (JO 13 nov., NOR : SSAA1825950A).*

II. — Une évaluation des acquis de l'assistant maternel, menée en référence au socle de connaissances et de compétences précisées à l'article D. 421-46, est réalisée par l'organisme de formation, ou le président du conseil départemental du département qui l'assure, pendant les heures de formation prévues au I, selon des modalités définies par arrêté du ministre chargé de la famille.

Lorsque les résultats de l'évaluation sont satisfaisants, l'organisme de formation, ou le président du conseil départemental, délivre une attestation de validation des quatre-vingts premières heures de la formation, valant autorisation à accueillir un enfant.

Dans le cas contraire, le président du conseil départemental peut décider de procéder, ou de faire procéder par l'organisme de formation, à une deuxième évaluation des acquis, qu'il organise et finance, selon des modalités qu'il définit au regard des besoins évalués par ses services ou par l'organisme de formation.

Si les résultats de cette deuxième évaluation sont satisfaisants, il est procédé à la délivrance de l'attestation de validation des quatre-vingts premières heures de la formation, valant autorisation à accueillir un enfant.

III. — Les heures de formation restant à effectuer en application du 2° du II de l'article D. 421-44 permettent à l'assistant maternel d'approfondir les connaissances et compétences précisées à l'article D. 421-46, en s'appuyant notamment sur son expérience professionnelle acquise au titre de l'accueil de l'enfant.

L'organisme de formation ou le président du conseil départemental délivre à l'issue des quarante heures de formation une attestation de suivi de celles-ci.

V. note ss. art. D. 421-44.

Ancien art. D. 421-45 (Décr. n° 2006-464 du 20 avr. 2006) ***L'assistant maternel agréé est autorisé à accueillir un enfant dès la délivrance par l'organisme de formation ou le conseil départemental mentionnés à l'article*** (Décr. n° 2006-1153 du 14 sept. 2006, art. 1er-V) ***« D. 421-50 » d'une attestation de suivi de la première partie de la formation prévue à l'article L. 421-14.*** – [Anc. art. D. 421-27-2.]

V. note ss. art. D. 421-44.

Art. D. 421-46 *(Décr. n° 2018-903 du 23 oct. 2018, art. 1er, en vigueur le 1er janv. 2019)* **La formation prévue à l'article L. 421-14 permet aux assistants maternels d'acquérir et d'approfondir les compétences et connaissances nécessaires, arrêtées par le ministre chargé de la famille, dans les domaines suivants :**

1° Concernant les besoins fondamentaux de l'enfant, pour une durée minimale de trente heures :

***a)* Pour assurer la sécurité psycho-affective et physique de l'enfant, notamment être en mesure de lui dispenser les gestes de premiers secours** *(Décr. n° 2021-1644 du 14 déc. 2021, art. 1er-17°)* **« et être sensibilisé aux violences éducatives ordinaires » ;**

***b)* Pour apporter à l'enfant les soins, notamment d'hygiène, et assurer son confort, notamment par la connaissance des grands enjeux de la santé de l'enfant ;**

***c)* Pour favoriser la continuité des repères de l'enfant entre la vie familiale et le mode d'accueil ;**

***d)* Pour savoir accompagner l'enfant dans son développement, son épanouissement, son éveil, sa socialisation et son autonomie ;**

2° Concernant les spécificités du métier d'assistant maternel, pour une durée minimale de vingt heures :

***a)* Pour connaître les droits et les devoirs de la profession, pour chacune de ses modalités d'exercice ;**

***b)* Pour maîtriser la relation contractuelle entre l'assistant maternel et l'employeur ;**

***c)* Pour instaurer une communication et des relations professionnelles avec son employeur et les autres professionnels de l'accueil du jeune enfant ;**

d) Pour prévenir ou prendre les mesures nécessaires pour assurer la sécurité et protéger la santé physique et mentale de l'assistant maternel ;

3° Concernant le rôle de l'assistant maternel et son positionnement dans les dispositifs d'accueil du jeune enfant, pour une durée minimale de quinze heures :

a) Pour connaître le cadre juridique, sociologique et institutionnel de l'enfant, de la famille, des différents acteurs nationaux, ainsi que des acteurs locaux de l'accueil du jeune enfant et de l'accompagnement des familles, et savoir se situer parmi eux ;

b) Pour connaître les missions et les responsabilités de l'assistant maternel en matière de sécurité, de santé et d'épanouissement de l'enfant.

V. note ss. art. D. 421-44.

V. Arr. du 5 nov. 2018 (JO 13 nov., NOR : SSAA1825950A).

Ancien art. D. 421-46 (Décr. n° 2006-464 du 20 avr. 2006) *La formation prévue à l'article L. 421-14 permet aux assistants maternels, en s'appuyant sur leur expérience personnelle et professionnelle, notamment auprès des enfants, d'acquérir les compétences suivantes :*

1° Identifier les besoins des enfants ;

2° Installer et sécuriser des espaces de vie des enfants ;

3° Assurer les soins d'hygiène corporelle et le confort des enfants ;

4° Contribuer au développement et à la socialisation des enfants ;

5° Organiser les activités des enfants ;

6° Établir des relations professionnelles ;

7° S'adapter à une situation non prévue. — [Anc. art. D. 421-27-3.]

V. note ss. art. D. 421-44.

Art. D. 421-47 *(Décr. nº 2018-903 du 23 oct. 2018, art. 1er, en vigueur le 1er janv. 2019)* I. — Sont dispensés de suivre les heures de formation consacrées aux compétences et connaissances prévues aux 1° et 2° de l'article D. 421-46 :

1° Les titulaires du certificat d'aptitude professionnelle "Accompagnant éducatif petite enfance" et les personnes ayant validé les unités professionnelles du bloc n° 1 relatives à l'accompagnement du jeune enfant et du bloc n° 3 relatives à l'exercice de l'activité d'assistant maternel en accueil individuel de ce certificat, telles que définies à l'annexe IIIa de l'arrêté du 22 février 2017 susvisé ;

2° Les titulaires de la certification professionnelle assistant maternel/ garde d'enfants prévue par l'arrêté du 7 juillet 2017 susvisé.

II. — Sont dispensés de suivre les heures de formation consacrées aux compétences et connaissances prévues au 1° de l'article D. 421-46 :

1° Les titulaires du certificat d'aptitude professionnelle petite enfance ;

2° Les titulaires des diplômes ou des certifications intervenant dans le domaine de la petite enfance définis par un arrêté du ministre chargé de la famille.

III. — Le président du conseil départemental peut accorder des dispenses partielles de formation à des assistants maternels agréés autres que ceux mentionnés aux I et II, après avis du médecin responsable du service départemental de protection maternelle et infantile, en considération de la formation ou de l'expérience professionnelle auprès d'enfants des personnes concernées. Toutefois ne peuvent faire l'objet d'aucune dispense :

1° Les heures de formation prévues au 3° de l'article D. 421-46 ;

2° Les heures de formation consacrées aux gestes de premiers secours prévues au a du 1° de l'article D. 421-46.

V. note ss. art. D. 421-44.

Ancien art. D. 421-47 (Décr. n° 2006-464 du 20 avr. 2006) *La formation prévue à l'article L. 421-14 permet en outre l'amélioration des connaissances des assistants maternels dans les domaines suivants :*

1° Les besoins et les facteurs de développement de l'enfant ;

2° Les troubles et les maladies courantes de l'enfant ;

3° Le cadre juridique et institutionnel de l'enfant et de la famille, notamment en matière d'accueil individuel de l'enfant ;

4° La communication appliquée au secteur professionnel ;

5° L'organisation générale du corps humain et ses fonctions ;

6° La nutrition et l'alimentation ;

7° La qualité de vie dans le logement et la prévention des accidents domestiques. — [Anc. art. D. 421-27-4.]

V. note ss. art. D. 421-44.

Art. D. 421-48 *(Abrogé par Décr. n° 2018-903 du 23 oct. 2018, art. 4, à compter du 1er janv. 2019) (Décr. n° 2006-464 du 20 avr. 2006)* ***Les compétences et connaissances mentionnées aux articles*** *(Décr. n° 2006-1153 du 14 sept. 2006, art. 1er-V)* ***« D. 421-46 et D. 421-47 » sont précisées par un arrêté des ministres chargés de la famille et de l'éducation.*** — [Anc. art. D. 421-27-5.] — V. Arr. du 30 août 2006 (JO 13 sept.).

V. note ss. art. D. 421-44.

Art. D. 421-49 *(Abrogé par Décr. n° 2018-903 du 23 oct. 2018, art. 4, à compter du 1er janv. 2019) (Décr. n° 2006-464 du 20 avr. 2006)* ***Sont dispensés de suivre la formation prévue à l'article L. 421-14 :***

1° Les assistants familiaux ayant suivi la formation prévue à l'article L. 421-15 ;

2° Les assistants maternels titulaires du diplôme professionnel d'auxiliaire de puéricultrice, du certificat d'aptitude professionnelle petite enfance, ou de tout autre diplôme intervenant dans le domaine de la petite enfance homologué ou inscrit au répertoire national des certifications professionnelles au moins au niveau III. — [Anc. art. D. 421-27-6.]

V. note ss. art. D. 421-44.

Art. D. 421-50 *(Décr. n° 2006-464 du 20 avr. 2006)* **La mise en œuvre de la formation prévue à l'article L. 421-14 peut être assurée directement par le conseil départemental, ou par un établissement de formation avec lequel le conseil départemental passe convention, ou selon ces deux modalités.**

Le conseil départemental ou l'établissement de formation qui met en œuvre la formation doit réunir les conditions suivantes :

1° Définir un projet de formation détaillant les objectifs de formation, le contenu des modules ou unités horaires et les outils pédagogiques ; les modules ou unités horaires doivent être équilibrés entre eux et conformes aux dispositions des articles *(Décr. n° 2018-903 du 23 oct. 2018, art. 4, en vigueur le 1er janv. 2019)* **« D. 421-45 à D. 421-47 » ; les modalités pédagogiques et les qualifications des formateurs doivent permettre que la formation soit dispensée en s'appuyant sur la pratique professionnelle des stagiaires ;**

2° Disposer d'un responsable pédagogique titulaire :

a) **Soit d'un diplôme ou d'un titre homologué ou enregistré au répertoire national des certifications professionnelles au moins au niveau II ou d'un titre autorisant l'accès au troisième cycle de l'enseignement supérieur ;**

b) **Soit d'un diplôme au moins de niveau III du secteur sanitaire et social ; dans ce cas, le responsable pédagogique doit avoir suivi une formation de formateur d'adultes d'au moins 300 heures.**

Le responsable doit en outre avoir une expérience professionnelle de trois ans en matière d'accueil ou de prise en charge de la petite enfance ;

3° Disposer de formateurs ayant une qualification adaptée au contenu de la formation proposée, reconnue par un diplôme, et n'exerçant aucune fonction d'agrément, de contrôle et de suivi des assistants maternels dont ils assurent la formation ;

4° Prévoir l'accompagnement de chaque groupe de stagiaires par un formateur permanent pendant toute la durée de la formation assurée par l'organisme ;

5° Établir un règlement intérieur applicable aux stagiaires.

Les établissements publics locaux d'enseignement, les établissements d'enseignement privés sous contrat et les centres de formation d'apprentis habilités ne sont pas soumis aux dispositions relatives à l'expérience professionnelle mentionnées dans la dernière phrase du 2° du présent article. — *[Anc. art. D. 421-27-7.]*

V. note ss. art. D. 421-44.

Art. D. 421-51 *(Décr. n° 2006-464 du 20 avr. 2006)* **La convention mentionnée au premier alinéa de l'article** *(Décr. n° 2006-1153 du 14 sept. 2006, art. 1er)* **« D. 421-50 » précise notamment :**

1° Les statuts de l'organisme ;

2° Le projet de formation détaillant les objectifs de formation, le contenu des modules ou unités horaires, les outils pédagogiques ;

3° Le nombre de personnes à former ;

4° Les modalités de formation ;

5° Les moyens pédagogiques et techniques mis en œuvre par l'établissement de formation ;

6° Les diplômes, qualifications et expériences professionnelles des formateurs et des personnels d'encadrement et la relation entre ces diplômes, qualifications et expériences et la formation dispensée ;

7° Les modalités d'encadrement et d'évaluation de la formation auprès des stagiaires ;

8° Le coût prévisionnel de la formation par heure/stagiaire et par groupe ;

9° Les modalités d'accompagnement des stagiaires pour la validation de leur formation. – *[Anc. art. D. 421-27-8.]*

V. note ss. art. D. 421-44.

Art. D. 421-52 *(Abrogé par Décr. n° 2018-903 du 23 oct. 2018, art. 4, à compter du 1er janv. 2019) (Décr. n° 2006-464 du 20 avr. 2006)* ***L'organisme de formation ou le président du conseil départemental du département ayant assuré la formation adresse à l'assistant maternel l'attestation de suivi, dans les conditions fixées par la présente section, de la formation prévue à l'article L. 421-14 et, le cas échéant, l'évaluation des stages effectués dans ce cadre.***

L'assistant maternel subit à l'issue de la formation une épreuve dans des conditions fixées par arrêté des ministres chargés de la famille et de l'éducation. – [Anc. art. D. 421-27-9.]

V. note ss. art. D. 421-44.

SECTION 4 **Dispositions pénales**

Art. R. 421-53 Le fait pour toute personne, informée par le président du conseil départemental de la mise en demeure mentionnée à l'article *(Décr. n° 2006-1153 du 14 sept. 2006, art. 1er-VI)* « **L. 421-10** » ou d'une mesure de refus, de suspension ou de retrait d'agrément, d'employer une personne en situation irrégulière est punie *[puni]* de la peine d'amende prévue pour les contraventions de la quatrième classe. – *[Anc. art. R. 421-28.]* – *[Décr. n° 92-1051 du 29 sept. 1992, art. 27.]*

Art. R. 421-54 Le fait pour un assistant maternel ou pour une personne visée à l'article *(Décr. n° 2006-1153 du 14 sept. 2006, art. 1er-VI)* « **L. 421-10** » de ne pas fournir au président du conseil départemental les renseignements mentionnés à l'article *(Décr. n° 2006-1153 du 14 sept. 2006, art. 1er-VI)* « **L. 421-11** » est puni de la peine d'amende prévue pour les contraventions de la quatrième classe. – *[Anc. art. R. 421-29.]* – *[Décr. n° 92-1051 du 29 sept. 1992, art. 28.]*

CHAPITRE II **ASSISTANTS MATERNELS ET ASSISTANTS FAMILIAUX EMPLOYÉS PAR DES PERSONNES MORALES DE DROIT PUBLIC**

(Décr. n° 2006-1153 du 14 sept. 2006, art. 1er-VII).

Art. R. 422-1 Les assistants maternels *(Décr. n° 2006-1153 du 14 sept. 2006, art. 1er-VIII)* « et les assistants familiaux » des collectivités et établissements mentionnés à l'article 2 de la loi n° 84-53 du 26 janvier 1984 portant dispositions statutaires relatives à la fonction publique territoriale sont soumis aux dispositions du présent chapitre et aux dispositions des articles 16, 19, 31, 37, 38 et 41 du décret n° 88-145 du 15 février 1988 pris pour l'application de l'article 136 de la loi du 26 janvier 1984 modifiée portant dispositions statutaires relatives à la fonction publique territoriale et relatif aux agents non titulaires de la fonction publique territoriale. – *[Décr. n° 94-909 du 14 oct. 1994, art. 1er.]*

(Décr. n° 2006-1153 du 14 sept. 2006, art. 1er-VIII) « S'appliquent également aux assistants maternels employés par des personnes morales de droit public les articles suivants du livre VII, titre VII, chapitre III *[Anc.]* du code du travail : D. 773-5

[D. 423-6 s. CASF], **D. 773-7 à D. 773-11** *[D. 423-5, D. 423-9 à D. 423-12 et D. 423-18 CASF]*, **D. 773-13 à D. 773-16** *[D. 423-1 à D. 423-4 et D. 423-20 CASF]*.

« S'appliquent également aux assistants familiaux employés par des personnes morales de droit public les articles suivants du livre VII, titre VII, chapitre III *[Anc.]* **du code du travail : D. 773-6** *[D. 423-20 CASF]*, **D. 773-13 à D. 773-15** *[D. 423-1 s. CASF]*, **D. 773-17 à D. 773-20** *[D. 423-23 et D. 423-25 s. CASF]*. **»**

SECTION 1 Modalités de recrutement et conditions d'emploi

Art. R. 422-2 Nul ne peut être recruté en qualité d'assistant maternel :

1° S'il n'est pas agréé dans les conditions prévues par l'article L. 421-1 ;

2° Si, étant de nationalité française ou ressortissant d'un État membre de la Communauté européenne ou partie à l'accord sur l'Espace économique européen, il ne jouit pas de ses droits civiques et ne se trouve pas en position régulière au regard du code du service national ;

3° Si, étant de nationalité étrangère, il n'est pas en situation régulière vis-à-vis des lois régissant l'immigration ;

4° Si les mentions portées au bulletin n° 2 de son casier judiciaire sont incompatibles avec l'exercice de l'activité ;

5° S'il ne possède pas les conditions d'aptitude physique requises pour l'exercice de l'activité.

Lorsque le recrutement d'un assistant maternel intervient plus de six mois après la date de l'examen médical passé conformément à l'article R. 421-1, les examens médicaux sont assurés par les médecins agréés mentionnés à l'article 1er du décret n° 87-602 du 30 juillet 1987 pris pour l'application de la loi n° 84-53 du 26 janvier 1984 portant dispositions statutaires relatives à la fonction publique territoriale et relatif à l'organisation des comités médicaux, aux conditions d'aptitude physique et au régime des congés de maladie des fonctionnaires territoriaux.

Art. R. 422-3 L'assistant maternel est recruté par contrat écrit. Le contrat fixe la date à laquelle le recrutement prend effet. Il définit notamment les conditions d'emploi et l'organisation du temps de travail et indique les droits et obligations de l'intéressé. Si le contrat de travail est à durée déterminée, il précise la date à laquelle il prend fin.

Art. R. 422-4 Une période d'essai dont la durée est de trois mois est prévue par le contrat mentionné à l'article R. 422-3.

Art. R. 422-5 Lorsqu'en application des dispositions de l'article L. 228-4 un assistant maternel mentionné à l'article R. 422-1 change d'employeur sans que son contrat d'accueil tel qu'il est prévu à l'article L. 421-10 soit modifié, le contrat de travail en cours subsiste entre le nouvel employeur et l'intéressé. L'ancienneté acquise par les services ininterrompus de l'assistante ou de l'assistant maternel auprès de son ou de ses précédents employeurs lui est maintenue par le nouvel employeur.

Art. D. 422-6 *(Abrogé par Décr. n° 2022-1198 du 31 août 2022, art. 1er-1°, à compter du 1er sept. 2022)* ***L'indemnité de disponibilité prévue à l'article L. 422-4 ne peut être inférieure à 2,25 fois le montant du salaire minimum de croissance pour chaque journée où aucun enfant n'est confié à l'assistant maternel.***

Art. D. 422-7 Dans le cadre des dispositions de l'article 7 du décret du 29 octobre 1936 modifié relatif aux cumuls de retraites, de rémunérations et de fonctions, les assistantes maternelles ou les assistants maternels mentionnés à l'article R. 422-1 peuvent exercer un deuxième emploi, à condition que celui-ci ne porte pas préjudice à l'exercice de leur fonction d'accueil d'enfants à domicile et sous réserve de l'autorisation préalable de la collectivité ou de l'établissement employeur. Ce cumul d'emplois n'est ouvert aux assistants et assistantes maternels accueillant des enfants à titre non permanent que pour l'activité d'accueil d'enfants et dans la limite fixée par l'agrément.

SECTION 2 Congés

Art. R. 422-8 Le droit aux congés annuels, ouvert à l'assistant maternel accueillant des mineurs à titre permanent, s'exerce dans les conditions prévues par l'article L. 773-11 *[L. 429-22 CASF]* du code du travail.

Art. R. 422-9 Sans préjudice des formations obligatoires prévues par les articles L. 2112-3 du code de la santé publique et L. 773-17 *[L. 423-13 CASF]* du code du travail, l'assistant maternel peut bénéficier d'un congé pour formation syndicale prévu par le 7° de l'article 57 de la loi n° 84-53 du 26 janvier 1984 précitée et d'un congé pour formation professionnelle dans les conditions prévues par le décret n° 85-1076 du 9 octobre 1985 pris pour l'application des articles 4, 5 et 6 de la loi n° 84-594 du 12 juillet 1984 et relatif à l'exercice du droit à la formation des agents de la fonction publique territoriale.

Art. R. 422-10 En cas de maladie ou d'accident non professionnel, l'assistant maternel bénéfice d'indemnités complémentaires identiques à celles qui sont prévues par l'article 7 de l'accord national interprofessionnel des 10 et 14 décembre 1977 sur la mensualisation annexé à la loi n° 78-49 du 19 janvier 1978 relative à la mensualisation et à la procédure conventionnelle.

La reprise d'activité à l'issue d'un arrêt de travail pour raison de santé s'effectue dans les conditions fixées par l'article R. 241-51 *[R. 4624-21 s. nouv.]* du code du travail sur le contrôle médical.

Art. R. 422-11 L'assistante ou l'assistant maternel temporairement inapte pour raison de santé à reprendre son activité à l'issue d'un congé de maladie, de maternité ou d'adoption est placé en congé sans rémunération pour une durée maximale d'un an, qui peut être prolongée de six mois s'il résulte d'un avis médical que l'agent sera apte à reprendre ses activités à l'issue de cette période complémentaire dans les conditions fixées au deuxième alinéa de l'article R. 422-10.

L'assistante ou l'assistant maternel définitivement inapte pour raison de santé à reprendre son service à l'issue d'un congé de maladie, de maternité ou d'adoption est licencié. Le licenciement ne peut toutefois intervenir avant l'expiration d'une période de quatre semaines sans rémunération suivant la fin du congé de maternité ou d'adoption.

Pour l'assistante ou l'assistant maternel accueillant des mineurs à titre permanent, il est fait application de l'article L. 773-12 *[L. 423-24 CASF]* du code du travail à l'issue des périodes prévues au premier alinéa.

Art. R. 422-12 L'assistante ou l'assistant maternel employé de manière continue qui justifie d'une ancienneté d'au moins un an à la date de naissance ou de l'arrivée au foyer d'un enfant de moins de trois ans confié en vue de son adoption a droit, sur sa demande, à un congé parental dans les conditions prévues par l'article 75 de la loi n° 84-53 du 26 janvier 1984 précitée, sous réserve des dispositions des articles R. 422-17 à R. 422-19.

La durée du congé parental est prise en compte par moitié pour la détermination des avantages liés à l'ancienneté.

Art. R. 422-13 Pour la détermination de la durée des services exigée pour obtenir un des congés prévus à la présente section, les congés énumérés aux articles R. 422-8 à R. 422-13 et au 7° de l'article 57 de la loi n° 84-53 du 26 janvier 1984 précitée sont assimilés à une période de travail effectif.

Les autres congés ne font pas perdre l'ancienneté acquise avant leur octroi.

Art. R. 422-14 L'ancienneté est décomptée à partir de la date à laquelle le contrat initial a pris effet, même si, depuis lors, l'engagement a été renouvelé. Cette ancienneté est calculée en tenant compte, au moment de l'octroi du congé, des services accomplis auprès de la collectivité territoriale et de ses établissements publics à caractère administratif, y compris les services accomplis avant une interruption de fonction sous réserve que la durée de l'interruption n'ait pas été supérieure à trois mois si elle a été volontaire ou à un an si elle a été involontaire.

En cas de licenciement pour faute lourde, aucune indemnité de congé payé n'est due.

Art. R. 422-15 Pour l'appréciation de la durée du service continu exigée pour obtenir un congé parental, l'assistant maternel ne peut se prévaloir que des services accomplis pour le compte de la collectivité qui l'emploie, de l'un de ses établissements publics à caractère administratif, ou de l'un des établissements publics à caractère administratif auquel elle participe.

Art. R. 422-16 Lorsque l'agent est recruté par contrat à durée déterminée, aucun congé ne peut être attribué au-delà de la période d'engagement restant à courir, sauf à verser les indemnités de congé payé restant dues au moment de la rupture du contrat.

Art. R. 422-17 L'assistant maternel apte à reprendre son service à l'issue d'un congé de maladie, de maternité ou d'adoption, d'un congé parental, ou pour formation professionnelle, est admis, s'il remplit toujours les conditions requises, à reprendre son emploi. Il en est de même de l'intéressé qui a bénéficié des dispositions de l'article 19 du décret n° 88-145 du 15 février 1988 pris pour l'application de l'article 136 de la loi du 26 janvier 1984 modifiée portant dispositions statutaires relatives à la fonction publique territoriale et relatif aux agents non titulaires de la fonction publique territoriale, au terme du mandat mentionné à cet article, ou de l'assistant maternel libéré du service national.

Pour les assistants maternels accueillant des mineurs à titre permanent, il est fait application de l'article L. 773-12 *[L. 423-24 CASF]* du code du travail à l'issue des congés prévus à l'alinéa ci-dessus.

Art. R. 422-18 Les dispositions de l'article R. 422-17 ne sont applicables qu'aux agents recrutés pour une durée indéterminée ou pour une durée déterminée si, dans ce dernier cas, le terme de l'engagement est postérieur à la date à laquelle les intéressés peuvent prétendre au bénéfice d'un réemploi. Le réemploi n'est alors prononcé que pour la période restant à courir jusqu'au terme de l'engagement.

Art. R. 422-19 L'assistante ou l'assistant maternel bénéficiant d'un congé de maladie, de maternité ou d'adoption, ou d'un congé parental dont la durée est égale ou supérieure à un an, doit présenter sa demande de réemploi un mois avant l'expiration du congé. Si la durée du congé est inférieure à un an, mais égale ou supérieure à quatre mois, la demande doit être présentée huit jours au moins avant l'expiration du congé.

L'assistant maternel bénéficiant d'un congé pour formation professionnelle ou libéré du service national doit présenter sa demande de réemploi trois mois au moins avant l'expiration du congé.

A défaut d'une demande présentée dans les délais indiqués ci-dessus, le contrat de travail de l'intéressé peut être rompu.

SECTION 3 Discipline

Art. R. 422-20 Les sanctions disciplinaires susceptibles d'être appliquées aux assistantes et assistants maternels sont :

1° L'avertissement ;
2° Le blâme ;
3° Le licenciement.

SECTION 4 Licenciement

Art. R. 422-21 Sauf lorsque le licenciement intervient soit pour faute grave ou lourde, soit au cours ou à l'expiration d'une période d'essai, une indemnité de licenciement calculée dans les conditions fixées par l'article D. 773-1-5 du code du travail est due à l'assistant maternel justifiant d'une ancienneté d'au moins deux ans au service du même employeur :

1° Qui a fait l'objet d'un licenciement dans les conditions prévues aux articles L. 773-7 *[L. 423-17 CASF]* **et L. 773-12** *[L. 423-24 CASF]* **du code du travail ;**

2° Qui, engagé à terme fixe, a été licencié avant ce terme ;

3° Qui a été licencié dans les conditions prévues à l'article R. 422-11.

L'assistant maternel dont le contrat de travail a été rompu postérieurement à l'entrée en jouissance d'une pension au taux plein du régime général d'assurance vieillesse de la sécurité sociale bénéficie de l'indemnité prévue à l'alinéa précédent s'il justifie d'une ancienneté d'au moins deux ans au service du même employeur et s'il n'a pas été l'objet d'un licenciement pour faute grave ou lourde.

CHAPITRE III ASSISTANTS MATERNELS ET ASSISTANTS FAMILIAUX EMPLOYÉS PAR DES PERSONNES DE DROIT PRIVÉ

(Décr. n° 2008-244 du 7 mars 2008, art. 5)

SECTION 1 Dispositions particulières aux assistants maternels et aux assistants familiaux employés par des personnes morales de droit privé

Art. D. 423-1 La rémunération de l'assistant maternel et de l'assistant familial relevant de la présente section est majorée, conformément à l'article L. 423-13, dans les cas où des contraintes réelles, dues aux soins particuliers ou à l'éducation spéciale entraînés par l'état de santé de l'enfant, pèsent sur eux.

Art. D. 423-2 La majoration de la rémunération est révisée compte tenu de l'évolution de l'état de santé de l'enfant.

Elle ne peut être inférieure à 0,14 fois le salaire minimum de croissance par enfant et par heure d'accueil pour les assistants maternels.

Pour les assistants familiaux, elle ne peut être inférieure à 15,5 fois le salaire minimum de croissance par mois pour un enfant accueilli de façon continue.

Cette majoration ne peut être inférieure à la moitié du salaire minimum de croissance par jour pour un enfant accueilli de façon intermittente.

(Décr. n° 2022-1198 du 31 août 2022, art. 1er-2°, en vigueur le 1er sept. 2022) **« Le montant de la majoration due à l'assistant familial est précisé dans le contrat d'accueil mentionné à l'article L. 423-30. »**

Les dispositions du Décr. n° 2022-1198 du 31 août 2022 s'appliquent aux rémunérations et aux indemnités dues à compter du 1er sept. 2022 (Décr. préc., art. 2).

Art. D. 423-3 En cas de suspension de *(Décr. n° 2022-1198 du 31 août 2022, art. 1er-3°, en vigueur le 1er sept. 2022)* **« ses fonctions » en application de l'article L. 423-8 :** *(Décr. n° 2022-1198 du 31 août 2022, art. 1er-3°, en vigueur le 1er sept. 2022)* **« l' » assistant maternel perçoit une indemnité dont le montant mensuel ne peut être inférieur à 33 fois le montant du salaire minimum de croissance par mois.**

(Abrogé par Décr. n° 2022-1198 du 31 août 2022, art. 1er-3°, à compter du 1er sept. 2022) ***« 2° L'assistant familial perçoit une indemnité compensatrice qui ne peut être inférieure, par mois, au montant minimum de la part correspondant à la fonction globale d'accueil définie au 1° de l'article D. 423-23. »***

V. ndlr ss. art. D. 423-2.

Art. D. 423-4 Le montant minimum de l'indemnité de licenciement prévue à l'article L. 423-12 est égal, par année d'ancienneté, à deux dixièmes de la moyenne mensuelle des sommes perçues par l'intéressé au titre des six meilleurs mois consécutifs de salaire versés par l'employeur qui le licencie.

SECTION 2 Assistants maternels

SOUS-SECTION 1 Dispositions communes à tous les assistants maternels

Art. D. 423-5 Le contrat de travail de l'assistant maternel mentionne, notamment, dans le respect de l'agrément qui lui a été délivré :

1° Le nom des parties au contrat ;
2° La qualité d'assistant maternel du salarié ;
3° La décision d'agrément délivrée par le président du conseil départemental ;
4° Le lieu de travail (adresse du domicile de l'assistant maternel) ;
5° La garantie d'assurance souscrite par le salarié ou la personne morale employeur, selon le cas ;
6° La date du début du contrat ;
7° La durée de la période d'essai ;
8° Le type de contrat de travail et, s'il s'agit d'un contrat à durée déterminée, sa durée ;
9° La convention collective applicable le cas échéant ;
10° Les horaires habituels de l'accueil du ou des enfants qui lui sont confiés ;
11° La durée de travail hebdomadaire ou, le cas échéant, mensuelle prévue et la répartition de la durée du travail entre les jours de la semaine ou les semaines du mois ;
12° Les cas et les modalités de modification, de manière occasionnelle, des horaires d'accueil, de la durée de travail hebdomadaire ou mensuelle et de la répartition de cette durée ;
13° Le jour de repos hebdomadaire ;
14° La rémunération et son mode de calcul, dans le respect de l'article L. 3242-1 du code du travail ;
15° Les éléments relatifs aux fournitures et à l'indemnité d'entretien, ainsi qu'à la fourniture des repas et à l'indemnité de nourriture ;
16° Les modalités de détermination des périodes de congés, dans le respect, s'agissant des assistants maternels employés par des particuliers, des dispositions de l'article L. 423-23 ;
17° La durée du préavis en cas de rupture du contrat de travail à l'initiative de l'une ou l'autre des parties.

Art. D. 423-6 Les indemnités et fournitures destinées à l'entretien de l'enfant accueilli par un assistant maternel, mentionnées à l'article L. 423-18, couvrent et comprennent :

1° Les matériels et les produits de couchage, de puériculture, de jeux et d'activités destinés à l'enfant, à l'exception des couches, qui sont fournies par les parents de l'enfant, ou les frais engagés par l'assistant maternel à ce titre ;
2° La part afférente aux frais généraux du logement de l'assistant maternel.

Art. D. 423-7 Lorsque aucune fourniture n'est apportée par les parents de l'enfant ou par l'employeur, le montant de l'indemnité d'entretien ne peut être inférieur à 85 % du minimum garanti mentionné à l'article L. 3231-12 du code du travail par enfant et pour une journée de neuf heures. Ce montant est calculé en fonction de la durée effective d'accueil quotidien.

Le montant de l'indemnité d'entretien peut être réexaminé afin de tenir compte de l'évolution des besoins de l'enfant.

Art. D. 423-8 Les repas sont fournis soit par les parents, soit par l'assistant maternel moyennant une indemnité de nourriture versée par l'employeur d'un montant convenu avec ce dernier.

Art. D. 423-9 Sans préjudice des indemnités et des fournitures destinées à l'entretien des enfants, la rémunération des assistants maternels ne peut être inférieure à 0,281 fois le montant du salaire minimum de croissance par enfant et par heure d'accueil.

Art. D. 423-10 Les heures travaillées au-delà de 45 heures hebdomadaires donnent lieu à une majoration de rémunération dont le taux est fixé par une convention ou un accord de branche étendu, une convention ou un accord d'entreprise ou d'établissement, ou, à défaut, par accord entre l'assistant maternel et son ou ses employeurs.

Art. D. 423-11 Il peut être dérogé aux dispositions de l'article L. 423-21 afin d'assurer l'accueil d'un mineur sans interruption pendant deux ou plusieurs jours consécutifs, pour des motifs liés à l'indisponibilité du ou des parents du fait de leur travail ou de leur état de santé.

Art. D. 423-12 L'accord de l'assistant maternel pour travailler pendant une durée supérieure à celle définie au second alinéa de l'article L. 423-22 est écrit. L'assistant maternel ne peut subir aucun préjudice du fait d'un éventuel refus.

Art. D. 423-13 L'inspecteur du travail peut interdire ou restreindre, pour des raisons de sécurité ou de santé des assistants maternels, le dépassement de la durée définie au second alinéa de l'article L. 423-22.

SOUS-SECTION 2 Dispositions applicables aux seuls assistants maternels employés par des particuliers

Art. D. 423-14 Le contrat de travail de l'assistant maternel relevant de la présente sous-section comporte les mentions prévues à l'article D. 432-5 ainsi que le nom et la date de naissance du ou des enfants accueillis.

Art. D. 423-15 Par dérogation aux dispositions prévues à l'article R. 3243-1 du code du travail, le bulletin de paie des assistants maternels agréés peut ne pas comporter les mentions suivantes :

1° La position du salarié dans la classification conventionnelle qui lui est applicable ;

2° Le montant de la rémunération brute du salarié ;

3° La nature et le montant des cotisations patronales de sécurité sociale assises sur cette rémunération brute.

Art. D. 423-16 En l'absence de l'accord prévu à l'article L. 423-23, l'assistant maternel qui a plusieurs employeurs peut fixer lui-même quatre semaines de ses congés pendant la période du 1er mai au 31 octobre de l'année, et une semaine en hiver à condition d'en prévenir ses employeurs au plus tard le 1er mars de l'année considérée.

SOUS-SECTION 3 Dispositions applicables aux seuls assistants maternels employés par des personnes morales

Art. D. 423-17 Le contrat de travail des assistants maternels relevant de la présente sous-section comporte les mentions prévues à l'article D. 432-5 ainsi que le nombre de places d'accueil de l'assistant maternel et les modalités de leur utilisation, ainsi que le montant de l'indemnité compensatrice d'absence due en application de l'article L. 423-20.

Art. D. 423-18 L'indemnité compensatrice due à l'assistant maternel ne peut être inférieure à la moitié du salaire minimum fixé à l'article D. 423-9.

Art. D. 423-19 Les personnes morales qui emploient des assistants maternels tiennent à la disposition de l'inspection du travail, pendant une durée de trois ans, les documents permettant de comptabiliser le nombre d'heures de travail réalisées par les salariés, ainsi que les accords mentionnés à l'article D. 423-12.

SOUS-SECTION 4 Dispositions applicables aux seuls assistants maternels employés par des personnes morales de droit privé

Art. D. 423-20 Le montant de l'indemnité prévue au premier alinéa de l'article L. 423-28 ne peut être inférieur à 70 % de la rémunération antérieure au départ de l'enfant calculée sur la base du montant du salaire minimum prévu à l'article D. 423-9. La rémunération antérieure est calculée sur la base de la durée moyenne d'accueil de l'enfant au cours des six mois précédant son départ.

Le montant de l'indemnité prévue au second alinéa de l'article L. 423-28 ne peut être inférieur à 70 % de la rémunération antérieure à la suspension de fonction calculée sur la base du montant du salaire minimum prévu à l'article D. 423-9. La rémunération antérieure est calculée sur la base de la durée moyenne d'accueil du ou des enfants accueillis au cours des six mois précédant la suspension de fonction.

SECTION 3 Assistants familiaux

SOUS-SECTION 1 Dispositions applicables à tous les assistants familiaux

Art. D. 423-21 Les indemnités et fournitures destinées à l'entretien de l'enfant confié à un assistant familial couvrent les frais engagés par l'assistant familial pour la nourriture, l'hébergement, l'hygiène corporelle, les loisirs familiaux et les déplacements de proximité liés à la vie quotidienne de l'enfant, à l'exception des frais d'habillement, d'argent de poche, d'activités culturelles ou sportives spécifiques, de vacances ainsi que les fournitures scolaires, pris en charge au titre du projet individualisé pour l'enfant, mentionné au deuxième alinéa de l'article L. 421-16.

Art. D. 423-22 Le montant des indemnités et fournitures ne peut être inférieur à 3,5 fois le minimum garanti mentionné à l'article L. 3231-12 du code du travail. Il peut être modulé en fonction de l'âge de l'enfant.

SOUS-SECTION 2 Dispositions applicables aux seuls assistants familiaux employés par des personnes morales de droit privé

Art. D. 423-23 *(Décr. nº 2022-1198 du 31 août 2022, art. 1er-4º, en vigueur le 1er sept. 2022)* La rémunération garantie d'un assistant familial est constituée d'autant de parts que d'accueils envisagés par le contrat de travail.

La part correspondant au premier accueil ne peut être inférieure au salaire minimum interprofessionnel de croissance mensuel.

Les parts correspondant à chaque accueil supplémentaire ne peuvent être inférieures à 70 fois le salaire minimum interprofessionnel de croissance par mois et par enfant.

V. ndlr ss. art. D. 423-2.

Art. D. 423-24 Lorsque l'enfant est accueilli de façon intermittente, la rémunération de l'assistant familial ne peut être inférieure, par enfant et par jour, à *(Décr. nº 2022-1198 du 31 août 2022, art. 1er-5º, en vigueur le 1er sept. 2022)* « 5,06 » fois le salaire minimum de croissance.

V. ndlr ss. art. D. 423-2.

Art. D. 423-25 *(Abrogé par Décr. nº 2022-1198 du 31 août 2022, art. 1er-6º, à compter du 1er sept. 2022)* ***« Le montant de l'indemnité d'attente prévue à l'article L. 423-31 ne peut être inférieur, par jour, à 2,8 fois le salaire minimum de croissance. »***

Lorsqu'un assistant familial accueille un enfant de façon intermittente pendant la période de quatre mois prévue à l'article L. 423-32, celle-ci est prolongée du nombre de jours d'accueil effectués.

V. ndlr ss. art. D. 423-2.

Art. D. 423-25-1 *(Décr. nº 2022-1198 du 31 août 2022, art. 1er-7º, en vigueur le 1er sept. 2022)* Pour chaque journée où aucun enfant n'est confié, l'indemnité de disponibilité prévue à l'article L. 423-30-1 ne peut être inférieure à 2,25 fois le montant du salaire minimum de croissance, sans pouvoir être inférieure à 90 % de la rémunération prévue par le contrat de travail.

V. ndlr ss. art. D. 423-2.

Art. D. 423-25-2 *(Décr. nº 2022-1198 du 31 août 2022, art. 1er-7º, en vigueur le 1er sept. 2022)* L'indemnité prévue au dernier alinéa de l'article L. 423-30 est calculée pour chaque accueil prévu par le contrat et non réalisé du fait de l'employeur.

V. ndlr ss. art. D. 423-2.

Art. D. 423-26 La durée minimale prévue au troisième alinéa de l'article L. 423-33 est de 21 jours calendaires dont au minimum 12 jours consécutifs. La demande de l'assistant familial doit parvenir à son employeur au plus tard trois mois avant le premier jour de congé sollicité.

Le nombre de jours de congés pouvant être reportés conformément à l'avant-dernier alinéa de l'article L. 423-33 est de 14 par an au maximum.

Art. D. 423-27 Lorsque, dans le cas prévu à l'article L. 423-34, un assistant familial envisage l'exercice d'une autre activité, il doit adresser sa demande à son employeur par lettre recommandée avec avis de réception. La réponse de l'employeur doit être communiquée à l'assistant familial dans un délai d'un mois à compter de la date de réception de l'avis de réception de la demande écrite de l'assistant familial. Le refus de l'employeur doit être motivé.

TITRE III ÉDUCATEURS ET AIDES FAMILIAUX, PERSONNELS PÉDAGOGIQUES OCCASIONNELS DES ACCUEILS COLLECTIFS DE MINEURS

(Décr. nº 2008-244 du 7 mars 2008, art. 5)

CHAPITRE I ÉDUCATEURS ET AIDES FAMILIAUX

Ce chapitre ne contient pas de disposition réglementaire.

CHAPITRE II PERSONNELS PÉDAGOGIQUES OCCASIONNELS DES ACCUEILS COLLECTIFS DE MINEURS

Art. D. 432-1 Le contrat d'engagement éducatif est conclu entre une personne physique et une personne physique ou morale telle que définie dans l'article L. 432-1.

Un contrat d'engagement éducatif ne peut être conclu :

1° Avec une personne physique qui anime ou gère à temps plein ou à temps partiel une structure définie dans l'article précité et qui peut être amenée au titre de ses fonctions à assurer l'encadrement d'un accueil ou d'un stage destiné aux personnes engagées dans un cursus de formation défini au cinquième alinéa de ce même article ;

2° Avec les personnes physiques qui animent quotidiennement les accueils en période scolaire.

Art. D. 432-2 *(Décr. nº 2012-581 du 26 avr. 2012)* La rémunération des personnes titulaires d'un contrat d'engagement éducatif ne peut être inférieure à 2,20 fois le montant du salaire minimum de croissance par jour.

Lorsque les fonctions exercées supposent une présence continue auprès des publics accueillis, la nourriture et l'hébergement sont intégralement à la charge de l'organisateur de l'accueil et ne peuvent en aucun cas être considérés comme des avantages en nature.

Art. D. 432-3 *(Décr. nº 2012-581 du 26 avr. 2012)* Lorsque l'organisation de l'accueil a pour effet de supprimer la période minimale de repos prévue au premier alinéa de l'article L. 432-5, la personne titulaire d'un contrat d'engagement éducatif bénéficie d'un repos compensateur dont la durée est égale à onze heures pour chaque période de vingt-quatre heures, octroyé dans les conditions suivantes :

– pour chaque période d'accueil de sept jours, ce repos est accordé, d'une part, pendant cette période pour une durée minimale de seize heures, pouvant être fractionnées par périodes d'au moins quatre heures consécutives, d'autre part, pour le surplus, à l'issue de l'accueil ou, si celui-ci dure plus de vingt et un jours, à l'issue d'une période de vingt et un jours ;

– pour chaque période d'accueil ou fraction de période d'accueil égale à quatre, cinq ou six jours, ce repos est accordé, d'une part, pendant cette période pour une durée minimale, respectivement, de huit heures, de douze heures et de seize heures, pouvant être fractionnées par périodes d'au moins quatre heures consécutives, d'autre part, pour le surplus, à l'issue de l'accueil ;

– pour chaque période d'accueil ou fraction de période d'accueil inférieure ou égale à trois jours, ce repos est accordé à l'issue de l'accueil.

Art. D. 432-4 *(Décr. nº 2012-581 du 26 avr. 2012)* Lorsque l'organisation de l'accueil a pour effet de réduire la période minimale de repos prévue au premier alinéa de l'article L. 432-5, la personne titulaire d'un contrat d'engagement éducatif bénéficie d'un repos compensateur dont la durée est égale à la fraction du repos quotidien dont il n'a pu bénéficier, octroyé dans les conditions suivantes :

– pour chaque période d'accueil ou fraction de période d'accueil de quatre à sept jours, ce repos est accordé, d'une part, pendant cette période pour un tiers de sa durée, sans pouvoir être fractionné, d'autre part, pour le surplus, à l'issue de l'accueil ou, si celui-ci dure plus de vingt et un jours, à l'issue d'une période de vingt et un jours ;

– pour chaque période d'accueil ou fraction de période d'accueil inférieure ou égale à trois jours, ce repos est accordé à l'issue de l'accueil.

Art. D. 432-5 Le contrat d'engagement éducatif précise :

1º L'identité des parties et leur domicile ;

2º La durée du contrat et les conditions de rupture anticipée du contrat ;

3º Le montant de la rémunération ;

4º Le nombre de jours travaillés prévus au contrat ;

5º Le programme indicatif des jours travaillés pendant la période du contrat, ce programme contenant la répartition du nombre de jours entre les jours de la semaine ou les semaines du mois ;

6º Les cas dans lesquels une modification éventuelle du programme indicatif peut intervenir ainsi que la nature de cette modification, toute modification devant être notifiée au salarié sept jours au moins avant la date à laquelle elle doit avoir lieu, sauf pour les cas d'urgence ;

7º Les jours de repos ;

8º Le cas échéant, les avantages en nature et le montant des indemnités dont il bénéficie.

Art. D. 432-6 En l'absence d'accord entre parties, le contrat d'engagement éducatif ne peut être rompu à l'initiative de l'organisme avant l'échéance du terme que pour force majeure, faute grave du cocontractant ou impossibilité pour celui-ci de continuer à exercer ses fonctions.

Art. D. 432-7 Lorsqu'il est passé entre une personne physique et un organisateur d'accueil collectif de mineurs déclaré et défini à l'article R. 227-1, le titulaire du contrat d'engagement éducatif doit satisfaire aux dispositions des articles R. 227-3 et R. 227-8 ainsi qu'aux dispositions de ses articles R. 227-12 à R. 227-22 en matière de qualification.

Lorsqu'il est passé entre une personne physique et un organisme de formation habilité mentionné dans l'article précédent, le titulaire du contrat d'engagement éducatif doit satisfaire aux dispositions prévues aux articles 2 ou 6 du décret nº 87-716 du 28 août 1987 relatif aux brevets d'aptitude aux fonctions d'animateur et de directeur de centres de vacances et de loisirs.

Art. D. 432-8 Dans le contrat d'engagement éducatif, le titulaire certifie sur l'honneur respecter les dispositions de l'article D. 431-2.

Art. D. 432-9 L'employeur tient à la disposition de l'inspection du travail, pendant une durée de trois ans, le ou les documents permettant de comptabiliser le nombre de jours de travail accomplis par les personnes avec lesquelles il aura souscrit un contrat d'engagement éducatif.

SECTION UNIQUE **Brevets d'aptitude aux fonctions d'animateur et de directeur en accueils collectifs de mineurs**

(Décr. n° 2015-872 du 15 juill. 2015, art. 1er, en vigueur le 1er oct. 2015)

Le Décr. n° 87-716 du 28 août 1987 relatif aux brevets d'aptitude aux fonctions d'animateur et de directeur d'accueils collectifs de mineurs est abrogé. Toutefois, les brevets d'aptitude aux fonctions d'animateur et les brevets d'aptitude aux fonctions de directeur délivrés antérieurement à l'entrée en vigueur du Décr. n° 2015-872 du 15 juill. 2015 demeurent valables. Les autorisations d'exercer des fonctions de direction en cours de validité au jour de l'entrée en vigueur du Décr. susvisé restent valables jusqu'à leur terme (Décr. préc., art. 2).

SOUS-SECTION 1 **Brevet d'aptitude aux fonctions d'animateur en accueils collectifs de mineurs**

Art. D. 432-10 **La formation au brevet d'aptitude aux fonctions d'animateur prépare à l'exercice des fonctions définies par arrêté du ministre chargé de la jeunesse.**

Elle comprend dans l'ordre :

— une session de formation générale ;

— un stage pratique accompli en qualité d'animateur stagiaire dans un des accueils collectifs de mineurs dont la liste est fixée par arrêté du ministre chargé de la jeunesse ;

— une session soit d'approfondissement, soit de qualification.

Pour s'inscrire en formation, les candidats doivent être âgés de *(Décr. n° 2022-1323 du 14 oct. 2022)* **« seize » ans au moins le premier jour de la session de formation générale.**

Art. D. 432-11 **Le brevet d'aptitude aux fonctions d'animateur en accueils collectifs de mineurs est délivré par le** *(Décr. n° 2020-1542 du 9 déc. 2020, art. 10-3°, en vigueur le 1er janv. 2021)* **« recteur de région académique » du lieu de résidence du candidat** *(Décr. n° 2020-1542 du 9 déc. 2020, art. 10-3°, en vigueur le 1er janv. 2021)* **« ou, en Guyane et à Saint-Pierre-et-Miquelon, par le préfet » sur proposition d'un jury dont la composition et le mode de fonctionnement sont définis par arrêté du ministre chargé de la jeunesse.**

SOUS-SECTION 2 **Brevet d'aptitude aux fonctions de directeur en accueils collectifs de mineurs**

Art. D. 432-12 **La formation au brevet d'aptitude aux fonctions de directeur prépare à l'exercice des fonctions définies par arrêté du ministre chargé de la jeunesse.**

Elle comprend dans l'ordre :

— une session de formation générale ;

— un stage pratique de directeur ou d'adjoint de direction accompli dans l'un des accueils collectifs de mineurs dont la liste est fixée par arrêté du ministre chargé de la jeunesse ;

— une session de perfectionnement ;

— un second stage pratique de directeur accompli dans un des accueils collectifs de mineurs définis par arrêté du ministre chargé de la jeunesse.

Art. D. 432-13 **Le brevet d'aptitude aux fonctions de directeur en accueils collectifs de mineurs est délivré par le** *(Décr. n° 2020-1542 du 9 déc. 2020, art. 10-3°, en vigueur le 1er janv. 2021)* **« recteur de région académique » du lieu de résidence du candidat** *(Décr. n° 2020-1542 du 9 déc. 2020, art. 10-4°, en vigueur le 1er janv. 2021)* **« ou, en Guyane et à Saint-Pierre-et-Miquelon, par le préfet » sur proposition d'un jury dont la composition et le mode de fonctionnement sont définis par arrêté du ministre chargé de la jeunesse.**

Art. D. 432-14 **Pour s'inscrire à un cycle de formation conduisant à la délivrance du brevet d'aptitude aux fonctions de directeur, les candidats doivent être âgés de** *(Décr.*

nº 2020-96 du 5 févr. 2020, art. 1er, en vigueur le 1er avr. 2020) « dix-huit ans » au moins le premier jour de la session de formation générale et être titulaires :

– du brevet d'aptitude aux fonctions d'animateur ; ou

– d'un diplôme, titre ou certificat de qualification permettant d'exercer les fonctions d'animation en accueils collectifs de mineurs, et dont la liste est fixée par arrêté du ministre chargé de la jeunesse, et justifiant, pendant la période de deux ans précédant la demande d'inscription, de deux expériences d'animation d'une durée totale d'au moins vingt-huit jours, dont une au moins en accueils collectifs de mineurs.

Le ministre chargé de la jeunesse fixe par arrêté les conditions dérogatoires d'inscription au cycle de formation.

Art. D. 432-15 Les titulaires du brevet d'aptitude aux fonctions de directeur obtiennent l'autorisation d'exercer les fonctions de directeur en accueils collectifs de mineurs pour une durée de cinq années à compter de la date de délivrance du brevet.

Cette autorisation peut être renouvelée si le titulaire en fait la demande au *(Décr. nº 2020-1542 du 9 déc. 2020, art. 10-5º, en vigueur le 1er janv. 2021)* « recteur de la région académique » du lieu de résidence de l'intéressé avant le terme des cinq ans et à la condition de pouvoir justifier, au cours de ces cinq années, de l'exercice de l'une des fonctions suivantes :

— soit les fonctions de directeur ou d'adjoint de direction pendant une durée minimale de vingt-huit jours ;

— soit les fonctions de formateur pendant une durée de six jours minimum dans une session de formation générale, de qualification, d'approfondissement ou de perfectionnement prévues *[prévue]* aux articles D. 432-10 et D. 432-12.

Les personnes ne remplissant pas l'une de ces deux conditions ou ayant déposé leur demande à l'issue de la période de validité de leur précédente autorisation d'exercer doivent avoir participé à une nouvelle session de perfectionnement et obtenu un avis favorable de l'organisme de formation pour obtenir le renouvellement de l'autorisation d'exercer les fonctions de directeur.

Le renouvellement de l'autorisation d'exercer est accordé par le *(Décr. nº 2020-1542 du 9 déc. 2020, art. 10-5º, en vigueur le 1er janv. 2021)* « recteur de la région académique » pour une durée de cinq ans.

Par dérogation aux dispositions des alinéas précédents, le *(Décr. nº 2020-1542 du 9 déc. 2020, art. 10-5º, en vigueur le 1er janv. 2021)* « recteur de la région académique » peut proroger d'une année non renouvelable l'autorisation d'exercer les fonctions de directeur sur demande motivée.

(Décr. nº 2020-1542 du 9 déc. 2020, art. 10-5º, en vigueur le 1er janv. 2021) « En Guyane et à Saint-Pierre-et-Miquelon, le représentant de l'État exerce les missions confiées au recteur de région académique par le présent article » *[.]*

SOUS-SECTION 3 Dispositions générales

Art. D. 432-16 Le brevet d'aptitude aux fonctions d'animateur et le brevet d'aptitude aux fonctions de directeur en accueils collectifs de mineurs sont destinés à permettre d'encadrer à titre non professionnel, de façon occasionnelle, des mineurs en accueils collectifs dans le cadre d'un engagement social et citoyen et d'une mission éducative.

Art. D. 432-17 Les organismes habilités à dispenser des formations aux brevets d'aptitude aux fonctions d'animateur et de directeur en accueils collectifs de mineurs sont placés sous le contrôle de l'État dans les conditions fixées par arrêté du ministre chargé de la jeunesse.

Les objectifs, les modalités de déclaration, d'organisation, de contrôle et d'évaluation, et de validation des sessions de formation et des stages pratiques mentionnés aux articles D. 432-10 et D. 432-12 sont fixés par arrêté du ministre chargé de la jeunesse.

Art. D. 432-18 Les modalités d'habilitation des organismes mentionnés au D. 432-17 sont fixées par arrêté du ministre chargé de la jeunesse.

Les modalités de retrait et de suspension de l'habilitation sont fixées par arrêté du ministre chargé de la jeunesse.

Art. D. 432-19 Les sessions de formation peuvent se dérouler en dehors du territoire national sous réserve d'être autorisées dans les conditions fixées par arrêté du ministre chargé de la jeunesse.

Art. D. 432-20 Les modalités de retrait et de suspension des effets de la déclaration mentionnée à l'article D. 432-17 et de l'autorisation mentionnée à l'article D. 432-19 sont fixées par arrêté du ministre chargé de la jeunesse.

TITRE IV PARTICULIERS ACCUEILLANT DES PERSONNES ÂGÉES OU HANDICAPÉES

CHAPITRE I ACCUEILLANTS FAMILIAUX ET MODALITÉS D'AGRÉMENT

(Décr. n° 2004-1538 du 30 déc. 2004, art. 1er)

SECTION 1 Modalités et délai d'instruction de la demande d'agrément

Art. R. 441-1 Pour obtenir l'agrément mentionné à l'article L. 441-1 du présent code, la personne ou le couple proposant un accueil à son domicile, à titre habituel et onéreux, de personnes âgées ou handicapées adultes doit :

1° Justifier de conditions d'accueil permettant d'assurer la santé, la sécurité, le bien-être physique et moral des personnes accueillies ;

2° S'engager à ce que l'accueil soit assuré de façon continue, en proposant notamment, dans le contrat mentionné à l'article L. 442-1, des solutions de remplacement satisfaisantes *(Décr. n° 2016-1785 du 19 déc. 2016, art. 1er-I)* « durant des périodes d'absence » ;

3° Disposer d'un logement dont l'état, les dimensions et l'environnement répondent aux normes fixées par *(Décr. n° 2019-772 du 24 juill. 2019, art. 3-7°, en vigueur le 1er sept. 2019)* « les articles R. 822-24 et R. 822-25 du code de la construction et de l'habitation » et soient compatibles avec les contraintes liées à l'âge ou au handicap *(Décr. n° 2016-1785 du 19 déc. 2016, art. 1er-I)* « des personnes accueillies » ;

4° S'engager à suivre *(Décr. n° 2016-1785 du 19 déc. 2016, art. 1er-I)* « la » formation initiale et continue *(Décr. n° 2016-1785 du 19 déc. 2016, art. 1er-I)* « et l'initiation aux gestes de secourisme prévues à l'article L. 441-1 » ;

5° Accepter qu'un suivi social et médico-social des personnes accueillies puisse être assuré, notamment au moyen de visites sur place.

Les dispositions issues du Décr. n° 2016-1785 du 19 déc. 2016 ne sont pas applicables au département de Mayotte (Décr. préc., art. 3-III).

Art. R. 441-2 *(Décr. n° 2016-1785 du 19 déc. 2016, art. 1er-II)* « La demande d'agrément s'effectue au moyen d'un formulaire dont le contenu est fixé par arrêté des ministres chargés des personnes âgées et des personnes handicapées. Le même arrêté fixe la liste des pièces à joindre à la demande, qui seules peuvent être exigées à ce titre.

« La demande d'agrément doit préciser en particulier : »

1° Le nombre maximum de personnes âgées ou handicapées que le demandeur souhaite accueillir, ainsi que, le cas échéant, la répartition entre ces deux catégories de personnes ;

(Décr. n° 2016-1785 du 19 déc. 2016, art. 1er-II) « 2° Les modalités d'accueil prévues : à temps complet ou partiel, en particulier accueil de jour ou accueil de nuit, permanent, temporaire ou séquentiel. »

V. note ss. art. R. 441-1.

Art. R. 441-3 La demande est adressée au président du conseil départemental du département de résidence du demandeur par lettre recommandée avec demande d'avis de réception *(Décr. n° 2016-1785 du 19 déc. 2016, art. 1er-III)* « ou déposée auprès du service départemental compétent qui en donne récépissé.

« Cette autorité dispose d'un délai de quinze jours pour en accuser réception suivant les modalités prévues par l'article R. 112-5 du code des relations entre le public et l'administration ou, si la demande est incomplète, pour indiquer, dans les conditions prévues par l'article L. 114-5 du même code, les pièces manquantes dont la production est indispensable à l'instruction de la demande et le délai qu'elle fixe pour la production de ces pièces. »

V. note ss. art. R. 441-1.

Art. R. 441-3-1 *(Décr. nº 2016-1785 du 19 déc. 2016, art. 1er-IV, en vigueur le 1er avr. 2017)* **L'instruction de la demande d'agrément d'accueillant familial comprend :**

1° L'examen de la demande mentionnée à l'article R. 441-2 ;

2° Au moins un entretien avec le demandeur, et, le cas échéant, des entretiens avec les personnes qui assureront les remplacements à son domicile et les personnes résidant à son domicile ;

3° Au moins une visite au domicile du demandeur ;

4° La vérification, dans le cadre des dispositions du 3° de l'article 776 du code de procédure pénale, que le demandeur n'a pas fait l'objet de condamnations mentionnées à l'article L. 133-6 du présent code.

V. note ss. art. R. 441-1.

Art. R. 441-3-2 *(Décr. nº 2016-1785 du 19 déc. 2016, art. 1er-IV, en vigueur le 1er avr. 2017)* **Le président du conseil départemental s'assure du respect des conditions d'agrément fixées aux articles L. 441-1 et R. 441-1. A cette fin, il se réfère aux critères relatifs aux aptitudes et compétences pour l'exercice de l'activité d'accueillant familial et aux conditions d'accueil et de sécurité, précisés dans le référentiel d'agrément figurant à l'annexe 3-8-3 du présent code.**

Il apprécie les conditions d'accueil proposées et les aptitudes du demandeur à exercer l'activité d'accueillant familial, en fonction :

1° Du nombre et des caractéristiques, en termes de handicap et de niveau d'autonomie, des personnes que le demandeur souhaite accueillir ;

2° Des modalités d'accueil proposées par le demandeur : permanent, temporaire, séquentiel, à temps complet ou partiel ;

3° De la formation suivie, le cas échéant, par le demandeur et de son expérience en tant qu'accueillant familial. Pour les nouveaux demandeurs, il tient compte du fait que la formation et l'initiation aux gestes de secourisme ne sont dispensées qu'après l'obtention de l'agrément.

V. note ss. art. R. 441-1.

Art. R. 441-4 *(Décr. nº 2010-927 du 3 août 2010, art. 1er)* **La décision du président du conseil départemental est notifiée dans un délai de quatre mois à compter de la date d'accusé de réception du dossier complet. A défaut de notification d'une décision dans ce délai, l'agrément est réputé acquis.** *(Abrogé par Décr. nº 2016-1785 du 19 déc. 2016, art. 1er-V) « Tout refus d'agrément doit être motivé. »*

(Décr. nº 2016-1785 du 19 déc. 2016, art. 1er-V) **« Tout refus d'agrément ou de renouvellement d'agrément doit être motivé, de même que toute décision d'agrément ne correspondant pas à la demande, notamment en termes de nombre, de catégories de personnes susceptibles d'être accueillies ou de temporalités de l'accueil. »** — *V. note ss. art. R. 441-1.*

Ces dispositions sont applicables aux dossiers complets de demande d'agrément ou d'accord déposés postérieurement à la date de publication du Décr. nº 2010-927 du 3 août 2010 (Décr. préc., art. 3, JO 7 août).

Art. R. 441-5 *(Décr. nº 2016-1785 du 19 déc. 2016, art. 1er-VI, en vigueur le 1er avr. 2017)* **I. — L'agrément est accordé, par arrêté du président du conseil départemental, pour une période de cinq ans.**

II. — La décision d'agrément mentionne :

1° Le nom, le prénom et l'adresse du domicile de l'accueillant familial ;

2° La date d'octroi de l'agrément ;

3° La date d'échéance de l'agrément ;

4° Le nombre de personnes susceptibles d'être accueillies simultanément, dans la limite de trois, ou quatre, en cas de dérogation accordée par le président du conseil départemental pour l'accueil d'un couple de conjoints, concubins ou de personnes ayant conclu un pacte civil de solidarité ;

5° Le cas échéant, le nombre maximum de contrats d'accueil mis en œuvre en même temps dans la limite de huit ;

6° Le cas échéant, la répartition entre personnes âgées et personnes handicapées ;

7° La temporalité de l'accueil pour chaque personne susceptible d'être accueillie : permanent ou temporaire, à temps complet, à temps partiel, de jour ou de nuit, ou séquentiel ;

8° La mention de l'habilitation ou non à recevoir des bénéficiaires de l'aide sociale.

III. — La décision d'agrément peut également préciser :

1° Les caractéristiques, en termes de handicap et de perte d'autonomie, des personnes susceptibles d'être accueillies ;

2° Les modalités spécifiques de formation, de suivi et d'accompagnement de l'accueillant familial et, le cas échéant, des personnes accueillies, pour l'accueil de personnes dont les caractéristiques en termes de perte d'autonomie ou de handicap le nécessitent. La mise en œuvre de ces modalités relève de la responsabilité du président du conseil départemental.

V. note ss. art. R. 441-1.

Art. R. 441-6 Un délai minimum d'un an doit précéder toute nouvelle demande consécutive à une décision de refus *(Décr. nº 2016-1785 du 19 déc. 2016, art. 1er-VII)* « , de retrait ou de non-renouvellement d'agrément ».

Art. R. 441-6-1 *(Décr. nº 2016-1785 du 19 déc. 2016, art. 1er-VIII, en vigueur le 1er avr. 2017)* Le contenu d'un agrément en cours de validité peut être modifié par arrêté du président du conseil départemental, sur demande motivée de l'accueillant familial ou, si les conditions de l'agrément le justifient, à l'initiative du président du conseil départemental. La modification du contenu de l'agrément n'a pas d'incidence sur sa date d'échéance.

La demande de modification de l'agrément est transmise au président du conseil départemental et instruite par celui-ci dans les conditions prévues aux articles R. 441-3, R. 441-3-2, R. 441-4, et s'il l'estime nécessaire, R. 441-3-1.

Toute décision conduisant, à l'initiative du président du conseil départemental, à restreindre un agrément en cours de validité, notamment par une réduction du nombre, des catégories de personnes susceptibles d'être accueillies ou de la temporalité de l'accueil, est soumise à la procédure applicable en cas de retrait d'agrément.

L'agrément délivré à un couple est réputé caduc lorsque l'accueil n'est plus assuré conjointement par les deux membres du couple. Dans ce cas, le couple ou l'un de ses membres en informe dans les plus brefs délais le président du conseil départemental. La poursuite d'une activité d'accueil par les personnes concernées est subordonnée à la délivrance par le président du conseil départemental, suivant les modalités prévues au deuxième alinéa, d'un agrément à titre individuel. Les personnes concernées assurent, le cas échéant, en lien avec chaque personne accueillie, la mise en conformité des contrats d'accueil en cours avec leur nouvel agrément.

V. note ss. art. R. 441-1.

Art. R. 441-7 Dans l'année qui précède la date d'échéance de la décision d'agrément ou de renouvellement d'agrément, le président du conseil départemental indique, par lettre recommandée avec avis de réception, à l'accueillant familial qu'il doit présenter une demande de renouvellement d'agrément *(Décr. nº 2016-1785 du 19 déc. 2016, art. 1er-IX)* « six » mois au moins avant ladite échéance s'il entend continuer à en bénéficier. — *Les dispositions prévues à cet al. issues du Décr. nº 2016-1785 du 19 déc. 2016 ne sont pas applicables aux personnes titulaires d'un agrément expirant dans les neuf mois suivant la publication de ce décret (Décr. préc., art. 3-II).*

La demande de renouvellement de l'agrément est déposée et instruite dans les mêmes conditions que la demande initiale. *(Décr. nº 2016-1785 du 19 déc. 2016, art. 1er-IX)* « Toute décision de non-renouvellement d'agrément est prise après avis de la commission consultative de retrait. »

Le dossier est complété, lorsqu'il s'agit du premier renouvellement sollicité *(Décr. nº 2016-1785 du 19 déc. 2016, art. 1er-IX)* « et, le cas échéant, lors des demandes de renouvellement suivantes », par un document attestant que le demandeur a suivi la formation mentionnée à l'article L. 441-1.

V. note ss. art. R. 441-1.

Art. R. 441-8 Pour réunir les éléments d'appréciation nécessaires à l'instruction des demandes d'agrément *(Décr. nº 2016-1785 du 19 déc. 2016, art. 1er-X)* « , de modification ou de renouvellement d'agrément », le président du conseil départemental peut faire appel au concours de personnes morales de droit public ou de droit privé relevant des 6º et 7º du I de l'article L. 312-1 du présent code ayant conclu à cet effet une convention avec le département.

Les accueillants familiaux sont tenus de fournir aux services départementaux ainsi qu'aux institutions ou organismes qu'ils désignent à cet effet tous les renseignements qui leur sont demandés et sont en relation directe avec l'accomplissement de leurs missions.

V. note ss. art. R. 441-1.

Art. R. 441-9 *(Décr. nº 2016-1785 du 19 déc. 2016, art. 1er-XI, en vigueur le 1er avr. 2017)* L'injonction prévue au deuxième alinéa de l'article L. 441-2 est adressée par courrier recommandé avec avis de réception.

Le délai mentionné au même alinéa est de trois mois à compter de la réception du courrier par l'accueillant familial.

V. note ss. art. R. 441-1.

Art. R. 441-10 *(Décr. nº 2016-1785 du 19 déc. 2016, art. 1er-XII, en vigueur le 1er avr. 2017)* « Dès qu'il envisage de changer de résidence, l'accueillant familial en informe le président du conseil départemental qui apprécie, en fonction des informations communiquées, les incidences possibles de ce changement de résidence sur l'agrément et en informe l'accueillant familial. »

En cas de changement de résidence à l'intérieur du département, l'accueillant familial doit notifier sa nouvelle adresse au président du conseil départemental par lettre recommandée avec demande d'avis de réception, un mois au moins avant son emménagement.

Lorsque l'accueillant familial change de département de résidence, il notifie, dans les mêmes formes et délais, son adresse au président du conseil départemental de son nouveau département de résidence, en joignant un *[une]* copie de la décision mentionnée à l'article R. 441-5.

Le président du conseil départemental du département d'origine transmet, à la demande du président du conseil départemental du nouveau département de résidence de l'accueillant familial, le dossier visé à l'article R. 441-2.

(Décr. nº 2016-1785 du 19 déc. 2016, art. 1er-XII, en vigueur le 1er avr. 2017) « La décision d'agrément est modifiée, dans les conditions fixées à l'article R. 441-6-1, pour tenir compte du changement d'adresse de l'accueillant familial et des nouvelles conditions de l'accueil. »

V. note ss. art. R. 441-1.

SECTION 2 Commission consultative de retrait

Art. R. 441-11 Lorsque le président du conseil départemental envisage dans les conditions prévues à l'article L. 441-2 de retirer un agrément ou d'y apporter une restriction, il saisit pour avis la commission consultative de retrait en lui indiquant le contenu de l'injonction préalable et les motifs de la décision envisagée.

(Décr. nº 2016-1785 du 19 déc. 2016, art. 1er-XIII) « Lorsque le président du conseil départemental envisage de ne pas renouveler un agrément, il saisit pour avis la com-

mission consultative de retrait en lui indiquant les motifs de la décision envisagée. » – *V. note ss. art. R. 441-1.*

L'accueillant familial concerné est informé un mois au moins avant la date de la réunion de la commission, par lettre recommandée avec demande d'avis de réception, des motifs de la décision envisagée à son encontre. Il est invité à présenter à la commission ses observations par écrit ou à en faire part lors de la réunion de la commission. Il peut se faire assister par *(Décr. nº 2012-1434 du 20 déc. 2012, art. 4)* « deux personnes » de son choix.

La commission délibère hors de la présence de l'intéressé *(Décr. nº 2012-1434 du 20 déc. 2012, art. 4)* « et des personnes qui l'assistent ».

Art. R. 441-12 *(Décr. nº 2011-716 du 22 juin 2011)* La commission consultative de retrait instituée par l'article L. 441-2 comprend, en nombre égal :

1º Des représentants du département ;

2º Des représentants des associations et organisations représentant les personnes âgées et des associations représentant les personnes handicapées et leurs familles ;

3º Des personnes qualifiées dans le domaine de la prise en charge sanitaire et sociale des personnes âgées et des personnes handicapées.

Le président du conseil départemental fixe le nombre des membres de la commission dans la limite de neuf personnes. Il procède à leur désignation.

Art. R. 441-13 Le président du conseil départemental ou son représentant assure la présidence de la commission consultative de retrait.

(Abrogé par Décr. nº 2011-716 du 22 juin 2011) « Il en désigne les membres.

« Les représentants des accueillants familiaux sont choisis par le président du conseil général parmi les personnes proposées par les associations de familles d'accueil déclarées dans le département et, en l'absence d'association, parmi les accueillants familiaux agréés dans le département dont il aura sollicité la candidature. »

Art. R. 441-14 Le mandat des membres de la commission consultative est fixé à trois ans renouvelables.

Chaque titulaire a, pour la durée de son mandat, un suppléant, désigné dans les mêmes conditions.

Art. R. 441-15 Les membres de la commission consultative sont tenus au secret professionnel dans le cadre des règles instituées par le code pénal.

SECTION 3 Délai d'instruction de la demande d'accord délivré aux employeurs d'accueillants familiaux

(Décr. nº 2010-927 du 3 août 2010, art. 2)

Art. R. 441-16 La décision du président du conseil départemental est notifiée dans un délai de quatre mois à compter de la date d'accusé de réception du dossier complet de demande de l'accord mentionné à l'article L. 444-1 du présent code. A défaut de notification d'une décision dans ce délai, l'accord est réputé acquis. Tout refus d'accord doit être motivé. – *Ces dispositions sont applicables aux dossiers complets de demande d'agrément ou d'accord déposés postérieurement à la date de publication du Décr. nº 2010-927 du 3 août 2010 (Décr. préc., art. 3, JO 7 août).*

CHAPITRE II CONTRAT ENTRE LA PERSONNE ACCUEILLIE ET L'ACCUEILLANT FAMILIAL

(Décr. nº 2004-1538 du 30 déc. 2004, art. 2-I et II)

Art. R. 442-1 Les litiges relatifs au contrat mentionné à l'article L. 442-1 du code de l'action sociale et des familles relèvent de la compétence du tribunal judiciaire *[ancienne rédaction : tribunal d'instance]* du lieu de résidence de l'accueillant familial.

Art. D. 442-2 *(Décr. nº 2004-1541 du 30 déc. 2004)* **1º Le montant minimum de la rémunération journalière des services rendus, visée au 1º de l'article L. 442-1, est égal à 2,5 fois la valeur horaire du salaire minimum de croissance, déterminé dans les conditions prévues aux articles** *(Décr. nº 2016-1785 du 19 déc. 2016, art. 1er-XIV)* **« L. 3231-1 à L. 3231-11 » du code du travail** *(Abrogé par Décr. nº 2010-928 du 3 août 2010, art. 1er)* **«*, pour un accueil à temps complet*».**

La rémunération journalière pour services rendus donne lieu au paiement d'une indemnité de congés payés conformément aux dispositions de l'article *(Décr. nº 2016-1785 du 19 déc. 2016, art. 1er-XIV)* **« L. 3141-24 » du code du travail.**

2º Les montants minimum et maximum de l'indemnité journalière pour sujétions particulières, mentionnée au 2º de l'article L. 442-1, sont respectivement égaux à *(Décr. nº 2016-1785 du 19 déc. 2016, art. 1er-XIV)* **« 0,37 fois et 1,46 fois la valeur horaire du salaire minimum de croissance mentionné au 1º. »**

3º Les montants minimum et maximum de l'indemnité journalière représentative des frais d'entretien courant *[courants]* **de la personne accueillie, mentionnée au 3º de l'article L. 442-1, sont respectivement égaux à 2 et 5 fois le minimum garanti, déterminé dans les conditions prévues à l'article** *(Décr. nº 2016-1785 du 19 déc. 2016, art. 1er-XIV)* **« L. 3231-12 » du code du travail.**

Cet art. est l'ancien art. D. 441-6, renuméroté par le Décr. nº 2004-1538 du 30 déc. 2004, art. 2-III, puis modifié par le Décr. nº 2004-1541 du 30 déc. 2004.

Les dispositions issues du Décr. nº 2016-1785 du 19 déc. 2016 ne sont pas applicables au département de Mayotte (Décr. préc., art. 3-III).

Art. D. 442-3 *(Décr. nº 2004-1542 du 30 déc. 2004)* **Le contrat passé entre la personne accueillie à titre onéreux au domicile d'un particulier et l'accueillant familial est conforme au modèle de contrat type mentionné à l'article L. 442-1 du présent code et** *(Décr. nº 2010-928 du 3 août 2010, art. 2)* **« publié à l'annexe 3-8-1.**

« Le contrat d'accueil passé entre la personne accueillie à titre onéreux, l'accueillant familial et, le cas échéant, l'employeur est conforme au modèle de contrat type mentionné au troisième alinéa de l'article L. 444-3 du présent code et publié à l'annexe 3-8-2. »

Art. D. 442-4 *(Décr. nº 2016-1785 du 19 déc. 2016, art. 1er-XV)* **Le contrat précise si l'accueil est permanent, temporaire ou séquentiel, à temps complet ou à temps partiel et prévoit la période pour laquelle il est conclu.**

Il précise les conditions matérielles et financières de l'accueil, les obligations de chacune des parties, les modalités de remplacement de l'accueillant familial et les modalités de sa modification et de sa rupture.

Le nombre de personnes accueillies simultanément, de manière permanente ou temporaire pour un accueil à temps complet ou pour un accueil à temps partiel, et le cas échéant le nombre de contrats d'accueil, ne peuvent dépasser le nombre mentionné par la décision d'agrément délivrée conformément à l'article R. 441-5.

V. note ss. art. D. 442-2.

Art. D. 442-5 *(Décr. nº 2010-928 du 3 août 2010, art. 3)* **Le président du conseil départemental peut faire appel au concours de personnes morales de droit public ou de droit privé pour exercer la fonction de tiers régulateur de l'accueil familial à titre onéreux des personnes âgées ou handicapées.**

La fonction de tiers régulateur de l'accueil familial à titre onéreux des personnes âgées ou handicapées consiste à assurer tout ou partie des prestations suivantes :

— assistance de la personne accueillie dans les démarches administratives, notamment établissement de la fiche de rémunération de l'accueillant familial et déclaration des cotisations sociales ;

— accompagnement de la personne accueillie pour des sorties non prévues par le contrat d'accueil ;

— organisation de projets collectifs d'animation hors du domicile ;

— médiation en cas de litiges entre la personne accueillie et l'accueillant familial ;

— mise en relation de l'offre et de la demande d'accueil familial ;

— communication, information et documentation ayant pour objectif de promouvoir l'accueil familial ;
— mise en relation d'accueillants familiaux remplaçants avec les accueillants familiaux et les personnes accueillies ;
— recherche de places en établissement social ou médico-social pour un accueil temporaire pendant la période de congés de l'accueillant familial ou pour une réorientation à la demande de la personne accueillie ;
— accompagnement et appui technique aux futurs accueillants familiaux ;
— réalisation de formations, construction de liens de travail et d'entraide, organisation de réunions d'échanges par thème pour les accueillants familiaux.

Le président du conseil départemental conclut avec le tiers régulateur de l'accueil familial à titre onéreux des personnes âgées ou handicapées une convention qui détermine les prestations qu'il met en œuvre ainsi que leurs modalités de réalisation et de financement. La convention distingue, le cas échéant, les prestations qui sont financées par le département de celles qui peuvent être librement prestées et financées par les accueillants familiaux ou les personnes accueillies. Dans cette dernière hypothèse, la convention prévoit les tarifs et les frais afférents à ces prestations.

Les accueillants familiaux et les personnes accueillies sont informés de la conclusion des conventions de tiers régulateur de l'accueil familial à titre onéreux des personnes âgées ou handicapées et peuvent y recourir à l'initiative de l'une ou l'autre partie. L'accord de l'accueillant familial ou de la personne accueillie qui n'est pas *[à]* l'initiative du recours aux services du tiers régulateur est nécessaire pour la réalisation des prestations intéressant les relations entre l'accueillant familial et la personne accueillie. Il est formalisé dans le contrat d'accueil.

Lorsque l'accueillant familial ou la personne accueillie recourt au tiers régulateur de l'accueil familial à titre onéreux des personnes âgées ou handicapées pour des prestations qu'elles financent en tout ou partie, un contrat est conclu entre le tiers régulateur et l'accueillant familial ou la personne accueillie précisant les modalités de réalisation du service et le tarif, dans le respect des dispositions prévues par la convention conclue entre le président du conseil départemental et la personne morale exerçant la fonction de tiers régulateur.

CHAPITRE III **DISPOSITIONS COMMUNES**

(Décr. nº 2017-552 du 14 avr. 2017, art. 1er, en vigueur le 1er juill. 2017)

Art. D. 443-1 L'initiation aux gestes de secourisme prévue à l'article L. 441-1 s'acquiert dans le cadre de la formation de base prévue par le décret du 30 août 1991 susvisé relatif à la formation aux premiers secours.

Art. D. 443-2 La formation initiale mentionnée à l'article L. 441-1 est organisée par le président du conseil départemental, pour une durée totale d'au moins cinquante-quatre heures, selon les modalités suivantes :

1º La formation initiale comprend une formation préalable au premier accueil d'au moins douze heures qui doit être assurée dans un délai maximum de six mois suivant l'obtention de l'agrément. Cette formation initiale préalable porte notamment sur le cadre juridique et institutionnel de l'accueil familial, le rôle de l'accueillant familial, le contrat d'accueil et le projet d'accueil personnalisé ;

2º La durée de la formation initiale restant à effectuer, complétant la formation préalable mentionnée au 1º, est organisée dans un délai maximum de vingt-quatre mois à compter de l'obtention de l'agrément.

Les dispositions relatives à la formation initiale mentionnée à l'art. D. 443-2 ne sont pas applicables aux accueillants familiaux agréés et ayant déjà exercé une activité d'accueil avant le 1er juill. 2017.

Le président du conseil départemental organise une initiation aux gestes de secourisme pour les accueillants familiaux susmentionnés n'ayant pas suivi la formation de base mentionnée à l'art. D. 443-1 ou une formation d'un niveau au moins équivalent dans les cinq années précédant le 1er juill. 2017. Cette initiation aux gestes de secourisme est assurée dans un délai au maximum de vingt-quatre mois suivant cette date, selon les modalités fixées à l'art. D. 443-1 (Décr. nº 2017-552 du 14 avr. 2017, art. 3-II et III).

Art. D. 443-3 **Le président du conseil départemental organise la formation continue de l'accueillant familial, selon des modalités qu'il définit au regard des besoins évalués par ses services et des attentes de l'accueillant familial, pour une durée minimale de douze heures pour chaque période d'agrément prévue à l'article R. 441-5.**

Art. D. 443-4 **Les formations initiale et continue prévues à l'article L. 441-1 permettent aux accueillants familiaux d'acquérir et d'approfondir les connaissances et les compétences requises pour accueillir une personne âgée ou une personne handicapée. Ces formations portent sur les domaines suivants :**

1° Le positionnement professionnel de l'accueillant familial ;

2° L'accueil et intégration de la personne âgée ou de la personne handicapée ;

3° L'accompagnement de la personne dans les actes essentiels de la vie quotidienne et les activités ordinaires et sociales.

Ces domaines de formation sont précisés dans le référentiel prévu à l'annexe 3-8-4.

Art. D. 443-5 **I. — Le président du conseil départemental peut dispenser de tout ou partie des formations initiale ou continue portant sur le domaine de formation prévu au 3° de l'article D. 443-4 les accueillants familiaux titulaires du diplôme d'État d'auxiliaire de vie sociale (DEAVS), du diplôme d'État d'aide médico-psychologique (DEAMP), du diplôme d'État d'accompagnement éducatif et social (DEAES), spécialités "accompagnement de la vie à domicile" ou "accompagnement de la vie en structure collective", de la mention complémentaire aide à domicile (MCAD), du brevet d'études professionnelles (BEP) "carrières sanitaires et sociales" et de tout diplôme inscrit au répertoire national des certifications professionnelles et attestant des compétences nécessaires pour l'accompagnement de personnes âgées ou de personnes handicapées. Cette dispense fait l'objet d'une attestation délivrée par le président du conseil départemental à l'accueillant familial.**

II. — Le président du conseil départemental peut dispenser de l'initiation aux gestes de secourisme prévue à l'article L. 441-1 les accueillants familiaux ayant obtenu, dans les cinq années précédant la délivrance de leur agrément, une attestation de suivi de la formation de base mentionnée à l'article D. 443-1 ou d'une formation d'un niveau au moins équivalent. Cette dispense fait l'objet d'une attestation délivrée par le président du conseil départemental à l'accueillant familial.

Art. D. 443-6 **Le conseil départemental définit un programme de formation précisant les objectifs, les moyens pédagogiques, la durée et le contenu des formations initiale et continue qu'il organise à destination des accueillants familiaux.**

Art. D. 443-7 **I. — La mise en œuvre des formations initiale et continue peut être assurée :**

1° Par le conseil départemental ;

2° Par un organisme de formation ;

3° Par un service ou un établissement social et médico-social, avec lequel le conseil départemental a passé convention, dans le cadre d'un ou plusieurs stages.

En cas de formation assurée selon les modalités prévues au 1°, les personnes assurant l'agrément, le suivi ou le contrôle d'accueillants familiaux ne peuvent dispenser que des formations portant sur le domaine mentionné au 1° de l'article D. 443-2.

En cas de formation assurée selon les modalités prévues au 2°, le responsable pédagogique doit répondre aux trois conditions suivantes :

— être titulaire d'un diplôme ou d'un titre homologué ou enregistré au répertoire national des certifications professionnelles au moins au niveau III ;

— justifier d'une expérience professionnelle d'au moins trois années dans le secteur sanitaire et social ;

— justifier d'au moins trois années d'expérience professionnelle pédagogique dans les dix ans précédant la demande ou justifier, soit d'un titre à finalité professionnelle enregistré au répertoire national des certifications professionnelles dont le référentiel

comporte les compétences afférentes à l'activité professionnelle de formateur d'adultes, soit du suivi d'une formation portant sur l'acquisition de ces compétences.

II. – La formation est dispensée par des formateurs ayant une qualification adaptée au contenu de la formation proposée.

Art. D. 443-8 Le président du conseil départemental délivre le cas échéant à l'accueillant familial, au plus tard dans le mois suivant la fin de la période de formation concernée, une attestation de suivi de la formation initiale préalable au premier accueil et de la formation initiale complète mentionnées à l'article D. 443-2, ainsi que de la formation continue mentionnée à l'article D. 443-3.

CHAPITRE IV ACCUEILLANTS FAMILIAUX EMPLOYÉS PAR DES PERSONNES MORALES DE DROIT PUBLIC OU DE DROIT PRIVÉ

(Décr. nº 2010-928 du 3 août 2010, art. 4)

Art. D. 444-1 Les accueillants familiaux des collectivités et établissements mentionnés à l'article 3 de la loi nº 84-53 du 26 janvier 1984 portant dispositions statutaires relatives à la fonction publique territoriale sont soumis aux dispositions du présent chapitre, du chapitre I du présent titre, aux dispositions de l'article R. 422-20 du code de l'action sociale et des familles, des articles R. 1234-1 à R. 1234-5 du code du travail et aux dispositions des articles 19, 31, 37, 38 et 41 du décret nº 88-145 du 15 février 1988 pris pour l'application de l'article 136 de la loi du 26 janvier 1984 modifiée portant dispositions statutaires relatives à la fonction publique territoriale et relatif aux agents non titulaires de la fonction publique territoriale.

Art. D. 444-2 I. – La demande d'accord pour être employeur d'accueillants familiaux doit être adressée par la personne morale de droit public ou de droit privé au président du conseil départemental du département de résidence de l'accueillant familial par lettre recommandée avec avis de réception.

La demande d'accord présente le projet d'accueil familial et les objectifs recherchés. Elle précise :

1º Le nombre d'accueillants familiaux dont l'embauche est envisagée ;

2º Le budget prévisionnel afférent à l'accueil familial ;

3º Les engagements de l'employeur s'agissant de la nature et des conditions matérielles et financières de l'accueil à titre onéreux ;

4º Les modalités d'accueil des personnes accueillies à titre onéreux pendant les repos, jours fériés et congés de l'accueillant familial ;

5º L'organisation et le financement de l'accueil de la personne accueillie à titre onéreux pendant l'exercice par l'accueillant familial d'un mandat de délégué syndical, de représentant syndical ou de représentant du personnel et pendant les heures de formation initiale et continue des accueillants familiaux prises en charge par l'employeur ;

6º Les modalités d'organisation et de financement de la formation initiale et continue des accueillants familiaux ;

7º Les modalités de suivi de l'activité des accueillants familiaux, en complément du suivi social et médico-social exercé par le président du conseil départemental.

II. – L'accord est délivré pour une durée de cinq ans et renouvelé par tacite reconduction sauf dans les cas de manquement par l'employeur à ses obligations d'emploi et d'accueil prévues aux articles L. 443-4 et L. 444-1 à L. 444-9 et de non-respect des engagements fixés à sa demande d'accord.

III. – L'employeur transmet, annuellement, au président du conseil départemental avant la fin du premier semestre le compte de résultat ainsi que l'ensemble des éléments permettant de vérifier le respect des modalités d'emploi des accueillants familiaux et des modalités d'accueil prévues entre l'employeur et la ou les personnes accueillies à titre onéreux avec l'accord délivré par le président du conseil départemental.

Le président du conseil départemental peut décider le retrait de l'accord délivré à la personne morale employeur lorsque celle-ci :

– ne transmet pas le compte de résultat de l'activité d'accueil familial exercée au titre de l'année écoulée ainsi que les justificatifs relatifs à l'emploi des accueillants familiaux ;

– manque à ses obligations d'emploi et d'accueil prévues aux articles L. 443-4 et L. 444-1 à L. 444-9 et de non-respect des engagements fixés à sa demande d'accord ;

– ne signe avec la personne accueillie ni la seconde partie (B) du contrat d'accueil mentionné à l'article L. 444-3 du présent code ni le contrat distinct prévu lorsque l'employeur n'est pas signataire du contrat d'accueil ;

– signe un contrat d'accueil ou un contrat distinct méconnaissant les stipulations du contrat type ;

– prévoit dans ledit contrat une indemnité représentative de mise à disposition de la ou des pièces réservées à la personne accueillie, dont il est propriétaire ou locataire, d'un montant manifestement abusif ;

– ne souscrit pas le contrat d'assurance mentionné au premier alinéa de l'article L. 443-4 ;

– n'assure pas le suivi de l'activité des accueillants familiaux, en complément du suivi social ou médico-social exercé par le président du conseil départemental.

Lorsque le président du conseil départemental envisage de retirer l'accord, l'organisme est mis en demeure, par lettre recommandée avec avis de réception, de faire connaître ses observations et de remédier aux dysfonctionnements constatés dans un délai de six mois. En cas de retrait d'accord, le président du conseil départemental est chargé de rechercher une solution de remplacement pour les personnes accueillies soit en accueil familial, soit dans une structure médico-sociale. Il propose aux autres employeurs d'accueillants familiaux la reprise des salariés. Le retrait de l'accord met fin à la possibilité pour la personne morale d'être employeur des accueillants familiaux.

Art. D. 444-3 Lorsque le contrat d'accueil prévu à l'annexe 3-8-2 est signé par l'employeur, il comprend les conditions matérielles et financières de l'accueil auxquelles s'engagent l'employeur et la personne accueillie. Lorsque l'employeur n'est pas signataire du contrat d'accueil, les conditions matérielles et financières font l'objet d'un contrat entre la personne accueillie et la personne morale employeur.

Art. D. 444-4 Le contrat de travail de l'accueillant familial mentionne notamment, dans le respect de l'agrément qui lui a été délivré :

– le nom et l'adresse des parties au contrat ;

– la qualité d'accueillant familial du salarié ;

– la décision d'agrément délivrée par le président du conseil départemental ;

– le nom de la personne accueillie ;

– la date de début du contrat ;

– la durée de la période d'essai mentionnée à l'article L. 444-3 ;

– le type de contrat et, s'il s'agit d'un contrat à durée déterminée, les mentions obligatoires prévues à l'article L. 1242-12 et L. 1242-13 du code du travail ;

– la convention collective applicable, le cas échéant ;

– la durée de travail hebdomadaire ou, le cas échéant, mensuelle prévue et la répartition de la durée de travail entre les jours de la semaine ou les semaines du mois ;

– les cas dans lesquels et les modalités suivant lesquelles peuvent être modifiées la durée de travail hebdomadaire ou mensuelle et la répartition de cette durée ;

– les modalités de détermination des périodes de congés, dans le respect des dispositions de l'article L. 444-6 du présent code et de l'article *(Décr. n° 2016-1553 du 18 nov. 2016, art. 7-I, en vigueur le 1er janv. 2017)* « L. 3141-24 » du code du travail ;

– le jour de repos hebdomadaire et les cas dans lesquels et les modalités suivant lesquelles peut être modifié ce repos hebdomadaire ;

– les modalités de remplacement pendant les repos, jours fériés et congés ;

— les modalités de remplacement pendant les absences de courte durée (mandat de délégué syndical, de représentant syndical ou de représentant du personnel et pendant les heures de formation initiale et continue) ;

— la rémunération et les indemnités mentionnées aux 1° et 2° de l'article L. 442-1, notamment les éléments relatifs à la fixation du montant de l'indemnité journalière en cas de sujétions particulières ;

— le montant et les éléments relatifs à la fixation de l'indemnité représentative des frais d'entretien courant de la personne accueillie et de l'indemnité représentative de mise à disposition de la ou les *[des]* pièces réservées à la personne accueillie ;

— le montant de l'indemnité mentionnée au premier alinéa de l'article L. 444-5 ;

— la durée du préavis en cas de rupture du contrat de travail à l'initiative de l'une ou l'autre des parties ;

— la garantie d'assurance souscrite par la personne morale employeur ;

— le cas échéant, la mise à disposition d'un logement, en location ou non, pour la durée du contrat.

Art. D. 444-5 1° Le montant minimal de la rémunération garantie mentionnée au premier alinéa de l'article L. 444-4 est égal à 2,5 fois la valeur horaire du salaire minimum de croissance, déterminé dans les conditions prévues aux articles L. 3231-2 à L. 3231-11 du code du travail par personne accueillie et par jour rémunéré.

Lorsque le montant de la rémunération garantie ou le montant de l'indemnité prévue à l'article L. 444-5 est inférieur au montant de base nécessaire pour la détermination du droit à pension, l'employeur verse les cotisations permettant la validation des périodes considérées pour la détermination du droit à pension, conformément aux dispositions du premier alinéa de l'article L. 351-2 du code de la sécurité sociale.

2° Les montants minimum et maximum de l'indemnité journalière en cas de sujétions particulières, mentionnée au 2° de l'article L. 442-1, sont respectivement égaux à *(Décr. n° 2016-1785 du 19 déc. 2016, art. 1er-XVI)* « 0,37 fois et 1,46 fois la valeur horaire du salaire minimum de croissance mentionné au 1° ». L'indemnité journalière en cas de sujétions particulières est justifiée par la disponibilité supplémentaire de l'accueillant liée à l'état de la personne accueillie. Son montant est fixé par l'employeur. — *Les dispositions issues du Décr. n° 2016-1785 du 19 déc. 2016 ne sont pas applicables au département de Mayotte (Décr. préc., art. 3-III).*

3° Les montants minimum et maximum de l'indemnité journalière représentative des frais d'entretien courant *[courants]* de la personne accueillie, mentionnée au 3° de l'article L. 442-1, sont respectivement égaux à 2 et 5 fois le minimum garanti, déterminé dans les conditions prévues à l'article L. 3231-12 du code du travail. Le montant de l'indemnité journalière représentative des frais d'entretien est fixé par l'employeur.

Art. D. 444-6 Le montant de l'indemnité mentionnée à l'article L. 444-5 est égal, par personne accueillie et par jour d'absence :

— au montant de la rémunération garantie mentionnée au 1° de l'article D. 444-5 en cas d'hospitalisation ou d'absence pour convenance personnelle de la personne accueillie ;

— à un montant minimum égal à 1,5 fois la valeur horaire du salaire minimum de croissance, déterminé dans les conditions prévues aux articles L. 3231-2 à L. 3231-11 du code du travail entre deux périodes d'accueil et dans la limite des 4 mois prévus au deuxième alinéa de l'article L. 444-5 du présent code. En cas de décès ou en cas de départ sans préavis de la personne accueillie, ce montant est égal au montant de la rémunération garantie mentionnée au 1° de l'article D. 444-5 du présent code pendant une période équivalente aux durées mentionnées à l'article L. 444-9 du même code.

L'indemnité représentative de mise à disposition de la ou des pièces réservées à la personne accueillie mentionnée au 4° de l'article L. 442-1 est perçue jusqu'à la date de libération de la ou des pièces mises à disposition.

L'indemnité journalière en cas de sujétions particulières et l'indemnité journalière représentative des frais d'entretien courant *[courants]* de la personne accueillie, men-

tionnées respectivement aux 2° et 3° de l'article L. 442-1, ne sont pas dues en complément de l'indemnité mentionnée au premier alinéa de l'article L. 444-5.

Art. D. 444-7 **Le licenciement pour motif économique ne porte que sur le contrat de travail pour lequel l'employeur n'est pas en mesure de proposer une personne à confier pendant une durée de 4 mois consécutifs.**

Le salaire à prendre en considération pour le calcul de l'indemnité de licenciement pour motif économique est la rémunération et les indemnités mentionnées aux 1° et 2° de l'article L. 442-1, qui sont fixées au contrat de travail pour lequel l'employeur n'est pas en mesure de proposer une personne à confier pendant une durée de 4 mois consécutifs.

La durée d'ancienneté prise en compte pour le calcul de l'indemnité de licenciement pour motif économique est fonction de son ancienneté en qualité de salarié chez cet employeur. Le décompte est réalisé à compter de la date de signature du premier contrat de travail conclu entre l'employeur personne morale de droit public ou de droit privé et l'accueillant familial, sans référence à la date du contrat de travail pour lequel l'employeur est tenu de procéder au licenciement économique motivé par l'absence de personne à confier.

Art. D. 444-8 **Les congés mentionnés à l'article L. 444-6 sont fractionnables par périodes minimales de 2 jours.**

L'indemnité afférente au congé prévu par l'article L. 3141-3 du code du travail est calculée conformément aux dispositions de l'article *(Décr. n° 2016-1553 du 18 nov. 2016, art. 7-I, en vigueur le 1er janv. 2017)* **« L. 3141-24 » du même code.**

TITRE V FORMATION DES TRAVAILLEURS SOCIAUX

CHAPITRE UNIQUE DISPOSITIONS GÉNÉRALES

Art. R. 451-1 *(Décr. n° 2005-198 du 22 févr. 2005, art. 1er)* **Les diplômes délivrés par l'État garantissant** *(Abrogé par Décr. n° 2017-537 du 13 avr. 2017, art. 1er-1°)* **«,** ***dans les conditions prévues, le cas échéant, par l'article*** **L. 5315-2** ***du code du travail,*** **» la qualification des professionnels et des personnels mentionnés à l'article L. 451-1 sont créés par décret et organisés par arrêté du ministre chargé des affaires sociales et, le cas échéant, des ministres intéressés, après avis de la** *(Décr. n° 2019-1379 du 18 déc. 2019, art. 18-1°, en vigueur le 1er janv. 2020)* **« Commission professionnelle consultative "Cohésion sociale et santé" mentionnée à l'article 3 du décret n° 2019-958 du 13 septembre 2019 instituant les commissions professionnelles consultatives chargées d'examiner les projets de création, de révision ou de suppression de diplômes et titres à finalité professionnelle délivrés au nom de l'État ».**

(Décr. n° 2017-537 du 13 avr. 2017, art. 1er-1°) **« Les orientations, définies par le ministre chargé des affaires sociales, mentionnées au deuxième alinéa de l'article L. 451-1 s'appuient sur les schémas des formations sociales élaborés par chaque région ainsi que sur les analyses et statistiques de source publique ou professionnelle. »**

V. Arr. du 16 nov. 2005 relatif au diplôme d'État d'éducateur de jeunes enfants, App., v° Professions — Personnels.

V. Arr. du 20 juin 2007 relatif au diplôme d'État d'éducateur spécialisé, App., v° Professions — Personnels.

V. Arr. du 20 juin 2007 relatif au diplôme d'État de moniteur éducateur (JO 4 juill.), mod. par Arr. du 18 oct. 2012 (JO 31 oct.).

Art. D. 451-1-1 *(Abrogé par Décr. n° 2019-1379 du 18 déc. 2019, art. 18-2°, à compter du 1er janv. 2020) (Décr. n° 2016-1943 du 28 déc. 2016, art. 1er, en vigueur le 1er janv. 2017)* ***La commission professionnelle consultative du travail social et de l'intervention sociale, placée auprès du ministre chargé des affaires sociales, formule, à la demande de ce ministre, des avis et des propositions sur :***

— la création, l'actualisation ou la suppression des diplômes professionnels du champ du travail social et de l'intervention sociale, à partir de l'évolution des qualifications dans le domaine du travail social et de l'intervention sociale ou découlant de l'analyse des métiers existants et émergents ;
— l'élaboration des référentiels professionnels des diplômes de travail social ;
— le développement des passerelles et des transversalités entre les diplômes ;
— la mise en place des différentes voies d'accès aux diplômes de travail social, notamment le développement et le suivi de la validation des acquis de l'expérience ;
— les évolutions des certifications sociales au regard de l'évolution des dispositifs de certification au sein de l'Union européenne.

La commission peut également être saisie par le ministre chargé des affaires sociales de toute question générale ou particulière relative aux titres professionnels ou de recommandations émises par la Commission nationale des certifications professionnelles.

Chacun des ministres dont les attributions comportent l'organisation ou le contrôle d'une formation professionnelle ou d'un enseignement technologique dans le secteur social consulte la commission professionnelle consultative du travail social et de l'intervention sociale.

Art. D. 451-1-2 *(Abrogé par Décr. nº 2019-1379 du 18 déc. 2019, art. 18-2º, à compter du 1er janv. 2020) (Décr. nº 2016-1943 du 28 déc. 2016, art. 1er, en vigueur le 1er janv. 2017)* ***La commission professionnelle consultative du travail social et de l'intervention sociale est composée de 40 membres répartis en quatre collèges en nombre égal :***
1º Un collège représentant les organisations syndicales des employeurs ;
2º Un collège représentant les organisations syndicales représentatives des salariés ;
3º Un collège de personnalités qualifiées ;
4º Un collège représentant les pouvoirs publics.

Les membres de la commission professionnelle consultative du travail social et de l'intervention sociale mentionnés aux 1º, 2º et 4º sont désignés par les organismes qu'ils représentent. Les membres mentionnés au 3º sont désignés par le ministre chargé des affaires sociales. Un suppléant est désigné pour chaque titulaire et le remplace en cas d'absence. Les membres titulaires et suppléants sont nommés par arrêté du ministre chargé des affaires sociales.

La composition et les règles de fonctionnement de la commission professionnelle consultative du travail social et de l'intervention sociale sont précisées par arrêté du ministre chargé des affaires sociales.

SECTION 1 Établissements de formation

(Décr. nº 2005-198 du 22 févr. 2005, art. 1er)

Art. R. 451-2 *(Décr. nº 2017-537 du 13 avr. 2017, art. 1er-2º)* « I. — » La personne physique ou morale juridiquement responsable d'un établissement de formation désirant préparer à un ou plusieurs diplômes de travail social mentionnés à l'article L. 451-1 *(Décr. nº 2017-537 du 13 avr. 2017, art. 1er-2º)* « doit obtenir un agrément délivré par la région du lieu d'implantation du site de la formation qui précise le ou les certificats ou diplômes mentionnés aux articles D. 451-11 à D. 451-104 » dont la préparation est envisagée.

Lorsque plusieurs établissements de formation relevant de personnes physiques ou morales distinctes sont associés par une convention de coopération relative à la préparation d'un même diplôme, *(Décr. nº 2017-537 du 13 avr. 2017, art. 1er-2º)* « l'agrément est demandé à la région du lieu d'implantation du site de formation » par la personne juridiquement responsable de l'établissement porteur du projet pédagogique désigné par la convention.

(Décr. nº 2017-537 du 13 avr. 2017, art. 1er-2º) « II. — La demande d'agrément est accompagnée d'un dossier, dont la composition est fixée par arrêté du ministre chargé des affaires sociales et qui est transmis en deux exemplaires à la région du lieu d'implantation du site de formation, au plus tard douze mois avant la date de début de la formation. Toutefois, le président du conseil régional peut décider de

réduire ce délai, sans que celui-ci ne puisse être inférieur à quatre mois avant la date du début de la formation.

« Lorsque le dossier est complet, le président du conseil régional adresse sans délai un exemplaire de la demande d'agrément au représentant de l'État dans la région.

« III. — Le représentant de l'État dans la région vérifie la capacité de l'établissement à préparer les candidats à l'obtention du diplôme et s'assure des conditions de fonctionnement pédagogique et des moyens mis en œuvre pour y parvenir. Il transmet un avis circonstancié dans les deux mois suivant la réception du dossier. Ce délai s'applique également dans l'hypothèse où le président du conseil régional décide de réduire le délai d'instruction de douze mois dans les conditions définies au II. En l'absence de réponse par le représentant de l'État dans la région dans les deux mois, son avis est réputé favorable.

« IV. — Le président du conseil régional statue sur la demande d'agrément, après examen des pièces du dossier, au vu du schéma régional des formations sociales.

« La décision d'acceptation ou de rejet de la demande d'agrément est notifiée par le président du conseil régional à l'auteur de la demande. L'agrément est délivré par un arrêté du président du conseil régional, conforme à un modèle fixé par arrêté du ministre chargé des affaires sociales, et publié au recueil des actes administratifs de la région. — *V. Arr. du 7 juin 2017 relatif aux éléments constitutifs de la demande d'agrément mentionnée à l'article R. 451-2 CASF (JO 21 juin, NOR : SSAA1717197A), mod. par Arr. du 3 déc. 2019 (JO 27 déc., NOR : SSAA1935167A) et Arr. du 30 juill. 2020 (JO 8 août, NOR : SSAA2020432A).*

« Le président du conseil régional informe de sa décision le représentant de l'État dans la région, qui met à jour le fichier national des établissements sanitaires, médico-sociaux et sociaux.

« En l'absence de réponse du président du conseil régional au demandeur dans un délai de quatre mois à compter de la réception du dossier complet, la demande d'agrément est réputée rejetée.

« V. — L'agrément est accordé pour une durée de cinq ans. Toutefois, cette durée peut, à titre exceptionnel et dûment justifié, être réduite sans pouvoir être inférieure à un an.

« A l'issue de cette période de validité, l'agrément peut être renouvelé. Le dossier de demande de renouvellement est déposé en deux exemplaires à la région du lieu d'implantation du site de formation, au plus tard douze mois avant l'échéance de l'agrément.

« VI. — L'établissement qui a obtenu l'agrément prévu au I conclut avec la région une convention précisant les conditions du financement nécessaire pour dispenser une formation mentionnée au deuxième ou au dernier alinéa de l'article L. 451-2.

« VII. — Toute demande de modification de la décision d'agrément est déposée à la région par la personne juridiquement responsable de l'organisme de formation. Le dossier est instruit selon les règles définies aux II à V du présent article. »

Dispositions transitoires au Décr. nº 2017-537 du 13 avr. 2017

Art. 3 *I. — Les établissements ayant satisfait à l'obligation de déclaration préalable prévue par l'art. R. 451-2, dans sa rédaction antérieure au Décr. nº 2017-537 du 13 avr. 2017, pour assurer la préparation à un diplôme de travail social par la voie de la formation initiale et qui, à la date de publication du décret susvisé, sont enregistrés par le représentant de l'État dans la région, dès lors qu'ils peuvent justifier bénéficier d'un financement de la région couvrant les dépenses administratives et celles liées à leur activité pédagogique, sont réputés être agréés pour délivrer une formation sociale telle que mentionnée au deuxième al. de l'art. L. 451-2 CASF sur simple demande écrite adressée à la région compétente dans l'année suivant la publication du même décret.*

Le président du conseil régional délivre l'agrément pour une durée d'au plus deux ans à compter de la date de publication du Décr. nº 2017-537 du 13 avr. 2017. Sa décision est publiée au recueil des actes administratifs de la région et notifiée au représentant de l'État dans la région.

Les établissements délivrant une formation ainsi agréés concluent avec la région une convention de financement pour la période concernée, conformément aux dispositions de l'art. L. 451-2-1 CASF.

Au plus tard neuf mois avant l'échéance de l'agrément ainsi délivré, la personne juridiquement responsable de l'établissement renouvelle sa demande dans les conditions définies à l'art. R. 451-2, dans sa rédaction issue du Décr. nº 2017-537 du 13 avr. 2017.

En cas de non-renouvellement de l'agrément, les élèves en cours de formation peuvent, sur décision du président du conseil régional, prise après avis du représentant de l'État dans la région, être redéployés au sein des structures existantes agréées. Ils peuvent poursuivre leur formation dans l'établissement de formation jusqu'à leur première présentation aux épreuves de certification.

II. — Les établissements ayant satisfait à l'obligation de déclaration préalable, mentionnée au I, pour assurer la préparation à un diplôme de travail social et qui, à la date de publication du Décr. nº 2017-537 du 13 avr. 2017, sont enregistrées par le représentant de l'État dans la région et qui ne bénéficiaient pas d'un financement au titre de l'art. L. 451-2-1 CASF, ne peuvent prétendre à une convention de financement.

Ils peuvent, dès lors qu'ils justifient avoir organisé la formation dans les deux années précédant la date de publication du décret susvisé, sur simple demande écrite adressée à la région, poursuivre leur activité pendant une durée de deux ans suivant cette date.

Au plus tard neuf mois avant l'échéance de cette durée de deux ans, la personne juridiquement responsable de l'établissement doit déposer une demande d'agrément, dans les conditions définies à l'art. R. 451-2, dans sa rédaction issue du Décr. nº 2017-537 du 13 avr. 2017.

En l'absence de délivrance de l'agrément, les élèves en cours de formation peuvent, sur décision du président du conseil régional, prise après avis du représentant de l'État dans la région, être redéployés au sein des structures existantes agréées. Ils peuvent poursuivre leur formation dans l'établissement jusqu'à leur première présentation aux épreuves de certification (Décr. nº 2017-537 du 13 avr. 2017, art. 3-I et II).

Art. R. 451-3 **I. — Le directeur de l'établissement de formation doit justifier** *(Décr. nº 2017-537 du 13 avr. 2017, art. 1er-3º)* **« dans les dix ans précédant la demande » de cinq ans d'expérience professionnelle dans les domaines de la pédagogie** *(Décr. nº 2017-537 du 13 avr. 2017, art. 1er-3º)* **« , de la gestion ou du secteur sanitaire, social ou médico-social ». Sous réserve de la libre circulation des travailleurs garantie par** *(Décr. nº 2017-537 du 13 avr. 2017, art. 1er-3º)* **« l'article 45 du traité sur le fonctionnement de l'Union européenne », il doit en outre** *(Décr. nº 2018-733 du 22 août 2018, art. 1er)* **« être titulaire d'un diplôme » ou d'un titre homologué ou enregistré au répertoire national des certifications professionnelles au moins au niveau II** *(Abrogé par Décr. nº 2018-733 du 22 août 2018, art. 1er)* ***« , soit d'un diplôme des formations sanitaires ou sociales inscrit au répertoire national des certifications professionnelles*** *(Décr. nº 2017-537 du 13 avr. 2017, art. 1er-3º)* ***« au moins au niveau II ». »***

(Décr. nº 2017-537 du 13 avr. 2017, art. 1er-3º) **« Le directeur doit, en outre, ne pas avoir fait l'objet d'une condamnation inscrite au bulletin nº 3 du casier judiciaire.**

« Il est responsable de l'élaboration et de la mise en œuvre du projet d'établissement. Il est garant de la qualité et du contenu des enseignements théoriques et pratiques et de leur conformité au diplôme d'État pour lequel l'agrément est délivré. »

II. — Le responsable de la formation doit justifier *(Décr. nº 2017-537 du 13 avr. 2017, art. 1er-3º)* **« dans les dix ans précédant la demande » de trois ans d'expérience professionnelle pédagogique. Sous réserve de la libre circulation des travailleurs garantie par** *(Décr. nº 2017-537 du 13 avr. 2017, art. 1er-3º)* **« l'article 45 du traité sur le fonctionnement de l'Union européenne », il doit en outre être titulaire d'un diplôme ou d'un titre homologué ou enregistré au répertoire national des certifications professionnelles** *(Décr. nº 2017-537 du 13 avr. 2017, art. 1er-3º)* **« au moins égal au niveau du diplôme préparé pour les diplômes de niveaux I, II et III et au moins égal au niveau III pour les diplômes de niveaux IV et V.**

(Abrogé par Décr. nº 2018-733 du 22 août 2018, art. 1er) ***« Il doit également justifier d'une expérience professionnelle d'au moins trois années en rapport direct avec ce diplôme dans un établissement ou service social ou médico-social. »***

« Il doit, en outre, ne pas avoir fait l'objet d'une condamnation inscrite au bulletin nº 3 du casier judiciaire.

« Sous la responsabilité du directeur de l'établissement, le responsable de la formation élabore le projet pédagogique, organise la formation théorique et pratique dans le respect des règles propres à la préparation des diplômes en travail social. Il assure l'animation et l'encadrement de l'équipe pédagogique et est responsable de la mise en œuvre du projet pédagogique. Il initie et développe des actions de partenariat avec les organismes propres à accueillir les étudiants dans leurs parcours de formation. »

En cas de convention de coopération mentionnée *(Décr. nº 2017-537 du 13 avr. 2017, art. 1er-3º)* **« au I de l'article R. 451-2 », les conditions doivent être remplies par le responsable de la formation de l'établissement porteur du projet pédagogique. Lorsque la formation est organisée dans le cadre d'une convention de coopération entre une**

université ou un établissement public d'enseignement et un établissement de formation aux professions sociales, les conditions doivent être remplies par le responsable de la formation de l'un ou de l'autre des deux établissements. — *V. note ss. art.*

(Décr. nº 2017-537 du 13 avr. 2017, art. 1er-3º) **« III. — Sous réserve de la libre circulation des travailleurs garantie par l'article 45 du traité sur le fonctionnement de l'Union européenne, les formateurs doivent :**

« 1º Dans le domaine des techniques et des modes de l'intervention sociale, justifier de leur qualification dans le domaine ou la discipline enseignée et de trois années d'expérience professionnelle dans le domaine sanitaire, social ou médico-social ;

« 2º Dans les autres domaines, répondre soit à la condition de qualification, soit à la condition d'expérience mentionnée au 1º ci-dessus. »

(Décr. nº 2018-733 du 22 août 2018, art. 1er) **« Ils doivent également ne pas avoir fait l'objet d'une condamnation inscrite au bulletin nº 3 du casier judiciaire. »**

Pour les responsables de formation en exercice à la date de publication du Décr. nº 2017-537 du 13 avr. 2017, il peut être dérogé soit à l'une des conditions de diplôme, soit à l'une des conditions d'expérience professionnelle fixées au II de l'art. R. 451-3, dans sa rédaction issue du décret susvisé, sur décision du président du conseil régional, prise après avis du représentant de l'État dans la région (Décr. préc., art. 3-III).

Les personnes occupant l'une des fonctions mentionnées aux I et II dans un établissement de formation à la date de publication du Décr. nº 2018-733 du 22 août 2018 sont réputées satisfaire aux conditions prévues à ces mêmes I et II dans leur rédaction issue du Décr. préc. Elles peuvent également exercer des fonctions similaires dans un autre établissement de formation (Décr. préc., art. 2).

Art. R. 451-4 *(Décr. nº 2017-537 du 13 avr. 2017, art. 1er-4º)* **La cessation d'activité de l'établissement de formation est portée sans délai à la connaissance du président du conseil régional par la personne juridiquement responsable de l'établissement de formation. Le président du conseil régional informe le représentant de l'État dans la région qui procède à la radiation de l'établissement du fichier national des établissements sanitaires, médico-sociaux et sociaux.**

Il est également procédé à cette radiation lorsque l'agrément de l'établissement est arrivé à échéance.

Art. R. 451-5 *(Décr. nº 2017-537 du 13 avr. 2017, art. 1er-4º)* **I. —** *(Décr. nº 2018-733 du 22 août 2018)* **« Le président du conseil régional, le représentant de l'État dans la région et, pour les diplômes mentionnés aux articles D. 451-29, D. 451-41, D. 451-47, D. 451-52 et D. 451-57-1,** *(Décr. nº 2020-56 du 28 janv. 2020, art. 2-1º)* **« le recteur de région académique » assurent, dans le cadre de leurs compétences respectives, un contrôle de la formation. »**

Le représentant de l'État dans la région contrôle le respect des textes relatifs aux diplômes, la qualification du directeur et des formateurs de l'établissement et la qualité des enseignements délivrés. Il informe le président du conseil régional de tout manquement aux dispositions du III de l'article R. 451-2 et de l'article R. 451-3.

II. — L'établissement dispensant une formation préparant à un diplôme de travail social sans être titulaire d'un agrément fait l'objet d'une mise en demeure de cessation d'activité par le président du conseil régional, qui en informe le représentant de l'État dans la région.

III. — Le président du conseil régional procède, après mise en demeure et par décision motivée, au retrait de l'agrément de l'établissement lorsque les conditions fixées au III de l'article R. 451-2 et à l'article R. 451-3 ne sont plus remplies, ou lorsque les obligations et interdictions prévues aux articles L. 6352-1 et L. 6352-2 du code du travail ne sont plus respectées, ou dans tout autre cas constitutif d'une faute grave.

Cette décision vaut opposition à la poursuite de la mise en œuvre de la formation. Elle est notifiée à la personne juridiquement responsable de l'établissement de formation et au représentant de l'État dans la région. Elle est publiée au recueil des actes administratifs de la région.

Le représentant de l'État dans la région procède à la radiation de l'établissement de formation du fichier national des établissements sanitaires, médico-sociaux et sociaux.

IV. – En cas de retrait de l'agrément de l'établissement, les élèves en cours de formation sont redéployés par la région au sein des structures existantes.

En cas de non-renouvellement de l'agrément ou de cessation de l'activité de l'établissement, les élèves peuvent, sur décision du président du conseil régional, être redéployés au sein de structures existantes. Les élèves en cours de formation peuvent la poursuivre dans l'établissement de formation jusqu'à leur première présentation aux épreuves de certification.

SECTION 2 Bourses d'études

Art. D. 451-7 *(Décr. nº 2005-426 du 4 mai 2005, art. 1er)* Le barème des aides mentionnées à l'article L. 451-3 accordées sous forme de bourses d'études comporte, d'une part, au moins cinq échelons, numérotés de un à cinq, auxquels correspondent des plafonds de ressources minimaux et, d'autre part, une liste de points de charges minimaux de l'étudiant.

A chaque échelon correspond un taux minimum exprimé en euros.

Les points de charges se réfèrent notamment au handicap dont l'étudiant peut être atteint, à ses propres charges familiales ou à celles de sa famille, aux mesures de protection particulière dont il peut bénéficier ainsi qu'à la distance qui sépare son domicile de l'établissement de formation.

Les ressources à prendre en compte pour l'appréciation des plafonds de ressources sont les revenus imposables à l'impôt sur le revenu des personnes physiques indiqués sur le dernier avis d'imposition disponible de l'étudiant *(Décr. nº 2008-854 du 27 août 2008, art. 1er)* « s'il est indépendant financièrement, c'est-à-dire lorsqu'il dispose d'une déclaration fiscale distincte de celle de ses parents et satisfait à des conditions d'indépendance de logement et de revenu définies à l'annexe 4-1 du présent code, » ou de sa famille s'il lui est rattaché fiscalement.

Les taux minimaux des échelons un à cinq, les plafonds minimaux de ressources et la liste des points de charge minimaux de l'étudiant sont définis à l'annexe 4-1. *(Abrogé par Décr. nº 2008-854 du 27 août 2008) « Ils font l'objet d'un réexamen annuel. »*

Ces dispositions s'appliquent aux étudiants entrés en formation à compter du 1er janv. 2005.

SECTION 3 Formations et diplômes du travail social *(Décr. nº 2018-734 du 22 août 2018, art. 1er).*

Les sous-sections 1 et 2 deviennent respectivement 2 et 3 (Décr. nº 2018-734 du 22 août 2018, art. 1er).

SOUS-SECTION 1 Dispositions communes à l'ensemble des formations du travail social

(Décr. nº 2018-734 du 22 août 2018, art. 1er)

Art. D. 451-8 Les diplômes de [du] travail social mentionnés au présent chapitre reposent sur l'acquisition d'un socle commun constitué d'un ensemble de connaissances et de compétences qu'il est indispensable de maîtriser pour exercer les métiers auxquels ces diplômes préparent.

Ce socle commun a pour finalités :

1° Une approche intégrée des situations des personnes accompagnées ;

2° L'acquisition d'une culture commune propre à favoriser la coopération et la complémentarité entre les travailleurs sociaux.

Les connaissances et les compétences du socle commun sont précisées, pour chaque niveau de formation, par un arrêté du ou des ministres chargés de la certification des diplômes d'État.

V. Arr. du 25 juin 2020 portant adaptation des épreuves de certification des diplômes du travail social pour la session 2020 en raison de la crise sanitaire née de l'épidémie de covid-19 (JO 27 juin, NOR : SSAA2014787A).

Art. D. 451-9 *(Décr. nº 2019-74 du 5 févr. 2019)* L'État peut confier, par voie de convention et après avis conforme du comptable public, à l'Agence de services et de paiement la

gestion des opérations administratives et logistiques nécessaires à la délivrance des certificats et diplômes du travail social ainsi que le paiement des dépenses afférentes à cette délivrance, au titre desquelles figure notamment la rémunération des jurys.

Cette convention précise les certificats et diplômes du travail social concernés et la nature des opérations et des dépenses confiées à l'Agence ainsi que le mode de traitement et de suivi des opérations. Elle prévoit les dispositions financières relatives au versement par l'État des crédits nécessaires à la bonne réalisation de ces opérations et au paiement des dépenses, au recouvrement et à la remise gracieuse des éventuels indus résultant des paiements, ainsi que la nature des pièces justificatives comptables et les modalités de leur transmission et de reddition annuelle des comptes.

SOUS-SECTION 2 **Formations supérieures et diplômes d'encadrement** *(Décr. n° 2018-734 du 22 août 2018, art. 1er).*

§ 1 Certificat d'aptitude aux fonctions de directeur d'établissement ou de service d'intervention sociale *(Décr. n° 2007-577 du 19 avr. 2007, art. 1er).*

Décret n° 2022-1190 du 27 août 2022,

Relatif au certificat d'aptitude aux fonctions de directeur d'établissement ou de service d'intervention sociale (JO 28 août).

Art. 2 I. — Le présent décret entre en vigueur le 1er septembre 2022 sous réserve des II et III suivants.

II. — A titre transitoire et dérogatoire, les candidats engagés, à la date d'entrée en vigueur du présent décret, dans une formation préparant au certificat d'aptitude aux fonctions de directeur d'établissement ou de service d'intervention sociale prévu à l'article D. 451-11 du code de l'action sociale et des familles dans sa rédaction antérieure à l'entrée en vigueur du présent décret, restent soumis jusqu'au 31 décembre 2023, au plus tard, aux modalités de certifications du diplôme préparé.

En cas de validation partielle, à la date du 31 décembre 2023, du certificat d'aptitude aux fonctions de directeur d'établissement ou de service d'intervention sociale, les candidats peuvent obtenir le certificat prévu à l'article D. 451-11 du code de l'action sociale et des familles dans sa rédaction issue du présent décret, selon des modalités définies par arrêté du ministre chargé des affaires sociales.

III. — A titre transitoire et dérogatoire, les candidats engagés, à la date d'entrée en vigueur du présent décret, dans un parcours de validation des acquis de l'expérience pour accéder au certificat d'aptitude aux fonctions de directeur d'établissement ou de service d'intervention sociale prévu à l'article D. 451-11 du code de l'action sociale et des familles dans sa rédaction antérieure à l'entrée en vigueur du présent décret, restent soumis, jusqu'au 31 mars 2024 au plus tard, aux modalités de certification du diplôme visé.

En cas de validation partielle, à la date du 31 mars 2024, du certificat d'aptitude aux fonctions de directeur d'établissement ou de service d'intervention sociale, les candidats peuvent obtenir le certificat prévu à l'article D. 451-11 du code de l'action sociale et des familles dans sa rédaction issue du présent décret, selon des modalités définies par arrêté du ministre chargé des affaires sociales.

IV. — Les candidats déclarés admis en formation à la date d'entrée en vigueur du présent décret gardent le bénéfice de l'admission pour une période de cinq ans à compter de la date de décision d'admission.

Art. D. 451-11 **Le certificat d'aptitude aux fonctions de directeur d'établissement ou de service d'intervention sociale atteste des compétences nécessaires pour** *(Décr. n° 2022-1190 du 27 août 2022, art. 1er-1°, en vigueur le 1er sept. 2022)* **« orienter, élaborer et » conduire l'action d'un ou plusieurs établissements ou services du champ de l'action sociale, médico-sociale ou sanitaire.**

V. Arr. du 27 août 2022 relatif au certificat d'aptitude aux fonctions aux fonctions [sic] de directeur d'établissement ou de service d'intervention sociale (JO 28 août, NOR : APHA2223225A).

Art. D. 451-12 *(Décr. n° 2022-1190 du 27 août 2022, art. 1er-2°, en vigueur le 1er sept. 2022)* **I. — Le certificat d'aptitude aux fonctions de directeur d'établissement ou de service d'intervention sociale est un diplôme classé au niveau 7 du cadre national des**

certifications professionnelles. Il est structuré en blocs de compétences précisés par arrêté du ministre chargé des affaires sociales.

II. — Il peut être obtenu, en tout ou partie :

1° Par la voie de la formation, initiale ou continue, ou par celle de l'apprentissage ;

2° Par la voie de la validation des acquis de l'expérience.

Par la voie de la formation, initiale ou continue, ou par celle de l'apprentissage, le candidat peut choisir de ne présenter que certaines épreuves constitutives du certificat d'aptitude aux fonctions de directeur d'établissement ou de service d'intervention social, en vue d'acquérir un ou plusieurs blocs de compétence mentionnés au I, selon des conditions précisées par arrêté du ministre chargé des affaires sociales.

Par la voie de la validation des acquis de l'expérience, le candidat peut choisir de ne demander en validation de ses acquis qu'un ou plusieurs blocs de compétences mentionnés au I, selon des conditions précisées par arrêté du ministre des affaires sociales.

III. — Le certificat d'aptitude aux fonctions de directeur d'établissement ou de service d'intervention sociale et les blocs de compétences qui le composent sont délivrés par le directeur de l'École des hautes études en santé publique au nom de l'État.

Ancien art. D. 451-12 (Décr. n° 2007-577 du 19 avr. 2007, art. 1er) *Le certificat d'aptitude aux fonctions de directeur d'établissement ou de service d'intervention sociale est structuré en domaines de compétences et peut être obtenu par la voie de la formation ou, en tout ou partie, par la validation des acquis de l'expérience.*

Il est délivré par le directeur de l'École des hautes études en santé publique au nom de l'État.

Art. D. 451-13 La formation préparant au certificat d'aptitude aux fonctions de directeur d'établissement ou de service d'intervention sociale comprend un enseignement théorique et une formation pratique *(Abrogé par Décr. n° 2022-1190 du 27 août 2022, art. 1er-3°, à compter du 1er sept. 2022)* « *dispensée au cours de stages* ».

Cette formation est dispensée par les établissements publics ou privés ayant satisfait *(Décr. n° 2022-1190 du 27 août 2022, art. 1er-3°, en vigueur le 1er sept. 2022)* « à l'obligation d'agrément mentionnée à l'article L. 451-1.

« La durée de la formation et son contenu » peuvent varier en fonction de l'expérience professionnelle et des diplômes *(Décr. n° 2022-1190 du 27 août 2022, art. 1er-3°, en vigueur le 1er sept. 2022)* « détenus » par les candidats.

(Abrogé par Décr. n° 2022-1190 du 27 août 2022, art. 1er-3°, à compter du 1er sept. 2022) « *Les candidats sont soumis à des épreuves d'admission, organisées par les établissements de formation selon les modalités figurant dans leur règlement d'admission.* »

Ancien art. D. 451-13 (Décr. n° 2007-577 du 19 avr. 2007, art. 1er) *La formation préparant au certificat d'aptitude aux fonctions de directeur d'établissement ou de service d'intervention sociale comprend un enseignement théorique et une formation pratique dispensée au cours de stages.*

Cette formation est dispensée par les établissements publics ou privés ayant satisfait à l'obligation de déclaration préalable mentionnée à l'article L. 451-1.

La durée et le contenu de leur formation peuvent varier en fonction de l'expérience professionnelle et des diplômes possédés par les candidats.

Les candidats sont soumis à des épreuves d'admission, organisées par les établissements de formation selon les modalités figurant dans leur règlement d'admission.

Art. D. 451-14 *(Abrogé par Décr. n° 2022-1190 du 27 août 2022, art. 1er-4°, à compter du 1er sept. 2022) (Décr. n° 2007-577 du 19 avr. 2007, art. 1er) Les épreuves du diplôme comprennent les épreuves organisées en cours de formation conformément au dossier de déclaration préalable défini à l'article R. 451-2 en détaillant les modalités et des épreuves organisées par l'École des hautes études en santé publique.*

Art. D. 451-14-1 *(Décr. n° 2022-1190 du 27 août 2022, art. 1er-5°, en vigueur le 1er sept. 2022)* Le directeur de l'École des hautes études en santé publique, ou son représentant, préside le jury du diplôme. Il nomme les membres de ce jury qui comprend, outre son président :

1° Des formateurs issus des établissements de formation préparant au certificat d'aptitude aux fonctions de directeur d'établissement ou de service d'intervention sociale ou des enseignants de l'École des hautes études en santé publique ;
2° Des représentants de l'État, de collectivités territoriales ou d'établissements publics, dans le champ social ou médico-social ;
3° Des représentants qualifiés du secteur professionnel.

Ancien art. D. 451-14-1 *Le directeur de l'École des hautes études en santé publique nomme le jury du diplôme, qui comprend :*
1° Le directeur de l'École des hautes études en santé publique ou son représentant, président ;
2° Des formateurs issus des établissements de formation, publics ou privés, préparant au certificat d'aptitude aux fonctions de directeur d'établissement ou de service d'intervention sociale ou des enseignants de l'École des hautes études en santé publique ;
3° Des représentants de l'État désignés par le directeur général de la cohésion sociale ou des représentants des collectivités territoriales ;
4° Des personnes qualifiées ;
5° Pour un quart au moins de ses membres, des représentants qualifiés du secteur professionnel pour moitié employeurs et pour moitié salariés.
Ce jury peut, en tant que de besoin, se subdiviser en groupes d'examinateurs.

Art. D. 451-14-2 Les titulaires du certificat d'aptitude aux fonctions de directeur d'établissement social délivré avant le 31 décembre 2005 par l'École nationale de la santé publique sont titulaires de droit du certificat d'aptitude aux fonctions de directeur d'établissement ou de service d'intervention sociale.

Art. D. 451-15 L'École des hautes études en santé publique apporte son concours au représentant de l'État, à la demande de celui-ci, dans l'exercice du contrôle prévu à l'article *(Décr. n° 2022-1190 du 27 août 2022, art. 1er-6°, en vigueur le 1er sept. 2022)* « R. 451-5 *[ancienne rédaction : R. 451-4-2]* » sur les établissements de formation préparant au certificat d'aptitude aux fonctions de directeur d'établissement ou de service d'intervention sociale.

Art. D. 451-15-1 L'École des hautes études en santé publique anime le réseau des établissements de formation préparant au certificat d'aptitude aux fonctions de directeur d'établissement ou de service d'intervention sociale selon des modalités définies par convention avec ces établissements.

Art. D. 451-15-2 Les établissements de formation préparant au certificat d'aptitude aux fonctions de directeur d'établissement ou de service d'intervention sociale s'engagent dans une démarche d'évaluation externe et d'amélioration de la qualité des formations qu'ils dispensent.

Art. D. 451-16 *(Décr. n° 2022-1190 du 27 août 2022, art. 1er-7°, en vigueur le 1er sept. 2022)* Un arrêté du ministre chargé des affaires sociales précise les compétences professionnelles mentionnées à l'article D. 451-11 et définit les référentiels de formation et de certification du certificat d'aptitude aux fonctions de directeur d'établissement ou de service d'intervention sociale. Il précise également les conditions d'accès à la formation, le contenu et l'organisation de cette formation, ainsi que les modalités de certification et de validation des acquis de l'expérience.

Ancien art. D. 451-16 (Décr. n° 2007-577 du 19 avr. 2007, art. 1er) *Un arrêté du ministre chargé des affaires sociales précise les compétences professionnelles mentionnées à l'article D. 451-11, les modalités d'accès à la formation, le contenu et l'organisation de cette formation ainsi que les modalités de certification et de validation des acquis de l'expérience du certificat d'aptitude aux fonctions de directeur d'établissement ou de service d'intervention sociale.*

§ 2 Diplôme d'état d'ingénierie sociale

(Décr. n° 2006-770 du 30 juin 2006)

Les candidats qui ont commencé une formation avant le 1er sept. 2006 restent soumis aux dispositions relatives aux modalités de formation et de délivrance du diplôme en vigueur avant la publication du présent décret (Décr. n° 2006-770 du 30 juin 2006, art. 2).

Art. D. 451-17 Le diplôme d'État d'ingénierie sociale atteste des compétences nécessaires pour exercer des fonctions d'expertise, de conseil, de conception, de développement et d'évaluation appliquées aux domaines des politiques sociales et de l'intervention sociale.

Il est structuré en domaines de compétences et peut être obtenu par la voie de la formation ou, en tout ou partie, par la validation des acquis de l'expérience.

Il est délivré conjointement par le préfet de région et le recteur *(Décr. n° 2019-1558 du 30 déc. 2019, art. 10-1°, en vigueur le 1er janv. 2020)* « de région académique ».

Jusqu'au 7 nov. 2017, la procédure de validation des acquis de l'expérience pour la délivrance des diplômes d'État d'ingénierie sociale est exclue du champ d'application du droit des usagers de saisir l'administration par voie électronique (Décr. n° 2015-1421 du 5 nov. 2015).

Art. D. 451-18 La formation préparant au diplôme d'État d'ingénierie sociale comprend un enseignement théorique et une formation pratique.

Les candidats à cette formation doivent justifier de la possession d'un diplôme ou titre et, le cas échéant, compte tenu de leur diplôme ou titre, d'une expérience professionnelle dont la durée dépend du diplôme possédé. Ils sont soumis à une procédure d'admission organisée par les établissements de formation dont les modalités figurent dans leur règlement d'admission.

La durée et le contenu de la formation peuvent varier en fonction de l'expérience professionnelle et des diplômes possédés par les candidats.

La formation préparant au diplôme d'État d'ingénierie sociale est dispensée par les établissements publics ou privés ayant satisfait à l'obligation *(Décr. n° 2018-734 du 22 août 2018, art. 1er)* « d'agrément » mentionnée à l'article L. 451-1. La formation est organisée dans le cadre d'une convention de coopération entre une université ou un établissement d'enseignement supérieur et un établissement de formation préparant aux diplômes de travail social.

Art. D. 451-18-1 Les épreuves du diplôme comprennent des épreuves organisées en cours de formation conformément au dossier *(Décr. n° 2018-734 du 22 août 2018, art. 1er)* « mentionné au II de » l'article R. 451-2 en détaillant les modalités et la soutenance d'un mémoire devant le jury prévu à l'article D. 451-19.

Art. D. 451-19 Le préfet de région nomme le jury du diplôme qui comprend :

1° Le *(Décr. n° 2009-1540 du 10 déc. 2009, art. 10-II-3°)* « directeur régional de la jeunesse, des sports et de la cohésion sociale » ou son représentant et le recteur *(Décr. n° 2019-1558 du 30 déc. 2019, art. 10-1°, en vigueur le 1er janv. 2020)* « de région académique » ou son représentant. L'un d'entre eux assure la présidence du jury ; — *A compter du 1er avr. 2021, la référence au « directeur régional de la jeunesse, des sports et de la cohésion sociale » est remplacée par la référence au « directeur régional de l'économie, de l'emploi, du travail et des solidarités » (Décr. n° 2020-1545 du 9 déc. 2020, art. 28-X).*

2° Des enseignants des universités ou établissements d'enseignement supérieur, des formateurs des établissements de formation préparant aux diplômes de travail social ;

3° Des représentants de services déconcentrés de l'État, des collectivités publiques, des personnes qualifiées dans le domaine des politiques sociales ;

4° Pour un quart au moins de ses membres des représentants qualifiés du secteur professionnel, pour moitié employeurs, pour moitié salariés.

Ce jury peut, en tant que de besoin, se subdiviser en groupes d'examinateurs.

Art. D. 451-19-1 Un arrêté conjoint du ministre chargé des affaires sociales et du ministre chargé de l'enseignement supérieur précise les compétences professionnelles mentionnées à l'article D. 451-18, les modalités d'accès à la formation, le contenu de la formation, les modalités de certification du diplôme d'État d'ingénierie sociale ainsi que les modalités de coopération entre établissements de formation. — *V. Arr. du 2 août 2006 (JO 25 août), App., v° Professions – Personnels.*

§ 3 Certificat d'aptitude aux fonctions d'encadrement et de responsable d'unité d'intervention sociale

(Décr. n° 2022-1208 du 31 août 2022, en vigueur le 1er sept. 2022)

> **Décret n° 2022-1208 du 31 août 2022,**
> *Relatif au certificat d'aptitude aux fonctions d'encadrement et de responsable d'unité d'intervention sociale (JO 1er sept.).*
>
> **Art. 2** I. — Le présent décret entre en vigueur le 1er septembre 2022 sous réserve des II et III suivants.
>
> II. — A titre transitoire et dérogatoire, les candidats engagés, à la date d'entrée en vigueur du présent décret, dans une formation préparant au certificat d'aptitude aux fonctions d'encadrement et de responsable d'unité d'intervention sociale relevant du paragraphe 3 de la sous-section 2 de la section 3 du chapitre unique du titre V du livre IV du code de l'action sociale et des familles (partie réglementaire) dans sa rédaction antérieure à l'entrée en vigueur du présent décret, demeurent soumis jusqu'au 31 décembre 2024, au plus tard, aux modalités de certification du diplôme préparé.
>
> En cas de validation partielle, à la date du 31 décembre 2024, du certificat d'aptitude aux fonctions d'encadrement et de responsable d'unité d'intervention sociale, les candidats peuvent obtenir le certificat prévu à l'article D. 451-20 dans sa rédaction issue du présent décret, selon des modalités définies par arrêté du ministre chargé des affaires sociales.
>
> III. — A titre transitoire et dérogatoire, les candidats engagés, à la date d'entrée en vigueur du présent décret, dans un parcours de validation des acquis de l'expérience pour accéder au certificat d'aptitude aux fonctions d'encadrement et de responsable d'unité d'intervention sociale relevant du paragraphe 3 de la sous-section 2 de la section 3 du chapitre unique du titre V du livre IV du code de l'action sociale et des familles (partie réglementaire) dans sa rédaction antérieure à l'entrée en vigueur du présent décret, restent soumis jusqu'au 31 décembre 2023, au plus tard, aux modalités de certification du diplôme visé.
>
> En cas de validation partielle, à la date du 31 décembre 2023, du certificat d'aptitude aux fonctions d'encadrement et de responsable d'unité d'intervention sociale, les candidats peuvent obtenir le certificat prévu à l'article D. 451-20 dans sa rédaction issue du présent décret, selon des modalités définies par arrêté du ministre chargé des affaires sociales.
>
> IV. — Les candidats déclarés admis en formation à la date d'entrée en vigueur du présent décret gardent le bénéfice de l'admission pour cinq ans à compter de la date de décision d'admission.

Art. D. 451-20 **Le certificat d'aptitude aux fonctions d'encadrement et de responsable d'unité d'intervention sociale atteste des compétences nécessaires pour animer une ou plusieurs unités de travail dans le champ de l'intervention sociale et conduire son action dans le cadre du projet et des missions de l'employeur.**

V. Arr. du 31 août 2022 relatif au certificat d'aptitude aux fonctions d'encadrement et de responsable d'unité d'intervention sociale (JO 1er sept., NOR : APHA2222451A).

Art. D. 451-21 **I. — Le certificat d'aptitude aux fonctions d'encadrement et de responsable d'unité d'intervention sociale est un diplôme classé au niveau 6 du cadre national des certifications professionnelles. Il est structuré en blocs de compétences précisés par arrêté du ministre chargé des affaires sociales.**

II. — Il peut être obtenu, en tout ou partie :

1° Par la voie de la formation, initiale ou continue, ou par celle de l'apprentissage ;

2° Par la voie de la validation des acquis de l'expérience.

Par la voie de la formation, initiale ou continue, ou par celle de l'apprentissage, le candidat peut choisir de ne présenter que certaines épreuves constitutives du certificat d'aptitude aux fonctions d'encadrement et de responsable d'unité d'intervention sociale, en vue d'acquérir un ou plusieurs blocs de compétences mentionnés au I, selon des conditions précisées par arrêté du ministre chargé des affaires sociales.

Par la voie de la validation des acquis de l'expérience, le candidat peut choisir de ne demander en validation de ses acquis qu'un ou plusieurs blocs de compétences

mentionnés au I, selon des conditions précisées par arrêté du ministre chargé des affaires sociales.

III. – Le certificat d'aptitude aux fonctions d'encadrement et de responsable d'unité d'intervention sociale et les blocs de compétences qui le composent sont délivrés par le préfet de région.

Art. D. 451-22 La formation préparant au certificat d'aptitude aux fonctions d'encadrement et de responsable d'unité d'intervention sociale comprend un enseignement théorique et une formation pratique.

Cette formation est dispensée par les établissements publics ou privés ayant satisfait à l'obligation d'agrément mentionnée à l'article L. 451-1.

La durée de la formation et son contenu peuvent varier en fonction de l'expérience professionnelle et des diplômes détenus par les candidats.

Art. D. 451-23 Le préfet de région, ou son représentant, préside le jury du diplôme. Il nomme les membres de ce jury qui comprend, outre son président :

1° Des formateurs issus des établissements de formation préparant au certificat d'aptitude aux fonctions d'encadrement et de responsable d'unité d'intervention sociale ;

2° Des représentants de l'État, de collectivités territoriales ou d'établissements publics, dans le champ social ou médico-social ;

3° Des représentants qualifiés du secteur professionnel.

Art. D. 451-24 Un arrêté du ministre chargé des affaires sociales précise les compétences professionnelles mentionnées à l'article D. 451-20 et définit les référentiels de formation et de certification du certificat d'aptitude aux fonctions d'encadrement et de responsable d'unité d'intervention sociale. Il précise également les conditions d'accès à la formation, le contenu et l'organisation de cette formation, ainsi que les modalités de certification et de validation des acquis de l'expérience.

§ 3 *[ANCIEN]* Certificat d'aptitude aux fonctions d'encadrement et de responsable d'unité d'intervention sociale

Ancien art. R. 451-20 *Le certificat d'aptitude aux fonctions d'encadrement et de responsable d'unité d'intervention sociale atteste des compétences nécessaires pour animer une unité de travail dans le champ de l'intervention sociale et conduire son action dans le cadre du projet et des missions de l'employeur.* – [Décr. n° 2004-289 du 25 mars 2004, art. 1er.]

Ancien art. R. 451-21 *Les candidats à la formation préparant au certificat d'aptitude aux fonctions d'encadrement et de responsable d'unité d'intervention sociale doivent justifier de la possession d'un diplôme et, le cas échéant, compte tenu de leur diplôme, d'une expérience professionnelle dont la durée dépend du diplôme possédé.*

Ils font l'objet d'une sélection organisée par les établissements de formation conformément aux dispositions d'un règlement élaboré par l'établissement et (Décr. n° 2005-198 du 22 févr. 2005, art. 2-I) *« transmis au » préfet de région dans le cadre de* (Décr. n° 2005-198 du 22 févr. 2005, art. 2-I) *« la déclaration préalable prévue à l'article L. 451-1. »* – [Décr. n° 2004-289 du 25 mars 2004, art. 2.]

Ancien art. R. 451-22 *La formation comprend un enseignement théorique dispensé sous forme d'unités de formation et une formation pratique dispensée au cours d'un stage.*

Sa durée et son contenu peuvent varier en fonction de l'expérience professionnelle et du diplôme des candidats. – [Décr. n° 2004-289 du 25 mars 2004, art. 3.]

Ancien art. R. 451-23 *Les épreuves pour l'obtention du certificat d'aptitude comprennent d'une part des épreuves organisées en cours de formation par les établissements de formation, d'autre part la soutenance d'un mémoire devant le jury prévu à l'article R. 451-24.*

Le préfet de région agrée le règlement des épreuves de certification organisées par les établissements de formation dans le cadre de (Décr. n° 2005-198 du 22 févr. 2005, art. 2-II) *« la déclaration préalable prévue à l'article L. 451-1. »* – [Décr. n° 2004-289 du 25 mars 2004, art. 4.]

Ancien art. R. 451-24 *Le préfet de région nomme le jury du diplôme qui comprend :*

1° le (Décr. n° 2009-1540 du 10 déc. 2009, art. 10-II-3°) *« directeur régional de la jeunesse, des sports et de la cohésion sociale », ou son représentant, président ;*

2° des formateurs ou des enseignants ;

3° des personnalités qualifiées dans le domaine social ou médico-social ou dans le domaine de la gestion ;

4° pour un quart au moins de ses membres, des représentants des professionnels de l'action sociale ou médico-sociale. — [Décr. n° 2004-289 du 25 mars 2004, art. 7.]

Ancien art. R. 451-25 *La durée totale cumulée d'activité exigée des candidats désirant obtenir le certificat par la validation des acquis de l'expérience est de trois ans en équivalent temps plein.*

La période d'activité la plus récente doit avoir été exercée dans les dix ans précédant le dépôt de la demande.

Le préfet de région décide de la recevabilité des demandes de validation des acquis de l'expérience. — [Décr. n° 2004-289 du 25 mars 2004, art. 5 et 6.]

Ancien art. R. 451-26 *Le jury décide de la validation prévue aux articles R. 335-9 et R. 335-10 du code de l'éducation.*

Il arrête la liste des candidats admis au certificat d'aptitude aux fonctions d'encadrement et de responsable d'unité d'intervention sociale. — [Décr. n° 2004-289 du 25 mars 2004, art. 8.]

Ancien art. R. 451-27 *Le certificat d'aptitude aux fonctions d'encadrement et de responsable d'unité d'intervention sociale est délivré par le préfet de région.* — [Décr. n° 2004-289 du 25 mars 2004, art. 9.]

Ancien art. R. 451-28 *Un arrêté du ministre chargé des affaires sociales détermine les conditions d'application du présent paragraphe.* — [Décr. n° 2004-289 du 25 mars 2004, art. 11.]

SOUS-SECTION 3 Formations et diplômes professionnels du travail social de premier cycle conférant le grade de licence *(Décr. n° 2018-734 du 22 août 2018, art. 1er)*.

Les § 1 à 5 deviennent les § 2 à 6 (Décr. n° 2018-734 du 22 août 2018, art. 1er).

§ 1 Dispositions communes

(Décr. n° 2018-734 du 22 août 2018, art. 1er)

Art. D. 451-28-1 *(Décr. n° 2018-734 du 22 août 2018, art. 1er)* **Les diplômes du travail social conférant le grade de licence mentionnés au 16° de l'article D. 612-32-2 du code de l'éducation sont préparés :**

1° Par la voie de la formation initiale ;

2° Par la voie de l'apprentissage définie au livre II de la sixième partie du code du travail ;

3° Par la voie de la formation professionnelle continue définie au livre III de la sixième partie du code du travail.

Ces diplômes peuvent également être acquis, en tout ou partie, par la voie de la validation des acquis de l'expérience.

La formation fait appel aux technologies de l'information et de la communication appliquées à l'enseignement. Elle est dispensée sur site ou en partie à distance.

Des enseignants-chercheurs et des professionnels associés interviennent dans la formation.

Les modalités pédagogiques de la formation sont adaptées pour l'accueil de tous les publics en formation, notamment par des actions d'accompagnement et de soutien.

Art. D. 451-28-2 *(Décr. n° 2018-734 du 22 août 2018, art. 1er)* **La formation aux diplômes du travail social mentionnés au 16° de l'article D. 612-32-2 du code de l'éducation est dispensée par les établissements publics ou privés ayant reçu l'agrément mentionné à l'article L. 451-1.**

Chaque établissement qui prépare à l'un des diplômes d'État mentionné au premier alinéa ne disposant pas de la qualité d'établissement public à caractère scientifique,

culturel et professionnel conclut une convention avec un établissement public à caractère scientifique, culturel et professionnel.

Art. R. 451-28-3 *(Décr. nº 2020-56 du 28 janv. 2020, art. 2-2º)* **Dans les conditions prévues au I de l'article R. 451-5, les formations conduisant aux diplômes du travail social de premier cycle conférant le grade de licence font l'objet d'une autorisation d'ouverture par le recteur de région académique.**

Cette autorisation est accordée ou renouvelée pour une durée maximale de six ans.

La procédure de présentation et la description du dossier de demande d'ouverture sont établies par les ministres chargés de l'enseignement supérieur et des affaires sociales.

Art. D. 451-28-4 *(Décr. nº 2018-734 du 22 août 2018, art. 1er)* **Les établissements mettent en œuvre une démarche d'amélioration continue de la qualité des formations qui repose sur un dispositif de suivi de cohorte et d'insertion des étudiants diplômés, sur une évaluation de la qualité des formations par les étudiants et sur la mise en place d'un conseil de perfectionnement.**

Le dispositif de suivi de cohorte et d'insertion des étudiants diplômés intègre les taux d'insertion professionnelle directe et de poursuite d'études des étudiants.

Les évaluations de la formation par les étudiants et les données issues du dispositif de suivi de cohorte et d'insertion des étudiants diplômés font l'objet d'une présentation annuelle au conseil de perfectionnement.

Le conseil de perfectionnement comprend notamment des représentants des enseignants et des formateurs, des professionnels et des étudiants. Il analyse la qualité des formations et leur cohérence avec les perspectives d'insertion professionnelle des étudiants diplômés. Ces analyses sont transmises au recteur *(Décr. nº 2019-1558 du 30 déc. 2019, art. 10-2º, en vigueur le 1er janv. 2020)* **« de région académique » et au préfet de région.**

Un établissement peut organiser un seul conseil de perfectionnement pour l'ensemble des formations mentionnées à la présente sous-section. Dans ce cas, ce conseil comprend des représentants des enseignants, des formateurs et des étudiants de chaque formation.

Art. D. 451-28-5 *(Décr. nº 2018-734 du 22 août 2018, art. 1er)* **L'admission dans la formation est prononcée par le chef ou le directeur d'établissement après avis de la commission d'admission.**

Cette commission prend en compte les éléments figurant dans le dossier de candidature complété par un entretien destiné à apprécier l'aptitude et la motivation du candidat à l'exercice de la profession.

Elle comprend, outre le chef ou le directeur d'établissement, le responsable de la formation et des enseignants ou des formateurs de l'établissement. Ses membres sont désignés annuellement par le chef ou le directeur d'établissement.

V. Décr. nº 2020-626 du 25 mai 2020 relatif aux modalités d'admission dans les formations à certains diplômes du travail social pendant la crise sanitaire née de l'épidémie de covid-19 (JO 26 mai, NOR : SSAA2011028D).

V. égal. Arr. du 25 mai 2020 relatif aux modalités d'admission dans les formations conduisant à certains diplômes du travail social pendant la crise sanitaire née de l'épidémie de covid-19 (JO 26 mai, NOR : SSAA2010805A).

Art. D. 451-28-6 *(Décr. nº 2018-734 du 22 août 2018, art. 1er)* **Une commission pédagogique de la formation est placée auprès du chef ou du directeur d'établissement.**

Elle se prononce sur l'organisation de la formation, les modalités d'évaluation des étudiants, la validation des unités d'enseignement et des périodes de formation pratique. Les décisions relatives au passage des étudiants dans l'année supérieure, les redoublements, et les allègements de formation lui sont également soumis pour avis.

Ses membres sont désignés par le chef ou le directeur d'établissement. Elle comprend, outre le chef ou le directeur d'établissement :

1º Un enseignant-chercheur qui en assure la présidence ;

2º Le préfet de région ou son représentant ;

3° Le recteur *(Décr. n° 2019-1558 du 30 déc. 2019, art. 10-2°, en vigueur le 1er janv. 2020)* « de région académique » ou son représentant ;

4° Deux enseignants ou formateurs intervenant dans la formation ;

5° Un étudiant suivant la formation ;

6° Deux représentants du secteur professionnel.

Art. D. 451-28-7 *(Décr. n° 2018-734 du 22 août 2018, art. 1er)* Les diplômes du travail social conférant le grade de licence sont inscrits au niveau II de la nomenclature interministérielle des niveaux de formation.

Ils sont structurés en domaines de compétences et peuvent être obtenus, en tout ou partie, à l'issue d'une formation, y compris par alternance, ou par la validation des acquis de l'expérience.

La durée de la formation et son contenu peuvent varier en fonction de l'expérience professionnelle et des diplômes détenus par les candidats.

Art. D. 451-28-8 *(Décr. n° 2018-734 du 22 août 2018, art. 1er)* Le jury de chacun de ces diplômes comprend :

1° Un enseignant-chercheur, président du jury ;

2° Le préfet de région ou son représentant, vice-président du jury ;

3° Le recteur *(Décr. n° 2019-1558 du 30 déc. 2019, art. 10-3°, en vigueur le 1er janv. 2020)* « de région académique » ou son représentant, vice-président du jury ;

4° Des formateurs ou des enseignants d'établissements de formation préparant au diplôme d'État correspondant ;

5° Pour un quart au moins de ses membres, des représentants qualifiés de la profession pour moitié employeurs et pour moitié salariés.

Lorsque le jury est nommé par le préfet de région, son président est désigné après avis *(Décr. n° 2019-1558 du 30 déc. 2019, art. 10-3°, en vigueur le 1er janv. 2020)* « du recteur de région académique ».

Les candidats présentant un handicap peuvent bénéficier d'aménagement des conditions d'examen selon les modalités prévues à l'article D. 613-27 du code de l'éducation.

Art. D. 451-28-9 *(Décr. n° 2018-734 du 22 août 2018, art. 1er)* Un arrêté conjoint des ministres chargés des affaires sociales et de l'enseignement supérieur définit, pour chacun de ces diplômes, les référentiels d'activités professionnelles, de formation et de certification. Il précise également les conditions d'accès à la formation, les modalités d'organisation de l'admission dans la formation, ainsi que les modalités de délivrance des diplômes.

Art. D. 451-28-10 *(Décr. n° 2018-734 du 22 août 2018, art. 1er)* Pour pouvoir obtenir l'un des diplômes du travail social conférant le grade de licence par validation des acquis de l'expérience, les candidats doivent justifier des compétences professionnelles acquises dans l'exercice d'une activité salariée, non salariée ou bénévole, en rapport direct avec le contenu du diplôme.

La durée totale d'activité cumulée exigée est d'un an en équivalent temps plein.

§ 2 Diplôme d'État d'assistant de service social *(Décr. n° 2018-734 du 22 août 2018, art. 1er)*.

Art. D. 451-29 *(Décr. n° 2005-1135 du 7 sept. 2005, art. 4-II)* Le diplôme d'État d'assistant de service social mentionné au premier alinéa de l'article L. 411-1 atteste des compétences requises pour mener des interventions sociales, individuelles ou collectives, en vue d'améliorer par une approche globale et d'accompagnement social les conditions de vie des personnes et des familles.

(Décr. n° 2018-734 du 22 août 2018, art. 1er) « La formation est organisée en six semestres.

« Le jury du diplôme est nommé par le préfet de région.

« Le diplôme est délivré conjointement par le préfet de région et par le recteur *(Décr. n° 2019-1558 du 30 déc. 2019, art. 10-2°, en vigueur le 1er janv. 2020)* « de région

académique ». Il sanctionne un niveau correspondant à l'obtention de 180 crédits européens au-delà du baccalauréat. »

Les formations préparant aux diplômes de travail social visés aux art. D. 451-29, D. 451-41, D. 451-47 et D. 451-52 engagées avant le 1er sept. 2018, ainsi que les modalités de délivrance des diplômes correspondants, restent soumises aux dispositions des art. D. 451-29 à D. 451-56 CASF en vigueur avant la publication du Décr. n° 2018-734 du 22 août 2018 (Décr. préc., art. 3-I).

Art. D. 451-29-1 *(Décr. n° 2018-734 du 22 août 2018, art. 1er)* **Le préfet de région décide de la recevabilité des demandes de validation des acquis de l'expérience.**

Art. D. 451-30 et D. 451-31 *Abrogés par Décr. n° 2018-734 du 22 août 2018, art. 1er.*

Art. R. 451-32 à R. 451-36 *Abrogés par Décr. n° 2018-733 du 22 août 2018, art. 1er.*

Art. R. 451-37 *Devient l'art. R. 411-3 (Décr. n° 2009-55 du 15 janv. 2009, art. 1er-I).*

Art. D. 451-38 à D. 451-40 *Deviennent les art. R. 411-4 à R. 411-6 (Décr. n° 2009-55 du 15 janv. 2009, art. 1er-I) .*

§ 3 Diplôme d'État d'éducateur spécialisé *(Décr. n° 2018-734 du 22 août 2018, art. 1er).*

(Décr. n° 2007-899 du 15 mai 2007, art. 1er)

Art. D. 451-41 Le diplôme d'État d'éducateur spécialisé atteste des compétences nécessaires pour accompagner, dans une démarche éducative et sociale globale, des personnes, des groupes ou des familles en difficulté dans le développement de leurs capacités de socialisation, d'autonomie, d'intégration ou d'insertion.

(Décr. n° 2018-734 du 22 août 2018, art. 1er) **« La formation est organisée en six semestres.**

« Le jury du diplôme est nommé par le recteur *(Décr. n° 2019-1558 du 30 déc. 2019, art. 10-2°, en vigueur le 1er janv. 2020)* **« de région académique ».**

« Le diplôme est délivré par le recteur *(Décr. n° 2019-1558 du 30 déc. 2019, art. 10-2°, en vigueur le 1er janv. 2020)* **« de région académique ». Il sanctionne un niveau correspondant à l'obtention de 180 crédits européens au-delà du baccalauréat. »**

Les formations préparant au diplôme d'État d'éducateur spécialisé engagées avant le 1er sept. 2007 ainsi que les modalités de délivrance des diplômes correspondants restent soumises aux dispositions des art. D. 451-41 à D. 451-46 en vigueur avant la publication du présent décret (Décr. n° 2007-899 du 15 mai 2007, art. 2).

Jusqu'au 7 nov. 2017, la procédure de validation des acquis de l'expérience pour la délivrance des diplômes d'État d'éducateur spécialisé est exclue du champ d'application du droit des usagers de saisir l'administration par voie électronique (Décr. n° 2015-1421 du 5 nov. 2015).

Les formations préparant aux diplômes de travail social visés aux art. D. 451-29, D. 451-41, D. 451-47 et D. 451-52 engagées avant le 1er sept. 2018, ainsi que les modalités de délivrance des diplômes correspondants, restent soumises aux dispositions des art. D. 451-29 à D. 451-56 CASF en vigueur avant la publication du Décr. n° 2018-734 du 22 août 2018 (Décr. préc., art. 3-I).

Art. D. 451-41-1 *(Décr. n° 2018-734 du 22 août 2018, art. 1er)* **Le recteur** *(Décr. n° 2019-1558 du 30 déc. 2019, art. 10-2°, en vigueur le 1er janv. 2020)* **« de région académique » décide de la recevabilité des demandes de validation des acquis de l'expérience.**

Art. D. 451-42 à D. 451-45 *Abrogés par Décr. n° 2018-734 du 22 août 2018, art. 1er.*

§ 4 Diplôme d'État d'éducateur de jeunes enfants *(Décr. n° 2018-734 du 22 août 2018, art. 1er).*

Les formations engagées avant le 1er janv. 2006, ainsi que les modalités de délivrance des diplômes correspondants, restent soumises aux dispositions en vigueur avant la publication du Décr. n° 2005-1375 du 3 nov. 2005 (Décr. préc., art. 2).

Art. D. 451-47 *(Décr. n° 2005-1375 du 3 nov. 2005)* **Le diplôme d'État d'éducateur de jeunes enfants atteste des compétences nécessaires pour accompagner des jeunes enfants, dans une démarche éducative et sociale globale, en lien avec leur famille.**

(Décr. nº 2018-734 du 22 août 2018, art. 1er) **« La formation est organisée en six semestres.**

« Le jury du diplôme est nommé par le préfet de région.

« Le diplôme est délivré conjointement par le préfet de région et le recteur *(Décr. nº 2019-1558 du 30 déc. 2019, art. 10-2º, en vigueur le 1er janv. 2020)* **« de région académique ». Il sanctionne un niveau correspondant à l'obtention de 180 crédits européens au-delà du baccalauréat. »**

Jusqu'au 7 nov. 2017, la procédure de validation des acquis de l'expérience pour la délivrance des diplômes d'État d'éducateur de jeunes enfants est exclue du champ d'application du droit des usagers de saisir l'administration par voie électronique (Décr. nº 2015-1421 du 5 nov. 2015).

Les formations préparant aux diplômes de travail social visés aux art. D. 451-29, D. 451-41, D. 451-47 et D. 451-52 engagées avant le 1er sept. 2018, ainsi que les modalités de délivrance des diplômes correspondants, restent soumises aux dispositions des art. D. 451-29 à D. 451-56 CASF en vigueur avant la publication du Décr. nº 2018-734 du 22 août 2018 (Décr. préc., art. 3-I).

Art. D. 451-47-1 *(Décr. nº 2018-734 du 22 août 2018, art. 1er)* **Le préfet de région décide de la recevabilité des demandes de validation des acquis de l'expérience.**

Art. D. 451-48 à D. 451-51 *Abrogés par Décr. nº 2018-734 du 22 août 2018, art. 1er.*

§ 5 Diplôme d'État aux fonctions d'éducateur technique spécialisé *(Décr. nº 2018-734 du 22 août 2018, art. 1er).*

Les formations engagées avant le 3 nov. 2005 ainsi que les modalités de délivrance des diplômes correspondants restent soumises aux dispositions prévues antérieurement (Décr. nº 2005-1376 du 3 nov. 2005, art. 2).

Art. D. 451-52 *(Décr. nº 2005-1376 du 3 nov. 2005)* **Le diplôme d'État d'éducateur technique spécialisé atteste des capacités professionnelles pour intervenir en matière d'intégration sociale et d'insertion professionnelle auprès des personnes présentant un handicap ou des difficultés d'ordre social ou économique.**

Les titulaires de ce diplôme assurent une prise en charge éducative de ces personnes par l'encadrement d'activités techniques.

(Décr. nº 2018-734 du 22 août 2018, art. 1er) **« La formation est organisée en six semestres.**

« Le jury du diplôme est nommé par le recteur *(Décr. nº 2019-1558 du 30 déc. 2019, art. 10-2º, en vigueur le 1er janv. 2020)* **« de région académique ».**

« Le diplôme est délivré par le recteur *(Décr. nº 2019-1558 du 30 déc. 2019, art. 10-2º, en vigueur le 1er janv. 2020)* **« de région académique ». Il sanctionne un niveau correspondant à l'obtention de 180 crédits européens au-delà du baccalauréat. »**

Les formations préparant aux diplômes de travail social visés aux art. D. 451-29, D. 451-41, D. 451-47 et D. 451-52 engagées avant le 1er sept. 2018, ainsi que les modalités de délivrance des diplômes correspondants, restent soumises aux dispositions des art. D. 451-29 à D. 451-56 CASF en vigueur avant la publication du Décr. nº 2018-734 du 22 août 2018 (Décr. préc., art. 3-I).

Art. D. 451-52-1 *(Décr. nº 2018-734 du 22 août 2018, art. 1er)* **Le recteur** *(Décr. nº 2019-1558 du 30 déc. 2019, art. 10-2º, en vigueur le 1er janv. 2020)* **« de région académique » décide de la recevabilité des demandes de validation des acquis de l'expérience.**

Art. D. 451-53 à D. 451-56 *Abrogés par Décr. nº 2018-734 du 22 août 2018, art. 1er.*

§ 6 Diplôme d'État de conseiller en économie sociale familiale *(Décr. nº 2018-734 du 22 août 2018, art. 1er).*

Art. D. 451-57-1 *(Décr. nº 2009-1084 du 1er sept. 2009)* **Le diplôme d'État de conseiller en économie sociale familiale atteste des compétences nécessaires pour accompagner, dans une démarche éducative et sociale globale, des personnes, des groupes ou des familles dans les domaines de la vie quotidienne.**

(Décr. nº 2018-734 du 22 août 2018, art. 1er) **« La formation est organisée en deux semestres.**

« Le jury du diplôme est académique. Il est nommé par le recteur *(Décr. nº 2019-1558 du 30 déc. 2019, art. 10-4º, en vigueur le 1er janv. 2020)* **« de région académique ».**

« Le diplôme est délivré par le recteur *(Décr. nº 2019-1558 du 30 déc. 2019, art. 10-4º, en vigueur le 1er janv. 2020)* **« de région académique ». Il sanctionne une formation correspondant à l'obtention de 60 crédits européens et l'atteinte d'un niveau de 180 crédits européens au-delà du baccalauréat. »**

Les formations préparant au diplôme de travail social visé à l'art. D. 451-57-1 engagées avant le 1er sept. 2020, ainsi que les modalités de délivrance du diplôme correspondant, restent soumises aux dispositions des art. D. 451-57-1 à D. 451-57-5 CASF en vigueur avant la publication du Décr. nº 2018-734 du 22 août 2018 (Décr. préc., art. 3-II).

Art. D. 451-57-2 *(Décr. nº 2018-734 du 22 août 2018, art. 1er)* **Le recteur** *(Décr. nº 2019-1558 du 30 déc. 2019, art. 10-2º, en vigueur le 1er janv. 2020)* **« de région académique » décide de la recevabilité des demandes de validation des acquis de l'expérience.**

Art. D. 451-57-3 à D. 451-57-5 *Abrogés par Décr. nº 2018-734 du 22 août 2018, art. 1er.*

SOUS-SECTION 4 **Autres formations et diplômes du travail social** *(Décr. nº 2018-734 du 22 août 2018, art. 1er).*

A la suite de la création de la sous-section 4, les § 7 à 10 et 12 deviennent les § 1 à 5 (Décr. nº 2018-734 du 22 août 2018, art. 1er).

§ 1 Diplôme d'État de médiateur familial *(Décr. nº 2018-734 du 22 août 2018, art. 1er).*

Art. R. 451-66 **Le diplôme d'État de médiateur familial atteste des compétences nécessaires pour intervenir auprès de personnes en situation de rupture ou de séparation afin de favoriser la reconstruction de leur lien familial et aider à la recherche de solutions répondant aux besoins de chacun des membres de la famille.** – *[Anc. art. D. 451-54.]*

V. Arr. du 19 mars 2012 relatif au diplôme d'État de médiateur familial (JO 29 mars, NOR : SCSA1123827A), mod. en dernier lieu par Arr. du 25 janv. 2019 (JO 3 févr., NOR : SSAA1901846A). – V. Arr. du 25 mai 2020 relatif aux modalités d'admission dans les formations conduisant à certains diplômes du travail social pendant la crise sanitaire née de l'épidémie de covid-19 (JO 26 mai, NOR : SSAA2010805A).

Art. R. 451-67 **Les candidats à la formation de médiateur familial doivent justifier, dans le domaine social, sanitaire ou juridique, d'un diplôme national ou d'une expérience professionnelle. Ils font l'objet d'une sélection organisée par les établissements de formation. Un arrêté du ministre chargé des affaires sociales détermine les conditions d'application du présent article.** – *[Anc. art. D. 451-55.]*

Art. R. 451-68 **La durée et le contenu de la formation sont fixés par l'arrêté prévu à l'article R. 451-67. Cette formation ne peut être dispensée sur une période supérieure à trois ans. Elle comprend un enseignement théorique et une formation pratique.** – *[Anc. art. D. 451-56.]*

Art. R. 451-69 **L'arrêté prévu à l'article R. 451-67 fixe la nature des épreuves pour l'obtention du diplôme, qui comportent notamment des évaluations des connaissances juridiques et de la médiation familiale.**

Le préfet de région valide les modalités de certification organisées par les établissements de formation.

Nul ne peut se présenter plus de trois fois aux épreuves du diplôme. – *[Anc. art. D. 451-57.]*

Art. R. 451-70 **Pour pouvoir obtenir le diplôme par validation des acquis de l'expérience, les candidats doivent justifier des compétences professionnelles acquises dans l'exercice d'une activité salariée, non salariée ou bénévole, en rapport direct avec le contenu du diplôme. La durée totale d'activité cumulée exigée est de trois ans et peut être prise en compte jusqu'à dix ans après la cessation de cette activité.**

Le préfet de région décide de la recevabilité des demandes de validation des acquis de l'expérience. – *[Anc. art. D. 451-58.]*

Jusqu'au 7 nov. 2017, la procédure de validation des acquis de l'expérience pour la délivrance des diplômes d'État de médiateur familial est exclue du champ d'application du droit des usagers de saisir l'administration par voie électronique (Décr. n° 2015-1421 du 5 nov. 2015).

Art. R. 451-71 Le préfet de région nomme le jury du diplôme, qui comprend :

1° le *(Décr. n° 2009-1540 du 10 déc. 2009, art. 10-II-3°)* **« directeur régional de la jeunesse, des sports et de la cohésion sociale » ou son représentant, président du jury ;** – *A compter du 1er avr. 2021, la référence au « directeur régional de la jeunesse, des sports et de la cohésion sociale » est remplacée par la référence au « directeur régional de l'économie, de l'emploi, du travail et des solidarités » (Décr. n° 2020-1545 du 9 déc. 2020, art. 28-X).*

2° des formateurs issus des centres de formation *(Décr. n° 2005-198 du 22 févr. 2005, art. 2-III)* **« dispensant la formation au diplôme d'État de médiateur familial » ;**

3° pour un quart au moins de ses membres, des représentants qualifiés des professionnels de la médiation familiale. – *[Anc. art. D. 451-59.]*

Art. R. 451-72 Le diplôme d'État de médiateur familial est délivré par le préfet de région. – *[Anc. art. R. 451-60.]*

§ 2 Diplôme d'État de moniteur éducateur *(Décr. n° 2007-898 du 15 mai 2007, art. 1er ; Décr. n° 2018-734 du 22 août 2018, art. 1er).*

Les formations préparant au certificat d'aptitude aux fonctions de moniteur éducateur engagées avant le 1er sept. 2007 ainsi que les modalités de délivrance des diplômes correspondants restent soumises aux dispositions des art. D. 451-73 à D. 451-80 CASF en vigueur avant la publication du présent décret (Décr. n° 2007-898 du 15 mai 2007, art. 2).

Art. D. 451-73 Le diplôme d'État de moniteur éducateur atteste des compétences nécessaires pour exercer une fonction éducative, d'animation et d'organisation de la vie quotidienne de personnes en difficulté ou en situation de handicap.

Il est structuré en domaines de compétences et peut être obtenu, en tout ou partie, par la voie de l'examen à l'issue de la formation ou par la validation des acquis de l'expérience.

Il est délivré par le recteur *(Décr. n° 2019-1558 du 30 déc. 2019, art. 10-2°, en vigueur le 1er janv. 2020)* **« de région académique ».**

Jusqu'au 7 nov. 2017, la procédure de validation des acquis de l'expérience pour la délivrance des diplômes d'État de moniteur-éducateur est exclue du champ d'application du droit des usagers de saisir l'administration par voie électronique (Décr. n° 2015-1421 du 5 nov. 2015).

Art. D. 451-74 La formation préparant au diplôme d'État de moniteur éducateur comprend un enseignement théorique et un enseignement pratique dispensé sous forme de stages.

Cette formation est dispensée par les établissements publics ou privés ayant satisfait à l'obligation de déclaration préalable mentionnée à l'article L. 451-1.

La durée et le contenu de la formation peuvent varier en fonction de l'expérience professionnelle et des diplômes possédés par les candidats.

Les candidats sont soumis à des épreuves d'admission organisées par les établissements de formation selon les modalités figurant dans leur règlement d'admission.

Art. D. 451-75 Les épreuves du diplôme comprennent un contrôle interne mis en œuvre en cours de formation et dont les modalités sont détaillées dans le dossier de déclaration préalable mentionné à l'article R. 451-2 et des épreuves organisées par le recteur *(Décr. n° 2019-1558 du 30 déc. 2019, art. 10-2°, en vigueur le 1er janv. 2020)* **« de région académique ».**

Art. D. 451-76 Le recteur *(Décr. n° 2019-1558 du 30 déc. 2019, art. 10-2°, en vigueur le 1er janv. 2020)* **« de région académique » nomme le jury du diplôme qui comprend :**

1° Le recteur *(Décr. n° 2019-1558 du 30 déc. 2019, art. 10-2°, en vigueur le 1er janv. 2020)* **« de région académique » ou son représentant, président ;**

2° Le *(Décr. n° 2009-1540 du 10 déc. 2009, art. 10-II-3°)* **« directeur régional de la jeunesse, des sports et de la cohésion sociale » ou son représentant, vice-président ;**
— A compter du 1er avr. 2021, la référence au « directeur régional de la jeunesse, des sports et de la cohésion sociale » est remplacée par la référence au « directeur régional de l'économie, de l'emploi, du travail et des solidarités » (Décr. n° 2020-1545 du 9 déc. 2020, art. 28-X).

3° Des formateurs d'établissements de formation préparant au diplôme d'État de moniteur éducateur ou à d'autres diplômes d'État sociaux, socioculturels ou paramédicaux, de membres de l'enseignement supérieur ou de professeurs du second cycle de l'enseignement secondaire ;

4° Des représentants des services déconcentrés des ministères chargés des affaires sociales, de l'éducation, de la justice et de la jeunesse, des collectivités publiques et de personnes qualifiées en matière d'action éducative et sociale ;

5° Pour un quart au moins de ses membres, des représentants qualifiés de la profession, pour moitié employeurs et pour moitié salariés.

Ce jury peut, en tant que de besoin, se subdiviser en groupes d'examinateurs.

Art. D. 451-77 **Les titulaires du certificat d'aptitude aux fonctions de moniteur éducateur sont titulaires de droit du diplôme d'État de moniteur éducateur.**

Art. D. 451-78 **Un arrêté des ministres chargés des affaires sociales, de l'éducation, de la justice, et de la jeunesse précise les compétences professionnelles mentionnées à l'article D. 451-73, les modalités d'accès à la formation, le contenu et l'organisation de cette formation ainsi que les modalités de délivrance du diplôme d'État de moniteur éducateur.** *— V. Arr. du 20 juin 2007 relatif au diplôme d'État de moniteur-éducateur (JO 4 juill., NOR : MTSA0755914A), mod. en dernier lieu par Arr. du 25 janv. 2019 (JO 3 févr., NOR : SSAA1901846A). — V. Arr. du 25 mai 2020 relatif aux modalités d'admission dans les formations conduisant à certains diplômes du travail social pendant la crise sanitaire née de l'épidémie de covid-19 (JO 26 mai, NOR : SSAA2010805A).*

Art. D. 451-79 et D. 451-80 *Abrogés par Décr. n° 2007-898 du 15 mai 2007, art. 1er.*

§ 3 Diplôme d'État de technicien de l'intervention sociale et familiale *(Décr. n° 2018-734 du 22 août 2018, art. 1er).*

Les formations engagées avant le 1er sept. 2006 ainsi que les modalités de délivrance des diplômes correspondants restent soumises aux dispositions en vigueur avant la publication du présent décret (Décr. n° 2006-250 du 1er mars 2006, art. 3).

Art. D. 451-81 **Le diplôme d'État de technicien de l'intervention sociale et familiale atteste des compétences acquises pour effectuer une intervention sociale préventive et réparatrice à travers des activités d'aide à la vie quotidienne et à l'éducation des enfants.** *— [Anc. art. D. 451-69, al. 1er.]*

(Abrogé par Décr. n° 2006-250 du 1er mars 2006) ***« Les titulaires du certificat de travailleuse familiale sont, de droit, titulaires du diplôme d'État de technicien de l'intervention sociale et familiale. »***

Art. D. 451-82 *(Décr. n° 2006-250 du 1er mars 2006)* **Le diplôme d'État de technicien de l'intervention sociale et familiale est structuré en domaines de compétences et peut être obtenu par la voie de la formation ou, en tout ou partie, par la validation des acquis de l'expérience.**

Il est délivré par le représentant de l'État dans la région.
Jusqu'au 7 nov. 2017, la procédure de validation des acquis de l'expérience pour la délivrance des diplômes d'État de technicien de l'intervention sociale et familiale est exclue du champ d'application du droit des usagers de saisir l'administration par voie électronique (Décr. n° 2015-1421 du 5 nov. 2015).

Art. D. 451-83 *(Décr. n° 2006-250 du 1er mars 2006)* **La formation préparant au diplôme d'État de technicien de l'intervention sociale et familiale comprend un enseignement théorique et une formation pratique dispensée au cours de stages.**

Cette formation est dispensée par les établissements publics ou privés ayant satisfait à l'obligation de déclaration préalable mentionnée à l'article L. 451-1.

La durée et le contenu de la formation peuvent varier en fonction de l'expérience professionnelle et des diplômes possédés par les candidats.

Les candidats sont soumis à des épreuves d'admission, organisées par les établissements de formation selon les modalités figurant dans leur règlement d'admission.

Art. D. 451-84 (*Décr. n° 2006-250 du 1er mars 2006*) **Les épreuves du diplôme comprennent des épreuves organisées en cours de formation conformément au dossier de déclaration préalable défini à l'article R. 451-2 en détaillant les modalités et des épreuves organisées par le représentant de l'État dans la région.**

Art. D. 451-85 (*Décr. n° 2006-250 du 1er mars 2006*) **Le représentant de l'État dans la région nomme le jury du diplôme, qui comprend :**

1° Le (*Décr. n° 2009-1540 du 10 déc. 2009, art. 10-II-3°*) **« directeur régional de la jeunesse, des sports et de la cohésion sociale » ou son représentant, président ;** — *A compter du 1er avr. 2021, la référence au « directeur régional de la jeunesse, des sports et de la cohésion sociale » est remplacée par la référence au « directeur régional de l'économie, de l'emploi, du travail et des solidarités » (Décr. n° 2020-1545 du 9 déc. 2020, art. 28-X).*

2° Des formateurs issus des établissements de formation, publics ou privés, préparant au diplôme d'État de technicien de l'intervention sociale et familiale ;

3° Des représentants de l'État, des collectivités publiques, de personnes qualifiées dans le champ de l'action sociale et médico-sociale ;

4° Pour un quart au moins de ses membres, des représentants qualifiés du secteur professionnel pour moitié employeurs et pour moitié salariés.

Ce jury peut, en tant que de besoin, se subdiviser en groupes d'examinateurs.

Art. D. 451-86 (*Décr. n° 2006-250 du 1er mars 2006*) **Les titulaires du certificat de travailleuse familiale sont, de droit, titulaires du diplôme d'État de technicien de l'intervention sociale et familiale.**

Art. D. 451-87 (*Décr. n° 2006-250 du 1er mars 2006*) **Un arrêté du ministre chargé des affaires sociales précise les compétences professionnelles mentionnées à l'article D. 451-81, les modalités d'accès à la formation, le contenu et l'organisation de cette formation ainsi que les modalités de certification du diplôme d'État de technicien de l'intervention sociale et familiale.** — *V. Arr. du 25 avr. 2006 relatif au diplôme d'État de technicien de l'intervention sociale et familiale (JO 10 mai, NOR : SSHA0621570A), mod. en dernier lieu par Arr. du 25 janv. 2019 (JO 3 févr., NOR : SSAA1901846A). — V. Arr. du 25 mai 2020 relatif aux modalités d'admission dans les formations conduisant à certains diplômes du travail social pendant la crise sanitaire née de l'épidémie de covid-19 (JO 26 mai, NOR : SSAA2010805A).*

§ 4 Diplôme d'État d'accompagnant éducatif et social (*Décr. n° 2016-74 du 29 janv. 2016, art. 1er ; Décr. n° 2018-734 du 22 août 2018, art. 1er*).

Dispositions transitoires au Décr. n° 2016-74 du 29 janv. 2016, art. 2 et 3 :

A titre transitoire, les candidats engagés à la date de publication du Décr. n° 2016-74 du 29 janv. 2016 dans une préparation au diplôme d'État d'auxiliaire de vie sociale restent soumis aux modalités de certification du diplôme préparé, qui demeure régi par les dispositions antérieures.

De même, en cas de validation partielle, les candidats peuvent compléter la certification conformément aux dispositions antérieures.

A titre transitoire, les établissements de formation, titulaires d'une déclaration préalable les autorisant à délivrer une formation au diplôme d'État d'auxiliaire de vie sociale, peuvent être autorisés à dispenser la formation au diplôme d'État d'accompagnant éducatif et social, dès lors qu'ils justifient avoir mis en œuvre la formation et présenté des candidats à au moins deux sessions de certification à l'un ou l'autre des deux diplômes au cours des deux ans précédant la publication du Décr. n° 2016-74 du 29 janv. 2016.

Ils doivent déposer, dans les trois mois suivant la publication du décret susvisé, un dossier justifiant de leur capacité à dispenser les trois spécialités du diplôme d'État d'accompagnant éducatif et social.

La durée de validité de cette dérogation ainsi délivrée à titre transitoire est de deux ans.

Les établissements de formation agréés à cet effet ayant engagé au moment de la publication du Décr. n° 2016-74 du 29 janv. 2016 une session de formation au diplôme d'État d'auxiliaire de vie sociale sont autorisés à achever cette formation auprès des candidats engagés dans un parcours de formation initiale ou de validation des acquis de l'expérience avant la parution du décret susvisé pendant une durée maximale de sept ans à compter de la date de publication de ce même décret.

Dispositions transitoires au Décr. n° 2021-1133 du 30 août 2021, art. 2 :

I. — En cas de validation partielle du diplôme d'État d'auxiliaire de vie sociale ou du diplôme d'État d'aide médico-psychologique, selon les modalités prévues aux art. 2 et 3 du Décr. n° 2016-74 du 29 janv. 2016 susvisé, à la date mentionnée au dern. al. de ce même art. 3, les candidats peuvent obtenir le diplôme d'État d'accompagnant éducatif et social prévu à l'art. D. 451-88 CASF dans sa rédaction issue du Décr. n° 2021-1133 du 30 août 2021, selon des modalités définies par arrêté du ministre chargé des solidarités.

II. — 1° Les candidats engagés, à la date d'entrée en vigueur du Décr. n° 2021-1133 du 30 août 2021, dans un parcours de validation des acquis de l'expérience pour accéder au diplôme d'État d'accompagnant éducatif et social prévu à l'art. D. 451-88 dans sa rédaction en vigueur antérieure à l'entrée en vigueur du décret susvisé, restent soumis jusqu'au 31 août 2022 au plus tard, aux modalités de certification du diplôme préparé.

En cas de validation partielle, à la date du 31 août 2022, du diplôme d'État d'accompagnant éducatif et social prévu à l'art. D. 451-88 CASF dans leur rédaction antérieure à l'entrée en vigueur du Décr. n° 2021-1133 du 30 août 2021 par la voie de la validation des acquis de l'expérience, les candidats peuvent obtenir le diplôme d'État d'accompagnant éducatif et social prévu à l'art. D. 451-88 CASF dans sa rédaction issue du décret susvisé, selon des modalités définies par arrêté du ministre chargé des solidarités.

2° Les candidats engagés, à la date d'entrée en vigueur du Décr. n° 2021-1133 du 30 août 2021, dans une formation préparant au diplôme d'État d'accompagnant éducatif et social prévu à l'art. D. 451-88 CASF dans sa rédaction antérieure à l'entrée en vigueur du décret susvisé, restent soumis, jusqu'au 31 déc. 2023 au plus tard, aux modalités de certifications du diplôme préparé.

En cas de validation partielle, à la date du 31 déc. 2023, du diplôme d'État d'accompagnant éducatif et social prévu à l'art. D. 451-88 CASF dans leur rédaction antérieure à l'entrée en vigueur du Décr. n° 2021-1133 du 30 août 2021 par la voie de la formation, les candidats peuvent obtenir le diplôme d'État d'accompagnant éducatif et social prévu à l'art. D. 451-88 CASF dans sa rédaction issue du décret susvisé, selon des modalités définies par arrêté du ministre chargé des solidarités.

Art. D. 451-88 *(Décr. n° 2021-1133 du 30 août 2021, art. 1er-1°, en vigueur le 1er sept. 2021)* **Le diplôme d'État d'accompagnant éducatif et social atteste des compétences nécessaires pour réaliser des interventions sociales au quotidien, visant à accompagner les personnes en situation de handicap ou en perte d'autonomie, quelles qu'en soient l'origine ou la nature.** — *V. Arr. du 29 janv. 2016 relatif à la formation conduisant au diplôme d'État d'accompagnant éducatif et social (JO 31 janv., NOR : AFSA1521332A), mod. en dernier lieu par Arr. du 25 janv. 2019 (JO 3 févr., NOR : SSAA1901846A). — Cet Arr. est abrogé à compter du 1er janv. 2024. — V. égal. Arr. du 30 août 2021 relatif au diplôme d'État d'accompagnant éducatif et social (JO 31 août, NOR : SSAA2123278A).*

Ancien art. D. 451-88 (Décr. n° 2016-74 du 29 janv. 2016, art. 1er) ***Le diplôme d'État d'accompagnant éducatif et social atteste des compétences nécessaires pour réaliser un accompagnement social au quotidien, visant à compenser les conséquences d'un handicap, quelles qu'en soient l'origine ou la nature, qu'il s'agisse de difficultés liées à l'âge, à la maladie, ou au mode de vie, ou les conséquences d'une situation sociale de vulnérabilité, et à permettre à la personne de définir et de mettre en œuvre son projet de vie.***

Art. D. 451-89 *(Décr. n° 2021-1133 du 30 août 2021, art. 1er-2°, en vigueur le 1er sept. 2021)* **I. — Le diplôme d'État d'accompagnant éducatif et social est un diplôme de niveau 3 structuré en blocs de compétences précisés par arrêté du ministre chargé des solidarités.**

Il peut être obtenu, en tout ou partie, par la voie de la formation initiale ou continue, de l'apprentissage ou de la validation des acquis de l'expérience.

Le diplôme d'État d'accompagnant éducatif et social est délivré par le préfet de région.

II. — 1° Par la voie de la formation, initiale ou continue, ou par celle de l'apprentissage, le candidat peut choisir de ne présenter que certaines épreuves constitutives du diplôme d'État d'accompagnant éducatif et social, en vue d'acquérir un ou plusieurs

blocs de compétence*[s]* mentionnés au I, selon des conditions précisées par arrêté du ministre chargé des solidarités.

2° Par la voie de la validation des acquis de l'expérience, le candidat peut choisir de ne demander en validation de ses acquis qu'un ou plusieurs blocs de compétences mentionnés au I, selon des conditions précisées par arrêté du ministre des solidarités.

Ancien art. D. 451-89 *I. — Le diplôme d'État d'accompagnant éducatif et social est structuré en un socle commun de compétences et trois spécialités : "Accompagnement de la vie à domicile", "Accompagnement de la vie en structure collective", "Accompagnement à l'éducation inclusive et à la vie ordinaire".*

Le diplôme mentionne la spécialité acquise.

Il peut être obtenu par la voie de la formation ou, en tout ou pour partie, par la validation des acquis de l'expérience.

Il est délivré par le représentant de l'État dans la région.

II. — Le certificat de spécialité "Accompagnement de la vie à domicile" atteste des compétences nécessaires pour contribuer à la qualité de vie de la personne, au développement ou au maintien de ses capacités à vivre à son domicile.

Le certificat de spécialité "Accompagnement à la vie en structure collective" atteste des compétences nécessaires au soutien des relations interpersonnelles et à la qualité de vie de la personne dans son lieu de vie collectif.

Le certificat de spécialité "Accompagnement à l'éducation inclusive et à la vie ordinaire" atteste des compétences nécessaires pour faciliter, favoriser et participer à l'autonomie des enfants, adolescents et des jeunes adultes en situation de handicap dans les activités d'apprentissage, et les activités culturelles, sportives, artistiques et de loisirs.

Les certificats de spécialité peuvent être obtenus uniquement par les titulaires du diplôme d'État d'accompagnant éducatif et social, par une formation complémentaire.

Ils sont délivrés par le représentant de l'État dans la région.

Art. D. 451-90 **La formation préparant au diplôme d'État d'accompagnant éducatif et social,** *(Abrogé par Décr. n° 2021-1133 du 30 août 2021, art. 1er-3°, à compter du 1er sept. 2021)* ***« pour l'acquisition du socle commun de compétences et des spécialités »*, comprend une formation théorique et une formation pratique** *(Abrogé par Décr. n° 2021-1133 du 30 août 2021, art. 1er-3°, à compter du 1er sept. 2021)* ***« dispensée au cours de stages en alternance ».***

Cette formation est dispensée par les établissements publics ou privés ayant satisfait aux obligations mentionnées aux articles L. 451-1 et suivants du code de l'action sociale et des familles.

La durée et le contenu de la formation peuvent varier en fonction de l'expérience professionnelle et des diplômes possédés par les candidats.

(Abrogé par Décr. n° 2021-1133 du 30 août 2021, art. 1er-3°, à compter du 1er sept. 2021) ***« Les candidats sont soumis à des épreuves d'entrée en formation, organisées par les établissements de formation selon des modalités fixées par arrêté. »***

Art. D. 451-91 **Le représentant de l'État dans la région nomme le jury plénier du diplôme, qui comprend au plus treize membres dont le président et douze membres répartis en trois collèges égaux :**

1° Des formateurs issus des établissements de formation, publics ou privés, préparant au diplôme d'État d'accompagnant éducatif et social ;

2° Des représentants de l'État, des collectivités publiques ou de personnes qualifiées dans le champ de l'action sociale, médico-sociale et dans le champ éducatif ;

3° Des représentants qualifiés du secteur professionnel.

(Décr. n° 2021-1133 du 30 août 2021, art. 1er-4°, en vigueur le 1er sept. 2021) **« Le préfet de région », préside le jury.**

Le président du jury a voix prépondérante, en cas d'égalité de voix. Ce jury procède à la délibération finale.

(Abrogé par Décr. n° 2021-1133 du 30 août 2021, art. 1er-4°, à compter du 1er sept. 2021) ***« Ce jury peut, en tant que de besoin, se subdiviser en groupes d'examinateurs. »***

Art. D. 451-92 *(Abrogé par Décr. n° 2021-1133 du 30 août 2021, art. 1er-5°, à compter du 1er sept. 2021)* ***Les titulaires du diplôme d'État d'auxiliaire de vie sociale ou du certificat d'aptitude aux fonctions d'aide à domicile ou de la mention complémentaire aide à domicile sont, de droit, titulaires du diplôme d'État d'accompagnant éducatif et social, spécialité "Accompagnement de la vie à domicile".***

Les titulaires du diplôme d'État d'aide médico-psychologique ou du certificat d'aptitude aux fonctions d'aide médico-psychologique sont, de droit, titulaires du diplôme d'État d'accompagnant éducatif et social, spécialité "Accompagnement de la vie en structure collective".

Art. D. 451-93 **Un arrêté du ministre chargé des affaires sociales précise les compétences professionnelles mentionnées à l'article D. 451-88, les modalités d'accès à la formation, le contenu et l'organisation de cette formation ainsi que les modalités de certification du diplôme d'État d'accompagnant éducatif et social.**

§ 5 Diplôme d'État d'assistant familial *(Décr. n° 2005-1772 du 30 déc. 2005 ; Décr. n° 2018-734 du 22 août 2018, art. 1er).*

Art. D. 451-100 **Le diplôme d'État d'assistant familial atteste des compétences nécessaires pour accueillir de manière permanente à son domicile et dans sa famille des mineurs ou des jeunes majeurs.**

Art. D. 451-101 **Le diplôme d'État d'assistant familial est structuré en domaines de compétences et peut être obtenu par la voie de la formation ou, en tout ou partie, par la validation des acquis de l'expérience.**

Le diplôme d'État d'assistant familial est délivré par le représentant de l'État dans la région.

Jusqu'au 7 nov. 2017, la procédure de validation des acquis de l'expérience pour la délivrance des diplômes d'État d'assistant familial est exclue du champ d'application du droit des usagers de saisir l'administration par voie électronique (Décr. n° 2015-1421 du 5 nov. 2015).

Art. D. 451-102 **La formation préparant au diplôme d'État d'assistant familial s'effectue après le stage préparatoire mentionné au premier alinéa de l'article D. 421-27. Elle est dispensée en alternance et organisée sur une amplitude de 18 à 24 mois.**

Elle se décompose en trois domaines de formation : accueil et intégration de l'enfant ou de l'adolescent dans sa famille d'accueil, accompagnement éducatif de l'enfant ou de l'adolescent, communication professionnelle.

Chaque domaine de compétence validé par la formation est certifié par une épreuve organisée par le représentant de l'État dans la région.

La formation préparant au diplôme d'État d'assistant familial est dispensée par les établissements ou services de formation ayant satisfait à l'obligation de déclaration préalable mentionnée à l'article L. 451-1.

V. Décr. n° 2021-52 du 21 janv. 2021 adaptant temporairement l'amplitude de la formation préparant au diplôme d'État d'assistant familial pour faire face aux conséquences de l'épidémie de covid-19 (JO 23 janv.).

Art. D. 451-103 **Le représentant de l'État dans la région nomme le jury du diplôme qui comprend :**

1° Le *(Décr. n° 2009-1540 du 10 déc. 2009, art. 10-II-3°)* **« directeur régional de la jeunesse, des sports et de la cohésion sociale », ou son représentant, président ;** *– A compter du 1er avr. 2021, la référence au « directeur régional de la jeunesse, des sports et de la cohésion sociale » est remplacée par la référence au « directeur régional de l'économie, de l'emploi, du travail et des solidarités » (Décr. n° 2020-1545 du 9 déc. 2020, art. 28-X).*

2° Des formateurs issus des établissements de formation, publics ou privés, préparant au diplôme d'État d'assistant familial ;

3° Des représentants de l'État, des collectivités publiques, des personnes qualifiées dans le domaine de l'accueil familial permanent ;

4° Pour un quart au moins de ses membres, des représentants des professionnels de l'accueil familial permanent pour moitié employeurs et pour moitié salariés.

Ce jury peut, en tant que de besoin, se subdiviser en groupes d'examinateurs.

Art. D. 451-104 Un arrêté du ministre chargé des affaires sociales précise les compétences professionnelles mentionnées à l'article D. 451-100, les modalités d'accès à la formation, le contenu et l'organisation de cette formation ainsi que les modalités de certification du diplôme d'État d'assistant familial.

TITRE VI AUTRES PROFESSIONS

(Décr. nº 2008-244 du 7 mars 2008, art. 5)

CHAPITRE UNIQUE TECHNICIENS DE L'INTERVENTION SOCIALE ET FAMILIALE

SECTION UNIQUE Exercice de la profession

Art. D. 461-1 Les services et les organismes qui emploient les techniciens de l'intervention sociale et familiale ne peuvent recevoir aucune aide financière des collectivités publiques ou des institutions gérant un service public s'ils emploient en cette qualité des personnes qui n'ont pas satisfait aux dispositions de l'article D. 451-81.

Art. D. 461-2 Les organismes de techniciens de l'intervention sociale et familiale mentionnés à l'article *(Décr. nº 2009-289 du 13 mars 2009, art. 2)* « D. 461-1 » doivent être agréés par le préfet du département dans les conditions fixées par arrêté des ministres chargés des affaires sociales et de la sécurité sociale.

Art. D. 461-3 Les techniciens de l'intervention sociale et familiale sont soumis à un contrôle médical périodique dont les modalités sont fixées par arrêté des ministres chargés de la santé et de la sécurité sociale.

TITRE VII MANDATAIRES JUDICIAIRES À LA PROTECTION DES MAJEURS ET DÉLÉGUÉS AUX PRESTATIONS FAMILIALES

(Décr. nº 2008-1554 du 31 déc. 2008)

CHAPITRE I DISPOSITIONS COMMUNES AUX MANDATAIRES JUDICIAIRES À LA PROTECTION DES MAJEURS

Art. D. 471-1 *(Décr. nº 2008-1512 du 30 déc. 2008)* L'ouverture d'un service mentionné au 14° du I de l'article L. 312-1, l'agrément d'une personne au titre de l'article L. 472-1 et la prise d'effet de la désignation prévue à l'article L. 472-6 valent inscription sur la liste prévue à l'article L. 471-2.

Le préfet notifie sans délai aux juridictions intéressées la liste prévue à l'article L. 471-2 en mentionnant :

1° Le nom et les coordonnées du mandataire judiciaire à la protection des majeurs ;

2° Le nom et les coordonnées :

a) De l'organisme gestionnaire s'ils sont différents de ceux du service mentionné au 14° du I de l'article L. 312-1 ;

b) De l'établissement qui a désigné le mandataire judiciaire à la protection des majeurs inscrit sur la liste prévue à l'article L. 471-2 au titre de son 3° ;

c) Des établissements qui font application des dispositions des deuxième et troisième alinéas de l'article L. 472-5 ;

3° La catégorie de mesures de protection des majeurs pour lesquels le mandataire judiciaire à la protection des majeurs a reçu une habilitation.

Le mandataire judiciaire à la protection des majeurs est informé de cette notification.

Art. R. 471-2 *(Décr. nº 2008-1504 du 30 déc. 2008)* Dans *(Décr. nº 2011-936 du 1er août 2011, art. 4-1º)* « les six mois » de leur inscription sur la liste prévue à l'article L. 471-2, les mandataires judiciaires à la protection des majeurs prêtent, devant le tribunal judiciaire *[ancienne rédaction : tribunal d'instance]* du chef-lieu de département *(Décr. nº 2019-913 du 30 août 2019, art. 3, en vigueur le 1er janv. 2020)* « ou, le cas échéant, de l'une de ses chambres de proximité », le serment suivant : "Je jure et promets de bien et loyalement exercer le mandat qui m'est confié par le juge et d'observer, en tout, les devoirs que mes fonctions m'imposent. Je jure également de ne rien révéler ou utiliser de ce qui sera porté à ma connaissance à l'occasion de l'exercice du mandat judiciaire". *(Décr. nº 2011-936 du 1er août 2011, art. 4-1º)* « Lorsque le mandataire judiciaire est inscrit sur plusieurs listes, la prestation de serment n'est effectuée que lors de la première inscription sur une liste. »

Lorsque le mandataire judiciaire à la protection des majeurs est un service mentionné au 14º du I de l'article L. 312-1, la prestation de serment est effectuée par toute personne physique appartenant à ce service qui a reçu délégation de celui-ci pour assurer la mise en œuvre d'un mandat judiciaire à la protection des majeurs *(Décr. nº 2011-936 du 1er août 2011, art. 4-2º)* « dans un délai de six mois après son recrutement. Lorsque le service est autorisé dans plusieurs départements, la personne prête serment devant le tribunal judiciaire *[ancienne rédaction : tribunal d'instance]* du chef-lieu du département *(Décr. nº 2019-913 du 30 août 2019, art. 3, en vigueur le 1er janv. 2020)* « ou, le cas échéant, de l'une de ses chambres de proximité » où est implanté le siège de l'organisme gestionnaire du service ».

Art. R. 471-2-1 *(Décr. nº 2016-1896 du 27 déc. 2016, art. 1er, en vigueur le 1er juill. 2017)* Le cumul de plusieurs modes d'exercice de l'activité de mandataire judiciaire à la protection des majeurs est autorisé dans les deux cas suivants :

1º Une personne physique peut exercer l'activité de mandataire en qualité de délégué d'un service mandataire et de mandataire judiciaire exerçant à titre individuel ou en qualité de préposé d'établissement et de mandataire judiciaire exerçant à titre individuel lorsque :

a) Au titre de son exercice en qualité de délégué d'un service mandataire ou de préposé d'établissement, elle satisfait aux conditions suivantes :

– elle travaille à temps partiel ;

– elle informe son employeur de sa demande d'agrément en qualité de mandataire individuel mentionné à l'article R. 472-1 et lui communique la copie de la décision de cet agrément dès sa notification ;

b) Au titre de son exercice à titre individuel de l'activité, elle satisfait aux conditions suivantes :

– elle a mis en place et utilise, ou s'engage à mettre en place au moment de sa candidature en vue de l'agrément mentionné à l'article R. 472-1, des moyens, notamment informatiques et de communication, distincts de ceux dont elle se sert dans le cadre de son activité salariée ;

– elle a mis en place, ou s'engage à mettre en place au moment de sa candidature en vue de l'agrément mentionné à l'article R. 472-1, des moyens permettant, au regard de l'activité de son travail salarié ou d'agent public, d'assurer une continuité de la prise en charge ou de l'accompagnement des personnes dont le juge lui a confié la protection juridique ;

– le nombre de mesures de protection qu'elle prend en charge est inférieur ou égal à un plafond qui varie selon son temps de travail salarié ou d'agent public.

Ce plafond est fixé à 45 mesures pour l'exercice d'une quotité de 10 % d'un temps complet de travail salarié ou d'agent public. Il diminue de 5 mesures pour chaque tranche de 10 % supplémentaire de quotité de travail en qualité de délégué d'un service mandataire ou de préposé d'établissement conformément au tableau suivant :

NOMBRE DE MESURES DE PROTECTION prises en charge à titre individuel	ÉQUIVALENT TEMPS PLEIN (ETP) DE DÉLÉGUÉ AU SEIN D'UN SERVICE MANDATAIRE ou ETP de préposé d'établissement
45	10 %
40	20 %
35	30 %
30	40 %
25	50 %
20	60 %
15	70 %
10	80 %
5	90 %
0	100 %

2° Une personne physique peut exercer l'activité de mandataire en qualité de délégué d'un service mandataire et de préposé d'établissement lorsque :

a) **Elle travaille à temps partiel pour chacune des activités ;**

b) **Le temps de travail cumulé des deux activités n'excède pas un temps complet de travail ;**

c) **Elle a informé chaque employeur de ce cumul d'activités.**

Art. D. 471-2-2 *(Décr. n° 2023-1379 du 28 déc. 2023, art. 1er-1°)* **Afin de satisfaire à la condition de formation prévue à l'article L. 471-4, les personnes mentionnées au même article doivent :**

1° Pour exercer des mesures de protection des majeurs au titre du mandat spécial auquel il peut être recouru dans le cadre de la sauvegarde de justice, ou au titre de la curatelle ou de la tutelle, être titulaires du diplôme national de licence professionnelle mention "activités juridiques : Mandataire judiciaire à la protection des majeurs" ; – *V. note ss. art.*

2° Pour exercer des mesures d'accompagnement judiciaire, avoir suivi avec succès une formation complémentaire attestant des compétences nécessaires pour l'exercice de ces mesures. Pour pouvoir accéder à cette formation, elles doivent être titulaires d'un diplôme ou titre enregistré au niveau III du répertoire national des certifications professionnelles ou, pour les ressortissants d'un autre État membre de la Communauté européenne ou d'un autre État à partie à l'accord sur l'Espace économique européen, d'un titre équivalent ou, le cas échéant, justifier d'une ancienneté d'au moins trois ans dans un emploi exigeant normalement un diplôme ou titre de ce niveau. La durée et le contenu de cette formation sont fonction des qualifications des intéressés et de leur expérience professionnelle pertinente.

La condition de formation prévue au 1° de l'art. D. 471-2-2 s'applique à compter du 1er sept. 2025 (Décr. n° 2023-1379 du 28 déc. 2023, art. 2-I).

Art. D. 471-3 *(Décr. n° 2008-1508 du 30 déc. 2008) (Abrogé par Décr. n° 2023-1379 du 28 déc. 2023, art. 1er-2°)* ***« Les personnes mentionnées à l'article L. 471-4 doivent avoir suivi avec succès une formation complémentaire attestant des compétences nécessaires à l'exercice des fonctions de mandataire judiciaire.***

« Pour pouvoir accéder à cette formation, elles doivent être titulaires d'un diplôme ou titre enregistré au niveau III du répertoire national des certifications professionnelles ou, pour les ressortissants d'un autre État membre de la Communauté européenne ou d'un autre État à partie à l'accord sur l'Espace économique européen, d'un titre équivalent ou, le cas échéant, justifier d'une ancienneté d'au moins trois ans dans un emploi exigeant normalement un diplôme ou titre de ce niveau. »

Les personnes mentionnées au 2° de l'article L. 471-2 doivent justifier d'une expérience professionnelle d'une durée minimale de trois ans dans un des domaines nécessaires à l'exercice des fonctions de mandataire judiciaire ; elles doivent être âgées au minimum de 25 ans.

Les personnes mentionnées au 3° de l'article L. 471-2 doivent justifier d'une expérience professionnelle d'une durée minimale d'un an dans un des domaines nécessaires à l'exercice des fonctions de mandataire judiciaire ; elles doivent être âgées au minimum de 21 ans. *(Décr. n° 2011-936 du 1er août 2011, art. 5-I-2°) (Décr. n° 2023-1379 du 28 déc. 2023, art. 1er-2°)* **« Elles disposent d'un délai maximum d'un an à compter de la déclaration mentionnée à l'article L. 472-6 pour satisfaire à la condition prévue à l'article D. 471-2-2. »**

Les personnes physiques qui ont reçu délégation d'un service mentionné au 14° du I de l'article L. 312-1 pour assurer la mise en œuvre de la mesure de protection des majeurs doivent être âgées au minimum de *(Décr. n° 2023-1379 du 28 déc. 2023, art. 1er-2°)* **« 18 » ans à leur entrée en fonction. Elles disposent d'un délai maximum de deux ans à compter de leur entrée en fonction au sein du service pour satisfaire** *(Décr. n° 2023-1379 du 28 déc. 2023, art. 1er-2°)* **« à la condition prévue à l'article D. 471-2-2 ».**

(Abrogé par Décr. n° 2023-1379 du 28 déc. 2023, art. 1er-2°) ***« La durée et le contenu de la formation complémentaire sont fonction des qualifications des intéressés et de leur expérience professionnelle pertinente. »***

Les personnes qui exerçaient avant le 1er janv. 2009 la tutelle d'État aux majeurs protégés, la tutelle aux prestations sociales versée aux adultes ou la gérance de tutelle en qualité d'administrateur spécial disposent du délai prévu à l'art. 44 de la L. n° 2007-308 du 5 mars 2007 pour satisfaire aux conditions définies au premier alinéa de l'art. D. 471-3. Les personnes qui ne remplissent pas les conditions de diplôme prévues au deuxième alinéa en sont dispensées sous réserve de justifier d'une expérience professionnelle d'au moins trois ans dans la fonction (Décr. n° 2008-1508 du 30 déc. 2008, art. 3).

Art. D. 471-4 *(Décr. n° 2023-1379 du 28 déc. 2023, art. 1er-3°)* **« I. – Un arrêté conjoint du ministre chargé de l'enseignement supérieur et du ministre chargé des affaires sociales précise les modalités d'accès, le contenu et l'organisation de la formation préparant au diplôme prévu au 1° de l'article D. 471-2-2.**

« II. – Le certificat national de compétence de mandataire judiciaire à la protection des majeurs, mention "mesure d'accompagnement judiciaire" (MAJ) atteste que son titulaire a satisfait aux conditions de formation prévues au 2° de l'article D. 471-2-2. »

(Abrogé par Décr. n° 2023-1379 du 28 déc. 2023, art. 1er-3°) ***« 1° D'une part, des mesures de protection des majeurs au titre du mandat spécial auquel il peut être recouru dans le cadre de la sauvegarde de justice ou au titre de la curatelle ou de la tutelle,***

« 2° D'autre part, de la mesure d'accompagnement judiciaire. »

Un arrêté du ministre chargé des affaires sociales, publié au *Journal officiel* de la République française, précise :

1° L'agencement de la formation complémentaire mentionnée *(Décr. n° 2023-1379 du 28 déc. 2023, art. 1er-3°)* **« au 2° de l'article D. 471-2-2 », le contenu des enseignements théoriques et des stages éventuels ainsi que les dispenses et allègements de formation en fonction des qualifications et de l'expérience professionnelle des intéressés ;**

2° Les conditions et les modalités d'entrée en formation, de mise en œuvre et de validation de la formation ainsi que de délivrance du certificat national de compétence de mandataire judiciaire à la protection des majeurs.

Le certificat national de compétence de mandataire judiciaire à la protection des majeurs, mention mesure judiciaire à la protection de majeurs, mentionné à l'art. D. 471-4 dans sa rédaction antérieure au Décr. n° 2023-1379 du 28 déc. 2023, peut être délivré jusqu'au 31 déc. 2027.

Les personnes titulaires, au 1er janv. 2028, du certificat national de compétence de mandataire judiciaire à la protection des majeurs, mention mesure judiciaire à la protection de majeurs, prévu par l'art. D. 471-4 dans sa rédaction antérieure à l'entrée en vigueur du Décr. n° 2023-1379 du 28 déc. 2023, peuvent exercer leurs fonctions au-delà de cette date (Décr. préc., art. 2-II et III).

Ancien art. D. 471-4 (Décr. n° 2008-1508 du 30 déc. 2008) *Le certificat national de compétence de mandataire judiciaire atteste que son titulaire a satisfait aux conditions de formation prévues à l'article L. 471-4 et au premier alinéa de l'article D. 471-3.*

Il comporte deux mentions permettant l'exercice :

1° D'une part, des mesures de protection des majeurs au titre du mandat spécial auquel il peut être recouru dans le cadre de la sauvegarde de justice ou au titre de la curatelle ou de la tutelle,

2° D'autre part, de la mesure d'accompagnement judiciaire.

Un arrêté du ministre chargé des affaires sociales, publié au Journal officiel de la République française, précise :

1° L'agencement de la formation complémentaire mentionnée à l'article D. 471-3, le contenu des enseignements théoriques et des stages éventuels ainsi que les dispenses et allègements de formation en fonction des qualifications et de l'expérience professionnelle des intéressés,

2° Les conditions et les modalités d'entrée en formation, de mise en œuvre et de validation de la formation ainsi que de délivrance du certificat national de compétence de mandataire judiciaire à la protection des majeurs. — V. Arr. du 2 janv. 2009 relatif à la formation complémentaire préparant aux certificats nationaux de compétence de mandataire judiciaire à la protection des majeurs et de délégué aux prestations familiales (JO 15 janv.).

Art. R. 471-5 *(Décr. n° 2018-767 du 31 août 2018, art. 1er, en vigueur le 1er sept. 2018)* **Le coût des mesures mentionné à l'article L. 471-5 est déterminé en fonction des indicateurs fixés à l'article R. 471-5-1. La participation de la personne au financement du coût de ces mesures est calculée conformément aux dispositions des articles R. 471-5-2 et R. 471-5-3. Elle ne peut excéder le coût des mesures fixé selon les modalités prévues à l'article R. 471-5-1.**

V. Arr. du 31 août 2018 relatif à la détermination du coût des mesures de protection exercées par les mandataires judiciaires à la protection des majeurs (JO 2 sept.).

Art. R. 471-5-1 *(Décr. n° 2018-767 du 31 août 2018, art. 1er, en vigueur le 1er sept. 2018)* **Le coût des mesures mentionné à l'article L. 471-5 est déterminé par un arrêté des ministres chargés de la famille et du budget en fonction des indicateurs suivants :**

1° La nature des missions :

***a)* Missions d'assistance et de conseil confiées au titre de l'article 467 du code civil dans l'exercice de la curatelle, missions de subrogé curateur dans le cadre d'une curatelle ou d'une curatelle renforcée, ou de subrogé tuteur dans le cadre d'une tutelle, confiées au titre de l'article 454 du même code. Ces missions peuvent porter seulement sur la protection des biens ou la protection de la personne ;**

***b)* Missions de représentation confiées au titre de l'article 473 du même code dans l'exercice de la tutelle. Ces missions peuvent porter seulement sur la protection des biens ou la protection de la personne ;**

***c)* Missions d'assistance et de perception des revenus de la personne protégée confiées au titre de l'article 472 du même code dans l'exercice de la curatelle renforcée, missions de gestion des prestations sociales de la personne protégée et d'action éducative confiées au titre de l'article 495-7 du même code dans l'exercice de la mesure d'accompagnement judiciaire, ou missions de gestion du patrimoine confiées au titre de l'article 437 du même code dans l'exécution d'un mandat spécial auquel il peut être recouru dans le cadre de la sauvegarde de justice. Ces missions peuvent porter seulement sur la protection des biens ou la protection de la personne ;**

2° Le lieu de vie de la personne protégée :

***a)* Lorsque la personne protégée est accueillie de manière permanente dans un établissement social ou médico-social ou dans un établissement de santé au-delà d'une première période de trente jours de séjour continu et pendant le mois où a pris fin cet accueil permanent ;**

***b)* Lorsque la personne vit à son domicile ou dans toute autre situation ou lorsque la personne protégée est accueillie de manière permanente dans un établissement social ou médico-social ou dans un établissement de santé au-delà d'une première période de trente jours de séjour continu et qu'elle conserve la disposition de son logement ;**

3° Les ressources et le patrimoine de la personne protégée, calculés selon les modalités prévues à l'article R. 471-5-2.

Art. R. 471-5-2 *(Décr. n° 2018-767 du 31 août 2018, art. 1er, en vigueur le 1er sept. 2018)* **Le montant de la participation de la personne protégée prévue à l'article L. 471-5 est calculé sur la base du montant annuel des ressources dont a bénéficié la personne protégée l'***(Décr. n° 2018-767 du 31 août 2018, art. 1er et 2-III, en vigueur le 1er janv. 2019)* **« année précédente » et qui comprennent :**

1° Les bénéfices ou revenus bruts mentionnés aux I à VII *ter* de la première sous-section de la section 2 du chapitre premier du titre premier de la première partie du livre premier du code général des impôts, à l'exclusion des rentes viagères mentionnées aux articles L. 232-4, L. 232-8 et L. 245-6 du présent code et des revenus des bons ou contrats de capitalisation et placements de même nature, notamment des contrats d'assurance-vie ;

2° Les produits et plus-values réalisés dans le cadre des livrets, plans et comptes d'épargne mentionnés au chapitre I du titre II du livre II du code monétaire et financier, sous réserve qu'ils ne soient pas pris en compte au titre du 1° ;

3° Les revenus perçus hors de France ou versés par une organisation internationale, sous réserve qu'ils ne soient pas pris en compte au titre du 1° ;

4° Une portion des biens non productifs de revenus, des dispositifs d'intéressement, de participation et d'épargne salariale mentionnés au livre III de la troisième partie du code du travail ainsi que des bons ou contrats de capitalisation et placements de même nature, notamment des contrats d'assurance-vie, calculée selon les modalités fixées à l'article R. 132-1 du présent code. Toutefois, cette disposition ne s'applique pas au capital mentionné aux 1° et 2° du I de l'article 199 *septies* du code général des impôts et à la résidence principale lorsqu'elle est occupée par l'intéressé, son conjoint, son concubin ou la personne avec qui il a conclu un pacte civil de solidarité, ou ses enfants ;

5° L'allocation aux adultes handicapés mentionnée à l'article L. 821-1 du code de la sécurité sociale, le complément de ressources mentionné à l'article L. 821-1-1 du même code et la majoration pour la vie autonome mentionnée à l'article L. 821-1-2 du même code ;

6° L'allocation de solidarité aux personnes âgées mentionnée à l'article L. 815-1 du même code ;

7° Les allocations mentionnées à l'article 2 de l'ordonnance n° 2004-605 du 24 juin 2004 simplifiant le minimum vieillesse ;

8° Le revenu de solidarité active mentionné à l'article L. 262-1 du présent code ;

9° La prime d'activité mentionnée à l'article L. 841-1 du code de la sécurité sociale.

Art. R. 471-5-3 *(Décr. n° 2018-767 du 31 août 2018, art. 1er, en vigueur le 1er sept. 2018)* **La participation de la personne au financement du coût de sa mesure est calculée sur la base du montant annuel des ressources dont a bénéficié la personne protégée l'***(Décr. n° 2018-767 du 31 août 2018, art. 1er et 2-III, en vigueur le 1er janv. 2019)* **« année précédente ».**

Le coût des mesures mentionné à l'article L. 471-5 du présent code n'est pas à la charge de la personne protégée lorsque le montant des ressources annuelles de l'*(Décr. n° 2018-767 du 31 août 2018, art. 1er et 2-III, en vigueur le 1er janv. 2019)* **« année précédente » mentionné à l'article R. 471-5-2 est inférieur ou égal au montant annuel de l'allocation aux adultes handicapés mentionnée à l'article L. 821-1 du code de la sécurité sociale** *(Abrogé par Décr. n° 2020-1684 du 23 déc. 2020, art. 1er-1°, à compter du 1er janv. 2021)* ***« en vigueur au 1er janvier de l'****(Décr. n° 2018-767 du 31 août 2018, art. 1er et 2-III)* ***« année précédente » »*.**

Dans le cas contraire, la participation de la personne est calculée selon les taux suivants :

(Annulé par CE 12 févr. 2020, nos 425138, 425163 et 425164) ***« 1° 0,6 % pour la tranche des revenus annuels égale ou inférieure au montant annuel de l'allocation aux adultes handicapés ; »*** *– V. CE 12 févr. 2020, nos 425138, 425163 et 425164, JO 19 févr. 2020, NOR : CETX2004965S.*

1° *(Décr. n° 2020-1684 du 23 déc. 2020, art. 1er-3°, en vigueur le 1er janv. 2021)* **« 10 % » pour la tranche des revenus annuels supérieure au montant annuel de l'allocation aux adultes handicapés et inférieure ou égale au montant brut annuel du salaire minimum interprofessionnel de croissance ;** — *Sur les modalités de remboursement des indus de participation des personnes au financement de leur mesure au titre des années 2018 et 2019 résultant de la décision du CE n° 425138 du 12 févr. 2020, V. Décr. n° 2020-1684 du 23 déc. 2020, art. 3, infra.*

2° *(Décr. n° 2020-1684 du 23 déc. 2020, art. 1er-3°, en vigueur le 1er janv. 2021)* **« 23 % » pour la tranche des revenus annuels supérieure au montant brut annuel du salaire minimum interprofessionnel de croissance et inférieure ou égale au même montant majoré de 150 % ;**

3° 3 % pour la tranche des revenus annuels supérieure au montant brut annuel du salaire minimum interprofessionnel de croissance majoré de 150 % et inférieure ou égale à six fois le montant brut annuel du salaire minimum interprofessionnel de croissance. — *Les 2°, 3° et 4° deviennent respectivement les 1°, 2° et 3° (Décr. n° 2020-1684 du 23 déc. 2020, art. 1er-2°, en vigueur le 1er janv. 2021).*

Décret n° 2020-1684 du 23 décembre 2020,

Relatif au financement des mandataires judiciaires à la protection des majeurs (JO 26 déc.).

Art. 3 Le remboursement des indus de participation des personnes au financement de leur mesure au titre des années 2018 et 2019 résultant de la décision du Conseil d'État n° 425138 du 12 février 2020 est organisé selon les modalités suivantes :

I. — Lorsque les mesures sont exercées par les services mentionnés au 14° du I de l'article L. 312-1 du code de l'action sociale et des familles et les personnes agréées au titre de l'article L. 472-1 du même code, le mandataire judiciaire à la protection des majeurs transmet au représentant de l'État dans le département la liste des personnes sous mesure de protection concernées par la procédure de remboursement, accompagnée des informations mentionnées au III.

Après vérification et validation de la liste par le représentant de l'État, celui-ci procède au versement des crédits correspondants sur le compte du mandataire qui effectue le remboursement sur le compte du majeur protégé.

Le représentant de l'État vérifie que la personne protégée a été remboursée par le mandataire sur la base de la transmission par celui-ci, dans un délai de trois mois à compter de la date de versement des crédits, d'une copie du relevé de compte du majeur protégé comportant le montant du remboursement.

II. — Lorsque les mesures sont exercées par les personnes désignées dans la déclaration prévue à l'article L. 472-6 du même code :

1. Le préposé d'établissement transmet à la direction financière de son établissement de rattachement la liste des personnes protégées concernées par le remboursement, accompagnée des informations mentionnées au III et des relevés d'identité bancaire des personnes protégées.

2. La direction financière de l'établissement procède au remboursement sur le compte de la personne protégée dans un délai de trois mois à compter de la date de transmission de la liste des personnes protégées concernées par le remboursement et en informe le préposé.

III. — Les listes mentionnées aux I et II comportent, pour chaque exercice, les informations suivantes :

— Nom et prénom de la personne protégée ;
— Montant des ressources de la personne protégée ;
— Nombre de mois concernés par le remboursement ;
— Montant du remboursement.

Les personnes protégées concernées sont celles prises en charge par le mandataire judiciaire à la date de demande de remboursement.

Art. R. 471-5-4 *(Décr. n° 2018-767 du 31 août 2018, art. 1er, en vigueur le 1er sept. 2018)* **Le préfet peut accorder, à titre exceptionnel et temporaire, une exonération d'une partie ou de la totalité de la participation de la personne protégée, en raison de difficultés particulières liées à l'existence de dettes contractées par celle-ci avant**

l'ouverture d'une mesure de protection juridique des majeurs ou à la nécessité de faire face à des dépenses impératives.

Le montant de la participation faisant l'objet de l'exonération est pris en charge dans les conditions prévues à la seconde phrase du premier alinéa de l'article L. 471-5 du présent code.

Art. R. 471-5-5 *(Décr. nº 2018-767 du 31 août 2018, art. 1er, en vigueur le 1er sept. 2018)* **I. — La participation de la personne protégée est versée au mandataire judiciaire à la protection des majeurs, excepté dans les cas où le mandataire judiciaire est le préposé d'un établissement mentionné au II ou au III de l'article L. 361-1 ou relève d'un groupement de coopération sociale ou médico-sociale mentionné au 3º de l'article L. 312-7. Dans le premier cas, la participation est versée à l'établissement et, dans le second, au groupement.**

II. — Le versement est effectué par douzième tous les mois échus sur la base du montant annuel des ressources mentionnées à l'article R. 471-5-2 dont a bénéficié la personne protégée l'*(Décr. nº 2018-767 du 31 août 2018, art. 1er et 2-III, en vigueur le 1er janv. 2019)* **« année précédente ».**

Un ajustement du montant de la participation dû compte tenu du montant des ressources dont a bénéficié la personne pendant l'*(Décr. nº 2018-767 du 31 août 2018, art. 1er et 2-III, en vigueur le 1er janv. 2019)* **« année précédente » est effectué au plus tard le 31 décembre de l'année de perception de la participation.**

III. — En cas d'indisponibilité temporaire de certains des revenus de la personne protégée ou l'année de l'ouverture de la mesure de protection, le versement prévu au II peut être effectué de manière différée sans que ce report ne puisse excéder neuf mois.

IV. — La participation peut être versée trimestriellement lorsque son montant mensuel ne dépasse pas le montant brut horaire du salaire minimum interprofessionnel de croissance en vigueur au 1er janvier de l'année civile en cours.

Art. D. 471-6 *(Décr. nº 2010-1404 du 12 nov. 2010, art. 1er)* **L'indemnité complémentaire prévue à l'article L. 471-5 peut être accordée pour toute diligence entraînant une charge de travail exceptionnelle et pour laquelle les sommes perçues au titre du premier alinéa de l'article précité sont manifestement insuffisantes, telles que le règlement d'une succession, le suivi de procédures judiciaires ou administratives, la vente d'un bien ou la gestion de conflits familiaux.**

Le mandataire présente sa demande d'indemnité accompagnée des justificatifs nécessaires. Il doit justifier du caractère exceptionnel de la charge de travail et de l'insuffisance des sommes perçues au titre du premier alinéa de l'article L. 471-5.

Le montant de l'indemnité est fixé par ordonnance du juge ou délibération du conseil de famille selon un taux horaire de douze fois le montant brut horaire du salaire minimum interprofessionnel de croissance en vigueur au 1er janvier de l'année au titre de laquelle la rémunération est attribuée. A partir de la quinzième heure consacrée à ces diligences exceptionnelles, le taux horaire est de quinze fois le montant brut horaire du salaire minimum interprofessionnel de croissance en vigueur au 1er janvier de l'année au titre de laquelle la rémunération est attribuée. Le juge apprécie le caractère nécessaire des diligences accomplies et peut inviter le mandataire judiciaire à la protection des majeurs à fournir des explications complémentaires.

A l'indemnité prévue au présent article, s'ajoute le remboursement par la personne qui fait l'objet de la mesure de protection sur justificatifs des frais de déplacement et de séjour occasionnés par l'accomplissement des actes, calculé dans les conditions fixées par le décret nº 2006-781 du 3 juillet 2006.

Les dispositions issues du Décr. nº 2010-1404 du 12 nov. 2010 s'appliquent aux personnes protégées dont la mesure de protection est exercée par :

1º Une personne morale mentionnée au I de l'art. 44 de la L. nº 2007-308 du 5 mars 2007 jusqu'à ce qu'elle se soit conformée aux dispositions de la section 1 du chapitre III du titre I du livre III du CASF ;

2º Une personne physique mentionnée au II de l'art. 44 de la même loi jusqu'à ce qu'elle se soit conformée aux dispositions de l'art. L. 472-1 du même code ;

3° Un préposé d'établissement mentionné au IV de l'art. 44 de la même loi jusqu'à ce que son établissement se soit conformé aux dispositions de l'art. L. 472-6 du même code (Décr. préc., art. 3).

Art. D. 471-7 *(Décr. nº 2008-1556 du 31 déc. 2008)* **Le contenu de la notice d'information prévue à l'article L. 471-6 est établi conformément à l'annexe 4-2.**

Le mandataire judiciaire à la protection des majeurs doit remettre immédiatement la notice d'information à la personne protégée avec des explications orales, adaptées à son degré de compréhension ou, lorsque son état ne lui permet pas d'en mesurer la portée, à un membre du conseil de famille s'il a été constitué ou, à défaut, à un parent, un allié ou une personne de son entourage dont l'existence est connue ou au subrogé curateur ou tuteur.

La charte mentionnée à l'article L. 471-6 est contenue à l'annexe 4-3.

Elle est annexée à la notice d'information.

Les dispositions de l'article 458 du code civil sont jointes en annexe à la charte et affichées dans les locaux du service mentionné au 14° du I de l'article L. 312-1.

Art. D. 471-8 *(Décr. nº 2008-1556 du 31 déc. 2008)* **I. — Le document individuel de protection des majeurs mentionné à l'article L. 471-8 est établi en fonction d'une connaissance précise de la situation de la personne protégée et d'une évaluation de ses besoins ainsi que dans le respect des principes déontologiques et éthiques, des recommandations de bonnes pratiques professionnelles et** *(Décr. nº 2016-1898 du 27 déc. 2016, art. 2-1°)* **« , pour les services mentionnés au 14° du I de l'article L. 312-1, » du projet de service.**

Lors de l'élaboration du document, le *(Décr. nº 2016-1898 du 27 déc. 2016, art. 2-2°)* **« mandataire judiciaire à la protection des majeurs » recherche la participation et l'adhésion de la personne protégée, dans la mesure où son état lui permet d'en comprendre la portée.**

Si l'état de la personne ne lui permet pas de comprendre la portée du document, un membre du conseil de famille s'il a été constitué ou, à défaut, un parent, un allié ou une personne de son entourage ayant des liens étroits et stables avec la personne protégée et dont le *(Décr. nº 2016-1898 du 27 déc. 2016, art. 2-2°)* **« mandataire judiciaire à la protection des majeurs » connaît l'existence ou le subrogé curateur ou tuteur peut être associé à l'élaboration du document.**

II. — Le document individuel de protection des majeurs comporte notamment :

1° Un rappel de la nature et des objectifs généraux de la mesure de protection ;

2° Une information personnalisée sur les objectifs personnels de la mesure de protection ;

3° Une description des modalités concrètes d'accueil de la personne protégée par le *(Décr. nº 2016-1898 du 27 déc. 2016, art. 2-2°)* **« mandataire judiciaire à la protection des majeurs » et des conditions dans lesquelles ont lieu les échanges entre le** *(Décr. nº 2016-1898 du 27 déc. 2016, art. 2-2°)* **« mandataire judiciaire à la protection des majeurs » et la personne protégée ;**

4° Une présentation des conditions de participation de la personne au financement de sa mesure de protection et une indication sur le montant prévisionnel des prélèvements opérés, à ce titre, sur ses ressources.

Mention est faite, le cas échéant, de la participation de la personne protégée à l'élaboration du document.

III. — Le document individuel de protection des majeurs est établi et signé *(Décr. nº 2016-1898 du 27 déc. 2016, art. 2-3°)* **« par le mandataire judiciaire à la protection des majeurs ou, si le mandataire est un service mentionné au 14° du I de l'article L. 312-1, » par une personne habilitée à cette fin par son responsable.**

IV. — Le document est remis à la personne protégée et lui est expliqué. Si l'état de la personne ne lui permet pas de comprendre la portée du document, une copie en est remise à un membre du conseil de famille s'il a été constitué ou, à défaut, à un parent, à un allié, à une personne de son entourage ayant des liens étroits et stables avec elle et dont le *(Décr. nº 2016-1898 du 27 déc. 2016, art. 2-2°)* **« mandataire judiciaire à la protection des majeurs » connaît l'existence ou au subrogé curateur ou tuteur, s'il en a été désigné un.**

V. — Le document est remis au plus tard dans les trois mois qui suivent la date de la notification du jugement qui confie la mesure de protection juridique au *(Décr. n° 2016-1898 du 27 déc. 2016, art. 2-2°)* « mandataire judiciaire à la protection des majeurs ».

Le document individuel de protection des majeurs est établi pour la durée du mandat judiciaire. Il prévoit les conditions et les modalités de sa résiliation ou de sa révision ou de la cessation de certaines des mesures qu'il contient.

Un avenant au document détermine, s'il y a lieu, dans le délai maximum d'un an suivant la date de la notification du jugement qui confie la mesure de protection au mandataire judiciaire à la protection des majeurs, les objectifs précis de la mesure de protection et les actions à mener dans ce cadre.

A chaque date anniversaire du jugement, la définition des objectifs et des actions à mener dans ce cadre est réactualisée et fait l'objet d'un avenant.

VI. — Toute modification du document individuel de protection des majeurs ou de l'un de ses avenants ultérieurs, portant sur les dispositions du II, intervient selon les mêmes modalités que lors de leur conclusion initiale.

VII. — Le *(Décr. n° 2016-1898 du 27 déc. 2016, art. 2-2°)* « mandataire judiciaire à la protection des majeurs » conserve copie des pièces prévues au présent article.

Art. R. 471-9 *(Décr. n° 2008-1504 du 30 déc. 2008)* Le règlement de fonctionnement des services mentionnés au 14° du I de l'article L. 312-1 est établi selon les modalités prévues par l'article R. 311-33.

Il est remis, accompagné de la notice d'information, à la personne protégée ou aux autres personnes mentionnées au 1° de l'article L. 471-7 dans les conditions prévues au même article. Il est également affiché dans les locaux du service et remis à chaque personne qui y exerce à titre de salarié ou d'agent public ou qui y intervient à titre bénévole.

Il indique les principales modalités d'exercice des droits énoncés au présent code, notamment de ceux qui sont mentionnés aux articles L. 471-6 et L. 471-8. Il précise, le cas échéant, les modalités d'association d'un parent, un allié ou une personne de son entourage à la vie du service.

Dans le respect des dispositions de la charte des droits et libertés de la personne majeure protégée mentionnée à l'article L. 471-6, il fixe les obligations faites aux personnes protégées pour permettre une mise en œuvre de la mesure de protection adaptée à leur situation. Ces obligations concernent, notamment, le respect des décisions judiciaires et des termes du document individuel de protection des majeurs et le comportement à l'égard des autres personnes protégées, comme des membres du personnel.

Il rappelle que les faits de violence sur autrui sont susceptibles d'entraîner des procédures judiciaires et que le juge des tutelles est systématiquement informé des actes d'incivilité graves ou répétées *[répétés]* et des situations de violence qui entravent le bon déroulement de la mesure de protection.

Il précise les obligations de l'organisme gestionnaire du service en matière de protection des personnes protégées.

Art. D. 471-10 *(Décr. n° 2008-1556 du 31 déc. 2008)* La signature par la personne présente d'un récépissé, dont le modèle est défini à l'annexe 4-4, atteste de la remise des documents mentionnés aux articles L. 471-6 et L. 471-8.

Art. D. 471-11 *(Décr. n° 2008-1556 du 31 déc. 2008)* Les documents mentionnés aux articles L. 471-6 et L. 471-8 font l'objet d'une sélection dans les conditions prévues à l'article L. 212-3 du code du patrimoine, à l'expiration d'un délai de cinq ans à compter de la fin de la mesure de protection juridique des majeurs.

Art. D. 471-12 *(Décr. n° 2008-1556 du 31 déc. 2008)* La participation prévue au 4° de l'article L. 471-8 peut s'exercer selon les modalités suivantes :

1° Par l'institution de groupes d'expression au niveau du service ou d'une partie de ce service ;

2° Par l'organisation de consultations sur toutes questions concernant l'organisation ou le fonctionnement du service de l'ensemble des personnes protégées, des membres du conseil de famille s'il a été constitué ou, à défaut, des parents, des alliés, des personnes de l'entourage ayant des liens étroits et stables avec la personne protégée dont le mandataire judiciaire à la protection des majeurs connaît l'existence ou du subrogé curateur ou tuteur, s'il en a été désigné un ;

3° Par la mise en œuvre d'enquêtes de satisfaction.

Art. D. 471-13 *(Décr. n° 2008-1512 du 30 déc. 2008)* La liste nationale prévue par l'article L. 471-3 comporte les informations suivantes :

1° Concernant les services et personnes répertoriés dans la liste :

a) Concernant les services mentionnés au 14° du I de l'article L. 312-1 dont l'autorisation fait l'objet d'un retrait en application de l'article L. 313-18 :

– Le nom de leur gestionnaire et son adresse ;

– Si leur gestionnaire est une personne physique, son nom, son nom d'usage et son (ses) prénom(s), sa date et son lieu de naissance ;

– La date et le lieu de délivrance de leur autorisation ;

b) Concernant les mandataires judiciaires à la protection des majeurs dont l'agrément prévu à l'article L. 472-1 fait l'objet d'une suspension ou d'un retrait en application de l'article L. 472-10 :

– Leur nom, leur nom d'usage et leur(s) prénom(s) ;

– Leur date et leur lieu de naissance ;

– Leur adresse ;

– La date et le lieu de délivrance de leur agrément ;

c) Concernant les mandataires judiciaires à la protection des majeurs dont la déclaration prévue à l'article L. 472-6 fait l'objet d'une suspension ou d'une annulation en application de l'article L. 472-10 :

– Leur nom, leur nom d'usage et leur(s) prénom(s) ;

– Leur date et leur lieu de naissance ;

– Leur adresse ;

– Le nom et l'adresse de l'établissement qui les a désignés en application de l'article L. 472-6 ;

– La date de la déclaration qui les a désignés en application de l'article L. 472-6 ;

– Le nom et l'adresse des établissements qui les ont désignés en application des dispositions des deuxième et troisième alinéas de l'article L. 472-5.

2° Concernant la décision de retrait en application de l'article L. 313-18 de l'autorisation des services mentionnés au 14° du I de l'article L. 312-1, de suspension ou de retrait en application de l'article L. 472-10 de l'agrément prévu à l'article L. 472-1 et de suspension ou d'annulation de la déclaration prévue à l'article L. 472-6 en application de l'article L. 472-10 :

– Le département dans lequel a été prise la décision administrative ;

– Le type de motif à l'origine de la décision administrative ;

– Les éléments constatés en application de l'article L. 313-18 ou de l'article L. 472-10 ;

– La date de la décision administrative.

Art. D. 471-14 *(Décr. n° 2008-1512 du 30 déc. 2008)* La liste mentionnée à l'article D. 471-13 est dressée et tenue à jour sous le contrôle du ministre chargé de la famille, qui veille au respect des dispositions du présent chapitre.

L'inscription sur la liste est demandée par les agents individuellement désignés et spécialement habilités par le préfet, le directeur départemental des affaires sanitaires *[et]* sociales et leurs adjoints et réalisée par les agents individuellement désignés et spécialement habilités par le ministre chargé de la famille à cette fin.

Art. D. 471-15 *(Décr. n° 2008-1512 du 30 déc. 2008)* La décision de retrait en application de l'article L. 313-18 de l'autorisation des services mentionnés au 14° du I de l'article L. 312-1, de suspension ou de retrait en application de l'article L. 472-10 de l'agrément prévu à l'article L. 472-1 et de suspension ou d'annulation de la déclara-

tion prévue à l'article L. 472-6 en application de l'article L. 472-10 mentionne l'inscription des services et personnes concernés sur la liste mentionnée à l'article L. 471-3. Les personnes et services concernés ne peuvent s'opposer à leur inscription sur cette liste.

Art. D. 471-16 *(Décr. n° 2008-1512 du 30 déc. 2008)* **Toute personne dont l'identité est inscrite dans la liste peut demander au directeur départemental des affaires sanitaires et sociales de rectifier les informations la concernant ou d'en ordonner l'effacement si celles-ci ne sont pas exactes ou si leur conservation n'apparaît plus nécessaire compte tenu de la finalité de la liste, au regard de la nature des faits à l'origine de l'inscription sur la liste et du temps écoulé depuis lors.**

Art. D. 471-17 *(Décr. n° 2008-1512 du 30 déc. 2008)* **Dans la limite de leurs attributions respectives et pour l'instruction des demandes d'autorisation de services mentionnés au 14° du I de l'article L. 312-1, des demandes d'agrément prévu à l'article L. 472-1 ou des déclarations prévues à l'article L. 472-6, sont seuls autorisés à accéder directement à la liste par un système de télécommunication sécurisé :**

1° Les préfets, les directeurs départementaux des affaires sanitaires *[et]* **sociales, leurs adjoints et les agents individuellement désignés et spécialement habilités par eux à cette fin ;**

2° Les procureurs de la République près les tribunaux judiciaires *[ancienne rédaction : tribunaux de grande instance]* **des chefs-lieux de département et leurs substituts.**

Art. D. 471-18 *(Décr. n° 2008-1512 du 30 déc. 2008)* **La liste conserve pendant une durée de trois ans les informations relatives aux inscriptions et consultations dont elle fait l'objet, en précisant la qualité de la personne ou autorité ayant procédé à l'opération.**

Ces informations ne peuvent être consultées que par le ministre chargé de la famille ou, avec son autorisation, par les personnes qu'il habilite spécialement.

Elles peuvent donner lieu à des exploitations statistiques.

Art. D. 471-19 *(Décr. n° 2008-1512 du 30 déc. 2008)* **Le directeur départemental des affaires sanitaires et sociales procède à l'effacement des données qui sont inscrites sur la liste :**

***a)* A l'expiration d'un délai de cinq ans ;**

***b)* Lorsqu'il est informé du rétablissement de l'agrément ou de la déclaration après sa suspension prononcée en application de l'article L. 472-10 ou de la réouverture du service après le retrait de l'autorisation en application de l'article L. 313-18 ;**

***c)* Lorsqu'il est informé du décès de la personne ;**

***d)* Lorsqu'il prend une décision d'effacement en application de l'article D. 471-16.**

CHAPITRE II **PERSONNES PHYSIQUES MANDATAIRES JUDICIAIRES À LA PROTECTION DES MAJEURS**

(Décr. n° 2008-1553 du 31 déc. 2008)

SECTION 1 **Activité exercée à titre individuel**

Art. R. 472-1 *(Décr. n° 2016-1896 du 27 déc. 2016, art. 2)* **Les candidatures aux fins d'agrément en qualité de mandataire judiciaire à la protection des majeurs sont classées et sélectionnées par le représentant de l'État dans le département en fonction des objectifs et des besoins fixés par le schéma régional d'organisation sociale et médico-sociale prévu à l'article L. 312-5 et de critères garantissant la qualité, la proximité et la continuité de prise en charge ou d'accompagnement.**

Ces critères sont :

1° Au titre de la qualité et de la continuité de la prise en charge ou de l'accompagnement :

a) Les moyens matériels prévus pour l'activité, notamment les matériels, en particulier informatiques, et les locaux dédiés à cette activité, les moyens prévus pour la protection des données personnelles des personnes protégées ;

b) Les moyens humains prévus pour l'activité, notamment le temps disponible pour cette activité, du mandataire et, le cas échéant, du secrétaire spécialisé, au regard du volume d'activité envisagé, les formations obtenues et les expériences professionnelles, autres que celles obligatoires pour l'exercice de la fonction ;

c) Les moyens prévus pour l'accueil de la personne protégée et pour les échanges entre le mandataire et la personne protégée ;

d) La formalisation et la pertinence de la notice d'information et du projet de document individuel de protection des majeurs ;

e) La formalisation et la pertinence de son projet professionnel. Pour l'appréciation de ce dernier, sont pris en compte, notamment, la qualité du réseau pluridisciplinaire de professionnels, en projet ou déjà constitué, comprenant notamment d'autres mandataires judiciaires à la protection des majeurs, les modalités prévues pour protéger les données personnelles, garantir la qualité du service rendu et organiser la continuité de la prise en charge ou de l'accompagnement ;

2° Au titre de la proximité de prise en charge ou d'accompagnement :

a) La proximité des locaux d'activité professionnelle du mandataire par rapport aux besoins que l'appel à candidature *[candidatures]* a pour objet de satisfaire ;

b) Les moyens prévus pour assurer les déplacements nécessaires à l'exercice de la fonction de mandataire, notamment les moyens de locomotion ;

c) Les moyens prévus pour les échanges entre le mandataire et la personne protégée.

L'appréciation de ces critères tient compte des besoins que l'appel à candidature *[candidatures]* a pour objet de satisfaire et qui sont rappelés dans l'avis d'appel à candidature *[candidatures]*.

Art. R. 472-2 *(Décr. n° 2016-1896 du 27 déc. 2016, art. 3, en vigueur le 1er juill. 2017)* Pour les personnes physiques qui disposent d'une délégation d'un service mandataire pour exercer l'activité de mandataire judiciaire ou exercent en qualité de préposé d'établissement à la date de la demande d'agrément, l'agrément ne peut être délivré que si les conditions précisées à l'article R. 471-2-1 sont satisfaites.

Art. R. 472-3 I. — L'agrément est accordé, après avis conforme du procureur de la République près le tribunal judiciaire *[ancienne rédaction : tribunal de grande instance]* du chef-lieu de département.

II. — La décision d'agrément comporte une mention permettant l'exercice des mesures de protection des majeurs :

1° Au titre du mandat spécial auquel il peut être recouru dans le cadre de la sauvegarde de justice ou au titre de la curatelle ou de la tutelle ;

2° Au titre de la mesure d'accompagnement judiciaire.

Art. R. 472-4 *(Décr. n° 2016-1896 du 27 déc. 2016, art. 4)* Le silence gardé pendant plus de cinq mois à compter de la date de fin de réception des candidatures inscrite dans l'avis à candidature émis par le représentant de l'État dans le département sur la candidature d'agrément vaut décision de rejet de celles-ci.

Pour les demandes mentionnées au II de l'article R. 472-6, ce délai de cinq mois est à compter de la date de réception de l'ensemble des pièces par le représentant de l'État dans le département.

Art. D. 472-5 *(Décr. n° 2016-1898 du 27 déc. 2016, art. 3)* Un calendrier prévisionnel des appels à candidatures est arrêté par le représentant de l'État dans le département, après avis du procureur de la République près le tribunal judiciaire *[ancienne rédaction : tribunal de grande instance]* du chef-lieu de département et publié au recueil des actes administratifs de la préfecture.

Ce calendrier, annuel ou pluriannuel, a un caractère indicatif. Il recense, de manière prévisionnelle, les besoins pour la couverture desquels les autorités compétentes envisagent de procéder à un appel à candidature *[candidatures]* durant la période considérée.

Art. D. 472-5-1 *(Décr. nº 2016-1898 du 27 déc. 2016, art. 3)* **L'avis d'appel à candidatures est signé par le représentant de l'État dans le département et publié au recueil des actes administratifs de la préfecture.**

L'avis précise les dates de dépôt et de fin de réception des candidatures. L'écart entre ces deux dates ne peut être inférieur à deux mois.

L'avis précise les objectifs et les besoins mentionnés dans le schéma que cet appel à candidatures a pour finalité de satisfaire.

Art. D. 472-5-2 *(Décr. nº 2016-1898 du 27 déc. 2016, art. 3)* **I. — La candidature pour l'agrément en qualité de mandataire judiciaire à la protection des majeurs est établie sur un document précisant, dans des conditions définies par arrêté du ministre chargé des affaires sociales, les informations relatives :**

1º A l'identité du candidat et à sa domiciliation personnelle et professionnelle ;

2º Aux moyens matériels mentionnés au *a* du 1º de l'article R. 472-1 ;

3º Aux moyens humains mentionnés au *b* du 1º de l'article R. 472-1 et, le cas échéant, l'identité, la formation et l'expérience professionnelle du secrétaire spécialisé ainsi que la description de ses fonctions et de sa quotité de travail ;

4º A la formation, à l'expérience professionnelle et l'activité professionnelle du candidat, et, le cas échéant, aux agréments obtenus dans les autres départements ;

5º Aux moyens prévus pour l'accueil de la personne protégée et pour les échanges entre le mandataire et la personne protégée ;

6º Aux moyens prévus pour assurer les déplacements nécessaires à l'exercice de la fonction de mandataire, notamment les moyens de locomotion ;

7º A l'assurance en responsabilité civile.

II. — Elle est accompagnée des pièces suivantes :

1º Un acte de naissance ;

2º Le bulletin nº 3 du casier judiciaire ;

3º Un justificatif de domicile ;

(Décr. nº 2023-1379 du 28 déc. 2023, art. 1er-4º) « **4º Le diplôme national mentionné au 1º de l'article D. 471-2-2 ou le certificat national de compétence de mandataire judiciaire à la protection des majeurs et toutes autres pièces justificatives relatives aux autres formations suivies ;** »

5º Un *curriculum vitae* et toutes pièces justificatives relatives à son expérience professionnelle ;

6º Un devis pour le contrat d'assurance en responsabilité civile ;

7º Les projets de notice d'information et de document individuel de protection des majeurs ;

8º Le cas échéant, un projet de contrat de travail pour l'emploi d'un secrétaire spécialisé et tout document attestant de l'intention de recruter du personnel à ce poste ;

9º Le cas échéant, tout document attestant de la recherche, de la location ou de la possession de locaux professionnels ;

10º Les documents relatifs aux moyens prévus pour assurer les déplacements nécessaires à l'exercice de la fonction de mandataire, notamment la carte grise, le titre de propriété ou de location de ses moyens de locomotion ;

11º Le projet professionnel du candidat, qui précise notamment la qualité du réseau pluridisciplinaire de professionnels, en projet ou déjà constitué, comprenant notamment d'autres mandataires judiciaires à la protection des majeurs, les modalités prévues pour protéger les données personnelles, garantir la qualité du service rendu et organiser la continuité de la prise en charge ou de l'accompagnement.

III. — Pour les personnes physiques qui disposent d'une délégation d'un service mandataire pour exercer l'activité de mandataire judiciaire ou exercent en qualité de préposé d'établissement à la date de la demande d'agrément, le dossier de candidature comporte également :

1º Les informations relatives à l'activité exercée au moment de la demande d'agrément ;

2º La copie du contrat de travail ou de la décision de nomination ;

3° Le courrier par lequel le candidat a informé son employeur de son intention de demander un agrément ;

4° Les moyens permettant, au regard de l'activité de son travail salarié ou d'agent public, d'assurer une continuité de la prise en charge ou de l'accompagnement des personnes dont le juge lui a confié la protection juridique.

Art. D. 472-5-3 *(Décr. nº 2016-1898 du 27 déc. 2016, art. 3)* Avant classement des candidatures par le représentant de l'État dans le département, les candidats dont le dossier est recevable au regard des conditions prévues aux articles L. 471-4 et L. 472-2 sont auditionnés par la commission départementale d'agrément des mandataires judiciaires à la protection des majeurs exerçant à titre individuel, qui émet un avis sur chacune des candidatures.

La commission est créée pour une durée de cinq ans à compter de la date de publication du premier arrêté de nomination de ses membres et placée auprès du représentant de l'État dans le département.

La commission est présidée par le préfet de département ou son représentant.

La commission comprend :

1° Deux représentants du directeur départemental de la cohésion sociale ou du directeur départemental de la cohésion sociale et de la protection des populations ; *— A compter du 1er avr. 2021, les références au « directeur départemental de la cohésion sociale » et au « directeur départemental de la cohésion sociale et de la protection des populations » sont remplacées respectivement par les références au « directeur départemental de l'emploi, du travail et des solidarités » et au « directeur départemental de l'emploi, du travail, des solidarités et de la protection des populations » (Décr. nº 2020-1545 du 9 déc. 2020, art. 28-IX).*

2° Le procureur de la République près le tribunal judiciaire *[ancienne rédaction : tribunal de grande instance]* du chef-lieu de département ou son représentant ;

3° Le président du tribunal judiciaire *[ancienne rédaction : tribunal de grande instance]* du chef-lieu de département ou son représentant ;

4° Deux représentants titulaires et deux représentants suppléants des mandataires exerçant à titre individuel agréés dans le département ou, à défaut, dans la région ;

5° Un représentant titulaire et un représentant suppléant des mandataires exerçant en qualité de préposé d'établissement déclarés dans le département ou, à défaut, dans la région ;

6° Un représentant titulaire et un représentant suppléant des délégués à la protection juridique des majeurs exerçant au sein d'un service mandataire habilité dans le département ou, à défaut, dans la région ;

7° Deux représentants des usagers dont au moins un désigné par le conseil départemental de la citoyenneté et de l'autonomie mentionné à l'article L. 149-1.

Les représentants titulaires et suppléants des mandataires judiciaires à la protection des majeurs sont nommés, après un appel de candidature *[candidatures]*, par le représentant de l'État dans le département après avis du procureur de la République près le tribunal judiciaire *[ancienne rédaction : tribunal de grande instance]* du chef-lieu de département, et sous réserve qu'ils justifient de trois années d'expérience professionnelle dans la fonction de mandataire judiciaire à la protection des majeurs et, pour les représentants des délégués à la protection juridique des majeurs, qu'ils soient désignés par le service mandataire.

Lorsqu'il n'est pas désigné par le conseil départemental de la citoyenneté et de l'autonomie, le représentant des usagers est nommé par le représentant de l'État dans le département après appel de candidatures et avis du procureur de la République.

Le secrétariat de la commission est assuré par la direction départementale de la cohésion sociale ou la direction départementale de la cohésion sociale et de la protection des populations. *— A compter du 1er avr. 2021, les références à la « direction départementale de la cohésion sociale » et à la « direction départementale de la cohésion sociale et de la protection des populations » sont remplacées respectivement par les références à la « direction départementale de l'emploi, du travail et des solidarités » et à la « direction départementale de l'emploi, du travail, des solidarités et de la protection des populations » (Décr. nº 2020-1545 du 9 déc. 2020, art. 28-IX).*

Les représentants titulaires des mandataires judiciaires à la protection des majeurs sont remplacés par leurs suppléants lorsqu'ils connaissent le candidat. Ces derniers ne peuvent prendre part aux délibérations lorsqu'ils le connaissent également.

Art. D. 472-5-4 *(Décr. n° 2016-1898 du 27 déc. 2016, art. 3)* La candidature est adressée au représentant de l'État dans le département par lettre recommandée avec demande d'avis de réception. Une copie de la demande est adressée selon les mêmes modalités au procureur de la République près le tribunal judiciaire *[ancienne rédaction : tribunal de grande instance]* du chef-lieu de département.

Le représentant de l'État dans le département dispose d'un délai de vingt jours pour accuser réception de la demande ou, si la demande est incomplète, pour indiquer les pièces manquantes dont la production est indispensable à l'instruction de la demande et fixer un délai pour la production de ces pièces.

En l'absence de production des pièces manquantes dans le délai fixé, la demande ne peut être instruite.

Art. R. 472-6 *(Décr. n° 2016-1896 du 27 déc. 2016, art. 6)* I. — Le mandataire judiciaire à la protection des majeurs demande un nouvel agrément dans le cadre de la procédure d'appel à candidature *[candidatures]* prévue à l'article L. 472-1-1 lorsqu'il souhaite se voir confier par le juge des tutelles une catégorie de mesures de protection des majeurs non couverte par l'agrément.

II. — Le mandataire judiciaire à la protection des majeurs demande un nouvel agrément hors du cadre de la procédure d'appel à candidature *[candidatures]* :

1° Lorsqu'il souhaite modifier la nature et la consistance des garanties contre les conséquences pécuniaires de sa responsabilité civile en raison des dommages subis par les personnes protégées ;

2° Lorsqu'il souhaite modifier les moyens matériels ou humains prévus pour l'activité, pour l'accueil et les échanges entre le mandataire et la personne protégée ou pour les déplacements et que ces modifications sont de nature à affecter de manière substantielle la qualité, la continuité ou la proximité de la prise en charge ou de l'accompagnement ;

3° Lorsqu'il souhaite changer de lieu d'activité professionnelle ou de domicile et, que ces changements sont de nature à affecter de manière substantielle la qualité, la continuité ou la proximité de la prise en charge ou de l'accompagnement.

Art. R. 472-6-1 *(Décr. n° 2016-1896 du 27 déc. 2016, art. 7, en vigueur le 1er juill. 2017)* Lorsque l'absence ou l'insuffisance des moyens que le mandataire s'est engagé à mettre en place lors de sa candidature aux fins d'agrément est de nature à affecter la qualité, la continuité et la proximité de prise en charge prévue lors de la délivrance de cet agrément, le représentant de l'État dans le département peut mettre en œuvre la procédure de retrait de l'agrément prévue à l'article L. 472-10.

Art. D. 472-6-1 *(Décr. n° 2016-1898 du 27 déc. 2016, art. 4)* I. — Les demandes de candidature précisent les moyens que le candidat s'engage à mettre en œuvre pour l'exercice de son activité en cas d'obtention de l'agrément.

II. — Dans le délai d'un mois à compter de la notification de l'agrément, le mandataire transmet au représentant de l'État dans le département les pièces suivantes :

1° La copie du contrat d'assurance en responsabilité civile ;

2° L'attestation de déclaration d'activité ou d'immatriculation ;

3° Le cas échéant, le courrier par lequel il a informé son employeur de son agrément en qualité de mandataire exerçant à titre individuel.

III. — Dans le délai de trois mois à compter de la notification de l'agrément, le mandataire transmet au représentant de l'État dans le département les pièces suivantes :

1° La notice d'information et un modèle de document individuel de protection des majeurs ;

2° L'attestation de déclaration auprès de la Commission nationale informatique et libertés.

IV. — Dans le délai d'un mois à compter de la signature de l'acte en cause, le mandataire transmet au représentant de l'État dans le département les pièces suivantes :

1° La copie du contrat de travail du ou des secrétaires spécialisés ;

2° La copie de l'acte de propriété ou du bail pour ces locaux professionnels.

Art. D. 472-6-2 *(Décr. n° 2016-1898 du 27 déc. 2016, art. 4)* Pour la demande de nouvel agrément prévue au 1° du II de l'article R. 472-6, le mandataire transmet les informations et les pièces relatives à l'assurance en responsabilité civile.

Pour la demande de nouvel agrément prévue au 2° et au 3° du II de l'article R. 472-6, le mandataire transmet le dossier mentionné à l'article D. 472-5-2.

Ces demandes sont effectuées dans les conditions prévues à l'article D. 472-5-4.

Art. R. 472-7 Le mandataire judiciaire à la protection des majeurs qui désire cesser ses fonctions en informe, avec un préavis de deux mois, le préfet ainsi que les juridictions qui lui ont confié des mesures de protection des majeurs. Il lui est donné acte par le préfet de la cessation de son activité. L'agrément lui est retiré et il est radié de la liste prévue à l'article L. 471-2. Le retrait de l'agrément est notifié au procureur de la République près le tribunal judiciaire *[ancienne rédaction : tribunal de grande instance]* du chef-lieu de département et aux juridictions intéressées.

Art. R. 472-8 *(Décr. n° 2018-767 du 31 août 2018, art. 1er, en vigueur le 1er sept. 2018)* I. — La rémunération du mandataire judiciaire à la protection des majeurs correspond au coût des mesures déterminé à l'article R. 471-5-1.

II. — Lorsque le montant de la participation de la personne protégée calculé conformément aux dispositions de l'article R. 471-5-3 est inférieur à la rémunération du mandataire, le mandataire perçoit un financement public égal à la différence entre la rémunération et la participation. Ce financement est versé par l'État dans le cadre d'une convention entre ce financeur et le mandataire judiciaire à la protection des majeurs.

III. — Le montant de la participation de la personne protégée ne peut excéder la rémunération fixée conformément au I.

IV. — Les informations permettant le calcul du coût de la mesure, du montant de la participation de la personne protégée et du montant du financement public sont transmises par le déclarant au représentant de l'État dans le département, de manière dématérialisée au moyen d'une plateforme collaborative. Celle-ci est mise préalablement à la disposition du déclarant par le représentant de l'État dans le département. Les justificatifs permettant de vérifier ces informations sont transmis sur demande du représentant de l'État dans le département par le même moyen.

Art. R. 472-9 La part de rémunération du mandataire judiciaire à la protection des majeurs qui relève du budget de l'État est mise en paiement par le préfet du département *(Décr. n° 2011-936 du 1er août 2011, art. 7-II-1°)* « qui a délivré l'agrément. Dans le cas où le mandataire judiciaire est agréé dans plusieurs départements, elle est mise en paiement par le préfet du département qui a délivré en premier l'agrément. »

(Abrogé par Décr. n° 2015-1864 du 30 déc. 2015, art. 1er-5°, à compter du 1er janv. 2016) ***« Dans le cas où il y a plusieurs organismes de sécurité sociale appartenant à la même branche, l'organisme de sécurité sociale de la branche du** (Décr. n° 2011-936 du 1er août 2011, art. 7-II-2°)* ***« chef-lieu du département dont le préfet a délivré l'agrément » verse la part de rémunération incombant à ces organismes au mandataire judiciaire.** (Décr. n° 2011-936 du 1er août 2011, art. 7-II-3°)* ***« Dans le cas où le mandataire judiciaire est agréé dans plusieurs départements, cette part de rémunération est versée par l'organisme de sécurité sociale de la branche du chef-lieu du département dont le préfet a délivré en premier l'agrément. »***

Art. R. 472-10 Le mandataire judiciaire à la protection des majeurs adresse chaque semestre aux juges concernés une déclaration indiquant le nombre total et la nature des mesures de protection des majeurs qu'il exerce au titre du mandat spécial auquel il peut être recouru dans le cadre de la sauvegarde de justice, de la curatelle, de la tutelle ou de la mesure d'accompagnement judiciaire, ainsi que le nombre de personnes exerçant auprès de lui la fonction de secrétaire spécialisé *(Décr. n° 2016-1896 du 27 déc. 2016, art. 8, en vigueur le 1er juill. 2017)* « , et, le cas échéant, l'activité de mandataire exercée au sein d'un service mandataire en qualité de délégué à la protection juridique des majeurs ou dans un établissement en qualité de préposé, avec la mention de la quotité de travail effectuée au sein de ce service ou de cet établissement ». Copie de cette déclaration est adressée dans le même délai au préfet. Le modèle de cette déclaration est fixé par arrêté du ministre chargé de la famille.

SECTION 2 Activité exercée en qualité de préposé d'établissement hébergeant des majeurs

SOUS-SECTION 1 La désignation de l'agent *(Décr. nº 2008-1511 du 30 déc. 2008).*

Art. D. 472-13 *(Décr. nº 2008-1511 du 30 déc. 2008)* Le seuil mentionné au premier alinéa de l'article L. 472-5 est fixé à 80 places autorisées au titre de l'hébergement permanent.

Art. R. 472-14 *(Décr. nº 2008-1505 du 30 déc. 2008)* La déclaration prévue à l'article L. 472-6 porte mention des informations suivantes :

1° Le nom et le(s) prénom(s) de l'agent désigné pour exercer l'activité de mandataire judiciaire à la protection des majeurs en qualité de préposé d'établissement hébergeant des majeurs ;

(Décr. nº 2011-936 du 1er août 2011, art. 5-II-2º) « 2° Sa formation, son expérience, son activité professionnelle ;

« 3° Ses fonctions exercées au sein de l'établissement ;

« 4° Les moyens que l'établissement entend mettre en œuvre pour qu'un exercice indépendant des mesures de protection des majeurs qui peuvent être confiées par le juge soit assuré de manière effective ; » – *Les 2º à 5º deviennent les 5º à 8º (Décr. nº 2011-936 du 1er août 2011, art. 5-II-1º).*

5° Le nombre et la nature des mesures de protection des majeurs qu'il peut exercer ;

6° Le nom et l'adresse de son employeur ;

7° Le cas échéant, l'identité, la formation et l'expérience des personnes qui assurent auprès de lui des fonctions de secrétaire spécialisé, ainsi que la description de ces fonctions ;

8° Le cas échéant, le nom et l'adresse de tout établissement ayant passé avec son employeur une convention en application du dernier alinéa de l'article L. 472-5.

(Décr. nº 2016-1896 du 27 déc. 2016, art. 9, en vigueur le 1er juill. 2017) « Pour les personnes physiques qui disposent d'une délégation d'un service mandataire pour exercer l'activité de mandataire judiciaire ou exercent à titre individuel à la date de la déclaration, le dossier de déclaration comporte également les informations relatives à l'activité de mandataire exercée au moment de la demande d'agrément, en particulier le temps d'activité ou le nombre et la nature des mesures exercées et, le cas échéant, les agréments obtenus. »

Art. R. 472-15 *(Décr. nº 2008-1505 du 30 déc. 2008)* La déclaration est adressée au préfet deux mois avant la désignation d'un agent pour exercer l'activité de mandataire judiciaire à la protection des majeurs en qualité de préposé d'établissement hébergeant des majeurs. Copie de la déclaration est adressée dans le même délai au procureur de la République près le tribunal judiciaire *[ancienne rédaction : tribunal de grande instance]* du chef-lieu de département. Lorsque l'établissement est public, une copie est adressée également au *(Décr. nº 2014-551 du 27 mai 2014, art. 1er-4º)* « directeur départemental ou, le cas échéant, régional des finances publiques ».

Art. R. 472-16 *(Décr. nº 2008-1505 du 30 déc. 2008)* La déclaration est accompagnée :

1° Concernant l'agent de l'établissement désigné pour exercer l'activité de mandataire judiciaire à la protection des majeurs en qualité de préposé d'établissement hébergeant des majeurs, d'un acte de naissance, d'un extrait de casier judiciaire *(Abrogé par Décr. nº 2011-936 du 1er août 2011, art. 5-III-1º)* « *, d'une description des fonctions exercées au sein de l'établissement* » et du certificat national de compétence mentionné à l'article D. 471-4 ;

(Abrogé par Décr. nº 2011-936 du 1er août 2011, art. 5-III-2º) ***« 2º D'une description des moyens que l'établissement entend mettre en œuvre pour qu'un exercice indépendant des mesures de protection des majeurs qui peuvent être confiées par le juge soit assuré de manière effective ; »***

2º Du projet de notice d'information mentionnée à l'article L. 471-6 ; *– Le 3º devient le 2º (Décr. nº 2011-936 du 1er août 2011, art. 5-III-2º).*

(Décr. nº 2011-936 du 1er août 2011, art. 5-III-3º) **« 3º D'une copie des conventions et de leurs avenants passés en application du dernier alinéa de l'article L. 472-5 ; »**

(Décr. nº 2016-1896 du 27 déc. 2016, art. 10, en vigueur le 1er juill. 2017) **« 4º Pour les personnes physiques qui disposent d'une délégation d'un service mandataire pour exercer l'activité de mandataire judiciaire ou exercent à titre individuel à la date de la déclaration, le dossier de déclaration comporte également les pièces suivantes :**

« *a)* En cas d'exercice de l'activité de mandataire par délégation d'un service mandataire :

« – la copie du contrat de travail ;

« – la fiche de poste ;

« *b)* En cas d'exercice de l'activité de mandataire à titre individuel :

« – le ou les agréments les autorisant à exercer à titre individuel ;

« – le dernier relevé semestriel d'activité. »

Art. R. 472-16-1 *(Décr. nº 2011-936 du 1er août 2011, art. 5-IV)* **L'établissement déclarant transmet au préfet de département dans un délai d'un an à compter de la déclaration le certificat national de compétence mentionné à l'article D. 471-3 obtenu par la personne désignée dans la déclaration. A défaut de transmission dans le délai imparti, les effets de la déclaration cesseront et le mandataire judiciaire sera immédiatement retiré de la liste.**

Art. R. 472-17 *(Décr. nº 2008-1505 du 30 déc. 2008)* **Le responsable de l'établissement et les personnes intervenant auprès des personnes accueillies par l'établissement ne peuvent être désignés dans la déclaration prévue à l'article L. 472-6.**

Art. D. 472-18 *(Décr. nº 2008-1511 du 30 déc. 2008)* **En cas d'opposition à la déclaration mentionnée à l'article L. 472-6, le préfet en informe l'auteur et le** *(Décr. nº 2014-552 du 27 mai 2014, art. 1er)* **« directeur départemental ou, le cas échéant, régional des finances publiques ».**

Art. R. 472-19 *(Décr. nº 2008-1505 du 30 déc. 2008)* **L'établissement effectue une nouvelle déclaration :**

1º Lorsque l'agent est désigné pour exercer une catégorie de mesures de protection des majeurs qui n'est pas prévue dans la déclaration initiale ;

2º Lorsqu'il désigne un agent en remplacement de celui qui est mentionné dans la déclaration initiale ;

3º Lorsque le nombre de mesures de protection des majeurs confié par le juge à l'agent est supérieur à celui prévu dans la déclaration initiale ;

4º Lorsque l'agent est désigné en application du dernier alinéa de l'article L. 472-5, par un établissement qui n'était pas mentionné dans la déclaration initiale.

Art. R. 472-19-1 *(Décr. nº 2016-1896 du 27 déc. 2016, art. 11, en vigueur le 1er juill. 2017)* **Pour les personnes physiques qui disposent d'une délégation d'un service mandataire pour exercer l'activité de mandataire judiciaire ou exercent à titre individuel à la date de la déclaration, le représentant de l'État dans le département peut faire opposition à leur désignation en qualité de préposé d'établissement si les conditions précisées à l'article R. 471-2-1 ne sont pas satisfaites.**

SOUS-SECTION 2 **L'organisation de l'activité de l'agent**

(Décr. nº 2008-1505 du 30 déc. 2008)

Art. R. 472-20 **Le mandataire judiciaire à la protection des majeurs rend compte directement au juge de l'exercice de la mesure de protection juridique des majeurs.**

Il informe le responsable de l'établissement des jours où il s'absente de l'établissement pour accomplir les obligations nécessaires à l'exercice de la mesure de protection juridique des majeurs.

Art. R. 472-21 L'établissement garantit au mandataire judiciaire à la protection des majeurs la confidentialité de la correspondance reçue à son attention ou envoyée par lui dans le cadre de l'exercice des mesures de protection des majeurs.

Art. R. 472-22 La personne protégée doit pouvoir s'entretenir avec le mandataire judiciaire à la protection des majeurs sans la présence de l'une des personnes mentionnées à l'article R. 472-17.

Art. R. 472-23 Pour déterminer le budget alloué au financement de l'activité du mandataire judiciaire à la protection des majeurs, il est tenu compte d'indicateurs relatifs en particulier à la charge de travail liée à la nature de la mesure de protection et à la situation de la personne protégée. Ces indicateurs sont fixés par arrêté du ministre chargé de la famille.

SECTION 3 **Dispositions communes** *(Décr. nº 2008-1505 du 30 déc. 2008).*

Art. R. 472-24 *(Décr. nº 2008-1505 du 30 déc. 2008)* Le retrait de l'agrément ou l'annulation des effets de la déclaration dans les cas prévus au deuxième alinéa de l'article L. 472-10 vaut radiation du mandataire judiciaire à la protection des majeurs de la liste mentionnée à l'article L. 471-2 et inscription sur la liste mentionnée à l'article L. 471-3. La décision est notifiée par le préfet au procureur de la République près le tribunal judiciaire *[ancienne rédaction : tribunal de grande instance]* du chef-lieu de département, aux juridictions intéressées, à l'établissement employeur et au mandataire judiciaire à la protection des majeurs. Le *(Décr. nº 2014-551 du 27 mai 2014, art. 1er-4º)* « directeur départemental ou, le cas échéant, régional des finances publiques » est informé de l'annulation des effets de la déclaration.

Dès réception de la notification du retrait d'agrément ou de l'annulation des effets de la déclaration, le juge des tutelles procède au remplacement du mandataire judiciaire pour les mesures de protection des majeurs en cours.

Art. R. 472-25 *(Décr. nº 2008-1553 du 31 déc. 2008)* La suspension de l'agrément par le préfet prévue à l'article L. 472-10 en cas d'urgence intervient pour une période maximale de huit jours, durant laquelle le mandataire judiciaire à la protection des majeurs est appelé ou entendu.

La suspension de l'agrément vaut suspension de l'inscription sur la liste prévue à l'article L. 471-2 et inscription sur la liste prévue à l'article L. 471-3. Elle est notifiée sans délai par le préfet de département au procureur de la République près le tribunal judiciaire *[ancienne rédaction : tribunal de grande instance]* du chef-lieu de département, aux juridictions intéressées et au mandataire judiciaire à la protection des majeurs.

A l'issue de la période de suspension de l'agrément, dans le cas où il est décidé de ne pas retirer l'agrément, le préfet notifie la fin de la suspension de l'agrément et le retrait de la liste prévue à l'article L. 471-3 au procureur de la République près le tribunal judiciaire *[ancienne rédaction : tribunal de grande instance]* du chef-lieu de département et au mandataire judiciaire à la protection des majeurs.

Art. R. 472-26 *(Décr. nº 2008-1505 du 30 déc. 2008)* La suspension de la déclaration prévue à l'article L. 472-10 en cas d'urgence intervient pour une période maximale de huit jours, durant laquelle sont entendus :

1º Le mandataire judiciaire à la protection des majeurs ;

2º Un représentant de l'établissement qui a fait la déclaration de la désignation du mandataire judiciaire à la protection des majeurs.

La suspension de la déclaration vaut suspension de l'inscription sur la liste prévue à l'article L. 471-2 et inscription sur la liste mentionnée à l'article L. 471-3. Elle est notifiée sans délai par le préfet au procureur de la République près le tribunal judiciaire *[ancienne rédaction : tribunal de grande instance]* du chef-lieu de département, aux

juridictions intéressées, au mandataire judiciaire à la protection des majeurs, à l'établissement qui en a déclaré la désignation et, lorsque cet établissement est public, au *(Décr. n° 2014-551 du 27 mai 2014, art. 1er-4°)* **« directeur départemental ou, le cas échéant, régional des finances publiques ».**

A l'issue de la période de suspension, dans le cas où il est décidé de ne pas annuler les effets de la déclaration, le préfet notifie la fin de la suspension de la déclaration et le retrait de la liste prévue à l'article L. 471-3 au procureur de la République près le tribunal judiciaire *[ancienne rédaction : tribunal de grande instance]* **du chef-lieu de département, aux juridictions intéressées, au mandataire judiciaire à la protection des majeurs, à l'établissement qui en a déclaré la désignation et, lorsque cet établissement est public, au** *(Décr. n° 2014-551 du 27 mai 2014, art. 1er-4°)* **« directeur départemental ou, le cas échéant, régional des finances publiques ».**

CHAPITRE III DISPOSITIONS PÉNALES COMMUNES AUX MANDATAIRES JUDICIAIRES À LA PROTECTION DES MAJEURS *(Décr. n° 2010-1404 du 12 nov. 2010, art. 2-II)*.

Le présent chapitre ne comprend pas de dispositions réglementaires.

CHAPITRE IV DÉLÉGUÉS AUX PRESTATIONS FAMILIALES *(Décr. n° 2010-1404 du 12 nov. 2010, art. 2-II)*.

SECTION 1 Dispositions communes aux délégués aux prestations familiales *(Décr. n° 2010-1404 du 12 nov. 2010, art. 2-II)*.

Art. D. 474-1 *(Décr. n° 2008-1512 du 30 déc. 2008)* **L'ouverture d'un service mentionné au 15° du I de l'article L. 312-1 et l'agrément d'une personne au titre de l'article L. 474-4 valent inscription sur la liste prévue à l'article L. 474-1.**

Le préfet notifie sans délai aux juridictions intéressées la liste des délégués aux prestations familiales en mentionnant son nom et ses coordonnées et le nom et les coordonnées de l'organisme gestionnaire s'ils sont différents de ceux du service mentionné au 15° du I de l'article L. 312-1 ;

Le délégué aux prestations familiales est informé de cette notification.

Art. R. 474-2 *(Décr. n° 2008-1504 du 30 déc. 2008)* **Dans** *(Décr. n° 2011-936 du 1er août 2011, art. 8-1°)* **« les six mois » de leur inscription sur la liste prévue à l'article L. 474-1, les délégués aux prestations familiales prêtent, devant le tribunal judiciaire** *[ancienne rédaction : tribunal de grande instance]* **du chef-lieu de département, le serment suivant : "Je jure et promets de bien et loyalement exercer le mandat qui m'est confié par le juge et d'observer, en tout, les devoirs que mes fonctions m'imposent. Je jure également de ne rien révéler ou utiliser de ce qui sera porté à ma connaissance à l'occasion de l'exercice du mandat judiciaire."** *(Décr. n° 2011-936 du 1er août 2011, art. 8-1°)* **« Lorsque le délégué aux prestations familiales est inscrit sur plusieurs listes, la prestation de serment n'est effectuée que lors de la première inscription sur une liste. »**

Lorsque le délégué aux prestations familiales est un service mentionné au 15° du I de l'article L. 312-1, la prestation de serment est effectuée par toute personne physique appartenant à ce service qui a reçu délégation de celui-ci pour assurer la mise en œuvre d'une mesure judiciaire d'aide à la gestion du budget familial *(Décr. n° 2011-936 du 1er août 2011, art. 8-1°)* **« dans un délai de six mois après son recrutement. Lorsque le service est autorisé dans plusieurs départements, la personne prête serment devant le tribunal judiciaire** *[ancienne rédaction : tribunal de grande instance]* **du chef-lieu du département où est implanté le siège de l'organisme gestionnaire du service. »**

Art. D. 474-3 *(Décr. n° 2008-1508 du 30 déc. 2008)* **Les personnes mentionnées à l'article L. 474-3 doivent avoir suivi avec succès une formation complémentaire attestant des compétences nécessaires à l'exercice des fonctions de délégué aux prestations familiales.**

Pour pouvoir accéder à cette formation, elles doivent être titulaires d'un diplôme d'État de travail social enregistré au niveau III du répertoire national des certifica-

tions professionnelles ou, pour les ressortissants d'un autre État membre de la Communauté européenne ou d'un autre État partie à l'accord sur l'Espace économique européen, d'un titre de formation équivalent.

Les personnes mentionnées au 2° de l'article L. 474-1 doivent, en outre, être âgées au minimum de 25 ans et justifier d'une expérience professionnelle d'une durée minimale de trois ans dans un des domaines nécessaires à l'exercice des fonctions de délégué aux prestations familiales.

Les personnes physiques qui ont reçu délégation d'un service mentionné au 15° du I de l'article L. 312-1 pour assurer la mise en œuvre de la mesure judiciaire d'aide à la gestion du budget familial doivent, en outre, être âgées au minimum de 21 ans à leur entrée en fonction. Elles disposent d'un délai maximum de deux ans à compter de leur entrée en fonction au sein du service pour satisfaire aux conditions prévues au premier alinéa du présent article.

La durée et le contenu de la formation complémentaire sont fonction des qualifications des intéressés et de leur expérience professionnelle pertinente.

Les personnes qui exerçaient avant le 1er janv. 2009 la mesure judiciaire d'aide à la gestion du budget familial ou la tutelle aux prestations sociales auxquelles donnent droit les enfants disposent du délai prévu au V de l'art. 44 de la L. n° 2007-308 du 5 mars 2007 pour satisfaire aux conditions définies au premier alinéa de l'art. D. 474-3. Les personnes qui ne remplissent pas les conditions de diplôme prévues au deuxième alinéa en sont dispensées sous réserve de justifier d'une expérience professionnelle d'au moins trois ans dans la fonction (Décr. n° 2008-1508 du 30 déc. 2008, art. 3).

Art. D. 474-4 *(Décr. n° 2008-1508 du 30 déc. 2008)* Le certificat national de compétence de délégué aux prestations familiales atteste que son titulaire a satisfait aux conditions de formation prévues à l'article L. 474-3 et au premier alinéa de l'article D. 474-3.

Un arrêté du ministre chargé des affaires sociales précise :

1° L'agencement de la formation complémentaire mentionnée à l'article D. 474-3, le contenu des enseignements théoriques et des stages éventuels ainsi que les dispenses et allègements de formation en fonction des qualifications et de l'expérience professionnelle des intéressés,

2° Les conditions et les modalités d'entrée en formation, de mise en œuvre et de validation de la formation ainsi que de délivrance du certificat national de compétence de délégué aux prestations familiales. — *V. Arr. du 2 janv. 2009 relatif à la formation complémentaire préparant aux certificats nationaux de compétence de mandataire judiciaire à la protection des majeurs et de délégué aux prestations familiales (JO 15 janv.).*

Art. D. 474-5 *(Décr. n° 2008-1556 du 31 déc. 2008)* Lorsque le document individuel de prise en charge mentionné à l'article L. 311-4 est élaboré par un service mentionné au 15° du I de l'article L. 312-1, les dispositions suivantes s'appliquent :

I. — Le document individuel de prise en charge est établi en fonction d'une connaissance précise de la situation de la famille et d'une évaluation des besoins de l'enfant ainsi que dans le respect des principes déontologiques et éthiques, des recommandations de bonnes pratiques professionnelles et du projet de service.

Lors de l'élaboration du document, le service recherche la participation et l'adhésion de la famille.

II. — Le document individuel de prise en charge comporte notamment :

1° Un rappel de la nature et des objectifs généraux de la mesure judiciaire d'aide à la gestion du budget familial ;

2° Une information personnalisée sur les objectifs personnels de la mesure judiciaire d'aide à la gestion du budget familial ;

3° Une description des modalités concrètes d'accueil de la famille par le service et des conditions dans lesquelles ont lieu les échanges entre le service et la famille.

Mention est faite, le cas échéant, de la participation de la famille à l'élaboration du document.

III. — Le document individuel de prise en charge est établi et signé au nom du service par une personne ayant reçu habilitation.

IV. — Le document est remis aux parents et expliqué à la famille.

V. — Le document est remis au plus tard dans les trois mois qui suivent la date de la notification du jugement qui confie la mesure judiciaire d'aide à la gestion du budget familial au service.

Le document individuel de prise en charge est établi pour la durée du mandat judiciaire. Il prévoit les conditions et les modalités de sa résiliation ou de sa révision ou de la cessation de certaines des mesures qu'il contient.

Un avenant au document permet de réactualiser, s'il y a lieu, les objectifs précis de la mesure judiciaire d'aide à la gestion du budget familial et les actions à mener dans ce cadre.

VI. — Toute modification du document individuel de prise en charge ou de l'un de ses avenants ultérieurs, portant sur les dispositions du II, intervient selon les mêmes modalités que lors de leur conclusion initiale.

VII. — Le service conserve copie des pièces prévues au présent article.

Art. D. 474-6 *(Décr. nº 2008-1556 du 31 déc. 2008)* La signature par la personne présente d'un récépissé, dont le modèle est défini à l'annexe 4-5, atteste de la remise du document individuel de prise en charge mentionné à l'article D. 474-5 et des autres documents mentionnés à l'article L. 311-4.

Art. D. 474-7 *(Décr. nº 2008-1556 du 31 déc. 2008)* Le document individuel de prise en charge mentionné à l'article D. 474-5 et les autres documents mentionnés à l'article L. 311-4 font l'objet d'une sélection dans les conditions prévues à l'article L. 212-2 du code du patrimoine à l'expiration d'un délai de cinq ans à compter de la fin de la mesure judiciaire d'aide à la gestion du budget familial.

Art. D. 474-8 *(Décr. nº 2008-1556 du 31 déc. 2008)* La participation prévue à l'article L. 311-6 peut s'exercer selon les modalités suivantes :

1° Par l'institution de groupes d'expression au niveau du service ou d'une partie de ce service ;

2° Par l'organisation de consultations de l'ensemble des familles prises en charge sur toutes questions concernant l'organisation ou le fonctionnement du service ;

3° Par la mise en œuvre d'enquêtes de satisfaction.

Art. D. 474-9 *(Décr. nº 2008-1512 du 30 déc. 2008)* La liste nationale prévue par l'article L. 474-2 comporte les informations suivantes :

1° Concernant les services et personnes répertoriés dans la liste :

a) Concernant les services mentionnés au 15° du I de l'article L. 312-1 dont l'autorisation fait l'objet d'un retrait en application de l'article L. 313-18 :

— le nom de leur gestionnaire et son adresse ;

— si leur gestionnaire est une personne physique, son nom, son nom d'usage et son (ses) prénom(s), sa date et son lieu de naissance ;

— la date et le lieu de délivrance de leur autorisation ;

b) Concernant les délégués aux prestations familiales dont l'agrément prévu à l'article L. 474-4 fait l'objet d'une suspension ou d'un retrait en application de l'article L. 474-5 :

— leur nom, leur nom d'usage et leur(s) prénom(s) ;

— leur date et leur lieu de naissance ;

— leur adresse ;

— la date et le lieu de délivrance de leur agrément ;

2° Concernant la décision de retrait en application de l'article L. 313-18 de l'autorisation des services mentionnés au 15° du I de l'article L. 312-1, de suspension ou de retrait en application de l'article L. 474-5 de l'agrément prévu à l'article L. 474-4 :

— le département dans lequel a été prise la décision administrative ;

— le type de motif à l'origine de la décision administrative ;

— les éléments constatés en application de l'article L. 313-18 ou de l'article L. 474-5 ;

— la date de la décision administrative.

Art. D. 474-10 *(Décr. n° 2008-1512 du 30 déc. 2008)* **La liste mentionnée à l'article D. 474-9 est dressée et tenue à jour sous le contrôle du ministre chargé de la famille qui veille au respect des dispositions du présent chapitre.**

L'inscription sur la liste est demandée par les agents individuellement désignés et spécialement habilités par le préfet, le directeur départemental des affaires sanitaires *[et]* **sociales et leurs adjoints et réalisée par les agents individuellement désignés et spécialement habilités par le ministre chargé de la famille à cette fin.**

Art. D. 474-11 *(Décr. n° 2008-1512 du 30 déc. 2008)* **La décision de retrait en application de l'article L. 313-18 de l'autorisation des services mentionnés au 15° du I de l'article L. 312-1, de suspension ou de retrait en application de l'article L. 474-5 de l'agrément prévu à l'article L. 474-4 mentionne l'inscription des services et personnes concernés sur la liste mentionnée à l'article L. 471-3. Les personnes et services concernés ne peuvent s'opposer à leur inscription sur cette liste.**

Art. D. 474-12 *(Décr. n° 2008-1512 du 30 déc. 2008)* **Toute personne dont l'identité est inscrite dans la liste peut demander au directeur départemental des affaires sanitaires et sociales de rectifier les informations la concernant ou d'en ordonner l'effacement si ces informations ne sont pas exactes ou si leur conservation n'apparaît plus nécessaire compte tenu de la finalité de la liste, au regard de la nature des faits à l'origine de l'inscription sur la liste et du temps écoulé depuis lors.**

Art. D. 474-13 *(Décr. n° 2008-1512 du 30 déc. 2008)* **Dans la limite de leurs attributions respectives et pour l'instruction des demandes d'autorisation de services mentionnés au 15° du I de l'article L. 312-1 ou des demandes d'agrément prévu à l'article L. 474-4, sont seuls autorisés à accéder directement à la liste par un système de télécommunication sécurisé :**

1° Les préfets, les directeurs départementaux des affaires sanitaires *[et]* **sociales, leurs adjoints et les agents individuellement désignés et spécialement habilités par eux à cette fin ;**

2° Les procureurs de la République près les tribunaux judiciaires *[ancienne rédaction : tribunaux de grande instance]* **des chefs-lieux de département et leurs substituts.**

Art. D. 474-14 *(Décr. n° 2008-1512 du 30 déc. 2008)* **La liste conserve pendant une durée de trois ans les informations relatives aux inscriptions et consultations dont elle fait l'objet, en précisant la qualité de la personne ou autorité ayant procédé à l'opération.**

Ces informations ne peuvent être consultées que par le ministre chargé de la famille ou, avec son autorisation, par les personnes qu'il habilite spécialement.

Elles peuvent donner lieu à des exploitations statistiques.

Art. D. 474-15 *(Décr. n° 2008-1512 du 30 déc. 2008)* **Le directeur départemental des affaires sanitaires et sociales procède à l'effacement des données qui sont inscrites sur la liste :**

a) **A l'expiration d'un délai de cinq ans ;**

b) **Lorsqu'il est informé du rétablissement de l'agrément après sa suspension prononcée en application de l'article L. 474-5 ou de la réouverture du service après le retrait de l'autorisation en application de l'article L. 313-18 ;**

c) **Lorsqu'il est informé du décès de la personne ;**

d) **En application de l'article D. 474-12.**

SECTION 2 Délégués aux prestations familiales à titre individuel

(Décr. n° 2008-1553 du 31 déc. 2008)

Art. R. 474-16 **La demande d'agrément en qualité de délégué aux prestations familiales est établie sur un document précisant dans des conditions définies par arrêté du ministre chargé de la famille l'identité du demandeur, sa formation, son expérience, son activité professionnelle, les garanties mentionnées aux articles L. 474-4,**

l'identité, la formation et l'expérience des personnes qui exercent auprès de lui des fonctions de secrétaire spécialisé, ainsi que la description de ces fonctions.

Elle est accompagnée d'un acte de naissance, d'un extrait de casier judiciaire, d'un justificatif de domicile, d'une attestation d'immatriculation fiscale, du certificat national de compétence mentionné à l'article D. 474-4, de tout document et information permettant au préfet d'apprécier l'existence des garanties mentionnées à l'article L. 474-4, des contrats de travail des personnes mentionnées au premier alinéa, ainsi que du projet de notice d'information mentionnée à l'article L. 471-6.

Art. R. 474-17 La demande est adressée au préfet par lettre recommandée avec demande d'avis de réception. *(Décr. n° 2011-936 du 1er août 2011, art. 8-2°)* **« Copie de la demande est adressée selon les mêmes modalités au procureur de la République près le tribunal judiciaire** *[ancienne rédaction : tribunal de grande instance]* **du chef-lieu de département. »**

Le préfet dispose d'un délai de vingt jours pour accuser réception de la demande d'agrément ou, si la demande est incomplète, pour indiquer les pièces manquantes dont la production est indispensable à l'instruction de la demande et fixer un délai pour la production de ces pièces.

Art. R. 474-18 Le silence gardé pendant plus de quatre mois à compter de la date d'accusé de réception du dossier complet par le préfet sur la demande d'agrément vaut décision de rejet de celle-ci.

Art. R. 474-19 L'agrément est accordé *(Décr. n° 2011-936 du 1er août 2011, art. 8-3°)* **« après avis conforme du procureur de la République près le tribunal judiciaire** *[ancienne rédaction : tribunal de grande instance]* **du chef-lieu de département, » pour une durée maximale de cinq ans.**

Art. R. 474-20 Un délai minimum d'un an précède toute nouvelle demande consécutive à une décision de refus ou de retrait d'agrément.

Art. R. 474-21 Dans l'année qui précède la date d'échéance de la décision d'agrément ou de renouvellement d'agrément, le préfet indique, par lettre recommandée avec avis de réception, au délégué aux prestations familiales qu'il doit présenter une demande de renouvellement d'agrément quatre mois au moins avant ladite échéance s'il entend continuer à en bénéficier.

La demande de renouvellement de l'agrément est déposée et instruite dans les mêmes conditions que la demande initiale.

Art. R. 474-22 Le délégué aux prestations familiales demande un nouvel agrément dans les conditions prévues aux articles R. 474-16 et R. 474-17 lorsqu'il souhaite modifier la nature et la consistance des garanties contre les conséquences pécuniaires de sa responsabilité civile en raison des dommages subis par les personnes qu'il prend en charge *(Décr. n° 2011-936 du 1er août 2011, art. 8-4°)* **« ou lorsque le nombre de personnes qui exercent auprès de lui des fonctions de secrétaire spécialisé est différent du nombre figurant dans la déclaration initiale ».**

Art. R. 474-23 Le délégué aux prestations familiales qui désire cesser ses fonctions en informe, avec un préavis de deux mois, le préfet ainsi que les juridictions qui lui ont confié des mesures judiciaires d'aide à la gestion du budget familial. Il lui est donné acte par le préfet de la cessation de son activité et l'agrément lui est retiré. Il est également radié de la liste prévue à l'article L. 474-1. Le retrait de l'agrément est notifié au procureur de la République près le tribunal judiciaire *[ancienne rédaction : tribunal de grande instance]* **du chef-lieu de département. La radiation de la liste est notifiée aux juridictions intéressées.**

Art. R. 474-24 La suspension de l'agrément par le préfet dans les conditions prévues à l'article L. 474-5 intervient pour une période maximale de huit jours, durant laquelle est appelé ou entendu le délégué aux prestations familiales.

La suspension de l'agrément vaut suspension de l'inscription sur la liste prévue à l'article L. 474-1 et inscription sur la liste prévue à l'article L. 474-2. Elle est notifiée sans délai par le préfet au procureur de la République près le tribunal judiciaire *[ancienne rédaction : tribunal de grande instance]* du chef-lieu de département, aux juridictions intéressées et au délégué aux prestations familiales.

A l'issue de la période de suspension de l'agrément, dans le cas où il est décidé de ne pas retirer l'agrément, le préfet notifie la fin de la suspension de l'agrément et le retrait de la liste prévue à l'article L. 474-2 au procureur de la République près le tribunal judiciaire *[ancienne rédaction : tribunal de grande instance]* du chef-lieu de département, aux juridictions intéressées et au délégué aux prestations familiales.

Art. R. 474-24-1 *(Décr. n° 2011-936 du 1er août 2011, art. 8-5°)* Le retrait de l'agrément dans les cas prévus au deuxième alinéa de l'article L. 474-5 vaut radiation du délégué aux prestations familiales de la liste mentionnée à l'article L. 474-1 et inscription sur la liste mentionnée à l'article L. 474-2. La décision est notifiée par le préfet au procureur de la République près le tribunal judiciaire *[ancienne rédaction : tribunal de grande instance]* du chef-lieu de département, aux juridictions intéressées et au délégué aux prestations familiales.

Dès réception de la notification du retrait d'agrément, le juge des enfants procède au remplacement du délégué aux prestations familiales pour les mesures de protection en cours.

Art. R. 474-25 Le délégué aux prestations familiales est rémunéré sur la base d'un tarif mensuel forfaitaire attribué pour toute mesure confiée par le juge au titre de la mesure judiciaire d'aide à la gestion du budget familial.

Le tarif mensuel forfaitaire est fixé par un arrêté des ministres chargés de la famille et de la sécurité sociale. Le versement du tarif par chaque financeur concerné conformément aux dispositions *(Décr. n° 2011-936 du 1er août 2011, art. 8-6°)* « de l'article L. 361-2 » fait l'objet d'une convention entre ce financeur et *(Décr. n° 2011-936 du 1er août 2011, art. 8-6°)* « le délégué aux prestations familiales ».

Les indicateurs applicables au délégué aux prestations familiales et tenant compte en particulier de la charge de travail résultant de l'exécution de cette mesure sont fixés par arrêté du ministre chargé de la famille.

Art. R. 474-25-1 *(Décr. n° 2011-936 du 1er août 2011, art. 8-7°)* Dans le cas où il y a plusieurs organismes de sécurité sociale appartenant à la même branche, l'organisme de sécurité sociale de la branche du chef-lieu du département dont le préfet a délivré l'agrément verse la part de rémunération incombant à ces organismes au délégué aux prestations familiales. Dans le cas où le délégué aux prestations familiales est agréé dans plusieurs départements, cette part de rémunération est versée par l'organisme de sécurité sociale de la branche du chef-lieu du département dont le préfet a délivré en premier l'agrément.

Art. R. 474-26 Le délégué aux prestations familiales adresse chaque semestre aux juges une déclaration indiquant le nombre total de mesures judiciaires d'aide à la gestion du budget familial qu'il exerce, ainsi que le nombre de personnes exerçant auprès de lui la fonction de secrétaire spécialisé. Copie de cette déclaration est adressée dans le même délai au préfet. Le modèle de cette déclaration est fixé par arrêté du ministre chargé de la famille.

LIVRE V DISPOSITIONS PARTICULIÈRES APPLICABLES À CERTAINES PARTIES DU TERRITOIRE

TITRE I DÉPARTEMENTS DU BAS-RHIN, DU HAUT-RHIN ET DE LA MOSELLE

Le présent titre ne comprend pas de dispositions réglementaires.

TITRE I *BIS* COLLECTIVITÉ DE CORSE

(*Décr. n° 2018-76 du 8 févr. 2018, art. 4*)

Art. R. 511-1 I. — Pour l'application du présent code dans la collectivité de Corse :

1° Les mots : "au département et à la région" sont remplacés par les mots : "à la collectivité de Corse" ;

2° Les mots : "au conseil départemental et au conseil régional" sont remplacés par les mots : "à l'Assemblée de Corse";

3° Les mots : "aux présidents du conseil départemental et du conseil régional" sont remplacés par les mots : "au président du conseil exécutif de Corse".

II. — Pour l'application dans la collectivité de Corse du chapitre IV du titre II du livre II, du chapitre I *bis* du titre IV du livre II et du chapitre V du titre I du livre III, les références au préfet, au préfet de département de l'État ou au représentant de l'État sont remplacées par les références au préfet de Corse.

TITRE II GUADELOUPE, GUYANE, MARTINIQUE ET LA RÉUNION (*Décr. n° 2014-1407 du 26 nov. 2014, art. 1er*).

CHAPITRE I DISPOSITIONS GÉNÉRALES

SECTION 1 Conditions d'application (*Décr. n° 2016-1454 du 28 oct. 2016, art. 1er-1°*).

Art. R. 521-1 (*Décr. n° 2016-1454 du 28 oct. 2016, art. 1er-1°*) « I. — » (*Décr. n° 2014-30 du 13 janv. 2014, art. 1er-1°*) Pour l'application (*Décr. n° 2016-1454 du 28 oct. 2016, art. 1er-1°*) « du présent code » en Guadeloupe et à La Réunion :

1° Les mots : "agence régionale de santé" sont remplacés, en Guadeloupe, par les mots : "agence de santé de la Guadeloupe, de Saint-Barthélemy et de Saint-Martin" (*Abrogé par Décr. n° 2020-189 du 3 mars 2020, art. 2-1°*) *« et, à La Réunion, par les mots : "agence de santé de l'océan Indien" »* ;

2° Les mots : "conférence régionale de la santé et de l'autonomie" sont remplacés, en Guadeloupe, par les mots : "conférence de la santé et de l'autonomie de la Guadeloupe, de Saint-Barthélemy et de Saint-Martin" (*Abrogé par Décr. n° 2020-189 du 3 mars 2020, art. 2-1°*) *« et, à La Réunion, par les mots : "conférence de la santé et de l'autonomie de La Réunion" »*.

(*Décr. n° 2016-1454 du 28 oct. 2016, art. 1er-1°*) « II. — Pour l'application du présent code en Guyane et en Martinique :

« 1° La référence au département est remplacée par la référence à la collectivité territoriale de Guyane ou de Martinique ;

« 2° La référence au conseil départemental est remplacée par la référence à l'assemblée de Guyane ou de Martinique. »

Art. R. 521-2 Pour l'application des dispositions du chapitre IV du titre I du livre III dans les départements d'outre-mer :

1° Les attributions dévolues (*Abrogé par Décr. n° 2019-718 du 5 juill. 2019, art. 9-III*) *« à la caisse régionale d'assurance maladie des travailleurs salariés et »* à la caisse primaire d'assurance maladie sont dévolues à la caisse générale de sécurité sociale (*Décr. n° 2014-30 du 13 janv. 2014, art. 1er-2°*) « et celles dévolues à l'agence régionale de santé sont dévolues, en Guadeloupe, à l'agence de santé de la Guadeloupe, de Saint-

Barthélemy et de Saint-Martin *(Abrogé par Décr. nº 2020-189 du 3 mars 2020, art. 2-2º)* ***« et, à La Réunion, à l'agence de santé de l'océan Indien » ;***

(Abrogé par Décr. nº 2020-1545 du 9 déc. 2020, art. 28-I, à compter du 1er avr. 2021) ***« 2º Les attributions dévolues au directeur régional de la jeunesse, des sports et de la cohésion sociale sont dévolues au directeur de la jeunesse, des sports et de la cohésion sociale ;***

« 3º Les attributions dévolues au directeur régional des entreprises, de la concurrence, de la consommation, du travail et de l'emploi sont dévolues au directeur des entreprises, de la concurrence, de la consommation, du travail et de l'emploi » ; »

4º Les attributions dévolues au directeur interrégional de la protection judiciaire de la jeunesse sont dévolues au directeur territorial de la protection judiciaire de la jeunesse. – *[Décr. nº 2003-1010 du 22 oct. 2003, art. 166, I, relatif à la gestion et aux modalités de financement et de tarification des établissements et services sociaux et médico-sociaux.]*

CHAPITRE II **REVENU DE SOLIDARITÉ ACTIVE** *(Décr. nº 2010-1783 du 31 déc. 2010, art. 2-1º, en vigueur le 1er janv. 2011).*

SECTION 1 **Prestation de revenu de solidarité active** *(Décr. nº 2010-1783 du 31 déc. 2010, art. 2-2º, en vigueur le 1er janv. 2011).*

Art. R. 522-1 *(Décr. nº 2018-1321 du 28 déc. 2018, art. 1er, en vigueur le 1er janv. 2019)* **Pour l'application des dispositions du chapitre II du titre VI du livre II en Guyane :**

1º Les références aux dispositions du chapitre II du titre VI du livre II des parties législative et réglementaire du présent code s'entendent des références à ces dispositions telles qu'applicables en Guyane ;

2º Au dernier alinéa de l'article R. 262-13, les mots : "Sur décision individuelle du président du conseil départemental" sont remplacés par les mots : "Sur décision du directeur de la caisse d'allocations familiales" ;

3º A l'article R. 262-14, les mots : "Sur décision individuelle du président du conseil départemental" sont remplacés par les mots : "Sur décision du directeur de la caisse d'allocations familiales" ;

4º A l'article R. 262-23, les mots : "le président du conseil départemental" sont remplacés par les mots : "le directeur de la caisse d'allocations familiales" ;

5º A l'article R. 262-24, les mots : "le président du conseil départemental" sont remplacés par les mots : "la caisse d'allocations familiales" ;

6º A l'article R. 262-25-5, les mots : "auprès des organismes mentionnés à l'article L. 262-16" sont remplacés par les mots : "auprès de la caisse d'allocations familiales" et les mots : "ces organismes disposent" sont remplacés par les mots : "cet organisme dispose" ;

7º L'article D. 262-26 est remplacé par les dispositions suivantes :

Art. D. 262-26 La demande de revenu de solidarité active peut être déposée :

a) Auprès de la caisse d'allocations familiales ;

b) Auprès du centre communal ou intercommunal d'action sociale du lieu de domicile du demandeur, lorsque son conseil d'administration a décidé d'instruire les demandes de revenu de solidarité active en application de l'article L. 262-15 ;

c) Auprès des associations et organismes à but non lucratif auxquels le directeur de la caisse d'allocations familiales a délégué l'instruction administrative ;

d) Auprès des services de la collectivité territoriale de Guyane ;

e) Auprès de Pôle emploi, dès lors que son conseil d'administration a décidé d'instruire les demandes de revenu de solidarité active en application de l'article D. 262-27.

8º A l'article D. 262-29, les mots : "le président du conseil départemental" sont remplacés par les mots : "le directeur de la caisse d'allocations familiales" et après les mots : "un engagement de qualité de service" sont insérés les mots : "sous la forme d'une convention" ;

9º L'article D. 262-30 est remplacé par les dispositions suivantes :

Art. D. 262-30 La convention mentionnée à l'article L. 262-15 fixe notamment le ressort territorial dans lequel le centre communal ou intercommunal d'action sociale, l'association ou l'organisme délégataire est habilité à recevoir et instruire les demandes de revenu de solidarité active.

10° A l'article R. 262-38, les mots : "le président du conseil départemental" sont remplacés par les mots : "le directeur de la caisse d'allocations familiales" et les mots : "par délibération du conseil départemental" sont remplacés par les mots : "par la convention de gestion mentionnée à l'article L. 262-25" ;

11° Au premier alinéa de l'article R. 262-40, les mots : "Le président du conseil départemental" sont remplacés par les mots : "Le directeur de la caisse d'allocations familiales" ;

12° A l'article R. 262-41, les mots : "le président du conseil départemental" sont remplacés par les mots : "le représentant de l'État en Guyane, après avis de la caisse d'allocations familiales" ;

13° A l'article R. 262-47 :

a) A la première phrase, les mots : "le président du conseil départemental, ainsi que l'organisme chargé du service de l'allocation," sont remplacés par les mots : "l'organisme chargé du service de l'allocation" ;

b) A la deuxième phrase, les mots : "Le président du conseil départemental" sont remplacés par les mots : "Le directeur de la caisse d'allocations familiales" ;

14° Au premier, au deuxième et au quatrième alinéa de l'article R. 262-49, les mots : "président du conseil départemental" sont remplacés, dans toutes leurs occurrences, par les mots : "directeur de la caisse d'allocations familiales" ;

15° L'intitulé de la sous-section 4 de la section 2 du chapitre II du titre VI est remplacé par l'intitulé suivant : "Conventions conclues entre l'État et la caisse d'allocations familiales" ;

16° A l'article R. 262-60 :

a) Le 3° est remplacé par les dispositions suivantes :

(Décr. n° 2019-1485 du 28 déc. 2019, art. 2, en vigueur le 1er janv. 2020) « "3° La liste des compétences déléguées à la caisse d'allocations familiales sur le fondement du 1° de l'article L. 262-25, ainsi que leurs modalités de suivi, d'évaluation et de contrôle par l'État ;" »

b) Au 4°, les mots : "de ces organismes" sont remplacés par les mots : "de la caisse d'allocations familiales" et les mots : "adressés au président du conseil départemental" sont supprimés ;

17° L'article D. 262-61 n'est pas applicable ;

18° L'article D. 262-62 est remplacé par les dispositions suivantes :

Art. D. 262-62 Le montant des frais de gestion supplémentaires versés annuellement par l'État à la caisse d'allocations familiales est égal au montant réel des dépenses engagées pour l'exercice des compétences déléguées qui ne se rattachent pas à l'instruction et au service de la prestation, minoré ou majoré, dans la limite de 5 %, en fonction de l'atteinte des objectifs fixés par la convention prévue à l'article L. 262-25. Ce montant est constaté selon les modalités stipulées par cette convention.

19° A l'article D. 262-63 :

a) Le 2° est remplacé par les dispositions suivantes :

"2° Les délais dans lesquels la caisse d'allocations familiales prend les décisions relevant des compétences qui lui sont déléguées par l'État et conditionnant la liquidation des droits ;"

b) Le 3° n'est pas applicable ;

20° L'article D. 262-64 n'est pas applicable ;

21° A l'article R. 262-65-1 :

a) Les mots : "l'un des organismes mentionnés à l'article L. 262-16" sont remplacés par les mots : "la caisse d'allocations familiales" ;

b) Les mots : "il informe" sont remplacés par les mots : "elle informe" ;

c) Les mots : "et notifie simultanément cette information au président du conseil départemental" sont supprimés ;

22° L'article R. 262-65-2 est remplacé par les dispositions suivantes :

Art. R. 262-65-2 Le directeur de la caisse d'allocations familiales décide de l'orientation du bénéficiaire prévue à l'article L. 262-29 dès l'ouverture du droit au revenu de solidarité active ou dans un délai de deux mois suite au changement de situation du bénéficiaire l'ayant conduit à satisfaire aux conditions prévues à l'article L. 262-28. Cette décision est notifiée à l'intéressé.

23° A l'article R. 262-65-3 :

a) Les mots : "dans le délai prévu" sont remplacés par les mots : "dans les délais prévus" ;

b) Les mots : "le président du conseil départemental" sont remplacés par les mots : "le directeur de la caisse d'allocations familiales" ;

24° A l'article R. 262-66 :

a) La première phrase est remplacée par les dispositions suivantes :

"Lorsque les conventions mentionnées aux articles L. 262-25 et L. 262-32 le prévoient, la collectivité territoriale de Guyane et l'institution mentionnée à l'article L. 5312-1 du code du travail apportent leur concours à la caisse d'allocations familiales dans la mise en œuvre de sa compétence d'orientation." ;

b) A la deuxième phrase, les mots : "ils recourent" sont remplacés par les mots : "elles recourent" ;

25° Au 1° et au 2° de l'article R. 262-68 les mots : "le président du conseil départemental" sont remplacés par les mots : "le directeur de la caisse d'allocations familiales" ;

26° Au premier alinéa de l'article R. 262-69, les mots : "le président du conseil départemental" sont remplacés par les mots : "le directeur de la caisse d'allocations familiales" ;

27° A l'article R. 262-70, les mots : "Le président du conseil départemental" sont remplacés par les mots : "Le directeur de la caisse d'allocations familiales" ;

28° Au deuxième et au dernier alinéa de l'article R. 262-71, les mots : "Le président du conseil départemental" sont remplacés par les mots : "Le directeur de la caisse d'allocations familiales" ;

29° A l'article D. 262-73, les mots : "au président du conseil général" sont remplacés par les mots : "au directeur de la caisse d'allocations familiales" ;

30° A l'article R. 262-78 :

a) Au premier alinéa, les mots : "le président du conseil départemental, sur demande ou après consultation de l'organisme chargé du service de l'allocation," sont remplacés par les mots : "le directeur de la caisse d'allocations familiales" ;

b) Au 2° les mots : "adressé par l'organisme" sont supprimés ;

31° A l'article R. 262-80, les mots : "le président du conseil départemental" sont remplacés par les mots : "le directeur de la caisse d'allocations familiales" ;

32° A l'article R. 262-82, les mots : "le président du conseil départemental, les organismes chargés de l'instruction et du service de l'allocation" sont remplacés par les mots : "la caisse d'allocations familiales" ;

33° A l'article R. 262-84, les mots : "Les organismes qui assurent le service de la prestation sont tenus," sont remplacés par les mots : "La caisse d'allocations familiales est tenue," ;

34° L'article R. 262-85 n'est pas applicable ;

35° L'article R. 262-87 n'est pas applicable ;

36° A l'article R. 262-88, les mots : "au président du conseil départemental dans un délai de deux mois à compter de la notification de la décision contestée" sont remplacés par les mots : "à la commission de recours amiable dans le délai prévu à l'article R. 142-1 du code de la sécurité sociale" ;

37° L'article R. 262-89 n'est pas applicable ;

38° L'article R. 262-90 est remplacé par les dispositions suivantes :

Art. R. 262-90 Lorsque la décision de la commission de recours amiable n'a pas été portée à la connaissance du requérant dans le délai prévu à l'article R. 142-6 du code de la sécurité sociale, l'intéressé peut considérer sa demande comme rejetée.

(Décr. nº 2021-306 du 23 mars 2021, art. 3-2°) « 38° *bis* A l'article R. 262-92-1 :

« *a)* Au premier alinéa, les mots : "le président du conseil départemental ou, le cas échéant, par le directeur de l'organisme chargé du service de cette prestation" sont remplacés par les mots : "le directeur de la caisse d'allocations familiales" ;

« *b)* Au dixième alinéa, à la première phrase, les mots : "du président du conseil départemental mentionné à l'article R. 262-88" sont remplacés par les mots : "de la commission de recours amiable mentionné au deuxième alinéa de l'article R. 142-1 du code de la sécurité sociale" ;

« *c)* Au quinzième alinéa, les mots : "du président du conseil départemental mentionné à l'article R. 262-88" sont remplacés par les mots : "de la commission de recours amiable mentionné au deuxième alinéa de l'article R. 142-1 du code de la sécurité sociale" » *— Les dispositions de l'art. 3 du Décr. nº 2021-306 du 23 mars 2021 sont applicables aux indus notifiés à compter de son entrée en vigueur, soit le 25 mars 2021 (Décr. préc., art. 7, JO 24 mars).*

39º A l'article R. 262-93, les mots : "le payeur départemental peut procéder au recouvrement du titre de recettes" sont remplacés par les mots : "la caisse d'allocations familiales peut procéder, pour le compte de l'État, au recouvrement de l'indu" ;

40º L'article R. 262-94 n'est pas applicable ;

41º Le deuxième alinéa de l'article R. 262-94-1 n'est pas applicable.

Les dispositions des 7º, 8º, 9º, 17º, 18º, 19º, 20º et 29º du présent article peuvent être modifiées par décret.

(Décr. nº 2019-371 du 26 avr. 2019, art. 1er) « 42º Au premier alinéa de l'article D. 262-95, les mots : "le président du conseil général transmet" sont remplacés par les mots : "le président de l'assemblée de Guyane et le directeur de la caisse des allocations familiales de Guyane transmettent, pour les parties relevant de leur champ de compétences," ;

« 43º A l'article R. 262-102 :

« *a)* Au premier alinéa, les mots : "de faciliter l'orientation des demandeurs" sont remplacés par les mots : "d'orienter les demandeurs" ;

« *b)* Au 2º, les mots : "permettant de préparer la décision d'orientation des bénéficiaires du revenu de solidarité active prise par le président du conseil départemental" sont remplacés par les mots : "permettant d'orienter les bénéficiaires du revenu de solidarité active" ;

« 44º A l'article R. 262-104-1 après, les mots : "en vérifie l'exactitude auprès du demandeur", sont ajoutés les mots : "notamment au regard des pièces justificatives originales" ;

« 45º Au premier alinéa de l'article R. 262-105, les mots : "ainsi que les règles selon lesquelles une proposition d'orientation est fournie au président du conseil départemental" sont remplacés par les mots : "ainsi que les règles selon lesquelles l'orientation est déterminée" ;

« 46º Au I de l'article R. 262-106, les mots : "au département et aux organismes chargés du service de la prestation" sont remplacés par les mots : "à la caisse d'allocations familiales" ;

« 47º Au 2º de l'article R. 262-108, les mots : "du département" sont remplacés par les mots : "de la caisse d'allocations familiales" ;

« 48º A l'article R. 262-110, après les mots : "au service", sont ajoutés les mots : ", à l'orientation" ;

« 49º Dans le titre de la sous-section 4, les mots : "au président du conseil départemental" sont remplacés par les mots : "à la caisse d'allocations familiales" ;

« 50º A l'article R. 262-111 :

« *a)* Les mots : "aux présidents des conseils départementaux" sont remplacés par les mots : "à la caisse d'allocations familiales" ;

« *b)* Les mots : "au président du conseil départemental" sont remplacés par les mots : "à la caisse d'allocations familiales" ;

« 51º A l'article R. 262-113, les mots : "au président du conseil départemental" sont remplacés par les mots : "à la caisse d'allocations familiales" ;

« 52º A l'article R. 262-114 :

« *a)* Les mots : "les agents du département individuellement habilités par le président du conseil départemental" sont remplacés par les mots : "les agents de la caisse individuellement habilités par le directeur de la caisse d'allocations familiales" ;

« *b)* Le second alinéa est ainsi rédigé :

« "Lorsque la caisse d'allocations familiales utilise le traitement institué par la présente sous-section, une convention passée entre le directeur de Pôle emploi et le directeur de la caisse d'allocations familiales fixe les conditions de délivrance, de durée et de renouvellement de l'habilitation des agents de la caisse." ;

« 53º A l'article R. 262-116-1, les mots : "les départements" et "les présidents des conseils départementaux" sont remplacés respectivement par les mots : "la caisse d'allocations familiales" et "le directeur de la caisse d'allocations familiales" ;

« 54º A l'article R. 262-116-2 :

« *a)* Au A, les mots : "des départements" sont remplacés par les mots : "de la caisse d'allocations familiales" ;

« *b)* Au B, les mots : "les départements" sont remplacés par les mots : "la caisse d'allocations familiales" ;

« *c)* Aux 1° et 3° du B, les mots : "le président du conseil départemental" sont remplacés par les mots : "le directeur de la caisse d'allocations familiales" ;

« *d)* Au C, les mots : "les départements" sont remplacés par les mots : "la caisse d'allocations familiales" ;

« 55° A l'article R. 262-116-3 :

« *a)* Les mots : "les départements" sont remplacés par les mots : "la caisse d'allocations familiales" ;

« *b)* Les mots : "Lorsqu'un département" sont remplacés par les mots : "Lorsque la caisse d'allocations familiales" ;

« *c)* Les mots : "le président du conseil départemental" sont remplacés par les mots : "le directeur de la caisse d'allocations familiales" ;

« 56° A l'article R. 262-116-4, les mots : "aux départements" sont remplacés par les mots : "la caisse d'allocations familiales" et les mots : "les départements" sont remplacés par les mots : "la caisse d'allocations familiales" ;

« 57° A l'article R. 262-116-5 :

« *a)* Au premier alinéa, les mots : "les agents du département concerné" sont remplacés par les mots : "les agents de la caisse d'allocations familiales" ;

« *b)* Les mots : "de ces administration et organisme" sont remplacés par les mots : "de ces organismes" ;

« *c)* Le deuxième alinéa est remplacé par les dispositions suivantes :

« "II. – Les agents de la caisse d'allocations familiales mentionnés au I ne sont destinataires que des données relatives aux demandeurs d'emploi domiciliés dans la collectivité territoriale de Guyane." ;

« 58° Au II de l'article R. 262-116-6, les mots : "du département pour les données transmises par celui-ci" sont remplacés par les mots : "de la caisse d'allocations familiales pour les données transmises par celle-ci."

« Les dispositions du 42° de l'article R. 522-1 du code de l'action sociale et des familles telles qu'elles résultent du présent article peuvent être modifiées par décret. »

Art. R. 522-2 *(Décr. n° 2019-1485 du 28 déc. 2019, art. 1er, en vigueur le 1er janv. 2020)* Pour l'application des dispositions du chapitre II du titre VI du livre II à La Réunion :

1° Les références aux dispositions du chapitre II du titre VI du livre II des parties législative et réglementaire du présent code s'entendent des références à ces dispositions telles qu'applicables à La Réunion ;

2° Les compétences exercées par le département et le président du conseil départemental en application des articles R. 262-13, R. 262-14, R. 262-23, R. 262-40, R. 262-47, R. 262-49, R. 262-68, R. 262-69, R. 262-70, R. 262-71, R. 262-73, R. 262-80 et R. 262-108 sont exercées, respectivement, par la caisse d'allocations familiales et le directeur de cette caisse ;

3° A l'article R. 262-24, les mots : "le président du conseil départemental" sont remplacés par les mots : "la caisse d'allocations familiales" ;

4° A l'article R. 262-25-5, les mots : "auprès des organismes mentionnés à l'article L. 262-16" sont remplacés par les mots : "auprès de la caisse d'allocations familiales" et les mots : "ces organismes disposent" sont remplacés par les mots : "cet organisme dispose" ;

5° L'article D. 262-26 est remplacé par les dispositions suivantes :

Art. D. 262-26 La demande de revenu de solidarité active peut être déposée :

a) Auprès de la caisse d'allocations familiales ;

b) Auprès du centre communal ou intercommunal d'action sociale du lieu de domicile du demandeur, lorsque son conseil d'administration a décidé d'instruire les demandes de revenu de solidarité active en application de l'article L. 262-15 ;

c) Auprès des associations et organismes à but non lucratif auxquels le directeur de la caisse d'allocations familiales a délégué l'instruction administrative ;

d) Auprès des services du département de La Réunion ;

e) Auprès de Pôle emploi, dès lors que son conseil d'administration a décidé d'instruire les demandes de revenu de solidarité active en application de l'article D. 262-27."

6° A l'article D. 262-29, les mots : "le président du conseil général" sont remplacés par les mots : "le directeur de la caisse d'allocations familiales" et après les mots : "un engagement de qualité de service", sont insérés les mots : "sous la forme d'une convention" ;

7° L'article D. 262-30 est remplacé par les dispositions suivantes :

Art. D. 262-30 La convention mentionnée à l'article L. 262-15 fixe notamment le ressort territorial dans lequel le centre communal ou intercommunal d'action sociale, l'association ou l'organisme délégataire est habilité à recevoir et instruire les demandes de revenu de solidarité active.

8° A l'article R. 262-38, les mots : "le président du conseil départemental" sont remplacés par les mots : "le directeur de la caisse d'allocations familiales" et les mots : "par délibération du conseil départemental" sont remplacés par les mots : "par la convention de gestion mentionnée à l'article L. 262-25" ;

9° A l'article R. 262-41, les mots : "le président du conseil départemental" sont remplacés par les mots : "le représentant de l'État à La Réunion, après avis de la caisse d'allocations familiales";

10° A la première phrase de l'article R. 262-47, les mots : "le président du conseil départemental, ainsi que l'organisme chargé du service de l'allocation," sont remplacés par les mots : "l'organisme chargé du service de l'allocation" ;

11° L'intitulé de la sous-section 4 de la section 2 du chapitre II du titre VI est remplacé par l'intitulé suivant : "Conventions conclues entre l'État et la caisse d'allocations familiales" ;

12° A l'article R. 262-60 :

***a)* Le 3° est remplacé par les dispositions suivantes :**

"3° La liste des compétences déléguées à la caisse d'allocations familiales sur le fondement du 1° de l'article L. 262-25, ainsi que leurs modalités de suivi, d'évaluation et de contrôle par l'État;"

***b)* Au 4°, les mots : "de ces organismes" sont remplacés par les mots : "de la caisse d'allocations familiales" et les mots : "adressés au président du conseil départemental" sont supprimés;**

13° L'article D. 262-61 n'est pas applicable;

14° L'article D. 262-62 est remplacé par les dispositions suivantes :

Art. D. 262-62 L'exercice des compétences déléguées qui ne se rattachent pas à l'instruction et au service de la prestation donne lieu, chaque année, au paiement par l'État de frais de gestion d'un montant égal au montant réel des dépenses engagées, minoré ou majoré, dans la limite de 5 %, en fonction de l'atteinte des objectifs fixés par la convention prévue à l'article L. 262-25. Ce montant est constaté selon les modalités stipulées par cette convention.

15° A l'article D. 262-63 :

***a)* Le 2° est remplacé par les dispositions suivantes :**

"2° Les délais dans lesquels la caisse d'allocations familiales prend les décisions relevant des compétences qui lui sont déléguées par l'État et conditionnant la liquidation des droits;"

***b)* Le 3° n'est pas applicable;**

16° L'article D. 262-64 n'est pas applicable;

17° L'article R. 262-65-1 est remplacé par les dispositions suivantes :

Art. R. 262-65-1 Lorsque la caisse d'allocations familiales constate qu'un bénéficiaire satisfait aux conditions prévues à l'article L. 262-28, elle informe l'intéressé des obligations auxquelles il est tenu en application des dispositions de cet article.

18° L'article R. 262-65-2 est remplacé par les dispositions suivantes :

Art. R. 262-65-2 Le directeur de la caisse d'allocations familiales décide de l'orientation du bénéficiaire prévue à l'article L. 262-29 dès l'ouverture du droit au revenu de solidarité active ou dans un délai de deux mois suite au changement de situation du bénéficiaire l'ayant conduit à satisfaire aux conditions prévues à l'article L. 262-28. Cette décision est notifiée à l'intéressé. — *Sur l'entrée en vigueur du 18° de l'art. R. 522-2, V. note ss. art.*

19° A l'article R. 262-65-3 :

a) Les mots : "dans le délai prévu" sont remplacés par les mots : "dans les délais prévus" ;

b) Les mots : "le président du conseil départemental" sont remplacés par les mots : "le directeur de la caisse d'allocations familiales" ; *— Sur l'entrée en vigueur du 19° de l'art. R. 522-2, V. note ss. art.*

20° A l'article R. 262-66 :

a) La première phrase est remplacée par les dispositions suivantes :

"Lorsque les conventions mentionnées aux articles L. 262-25 et L. 262-32 le prévoient, le département de La Réunion et l'institution mentionnée à l'article L. 5312-1 du code du travail apportent leur concours à la caisse d'allocations familiales dans la mise en œuvre de sa compétence d'orientation." ;

b) A la deuxième phrase, les mots : "ils recourent" sont remplacés par les mots : "ils peuvent recourir" ; *— Sur l'entrée en vigueur du 20° de l'art. R. 522-2, V. note ss. art.*

21° A l'article R. 262-78 :

a) Au premier alinéa, les mots : "le président du conseil départemental, sur demande ou après consultation de l'organisme chargé du service de l'allocation," sont remplacés par les mots : "le directeur de la caisse d'allocations familiales" ;

b) Au 2°, les mots : "adressé par l'organisme" sont supprimés ;

22° A l'article R. 262-82, les mots : "le président du conseil départemental, les organismes chargés de l'instruction et du service de l'allocation" sont remplacés par les mots : "la caisse d'allocations familiales" ;

23° A l'article R. 262-84, les mots : "Les organismes qui assurent le service de la prestation sont tenus," sont remplacés par les mots : "La caisse d'allocations familiales est tenue," ;

24° L'article R. 262-85 n'est pas applicable ;

25° L'article R. 262-87 n'est pas applicable ;

26° A l'article R. 262-88, les mots : "au président du conseil départemental dans un délai de deux mois à compter de la notification de la décision contestée" sont remplacés par les mots : "à la commission de recours amiable dans le délai prévu à l'article R. 142-1 du code de la sécurité sociale" ;

27° L'article R. 262-89 n'est pas applicable ;

28° L'article R. 262-90 est remplacé par les dispositions suivantes :

Art. R. 262-90 L'absence de réception par l'intéressé de la décision de la commission de recours amiable dans le délai prévu à l'article R. 142-6 du code de la sécurité sociale vaut rejet de sa demande.

(Décr. n° 2021-306 du 23 mars 2021, art. 3-3°) « 28° *bis* A l'article R. 262-92-1 :

« *a)* Au premier alinéa, les mots : "le président du conseil départemental ou, le cas échéant, par le directeur de l'organisme chargé du service de cette prestation" sont remplacés par les mots : "le directeur de la caisse d'allocations familiales" ;

« *b)* Au dixième alinéa, à la première phrase, les mots : "du président du conseil départemental mentionné à l'article R. 262-88" sont remplacés par "de la commission de recours amiable mentionné au deuxième alinéa de l'article R. 142-1 du code de la sécurité sociale" ;

« *c)* Au quinzième alinéa, les mots : "du président du conseil départemental mentionné à l'article R. 262-88" sont remplacés par les mots : "de la commission de recours amiable mentionné au deuxième alinéa de l'article R. 142-1 du code de la sécurité sociale" » ; *— Les dispositions de l'art. 3 du Décr. n° 2021-306 du 23 mars 2021 sont applicables aux indus notifiés à compter de son entrée en vigueur, soit le 25 mars 2021 (Décr. préc., art. 7, JO 24 mars).*

29° A l'article R. 262-93, les mots : "le payeur départemental peut procéder au recouvrement du titre de recettes" sont remplacés par les mots : "la caisse d'allocations familiales peut procéder, pour le compte de l'État, au recouvrement de l'indu" ;

30° L'article R. 262-94 n'est pas applicable ;

31° Le deuxième alinéa de l'article R. 262-94-1 n'est pas applicable ;

32° Au premier alinéa de l'article D. 262-95, les mots : "le président du conseil général transmet" sont remplacés par les mots : "le président du conseil départemental de La Réunion et le directeur de la caisse des allocations familiales transmettent, pour les parties relevant de leur champ de compétences," ;

33° A l'article R. 262-102 :

a) Au premier alinéa, les mots : "de faciliter l'orientation des demandeurs" sont remplacés par les mots : "d'orienter les demandeurs" ;

b) Au 2°, les mots : "permettant de préparer la décision d'orientation des bénéficiaires du revenu de solidarité active prise par le président du conseil départemental" sont remplacés par les mots : "permettant d'orienter les bénéficiaires du revenu de solidarité active" ;

34° Au premier alinéa de l'article R. 262-105, les mots : "ainsi que les règles selon lesquelles une proposition d'orientation est fournie au président du conseil départemental" sont remplacés par les mots : "ainsi que les règles selon lesquelles l'orientation est déterminée" ;

35° Au I de l'article R. 262-106, les mots : "au département et aux organismes chargés du service de la prestation" sont remplacés par les mots : "à la caisse d'allocations familiales" ;

36° A l'article R. 262-110, après les mots : "au service", sont ajoutés les mots :", à l'orientation" ;

37° Dans le titre de la sous-section 4, les mots : "au président du conseil départemental" sont remplacés par les mots : "à la caisse d'allocations familiales" ;

38° A l'article R. 262-111 :

a) Les mots : "aux présidents des conseils départementaux" sont remplacés par les mots : "à la caisse d'allocations familiales de La Réunion" ;

b) Les mots : "au président du conseil départemental" sont remplacés par les mots : "à la caisse d'allocations familiales" ;

39° A l'article R. 262-113, les mots : "au président du conseil départemental" sont remplacés par les mots : "à la caisse d'allocations familiales" ;

40° A l'article R. 262-114 :

a) Les mots : "les agents du département individuellement habilités par le président du conseil départemental" sont remplacés par les mots : "les agents de la caisse individuellement habilités par le directeur de la caisse d'allocations familiales" ;

b) Le second alinéa est remplacé par les dispositions suivantes :

"Lorsque la caisse d'allocations familiales utilise le traitement institué par la présente sous-section, une convention passée entre le directeur de Pôle emploi et le directeur de la caisse d'allocations familiales fixe les conditions de délivrance, de durée et de renouvellement de l'habilitation des agents de la caisse." ;

41° A l'article R. 262-116-1, les mots : "les départements", et "les présidents des conseils départementaux" sont remplacés respectivement par les mots : "la caisse d'allocations familiales de La Réunion" et "le directeur de la caisse d'allocations familiales" ;

42° A l'article R. 262-116-2 :

a) Au A, les mots : "des départements" sont remplacés par les mots : "de la caisse d'allocations familiales";

b) Au B, les mots : "les départements" sont remplacés par les mots : "la caisse d'allocations familiales" ;

c) Aux 1° et 3° du B, les mots : "le président du conseil départemental" sont remplacés par les mots : "le directeur de la caisse d'allocations familiales" ;

d) Au C, les mots : "les départements sont remplacés par les mots : "la caisse d'allocations familiales" ;

43° A l'article R. 262-116-3 :

a) Les mots : "les départements" sont remplacés par les mots : "la caisse d'allocations familiales" ;

b) Les mots : "Lorsqu'un département" sont remplacés par les mots : "Lorsque la caisse d'allocations familiales" ;

c) Les mots : "le président du conseil départemental" sont remplacés par les mots : "le directeur de la caisse d'allocations familiales" ;

44° A l'article R. 262-116-4, les mots : "aux départements" sont remplacés par les mots : "à la caisse d'allocations familiales" et les mots : "les départements" sont remplacés par les mots : "la caisse d'allocations familiales" ;

45° A l'article R. 262-116-5 :

a) Au premier alinéa, les mots : "les agents du département concerné" sont remplacés par les mots : "les agents de la caisse d'allocations familiales";

b) Les mots : "de ces administration et organisme" sont remplacés par les mots : "de ces organismes" ;

c) Le deuxième alinéa est remplacé par les dispositions suivantes :

"II. — Les agents de la caisse d'allocations familiales mentionnés au I ne sont destinataires que des données relatives aux demandeurs d'emploi domiciliés dans le département de La Réunion." ;

46° Au II de l'article R. 262-116-6, les mots : "du département pour les données transmises par celui-ci" sont remplacés par les mots : "de la caisse d'allocations familiales pour les données transmises par celle-ci".

Les dispositions du Décr. n° 2019-1485 du 28 déc. 2019 sont entrées en vigueur le 1er janv. 2020, à l'exception des dispositions des 18°, 19° et 20° de l'art. R. 522-2 qui sont entrées en vigueur le 1er déc. 2020 (Décr. préc., art. 4).

Art. R. 522-3 Les organismes payeurs de l'allocation *(Décr. n° 2006-1197 du 29 sept. 2006, art. 18-I)* « ou de la prime forfaitaire » sont les caisses d'allocations familiales.

Les dispositions issues du Décr. n° 2006-1197 du 29 sept. 2006 entrent en vigueur le 1er oct. 2006 (Décr. préc., art. 22).

Art. R. 522-4 *(Décr. n° 2010-1783 du 31 déc. 2010, art. 2-5°, en vigueur le 1er janv. 2011)* Les articles D. 262-26 et D. 262-27 ne sont pas applicables *(Décr. n° 2018-1321 du 28 déc. 2018, art. 3, en vigueur le 1er janv. 2019)* « en Guadeloupe, à La Réunion et en Martinique ».

Art. R. 522-5 *(Décr. n° 2010-1783 du 31 déc. 2010, art. 2-5°, en vigueur le 1er janv. 2011)* Pour application, dans les départements d'outre-mer, du 3° de l'article D. 262-63, les mots : "et le président du conseil départemental" sont remplacés par les mots :", le président du conseil départemental et, le cas échéant, l'agence d'insertion".

Art. R. 522-6 *(Décr. n° 2010-1783 du 31 déc. 2010, art. 2-5°, en vigueur le 1er janv. 2011)* En application du 1° de l'article L. 522-1, l'agence d'insertion conclut les contrats d'engagements réciproques des bénéficiaires du revenu de solidarité active ayant fait l'objet de l'orientation mentionnée au 2° de l'article L. 262-29.

Pour compléter son action propre, et sous sa responsabilité et son contrôle, l'agence peut passer une convention avec un des organismes mentionnés au deuxième alinéa de l'article L. 262-36. Cette convention précise les missions confiées à l'organisme, les objectifs en matière d'insertion sociale et professionnelle et de suivi des bénéficiaires et les modalités de signature des contrats d'engagements réciproques.

Le cas échéant, la convention prévoit que la signature du directeur de l'agence est déléguée à un responsable de l'organisme en vue de la conclusion des contrats d'engagements réciproques.

En cas de manquement aux obligations de la convention, l'agence peut, après avoir mis l'organisme conventionné en mesure de présenter ses observations, lui retirer cette délégation et, avec un préavis d'un mois, mettre un terme à cette convention.

Art. R. 522-7 *(Décr. n° 2010-1783 du 31 déc. 2010, art. 2-5°, en vigueur le 1er janv. 2011)* L'agence d'insertion informe sans délai le président du conseil départemental des cas de bénéficiaires qui refusent de signer un contrat d'engagements réciproques, ou son renouvellement, ou qui n'en respectent pas la mise en œuvre. De même, elle informe le président du conseil départemental de l'absence des bénéficiaires à deux convocations consécutives.

Art. R. 522-8 *(Décr. n° 2010-1783 du 31 déc. 2010, art. 2-5°, en vigueur le 1er janv. 2011)* Le directeur de l'agence d'insertion transmet mensuellement les statistiques des contrats d'engagements réciproques au président du conseil départemental.

Art. R. 522-9 *(Décr. n° 2014-554 du 27 mai 2014, art. 2, en vigueur le 1er avr. 2014)* Pour son application dans les départements d'outre-mer, l'article R. 262-10-1 est ainsi modifié :

1° La référence à l'article L. 522-3 du code de la sécurité sociale est remplacée par la référence à l'article L. 755-16-1 de ce code ;

2° Les mots : "à 41,65 % de la base mensuelle de calcul des allocations familiales déterminées en application de l'article L. 551-1" sont remplacés par les mots : "à 23,79 % de la base mensuelle de calcul des allocations familiales prévue à l'article L. 755-3".

SECTION 2 Agences d'insertion *(Décr. nº 2010-1783 du 31 déc. 2010, art. 2-2º, en vigueur le 1er janv. 2011).*

SOUS-SECTION 1 Organisation

Art. R. 522-10 L'agence est administrée par un conseil d'administration qui comprend :

1° le président du conseil départemental, membre de droit, président du conseil d'administration, et dix représentants du département, désignés par le conseil départemental ;

2° un membre du conseil régional, élu par cette assemblée ;

3° deux maires ou présidents d'un établissement public de coopération intercommunale désignés par l'association départementale des maires ; en cas de pluralité d'associations, ils sont désignés par accord entre les présidents desdites associations ; si un tel accord n'est pas intervenu à l'expiration du délai fixé par le président du conseil départemental, la désignation est faite par décision de celui-ci ;

(Abrogé par Décr. nº 2010-1783 du 31 déc. 2010, art. 2-6º, à compter du 1er janv. 2011)

« 4° trois représentants des services de l'État dans le département, membres de droit :

« — le directeur chargé des affaires sanitaires et sociales dans le département ou son représentant ;

« — le directeur départemental du travail, de l'emploi et de la formation professionnelle ou son représentant ;

« — le directeur départemental de l'équipement ou son représentant ; »

4° un représentant de la caisse d'allocations familiales désigné par le président du conseil d'administration de cette caisse ;

5° un représentant de *(Décr. nº 2014-524 du 22 mai 2014, art. 17)* « Pôle emploi » ou son représentant ;

6° deux personnalités nommées par le président du conseil départemental en raison de leurs compétences particulières dans le domaine de l'insertion et appartenant à des institutions ou associations intervenant dans le domaine de l'insertion et de la lutte contre le chômage. — *Les 5 à 7 sont renumérotés 4º à 6º (Décr. nº 2010-1783 du 31 déc. 2010, art. 2-6º, en vigueur le 1er janv. 2011).*

Le conseil comprend en outre un représentant du personnel avec voix consultative désigné par l'organisation syndicale la plus représentative au sein de l'agence ou, dans les cas de pluralité ou d'absence d'organisation syndicale, à l'issue du scrutin organisé à cet effet.

Sont éligibles les électeurs âgés d'au moins dix-huit ans accomplis au jour du scrutin et ayant travaillé depuis six mois au moins à l'agence d'insertion. Le directeur et l'agent comptable ne peuvent être candidats. Le siège est attribué au candidat qui a recueilli le plus de voix ou, en cas d'égalité, au plus âgé. — *[Décr. nº 95-710 du 9 mai 1995, art. 4.]*

Art. R. 522-11 La durée du mandat des membres du conseil d'administration autres que les membres de droit est de trois ans, renouvelable une fois.

Tout membre qui perd la qualité au titre de laquelle il a été nommé cesse de faire partie du conseil. Il est remplacé dans un délai de deux mois. En ce cas, le mandat du nouveau membre expire à la date à laquelle aurait dû prendre fin celui de son prédécesseur.

En cas de démission, d'empêchement définitif ou de décès d'un membre, il est procédé à son remplacement dans les mêmes conditions. — *[Décr. nº 95-710 du 9 mai 1995, art. 5.]*

Art. R. 522-12 Les membres du conseil d'administration autres que les membres de droit peuvent se faire représenter par des suppléants élus ou nommés dans les mêmes conditions. – *[Décr. n° 95-710 du 9 mai 1995, art. 6.]*

Art. R. 522-13 La liste nominative des membres titulaires et suppléants du conseil d'administration est publiée au recueil des actes administratifs du département. – *[Décr. n° 95-710 du 9 mai 1995, art. 7.]*

Art. R. 522-14 Les fonctions de membre du conseil d'administration sont exercées à titre gratuit.

Toutefois, les membres du conseil d'administration bénéficient du remboursement des frais de déplacement ou de séjour effectivement supportés par eux à l'occasion des réunions du conseil, conformément aux dispositions du décret n° 2006-781 du 3 juillet 2006 fixant les conditions et les modalités de règlement des frais occasionnés par les déplacements temporaires des personnels civils de l'État. – *[Décr. n° 95-710 du 9 mai 1995, art. 8.]*

Art. R. 522-15 Le conseil d'administration établit son règlement intérieur, qui est publié au Recueil des actes administratifs du département. – *[Décr. n° 95-710 du 9 mai 1995, art. 9.]*

Art. R. 522-16 Le conseil d'administration se réunit au moins quatre fois par an sur convocation de son président. La réunion du conseil d'administration est de droit lorsqu'elle est demandée par la moitié de ses membres ou le directeur de l'agence.

Le directeur et l'agent comptable assistent avec voix consultative aux réunions du conseil d'administration. Le directeur peut se faire assister par les collaborateurs de son choix. En cas d'empêchement, il est représenté par la personne qu'il désigne à cet effet.

Toute personne dont le président ou le directeur estime utile de recueillir l'avis peut être entendue par le conseil d'administration. – *[Décr. n° 95-710 du 9 mai 1995, art. 10.]*

Art. R. 522-17 L'ordre du jour des réunions du conseil est préparé par le directeur et arrêté par le président. Le directeur le transmet aux membres du conseil d'administration, quinze jours au moins avant la date fixée pour la réunion, accompagné d'un rapport sur chacune des affaires qui doivent être examinées.

L'inscription d'une question à l'ordre du jour est de droit quand elle est demandée, huit jours au moins avant la date fixée pour la réunion, par la moitié des membres du conseil ou le directeur de l'agence, sans qu'il soit besoin d'y joindre un rapport. – *[Décr. n° 95-710 du 9 mai 1995, art. 11.]*

Art. R. 522-18 Le conseil d'administration ne peut valablement délibérer que si la moitié au moins de ses membres ayant voix délibérative est présente. Si le quorum n'est pas atteint, le conseil d'administration se réunit à nouveau dans un délai de quinze jours et délibère valablement sur le même ordre du jour, quel que soit le nombre de ses membres présents.

Les délibérations du conseil d'administration sont adoptées à la majorité des membres présents. En cas de partage égal des voix, la voix du président est prépondérante. – *[Décr. n° 95-710 du 9 mai 1995, art. 12.]*

Art. R. 522-19 Le secrétariat du conseil d'administration est assuré par le directeur.

Les procès-verbaux des séances sont signés par le président et adressés par le directeur aux membres du conseil d'administration dans les quinze jours qui suivent la date de la séance. – *[Décr. n° 95-710 du 9 mai 1995, art. 13.]*

Art. R. 522-20 Outre les matières énumérées à l'article L. 522-4 et à l'article L. 522-18, le conseil d'administration délibère sur les matières suivantes :

1° les modalités générales de la participation en nature ou financière prévue à l'article R. 522-56 ;

2° les mesures tendant à organiser et à améliorer le dispositif de prospection des besoins en tâches d'utilité sociale dans le département;

3° la mise en place d'un dispositif d'évaluation indépendante et régulière des actions d'insertion;

(Abrogé par Décr. n° 2010-1783 du 31 déc. 2010, art. 2-7°, à compter du 1er janv. 2011) ***« 4° la convention de coopération avec l'*** *(Décr. n° 2008-1010 du 29 sept. 2008, art. 7-I)* ***« institution mentionnée à l'article L. 5312-1 du code du travail », prévue à l'article R. 522-9 ; »***

5° le rapport annuel d'activité, qui rend compte des actions entreprises, de l'utilisation des crédits et des résultats obtenus dans le cadre de l'exécution du programme départemental d'insertion, du programme annuel de tâches d'utilité sociale *(Abrogé par Décr. n° 2010-1783 du 31 déc. 2010, art. 2-7°, à compter du 1er janv. 2011)* ***« et de la convention mentionnée au 4° »*** **;**

6° le compte financier;

7° les acquisitions, échanges et aliénations de biens immobiliers;

8° l'acceptation des dons et legs;

9° les actions en justice;

10° les baux, les locations et les marchés;

11° la fixation du siège de l'agence dans le département;

12° les transactions effectuées par l'agence; *— [Décr. n° 95-710 du 9 mai 1995, art. 14.]*

(Décr. n° 2010-1783 du 31 déc. 2010, art. 2-7°, en vigueur le 1er janv. 2011) **« 13° Les transferts de biens et de services de l'agence au profit du conseil départemental. »**

Art. R. 522-21 **Le conseil d'administration donne son avis sur les questions qui lui sont soumises par son président ou par le directeur de l'agence.**

(Abrogé par Décr. n° 2010-1783 du 31 déc. 2010, art. 2-8°, à compter du 1er janv. 2011) ***« Il émet également un avis dans les cas où les dispositions législatives ou réglementaires prévoient la consultation du conseil départemental d'insertion. »*** *— [Décr. n° 95-710 du 9 mai 1995, art. 15.]*

Art. R. 522-22 **Le conseil d'administration peut, par délibération, déléguer au directeur, dans les conditions et limites qu'il détermine, ses attributions relatives à l'organisation générale de l'agence et celles relatives aux matières définies aux 8° à 10° de l'article R. 522-20.** *— [Décr. n° 95-710 du 9 mai 1995, art. 16.]*

Art. R. 522-23 **Le directeur représente l'agence en justice et dans tous les actes de la vie civile. Il signe au nom de l'agence toute convention ou contrat. Il prend toutes les décisions nécessaires à l'exercice des missions de l'agence, lorsque ces décisions ne relèvent pas de la compétence du conseil.**

Le directeur transmet mensuellement les statistiques reflétant l'activité de l'établissement au président du conseil départemental. *— [Décr. n° 95-710 du 9 mai 1995, art. 18.]*

Art. R. 522-24 **Le comité d'orientation, placé auprès du directeur qui détermine les modalités de son fonctionnement, est composé des membres suivants :**

1° deux représentants des organisations syndicales de salariés, à raison d'un membre pour chacune des deux organisations les plus représentées au conseil économique, social et environnemental régional, désignés par le président du conseil départemental sur proposition de ces organisations; en cas d'égalité de sièges au conseil économique, social et environnemental régional, la préférence est accordée à celle des organisations ayant obtenu le plus grand nombre de suffrages lors des plus récentes élections au conseil de prud'hommes du département;

2° deux représentants des organisations professionnelles d'employeurs désignés par le président du conseil départemental sur proposition de celles de ces organisations qui sont représentées au conseil économique, social et environnemental régional;

3° le président de chaque chambre de commerce et d'industrie territoriale dans le département ou son représentant;

4° le président de la chambre départementale des métiers ou son représentant ;
5° le président de la chambre départementale d'agriculture ou son représentant ;
6° le président du conseil économique, social et environnemental régional ou son représentant.

(Abrogé par Décr. n° 2010-1783 du 31 déc. 2010, art. 2-9°, à compter du 1er janv. 2011) ***« 7° la déléguée régionale aux droits des femmes ou son représentant. »***

Le comité se réunit au moins deux fois par an sur convocation du directeur de l'agence qui assure le secrétariat de ses réunions. – *[Décr. n° 95-710 du 9 mai 1995, art. 19.]*

Art. R. 522-25 *(Décr. n° 2010-1783 du 31 déc. 2010, art. 2-10°, à compter du 1er janv. 2011)* « Le comité d'orientation émet des avis et des propositions sur le projet de programme annuel de tâches d'utilité sociale. »

Les conventions de programme prévues à l'article R. 522-56 sont communiquées au comité d'orientation.

Les avis et propositions du comité sont obligatoirement transmis par le directeur au conseil d'administration. – *[Décr. n° 95-710 du 9 mai 1995, art. 20.]*

Art. R. 522-26 Les avis et propositions du comité d'orientation sont adoptés à la majorité des membres présents. Le directeur de l'agence ne prend pas part au vote.

En cas de partage égal des voix, celle du membre présent le plus âgé est prépondérante. – *[Décr. n° 95-710 du 9 mai 1995, art. 21.]*

SOUS-SECTION 2 Programme départemental d'insertion et programme annuel de tâches d'utilité sociale

Art. R. 522-27 et R. 522-28 *Abrogés par Décr. n° 2010-1783 du 31 déc. 2010, art. 2-11°, à compter du 1er janv. 2011.*

Art. R. 522-29 Le conseil d'administration est tenu informé par le directeur de l'agence de l'état d'avancement et d'exécution du programme départemental d'insertion, ainsi que de la conclusion et des conditions d'exécution des conventions signées par l'agence.

Au cours d'une réunion tenue six mois au plus tard après l'adoption du programme *(Décr. n° 2010-1783 du 31 déc. 2010, art. 2-12°, en vigueur le 1er janv. 2011)* « par le conseil départemental », le conseil d'administration en examine les conditions de mise en œuvre et peut proposer des mesures d'adaptation et d'amélioration. – *[Décr. n° 95-710 du 9 mai 1995, art. 24.]*

Art. R. 522-29-1 *(Abrogé par Décr. n° 2015-1722 du 21 déc. 2015, art. 3-1°, à compter du 1er janv. 2016) (Décr. n° 2010-1783 du 31 déc. 2010, art. 2-13°)* ***En vue de favoriser l'insertion sociale et professionnelle des bénéficiaires du revenu de solidarité active, l'agence d'insertion affecte à l'exécution de tâches d'utilité sociale ceux d'entre eux avec lesquels elle a signé le contrat d'insertion par l'activité institué par l'article L. 522-8.***

Elle recense les besoins en tâches d'utilité sociale existant dans le département, en liaison avec les collectivités territoriales ou groupements de communes et *(Décr. n° 2014-524 du 22 mai 2014, art. 17)* ***« Pôle emploi ».***

Ces tâches, assurées par l'agence elle-même ou par les collectivités, personnes ou organismes mentionnés à l'article L. 5134-21 du code du travail, doivent répondre à des besoins collectifs non satisfaits dans les conditions économiques locales.

Art. R. 522-30 Le programme annuel de tâches d'utilité sociale est préparé par le directeur de l'agence d'insertion, qui le soumet au conseil d'administration au plus tard le 10 mars de l'année pour laquelle il est établi.

Ce programme évalue les besoins en tâches d'utilité sociale à satisfaire dans le département. Pour chaque besoin recensé, le programme précise :
1° la nature des tâches et la durée prévue pour leur exécution ;
2° le lieu d'exécution des tâches ;
3° l'effectif envisagé ;

4° le cas échéant, le nom de la collectivité, personne ou organisme signataire de la convention de programme prévue à l'article R. 522-56, ainsi que celle des parties qui est chargée, aux termes de cette convention, d'assurer l'exécution des tâches. – *[Décr. nº 95-710 du 9 mai 1995, art. 25.]*

Art. R. 522-31 Lorsque le conseil d'administration n'a pas adopté le programme annuel de tâches d'utilité sociale de l'année en cours avant le 31 mars, les actions nécessaires à l'exécution du projet non encore adopté sont mises en œuvre par le directeur, après avis du président du conseil départemental.

Le projet de programme non adopté est adressé sans délai par le directeur au président du conseil départemental. Si ce dernier ne s'est pas prononcé dans le délai de quinze jours courant à compter de la réception du projet du programme, celui-ci devient exécutoire.

Dès qu'il est arrêté, le programme annuel de tâches d'utilité sociale est publié au Recueil des actes administratifs du département. – *[Décr. nº 95-710 du 9 mai 1995, art. 26.]*

Art. R. 522-32 Le conseil d'administration de l'agence d'insertion est tenu informé par le directeur de l'état d'avancement et de réalisation du programme annuel de tâches d'utilité sociale.

En vue de son adaptation aux besoins recensés après son adoption, ce programme peut faire l'objet de décisions modificatives arrêtées dans les mêmes formes que le programme lui-même. – *[Décr. nº 95-710 du 9 mai 1995, art. 27.]*

SOUS-SECTION 3 Dispositions financières et comptables

Art. R. 522-33 *(Décr. nº 2022-1605 du 22 déc. 2022, art. 5)* « L'agent comptable perçoit une indemnité de maniement de fonds fixée par arrêté du ministre chargé du budget dans les conditions prévues par le décret nº 2021-969 du 21 juillet 2021 relatif à l'indemnité de maniement de fonds. »

Le cas échéant, il perçoit une indemnité pour rémunération de services fixée par arrêté du ministre chargé du budget dans les conditions prévues par le décret nº 88-132 du 4 février 1988 relatif à l'indemnité pour rémunération de services allouée aux agents comptables d'établissements publics nationaux, de comptes spéciaux du Trésor, de budgets annexes, d'établissements publics locaux d'enseignement et de formation professionnelle agricoles et d'écoles de formation maritime et aquacole. – *[Décr. nº 95-710 du 9 mai 1995, art. 28.]*

Art. R. 522-34 Les ressources de l'agence comprennent :

1° la contribution du département au financement des actions d'insertion mentionnées à l'article L. 522-15 ;

2° les crédits départementaux nécessaires à la mise en œuvre des attributions mentionnées à l'article L. 522-18 ;

(Abrogé par Décr. nº 2015-1722 du 21 déc. 2015, art. 3-1°, à compter du 1er janv. 2016) « *3° la participation financière de l'État aux contrats d'insertion par l'activité ;* »

4° la participation financière prévue à l'article R. 522-56 des collectivités, personnes ou organismes mentionnés *(Décr. nº 2010-1783 du 31 déc. 2010, art. 2-14°, en vigueur le 1er janv. 2011)* « à l'article L. 5134-21 du code du travail » ;

5° les revenus des immeubles ;

6° les dons et legs et leurs revenus ;

7° les subventions des organismes publics nationaux ou internationaux ;

8° d'une manière générale, toutes les ressources autorisées par les lois et règlements en vigueur. – *[Décr. nº 95-710 du 9 mai 1995, art. 29, mod. par Décr. nº 2004-230 du 16 mars 2004.]*

Art. D. 522-35 La contribution au budget des agences d'insertion versée par le fonds pour l'emploi dans les départements d'outre-mer *(Décr. nº 2010-1783 du 31 déc. 2010, art. 2-15°, en vigueur le 1er janv. 2011)* « prévue au 1° de l'article D. 5521-5 du code du travail » fait l'objet d'un premier versement sur la base des prévisions d'activité.

Une régularisation est effectuée à la fin de chaque semestre et présentée au conseil d'administration de l'agence d'insertion par le directeur. – *[Décr. n° 95-985 du 25 août 1995, art. 2.]*

Art. D. 522-36 *Abrogé par Décr. n° 2010-1783 du 31 déc. 2010, art. 2-16°, à compter du 1er janv. 2011.*

Art. R. 522-37 Sont inscrites au budget de chaque agence :

1° les dépenses de rémunération du personnel des services de fonctionnement et d'équipement ;

2° les dépenses afférentes à la mise en œuvre du programme départemental d'insertion et du programme annuel de tâches d'utilité sociale et, d'une manière générale, toutes celles que justifient les activités de l'établissement. – *[Décr. n° 95-710 du 9 mai 1995, art. 30.]*

Art. R. 522-38 Le budget de l'agence est proposé par le directeur et voté par le conseil d'administration.

Il est établi en section de fonctionnement et en section d'investissement, tant en recettes qu'en dépenses.

Le budget de l'agence est présenté par chapitres et articles, conformément à la nomenclature par nature établie par arrêté conjoint du ministre chargé des collectivités locales et du ministre chargé du budget. Cet arrêté fixe également la liste des chapitres et des articles. – *[Décr. n° 95-710 du 9 mai 1995, art. 31.]*

Art. R. 522-39 Les crédits sont votés par chapitres et, si le conseil d'administration en décide ainsi, par article. Toutefois, hors les cas où le conseil d'administration a spécifié que les crédits sont spécialisés par article, le directeur peut effectuer des virements d'article à article à l'intérieur du même chapitre. – *[Décr. n° 95-710 du 9 mai 1995, art. 32.]*

SOUS-SECTION 4 *[ABROGÉE]* Contrats d'insertion par l'activité et modalités d'organisation des tâches d'utilité sociale

(Abrogée par Décr. n° 2015-1722 du 21 déc. 2015, art. 3-2°, à compter du 1er janv. 2016)

Art. R. 522-40 *Abrogé par Décr. n° 2010-1783 du 31 déc. 2010, art. 2-17°, à compter du 1er janv. 2011.*

Art. R. 522-41 à R. 522-48 *Abrogés par Décr. n° 2015-1722 du 21 déc. 2015, art. 3-2°, à compter du 1er janv. 2016.*

Art. R. 522-49 *Abrogé par Décr. n° 2010-1783 du 31 déc. 2010, art. 2-22°, à compter du 1er janv. 2011.*

Art. R. 522-50 et R. 522-51 *Abrogés par Décr. n° 2015-1722 du 21 déc. 2015, art. 3-2°, à compter du 1er janv. 2016.*

Art. R. 522-52 à R. 522-55 *Abrogés par Décr. n° 2010-1783 du 31 déc. 2010, art. 2-24°, à compter du 1er janv. 2011.*

SOUS-SECTION 5 *[ABROGÉE]* Conventions avec les organismes utilisateurs

(Abrogée par Décr. n° 2015-1722 du 21 déc. 2015, art. 3-2°, à compter du 1er janv. 2016)

Art. R. 522-56 à R. 522-62 *Abrogés par Décr. n° 2015-1722 du 21 déc. 2015, art. 3-2°, à compter du 1er janv. 2016.*

SECTION 3 Revenu de solidarité *(Décr. n° 2010-1783 du 31 déc. 2010, art. 2-2°, en vigueur le 1er janv. 2011).*

Art. R. 522-63 Le revenu de solidarité prévu par l'article L. 522-14 est une allocation versée mensuellement à terme échu.

Son montant est révisé dans les mêmes conditions que l'allocation de solidarité spécifique prévue *(Décr. n° 2010-1783 du 31 déc. 2010, art. 2-27°, en vigueur le 1er janv. 2011)* « à l'article L. 5423-1 du code du travail ». – *[Décr. n° 2001-498 du 11 juin 2001, art. 1er.]*

Art. R. 522-64 Le droit au revenu de solidarité est ouvert à sa demande à tout bénéficiaire *(Décr. n° 2010-1783 du 31 déc. 2010, art. 2-28°, en vigueur le 1er janv. 2011)* « qui remplit les conditions prévues à l'article L. 522-14 » et s'engage sur l'honneur à n'exercer aucune activité professionnelle rémunérée durant la perception du revenu de solidarité.

Le droit est ouvert à compter du premier jour du mois qui suit la demande, ou du mois où toutes les conditions sont remplies si ce mois est postérieur à celui de la demande.

Il est ouvert jusqu'à ce que l'intéressé bénéficie d'une retraite à taux plein et au plus tard à soixante-cinq ans ; le droit cesse à la fin du mois qui précède celui de l'ouverture du droit à pension de vieillesse dans les conditions prévues par les articles L. 351-1 et suivants du code de la sécurité sociale.

Le droit au revenu de solidarité met fin de plein droit au droit au revenu minimum d'insertion *(Décr. n° 2006-1197 du 29 sept. 2006, art. 18-II, en vigueur le 1er oct. 2006)* « et à la prime forfaitaire » *(Décr. n° 2010-1783 du 31 déc. 2010, art. 2-28°, en vigueur le 1er janv. 2011)* « ou au revenu de solidarité active » à la fin du mois précédant l'ouverture du droit au revenu de solidarité. – *[Décr. n° 2001-498 du 11 juin 2001, art. 2.]*

(Décr. n° 2010-1783 du 31 déc. 2010, art. 2-28°, en vigueur le 1er janv. 2011) « L'ouverture d'un droit au revenu de solidarité active pour un membre d'un foyer bénéficiaire du revenu de solidarité entraîne la perte du revenu de solidarité pour tous les membres du foyer. »

(Décr. n° 2015-1709 du 21 déc. 2015, art. 2-14°, en vigueur le 1er janv. 2016) « Le bénéficiaire du revenu de solidarité qui appartient à un foyer bénéficiaire de la prime d'activité mentionnée à l'article L. 841-1 du code de la sécurité sociale n'est pas pris en compte pour la détermination du montant forfaitaire mentionné à l'article L. 842-3 du même code. »

V. Décr. n° 2010-1783 du 31 déc. 2010, art. 11, App., v° Insertion.

Art. R. 522-65 Le revenu de solidarité est incompatible avec la perception d'un revenu d'activité professionnelle. Le bénéficiaire a l'obligation de déclarer toute reprise d'une telle activité ; il est mis fin de plein droit au revenu de solidarité au premier jour du mois de cette reprise.

En cas de non-déclaration de cette reprise, l'intéressé devra rembourser les sommes indûment versées. – *[Décr. n° 2001-498 du 11 juin 2001, art. 3.]*

Art. R. 522-66 Le revenu de solidarité ne peut être cumulé par le bénéficiaire, son conjoint ou concubin ou la personne avec laquelle il a conclu un pacte civil de solidarité avec les allocations prévues au titre I du livre VIII et aux articles L. 821-1 et L. 821-2 du code de la sécurité sociale, ou une pension d'invalidité prévue aux 2° et 3° de l'article L. 341-4 de ce même code. – *[Décr. n° 2001-498 du 11 juin 2001, art. 4.]*

Art. R. 522-67 Le revenu de solidarité n'est versé que si le total des ressources de l'intéressé, de son conjoint ou concubin ou de la personne avec laquelle il a conclu un pacte civil de solidarité n'excède pas 80 p. 100 des plafonds mentionnés *(Décr. n° 2010-1783 du 31 déc. 2010, art. 2-29°, en vigueur le 1er janv. 2011)* « au 3° de l'article R. 5423-1 du code du travail ».

Les bénéficiaires sont tenus de déclarer annuellement leurs ressources ; les revenus pris en compte sont ceux prévus par la réglementation relative au *(Décr. n° 2010-1783 du 31 déc. 2010, art. 2-29°, en vigueur le 1er janv. 2011)* « revenu de solidarité active », à l'exception des prestations familiales, et perçus au cours de l'année précédente.

Lorsque le total du revenu de solidarité et des ressources du bénéficiaire et, le cas échéant, de son conjoint ou de son concubin ou de la personne avec laquelle il a

conclu un pacte civil de solidarité excède les montants prévus au premier alinéa, le revenu de solidarité est réduit à due concurrence.

Cette réduction est applicable à compter du quatrième mois de chaque année pour les douze mois suivants. – *[Décr. n° 2001-498 du 11 juin 2001, art. 5.]*

V. Décr. n° 2010-1783 du 31 déc. 2010, art. 11, App., v° Insertion.

Art. R. 522-68 **Le service de l'allocation est assuré** *(Décr. n° 2019-1485 du 28 déc. 2019, art. 3, en vigueur le 1er janv. 2020)* **« en Guadeloupe et à la Martinique » concerné par la caisse d'allocations familiales** *(Abrogé par Décr. n° 2010-1783 du 31 déc. 2010, art. 2-30°, à compter du 1er janv. 2011)* ***« et, à Saint-Pierre-et-Miquelon, par la caisse de prévoyance sociale »*****, dans le cadre d'une convention conclue entre ces organismes et le département ; cette convention détermine les modalités de versement des allocations par la caisse ainsi que les conditions de mise en œuvre et de contrôle des compétences déléguées le cas échéant par le conseil départemental.** – *[Décr. n° 2004-230 du 16 mars 2004, art. 9.]*

(Décr. n° 2019-1485 du 28 déc. 2019, art. 3, en vigueur le 1er janv. 2020) **« A La Réunion et en Guyane, une convention est conclue entre la caisse d'allocations familiales et l'État. Elle détermine les modalités du versement de l'allocation par les caisses d'allocations familiales concernées. »**

V. Décr. n° 2010-1783 du 31 déc. 2010, art. 11, App., v° Insertion.

CHAPITRE III AIDE SOCIALE À LA FAMILLE ET À L'ENFANCE

SECTION 1 Aide à la famille

La sect. 2 devient la sect. 1 (Décr. n° 2016-840 du 24 juin 2016, art. 2-1°).

Art. R. 523-1 **La contribution prévue à l'article L. 228-2 ne peut être supérieure mensuellement, pour chaque personne prise en charge par le service de l'aide sociale à l'enfance, dans les départements d'outre-mer, à 50 p. 100 du montant mensuel des allocations familiales servies pour une famille de trois enfants.**

Lorsque la contribution est calculée par jour de prise en charge, son montant par jour ne peut être supérieur au trentième du plafond prévu au premier alinéa. – *[Décr. n° 87-961 du 25 nov. 1987, art. 1er, 2e partie.]*

SECTION 2 Conditions d'accueil et d'évaluation des mineurs privés temporairement ou définitivement de la protection de leur famille

(Décr. n° 2016-840 du 24 juin 2016, art. 2-1°)

Art. R. 523-2 **Eu égard aux contraintes d'éloignement géographique pour les mineurs concernés, l'article R. 221-13 et le II de l'article R. 221-14 ne sont pas applicables à la Guadeloupe, en Guyane, à la Martinique et à La Réunion.**

CHAPITRE IV PERSONNES ÂGÉES ET PERSONNES HANDICAPÉES

(Décr. n° 2016-1454 du 28 oct. 2016, art. 1er-2°)

SECTION 1 Personnes âgées

SOUS-SECTION 1 Concours

Art. R. 524-1 *(Abrogé par Décr. n° 2022-980 du 2 juill. 2022, art. 4-I)* ***Pour l'application en Guadeloupe, en Guyane, en Martinique et à La Réunion, du chapitre X du titre IV du livre I :***

1° Pour l'application en Guadeloupe, en Guyane et en Martinique des articles R. 14-10-42-1, R. 14-10-42-4, R. 14-10-42-5 et R. 14-10-42-6, les mots : "et, le cas échéant, les métropoles", "ou, le cas échéant, métropole", "ou, le cas échéant, métropolitaines", "et, le cas échéant, à une ou plusieurs métropoles,", "ou, le cas échéant, à la métropole,", "ou,

le cas échéant, le conseil de la métropole", "ou, le cas échéant, le président du conseil de la métropole", "ou, le cas échéant, au président du conseil de la métropole," et "ou du conseil de la métropole" ne sont pas applicables ;

2° L'article R. 14-10-42-2 n'est pas applicable ;

3° A l'article R. 14-10-42-3, la référence aux articles R. 14-10-42-1 et R. 14-10-42-2 est remplacée par la référence à l'article R. 14-10-42-1 ;

4° A l'article R. 14-10-42-5, les mots : "et celles exposées pour des actions prévues au 2° du même article" ne sont pas applicables.

Cet art. devient l'art. R. 757-7 CSS (Décr. n° 2022-980 du 2 juill. 2022, art. 1er-I).

SOUS-SECTION 2 Allocation personnalisée d'autonomie

Art. R. 524-2 Pour l'application en Guyane et en Martinique de l'article R. 232-8, les mots : "le règlement départemental d'aide sociale" sont remplacés par les mots : "le règlement d'aide sociale".

SOUS-SECTION 3 Conférence des financeurs

Art. R. 524-3 Pour l'application en Guadeloupe, en Guyane, en Martinique et à La Réunion du chapitre III du titre III du livre II :

1° L'article R. 233-1 est ainsi modifié :

a) Pour son application en Guyane et en Martinique, les mots : "schéma départemental relatif aux personnes en perte d'autonomie" sont remplacés par les mots : "schéma territorial relatif aux personnes en perte d'autonomie" ;

b) Pour son application à la Guadeloupe, les mots : "projet régional de santé mentionné à l'article L. 1434-2" sont remplacés par les mots : "projet de santé commun à la Guadeloupe, à Saint-Barthélemy et à Saint-Martin mentionné à l'article L. 1442-4" ;

(Abrogé par Décr. n° 2020-189 du 3 mars 2020, art. 2-3°) « c) Pour son application à La Réunion, les mots : "projet régional de santé mentionné à l'article L. 1434-2" sont remplacés par les mots : "projet de santé de La Réunion et de Mayotte mentionné à l'article L. 1443-4" ; »

2° Pour l'application en Guyane et en Martinique de l'article R. 233-2, les mots : "conseil départemental de la citoyenneté et de l'autonomie" sont remplacés par les mots : "conseil territorial de la citoyenneté et de l'autonomie" ;

3° L'article R. 233-6 est ainsi modifié :

a) Pour son application en Guyane et en Martinique, le mot : "départemental" est supprimé ;

b) La référence aux 1° à 6° de l'article L. 233-1 est remplacée, deux fois, par la référence aux 1° et 3° à 6° de l'article L. 233-1 ;

c) Pour son application en Guadeloupe, en Guyane et en Martinique, les mots : "ou, le cas échéant, de la métropole" ne sont pas applicables ;

4° A l'article R. 233-9, la référence aux 2°, 3°, 4° et 6° de l'article L. 233-1 est remplacée par la référence aux 3°, 4° et 6° de l'article L. 233-1 ;

5° L'article R. 233-13 est ainsi modifié :

a) Pour l'application du 1° en Guadeloupe, en Guyane et en Martinique, les mots : "et*[,]* le cas échéant, le représentant du conseil de la métropole désigné par le président du conseil de la métropole" ne sont pas applicables ;

b) Pour l'application du 4° en Guyane, les mots : "Des représentants des collectivités territoriales volontaires autres que le département" sont remplacés par les mots : "Un représentant au moins des collectivités territoriales volontaires autres que la collectivité territoriale de Guyane" ;

c) Le 5° est ainsi rédigé :

"5° Un représentant de la caisse générale de sécurité sociale mentionnée à l'article L. 752-4 du code de la sécurité sociale, au titre de la gestion du risque mentionné au 3° de cet article, désigné par elle ;"

d) Au 6°, les mots : "de la caisse primaire d'assurance maladie" sont remplacés par les mots : "de la caisse générale de sécurité sociale, au titre de la gestion des risques mentionnés aux 1° et 2° de l'article L. 752-4 du même code," ;

e) Le 8° est ainsi rédigé :

"8° Un représentant de la caisse générale de sécurité sociale mentionnée à l'article L. 752-4 du même code, au titre de la gestion des risques mentionnés à ce même article pour les salariés et exploitants agricoles, désigné par elle ;" ;

f) Pour l'application du douzième alinéa en Guadeloupe, en Guyane et en Martinique, les mots :", ou pour toutes les affaires concernant la métropole, par le président du conseil de la métropole. Pour les affaires qu'ils traitent en commun, la conférence est coprésidée." ne sont pas applicables ;

6° Au I de l'article R. 233-14, le dernier alinéa du 1° n'est pas applicable ;

7° L'article R. 233-18 est ainsi modifié :

a) La référence aux 1° à 6° de l'article L. 233-1 est remplacée par la référence aux 1° et 3° à 6° de l'article L. 233-1 ;

b) Le 4° n'est pas applicable ;

c) Au 5°, la référence *(Décr. n° 2022-980 du 2 juill. 2022, art. 4-I)* « au *d* du 3° de l'article L. 223-8 du code de la sécurité sociale » est remplacée par la référence *(Décr. n° 2022-980 du 2 juill. 2022, art. 4-I)* « à l'article R. 178-15 du même code » ;

8° Pour l'application de l'article R. 233-19 en Guyane et en Martinique, les mots : "conseil départemental de la citoyenneté et de l'autonomie" sont remplacés par les mots : "conseil territorial de la citoyenneté et de l'autonomie".

SECTION 2 Personnes handicapées

Art. R. 524-4 Pour l'application en Guyane et en Martinique du titre IV du livre II :

1° Au premier et au dernier alinéas de l'article R. 241-12, le mot : "territoriale" est supprimé ;

2° Au 1° et au dernier alinéa de l'article R. 241-16, le mot : "départementale" est supprimé ;

3° Au sixième alinéa de l'article R. 241-17, le mot : "départementale" est supprimé.

SECTION 3 Établissements et services soumis à autorisation

Art. R. 524-5 Pour l'application en Guadeloupe, en Guyane, en Martinique et à La Réunion du livre III :

1° Au dernier alinéa de l'article D. 312-1, la référence aux II, III et IV de l'article L. 313-12 est remplacée par la référence aux II et IV de l'article L. 313-12 ;

2° Au II de l'article D. 312-161, la référence aux II et III de l'article L. 313-12 est remplacée par la référence au II de l'article L. 313-12.

TITRE III SAINT-PIERRE-ET-MIQUELON

CHAPITRE I ÉTABLISSEMENTS ET SERVICES SOCIAUX ET MÉDICO-SOCIAUX

(Décr. n° 2014-30 du 13 janv. 2014, art. 2)

SECTION 1 Dispositions générales

Art. R. 531-1 Pour l'application à Saint-Pierre-et-Miquelon du titre I du livre III du présent code :

1° Les mots : "conseil régional" et "conseil départemental" sont remplacés par les mots : "conseil territorial" ;

2° Les mots : "comité départemental des retraités et des personnes âgées" sont remplacés par les mots : "*(Décr. n° 2017-882 du 9 mai 2017, art. 3-III)* « conseil territorial de la citoyenneté et de l'autonomie »" ;

3° Les mots : "schéma d'organisation sociale et médico-sociale" sont remplacés par les mots : "schéma territorial de prévention, d'organisation des soins et d'organisation médico-sociale" ;

(Décr. n° 2014-551 du 27 mai 2014, art. 1er-5°) « 4° Les mots : "directeur départemental ou, le cas échéant régional, des finances publiques" sont remplacés par les mots : "directeur chargé de la direction locale des finances publiques de Saint-Pierre-et-Miquelon". »

SECTION 2 Modalités d'autorisation de création, de transformation ou d'extension d'établissements sociaux et médico-sociaux

Art. R. 531-2 *(Décr. n° 2016-1454 du 28 oct. 2016, art. 2-I)* « I. — Pour l'application à Saint-Pierre-et-Miquelon des articles D. 312-1 et D. 312-161 :

« 1° A l'article D. 312-1, la référence aux II, III et IV de l'article L. 313-12 est remplacée par la référence aux II et IV de l'article L. 313-12 ;

« 2° A l'article D. 312-161, la référence aux II et III de l'article L. 313-12 est remplacée par la référence au II de l'article L. 313-12.

« II. — » Pour l'application à Saint-Pierre-et-Miquelon des articles D. 312-193-5, D. 312-193-6 et R. 313-1 à R. 313-10-2 :

1° Les attributions exercées par le *(Décr. n° 2014-1055 du 16 sept. 2014, art. 5-III)* « comité régional de l'emploi, de la formation *[et]* de l'orientation professionnelles » sont exercées par le comité de coordination de l'emploi et de la formation professionnelle ;

2° Les mots : "conférence régionale de la santé et de l'autonomie" sont remplacés par les mots : "conférence territoriale de la santé et de l'autonomie" ;

3° Pour l'application de l'article R. 313-1 :

a) La commission mentionnée au II peut comprendre un nombre inférieur de membres, sous réserve que ce nombre ne soit pas inférieur à quatre et que la parité entre les membres énoncée aux *a* et *b* des 1° à 6° soit respectée ;

b) Au *b* du 1° du II, les mots : "et à l'issue d'un appel à candidature *[candidatures]* organisé dans des conditions fixées par le président du conseil départemental" sont remplacés par les mots : "ou, en l'absence de proposition, à l'issue d'un appel à candidature *[candidatures]* organisé dans des conditions fixées par le président du conseil territorial pour chacune de ces deux catégories et à l'issue d'un appel à candidature *[candidatures]* organisé selon les mêmes modalités" ;

c) Le *b* du 4° du II est complété par les mots : "ou, en l'absence de proposition, à l'issue d'un appel à candidatures qu'ils organisent" ;

d) Les membres de la commission d'appel à projet prévus aux *a* et *b* des 2° et 6° du II sont remplacés par les membres suivants, communs à la commission prévue au 2° et à celle prévue au 6° :

— le représentant de l'État dans la collectivité ou son représentant, président, et trois personnels des services de l'État et de l'administration territoriale de santé mentionnée à l'article L. 1441-1 du code de la santé publique, désignés par le représentant de l'État dans la collectivité ;

— quatre représentants d'usagers, dont un représentant d'associations de retraités et de personnes âgées, un représentant d'associations de personnes handicapées, désignés par le représentant de l'État dans la collectivité sur proposition de la conférence territoriale de la santé et de l'autonomie ou, en l'absence de proposition, à la suite d'un appel à candidature *[candidatures]* organisé dans des conditions fixées par le représentant de l'État, un représentant d'associations de personnes confrontées à des difficultés spécifiques et un représentant d'associations ou une personnalité œuvrant dans le secteur de la protection judiciaire de l'enfance, désignés par le représentant de l'État dans la collectivité à l'issue d'un appel à candidature *[candidatures]* qu'il organise et sur proposition du garde des sceaux en ce qui concerne la dernière catégorie ;

e) La première phrase du 1° du III est complétée par les mots : "ou, en l'absence de proposition, deux représentants des associations gestionnaires des établissements et services sociaux et médico-sociaux et des lieux de vie et d'accueil désignés par ces autorités sur proposition des associations".

(Décr. n° 2024-8 du 3 janv. 2024, art. 5-2°) « III. – Pour l'application du IV de l'article R. 311-38-1, les mots : "du département, au directeur général de l'agence régionale de santé et au service d'aide médicale urgente (SAMU) territorialement compétent" sont remplacés par les mots : "de Saint-Pierre-et-Miquelon". »

SECTION 3 Dispositions budgétaires, comptables et financières

Art. R. 531-3 Pour l'application du chapitre IV du titre I du livre III à Saint-Pierre-et-Miquelon :

1° Les attributions dévolues au directeur régional de la jeunesse, des sports et de la cohésion sociale sont dévolues au directeur de la cohésion sociale, du travail, de l'emploi et de la population ;

2° Les attributions dévolues au directeur régional des entreprises, de la concurrence, de la consommation, du travail et de l'emploi sont dévolues au directeur de la cohésion sociale, du travail, de l'emploi et de la population ;

3° Les attributions dévolues à la caisse primaire d'assurance maladie sont dévolues à la caisse de prévoyance sociale.

CHAPITRE II PERSONNES HANDICAPÉES ET PERSONNES ÂGÉES
(Décr. n° 2016-1454 du 28 oct. 2016, art. 2-II).

SECTION 1 Personnes handicapées *(Décr. n° 2016-1454 du 28 oct. 2016, art. 2-II)*.

Art. D. 532-1 *(Décr. n° 2010-366 du 9 avr. 2010)* I. – Le service commun défini à l'article L. 531-8 est dénommé : "maison territoriale de l'autonomie".

II. – Le préfet de Saint-Pierre-et-Miquelon et le président du conseil territorial nomment, par arrêté conjoint, un directeur de la maison territoriale de l'autonomie. Un adjoint peut être désigné dans les mêmes conditions. Ils approuvent conjointement le budget de la maison territoriale de l'autonomie.

Le personnel de la maison territoriale de l'autonomie comprend des personnels affectés par l'État et par le conseil territorial ainsi que, le cas échéant, des personnels mis à disposition par d'autres personnes morales.

Une convention, signée par le préfet, le président du conseil territorial et le recteur *(Décr. n° 2019-1558 du 30 déc. 2019, art. 10-5°, en vigueur le 1er janv. 2020)* « de l'académie de Normandie », détermine les conditions générales de son organisation et de son fonctionnement, notamment :

1° Les concours en nature, financiers et en personnel de chacune des parties à la convention ;

2° Les missions du directeur ;

3° La procédure de préparation et d'exécution du budget ;

4° Les modalités de tenue des comptes ;

5° Le lieu d'implantation de la maison.

Pour l'accomplissement des missions de la maison territoriale de l'autonomie, le préfet de Saint-Pierre-et-Miquelon et le président du conseil territorial peuvent décider conjointement de conclure des conventions avec les personnes mentionnées aux deuxième et cinquième alinéas de l'article L. 531-8.

Le recours hiérarchique à l'encontre des décisions du directeur de la maison territoriale de l'autonomie s'exerce auprès du préfet ou du président du conseil territorial. Ces deux autorités statuent par décision conjointe.

Art. R. 532-2 *(Décr. n° 2006-414 du 6 avr. 2006)* Pour l'application à Saint-Pierre-et-Miquelon du premier alinéa de l'article R. 146-27, l'équipe pluridisciplinaire réunit des professionnels ayant des compétences médicales et des compétences dans les domaines du travail social, de la formation scolaire et universitaire, de l'emploi et de la formation professionnelle.

Le directeur de la maison territoriale *(Décr. nº 2010-366 du 9 avr. 2010)* « de l'autonomie » peut faire appel à d'autres compétences ou professionnels, y compris hors de la collectivité territoriale, en fonction de la nature de la demande et du handicap de la personne.

Art. R. 532-3 *(Décr. nº 2006-414 du 6 avr. 2006)* Pour l'application à Saint-Pierre-et-Miquelon de l'article R. 146-30, les mots : "directeur départemental du travail, de l'emploi et de la formation professionnelle" sont remplacés par les mots : "chef du service du travail, de l'emploi et de la formation professionnelle".

Art. R. 532-4 *(Décr. nº 2006-414 du 6 avr. 2006)* Pour l'application à Saint-Pierre-et-Miquelon de l'article R. 241-24, la composition de la commission des droits et de l'autonomie des personnes handicapées comprend les membres suivants :

1º Deux représentants de la collectivité territoriale de Saint-Pierre-et-Miquelon désignés par le président du *(Décr. nº 2023-575 du 6 juill. 2023, art. 1er-III)* « conseil territorial » ;

2º Trois représentants des services de l'État, dont deux titulaires et un suppléant choisis parmi :

a) Le *(Décr. nº 2023-575 du 6 juill. 2023, art. 1er-III)* « directeur de la cohésion sociale, du travail, de l'emploi et de la population » ou son représentant ;

b) Le *(Décr. nº 2023-575 du 6 juill. 2023, art. 1er-III)* « représentant de l'État, chargé de l'administration territoriale de santé » ou son représentant ;

c) Le chef du service de l'éducation nationale ou son représentant ;

3º Un représentant de la caisse de prévoyance sociale proposé par le *(Décr. nº 2023-575 du 6 juill. 2023, art. 1er-III)* « représentant de l'État, chargé de l'administration territoriale de santé » ;

4º Deux représentants des organisations syndicales proposés par le *(Décr. nº 2023-575 du 6 juill. 2023, art. 1er-III)* « directeur de la cohésion sociale, du travail, de l'emploi et de la population », d'une part, parmi les personnes présentées par les organisations professionnelles d'employeurs représentatives, d'autre part, parmi les personnes présentées par les organisations syndicales de salariés et de fonctionnaires les plus représentatives ;

5º Un représentant des associations de parents d'élèves, sur proposition du chef du service de l'éducation nationale, parmi les personnes présentées par ces associations ;

6º Trois membres proposés par le *(Décr. nº 2023-575 du 6 juill. 2023, art. 1er-III)* « représentant de l'État, chargé de l'administration territoriale de santé » parmi les personnes présentées par les associations de personnes handicapées et de leurs familles et un membre *(Décr. nº 2017-882 du 9 mai 2017, art. 3-III)* « du conseil territorial de la citoyenneté et de l'autonomie » désigné par ce conseil ;

7º Un représentant des organismes gestionnaires d'établissements ou de services pour enfants, adolescents et adultes handicapés, proposé par le *(Décr. nº 2023-575 du 6 juill. 2023, art. 1er-III)* « représentant de l'État, chargé de l'administration territoriale de santé » parmi les personnes présentées par les organismes gestionnaires d'établissements ou de services de la collectivité territoriale de Saint-Pierre-et-Miquelon.

Art. R. 532-5 *(Décr. nº 2006-414 du 6 avr. 2006)* Pour l'application de l'article R. 241-27, les membres de la commission mentionnée au R. 532-4 ont voix délibérative, à l'exception du représentant mentionné au 7º qui n'a qu'une voix consultative.

Art. R. 532-6 *(Décr. nº 2010-366 du 9 avr. 2010)* Pour l'application de l'article R. 241-31 à Saint-Pierre-et-Miquelon, les décisions de la commission des droits et de l'autonomie des personnes handicapées sont prises au nom du préfet lorsqu'elles relèvent des compétences de l'État, au nom du président du conseil territorial lorsqu'elles relèvent des compétences de la collectivité de Saint-Pierre-et-Miquelon et au nom du préfet et du président du conseil territorial lorsqu'elles relèvent d'une compétence conjointe.

Art. R. 532-7 *(Décr. nº 2010-366 du 9 avr. 2010)* Pour l'application de l'article R. 241-25 à Saint-Pierre-et-Miquelon, les mots : "La commission exécutive de la maison départementale des personnes handicapées peut décider" sont remplacés par les mots : "Le préfet et le président du conseil territorial peuvent décider conjointement".

Art. R. 532-8 *(Décr. nº 2010-366 du 9 avr. 2010)* Pour l'application de l'article R. 241-34 à Saint-Pierre-et-Miquelon, les mots : "à la commission exécutive de la maison départementale des personnes handicapées au préfet, au président du conseil départemental, au conseil départemental consultatif des personnes handicapées et à la commission exécutive de la maison départementale des personnes handicapées" sont remplacés par les mots : "au préfet, au recteur *(Décr. nº 2019-1554 du 30 déc. 2019, art. 2-I, en vigueur le 1er janv. 2020)* « de l'académie de Normandie », au président du conseil territorial et au *(Décr. nº 2017-882 du 9 mai 2017, art. 3-III)* « conseil territorial de la citoyenneté et de l'autonomie »".

Art. R. 532-9 *(Décr. nº 2010-366 du 9 avr. 2010)* Les articles R. 146-16 à R. 146-24 ne sont pas applicables à Saint-Pierre-et-Miquelon.

Art. R. 532-10 *(Décr. nº 2016-1454 du 28 oct. 2016, art. 2-II)* Pour l'application du présent code à Saint-Pierre-et-Miquelon :

1° La référence au département est remplacée par la référence à la collectivité territoriale de Saint-Pierre-et-Miquelon ;

2° La référence au conseil départemental est remplacée par la référence au conseil territorial ;

3° La référence au directeur général de l'agence régionale de santé est remplacée par la référence au représentant de l'État à Saint-Pierre-et-Miquelon ;

4° Les mots : "maison départementale des personnes handicapées" sont remplacés par les mots : "maison territoriale de l'autonomie".

SECTION 2 Personnes âgées

(Décr. nº 2016-1454 du 28 oct. 2016, art. 2-II)

SOUS-SECTION 1 Concours

Art. R. 532-11 Pour l'application à Saint-Pierre-et-Miquelon du chapitre X du titre IV du livre I :

1° Aux articles R. 14-10-42-1, R. 14-10-42-4, R. 14-10-42-5 et R. 14-10-42-6, les mots : "ou, le cas échéant, métropole", "et, le cas échéant, à une ou plusieurs métropoles,", "ou, le cas échéant, métropolitaines", "ou, le cas échéant, à la métropole,", "ou, le cas échéant, le conseil de la métropole", "ou, le cas échéant, le président du conseil de la métropole", "ou, le cas échéant, au président du conseil de la métropole," et "ou du conseil de la métropole" ne sont pas applicables ;

2° L'article R. 14-10-42-2 n'est pas applicable ;

3° A l'article R. 14-10-42-3, la référence aux articles R. 14-10-42-1 et R. 14-10-42-2 est remplacée par la référence à l'article R. 14-10-42-1 ;

4° A l'article R. 14-10-42-5, les mots : "et celles exposées pour des actions prévues au 2° du même article" ne sont pas applicables.

SOUS-SECTION 2 Allocation personnalisée d'autonomie

Art. R. 532-12 Pour l'application à Saint-Pierre-et-Miquelon de l'article R. 232-8, les mots : "le règlement départemental d'aide sociale" sont remplacés par les mots : "le règlement territorial d'aide sociale".

SOUS-SECTION 3 Conférence des financeurs

Art. R. 532-13 Pour l'application à Saint-Pierre-et-Miquelon du chapitre III du titre III du livre II :

1° L'article R. 233-1 est ainsi modifié :

a) Les mots : "schéma départemental relatif aux personnes en perte d'autonomie" sont remplacés par les mots : "schéma territorial relatif aux personnes en perte d'autonomie" ;

b) Les mots : "projet régional de santé mentionné à l'article L. 1434-2" sont remplacés par les mots : "projet de santé mentionné à l'article L. 1441-3" ;

2° Au 1° de l'article R. 233-2, les mots : "conseil départemental de la citoyenneté et de l'autonomie" sont remplacés, deux fois, par les mots : "conseil territorial de la citoyenneté et de l'autonomie" ;

3° L'article R. 233-6 est ainsi modifié :

a) Les mots : "départemental ou, le cas échéant, de la métropole" ne sont pas applicables ;

b) La référence aux 1° à 6° de l'article L. 233-1 est remplacée par la référence aux 1° et 3° à 6° de l'article L. 233-1 ;

4° A l'article R. 233-9, la référence aux 2°, 3°, 4° et 6° de l'article L. 233-1 est remplacée par la référence aux 3°, 4° et 6° de l'article L. 233-1 ;

5° L'article R. 233-13 est ainsi modifié :

a) Au 1°, les mots : "et le cas échéant, le représentant du conseil de la métropole désigné par le président du conseil de la métropole" ne sont pas applicables ;

b) Le 4° est ainsi rédigé :

"4° Un représentant au moins des collectivités territoriales volontaires autres que la collectivité de Saint-Pierre-et-Miquelon, désigné par l'assemblée délibérante ;" ;

c) Le 5° est ainsi rédigé :

"5° Un représentant de la caisse de prévoyance sociale au titre de la gestion du risque vieillesse mentionnée à l'article 3 de l'ordonnance n° 77-1102 du 26 septembre 1977 portant extension et adaptation au département de Saint-Pierre-et-Miquelon de diverses dispositions relatives aux affaires sociales, désigné par elle ;" ;

d) Le 6° est ainsi rédigé :

"6° Un représentant de la caisse de prévoyance sociale au titre de la gestion du risque maladie mentionnée à l'article 3 de l'ordonnance précitée du 26 septembre 1977 désigné par elle, qui peut être le même que celui prévu au 5°, sans préjudice des dispositions prévues à l'article R. 233-14. Il dispose alors des voix déterminées à cet article pour chacun des membres qu'il représente ;" ;

e) Le 7° est ainsi rédigé :

"7° Un représentant de la caisse de prévoyance sociale au titre de la gestion du régime de sécurité sociale des travailleurs indépendants mentionnée à l'article 3 de l'ordonnance précitée du 26 septembre 1977, désigné par elle ;" ;

f) Le 8° est ainsi rédigé :

"8° Un représentant de la caisse de prévoyance sociale au titre de la gestion du régime de sécurité sociale des salariés et exploitants agricoles mentionnée à l'article 3 de l'ordonnance précitée du 26 septembre 1977, désigné par elle ;" ;

g) Le 10° est complété par les mots : "ou par un organisme mutualiste adhérent" ;

h) A l'avant-dernier alinéa, les mots : "ou pour toutes les affaires concernant la métropole, par le président du conseil de la métropole. Pour les affaires qu'ils traitent en commun, la conférence est coprésidée." ne sont pas applicables ;

6° L'article R. 233-14 est ainsi modifié :

a) Les mots : "d'une conférence départementale" sont remplacés par les mots : "d'une conférence territoriale" ;

b) Les mots : "L'agence régionale de santé" sont remplacés par les mots : "L'administration territoriale de santé" ;

c) La phrase : "Dans le cadre des affaires communes d'une conférence départementale-métropolitaine, le conseil départemental et le conseil de la métropole disposent chacun de la moitié des voix prévues au 1°" n'est pas applicable ;

7° L'article R. 233-18 est ainsi modifié :

a) La référence aux 1° à 6° de l'article L. 233-1 est remplacée par la référence aux 1° et 3° à 6° de l'article L. 233-1 ;

b) Le 4° n'est pas applicable ;

c) Au 5°, la référence *(Décr. n° 2022-980 du 2 juill. 2022, art. 4-I)* « au *d* du 3° de l'article L. 223-8 du code de la sécurité sociale » est remplacée par la référence *(Décr. n° 2022-980 du 2 juill. 2022, art. 4-I)* « à l'article R. 178-15 du même code » ;

8° A l'article R. 233-19, les mots : "conseil départemental de la citoyenneté et de l'autonomie" sont remplacés par les mots : "conseil territorial de la citoyenneté et de l'autonomie".

SECTION 3 Personnes handicapées

(Décr. n° 2016-1454 du 28 oct. 2016, art. 2-II)

Art. R. 532-14 Pour l'application à Saint-Pierre-et-Miquelon de l'article R. 241-12, les mots : "la maison départementale" sont remplacés par les mots : "la maison territoriale de l'autonomie".

CHAPITRE III REVENU DE SOLIDARITÉ ACTIVE

(Décr. n° 2010-1783 du 31 déc. 2010, art. 3, en vigueur le 1er janv. 2011)

Art. R. 533-1 Les dispositions du chapitre II du titre II du livre V sont applicables à Saint-Pierre-et-Miquelon, à l'exception des articles R. 522-10 à R. 522-62.

CHAPITRE IV ADOPTION, DISPOSITIF D'ACCUEIL ET D'ÉVALUATION DES MINEURS PRIVÉS TEMPORAIREMENT OU DÉFINITIVEMENT DE LA PROTECTION DE LEUR FAMILLE *(Décr. n° 2016-840 du 24 juin 2016, art. 2-2°)*.

Art. R. 534-1 Pour l'application des articles R. 225-12 à R. 225-45 à Saint-Pierre-et-Miquelon :

1° Les attributions dévolues au président du conseil départemental du département sont exercées par le président du conseil départemental de Saint-Pierre-et-Miquelon ;

2° La référence au département est remplacée par celle à la collectivité territoriale de Saint-Pierre-et-Miquelon. – *[Décr. n° 2002-575 du 18 avr. 2002, art. 33.]* – *[Anc. art. R. 533-1.]*

Art. R. 534-2 *(Décr. n° 2016-840 du 24 juin 2016, art. 2-2°)* Eu égard aux contraintes d'éloignement géographique pour les mineurs concernés, l'article R. 221-13 et le II de l'article R. 221-14 ne sont pas applicables.

CHAPITRE V PERSONNES PHYSIQUES MANDATAIRES JUDICIAIRES À LA PROTECTION DES MAJEURS

(Décr. n° 2014-551 du 27 mai 2014, art. 1er-6°)

Art. R. 535-1 Pour l'application des dispositions des articles R. 472-15, R. 472-24 et R. 472-26, les mots : "directeur départemental ou, le cas échéant, régional des finances publiques" sont remplacés par les mots : "directeur chargé de la direction locale des finances publiques de Saint-Pierre-et-Miquelon".

CHAPITRE VI CENTRES D'INFORMATION SUR LES DROITS DES FEMMES ET DES FAMILLES

(Décr. n° 2015-1745 du 23 déc. 2015, art. 4-II)

Art. R. 536-1 Pour l'application à Saint-Pierre-et-Miquelon des articles D. 217-1 à D. 217-3, R. 217-4, D. 217-5 et D. 217-6, R. 217-7, D. 217-8, R. 217-9 et D. 217-10 du présent code, les mots : "représentant de l'État dans la région" sont remplacés par les mots : "préfet de Saint-Pierre-et-Miquelon".

CHAPITRE VII DISPOSITIONS RELATIVES À L'ACCOMPAGNEMENT DES VICTIMES DE LA PROSTITUTION

(Décr. n° 2016-1467 du 28 oct. 2016, art. 2)

Art. R. 537-1 Pour l'application à Saint-Pierre-et-Miquelon des articles R. 121-12-1, R. 121-12-2, R. 121-12-3, R. 121-12-4, R. 121-12-5, R. 121-12-6, R. 121-12-7, R. 121-12-8, R. 121-12-9, R. 121-12-10, R. 121-12-11*[,]* R. 121-12-12, et R. 121-12-13 du présent code :

1° Les mots : "préfet de département" sont remplacés par les mots : "représentant de l'État dans la collectivité de Saint-Pierre-et-Miquelon" ;

2° Les références : "directeur départemental de la cohésion sociale" et "directeur régional des entreprises, de la concurrence, de la consommation, du travail et de l'emploi" sont remplacées par la référence : "directeur de la cohésion sociale, du travail, de l'emploi et de la population" ;

3° Les mots : "départementale", "dans chaque département" et "dans le département" sont remplacés par les mots : "dans la collectivité" ;

4° La référence à la commission territoriale est substituée à la référence à la commission départementale ;

5° L'article R. 121-12-1 est complété par les mots : "ou du représentant de l'État dans la collectivité de Saint-Pierre-et-Miquelon" ;

6° L'article R. 121-12-3 est complété par l'alinéa suivant : "Lorsque le siège de l'association est implanté à Saint-Pierre-et-Miquelon, la demande est adressée au représentant de l'État dans la collectivité de Saint-Pierre-et-Miquelon, qui prend la décision de délivrer l'agrément."

CHAPITRE VIII DISPOSITIONS RELATIVES À L'ACCÈS AUX ORIGINES PERSONNELLES

(Décr. n° 2022-360 du 14 mars 2022, art. 3-1°)

Art. R. 538-1 Pour l'application des articles R. 147-25, R. 147-31 et R. 147-32 à Saint-Pierre-et-Miquelon, les références au règlement (UE) 2016/679 du Parlement européen et du Conseil du 27 avril 2016 sont remplacées par la référence aux règles applicables en métropole en vertu des dispositions concernées de ce règlement.

TITRE IV DÉPARTEMENT DE MAYOTTE *(Décr. n° 2011-2097 du 30 déc. 2011, art. 3-I).*

(Décr. n° 2014-1407 du 26 nov. 2014, art. 3)

Le CASF (partie réglementaire) est applicable à Mayotte dans les conditions prévues par le Décr. n° 2014-1407 du 26 nov. 2014 (art. R. 541-1 à R. 545-3). Il en est de même, pour les besoins de cette application, des dispositions du CSS auxquelles ces dispositions renvoient (Décr. préc., art. 2).

CHAPITRE PRÉLIMINAIRE

Le présent chapitre ne comprend pas de dispositions réglementaires.

CHAPITRE I ADAPTATIONS DU LIVRE I

SECTION 1 Dispositions générales

Art. R. 541-1 Pour l'application du titre I du livre I :

A l'article R. 115-1, les mots : "les fonds d'aide aux jeunes en difficulté" ne sont pas applicables.

SECTION 2 Compétences

Art. R. 541-2 Pour l'application du titre II du livre I :

I. – L'intitulé de la section 6 du chapitre I est remplacé par l'intitulé suivant : "Commission pour la cohésion sociale et l'égalité des chances à Mayotte".

II. – Les articles R. 121-13 à R. 121-22-1 et R. 121-26 ne sont pas applicables.

III. – A l'article R. 121-23 :

1° Les deux premiers alinéas sont remplacés par les deux alinéas suivants :

"Une commission pour la cohésion sociale et l'égalité des chances est créée à Mayotte.

"Elle est constituée :" ;

2° Au 1°, les mots : "le ou les préfets de département de la région" sont remplacés par les mots : "le préfet de Mayotte" ;

3° Au *a* du 2°, les mots : "des collectivités territoriales de la région ou de leurs groupements" sont remplacés par les mots : "des collectivités territoriales de Mayotte ou de leurs groupements" ;

4° Au *c* du 2°, les mots : "des organismes locaux des régimes obligatoires de sécurité sociale, de la mutualité sociale agricole ou de la mutualité dans la région" sont remplacés par les mots : "de la caisse de sécurité sociale de Mayotte" ;

5° Après le *d*, il est ajouté un *e* et un *f* ainsi rédigés :

"*e)* Des représentants de personnes morales de droit public ou privé concourant à la cohésion sociale ;

"*f)* Des représentants des usagers." ;

6° A l'avant-dernier alinéa, les mots : "du comité régional" sont remplacés par les mots : "de la commission" ;

7° Le dernier alinéa est remplacé par les dispositions suivantes :

"Un arrêté du préfet de Mayotte détermine la composition de la commission pour la cohésion sociale et l'égalité des chances."

IV. – A l'article R. 121-24 :

1° Au premier alinéa, la première phrase est remplacée par les dispositions suivantes :

"Le préfet de Mayotte préside la commission pour la cohésion sociale et l'égalité des chances." ;

2° Au deuxième alinéa, les mots : "du comité" sont remplacés par les mots : "de la commission" et les mots : "du directeur régional" par les mots : "du directeur de la jeunesse, des sports et de la cohésion sociale" ;

3° Au dernier alinéa, les mots : "du comité" et les mots : "la direction régionale de la jeunesse, des sports et de la cohésion sociale" sont remplacés, respectivement, par les mots : "de la commission" et les mots : "la direction de la jeunesse, des sports et de la cohésion sociale".

V. – L'article R. 121-25 est remplacé par les dispositions suivantes :

Art. R. 121-25 La commission est consultée dans les domaines définis à l'article R. 145-4.

(Abrogé par Décr. n° 2018-953 du 31 oct. 2018, art. 10) ***« VI. – L'intitulé de la section 7 du chapitre I est remplacé par l'intitulé suivant : "Contrat d'insertion dans la vie sociale".***

« VII. – Les sous-sections 1 à 4, comprenant les articles D. 121-27 à D. 121-34, sont remplacés par un article D. 121-27 ainsi rédigé :

Art. [D.] R. 121-27 *« Les conditions dans lesquelles un contrat d'insertion dans la vie sociale peut être conclu sont définies au livre III du code du travail applicable à Mayotte. »*

VIII. – A l'article R. 123-21, après les mots : "à l'article L. 264-2", sont ajoutés les mots : "tel qu'applicable à Mayotte".

IX. – A l'article R. 123-25, les mots : "par les organismes d'assurance maladie, d'assurance vieillesse, les caisses d'allocations familiales" sont remplacés par les mots : "par les organismes de sécurité sociale et l'organisme gestionnaire du régime des prestations familiales à Mayotte".

X. – Les sous-sections 4, 5 et 6 de la section 2 du chapitre III du titre II ne sont pas applicables.

Art. D. 541-2-1 *(Décr. nº 2017-542 du 13 avr. 2017, art. 2)* **Pour l'application de la sous-section 3 de la section 3 du chapitre I du titre II du livre I, le barème prévu à l'article** *(Décr. nº 2022-1340 du 19 oct. 2022, art. 1er-2º)* **« D. 121-12-14 » est remplacé par le barème suivant :**

COMPOSITION FAMILIALE	MONTANT MENSUEL
1 personne	171,60 €
1 personne et 1 enfant à charge	224,64 €
1 personne et 2 enfants à charge	277,68 €
1 personne et 3 enfants à charge	330,72 €
Par enfant à charge supplémentaire	+ 33,28 €

Ce barème a été modifié par le Décr. nº 2022-1340 du 19 oct. 2022 et est applicable aux prestations dues à compter du 1er juill. 2022 (Décr. préc., art. 1er-2º et 2).

SECTION 3 Procédures

Art. R. 541-3 **Pour l'application du titre III du livre I :**

(Abrogé par Décr. nº 2015-1280 du 13 oct. 2015, art. 2-1º) « I. — A l'article R. 131-3, les mots : "des articles L. 232-25, L. 245-7 et" sont remplacés par les mots : "de l'article". »

II. — Au deuxième alinéa de l'article R. 132-8, les mots : "de l'article L. 521-2 du code de la sécurité sociale" sont remplacés par les mots : "de l'article 6 de l'ordonnance nº 2002-149 du 7 février 2002 relative à l'extension et la généralisation des prestations familiales et à la protection sociale dans la collectivité départementale de Mayotte".

III. — A l'article R. 132-12, les mots : "de l'aide médicale à domicile, de la prestation spécifique dépendance ou de la prise en charge du forfait journalier prévu à l'article L. 174-4 du code de la sécurité sociale" ne sont pas applicables.

(Abrogé par Décr. nº 2018-928 du 29 oct. 2018, art. 4, à compter du 1er janv. 2019) « IV. — Au début de l'article R. 134-10, avant le premier alinéa, il est inséré un alinéa ainsi rédigé :

« "Les décisions faisant grief sont notifiées avec accusé de réception ou remises en mains propres contre accusé de réception."

« V. — Aux articles R. 134-10 et R. 134-11, après le mot : "notification", sont ajoutés les mots : "ou la date de remise en mains propres contre accusé de réception." »

SECTION 4 Institutions

Art. R. 541-4 **Pour l'application du titre IV du livre I :**

I. — A L'article D. 141-8, les mots : "— le directeur départemental des affaires sanitaires et sociales ou son représentant" sont remplacés par les mots : "— le directeur de la jeunesse, des sports et de la cohésion sociale ou son représentant" et les mots : "— le directeur départemental de la jeunesse et des sports ou son représentant" sont supprimés.

II. — L'intitulé de la section 2 du chapitre V est remplacé par : "Compétence de la commission pour la cohésion sociale et l'égalité des chances".

III. — A l'article R. 145-4, les mots : "commission départementale de la cohésion sociale" sont remplacés par les mots : "commission pour la cohésion sociale et l'égalité des chances".

IV. — Les articles R. 145-5 et R. 145-6 ne sont pas applicables.

V. — Au 1º de l'article D. 146-10, les mots : "de l'association départementale des maires ou, à Paris, du maire de Paris" sont remplacés par les mots : "de l'association des maires de Mayotte".

VI. — A l'article D. 146-14 :

1º Les 2º et 3º sont remplacés par un 2º ainsi rédigé :

"2° Le bilan d'activité de la *(Décr. n° 2015-1280 du 13 oct. 2015, art. 11-I, en vigueur le 1er janv. 2016)* « commission des droits et de l'autonomie des personnes handicapées » ;"

(Abrogé par Décr. n° 2015-1280 du 13 oct. 2015, art. 11-I°, à compter du 1er janv. 2016) « 2° Le 4° devient le 3° ; »

3° A l'avant-dernier alinéa, les mots : "schéma départemental d'organisation sociale et médico-sociale" sont remplacés par les mots : "schéma départemental et schéma d'organisation médico-sociale de La Réunion et de Mayotte".

(Abrogé par Décr. n° 2015-1280 du 13 oct. 2015, art. 11-I, à compter du 1er janv. 2016) « VII. — La sous-section 1 de la section 3 du chapitre VI n'est pas applicable.

« VIII. — A l'article R. 146-25, la référence : "L. 146-3" est remplacée par les mots : "L. 545-1 tel que maintenu en vigueur jusqu'à une date fixée par décret et au plus tard le 1er janvier 2016, en application du second alinéa du 3° de l'article 10 de l'ordonnance n° 2012-785 du 31 mai 2012 portant extension et adaptation du code de l'action sociale et des familles au Département de Mayotte" et la référence : "L. 241-6" est remplacée par les mots : "L. 545-2 tel que maintenu en vigueur dans les conditions précitées de l'ordonnance du 31 mai 2012". »

(Abrogé par Décr. n° 2015-1280 du 13 oct. 2015, art. 2-2°) « IX. — Le premier alinéa de l'article R. 146-26 est ainsi rédigé :

« "La demande est accompagnée d'un certificat médical de moins de trois mois."

« X. — Les sous-sections 3 et 4 de la section 3 du chapitre VI ne sont pas applicables. »

XI. — A l'article R. 146-30, les mots : "le directeur départemental, du travail, de l'emploi et de la formation professionnelle" sont remplacés par les mots : "le directeur du service en charge du travail, de l'emploi et de la formation professionnelle".

(Abrogé par Décr. n° 2015-1280 du 13 oct. 2015, art. 11-I, à compter du 1er janv. 2016) « XII. — La sous-section 7 de la section 3 du chapitre VI n'est pas applicable.

« XIII. — A l'article R. 146-36, les mots : "du 2° de l'article L. 241-6" sont remplacés par les mots : "du sixième alinéa de l'article L. 545-2 tel que maintenu en vigueur jusqu'à une date fixée par décret et au plus tard le 1er janvier 2016, en application du second alinéa du 3° de l'article 10 de l'ordonnance n° 2012-785 du 31 mai 2012 portant extension et adaptation du code de l'action sociale et des familles au Département de Mayotte" et les mots : "et par le décret prévu par l'article L. 247-2" ne sont pas applicables. »

XIV. — L'article *(Décr. n° 2017-879 du 9 mai 2017, art. 4-1°)* « R. 247-1 » est ainsi modifié :

(Abrogé par Décr. n° 2015-1280 du 13 oct. 2015, art. 11-I, à compter du 1er janv. 2016) « 1° Au I, la référence : "L. 146-3" est remplacée par les mots : "L. 545-1 tel que maintenu en vigueur jusqu'à une date fixée par décret et au plus tard le 1er janvier 2016, en application du second alinéa du 3° de l'article 10 de l'ordonnance n° 2012-785 du 31 mai 2012 portant extension et adaptation du code de l'action sociale et des familles au Département de Mayotte" et au 5° du II, la référence : "L. 146-9" est remplacée par les mots : "L. 545-2 tel que maintenu en vigueur dans les conditions précitées de l'ordonnance du 31 mai 2012" ; »

2° Le II est ainsi modifié :

(Abrogé par Décr. n° 2015-1280 du 13 oct. 2015, art. 2-2°) « a) Le 4° n'est pas applicable ; »

(Abrogé par Décr. n° 2015-1280 du 13 oct. 2015, art. 11-I, à compter du 1er janv. 2016) « b) Le 7° n'est pas applicable ; »

c) Au 8°, les mots : "schéma départemental" sont remplacés par les mots : "schéma départemental et schéma d'organisation médico-sociale de La Réunion et de Mayotte" et les mots : "en application des articles L. 247-2 et L. 247-4, aux organismes et administrations intéressés" sont remplacés par les mots : "à la Caisse nationale de solidarité pour l'autonomie et au ministre chargé des personnes handicapées".

(Abrogé par Décr. n° 2015-1280 du 13 oct. 2015, art. 11-I, à compter du 1er janv. 2016) « 3° Le III est remplacé par les dispositions suivantes :

« "III. — Le responsable de ce traitement est le directeur de la maison des personnes handicapées". »

XV. – L'article *(Décr. n° 2017-879 du 9 mai 2017, art. 4-1°)* « R. 247-2 » est ainsi modifié :

(Abrogé par Décr. n° 2015-1280 du 13 oct. 2015, art. 2-2°) « 1° Au h du 1°, les mots : "existence d'aidants familiaux" et les mots : "et, le cas échéant, des aidants familiaux" ne sont pas applicables ; »

2° Au *j* du 1°, les mots : "des prestations mentionnées aux articles L. 541-1, L. 821-1 et L. 821-2 du code de la sécurité sociale" sont remplacés par les mots : "des allocations mentionnées à l'article 10-1 de l'ordonnance du 7 février 2002 relative à l'extension et la généralisation des prestations familiales et à la protection sociale à Mayotte et à l'article 35 de l'ordonnance n° 2002-411 du 27 mars 2002 relative à la protection sanitaire et sociale à Mayotte" et les mots : "à l'article L. 245-1 du code de l'action sociale et des familles" ne sont pas applicables ;

(Abrogé par Décr. n° 2015-1280 du 13 oct. 2015, art. 2-2°) « 3° Le d du 3° est ainsi rédigé :

« "d) Résultats de l'évaluation de l'incapacité permanente ;"

« 4° Le e du 3° n'est pas applicable ;

« 5° Au 4°, les mots : "à l'équipe pluridisciplinaire et" ne sont pas applicables.

« XVI. — Au II de l'article R. 146-40, les mots : "les personnels de l'équipe pluridisciplinaire et" ne sont pas applicables. »

(Abrogé par Décr. n° 2015-1280 du 13 oct. 2015, art. 11-I, à compter du 1er janv. 2016) « XVII. — A l'article R. 146-41, le 2° n'est pas applicable. »

XVIII. – L'article *(Décr. n° 2017-879 du 9 mai 2017, art. 4-1°)* « R. 247-5 » est ainsi modifié :

(Décr. n° 2017-879 du 9 mai 2017, art. 4-1°) « 1° Le 1° du I est remplacé par les dispositions suivantes :

« "1° Les agents de la collectivité, en premier lieu, pour le paiement des prestations prévues aux articles L. 245-1 et suivants, en second lieu, pour le paiement des aides sociales légales et la prise en charge des frais liés aux transports scolaires prévue à l'article L. 213-11 du code de l'éducation, en troisième lieu, pour la délivrance de la carte mobilité inclusion mentionnée à l'article L. 241-3, en quatrième lieu, pour l'élaboration, la modification ou la mise en œuvre du plan d'accompagnement global mentionné à l'article L. 146-8, en cinquième lieu, pour le suivi des suites données aux orientations vers des établissements et services qui relèvent de leur tutelle, susceptibles d'accueillir ou d'accompagner les personnes concernées et enfin pour le suivi des prises en charges conjointes à l'aide sociale à l'enfance et aux établissement pour enfants et jeunes handicapés ;" »

2° Au 2° du I, les mots : "des prestations prévues aux articles L. 541-1 et suivants et L. 821-1 du code de la sécurité sociale" sont remplacés par les mots : "des allocations mentionnées à l'article 10-1 de l'ordonnance du 7 février 2002 relative à l'extension et la généralisation des prestations familiales et à la protection sociale à Mayotte et à l'article 35 de l'ordonnance du 27 mars 2002 relative à la protection sanitaire et sociale à Mayotte" ;

3° Au 4° du I, les mots : "Les agents des services départementaux de l'éducation nationale" sont remplacés par les mots : "Les agents du vice-rectorat de Mayotte" ;

4° Le 5° du I est ainsi rédigé :

"5° Les agents du service en charge du travail, de l'emploi et de la formation professionnelle pour la mise en œuvre des décisions d'orientation professionnelle ;"

(Abrogé par Décr. n° 2015-1280 du 13 oct. 2015, art. 11-I, à compter du 1er janv. 2016) « 5° Le 7° du I est ainsi rédigé :

« "7° Les agents des services mentionnés à l'article L. 545-1 tel que maintenu en vigueur jusqu'à une date fixée par décret et au plus tard le 1er janvier 2016, en application du 3° de l'article 10 de l'ordonnance n° 2012-785 du 31 mai 2012 portant extension et adaptation du code de l'action sociale et des familles au Département de Mayotte pour les missions sous-traitées définies par une convention." ;

« 6° Le 8° du I n'est pas applicable ;

« 7° Au II, la référence : "L. 146-3" est remplacée par les mots : "L. 545-1 tel que maintenu en vigueur jusqu'à une date fixée par décret et au plus tard le 1er janvier 2016,

en application du second alinéa du 3° de l'article 10 de l'ordonnance n° 2012-785 du 31 mai 2012 portant extension et adaptation du code de l'action sociale et des familles au Département de Mayotte". »

XIX. — Aux articles R. 147-25 et R. 147-26, la référence : "L. 543-14" est supprimée.

(Décr. n° 2015-1280 du 13 oct. 2015, art. 2-2°) « XX. — Les articles D. 148-1 à R. 148-11-2 ne sont pas applicables.

(Abrogé par Décr. n° 2022-980 du 2 juill. 2022, art. 4-I) « « XX bis. — A l'article R. 14-10-32 :

« 1° (Décr. n° 2016-1454 du 28 oct. 2016, art. 3-1°) « Au troisième alinéa du II, » les mots : "de l'allocation prévue à l'article L. 541-1 du code de la sécurité sociale, du nombre de bénéficiaires de la prestation prévue aux articles L. 821-1, L. 821-2 de ce code et du nombre de bénéficiaires de la pension d'invalidité prévue à l'article L. 341-1 du même code ;" sont remplacés par les mots : "de l'allocation d'éducation de l'enfant handicapé prévue par l'article 10-1 de l'ordonnance n° 2002-149 du 7 février 2002 modifiée relative à l'extension et la généralisation des prestations familiales et à la protection sociale dans la collectivité départementale de Mayotte, du nombre de bénéficiaires de l'allocation pour adulte handicapé prévue par l'article 35 de l'ordonnance n° 2002-411 du 27 mars 2002 modifiée relative à la protection sanitaire et sociale à Mayotte et du nombre de bénéficiaires de la pension d'invalidité prévue à l'article 20-8-1 de l'ordonnance n° 96-1122 du 20 décembre 1996 modifiée relative à l'amélioration de la santé publique, à l'assurance maladie, maternité, invalidité et décès, au financement de la sécurité sociale à Mayotte et à la caisse de sécurité sociale de Mayotte" ;

« 2° (Décr. n° 2016-1454 du 28 oct. 2016, art. 3-1°) « Aux troisième, quatrième et cinquième alinéas du II », les mots : "dans chaque département" sont remplacés par les mots : "dans le Département de Mayotte" ;

« 3° (Décr. n° 2016-1454 du 28 oct. 2016, art. 3-1°) « Au quatrième alinéa du II », les mots : "augmenté du nombre de bénéficiaires de l'allocation compensatrice mentionnée au même article dans sa rédaction antérieure à l'entrée en vigueur de la loi n° 2005-102 du 11 février 2005 pour l'égalité des droits et des chances, la participation et la citoyenneté des personnes handicapées" sont supprimés ;

« 4° Au c, les mots : "de l'allocation d'éducation de l'enfant handicapé prévue à l'article L. 541-1 du code de la sécurité sociale ou de l'allocation d'éducation spéciale prévue à l'article L. 541-1 dans sa rédaction antérieure à l'entrée en vigueur de la loi n° 2005-102 du 11 février 2005," sont remplacés par les mots : "de l'allocation d'éducation de l'enfant handicapé prévue par l'article 10-1 de l'ordonnance n° 2002-149 du 7 février 2002 précitée," ;

« 5° Au d, les mots : "de l'allocation pour adultes handicapés prévue aux articles L. 821-1 et L. 821-2 du code de la sécurité sociale," sont remplacés par les mots : "de l'allocation pour adulte handicapé prévue par l'article 35 de l'ordonnance n° 2002-411 du 27 mars 2002 précitée," ;

« 6° Au e, les mots : "de la pension d'invalidité prévue à l'article L. 341-1 du code de la sécurité sociale," sont remplacés par les mots : "de la pension d'invalidité prévue à l'article 20-8-1 de l'ordonnance n° 96-1122 du 20 décembre 1996 précitée,". » — V. Dispositions transitoires ss. art.

« XXI. — A l'article R. 14-10-34, il est ajouté un dernier alinéa ainsi rédigé :

« "En application du I de l'article 12 de l'ordonnance n° 2012-785 du 31 mai 2012 portant extension et adaptation du code de l'action sociale et des familles au Département de Mayotte, la valeur "PFd" est égale à zéro." »

(Abrogé par Décr. n° 2015-1280 du 13 oct. 2015, art. 2-2°) « XXII. — L'article R. 14-10-35 est ainsi modifié :

« 1° Au premier alinéa, les mots : "aux articles R. 14-10-32 et" ne sont pas applicables ;

« 2° Le deuxième alinéa n'est pas applicable ;

« 3° Au dernier alinéa, les mots :", respectivement, aux articles R. 14-10-32 et" sont remplacés par les mots : "à l'article" ; »

(Abrogé par Décr. n° 2022-980 du 2 juill. 2022, art. 4-I) (Décr. n° 2015-1280 du 13 oct. 2015, art. 2-2°) « XXIII. — Au deuxième alinéa de l'article R. 14-10-36, les mots : "d'une

part, et de l'allocation compensatrice d'autre part" et les mots : "et le nombre de bénéficiaires de l'allocation compensatrice" sont supprimés. »

« XXIV. — L'article R. 14-10-49 est ainsi modifié :

« 1° Au 1°, les mots : "ou agréés dans les conditions prévues à l'article L. 313-1-2" ne sont pas applicables ;

« 2° Au 5°, la mention : "I bis" n'est pas applicable.

XXV. — Abrogé par Décr. n° 2018-953 du 31 oct. 2018, art. 10.

« (Décr. n° 2015-1280 du 13 oct. 2015, art. 2-2° ; Décr. n° 2016-1454 du 28 oct. 2016, art. 3-1°) ***« XXVI. — Au e de l'article R. 14-10-38, les mots : "à l'exception de ceux ouvrant droit à la majoration prévue à l'article L. 262-9" sont supprimés.*** *— V. dispositions transitoires ss. art.*

« XXVII. — A l'article R. 14-10-40, les mots : "à l'exception de ceux ouvrant droit à la majoration prévue à l'article L. 262-9" sont supprimés.

« XXVII bis. — A l'article R. 14-10-42-3, la référence aux articles R. 14-10-42-1 et R. 14-10-42-2 est remplacée par la référence à l'article R. 14-10-42-1.

« XXVII ter. — A l'article R. 14-10-42-5, les mots : "et celles exposées pour des actions prévues au 2° du même article" ne sont pas applicables.

« XXVIII. — Les articles R. 14-10-42-2, R. 14-10-43 à R. 14-10-45 ne sont pas applicables ». »

Dispositions transitoires issues du Décr. n° 2015-1280 du 13 oct. 2015, mod. par Décr. n° 2016-1454 du 28 oct. 2016 et Décr. n° 2022-980 du 2 juill. 2022 :

Art. 7 *L'art. R. 178-1 CSS s'applique à Mayotte, dans les conditions prévues par l'art. 30-8 du Décr. n° 2004-942 du 3 sept. 2004 portant application de l'Ord. n° 2002-411 du 27 mars 2002 relative à la protection sanitaire et sociale à Mayotte :*

1° Au f du II, les mots : "augmenté, pour les années au cours desquelles cette prestation n'était pas en vigueur ou n'est pas exclusivement en vigueur, du nombre de bénéficiaires de l'allocation compensatrice mentionnée à l'article L. 245-1 du code de la sécurité sociale dans sa rédaction antérieure à l'entrée en vigueur de la loi n° 2005-102 du 11 février 2005," ne sont pas applicables ;

2° Au g du II, après les mots : "tel que défini à l'article L. 3334-6 du code général des collectivités territoriales.", il est ajouté une phrase ainsi rédigée : "Toutefois dans l'attente du calcul de ce même potentiel fiscal pour Mayotte, et en application du 1° de l'article 11 de l'ordonnance n° 2014-463 du 7 mai 2014 portant extension et adaptation à Mayotte des dispositions du code de l'action sociale et des familles relatives à l'adoption, à l'allocation personnalisée d'autonomie et à la prestation de compensation du handicap, la valeur 'Pfd'est égale à zéro." et les mots : "et majoré ou minoré dans les conditions prévues à l'article L. 223-13" ne sont pas applicables.

Art. 9 *L'art. R. 178-7 CSS s'applique à Mayotte, dans les conditions prévues par l'art. 30-8 du Décr. n° 2004-942 du 3 sept. 2004 portant application de l'Ord. n° 2002-411 du 27 mars 2002 relative à la protection sanitaire et sociale à Mayotte :*

"Toutefois dans l'attente du calcul de ce même potentiel fiscal pour Mayotte, et en application du 1° de l'article 10 de l'ordonnance n° 2014-463 du 7 mai 2014 portant extension et adaptation à Mayotte des dispositions du code de l'action sociale et des familles relatives à l'adoption, à l'allocation personnalisée d'autonomie et à la prestation de compensation du handicap, la valeur 'Pfd'est égale à zéro." et les mots : "et majoré ou minoré dans les conditions prévues à l'article L. 223-13" ne sont pas applicables.

Art. D. 541-4-1 *(Abrogé par Décr. n° 2015-1280 du 13 oct. 2015, art. 10-II)* ***Après les mots : "à l'article L. 545-1" figurant au I et après les mots : "de l'article L. 545-1" figurant à l'avant dernier-alinéa du II, sont ajoutés les mots : "tel que maintenu en vigueur jusqu'à une date fixée par décret et au plus tard le 1er janvier 2016, en application du second alinéa du 3° de l'article 10 de l'ordonnance n° 2012-785 du 31 mai 2012 portant extension et adaptation du code de l'action sociale et des familles au Département de Mayotte".***

CHAPITRE II ADAPTATIONS DU LIVRE II

SECTION 1 Famille

Art. R. 542-1 Pour l'application du titre I du livre II :

I. — Au second alinéa de l'article R. 211-14, les mots : "après avis des directeurs départementaux des affaires sanitaires et sociales" sont remplacés par les mots : "après avis du directeur de la jeunesse, des sports et de la cohésion sociale".

II. — Aux deuxième et sixième alinéas de l'article R. 211-15, les mots : "au directeur départemental des affaires sanitaires et sociales" sont remplacés par les mots : "au directeur de la jeunesse, des sports et de la cohésion sociale".

III. — A l'avant-dernier alinéa de l'article D. 214-1, les mots : "la caisse d'allocations familiales, la caisse de mutualité sociale agricole, les agences locales pour l'emploi et les organismes chargés de l'insertion des publics rencontrant des difficultés particulières d'accès à l'emploi," sont remplacés par les mots : "l'organisme gestionnaire du régime des prestations familiales à Mayotte mentionné à l'article 19 de l'ordonnance n° 2002-149 du 7 février 2002 relative à l'extension et à la généralisation des prestations familiales et à la protection sociale dans la collectivité départementale de Mayotte, *(Décr. n° 2018-953 du 31 oct. 2018, art. 10)* « Pôle emploi » et les autres organismes publics ou privés locaux concourant à l'insertion et à la lutte contre le chômage ainsi qu'à compter du 1er janvier 2015, la caisse de mutualité sociale agricole mentionnée à l'article L. 762-1-2 du code rural et de la pêche maritime,".

IV. — Au 1° de l'article D. 214-2, les mots : "de la caisse d'allocations familiales" sont remplacés par les mots : "l'organisme gestionnaire du régime des prestations familiales à Mayotte".

V. — L'article D. 214-3 est ainsi modifié :

1° *a)* Au 3°, les mots : "le président du conseil d'administration de la caisse d'allocations familiales" sont remplacés par les mots : "le président de l'organe délibérant de l'organisme gestionnaire du régime des prestations familiales à Mayotte" et les mots : "le conseil d'administration" sont remplacés par les mots : "l'organe délibérant" ;

b) Au 4°, les mots : "des services de la caisse d'allocations familiales" sont remplacés par les mots : "des services de l'organisme mentionné au 3°" ;

2° Le 5° n'est pas applicable ;

3° Au 7°, les mots : "l'association départementale des maires," sont remplacés par les mots : "l'association des maires," ;

4° Au 8°, les mots : "au plan départemental" sont remplacés par les mots : "localement" ;

5° Au 10°, après les mots : "le président de l'union départementale des associations familiales ou son représentant", sont ajoutés les mots : "ou dans l'attente de la création de l'union départementale des associations familiales et de la nomination de son président, un représentant d'une association représentant localement les intérêts des familles, désigné par le préfet sur appel à candidature *[candidatures]*" ;

6° Au 12°, les mots : "la ou les chambres de commerce et d'industrie territoriales, la chambre de métiers et de l'artisanat de région et la chambre d'agriculture" sont remplacés par les mots : "la chambre de commerce et d'industrie, la chambre de métiers et de l'artisanat et la chambre de l'agriculture, de la pêche et de l'aquaculture" ;

7° Le seizième alinéa n'est pas applicable.

VI. — A l'article D. 214-4, les mots : "le président de la caisse d'allocations familiales" sont remplacés par les mots : "le président de l'organe délibérant de l'organisme gestionnaire du régime des prestations familiales à Mayotte".

VII. — Le 2° de l'article D. 214-7 n'est pas applicable.

VIII. — A l'article D. 214-7-1, les mots :", ou à l'article L. 262-9 si elles remplissent les conditions mentionnées à cet article" ne sont pas applicables.

IX. — A l'article R. 215-3, les mots : "au sens de l'article L. 521-2 du code de la sécurité sociale," sont remplacés par les mots : "au sens de l'article 6 de l'ordonnance n° 2002-149 du 7 février 2002 relative à l'extension et à la généralisation des prestations familiales et à la protection sociale dans la collectivité départementale de Mayotte,".

Art. D. 542-1-1 *(Décr. n° 2023-1089 du 24 nov. 2023, art. 1er, en vigueur le 28 nov. 2023)* Pour l'application du chapitre IV *bis* du titre I du livre II :

1° Au huitième alinéa de l'article D. 214-13, après les mots : "en vigueur", sont insérés les mots : "à Mayotte" ;

2° L'article D. 214-14 est ainsi modifié :

a) Au premier alinéa, après la référence : "L. 262-3", sont insérés les mots : "en vigueur à Mayotte" ;
b) Au même alinéa, après la référence : "R. 262-1" *[,]* sont insérés les mots : "en vigueur à Mayotte" ;
c) Au deuxième alinéa, après les mots : "en vigueur", sont insérés les mots : "à Mayotte." ;
d) Au dernier alinéa, après les mots : "en vigueur", sont insérés les mots : "à Mayotte." ;
3° Au 3° de l'article D. 214-15, après la référence : "L. 262-3", sont insérés les mots : "en vigueur à Mayotte" ;
4° L'article D. 214-17 est ainsi modifié :
a) Au premier alinéa, après les mots : "par les organismes débiteurs de prestations familiales", sont ajoutés les mots : "et la caisse de sécurité sociale de Mayotte" ;
b) Au deuxième alinéa, après les mots : "caisses d'allocations familiales", sont ajoutés les mots : "et la caisse de sécurité sociale de Mayotte d'une part" ; et après le mot : "agricole", sont ajoutés les mots : "d'autre part" ;
5° L'article D. 214-18 est ainsi modifié :
a) Au premier alinéa, les mots : "l'organisme en charge de son service" sont remplacés par les mots : "la caisse de sécurité sociale de Mayotte" ;
b) Au quatrième alinéa, les mots : "l'organisme qui lui a attribué" sont remplacés par les mots : "la caisse de sécurité sociale de Mayotte" et le mot : "compétent" est remplacé par les mots : "de Mayotte" ;
c) Le cinquième alinéa est supprimé ;
6° A l'article D. 214-19, les mots : "l'organisme débiteur des prestations familiales" sont remplacés par les mots : "la caisse de sécurité sociale de Mayotte" ;
7° A l'article D. 214-20, les mots : "L'organisme chargé d'instruire la demande" sont remplacés par les mots : "La caisse de sécurité sociale de Mayotte" ;
8° L'article D. 214-21 est ainsi modifié :
a) Au deuxième alinéa, les mots : "l'organisme qui a attribué l'aide" sont remplacés par les mots : "la caisse de sécurité sociale de Mayotte" ;
b) Au cinquième alinéa, les mots : "l'organisme débiteur des prestations familiales" sont remplacés par les mots : "la caisse de sécurité sociale de Mayotte" ;
c) Au sixième alinéa, les mots : "l'organisme qui le lui a attribué" sont remplacés par les mots : "la caisse de sécurité sociale de Mayotte" ;
9° A l'article D. 214-22, les mots : "des organismes qui ont attribué les prêts" sont remplacés par les mots : "de la caisse de sécurité sociale de Mayotte" ;
10° A l'article D. 214-23, les mots : "L'organisme qui attribue l'aide" sont remplacés par les mots : "La caisse de sécurité sociale de Mayotte".

SECTION 2 Enfance

Art. R. 542-2 Pour l'application du titre II du livre II :
(Décr. n° 2016-840 du 24 juin 2016, art. 2-3°) « I. — Eu égard aux contraintes d'éloignement géographique pour les mineurs concernés, l'article R. 221-13 et le II de l'article R. 221-14 ne sont pas applicables. »
II. — A l'article R. 223-2 :
1° Le premier alinéa est complété par une phrase ainsi rédigée :
"La notification de la décision d'attribution ou de modification peut être remise en mains propres contre accusé de réception.".
(Abrogé par Décr. n° 2018-928 du 29 oct. 2018, art. 4, à compter du 1er janv. 2019) *« 2° Après les mots : "recours", sont ajoutés les mots : "selon les modalités prévues à l'article R. 134-10." »*
III. — A l'article R. 223-8 et au deuxième alinéa de l'article R. 224-24, après les mots : "avec demande d'avis de réception" sont ajoutés les mots : "ou lettre remise en mains propres contre accusé de réception."
IV. — Au deuxième alinéa de l'article R. 224-10 et au premier alinéa de l'article R. 224-19, les mots : "selon le II de l'article 34 de la loi n° 82-213 du 2 mars 1982

relative aux droits et libertés des communes, des départements et des régions" et les mots :", conformément au II de l'article 34 de la loi n° 82-213 du 2 mars 1982 relative aux droits et libertés des communes, des départements et des régions" sont supprimés.

V. — A l'article R. 225-1, les mots : "aux articles L. 225-2 et L. 225-15" sont remplacés par les mots : "à l'article L. 225-2".

VI. — A l'article R. 225-2, les 4° et 5° ne sont pas applicables.

VII. — Au troisième alinéa de l'article R. 225-4, les mots : "ou d'un enfant étranger" ne sont pas applicables.

(Abrogé par Décr. nº 2023-779 du 14 août 2023, art. 4) ***« VIII. — Les dispositions des sections 2 à 4 du chapitre V ne sont pas applicables. »***

(Abrogé par Décr. nº 2019-1553 du 30 déc. 2019, art. 2-1º, à compter du 1er janv. 2020) ***« IX. — A l'article D. 226-3-6, les mots : "recteur d'académie" sont remplacés par les mots : "vice-recteur d'académie". »***

X. — Au second alinéa de l'article R. 227-21 et à l'avant-dernier alinéa de l'article R. 227-22, les mots : "Le directeur régional de la jeunesse, des sports et de la vie associative" sont remplacés par les mots : "Le directeur de la jeunesse, des sports et de la cohésion sociale".

XI. — A l'annexe 2-8 du présent code, les mots : "foyer de jeunes travailleurs" ne sont pas applicables.

Les I à X de l'art. R. 542-2 deviennent les II à XI de cet art. (Décr. nº 2016-840 du 24 juin 2016, art. 2-3º).

SECTION 3 Personnes âgées

Art. R. 542-3 Pour l'application du titre III du livre II :

I. — L'article R. 231-1 n'est pas applicable.

II. — Au premier alinéa de l'article R. 231-2, les mots : "ressources supérieures à celles prévues pour l'octroi de l'allocation simple" sont remplacés par les mots : "ressources supérieures à celles prévues pour l'octroi de l'allocation spéciale pour les personnes âgées prévue à l'article 28 de l'ordonnance n° 2002-411 du 27 mars 2002 relative à la protection sanitaire et sociale à Mayotte".

III. — Au deuxième alinéa de l'article R. 231-3, les mots : "pour l'octroi de l'allocation de solidarité aux personnes âgées et prévue à l'article L. 815-9 du code de la sécurité sociale" sont remplacés par les mots : "pour l'octroi de l'allocation spéciale pour les personnes âgées prévue à l'article 28 de l'ordonnance n° 2002-411 du 27 mars 2002 relative à la protection sanitaire et sociale à Mayotte".

(Abrogé par Décr. nº 2015-1280 du 13 oct. 2015, art. 3-1º) ***« IV. — Les dispositions du chapitre II ne sont pas applicables à l'exception de celles des articles R. 232-3, R. 232-18, D. 232-21 et D. 232-22.***

« V. — A l'article R. 232-3, les mots : "des demandeurs de l'allocation personnalisée d'autonomie" ne sont pas applicables.

« VI. — A l'article D. 232-22, les mots : "des articles D. 232-20 et" ne sont pas applicables. »

VII. — A l'annexe 2-1 du présent code, les mots : "en logement-foyer" ne sont pas applicables.

(Décr. nº 2015-1280 du 13 oct. 2015, art. 3-1º) « VIII. — A l'article R. 232-2, les mots : "titulaires de la carte de résident ou d'un titre de séjour exigé pour résider régulièrement en France en application de l'ordonnance du 2 novembre 1945 relative aux conditions d'entrée et de séjour des étrangers en France ou en application de traités et accords internationaux" sont remplacés par les mots : "titulaires d'une carte de résident ou d'un titre de séjour exigé en vertu des dispositions législatives ou réglementaires ou de traités ou accords internationaux pour résider régulièrement sur le territoire de Mayotte".

« IX. — L'article R. 232-5 est ainsi modifié :

« 1° Au cinquième alinéa, les mots : "ou au titre de la couverture maladie universelle" ne sont pas applicables ;

« 2° Le sixième alinéa est ainsi rédigé :

« "2° Les allocations de logement prévues à l'article 10 de l'ordonnance n° 2002-149 du 7 février 2002 relative à l'extension et la généralisation des prestations familiales et à la protection sociale dans la collectivité départementale de Mayotte et à l'article 42-1 de l'ordonnance n° 2002-411 du 27 mars 2002 relative à la protection sanitaire et sociale à Mayotte" ;

« 3° Le septième alinéa n'est pas applicable.

(Abrogé par Décr. n° 2016-1454 du 28 oct. 2016, art. 3-2°) «X. — A l'article R. 232-6, les références : "articles R. 531-11 à R. 531-13 du code de la sécurité sociale" sont remplacées par les références : "articles R. 532-4 à R. 532-7 du code de la sécurité sociale".»

« XI. — *(Décr. n° 2016-1454 du 28 oct. 2016, art. 3-2°)* « Au premier alinéa du II de l'article R. 232-7, » après les mots : "une proposition définitive lui est adressée" sont ajoutés les mots : "ou remise en mains propres contre accusé de réception,".

(Abrogé par Décr. n° 2018-953 du 31 oct. 2018, art. 10) «XII. — L'article R. 232-9 est ainsi rédigé :

Art. R. 232-9 *« Pour la détermination du plan d'aide, la valorisation des heures d'aide ménagère est opérée en tenant compte des dispositions régissant les statuts publics et du droit du travail applicable à Mayotte (Décr. n° 2016-1454 du 28 oct. 2016, art. 3-2°) «, et en fonction de tarifs arrêtés par le président du conseil départemental, notamment selon qu'il y ait recours à un prestataire, un mandataire ou un emploi direct». »*

« XIII. — L'article R. 232-11 est ainsi modifié :

« 1° Les mots : "le montant mensuel de la majoration pour aide constante d'une tierce personne" et les mots : "le montant de la majoration pour aide constante d'une tierce personne" sont remplacés, respectivement, par les mots : "une somme équivalente au montant mensuel de la majoration pour aide constante d'une tierce personne" et par les mots : "une somme équivalente au montant de la majoration pour aide constante d'une tierce personne" ;

« 2° Le II n'est pas applicable. »

(Décr. n° 2015-1280 du 13 oct. 2015, art. 3-1°) « XIV. — A l'article R. 232-34, les mots : "*(Décr. n° 2016-1454 du 28 oct. 2016, art. 3-2°)* « de l'allocation de solidarité aux personnes âgées mentionnée à l'article L. 815-1 du code de la sécurité sociale »" sont remplacés par les mots : "de l'allocation spéciale pour les personnes âgées prévue à l'article 28 de l'ordonnance n° 2002-411 du 27 mars 2002 relative à la protection sanitaire et sociale à Mayotte".

(Décr. n° 2016-1454 du 28 oct. 2016, art. 3-2°) « XV. — A l'article D. 232-35, les mots : "l'allocation de solidarité aux personnes âgées mentionnée à l'article L. 815-1 du code la sécurité sociale" sont remplacés par les mots : "l'allocation spéciale pour les personnes âgées mentionnée à l'article 28 de l'ordonnance n° 2002-411 du 27 mars 2002 relative à la protection sanitaire et sociale à Mayotte".

« XVI. — Les articles R. 232-58 à R. 232-61 ne sont pas applicables. »

(Décr. n° 2015-1280 du 13 oct. 2015, art. 3-1°) « XVII. — L'annexe 2-3 est ainsi modifiée :

« 1° Au A du I, les mots : "dans le cadre de la loi du 10 juillet 1989" sont remplacés par les mots : "dans le cadre du présent code" ;

« 2° Au 2 du B du I : »

(Décr. n° 2016-1454 du 28 oct. 2016, art. 3-2°) « *a)* Les rubriques relatives à la majoration pour aide constante d'une tierce personne, à la prestation complémentaire pour recours à une tierce personne et à l'allocation compensatrice pour tierce personne, ainsi qu'à l'aide ménagère au titre de l'aide sociale départementale, ne sont pas applicables ; »

(Décr. n° 2015-1280 du 13 oct. 2015, art. 3-1°) « *b)* La phrase : "Attention : l'allocation personnalisée d'autonomie n'est cumulable ni avec la prestation spécifique dépendance, ni avec l'allocation compensatrice pour tierce personne, ni avec la majoration pour aide constante d'une tierce personne, ni avec la prestation légale d'aide ménagère." est remplacée par les deux phrases suivantes : "Attention : l'allocation personnalisée d'autonomie n'est cumulable avec aucune des prestations mentionnées à l'article L. 232-23. Il en est ainsi notamment de l'allocation représentative de services ménagers, de l'aide en nature accordée sous forme de services ménagers et de la prestation de compensation du handicap." »

(*Décr. nº 2016-1454 du 28 oct. 2016, art. 3-2º*) « XVIII. — A l'article R. 233-1, les mots : "projet régional de santé mentionné à l'article L. 1434-2" sont remplacés par les mots : "projet de santé mentionné à l'article L. 1443-4". »

(*Abrogé par Décr. nº 2020-189 du 3 mars 2020, art. 2-3º*) *« XIX. — A l'article R. 233-2, les mots : "agence régionale de santé" sont remplacés par les mots : "agence de santé de l'océan Indien". »*

(*Décr. nº 2016-1454 du 28 oct. 2016, art. 3-2º*) « XX. — A l'article R. 233-6, la référence aux 1º à 6º de l'article L. 233-1 est remplacée, deux fois, par la référence aux 1º et 3º à 6º de l'article L. 233-1.

« XXI. — A l'article R. 233-9, la référence aux 2º, 3º, 4º et 6º de l'article L. 233-1 est remplacée par la référence aux 3º, 4º et 6º de l'article L. 233-1.

« XXII. — Au I de l'article D. 233-12, les mots : "est inférieur à 1,291 fois le montant de la majoration pour aide constante d'une tierce personne mentionnée à l'article L. 355-1 du code de la sécurité sociale pour une personne seule et 1,936 fois le montant de la majoration pour aide constante d'une tierce personne précitée pour une personne vivant en couple" sont remplacés par les mots : "est inférieur à une somme équivalente à 1,291 fois le montant de la majoration pour aide constante d'une tierce personne mentionnée à l'article L. 355-1 du code de la sécurité sociale pour une personne seule et à une somme équivalente à 1,936 fois le montant de la majoration pour aide constante d'une tierce personne précitée pour une personne vivant en couple".

« XXIII. — L'annexe 2.11 est ainsi modifiée :

« 1º Après les mots : "Jusqu'à", sont ajoutés les mots : "une somme équivalente à" ;

« 2º L'article : "De" est remplacé par les mots : "D'une somme égale à" ;

« 3º Le mot : "à" est remplacé par les mots : "à une somme égale à" ;

« 4º Les mots : "Au-delà de" sont remplacés par les mots : "Au-delà d'une somme égale équivalente à".

« XXIV. — L'article R. 233-13 est ainsi modifié :

« 1º Les mots : "directeur général de l'agence régionale de santé" sont remplacés par les mots : "directeur général de l'agence de santé de l'océan Indien" ;

« 2º Le 4º est ainsi rédigé :

« "4º Un représentant au moins des collectivités territoriales volontaires autres que le Département de Mayotte, désigné par l'assemblée délibérante ;" ;

« 3º Le 5º est ainsi rédigé :

« "5º Un représentant de la caisse de sécurité sociale de Mayotte au titre de la gestion du régime d'assurance vieillesse mentionné au 4º de l'article 22 de l'ordonnance nº 96-1122 du 20 décembre 1996 relative à l'amélioration de la santé publique, à l'assurance maladie, maternité, invalidité et décès, au financement de la sécurité sociale à Mayotte et à la caisse de sécurité sociale de Mayotte, désigné par elle ;" ;

« 4º Le 6º est ainsi rédigé :

« "6º Un représentant de la caisse de sécurité sociale de Mayotte au titre de la gestion du régime d'assurance maladie mentionné au 1º de l'article 22 de l'ordonnance précitée du 20 décembre 1996, désigné par elle, qui peut être le même que celui prévu au 5º, sans préjudice des dispositions prévues à l'article R. 233-14. Il dispose alors des voix déterminées à cet article pour chacun des membres qu'il représente ;" ;

« 5º Le 7º est ainsi rédigé :

« "7º Un représentant de la caisse de sécurité sociale de Mayotte au titre de la gestion du régime de sécurité sociale des travailleurs indépendants en application des articles 19 et 22 de l'ordonnance précitée du 20 décembre 1996 ;" ;

« 6º Le 8º est ainsi rédigé :

« "8º Un représentant à Mayotte pour la caisse de la mutualité sociale agricole mentionnée à l'article L. 781-44 du code rural et de la pêche maritime, gestionnaire du régime de sécurité sociale des non-salariés agricoles, désigné par elle ;" ;

« 7º Le 10º est complété par les mots : "ou par un organisme mutualiste adhérent".

« XXV. — Au I de l'article R. 233-14, les mots : "l'agence régionale de santé" sont remplacés par les mots : "l'agence de santé de l'océan Indien".

« XXVI. – L'article R. 233-18 est ainsi modifié :

« 1° La référence aux 1° à 6° de l'article L. 233-1 est remplacée par la référence aux 1° et 3° à 6° de l'article L. 233-1 ;

« 2° Le 4° n'est pas applicable ;

« 3° Au 5°, la référence *(Décr. n° 2022-980 du 2 juill. 2022, art. 4-I)* « au *d* du 3° de l'article L. 223-8 du code de la sécurité sociale » est remplacée par la référence *(Décr. n° 2022-980 du 2 juill. 2022, art. 4-I)* « à l'article R. 178-15 du même code ».

« XXVII. – L'article R. 233-20 est complété par les mots :", telle qu'applicable à Mayotte en vertu de l'article R. 541-4". »

SECTION 4 Personnes handicapées

Art. R. 542-4 Pour l'application du titre IV du livre II :

I. – La section 2 du chapitre I *(Abrogé par Décr. n° 2015-1280 du 13 oct. 2015, art. 11-II, à compter du 1er janv. 2016)* «***, le chapitre I bis à l'exception des articles R. 241-25 à R. 241-34*** » *(Abrogé par Décr. n° 2015-1280 du 13 oct. 2015, art. 3-2°)* «***, le chapitre V et le chapitre V-1*** » du titre IV du livre II *(Décr. n° 2015-1280 du 13 oct. 2015, art. 11-II, en vigueur le 1er janv. 2016)* « n'est pas applicable. »

(Abrogé par Décr. n° 2015-1280 du 13 oct. 2015, art. 11-II, à compter du 1er janv. 2016)

« II. – Jusqu'au plus tard au 1er janvier 2016, la commission des personnes handicapées prévue à l'article L. 545-2 tel que maintenu en vigueur jusqu'à une date fixée par décret et au plus tard la date précitée, en application du second alinéa du 3° de l'article 10 de l'ordonnance n° 2012-785 du 31 mai 2012 portant extension et adaptation du code de l'action sociale et des familles au Département de Mayotte est ainsi composée :

« 1° Trois représentants du Département de Mayotte désignés par le président du conseil départemental ;

« 2° Quatre représentants des services de l'État et de l'agence de santé de l'océan Indien :

« a) Le chef du service en charge du travail, de l'emploi et de la formation professionnelle ou son représentant ;

« b) Le directeur général de l'agence de santé de l'océan Indien ou son représentant ;

« c) Le chef du service en charge de la cohésion sociale ou son représentant ;

« d) Le vice-recteur ou son représentant ;

« 3° Un représentant de la caisse de sécurité sociale proposé par le chef du service en charge de la cohésion sociale ;

« 4° Deux représentants des organisations syndicales proposés par le chef du service en charge du travail, de l'emploi et de la formation professionnelle, d'une part, parmi les personnes présentées par les organisations professionnelles d'employeurs représentatives, d'autre part, parmi les personnes présentées par les organisations syndicales de salariés et de fonctionnaires les plus représentatives ;

« 5° Un représentant des associations de parents d'élèves, sur proposition du vice-recteur, parmi les personnes présentées par ces associations ;

« 6° Un membre proposé par le chef du service en charge de la cohésion sociale parmi les personnes présentées par les associations de personnes handicapées et de leurs familles ;

« 7° Un représentant des organismes gestionnaires d'établissements ou de services pour enfants, adolescents et adultes handicapés, sur proposition du directeur général de l'agence de santé de l'océan Indien.

« Le préfet de Mayotte nomme, par arrêté et pour une durée de quatre ans renouvelable, les membres titulaires, à l'exception des représentants de l'État, ainsi que des suppléants, dans la limite de deux, pour chaque membre titulaire. L'arrêté de nomination est publié au recueil des actes administratifs de Mayotte et au recueil des actes administratifs de la préfecture.

« Un membre, titulaire ou suppléant, ne peut être nommé à plusieurs titres dans la commission.

« Tout membre démissionnaire ou ayant perdu la qualité à raison de laquelle il a été nommé est remplacé dans les mêmes conditions. Il peut également être mis fin aux fonctions d'un membre, titulaire ou suppléant, et pourvu à son remplacement, à la demande de l'autorité ou de l'organisme qui l'a présenté. Pour ceux des membres dont le mandat a une durée déterminée, le remplaçant est nommé pour la durée du mandat restant à courir.

« Les membres de la commission siègent à titre gratuit. »

III. – Le sixième alinéa de l'article R. 241-12 n'est pas applicable.

(Abrogé par Décr. n° 2015-1280 du 13 oct. 2015, art. 11-II, à compter du 1er janv. 2016) *« IV. – L'article R. 241-13 est ainsi modifié :*

« 1° Au premier alinéa, après les mots : "l'évaluation par", la fin de la phrase est remplacée par les mots : "la maison des personnes handicapées." ;

« 2° Au troisième alinéa, les mots : "par un médecin de l'équipe pluridisciplinaire" sont remplacés par les mots : "par le médecin exerçant en maison des personnes handicapées". »

V. – Les quatre premiers alinéas de l'article R. 241-15 sont remplacés par un alinéa ainsi rédigé :

"La *(Décr. n° 2016-1849 du 23 déc. 2016, art. 1er-5°, en vigueur le 1er janv. 2017)* « carte mobilité inclusion comportant la mention "invalidité" » mentionnée à l'article L. 241-3 est surchargée d'une *(Décr. n° 2016-1849 du 23 déc. 2016, art. 1er-5°, en vigueur le 1er janv. 2017)* « sous-mention » "besoin d'accompagnement", lorsque la personne doit être accompagnée dans ses déplacements."

VI. – A l'article R. 242-15, les mots : "des articles 1er à 4 du décret n° 84-478 du 19 juin 1984 relatif aux conditions d'application de l'article 29 de la loi n° 83-663 du 22 juillet 1983 en ce qui concerne le transport des élèves et étudiants gravement handicapés et, pour la région Île-de-France, par les dispositions des articles 1er à 7 du décret n° 77-864 du 22 juillet 1977 fixant les conditions d'application de l'article 8 de la loi n° 75-534 du 30 juin 1975 d'orientation en faveur des personnes handicapées" sont remplacés par les mots : "des articles R. 213-13 à R. 231-16 du code de l'éducation".

VII. – L'article R. 241-16 est ainsi modifié :

(Abrogé par Décr. n° 2015-1280 du 13 oct. 2015, art. 11-II, à compter du 1er janv. 2016) *« 1° Le premier alinéa est ainsi rédigé :*

« "La demande de carte de stationnement pour personnes handicapées, instituée par l'article L. 241-3-2, est adressée à la maison des personnes handicapées prévue à l'article L. 545-1 tel que maintenu en vigueur jusqu'à une date fixée par décret et au plus tard le 1er janvier 2016, en application du second alinéa du 3° de l'article 10 de l'ordonnance n° 2012-785 du 31 mai 2012 portant extension et adaptation du code de l'action sociale et des familles au Département de Mayotte" ; »

(Décr. n° 2015-1280 du 13 oct. 2015, art. 11-II, en vigueur le 1er janv. 2016) « 2° Le 2° n'est pas applicable. »

VIII. – L'article R. 241-17 est ainsi modifié :

1° Le premier alinéa est ainsi rédigé :

"L'instruction de la demande mentionnée à l'article R. 241-16 est assurée *(Décr. n° 2016-1454 du 28 oct. 2016, art. 3-3°)* « , sauf pour les bénéficiaires de l'allocation prévue à l'article L. 232-1 et classés dans le groupe 1 ou 2 de la grille nationale mentionnée à l'article L. 232-2, » par le médecin exerçant en *(Décr. n° 2015-1280 du 13 oct. 2015, art. 11-II, en vigueur le 1er janv. 2016)* « maison départementale des personnes handicapées »." ;

(Décr. n° 2016-1454 du 28 oct. 2016, art. 3-3°) « 2° Le 2° n'est pas applicable ».

IX. – Les membres de la *(Décr. n° 2015-1280 du 13 oct. 2015, art. 11-II, en vigueur le 1er janv. 2016)* « commission des droits et de l'autonomie des personnes handicapées » destinataires d'informations et de données personnelles pour l'exercice de leurs fonctions sont tenus au respect de la confidentialité.

(Abrogé par Décr. n° 2015-1280 du 13 oct. 2015, art. 11-II, à compter du 1er janv. 2016) *« X. – L'article R. 241-25 est ainsi rédigé :*

Art. R. 241-25 *Le préfet et le président du conseil départemental peuvent décider conjointement d'organiser la commission des personnes handicapées en sections spécialisées, chargées de préparer les décisions de la commission.*

« XI. – L'article R. 241-26 est ainsi modifié :

« 1° Les deux premiers alinéas sont remplacés par un alinéa ainsi rédigé :

« "Le préfet de Mayotte désigne le président de la commission des personnes handicapées parmi les quatre représentants des services de l'État et de l'agence de santé de l'océan Indien." ;

« 2° Au troisième alinéa, devenu le deuxième, les différentes occurrences du mot : "élu" sont remplacées par le mot : "nommé". »

XII. — L'article R. 241-27 est ainsi modifié :

(Abrogé par Décr. n° 2015-1280 du 13 oct. 2015, art. 11-II, à compter du 1er janv. 2016) *« 1° Au premier alinéa, les mots : "ceux mentionnés au 8° de l'article R. 241-24 qui n'ont" sont remplacés par les mots : "celui mentionné au 7° du II de l'article R. 542-4 qui n'a" ; »*

(Abrogé par Décr. n° 2015-1280 du 13 oct. 2015, art. 3-2°) *« 2° Le dernier alinéa n'est pas applicable. »*

(Abrogé par Décr. n° 2018-953 du 31 oct. 2018, art. 10) *« XIII. — L'article R. 241-28 est ainsi modifié :*

(Abrogé par Décr. n° 2015-1280 du 13 oct. 2015, art. 11-II, à compter du 1er janv. 2016) *« 1° Au premier alinéa, les mots : "Conformément aux dispositions prévues au sixième alinéa de l'article L. 241-5, la" sont remplacés par le mot : "La" ; »*

(Abrogé par Décr. n° 2015-1280 du 13 oct. 2015, art. 3-2°) *« 2° Le 2° n'est pas applicable ; »*

« 3° Au cinquième alinéa, les mots : "l'article L. 323-10 du code du travail" sont remplacés par les mots : "l'article L. 328-18 du code du travail applicable à Mayotte". »

(Abrogé par Décr. n° 2015-1280 du 13 oct. 2015, art. 11-II, à compter du 1er janv. 2016) *« XIV. — A l'article R. 241-31, la phrase : "Elles sont prises au nom de la maison départementale des personnes handicapées." est remplacée par la phrase : "Elles sont prises au nom du préfet lorsqu'elles relèvent des compétences de l'État, au nom du président du conseil départemental lorsqu'elles relèvent des compétences de la collectivité de Mayotte et au nom du préfet et du président du conseil départemental lorsqu'elles relèvent d'une compétence conjointe". »*

XV. — A l'article R. 241-34, après le mot : "missions", il est ajouté : "au préfet, *(Décr. n° 2019-1553 du 30 déc. 2019, art. 2-2°, en vigueur le 1er janv. 2020)* « au recteur d'académie, »"

XVI. — A l'article D. 242-14, les mots : "pour les établissements d'éducation mentionnés à l'article *(Décr. n° 2015-1865 du 30 déc. 2015, art. 11-II-4°, en vigueur le 1er janv. 2016)* « L. 160-8 du code de la sécurité sociale »," sont remplacés par les mots : "pour les autres établissements et services du *[des]* 2° et 12° du I de l'article L. 312-1".

XVII. — L'article R. 242-16 est remplacé par les dispositions suivantes :

Art. R. 242-16 Les dispositions relatives à l'allocation d'éducation de l'enfant handicapé sont fixées aux articles 19-1 à 19-5 du décret n° 2002-423 du 29 mars 2002 relatif aux prestations familiales à Mayotte.

XVIII. — A l'article R. 243-1 :

(Abrogé par Décr. n° 2015-1280 du 13 oct. 2015, art. 11-II, à compter du 1er janv. 2016) *« 1° Les mots : "la commission des droits et de l'autonomie des personnes handicapées" sont remplacés par les mots : "la commission des personnes handicapées" ;*

« 2° Le mot : "oriente" est remplacé par les mots : "peut orienter" ; »

3° Les mots : "ayant une capacité de travail inférieure à un tiers au sens de l'article R. 341-2 du code de la sécurité sociale" sont remplacés par les mots : "ayant une capacité de travail ou de gain réduite des deux tiers en application de l'article 30-3 du décret n° 2004-942 du 3 septembre 2004 portant application de l'ordonnance n° 2002-411 du 27 mars 2002 relative à la protection sanitaire et sociale à Mayotte".

(Abrogé par Décr. n° 2015-1280 du 13 oct. 2015, art. 11-II, à compter du 1er janv. 2016) *« XIX. — Aux articles R. 243-2, R. 243-3 et R. 243-4, les mots : "la commission des droits et de l'autonomie des personnes handicapées" sont remplacés par les mots : "la commission des personnes handicapées". »*

XX. — A l'article R. 243-5 :

1° Les mots : "du salaire minimum de croissance" sont remplacés par les mots : "du salaire minimum interprofessionnel *(Abrogé par Décr. n° 2018-953 du 31 oct. 2018, art. 10)* *« garanti »* en vigueur à Mayotte" ;

2° Après les mots : "à l'article L. 212-1 du code du travail", sont insérés les mots : "applicable à Mayotte".

XXI. — A l'article R. 243-6 :

1° Au premier alinéa, les mots : "du salaire minimum de croissance" sont remplacés par les mots : "du salaire minimum interprofessionnel *(Abrogé par Décr. n° 2018-953 du 31 oct. 2018, art. 10)* *« garanti »* en vigueur à Mayotte" ;

2° Au deuxième alinéa, les mots : "du salaire minimum de croissance" sont remplacés par les mots : "de ce même salaire" et les mots : "du salaire minimum de croissance" sont remplacés par les mots : "de ce salaire minimum".

(Abrogé par Décr. n° 2018-953 du 31 oct. 2018, art. 10) ***« 3° Au troisième alinéa, les mots : "de croissance" ne sont pas applicables. »***

XXII. — A l'article R. 243-8, les mots : "au directeur départemental des affaires sanitaires et sociales" sont remplacés par les mots : "au directeur de la jeunesse, des sports et de la cohésion sociale de Mayotte".

XXIII. — A l'article R. 243-9 :

1° Au premier alinéa, les mots : "Les cotisations prévues à l'article L. 242-1 du code de la sécurité sociale et aux articles L. 741-3, L. 741-9, L. 751-10 à L. 751-13 du code rural et de la pêche maritime" sont remplacés par les mots : "Les cotisations prévues aux articles 28-1 à 28-6 de l'ordonnance n° 96-1122 du 20 décembre 1996 relative à l'amélioration de la santé publique, à l'assurance maladie, maternité, invalidité et décès, au financement de la sécurité sociale à Mayotte et à la caisse de sécurité sociale de Mayotte" ;

2° Au dernier alinéa, les mots : "agréée par l'État au sens de l'article L. 931-4 du code de la sécurité sociale" sont remplacés par les mots : "agréée par l'autorité de contrôle prudentiel".

(Abrogé par Décr. n° 2018-953 du 31 oct. 2018, art. 10) ***« XXIV. — L'article R. 243-12 est remplacé par les dispositions suivantes :***

Art. R. 243-12 *« Tout travailleur handicapé accueilli en établissement ou service d'aide par le travail bénéficie, sur justification et à l'occasion de certains événements familiaux, des autorisations exceptionnelles d'absence pour évènements familiaux mentionnés à l'article L. 224-1 du code du travail applicable à Mayotte.*

« XXV. — L'article R. 243-13 est remplacé par les dispositions suivantes :

Art. R. 243-13 *« Le travailleur handicapé bénéficie de l'autorisation d'absence prévue à l'article L. 122-47-1 du code du travail applicable à Mayotte ainsi que des congés prévus aux articles L. 122-48 et L. 224-1 de ce même code. »*

XXVI. — L'article R. 244-1 est remplacé par les dispositions suivantes :

Art. R. 244-1 Les dispositions relatives à l'allocation pour adulte handicapé sont fixées aux articles 35 à 42 de l'ordonnance n° 2002-411 du 27 mars 2002 relative à la protection sanitaire et sociale à Mayotte.

(Abrogé par Décr. n° 2015-1280 du 13 oct. 2015, art. 11-II, à compter du 1er janv. 2016) ***« XXVII. — L'article D. 247-2 est ainsi modifié :***

« 1° Le 2° est remplacé par les dispositions suivantes :

« "2° Le site d'implantation de la maison des personnes handicapées" ;

« (Abrogé par Décr. n° 2015-1280 du 13 oct. 2015, art. 3-2°) ***« 2° Le 9° et le a du 10° ne sont pas applicables ; »***

« 3° Au b du 10°, les mots : "dans les conditions prévues au 2° de l'article L. 241-6" sont remplacés par les mots : "dans les conditions prévues à l'article L. 545-2 tel que maintenu en vigueur jusqu'à une date fixée par décret et au plus tard le 1er janvier 2016, en application du 3° de l'article 10 de l'ordonnance n° 2012-785 du 31 mai 2012 portant extension et adaptation du code de l'action sociale et des familles au Département de Mayotte". »

XXVIII. — Au *(Décr. n° 2017-879 du 9 mai 2017, art. 4-2°)* **« d du 3° » de l'article** *(Décr. n° 2017-879 du 9 mai 2017, art. 4-2°)* **« R. 146-42 », avant les mots : "de l'emploi", sont insérés les mots : "du travail,"** *(Abrogé par Décr. n° 2019-1553 du 30 déc. 2019, art. 2-2°, à compter du 1er janv. 2020)* ***« et après le mot : "compétents", sont ajoutés les mots : "et le vice-recteur ;" »***

(Abrogé par Décr. n° 2015-1280 du 13 oct. 2015, art. 3-2°) ***« XXIX. — A l'article R. 247-7, les mots : "et relatives aux bénéficiaires de la prestation de compensation, aux décisions mentionnées à l'article R. 245-69, aux montants versés et au nombre d'heures d'aide humaine payées par le département" ne sont pas applicables.***

« XXX. — L'annexe 2-5 du présent code n'est pas applicable. »

(Décr. n° 2015-1280 du 13 oct. 2015, art. 3-2°) **« XXXI. — Pour l'application du 3° du A du XIII de l'article L. 542-4 par la commission des droits et de l'autonomie des personnes handicapées, sur justificatifs produits par les intéressés :**

« 1° Les taux de réduction de l'activité professionnelle d'un ou des parents sont ceux mentionnés au 2°, aux *a* et *b* du 3°, et aux *b* et *c* du 4° de l'article R. 541-2 du code de la sécurité sociale ;

« 2° La cessation ou la renonciation à exercer une activité professionnelle d'un ou des parents s'entend de celle définie au *a* du 4°, au 5° et au 6° du même article ;

« 3° La condition du recours à une tierce personne rémunérée est celle définie aux 2°, 3°, aux *a*, *b* et *c* du 4° et aux 5° et 6° du même article ;

« 4° La condition exclusive de dépenses particulièrement coûteuses est celle mentionnée aux 1°, 2°, *c* du 3° et *d* du 4° du même article.

(Abrogé par Décr. n° 2018-953 du 31 oct. 2018, art. 57, à compter du 1er janv. 2019) *« « 5° L'activité à temps plein doit être entendue comme l'activité exercée conformément à la durée légale du travail en vigueur* *(Abrogé par Décr. n° 2018-953 du 31 oct. 2018, art. 10)* *« fixée par le code du travail applicable » à Mayotte. »*

« XXXII. — A l'article R. 245-1 :

« 1° Au premier alinéa, les mots : "ou à Saint-Pierre-et-Miquelon" sont remplacés par les mots : "à Mayotte ou à Saint-Pierre-et-Miquelon" ;

« 2° Au dernier alinéa, les mots : "titulaires d'une carte de résident ou d'un titre de séjour exigé pour résider régulièrement en France en application de la législation relative aux conditions d'entrée et de séjour des étrangers en France ou en application de traités et accords internationaux" sont remplacés par les mots : "titulaires d'une carte de résident ou d'un titre de séjour exigé en vertu des dispositions législatives ou réglementaires ou de traités ou accords internationaux pour résider régulièrement sur le territoire de Mayotte".

« XXXIII. — L'article D. 245-32-1 est ainsi modifié :

« 1° Au premier alinéa, les mots : "Le choix prévu au III de l'article L. 245-1" sont remplacés par les mots : "le choix prévu au 3° du A du XIII de l'article L. 542-4" ;

« 2° Au premier alinéa, après les mots : "l'allocation d'éducation de l'enfant handicapé", sont ajoutés les mots : "prévue au premier alinéa de l'article 10-1 de l'ordonnance n° 2002-149 du 7 février 2002 relative à l'extension et la généralisation des prestations familiales et à la protection sociale dans la collectivité départementale de Mayotte," ;

« 3° Au premier alinéa, les mots : "de son complément et" sont supprimés ;

« 4° Au deuxième alinéa, les mots : "ou, si elle ne perçoit aucune des deux prestations, il est présumé qu'elle souhaite percevoir le complément de l'allocation d'éducation de l'enfant handicapé." sont supprimés ;

« 5° Le II n'est pas applicable.

« XXXIV. — L'article D. 245-34 est ainsi rédigé :

Art. D. 245-34 La date d'ouverture des droits est le premier jour du mois du dépôt de la demande.

« En cas d'interruption de l'aide décidée en application de l'article R. 245-71, celle-ci prend effet à compter de la date à laquelle la commission des personnes handicapées a statué.

« XXXV. — Au second alinéa de l'article R. 245-36, les mots : "l'allocation prévue à l'article L. 541-1 du code de la sécurité sociale" sont remplacés par les mots : "l'allocation prévue au premier alinéa de l'article 10-1 de l'ordonnance n° 2002-149 du 7 février 2002 relative à l'extension et la généralisation des prestations familiales et à la protection sociale dans la collectivité départementale de Mayotte".

« XXXVI. — Les articles D. 245-43 et D. 245-44 ne sont pas applicables.

« XXXVII. — L'article R. 245-47 est ainsi modifié :

« 1° Les mots : "en application du livre III du code du travail" sont remplacés par les mots : "en application du code du travail applicable à Mayotte" ;

« 2° Le 3° n'est pas applicable ;

« 3° Au 4°, les mots : "en application des livres III, IV et VII du code de la sécurité sociale ;" sont remplacés par les mots : "en application de l'ordonnance n° 96-1122 du 20 décembre 1996 modifiée relative à l'amélioration de la santé publique, à l'assurance maladie, maternité, invalidité et décès, au financement de la sécurité sociale à Mayotte et à la caisse de sécurité sociale de Mayotte et de l'ordonnance n° 2006-1588 du 13 décembre 2006 relative au régime de prévention, de réparation et de tarification des accidents du travail et des maladies professionnelles à Mayotte ;"

« XXXVIII. — L'article R. 245-48 est ainsi rédigé :

Art. R. 245-48 Les prestations sociales à objet spécialisé mentionnées à l'article L. 245-6 sont les suivantes :

« 1° Prestations familiales prévues par l'ordonnance n° 2002-149 du 7 février 2002 modifiée relative à l'extension et à la généralisation des prestations familiales et à la protection sociale dans la collectivité départementale de Mayotte ;

« 2° Allocations mentionnées au titre VI de l'ordonnance n° 2002-411 du 27 mars 2002 modifiée relative à la protection sanitaire et sociale à Mayotte ;

« 3° Allocations de logement mentionnées par l'ordonnance du 7 février 2002 précitée et à l'article 42-1 de l'ordonnance du 27 mars 2002 précitée ;

« 4° Revenu de solidarité active prévu au chapitre II du titre VI du présent livre ;

« 5° Rente ou indemnité en capital pour la victime ou ses ayants droit mentionnée par l'ordonnance n° 2006-1588 du 13 décembre 2006 relative au régime de prévention, de réparation et de tarification des accidents du travail et des maladies professionnelles à Mayotte ;

« 6° Prestations en nature au titre de l'assurance maladie, maternité, accident du travail et décès.

(Abrogé par Décr. n° 2018-953 du 31 oct. 2018, art. 57, à compter du 1er janv. 2020) *« « XXXIX. – L'article R. 245-68 n'est pas applicable. »*

« XL. – A l'article D. 245-76, après les mots : "de l'allocation d'éducation de l'enfant handicapé" sont ajoutés les mots : "prévue par l'ordonnance n° 2002-149 du 7 février 2002 modifiée relative à l'extension et à la généralisation des prestations familiales et à la protection sociale dans la collectivité départementale de Mayotte".

« XLI. – Le chapitre III de l'annexe 2-5 est ainsi modifié :

« 1° Au troisième alinéa du 1, les mots : "figurant dans la liste des produits et prestations remboursables (6) (LPPR)" sont remplacés par les mots : "régis par les dispositions prévues au deuxième alinéa de l'article 20-5 de l'ordonnance n° 96-1122 du 20 décembre 1996 modifiée relative à l'amélioration de la santé publique, à l'assurance maladie, maternité, invalidité et décès, au financement de la sécurité sociale à Mayotte et à la caisse de sécurité sociale de Mayotte." ;

« 2° Au *b* du 2, les mots : "(qu'elles figurent ou non dans la liste des produits et prestations remboursables)" sont remplacés par les mots : "(qu'elles soient régies ou non dans les conditions prévues au deuxième alinéa de l'article 20-5 de l'ordonnance du 20 décembre 1996 précitée)" ;

« 3° Au 3 :

« *a)* Au premier alinéa du *a*, les mots : "figurant sur la liste des produits et prestations remboursables" sont remplacés par les mots : "régies dans les conditions prévues au deuxième alinéa de l'article 20-5 de l'ordonnance du 20 décembre 1996 précitée" ;

« *b)* Au deuxième alinéa du *a*, les mots : "mentionnés dans cette liste" sont remplacés par les mots : "régis dans les conditions prévues au deuxième alinéa de l'article 20-5 précité" et les mots : "au code de la sécurité sociale" sont remplacés par les mots : "au régime de sécurité sociale de Mayotte" ;

« *c)* Au troisième alinéa du *a* :

« – les mots : "dans la liste des produits et prestations remboursables" sont remplacés par les mots : "parmi les produits et prestations régis dans les conditions prévues au deuxième alinéa de l'article 20-5 de l'ordonnance du 20 décembre 1996 précitée" ;

« – les mots : "figurant dans cette liste" sont remplacés par les mots : "qui y figurent" ;

« – les mots : "les produits écartés de la liste des produits et prestations remboursables" sont remplacés par les mots : "les produits écartés du deuxième alinéa de l'article 20-5 de l'ordonnance du 20 décembre 1996 précitée" ;

« *d)* Au quatrième alinéa du *a*, les mots : "identiques à celles prévues dans la liste des produits et prestations remboursables" sont remplacés par les mots : "identiques à celles régies dans les conditions prévues au deuxième alinéa de l'article 20-5 de l'ordonnance du 20 décembre 1996 précitée" ;

« *e)* Le *b* est ainsi rédigé :

« "Aides techniques hors produits et prestations pris en charge au titre du deuxième alinéa de l'article 20-5 de l'ordonnance du 20 décembre 1996 précitée" ».

SECTION 5 **Personnes non bénéficiaires de la couverture maladie universelle**

Art. R. 542-5 Le titre V du livre II n'est pas applicable.

SECTION 6 **Lutte contre la pauvreté et les exclusions**

Art. R. 542-6 Pour l'application du titre VI du livre II :

(Décr. n° 2018-1321 du 28 déc. 2018, art. 2, en vigueur le 1er janv. 2019) **« 0-I. — Les références aux dispositions du chapitre II du titre VI du livre II des parties législative et réglementaire du présent code s'entendent des références à ces dispositions telles qu'applicables à Mayotte. »**

I. — A l'article R. 262-1 :

1° Au premier alinéa, les mots : "plus de deux enfants" sont remplacés par les mots : "plus de trois enfants" et les mots : "portée à 40 % à partir de la troisième personne" par les mots : "portée à 10 % à partir de la quatrième personne" ;

2° Le second alinéa n'est pas applicable.

II. — L'article R. 262-2 n'est pas applicable.

III. — A l'article R. 262-3, au dernier alinéa, les mots : "ne sont considérées à charge ni les personnes bénéficiaires de l'allocation de revenu de solidarité active au titre de l'article L. 262-7-1, ni" sont remplacés par les mots : "ne sont pas considérées comme à charge".

(Décr. n° 2017-122 du 1er févr. 2017, art. 1er-14°, en vigueur le 1er janv. 2017) **« III *bis*. — A l'article R. 262-4, les mots : "et la situation d'isolement mentionnée à l'article L. 262-9 retenues" sont remplacés par le mot : "retenue". »**

(Abrogé par Décr. n° 2018-953 du 31 oct. 2018, art. 10) ***« IV. — A l'article R. 262-5, les références : "L. 5411-6-1 du code du travail" sont remplacées par les références : "L. 326-50 du code du travail applicable à Mayotte". »***

(Décr. n° 2017-122 du 1er févr. 2017, art. 1er-14°, en vigueur le 1er janv. 2017) **« IV *bis*. — A l'article R. 262-4-1, le 3° n'est pas applicable. »**

V. — Le dernier alinéa de l'article R. 262-7 n'est pas applicable.

VI. — A l'article *(Décr. n° 2016-864 du 29 juin 2016, art. 2-1°, en vigueur le 1er juill. 2016)* **« R. 262-12 » :**

1° Au 3°, les mots : "en application de l'article 9 de la loi n° 2006-396 du 31 mars 2006 pour l'égalité des chances" sont remplacés par les mots : "dans le cadre des études supérieures" ;

(Abrogé par Décr. n° 2018-953 du 31 oct. 2018, art. 10) ***« 2° Au 4°, après les mots : "chômage partiel", sont ajoutés les mots : "prévue à l'article L. 321-14 du code du travail applicable à Mayotte" ;***

« 3° Au 5°, les mots :", de paternité" ne sont pas applicables, et, après les mots : "d'adoption,", sont ajoutés les mots : "prévus au code du travail applicable à Mayotte ;". »

VII. — A l'article R. 262-10 :

(Abrogé par Décr. n° 2019-772 du 24 juill. 2019, art. 3-8°, à compter du 1er sept. 2019) ***« 1° Au premier alinéa, les mots : "Les aides personnelles au logement prévues aux articles L. 542-1 et L. 831-1 du code de la sécurité sociale et à l'article L. 351-1 du code de la construction et de l'habitation" sont remplacés par les mots : "Les aides au logement prévues à l'article 10 de l'ordonnance n° 2002-149 du 7 février 2002 relative à l'extension et la généralisation des prestations familiales et à la protection sociale dans la collectivité départementale de Mayotte et à l'article 42-1 de l'ordonnance n° 2002-411 du 27 mars 2002 relative à la protection sanitaire et sociale à Mayotte" ; »***

2° Au second alinéa, les mots : "des aides personnelles au logement" sont remplacés par les mots : "des aides au logement".

(Décr. n° 2016-864 du 29 juin 2016, art. 2-2°, en vigueur le 1er juill. 2016) **« VII *bis*. — L'article R. 262-10-1 n'est pas applicable. »**

VIII. — A l'article R. 262-11 :

1° Le 1° est remplacé par l'alinéa suivant :

"1° De l'allocation de rentrée scolaire mentionnée à l'ordonnance n° 2002-149 du 7 février 2002 relative à l'extension et la généralisation des prestations familiales et à la protection sociale dans la collectivité départementale de Mayotte ;"

2° Les 2° à 5° ne sont pas applicables ;

3° Au 6°, après les mots : "l'allocation d'éducation de l'enfant handicapé", sont ajoutés les mots : "mentionnée à l'article 10-1 de l'ordonnance n° 2002-149 du 7 février 2002 relative à l'extension et la généralisation des prestations familiales et à la protection sociale dans la collectivité départementale de Mayotte" et les mots : "et de ses compléments mentionnés à l'article L. 541-1 du code de la sécurité sociale, de la majoration spécifique pour personne isolée mentionnée à l'article L. 541-4 du même code ainsi que de la prestation de compensation du handicap lorsqu'elle est perçue en application de l'article 94 de la loi n° 2007-1786 du 19 décembre 2007 de financement de la sécurité sociale pour 2008" ne sont pas applicables ;

(Décr. n° 2016-864 du 29 juin 2016, art. 2-3°, en vigueur le 1er juill. 2016 ; Décr. n° 2019-718 du 5 juill. 2019, art. 4-II) **« 4° Les 7°, 8°, 11° et 13° ne sont pas applicables ;**

« 5° Au 10°, les mots : "ou au titre de l'aide médicale de l'État" sont remplacés par les mots :", telles que prévues à l'article 20-1 de l'ordonnance n° 96-1122 du 20 décembre 1996." ;

« 6° Au 11°, les mots : "aux articles L. 663-1 et L. 663-2 du code de la sécurité sociale" sont remplacés par les mots : "à l'article 20-1 de l'ordonnance n° 96-1122 du 20 décembre 1996" » ;

(Abrogé par Décr. n° 2018-953 du 31 oct. 2018, art. 10) ***« 7° Au 15°, les mots : "De la prime de retour à l'emploi et de l'aide personnalisée de retour à l'emploi mentionnées respectivement aux articles L. 5133-1 et L. 5133-8 du code du travail" et les mots : "L. 5131-6 du même code" sont remplacés respectivement par les mots : "De l'aide personnalisée de retour à l'emploi mentionnée à l'article L. 326-59 du code du travail applicable à Mayotte" et les mots : "L. 324-4 du même code" ; »***

8° Le 24° n'est pas applicable. – *Les 5° et 6° deviennent les 7° et 8° à compter du 1er juill. 2016 (Décr. n° 2016-864 du 29 juin 2016, art. 2-3°).*

(Décr. n° 2018-1321 du 28 déc. 2018, art. 2, en vigueur le 1er janv. 2019) **« IX. – Au dernier alinéa de l'article R. 262-13, les mots : "Sur décision individuelle du président du conseil départemental" sont remplacés par les mots : "Sur décision du directeur de la caisse gestionnaire du régime des prestations familiales à Mayotte".**

« X. – A l'article R. 262-14, les mots : "Sur décision individuelle du président du conseil départemental" sont remplacés par les mots : "Sur décision du directeur de la caisse gestionnaire du régime des prestations familiales à Mayotte". »

(Abrogé par Décr. n° 2017-122 du 1er févr. 2017, art. 1er-14°, à compter du 1er janv. 2017) « XI. – A l'article D. 262-17 :

« 1° Au premier alinéa, les mots : "Les travailleurs non salariés relevant du régime mentionné à l'article L. 722-1 du code rural et de la pêche maritime" sont remplacés par les mots : "Les travailleurs déclarant des bénéfices agricoles" et les mots : "800 fois le montant du salaire minimum de croissance" sont remplacés par les mots : "238 fois le montant du salaire minimum interprofessionnel garanti" ;

« 2° Les 2° et 3° ne sont pas applicables ;

« 3° Le dernier alinéa est remplacé par les dispositions suivantes :

« Toutefois, lorsque le foyer se compose de plus de trois personnes mentionnées au 2° ci-dessus, le montant défini au premier alinéa est majoré de 10 % à partir de la quatrième personne. »

(Décr. n° 2017-811 du 5 mai 2017, art. 1er-3°, en vigueur le 1er juill. 2017) **« XII. – A l'article R. 262-19, les mots : "pour les travailleurs indépendants** *(Décr. n° 2019-718 du 5 juill. 2019, art. 2-III)* **« mentionnés à l'article L. 613-7 » du code de la sécurité sociale" ne sont pas applicables. »**

XIII. – Aux articles R. 262-21 et R. 262-22, les mots : "autres que ceux mentionnés au dernier alinéa de l'article R. 262-19" ne sont pas applicables.

(Décr. n° 2018-1321 du 28 déc. 2018, art. 2, en vigueur le 1er janv. 2019) **« XIII *bis*. – A l'article R. 262-23, les mots : "le président du conseil départemental" sont remplacés par les mots : "le directeur de la caisse gestionnaire du régime des prestations familiales à Mayotte".**

« XIII *ter*. – A l'article R. 262-24, les mots : "le président du conseil départemental" sont remplacés par les mots : "le directeur de la caisse gestionnaire du régime des prestations familiales à Mayotte". »

XIV. – Les articles D. 262-25-1 à D. 262-25-4 ne sont pas applicables.

(Décr. nº 2018-1321 du 28 déc. 2018, art. 2, en vigueur le 1er janv. 2019) « XIV *bis*. – A l'article R. 262-25-5, les mots : "auprès des organismes mentionnés à l'article L. 262-16" sont remplacés par les mots : "auprès de la caisse gestionnaire du régime des prestations familiales à Mayotte" et les mots : "ces organismes disposent" sont remplacés par les mots : "cet organisme dispose". »

XV. – L'article D. 262-26 est remplacé par les dispositions suivantes :

Art. D. 262-26 *(Décr. nº 2018-1321 du 28 déc. 2018, art. 2, en vigueur le 1er janv. 2019)* Les organismes sans but lucratif auprès desquels la demande de revenu de solidarité active peut être déposée sont agréés par le représentant de l'État à Mayotte, après avis de la caisse gestionnaire du régime des prestations familiales à Mayotte.

XVI. – Les articles D. 262-27 et D. 262-30 ne sont pas applicables.

(Décr. nº 2018-1321 du 28 déc. 2018, art. 2, en vigueur le 1er janv. 2019) « XVI *bis*. – A l'article D. 262-29, les mots : "le président du conseil départemental" sont remplacés par les mots : "le directeur de la caisse gestionnaire du régime des prestations familiales à Mayotte" et après les mots "un engagement de qualité de service", sont insérés les mots : "sous la forme d'une convention,".

« XVI *ter*. – A l'article R. 262-38, les mots : "le président du conseil départemental" sont remplacés par les mots : "le directeur de la caisse gestionnaire du régime des prestations familiales à Mayotte" et les mots : "par délibération du conseil départemental" sont remplacés par les mots : "par la convention de gestion mentionnée à l'article L. 262-25". »

XVII. – A l'article R. 262-39, le montant : "6 €" est remplacé par le montant : "2 €".

(Décr. nº 2018-1321 du 28 déc. 2018, art. 2, en vigueur le 1er janv. 2019) « XVIII. – A l'article R. 262-40, les mots : "Le président du conseil départemental" sont remplacés par les mots : "Le directeur de la caisse gestionnaire du régime des prestations familiales à Mayotte".

« XVIII *bis*. – A l'article R. 262-41, les mots : "le président du conseil départemental" sont remplacés par les mots : "le représentant de l'État à Mayotte, après avis de la caisse gestionnaire du régime des prestations familiales à Mayotte". »

XIX. – L'article R. 262-42 n'est pas applicable.

XX. – A l'article R. 262-45, le dernier alinéa n'est pas applicable.

XXI. – A l'article R. 262-46 :

1° Le deuxième alinéa n'est pas applicable ;

2° Au dernier alinéa, les mots : "ne remplit pas les conditions d'ouverture de droit à l'allocation de soutien familial, mais qu'il" ne sont pas applicables.

(Décr. nº 2018-1321 du 28 déc. 2018, art. 2, en vigueur le 1er janv. 2019) « XXI *bis*. – A l'article R. 262-47, les mots : "le président du conseil départemental, ainsi que" sont supprimés et les mots : "Le président du conseil départemental" sont remplacés par les mots : "Le directeur de la caisse gestionnaire du régime des prestations familiales à Mayotte".

« XXII. – A l'article R. 262-49 :

« 1° Au premier, au deuxième et au quatrième alinéa, les mots : "président du conseil départemental" sont remplacés, dans toutes leurs occurrences, par les mots : "directeur de la caisse gestionnaire du régime des prestations familiales à Mayotte" ;

« 2° Au troisième alinéa, les mots : "au montant de l'allocation de soutien familial... (le reste sans changements).

« XXIII. – L'intitulé de la sous-section 4 de la section 2 du chapitre II du libre VI est remplacé par l'intitulé suivant : "Conventions conclues entre l'État et la caisse gestionnaire du régime des prestations familiales à Mayotte".

(Décr. nº 2018-1321 du 28 déc. 2018, art. 2, en vigueur le 1er janv. 2019) « XXIII *bis*. – A l'article R. 262-60 :

« 1° Le 3° est remplacé par les dispositions suivantes :

« "3° La liste des compétences déléguées à la caisse gestionnaire du régime des prestations familiales à Mayotte sur le fondement du *a* de l'article L. 262-25, ainsi que leurs modalités de suivi, d'évaluation et de contrôle par l'État ;"

« 2° Au 4°, les mots : "de ces organismes" sont remplacés par les mots : "de la caisse gestionnaire du régime des prestations familiales à Mayotte" et les mots "adressés au président du conseil départemental" sont supprimés.

« XXIII *ter*. – L'article D. 262-61 n'est pas applicable.

« XXIII *quater*. – L'article D. 262-62 est remplacé par les dispositions suivantes :

Art. D. 262-62 Le montant des frais de gestion supplémentaires versés annuellement par l'État à la caisse gestionnaire du régime des prestations familiales à Mayotte est égal au montant réel des dépenses engagées pour l'exercice des compétences déléguées qui ne se rattachent pas à l'instruction et au service de la prestation, minoré ou majoré, dans la limite de 5 %, en fonction de l'atteinte des objectifs fixés par la convention prévue à l'article L. 262-25. Ce montant est constaté selon les modalités stipulées par cette convention.

« XXIII *quinquies*. – A l'article D. 262-63 :

« 1° Le 2° est remplacé par les dispositions suivantes :

« "2° Les délais dans lesquels la caisse gestionnaire du régime des prestations familiales à Mayotte prend les décisions relevant des compétences qui lui sont déléguées par l'État et conditionnant la liquidation des droits ;"

« 2° Le 3° n'est pas applicable.

« XXIII *sexies*. – L'article D. 262-64 n'est pas applicable. »

XXIV. – A l'article D. 262-65, le montant : "500 €" est remplacé par le montant : "125 €".

(Décr. n° 2018-1321 du 28 déc. 2018, art. 2, en vigueur le 1er janv. 2019) « XXIV *bis*. – A l'article R. 262-65-1 :

« 1° Les mots : "l'un des organismes mentionnés à l'article L. 262-16" sont remplacés par les mots : "la caisse gestionnaire du régime des prestations familiales à Mayotte" ;

« 2° Les mots : "il informe" sont remplacés par les mots : "elle informe" ;

« 3° Les mots : "et notifie simultanément cette information au président du conseil départemental" sont supprimés.

« XXIV *ter*. – L'article R. 262-65-2 est remplacé par les dispositions suivantes :

Art. R. 262-65-2 Le directeur de la caisse gestionnaire du régime des prestations familiales à Mayotte décide de l'orientation du bénéficiaire prévue à l'article L. 262-29 dès l'ouverture du droit au revenu de solidarité active ou dans un délai de deux mois suite au changement de situation du bénéficiaire l'ayant conduit à satisfaire aux conditions prévues à l'article L. 262-28. Cette décision est notifiée à l'intéressé.

« XXIV *quater*. – A l'article R. 262-65-3 :

« 1° Les mots : "dans le délai prévu" sont remplacés par les mots : "dans les délais prévus" ;

« 2° Les mots : "le président du conseil départemental" sont remplacés par les mots : "le directeur de la caisse gestionnaire du régime des prestations familiales à Mayotte".

« XXIV *quinquies*. – A l'article R. 262-66, la première phrase est remplacée par les dispositions suivantes : "Lorsque les conventions mentionnées aux articles L. 262-25 et L. 262-32 le prévoient, le Département de Mayotte et l'institution mentionnée à l'article L. 5312-1 du code du travail apportent leur concours à la caisse gestionnaire du régime des prestations familiales à Mayotte dans la mise en œuvre de sa compétence d'orientation."

« XXIV *sexies*. – Au 1° et au 2° de l'article R. 262-68, les mots : "le président du conseil départemental" sont remplacés par les mots : "le directeur de la caisse gestionnaire du régime des prestations familiales à Mayotte".

« XXIV *septies*. – A l'article R. 262-69, les mots : "le président du conseil départemental" sont remplacés par les mots : "le directeur de la caisse gestionnaire du régime des prestations familiales à Mayotte".

« XXIV *octies*. – A l'article R. 262-70, les mots : "Le président du conseil départemental" sont remplacés par les mots : "Le directeur de la caisse gestionnaire du régime des prestations familiales à Mayotte".

« XXIV *nonies.* — Au deuxième et au dernier alinéa de l'article R. 262-71, les mots : "Le président du conseil départemental" sont remplacés par les mots : "Le directeur de la caisse gestionnaire du régime des prestations familiales à Mayotte".

« XXIV *decies.* — A l'article D. 262-73, les mots : "au président du conseil général" sont remplacés par les mots : "au directeur de la caisse gestionnaire du régime des prestations familiales à Mayotte".

« XXV. — A l'article R. 262-78, les mots : "le président du conseil départemental" sont remplacés par les mots : "le directeur de la caisse gestionnaire du régime des prestations familiales à Mayotte".

« XXV *bis.* — A l'article R. 262-80, les mots : "le président du conseil départemental" sont remplacés par les mots : "le directeur de la caisse gestionnaire du régime des prestations familiales à Mayotte".

« XXV *ter.* — A l'article R. 262-82, les mots : "les organismes chargés de l'instruction et du service de l'allocation" sont remplacés par les mots : "la caisse gestionnaire du régime des prestations familiales à Mayotte".

« XXV *quater.* — A l'article R. 262-84, les mots : "Les organismes qui assurent le service de la prestation sont tenus" sont remplacés par les mots : "La caisse gestionnaire du régime des prestations familiales à Mayotte est tenue".

« XXV *quinquies.* — L'article R. 262-85 n'est pas applicable.

« XXVI. — L'article R. 262-87 n'est pas applicable.

« XXVI *bis.* — A l'article R. 262-88, les mots : "au président du conseil départemental dans un délai de deux mois à compter de la notification de la décision contestée" sont remplacés par les mots : "à la commission de recours amiable dans le délai prévu à l'article R. 142-1 du code de la sécurité sociale".

« XXVII. — L'article R. 262-89 n'est pas applicable.

« XXVIII. — L'article R. 262-90 est remplacé par les dispositions suivantes :

Art. R. 262-90 Lorsque la décision de la commission de recours amiable n'a pas été portée à la connaissance du requérant dans le délai prévu à l'article R. 142-6 du code de la sécurité sociale, l'intéressé peut considérer sa demande comme rejetée. »

(Décr. nº 2021-306 du 23 mars 2021, art. 3-4º) « XXVIII *bis* A l'article R. 262-92-1 :

« *a)* Au premier alinéa, les mots : "le président du conseil départemental ou, le cas échéant, par le directeur de l'organisme chargé du service de cette prestation" sont remplacés par les mots : "le directeur de la caisse gestionnaire du régime des prestations familiales à Mayotte" ;

« *b)* Au dixième alinéa, à la première phrase, les mots : "du président du conseil départemental mentionné à l'article R. 262-88" sont remplacés par les mots : "de la commission de recours amiable mentionné au deuxième alinéa de l'article R. 142-1 du code de la sécurité sociale" ;

« *c)* Au quinzième alinéa, les mots : "du président du conseil départemental mentionné à l'article R. 262-88" sont remplacés par les mots : "de la commission de recours amiable mentionné au deuxième alinéa de l'article R. 142-1 du code de la sécurité sociale" ». — *Les dispositions de l'art. 3 du Décr. nº 2021-306 du 23 mars 2021 sont applicables aux indus notifiés à compter de son entrée en vigueur, soit le 25 mars 2021 (Décr. préc., art. 7, JO 24 mars).*

(Décr. nº 2016-864 du 29 juin 2016, art. 2-5º, en vigueur le 1er juill. 2016) « XXIX. — A l'article R. 265-2 :

« *a)* Les mots : "commission départementale de la cohésion sociale mentionnée à l'article R. 145-4" sont remplacés par les mots : "commission pour la cohésion sociale et l'égalité des chances mentionnée au III de l'article R. 541-4" ;

« *b)* La phrase : "Si l'organisme a demandé l'application des dispositions de l'article L. 241-12 du code de la sécurité sociale, la décision d'agrément emporte, pour l'organisme, application de ces dispositions." n'est pas applicable.

« XXX. — A l'article R. 265-3, les mots : "ou l'organisme pour ses établissements a demandé à bénéficier des dispositions de l'article L. 241-12 du code de la sécurité sociale," ne sont pas applicables. »

XXXI. — A l'article R. 262-92, le montant : "77 €" est remplacé par le montant : "20 €".

(Décr. nº 2018-1321 du 28 déc. 2018, art. 2, en vigueur le 1er janv. 2019) « XXXI *bis.* — A l'article R. 262-93, les mots : "le payeur départemental peut procéder au recouvrement du titre de recettes" sont remplacés par les mots : "la caisse gestion-

naire du régime des prestations familiales à Mayotte peut procéder, pour le compte de l'État, au recouvrement de l'indu".

« XXXI *ter.* – L'article R. 262-94 n'est pas applicable.

« XXXII. – A l'article R. 262-94-1 :

« 1° Au premier alinéa, les mots : "à l'article L. 161-1-5 du code de la sécurité sociale" sont remplacés par les mots : "au XXII de l'article L. 542-6" ;

« 2° Le deuxième alinéa n'est pas applicable. »

(Décr. nº 2019-371 du 26 avr. 2019, art. 2) « XXXII *bis.* – Au premier alinéa de l'article D. 262-95, les mots : "le président du conseil général transmet" sont remplacés par les mots : "le président du conseil départemental de Mayotte et le directeur de la caisse gestionnaire du régime des prestations familiales à Mayotte transmettent, pour les parties relevant de leur champ de compétences,". »

XXXIII. – A l'article R. 262-102 :

1° Au premier alinéa :

(Décr. nº 2019-371 du 26 avr. 2019, art. 2) « *a)* les mots : "de faciliter l'orientation des demandeurs" sont remplacés par les mots : "d'orienter les demandeurs" ;

« *b)* » les mots : "ainsi que de faciliter l'accès à la protection complémentaire en matière de santé des demandeurs mentionnés à la dernière phrase du deuxième alinéa de l'article L. 861-5 du code de la sécurité sociale" ne sont pas applicables ;

2° Au troisième alinéa, les mots : "et, d'autre part, le recueil des données relatives à la demande de protection complémentaire en matière de santé et leur transmission aux caisses d'assurance maladie mentionnées au premier alinéa de l'article L. 861-5 du code de la sécurité sociale pour les demandeurs dont les ressources sont présumées ne pas excéder le montant forfaitaire prévu au 2° de l'article L. 262-2 du code de l'action sociale et des familles" ne sont pas applicables ;

(Décr. nº 2019-371 du 26 avr. 2019, art. 2) « 3° Le 2° est remplacé par les dispositions suivantes : "Un module d'aide à l'orientation, dont l'objet est le recueil des informations permettant d'orienter les bénéficiaires du revenu de solidarité active". »

XXXIV. – A l'article R. 262-104-1 :

(Décr. nº 2019-371 du 26 avr. 2019, art. 2) « *a)* » les mots : "ainsi que, pour la demande de protection complémentaire en matière de santé, de la nécessité de choix, par chacun des membres du foyer, de l'organisme mentionné au *a* ou *b* de l'article L. 861-4 du code de la sécurité sociale" et les mots : "et celle, le cas échéant, de la demande de protection complémentaire en matière de santé" ne sont pas applicables ;

(Décr. nº 2019-371 du 26 avr. 2019, art. 2) « *b)* Après les mots : "en vérifie l'exactitude auprès du demandeur" sont insérés les mots : "notamment au regard des pièces justificatives originales" ;

« XXXIV *bis.* – Au premier alinéa de l'article R. 262-105, les mots : "ainsi que les règles selon lesquelles une proposition d'orientation est fournie au président du conseil départemental" sont remplacés par les mots : "ainsi que les règles selon lesquelles l'orientation est déterminée". »

XXXV. – A l'article R. 262-106 :

1° Au I, *(Décr. nº 2019-371 du 26 avr. 2019, art. 2)* « les mots : "au département et aux organismes chargés du service de la prestation" sont remplacés par les mots : "à la caisse gestionnaire du régime des prestations familiales à Mayotte" et » les mots : "d'une part" et les mots : "ou aux caisses d'assurance maladie mentionnées au premier alinéa de l'article L. 861-5 du code de la sécurité sociale, d'autre part" ainsi que les mots : "et ceux chargés de l'instruction des demandes de protection complémentaire en matière de santé" ne sont pas applicables ;

2° Le II n'est pas applicable.

XXXVI. – A l'article R. 262-107, le II n'est pas applicable.

(Décr. nº 2019-371 du 26 avr. 2019, art. 2) « XXXVI *bis.* – Au 2° de l'article R. 262-108, les mots : "du département" sont remplacés par les mots : "de la caisse gestionnaire du régime des prestations familiales à Mayotte" ;

« XXXVI *ter.* – A l'article R. 262-110, après les mots : "au service" sont ajoutés les mots :", à l'orientation" ;

« XXXVI *quater.* – A l'article R. 262-111 :

« 1° Les mots : "aux présidents des conseils départementaux" sont remplacés par les mots : "à la caisse gestionnaire du régime des prestations familiales à Mayotte" ;

« 2° Les mots : "au président du conseil départemental" sont remplacés par les mots : "à la caisse gestionnaire du régime des prestations familiales à Mayotte" ;

« XXXVI *quinquies.* – A l'article R. 262-113, les mots : "au président du conseil départemental" sont remplacés par les mots : "à la caisse gestionnaire du régime des prestations familiales à Mayotte" ;

« XXXVI *sexies.* – A l'article R. 262-114 :

« 1° Les mots : "les agents du département individuellement habilités par le président du conseil départemental" sont remplacés par les mots : "les agents de la caisse individuellement habilités par le directeur de la caisse gestionnaire du régime des prestations familiales à Mayotte" ;

« 2° Le second alinéa est remplacé par les dispositions suivantes :

« "Lorsque la caisse gestionnaire du régime des prestations familiales à Mayotte utilise le traitement institué par la présente sous-section, une convention passée entre le directeur de Pôle emploi et le directeur de la caisse gestionnaire du régime des prestations familiales à Mayotte fixe les conditions de délivrance, de durée et de renouvellement de l'habilitation des agents de la caisse." ;

« XXXVI *septies.* – A l'article R. 262-116-1, les mots : "les départements" et "les présidents des conseils départementaux" sont remplacés respectivement par les mots : "la caisse gestionnaire du régime des prestations familiales à Mayotte" et "le directeur de la caisse gestionnaire du régime des prestations familiales à Mayotte" ;

« XXXVI *octies.* – A l'article R. 262-116-2 :

« *a)* Au A, les mots : "des départements" sont remplacés par les mots : "de la caisse gestionnaire du régime des prestations familiales à Mayotte" ;

« *b)* Au B, les mots : "les départements" sont remplacés par les mots : "la caisse gestionnaire du régime des prestations familiales à Mayotte" ;

« *c)* Au 1° et 3° du B, les mots : "le président du conseil départemental" sont remplacés par les mots : "le directeur de la caisse gestionnaire du régime des prestations familiales à Mayotte" ;

« *d)* Au C, les mots : "les départements" sont remplacés par les mots : "la caisse gestionnaire du régime des prestations familiales à Mayotte" ;

« XXXVI *nonies.* – A l'article R. 262-116-3 :

« 1° Les mots : "les départements" sont remplacés par les mots : "la caisse gestionnaire du régime des prestations familiales à Mayotte" ;

« 2° Les mots : "Lorsqu'un département" sont remplacés par les mots : "Lorsque la caisse gestionnaire du régime des prestations familiales à Mayotte" ;

« 3° Les mots : "le président du conseil départemental" sont remplacés par les mots : "le directeur de la caisse gestionnaire du régime des prestations familiales à Mayotte" ;

« XXXVI *decies.* – A l'article R. 262-116-4, les mots : "aux départements" sont remplacés par les mots : "à la caisse gestionnaire du régime des prestations familiales à Mayotte" et les mots : "les départements" sont remplacés par les mots : "la caisse gestionnaire du régime des prestations familiales à Mayotte" ;

« XXXVI *undecies.* – A l'article R. 262-116-5 :

« 1° Au I, les mots : "les agents du département concerné" sont remplacés par les mots : "les agents de la caisse gestionnaire du régime des prestations familiales à Mayotte" ;

« 2° Les mots : "de ces administration et organisme" sont remplacés par les mots : "de ces organismes" ;

« 3° Le II est remplacé par les dispositions suivantes :

« "II. – Les agents de la caisse gestionnaire du régime des prestations familiales à Mayotte mentionnés au I ne sont destinataires que des données relatives aux demandeurs d'emploi domiciliés dans le département de Mayotte." ;

« XXXVI *duodecies.* – Au II de l'article R. 262-116-6, les mots : "du département pour les données transmises par celui-ci" sont remplacés par les mots : "de la caisse gestionnaire du régime des prestations familiales à Mayotte pour les données transmises par celle-ci".

« Dans le titre de la sous-section 4, les mots : "au président du conseil départemental" sont remplacés par les mots : "à la caisse d'allocations familiales". »

XXXVII. – A l'article D. 264-9, les mots : "ainsi que les centres d'accueil des demandeurs d'asile" ne sont pas applicables.

XXXVIII. – A l'annexe 1-1 du présent code :

1° Les mots : "part de personnes relogées parmi les personnes désignées prioritaires par les commissions de médiation droit au logement opposable et n'ayant pas refusé l'offre" ne sont pas applicables ;

2° Les mots : "des bénéficiaires de la couverture maladie universelle complémentaire et" et les mots : "— part de bénéficiaires de la couverture maladie universelle parmi les bilans de santé gratuits", les mots : "de bénéficiaires de la couverture maladie universelle complémentaire et" et les mots : "les bénéficiaires de la couverture maladie universelle complémentaire et celui déclaré par" ne sont pas applicables.

(Décr. n° 2018-1321 du 28 déc. 2018, art. 2, en vigueur le 1er janv. 2019) **« XXXIX. — Les XIV, XV, XVI, XVI *bis*, XXIII *ter*, XXIII *quater*, XXIII *quinquies*, XXIII *sexies*, XXIV, XXIV *decies*** *(Décr. n° 2019-371 du 26 avr. 2019, art. 2)* **« , XXXII *bis* » et XXXVII du présent article peuvent être modifiées par décret. »**

Les paragraphes XXVI à XXXIII deviennent respectivement les paragraphes XXXI à XXXVIII à compter du 1er juill. 2016 (Décr. n° 2016-864 du 29 juin 2016, art. 2-5°).

SECTION 7 Accompagnement de la personne en matière sociale et budgétaire

Art. R. 542-7 **Pour l'application du titre VII du livre II :**

I. — L'article D. 271-2 est remplacé par les dispositions suivantes :

Art. D. 271-2 Les prestations sociales mentionnées aux articles L. 271-1 et L. 271-5 sont :

1° L'aide au logement telle que prévue à l'article 10 de l'ordonnance n° 2002-149 du 7 février 2002 relative à l'extension et à la généralisation des prestations familiales et à la protection sociale dans la collectivité départementale de Mayotte ;

2° L'allocation de logement sociale mentionnée à l'article 42-1 de l'ordonnance n° 2002-411 du 27 mars 2002 relative à la protection sanitaire et sociale à Mayotte, dès lors qu'elles ne sont pas versées en tiers payant au bailleur ;

3° L'allocation spéciale pour les personnes âgées mentionnée à l'article 28 de l'ordonnance n° 2002-411 du 27 mars 2002 relative à la protection sanitaire et sociale à Mayotte ;

4° L'allocation viagère dont peuvent bénéficier les rapatriés en vertu de l'article 14 de la loi de finances n° 63-628 du 2 juillet 1963 portant maintien de la stabilité économique et financière ;

5° L'allocation pour adulte handicapé mentionnée à l'article 35 de l'ordonnance n° 2002-411 du 27 mars 2002 relative à la protection sanitaire et sociale à Mayotte ;

6° La part du revenu de solidarité active égale à la différence entre le montant forfaitaire mentionné au 2° de l'article L. 262-2 et les ressources du foyer ;

7° Les allocations familiales mentionnées à l'article 7 de l'ordonnance n° 2002-149 du 7 février 2002 relative à l'extension et à la généralisation des prestations familiales et à la protection sociale dans la collectivité départementale de Mayotte ;

8° L'allocation de rentrée scolaire mentionnée à l'article 8 de cette même ordonnance ;

9° L'allocation d'éducation de l'enfant handicapé mentionnée à l'article 10-1 de cette même ordonnance ;

10° La rente versée aux orphelins en cas d'accident du travail mentionnée à l'article L. 434-10 du code de la sécurité sociale ;

11° L'allocation représentative de services ménagers mentionnée aux articles L. 231-1 et L. 241-1 du présent code ;

(Décr. n° 2015-1280 du 13 oct. 2015, art. 3-3°) « 12° L'allocation personnalisée d'autonomie mentionnée à l'article L. 232-1, dès lors qu'elle n'est pas versée directement aux services mentionnés à l'article L. 232-15 selon les conditions prévues au même article ;

« 13° La prestation de compensation du handicap mentionnée aux I et II de l'article L. 245-1, sauf si elle est versée dans les conditions prévues à l'article L. 245-11 ;

« 14° La prestation de compensation du handicap mentionnée au III de l'article L. 245-1.

« II. — A l'article R. 271-3 :

« 1° Les références : "1° à 17° de l'article D. 271-2" sont remplacées par les références : "2° à 6°, 12° et 13° de l'article D. 271-2" ;

« 2° Les références : "18° à 29° de l'article D. 271-2" sont remplacées par les références : "1°, 7° à 11° et 14° de l'article D. 271-2".

« III. — A l'article R. 271-4, les références : "1° à 3°, 14°, 15°, 27° et 29° de l'article D. 271-2" sont remplacées par les références : "2° et 11° à 14° de l'article D. 271-2". »

IV. — A l'article R. 271-6 :

1° Au premier alinéa, les références : "1°, 2°, 4° à 13° et 17°" sont remplacées par les références : "2° à 6°" ;

2° Au second alinéa, les références : "18° à 26° et au 28° de l'article D. 271-2" sont remplacées par les références : "1° et au 7° à 10° de l'article D. 271-2".

(Décr. n° 2015-1280 du 13 oct. 2015, art. 3-3°) « V. — A l'article R. 272-2 :

« 1° Les références : "1° à 17° de l'article D. 271-2" sont remplacées par les références : "2° à 6°, 12° et 13° de l'article D. 271-2" ;

« 2° Les références : "18° à 29° de l'article D. 271-2" sont remplacées par les références : "1°, 7° à 11° et 14° de l'article D. 271-2" ;

« 3° Les références : "1° à 3°, 14°, 15°, 27° et 29° de l'article D. 271-2" sont remplacées par les références : "2° et 11° à 14° de l'article D. 271-2". »

CHAPITRE III ADAPTATIONS DU LIVRE III

SECTION 1 Établissements et services soumis à autorisation

Art. R. 543-1 Pour l'application du titre I du livre III :

I. — L'article D. 311 est ainsi modifié :

1° Au premier alinéa, les références : "10°" et "13°" ne sont pas applicables ;

2° Au 5° du V, les mots : "et en centre d'accueil pour demandeurs d'asile," ne sont pas applicables.

II. — Au dernier alinéa des articles D. 311-3, D. 311-8 et D. 311-10, les mots : "relevant des 8°, 9° et 13° de l'article L. 312-1" sont remplacés par les mots : "relevant des 8° et 9° de l'article L. 312-1".

III. — Au dernier alinéa de l'article D. 312-1, les mots : "dans les établissements mentionnés aux I *bis*, II et III de l'article L. 313-12" sont remplacés par les mots : "dans les établissements mentionnés aux II et III de l'article L. 313-12".

IV. — A l'article D. 312-3, la référence : "L. 232-13" est remplacée par la référence : "L. 113-2".

(Abrogé par Décr. n° 2020-189 du 3 mars 2020, art. 2-3°) « V. — A l'article D. 312-5-1 :

« 1° Les mots : "de la direction départementale des affaires sanitaires et sociales" sont remplacés par les mots : "ou de l'inspecteur de l'agence de santé de l'océan Indien ayant la qualité de médecin" ; »

(Abrogé par Décr. n° 2015-1280 du 13 oct. 2015, art. 11-III, à compter du 1er janv. 2016) ***« 2° La référence : "L. 241-5" est remplacée par la référence : "L. 545-1 tel que maintenu en vigueur jusqu'à une date fixée par décret et au plus tard le 1er janvier 2016, en application du second alinéa du 3° de l'article 10 de l'ordonnance n° 2012-785 du 31 mai 2012 portant extension et adaptation du code de l'action sociale et des familles au Département de Mayotte". »***

VI. — L'article D. 312-6 n'est pas applicable.

VII. — A l'article D. 312-7 :

1° Au premier alinéa, les mots : "et les missions d'un service d'aide et d'accompagnement défini à l'article D. 312-6" ne sont pas applicables ;

2° Au second alinéa, les mots : "aux articles D. 312-2 et D. 312-6" sont remplacés par les mots : "à l'article D. 312-2".

VIII. — Au premier alinéa de l'article D. 312-7-1, les mots : "aux articles D. 312-2 et D. 312-6" sont remplacés par les mots : "à l'article D. 312-2".

(Abrogé par Décr. n° 2015-1280 du 13 oct. 2015, art. 11-III, à compter du 1er janv. 2016) ***« IX. — A l'article D. 312-10 :***

« 1° Au premier alinéa du I, les mots : "décision des commissions départementales mentionnées aux articles L. 242-2 et L. 243-1" sont remplacés par les mots : "décision de la commission mentionnée à l'article L. 545-2 tel que maintenu en vigueur jusqu'à une date fixée par décret et au plus tard le 1er janvier 2016, en application du second alinéa du 3° de l'article 10 de l'ordonnance n° 2012-785 du 31 mai 2012 portant extension et adaptation du code de l'action sociale et des familles au Département de Mayotte" ;

« 2° Au second alinéa du I, les mots : "ces commissions se prononcent" sont remplacés par les mots : "la commission se prononce" et les mots : "Elles déterminent" sont remplacés par les mots : "Elle détermine" ;

« 3° Au deuxième alinéa du II, les mots : "la commission départementale" sont remplacés par les mots : "la commission". »

(Abrogé par Décr. n° 2015-1280 du 13 oct. 2015, art. 4-1°) « X. — Au premier alinéa de l'article D. 312-10-3, les mots :", en cohérence avec le plan personnalisé de compensation de chacun des enfants, adolescents ou jeunes adultes accueillis dans l'institution" ne sont pas applicables. »

(Abrogé par Décr. n° 2015-1280 du 13 oct. 2015, art. 11-III, à compter du 1er janv. 2016) « XI. — Le premier alinéa de l'article D. 312-10-4 est remplacé par les dispositions suivantes :

« "La décision d'orientation de la commission des personnes handicapées s'impose aux établissements ou aux services médico-sociaux désignés par cette commission". »

XII. — L'article D. 312-10-13 est ainsi modifié :

1° Au premier alinéa, les mots : "Le directeur départemental des affaires sanitaires et sociales *(Abrogé par Décr. n° 2019-1553 du 30 déc. 2019, art. 2-3°, à compter du 1er janv. 2020) « et le directeur académique des services de l'éducation nationale agissant sur délégation du recteur d'académie, »*" sont remplacés par les mots : "Le directeur de la jeunesse, des sports et de la cohésion sociale *(Abrogé par Décr. n° 2019-1553 du 30 déc. 2019, art. 2-3°, à compter du 1er janv. 2020) « et le vice-recteur de l'académie, »*" ;

2° Au dernier alinéa, les mots : "conseil départemental de l'éducation nationale" sont remplacés par les mots : "conseil de l'éducation nationale de *(Décr. n° 2019-1553 du 30 déc. 2019, art. 2-3°, en vigueur le 1er janv. 2020)* « l'académie de » Mayotte".

XIII. — La première phrase de l'article D. 312-27 n'est pas applicable et, à la seconde phrase, les mots : "Ce terrain" sont remplacés par les mots : "Le terrain d'assiette de l'établissement situé en milieu rural".

(Abrogé par Décr. n° 2019-1553 du 30 déc. 2019, art. 2-3°, à compter du 1er janv. 2020) « XIV. — A l'article D. 312-58, les mots : "le directeur académique des services de l'éducation nationale agissant sur délégation du recteur d'académie" sont remplacés par les mots : "le vice-recteur d'académie". »

(Abrogé par Décr. n° 2015-1280 du 13 oct. 2015, art. 11-III, à compter du 1er janv. 2016) « XV. — A l'article D. 312-59-15, les mots : "aux articles L. 241-6 et L. 146-9" sont remplacés par les mots : "à l'article L. 545-2 tel que maintenu en vigueur jusqu'à une date fixée par décret et au plus tard le 1er janvier 2016, en application du second alinéa du 3° de l'article 10 de l'ordonnance n° 2012-785 du 31 mai 2012 portant extension et adaptation du code de l'action sociale et des familles au Département de Mayotte". »

XVI. — L'article D. 312-59-18 n'est pas applicable.

(Abrogé par Décr. n° 2019-1553 du 30 déc. 2019, art. 2-3°, à compter du 1er janv. 2020) « XVII. — A l'article D. 312-78, les mots : "recteur d'académie" sont remplacés par les mots : "vice-recteur d'académie". »

XVIII. — A l'article D. 312-80, les mots : "par le directeur départemental des affaires sanitaires et sociales," sont remplacés par les mots : "par l'autorité compétente pour délivrer l'autorisation mentionnée à l'article L. 313-3 ou par l'autorité compétente pour effectuer les contrôles en application du même article".

(Abrogé par Décr. n° 2015-1280 du 13 oct. 2015, art. 4-1°) « XIX. — Aux articles D. 312-83, D. 312-98 et D. 312-111, les mots : "conformément à leur plan personnalisé de compensation comprenant le projet personnalisé de scolarisation" ne sont pas applicables. »

XX. — Au septième alinéa de l'article D. 312-116, les mots : "direction départementale des affaires sanitaires" sont remplacés par les mots : "direction de la jeunesse, des sports et de la cohésion sociale".

(Abrogé par Décr. n° 2020-189 du 3 mars 2020, art. 2-3°) « XXI. — Au septième alinéa de l'article D. 312-151, les mots : "des médecins inspecteurs départementaux de santé publique, des médecins départementaux de protection maternelle et infantile" sont remplacés par les mots : "des médecins inspecteurs de santé publique, des inspecteurs de l'agence

de santé de l'océan Indien ayant la qualité de médecin et des médecins de protection maternelle et infantile". »

(Décr. nº 2016-1454 du 28 oct. 2016, art. 3-4º) **« XXII. – Au II de l'article D. 312-161, la référence aux II et III de l'article L. 313-12 est remplacée par la référence au II de l'article L. 313-12. »**

(Abrogé par Décr. nº 2015-1280 du 13 oct. 2015, art. 11-III, à compter du 1er janv. 2016) ***« XXIII. – Aux articles D. 312-170 et D. 312-172, les mots : "à l'article L. 146-9" sont remplacés par les mots : "à l'article L. 545-2 tel que maintenu en vigueur jusqu'à une date fixée par décret et au plus tard le 1er janvier 2016, en application du second alinéa du 3º de l'article 10 de l'ordonnance nº 2012-785 du 31 mai 2012 portant extension et adaptation du code de l'action sociale et des familles au Département de Mayotte". »***

XXIV. – L'article D. 312-176 est abrogé.

XXV. – A l'article D. 312-176-8, les mots : "– soit un établissement relevant du I *bis* de l'article L. 313-12" ne sont pas applicables.

XXVI. – La sous-section 2 de la section 3 du chapitre II du titre I du livre III n'est pas applicable.

(Abrogé par Décr. nº 2018-953 du 31 oct. 2018, art. 10) ***« XXVII. – L'intitulé de la sous-section 3 de la section 3 du chapitre II du titre I du livre III est remplacé par l'intitulé : "Consultation du comité mahorais de coordination de l'emploi et de la formation professionnelle mentionné à l'article L. 711-4-2 du code du travail applicable à Mayotte et du conseil départemental". »***

XXVIII. – A l'article D. 312-193-5 :

(Abrogé par Décr. nº 2018-953 du 31 oct. 2018, art. 10) ***« 1º Les mots : "Le comité de coordination régional de l'emploi et de la formation professionnelle" sont remplacés par les mots : "Le comité mahorais de coordination de l'emploi et de la formation professionnelle mentionné à l'article L. 711-4-2 du code du travail applicable à Mayotte" ; »***

2º Les mots : "le conseil régional" sont remplacés par les mots : "le conseil départemental de Mayotte".

XXIX. – L'article D. 312-204 est abrogé.

XXX. – L'article R. 313-1 est ainsi modifié :

1º Au *b* du 1º du II, les mots : "et à l'issue d'un appel à candidatures organisé dans des conditions fixées par le président du conseil départemental" sont remplacés par les mots : "ou, en l'absence de proposition, à l'issue d'un appel à candidatures organisé dans des conditions fixées par le président du conseil départemental pour chacune de ces deux catégories et à l'issue d'un appel à candidatures organisé selon les mêmes modalités" ;

2º Au *b* du 2º du II, les mots : "la commission spécialisée pour les prises en charge et accompagnements médico-sociaux de la conférence régionale de la santé et de l'autonomie" et les mots : "la conférence régionale de la santé et de l'autonomie" sont remplacés par les mots : "la conférence de la santé et de l'autonomie de Mayotte" ;

3º Le *b* du 4º du II est complété par les mots : "ou, en l'absence de proposition, à l'issue d'un appel à candidatures qu'ils organisent" ;

4º Il est ajouté, à la fin du II, un alinéa ainsi rédigé :

"La commission mentionnée au présent II peut comprendre un nombre inférieur de membres, sous réserve que ce nombre ne soit pas inférieur à quatre et que la parité entre les membres énoncée aux *a* et *b* des 1º à 6º soit respectée" ;

XXXI. – Les articles D. 313-15-1 à D. 313-15-4 ne sont pas applicables.

XXXII. – A l'article R. 313-31, les mots : "au titre de l'article L. 162-24-1 du code de la sécurité sociale" ne sont pas applicables.

XXXIII. – A l'article R. 314-1, il est ajouté un dernier alinéa ainsi rédigé :

"Jusqu'au 31 décembre 2016, et pour l'application du 6º du XXI de l'article L. 543-1, le financement et la tarification des établissements et services énumérés aux 2º, 3º, 5º, 7º et 9º du I de l'article L. 312-1 sont assurés selon les modalités prévues aux articles R. 314-39 à R. 314-43-1."

XXXIV. – Au 8º de l'article R. 314-26, les mots : "mentionnés au 6º de l'article *(Décr. nº 2015-1865 du 30 déc. 2015, art. 11-II-4º, en vigueur le 1er janv. 2016)* « L. 160-8 du code de la sécurité sociale »" sont remplacés par les mots : "mentionnés aux articles L. 1411-2 et L. 1411-6 du code de santé publique".

XXXV. – A l'article R. 314-36 :

1° Au 2° du I, les mots :", au 8° et au 13°" sont remplacés par les mots : "et au 8°" ;

2° Au même 2°, après les mots : "ainsi qu'au I de l'article L. 361-1", sont ajoutés les mots : "à compter du 1er janvier 2016".

(Abrogé par Décr. nº 2018-953 du 31 oct. 2018, art. 10) « XXXVI. – Au 3º de l'article R. 314-45, les mots : "et au compte épargne-temps" ne sont pas applicables. »

XXXVII. – A l'article R. 314-60, les mots : "Lorsque le directeur de la caisse d'allocations familiales du lieu d'implantation des services mentionnés au I de l'article L. 361-1 ou à l'article L. 361-2 financés en totalité ou en partie par cet organisme en fait la demande," sont remplacés par les mots : "Lorsque le directeur de l'organisme gestionnaire du régime des prestations familiales à Mayotte qui a financé en totalité ou en partie les services mentionnés au I de l'article L. 361-1 ou à l'article L. 361-2 en fait la demande,".

XXXVIII. – A l'article R. 314-62 :

1° Au deuxième alinéa du I, les mots : "le directeur interrégional de la protection judiciaire de la jeunesse" sont remplacés par les mots : "le directeur territorial de la protection judiciaire de la jeunesse," ;

2° Au troisième alinéa du I, les mots :", le directeur régional de la jeunesse, des sports et de la cohésion sociale, le directeur départemental chargé de la cohésion sociale, le directeur régional et le directeur territorial de la protection judiciaire de la jeunesse, le directeur régional des entreprises, de la concurrence, de la consommation, du travail et de l'emploi" sont remplacés par les mots :", le directeur de la jeunesse, des sports et de la cohésion sociale, le directeur territorial de la protection judiciaire de la jeunesse et le directeur des entreprises, de la concurrence, de la consommation, du travail et de l'emploi".

XXXIX. – Au II de l'article R. 314-96, les mots : "des dispositions du II de l'article R. 174-16-5 du code de la sécurité sociale" sont remplacés par les mots : "du présent chapitre".

XL. – A l'article R. 314-105 :

1° Au II :

a) Au 1°, les mots : "par l'assurance maladie en application du 3° de l'article *(Décr. nº 2015-1865 du 30 déc. 2015, art. 11-II-4º, en vigueur le 1er janv. 2016)* « L. 160-8 du code de la sécurité sociale »" sont remplacés par les mots : "par l'assurance maladie de Mayotte pour la couverture, sur décision de la *(Décr. nº 2015-1280 du 13 oct. 2015, art. 11-III, en vigueur le 1er janv. 2016)* « commission des droits et de l'autonomie des personnes handicapées », des frais de traitement des enfants ou adolescents handicapés, mentionnés au 12° de l'article 20-1 de l'ordonnance n° 96-1122 du 20 décembre 1996 relative à l'amélioration de la santé publique, à l'assurance maladie, maternité, invalidité et décès, au financement de la sécurité sociale à Mayotte et à la caisse de sécurité sociale de Mayotte" ;

b) Au même 1°, les mots : "fixées aux articles R. 174-16-1 à R. 174-16-5 du code de la sécurité sociale" sont remplacés par les mots : "fixées dans les conditions du présent code" ;

c) Au 2°, les mots : "pour les autres établissements et services, par l'assurance maladie en application du 3° de l'article *(Décr. nº 2015-1865 du 30 déc. 2015, art. 11-II-4º, en vigueur le 1er janv. 2016)* « L. 160-8 du code de la sécurité sociale »," sont remplacés par les mots : "pour les autres établissements et services du *[des]* 2° et 12° du I de l'article L. 312-1, par l'assurance maladie de Mayotte pour la couverture, sur décision de la *(Décr. nº 2015-1280 du 13 oct. 2015, art. 11-III, en vigueur le 1er janv. 2016)* « commission des droits et de l'autonomie des personnes handicapées », des frais d'hébergement et de traitement des enfants ou adolescents handicapés, mentionnés au 12° de l'article 20-1 de l'ordonnance du 20 décembre 1996 susmentionnée" ;

2° Au VI, les mots : "et en vertu des dispositions du 1° de l'article *(Décr. nº 2015-1865 du 30 déc. 2015, art. 11-II-4º, en vigueur le 1er janv. 2016)* « L. 160-8 du code de la sécurité sociale » pour les frais de traitement," sont remplacés par les mots : "et

pour les frais de traitement mentionnés au 13° de l'article 20-1 de l'ordonnance du 20 décembre 1996 susmentionnée" ;

3° Au VII :

***a)* Au 1°, les mots : "fixée par les articles R. 174-9 à R. 174-16 du code de la sécurité sociale" sont remplacés par les mots : "fixées dans les conditions du présent code" ;**

***b)* Au 3°, les mots : "fixées aux articles R. 174-16-1 à R. 174-16-5 du code de la sécurité sociale" sont remplacés par les mots : "fixées dans les conditions du présent code" ;**

4° Au VIII :

***a)* Au 2°, les mots : "en vertu des articles L. 174-7 et L. 162-24-1 du code de la sécurité sociale," ne sont pas applicables ;**

***b)* Au 4°, les mots : "fixées aux articles R. 174-16-1 à R. 174-16-5 du code de la sécurité sociale" sont remplacés par les mots : "fixées dans les conditions du présent code" ;**

5° Au X :

***a)* Au 1°, les mots : "fixées par les articles R. 174-7 et R. 174-8 du code de la sécurité sociale" sont remplacés par les mots : "fixées dans les conditions du présent code" ;**

***b)* Au 2°, les mots : "fixées aux articles R. 174-16-1 à R. 174-16-5 du code de la sécurité sociale" sont remplacés par les mots : "fixées dans les conditions du présent code" ;**

6° Au XI :

***a)* Les mots : "en vertu des dispositions combinées des articles L. 162-24-1, L. 174-7 et** *(Décr. n° 2015-1865 du 30 déc. 2015, art. 11-II-4°, en vigueur le 1er janv. 2016)* **« L. 160-8 du code de la sécurité sociale »" ne sont pas applicables ;**

***b)* Les mots : "fixées aux articles R. 174-16-1 à R. 174-16-5 du code de la sécurité sociale" sont remplacés par les mots : "fixées dans les conditions du présent code" ;**

7° Au 1° du XII, les mots : "fixées par les articles R. 174-9 à R. 174-16 du code de la sécurité sociale ;" sont remplacés par les mots : "fixées dans les conditions du présent code ;".

XLI. — A l'article R. 314-111 :

1° Au 1°, les mots : "prévues par les articles R. 174-7 et R. 174-8 du code de la sécurité sociale" sont remplacés par les mots : "fixées dans les conditions du présent code" ;

2° Au 2°, les mots : "prévues par les articles R. 174-9 à R. 174-16 du code de la sécurité sociale ;" sont remplacés par les mots : "fixées dans les conditions du présent code" ;

3° Au 3°, les mots : "prévues par les articles R. 174-16-1 à R. 174-16-5 du code de la sécurité sociale" sont remplacés par les mots : "fixées dans les conditions du présent code".

XLII. — Au 2° de l'article R. 314-123, les mots : "prévues par les articles R. 174-16-1 à R. 174-16-5 du code de la sécurité sociale" sont remplacés par les mots : "fixées dans les conditions du présent code".

XLIII. — Au III de l'article R. 314-125 et aux II et III de l'article R. 314-126, les mots : "du directeur interrégional de la protection judiciaire de la jeunesse" sont remplacés par les mots : "du directeur territorial de la protection judiciaire de la jeunesse".

XLIV. — A l'article R. 314-128, les mots : "au directeur départemental des affaires sanitaires et sociales" sont remplacés par les mots : "au directeur de la jeunesse, des sports et de la cohésion sociale".

XLV. — A l'article R. 314-150, les mots : "et des centres d'accueil pour demandeurs d'asile mentionnés à l'article L. 348-1, le préfet de la région d'implantation" sont remplacés par les mots : "le préfet de Mayotte".

XLVI. — A l'article R. 314-151, les mots : "ou d'un centre d'accueil pour demandeurs d'asile" ne sont pas applicables.

XLVII. – Au deuxième alinéa de l'article R. 314-154, les mots : "après avis du conseil départemental de l'insertion par l'activité économique," ne sont pas applicables.

XLVIII. – Aux premier et troisième alinéas de l'article R. 314-157, les mots : "et le centre d'accueil pour demandeurs d'asile," ne sont pas applicables.

XLIX. – Au dernier alinéa de l'article R. 314-167, les mots : "projet régional de santé prévu à l'article L. 1434-1 du code de la santé publique" sont remplacés par les mots : "projet de santé prévu à l'article L. 1434-1 et au 5° de l'article L. 1443-1 du code de la santé publique".

L. – L'article R. 314-168 est ainsi modifié :

1° Au premier alinéa, les mots : "Sont à la charge des régimes obligatoires de base de l'assurance maladie dans les conditions prévues par le code de la sécurité sociale ou de l'aide médicale," sont remplacés par les mots : "Sont à la charge des régimes d'assurance maladie en vigueur à Mayotte," ;

2° A l'avant-dernier alinéa, les mots : "mentionnée à l'article *(Décr. n° 2015-1865 du 30 déc. 2015, art. 11-II-5°, en vigueur le 1er janv. 2016)* « L. 160-13 du code de la sécurité sociale »" sont remplacés par les mots : "mentionnée à l'article 20-2 de l'ordonnance n° 96-1122 du 20 décembre 1996 relative à l'amélioration de la santé publique, à l'assurance maladie, maternité, invalidité et décès, au financement de la sécurité sociale à Mayotte et à la caisse de sécurité sociale de Mayotte".

LI. – Au second alinéa de l'article R. 314-177, les mots : "Afin de répartir les enveloppes régionales de crédits" sont remplacés par les mots : "Afin de répartir les enveloppes régionales de crédits pour La Réunion et pour Mayotte" et les mots : "l'autorité régionale compétente pour l'assurance maladie tient compte" sont remplacés par les mots : "il est tenu compte de la valeur nette moyenne commune du point retenu pour Mayotte et La Réunion".

LII. – A l'article R. 314-178 :

1° Les mots : "au calcul de la valeur moyenne régionale" sont remplacés par les mots : "au calcul de la valeur moyenne commune à La Réunion et Mayotte" ;

2° Les mots : "au calcul de la valeur régionale de tous les autres indicateurs" sont remplacés par les mots : "pour Mayotte et pour La Réunion, au calcul de la valeur commune de tous les autres indicateurs".

(Abrogé par Décr. n° 2015-1280 du 13 oct. 2015, art. 4-1°) ***« LIII. – A l'article R. 314-181, les mots : "soit de l'aide sociale départementale, soit de l'allocation personnalisée d'autonomie" sont remplacés par les mots : "de l'aide sociale du Département de Mayotte". »***

LIV. – Le dernier alinéa de l'article R. 314-182 n'est pas applicable.

(Abrogé par Décr. n° 2015-1280 du 13 oct. 2015, art. 4-1°) ***« LV. – A l'article R. 314-184 :***

« 1° Au deuxième alinéa, les mots : "prévue au II de l'article L. 232-8" ne sont pas applicables ;

« 2° Le dernier alinéa n'est pas applicable. »

LVI. – A l'article R. 314-187, les mots : "soit au titre de l'aide médicale, soit par un organisme d'assurance maladie," sont remplacés par les mots : "au titre du régime d'assurance maladie géré par la caisse de sécurité sociale de Mayotte".

LVII. – Au second alinéa de l'article R. 314-189, les mots : "prévue à l'article R. 174-9 du code de la sécurité sociale" sont remplacés par les mots : "prévue au présent code".

LVIII. – L'article R. 314-193-2 est remplacé par les dispositions suivantes :

Art. R. 314-193-2 A Mayotte, les organismes de sécurité sociale consultés en application du VIII de l'article L. 314-1 sont l'organisme gestionnaire du régime des prestations familiales, la caisse de sécurité sociale de Mayotte ainsi qu'à compter du 1er janvier 2015, la caisse de mutualité sociale agricole mentionnée à l'article L. 762-1-2 du code rural et de la pêche maritime.

LIX. – L'article R. 314-193-4 est remplacé par les dispositions suivantes :

Art. R. 314-193-4 A Mayotte, les organismes locaux de sécurité sociale consultés en application du IX de l'article L. 314-1 sont les organismes mentionnés à l'article R. 314-193-2.

LX. — A l'article R. 314-194, le V n'est pas applicable.

LXI. — A l'article R. 314-200, les mots : "dans les conditions prévues à l'article L. 123-1 du code de la sécurité sociale" sont remplacés par les mots : "dans les conditions applicables à Mayotte en application du VII de l'article 22 de l'ordonnance n° 96-1122 du 20 décembre 1996 relative à l'amélioration de la santé publique, à l'assurance maladie, maternité, invalidité et décès, au financement de la sécurité sociale à Mayotte et à la caisse de sécurité sociale de Mayotte".

LXII. — A l'article R. 314-202, après les mots : "durée légale du travail", sont insérés les mots : "en vigueur à Mayotte".

LXIII. — A l'article R. 314-204, la phrase : "Pour les absences de plus de soixante-douze heures pour cause d'hospitalisation, cette minoration doit tenir compte du montant du forfait hospitalier." n'est pas applicable.

LXIV. — Au premier alinéa de l'article D. 314-205, les références : "2°, 3° et 4°" sont remplacées par les références : "2° et 4°".

LXV. — A l'article R. 314-208, les mots : "de la dotation régionale limitative mentionnée au II de l'article L. 314-3" sont remplacés par les mots : "de la dotation pour Mayotte prévue en application du XIX de l'article L. 543-1".

LXVI. — A l'article R. 315-6 :

1° Au premier alinéa :

a) Les mots : "douze membres" sont remplacés par les mots : "cinq à douze membres" ;

b) Les mots : "Ce nombre est porté à treize" sont remplacés par les mots : "La composition du conseil est augmentée d'un représentant" ;

2° Aux 1° et 3°, le mot : "trois" est remplacé par les mots : "un à trois" ;

3° Aux 4° à 6°, le mot : "deux" est remplacé par les mots : "un à deux".

LXVII. — A la première phrase de l'article R. 315-7, les mots : "les trois représentants" sont remplacés par les mots : "le ou les représentants".

LXVIII. — A l'article R. 315-8 :

1° Au premier alinéa :

a) Le mot : "douze" est remplacé par le mot : "cinq" ;

b) Le mot : "treize" est remplacé par le mot : "six" ;

2° Aux 1° et 3°, les mots : "Trois représentants" sont remplacés par les mots : "Un représentant" ;

3° Aux 4° à 6°, le mot : "deux" est remplacé par le mot : "un".

LXIX. — Au II de l'article R. 315-9, les mots : "les trois représentants au moins mentionnés au 3° de l'article R. 315-8," sont remplacés par les mots : "le représentant au moins mentionné au 3° de l'article R. 315-8".

(Abrogé par Décr. n° 2015-1280 du 13 oct. 2015, art. 11-III, à compter du 1er janv. 2016) ***« LXX. — A l'article D. 316-3, le 4 est remplacé par les dispositions suivantes :***

« "4. Par la commission mentionnée à l'article L. 545-2 tel que maintenue en vigueur jusqu'à une date fixée par décret et au plus tard le 1er janvier 2016, en application du second alinéa du 3° de l'article 10 de l'ordonnance n° 2012-785 du 31 mai 2012 portant extension et adaptation du code de l'action sociale et des familles au Département de Mayotte." »

LXXI. — Au II de l'article D. 316-5, les mots : "du salaire minimum de croissance déterminé dans les conditions prévues aux articles L. 3231-2 à L. 3231-11 du code du travail," sont remplacés par les mots : "du salaire minimum interprofessionnel *(Abrogé par Décr. n° 2018-953 du 31 oct. 2018, art. 10)* ***« garanti »*** déterminé dans les conditions prévues au code de travail applicable à Mayotte" et les mots : "à 14,5 fois la valeur horaire du salaire minimum de croissance," sont remplacés par les mots : "à 14,5 fois la valeur horaire du salaire minimum interprofessionnel garanti en vigueur à Mayotte,".

LXXII. — Au I de l'article D. 316-6, les mots : "indexés sur la valeur du salaire minimum de croissance en vigueur au 1er janvier de l'année" sont remplacés par les mots : "indexés sur la valeur du salaire minimum interprofessionnel *(Abrogé par Décr. n° 2018-953 du 31 oct. 2018, art. 10)* ***« garanti »*** en vigueur à Mayotte au 1er janvier de l'année".

(Abrogé par Décr. n° 2015-1280 du 13 oct. 2015, art. 4-1°) ***« LXXIII. — Au h de l'annexe 3-1 du présent code :***

« 1° Les mots : "nécessaire à la détermination de la participation journalière prévue au premier alinéa du I de l'article L. 232-8 du code de l'action sociale et des familles" ne sont pas applicables ;

« 2° Les mots : "au premier alinéa du II de l'article L. 232-8 dudit code" sont remplacés par les mots : "à l'article L. 314-2".

« LXXIV. — A l'annexe 3-7 du présent code :

« 1° Les mots : "ou quote-part de dotation budgétaire globale afférente à la dépendance des résidents bénéficiaires de l'allocation personnalisée d'autonomie en établissement des autres départements que celui du président du conseil départemental tarificateur" ne sont pas applicables ;

« 2° Les mots : "Montant de la participation prévue au I de l'article L. 232-8 du code de l'action sociale et des familles = F" ne sont pas applicables et, à Mayotte, la dotation budgétaire globale afférente à la dépendance est égale à : "E — (G)". »

SECTION 2 Établissements soumis à déclaration

Art. R. 543-2 Le titre II du livre III n'est pas applicable à Mayotte.

SECTION 3 Dispositions diverses

Art. R. 543-3 Pour l'application du titre III du livre III :

I. — L'intitulé du titre III est remplacé par : "Dispositions relatives au contrôle".

II. — L'article D. 331-1 est ainsi modifié :

1° Le 5° est abrogé ;

2° Les *(Décr. n° 2019-1553 du 30 déc. 2019, art. 2-4, en vigueur le 1er janv. 2020)* « 8° et 9° » sont remplacés par les dispositions suivantes :

(Abrogé par Décr. n° 2019-1553 du 30 déc. 2019, art. 2-4, à compter du 1er janv. 2020) *« "7° Le vice-recteur d'académie de Mayotte ; »*

"8° Le directeur de la jeunesse, des sports et de la cohésion sociale ;

"9° Le directeur départemental des services de la sécurité publique ou un des chefs des services désigné par le préfet de Mayotte ;"

3° Le 12° et le 13° sont remplacés par les dispositions suivantes :

"12° Un représentant, au titre de l'organisme gestionnaire du régime des prestations familiales et un représentant, au titre de la caisse de sécurité sociale de Mayotte ;".

(Décr. n° 2019-1382 du 17 déc. 2019, art. 1er-9°) « III. — A l'article R. 331-7, les mots :", agréés ou déclarés dans les conditions du présent code, à l'exception de ceux régis par l'article L. 227-4" sont remplacés par les mots : "ou agréés" et les mots :", ou recevoir la déclaration" sont supprimés. »

SECTION 4 Dispositions spécifiques à certaines catégories d'établissements

Art. R. 543-4 Pour l'application du titre IV du livre III :

(Abrogé par Décr. n° 2015-1280 du 13 oct. 2015, art. 11-IV, à compter du 1er janv. 2016) *« I. — A l'article D. 344-5-2, le dernier alinéa est remplacé par les dispositions suivantes :*

« "Ces besoins sont évalués par la maison des personnes handicapées." »

(Abrogé par Décr. n° 2018-953 du 31 oct. 2018, art. 10) *« II. — A l'article R. 344-8 :*

« 1° Après les mots : "par les articles L. 231-1 du code du travail", sont ajoutés les mots : "applicable à Mayotte" ;

« 2° Les mots : "aux articles L. 241-2 et suivants du même code" sont remplacés par les mots : "telles que prévues au titre IV du livre II du code du travail applicable à Mayotte".

« III. — A l'article R. 344-12 :

« 1° Au deuxième alinéa, les mots : "Par dérogation aux dispositions de l'article R. 323-61 du code du travail" ne sont pas applicables ;

« 2° Au troisième alinéa, les mots : "et de l'article R. 323-61 du code du travail," ne sont pas applicables.

« IV. — Au 5° de l'article R. 344-17, les mots : "l'article R. 241-50 du code du travail" sont remplacés par les mots : "prévue au titre IV du livre II du code du travail applicable à Mayotte".

« V. – Au second alinéa de l'article R. 344-19, les mots : "au sens de l'article R. 241-50 du code du travail" sont remplacés par les mots : "dans les conditions prévues au code du travail applicable à Mayotte". »

VI. – Au premier alinéa de l'article R. 344-29, les mots :", dans un foyer logement" ne sont pas applicables.

VII. – Aux premier et second alinéas de l'article R. 344-31, les mots : "l'allocation aux adultes handicapés" sont remplacés par les mots : "l'allocation pour adulte handicapé mentionnée à l'article 35 de l'ordonnance n° 2002-411 du 27 mars 2002 relative à la protection sanitaire et sociale à Mayotte".

VIII. – Les articles R. 344-32 et R. 344-33 ne sont pas applicables.

IX. – Aux 1° et 2° de l'article D. 344-35, à l'article D. 344-36, aux 1° et 2° de l'article D. 344-38, aux articles D. 344-39 et D. 344-41, les mots : "l'allocation aux adultes handicapés" sont remplacés par les mots : "l'allocation pour adulte handicapé mentionnée à l'article 35 de l'ordonnance n° 2002-411 du 27 mars 2002 relative à la protection sanitaire et sociale à Mayotte".

X. – L'article D. 344-37 n'est pas applicable.

(Abrogé par Décr. n° 2018-953 du 31 oct. 2018, art. 10) « XI. – A l'article R. 345-2, les mots : "l'une des conventions prévues aux articles L. 5132-1 à L. 5132-3 et L. 5132-16 du code du travail," sont remplacés par les mots : "une convention en vue de réaliser des actions d'insertion par l'activité économique,". »

XII. – L'article R. 345-3 est ainsi modifié :

(Abrogé par Décr. n° 2018-953 du 31 oct. 2018, art. 10) « 1° Au premier alinéa, les mots : "prévues par le V de l'article L. 322-4-16 du code du travail." sont remplacés par les mots : "prévues au chapitre VII du titre II du livre I du code du travail applicable à Mayotte." ; »

2° Au second alinéa, le mot : "SMIC" est remplacé par les mots : "salaire minimum interprofessionnel *(Abrogé par Décr. n° 2018-953 du 31 oct. 2018, art. 10) « garanti »* en vigueur à Mayotte".

XIII. – Les chapitres VI à VIII ne sont pas applicables.

SECTION 5 Contentieux de la tarification sanitaire et sociale

Art. R. 543-5 Pour l'application du titre V du livre III :

I. – Au dernier alinéa de l'article R. 351-2, avant le mot : "Réunion", est ajouté le mot : "Mayotte,".

II. – A l'article R. 351-37, les mots : "du département" sont remplacés par les mots : "de Mayotte".

SECTION 6

Art. R. 543-6 Pour l'application du titre VI du livre III :

(Décr. n° 2015-1280 du 13 oct. 2015, art. 4-2°) « I. – A l'article D. 361-1, les références : "1° à 17°" sont remplacées par les références : "2° à 6°, 12° et 13°". »

II. – Au 1° de l'article R. 361-2, les mots : "d'allocation aux adultes handicapés," sont remplacés par les mots : "d'allocation pour adulte handicapé".

CHAPITRE IV ADAPTATIONS DU LIVRE IV

SECTION 1 Assistant de service social

Art. R. 544-1 Pour l'application du titre I du livre IV :

A l'article R. 411-1, les mots : "Le directeur départemental des affaires sanitaires et sociales" sont remplacés par les mots : "Le directeur de la jeunesse, des sports et de la cohésion sociale".

SECTION 2 Assistants maternels et assistants familiaux

Art. R. 544-2 Pour l'application du titre II du livre IV :

I. – Au deuxième alinéa de l'article R. 421-23, après les mots : "lettre recommandée avec demande d'avis de réception", sont ajoutés les mots : "ou remise en mains propres contre accusé de réception".

II. – Au deuxième alinéa de l'article R. 421-27, avant le mot : "six", il est inséré le mot : "quatre,".

(Abrogé par Décr. n° 2018-953 du 31 oct. 2018, art. 10) « III. – Au dernier alinéa de l'article D. 421-43, les mots : "salaire minimum de croissance" sont remplacés par les mots : "salaire minimum interprofessionnel garanti". »

IV. – Le dernier alinéa de l'article D. 421-44 n'est pas applicable.

(Abrogé par Décr. n° 2018-953 du 31 oct. 2018, art. 10) « V. – A l'article D. 422-6, les mots : "salaire minimum de croissance" sont remplacés par les mots : "au salaire minimum interprofessionnel garanti en vigueur à Mayotte".

« VI. – Au premier alinéa de l'article R. 422-8, les mots : "prévues par l'article L. 773-11 du code du travail" sont remplacés par les mots : "prévues à la section 2 du chapitre III du titre II du livre II du code du travail applicable à Mayotte".

« VII. – A l'article R. 422-9, les mots : "et L. 773-17 du code du travail" sont remplacés par les mots : "et par l'article L. 423-13 du code du travail applicable à Mayotte". »

VIII. – L'article R. 422-10 est ainsi modifié :

1° Le premier alinéa n'est pas applicable.

(Abrogé par Décr. n° 2018-953 du 31 oct. 2018, art. 10) « 2° Au second alinéa, les mots : "dans les conditions fixées par l'article R. 241-51 du code du travail sur le contrôle médical" sont remplacés par les mots : "dans les conditions prévues au code du travail applicable à Mayotte".

« IX. – Aux articles R. 422-11 et R. 422-17, les mots : "de l'article L. 773-12 du code du travail" sont remplacés par les mots : "de l'article L. 423-24".

« X. – L'article R. 422-21 est ainsi modifié :

« 1° Au premier alinéa, les mots : "fixées par l'article D. 773-1-5 du code du travail" sont remplacés par les mots : "de l'article L. 423-12" ;

« 2° Au deuxième alinéa, les mots : "aux articles L. 773-7 et L. 773-12 du code du travail" sont remplacés par les mots : "à l'article L. 423-24". »

XI. – L'article D. 423-2 est ainsi modifié :

1° Au premier alinéa, les mots : "salaire minimum de croissance" sont remplacés par les mots : "salaire minimum interprofessionnel *(Abrogé par Décr. n° 2018-953 du 31 oct. 2018, art. 10) « garanti »* en vigueur à Mayotte" ;

2° Aux deuxième et troisième alinéas, les mots : "salaire minimum de croissance" sont remplacés par les mots : "salaire minimum interprofessionnel *(Abrogé par Décr. n° 2018-953 du 31 oct. 2018, art. 10) « garanti »*".

XII. – Au 1° de l'article D. 423-3, les mots : "salaire minimum de croissance" sont remplacés par les mots : "salaire minimum interprofessionnel *(Abrogé par Décr. n° 2018-953 du 31 oct. 2018, art. 10) « garanti »* en vigueur à Mayotte".

(Abrogé par Décr. n° 2018-953 du 31 oct. 2018, art. 10) « XIII. – Au 13° de l'article D. 423-5, les mots : "L. 3242-1 du code du travail" sont remplacés par les mots : "L. 143-2 du code du travail en vigueur à Mayotte".

« XIV. – A l'article D. 423-7, les mots : "à 85 % du minimum garanti mentionné à l'article L. 3231-12 du code du travail" sont remplacés par les mots : "à 31,5 % du montant du salaire horaire brut minimum garanti en vigueur à Mayotte". »

XV. – Aux articles D. 423-9, D. 423-23, D. 423-24, D. 423-25 et D. 432-2, les mots : "salaire minimum de croissance" sont remplacés par les mots : "salaire minimum interprofessionnel *(Abrogé par Décr. n° 2018-953 du 31 oct. 2018, art. 10) « garanti »* en vigueur à Mayotte".

XVI. – A l'article D. 423-15, les mots : "l'article R. 3243-1 du code du travail" sont remplacés par les mots : "l'article R. 143-2 du code du travail applicable à Mayotte".

(Abrogé par Décr. n° 2018-953 du 31 oct. 2018, art. 10) « XVII. – A l'article D. 423-22, les mots : "3,5 fois le minimum mentionné à l'article L. 3231-12 du code du travail" sont remplacés par les mots : "1,3 fois le montant du salaire brut minimum horaire interprofessionnel garanti en vigueur à Mayotte". »

XVIII. – Au I de l'annexe 4-8 du présent code, après les mots : "La maîtrise de la langue française orale, obligatoire", sont insérés les mots :", sous réserve pour Mayotte des dispositions prévues au I de l'article L. 544-2,".

XIX. – A la sous-section 3 de l'annexe 4-9 du présent code prévue à l'article R. 421-6, et aux articles D. 421-12 et D. 421-13, il est ajouté un dernier alinéa ainsi rédigé :

La décision mentionne également la date à laquelle il devra être satisfait à l'obligation de maîtrise de la langue française au terme du délai prévu au I de l'article L. 421-3.

SECTION 3 Éducateurs et aides familiaux, personnels pédagogiques occasionnels des accueils collectifs de mineurs, permanents des lieux de vie

Art. R. 544-3 *(Abrogé par Décr. nº 2018-953 du 31 oct. 2018, art. 10) Pour l'application du titre III du livre IV :*

A l'article D. 432-2, les mots : "salaire minimum de croissance" sont remplacés par les mots : "salaire minimum interprofessionnel garanti".

SECTION 4 Particuliers accueillant des personnes âgées ou handicapées

Art. R. 544-4 Pour l'application du titre IV du livre IV :

I. – Au 3º de l'article R. 441-1, les mots : "dont l'état, les dimensions et l'environnement répondent aux normes fixées par l'article R. 831-13 et par le premier alinéa de l'article R. 831-13-1 du code de la sécurité sociale et soient compatibles" sont remplacés par les mots : "qui répond aux conditions prévues par le décret nº 2002-120 du 30 janvier 2002 relatif aux caractéristiques du logement décent pris pour l'application des premier et deuxième alinéas de l'article 6 de la loi nº 89-462 du 6 juillet 1989 tendant à améliorer les rapports locatifs, et est compatible".

II. – Aux articles R. 441-7 et R. 441-11, après les mots : "par lettre recommandée avec demande d'avis de réception", sont insérés les mots : "ou remises en mains propres contre accusé de réception".

III. – L'article D. 442-2 est ainsi modifié :

1º Au 1º :

a) Les mots : "salaire minimum de croissance" sont remplacés par les mots : "salaire minimum interprofessionnel *(Abrogé par Décr. nº 2018-953 du 31 oct. 2018, art. 10) «garanti»* en vigueur à Mayotte" ;

(Abrogé par Décr. nº 2018-953 du 31 oct. 2018, art. 10) «b) Les mots : "L. 141-2 à L. 141-7 du code du travail" sont remplacés par les mots : "L. 141-1 à L. 141-4 du code du travail applicable à Mayotte" ;

«c) Les mots : "à l'article L. 223-11 du code du travail" sont remplacés par les mots : "au chapitre III du titre II du livre II du code du travail applicable à Mayotte" ;»

2º Au 2º, les mots : "sont respectivement égaux à 1 fois et 4 fois le minimum garanti, déterminé dans les conditions prévues à l'article L. 141-8 du code du travail" sont remplacés par les mots : "sont respectivement égaux à 37 % et 1,48 fois le salaire horaire minimum interprofessionnel garanti" ;

3º Au 3º, les mots : "sont respectivement égaux à 2 et 5 fois le minimum garanti, déterminé dans les conditions prévues à l'article *(Décr. nº 2016-1551 du 18 nov. 2016, art. 6-I, en vigueur le 1er janv. 2017)* « L. 3231-12 » du code du travail" sont remplacés par les mots : "sont respectivement égaux à 74 % et 1,85 fois le salaire horaire minimum interprofessionnel garanti".

(Abrogé par Décr. nº 2018-953 du 31 oct. 2018, art. 10) «IV. – A l'article D. 444-1, les mots : "des articles R. 1234-1 à R. 1234-5 du code du travail" sont remplacés par les mots : "des dispositions du code du travail applicable à Mayotte et notamment du chapitre II du titre II du livre I".

«V. – A l'article D. 444-4 :

«1º Au huitième alinéa, les mots : "L. 1242-12 et L. 1242-13 du code du travail" sont remplacés par les mots : "L. 122-4 du code du travail applicable à Mayotte" ;

«2º Au douzième alinéa, les mots : "à l'article (Décr. nº 2016-1551 du 18 nov. 2016, art. 6-I, en vigueur le 1er janv. 2017) «L. 3141-24» du code du travail" sont remplacés par les mots : "au chapitre III du titre II du livre II du code du travail applicable à Mayotte".»

VI. — A l'article D. 444-5 :

1° Au premier alinéa, les mots : "salaire minimum de croissance, déterminé dans les conditions prévues aux articles L. 3231-2 à L. 3231-11 du code du travail" sont remplacés par les mots : "salaire horaire minimum interprofessionnel *(Abrogé par Décr. n° 2018-953 du 31 oct. 2018, art. 10)* «*garanti*» en vigueur à Mayotte" ;

2° Au second alinéa, les mots : "du premier alinéa de l'article L. 351-2 du code de la sécurité sociale" sont remplacés par les mots : "en vigueur à Mayotte, en matière de détermination des droits à pension ou rentes prévus par *[l']* ordonnance n° 2002-411 du 27 mars 2002 relative à la protection sanitaire et sociale à Mayotte".

(Abrogé par Décr. n° 2018-953 du 31 oct. 2018, art. 10) ***« 3° Au 2°, les mots : "sont respectivement égaux à 1 fois et 4 fois le minimum garanti, déterminé dans les conditions prévues à l'article L. 3231-12 du code du travail" sont remplacés par les mots : "sont respectivement égaux à 37 % et 1,48 fois le salaire horaire minimum interprofessionnel garanti" ;***

« 4° Au 3°, les mots : "sont respectivement égaux à 2 et 5 fois le minimum garanti, déterminé dans les conditions prévues à l'article L. 3231-12 du code du travail" sont remplacés par les mots : "sont respectivement égaux à 74 % et 1,85 fois le salaire horaire minimum interprofessionnel garanti". »

VII. — Au troisième alinéa de l'article D. 444-6, les mots : "salaire minimum de croissance, déterminé dans les conditions prévues aux articles L. 3231-2 à L. 3231-11 du code du travail" sont remplacés par les mots : "salaire minimum interprofessionnel *(Abrogé par Décr. n° 2018-953 du 31 oct. 2018, art. 10)* «*garanti*» en vigueur à Mayotte".

(Abrogé par Décr. n° 2018-953 du 31 oct. 2018, art. 10) ***« VIII. — A l'article D. 444-8 :***

« 1° Les mots : "l'article L. 3141-3 du code du travail" sont remplacés par les mots : "l'article L. 223-3 du code du travail applicable à Mayotte" ;

« 2° Les mots : "aux dispositions de l'article *(Décr. n° 2016-1551 du 18 nov. 2016, art. 6-I, en vigueur le 1er janv. 2017)* ***« L. 3141-24 » du même code" sont remplacés par les mots : "aux dispositions du chapitre III du titre II du livre II du code du travail applicable à Mayotte". »***

IX. — Au 1 "L'hébergement" de l'article 1er des annexes 3-8-1 et 3-8-2 du présent code, après les mots : "commodités privées : description", sont ajoutés les mots : "(pour Mayotte mise à disposition des installations et équipements prévus par le décret n° 2002-120 du 30 janvier 2002 relatif aux caractéristiques du logement décent pris pour l'application des premier et deuxième alinéas de l'article 6 de la loi n° 89-462 du 6 juillet 1989 tendant à améliorer les rapports locatifs)".

(Abrogé par Décr. n° 2018-953 du 31 oct. 2018, art. 10) ***« X. — Au 7 de l'article 5 de l'annexe 3-8 du présent code, les mots : "L. 223-2 du code du travail" sont remplacées par les mots : "L. 223-1 du code du travail applicable à Mayotte".***

« XI. — A l'article 6 de l'annexe 3-8-1 du présent code, les mots : "tel que défini à l'article L. 3141-3 du code du travail," sont remplacés par les mots : "tel que défini à l'article L. 223-1 du code du travail applicable à Mayotte". »

XII. — Aux articles 6 et 9 des annexes 3-8-1 et 3-8-2 du présent code, les mots : "indice de revalorisation du logement" sont remplacés par les mots : "indice du coût de la construction".

XIII. — Aux annexes 3-8, 3-8-1 et 3-8-2 du présent code, le mot : "SMIC" est remplacé par les mots : "salaire minimum interprofessionnel *(Abrogé par Décr. n° 2018-953 du 31 oct. 2018, art. 10)* «*garanti*» en vigueur à Mayotte".

(Abrogé par Décr. n° 2018-953 du 31 oct. 2018, art. 10) ***« XIV. — Aux annexes 3-8 et 3-8-1 du présent code :***

« 1° Les mots : "Son montant est compris entre 1 et 4 minimum garantis (MG)" et les mots : "il doit être compris entre 2 et 5 minimum garantis (MG)" sont remplacés respectivement par les mots : "Son montant est compris entre 37 % et 1,48 fois le salaire horaire minimum interprofessionnel garanti en vigueur à Mayotte" et par les mots : "il doit être compris entre 74 % et 1,85 fois le salaire horaire minimum interprofessionnel garanti en vigueur à Mayotte" ;

« 2° La phrase : "Le montant de l'indemnité en cas de sujétions particulières et de l'indemnité représentative des frais d'entretien courant suit l'évolution de la valeur du minimum garanti." n'est pas applicable.

« XV. — A l'annexe 3-8-2 du présent code :

« 1° Les mots : "(Le montant de l'indemnité en cas de sujétions particulières est compris entre 1 et 4 minimum garantis [MG] par jour." sont remplacés par les mots : "(Le montant de l'indemnité en cas de sujétions particulières est compris entre 37 % et 1,48 fois le salaire horaire minimum interprofessionnel garanti en vigueur à Mayotte par jour.)" ;

« 2° Les mots : "(Son montant est fonction des besoins de la personne accueillie : il doit être compris entre 2 et 5 minimum garantis [MG] par jour.)" sont remplacés par les mots : "(Son montant est fonction des besoins de la personne accueillie : il doit être compris entre 74 % et 1,85 fois le salaire horaire minimum interprofessionnel garanti en vigueur à Mayotte par jour.)" ;

« 3° La phrase : "Le montant de l'indemnité en cas de sujétions particulières et de l'indemnité représentative des frais d'entretien courant suit l'évolution de la valeur du minimum garanti." n'est pas applicable. »

XVI. — A l'annexe 3-9 du présent code :

1° Les mots : "dans le département" sont remplacés par les mots : "à Mayotte" ;

2° La référence : "article L. 241-6" est remplacée par les mots : "article L. 545-2 tel que maintenu en vigueur jusqu'à une date fixée par décret et au plus tard le 1er janvier 2016, en application du second alinéa du 3° de l'article 10 de l'ordonnance n° 2012-785 du 31 mai 2012 portant extension et adaptation du code de l'action sociale et des familles au Département de Mayotte" ;

3° Les mots : "direction départementale des affaires sanitaires et sociales" sont remplacés par les mots : "direction de la jeunesse, des sports et de la cohésion sociale".

SECTION 5 Formation des travailleurs sociaux

Art. R. 544-5 Pour l'application du titre V du livre IV :

I. — Au dernier alinéa de l'article R. 451-1, les mots : "chaque région en association avec les départements" sont remplacés par les mots : "le Département de Mayotte".

II. — L'article R. 451-4 est ainsi modifié :

1° Au premier alinéa, les mots : "représentant de l'État de la région d'implantation du site principal de formation" sont remplacés par les mots : "préfet de Mayotte".

(Abrogé par Décr. n° 2018-953 du 31 oct. 2018, art. 10) « 2° Au quatrième alinéa, les mots : "2° et 4° de l'article L. 920-4 du code du travail" sont remplacés par les mots : "articles L. 732-1 et L. 732-2 du code du travail applicable à Mayotte".

« III. — Au 2° de l'article R. 451-4-3, les mots : "2° et 4° de l'article L. 920-4 du code du travail" sont remplacés par les mots : "articles L. 732-1 et L. 732-2 du code du travail applicable à Mayotte". »

IV. — Le dernier alinéa de l'article D. 451-5 n'est pas applicable.

V. — Au deuxième alinéa de l'article D. 451-6, les mots : "président du conseil régional de la région d'implantation de l'établissement de formation" sont remplacés par les mots : "président du conseil départemental".

(Décr. n° 2019-1553 du 30 déc. 2019, art. 2-5°, en vigueur le 1er janv. 2020) « VI. — Au 1° de l'article D. 451-19, le mot : "régional" est supprimé. »

VII. — Le 1° de l'article D. 451-24 est remplacé par les dispositions suivantes :

"1° Le directeur de la jeunesse, des sports et de la cohésion sociale ou son représentant, président ;".

VIII. — A l'article R. 451-26, les mots : "prévue aux articles R. 335-9 et R. 335-10 du code de l'éducation" sont remplacés par les mots : "des acquis de l'expérience".

IX. — Le 1° de l'article R. 451-34 est remplacé par les dispositions suivantes :

"1° Le directeur de la jeunesse, des sports et de la cohésion sociale ou son représentant, président du jury ;".

(Abrogé par Décr. nº 2019-1553 du 30 déc. 2019, art. 2-5º, à compter du 1er janv. 2020) ***« X. — Aux articles D. 451-41 et D. 451-43, le mot : "recteur" est remplacé par le mot : "vice-recteur". »***

XI. — L'article D. 451-44 est ainsi modifié :

(Abrogé par Décr. nº 2019-1553 du 30 déc. 2019, art. 2-5º, à compter du 1er janv. 2020) ***« 1º Le mot : "recteur" est remplacé par le mot : "vice-recteur" ; »***

2º Le 2º est remplacé par les dispositions suivantes :

"2º Le directeur de la jeunesse, des sports et de la cohésion sociale ou son représentant, vice-président ;".

XII. — Le 1º de l'article D. 451-50 est remplacé par les dispositions suivantes :

"1º Le directeur de la jeunesse, des sports et de la cohésion sociale ou son représentant, président ;".

XIII. — L'article D. 451-55 est ainsi modifié :

(Abrogé par Décr. nº 2019-1553 du 30 déc. 2019, art. 2-5º, à compter du 1er janv. 2020) ***« 1º Le mot : "recteur" est remplacé par le mot : "vice-recteur" ; »***

2º Le 2º est remplacé par les dispositions suivantes :

"2º Le directeur de la jeunesse, des sports et de la cohésion sociale ou son représentant, vice-président du jury ;".

(Abrogé par Décr. nº 2019-1553 du 30 déc. 2019, art. 2-5º, à compter du 1er janv. 2020) ***« XIV. — Aux articles D. 451-57-1 et D. 451-57-3, le mot : "recteur" est remplacé par le mot : "vice-recteur".***

« XV. — A l'article D. 451-57-4, les mots : "recteur" et "directeur régional des affaires sanitaires et sociales" sont remplacés par les mots : "vice-recteur" et "directeur de la jeunesse, des sports et de la cohésion sociale". »

XVI. — Le 1º de l'article R. 451-71 est remplacé par les dispositions suivantes :

"1º Le directeur de la jeunesse, des sports et de la cohésion sociale ou son représentant, président du jury ;".

(Abrogé par Décr. nº 2019-1553 du 30 déc. 2019, art. 2-5º, à compter du 1er janv. 2020) ***« XVII. — Aux articles D. 451-73 et D. 451-75, le mot : "recteur" est remplacé par le mot : "vice-recteur". »***

XVIII. — L'article D. 451-76 est ainsi modifié :

(Abrogé par Décr. nº 2019-1553 du 30 déc. 2019, art. 2-5º, à compter du 1er janv. 2020) ***« 1º Le mot : "recteur" est remplacé par le mot : "vice-recteur" ; »***

2º Le 2º est remplacé par les dispositions suivantes :

"2º Le directeur de la jeunesse, des sports et de la cohésion sociale ou son représentant, vice-président du jury ;".

XIX. — Le 1º de l'article D. 451-85 est remplacé par les dispositions suivantes :

"1º Le directeur de la jeunesse, des sports et de la cohésion sociale ou son représentant, président ;".

XX. — Le 1º de l'article D. 451-92 est remplacé par les dispositions suivantes :

"1º Le directeur de la jeunesse, des sports et de la cohésion sociale ou son représentant, président ;".

XXI. — Le 1º de l'article D. 451-98 est remplacé par les dispositions suivantes :

"1º Le directeur de la jeunesse, des sports et de la cohésion sociale ou son représentant, président ;".

XXII. — Le 1º de l'article D. 451-103 est remplacé par les dispositions suivantes :

"1º Le directeur de la jeunesse, des sports et de la cohésion sociale ou son représentant, président ;".

XXIII. — A l'annexe 4-1 du présent code, le mot : "SMIC" est remplacé par les mots : "salaire minimum interprofessionnel *(Abrogé par Décr. nº 2018-953 du 31 oct. 2018, art. 10)* ***« garanti »*** **en vigueur à Mayotte".**

SECTION 6 **Reconnaissance des qualifications professionnelles**

Le présent chapitre ne comprend pas de dispositions réglementaires.

SECTION 7 Mandataires judiciaires à la protection des majeurs et délégués aux prestations familiales

Art. R. 544-7 Pour l'application du titre VI du livre IV :

I. – L'article R. 471-5 est ainsi modifié :

1° Au 1°, les références : "mentionnées aux articles L. 232-4, L. 232-8 et L. 245-6 du présent code" sont remplacées par les références : "mentionnées à l'article 199 *septies* du code général des impôts" ;

2° Le 4° est remplacé par les dispositions suivantes :

"4° Une portion des biens non productifs de revenus, ainsi que des bons ou contrats de capitalisation et placements de même nature, notamment des contrats d'assurance vie, calculée selon les modalités fixées à l'article R. 132-1 ;"

3° Le 5° est remplacé par les dispositions suivantes :

"5° L'allocation pour adulte handicapé mentionnée à l'article 35 de l'ordonnance n° 2002-411 du 27 mars 2002 relative à la protection sanitaire et sociale à Mayotte ;"

4° Le 6° est remplacé par les dispositions suivantes :

"6° L'allocation spéciale pour les personnes âgées mentionnée à l'article 28 de l'ordonnance précitée du 27 mars 2002 ;"

5° Le 7° est abrogé.

II. – A l'article R. 471-5-1, les mots : "salaire minimum interprofessionnel de croissance" sont remplacés par les mots : "salaire minimum interprofessionnel *(Abrogé par Décr. n° 2018-953 du 31 oct. 2018, art. 10)* «*garanti*» en vigueur à Mayotte".

III. – L'article R. 471-5-2 est ainsi modifié :

1° Au premier alinéa, les mots : "de l'allocation aux adultes handicapés mentionnée à l'article L. 821-1 du code de la sécurité sociale" sont remplacés par les mots : "de l'allocation pour adulte handicapé mentionnée à l'article 35 de l'ordonnance n° 2002-411 du 27 mars 2002 relative à la protection sanitaire et sociale à Mayotte" ;

2° Au troisième alinéa, les mots : "salaire minimum interprofessionnel de croissance" sont remplacés par les mots : "salaire minimum interprofessionnel *(Abrogé par Décr. n° 2018-953 du 31 oct. 2018, art. 10)* «*garanti*» en vigueur à Mayotte" et aux quatrième et cinquième alinéas les mots : "salaire minimum interprofessionnel de croissance" sont remplacés par les mots : "salaire minimum interprofessionnel *(Abrogé par Décr. n° 2018-953 du 31 oct. 2018, art. 10)* «*garanti*»".

IV. – A l'article D. 471-6, les mots : "salaire minimum interprofessionnel de croissance" sont remplacés par les mots : "salaire minimum interprofessionnel *(Abrogé par Décr. n° 2018-953 du 31 oct. 2018, art. 10)* «*garanti*» en vigueur à Mayotte".

V. – Aux articles D. 471-14, D. 471-16 et D. 471-19, les mots : "le directeur départemental des affaires sanitaires sociales" sont remplacés par les mots : "le directeur de la jeunesse, des sports et de la cohésion sociale".

VI. – L'article D. 471-17 est ainsi modifié :

1° Au 1°, les mots : "Les préfets, les directeurs départementaux des affaires sanitaires sociales" sont remplacés par les mots : "Le préfet de Mayotte, le directeur de la jeunesse, des sports et de la cohésion sociale" ;

2° Le 2° est remplacé par les dispositions suivantes :

"2° Le procureur de la République près du tribunal judiciaire *[ancienne rédaction : tribunal de grande instance]* de Mamoudzou et ses substituts ;"

VII. – Aux articles R. 472-2, R. 472-3, R. 472-7, R. 472-15, R. 472-24, R. 472-25, R. 472-26 et R. 474-2, les mots : "tribunal judiciaire *[ancienne rédaction : tribunal de grande instance]* du chef-lieu de département" sont remplacés par les mots : "tribunal judiciaire *[ancienne rédaction : tribunal de grande instance]* de Mamoudzou".

VIII. – Aux articles D. 474-10, D. 474-12 et D. 474-15, les mots : "directeur départemental" et "directeur départemental des affaires sanitaires sociales" sont remplacés par les mots : "directeur de la jeunesse, des sports et de la cohésion sociale".

IX. – L'article D. 474-13 est ainsi modifié :

1° Au 1°, les mots : "Les préfets, les directeurs départementaux des affaires sanitaires sociales" sont remplacés par les mots : "Le préfet de Mayotte, le directeur de la jeunesse, des sports et de la cohésion sociale" ;

2° Le 2° est remplacé par les dispositions suivantes :

"2° Le procureur de la République près du tribunal judiciaire *[ancienne rédaction : tribunal de grande instance]* de Mamoudzou et ses substituts ;"

X. — Aux articles R. 474-17, R. 474-19, R. 474-23, R. 474-24 et R. 474-24-1, les mots : "procureur de la République près le tribunal judiciaire *[ancienne rédaction : tribunal de grande instance]* du chef-lieu de département" sont remplacés par les mots : "procureur de la République près le tribunal judiciaire *[ancienne rédaction : tribunal de grande instance]* de Mamoudzou".

CHAPITRE V DISPOSITIONS COMMUNES ET PARTICULIÈRES

SECTION 1 Dispositions communes

Art. R. 545-1 Pour l'application des dispositions du présent code :

I. — Les mots : "préfet", "préfet de région", "préfet de département", "préfet du département" et "représentant de l'État dans la région" sont remplacés par les mots : "préfet de Mayotte".

II. — Les mots : "la région" sont remplacés par les mots : "le Département de Mayotte" et le mot : "régional" est remplacé par le mot : "général".

III. — Le mot : "département" est remplacé par les mots : "Département de Mayotte".

IV. — Les mots : "conseil régional" sont remplacés par les mots : "conseil départemental".

(Abrogé par Décr. n° 2020-189 du 3 mars 2020, art. 2-3°) ***« V. — Les mots : "directeur général de l'agence régionale de santé" sont remplacés par les mots : "directeur général de l'agence de santé de l'océan Indien" et les mots : "agence régionale de santé" par les mots : "agence de santé de l'océan Indien". »***

(Abrogé par Décr. n° 2015-1280 du 13 oct. 2015, art. 11-V, à compter du 1er janv. 2016) ***« VI. — Les mots : "commission des droits et de l'autonomie des personnes handicapées", "commission des droits et de l'autonomie" et "commissions des droits et de l'autonomie des personnes handicapées" sont remplacés par les mots : "commission des personnes handicapées".***

« VII. — Les mots : "maison départementale des personnes handicapées" et "maisons départementales des personnes handicapées" sont remplacés par les mots : "maison des personnes handicapées". »

SECTION 2 Dispositions particulières

Art. R. 545-2 Pour l'application des dispositions du présent titre :

I. — Aux articles R. 147-1 à R. 147-33, les mots : "dans son département" et "dans le département" sont remplacés par les mots : "à Mayotte".

II. — Aux articles R. 224-1 à R. 224-25, les mots : "d'un département", "chaque département" et "de son département" sont respectivement remplacés par les mots : "à Mayotte".

III. — Aux articles R. 225-1 à R. 225-11, les mots : "dans le département" sont respectivement remplacés par les mots : "à Mayotte" et les mots : "union départementale des associations familiales" et "association départementale d'entraide" sont respectivement remplacés par les mots : "union des associations familiales à Mayotte" et "association d'entraide à Mayotte".

IV. — Aux articles D. 262-55, D. 262-58, R. 262-66, D. 262-96, D. 262-97, D. 262-100, R. 262-101, D. 262-106 et R. 262-120, les mots : "Caisse centrale de la mutualité sociale agricole," sont applicables en tant qu'ils concernent les exploitants agricoles à compter du 1er janvier 2015.

V. — Aux chapitres II, III et IV du titre I du livre III :

1° Les attributions dévolues *(Abrogé par Décr. n° 2019-718 du 5 juill. 2019, art. 9-III)* ***« à la caisse régionale d'assurance maladie des travailleurs salariés et »*** à la caisse primaire d'assurance maladie sont dévolues à la caisse de sécurité sociale de Mayotte ;

2° Les attributions dévolues au directeur régional ou départemental en charge de la jeunesse, des sports et de la cohésion sociale sont dévolues au directeur de la jeunesse, des sports et de la cohésion sociale ;

3° Les attributions dévolues au directeur régional des entreprises, de la consommation, de la concurrence, du travail et de l'emploi sont dévolues au directeur des entreprises, de la consommation, de la concurrence, du travail et de l'emploi ;

4° Les attributions dévolues au directeur interrégional de la protection judiciaire de la jeunesse sont dévolues au directeur territorial de la protection judiciaire de la jeunesse.

(Abrogé par Décr. n° 2015-1280 du 13 oct. 2015, art. 11-VI, à compter du 1er janv. 2016)
« VI. — Aux articles R. 146-32, R. 146-38, R. 241-25 et R. 241-34, les mots : "commission exécutive" sont remplacés par les mots : "commission des personnes handicapées". »

SECTION 3 Dispositions diverses

Art. R. 545-3 **Pour l'application du présent titre, sous réserve qu'ils remplissent les conditions légales et réglementaires d'attribution, peuvent bénéficier des prestations d'aide sociale les étrangers titulaires d'un titre de séjour exigé en vertu des dispositions législatives ou réglementaires ou de traités ou accords internationaux pour résider régulièrement sur le territoire de Mayotte.**

Toutefois, ces dispositions relatives à la régularité du séjour ne sont pas opposables aux familles et aux mineurs de nationalité étrangère qui sollicitent le bénéfice des prestations prévues au titre de l'action sociale en faveur de l'enfance et de la famille.

Décret n° 2014-1407 du 26 novembre 2014,

Portant extension et adaptation du code de l'action sociale et des familles au Département de Mayotte (JO 27 nov.).

....

TITRE III. DISPOSITIONS FINALES ET TRANSITOIRES

Art. 5-II Les dispositions suivantes du code de l'action sociale et des familles entrent en vigueur dans les conditions ainsi fixées :

1° Pour l'application de l'article R. 211-8 et au titre de l'année au cours de laquelle est créée l'union départementale des associations familiales, la fraction mentionnée à la dernière phrase du premier alinéa est égale à 25 % de la moyenne des fractions du fonds spécial dont ont été bénéficiaires les unions départementales au titre de l'exercice précédent ;

2° Pour l'application de l'article R. 211-12 et au titre de l'année au cours de laquelle est créée l'union départementale des associations familiales :

a) La partie forfaitaire mentionnée au 2° est celle calculée pour cette même année pour les unions départementales des associations familiales ;

b) Le nombre des adhérents à la date de création de l'union départementale des associations familiales, mentionnés au dernier alinéa, est transmis avant le 31 juillet de cette même année ;

3° En application du VI de l'article L. 544-2 :

a) Les formations restant à effectuer au titre du premier alinéa de l'article L. 421-14 doivent être suivies dans les deux ans à compter de la publication du présent décret par les assistants maternels agréés et en activité à cette date. L'initiation mentionnée au deuxième alinéa de ce même article doit être réalisée par ces mêmes assistants maternels dans l'année qui suit la date de publication du présent décret.

Il en est de même des obligations de formation prévues en cas de demande de renouvellement de l'agrément mentionnée au cinquième alinéa de l'article L. 421-3. Dans ce cas, la durée de l'agrément initial peut être prolongée du délai nécessaire à la mise en œuvre effective de ces obligations dans la limite des délais mentionnés à l'alinéa précédent ;

b) Les formations restant à effectuer au titre du deuxième alinéa de l'article L. 421-15 doivent être suivies dans les six ans à compter de la date de publication du présent décret par les assistants familiaux agréés et en activité à cette date.

Il en est de même des obligations de formation prévues en cas de demande de renouvellement de l'agrément mentionnée au premier alinéa de l'article D. 421-22. Dans ce cas, la durée de l'agrément initial peut être prolongée du délai nécessaire à la mise en œuvre effective de ces obligations dans la limite de la durée mentionnée à l'alinéa précédent ;

c) Pour les contrats de travail conclus à compter de la date de publication du présent décret, à l'article D. 421-43, les mots : "dans le délai de trois ans" sont remplacés par les mots : "dans le délai de six ans" et les mots : "conformément au deuxième alinéa de l'article L. 421-15" sont remplacés jusqu'au 1er janvier 2020, par les mots : "conformément au VI de l'article L. 544-2" ;

4° L'article D. 421-44 est applicable aux nouvelles demandes d'agrément déposées à compter de la date de publication du présent décret ;

5° Les articles D. 421-45 à D. 421-47, D. 421-50, D. 421-51 et D. 421-52 sont applicables à compter de la date de publication du présent décret ;

6° Les établissements et services mentionnés au I de l'article L. 312-1 ainsi que les lieux de vie et d'accueil qui sont autorisés et ouverts à la date de publication du présent décret doivent satisfaire aux conditions techniques minimales d'organisation et de fonctionnement et aux dispositions prévues au II et au III de ce même article, dans un délai de cinq ans à compter de la même date ;

7° En application du 8° de l'article 10 de l'ordonnance du 31 mai 2012 susvisée *[V. cette ordonnance ss. art. L. 545-3]*, les articles R. 313-10 à R. 313-10-2, l'article D. 313-12, l'article D. 313-27, les articles R. 314-3 II et II *bis*, les XIII et XIV de l'article R. 314-105, le 8° de l'article R. 314-182, l'article R. 314-193-3, les articles D. 361-1 et R. 361-2 et les dispositions du titre VII du livre IV entrent en vigueur au 1er janvier 2016 ;

8° La durée de l'agrément mentionnée au II de l'article 12 de l'ordonnance du 31 mai 2012 susvisée *[V. cette ordonnance ss. art. L. 545-3]* est fixée à cinq ans. Elle est renouvelable dans les conditions prévues à ce même II de l'article 12 précité ; (...)

....

Art. 8 Pour le calcul de la compensation prévue au III de l'article 9 et au 5° de l'article 10 de l'ordonnance du 31 mai 2012 susvisée *[V. cette ordonnance ss. art. L. 545-3]*, le décret du 15 décembre 2009 susvisé est applicable à Mayotte à compter de la publication du présent décret, en tant qu'il détermine les valeurs initiales des coûts horaires des formations et la durée de la formation aux gestes de secourisme.

TITRE V TERRITOIRE DES ÎLES WALLIS-ET-FUTUNA

CHAPITRE I ACCÈS AUX ORIGINES PERSONNELLES

Art. R. 551-1 Pour l'application à Wallis-et-Futuna des dispositions des articles R. 147-1 *(Décr. nº 2022-360 du 14 mars 2022, art. 3-2º)* « à R. 147-32 » :

– les mots : "le président du conseil départemental" et "du président du conseil départemental" sont respectivement remplacés par les mots : "l'administrateur supérieur des îles Wallis-et-Futuna" et "de l'administrateur supérieur des îles Wallis-et-Futuna" ; – *[Décr. nº 2003-671 du 21 juill. 2003, art. 10.]*

– les mots : "dans son département" et "dans le département" sont remplacés par les mots : "dans le territoire des îles Wallis-et-Futuna" ;

– les mots : "service de l'aide sociale à l'enfance" sont remplacés par les mots : "service chargé de l'aide sociale à l'enfance" ;

– les mots : "du service de protection maternelle et infantile" sont remplacés par les mots : "de l'agence de santé" ;

– les références aux articles L. 222-6 et L. 223-7 sont remplacées par la référence à l'article L. 551-2. – *[Décr. nº 2002-781 du 3 mai 2002, art. 27.]*

(Décr. nº 2022-360 du 14 mars 2022, art. 3-2º) « Pour l'application des articles R. 147-25, R. 147-31 et R. 147-32, les références au règlement (UE) 2016/679 du Parlement européen et du Conseil du 27 avril 2016 sont remplacées par la référence aux règles applicables en métropole en vertu des dispositions concernées de ce règlement. »

CHAPITRE II STATUT DES PUPILLES DE L'ÉTAT

Le présent chapitre ne comprend pas de dispositions réglementaires.

CHAPITRE III POLITIQUE DE LA VILLE ET COHÉSION SOCIALE

(Décr. nº 2012-1261 du 13 nov. 2012, art. 6-1º)

Art. R. 553-1 L'article R. 121-22-1 est applicable à Wallis-et-Futuna sous réserve des adaptations suivantes :

1° Pour l'application de cet article, les mots : "dans les départements d'outre-mer et à Mayotte" sont remplacés par les mots : "à Wallis-et-Futuna" ;

2° Le dernier alinéa n'est pas applicable.

CHAPITRE IV PROTECTION DES MAJEURS

(Décr. nº 2023-411 du 26 mai 2023, art. 1er)

Les personnes morales et les personnes physiques qui étaient précédemment habilitées pour exercer la tutelle d'État, la curatelle d'État, la gérance de tutelle en qualité d'administrateur spécial ou la tutelle aux prestations sociales, ainsi que les établissements de santé et les établissements hébergeant des personnes adultes handicapées ou des personnes âgées dont un préposé était précédemment désigné comme gérant de tutelle se conforment aux dispositions du Décr. nº 2023-411 du 26 mai 2023 dans un délai de trois ans suivant son entrée en vigueur (Décr. préc., art. 3-I, JO 28 mai).

SECTION 1 DISPOSITIONS GÉNÉRALES

Art. R. 554-1 I. — Les articles R. 215-14 à R. 215-17 sont applicables dans les îles Wallis-et-Futuna. Le greffe mentionné à l'article R. 215-14 est celui du tribunal de première instance de Mata'Utu.

II. — Les dispositions réglementaires des chapitres I et II du titre VII du livre IV sont applicables dans les îles Wallis-et-Futuna, sous réserve des adaptations suivantes et de celles prévues aux autres articles du présent chapitre :

1° Les compétences et missions dévolues au représentant de l'État dans le département ou au préfet sont exercées par l'administrateur supérieur des îles Wallis-et-Futuna. Les actes dont la transmission est prévue au représentant de l'État dans le département ou au préfet sont transmis à l'administrateur supérieur des îles Wallis-et-Futuna ;

2° Les compétences et missions dévolues au procureur de la République près le tribunal judiciaire du chef-lieu de département sont exercées par le procureur de la République près le tribunal de première instance de Mata'Utu. Les actes dont la transmission est prévue au procureur de la République près le tribunal judiciaire du chef-lieu de département sont transmis au procureur de la République près le tribunal de première instance de Mata'Utu ;

3° Les documents qui doivent être transmis ou notifiés au directeur départemental ou régional des finances publiques le sont au directeur des finances publiques des îles Wallis-et-Futuna.

Art. D. 554-1-1 *(Décr. nº 2023-412 du 26 mai 2023, art. 1er-I)* Les dispositions réglementaires des chapitres I et II du titre VII du livre IV sont applicables dans les îles Wallis-et-Futuna, sous réserve des adaptations suivantes et de celles prévues aux autres articles du présent chapitre :

1° Les compétences et missions dévolues au directeur départemental des affaires sanitaires et sociales ou leurs adjoints sont exercées par l'administrateur supérieur des îles Wallis-et-Futuna ;

2° Les compétences et missions dévolues à la direction départementale de la cohésion sociale ou à la direction départementale de la cohésion sociale et de la protection des populations sont exercées par les services de l'administrateur supérieur des îles Wallis-et-Futuna.

SECTION 2 MANDATAIRES JUDICIAIRES À LA PROTECTION DES MAJEURS

SOUS-SECTION 1 DISPOSITIONS COMMUNES

Art. R. 554-2 Dans les îles Wallis-et-Futuna :

1° Pour l'application de l'article R. 471-2 :

a) La prestation de serment est effectuée devant le tribunal de première instance de Mata'Utu ;

b) Les services mentionnés à la première phrase du second alinéa sont les services mandataires judiciaires à la protection des majeurs mentionnés à l'article L. 554-4 ;

c) La seconde phrase du second alinéa n'est pas applicable ;

2° Pour l'application de l'article R. 471-5-1 :

a) Les coûts des mesures sont déterminés par un arrêté des ministres chargés de la famille, du budget et des outre-mer ;

b) Les établissements de santé mentionnés au *a* et au *b* du 2° sont l'agence de santé. Les établissements sociaux et médico-sociaux mentionnés aux mêmes alinéas sont, le cas échéant, l'agence de santé ou des établissements à vocation sociale ou médico-sociale ;

3° Pour l'application de l'article R. 471-5-2 :

a) Les bénéfices et revenus bruts mentionnés au 1° sont les montants annuels des revenus monétaires non exceptionnels, à l'exclusion des aides sociales, des revenus des bons ou des contrats de capitalisation ou des placements de même nature, notamment des contrats d'assurance-vie, ainsi qu'à l'exception des rentes viagères applicables localement ayant le même objet que celles mentionnées aux articles L. 232-4, L. 232-8 et L. 245-6 ;

b) Le 2° est applicable dans les conditions mentionnées à l'article L. 744-11 du code monétaire et financier ;

c) Les 4°, 7°, 8° et 9° ne sont pas applicables ;

d) Les allocations mentionnées aux 5° et 6° sont celles applicables localement ayant le même objet ;

4° Pour l'application de l'article R. 471-5-3 :

a) Aux deuxième et quatrième alinéas, les comparaisons aux montants de l'allocation aux adultes handicapés sont remplacées par des comparaisons aux montants perçus au titre de l'ensemble des allocations applicables localement ayant le même objet ;

b) Aux quatrième, cinquième et sixième alinéas, les références au salaire minimum interprofessionnel de croissance sont remplacées par des références au salaire minimum interprofessionnel garanti ;

5° Pour l'application de l'article R. 471-5-4, le montant mentionné au second alinéa est pris en charge par l'État ;

6° Pour l'application de l'article R. 471-5-5 :

a) Au I, l'exception au principe du versement de la participation de la personne protégée au mandataire judiciaire à la protection des majeurs est limitée au seul cas où le mandataire judiciaire est le préposé d'un établissement hébergeant des personnes handicapées ou des personnes âgées. Dans ce cas, elle est versée à l'établissement ;

b) Au IV, la référence au salaire minimum interprofessionnel de croissance est remplacée par la référence au salaire minimum interprofessionnel garanti ;

7° L'article R. 471-9 n'est pas applicable.

Art. D. 554-2-1 *(Décr. n° 2023-412 du 26 mai 2023, art. 1er-II)* Pour son application dans le territoire des îles Wallis-et-Futuna, le chapitre I du titre VII du livre IV est ainsi modifié :

1° Aux articles D. 471-1, D. 471-3, D. 471-7, D. 471-8, D. 471-13, D. 471-15 et D. 471-17, chacune des occurrences de la référence au 14° du I de l'article L. 312-1 est remplacée par une référence à l'article L. 554-4 ;

2° A l'article D. 471-6, les mots : "salaire minimum interprofessionnel de croissance" sont remplacés par les mots : "salaire minimum interprofessionnel garanti" ;

3° Aux articles D. 471-13, D. 471-15 et D. 471-19, chacune des occurrences de la référence à l'article L. 313-18 est remplacée par une référence à l'article L. 554-6.

Art. R. 554-3 Les services mandataires judiciaires à la protection des majeurs mentionnés à l'article L. 554-4 remettent au majeur protégé ou, si l'état de la personne ne lui permet pas de comprendre la portée de ce document, à un membre du conseil de famille s'il a été constitué ou, à défaut, à un parent, à un allié, à une personne de son entourage ayant des liens étroits et stables avec elle et dont le mandataire judiciaire à la protection des majeurs connaît l'existence*[,]* ou au subrogé curateur ou tuteur, s'il en a été désigné un, un document mentionnant :

a) Les principales modalités d'exercice des droits énoncés au présent code, notamment ceux mentionnés aux articles L. 471-6 et L. 471-8. Il précise, le cas échéant, les modalités d'association d'un parent, d'un allié ou d'une personne de son entourage à la vie du service ;

b) Dans le respect des dispositions de la charte des droits et libertés de la personne majeure protégée mentionnée à l'article L. 471-6, les obligations faites aux personnes protégées pour permettre une mise en œuvre de la mesure de protection adaptée à leur situation. Ces obligations concernent, notamment, le respect des décisions judiciaires et des termes du document individuel de protection des majeurs et le comportement à l'égard des autres personnes protégées, comme des membres du personnel ;

c) Une information rappelant que les faits de violence sur autrui sont susceptibles d'entraîner des procédures judiciaires et que le juge des tutelles est systématiquement informé des actes d'incivilité graves ou répétées et des situations de violence qui entravent le bon déroulement de la mesure de protection ;

d) Les obligations de l'organisme gestionnaire du service en matière de protection des personnes protégées.

SOUS-SECTION 2 SERVICES MANDATAIRES JUDICIAIRES À LA PROTECTION DES MAJEURS

Art. R. 554-4 Le dossier de demande de l'autorisation mentionnée à l'article L. 554-5 est transmis par lettre recommandée avec avis de réception ou par tout autre moyen permettant d'attester de la date de réception à l'administrateur supérieur des îles Wallis-et-Futuna, qui recueille l'avis conforme du procureur de la République.

Il comporte les documents suivants :

1° Concernant le demandeur :

a) Les documents permettant d'identifier le demandeur, notamment un exemplaire de ses statuts s'il s'agit d'une personne morale de droit privé ;

b) Une déclaration sur l'honneur certifiant qu'il n'est l'objet d'aucune des procédures mentionnées aux articles L. 471-3 et L. 472-10 ;

c) Une déclaration sur l'honneur certifiant qu'il n'est pas l'objet de l'une des condamnations devenues définitives mentionnées à l'article L. 133-6 ;

d) Une copie de la dernière certification aux comptes, s'il est tenu à celle-ci ;

e) Des éléments descriptifs de son activité dans le domaine social et médico-social et de la situation financière de cette activité ou de son but social ou médico-social tel que résultant de ses statuts lorsqu'il ne dispose pas encore d'une telle activité ;

2° Concernant l'activité, tout document permettant de la décrire de manière complète et comportant les éléments suivants :

a) La catégorie de mesures de protection pour laquelle l'autorisation est demandée ;

b) La répartition prévisionnelle des effectifs de personnels par type de qualifications ;

c) Le budget prévisionnel en année pleine du service pour sa première année de fonctionnement ;

d) Les dispositions propres à garantir les droits des usagers*[,]* conformément à l'article L. 215-4 ;

e) Les méthodes de recrutement permettant de se conformer aux dispositions de l'article L. 471-4 et les règles internes fixées pour le contrôle des personnes qui ont reçu délégation des représentants du service pour assurer la mise en œuvre des mesures de protection des majeurs.

Le dossier de demande d'autorisation est réputé être complet si, dans le délai d'un mois à compter de sa réception, l'administrateur supérieur des îles Wallis-et-Futuna n'a pas fait connaître au demandeur, par lettre recommandée avec avis de réception, la liste des pièces manquantes ou incomplète.

Art. R. 554-5 L'autorisation d'un service mandataire judiciaire à la protection des majeurs est délivrée pour une durée maximale de cinq ans.

L'autorisation fixe l'exercice au cours duquel elle prend effet ainsi que la capacité autorisée. Elle comporte une mention permettant l'exercice des mesures de protection des majeurs :

1° Au titre du mandat spécial auquel il peut être recouru dans le cadre de la sauvegarde de justice ou au titre de la curatelle ou de la tutelle ;

2° Au titre de la mesure d'accompagnement judiciaire.

Art. R. 554-6 Le financement public mentionné à l'article L. 471-5 est versé sous la forme d'une dotation globale dont le montant est déterminé en fonction d'indicateurs prenant en compte notamment la nature des mesures de protection, la situation des personnes protégées prises en charge par le service et le temps de travail effectif de ses personnels.

Elle est au plus égale à la différence entre, d'une part, la totalité des charges d'exploitation, après incorporation le cas échéant du report à nouveau d'un exercice antérieur, et, d'autre part, les produits d'exploitation autres que ladite dotation. Les produits d'exploitation comprennent, notamment, le montant correspondant aux participations financières des majeurs protégés prévues par l'article L. 471-5.

La liste des indicateurs mentionnés au premier alinéa est fixée par arrêté des ministres chargés de la famille et des outre-mer.

SOUS-SECTION 3 PERSONNES PHYSIQUES MANDATAIRES JUDICIAIRES À LA PROTECTION DES MAJEURS

Art. R. 554-7 Dans les îles Wallis-et-Futuna :

1° Pour l'application de l'article R. 472-1, les candidatures sont, par dérogation aux dispositions de son premier alinéa, sélectionnées en fonction des critères garantissant la qualité, la proximité et la continuité de prise en charge ou d'accompagnement définis aux deuxième à douzième alinéas du même article. Le critère mentionné au a du 2° est évalué par rapport aux besoins des îles Wallis-et-Futuna ;

2° Pour l'application de l'article R. 472-8, les informations et les justificatifs mentionnées à son IV sont, par dérogation aux dispositions de ce paragraphe, transmis par le déclarant à l'administrateur supérieur des îles Wallis-et-Futuna par tout moyen et conformément à un modèle de déclaration fixé par arrêté des ministres chargés de la famille et des outre-mer ;

3° La seconde phrase de l'article R. 472-9 n'est pas applicable ;

4° La pièce mentionnée au 3° de l'article R. 472-16 n'est pas exigible.

Art. D. 554-8 *(Décr. n° 2023-412 du 26 mai 2023, art. 1er-III)* Pour son application dans le territoire des îles Wallis-et-Futuna, la section 1 du chapitre II du titre VII du livre IV est ainsi modifiée :

1° Aux articles D. 472-5 et D. 472-5-1, les mots : "au recueil des actes administratifs de la préfecture" sont remplacés par les mots : "au *Journal officiel* du territoire des îles Wallis-et-Futuna" ;

2° A l'article D. 472-5-3 :

a) Au premier alinéa, les mots : "la commission départementale d'agrément" sont remplacés par les mots : "la commission territoriale d'agrément" ;

b) Le cinquième alinéa est remplacé par un alinéa ainsi rédigé :

"1° Un représentant de l'administrateur supérieur des îles Wallis-et-Futuna" ;

***c)* Les huitième, neuvième et dixième alinéas sont remplacés par un alinéa ainsi rédigé :**

"4° Trois représentants titulaires et trois représentants suppléants des mandataires judiciaires à la protection des majeurs habilités dans la collectivité, dont au minimum un mandataire exerçant à titre individuel ;"

***d)* Le onzième alinéa est remplacé par un alinéa ainsi rédigé :**

"5° Un représentant des usagers nommé par l'administrateur supérieur des îles Wallis-et-Futuna après appel de candidatures et avis du procureur de la République." ;

***e)* Le treizième alinéa est supprimé.**

Art. D. 554-9 *(Décr. n° 2023-412 du 26 mai 2023, art. 1er-III)* **L'article D. 472-13 n'est pas applicable à Wallis-et-Futuna.**

CHAPITRE V CENTRES D'INFORMATION SUR LES DROITS DES FEMMES ET DES FAMILLES

(Décr. n° 2015-1745 du 23 déc. 2015, art. 4-III)

Art. R. 555-1 *(Décr. n° 2019-1383 du 18 déc. 2019, art. 3-13°)* **Les dispositions des articles D. 217-2, D. 217-6 et R. 217-7 sont applicables à Wallis-et-Futuna.**

Les dispositions des articles D. 217-1, D. 217-3, R. 217-4, D. 217-5, D. 217-8, R. 217-9 et D. 217-10 sont applicables à Wallis-et-Futuna dans leur rédaction résultant du décret n° 2019-1383 du 18 décembre 2019, relatif à la déconcentration de décisions administratives individuelles dans le domaine des affaires sociales et de la santé.

Pour l'application de ces dispositions, les mots : "représentant de l'État dans la région" sont remplacés par les mots : "administrateur supérieur des îles Wallis-et-Futuna".

Les dispositions modifiées par le Décr. n° 2019-1383 du 18 déc. 2019 peuvent être modifiées par des actes pris dans les formes requises pour leur modification antérieurement à son entrée en vigueur (Décr. préc., art. 9, JO 19 déc.).

CHAPITRE VI DISPOSITIONS RELATIVES À L'ACCOMPAGNEMENT DES VICTIMES DE LA PROSTITUTION

(Décr. n° 2016-1467 du 28 oct. 2016, art. 3)

Art. R. 556-1 **Les articles R. 121-12-1, R. 121-12-2, R. 121-12-3, R. 121-12-4, R. 121-12-5, R. 121-12-6, R. 121-12-7, R. 121-12-8, R. 121-12-9, R. 121-12-10, R. 121-12-11 et R. 121-12-12 sont applicables à Wallis-et-Futuna dans leur rédaction résultant du** *(Décr. n° 2023-1013 du 2 nov. 2023, art. 20-IV, en vigueur le 1er déc. 2023)* **« décret n° 2023-1013 du 2 novembre 2023 », sous réserve des adaptations suivantes :**

1° Les mots : "préfet de département" sont remplacés par les mots : "administrateur supérieur des îles Wallis-et-Futuna";

2° L'article R. 121-12-1 est complété par les mots : "ou de l'administrateur supérieur des îles Wallis-et-Futuna" ;

3° L'article R. 121-12-3 est complété par l'alinéa suivant : "Lorsque le siège de l'association est implanté à Wallis-et-Futuna, la demande est adressée à l'administrateur supérieur des îles Wallis-et-Futuna, qui prend la décision de délivrer l'agrément" ;

4° L'article R. 121-12-6 est ainsi rédigé :

Art. R. 121-12-6 Une commission de lutte contre la prostitution, le proxénétisme et la traite des êtres humains aux fins d'exploitation sexuelle est créée à Wallis-et-Futuna. Elle est régie par les articles 8 et 9 du décret n° 2006-665 du 7 juin 2006 modifié.

La commission exerce auprès de l'administrateur supérieur des îles Wallis-et-Futuna les missions prévues par l'article L. 121-9 du présent code. A ce titre, elle :

1° Favorise la cohérence et le développement des politiques de protection et d'assistance en faveur des victimes de la prostitution, du proxénétisme et de la traite des êtres humains à des fins d'exploitation sexuelle menées, par l'État et, le cas échéant, la collectivité de Wallis-et-Futuna ;

2° Rend un avis sur les demandes qui lui sont soumises de mise en place et de renouvellement des parcours de sortie de la prostitution et d'insertion sociale et professionnelle ;

5° L'article R. 121-12-7 est ainsi rédigé :

Art. R. 121-12-7 La commission de lutte contre la prostitution, le proxénétisme et la traite des êtres humains aux fins d'exploitation sexuelle est présidée par l'administrateur supérieur des îles Wallis-et-Futuna ou son représentant. Elle est composée :

1° D'un magistrat judiciaire relevant d'une des juridictions ayant son siège à Wallis-et-Futuna ; ce magistrat est désigné par les chefs de la cour d'appel de Nouméa ;

2° Du commandant de compagnie de la gendarmerie ou son représentant ;

3° D'un professionnel de santé représentant l'agence de santé de Wallis-et-Futuna ;

4° Du vice-recteur de l'éducation nationale ou son représentant ;

5° Du chef du service de l'inspection du travail et des affaires sociales ou son représentant ;

6° De représentants de la collectivité de Wallis-et-Futuna, désignés par l'assemblée territoriale ;

7° De représentants d'associations agréées conformément à l'article R. 121-12-2.

L'administrateur supérieur des îles Wallis-et-Futuna arrête la liste des membres de la commission mentionnés aux 1°, 6° et 7°. Ses membres sont nommés pour une durée de trois ans renouvelable.

Le représentant d'une association agréée ne peut siéger à la commission lorsque la commission statue sur la situation individuelle d'une personne ayant fait l'objet par elle de l'instruction prévue au deuxième alinéa de l'article R. 121-12-9.

6° A l'article R. 121-12-8, le mot : "départementale" et les deuxième et quatrième alinéas de l'article R. 121-12-10 sont supprimés ;

7° L'article R. 121-12-11 est ainsi rédigé :

Art. R. 121-12-11 La personne engagée dans le parcours de sortie de la prostitution et d'insertion sociale et professionnelle prévue à l'article L. 121-9 peut notamment bénéficier :

1° D'un accompagnement visant à faciliter l'accès aux soins, sur le plan physique et psychologique ;

2° D'actions d'insertion sociale, visant à favoriser la socialisation, l'autonomie des personnes dans leur vie quotidienne et l'élaboration d'un projet d'insertion professionnelle, lorsqu'elles sont prévues par la collectivité de Wallis-et-Futuna.

TITRE VI **POLYNÉSIE FRANÇAISE**

CHAPITRE I **ACCÈS AUX ORIGINES PERSONNELLES**

Art. R. 561-1 Sont applicables en Polynésie française les articles R. 147-13, R. 147-14, R. 147-16, *(Décr. nº 2022-360 du 14 mars 2022, art. 3-3º)* « le deuxième alinéa de l'article R. 147-17 et les articles R. 147-18 à R. 147-20.

« Les articles R. 147-25 à R. 147-33 sont applicables dans leur rédaction résultant du décret nº 2022-360 du 14 mars 2022. Pour l'application des articles R. 147-25, R. 147-31 et R. 147-32, les références au règlement (UE) 2016/679 du Parlement européen et du Conseil du 27 avril 2016 sont remplacées par la référence aux règles applicables en métropole en vertu des dispositions concernées de ce règlement. »

Pour l'application de ces articles, les mots : "président du conseil départemental" sont remplacés par les mots : "président de la Polynésie française" et les mots : "au service de l'aide sociale à l'enfance" sont remplacés par les mots : "au service chargé de l'aide sociale à l'enfance".

Une convention entre l'État et la Polynésie française fixe les modalités de mise en œuvre du droit d'accès aux origines personnelles et des modalités d'information et d'accompagnement des femmes qui accouchent dans les conditions prévues par l'article L. 561-2. – *[Décr. nº 2003-671 du 21 juill. 2003, art. 10.]*

CHAPITRE II STATUT DES PUPILLES DE L'ÉTAT

Le présent chapitre ne comprend pas de dispositions réglementaires.

CHAPITRE III POLITIQUE DE LA VILLE ET COHÉSION SOCIALE

(*Décr. n° 2012-1261 du 13 nov. 2012, art. 6-2°*)

Art. R. 563-1 L'article R. 121-22-1 est applicable en Polynésie française sous réserve des adaptations suivantes :

1° Pour l'application de cet article, les mots : "dans les départements d'outre-mer et à Mayotte" sont remplacés par les mots : "en Polynésie française" ;

2° Le dernier alinéa n'est pas applicable.

CHAPITRE IV PROTECTION DES MAJEURS

(*Décr. n° 2023-411 du 26 mai 2023, art. 2*)

Les personnes morales et les personnes physiques qui étaient précédemment habilitées pour exercer la tutelle d'État, la curatelle d'État, la gérance de tutelle en qualité d'administrateur spécial ou la tutelle aux prestations sociales, ainsi que les établissements de santé et les établissements hébergeant des personnes adultes handicapées ou des personnes âgées dont un préposé était précédemment désigné comme gérant de tutelle se conforment aux dispositions du Décr. n° 2023-411 du 26 mai 2023 dans un délai de trois ans suivant son entrée en vigueur (Décr. préc., art. 3-I, JO 28 mai).

SECTION 1 DISPOSITIONS GÉNÉRALES

Art. R. 564-1 I. — Les articles R. 215-14 à R. 215-17 sont applicables en Polynésie française. Le greffe mentionné à l'article R. 215-14 est celui du tribunal de première instance de Papeete.

II. — Les dispositions réglementaires des chapitres I et II du titre VII du livre IV sont applicables en Polynésie française, sous réserve des adaptations suivantes et de celles prévues aux autres articles du présent chapitre :

1° Les compétences et missions dévolues au représentant de l'État dans le département ou au préfet sont exercées par le haut-commissaire de la République en Polynésie française. Les actes dont la transmission est prévue au représentant de l'État dans le département ou au préfet sont transmis au haut-commissaire de la République en Polynésie française ;

2° Les compétences et missions dévolues au procureur de la République près le tribunal judiciaire du chef-lieu de département sont exercées par le procureur de la République près le tribunal de première instance de Papeete. Les actes dont transmission est prévue au procureur de la République près le tribunal judiciaire du chef-lieu de département sont transmis au procureur de la République près le tribunal de première instance de Papeete ;

3° Les documents qui doivent être transmis ou notifiés au directeur départemental ou régional des finances publiques le sont au directeur des finances publiques de la Polynésie française.

Art. D. 564-1-1 (*Décr. n° 2023-412 du 26 mai 2023, art. 2-I*) Les dispositions réglementaires des chapitres I et II du titre VII du livre IV sont applicables en Polynésie française, sous réserve des adaptations suivantes et de celles prévues aux autres articles du présent chapitre :

1° Les compétences et missions dévolues au directeur départemental des affaires sanitaires et sociales ou leurs adjoints sont exercées par le haut-commissaire de la République en Polynésie française.

2° Les compétences et missions dévolues à la direction départementale de la cohésion sociale ou la direction départementale de la cohésion sociale et de la protection des populations sont exercées par le haut-commissariat de la République en Polynésie française.

SECTION 2 MANDATAIRES JUDICIAIRES À LA PROTECTION DES MAJEURS

SOUS-SECTION 1 DISPOSITIONS COMMUNES

Art. R. 564-2 En Polynésie française :

1° Pour l'application de l'article R. 471-2 :

a) La prestation de serment est effectuée devant le tribunal de première instance de Papeete ou, le cas échéant, de l'une de ses sections détachées ;

b) Les services mentionnés à la première phrase du second alinéa sont les services mandataires judiciaires à la protection des majeurs mentionnés à l'article L. 564-4 ;

c) La seconde phrase du second alinéa n'est pas applicable ;

2° Pour l'application de l'article R. 471-5-1 :

a) Les coûts des mesures sont déterminés par un arrêté des ministres chargés de la famille, du budget et des outre-mer ;

b) Les établissements sociaux ou médico-sociaux mentionnés au *a* et au *b* du 2° sont constitués des établissements à vocation sociale ou médico-sociale ;

3° Pour l'application de l'article R. 471-5-2 :

a) Les bénéfices et revenus bruts mentionnés au 1° sont les montants annuels des revenus monétaires non exceptionnels, à l'exclusion des aides sociales, des revenus des bons ou des contrats de capitalisation ou des placements de même nature, notamment des contrats d'assurance-vie, ainsi qu'à l'exception des rentes viagères applicables localement ayant le même objet que celles mentionnées aux articles L. 232-4, L. 232-8 et L. 245-6 ;

b) Le 2° est applicable dans les conditions mentionnées à l'article L. 743-11 du code monétaire et financier ;

c) Les 4°, 7°, 8° et 9° ne sont pas applicables ;

d) Les allocations mentionnées aux 5° et 6° sont celles applicables localement ayant le même objet ;

4° Pour l'application de l'article R. 471-5-3 :

a) Aux deuxième et quatrième alinéas, les comparaisons aux montants de l'allocation aux adultes handicapés sont remplacées par des comparaisons aux montants perçus au titre de l'ensemble des allocations applicables localement ayant le même objet ;

b) Aux quatrième, cinquième et sixième alinéas, les références au salaire minimum interprofessionnel de croissance sont remplacées par des références au salaire minimum applicable localement ;

5° Pour l'application de l'article R. 471-5-4, le montant mentionné au second alinéa est pris en charge par l'État ;

6° Pour l'application de l'article R. 471-5-5 :

a) Au I, l'exception au principe du versement de la participation de la personne protégée au mandataire judiciaire à la protection des majeurs est limitée au seul cas où le mandataire judiciaire est le préposé d'un établissement hébergeant des personnes handicapées ou des personnes âgées. Dans ce cas, elle est versée à l'établissement ;

b) Au IV, la référence au salaire minimum interprofessionnel de croissance est remplacée par la référence au salaire minimum applicable localement ;

7° L'article R. 471-9 n'est pas applicable.

Art. D. 564-2-1 *(Décr. nº 2023-412 du 26 mai 2023, art. 2-II)* Pour son application en Polynésie française, le chapitre I du titre VII du livre IV est ainsi modifié :

1° A l'article D. 471-6 : les mots : "salaire minimum interprofessionnel de croissance" sont remplacés par les mots : "salaire minimum applicable localement" ;

2° Aux articles D. 471-1, D. 471-3, D. 471-7, D. 471-8, D. 471-13, D. 471-15 et D. 471-17, chacune des occurrences de la référence au 14° du I de l'article L. 312-1 est remplacée par la référence à l'article L. 564-4 ;

3° A l'article D. 471-11, la référence à l'article L. 212-3 du code du patrimoine est remplacée par la référence aux dispositions applicables localement ayant le même objet ;

4° Aux articles D. 471-13, D. 471-15 et D. 471-19, chacune des occurrences de la référence à l'article L. 313-18 est remplacée par la référence à l'article L. 564-6.

Art. R. 564-3 Les services mandataires judiciaires à la protection des majeurs mentionnés à l'article L. 564-4 remettent au majeur protégé ou, si l'état de la personne ne lui permet pas de comprendre la portée de ce document, à un membre du conseil de famille s'il a été constitué ou, à défaut, à un parent, à un allié, à une personne de son entourage ayant des liens étroits et stables avec elle et dont le mandataire judiciaire à la protection des majeurs connaît l'existence*[,]* ou au subrogé curateur ou tuteur, s'il en a été désigné un, un document mentionnant :

a) Les principales modalités d'exercice des droits énoncés au présent code, notamment ceux mentionnés aux articles L. 471-6 et L. 471-8. Il précise, le cas échéant, les modalités d'association d'un parent, d'un allié ou d'une personne de son entourage à la vie du service ;

b) Dans le respect des dispositions de la charte des droits et libertés de la personne majeure protégée mentionnée à l'article L. 471-6, les obligations faites aux personnes protégées pour permettre une mise en œuvre de la mesure de protection adaptée à leur situation. Ces obligations concernent, notamment, le respect des décisions judiciaires et des termes du document individuel de protection des majeurs et le comportement à l'égard des autres personnes protégées, comme des membres du personnel ;

c) une information rappelant que les faits de violence sur autrui sont susceptibles d'entraîner des procédures judiciaires et que le juge des tutelles est systématiquement informé des actes d'incivilité graves ou répétées *[répétés]* et des situations de violence qui entravent le bon déroulement de la mesure de protection ;

d) les obligations de l'organisme gestionnaire du service en matière de protection des personnes protégées.

SOUS-SECTION 2 SERVICES MANDATAIRES JUDICIAIRES À LA PROTECTION DES MAJEURS

Art. R. 564-4 Le dossier de demande de l'autorisation mentionnée à l'article L. 564-5 est transmis par lettre recommandée avec avis de réception ou par tout autre moyen permettant d'attester de la date de leur réception au haut-commissaire de la République en Polynésie française, qui recueille l'avis conforme du procureur de la République.

Il comporte les documents suivants :

1° Concernant le demandeur :

a) Les documents permettant d'identifier le demandeur, notamment un exemplaire de ses statuts s'il s'agit d'une personne morale de droit privé ;

b) Une déclaration sur l'honneur certifiant qu'il n'est l'objet d'aucune des procédures mentionnées aux articles L. 471-3 et L. 472-10 ;

c) Une déclaration sur l'honneur certifiant qu'il n'est pas l'objet de l'une des condamnations devenues définitives mentionnées à l'article L. 133-6 ;

d) Une copie de la dernière certification aux comptes, s'il est tenu à celle-ci ;

e) Des éléments descriptifs de son activité dans le domaine social et médico-social et de la situation financière de cette activité ou de son but social ou médico-social tel que résultant de ses statuts lorsqu'il ne dispose pas encore d'une telle activité ;

2° Concernant l'activité, tout document permettant de la décrire de manière complète et comportant les éléments suivants :

a) La catégorie de mesures de protection pour laquelle l'autorisation est demandée ;

b) La répartition prévisionnelle des effectifs de personnels par type de qualifications ;

c) Le budget prévisionnel en année pleine du service pour sa première année de fonctionnement ;

d) Les dispositions propres à garantir les droits des usagers conformément à l'article L. 215-4 ;

e) Les méthodes de recrutement permettant de se conformer aux dispositions de l'article L. 471-4 et les règles internes fixées pour le contrôle des personnes qui ont reçu délégation des représentants du service pour assurer la mise en œuvre des mesures de protection des majeurs.

Le dossier de demande d'autorisation est réputé être complet si, dans le délai d'un mois à compter de sa réception, le haut-commissaire de la République en Polynésie française n'a pas fait connaître au demandeur, par lettre recommandée avec avis de réception, la liste des pièces manquantes ou incomplètes.

Art. R. 564-5 L'autorisation d'un service mandataire judiciaire à la protection des majeurs est délivrée pour une durée maximale de cinq ans.

L'autorisation fixe l'exercice au cours duquel elle prend effet ainsi que la capacité autorisée. Elle comporte une mention permettant l'exercice des mesures de protection des majeurs :

1° Au titre du mandat spécial auquel il peut être recouru dans le cadre de la sauvegarde de justice ou au titre de la curatelle ou de la tutelle ;

2° Au titre de la mesure d'accompagnement judiciaire.

Art. R. 564-6 Le financement public mentionné à l'article L. 471-5 est versé sous la forme d'une dotation globale dont le montant est déterminé en fonction d'indicateurs prenant en compte notamment la nature des mesures de protection, la situation des personnes protégées prises en charge par le service et le temps de travail effectif de ses personnels.

Elle est au plus égale à la différence entre, d'une part, la totalité des charges d'exploitation, après incorporation le cas échéant du report à nouveau d'un exercice antérieur, et, d'autre part, les produits d'exploitation autres que ladite dotation. Les produits d'exploitation comprennent, notamment, le montant correspondant aux participations financières des majeurs protégés prévues par l'article L. 471-5.

La liste des indicateurs mentionnés au premier alinéa est fixée par arrêté des ministres chargés de la famille et des outre-mer.

SOUS-SECTION 3 PERSONNES PHYSIQUES MANDATAIRES JUDICIAIRES À LA PROTECTION DES MAJEURS

Art. R. 564-7 En Polynésie française :

1° Pour l'application de l'article R. 472-1, les candidatures sont, par dérogation aux dispositions de son premier alinéa, sélectionnées en fonction des critères garantissant la qualité, la proximité et la continuité de prise en charge ou d'accompagnement définis aux deuxième à douzième alinéas du même article. Le critère mentionné au a du 2° est évalué par rapport aux besoins de la Polynésie française ;

2° Pour l'application de l'article R. 472-8, les informations et les justificatifs mentionnées *[mentionnés]* à son IV sont, par dérogation aux dispositions de ce paragraphe, transmis au haut-commissaire de la République en Polynésie française par tout moyen et conformément à un modèle de déclaration fixé par arrêté des ministres chargés de la famille et des outre-mer ;

3° La seconde phrase de l'article R. 472-9 n'est pas applicable ;

4° La pièce mentionnée au 3° de l'article R. 472-16 n'est pas exigible.

Art. D. 564-8 *(Décr. n° 2023-412 du 26 mai 2023, art. 2-III)* Pour son application en Polynésie française, la section 1 du chapitre II du titre VII du livre IV est ainsi modifiée :

1° Aux articles D. 472-5 et D. 472-5-1, les mots : "au recueil des actes administratifs de la préfecture" sont remplacés par les mots : "au *Journal officiel* de la Polynésie française" ;

2° L'article D. 472-5-3 est ainsi modifié :

a) Au premier alinéa, les mots : "la commission départementale d'agrément" sont remplacés par les mots : "la commission territoriale d'agrément" ;

b) Le cinquième alinéa est remplacé par un alinéa ainsi rédigé :

"1° Un représentant du haut-commissaire de la République en Polynésie française" ;

c) Les huitième, neuvième et dixième alinéas sont remplacés par un alinéa ainsi rédigé :

"4° Trois représentants titulaires et trois représentants suppléants des mandataires judiciaires à la protection des majeurs habilités dans la collectivité, dont au minimum un mandataire exerçant à titre individuel ;"

d) Le onzième alinéa est remplacé par un alinéa ainsi rédigé :

"5° Un représentant des usagers nommé par le haut-commissaire de la République en Polynésie française après appel de candidatures et avis du procureur de la République." ;

e) Le treizième alinéa est supprimé ;

3° A l'article D. 472-6-1 les mots : "au représentant de l'État dans le département" sont remplacés par les mots : "au haut-commissaire de la République en Polynésie française".

Art. D. 564-9 *(Décr. n° 2023-412 du 26 mai 2023, art. 2-III)* L'article D. 472-13 n'est pas applicable en Polynésie française.

CHAPITRE V CENTRES D'INFORMATION SUR LES DROITS DES FEMMES ET DES FAMILLES

(Décr. n° 2015-1745 du 23 déc. 2015, art. 4-IV)

Art. R. 565-1 *(Décr. n° 2019-1383 du 18 déc. 2019, art. 3-14°)* Les dispositions des articles D. 217-2, D. 217-6 et R. 217-7 sont applicables en Polynésie-française.

Les dispositions des articles D. 217-1, D. 217-3, R. 217-4, D. 217-5, D. 217-8, R. 217-9 et D. 217-10 sont applicables en Polynésie-française dans leur rédaction résultant du décret n° 2019-1383 du 18 décembre 2019 relatif à la déconcentration de décisions administratives individuelles dans le domaine des affaires sociales et de la santé.

Pour l'application de ces dispositions, les mots : "préfet de région" sont remplacés par les mots : "haut-commissaire de la République en Polynésie-française".

Les dispositions modifiées par le Décr. n° 2019-1383 du 18 déc. 2019 peuvent être modifiées par des actes pris dans les formes requises pour leur modification antérieurement à son entrée en vigueur (Décr. préc., art. 9, JO 19 déc.).

CHAPITRE VI DISPOSITIONS RELATIVES À L'ACCOMPAGNEMENT DES VICTIMES DE LA PROSTITUTION

(Décr. n° 2016-1467 du 28 oct. 2016, art. 4)

Art. R. 566-1 Les articles R. 121-12-1, R. 121-12-2, R. 121-12-3, R. 121-12-4, R. 121-12-5, R. 121-12-6, R. 121-12-7, R. 121-12-8, R. 121-12-9, R. 121-12-10, R. 121-12-11 et R. 121-12-12 sont applicables en Polynésie française dans leur rédaction résultant du *(Décr. n° 2023-1013 du 2 nov. 2023, art. 20-IV, en vigueur le 1er déc. 2023)* « décret n° 2023-1013 du 2 novembre 2023 », sous réserve des adaptations suivantes :

1° Les mots : "préfet de département" sont remplacés par les mots : "haut-commissaire de la République" ;

2° L'article R. 121-12-1 est complété par les mots : "ou du haut-commissaire de la République en Polynésie française" ;

3° L'article R. 121-12-3 est complété par l'alinéa suivant : "Lorsque le siège de l'association est implanté en Polynésie française, la demande est adressée au haut-commissaire de la République, qui prend la décision de délivrer l'agrément." ;

4° L'article R. 121-12-6 est ainsi rédigé :

Art. R. 121-12-6 Une commission de lutte contre la prostitution, le proxénétisme et la traite des êtres humains aux fins d'exploitation sexuelle est créée en Polynésie française. Elle est régie par les articles 8 et 9 du décret n° 2006-665 du 7 juin 2006.

La commission exerce auprès du haut-commissaire de la République de Polynésie française les missions prévues par l'article L. 121-9 du présent code. A ce titre, elle :

1° Favorise la cohérence et le développement des politiques de protection et d'assistance en faveur des victimes de la prostitution, du proxénétisme et de la traite des êtres humains à des fins d'exploitation sexuelle menées, par l'État et, le cas échéant, la collectivité de Polynésie française ;

2° Rend un avis sur les demandes qui lui sont soumises de mise en place et de renouvellement des parcours de sortie de la prostitution et d'insertion sociale et professionnelle.

5° L'article R. 121-12-7 est ainsi rédigé :

Art. R. 121-12-7 La commission de lutte contre la prostitution, le proxénétisme et la traite des êtres humains aux fins d'exploitation sexuelle est présidée par le haut-commissaire de la République ou son représentant. Elle est composée :

1° D'un magistrat relevant d'une des juridictions ayant son siège en Polynésie française ; ce magistrat est désigné par les chefs de la cour d'appel de Papeete ;

2° Du *(Décr. n° 2023-1013 du 2 nov. 2023, art. 20-IV, en vigueur le 1er déc. 2023)* « directeur territorial de la police nationale ou son représentant » ;

3° Du commandant de la gendarmerie de Polynésie française ou son représentant ;

4° Du vice-recteur de l'éducation nationale ou son représentant ;

5° De représentants de la collectivité de la Polynésie française, chargés notamment de la santé, des affaires sanitaires et sociales, de l'éducation, du travail et de l'emploi, désignés par les autorités de Polynésie française ;

6° De représentants d'associations agréées conformément à l'article R. 121-12-2.

Le haut-commissaire de la République arrête la liste des membres de la commission mentionnés aux 1°, 5° et 6°. Ses membres sont nommés pour une durée de trois ans renouvelable.

Le représentant d'une association agréée ne peut siéger à la commission lorsque la commission statue sur la situation individuelle d'une personne ayant fait l'objet par elle de l'instruction prévue au deuxième alinéa de l'article R. 121-12-9.

6° A l'article R. 121-12-8, le mot : "départementale" et les deuxième et quatrième alinéas de l'article R. 121-12-10 sont supprimés ;

7° L'article R. 121-12-11 est ainsi rédigé :

Art. R. 121-12-11 La personne engagée dans le parcours de sortie de la prostitution et d'insertion sociale et professionnelle prévue à l'article L. 121-9 peut notamment bénéficier, lorsqu'ils sont prévus par les autorités de la collectivité de la Polynésie française :

1° D'un accompagnement visant à faciliter l'accès aux soins, sur le plan physique et psychologique ;

2° D'actions d'insertion sociale, visant à favoriser la socialisation, l'autonomie des personnes dans leur vie quotidienne et l'élaboration d'un projet d'insertion professionnelle.

TITRE VII NOUVELLE-CALÉDONIE

CHAPITRE I ACCÈS AUX ORIGINES PERSONNELLES

Art. R. 571-1 **Sont applicables en Nouvelle-Calédonie les articles R. 147-13, R. 147-14, R. 147-16,** *(Décr. n° 2022-360 du 14 mars 2022, art. 3-4°)* **« le deuxième alinéa de l'article R. 147-17 et les articles R. 147-18 à R. 147-20.** – *[Décr. n° 2002-781 du 3 mai 2002, art. 29.]*

« Les articles R. 147-25 à R. 147-33 sont applicables dans leur rédaction résultant du décret n° 2022-360 du 14 mars 2022. Pour l'application des articles R. 147-25, R. 147-31 et R. 147-32, les références au règlement (UE) 2016/679 du Parlement européen et du Conseil du 27 avril 2016 sont remplacées par la référence aux règles applicables en métropole en vertu des dispositions concernées de ce règlement. »

Pour l'application de ces articles, les mots : "président du conseil départemental" sont remplacés par les mots : "président de l'assemblée de province territorialement compétent".

Une convention entre l'État et la Nouvelle-Calédonie fixe les modalités de mise en œuvre du droit d'accès aux origines personnelles et des modalités d'information et d'accompagnement des femmes qui accouchent dans les conditions de l'article L. 571-2. – *[Décr. nº 2003-671 du 21 juill. 2003, art. 10.]*

CHAPITRE II STATUT DES PUPILLES DE L'ÉTAT

Le présent chapitre ne comprend pas de dispositions réglementaires.

CHAPITRE III POLITIQUE DE LA VILLE ET COHÉSION SOCIALE

(Décr. nº 2012-1261 du 13 nov. 2012, art. 6-3º)

Art. R. 573-1 L'article R. 121-22-1 est applicable en Nouvelle-Calédonie sous réserve des adaptations suivantes :

1º Pour l'application de cet article, les mots : "dans les départements d'outre-mer et à Mayotte" sont remplacés par les mots : "en Nouvelle-Calédonie" ;

2º Le dernier alinéa n'est pas applicable.

....

CHAPITRE V CENTRES D'INFORMATION SUR LES DROITS DES FEMMES ET DES FAMILLES *(Décr. nº 2015-1745 du 23 déc. 2015, art. 4-V).*

Art. R. 575-1 *(Décr. nº 2019-1383 du 18 déc. 2019, art. 3-15º)* Les dispositions des articles D. 217-2, D. 217-6 et R. 217-7 sont applicables en Nouvelle-Calédonie.

Les dispositions des articles D. 217-1, D. 217-3, R. 217-4, D. 217-5, D. 217-8, R. 217-9 et D. 217-10 sont applicables en Nouvelle-Calédonie dans leur rédaction résultant du décret nº 2019-1383 du 18 décembre 2019, relatif à la déconcentration de décisions administratives individuelles dans le domaine des affaires sociales et de la santé.

Pour l'application de ces dispositions, les mots : "préfet de région" sont remplacés par les mots : "haut-commissaire de la République en Nouvelle-Calédonie".

Les dispositions modifiées par le Décr. nº 2019-1383 du 18 déc. 2019 peuvent être modifiées par des actes pris dans les formes requises pour leur modification antérieurement à son entrée en vigueur (Décr. préc., art. 9, JO 19 déc.).

CHAPITRE VI DISPOSITIONS RELATIVES À L'ACCOMPAGNEMENT DES VICTIMES DE LA PROSTITUTION

(Décr. nº 2016-1467 du 28 oct. 2016, art. 5)

Art. R. 576-1 Les articles R. 121-12-1, R. 121-12-2, R. 121-12-3, R. 121-12-4, R. 121-2-5, R. 121-12-6, R. 121-12-7, R. 121-12-8, R. 121-12-9, R. 121-12-10, R. 121-12-11 et R. 121-12-12 sont applicables en Nouvelle-Calédonie dans leur rédaction résultant du *(Décr. nº 2023-1013 du 2 nov. 2023, art. 20-IV, en vigueur le 1er déc. 2023)* « décret nº 2023-1013 du 2 novembre 2023 », sous réserve des adaptations suivantes :

1º Les mots : "préfet de département" sont remplacés par les mots : "haut-commissaire de la République" ;

2º L'article R. 121-12-1 est complété par les mots "ou du haut-commissaire de la République en Nouvelle-Calédonie" ;

3º L'article R. 121-12-3 est complété par l'alinéa suivant : "Lorsque le siège de l'association est implanté en Nouvelle-Calédonie, la demande est adressée au haut-commissaire de la République, qui prend la décision de délivrer l'agrément" ;

4º L'article R. 121-12-6 est ainsi rédigé :

Art. R. 121-12-6 Une commission de lutte contre la prostitution, le proxénétisme et la traite des êtres humains aux fins d'exploitation sexuelle est créée en Nouvelle-Calédonie. Elle est régie par les articles 8 et 9 du décret n° 2006-665 du 7 juin 2006 modifié.

La commission exerce auprès du haut-commissaire de la République en Nouvelle-Calédonie les missions prévues à l'article L. 121-9. A ce titre, elle :

1° Favorise la cohérence et le développement des politiques de protection et d'assistance en faveur des victimes de la prostitution, du proxénétisme et de la traite des êtres humains à des fins d'exploitation sexuelle menées, par l'État et, le cas échéant, les autorités compétentes de la Nouvelle-Calédonie ;

2° Rend un avis sur les demandes qui lui sont soumises de mise en place et de renouvellement des parcours de sortie de la prostitution et d'insertion sociale et professionnelle.

(Décr. nº 2023-1013 du 2 nov. 2023, art. 20-IV, en vigueur le 1er déc. 2023) **« 5° » L'article R. 121-12-7 est ainsi rédigé :**

Art. R. 121-12-7 La commission de lutte contre la prostitution, le proxénétisme et la traite des êtres humains aux fins d'exploitation sexuelle est présidée par le haut-commissaire de la République ou son représentant. Elle est composée :

1° D'un magistrat relevant d'une des juridictions ayant son siège en Nouvelle-Calédonie ; ce magistrat est désigné par les chefs de la cour d'appel de Nouméa ;

2° Du *(Décr. nº 2023-1013 du 2 nov. 2023, art. 20-IV, en vigueur le 1er déc. 2023)* « directeur territorial de la police nationale ou son représentant » ;

3° Du commandant de la gendarmerie de Nouvelle-Calédonie ou son représentant ;

4° Du vice-recteur de l'éducation nationale ou son représentant ;

5° De représentants de la Nouvelle-Calédonie, chargés notamment de la santé, des affaires sanitaires et sociales, de l'éducation, du travail et de l'emploi, désignés par les autorités de Nouvelle-Calédonie ;

6° De représentants d'associations agréées conformément à l'article R. 121-12-2.

Le haut-commissaire de la République arrête la liste des membres de la commission mentionnés aux 1°, 5° et 6°. Ses membres sont nommés pour une durée de trois ans renouvelable.

Le représentant d'une association agréée ne peut siéger à la commission lorsque la commission statue sur la situation individuelle d'une personne ayant fait l'objet par elle de l'instruction prévue au deuxième alinéa de l'article R. 121-12-9.

6° A l'article R. 121-12-8, le mot : "départementale" et les deuxième et quatrième alinéas de l'article R. 121-12-10 sont supprimés ;

7° L'article R. 121-12-11 est ainsi rédigé :

Art. R. 121-12-11 La personne engagée dans le parcours de sortie de la prostitution et d'insertion sociale et professionnelle prévue à l'article L. 121-9 peut notamment bénéficier lorsqu'ils sont prévus par les autorités de la Nouvelle-Calédonie :

1° D'un accompagnement visant à faciliter l'accès aux soins, sur le plan physique et psychologique ;

2° D'actions d'insertion sociale, visant à favoriser la socialisation, l'autonomie des personnes dans leur vie quotidienne et l'élaboration d'un projet d'insertion professionnelle.

TITRE VIII **SAINT-BARTHÉLEMY ET SAINT-MARTIN**

(Décr. nº 2010-1783 du 31 déc. 2010, art. 4, en vigueur le 1er janv. 2011)

CHAPITRE I **ÉTABLISSEMENTS ET SERVICES SOCIAUX ET MÉDICO-SOCIAUX**

(Décr. nº 2014-30 du 13 janv. 2014, art. 3)

SECTION 1 **Dispositions générales**

Art. R. 581-1 **Pour l'application à Saint-Barthélemy et à Saint-Martin du titre I du livre III du présent code :**

1° Les mots : "conseil régional" sont remplacés par les mots : "conseil territorial" ;

2° Le directeur général de l'agence de santé de la Guadeloupe, de Saint-Barthélemy et de Saint-Martin exerce à Saint-Barthélemy et à Saint-Martin les compétences dévolues au directeur général de l'agence régionale de santé ;

3° Les mots : "conférence régionale de la santé et de l'autonomie" sont remplacés par les mots : "conférence de la santé et de l'autonomie de la Guadeloupe, de Saint-Barthélemy et de Saint-Martin" ;

4° Les mots : "schéma de l'organisation sociale et médico-sociale" sont remplacés par les mots : "schéma d'organisation sociale et médico-sociale commun à la Guadeloupe, à Saint-Barthélemy et à Saint-Martin" ;

5° Les mots : "conseil départemental consultatif des personnes handicapées" sont remplacés par les mots : " *(Décr. nº 2017-882 du 9 mai 2017, art. 3-III)* « conseil territorial de la citoyenneté et de l'autonomie »".

SECTION 2 Modalités d'autorisation de création, de transformation ou d'extension d'établissements sociaux et médico-sociaux

Art. R. 581-2 *(Décr. nº 2016-1454 du 28 oct. 2016, art. 4-1º)* « I. — Pour l'application à Saint-Barthélemy et à Saint-Martin des articles D. 312-1 et D. 312-161 :

« 1° Pour l'application de l'article D. 312-1, la référence aux II, III et IV de l'article L. 313-12 est remplacée par la référence aux II et IV de l'article L. 313-12 ;

« 2° Pour l'application de l'article D. 312-161, la référence aux II et III de l'article L. 313-12 est remplacée par la référence au II de l'article L. 313-12.

« II. — » Pour l'application à Saint-Barthélemy et à Saint-Martin des articles D. 312-193-5, D. 312-193-6 et R. 313-1 à R. 313-10-2 :

« 1° Les attributions exercées par le *(Décr. nº 2014-1055 du 16 sept. 2014, art. 5-III)* « comité régional de l'emploi, de la formation *[et]* de l'orientation professionnelles » sont exercées par le comité de coordination de l'emploi et de la formation professionnelle ;

« 2° Pour l'application de l'article R. 313-1 :

a) La commission mentionnée au II peut comprendre un nombre inférieur de membres, sous réserve que ce nombre ne soit pas inférieur à quatre et que la parité entre les membres énoncée aux *a* et *b* des 1° à 6° soit respectée ;

b) Au *b* du 1° du II, les mots : "et à l'issue d'un appel à candidatures organisé dans des conditions fixées par le président du conseil départemental" sont remplacés par les mots : "ou, en l'absence de proposition, à l'issue d'un appel à candidatures organisé dans des conditions fixées par le président du conseil territorial pour chacune de ces catégories et à l'issue d'un appel à candidatures organisé selon les mêmes modalités" ;

c) Le 2° du II est complété par un alinéa ainsi rédigé :

"*c)* La composition de la commission est commune pour les appels à projet relatifs à Saint-Barthélemy et à Saint-Martin." ;

d) Le 3° du II est complété par trois alinéas ainsi rédigés :

"*c)* La composition de la commission est commune pour les appels à projet relatifs à Saint-Barthélemy et à Saint-Martin ;

"*d)* Les représentants des services de l'État prévus au *a* peuvent être désignés parmi ceux exerçant dans l'une ou l'autre des collectivités ou, le cas échéant, en Guadeloupe ;

"*e)* Les représentants des usagers prévus au *b* sont désignés en priorité parmi ceux résidant dans la collectivité dont relève l'appel à projet ou, à défaut, parmi ceux résidant dans l'autre collectivité ou en Guadeloupe." ;

e) Le *b* du 4° du II est complété par les mots : "ou, en l'absence de proposition, à l'issue d'un appel à candidatures qu'ils organisent" ;

f) Le 5° du II est complété par deux alinéa ainsi rédigés :

"*c)* Les représentants des services de l'État prévus au *a* peuvent être désignés parmi ceux exerçant dans l'une ou l'autre des collectivités ou, le cas échéant, en Guadeloupe ;

"*d)* Les représentants des usagers prévus au *b* sont désignés en priorité parmi ceux résidant dans la collectivité dont relève l'appel à projet ou, à défaut, parmi ceux résidant dans l'autre collectivité ou en Guadeloupe." ;

g) Le 6° du II est complété par trois alinéas ainsi rédigés :

"*c)* La composition de la commission est commune pour les appels à projet relatifs à Saint-Barthélemy et à Saint-Martin ;

"*d)* Les représentants des services de l'État prévus au *a* peuvent être désignés parmi ceux exerçant dans l'une ou l'autre des collectivités ou, le cas échéant, en Guadeloupe ;

"*e)* Les représentants des usagers et le représentant d'associations ou une personnalité œuvrant dans le secteur de la protection judiciaire de l'enfance, prévus au *b*, sont désignés parmi ceux résidant dans la collectivité dont relève l'appel à projet ou, à défaut, parmi ceux résidant dans l'autre collectivité ou en Guadeloupe." ;

h) Le III est complété par un alinéa ainsi rédigé :

"Les personnes mentionnées aux 1° à 4° ci-dessus peuvent être désignées parmi celles résidant dans l'une ou l'autre des collectivités ou, à défaut, en Guadeloupe."

CHAPITRE II **REVENU DE SOLIDARITÉ ACTIVE**

(Décr. nº 2014-30 du 13 janv. 2014, art. 3)

Art. R. 582-1 Les dispositions du chapitre II du titre II du livre V sont applicables à Saint-Barthélemy et à Saint-Martin, à l'exception des articles R. 522-10 à R. 522-62.

CHAPITRE III **CENTRES D'INFORMATION SUR LES DROITS DES FEMMES ET DES FAMILLES**

(Décr. nº 2015-1745 du 23 déc. 2015, art. 4-VI)

Art. R. 583-1 Pour l'application à Saint-Martin et à Saint-Barthélemy des articles D. 217-1 à D. 217-3, R. 217-4, D. 217-5 et D. 217-6, R. 217-7, D. 217-8, R. 217-9 et D. 217-10 du présent code, les mots : "représentant de l'État dans la région" sont remplacés par les mots : "représentant de l'État dans les collectivités de Saint-Martin et de Saint-Barthélemy".

CHAPITRE IV **CONDITIONS D'ACCUEIL ET D'ÉVALUATION DES MINEURS PRIVÉS TEMPORAIREMENT OU DÉFINITIVEMENT DE LA PROTECTION DE LEUR FAMILLE**

(Décr. nº 2016-840 du 24 juin 2016, art. 2-4°)

Art. R. 584-1 Eu égard aux contraintes d'éloignement géographique pour les mineurs concernés, l'article R. 221-13 et le II de l'article R. 221-14 ne sont pas applicables.

CHAPITRE V **PERSONNES ÂGÉES ET PERSONNES HANDICAPÉES**

(Décr. nº 2016-1454 du 28 oct. 2016, art. 4-2°)

SECTION 1 **Dispositions générales**

Art. R. 585-1 Pour l'application à Saint-Barthélemy et à Saint-Martin du livre I et du livre II :

1° La référence au département est remplacée par la référence à la collectivité territoriale de Saint-Barthélemy ou de Saint-Martin ;

2° La référence au conseil départemental est remplacée par la référence au conseil territorial ;

3° La référence à l'agence régionale de santé est remplacée par la référence à l'agence régionale de santé de la Guadeloupe, de Saint-Barthélemy et de Saint-Martin ;

(Décr. n° 2017-879 du 9 mai 2017, art. 4-3°) « 4° Les mots : "maison départementale des personnes handicapées" sont remplacés par les mots : "maison territoriale des personnes handicapées". »

SECTION 2 Personnes âgées

SOUS-SECTION 1 Concours

Art. R. 585-2 *(Abrogé par Décr. n° 2022-980 du 2 juill. 2022, art. 4-I) Pour l'application à Saint-Barthélemy et à Saint-Martin du chapitre X du titre IV du livre I :*

1° Aux articles R. 14-10-42-1, R. 14-10-42-4, R. 14-10-42-5 et R. 14-10-42-6, les mots : "et, le cas échéant, les métropoles", "ou, le cas échéant, métropole", "ou, le cas échéant, métropolitaines", "et, le cas échéant, à une ou plusieurs métropoles,", "ou, le cas échéant, à la métropole,", "ou, le cas échéant, le conseil de la métropole", "ou, le cas échéant, le président du conseil de la métropole", "ou, le cas échéant, au président du conseil de la métropole," et "ou du conseil de la métropole" ne sont pas applicables ;

2° L'article R. 14-10-42-2 n'est pas applicable ;

3° A l'article R. 14-10-42-3, la référence aux articles R. 14-10-42-1 et R. 14-10-42-2 est remplacée par la référence à l'article R. 14-10-42-1 ;

4° A l'article R. 14-10-42-5, les mots : "et celles exposées pour des actions prévues au 2° du même article" ne sont pas applicables.

Cet art. devient l'art. R. 757-8 CSS (Décr. n° 2022-980 du 2 juill. 2022, art. 1er-I).

SOUS-SECTION 2 Allocation personnalisée d'autonomie

Art. R. 585-3 Pour l'application à Saint-Barthélemy et à Saint-Martin du chapitre II du titre III du livre II :

1° A l'article R. 232-8, les mots : "le règlement départemental d'aide sociale" sont remplacés par les mots : "le règlement territorial d'aide sociale" ;

2° A l'article R. 232-28-1, les mots : "maison départementale des personnes handicapées" sont remplacés par les mots : "maison territoriale des personnes handicapées".

SOUS-SECTION 3 Conférence des financeurs

Art. R. 585-4 Pour l'application à Saint-Barthélemy et à Saint-Martin du chapitre III du titre III du livre II :

1° L'article R. 233-1 est ainsi modifié :

a) Les mots : "schéma départemental relatif aux personnes en perte d'autonomie" sont remplacés par les mots : "schéma territorial relatif aux personnes en perte d'autonomie" ;

b) Les mots : "projet régional de santé mentionné à l'article L. 1434-2" sont remplacés par les mots : "projet de santé commun à la Guadeloupe, à Saint-Barthélemy et à Saint-Martin mentionné à l'article L. 1442-4" ;

2° A l'article R. 233-2, les mots : "conseil départemental de la citoyenneté et de l'autonomie" sont remplacés par les mots : "conseil territorial de la citoyenneté et de l'autonomie" ;

3° L'article R. 233-6 est ainsi modifié :

a) Les mots : "sur le territoire départemental ou, le cas échéant, de la métropole" sont remplacés par les mots : "sur le territoire de la collectivité" ;

b) La référence aux 1° à 6° de l'article L. 233-1 est remplacée, deux fois, par la référence aux 1° et 3° à 6° de l'article L. 233-1 ;

4° Au *a* de l'article R. 233-9, la référence aux 2°, 3°, 4° et 6° de l'article L. 233-1 est remplacée par la référence aux 3°, 4° et 6° de l'article L. 233-1 ;

5° L'article R. 233-13 est ainsi modifié :

a) Le 1° est ainsi rédigé :

"1° Un représentant de la collectivité, désigné par le président du conseil territorial ;" ;

b) Le 3° est ainsi rédigé :

"3° Un représentant de la collectivité au titre de ses compétences en matière d'urbanisme, d'habitation et de logement ;" ;

c) Le 4° n'est pas applicable ;

d) Pour son application à Saint-Barthélemy, le 5° est ainsi rédigé :

"5° Un représentant de la caisse de prévoyance sociale au titre de la gestion du risque d'assurance vieillesse en application des articles L. 752-1 et L. 752-4 du code de la sécurité sociale, désigné par elle ou par la caisse de mutualité sociale agricole ;" ;

e) Pour son application à Saint-Martin, le 5° est ainsi rédigé :

"5° Un représentant de la caisse générale de sécurité sociale de Guadeloupe au titre de la gestion du risque mentionnée au 3° de l'article L. 752-4 du code de la sécurité sociale, désigné par elle ;" ;

f) Pour son application à Saint-Barthélemy, le 6° est ainsi rédigé :

"6° Un représentant de la caisse de prévoyance sociale au titre de la gestion du risque d'assurance maladie en application des articles L. 752-1 et L. 752-4 du code de la sécurité sociale, désigné par elle ou par la caisse de mutualité sociale agricole. Il peut être le même que celui prévu pour l'application du 5° à Saint-Barthélemy, sans préjudice des dispositions prévues à l'article R. 233-14. Il dispose alors des voix déterminées à cet article pour chacun des membres qu'il représente ;" ;

g) Pour son application à Saint-Martin, le 6° est ainsi rédigé :

"6° Un représentant de la caisse générale de sécurité sociale de Guadeloupe au titre de la gestion des risques mentionnés aux 1° et 2° de l'article L. 752-4 du code de la sécurité sociale, désigné par elle, qui peut être le même que celui prévu pour l'application du 5° à Saint-Martin, sans préjudice des dispositions prévues à l'article R. 233-14. Il dispose alors des voix déterminées à cet article pour chacun des membres qu'il représente ;" ;

h) Pour son application à Saint-Barthélemy, le 8° est ainsi rédigé :

"8° Un représentant de la caisse de prévoyance sociale au titre de la gestion des missions mentionnées à l'article L. 752-1 du code de la sécurité sociale, désigné par elle ou par la caisse de mutualité sociale agricole ;" ;

i) Pour son application à Saint-Martin, le 8° est ainsi rédigé :

"8° Un représentant de la caisse générale de sécurité sociale de Guadeloupe au titre de la gestion des risques mentionnés à l'article L. 752-4 du code de la sécurité sociale pour les salariés et exploitants agricoles, désigné par elle ;" ;

j) Le 10° est complété par les mots :"ou par un organisme mutualiste adhérent" ;

6° A l'article R. 233-14, la phrase : "Dans le cadre des affaires communes d'une conférence départementale-métropolitaine, le conseil départemental et le conseil de la métropole disposent chacun de la moitié des voix prévues au 1°" n'est pas applicable ;

7° L'article R. 233-18 est ainsi modifié :

a) La référence aux 1° à 6° de l'article L. 233-1 est remplacée par la référence aux 1° et 3° à 6° de l'article L. 233-1 ;

b) Le 4° n'est pas applicable ;

c) Au 5°, la référence *(Décr. n° 2022-980 du 2 juill. 2022, art. 4-I)* « au *d* du 3° de l'article L. 223-8 du code de la sécurité sociale » est remplacée par la référence *(Décr. n° 2022-980 du 2 juill. 2022, art. 4-I)* « à l'article R. 178-15 du même code » ;

8° A l'article R. 233-19, les mots : "conseil départemental de la citoyenneté et de l'autonomie" sont remplacés par les mots : "conseil territorial de la citoyenneté et de l'autonomie".

SECTION 3 **Personnes handicapées**

Art. R. 585-5 Pour l'application à Saint-Barthélemy et à Saint-Martin des articles R. 241-12, R. 241-16 *(Décr. n° 2018-928 du 29 oct. 2018, art. 4, en vigueur le 1er janv. 2019)* « , R. 241-17, R. 241-36 et R. 241-41 », les mots : "la maison départementale des personnes handicapées" sont remplacés par les mots : "la maison territoriale des personnes handicapées".

CHAPITRE VI DISPOSITIONS RELATIVES À L'ACCOMPAGNEMENT DES VICTIMES DE LA PROSTITUTION

(Décr. nº 2016-1467 du 28 oct. 2016, art. 6)

Art. R. 586 ***[R. 586-1]*** Pour l'application à Saint-Martin et à Saint-Barthélemy des articles R. 121-12-1, R. 121-12-2, R. 121-12-3, R. 121-12-4, R. 121-2-5, R. 121-12-6, R. 121-12-7, R. 121-12-8, R. 121-12-9, R. 121-12-10, R. 121-12-11, R. 121-12-12 et R. 121-12-13 :

1° Les mots : "préfet de département" sont remplacés par les mots : "représentant de l'État à Saint-Martin et à Saint-Barthélemy" ;

2° Les mots : "départementale", "dans chaque département" et "dans le département" sont remplacés par les mots : "dans la collectivité" ;

3° La référence à la commission territoriale est substituée à la référence à la commission départementale ;

4° L'article R. 121-12-1 est complété par les mots "ou du représentant de l'État à Saint-Barthélemy et à Saint-Martin" ;

5° L'article R. 121-12-3 est complété par l'alinéa suivant : "Lorsque le siège de l'association est implanté à Saint-Barthélemy ou à Saint-Martin, la demande est adressée au représentant de l'État à Saint-Barthélemy et à Saint-Martin, qui prend la décision de délivrer l'agrément."

CHAPITRE VII DISPOSITIONS RELATIVES À L'ACCÈS AUX ORIGINES PERSONNELLES

(Décr. nº 2022-360 du 14 mars 2022, art. 3-5º)

Art. R. 587-1 Pour l'application des articles R. 147-25, R. 147-31 et R. 147-32 à Saint-Barthélemy, les références au règlement (UE) 2016/679 du Parlement européen et du Conseil du 27 avril 2016 sont remplacées par la référence aux règles applicables en métropole en vertu des dispositions concernées de ce règlement.

ANNEXES

ANNEXE 1-1

Récapitulatif des indicateurs du tableau de bord prévu à l'article R. 115-5

OBJECTIF THÉMATIQUE	INTITULÉ DE L'INDICATEUR
Lutter contre la pauvreté monétaire et les inégalités	– taux de pauvreté monétaire ancré dans le temps avec un seuil initial à 60 % du revenu médian équivalent (1) – taux de pauvreté monétaire au seuil de 60 % du revenu médian équivalent (2) – taux de pauvreté monétaire au seuil de 50 % du revenu médian équivalent (2) – taux de pauvreté monétaire au seuil de 40 % du revenu médian équivalent (2) – intensité de la pauvreté monétaire (3) – taux de persistance de la pauvreté monétaire (4) – part des dépenses préengagées dans le revenu des ménages du 1er quintile de niveau de vie (5)
Lutter contre le cumul des difficultés de conditions de vie	– taux de difficultés de conditions de vie (6)
Lutter contre la pauvreté des enfants	– taux de pauvreté monétaire ancré dans le temps des moins de 18 ans (7) – taux de pauvreté monétaire relatif au seuil de 60 % du revenu médian équivalent des moins de 18 ans – écart entre la proportion d'adolescents ayant au moins deux dents cariées non soignées selon les catégories sociales (8)
Lutter contre la pauvreté des jeunes	– taux de pauvreté monétaire ancré dans le temps des 18-24 ans (9) – taux de pauvreté monétaire des 18-24 ans au seuil de 60 % du revenu médian équivalent
Lutter contre la pauvreté des personnes âgées	– taux de pauvreté monétaire ancré dans le temps des 65 ans et plus (9) – taux de pauvreté monétaire des 65 ans et plus au seuil de 60 % du revenu médian équivalent – taux de pauvreté monétaire des femmes de 75 ans et plus au seuil de 60 % du revenu médian équivalent (10)
Lutter contre la pauvreté des personnes qui ont un emploi	– taux de travailleurs pauvres (11) – part des personnes en sous-emploi dans l'emploi (12) – nombre moyen de semaines rémunérées dans l'année (13)
Favoriser l'accès à l'emploi	– proportion de personnes vivant dans un ménage sans actif occupé (14) – taux d'emploi standardisé des 55-59 ans (15) – taux d'emploi standardisé des 60-64 ans (15) – part de jeunes en emploi ou en formation (16) – taux d'activité des femmes (15-64 ans) (17)
Favoriser l'accès au logement et le maintien dans le logement	– part de personnes relogées parmi les personnes désignées prioritaires par les commissions de médiation "droit au logement opposable" et n'ayant pas refusé l'offre – part des demandes de logement social non satisfaites après un an parmi les ménages à bas niveaux de vie (18) – taux d'effort médian en matière de logement des bénéficiaires de l'allocation logement par quartile de revenu (19)
Favoriser l'accès à l'éducation et à la formation	– taux de sortants du système scolaire à faible niveau d'études (20) – écart du taux de sortants du système scolaire à faible niveau d'études selon les catégories sociales (21) – part d'élèves de CM2 maîtrisant les connaissances de base (22) – part des jeunes en difficulté de lecture (23) – indicateur d'accès à la formation continue (24)

Favoriser l'accès aux soins	– écart du taux de renoncement aux soins pour des raisons financières des bénéficiaires de la couverture maladie universelle complémentaire et des bénéficiaires de complémentaire santé privée [25] – taux d'effort des ménages du premier décile de revenu pour les dépenses de santé restant à leur charge après remboursement des organismes d'assurance maladie complémentaire [26] – part de bénéficiaires de la couverture maladie universelle parmi les bilans de santé gratuits
Lutter contre l'exclusion bancaire	– nombre de ménages surendettés [27] – part des redépôts [28] – taux de bancarisation [29]

(1) Le taux de pauvreté monétaire ancré dans le temps est la proportion de personnes vivant dans des ménages dont le revenu, net des impôts directs par unité de consommation (niveau de vie), est inférieur à un montant équivalent à 60 % du niveau de vie médian de la population, apprécié au début de la période de référence et réévalué les années suivantes en fonction de l'indice des prix à la consommation.

(2) Le taux de pauvreté monétaire au seuil de 60 % (respectivement 50 % et 40 %) du revenu médian équivalent est la proportion de personnes vivant dans des ménages dont le revenu, net des impôts directs par unité de consommation (niveau de vie), est inférieur à un montant équivalent à 60 % (respectivement 50 % et 40 %) du niveau de vie médian de la population.

(3) L'intensité de la pauvreté monétaire est l'écart relatif (exprimé en pourcentage du seuil de pauvreté) entre le niveau de vie médian de la population pauvre et le seuil de pauvreté (calculé à 60 % de la médiane du niveau de vie).

(4) Le taux de persistance de la pauvreté monétaire est la proportion des individus ayant un niveau de vie inférieur au seuil de pauvreté (60 %) pendant plusieurs années consécutives (année courante et au moins deux années sur les trois années précédentes).

(5) La part des dépenses préengagées dans le revenu des ménages du premier quintile de niveau de vie est la moyenne des parts des dépenses à caractère contractuel et difficilement renégociables à court terme dans le revenu total avant impôt des ménages les plus modestes (notamment paiement du loyer et des autres dépenses de logement, services de télécommunications, frais de cantines, services de télévision, assurances et services financiers, impôts et remboursements de crédits).

(6) Le taux de difficultés de conditions de vie est la proportion de ménages subissant au moins huit carences ou difficultés de conditions de vie parmi vingt-sept types de difficultés prédéfinies.

(7) Le taux de pauvreté monétaire ancré dans le temps des moins de 18 ans mesure la proportion des personnes âgées de moins de 18 ans qui vivent dans des ménages dont le revenu, net des impôts directs par unité de consommation (niveau de vie), est inférieur à un montant équivalent à 60 % du niveau de vie médian de la population, apprécié au début de la période de référence et réévalué les années suivantes en fonction de l'indice des prix à la consommation.

(8) L'écart entre la proportion d'adolescents ayant au moins deux dents cariées non soignées selon les catégories sociales est l'écart entre, d'une part, la proportion d'adolescents scolarisés en classe de 3e qui ont au moins deux dents cariées non soignées parmi les enfants dont le père est ouvrier et employé et, d'autre part, celle parmi les enfants dont le père a une profession de catégorie intermédiaire ou supérieure.

(9) Le taux de pauvreté monétaire ancré dans le temps des 18-24 ans (respectivement des 65 ans et plus) mesure la proportion des personnes âgées entre 18 et 24 ans (respectivement des personnes âgées de 65 ans et plus) qui vivent dans des ménages dont le revenu, net des impôts directs par unité de consommation (niveau de vie), est inférieur à un montant équivalent à 60 % du niveau de vie médian de la population, apprécié au début de la période de référence et réévalué les années suivantes en fonction de l'indice des prix à la consommation.

(10) Le taux de pauvreté monétaire des femmes de 75 ans et plus au seuil de 60 % du revenu médian équivalent est la proportion des femmes de 75 ans et plus vivant dans des ménages dont le revenu, net des impôts directs par unité de consommation (niveau de vie), est inférieur à un montant équivalent à 60 % du niveau de vie médian de la population.

(11) Le taux de travailleurs pauvres est la proportion des personnes qui ont un emploi plus de la moitié de l'année et qui vivent dans un ménage pauvre par rapport à l'ensemble de la population en emploi.

(12) La part des personnes en sous-emploi dans l'emploi est la part parmi l'ensemble des personnes ayant un emploi, des personnes travaillant à temps partiel qui souhaitent travailler plus et qui sont disponibles pour le faire ainsi que celles qui travaillent involontairement moins que d'habitude.

(13) Le nombre moyen de semaines rémunérées dans l'année est mesuré au sein des salariés ayant travaillé dans l'année.

(14) La proportion de personnes vivant dans un ménage sans actif occupé est la proportion des personnes âgées de moins de 60 ans qui vivent dans un ménage dont aucun des membres d'âge actif ne travaille parmi l'ensemble des personnes âgées de moins de 60 ans. Les ménages pris en compte doivent comporter au moins une personne de 18 ans ou plus non étudiante et non retraitée. Les étudiants âgés de 18 à 24 ans vivant dans des ménages composés uniquement d'étudiants ne sont repris ni au numérateur ni au dénominateur.

(15) Le taux d'emploi standardisé des 55-59 ans (respectivement des 60-64 ans) est la moyenne simple (non pondérée par les effectifs) des taux d'emploi des cinq générations de 55 à 59 ans (respectivement des 60-64 ans).

(16) La part de jeunes en emploi ou en formation est la part des jeunes âgés de 16 à 25 ans qui sont en emploi ou en formation (élèves, étudiants, stagiaires en formation) parmi l'ensemble des jeunes de 16-25 ans.

(17) Le taux d'activité des femmes (15-64 ans) est la part des femmes âgées de 15 à 64 ans qui travaillent ou qui sont demandeurs d'emploi, parmi l'ensemble des femmes de cette même tranche d'âge.

(18) La part des demandes de logement social non satisfaites après un an parmi les ménages à bas niveaux de vie est la proportion de ménages dont le niveau de vie inférieur aux trois premiers déciles de niveau de vie qui se déclarent inscrits sur des fichiers d'organismes d'habitations à loyer modéré et dont la demande n'a pas été satisfaite au bout d'un an.

(19) Le taux d'effort médian en matière de logement des bénéficiaires de l'allocation logement par quartile de revenus est la part de la dépense en logement d'un ménage bénéficiant de l'aide au logement dans l'ensemble de ses ressources.

(20) Le taux de sortants du système scolaire à faible niveau d'études est la proportion de la population âgée de 18-24 ans n'étant ni en formation initiale ni en formation continue et ne possédant aucun diplôme égal ou supérieur au CAP.

(21) L'écart du taux de sortants du système scolaire à faible niveau d'études selon les catégories sociales est mesuré en comparant le taux au sein, d'une part, des ménages ouvriers et employés et, d'autre part, des ménages de catégories intermédiaires et supérieures.

(22) La part d'élèves de CM2 maîtrisant les connaissances de base est la proportion d'élèves de CM2 maîtrisant les compétences de base en français et en mathématiques, telles que définies par la direction de l'évaluation, de la prospective et de la performance du ministère de l'éducation nationale.

(23) La part des jeunes en difficulté de lecture est la proportion des jeunes présentant des difficultés importantes en lecture ou de très faibles capacités de lecture parmi l'ensemble des jeunes de 17 ans convoqués à la journée d'appel à la préparation de la défense.

(24) L'indicateur d'accès à la formation continue est la proportion de personnes de 15 à 64 ans ayant terminé leurs études initiales et de niveau inférieur ou égal au BEP-CAP qui ont suivi une action de formation continue au cours des trois derniers mois.

(25) L'écart du taux de renoncement aux soins pour des raisons financières des bénéficiaires de la couverture maladie universelle complémentaire et des bénéficiaires de complémentaire santé privée mesure, à partir d'enquêtes, la différence entre le taux de renoncement aux soins au cours des douze derniers mois déclaré par les bénéficiaires de la couverture maladie universelle complémentaire et celui déclaré par les bénéficiaires d'une complémentaire santé privée.

(26) Le taux d'effort des ménages du premier décile de revenu pour les dépenses de santé restant à leur charge après remboursement des organismes d'assurance maladie complémentaire est le montant restant à la charge de ces ménages par rapport à leur revenu moyen par unité de consommation.

(27) Le nombre de ménages surendettés est le nombre de ménages dont la situation, selon l'article L. 331-1 du code de la consommation, est caractérisée par l'impossibilité manifeste pour le débiteur de bonne foi de faire face à l'ensemble de ses dettes non professionnelles exigibles et à échoir.

(28) La part des redépôts est la part des dossiers déposés une nouvelle fois parmi l'ensemble des dossiers déposés une année donnée à la commission de surendettement de la Banque de France.

(29) Le taux de bancarisation est la proportion de personnes ayant accès aux services bancaires par rapport à l'ensemble de la population.

ANNEXE 1-2

Cahier des charges des maisons départementales de l'autonomie

(Décr. n° 2016-1873 du 26 déc. 2016, art. 2)

Préambule

En application de l'article L. 149-4 du code de l'action sociale et des familles (CASF) créé par l'article 82 de la loi n° 2015-1776 du 28 décembre 2015 relative à l'adaptation de la société au vieillissement, la maison départementale de l'autonomie (MDA) est un type d'organisation qui peut permettre la mise en commun des missions d'accueil, d'information, de conseil et d'orientation, et le cas échéant d'instruction des demandes, d'évaluation des besoins et d'élaboration des plans d'aide au profit des personnes âgées et des personnes handicapées (1).

Cette organisation ne donne pas lieu à la création d'une nouvelle personne morale. Elle garantit le maintien de la maison départementale des personnes handicapées (MDPH) sous sa forme de groupement d'intérêt public (GIP) et n'a pas d'incidence sur l'application des articles L. 146-3 à L. 146-12 et L. 241-5 à L. 241-12, portant sur le fonctionnement de la commission des droit et de l'autonomie des personnes handicapées (CDAPH) et de la commission exécutive (Comex) de la MDPH.

Elle regroupe la MDPH et des personnels et des moyens matériels du conseil départemental affectés à la politique en direction des personnes âgées et des personnes handicapées. Elle garantit la qualité de l'évaluation des besoins et de l'élaboration des plans d'aide, d'une part, des personnes handicapées conformément à un référentiel prévu par arrêté du ministre chargé des personnes handicapées et, d'autre part, des personnes âgées sur la base des référentiels mentionnés à l'article L. 232-6.

La mise en place de maisons de l'autonomie permet notamment :

— le partage des bonnes pratiques et des acquis ou des évolutions des dispositifs développés pour chacun des publics (participation des usagers dans le champ du handicap, intégration dans le champ des personnes âgées avec la "méthode d'action pour l'intégration des services d'aide et de soins dans le champ de l'autonomie" (MAIA), prise en compte des aidants dans le champ gérontologique, etc.) ;

— une meilleure visibilité et un accès facilité aux droits et aux dispositifs, ainsi qu'une continuité des parcours mieux assurée (relai entre évaluation et mise en place des prestations pour les personnes handicapées, expertises croisées au service des personnes handicapées vieillissantes, etc.) ;

— la promotion de politiques véritablement globales avec une prise en compte accrue des aspects relatifs à la mobilité, à l'habitat, à la citoyenneté, au lien social, etc., en dépassant les dimensions médico-sociale et de compensation ;

— l'utilisation optimisée des ressources existantes (compétences mobilisables pour l'évaluation, lieux d'accueil infra-départementaux, etc.).

Les projets de MDA doivent toutefois tenir compte des enjeux suivants afin de garantir la préservation des acquis des politiques en direction des personnes handicapées d'une part et des politiques en direction des personnes âgées d'autre part :

— la préservation de la dynamique partenariale autour de la gestion du dispositif, telle qu'elle existe sur le champ du handicap ;

— l'individualisation de l'évaluation des besoins et des prises en charge – principe affirmé sur le champ du handicap et sur celui de la gérontologie – doit constituer une garantie de la prise en compte des spécificités de chaque situation individuelle et donc *a fortiori* des spécificités des deux publics, par le recours à des professionnels spécifiquement formés ;

— l'approche globale des besoins des personnes, ce qui implique :

— de tenir compte, pour les personnes handicapées, de l'ensemble du périmètre d'action du GIP MDPH, au-delà de la dimension médico-sociale, et *a fortiori* au-delà du dispositif de la PCH ;

— de mettre en œuvre les dispositions de la loi ASV portant sur l'information des personnes âgées et de leur familles et l'évaluation multidimensionnelle ;

— de tenir compte de la situation des aidants tant pour les personnes âgées que pour les personnes handicapées ;

— la garantie en termes de niveau de service rendu à tous les usagers dans le cadre des démarches d'optimisation des moyens. Celle-ci se doit d'être un vecteur de l'amélioration de la qualité de service et non pas l'objectif principal de la création d'une MDA.

En matière d'évaluation, la MDA doit proposer une organisation qui garantit une évaluation de qualité et l'équité de traitement.

Le chapitre 4 du présent cahier des charges ne s'impose qu'aux MDA compétentes en matière d'instruction des demandes, d'évaluation des besoins et d'élaboration des plans d'aide, qui constituent des missions facultative d'une MDA.

CHAPITRE I CRITÈRES DE LABELLISATION PORTANT SUR LA DÉMARCHE DE MISE EN PLACE DE LA MAISON DÉPARTEMENTALE DE L'AUTONOMIE (MDA)

CRITÈRES DE LABELLISATION	PIÈCES JUSTIFICATIVES À FOURNIR
1.1. Le projet de maison départementale de l'autonomie formalise ses objectifs, son organisation cible et sa gouvernance : – l'état des lieux de l'existant, s'agissant des missions que réalisera la MDA ; – les objectifs de la création de la MDA en termes de plus-value pour tous les usagers ; – l'organisation cible : missions, périmètre, moyens affectés ; – les étapes de sa mise en œuvre ; – les précisions sur l'évolution des ressources humaines mobilisées et de leur affectation par service et par public ; – la traçabilité des expertises spécifiques (ex. : scolarisation, handicaps spécifiques, aide aux aidants, maladie Alzheimer) ; – les instances de gouvernance et leurs prérogatives.	1.1. Projet formalisé comportant l'ensemble des items listés.
1.2. Le projet de maison départementale de l'autonomie est soumis à une démarche de concertation préalable aux votes en COMEX de la MDPH, en conseil départemental de la citoyenneté et de l'autonomie (CDCA) et en conseil départemental : – concertation avec les équipes ; – concertation avec les représentants des usagers ; – concertation avec les partenaires, *a minima* les membres du GIP MDPH, les principales institutions/organismes compétents dans le champ des personnes âgées (ARS, caisses de sécurité sociale, CLIC, Communes/CCAS...).	1.2. Liste récapitulative des réunions avec leur ordre du jour et liste des participants.
1.3. Le projet de MDA est soumis à la consultation de la COMEX et du CDCA en amont de la délibération du conseil départemental : – avis conforme de la commission exécutive de la maison départementale des personnes handicapées ; – avis du conseil départemental de la citoyenneté et de l'autonomie.	1.3.1. CR détaillé de la réunion de la COMEX dédiée à la discussion sur le projet de MDA et avis. 1.3.2. CR de la réunion du CDCA dédiée à la discussion sur le projet de MDA et avis.
1.4. En amont de la création de la MDA et lors de sa première année d'existence, un plan de communication formalisé à destination des usagers, des partenaires et du grand public est mis en place.	1.4.1. Plan de communication et modalités de sa mise en œuvre (ex. : CR de réunions, supports, articles, etc.). 1.4.2. Éléments sur les démarches effectuées de référencement web à partir des mots-clés.

CHAPITRE II CRITÈRES DE LABELLISATION PORTANT SUR LE FONCTIONNEMENT DE LA MDA DANS SON ENSEMBLE

CRITÈRES DE LABELLISATION	PIÈCES JUSTIFICATIVES À FOURNIR
2.1. La MDA respecte le référentiel des missions et de qualité de service (RMQS) des MDPH.	2.1. Autodiagnostic du RMQS, feuille de route, extrait du rapport d'activité de la MDA portant sur le référentiel.
2.2. Dans le cadre de la MDA, le fonctionnement et les prérogatives de la Comex de MDPH, ainsi que le principe de la collégialité des acteurs sont respectés.	2.2. PV des deux dernières réunions de la Comex, dont la liste des présents.

CRITÈRES DE LABELLISATION	PIÈCES JUSTIFICATIVES À FOURNIR
2.3. Les données relatives à l'activité et aux moyens de la MDA, retraçant l'activité et les moyens budgétaires pour les personnes handicapées d'une part, les personnes âgées d'autre part, et permettant le suivi de l'efficience du dispositif (délais/activité/moyens), sont transmis à la CNSA et au CDCA.	2.3.1. Rapport d'activité de la MDA. 2.3.2. Transmission à la CNSA des données requises pour le compte de la MDPH (activité et maquette budgétaire), prévues dans les conventions pluriannuelles CNSA/CD.

CHAPITRE III CRITÈRES DE LABELLISATION PORTANT SUR LES MISSIONS D'ACCUEIL, D'INFORMATION, DE CONSEIL ET D'ORIENTATION

CRITÈRES DE LABELLISATION	PIÈCES JUSTIFICATIVES À FOURNIR
3.1. La MDA formalise des supports de communication expliquant les modalités organisationnelles de la mise en commun des services du GIP MDPH et du conseil départemental : – la démarche de sa création ; – le périmètre de ses missions et de ses champs d'intervention ; – les procédures de traitement des demandes, et notamment des demandes urgentes. Ces supports sont disponibles dans la durée et mis à jour en tant que de besoin. Ils permettent aux usagers – personnes handicapées ou âgées – d'identifier et d'accéder facilement aux dispositifs portés par chacune des deux composantes de la MDA (liens GIP MDPH /MDA et services personnes âgées et personnes handicapées du département/MDA).	3.1. Supports de communication précisant ces éléments.
3.2. La MDA garantit l'accessibilité des supports et ressources documentaires pour tous les publics.	3.2. Partie de l'autodiagnostic du RMQS dédiée à l'accessibilité des supports de communication (2).
3.3. La MDA dispose d'outils d'information communs aux deux publics : annuaires, portail internet, supports pour les équipes et pour les partenaires. Elle offre des informations communes sur certains sujets (ex. : logement, transports, etc.) et spécifiques pour les thématiques qui le requièrent (ex. : prestations, prévention en direction des PA, offre en direction des PA non dépendantes, dispositifs de transport spécifiques pour PH).	3.3. Exemples de support.
3.4. La MDA met en place des lieux d'accueil communs aux deux publics à l'échelle infra-départementale en prenant en compte les dispositifs existants et en les améliorant. Cette organisation doit constituer un gain qualitatif pour tous les usagers (ex. : proximité, accessibilité, visibilité, travail en réseau, réactivité).	3.4. Cartographie comparative du dispositif départemental d'accueil des personnes âgées et des personnes handicapées.
3.5. La MDA garantit l'accessibilité de ses lieux d'accueil à tous les publics et types de handicap.	3.5. Partie de l'autodiagnostic du RMQS dédiée à l'accessibilité des modalités d'accueil (3)
3.6. Les lieux d'accueil communs infra-départementaux garantissent un accueil de niveau 1 (accueil tout public).	3.6. Cf. cartographie
3.7. La MDA garantit l'accès à l'accueil de niveau 2 (expert pour les deux publics) : – en appui au niveau 1 ; – pour fournir aux usagers des informations requérant un niveau plus élevé de technicité ; – pour accompagner les usagers dans l'expression de leur projet de vie, de leurs attentes et besoins.	3.7. Cf. cartographie, précisant les modalités de l'accueil de niveau 2.

CRITÈRES DE LABELLISATION	PIÈCES JUSTIFICATIVES À FOURNIR
3.8. La MDA garantit l'accueil des usagers par des professionnels compétents et formés, au sein de la MDA et au sein des structures partenaires lorsqu'elles interviennent pour le compte de la MDA : – en s'appuyant sur la définition d'un socle des compétences pour les deux niveaux d'accueil ; – en procédant à la formation des professionnels pour qu'ils soient en situation d'accueillir les deux publics et de leur fournir des informations sur l'ensemble du périmètre des missions de la MDPH et des services du département en direction des personnes âgées et des personnes handicapées, notamment en cas de polyvalence.	3.8.1. Descriptif de la définition d'un socle des compétences pour les professionnels de l'accueil. 3.8.2. Plan de formation.
3.9. La MDA met à disposition des professionnels d'accueil des supports et outils adaptés.	3.9. Partie de l'autodiagnostic du RMQS dédiée aux outils pour les professionnels d'accueil (4).
3.10. La MDA formalise ses partenariats pour l'accueil de niveaux 1 ou 2, lorsque les partenaires interviennent pour son compte.	3.10. Documents de contractualisation et de partenariat.
(2) S'applique également pour les supports à destination du public âgé.	
(3) S'applique également pour l'accueil du public âgé.	
(4) Idem.	

CHAPITRE IV CRITÈRES DE LABELLISATION PORTANT SUR LES MISSIONS D'INSTRUCTION DES DEMANDES, D'ÉVALUATION DES BESOINS ET D'ÉLABORATION DES PLANS D'AIDE

CRITÈRES DE LABELLISATION	PIÈCES JUSTIFICATIVES À FOURNIR
4.1. La MDA garantit l'association des usagers à l'évaluation et à l'élaboration de réponses.	4.1. Partie de l'autodiagnostic du RMQS dédiée à la participation des usagers. Grille de la CNSA sur l'évaluation des personnes âgées.
4.2. La MDA garantit la conduite de l'évaluation par des professionnels compétents et formés : – en s'appuyant sur la définition d'un socle des compétences pour les professionnels de l'évaluation ; – en procédant, autant que de besoin, à la formation des professionnels pour qu'ils soient en situation d'exercer leurs missions sur l'ensemble de leur périmètre, notamment en cas de polyvalence ; – en mettant en place des modalités d'appui, d'actualisation des connaissances et d'harmonisation des pratiques (notamment entre territoires si l'organisation est territorialisée).	4.2.1. Partie de l'autodiagnostic du RMQS dédiée au service d'évaluation qualifié et compétent. 4.2.2. Descriptif de la définition d'un socle des compétences pour les professionnels de l'évaluation. 4.2.3. Plan de formation. 4.2.4. Description des modalités d'appui, d'actualisation des connaissances et d'harmonisation des pratiques.
4.3. La MDA garantit le respect de l'utilisation des référentiels et outils spécifiques d'évaluation des deux publics (guide d'évaluation des besoins de compensation des personnes handicapées prévu à l'article R. 245-28 (GEVA) et autres outils mentionnés dans le RMQS MDPH pour les personnes handicapées ; référentiel d'évaluation multidimensionnelle pour les personnes âgées prévu par l'article L.232-6).	4.3. Exemples d'outil et support d'évaluation anonymisé.
4.4. La MDA permet la juste mobilisation des compétences utiles et nécessaires à la prise en compte de la spécificité des situations : – les expertises spécifiques présentes dans les équipes du GIP MDPH et du conseil départemental – scolarité, emploi, troubles spécifiques… – doivent être maintenues et identifiées clairement dans la nouvelle organisation ;	4.4.1. Partie de l'autodiagnostic du RMQS dédiée à la pluridisciplinarité et à la mobilisation des expertises locales. 4.4.2. Organigramme avec l'identification du positionnement des expertises spécifiques.

CRITÈRES DE LABELLISATION	PIÈCES JUSTIFICATIVES À FOURNIR
– en complément des expertises internes, des expertises extérieures doivent être mobilisables lorsque cela est utile à l'évaluation et à l'élaboration de la réponse pour un usager.	4.4.3. Cartographie des expertises.
4.5. La MDA met en place les procédures et les outils garantissant la réponse globale aux besoins des usagers.	4.5.1. Partie de l'autodiagnostic du RMQS dédiée aux préconisations globales et personnalisées. 4.5.2. Exemples de plans personnalisés de compensation (PPC) et de plan d'aide APA anonymisés.
4.6. La traçabilité des décisions prises au nom du GIP MDPH d'une part et du conseil départemental d'autre part est garantie.	4.6. Format de notification permettant d'identifier les rôles respectifs de la commission des droits et de l'autonomie des personnes handicapées (CDAPH) et du président du conseil départemental.

(1) Certaines MDA portent sur un périmètre plus large que celui mentionné dans la loi (par exemple : contrôle de la prestation, gestion de l'offre), au-delà de la dimension de la compensation individuelle. Ces missions ne sont donc pas intégrées dans le cahier des charges en tant que critères, elles seront abordées sous l'angle des bonnes pratiques.

ANNEXE 2-1

Grille nationale AGGIR et son guide de remplissage

(Décr. nº 2017-882 du 9 mai 2017, art. 5-1º)

Nom de naissance (en majuscules) :	Prénom : ....
Nom marital (s'il y a lieu) :	Date de naissance : ....
Adresse :	
Numéro de téléphone :	Numéro de digicode : ....
☐ 1re demande	☐ renouvellement
Date de la visite :	
Effectuée par :	
Médecin traitant :	

SOINS ET AIDES EXISTANTS		
hébergement en établissement	avec convention tripartite	
	sans convention tripartite	
soins par des infirmiers libéraux		
service de soins infirmiers à domicile		
aide-ménagère (en heures par mois)		
garde à domicile (en heures par mois)	jour	
	nuit	
portage de repas (en nombre par mois)		
téléalarme		
dépannage		
autre service (précisez)		
aides techniques	fauteuil roulant	
	cannes	
	déambulateur	
	lit médicalisé	
	lève-malade	
	matériel à usage unique pour incontinence	
	autres (précisez)	

Grille nationale AGGIR

VARIABLES DISCRIMINANTES	
COHÉRENCE : converser et/ou se comporter de façon sensée	
ORIENTATION : se repérer dans le temps, les moments de la journée et dans les lieux	
TOILETTE : concerne l'hygiène corporelle	
HABILLAGE : s'habiller, se déshabiller, se présenter	
ALIMENTATION : manger les aliments préparés	
ÉLIMINATION : assumer l'hygiène de l'élimination urinaire et fécale	
TRANSFERTS : se lever, se coucher, s'asseoir	
DÉPLACEMENT À L'INTÉRIEUR : avec ou sans canne, déambulateur, fauteuil roulant?	
DÉPLACEMENT À L'EXTÉRIEUR : à partir de la porte d'entrée sans moyen de transport	
COMMUNICATION À DISTANCE : utiliser les moyens de communication, téléphone, sonnette, alarme?	

VARIABLES ILLUSTRATIVES (PERTE D'AUTONOMIE DOMESTIQUE ET SOCIALE)	
GESTION : gérer ses propres affaires, son budget, ses biens	
CUISINE : préparer ses repas et les conditionner pour être servis	
MÉNAGE : effectuer l'ensemble des travaux ménagers	
TRANSPORT : prendre et/ou commander un moyen de transport	
ACHATS : acquisition directe ou par correspondance	
SUIVI DU TRAITEMENT : se conformer à l'ordonnance du médecin	
ACTIVITÉS DE TEMPS LIBRE : activités sportives, culturelles, sociales, de loisir ou de passe-temps	

Groupe iso-ressources

ENTOURAGE			
réseaux personnels	vit seule		
	vit avec une personne dépendante		
	vit avec une personne autonome		
	sans contact avec sa famille		
	sans voisinage ou voisinage indifférent		
	commerces inaccessibles		
	absence de réseaux personnels	le week-end	
		les vacances	
absence de réseaux professionnels	le week-end		
	les vacances		
HABITAT			
type	rural dispersé		
	appartement	ordinaire	
		en logement-foyer	
		autre	
	maison individuelle		
accessibilité	étage sans ascenseur		
	présence de marches ou de niveaux différents		
	sols défectueux		
sanitaires	absence eau courante		
	absence eau chaude		
	WC extérieurs ou absents, WC non adaptés		
	absence de salle de bains		
	baignoire ou douche inadaptée		
chauffage	problème approvisionnement		
	chauffage défectueux ou inexistant		
équipement	électro-ménager insuffisant		
	mobilier insuffisant		
	absence de téléphone		
	logement trop petit		
	logement insalubre		

<table>
<tr><th colspan="3">HABITAT</th><th></th></tr>
<tr><th colspan="3">AIDES PROPOSÉES</th><th>FRÉQUENCE</th></tr>
<tr><td rowspan="3">Aide à domicile
type :...............................</td><td colspan="2">aide-ménagère (en heures par mois)</td><td></td></tr>
<tr><td rowspan="2">garde à domicile
(en heures par mois)</td><td>jour</td><td></td></tr>
<tr><td>nuit</td><td></td></tr>
<tr><td colspan="3">accueil temporaire</td><td></td></tr>
<tr><td colspan="3">portage de repas (en nombre par mois)</td><td></td></tr>
<tr><td colspan="3">téléalarme</td><td></td></tr>
<tr><td colspan="3">adaptation du logement</td><td></td></tr>
<tr><td colspan="3">blanchisserie à domicile</td><td></td></tr>
<tr><td colspan="3">transport</td><td></td></tr>
<tr><td colspan="3">dépannage, petits travaux</td><td></td></tr>
<tr><td colspan="3">autre service (précisez)</td><td></td></tr>
<tr><td rowspan="7">aides techniques</td><td colspan="2">fauteuil roulant</td><td></td></tr>
<tr><td colspan="2">cannes</td><td></td></tr>
<tr><td colspan="2">déambulateur</td><td></td></tr>
<tr><td colspan="2">lit médicalisé</td><td></td></tr>
<tr><td colspan="2">lève-malade</td><td></td></tr>
<tr><td colspan="2">matériel à usage unique pour incontinence</td><td></td></tr>
<tr><td colspan="2">autres (précisez)</td><td></td></tr>
<tr><td colspan="4">OBSERVATIONS DE L'ÉQUIPE MÉDICO-SOCIALE</td></tr>
</table>

GUIDE DE REMPLISSAGE DE LA GRILLE AGGIR .

(*Décr. nº 2017-882 du 9 mai 2017, art. 5-2º*)

« Le modèle AGGIR, Autonomie gérontologique et groupes iso-ressources, évalue le niveau de réalisation d'activités de différentes natures (activités domestiques, sociales, corporelles et mentales) effectuées par une personne âgée seule, sans aides humaines, mais le cas échéant avec des aides techniques, quel que soit son lieu de vie, à domicile comme en établissement.

« Il permet une description synthétique des difficultés rencontrées par une personne dans la réalisation de différentes activités de la vie courante à partir des questions suivantes : la personne fait-elle ? Si non, pourquoi ? Le peut-elle ? Le veut-elle ?

« Ce modèle permet de définir des "groupes iso-ressources" utilisés pour déterminer l'éligibilité à l'allocation personnalisée d'autonomie à domicile comme en établissement.

« En établissement d'hébergement pour personnes âgées dépendantes, le modèle AGGIR est complété par le modèle Pathos qui évalue les niveaux de soins nécessaires.

« A domicile, le modèle AGGIR constitue l'une des dimensions du référentiel d'évaluation multidimensionnelle, prévu à l'article L. 232-6, et contribue ainsi, avec les autres dimensions, à l'évaluation de la situation et des besoins de la personne âgée, préalable à l'élaboration d'un plan d'aide. »

Les activités analysées dans le modèle AGGIR.

Le modèle AGGIR comporte 10 variables d'activité corporelle et mentale (dites discriminantes) **et 7 variables d'activité domestique et sociale** (dites illustratives) :

Corporelle et mentale :	***Domestique et sociale :***
1. Cohérence	1. Gestion
2. Orientation	2. Cuisine
3. Toilette	3. Ménage
4. Habillage	4. Transports
5. Alimentation	5. Achats
6. Élimination urinaire et fécale	6. Suivi du traitement
7. Transferts	7. Activités du temps libre
8. Déplacements à l'intérieur	
9. Déplacements à l'extérieur	
10. Alerter	

Certaines variables comme la toilette, l'habillage, l'alimentation, l'élimination, l'orientation et la cohérence sont codées sur plusieurs "sous-variables" (toilette du haut et toilette de bas par exemple, ces deux activités nécessitant des capacités mentales, motrices et fonctionnelles sensiblement différentes). Dans ces cas, les règles spécifiques à appliquer sont indiquées pour chaque variable.

L'utilisation du modèle implique, en établissements comme à domicile, que l'ensemble des dix-sept activités soit évalué.

Comment coder le modèle AGGIR.

1. L'observation porte sur les activités effectuées par la personne seule, en excluant ce que font les "aidants" et les soignants (il faut en effet bien distinguer ce que fait la personne âgée et ce que font l'entourage et les professionnels).

En revanche, **les aides matérielles et techniques** sont considérées comme faisant partie intégrante de la personne : lunettes, prothèse auditive, fauteuil roulant, poche de colostomie, etc... Par exemple : une personne amputée des deux jambes, dont les transferts sont assurés, qui se déplace avec un fauteuil roulant en tous lieux, dans un environnement adapté, n'aura aucune difficulté pour les déplacements à la condition que ces déplacements répondent aux critères définis plus loin.

2. A chaque variable peuvent correspondre trois modalités :

Pour chacune des variables et sous-variables il convient d'évaluer adverbe par adverbe chaque activité, puis seulement dans un deuxième temps, en fonction de la réponse aux adverbes, de coder la variable par A, B ou C.

A	fait seul	Spontanément, et totalement, et habituellement, et correctement.

C	ne fait pas seul	ni spontanément, ni totalement, ni habituellement, ni correctement.
B	fait seul	non spontanément, et/ou partiellement, et/ou non habituellement, et/ou non correctement

(Sous réserve de la modalité C).

Spontanément suppose qu'il n'existe pas d'incitation ou de stimulation (ce point a souvent été sous-estimé entraînant des erreurs de codage), **totalement** suppose que l'ensemble des activités du champ analysé soit réalisé, **habituellement** fait référence au temps et à la fréquence de réalisation, et **correctement** recouvre trois aspects : la qualité de la réalisation, la conformité aux usages et la sécurité vis-à-vis de soi et les autres.

Le codage C correspond, pour une activité, à une personne qui ne fait jamais cette activité seule, même partiellement et même difficilement. Il faut faire l'activité à la place de la personne, ou "faire faire", ou encore "refaire", en totalité et à chaque fois.

Le principe de la méthode est de répondre par oui ou par non à une question pour chaque adverbe du type : "La personne fait-elle seule ses transferts chaque fois que cela est nécessaire et souhaité ?" pour la variable Transferts et pour l'adverbe habituellement par exemple.

Pour chacune des variables et sous-variables une réponse positive pour les quatre adverbes correspond au codage A, une réponse négative aux quatre adverbes au codage C et une réponse négative à certains adverbes seulement au codage B.

S	Spontanément	S	T	H	C		
		□	□	□	□	**A**	la réponse est oui pour tous les adverbes
T	Totalement	■	□	□	■	**B**	la réponse est non pour 1 à 3 adverbes
		■	■	■	■	**C**	la réponse est non pour tous les adverbes

Cependant, la présence d'une réponse positive à un seul adverbe, ou beaucoup plus rarement à deux adverbes, peut correspondre à une réelle situation C. Une activité peut par exemple être réalisée seule spontanément et/ou habituellement voire même totalement mais si peu correctement qu'il faut tout refaire.

Il est également important de comprendre qu'une activité peut être réalisée par la personne seule, spontanément, totalement, correctement et habituellement, cependant avec des difficultés liées par exemple à des fonctions motrices ou la lassitude de réaliser quotidiennement un type d'activité. Dans ce cas la cotation doit être A. Ce n'est pas la difficulté de réalisation qui est évaluée.

De même, rappelons qu'une activité réalisée par la personne seule spontanément, totalement, correctement et habituellement mais **avec des aides matérielles et/ou techniques** doit être codée A (ces aides font partie intégrante de la personne).

Le questionnement doit se faire en deux étapes :

♦ **La première étape permet de déterminer**

— **si la personne ne réalise jamais seule une activité** et qu'il faut faire à la place ou faire faire, entièrement et à chaque fois,

— **ou si la réalisation de cette activité est en partie réalisée par la personne mais que** le résultat impose qu'il faille tout refaire à chaque fois.

La situation dans ces deux cas doit être évaluée C.

♦ **La seconde étape**

Si la situation n'est pas évaluée C dans la première étape, **il faut dans un deuxième temps répondre aux questions sur les adverbes afin de coder au mieux la modalité B** trop souvent sous-estimée par oubli au moins d'un adverbe.

La réponse négative à un adverbe n'est en aucun cas à utiliser quand l'évaluateur ne sait pas. Elle correspond à une définition précise. Dans le doute, on ré-observe ce que fait la personne par rapport à l'activité concernée.

La connaissance de la combinaison des adverbes pour la modalité B chez un individu apporte un éclairage particulièrement enrichissant dans l'élaboration du plan d'aides et de soins adapté à ses besoins.

En synthèse pour chaque activité, dans un premier temps, il faudra répondre par oui ou par non à une question repérant la modalité C : **la personne ne fait jamais seule l'activité analysée, même partiellement et même difficilement, il faut faire à la place ou faire faire ou tout refaire en totalité et à chaque fois.** Dans un deuxième temps il faudra répondre par oui ou par non **à quatre questions concernant les adverbes,** spécifiques à chaque activité, pour déterminer la modalité B ou A.

3. Une évaluation de qualité se fait en pluridisciplinarité, par observation et questionnement de la personne et des différents "aidants", et **doit tenir compte d'éventuelles fluctuations des activités dans le temps** ("habituellement"), une activité pouvant être réalisée à un moment donné et ne pas l'être à un autre moment.

Elle doit également tenir compte de l'environnement et des habitudes de l'individu : "correctement" peut ne pas avoir la même signification pour une personne seule à domicile et une personne vivant en communauté dans une maison de retraite par exemple, ou pour des personnes d'origine culturelle très différente (les facteurs culturels sont particulièrement présents dans les activités domestiques et sociales).

4. L'ordre d'évaluation des variables obéit à deux logiques :

• **Une logique de conduite d'observation et d'entretien,** voulue ici comme décrivant approximativement le déroulement habituel des activités tout au long d'une journée.

• **Une logique d'enrichissement des variables par les autres :** l'abord d'une nouvelle question doit permettre de confirmer les informations obtenues précédemment à partir des questions antérieures et/ou de bénéficier de ces informations dans la réponse qu'elle doit apporter.

Ainsi, il est apparu souhaitable de placer l'orientation et la cohérence au terme de l'observation, l'évaluation de ces deux variables étant "éclairée" par l'évaluation de toutes les autres variables d'activités corporelles, domestiques et sociales.

5. En fin d'évaluation il faut analyser la cohérence des codages sur l'ensemble des items : il ne peut pas, dans la très grande majorité des cas, y avoir de troubles au niveau mental (cohérence et orientation) et/ou au niveau moteur (transferts et déplacements) sans atteinte des activités corporelles, domestiques et sociales. De même, excepté dans les cas d'inadaptation de l'environnement ou de non-désir, l'altération des activités corporelles, domestiques et sociales trouve la plupart du temps son origine dans des difficultés d'ordre mental et/ou d'ordre moteur (cette recherche de cohérence du codage est prévue par les textes et réalisée par les commissions départementales de coordination médicale validant les évaluations faites avec AGGIR dans les établissements d'hébergement).

La recherche de cohérence dans le codage passe également par **la connaissance des conséquences des pathologies** présentes éventuellement chez la personne, pouvant expliquer ou pouvant faire suspecter l'existence d'une diminution de certaines activités.

Le codage des différentes variables du modèle AGGIR

1. Transferts.

C'est assurer ses transferts : se lever, se coucher, s'asseoir. Passer de l'une de ces trois positions à une autre, dans les deux sens.

PRÉCISIONS

Cette variable **concerne les seuls changements de position** et n'inclut pas les déplacements évalués par les variables *Déplacements à l'intérieur* et *Déplacements à l'extérieur*.

Nombreux sont les modèles qui n'incluent pas cette différenciation pourtant évidente et essentielle : dans de nombreux cas, on observe des personnes ne faisant pas les transferts mais qui, une fois levées, se déplacent sans problèmes.

Un matériel adapté peut permettre d'assurer les transferts en toute indépendance : lit à hauteur variable, potences, sièges adaptés...

LA PERSONNE N'ASSURE PAS SES TRANSFERTS	Oui	Non
Elle ne les effectue jamais seule et en fonction de ses propres volontés, même partiellement et même difficilement. Un tiers doit intervenir ou être présent pour tous les transferts.	☐	☐

Une réponse positive à "Ne fait pas" correspond au codage C et une réponse négative impose de documenter les adverbes ci-dessous.

LA PERSONNE ASSURE SEULE SES TRANSFERTS		Oui	Non
Spontanément	sans avoir à lui dire, à lui rappeler, à lui expliquer, à lui montrer ?	☐	☐
Totalement	en assurant l'ensemble des transferts dans les deux sens ?	☐	☐
Correctement	sans se mettre en danger et en utilisant éventuellement les aides techniques adaptées ?	☐	☐
Habituellement	chaque fois que cela est nécessaire et souhaité ?	☐	☐

Une réponse positive à tous les adverbes correspond au code A et une réponse négative à certains adverbes (de un à trois) au code B.

1. *Transferts* **Code ☐**

2 *Déplacements à l'intérieur.*

C'est se déplacer à l'intérieur du lieu de vie.

PRÉCISIONS

Au domicile le lieu de vie comporte les pièces habituelles et les lieux où se trouvent les boîtes aux lettres et le local poubelles ; en institution le lieu de vie comporte également les locaux collectifs éventuels d'une résidence (restaurant, espaces d'animation et de vie collective), **jusqu'à la porte d'entrée sur la rue.**

L'utilisation par la personne seule de cannes, d'un déambulateur ou d'un fauteuil roulant peut lui permettre d'être parfaitement indépendante pour ses déplacements.

LA PERSONNE NE SE DÉPLACE PAS DANS SON LIEU DE VIE	Oui	Non
Elle ne le fait jamais seule, même partiellement et même difficilement. Un tiers intervient en totalité à chaque fois qu'elle doit ou désire se déplacer.	☐	☐

Une réponse positive à "Ne fait pas" correspond au codage C et une réponse négative impose de renseigner les adverbes ci-dessous.

LA PERSONNE SE DÉPLACE SEULE DANS SON LIEU DE VIE		Oui	Non
Spontanément	sans avoir à lui dire, à lui rappeler, à lui expliquer, à lui montrer, à l'orienter ?	☐	☐
Totalement	dans tous les lieux de vie, jusqu'à la porte sur la rue ?	☐	☐
Correctement	à bon escient et de façon adaptée aux possibilités, sans se mettre en danger ?	☐	☐
Habituellement	chaque fois qu'elle en a le désir ou le besoin ?	☐	☐

Une réponse positive à tous les adverbes correspond au code A et une réponse négative à certains adverbes (de un à trois) au code B.

2. *Déplacements à l'intérieur* **Code ☐**

3 *Toilette.*

C'est assurer son hygiène corporelle.

PRÉCISIONS

La toilette concerne l'hygiène c'est-à-dire la **propreté corporelle**, répondant sans excès aux exigences personnelles et de la vie collective. Elle inclut la préparation des affaires indispensables à sa réalisation (eau, savon, serviettes...).

Les installations (la salle de bains, la baignoire ou douche) ne doivent pas influencer l'évaluation de cette variable. On peut être propre sans posséder de telles installations. Par ailleurs, il importe également de **ne pas imposer ses propres règles d'hygiène** à une personne qui est propre mais avec d'autres règles culturelles.

Aller à la salle de bain relève de l'item *Déplacement intérieur*, se déshabiller pour se laver de la variable *Habillage*, la propreté de la salle de bains, du lavabo, du linge de toilette... de la variable *Ménage*, et l'achat des produits de la variable *Achats*.

La variable toilette se décompose en deux parties :

Pour renseigner la variable toilette il convient d'abord de codifier la toilette des parties hautes puis des parties basses du corps, ces deux activités nécessitant des capacités motrices et fonctionnelles sensiblement différentes.

♦ ***Toilette du haut***

Elle concerne le visage (y compris le rasage et le coiffage), le tronc, les membres supérieurs et les mains.

Le dos est volontairement ignoré car, à un âge très avancé, se laver le dos est une opération difficile pour la grande majorité des personnes.

Pour le coiffage, c'est le coup de peigne ou de brosse qui est retenu. Le travail de la coiffeuse professionnelle n'est évidemment pas évalué ici.

Le nettoyage de la denture a été supprimé car la grande majorité des personnes très âgées ne se lave pas plus les dents qu'elle ne nettoie son dentier (introduire "les dents" ferait donc perdre toute sensibilité à l'évaluation sur une variable très importante). Les problèmes dentaires sont majeurs chez la personne âgée mais relèvent d'un autre outil d'évaluation.

♦ ***Toilette du bas***

Elle concerne les régions intimes, les membres inférieurs et les pieds.

Les ongles des orteils ne sont pas pris en compte, car la majorité des personnes de plus de 80 ans ont des difficultés réelles à ce niveau (l'intervention de la pédicure n'est pas évaluée ici).

Les questions sont identiques pour chacune des deux sous-variables :

LA PERSONNE NE FAIT PAS SA TOILETTE	Oui	Non
Elle ne la fait jamais seule, même partiellement et même difficilement. Il faut faire à la place, ou faire faire, ou refaire, en totalité et à chaque fois.	☐	☐

Une réponse positive à "Ne fait pas" correspond au codage C et une réponse négative impose de documenter les adverbes ci-dessous.

LA PERSONNE FAIT SEULE SA TOILETTE		Oui	Non
Spontanément	sans avoir à lui dire, à lui rappeler, à lui expliquer, à lui montrer ?	☐	☐
Totalement	pour l'ensemble des activités entrant dans ce champ ?	☐	☐
Correctement	aboutissant à une propreté corporelle satisfaisante et suffisante ?	☐	☐
Habituellement	autant que de besoins ?	☐	☐

Une réponse positive à tous les adverbes correspond au code A et une réponse négative à certains adverbes (de un à trois) au code B.

3.1. *Toilette du haut* **Code ☐**
3.1. *[2.] Toilette du haut [bas]* **Code ☐**

CODAGE FINAL

Si les modalités des deux sous-variables *Toilette du haut* et *Toilette du bas* sont A, la modalité de *Toilette* est A, si elles sont C, la modalité de *Toilette* est C, dans tous les autres cas, la modalité de *Toilette* est B.

C'est-à-dire :
AA = A
CC = C
Autres = B

3. Toilette **Code ☐**

4 *Élimination urinaire et fécale.*

C'est assurer l'hygiène de l'élimination urinaire et fécale.

PRÉCISIONS

Il ne s'agit pas de mesurer la maîtrise de l'élimination par la personne (l'incontinence est un diagnostic médical) mais d'évaluer comment elle assure l'hygiène de ses éliminations, c'est- à-dire **la propreté de ses éliminations**. Avoir une bonne hygiène dans ce domaine c'est éliminer dans un lieu et/ou un ustensile approprié, et **assurer la propreté sur soi.** Une personne peut être incontinente et assumer parfaitement la gestion de ses fuites (protections à usage unique) et rester propre.

Aller au WC relève de l'item *Déplacement intérieur*, baisser son pantalon de l'item *Habillage*, s'asseoir sur la cuvette de *Transfert*, la propreté des sanitaires et le vidage de l'urinal ou de la chaise percée de la variable *Ménage*.

Elle se décompose en deux parties : **l'élimination urinaire et l'élimination fécale.**

Les questions sont identiques pour chacune des deux sous-variables :

LA PERSONNE NE FAIT PAS	Oui	Non
Elle n'assure jamais seule l'hygiène de l'élimination, même partiellement et même difficilement. Un tiers intervient en totalité et à chaque fois.	☐	☐

Une réponse positive à "Ne fait pas" correspond au codage C et une réponse négative impose de documenter les adverbes ci-dessous.

LA PERSONNE ASSURE SEULE		Oui	Non
Spontanément	sans avoir à lui dire, à lui rappeler, à lui expliquer, à lui montrer ?	☐	☐
Totalement	en effectuant la totalité des actes nécessaires ?	☐	☐
Correctement	où il faut et comme il faut, dans un lieu ou un ustensile adéquat, sans se salir ?	☐	☐
Habituellement	aussi souvent que de besoins, de jour comme de nuit ?	☐	☐

Une réponse positive à tous les adverbes correspond au code A et une réponse négative à certains adverbes (de un à trois) au code B.

4.1. *Élimination urinaire* Code ☐

4.2. *Élimination fécale* Code ☐

CODAGE FINAL

Si les modalités de *Élimination urinaire* et de *Élimination anale* sont A, la modalité de *Élimination* est A. La modalité de *Élimination* est C si la modalité de *Élimination urinaire* OU si la modalité de *Élimination anale* est C. Dans tous les autres cas la modalité est B.

C'est-à-dire :

AA = A
CC = C
CB = C
BC = C
CA = C
AC = C
Autres = B

4. *Élimination* **Code** ☐

Attention ! Situation particulière :

Le cas où la personne, alitée, élimine dans un urinal ou un bassin et qu'elle renverse toujours l'urinal ou le bassin dans son lit correspond à une situation où il faut "tout refaire à chaque fois" et le codage de la sous-variable concernée sera C par convention, les autres situations répondant aux critères habituels définis plus haut.

5 *Habillage.*

Cette variable porte sur l'habillage, le déshabillage et la présentation.

PRÉCISIONS

Le choix des vêtements, leur préparation (les chercher dans le lieu de rangement), leur mise à disposition et la décision d'en changer font partie de l'activité d'habillage. La pose de bas de contention ayant fait l'objet d'une prescription médicale est exclue de l'évaluation de cette variable.

La tenue des vêtements (lavage, repassage, travaux de couture) n'entre pas dans le champ de cette activité mais est évaluée par la variable *Ménage*. Rappelons que le coup de peigne relève de la variable *Toilette*.

L'habillage se décompose en trois sous-variables sollicitant la motricité de manière variable, ces trois activités nécessitant des capacités motrices et fonctionnelles sensiblement différentes :

— ***Habillage du haut***

C'est le fait de passer, d'enfiler, les vêtements par la tête et/ou les bras (en excluant les chapeaux éventuels).

— ***Habillage moyen***

C'est le fait de fermer un vêtement (boutons, fermeture éclair, pressions, velcro) et de mettre une ceinture, des bretelles, un soutien-gorge...

— ***Habillage du bas***

C'est le fait de passer, d'enfiler, les vêtements par le bas du corps, y compris les chaussettes et les chaussures (en excluant donc les bas de contention ayant fait l'objet d'une prescription médicale).

Les questions sont identiques pour chacune des trois sous-variables :

LA PERSONNE NE S'HABILLE PAS	Oui	Non
Elle ne le fait jamais seule, même partiellement et même difficilement. Il faut faire à la place, ou faire faire, ou refaire, en totalité et à chaque fois.	☐	☐

Une réponse positive à "Ne fait pas" correspond au codage C et une réponse négative impose de documenter les adverbes ci-dessous.

LA PERSONNE S'HABILLE SEULE		Oui	Non
Spontanément	sans avoir à lui dire, à lui rappeler, à lui expliquer, à lui montrer ?	☐	☐
Totalement	en effectuant la totalité des actes nécessaires : choisir et préparer les vêtements, les mettre et les enlever (habillage et déshabillage) ?	☐	☐
Correctement	conformément aux usages, dans le bon sens et dans le bon ordre, adapté aux conditions météorologiques, au moment de la journée, aux activités à réaliser ?	☐	☐
Habituellement	régulièrement dans le temps, chaque fois que nécessaire ?	☐	☐

Une réponse positive à tous les adverbes correspond au code A et une réponse négative à certains adverbes (de un à trois) au code B.

5.1. *Habillage du haut*	**Code** ☐
5.2. *Habillage moyen*	**Code** ☐
5.3. *Habillage du bas*	**Code** ☐

CODAGE FINAL

Si les modalités des trois sous-variables *Habillage du haut*, *Habillage moyen* et *Habillage du bas* sont A, la modalité de *Habillage* est A, si elles sont C, la modalité de *Habillage* est C, dans tous les autres cas, la modalité de *Habillage* est B.

C'est-à-dire : AAA = A
CCC = C
Autres = B **5. *Habillage*** **Code** ☐

6 *Cuisine.*

C'est préparer les repas et les conditionner pour qu'ils puissent être servis.

PRÉCISIONS

Cette variable ne porte pas sur la vaisselle qui est prise en compte dans les activités de *Ménage*, ni sur l'achat des denrées pris en compte dans la variable *Achats*, ni sur le respect des régimes ordonnancés évalué dans la variable *Suivi du traitement*.

LA PERSONNE NE FAIT PAS	Oui	Non
Elle ne le fait jamais seule, même partiellement et même difficilement. Les repas sont préparés et conditionnés par un tiers en totalité et à chaque fois.	☐	☐

Une réponse positive à "Ne fait pas" correspond au codage C et une réponse négative impose de documenter les adverbes ci-dessous.

LA PERSONNE FAIT SEULE		Oui	Non
Spontanément	sans avoir à lui dire, à lui rappeler, à lui expliquer, à lui montrer ?	☐	☐
Totalement	pour l'ensemble de la préparation de chacun des différents repas de la journée ?	☐	☐
Correctement	selon les usages culinaires, ses compétences et ses goûts ?	☐	☐
Habituellement	tous les jours sans tenir compte des repas pris à l'extérieur ?	☐	☐

Une réponse positive à tous les adverbes correspond au code A et une réponse négative à certains adverbes (de un à trois) au code B.

6. ***Cuisine*** **Code** ☐

7 *Alimentation.*

Cette variable concerne deux activités : se servir et manger.

PRÉCISIONS

Ces deux activités concernent des aliments conditionnés et apportés sur la table et sont évaluées **à partir du moment où la personne s'en "débrouille" seule**. La préparation et le conditionnement des aliments relèvent de l'item *Cuisine*. Préparer la table, mettre le couvert, faire la vaisselle se retrouvent dans l'activité *Ménage*.

Le conditionnement (aliments hachés ou mixés par exemple relevant d'une décision médicale, ou une salade de fruits à la place d'un fruit à peler), peut avoir une forte influence sur ces deux activités, mais relève bien de la variable *Cuisine*.

♦ ***Se servir***

C'est couper la viande, ouvrir un pot de yaourt, peler un fruit, remplir son verre...

Pour une personne qui est servie à la salle à manger, dans sa chambre ou dans son lit à l'aide d'un plateau, *se servir* commence au moment où elle prépare les aliments, tels qu'ils sont conditionnés, avant de les porter à sa bouche et de les avaler.

LA PERSONNE NE SE SERT PAS	Oui	Non
Elle ne le fait jamais seule, même partiellement et même difficilement. Un tiers assume cette activité en totalité et à chaque repas.	☐	☐

Une réponse positive à "Ne fait pas" correspond au codage C et une réponse négative impose de documenter les adverbes ci-dessous.

LA PERSONNE SE SERT SEULE		Oui	Non
Spontanément	sans avoir à lui dire, à lui rappeler, à lui expliquer, à lui montrer ?	☐	☐
Totalement	pour l'ensemble des divers actes requis ?	☐	☐
Correctement	dans l'ordre, selon les usages et sans en "mettre partout" ?	☐	☐
Habituellement	à tous les repas ?	☐	☐

Une réponse positive à tous les adverbes correspond au code A et une réponse négative à certains adverbes (de un à trois) au code B.

♦ ***Manger***

C'est porter les aliments et les boissons à sa bouche et avaler.

Exceptionnellement, une personne âgée peut être porteuse d'une sonde gastrique et le fait d'en assumer ou non la gestion est évalué dans cette variable.

LA PERSONNE NE MANGE PAS SEULE	Oui	Non
Elle ne le fait jamais seule, même partiellement et même difficilement. Un tiers "donne à manger" à chaque repas l'ensemble du repas y compris les boissons.	☐	☐

Une réponse positive à "Ne fait pas" correspond au codage C et une réponse négative impose de documenter les adverbes ci-dessous.

LA PERSONNE MANGE SEULE		Oui	Non
Spontanément	sans avoir à lui dire, à lui rappeler, à lui expliquer, à lui montrer ?	☐	☐
Totalement	pour tous les éléments du repas, y compris les boissons ?	☐	☐
Correctement	proprement dans le respect des autres, sans fausse route ?	☐	☐
Habituellement	à tous les repas ?	☐	☐

Une réponse positive à tous les adverbes correspond au code A et une réponse négative à certains adverbes (de un à trois) au code B.

7.1. *Alimentation : se servir* **Code** ☐

7.2. *Alimentation : manger* **Code** ☐

CODAGE FINAL

Si les modalités de Se servir et de *Manger* sont A, *Alimentation* est A, si elles ont C, *Alimentation* est C. Par contre, si la modalité de *Se servir* est B et celle de *Manger* est C, la modalité de la variable *Alimentation* est C, et si la modalité de *Se servir* est C et celle de *Manger* est B, la modalité de la variable *Alimentation* est également C. Dans tous les autres cas la modalité de *Alimentation* est B.

C'est-à-dire :

AA = A
CC = C
BC = C
CB = C
Autres = B

7. *Alimentation* **Code** ☐

8 ***Suivi du traitement.***

C'est respecter l'ordonnance du médecin et gérer soi-même son traitement.

LA PERSONNE NE FAIT PAS	Oui	Non
Elle ne le fait jamais seule, même partiellement. Un tiers (professionnel ou entourage) gère en totalité les ordonnances et le suivi du traitement.	☐	☐

Une réponse positive à "Ne fait pas" correspond au codage C et une réponse négative impose de documenter les adverbes ci-dessous.

LA PERSONNE FAIT SEULE		Oui	Non
Spontanément	sans que quelqu'un prépare les médicaments et sans avoir à lui dire de les prendre ou à lui expliquer de façon itérative comment les prendre ?	☐	☐
Totalement	pour l'intégralité des traitements prescrits, y compris les régimes diététiques ?	☐	☐
Correctement	en suivant la prescription à la lettre, en respectant les doses et le rythme des prises ?	☐	☐

		Oui	Non
Habituellement	à chaque prise et aussi longtemps que l'indique la prescription ?	☐	☐

Une réponse positive à tous les adverbes correspond au code A et une réponse négative à certains adverbes (de un à trois) au code B.

8. ***Suivi du traitement*** **Code** ☐

9 *Ménage.*

C'est effectuer l'ensemble des travaux ménagers courants.

PRÉCISIONS

Par ensemble des travaux ménagers, on entend :

— le nettoyage des locaux,

— le rangement,

— l'entretien du linge,

— dresser la table, faire la vaisselle.

Il importe, comme pour la variable *Toilette*, de **ne pas imposer ses propres règles** de propreté et de rangement à une personne qui est propre et ordonnée mais selon d'autres règles culturelles.

Étant donné la complexité, le volume et l'importance des activités entrant dans ce domaine, il n'est pas surprenant qu'elles ne soient pas toutes réalisées à un âge avancé.

LA PERSONNE NE FAIT PAS	Oui	Non
Elle ne le fait jamais seule, même partiellement et même difficilement. Cette activité est toujours et totalement assurée par l'entourage ou des professionnels.	☐	☐

Une réponse positive à "Ne fait pas" correspond au codage C et une réponse négative impose de documenter les adverbes ci-dessous.

LA PERSONNE FAIT SEULE		Oui	Non
Spontanément	sans avoir à lui dire, à lui rappeler, à lui expliquer, à lui montrer ?	☐	☐
Totalement	pour l'ensemble des tâches constituant cette activité ?	☐	☐
Correctement	de façon à maintenir dans un état de propreté normale l'intérieur de la maison, ses habits et la vaisselle ?	☐	☐
Habituellement	chaque fois que nécessaire, sans variations dans le temps ?	☐	☐

Une réponse positive à tous les adverbes correspond au code A et une réponse négative à certains adverbes (de un à trois) au code B.

9. ***Ménage*** **Code** ☐

10 *Alerter.*

C'est utiliser un moyen de communication à distance : téléphone, alarme, sonnette, télé-alarme... dans le but d'alerter en cas de besoin.

LA PERSONNE NE FAIT PAS	Oui	Non
Elle ne le fait jamais seule même partiellement et même difficilement si un moyen d'alerte fiable existe, ou ce moyen d'alerte fiable est absent.	☐	☐

Une réponse positive à "Ne fait pas" correspond au codage C et une réponse négative impose de documenter les adverbes ci-dessous.

LA PERSONNE FAIT SEULE		Oui	Non
Spontanément	sans avoir à lui dire, à lui montrer, à lui rappeler comment faire ?	☐	☐

Totalement	avec un moyen approprié pour avoir une réponse à son alerte ?	☐	☐
Correctement	à bon escient ?	☐	☐
Habituellement	à tout moment qui serait opportun ?	☐	☐

Une réponse positive à tous les adverbes correspond au code A et une réponse négative à certains adverbes (de un à trois) au code B.

10. ***Alerter*** **Code** ☐

11 *Déplacements à l'extérieur.*

On est à l'extérieur quand on est en dehors du lieu de vie tel qu'il a été défini pour la variable *Déplacements à l'intérieur*.

PRÉCISIONS

Cette variable permet d'apprécier si la personne reste confinée chez elle, c'est-à-dire **ne franchit pas la porte d'entrée sur la rue** de son domicile ou de l'institution. "Prendre l'air" dans son jardin privatif ou dans le parc de l'institution n'est pas se déplacer à l'extérieur.

L'utilisation des moyens de transport est appréciée par la variable *Transports*.

LA PERSONNE NE SE DÉPLACE PAS HORS DU LIEU DE VIE	Oui	Non
Elle ne sort jamais seule à l'extérieur de son domicile par ses propres moyens et de sa propre volonté, même partiellement et même difficilement.	☐	☐

Une réponse positive à "Ne fait pas" correspond au codage C et une réponse négative impose de documenter les adverbes ci-dessous.

LA PERSONNE SE DÉPLACE SEULE HORS DU LIEU DE VIE		Oui	Non
Spontanément	sans avoir à lui dire, à lui montrer, à lui rappeler de le faire, à lui expliquer pourquoi et comment faire ?	☐	☐
Totalement	pour l'ensemble du déplacement, jusqu'au retour au domicile ?	☐	☐
Correctement	à bon escient, en gérant le parcours, avec un but et de façon adapté à ses possibilités ?	☐	☐
Habituellement	à chaque fois qu'elle en a le désir ou le besoin ?	☐	☐

Une réponse positive à tous les adverbes correspond au code A et une réponse négative à certains adverbes (de un à trois) au code B.

11. ***Déplacement à l'extérieur*** **Code** ☐

12 *Transports.*

C'est utiliser volontairement un moyen de transport collectif ou individuel.

LA PERSONNE NE FAIT PAS	Oui	Non
Elle n'utilise jamais seule un moyen de transport par ses propres moyens et de sa propre volonté, même partiellement et même difficilement.	☐	☐

Une réponse positive à "Ne fait pas" correspond au codage C et une réponse négative impose de documenter les adverbes ci-dessous.

LA PERSONNE FAIT SEULE		Oui	Non
Spontanément	sans avoir à lui dire, à lui rappeler, à lui expliquer, à lui montrer ?	☐	☐
Totalement	sans autolimitation ou limitation liée à l'environnement (pas de transports, limites des horaires...) ?	☐	☐

Correctement	en utilisant le moyen de transport approprié et de façon adéquate en fonction notamment de la destination ?	☐	☐
Habituellement	à chaque fois qu'elle en a le désir ou le besoin ?	☐	☐

Une réponse positive à tous les adverbes correspond au code A et une réponse négative à certains adverbes (de un à trois) au code B.

12. ***Transports*** **Code** ☐

13 *Activités du temps libre.*

C'est pratiquer volontairement, seul ou en groupe, diverses activités qui créent des événements rompant la monotonie de la vie du quotidien.

PRÉCISIONS

Il ne s'agit pas d'évaluer la qualité culturelle, intellectuelle ou physique des activités.

LA PERSONNE NE FAIT PAS	Oui	Non
Elle n'occupe jamais son temps seule, même partiellement, sans sollicitation et accompagnement permanent d'un tiers.	☐	☐

Une réponse positive à "Ne fait pas" correspond au codage C et une réponse négative impose de documenter les adverbes ci-dessous.

LA PERSONNE FAIT SEULE		Oui	Non
Spontanément	en choisissant les activités et en décidant elle-même de les réaliser, sans avoir à lui dire, à lui rappeler, à lui montrer ?	☐	☐
Totalement	sans limitation dans ses choix ?	☐	☐
Correctement	de manière adaptée à ses désirs et à son état ?	☐	☐
Habituellement	de façon non occasionnelle et avec une certaine régularité ?	☐	☐

Une réponse positive à tous les adverbes correspond au code A et une réponse négative à certains adverbes (de un à trois) au code B.

13. ***Activités du temps libre*** **Code** ☐

14 *Achats.*

C'est l'acquisition volontaire de biens, de manière directe ou par correspondance.

LA PERSONNE NE FAIT PAS	Oui	Non
Elle n'effectue jamais seule les achats nécessaires pour l'approvisionnement de ses besoins, même partiellement et même avec difficultés.	☐	☐

Une réponse positive à "Ne fait pas" correspond au codage C et une réponse négative impose de documenter les adverbes ci-dessous.

LA PERSONNE FAIT SEULE SES ACHATS		Oui	Non
Spontanément	elle-même ou en faisant exécuter par un tiers à son initiative, sans avoir à lui dire, lui rappeler, lui expliquer, lui montrer ?	☐	☐
Totalement	pour l'intégralité de ses achats nécessaires ?	☐	☐
Correctement	en fonction de ses besoins et de ses moyens financiers ?	☐	☐
Habituellement	chaque fois qu'elle en a le désir ou le besoin ?	☐	☐

Une réponse positive à tous les adverbes correspond au code A et une réponse négative à certains adverbes (de un à trois) au code B.

14. ***Achats*** **Code** ☐

15 *Gestion.*

Cette variable regroupe trois types d'activités :

— gérer ses affaires, son budget et ses biens,

— reconnaître la valeur monétaire des pièces et des billets, se servir de l'argent et connaître la valeur des choses,

— effectuer les démarches administratives, remplir les formulaires.

PRÉCISIONS

Les achats sont évalués dans une autre rubrique *(Achats).*

LA PERSONNE NE GÈRE PAS	Oui	Non
Elle ne fait jamais seule la gestion, même partiellement et même difficilement. Cette activité est toujours réalisée en totalité par des tiers.	☐	☐

Une réponse positive à "Ne fait pas" correspond au codage C et une réponse négative impose de documenter les adverbes ci-dessous.

LA PERSONNE GÈRE SEULE		Oui	Non
Spontanément	sans avoir à lui dire, à lui rappeler, à lui expliquer, à lui montrer ?	☐	☐
Totalement	pour l'ensemble des trois types d'activités de gestion ?	☐	☐
Correctement	sans erreurs ?	☐	☐
Habituellement	chaque fois que nécessaire ?	☐	☐

Une réponse positive à tous les adverbes correspond au code A et une réponse négative à certains adverbes (de un à trois) au code B.

15. ***Gestion*** **Code** ☐

16 *Orientation.*

C'est se repérer dans l'espace et dans le temps.

PRÉCISIONS

Il s'agit **d'une fonction cognitive** temporo-spatiale.

Attention aux "limites" de l'orientation : la personne sait-elle se situer par rapport aux saisons, au moment de la journée (matin, soir), dans les lieux habituels de vie (la maison ou l'appartement, le quartier, l'unité de vie...) ? Connaît-elle l'année, le mois en cours ? Elle peut très normalement ne pas connaître la date exacte.

De même pour le repérage dans les lieux, il convient d'observer si la personne sait se situer **précisément** dans des lieux habituels de vie et **plus globalement** dans des lieux nouveaux pour elle.

L'orientation se décompose donc en deux sous-variables :

♦ ***Orientation dans le temps***

LA PERSONNE NE S'ORIENTE PAS DANS LE TEMPS	Oui	Non
Elle n'a aucun repère, même partiel, par rapport aux saisons, au moment de la journée... et ne se situe jamais sans aide dans le temps.	☐	☐

Une réponse positive à "Ne fait pas" correspond au codage C et une réponse négative impose de documenter les adverbes ci-dessous.

LA PERSONNE S'ORIENTE SEULE DANS LE TEMPS		Oui	Non
Spontanément	sans stimulation, sans médiation et sans indications ?	☐	☐
Totalement	pour tous les repères temporels (saisons, journées ...) ?	☐	☐

Correctement	sans erreurs flagrantes ?	☐	☐
Habituellement	sans variations significatives d'un moment à l'autre de la journée, sans fluctuations d'un jour sur l'autre ?	☐	☐

Une réponse positive à tous les adverbes correspond au code A et une réponse négative à certains adverbes (de un à trois) au code B.

♦ *Orientation dans l'espace*

LA PERSONNE NE S'ORIENTE PAS DANS L'ESPACE	Oui	Non
Elle ne le fait jamais seule, même partiellement et même difficilement. Elle ne sait jamais où elle se trouve quel que soit le lieu.	☐	☐

Une réponse positive à "Ne fait pas" correspond au codage C et une réponse négative impose de documenter les adverbes ci-dessous.

LA PERSONNE S'ORIENTE SEULE DANS L'ESPACE		Oui	Non
Spontanément	sans stimulation, sans médiation et sans indications ?	☐	☐
Totalement	pour tous les lieux de la vie habituelle et les lieux nouveaux ?	☐	☐
Correctement	sans erreurs flagrantes ?	☐	☐
Habituellement	sans variation significative dans le temps, sans fluctuations d'un jour sur l'autre ?	☐	☐

Une réponse positive à tous les adverbes correspond au code A et une réponse négative à certains adverbes (de un à trois) au code B.

16.1. *Orientation dans le temps* **Code** ☐

16.2. *Orientation dans l'espace* **Code** ☐

CODAGE FINAL

Si les modalités des deux sous-variables *Orientation dans le temps* et *Orientation dans l'espace* sont A, la modalité de *Orientation* est A. Si l'une des deux sous-variables est C, la modalité de *Orientation* est C. Dans les autres cas, la modalité est B.

C'est-à-dire : AA = A

AB, BA, BB = B

CC, BC, CB, AC, CA = C

16. *Orientation* **Code** ☐

17 *Cohérence.*

C'est communiquer (communication verbale et/ou non verbale), agir et se comporter de façon logique et sensée par rapport aux normes admises par la société dans laquelle on vit.

PRÉCISIONS

Logique et sensée : raisonnable, sage, judicieuse, rationnelle, conforme au bon sens (le sens commun), avec des moyens adaptés à la finalité.

Cette variable complexe analyse **la relation et le comportement**, elle évalue tout un ensemble de fonctions. L'incohérence n'est **ni un diagnostic psychiatrique, ni un trouble du caractère**, mais un constat issu d'une **observation multidisciplinaire faite dans le temps, sur une période suffisante et sous responsabilité médicale.**

Dans le cas où une personne est cohérente et logique mais dans son propre système de pensée, il convient d'évaluer en tenant compte des écarts par rapport à ce qui est considéré comme logique et correct par la société et notamment des risques que ceux-ci comportent pour la personne elle-même et pour les autres.

La cohérence se décompose en deux sous-variables analysant différentes fonctions :

♦ ***Communication***

Cette sous-variable évalue si la personne a un système de communication fiable et suffisamment complexe pour communiquer dans la vie quotidienne avec autrui.

LA PERSONNE NE COMMUNIQUE PAS		Oui	Non
Elle ne le fait jamais seule, même partiellement. Sa communication avec autrui est très altérée en permanence.		☐	☐

Une réponse positive à "Ne fait pas" correspond au codage C et une réponse négative impose de documenter les adverbes ci-dessous.

LA PERSONNE COMMUNIQUE		Oui	Non
Spontanément	sans stimulation, sans médiation et sans rappel à l'ordre ?	☐	☐
Totalement	dans l'ensemble des activités et avec tous les interlocuteurs ?	☐	☐
Correctement	de façon compréhensible, logique et sensée, conformément aux convenances et usages admis et acceptés en référence aux normes sociales, sans exigences outre mesure ?	☐	☐
Habituellement	de façon permanente dans le temps ?	☐	☐

Une réponse positive à tous les adverbes correspond au code A et une réponse négative à certains adverbes (de un à trois) au code B.

♦ ***Comportement***

Cette sous-variable évalue **si la personne sait vivre parmi les autres et/ou assumer sa solitude :** si elle ne présente aucune tendance visant à nuire à l'autre, à l'humilier ou à le détruire et/ou ne présente aucune tendance à retourner l'agressivité contre elle-même, si elle réagit de façon adaptée devant une situation dangereuse pour elle-même ou pour les autres et si elle ajuste ses réactions aux lois et aux conventions sociales de courtoisie habituelle dans notre société.

LA PERSONNE NE SE COMPORTE PAS « NORMALEMENT »		Oui	Non
Le comportement de la personne n'est jamais auto-régulé, il est toujours et totalement non conforme aux normes habituelles dans notre société.		☐	☐

Une réponse positive à "Ne fait pas" correspond au codage C et une réponse négative impose de documenter les adverbes ci-dessous.

LA PERSONNE SE COMPORTE « NORMALEMENT »		Oui	Non
Spontanément	sans stimulation, sans médiation, sans intervention de tiers ?	☐	☐
Totalement	dans l'ensemble des activités et avec tous les interlocuteurs ?	☐	☐
Correctement	conformément aux convenances et usages admis et acceptés en référence aux normes sociales et sans exigences excessives ?	☐	☐
Habituellement	de façon permanente dans le temps ?	☐	☐

Une réponse positive à tous les adverbes correspond au code A et une réponse négative à certains adverbes (de un à trois) au code B.

17.1 ***Communication***	**Code** ☐
17.2. ***Comportement***	**Code** ☐

CODAGE FINAL :

Si les modalités des deux sous-variables *Communication* et *Comportement* sont A, la modalité de *Cohérence* est A. Si l'une des deux sous-variables est C, la modalité de *Cohérence* est C. Dans les autres cas, la modalité de Cohérence est B.

C'est-à-dire : AA = A
AB, BA, BB = B
CC, BC, CB, AC, CA = C

17. *Cohérence* **Code □**

Les groupes iso-ressources.

Les groupes iso-ressources, qui déterminent des besoins en soins de base, sont calculés à partir des huit premières variables d'activités corporelles et mentales (variables dites discriminantes) énumérées dans la grille AGGIR, les deux dernières évaluant l'isolement et le confinement d'une personne à son domicile.

Il existe six groupes iso-ressources ou GIR (calculés par un algorithme complexe nécessitant le recours à l'informatique) :

— **Le GIR 1** comprend des personnes confinées au lit ou au fauteuil, ayant perdu leur activité mentale, corporelle, locomotrice et sociale, qui nécessitent une présence indispensable et continue d'intervenants.

— **Le GIR 2** est composé essentiellement de deux sous-groupes :

d'une part, les personnes qui sont confinées au lit ou au fauteuil tout en gardant des fonctions mentales non totalement altérées (les "grabataires lucides") et qui nécessitent une prise en charge pour la plupart des activités de la vie courante, une surveillance permanente et des actions d'aides répétitives de jour comme de nuit ;

d'autre part, les personnes dont les fonctions mentales sont altérées mais qui ont conservé leurs capacités locomotrices (les "déments perturbateurs") ainsi que certaines activités corporelles que, souvent, elles n'effectuent que stimulées. La conservation des activités locomotrices induit une surveillance permanente, des interventions liées aux troubles du comportement et des aides ponctuelles mais fréquentes pour les activités corporelles.

— **Le GIR 3** regroupe surtout des personnes ayant conservé des fonctions mentales satisfaisantes et des fonctions locomotrices partielles, mais qui nécessitent quotidiennement et plusieurs fois par jour des aides pour les activités corporelles. Elles n'assurent pas majoritairement leur hygiène de l'élimination tant fécale qu'urinaire.

— **Le GIR 4** comprend deux sous-groupes essentiels :

d'une part, des personnes n'assumant pas seules leurs transferts mais qui, une fois levées, peuvent se déplacer à l'intérieur du logement, et qui doivent être aidées ou stimulées pour la toilette et l'habillage, la plupart s'alimentent seules.

d'autre part, des personnes qui n'ont pas de problèmes locomoteurs mais qu'il faut aider pour les activités corporelles, y compris les repas.

Dans ces deux sous-groupes, il n'existe pas de personnes n'assumant pas leur hygiène de l'élimination, mais des aides partielles et ponctuelles peuvent être nécessaires (au lever, aux repas, au coucher et ponctuellement sur demande de leur part).

— **Le GIR 5** est composé de personnes assurant seules les transferts et le déplacement à l'intérieur du logement, qui s'alimentent et s'habillent seules. Elles peuvent nécessiter une aide ponctuelle pour la toilette et les activités domestiques.

— **Le GIR 6** regroupe les personnes indépendantes pour tous les actes discriminants de la vie courante.

Les groupes 5 et 6 :

En institution, l'environnement prend normalement en charge la continuité de la sécurité des personnes et fournit les denrées et autres produits nécessaires à la vie courante.

A domicile, il en est tout autrement et **pour les groupes 5 et 6,** les variables *Déplacements à l'extérieur* et *Alerter* (utilisation d'un moyen de communication à distance pour alerter en cas de besoins) définissent **trois sous-groupes évaluant l'isolement de la personne à son domicile**.

C : la personne a besoin d'un tiers pour que soient apportés à son logement tous les produits nécessaires à la vie courante ou ne peut pas alerter correctement son entourage en cas d'urgence. Il s'agit d'une personne confinée à son domicile.

B : soit de façon intermittente (dans le temps) soit par rapport à la fiabilité de sa propre sécurité ou de son approvisionnement, la personne nécessite une surveillance et des actions ponctuelles.

A : la personne n'a pas de problème majeur et permanent sur ces deux points.

ANNEXE 2-2

ALGORITHME DE LA GRILLE AGGIR

1. CALCUL DES RANGS

Chaque variable est affectée d'une modalité A, B ou C conformément au guide de l'évaluation de la personne âgée dépendante, fixé par arrêté.

GROUPE A

VARIABLES	MODALITE	VALEUR
Cohérence	C	2 000
Orientation	C	1 200
Toilette	C	40
Habillage	C	40
Alimentation	C	60
Elimination	C	100
Transfert	C	800
Déplacement intérieur	C	200
Déplacement extérieur	C	0
Communication	C	0
Cohérence	B	0
Orientation	B	0
Toilette	B	16
Habillage	B	16
Alimentation	B	20
Elimination	B	16
Transfert	B	120
Déplacement intérieur	B	32
Déplacement extérieur	B	0
Communication	B	0

Sommation des valeurs des variables

- supérieure ou égale à 4 380 : rang 1 ;
- comprise entre 4 380 (exclus) et 4 140 (inclus) : rang 2 ;
- comprise entre 4 140 (exclus) et 3 390 (inclus) : rang 3 ;
- inférieure à 3 390 : tester les valeurs du groupe B.

GROUPE B

VARIABLES	MODALITE	VALEUR
Cohérence	C	1 500
Orientation	C	1 200
Toilette	C	40
Habillage	C	40
Alimentation	C	60
Elimination	C	100
Transfert	C	800
Déplacement intérieur	C	- 80
Déplacement extérieur	C	0
Communication	C	0
Cohérence	B	320
Orientation	B	120
Toilette	B	16
Habillage	B	16
Alimentation	B	0
Elimination	B	16
Transfert	B	120
Déplacement intérieur	B	- 40
Déplacement extérieur	B	0
Communication	B	0

Sommation des valeurs des variables

- supérieure ou égale à 2 016 : rang 4 ;
- inférieure à 2 016 : tester les valeurs du groupe C.

GROUPE C

VARIABLES	MODALITE	VALEUR
Cohérence	C	0
Orientation	C	0
Toilette	C	40
Habillage	C	40
Alimentation	C	60
Elimination	C	160
Transfert	C	1000
Déplacement intérieur	C	400
Déplacement extérieur	C	0
Communication	C	0
Cohérence	B	0
Orientation	B	0
Toilette	B	16
Habillage	B	16
Alimentation	B	20
Elimination	B	20
Transfert	B	200
Déplacement intérieur	B	40
Déplacement extérieur	B	0
Communication	B	0

Sommation des valeurs des variables

- supérieure ou égale à 1 700 : rang 5;
- comprise entre 1 700 (exclus) et 1 432 (inclus) : rang 6 ;
- inférieure à 1 432 : tester les valeurs du groupe D.

GROUPE D

VARIABLES	MODALITE	VALEUR
Cohérence	C	0
Orientation	C	0
Toilette	C	0
Habillage	C	0
Alimentation	C	2 000
Elimination	C	400
Transfert	C	2 000
Déplacement intérieur	C	200
Déplacement extérieur	C	0
Communication	C	0
Cohérence	B	0
Orientation	B	0
Toilette	B	0
Habillage	B	0
Alimentation	B	200
Elimination	B	200
Transfert	B	200
Déplacement intérieur	B	0
Déplacement extérieur	B	0
Communication	B	0

Sommation des valeurs des variables

- supérieure ou égale à 2 400 : rang 7 ;
- inférieure à 2 400 : tester les valeurs du groupe E.

GROUPE E

VARIABLES	MODALITE	VALEUR
Cohérence....................................	C	400
Orientation..................................	C	400
Toilette.......................................	C	400
Habillage	C	400
Alimentation................................	C	400
Elimination	C	800
Transfert	C	800
Déplacement intérieur.................	C	200
Déplacement extérieur	C	0
Communication	C	0
Cohérence....................................	B	0
Orientation..................................	B	0
Toilette.......................................	B	100
Habillage	B	100
Alimentation................................	B	100
Elimination	B	100
Transfert	B	100
Déplacement intérieur.................	B	0
Déplacement extérieur	B	0
Communication	B	0

<u>Sommation des valeurs des variables</u>

- supérieure ou égale à 1 200 : rang 8 ;
- inférieure à 1 200 : tester les valeurs du groupe F.

GROUPE F

VARIABLES	MODALITE	VALEUR
Cohérence	C	200
Orientation	C	200
Toilette	C	500
Habillage	C	500
Alimentation	C	500
Elimination	C	500
Transfert	C	500
Déplacement intérieur	C	200
Déplacement extérieur	C	0
Communication	C	0
Cohérence	B	100
Orientation	B	100
Toilette	B	100
Habillage	B	100
Alimentation	B	100
Elimination	B	100
Transfert	B	100
Déplacement intérieur	B	0
Déplacement extérieur	B	0
Communication	B	0

Sommation des valeurs des variables

- supérieure ou égale à 800 : rang 9 ;
- inférieure à 800 : tester les valeurs du groupe G.

GROUPE G

VARIABLES	MODALITE	VALEUR
Cohérence	C	150
Orientation	C	150
Toilette	C	300
Habillage	C	300
Alimentation	C	500
Elimination	C	500
Transfert	C	400
Déplacement intérieur	C	200
Déplacement extérieur	C	0
Communication	C	0
Cohérence	B	0
Orientation	B	0
Toilette	B	200
Habillage	B	200
Alimentation	B	200
Elimination	B	200
Transfert	B	200
Déplacement intérieur	B	100
Déplacement extérieur	B	0
Communication	B	0

Sommation des valeurs des variables

- supérieure ou égale à 650 : rang 10 ;
- inférieure à 650 : tester les valeurs du groupe H.

GROUPE H

VARIABLES	MODALITE	VALEUR
Cohérence	C	0
Orientation	C	0
Toilette	C	3 000
Habillage	C	3 000
Alimentation	C	3 000
Elimination	C	3 000
Transfert	C	1 000
Déplacement intérieur	C	1000
Déplacement extérieur	C	0
Communication	C	0
Cohérence	B	0
Orientation	B	0
Toilette	B	2 000
Habillage	B	2 000
Alimentation	B	2 000
Elimination	B	2 000
Transfert	B	2 000
Déplacement intérieur	B	1 000
Déplacement extérieur	B	0
Communication	B	0

Sommation des valeurs des variables

- supérieure ou égale à 4 000 : rang 11 ;
- comprise entre 4 000 (exclus) et 2 000 (inclus) : rang 12 ;
- inférieure à 2 000 (exclus) : rang 13.

2. PASSAGE DES RANGS AUX GROUPES

RANGS	GROUPES
1	1
2, 3, 4, 5, 6, 7	2
8, 9	3
10, 11	4
12	5
13	6

ANNEXE 2-3

DOSSIER DE DEMANDE D'ALLOCATION PERSONNALISÉE D'AUTONOMIE EN ÉTABLISSEMENT ET LISTE DES PIÈCES JUSTIFICATIVES

(Décr. n° 2023-593 du 11 juill. 2023, art. 1er-3°, en vigueur le 1er oct. 2023).

I. — Contenu du dossier de demande d'allocation personnalisée d'autonomie *(Abrogé par Décr. n° 2023-593 du 11 juill. 2023, art. 1er-3°, à compter du 1er oct. 2023)* ***« à domicile ou »*** **en établissement**

Date de la demande : ....

A. — Renseignements concernant le demandeur

Demandeur :
Nom (nom de jeune fille et nom marital pour les femmes) : ....
Prénom : ....
Date et lieu de naissance : ....
N° de sécurité sociale : ....

Conjoint : (1)
Nom : ....
Prénom : ....
Date et lieu de naissance : ....
N° de sécurité sociale : ....

(Décr. n° 2018-521 du 27 juin 2018, art. 3)« Relevez-vous d'un régime d'assurance maladie obligatoire d'un État membre de l'Union européenne ou partie à l'Espace économique européen, autre que la France, ou de la Confédération suisse ? »

Nationalité (française / ressortissant de l'Union européenne / autre) : ....

Situation de famille (marié, divorcé, veuf, concubin, pacs, célibataire) : ....

Est-il en activité? ....

Êtes-vous retraité ? (préciser le régime de retraite principal) : ....

Est-il retraité ?
(régime de retraite principal) ....

Lieu de résidence actuelle du demandeur : ....

Lieu de résidence actuelle de son conjoint si différente de la précédente : ....

Cocher l'une de ces cases suivantes, si le lieu de résidence du demandeur est :

❑ — Un établissement d'hébergement pour personnes âgées (date d'entrée : ....)

❑ — Le domicile d'un particulier accueillant à titre onéreux dans le cadre de la loi du 10 juillet 1989 (date de début d'accueil : ....)

Adresse du domicile habituel (si adresse différente du lieu de résidence actuelle) : ....

(Si le département à qui incombe la prise en charge de l'APA en établissement - le département du domicile de secours - n'est pas le département où le demandeur réside, joindre au dossier de demande l'arrêté de tarification de l'établissement. Il appartient au directeur de l'établissement de fournir ce document au demandeur pour compléter son dossier de demande)

Mentionner le cas échéant l'existence d'une mesure de protection juridique :

❑ — sauvegarde de justice

❑ — *(Décr. n° 2021-684 du 28 mai 2021, art. 40-2°)* « mesure de protection juridique avec représentation »

❑ — *(Décr. n° 2021-684 du 28 mai 2021, art. 40-1°)* « mesure de protection juridique avec assistance »

Nom et adresse *(Décr. n° 2021-684 du 28 mai 2021, art. 40-3°)* « de la personne chargée à son égard d'une mesure de protection juridique avec représentation » ou de l'association chargée de la mesure :

Coordonnées de la personne référente à contacter *(Abrogé par Décr. n° 2023-593 du 11 juill. 2023, art. 1er-3°, à compter du 1er oct. 2023) « pour la visite d'évaluation à domicile ou »*en cas d'urgence (enfant, parent, autre ....) : adresse, numéro de téléphone.

(Décr. n° 2016-210 du 26 févr. 2016, art. 2-2°, en vigueur le 1er mars 2016) « B. — Renseignements concernant les revenus et le patrimoine du demandeur

« 1. Ressources ne figurant pas dans l'avis d'imposition ou de non-imposition à l'impôt sur le revenu : revenus soumis au prélèvement libératoire en application des articles 125-0 A et 125 D du code général des impôts.

« Montant à préciser pour le demandeur : ....

« Montant à préciser pour son conjoint, son concubin ou la personne avec laquelle il a conclu un pacte civil de solidarité : ...

« 2. Allocations :

« Percevez-vous :

La majoration pour aide constante d'une tierce personne (MTP) :	oui/non
La prestation complémentaire pour recours à tierce personne (PCRTP) :	oui/non
L'allocation compensatrice pour tierce personne (ACTP) :	oui/non
La prestation de compensation du handicap (PCH) :	oui/non
L'aide ménagère versée par les caisses de retraite :	oui/non
L'aide ménagère au titre de l'aide sociale départementale :	oui/non

« Attention : Aucune de ces prestations n'est cumulable avec l'allocation personnalisée d'autonomie.

« 3. Patrimoine dormant (à renseigner pour le demandeur, et le cas échéant, son conjoint, son concubin ou la personne avec laquelle il a conclu un pacte civil de solidarité) [(3)] :

« *a)* Biens immobiliers (préciser la nature de ceux-ci, leur adresse et la valeur locative indiquée dans le dernier relevé de la taxe foncière sur les propriétés bâties et sur les propriétés non bâties) : ....

« *b)* Biens mobiliers et capitaux non placés *(Abrogé par Décr. n° 2023-593 du 11 juill. 2023, art. 1er-3°, à compter du 1er oct. 2023) « (dont assurance-vie) »* [(4)] : ....

« Déclaration sur l'honneur;

« Autorisation de transmission par le conseil départemental du dossier aux caisses de retraite (en cas de rejet d'allocation personnalisée d'autonomie). »

(Décr. n° 2016-1849 du 23 déc. 2016, art. 1er-6°, en vigueur le 1er janv. 2017) « C. — Demande simplifiée d'une carte mobilité inclusion (CMI) :

« Si l'APA vous est accordée au titre du GIR 1 ou 2, vous pouvez bénéficier sans autre condition et à titre définitif de la CMI comportant les mentions "invalidité" et "stationnement pour personnes handicapées".

« Souhaitez-vous bénéficier de la carte mobilité inclusion comportant la mention "invalidité" prévue à l'article L. 241-3 : oui/non ?

« Souhaitez-vous bénéficier de la carte mobilité inclusion comportant la mention "stationnement pour personnes handicapées" prévue à l'article L. 241-3 : oui/non ?

« Dans les départements où la CMI "priorité" et "stationnement" peut être délivrée sur appréciation de l'équipe médico-sociale APA, en application du III de l'article L. 241-3 :

« L'équipe médico-sociale peut apprécier si votre situation justifie l'attribution de la mention "priorité" et/ou de la mention "stationnement pour personnes handicapées" de la CMI.

« Souhaitez-vous bénéficier de la carte mobilité inclusion comportant la mention "priorité" prévue à l'article L. 241-3 : oui/non ?

« Souhaitez-vous bénéficier de la carte mobilité inclusion comportant la mention "stationnement pour personnes handicapées" prévue à l'article L. 241-3 : oui/non ? »

(Abrogé par Décr. n° 2023-593 du 11 juill. 2023, art. 1er-3°, à compter du 1er oct. 2023) (Décr. n° 2016-210 du 26 févr. 2016, art. 2-2°, en vigueur le 1er mars 2016) « D. — Renseignements concernant les proches aidants du demandeur (facultatif)

« Ce volet du dossier de demande vise à apporter des premières informations sur les personnes de votre famille ou de votre entourage amical ou de voisinage qui vous apportent une aide dans la vie quotidienne, qu'on dénommera "aidants" dans ce qui suit. Son remplissage est facultatif.

« Nom et prénom de votre ou de vos aidants : ....

« Âge de votre ou de vos aidants : ....

« Lieu de résidence de votre ou de vos aidants : ....

« Nature de votre lien avec votre ou vos aidants : ....

« Nature de l'aide apportée (par exemple : accompagnement dans les déplacements à l'extérieur de votre domicile, courses...) : ....

« Durée et périodicité approximatives de cette aide pour une journée, une semaine ou un mois (selon ce qui vous paraît le plus pertinent) : .... ». »

II. — Liste des pièces justificatives à joindre impérativement au dossier de demande

La photocopie du livret de famille ou de la carte nationale d'identité ou d'un passeport de la Communauté européenne ou un extrait d'acte de naissance; ou, s'il s'agit d'un demandeur de nationalité étrangère, la photocopie de la carte de résidence ou du titre de séjour;

La photocopie du dernier avis d'imposition ou de non-imposition à l'impôt sur le revenu : pour une demande déposée entre janvier et août de l'année n : fournir l'avis d'imposition ou de non-imposition de l'année n-2; de septembre à décembre, celui de l'année n-1 ;
(Décr. n° 2016-210 du 26 févr. 2016, art. 2-2°, en vigueur le 1er mars 2016) « Le cas échéant, toute pièce justificative des biens ou capitaux relevant du patrimoine dormant (photocopie du dernier relevé des taxes foncières sur les propriétés bâties et sur les propriétés non bâties *(Abrogé par Décr. n° 2023-593 du 11 juill. 2023, art. 1er-3°, à compter du 1er oct. 2023)* «, *relevé annuel d'assurance vie*»...) ; »
Un relevé d'identité bancaire ou postal.

---

(1) Il peut s'agir du conjoint, du concubin ou de la personne avec laquelle le demandeur a conclu un pacte civil de solidarité.
(2) Il s'agit des derniers montants versés d'ACTP, de PSD, de PED ou de MTP : cette rubrique est facultative.
(3) Ne pas déclarer la résidence principale si celle-ci est occupée par le demandeur, son conjoint, son concubin ou la personne avec qui il a conclu un pacte civil de solidarité, ses enfants ou petits-enfants.
(4) Ne pas déclarer les capitaux placés, y compris ceux exonérés d'impôts (livret A, livret de développement durable, plan d'épargne logement, plan d'épargne en actions...), qui ne constituent pas du patrimoine dormant. *(Abrogé par Décr. n° 2023-593 du 11 juill. 2023, art. 1er-3°, à compter du 1er oct. 2023)* « *En revanche la valeur des contrats d'assurance-vie, qui relèvent du patrimoine dormant, doit être déclarée.* »

ANNEXE 2-3-1

SOCLE DE PRESTATIONS RELATIVES À L'HÉBERGEMENT DÉLIVRÉES PAR LES ÉTABLISSEMENTS D'HÉBERGEMENT POUR PERSONNES ÂGÉES DÉPENDANTES (EHPAD)

(Décr. n° 2015-1868 du 30 déc. 2015, art. 5, en vigueur le 1er juill. 2016)

I — Prestations d'administration générale :

1° Gestion administrative de l'ensemble du séjour :

— tous les frais liés aux rendez-vous nécessaires à la préparation de l'entrée ;

— état des lieux contradictoire d'entrée et de sortie réalisé par le personnel de l'établissement ;

— tout document de liaison avec la famille, les proches aidants et la personne de confiance, ainsi qu'avec les services administratifs permettant l'accès aux droits, notamment les frais administratifs de correspondance pour les différents dossiers dont la couverture maladie universelle (CMU), la couverture maladie universelle complémentaire (CMU-c), l'aide sociale à l'hébergement et l'allocation logement ;

2° Élaboration et suivi du contrat de séjour, de ses annexes et ses avenants ;

3° Prestations comptables, juridiques et budgétaires d'administration générale dont les frais de siège autorisés ou la quote-part des services gérés en commun.

II. — Prestations d'accueil hôtelier :

1° Mise à disposition de la chambre (individuelle ou double) et des locaux collectifs ;

2° Accès à une salle de bains comprenant *a minima* un lavabo, une douche et des toilettes ;

3° Fourniture des fluides (électricité, eau, gaz, éclairage, chauffage) utilisés dans la chambre et le reste de l'établissement ;

4° Mise à disposition de tout équipement indissociablement lié au cadre bâti de l'EHPAD ;

5° Entretien et nettoyage des chambres, pendant et à l'issue du séjour ;

6° Entretien et nettoyage des parties communes et des locaux collectifs ;

7° Maintenance des bâtiments, des installations techniques et des espaces verts ;

8° Mise à disposition des connectiques nécessaires pour recevoir la télévision et installer le téléphone dans la chambre ;

9° Accès aux moyens de communication, y compris Internet, *(Décr. n° 2022-734 du 28 avr. 2022, art. 1er-17°)* « dans les chambres et dans les espaces communs de l'établissement ». *– V. note située dans le IV ci-dessous.*

III. — Prestation de restauration :

1° Accès à un service de restauration ;

2° Fourniture de trois repas, d'un goûter et mise à disposition d'une collation nocturne.

(Décr. n° 2022-734 du 28 avr. 2022, art. 1er-17°) « **IV. — Prestations de blanchissage :**

« 1° Fourniture et pose du linge de toilette, du linge relatif à l'entretien et à l'usage du lit et du linge de table ainsi que, le cas échéant, leur renouvellement et leur entretien ;

« 2° Marquage et entretien du linge personnel des résidents. » — *Les dispositions du 17° de l'art. 1er du Décr. n° 2022-734 du 28 avr. 2022 peuvent être modifiées par décret simple et sont entrées en vigueur le 1er janv. 2023, pour les contrats conclus à compter de cette date ou pour les documents individuels de prise en charge remis à compter de cette même date (Décr. préc., art. 2 et 3-III).*

V. — Prestation d'animation de la vie sociale :

1° Accès aux animations collectives et aux activités organisées dans l'enceinte de l'établissement ;

2° Organisation des activités extérieures.

....

ANNEXE 2-3-2

PRESTATIONS MINIMALES, INDIVIDUELLES OU COLLECTIVES, DÉLIVRÉES PAR LES RÉSIDENCES AUTONOMIE

(Décr. n° 2016-696 du 27 mai 2016, art. 8)

Les dispositions issues de l'art. 8 du Décr. n° 2016-696 du 27 mai 2016 ne sont pas applicables en Guadeloupe, en Guyane, à La Réunion, en Martinique, à Saint-Pierre-et-Miquelon, à Mayotte, à Saint-Barthélemy et à Saint-Martin. Toutefois, ces mêmes dispositions s'appliquent aux résidences autonomie régies par le III et le IV de l'art. L. 313-12 au plus tard le 1er juill. 2016 (Décr. préc., art. 9 et 11-II).

I. — Prestations d'administration générale.

1° Gestion administrative de l'ensemble du séjour, notamment l'état des lieux contradictoire d'entrée et de sortie ;

2° Élaboration et suivi du contrat de séjour, de ses annexes et ses avenants.

II. — Mise à disposition d'un logement privatif, au sens de l'article *(Décr. n° 2021-872 du 30 juin 2021, art. 7-I)* **« R. 151-1 » du code de la construction et de l'habitation, comprenant en sus des connectiques nécessaires pour recevoir la télévision et installer le téléphone.**

III. — Mise à disposition et entretien de locaux collectifs en application de l'article R. 633-1 du code de la construction et de l'habitation.

IV. — Accès à une offre d'actions collectives et individuelles de prévention de la perte d'autonomie au sein de l'établissement ou à l'extérieur de celui-ci.

V. — Accès à un service de restauration par tous moyens.

VI. — Accès à un service de blanchisserie par tous moyens.

VII. — Accès aux moyens de communication, y compris Internet, dans tout ou partie de l'établissement.

VIII. — Accès à un dispositif de sécurité apportant au résident 24h/ 24h une assistance par tous moyens et lui permettant de se signaler.

IX. — Prestations d'animation de la vie sociale :

— accès aux animations collectives et aux activités organisées dans l'enceinte de l'établissement ;

— organisation des activités extérieures.

ANNEXE 2-3-3

FORMULE DE CALCUL DU TAUX ANNUEL MAXIMAL D'ÉVOLUTION DES PRIX DU SOCLE DE PRESTATIONS ET DES AUTRES PRESTATIONS D'HÉBERGEMENT DES ÉTABLISSEMENTS MENTIONNÉS À L'ARTICLE L. 342-1 DU CODE DE L'ACTION SOCIALE ET DES FAMILLES

(Décr. n° 2015-1873 du 30 déc. 2015, art. 5, en vigueur le 1er janv. 2016)

Le pourcentage d'évolution des prix est calculé compte tenu de l'évolution des charges des établissements (coûts de la construction et des loyers, des produits alimentaires et des services) et du taux d'évolution de retraites de base prévu à l'article L. 161-23-1 du code de la sécurité sociale.

1° Détermination de l'évolution des charges des établissements d'hébergement pour personnes âgées pour l'année *n* :

L'indicateur A des charges des établissements d'hébergement pour personnes âgées pour l'année *n* est constitué d'un panier pondéré d'indices de charges selon la formule suivante :

A = (7 × c + 28 × l + 25 × sa + 25 × sn + 5 × se + 10 × al)/100

L'indicateur est calculé sur la base des indices publiés par l'Institut national de la statistique et des études économiques au 30 novembre de l'année *n*.

2° Détermination du taux annuel maximal d'évolution des prix du socle de prestations et des autres prestations d'hébergement applicable l'année *n + 1* :

Le taux annuel maximal d'évolution T applicable pour l'année *n + 1* est calculé en comparant l'indicateur A des charges des établissements, calculé au 1°, avec le taux B d'évolution des retraites de base pour l'année *n + 1*, par application de la règle suivante :

Si A > B alors T = (50 × A + 50 × B)/100

Si A < B ou A = B alors T = A

Ou :

A est le taux d'évolution de l'année *n-1* à l'année *n* des charges des établissements d'hébergement pour personnes âgées mentionnés à l'article L. 342-1.

B est le taux d'évolution des retraites de base prévu à l'article L. 161-23-1 du code de la sécurité sociale pour l'année *n + 1*.

T est le taux annuel maximal d'évolution des prix du socle de prestations et des autres prestations d'hébergement arrêté par le ministre pour l'année *n + 1*.

c est le taux d'évolution de l'année *n-1* à l'année *n*, sur la base du trimestre 2, des charges des établissements liées à la construction. Ce taux est calculé à partir de l'indice des prix de l'entretien-amélioration des logements existants-IPEA (identifiant : 001667525).

l est le taux d'évolution de l'année *n-1* à l'année *n*, sur la base du trimestre 2, des charges des établissements liées aux loyers. Ce taux est calculé à partir de l'indice des loyers des activités tertiaires-ILAT (identifiant : 001617112).

sa est le taux d'évolution de l'année *n-1* à l'année *n*, sur la base du trimestre 2, des charges des établissements liées aux services pour la partie "services administratifs". Ce taux est calculé à partir de l'indice des prix de vente des services français aux entreprises françaises aux prix de marché – classification des produits française – CPF : 82.1 – services administratifs et services de soutien (identifiant : 001664790).

sn est le taux d'évolution de l'année *n-1* à l'année *n*, sur la base du trimestre 2, des charges des établissements liées aux services pour la partie "services de nettoyage". Ce taux est calculé à partir de l'indice des prix de vente des services français aux entreprises françaises aux prix de marché – classification des produits française – CPF : 81.21 – nettoyage courant, marché privé (identifiant : 001664682).

se est le taux d'évolution de l'année *n-1* à l'année *n*, sur la base du mois de septembre, des charges des établissements liées aux services pour la partie "consommation d'énergie". Ce taux est calculé à partir de la valeur de l'indice des prix à la consommation – nomenclature "classification of individual consumption by purpose" – COICOP : 04.5. – électricité, gaz et autres combustibles (identifiant : 000637663).

al est le taux d'évolution de l'année *n-1* à l'année *n*, sur la base du trimestre 2, des charges des établissements liées aux produits alimentaires. Ce taux est calculé à partir de l'indice des prix de vente des services français aux entreprises françaises aux prix de marché – classification des produits française – CPF : 56.29 – autres services de restauration (identifiant : 001718392).

ANNEXE 2-4

Guide-barème pour l'évaluation des déficiences et incapacités des personnes handicapées

INTRODUCTION GÉNÉRALE AU GUIDE-BARÈME

(Décr. n° 2007-1574 du 6 nov. 2007, art. 1er)

Le présent guide-barème a pour objet de permettre la détermination d'un taux d'incapacité, pour l'application de la législation applicable en matière d'avantages sociaux aux personnes atteintes d'un handicap *[V. note à la fin de l'introduction]* tel que défini à l'article L. 114-1 du code de l'action sociale et des familles "Constitue un handicap, au sens de la présente loi, toute limitation d'activité ou restriction de participation à la vie en société subie dans son environnement par une personne en raison d'une altération substantielle, durable ou définitive d'une ou plusieurs fonctions physiques, sensorielles, mentales, cognitives ou psychiques, d'un polyhandicap ou d'un trouble de santé invalidant".

Ce guide-barème vise à permettre aux utilisateurs de fixer le taux d'incapacité d'une personne quel que soit son âge à partir de l'analyse de ses déficiences et de leurs conséquences dans sa vie quotidienne et non sur la seule nature médicale de l'affection qui en est l'origine.

La détermination du taux d'incapacité s'appuie sur une analyse des interactions entre trois dimensions :

Déficience : c'est-à-dire toute perte de substance ou altération d'une structure ou fonction psychologique, physiologique ou anatomique. La déficience correspond à l'aspect lésionnel et équivaut, dans la définition du handicap, à la notion d'altération de fonction.

Incapacité : c'est-à-dire toute réduction résultant d'une déficience, partielle ou totale, de la capacité d'accomplir une activité d'une façon ou dans les limites considérées comme normales pour un être humain. L'incapacité correspond à l'aspect fonctionnel dans toutes ses composantes physiques ou psychiques et équivaut, dans la définition du handicap, à la notion de limitation d'activité,

Désavantage : c'est-à-dire les limitations (voire l'impossibilité) de l'accomplissement d'un rôle social normal en rapport avec l'âge, le sexe, les facteurs sociaux et culturels. Le désavantage (et donc la situation concrète de handicap) résulte de l'interaction entre la personne porteuse de déficiences et/ou d'incapacités et son environnement.

Ces trois dimensions sont étroitement liées, mais, pour autant, leur intensité respective n'est pas nécessairement comparable et peut varier considérablement d'une personne à l'autre, y compris lorsque le handicap est lié à une même origine ou une même pathologie. De même, elles peuvent évoluer différemment dans le temps.

En effet, le diagnostic ne permet pas, à lui seul, une évaluation du handicap, celui-ci variant avec le stade évolutif, les thérapeutiques mises en œuvre, en fonction de l'interaction de la personne avec son environnement.

Toutefois, les éléments de diagnostic, bien qu'insuffisants à eux seuls pour rendre compte des conséquences de l'état de santé dans la vie quotidienne de la personne, sont néanmoins utiles pour la connaissance de la situation et permettent notamment d'apporter des indications sur l'évolutivité et le pronostic de l'état de la personne.

Le guide-barème comprend huit chapitres, correspondant chacun à un type de déficiences :

I. — Déficiences intellectuelles et difficultés de comportement.
II. — Déficiences du psychisme.
III. — Déficiences de l'audition.
IV. — Déficiences du langage et de la parole.
V. — Déficiences de la vision.
VI. — Déficiences viscérales et générales.
VII. — Déficiences de l'appareil locomoteur.
VIII. — Déficiences esthétiques.

Le guide-barème ne fixe pas de taux d'incapacité précis. En revanche, le guide-barème indique des fourchettes de taux d'incapacité, identifiant suivant les chapitres, trois à cinq degrés de sévérité (en général 4) :

— forme légère : taux de 1 à 15 % ;
— forme modérée : taux de 20 à 45 % ;
— forme importante : taux de 50 à 75 % ;
— forme sévère ou majeure : taux de 80 à 95 %.

Il convient de rappeler que les seuils de 50 % et de 80 %, s'ils sont atteints, peuvent ouvrir droit à divers avantages ou prestations.

Un taux de 50 % correspond à des troubles importants entraînant une gêne notable dans la vie sociale de la personne. L'entrave peut soit être concrètement repérée dans la vie de la personne, soit compensée afin que cette vie sociale soit préservée, mais au prix d'efforts importants ou de la mobilisation d'une compensation spécifique. Toutefois, l'autonomie est conservée pour les actes élémentaires de la vie quotidienne.

Un taux d'au moins 80 % correspond à des troubles graves entraînant une entrave majeure dans la vie quotidienne de la personne avec une atteinte de son autonomie individuelle. Cette autonomie individuelle est définie comme l'ensemble des actions que doit mettre en œuvre une personne, vis-à-vis d'elle-même, dans la vie quotidienne. Dès lors qu'elle doit être aidée totalement ou partiellement, ou surveillée dans leur accomplissement, ou ne les assure qu'avec les plus grandes difficultés, le taux de 80 % est atteint. C'est également le cas lorsqu'il y a déficience sévère avec abolition d'une fonction.

Les actes de la vie quotidienne, parfois qualifiés d'élémentaires ou d'essentiels, sont mentionnés dans les différents chapitres et portent notamment sur les activités suivantes :

— se comporter de façon logique et sensée ;

— se repérer dans le temps et les lieux ;
— assurer son hygiène corporelle ;
— s'habiller et se déshabiller de façon adaptée ;
— manger des aliments préparés ;
— assumer l'hygiène de l'élimination urinaire et fécale ;
— effectuer les mouvements (se lever, s'asseoir, se coucher) et les déplacements (au moins à l'intérieur d'un logement).

Le taux de 100 % est réservé aux incapacités totales comme par exemple dans le cas d'un état végétatif ou d'un coma.

L'approche évaluative en vue de la détermination du taux d'incapacité doit être :

— *individualisée* : en effet, certaines déficiences graves entraînent des incapacités modérées. A l'inverse, des déficiences modérées peuvent du fait de l'existence d'autres troubles, par exemple d'une vulnérabilité psychique notable, avoir des conséquences lourdes. De même, des déficiences bien compensées par un traitement (de quelque nature qu'il soit) peuvent entraîner des désavantages majeurs dans l'insertion sociale, scolaire ou professionnelle de la personne, notamment du fait des contraintes liées à ce traitement ;

— *globale* : même si le repérage des différentes déficiences est nécessaire, en revanche pour la détermination du taux d'incapacité, les taux mentionnés dans les différents chapitres ne s'ajoutent pas de façon arithmétique sauf précision contraire indiquée dans le chapitre correspondant.

Pour ce qui concerne les jeunes, l'analyse doit en outre prendre en compte les particularités liées au fait que l'enfance et l'adolescence sont des phases de développement. C'est ainsi que, dans certains cas, même si les déficiences n'ont pas encore un impact direct sur les incapacités ou désavantages immédiats, elles peuvent entraver le développement à terme. Les mesures alors mises en œuvre pour éviter une telle évolution ou permettre l'apprentissage précoce de compensations diverses peuvent avoir un impact très important sur la vie du jeune et de son entourage proche (en général familial) qui peut également supporter des contraintes de ce fait. Il y aura donc lieu d'en tenir compte dans l'analyse.

Il n'est pas nécessaire que la situation médicale de la personne soit stabilisée pour déterminer un taux d'incapacité. La durée prévisible des conséquences doit cependant être au moins égale à un an pour déterminer le taux. — *Certaines décisions prises par la commission prévue à l'art. L. 241-5 du code de l'action sociale et des familles, outre la reconnaissance d'un taux d'incapacité fixé réglementairement, nécessitent que d'autres conditions soient remplies. Celles-ci font éventuellement l'objet d'outils d'aide à la décision différents du présent guide-barème.*

Le chapitre I comprend :
— les retards mentaux avec ou sans difficultés du comportement ;
— les déficiences de la mémoire et de la pensée.

Ces deux points sont organisés en deux sections, l'une concernant les enfants et adolescents, l'autre les adultes ;
— les épilepsies qui sont traitées dans la troisième section.

Le chapitre II concerne les troubles psychiques.

Il est organisé également en deux sections, l'une concernant les enfants et adolescents, l'autre les adultes.

L'expert se référera selon sa formation (neurologue, pédiatre ou psychiatre…) et selon l'affection que présente la personne handicapée, à l'un ou l'autre chapitre. Toutefois, pour fixer le taux d'incapacité, l'expert ne pourra cumuler le taux obtenu dans le premier chapitre et celui obtenu dans le deuxième chapitre car si les exemples diffèrent, le lecteur peut constater que la démarche évaluative est tout à fait comparable.

En effet, ce qui doit être mesuré ici, ce sont les incapacités dans la vie familiale, scolaire ou professionnelle, quel que soit le diagnostic médical qui conduit à cet état de fait.

Le diagnostic médical est en effet important pour prévoir l'évolution (donc les éventuelles améliorations ou aggravations et ainsi les réexamens par les commissions compétentes) et la nature de la prise en charge, il n'est en règle générale que d'une utilité limitée dans la fixation du taux d'incapacité, sauf à ce qu'à lui seul il témoigne d'incapacités d'emblée très importantes.

CHAPITRE I. DÉFICIENCES INTELLECTUELLES ET DIFFICULTÉS DE COMPORTEMENT

Chez l'enfant comme chez l'adulte, le retard mental peut être isolé ou associé à des difficultés du comportement dont les manifestations sont diverses. Il conviendra de fixer le taux d'incapacité de façon globale, même si la démarche proposée conduit dans un premier temps à analyser séparément différents critères.

Le retard mental apparaît bien souvent dès la prime enfance, ou dans l'enfance, que la cause ait été mise en évidence ou non, qu'elle soit génétique, périnatale, ou autre... Mais la déficience intellectuelle peut également apparaître plus tardivement à l'adolescence, voire à l'âge adulte. C'est notamment le cas pour les traumatismes crâniens. Enfin, ce chapitre ne saurait exclure les déficiences intellectuelles de l'adulte vieillissant, qui peuvent apparaître plus ou moins précocement.

Pour chacune de ces situations, l'expert aura la même démarche, c'est-à-dire, après avoir fait un examen lui permettant de porter autant que faire se peut un diagnostic étiologique, il complétera son analyse par une recherche des incapacités de la personne en se référant à une personne du même âge.

En ce qui concerne les très jeunes enfants, dans les premières années de vie, il s'attachera certes à repérer les incapacités de l'enfant par rapport à ses congénères, mais il prendra aussi en compte les contraintes qui pèsent sur la famille pour favoriser le développement psychomoteur de cet enfant et permettre sa socialisation.

Enfin toute évaluation doit être accompagnée d'un examen somatique permettant de repérer les déficiences associées notamment auditives, visuelles, motrices... afin de les prendre en compte.

SECTION 1. Déficiences intellectuelles et difficultés de comportement de l'enfant et de l'adolescent

Un guide d'évaluation concernant spécifiquement la déficience intellectuelle et les difficultés du comportement de l'enfant et de l'adolescent a été établi. Il comporte un exposé de repères méthodologiques simples.

Ce guide ne se substitue pas au travail préalable des praticiens qui doivent apprécier les mécanismes de la déficience, les éléments dynamiques interactifs familiaux et sociaux, les facteurs étiologiques éventuels. L'ensemble de ce travail évaluatif conduit chaque praticien à une synthèse lui permettant de proposer un diagnostic, qui éclaire l'évolutivité, le pronostic, les possibilités thérapeutiques, la compétence à l'égard de la scolarité (éventuellement aménagée ou aidée) et également la fréquence souhaitable pour le réexamen des dossiers.

En l'espèce, il s'agit d'apprécier l'importance des incapacités et le surcroît de charges éducatives qui y sont liées au moment précis où est effectuée l'évaluation.

Cependant, la mise en évidence d'une anomalie chromosomique autosomique (trisomie ou monosomie) de l'enfant (par exemple dans le cadre des examens médicaux de la première semaine, du neuvième et du vingt-quatrième mois) signe d'emblée une déficience intellectuelle plus ou moins importante, souvent associée à des difficultés du comportement. Aussi ils justifient, dès le diagnostic posé, de l'attribution d'un taux égal à 80 p. 100, quelque *[quel que]* soit l'âge de l'enfant.

Les anomalies concernant les chromosomes sexuels peuvent, elles, s'accompagner, mais de façon inconstante, d'une déficience mentale. Elles entraînent très souvent des difficultés du comportement. Aussi elles justifient l'attribution d'un taux au moins égal à 50 p. 100. Selon le bilan effectué, ce taux pourra atteindre 80 p. 100 dans certains cas (retard mental avéré, difficultés du comportement importantes...).

Il importera de tenir compte de la permanence de l'aide éducative pour maintenir l'autonomie de l'enfant au niveau acquis et pour réaliser des progrès au-delà.

Ainsi on peut déterminer trois classes de taux d'incapacité :

taux inférieur à 50 p. 100 : incapacité modérée n'entraînant pas d'entrave notable dans la vie quotidienne de l'enfant ou de celle de sa famille ;

taux compris entre 50 p. 100 et 80 p. 100 : incapacité importante entraînant une entrave notable dans la vie quotidienne de l'enfant et de sa famille ;

taux égal ou supérieur à 80 p. 100 : incapacité majeure, entraînant une entrave majeure dans la vie quotidienne de l'enfant et de celle de sa famille.

A. REGISTRES D'ÉVALUATION

L'incapacité de l'enfant ainsi que le surcroît de charges éducatives sont appréciés dans chacun de ces registres.

1. Conscience et capacités intellectuelles

Conscience de soi : capacité à construire ou à maintenir une représentation de l'identité du corps ainsi que sa continuité dans le temps.

Schéma corporel et capacité d'orientation dans le temps et l'espace.

Capacité générale à acquérir des connaissances et des compétences, appréciation clinique et psychométrique.

2. Capacité relationnelle et comportement

Avec les membres de la famille ;

avec d'autres enfants ou adultes de l'entourage.

On appréciera notamment :

la capacité à nouer des relations dans des situations de jeu et d'apprentissage ;

la capacité d'adaptation au milieu habituel et à des situations nouvelles.

3. La communication

Concerne la capacité de l'enfant de produire et d'émettre des messages ainsi que de recevoir et de comprendre les messages.

On examinera les points suivants :

compréhension du langage de l'entourage ;

capacité d'expression non verbale : mimique, gestuelle ;

capacité d'expression orale ;

capacité concernant l'expression écrite : écriture, lecture.

4. Conduites et actes élémentaires dans la vie quotidienne

Il s'agit d'apprécier là l'autonomie dans :

l'alimentation ;

la toilette ;

l'acquisition de la propreté ;

le sommeil.

5. Capacité générale d'autonomie et de socialisation

Dans la vie familiale : participation aux activités domestiques, interférence avec les activités des autres membres de la famille.

Hors de la vie familiale :

capacité de se déplacer (ne vise pas uniquement les capacités locomotrices, mais exploite aussi la capacité à se déplacer seul, à prendre les transports en commun) ;

capacité d'assurer sa sécurité personnelle, dans les situations ordinaires de l'existence ;

possibilité d'intégration dans les lieux habituels de l'enfance : crèche, halte-garderie, école, centre aéré, etc.

B. AUTRES ÉLÉMENTS D'APPRÉCIATION

Complémentaires de l'étude analytique des incapacités résultant des atteintes des grandes fonctions psychiques, ils permettent au médecin expert de porter une appréciation globale, cotée, selon les trois niveaux de sévérité déterminés ci-dessus.

Le diagnostic : il sera indiqué en référence à une classification des maladies reconnue nationale ou internationale.

L'âge où la déficience est intervenue, son ancienneté, son évolutivité, les possibilités thérapeutiques, les soins entrepris, leur lourdeur, la fréquence des éventuelles hospitalisations.

La présence d'autres atteintes fonctionnelles.

SECTION 2. Déficiences intellectuelles et difficultés de comportement de l'adulte

La déficience intellectuelle s'apprécie en fonction de critères principaux et de critères secondaires.

Chaque critère situe le niveau du handicap ; il ne constitue pas, en lui-même, un élément suffisant pour fixer le taux d'incapacité ; il doit s'intégrer dans un ensemble symptomatique.

Cependant, la multiplicité des troubles présentés par le sujet peut constituer un indice de gravité supplémentaire (situant le taux à l'extrémité supérieure de la fourchette).

I. CRITÈRES PRINCIPAUX

Les déficiences intellectuelles comprennent celles de l'intelligence, de la mémoire et de la pensée.

Ces déficiences et les difficultés du comportement qui l'accompagnent le plus souvent entraînent une altération de l'autonomie.

Les actes de la vie quotidienne auxquels il sera fait référence, appréciés en fonction de l'aide et/ou de l'incitation extérieures, sont :

la toilette ;

l'habillement ;

les courses ;

la cuisine ;

les déplacements locaux.

L'autonomie intellectuelle s'appréciera en fonction des critères qui suivent.

La personne ayant une déficience intellectuelle peut-elle :

comprendre ?

se faire comprendre ?

prendre des initiatives adaptées ?

mettre à exécution et réaliser ces initiatives ?

peut-elle ou pourrait-elle gérer seule sa propre existence ?

peut-elle ou pourrait-elle vivre seule ?

L'acquisition des notions de lecture, de calcul et d'écriture ainsi que l'insertion socioprofessionnelle possible en milieu ordinaire ne suffisent pas à déterminer le degré de déficience globale.

En tout état de cause, le repérage de la déficience intellectuelle ne saurait s'effectuer uniquement sur des tests psychométriques et encore moins sur un seul d'entre eux.

L'observation continue, l'usage de plusieurs types de tests psychométriques (tests verbaux et de performance, échelles de capacités sociales...) doivent être conjugués avec des entretiens et des tests de personnalité dès lors que l'on cherche à faire leur juste place aux différents axes des fonctions cognitives : déficiences de logique, mémorisation, perception, communication, intérêt, attention.

On attribuera un taux inférieur à 50 p. 100 lorsque la personne présente des difficultés de conceptualisation et d'abstraction mais avec une adaptation possible à la vie courante sans soutien particulier.

On attribuera un taux compris entre 50 p. 100 et 75 p. 100 lorsque la personne est en mesure d'acquérir des aptitudes pratiques de la vie courante. Son insertion est possible en milieu ordinaire mais sa personnalité est fragile, instable, en situation de précarisation permanente, nécessitant un soutien approprié.

C'est le cas d'une personne ayant un retard mental léger.

On attribuera un taux au moins égal à 80 p. 100 lorsque la personne a besoin d'être sollicitée, aidée et/ou surveillée. Son insertion socioprofessionnelle est considérée comme possible en milieu protégé ou en milieu ordinaire avec des soutiens importants.

C'est le cas d'une personne ayant un retard mental moyen.

On attribuera un taux de plus de 90 p. 100 lorsque la personne aurait sa vie en danger sans l'assistance permanente d'une tierce personne ; son insertion socioprofessionnelle est considérée comme quasi impossible, même en milieu protégé ; son langage et son autonomie sont très faibles.

II. CRITÈRES SECONDAIRES

Ils permettent de moduler les taux à l'intérieur des fourchettes définies par les critères principaux.

On prendra en compte :

le retentissement relationnel sur la vie sociale, la déficience pouvant être acceptée par l'entourage ou, à l'opposé, entraîner un isolement, une marginalisation ou une dépendance totale ;

les relations avec le milieu professionnel, depuis la gêne au travail, mais la personne est tolérée par le milieu professionnel, jusqu'à l'inaptitude à tout travail.

SECTION 3. Épilepsie (déficiences liées à l'épilepsie)

Toutes les épilepsies ne sont pas des handicaps. Les épilepsies dont les crises sont bien contrôlées par le traitement et sans trouble associé ne constituent pas un handicap. A l'opposé, toute épilepsie active constitue un handicap. Ce handicap est en rapport avec :

1. les crises (caractérisées par leur fréquence et leur gravité), le retentissement du traitement, dont les effets secondaires peuvent être majeurs.

2. les déficiences pouvant être associées aux épilepsies : retard mental, déficience du psychisme, déficience de l'appareil locomoteur, déficience du langage et de la parole, déficience viscérale et générale.

La présente section ne prend en compte que le facteur crise. Les déficiences en rapport avec les troubles associés seront appréciées en fonction des sections ou chapitres spécifiques à chaque déficience. Ils donneront lieu, le cas échéant, à une majoration des taux d'incapacité.

Niveau I : déficience légère, 0 à 15 p. 100 :

crise avec chute et/ou perte de connaissance rare (de une à onze par an) ou absences mensuelles sans retentissement scolaire et professionnel.

Niveau II : déficience modérée, 20 à 45 p. 100 :

crises avec chutes et/ou perte de connaissance (au moins une par mois) ou absences (au moins une par semaine), aménagements scolaires et professionnels mais en milieu normal.

Niveau III : déficience importante, 50 à 75 p. 100 :

crises avec chutes et/ou perte de connaissance (au moins une par semaine) ou absences (au moins une par jour).

Pas d'insertion scolaire ou professionnelle en milieu normal possible sauf si accompagnement soutenu.

Niveau IV : déficience sévère, supérieure à 80 p. 100 :

crises avec chutes et/ou perte de connaissance (au moins une par jour).

Pas d'activité scolaire ou professionnelle possible, même en milieu protégé et/ou perte d'autonomie psychosociale.

CHAPITRE II. DÉFICIENCES DU PSYCHISME

SECTION 1. Déficiences psychiques de l'enfant et de l'adolescent

Ce guide ne se substitue bien évidemment pas au travail préalable des praticiens qui doivent apprécier les mécanismes psycho-pathologiques, les éléments dynamiques interactifs familiaux et sociaux, les facteurs étiologiques éventuels. L'ensemble de ce travail évaluatif conduit chaque praticien à une synthèse lui permettant de proposer un diagnostic, qui éclaire l'évolutivité, le pronostic, les possibilités thérapeutiques et éducatives et également la fréquence souhaitable pour le réexamen des dossiers.

Dans une approche globale, visant à décrire au mieux la situation de chaque enfant, les conséquences et limitations qu'imposent certains processus morbides doivent également être étudiées, en référence à l'apport méthodologique de la classification internationale des handicaps, notamment l'identification de plans d'expérience de santé et leurs interactions qui seront précisés par circulaire.

En l'espèce, il s'agit d'apprécier l'importance des capacités liées aux atteintes des grandes fonctions neuropsychiques, et le surcroît de charges éducatives qui y sont liées au moment précis où est effectuée l'évaluation. Il importera de tenir compte de la permanence de l'aide éducative pour maintenir l'autonomie de l'enfant au niveau acquis et pour réaliser les progrès au-delà.

La démarche consiste à examiner pour chaque enfant, en référence au développement d'un enfant du même âge, un ensemble d'items de valeur différente, qui se situent dans plusieurs registres ; cet ensemble éclairé par des éléments non chiffrés (le diagnostic, l'évolutivité) aboutit à un indice synthétique qui permet d'attribuer à l'enfant un taux d'incapacité :

inférieur à 50 p. 100 : incapacité modérée, n'entraînant pas d'entrave notable dans la vie quotidienne du sujet ou celle de sa famille.

de 50 à 80 p. 100 : incapacité importante, entraînant une gêne notable dans la vie quotidienne du sujet ou celle de sa famille.

égal ou supérieur à 80 p. 100 : incapacité majeure, entraînant une entrave majeure dans la vie quotidienne du sujet et de celle de sa famille.

L'âge de seize ans est l'âge minimum d'entrée dans le monde du travail : les incapacités et désavantages dans le champ professionnel ajoutent une nouvelle perspective dans la détermination de ce qui est à compenser. Aussi, suivant les cas, il peut être plus opportun de se reporter au guide-barème établi pour les atteintes neuropsychiques des adultes.

A. REGISTRES D'ÉVALUATION

Explorant les incapacités liées aux atteintes des grandes fonctions neuropsychiques ainsi que le surcroît de charges éducatives, ces repères donnent lieu à une appréciation codée (et non cotée).

1. Conscience et capacités intellectuelles

Conscience de soi : capacité à construire ou à maintenir une représentation de l'identité du corps ainsi que sa continuité dans le temps.

Schéma corporel et capacité d'orientation dans le temps et l'espace.

Capacité de discerner les dangers.

Capacité générale à manifester de la curiosité et de l'intérêt pour le milieu environnant.

Capacité à jouer seul de manière créatrice : activité de faire semblant ou utilisation dans le jeu d'un objet pour autre chose que sa destination usuelle.

Capacité générale d'acquérir des connaissances et des compétences et de les généraliser.

Les capacités intellectuelles seront appréciées grâce à différents tests cliniques, l'usage de plusieurs types de tests psychométriques (tests verbaux et de performance), échelles de capacité sociale... conjugués avec des entretiens et des tests de la personnalité.

2. Capacité relationnelle et comportement

Avec les membres de la famille ;

avec d'autres enfants ou adultes de l'entourage.

On appréciera notamment :

la capacité à nouer des relations dans des situations de jeu et d'apprentissage ;

la capacité d'adaptation au milieu habituel, et à des situations nouvelles ;

certaines difficultés particulières de comportement (stéréotypie, hyperactivité...) qui perturbent les relations avec l'entourage.

3. La communication

Concerne la capacité de l'enfant de produire et d'émettre des messages et de recevoir et de comprendre les messages.

On examinera les points suivants :

compréhension du langage de l'entourage ;

capacité d'expression non verbale à des fins de communication, mimique, gestuelle ;

capacité d'expression verbale à des fins de communication : capacité à manifester une curiosité en posant des questions (non stéréotypées) et à répondre à des questions de manière adaptée (faculté de dépasser l'écholalie) ;

capacité concernant l'expression écrite : écriture, lecture.

4. Conduites et actes élémentaires dans la vie quotidienne

Il s'agit d'apprécier là l'autonomie en fonction de l'aide ou de l'incitation extérieure dans :

l'alimentation ;

la toilette ;

l'acquisition de la propreté ;

le sommeil.

5. Capacité générale d'autonomie et de socialisation

Dans la vie familiale : participation aux activités domestiques, interférence avec les activités des autres membres de la famille.

Hors de la vie familiale :

capacité de se déplacer (ne vise pas uniquement les capacités locomotrices, mais explore aussi la capacité à se déplacer seul, à prendre les transports en commun) ;

capacité d'assurer sa sécurité personnelle, dans les situations ordinaires de l'existence ;

capacité d'intégration dans les lieux habituels de l'enfance : crèche, halte-garderie, école, centre aéré, etc.

B. AUTRES ÉLÉMENTS D'APPRÉCIATION

Complémentaires de l'étude analytique des incapacités résultant des atteintes des grandes fonctions psychiques, ils permettent au médecin expert de porter une appréciation globale, cotée, selon les trois niveaux de sévérité déterminés ci-dessus.

Le diagnostic : il sera indiqué en référence à une classification des maladies reconnue, nationale ou internationale.

L'âge de survenue des troubles, leur ancienneté, leur évolutivité.

Les possibilités thérapeutiques, les soins entrepris, leur lourdeur, la fréquence des éventuelles hospitalisations.

La présence d'autres atteintes fonctionnelles.

La multiplicité des troubles ou l'incidence multiple d'un seul trouble sévère présentés par le sujet pourra, en elle-même, constituer un indice de gravité supplémentaire. Pour une personne donnée, ayant repéré l'ensemble des atteintes qui peuvent ressortir à des chapitres différents, il importe d'en apprécier le taux global. Toutefois, on sera attentif à ne pas cumuler deux items semblables présents dans deux chapitres différents (cf. le chapitre Déficiences du langage et de la parole) ou de ne pas cumuler le taux qui résulterait de l'évaluation portée en référence au chapitre I, section 1, et celui porté en référence à cette section.

SECTION 2. Déficiences psychiques de l'adulte

La classification internationale des maladies de l'Organisation mondiale de la santé doit être considérée par l'expert comme un outil de base. Il s'y reportera pour la conformité de ses conclusions diagnostiques. Cependant le diagnostic psychiatrique ne permet pas de mesurer les capacités d'une personne ou ses incapacités dans la vie familiale sociale ou professionnelle. Aussi l'expert s'attachera-t-il à compléter l'examen clinique qui le conduit au diagnostic par une évaluation psychosociale. Ce n'est pas la maladie psychiatrique qui donne lieu à l'attribution d'un taux d'incapacité mais les limites qu'elle suscite dans la vie quotidienne.

L'évaluation psychosociale s'appuiera sur un certain nombre de critères qui seront précisés plus loin.

Le taux d'incapacité sera fixé en tenant compte de ces critères.

Inversement si chaque critère situe le niveau de handicap, aucun ne constitue en lui-même un élément suffisant pour fixer le taux d'incapacité : il doit s'intégrer dans un ensemble symptomatique psychiatrique.

Si les critères ont été énumérés avec une certaine précision, il ne s'agit pas de chercher à coter chacun d'entre eux de façon précise et d'apprécier selon une règle mathématique le taux global qui en résulte mais cette énumération permet d'orienter l'expert lorsqu'il est amené à fixer le taux d'incapacité. Un seul de ces troubles défini dans ce chapitre peut justifier à lui seul un taux d'incapacité important dès lors qu'il grève largement les capacités de la personne dans sa vie sociofamiliale ou professionnelle.

De la même façon, plusieurs troubles relativement modérés peuvent, par un effet cumulatif, retentir de façon importante dans la vie sociofamiliale et professionnelle et justifier de l'attribution d'un taux important : la multiplicité des troubles présentés par le sujet constitue un indice d'incapacité supplémentaire. Pour chaque critère, les exemples permettent de retrouver l'expression de telle ou telle affection psychiatrique.

Le médecin expert appréciera globalement l'incapacité en fonction de l'ensemble des troubles psychiques présentés par le sujet.

Il tiendra compte également des déficiences éventuellement associées : visuelles, auditives, motrices, viscérales et métaboliques... qui, lorsqu'elles existent, augmentent le taux d'incapacité. Enfin, il importera de tenir compte des aménagements parfois importants que doivent prendre les familles, l'environnement immédiat, ou le milieu de travail pour garder à la personne un équilibre précaire, ou une autonomie fragile; ainsi une personne dont la vie en milieu ordinaire n'est possible que grâce à un étayage important des proches justifie d'un taux au moins égal à 50 p. 100.

Les experts ont également souhaité que les fourchettes ne commencent qu'à 20 p. 100 afin de tenir compte des variations de la normale. De fait, soit la personne présente des troubles psychiatriques repérés par un médecin, alors elle peut justifier d'un taux d'au moins 20 p. 100, soit elle présente des troubles mineurs qui ne peuvent s'intégrer dans un ensemble psychiatrique, troubles considérés comme des variations de la normale, ils ne justifient pas alors de l'attribution d'un taux.

Ainsi, l'expert déterminera si la personne présente des troubles psychiques justifiant d'un taux d'incapacité compris entre 20 et 45 p. 100 : la personne présente des troubles psychiatriques mais qui restent compensés avec ou sans traitement chimiothérapique ou psychothérapique, qui permettent une vie familiale et professionnelle assumée seule.

Lorsque l'affection psychiatrique nécessite un aménagement de la vie familiale ou/et de la vie professionnelle avec des sollicitations plus ou moins importantes de l'entourage, le taux attribué sera compris entre 50 p. 100 et 75 p. 100.

Enfin, lorsque la personne ne peut vivre ou travailler en milieu ordinaire que grâce à une sollicitation importante de l'entourage ou qu'une faible et peu durable activité spontanée n'est constatée, le taux attribué sera compris entre 80 p. 100 et 95 p. 100.

I. PRINCIPAUX CRITÈRES DE DÉFICIENCE PRIS EN COMPTE

1. Troubles de la volition.
2. Troubles de la pensée.
3. Troubles de la perception.

4. Troubles de la communication.
5. Troubles du comportement.
6. Troubles de l'humeur.
7. Troubles de la conscience et de la vigilance.
8. Troubles intellectuels.
9. Troubles de la vie émotionnelle et affective.
10. Expression somatique des troubles psychiatriques.

Nota. — Les actes élémentaires de la vie quotidienne auxquels il sera fait référence dans le texte sont :

la toilette ;
l'habillement ;
les courses ;
la cuisine ;
les déplacements locaux ou sur trajet connu.

II. CRITÈRES SECONDAIRES

Ils permettent de moduler les taux :
retentissement relationnel ;
hospitalisations (récentes, prolongées, répétées) ;
âge du patient, ancienneté de la maladie ;
traitement.

I. CRITÈRES PRINCIPAUX DE DÉFICIENCE

1. Troubles de la volition

Comprend :
apragmatisme ;
négativisme ;
compulsions obsessionnelles ;
ambivalence ;
inhibition.

a) Compensé : vie quotidienne et socioprofessionnelle assumées seul mais pour le reste activité très pauvre (taux : 20 à 45 p. 100).

b) Non compensé : autonomie pour les actes de la vie quotidienne, mais travail en milieu ou en emploi protégé ou aménagé. Activité quasi inexistante par ailleurs (taux : 50 à 75 p. 100).

c) Faible ou très faible activité spontanée durable, clinophilie, ne sort plus, actes élémentaires sur incitation forte (taux : 80 à 95 p. 100).

2. Troubles de la pensée (cours et contenu)

Comprend :
idées obsessionnelles ;
fuite ou incohérence des idées ;
lenteur de la pensée ;
radotage ;
appauvrissement de la pensée ;
délire.

a) Compensé : compatible avec la vie quotidienne et l'activité professionnelle malgré des troubles de la pensée ou de la cohérence du discours (taux : 20 à 45 p. 100).

b) Non compensé : vie quotidienne conservée, gêne à l'adaptation socioprofessionnelle, troubles notables du cours de la pensée et de la cohérence du discours (taux : 50 à 75 p. 100).

c) Troubles graves et fréquents de la pensée compromettant la communication ; délire envahissant ou confinant à l'isolement, réduction pouvant aller jusqu'à la suppression du contact avec la réalité (taux : 80 à 95 p. 100).

3. Troubles de la perception

Comprend :
illusions ;
hallucinations ;
déréalisation.

a) Compensé : compatible avec la vie quotidienne et socioprofessionnelle (taux : 20 à 45 p. 100).

b) Non compensé : perturbation dans la vie socioprofessionnelle mais maintien de la vie quotidienne (taux : 50 à 75 p. 100).

c) Envahissement de la conscience avec ou sans moments de retour dans la réalité ou entravant la vie quotidienne (taux : 80 à 95 p. 100).

4. Troubles de la communication (langage)

Voir également le chapitre Troubles de la parole (aphasie).

Comprend :

troubles de la forme, du contenu du langage et de l'expression gestuelle :

logorrhée ;

préciosité ;

coq-à-l'âne ;

néologismes ;

écholalie ;

discordance, parasitisme, mimique, stéréotypies gestuelles ou déficitaires ;

troubles fonctionnels :

bégaiement ;

mutisme ;

repli autistique.

a) Troubles de la communication entraînant une gêne dans la vie quotidienne (taux : 20 à 45 p. 100).

b) Troubles de la communication entraînant des perturbations dans l'activité socioprofessionnelle (taux : 50 à 75 p. 100).

c) Insuffisance de la communication perturbant ou entravant la vie quotidienne et la vie socioprofessionnelle ; hermétisme absolu ou repli autistique total ou aphasie globale ou mutisme total (taux : 80 à 95 p. 100).

5. Troubles du comportement

Comprend :

agressivité ;

agitation ;

théâtralisme ;

automutilation ;

comportements phobiques ;

rites obsessionnels ;

instabilité ;

timidité.

a) Troubles du comportement contrôlés restant compatibles avec la vie quotidienne et socioprofessionnelle : théâtralisme ou irritabilité ou timidité ou perplexité pathologiques ou hyperactivité désordonnée (taux : 1 à 45 p. 100).

b) Manifestations mal contrôlées perturbant la vie socioprofessionnelle : automutilation névrotique, agressivité, rites ou phobies invalidants, instabilité (taux : 50 à 75 p. 100).

c) Perturbation ou empêchement du contrôle des actes : agitation importante ou menaces inquiétantes de passage à l'acte violent ou rites, phobies envahissant le comportement, actes de violence majeurs ou agitation extrême ou danger pour la vie de l'intéressé ou de son entourage (taux : 80 à 95 p. 100).

6. Troubles de l'humeur

Nota. — Ces troubles ne doivent être pris en compte en matière d'incapacité que lorsqu'ils sont prolongés (durée supérieure à six mois) ou répétés (plus de trois accès par an).

a) Troubles dépressifs ou hypomaniaques légers ou équilibrés ou psychose maniaco-dépressive bien compensée compatible avec une vie quotidienne et socioprofessionnelle (taux : 20 à 45 p. 100).

b) Troubles de l'humeur ; états d'excitation ou dépression franche sans signe mélancolique grave apportant cependant une perturbation notable dans la vie professionnelle ; vie quotidienne conservée (taux : 50 à 75 p. 100).

c) État maniaque perturbant ou entravant la vie socioprofessionnelle ; agitation psychomotrice, pouvant être dangereuse pour le sujet et son entourage, fuite des idées, insomnie grave ou état mélancolique : aboulie, douleur morale, auto-accusation, ralentissement psychomoteur, entravant la vie quotidienne (taux : 75 à 95 p. 100).

7. Troubles de la conscience et de la vigilance

a) Légère diminution permanente de la vigilance, n'entravant pas l'insertion sociale et professionnelle (taux : 20 à 40 p. 100).

b) Troubles de la conscience apportant une gêne notable à la vie socioprofessionnelle tout en permettant le maintien d'une vie quotidienne relativement satisfaisante (taux : 50 à 75 p. 100).

— soit dans le cadre de troubles intermittents de la conscience;

— soit du fait d'une diminution permanente de la vigilance (obnubilation).

c) Troubles de la conscience perturbant ou entravant la vie quotidienne et socioprofessionnelle; la réalisation des actes élémentaires de la vie sur incitation forte; état crépusculaire prolongé (taux : 80 à 95 p. 100).

Nota. — En ce qui concerne l'épilepsie, se reporter au chapitre I, section 3.

8. Troubles intellectuels

A. Séquellaires d'une affection mentale précoce

a) Personnalité fruste, éventuellement illettrisme, difficulté de conceptualisation et d'abstraction, cependant adaptation possible à la vie courante (taux : 20 à 45 p. 100).

b) Insertion socioprofessionnelle possible en milieu ordinaire (emploi protégé ou aménagé); retard mental léger : il s'appréciera autant en fonction des acquisitions d'aptitudes pratiques de la vie courante que des notions de calcul et de lecture complétées ainsi le cas échéant par une mesure du quotient intellectuel compris approximativement entre 50 et 70 (taux : 50 à 75 p. 100).

c) Retard mental moyen, apprentissage possible des gestes élémentaires (hygiène corporelle, alimentation, habillement), possibilité de communication rudimentaire, impossibilité d'acquisition des notions élémentaires d'arithmétique ou de lecture, insertion socioprofessionnelle possible en milieu protégé, à titre indicatif quotient intellectuel approximativement compris entre 35 et 49 (taux : 80 à 90 p. 100).

d) Retard mental sévère ou profond, insertion socioprofessionnelle impossible, langage et autonomie nuls (taux : + de 95 p. 100).

B. D'acquisition tardive

Comprend :

troubles de la mémoire;

troubles de l'attention;

troubles du jugement, du calcul mental;

troubles de l'orientation temporelle et spatiale.

a) Gêne ne perturbant pas le maintien dans la vie courante (taux : 20 à 45 p. 100).

b) Dégradation importante d'une fonction ou expression déficitaire d'un processus psychotique antérieur apportant une perturbation notable dans la vie socioprofessionnelle mais respectant les actes élémentaires de la vie quotidienne (taux : 50 à 75 p. 100).

c) Détérioration importante transitoire ou continue des facultés intellectuelles avec ou sans atteinte des fonctions instrumentales de type démence avancée, perturbant ou entravant la vie quotidienne et socioprofessionnelle (taux : 80 à 90 p. 100).

d) Absence totale d'autonomie, démence complète (taux : + de 95 p. 100).

9. Troubles de la vie émotionnelle et affective

Comprend :

anxiété, angoisse;

doute;

indifférence affective;

discordance affective;

instabilité affective;

troubles du caractère;

immaturité affective;

timidité.

a) Troubles modérés n'entravant pas la vie sociale et professionnelle (taux : 1 à 40 p. 100) :

anxiété permanente ou crises d'angoisse peu fréquentes;

labilité émotionnelle;

irritabilité;

timidité;

immaturité affective.

b) Troubles non compensés apportant une gêne importante à la vie socioprofessionnelle, maintien d'une vie quotidienne possible (taux : 50 à 75 p. 100) :

angoisse permanente ou crises de panique répétées ou importantes difficultés de contrôle émotionnel (notamment accès fréquents de colère inadaptés, éreutophobie invalidante) ;

tendance à la discordance affective (rires immotivés) ;

pauvreté des affects ;

doute permanent (folie du doute).

c) Troubles invalidants de l'affectivité perturbant ou entravant la vie quotidienne et socioprofessionnelle (taux : 80 à 90 p. 100).

d) Troubles affectifs majeurs ne permettant plus aucun contact avec la réalité (taux : 95 p. 100).

10. Expression somatique des troubles psychiatriques

a) Somatisation à type de plaintes subjectives sans retentissement notable sur la vie quotidienne et professionnelle (taux : 20 à 45 p. 100).

b) Somatisation systématisée importante perturbant la vie socioprofessionnelle et entraînant une demande répétée de soins (taux : 50 à 75 p. 100).

c) Altération grave et invalidante de l'état général (par exemple amaigrissement très important) entravant la vie quotidienne (taux : 85 à 90 p. 100).

d) Altération grave de l'état général mettant en jeu le pronostic vital (cachexie, escarres étendues, état grabataire) (taux : + de 95 p. 100).

II. CRITÈRES SECONDAIRES

Les critères secondaires permettent de moduler les taux à l'intérieur des fourchettes définies par les critères principaux.

On prendra en compte :

le retentissement relationnel sur la vie sociale et affective, les troubles pouvant être bien acceptés par l'entourage ou, à l'opposé, entraînant un isolement, une marginalisation ou une dépendance totale ;

les relations avec le milieu professionnel, depuis la gêne au travail (mais le sujet est toléré par le milieu professionnel) à l'inaptitude à tout travail ;

les hospitalisations, quand elles sont prolongées, fréquentes, répétées, peuvent constituer un indice de gravité. A apprécier selon les possibilités locales de prise en charge ;

l'âge du patient et l'ancienneté de la maladie :

— adulte jeune : moins de trente ans et maladie récente évolutive (moins de cinq ans), réévaluation au minimum tous les deux ans pour tenir compte de l'évolution du handicap ;

— cas particulier : épisode aigu (exemple : bouffée délirante), ne baser l'évaluation de l'incapacité que sur les manifestations résiduelles après stabilisation ;

l'importance et la tolérance du traitement.

Remarques :

le retentissement des divers traitements et thérapies n'est pas toujours séparable de celui de la pathologie qui les justifie ;

à prendre en compte lorsque cette thérapeutique entraîne une gêne à la vie quotidienne ou une régression ou des effets secondaires pour certains médicaments.

CHAPITRE III. DÉFICIENCES DE L'AUDITION

Pour déterminer le taux d'une déficience auditive, il doit être tenu compte non seulement de la perte auditive tonale, qui correspond à la déficience de la perception acoustique, mais aussi des répercussions de cette déficience auditive sur le langage (notamment dans les surdités installées avant l'acquisition du langage) et sur la qualité de l'expression orale. Il est donc nécessaire d'établir une notation différente pour chacune de ces deux fonctions : l'audition (chapitre III) et le langage (chapitre IV), qui ne peuvent être confondues dans un barème unique mais qui s'additionnent arithmétiquement.

La mesure de la déficience auditive est faite sans appareillage.

Le niveau acoustique relatif des deux oreilles est important dans la réception des signaux. Le tableau ci-joint à double entrée en tient compte.

Le calcul de la perte moyenne en décibels s'effectue en décibels selon les recommandations du Bureau international d'audiophonologie. Il prend pour base l'audiogramme tonal à 500, 1 000, 2 000 et 4 000 Hz.

$$pm\,dB = \frac{p\ dB\ 500 + p\ dB\ 1\,000 + p\ dB\ 2\,000 + p\ dB\ 4\,000}{4}$$

Si la mesure séparée de chaque oreille est impossible, le calcul se fera sur la courbe globale en champ libre et la perte de chaque oreille sera réputée égale à cette valeur.

Si la mesure n'est faite qu'à partir d'enregistrements électrophysiologiques, n'apportant en général d'informations que sur les fréquences aiguës 2 000 à 4 000 Hz, la perte moyenne sera égale au seuil enregistré.

I. LES TAUX D'INCAPACITÉ

Pour les surdités bilatérales dépistées avant l'âge de trois ans, on applique automatiquement le taux d'incapacité de 80 p. 100 compte tenu des troubles du langage toujours associés.

On évaluera de nouveau la situation dans la quatrième année pour tenir compte cette fois-ci de l'audiogramme et des troubles du langage réels.

Au-delà de trois ans les taux d'incapacité sont fixés ainsi qu'il suit :

	20 à 39 dB	40 à 49 dB	50 à 59 dB	60 à 69 dB	70 à 79 dB	80 dB et au-dessus
Moins de 20 dB	0	5	10	15	20	20
20 à 39 dB	5	10	15	20	25	30
40 à 49 dB	10	15	25	30	35	40
50 à 59 dB	15	25	35	40	50	55
60 à 69 dB	20	30	40	50	60	70
70 à 79 dB	25	35	50	60	70	75
80 dB et au-dessus	30	40	55	70	75	80

II. ACOUPHÈNES/VERTIGES

L'existence d'acouphènes majore arithmétiquement le taux d'incapacité lié à la perte auditive (taux : de 2 à 5 p. 100).

De même l'existence de vertiges majore arithmétiquement le taux d'incapacité lié à la perte auditive (taux : de 2 à 5 p. 100).

III. HANDICAPS ASSOCIÉS

En cas de handicaps associés, les taux d'incapacité s'additionnent selon les règles habituelles.

CHAPITRE IV. DÉFICIENCES DU LANGAGE ET DE LA PAROLE

L'appréciation peut être délicate et fera l'objet, en tant que de besoin, d'un bilan portant sur le langage oral et/ou écrit.

I. DÉFICIENCES ACQUISES DU LANGAGE ET DE LA PAROLE (EN TANT QU'OUTIL DE COMMUNICATION) CHEZ L'ENFANT, CHEZ L'ADULTE APRÈS L'ACQUISITION DE L'ÉCRITURE ET DE LA LECTURE

Le praticien compétent décrira la pathologie du langage oral et la pathologie du langage écrit.

L'appréciation de la déficience portera sur le caractère informatif du langage et la spontanéité du discours lors de conversations et d'épreuves diverses (dénomination, désignation, répétition, narration, construction de phrase, copie, dictée, lecture...).

1. Déficience légère du langage et de la parole (taux : 0 à 15 p. 100)

Les symptômes sont peu gênants, l'examen est normal ou subnormal. Exemples : dysorthographie et/ou dyslexie résiduelle et/ou dyscalculie, dysarthrie mineure, retard simple du langage.

2. Déficience moyenne du langage et de la parole entravant la communication mais permettant le maintien de l'autonomie dans la vie quotidienne (taux : 20 à 45 p. 100)

Exemples : troubles de la mélodie, de la prosodie et des gestes accompagnant l'expression orale : 5 à 20 p. 100 ; association à des troubles du calcul et de la syntaxe : 10 à 40 p. 100.

3. Déficience importante du langage et de la parole (taux : 50 à 75 p. 100)

Les troubles de l'expression orale et/ou écrite, sont importants avec conservation relative de la compréhension.

Exemples :

— dysarthries neurologiques : ces dysarthries, bien que n'atteignant que l'expression du langage, sans en altérer le contenu, peuvent rendre la parole parfois très difficilement compréhensible ;

— langage réduit à des stéréotypies ; séquelles d'anarthrie sévère.

4. Déficience sévère du langage et de la parole (taux : 80 à 95 p. 100)

Les troubles de l'expression orale et/ou écrite sont sévères la rendant incompréhensible ou absente avec conservation limitée ou nulle de la compréhension.

Exemples :

— aphasie globale ;

— déficits sensoriels spécifiques retentissant sur le langage écrit et/ou oral (surdité corticale, alexie pure) ;

— en cas d'aphasie sévère et globale le taux est de 95 p. 100.

II. TROUBLES DU LANGAGE ET DE LA PAROLE CONGÉNITAUX OU ACQUIS AVANT OU PENDANT L'ACQUISITION DE L'ÉCRITURE ET DE LA LECTURE

On jugera la gravité sur la spontanéité, le caractère informatif du langage par des épreuves diverses explorant la phonologie, la compréhension et l'expression orale et/ou écrite, la rétention, le vocabulaire, la lecture, l'orthographe, la dénomination, la désignation, la répétition, la narration d'histoires connues.

1. Déficience légère

Des déficiences telles qu'une dysarthrie mineure sans autre trouble neurologique ou un retard simple du langage seront appréciées à un taux inférieur à 15 p. 100.

2. Déficience moyenne (taux : 20 à 45 p. 100)

Déficiences du langage écrit ou oral perturbant notablement les apprentissages notamment scolaires mais pas la socialisation.

Exemples :

— alexie, dyslexie, dysorthographie, acalculie, dyscalculie entraînant une thérapeutique régulière (d'autant plus efficace que plus précoce) ;

— réduction et imprécision du stock lexical sans perturbation du langage conversationnel ;

— dyscalculie isolée ou associée à des troubles globaux des stratégies avec efficience intellectuelle normale : conséquences comparables à celles des dyslexies ;

— apraxie verbale.

3. Déficience importante (taux : 50 à 75 p. 100)

Troubles importants de l'acquisition du langage oral et écrit perturbant notablement les apprentissages et retentissant sur la socialisation.

4. Déficience sévère (taux : 80 à 95 p. 100)

Troubles sévères et définitifs de l'acquisition du langage oral et écrit rendant celui-ci incompréhensible ou absent.

III. DÉFICIENCES VOCALES

Elles comprennent les laryngectomies.

Nota. — Pour les troubles du comportement ou de la personnalité à expression vocale voir le chapitre Déficience du psychisme.

On tiendra compte dans tous les cas de l'intelligibilité de la voix produite, de la possibilité de la conversation en petit groupe et de la possibilité d'une conversation téléphonique.

1. Communication pouvant entraîner une gêne dans la vie relationnelle telle que (taux : 10 à 40 p. 100)

Troubles qualitatifs de l'émission vocale, touchant de manière isolée ou associée :

— hauteur ;

— timbre ;

— intensité, quelle que soit la cause (congénitale, malformative, traumatique, tumorale...), y compris les paralysies laryngées.

Troubles du débit de l'émission :
— bégaiement ;
— troubles mécaniques, ventilatoires ou paralytiques (par exemple trachéotomie chronique).
Déficiences vocales d'origine oropharyngée :
— d'origine vélaire, rhinolalies notamment fentes et paralysies vélaires ;
— d'origine linguale, notamment paralytique ;
— d'origine malformative ;
— après traumatismes maxillo-faciaux.

2. Absence de voix (taux : 50 à 75 p. 100)

La commission appréciera le caractère définitif et/ou permanent de l'absence de voix.
Exemples :
— absence de larynx fonctionnel, possibilité de compensation par rééducation, aides vocales ;
— laryngectomie totale entraînant des troubles sévères de la communication ;
— laryngectomie partielle et/ou totale avec implantation d'une prothèse interne ;
— laryngectomie reconstructive.

Comme pour les autres déficiences on prendra également en compte les retentissements de la maladie causale et de ses traitements (par exemple conséquences respiratoires, circulatoires, sensorielles et psychiques).

IV. CONSÉQUENCES D'UNE DÉFICIENCE AUDITIVE CONGÉNITALE OU ACQUISE

Les données du barème du niveau de parole et de langage traduisent une difficulté sociale de relation linguistique dans la langue maternelle. Les conséquences vocales seront appréciées par rapport à une personne entendante et non par rapport à une personne sourde même correctement rééduquée. Elles feront l'objet d'un bilan de parole ou de langage par un phoniatre ou un orthophoniste. Si les difficultés d'élocution et le retard de langage sont la conséquence de la déficience auditive, on fixera le taux d'incapacité selon quatre paliers 0, 5, 10 et 15 p. 100 définis ainsi que suit et on ajoutera arithmétiquement ce taux à celui résultant de l'application du barème du niveau acoustique d'audition (cf. chapitre II).

0 p. 100. Élocution normale : niveau de langage normal.

5 p. 100. Niveau de langage normal :
— difficultés d'élocution relevant des aspects suivants :
— perturbation du débit et du rythme, difficultés mélodiques et d'intonation ;
— troubles d'articulation liés à la surdité ;
— troubles de la voix : anomalie de la hauteur, du timbre, de l'intensité, voix nasonnée.

10 p. 100. Difficultés d'élocution, comme le groupe précédent.
Retard de parole et/ou langage avec notamment :
— chute de la fin des mots et difficultés de prononciation des groupes consonantiques, mots déformés ;
— emploi peu fréquent des mots grammaticaux (articles, adverbes, conjonctions...), temps des verbes incorrects.

15 p. 100. Difficultés majeures d'élocution, troubles importants du langage ou absence d'expression acoustique de la parole, au mieux parole intelligible seulement pour la famille ou les professionnels de la rééducation.

CHAPITRE V. DÉFICIENCES DE LA VISION

I. DÉFICIENCES DE L'ACUITÉ VISUELLE

Les déficiences de l'acuité visuelle s'apprécient après correction. Ainsi, un trouble de la réfraction, qui peut être entièrement corrigé par un moyen optique, ne sera pas considéré comme une déficience oculaire. Le degré de vision sera estimé en tenant compte de la correction optique supportable en vision binoculaire.

La mesure de l'acuité visuelle doit tenir compte de l'acuité visuelle de loin (échelle de Monoyer à 5 mètres) et de l'acuité visuelle de près (échelle de Parinaud lue à 40 cm).

Plusieurs définitions de la cécité sont actuellement employées :
— cécité complète : sont atteints de cécité complète ceux dont la vision est abolie (v = 0) au sens absolu du terme avec abolition de la perception de la lumière ;
— sont considérés comme atteints de quasi-cécité ceux dont la vision centrale est égale ou inférieure à 1/20 d'un œil, celle de l'autre étant inférieure à 1/20, avec déficience des champs visuels périphériques lorsque le champ visuel n'excède pas 20° dans le secteur le plus étendu ;

— cécité professionnelle : est considéré comme atteint de cécité professionnelle celui dont l'œil le meilleur a une acuité égale au plus à 1/20 avec un rétrécissement du champ visuel inférieur à 20° dans son secteur le plus étendu.

L'article R. 241-15 du code de l'action sociale et des familles précise que "la carte d'invalidité sera surchargée d'une mention "cécité" pour les personnes dont la vision centrale est nulle ou inférieure à 1/20 de la normale".

La carte d'invalidité sera surchargée de la mention "canne blanche" pour les personnes dont la vision est au plus égale à un dixième de la normale.

Le tableau de l'acuité visuelle de loin proposé par les experts tient compte des définitions utilisées habituellement ainsi que de la réglementation en vigueur.

a) Acuité visuelle de loin :

"La vision d'un œil est indiquée par une colonne horizontale, la vision de l'autre par une colonne verticale. Le point de rencontre donne le taux médical d'incapacité (tableau ci-après)".

Diminution de l'acuité visuelle de loin des deux yeux (échelle de Monoyer à 5 mètres)

	10/10	**9/10**	**8/10**	**7/10**	**6/10**	**5/10**	**4/10**	**3/10**	**2/10**	**1/10**	**1/20**	**< 1/20**	**Cécité totale**
10/10	0	0	0	1	2	3	4	7	12	16	20	23	25
9/10	0	0	0	2	3	4	5	8	14	18	21	24	26
8/10	0	0	0	3	4	5	6	9	15	20	23	25	28
7/10	1	2	3	4	5	6	7	10	16	22	25	28	30
6/10	2	3	4	5	6	7	9	12	18	25	29	32	35
5/10	3	4	5	6	7	10	15	20	25	30	35	40	50
4/10	4	5	6	7	9	15	30	35	40	45	50	55	60
3/10	7	8	9	10	12	20	35	50	55	60	65	68	70
2/10	12	14	15	16	18	25	40	55	70	72	75	80	82
1/10	16	18	20	22	25	30	45	60	72	80	82	83	84
1/20	20	21	23	25	29	35	50	65	75	82	85	87	88
< 1/20	23	24	25	28	32	40	55	68	80	83	87	90	92
Cécité totale	25	26	28	30	35	50	60	70	82	84	88	92	95

b) L'acuité visuelle de près :

L'acuité visuelle de près est appréciée par l'échelle de Parinaud lue à 40 centimètres après juste correction de la presbytie si nécessaire :

	P 1,5	**P 2**	**P 3**	**P 4**	**P 5**	**P 6**	**P 8**	**P 14**	**P 20**	**< P 20**	**0**
P 1,5	0	0	2	3	6	8	10	16	20	23	25
P 2	0	0	4	5	8	10	14	18	22	25	28
P 3	2	4	8	9	12	16	20	25	28	32	35
P 4	3	5	9	11	15	20	25	30	36	40	42
P 5	6	8	12	15	20	26	30	36	42	46	50
P 6	8	10	16	20	26	30	32	42	46	50	55
P 8	10	14	20	25	30	32	40	52	58	62	65
P 10	16	18	25	30	36	42	52	65	70	72	76
P 20	20	22	28	36	42	46	58	70	75	80	85
< P 20	23	25	32	40	46	50	62	72	80	85	90
0	25	28	35	42	50	55	65	76	85	90	95

S'il existe un rapport étroit entre vision de loin et vision de près de sorte que, si l'une est altérée, l'autre l'est dans les mêmes proportions, le tableau qui évalue le déficit en fonction de la seule vision de loin est alors suffisant.

Dans les autres cas, il existe une dissociation entre la vision de loin et celle de près. Il conviendra alors d'adopter la moyenne arithmétique entre les deux taux calculés grâce à l'échelle de Monoyer et grâce à l'échelle de Parinaud.

II. AUTRES DÉFICIENCES DE LA FONCTION ET DE L'APPAREIL OCULAIRE

1. Déficiences du champ visuel

L'estimation fonctionnelle des séquelles doit privilégier le repérage des altérations détectables dans le champ visuel binoculaire et non plus selon la méthode classique d'étude du champ visuel de chaque œil.

Le champ visuel binoculaire est apprécié à la coupole de Goldman avec le test III/4 sans dissociation des deux yeux.

La figure 1 présente le champ normal binoculaire sans dissociation des deux yeux avec les taux affectés pour chaque demi-quadrant, en tenant compte de l'excentricité et de son champ de réception spatial. En comparant le champ binoculaire normal et le champ binoculaire de la personne handicapée, il est possible de déterminer le taux d'incapacité. Chaque point correspond à une lacune non perçue. Le taux d'incapacité est égal à l'addition des points de la figure 1. Les taux affectant le champ visuel central sont précisés par la figure 2.

Si une évaluation à la coupole de Goldman n'est pas disponible, le médecin expert aura recours à la méthode classique, en étudiant le champ visuel de chaque œil. Les altérations du champ visuel repérées selon cette méthode donnent alors les taux d'incapacité suivants :

a) hémianopsies :

hémianopsie complète (taux : 42 p. 100).

Sans épargne maculaire le taux d'incapacité se confond avec la baisse de vision ;

avec épargne maculaire.

Hémianopsie incomplète : en fonction du schéma concernant le champ visuel.

Figure 1 - Coupole de Goldman

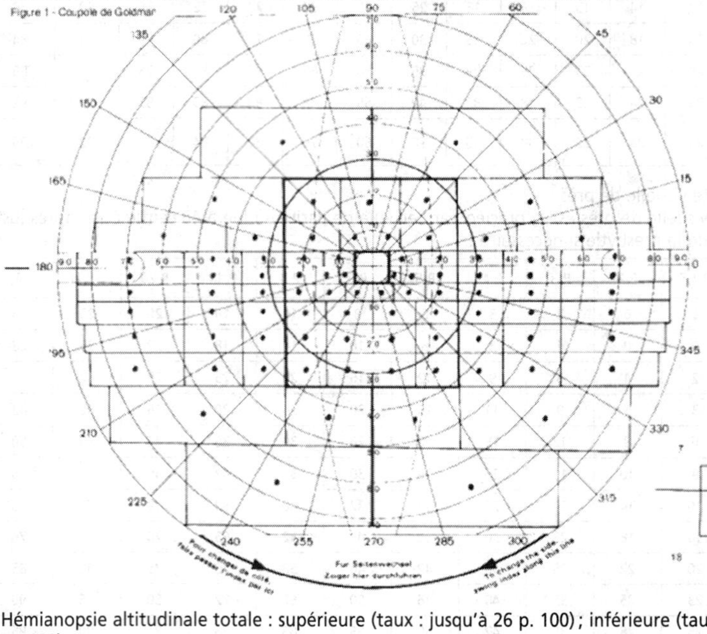

Figure 2

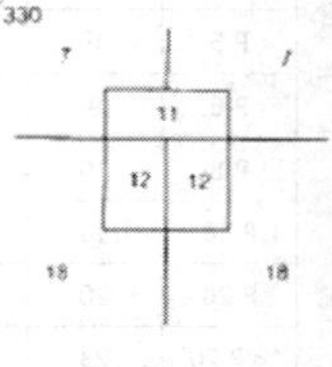

Hémianopsie altitudinale totale : supérieure (taux : jusqu'à 26 p. 100) ; inférieure (taux : jusqu'à 60 p. 100).

Double hémianopsie latérale complète ou bitemporale (taux : jusqu'à 85 p. 100).

Hémianopsie binasale : en fonction du schéma et de la vision centrale.

b) Quadranopsie : supérieure (taux : jusqu'à 13 p. 100) ; inférieure (taux : jusqu'à 30 p. 100).

c) Déficit non systématisé :

suivant le taux affecté par le schéma.

d) Rétrécissement concentrique :

d'évaluation toujours très difficile en raison de l'intervention de facteurs extrinsèques. A n'évaluer qu'après de multiples épreuves de contrôle avec, si nécessaire, mise en œuvre de nouvelles techniques électrophysiologiques.

En cas de certitude absolue :

de 60° à 30° (taux : 0 à 5 p. 100) ;

de 30° à 20° (taux : 16 p. 100) ;

de 20° à 10° (taux : 32 p. 100) ;

inférieure à 10° (taux : de 70 à 80 p. 100).

e) Scotomes centraux et paracentraux :

en cas de perte de la vision centrale : utiliser le barème d'acuité visuelle (3 a et 3 b).

Les scotomes paracentraux et juxtacentraux justifient un taux de 5 à 20 p. 100 en fonction de leur étendue précisée à la grille d'Amsler en vision binoculaire, et de leur retentissement sur la lecture de près.

2. Déficiences de l'oculomotricité

a) Vision binoculaire et décompensation (taux : 1 à 5 p. 100) ;

b) Séquelles de paralysie oculo-motrices :

— diplopie en haut (taux : 3 à 10 p. 100) ;

— diplopie en bas (taux : 15 à 25 p. 100) ;

— diplopie latérale (taux : 10 à 15 p. 100).

c) Paralysies de fonction du regard :

— paralysie vers le haut (taux : 3 à 5 p. 100) ;

— paralysie vers le bas (taux : 15 à 25 p. 100) ;

— paralysie latérale (taux : 10 à 12 p. 100) ;

— paralysie de la convergence (taux : 10 à 15 p. 100).

d) Déficiences de la motricité intrinsèque avant apparition de la presbytie :

— paralysie de l'accomodation uni ou bilatérale (taux : 10 p. 100) ;

— mydriase aréactive (taux : 5 p. 100).

3. Autres troubles neuro-ophtalmologiques

a) Troubles de la reconnaissance visuelle :

L'agnosie visuelle sera évaluée selon l'importance du déficit (espace, formes, couleurs...) en fonction du retentissement sur la vie quotidienne. L'appréciation nécessitera un avis spécialisé complémentaire. Les troubles ne devront pas être appréciés de façon isolée ;

b) Ces indications sont valables pour le syndrome de Balint (trouble de la stratégie du regard), pour la perte des mouvements de poursuite.

4. Aphakies

Au taux obtenu lors de la mesure de l'acuité visuelle, s'ajoutera arithmétiquement :

a) Prothèse optique réalisée par lunettes, lentilles de contact ou implants oculaires.

En cas d'aphakie unilatérale :

si l'acuité de l'œil opéré demeure inférieure à celle de l'œil non opéré (taux : 8 à 10 p. 100) ;

dans le cas inverse (taux : 10 à 12 p. 100) ;

en cas d'aphakie bilatérale le taux de l'incapacité de base sera de 15 p. 100.

b) Compensation optique assurée par un cristallin artificiel : le taux sera de 5 p. 100 pour tenir compte de la perte unilatérale d'accomodation.

5. Annexes de l'œil

Larmoiement, photophobie, ectropion, entropion.

Prothèse oculaire mal supportée (taux : 1 à 5 p. 100).

Le médecin devra compléter l'examen ophtalmologique d'un examen clinique complet à la recherche de troubles associés, notamment chez l'enfant où la déficience de la vision peut s'accompagner d'un retard mental, de troubles psychiques, ou d'autres déficiences (motrices, viscérales...).

Le taux d'incapacité final sera apprécié selon les méthodes habituelles.

CHAPITRE VI. DÉFICIENCES VISCÉRALES ET GÉNÉRALES

(Décr. nº 2007-1574 du 6 nov. 2007, art. 1er)

INTRODUCTION

Pour ce chapitre plus particulièrement, il convient de rappeler que l'évaluation des taux d'incapacité est fondée sur l'importance des déficiences, incapacités fonctionnelles et désavantages en découlant, subis par la personne, et non seulement sur la nature des affections médicales dont elle est atteinte.

Une *première section* indique les différents types de déficiences traitées par le présent chapitre. Les exemples, qu'ils soient par pathologie, sur la base de résultats d'examens complémentaires ou en fonction de modalités thérapeutiques particulières, s'avèrent très rapidement dépassés compte tenu de l'évolution des techniques médicales. C'est pourquoi ce chapitre en contient peu.

La *deuxième section* apporte des indications sur des éléments, autres que les déficiences, à prendre en compte pour déterminer le taux d'incapacité. Il s'agit, d'une part, des symptômes susceptibles d'entraîner ou de majorer les incapacités ou désavantages, d'autre part, des incapacités et enfin des contraintes dans la vie quotidienne.

En effet, dans de nombreux cas d'affection chronique, plutôt que leur retentissement direct en termes de déficiences ou d'incapacités, ce sont leurs conséquences en matière de vie quotidienne qui devront être prises en compte : l'évolution des traitements médicaux ou des techniques de compensation conduit souvent à juguler le processus pathologique à l'œuvre, et éventuellement à faire disparaître les déficiences (exemple des thérapies anti-VIH qui cherchent à améliorer les fonctions immunitaires), ou à les compenser (exemple de l'insuline injectée pour pallier la déficience endocrinienne du pancréas). C'est parfois au prix d'effets secondaires provoquant d'autres déficiences ou de contraintes lourdes dans la vie quotidienne compromettant l'insertion sociale, scolaire ou professionnelle des personnes.

Concernant les enfants et adolescents, il convient de tenir compte également des contraintes assumées par l'entourage familial, pour préserver au maximum la présence de l'enfant dans son milieu de vie naturel et éviter hospitalisations ou institutionnalisations considérées comme non souhaitables dans l'intérêt de l'enfant. Une partie de cette section leur est donc particulièrement consacrée.

La *troisième section* aborde la gradation des fourchettes de taux d'incapacité, basée sur l'analyse des incapacités ainsi que des désavantages et contraintes constatés. Il convient, comme dans les autres chapitres, d'être particulièrement attentif aux critères permettant de déterminer les taux seuils de 50 et 80 %.

En fonction de leur importance, les conséquences des déficiences viscérales et générales peuvent être évaluées selon une échelle divisée en quatre classes, réparties de la manière suivante :

1. Troubles légers entraînant une gêne, quelques interdits rares ou des troubles subjectifs sans incapacité réelle dans la vie sociale, scolaire, professionnelle ou quotidienne.
2. Troubles d'importance moyenne entraînant des interdits et quelques signes objectivables d'incapacité fonctionnelle, permettant cependant le maintien de l'autonomie et de l'insertion du sujet dans la vie sociale, scolaire, professionnelle ou quotidienne.
3. Troubles importants obligeant à des aménagements notables de la vie quotidienne, qui se trouve alors limitée au logement ou à l'environnement immédiat ou nécessite des aides ou efforts particuliers pour maintenir une vie sociale, scolaire, professionnelle ou quotidienne dans les limites de la normale. L'autonomie est cependant conservée sans effort majeur pour les actions relevant de l'autonomie individuelle telles que définies dans l'introduction du présent guide-barème. Ce niveau de troubles définit l'obtention d'un taux au moins égal à 50 %.
4. Troubles graves ou majeurs entraînant la réduction de l'autonomie individuelle. Le seuil de 80 % est ainsi atteint.

Dans les cas fréquents d'une déficience viscérale ou générale associée à d'autres déficiences (psychiques, visuelles, motrices...) secondaires ou non par rapport à l'affection à l'origine de la déficience principale, il conviendra de se reporter aux chapitres correspondant à chacune des déficiences concernées. C'est le cas par exemple pour une déficience endocrinienne liée à un diabète, qui peut s'accompagner de déficiences visuelles, motrices, etc., en cas de lésions oculaires, d'amputation, etc., survenant au cours de cette affection.

SECTION 1. Les déficiences viscérales et générales

I. Déficiences des fonctions cardio-respiratoires

I-1. Déficience de la fonction myocardique

Quelle qu'en soit l'étiologie, y compris génétique ou iatrogène, le niveau de retentissement est en général bien corrélé au niveau de la déficience elle-même en terme d'insuffisance cardiaque. Celle-ci est en pratique facilement objectivable par des examens paracliniques qui permettent une mesure de la fonction (échographie, scintigraphie...). Il ne faut cependant pas négliger l'analyse de facteurs associés intrinsèques telle l'obésité, ou environnementaux telles les conditions géographiques ou climatiques, qui en majorent l'impact sur les capacités réelles de la personne. Une déficience de la fonction myocardique peut :

— n'avoir aucune conséquence quand elle est bien contrôlée par un traitement peu contraignant (cf. section 2) ;

— avoir un niveau de contrainte important en matière de régime ou d'activité, quand l'état clinique est très instable et que le moindre écart est suivi d'une décompensation ;

— entraîner un confinement au domicile, voire au lit ou au fauteuil, avec dyspnée au moindre effort entravant toute activité dans les stades ultimes d'évolution.

La fréquence des décompensations et l'analyse de leurs conséquences dans la vie de la personne sont donc les principaux éléments à explorer.

Il convient également de prendre en compte la dimension évolutive souvent inéluctable des pathologies à l'origine de cette déficience (évolution spontanée ou liée à un traitement).

I-2. Déficience de la fonction coronaire

La déficience de l'irrigation du muscle cardiaque entraîne par elle-même des contraintes et limites en particulier à l'effort. Elle peut de plus avoir à terme des conséquences sur la fonction myocardique, qui seront à analyser en fonction de leur retentissement propre (cf. ci-dessus).

La fréquence des crises malgré le traitement et les recommandations en matière d'activité qui en découlent devront être analysées au vu de leurs conséquences sur la vie quotidienne et la socialisation de la personne.

I-3. Déficiences de la régulation du rythme cardiaque

Leurs conséquences dans la vie de la personne sont variables compte tenu des traitements et appareillages. Il conviendra d'évaluer soigneusement, d'une part, les incapacités révélées par certaines situations limitant l'activité (comme la confrontation à des facteurs d'environnement) et, d'autre part, les conséquences des traitements.

I-4. Déficiences vasculaires périphériques d'origine artérielle, veineuse ou lymphatique

Leur retentissement sur la station debout et les capacités de déplacement de la personne devra être pris en compte de façon similaire au retentissement des déficiences motrices, les incapacités en résultant étant de même nature.

Elles peuvent également occasionner des déficiences esthétiques ou des fonctions cutanées qui seront à prendre en compte en référence au chapitre concerné.

I-5. Déficiences respiratoires

Quelle qu'en soit l'étiologie, le niveau de retentissement est en général bien corrélé au niveau de la déficience elle-même en terme d'insuffisance respiratoire. Celle-ci est objectivable par des examens paracliniques, mais il est nécessaire de prendre en compte des situations où le niveau des performances en situation d'examen est différent de celui constaté dans les situations de vie quotidienne. Ainsi, des incapacités révélées par certaines situations (confrontation à des éléments d'environnement tels que la pollution ou les allergènes, sensibilité accrue aux agents infectieux...) se rencontrent fréquemment avec ce type de déficiences.

Les incapacités concernant la locomotion sont également souvent présentes.

Par ailleurs, ce type de déficience peut nécessiter des traitements répétés, contraignants, qu'il est nécessaire de prendre en compte (cf. section 2).

Enfin, la dimension de l'évolutivité souvent inéluctable doit être prise en compte, pouvant conduire jusqu'au confinement au domicile, voire au lit ou au fauteuil, avec dyspnée au moindre effort entravant toute activité.

I-7. *[I-6]* Déficiences de la délivrance d'oxygène aux tissus

Quels qu'en soient la cause et le niveau d'atteinte au cours de la chaîne du transport de l'oxygène (y compris hématologique : cf. 6.1), les conséquences atteignent potentiellement tous les tissus et organes. A ce titre, elles ont un retentissement en termes d'incapacité et de désavantage qu'il conviendra d'analyser en référence aux différents chapitres concernés de façon globale.

II. Déficiences de la fonction de digestion

Les éléments suivants, permettant d'évaluer le retentissement fonctionnel des déficiences de l'appareil digestif, sont à rechercher particulièrement :

Les troubles de la prise alimentaire, parmi lesquels notamment :

— gêne à la prise alimentaire (impossibilité de prise des aliments solides ou liquides, défaut de salivation...) ;

— troubles de l'appétit ;

— fausses routes ;

— nécessité d'une alimentation artificielle entérale ou parentérale ;

— nausées, vomissements.

Les troubles du transit, parmi lesquels notamment :

— diarrhée, malgré le traitement ;

— constipation ayant un retentissement important dans la vie quotidienne.

Les troubles sphinctériens, parmi lesquels notamment :

— incontinence fécale partielle ou totale ;

— stomies et leur retentissement dans la vie quotidienne.

L'altération de l'état général et les signes fonctionnels digestifs pouvant être paroxystiques ou continus, tels notamment les douleurs, l'asthénie et l'amaigrissement.

III. Déficiences de la fonction hépatique

La fonction hépatique est une fonction biologique complexe, dont l'altération peut donner lieu à des retentissements variés, comme par exemple :

— sur l'hémostase ;

— sur les fonctions supérieures ;

— sur le comportement (anxiété, sommeil, irritabilité...) ;

— sur l'état général (fatigue, amaigrissement...).

Il convient donc de ne pas se limiter à la mesure biologique de la fonction hépatique, qui ne reflète pas les conséquences de la perturbation sur la vie quotidienne de la personne, et d'apprécier les déficiences qui en découlent conformément aux différents chapitres concernés.

Comme pour les autres déficiences viscérales, et compte tenu de l'importance vitale de la fonction hépatique, ses altérations peuvent faire l'objet de traitements agressifs ou très particuliers comme la transplantation d'organe.

Les conséquences de ces traitements dans la vie de la personne sont éventuellement beaucoup plus importantes que l'atteinte elle-même à la fonction, mais ces traitements visent à éviter une évolution ultérieure vers des complications graves, voire le décès.

Il est donc essentiel d'apprécier le retentissement du traitement suivi et les contraintes qu'il occasionne sur l'autonomie individuelle ainsi que sur l'insertion sociale et professionnelle.

IV. Déficiences des fonctions rénales et urinaires

On peut distinguer plusieurs types de déficiences :

— liées aux fonctions d'épuration : filtration et excrétion ;

— liées aux fonctions d'élimination ;

— liées aux fonctions endocriniennes assurées par le rein.

Ces différents types de déficiences peuvent être diversement associés et les traitements sont également variés.

IV-1. Déficience des fonctions d'épuration : filtration et excrétion

Les traitements et mesures hygiéno-diététiques éventuels mis en place pour retarder l'évolution de cette déficience sont en général contraignants ou provoquent par eux-mêmes la survenue d'autres déficiences qui seront à prendre en compte en référence aux chapitres concernés.

A un stade plus avancé, la survie de la personne dépend de traitements extrêmement contraignants et entraînant des incapacités qui peuvent être importantes, notamment les incapacités révélées par certaines situations. Ces incapacités et contraintes seront à apprécier en s'appuyant sur la section 2 du présent chapitre. Le retentissement des déficiences associées, notamment endocriniennes et psychiques, sera pris en compte également en référence aux chapitres concernés.

IV-2. Déficience de la fonction d'élimination

En dehors de son retentissement à terme sur la précédente, elle fait souvent l'objet de traitements, chirurgicaux ou d'autres types, dont il sera nécessaire d'apprécier les conséquences en termes de contraintes ultérieures pour la vie quotidienne de la personne. Le retentissement de la nécessité d'une élimination par appareillage temporaire ou définitif sera notamment évalué.

IV-3. Déficiences des fonctions endocriniennes rénales

Elles sont fréquemment associées à la déficience des fonctions de filtration et devront être prises en compte conformément au chapitre concerné.

V. Déficiences d'origine endocrinienne, métabolique et enzymatique

Quelle qu'en soit l'étiologie, une déficience d'origine endocrinienne, métabolique ou enzymatique sera appréciée selon l'intensité de la gêne fonctionnelle (réduction des capacités de déplacement, de l'activité...), mais également, et parfois exclusivement, selon le poids des contraintes médicales, en général de longue durée, imposées par le traitement. En effet, les processus pathologiques et les déficiences sont souvent bien contrôlés, mais au prix de prises médicamenteuses répétées, d'effets secondaires et d'interdictions et entraves diverses. Ces éléments sont alors en eux-mêmes constitutifs du handicap, la prise en charge médicale ayant réduit les déficiences d'origine et éloigné un pronostic fatal à plus ou moins long terme.

Il sera donc nécessaire non seulement d'apprécier l'importance du désordre métabolique (en s'aidant des résultats d'examen paraclinique) mais également d'analyser soigneusement les conséquences, qui ne sont pas forcément corrélées à l'importance du trouble et qui peuvent être variables dans le temps, notamment en fonction de l'évolution des thérapeutiques proposées par les professionnels de santé.

V-1. Déficience de la régulation glycémique

Chez les adultes, dès lors que la personne est correctement éduquée et gère elle-même son traitement et son alimentation, seuls les cas compliqués, à l'équilibre instable impliquant de fréquentes hospitalisations et une surveillance particulièrement rapprochée, entraînent des contraintes d'un niveau important.

Chez les enfants ou les adolescents en début de traitement, il existe des enjeux majeurs en terme de prévention des complications et d'un surhandicap à terme. Dans certains cas, l'éducation devant conduire le jeune vers l'autonomie dans la gestion de son problème de santé peut nécessiter la mise en place de moyens particuliers qui sont alors assimilés à une éducation spéciale. Il convient donc d'en peser soigneusement le retentissement dans la vie quotidienne et les contraintes entraînées pour la famille. Dans quelques cas, notamment pour les très jeunes enfants, elles seront lourdes et durables et devront être prises en compte. Elles seront cependant généralement temporaires et la situation devra être réévaluée périodiquement.

Dans tous les cas, des déficiences associées peuvent survenir au cours de l'évolution, dont les conséquences seront à apprécier en référence aux chapitres concernés du guide barème.

V-2. Déficience de la régulation pondérale

En cas de surpoids majeur, cette déficience peut entraîner des incapacités, notamment en matière de locomotion (posture, utilisation du corps, changement de position) ou de manipulation, et une réduction importante et durable des activités. Le traitement diététique est également contraignant, mais en général compatible avec une vie sociale normale.

La cachexie entraîne également par elle-même, quels qu'en soient les causes et le pronostic, des incapacités en matière de locomotion et une réduction durable des activités.

Ces problèmes de santé peuvent entraîner ou être associés à des déficiences d'autre nature (motrice, psychique, viscérales...) qui devront également être évaluées.

V-3. Déficience de la taille

Ces déficiences ont des conséquences fonctionnelles en général liées à l'environnement : la situation de chaque personne devra donc être évaluée en tenant compte de la possibilité de mobiliser des adaptations permettant des activités et une insertion sociale satisfaisantes. Il conviendra de tenir compte des capacités de déplacement et d'éventuelles déficiences associées.

V-4. Autres déficiences endocriniennes ou enzymatiques

Elles sont très variées, leurs diagnostics et traitements sont particulièrement susceptibles d'évolution. Il convient donc, pour chaque situation particulière, d'évaluer soigneusement le retentissement, en tenant compte notamment :

— des incapacités révélées par certaines situations : interdiction d'exposition à des facteurs d'environnement particuliers (physique, alimentaire, toxique, médicamenteux...) ;

— d'incapacités variables dans le temps ;

— des contraintes entraînées dans la vie courante du fait de ces facteurs, d'un régime alimentaire particulier, d'une adaptation nécessaire du milieu scolaire ou professionnel, ou des traitements ou appareillages.

VI. Déficiences des fonctions immuno-hématologiques

Les fonctions hématologiques sont diverses ainsi que les causes de leurs atteintes.

Comme pour les autres déficiences viscérales, et compte tenu de l'importance vitale de ces fonctions, leurs altérations peuvent faire l'objet de traitements contraignants, agressifs, ou très particuliers comme la greffe de cellules, dont les conséquences dans la vie de la personne sont éventuellement beaucoup plus importantes que l'atteinte elle-même, mais qui visent à éviter une évolution ultérieure vers des complications graves, voire le décès.

Il est donc essentiel d'apprécier le retentissement du traitement suivi et des contraintes qu'il entraîne sur l'insertion sociale et professionnelle et l'autonomie individuelle.

D'autre part, les atteintes liées à ces déficiences peuvent être associées ou entraîner des déficiences très variées d'autres types, dont les conséquences devront être prises en compte, en référence au chapitre concerné, dans l'analyse globale de la situation de la personne.

On peut ainsi distinguer trois types de déficiences qui peuvent être associées entre elles lorsque la totalité des fonctions hématologiques est touchée :

VI-1. Déficiences des fonctions de délivrance de l'oxygène aux tissus

Elles peuvent occasionner un retentissement important sur l'état général, comparable à certaines déficiences cardiaques et respiratoires : la fatigabilité, la mauvaise tolérance à l'effort sont les principales conséquences à rechercher.

VI-2. Déficiences des fonctions immunitaires

Quelle qu'en soit l'origine, elles induisent une fatigue quasi constante, des incapacités révélées par certaines situations, notamment la vulnérabilité accrue aux agents infectieux, et des contraintes médicales, en général de longue durée, imposées par les traitements.

VI-3. Déficiences de l'hémostase

Quand il s'agit de déficiences prolongées, elles peuvent induire des déficiences motrices par atteinte répétée des articulations, dont il est nécessaire de tenir compte.

Pour les trois types de déficiences mentionnées ci-dessus, les processus pathologiques et les déficiences sont parfois bien contrôlés, mais au prix de contraintes potentiellement lourdes. Les traitements sont souvent générateurs d'effets secondaires, prises médicamenteuses répétées, interdictions et entraves diverses. Ces éléments sont alors en eux-mêmes constitutifs du handicap.

Enfin, ces déficiences, parce qu'elles peuvent engager le pronostic vital, induisent des incapacités révélées par certaines situations, et notamment la restriction de certaines activités potentiellement à risque, qui devra être analysée.

VII. Déficiences des fonctions cutanées et troubles des phanères

La peau est un organe particulier, qui représente un élément majeur dans la vie sociale. Ses atteintes peuvent donc avoir un retentissement direct à ce niveau, avec l'induction d'autres déficiences surajoutées, particulièrement psychiques, esthétiques ou motrices, qu'il faudra prendre en compte en référence à d'autres chapitres du guide barème.

La douleur ou le prurit, ainsi que des incapacités variées, peuvent retentir fortement sur la vie familiale, sociale, scolaire ou professionnelle ou l'autonomie individuelle de la personne.

Par ailleurs, quand une superficie importante de la peau est atteinte, les contraintes des traitements peuvent s'en trouver considérablement alourdies et il convient donc d'être particulièrement attentif à ce point dans l'évaluation des conséquences au quotidien pour la personne.

De la même façon que pour les autres déficiences de ce chapitre, il est nécessaire d'apprécier globalement leur retentissement ainsi que celui des déficiences qui leurs sont éventuellement associées.

VII. [VIII] Déficiences génitales, sexuelles et de la reproduction

Ces déficiences peuvent avoir des conséquences dans plusieurs domaines (physique, psychique...) variables selon les individus, qui seront donc à évaluer en se référant à chacun de ces chapitres.

Elles peuvent avoir en elles-mêmes un retentissement direct sur la vie courante et l'intégration sociale des personnes, en particulier du fait des conséquences liées éventuellement aux traitements entrepris. Cependant, ces contraintes ne sont pas en règle générale permanentes et les traitements de ces déficiences ne sont pas à poursuivre dans le cas où ils sont mal tolérés, en raison de leur caractère non vital, contrairement à la plupart des déficiences listées ci-dessus.

SECTION 2. Éléments à prendre en compte dans l'évaluation de la situation de la personne

Les désavantages cités dans ce chapitre procèdent des incapacités et des contraintes, mais peuvent être majorés par certains symptômes ou des effets secondaires des traitements, qui sont à prendre en compte dès lors qu'ils évoluent au long cours.

I. Symptômes à rechercher, susceptibles d'entraîner ou de majorer des incapacités et désavantages

Énumérés de façon non exhaustive dans cette section, les symptômes doivent être recherchés soigneusement, afin de mesurer leur impact.

Ils résultent de l'affection causale ou sont induits par les traitements et sont susceptibles d'aggraver l'entrave à la vie sociale, scolaire, professionnelle ou quotidienne, par exemple :

— la douleur physique ou morale ;
— l'asthénie, la fatigabilité, la lenteur ;
— les insomnies, l'hypersomnie ;
— la vulnérabilité psychique ;
— les nausées ;
— la diarrhée, les flatulences, la constipation ;
— l'amaigrissement ;
— l'obésité ;
— les œdèmes ;
— la dyspnée ;
— la toux et l'expectoration ;
— les troubles de la croissance staturo-pondérale ;
— le prurit.

II. Les incapacités

Les déficiences viscérales et générales peuvent occasionner des incapacités de toutes sortes.

Il convient de rappeler qu'il est nécessaire d'avoir une approche globale de la situation de la personne et de s'assurer qu'elle ne présente pas d'autres déficiences ayant leurs propres conséquences en matière d'incapacité. En particulier, un éventuel retentissement des déficiences viscérales et générales sur la sphère psychique devra être systématiquement évalué.

Dans ce chapitre, on portera une attention particulière mais non exclusive à trois types d'incapacité les plus fréquents :

II-1. Incapacités concernant la locomotion

Les déficiences viscérales et générales ont souvent un impact non sur la capacité de se déplacer, mais plutôt sur la qualité du déplacement : en particulier, son maintien à son niveau optimal est souvent très entravé, de façon plus ou moins intermittente, par la fatigue, la douleur, la dyspnée ou la fonte musculaire par exemple. Il doit donc être porté une attention particulière aux capacités concrètes et à leur variabilité dans le temps.

II-2. Incapacités concernant les soins corporels

La toilette comme l'habillage, ou la prise d'aliments, peuvent être rendus difficiles. Il est important de savoir si l'aide d'une tierce personne est nécessaire pour réaliser ces actes et la lourdeur de cette aide : doit-on aider dans l'installation et la préparation du geste, ou faire le geste complètement ou partiellement à la place de la personne ?

L'élimination fécale ou urinaire : est-elle contrôlée ou non ? Nécessite-t-elle des protections ou appareillages ? Ceux-ci doivent-ils être disponibles en permanence ? Entraînent-ils des tâches supplémentaires ?

II-3. Incapacités révélées par certaines situations

Le risque vital, l'évolutivité, des changements itératifs de thérapies, ainsi que des incapacités fluctuantes en fonction du temps ou du traitement, peuvent interdire la réalisation de certaines activités.

La diminution de la résistance physique ou psychique, l'incapacité de maintenir une position ou de supporter le rythme d'une activité peuvent en restreindre la qualité ou la durée.

De même, l'exposition non supportée à certains facteurs d'environnement : froid, chaleur, intempéries, poussière, agents chimiques, humidité, luminosité, agents infectieux.

III. Les contraintes

Elles sont liées à l'affection causale elle-même ou à la nécessité d'un traitement qui peut être curatif ou n'agir que sur la compensation de la déficience. Ce qui en fait un élément constitutif de handicap est en général la nécessité de maintenir cette contrainte de manière prolongée, nécessitant des réaménagements parfois majeurs de la vie de la personne et susceptibles d'entraver gravement son insertion sociale et son indépendance personnelle.

Tous les éléments listés ci-dessous de façon non exhaustive doivent s'analyser conjointement, car, dans de nombreux cas, ils se conjuguent et s'aggravent mutuellement :

— contrainte géographique : nécessité de se maintenir en permanence à proximité d'un dispositif de soin ou d'assistance ;

— contraintes liées à la nécessité de présence, voire à la dépendance éventuellement vitale, d'un appareillage complexe, nécessitant un apprentissage particulier, ou des aménagements de l'habitat ;

— contraintes liées au mode d'administration du traitement à des impératifs dans les horaires, les dosages, la voie d'administration (injection, perfusion, aérosols...) ;

— contrainte de répétition : un traitement complexe à assurer de manière quotidienne ou pluriquotidienne constitue une entrave très importante ;

— contrainte liée au temps consacré au traitement : plus celui-ci est important, plus il empiète sur l'insertion et l'autonomie de la personne, qui est rendue ainsi indisponible pour les autres activités ;

— contrainte de présence ou d'assistance d'un tiers : le recours nécessaire à un tiers est d'une lourdeur proportionnelle à la quantité de temps et à la technicité que ce tiers doit déployer pour la personne ;

— contraintes d'apprentissage de techniques particulières ou de soins ;

— contraintes liées aux interactions médicamenteuses pouvant conduire à ne pas compenser certaines déficiences ;

— contraintes alimentaires : régime avec éviction totale ou partielle de certains aliments, nécessité de se procurer des produits particuliers, nécessité de fractionnement ou d'horaires atypiques des prises alimentaires ;

— contraintes liées à la charge affective des troubles.

IV. Situation des enfants ou adolescents

Les conséquences des déficiences viscérales et générales dans la vie des enfants ou adolescents doivent être analysées en référence à :

— l'état normal de dépendance à sa famille d'un enfant ou adolescent sans déficience ;

— la particularité des enfants et adolescents d'être en phase de développement aussi bien physique que psychique ;

— la nécessité à cette période de la vie de faire des apprentissages, de toute nature, dans des délais et à un âge donné.

Il conviendra donc d'être particulièrement attentif pour eux aux éléments suivants :

— contraintes supplémentaires liées aux déficiences, incapacités et traitements pour la famille ;

— contraintes éducatives supplémentaires liées (en particulier chez le grand enfant et l'adolescent) à la nécessité de le rendre autonome vis-à-vis de ses troubles et de leur prise en charge ;

— entraves à l'apprentissage normal de l'autonomie, et aux acquisitions de toute nature, ainsi que les contraintes qui en découlent pour la famille afin d'en minimiser l'impact sur l'avenir de l'enfant ou adolescent.

SECTION 3. Guide pratique pour la détermination du taux d'incapacité

On donne ci-après un certain nombre de repères qui, pour chacun d'entre eux, constitue un critère suffisant pour l'attribution d'un taux compris dans la fourchette considérée. Toutefois, ces listes ne sont pas exhaustives et il revient à la commission d'apprécier par analogie avec ces exemples les cas particuliers qui lui sont soumis.

I. Troubles légers entraînant une gêne, quelques interdits rares ou des troubles subjectifs sans incapacité réelle constatée dans la vie sociale, scolaire, professionnelle ou quotidienne (taux de 0 à 15 %)

Gestion autonome des contraintes et compensation des déficiences par la personne elle-même éventuellement à l'aide d'un appareillage.

Traitement au long cours ou suivi médical n'entravant pas l'intégration scolaire, la vie sociale, familiale, professionnelle.

Régime n'entravant pas la prise de repas à l'extérieur, moyennant quelques aménagements mineurs et ne nécessitant pas la présence d'un tiers.

II. Troubles d'importance moyenne entraînant des interdits et quelques signes objectivables d'incapacité fonctionnelle permettant cependant le maintien de l'autonomie individuelle et de l'insertion dans une vie sociale, scolaire ou professionnelle dans les limites de la normale (taux 20 à 45 %)

Incapacités compensables au moyen d'appareillages ou aides techniques, gérés par la personne elle-même, n'entravant pas la vie sociale, familiale, professionnelle ou l'intégration scolaire.

Traitements assumés par la personne elle-même moyennant un apprentissage, sans asservissement à une machine fixe ou peu mobile, et sans contrainte de durée rendant la personne indisponible pour d'autres activités de la vie sociale, scolaire ou professionnelle.

Rééducations n'entravant pas l'intégration scolaire, la vie sociale, familiale, professionnelle.

Régime permettant la prise de repas à l'extérieur, moyennant des aménagements importants, ou l'apport de nutriments mais ne nécessitant pas la présence d'un tiers.

Pour les enfants, contraintes éducatives restant en rapport avec l'âge, ou limitées à une aide supplémentaire compatible avec la vie familiale, sociale ou professionnelle habituelle de la personne qui l'apporte.

III. Troubles importants obligeant à des aménagements notables de la vie quotidienne et nécessitant des aides ou efforts particuliers pour l'insertion ou le maintien dans une vie sociale, scolaire ou professionnelle dans les limites de la normale. L'autonomie est cependant conservée pour les actes relevant de l'autonomie individuelle (taux 50 à 75 %)

Incapacités contrôlables au moyen d'appareillages ou d'aides techniques permettant le maintien de l'autonomie individuelle.

Contraintes telles que définies à la section 2 du présent chapitre nécessitant le recours à une aide apportée par un tiers pour assurer le maintien d'une activité sociale et familiale.

Contraintes liées à la nécessité de traitements, rééducations, utilisation d'appareillage ou de machine permettant, au prix d'aménagements, le maintien d'une activité sociale et familiale, mais se révélant un obstacle à la vie professionnelle en milieu ordinaire non aménagé ou à l'intégration scolaire en classe ordinaire.

Contraintes liées à l'acquisition et à la mise en œuvre par la personne elle-même ou son entourage de compétences nécessaires à l'utilisation et la maintenance d'équipements techniques.

Régime ne permettant la prise de repas à l'extérieur que moyennant des aménagements lourds ou non compatible avec le rythme de vie des individus de même classe d'âge sans déficience.

Troubles et symptômes fréquents ou mal contrôlés, et entraînant des limitations importantes pour la vie sociale, y compris la nécessité d'aide pour des tâches ménagères, mais n'entraînant pas le confinement au domicile, ni la nécessité d'une assistance ou surveillance quotidienne par une tierce personne.

IV. Troubles graves ou majeurs entraînant la réduction de l'autonomie individuelle

Le seuil de 80 % est ainsi atteint :

Un taux égal ou supérieur à 80 % correspond à la réduction de l'autonomie individuelle de la personne telle que définie à l'introduction du présent guide barème. Cette réduction de l'autonomie peut être liée à une ou plusieurs incapacités telles que définies à la section 2 du présent chapitre, y compris si elles surviennent du fait de troubles et symptômes de survenue fréquente ou mal contrôlés, éventuellement en lien avec les conséquences d'un traitement. Ce taux peut également correspondre à une déficience sévère avec abolition totale d'une fonction.

Deux cas de figure peuvent se présenter et donner lieu à l'attribution d'un taux de 80 % :

— les incapacités sont difficilement ou non compensées par des appareillages, aides techniques ou traitements ;

— les incapacités ne sont compensées, y compris par une aide humaine, qu'au prix de contraintes importantes telles que décrites à la section 2 du présent chapitre.

Seul un état végétatif chronique autorise l'attribution d'un taux d'incapacité de 100 %.

CHAPITRE VII. DÉFICIENCES DE L'APPAREIL LOCOMOTEUR

Régles générales

1. Évaluer les déficiences motrices

Pour déterminer le taux d'une déficience motrice, il faut considérer la lésion (déficience) et son retentissement (incapacités) et non pas l'étiologie ; celle-ci (malformation, accident, maladie, etc.) peut en effet être différente (ou multiple) pour une même déficience.

La ou (les) déficience(s) doivent *[doit]* être suffisamment durable(s) pour retentir sur la vie sociale et professionnelle, mais elles peuvent encore être évolutives au moment de l'évaluation. Dans tous les cas, l'expert apprécie la situation au moment de l'examen.

2. Déficiences associées

Sauf pour les troubles sensitifs, dont l'existence amènera à majorer de 5 p. 100 à 15 p. 100 les taux dans le cadre du chapitre : Déficiences motrices ou paralytiques, on devra systématiquement évaluer et cumuler les déficiences associées aux déficiences motrices (en particulier dans les pathologies complexes et/ou disséminées telles que accidents vasculaires, tétraplégie, sclérose en plaques...).

Pour mémoire les déficiences associées aux déficiences motrices les plus fréquentes sont :

génito-sexuelles et sphinctériennes (chapitre VI, sections 3 et 4) ;

respiratoires (chapitre VI, section 2) ;

du langage et de la parole (chapitre IV) ;

de la fonction d'alimentation (déglutition..., chapitre VI, section 3) ;

sensorielles (appareil oculaire, chapitre V ; ou auditif, chapitre III) ;

comitiales (chapitre I, section 3) ;

cardio-vasculaires (pour les myopathies par exemple..., chapitre VI, section 1) ;

intellectuelles et/ou psychiques (chapitres I et II) ;

neurovégétatives (dysrégulation thermique, hypotention artérielle orthostatique) en fonction de leur intensité et de leur retentissement.

Il faudra également tenir compte des symptômes tels que douleur, ou fatigabilité (propres à certaines affections) en majorant le taux d'incapacité en fonction de leur retentissement fonctionnel.

3. Appareillage

Les taux d'incapacité sont appréciés avant appareillage car les fourchettes proposées prennent déjà en compte les progrès réalisés dans le domaine médical et prothétique.

Toutefois l'expert sera amené à utiliser la partie haute de la fourchette indicative ou à majorer les taux lorsque l'appareil est mal supporté (douleurs, excoriations fréquentes), ne peut être utilisé que de façon intermittente ou dans certaines conditions seulement, ainsi que dans les cas où la prise en charge au titre légal n'est pas totale.

4. Retentissement socioprofessionnel : actes essentiels et courants

Le retentissement sur la vie sociale, professionnelle et domestique doit constituer une référence constante pour l'expert ;

toute(s) déficience(s) entraînant la dépendance d'un tiers pour la réalisation d'un ou plusieurs actes essentiels de la vie doit *[doivent]* être considérée(s) comme une déficience sévère (supérieure ou égale à 80 p. 100).

Ces actes essentiels sont notamment :

les transferts (lever et coucher ; w.-c. ; bain ou douche) ;

la toilette du corps et les soins d'apparence ;

l'habillage/déshabillage et la mise en place des éventuels appareillages ;

la prise des repas ;

les déplacements (marche ou fauteuil roulant).

La perte de la marche constitue de fait un critère de sévérité de déficience ; mais lorsque la marche, ou la déambulation, est possible, il faut apprécier le périmètre de la marche et les aides nécessaires.

Nota. — Le chapitre 7 : Déficience de l'appareil locomoteur, est divisé en cinq sous-chapitres qui ne s'excluent pas, et l'expert s'attachera à apprécier chaque type de déficience séparément (ex. : tenue de la tête, paralysie des membres).

I. DÉFICIENCES DE LA TÊTE

Nota. — Voir règles générales en tête de chapitre 7 pour :
— déficiences associées ;
— appareillage ;
— retentissement socioprofessionnel ;
— actes essentiels et courants.

On prendra en compte la possibilité de tenue de la tête (déficit moteur, mouvements anormaux...), le retentissement sur la mastication, la retenue de salive et les douleurs associées. Le taux variera à l'intérieur de la fourchette en fonction de l'importance de chaque élément et de leur éventuelle association.

Les troubles de l'élocution seront appréciés au chapitre 4 ; les problèmes oculaires au chapitre 5 ; les autres troubles de la fonction d'alimentation au chapitre 5, section 3. Le retentissement sur la marche sera apprécié séparément, sauf si les déficiences de la tête sont isolées et perturbent la déambulation (déficience importante).

1. Déficience légère (taux : 1 à 20 p. 100)

Troubles discrets sans retentissement notable sur l'alimentation, le port de tête, la retenue de salive...

2. Déficience modérée (taux : 20 à 40 p. 100)

Troubles modérés mais gênant l'alimentation, le port de tête, la retenue de la salive...

3. Déficience importante (taux : 50 à 70 p. 100)

Troubles gênant de façon importante ou empêchant un des éléments retenus.

Exemple :
— alimentation liquide car mastication impossible ; tenue de tête impossible... (si dépendance d'un tiers : 80 p. 100).

II. DÉFICIENCES DU TRONC

Nota. — Voir règles généralement *[en]* tête de chapitre VII pour :
— déficiences associées ;
— appareillages ;
— retentissement socioprofessionnel ;
— actes essentiels et courants.

Les déficiences du tronc comprennent, quelle qu'en soit l'étiologie (neurologique, rhumatismale, orthopédique, etc.) les déficiences motrices du tronc, les troubles de la statique et du tonus, les déviations du rachis, les déficiences discales et vertébrales... Le retentissement tiendra compte des douleurs, de la raideur, de la déviation-déformation, de l'étendue des lésions.

Le retentissement cardio-respiratoire éventuel sera apprécié à part (chapitre VI, section 1 et/ou 2) ; le retentissement sur la marche sera apprécié séparément sauf si les déficiences du tronc sont isolées (retentissement sur la marche = déficience importante ou sévère).

1. Déficience légère (taux : 1 à 20 p. 100)

Sans retentissement sur la vie sociale, professionnelle et domestique ou sur la réalisation des actes essentiels de la vie courante.

Exemple :
— lombalgies simples, déviation minime.

2. Déficience modérée (taux : 20 à 40 p. 100)

Ayant un retentissement modéré sur la vie sociale, professionnelle ou domestique ou gênant la réalisation des actes essentiels de la vie courante.

Exemple :
— lombalgies chroniques ou lombo-sciatalgies gênantes (port de charges) sans raideur importante ou sans retentissement professionnel notable, déviation modérée.

3. Déficience importante (taux : 50 à 75 p. 100)

Ayant un retentissement important sur la vie sociale, professionnelle et domestique ou limitant la réalisation de certains actes essentiels de la vie courante.

Exemple :

— raideur et/ou déviation importante, ou reclassement professionnel nécessaire.

4. Déficience sévère (taux : 80 à 85 p. 100)

Rendant les déplacements très difficiles ou impossibles ou empêchant la réalisation d'un ou plusieurs actes essentiels.

III. DÉFICIENCES MÉCANIQUES DES MEMBRES

Nota. Voir règles générales en tête de chapitre VII pour :

— déficiences associées ;

— appareillage ;

— retentissement socioprofessionnel ;

— actes essentiels et courants.

Comprend : les raideurs, ankyloses, rétractions (dont cicatricielles), laxités, quelle qu'en soit l'étiologie. On tiendra compte du membre dominant ou non en cas d'atteinte unilatérale.

Le retentissement sera tout particulièrement apprécié par les difficultés voire l'impossibilité de réaliser seul les actes essentiels de la vie.

1. Déficience légère (taux : 1 à 20 p. 100)

Sans retentissement sur la vie sociale, professionnelle et domestique, sur la réalisation des actes de la vie courante.

Exemple :

— raideur des doigts (selon degré, doigt et mouvement), du poignet, de la prono-supination ; certaines raideurs légères de l'épaule, de la cheville, du genou, ou de la hanche.

2. Déficience modérée (taux : 20 à 40 p. 100)

Gênant la réalisation de certaines activités de la vie courante, ou ayant un retentissement modéré sur la vie sociale, professionnelle et domestique.

Exemples :

— certaines raideurs du coude, de l'épaule, du poignet, du genou (en particulier avec déviation gênante), de la hanche, de la cheville et du pied (déformation majeure appareillée par chaussure orthopédique : 40 p. 100).

3. Déficience importante (taux : 50 à 75 p. 100)

Limitant la réalisation des activités de la vie courante ou ayant un retentissement important sur la vie sociale, professionnelle ou domestique.

Exemple :

— enraidissement complet de l'épaule, de la main et du poignet, du genou ou d'une hanche.

4. Déficience sévère (taux : 80 à 90 p. 100)

Rendant les déplacements très difficiles ou impossibles ou empêchant certaines activités de la vie courante ou empêchant la réalisation d'un ou plusieurs actes essentiels.

Exemple : blocage de plusieurs grosses articulations.

IV. DÉFICIENCES MOTRICES OU PARALYTIQUES DES MEMBRES

Nota. — Voir règles générales en tête de chapitre 7 pour :

— déficiences associées ;

— appareillage ;

— retentissement socioprofessionnel ;

— actes essentiels et courants.

Les déficiences motrices ou paralytiques comprennent, quelle que soit l'étiologie, tous les troubles moteurs, qu'ils soient d'origine centrale et/ou périphériques : paralysie, troubles de la commande, incoordination (dont cérébelleuse), dyskinésie volitionnelle d'attitude, tremblements, mouvements anormaux (chorée-athétose), troubles du tonus, spasticité/contractures, déficit musculaire...).

Les troubles sensitifs associés superficiels ou profonds (hypoesthésies, anesthésies, dysesthésies...) et « assimilés » (astéréognosies) feront majorer les taux en fonction de leur importance et de leur localisation (mains par exemple) mais peuvent être pris en compte à part entière s'ils sont isolés ou prédominants.

Exemple : certains syndromes de la queue-de-cheval, neuropathie sensitive.

1. Déficience légère (taux : 1 à 20 p. 100)

Sans retentissement sur la vie sociale, professionnelle et domestique ou sur la réalisation des actes de la vie courante.

Exemples :

— tremblement de repos, certains troubles sensitifs isolés.

2. Déficience modérée (taux : 20 à 40 p. 100)

Gênant la réalisation de certaines activités de la vie courante ou ayant un retentissement modéré sur la vie sociale, professionnelle et domestique.

Exemples :

— paralysie d'un nerf périphérique du membre supérieur, hémiplégie fruste, trouble de l'équilibre ou incoordination modérée, paralysie du sciatique poplité externe...

3. Déficience importante (taux : 50 à 75 p. 100)

Limitant la réalisation de certaines activités de la vie courante ou ayant un retentissement important sur la vie sociale, professionnelle et domestique.

Exemples :

— athétose importante, paralysie complète du plexus brachial, hémiplégie ou paraplégie motrice incomplète permettant une marche satisfaisante et indépendante.

4. Déficience sévère (taux : 80 à 90 p. 100)

Rendant les déplacements très difficiles ou impossibles ou empêchant certaines activités de la vie courante ou empêchant la réalisation d'un ou plusieurs actes essentiels.

Exemples :

— para- ou tétraplégie complète sur le plan moteur, hémiplégie massive, athétose sévère, grands syndromes cérébelleux des quatre membres.

V. DÉFICIENCES PAR ALTÉRATION DES MEMBRES

Nota. — Voir règles générales en tête de chapitre 7 pour :

— déficiences associées ;

— appareillage ;

— retentissement socioprofessionnel ;

— actes essentiels dépendant d'un tiers.

Inclus : amputation, raccourcissement ; dans le cas d'une lésion acquise, on prendra en compte l'atteinte du membre dominant, appréciée plus favorablement que celle de l'autre membre.

1. Déficience légère (taux : 1 à 20 p. 100)

Sans retentissement sur la vie sociale, professionnelle et domestique ou sur la réalisation des actes de la vie courante.

Exemples :

— amputations partielles ou isolées des doigts ou des orteils, raccourcissement minime...

2. Déficience modérée (taux : 20 à 40 p. 100)

Gênant la réalisation de certaines activités de la vie courante ou ayant un retentissement modéré sur la vie sociale, professionnelle ou domestique.

Exemples :

— amputation d'un pouce, ou du gros orteil ou de plusieurs doigts ou orteils, de l'avant-pied, raccourcissement gênant (boiterie).

3. Déficience importante (taux : 50 à 75 p. 100)

Limitant la réalisation de certaines activités de la vie courante ou ayant un retentissement important sur la vie sociale professionnelle ou domestique.

Exemples :

— amputation de jambe ou de cuisse (appareillée), ou de l'avant-bras, du coude ou de l'épaule, unilatérale côté non dominant.

4. Déficience sévère (taux : 80 à 90 p. 100)

Rendant les déplacements très difficiles ou impossibles ou empêchant la réalisation d'un ou plusieurs actes essentiels.

Exemples :

— désarticulation de hanche, d'épaule ou du coude dominant ; ou amputation bilatérale des membres supérieurs.

CHAPITRE VIII. DÉFICIENCES ESTHÉTIQUES

Ce chapitre vise à prendre en compte les problèmes d'adaptation sociale rencontrés par les sujets souffrant d'anomalies majeures de leur apparence physique, à l'exclusion de l'incapacité fonctionnelle qui pourrait être associée.

Lorsque ces problèmes morphologiques s'accompagnent d'incapacité fonctionnelle, il conviendra de se reporter au chapitre correspondant à la fonction intéressée :

Exemples :

— amputation : voir déficiences motrices;

— énucléation : voir déficiences visuelles.

1. Déficience esthétique légère (taux : 1 à 10 p. 100)

Entraînant une gêne et quelques interdits rares mais pas de retentissement notable dans la vie sociale ou professionnelle habituelle.

Exemples :

— séquelles de brûlure ou cicatrices étendues respectant globalement les parties habituellement découvertes du corps (main, face, cou).

2. Déficience esthétique moyenne (taux : 15 à 35 p. 100)

Pouvant avoir un retentissement sur la vie sociale et professionnelle du sujet et pouvant entraîner des interdits multiples (relations publiques).

Exemple :

— séquelles de brûlure ou cicatrices étendues atteignant les parties découvertes, en respectant globalement la morphologie générale et la mimique faciale.

3. Déficience esthétique importante (taux : 50 à 60 p. 100)

Entravant considérablement toute la vie sociale pour le sujet.

Exemple :

— séquelles de brûlures ou cicatrices de la face entraînant une défiguration complète par atteinte majeure de la morphologie et des orifices, et apportant des troubles notables à la mimique faciale (paupières essentiellement puis bouche, nez).

4. Déficience esthétique sévère (taux : 65 à 85 p. 100)

Exemple :

— défiguration complète interdisant toute vie sociale et professionnelle.

ANNEXE 2-5

RÉFÉRENTIEL POUR L'ACCÈS À LA PRESTATION DE COMPENSATION

CHAPITRE I. CONDITIONS GÉNÉRALES D'ACCÈS À LA PRESTATION DE COMPENSATION

1. Les critères de handicap pour l'accès à la prestation de compensation

(Décr. n° 2017-708 du 2 mai 2017, art. 1er-1°) « *a)* » Les critères à prendre en compte sont les suivants :

Présenter une difficulté absolue pour la réalisation d'une activité ou une difficulté grave pour la réalisation d'au moins deux des activités dont la liste figure *(Décr. n° 2017-708 du 2 mai 2017, art. 1er-1°)* « au *b)* ».

(Abrogé par Décr. n° 2017-708 du 2 mai 2017, art. 1er-1°) « *La difficulté est qualifiée de :*

« *— difficulté absolue lorsque l'activité ne peut pas du tout être réalisée par la personne elle-même;*

« *— difficulté grave lorsque l'activité est réalisée difficilement et de façon altérée par rapport à l'activité habituellement réalisée;*

« *b)* » Les difficultés doivent être définitives ou d'une durée prévisible d'au moins un an. Il n'est cependant pas nécessaire que l'état de la personne soit stabilisé.

(Décr. n° 2017-708 du 2 mai 2017, art. 1er-1°) « *b)* Liste des activités à prendre en compte :

« Activités du domaine 1 : mobilité :

« — se mettre debout;

« — faire ses transferts;

« — marcher;

« — se déplacer (dans le logement, à l'extérieur);

« — avoir la préhension de la main dominante;

« — avoir la préhension de la main non dominante ;
« — avoir des activités de motricité fine.
« Activités du domaine 2 : entretien personnel :
« — se laver ;
« — assurer l'élimination et utiliser les toilettes ;
« — s'habiller ;
« — prendre ses repas.
« Activités du domaine 3 : communication :
« — parler ;
« — entendre (percevoir les sons et comprendre) ;
« — voir (distinguer et identifier) ;
« — utiliser des appareils et techniques de communication.
« Activités du domaine 4 : tâches et exigences générales, relations avec autrui :
« — s'orienter dans le temps ;
« — s'orienter dans l'espace ;
« — gérer sa sécurité ;
« — maîtriser son comportement *(Abrogé par Décr. n° 2022-570 du 19 avr. 2022, art. 2-1°, à compter du 1er janv. 2023) « dans ses relations avec autrui »* ;
(Décr. n° 2022-570 du 19 avr. 2022, art. 2-2°, en vigueur le 1er janv. 2023) « — entreprendre des tâches multiples. »
« Ces activités sont ainsi définies :
« Se mettre debout
« Définition : Prendre ou quitter la position debout, depuis ou vers n'importe quelle position.
« Inclusion : quitter la position debout pour s'asseoir, quitter la position debout pour s'allonger, se relever du sol, y compris en adoptant de manière temporaire des positions intermédiaires.
« Exclusion : rester debout, s'asseoir depuis la position allongée.
« Faire ses transferts
« Définition : Se déplacer d'une surface à une autre.
« Inclusion : Se glisser sur un banc ou passer du lit à une chaise sans changer de position, également passer d'un fauteuil au lit.
« Exclusion : Changer de position (s'asseoir, se mettre debout, s'allonger, se relever du sol, changer de point d'appui).
« Marcher
« Définition : Avancer à pied, pas à pas, de manière qu'au moins un des pieds soit toujours au sol.
« Inclusion : Se promener, déambuler, marcher en avant, marcher en arrière ou sur le côté. Glisser ou traîner les pieds, boiter, avancer un pied et glisser l'autre.
« Exclusion : Courir, sauter, faire ses transferts, se déplacer dans le logement, à l'extérieur.
« Se déplacer (dans le logement, à l'extérieur)
« Définition : Se déplacer d'un endroit à un autre, *(Décr. n° 2022-570 du 19 avr. 2022, art. 2-3°, en vigueur le 1er janv. 2023)* « utiliser un moyen de transport ».
« Inclusion : Se déplacer d'une pièce à l'autre, changer de niveau, se déplacer d'un étage à l'autre notamment en utilisant un escalier, se déplacer dans d'autres bâtiments, se déplacer à l'extérieur des bâtiments, se déplacer dans la rue, sauter, ramper…
« Exclusion : Se déplacer en portant des charges, marcher.
« Avoir la préhension de la main dominante
« Définition : Saisir, ramasser avec la main dominante. Être capable de saisir et utiliser la préhension, quelle qu'elle soit, globale ou fine.
« Inclusion : Ce qui précède l'action et la globalité du mouvement du bras nécessaire à l'action : chercher à prendre, tendre les mains et les bras pour saisir, viser et approcher la main de l'objet, attraper, porter, lâcher…
« Exclusion : Savoir utiliser un objet, coordination bimanuelle, porter des charges en marchant, avoir des activités de motricité fine (coordination oculomotrice ou visiomotrice).
« Avoir la préhension de la main non dominante
« Définition : Saisir, ramasser avec la main non dominante. Être capable de saisir et utiliser la préhension, quelle qu'elle soit, globale ou fine.

« Inclusion : Ce qui précède l'action et la globalité du mouvement du bras nécessaire à l'action : chercher à prendre, tendre la main et le bras pour saisir, viser et approcher la main de l'objet. Attraper, porter, lâcher...

« Exclusion : Savoir utiliser un objet, coordination bimanuelle, porter des charges en marchant, avoir des activités de motricité fine (coordination oculomotrice ou visiomotrice).

« Avoir des activités de motricité fine

« Définition : Manipuler de petits objets, les saisir et les lâcher avec les doigts (et le pouce) avec une ou deux mains.

« Inclusion : Coordination occulo- ou visiomotrice, manipuler les pièces de monnaie, tourner une poignée de porte.

« Exclusion : Coordination bimanuelle, soulever et porter, ramasser et saisir des objets.

« Se laver

« Définition : Laver et sécher son corps tout entier, ou des parties du corps, en utilisant de l'eau et les produits ou méthodes appropriées comme prendre un bain ou une douche, se laver les mains et les pieds, le dos, se laver le visage, les cheveux, et se sécher avec une serviette.

« Exclusion : Rester debout, prendre soin de sa peau, de ses ongles, de ses cheveux, de sa barbe, se laver les dents.

« Assurer l'élimination et utiliser les toilettes

« Définition : Prévoir et contrôler la miction et la défécation par les voies naturelles, par exemple en exprimant le besoin, et en réalisant les gestes nécessaires.

« Inclusion : Se mettre dans une position adéquate, choisir et se rendre dans un endroit approprié, manipuler les vêtements avant et après, et se nettoyer.

« Coordonner, planifier et apporter les soins nécessaires au moment des menstruations, par exemple en les prévoyant et en utilisant des serviettes hygiéniques.

« S'habiller/se déshabiller

« Définition : Effectuer les gestes coordonnés nécessaires pour mettre et ôter des vêtements et des chaussures dans l'ordre et en fonction du contexte social et du temps qu'il fait.

« Inclusion : Préparer des vêtements, s'habiller selon les circonstances, la saison.

« Exclusion : Mettre des bas de contention, mettre une prothèse.

« Prendre ses repas (manger et boire)

« Définition : Coordonner les gestes nécessaires pour consommer des aliments qui ont été servis, les porter à la bouche, selon les habitudes de vie culturelles et personnelles.

« Inclusion : Couper sa nourriture, mâcher, ingérer, déglutir, éplucher, ouvrir.

« Exclusion : Préparer des repas, se servir du plat collectif à l'assiette, les comportements alimentaires pathologiques.

« Parler

« Définition : Produire des messages faits de mots, de phrases et de passages plus longs porteurs d'une signification littérale ou figurée comme exprimer un fait ou raconter une histoire oralement.

« Exclusion : Produire des messages non verbaux.

« Entendre (percevoir les sons et comprendre)

« Définition : Percevoir les sons et comprendre la signification littérale et figurée de messages en langage parlé, comme comprendre qu'une phrase énonce un fait ou est une expression idiomatique.

« Inclusion : Traitement de l'information auditive par le cerveau.

« Voir (distinguer et identifier)

« Définition : Percevoir la présence de la lumière, la forme, la taille, le contour et la couleur du stimulus visuel.

« Inclusion : Traitement de l'information visuelle par le cerveau.

« Utiliser des appareils et techniques de communication

« Définition : Utiliser des appareils, des techniques et autres moyens à des fins de communication.

« Inclusion : Utilisation d'appareils de communication courants tels que téléphone, télécopieur (fax), ordinateur.

« Exclusion : Utilisation d'appareils de communication spécifiques tels que téléalarme, machine à écrire en braille, appareil de synthèse vocale, puisque l'activité est envisagée sous l'angle de la capacité fonctionnelle, sans aide technique, dans un environnement normalisé.

« S'orienter dans le temps

« Définition : Être conscient du jour et de la nuit, des moments de la journée, de la date, des mois et de l'année.

« Inclusion : Connaître la saison, avoir la notion du passé et de l'avenir.

« Exclusion : Être ponctuel.

« S'orienter dans l'espace

« Définition : Être conscient de l'endroit où l'on se trouve, savoir se repérer.

« Inclusion : Connaître la ville, le pays où l'on habite, la pièce où l'on se trouve, savoir se repérer y compris lors de déplacements (même lors de trajets non stéréotypés).

« Gérer sa sécurité

« Définition : Effectuer les actions, simples ou complexes, et coordonnées, qu'une personne doit accomplir pour réagir comme il le faut en présence d'un danger.

« Inclusion : Éviter un danger, l'anticiper, réagir, s'en soustraire, ne pas se mettre en danger.

« Exclusion : Prendre soin de sa santé (assurer son confort physique, son bien-être physique et mental, avoir un régime approprié, avoir un niveau d'activité physique approprié, se tenir au chaud ou au frais, avoir des rapports sexuels protégés...).

« Maîtriser son comportement *(Abrogé par Décr. n° 2022-570 du 19 avr. 2022, art. 2-4°, en vigueur le 1er janv. 2023) « dans ses relations avec autrui. »*

« Définition : *(Décr. n° 2022-570 du 19 avr. 2022, art. 2-5°, en vigueur le 1er janv. 2023)* « Gérer le stress, y compris pour faire face à des situations impliquant de la nouveauté ou de l'imprévu. Gérer les habiletés sociales. » Maîtriser ses émotions et ses pulsions, son agressivité verbale ou physique dans ses relations avec autrui, selon les circonstances et dans le respect des convenances. Entretenir et maîtriser les relations avec autrui selon les circonstances et dans le respect des convenances, comme maîtriser ses émotions et ses pulsions, maîtriser son agressivité verbale et physique, agir de manière indépendante dans les relations sociales, et agir selon les règles et conventions sociales.

« Inclusion : Comportement provoqué ou induit par *(Décr. n° 2022-570 du 19 avr. 2022, art. 2-6°, en vigueur le 1er janv. 2023)* « une altération de fonctions, » un traitement ou une pathologie, *(Décr. n° 2022-570 du 19 avr. 2022, art. 2-6°, en vigueur le 1er janv. 2023)* « une situation inhabituelle, » y compris repli sur soi et inhibition. »

(Décr. n° 2022-570 du 19 avr. 2022, art. 2-7°, en vigueur le 1er janv. 2023) « Entreprendre des tâches multiples

« Définition : Entreprendre des actions simples ou complexes et coordonnées, qui sont les composantes de tâches multiples, intégrées ou complexes, réalisées l'une après l'autre ou simultanément.

« Inclusion : Effectuer des tâches multiples ; les mener à terme ; les entreprendre de manière indépendante ou en groupe, les réaliser dans des délais contraints ou dans l'urgence, incluant anticiper, planifier, exécuter et vérifier des tâches, acquérir un savoir-faire, gérer son temps, résoudre des problèmes. »

2. Détermination du niveau des difficultés

(Décr. n° 2017-708 du 2 mai 2017, art. 1er-2°) « Cinq niveaux de difficultés sont identifiés :

« 0 – Aucune difficulté : La personne réalise l'activité sans aucun problème et sans aucune aide, c'est-à-dire spontanément, totalement, correctement et habituellement.

« 1 – Difficulté légère (un peu, faible) : La difficulté n'a pas d'impact sur la réalisation de l'activité.

« 2 – Difficulté modérée (moyen, plutôt) : L'activité est réalisée avec difficulté mais avec un résultat final normal. Elle peut par exemple être réalisée plus lentement ou en nécessitant des stratégies et des conditions particulières.

« 3 – Difficulté grave (élevé, extrême) : L'activité est réalisée difficilement et de façon altérée par rapport à l'activité habituellement réalisée.

« 4 – Difficulté absolue (totale) : L'activité ne peut pas du tout être réalisée sans aide, y compris la stimulation, par la personne elle-même. Chacune des composantes de l'activité ne peut pas du tout être réalisée.

« Une activité peut être qualifiée de "sans objet" lorsque cette activité n'a pas à être réalisée par une personne du même âge sans problème de santé. Pour les adultes, cela concerne l'activité "faire ses transferts". Pour les enfants, peut être qualifiée de "sans objet", chacune des activités qu'un enfant du même âge sans problème de santé ne réalise pas compte tenu des étapes du développement habituel. »

La détermination du niveau de difficulté se fait en référence à la réalisation de l'activité par une personne du même âge qui n'a pas de problème de santé. Elle résulte de l'analyse de la capacité fonctionnelle de la personne, capacité déterminée sans tenir compte des aides apportées, quelle que soit la nature de ces aides. *(Décr. nº 2017-708 du 2 mai 2017, art. 1er-2º)* « La capacité fonctionnelle s'apprécie en prenant en compte tant la capacité physique à réaliser l'activité, que la capacité en termes de fonctions mentales, cognitives ou psychiques à initier ou réaliser l'activité. » Elle prend en compte les symptômes (douleur, inconfort, fatigabilité, lenteur, etc.), qui peuvent aggraver les difficultés dès lors qu'ils évoluent au long cours.

(Décr. nº 2017-708 du 2 mai 2017, art. 1er-2º) « Pour chaque activité, le niveau de difficulté s'évalue en interrogeant quatre adverbes, pour évaluer la manière dont la personne est en capacité de réaliser l'activité. Cette approche permet de prendre en compte les difficultés, quel que soit le type d'altération de fonction présentée, qu'il s'agisse d'une altération d'une ou plusieurs fonctions physiques, sensorielles, mentales, cognitives ou psychiques, d'un polyhandicap ou d'un trouble de santé invalidant.

« Les adverbes à interroger successivement sont les suivants :

« 1. Spontanément (qui se produit de soi-même, sans intervention extérieure) : La personne peut entreprendre l'activité de sa propre initiative, sans stimulation de la part d'un tiers, sans rappel par une personne ou un instrument de l'opportunité de faire l'activité.

« 2. Habituellement (de façon presque constante, généralement) : La personne peut réaliser l'activité presque à chaque fois qu'elle en a l'intention ou le besoin, quasiment sans variabilité dans le temps lié à l'état de santé ou aux circonstances non exceptionnelles et quel que soit le lieu où la personne se trouve.

« 3. Totalement (entièrement, tout à fait) : La personne peut réaliser l'ensemble des composantes incluses dans l'activité concernée.

« 4. Correctement (de façon correcte, exacte et convenable, qui respecte les règles et les convenances) : La personne peut réaliser l'activité avec un résultat qui respecte les règles courantes de la société dans laquelle elle vit, en respectant les procédures appropriées de réalisation de l'activité considérée, dans des temps de réalisation acceptables, sans inconfort ou douleur et sans efforts disproportionnés. L'adverbe correctement peut être apprécié du point de vue de la méthode (respect des procédures, temps de réalisation, confort, absence de douleur) ou du point de vue du résultat (acceptable en fonction des règles sociales). »

(Décr. nº 2008-451 du 7 mai 2008) « Concernant les enfants, il est nécessaire de faire référence aux étapes du développement habituel d'un enfant, définies par arrêté du ministre chargé des personnes handicapées. » *(Abrogé par Décr. nº 2017-708 du 2 mai 2017, art. 1er-2º) « Lorsqu'une activité ne peut être réalisée compte tenu des étapes du développement habituel d'un enfant du même âge, celle-ci est sans objet. » — V. Arr. du 7 mai 2008 (JO 22 mai) et Arr. du 24 avr. 2002 (JO 2 mai).*

3. Détermination personnalisée du besoin de compensation

Pour déterminer de manière personnalisée les besoins de compensation, quel que soit l'élément de la prestation, il convient de prendre en compte :

a) Les facteurs qui limitent l'activité ou la participation (déficiences, troubles associés, incapacités, environnement) ;

b) Les facteurs qui facilitent l'activité ou la participation : capacités de la personne (potentialités et aptitudes), compétences (expériences antérieures et connaissances acquises), environnement (y compris familial, social et culturel), aides de toute nature (humaines, techniques, aménagement du logement, etc.) déjà mises en œuvre ;

c) Le projet de vie exprimé par la personne.

CHAPITRE II. AIDES HUMAINES

Les besoins d'aides humaines peuvent être reconnus dans les *(Décr. nº 2022-570 du 19 avr. 2022, art. 3-1º, en vigueur le 1er janv. 2023)* « cinq » domaines suivants :

1º Les actes essentiels de l'existence ;

2º La surveillance régulière ;

(Décr. nº 2022-570 du 19 avr. 2022, art. 3-2º, en vigueur le 1er janv. 2023) « 3º Le soutien à l'autonomie ; »

4º Les frais supplémentaires liés à l'exercice d'une activité professionnelle ou d'une fonction élective ;

(Décr. nº 2020-1826 du 31 déc. 2020, art. 1er-II) « 5º L'exercice de la parentalité. »

— Les 3° et 4° deviennent respectivement les 4° et 5° (Décr. n° 2022-570 du 19 avr. 2022, art. 3-3°, en vigueur le 1er janv. 2023).

Les dispositions des art. 1er et 3 du Décr. n° 2020-1826 du 31 déc. 2020 sont applicables aux demandes de la prestation de compensation du handicap déposées à compter du 1er janv. 2021, ainsi qu'aux demandes en cours d'instruction devant la commission des droits et de l'autonomie des personnes handicapées à la date d'entrée en vigueur du décret susvisé.

Un rapport du Gouvernement sur la mise en œuvre des aides humaines et techniques prenant en compte les besoins liés à l'exercice de la parentalité par la prestation de compensation du handicap est transmis au conseil national consultatif des personnes handicapées à l'issue d'une période de 12 mois à compter de l'entrée en vigueur des dispositions de l'art. 1er du Décr. n° 2020-1826 du 31 déc. 2020 (Décr. préc., art. 2 et 5).

SECTION 1. Les actes essentiels

L'équipe pluridisciplinaire identifie les besoins d'aide humaine pour l'entretien personnel, les déplacements et la participation à la vie sociale. Elle procède à une quantification du temps d'aide humaine nécessaire pour compenser le handicap.

(Décr. n° 2008-451 du 7 mai 2008) « Pour les enfants, ces besoins sont appréciés en tenant compte des activités habituellement réalisées par une personne du même âge, selon les indications mentionnées au second alinéa du 2 du chapitre I de la présente annexe. »

(Décr. n° 2017-708 du 2 mai 2017, art. 2-1°) « Pour les personnes présentant un handicap psychique, mental ou cognitif, sont pris en compte le besoin d'accompagnement (stimuler, inciter verbalement ou accompagner dans l'apprentissage des gestes) pour réaliser l'activité. »

1. Les actes essentiels à prendre en compte

a) L'entretien personnel

L'entretien personnel porte sur les actes suivants :

Toilette : le temps quotidien d'aide pour la toilette, y compris le temps nécessaire pour l'installation dans la douche ou la baignoire, peut atteindre 70 minutes.

(Décr. n° 2017-708 du 2 mai 2017, art. 2-1°) « L'acte "Toilette" comprend les activités "se laver", "prendre soin de son corps". Le temps d'aide humaine pour la réalisation d'une toilette au lit, au lavabo, par douche ou bain, comprend le temps nécessaire pour l'installation dans la douche ou la baignoire (y compris les transferts entre la douche ou la baignoire et le fauteuil roulant). Il prend aussi en compte d'autres éléments contribuant à prendre soin de son corps, notamment l'hygiène buccale (le cas échéant l'entretien de prothèses dentaires), le rasage, le coiffage.

« Il convient, concernant la nature de l'aide, de tenir compte du fait qu'il peut s'agir d'un accompagnement pour la réalisation de l'acte, d'une aide pour la toilette complète ou d'une aide pour la toilette pour une partie du corps. »

Habillage : le temps quotidien d'aide pour l'habillage et le déshabillage peut atteindre 40 minutes.

(Décr. n° 2017-708 du 2 mai 2017, art. 2-1°) « L'acte "Habillage" comprend les activités "s'habiller" et "s'habiller selon les circonstances". "S'habiller" comprend l'habillage et le déshabillage et, le cas échéant, le temps pour installer ou retirer une prothèse. »

« Il convient, concernant la nature de l'aide, de tenir compte du fait qu'il peut s'agir d'un accompagnement pour la réalisation de l'acte, d'une aide pour la toilette complète ou d'une aide pour la toilette pour une partie du corps. »

Alimentation : le temps quotidien d'aide pour les repas et assurer une prise régulière de boisson peut atteindre 1 heure et 45 minutes. Ce temps d'aide prend aussi en compte *(Décr. n° 2017-708 du 2 mai 2017, art. 2-1°)* « le besoin d'accompagnement ou » l'installation de la personne. *(Décr. n° 2020-1826 du 31 déc. 2020, art. 3-a)* « En complément d'actes relevant des actes essentiels, ce temps intègre aussi les activités relatives à la préparation des repas et à la vaisselle. » Il ne comprend pas le portage des repas *(Abrogé par Décr. n° 2020-1826 du 31 déc. 2020, art. 3-a) « ni le temps pour la préparation du repas »* lorsque ce temps est déjà pris en charge ou peut l'être à un autre titre que la compensation du handicap.

(Décr. n° 2017-708 du 2 mai 2017, art. 2-1°) « L'acte "Alimentation" comprend les activités "manger" et "boire", et le besoin d'accompagnement pour l'acte. Le temps d'aide prend aussi en compte le temps pour couper les aliments et/ou les servir et assurer une prise régulière de boisson hors des repas.

(Décr. n° 2020-1826 du 31 déc. 2020, art. 3-b) « Les activités relatives à la préparation des repas et à la vaisselle consistent à cuisiner et servir un repas, ou à assurer un accompagnement pour la réalisation de cette activité, et incluent aussi le lavage de la vaisselle, des casseroles et

ustensiles de cuisine ainsi que le nettoyage du plan de travail et de la table. » — *Sur l'entrée en vigueur des dispositions du Décr. n° 2020-1826 du 31 déc. 2020, V. note ss. le 4° du présent chap. II.*

« Des facteurs tels que l'existence d'un besoin d'accompagnement ou de troubles de l'alimentation ou de la déglutition, notamment s'ils nécessitent le recours à une alimentation spéciale, hachée ou mixée, peuvent être de nature à justifier un temps d'aide quotidien important. »

Élimination : le temps d'aide quotidien pour aller aux toilettes comprend le temps nécessaire pour *(Décr. n° 2017-708 du 2 mai 2017, art. 2-1°)* « le besoin d'accompagnement ou » l'installation, y compris les transferts entre les toilettes et le fauteuil. Il peut atteindre 50 minutes. Les actes concernant l'élimination qui relèvent d'actes infirmiers ne sont pas pris en compte.

(Décr. n° 2017-708 du 2 mai 2017, art. 2-1°) « L'acte "Élimination" comprend les activités suivantes : "assurer la continence" et "aller aux toilettes". "Aller aux toilettes" comprend notamment le fait de se rendre dans un endroit approprié, de s'asseoir et de se relever des toilettes, le cas échéant de réaliser les transferts entre les toilettes et le fauteuil.

« Les actes concernant l'élimination qui relèvent d'actes infirmiers ne sont pas pris en compte. »

b) Les déplacements

Le temps quotidien d'aide humaine pour les déplacements dans le logement peut atteindre 35 minutes. Il s'agit notamment d'une aide aux transferts, à la marche, pour monter ou descendre les escaliers ou d'une aide pour manipuler un fauteuil roulant.

Les déplacements à l'extérieur exigés par des démarches liées au handicap de la personne et nécessitant la présence personnelle de celle-ci peuvent majorer le temps d'aide attribué au titre des déplacements à concurrence de 30 heures par an.

(Décr. n° 2017-708 du 2 mai 2017, art. 2-1°) « Seuls les déplacements extérieurs mentionnés à l'alinéa précédent sont intégrés dans les temps de déplacement prévus au présent *b*, les autres déplacements extérieurs relèvent d'autres actes (participation à la vie sociale et surveillance). »

(Décr. n° 2022-570 du 19 avr. 2022, art. 3-4°, en vigueur le 1er janv. 2023) « *c)* La maîtrise de son comportement

« Le temps quotidien d'aide humaine nécessaire pour la mise en œuvre de cette activité est évalué dans le cadre de l'appréciation des besoins au titre des sections 2 et 3 du présent chapitre.

« Définition : Gérer son stress, y compris pour faire face à des situations impliquant de la nouveauté ou de l'imprévu. Gérer les habiletés sociales. Maîtriser ses émotions et ses pulsions, son agressivité verbale ou physique dans ses relations avec autrui, selon les circonstances et dans le respect des convenances. Entretenir et maîtriser les relations avec autrui selon les circonstances et dans le respect des convenances, comme maîtriser ses émotions et ses pulsions, maîtriser son agressivité verbale et physique, agir de manière indépendante dans les relations sociales, et agir selon les règles et conventions sociales.

« Inclusion : Comportement provoqué ou induit par une altération de fonction, un traitement ou une pathologie, une situation inhabituelle, y compris un comportement de repli sur soi ou d'inhibition.

« *d)* La réalisation des tâches multiples

« Le temps quotidien d'aide humaine nécessaire pour la mise en œuvre de cette activité est évalué dans le cadre de l'appréciation des besoins au titre des sections 2 et 3 du présent chapitre.

« Définition : Réaliser des actions simples ou complexes et coordonnées, qui sont les composantes de tâches multiples, intégrées ou complexes, réalisées l'une après l'autre ou simultanément.

« Inclusion : Réaliser des tâches multiples ; les mener à terme ; les entreprendre de manière indépendante ou en groupe, les réaliser dans des délais contraints ou dans l'urgence, réaliser des tâches liées à la prise, l'organisation et l'effectivité des rendez-vous médicaux. Cela inclut anticiper, planifier, exécuter et vérifier des tâches, acquérir un savoir-faire, gérer son temps, résoudre des problèmes. »

e) La participation à la vie sociale

La notion de participation à la vie sociale repose, fondamentalement, sur les besoins d'aide humaine pour se déplacer à l'extérieur et pour communiquer afin d'accéder notamment aux loisirs, à la culture, à la vie associative, etc.

Le temps d'aide humaine pour la participation à la vie sociale peut atteindre 30 heures par mois. Il est attribué sous forme de crédit temps et peut être capitalisé sur une durée de 12 mois. Ce temps exclut les besoins d'aide humaine qui peuvent être pris en charge à un autre titre, notamment ceux liés à l'activité professionnelle, à des fonctions électives, à des activités ménagères, etc.

f) *(Décr. n° 2008-451 du 7 mai 2008, art. 3)* « Les besoins éducatifs :

« La prise en compte des besoins éducatifs des enfants et des adolescents soumis à l'obligation scolaire pendant la période nécessaire à la mise en œuvre d'une décision de la commission des droits et de l'autonomie d'orientation à temps plein ou à temps partiel vers un établissement mentionné au 2° du I de l'article L. 312-1 du présent code donne lieu à l'attribution d'un temps d'aide humaine de 30 heures par mois. »
— Les c et d du 1 deviennent respectivement les e et f (Décr. n° 2022-570 du 19 avr. 2022, art. 3-4°, en vigueur le 1er janv. 2023).

2. Les modalités de l'aide humaine

L'aide humaine peut revêtir des modalités différentes :

1° Suppléance partielle, lorsque la personne peut réaliser une partie de l'activité mais a besoin d'une aide pour l'effectuer complètement ;

2° Suppléance complète, lorsque la personne ne peut pas réaliser l'activité, laquelle doit être entièrement réalisée par l'aidant ;

3° Aide à l'accomplissement des gestes nécessaires à la réalisation de l'activité ;

4° Accompagnement, lorsque la personne a les capacités physiques de réaliser l'activité mais qu'elle ne peut la réaliser seule du fait de difficultés mentales, psychiques ou cognitives.

L'aidant intervient alors pour la guider, la stimuler, l'inciter verbalement ou l'accompagner dans l'apprentissage des gestes pour réaliser cette activité.

3. Les facteurs pouvant avoir un impact sur le temps requis

(Décr. n° 2017-708 du 2 mai 2017, art. 2-1°) « L'appréciation du temps d'aide requis prend en compte la situation de la personne. Il n'y a pas de gradient de temps selon les modalités d'aide. Ainsi par exemple, le temps d'aide pour un accompagnement peut dans certaines situations être plus important que celui habituellement requis pour une suppléance. »

Les temps indiqués au 1 de la présente section sont des temps plafonds dans la limite desquels peuvent être envisagées des majorations des temps ordinaires dès lors que les interventions de l'aidant sont rendues plus difficiles ou sont largement entravées par la présence au long cours de facteurs aggravants. Certains facteurs sont mentionnés ci-dessous, à titre d'exemples. D'autres peuvent être identifiés.

Facteurs en rapport avec le handicap de la personne

Des symptômes tels que douleurs, spasticité, ankylose de grosses articulations, mouvements anormaux, obésité importante, etc., tout autant que certains troubles du comportement, *(Décr. n° 2017-708 du 2 mai 2017, art. 2-1°)* « difficultés de compréhension, lenteur *(Décr. n° 2022-570 du 19 avr. 2022, art. 3-4°, en vigueur le 1er janv. 2023)* « , difficulté à établir un lien de confiance, la fatigabilité, les troubles anxieux, phobiques, mnésiques ou de l'estime de soi, la désinhibition, difficultés de concentration et à fixer son attention, difficulté à se motiver, l'auto*[-]*stigmatisation, la vulnérabilité émotionnelle ou l'extrême sensibilité émotionnelle, les troubles psychotraumatiques »... » peuvent avoir un impact et rendre plus difficiles les interventions des aidants pour la réalisation de tout ou partie des actes essentiels.

Facteurs en rapport avec l'environnement

Un logement adapté ou, au contraire, un logement inadapté, de même que le recours à certaines aides techniques, notamment lorsqu'elles ont été préconisées pour faciliter l'intervention des aidants *(Décr. n° 2022-570 du 19 avr. 2022, art. 3-4°, en vigueur le 1er janv. 2023)* « et l'absence de lien social », peuvent avoir un impact sur le temps de réalisation des activités.

4. Compensation et autres modes de prise en charge financière

(Décr. n° 2006-1311 du 25 oct. 2006, art. 2-I) « L'ensemble des réponses aux différents besoins d'aide humaine identifiés doivent être mentionnées dans le plan personnalisé de compensation, y compris celles qui ne relèvent pas de la prestation de compensation. »

SECTION 2. La surveillance régulière

La notion de surveillance s'entend au sens de veiller sur une personne handicapée afin d'éviter qu'elle ne s'expose à un danger menaçant son intégrité ou sa sécurité. Pour être pris en compte au titre de l'élément aide humaine, ce besoin de surveillance doit être durable ou survenir fréquemment et concerne :

— soit les personnes qui s'exposent à un danger du fait d'une altération substantielle, durable ou définitive d'une ou plusieurs fonctions mentales, cognitives ou psychiques ;

(Décr. n° 2006-1311 du 25 oct. 2006, art. 2-II) « — soit les personnes qui nécessitent à la fois une aide totale pour la plupart des actes essentiels et une présence constante ou quasi constante

due à un besoin de soins ou d'aide pour les gestes de la vie quotidienne. Il n'est pas nécessaire que l'aide mentionnée dans cette définition concerne la totalité des actes essentiels. »

1. Les personnes qui s'exposent à un danger du fait d'une altération d'une ou plusieurs fonctions mentales, cognitives ou psychiques

Le besoin de surveillance s'apprécie au regard des conséquences que des troubles sévères du comportement peuvent avoir dans différentes situations *(Décr. n° 2017-708 du 2 mai 2017, art. 2-2°)* « (se reporter aux activités correspondantes définies au chapitre I) » :

— s'orienter dans le temps ;
— s'orienter dans l'espace ;
— gérer sa sécurité ;
— utiliser des appareils et techniques de communication ;
— maîtriser son comportement *(Abrogé par Décr. n° 2022-570 du 19 avr. 2022, art. 3-4°, à compter du 1er janv. 2023) « dans ses relations avec autrui »*.

Il s'apprécie aussi, de façon complémentaire, au regard de la capacité à faire face à un stress, à une crise, à des imprévus, ou d'autres troubles comportementaux particuliers comme ceux résultant de troubles neuropsychologiques.

Le besoin de surveillance peut aller de la nécessité d'une présence sans intervention active jusqu'à une présence active en raison de troubles importants du comportement.

L'appréciation de ce besoin au titre de la prestation de compensation nécessite de prendre en considération les accompagnements apportés par différents dispositifs qui contribuent à répondre pour partie à ce besoin. Ainsi, certaines des difficultés présentées par la personne handicapée relèvent d'une prise en charge thérapeutique, d'autres difficultés peuvent appeler un accompagnement par un service ou un établissement médico-social ou un groupe d'entraide mutuelle pour personnes présentant des troubles psychiques.

Les réponses de tout ordre au besoin de surveillance doivent être mentionnées dans le plan personnalisé de compensation y compris lorsqu'elles ne relèvent pas d'une décision de la Commission des droits et de l'autonomie des personnes handicapées.

Le temps de surveillance attribué au titre de la prestation de compensation peut atteindre 3 heures par jour.

Lorsque le handicap d'une personne requiert une surveillance régulière, il est possible de cumuler le temps d'aide qui lui est attribué au titre de la surveillance avec celui qui peut éventuellement lui être attribué au titre des actes essentiels. Toutefois, il faut considérer dans ce cas que le temps de présence d'un aidant pour la réalisation des actes essentiels répond pour partie au besoin de surveillance. Ainsi, le cumul des temps est autorisé à concurrence du temps maximum attribué au titre des actes essentiels.

2. *(Décr. n° 2006-1311 du 25 oct. 2006, art. 2-III)* « Les personnes qui nécessitent à la fois une aide totale pour la plupart des actes essentiels et une présence constante ou quasi constante due à un besoin de soins ou d'aide pour les gestes de la vie quotidienne. »

La condition relative à l'aide totale pour la plupart des actes essentiels est remplie dès lors que la personne a besoin d'une aide totale pour les activités liées à l'entretien personnel définies au *a* du 1 de la section 1.

La condition relative à la présence *(Décr. n° 2006-1311 du 25 oct. 2006, art. 2-III)* « constante ou quasi constante due à un besoin de soins ou d'aide pour les gestes de la vie quotidienne » est remplie dès lors que des interventions itératives sont nécessaires dans la journée et que des interventions actives sont généralement nécessaires la nuit.

Les éléments relatifs aux soins *(Abrogé par Décr. n° 2006-1311 du 25 oct. 2006, art. 2-III) « et interventions »* dans la journée comme dans la nuit comprennent notamment des soins liés à la prévention d'escarres ou des aspirations endotrachéales, dès lors que ces aspirations sont réalisées en conformité avec les dispositions prévues dans le décret n° 99-426 du 27 mai 1999 habilitant certaines catégories de personnes à effectuer des aspirations endotrachéales.

Dans ce cas, le cumul des temps d'aide humaine pour les actes essentiels et la surveillance peut atteindre *(Décr. n° 2006-669 du 7 juin 2006)* « 24 heures par jour ».

SECTION 3 Le soutien à l'autonomie

(Décr. n° 2022-570 du 19 avr. 2022, art. 3-6°, en vigueur le 1er janv. 2023)

« La notion de soutien à l'autonomie s'entend comme l'accompagnement d'une personne dans l'exercice de l'autonomie dans le respect de ses aspirations personnelles.

« Pour être pris en compte au titre de l'élément aide humaine, ce besoin de soutien à l'autonomie doit être durable ou survenir fréquemment et concerne les personnes présentant notamment une ou plusieurs altérations des fonctions mentales, cognitives ou psychiques.

« Le besoin de soutien à l'autonomie s'apprécie au regard de l'hypersensibilité à l'anxiété, au stress et au contexte ainsi que des conséquences que des altérations des fonctions peuvent avoir dans différentes situations :

« — pour planifier, organiser, entamer, exécuter, et gérer le temps des activités (habituelles ou inhabituelles) en s'adaptant au contexte dans les actes nécessaires pour vivre dans un logement, pour se déplacer en dehors de ce logement, y compris pour prendre les transports, et participer à la vie en société ;

« — pour interagir avec autrui, comprendre ses intentions et ses émotions ainsi que s'adapter aux codes sociaux et à la communication afin de pouvoir avoir des relations avec autrui, y compris en dehors de sa famille proche ou de ses aidants ;

« — évaluer ses capacités, la qualité de ses réalisations et connaître ses limites, afin notamment d'être capable d'identifier ses besoins d'aide, de prendre des décisions adaptées et de prendre soin de sa santé ;

« — pour traiter les informations sensorielles (notamment hypo ou hyper*[-]*sensorialité, recherche ou évitement des sensations, hallucinations, difficulté à identifier une douleur, difficulté à évoluer dans certains environnements) afin notamment de mettre en œuvre les habiletés de la vie quotidienne, la communication, les compétences sociales.

« Le temps d'aide humaine pour le soutien à l'autonomie peut atteindre trois heures par jour. Il est attribué sous forme de crédit*[-]*temps et peut être capitalisé sur une durée de douze mois.

« Ce temps consiste à accompagner la personne dans la réalisation de ses activités, sans les réaliser à sa place, notamment s'agissant des activités ménagères.

« Il exclut les besoins d'aide humaine qui peuvent être pris en charge à un autre titre, notamment ceux liés à l'activité professionnelle, à des fonctions électives et à la participation à la vie sociale.

« Lorsque le handicap d'une personne requiert du soutien à l'autonomie, il est possible de cumuler le temps d'aide qui lui est attribué à ce titre avec celui attribuable au titre des actes essentiels mentionnés aux *a*, *b* et e du 1 de la section 1 du présent chapitre et de la surveillance régulière. »

SECTION 4. Frais supplémentaires liés l'exercice d'une activité professionnelle ou d'une fonction élective

La sect. 3 devient la sect. 4 (Décr. n° 2022-570 du 19 avr. 2022, art. 3-7°, en vigueur le 1er janv. 2023).

L'aide liée spécifiquement à l'exercice d'une activité professionnelle ou d'une fonction élective est apportée directement à la personne. Elle peut porter notamment sur des aides humaines assurant des interfaces de communication lorsque des solutions d'aides techniques ou d'aménagements organisationnels n'ont pas pu être *(Décr. n° 2017-708 du 2 mai 2017, art. 2-3°)* « mises » en place. Toutefois, elle exclue *[exclut]* :

— d'une part, les besoins d'aide humaine pour l'accomplissement des actes essentiels sur le lieu de travail, ces besoins étant pris en charge au titre de l'aide pour les actes essentiels quel que soit le lieu où cette aide est apportée ;

— d'autre part, les frais liés aux aides en lien direct avec le poste de travail.

(Abrogé par Décr. n° 2006-1311 du 25 oct. 2006, art. 2-IV) « L'aide pour frais supplémentaires est attribuée en complément des aides apportées à ce titre, en particulier celles de l'AGEFIPH ou des structures équivalentes pour les fonctions publiques. »

Le nombre maximum d'heures est fixé à 156 heures pour 12 mois. Les heures peuvent être réparties dans l'année, en fonction des besoins. Dans ce cas, le programme prévisionnel doit figurer dans le plan de compensation.

SECTION 5. La parentalité

(Décr. n° 2020-1826 du 31 déc. 2020, art. 1er-II)

La sect. 4 devient la sect. 5 (Décr. n° 2022-570 du 19 avr. 2022, art. 3-7°, en vigueur le 1er janv. 2023).

Sur l'entrée en vigueur des dispositions du Décr. n° 2020-1826 du 31 déc. 2020, V. note ss. le 4° du présent chap. II.

Les besoins d'aide humaine pris en compte au titre de l'exercice de la parentalité sont ceux d'une personne empêchée, totalement ou partiellement, du fait de son handicap, de réaliser des actes relatifs à l'exercice de la parentalité, dès lors que son enfant ou ses enfants ne sont pas en capacité, compte tenu de leur âge, de prendre soin d'eux-mêmes et d'assurer leur sécurité.

L'élément de la prestation lié au besoin d'aide humaine au titre de l'exercice de la parentalité est reconnu individuellement et forfaitairement au parent bénéficiaire de la prestation de compensation du handicap, à hauteur de 30 heures par mois lorsque l'enfant a moins de trois ans et de 15 heures par mois lorsque l'enfant a entre trois et sept ans, auquel est appliqué le tarif fixé par arrêté du ministre chargé des personnes handicapées. Cet élément ne peut être attribué au-delà du septième anniversaire de l'enfant.

Si le bénéficiaire de la prestation de compensation du handicap a plusieurs enfants, le nombre d'heures accordées au titre de la compensation des besoins liés à l'exercice de la parentalité est celui qui correspond au besoin reconnu pour le plus jeune de ses enfants.

Cet élément est majoré de 50 % lorsque le bénéficiaire est en situation de monoparentalité.

Cet élément peut être attribué pour une durée inférieure à un an pour la durée restant à courir entre l'âge de l'enfant et les limites d'âges définies à la présente section.

SECTION 6. Dispositions communes aux aides humaines

La sect. 5 devient la sect.6 (Décr. n° 2022-570 du 19 avr. 2022, art. 3-8°, en vigueur le 1er janv. 2023).

1. Accès aux aides humaines

Cet accès est subordonné :

— à la reconnaissance d'une difficulté absolue pour la réalisation d'un des actes ou d'une difficulté grave pour la réalisation de deux des actes *(Décr. n° 2017-708 du 2 mai 2017, art. 2-4°)* « tels que définis » aux *(Décr. n° 2022-570 du 19 avr. 2022, art. 3-8°, en vigueur le 1er janv. 2023)* « *a, b, c* et *d* » du 1 de la section 1 ou, à défaut

— à la constatation que le temps d'aide nécessaire apporté par un aidant familial pour des actes relatifs aux *(Décr. n° 2022-570 du 19 avr. 2022, art. 3-8°, en vigueur le 1er janv. 2023)* « *a, b, c* et *d* » du 1 de la section 1 ou au titre d'un besoin de surveillance *(Décr. n° 2022-570 du 19 avr. 2022, art. 3-8°, en vigueur le 1er janv. 2023)* « ou de soutien à l'autonomie » atteint 45 minutes par jour.

Dans des situations exceptionnelles, la commission des droits et de l'autonomie *(Décr. n° 2006-1311 du 25 oct. 2006, art. 2-V)* « ou le président du conseil *(Décr. n° 2022-570 du 19 avr. 2022, art. 3-8°, en vigueur le 1er janv. 2023)* « départemental » statuant en urgence dans les conditions fixées par l'article R. 245-36 » peut porter le temps d'aide attribué au titre des actes essentiels *(Décr. n° 2022-570 du 19 avr. 2022, art. 3-8°, en vigueur le 1er janv. 2023)* « , de la surveillance ou du soutien à l'autonomie » au-delà des temps plafonds.

2. Quantification des temps d'aide

Pour déterminer de façon personnalisée le temps d'aide à attribuer, il convient de prendre en compte la fréquence quotidienne des interventions ainsi que la nature de l'aide, sans préjudice des facteurs communs mentionnés au 3 de la section 1.

Le temps d'aide est quantifié sur une base quotidienne. Toutefois, lorsque la fréquence de réalisation de l'activité n'est pas quotidienne ou lorsque des facteurs liés au handicap ou au projet de vie de la personne sont susceptibles d'entraîner, dans le temps, des variations de l'intensité du besoin d'aide, il convient de procéder à un calcul permettant de ramener ce temps à une moyenne quotidienne.

La durée et la fréquence de réalisation des activités concernées sont appréciées en tenant compte des facteurs qui peuvent faciliter ou au contraire rendre plus difficile la réalisation, par un aidant, des activités pour lesquelles une aide humaine est nécessaire.

L'équipe pluridisciplinaire est tenue d'élaborer le plan personnalisé de compensation en apportant toutes les précisions nécessaires qui justifient la durée retenue, notamment en détaillant les facteurs qui facilitent ou au contraire compliquent la réalisation de l'activité concernée.

CHAPITRE III. AIDES TECHNIQUES

1. Définition

Les aides techniques qui peuvent être prises en compte au titre de la prestation de compensation sont tout instrument, équipement ou système technique adapté ou spécialement conçu pour compenser une limitation d'activité rencontrée par une personne du fait de son handicap, acquis ou loué par la personne handicapée pour son usage personnel.

Les équipements qui concourent à l'aménagement du logement ou du véhicule ainsi que les produits consommables liés au handicap sont pris en compte respectivement dans les 3e et 4e éléments de la prestation de compensation.

Les dispositifs médicaux à caractère thérapeutique figurant dans la liste des produits et prestations remboursables (1) (LPPR) autres que ceux mentionnés *(Décr. no 2006-1311 du 25 oct. 2006, art. 2-VI)* « dans l'arrêté fixant les tarifs des éléments de la prestation de compensation mentionnés aux 2°, 3°, 4° et 5° de l'article L. 245-3 » ne sont pas des aides techniques prises en compte au titre de la prestation de compensation.

(1) Prévue à l'art. L. 165-1 du code de la sécurité sociale.

2. Préconisations

a) Conditions d'attribution des aides

Les aides techniques inscrites dans le plan personnalisé de compensation doivent contribuer soit :

— à maintenir ou améliorer l'autonomie de la personne pour une ou plusieurs activités ;

— à assurer la sécurité de la personne handicapée ;

— à mettre en œuvre les moyens nécessaires pour faciliter l'intervention des aidants qui accompagnent la personne handicapée.

L'aide attribuée doit être suffisante et appropriée aux besoins de la personne compte tenu de ses habitudes de vie et de son environnement ou, le cas échéant, de l'aidant lorsque l'aide est destinée à favoriser son intervention. Son usage doit être régulier ou fréquent. La personne doit être capable d'utiliser effectivement la plupart des fonctionnalités de cette aide technique.

Dans le cas de pathologies évoluant par poussées, après avis d'un médecin spécialiste ou du centre de référence lorsqu'il s'agit d'une maladie rare, la préconisation des aides techniques requises pour maintenir l'autonomie dans l'accomplissement des actes essentiels de l'existence peut être envisagée, même si la durée prévisible des limitations d'activité est difficile à apprécier.

b) Dispositions communes aux aides techniques (qu'elles figurent ou non dans la liste des produits et prestations remboursables)

La possibilité et les conditions de périodes d'essai (essais comparatifs, essais en situation, etc.) sont prévues dans le plan de compensation lorsqu'elles sont jugées nécessaires par l'équipe pluridisciplinaire. Si tel est le cas, la prise en compte de l'aide technique considérée est subordonnée à une évaluation favorable de cette période d'essai, constatée par l'équipe pluridisciplinaire, par tout moyen qu'elle aura précisé.

De même, l'équipe pluridisciplinaire peut proposer le recours à une structure spécialisée de réadaptation fonctionnelle afin que la personne handicapée puisse développer toutes ses potentialités et appréhender, si besoin, des techniques spécifiques de compensation, avant la préconisation d'une aide technique.

Les accessoires ou options ne sont pris en charge que lorsqu'ils répondent à des besoins directement liés à la compensation de l'activité ou des activités concernées.

3. Catégories d'aides techniques

a) Aides techniques figurant sur la liste des produits et prestations remboursables

La prise en compte, au titre de la prestation de compensation, d'aides techniques appartenant à une catégorie de produits figurant sur la liste des produits et prestations remboursables, est subordonnée aux *(Décr. no 2017-708 du 2 mai 2017, art. 3-2°)* « mêmes » critères que ceux mentionnés dans cette liste. Cette aide technique devra faire l'objet d'une prescription médicale dans les conditions prévues au code de la sécurité sociale.

Lorsqu'il existe une liste nominative de produits dans la liste des produits et prestations remboursables, seuls les produits figurant dans cette liste sont pris en charge. Les produits écartés de la liste des produits et prestations remboursables ne peuvent faire l'objet d'une prise en charge au titre de la prestation de compensation.

Le cas échéant, la possibilité et les conditions de périodes d'essai sont identiques à celles prévues dans la liste des produits et prestations remboursables pour les aides techniques concernées.

b) Aides techniques hors liste des produits et prestations remboursables

A efficacité égale, lorsqu'un choix est possible entre plusieurs solutions équivalentes pour compenser l'activité concernée, c'est la solution la moins onéreuse qui est inscrite dans le plan personnalisé de compensation.

Toutefois, la personne conserve la possibilité de choisir l'aide technique qu'elle préfère dès lors que les caractéristiques de celle-ci correspondent aux préconisations figurant dans le plan personnalisé de compensation et notamment que l'aide technique considérée apporte une réponse à ses besoins et ne met pas en danger sa sécurité.

c) Dispositions concernant les équipements d'utilisation courante ou comportant des éléments d'utilisation courante

Les surcoûts des équipements d'utilisation courante sont pris en compte dès lors qu'ils apportent une facilité d'usage pour la personne handicapée. Ce surcoût s'apprécie par rapport au coût d'un équipement de base.

Lorsque les équipements d'utilisation courante comportent des adaptations spécifiques, seules sont prises en compte les adaptations spécifiques. Toutefois, dans le cas où la combinaison d'un produit d'utilisation courante et d'une adaptation spécifique serait, à efficacité égale, moins onéreuse qu'un dispositif entièrement spécifique rendant le même service, la commission des droits et de l'autonomie des personnes handicapées peut prendre en compte l'ensemble de la combinaison, y compris l'élément d'utilisation courante.

(Décr. n° 2020-1826 du 31 déc. 2020, art. 1er-II) « *d)* Aides techniques liées à l'exercice de la parentalité

« Une aide forfaitaire, dont le montant est fixé par arrêté du ministre chargé des personnes handicapées, est attribuée au parent bénéficiaire de la prestation de compensation du handicap, à la naissance de son enfant, aux troisième et sixième anniversaires de celui-ci. Le montant de cette aide forfaitaire n'est pas pris en compte dans le calcul du montant total prévu aux *a* à *c* du 3 du présent chapitre au titre des aides techniques. » — *Sur l'entrée en vigueur des dispositions du Décr. n° 2020-1826 du 31 déc. 2020, V. note ss. le 4° du chap. II.*

CHAPITRE IV. AMÉNAGEMENT DU LOGEMENT

L'attribution du troisième élément de la prestation de compensation peut porter sur des charges de nature différente : aménagement du logement, du véhicule et surcoût résultant du transport. Ce chapitre porte exclusivement sur l'aménagement du logement.

Les aménagements pris en compte sont destinés à maintenir ou améliorer l'autonomie de la personne handicapée. Ils doivent lui permettre de circuler, d'utiliser les équipements indispensables à la vie courante, de se repérer et de communiquer, sans difficulté et en toute sécurité. Ils visent également à faciliter l'intervention des aidants qui accompagnent une personne handicapée à domicile pour la réalisation des actes essentiels de l'existence.

(Abrogé par Décr. n° 2006-1311 du 25 oct. 2006, art. 2-VII) « La prise en charge de frais liés à l'aménagement du logement par la prestation de compensation doit se faire en complémentarité avec les autres aides financières pouvant être mobilisées pour des travaux d'adaptation et d'accessibilité. »

1. Facteurs en rapport avec le handicap de la personne

Les aménagements doivent répondre à des besoins directement liés aux limitations d'activités de la personne. Celles-ci peuvent être définitives ou provisoires. Dans le second cas, elles doivent être suffisamment durables (2) pour donner droit à la prise en charge des aménagements du logement.

En cas d'évolution prévisible du handicap, le projet d'adaptation et d'accessibilité du logement peut comprendre des travaux destinés à faciliter des aménagements ultérieurs. Dans le cas d'un handicap lié à une pathologie évolutive, des aménagements du logement peuvent être anticipés dès lors qu'un médecin spécialiste ou un centre de référence lorsqu'il s'agit de cas de maladie rare atteste, en les précisant, que des limitations d'activité vont nécessiter, dans un délai inférieur à un an, de tels aménagements pour améliorer l'autonomie de la personne.

(2) Leur durabilité prévisible doit être d'au moins un an.

2. Facteurs en rapport avec les aménagements du logement

a) Les adaptations et aménagements concernés

Les aménagements concourant à l'adaptation et à l'accessibilité du logement peuvent concerner les pièces ordinaires du logement : la chambre, le séjour, la cuisine, les toilettes et la salle d'eau. Toutefois, la prestation de compensation peut aussi prendre en compte des aménagements concourant à l'adaptation et à l'accessibilité d'une autre pièce du logement permettant à la personne handicapée d'exercer une activité professionnelle ou de loisir et des pièces nécessaires pour que la personne handicapée assure l'éducation et la surveillance de ses enfants.

Les aménagements des pièces définies ci-dessus peuvent porter sur :
— l'adaptation de la ou des pièces concernées ;
— la circulation à l'intérieur de cet ensemble ;
— les changements de niveaux pour l'accès à l'ensemble des pièces constituant cet ensemble lorsque celui-ci s'organise sur deux niveaux et qu'il n'est pas possible de l'organiser sur un seul niveau faute d'espace nécessaire ;
— la domotique ;
— la création d'une extension si cela s'avère indispensable pour procéder à l'accessibilité requise du fait du handicap de la personne.

Lorsque le logement est une maison individuelle, les aménagements du logement et de l'environnement privatif peuvent également concerner : l'accès au logement depuis l'entrée du terrain et le cas échéant l'accès du logement au garage ; la motorisation extérieure (portail, porte de garage).

L'évaluation des caractéristiques du logement peut conduire à identifier d'autres types d'aménagements ou de travaux à envisager qui ne relèvent pas d'une prise en charge au titre de la prestation de compensation : travaux du fait de l'insalubrité ; mises aux normes du fait d'installations vétustes, défectueuses ou hors normes ; aménagements des parties communes d'une copropriété ; demandes d'aménagements résultant d'un manquement aux dispositions législatives et réglementaires relatives à l'accessibilité du logement.

Lorsque l'équipe pluridisciplinaire a connaissance de tels besoins, elle les mentionne dans le plan personnalisé de compensation.

b) Les frais pris en compte

Les frais pris en compte diffèrent selon qu'il s'agit de l'aménagement d'un logement existant ou d'une extension ou d'une construction neuve pour ce qui concerne des aménagements spécifiques ne relevant pas des réglementations en vigueur sur l'accessibilité.

Les frais relatifs à une extension sont pris en compte lorsque le logement ne peut être réaménagé de manière adaptée.

Lorsqu'il s'agit de l'aménagement d'un logement existant, sont pris en compte le coût des équipements de second œuvre, dès lors qu'ils apportent une facilité d'usage pour la personne handicapée ou celui des équipements spécifiques liés au handicap, ainsi que les frais liés à leur installation.

Lorsqu'il s'agit d'une extension ou d'une construction neuve, sont pris en compte le coût des équipements spécifiques liés au handicap ou le surcoût des équipements de second œuvre, dès lors qu'ils apportent une facilité d'usage pour la personne handicapée. Ce surcoût s'apprécie par rapport au coût d'un équipement de second œuvre de base.

L'équipe pluridisciplinaire fournit, en s'appuyant sur les compétences nécessaires, une description détaillée des adaptations qu'elle préconise, afin de permettre à la personne handicapée ou son représentant de faire établir des devis.

Lorsque la personne juge que l'adaptation du logement n'est pas techniquement ou financièrement possible et qu'elle fait le choix d'un déménagement vers un logement répondant aux normes réglementaires d'accessibilité, elle peut bénéficier d'une aide à la prise en charge des frais de déménagement et des frais liés à l'installation des équipements nécessaires.

ANNEXE 2-6

Arrêté du président du conseil départemental relatif à l'agrément en vue d'adoption

(Décr. n° 2006-1272 du 17 oct. 2006)

Conseil départemental du ....

Direction/service : ....

Agrément pour l'accueil d'un enfant en vue d'adoption

Le président du conseil départemental,

Vu les articles L. 225-3 à L. 225-7, L. 225-17, R. 225-1 à R. 225-8 du code de l'action sociale et des familles ;

Vu le code civil, notamment ses articles 343, 343-1 et 353-1 ;

Vu la confirmation de la demande d'agrément en vue d'adoption déposée le .... par .... ;

Vu l'avis de la commission départementale d'agrément en date du .... ;

Civilités .... remplira (rempliront) à compter du .... les conditions d'âge ou de durée de mariage requises par la législation française pour adopter ;

Considérant qu'au vu des évaluations sociale et psychologique, civilités remplit(ssent) à ce jour les conditions d'accueil sur les plans familial, éducatif et psychologique correspondant aux besoins et à l'intérêt d'un enfant adopté,

Arrête :

Art. 1er Civilités :

domicilié(s)

Est (sont) agréé(s) pour accueillir en vue d'adoption un enfant (ou plusieurs enfants simultanément).

Une notice de renseignements est annexée au présent arrêté.

Art. 2 Le présent agrément est valable 5 ans à compter du .... jusqu'au .... sous réserve de l'article L. 225-4 du code de l'action sociale et des familles et de l'article 3 ci-dessous.

Art. 3 L'arrivée au foyer d'un enfant (ou l'arrivée simultanée de plusieurs enfants) adopté(s) ou placé(s) en vue d'adoption met fin au présent agrément.

Fait à ...., le ....

ANNEXE 2-7

Notice de renseignements jointe à l'agrément en vue d'adoption

(Décr. n° 2006-1272 du 17 oct. 2006)

Délivrée le .... Modifiée le ....

A ....

Caractéristiques concernant l'enfant (les enfants) pouvant être accueilli(s) en vue de son (leur) adoption : ....

Nombre : ....

Âge souhaité : ....

Autres caractéristiques : ....

ANNEXE 2-8

Liste des informations anonymisées

(Décr. n° 2016-1966 du 28 déc. 2016, art. 2, en vigueur le 1er janv. 2017)

1. Informations préalables

NUMDEP : code du département ou de la collectivité territoriale (selon le code officiel géographique de l'INSEE)

CODE	LIBELLÉ
XXX	Code du département ou de la collectivité territoriale (selon le code officiel géographique de l'INSEE)

NUMANONYM : numéro d'anonymat du mineur/majeur

NUMANONYMANT : numéro d'anonymat antérieur du mineur/majeur lors de l'extraction précédente

TYPEV : codification du type d'événement

CODE	LIBELLÉ
1	Mesure ou prestation en protection de l'enfance
2	Renouvellement d'une mesure ou d'une prestation en protection de l'enfance
3	Fin d'une mesure ou d'une prestation en protection de l'enfance

2. Informations concernant le mineur/majeur

a) Caractéristiques du mineur/majeur

SEXE : sexe du mineur/majeur

CODE	LIBELLÉ
1	Garçon
2	Fille
9	Non connu à ce jour

ANAIS : année de naissance du mineur/majeur

CODE	LIBELLÉ
aaaa	Année de naissance du mineur/majeur 9999 si valeur non connue

MNAIS : mois de naissance du mineur/majeur

CODE	LIBELLÉ
mm	Mois de naissance du mineur/majeur 99 si valeur non connue

b) Situation scolaire du mineur/majeur

MODACC : mode d'accueil pour les mineurs de moins de 6 ans non scolarisés

CODE	LIBELLÉ
1	Gardé par un des parents au domicile
2	Gardé par un autre adulte au domicile
3	Accueilli en établissement d'accueil du jeune enfant
4	Accueilli par une assistante maternelle
5	Accueilli par un membre de la famille
6	Autre mode de garde
9	Ne sait pas

SCODTCOM : le mineur/majeur est scolarisé en milieu ordinaire (y compris scolarisation au sein d'un dispositif spécifique et scolarisation au CNED)

CODE	LIBELLÉ
1	Non
2	Oui
9	Ne sait pas

NIVSCO : si le mineur/majeur est scolarisé en milieu ordinaire ou dans le cadre d'une unité d'enseignement hors milieu ordinaire, préciser le niveau selon la nomenclature de l'éducation nationale

CODE	LIBELLÉ
200	École maternelle
310	CP
320	CE1
330	CE2
340	CM1

CODE	LIBELLÉ
350	CM2
399	École élémentaire sans distinction supplémentaire
410	6e (dont SEGPA)
420	5e (dont SEGPA)
430	4e (dont SEGPA)
440	3e (dont 3e découverte professionnelle et SEGPA)
499	Collège, sans distinction supplémentaire
510	Seconde générale et technologique
520	Première générale
530	Première technologique
550	Terminale générale
560	Terminale technologique
599	Lycée d'enseignement général et technologique, sans distinction supplémentaire
610	CAP
620	BEP
630	Bac professionnel
699	Lycée professionnel, sans distinction supplémentaire
710	CAP en alternance
740	Bac professionnel en alternance
750	Autre
769	Formation en alternance sans distinction supplémentaire
770	Post-bac
999	Ne sait pas

SCOCLASPE : le mineur/majeur est scolarisé en milieu ordinaire avec un dispositif spécifique

CODE	LIBELLÉ
1	Non
2	Oui
9	Ne sait pas

TYPCLASSPE : si le mineur/majeur est scolarisé avec un dispositif spécifique, préciser le type de dispositif

CODE	LIBELLÉ
11	Dispositif pour le handicap (ULIS...)
12	Dispositif pour l'adaptation scolaire (SEGPA, EREA...)
13	Dispositif pour les élèves allophones nouvellement arrivés (UPE2A...)
14	Dispositif relais de lutte contre le décrochage scolaire
15	Autre dispositif spécifique
99	Ne sait pas

ETABSCOSPE : le mineur/majeur est scolarisé dans le cadre d'une unité d'enseignement hors milieu ordinaire

CODE	LIBELLÉ
1	Non
2	Oui
9	Ne sait pas

TYPETABSPE : si le mineur/majeur est scolarisé dans le cadre d'une unité d'enseignement hors milieu ordinaire ou instruit à domicile, préciser l'établissement ou le service de rattachement de l'unité d'enseignement

CODE	LIBELLÉ
850	Établissement ou service sanitaire et médico-social (ITEP, IME, SESSAD, hôpital...) en scolarité exclusive
860	Établissement ou service sanitaire et médico-social (ITEP, IME, SESSAD, hôpital...) en scolarité partagée
870	Établissement pénitentiaire
880	Établissement PJJ (CER, CEF...)
890	Établissement ou service sans distinction supplémentaire
900	Instruit à domicile hors CNED
999	Ne sait pas

FREQSCO : fréquentation scolaire en milieu scolaire ordinaire ou dans le cadre d'un établissement ou d'un service

CODE	LIBELLÉ
6	Scolarisé sans situation de décrochage ou d'exclusion
7	Scolarisé mais en situation d'exclusion
8	Scolarisé mais en situation de décrochage scolaire
9	Ne sait pas

c) Situation de handicap du mineur/majeur

HANDICAP : le mineur/majeur bénéficie d'une reconnaissance de handicap suite à une décision de la commission des droits et de l'autonomie des personnes handicapées (CDAPH) rendue au nom de la maison départementale des personnes handicapées (MDPH)

CODE	LIBELLÉ
1	Non
2	Oui
9	Ne sait pas

ORIENTDEC : le mineur/majeur bénéficie d'une orientation vers un établissement ou un service suite à une décision de la commission des droits et de l'autonomie des personnes handicapées (CDAPH)

CODE	LIBELLÉ
1	Non
2	Oui
9	Ne sait pas

ORIENTEFF : si le mineur/majeur bénéficie d'une orientation vers un établissement ou un service suite à une décision de la commission des droits et de l'autonomie des personnes handicapées (CDAPH), l'orientation est effective

CODE	LIBELLÉ
1	Non
2	Oui
9	Ne sait pas

3. Information initiale sur la situation de danger ou de risque de danger du mineur/majeur

TRAITINFO : institution ou service ayant reçu et traité l'information initiale sur la situation de danger ou de risque de danger du mineur/majeur

CODE	LIBELLÉ
1	Cellule de recueil des informations préoccupantes (CRIP)
2	Service du conseil départemental (hors CRIP)
3	Parquet
4	Juge des enfants
5	Autre
9	Ne sait pas

DATIP : date de réception de l'information initiale sur la situation de danger ou de risque de danger du mineur/majeur à la CRIP ou dans les services du conseil départemental

CODE	LIBELLÉ
aaaa-mm-jj	Date de réception de l'information initiale sur la situation de danger ou de risque de danger du mineur/majeur à la CRIP ou dans les services du conseil départemental 9999 si année inconnue, 99 si mois inconnu, 99 si jour inconnu

DATSIGN : date du signalement direct auprès du procureur de la République

CODE	LIBELLÉ
aaaa-mm-jj	Date du signalement direct auprès du procureur de la République 9999 si année inconnue, 99 si mois inconnu, 99 si jour inconnu

DATJE : date de la saisine du juge des enfants

CODE	LIBELLÉ
aaaa-mm-jj	Date de la saisine du juge des enfants 99 si jour inconnu, 99 si mois inconnu, 9999 si année inconnue

ORIGIP : qualité de la personne ayant révélé l'information initiale sur la situation de danger ou de risque de danger du mineur/majeur

CODE	LIBELLÉ
10	Le mineur lui-même
20	Parents du mineur
31	Personnel social
32	Personnel de santé
33	Élu
34	Autre intervenant institutionnel

CODE	LIBELLÉ
40	Autre particulier
99	Ne sait pas

TRANSIP : institution ou qualité de la personne ayant transmis l'information initiale sur la situation de danger ou de risque de danger du mineur/majeur

CODE	LIBELLÉ
100	Le mineur lui-même
200	Parents du mineur
300	Autre membre de la famille
400	Autre particulier
510	Service national d'accueil téléphonique de l'enfance en danger
520	Conseil départemental
530	Service de milieu ouvert ou de placement
541	Établissement d'enseignement public
542	Établissement d'enseignement privé
543	Éducation nationale, sans distinction supplémentaire
550	Hôpital
560	Médecine libérale
570	Autre institution sanitaire et sociale
580	Accueil extrascolaire du mineur
590	Autre service social et association
600	Police ou gendarmerie
611	Procureur de la République
612	Juge des enfants
613	Justice sans distinction supplémentaire
620	Autre collectivité territoriale ou établissement public de coopération intercommunale
630	Autre
640	Voie institutionnelle sans distinction supplémentaire
999	Ne sait pas

MOTIFSIG : en cas de signalement judiciaire après l'évaluation par un service du conseil départemental, motif du signalement judiciaire

CODE	LIBELLÉ
1	L'action ou les actions mises en œuvre précédemment n'ont pas permis de remédier à la situation
2	Refus explicite ou implicite de la famille d'accepter l'intervention proposée
3	Impossibilité de collaboration avec la famille
4	Impossibilité d'évaluer cette situation
5	Danger grave et immédiat, notamment dans les situations de maltraitance
9	Ne sait pas

ENQPENAL : le cas échéant, préciser s'il y a une enquête pénale

CODE	LIBELLÉ
1	Non
2	Oui
9	Ne sait pas

SAISJUR : le cas échéant, préciser s'il y a une saisine de la juridiction pénale

CODE	LIBELLÉ
1	Non
2	Oui
9	Ne sait pas

4. Informations concernant le cadre de vie social et familial du mineur/majeur

a) Caractéristiques du ménage au sein de la résidence principale du mineur/majeur

COMPOMENAG : composition du ménage au sein du lieu de résidence principale du mineur

CODE	LIBELLÉ
1	Mineur autonome
2	Parents vivant ensemble
3	Mineur vivant avec sa mère seule
4	Mineur vivant avec son père seul
5	Résidence alternée
6	Mineur vivant avec sa mère dans une famille recomposée
7	Mineur vivant avec son père dans une famille recomposée
8	Mineur vivant chez un autre membre de la famille
9	Mineur vivant chez un particulier
10	Autre
99	Ne sait pas

AUTREHEBER : autre hébergement régulier du mineur le cas échéant

CODE	LIBELLÉ
1	Non
2	Oui
9	Ne sait pas

NBFRAT : nombre total de frères et sœurs dans le lieu de résidence principale du mineur (inclus demi-frères et demi-sœurs, quasi-frères et quasi-sœurs)

CODE	LIBELLÉ
n	Nombre total de frères et sœurs dans le lieu de résidence principale du mineur (inclus demi-frères et demi-sœurs, quasi-frères et quasi-sœurs) 99 si valeur non connue

MENAGEJM : Composition du ménage au sein du lieu de résidence principale du majeur

CODE	LIBELLÉ
1	Majeur vivant seul
2	Majeur vivant avec un(e) conjoint(e)/petit(e) ami(e)
3	Majeur vivant en colocation
4	Majeur vivant avec un ou des membres de sa famille de naissance ou d'adoption
8	Autre situation
9	Ne sait pas

NBENF : nombre total d'enfants du mineur/majeur

CODE	LIBELLÉ
n	Nombre total d'enfants du mineur/majeur 99 si valeur non connue

b) Exercice de l'autorité parentale (concerne uniquement les mineurs)

TITAP : titulaire de l'autorité parentale du mineur

CODE	LIBELLÉ
11	Exercice conjoint par les parents vivant ensemble ou séparément
30	Exclusivement par le père
40	Exclusivement par la mère
50	Autre membre de la famille
60	Autre particulier sans lien familial
70	Président du conseil départemental
80	Préfet
90	Établissement
99	Ne sait pas

DECAP : décision relative à l'autorité parentale

CODE	LIBELLÉ
1	Décision du juge aux affaires familiales sur l'exercice de l'autorité parentale
2	Délégation de l'autorité parentale
3	Retrait
4	Tutelle
5	Déclaration judiciaire de délaissement parental
6	Pas de décision relative à l'autorité parentale
9	Ne sait pas

DATDECAP : date de la décision relative à l'autorité parentale

CODE	LIBELLÉ
aaaa-mm-jj	Date de la décision relative à l'autorité parentale 9999 si année inconnue, 99 si mois inconnu, 99 si jour inconnu

c) Situation sociodémographique des parents ou des adultes qui s'occupent principalement du mineur dans sa résidence principale (concerne uniquement les mineurs)

LIENA1 : lien de l'adulte 1 avec le mineur

CODE	LIBELLÉ
1	Père ou mère
2	Conjoint du père ou de la mère
3	Grand-père ou grand-mère
4	Frère, demi-frère, sœur ou demi-sœur
5	Oncle ou tante
6	Autre membre de la famille
7	Autre particulier sans lien familial
9	Ne sait pas

LIENA2 : lien de l'adulte 2 avec le mineur

CODE	LIBELLÉ
1	Père ou mère
2	Conjoint du père ou de la mère
3	Grand-père ou grand-mère
4	Frère, demi-frère, sœur ou demi-sœur
5	Oncle ou tante
6	Autre membre de la famille
7	Autre particulier sans lien familial
9	Ne sait pas

SEXA1 : sexe de l'adulte 1

CODE	LIBELLÉ
1	Homme
2	Femme
9	Ne sait pas

SEXA2 : sexe de l'adulte 2

CODE	LIBELLÉ
1	Homme
2	Femme
9	Ne sait pas

ANSA1 : année de naissance de l'adulte 1

CODE	LIBELLÉ
aaaa	Année de naissance de l'adulte 1 9999 si la valeur n'est pas connue

ANSA2 : année de naissance de l'adulte 2

CODE	LIBELLÉ
aaaa	Année de naissance de l'adulte 2 9999 si la valeur n'est pas connue

EMPLA1 : situation face à l'emploi de l'adulte 1 (selon la nomenclature INSEE)

CODE	LIBELLÉ
1	En contrat d'apprentissage
2	Placé par une agence d'intérim
3	Emploi aidé
4	Stagiaire rémunéré
5	Emploi à durée limitée (CDD, contrat court, saisonnier, vacataire...)
6	Emploi sans limite de durée (CDI, titulaire de la fonction publique...)
7	Non-salarié (indépendant, employeur, aidant un membre de sa famille)
8	Autre actif occupé sans précision
20	Au chômage
30	Élève, étudiant
50	Inactif : retraité, préretraité, parent au foyer...
99	Ne sait pas

EMPLA2 : situation face à l'emploi de l'adulte 2 (selon la nomenclature INSEE)

CODE	LIBELLÉ
1	En contrat d'apprentissage
2	Placé par une agence d'intérim
3	Emploi aidé
4	Stagiaire rémunéré
5	Emploi à durée limitée (CDD, contrat court, saisonnier, vacataire...)
6	Emploi sans limite de durée (CDI, titulaire de la fonction publique...)
7	Non-salarié (indépendant, employeur, aidant un membre de sa famille)
8	Autre actif occupé sans précision
20	Au chômage
30	Élève, étudiant
50	Inactif : retraité, préretraité, parent au foyer...
99	Ne sait pas

CSPA1 : catégorie socioprofessionnelle de l'adulte 1 (selon la nomenclature INSEE)

CODE	LIBELLÉ
1	Agriculteurs exploitants
2	Artisans, commerçants et chefs d'entreprise
3	Cadres et professions intellectuelles supérieures
4	Professions intermédiaires

CODE	LIBELLÉ
5	Employés
6	Ouvriers
7	Retraités
8	Autres personnes sans activité professionnelle
9	Ne sait pas

CSPA2 : catégorie socioprofessionnelle de l'adulte 2 (selon la nomenclature INSEE)

CODE	LIBELLÉ
1	Agriculteurs exploitants
2	Artisans, commerçants et chefs d'entreprise
3	Cadres et professions intellectuelles supérieures
4	Professions intermédiaires
5	Employés
6	Ouvriers
7	Retraités
8	Autres personnes sans activité professionnelle
9	Ne sait pas

d) Situation du majeur (concerne uniquement les majeurs)

EMPLJM : situation face à l'emploi du majeur (selon la nomenclature INSEE)

CODE	LIBELLÉ
1	En contrat d'apprentissage
2	Placé par une agence d'intérim
3	Emploi aidé
4	Stagiaire rémunéré
5	Emploi à durée limitée (CDD, contrat court, saisonnier, vacataire...)
6	Emploi sans limite de durée (CDI, titulaire de la fonction publique...)
7	Non-salarié (indépendant, employeur, aidant un membre de sa famille)
8	Autre actif occupé sans précision
20	Au chômage
30	Élève, étudiant
50	Inactif : retraité, préretraité, parent au foyer...
99	Ne sait pas

CSPJM : catégorie socioprofessionnelle du majeur (selon la nomenclature INSEE)

CODE	LIBELLÉ
1	Agriculteurs exploitants
2	Artisans, commerçants et chefs d'entreprise
3	Cadres et professions intellectuelles supérieures

CODE	LIBELLÉ
4	Professions intermédiaires
5	Employés
6	Ouvriers
7	Retraités
8	Autres personnes sans activité professionnelle
9	Ne sait pas

e) Ressources du ménage au sein de la résidence principale du mineur/majeur

MINIMA : minima sociaux

CODE	LIBELLÉ
1	Non
2	Oui
9	Ne sait pas

ALLOC : allocations ou pensions liées à une situation d'invalidité ou de handicap

CODE	LIBELLÉ
1	Non
2	Oui
9	Ne sait pas

f) Caractéristiques sociodémographiques du père et/ou de la mère si non cohabitant avec le mineur (concerne uniquement les mineurs)

MEREINC : mère inconnue

CODE	LIBELLÉ
1	Non
2	Oui
9	Ne sait pas

PEREINC : père inconnu

CODE	LIBELLÉ
1	Non
2	Oui
9	Ne sait pas

ANSMERE : année de naissance de la mère

CODE	LIBELLÉ
aaaa	Année de naissance de la mère 9999 si la valeur n'est pas connue

ANSPERE : année de naissance du père

CODE	LIBELLÉ
aaaa	Année de naissance du père 9999 si la valeur n'est pas connue

DCMERE : mère décédée

CODE	LIBELLÉ
1	Non
2	Oui
9	Ne sait pas

DCPERE : père décédé

CODE	LIBELLÉ
1	Non
2	Oui
9	Ne sait pas

DATDCMERE : si décès de la mère, année et mois du décès

CODE	LIBELLÉ
aaaa-mm	Si décès de la mère, mois et année du décès 9999 si année inconnue, 99 si mois inconnu

DATDCPERE : si décès du père, année et mois du décès

CODE	LIBELLÉ
aaaa-mm	Si décès du père, mois et année du décès 9999 si année inconnue, 99 si mois inconnu

5. Informations recueillies au titre de l'évaluation de la situation du mineur/majeur

a) Évaluation

NOTIFEVAL : date de notification de la demande d'évaluation

CODE	LIBELLÉ
aaaa-mm-jj	Date de notification de la demande d'évaluation 9999 si année inconnue, 99 si mois inconnu, 99 si jour inconnu

FINEVAL : date de fin de l'évaluation

CODE	LIBELLÉ
aaaa-mm-jj	Date de fin de l'évaluation 9999 si année inconnue, 99 si mois inconnu, 99 si jour inconnu

MESANT : Existence d'une prestation ou mesure de protection de l'enfance en cours ou antérieure pour le mineur/majeur ou pour un autre enfant du ménage

CODE	LIBELLÉ
1	Non
2	Oui
9	Ne sait pas

ACCFAM : accompagnement social ou médico-social en cours d'au moins un membre du ménage

CODE	LIBELLÉ
1	Non
2	Oui
9	Ne sait pas

b) Problématiques familiales observées ou prises en compte dans le cadre de l'évaluation de la situation du mineur/majeur

CONDADD : conduite addictive (alcool ou drogue) d'un ou des adultes ayant en charge le mineur dans le lieu de résidence principale

CODE	LIBELLÉ
1	Non
2	Oui, avec prise en charge spécialisée connue
3	Oui, sans prise en charge connue
9	Ne sait pas

DEFINTEL : situation de handicap psychique ou mental reconnue par la MDPH d'un ou des adultes ayant en charge le mineur dans le lieu de résidence principale

CODE	LIBELLÉ
1	Non
2	Oui
9	Ne sait pas

CONFL : exposition du mineur à un conflit de couple

CODE	LIBELLÉ
1	Non
2	Oui
9	Ne sait pas

VIOLFAM : exposition du mineur à un climat de violence au sein du ménage

CODE	LIBELLÉ
1	Non
2	Oui
9	Ne sait pas

SOUTSOC : manque de soutien social et/ou familial, isolement du mineur/majeur

CODE	LIBELLÉ
1	Non
2	Oui
9	Ne sait pas

6. Informations sur la nature du danger ou du risque de danger justifiant une prise en charge du mineur en protection de l'enfance (concerne uniquement les mineurs)

a) Nature du danger ou du risque de danger (concerne uniquement les mineurs)

SANTE : santé du mineur en danger ou en risque de danger

CODE	LIBELLÉ
1	Non
2	Oui
9	Ne sait pas

SECURITE : sécurité du mineur en danger ou en risque de danger

CODE	LIBELLÉ
1	Non
2	Oui
9	Ne sait pas

MORALITE : moralité du mineur en danger ou en risque de danger

CODE	LIBELLÉ
1	Non
2	Oui
9	Ne sait pas

CONDEDUC : conditions d'éducation gravement compromises ou en risque de l'être

CODE	LIBELLÉ
1	Non
2	Oui
9	Ne sait pas

CONDEDEV : conditions de développement physique, intellectuel, affectif ou social gravement compromises ou en risque de l'être

CODE	LIBELLÉ
1	Non
2	Oui
9	Ne sait pas

b) Situation du mineur qui a permis de considérer que, dans un cadre intrafamilial, il est en danger ou en risque de danger (concerne uniquement les mineurs)

VIOLSEX : violences sexuelles envers le mineur

CODE	LIBELLÉ
1	Non
2	Oui
9	Ne sait pas

VIOLPHYS : violences physiques envers le mineur

CODE	LIBELLÉ
1	Non
2	Oui
9	Ne sait pas

NEGLIG : négligences envers le mineur

CODE	LIBELLÉ
1	Non
2	Oui
9	Ne sait pas

VIOLPSY : violences psychologiques envers le mineur

CODE	LIBELLÉ
1	Non
2	Oui
9	Ne sait pas

VIOLCONJ : situation de violence conjugale dans le ménage au sein de la résidence principale du mineur

CODE	LIBELLÉ
1	Non
2	Oui
9	Ne sait pas

DANGER : mise en danger du mineur par lui-même

CODE	LIBELLÉ
1	Non
2	Oui
9	Ne sait pas

MINA : mineur privé temporairement ou définitivement de la protection de sa famille

CODE	LIBELLÉ
1	Non
2	Oui
9	Ne sait pas

7. Informations sur les décisions, mesures et interventions en protection de l'enfance

DATDECPE : date de la décision de protection de l'enfance

CODE	LIBELLÉ
aaaa-mm-jj	Date de la décision de protection de l'enfance 9999 si année inconnue, 99 si mois inconnu, 99 si jour inconnu

INTERANT : existence d'une intervention antérieure en protection de l'enfance ou en assistance éducative

CODE	LIBELLÉ
1	Non
2	Oui
9	Ne sait pas

PROJET : existence d'un projet pour l'enfant (concerne uniquement les mineurs)

CODE	LIBELLÉ
1	Non
2	Oui
9	Ne sait pas

DATPPE : s'il existe un PPE, date d'établissement du PPE

CODE	LIBELLÉ
aaaa-mm-jj	Date d'établissement du PPE 9999 si année inconnue, 99 si mois inconnu, 99 si jour inconnu

DECISION : nature de la décision de protection de l'enfance

CODE	LIBELLÉ
1	Décision administrative en protection de l'enfance
2	Décision judiciaire en protection de l'enfance

DATDEB : date de début effective de la prestation ou de la mesure de protection de l'enfance

CODE	LIBELLÉ
aaaa-mm-jj	Date de début effective de la prestation ou de la mesure en protection de l'enfance 9999 si année inconnue, 99 si mois inconnu, 99 si jour inconnu

NATPDECADM : si décision administrative de protection de l'enfance, préciser la nature de la décision

CODE	LIBELLÉ
10	Aide à domicile « mineur », hors aides financières
11	Accueil de jour
12	Accueil 72 heures
13	Accueil 5 jours
14	Accueil provisoire du mineur
15	Pupille de l'État
16	Accueil parent-enfant (moins de 3 ans)
18	Autre décision administrative, à préciser
19	Accueil durable et bénévole chez un tiers
20	Aide éducative « jeune majeur »
21	Accueil provisoire du jeune majeur
99	Ne sait pas

AUTREDA : si autre décision administrative de protection de l'enfance, préciser la décision (champ ouvert)

NATDECASSED : si décision judiciaire de protection de l'enfance, préciser la nature de la décision

CODE	LIBELLÉ
11	Mesure d'expertise
14	Mesure judiciaire d'investigation éducative ou investigation d'orientation éducative ou enquête sociale
15	Assistance éducative en milieu ouvert
16	Assistance éducative en milieu ouvert avec hébergement
17	Décision judiciaire de placement à l'aide sociale à l'enfance
18	Placement direct
19	Mesure judiciaire d'aide à la gestion du budget familial
21	Autre mesure judiciaire, à préciser

CODE	LIBELLÉ
22	Délégation d'autorité parentale à l'aide sociale à l'enfance
23	Tutelle déférée à l'aide sociale à l'enfance
24	Protection jeune majeur
99	Ne sait pas

AUTREDJ : si autre décision judiciaire de protection de l'enfance, préciser la décision : (champ ouvert)

NATDECPLAC : si décision judiciaire de placement, nature de la décision

CODE	LIBELLÉ
1	Ordonnance de placement provisoire du juge des enfants
2	Jugement du juge des enfants
3	Ordonnance de placement provisoire du parquet
9	Ne sait pas

INSTITPLAC : si décision judiciaire de placement, personne ou institution à qui le mineur est confié

CODE	LIBELLÉ
1	A l'autre parent
2	A un autre membre de la famille ou à un tiers digne de confiance
3	A un service départemental d'aide sociale à l'enfance
4	A un service ou à un établissement habilité pour l'accueil de mineurs à la journée ou suivant toute autre modalité de prise en charge
5	A un service ou à un établissement sanitaire ou d'éducation, ordinaire ou spécialisé
6	Auprès d'un établissement recevant des personnes hospitalisées en raison de troubles mentaux
9	Ne sait pas

Si intervention administrative d'aide à domicile mise en œuvre

TYPINTERDOM : type d'intervention mise en œuvre au titre de la décision administrative d'aide à domicile

CODE	LIBELLÉ
1	Action d'un technicien de l'intervention sociale et familiale ou d'une aide-ménagère
2	Action éducative à domicile
3	Action éducative à domicile intensive ou renforcée
4	Action éducative à domicile avec hébergement périodique
5	Action éducative à domicile avec hébergement exceptionnel
6	Accompagnement en économie sociale et familiale
7	Autre
10	Aide éducative « jeune majeur »
9	Ne sait pas

Si décision administrative d'accueil provisoire

LIEUACC : principal lieu d'accueil du mineur/majeur dans le cadre de la décision administrative d'accueil provisoire

CODE	LIBELLÉ
1	Assistant familial
2	Établissement
3	Pouponnière
4	Accueil mère-enfant
5	Chez un particulier
6	Hébergement autonome
7	Parrainage
8	Village d'enfants
9	Lieu de vie et d'accueil
10	Établissement médico-social
11	Accueil de jour
12	Accueil avec hébergement chez les parents
13	Accueil en internat « ordinaire »
14	Autre
16	Centre parental
99	Ne sait pas

ACCMOD : caractère modulable de l'accueil

CODE	LIBELLÉ
1	Non
2	Oui
9	Ne sait pas

AUTRLIEUACC : existence d'un autre lieu d'accueil régulier du mineur/majeur

CODE	LIBELLÉ
1	Non
2	Oui
9	Ne sait pas

Si décision judiciaire d'action éducative en milieu ouvert ou d'investigation

TYPDECJUD : type d'intervention mise en œuvre au titre de la décision judiciaire d'action éducative en milieu ouvert, ou d'investigation

CODE	LIBELLÉ
3	Mesure judiciaire d'investigation éducative ou investigation d'orientation éducative ou enquête sociale
4	Expertise
5	Assistance éducative en milieu ouvert
6	Assistance éducative en milieu ouvert intensive ou renforcée

CODE	LIBELLÉ
7	Assistance éducative en milieu ouvert avec hébergement périodique
8	Assistance éducative en milieu ouvert avec hébergement exceptionnel
9	Mesure judiciaire d'aide à la gestion du budget familial
10	Autre
99	Ne sait pas

Si décision judiciaire de placement ou décision relative à l'autorité parentale
LIEUPLAC : principal lieu d'accueil du mineur/majeur

CODE	LIBELLÉ
1	Assistant familial
2	Établissement
3	Pouponnière
4	Accueil mère-enfant
5	Chez un particulier
6	Hébergement autonome
8	Village d'enfants
9	Lieu de vie et d'accueil
10	Établissement médico-social
11	Accueil de jour
12	Accueil avec hébergement chez les parents
13	Accueil en internat « ordinaire »
19	Autre
21	Centre parental
99	Ne sait pas

PLACMOD : caractère modulable de l'accueil

CODE	LIBELLÉ
1	Non
2	Oui
9	Ne sait pas

AUTRLIEUAR : existence d'un autre lieu d'accueil régulier du mineur/majeur

CODE	LIBELLÉ
1	Non
2	Oui
9	Ne sait pas

8. Informations relatives au renouvellement de la mesure/prestation de protection de l'enfance

CHGLIEU : en cas de renouvellement d'une mesure de placement ou d'une prestation d'accueil du mineur, préciser si le mineur a changé de lieu principal d'accueil/placement lors de ce renouvellement (concerne uniquement les mineurs)

CODE	LIBELLÉ
1	Non
2	Oui
9	Ne sait pas

9. Informations relatives à la fin de la mesure/prestation de protection de l'enfance ou à la fin du renouvellement de la mesure/prestation de protection de l'enfance

DATFIN : date de fin effective de la prestation ou de la mesure de protection de l'enfance

CODE	LIBELLÉ
aaaa-mm-jj	Date de début effective de la prestation ou de la mesure en protection de l'enfance 9999 si année inconnue, 99 si mois inconnu, 99 si jour inconnu

MOTFININT : en cas de fin de la mesure ou prestation de protection de l'enfance, préciser le motif

CODE	LIBELLÉ
1	Mesure ou prestation arrivée à échéance
2	Mainlevée ou fin anticipée
3	Transfert du dossier dans un autre département avec maintien de la mesure/prestation
9	Motif non connu

MOTIFML : si mainlevée ou fin anticipée, motif

CODE	LIBELLÉ
10	Absence de motif de protection de l'enfance justifiant la mesure, ou absence de danger ou risque de danger
11	Impossibilité d'exercer la mesure
12	Déménagement annoncé de la famille dans un autre département avec arrêt de la mesure
13	Déménagement sans laisser d'adresse
14	Adoption
15	Majorité
16	Émancipation
18	Décès du mineur
19	Autre
99	Ne sait pas

DATDECMIN : si décès du mineur/majeur, année et mois du décès

CODE	LIBELLÉ
aaaa-mm	si décès du mineur/majeur, mois et année du décès 9999 si année inconnue, 99 si mois inconnu

DIPLOME : à la fin de la mesure ou prestation de protection de l'enfance, dernier diplôme obtenu par le mineur/majeur

CODE	LIBELLÉ
1	Aucun diplôme

CODE	LIBELLÉ
2	Brevet
3	CAP, BEP ou équivalent
4	Baccalauréat ou équivalent
5	Diplôme du supérieur
9	Ne sait pas

NBCHGLIEU : à la fin de la mesure de placement ou de la prestation d'accueil, préciser le nombre de changements de lieu principal d'accueil/placement du mineur au cours de la mesure/prestation (concerne uniquement les mineurs)

CODE	LIBELLÉ
n	A la fin de la mesure de placement ou de la prestation d'accueil, préciser le nombre de changements de lieu principal d'accueil/placement du mineur au cours de la mesure/prestation 99 si valeur non connue

ANNEXE 2-8-1

Informations pseudonymisées transmises par le ministère de la justice à l'Observatoire national de la protection de l'enfance

(Décr. nº 2021-929 du 12 juill. 2021, art. 8)

I. — Informations préalables :

1º Code du département ou de la collectivité territoriale (selon le code géographique établi par l'Institut national de la statistique et des études économiques) ;

2º Numéro d'identifiant du mineur ou du majeur âgé de moins de vingt et un ans ;

3º Numéro d'identifiant antérieur du mineur ou du majeur âgé de moins de vingt et un ans lors de l'extraction précédente.

II. — Informations concernant le mineur ou le majeur âgé de moins de vingt et un ans :

1º Sexe ;

2º Année de naissance ;

3º Mois de naissance.

III. — Informations concernant les décisions et mesures judiciaires prises en matières civile et pénale :

1º Type d'événement :

— prononcé d'une décision ou d'une mesure judiciaire ;

— renouvellement d'une décision ou mesure judiciaire ;

— fin d'une décision ou mesure judiciaire ;

2º Date (mois et année) de la décision ou mesure judiciaire ;

3º Date (mois et année) de début effectif de mise en œuvre de la décision ou mesure judiciaire ;

4º Matière dont relève la décision ou mesure judiciaire :

— civile ;

— pénale ;

5º Objet de la décision ou mesure judiciaire :

— liberté surveillée préjudicielle ;

— réparation pénale ;

— mesure d'activité de jour ;

— mesure éducative d'accueil de jour ;

— mise sous protection judiciaire ;

— liberté surveillée ;

— placement ;

— mesure éducative judiciaire provisoire ;

— mesure éducative judiciaire ;

— mesure judiciaire d'investigation éducative;
— mesure d'assistance éducative en milieu ouvert;
6° Nature de la décision :
— arrêt de la cour d'appel;
— arrêt de la cour d'assises;
— jugement du tribunal pour enfants;
— jugement en chambre du conseil;
— ordonnance du juge des enfants;
— ordonnance du juge d'instruction;
7° En matière pénale, personne ou institution à qui le mineur est confié :
— parent, tuteur, personne ayant sa garde et tiers digne de confiance;
— centre d'accueil;
— section d'accueil d'une institution publique ou privée habilitée;
— établissement hospitalier;
— placement dans un établissement de santé, à l'exclusion des services de psychiatrie;
— placement dans un établissement médico-social;
— établissement ou institution d'éducation, de formation ou de soins, de l'État ou d'une administration publique habilitée;
— établissement médical ou médico-pédagogique habilité;
— remise au service de l'assistance à l'enfance;
— internat approprié aux mineurs délinquants d'âge scolaire;
— autre;
8° Principal lieu d'accueil du mineur ou du majeur âgé de moins de vingt et un ans :
— établissement d'hébergement collectif de la protection judiciaire de la jeunesse (secteur public ou associatif habilité);
— centre éducatif fermé;
— centre éducatif renforcé;
— famille d'accueil;
— personne digne de confiance;
— autre.

IV. — Informations concernant la fin de la décision ou mesure judiciaire prise en matière civile et pénale :
1° Date (mois et année) de fin effective de la mise en œuvre de la décision ou mesure judiciaire;
2° Motif de fin de la décision ou mesure judiciaire :
— clôture à échéance;
— mainlevée ou fin anticipée;
3° Motif de mainlevée ou de fin anticipée en matière pénale :
— révocation-retrait avec incarcération;
— inutilité-inefficacité;
— révocation-retrait sans incarcération;
— jugement (fin de la mesure pré-sentencielle);
— décès du mineur ou du majeur âgé de moins de vingt et un ans.

V. — Informations concernant la vie sociale et familiale du mineur ou du majeur âgé de moins de vingt et un ans :
1° Situation personnelle et familiale du mineur au sein de sa résidence principale :
— mineur émancipé;
— parents vivant ensemble;
— mineur vivant avec sa mère seule;
— mineur vivant avec son père seul;
— résidence alternée;
— mineur vivant avec sa mère dans une famille recomposée;
— mineur vivant avec son père dans une famille recomposée;
— mineur vivant chez un autre membre de la famille;
— mineur vivant chez un particulier sans lien familial;
— père décédé;

— mère décédée ;
— autre ;

2° Nombre total de frères et sœurs vivant dans le lieu de résidence principale du mineur ou du majeur âgé de moins de vingt et un ans (y compris les demi-frères, demi-sœurs, quasi-frères et quasi-sœurs) ;

3° Situation personnelle et familiale du majeur âgé de moins de vingt et un ans au sein de sa résidence principale :

— majeur vivant seul ;
— majeur vivant avec un conjoint ou concubin ;
— majeur vivant en colocation ;
— majeur vivant avec un ou des membres de sa famille de naissance ou d'adoption ;
— AUTRE situation ;

4° Exercice de l'autorité parentale :

— exercice conjoint par les parents vivant ensemble ou séparément ;
— exclusivement par le père ;
— exclusivement par la mère ;
— autre membre de la famille ;
— autre particulier sans lien familial ;
— préfet ;
— président du conseil départemental ;
— établissement ;

5° Lien social entre le mineur et les personnes le prenant en charge dans sa résidence principale :

— père ou mère ;
— père et mère ;
— conjoint ou concubin du père ou de la mère ;
— grand-père ou grand-mère ;
— frère, demi-frère, sœur ou demi-sœur ;
— oncle ou tante ;
— autre membre de la famille ;
— autre particulier sans lien familial ;

6° Situation sociale du mineur ou du majeur âgé de moins de vingt et un ans et des parents face à l'emploi (selon la nomenclature établie par l'Institut national de la statistique et des études économiques) :

— en contrat d'apprentissage ;
— placé par une agence d'intérim ;
— emploi aidé ;
— stagiaire rémunéré ;
— emploi à durée limitée (contrat à durée déterminée, contrat court, saisonnier, vacataire...) ;
— emploi sans limite de durée (contrat à durée indéterminée, titulaire de la fonction publique...) ;
— non salarié (indépendant, employeur, aidant un membre de sa famille) ;
— autre actif occupé sans précision ;
— chômage ;
— élève, étudiant ;
— inactif : retraité, préretraité, parent au foyer.

VI. — Informations concernant la scolarité du mineur ou du majeur âgé de moins de vingt et un ans :

1° Scolarisé en milieu ordinaire (y compris scolarisation au sein d'un dispositif spécifique et scolarisation au CNED) ;

2° Scolarisé en milieu ordinaire ou dans le cadre d'une unité d'enseignement hors milieu ordinaire, préciser le niveau selon la nomenclature de l'éducation nationale :

— école maternelle ;
— CP ;
— CE1 ;
— CE2 ;

— CM1 ;
— CM2 ;
— école élémentaire sans distinction supplémentaire ;
— 6e (dont SEGPA) ;
— 5e (dont SEGPA) ;
— 4e (dont SEGPA) ;
— 3e (dont 3e découverte professionnelle et SEGPA) ;
— collège, sans distinction supplémentaire ;
— seconde générale et technologique ;
— première générale ;
— première technologique ;
— terminale générale ;
— terminale technologique ;
— lycée d'enseignement général et technologique, sans distinction supplémentaire ;
— CAP ;
— BEP ;
— bac professionnel ;
— lycée professionnel, sans distinction supplémentaire ;
— CAP en alternance ;
— bac professionnel en alternance ;
— formation en alternance sans distinction supplémentaire ;
— post-bac ;
— autre ;

3° Scolarisé avec un dispositif spécifique :
— dispositif pour le handicap (ULIS...) ;
— dispositif pour l'adaptation scolaire (SEGPA, EREA...) ;
— dispositif pour les élèves allophones nouvellement arrivés (UPE2A...) ;
— dispositif relais de lutte contre le décrochage scolaire ;
— autre dispositif spécifique ;

4° Scolarisé dans le cadre d'une unité d'enseignement hors milieu ordinaire ou instruit à domicile :
— établissement ou service sanitaire et médico-social (ITEP, IME, SESSAD, hôpital...) en scolarité exclusive ;
— établissement ou service sanitaire et médico-social (ITEP, IME, SESSAD, hôpital...) en scolarité partagée ;
— établissement pénitentiaire ;
— établissement de la protection judiciaire de la jeunesse (CER, CEF...) ;
— établissement ou service sans distinction supplémentaire ;
— instruit à domicile hors CNED ;

5° Fréquentation scolaire en milieu scolaire ordinaire ou dans le cadre d'un établissement ou d'un service :
— scolarisé sans situation de décrochage ou d'exclusion ;
— scolarisé et en situation d'exclusion ;
— scolarisé et en situation de décrochage scolaire.

VII. — Informations concernant le dernier diplôme obtenu par le mineur ou le jeune majeur à la fin de la décision ou de la mesure judiciaire :

1° Aucun diplôme ;
2° CFG ;
3° Brevet ;
4° CAP, BEP ou équivalent ;
5° Baccalauréat ou équivalent ;
6° Diplôme du supérieur.

ANNEXE 2-9

Formulaire de demande de carte de mobilité inclusion pour les bénéficiaires de l'allocation personnalisée d'autonomie

(Décr. n° 2016-210 du 26 févr. 2016, art. 6 ; mod. par Décr. n° 2016-1849 du 23 déc. 2016, art. 1er-7°, en vigueur le 1er janv. 2017)

(Décr. n° 2016-1849 du 23 déc. 2016, art. 1er-7°, en vigueur le 1er janv. 2017) « I. — Objet de la demande :

« Si vous bénéficiez de l'allocation personnalisée d'autonomie au titre du GIR 1 ou 2, vous pouvez bénéficier sans autre condition et à titre définitif de la carte mobilité inclusion (CMI) prévue à l'article L. 241-3 du code de l'action sociale et des familles comportant les mentions "invalidité" et "stationnement pour personnes handicapées".

« Souhaitez-vous bénéficier de la carte mobilité inclusion comportant la mention "invalidité" prévue à l'article L. 241-3 : oui/non ?

« Si oui :

« — s'agit-il d'une demande de renouvellement des droits (carte arrivant à expiration) : oui/non ? ;

« — s'agit-il d'une demande de remplacement d'une carte d'invalidité délivrée pour une durée définitive : oui/non ?

« Souhaitez-vous bénéficier de la carte mobilité inclusion comportant la mention "stationnement pour personnes handicapées" prévue à l'article L. 241-3 : oui/non ?

« Si oui :

« — s'agit-il d'une demande de renouvellement des droits (carte arrivant à expiration) ? : oui/non ? ;

« — s'agit-t-il d'une demande de remplacement d'une carte européenne de stationnement délivrée pour une durée définitive ? : oui/non ?

« Dans les départements où la carte mobilité inclusion comportant les mentions "priorité" et "stationnement pour personnes handicapées" peut être délivrée sur appréciation de l'équipe médico-sociale, en application du III de l'article L. 241-3 :

« Si vous bénéficiez de l'allocation personnalisée d'autonomie au titre du GIR 3 ou 4, l'équipe médico-sociale peut apprécier si votre situation justifie l'attribution de la mention "priorité" et/ou de la mention "stationnement pour personnes handicapées" de la CMI.

« Souhaitez-vous bénéficier de la carte mobilité inclusion comportant la mention "priorité" prévue à l'article L. 241-3 : oui/non ?

« Si oui, s'agit-il d'une demande de renouvellement des droits : oui/non ?

« Souhaitez-vous bénéficier de la carte mobilité inclusion comportant la mention "stationnement pour personnes handicapées" : oui/non ?

« Si oui, s'agit-il d'une demande de renouvellement des droits : oui/non ? »

II. — Renseignements concernant le demandeur :

Nom (nom de jeune fille et nom marital pour les femmes) : ....

Prénom : ....

Date et lieu de naissance : ....

Adresse : ....

III. — Pièces à fournir :

Décision d'attribution de l'allocation personnalisée d'autonomie.

S'il s'agit d'une demande de renouvellement, une copie de la carte ou des cartes déjà attribuées.

(Décr. n° 2016-1849 du 23 déc. 2016, art. 1er-7°, en vigueur le 1er janv. 2017) « Dans les départements où la carte mobilité inclusion comportant les mentions "priorité" et "stationnement pour personnes handicapées" peut être délivrée sur appréciation de l'équipe médico-sociale, en application du III de l'article L. 241-3 :

« La demande de carte mobilité inclusion comportant la mention "priorité" ou la mention "stationnement pour personnes handicapées" est également accompagnée d'un certificat médical. »

ANNEXE 2-10

(Décr. nº 2016-212 du 26 févr. 2016, JO 28 févr.)

DÉPARTEMENT	Part de la charge nouvelle résultant des dispositions des articles D. 232-9-1 et D. 232-9-2, de la revalorisation des plafonds de l'allocation fixés à l'article R. 232-10 et de la modification des règles de participation financière des bénéficiaires de l'allocation fixées à l'article R. 232-11, dans leur rédaction résultant du décret nº 2016-210 du 26 février 2016 relatif à la revalorisation et à l'amélioration de l'allocation personnalisée d'autonomie et simplifiant l'attribution des cartes d'invalidité et de stationnement pour leurs bénéficiaires (%)
Ain	0,61 %
Aisne	1,10 %
Allier	0,65 %
Alpes-de-Haute-Provence	0,33 %
Hautes-Alpes	0,26 %
Alpes-Maritimes	2,06 %
Ardèche	0,61 %
Ardennes	0,65 %
Ariège	0,29 %
Aube	0,60 %
Aude	0,58 %
Aveyron	0,65 %
Bouches-du-Rhône	2,83 %
Calvados	1,36 %
Cantal	0,31 %
Charente	0,65 %
Charente-Maritime	1,08 %
Cher	0,57 %
Corrèze	0,52 %
Côte-d'Or	0,67 %
Côtes-d'Armor	0,76 %
Creuse	0,33 %
Dordogne	0,68 %
Doubs	0,98 %
Drôme	0,74 %
Eure	0,77 %
Eure-et-Loir	0,56 %
Finistère	1,27 %
Corse-du-Sud	0,46 %
Haute-Corse	0,60 %

DÉPARTEMENT	Part de la charge nouvelle résultant des dispositions des articles D. 232-9-1 et D. 232-9-2, de la revalorisation des plafonds de l'allocation fixés à l'article R. 232-10 et de la modification des règles de participation financière des bénéficiaires de l'allocation fixées à l'article R. 232-11, dans leur rédaction résultant du décret n° 2016-210 du 26 février 2016 relatif à la revalorisation et à l'amélioration de l'allocation personnalisée d'autonomie et simplifiant l'attribution des cartes d'invalidité et de stationnement pour leurs bénéficiaires (%)
Gard	1,35 %
Haute-Garonne	2,50 %
Gers	0,45 %
Gironde	2,86 %
Hérault	2,96 %
Ille-et-Vilaine	1,13 %
Indre	0,39 %
Indre-et-Loire	0,70 %
Isère	2,01 %
Jura	0,26 %
Landes	0,73 %
Loir-et-Cher	0,57 %
Loire	0,89 %
Haute-Loire	0,25 %
Loire-Atlantique	1,02 %
Loiret	1,31 %
Lot	0,51 %
Lot-et-Garonne	0,66 %
Lozère	0,08 %
Maine-et-Loire	0,51 %
Manche	0,67 %
Marne	0,58 %
Haute-Marne	0,26 %
Mayenne	0,20 %
Meurthe-et-Moselle	1,15 %
Meuse	0,21 %
Morbihan	1,00 %
Moselle	1,51 %
Nièvre	0,41 %
Nord	3,13 %
Oise	0,83 %
Orne	0,49 %

DÉPARTEMENT	Part de la charge nouvelle résultant des dispositions des articles D. 232-9-1 et D. 232-9-2, de la revalorisation des plafonds de l'allocation fixés à l'article R. 232-10 et de la modification des règles de participation financière des bénéficiaires de l'allocation fixées à l'article R. 232-11, dans leur rédaction résultant du décret n° 2016-210 du 26 février 2016 relatif à la revalorisation et à l'amélioration de l'allocation personnalisée d'autonomie et simplifiant l'attribution des cartes d'invalidité et de stationnement pour leurs bénéficiaires (%)
Pas-de-Calais	3,46 %
Puy-de-Dôme	1,03 %
Pyrénées-Atlantiques	1,17 %
Hautes-Pyrénées	0,75 %
Pyrénées-Orientales	1,01 %
Bas-Rhin	1,74 %
Haut-Rhin	0,98 %
Métropole de Lyon	2,00 %
Nouveau Rhône	0,67 %
Haute-Saône	0,26 %
Saône-et-Loire	0,90 %
Sarthe	0,60 %
Savoie	0,64 %
Haute-Savoie	1,02 %
Paris	3,44 %
Seine-Maritime	2,50 %
Seine-et-Marne	1,38 %
Yvelines	1,58 %
Deux-Sèvres	0,39 %
Somme	1,15 %
Tarn	0,77 %
Tarn-et-Garonne	0,47 %
Var	2,47 %
Vaucluse	0,77 %
Vendée	0,45 %
Vienne	0,45 %
Haute-Vienne	0,74 %
Vosges	0,41 %
Yonne	0,45 %
Territoire de Belfort	0,26 %
Essonne	1,14 %
Hauts-de-Seine	1,67 %

DÉPARTEMENT	Part de la charge nouvelle résultant des dispositions des articles D. 232-9-1 et D. 232-9-2, de la revalorisation des plafonds de l'allocation fixés à l'article R. 232-10 et de la modification des règles de participation financière des bénéficiaires de l'allocation fixées à l'article R. 232-11, dans leur rédaction résultant du décret nº 2016-210 du 26 février 2016 relatif à la revalorisation et à l'amélioration de l'allocation personnalisée d'autonomie et simplifiant l'attribution des cartes d'invalidité et de stationnement pour leurs bénéficiaires (%)
Seine-Saint-Denis	2,23 %
Val-de-Marne	1,81 %
Val-d'Oise	1,28 %
Guadeloupe	0,71 %
Martinique	0,73 %
Guyane	0,05 %
La Réunion	1,26 %
Saint-Pierre-et-Miquelon	0,01 %
Mayotte	0,06 %
Saint-Barthélemy	0,01 %
Saint-Martin	0,02 %
Total	100,00 %

ANNEXE 2-11

(Décr. nº 2016-209 du 26 févr. 2016)

RESSOURCES MENSUELLES		TAUX DE L'AIDE FINANCIÈRE APPLIQUÉE AU COÛT de l'aide technique (dans la limite le cas échéant, de plafonds fixés par les financeurs)
1 personne	**2 personnes**	
Jusqu'à 0,758 fois le montant de la majoration pour aide constante *[d'une]* tierce personne (MTP)	Jusqu'à 1,316 fois le montant de la majoration pour aide constante *[d'une]* tierce personne (MTP)	65 %
De 0,759 fois le montant de la MTP à 0,811 fois le montant de la MTP	De 1,317 fois le montant de la MTP à 1,406 fois le montant de la MTP	59 %
De 0,812 fois le montant de la MTP à 0,916 fois le montant de la MTP	De 1,407 fois le montant de la MTP à 1,539 fois le montant de la MTP	55 %
De 0,917 fois le montant de la MTP à 0,989 fois le montant de la MTP	De 1,540 fois le montant de la MTP à 1,592 fois le montant de la MTP	50 %
De 0,990 *[fois]* le montant de la MTP à 1,034 fois le montant de la MTP	De 1,593 fois le montant de la MTP à 1,650 fois le montant de la MTP	43 %
De 1,035 fois le montant de la MTP à 1,141 fois le montant de la MTP	De 1,651 fois le montant de la MTP à 1,743 fois le montant de la MTP	37 %
De 1,142 fois le montant de la MTP à 1,291 fois le montant de la MTP	De 1,744 fois le montant de la MTP à 1,936 fois le montant de la MTP	30 %
Hors Île-de-France :		
Au-delà de 1,291 fois le montant de la MTP	Au-delà de 1,936 fois le montant de la MTP	Pas de participation

RESSOURCES MENSUELLES		TAUX DE L'AIDE FINANCIÈRE APPLIQUÉE AU COÛT de l'aide technique (dans la limite le cas échéant, de plafonds fixés par les financeurs)
1 personne	**2 personnes**	
En Île-de-France :		
De 1,292 fois le montant de la MTP à 1,472 fois le montant de la MTP	De 1,937 fois le montant de la MTP à 2,207 fois le montant de la MTP	20 %
Au-delà de 1,472 fois le montant de la MTP	Au-delà de 2,207 fois le montant de la MTP	Pas de participation

ANNEXE 2-12

Cahier des charges définissant les conditions de fonctionnement en dispositif intégré prévu à l'article L. 312-7-1 du code de l'action sociale et des familles

(Décr. n° 2017-620 du 24 avr. 2017, art. 1er-II)

Préambule

L'article 91 de la loi de modernisation de notre système de santé en date du 26 janvier 2016 prévoit la possibilité pour les instituts thérapeutiques éducatifs et pédagogiques (ITEP) et les services d'éducation spéciale et de soins à domicile (SESSAD) d'un territoire de fonctionner en dispositif intégré, à compter de la conclusion d'une convention et après délibération de la commission exécutive de la maison départementale des personnes handicapées (MDPH).

Les établissements et services médico-sociaux qui relèvent du 2° du I de l'article L. 312-1 du code de l'action sociale et des familles (CASF) et qui peuvent s'inscrire dans le cadre du fonctionnement en dispositif intégré ITEP, sont :

— les instituts thérapeutiques, éducatifs et pédagogiques (ITEP) dont l'article D. 312-59-1 du CASF prévoit qu'ils "accueillent les enfants, adolescents ou jeunes adultes qui présentent des difficultés psychologiques dont l'expression, notamment l'intensité des troubles du comportement, perturbe gravement la socialisation et l'accès aux apprentissages. Ces enfants, adolescents et jeunes adultes se trouvent, malgré des potentialités intellectuelles et cognitives préservées, engagés dans un processus handicapant qui nécessite le recours à des actions conjuguées et à un accompagnement personnalisé (...)." ;

— les services d'éducation spéciale et de soins à domicile (SESSAD) qui interviennent également au bénéfice des enfants et des jeunes relevant de la même définition que ci-dessus, en application du 5° de l'article D. 312-59-5 du CASF. Ils proposent un accompagnement complémentaire à celui proposé au sein des ITEP.

Il est entendu que toute référence dans le présent cahier des charges aux SESSAD fait référence aux SESSAD autorisés pour un public relevant des ITEP, dont la définition est rappelée ci-dessus.

Le fonctionnement en dispositif intégré vise à faciliter les passages des enfants et des jeunes entre les modalités d'accompagnement proposées par les ITEP et les SESSAD. Ainsi, la MDPH notifie en « dispositif ITEP » et l'établissement ou le service accueillant l'enfant ou le jeune peut ensuite procéder à des changements de modalités d'accompagnement sans nouvelle notification de la commission des droits et de l'autonomie des personnes handicapées (CDAPH), sous certaines conditions. Une souplesse est également rendue possible pour les changements de modalités de scolarisation.

Il s'agit de permettre une meilleure fluidité des parcours des enfants et des jeunes accompagnés au sein du dispositif et ainsi, une meilleure adaptation de la prise en charge à leurs besoins.

Ainsi, les termes « dispositif ITEP » caractérisent le fonctionnement en dispositif intégré des ITEP et des SESSAD.

Le présent cahier des charges définit les conditions du fonctionnement en dispositif intégré ITEP mentionné à l'article L. 312-7-1 du code de l'action sociale et des familles.

Il fixe les conditions relatives :

1. Au partenariat entre les acteurs intéressés au fonctionnement en dispositif intégré ITEP et à la convention qui le traduit ;

2. Au parcours de l'enfant ou du jeune ;
3. A la place des titulaires de l'autorité parentale ;
4. A la transmission des informations entre les partenaires et à la fiche de liaison ;
5. Au suivi de l'activité des ITEP et des SESSAD ;
6. Aux modalités de tarification et de facturation des ITEP et des SESSAD ;
7. Au circuit de gestion des prestations (prestation de compensation du handicap – PCH –, allocation d'éducation de l'enfant handicapé – AEEH).

1 Principes, prérequis et dispositions relatives aux conditions partenariales du fonctionnement en dispositif integré ITEP

Les conditions partenariales de fonctionnement en dispositif intégré ITEP

Le fonctionnement en dispositif intégré nécessite la conclusion d'une convention cadre départementale ou interdépartementale ou régionale entre MDPH, ARS, organismes de protection sociale, services académiques (rectorat et DRAAF, pour l'enseignement agricole) et organismes gestionnaires d'ITEP et de SESSAD qui s'engagent à fonctionner conformément au présent cahier des charges.

Ces partenaires sont les signataires obligatoires de la convention de fonctionnement en dispositif ITEP. Cette convention est dénommée ci-après convention cadre.

La convention cadre reste ouverte aux partenaires, notamment aux ITEP et aux SESSAD qui voudraient la rejoindre ultérieurement. Au regard des constats issus de l'expérimentation du fonctionnement en dispositif ITEP, il est recommandé d'associer aux signataires : les services de pédopsychiatrie/ psychiatrie, le conseil départemental (au nom du service de l'ASE) et les services de la protection judiciaire de la jeunesse (PJJ).

Ce partenariat est une nécessité afin de construire l'articulation des acteurs et d'élaborer, mettre en œuvre et évaluer le projet personnalisé d'accompagnement (PPA) de l'enfant ou du jeune.

Une attention particulière sera portée au partenariat avec les services de pédopsychiatrie.

Cette convention cadre prévoit les engagements attendus des différentes parties prenantes afin de favoriser un fonctionnement en dispositif intégré. Elle précise les modalités de participation de *[des]* chacun de signataires à ce fonctionnement.

Elle peut être complétée en tant que de besoin par des accords entre les différents acteurs relatifs à leur coordination, dans le respect de la réglementation et du présent cahier des charges.

Les conditions minimales de la convention cadre :

La convention prévue par l'alinéa 4 de l'article L. 312-7-1 du CASF comporte nécessairement les dispositions suivantes, qui permettront la mise en œuvre opérationnelle du dispositif :

1. Objets, signataires et engagements communs ;
2. Pilotage de l'action ;
3. Dispositions relatives au partenariat avec les parents ou le représentant légal dont la participation au projet de l'enfant ou du jeune ;
4. Dispositions relatives aux MDPH (modalités de notification de l'accompagnement et de la scolarisation) ;
5. Dispositions relatives aux services académiques (changements de modalité de scolarisation) ;
6. Dispositions relatives aux ARS ;
7. Dispositions relatives aux ITEP, aux SESSAD et à leurs organismes gestionnaires (attendus dans le cadre du fonctionnement en dispositif intégré, partenariat et échanges d'informations, remontées d'informations à l'ARS ...) ;
8. Dispositions relatives aux caisses primaires d'assurance maladie-CPAM (modalités de facturation) ;
9. Dispositions relatives aux organismes débiteurs des prestations familiales et aux conseils départementaux (impacts sur les droits AEEH et PCH) ;
10. Durée, révision et résiliation de la convention.

En fonction des autres signataires, la convention cadre peut comporter les dispositions complémentaires suivantes :

1. Dispositions relatives au secteur de la pédopsychiatrie (rôle, partenariat) ;
2. Dispositions relatives à l'ASE et à la PJJ.

Le pilotage local :

La convention cadre prévoit les modalités de gouvernance et de pilotage de cette action. Ce pilotage peut s'inscrire dans les missions du *(Décr. n° 2020-515 du 4 mai 2020, art. 2)* « comité départemental de suivi de l'école inclusive » prévu à l'article D. 312-10-13 du CASF. Dans ce cas, une commission dédiée, réunissant les signataires de la convention cadre et les représentants des usagers et de leurs familles, est instituée.

La mobilisation d'au moins trois modalités d'accompagnement (internat, accueil de jour, SESSAD)

Les organismes gestionnaires des structures médico-sociales fonctionnant en dispositif intégré respectent les règles de fonctionnement relatives au fonctionnement des ITEP rappelées aux articles D. 312-59-1 à D. 312-59-17 du code de l'action sociale et des familles.

Le fonctionnement en dispositif intégré ITEP requiert :

La diversification des modes d'accompagnement à temps complet ou partiel.

Pour chaque enfant ou jeune, en fonction de ses besoins et de leur évolution, le fonctionnement en dispositif ITEP permet de mobiliser les trois modalités suivantes d'accompagnement :

— internat dont, le cas échéant, centre d'accueil familial spécialisé-CAFS (accueil de nuit) pouvant être décliné en internat de semaine, séquentiel, accueil temporaire, etc. ;

— externat, semi-internat (accueil de jour) à temps plein, séquentiel ou temporaire ;

— SESSAD (intervention ambulatoire).

Ces modalités d'accompagnement peuvent être proposées :

— par une structure disposant d'une autorisation SESSAD et ITEP et proposant les trois modalités d'accompagnement ;

— par des structures relevant d'un même organisme gestionnaire dans le cadre d'une convention de partenariat ;

— par des structures relevant d'organismes gestionnaires différents dans le cadre d'une convention de partenariat.

La fluidité de l'accompagnement et de la mise en œuvre des PPC, PPS et PPA.

Les établissements élaborent les projets personnalisés d'accompagnement (seuls ou en coopération) en conformité avec les besoins identifiés dans le plan personnalisé de compensation et avec l'accord du jeune majeur ou de ses parents ou de son représentant légal.

Conformément aux dispositions de l'article L. 114-1-1 du CASF, un enfant ou un jeune orienté vers le dispositif ITEP peut bénéficier de la mise en place d'un plan d'accompagnement global (PAG), le PAG constituant une dimension du plan personnalisé de compensation (PPC).

Les dispositifs ITEP s'assurent que leur organisation permet la fluidité de l'accompagnement. Ils s'assurent de la mise en œuvre des plans personnalisés de compensation (PPC), qui comportent le projet personnalisé de scolarisation (PPS) et sont déclinés dans les projets personnalisés d'accompagnement (PPA). L'objectif du dispositif est d'éviter les ruptures, ainsi qu'à l'inverse les logiques de filières trop systématiques.

L'évolution du PPA est envisagée avec l'ensemble des partenaires intervenant dans l'accompagnement du jeune (services de pédopsychiatrie/ psychiatrie, ASE, PJJ, enseignant-représentant les services académiques, parents ou représentants légaux...) selon les modalités fixées dans la convention cadre.

Comme le prévoit l'article D. 351-6 du code de l'éducation, le PPS est transmis au directeur de l'établissement ou du service médico-social, à l'enseignant référent ainsi qu'au directeur d'école ou au chef d'établissement scolaire. De manière générale, l'échange d'informations est recommandé afin de faciliter la cohérence du parcours de l'enfant ou du jeune.

2 Les conditions relatives au parcours de l'enfant et du jeune au sein du dispositif intégré ITEP

Les conditions relatives aux modalités de notification de l'accompagnement dans le cadre du plan personnalisé d'accompagnement (PPA)

La première notification de la MDPH :

Dans le cadre du fonctionnement en dispositif intégré ITEP, la décision d'orientation de la CDAPH désigne le "dispositif ITEP".

La décision notifiée comprend l'indication de la modalité d'entrée dans le dispositif (internat, accueil de jour, SESSAD).

En cas de changement de département du jeune par le jeune, la MDPH du département d'origine transmet à la MDPH du département d'accueil la fiche de liaison actualisée. Si le département d'accueil ne fonctionne pas en dispositif intégré, la dernière modalité d'accompagnement prévaut.

Les notifications ultérieures : les changements de modalités d'accompagnement dans le cadre du plan personnalisé d'accompagnement (PPA).

Les changements de modalité d'accompagnement s'appuient sur une évaluation complète des besoins de l'enfant ou du jeune, réalisé *[réalisée]* par le dispositif ITEP l'accueillant, en lien avec l'ensemble des partenaires de son accompagnement (y compris son représentant légal).

Deux situations peuvent se présenter :

1. **Une modification non substantielle du PPA** (qui n'aurait pas donné lieu, en dehors du fonctionnement en dispositif intégré, à une nouvelle décision de la CDAPH) : seul l'accord des parents ou du représentant légal est sollicité.

2. **Une modification substantielle du PPA** (qui aurait donné lieu, en dehors du fonctionnement en dispositif intégré, à une nouvelle décision de la CDAPH) :

— les établissements et services fonctionnant en dispositif ITEP et accueillant l'enfant ou le jeune et les représentants de l'autorité parentale sont d'accord sur les changements de modalités envisagées d'accompagnement. Dans ce cas, ces changements ne font pas l'objet d'une nouvelle notification de la CDAPH, y compris s'ils concernent des décisions d'orientation prises antérieurement à la mise en œuvre du fonctionnement en dispositif ITEP au sein du département concerné ;

— un des partenaires (parmi ceux cités ci-dessus y compris le représentant légal) est en désaccord sur les changements de modalités envisagées d'accompagnement, il ne peut pas y avoir de changement. Dans ce cas, la CDAPH peut être saisie dans les conditions prévues par l'article L. 241-6 du CASF.

Si la modification validée du PPA nécessite une évolution du PPS : le PPS est modifié dans les conditions prévues par le code de l'éducation et notamment les articles D. 351-10-1 à D. 351-10-3.

Ainsi, conformément à l'article D. 351-10, lorsque les parents sont invités à une réunion d'équipe de suivi de la scolarisation ou à une réunion durant laquelle sera évoquée une évolution du PPS ou du PPA, ils peuvent venir accompagnés d'une personne de leur choix ou se faire représenter. Conformément à la réglementation en vigueur, la CDAPH peut être saisie à tout moment par l'ESMS ou le représentant légal.

Un référent de parcours est désigné. La convention cadre précise les modalités de désignation de ce référent. Conformément à l'article L. 112-2-1 du code de l'éducation, le référent de parcours est nécessairement membre de l'équipe de suivi de la scolarisation (ESS). Il participe à la construction du PPA.

Toute fin d'accompagnement du dispositif ITEP doit faire l'objet d'une information anticipée à la MDPH, accompagnée d'un projet d'orientation travaillé au sein du dispositif.

Le dispositif ITEP ne peut mettre fin de sa propre initiative à l'accompagnement sans décision préalable de la CDAPH, conformément aux dispositions du III de l'article L. 241-6 CASF.

Les changements de modalités de la scolarisation

Les conditions de modification des modalités de scolarisation inscrites dans le PPS dans le cadre du fonctionnement en dispositif intégré sont mentionnées aux articles D. 351-10-1 à D. 351-10-3 du code de l'éducation.

Comme le prévoit l'article D. 351-10-3, la modification du PPS qui implique une orientation vers les classes des établissements régionaux d'enseignement adapté (EREA), les sections d'enseignement général et professionnel adapté (SEGPA) et les unités locales d'inclusion scolaire (ULIS) donne lieu à une affectation prononcée par l'autorité académique au vu de cette modification. L'objectif du fonctionnement en dispositif intégré est de garantir une meilleure fluidité des parcours et une plus grande souplesse des orientations.

3 Les conditions relatives à la place des titulaires de l'autorité parentale dans le fonctionnement en dispositif intégré ITEP

Le respect des dispositions de la loi n° 2002-2 du 2 janvier 2002 et la participation des familles et des usagers à l'élaboration du projet personnalisé d'accompagnement et tout au long de la prise en charge.

Les outils prévus par la loi n° 2002-2 du 2 janvier 2002 rénovant l'action sociale et médico-sociale (dont notamment le projet d'établissement ou de service, le livret d'accueil, le règlement de fonctionnement, le contrat de séjour ou document individuel de prise en charge) doivent faire référence à ce fonctionnement en dispositif, par exemple par le biais d'une annexe.

Dans un esprit de co-construction, les parents participent à l'élaboration du PPA et donnent leur avis et accord concernant les décisions relatives à l'évolution de l'accompagnement, y compris les évolutions des modalités d'accompagnement ou de scolarisation de l'enfant, de l'adolescent ou, le cas échéant avec son accord, du jeune adulte.

Information des parents ou du représentant légal :

Un document écrit d'information, élaboré par les partenaires à la convention cadre précitée et annexée à celle-ci, est transmis aux parents ou au représentant légal par la MDPH à l'appui de la notification d'orientation vers le "dispositif ITEP".

Ce document permettra d'informer l'usager de l'incidence éventuelle d'une modification du PPA sur le montant des prestations versées.

Recueil de l'accord des parents ou du représentant légal et délai de rétractation :

L'accord du jeune majeur ou des titulaires de l'autorité parentale est systématiquement recueilli lors d'un changement de modalité d'accompagnement ou de scolarisation. En l'absence de cet accord, la CDAPH peut être saisie dans les conditions prévues par l'article L. 241-6 du CASF.

La fiche de liaison décrivant la modification des modalités d'accompagnement et/ou de scolarisation est remise aux parents ou au représentant légal pour accord.

Après signature de la fiche de liaison par les parents ou le représentant légal, celui-ci dispose d'un délai de rétractation de quinze jours pour revenir sur son accord concernant ce changement. Il en informe alors le dispositif ITEP.

4 Les conditions relatives à la transmission des informations entre les partenaires et à la fiche de liaison

La fiche de liaison prévue par l'article D. 351-10-2 du code de l'éducation, permet d'informer la MDPH des nouvelles modalités de scolarisation et d'accompagnement de l'enfant ou du jeune et des modifications substantielles de son PPS et de son PPA. Elle est complétée et transmise par le directeur de l'établissement ou du service qui accueille l'enfant ou le jeune et est signée par les parents ou le représentant légal de l'enfant ou du jeune.

Les raisons qui ont conduit au changement de modalité d'accompagnement et/ou de scolarisation de l'enfant ou du jeune sont explicitées dans la fiche de liaison.

La fiche de liaison est transmise sans délais, à compter de la fin du délai de rétractation des parents ou du représentant légal, par le directeur de l'ITEP ou du SESSAD à la MDPH, à l'enseignant référent, au directeur d'école ou au chef d'établissement du lieu visé de scolarisation ou de formation et aux autres partenaires éventuels.

Une modification substantielle est définie comme tout changement relatif aux modalités d'accompagnement et de scolarisation qui aurait donné lieu, en dehors du fonctionnement en dispositif intégré, à une nouvelle décision de la CDAPH. Une évolution du nombre d'heures d'accompagnement qui n'aurait pas donné lieu, en droit commun, à une décision de la CDAPH ne nécessite pas la transmission de fiche de liaison.

Elle est intégrée au projet personnalisé de scolarisation de l'élève et communiquée aux membres de l'ESS.

Un document d'information qui peut être un volet de la fiche de liaison vaut, selon la procédure décrite dans la convention cadre, saisine de la MDPH pour la réévaluation de la situation au regard du droit à l'AEEH et le cas échéant, information au conseil départemental pour la réévaluation de la situation au regard du droit à la PCH.

La fiche de liaison établie par les partenaires locaux est annexée à la convention cadre prévue par l'article L. 312-7-1 du CASF.

5 Les conditions relatives au suivi de l'activité des ITEP et des SESSAD

Les établissements et services prenant part au fonctionnement en dispositif ITEP (signataires de la convention cadre) transmettent à la MDPH, à l'ARS, au rectorat et à la DRAAF, une fois par an, les données nécessaires au suivi des enfants ou des jeunes accueillis et au suivi de l'activité de l'ESMS, dans le cadre du dispositif ITEP.

La date de transmission du bilan annuel, fixée par l'ARS figure dans la convention cadre et se situe entre le 30 avril et le 30 juin de chaque année.

Ce bilan annuel, dont les modalités sont détaillées dans l'annexe 2-13 au présent code, comporte deux parties, à remplir par chaque établissement ou service :

— la **fiche d'indicateurs de suivi d'activité** ;

— un **document de suivi individuel des enfants ou jeunes** permettant de recueillir les informations concernant les changements de modalités d'accompagnement et de scolarisation intervenus durant l'année.

6 Les conditions relatives aux modalités de tarification et de facturation des ITEP et des SESSAD

Afin de faciliter le fonctionnement du dispositif, la tarification des ESMS signataires de la convention cadre s'effectue dans le cadre d'un contrat pluriannuel d'objectifs et de moyens (CPOM). Le CPOM permet un fonctionnement avec une dotation globalisée commune et le fonctionnement en dispositif ITEP n'a alors aucune incidence sur la tarification et la facturation.

En application de l'article L. 313-12-2 du CASF (issu de la loi de financement de la sécurité sociale pour 2016), les ITEP et les SESSAD relèvent des catégories d'ESMS pour lesquelles la signature d'un CPOM est rendue obligatoire. La généralisation du CPOM est pilotée par les DGARS, sur six années, à compter du 1er janvier 2016.

Jusqu'à la conclusion d'un CPOM, les modalités de tarification suivantes sont possibles :

— maintien du mode de financement antérieur des structures (PJ, PJG) sur la base d'un accord entre les gestionnaires et l'ARS avec la garantie d'un équilibre budgétaire en fin d'exercice, dès lors que le fonctionnement en dispositif intégré assure le maintien du nombre d'enfants ou de jeunes accompagnés par l'établissement ou le service ;

— CPOM spécifique pour le ou les ITEP et SESSAD ITEP gérés par un même organisme.

7 Précisions sur le circuit de gestion des prestations

Lorsque l'enfant est orienté vers un fonctionnement en dispositif ITEP intégré, les règles d'attribution de l'allocation d'éducation de l'enfant handicapé et de ses compléments sont assurées dans les conditions définies par le code de la sécurité sociale.

La convention cadre doit prévoir le circuit de gestion à adopter afin de garantir une gestion à bon droit des compléments attribués.

1. Pour un enfant ou un jeune orienté vers un dispositif ITEP, la CDAPH inscrit dans la décision initiale d'attribution du complément d'allocation d'éducation de l'enfant handicapé :

— la mention d'orientation en dispositif ITEP ;

— l'indication de la modalité d'accompagnement dans le dispositif correspondant à la situation effective de l'enfant ou du jeune au moment de la décision d'attribution du complément.

2. Par la suite, la convention prévoit en cas de changements d'orientation de l'enfant, que les organismes débiteurs des prestations familiales et les conseils départementaux sont destinataires d'un document d'information, qui peut être un volet de la fiche de liaison et qui concerne l'AEEH pour les CAF et les CMSA et la PCH pour les conseils départementaux. Ce document – ou la fiche de liaison – est renseigné par l'établissement qui accompagne l'enfant afin de donner une information rapide sur les changements de modalités d'accompagnement de l'enfant au sein du dispositif intégré.

La fiche de liaison à la disposition des partenaires locaux est définie par la convention cadre qui détermine également les modalités de transmission de ce document et d'information des familles et des acteurs concernés.

2.1. Si la modification d'orientation de l'enfant se traduit par un accueil en internat, et afin de faciliter la gestion de l'AEEH et de son complément éventuel, la convention prévoit que le document est transmis à l'organisme débiteur des prestations familiales qui en informe la CDAPH. Une attestation signée par l'établissement et la famille et précisant le nombre de nuits effectivement passées par l'enfant au domicile des parents est transmise selon une échéance mensuelle à l'organisme débiteur des prestations familiales.

2.2. Dans les autres cas de modification d'orientation, la convention prévoit que ce document signé par la famille vaut saisine de la CDAPH pour procéder à un réexamen de la situation de la famille qui donne lieu à une décision de révision du droit au complément à l'AEEH, dès lors que les changements portés à la connaissance de la CDAPH entraînent des modifications du taux d'activité des parents, de la durée du recours à une tierce personne rémunérée ou du montant des dépenses engagées, directement en lien avec le handicap de l'enfant.

La convention cadre prévoit par ailleurs un dispositif de suivi et d'évaluation des modalités de gestion de l'allocation d'éducation de l'enfant handicapé et de son complément dans le cadre du dispositif intégré.

Ce suivi, inscrit dans le cadre du pilotage local du dispositif intégré, fait l'objet de réunions spécifiques associant les représentants des organismes débiteurs des prestations familiales, les MDPH, et les différents acteurs concernés, qui permettent de dresser un bilan (nombre d'enfants et de familles concernés, impact du dispositif intégré sur les changements de droits, impact sur les familles, adéquation du complément octroyé avec la situation de la famille ...) et de repérer les problèmes rencontrés et de proposer si nécessaire toutes mesures ou bonnes pratiques permettant d'améliorer le circuit de gestion de la prestation.

ANNEXE 2-13

MODALITÉS D'ÉTABLISSEMENT DU BILAN ANNUEL PRÉVU À L'ARTICLE L. 312-7-1 DU CODE DE L'ACTION SOCIALE ET DES FAMILLES

(Décr. n° 2017-620 du 24 avr. 2017, art. 1er-II)

Les établissements et services prenant part au fonctionnement en dispositif ITEP (signataires de la convention cadre) transmettent à la MDPH, à l'ARS, au rectorat et à la DRAAF, une fois par an, les données nécessaires au suivi des enfants ou des jeunes accueillis et au suivi de l'activité de l'ESMS, dans le cadre du dispositif ITEP.

Ce bilan annuel comporte deux parties à remplir par chaque ESMS :

— la **fiche d'indicateurs de suivi d'activité** - présentée ci-dessous ;

— un **document de suivi individuel des enfants** ou des jeunes - permettant de recueillir les informations concernant les changements de modalités d'accompagnement et de scolarisation intervenus durant l'année et faisant apparaitre les éventuels cumuls de modalités d'accompagnement.

La date de transmission du bilan annuel, fixée par l'ARS, figure dans la convention cadre et se situe entre le 30 avril et le 30 juin de chaque année. Les données de suivi d'activité correspondent à l'activité réalisée en n-1. Elles peuvent être transmises dans les mêmes conditions que le rapport d'activité prévu à l'article R. 314-50 du CASF. Le document de suivi individuel des enfants, porte sur la dernière année scolaire complète écoulée (à la date de transmission).

Le bilan annuel permet notamment de vérifier :

— que les combinaisons de modalités d'accompagnement sont justifiées par les besoins de l'enfant ou du jeune, limitées dans le temps et peuvent s'expliquer notamment par la gestion de moments de crises ou de transition ;

— que l'impact sur la file active de l'ESMS n'est pas de nature à venir diminuer le nombre d'enfants et de jeunes accompagnés par la structure au regard de sa capacité autorisée.

Fiche d'indicateurs de suivi d'activité

Parmi les indicateurs issus du tableau de bord de la performance dans le secteur médico-social élaboré par l'ANAP, plusieurs méritent une attention particulière dans le cadre du suivi du fonctionnement en dispositif intégré et notamment :

Répartition des personnes accompagnées sorties définitivement sur l'année par motif ou destination	ANAP IPR3. 2
Taux d'hospitalisation complète	ANAP IPr3. 3
Taux de réalisation de l'activité	ANAP IPr4. 1.1
Taux d'occupation des places financées	ANAP IPr4. 2
Taux de rotation des places financées	ANAP IPr5. 1
Répartition par âge des personnes accompagnées	ANAP 2Pr6. 4
Durée moyenne de séjour/ d'accompagnement des personnes sorties définitivement au cours de l'année (en nombre de jours)	ANAP 2Pr6. 5
Nombre moyen de journées d'absence des personnes accompagnées sur la période	ANAP 2Pr7. 1.1
File active des personnes accompagnées sur la période	ANAP 2Pr7. 2

La fiche d'indicateurs comportera en outre au moins les indicateurs suivants :

— détail du taux d'occupation par modalité d'accompagnement médico-social (internat, accueil de jour, SESSAD...) ;

— nombre d'enfants ou de jeunes ayant bénéficié, la même journée, d'accompagnements combinés et durée ;

— file active par modalité d'accompagnement médico-social ;
— nombre annuel de jours d'ouverture de l'ESMS ;
— SESSAD : nombre de séances réalisées (possibilité de décomposer en séances individuelles, collectives, en fonction du type d'intervention – éducatif, thérapeutique, auprès des aidants ou des partenaires …) ;
— réseau partenarial : nombre d'interventions auprès des partenaires nombre et nature des conventions partenariales, participation à des conventions locales de l'éducation nationale ;
— droit des usagers/implication des familles : présence de la famille à l'élaboration du PPA, présence à la réunion avec l'ESS, nombre de réunions d'instances dédiées à la participation des usagers, nombre de familles ayant participé à des réunions dédiées à la participation des usagers, outils/démarches mis en œuvre afin de favoriser la participation des familles ;
— scolarisation : nombre de PPS, temps moyen de scolarisation et modalités de scolarisation.

Des indicateurs complémentaires pourront être ajoutés par les signataires de la convention cadre à celle-ci.

ANNEXE 3-0

Cahier des charges définissant les conditions techniques minimales d'organisation et de fonctionnement des services autonomie à domicile mentionnés à l'article L. 313-1-3 du code de l'action sociale et des familles

(Décr. n° 2023-608 du 13 juill. 2023, art. 1er-7°)

I. OBJECTIFS DU CAHIER DES CHARGES

Le présent cahier des charges définit les conditions techniques minimales d'organisation et de fonctionnement applicables aux services autonomie à domicile mentionnés à l'article L. 313-1-3 du code de l'action sociale et des familles (CASF).

Ces services sont soumis à l'ensemble des dispositions générales du CASF relatives aux services sociaux et médico-sociaux.

Le gestionnaire respecte le présent cahier des charges. Il lui appartient de définir et de mettre en œuvre les modalités d'organisation, d'encadrement et de coordination des interventions de façon à assurer une prestation de qualité et d'en justifier l'effectivité dans le cadre des contrôles et procédures prévus à cet effet.

II. LEXIQUE

Les termes employés dans le présent cahier des charges renvoient aux définitions suivantes :

— la « personne accompagnée » désigne la personne physique mentionnée à l'article D. 312-1 du CASF qui bénéficie des prestations du service autonomie à domicile. Elle peut être représentée par un représentant légal lorsqu'il s'agit d'une personne mineure ou par une personne chargée de la mesure de protection lorsqu'il s'agit d'un majeur protégé. Elle peut être accompagnée et assistée par la personne de confiance mentionnée à l'article L. 311-5-1 du CASF ;

— les « aidants » désignent les personnes mentionnées aux articles L. 113-1-3 ou L. 245-12 du CASF, ou plus généralement les personnes mentionnées par la personne accompagnée comme lui apportant régulièrement et fréquemment leur aide dans ses actes et activités de la vie quotidienne ;

— le « gestionnaire » désigne la personne morale détentrice de l'autorisation du service autonomie à domicile ;

— le « responsable du service » désigne la personne physique à laquelle le gestionnaire a confié la direction du service. Il justifie des qualifications prévues aux articles D. 312-176-6 à D. 312-176-10 du CASF. Il exerce un rôle de gestion et d'organisation de la structure et du personnel. Il s'assure de la mise en œuvre et de l'évaluation des prescriptions du présent cahier des charges ;

— l'« encadrant » désigne la personne physique qui évalue les besoins de la personne accompagnée en lien avec les interventions du service et assure le suivi et l'animation technique de l'aide voire du soin en vue d'apporter une réponse globale et individualisée au regard de ses attentes et de ses besoins ;

— les « intervenants » désignent les salariés du gestionnaire et les professionnels ayant conventionné avec le service, qui interviennent au domicile ou lors des déplacements depuis le domicile de la personne accompagnée pour des prestations d'aide ou de soins dans le cadre des missions du service ;

— le « responsable de la coordination » est la personne, désignée par le responsable du service, pour assurer la coordination des activités d'aide et de soins. Cette fonction est assurée par un ou plusieurs encadrants séparément ou en binôme, ou par une tierce personne.

III. ACCUEIL ET ACCOMPAGNEMENT DE LA PERSONNE

3.1 Les principes généraux des interventions du service autonomie à domicile

Le service autonomie à domicile concourt à l'objectif de soutien à domicile et à la préservation de l'autonomie de la personne accompagnée. Il lui permet d'y vivre dignement en lui garantissant, dans le cadre de ses missions, une réponse adaptée à ses besoins et ses attentes.

Le gestionnaire et les intervenants du service établissent une relation de confiance et de dialogue avec la personne accompagnée et son entourage familial et social dans une approche bienveillante et dans le respect de leur intimité, de leurs choix de vie, de leur espace privé, de leurs biens et de la confidentialité des informations reçues.

Le gestionnaire prend en compte l'entourage de la personne accompagnée, notamment les aidants, et leur rôle dans l'accompagnement, dans le respect des souhaits des aidants et de la personne accompagnée.

Il garantit à la personne accompagnée l'exercice des droits et libertés individuels, conformément à l'article L. 311-3 du CASF.

Il connaît le contexte social, sanitaire et médico-social local relatif au public auquel il s'adresse, afin de situer l'action de son service en complémentarité et en coordination avec les autres intervenants et dispositifs existants.

Il garantit la prise en compte des recommandations des bonnes pratiques professionnelles publiées par la Haute Autorité de santé par chaque professionnel du service et met en place une démarche continue d'amélioration de la qualité.

Il utilise un logiciel de gestion du dossier usager informatisé (DUI), conforme aux exigences de sécurité de la politique de gestion de la sécurité des systèmes d'information de santé et référencé Ségur.

Il s'assure de la conformité des traitements de données à caractère personnel utilisés au règlement général sur la protection des données (RGPD) ainsi qu'à la loi n° 78-17 du 6 janvier 1978 relative à l'informatique, aux fichiers et aux libertés.

3.2 L'accueil et l'information du public

3.2.1 L'ACCUEIL PHYSIQUE

Le gestionnaire organise dans des locaux dédiés un accueil physique de deux demi-journées par semaine au minimum, à jours et heures fixes. Pour cet accueil, le gestionnaire dispose, sur la zone d'intervention du service, en propre ou de manière mutualisée, de locaux adaptés à l'accueil du public qui permettent de garantir la confidentialité des échanges.

3.2.2 L'ACCUEIL ET L'INFORMATION DÉMATÉRIALISÉS

Le gestionnaire propose plusieurs modalités de contact du service, notamment :

— un accueil téléphonique personnalisé, qui est assuré au minimum 5 jours sur 7, sur une plage horaire de 7 heures par jour au minimum ;

— une messagerie électronique spécifique au service.

Lorsque le service dispose d'un site internet, ce dernier précise les horaires d'accueil, les prestations proposées par le service et leurs modalités.

L'ensemble des moyens mis en place par le service pour l'accueil du public, et le cas échéant son site internet, répondent aux exigences d'accessibilité.

3.3 L'analyse de la demande et des besoins de la personne

Lorsqu'une personne s'adresse au service pour des prestations d'aide et d'accompagnement ou pour des prestations de soins, sa demande fait l'objet d'une évaluation à son domicile par l'encadrant, en présence des personnes de son choix. Lorsque la personne est mineure, cette évaluation est réalisée en présence de son représentant légal, et lorsqu'elle fait l'objet d'une mesure de protection des majeurs, cette évaluation est réalisée, à la demande de la personne et dans la mesure du possible, en présence de la personne chargée de la mesure de protection. Elle est réalisée dans les conditions précisées par le projet de service mentionné à l'article L. 311-8 du CASF.

Cette évaluation porte sur ses besoins d'aide, d'accompagnement voire sur les besoins de soins si le service relève du 1° de l'article L. 313-1-3 du CASF.

Sollicité uniquement pour des prestations d'aide et d'accompagnement, l'encadrant est attentif lors de l'évaluation à l'existence d'un besoin de soins. Inversement, sollicité uniquement pour des prestations de soins, l'encadrant est attentif lors de l'évaluation à l'existence d'un besoin de prestations d'aide et d'accompagnement.

Pour tous les services autonomie, l'évaluation tient compte des souhaits et habitudes de vie de la personne et de son environnement, y compris la présence et le rôle des aidants, ainsi que de l'intervention d'autres professionnels.

L'évaluation permet également de repérer les signes de fragilité, de perte d'autonomie et d'isolement de la personne, ainsi que les situations d'isolement et les difficultés éventuelles des aidants.

L'évaluation peut inclure des expertises complémentaires par l'équipe pluridisciplinaire du service, ou par d'autres professionnels dans le cadre des partenariats mentionnés au point 4.4.

Lorsque la personne est, ou a été dans les six derniers mois, accompagnée par un autre établissement ou service social ou médico-social, le service contacte, avec l'accord de la personne ou de son représentant légal, cet établissement ou service pour compléter son évaluation avec toute information complémentaire, utile aux interventions.

Le partage d'informations s'exerce dans les conditions prévues par l'article L. 1110-4 du code de la santé publique.

L'encadrant procède également à l'évaluation de la sécurité de la personne et des intervenants lors des futures interventions. Il repère notamment les agencements incompatibles avec l'intervention des professionnels du service, et fait à la personne des propositions à même de les surmonter.

Cette évaluation tient compte des plans d'aide ou de compensation élaborés par les équipes spécialisées mentionnées aux articles L. 232-3 et L. 146-8 du CASF, ou des plans d'aide définis à la demande des financeurs de la prestation (conseil départemental, caisse de retraite, assurances, mutuelles, etc.), si la personne accompagnée a sollicité leur aide.

La personne est informée des financements auxquels elle est susceptible d'avoir droit pour les prestations d'aide et d'accompagnement, ainsi que des démarches à effectuer pour les obtenir.

Pour la demande de prestations de soin, l'évaluation est réalisée par l'infirmier coordonnateur sur la base de la prescription médicale. En cas d'absence de prescription, la personne accompagnée est orientée vers le professionnel de santé compétent et habilité à prescrire les soins nécessaires le cas échéant.

Lorsque le service ne dispense pas lui-même des prestations de soins, le gestionnaire répond à la demande de la personne dans les conditions prévues au point 4.2.3.2.

Le gestionnaire détermine si la prestation attendue est en adéquation avec les compétences et les moyens qu'il peut mettre en œuvre. Lorsqu'il n'est pas à même de répondre à la demande de la personne accompagnée, il lui en fait connaître les raisons et l'oriente vers une structure plus adaptée en substitution ou en complément.

3.4 L'information et le consentement de la personne

Lors de son accueil, le livret d'accueil, auquel sont annexés la charte des droits et libertés de la personne accueillie et le règlement de fonctionnement du service, est remis et présenté à la personne par le gestionnaire dans les conditions prévues à l'article L. 311-4 du CASF.

Ces documents sont disponibles dans une version adaptée à la compréhension de chacun. Ils sont rédigés pour être lus et compris par des personnes de différents niveaux de littératie. A la demande de la personne, ils lui seront transmis par voie numérique, en format accessible. La personne est encouragée à désigner une personne de confiance afin de l'assister et de l'accompagner dans son parcours.

3.4.1 LE LIVRET D'ACCUEIL

Le livret d'accueil est remis sous format papier, et peut également être disponible en ligne. Il est mis à jour en tant que de besoin, et comporte au minimum les informations suivantes :

— le nom, le statut, les coordonnées du gestionnaire, la référence de l'autorisation et, le cas échéant, de l'habilitation, délivrées par le président du conseil départemental et/ou par le directeur général de l'agence régionale de santé ;

— les coordonnées des lieux d'accueil, les jours et les heures d'ouverture et de permanence téléphonique ;

— les prestations d'aide, d'accompagnement et de soins proposées ;

— les prix des prestations d'aide et d'accompagnement avant déduction des aides. Ceux-ci peuvent figurer dans un document annexe joint au livret d'accueil à condition que celui-ci précise que l'annexe sur les tarifs est remise avec le livret ;

— les périodes d'intervention et les conditions générales de remplacement des intervenants en cas d'absence ;

— les recours possibles, en cas de litige, à une procédure de médiation de la consommation ou de médiation conventionnelle ou à tout autre mode alternatif de règlement des différends, en application des dispositions de l'article L. 211-3 du code de la consommation, et la liste des personnes qualifiées prévue à l'article L. 311-5 du CASF ;

— la possibilité de recourir à une personne de confiance en application des dispositions de l'article L. 311-5-1 du CASF ;

— les coordonnées des services du conseil départemental et, le cas échéant, de l'Agence régionale de santé territorialement compétents ;

— les modalités de signalement par la personne accompagnée, par les aidants et par la structure, en cas de suspicion de maltraitance ou de maltraitance avérée.

Le livret d'accueil est unique, même lorsque le service propose à la fois des activités d'aide et de soins.

3.4.2 LE RÈGLEMENT DE FONCTIONNEMENT

Le règlement de fonctionnement, mentionné à l'article L. 311-7 du CASF, est annexé au livret d'accueil. Celui-ci est remis à chaque nouvel intervenant.

3.4.3 LE DOCUMENT INDIVIDUEL DE PRISE EN CHARGE

Conformément à l'article L. 311-4 du CASF, la prise en charge de la personne accompagnée donne lieu à l'établissement d'un document individuel de prise en charge (DIPEC) dont un exemplaire est remis à la personne accompagnée. Le contenu de ce document et de son annexe relative aux tarifs généraux et aux conditions de facturation de chaque prestation sont conformes aux dispositions de l'article D. 311 du CASF.

Les prestations d'aide et d'accompagnement d'une part, les prestations de soins d'autre part donnent lieu à l'établissement de deux DIPEC distincts. Cependant, lorsque le service propose à la personne des prestations d'aide et des prestations de soins, les deux DIPEC peuvent être réunis dans un seul support papier, tout en distinguant les deux activités.

Le DIPEC définit les prestations, leurs modalités de réalisation, les droits et obligations de la personne accompagnée. Il prévoit également l'élaboration du projet d'accompagnement personnalisé mentionné à l'article L. 311-3 du CASF. Les éléments du DIPEC nécessaires à la réalisation de l'accompagnement de la personne sont transmis aux intervenants concernés.

Le cas échéant, lorsque cette information est disponible, l'estimation du montant restant à la charge de la personne bénéficiaire d'une prestation d'aide et d'accompagnement est jointe au document.

Les modifications des modalités de réalisation des interventions, notamment leurs horaires, font l'objet d'une actualisation du DIPEC. Elles ne peuvent pas être imposées au bénéficiaire unilatéralement par le gestionnaire.

Pour les prestations d'aide et d'accompagnement, le DIPEC correspond au contrat de prestation. Le gestionnaire satisfait à l'ensemble des obligations d'information préalable du consommateur sur les prestations de services à la personne, telles que définies dans l'arrêté pris en application de l'article L. 112-1 du code de la consommation.

Dans le cadre d'une contractualisation hors établissement, pour les prestations d'aide et d'accompagnement, le gestionnaire se conforme aux dispositions prévues aux articles L. 221-1 à L. 221-10 et L. 221-18 à L. 221-28 du code de la consommation.

Pour les prestations d'aide et d'accompagnement, conformément aux dispositions des articles L. 612-1 et R. 616-1 du code de la consommation, le DIPEC doit mentionner les coordonnées du médiateur de la consommation dont la structure relève.

3.4.4 LE PROJET D'ACCOMPAGNEMENT PERSONNALISÉ

Le projet d'accompagnement personnalisé est un élément central de l'accompagnement de la personne. Il est co-construit par elle, le cas échéant avec l'appui des aidants ou de la personne de confiance, et son interlocuteur privilégié au sein du service. L'équipe pluri-professionnelle du service est associée.

Ce projet fixe des objectifs prenant en compte la demande directe de la personne accompagnée ainsi que le plan d'aide ou de compensation le cas échéant. Il s'inscrit dans le cadre d'un dialogue permanent tout au long de l'accompagnement.

Il tient compte des capacités de la personne et identifie les points de vigilance afin d'inscrire l'accompagnement dans une logique de prévention des risques.

Il permet de définir, avec la personne accompagnée, l'ensemble des actions à mettre en œuvre pour assurer la réalisation des actes de la vie quotidienne dans les meilleures conditions, maintenir ou développer la qualité de ses relations sociales, soutenir son autonomie ou limiter sa perte d'autonomie, en tenant compte, dans la mesure du possible, de ses habitudes de vie. Il permet également de définir, avec la personne accompagnée, la place qu'elle souhaite donner à ses proches, aidants ou non, tout au long de son accompagnement.

Il prend également en compte l'évolution de l'état de santé et du niveau d'autonomie de la personne accompagnée tout le long de sa prise en charge et envisage les possibles évolutions des besoins. La personne accompagnée est informée de la possibilité de rédiger des directives anticipées.

Le projet d'accompagnement personnalisé précise ses modalités de suivi, d'actualisation et de réévaluation, au moins annuelle ou à l'occasion d'un changement dans la vie de la personne susceptible de le faire évoluer.

IV. RÉALISATION ET COORDINATION DES INTERVENTIONS

4.1 La réalisation des interventions

Le gestionnaire met en place une organisation permettant de répondre aux besoins d'aide et de soins de la personne, en cohérence avec le document individuel de prise en charge.

Il s'assure de disposer de compétences qui permettent de garantir la qualité des prestations rendues. Dans le cadre du processus de recrutement, chaque candidat est reçu physiquement par le responsable de service ou par l'encadrant, sur la base d'une fiche de poste correspondant à l'emploi à pourvoir.

Avec l'accord de la personne ou de son représentant légal et dans le cadre de l'article L. 1110-4 du code de la santé publique, il transmet toute information utile aux différents professionnels ou aux structures intervenant aussi auprès de la personne, en particulier les autres établissements et services médico-sociaux.

4.1.1 L'ORGANISATION DES INTERVENTIONS

L'accord de la personne est recueilli avant la première intervention. Néanmoins, dans les cas d'urgence avérée exclusivement, le recueil de l'accord du représentant légal, de la personne chargée de la mesure de protection, ou, à défaut, d'un aidant est recherché dans la mesure du possible.

Le gestionnaire assure les prestations auxquelles il s'est engagé dans le cadre du DIPEC. Il assure la continuité des interventions, y compris, lorsque les besoins de la personne le nécessitent, les samedis, dimanches et jours fériés en recourant :

— aux personnels du service ;

— aux professionnels mentionnés au II de l'article D. 312-5 du CASF dans le cadre d'un conventionnement ;

— à défaut, à d'autres structures médico-sociales autorisées.

Le projet de service précise la plage horaire durant laquelle les prestations d'aide et de soin peuvent être proposées. Cette amplitude horaire doit permettre d'organiser les interventions tenant compte des besoins et des habitudes de vie des personnes, du lundi au dimanche.

La personne accompagnée est informée de l'identité des intervenants. Le gestionnaire s'assure que leur nombre est adapté aux besoins des interventions. Ils sont identifiables pour la personne accompagnée par un signe de reconnaissance adapté à la situation (badge, carte professionnelle...).

Le gestionnaire se donne les moyens de répondre aux situations d'urgence en lien avec l'organisation des prestations, notamment en organisant une permanence téléphonique durant les horaires de délivrance des prestations, à disposition de la personne accompagnée. En tant que de besoin, il fait appel à d'autres organismes susceptibles de répondre à cette situation.

4.1.2 LE SUIVI DES INTERVENTIONS

Le gestionnaire met en place un dispositif de suivi individualisé des interventions en accord avec la personne accompagnée. Il s'appuie à cette fin sur tous les éléments utiles tels que les retours de la personne et des intervenants et, en particulier, de l'interlocuteur privilégié de la personne accompagnée mentionnée au point 4.3.1.3.

Le gestionnaire tient à jour l'historique des interventions, notamment en ayant recours à un logiciel de télégestion.

Pour les prestations d'aide et d'accompagnement, le gestionnaire se conforme à l'ensemble des dispositions relatives aux règles de facturation prévues au code de la consommation. Si le gestionnaire a déclaré son activité dans le cadre prévu à l'article L. 7232-1-1 du code du travail, et conformément à l'article D. 7233-4 du même code, il fournit une attestation fiscale annuelle permettant de bénéficier de l'aide prévue par l'article 199 sexdecies du code général des impôts.

4.2 Les actions de prévention et les réponses aux besoins d'aide, d'accompagnement et de soins

4.2.1 LES ACTIONS DE PRÉVENTION

Dans le cadre de ses interventions auprès de la personne accompagnée et en lien avec les différents professionnels ou structures intervenant auprès d'elle, le gestionnaire veille :

— à repérer les risques d'aggravation de la perte d'autonomie ou d'évolution des situations de handicap : évolution des capacités ou du comportement, risques de chute, risques de dénutrition et déshydratation, iatrogénie médicamenteuse, risques liés à l'isolement... ;

— à proposer une réponse adaptée aux fragilités ou évolutions repérées par le service, en interne ou en sollicitant, en tant que de besoin, les partenaires extérieurs compétents mentionnés au point 4.4 ;

— à participer au maintien et au développement du lien social de la personne accompagnée.

4.2.2 LA RÉPONSE AUX BESOINS D'AIDE ET D'ACCOMPAGNEMENT

Le gestionnaire met en place une organisation permettant la délivrance des prestations mentionnées à l'article D. 312-2 du CASF, qui concourent à la réalisation des actes de la vie quotidienne courante de la personne accompagnée.

Ces prestations d'aide et d'accompagnement sont réalisées au domicile de la personne accompagnée ou lors de ses déplacements depuis son domicile par des intervenants :

— soit titulaires du diplôme d'État d'accompagnant éducatif et social ;

— soit titulaires d'une certification (diplôme ou titre), au minimum de niveau 3, ou d'un certificat de qualification professionnelle inscrit au répertoire national des certifications professionnelles attestant de compétences dans les secteurs sanitaire, médico-social ou social ;

— soit disposant d'une expérience professionnelle de trois ans dans le domaine sanitaire, médico-social ou social au contact des personnes accompagnées ;

— soit bénéficiant d'une formation certifiante ou au minimum d'une formation d'adaptation à l'emploi dans les six mois suivant l'embauche ;

— soit bénéficiant d'une formation en alternance, ou attestant du suivi d'une formation qualifiante dans les secteurs sanitaire, médico-social ou social.

Les interventions d'aide et d'accompagnement sont coordonnées par les encadrants, salariés du service :

— soit titulaires d'un diplôme, certificat ou titre inscrit au répertoire national des certifications professionnelles classé au niveau 5 du cadre national des certifications professionnelles attestant de compétences dans les secteurs sanitaire, médico-social ou social ;

— soit titulaires d'une certification professionnelle dans les secteurs sanitaire, médico-social, social ou des services à la personne au minimum de niveau 4, inscrite au répertoire national des certifications professionnelles et justifiant d'actions de formation en cours pour obtenir un diplôme, certificat ou titre inscrit au répertoire national des certifications professionnelles classé au niveau 5 ;

— soit justifiant d'une expérience professionnelle de trois ans dans le secteur sanitaire, médico-social ou social en tant qu'encadrant d'un service ;

— soit justifiant d'une expérience professionnelle de trois ans dans les secteurs sanitaire, médico-social ou social dans le domaine des ressources humaines au sein des services à la personne et justifiant d'actions de formation ou d'accompagnement en cours ou effectuées dans la perspective d'obtenir un diplôme, certificat ou titre inscrit au répertoire national des certifications professionnelles classé au niveau 5 du cadre national des certifications professionnelles ;

— soit inscrits dans une formation en alternance pour obtenir un diplôme, certificat ou titre inscrit au répertoire national des certifications professionnelles classé au niveau 5 du cadre national des certifications professionnelles attestant de compétences dans les secteurs sanitaire, médico-social ou social.

4.2.3 LA RÉPONSE AUX BESOINS DE SOINS

4.2.3.1 L'organisation de la prestation de soins dispensée par le service

Le gestionnaire met en place une organisation permettant de répondre aux besoins de soins infirmiers de la personne accompagnée, sous la forme de soins techniques ou de soins de base et relationnels.

Ces soins sont coordonnés par l'encadrant infirmier coordonnateur, salarié du service.

Les soins sont réalisés au domicile de la personne accompagnée par les professionnels suivants :

— des infirmiers qui exercent les actes relevant de leur compétence, organisent le travail des aides-soignants et des accompagnants éducatifs et sociaux, et assurent, le cas échéant, la liaison avec les autres auxiliaires médicaux. Ils sont, dans la mesure du possible, salariés par le gestionnaire ;

— des aides-soignants et des accompagnants éducatifs et sociaux, qui réalisent, sous la responsabilité des infirmiers, les soins de base et relationnels et concourent à l'accomplissement des actes essentiels de la vie correspondant à leur qualification.

Ces professionnels répondent aux conditions d'exercice prévues par la législation et la règlementation en vigueur.

Le cas échéant, le gestionnaire peut proposer des soins réalisés par des pédicures-podologues, des ergothérapeutes, des psychologues, des masseurs-kinésithérapeutes, des diététiciens, des orthophonistes et des psychomotriciens.

En cas de recours à des professionnels de santé libéraux ou à un centre de santé infirmier, le gestionnaire conclut une convention comportant au moins les éléments suivants :

— l'engagement du professionnel à respecter le règlement de fonctionnement et le projet de service ;

— les modalités d'exercice du professionnel au sein du service, visant à garantir la qualité des soins et notamment :

— sa collaboration avec l'infirmier coordonnateur ;

— la tenue du dossier de soins des personnes auprès desquelles il intervient ;

— sa contribution à l'élaboration du relevé prévu au I de l'article D. 312-3 ;

— le partage d'informations utiles ;

— les modalités de facturation des actes réalisés dans le cadre de la convention, précisant notamment que les factures sont transmises au service et non à l'assurance maladie selon un calendrier convenu entre les parties.

4.2.3.2 L'organisation de la réponse aux besoins de soins par un service ne proposant pas de prestations de soins

Lorsque le service ne dispense pas lui-même de prestations de soins à domicile, le gestionnaire met en place une procédure permettant de répondre aux besoins de soins infirmiers de la personne accompagnée.

Cette obligation prend au moins la forme d'une mise en relation avec un professionnel susceptible d'y répondre. Ainsi, le service organise un rendez-vous avec un service autonomie à domicile dispensant des soins, avec un centre de santé infirmiers ou avec un infirmier libéral. Le libre choix du patient, garanti par l'article L. 1110-8 du code de la santé publique, est respecté. Le service formule des propositions que la personne accompagnée est libre de refuser.

Le gestionnaire peut conclure une convention avec un ou plusieurs professionnels susceptibles de répondre aux besoins de soins. Cette convention prévoit notamment les délais d'obtention du premier rendez-vous, l'articulation des interventions du service et des professionnels et les modalités de partage d'informations.

Le gestionnaire tient à disposition du conseil départemental les données permettant de suivre l'effectivité de la mise en œuvre de cette obligation.

Une information sur l'offre de soins infirmiers disponible sur le territoire d'intervention du service est délivrée à toute personne non accompagnée par le service pour une activité d'aide et d'accompagnement, à sa demande.

4.2.4 LE SOUTIEN AUX AIDANTS

Le soutien des aidants vise à leur permettre de poursuivre, tant qu'ils le souhaitent, l'aide qu'ils apportent à leurs proches dans les meilleures conditions. Il consiste à valoriser leurs savoir-faire, repérer leurs difficultés et besoins, les informer et, le cas échéant, à les orienter.

L'organisation mise en place par le gestionnaire pour soutenir les aidants est décrite dans le projet de service.

Au minimum, le service identifie les besoins des aidants et, le cas échéant, les oriente vers l'offre sur le territoire, en particulier vers les plateformes de répit.

Il peut proposer des prestations concourant à leur soutien en s'appuyant sur ses ressources internes ou en les orientant vers d'autres acteurs du territoire. Ces actions de soutien aux aidants peuvent être des actions de sensibilisation, d'information, de soutien psychologique ou des prestations de relayage à domicile.

Dans tous les cas, le relayage proposé n'a pas vocation à se substituer aux autres prestations proposées par le service dont peut bénéficier la personne accompagnée.

4.3 La coordination des interventions auprès de la personne accompagnée

Lorsque le service propose des prestations d'aide, d'accompagnement et de soins, le gestionnaire met en place les conditions d'un fonctionnement intégré. Celui-ci vise à un accompagnement global qui simplifie le parcours de la personne accompagnée, et améliore la qualité de sa prise en charge. Ce fonctionnement intégré repose sur la coordination des activités d'aide et de soins et sur la mise en place d'outils communs tels que précisés au point 4.3.2.

Lorsque le service propose uniquement des prestations d'aide et d'accompagnement, le gestionnaire s'assure de la bonne articulation des interventions avec les partenaires extérieurs mentionnés au point 4.4.

Lorsqu'une personne accompagnée par ce service bénéficie de soins dispensés par un autre service autonomie, la coordination des deux activités est réalisée par ce dernier.

4.3.1 L'ORGANISATION DE LA COORDINATION DES ACTIVITÉS D'AIDE ET DE SOINS

4.3.1.1 Les objectifs de la coordination

La coordination permet :

— une évaluation globale des besoins d'aide et de soins, ainsi que la prise en compte des attentes de la personne accompagnée ;

— le repérage des situations à risque de perte d'autonomie et des évolutions de la situation de handicap de la personne ;

— une réponse rapide, cohérente et globale aux besoins en aide et en soins de la personne ;

— la désignation d'un interlocuteur privilégié pour les prestations d'aide et de soins ;

— la complémentarité des interventions ;

— un suivi pluridisciplinaire tout au long de son accompagnement ;

— le développement d'une culture commune entre les professionnels de l'aide et du soin ;

— la continuité et la fluidité des parcours.

4.3.1.2 L'organisation de la coordination des activités d'aide, d'accompagnement et de soins

Les modalités de coordination de ces activités sont précisées dans le projet de service, notamment :

— le ou les professionnels désignés par le gestionnaire comme responsables de la coordination au sein du service et leurs missions ;

— l'organisation des réunions de coordination ;

— les formations et autres actions permettant l'acculturation des équipes, ainsi que la définition d'objectifs communs ;

— les outils permettant le partage des informations nécessaires à un accompagnement global et de qualité. Le partage d'informations, strictement nécessaires au suivi médico-social de la personne, s'exerce dans les conditions prévues par l'article L. 1110-4 du code de la santé publique.

Le service bénéficie de la dotation mentionnée au 2° du II de l'article L. 314-2-1 du CASF pour le fonctionnement intégré du service : interventions pluridisciplinaires ou en binôme, réunions d'équipe, systèmes d'informations, fonction de responsable de la coordination...

Le gestionnaire associe les équipes chargées du soin et de l'aide dans l'élaboration du projet de service.

4.3.1.3 Les fonctions du responsable de la coordination

Le responsable du service désigne un ou plusieurs responsables de la coordination de l'aide et du soin au sein du service. Il est chargé de mettre en œuvre les modalités de coordination définies dans le projet de service afin de répondre aux objectifs mentionnés au point 4.3.1.1.

Il est chargé du suivi de la réalisation des prestations. Il s'assure notamment de la bonne information des intervenants sur les besoins spécifiques de la personne accompagnée avant toute intervention. Il vérifie la bonne compréhension du protocole d'intervention par les intervenants (consignes, tâches à accomplir...).

Le responsable de la coordination organise les interventions en binôme (intervenants aide et soins) lorsqu'elles sont nécessaires. Il veille à ce que les intervenants du service réalisent leurs interventions d'aide ou de soins de manière complémentaire et dans la limite de leurs compétences respectives.

Le responsable de la coordination ou un intervenant placé sous sa responsabilité ou supervision exerce le rôle d'interlocuteur privilégié pour la personne accompagnée. A ce titre, il assure l'interface entre la personne accompagnée et les intervenants et est garant de la mise en œuvre du projet d'accompagnement personnalisé mentionné au 3.4.4.

4.3.2 LES OUTILS DE LA COORDINATION

Pour assurer l'effectivité d'un fonctionnement intégré des activités d'aide et de soins et de la cohérence dans la mise en œuvre des projets d'accompagnement personnalisés, les services se dotent notamment des outils suivants :

— un logiciel (dossier usager informatisé défini au point 3.1 permettant de gérer les activités d'aide et de soins ainsi que des données utiles à l'information, à l'organisation du travail et à la coordination des intervenants. Le logiciel gère notamment les accès à l'information liée à l'accompagnement selon le profil de chaque professionnel ;

— une grille d'évaluation globale, commune pour les besoins d'aide et de soins ;

— un outil de liaison unique pour les interventions réalisées au domicile de la personne accompagnée. Ce support d'information est utilisable par tous les intervenants auprès de la personne et, le cas échéant les partenaires du service décrits au point 4.4. Lorsqu'il est dématérialisé, il est conforme au cadre d'interopérabilité des systèmes d'information de santé (CI-SIS). Le gestionnaire définit les règles de consultation de l'outil, dont il détient la propriété, selon le profil de chaque professionnel et par la personne accompagnée. La consultation de son contenu par la personne est prévue. La consultation par l'entourage de la personne accompagnée est conditionnée à l'accord de celle-ci.

Les services se dotent également de locaux permettant aux services et personnels de se réunir pour organiser la coordination des prestations d'aide et de soins, dans le respect des conditions prévues au 3.2.1.

4.4 Les partenariats extérieurs

Les interventions du service s'inscrivent dans une offre territoriale globale permettant le soutien à domicile de la personne accompagnée.

Le service fait appel, en tant que de besoin, pour les situations complexes ou pour les personnes en perte d'autonomie sévère, aux dispositifs de coordination, d'appui ou d'accompagnement renforcés compétents.

Le responsable du service veille à la bonne articulation des interventions du service avec les équipes des établissements de santé, l'offre de soins primaires ambulatoires, notamment le médecin traitant, et avec les autres établissements et services sociaux et médico-sociaux en charge des personnes âgées et des personnes en situation de handicap. Lors de l'évaluation globale mentionnée au point 3.3, l'encadrant s'attache, avec le consentement et l'aide de la personne accompagnée, à identifier les professionnels intervenant régulièrement auprès d'elle et, dans le respect de l'article L. 1110-4 du code de santé publique, à échanger avec eux les informations utiles aux interventions du service ou de ces différents acteurs.

Le gestionnaire établit des partenariats formalisés en fonction du projet de service et des ressources du territoire, dans la mesure du possible avec :

— les établissements de santé et organismes financeurs, en amont des sorties d'hospitalisation, afin d'accompagner le retour et le soutien à domicile de la personne par l'action conjuguée de professionnels de l'aide et du soin ;

— les autres établissements et services sociaux et médico-sociaux en charge des personnes en situation de handicap ;

— les établissements d'hospitalisation à domicile, le cas échéant ;

— les dispositifs spécialisés dans l'accompagnement de la fin de vie et les soins palliatifs ;

— les dispositifs spécialisés dans l'accompagnement des personnes atteints de maladies neurodégénératives ;

— les organismes proposant des actions de prévention ;

— les organismes proposant des actions de lutte contre l'isolement.

Pour les services ne proposant que de prestations d'aide et d'accompagnement, le gestionnaire peut établir des conventions comme il est prévu au point 4.2.3.2.

V. PARTICIPATION DES PERSONNES ACCOMPAGNÉES, PROMOTION DE LA BIENTRAITANCE ET PRÉVENTION DE LA MALTRAITANCE

5.1 La participation des personnes accompagnées

Le gestionnaire est garant du principe et de l'effectivité du droit de participation de la personne accompagnée prévu par l'article L. 311-6 du CASF.

Afin d'associer les personnes accompagnées au fonctionnement du service, il organise auprès d'elles des enquêtes de satisfaction au moins une fois par an. Il peut également organiser des groupes d'expression et des consultations. Ceux-ci sont prévus dans le projet de service et dans le livret d'accueil. L'avis de la personne est sollicité sur le contenu de ces documents.

Les enquêtes de satisfaction visent à connaître l'appréciation par la personne accompagnée de la qualité du service rendu et à lui permettre de faire des propositions d'actions. Les résultats de ces enquêtes doivent être transmis aux autorités compétentes (conseil départemental et agence régionale de santé) et faire l'objet d'un retour aux personnes accompagnées. Ils comportent, si nécessaire, un plan d'actions d'amélioration de la qualité de l'accompagnement.

5.2 La promotion de la bientraitance et lutte contre la maltraitance

Le gestionnaire définit une politique de promotion de la bientraitance et de lutte contre la maltraitance telle que définie par l'article L. 119-1 du CASF, dans le cadre d'un dispositif interne de gestion des risques, formalisé dans le projet de service. Il s'appuie pour cela sur les recommandations de bonnes pratiques professionnelles.

5.2.1 LES ACTIONS DE PRÉVENTION DE LA MALTRAITANCE

Le gestionnaire met en place des actions de sensibilisation et de formation relatives au développement de postures bien traitantes, au repérage, au signalement et au traitement des situations de maltraitance à destination des intervenants à domicile et des encadrants.

Par ailleurs, le gestionnaire propose des conditions de travail, d'organisation et de fonctionnement du service favorables aux pratiques bien traitantes. Il veille notamment à limiter l'isolement professionnel des intervenants.

A ce titre, il organise notamment des temps collectifs et d'échanges professionnels tels que des analyses de pratiques ou des réflexions éthiques portant sur les missions du service, son cadre institutionnel et les relations avec les personnes accompagnées. Des actions de tutorat pour les nouveaux salariés sont proposées.

Les intervenants et l'encadrant repèrent les éventuelles difficultés rencontrées par les aidants et, en tant que de besoin, les accompagnent comme il est prévu au point 4.2.4.

Le gestionnaire recherche la résolution des éventuels conflits entre les intervenants et la personne accompagnée. Le gestionnaire organise le traitement des réclamations et tient à jour leur historique. Il met en place les actions correctives nécessaires.

Dans tous les cas, il informe la personne accompagnée qu'elle peut faire appel, pour l'aider à faire valoir ses droits, à une personne qualifiée qu'elle choisit sur la liste prévue à l'article L. 311-5 du CASF ou, en cas de difficulté, à l'autorité extérieure mentionnée à l'article L. 311-8 du CASF. S'il s'agit d'un litige lié à la mise en œuvre des stipulations du DIPEC, la personne accompagnée peut faire appel au médiateur de la consommation mentionné à l'article L. 612-1 du code de la consommation.

5.2.2 REPÉRAGE, SIGNALEMENT ET TRAITEMENT DES SITUATIONS DE MALTRAITANCE

Les modalités de repérage, de signalement et de traitement des situations de maltraitance sont formalisées dans le projet de service.

5.2.2.1 Le rôle des intervenants

En cas de risque, de suspicion ou de situation de maltraitance, les intervenants transmettent au gestionnaire les informations selon la procédure interne établie. Ils font également remonter les dysfonctionnements, les événements importants et les situations de conflit concernant la personne accompagnée.

5.2.2.2 Le rôle du gestionnaire

Le gestionnaire met à disposition des intervenants des outils d'aide au repérage des situations de maltraitance.

Dans le cas d'un dysfonctionnement ou d'un évènement grave affectant l'accompagnement de la personne accompagnée ou susceptible d'affecter sa santé, sa sécurité ou son bien-être physique ou moral, le gestionnaire du service transmet l'information aux autorités compétentes (agence régionale de santé, conseil départemental, préfet, procureur de la République), dans les conditions fixées à l'article L. 331-8-1. Le service en informe la personne accompagnée, la famille, les proches et, le cas échéant, sa personne de confiance, son représentant légal ou la personne chargée de sa mesure de protection juridique, sauf si cela est contraire à son intérêt parce qu'elles seraient auteurs des maltraitances ou en contact avec l'auteur des faits.

Face à une situation de danger ou de maltraitance à caractère pénal, le gestionnaire est tenu aux obligations de signalement prévues à l'article 434-3 du code pénal.

Il prend les mesures pour mettre fin aux situations de maltraitance. Il organise des retours d'expériences avec les intervenants dans la perspective d'une démarche d'amélioration de la qualité et de prévention des situations de maltraitance.

VI. DÉVELOPPEMENT DES COMPÉTENCES ET QUALITÉ DE VIE AU TRAVAIL

6.1 Développement des compétences

Le gestionnaire propose toute formation permettant de répondre aux objectifs définis dans le projet de service, et il encourage le développement des compétences des professionnels du service.

Dans ce cadre, il propose des formations en interne ou dispensées par un organisme externe, ainsi que des actions de sensibilisation sur le repérage des fragilités de la personne accompagnée, les différents troubles liés à des incapacités physiques, mentales, intellectuelles ou sensorielles présentées par des personnes en situation de handicap, les maladies neurodégénératives et leurs conséquences sur l'accompagnement des personnes qui en sont atteintes, la prévention de la maltraitance, l'accompagnement de la fin de vie et les soins palliatifs.

Les aides-soignants et accompagnants éducatifs et sociaux des services proposant des activités de soins sont incités à suivre la formation d'assistant de soin en gérontologie.

Le gestionnaire favorise également les parcours professionnels au sein de la structure, notamment en facilitant l'accès aux formations qualifiantes et à la validation des acquis de l'expérience. Il favorise également l'accueil, au sein du service, des personnes en formation en alternance.

6.2 Démarche d'amélioration de la qualité de vie au travail

Le projet de service comporte un volet consacré aux actions de promotion de la qualité de vie au travail et à la prévention des risques professionnels. Ces éléments tiennent compte des spécificités des interventions à domicile.

Le gestionnaire propose des formations, ainsi que des actions de sensibilisation, portant sur la prévention des risques professionnels.

Le gestionnaire soutient et accompagne les intervenants du service dans leurs pratiques professionnelles. Il favorise les innovations permettant d'améliorer l'organisation du travail.

Le gestionnaire s'assure que le matériel nécessaire à l'intervention est à disposition des intervenants. Il s'attache à leur fournir des aides techniques et des outils facilitant les interventions.

Il s'attache à organiser des séances d'analyse de pratiques et à avoir recours au tutorat ou à toute autre action permettant les échanges de pratiques professionnelles, en particulier entre les professionnels dispensant de l'aide et du soin.

VII. DISPOSITIONS DE DROIT DE L'UNION EUROPÉENNE

Les personnes morales ressortissantes d'un autre État membre de l'Union européenne ou d'un autre État partie à l'accord sur l'Espace économique européen intervenant en libre prestation de services ne sont pas soumises à l'obligation d'accueil physique prévue au point 3.2.1 pour les prestations temporaires de courte durée destinées à des personnes âgées ou handicapées n'ayant pas leur résidence habituelle en France.

Les intervenants, et l'encadrant ressortissants d'un État membre de l'Union européenne ou d'un autre État partie à l'accord sur l'Espace économique européen sont soit titulaires d'une attestation de compétence soit d'un titre de formation délivré dans un État membre de l'Union européenne ou dans un autre État partie à l'accord sur l'Espace économique européen, par une autorité compétente désignée conformément aux dispositions en vigueur dans l'un de ces États, et certifiant leur préparation à l'exercice de la profession considérée. L'attestation de compétence doit avoir été délivrée sur la base soit d'une formation, soit d'un examen spécifique sans formation préalable, ou de l'exercice de la profession considérée dans l'un de ces États pendant trois années effectives.

ANNEXE 3-0-1

Cahier des charges définissant les conditions techniques minimales d'organisation et de fonctionnement des services d'aide et d'accompagnement à domicile mentionnés aux 1° et 16° de l'article L. 312-1

(Décr. n° 2023-608 du 13 juill. 2023, art. 1er-8°)

I OBJECTIFS DU CAHIER DES CHARGES NATIONAL

II LEXIQUE

Les termes employés dans le présent cahier des charges renvoient aux définitions suivantes :

— le « gestionnaire » désigne la personne détentrice de l'autorisation du service d'aide et d'accompagnement à domicile qui fournit les prestations au profit des personnes accompagnées en mode prestataire ;

— les « familles accompagnées » désignent les familles qui bénéficient des prestations du service d'aide et d'accompagnement à domicile ;

— l'« encadrant » désigne la personne physique qui assure le suivi et l'animation technique des intervenants auprès des familles accompagnées et en vue d'apporter une réponse globale et personnalisée au regard de ses attentes et besoins. L'encadrement peut être assuré par une ou plusieurs personnes ;

— les « intervenants » désignent les salariés du gestionnaire. Ils interviennent au domicile des familles accompagnées ;

— le « contrat » désigne le document individuel de prise en charge ou le contrat conclu entre la personne accompagnée et le service.

Les activités relevant des services d'aide et d'accompagnement à domicile mentionnés au I se caractérisent, conformément à l'article D. 312-6, par des interventions liées au soutien à domicile auprès de familles dont la dynamique familiale nécessite un soutien, à la préservation ou à la restauration de l'autonomie dans l'exercice des activités de la vie quotidienne et au maintien et au développement des liens familiaux, en raison de l'état de santé, du handicap, de la situation familiale ou de difficultés temporaires, au domicile ou lors des déplacements des personnes depuis leur domicile.

III CADRE GÉNÉRAL DE L'INTERVENTION DU SERVICE D'AIDE ET D'ACCOMPAGNEMENT À DOMICILE AUPRÈS DE FAMILLES

3.1. Le gestionnaire et les intervenants établissent une relation de confiance et de dialogue avec les familles accompagnées et leur entourage familial et social. Ils respectent l'intimité des familles, leur choix de vie, leur espace privé, leurs biens et la confidentialité des informations reçues. Le partage d'informations strictement nécessaires au suivi social ou médico-social s'exerce dans les conditions prévues par l'article L. 1110-4 du code de la santé publique ou l'article L. 226-2-2 du présent code.

3.2. Le gestionnaire garantit aux familles accompagnées auprès desquelles il intervient l'exercice des droits et libertés individuels, conformément à l'article L. 311-3.

3.3. L'exercice de ces activités nécessite de connaître le contexte local. En conséquence, le gestionnaire doit connaître le contexte social et médico-social local correspondant au public familial, afin de situer l'action de ses services en complémentarité et en coordination avec les autres intervenants et dispositifs, en cohérence avec le projet du service concerné.

3.4. Le gestionnaire et le conseil départemental qui s'engagent dans une démarche de contractualisation peuvent conclure le contrat pluriannuel d'objectifs et de moyens dont les mentions sont prévues à l'article L. 313-11-1.

3.5. Les prescriptions de ce cahier des charges constituent des conditions techniques minimales d'organisation et de fonctionnement que le gestionnaire met en œuvre selon ses propres choix d'organisation. Il lui appartient de définir et de mettre en œuvre les modalités d'organisation, d'encadrement et de coordination des interventions de façon à assurer une prestation de qualité, de la maintenir dans le temps et d'en justifier l'effectivité dans le cadre des contrôles et procédures prévus à cet effet.

IV ACCOMPAGNEMENT DES FAMILLES

4.1 Accueil et information des familles accompagnées

4.1.1. Le gestionnaire dispose, sur la zone d'intervention du service, en propre ou de manière mutualisée, de locaux adaptés à l'accueil du public et permettant de garantir la confidentialité des échanges. Il offre un accueil physique et téléphonique cohérent avec son offre de service et, au minimum, un accueil physique de deux demi-journées par semaine, à date et heure fixes. L'amplitude horaire minimale par demi-journée est de trois heures.

4.1.2. L'accueil téléphonique est personnalisé et assuré au minimum 5 jours sur 7, sur une plage horaire de 7 heures par jour. Le gestionnaire met à la disposition de la famille accompagnée au moins un numéro d'appel pour l'ensemble des prestations proposées localement. Une procédure de gestion des messages téléphoniques est mise en place.

4.1.3. Le gestionnaire satisfait à l'ensemble des obligations d'information préalable du consommateur sur les prestations de services à la personne, telles que définies dans l'arrêté mentionné à l'article L. 112-1 du code de la consommation.

Au titre de l'obligation générale d'information, le gestionnaire met à disposition de la famille accompagnée, sur le lieu d'accueil et sur son site internet lorsqu'il existe, la liste de chacune des prestations qu'il propose et la catégorie dont elle relève en application de la réglementation.

4.1.4. Au titre de l'information sur le coût des prestations, le gestionnaire indique le détail des coûts des interventions. Le cas échéant, la mention d'un avantage fiscal est clairement définie et détachée du prix.

4.1.5. Le gestionnaire remet gratuitement un devis pour les prestations, ou ensemble de prestations, dont le prix mensuel est supérieur ou égal à 100 euros (toutes taxes comprises), ou, quel que soit le prix des prestations, à la demande des familles accompagnées. Cette information est affichée de façon lisible et visible dans le lieu d'accueil. Le devis comporte les mentions obligatoires définies dans l'arrêté mentionné à l'article L. 112-1 du code de la consommation.

4.1.6. Le gestionnaire met en outre à disposition du public une information relative aux financements auxquels il est susceptible d'avoir droit, aux démarches à effectuer pour les obtenir, ainsi qu'aux recours possibles en cas de litige. Cette documentation est distincte du livret d'accueil.

4.1.7. Les points 4.1.4 et 4.1.5 ne s'appliquent pas aux services d'aide et d'accompagnement à domicile mentionnés au 1° du I de l'article L. 312-1.

4.2 Analyse de la demande et proposition aux familles accompagnées d'une intervention individualisée

4.2.1. Les services peuvent intervenir à la demande des familles ou d'intervenants de services sociaux. Les demandes, lorsqu'elles viennent des familles, sont formulées directement auprès des services.

4.2.2. Dans le cadre de l'aide sociale à l'enfance :

— la demande est à l'initiative d'un service médico-social ou de la personne qui assure la charge effective de l'enfant;

— la décision d'intervention est prise par le président du conseil départemental.

4.2.3. L'évaluation préalable de la situation familiale est effectuée par :

— le service d'aide à domicile lorsque la demande émane des parents ou fait suite à une prescription médicale ;

— un travailleur social, ou conjointement avec le service d'aide et d'accompagnement à domicile désigné par le service de l'aide sociale à l'enfance.

Les objectifs de l'intervention sont déterminés avec les parents. Ils s'inscrivent, dans le cas de l'aide sociale à l'enfance, dans le projet pour l'enfant, qui doit être formalisé.

4.2.4. La proposition d'intervention prend en compte, le cas échéant, les modalités de coordination avec d'éventuelles autres interventions. A cette fin, le gestionnaire recueille par tous moyens les informations utiles auprès des familles accompagnées.

4.3 Information et consentement des familles accompagnées

4.3.1. Le gestionnaire remet, lors de la signature du contrat, un livret d'accueil dans les conditions prévues à l'article L. 311-4, sous forme papier, à chaque personne accompagnée ou à son représentant légal.

Le livret d'accueil est régulièrement mis à jour en tant que de besoin. Il comporte au minimum les informations suivantes :

— le nom, le statut, les coordonnées de la personne morale et la référence d'autorisation ;

— les coordonnées du ou des lieux d'accueil, les jours et les heures d'ouverture ;

— les principales prestations proposées, leurs tarifs avant déduction d'aide et les conventionnements ;

— les périodes d'intervention et les conditions générales de remplacement des intervenants en cas d'absence ;

— les recours possibles, en cas de litige, à une procédure de médiation conventionnelle ou à tout autre mode alternatif de règlement des différends, en application des dispositions de l'article L. 211-3 du code de la consommation et la liste des personnes qualifiées prévue à l'article L. 311-5 du présent code à laquelle la personne accompagnée peut avoir recours en cas de conflit ;

— la possibilité de recourir à une personne de confiance en application des dispositions de l'article L. 311-5-1, au cas où la famille accompagnée rencontre des difficultés dans la connaissance et la compréhension de ses droits, ou si elle le souhaite, pour l'accompagner dans ses démarches ;

— les coordonnées des services du président du conseil départemental territorialement compétent.

Les tarifs des prestations proposées avant déduction d'aide et les conventionnements peuvent figurer dans un document annexe joint au livret d'accueil à condition que celui-ci précise que ce document est remis avec le livret.

4.3.2. Toute prestation donne lieu à l'établissement d'un contrat écrit dont un exemplaire est remis aux familles accompagnées et qui précise la durée, la fréquence, le type, le prix de la prestation avant toute prise en charge. Lorsque cette information est disponible, l'estimation du montant restant à charge des familles accompagnées est jointe au contrat initial.

La facture fait apparaître un relevé précis des consommations. Dans tous les cas, la formalisation de l'accord de la personne accompagnée sur la prestation proposée et ses modalités est nécessaire. Cet accord est recueilli dans le cadre du contrat avant l'intervention, à l'exception des cas d'urgence avérée. Dans ces derniers cas, le recueil de l'accord du proche aidant est recherché dans la mesure du possible.

4.3.3. Dans le cadre d'une contractualisation hors établissement, le gestionnaire se conforme à l'ensemble des dispositions prévues au code de la consommation. Il fournit notamment à la personne accompagnée, conformément à l'article L. 221-8 du code de la consommation, les informations relatives aux prestations proposées. Le contrat est conforme aux exigences de l'article L. 221-9 du même code et comprend notamment un bordereau de rétractation, dont les conditions de présentation et les mentions sont précisées en annexe de l'article R. 221-1 du même code. La personne accompagnée dispose d'un droit de rétractation de quatorze jours à compter du lendemain du jour de la signature du contrat conclu entre la personne accompagnée et le gestionnaire, dans les conditions prévues aux articles L. 221-18 et suivants du même code. Durant ce délai de quatorze jours, conformément à l'article L. 221-27 du même code, l'exercice du droit de rétractation met automatiquement fin au contrat sans frais pour le consommateur autres que ceux prévus aux articles L. 221-23 à L. 221-25 du même code.

Par exception, les dispositions de l'article L. 221-10 du code de la consommation qui interdisent tout paiement ou contrepartie avant un délai de sept jours ne s'appliquent pas aux souscriptions à domicile proposées par les services ayant pour objet la fourniture des prestations d'aide à domicile sous forme de contrats à exécution successive. Pour ceux-ci, tout paiement ou contrepartie dans ce délai de sept jours crée, pour les familles accompagnées, un droit de résiliation du contrat à tout moment et sans préavis, frais ou indemnité et un droit au remboursement, dans un délai de quinze jours, des sommes versées au prorata de la durée du contrat restant à courir.

4.3.4. Le gestionnaire ou l'encadrant s'assure de la bonne information des intervenants sur les besoins spécifiques des familles accompagnées avant toute intervention. Il vérifie la bonne compréhension du protocole d'intervention (consignes, tâches à accomplir...).

4.3.5. A l'exception de la première phrase du point 4.3.1, les dispositions précédentes ne s'appliquent pas aux services d'aide et d'accompagnement à domicile mentionnés au 1° du I de l'article L. 312-1 du présent code.

4.4 Réaliser l'intervention

4.4.1. Les familles accompagnées sont informées de l'identité des intervenants. Elles peuvent identifier l'intervenant grâce à un signe de reconnaissance adapté à la situation (badge, carte professionnelle...).

4.4.2. Les horaires d'intervention et le contenu de la prestation définis préalablement sont respectés. Les conditions et modalités de changements éventuels des horaires d'intervention et évolution des prestations initialement définies sont contractuellement précisées. Les familles accompagnées sont informées de ces changements éventuels des horaires d'intervention et évolution des prestations initialement définies. En tout état de cause, les modifications des modalités de mise en œuvre du service ne peuvent être imposées au bénéficiaire unilatéralement par le gestionnaire.

4.4.3. Pour les prestations régulières réalisées au domicile des familles accompagnées, un cahier de liaison, ou un système équivalent est tenu à jour et utilisé dans les conditions prévues par l'article L. 1110-4 du code de la santé publique. Ce support d'information est utilisable par tous les acteurs et consultable pour les informations qu'ils ont à connaître.

4.4.4. Le gestionnaire établit une facturation claire et détaillée et une attestation fiscale annuelle, conformément aux articles D. 7233-1 à D. 7233-4 du code du travail. Cette facture est délivrée avant paiement conformément à l'arrêté du 17 mars 2015 relatif à l'information sur les prestations de services à la personne.

4.4.5. Pour les services d'aide et d'accompagnement à domicile mentionnés au 1° du I de l'article L. 312-1, les points 4.4.3 et 4.4.4 ne s'appliquent pas.

4.5 Suivi de l'intervention

4.5.1. Le gestionnaire désigne un interlocuteur au sein de la structure, chargé du suivi de chacune des prestations. Il communique son nom aux familles accompagnées.

4.5.2. Le gestionnaire met en place un dispositif de suivi individualisé des prestations en accord avec les familles accompagnées. Il s'appuie à cette fin sur tous les éléments utiles tels que les retours des intervenants et du proche aidant. La situation des familles accompagnées fait l'objet d'un réexamen au moins une fois par an afin de réactualiser l'intervention si nécessaire. Les conditions et modalités de réactualisation doivent être contractuellement définies.

4.5.3. Sans préjudice de l'application des dispositions de l'article L. 226-2-1 :

1° Les intervenants font remonter les événements importants et les informations préoccupantes concernant les familles accompagnées. Le gestionnaire définit les modalités d'association des intervenants à la coordination avec les autres intervenants et aux réflexions entraînant des modifications d'intervention ;

2° Le gestionnaire organise le traitement des réclamations, tient à jour leur historique et gère les éventuels conflits entre les intervenants et les familles accompagnées. En cas de conflit non résolu avec le gestionnaire, les familles accompagnées peuvent faire appel, pour les aider à faire valoir leurs droits, à une personne qualifiée qu'ils choisissent sur la liste prévue à l'article L. 311-5 annexée au livret d'accueil ;

3° Le gestionnaire met en place un dispositif de traitement des situations de maltraitance. Lorsqu'il a connaissance d'une telle situation, il transmet un signalement aux autorités compétentes, en particulier au président du conseil départemental ou au responsable désigné par lui et en informe la personne accompagnée ou son proche aidant.

V ORGANISATION ET FONCTIONNEMENT INTERNE DU SERVICE D'AIDE ET D'ACCOMPAGNEMENT À DOMICILE

5.1 Recrutement et qualification du personnel

5.1.1. Pour réaliser ses missions, le gestionnaire doit s'assurer de disposer de compétences qui permettent de garantir la qualité de la prestation rendue, assurant ainsi, personnellement ou avec des salariés, les trois fonctions suivantes :

— la fonction de direction est généralement remplie par le gestionnaire ou son représentant. Elle comprend notamment la mise en œuvre et l'évaluation des prescriptions du présent cahier des charges national et justifie des qualifications prévues aux articles D. 312-176-6 à D. 312-176-8 et D. 312-176-10 ;

— la fonction d'encadrement qui comprend :

— l'évaluation globale et individuelle de la personne accompagnée ;

— la proposition d'intervention au regard de ses attentes et besoins ;

— le suivi des situations, l'animation et l'organisation du travail en équipe ;

— la fonction d'intervenant auprès des personnes accompagnées.

Les compétences attendues des professionnels doivent permettre un accompagnement personnalisé et adapté.

Le gestionnaire ou son représentant doit remplir les conditions de qualification indiquées au point 5.1.3 lorsqu'il assure directement les fonctions d'encadrant dans un département.

5.1.2. S'il dispose de salariés, le gestionnaire s'assure des aptitudes des candidats à l'embauche à exercer les emplois proposés et il organise à cette fin le processus de recrutement.

5.1.3. L'encadrant est :

— soit titulaire d'une certification professionnelle au minimum de niveau IV inscrite au répertoire national des certifications professionnelles, dans les secteurs sanitaire, médico-social ou social ;

— soit titulaire d'une certification professionnelle dans les secteurs sanitaire, médico-social ou social ou des services à la personne au minimum de niveau V, inscrite au répertoire national des certifications professionnelles et justifie d'actions de formation ou d'accompagnement en cours ;

— soit dispose en tant qu'encadrant d'un service, d'une expérience professionnelle de trois ans dans le secteur sanitaire, médico-social ou social ;

— soit dispose d'une expérience professionnelle de trois ans dans le secteur sanitaire, médico-social ou social, de ressources humaines ou adaptée de services à la personne et justifie d'actions de formation ou d'accompagnement en cours ou effectuées dans une perspective de certification professionnelle ;

— soit bénéficie d'une formation en alternance pour obtenir une certification professionnelle de niveau IV inscrite au répertoire national des certifications professionnelles, dans les secteurs sanitaire, médico-social ou social.

5.1.4. Les intervenants sont :

— soit titulaires du diplôme d'État de technicien de l'intervention sociale et familiale ou d'une certification équivalente au minimum de niveau 4 inscrite au répertoire national des certifications professionnelles, attestant de compétences dans les secteurs sanitaire, médico-social, social ;

— pour les autres intervenants, soit titulaires du diplôme d'État d'accompagnant éducatif et social, d'un diplôme de niveau 3 dans le secteur sanitaire, médico-social ou social, d'un certificat de qualification professionnelle inscrit au répertoire national des certifications professionnelles, attestant de compétences dans les secteurs sanitaire, médico-social ou social, ou suivant une formation permettant l'obtention d'une telle qualification.

5.1.5. Dans le cadre du processus de recrutement, chaque candidat est reçu physiquement par le gestionnaire ou par l'encadrant pour un entretien d'embauche, sur la base d'une fiche de poste correspondant à l'emploi à pourvoir, permettant d'apprécier ses motivations, ses compétences et aptitudes, sa qualification et son expérience professionnelle.

5.2 Sensibilisation et formation des personnels dans leurs pratiques professionnelles

5.2.1. Les intervenants sont soutenus et accompagnés dans leur pratique professionnelle par différents moyens tels que la formation, les réunions d'échanges de pratiques, les entretiens individuels.

5.2.2. Le gestionnaire propose en faveur des salariés de la structure :

— des actions de sensibilisation aux problématiques de santé au travail telles que les risques professionnels ;

— des réunions d'information et d'échanges, notamment sur les bonnes pratiques et le respect de la déontologie ;

— des actions de formation permettant une meilleure qualification des salariés et une valorisation des parcours professionnels.

5.2.3. Le gestionnaire met en œuvre des actions de prévention de la maltraitance et de promotion de la bientraitance en organisant au minimum une formation des encadrants et des intervenants.

5.2.4. Le gestionnaire informe les intervenants et les encadrants qu'il leur est interdit de recevoir toute délégation de pouvoirs sur les avoirs, biens ou droits, toute donation, tout dépôt de fonds, de valeur ou de bijoux.

5.3 Continuité et coordination des interventions

5.3.1. Le gestionnaire dispose de locaux en propre ou mutualisés adaptés à la coordination des prestations et des personnels dans le respect des conditions prévues au point 4.1.1.

5.3.2. Le gestionnaire garantit la continuité des interventions. Les moyens en personnel de la structure ou son organisation avec d'autres structures autorisées permettent d'assurer les prestations auxquelles elle s'est engagée dans le cadre du contrat, même en cas d'indisponibilité de l'intervenant (maladie, congés...) et y compris, le cas échéant, les samedis, dimanches et jours fériés lorsque la structure s'y est engagée.

5.3.3. Le gestionnaire assure la bonne coordination des interventions en assurant lui-même ou, le cas échéant, en faisant assurer par une structure dûment autorisée, les activités prévues, conformément aux stipulations du contrat signé avec la personne accompagnée.

5.3.4. Les familles accompagnées sont informées des conditions générales de remplacement. Le contrat précise ces conditions générales de remplacement, proposées en cas d'absence de l'intervenant habituel, y compris pendant les congés annuels.

5.3.5. Pour les prestations assurées par les services d'aide et d'accompagnement à domicile auxquels s'applique le présent cahier des charges national, le gestionnaire se donne les moyens de répondre aux situations d'urgence, notamment en organisant une permanence téléphonique durant les plages horaires de délivrance des services, le cas échéant par des moyens mutualisés avec d'autres organismes autorisés ou de téléassistance.

5.4 Amélioration de la prestation en continu

5.4.1. Le gestionnaire tient à jour l'historique des interventions.

5.4.2. La personne morale comportant le cas échéant plusieurs établissements adhère à la charte nationale qualité des services à la personne.

5.4.3. Le gestionnaire procède au moins une fois par an à des contrôles internes portant sur l'application du cahier des charges national. Ces contrôles couvrent notamment la mise en œuvre de la charte nationale qualité.

5.4.4. Le gestionnaire fait procéder au moins une fois par an à une enquête auprès des personnes accompagnées sur leur perception de la qualité des interventions.

5.4.5. Le gestionnaire prend en compte les recommandations de bonnes pratiques professionnelles validées notamment par la Haute Autorité de santé lorsqu'il intervient auprès des familles.

VI DISPOSITIONS COMMUNAUTAIRES

6.2. Les intervenants, les encadrants ou les référents ressortissants d'un État membre de l'Union européenne ou d'un autre État partie à l'accord sur l'Espace économique européen sont soit titulaires d'une attestation de compétence, soit d'un titre de formation délivré dans un État membre de l'Union européenne ou dans un autre État partie à l'accord sur l'Espace économique européen, par une autorité compétente désignée conformément aux dispositions en vigueur dans l'un de ces États, et certifiant leur préparation à l'exercice de la profession considérée. L'attestation de compétence doit avoir été délivrée sur la base soit d'une formation, soit d'un examen spécifique sans formation préalable, ou de l'exercice de la profession considérée dans l'un de ces États pendant trois années effectives.

6.3. Les dispositions de l'article L. 232-1 du code de la consommation concernant la protection du consommateur assurée par les dispositions prises par un autre État membre de l'Union européenne en matière de clauses abusives dans les contrats sont opposables aux contrats conclus entre la personne accompagnée et le service d'aide et d'accompagnement à domicile.

ANNEXE 3-1

ÉLÉMENTS ET MODES DE CALCUL DES TARIFS JOURNALIERS D'UN ÉTABLISSEMENT HÉBERGEANT DES PERSONNES ÂGÉES DÉPENDANTES

a) Calcul du prix de journée « hébergement » :

$$\frac{D1}{I}$$

a bis) Calcul du prix de revient « hébergement » :

$$\frac{A1 - B1}{I}$$

(Abrogé par Décr. n° 2016-1814 du 21 déc. 2016, art. 4-I) « b) Calcul du tarif journalier "dépendance" pour les GIR1 et 2 :

$$\frac{D2 \times H1}{K1}$$

« c) Calcul du tarif journalier "dépendance" pour les GIR3 et 4 :

$$\frac{D2 \times H2}{K2}$$

« d) Calcul du tarif journalier "dépendance" pour les GIR5 et 6 :

$$\frac{D2 \times H3}{K3}$$

« e) Calcul du tarif journalier "soins" pour les GIR1 et 2 :

$$\frac{((E \times H1) + [(D3 - E) \times L1])}{K1}$$

« f) Calcul du tarif journalier "soins" pour les GIR3 et 4 :

$$\frac{((E \times H2) + [(D3 - E) \times L2])}{K2}$$

« g) Calcul du tarif journalier "soins" pour les GIR5 et 6 :

$$\frac{((E \times H3) + [(D3 - E) \times L3])}{K3}$$

« h) Calcul du tarif journalier dépendance nécessaire à la détermination de la participation journalière prévue au premier alinéa du I de l'article L. 232-8 du code de l'action sociale et des familles en cas doit de versement de la dotation budgétaire globale afférente à la dépendance prévue au premier alinéa du II de l'article L. 232-8 dudit code, soit d'absence de résidents classés dans les groupes iso-ressources 5 et 6 :

$$\frac{[(D2/F) \times 280 \text{ points GIR} \times \text{nombre de résidents de plus de 60 ans}]}{J} \text{»}$$

b) Signification des éléments du calcul : – *Le i devient le b (Décr. n° 2016-1814 du 21 déc. 2016, art. 4-I).*

A1 :	Total des charges d'exploitation de la section tarifaire « hébergement »
B1 :	Recettes atténuatives de la section tarifaire « hébergement »
C1 :	Incorporation des résultats des exercices antérieurs de la section tarifaire « hébergement »
D1 =	A1 – B1 + C1
(Abrogé par Décr. n° 2016-1814 du 21 déc. 2016, art. 4-I) « A2 :	*Total des charges d'exploitation de la section tarifaire "dépendance"*
« B2 :	*Recettes atténuatives de la section tarifaire "dépendance"*
« B4 :	*Contribution de l'assurance maladie au titre de l'article R. 314-188*
« C2 :	*Incorporation des résultats des exercices antérieurs de la section tarifaire "dépendance"*

« D2 = *[A2 – (B2 + B4)] + C2*

« A3 : *Total des charges d'exploitation de la section tarifaire "soins"*

« B3 : *Recettes atténuatives de la section tarifaire "soins"*

« C3 : *Incorporation des résultats des exercices antérieurs de la section tarifaire "soins"*

« D3 = *A3 – B3 + C3*

« E : *Quote-part des charges relatives aux aides-soignantes et aux AMP à imputer sur la section d'imputation tarifaire "soins"*

« F : *Production totale en points GIR de l'établissement*

« G1 : *Production en points GIR de l'établissement dans les groupes Iso-Ressources 1 et 2*

« G2 : *Production en points GIR de l'établissement dans les groupes Iso-Ressources 3 et 4*

« G3 : *Production en points GIR de l'établissement dans le groupes Iso-Ressources 5 et 6*

« G1/F = H1 : *Pourcentage de la production en points GIR dans l'établissement dans les groupes Iso-Ressources 1 et 2*

« G2/F = H2 : *Pourcentage de la production en points GIR dans l'établissement dans les groupes Iso-Ressources 3 et 4*

« G3/F = H3 : *Pourcentage de la production en points GIR dans l'établissement dans les groupes Iso-Ressources 5 et 6 »*

I : Nombre de journées prévisionnelles « hébergement » pour les personnes classées dans les groupes Iso-Ressources 1 à 6

(Abrogé par Décr. n° 2016-1814 du 21 déc. 2016, art. 4-I) « J : *Nombre de journées prévisionnelles "soins et dépendance" pour les personnes classées dans les groupes Iso-Ressources 1 à 6*

« K1 : *Nombre des journées prévisionnelles "soins et dépendance" des personnes classées dans les groupes Iso-Ressources 1 et 2*

« K2 : *Nombre des journées prévisionnelles "soins et dépendance" des personnes classées dans les groupes Iso-Ressources 3 et 4*

« K3 : *Nombre des journées prévisionnelles "soins et dépendance" des personnes classées dans les groupes Iso-Ressources 5 et 6*

« K1/J = L1 : *Pourcentage du nombre des journées prévisionnelles "soins et dépendance" des personnes classées dans les groupes Iso-Ressources 1 et 2*

« K2/J = L2 : *Pourcentage du nombre des journées prévisionnelles "soins et dépendance" des personnes classées dans les groupes Iso-Ressources 3 et 4*

« K3/J = L3 : *Pourcentage du nombre des journées prévisionnelles "soins et dépendance" des personnes classées dans les groupes Iso-Ressources 5 et 6 »*

ANNEXE 3-2

TABLEAU DE CALCUL DES TARIFS JOURNALIERS D'UN ÉTABLISSEMENT HÉBERGEANT DES PERSONNES ÂGÉES DÉPENDANTES

(Abrogée par Décr. n° 2016-1814 du 21 déc. 2016, art. 4-II)

ANNEXE 3-3

TABLEAU DE CALCUL DES TARIFS JOURNALIERS « DÉPENDANCE » ET « SOINS » D'UN ÉTABLISSEMENT HÉBERGEANT DES PERSONNES ÂGÉES DÉPENDANTES ET RELEVANT DES ARTICLES L. 342-1 À L. 342-6

(Abrogée par Décr. n° 2016-1814 du 21 déc. 2016, art. 4-II)

ANNEXE 3-4

TABLEAU DE DÉTERMINATION ET D'AFFECTATION DES RÉSULTATS DE CHAQUE SECTION D'IMPUTATION TARIFAIRE D'UN ÉTABLISSEMENT HÉBERGEANT DES PERSONNES ÂGÉES DÉPENDANTES

(Abrogée par Décr. n° 2016-1814 du 21 déc. 2016, art. 4-II)

ANNEXE 3-5

Tableau de bord des indicateurs médico-sociaux économiques des établissements hébergeant des personnes âgées dépendantes

	ÉTABLISSEMENT	DÉPARTEMENT	RÉGION
NOMBRE DE PERSONNES HÉBERGÉES			
ÂGE MOYEN			
DURÉE MOYENNE DE SÉJOUR			
NOMBRE DE NOUVELLES ADMISSIONS DANS L'ANNÉE			
TAUX ANNUEL DE NOUVELLES ADMISSIONS			
PRODUCTION TOTALE DE POINTS GIR			
GIR MOYEN PONDÉRÉ (GMP)			
VALEUR NETTE DU POINT GIR "dépendance"			
VALEUR NETTE DU POINT GIR "aides soignantes · AMP"			
Nombre total de postes en équivalents temps plein (ETP)			
Nombre de postes à temps partiel en équivalents temps plein			
Nombre de postes à temps complet en équivalents temps plein			
% de postes ETP à temps partiel			
ANCIENNETÉ MOYENNE DES PERSONNELS SALARIÉS			
GIR moyen pondéré soins (GMPS)			
Valeur nette du point GIR soins			
TARIF NET JOURNALIER SOINS hors aides soignantes et AMP			
COÛT PLACE "hébergement" hors dépenses de structures [1]			

[1] hors dotations aux amortissements et aux provisions, frais financiers, assurance de l'immobilier, entretien de l'immobilier, les locations immobilières.

ANNEXE 3-6

Tableau de valorisation en points du classement en niveaux de dépendance (Groupe GIR) des personnes âgées dépendantes accueillies dans un établissement

COLONNES				
A	B	C	D	E
	Cotation GIR	Valorisation en points GIR de la cotation GIR permettant le calcul du GMP prévu à l'article 7 du décret n° 99-316 et servant de base au calcul des valeurs du point GIR conformément à l'annexe VI	Points GIR pour la valorisation des actions de prévention de la dépendance	Valorisation en points GIR de la cotation GIR servant de base au calcul des tarifs afférents à la dépendance et aux soins conformément à l'annexe II
GIR 1	1	1 000	120	1 040
GIR 2	0,84	840	120	1 040
GIR 3	0,66	660	120	660
GIR 4	0,42	420	120	660
GIR 5	0,25	250	120	280
GIR 6	0,07	70	120	280

ANNEXE 3-7

Tableau de calcul de dotation budgétaire globale

(Décr. nº 2004-1542 du 30 déc. 2004)

	PROPOSITION de l'établissement	RETENU PAR le président du conseil départemental
Total des charges d'exploitation de la section tarifaire dépendance = A.		
Recettes atténuatives de la section tarifaire dépendance = B.		
Contribution de l'assurance maladie au titre de l'article R. 314-188 fixée par l'autorité de tarification de l'État = C.		
Incorporation des résultats des exercices antérieurs de la section tarifaire dépendance = D.		
(A – (B + C) + D = E.		
Montant de la participation prévue au I de l'article L. 232-8 du code de l'action sociale et des familles = F.		
Tarifs afférents à la dépendance ou quote-part de dotation budgétaire globale afférente à la dépendance des résidents bénéficiaires de l'allocation personnalisée d'autonomie en établissement des autres départements que celui du président du conseil départemental tarificateur = G		
Dotation budgétaire globale afférente à la dépendance = E – (F + G).		

ANNEXE 3-8

Contrat type d'accueil à titre onéreux par des particuliers de personnes âgées ou handicapées adultes

Préambule L'accueil à titre onéreux, par des particuliers, de personnes âgées ou adultes handicapées, constitue une réponse adaptée, parmi la palette des réponses offertes aux personnes âgées ou handicapées qui ne désirent plus ou ne peuvent plus, en raison de leur perte d'autonomie ou de leur handicap, demeurer à leur domicile. Elle leur permet de bénéficier d'un mode d'accueil intermédiaire entre le maintien à domicile et l'hébergement collectif en établissement. Ce mode d'accueil, que le Gouvernement souhaite développer parce qu'il répond à une attente forte de ces personnes et de leur famille, constitue une formule souple, recherchée en raison des avantages qu'elle présente. Elle permet généralement, par la proximité géographique du lieu de l'accueil, à la personne âgée ou handicapée de maintenir des liens tissés avec son environnement antérieur tout en lui offrant un cadre familial et sécurisant. Elle présente également un grand intérêt pour la collectivité, par le potentiel d'emplois qu'elle représente.

La loi du 2 janvier 2002 rénovant l'action sociale et médico-sociale inscrit la prise en charge dispensée par les accueillants familiaux dans la palette des réponses offertes aux personnes âgées et handicapées. La loi du 17 janvier 2002 de modernisation sociale, dans ce contexte, rénove le dispositif de l'accueil familial notamment en uniformisant dans le cadre d'un contrat type les modalités d'accueil.

Le contrat type prévu dans le cadre d'un accueil familial, article L. 442-1 du code de l'action sociale et des familles, fixe le montant de la rémunération journalière des services rendus, de l'indemnité de congé, et le cas échéant, de l'indemnité en cas de sujétions particulières.

Le contrat fixe également le montant de l'indemnité représentative des frais d'entretien courant de la personne accueillie et l'indemnité représentative de mise à disposition de la ou des pièces réservées à la personne accueillie.

Un contrat d'accueil est obligatoirement signé entre l'accueillant familial et chaque personne accueillie ou, s'il y a lieu, *(Décr. nº 2021-684 du 28 mai 2021, art. 41-1º)* « la personne chargée à son égard d'une mesure de protection juridique avec représentation relative à la personne ».

Tableau mod. par Décr. nº 2021-684 du 28 mai 2021, art. 41-2º.

Contrat établi

Entre : ....

Accueillant familial

Nom, prénom : ....

Éventuellement nom d'épouse : ....

Né(e) le : ....

Domicilié(e) à : ....

Nom, prénom *[à renseigner en cas d'agrément d'un couple]* : ....

Éventuellement nom d'épouse : ....

Domicilié(e) à : ....

Et : ....

PERSONNE ACCUEILLIE

Nom, prénom : ....

Éventuellement nom d'épouse : ....

Né(e) le : ....

Domicile antérieur : ....

Représenté par M./Mme

Assisté par M./Mme *(préciser la qualité : famille, autre).*

Vu les articles L. 441-1 et suivants du code de l'action sociale et des familles ;

Vu les décrets n^os^ .... du ....

Vu la décision du président du conseil général de (*département à préciser*) .... en date du ....

Autorisant :

Nom, prénom : ....

Nom d'épouse : .... et *[A renseigner en cas d'agrément d'un couple, en application de l'article L. 441-1 du code de l'action sociale et des familles]*

Nom, prénom : ....

Nom d'épouse : ....

à accueillir : .... personne(s) âgée(s).

.... personne(s) handicapée(s).

à son domicile *[A renseigner, dans la limite d'un total de trois personnes accueillies au maximum, en fonction de la nature de l'agrément, spécifique à une population (personnes âgées ou personnes handicapées) ou bien mixte (personne(s) âgée(s) et personne(s) handicapée(s)]* : ....

Les parties contractantes conviennent de ce qui suit :

Les parties contractantes conviennent de ce qui suit :

Art. 1er *Obligations matérielles de l'accueillant familial.*

M./Mme/Mlle .... ou le couple ...., dénommé(e)(s) accueillant familial, s'engage à accueillir à son domicile, à compter du ....

Monsieur - Madame - Mademoiselle ....

L'accueillant familial doit assurer

Un accueil répondant aux caractéristiques suivantes, dans le respect des règles d'hygiène et de sécurité :

1. *L'hébergement*

Il consiste en la mise à disposition :

- d'une chambre de .... m², située au RDC/au .... étage ;
- type de chambre : individuelle-commune ;
- commodités privées : *description*;
- liste et description du mobilier mis à disposition par l'accueillant familial.

Par ailleurs, la personne accueillie a libre accès aux pièces communes et doit respecter les lieux privés de l'accueillant (chambre, bureau...).

Un inventaire des meubles et du trousseau apportés par la personne accueillie figure en annexe du présent contrat.

2. *La restauration*

Elle consiste en *(nombre de repas journaliers + collations)* ....

En cas de régime alimentaire, les repas proposés devront tenir compte des prescriptions médicales.

Les repas sont partagés de manière conviviale dans la mesure où l'état de santé de la personne accueillie le permet et si elle le souhaite.

3. *L'entretien*

Il comprend l'entretien :

- des pièces mises à disposition ;
- du linge de maison ;
- du linge personnel de la personne accueillie.

Art. 2 *Obligations de l'accueillant familial.*

Monsieur, Madame, Mademoiselle .... ou le couple .... dénommé(es) accueillant familial.

S'engage à tout mettre en œuvre afin d'offrir un accueil familial conforme aux principes suivants à :

Monsieur, Madame, Mademoiselle ....

L'accueillant familial s'efforce, en accueillant la personne au sein de son foyer, de la faire participer à la vie quotidienne de sa famille.

L'accueillant familial s'efforce d'aider l'accueilli :

— à retrouver, préserver ou développer son autonomie ;

— à réaliser son projet de vie ;

— à maintenir et développer ses activités sociales.

L'accueillant familial s'engage :

Vis-à-vis de la personne accueillie à :

— garantir par tous moyens son bien-être ;

— respecter ses opinions, convictions politiques et religieuses ou morales ;

— adopter un comportement courtois, exempt de toute violence verbale ou physique ;

— respecter son libre choix du médecin, des auxiliaires médicaux et autres personnels sociaux et médico-sociaux (auxiliaires de vie, aides ménagères...) ;

— faire preuve de réserve et de discrétion par rapport à sa correspondance et dans ses rapports avec sa famille ;

— lui permettre de recevoir de la visite, préserver l'intimité de ces visites, dans un respect mutuel vis-à-vis de l'accueillant et des autres accueillis.

Vis-à-vis du service chargé du suivi de la personne accueillie à :

— l'alerter et l'informer de tout événement affectant le bon déroulement de l'accueil.

Art. 3 *Obligations de la personne accueillie et/ou de la personne chargée à son égard d'une mesure de protection juridique avec représentation relative à la personne (Décr. n° 2021-684 du 28 mai 2021, art. 41-3°).* La personne accueillie et *(Décr. n° 2021-684 du 28 mai 2021, art. 41-3°)* « la personne chargée à son égard d'une mesure de protection juridique avec représentation relative à la personne » s'engagent à respecter la vie familiale de l'accueillant, à faire preuve de réserve et de discrétion et à adopter un comportement courtois à l'égard de l'accueillant familial et de sa famille.

Art. 4 *Obligations légales.* L'accueillant familial et la personne accueillie sont tenus de souscrire, chacun pour ce qui le concerne, un contrat d'assurance et de pouvoir en justifier conformément aux dispositions de l'article L. 443-4 du code de l'action sociale et des familles. Une attestation annuelle de paiement des primes doit être fournie au président du conseil départemental.

Les attestations relatives à ces contrats sont jointes en annexe.

Disposition particulière :

Protection juridique : s'il s'avère que la personne accueillie a besoin d'une mesure de protection juridique, l'accueillant familial peut en informer *(Décr. n° 2021-684 du 28 mai 2021, art. 41-4°)* « le procureur de la République » compétent et doit, concomitamment, en informer le président du conseil départemental.

Art. 5 *Conditions financières de l'accueil.* Un relevé mensuel des contreparties financières est établi au nom de l'accueillant familial *[Dans le cas où l'agrément est donné à un couple, le relevé des conditions financières est établi au nom d'une des deux personnes agréées]*.

Les conditions financières concernent la rémunération journalière des services rendus, l'indemnité de congé, le cas échéant l'indemnité en cas de sujétions particulières, l'indemnité représentative des frais d'entretien courant de la personne accueillie et l'indemnité représentative de mise à disposition de la ou des pièces réservées à la personne accueillie. Le montant des différents postes composant les conditions financières est fixé librement entre les parties dans le respect des dispositions législatives et réglementaires en vigueur.

1. *Rémunération journalière pour services rendus et indemnité de congé*

La rémunération journalière pour services rendus est fixée à .... SMIC horaire par jour, soit .... euros au .... (DATE), soit (en lettres) : ....

Son montant doit être au moins égal à 2,5 SMIC horaire par jour ; il suit l'évolution de la valeur du SMIC.

A la rémunération journalière pour services rendus, s'ajoute une indemnité de congé égale à 10 % de la rémunération journalière pour services rendus soit .... euros, soit .... (en lettres).

L'indemnité de congé est versée mensuellement au même titre que l'ensemble des frais d'accueil.

La rémunération journalière pour services rendus et l'indemnité de congé sont soumises à cotisation et sont imposables.

2. *Indemnité en cas de sujétions particulières*

L'indemnité en cas de sujétions particulières est justifiée par la disponibilité supplémentaire de l'accueillant liée à l'état de la personne accueillie.

Son montant est compris entre 1 et 4 minimum garantis (MG) par jour, en fonction du besoin d'aide à la personne accueillie, lié à son handicap ou sa perte d'autonomie.

L'indemnité en cas de sujétions particulières est fixée à .... MG par jour, soit au total .... €.

L'indemnité en cas de sujétions particulières est soumise à cotisations et est imposable.

3. *Indemnité représentative des frais d'entretien courant de la personne accueillie*

L'indemnité comprend l'entretien courant comme les denrées alimentaires, les produits d'entretien et d'hygiène (à l'exception des produits d'hygiène à usage unique), de l'électricité, du chauffage, des frais de transports de proximité ayant un caractère occasionnel.

Son montant est fonction des besoins de la personne accueillie : il doit être compris entre 2 et 5 minimum garantis (MG).

Elle est fixée à .... MG par jour, soit .... euros au .... (date),

Soit (en lettres) : ....

L'indemnité représentative des frais d'entretien courant de la personne accueillie n'est pas soumise à cotisation et n'est pas imposable.

4. *Indemnité représentative de mise à disposition de la ou des pièce(s) réservée(s) à la personne accueillie*

Le montant de l'indemnité représentative de mise à disposition de la ou les pièces réservées à la personne accueillie est négocié entre l'accueillant familial et la personne accueillie en fonction de la surface des locaux mis à disposition et de leur état. Il évolue en fonction de l'indice du coût à la construction.

Elle est fixée à .... euros par jour.

Soit (en lettres) : ....

Le président du conseil général détient un pouvoir de contrôle sur ce montant. En cas de montant manifestement abusif, l'agrément de l'accueillant familial peut être retiré dans les conditions mentionnées à l'article L. 442-1 du code de l'action sociale et des familles.

Les frais d'accueil sont forfaitisés sur la base de 30,5 jours/mois :

Au total, les frais d'accueil sont fixés à : (1 + 2 + 3 + 4) par jour, soit .... par mois.

Soit (en lettres) : ....

5. *Les dépenses autres : à la charge de l'accueilli* (à préciser, le cas échéant)

....

6. *Modalités de règlement et de facturation*

Le règlement des frais d'accueil est à effectuer entre le .... et le .... *(jour du mois suivant)* *[A renseigner le cas échéant]*

Une provision de .... euros, pour frais d'entretien, est versée par chèque n° ....

[A renseigner le cas échéant] Une avance de ...... euros, pour indemnité de mise à disposition de la ou des pièces réservées à la personne accueillie, est versée par chèque n° ....

Cette provision et cette avance seront soldées lors de la fin du contrat d'accueil.

7. *Modalités spécifiques de règlement applicables en cas*

D'hospitalisation de la personne accueillie : *précision du montant des frais d'accueil qui reste dû (à décomposer) et de la période pendant laquelle ce montant est dû.*

D'absences de la personne accueillie pour convenance personnelle : *à préciser en décomposant le montant des frais d'accueil.*

De décès : l'accueillant familial perçoit, dans son intégralité, la rémunération journalière pour services rendus, l'indemnité de congé, le cas échéant l'indemnité en cas de sujétions particulières et l'indemnité représentative de frais d'entretien courant de la personne accueillie jusqu'au jour du décès inclus. L'indemnité représentative de mise à disposition de la ou des pièces réservées à la personne accueillie est perçue jusqu'à la date de libération de la pièce mise à disposition.

D'absences de l'accueillant familial :

Dans la limite du droit à congé tel que défini à l'article L. 223-2 du code du travail, soit deux jours et demi ouvrables par mois de travail, l'accueillant familial peut s'absenter si une solution permettant d'assurer la continuité de l'accueil est mise en place.

Si l'accueilli reste au domicile de l'accueillant familial :

La rémunération pour services rendus, l'indemnité de congé et, le cas échéant, l'indemnité en cas de sujétions particulières ne sont pas versées à l'accueillant familial mais à son remplaçant. Les sommes perçues sont soumises au régime fiscal et de cotisations sociales obligatoires des salaires.

L'indemnité représentative de frais d'entretien courant de la personne accueillie et l'indemnité représentative de mise à disposition de la ou des pièces réservées à la personne accueillie sont versées à l'accueillant familial.

Si l'accueilli est hébergé chez le remplaçant :

L'ensemble des frais d'accueil est versé au remplaçant dans les mêmes conditions que celles arrêtées avec l'accueillant familial.

Art. 6 *Le remplacement en cas d'absence de l'accueillant familial.* Le principe qui prévaut dans le dispositif de l'accueil familial est celui de la continuité de l'accueil ; par ailleurs, le contrôle exercé par le président du conseil départemental porte également sur le remplaçant de l'accueillant familial.

Les différentes solutions envisagées pour le remplacement de l'accueillant familial doivent tenir compte de l'avis de la personne accueillie.

Nom du ou des remplaçants : *(à compléter).* ....

Domicilié(e) à : *(à compléter).* ....

N° de téléphone : ....

Art. 7 *La période d'essai.* Le présent contrat est signé avec une période d'essai de 1 mois renouvelable une fois à compter de la date d'arrivée de la personne accueillie au domicile de l'accueillant familial, soit du : ...... au .... 200..

Le renouvellement de la période d'essai doit faire l'objet d'un avenant au présent contrat.

Pendant cette période, les parties peuvent librement mettre fin à ce contrat.

La rémunération journalière pour services rendus, l'indemnité de congé, l'indemnité en cas de sujétions particulières et l'indemnité représentative de frais d'entretien courant de la personne accueillie cessent d'être dues par la personne accueillie le premier jour suivant son départ du domicile de l'accueillant familial. L'indemnité de mise à disposition de la ou des pièces réservées à la personne accueillie reste due jusqu'à sa libération effective des objets lui appartenant.

Art. 8 *Modifications. — Délai de prévenance. — Dénonciation. — Rupture de contrat.* Toute modification au présent contrat doit faire l'objet d'un avenant signé des deux parties et transmis au président du conseil départemental en charge du contrôle de l'accueillant familial.

Au-delà de la période d'essai, la rupture du contrat par l'une ou l'autre est conditionnée par un préavis d'une durée fixée à deux mois minimum.

Chaque partie doit notifier sa décision à l'autre partie, par lettre recommandée avec avis de réception.

En cas de non-respect de ce délai de prévenance, une indemnité compensatrice égale à trois mois de frais d'accueil tels que prévus à l'article 5 du présent contrat est due à l'autre partie.

Le délai de prévenance n'est pas exigé et aucune indemnité n'est due dans les circonstances suivantes :

— non-renouvellement du contrat d'accueil sous réserve du respect d'un préavis d'une durée fixée à 2 mois minimum ;

— non-renouvellement de l'agrément de l'accueillant familial par le président du conseil départemental ;

— retrait de l'agrément de l'accueillant familial par le président du conseil départemental ;

— cas de force majeure.

Dans tous les cas, la rupture du contrat d'accueil ne peut ouvrir droit à des indemnités de licenciement.

Art. 9 *Le suivi de la personne accueillie.* L'accueillant familial s'engage à ce qu'un suivi social et médico-social de la personne accueillie à son domicile soit possible. Ainsi, la personne accueillie pourra être rencontrée individuellement au domicile de l'accueillant familial par les services chargés du suivi social et médico-social.

L'accueillant familial s'engage à communiquer aux services chargés du suivi social et médico-social les éléments susceptibles de contribuer à ce suivi.

Art. 10 *Litiges.* En cas de litige, le contentieux est ouvert devant le tribunal judiciaire *[ancienne rédaction : tribunal d'instance]* du lieu de résidence de l'accueillant familial.

Art. 11 *Durée de validité et renouvellement.* Le présent contrat est signé au plus tard le jour de l'arrivée de la personne accueillie chez l'accueillant familial. Il est établi en trois exemplaires dont un est adressé au président du conseil départemental en charge du contrôle de l'accueillant familial.

Le présent contrat est conclu pour une durée d'un an. Il est reconduit, chaque année, par tacite reconduction.

Le présent contrat comporte les annexes suivantes : lister et numéroter.

A ...., le ....

A ...., le ....

Signatures *(précédées de la mention manuscrite « Lu et approuvé »)*

L'accueillant familial *[En cas d'agrément d'un couple, les deux membres doivent signer]*,

La personne accueillie ou *(Décr. nº 2021-684 du 28 mai 2021, art. 41-5º)* « la personne chargée à son égard d'une mesure de protection juridique avec représentation relative à la personne ».

ANNEXE 3-8-1

ACCUEILLANTS FAMILIAUX DE GRÉ À GRÉ CONTRAT TYPE D'ACCUEIL DE PERSONNES ÂGÉES OU HANDICAPÉES ADULTES

Préambule

L'accueil à titre onéreux, par des particuliers, de personnes âgées ou adultes handicapées, constitue une réponse adaptée, parmi la palette des réponses offertes aux personnes âgées ou handicapées qui ne désirent plus ou ne peuvent plus, en raison de leur perte d'autonomie ou de leur handicap, demeurer à leur domicile. Elle leur permet de bénéficier d'un mode d'accueil intermédiaire entre le maintien à domicile et l'hébergement collectif en établissement ou de répondre à des situations de prise en charge temporaire, pendant des vacances ou après une hospitalisation. Ce mode d'accueil, que le Gouvernement souhaite développer parce qu'il répond à une attente forte de ces personnes et de leur famille, constitue une formule souple, recherchée en raison des avantages qu'elle présente. Elle permet généralement, par la proximité géographique du lieu de l'accueil, à la personne âgée ou handicapée de maintenir des liens tissés avec son environnement antérieur tout en lui offrant un cadre familial et sécurisant. Elle présente également un grand intérêt pour la collectivité, par le potentiel d'emplois qu'elle représente.

Un contrat d'accueil est obligatoirement signé entre l'accueillant familial et chaque personne accueillie ou, s'il y a lieu, *(Décr. nº 2021-684 du 28 mai 2021, art. 42-1º)* « la personne chargée à son égard d'une mesure de protection juridique avec représentation relative à la personne ». Ce contrat, conclu dans le cadre d'une rémunération directe de l'accueillant familial par la personne accueillie, fixe les conditions matérielles, humaines et financières de l'accueil.

Pendant la période d'absence de l'accueillant familial pour congés :

— un contrat annexe au contrat d'accueil doit être signé entre l'accueillant familial, le remplaçant et la personne accueillie, lorsque la personne accueillie reste au domicile de l'accueillant familial permanent ;

— un contrat d'accueil temporaire est conclu entre l'accueillant familial remplaçant et la personne accueillie pour la durée du remplacement lorsque la personne accueillie est hébergée chez un accueillant familial remplaçant.

Contrat établi

Tableau mod. par Décr. nº 2021-684 du 28 mai 2021, art. 42-2º.

POUR UN ACCUEIL	**PERMANENT**	**TEMPORAIRE** (1)
A temps complet		
A temps partiel (2)		
(1) Préciser le motif de l'accueil temporaire : vacances, retour d'hospitalisation, congés de l'accueillant familial... (2) Préciser si l'accueil à temps partiel est un accueil de jour, séquentiel : de semaine hors week-end, de week-end...		

(Case à cocher en fonction de la formule d'accueil et précisions à apporter sur le motif.)

Entre

– L'accueillant familial :
Nom – Prénom : ....
Éventuellement nom d'épouse : ....
Né(e) le : ....
Domicilié(e) à : ....
Nom – Prénom (1) : ....
Éventuellement nom d'épouse : ....
Né(e) le : ....
Domicilié(e) à : ....

Et

– La personne accueillie :
Nom – Prénom : ....
Éventuellement nom d'épouse : ....
Né(e) le : ....
Domicile antérieur : ....
Représenté(e) par M./Mme ....
Assisté(e) par M./Mme .... (préciser la qualité : famille, autres)

Vu les articles L. 441-1 et suivants du code de l'action sociale et des familles ;
Vu les articles R. 441-1 à R. 442-1 et D. 442-2 à D. 442-5 du code de l'action sociale et des familles ;
Vu la décision du président du conseil général de *(département à préciser)* .... en date du ....

Autorisant :
Nom – Prénom : ....
Éventuellement nom d'épouse : ....
Et (2)
Nom – prénom : ....
Éventuellement nom d'épouse : ....
A accueillir : (3) .... personne(s) âgée(s) ;
.... personne(s) handicapée(s) ;
.... personne(s) âgées ou handicapée(s)
à son domicile.

---

(1) A renseigner en cas d'agrément d'un couple.
(2) A renseigner en cas d'agrément d'un couple, en application de l'article L. 441-1 du code de l'action sociale et des familles.
(3) A renseigner, dans la limite d'un total de trois personnes accueillies au maximum, en fonction de la nature de l'agrément, spécifique à une population (personnes âgées ou personnes handicapées) ou bien mixte (personne(s) âgée(s) et personne(s) handicapée(s)).

Les parties contractantes conviennent de ce qui suit :

Art. 1er *Obligations matérielles de l'accueillant familial.*

Monsieur — Madame — Mademoiselle...

ou le couple ....,

dénommé(e)(s) accueillant familial

S'engage à accueillir à son domicile, à compter du ....

Monsieur — Madame — Mademoiselle...

L'accueillant familial doit assurer :

Un accueil répondant aux caractéristiques suivantes, dans le respect des règles d'hygiène et de sécurité :

1. L'hébergement.

Il consiste en la mise à disposition :

— d'une chambre individuelle ou d'un logement, situé(e) sous le toit de l'accueillant familial au RDC/au ... étage, dont l'accès, l'utilisation et la surface sont compatibles avec le degré de handicap et les besoins de la personne *(description)*, d'une superficie de ...... m^2 *(minimum 9 m^2 pour une personne seule et d'un minimum de 16 m^2 pour un couple)*;

— commodités privées : *description*;

— liste et description du mobilier mis à disposition :

Par ailleurs, la personne accueillie a libre accès aux pièces communes : *Lister les pièces (ex. : salon, salle à manger, cuisine, salle de bain, terrasse...)* et doit respecter les lieux privés de l'accueillant (chambre, bureau...) ainsi que la chambre ou le logement des autres personnes accueillies.

Un inventaire des meubles, des affaires personnelles ainsi que les objets précieux apportés par la personne accueillie figure en annexe du présent contrat.

Un état des lieux de la chambre ou du logement figure en annexe.

2. La restauration.

Elle consiste en *(nombre de repas journaliers + collations)*..

En cas de régime alimentaire, les repas proposés devront tenir compte des prescriptions médicales.

Les repas sont partagés de manière conviviale dans la mesure où l'état de santé de la personne accueillie le permet et si elle le souhaite.

3. L'entretien.

Il comprend l'entretien :

— des pièces mises à disposition;

— du linge de maison;

— du linge personnel de la personne accueillie.

Art. 2 *Obligations de l'accueillant familial.*

Monsieur — Madame — Mademoiselle...

ou le couple ....

dénommé(e) (s) accueillant familial

S'engage à tout mettre en œuvre afin d'offrir un accueil familial conforme aux principes suivants à :

Monsieur — Madame — Mademoiselle...

L'accueillant familial s'efforce, en accueillant la personne au sein de son foyer, de la faire participer à la vie quotidienne de sa famille.

L'accueillant familial s'efforce d'aider la personne accueillie à réaliser son projet de vie et ainsi :

— à retrouver, préserver ou développer son autonomie;

— à maintenir et développer ses activités sociales.

L'accueillant familial s'engage :

Vis-à-vis de la personne accueillie, à :

— garantir par tous moyens son bien-être;

— respecter ses opinions, convictions politiques et religieuses ou morales;

— adopter un comportement courtois, exempt de toute violence verbale ou physique;

— respecter son libre choix du médecin, des auxiliaires médicaux et autres personnels sociaux et médico-sociaux (auxiliaires de vie, aides ménagères...);

— faire preuve de réserve et de discrétion par rapport à sa correspondance et dans ses rapports avec sa famille;

— lui permettre de recevoir de la visite, préserver l'intimité de ces visites, dans un respect mutuel vis-à-vis de l'accueillant et des autres personnes accueillies ;

— favoriser sa libre circulation à l'extérieur du logement (dès lors qu'elle n'est pas limitée pour raisons médicales ou décision de justice) ;

[Les limitations pour raisons médicales ou décision de justice font l'objet d'un justificatif annexé au contrat.]

— préserver son intimité et son intégrité.

Vis-à-vis du service chargé du suivi de la personne accueillie à :

— l'alerter et l'informer de tout événement affectant le bon déroulement de l'accueil.

Art. 3 *Obligations de la personne accueillie et/ou de la personne chargée à son égard d'une mesure de protection juridique avec représentation relative à la personne (Décr. nº 2021-684 du 28 mai 2021, art. 42-3º).*

La personne accueillie et *(Décr. nº 2021-684 du 28 mai 2021, art. 42-3º)* « la personne chargée à son égard d'une mesure de protection juridique avec représentation relative à la personne » s'engagent à respecter la vie familiale de l'accueillant, à faire preuve de réserve et de discrétion et à adopter un comportement courtois à l'égard de l'accueillant familial et de sa famille.

Art. 4 *Existence d'une convention avec le tiers régulateur et accord.*

Dans le cas de la signature d'un contrat avec un tiers régulateur par l'accueillant familial ou la personne accueillie (article D. 442-5 du code de l'action sociale et des familles), l'accueillant familial et la personne accueillie s'engagent à recueillir l'accord écrit de l'autre partie pour la réalisation des services retenus. Le contrat de tiers régulateur est annexé au présent contrat.

Art. 5 *Obligations légales.*

— Assurance obligatoire :

L'accueillant familial et la personne accueillie sont tenus de souscrire, chacun pour ce qui le concerne, un contrat d'assurance et de pouvoir en justifier conformément aux dispositions de l'article L. 443-4 du code de l'action sociale et des familles. Une quittance ou une attestation annuelle de paiement des primes doit être fournie au président du conseil départemental.

Les attestations relatives à ces contrats sont jointes en annexe.

— Protection juridique :

Disposition particulière : s'il s'avère que la personne accueillie a besoin d'une mesure de protection juridique, l'accueillant familial en informe la famille ou le procureur de la République et doit, concomitamment, en informer le président du conseil départemental.

Lorsque la personne accueillie bénéficie d'une mesure de protection juridique, la personne qui assure cette mesure fait connaître à l'accueillant familial le type de dépenses qu'elle peut prendre en charge ainsi que la procédure qu'elle doit suivre en cas d'urgence.

Art. 6 *Conditions financières de l'accueil.*

Un relevé mensuel des contreparties financières est établi au nom de l'accueillant familial.

[Dans le cas où l'agrément est donné à un couple, le relevé des conditions financières est établi au nom d'une des deux personnes agréées.]

Les conditions financières concernent la rémunération journalière des services rendus, l'indemnité de congé, le cas échéant l'indemnité en cas de sujétions particulières, l'indemnité représentative des frais d'entretien courant de la personne accueillie et l'indemnité représentative de mise à disposition de la ou des pièces réservées à la personne accueillie.

Le montant des différents postes composant les conditions financières est fixé librement entre les parties dans le respect des dispositions législatives et réglementaires en vigueur.

1. Rémunération journalière pour services rendus et indemnité de congé.

La rémunération journalière pour services rendus est fixée à .... SMIC horaire par jour, soit .... euros au .... (date) soit (en lettres) : ....

Son montant doit être au moins égal à 2,5 SMIC horaire par jour ; il suit l'évolution de la valeur du SMIC.

A la rémunération journalière pour services rendus s'ajoute une indemnité de congé égale à 10 % de la rémunération journalière pour services rendus soit .... euros, soit (en lettres) ....

L'indemnité de congé est versée mensuellement au même titre que l'ensemble des frais d'accueil.

La rémunération journalière pour services rendus et l'indemnité de congé sont soumises à cotisation et sont imposables.

2. Indemnité en cas de sujétions particulières.

L'indemnité en cas de sujétions particulières est justifiée par la disponibilité supplémentaire de l'accueillant liée à l'état de la personne accueillie.

Son montant est compris entre 1 et 4 minimum garantis (MG) par jour, en fonction du besoin d'aide de la personne accueillie, lié à son handicap ou sa perte d'autonomie.

L'indemnité en cas de sujétions particulières est fixée à .... MG par jour, soit au total .... euros, soit (en lettres)..

L'indemnité en cas de sujétions particulières est soumise à cotisations et est imposable.

3. Indemnité représentative des frais d'entretien courant de la personne accueillie.

L'indemnité comprend : *(à cocher)*

— le coût des denrées alimentaires ☐
— les produits d'entretien et d'hygiène ☐
(à l'exception des produits d'hygiène à usage unique)
— les frais de transports de proximité ayant un caractère occasionnel ☐
(précisez les déplacements assurés par l'accueillant familial)
— éventuellement autres *(à préciser)* ☐

Son montant est fonction des besoins de la personne accueillie : il doit être compris entre 2 et 5 minimum garantis (MG).

Elle est fixée à .... MG par jour, soit .... euros au .... (date), soit (en lettres) : ....

L'indemnité représentative des frais d'entretien courant de la personne accueillie n'est pas soumise à cotisation et n'est pas imposable.

Le montant de l'indemnité en cas de sujétions particulières et de l'indemnité représentative des frais d'entretien courant suit l'évolution de la valeur du minimum garanti.

4. Indemnité représentative de mise à disposition de la ou des pièces réservées à la personne accueillie.

Le montant de l'indemnité représentative de mise à disposition de la ou des pièces réservées à la personne accueillie est négocié entre l'accueillant familial et la personne accueillie en fonction de la surface des locaux mis à disposition et de leur état. Il évolue en fonction de l'indice du coût de l'IRL (indice de référence des loyers).

Elle est fixée à .... euros par jour, soit (en lettres) : ....

Le président du conseil départemental détient un pouvoir de contrôle sur ce montant. En cas de montant manifestement abusif, l'agrément de l'accueillant familial peut être retiré dans les conditions mentionnées à l'article L. 441-2 du code de l'action sociale et des familles.

Pour un accueil à temps complet, les frais d'accueil sont forfaitisés sur la base de 30,5 jours/mois :

Au total, les frais d'accueil sont fixés à : .... (1 + 2 + 3 + 4) .... par jour, soit .... par mois.
soit *(en lettres)* .... par mois.

Pour information : les charges sociales patronales relatives à la rémunération journalière pour services rendus, à l'indemnité de congés et l'indemnité en cas de sujétions particulières (points 1 et 2 de l'article 6 du présent contrat) sont dues par la personne accueillie et doivent être versées à l'URSSAF. Celle-ci peut bénéficier d'une exonération partielle de ces cotisations lorsqu'elle remplit les conditions de l'article L. 241-10 du code de la sécurité sociale. *[Les particuliers et personnes morales qui ont passé un contrat conforme aux articles L. 442-1 et L. 444-3 du code de l'action sociale et des familles pour l'accueil par des particuliers à leur domicile, à titre onéreux, de personnes : a) Des personnes ayant atteint un âge déterminé et dans la limite, par foyer, et pour l'ensemble des rémunérations versées, d'un plafond de rémunération fixé par décret ; c) Des personnes titulaires : soit de l'élément de la prestation de compensation mentionnée au 1° de l'article L. 245-3 du code de l'action sociale et des familles ; soit d'une majoration pour tierce personne servie au titre de l'assurance invalidité, de la législation des accidents du travail ou d'un régime spécial de sécurité sociale ou de l'article L. 18 du code des pensions militaires d'invalidité et des victimes de la guerre ; d) Des personnes se trouvant, dans des conditions définies par décret, dans l'obligation de recourir à l'assistance d'une tierce personne pour accomplir les actes ordinaires de la vie, sous réserve d'avoir dépassé un âge fixé par décret ; e) Des personnes remplissant la condition de perte d'autonomie prévue à l'article L. 232-2 du code de l'action sociale et des familles, dans des conditions définies par décret, sont exonérés des cotisations patronales d'assurances sociales et d'allocations familiales dues sur la rémunération qu'elles versent à ces accueillants familiaux. Sauf dans le cas mentionné au a, l'exonération est accordée sur la demande des intéressés par l'organisme chargé du recouvrement des cotisations dans des conditions fixées par arrêté ministériel.]*

5. Les dépenses autres : à la charge de l'accueilli *(à préciser, le cas échéant).*

6. Modalités de règlement et de facturation.

Le règlement des frais d'accueil est à effectuer entre le .... et le .... *(jour du mois suivant).*

* *(à renseigner le cas échéant)* Une provision de .... euros, pour frais d'entretien, est versée par chèque n° ....

* *(à renseigner le cas échéant)* Une avance de .... euros, pour indemnité de mise à disposition de la ou des pièces réservées à la personne accueillie, est versée par chèque n° ....

Cette provision et cette avance seront soldées lors de la fin du contrat d'accueil.

7. Modalités spécifiques de règlement applicables en cas :

— d'hospitalisation de la personne accueillie : *précision du montant des frais d'accueil qui reste dû (à décomposer) et de la période pendant laquelle ce montant est dû ;*

— d'absences de la personne accueillie pour convenance personnelle : *à préciser en décomposant le montant des frais d'accueil ;*

— de décès : l'accueillant familial perçoit, dans son intégralité, la rémunération journalière pour services rendus, l'indemnité de congé, le cas échéant l'indemnité en cas de sujétions particulières et l'indemnité représentative de frais d'entretien courant de la personne accueillie jusqu'au jour du décès inclus. L'indemnité représentative de mise à disposition de la ou des pièces réservées à la personne accueillie est perçue jusqu'à la date de libération de la pièce mise à disposition, qui doit être libérée dans un délai maximum de 15 jours ;

— d'absences de l'accueillant familial : dans la limite du droit à congé tel que défini à l'article L. 3141-3 du code du travail, soit deux jours et demi ouvrables par mois de travail, l'accueillant familial peut s'absenter si une solution permettant d'assurer la continuité de l'accueil est mise en place.

a) Si la personne accueillie reste au domicile de l'accueillant familial :

La rémunération pour services rendus, l'indemnité de congé et, le cas échéant, l'indemnité en cas de sujétions particulières ne sont pas versées par la personne accueillie à l'accueillant familial mais à son remplaçant. Les sommes perçues sont soumises au régime fiscal et de cotisations sociales obligatoires des salaires.

L'indemnité représentative de frais d'entretien courant de la personne accueillie et l'indemnité représentative de mise à disposition de la ou des pièces réservées à la personne accueillie restent versées à l'accueillant familial.

b) Si la personne accueillie est hébergée chez le remplaçant :

L'ensemble des frais d'accueil est versé au remplaçant dans les mêmes conditions que celles arrêtées avec l'accueillant familial.

Art. 7 *Le remplacement en cas d'absence de l'accueillant familial.*

Le principe qui prévaut dans le dispositif de l'accueil familial est celui de la continuité de l'accueil ; par ailleurs, le contrôle exercé par le président du conseil départemental porte également sur le remplaçant de l'accueillant familial.

Les différentes solutions envisagées pour le remplacement de l'accueillant familial doivent tenir compte de l'avis de la personne accueillie ou de *(Décr. n° 2021-684 du 28 mai 2021, art. 42-4°)* « la personne chargée à son égard d'une mesure de protection juridique avec représentation relative à la personne ».

Nom du ou des remplaçants : *(à compléter)*

Domicilié(e) à : *(à compléter)*

N° de téléphone : ....

Toute absence de plus de 48 heures doit être signalée, sauf cas de force majeure, par écrit au président du conseil départemental :

— si la personne accueillie reste au domicile de l'accueillant permanent, un document annexe au contrat d'accueil doit être signé par l'accueillant familial, le remplaçant et la personne accueillie et adressé au conseil départemental ;

— si la personne accueillie est hébergée au domicile de l'accueillant familial remplaçant, un exemplaire du contrat d'accueil conclu pour une durée temporaire est adressé au conseil départemental.

Art. 8 *La période probatoire.*

Dans le cadre d'un accueil permanent, le présent contrat est signé avec une période probatoire de 1 mois renouvelable une fois à compter de la date d'arrivée de la personne accueillie au domicile de l'accueillant familial, soit du .... au ....

Le renouvellement de la période probatoire doit faire l'objet d'un avenant au présent contrat.

Pendant cette période, les parties peuvent librement mettre fin à ce contrat.

La rémunération journalière pour services rendus, l'indemnité de congé, l'indemnité en cas de sujétions particulières et l'indemnité représentative de frais d'entretien courant de la personne accueillie cessent d'être dues par la personne accueillie le premier jour suivant son départ du domicile de l'accueillant familial. L'indemnité de mise à disposition de la ou des pièces réservées à la personne accueillie reste due jusqu'à sa libération effective des objets lui appartenant, dans un délai maximum de 15 jours.

Art. 9 *Modifications — délai de prévenance — dénonciation — rupture du contrat.*

Toute modification au présent contrat doit faire l'objet d'un avenant signé des 2 parties et transmis au président du conseil départemental en charge du contrôle de l'accueillant familial.

Dans le cadre d'un accueil permanent, au-delà de la période probatoire, le non-renouvellement ou la rupture du contrat d'accueil par l'une ou l'autre des parties est conditionnée par un préavis d'une durée fixée à 2 mois minimum.

Chaque partie doit notifier sa décision à l'autre partie par lettre recommandée avec avis de réception.

En cas de non-respect de ce délai de prévenance, une indemnité compensatrice égale à 3 mois de frais d'accueil tels que prévus à l'article 6 du présent contrat est due à l'autre partie.

Le délai de prévenance n'est pas exigé et aucune indemnité n'est due dans les circonstances suivantes :

— non-renouvellement de l'agrément de l'accueillant familial par le président du conseil départemental ;

— retrait de l'agrément de l'accueillant familial par le président du conseil départemental ;

— cas de force majeure.

Dans tous les cas, la rupture du contrat d'accueil ne peut ouvrir droit à des indemnités de licenciement.

Art. 10 *Le suivi de la personne accueillie.*

L'accueillant familial s'engage à ce qu'un suivi social et médico-social de la personne accueillie à son domicile soit possible. Ainsi, la personne accueillie pourra être rencontrée individuellement au domicile de l'accueillant familial par les services du conseil départemental (ou de l'organisme mandaté par le conseil départemental à cet effet), chargés du suivi social et médico-social.

L'accueillant familial s'engage à communiquer aux services chargés du suivi social et médico-social les éléments susceptibles de contribuer à ce suivi.

Art. 11 *Litiges.*

En cas de litige, les parties au contrat recherchent un accord amiable en ayant recours, le cas échéant, aux services du tiers régulateur.

Le contentieux est ouvert devant le tribunal judiciaire *[ancienne rédaction : tribunal d'instance]* du lieu de résidence de l'accueillant familial.

Art. 12 *Durée de validité et renouvellement.*

Le présent contrat est signé au plus tard le jour de l'arrivée de la personne accueillie chez l'accueillant familial. Il est établi en trois exemplaires dont un est adressé au président du conseil départemental en charge du contrôle des accueillants familiaux. Tout avenant au contrat modifiant une disposition qui relève de la libre appréciation des parties dans le respect des dispositions législatives et réglementaires est adressé au conseil départemental.

Le présent contrat comporte les annexes suivantes : *lister les annexes et les numéroter.*

Le présent contrat est conclu pour une durée d'un an. Il est reconduit, chaque année, par tacite reconduction.

(Ou lorsque l'accueil est temporaire) : Le présent contrat est conclu pour la période du .... au .... inclus.

A ...., le..

Signatures précédées de la mention manuscrite « Lu et approuvé »

L'accueillant familial [*En cas d'agrément d'un couple, les deux membres doivent signer.*]

La personne accueillie

(ou (Décr. nº 2021-684 du 28 mai 2021, art. 42-5º) « la personne chargée à son égard d'une mesure de protection juridique avec représentation relative à la personne »)

ANNEXE AU CONTRAT D'ACCUEIL RELATIVE AU REMPLACEMENT (POUR UNE ABSENCE SUPÉRIEURE À 48 HEURES)

Annexe mod. par Décr. nº 2021-684 du 28 mai 2021, art. 42-6º.

Conclu entre :

L'accueillant familial :

Nom — Prénom :

Éventuellement nom d'épouse :

Né(e) le :

Domicilié(e) à :

Et

La personne accueillie :

Nom — Prénom :

Éventuellement nom d'épouse :

Né(e) le :

Représenté(e) par M./Mme...

Assisté(e) par M./Mme .... (préciser la qualité : famille, autres)

Il est convenu, pour la période du (jour/mois/année) au (jour/mois/année), que :

Le remplaçant :

Nom — Prénom :

Éventuellement nom d'épouse :

Né(e) le :

Domicilié(e) à :

hébergé pendant la période considérée au domicile de l'accueillant familial permanent,

— certifie avoir pris connaissance du contrat conclu entre l'accueillant familial permanent et la personne accueillie ;

— s'engage à respecter les obligations prévues aux articles 1, 2, 3, 6 et 7 du contrat d'accueil conclu entre l'accueillant familial permanent et la personne accueillie ;

— justifie d'une assurance responsabilité civile. La quittance ou l'attestation annuelle de paiement sont jointes au présent contrat.

Les conditions financières sont les suivantes :

La rémunération du remplaçant est versée par la personne accueillie : il est établi un relevé des contreparties financières dues au remplaçant et cette rémunération se compose de :

— la rémunération journalière pour services rendus, fixée à .... SMIC horaire par jour, soit .... euros par jour ;

— l'indemnité de congé égale à 10 % de la rémunération journalière pour services rendus, soit..... euros par jour ;

— l'indemnité en cas de sujétions particulières, le cas échéant. Elle est fixée à .... MG par jour, soit .... euros par jour.

La rémunération et les indemnités sont soumises à cotisations et sont imposables.

Le présent contrat est établi en trois exemplaires dont *[l']* un est adressé au président du conseil départemental en charge du contrôle des remplaçants (article L. 441-2 du code de l'action sociale et des familles).

Signatures précédées de la mention manuscrite « Lu et approuvé »

L'accueillant familial [*En cas d'agrément d'un couple, les deux membres doivent signer.*]

La personne accueillie

(ou (Décr. nº 2021-684 du 28 mai 2021, art. 42-6º) « la personne chargée à son égard d'une mesure de protection juridique avec représentation relative à la personne »)

Le remplaçant

ANNEXE 3-8-2

ACCUEILLANTS FAMILIAUX EMPLOYÉS PAR DES PERSONNES MORALES DE DROIT PUBLIC OU DE DROIT PRIVÉ

CONTRAT TYPE D'ACCUEIL DE PERSONNES ÂGÉES OU ADULTES HANDICAPÉES

Préambule

L'accueil à titre onéreux, par des particuliers, de personnes âgées ou adultes handicapées, constitue une réponse adaptée, parmi la palette des réponses offertes aux personnes âgées ou handicapées qui ne désirent plus ou ne peuvent plus, en raison de leur perte d'autonomie ou de leur handicap, demeurer à leur domicile. Elle leur permet de bénéficier d'un mode d'accueil intermédiaire entre le maintien à domicile et l'hébergement collectif en établissement ou de répondre à des situations de prise en charge temporaire, pendant des vacances ou après une hospitalisation. Ce mode d'accueil, que le Gouvernement souhaite développer parce qu'il répond à une attente forte de ces personnes et de leur famille, constitue une formule souple, recherchée en raison des avantages qu'elle présente. Elle permet généralement, par la proximité géographique du lieu de l'accueil, à la personne âgée ou handicapée, de maintenir des liens tissés avec son environnement antérieur tout en lui offrant un cadre familial et sécurisant. Elle présente également un grand intérêt pour la collectivité, par le potentiel d'emplois qu'elle représente.

La mise en place du salariat des accueillants familiaux par la loi du 5 mars 2007 a pour objet de faire bénéficier les accueillants familiaux des conditions protectrices du salariat et de garantir la continuité de l'accueil pendant les absences des accueillants familiaux. Le contrat de travail est un contrat distinct du présent contrat type d'accueil qui est conclu entre l'accueillant familial et son employeur.

Le contrat type d'accueil prévu à l'article L. 444-3 du code de l'action sociale et des familles se compose de deux parties :

— Une première partie (A) concerne les relations « accueillant/accueilli ». Elle est conclue obligatoirement entre l'accueillant familial et la personne accueillie ou, s'il y a lieu, *(Décr. n° 2021-684 du 28 mai 2021, art. 43-1°)* « la personne chargée à son égard d'une mesure de protection juridique avec représentation relative à la personne ».

— Une seconde partie (B) concerne les relations « personne accueillie/personne morale employeur de l'accueillant familial » et fixe entre l'employeur et la personne accueillie les conditions matérielles et financières de l'accueil. Elle ne revêt pas un caractère obligatoire. Lorsque l'employeur n'est pas signataire du contrat d'accueil, les conditions matérielles et financières font l'objet d'un contrat distinct entre la personne accueillie et la personne morale employeur conforme aux stipulations des articles 7 à 13 du présent contrat type.

Ce contrat vaut également pendant les repos hebdomadaires, jours fériés, congés payés, congés de formation de l'accueillant familial :

— Lorsque la personne accueillie reste hébergée sous le toit de l'accueillant familial et qu'un accueillant familial remplaçant, salarié par la personne morale employeur, est logé sur place, le remplaçant s'engage à respecter les conditions d'accueil prévues par le contrat (partie A) pour la durée de son remplacement (annexe au contrat).

— Lorsque la personne accueillie est hébergée au domicile d'un autre accueillant familial salarié, un contrat d'accueil temporaire (partie A) est conclu entre l'accueillant familial remplaçant et la personne accueillie pour la durée du remplacement.

Contrat établi

Tableau mod. par Décr. n° 2021-684 du 28 mai 2021, art. 43-2°.

POUR UN ACCUEIL	PERMANENT	TEMPORAIRE (1)
A temps complet		
A temps partiel (2)		

(1) Préciser le motif de l'accueil temporaire : vacances, retour d'hospitalisation, congés de l'accueillant familial...
(2) Préciser si l'accueil à temps partiel est un accueil de jour, séquentiel : de semaine hors week-end, de week-end...

(Case à cocher en fonction de la formule d'accueil et précisions à apporter sur le motif.)

Entre

— L'accueillant familial :

Nom — Prénom :
Éventuellement nom d'épouse :
Né(e) le :
Domicilié(e) à :
— La personne morale, employeur de l'accueillant familial *(le cas échéant)*
Nom de la personne morale :
Statut :
Adresse :
SIRET :
Et
— La personne accueillie :
Nom — Prénom :
Éventuellement nom d'épouse :
Né(e) le :
Domicile antérieur :
Représenté(e) par M./Mme...
Assisté(e) par M/Mme ....
(préciser la qualité : famille, autres)
Vu les articles L. 441-1 et suivants du code de l'action sociale et des familles ;
Vu les articles R. 441-1 à R. 442-1 et D. 442-2 à D. 444-8 du code de l'action sociale et des familles ;
Vu la décision d'agrément du président du conseil départemental de *(département à préciser)*, en date du...
Autorisant :
Nom – Prénom :
Éventuellement nom d'épouse :
A accueillir : .... personne(s) âgée(s) ;
.... personne(s) handicapée(s) ;
.... personne(s) âgées ou handicapée(s)
à son domicile *[A renseigner, dans la limite d'un total de trois personnes accueillies au maximum, en fonction de la nature de l'agrément, spécifique à une population (personnes âgées ou personnes handicapées) ou bien mixte (personne(s) âgée(s) et personne(s) handicapée(s).]*

Vu l'accord donné par le président du conseil départemental de *(département à préciser)* le .... à .... *(personne morale employeur à préciser)* pour être employeur d'accueillants familiaux résidant dans ce même département.

A Relations entre l'accueillant familial et la personne accueillie

L'accueillant familial et la personne accueillie conviennent de ce qui suit :

Art. 1er *Obligations matérielles de l'accueillant familial.*

Monsieur — Madame — Mademoiselle..
dénommé(e) accueillant familial
S'engage à assurer à Monsieur — Madame — Mademoiselle....................................
à compter de la date du...
un accueil répondant aux caractéristiques suivantes, dans le respect des règles d'hygiène et de sécurité :

1. L'hébergement.

Il consiste en la mise à disposition :

— d'une chambre individuelle ou d'un logement, situé(e) sous le toit de l'accueillant familial au RDC/au ... étage, dont l'accès, l'utilisation et la surface sont compatibles avec le degré de handicap et les besoins de la personne *(description)*, d'une superficie de..... m² *(minimum 9 m² pour une personne seule et d'un minimum de 16 m² pour un couple)* ;

— commodités privées : *description* ;

— liste et description du mobilier mis à disposition :

Par ailleurs, la personne accueillie a libre accès aux pièces communes : Lister les pièces *(ex. : salon, salle à manger, cuisine, salle de bain, terrasse...)* et doit respecter les lieux privés de l'accueillant *(chambre, bureau...)* ainsi que la chambre ou le logement des autres personnes accueillies.

Un inventaire des meubles, des affaires personnelles ainsi que des objets précieux apportés par la personne accueillie figure en annexe du présent contrat.

Un état des lieux de la chambre ou du logement figure en annexe.

2. La restauration.

Elle est assurée par l'accueillant familial et consiste en *(nombre de repas journaliers + collations)*..

En cas de régime alimentaire, les repas proposés devront tenir compte des prescriptions médicales.

Les repas sont partagés de manière conviviale dans la mesure où l'état de santé de la personne accueillie le permet et si elle le souhaite.

3. L'entretien.

A la charge de l'accueillant familial, il comprend l'entretien :

— des pièces mises à disposition ;

— du linge de maison ;

— du linge personnel de la personne accueillie.

Art. 2 *Obligations de l'accueillant familial.*

Monsieur — Madame — Mademoiselle..

dénommé(e) accueillant familial

S'engage à tout mettre en œuvre afin d'offrir un accueil familial conforme aux principes suivants à :

Monsieur — Madame — Mademoiselle..

L'accueillant familial s'efforce, en accueillant la personne au sein de son foyer, de la faire participer à la vie quotidienne de sa famille.

L'accueillant familial s'efforce d'aider la personne accueillie à réaliser son projet de vie et ainsi :

— à retrouver, préserver ou développer son autonomie ;

— à maintenir et développer ses activités sociales.

L'accueillant familial s'engage :

Vis-à-vis de la personne accueillie, à :

— garantir par tous moyens son bien-être ;

— respecter ses opinions, convictions politiques et religieuses ou morales ;

— adopter un comportement courtois, exempt de toute violence verbale ou physique ;

— respecter son libre choix du médecin, des auxiliaires médicaux et autres personnels sociaux et médico-sociaux (auxiliaires de vie, aides ménagères...) ;

— faire preuve de réserve et de discrétion par rapport à sa correspondance et dans ses rapports avec sa famille ;

— lui permettre de recevoir de la visite, préserver l'intimité de ces visites, dans un respect mutuel vis-à-vis de l'accueillant et des autres personnes accueillies ;

— favoriser sa libre circulation à l'extérieur du logement (dès lors qu'elle n'est pas limitée pour raisons médicales ou décision de justice) *[Les limitations pour raisons médicales ou décision de justice font l'objet d'un justificatif annexé au contrat..]*

— préserver son intimité et son intégrité.

Vis-à-vis, d'une part, du service du conseil départemental chargé du suivi de la personne accueillie et, d'autre part, de l'employeur à alerter et informer de tout événement affectant le bon déroulement de l'accueil.

Art. 3 *Obligations de la personne accueillie et/ou de son représentant [ndlr : remplacer « son représentant » par « la personne chargée à son égard d'une mesure de protection juridique avec représentation relative à la personne »].*

La personne accueillie et son représentant *[ndlr : remplacer « son représentant » par « la personne chargée à son égard d'une mesure de protection juridique avec représentation relative à la personne »]* s'engagent à respecter la vie familiale de l'accueillant, à faire preuve de réserve et de discrétion et à adopter un comportement courtois à l'égard de l'accueillant familial et de sa famille.

Art. 4 *Protection et responsabilité.*

— Responsabilité civile de l'accueillant familial et de son remplaçant :

Conformément aux dispositions de l'article L. 443-4 du code de l'action sociale et des familles, les conséquences pécuniaires de la responsabilité civile de l'accueillant familial et de son remplaçant sont garanties par la personne morale employeur pour les risques subis par les personnes accueillies.

La personne accueillie justifie d'un contrat d'assurance garantissant les conséquences pécuniaires de sa responsabilité civile.

Une quittance ou une attestation annuelle de paiement des primes doit être fournie au président du conseil départemental par l'employeur de l'accueillant familial et par la personne accueillie.

Les attestations relatives à ces contrats sont jointes en annexe.

— Protection juridique :

Disposition particulière relative à la protection juridique : s'il s'avère que la personne accueillie a besoin d'une mesure de protection juridique, l'accueillant familial doit en informer son employeur qui lui-même informera la famille ou le procureur de la République compétent et le président du conseil départemental de manière concomitante.

Lorsque la personne accueillie bénéficie d'une mesure de protection juridique, la personne qui assure cette mesure fait connaître à l'accueillant familial le type de dépenses qu'elle peut prendre en charge ainsi que la procédure qu'elle doit suivre en cas d'urgence.

Art. 5 *Le suivi de la personne accueillie.*

L'accueillant familial s'engage à ce qu'un suivi social et médico-social de la personne accueillie à son domicile soit possible. Ainsi, la personne accueillie pourra être rencontrée individuellement au domicile de l'accueillant familial par les services du conseil départemental (ou de l'organisme mandaté par le conseil départemental à cet effet), chargés du suivi social et médico-social.

L'accueillant familial s'engage à communiquer aux services chargés du suivi social et médico-social les éléments susceptibles de contribuer à ce suivi.

Art. 6 *Litiges entre l'accueillant familial et la personne accueillie.*

La personne morale employeur de l'accueillant familial gère les différends qui pourraient intervenir entre l'accueillant familial et la personne accueillie sur les modalités d'accueil. La personne morale employeur informe le conseil départemental lorsque ce différend entre dans le champ d'application de l'agrément.

Le tribunal judiciaire *[ancienne rédaction : tribunal d'instance]* est compétent pour les litiges relatifs au présent contrat entre l'accueillant familial et la personne accueillie.

B Relations entre la personne accueillie et la personne morale, employeur de l'accueillant familial (le cas échéant)

La personne morale, employeur de l'accueillant familial et la personne accueillie conviennent de ce qui suit :

Art. 7 *Rôle de la personne morale employeur.*

La personne morale s'engage à fournir à la personne signataire du présent contrat un accueil familial de qualité en organisant la formation et la professionnalisation de ses salariés. Elle assure la continuité de l'accueil en assurant le remplacement de l'accueillant familial pendant ses absences et ce, dans le respect des règles fixées par l'agrément.

Elle veille au respect des conditions matérielles d'accueil prévues au A du présent contrat et assure un suivi de l'accueil et de son bon déroulement.

Elle peut également mettre en place les services énumérés au D. 442-5 du code de l'action sociale et des familles dans le cadre du tiers régulateur.

Art. 8 *Le remplacement de l'accueillant familial.*

Pendant les repos hebdomadaires, jours fériés, congés payés, soit .... jours par an *(préciser nombre de jours)* et pendant les congés de formation de l'accueillant familial :

La personne morale, employeur de l'accueillant familial, prévoit et organise les modalités d'accueil de la personne accueillie afin de lui garantir un accueil temporaire de qualité de la manière suivante *(à préciser)* :

— la personne accueillie reste hébergée sous le toit de l'accueillant familial et un accueillant familial remplaçant agréé, salarié par la personne morale employeur, est logé sur place ;

— la personne accueillie est hébergée chez l'accueillant familial remplaçant salarié par la personne morale employeur : (noms et adresses du ou des remplaçants potentiels) ;

— la personne accueillie est hébergée dans un établissement social ou médico-social : (nom de l'établissement et adresse).

Pendant les temps d'absence de l'accueillant familial au titre d'un mandat syndical ou de représentant du personnel :

Les modalités d'accueil suivantes sont prévues : *(à préciser)*

Art. 9 *Conditions financières.*

Les frais d'accueil sont payés mensuellement par la personne accueillie à la personne morale, employeur de l'accueillant familial. Le règlement est à effectuer entre le .... et le .... *(jour du mois suivant).*

Ils s'élèvent à un montant mensuel de : ...... € *(en lettres)* .... et se décomposent comme suit :

1. Un montant mensuel de .... €, soit *(en lettres)* ...., soit .... € par jour correspondant à .... SMIC horaire, au titre de la rémunération garantie de l'accueillant familial prévue au 1° de l'article D. 444-5 du code de l'action sociale et des familles,

Le montant de la rémunération garantie suit l'évolution de la valeur du SMIC.

(Le montant minimal de la rémunération garantie journalière est égal à 2,5 fois la valeur horaire du SMIC.)

(Préciser si le montant mensuel comprend le coût du remplacement lorsque celui-ci est assuré par un accueillant remplaçant.)

2. Un montant mensuel de .... €, soit *(en lettres)* .... soit .... € par jour correspondant à .... minimum garantis journaliers, au titre de l'indemnité en cas de sujétions particulières prévue au 2° de l'article D. 444-5 du code de l'action sociale et des familles.

(Le montant de l'indemnité en cas de sujétions particulières est compris entre 1 et 4 minimum garantis [MG] par jour. Elle est justifiée par la disponibilité supplémentaire de l'accueillant liée à l'état de la personne accueillie.)

(Préciser si le montant mensuel comprend le coût du remplacement lorsque celui-ci est assuré par un accueillant remplaçant.)

3. Un montant mensuel de .... €, soit *(en lettres)* .... soit .... € par jour correspondant à .... minimum garantis journaliers, au titre de l'indemnité représentative des frais d'entretien courant, comprenant : *(à cocher)*

— le coût des denrées alimentaires

— les produits d'entretien et d'hygiène

(à l'exception des produits d'hygiène à usage unique)

— les frais de transports de proximité ayant un caractère occasionnel *[Les déplacements assurés par l'accueillant familial sont précisés en annexe.]*

— éventuellement autres *(à préciser)*

(Son montant est fonction des besoins de la personne accueillie : il doit être compris entre 2 et 5 minimum garantis [MG] par jour.)

Le montant de l'indemnité en cas de sujétions particulières et de l'indemnité représentative des frais d'entretien courant suit l'évolution de la valeur du minimum garanti.

4. Un montant mensuel de ... €, soit *(en lettres)* ... soit ... € par jour, au titre de l'indemnité représentative de mise à disposition de la ou des pièces réservées à la personne accueillie.

Le président du conseil départemental détient un pouvoir de contrôle sur ce montant.

(Le montant de l'indemnité représentative de mise à disposition de la ou des pièces réservées à la personne accueillie est fixé en fonction de la surface des locaux mis à disposition et de leur état. Il évolue en fonction de l'indice du coût de l'IRL.)

5. Un montant mensuel de .... €, soit *(en lettres)* .... soit .... € par jour, pour les frais de gestion et autres frais (le cas échéant) : *(à lister).*

Le montant des différents postes composant les conditions financières est fixé librement entre les parties dans le respect des dispositions législatives et réglementaires en vigueur.

Conditions financières particulières :

Pendant la période d'absence de l'accueillant familial si la personne accueillie est hébergée dans un établissement social ou médico-social, le montant dû est égal à : .... €, soit *(en lettres)* .... par jour d'absence correspondant au versement par l'employeur à l'accueillant familial de l'indemnité représentative de mise à disposition de la ou des pièces réservées à la personne accueillie.

En cas d'hospitalisation ou d'absence pour convenance personnelle de la personne accueillie, le montant dû est égal à : .... €, soit *(en lettres)* .... par jour d'absence correspondant au versement par l'employeur à l'accueillant familial de :

— l'indemnité prévue à l'article D. 444-6 du code de l'action sociale et des familles (soit 2,5 fois la valeur horaire du SMIC par jour d'absence) ;

— l'indemnité représentative de mise à disposition de la ou des pièces réservées à la personne accueillie.

En cas de départ sans préavis, le montant dû par la personne accueillie est égal à : .... € par jour, soit *(en lettres)* .... € pendant la période équivalente à la durée mentionnée à l'article L. 444-9 du code de l'action sociale et des familles, soit :

— quinze jours pour une ancienneté comprise entre trois et six mois ;

— un mois pour une ancienneté comprise entre six mois et moins de deux ans ;

— deux mois pour une ancienneté d'au moins deux ans,

correspondant à l'indemnité prévue à l'article D. 444-6 du code de l'action sociale et des familles (soit 2,5 fois la valeur horaire du SMIC par jour d'absence). L'indemnité représentative de mise à disposition de la ou des pièces réservées à la personne accueillie reste également due jusqu'à la date de libération de la pièce mise à disposition.

En cas de décès, l'indemnité représentative de mise à disposition de la ou les *[des]* pièces réservées à la personne accueillie est due jusqu'à la date de libération de la pièce mise à disposition *[La pièce mise à disposition est libérée dans un délai maximum de 15 jours..]*

Art. 10 *Responsabilité.*

Conformément aux dispositions de l'article L. 443-4 du code de l'action sociale et des familles, les conséquences pécuniaires de la responsabilité civile de l'accueillant familial et de son remplaçant sont garanties par la personne morale employeur de l'accueillant familial pour les risques subis par la personne accueillie.

Une quittance ou une attestation annuelle de paiement des primes doit être fournie au président du conseil départemental par le prestataire employeur de l'accueillant familial et par la personne accueillie.

Art. 11 *La période probatoire.*

Dans le cadre d'un accueil permanent, le présent contrat est signé avec une période probatoire de 3 mois.

Art. 12 *Litiges entre la personne morale et la personne accueillie.*

En cas de litige portant sur les conditions financières et matérielles prévues au présent contrat entre la personne accueillie et la personne morale employeur, le contentieux est porté devant le tribunal judiciaire *[ancienne rédaction applicable jusqu'au 31 déc. 2019 : tribunal d'instance]* du lieu d'accueil.

C Disposition finale

Art. 13 *Durée de validité et renouvellement.*

Le présent contrat est signé au plus tard le jour de l'arrivée de la personne accueillie chez l'accueillant familial. Il est établi en quatre exemplaires dont *[l']*un est adressé au président du conseil départemental en charge du contrôle des accueillants familiaux. Tout avenant au contrat modifiant une disposition qui relève de la libre appréciation des parties dans le respect des dispositions législatives et réglementaires est adressé au conseil départemental.

Le présent contrat comporte les annexes suivantes : *lister et numéroter.*

Le présent contrat est conclu pour une durée d'un an. Il est reconduit, chaque année, par tacite reconduction.

(Ou lorsque l'accueil est temporaire).

Le présent contrat est conclu pour la période du .... au .... inclus.

A ...., le..

Signatures précédées de la mention manuscrite « Lu et approuvé »

L'accueillant familial

La personne accueillie

(ou (Décr. n° 2021-684 du 28 mai 2021, art. 43-3°) « la personne chargée à son égard d'une mesure de protection juridique avec représentation relative à la personne »)

La personne morale, employeur de l'accueillant familial,

(Le cas échéant, lorsque les conditions matérielles et financières de l'accueil sont fixées en B.)

ANNEXE AU CONTRAT D'ACCUEIL RELATIVE AU REMPLACEMENT (POUR UNE ABSENCE SUPÉRIEURE À 48 HEURES)

Annexe mod. par Décr. nº 2021-684 du 28 mai 2021, art. 43-4º.

Conclu entre :

L'accueillant familial :

Nom – Prénom :

Éventuellement nom d'épouse :

Né(e) le :

Domicilié(e) à :

Et

La personne accueillie :

Nom – Prénom :

Éventuellement nom d'épouse :

Né(e) le :

Représenté(e) par M./Mme...

Assisté(e) par M./Mme .... (préciser la qualité : famille, autres)

Il est convenu, pour la période du (jour/mois/année) au (jour/mois/année), que :

Le remplaçant :

Nom – Prénom :

Éventuellement nom d'épouse :

Né(e) le :

Domicilié(e) à :

Agréé par le président du conseil départemental de *(département à préciser)* .... par décision en date du...

hébergé pendant la période considérée au domicile de l'accueillant familial permanent :

— certifie avoir pris connaissance du contrat conclu entre l'accueillant familial permanent et la personne accueillie ;

— s'engage à respecter les obligations prévues aux articles 1, 2, 3 et 9 du présent contrat d'accueil ;

— justifie d'une assurance responsabilité civile. La quittance ou l'attestation annuelle de paiement sont jointes au présent contrat.

Les conditions financières sont prévues entre la personne morale employeur et la personne accueillie par la partie B du contrat ou par le contrat spécifique aux conditions matérielles et financières de l'accueil.

Le présent contrat est établi en quatre exemplaires dont *[l']*un est adressé au président du conseil départemental en charge du contrôle des accueillants familiaux (article L. 441-2 du code de l'action sociale et des familles).

Signatures précédées de la mention manuscrite « Lu et approuvé »

L'accueillant familial

La personne accueillie

(ou (Décr. nº 2021-684 du 28 mai 2021, art. 43-4º) « la personne chargée à son égard d'une mesure de protection juridique avec représentation relative à la personne »)

Le remplaçant

ANNEXE 3-8-3

RÉFÉRENTIEL D'AGRÉMENT DES ACCUEILLANTS FAMILIAUX

(Décr. nº 2016-1785 du 19 déc. 2016, art. 2, en vigueur le 1er avr. 2017)

L'accueil par des particuliers à leur domicile, à titre onéreux, de personnes âgées ou d'adultes en situation de handicap, est une activité réglementée par le code de l'action sociale et des familles (CASF) et placée sous le contrôle du président du conseil départemental. Les personnes souhaitant exercer cette activité doivent disposer d'un agrément délivré par le président du conseil départemental du département dans lequel est situé leur domicile.

Le demandeur de l'agrément doit être en mesure de proposer des conditions d'accueil garantissant la continuité de celui-ci, la protection de la santé, la sécurité et le bien-être physique et moral des personnes accueillies.

Le présent référentiel a pour objet de préciser les critères, pour permettre aux départements, dans leur compétence d'agrément :

1. De décider si une personne ou un couple peut être agréé ou voir son agrément renouvelé ou modifié ;

2. De motiver explicitement un éventuel refus de la demande d'agrément, de renouvellement, une modification d'agrément ou un retrait d'agrément ;

3. De justifier une décision d'agrément pour un nombre ou un profil de personnes (personnes âgées, adultes en situation de handicap) ou selon des modalités autres que celles demandées ;

4. D'apprécier l'opportunité, le cas échéant :

— de définir les caractéristiques, en termes de handicap et de perte d'autonomie, des personnes susceptibles d'être accueillies, en précisant éventuellement si ces limites s'appliquent de la même manière aux personnes nouvellement accueillies et aux personnes déjà accueillies dont l'état a évolué ;

— de subordonner l'accueil de personnes dont les caractéristiques en termes de perte d'autonomie ou de handicap le nécessitent à des modalités spécifiques de formation, de suivi et d'accompagnement de l'accueillant familial et, le cas échéant, de la personne accueillie.

Le référentiel devrait en outre contribuer à la connaissance et à la reconnaissance de l'accueil familial.

L'appréciation, au vu du présent référentiel, des demandes d'agrément et des situations d'accueil, s'effectue dans les conditions prévues à l'article R. 441-3-2.

SECTION 1 LES APTITUDES ET LES COMPÉTENCES POUR L'EXERCICE DE L'ACTIVITÉ D'ACCUEILLANT FAMILIAL

Les aptitudes et les compétences du demandeur doivent permettre de garantir la santé, le bien-être et la sécurité des personnes accueillies, en tenant compte de leur nombre et de leurs caractéristiques en termes de perte d'autonomie et de handicap.

Sous-section 1.1 Les capacités et les qualités personnelles pour accueillir des personnes âgées ou des personnes en situation de handicap et assurer leur bien-être

Il convient d'apprécier la capacité du demandeur à :

1.1.1. Être attentif aux besoins, rythmes, goûts et attentes de chaque personne accueillie, ainsi qu'à leur évolution ;

1.1.2. Promouvoir l'autonomie des personnes accueillies, en valorisant leurs aptitudes, en favorisant leur mobilité et le développement de leurs potentialités – notamment en leur proposant des activités adaptées à leurs capacités et centres d'intérêts ;

1.1.3. Être attentif au respect des droits et des libertés de la personne accueillie, tels que prévus par la charte référencée à l'article L. 311-4 ;

1.1.4. Faire preuve de respect, de bienveillance et de neutralité, vis-à-vis de chaque personne accueillie ;

1.1.5. Favoriser la vie relationnelle, affective et sociale des personnes accueillies et le maintien des liens avec leurs proches, y compris en permettant la visite de ces derniers à son domicile ;

1.1.6. Préserver et développer la mobilité des personnes accueillies en favorisant de manière appropriée leur libre circulation à l'intérieur et à l'extérieur du logement.

Sous-section 1.2 Les capacités de communication et de dialogue

Il convient de prendre en compte chez le demandeur :

1.2.1. Sa maîtrise de la langue française orale, nécessaire à l'établissement des relations avec les différents interlocuteurs (famille, professionnels) et à la participation aux sessions de formation ;

1.2.2. Ses qualités d'écoute, d'observation et d'anticipation ;

1.2.3. Son aptitude à la communication, au dialogue ;

1.2.4. Son engagement, en cas d'utilisation par la personne accueillie d'un mode de communication adapté à une situation de handicap, à recourir à ce mode de communication ;

1.2.5. Son aptitude à prévenir et à gérer les conflits.

Sous-section 1.3 Le projet du demandeur et sa connaissance de l'activité

Il convient d'apprécier chez le demandeur :

1.3.1. Ses motivations et la cohérence de son projet d'accueil (nombre, caractéristiques des personnes susceptibles d'être accueillies, modalités d'accueil envisagées...) au regard de ses aspirations, de ses contraintes familiales et des conditions d'accueil ;

1.3.2. Le degré d'adhésion des membres de sa famille au projet d'accueil et l'impact de celui-ci sur la vie quotidienne de la famille ;

1.3.3. Son engagement à intégrer chaque personne accueillie à la vie familiale, dans le respect de ses souhaits, notamment par la participation aux repas pris en commun ;

1.3.4. Sa capacité à faire preuve de discrétion professionnelle et de réserve dans l'expression de ses opinions politiques, religieuses ou morales dans ses relations avec les personnes accueillies ;

1.3.5. Sa compréhension du rôle de l'accueillant familial, de ses responsabilités et ses limites, des exigences et des contraintes liées à cette activité ;

1.3.6. Sa compréhension des missions du conseil départemental ou des organismes délégataires en matière de suivi des personnes accueillies et de contrôle des conditions de l'agrément ;

1.3.7. Sa compréhension du rôle et de la place des proches, des représentants légaux et des différents professionnels susceptibles d'intervenir notamment dans le cadre et en complément du projet d'accueil personnalisé de la personne accueillie, et son engagement à collaborer avec eux ;

1.3.8. Son engagement à suivre la formation et l'initiation aux gestes de secourisme mentionnées à l'article L. 441-1 ;

1.3.9. Le cas échéant, son appropriation des savoirs, savoir-être et savoir-faire dispensés dans le cadre de l'initiation aux gestes de secourisme et de la formation mentionnées à l'article L. 441-1.

Sous-section 1.4 Les qualités d'adaptation et d'organisation du demandeur

Il convient d'apprécier chez le demandeur, compte tenu du contexte spécifique et des contraintes de l'accueil familial :

1.4.1. S'il est en mesure, au regard de ses activités et de ses contraintes familiales, d'assurer la continuité de l'accueil par une présence personnelle et effective auprès des personnes accueillies et l'organisation de son remplacement dans des conditions satisfaisantes pour celles-ci durant ses périodes d'absence prévues ou imprévues, longues ou de courte durée ;

1.4.2. Si son éventuelle activité professionnelle ou bénévole est compatible avec son projet d'accueil sans influer sur la qualité de l'accueil ; son engagement à l'adapter ou à la réduire compte tenu des besoins des personnes qu'il accueille ;

1.4.3. Son engagement à rester joignable durant ses périodes d'absence de façon à pouvoir être contacté lorsqu'une situation d'urgence liée à la santé ou à la sécurité de la personne accueillie le nécessite ;

1.4.4. Sa connaissance de son environnement et sa capacité à mobiliser les ressources existantes ;

1.4.5. La capacité à organiser en toute sécurité les déplacements des personnes accueillies hors du domicile ;

1.4.6. L'aptitude à s'adapter à une situation d'urgence ou imprévue et à prendre les mesures appropriées.

Sous-section 1.5 La santé et la sécurité physique et psychique des personnes accueillies

Il convient d'apprécier la capacité du demandeur à :

1.5.1. Veiller à la sécurité physique et psychique des personnes accueillies ;

1.5.2. Veiller à la prise en compte des besoins physiologiques des personnes accueillies (alimentation, sommeil...) et à l'application rigoureuse des prescriptions médicales s'y rapportant, notamment celles relatives à la prise de médicaments ;

1.5.3. Veiller à l'hygiène des personnes accueillies ;

1.5.4. Appréhender l'incidence sur la santé d'éventuels comportements à risques ;

1.5.5. Être attentif à l'évolution de l'état de santé des personnes accueillies et à leurs besoins de soins, et à solliciter en tant que de besoin les professionnels de santé ;

1.5.6. Appréhender les conséquences éventuelles de ses comportements et de ceux des autres personnes présentes à son domicile sur la sécurité ou le bien-être physique et moral des personnes accueillies.

SECTION 2 LES CONDITIONS D'ACCUEIL ET DE SÉCURITÉ

Le domicile ainsi que son environnement immédiat doivent permettre de garantir la santé, le bien-être et la sécurité des personnes accueillies en tenant compte de leur nombre et de leurs caractéristiques en termes de perte d'autonomie et de handicap.

Sous-section 2.1 Le logement et ses abords

Il convient d'apprécier :

2.1.1. La conformité du logement aux normes fixées par *(Décr. n° 2019-772 du 24 juill. 2019, art. 3-9°, en vigueur le 1er sept. 2019)* « l'article R. 822-25 du code de la construction et de l'habitation » et par le décret n° 2002-120 du 30 janvier 2002 et le respect des règles d'hygiène favorisant un accueil de qualité ;

2.1.2. L'existence d'une pièce réservée à chaque personne ou couple accueilli, sous le toit du demandeur, d'une superficie minimale de 9 m^2 pour une personne seule et 16 m^2 pour un couple, équipée d'une fenêtre accessible donnant directement sur l'extérieur et située à proximité d'une salle d'eau et de toilettes partagées ou privées adaptées, le cas échéant, aux personnes à mobilité réduite ;

2.1.3. La facilité d'accès et la sécurité du logement, appréciées au regard de la demande d'agrément et notamment des caractéristiques, en termes de handicap ou de perte d'autonomie, des personnes que le demandeur souhaite accueillir ;

2.1.4. L'adéquation entre les dimensions du logement, le nombre et la destination des pièces, la composition du foyer et l'activité d'accueil familial, en tenant compte des modalités de l'accueil envisagé (à temps complet ou à temps partiel, de jour ou de nuit) ;

2.1.5. La mise à disposition d'équipements adaptés au niveau d'autonomie des personnes que le demandeur envisage d'accueillir ;

2.1.6. Le souci du demandeur de favoriser l'autonomie des personnes accueillies par la mise en place, si besoin, de solutions techniques simples, en concertation avec les professionnels en charge du suivi des accueils ;

2.1.7. L'attention portée par le demandeur à la prévention des accidents domestiques et au repérage des dangers potentiels pour les personnes accueillies, dans son domicile et à proximité immédiate.

Sous-section 2.2 La disposition de moyens de communication

Il convient de s'assurer :

2.2.1. De l'existence d'un moyen de communication accessible à tout moment à toutes les personnes présentes dans le logement, permettant d'alerter sans délai les services de secours, le conseil départemental, ainsi que l'employeur, le cas échéant ;

2.2.2. De l'engagement du demandeur à afficher de façon permanente, visible et accessible les coordonnées des services de secours, du conseil départemental, de l'employeur, le cas échéant, de l'accueillant lui-même et éventuellement de voisins ou de personnes de confiance.

ANNEXE 3-8-4

RÉFÉRENTIEL DE FORMATION DES ACCUEILLANTS FAMILIAUX

(Décr. n° 2017-552 du 14 avr. 2017, art. 2, en vigueur le 1er juill. 2017)

I. — Positionnement professionnel de l'accueillant familial :

1. Le cadre juridique et institutionnel de l'accueil familial :

— historique du dispositif et textes de référence ;

— l'agrément : conditions, portée et engagements de l'accueillant ;

— les missions du conseil départemental ;

— le contrat d'accueil : conditions matérielles et financières de l'accueil ; droits et obligations de l'accueillant familial et des personnes accueillies.

2. Le rôle de l'accueillant familial, ses responsabilités et ses limites :

— accueillir chez soi : place et rôle de chacun, spécificités, contraintes et limites de la vie familiale partagée ;

— organiser son activité dans le respect de la continuité de l'accueil ;

— l'épuisement professionnel : causes, conséquences et prévention.

3. Le partenariat avec les différents acteurs :

— les relations avec la famille et les proches de la personne accueillie ;

— la collaboration avec le conseil départemental;
— les autres acteurs intervenant auprès des personnes accueillies et leurs rôles respectifs.
4. Le développement de ses compétences :
— le partage de son expérience;
— la nécessité d'une veille et d'une formation régulière.
II. — Accueil et intégration de la personne âgée ou de la personne handicapée :
1. La connaissance des personnes à accueillir et de leurs besoins :
— les besoins fondamentaux de l'être humain;
— le développement de la personne et les étapes de développement : de l'enfance au vieillissement;
— les différents types de handicaps (notamment le polyhandicap, le handicap psychique et la notion de handicap rare) et leurs conséquences dans la vie quotidienne, y compris les particularités liées aux troubles psychiques et aux troubles du comportement;
— les effets du vieillissement et les pathologies spécifiques au grand âge;
— écoute et appréhension des personnes accueillies ou susceptibles de l'être, de leurs besoins et de leurs attentes;
— le projet de vie des personnes accueillies ou susceptibles de l'être.
2. La mise en place de l'accueil :
— apprécier la possibilité d'accueillir des personnes compte tenu de leurs caractéristiques, besoins et attentes;
— l'établissement des contrats d'accueil;
— la coconstruction des projets d'accueil personnalisé;
— les dangers potentiels pour les personnes accueillies et la prévention des accidents domestiques;
— la mise en place d'un environnement accessible, sécurisé et aménagé en fonction du profil des personnes accueillies;
— l'appréhension des principales aides techniques mobilisables et de leurs finalités (lit médicalisé, lève-malade, fauteuil roulant...).
3. L'intégration de la personne accueillie au sein de la famille :
— la place de la personne accueillie, sa participation à la vie de famille;
— les interactions avec la famille de l'accueillant et les autres personnes accueillies.
4. La fin de l'accueil :
— les démarches liées à la fin du contrat;
— faire face au départ ou au décès de la personne accueillie.
III. — Accompagnement de la personne dans les actes essentiels de la vie quotidienne et les activités ordinaires et sociales :
1. La relation d'accompagnement :
— les limites de l'action de l'accueillant familial : les recours obligatoires aux professionnels de santé;
— les enjeux : santé, sécurité et bien-être de la personne accueillie, prévention de la perte d'autonomie, participation active de la personne accueillie au projet d'accueil, participation sociale et autonomisation;
— l'observation et l'écoute de la personne accueillie;
— la communication verbale et non verbale;
— la construction d'une relation de confiance;
— le repérage et la prise en compte des troubles du comportement et des pratiques addictives;
— la gestion des conflits, de la violence et des attitudes inappropriées;
— la posture professionnelle de l'accueillant familial : savoir prendre du recul par rapport aux situations, garder la bonne distance affective;
— la bientraitance;
— l'accompagnement d'une personne en fin de vie.
2. L'accompagnement dans les actes essentiels de la vie quotidienne :
— l'aide à l'hygiène, à la toilette, au change, à l'habillage et au déshabillage, aux transferts et à la mobilisation;
— la préservation et le respect de l'intimité;
— les bonnes postures et la prévention des troubles musculo-squelettiques;

— l'alimentation : l'aide à l'alimentation, la préparation des repas (principes de base de l'alimentation et de l'hygiène alimentaire, équilibre alimentaire, prise en compte des régimes alimentaires spécifiques) ;

— la santé de la personne accueillie : l'accompagnement au suivi médical, l'aide à la prise de médicaments.

3. L'accompagnement dans les activités ordinaires et sociales :

— l'importance du maintien d'une vie sociale pour les personnes accueillies ;

— les activités physiques, sociales, culturelles ou ludiques pouvant être proposées aux personnes accueillies.

4. La vie affective et sexuelle de la personne accueillie :

— la vie sexuelle et affective des personnes âgées et personnes en situation de handicap ;

— la verbalisation et la gestion des comportements inappropriés.

ANNEXE 3-9

Modèle de "Contrat de soutien et d'aide par le travail" établi entre l'établissement ou le service d'aide par le travail et chaque travailleur handicapé

Entre Mme, Mlle, M. (usager) ....

(le cas échéant), représenté(e) par Mme, Mlle, M. (*(Décr. n° 2021-684 du 28 mai 2021, art. 44-1°)* « la personne chargée à son égard d'une mesure de protection juridique avec représentation »),

....

et l'association (ou l'établissement public) gestionnaire de l'établissement ou du service d'aide par le travail (nom de l'établissement ou du service d'aide par le travail), ...

représentée par Mme, Mlle, M., ...

président(e) de l'association (ou de l'établissement public), ou par Mme, Mlle, M., ...

directeur (directrice) de l'établissement ou du service d'aide par le travail, dûment mandaté,

il est convenu ce qui suit :

Art. 1er *Définition – établissement – signature.* Le présent contrat de soutien et d'aide par le travail définit les droits et les obligations réciproques de l'établissement ou du service d'aide par le travail X et de Mme, Mlle, M. Y, afin d'encadrer l'exercice des activités à caractère professionnel et la mise en œuvre du soutien médico-social et éducatif afférent à ces activités.

Le présent contrat est élaboré en collaboration avec Mme, Mlle, M. Y, accompagné le cas échéant de *(Décr. n° 2021-684 du 28 mai 2021, art. 44-2°)* « la personne chargée à son égard d'une mesure de protection juridique avec représentation », en prenant en compte l'expression de ses besoins et de ses attentes ainsi que les conditions d'organisation et de fonctionnement propres à l'établissement ou au service X, telles que définies dans la convention d'aide sociale passée le..., avec le représentant de l'État dans le département ainsi que, le cas échéant, dans la convention passée en application de l'article R. 243-8 du code de l'action sociale et des familles définissant la politique de l'établissement en faveur des travailleurs handicapés.

Il est signé au plus tard dans le mois qui suit son admission dans l'établissement ou le service.

Pour la signature du contrat, la personne accueillie ou *(Décr. n° 2021-684 du 28 mai 2021, art. 44-2°)* « la personne chargée à son égard d'une mesure de protection juridique avec représentation » peut être accompagnée de la personne de son choix.

Le présent contrat est transmis pour information à la maison départementale des personnes handicapées au nom de laquelle la commission des droits et de l'autonomie a prononcé l'orientation.

Art. 2 *Appui à l'exercice des activités à caractère professionnel.* Dans le cadre de la mise en œuvre de son règlement de fonctionnement et de son projet institutionnel, l'établissement ou le service d'aide par le travail X s'engage à mettre en place une organisation permettant à Mme, Mlle, M. Y d'exercer des activités à caractère professionnel adaptées à ses capacités et à ses aspirations.

A ce titre, il s'engage à tout mettre en œuvre pour permettre à Mme, Mlle, M. Y de bénéficier de toute action d'entretien des connaissances, de maintien des acquis scolaires, de formation professionnelle susceptibles de favoriser le développement de ses compétences et son parcours professionnel au sein du milieu protégé ou vers le milieu ordinaire de travail.

Les horaires collectifs d'exercice des activités à caractère professionnel sont prévus par le règlement de fonctionnement de l'établissement ou du service d'aide par le travail.

Mme, Mlle, M. Y est soumis au régime des congés et des autorisations d'absence prévu aux articles R. 243-11 à R. 243-13 du code de l'action sociale et des familles tels que mis en œuvre dans le cadre du règlement de fonctionnement.

Art. 3 *Participation à des activités de soutien médico-social et éducatif.* Dans le cadre d'un entretien à la suite duquel l'accord des deux parties est formalisé, l'établissement ou le service d'aide par le travail X s'engage à proposer à Mme, Mlle, M. Y des activités d'accès à l'autonomie et d'implication dans la vie sociale correspondant à ses aspirations personnelles et à ses besoins.

Art. 4 *Participation de la personne à l'ensemble des activités.* Dans le respect du règlement de fonctionnement et des dispositions du présent contrat, Mme, Mlle, M. Y s'engage à participer :

— aux activités à caractère professionnel qui lui seront confiées ;

— aux actions d'apprentissage et de formation qui auront été préalablement et conjointement identifiées comme nécessaires au maintien et au développement de ses connaissances et de ses compétences professionnelles ;

— aux activités de soutien médico-social et éducatif qui auront été préalablement choisies au vu de ses aspirations et qui favorisent son accès à l'autonomie et son implication dans la vie sociale.

Art. 5 *Avenant(s) au contrat.* Le présent contrat peut faire l'objet d'un avenant pris en application du V de l'article D. 311 du code de l'action sociale et des familles, dont la vocation est de permettre, en cours ou au plus tard à l'issue de la période d'essai éventuelle, de préciser les objectifs et les prestations adaptées à Mme, Mlle, M. Y, en particulier, la répartition du temps de présence entre les activités à caractère professionnel et les activités de soutien médico-social et éducatif, la nature et les modalités de réalisation de ces activités, ainsi que les aménagements d'horaires éventuels.

Art. 6 *Réactualisation annuelle des objectifs et des prestations.* Mme, Mlle, M. Y bénéficie d'un accompagnement garantissant la mise en œuvre effective des droits et des obligations réciproques prévus au présent contrat et permettant, chaque année si nécessaire, une réactualisation des objectifs et des prestations par voie d'avenant.

Mme, Mlle, M. Y est obligatoirement associé(e) à la réactualisation annuelle des objectifs et des prestations le (la) concernant, définis par avenants au présent contrat.

Art. 7 *Appel à un prestataire extérieur.* Pour la réalisation des engagements prévus au présent contrat et par ses avenants, l'établissement ou le service d'aide par le travail X peut passer convention avec tout organisme, spécialisé ou non.

Art. 8 *Assistance de la personne accueillie en cas de difficultés en cours de prise en charge.* En cas de difficultés dans l'application du présent contrat, ou de l'un de ses avenants, et à l'initiative de l'un ou l'autre des cocontractants, des temps de rencontre et d'expression doivent être organisés avec la personne responsable de l'établissement ou du service d'aide par le travail. A cette occasion, Mme, Mlle, M. Y peut être accompagné(e) d'un membre du personnel ou d'un usager de l'établissement ou du service, de *(Décr. n° 2021-684 du 28 mai 2021, art. 44-3°)* « la personne chargée à son égard d'une mesure de protection juridique avec représentation » ou d'un membre de sa famille, ou bien faire appel à la personne qualifiée extérieure à l'établissement et choisie sur une liste départementale telle que mentionnée à l'article L. 311-5 du code de l'action sociale et des familles.

Art. 9 *Mesure de protection juridique avec représentation (Décr. n° 2021-684 du 28 mai 2021, art. 44-4°).* Dès lors que Mme, Mlle, M. Y bénéficie d'une mesure de protection juridique *(Décr. n° 2021-684 du 28 mai 2021, art. 44-4°)* « avec représentation », les signataires du présent contrat attestent qu'il/qu'elle a été partie prenante dans son élaboration et qu'il/qu'elle a pu donner son consentement, dans toute la mesure du possible.

Art. 10 *Modification ou suspension du contrat de soutien et d'aide par le travail.* Toute modification du présent contrat ou de l'un de ses avenants ultérieurs, portant sur des dispositions essentielles, doit intervenir selon les mêmes modalités que lors de leur conclusion initiale.

Conformément à l'article R. 243-4 du code de l'action sociale et des familles, dès lors que le comportement de Mme, Mlle, M. Y met gravement en danger sa santé ou sa sécurité, la santé ou la sécurité des autres travailleurs handicapés de l'établissement ou du service d'aide par le travail, ou porte gravement atteinte aux biens, le directeur de l'établissement ou du service peut prendre une mesure conservatoire, valable pour une durée maximale d'un mois (échéance, qui est prorogée jusqu'à l'intervention effective de la décision de la commission), qui suspend le maintien de Mme, Mlle, M. Y au sein de la structure et par voie de conséquence le présent contrat.

Il doit en informer immédiatement la maison départementale des personnes handicapées. La commission des droits et de l'autonomie est seule habilitée à décider du maintien ou non de Mme, Mlle, M. Y au sein de l'établissement ou du service X, à l'issue de la période de suspension.

La rémunération garantie est maintenue pendant toute la période de suspension.

Cette mesure est sans conséquence sur le maintien, pendant cette période, de Mme, Mlle, M. Y en foyer d'hébergement pour personnes handicapées.

Art. 11 *Rupture anticipée du contrat de soutien et d'aide par le travail.* Dès lors que l'une ou l'autre des parties au présent contrat souhaite dénoncer celui-ci, elle doit notifier son intention à l'autre par lettre recommandée avec demande d'avis de réception.

L'intention de l'établissement ou du service d'aide par le travail X de rompre le présent contrat donne lieu à une information de la maison départementale des personnes handicapées.

Dans le mois qui suit l'envoi de la lettre recommandée avec demande d'avis de réception notifiant l'intention de rompre le présent contrat, un entretien doit être organisé entre les parties, pour échanger sur les motifs de cette rupture et en évoquer les conséquences.

La fin de la prise en charge de Mme, Mlle, M. Y par l'établissement ou le service d'aide par le travail X ne peut intervenir qu'à l'issue d'une décision de la commission des droits et de l'autonomie des personnes handicapées, prise en application des articles L. 241-6 et R. 241-28 (6° et 7°) du code de l'action sociale et des familles. Cette décision entraîne automatiquement la rupture du contrat de soutien et d'aide par le travail.

Art. 12 *Durée du contrat de soutien et d'aide par le travail.* Le présent contrat est conclu pour une durée d'un an et est reconduit chaque année par tacite reconduction.

Il est établi en quatre exemplaires dont un est adressé à la direction départementale des affaires sanitaires et sociales dont relève l'établissement ou le service d'aide par le travail X. La maison départementale des personnes handicapées au nom de laquelle la commission des droits et de l'autonomie a pris la décision d'orientation de Mme, Mlle, M. Y est également destinataire d'un exemplaire dudit contrat.

ANNEXE 3-9-1

Mesures individuelles permettant d'assurer l'intégrité physique et la sécurité du résident et de soutenir l'exercice de sa liberté d'aller et venir

(Décr. n° 2016-1743 du 15 déc. 2016, art. 2, en vigueur le 1er avr. 2017)

I NOTICE EXPLICATIVE DE L'ANNEXE AU CONTRAT DE SÉJOUR À DESTINATION DU PERSONNEL DE L'ÉTABLISSEMENT D'HÉBERGEMENT POUR PERSONNES ÂGÉES

Préambule

L'article L. 311-4-1 du code de l'action sociale et des familles introduit la possibilité de joindre une annexe au contrat de séjour définissant les mesures particulières à prendre pour soutenir l'exercice de la liberté d'aller et venir de la personne dans le respect de son intégrité physique et de sa sécurité. Une approche risques-bénéfices est privilégiée. Ainsi, les mesures prises par l'établissement ne doivent pas être disproportionnées aux risques encourus par le résident et sont prévues seulement lorsqu'elles s'avèrent strictement nécessaires.

Cette annexe au contrat de séjour est prise au regard des dispositions constitutionnelles garantissant la liberté d'aller et venir des personnes. Les mesures énoncées dans l'annexe au contrat de séjour complètent les dispositions de l'article R. 311-35 du code de l'action sociale et des familles relatives au règlement de fonctionnement. Elles sont également conformes aux dispositions de l'article L. 311-3 du même code, qui garantit l'exercice de ses droits et libertés individuels à la personne prise en charge dans un établissement social et médico-social et de l'article 8 de la Charte des droits et libertés de la personne âgée, telle qu'introduite par l'article L. 311-4 du même code, et qui garantit au résident le droit à son autonomie. Ainsi, l'annexe poursuit un objectif de promotion de la liberté et venir du résident.

La présente notice vise à accompagner les professionnels dans l'appréhension de l'annexe au contrat de séjour. Elle doit leur permettre de mieux cadrer leur propre positionnement dans l'équilibre entre préservation de l'intégrité physique et de la sécurité du résident et promotion de son autonomie. A ce titre, la notice se présente comme un guide pour les gestionnaires et une base d'échange avec le résident.

L'annexe au contrat de séjour intervient au regard des responsabilités de l'établissement vis-à-vis du résident. L'opportunité de joindre une annexe au contrat de séjour est décidée par le médecin coordonnateur, ou à défaut, le médecin traitant.

Dans le cadre du soutien à l'exercice de la liberté d'aller et venir du résident au sein de l'établissement, l'établissement s'engage à privilégier les réponses adaptées face aux risques identifiés pour l'intégrité physique et la sécurité du résident en maintenant le contact avec lui et en l'accompagnant, autant que faire se peut, dans ses déplacements. Toutes les réponses apportées par l'établissement sont préventives.

La présente notice propose dans un premier temps les grandes catégories de besoins du résident que l'équipe médico-sociale de l'établissement doit identifier, ainsi que des conseils pour l'élaboration de l'annexe au contrat de séjour comprenant des mesures visant à promouvoir l'exercice de la liberté d'aller et venir et à assurer l'intégrité physique et la sécurité du résident.

IDENTIFICATION DES BESOINS DE LA PERSONNE ÂGÉE ET DES RISQUES POUR SON INTÉGRITÉ PHYSIQUE ET SA SÉCURITÉ

Le médecin coordonnateur, ou le cas échéant le médecin traitant, après un temps d'observation du résident, évalue avec l'équipe médico-sociale *la situation du résident, et mentionne dans un document, en réponse aux besoins identifiés, les propositions de mesures* ***strictement nécessaires*** *permettant d'assurer son intégrité physique et sa sécurité tout en soutenant l'exercice de sa liberté d'aller et venir.* Les besoins particuliers du résident sont identifiés au regard de facteurs à prendre en compte pour l'évaluation de sa situation, dont des exemples sont énoncés ci-dessous. Le médecin coordonnateur, ou le cas échéant le médecin traitant, s'appuie sur les informations de l'examen médical. Celui-ci doit permettre d'évaluer les capacités, les besoins et les souhaits de la personne dans le cadre d'un équilibre entre les risques encourus par le résident quant à son intégrité physique et sa sécurité et les bénéfices envisagés par le soutien à sa liberté d'aller et venir. Il doit également permettre de réfléchir avec les professionnels aux modalités pratiques permettant d'assurer le respect effectif de la liberté d'aller et venir du résident et de sa sécurité.

Facteurs à prendre à compte pour l'évaluation de la situation et des besoins du résident :

Les catégories listées ci-dessous sont issues de la grille d'« auto-évaluation de la promotion de la bientraitance » publiée par la Haute Autorité de santé avec le concours du réseau Réqua (octobre 2012). L'établissement peut les adapter en fonction de la situation particulière de ses résidents :

État de santé et activité : les pathologies, troubles associés, et conséquences des traitements, dont peut souffrir le résident peuvent avoir un impact sur ses capacités de déplacement et peuvent entraîner des risques sur sa sécurité et son intégrité physique.

Circulation : la circulation peut recouvrir des besoins tels que les déplacements à l'intérieur et à l'extérieur de l'établissement, la prise en compte de la pénibilité physique des déplacements, le confort.

Sécurité : la sécurité du résident recouvre les fragilités particulières du résident liées à son état de santé, et le degré dans lequel celles-ci doivent être prises en considération pour mettre en œuvre l'exercice de sa liberté d'aller et venir.

Respect de l'intégrité et de la dignité de la personne : le vécu et la sensibilité, ainsi que les choix du résident doivent être prises en compte dans l'analyse de ses besoins et permettre aux personnels soignants de s'interroger sur leurs pratiques.

Accessibilité : l'accessibilité comprend la possibilité pour le résident de s'orienter et de se diriger facilement dans les parties intérieures et extérieures de l'établissement en fonction des caractéristiques de son état de santé.

Vie sociale et maintien des relations avec les proches : les habitudes de vie et les rythmes de vie du résident doivent, dans la mesure du possible, être respectés afin de contribuer à la préservation de son autonomie.

CONSEILS POUR L'ÉLABORATION DE L'ANNEXE

Art. 1er *Objet de l'annexe.*

Les parties cocontractantes reprennent telles quelles les dispositions figurant au modèle-type d'annexe au contrat de séjour.

Art. 2 *Équipe médico-sociale ayant participé à l'évaluation du résident.*

Sont précisées :
— la date de l'examen médical du résident ;
— les observations du résident ;
— la date de l'élaboration du projet d'annexe au contrat de séjour ;
— la date de transmission du projet d'annexe au résident, à la personne chargée de sa protection en cas de mesure de protection juridique et à sa personne de confiance s'il en a désigné une ;
— et les coordonnées et fonctions des personnes ayant participé à l'examen du résident, à l'élaboration du projet d'annexe au contrat de séjour, à savoir les membres de l'équipe médico-sociale.

Art. 3 *Mesures particulières prises par l'établissement.*

Ces mesures sont identifiées en s'appuyant sur les recommandations de la conférence de consensus, organisée par l'Agence nationale d'accréditation et d'évaluation en santé (ANAES) en décembre 2004, "*Liberté d'aller et venir dans les établissements sanitaires et médico-sociaux et obligation de soins et de sécurité*", ainsi que les recommandations de l'Agence nationale de l'évaluation et de la qualité des établissements et services sociaux et médico-sociaux (ANESM) "*L'accompagnement des personnes atteintes de la maladie d'Alzheimer ou apparentée en établissement médico-social*" *(février 2009)* et "*Qualité de vie en EHPAD (volet 2)*" (septembre 2011). Elles doivent conserver, voire promouvoir, dès que possible la liberté d'aller et venir et l'autonomie du résident. Elles doivent être spécifiques à la situation particulière du résident, proportionnées à ses besoins et strictement nécessaires à la garantie de la protection de son intégrité physique et de sa sécurité.

Pour chacune de ces mesures, le directeur de l'établissement est tenu de rechercher, chaque fois que nécessaire avec la participation du médecin coordonnateur, le consentement du résident pour leur mise en œuvre.

Ces mesures peuvent concerner en particulier l'entrée dans l'établissement, la circulation dans l'établissement, notamment l'accès aux terrasses et jardins et les sorties en dehors de l'établissement.

Le directeur de l'établissement, sur proposition du médecin coordonnateur, décrit dans cet article les mesures pour assurer l'intégrité physique et la sécurité de la personne et pour soutenir l'exercice de sa liberté d'aller et venir. Les modalités concrètes de promotion de la liberté d'aller et venir du résident doivent être particulièrement développées. Cet article comprend également, uniquement lorsque celles-ci sont strictement nécessaires, les mesures particulières envisagées pour mettre fin au danger que le résident fait courir à lui-même par son propre comportement du fait des conséquences des troubles qui l'affectent.

Art. 4 *Durée de l'annexe.*

L'annexe est conclue pour une durée qui doit être précisée. Elle peut être est révisée à tout moment et les mesures qu'elle comporte sont réévaluées au moins tous les six mois.

Art. 5 *Évaluation de l'adaptation des mesures individuelles mentionnée dans l'annexe au contrat de séjour.*

Dans le cadre de sa démarche d'évaluation continue de la qualité de la prise en charge et de l'accompagnement du résident, l'établissement s'interroge sur l'adaptation des mesures prévues à l'annexe au contrat de séjour du résident, et cherche à déterminer les freins et les leviers spécifiques se rattachant à l'exécution de ces mesures.

Art. 6 *Modalités de révision de l'annexe.*

La révision est l'occasion d'une évaluation de l'efficacité des mesures particulières mises en œuvre au regard des attentes spécifiques induites par la situation du résident. L'établissement recueille l'avis de l'ensemble des parties à l'annexe au contrat de séjour. La révision est également l'occasion d'un questionnement sur l'opportunité du maintien des mesures existantes, de leur modification ou/et de l'ajout de mesures nouvelles.

II MODÈLE-TYPE D'ANNEXE AU CONTRAT DE SÉJOUR

Entre :

[Raison sociale de l'établissement], représenté par *[nom et prénom du directeur d'établissement ou toute autre personne formellement désignée par lui]*, situé au *[adresse géographique]*,

Désigné ci-après "l'établissement",

Et :

[Monsieur/Madame *[nom et prénom]*, résident de l'établissement *[raison sociale de l'établissement]*,

Désigné ci-après "le résident" ;

Vu le code de l'action sociale et des familles, notamment ses articles L. 311-4 et L. 311-4-1,

Il est convenu ce qui suit :

PRÉAMBULE

La liberté d'aller et venir est un principe de valeur constitutionnel, qui reconnaît à l'individu le droit de se mouvoir et de se déplacer d'un endroit à l'autre. L'article 8 de la Charte des droits et libertés de la personne âgée, telle qu'introduite par l'article L. 311-4 du code de l'action sociale et des familles, garantit au résident le droit à son autonomie et la possibilité de circuler librement. Le législateur énonce les modalités de mise en œuvre concrète de la liberté d'aller et venir au regard notamment des nécessités liées au respect de l'intégrité physique et de la sécurité de la personne. L'annexe au contrat de séjour mentionnée à l'article L. 311-4-1 du code de l'action sociale et des familles est un document à portée individuelle mis en œuvre seulement si la situation du résident le requiert. Elle a pour objectif d'assurer une prise en charge adaptée aux besoins individuels du résident en matière de soutien de sa liberté d'aller et venir dans le respect de son intégrité physique et de sa sécurité. Comme le précise le législateur, les mesures envisagées ne sont prévues que dans l'intérêt des personnes accueillies, si elles s'avèrent strictement nécessaires, et ne doivent pas être disproportionnées par rapport aux risques encourus.

L'annexe au contrat de séjour est le fruit du travail pluridisciplinaire de l'équipe médico-sociale de l'établissement, qui s'appuie sur les données de l'examen médical du résident, dans le respect du secret médical, pour identifier les besoins du résident.

S'il le souhaite, le résident et, le cas échéant, la personne chargée de sa protection en cas de mesure de protection juridique ou, après accord du résident, sa personne de confiance, peut demander, préalablement à la signature de l'annexe, à être reçu par le médecin coordonnateur ou à défaut, par une personne de l'équipe médico-sociale ayant participé à l'évaluation pluridisciplinaire ou par le médecin traitant, pour bénéficier d'explications complémentaires, notamment d'ordre médical, sur les mesures envisagées.

L'annexe est signée lors d'un entretien entre le résident et, le cas échéant, de la personne chargée de sa protection en cas de mesure de protection juridique, ou en présence de sa personne de confiance, et le directeur d'établissement ou son représentant.

Art. 1er *Objet de l'annexe.*

La présente annexe définit les mesures particulières et individuelles strictement nécessaires que le médecin coordonnateur propose au directeur de l'établissement pour assurer l'intégrité physique et la sécurité du résident et pour soutenir l'exercice de sa liberté d'aller et venir au sein de la structure. Ces mesures sont élaborées par le médecin coordonnateur, ou à défaut le médecin traitant, et l'équipe médico-sociale de l'établissement en fonction des besoins identifiés à la suite de l'examen médical du résident et après analyse des risques et des bénéfices de ces mesures. Ces mesures sont élaborées conformément au cadre constitutionnel et légal rappelé en préambule. La présente annexe prévoit également les modalités relatives à sa durée, à sa révision et à son évaluation.

Art. 2 *Équipe médico-sociale ayant participé à l'évaluation du résident.*

L'examen médical du résident est intervenu le *[date]*. Il a été réalisé par le docteur *[prénom nom]*, médecin coordonnateur de l'établissement *[médecin traitant du résident]*. L'équipe médico-sociale de l'établissement s'est réunie le *[date]* afin d'évaluer, avec le médecin ayant procédé à l'examen du résident, les bénéfices et risques des mesures envisagées.

Participaient à cette évaluation les personnes suivantes :

[prénom nom], [fonction]

[prénom nom], [fonction]

...

Le projet d'annexe au contrat de séjour a été remis par *[prénom, nom], [fonction]* au résident, à son représentant légal ou le cas échéant, à sa personne de confiance le *[date]*.

Le résident a émis les observations suivantes :

[A compléter]

Art. 3 *Mesures particulières prises par l'établissement.*

Conformément à l'article 8 de la Charte des droits et libertés de la personne accueillie, "*dans les limites définies dans le cadre de la réalisation de sa prise en charge ou de son accompagnement et sous réserve des décisions de justice, des obligations contractuelles ou liées à la prestation dont elle bénéficie et des mesures de tutelle ou de curatelle renforcée, il est garanti à la personne la possibilité de circuler librement.*"

Dans le cadre du soutien à l'exercice de la liberté d'aller et venir du résident au sein de l'établissement, l'établissement s'engage à privilégier les réponses adaptées face aux risques identifiés pour l'intégrité physique et la sécurité du résident en maintenant le contact avec lui et en l'accompagnant, autant que faire se peut, dans ses déplacements. Toutes les réponses apportées par l'établissement sont préventives.

L'établissement porte une attention particulière à la promotion de la liberté d'aller et venir du résident, quel que soit son état de santé, dans le respect de son intégrité physique et de sa sécurité.

Dans ce cadre, l'établissement est tenu de rechercher, chaque fois que nécessaire avec la participation du médecin coordonnateur, le consentement du résident pour la mise en œuvre de mesures visant à assurer son intégrité physique et sa sécurité dès lors qu'elles sont strictement nécessaires et proportionnées aux risques encourus.

Les mesures individuelles et applicables à la situation particulière du résident prises par l'établissement sont retracées dans le tableau ci-dessous, dans lequel le résident exprime son acceptation.

Tableau à compléter sur la base de l'évaluation pluridisciplinaire du résident

MESURES PROPOSÉES	ACCORD	ABSENCE D'ACCORD	OBSERVATIONS COMPLÉMENTAIRES

Art. 4 *Durée de l'annexe.*

La présente annexe est conclue pour une durée de *[à compléter]*. Elle peut être est révisée à tout moment et les mesures qu'elle comporte sont réévaluées au moins tous les six mois.

Art. 5 *Évaluation de l'adaptation des mesures individuelles mentionnées dans l'annexe au contrat de séjour.*

L'établissement s'engage à procéder à une évaluation continue de l'adaptation des mesures individuelles prévues dans la présente annexe. Si l'établissement constate que les mesures prévues n'ont pas été mises en œuvre ou ne l'ont pas été d'une manière à satisfaire l'objectif qui lui était assigné, il s'engage à mettre en place toute action visant à pallier ces manquements.

Art. 6 *Modalités de révision de l'annexe.*

Le contenu de l'annexe peut être révisé à tout moment, à la demande écrite du résident ou de la personne chargée de sa protection en cas de mesure de protection juridique, ou sur proposition de la personne de confiance désignée en application de l'article L. 311-5-1 du code de l'action sociale et des familles.

Il peut également faire l'objet d'une révision à l'initiative du directeur de l'établissement, du médecin coordonnateur ou du médecin traitant en l'absence du médecin coordonnateur.

Fait le ....

A

Madame/Monsieur *[indiquez nom et prénom du résident]*, *[Signature]*

Madame/Monsieur *[indiquez nom et prénom]*, directeur de l'établissement *[indiquez la raison sociale]*

[Signature]

ANNEXE 3-10

CONTENU DU CAHIER DES CHARGES POUR LA RÉALISATION DES ÉVALUATIONS EXTERNES

(Abrogée par Décr. n° 2022-695 du 26 avr. 2022, art. 1er-1°) (Décr. n° 2007-975 du 15 mai 2007)

Préambule *(Abrogé par Décr. n° 2012-147 du 30 janv. 2012, art. 3-I) « L'évaluation prévue au deuxième alinéa de l'article L. 312-8 intervient au cours de chaque période d'autorisation, au plus tard deux ans après l'évaluation prévue au premier alinéa sauf cas particulier, et à échéance fixée par arrêté. »*

La présente annexe énonce les principes et le cadre de (Décr. n° 2012-147 du 30 janv. 2012, art. 3-I) « l'évaluation externe prévue au deuxième alinéa de l'article L. 312-8, en fixe les modalités de réalisation et les obligations qui en découlent » pour l'organisme habilité et pour la personne physique ou la personne morale de droit public ou de droit privé gestionnaire de l'établissement ou du service social ou médico-social. Elle identifie un certain nombre de thématiques sur lesquelles l'évaluation devra porter. (Décr. n° 2012-147 du 30 janv. 2012, art. 3-I) « Les dispositions du présent cahier des charges applicables aux organismes habilités sont également applicables aux prestataires qui relèvent de l'article D. 312-197 et qui sont dûment inscrites sur la liste mentionnée à l'article D. 312-201. »

CHAPITRE I. *[ABROGÉ]* PRINCIPES GÉNÉRAUX

SECTION 1. *[ABROGÉE]* Fondements de l'évaluation

1.1 *L'évaluation doit viser à la production de connaissance et d'analyse. Cette évaluation doit permettre de porter une appréciation qui l'inscrit dans une logique d'intervention et d'aide à la décision. Elle a pour but de mieux connaître et comprendre les processus, d'apprécier les impacts produits au regard des objectifs tels que précisés ci-après, en référence aux finalités prioritairement définies pour l'action publique.*

1.2 *L'évaluation est distincte du contrôle des normes en vigueur. Elle se distingue également de la certification. L'évaluation telle que prévue à la présente annexe tient compte des résultats des démarches d'amélioration continue de la qualité que peuvent réaliser les établissements et services.*

1.3 *L'évaluation interroge la mise en œuvre d'une action, sa pertinence, les effets prévus et imprévus, son efficience, en considération du contexte observé.*

Elle implique un diagnostic partagé, la construction d'un cadre de référence spécifique d'évaluation, le choix d'outils de mesure et d'appréciation adaptés. Elle repose sur la mobilisation des partenaires concernés aux différentes étapes de la démarche évaluative.

1.4 *L'évaluation contribue à la coopération entre les usagers, les professionnels, les gestionnaires des établissements et services sociaux et médico-sociaux et les autorités publiques.*

SECTION 2. *[ABROGÉE]* Conditions particulières liées aux dispositions inscrites, notamment aux articles L. 311-1 et L. 313-3

2.1 *L'évaluation mentionnée au premier alinéa de l'article L. 312-8 constitue une évaluation interne, conduite par les établissements et services sociaux et médico-sociaux figurant à l'article L. 312-1. L'évaluation mentionnée au deuxième alinéa de l'article L. 312-8, réalisée par un organisme extérieur habilité, constitue une évaluation externe. Ces évaluations portent sur les activités et la qualité des prestations délivrées.*

2.2 *Les champs des évaluations interne et externe doivent être les mêmes, afin d'assurer la complémentarité des analyses portées sur un même établissement ou service. Les évaluations successives, internes et externes, doivent permettre d'apprécier les évolutions et les effets des mesures prises pour l'amélioration continue du service rendu.*

2.3 *L'évaluation externe ne permet pas de comparer les établissements et services entre eux. Seule la comparabilité dans le temps entre les résultats des évaluations peut être recherchée, pour un établissement ou un service donné.*

2.4 *L'évaluation s'appuie sur l'observation des pratiques sur le terrain, auprès de groupes d'acteurs interdépendants ; elle analyse des systèmes complexes intégrant l'interférence de nombreux facteurs, notamment les interactions entre bénéficiaires et institutions et des facteurs externes.*

2.5 *Les domaines explorés sont déterminés par les orientations des politiques sociales et médico-sociales.*

2.6 *Compte tenu des fondements de l'action sociale et médico-sociale énoncés aux articles L. 311-1 et L. 313-3, l'évaluation externe doit comporter deux volets complémentaires :*

1° Un volet relatif à l'effectivité des droits des usagers. L'évaluation porte au moins sur les conditions de participation et implication des personnes bénéficiaires des prises en charge ou accompagnements, les mesures nécessaires au respect du choix de vie, des relations affectives, de l'intimité, de la confidentialité et, s'il y a lieu, sur les dispositions prévues pour assurer la sécurité des personnes.

2° Un volet plus particulièrement adapté à l'établissement ou au service considéré. A cette fin, l'analyse porte, au premier chef, sur les logiques d'action et les axes de travail. Cette analyse retient notamment : l'accompagnement au développement personnel, à l'autonomie, selon la personnalité, les limitations d'activités ou la situation de fragilité de chaque individu, la sensibilisation au risque d'isolement affectif et social, la prise en compte des interactions avec les proches et l'environnement, l'inscription des actions dans la continuité des choix de l'individu, le travail mené sur l'accès aux droits.

CHAPITRE II. *[ABROGÉ]* OBJECTIFS DE L'ÉVALUATION EXTERNE

SECTION 1. *[ABROGÉE]* Porter une appréciation globale

L'évaluation des activités et de la qualité des prestations sera organisée de façon à fournir des éléments synthétiques sur les points suivants :

1° L'adéquation des objectifs du projet d'établissement ou de service par rapport aux besoins, aux priorités des acteurs concernés et aux missions imparties.

2° La cohérence des différents objectifs entre eux.

3° L'adaptation aux objectifs des moyens humains et financiers mis en place.

4° L'existence et la pertinence de dispositifs de gestion et de suivi.

5° L'appréciation sur l'atteinte des objectifs, la production des effets attendus et d'effets non prévus, positifs ou négatifs.

6° L'appréciation de l'impact des pratiques des intervenants sur les effets observés.

7° Les conditions d'efficience des actions et de réactualisation régulière de l'organisation.

SECTION 2. *[ABROGÉE]* Examiner les suites réservées aux résultats issus de l'évaluation interne

1° Apprécier les priorités et les modalités de mise en œuvre de la démarche de l'évaluation interne.

2° Apprécier la communication et la diffusion des propositions d'amélioration résultant de l'évaluation interne et la manière dont les acteurs ont été impliqués.

3° Analyser la mise en œuvre des mesures d'amélioration et l'échéancier retenu.

4° Identifier les modalités de suivi et de bilan périodique.

5° Apprécier la dynamique générale de la démarche d'amélioration continue de la qualité des prestations.

SECTION 3. *[ABROGÉE]* Examiner certaines thématiques et des registres spécifiques

3.1 *Les objectifs propres à l'évaluation des établissements et services sociaux et médico-sociaux sont de deux ordres :*

1° Porter une appréciation sur les activités et la qualité des prestations au regard des droits des usagers, et les conditions de réalisation du projet personnalisé.

2° Donner des éléments d'appréciation sur les activités et la qualité des prestations au regard de l'ouverture de l'établissement ou du service sur son environnement, et des interactions.

3.2 *Les points suivants sont examinés en prenant en compte les particularités liées à l'établissement ou au service :*

1° La capacité de l'établissement ou du service à évaluer avec les usagers leurs besoins et attentes dans le cadre du projet d'établissements ou de service, en prenant en compte les interactions avec l'environnement familial et social de la personne.

2° L'enjeu de la personnalisation de l'écoute et de la réponse téléphoniques, y compris dans le traitement des demandes en urgence.

3° Les conditions dans lesquelles est élaboré le projet personnalisé et la capacité de celui-ci à prendre en compte les besoins et droits de l'usager.

4° L'effectivité du projet de l'établissement ou service sur l'accès et le recours aux droits.

5° La réponse de l'établissement ou du service aux attentes exprimées par les usagers.

6° La capacité de l'établissement ou du service à faciliter et valoriser l'expression et la participation des usagers.

7° La capacité de l'établissement ou service à observer les changements et adapter son organisation.

8° La prise en compte des recommandations de bonnes pratiques professionnelles dans les modalités de réponse apportées aux usagers.

9° La prise en compte des facteurs de risque et d'insécurité selon différents axes appropriés à chaque contexte : application de normes d'hygiène et de sécurité – prévention des situations de crise – mise en place d'un dispositif de régulation des conflits – techniques de prise en charge offrant la sécurité individuelle et collective en rapport avec les pratiques professionnelles garantissant les droits fondamentaux des personnes – plus généralement politique globale de gestion des risques.

10° La capacité de l'établissement ou du service pour assurer la cohérence et la continuité des actions et interventions.

11° Le respect des critères énoncés par la réglementation en vigueur et par les recommandations de bonnes pratiques professionnelles validées par (Décr. nº 2018-467 du 11 juin 2018, art. 3) *« la Haute Autorité de santé », relatifs notamment à la qualité d'hébergement.*

12° Les formes de mobilisation des professionnels, en observant l'organisation collective : organisation des échanges d'information, méthodes de travail, dispositifs de gestion de crise, modalités de formation des personnels.

13° La capacité de l'établissement ou du service à mettre en œuvre des dispositifs d'alerte et de formation permettant de mesurer la fatigue professionnelle.

14° Le rôle de l'établissement ou du service au regard des missions confiées par les autorités publiques à partir notamment de la confrontation des différents points de vue, mais aussi des réalisations :

a) Perception de l'établissement ou du service et de ses missions par les partenaires, les usagers ;

b) Formalisation des collaborations et des coopérations interinstitutionnelles ou interprofesionnelles autour et avec l'usager.

15° L'inscription de l'établissement ou du service dans un territoire donné à partir notamment de :

— la prise en compte du réseau de proximité et de l'utilisation optimale des ressources du milieu ;

— sa contribution aux évolutions et à la modification de l'environnement.

3.3 *L'analyse précise quelles thématiques sont intégrées dans le plan d'amélioration continue de la qualité. L'ensemble des éléments recueillis sont organisés dans une synthèse restituant les problématiques abordées.*

SECTION 4. *[ABROGÉ]* Élaborer des propositions et/ou préconisations

4.1 *Cet objectif porte en premier lieu sur des aspects stratégiques, et en second lieu sur des éléments plus directement opérationnels.*

4.2 *Des priorités sont formulées, en regard de critères explicités.*

CHAPITRE III. *[ABROGÉ]* ENGAGEMENT DE LA PROCÉDURE D'ÉVALUATION EXTERNE

SECTION 1. *[ABROGÉE]* Principes généraux

1.1 *La procédure d'évaluation est engagée à l'initiative de la personne physique ou de la personne morale de droit public ou de droit privé gestionnaire de l'établissement ou du service social ou médico-social.*

1.2 *La sélection de l'organisme habilité est réalisée dans le cadre habituel des procédures de mise en concurrence, et pour les établissements publics dans le respect des règles du code des marchés publics.*

1.3 (*Décr. n° 2012-147 du 30 janv. 2012, art. 3-II*) *Ni l'organisme habilité ni l'un des professionnels intervenant pour le compte d'un organisme habilité ne peut, à l'exception des opérations de facturation qui sont la contrepartie de la prestation d'évaluation, détenir au moment de l'évaluation, ou avoir détenu, au cours de l'année précédente, d'intérêt financier direct ou indirect dans l'organisme gestionnaire de l'établissement ou du service concerné.*

1.4 (*Décr. n° 2012-147 du 30 janv. 2012, art. 3-II*) *Ni l'organisme habilité ni l'un des professionnels intervenant pour le compte d'un organisme habilité ne peut procéder à l'évaluation externe d'un établissement ou d'un service qu'il a directement ou indirectement conseillé ou assisté, au cours des trois dernières années, pour la mise en œuvre de ses obligations au titre de l'évaluation interne.* — *Les dispositions de l'annexe 3.10 dans leur rédaction résultant du Décr. n° 2012-147 du 30 janv. 2012 s'appliquent aux évaluations externes engagées à compter du 1er juill. 2012 (Décr. préc., art. 5).*

1.5 *Si la personne physique ou la personne morale de droit public ou de droit privé gestionnaire de l'établissement ou du service social ou médico-social assume la responsabilité de la signature du contrat avec l'organisme habilité, le responsable de l'établissement ou du service à évaluer peut être associé à la phase d'établissement du contrat, aux fins d'adapter précisément le contenu du contrat.* — *Le 1.3. est devnu le 1.5. (Décr. n° 2012-147 du 30 janv. 2012, art. 3-II).*

SECTION 2. *[ABROGÉE]* Établissement du contrat entre la personne physique ou la personne morale gestionnaire de l'établissement ou du service et l'organisme habilité

2.1 *Le document de mise en concurrence définit le cadre général de l'évaluation ; il est le fondement de la relation contractuelle entre le commanditaire et l'évaluateur. Il contient notamment les éléments suivants :*

1° La présentation de l'établissement ou du service ;

2° L'articulation avec le projet de l'établissement ou service, l'évaluation interne et les démarches formalisée visant à améliorer le service rendu ;

3° Les premiers éléments permettant de formuler des hypothèses et les premières questions susceptibles d'être posées ;

4° Les modalités de concertation à prévoir lors des phases initiales de l'évaluation ;

5° Les modalités de suivi de l'évaluation externe ;

6° Le contexte et les éventuelles contraintes liées à l'organisation ou aux particularités des activités ;

7° Les conditions d'accès à l'information et aux documents disponibles ;

8° Les modalités concrètes d'élaboration et de rendu du rapport ;

9° Le temps nécessaire et le calendrier ;

10° Les modalités de facturation ;

2.2 *L'évaluateur fait une déclaration sur l'honneur annexée au contrat par laquelle il atteste remplir les conditions telles qu'énoncées dans le présent* (*Décr. n° 2012-147 du 30 janv. 2012, art. 3-II*) *« cahier des charges » et celles figurant dans le dossier d'habilitation de l'organisme.* — *Les dispositions de l'annexe 3.10 dans leur rédaction résultant du Décr. n° 2012-147 du 30 janv. 2012 s'appliquent aux évaluations externes engagées à compter du 1er juill. 2012 (Décr. préc., art. 5).*

2.3 *Les intervenants rémunérés de ces organismes, ci-après dénommés "évaluateurs" sont tenus à une obligation de réserve et de secret à l'égard de toute information dont ils ont connaissance dans le cadre de leur activité. Les modalités de recueil des déclarations d'intérêt et les modalités de contrôle interne que s'impose l'organisme habilité doivent être accessibles au responsable de l'établissement ou du service et au commanditaire.*

2.4 *S'agissant des qualifications et compétences des évaluateurs, au nombre des critères demandés figurent les éléments suivants :*

1° Une expérience professionnelle dans le champ social ou médico-social ;

2° Une formation aux méthodes évaluatives s'appuyant sur celles existant en matière d'évaluation des politiques publiques et comportant une méthodologie d'analyse pluridimensionnelle, globale, utilisant différents supports ;

3° Des connaissances actualisées et spécifiques dans le domaine de l'action sociale, portant sur les recommandations de bonnes pratiques professionnelles validées, sur les orientations générales des politiques de l'action sociale et sur les dispositifs;

4° En fonction de l'offre disponible, le commanditaire privilégie le caractère transversal et la capacité d'adaptation à la diversité des problématiques des évaluateurs;

5° Des modalités de travail qui garantissent un examen contradictoire des points de vue exprimés.

2.5 *La crédibilité de la proposition de l'évaluateur s'apprécie notamment sur les points suivants :*

1° Les références individuelles ainsi que l'engagement de l'évaluateur à soumettre à l'agrément préalable du commanditaire toute modification ultérieure de l'équipe d'évaluateurs;

2° La compréhension par l'évaluateur du projet de l'établissement ou service, du contexte et sa capacité à définir des questions;

3° La proposition de plan d'intervention : étapes, méthode d'évaluation envisagée, modalités de recueil des informations;

4° La capacité de l'évaluateur à se situer dans une logique d'écoute des professionnels et des usagers pour faire émerger des propositions d'évolution;

5° La clarté et la précision du devis, notamment le nombre de jours pour chaque étape de la procédure et le prix par journée, le rapport qualité/prix.

SECTION 3. *[ABROGÉE]* Éléments de cadrage pour la réalisation de l'évaluation externe

Le commanditaire et l'évaluateur sont tenus de respecter les étapes suivantes :

3.1 *Le commanditaire s'engage à fournir à l'évaluateur au moins les documents généraux prévus par la réglementation et les pièces techniques ci-après énoncées :*

1° Tout document public permettant d'identifier la personne physique ou la personne morale de droit public ou de droit privé gestionnaire de l'établissement ou du service social ou médico-social;

2° Une copie de l'autorisation ou de la déclaration avec un descriptif des activités, des publics accueillis, un organigramme et un document relatif aux personnels : effectifs en poste, répartition par catégorie;

3° Le projet d'établissement et autres documents de référence utilisés : charte, supports de démarche qualité;

4° Le livret d'accueil de l'établissement remis à chaque personne accueillie;

5° Le règlement de fonctionnement;

6° Les comptes rendus du conseil de la vie sociale ou de toute autre forme de participation conformément à l'article L. 311-6;

7° Les documents relatifs à l'hygiène et à la sécurité;

8° Les résultats de l'évaluation interne et tout document utile à la compréhension de sa réalisation;

9° Une note retraçant les choix opérés pour donner suite aux préconisations de l'évaluation interne.

3.2 *L'information sur la finalité et le déroulement de l'évaluation est assurée préalablement à l'engagement de celle-ci auprès des personnels et usagers.*

3.3 *Le responsable de l'établissement ou du service veille au bon déroulement de l'évaluation et au respect des termes du contrat. Un comité de suivi de l'évaluation peut être mis en place par le responsable; sa création ou non est précisée dans le contrat passé avec l'organisme habilité, en mentionnant, dans la première hypothèse, sa composition. Lorsqu'il existe, il recueille en tant que de besoin les avis des professionnels et des usagers et en fait part à l'évaluateur au cours des différentes étapes de l'évaluation.*

CHAPITRE IV. *[ABROGÉ]* ÉTAPES DE LA PROCÉDURE D'ÉVALUATION EXTERNE

SECTION 1. *[ABROGÉE]* Observation et description

1.1 *La première étape doit aboutir à la formalisation du projet évaluatif, qui comprend :*

1° La construction du cadre de référence spécifique de l'évaluation résultant des deux volets suivants :

a) Un volet commun comportant le rappel des orientations définies par les autorités compétentes sur le champ observé et les recommandations de bonnes pratiques professionnelles validées par (Décr. nº 2018-467 du 11 juin 2018, art. 3) *« la Haute Autorité de santé »;*

b) Un volet propre à chaque établissement ou service, décrivant la stratégie, les objectifs de l'établissement ou du service et les missions confiées sur un territoire géographique donné, dans le cadre des procédures d'autorisation.

Ce cadre de référence spécifique de l'évaluation ainsi défini doit être validé par le commanditaire de l'évaluation;

2º L'élaboration du questionnement évaluatif. — *V. Arr. du 9 déc. 2013 portant reconnaissance de correspondance partielle entre le référentiel de certification de services Qualicert RE/SAP/06 pour les services aux particuliers de la société SGS International Certification Services et le cahier des charges pour la réalisation des évaluations externes prévu à l'annexe 3-10 au code de l'action sociale et des familles (JO 17 déc.).*

Cette phase aboutit à la formulation de questions évaluatives hiérarchisées et adaptées à la logique de chaque établissement ou service. L'évaluateur doit aider l'établissement ou service à la formalisation de chacun des points précédemment évoqués. Ce questionnement intègre les objectifs de l'évaluation énoncés au chapitre II. Il est validé par le commanditaire de l'évaluation;

1.2 *La méthode et les outils de l'observation.*

1º L'observation s'appuie sur une analyse des pratiques collectives, définies comme l'ensemble des manières de faire, de dire et d'agir des professionnels. Elle ne doit pas être une évaluation de la pratique individuelle. L'observation porte sur les prestations et les activités, qui sont un ensemble d'actions et interventions organisées autour d'un ou plusieurs objectifs;

2º L'évaluateur doit pouvoir disposer des informations quantitatives et qualitatives disponibles;

3º Il programme des visites et entretiens individuels ou collectifs; il peut animer des réunions. Ces auditions concernent l'ensemble des professionnels y compris ceux de nuit, les stagiaires, les usagers et leurs proches;

4º Les informations collectées sont validées par les personnes concernées.

SECTION 2. ***[ABROGÉE]*** **Étude et analyse**

Cette étape permet une mise en forme des informations utiles pour :

1º Répondre précisément aux questionnements relatifs aux thématiques et registres spécifiques identifiés dans le cadre de l'évaluation, et en regard des objectifs d'évaluation énoncés au chapitre II.

2º Confronter la situation observée au cadre de référence spécifique de l'évaluation défini au 1.1 (1º); il s'agit notamment de déterminer la réalisation des objectifs initiaux, en tenant compte des mesures d'amélioration prises à l'issue des évaluations déjà conduites;

3º Examiner la prise en compte des procédures, références et recommandations de bonnes pratiques professionnelles validées ou élaborées par (Décr. nº 2018-467 du 11 juin 2018, art. 3) *« la Haute Autorité de santé ».*

SECTION 3. ***[ABROGÉE]*** **Synthèse**

3.1 *Cette étape doit mettre en relation les intentions du projet d'établissement ou du service et les constats issus de l'évaluation externe en se centrant sur la qualité des prestations et les pratiques dans le but d'apprécier le service rendu aux usagers, les points forts et les adaptations à conduire, dans une vision globale et stratégique de l'établissement ou du service tenant compte de son environnement.*

3.2 *Lorsque la synthèse établie par l'évaluateur met en évidence des différences, des écarts, des contradictions en regard du cadre de référence spécifique, il fournit une analyse et une interprétation sur la base des informations quantitatives et qualitatives qu'il a obtenues.*

3.3 *L'évaluateur analyse la pertinence des activités et de l'organisation par rapport aux besoins identifiés et aux objectifs assignés, en tenant compte des moyens disponibles de l'établissement ou du service et des choix opérés dans leur affectation.*

3.4 *Il formule des propositions et /ou préconisations au regard des différents champs couverts par l'évaluation externe.*

CHAPITRE V. *[ABROGÉ]* RÉSULTATS DE L'ÉVALUATION EXTERNE

SECTION 1. *[ABROGÉE]* Principes généraux

1.1 (*Décr. nº 2012-147 du 30 janv. 2012, art. 3-III*) *Les résultats de l'évaluation externe sont remis par l'évaluateur à la personne physique ou à la personne morale de droit public ou de droit privé gestionnaire de l'établissement ou du service social ou médico-social sous la forme d'un rapport d'évaluation. — Les dispositions de l'annexe 3.10 dans leur rédaction résultant du Décr. nº 2012-147 du 30 janv. 2012 s'appliquent aux évaluations externes engagées à compter du 1er juill. 2012 (Décr. préc., art. 5).*

1.2 *Le document produit doit avoir une visée informative et refléter l'ensemble des différentes étapes de l'évaluation.*

1.3 *Le rapport ne peut se limiter à un résumé de l'évaluation conduite. Il doit apporter à l'autorité ayant délivré l'autorisation une argumentation sur les données recueillies et l'analyse qui en résulte, permettant de l'éclairer utilement.*

1.4 *L'évaluation doit répondre à des exigences de qualité en termes de pertinence, de fiabilité, d'objectivité et de transparence.*

SECTION 2. *[ABROGÉE]* Processus d'élaboration du rapport d'évaluation externe

2.1 *Un pré-rapport d'évaluation externe est communiqué à l'organisme gestionnaire et au responsable de l'établissement ou du service ; ils s'assurent de la représentation des opinions de chacune des personnes interrogées et, le cas échéant, formulent leurs observations.*

2.2 *Le prérapport est consultable par toutes les personnes de l'établissement ou du service ayant contribué à l'évaluation externe.*

2.3 *La version définitive rédigée par l'évaluateur est remise à la personne physique ou à la personne morale de droit public ou de droit privé gestionnaire de l'établissement ou du service social ou médico-social* (*Abrogé par Décr. nº 2012-147 du 30 janv. 2012, art. 3-III*) *« conformément aux dispositions prévues à l'article R. 312-200 ». — Les dispositions de l'annexe 3.10 dans leur rédaction résultant du Décr. nº 2012-147 du 30 janv. 2012 s'appliquent aux évaluations externes engagées à compter du 1er juill. 2012 (Décr. préc., art. 5).*

SECTION 3. *[ABROGÉE]* Contenu général

Le rapport comporte les éléments suivants :

3.1 *Des éléments de cadrage. Cette partie introductive présente de façon synthétique l'établissement ou service et le contexte.*

3.2 *Un descriptif de la procédure d'évaluation externe.*

La démarche, les sources d'information, les choix opérés et les difficultés rencontrées sont rappelés. En annexe doivent figurer le contrat, la composition de l'équipe des intervenants et le calendrier de réalisation.

3.3 *Des développements informatifs.*

Le diagnostic de situation réalisé doit éclairer sur le projet, les buts poursuivis et l'organisation mise en place ; il apporte une synthèse des connaissances existantes et dégage des connaissances nouvelles.

3.4 *Les résultats de l'analyse détaillée.*

La présentation doit distinguer les analyses consécutives aux informations collectées et celles utilisant les méthodes d'interprétation des données.

3.5 *La synthèse.* (*Décr. nº 2012-147 du 30 janv. 2012, art. 3-III*) *« Elle est établie par l'évaluateur au regard des objectifs énoncés au chapitre II, selon un modèle fixé par* (*Décr. nº 2018-467 du 11 juin 2018, art. 3*) *« la Haute Autorité de santé » et téléchargeable gratuitement sur son site internet. La synthèse concourt à une meilleure connaissance du service rendu au travers des activités et prestations. » Dans tous les cas, devront figurer dans le rapport les points suivants : — Les dispositions de l'annexe 3.10 dans leur rédaction résultant du Décr. nº 2012-147 du 30 janv. 2012 s'appliquent aux évaluations externes engagées à compter du 1er juill. 2012 (Décr. préc., art. 5).*

1º Les conditions d'élaboration et de mise en œuvre du projet de l'établissement ou du service, d'organisation de la qualité de la prise en charge ou de l'accompagnement des usagers et les modalités de leur évaluation avec le concours des usagers ;

2° L'expression et la participation des usagers : fonctionnement du conseil de la vie sociale ou autre forme de participation, appréciation sur la prise en compte des avis des usagers et l'effectivité ;

3° La politique de prévention et de gestion des risques de maltraitance institutionnelle ou individuelle ;

4° L'ouverture de l'établissement ou du service sur son environnement institutionnel, géographique, socioculturel et économique.

3.6 *Dans la perspective de l'amélioration continue de la qualité des activités et prestations délivrées par l'établissement ou le service, l'évaluateur formule, outre les propositions et/ou préconisations ci-dessus mentionnées, toute observation utile à l'aide à la décision du commanditaire concernant l'adaptation des modalités d'accueil et d'accompagnement, au regard de l'évolution des besoins des usagers et en tenant compte des ressources.*

3.7 *(Décr. n° 2012-147 du 30 janv. 2012, art. 3-III) Un abrégé du rapport est établi par l'organisme habilité selon un modèle fixé par (Décr. n° 2018-467 du 11 juin 2018, art. 3) « la Haute Autorité de santé » et téléchargeable gratuitement sur son site internet. Cet abrégé est annexé au rapport. — Les dispositions de l'annexe 3.10 dans leur rédaction résultant du Décr. n° 2012-147 du 30 janv. 2012 s'appliquent aux évaluations externes engagées à compter du 1er juill. 2012 (Décr. préc., art. 5).*

ANNEXE 4-1

BARÈME DES BOURSES D'ÉTUDE PRÉVU À L'ARTICLE D. 451-7

I. – Taux minimaux

ÉCHELONS DES BOURSES	TAUX MINIMAUX ANNUELS (en euros)
1er échelon	1 315
2e échelon	1 982
3e échelon	2 540
4e échelon	3 097
5e échelon	3 554

II. – Plafonds minimaux de ressources

POINTS DE CHARGE	MONTANTS MINIMAUX DES PLAFONDS DE RESSOURCES ANNUELLES EN EUROS				
	1er échelon	2e échelon	3e échelon	4e échelon	5e échelon
0	16 010	12 940	11 430	9 940	8 490
1	17 790	14 370	12 700	11 050	9 420
2	19 580	15 810	13 980	12 160	10 350
3	21 360	17 250	15 240	13 260	11 300
4	23 130	18 690	16 510	14 360	12 240
5	24 910	20 120	17 780	15 470	13 170
6	26 680	21 560	19 050	16 580	14 110
7	28 450	23 000	20 330	17 690	15 050
8	30 230	24 430	21 600	18 790	16 000
9	32 010	25 870	22 870	19 900	16 940
10	33 790	27 310	24 150	21 000	17 890
11	35 570	28 740	25 430	22 110	18 830
12	37 340	30 180	26 700	23 210	19 770
13	39 130	31 620	27 970	24 320	20 710
14	40 910	33 060	29 240	25 430	21 650
15	42 690	34 500	30 520	26 540	22 600
16	44 470	35 940	31 790	27 650	23 540
17	46 250	37 380	33 060	28 760	24 490

III. – Points de charges minimaux

CHARGES DE L'ÉTUDIANT	POINTS
L'étudiant est pupille de la nation ou bénéficiaire d'une protection particulière	1
L'étudiant est atteint d'une incapacité permanente et a besoin d'une tierce personne	2
L'étudiant est atteint d'une incapacité permanente et n'est pas pris en charge à 100 % en internat	2
L'étudiant a des enfants à sa charge	1 × nombre d'enfants
L'étudiant est marié ou a conclu un pacte civil de solidarité et les revenus du conjoint ou du partenaire sont pris en compte	1
Le centre de formation auprès duquel l'étudiant est inscrit est éloigné du domicile de 30 à 250 km	2
Le centre de formation auprès duquel l'étudiant est inscrit est éloigné du domicile de plus de 250 km	3
CHARGES FAMILIALES	**POINTS**
Les parents ont des enfants à charge fiscalement étudiants dans l'enseignement supérieur (excepté l'étudiant demandant une bourse)	3 × nombre d'enfants
Les parents ont d'autres enfants à charge fiscalement (excepté l'étudiant demandant une bourse)	1 × nombre d'enfants
Le père ou la mère élève seul(e) son ou ses enfants	1

IV. – Conditions d'indépendance de logement et de revenu
(Décr. n° 2008-854 du 27 août 2008, art. 2)

Les conditions d'indépendance de logement et de revenu mentionnées à l'article D. 451-7 sont :
- justifier d'une déclaration fiscale différente de celle de ses parents ;
- disposer d'un revenu personnel correspondant au minimum à 50 % du SMIC brut annuel, ou d'un revenu par couple au moins égal à 90 % du SMIC brut annuel si l'étudiant est marié ou a conclu un pacte civil de solidarité défini à l'article 515-1 du code civil, et ceci hors pensions alimentaires versées par les parents ;
- apporter la preuve d'un domicile distinct de celui de ses parents, attesté au moins par un justificatif de domicile à son nom.

ANNEXE 4-2

CONTENU DE LA NOTICE D'INFORMATION

(Décr. n° 2008-1556 du 31 déc. 2008)

La notice d'information contient obligatoirement les éléments suivants :

I. — Une présentation du dispositif de protection juridique des majeurs.

La loi n° 2007-308 du 5 mars 2007 a rénové le dispositif de protection juridique des majeurs.

Toute personne majeure qui ne peut pourvoir seule à ses intérêts peut bénéficier d'une protection juridique, adaptée à son état et à sa situation.

Si une altération des facultés de la personne est médicalement constatée, le juge des tutelles peut décider qu'un régime de représentation (tutelle) ou d'assistance (curatelle) est nécessaire pour protéger les intérêts personnels et patrimoniaux de cette personne vulnérable.

Si une personne met sa santé ou sa sécurité en danger du fait de ses difficultés à gérer ses prestations sociales, une mesure d'accompagnement social personnalisé peut lui être proposée. Si cet accompagnement ne lui permet pas de gérer ses prestations sociales de façon autonome, le juge des tutelles pourra ordonner une mesure d'accompagnement judiciaire en vue de rétablir cette situation.

II. — Des éléments d'information relatifs au mandataire judiciaire à la protection des majeurs :

a) La date de l'habilitation du mandataire judiciaire à la protection des majeurs ;

b) Les mesures de protection des majeurs pour lesquelles le mandataire judiciaire à la protection des majeurs a reçu une habilitation et leur définition ;

c) Les qualifications du mandataire judiciaire à la protection des majeurs ou, si le mandataire judiciaire est un service, les qualifications de l'ensemble de ses personnels ;

d) L'adresse du mandataire judiciaire à la protection des majeurs et, si le mandataire judiciaire à la protection des majeurs est un service, des différents sites, et notamment du site qui s'occupe de la personne protégée, qui le composent, leurs voies et moyens d'accès ;

e) Si le mandataire judiciaire à la protection des majeurs est un service, les noms de son directeur et de son représentant, et, le cas échéant, du ou des responsables des différentes annexes ou sites concernés, du président du conseil d'administration ou de l'instance délibérante de l'organisme gestionnaire ;

f) Si le mandataire judiciaire à la protection des majeurs est un service, son organisation générale et son organigramme, ses coordonnées et ses horaires d'accueil ;

g) Les conditions de facturation des mesures de protection des majeurs ;

h) Les garanties souscrites en matière d'assurance et de responsabilité civile contractées par le mandataire judiciaire à la protection des majeurs.

III. — Des éléments d'information concernant les personnes protégées :

a) La charte des droits et libertés de la personne majeure protégée ;

b) Les principaux documents et pièces que la personne transmet pour la mise en place et la révision de la mesure de protection des majeurs ;

c) Si le mandataire judiciaire à la protection des majeurs est un service, une présentation des modalités de participation des personnes protégées à l'organisation et au fonctionnement du service ainsi que des modalités de consultation sur le projet de service (groupe d'expression, enquête de satisfaction et autre mode de consultation) ;

d) Si le mandataire judiciaire à la protection des majeurs n'est pas un service, une présentation des modalités de participation de la personne protégée à l'exercice de sa mesure de protection ;

e) Si le mandataire judiciaire à la protection des majeurs est un service, l'élaboration et la remise du document individuel de protection des majeurs ;

f) Le traitement des données concernant la personne dans les conditions fixées par la loi du 6 janvier 1978 modifiée relative à l'informatique, aux fichiers et aux libertés et le droit de s'opposer, pour des raisons légitimes, au recueil et au traitement de données nominatives la concernant, dans les conditions fixées par la loi du 6 janvier 1978 précitée ;

g) Le respect, lors de la communication des documents, informations et données concernant la personne, des lois et réglementations en vigueur, de l'obligation de confidentialité des informations, des préconisations prévues par la charte des droits et libertés de la personne majeure protégée et des décisions du juge ;

h) Les numéros d'appel des services d'accueil téléphonique spécialisés (écoute maltraitance, maison départementale des personnes handicapées, centre local d'information et de coordination...) ;

i) En cas de réclamation ou de contestation, si le mandataire judiciaire à la protection des majeurs est un service, la liste et les modalités pratiques de saisine des personnes qualifiées mentionnées à l'article L. 311-5 du code de l'action sociale et des familles auxquelles la personne peut faire appel en vue de l'aider à faire valoir ses droits ;

j) Les coordonnées du tribunal qui a ordonné la mesure de protection juridique des majeurs dont bénéficie la personne, ainsi que celles du procureur de la République compétent.

ANNEXE 4-3

CHARTE DES DROITS ET LIBERTÉS DE LA PERSONNE MAJEURE PROTÉGÉE

(Décr. nº 2008-1556 du 31 déc. 2008)

Par la loi du 5 mars 2007 portant réforme de la protection juridique des majeurs, le législateur a souhaité garantir à tout citoyen le droit d'être protégé pour le cas où il ne pourrait plus s'occuper seul de ses intérêts. Cette loi renforce la protection de la personne du majeur protégé et de ses biens.

La protection juridique qui lui est garantie s'exerce en vertu des principes énoncés dans la présente charte.

Art. 1er *Respect des libertés individuelles et des droits civiques.* Conformément à l'article 415 du code civil, la mesure de protection juridique est exercée dans le respect des libertés individuelles et des droits fondamentaux et civiques de la personne.

Conformément à l'article L. 5 du code électoral, le droit de vote est garanti à la personne sous réserve des décisions de justice.

Art. 2 *Non-discrimination.* Nul ne peut faire l'objet d'une discrimination en raison de son sexe, de l'origine, de sa grossesse, de son apparence physique, de son patronyme, de ses caractéristiques génétiques, de ses mœurs, de son orientation sexuelle, de son handicap, de son âge, de ses opinions et convictions ou croyances, notamment politiques ou religieuses, de ses activités syndicales, de son appartenance ou de sa non-appartenance, vraie ou supposée, à une ethnie, une nation, une race ou une religion déterminée lors de la mise en œuvre d'une mesure de protection.

Art. 3 *Respect de la dignité de la personne et de son intégrité.* Le respect de la dignité et de l'intégrité de la personne est garanti. Le droit à l'intimité est préservé.

Il est garanti à la personne la confidentialité de la correspondance privée reçue à son attention par le mandataire judiciaire à la protection des majeurs. Cette correspondance lui est remise. La correspondance administrative reçue à son attention par le mandataire judiciaire à la protection des majeurs est également mise à sa disposition.

Art. 4 *Liberté des relations personnelles.* Conformément à l'article 459-2 du code civil, la personne entretient librement des relations personnelles avec les tiers, parent ou non, et a le droit d'être visitée et, le cas échéant, hébergée par ceux-ci, sauf décision contraire du conseil de famille ou du juge en cas de difficulté.

Art. 5 *Droit au respect des liens familiaux.* La mesure de protection juridique s'exerce en préservant les liens familiaux et tient compte du rôle de la famille et des proches qui entourent de leurs soins la personne tout en respectant les souhaits de la personne protégée et les décisions du conseil de famille ou du juge.

Art. 6 *Droit à l'information.* La personne a droit à une information claire, compréhensible et adaptée sur :

— la procédure de mise sous protection ;

— les motifs et le contenu d'une mesure de protection ;

— le contenu et les modalités d'exercice de ses droits durant la mise en œuvre de cette procédure ainsi que sur l'organisation et le fonctionnement du mandataire judiciaire à la protection des majeurs, en particulier s'il s'agit d'un service.

La personne est également informée des voies de réclamation et de recours amiables et judiciaires.

Elle a accès aux informations la concernant dans les conditions prévues par la loi et, le cas échéant, selon des modalités fixées par le juge.

Art. 7 *Droit à l'autonomie.* Conformément à l'article 458 du code civil, « sous réserve des dispositions particulières prévues par la loi, l'accomplissement par la personne des actes dont la nature implique un consentement strictement personnel ne peut jamais donner lieu à assistance ou représentation ». Conformément à l'article 459 du code civil, dans les autres cas, la personne protégée prend seule les décisions relatives à sa personne dans la mesure où son état le permet.

Conformément à l'article 459-2 du code civil, la personne a la possibilité de choisir son lieu de résidence, sauf décision contraire du conseil de famille ou du juge.

Art. 8 *Droit à la protection du logement et des objets personnels.* Conformément à l'article 426 du code civil, "le logement de la personne et les meubles dont il est garni, qu'il s'agisse d'une résidence principale ou secondaire, sont conservés à la disposition de celle-ci aussi longtemps qu'il est possible. Les objets à caractère personnel indispensables à la personne handicapée ou destinés aux soins de la personne malade sont gardés à sa disposition, le cas échéant par l'établissement dans lequel elle est hébergée".

Art. 9 *Consentement éclairé et participation de la personne.* Dans le respect des dispositions légales et réglementaires ainsi que des décisions du conseil de famille ou du juge :

— le consentement éclairé de la personne est recherché en l'informant, par tous les moyens adaptés à sa situation et en veillant à sa compréhension, des conditions d'exercice et des conséquences de la mesure de protection juridique ;

— le droit de participer à la conception et à la mise en œuvre du projet individuel de protection est garanti.

Art. 10 *Droit à une intervention personnalisée.* Dans le cadre de la mise en œuvre de la mesure de protection, la personne bénéficie d'une intervention individualisée de qualité favorisant son autonomie et son insertion. La situation de la personne fait l'objet d'une évaluation régulière afin d'adapter le plus possible l'intervention à ses besoins.

Les conséquences affectives et sociales qui peuvent résulter de la mise en œuvre de la mesure de protection sont prises en considération.

Art. 11 *Droit à l'accès aux soins.* Il est garanti à la personne l'accès à des soins adaptés à son état de santé.

Art. 12 *Protection des biens dans l'intérêt exclusif de la personne.* La protection des biens est exercée en fonction de la situation ou de l'état de la personne et, conformément à l'article 496 du code civil, dans son seul intérêt.

Conformément au même article du code civil, les actes relatifs à la protection des biens de la personne font l'objet de soins prudents, diligents et avisés.

Sauf volonté contraire exprimée par la personne protégée, les comptes ou les livrets ouverts à son nom, et sous réserve des dispositions légales et réglementaires ainsi que des décisions du conseil de famille ou du juge, sont maintenus ouverts.

Conformément à l'article 427 du code civil, les opérations bancaires d'encaissement, de paiement et de gestion patrimoniale, effectuées au nom et pour le compte de la personne, sont réalisées exclusivement au moyen des comptes ouverts à son nom, sous réserve des dispositions légales et réglementaires, notamment celles relatives à la comptabilité publique. Les fruits, produits et plus-values générés par les fonds et les valeurs appartenant à la personne lui reviennent exclusivement.

Art. 13 *Confidentialité des informations.* Il est garanti à la personne et à sa famille le respect de la confidentialité des informations les concernant dans le cadre des lois existantes et sous réserve des décisions du juge.

ANNEXE 4-4

Modèle de récépissé remis par les mandataires judiciaires à la protection des majeurs

(Décr. nº 2008-1556 du 31 déc. 2008)

Le récépissé contient obligatoirement les éléments suivants :

Identité du mandataire judiciaire à la protection des majeurs ou de son représentant

Je soussigné (e),

Mon nom d'usage :

Mon prénom :

Ma date de naissance :

Mon lieu de naissance :

Code postal :

Commune :

Pays :

Mon adresse :

Code postal :

Commune :

Pays :

Mon numéro de téléphone :

Mon numéro de fax :

Mon adresse de courrier électronique :

(Veuillez indiquer ensuite la mention prévue au 1 ci-dessous si vous êtes le mandataire judiciaire à la protection des majeurs ou les mentions prévues au 2 si vous représentez un service mandataire judiciaire à la protection des majeurs.)

1. Agissant en qualité de mandataire judiciaire à la protection des majeurs.

2. Représentant le mandataire judiciaire à la protection des majeurs désigné ci-après :
La dénomination du service :
L'adresse du siège :
Code postal :
Commune :
Pays :
Le numéro de téléphone du siège :
Le numéro de fax du siège :
L'adresse de courrier électronique du siège :
Certifie avoir expliqué et remis ce jour le ou les document (s) suivant (s) :
La notice d'information ;
La charte des droits et libertés de la personne majeure protégée ;
Le règlement de fonctionnement (à mentionner uniquement si vous agissez au nom d'un service mandataire judiciaire à la protection des majeurs) ;
Le document individuel de protection des majeurs (à mentionner uniquement si vous agissez au nom d'un service mandataire judiciaire à la protection des majeurs).

Identité de la personne protégée

Madame / Mademoiselle / Monsieur
Son nom de famille (de naissance) :
Son nom d'usage (ex. : nom marital) :
Ses prénoms (dans l'ordre de l'état civil) :
Sa date de naissance :
Son lieu de naissance :
Code postal :
Commune :
Pays :
Son adresse :
Code postal :
Commune :
Pays :
Son numéro de téléphone :
Son numéro de fax :
Son adresse de courrier électronique :
Si la personne protégée ne peut pas signer le récépissé, veuillez également remplir la rubrique suivante :

Identité de la personne présente

Madame / Mademoiselle / Monsieur
Son nom d'usage :
Son prénom :
Son adresse :
Code postal :
Commune :
Pays :
Son numéro de téléphone :
Son numéro de fax :
Son adresse de courrier électronique :
Lien avec la personne protégée (la personne présente indique si elle est un membre de la famille, le subrogé tuteur, une personne ayant des liens étroits et stables avec la personne protégée ou, si elle n'appartient pas à cette liste de personnes, sa qualité) :
Fait le :
Date :
A :
Adresse :
Code postal :
Commune :
Pays :
Par :

Le mandataire judiciaire à la protection des majeurs ou son représentant :
Prénom :
Nom d'usage :
Signature :
La personne protégée :
Prénom :
Nom d'usage :
Signature, précédée de la mention : "Je certifie avoir pris connaissance du ou des présent (s) document(s)".
Si la personne protégée ne peut pas ou refuse de signer le récépissé, veuillez le mentionner.
Si la personne protégée ne peut pas signer le récépissé, la personne présente :
Prénom :
Nom d'usage :
Signature, précédée de la mention : "Je certifie avoir pris connaissance du ou des présent (s) document(s)".
Si la personne présente refuse de signer le récépissé, veuillez le mentionner.

ANNEXE 4-5

Modèle de récépissé remis par les délégués aux prestations familiales

(Décr. nº 2008-1556 du 31 déc. 2008)

Le récépissé contient obligatoirement les éléments suivants :

Identité du représentant du délégué aux prestations familiales

Je soussigné (e),
Mon nom d'usage :
Mon prénom :
Ma date de naissance :
Mon lieu de naissance :
Code postal :
Commune :
Pays :
Mon adresse :
Code postal :
Commune :
Pays :
Mon numéro de téléphone :
Mon numéro de fax :
Mon adresse de courrier électronique :
Représentant le délégué aux prestations familiales désigné ci-après :
La dénomination du service :
L'adresse du siège :
Code postal :
Commune :
Pays :
Le numéro de téléphone du siège :
Le numéro de fax du siège :
L'adresse de courrier électronique du siège :
Certifie avoir expliqué et remis ce jour le ou les document(s) suivant(s) :
La charte des droits et libertés de la personne accueillie ;
Le livret d'accueil ;
Le règlement de fonctionnement ;
Le document individuel de prise en charge.

Identité du parent

Madame / Mademoiselle / Monsieur
Son nom de famille (de naissance) :
Son nom d'usage (ex. : nom marital) :
Ses prénoms (dans l'ordre de l'état civil) :

Sa date de naissance :
Son lieu de naissance :
Code postal :
Commune :
Pays :
Son adresse :
Code postal :
Commune :
Pays :
Son numéro de téléphone :
Son numéro de fax :
Son adresse de courrier électronique :
Fait le :
Date :
A :
Adresse :
Code postal :
Commune :
Pays :
Par :
Le représentant du délégué aux prestations familiales :
Prénom :
Nom d'usage :
Signature :
L'allocataire :
Prénom :
Nom d'usage :
Signature, précédée de la mention : "Je certifie avoir pris connaissance du ou des présent(s) document(s)".
Si le parent refuse de signer le récépissé, veuillez le mentionner.

ANNEXE 4-6

LES MODALITÉS DE MISE EN ŒUVRE DU SOUTIEN TECHNIQUE MENTIONNÉ À L'ARTICLE R. 215-16

(Décr. n° 2008-1507 du 30 déc. 2008)

I. — Toute personne qui participe à la mise en œuvre du soutien technique mentionné à l'article R. 215-15 doit satisfaire aux conditions suivantes :

1° Justifier de la possession d'un diplôme ou titre de niveau III inscrit au répertoire national des certifications professionnelles.

2° Avoir les compétences techniques et les qualités relationnelles nécessaires à l'activité de soutien technique.

3° Satisfaire aux conditions prévues à l'article L. 133-6.

II. — L'information délivrée au titre de l'article R. 215-16 porte sur les conséquences pour la personne à protéger de l'application de la législation relative à la protection juridique des majeurs.

III. — L'aide technique à la mise en œuvre des obligations liées à la mesure de protection mentionnée à l'article R. 215-19 comprend notamment :

1° Une aide à la réalisation de l'inventaire prévu à l'article 503 du code civil, à la rédaction et à la mise en forme de requêtes ainsi qu'à la reddition des comptes de gestion (annuels, définitifs, récapitulatif) ;

2° Une aide à la rédaction et à la mise en forme des courriers nécessaires à l'exercice des mesures de protection ;

3° La vérification de la conformité des documents à produire au juge des tutelles ;

4° L'orientation des personnes soutenues dans les différentes démarches à accomplir pour l'acquisition, la reconnaissance ou la défense des droits de la personne protégée.

....

ANNEXE 4-8

RÉFÉRENTIEL FIXANT LES CRITÈRES DE L'AGRÉMENT DES ASSISTANTS MATERNELS PAR LE PRÉSIDENT DU CONSEIL DÉPARTEMENTAL

(Décr. n° 2012-364 du 15 mars 2012)

Le service départemental de protection maternelle et infantile instruit les demandes d'agrément des assistants maternels, qu'il s'agisse d'une première demande, d'une demande de modification ou d'une demande de renouvellement. En cas d'exercice en maison d'assistants maternels, la demande est instruite par le service du conseil départemental du département dans lequel est située la maison.

La procédure comporte au moins un entretien et une ou plusieurs visites au domicile ou dans la maison d'assistants maternels, en fonction du mode d'exercice. Les visites au domicile du candidat doivent concilier le respect de sa vie privée et la nécessaire protection des enfants qu'il va accueillir.

Dans le cas particulier des conjoints, concubins ou partenaires liés par un pacte civil de solidarité, exerçant tous deux la profession d'assistant maternel, à leur domicile, le nombre d'enfants que chacun d'entre eux est autorisé à accueillir doit être apprécié par assistant maternel, y compris le ou les enfants de moins de trois ans du couple présents au domicile.

Les recommandations et limitations éventuellement formulées par le service départemental de protection maternelle et infantile doivent être proportionnées à l'objectif recherché, qui est de garantir la santé, la sécurité et l'épanouissement des jeunes enfants accueillis chez l'assistant maternel en tenant compte de leur nombre et de leur âge.

Les critères d'agrément définis à la section 1 et à la section 2 sont communs à l'exercice à domicile et en maison d'assistants maternels, à l'exception des dispositions mentionnées ci-dessous qui s'appliquent exclusivement à l'exercice en maison d'assistants maternels :

Section 1. — Sous-section 4, paragraphes 5° et 6° ;

Section 2. — Sous-section 1, II (5°).

SECTION 1. Les capacités et les compétences pour l'exercice de la profession d'assistant maternel

Sous-section 1. La santé de l'enfant accueilli

Il convient de prendre en compte :

1° La capacité à appliquer les règles relatives à la sécurité de l'enfant accueilli, notamment les règles de couchage permettant la prévention de la mort subite du nourrisson ;

2° La capacité à appliquer les règles relatives à l'administration des médicaments ;

3° La capacité à appliquer les règles relatives à l'hygiène, notamment alimentaire, et à respecter les interdictions alimentaires signalées par les parents ;

4° Les incidences possibles sur la santé de l'enfant d'éventuels comportements à risque, dont le tabagisme, chez les personnes vivant au domicile et présentes durant l'accueil ;

5° La conscience des exigences et des contraintes liées à l'accueil d'enfants en situation de handicap ou atteints d'une maladie chronique.

Sous-section 2. La maîtrise de la langue française orale et les capacités de communication et de dialogue

Il convient de prendre en compte :

1° La maîtrise de la langue française orale, obligatoire pour le suivi de la formation et l'établissement des relations avec l'enfant, ses parents, les services départementaux de protection maternelle et infantile et les autres professionnels ;

2° L'aptitude à la communication et au dialogue nécessaire pour l'établissement de bonnes relations avec l'enfant, ses parents et les services départementaux de protection maternelle et infantile ;

3° Les capacités d'écoute et d'observation ;

4° Les capacités d'information des parents et d'échange avec eux au sujet de l'enfant, en particulier sur le déroulement de sa journée d'accueil ;

5° Les capacités à repérer chez l'enfant une situation préoccupante et à en informer le service départemental de protection maternelle et infantile.

Sous-section 3. Les capacités et les qualités personnelles pour accueillir de jeunes enfants dans des conditions propres à assurer leur développement physique et intellectuel et les aptitudes éducatives

Il convient de prendre en compte :

1° La capacité à percevoir et prendre en compte les besoins de chaque enfant, selon son âge et ses rythmes propres, pour assurer son développement physique, intellectuel et affectif et à mettre en œuvre les moyens appropriés, notamment dans les domaines de l'alimentation, du sommeil, du jeu, des acquisitions psychomotrices, intellectuelles et sociales.

Le service départemental de protection maternelle et infantile s'appuiera à cet effet sur les recommandations de santé publique validées, en premier lieu celles qui figurent dans le carnet de santé mentionné à l'article L. 2132-1 du code de la santé publique ainsi que celles qui sont publiées ou diffusées par le ministère chargé de la santé ;

2° La capacité à poser un cadre éducatif cohérent, permettant l'acquisition progressive de l'autonomie, respectueux de l'intérêt supérieur de l'enfant et des attentes et principes éducatifs des parents, favorisant la continuité des repères de l'enfant entre la vie familiale et le mode d'accueil.

Sous-section 4. La disponibilité et la capacité à s'organiser et à s'adapter à des situations variées

Il convient de prendre en compte :

1° La capacité à concilier l'accueil de l'enfant avec d'éventuelles contraintes familiales ;

2° La capacité à préserver la disponibilité nécessaire vis-à-vis de l'enfant accueilli au regard des tâches domestiques et autres activités personnelles ;

3° La capacité à s'organiser au quotidien notamment pour l'accompagnement de ses propres enfants dans leurs différents déplacements ;

4° La capacité à s'adapter à une situation d'urgence ou imprévue et à prendre les mesures appropriées ;

5° En cas d'exercice en maison d'assistants maternels, la capacité à travailler en équipe, évaluée notamment à partir d'un projet d'accueil commun, et la capacité à exercer, le cas échéant, son activité dans un cadre de délégation d'accueil ;

6° En cas de cumul d'exercice en maison d'assistants maternels et à domicile, la compatibilité des deux modes d'exercice et, le cas échéant, la capacité de l'assistant maternel à s'organiser pour que les conditions d'accueil garantissent la santé, la sécurité et l'épanouissement des enfants accueillis.

Sous-section 5. La connaissance du métier, du rôle et des responsabilités de l'assistant maternel

Il convient de prendre en compte :

1° La capacité à mesurer les responsabilités qui sont les siennes vis-à-vis de l'enfant, de ses parents ainsi que des services départementaux de protection maternelle et infantile, en tenant compte de l'apport des réunions d'information préalables et de la formation obligatoire ultérieure prévues à l'article L. 2112-2 du code de la santé publique ;

2° La capacité à observer une discrétion professionnelle et à faire preuve de réserve vis-à-vis des tiers dans le cadre de son activité professionnelle ;

3° La connaissance ou la capacité de s'approprier, dans le cadre des réunions d'information obligatoires et de la formation obligatoire ultérieure, les principales règles légales, réglementaires et conventionnelles régissant la profession ;

4° La compréhension et l'acceptation du rôle d'accompagnement, de contrôle et de suivi des services départementaux de protection maternelle et infantile ;

(Décr. n° 2021-1131 du 30 août 2021, art. 1er-4°, en vigueur le 1er sept. 2021) « 5° Dans le cas d'un renouvellement d'agrément, l'inscription et le renseignement des disponibilités sur le site mentionné à l'article R. 421-18-1, ou dans le cas d'une première demande d'agrément, l'engagement à le faire. »

SECTION 2. Les conditions matérielles d'accueil et de sécurité

Le lieu d'accueil ainsi que son environnement et son accessibilité doivent présenter des caractéristiques permettant, compte tenu, le cas échéant, des aides publiques accordées ou susceptibles de l'être, de garantir la santé, la sécurité et l'épanouissement des jeunes enfants accueillis en tenant compte de leur nombre et de leur âge.

Sous-section 1. Les dimensions, l'état du lieu d'accueil, son aménagement, l'organisation de l'espace et sa sécurité

I. — Il convient de prendre en compte :

1° La conformité du lieu d'accueil aux règles d'hygiène et de confort élémentaires : ce lieu doit être propre, clair, aéré, sain et correctement chauffé ;

2° L'existence d'un espace suffisant permettant de respecter le sommeil, le repas, le change et le jeu du ou des enfants accueillis.

II. — En termes de sécurité, une vigilance particulière doit être apportée :

1° A la capacité à prévenir les accidents domestiques et les risques manifestes pour la sécurité de l'enfant (rangement des produits, notamment d'entretien ou pharmaceutiques, et objets potentiellement dangereux hors de la vue et de la portée de l'enfant accueilli), en proposant spontanément les aménagements nécessaires ou en acceptant ceux prescrits par les services départementaux de protection maternelle et infantile ;

2° Au couchage de l'enfant dans un lit adapté à son âge, au matériel de puériculture, ainsi qu'aux jouets qui doivent être conformes aux exigences normales de sécurité et entretenus et remplacés si nécessaire ;

3° A la protection effective des espaces d'accueil et des installations dont l'accès serait dangereux pour l'enfant, notamment les escaliers, les fenêtres, les balcons, les cheminées, les installations électriques ou au gaz ;

4° A la prévention des intoxications par le monoxyde de carbone attestée par la production des certificats d'entretien annuel des appareils fixes de chauffage ou de production d'eau chaude sanitaire ;

5° En cas d'exercice en maison d'assistants maternels, aux règles fixées conformément à l'article *(Décr. nº 2021-872 du 30 juin 2021, art. 7-I)* « L. 143-2 » du code de la construction et de l'habitation et aux dispositions prises pour son application concernant les établissements recevant du public classés dans le type R de la quatrième catégorie ou dans la cinquième catégorie.

Sous-section 2. La disposition de moyens de communication permettant de faire face aux situations d'urgence

Il convient de s'assurer :

1° De l'existence de moyens de communication permettant d'alerter sans délai les services de secours, les parents et les services départementaux de protection maternelle et infantile ;

2° De l'affichage permanent, visible et facilement accessible des coordonnées des services de secours, des parents et des services départementaux de protection maternelle et infantile.

Sous-section 3. L'environnement du lieu d'accueil, la sécurité de ses abords et son accessibilité

Il convient de prendre en compte :

1° Les risques de danger pour l'enfant liés à l'existence notamment d'une route, d'un puits ou d'une étendue d'eau à proximité du lieu d'accueil et les mesures prises pour le sécuriser ;

2° L'existence d'un dispositif de sécurité normalisé, obligatoire et attesté par une note technique fournie par le constructeur ou l'installateur, afin de prévenir les risques de noyade dans les piscines non closes dont le bassin est totalement ou partiellement enterré ;

3° Les risques liés à l'utilisation des piscines posées hors sol.

Sous-section 4. La présence d'animaux dans le lieu d'accueil

L'évaluation portant prioritairement sur les conditions d'accueil garantissant la sécurité de l'enfant, qui ne doit jamais rester seul avec un animal, il convient de prendre en compte :

1° La capacité de l'assistant maternel à comprendre les risques encourus par l'enfant et les mesures prises pour organiser une cohabitation sans danger ou isoler le ou les animaux dans un lieu à distance durant l'accueil ;

2° Les dispositions envisagées pour assurer l'information effective des parents, en cas de détention ou d'acquisition d'animaux présents durant l'accueil ;

3° La présence dans le lieu d'accueil, ou à proximité immédiate, d'animaux susceptibles d'être dangereux, notamment de chiens de la première catégorie et de la deuxième catégorie.

Sous-section 5. Les transports et les déplacements

Il convient de prendre en compte :

1° Les modalités d'organisation et de sécurité des sorties, en tenant compte de l'âge et du nombre d'enfants accueillis, et de l'obligation d'obtenir une autorisation écrite des parents pour les transports ;

2° La connaissance et l'application des règles de sécurité en vigueur pour les enfants transportés dans le véhicule personnel et l'utilisation de sièges auto homologués et adaptés en fonction de l'âge et du poids de l'enfant ;

3° L'obligation d'avoir une attestation d'assurance spécifique du véhicule pour couvrir les enfants accueillis lors de transports, y compris lorsque l'assistant maternel n'est pas le conducteur.

ANNEXE 4-9

Référentiel fixant les critères de l'agrément des assistants familiaux par le président du conseil départemental

(Décr. n° 2014-918 du 18 août 2014)

L'assistant familial est la personne dont la mission consiste, moyennant rémunération, à accueillir habituellement et de façon permanente à son domicile des mineurs et des jeunes majeurs âgés de moins de 21 ans, séparés de leurs parents, et à prendre soin d'eux au quotidien. Son activité s'insère dans un dispositif de protection de l'enfance, un dispositif médico-social ou un service d'accueil familial thérapeutique.

Le service départemental de protection maternelle et infantile instruit les demandes d'agrément des assistants familiaux, qu'il s'agisse d'une première demande, d'une demande de modification ou d'une demande de renouvellement.

Les visites au domicile du candidat doivent concilier le respect de sa vie privée et la nécessaire protection des mineurs ou jeunes majeurs qu'il va accueillir.

SECTION 1. Les capacités et les compétences pour l'exercice de la profession d'assistant familial

Sous-section 1. Les capacités et les qualités personnelles pour accueillir des mineurs ou des jeunes majeurs et les aptitudes éducatives du candidat

Il convient de prendre en compte la capacité du candidat à :

1. Observer, écouter et prendre en compte les besoins particuliers du mineur ou du jeune majeur accueilli pour favoriser son développement physique, affectif, intellectuel et social.
2. Proposer un cadre de vie favorisant la stabilité affective du mineur ou du jeune majeur accueilli.
3. Poser un cadre éducatif cohérent, structurant et adapté aux besoins du mineur ou du jeune majeur accueilli.
4. Adopter une attitude conforme à l'intérêt supérieur de l'enfant accueilli et avoir une attitude neutre et respectueuse vis-à-vis des parents et de la famille du mineur ou du jeune majeur accueilli.
5. Repérer et prévenir les risques liés aux comportements personnels ou familiaux susceptibles d'avoir une incidence sur la santé, la sécurité, le développement physique, affectif, intellectuel et social du mineur ou du jeune majeur accueilli.
6. Repérer et prévenir les dangers potentiels liés à l'habitat et à son environnement ou à la possession d'objets dangereux ainsi que les accidents de la vie courante, et à envisager le cas échéant les aménagements nécessaires en fonction de l'âge de l'enfant.

Sous-section 2. La connaissance du métier, du rôle et des responsabilités de l'assistant familial

Il convient de prendre en compte :

1. Les motivations du candidat et sa capacité à décrire son projet en tant que famille d'accueil ainsi que le degré d'adhésion des différents membres de la famille à ce projet.
2. La connaissance du rôle et de la fonction d'assistant familial.
3. La capacité du candidat à identifier et assumer ses responsabilités vis-à-vis du mineur ou du jeune majeur accueilli ainsi que le rôle et la place des parents dans le cadre de la prise en charge.
4. La capacité du candidat à s'inscrire dans une équipe professionnelle pluridisciplinaire autour du projet pour l'enfant ou le jeune majeur.
5. La capacité du candidat à se représenter ses responsabilités vis-à-vis des services du département, et de son employeur, en charge de son accompagnement, de son contrôle et du suivi de ses pratiques professionnelles, et à comprendre et accepter leur rôle.
6. La capacité du candidat à mesurer ses obligations au regard du secret professionnel attaché à ses fonctions.

Sous-section 3. La maîtrise de la langue française orale et l'aptitude à la communication et au dialogue

Il convient de prendre en compte la capacité du candidat à :

1. La maîtrise de la langue française orale, obligatoire pour le suivi de la formation et l'établissement des relations, notamment avec l'enfant, sa famille, l'employeur, les services du département et les professionnels concernés par la prise en charge du mineur ou du jeune majeur.

2. L'aptitude à la communication et au dialogue nécessaires, notamment dans le cadre de la collaboration avec les services du département, l'employeur et les professionnels concernés par la prise en charge du mineur ou du jeune majeur.

Sous-section 4. La disponibilité et la capacité à s'organiser et à s'adapter à des situations variées

Il convient de prendre en compte la capacité du candidat à :

1. Concilier l'accueil du mineur ou du jeune majeur avec le mode de vie familial, notamment à offrir la disponibilité nécessaire au mineur ou au jeune majeur accueilli au regard de ses activités professionnelles, personnelles et de sa vie familiale.

2. S'organiser au quotidien, notamment pour l'accompagnement nécessaire du mineur ou du jeune majeur dans ses déplacements.

3. S'adapter à une situation d'urgence ou imprévue et à prendre les mesures appropriées.

4. Avoir conscience des exigences et des contraintes liées à l'accueil de mineurs ou de jeunes majeurs en situation de handicap ou atteints de maladie chronique.

SECTION 2. Les conditions d'accueil et de sécurité

Le domicile ainsi que son environnement doivent présenter des caractéristiques permettant de garantir la santé, le bien-être et la sécurité des mineurs ou des jeunes majeurs accueillis en tenant compte de leur nombre et de leur âge.

Sous-section 1. Les dimensions, l'état du domicile, son aménagement, l'organisation de l'espace et sa sécurité

I. — Il convient de prendre en compte :

1. Le respect de règles d'hygiène et de confort favorisant un accueil de qualité : le domicile doit être propre, clair, aéré, sain et correctement chauffé.

2. L'adéquation entre les dimensions du domicile, le nombre et la destination des pièces, et l'accueil à titre permanent de mineurs ou de jeunes majeurs.

II. — En termes de sécurité, une vigilance particulière doit être apportée :

1. A la protection effective des espaces et des installations dont l'accès serait dangereux pour le mineur ou le jeune majeur, notamment les escaliers, les fenêtres, les balcons, les cheminées, les installations électriques ou au gaz.

2. A la sécurisation de l'accès aux objets dangereux, notamment les armes et les outils.

3. A la prévention des intoxications par le monoxyde de carbone attestée par la production des certificats d'entretien annuel des appareils fixes de chauffage ou de production d'eau chaude sanitaire.

Sous-section 2. L'environnement du domicile, la sécurité de ses abords

Il convient de prendre en compte :

1. Les risques de danger pour le mineur ou le jeune majeur liés à l'existence notamment d'une route, d'un puits ou d'une étendue d'eau à proximité du domicile et les mesures prises pour en sécuriser l'accès.

2. L'existence d'un dispositif de sécurité normalisé, obligatoire et attesté par une note technique fournie par le constructeur ou l'installateur, afin de prévenir les risques de noyade dans les piscines non closes dont le bassin est totalement ou partiellement enterré.

3. Les risques liés à l'utilisation des piscines posées hors sol.

Sous-section 3. La disposition de moyens de communication permettant de faire face aux situations d'urgence

Il convient de s'assurer :

1. De l'existence de moyens de communication permettant d'alerter sans délai les services de secours, les services compétents du département ainsi que l'employeur.

2. De l'affichage permanent, visible et facilement accessible des coordonnées des services de secours, des services compétents du département ainsi que de l'employeur.

Sous-section 4. La présence d'animaux dans le lieu d'accueil

Il convient de prendre en compte :

1. La capacité du candidat à repérer les risques éventuels encourus et à envisager les mesures nécessaires pour organiser une cohabitation sans danger avec le mineur ou le jeune majeur accueilli en vue de garantir sa santé et sa sécurité.

2. La présence au domicile, ou à proximité immédiate, d'animaux susceptibles d'être dangereux, notamment de chiens de la première et de la deuxième catégorie.

Sous-section 5. La prise en compte de comportements à risques pour la santé et la sécurité du mineur ou du jeune majeur accueilli

Il convient de prendre en compte chez l'ensemble des personnes vivant au domicile les comportements susceptibles d'avoir une incidence sur la santé, la sécurité, le développement physique, affectif, intellectuel et social du mineur ou du jeune majeur accueilli.

Sous-section 6. Les transports et les déplacements

Il convient de prendre en compte :

1. Les modalités d'organisation et de sécurité des sorties, en tenant compte de l'âge et du nombre de mineurs ou de jeunes majeurs accueillis.

2. La connaissance et l'application des règles de sécurité en vigueur pour les mineurs ou les jeunes majeurs transportés dans le véhicule personnel.

ANNEXE 4-10

NOTICE D'INFORMATION RELATIVE À LA DÉSIGNATION DE LA PERSONNE DE CONFIANCE (ARTICLE D. 311-0-4 DU CODE DE L'ACTION SOCIALE ET DES FAMILLES)

(Décr. n° 2016-1395 du 18 oct. 2016, art. 3)

La notice d'information comprend :

— des explications concernant le rôle et les modalités de désignation de la personne de confiance mentionnée à l'article L. 311-5-1 du code de l'action sociale et des familles ;

— cinq annexes :

— **annexe 1 :** Rappel des principales missions de la personne de confiance mentionnée à l'article L. 1111-6 du code de la santé publique ;

— **annexe 2 :** Formulaire de désignation de la personne de confiance ;

— **annexe 3 :** Formulaire de révocation de la personne de confiance ;

— **annexe 4 :** Formulaires à destination des témoins en cas d'impossibilité physique d'écrire seul(e) le formulaire de désignation ou de révocation de la personne de confiance ;

— **annexe 5 :** Un modèle d'attestation de délivrance de l'information sur la personne de confiance.

Le rôle et les modalités de désignation de la personne de confiance

La loi donne le droit à toute personne majeure prise en charge dans un établissement ou un service social ou médico-social *[établissement ou service social ou médico-social mentionné au I de l'article L. 312-1 du code de l'action sociale et des familles, lorsqu'il prend en charge des personnes majeures]* de désigner une personne de confiance qui, si elle le souhaite, l'accompagnera dans ses démarches afin de l'aider dans ses décisions.

1. Quel est son rôle ?

La personne de confiance a plusieurs missions :

— **Accompagnement et présence :**

La personne de confiance peut si vous le souhaitez :

— être présente à l'entretien prévu, lors de la conclusion du contrat de séjour, pour rechercher votre consentement à être accueillie dans l'établissement d'hébergement (en présence du directeur de l'établissement ou toute autre personne formellement désignée par lui et, chaque fois que nécessaire, du médecin coordonnateur si la structure d'accueil est un établissement d'hébergement pour personnes âgées dépendantes).

Elle sera la seule personne de votre entourage à avoir le droit d'être présente à cet entretien.

— vous accompagner dans vos démarches liées à votre prise en charge sociale ou médico-sociale afin de vous aider dans vos décisions.

— assister aux entretiens médicaux prévus dans le cadre de votre prise en charge médico-sociale afin de vous aider dans vos décisions.

— **Aide pour la compréhension de vos droits :**

Votre personne de confiance sera consultée par l'établissement ou le service qui vous prend en charge au cas où vous rencontriez des difficultés dans la connaissance et la compréhension de vos droits.

Cette consultation n'a pas vocation à se substituer à vos décisions.

Par ailleurs, lors de la désignation de la personne de confiance du code de l'action sociale et des familles (dans le cadre de votre prise en charge sociale ou médico-sociale), si vous souhaitez que cette personne exerce également les missions de la personne de confiance mentionnée à l'article L. 1111-6 du code de la santé publique (concernant les usagers du système de santé, par exemple, en cas d'hospitalisation, d'accompagnement de fin de vie...), vous devrez l'indiquer expressément dans le formulaire de désignation figurant en annexe 2. Les missions de cette personne de confiance sont rappelées dans l'annexe 1.

La personne de confiance est tenue à un devoir de confidentialité par rapport aux informations qui vous concernent.

2. Qui peut la désigner ?

Cette faculté est ouverte à toute personne majeure prise en charge par une structure sociale ou médico-sociale.

C'est un droit qui vous est offert, mais ce n'est pas une obligation : vous êtes libre de ne pas désigner une personne de confiance.

Pour les personnes qui bénéficient d'une mesure de protection judiciaire (sauvegarde de justice lorsqu'un mandataire spécial a été désigné, tutelle, curatelle) pour les actes relatifs à la personne, la désignation d'une personne de confiance est soumise à l'autorisation du conseil de famille s'il a été constitué ou du juge des tutelles.

3. Qui peut être la personne de confiance ?

Vous pouvez désigner comme personne de confiance toute personne majeure de votre entourage en qui vous avez confiance, par exemple un membre de votre famille, un proche, votre médecin traitant.

Il est important d'échanger avec la personne que vous souhaitez désigner avant de remplir le formulaire de désignation et de lui faire part de vos souhaits par rapport à sa future mission. Il est important qu'elle ait la possibilité de prendre connaissance de son futur rôle auprès de vous et d'en mesurer de sa portée.

La personne que vous souhaitez désigner doit donner son accord à cette désignation. A cet effet, elle contresigne le formulaire de désignation figurant en annexe 2. Il convient de préciser que cette personne peut refuser d'être votre personne de confiance ; auquel cas, vous devrez en désigner une autre.

4. Quand la désigner ?

Vous pouvez la désigner lorsque vous le souhaitez.

Lors du début d'une prise en charge sociale ou médico-sociale, qu'elle soit effectuée par un service ou dans un établissement d'hébergement, il vous sera proposé, si vous n'aviez désigné personne auparavant, de désigner une personne de confiance.

Il est possible que vous ayez déjà désigné une personne de confiance pour votre santé *[en application de l'article L. 1111-6 du code de la santé publique]*, notamment au cours d'une hospitalisation, avant votre début de prise en charge sociale ou médico-sociale. Cette personne n'est pas automatiquement autorisée à être votre personne de confiance pour votre prise en charge sociale ou médico-sociale. Il vous sera donc nécessaire, si vous souhaitez que cette même personne soit également votre personne de confiance dans le cadre de votre prise en charge sociale et médico-sociale, de procéder à une nouvelle désignation.

La désignation de la personne de confiance du secteur social et médico-social est valable sans limitation de durée, sauf si vous l'avez nommé*[e]* pour une autre durée plus limitée.

Si vous êtes *[demandeur]* demandeurs d'asile, la notice d'information et le formulaire de désignation d'une personne de confiance vous ont été remis par l'Office français de l'immigration et de l'intégration lors de votre passage au guichet unique en même temps que la proposition d'hébergement en centre d'accueil pour demandeur d'asile ou, si cette proposition d'hébergement intervient postérieurement à votre passage au guichet unique, en même temps que la proposition d'une offre d'hébergement en centre d'accueil pour demandeur d'asile.

Si vous souhaitez désigner une personne de confiance, il convient dès votre arrivée que vous remettiez le formulaire de désignation au responsable du centre afin qu'il puisse engager sans délais la prise de contact avec la personne que vous aurez désignée.

5. Comment la désigner ?

La désignation se fait par écrit. Il est préférable d'utiliser le formulaire figurant en annexe 2, mais vous pouvez aussi le faire sur papier libre, daté et signé en précisant bien le nom, le prénom et les coordonnées de la personne de confiance.

La personne que vous désignez doit contresigner le formulaire ou, le cas échéant, le document.

Vous pouvez changer de personne de confiance ou mettre fin à sa désignation à tout moment. Dans ce cas, les modalités sont les mêmes que celles prévues pour la désignation (formulaire figurant en annexe 3).

Si vous avez des difficultés pour écrire, vous pouvez demander à deux personnes d'attester par écrit, notamment au moyen du formulaire figurant en annexe 4, que cette désignation ou cette révocation est bien conforme à votre volonté.

6. Comment faire connaître ce document et le conserver ?

Il est important, lors d'une prise en charge, d'informer la structure et l'équipe de prise en charge que vous avez désigné une personne de confiance, afin qu'ils connaissent son nom et ses coordonnées, et d'en donner une copie.

Il est souhaitable d'en tenir vos proches informés.

Il peut être utile de conserver le document de désignation avec vous.

ANNEXES

ANNEXE 1

RAPPEL DES PRINCIPALES MISSIONS DE LA PERSONNE DE CONFIANCE MENTIONNÉE À L'ARTICLE L. 1111-6 DU CODE DE LA SANTÉ PUBLIQUE

Dans le cadre d'une prise en charge par le système de santé (par exemple, en cas d'hospitalisation), la personne de confiance mentionnée à l'article L. 1111-6 du code de la santé publique peut exercer les missions suivantes.

— **Lorsque vous pouvez exprimer votre volonté, elle a une mission d'accompagnement :**

La personne de confiance peut si vous le souhaitez :

— vous soutenir dans votre cheminement personnel et vous aider dans vos décisions concernant votre santé ;

— assister aux consultations ou aux entretiens médicaux : elle vous assiste mais ne vous remplace pas ;

— prendre connaissance d'éléments de votre dossier médical en votre présence : elle n'aura pas accès à l'information en dehors de votre présence et ne devra pas divulguer des informations sans votre accord.

Il est recommandé de lui remettre vos directives anticipées si vous les avez rédigées : ce sont vos volontés, exprimées par écrit, sur les traitements que vous souhaitez ou non, si un jour vous ne pouvez plus vous exprimer.

— **Si vous ne pouvez plus exprimer votre volonté, elle a une mission de référent auprès de l'équipe médicale :**

La personne de confiance sera la personne consultée en priorité par l'équipe médicale lors de tout questionnement sur la mise en œuvre, la poursuite ou l'arrêt de traitements et recevra les informations nécessaires pour pouvoir exprimer ce que vous auriez souhaité.

Enfin, en l'absence de directives anticipées, le médecin a l'obligation de consulter votre personne de confiance dans le cas où vous seriez hors d'état d'exprimer votre volonté afin de connaître vos souhaits relatifs à la fin de vie. A défaut de personne de confiance, un membre de votre famille ou un proche serait consulté.

Elle sera votre porte-parole pour refléter de façon précise et fidèle vos souhaits et votre volonté, par exemple sur la poursuite, la limitation ou l'arrêt de traitement.

Elle n'exprime pas ses propres souhaits mais rapporte les vôtres. Son témoignage l'emportera sur tout autre témoignage (membres de la famille, proches...).

Si vous avez rédigé vos directives anticipées, elle les transmettra au médecin qui vous suit si vous les lui avez confiées ou bien elle indiquera où vous les avez rangées ou qui les détient.

La personne de confiance peut faire le lien avec votre famille ou vos proches mais en cas de contestation, s'ils ne sont pas d'accord avec vos volontés, son témoignage l'emportera.

Elle n'aura pas la responsabilité de prendre des décisions concernant vos traitements, mais témoignera de vos souhaits, volontés et convictions : celle-ci appartient au médecin, sous réserve de vos directives anticipées, et la décision sera prise après avis d'un autre médecin et concertation avec l'équipe soignante.

Nota. *— Dans le cas très particulier où une recherche biomédicale est envisagée dans les conditions prévues par la loi, si vous n'êtes pas en mesure de vous exprimer,* ***l'autorisation*** *de votre personne de confiance sera en revanche requise.*

ANNEXE 2

FORMULAIRE DE DÉSIGNATION DE LA PERSONNE DE CONFIANCE MENTIONNÉE À L'ARTICLE L. 311-5-1 DU CODE DE L'ACTION SOCIALE ET DES FAMILLES

Je soussigné(e)

Nom et prénom : ...

Né(e) le ... à ...

Désigne

Nom et prénom : ...

Né(e) le ... à ...

Qualité (lien avec la personne) : ...

Adresse : ...

Téléphone fixe ... professionnel ... portable ...

E-mail : ...

comme personne de confiance en application de l'article L. 311-5-1 du code de l'action sociale et des familles.

Fait à ..., le ...

Signature : ...

Cosignature de la personne de confiance : ...

Partie facultative

Par le présent document, j'indique également expressément que cette personne de confiance exercera les missions de la personne de confiance mentionnée à l'article L. 1111-6 du code de la santé publique, selon les modalités précisées par le même code : oui □ non □

□ Je lui ai fait part de mes directives anticipées, telles que définies à l'article L. 1111-11 du code de la santé publique, si un jour je ne suis plus en état de m'exprimer : oui □ non □

□ Elle possède un exemplaire de mes directives anticipées : oui □ non □

Fait à ..., le ...

Signature : ...

Cosignature de la personne de confiance : ...

ANNEXE 3

FORMULAIRE DE RÉVOCATION DE LA PERSONNE DE CONFIANCE MENTIONNÉE À L'ARTICLE L. 311-5-1 DU CODE DE L'ACTION SOCIALE ET DES FAMILLES

Je soussigné(e)

Nom et prénom : ...

Né(e) le ... à ...

Met fin à la désignation de

Nom et prénom : ...

Né(e) le ... à ...

Qualité (lien avec la personne) : ...

Adresse : ...

Téléphone fixe ... professionnel ... portable ...

E-mail : ...

comme personne de confiance mentionnée à l'article L. 311-5-1 du code de l'action sociale et des familles ;

Que, par suite, cette personne cessera aussi de remplir les missions de la personne de confiance mentionnée à l'article L. 1111-6 du code de la santé publique.

Fait à ..., le ...

Signature : ...

ANNEXE 4

FORMULAIRES À DESTINATION DES TÉMOINS EN CAS D'IMPOSSIBILITÉ PHYSIQUE D'ÉCRIRE SEUL(E) LE FORMULAIRE DE DÉSIGNATION DE LA PERSONNE DE CONFIANCE

Cas particulier

Si vous êtes dans l'impossibilité physique d'écrire seul(e) le formulaire de désignation de la personne de confiance, deux personnes peuvent attester ci-dessous que la désignation de la personne de confiance, décrite dans le formulaire précédent, est bien l'expression de votre volonté.

1. Formulaire en cas de désignation d'une personne de confiance

Témoin 1 :
Je soussigné(e)
Nom et prénom :
....
Qualité (lien avec la personne) :
....
atteste que la désignation de :
Nom et prénom :
....
Comme personne de confiance en application de l'article L. 311-5-1 du code de l'action sociale et des familles est bien l'expression de la volonté libre et éclairée de :
Nom et prénom :
....
Fait à ....
le ....
Signature du témoin :
Cosignature de la personne de confiance :
Partie facultative
Je soussigné(e)
Nom et prénom :
....
atteste également que :
Nom et prénom :
....
☐ a également indiqué expressément qu'elle exercera les missions de la personne de confiance mentionnée à l'article L. 1111-6 du code de la santé publique, selon les modalités précisées par le même code : oui ☐ non ☐
☐ lui a fait part de ses volontés et de ses directives anticipées si un jour elle n'est plus en état de s'exprimer : oui ☐ non ☐
☐ lui a remis un exemplaire de ses directives anticipées oui ☐ non ☐
Fait à ....
le ....
Signature du témoin :
Cosignature de la personne de confiance :

Témoin 2 :
Je soussigné(e)
Nom et prénom
....
Qualité (lien avec la personne) :
....
atteste que la désignation de :
Nom et prénom :
....
Comme personne de confiance en application de l'article L. 311-5-1 du code de l'action sociale et des familles est bien l'expression de la volonté libre et éclairée de :
Nom et prénom :
....
Fait à ....
le..
Signature du témoin :
Cosignature de la personne de confiance :
Partie facultative
Je soussigné(e)
Nom et prénom :
....
atteste également que :
Nom et prénom :
....
☐ a également indiqué expressément qu'elle exercera les missions de la personne de confiance mentionnée à l'article L. 1111-6 du code de la santé publique, selon les modalités précisées par le même code : oui ☐ non ☐
☐ lui a fait part de ses volontés et de ses directives anticipées si un jour elle n'est plus en état de s'exprimer : oui ☐ non ☐
☐ lui a remis un exemplaire de ses directives anticipées oui ☐ non ☐
Fait à ....
le ....
Signature du témoin
Cosignature de la personne de confiance :

2. Formulaire en cas de révocation de la personne de confiance

Témoin 1 :
Je soussigné(e)
Nom et prénom :
....

Témoin 2 :
Je soussigné(e)
Nom et prénom :
....

Qualité (lien avec la personne) :

....

atteste que :
Nom et prénom :

....

A mis fin à la désignation de
Nom et prénom :

....

Comme personne de confiance mentionnée à l'article L. 311-5-1 du code de l'action sociale et des familles ;
Que, par suite, dans le cas où elle lui avait confié ces missions, cette personne cessera aussi de remplir les missions de la personne de confiance mentionnée à l'article L. 1111-6 du code de la santé publique.

Fait à ....

le ....

Signature du témoin :

Qualité (lien avec la personne) :

....

atteste que :
Nom et prénom :

....

A mis fin à la désignation de
Nom et prénom :

....

Comme personne de confiance mentionnée à l'article L. 311-5-1 du code de l'action sociale et des familles ;
Que, par suite, dans le cas où elle lui avait confié ces missions, cette personne cessera aussi de remplir les missions de la personne de confiance mentionnée à l'article L. 1111-6 du code de la santé publique.

Fait à ....

le ....

Signature du témoin :

ANNEXE 5

Modèle d'attestation relative à l'information sur la personne de confiance

Je soussigné(e)

Nom et prénom : ...

Fonctions dans l'établissement : ...

atteste avoir délivré l'information prévue à l'article 311-0-3 du code de l'action sociale et des familles relative au droit à désigner une personne de confiance et avoir remis la notice d'information mentionnée à cet article à :

Nom et prénom : ...

Né(e) le ... à ...

Attestation signée à ..., le ...

Signature du directeur ou de son représentant : ...

Cosignature de la personne accueillie : ...

APPENDICE

ADOPTION – PUPILLES DE L'ÉTAT

Code civil

TITRE VII **DE LA FILIATION**

CHAPITRE III ***DES ACTIONS RELATIVES À LA FILIATION***

SECTION 2 ***Des actions aux fins d'établissement de la filiation***

Art. 326 *(L. nº 93-22 du 8 janv. 1993)* **Lors de l'accouchement, la mère peut demander que le secret de son admission et de son identité soit préservé.**

TITRE VIII **DE LA FILIATION ADOPTIVE**

(L. nº 66-500 du 11 juill. 1966)

CHAPITRE I ***DES CONDITIONS REQUISES POUR L'ADOPTION*** *(Ord. nº 2022-1292 du 5 oct. 2022, art. 3, en vigueur le 1er janv. 2023).*

(L. nº 66-500 du 11 juill. 1966)

SECTION 1 ***De l'adoptant*** *(Ord. nº 2022-1292 du 5 oct. 2022, art. 3, en vigueur le 1er janv. 2023).*

Art. 343 *(L. nº 2022-219 du 21 févr. 2022, art. 2)* **L'adoption peut être demandée par** *(Ord. nº 2022-1292 du 5 oct. 2022, art. 4, en vigueur le 1er janv. 2023)* **« deux époux non séparés » de corps, deux partenaires liés par un pacte civil de solidarité ou deux concubins.**

Les adoptants doivent être en mesure d'apporter la preuve d'une communauté de vie d'au moins un an ou être âgés l'un et l'autre de plus de vingt-six ans.

Art. 343-1 **L'adoption peut être aussi demandée par toute personne âgée de plus de** *(L. nº 96-604 du 5 juill. 1996)* **«** *(L. nº 2022-219 du 21 févr. 2022, art. 2)* **« vingt-six » ans ».**

Si l'adoptant est marié et non séparé de corps *(L. nº 2022-219 du 21 févr. 2022, art. 2)* **« ou lié par un pacte civil de solidarité », le consentement de** *(L. nº 2022-219 du 21 févr. 2022, art. 2)* **« l'autre membre du couple » est nécessaire à moins que** *(L. nº 2022-219 du 21 févr. 2022, art. 2)* **« celui-ci » ne soit dans l'impossibilité de manifester sa volonté.**

SECTION 2 ***De l'adopté*** *(Ord. nº 2022-1292 du 5 oct. 2022, art. 3, en vigueur le 1er janv. 2023).*

Art. 344 **Peuvent être adoptés :**

1° Les *(Ord. nº 2022-1292 du 5 oct. 2022, art. 5, en vigueur le 1er janv. 2023)* **« mineurs » pour lesquels les** *(Ord. nº 2022-1292 du 5 oct. 2022, art. 5, en vigueur le 1er janv. 2023)* **« parents » ou le conseil de famille ont valablement consenti à l'adoption ;**

2° Les pupilles de l'État *(L. nº 2022-219 du 21 févr. 2022, art. 20)* **« pour lesquels le conseil de famille des pupilles de l'État a consenti à l'adoption » ;**

3° Les enfants *(L. nº 2022-219 du 21 févr. 2022, art. 20)* **« judiciairement déclarés délaissés » dans les conditions prévues** *(L. nº 2016-297 du 14 mars 2016, art. 40)* **« aux articles 381-1 et 381-2 » ;**

(Ord. nº 2022-1292 du 5 oct. 2022, art. 5, en vigueur le 1er janv. 2023) **« 4° Les majeurs, en la forme simple et en la forme plénière dans les cas prévus à l'article 345 ».** – *[Anc. art. 347, mod.]*

Art. 345 **L'adoption** *(Ord. nº 2022-1292 du 5 oct. 2022, art. 5, en vigueur le 1er janv. 2023)* **« plénière » n'est permise qu'en faveur des enfants âgés de moins de quinze ans, accueillis au foyer du ou des adoptants depuis au moins six mois.**

(Ord. nº 2022-1292 du 5 oct. 2022, art. 5, en vigueur le 1er janv. 2023) **« Toutefois, si l'enfant a plus de quinze ans, l'adoption plénière peut également être demandée, si les**

conditions en sont remplies, pendant la minorité de l'enfant et dans les trois ans suivant sa majorité :

« 1° Lorsque l'enfant a été accueilli avant ses quinze ans par des personnes qui ne remplissaient pas les conditions légales pour adopter ;

« 2° Lorsque l'enfant a fait l'objet d'une adoption simple avant ses quinze ans ;

« 3° Dans les cas prévus aux 2° et 3° de l'article 344 ;

« 4° Dans les cas prévus à l'article 370-1-3 ».

(Abrogé par Ord. nº 2022-1292 du 5 oct. 2022, art. 5, à compter du 1er janv. 2023) ***« S'il a plus de treize ans, l'adopté doit consentir personnellement à son adoption plénière. Ce consentement est donné selon les formes prévues au deuxième alinéa de l'article 348-3. Il peut être rétracté à tout moment jusqu'au prononcé de l'adoption. »***

Art. 345-1 L'adoption simple est permise quel que soit l'âge de l'adopté.

(Abrogé par Ord. nº 2022-1292 du 5 oct. 2022, art. 5, à compter du 1er janv. 2023) ***« S'il est justifié de motifs graves, l'adoption simple d'un enfant ayant fait l'objet d'une adoption plénière est permise.***

« L'enfant précédemment adopté par une seule personne, en la forme simple ou plénière, peut l'être une seconde fois, par le conjoint, le partenaire lié par un pacte civil de solidarité ou le concubin de cette dernière, en la forme simple.

« Si l'adopté est âgé de plus de treize ans, il doit consentir personnellement à l'adoption. » – *[Anc. art. 360, mod.]*

Art. 345-2 *(Ord. nº 2022-1292 du 5 oct. 2022, art. 5, en vigueur le 1er janv. 2023)* Nul ne peut être adopté par plusieurs personnes si ce n'est par deux époux, deux partenaires liés par un pacte civil de solidarité ou deux concubins.

Toutefois, une nouvelle adoption simple ou plénière peut être prononcée après le décès de l'adoptant ou des deux adoptants, et une adoption simple peut être prononcée au profit d'un enfant ayant fait l'objet d'une adoption plénière s'il existe des motifs graves.

SECTION 3 ***Des rapports entre l'adoptant et l'adopté*** *(Ord. nº 2022-1292 du 5 oct. 2022, art. 3, en vigueur le 1er janv. 2023).*

Art. 346 *(Ord. nº 2022-1292 du 5 oct. 2022, art. 6, en vigueur le 1er janv. 2023)* L'adoption entre ascendants et descendants en ligne directe et entre frères et sœurs est prohibée.

Toutefois, le tribunal peut prononcer l'adoption s'il existe des motifs graves que l'intérêt de l'adopté commande de prendre en considération.

Art. 347 *(Ord. nº 2022-1292 du 5 oct. 2022, art. 6, en vigueur le 1er janv. 2023)* Le ou les adoptants doivent avoir quinze ans de plus que les enfants qu'ils se proposent d'adopter.

Toutefois, lorsque la différence d'âge est inférieure à celle que prévoit l'alinéa précédent, le tribunal peut prononcer l'adoption s'il existe de justes motifs.

SECTION 4 ***Du consentement à l'adoption*** *(Ord. nº 2022-1292 du 5 oct. 2022, art. 3, en vigueur le 1er janv. 2023).*

Art. 348 *(Ord. nº 2022-1292 du 5 oct. 2022, art. 7, en vigueur le 1er janv. 2023)* Lorsque la filiation d'un mineur est établie à l'égard de ses deux parents, l'un et l'autre doivent consentir à l'adoption.

Si l'un d'eux est décédé, dans l'impossibilité de manifester sa volonté, ou s'il a perdu ses droits d'autorité parentale, le consentement de l'autre suffit.

Art. 348-1 Lorsque la filiation d'un enfant n'est établie qu'à l'égard *(Ord. nº 2022-1292 du 5 oct. 2022, art. 7, en vigueur le 1er janv. 2023)* « de l'un » de ses auteurs, *(Ord. nº 2022-1292 du 5 oct. 2022, art. 7, en vigueur le 1er janv. 2023)* « lui seul doit consentir » à l'adoption.

Art. 348-2 Lorsque les *(Ord. nº 2022-1292 du 5 oct. 2022, art. 7, en vigueur le 1er janv. 2023)* « parents » de l'enfant sont décédés, dans l'impossibilité de manifester leur volonté ou s'ils ont perdu leurs droits d'autorité parentale, le consentement est donné par le conseil de famille, après avis de la personne qui en fait prend soin de l'enfant.

Il en est de même lorsque la filiation de l'enfant n'est pas établie.

Art. 348-3 *(L. nº 2022-219 du 21 févr. 2022, art. 6)* « Le consentement à l'adoption doit être libre, obtenu sans aucune contrepartie après la naissance de l'enfant et éclairé sur les conséquences de l'adoption, en particulier s'il est donné en vue d'une adoption plénière,

(Abrogé par Ord. n° 2022-1292 du 5 oct. 2022, art. 7, à compter du 1er janv. 2023) « et » sur le caractère complet et irrévocable de la rupture du lien de filiation préexistant. »

Le consentement à l'adoption est donné devant un notaire français ou étranger, ou devant les agents diplomatiques ou consulaires français. Il peut également être reçu par le service de l'aide sociale à l'enfance lorsque l'enfant lui a été remis. — *Mod. par L. n° 2010-1609 du 22 déc. 2010, art. 28.*

(Abrogé par Ord. n° 2022-1292 du 5 oct. 2022, art. 7, à compter du 1er janv. 2023) ***« Le consentement à l'adoption peut être rétracté pendant deux mois. La rétractation doit être faite par lettre recommandée avec demande d'avis de réception adressée à la personne ou au service qui a reçu le consentement à l'adoption. La remise de l'enfant à ses parents sur demande même verbale vaut également preuve de la rétractation.***

« Si à l'expiration du délai de deux mois le consentement n'a pas été rétracté, les parents peuvent encore demander la restitution de l'enfant à condition que celui-ci n'ait pas été placé en vue de l'adoption. Si la personne qui l'a recueilli refuse de le rendre, les parents peuvent saisir le tribunal qui apprécie, compte tenu de l'intérêt de l'enfant, s'il y a lieu d'en ordonner la restitution. La restitution rend caduc le consentement à l'adoption. »

Sur le consentement à l'adoption, V. C. pr. civ., art. 1165. — ***C. pr. civ.***

Art. 348-4 *(Ord. n° 2022-1292 du 5 oct. 2022, art. 7, en vigueur le 1er janv. 2023)* Le consentement à l'adoption des enfants de moins de deux ans n'est valable que si l'enfant a été effectivement remis au service de l'aide sociale à l'enfance, sauf le cas où il existe un lien de parenté ou d'alliance jusqu'au sixième degré inclus entre l'adoptant et l'adopté ou dans les cas d'adoption de l'enfant du conjoint, du partenaire lié par un pacte civil de solidarité ou du concubin.

Art. 348-5 *(Abrogé par Ord. n° 2022-1292 du 5 oct. 2022, art. 7, à compter du 1er janv. 2023)* ***« Le consentement à l'adoption doit être libre, obtenu sans aucune contrepartie après la naissance de l'enfant et éclairé sur les conséquences de l'adoption, en particulier s'il est donné en vue d'une adoption plénière, et sur le caractère complet et irrévocable de la rupture du lien de filiation préexistant.***

« Le consentement à l'adoption est donné devant un notaire français ou étranger, ou devant les agents diplomatiques ou consulaires français. Il peut également être reçu par le service de l'aide sociale à l'enfance lorsque l'enfant lui a été remis. »

Le consentement à l'adoption peut être rétracté pendant *(L. n° 96-604 du 5 juill. 1996)* « deux mois ». La rétractation doit être faite par lettre recommandée avec demande d'avis de réception adressée à la personne ou au service qui a reçu le consentement à l'adoption. La remise de l'enfant à ses parents sur demande même verbale *(Ord. n° 2022-1292 du 5 oct. 2022, art. 7, en vigueur le 1er janv. 2023)* « par cette personne ou ce service vaut » rétractation.

Si à l'expiration du délai de *(L. n° 96-604 du 5 juill. 1996)* « deux mois » le consentement n'a pas été rétracté, les parents peuvent encore demander la restitution de l'enfant à condition que celui-ci n'ait pas été placé en vue de l'adoption. Si la personne qui l'a recueilli refuse de le *(Ord. n° 2022-1292 du 5 oct. 2022, art. 7, en vigueur le 1er janv. 2023)* « restituer », les parents peuvent saisir le tribunal qui apprécie, compte tenu de l'intérêt de l'enfant, s'il y a lieu d'en ordonner la restitution. La restitution rend caduc le consentement à l'adoption. — *[Anc. art. 348-3, mod.]*

Art. 348-6 *(L. n° 2022-219 du 21 févr. 2022, art. 14)* Lorsque les parents, l'un *(Ord. n° 2022-1292 du 5 oct. 2022, art. 7, en vigueur le 1er janv. 2023)* « d'eux » ou le conseil de famille consentent à l'admission de l'enfant *(Ord. n° 2022-1292 du 5 oct. 2022, art. 7, en vigueur le 1er janv. 2023)* « en » qualité de pupille de l'État en le remettant au service de l'aide sociale à l'enfance, le choix de l'adoptant est laissé au tuteur, avec l'accord du conseil de famille des pupilles de l'État. — *[Anc. art. 348-4, mod.]*

Art. 348-7 *(Ord. n° 2022-1292 du 5 oct. 2022, art. 7, en vigueur le 1er janv. 2023)* Lorsque les parents refusent de consentir à l'adoption de leur enfant dont ils se sont désintéressés au risque d'en compromettre la santé ou la moralité, le tribunal peut prononcer l'adoption s'il estime ce refus abusif.

Il en est de même en cas de refus abusif de consentement du conseil de famille.

Art. 349 *(Ord. n° 2022-1292 du 5 oct. 2022, art. 7, en vigueur le 1er janv. 2023)* L'adopté âgé de plus de treize ans consent personnellement à son adoption.

Ce consentement est donné selon les formes prévues au deuxième alinéa de l'article 348-3. Il peut être rétracté à tout moment jusqu'au prononcé de l'adoption.

Sur le consentement à l'adoption, V. supra, art. 345.

Art. 350 *(L. nº 2022-219 du 21 févr. 2022, art. 7)* Le tribunal peut prononcer l'adoption, si elle est conforme à l'intérêt de l'adopté, d'un mineur âgé de plus de treize ans ou d'un majeur protégé *(Ord. nº 2022-1292 du 5 oct. 2022, art. 7, en vigueur le 1er janv. 2023)* « , l'un et l'autre » hors d'état d'y consentir personnellement, après avoir recueilli l'avis d'un administrateur *ad hoc* ou de la personne chargée d'une mesure de protection juridique avec représentation relative à la personne. – *[Anc. art. 348-7, mod.]*

CHAPITRE II *DE LA PROCÉDURE ET DU JUGEMENT D'ADOPTION* (Ord. nº 2022-1292 du 5 oct. 2022, art. 8, en vigueur le 1er janv. 2023).

SECTION 1 *Du placement en vue de l'adoption* (Ord. nº 2022-1292 du 5 oct. 2022, art. 8, en vigueur le 1er janv. 2023).

Art. 351 *(Ord. nº 2022-1292 du 5 oct. 2022, art. 9, en vigueur le 1er janv. 2023)* Le placement en vue de l'adoption concerne les pupilles de l'État ou les enfants judiciairement déclarés délaissés. En cas d'adoption plénière, il concerne également les enfants pour lesquels il a été valablement et définitivement consenti à l'adoption.

Ce placement prend effet à la date de la remise effective de l'enfant aux futurs adoptants.

L'art. 361-1, aux termes duquel le placement en vue de l'adoption est réalisé par la remise effective aux futurs adoptants d'un pupille de l'État ou d'un enfant déclaré judiciairement délaissé est abrogé (Ord. nº 2022-1292 du 5 oct. 2022, art. 9, en vigueur le 1er janv. 2023).

Art. 352 *(Ord. nº 2022-1292 du 5 oct. 2022, art. 9, en vigueur le 1er janv. 2023)* Si les parents ont demandé la restitution de l'enfant dont la filiation est établie, ce dernier ne peut faire l'objet d'un placement tant qu'il n'a pas été statué sur le bien-fondé de cette demande à la requête de la partie la plus diligente.

Lorsque la filiation de l'enfant n'est pas établie, il ne peut y avoir de placement en vue de l'adoption plénière pendant un délai de deux mois à compter du recueil de l'enfant.

Art. 352-1 *(Ord. nº 2022-1292 du 5 oct. 2022, art. 9, en vigueur le 1er janv. 2023)* Le ou les futurs adoptants accomplissent les actes usuels de l'autorité parentale relativement à la personne de l'enfant à partir de la remise de celui-ci et jusqu'au prononcé du jugement d'adoption.

Art. 352-2 Le placement en vue de l'adoption *(Ord. nº 2022-1292 du 5 oct. 2022, art. 9, en vigueur le 1er janv. 2023)* « plénière fait » obstacle à toute restitution de l'enfant à sa famille d'origine. Il fait échec à toute déclaration de filiation et à toute reconnaissance.

Si le placement en vue de l'adoption cesse ou si le tribunal *(Ord. nº 2022-1292 du 5 oct. 2022, art. 9, en vigueur le 1er janv. 2023)* « refuse » de prononcer l'adoption, les effets de ce placement sont rétroactivement résolus. – *[Anc. art. 352, mod.]*

SECTION 2 *De l'agrément* (Ord. nº 2022-1292 du 5 oct. 2022, art. 8, en vigueur le 1er janv. 2023).

Art. 353 *(L. nº 96-604 du 5 juill. 1996)* Dans le cas d'adoption d'un pupille de l'État *(Abrogé par L. nº 2022-219 du 21 févr. 2022, art. 14)* « *, d'un enfant remis à un organisme autorisé pour l'adoption* » ou d'un enfant étranger qui n'est pas l'enfant du conjoint *(L. nº 2022-219 du 21 févr. 2022, art. 2)* « , du partenaire lié par un pacte civil de solidarité ou du concubin » de l'adoptant, le tribunal vérifie avant de prononcer l'adoption que le ou les requérants ont obtenu l'agrément pour adopter ou en étaient dispensés.

Si l'agrément a été refusé ou s'il n'a pas été délivré dans le délai légal, le tribunal peut prononcer l'adoption s'il estime que *(Ord. nº 2022-1292 du 5 oct. 2022, art. 10, en vigueur le 1er janv. 2023)* « le ou » les requérants sont aptes à accueillir l'enfant et que celle-ci est conforme à son intérêt. – *[Anc. art. 353-1, mod.]*

SECTION 3 *Du jugement d'adoption* (Ord. nº 2022-1292 du 5 oct. 2022, art. 8, en vigueur le 1er janv. 2023).

Art. 353-1 L'adoption est prononcée à la requête *(Ord. nº 2022-1292 du 5 oct. 2022, art. 11, en vigueur le 1er janv. 2023)* « du ou des adoptants » par le tribunal judiciaire qui vérifie *(L. nº 93-22 du 8 janv. 1993)* « dans un délai de six mois à compter de la saisine du

tribunal » si les conditions de la loi sont remplies et si l'adoption est conforme à l'intérêt de l'enfant.

(L. n° 2016-297 du 14 mars 2016, art. 35) **« Le mineur capable de discernement est entendu par le tribunal ou, lorsque son intérêt le commande, par la personne désignée par le tribunal à cet effet. Il doit être entendu selon des modalités adaptées à son âge et à son degré de maturité.** *(Ord. n° 2022-1292 du 5 oct. 2022, art. 11, en vigueur le 1er janv. 2023)* **« Lorsqu'il » refuse d'être entendu, le juge apprécie le bien-fondé de ce refus. Le mineur peut être entendu seul ou avec un avocat ou une personne de son choix. Si ce choix n'apparaît pas conforme à** *(Ord. n° 2022-1292 du 5 oct. 2022, art. 11, en vigueur le 1er janv. 2023)* **« son intérêt », le juge peut procéder à la désignation d'une autre personne. »**

(L. n° 76-1179 du 22 déc. 1976) **« Dans le cas où l'adoptant a des descendants, le tribunal vérifie en outre si l'adoption n'est pas de nature à compromettre la vie familiale. »**

Si l'adoptant décède, après avoir régulièrement recueilli l'enfant en vue de son adoption, la requête peut être présentée en son nom par le conjoint *(Ord. n° 2022-1292 du 5 oct. 2022, art. 11, en vigueur le 1er janv. 2023)* **« , le partenaire lié par un pacte civil de solidarité ou le concubin survivant, » ou l'un des héritiers de l'adoptant.**

(Ord. n° 2022-1292 du 5 oct. 2022, art. 11, en vigueur le 1er janv. 2023) **« Le décès de l'adoptant survenu postérieurement au dépôt de la requête ne dessaisit pas le tribunal. »**

(L. n° 96-604 du 5 juill. 1996) **« Si l'enfant décède après avoir été régulièrement recueilli en vue de son adoption, la requête peut toutefois être présentée. Le jugement produit effet le jour précédant le décès et emporte uniquement modification de l'état civil de l'enfant. »**

Le jugement prononçant l'adoption n'est pas motivé. — *[Anc. art. 353, mod.]*

Art. 353-2 **La tierce opposition à l'encontre du jugement d'adoption n'est recevable qu'en cas de dol ou de fraude imputable aux adoptants** *(L. n° 2021-1017 du 2 août 2021, art. 6)* **« ou au conjoint** *(Ord. n° 2022-1292 du 5 oct. 2022, art. 11, en vigueur le 1er janv. 2023)* **« , partenaire lié par un pacte civil de solidarité ou concubin » de l'adoptant ».**

(L. n° 2013-404 du 17 mai 2013, art. 9) **« Constitue un dol au sens du premier alinéa la dissimulation au tribunal du maintien des liens entre l'enfant adopté et un tiers, décidé par le juge aux affaires familiales sur le fondement de l'article 371-4** *(L. n° 2021-1017 du 2 août 2021, art. 6)* **« , ainsi que la dissimulation au tribunal de l'existence d'un consentement à une procédure d'assistance médicale à la procréation avec tiers donneur et, le cas échéant, d'une reconnaissance conjointe tels que prévus au chapitre V du titre VII du présent livre ». »**

Art. 354 *(Ord. n° 2022-1292 du 5 oct. 2022, art. 11, en vigueur le 1er janv. 2023)* **Le jugement prononçant l'adoption est mentionné ou transcrit sur les registres de l'état civil dans les conditions prévues par décret en Conseil d'État.**

La transcription tient lieu d'acte de naissance à l'adopté.

Elle énonce le jour, l'heure et le lieu de la naissance, le sexe de l'enfant ainsi que ses nom de famille et prénoms, tels qu'ils résultent du jugement d'adoption, les prénoms, noms, date et lieu de naissance, profession et domicile du ou des adoptants. Elle ne contient aucune indication relative à la filiation d'origine de l'enfant.

CHAPITRE III *DES EFFETS DE L'ADOPTION* *(Ord. n° 2022-1292 du 5 oct. 2022, art. 12, en vigueur le 1er janv. 2023).*

SECTION 1 *Dispositions communes* *(Ord. n° 2022-1292 du 5 oct. 2022, art. 12, en vigueur le 1er janv. 2023).*

Art. 355 *(Ord. n° 2022-1292 du 5 oct. 2022, art. 13, en vigueur le 1er janv. 2023)* **« Le tribunal prononce l'adoption plénière ou l'adoption simple. »**

L'adoption produit ses effets à compter du jour du dépôt de la requête en adoption.

SECTION 2 *Des effets de l'adoption plénière* *(Ord. n° 2022-1292 du 5 oct. 2022, art. 12, en vigueur le 1er janv. 2023).*

Art. 356 **L'adoption** *(Ord. n° 2022-1292 du 5 oct. 2022, art. 14, en vigueur le 1er janv. 2023)* **« plénière » confère à l'enfant une filiation qui se substitue à sa filiation d'origine : l'adopté cesse d'appartenir à sa famille** *(Ord. n° 2022-1292 du 5 oct. 2022, art. 14, en vigueur le 1er janv. 2023)* **« d'origine », sous réserve des prohibitions au mariage visées aux articles 161 à 164.**

(Abrogé par Ord. n° 2022-1292 du 5 oct. 2022, art. 14, à compter du 1er janv. 2023) « Toutefois, l'adoption de l'enfant du conjoint, du partenaire lié par un pacte civil de solidarité ou du

concubin laisse subsister sa filiation d'origine à l'égard de cette personne et de sa famille. Elle produit, pour le surplus, les effets d'une adoption par les deux membres du couple. »

Art. 357 *(L. n° 2013-404 du 17 mai 2013, art. 11)* **L'adoption** *(Ord. n° 2022-1292 du 5 oct. 2022, art. 14, en vigueur le 1er janv. 2023)* **« plénière » confère à l'enfant le nom de l'adoptant.**

(L. n° 2022-219 du 21 févr. 2022, art. 2) **« En cas d'adoption** *(Abrogé par Ord. n° 2022-1292 du 5 oct. 2022, art. 14, à compter du 1er janv. 2023)* ***« de l'enfant du conjoint, du partenaire lié par un pacte civil de solidarité ou du concubin ou en cas d'adoption »*** **d'un enfant par** *(Ord. n° 2022-1292 du 5 oct. 2022, art. 14, en vigueur le 1er janv. 2023)* **« un couple, »** *(Abrogé par Ord. n° 2022-1292 du 5 oct. 2022, art. 14, à compter du 1er janv. 2023)* ***« l'adoptant et l'autre membre du couple [ou] »*** **les adoptants » choisissent, par déclaration conjointe, le nom de famille dévolu à l'enfant : soit le nom de l'un d'eux, soit leurs deux noms accolés dans l'ordre choisi par eux, dans la limite d'un nom de famille pour chacun d'eux.**

Cette faculté de choix ne peut être exercée qu'une seule fois.

En l'absence de déclaration conjointe mentionnant le choix de nom de l'enfant, celui-ci prend le nom de l'adoptant *(Abrogé par Ord. n° 2022-1292 du 5 oct. 2022, art. 14, à compter du 1er janv. 2023)* ***« et de son conjoint »*** **et de son conjoint ou de chacun des deux adoptants, dans la limite du premier nom de famille pour chacun d'eux, accolés selon l'ordre alphabétique.**

Lorsqu'il a été fait application de l'article 311-21, du deuxième alinéa de l'article 311-23 *(L. n° 2021-1017 du 2 août 2021, art. 6)* **« , de l'article 342-12 » ou du présent article à l'égard d'un enfant commun, le nom précédemment dévolu ou choisi vaut pour l'adopté.**

Lorsque les adoptants ou l'un d'entre eux portent un double nom de famille, ils peuvent, par une déclaration écrite conjointe, ne transmettre qu'un seul nom à l'adopté.

Sur la demande du ou des adoptants, le tribunal peut modifier les prénoms de l'enfant. *(L. n° 2022-219 du 21 févr. 2022, art. 8)* **« Si l'enfant est âgé de plus de treize ans, son consentement est requis. »**

V. Circ. 29 mai 2013 de présentation de la loi ouvrant le mariage aux couples de personnes de même sexe (dispositions du code civil), 🏛. — ***C. pr. civ.***

V. Circ. 28 oct. 2011 relative aux règles particulières à divers actes de l'état civil relatifs à la naissance et à la filiation, 🏛. — ***C. pr. civ.***

Art. 358 *(L. n° 2002-304 du 4 mars 2002 ; L. n° 2013-404 du 17 mai 2013, art. 11)* **A l'exception de son dernier alinéa, l'article 357 est applicable à l'enfant qui a fait l'objet d'une adoption régulièrement prononcée à l'étranger ayant en France les effets de l'adoption plénière.**

Les adoptants exercent l'option qui leur est ouverte par cet article lors de la demande de transcription du jugement d'adoption, par déclaration adressée au procureur de la République du lieu où cette transcription doit être opérée.

Lorsque les adoptants sollicitent l'*exequatur* du jugement d'adoption étranger, ils joignent la déclaration d'option à leur demande. Mention de cette déclaration est portée dans la décision.

La mention du nom choisi est opérée à la diligence du procureur de la République, dans l'acte de naissance de l'enfant. — *[Anc. art. 357-1.]*

Art. 359 **L'adoption est irrévocable.**

Sur les effets de l'adoption relativement à la nationalité, V. C. civ., art. 20. — ***C. civ.***

SECTION 3 *Des effets de l'adoption simple* *(Ord. n° 2022-1292 du 5 oct. 2022, art. 12, en vigueur le 1er janv. 2023).*

Art. 360 *(Ord. n° 2022-1292 du 5 oct. 2022, art. 15, en vigueur le 1er janv. 2023)* **L'adoption simple confère à l'adopté une filiation qui s'ajoute à sa filiation d'origine selon les modalités prévues au présent chapitre. L'adopté continue d'appartenir à sa famille d'origine et y conserve tous ses droits.**

Les prohibitions au mariage prévues aux articles 161 à 164 s'appliquent entre l'adopté et sa famille d'origine.

Art. 361 **Le lien de parenté résultant de l'adoption** *(Ord. n° 2022-1292 du 5 oct. 2022, art. 15, en vigueur le 1er janv. 2023)* **« simple » s'étend aux enfants de l'adopté.**

Le mariage est prohibé :

1° Entre l'adoptant, l'adopté et ses descendants ;

2° Entre l'adopté et le conjoint *(L. nº 2022-219 du 21 févr. 2022, art. 2)* « ou le partenaire lié par un pacte civil de solidarité » de l'adoptant ; réciproquement entre l'adoptant et le conjoint *(L. nº 2022-219 du 21 févr. 2022, art. 2)* « ou le partenaire lié par un pacte civil de solidarité » de l'adopté ;

3° Entre les enfants adoptifs du même *(Ord. nº 2022-1292 du 5 oct. 2022, art. 15, en vigueur le 1er janv. 2023)* « adoptant » ;

4° Entre l'adopté et les enfants de l'adoptant.

Néanmoins, les prohibitions au mariage portées aux 3° et 4° ci-dessus peuvent être levées par dispense du Président de la République, s'il y a des causes graves.

(L. nº 76-1179 du 22 déc. 1976) « La prohibition au mariage portée au 2° ci-dessus peut être levée dans les mêmes conditions lorsque la personne qui a créé l'alliance *(L. nº 2022-219 du 21 févr. 2022, art. 2)* « ou qui était liée par un pacte civil de solidarité » est décédée. » – *[Anc. art. 366, mod.]*

Art. 362 *(Ord. nº 2022-1292 du 5 oct. 2022, art. 15, en vigueur le 1er janv. 2023)* L'adoptant est seul investi à l'égard de l'adopté de tous les droits d'autorité parentale, inclus celui de consentir au mariage de l'adopté.

Les droits d'autorité parentale sont exercés par le ou les adoptants dans les conditions prévues par le chapitre I du titre IX du présent livre.

Les règles de l'administration légale et de la tutelle des mineurs s'appliquent à l'adopté.

Art. 363 *(L. nº 2013-404 du 17 mai 2013, art. 12)* L'adoption simple confère le nom de l'adoptant à l'adopté en l'ajoutant au nom de ce dernier. Toutefois, si l'adopté est *(L. nº 2022-219 du 21 févr. 2022, art. 8)* « âgé de plus de treize ans », il doit consentir à cette adjonction.

Lorsque l'adopté et l'adoptant, ou l'un d'eux, portent un double nom de famille, le nom conféré à l'adopté résulte de l'adjonction du nom de l'adoptant à son propre nom, dans la limite d'un seul nom pour chacun d'eux. Le choix du nom adjoint ainsi que l'ordre des deux noms appartient à l'adoptant, qui doit recueillir le consentement personnel de l'adopté âgé de plus de treize ans. En cas de désaccord ou à défaut de choix, le nom conféré à l'adopté résulte de l'adjonction en seconde position du premier nom de l'adoptant au premier nom de l'adopté.

En cas d'adoption par deux époux, *(L. nº 2022-219 du 21 févr. 2022, art. 2)* « partenaires liés par un pacte civil de solidarité ou concubins, » le nom ajouté à celui de l'adopté est, à la demande des adoptants, celui de l'un d'eux, dans la limite d'un nom. Si l'adopté porte un double nom de famille, le choix du nom conservé et l'ordre des noms adjoints *(Ord. nº 2022-1292 du 5 oct. 2022, art. 15, en vigueur le 1er janv. 2023)* « appartiennent » aux adoptants, qui doivent recueillir le consentement personnel de l'adopté âgé de plus de treize ans. En cas de désaccord ou à défaut de choix, le nom conféré à l'adopté résulte de l'adjonction en seconde position du premier nom des adoptants selon l'ordre alphabétique, au premier nom de l'adopté.

Le tribunal peut, toutefois, à la demande de l'adoptant, décider que l'adopté ne portera que le nom de l'adoptant *(Abrogé par Ord. nº 2022-1292 du 5 oct. 2022, art. 15, à compter du 1er janv. 2023)* *« ou, en cas d'adoption de l'enfant du conjoint, du partenaire lié par un pacte civil de solidarité ou du concubin, que l'adopté conservera son nom d'origine »*. En cas d'adoption par deux *(L. nº 2022-219 du 21 févr. 2022, art. 2)* « personnes », le nom de famille substitué à celui de l'adopté peut, au choix des adoptants, être soit celui de l'un d'eux, soit leurs deux noms accolés dans l'ordre choisi par eux et dans la limite d'un seul nom pour chacun d'eux. Cette demande peut également être formée postérieurement à l'adoption. Si l'adopté est âgé de plus de treize ans, son consentement personnel *(Ord. nº 2022-1292 du 5 oct. 2022, art. 15, en vigueur le 1er janv. 2023)* « est requis.

« Sur la demande du ou des adoptants, le tribunal peut modifier les prénoms de l'enfant. Si l'enfant est âgé de plus de treize ans, son consentement personnel est requis. »

Art. 363-1 *(L. nº 2002-304 du 4 mars 2002)* Les dispositions de l'article 363 sont applicables à l'enfant ayant fait l'objet d'une adoption régulièrement prononcée à l'étranger ayant en France les effets d'une adoption simple, lorsque l'acte de naissance de l'adopté est conservé par une autorité française.

Les adoptants exercent l'option qui leur est ouverte par cet article par déclaration adressée au procureur de la République du lieu où l'acte de naissance est conservé à l'occasion de la demande de mise à jour de celui-ci.

La mention du nom choisi est portée à la diligence du procureur de la République dans l'acte de naissance de l'enfant.

Art. 364 *(L. nº 2007-293 du 5 mars 2007, art. 5)* **L'adopté doit des aliments à l'adoptant s'il est dans le besoin et, réciproquement, l'adoptant doit des aliments à l'adopté. Les** *(Ord. nº 2022-1292 du 5 oct. 2022, art. 15, en vigueur le 1er janv. 2023)* **« parents d'origine » de l'adopté ne sont tenus de lui fournir des aliments que s'il ne peut les obtenir de l'adoptant. L'obligation de fournir des aliments à ses** *(Ord. nº 2022-1292 du 5 oct. 2022, art. 15, en vigueur le 1er janv. 2023)* **« parents d'origine » cesse pour l'adopté dès lors qu'il a été admis en qualité de pupille de l'État ou pris en charge dans les délais prescrits à l'article L. 132-6 du code de l'action sociale et des familles.** — *V. cet art..* — *[Anc. art. 367, mod.]*

Art. 365 *(L. nº 2002-305 du 4 mars 2002)* **« L'adopté et ses descendants ont, dans la famille de l'adoptant, les droits successoraux prévus au chapitre III du titre I du livre III. »**

(L. nº 96-604 du 5 juill. 1996) **L'adopté et ses descendants n'ont cependant pas la qualité d'héritier réservataire à l'égard des ascendants de l'adoptant.** — *[Anc. art. 368.]*

Art. 366 *(L. nº 2006-728 du 23 juin 2006, art. 29-4º)* **« Dans la succession de l'adopté, à défaut de descendants et de conjoint survivant, » les biens donnés par l'adoptant ou recueillis dans sa succession retournent à l'adoptant ou à ses descendants, s'ils existent encore en nature lors du décès de l'adopté, à charge de contribuer aux dettes et sous réserve des droits acquis par les tiers. Les biens que l'adopté avait reçus à titre gratuit de ses** *(Ord. nº 2022-1292 du 5 oct. 2022, art. 15, en vigueur le 1er janv. 2023)* **« parents » retournent pareillement à ces derniers ou à leurs descendants.**

Le surplus des biens de l'adopté se divise par moitié entre *(Ord. nº 2022-1292 du 5 oct. 2022, art. 15, en vigueur le 1er janv. 2023)* **« sa » famille d'origine et** *(Ord. nº 2022-1292 du 5 oct. 2022, art. 15, en vigueur le 1er janv. 2023)* **« sa » famille** *(Ord. nº 2022-1292 du 5 oct. 2022, art. 15, en vigueur le 1er janv. 2023)* **« d'adoption »** *(Abrogé par L. nº 2006-728 du 23 juin 2006, art. 29-4º)* ***« , sans préjudice des droits du conjoint sur l'ensemble de la succession ».*** — *[Anc. art. 368-1, mod.]*

La loi du 23 juin 2006 est entrée en vigueur le 1er janv. 2007.

Art. 367 **L'adoption conserve tous ses effets, nonobstant l'établissement ultérieur d'un lien de filiation.** — *[Anc. art. 369.]*

Art. 368 *(L. nº 2016-297 du 14 mars 2016, art. 32)* **S'il est justifié de motifs graves, l'adoption peut être révoquée, lorsque l'adopté est majeur, à la demande de ce dernier ou de l'adoptant.**

Lorsque l'adopté est mineur, la révocation de l'adoption ne peut être demandée que par le ministère public. — *[Anc. art. 370.]*

Art. 369 **Le jugement révoquant l'adoption doit être motivé.**

Son dispositif est mentionné en marge de l'acte de naissance ou de la transcription du jugement d'adoption, dans les conditions prévues *(Ord. nº 2022-1292 du 5 oct. 2022, art. 15, en vigueur le 1er janv. 2023)* **« par décret en Conseil d'État ».** — *[Anc. art. 370-1, mod.]*

Sur la procédure relative à la révocation de l'adoption simple, V. C. pr. civ., art. 1177 et 1178. — ***C. pr. civ.***

Art. 369-1 **La révocation fait cesser pour l'avenir tous les effets de l'adoption** *(L. nº 2011-1862 du 13 déc. 2011, art. 20)* **« , à l'exception de la modification des prénoms ».** — *[Anc. art. 370-2.]*

Sur les effets de l'adoption simple relativement à la nationalité, V. C. civ., art. 21 et 21-12. — ***C. civ.***

Sur la procédure de l'adoption, V. C. pr. civ., art. 1166 à 1176. — ***C. pr. civ.***

Sur la création d'un Conseil supérieur de l'adoption, V. CASF, art. L. 148-1, issu de L. nº 2002-93 du 22 janv. 2002 (JO 23 janv.), et art. D. 148-1 à D. 148-3, codifiant le Décr. nº 2002-473 du 8 avr. 2002.

Sur l'accès aux origines personnelles, V. notes ss. C. civ, art. 326. — ***C. civ.***

CHAPITRE IV ***DE L'ADOPTION DE L'ENFANT DE L'AUTRE MEMBRE DU COUPLE*** *(Ord. nº 2022-1292 du 5 oct. 2022, art. 16, en vigueur le 1er janv. 2023).*

Art. 370 *(Ord. nº 2022-1292 du 5 oct. 2022, art. 17, en vigueur le 1er janv. 2023)* **A l'exception des dispositions des articles 351, 352, 352-1, 352-2 et 353 et sous réserve des règles**

particulières du présent chapitre, les dispositions des chapitres I à III du présent titre sont applicables à l'adoption de l'enfant du conjoint non séparé de corps, du partenaire lié par un pacte civil de solidarité et du concubin.

SECTION 1 *Dispositions communes* *(Ord. nº 2022-1292 du 5 oct. 2022, art. 16, en vigueur le 1er janv. 2023).*

Art. 370-1 *(Ord. nº 2022-1292 du 5 oct. 2022, art. 18, en vigueur le 1er janv. 2023)* L'adoption de l'enfant de l'autre membre du couple n'est pas subordonnée à une condition d'âge de l'adoptant.

Art. 370-1-1 *(Ord. nº 2022-1292 du 5 oct. 2022, art. 18, en vigueur le 1er janv. 2023)* L'adoptant doit avoir dix ans de plus que l'enfant qu'il se propose d'adopter.

Toutefois, lorsque la différence d'âge est inférieure à celle que prévoit l'alinéa précédent, le tribunal peut prononcer l'adoption s'il existe de justes motifs.

Art. 370-1-2 *(Ord. nº 2022-1292 du 5 oct. 2022, art. 18, en vigueur le 1er janv. 2023)* En cas de décès de l'un des deux adoptants, une nouvelle adoption peut être prononcée à la demande du nouveau conjoint, partenaire lié par un pacte civil de solidarité ou concubin du survivant d'entre eux.

SECTION 2 *Dispositions propres à l'adoption plénière* *(Ord. nº 2022-1292 du 5 oct. 2022, art. 16, en vigueur le 1er janv. 2023).*

§ 1 *Des conditions requises pour l'adoption plénière (Ord. nº 2022-1292 du 5 oct. 2022, art. 16, en vigueur le 1er janv. 2023).*

Art. 370-1-3 *(L. nº 96-604 du 5 juill. 1996)* L'adoption plénière de l'enfant du conjoint *(L. nº 2022-219 du 21 févr. 2022, art. 2)* « , du partenaire lié par un pacte civil de solidarité ou du concubin » est permise :

1º Lorsque l'enfant n'a de filiation légalement établie qu'à l'égard de ce conjoint *(L. nº 2022-219 du 21 févr. 2022, art. 2)* « , partenaire lié par un pacte civil de solidarité ou concubin » ;

(L. nº 2013-404 du 17 mai 2013, art. 7) « « 2º » *(Ord. nº 2022-1292 du 5 oct. 2022, art. 19, en vigueur le 1er janv. 2023)* Lorsque l'enfant a fait l'objet d'une adoption plénière par ce seul conjoint *(L. nº 2022-219 du 21 févr. 2022, art. 2)* « , partenaire lié par un pacte civil de solidarité ou concubin » et n'a de filiation établie qu'à son égard ; »

(Ord. nº 2022-1292 du 5 oct. 2022, art. 19, en vigueur le 1er janv. 2023) « 3º » Lorsque l'autre parent que le conjoint *(L. nº 2022-219 du 21 févr. 2022, art. 2)* « , partenaire lié par un pacte civil de solidarité ou concubin » s'est vu retirer totalement l'autorité parentale ;

(Ord. nº 2022-1292 du 5 oct. 2022, art. 19, en vigueur le 1er janv. 2023) « 4º » Lorsque l'autre parent que le conjoint *(L. nº 2022-219 du 21 févr. 2022, art. 2)* « , partenaire lié par un pacte civil de solidarité ou concubin » est décédé et n'a pas laissé d'ascendants au premier degré ou lorsque ceux-ci se sont manifestement désintéressés de l'enfant. – *[Anc. art. 345-1.]*

Sur l'adoption d'un enfant déjà adopté par le conjoint, V. Circ. 29 mai 2013 de présentation de la loi ouvrant le mariage aux couples de personnes de même sexe (dispositions du code civil), . – ***C. civ.***

§ 2 *Des effets de l'adoption plénière (Ord. nº 2022-1292 du 5 oct. 2022, art. 16, en vigueur le 1er janv. 2023).*

Art. 370-1-4 *(Ord. nº 2022-1292 du 5 oct. 2022, art. 20, en vigueur le 1er janv. 2023)* L'adoption plénière de l'enfant du conjoint, du partenaire lié par un pacte civil de solidarité ou du concubin laisse subsister sa filiation d'origine à l'égard de cette personne et de sa famille. Elle produit*[,]* pour le surplus, les effets d'une adoption par un couple.

Art. 370-1-5 *(Ord. nº 2022-1292 du 5 oct. 2022, art. 20, en vigueur le 1er janv. 2023)* L'adoptant et l'autre membre du couple choisissent, par déclaration conjointe, le nom de famille dévolu à l'enfant : soit le nom de l'un d'eux, soit leurs deux noms accolés dans l'ordre choisi par eux, dans la limite d'un nom de famille pour chacun d'eux.

Cette faculté de choix ne peut être exercée qu'une seule fois.

En l'absence de déclaration conjointe mentionnant le choix de nom de l'enfant, celui-ci prend le nom de l'adoptant et de l'autre membre du couple, dans la limite du premier nom de famille pour chacun d'eux, accolés selon l'ordre alphabétique.

Lorsqu'il a été fait application de l'article 311-21, du deuxième alinéa de l'article 311-23, ou du présent article à l'égard d'un enfant commun, le nom précédemment dévolu ou choisi vaut pour l'adopté.

Lorsque l'adoptant ou l'autre membre du couple porte un double nom de famille, ils peuvent, par une déclaration écrite conjointe, ne transmettre qu'un seul nom à l'adopté.

Sur la demande de l'adoptant, le tribunal peut modifier les prénoms de l'enfant. Si l'enfant est âgé de plus de treize ans, son consentement personnel est requis.

SECTION 3 ***Dispositions propres à l'adoption simple*** *(Ord. nº 2022-1292 du 5 oct. 2022, art. 16, en vigueur le 1er janv. 2023).*

§ 1 *Des conditions requises pour l'adoption simple (Ord. nº 2022-1292 du 5 oct. 2022, art. 16, en vigueur le 1er janv. 2023).*

Art. 370-1-6 *(Ord. nº 2022-1292 du 5 oct. 2022, art. 21, en vigueur le 1er janv. 2023)* **L'enfant précédemment adopté par une seule personne, en la forme simple ou plénière, peut l'être une seconde fois, par l'autre membre du couple, en la forme simple.**

§ 2 *Des effets de l'adoption simple (Ord. nº 2022-1292 du 5 oct. 2022, art. 16, en vigueur le 1er janv. 2023).*

Art. 370-1-7 *(Ord. nº 2022-1292 du 5 oct. 2022, art. 21, en vigueur le 1er janv. 2023)* **L'adoption simple confère le nom de l'adoptant à l'adopté en l'ajoutant au nom de ce dernier. Toutefois, si l'adopté est âgé de plus de treize ans, il doit consentir à cette adjonction.**

Lorsque l'adopté et l'adoptant, ou l'un d'eux, portent un double nom de famille, le nom conféré à l'adopté résulte de l'adjonction du nom de l'adoptant à son propre nom, dans la limite d'un seul nom pour chacun d'eux. Le choix du nom adjoint ainsi que l'ordre des deux noms appartient à l'adoptant, qui doit recueillir le consentement personnel de l'adopté âgé de plus de treize ans. En cas de désaccord ou à défaut de choix, le nom conféré à l'adopté résulte de l'adjonction en seconde position du premier nom de l'adoptant au premier nom de l'adoptant *[adopté]***.**

Le tribunal peut, toutefois, à la demande de l'adoptant, décider que l'adopté conservera son nom d'origine.

Sur la demande de l'adoptant, le tribunal peut modifier les prénoms de l'enfant. Si l'enfant est âgé de plus de treize ans, son consentement personnel est requis.

Art. 370-1-8 *(Ord. nº 2022-1292 du 5 oct. 2022, art. 21, en vigueur le 1er janv. 2023)* **L'adoptant est titulaire de l'autorité parentale concurremment avec l'autre membre du couple, lequel en conserve seul l'exercice, sous réserve d'une déclaration conjointe avec l'adoptant adressée au directeur des services de greffe judiciaires du tribunal judiciaire aux fins d'un exercice en commun de cette autorité.**

CHAPITRE V ***DE L'ADOPTION INTERNATIONALE, DES CONFLITS DE LOIS ET DE L'EFFET EN FRANCE DES ADOPTIONS PRONONCÉES À L'ÉTRANGER*** *(Ord. nº 2022-1292 du 5 oct. 2022, art. 23, en vigueur le 1er janv. 2023).*

Art. 370-2 *(L. nº 2022-219 du 21 févr. 2022, art. 11)* **L'adoption est internationale :**

1º Lorsqu'un mineur résidant habituellement dans un État étranger a été, est ou doit être déplacé, dans le cadre de son adoption, vers la France, où résident habituellement *(Ord. nº 2022-1292 du 5 oct. 2022, art. 24, en vigueur le 1er janv. 2023)* **« le ou » les adoptants ;**

2º Lorsqu'un mineur résidant habituellement en France a été, est ou doit être déplacé, dans le cadre de son adoption, vers un État étranger, où résident habituellement *(Ord. nº 2022-1292 du 5 oct. 2022, art. 24, en vigueur le 1er janv. 2023)* **« le ou » les adoptants. —** *[Anc. art. 370-2-1.]*

Art. 370-3 *(L. nº 2022-219 du 21 févr. 2022, art. 2)* **« Les conditions de l'adoption sont soumises à la loi nationale de l'adoptant ou, en cas d'adoption par un couple, à la loi nationale commune des deux membres du couple au jour** *(Ord. nº 2022-1292 du 5 oct. 2022, art. 24, en vigueur le 1er janv. 2023)* **« du dépôt de la requête en adoption » ou, à défaut, à la loi de leur résidence habituelle commune au jour** *(Ord. nº 2022-1292 du 5 oct. 2022, art. 24, en vigueur le 1er janv. 2023)* **« du dépôt de la requête en adoption » ou, à défaut, à la loi de la juridiction saisie. L'adoption ne peut toutefois être prononcée si la loi nationale des deux membres du couple la prohibe ».**

L'adoption d'un mineur étranger ne peut être prononcée si sa loi *(Ord. n° 2022-1292 du 5 oct. 2022, art. 24, en vigueur le 1er janv. 2023)* « nationale » prohibe cette institution, sauf si ce mineur est né et réside habituellement en France. — *Les dispositions de cet alinéa s'appliquent aux procédures engagées à compter de l'entrée en vigueur de la loi n° 2001-111 du 6 févr. 2001 [JO 8 févr.] (L. préc., art. 3).*

Quelle que soit la loi applicable, l'adoption requiert le consentement du représentant légal de l'enfant *(L. n° 2022-219 du 21 févr. 2022, art. 6)* « dans les conditions définies au premier alinéa de l'article 348-3 ». *(Abrogé par L. n° 2022-219 du 21 févr. 2022, art. 6) « Le consentement doit être libre, obtenu sans aucune contrepartie, après la naissance de l'enfant et éclairé sur les conséquences de l'adoption, en particulier, s'il est donné en vue d'une adoption plénière, sur le caractère complet et irrévocable de la rupture du lien de filiation préexistant. »*

Art. 370-4 Les effets de l'adoption prononcée en France sont ceux de la loi française.

Art. 370-5 L'adoption régulièrement prononcée à l'étranger produit en France les effets de l'adoption plénière si elle rompt de manière complète et irrévocable le lien de filiation préexistant. A défaut, elle produit les effets de l'adoption simple. Elle peut être convertie en adoption plénière si les consentements requis ont été donnés expressément en connaissance de cause.

V. Convention de La Haye du 29 mai 1993 sur la protection des enfants et la coopération en matière d'adoption internationale publiée par Décr. n° 98-815 du 11 sept. 1998 (JO 13 sept.). — V. texte en Appendice, App., v° Adoption.

V. Circ. 16 févr. 1999 (JO 2 avr.) relative à l'adoption internationale, App., v° Adoption. — Circ. 28 oct. 2011 relative aux règles particulières à divers actes de l'état civil relatifs à la naissance et à la filiation, 🏛. — **C. civ.**

Convention de La Haye du 29 mai 1993,

Sur la protection des enfants et la coopération en matière d'adoption internationale.

Cette convention, signée par la France le 5 avr. 1995 et entrée en vigueur le 1er oct. 1998, a été publiée par le Décr. n° 98-815 du 11 sept. 1998 (JO 13 sept.)

Les États signataires de la présente Convention,

Reconnaissant que, pour l'épanouissement harmonieux de sa personnalité, l'enfant doit grandir dans un milieu familial, dans un climat de bonheur, d'amour et de compréhension ;

Rappelant que chaque État devrait prendre, par priorité, des mesures appropriées pour permettre le maintien de l'enfant dans sa famille d'origine ;

Reconnaissant que l'adoption internationale peut présenter l'avantage de donner une famille permanente à l'enfant pour lequel une famille appropriée ne peut être trouvée dans son État d'origine ;

Convaincus de la nécessité de prévoir des mesures pour garantir que les adoptions internationales aient lieu dans l'intérêt supérieur de l'enfant et le respect de ses droits fondamentaux, ainsi que pour prévenir l'enlèvement, la vente ou la traite d'enfants ;

Désirant établir à cet effet des dispositions communes qui tiennent compte des principes reconnus par les instruments internationaux, notamment par la Convention des Nations Unies sur les droits de l'enfant du 20 novembre 1989 et par la Déclaration des Nations Unies sur les principes sociaux et juridiques applicables à la protection et au bien-être des enfants, envisagés surtout sous l'angle des pratiques en matière d'adoption et de placement familial sur les plans national et international (résolution de l'assemblée générale 41/85, du 3 décembre 1986),

sont convenus des dispositions suivantes :

CHAPITRE I CHAMP D'APPLICATION DE LA CONVENTION

Art. 1er La présente Convention a pour objet :

a) D'établir des garanties pour que les adoptions internationales aient lieu dans l'intérêt supérieur de l'enfant et dans le respect des droits fondamentaux qui lui sont reconnus en droit international ;

b) D'instaurer un système de coopération entre les États contractants pour assurer le respect de ces garanties et prévenir ainsi l'enlèvement, la vente ou la traite d'enfants ;

c) D'assurer la reconnaissance dans les États contractants des adoptions réalisées selon la Convention.

Art. 2 1. La Convention s'applique lorsqu'un enfant résidant habituellement dans un État contractant (« l'État d'origine ») a été, est ou doit être déplacé vers un autre État contractant (« l'État d'accueil »), soit après son adoption dans l'État d'origine par des époux ou une personne résidant habituellement dans l'État d'accueil, soit en vue d'une telle adoption dans l'État d'accueil ou dans l'État d'origine.

2. La Convention ne vise que les adoptions établissant un lien de filiation.

Art. 3 La Convention cesse de s'appliquer si les acceptations visées à l'article 17, lettre *c*, n'ont pas été données avant que l'enfant n'ait atteint l'âge de dix-huit ans.

CHAPITRE II CONDITIONS DES ADOPTIONS INTERNATIONALES

Art. 4 Les adoptions visées par la Convention ne peuvent avoir lieu que si les autorités compétentes de l'État d'origine :

a) Ont établi que l'enfant est adoptable ;

b) Ont constaté, après avoir dûment examiné les possibilités de placement de l'enfant dans son État d'origine, qu'une adoption internationale répond à l'intérêt supérieur de l'enfant ;

c) Se sont assurées :

1° Que les personnes, institutions et autorités dont le consentement est requis pour l'adoption ont été entourées des conseils nécessaires et dûment informées sur les conséquences de leur consentement, en particulier sur le maintien ou la rupture, en raison d'une adoption, des liens de droit entre l'enfant et sa famille d'origine ;

2° Que celles-ci ont donné librement leur consentement dans les formes légales requises, et que ce consentement a été donné ou constaté par écrit ;

3° Que les consentements n'ont pas été obtenus moyennant paiement ou contrepartie d'aucune sorte et qu'ils n'ont pas été retirés, et

4° Que le consentement de la mère, s'il est requis, n'a été donné qu'après la naissance de l'enfant, et

d) Se sont assurées, eu égard à l'âge et à la maturité de l'enfant :

1° Que celui-ci a été entouré de conseils et dûment informé sur les conséquences de l'adoption et de son consentement à l'adoption, si celui-ci est requis ;

2° Que les souhaits et avis de l'enfant ont été pris en considération ;

3° Que le consentement de l'enfant à l'adoption, lorsqu'il est requis, a été donné librement, dans les formes légales requises, et que son consentement a été donné ou constaté par écrit, et

4° Que ce consentement n'a pas été obtenu moyennant paiement ou contrepartie d'aucune sorte.

Art. 5 Les adoptions visées par la Convention ne peuvent avoir lieu que si les autorités compétentes de l'État d'accueil :

a) Ont constaté que les futurs parents adoptifs sont qualifiés et aptes à adopter ;

b) Se sont assurées que les futurs parents adoptifs ont été entourés des conseils nécessaires, et

c) Ont constaté que l'enfant est ou sera autorisé à entrer et à séjourner de façon permanente dans cet État.

CHAPITRE III AUTORITÉS CENTRALES ET ORGANISMES AGRÉÉS

Art. 6 1. Chaque État contractant désigne une autorité centrale chargée de satisfaire aux obligations qui lui sont imposées par la Convention.

2. Un État fédéral, un État dans lequel plusieurs systèmes de droit sont en vigueur ou un État ayant des unités territoriales autonomes est libre de désigner plus d'une autorité centrale et de spécifier l'étendue territoriale ou personnelle de leurs fonctions. L'État qui fait usage de cette faculté désigne l'autorité centrale à laquelle toute communication peut être adressée en vue de sa transmission à l'autorité centrale compétente au sein de cet État.

Art. 7 1. Les autorités centrales doivent coopérer entre elles et promouvoir une collaboration entre les autorités compétentes de leurs États pour assurer la protection des enfants et réaliser les autres objectifs de la Convention.

2. Elles prennent directement toutes mesures appropriées pour :

a) Fournir des informations sur la législation de leurs États en matière d'adoption et d'autres informations générales, telles que des statistiques et formules types ;

b) S'informer mutuellement sur le fonctionnement de la Convention et, dans la mesure du possible, lever les obstacles à son application.

Art. 8 Les autorités centrales prennent, soit directement, soit avec le concours d'autorités publiques, toutes mesures appropriées pour prévenir les gains matériels indus à l'occasion d'une adoption et empêcher toute pratique contraire aux objectifs de la Convention.

Art. 9 Les autorités centrales prennent, soit directement, soit avec le concours d'autorités publiques ou d'organismes dûment agréés dans leur État, toutes mesures appropriées, notamment pour :

a) Rassembler, conserver et échanger des informations relatives à la situation de l'enfant et des futurs parents adoptifs, dans la mesure nécessaire à la réalisation de l'adoption ;

b) Faciliter, suivre et activer la procédure en vue de l'adoption ;

c) Promouvoir dans leurs États le développement de services de conseils pour l'adoption et pour le suivi de l'adoption ;

d) Échanger des rapports généraux d'évaluation sur les expériences en matière d'adoption internationale ;

e) Répondre, dans la mesure permise par la loi de leur État, aux demandes motivées d'informations sur une situation particulière d'adoption formulées par d'autres autorités centrales ou par des autorités publiques.

Art. 10 Peuvent seuls bénéficier de l'agrément et le conserver les organismes qui démontrent leur aptitude à remplir correctement les missions qui pourraient leur être confiées.

Art. 11 Un organisme agréé doit :

a) Poursuivre uniquement des buts non lucratifs dans les conditions et limites fixées par les autorités compétentes de l'État d'agrément ;

b) Être dirigé et géré par des personnes qualifiées par leur intégrité morale et leur formation ou expérience pour agir dans le domaine de l'adoption internationale, et

c) Être soumis à la surveillance d'autorités compétentes de cet État pour sa composition, son fonctionnement et sa situation financière.

Art. 12 Un organisme agréé dans un État contractant ne pourra agir dans un autre État contractant que si les autorités compétentes des deux États l'ont autorisé.

Art. 13 La désignation des autorités centrales et, le cas échéant, l'étendue de leurs fonctions ainsi que le nom et l'adresse des organismes agréés sont communiqués par chaque État contractant au Bureau permanent de la conférence de La Haye de droit international privé.

CHAPITRE IV CONDITIONS PROCÉDURALES DE L'ADOPTION INTERNATIONALE

Art. 14 Les personnes résidant habituellement dans un État contractant, qui désirent adopter un enfant dont la résidence habituelle est située dans un autre État contractant, doivent s'adresser à l'autorité centrale de l'État de leur résidence habituelle.

Art. 15 1. Si l'autorité centrale de l'État d'accueil considère que les requérants sont qualifiés et aptes à adopter, elle établit un rapport contenant des renseignements sur leur identité, leur capacité légale et leur aptitude à adopter, leur situation personnelle, familiale et médicale, leur milieu social, les motifs qui les animent, leur aptitude à assumer une adoption internationale ainsi que sur les enfants qu'ils seraient aptes à prendre en charge.

2. Elle transmet le rapport à l'autorité centrale de l'État d'origine.

Art. 16 1. Si l'autorité centrale de l'État d'origine considère que l'enfant est adoptable :

a) Elle établit un rapport contenant des renseignements sur l'identité de l'enfant, son adoptabilité, son milieu social, son évolution personnelle et familiale, son passé médical et celui de sa famille, ainsi que sur ses besoins particuliers ;

b) Elle tient dûment compte des conditions d'éducation de l'enfant ainsi que de son origine ethnique, religieuse et culturelle ;

c) Elle s'assure que les consentements visés à l'article 4 ont été obtenus ; et

d) Elle constate, en se fondant notamment sur les rapports concernant l'enfant et les futurs parents adoptifs, que le placement envisagé est dans l'intérêt supérieur de l'enfant.

2. Elle transmet à l'autorité centrale de l'État d'accueil son rapport sur l'enfant, la preuve des consentements requis et les motifs de son constat sur le placement en veillant à ne pas révéler l'identité de la mère et du père si, dans l'État d'origine, cette identité ne peut pas être divulguée.

Art. 17 Toute décision de confier un enfant à des futurs parents adoptifs ne peut être prise dans l'État d'origine que :

a) Si l'autorité centrale de cet État s'est assurée de l'accord des futurs parents adoptifs ;

b) Si l'autorité centrale de l'État d'accueil a approuvé cette décision, lorsque la loi de cet État ou l'autorité centrale de l'État d'origine le requiert ;

c) Si les autorités centrales des deux États ont accepté que la procédure en vue de l'adoption se poursuive ; et

d) S'il a été constaté conformément à l'article 5 que les futurs parents adoptifs sont qualifiés et aptes à adopter et que l'enfant est ou sera autorisé à entrer et à séjourner de façon permanente dans l'État d'accueil.

Art. 18 Les autorités centrales des deux États prennent toutes mesures utiles pour que l'enfant reçoive l'autorisation de sortie de l'État d'origine, ainsi que celle d'entrée et de séjour permanent dans l'État d'accueil.

Art. 19 1. Le déplacement de l'enfant vers l'État d'accueil ne peut avoir lieu que si les conditions de l'article 17 ont été remplies.

2. Les autorités centrales des deux États veillent à ce que ce déplacement s'effectue en toute sécurité, dans des conditions appropriées et, si possible, en compagnie des parents adoptifs ou des futurs parents adoptifs.

3. Si ce déplacement n'a pas lieu, les rapports visés aux articles 15 et 16 sont renvoyés aux autorités expéditrices.

Art. 20 Les autorités centrales se tiennent informées sur la procédure d'adoption et les mesures prises pour la mener à terme, ainsi que sur le déroulement de la période probatoire, lorsque celle-ci est requise.

Art. 21 1. Lorsque l'adoption doit avoir lieu après le déplacement de l'enfant dans l'État d'accueil et que l'autorité centrale de cet État considère que le maintien de l'enfant dans la famille d'accueil n'est plus de son intérêt supérieur, cette autorité prend les mesures utiles à la protection de l'enfant en vue notamment :

a) De retirer l'enfant aux personnes qui désiraient l'adopter et d'en prendre soin provisoirement ;

b) En consultation avec l'autorité centrale de l'État d'origine, d'assurer sans délai un nouveau placement de l'enfant en vue de son adoption ou, à défaut, une prise en charge alternative durable, une adoption ne peut avoir lieu que si l'autorité centrale de l'État d'origine a été dûment informée sur les nouveaux parents adoptifs ;

c) En dernier ressort, d'assurer le retour de l'enfant, si son intérêt l'exige.

2. Eu égard notamment à l'âge et à la maturité de l'enfant, celui-ci sera consulté et, le cas échéant, son consentement obtenu sur les mesures à prendre conformément au présent article.

Art. 22 1. Les fonctions conférées à l'autorité centrale par le présent chapitre peuvent être exercées par des autorités publiques ou par des organismes agréés conformément au chapitre III, dans la mesure prévue par la loi de son État.

2. Un État contractant peut déclarer auprès du dépositaire de la Convention que les fonctions conférées à l'autorité centrale par les articles 15 à 21 peuvent aussi être exercées dans cet État, dans la mesure prévue par la loi et sous le contrôle des autorités compétentes de cet État, par des organismes ou personnes qui :

a) Remplissent les conditions de moralité, de compétence professionnelle, d'expérience et de responsabilité requises par cet État ; et

b) Sont qualifiées par leur intégrité morale et leur formation ou expérience pour agir dans le domaine de l'adoption internationale.

3. L'État contractant qui fait la déclaration visée au paragraphe 2 informe régulièrement le Bureau permanent de la conférence de La Haye de droit international privé des noms et adresses de ces organismes et personnes.

4. Un État contractant peut déclarer auprès du dépositaire de la Convention que les adoptions d'enfants dont la résidence habituelle est située sur son territoire ne peuvent avoir lieu que si les fonctions conférées aux autorités centrales sont exercées conformément au paragraphe 1er.

5. Nonobstant toute déclaration effectuée conformément au paragraphe 2, les rapports prévus aux articles 15 et 16 sont, dans tous les cas, établis sous la responsabilité de l'autorité centrale ou d'autres autorités ou organismes, conformément au paragraphe 1er.

CHAPITRE V RECONNAISSANCE ET EFFETS DE L'ADOPTION

Art. 23 1. Une adoption certifiée conforme à la Convention par l'autorité compétente de l'État contractant où elle a eu lieu est reconnue de plein droit dans les autres États contractants. Le certificat indique quand et par qui les acceptations visées à l'article 17, lettre *c*, ont été données.

2. Tout État contractant, au moment de la signature, de la ratification, de l'acceptation, de l'approbation ou de l'adhésion, notifiera au dépositaire de la Convention l'identité et les fonctions de l'autorité ou des autorités qui, dans cet État, sont compétentes pour délivrer le certificat. Il lui notifiera aussi toute modification dans la désignation de ces autorités.

Art. 24 La reconnaissance d'une adoption ne peut être refusée dans un État contractant que si l'adoption est manifestement contraire à son ordre public, compte tenu de l'intérêt supérieur de l'enfant.

Art. 25 Tout État contractant peut déclarer au dépositaire de la Convention qu'il ne sera pas tenu de reconnaître en vertu de celle-ci les adoptions faites conformément à un accord conclu en application de l'article 39, paragraphe 2.

Art. 26 1. La reconnaissance de l'adoption comporte celle :

a) Du lien de filiation entre l'enfant et ses parents adoptifs ;

b) De la responsabilité parentale des parents adoptifs à l'égard de l'enfant ;

c) De la rupture du lien préexistant de filiation entre l'enfant et sa mère et son père, si l'adoption produit cet effet dans l'État contractant où elle a eu lieu.

2. Si l'adoption a pour effet de rompre le lien préexistant de filiation, l'enfant jouit, dans l'État d'accueil et dans tout autre État contractant où l'adoption est reconnue, des droits équivalents à ceux résultant d'une adoption produisant cet effet dans chacun de ces États.

3. Les paragraphes précédents ne portent pas atteinte à l'application de toute disposition plus favorable à l'enfant, en vigueur dans l'État contractant qui reconnaît l'adoption.

Art. 27 1. Lorsqu'une adoption faite dans l'État d'origine n'a pas pour effet de rompre le lien préexistant de filiation, elle peut, dans l'État d'accueil qui reconnaît l'adoption conformément à la Convention, être convertie en une adoption produisant cet effet :

a) Si le droit de l'État d'accueil le permet ; et

b) Si les consentements visés à l'article 4, lettres *c* et *d*, ont été ou sont donnés en vue d'une telle adoption.

2. L'article 23 s'applique à la décision de conversion.

CHAPITRE VI DISPOSITIONS GÉNÉRALES

Art. 28 La Convention ne déroge pas aux lois de l'État d'origine qui requièrent que l'adoption d'un enfant résidant habituellement dans cet État doive avoir lieu dans cet État ou qui interdisent le placement de l'enfant dans l'État d'accueil ou son déplacement vers cet État avant son adoption.

Art. 29 Aucun contact entre les futurs parents adoptifs et les parents de l'enfant ou toute autre personne qui a la garde de celui-ci ne peut avoir lieu tant que les dispositions de l'article 4, lettres *a* à *c*, et de l'article 5, lettre *a*, n'ont pas été respectées, sauf si l'adoption a lieu entre membres d'une même famille ou si les conditions fixées par l'autorité compétente de l'État d'origine sont remplies.

Art. 30 1. Les autorités compétentes d'un État contractant veillent à conserver les informations qu'elles détiennent sur les origines de l'enfant, notamment celles relatives à l'identité de sa mère et de son père, ainsi que les données sur le passé médical de l'enfant et de sa famillle.

2. Elles assurent l'accès de l'enfant ou de son représentant à ces informations, avec les conseils appropriés, dans la mesure permise par la loi de leur État.

Art. 31 Sous réserve de l'article 30, les données personnelles rassemblées ou transmises conformément à la Convention, en particulier celles visées aux articles 15 et 16, ne peuvent être utilisées à d'autres fins que celles pour lesquelles elles ont été rassemblées ou transmises.

Art. 32 1. Nul ne peut tirer un gain matériel indu en raison d'une intervention à l'occasion d'une adoption internationale.

2. Seuls peuvent être demandés et payés les frais et dépenses, y compris les honoraires raisonnables des personnes qui sont intervenues dans l'adoption.

3. Les dirigeants, administrateurs et employés d'organismes intervenant dans une adoption ne peuvent recevoir une rémunération disproportionnée par rapport aux services rendus.

Art. 33 Toute autorité compétente qui constate qu'une des dispositions de la Convention a été méconnue ou risque manifestement de l'être en informe aussitôt l'autorité centrale de l'État dont elle relève. Cette autorité centrale a la responsabilité de veiller à ce que les mesures utiles soient prises.

Art. 34 Si l'autorité compétente de l'État destinataire d'un document le requiert, une traduction certifiée conforme doit être produite. Sauf dispense, les frais de traduction sont à la charge des futurs parents adoptifs.

Art. 35 Les autorités compétentes des États contractants agissent rapidement dans les procédures d'adoption.

Art. 36 Au regard d'un État qui connaît, en matière d'adoption, deux ou plusieurs systèmes de droit applicables dans des unités territoriales différentes :

a) Toute référence à la résidence habituelle dans cet État vise la résidence habituelle dans une unité territoriale de cet État ;

b) Toute référence à la loi de cet État vise la loi en vigueur dans l'unité territoriale concernée ;

c) Toute référence aux autorités compétentes ou aux autorités publiques de cet État vise les autorités habilitées à agir dans l'unité territoriale concernée ;

d) Toute référence aux organismes agréés de cet État vise les organismes agréés dans l'unité territoriale concernée.

Art. 37 Au regard d'un État qui connaît, en matière d'adoption, deux ou plusieurs systèmes de droit applicables à des catégories différentes de personnes, toute référence à la loi de cet État vise le système de droit désigné par le droit de celui-ci.

Art. 38 Un État dans lequel différentes unités territoriales ont leurs propres règles de droit en matière d'adoption ne sera pas tenu d'appliquer la Convention lorsqu'un État dont le système de droit est unifié ne serait pas tenu de l'appliquer.

Art. 39 1. La Convention ne déroge pas aux instruments internationaux auxquels des États contractants sont parties et qui contiennent des dispositions sur les matières réglées par la présente Convention, à moins qu'une déclaration contraire ne soit faite par les États liés par de tels instruments.

2. Tout État contractant pourra conclure avec un ou plusieurs autres États contractants des accords en vue de favoriser l'application de la Convention dans leurs rapports réciproques. Ces accords ne pourront déroger qu'aux dispositions des articles 14 à 16 et 18 à 21. Les États qui auront conclu de tels accords en transmettront une copie au dépositaire de la Convention.

Art. 40 Aucune réserve à la Convention n'est admise.

Art. 41 La Convention s'applique chaque fois qu'une demande visée à l'article 14 a été reçue après l'entrée en vigueur de la Convention dans l'État d'accueil et l'État d'origine.

Art. 42 Le secrétaire général de la Conférence de La Haye de droit international privé convoque périodiquement une commission spéciale afin d'examiner le fonctionnement pratique de la Convention.

CHAPITRE VII CLAUSES FINALES

Art. 43 1. La Convention est ouverte à la signature des États qui étaient membres de la Conférence de La Haye de droit international privé lors de sa dix-septième session et des autres États qui ont participé à cette session.

2. Elle sera ratifiée, acceptée ou approuvée et les instruments de ratification, d'acceptation ou d'approbation seront déposés auprès du ministère des affaires étrangères du Royaume des Pays-Bas, dépositaire de la Convention.

Art. 44 1. Tout autre État pourra adhérer à la Convention après son entrée en vigueur en vertu de l'article 46, paragraphe 1.

2. L'instrument d'adhésion sera déposé auprès du dépositaire.

3. L'adhésion n'aura d'effet que dans les rapports entre l'État adhérant et les États contractants qui n'auront pas élevé d'objection à son encontre dans les six mois après la réception de la notification prévue à l'article 48, lettre *b*. Une telle objection pourra également être élevée par tout État au moment d'une ratification, acceptation ou approbation de la Convention, ultérieure à l'adhésion. Ces objections seront notifiées au dépositaire.

Art. 45 1. Un État qui comprend deux ou plusieurs unités territoriales dans lesquelles des systèmes de droit différents s'appliquent aux matières régies par cette Convention pourra, au moment de la signature, de la ratification, de l'acceptation, de l'approbation ou de l'adhésion, déclarer que la présente Convention s'appliquera à toutes ses unités territoriales ou seulement à l'une ou à plusieurs d'entre elles, et pourra à tout moment modifier cette déclaration en faisant une nouvelle déclaration.

2. Ces déclarations seront notifiées au dépositaire et indiqueront expressément les unités territoriales auxquelles la Convention s'applique.

3. Si un État ne fait pas de déclaration en vertu du présent article, la Convention s'appliquera à l'ensemble du territoire de cet État.

Art. 46 1. La Convention entrera en vigueur le premier jour du mois suivant l'expiration d'une période de trois mois après le dépôt du troisième instrument de ratification, d'acceptation ou d'approbation prévu par l'article 43.

2. Par la suite, la Convention entrera en vigueur :

a) Pour chaque État ratifiant, acceptant ou approuvant postérieurement ou adhérant, le premier jour du mois suivant l'expiration d'une période de trois mois après le dépôt de son instrument de ratification, d'acceptation, d'approbation ou d'adhésion ;

b) Pour les unités territoriales auxquelles la Convention a été étendue conformément à l'article 45, le premier jour du mois suivant l'expiration d'une période de trois mois après la notification visée dans cet article.

Art. 47 1. Tout État Partie à la Convention pourra dénoncer celle-ci par une notification adressée par écrit au dépositaire.

2. La dénonciation prendra effet le premier jour du mois suivant l'expiration d'une période de douze mois après la date de réception de la notification par le dépositaire. Lorsqu'une période plus longue pour la prise d'effet de la dénonciation est spécifiée dans la notification, la dénonciation prendra effet à l'expiration de la période en question après la date de réception de la notification.

Art. 48 Le dépositaire notifiera aux États membres de la Conférence de La Haye de droit international privé, aux autres États qui ont participé à la dix-septième session, ainsi qu'aux États qui auront adhéré conformément aux dispositions de l'article 44 :

a) Les signatures, ratifications, acceptations et approbations visées à l'article 43 ;

b) Les adhésions et les objections aux adhésions visées à l'article 44 ;

c) La date à laquelle la Convention entrera en vigueur conformément aux dispositions de l'article 46 ;

d) Les déclarations et les désignations mentionnées aux articles 22, 23, 25 et 45 ;

e) Les accords mentionnés à l'article 39 ;

f) Les dénonciations visées à l'article 47.

En foi de quoi, les soussignés, dûment autorisés, ont signé la présente Convention.

Fait à La Haye, le 29 mai 1993, en français et en anglais, les deux textes faisant également foi, en un seul exemplaire, qui sera déposé dans les archives du Gouvernement du Royaume des Pays-Bas et dont une copie certifiée conforme sera remise, par la voie diplomatique, à chacun des États membres de la Conférence de La Haye de droit international privé lors de la dix-septième session, ainsi qu'à chacun des autres États ayant participé à cette session.

DÉCLARATIONS DE LA FRANCE

Conformément à l'article 6-1, la France désigne comme autorité centrale :

L'autorité centrale pour l'adoption internationale, dont le secrétariat est assuré par la Mission de l'adoption internationale, 244, boulevard Saint-Germain, 75303 Paris 07 SP.

Conformément à l'article 22-4, la France déclare que les adoptions d'enfants dont la résidence habituelle est située en France ne peuvent avoir lieu que si les fonctions conférées aux autorités centrales sont exercées par des autorités publiques ou des organismes agréés conformément au chapitre III de la convention.

Conformément à l'article 23, la France déclare que la Mission de l'adoption internationale, 244, boulevard Saint-Germain, 75303 Paris 07 SP, est l'autorité compétente pour délivrer les certificats visés à l'article 23-1 de la convention quand l'adoption a lieu en France ou lorsqu'une décision d'adoption étrangère a fait l'objet, en France, d'une conversion en vertu de l'article 27-2.

Conformément à l'article 25, la France déclare qu'elle ne sera pas tenue de reconnaître en vertu de la convention les adoptions faites conformément à un accord conclu en application de l'article 39 paragraphe 2.

Conformément à l'article 45, la France déclare que la convention s'appliquera à l'ensemble du territoire de la République française à l'exception des territoires d'outre-mer.

Circulaire du 16 février 1999,

Relative à l'adoption internationale (JO 2 avr.).

La question de l'adoption internationale est particulièrement sensible. Elle concerne d'abord des enfants dont l'intérêt doit primer toute autre considération, mais aussi leur famille biologique dont les droits ne sauraient être ignorés, et enfin les adoptants dont l'engagement affectif et moral est important.

Elle revêt en outre un aspect diplomatique non négligeable. En effet :

Elle met en jeu l'application par la France de conventions internationales ;

Les procédures visant au recueil des enfants et à leur sortie du territoire sont mises en œuvre dans le pays d'origine des adoptés et requièrent donc une coopération des autorités locales ;

Les États d'origine des enfants sont soucieux de voir respecter leur souveraineté.

Les circulaires n° 76-8 du 28 juillet 1976 et n° 79-13 du 6 juillet 1979 s'étaient attachées, à une époque où l'adoption internationale commençait à prendre une certaine ampleur, à élaborer un cadre juridique applicable à la matière, alors que le droit conventionnel restait parcellaire, que le droit positif ne comportait aucune règle spécifique et que la jurisprudence n'avait apporté que des solutions embryonnaires.

L'évolution de la situation, comme du contexte juridique général dans lequel se développe l'adoption internationale, rendent nécessaires une mise à jour des orientations définies par ces circulaires.

Les règles internationales

La communauté internationale s'est mobilisée pour mettre en place des instruments internationaux susceptibles de faire échec aux pratiques très contestables constatées dans un certain nombre de pays où la détresse des familles biologiques est parfois exploitée.

Deux conventions ont été adoptées, l'une plus générale, la convention de l'ONU du 20 novembre 1989 relative aux droits de l'enfant, et l'autre spécialement consacrée à cette question, la convention de La Haye du 29 mai 1993 sur la protection des enfants et la coopération en matière d'adoption internationale :

La convention du 20 novembre 1989 met l'accent sur la responsabilité qui incombe aux États de pourvoir à la protection des enfants privés de leur milieu familial en instituant des mesures de remplacement, au nombre desquelles l'adoption internationale ne constitue qu'une solution de dernier recours. Elle insiste par ailleurs sur la nécessité de prévenir l'enlèvement, la vente ou la traite d'enfants ainsi que de prendre en compte l'origine ethnique, religieuse, culturelle et linguistique du mineur privé de son milieu familial dans le choix de la mesure de protection dont il fera l'objet.

La convention du 29 mai 1993, dont le préambule se réfère à la convention précitée et affiche un souci de moralisation de l'adoption, met en place un système de coopération entre autorités centrales des États d'origine et des États d'accueil des enfants, qui doivent s'assurer lors des différentes étapes de la procédure que les droits de l'enfant et de sa famille biologique sont respectés.

Ces conventions reflètent l'évolution des idées en matière de protection des enfants et, en les ratifiant, la France s'est engagée à assurer le respect des principes qu'elles posent.

Le droit interne français

Cadre général

Celui-ci a connu dernièrement un mouvement de réforme visant à rendre plus aisées mais aussi plus sûres l'adoption interne comme l'adoption internationale et à mettre en place les organes chargés de la mise en œuvre de la convention de La Haye du 29 mai 1993.

Ont ainsi été adoptés la loi n° 96-604 du 5 juillet 1996 relative à l'adoption, qui modifie le code civil, le code de la famille et de l'aide sociale, le code de la sécurité sociale et le code du travail, le décret n° 98-771 du 1er septembre 1998 relatif à l'agrément des personnes qui souhaitent adopter une pupille de l'État ou un enfant étranger, le décret n° 98-863 du 23 septembre 1998 relatif à l'autorité centrale pour l'adoption internationale et l'arrêté du 2 décembre 1998 portant création d'une mission de l'adoption internationale au ministère des affaires étrangères.

Par ailleurs, des mesures susceptibles de faciliter les démarches qui s'imposent aux parents adoptifs d'enfants avec lesquels a été créé un lien d'adoption simple ont été prises par le décret n° 97-853 du 16 septembre 1997 modifiant le décret n° 74-449 du 15 mai 1974 relatif au livret de famille.

En revanche, les règles françaises de solution des conflits de lois applicables en matière d'adoption internationale ne résultent ni de la loi ni, sauf exception, de dispositions conventionnelles, mais d'une construction jurisprudentielle. Celle-ci s'est élaborée progressivement depuis quelques années, parfois de manière erratique compte tenu de la variété des règles de droit étrangères et des divergences importantes de conceptions qu'elles traduisent. La jurisprudence actuelle souffre d'une absence d'unité. Cette situation conduit à une inégalité de traitement des dossiers individuels qui est la source d'une insécurité juridique particulièrement regrettable dans un domaine où toute décision est lourde de conséquences.

Le rôle du parquet

Il paraît par conséquent nécessaire que le ministère public s'attache à susciter une unification de la jurisprudence, en faisant prévaloir sur l'ensemble du territoire une même conception des principes qui doivent régir la matière.

S'agissant d'une matière qui touche à l'ordre public, il appartient au parquet de jouer pleinement le rôle qui lui est dévolu à cet égard et de rappeler, notamment, que seul le respect des principes de droit permet de lutter contre les pratiques illicites qui se développent dans le domaine de l'adoption internationale.

Il convient de rappeler en outre que l'article 1168 du nouveau code de procédure civile charge le procureur de la République de transmettre au tribunal les demandes d'adoption plénière qui lui sont adressées par les requérants.

Enfin, l'article 425 du même code dispose qu'il doit avoir communication des affaires relatives à la filiation.

Le rôle du parquet a par ailleurs été élargi, puisque la loi du 5 juillet 1996 a modifié l'article 370 du code civil afin de lui ouvrir l'action en révocation de l'adoption simple, possibilité qui ne doit être exercée que dans le seul intérêt de l'enfant sans que l'adoptant puisse par ce biais se dégager de ses responsabilités.

Les critères de son action

En matière d'adoption internationale comme d'adoption interne, c'est l'intérêt de l'enfant qui doit constituer le souci principal des autorités chargées de prendre les décisions.

La détermination de l'intérêt de l'enfant originaire d'un pays étranger doit toutefois s'effectuer au regard de la situation particulière de celui-ci.

L'adoption ne saurait en effet être présumée favorable dans tous les cas à l'enfant étranger au seul motif qu'il a été recueilli en France, cette institution ne constituant pas le seul cadre juridique susceptible de lui offrir la stabilité dont il a besoin. Il importe aussi d'attacher une attention particulière au respect des *[de]* ses origines.

Il appartient au parquet, garant du respect de l'ordre public, et à ce titre des engagements internationaux de la France, de s'attacher à faire valoir ces considérations chaque fois qu'il est saisi d'une affaire d'adoption internationale, et ce à tous les stades de la procédure, que l'adoption soit demandée en France ou qu'il s'agisse de faire produire en France ses effets à une décision prononcée à l'étranger.

1. *Conditions du prononcé de l'adoption*

L'accueil en France, en vue de son adoption, d'un enfant originaire d'un pays étranger est subordonné à l'accomplissement d'un certain nombre de démarches dont la régularité devra être vérifiée par le parquet.

1.1. *Phase administrative*

Lorsqu'elles ont obtenu l'agrément pour adopter, les personnes concernées peuvent engager la procédure à l'étranger, suivant les cas, en s'adressant à la mission de l'adoption internationale, uniquement lorsque l'enfant est originaire d'un pays partie à la convention de La Haye de 1993, ou en confiant la réalisation de leur projet à un organisme autorisé pour l'adoption et habilité pour l'adoption internationale, ou en entreprenant une procédure individuelle. L'intervention des intermédiaires est réglementée et susceptible de sanctions pénales.

La procédure visant au recueil de l'enfant une fois achevée à l'étranger, la délivrance d'un visa de long séjour sur le territoire français doit enfin être accordé à celui-ci.

1.1.1. *L'agrément pour adopter*

En règle générale, la loi du 5 juillet 1996 a mis l'accent sur l'importance du contrôle de l'aptitude des requérants à offrir à l'enfant les meilleurs *[meilleures]* chances d'adaptation dans leur foyer préalablement à l'accueil en vue de son adoption. Une disposition rappelant le caractère impératif de ce contrôle a en effet été introduite dans le code civil, dont le nouvel article 353-1 pose le principe d'une obtention, préalable au prononcé de l'adoption, de l'agrément prévu par l'article 63 du code de la famille et de l'aide sociale.

Afin de ne pas lier la décision des juges, le législateur a toutefois prévu que le tribunal pourrait prononcer l'adoption bien que la mise en œuvre de la procédure d'agrément n'ait pas abouti dans les délais ou n'ait pas donné lieu à une réponse positive, s'il estime que les requérants présentent les qualités nécessaires et que l'adoption est conforme à l'intérêt de l'enfant.

En matière d'adoption d'un enfant originaire de l'étranger, en particulier, il a paru indispensable de s'assurer, avant même le recueil de l'enfant en France, que les futurs adoptants aient obtenu l'agrément pour adopter. L'article 100-3 du code de la santé publique, de la famille et de l'aide sociale a été modifié en ce sens.

1.1.2. *Les conditions d'engagement de la procédure à l'étranger*

Il convient d'opérer une distinction à cet égard suivant que l'enfant dont l'adoption est envisagée est ou non originaire d'un État partie à la convention de La Haye de 1993.

1.1.2.1. États parties à la convention de La Haye

La liste des États parties à cette convention figure en annexe. — *V. cette annexe au JO 2 avr. 1999.*

Cette convention, entrée en vigueur à l'égard de la France le 1er octobre 1998, prévoit la mise en place, dans les pays d'origine comme dans les pays d'accueil des enfants, d'autorités centrales chargées de l'accomplissement de l'ensemble des procédures visant à l'adoption.

L'autorité centrale française, placée auprès du Premier ministre, est composée, outre son président, de représentants des ministères de la justice, des affaires étrangères ainsi que de l'emploi et de la solidarité et des conseils départementaux.

Le traitement des dossiers individuels, qui revient en principe aux autorités centrales, peut être délégué à des autorités publiques ou à des organismes agréés à cet effet.

En application de l'article 6 du décret nº 98-863 du 23 septembre 1998 susvisé, cette tâche est assumée en France soit par la mission de l'adoption internationale, soit par des organismes autorisés pour l'adoption et spécialement habilités pour l'adoption internationale d'enfants originaires d'un ou plusieurs pays parties à la convention.

La mission de l'adoption internationale, dont la composition est interministérielle, est installée au sein de la sous-direction de la coopération en droit de la famille du ministère des affaires étrangères.

La liste des organismes autorisés pour l'adoption interne et habilités pour l'adoption internationale peut être communiquée par le bureau du droit européen et international en matière civile et commerciale (L. 1) du service des affaires européennes et internationales.

1.1.2.2. États non parties à la convention de La Haye

L'article 348-5 du code civil exclut, sauf dans un cadre intrafamilial, l'adoption d'un enfant âgé de moins de deux ans, s'il n'a pas été effectivement remis au service de l'aide sociale à l'enfance ou à un organisme autorisé pour l'adoption.

Ainsi, seule la remise d'un enfant de moins de deux ans par une autorité ou un organisme agréés pour l'adoption dans son pays d'origine, ou par un organisme français autorisé et habilité pour l'adoption d'enfants originaires de ce pays, remplit les conditions fixées par l'article 348-5.

Dans ce cadre international, les notions de « service de l'aide sociale à l'enfance » et d'« organisme autorisé pour l'adoption » doivent s'entendre aussi bien des services ou organismes français que de leurs homologues étrangers, publics ou privés, dès lors qu'ils sont habilités au recueil d'enfants en vue de leur adoption.

La liste des autorités étrangères compétentes, établissements ou services habilités dans le pays d'origine des enfants dont l'adoption est sollicitée peut être fournie sur leur demande aux parquets par le bureau du droit européen et international en matière civile et commerciale.

Ces dispositions, qui visent à prévenir toute possibilité de pression de la part des adoptants, ou de leur mandataire, sur la famille biologique de l'enfant, revêtent une importance particulière en matière d'adoption internationale.

En effet, le droit d'un certain nombre de pays permet à des requérants étrangers d'obtenir que des enfants leur soient confiés directement par l'organisme qui les a recueillis, voire par leurs parents, dans le cadre d'une procédure diligentée par les soins des adoptants eux-mêmes ou d'un mandataire.

Or le recueil par les adoptants eux-mêmes ou par un mandataire personne physique, professionnel ou bénévole, d'un enfant de moins de deux ans confié directement par ses parents, de même que le recueil de l'enfant auprès d'un organisme non habilité localement, vicie le consentement au regard du droit français.

Il ne devrait donc pas permettre le prononcé de l'adoption par les juridictions françaises. Il s'oppose également à la reconnaissance en France d'une décision étrangère d'adoption prononcée dans ces conditions en application de la loi locale, dès lors que la loi française ne l'aurait pas permis.

1.1.3. *Les intermédiaires : dispositions pénales*

L'article 100-1 du code de la famille et de l'aide sociale *[CASF, art. L. 225-11 à L. 225-18]* dispose que les personnes qui entendent jouer un rôle d'intermédiaire en matière d'adoption internationale doivent avoir obtenu une autorisation préalable d'exercer une telle activité du président du conseil départemental du département intéressé ainsi qu'une habilitation du ministre des affaires étrangères.

Les articles 99 *[L. 321-4]* et 100-2 *[L. 225-17]* du même code punissent le non-respect de ces dispositions de trois mois *[un an]* d'emprisonnement et 25 000 F *[15 000 €]* d'amende.

Par ailleurs, l'article 227-12 du code pénal punit d'un an d'emprisonnement et 100 000 F *[15 000 €]* d'amende le fait de s'entremettre, dans un but lucratif, entre une personne désireuse d'adopter un enfant et un parent désireux d'abandonner son enfant né ou à naître.

La responsabilité pénale des personnes morales est prévue pour cette infraction par l'article 227-14 du code pénal.

Je vous serais obligé de m'aviser de la commission de telles infractions afin de me permettre d'en informer, s'il y a lieu, les autres départements ministériels intéressés.

1.1.4. *La délivrance aux enfants des visas d'entrée sur le territoire français*

La délivrance des visas ressortit à la compétence du ministère des affaires étrangères.

A ce titre, c'est la mission de l'adoption internationale qui donne toutes instructions utiles au consulat de France dans le pays d'origine de l'enfant aux fins de délivrance d'un visa de long séjour.

L'existence d'un visa délivré sur instructions de la mission permet dans la plupart des cas de présumer la régularité apparente de la procédure suivie à l'étranger.

L'absence de visa doit au contraire vous conduire à vous interroger sur les conditions et les circonstances dans lesquelles l'enfant est entré sur le territoire français, les hypothèses dans lesquelles aucun visa n'est exigible pour l'enfant (enfant originaire d'un État partie à la convention d'application de l'accord de Schengen) étant très rares. Une entrée irrégulière est en effet susceptible de laisser penser que l'enfant a été recueilli dans des conditions illicites ou que son adoption est juridiquement impossible.

1.2. *Procédure judiciaire d'adoption*

En vertu des articles 424 et 425 du nouveau code de procédure civile, il importe que le parquet fasse valoir son point de vue sur les demandes d'adoption internationale dont le tribunal de son siège est saisi.

Il doit par conséquent développer des moyens juridiques, fondés notamment sur les règles de solution des conflits de lois, à l'appui des conclusions qu'il est amené à prendre.

L'article 1168 du même code lui confiant la tâche de transmettre au tribunal les demandes d'adoption plénière, il lui revient d'instruire le dossier de manière à permettre au tribunal de disposer de l'ensemble des informations qui lui seront nécessaires pour prendre sa décision.

1.2.1. *Solutions en matière de conflits de lois*

L'adoption internationale, qui met en présence un adopté et un ou deux adoptants de nationalités différentes, est la source d'un conflit entre deux ou plusieurs lois susceptibles d'être appliquées par la juridiction saisie.

En l'absence de règles écrites, la Cour de cassation donne compétence, d'une part, à la loi de l'adoptant en ce qui concerne les conditions et les effets de l'adoption, et, d'autre part, à la loi personnelle de l'adopté pour ce qui a trait à la forme du consentement et à la détermination des personnes ou autorités habilitées à consentir.

Cette solution permet de donner en France à l'enfant un statut juridique aux contours parfaitement délimités tout en respectant la volonté de ses parents ou des autorités de tutelle de son pays d'origine.

1.2.1.1. Conditions et effets de l'adoption

La loi de l'adoptant est déterminée de manière différente suivant que l'adoption est demandée par une personne seule ou par un couple.

Lorsque l'adoption est demandée par une personne seule, c'est naturellement la loi personnelle de celle-ci, c'est-à-dire la loi de l'État dont elle a la nationalité, qui est applicable.

Lorsqu'elle est demandée par un couple, cette loi sera celle qui régit les effets du mariage, c'est-à-dire la loi de la nationalité commune des époux, ou si tous les deux sont de nationalités différentes, la loi du pays dans lequel ils ont leur résidence habituelle commune. Ainsi, la loi des effets du mariage de deux époux dont un seul est français, mais qui résident tous deux en Fance, est la loi française.

Par ailleurs, il résulte de l'application de cette règle que le prononcé de l'adoption est juridiquement impossible lorsque la loi de l'adoptant prohibe cette institution, par exemple lorsque l'adoption est demandée par deux époux de nationalité algérienne ou marocaine.

Enfin, l'application de la loi de l'adoptant aux effets de l'adoption permet aux juridictions françaises de révoquer, en application de la loi française, l'adoption simple d'un enfant étranger par un Français, même lorsque celle-ci a été prononcée à l'étranger en application d'une loi étrangère.

1.2.1.2. Consentement à l'adoption

Conditions de recueil du consentement

Le consentement doit être recueilli dans le pays d'origine de l'enfant et selon les formes applicables localement.

A cet égard, la plupart des enfants recueillis en France ont été l'objet au préalable dans leur pays d'origine d'une mesure les confiant à un Français ou à une personne résidant en France, qu'il s'agisse d'une adoption, d'une tutelle ou de toute autre mesure de protection prévue par la loi étrangère et emportant transfert de l'autorité parentale. Le principe d'efficacité substantielle immédiate des décisions rendues à l'étranger en matière d'état et de capacité des personnes s'oppose au prononcé en France d'une autre décision qui ignorerait les effets du titre étranger.

Il ne saurait par conséquent y avoir en France à l'ouverture d'une tutelle, lorsqu'un enfant a déjà fait l'objet à l'étranger d'une adoption, sauf si les conditions habituelles de l'ouverture de la tutelle, telles que le décès de l'adoptant, se trouvent réunies postérieurement à l'adoption, ou s'il s'agit de conférer un statut juridique protecteur à un enfant dont l'adoption prononcée à l'étranger ne remplit pas les conditions nécessaires à sa reconnaissance. De même, si l'enfant a été confié au futur adoptant dans le cadre d'une tutelle, d'une délégation d'autorité parentale ou de toute autre institution similaire prévue par le droit étranger, l'ouverture d'une nouvelle tutelle ne saurait se justifier dès lors que la personne qui a recueilli l'enfant est investie de l'autorité parentale à son égard en application de la décision étrangère.

Ainsi, l'ouverture d'une tutelle en France à la seule fin de recueillir un consentement à l'adoption constituerait un détournement de procédure, dès lors qu'elle aurait pour effet d'éluder les effets de la règle de solution du conflit de lois et d'écarter le principe du respect de la volonté des parents de l'enfant ou des autorités de tutelle de son pays d'origine.

Les dispositions de l'article 425 du nouveau code de procédure civile, selon lequel toutes les demandes relatives à l'organisation de la tutelle des mineurs dont sont saisis les tribunaux d'instance de votre ressort doivent vous être communiquées, devraient vous permettre de prendre des conclusions de rejet des demandes qui contreviendraient aux principes rappelés ci-dessus.

Par ailleurs, et sous réserve de l'appréciation des juridictions, il ne paraît pas possible, sauf si la loi en application de laquelle la décision étrangère a été rendue ouvre cette possibilité, de faire produire aux décisions judiciaires d'abandon prononcées à l'étranger, en application d'une loi étrangère, les effets de dispense de consentement à l'adoption que la jurisprudence déduit de l'article 347 (3°) du code civil.

Une telle interprétation paraît en effet éluder la règle renvoyant à l'application de la loi personnelle de l'adopté en matière de consentement.

Portée du consentement

Le souci du respect de la volonté de la famille biologique ou des autorités de tutelle du pays d'origine de l'enfant doit conduire à une appréciation rigoureuse de la portée du consentement qui a été donné à l'adoption de l'enfant.

Si la demande porte sur une adoption plénière, il conviendra par conséquent de s'assurer que le consentement a bien été donné à une adoption emportant rupture complète des liens antérieurs de l'enfant et création d'un lien de filiation adoptive irrévocable.

Peu de législations étrangères instituant une adoption comportant ces deux critères, un consentement à l'adoption prévue par la loi personnelle de l'enfant, par exemple, ne peut ainsi être considéré comme une adhésion à l'adoption plénière du droit français, lorsque la loi étrangère ne connaît pas d'institution comparable.

Il n'y a pas lieu toutefois d'exiger que le consentement porte expressément sur une adoption plénière du droit français, si les termes utilisés dans l'acte établissent que la situation résultant d'une telle adoption a bien été envisagée et acceptée par la personne ou l'autorité qui a consenti.

En revanche, il ne paraît pas possible de déduire du seul fait que le départ de l'enfant pour un pays lointain a été autorisé qu'une rupture complète de tous les liens avec lui a été envisagée et admise.

De la même façon, la décision de confier l'enfant à un tiers n'est pas suffisante ; il est nécessaire que le consentement comporte un accord sur une modification de la situation juridique de l'enfant d'une ampleur telle qu'elle puisse substituer une filiation nouvelle à sa filation biologique.

Ne saurait être considérée comme un consentement à l'adoption le fait de confier l'enfant dans le cadre d'une tutelle, ou d'une « kafala », terme parfois traduit en français par « recueil légal », ou, improprement, par « adoption ».

Cette institution du droit musulman, qui se limite à confier la prise en charge et l'éducation de l'enfant à la personne qui le recueille, se rapproche en réalité de la délégation d'autorité parentale du droit français.

Cas des enfants dont la loi personnelle prohibe l'adoption

Un certain nombre de lois étrangères, et notamment les lois algérienne et marocaine, prohibent l'adoption en tant qu'institution créant un lien juridique de filiation indépendant de tout rapport de filiation biologique.

La règle de solution du conflit de lois qui renvoie à la loi personnelle de l'adopté en matière de consentement conduit à considérer que l'adoption n'est pas possible lorsque cette loi interdit l'adoption. Compte tenu de la prohibition qu'elle pose, la loi étrangère ne comporte en effet aucune désignation des personnes habilitées à consentir, ni des formes selon lesquelles le consentement doit être recueilli.

La conformité à l'ordre public international français des droits étrangers qui prohibent ainsi l'adoption ne paraît pas faire de doute. En effet, en ratifiant la convention sur les droits de l'enfant la France a reconnu qu'il appartenait aux États d'assurer, conformément à leur législation nationale, la protection de leurs ressortissants mineurs privés de milieu familial. De même, la convention de La Haye sur la protection des enfants et la coopération en matière d'adoption internationale précise que les adoptions ne peuvent avoir lieu que si les autorités compétentes de l'État d'origine de l'enfant ont établi que l'enfant est adoptable.

En outre, l'application du droit international privé français, respectueux des législations étrangères et des décisions prononcées à l'étranger, sous réserve de leur conformité à l'ordre public international, s'oppose à la constitution en France de rapports juridiques non susceptibles d'être reconnus dans le pays d'origine des intéressés.

Ainsi un consentement donné en violation de la loi étrangère apparaît sans valeur, quelles que soient les conditions dans lesquelles il a été donné.

Dès lors, il appartient aux parquets d'appeler l'attention des requérants qui solliciteraient la transmission au tribunal d'une demande d'adoption d'enfants dont la loi personnelle prohibe l'adoption sur cette difficulté et de leur recommander de s'orienter vers une autre solution. En cas de saisine de la juridiction de leur siège d'une telle demande, ils doivent s'opposer au prononcé de l'adoption en faisant valoir les moyens et arguments exposés ci-dessus.

Cas des enfants dont la loi personnelle ne connaît pas l'adoption

La loi personnelle de l'enfant n'est pas forcément une loi écrite et certains pays n'ont pas de législation relative à l'adoption. La prise en charge des enfants privés de leur milieu familial s'effectue en général dans le cadre de la coutume ou de pratiques mises en place par l'administration pour pallier les difficultés résultant d'un vide juridique temporaire.

Compte tenu de l'ouverture de ces pays aux échanges internationaux, un certain nombre d'enfants qui en sont originaires sont confiés aujourd'hui à des personnes qui résident à l'étranger. Le recueil d'un enfant dans de tels contextes ne doit pas toutefois conduire à écarter les principes généraux applicables en matière d'adoption internationale.

Il conviendra par conséquent de s'assurer que la famille mais aussi les autorités locales, seules à même d'établir que l'adoption n'est pas contraire à leur droit, ont été dûment avisées du recueil de l'enfant ainsi que du projet d'adoption à l'étranger et qu'elles ont manifesté leur accord. Dans un tel cas, la forme du consentement n'étant pas prévue par la loi personnelle de l'enfant, celui-ci devra être donné selon des modalités soit fixées par les autorités locales, soit agréées par elles et offrant suffisamment de garanties, à la fois en termes de preuve et d'information des personnes qui ont consenti.

1.2.2. *Instruction du dossier par le parquet*

Le procureur de la République, en application de l'article 1168 du nouveau code de procédure civile, est chargé de transmettre les demandes d'adoption plénière au tribunal. Je rappelle qu'il doit le faire même si les conditions du prononcé d'une telle décision ne lui paraissent pas être remplies.

Il devra toutefois, dans un tel cas, attirer l'attention des requérants sur les difficultés auxquelles ils risquent de se trouver confrontés lorsque leur demande sera examinée par le tribunal et leur rappeler la possibilité de s'assurer, s'ils le souhaitent, le concours d'un avocat.

1.2.2.1. Constitution des dossiers

Le procureur devant transmettre la requête au tribunal et donner son avis, il lui appartient d'instruire les dossiers de demande d'adoption qui lui sont adressés. Il doit s'assurer qu'ils comportent l'ensemble des pièces qui lui sont nécessaires pour prendre ses conclusions et qui sont indispensables au tribunal pour prononcer sa décision.

Des informations relatives au contenu de la loi ou des lois étrangères applicables peuvent être demandées au bureau du droit européen et international en matière civile et commerciale.

1.2.2.2. Authenticité et force probante des pièces

En ce qui concerne les pièces relatives à la procédure suivie à l'étranger et qui sont produites par les requérants, la question se pose parfois de leur authenticité, de leur contenu exact et de leur portée.

Compte tenu de l'importance des décisions qui doivent être prises sur la base des actes établis à l'étranger, j'appelle votre attention sur la nécessité de procéder à un contrôle rigoureux de l'authenticité des pièces produites par les requérants.

Il convient de rappeler à cet égard que les documents officiels provenant de pays étrangers doivent, sauf disposition conventionnelle contraire, faire l'objet d'une légalisation. En ce qui concerne les règles applicables en matière de légalisation d'actes publics étrangers, il convient de se reporter aux numéros 591 à 599 de l'instruction générale relative à l'état civil.

Je rappelle par ailleurs que la légalisation, comme l'apostille, n'ont pour effet que de certifier l'authenticité de la signature apposée sur le document et la fonction du signataire, mais non le contenu même de l'acte.

Dans ces conditions, si une traduction paraît sujette à caution, par exemple lorsqu'elle ne semble pas correspondre au texte original, le fait qu'elle soit légalisée ou apostillée n'interdit pas qu'il soit demandé aux requérants de faire procéder à une nouvelle traduction en France par un traducteur assermenté. Il en sera de même évidemment lorsque la qualité de la traduction qui est fournie est tellement mauvaise que le sens des énonciations du document, ou tout au moins des parties les plus importantes de celui-ci, telles que celle qui a trait au consentement, ne peut être déterminé de manière indubitable.

1.2.2.3. Acte de consentement

Compte tenu de l'importance du document étranger établissant qu'un consentement a été donné au prononcé d'une adoption, et lorsque la teneur du consentement ne ressort pas du jugement étranger lui-même, les parquets doivent veiller à ce que cette pièce soit versée au dossier par les requérants.

Lorsque ceux-ci ne sont pas en mesure de la produire, ils doivent être invités à entreprendre les démarches nécessaires à son obtention.

Le contenu du document ainsi obtenu devra en outre permettre de déterminer s'il a été consenti à une adoption assimilable à l'adoption simple ou à l'adoption plénière du droit français.

Dans un grand nombre de cas, les enfants dont l'adoption est sollicitée en France ont déjà fait l'objet d'une adoption dans leur pays d'origine. Il y a lieu, dès lors, d'examiner les conséquences qui peuvent résulter aussi bien des décisions rendues en France que des décisions étrangères.

2. *Conséquences du prononcé de l'adoption*

Les jugements d'adoption rendus en France ne sont pas les seuls à produire leurs effets sur le territoire national, les décisions étrangères étant susceptibles d'y être reconnues.

Par ailleurs, outre leurs effets en matière de filiation, les décisions prononçant l'adoption, qu'elles aient été rendues en France ou à l'étranger, peuvent emporter certaines conséquences en matière de nationalité. En outre, selon les effets qui leur seront reconnus, celles-ci pourront ou non donner lieu à inscription sur les registres d'état civil et les livrets de famille.

2.1. *Reconnaissance des décisions d'adoption prononcées à l'étranger*

Il convient de rappeler que les décisions étrangères relatives à l'état des personnes, quelle que soit la nature de l'autorité ayant statué au nom de l'État étranger, bénéficient en France, conformément à une jurisprudence bien établie, d'une reconnaissance de plein droit tant que leur régularité internationale n'a pas été contestée avec succès devant un tribunal français.

Ce principe n'interdit pas qu'une juridiction française soit saisie, dans les conditions prévues à l'article 311-11 du code de l'organisation judiciaire, d'une demande de reconnaissance ou d'exequatur, notamment aux fins de rendre juridiquement incontestable l'adoption prononcée à l'étranger mais aussi de prévenir toute difficulté que pourraient rencontrer les parents adoptifs dans les démarches de la vie courante.

Il conduit en revanche à considérer que l'effet constitutif d'un état nouveau produit par la décision régulièrement rendue à l'étranger constitue une fin de non-recevoir de la demande visant au prononcé en France d'une décision similaire. Ainsi, la demande d'adoption plénière d'un enfant ayant déjà bénéficié à l'étranger soit d'une adoption plénière prononcée en application de la loi française, soit d'une adoption emportant des effets similaires prévue par une autre loi, pourrait être déclarée d'office irrecevable pour défaut d'intérêt à agir.

A l'occasion de ces différentes procédures, la régularité internationale de la décision étrangère doit par conséquent être examinée par la juridiction saisie, mais il est en outre admis qu'elle peut être contrôlée par le parquet, notamment lorsque celui-ci est requis de donner à l'officier d'état civil compétent les instructions nécessaires à la mention ou à la transcription du jugement étranger sur les registres dont il assure la tenue.

Par ailleurs, compte tenu des différences de conceptions existant entre le droit français et la plupart des droits étrangers en matière d'adoption, l'insertion dans l'ordre juridique français des décisions étrangères rend nécessaire leur qualification.

Il convient toutefois d'opérer une distinction entre, d'une part, les décisions rendues dans des pays non parties à la convention de La Haye du 29 mai 1993, soumises aux règles de droit commun du droit international privé français et, d'autre part, dans des États contractants, cette convention comportant des règles particulières.

2.1.1. *Règles de droit commun*

2.1.1.1. Conditions de la régularité internationale des décisions étrangères

L'examen de la régularité internationale des jugements étrangers d'adoption s'effectue au regard des mêmes critères que pour toute autre décision étrangère.

S'agissant de la compétence : l'autorité étrangère qui a prononcé la décision étant, dans la plupart des cas, celle du pays d'origine de l'enfant, sa compétence n'est pas contestable.

S'agissant de la loi applicable : la règle de l'équivalence des résultats permettra de reconnaître en France les effets d'une décision étrangère prononcée sur le fondement d'une loi différente de celle désignée par la règle française de conflit de lois, si l'application de celle-ci a permis d'atteindre un résultat similaire.

La décision étrangère ne doit pas être contraire à l'ordre public, c'est-à-dire porter atteinte aux principes fondamentaux du droit français.

Elle ne doit pas avoir été obtenue par suite d'une fraude à la loi, c'est-à-dire de la création délibérée d'une situation entraînant l'application d'une loi étrangère normalement incompétente. Ainsi, il semble qu'une décision rendue à l'étranger au profit d'un requérant dépourvu d'agrément pour adopter et dont il s'avérerait que, prétendument installé dans ce pays, il réside en réalité habituellement en France et y accueillera l'enfant, pourrait se voir opposer un refus de reconnaissance.

2.1.1.2. Portée des décisions étrangères d'adoption

Les décisions rendues à l'étranger ne peuvent par principe produire en France plus d'effets qu'elles n'en comportent au regard de la loi sur le fondement de laquelle elles ont été rendues.

Toutefois, compte tenu des conséquences particulières qu'entraînent les décisions d'adoption notamment en matière de nationalité et d'état civil et du fait qu'un grand nombre de droits étrangers ne prévoient pas les mêmes formes d'adoption, il est nécessaire de déterminer à quelle catégorie d'adoption du droit français la décision rendue à l'étranger peut être assimilée.

Selon la jurisprudence de la Cour de cassation, il convient d'opérer une comparaison entre les effets de l'adoption telle qu'elle est prévue par la loi étrangère qui a été appliquée et ceux de l'adoption plénière du droit français, au regard des deux caractères essentiels de celle-ci, à savoir la rupture complète des liens antérieurs de l'enfant et l'irrévocabilité de la filiation adoptive.

Si l'adoption prononcée à l'étranger comporte ces deux caractères, elle sera assimilée à l'adoption plénière.

Si en revanche ces deux caractères, ou l'un d'entre eux, font défaut, la décision étrangère sera assimilée à l'adoption simple du droit français. Le tableau joint en annexe est destiné à faciliter cet exercice de qualification des adoptions étrangères. — *V. cette annexe au JO 2 avr. 1999.*

2.1.2. *Cas particulier des décisions rendues dans les pays parties à la convention de La Haye du 29 mai 1993*

La convention de La Haye comporte des dispositions dérogatoires au droit commun français, aussi bien en matière de reconnaissance des jugements étrangers que de portée des décisions étrangères d'adoption.

2.1.2.1. Conditions de la régularité internationale

La convention institue un régime particulièrement favorable de reconnaissance, applicable aux décisions rendues dans les États contractants dans le cadre de la coopération prévue par cet instrument.

En effet, ces décisions font l'objet d'une reconnaissance de plein droit qui ne peut être remise en cause qu'en cas de contrariété manifeste à l'ordre public, envisagée de surcroît au regard de l'intérêt supérieur de l'enfant.

L'examen de la régularité internationale de la décision étrangère ne doit être effectué que dans ce cadre.

La reconnaissance des décisions dans les États contractants est par ailleurs facilitée par l'établissement, par l'autorité compétente de l'État où elles ont été prononcées, d'un certificat de conformité de l'adoption aux dispositions de la convention.

2.1.2.2. Portée des décisions

L'article 26 de la convention prévoit que « si l'adoption a pour effet de rompre le lien préexistant de filiation, l'enfant jouit, dans l'État d'accueil et dans tout autre État contractant où l'adoption est reconnue, des droits équivalant à ceux résultant d'une adoption produisant cet effet dans chacun de ces États ».

Dans ces conditions, chaque fois qu'une décision d'adoption aura été prise, après l'entrée en vigueur de la convention, dans un État contractant dont la loi prévoit que cette mesure emporte rupture des liens antérieurs de l'enfant, cette adoption sera assimilée en France à l'adoption plénière du droit français.

2.2. *Conséquences de l'adoption en matière de nationalité et d'état civil*

2.2.1. *Nationalité*

Il convient d'opérer une distinction à cet égard entre l'adoption plénière et l'adoption simple.

2.2.1.1. Adoption plénière

Conformément aux termes du deuxième alinéa de l'article 20 du code civil, la nationalité française de l'enfant qui a fait l'objet d'une adoption plénière pendant sa minorité est régie par les mêmes règles que celles qui s'appliquent aux enfants légitimes ou naturels.

Possède par conséquent la nationalité française, d'une part, quel que soit son lieu de naissance, l'enfant adopté plénièrement par un Français, d'autre part, lorsqu'il est né en France, l'enfant adopté plénièrement soit par des apatrides, soit par un seul étranger ou par des conjoints étrangers dont la loi ne lui attribue pas la nationalité, soit par une personne née en France.

En application du principe d'efficacité de plein droit en France des décisions régulièrement rendues à l'étranger en matière d'état et de capacité des personnes, il n'y a pas lieu de distinguer, en ce qui concerne les effets qu'elles sont susceptibles de produire en matière de nationalité, entre les décisions d'adoption plénière rendues en France et les décisions rendues à l'étranger et prononçant une adoption assimilable à l'adoption plénière du droit français, qu'il s'agisse des décisions rendues dans le cadre des procédures mises en place en application de la convention de La Haye ou dans des États non parties à cet instrument.

L'article 20 du code civil dispose en outre que l'enfant qui se voit attribuer la nationalité française dans ces conditions est réputé avoir été français dès sa naissance.

Par ailleurs, l'article 22-1 du code civil, dans sa nouvelle rédaction issue de la loi n° 98-170 du 16 mars 1998 relative à la nationalité, prévoit que l'enfant adopté plénièrement par une personne qui acquiert la nationalité française devient français de plein droit, s'il a la même résidence habituelle que ce parent ou s'il réside alternativement avec lui dans le cas de séparation ou de divorce.

2.2.1.2. Adoption simple

Selon l'article 21 du code civil, « l'adoption simple n'exerce de plein droit aucun effet sur la nationalité de l'adopté ».

L'article 21-12 du même code prévoit toutefois que l'enfant qui a fait l'objet d'une adoption simple par une personne de nationalité française peut réclamer la nationalité française par simple déclaration devant le juge d'instance à la condition qu'il réside en France.

Cette condition de résidence a toutefois été supprimée par l'article 7 de la loi n° 98-170 du 16 mars 1998 précitée pour les enfants qui ont fait l'objet d'une adoption simple par une personne de nationalité française n'ayant pas elle-même sa résidence habituelle en France.

Selon les termes de l'article 17-3 du code civil, la déclaration peut être faite par le mineur intéressé lui-même dès l'âge de seize ans, sans autorisation de son représentant légal. L'enfant plus jeune doit en revanche être représenté par celui ou ceux qui exercent à son égard l'autorité parentale, et par conséquent par l'adoptant ou les adoptants.

Si la décision d'adoption simple a été prononcée à l'étranger, elle devra, préalablement à la déclaration, faire l'objet d'une décision d'exequatur de la juridiction française compétente, conformément aux termes de l'article 16 (3°) du décret n° 93-1362 du 30 décembre 1993.

2.2.2. *État civil*

L'adoption d'un enfant étranger par un Français ou par une personne étrangère résidant en France n'entraîne pas dans tous les cas la modification ou l'établissement d'actes de l'état civil.

Sous certaines conditions, toutefois, l'adoption pourra avoir des incidences en matière d'acte de naissance et de livret de famille.

2.2.2.1. Actes de naissance

Décisions d'adoption plénière

Les dispositions du premier alinéa de l'article 354 du code civil sont applicables, s'agissant du principe de transcription sur les registres du lieu de naissance de l'adopté, aussi bien aux décisions d'adoption plénière prononcées en France qu'aux décisions étrangères prononçant une adoption assimilable à l'adoption plénière du droit français, dès lors que l'adopté étant né en France, son acte de naissance y a été dressé.

Lorsque la décision a été prononcée à l'étranger, il appartient, ainsi qu'il a été indiqué plus haut, au procureur de la République du lieu d'établissement de l'acte de naissance de l'enfant d'examiner la régularité internationale de la décision étrangère et d'en apprécier la portée au regard des deux catégories d'adoption prévues par le droit français, afin de donner, s'il y a lieu, instruction à l'officier d'état civil de transcrire le jugement étranger.

En revanche, lorsque la décision, prononcée à l'étranger, concerne un enfant étranger né à l'étranger, la transcription du jugement d'adoption plénière ne sera effectuée que si l'enfant est devenu français, et par conséquent s'il a été adopté par un Français.

La transcription est effectuée dans ce cas, sur réquisitions du procureur de la République près le tribunal judiciaire *[ancienne rédaction applicable jusqu'au 31 déc. 2019 : tribunal de grande instance]* de Nantes et après vérification par celui-ci de la régularité internationale et de la portée de la décision étrangère, sur les registres du service central d'état civil.

Conformément aux termes de l'article 354 du code civil, la transcription de la décision d'adoption plénière prononcée en France tient lieu d'acte de naissance à l'enfant. Ces dispositions sont applicables également, par analogie, lorsque la décision a été prononcée à l'étranger.

J'appelle votre attention sur le fait que dans les deux cas l'acte tenant lieu d'acte de naissance à l'enfant est l'acte de transcription de la décision d'adoption établi sur un registre de l'état civil français. Des modèles de réquisitions aux fins de transcription figurent dans l'instruction générale relative à l'état civil.

Ainsi, le nouvel acte de naissance susceptible d'avoir été dressé à l'étranger en application de la loi locale par suite de la décision d'adoption et mentionnant les adoptants en qualité de parents de l'enfant ne doit en aucun cas donner lieu à transcription directe sur les registres de l'état civil français.

Aucun certificat de nationalité française ne doit non plus être dressé sur la base d'un tel acte étranger.

Un certain nombre d'éléments, comme la date à laquelle il a été établi, généralement éloignée dans le temps de la date de naissance de l'enfant, permettent le plus souvent de déterminer au seul vu de l'acte que celui-ci a été dressé par suite d'une décision d'adoption.

Décisions d'adoption simple

Selon l'article 362 du code civil, la décision prononçant l'adoption simple est mentionnée ou transcrite sur les registres de l'état civil à la requête du procureur de la République.

La mention de l'adoption simple est portée en marge des actes de naissance des adoptés dressés sur un registre français.

Il peut s'agir par conséquent des adoptés, français ou étrangers, qui sont nés en France, ou des adoptés français nés à l'étranger, dont l'acte de naissance est conservé sur les registres du service central d'état civil, ou des enfants adoptés plénièrement dont le jugement d'adoption a été transcrit sur les registres français de l'état civil puis qui sont l'objet, en application du deuxième alinéa de l'article 360 du code civil, d'une adoption simple.

La transcription est effectuée sur le registre spécial tenu par le service central d'état civil prévu par l'article 3 du décret n° 65-422 du 1er juin 1965, lorsque la décision a été rendue en France et concerne des enfants dont les actes de naissance ne sont pas conservés sur des registres français. En pratique, il ne devrait s'agir que des jugements concernant des adoptés nés à l'étranger et ne possédant pas la nationalité française.

Cette transcription constitue une simple mesure de publicité et ne tient pas lieu d'acte de naissance à l'adopté. Elle ne présente par conséquent qu'un intérêt limité pour l'intéressé.

Aucune transcription ni mention des décisions d'adoption simple prononcées à l'étranger et concernant des enfants nés à l'étranger et qui n'ont pas acquis la nationalité française n'est en revanche effectuée.

2.2.2.2. Livret de famille

Il convient de rappeler qu'hors le cas particulier prévu à l'article 8 du décret n° 74-449 du 15 mai 1974 relatif au livret de famille, qui permet la mention de leurs enfants, restés étrangers, sur le livret de famille de personnes qui ont obtenu la nationalité française, ne peuvent être mentionnés sur les livrets de famille délivrés par les autorités françaises que les enfants dont l'acte de naissance est conservé à l'état civil français.

Les enfants adoptés ne peuvent par conséquent figurer sur le livret de famille délivré par un officier d'état civil français que s'ils sont nés en France ou si, bien que nés à l'étranger, ils possèdent la nationalité française.

Les enfants adoptés qui remplissent ces conditions peuvent être portés sur le livret de famille de leurs parents adoptifs, qu'ils aient été l'objet d'une adoption plénière ou d'une adoption simple.

Les enfants adoptés plénièrement sont en effet mentionnés sur le livret de leurs parents adoptifs comme s'il s'agissait d'enfants biologiques par l'officier d'état civil qui conserve la transcription de la décision étrangère tenant lieu d'acte de naissance.

Quant aux enfants adoptés simples, j'appelle votre attention sur le fait que plus aucune distinction n'est opérée à leur égard selon que leur filiation biologique est ou non établie. En effet, le décret n° 97-853 du 16 septembre 1997 modifiant le décret du 15 mai 1974 susvisé a supprimé la condition d'absence de filiation d'origine, qui s'opposait auparavant à ce que certains enfants adoptés simples soient portés sur le livret de famille de leurs parents adoptifs.

....

AIDE SOCIALE

Code général des collectivités territoriales

Création d'une section de centre d'action sociale

Art. L. 2113-13 *(L. n° 2010-1563 du 16 déc. 2010, art. 21)* Le maire délégué remplit dans la commune déléguée les fonctions d'officier d'état civil et d'officier de police judiciaire. Il peut être chargé, dans la commune déléguée, de l'exécution des lois et règlements de police et recevoir du maire les délégations prévues aux articles L. 2122-18 à L. 2122-20.

(L. n° 2015-292 du 16 mars 2015, art. 3-III) « Le maire délégué exerce également les fonctions d'adjoint au maire de la commune nouvelle, sans être comptabilisé au titre de la limite fixée à l'article L. 2122-2. »

Commission d'admission à l'aide sociale de Paris

Art. L. 2512-10 *(Abrogé par L. n° 2017-257 du 28 févr. 2017, art. 38)* ***Le comité de gestion de chaque section d'arrondissement du centre d'action sociale est présidé par le maire d'arrondissement.*** *– [L. n° 82-1169 du 31 déc. 1982, art. 41].*

Règlement départemental d'aide sociale

Art. L. 3214-1 Le conseil départemental adopte le règlement départemental d'aide sociale définissant les règles selon lesquelles sont accordées les prestations d'aide sociale relevant du département.

(Ord. n° 2012-351 du 12 mars 2012, art. 7-13°, en vigueur le 1er mai 2012) « Le conseil départemental concourt aux actions de prévention de la délinquance dans les conditions prévues à l'article L. 132-15 du code de la sécurité intérieure. »

Compétences du président du conseil départemental

Art. L. 3221-9 Le président du conseil départemental exerce en matière d'action sociale les compétences qui lui sont dévolues par *(Ord. n° 2003-1212 du 18 déc. 2003, art. 4-I)* « le code de l'action sociale et des familles ».

(L. n° 2011-267 du 14 mars 2011, art. 46-I) « En vue d'exercer la compétence définie par l'article L. 222-4-1 du même code, le président du conseil départemental est informé par le procureur de la République des mesures alternatives aux poursuites et des jugements devenus définitifs lorsque ces décisions concernent des infractions commises par des mineurs résidant sur le territoire du département. »

Décret n° 54-883 du 2 septembre 1954,

Relatif à la réforme des lois d'assistance, mod. par Décr. n° 2005-859 du 28 juill. 2005 (JO 29 juill.).

TITRE IV AIDE MÉDICALE DE L'ÉTAT

(Décr. n° 2005-859 du 28 juill. 2005)

CHAPITRE I *CONDITIONS GÉNÉRALES D'ADMISSION*

Art. 40 Les resssources prises en compte pour l'admission à l'aide médicale de l'État, au titre du premier alinéa de l'article L. 251-1 du code de l'action sociale et des familles, sont constituées par les ressources, telles que définies au deuxième alinéa du présent article, du demandeur ainsi que des personnes à sa charge au sens des articles L. 161-14 et L. 313-3 du code de la sécurité sociale.

Les ressources prises en compte comprennent l'ensemble des ressources de toute nature, nettes de prélèvements sociaux obligatoires, de contribution sociale généralisée et de contributions pour le remboursement de la dette sociale, perçues au cours de la période des douze mois civils précédant le dépôt de la demande.

Ne sont pas prises en compte les ressources mentionnées à l'article R. 861-10 du même code.

Sont déduites les charges mentionnées à l'article R. 861-9 de ce code.

Les avantages en nature procurés au demandeur de l'aide médicale de l'État ou aux personnes à sa charge par un logement occupé à titre gratuit sont évalués dans les conditions définies par l'article R. 861-5 du code de la sécurité sociale.

Le plafond de ressources est déterminé selon les conditions définies aux articles R. 861-3 et R. 861-8 de ce code.

CHAPITRE II *DÉPENSES PRISES EN CHARGE AU TITRE DE L'AIDE MÉDICALE DE L'ÉTAT*

Art. 41 Les bénéficiaires de l'aide médicale de l'État choisissent l'établissement de santé dans lequel ils sont admis dès lors qu'il s'agit *(Décr. nº 2016-1645 du 1er déc. 2016, art. 4-IV)* « d'un établissement mentionné au *a*, *b*, *c* ou *d* de l'article L. 162-22-6 ».

Les articles R. 162-21 et R. 162-37 du code de la sécurité sociale sont applicables aux bénéficiaires de l'aide médicale de l'État.

CHAPITRE III *AGRÉMENT DES ASSOCIATIONS OU ORGANISMES À BUT NON LUCRATIF*

Art. 42 Peuvent être agréés aux fins de recueillir les demandes d'aide médicale de l'État, en application du 4° de l'article L. 252-1 du code de l'action sociale et des familles, les associations et autres organismes à but non lucratif qui mènent des actions contre l'exclusion ou pour l'accès aux soins et qui offrent par le nombre, l'expérience, la qualité de leurs responsables et de leur personnel salarié ou bénévole des garanties suffisantes.

(Abrogé par Décr. nº 2016-633 du 19 mai 2016, art. 1er) ***« En application de l'article L. 252-2 du même code peuvent être agréés aux fins de recevoir les déclarations d'élection de domicile des personnes qui ont droit à l'aide médicale de l'État et qui se trouvent sans domicile fixe, soit les associations et autres organismes à but non lucratif répondant aux conditions mentionnées à l'alinéa précédent, soit les établissements mentionnés au 8° de l'article L. 312-1 dudit code. Sont agréés aux mêmes fins, dès lors qu'ils en font la demande, les organismes qui ont été agréés en application de l'article 1er du décret nº 88-1114 du 12 décembre 1988 relatif aux conditions d'élection de domicile des personnes sans résidence stable demandant le bénéfice*** *(Décr. nº 2009-404 du 15 avr. 2009, art. 4)* ***« du revenu de solidarité active mentionné à l'article L. 262-2 du code de l'action sociale et des familles ». »***

I. — Les cahiers des charges arrêtés par le représentant de l'État dans le département en vertu de l'art. L. 264-7, mis à jour en application de l'art. 46 de la L. nº 2014-366 du 24 mars 2014, sont publiés au recueil des actes administratifs de la préfecture au plus tard le 1er sept. 2016.

II. — Les organismes titulaires d'un agrément délivré, au titre du deuxième al. de l'art. 42, dans sa rédaction en vigueur avant la publication du Décr. nº 2016-633 du 19 mai 2016, antérieurement à l'entrée en vigueur du cahier des charges mis à jour en application du I ci-dessus, peuvent continuer de recueillir des demandes d'élection de domicile. En l'absence de demande d'un nouvel agrément, au titre de l'art. L. 264-1 et fondée sur le nouveau cahier des charges, les agréments ainsi maintenus en vigueur sont caducs au 1er mars 2017.

III. — Les attestations d'élection de domicile délivrées en application du II ci-dessus demeurent valables pour la durée qu'elles mentionnent (Décr. nº 2016-633 du 19 mai 2016, art. 6).

Art. 42-1 *(Décr. nº 2016-633 du 19 mai 2016, art. 2)* Les demandes en vue de l'obtention de l'agrément prévu à l'article 42 sont adressées au représentant de l'État dans le département.

Cet agrément est accordé par décision du représentant de l'État dans le département pour une durée de trois ans renouvelable.

Art. 42-2 L'agrément prévu *(Décr. nº 2016-633 du 19 mai 2016, art. 3)* « à » de l'article 42 fixe le ressort territorial dans lequel l'organisme agréé est habilité à recevoir les demandes d'aide médicale de l'État des personnes qui y résident.

L'agrément précise les modalités, notamment :

1° Du recueil des demandes d'aide médicale de l'État et de leur transmission dans les conditions prévues à l'article L. 252-1 du code de l'action sociale et des familles ;

2° De l'enregistrement des demandes par l'organisme agréé ;

3° De l'établissement du dossier de demande d'aide médicale de l'État et de l'assistance à apporter aux intéressés dans la constitution de ce dossier.

Art. 42-3 *(Abrogé par Décr. nº 2016-633 du 19 mai 2016, art. 4) L'agrément prévu au second alinéa de l'article 42 précise les modalités d'enregistrement des déclarations d'élection de domicile ainsi que les modalités du contrôle auquel l'organisme agréé est soumis.*

Lorsqu'il reçoit la déclaration d'élection de domicile, l'organisme agréé délivre au déclarant une attestation.

Art. 42-4 En cas de manquement grave d'un organisme agréé à ses obligations, et après que celui-ci a été mis en mesure de présenter ses observations, le retrait de l'agrément délivré, en application *(Décr. nº 2016-633 du 19 mai 2016, art. 5)* « de l'article L. 252-1 » du code de l'action sociale et des familles, est prononcé par décision du représentant de l'État dans le département.

En cas de retrait d'un agrément délivré en application de l'article L. 252-1, le représentant de l'État dans le département prend les dispositions nécessaires pour assurer la constitution des dossiers de demande en instance.

Art. 42-5 Les associations et organismes agréés exercent leurs missions à titre gratuit.

Aucun paiement ni aucun remboursement ne peut être exigé du demandeur, à quelque titre que ce soit, par l'organisme à l'occasion de l'exercice de ses missions.

CHAPITRE IV *PRÉSENTATION DE LA DEMANDE D'AIDE MÉDICALE DE L'ÉTAT*

Art. 43 Le formulaire de demande d'aide médicale de l'État, dont le modèle est fixé par l'arrêté pris en application de l'article L. 252-1 du code de l'action sociale et des familles, fait mention des dispositions de l'article L. 133-3 de ce code. Il mentionne également le recouvrement possible auprès des personnes tenues à l'obligation alimentaire à l'égard du demandeur des prestations prises en charge par l'aide médicale de l'État.

Art. 43-1 Lorsqu'elle est placée sous un régime de tutelle ou de curatelle, une personne sans domicile fixe est dispensée de procéder à l'élection de domicile prévue par l'article L. 252-2 du code de l'action sociale et des familles. Elle est réputée avoir pour résidence celle de son tuteur ou de son curateur.

Art. 43-2 Lorsqu'une personne non placée sous l'un des régimes de protection mentionnés à l'article 43-1 se trouve manifestement hors d'état de faire elle-même sa demande d'aide médicale de l'État en raison d'une diminution momentanée de ses facultés physiques ou mentales, sa demande peut être effectuée :

– soit par son conjoint ou concubin, la personne avec laquelle elle est liée par un pacte civil de solidarité, l'un de ses ascendants ou descendants, ou par un frère ou une sœur ;

– soit par le directeur de l'établissement de santé concerné.

Lorsqu'une personne, placée sous curatelle et autorisée à exercer seule les actions relatives à ses droits patrimoniaux, se trouve dans la situation définie au premier alinéa du présent article, sa demande d'admission peut être effectuée par son curateur.

CHAPITRE V *PROCÉDURE ET MODALITÉS D'ADMISSION À L'AIDE MÉDICALE DE L'ÉTAT*

Art. 44 Toute personne demandant le bénéfice de l'aide médicale de l'État est tenue de faire connaître à l'autorité mentionnée à l'article L. 252-3 du code de l'action sociale et des familles toutes informations relatives à son identité, à sa résidence, à sa situation de famille, à ses ressources, à ses biens et à ses charges, ainsi qu'à ses droits au regard d'un régime de base ou complémentaire d'assurance maladie.

La liste des pièces justificatives et des documents, au vu desquels sont appréciées l'identité du demandeur et des personnes à charge, la présence ininterrompue depuis plus de trois mois sur le territoire français et leurs ressources, est fixée par le décret prévu par le premier alinéa de l'article L. 252-3 de ce même code.

L'intéressé doit informer l'autorité mentionnée au premier alinéa de tout changement relatif à la composition de son foyer, à ses ressources ainsi qu'à l'obtention d'un titre de séjour.

Toutes les informations recueillies sur le demandeur ou le bénéficiaire de l'aide médicale de l'État, en application de l'article L. 133-3 du code de l'action sociale et des familles, doivent être communiquées à l'intéressé.

Art. 44-1 La décision d'admission à l'aide médicale de l'État prend effet à la date du dépôt de la demande.

Si la date de délivrance des soins est antérieure à la date du dépôt de la demande, ces soins peuvent être pris en charge dès lors que, à la date à laquelle ils ont été délivrés, le demandeur résidait en France de manière ininterrompue *(Décr. n° 2020-1325 du 30 oct. 2020, art. 2, en vigueur le 1er janv. 2021)* « et irrégulière » depuis plus de trois mois et que sa demande d'admission a été déposée avant l'expiration d'un délai de *(Décr. n° 2020-1325 du 30 oct. 2020, art. 2, en vigueur le 1er janv. 2021)* « quatre-vingt-dix » jours à compter de la délivrance des soins.

Art. 44-2 Les professionnels de santé et les établissements de santé indiquent sur les feuilles de soins ou documents de facturation que la prestation a été effectuée au profit d'un bénéficiaire de l'aide médicale d'État et est assortie de la dispense d'avance des frais.

Art. 44-3 Lorsqu'une provision est constituée auprès d'un établissement de santé en application de l'article R. 716-9-1 du code de la santé publique, l'établissement en informe immédiatement l'autorité mentionnée à l'article L. 252-3 du code de l'action sociale et des familles.

Les associations ou organismes à but non lucratif titulaires, au 29 juill. 2005, d'un agrément délivré en application de l'art. 43-1 du Décr. du 2 sept. 1954, dans sa rédaction applicable à cette date, peuvent continuer à recueillir les demandes d'aide médicale de l'État selon les conditions définies par ledit agrément jusqu'à l'expiration de sa durée de validité (Décr. n° 2005-859 du 28 juill. 2005).

Arrêté du 19 juillet 1961,

Fixant la liste des documents probants qui doivent figurer dans tout dossier de demande d'aide sociale (JO 27 juill.).

Art. 1er Lors du dépôt de toute demande tendant à obtenir le bénéfice d'un des avantages prévus au titre III du code de la famille et de l'aide sociale, le postulant devra fournir à l'appui des déclarations portées sur la chemise bulle (modèle n° 600) dite "Dossier familial d'aide sociale" :

a) S'il a souscrit une déclaration en vue de l'établissement de l'impôt général sur le revenu, une copie de l'imprimé modèle B, rempli par ses soins, avec l'indication et l'adresse du contrôleur des contributions directes dont il dépend ; dans le cas contraire, l'attestation qu'aucune déclaration n'a été faite au titre de l'impôt général sur le revenu ;

b) Le cas échéant, un certificat de non-imposition qui devra porter à la fois sur sa situation au regard des contributions perçues au profit de l'État (taxe complémentaire, surtaxe progressive) et sur sa situation au regard des contributions perçues au profit des collectivités locales (patente, foncier, mobilière).

Art. 2 Le postulant devra joindre également au dossier :

a) S'il est salarié, un certificat de salaire des trois derniers mois, délivré par son ou ses employeurs ;

b) S'il est pensionné à un titre quelconque, le talon du dernier mandat trimestriel ou mensuel ;

c) S'il est agriculteur, l'indication attestée par le président du bureau d'aide sociale de sa commune de la superficie cultivée, de la nature et de la répartition des cultures et de l'importance du cheptel.

Art. 3 La liste des personnes tenues envers le postulant à l'obligation alimentaire, conformément aux articles 205 et suivants du code civil, devra être dressée au vu du livret de famille. Il appartiendra au président du bureau d'aide sociale d'attester soit que le livret de famille a été présenté, soit que le demandeur a certifié ne pas avoir de livret de famille.

Art. 4 Les pièces justificatives prévues aux articles 1er et 2 ci-dessus devront être fournies également, s'il y a lieu, par le conjoint du postulant, ou par les parents si la demande est présentée pour un enfant mineur.

Elles devront également être jointes par les débiteurs d'aliments du postulant, à l'appui des déclarations portées sur l'imprimé modèle n° 620.

Art. 5 Cet ensemble de documents sera réuni, par les soins du bureau d'aide sociale de la commune où la demande a été déposée, dans le délai d'un mois fixé pour la transmission du dossier au préfet. Cependant, les services préfectoraux seront chargés de rassembler ceux d'entre eux qui doivent être établis dans un autre département.

Sous cette réserve, lorsque le bureau d'aide sociale aura transmis un dossier incomplet, il devra en fournir la justification, signée de son président.

Si cette justification n'est pas fournie, la préfecture renverra le dossier incomplet, notamment si le défaut de production d'une ou de plusieurs pièces peut être imputé à la mauvaise volonté du demandeur ou à la négligence du bureau d'aide sociale.

Art. 6 L'obligation faite à la préfecture de renvoyer tout dossier qui n'aura pas été établi conformément aux dispositions des articles 1er à 4 ci-dessus ne s'appliquera pas lorsqu'une admission d'urgence aura été prononcée. S'il s'avère que le dossier qui leur est transmis est incomplet, les services préfectoraux devront se substituer au bureau d'aide sociale pour effectuer les démarches nécessaires, afin de soumettre effectivement le dossier à la commission d'admission, dans le délai de deux mois fixé par l'article 134 du code de la famille et de l'aide sociale *[CASF, art. L. 131-3]*.

Décret n° 2005-860 du 28 juillet 2005,

Relatif aux modalités d'admission des demandes d'aide médicale de l'État (JO 29 juill. 2005).

Art. 1er Au titre de la délégation de l'État aux organismes d'assurance maladie, l'admission à l'aide médicale de l'État est prise par le directeur de la caisse d'assurance maladie dans le ressort de laquelle réside le demandeur ou, si ce dernier se trouve sans domicile fixe au moment de la demande, par la caisse d'assurance maladie dans le ressort de laquelle a eu lieu l'élection de domicile prévue par l'article L. 252-2 du code de l'action sociale et des familles.

Art. 2 Lorsque l'autorité mentionnée à l'article L. 252-3 du code de l'action sociale et des familles prononce l'admission à l'aide médicale, le titre d'admission est remis en mains propres au bénéficiaire.

En cas d'empêchement de ce dernier, le titre d'admission lui est notifié par la voie postale. Lorsque le bénéficiaire est hospitalisé dans un établissement de santé, une copie de ce document est adressée audit établissement.

Art. 3 Le titre d'admission, qui comporte la photographie de chacun des bénéficiaires, est conforme à un modèle national établi par arrêté du ministre chargé des affaires sociales.

Art. 4 Conformément à l'article 44 du décret du 2 septembre 1954 susvisé, le demandeur de l'aide médicale de l'État doit, préalablement à la décision d'admission, fournir un dossier de demande comportant, pour la vérification de son identité et des conditions légales de résidence en France et de ressources, les pièces justificatives respectivement indiquées ci-après :

1° Pour la justification de son identité et de celle des personnes à sa charge, l'un des documents énumérés ci-après :

a) Le passeport ;

b) La carte nationale d'identité ;

c) Une traduction d'un extrait d'acte de naissance effectuée par un traducteur assermenté auprès des tribunaux français ou par le consul, en France, du pays rédacteur de l'acte ou du pays dont l'intéressé a la nationalité ;

d) Une traduction du livret de famille effectuée par un traducteur assermenté auprès des tribunaux français ou par le consul, en France, du pays rédacteur de l'acte ou du pays dont l'intéressé a la nationalité ;

e) Une copie d'un titre de séjour antérieurement détenu ;

f) Tout autre document de nature à attester l'identité du demandeur et celle des personnes à sa charge.

2° Pour la justification de la présence ininterrompue depuis trois mois sur le territoire français du demandeur, le visa ou le tampon comportant la date d'entrée en France figurant sur son passeport ou, à défaut :

a) Une copie du contrat de location ou d'une quittance de loyer datant de plus de trois mois ou d'une facture d'électricité, de gaz, d'eau ou de téléphone datant de plus de trois mois ;

b) Un avis d'imposition ou de non-imposition à l'impôt sur le revenu des personnes physiques, à la taxe foncière ou à la taxe d'habitation ;

c) Une facture d'hôtellerie datant de plus de trois mois ;

d) Une quittance de loyer ou une facture d'électricité, de gaz, d'eau ou de téléphone établie au nom de l'hébergeant, datant de plus de trois mois, lorsque le demandeur est hébergé à titre gratuit par une personne physique ;

e) Une attestation d'hébergement établie par un centre d'hébergement et de réinsertion sociale datant de plus de trois mois ;

f) Si la personne est sans domicile fixe, une attestation de domiciliation établie par un organisme agréé en application de l'article L. 252-2 du code de l'action sociale et des familles et datant de plus de trois mois ;

g) Tout autre document de nature à prouver que cette condition est remplie.

3° Pour la justification de ses ressources et, le cas échéant, de celles des personnes à charge, y compris les ressources venant d'un pays étranger, un document retraçant les moyens d'existence du demandeur et leur estimation chiffrée.

4° Pour la constitution du titre d'admission, une photographie d'identité du demandeur et, le cas échéant, des personnes à sa charge pour lesquelles est demandée l'admission à l'aide médicale de l'État.

Art. 5 La Caisse nationale de l'assurance maladie des travailleurs salariés communique chaque trimestre au ministre compétent un arrêté trimestriel des dépenses effectuées, certifié par l'agent comptable, ainsi qu'un état statistique non nominatif retraçant notamment, pour le trimestre écoulé :

– le nombre de demandes d'aide médicale déposées ;

– le nombre de décisions d'admission et de rejet prononcées.

Un arrêté précise la nature des données demandées au titre du présent article.

Décret n° 2009-1026 du 25 août 2009,

Relatif à la prise en charge par l'aide médicale de l'État des frais pharmaceutiques et de soins infirmiers nécessaires à des personnes placées en garde à vue (JO 27 août).

Art. 1er En application de l'article L. 251-1 du code de l'action sociale et des familles, les frais pharmaceutiques et de soins infirmiers nécessaires aux personnes placées en garde à vue qui ne sont pas en mesure d'en assurer elles-mêmes le paiement immédiat sont payés intégralement à l'établissement public de santé, à l'officine de pharmacie ou au professionnel infirmier libéral par la direction départementale de la cohésion sociale sur présentation, d'une part, de l'ordonnance du médecin désigné pour les examiner par le procureur de la République ou par l'officier de police judiciaire en application de l'article 63-3 du code pénal et, d'autre part, de la justification de leur fourniture.

ENFANCE

Code civil

Sur l'autorité parentale, V. C. civ., art. 375 à 377-3. – ***C. civ.***

Sur la minorité, V. C. civ., art. 388 à 413. – ***C. civ.***

Code de procédure civile

Assistance éducative

Art. 1181 *(Décr. nº 87-578 du 22 juill. 1987)* Les mesures d'assistance éducative sont prises par le juge des enfants du lieu où demeure, selon le cas, *(Décr. nº 2013-429 du 24 mai 2013,* *art. 1er-1o)* « l'un des parents », le tuteur du mineur ou la personne, ou le service à qui l'enfant a été confié ; à défaut, par le juge du lieu où demeure le mineur.

(Décr. no 2002-361 du 15 mars 2002) « Si la personne mentionnée à l'alinéa précédent change de lieu de résidence, le juge se dessaisit au profit du juge du lieu de la nouvelle résidence, sauf ordonnance motivée.

« Ainsi qu'il est dit à l'article L. 228-4 du code de l'action sociale et des familles, en cas de changement de département, le président du *(Décr. no 2017-892 du 6 mai 2017, art. 69)* « conseil départemental » de l'ancienne résidence et celui de la nouvelle résidence sont informés du dessaisissement. » — *Entrée en vigueur le 1er sept. 2002.*

Les dispositions issues du Décr. no 2002-361 du 15 mars 2002 sont entrées en vigueur le 1er sept. 2002 (JO 17 mars).

Le Décr. no 2013-429 du 24 mai 2013 est applicable à Wallis-et-Futuna (Décr. préc., art. 6).

Art. 1182 *(Décr. no 2002-361 du 15 mars 2002)* Le juge donne avis de l'ouverture de la procédure au procureur de la République ; quand ils ne sont pas requérants, il en donne également avis *(Décr. no 2013-429 du 24 mai 2013, art. 1er-2o)* « à chacun des parents », au tuteur, à la personne ou au représentant du service à qui l'enfant a été confié.

Il entend *(Décr. no 2013-429 du 24 mai 2013, art. 1er-2o)* « chacun des parents », le tuteur, la personne ou le représentant du service à qui l'enfant a été confié et le mineur capable de discernement et porte à leur connaissance les motifs de sa saisine.

Il entend toute autre personne dont l'audition lui paraît utile.

L'avis d'ouverture de la procédure et les convocations adressées aux *(Décr. no 2013-429 du 24 mai 2013, art. 1er-3o)* « parents », au tuteur, à la personne ou au représentant du service à qui l'enfant a été confié et au mineur mentionnent les droits des parties de faire choix d'un conseil ou de demander qu'il leur en soit désigné un d'office conformément aux dispositions de l'article 1186. L'avis et les convocations informent les parties de la possibilité de consulter le dossier conformément aux dispositions de l'article 1187.

L'art. 1er du Décr. no 2013-429 du 24 mai 2013 est applicable à Wallis-et-Futuna (Décr. préc., art. 6).

Art. 1183 *(Décr. no 2002-361 du 15 mars 2002)* Le juge peut, soit d'office, soit à la requête des parties ou du ministère public, ordonner toute mesure d'information concernant la personnalité et les conditions de vie du mineur et de ses parents, en particulier par le moyen d'une *(Décr. no 2023-914 du 2 oct. 2023, art. 2-1o)* « mesure judiciaire d'investigation éducative, d'examens médicaux ou » d'expertises psychiatriques et psychologiques *(Abrogé par Décr. no 2023-914 du 2 oct. 2023, art. 2-1o)* ***« ou d'une mesure d'investigation et d'orientation éducative »***.

Les dispositions du Décr. no 2023-914 du 2 oct. 2023 s'appliquent aux instances en cours à la date de son entrée en vigueur, soit le 5 oct. 2023 (Décr. préc., art. 5).

Art. 1184 *(Décr. no 2002-361 du 15 mars 2002)* « Les mesures provisoires prévues au premier alinéa de l'article 375-5 du code civil, ainsi que les mesures d'information prévues à l'article 1183 du présent code, ne peuvent être prises, hors le cas d'urgence spécialement motivée, que s'il a été procédé à l'audition, prescrite par l'article 1182, *(Décr. no 2013-429 du 24 mai 2013, art. 1er-4o)* « de chacun des parents », du tuteur, de la personne ou du représentant du service à qui l'enfant a été confié et du mineur capable de discernement.

« Lorsque le placement a été ordonné en urgence par le juge sans audition des parties, le juge les convoque à une date qui ne peut être fixée au-delà d'un délai de quinze jours à compter de la décision, faute de quoi le mineur est remis, sur leur demande, à ses *(Décr. no 2013-429 du 24 mai 2013, art. 1er-5o)* « parents » ou tuteur, ou à la personne ou au service à qui il était confié.

« Lorsque le juge est saisi, conformément aux dispositions du second alinéa de l'article 375-5 du code civil, par le procureur de la République ayant ordonné en urgence une mesure de placement provisoire, il convoque les parties et statue dans un délai qui ne peut excéder quinze jours à compter de sa saisine, faute de quoi le mineur est remis, sur leur demande, à ses *(Décr. no 2013-429 du 24 mai 2013, art. 1er-5o)* « parents » ou tuteur, ou à la personne ou au service à qui il était confié. »

Si l'urgence le requiert, les mesures provisoires peuvent aussi être prises, sans préjudice des dispositions du second alinéa de l'article 375-5 du code civil, par le juge des enfants du lieu où le mineur a été trouvé, à charge pour lui de se dessaisir dans le mois au profit du juge territorialement compétent.

L'art. 1er du Décr. no 2013-429 du 24 mai 2013 est applicable à Wallis-et-Futuna (Décr. préc., art. 6).

Art. 1185 *(Décr. no 87-578 du 22 juill. 1987)* **« La décision sur le fond doit intervenir dans un délai de six mois à compter de la décision ordonnant les mesures provisoires, faute de quoi l'enfant est remis à ses** *(Décr. no 2013-429 du 24 mai 2013, art. 1er-5o)* **« parents », tuteur, personne ou service à qui il a été confié, sur leur demande. »**

Si l'instruction n'est pas terminée dans le délai prévu à l'alinéa précédent, le juge peut, après avis du procureur de la République, proroger ce délai *(Décr. no 2002-361 du 15 mars 2002)* **« pour une durée qui ne peut excéder six mois ».**

L'art. 1er du Décr. no 2013-429 du 24 mai 2013 est applicable à Wallis-et-Futuna (Décr. préc., art. 6).

Art. 1186 *(Décr. no 2002-361 du 15 mars 2002)* **Le mineur capable de discernement,** *(Décr. no 2013-429 du 24 mai 2013, art. 1er-6o)* **« les parents », le tuteur ou la personne ou le représentant du service à qui l'enfant a été confié peuvent faire choix d'un conseil ou demander au juge que le bâtonnier leur en désigne un d'office. La désignation doit intervenir dans les huit jours de la demande.**

Ce droit est rappelé aux intéressés lors de leur première audition.

L'art. 1er du Décr. no 2013-429 du 24 mai 2013 est applicable à Wallis-et-Futuna (Décr. préc., art. 6).

Art. 1187 *(Décr. no 2023-914 du 2 oct. 2023, art. 2-2o)* **« Dès l'avis d'ouverture de la procédure, le dossier peut être consulté au greffe, jusqu'à la veille de l'audition ou de l'audience, par l'avocat du mineur, par l'administrateur *ad hoc* désigné pour lui en application de l'article 375-1 du code civil ou par l'avocat de ses parents ou de l'un d'eux, de son tuteur, de la personne ou du service à qui il a été confié. L'avocat et l'administrateur *ad hoc* peuvent se faire délivrer copie de tout ou partie des pièces du dossier pour l'usage exclusif de la procédure d'assistance éducative. Ils ne peuvent transmettre les copies ainsi obtenues ou la reproduction de ces pièces à la personne qu'ils assistent ou représentent. »**

Le dossier peut également être consulté, sur leur demande et aux jours et heures fixés par le juge, par *(Décr. no 2013-429 du 24 mai 2013, art. 1er-6o)* **« les parents », le tuteur, la personne ou le représentant du service à qui l'enfant a été confié et par le mineur capable de discernement, jusqu'à la veille de l'audition ou de l'audience.**

La consultation du dossier le concernant par le mineur capable de discernement ne peut se faire qu'en présence *(Décr. no 2013-429 du 24 mai 2013, art. 1er-7o)* **« de ses parents ou de l'un d'eux » ou de son avocat. En cas de refus des parents et si l'intéressé n'a pas d'avocat, le juge saisit le bâtonnier d'une demande de désignation d'un avocat pour assister le mineur ou autorise le service éducatif chargé de la mesure à l'accompagner pour cette consultation.**

Par décision motivée, le juge peut, en l'absence d'avocat, exclure tout ou partie des pièces de la consultation par l'un ou l'autre des parents, le tuteur, la personne ou le représentant du service à qui l'enfant a été confié ou le mineur lorsque cette consultation ferait courir un danger physique ou moral grave au mineur, à une partie ou à un tiers.

Le dossier peut également être consulté, dans les mêmes conditions, par les services en charge des mesures prévues à l'article 1183 du présent code et aux articles 375-2 et 375-4 du code civil.

L'instruction terminée, le dossier est transmis au procureur de la République qui le renvoie dans les quinze jours au juge, accompagné de son avis écrit sur la suite à donner ou de l'indication qu'il entend formuler cet avis à l'audience.

L'art. 1er du Décr. no 2013-429 du 24 mai 2013 est applicable à Wallis-et-Futuna (Décr. préc., art. 6).

Les dispositions du Décr. no 2023-914 du 2 oct. 2023 s'appliquent aux instances en cours à la date de son entrée en vigueur, soit le 5 oct. 2023 (Décr. préc., art. 5).

Art. 1187-1 *(Décr. no 2009-398 du 10 avr. 2009, art. 2)* **Le juge des enfants communique au juge aux affaires familiales ou au juge des tutelles les pièces qu'ils sollicitent quand les parties à la procédure devant ces derniers ont qualité pour consulter le dossier en vertu de l'article 1187. Il peut ne pas transmettre certaines pièces lorsque leur production ferait courir un danger physique ou moral grave au mineur, à une partie ou à un tiers.**

Dans les conditions prévues aux articles *(Décr. no 2016-185 du 23 févr. 2016, art. 14)* **« 1072-2, 1180-11 et 1221-2 », le juge aux affaires familiales ou le juge des tutelles trans-**

mettent copie de leur décision au juge des enfants ainsi que de toute pièce que ce dernier estime utile.

Le Décr. nº 2009-398 du 10 avr. 2009 est applicable dans les îles Wallis-et-Futuna.

Art. 1188 **L'audience peut être tenue au siège du tribunal pour enfants ou au siège** *(Décr. nº 2019-913 du 30 août 2019, art. 19, en vigueur le 1er janv. 2020)* **« d'une chambre de proximité située** *[ancienne rédaction : d'un tribunal d'instance situé]* **» dans le ressort, que la convocation indique.**

Les *(Décr. nº 2013-429 du 24 mai 2013, art. 1er-5º)* **« parents », tuteur ou** *(Décr. nº 87-578 du 22 juill. 1987)* **« personne ou service à qui l'enfant a été confié » et, le cas échéant, le mineur, sont convoqués à l'audience huit jours au moins avant la date de celle-ci ; les conseils des parties** *(Décr. nº 2023-914 du 2 oct. 2023, art. 2-3º)* **« et, le cas échéant, l'administrateur *ad hoc* désigné en application de l'article 375-1 du code civil » sont également avisés.** *— V. dernière note ss. art. 1187.*

L'art. 1er du Décr. nº 2013-429 du 24 mai 2013 est applicable à Wallis-et-Futuna (Décr. préc., art. 6).

Art. 1189 **A l'audience, le juge entend le mineur, ses** *(Décr. nº 2013-429 du 24 mai 2013, art. 1er-3º)* **« parents », tuteur ou** *(Décr. nº 87-578 du 22 juill. 1987)* **« personne ou représentant du service à qui l'enfant a été confié » ainsi que toute autre personne dont l'audition lui paraît utile. Il peut dispenser le mineur de se présenter ou ordonner qu'il se retire pendant tout ou partie de la suite des débats.**

Les conseils des parties sont entendus en leurs observations.

L'affaire est instruite et jugée en chambre du conseil, après avis du ministère public.

Sur l'audition du mineur, V. aussi art. 338-1 s., et C. civ., art. 388-1. — ***C. civ.***

L'art. 1er du Décr. nº 2013-429 du 24 mai 2013 est applicable à Wallis-et-Futuna (Décr. préc., art. 6).

Art. 1189-1 *(Décr. nº 2023-914 du 2 oct. 2023, art. 2-4º)* **La médiation familiale ordonnée par le juge des enfants en application de l'article 375-4-1 du code civil a pour objet d'aider les parents à mettre fin à leur conflit concourant à la situation de danger pour l'enfant.**

Le médiateur familial désigné par le juge doit être titulaire du diplôme d'État mentionné à l'article R. 451-66 du code de l'action sociale et des familles ou, à défaut, justifier d'une formation à la pratique de la médiation relative au conflit parental emportant danger pour l'enfant.

Pour les besoins de la médiation, il peut, en accord avec les parents, entendre l'enfant qui y consent, sous réserve du respect de l'intérêt de celui-ci.

Par dérogation à l'article 131-12, l'accord issu de la médiation peut être homologué par le juge aux affaires familiales saisi par les parents en application de l'article 373-2-7 du code civil.

V. dernière note ss. art. 1187.

Art. 1190 *(Décr. nº 2023-914 du 2 oct. 2023, art. 2-5º)* **« Les décisions du juge sont notifiées dans les huit jours aux parents, au tuteur ou à la personne ou au service à qui l'enfant a été confié, au mineur capable de discernement et, le cas échéant, à son conseil, ou à l'administrateur *ad hoc* désigné en application de l'article 375-1 du code civil. »**

(Abrogé par Décr. nº 2023-914 du 2 oct. 2023, art. 2-5º) ***« Le dispositif de la décision est notifié au mineur de plus de seize ans à moins que son état ne le permette pas. »***

Toutefois, la décision écartant certaines pièces de la consultation en application du quatrième alinéa de l'article 1187 est notifiée dans les huit jours à la seule partie qui a demandé celle-ci.

Dans tous les cas, un avis de notification est donné au procureur de la République.

V. dernière note ss. art. 1187.

Art. 1191 **Les décisions du juge peuvent être frappées d'appel :**

— par *(Décr. nº 2013-429 du 24 mai 2013, art. 1er-8º)* **« les parents ou l'un d'eux », le tuteur ou** *(Décr. nº 87-578 du 22 juill. 1987)* **« la personne ou le service à qui l'enfant a été confié » jusqu'à l'expiration d'un délai de quinze jours suivant la notification ;**

— par le mineur lui-même jusqu'à l'expiration d'un délai de quinze jours suivant la notification et, à défaut, suivant le jour où il a eu connaissance de la décision ;

— par le ministère public jusqu'à l'expiration d'un délai de quinze jours suivant la remise de l'avis qui lui a été donné.

L'art. 1er du Décr. no 2013-429 du 24 mai 2013 est applicable à Wallis-et-Futuna (Décr. préc., art. 6).

Art. 1192 L'appel est formé selon les règles édictées aux articles 931 à 934.

(Décr. no 2023-914 du 2 oct. 2023, art. 2-6o) « Le greffier avise de l'appel, par lettre simple, les parents, le tuteur, la personne ou le service à qui l'enfant a été confié et le mineur capable de discernement, à moins qu'ils l'aient eux-mêmes formé, ainsi que, le cas échéant, l'administrateur *ad hoc* désigné en application de l'article 375-1 du code civil. Il les informe qu'ils seront ultérieurement convoqués devant la cour. » — *V. dernière note ss. art. 1187.*

Art. 1193 L'appel est instruit et jugé par priorité en chambre du conseil par la chambre de la cour d'appel chargée des affaires de mineurs suivant la procédure applicable devant le juge des enfants.

(Décr. no 2002-361 du 15 mars 2002) « La cour statue sur l'appel des décisions de placement provisoire prises par le juge des enfants en application des dispositions de l'article 375-5 du code civil dans les trois mois à compter de la déclaration d'appel. »

Art. 1194 Les décisions de la cour d'appel sont notifiées comme il est dit à l'article 1190.

Art. 1195 *(Décr. no 2002-361 du 15 mars 2002)* « Les convocations et notifications sont faites par le greffe par lettre recommandée avec demande d'avis de réception *(Abrogé par Décr. no 2015-282 du 11 mars 2015, art. 12) « et par lettre simple »*. Le juge peut, toutefois, décider qu'elles auront lieu par acte d'huissier de justice *(Décr. no 2005-1678 du 28 déc. 2005, art. 69)* « , le cas échéant, à la diligence du greffe, » ou par la voie administrative. »

La remise d'une expédition du jugement contre récépissé daté et signé équivaut à la notification.

Art. 1196 *(Abrogé par Décr. no 2004-836 du 20 août 2004, art. 35) « En cas de pourvoi en cassation, les parties sont dispensées du ministère d'un avocat au Conseil d'État et à la Cour de cassation. »*

Le pourvoi en cassation est ouvert au ministère public.

Art. 1197 Lorsque les *(Décr. no 2013-429 du 24 mai 2013, art. 1er-3o)* « parents » ne peuvent supporter la charge totale des frais de justice qui leur incombent, le juge fixe le montant de leur participation.

L'art. 1er du Décr. no 2013-429 du 24 mai 2013 est applicable à Wallis-et-Futuna (Décr. préc., art. 6).

Art. 1198 Le juge peut visiter ou faire visiter tout mineur faisant l'objet d'une mesure de placement prise en application des articles 375-3 et 375-5 du code civil.

Art. 1199 Le juge peut déléguer sa compétence au juge du lieu où le mineur a été placé soit volontairement, soit par décision de justice, à l'effet d'organiser l'une des mesures prévues aux articles 375-2 et 375-4 du code civil et d'en suivre l'application.

Art. 1199-1 *(Décr. no 86-939 du 30 juill. 1986)* L'institution ou le service chargé de l'exercice de la mesure adresse au juge des enfants qui a statué ou qui a reçu délégation de compétence un rapport sur la situation et l'évolution du mineur selon la périodicité fixée par la décision ou, à défaut, annuellement.

(Décr. no 2008-1486 du 30 déc. 2008, art. 1er) « Il en est de même en cas de placement pour une durée supérieure à deux ans. A défaut de transmission de ce rapport, le juge des enfants convoque les parties à une audience afin d'établir un bilan de la situation du mineur placé. »

Le Décr. no 2008-1486 du 30 déc. 2008 (JO 31 déc.) entre en vigueur le premier jour du mois suivant celui de sa publication, soit le 1er janv. 2009 (Décr. préc., art. 7).

Art. 1199-2 *(Décr. no 2012-1312 du 27 nov. 2012, art. 2)* La désignation d'un espace de rencontre en application de *(Décr. no 2017-1572 du 15 nov. 2017, art. 2-1o)* « la troisième phrase » du quatrième alinéa de l'article 375-7 du code civil donne lieu à une information préalable du juge des enfants.

Art. 1199-3 *(Décr. no 2017-1572 du 15 nov. 2017, art. 2-2o)* La fréquence du droit de visite en présence d'un tiers est fixée dans la décision judiciaire sauf à ce que, sous le contrôle du juge, les conditions d'exercice de ce droit soient laissées à une détermination conjointe entre le ou les parents et la personne, le service ou l'établissement à qui l'enfant est confié.

Art. 1200 Dans l'application de l'assistance éducative, il doit être tenu compte des convictions religieuses ou philosophiques du mineur et de sa famille.

Art. 1200-1 *(Décr. nº 2008-1486 du 30 déc. 2008, art. 2)* Les mesures d'assistance éducative sont renouvelées, conformément au troisième alinéa de l'article 375 du code civil par le juge des enfants dans les conditions prévues à la présente section.

En cas de placement pour une durée supérieure à deux ans, le juge des enfants convoque, dans les mêmes conditions, les parties à une audience au moins tous les trois ans.

Le Décr. nº 2008-1486 du 30 déc. 2008 (JO 31 déc.) entre en vigueur le premier jour du mois suivant celui de sa publication, soit le 1er janv. 2009 (Décr. préc., art. 7),.

Mesure judiciaire d'aide à la gestion du budget familial

(Décr. nº 2008-1486 du 30 déc. 2008, art. 3)

Le Décr. nº 2008-1486 du 30 déc. 2008 (JO 31 déc.) entre en vigueur le premier jour du mois suivant celui de sa publication, soit le 1er janv. 2009 (Décr. préc., art. 7).

Art. 1200-2 Est compétent pour ordonner une mesure judiciaire d'aide à la gestion du budget familial prévue à l'article 375-9-1 du code civil le juge des enfants du lieu où demeure l'allocataire ou l'attributaire des prestations familiales auxquelles le mineur ouvre droit.

Si l'allocataire ou l'attributaire des prestations familiales change de lieu de résidence, les dispositions des deuxième et troisième alinéas de l'article 1181 s'appliquent.

Art. 1200-3 Le juge des enfants peut être saisi par :

1° L'un des représentants légaux du mineur ;

2° L'allocataire ou l'attributaire des prestations familiales auxquelles ouvre droit le mineur ;

3° Le procureur de la République ;

4° Le maire de la commune de résidence de l'allocataire ou de l'attributaire des prestations familiales auxquelles le mineur ouvre droit, ou le maire de la commune de résidence de ce mineur, conjointement avec l'organisme débiteur des prestations familiales, en application des dispositions de l'article 375-9-2 du code civil.

Le juge des enfants peut se saisir d'office à titre exceptionnel.

Le président du *(Décr. nº 2017-892 du 6 mai 2017, art. 69)* « conseil départemental » peut signaler au procureur de la République toute situation pour laquelle l'accompagnement en économie sociale et familiale est insuffisant. Celui-ci s'assure qu'une telle situation entre dans le champ d'application de l'article 375-9-1 du code civil.

Art. 1200-4 Le juge des enfants avise de l'ouverture de la procédure, s'ils ne sont pas auteurs de la saisine :

1° Les représentants légaux du mineur ;

2° L'allocataire ou l'attributaire des prestations familiales auxquelles ouvre droit le mineur ;

3° Le procureur de la République ;

4° L'organisme débiteur des prestations familiales ;

5° Le président du *(Décr. nº 2017-892 du 6 mai 2017, art. 69)* « conseil départemental » de la résidence de l'allocataire ou de l'attributaire des prestations familiales.

Cet avis informe l'allocataire ou l'attributaire des prestations familiales de son droit de choisir un avocat ou de demander qu'il lui en soit désigné un d'office, conformément aux dispositions de l'article 1200-5. Il l'informe également de la possibilité de consulter le dossier, conformément aux dispositions de l'article 1200-6.

Après avoir recueilli toutes informations utiles, le juge convoque, au moins huit jours avant la date de l'audience, l'allocataire ou l'attributaire des prestations familiales et en avise leur avocat désigné ou choisi lorsqu'il en a été informé.

L'allocataire ou l'attributaire est avisé à chaque convocation, dans les mêmes termes que dans l'avis d'ouverture de la procédure, de son droit d'être assisté par un avocat lors de l'audience et de consulter le dossier.

Le juge des enfants peut également convoquer à l'audience toute personne dont l'audition lui paraît utile.

Art. 1200-5 L'allocataire ou l'attributaire des prestations familiales peut choisir un avocat ou demander au juge que le bâtonnier lui en désigne un d'office. La désignation demandée doit intervenir dans les huit jours de la demande.

Le droit d'être assisté par un avocat est rappelé à l'intéressé lors de la première audience.

Art. 1200-6 Dès l'avis d'ouverture de la procédure et jusqu'à la veille de l'audience, le dossier peut être consulté au greffe par l'avocat, qui peut se faire délivrer copie de tout ou partie des pièces du dossier pour l'usage exclusif de la procédure de mesure judiciaire d'aide à la gestion du budget familial. Il ne peut transmettre à son client les copies ainsi obtenues ou la reproduction de ces pièces.

Jusqu'à la veille de l'audience, le dossier peut également être consulté directement par l'allocataire ou l'attributaire des prestations à sa demande. Cette consultation est réalisée aux jours et heures fixés par le juge. En l'absence d'avocat, le juge peut, par décision motivée, exclure du dossier tout ou partie des pièces dont la consultation porterait une atteinte excessive à la vie privée d'une partie ou d'un tiers.

Le dossier peut être consulté dans les conditions prévues à l'alinéa précédent par le délégué aux prestations familiales désigné par le juge.

La décision écartant certaines pièces de la consultation est notifiée dans les huit jours à la personne qui en a fait la demande. Le procureur de la République est avisé de cette notification.

Art. 1200-7 Avant toute audience, le dossier est transmis au procureur de la République qui fait connaître au juge, au moins huit jours avant l'audience, son avis écrit sur la suite à donner et lui indique s'il entend formuler cet avis à l'audience. Il n'y a pas lieu à communication pour avis avant la première audience lorsque le juge a été saisi par le ministère public.

Art. 1200-8 L'affaire est instruite et jugée en chambre du conseil.

L'audience peut être tenue au siège du tribunal pour enfants ou au siège *(Décr. n° 2019-913 du 30 août 2019, art. 19, en vigueur le 1er janv. 2020)* « d'une chambre de proximité située *[ancienne rédaction : d'un tribunal d'instance situé]* » dans le ressort, que la convocation indique.

A l'audience, le juge entend l'allocataire ou l'attributaire des prestations familiales et porte à sa connaissance les motifs de sa saisine. Il entend toute autre personne dont l'audition lui paraît utile. L'avocat de l'allocataire ou de l'attributaire des prestations est entendu en ses observations.

Art. 1200-9 Le juge des enfants se prononce sur la mesure judiciaire d'aide à la gestion du budget familial par décision séparée des autres décisions relatives à l'assistance éducative.

La mesure judiciaire d'aide à la gestion du budget familial peut à tout moment être modifiée ou rapportée soit :

1° D'office par le juge ;

2° A la demande du procureur de la République ;

3° A la demande des personnes ayant saisi le juge en application des 1°, 2° et 4° de l'article 1200-3 ;

4° A la demande du délégué aux prestations familiales.

Art. 1200-10 La décision du juge des enfants est notifiée dans les huit jours aux parties et, en tout état de cause, au délégué aux prestations familiales s'il a été désigné et à l'organisme débiteur de ces prestations.

Un avis de notification est également donné au procureur de la République.

Art. 1200-11 La décision du juge des enfants peut être frappée d'appel par les parties et le délégué aux prestations familiales, dans un délai de quinze jours suivant sa notification ou remise de l'avis.

L'appel est formé selon les règles édictées aux articles 931 à 934. Le greffier avise de l'appel, par lettre simple, les parties qui ne l'auraient pas elles-mêmes formé et les informe qu'elles seront ultérieurement convoquées devant la cour.

Art. 1200-12 Les dispositions des articles 1193, 1195 et 1196 sont applicables à la mesure judiciaire d'aide à la gestion du budget familial.

Art. 1200-13 Les décisions de la cour d'appel sont notifiées conformément à l'article 1200-10.

Délégation, retrait total et partiel de l'autorité parentale, déclaration judiciaire de délaissement parental *(Décr. n° 2002-1436 du 3 déc. 2002, art. 21-I ; Décr. n° 2017-148 du 7 févr. 2017, art. 3-1°).*

Art. 1202 *(Décr. n° 94-42 du 14 janv. 1994)* Les demandes *(Décr. n° 2002-1436 du 3 déc. 2002, art. 21-II)* « en retrait total ou » partiel de l'autorité parentale sont portées devant le *(Décr. n° 2019-966 du 18 sept. 2019, art. 8, en vigueur le 1er janv. 2020)* « tribunal judiciaire *[ancienne rédaction : tribunal de grande instance]* » du lieu où demeure l'ascendant contre lequel l'action est exercée.

Les demandes en délégation de l'autorité parentale sont portées devant le juge aux affaires familiales du lieu où demeure le mineur.

(Décr. n° 2017-148 du 7 févr. 2017, art. 3-2°) « Les demandes en déclaration judiciaire de délaissement parental sont portées devant le *(Décr. n° 2019-966 du 18 sept. 2019, art. 8, en vigueur le 1er janv. 2020)* « tribunal judiciaire *[ancienne rédaction : tribunal de grande instance]* » du lieu où demeure le mineur. » *(Décr. n° 2019-1333 du 11 déc. 2019, art. 29-15°, en vigueur le 1er janv. 2020)* « Lorsqu'elles émanent du service de l'aide sociale à l'enfance, elles sont portées devant le tribunal judiciaire du chef-lieu du département dans lequel le mineur a été recueilli. »

L'art. 29 du Décr. n° 2019-1333 du 11 déc. 2019 est applicable aux instances en cours au 1er janv. 2020 (Décr. préc., art. 55-I).

Art. 1203 *(Décr. n° 94-42 du 14 janv. 1994)* « Le tribunal ou le juge » est saisi par requête *(Décr. n° 2017-148 du 7 févr. 2017, art. 3-3°)* « remise ou adressée au greffe ». *(Décr. n° 2019-1333 du 11 déc. 2019, art. 8-3°, en vigueur le 1er janv. 2020)* « Sauf pour les demandes de délégation de l'autorité parentale, les parties sont tenues de constituer avocat. » La requête peut être adressée au procureur de la République qui doit la transmettre *(Décr. n° 94-42 du 14 janv. 1994)* « au tribunal ou au juge ».

(Décr. n° 2017-148 du 7 févr. 2017, art. 3-3° ; Décr. n° 2019-1333 du 11 déc. 2019, art. 29-15°, en vigueur le 1er janv. 2020) « Outre les mentions prévues à l'article 57, la requête indique, à peine d'irrecevabilité, le lieu où demeure le mineur et, le cas échéant, le lieu où demeurent le ou les titulaires de l'autorité parentale ainsi que les motifs de la requête. »

Art. 1204 *(Décr. n° 2017-148 du 7 févr. 2017, art. 3-4°)* Sont convoqués à l'audience, par lettre recommandée avec avis de réception à laquelle la requête est annexée, huit jours au moins avant la date de celle-ci :

1° Le requérant ;

2° Les parents du mineur ;

3° La personne, l'établissement ou le service qui a recueilli l'enfant ;

4° Le cas échéant, le tuteur du mineur ;

5° Lorsque la demande tend à la délégation de l'exercice de l'autorité parentale, le tiers candidat à la délégation.

Les conseils des parties, si elles sont assistées ou représentées, ainsi que le ministère public sont également avisés de la date de l'audience.

Les convocations et avis informent les destinataires de la possibilité de consulter le dossier conformément à l'article 1208-1.

Art. 1205 *(Décr. n° 94-42 du 14 janv. 1994)* « Le tribunal ou le juge », même d'office, procède ou fait procéder à toutes les investigations utiles et notamment aux mesures d'information prévues à l'article 1183. Il peut à cet effet commettre le juge des enfants.

(Abrogé par Décr. n° 2017-148 du 7 févr. 2017, art. 3-5°) ***Lorsqu'une procédure d'assistance éducative a été diligentée à l'égard d'un ou plusieurs enfants, le dossier en est communiqué*** *(Décr. n° 94-42 du 14 janv. 1994)* ***« au tribunal ou au juge ».***

Art. 1205-1 *(Décr. n° 2017-148 du 7 févr. 2017, art. 3-6°)* Lorsqu'une procédure d'assistance éducative a été diligentée à l'égard d'un ou plusieurs enfants, le dossier en est communiqué au tribunal ou au juge par le juge des enfants, dans les conditions définies à l'article 1187-1. Le juge des enfants ne transmet pas les pièces qu'il a exclues de la consultation en application de l'article 1187.

Dans tous les cas, le juge des enfants fait connaître son avis au regard de la procédure d'assistance éducative en cours.

Une copie de la décision du juge ou du tribunal est transmise au juge des enfants ainsi que toute pièce que ce dernier estime utile.

Art. 1206 Le procureur de la République *(Décr. n° 2017-148 du 7 févr. 2017, art. 3-7°)* « peut recueillir » les renseignements qu'il estime utiles sur la situation de famille du mineur et la moralité de ses parents.

Art. 1207 Pour le cours de l'instance, *(Décr. n° 94-42 du 14 janv. 1994)* « le tribunal ou le juge » peut ordonner toute mesure provisoire *(Décr. n° 87-578 du 22 juill. 1987)* « relative à l'exercice de l'autorité parentale ».

Art. 1208 *(Décr. n° 94-42 du 14 janv. 1994)* « Le tribunal ou le juge » entend les *(Décr. n° 2013-429 du 24 mai 2013, art. 1er-9°)* « parents, le tuteur, la personne ou le représentant du service » *(Décr. n° 87-578 du 22 juill. 1987, art. 14)* « à qui l'enfant a été confié » ainsi que toute personne dont l'audition lui paraît utile. *(Abrogé par Décr. n° 93-1091 du 16 sept. 1993) « Il entend le mineur s'il l'estime opportun. »*

(Décr. n° 2017-148 du 7 févr. 2017, art. 3-8°) « Dans le cas où les parents ont disparu, le tribunal ou le juge peut faire procéder à une recherche dans l'intérêt des familles ; en ce cas, il sursoit à la décision pour un délai n'excédant pas six mois. »

L'art. 1er du Décr. n° 2013-429 du 24 mai 2013 est applicable à Wallis-et-Futuna (Décr. préc., art. 6).

Art. 1208-1 *(Décr. n° 2017-148 du 7 févr. 2017, art. 3-9°)* Le dossier peut être consulté au greffe, jusqu'à la veille de l'audience, par le requérant, les parents, le tuteur, la personne ou le service à qui l'enfant a été confié ou leurs avocats s'ils sont assistés ou représentés. L'avocat peut se faire délivrer copie de tout ou partie des pièces du dossier pour l'usage exclusif de la procédure. Il ne peut communiquer les copies obtenues ou leur reproduction à son client.

Art. 1208-2 *(Décr. n° 2017-148 du 7 févr. 2017, art. 3-9°)* L'affaire est instruite et jugée en chambre du conseil après avis du ministère public.*(Décr. n° 2019-1333 du 11 déc. 2019, art. 29-16°, en vigueur le 1er janv. 2020)* « La procédure est orale. »

Art. 1208-3 *(Décr. n° 2017-148 du 7 févr. 2017, art. 3-9°)* Les décisions du juge ou du tribunal sont notifiées par lettre recommandée avec avis de réception, dans les huit jours, au requérant, aux parents, tuteur, personne ou service à qui l'enfant a été confié ou au tiers délégataire. Le juge ou le tribunal peut toutefois décider que la notification aura lieu par acte d'huissier de justice, le cas échéant, à la diligence du greffe, ou par la voie administrative.

Dans tous les cas, un avis de notification est donné au procureur de la République.

Art. 1208-4 *(Décr. n° 2017-148 du 7 févr. 2017, art. 3-9°)* Le tribunal saisi d'une demande de déclaration judiciaire de délaissement parental, statue en la même forme et par le même jugement, sur la délégation de l'exercice de l'autorité parentale.

Art. 1209 *(Décr. n° 2017-148 du 7 févr. 2017, art. 3-10°)* Les décisions du juge ou du tribunal peuvent être frappées d'appel par :

1° Les personnes auxquelles le jugement a été notifié jusqu'à l'expiration d'un délai de quinze jours suivant la notification qui leur en est faite ;

2° Le ministère public jusqu'à l'expiration d'un délai de quinze jours suivant la remise de l'avis qui lui a été donné.

Art. 1209-1 *(Décr. n° 2019-1333 du 11 déc. 2019, art. 29-15°, en vigueur le 1er janv. 2020)* « Pour les demandes de délégation d'autorité parentale, l'appel » *(Décr. n° 2017-148 du 7 févr. 2017, art. 3-11°)* est formé selon les règles édictées aux articles 931 à 934.

Le greffier avise de l'appel, par lettre simple, les personnes et le service auxquels la décision a été notifiée et qui ne l'auraient pas eux-mêmes formé et les informe qu'ils seront ultérieurement convoqués devant la cour.

L'appel est instruit et jugé en chambre du conseil par la cour d'appel chargée des affaires de mineurs suivant la procédure applicable en première instance.

Les décisions de la cour d'appel sont notifiées comme il est dit à l'article 1208-3.

Art. 1209-1-1 *(Décr. n° 2019-1333 du 11 déc. 2019, art. 29-18°, en vigueur le 1er janv. 2020)* Pour les demandes de retrait total et partiel de l'autorité parentale et de déclaration judiciaire de délaissement de l'autorité parentale, l'appel est formé selon les règles de la représentation obligatoire.

Art. 1209-2 *(Décr. n° 2017-148 du 7 févr. 2017, art. 3-11°)* Le pourvoi en cassation est ouvert au ministère public.

Art. 1210 La demande en restitution des droits délégués ou retirés est formée par requête devant *(Décr. n° 94-42 du 14 janv. 1994)* « le tribunal ou le juge » du lieu où demeure la personne à laquelle ces droits ont été conférés. Elle est notifiée à cette personne par le greffier. Elle obéit, pour le surplus, aux règles qui gouvernent les demandes en délégation de l'autorité parentale.

(Décr. nº 2017-148 du 7 févr. 2017, art. 3-12º) « Les demandes en restitution d'enfants déclarés délaissés sont soumises aux dispositions du présent chapitre. »

Administrateur ad hoc

(Décr. nº 99-818 du 16 sept. 1999)

Art. 1210-1 Lorsque, en application des dispositions des articles *(Décr. nº 2023-914 du 2 oct. 2023, art. 3-1º)* « 375-1, » *(Décr. nº 2016-185 du 23 févr. 2016, art. 5)* « 383 et 388-2 » du code civil, la juridiction procède à la désignation d'un administrateur *ad hoc* et que dans l'intérêt de l'enfant, il est impossible de choisir celui-ci au sein de la famille ou parmi les proches du mineur, la juridiction peut désigner l'administrateur *ad hoc* parmi les personnes figurant sur la liste prévue à l'article R. 53 du code de procédure pénale.

Les art. 4 à 13 du Décr. nº 2016-185 du 23 févr. 2016 sont applicables aux administrations légales en cours au jour de son entrée en vigueur (Décr. préc., art. 18-II).

Les dispositions du Décr. nº 2023-914 du 2 oct. 2023 s'appliquent aux instances en cours à la date de son entrée en vigueur, soit le 5 oct. 2023 (Décr. préc., art. 5).

Art. 1210-2 La désignation d'un administrateur *ad hoc* peut être contestée par la voie de l'appel par les représentants légaux du mineur dans un délai de quinze jours. Cet appel n'est pas suspensif.

L'appel est formé, instruit et jugé comme en matière gracieuse.

Art. 1210-3 *(Décr. nº 2008-764 du 30 juill. 2008)* « En sus du remboursement de ses frais de déplacement, calculés dans les conditions fixées pour les déplacements des personnels civils de l'État pour le ministère de la justice, il est alloué une indemnité à chaque personne désignée en qualité d'administrateur *ad hoc*, lorsqu'elle figure sur la liste prévue à l'article 53 du code de procédure pénale.

« Une indemnité de carence est allouée à l'administrateur *ad hoc* qui n'a pu réaliser sa mission pour une cause qui lui est étrangère, sur la base d'un rapport indiquant les diligences accomplies, dans les conditions définies à l'article R. 53-8 du code de procédure pénale.

« Le montant de ces indemnités est fixé par arrêté conjoint du garde des sceaux, ministre de la justice, et du ministre chargé du budget. »

Les frais de cette rémunération sont recouvrés par le Trésor contre la partie condamnée aux dépens, selon les procédures et sous les garanties prévues en matière d'amende pénale. En l'absence de condamnation aux dépens, les frais sont recouvrés contre la partie indiquée par le juge qui a désigné l'administrateur *ad hoc*.

Art. 1210-3-1 *(Décr. nº 2023-914 du 2 oct. 2023, art. 3-2º)* Lorsqu'un administrateur *ad hoc* est désigné en application de l'article 375-1 du code civil, son mandat prend fin à la date que le juge des enfants détermine et, au plus tard, à la date à laquelle la décision sur le fond prévue à l'article 1185 devient définitive ou à laquelle la décision rendue au titre des articles 375-2 à 375-4 du code civil arrive à échéance. — *V. dernière note ss. art. 1210-1.*

Déplacement illicite international d'enfants

Art. 1210-4 *(Décr. nº 2017-892 du 6 mai 2017, art. 28-2º)* L'autorité centrale désignée dans le cadre des instruments internationaux et européens relatifs au déplacement illicite international d'enfants transmet au procureur de la République près le *(Décr. nº 2019-966 du 18 sept. 2019, art. 8, en vigueur le 1er janv. 2020)* « tribunal judiciaire *[ancienne rédaction : tribunal de grande instance]* » territorialement compétent en application de l'article L. 211-12 du code de l'organisation judiciaire la demande de retour dont elle a été saisie.

I. — Lorsque la demande concerne un enfant déplacé ou retenu en France, le procureur de la République ordonne dès réception tous les actes utiles pour localiser l'enfant ou confirmer sa localisation. Si une juridiction a été saisie au fond sur les modalités de l'exercice de l'autorité parentale, le procureur de la République l'informe de la demande de retour.

Le procureur de la République peut aussi :

1º Prendre toute mesure en vue d'assurer la remise volontaire de l'enfant, notamment en faisant procéder à l'audition de la personne dont il est allégué qu'elle a déplacé ou retenu l'enfant et en l'invitant à un retour volontaire de l'enfant, ou de faciliter une solution amiable ;

2° Ordonner toute mesure d'investigation, examen ou expertise qui lui semble nécessaire ;

3° Saisir le juge compétent pour qu'il ordonne les mesures provisoires prévues par la loi ou, le cas échéant, transmettre les informations nécessaires au procureur de la République près le *(Décr. n° 2019-966 du 18 sept. 2019, art. 8, en vigueur le 1er janv. 2020)* « tribunal judiciaire *[ancienne rédaction : tribunal de grande instance]* » territorialement compétent aux mêmes fins ;

4° Introduire une procédure judiciaire afin d'obtenir le retour de l'enfant.

II. — Lorsque la demande concerne un enfant déplacé ou retenu à l'étranger, le procureur de la République peut ordonner toute mesure d'investigation afin de recueillir les informations sur l'enfant et son environnement matériel, familial et social qui ont été sollicitées par l'autorité centrale étrangère.

Le procureur de la République peut également prendre les mesures qu'il estime utiles afin d'assurer la protection de l'enfant après son retour ou, le cas échéant, transmettre les éléments pertinents au procureur de la République près le *(Décr. n° 2019-966 du 18 sept. 2019, art. 8, en vigueur le 1er janv. 2020)* « tribunal judiciaire *[ancienne rédaction : tribunal de grande instance]* » territorialement compétent aux mêmes fins.

Art. 1210-5 Les actions engagées sur le fondement des dispositions des instruments internationaux et *(Décr. n° 2012-98 du 27 janv. 2012, art. 1er-I)* « européens » relatives au déplacement illicite international d'enfants sont portées devant le juge aux affaires familiales du *(Décr. n° 2019-966 du 18 sept. 2019, art. 8, en vigueur le 1er janv. 2020)* « tribunal judiciaire *[ancienne rédaction : tribunal de grande instance]* » territorialement compétent en application de *(Décr. n° 2012-66 du 20 janv. 2012, art. 40)* « l'article **L. 211-12** » du code de l'organisation judiciaire. — *V. COJ, art. L. 211-12, D. 211-9. — Anc. art. 1210-4 (Décr. n° 2017-892 du 6 mai 2017, art. 28-1°).*

(Décr. n° 2017-892 du 6 mai 2017, art. 28-1°) « Est également portée devant le juge mentionné au premier alinéa la demande tendant à l'interdiction de sortie de l'enfant du territoire français sans l'autorisation des deux parents lorsque ce juge est saisi d'une demande de retour de l'enfant ou lorsque la demande est formée par le procureur de la République en application de l'article **1210-4**. »

Le Décr. n° 2012-98 du 27 janv. 2012 est applicable à Wallis-et-Futuna à compter du 1er juin 2012 (Décr. préc., art. 4).

L'art. 40 du Décr. n° 2012-66 du 20 janv. 2012 est applicable dans les îles Wallis-et-Futuna (Décr. préc., art. 44).

Art. 1210-6 *(Décr. n° 2004-1158 du 29 oct. 2004, art. 12)* La demande aux fins d'obtenir le retour de l'enfant, en application de la convention du 25 octobre 1980 sur les aspects civils de l'enlèvement international d'enfants, est formée, instruite et jugée *(Décr. n° 2019-1419 du 20 déc. 2019, art. 5-12°)* « selon la procédure accélérée au fond ». — *Entrée en vigueur le 1er mars 2005 (Décr. n° 2004-1158 du 29 oct. 2004, art. 15). — Anc. art. 1210-5 (Décr. n° 2017-892 du 6 mai 2017, art. 28-3°).*

Les dispositions de l'art. 5 du Décr. n° 2019-1419 du 20 déc. 2019 s'appliquent aux demandes introduites à compter du 1er janv. 2020 (Décr. préc., art. 24-II).

Art. 1210-7 *(Décr. n° 2012-98 du 27 janv. 2012, art. 1er-III)* Dès qu'il est informé de la décision de retour, le procureur de la République chargé de son exécution *(Décr. n° 2017-892 du 6 mai 2017, art. 28-6°)* « , qui est celui près le *(Décr. n° 2019-966 du 18 sept. 2019, art. 8, en vigueur le 1er janv. 2020)* « tribunal judiciaire *[ancienne rédaction : tribunal de grande instance]* » spécialement désigné en application de l'article L. 211-12 du code de l'organisation judiciaire, dans le ressort duquel se trouve l'enfant, » peut procéder ou faire procéder à l'audition de la personne chez qui se trouve l'enfant qui fait l'objet de cette décision.

Le Décr. n° 2012-98 du 27 janv. 2012 est applicable à Wallis-et-Futuna à compter du 1er juin 2012 (Décr. préc., art. 4).

Art. 1210-8 *(Décr. n° 2012-98 du 27 janv. 2012, art. 1er-III)* Afin de déterminer les modalités d'exécution de la décision de retour les plus adaptées aux circonstances de l'espèce, le procureur de la République chargé de son exécution peut :

— s'attacher les services de toute personne qualifiée aux fins de favoriser l'exécution amiable de la décision et de déterminer les modalités du retour de l'enfant ;

— requérir toute personne qualifiée afin de vérifier la situation matérielle, familiale et sociale de l'enfant faisant l'objet de la décision de retour ;

— faire procéder à tout examen médical, psychiatrique et psychologique de l'enfant qu'il estime nécessaire.

V. 1re note ss. art. L. 1210-5.

Art. 1210-9 *(Décr. nº 2012-98 du 27 janv. 2012, art. 1er-III)* En l'absence d'exécution volontaire de la décision de retour, le procureur de la République compétent en application de l'article *(Décr. nº 2017-892 du 6 mai 2017, art. 28-5º)* « 34-1 de la loi nº 95-125 du 8 janvier 1995 » pour requérir directement la force publique afin de faire exécuter la décision est celui près le *(Décr. nº 2019-966 du 18 sept. 2019, art. 8, en vigueur le 1er janv. 2020)* « tribunal judiciaire *[ancienne rédaction : tribunal de grande instance]* » spécialement désigné en application de l'article L. 211-12 du code de l'organisation judiciaire, dans le ressort duquel se trouve l'enfant. Il informe, s'il y a lieu, le procureur de la République près le *(Décr. nº 2019-966 du 18 sept. 2019, art. 8, en vigueur le 1er janv. 2020)* « tribunal judiciaire *[ancienne rédaction : tribunal de grande instance]* » dans le ressort duquel se trouve l'enfant de son intention de requérir la force publique pour faire exécuter la décision de retour et peut recueillir de ce dernier toutes informations utiles, notamment au regard des risques que l'exécution de la décision pourrait entraîner. — *Anc. art. 1210-6 (Décr. nº 2017-892 du 6 mai 2017, art. 28-5º). — V. L. nº 95-125 du 8 févr. 1995, art. 34-1, reproduit ss. C. pr. exéc., art. L. 121-6.*

Le Décr. nº 2012-98 du 27 janv. 2012 est applicable à Wallis-et-Futuna à compter du 1er juin 2012 (Décr. préc., art. 4).

L'art. 12-1 de la L. nº 91-650 du 9 juill. 1991 est devenu, à compter du 1er juin 2012, l'art. 34-1 de la L. nº 95-125 du 8 févr. 1995 (Ord. nº 2011-1895 du 19 déc. 1991, art. 3-18º).

Tutelle des mineurs

Sur la protection juridique des mineurs, V. App., vº Tutelle-Curatelle, C. pr. civ., art. 1211 s.

Code de procédure pénale

Administrateur ad hoc

Art. 706-50 Le procureur de la République ou le juge d'instruction, saisi de faits commis volontairement à l'encontre d'un mineur, désigne un administrateur *ad hoc* lorsque la protection des intérêts de celui-ci n'est pas complètement assurée par ses représentants légaux ou par l'un d'entre eux. *(Abrogé par L. nº 2013-711 du 5 août 2013, art. 6-I-3º) (L. nº 2010-121 du 8 févr. 2010) « Lorsque les faits sont qualifiés d'incestueux au sens des articles 222-31-1 ou 227-27-2 du code pénal, la désignation de l'administrateur ad hoc est obligatoire, sauf décision spécialement motivée du procureur de la République ou du juge d'instruction. »* L'administrateur *ad hoc* assure la protection des intérêts du mineur et exerce, s'il y a lieu, au nom de celui-ci les droits reconnus à la partie civile. En cas de constitution de partie civile, le juge fait désigner un avocat d'office pour le mineur s'il n'en a pas déjà été choisi un.

Les dispositions qui précèdent sont applicables devant la juridiction de jugement.

Art. 706-51 L'administrateur *ad hoc* nommé en application de l'article précédent est désigné par le magistrat compétent, soit parmi les proches de l'enfant, soit sur une liste de personnalités dont les modalités de constitution sont fixées par décret en Conseil d'État. Ce décret précise également les conditions de leur indemnisation.

Code de la sécurité sociale

Service des prestations familiales

Art. L. 552-6 *(L. nº 2007-293 du 5 mars 2007, art. 20-III)* Dans le cadre de la mesure judiciaire d'aide à la gestion du budget familial prévue à l'article 375-9-1 du code civil, le juge peut décider qu'une personne qualifiée, dite "délégué aux prestations familiales", perçoit tout ou partie des prestations familiales *(L. nº 2008-1249 du 1er déc. 2008, art. 11, en vigueur le 1er juin 2009)* « et du revenu de solidarité active servi aux personnes isolées mentionnées à l'article L. 262-9 du code de l'action sociale et des familles, dus » au bénéficiaire de la mesure.

*(Abrogé par L. n° 2008-1249 du 1er déc. 2008, art. 11, à compter du 1er juin 2009) (L. n° 2007-308 du 5 mars 2007, art. 30-II) « **Le présent article n'est pas applicable à la prime forfaitaire prévue au II de l'article L. 524-5.** »*

La charge des frais de la mesure judiciaire d'aide à la gestion du budget familial incombe à l'organisme *(L. n° 2008-1249 du 1er déc. 2008, art. 11, en vigueur le 1er juin 2009)* « qui sert la prestation familiale ou l'allocation » *(L. n° 2007-308 du 5 mars 2007, art. 30-II)* « due à la famille et perçue par le délégué. Si plusieurs prestations sociales sont perçues par le délégué, la charge incombe à l'organisme versant la prestation au montant le plus élevé. »

Code de l'éducation

Art. L. 541-1 *(L. n° 2013-595 du 8 juill. 2013, art. 6-I-1° et 2°)* « Les actions de promotion de la santé des élèves font partie des missions de l'éducation nationale. *(L. n° 2021-502 du 26 avr. 2021, art. 2)* « L'ensemble des personnels de la communauté éducative participe à cette mission, assurée en priorité par les personnels médicaux, infirmiers, assistants de service social et psychologues de l'éducation nationale, travaillant ensemble de manière coordonnée. » A ce titre, les élèves bénéficient, au cours de leur scolarité, d'actions de prévention et d'information, de visites médicales et de dépistage obligatoires, qui constituent leur parcours de santé dans le système scolaire. *(L. n° 2016-41 du 26 janv. 2016, art. 3-I-2°)* « Les élèves bénéficient également d'actions de promotion de la santé constituant un parcours éducatif de santé conduit dans les conditions prévues à l'avant-dernier alinéa du II de l'article L. 121-4-1. » Ces actions favorisent notamment leur réussite scolaire et la réduction des inégalités en matière de santé.

« Les visites médicales et de dépistage obligatoires ne donnent pas lieu à contribution pécuniaire de la part des familles. »

(L. n° 2019-791 du 26 juill. 2019, art. 13) « Les personnes responsables de l'enfant sont tenues, sur convocation administrative, de présenter les enfants à ces visites, sauf si elles sont en mesure de fournir un certificat médical attestant que l'examen correspondant à l'âge de l'enfant, prévu à l'article L. 2132-2 du code de la santé publique, a été réalisé par un professionnel de santé de leur choix.

« Une visite est organisée à l'école pour tous les enfants âgés de trois ans à quatre ans. Cette visite permet notamment un dépistage des troubles de santé, qu'ils soient sensoriels, psycho-affectifs, staturo-pondéraux ou neuro-développementaux, en particulier du langage oral. Elle est effectuée par les professionnels de santé du service départemental de protection maternelle et infantile en application du 2° de l'article L. 2112-2 du même code et permet l'établissement du bilan de santé mentionné au même article L. 2112-2. Lorsque le service départemental de protection maternelle et infantile n'est pas en mesure de la réaliser, la visite est effectuée par les professionnels de santé de l'éducation nationale.

« Au cours de la sixième année, une visite permettant en particulier un dépistage des troubles spécifiques du langage et des apprentissages est organisée dans des conditions fixées par voie réglementaire. »

*(Abrogé par L. n° 2019-791 du 26 juill. 2019, art. 13) (L. n° 2013-595 du 8 juill. 2013, art. 6-I-4°) « **Au cours de la sixième année, une visite comprenant un dépistage des troubles spécifiques du langage et de l'apprentissage est organisée.** » (L. n° 2007-293 du 5 mars 2007, art. 1er-V)* « Les médecins de l'éducation nationale travaillent en lien avec l'équipe éducative, les professionnels de santé et les parents, afin que, pour chaque enfant, une prise en charge et un suivi adaptés soient réalisés suite à ces visites. »

(L. n° 2021-1754 du 23 déc. 2021, art. 77-II) « Les médecins de l'éducation nationale collaborent avec les centres de santé et les maisons de santé pour la mise en œuvre du parcours mentionné au 7° de l'article L. 6323-1-1 dudit code et au dernier alinéa de l'article L. 6323-3 du même code. A ce titre, ils peuvent orienter les parents ou le représentant légal de l'enfant vers les centres de santé ou les maisons de santé proposant un tel parcours. »

(L. n° 2013-595 du 8 juill. 2013, art. 6-I-5°) « Les ministres chargés de l'éducation nationale et de la santé déterminent conjointement, par voie réglementaire, pour les visites médicales et les dépistages obligatoires, la périodicité et le contenu de l'examen médical de prévention et de dépistage » *(L. n° 2016-41 du 26 janv. 2016, art. 76-I)* « , ainsi que les

modalités de coordination avec les missions particulières des médecins traitants mentionnés au deuxième alinéa de l'article L. 162-5-3 du code de la sécurité sociale ».

(L. n° 2007-293 du 5 mars 2007, art. 1er-V) « Des examens médicaux périodiques sont également effectués pendant tout le cours de la scolarité et le suivi sanitaire des élèves est exercé avec le concours » *(L. n° 2013-595 du 8 juill. 2013, art. 6-I-6°)* « de l'infirmier et, dans les établissements du second degré, d'un assistant de service social ».

(L. n° 2020-1525 du 7 déc. 2020, art. 98-V, en vigueur au plus tard le 1er sept. 2022) « Avec l'accord du représentant légal de l'élève mineur ou de l'élève majeur, les données de santé collectées dans le cadre des examens, des visites médicales et du suivi médical de l'élève sont reportées dans son dossier médical partagé dans les conditions prévues à l'article L. 1111-15 du code de la santé publique. Un décret, pris après avis de la Haute Autorité de santé et de la Commission nationale de l'informatique et des libertés, détermine les informations concernées et les échéances des versements. »

Les dispositions de l'art. 13 de la L. n° 2019-791 du 26 juill. 2019 entrent en vigueur à la rentrée scolaire 2020 (L. préc., art. 63).

Ordonnance n° 45-174 du 2 février 1945,

Relative à l'enfance délinquante (D. 1945. L. 169, commentaire Donnedieu de Vabres).

(Abrogée par Ord. n° 2019-950 du 11 sept. 2019, art. 7, à compter du 30 sept. 2021)

V. désormais ***CJPM***.

Décret n° 46-734 du 16 avril 1946,

Relatif aux personnes, institutions ou services recevant des mineurs délinquants.

(Abrogé par Décr. n° 2021-683 du 27 mai 2021, art. 4, à compter du 30 sept. 2021)

Décret n° 76-1073 du 22 novembre 1976,

Relatif à la mise sous protection judiciaire et au travail d'intérêt général prononcés par les juridictions des mineurs (Décr. n° 93-726 du 29 mars 1993) (JO 1er déc.).

(Abrogé par Décr. n° 2021-682 du 27 mai 2021, art. 4-1°, à compter du 30 sept. 2021)

Décret n° 88-949 du 6 octobre 1988,

Relatif à l'habilitation des personnes physiques, établissements, services ou organismes publics ou privés auxquels l'autorité judiciaire confie habituellement des mineurs ou l'exécution de mesures les concernant (JO 8 oct.).

TITRE I PROCÉDURE D'HABILITATION

Art. 1er *(Décr. n° 2003-180 du 5 mars 2003)* « Les habilitations prévues par l'article L. 313-10 du code de l'action sociale et des familles *(Décr. n° 2021-682 du 27 mai 2021, art. 5-I, en vigueur le 30 sept. 2021)* « , le 3° de l'article L. 112-5, l'article L. 112-6, l'article L. 112-10, le 3° de l'article *[des articles]* L. 112-14 et L. 113-7 du code de la justice pénale des mineurs » doivent » faire l'objet d'une demande adressée au préfet du département où se trouve le domicile de la personne physique ou le siège de l'établissement, du service ou de l'organisme public ou privé auquel l'autorité judiciaire confie habituellement des mineurs ou l'exécution de mesures d'investigation, *(Décr. n° 2003-180 du 5 mars 2003)* « de placement, d'éducation en milieu ouvert, ou de sanctions éducatives ». — *Les dispositions du Décr. n° 2003-180 sont applicables aux demandes déposées à compter du 6 mars 2003.*

Cette demande est présentée par la personne physique ou par la personne morale gestionnaire de l'établissement, service ou organisme pour lequel l'habilitation est demandée. Elle indique si elle est faite au titre de l'ordonnance du 2 février 1945 relative à l'enfance délinquante, au titre des articles 375 à 375-8 du code civil relatifs à l'assistance éducative ou à ces deux titres à la fois.

Art. 2 La demande prévue à l'article 1er du présent décret est adressée par lettre recommandée avec demande d'avis de réception et en triple exemplaire.

Elle mentionne :

1° Les nom, date et lieu de naissance, nationalité, profession et domicile de la personne physique qui la présente ou des membres des organes de direction de la personne morale au nom de laquelle elle est présentée ;

2° La nature de l'activité pour laquelle l'habilitation est sollicitée.

A la demande sont annexés en triple exemplaire :

1° Si le demandeur est une personne physique gérant ou non un établissement ou un service, le *curriculum vitae* et les copies des titres universitaires et diplômes scolaires et professionnels possédés ;

2° Si le demandeur est une personne morale de droit privé, le *curriculum vitae* des dirigeants ainsi que les statuts et la justification des formalités légales ou réglementaires de déclaration ou d'inscription.

3° Dans tous les cas :

a) Le *(Décr. n° 2003-180 du 5 mars 2003)* « règlement de fonctionnement » de l'établissement, du service ou de l'organisme ; — *Les dispositions du Décr. n° 2003-180 sont applicables aux demandes déposées à compter du 6 mars 2003.*

b) La liste des différentes catégories de personnel, le *curriculum vitae* et la copie des titres universitaires et diplômes professionnels de chacun des membres de ce personnel ;

c) Le budget prévisionnel ;

d) Les plans des locaux avec l'indication des conditions juridiques de leur occupation ;

e) Un procès-verbal de visite de la commission de sécurité datant de moins d'un an et le cas échéant la justification des démarches entreprises pour assurer la mise en conformité des locaux ;

f) Une note indiquant les conditions de fonctionnement pédagogique, administratif et financier de l'établissement, du service ou de l'organisme et mentionnant l'effectif maximum des mineurs et des jeunes majeurs pouvant être pris en charge ;

g) Si la personne physique, l'établissement, le service ou l'organisme dispense sur place un enseignement général ou professionnel et dans tous les cas où il reçoit des mineurs d'âge scolaire, une note relative à l'organisation de l'enseignement dispensé ou précisant les conditions dans lesquelles les mineurs sont scolarisés.

Art. 3 Le préfet, après avoir informé de la demande le président du conseil départemental, fait procéder à l'instruction du dossier par le directeur interrégional de la protection judiciaire de la jeunesse.

L'instruction comporte obligatoirement l'avis *(Décr. n° 2003-180 du 5 mars 2003)* « du juge des enfants et du procureur de la République. Ces avis sont émis », notamment, au vu du bulletin n° 2 du casier judiciaire de la personne physique ou des membres des organes de direction de la personne morale ou de l'organisme qui sollicite l'habilitation ainsi que de celui des personnels employés par la personne physique ou morale ou l'organisme demandeur. Ce bulletin n'est pas joint au dossier.

(Décr. n° 2003-180 du 5 mars 2003) « Lorsque la demande concerne un centre éducatif fermé, le directeur interrégional de la protection judiciaire de la jeunesse prend en compte les conditions d'éducation et de sécurité du centre ainsi que les modalités permettant d'assurer la continuité du service. » — *Les dispositions du Décr. n° 2003-180 sont applicables aux demandes déposées à compter du 6 mars 2003.*

L'avis de l'autorité académique est également recueilli lorsque la personne physique, l'établissement, le service ou l'organisme dispense sur place un enseignement général ou professionnel et dans tous les cas où il reçoit des mineurs d'âge scolaire.

Art. 4 Les autorités consultées au cours de la procédure disposent d'un délai de deux mois pour donner leur avis.

A l'expiration de ce délai, le directeur interrégional de la protection judiciaire de la jeunesse remet le dossier, en l'état, au préfet, accompagné d'un projet de décision.

Le préfet recueille l'avis du président du conseil départemental en lui transmettant une copie de l'ensemble du dossier.

Art. 4-1 *(Décr. n° 2003-180 du 5 mars 2003)* S'il n'a pas été statué par le préfet dans le délai de quatre mois suivant le dépôt de la demande d'habilitation, celle-ci est considérée comme rejetée. — *Les dispositions du Décr. n° 2003-180 sont applicables aux demandes déposées à compter du 6 mars 2003.*

Art. 5 L'habilitation est accordée par arrêté du préfet pour une période de cinq ans prenant effet à la date de notification de l'arrêté. Elle est renouvelable pour des périodes d'égale durée, dans les conditions fixées par le titre II du présent décret.

L'arrêté précise les conditions de l'habilitation, et notamment le nombre, l'âge, le sexe et les catégories juridiques des jeunes reçus ainsi que les conditions d'éducation et de séjour.

Il précise également les obligations particulières que le demandeur accepte de remplir dans le cadre du concours qu'il apporte à la protection judiciaire de la jeunesse.

L'habilitation ainsi délivrée vaut pour l'application des dispositions du décret n° 75-96 du 18 février 1975 fixant les modalités de mise en œuvre d'une action de protection judiciaire en faveur des jeunes majeurs.

(Décr. n° 2003-180 du 5 mars 2003) « Par dérogation aux articles R. 15-35 à R. 15-40 et R. 16 du code de procédure pénale, l'habilitation ainsi délivrée vaut pour l'exercice du contrôle des obligations particulières prévues au *(Décr. n° 2021-682 du 27 mai 2021, art. 5-I, en vigueur le 30 sept. 2021)* « seizième alinéa de l'article L. 331-2 du code de la justice pénale des mineurs ». Elle vaut également habilitation pour l'exercice du contrôle des obligations particulières prévues aux *(Décr. n° 2021-682 du 27 mai 2021, art. 5-I, en vigueur le 30 sept. 2021)* « 1° à 3° de l'article L. 122-2 du même code ». » — *Les dispositions du Décr. n° 2003-180 sont applicables aux demandes déposées à compter du 6 mars 2003.*

TITRE II CONDITIONS DE RENOUVELLEMENT ET DE RETRAIT DE L'HABILITATION

Art. 6 La personne physique ou la personne morale gestionnaire de l'établissement, du service ou de l'organisme habilité doit faire connaître au directeur interrégional de la protection judiciaire de la jeunesse tout projet modifiant la capacité, le régime de fonctionnement de l'établissement, du service ou de l'organisme, les lieux où ils sont implantés, les conditions d'éducation et de séjour des mineurs confiés et, d'une manière générale, tout changement pouvant avoir une incidence sur la nature ou le champ d'application de l'habilitation accordée.

Art. 7 Toute modification dans la composition des organes de direction de la personne morale gestionnaire de l'établissement, du service ou de l'organisme habilité doit être portée à la connaissance du directeur interrégional de la protection judiciaire de la jeunesse par le représentant de la personne morale.

Doit être également notifié dans les mêmes conditions tout recrutement de personnel affecté dans les établissements, services ou organismes habilités, ou employé par la personne physique habilitée.

Art. 8 Le directeur interrégional de la protection judiciaire de la jeunesse informe le préfet des modifications et changements qui ont été portés à sa connaissance, conformément aux dispositions des articles 6 et 7 du présent décret.

Le préfet prend le cas échéant, après avis du juge des enfants *(Décr. n° 2003-180 du 5 mars 2003)* « , du procureur de la République » et du président du conseil départemental, un arrêté modificatif de l'habilitation accordée ou un arrêté mettant fin à celle-ci.

Avant de donner *(Décr. n° 2003-180 du 5 mars 2003)* « leur avis, le juge des enfants et le procureur de la République demandent » le bulletin n° 2 du casier judiciaire des personnes concernées par les modifications ou recrutements mentionnés à l'article 7. Ce bulletin n'est pas joint au dossier. — *Les dispositions du Décr. n° 2003-180 sont applicables aux demandes déposées à compter du 6 mars 2003.*

Art. 9 Au plus tard six mois avant la date d'expiration de l'habilitation, la demande de renouvellement est adressée au préfet.

Art. 10 La demande prévue à l'article 9 est présentée et instruite conformément aux dispositions des articles 1er à 4 et la nouvelle habilitation est, le cas échéant, délivrée dans les conditions prévues à l'article 5 du présent décret.

Art. 11 L'arrêté accordant ou refusant le renouvellement prend effet à la date de sa notification. L'habilitation précédemment accordée continue de produire ses effets jusqu'à cette date, dans les conditions définies par l'arrêté qui l'avait délivrée.

Art. 12 Le préfet peut à tout moment retirer l'habilitation lorsque sont constatés des faits de nature à compromettre la mise en œuvre des mesures éducatives ou à porter atteinte aux intérêts des mineurs confiés.

La décision est prise par arrêté du préfet conformément aux dispositions des articles 3 et 4 du présent décret.

TITRE III DISPOSITIONS DIVERSES ET TRANSITOIRES

Art. 13 *Mod. C. pr. pén., art. R. 79. – V.* ***C. pr. pén.***

Art. 14 Les dispositions du présent décret sont immédiatement applicables aux demandes d'habilitation en cours d'instruction à sa date de publication au *Journal officiel [8 oct.]* Les habilitations délivrées avant cette date restent valables pour une période de trois ans à compter de cette date. Toutefois les dispositions du titre II du présent décret leur sont applicables.

Art. 15 Sont abrogés les articles 1er à 5 et 33 à 35 du décret n° 46-734 du 16 avril 1946, les articles 8 et 9 du décret n° 59-1095 du 21 septembre 1959 et les articles 1er à 8 et 12 à 14 de l'arrêté interministériel du 13 juillet 1960.

V. Circ. du 16 juin 1989 (BOMJ n° 34, p. 135).

Convention de New York du 26 janvier 1990,

Relative aux droits de l'enfant. — Cette convention, entrée en vigueur le 6 sept. 1990, a été publiée par le décret n° 90-917 du 8 oct. 1990 (JO 12 oct.).

PRÉAMBULE

Les États parties à la présente Convention,

Considérant que, conformément aux principes proclamés dans la Charte des Nations unies, la reconnaissance de la dignité inhérente à tous les membres de la famille humaine ainsi que l'égalité et le caractère inaliénable de leurs droits sont le fondement de la liberté, de la justice et de la paix dans le monde ;

Ayant présent à l'esprit le fait que les peuples des Nations unies ont, dans la Charte, proclamé à nouveau leur foi dans les droits fondamentaux de l'homme et dans la dignité et la valeur de la personne humaine, et qu'ils ont résolu de favoriser le progrès social et d'instaurer de meilleures conditions de vie dans une liberté plus grande ;

Reconnaissant que les Nations unies, dans la Déclaration universelle des droits de l'homme et dans les Pactes internationaux relatifs aux droits de l'homme, ont proclamé et sont convenues que chacun peut se prévaloir de tous les droits et de toutes les libertés qui y sont énoncés, sans distinction aucune, notamment de race, de couleur, de sexe, de langue, de religion, d'opinion politique ou de toute autre opinion, d'origine nationale ou sociale, de fortune, de naissance ou de toute autre situation ;

Rappelant que, dans la Déclaration universelle des droits de l'homme, les Nations unies ont proclamé que l'enfant a droit à une aide et à une assistance spéciales ;

Convaincus que la famille, unité fondamentale de la société et milieu naturel pour la croissance et le bien-être de tous ses membres, et en particulier des enfants, doit recevoir la protection et l'assistance dont elle a besoin pour pouvoir jouer pleinement son rôle dans la communauté,

Reconnaissant que l'enfant, pour l'épanouissement harmonieux de sa personnalité, doit grandir dans le milieu familial, dans un climat de bonheur, d'amour et de compréhension ;

Considérant qu'il importe de préparer pleinement l'enfant à avoir une vie individuelle dans la société et de l'élever dans l'esprit des idéaux proclamés dans la Charte des Nations unies, et en particulier dans un esprit de paix, de dignité, de tolérance, de liberté, d'égalité et de solidarité ;

Ayant présent à l'esprit que la nécessité d'accorder une protection spéciale à l'enfant a été énoncée dans la Déclaration de Genève de 1924 sur les droits de l'enfant et dans la Déclaration des droits de l'enfant adoptée par l'Assemblée générale le 20 novembre 1959, et qu'elle a été reconnue dans la Déclaration universelle des droits de l'homme, dans le Pacte international relatif aux droits civils et politiques (en particulier aux articles 23 et 24), dans le Pacte international relatif aux droits économiques, sociaux et culturels (en particulier à l'article 10) et dans les statuts et instruments pertinents des institutions spécialisées et des organisations internationales qui se préoccupent du bien-être de l'enfant ;

Ayant présent à l'esprit que, comme indiqué dans la Déclaration des droits de l'enfant, « l'enfant, en raison de son manque de maturité physique et intellectuelle, a besoin d'une protection spéciale et de soins spéciaux, notamment d'une protection juridique appropriée, avant comme après la naissance » ;

Rappelant les dispositions de la Déclaration sur les principes sociaux et juridiques applicables à la protection et au bien-être des enfants, envisagés surtout sous l'angle des pratiques en matière d'adoption et de placement familial sur les plans national et international, de l'ensemble des règles minima des Nations unies concernant l'administration de la justice pour mineurs (Règles de Beijing) et de la Déclaration sur la protection des femmes et des enfants en période d'urgence et de conflit armé ;

Reconnaissant qu'il y a dans tous les pays du monde des enfants qui vivent dans des conditions particulièrement difficiles, et qu'il est nécessaire d'accorder à ces enfants une attention particulière ;

Tenant dûment compte de l'importance des traditions et valeurs culturelles de chaque peuple dans la protection et le développement harmonieux de l'enfant ;

Reconnaissant l'importance de la coopération internationale pour l'amélioration des conditions de vie des enfants dans tous les pays, et en particulier dans les pays en développement,

sont convenus de ce qui suit :

PREMIÈRE PARTIE

Art. 1er Au sens de la présente Convention, un enfant s'entend de tout être humain âgé de moins de dix-huit ans, sauf si la majorité est atteinte plus tôt en vertu de la législation qui lui est applicable.

Art. 2 1. Les États parties s'engagent à respecter les droits qui sont énoncés dans la présente Convention et à les garantir à tout enfant relevant de leur juridiction, sans distinction aucune, indépendamment de toute considération de race, de couleur, de sexe, de langue, de religion, d'opinion politique ou autre de l'enfant ou de ses parents ou représentants légaux, de leur origine nationale, ethnique ou sociale, de leur situation de fortune, de leur incapacité, de leur naissance ou de toute autre situation.

2. Les États parties prennent toutes les mesures appropriées pour que l'enfant soit effectivement protégé contre toutes formes de discrimination ou de sanction motivées par la situation juridique, les activités, les opinions déclarées ou les convictions de ses parents, de ses représentants légaux ou des membres de sa famille.

Art. 3 1. Dans toutes les décisions qui concernent les enfants, qu'elles soient le fait des institutions publiques ou privées de protection sociale, des tribunaux, des autorités administratives ou des organes législatifs, l'intérêt supérieur de l'enfant doit être une considération primordiale.

2. Les États parties s'engagent à assurer à l'enfant la protection et les soins nécessaires à son bien-être, compte tenu des droits et des devoirs de ses parents, de ses tuteurs ou des autres personnes légalement responsables de lui, et ils prennent à cette fin toutes les mesures législatives et administratives appropriées.

3. Les États parties veillent à ce que le fonctionnement des institutions, services et établissements qui ont la charge des enfants et assurent leur protection soit conforme aux normes fixées par les autorités compétentes, particulièrement dans le domaine de la sécurité et de la santé et en ce qui concerne le nombre et la compétence de leur personnel ainsi que l'existence d'un contrôle approprié.

Art. 4 Les États parties s'engagent à prendre toutes les mesures législatives, administratives et autres qui sont nécessaires pour mettre en œuvre les droits reconnus dans la présente Convention. Dans le cas des droits économiques, sociaux et culturels, ils prennent ces mesures dans toutes les limites des ressources dont ils disposent et, s'il y a lieu, dans le cadre de la coopération internationale.

Art. 5 Les États parties respectent la responsabilité, le droit et le devoir qu'ont les parents ou, le cas échéant, les membres de la famille élargie ou de la communauté, comme prévu par la coutume locale, les tuteurs ou autres personnes légalement responsables de l'enfant, de donner à celui-ci, d'une manière qui corresponde au développement de ses capacités, l'orientation et les conseils appropriés à l'exercice des droits que lui reconnaît la présente Convention.

Art. 6 1. Les États parties reconnaissent que tout enfant a un droit inhérent à la vie.

2. Les États parties assurent dans toute la mesure possible la survie et le développement de l'enfant.

Art. 7 1. L'enfant est enregistré aussitôt sa naissance et a dès celle-ci le droit à un nom, le droit d'acquérir une nationalité et, dans la mesure du possible, le droit de connaître ses parents et d'être élevé par eux.

2. Les États parties veillent à mettre ces droits en œuvre conformément à leur législation nationale et aux obligations que leur imposent les instruments internationaux applicables en la matière, en particulier dans les cas où faute de cela l'enfant se trouverait apatride.

Art. 8 1. Les États parties s'engagent à respecter le droit de l'enfant de préserver son identité, y compris sa nationalité, son nom et ses relations familiales, tels qu'ils sont reconnus par la loi, sans ingérence illégale.

2. Si un enfant est illégalement privé des éléments constitutifs de son identité ou de certains d'entre eux, les États parties doivent lui accorder une assistance et une protection appropriées, pour que son identité soit rétablie aussi rapidement que possible.

Art. 9 1. Les États parties veillent à ce que l'enfant ne soit pas séparé de ses parents contre leur gré, à moins que les autorités compétentes ne décident, sous réserve de révision judiciaire et conformément aux lois et procédures applicables, que cette séparation est nécessaire dans l'intérêt supérieur de l'enfant. Une décision en ce sens peut être nécessaire dans certains cas particuliers, par exemple lorsque les parents maltraitent ou négligent l'enfant, ou lorsqu'ils vivent séparément et qu'une décision doit être prise au sujet du lieu de résidence de l'enfant.

2. Dans tous les cas prévus au paragraphe 1 du présent article, toutes les parties intéressées doivent avoir la possibilité de participer aux délibérations et de faire connaître leurs vues.

3. Les États parties respectent le droit de l'enfant séparé de ses deux parents ou de l'un d'eux d'entretenir régulièrement des relations personnelles et des contacts directs avec ses deux parents, sauf si cela est contraire à l'intérêt supérieur de l'enfant.

4. Lorsque la séparation résulte de mesures prises par un État partie, telles que la détention, l'emprisonnement, l'exil, l'expulsion ou la mort (y compris la mort, quelle qu'en soit la cause, survenue en cours de détention) des deux parents ou de l'un d'eux, ou de l'enfant, l'État partie donne sur demande aux parents, à l'enfant ou, s'il y a lieu, à un autre membre de la famille les renseignements essentiels sur le lieu où se trouvent le membre ou les membres de la famille, à moins que la divulgation de ces renseignements ne soit préjudiciable au bien-être de l'enfant. Les États parties veillent en outre à ce que la présentation d'une telle demande n'entraîne pas en elle-même de conséquences fâcheuses pour la personne ou les personnes intéressées.

Art. 10 1. Conformément à l'obligation incombant aux États parties en vertu du paragraphe 1 de l'article 9, toute demande faite par un enfant ou ses parents en vue d'entrer dans un État partie ou de le quitter aux fins de réunification familiale est considérée par les États parties dans un esprit positif, avec humanité et diligence. Les États parties veillent en outre à ce que la présentation d'une telle demande n'entraîne pas de conséquences fâcheuses pour les auteurs de la demande et les membres de leur famille.

2. Un enfant dont les parents résident dans des États différents a le droit d'entretenir, sauf circonstances exceptionnelles, des relations personnelles et des contacts directs réguliers avec ses deux parents.

A cette fin, et conformément à l'obligation incombant aux États parties en vertu du paragraphe 2 de l'article 9, les États parties respectent le droit qu'ont l'enfant et ses parents de quitter tout pays, y compris le leur, et de revenir dans leur propre pays. Le droit de quitter tout pays ne peut faire l'objet que des restrictions prescrites par la loi qui sont nécessaires pour protéger la sécurité nationale, l'ordre public, la santé ou la moralité publiques, ou les droits et libertés d'autrui, et qui sont compatibles avec les autres droits reconnus dans la présente Convention.

Art. 11 1. Les États parties prennent des mesures pour lutter contre les déplacements et les non-retours illicites d'enfants à l'étranger.

2. A cette fin, les États parties favorisent la conclusion d'accords bilatéraux ou multilatéraux ou l'adhésion aux accords existants.

Art. 12 1. Les États parties garantissent à l'enfant qui est capable de discernement le droit d'exprimer librement son opinion sur toute question l'intéressant, les opinions de l'enfant étant dûment prises en considération eu égard à son âge et à son degré de maturité.

2. A cette fin, on donnera notamment à l'enfant la possibilité d'être entendu dans toute procédure judiciaire ou administrative l'intéressant, soit directement, soit par l'intermédiaire d'un représentant ou d'un organisme approprié, de façon compatible avec les règles de procédure de la législation nationale.

Art. 13 1. L'enfant a droit à la liberté d'expression. Ce droit comprend la liberté de rechercher, de recevoir et de répandre des informations et des idées de toute espèce, sans considération de frontières, sous une forme orale, écrite, imprimée ou artistique, ou par tout autre moyen du choix de l'enfant.

2. L'exercice de ce droit ne peut faire l'objet que des seules restrictions qui sont prescrites par la loi et qui sont nécessaires :

a) Au respect des droits ou de la réputation d'autrui, ou

b) A la sauvegarde de la sécurité nationale, de l'ordre public, de la santé ou de la moralité publiques.

Art. 14 1. Les États parties respectent le droit de l'enfant à la liberté de pensée, de conscience et de religion.

2. Les États parties respectent le droit et le devoir des parents ou, le cas échéant, des représentants légaux de l'enfant, de guider celui-ci dans l'exercice du droit susmentionné d'une manière qui corresponde au développement de ses capacités.

3. La liberté de manifester sa religion ou ses convictions ne peut être soumise qu'aux seules restrictions qui sont prescrites par la loi et qui sont nécessaires pour préserver la sûreté publique, l'ordre public, la santé et la moralité publiques, ou les libertés et droits fondamentaux d'autrui.

Art. 15 1. Les États parties reconnaissent les droits de l'enfant à la liberté d'association et à la liberté de réunion pacifique.

2. L'exercice de ces droits ne peut faire l'objet que des seules restrictions qui sont prescrites par la loi et qui sont nécessaires dans une société démocratique, dans l'intérêt de la sécurité nationale, de la sûreté publique ou de l'ordre public, ou pour protéger la santé ou la moralité publiques, ou les droits et libertés d'autrui.

Art. 16 1. Nul enfant ne fera l'objet d'immixtions arbitraires ou illégales dans sa vie privée, sa famille, son domicile ou sa correspondance, ni d'atteintes illégales à son honneur et à sa réputation.

2. L'enfant a droit à la protection de la loi contre de telles immixtions ou de telles atteintes.

Art. 17 Les États parties reconnaissent l'importance de la fonction remplie par les médias et veillent à ce que l'enfant ait accès à une information et à des matériels provenant de sources nationales et internationales diverses, notamment ceux qui visent à promouvoir son bien-être social, spirituel et moral ainsi que sa santé physique et mentale. A cette fin, les États parties :

a) Encouragent les médias à diffuser une information et des matériels qui présentent une utilité sociale et culturelle pour l'enfant et répondent à l'esprit de l'article 29 ;

b) Encouragent la coopération internationale en vue de produire, d'échanger et de diffuser une information et des matériels de ce type provenant de différentes sources culturelles, nationales et internationales ;

c) Encouragent la production et la diffusion de livres pour enfants ;

d) Encouragent les médias à tenir particulièrement compte des besoins linguistiques des enfants autochtones ou appartenant à un groupe minoritaire ;

e) Favorisent l'élaboration de principes directeurs appropriés destinés à protéger l'enfant contre l'information et les matériels qui nuisent à son bien-être, compte tenu des dispositions des articles 13 et 18.

Art. 18 1. Les États parties s'emploient de leur mieux à assurer la reconnaissance du principe selon lequel les deux parents ont une responsabilité commune pour ce qui est d'élever l'enfant et d'assurer son développement. La responsabilité d'élever l'enfant et d'assurer son développement incombe au premier chef aux parents ou, le cas échéant, à ses représentants légaux. Ceux-ci doivent être guidés avant tout par l'intérêt supérieur de l'enfant.

2. Pour garantir et promouvoir les droits énoncés dans la présente Convention, les États parties accordent l'aide appropriée aux parents et aux représentants légaux de l'enfant dans l'exercice de la responsabilité qui leur incombe d'élever l'enfant et assurent la mise en place d'institutions, d'établissements et de services chargés de veiller au bien-être des enfants.

3. Les États parties prennent toutes les mesures appropriées pour assurer aux enfants dont les parents travaillent le droit de bénéficier des services et établissements de garde d'enfants pour lesquels ils remplissent les conditions requises.

Art. 19 1. Les États parties prennent toutes les mesures législatives, administratives, sociales et éducatives appropriées pour protéger l'enfant contre toute forme de violence, d'atteinte ou de brutalités physiques ou mentales, d'abandon ou de négligence, de mauvais traitements ou d'exploitation, y compris la violence sexuelle, pendant qu'il est sous la garde de ses parents ou de l'un d'eux, de son ou ses représentants légaux ou de toute autre personne à qui il est confié.

2. Ces mesures de protection comprendront, selon qu'il conviendra, des procédures efficaces pour l'établissement de programmes sociaux visant à fournir l'appui nécessaire à l'enfant et à ceux à qui il est confié, ainsi que pour d'autres formes de prévention, et aux fins d'identification, de rapport, de renvoi, d'enquête, de traitement et de suivi pour les cas de mauvais traitements de l'enfant décrits ci-dessus, et comprendre également, selon qu'il conviendra, des procédures d'intervention judiciaire.

Art. 20 1. Tout enfant qui est temporairement ou définitivement privé de son milieu familial, ou qui, dans son propre intérêt, ne peut être laissé dans ce milieu, a droit à une protection et une aide spéciales de l'État.

2. Les États parties prévoient pour cet enfant une protection de remplacement conforme à leur législation nationale.

3. Cette protection de remplacement peut notamment avoir la forme du placement dans une famille, de la Kafalah de droit islamique, de l'adoption ou, en cas de nécessité, du placement dans un établissement pour enfants approprié. Dans le choix entre ces solutions, il est dûment tenu compte de la nécessité d'une certaine continuité dans l'éducation de l'enfant, ainsi que de son origine ethnique, religieuse, culturelle et linguistique.

Art. 21 Les États parties qui admettent et/ou autorisent l'adoption s'assurent que l'intérêt supérieur de l'enfant est la considération primordiale en la matière, et :

a) Veillent à ce que l'adoption d'un enfant ne soit autorisée que par les autorités compétentes, qui vérifient, conformément à la loi et aux procédures applicables et sur la base de tous les renseignements fiables relatifs au cas considéré, que l'adoption peut avoir lieu eu égard à la situation de l'enfant par rapport à ses père et mère, parents et représentants légaux et que, le cas échéant, les personnes intéressées ont donné leur consentement à l'adoption en connaissance de cause, après s'être entourées des avis nécessaires ;

b) Reconnaissent que l'adoption à l'étranger peut être envisagée comme un autre moyen d'assurer les soins nécessaires à l'enfant, si celui-ci ne peut, dans son pays d'origine, être placé dans une famille nourricière ou adoptive ou être convenablement élevé ;

c) Veillent, en cas d'adoption à l'étranger, à ce que l'enfant ait le bénéfice de garanties et de normes équivalant à celles existant en cas d'adoption nationale ;

d) Prennent toutes les mesures appropriées pour veiller à ce que, en cas d'adoption à l'étranger, le placement de l'enfant ne se traduise pas par un profit matériel indu pour les personnes qui en sont responsables ;

e) Poursuivent les objectifs du présent article en concluant des arrangements ou des accords bilatéraux ou multilatéraux, selon les cas, et s'efforcent dans ce cadre de veiller à ce que les placements d'enfants à l'étranger soient effectués par des autorités ou des organes compétents.

Art. 22 1. Les États parties prennent les mesures appropriées pour qu'un enfant qui cherche à obtenir le statut de réfugié ou qui est considéré comme réfugié en vertu des règles et procédures du droit international ou national applicable, qu'il soit seul ou accompagné de ses père et mère ou de toute personne, bénéficie de la protection et de l'assistance humanitaire voulues pour lui permettre de jouir des droits que lui reconnaissent la présente Convention et les autres instruments internationaux relatifs aux droits de l'homme ou de caractère humanitaire auxquels lesdits États sont parties.

2. A cette fin, les États parties collaborent, selon qu'ils le jugent nécessaire, à tous les efforts faits par l'Organisation des Nations unies et les autres organisations intergouvernementales ou non gouvernementales compétentes collaborant avec l'Organisation des Nations unies pour protéger et aider les enfants qui se trouvent en pareille situation et pour rechercher les père et mère ou autres membres de la famille de tout enfant réfugié en vue d'obtenir les renseignements nécessaires pour le réunir à sa famille. Lorsque ni le père, ni la mère, ni aucun autre membre de la famille ne peut être retrouvé, l'enfant se voit accorder, selon les principes énoncés dans la présente Convention, la même protection que tout autre enfant définitivement ou temporairement privé de son milieu familial pour quelque raison que ce soit.

Art. 23 1. Les États parties reconnaissent que les enfants mentalement ou physiquement handicapés doivent mener une vie pleine et décente, dans des conditions qui garantissent leur dignité, favorisent leur autonomie et facilitent leur participation active à la vie de la collectivité.

2. Les États parties reconnaissent le droit des enfants handicapés de bénéficier de soins spéciaux et encouragent et assurent, dans la mesure des ressources disponibles, l'octroi, sur demande, aux enfants handicapés remplissant les conditions requises et à ceux qui en ont la charge, d'une aide adaptée à l'état de l'enfant et à la situation de ses parents ou de ceux à qui il est confié.

3. Eu égard aux besoins particuliers des enfants handicapés, l'aide fournie conformément au paragraphe 2 du présent article est gratuite chaque fois qu'il est possible, compte tenu des ressources financières de leurs parents ou de ceux à qui l'enfant est confié, et elle est conçue de telle sorte que les enfants handicapés aient effectivement accès à l'éducation, à la formation, aux soins de santé, à la rééducation, à la préparation à l'emploi et aux activités récréatives, et bénéficient de ces services de façon propre à assurer une intégration sociale aussi complète que possible et leur épanouissement personnel, y compris dans le domaine culturel et spirituel.

4. Dans un esprit de coopération internationale, les États parties favorisent l'échange d'informations pertinentes dans le domaine des soins de santé préventifs et du traitement médical, psychologique et fonctionnel des enfants handicapés, y compris par la diffusion d'informations concernant les méthodes de rééducation et les services de formation professionnelle, ainsi que l'accès à ces données, en vue de permettre aux États parties d'améliorer leurs capacités et leurs compétences et d'élargir leur expérience dans ces domaines. A cet égard, il est tenu particulièrement compte des besoins des pays en développement.

Art. 24 1. Les États parties reconnaissent le droit de l'enfant de jouir du meilleur état de santé possible et de bénéficier de services médicaux et de rééducation. Ils s'efforcent de garantir qu'aucun enfant ne soit privé du droit d'avoir accès à ces services.

2. Les États parties s'efforcent d'assurer la réalisation intégrale du droit susmentionné et, en particulier, prennent les mesures appropriées pour :

a) Réduire la mortalité parmi les nourrissons et les enfants ;

b) Assurer à tous les enfants l'assistance médicale et les soins de santé nécessaires, l'accent étant mis sur le développement des soins de santé primaires ;

c) Lutter contre la maladie et la malnutrition, y compris dans le cadre des soins de santé primaires, grâce notamment à l'utilisation de techniques aisément disponibles et à la fourniture d'aliments nutritifs et d'eau potable, compte tenu des dangers et des risques de pollution du milieu naturel ;

d) Assurer aux mères des soins prénatals et postnatals appropriés ;

e) Faire en sorte que tous les groupes de la société, en particulier les parents et les enfants, reçoivent une information sur la santé et la nutrition de l'enfant, les avantages de l'allaitement au sein, l'hygiène et la salubrité de l'environnement et la prévention des accidents, et bénéficient d'une aide leur permettant de mettre à profit cette information;

f) Développer les soins de santé préventifs, les conseils aux parents et l'éducation et les services en matière de planification familiale.

3. Les États parties prennent toutes les mesures efficaces appropriées en vue d'abolir les pratiques traditionnelles préjudiciables à la santé des enfants.

4. Les États parties s'engagent à favoriser et à encourager la coopération internationale en vue d'assurer progressivement la pleine réalisation du droit reconnu dans le présent article. A cet égard, il est tenu particulièrement compte des besoins des pays en développement.

Art. 25 Les États parties reconnaissent à l'enfant qui a été placé par les autorités compétentes pour recevoir des soins, une protection ou un traitement physique ou mental, le droit à un examen périodique dudit traitement et de toute autre circonstance relative à son placement.

Art. 26 1. Les États parties reconnaissent à tout enfant le droit de bénéficier de la sécurité sociale, y compris les assurances sociales, et prennent les mesures nécessaires pour assurer la pleine réalisation de ce droit en conformité avec leur législation nationale.

2. Les prestations doivent, lorsqu'il y a lieu, être accordées compte tenu des ressources et de la situation de l'enfant et des personnes responsables de son entretien, ainsi que de toute autre considération applicable à la demande de prestation faite par l'enfant ou en son nom.

Art. 27 1. Les États parties reconnaissent le droit de tout enfant à un niveau de vie suffisant pour permettre son développement physique, mental, spirituel, moral ou social.

2. C'est aux parents ou autres personnes ayant la charge de l'enfant qu'incombe au premier chef la responsabilité d'assurer, dans les limites de leurs possibilités et de leurs moyens financiers, les conditions de vie nécessaires au développement de l'enfant.

3. Les États parties adoptent les mesures appropriées, compte tenu des conditions nationales et dans la mesure de leurs moyens, pour aider les parents et autres personnes ayant la charge de l'enfant à mettre en œuvre ce droit et offrent, en cas de besoin, une assistance matérielle et des programmes d'appui, notamment en ce qui concerne l'alimentation, le vêtement et le logement.

4. Les États parties prennent toutes les mesures appropriées en vue d'assurer le recouvrement de la pension alimentaire de l'enfant auprès de ses parents ou des autres personnes ayant une responsabilité financière à son égard, que ce soit sur leur territoire ou à l'étranger. En particulier, pour tenir compte des cas où la personne qui a une responsabilité financière à l'égard de l'enfant vit dans un État autre que celui de l'enfant, les États parties favorisent l'adhésion à des accords internationaux ou la conclusion de tels accords ainsi que l'adoption de tous autres arrangements appropriés.

Art. 28 1. Les États parties reconnaissent le droit de l'enfant à l'éducation, et en particulier, en vue d'assurer l'exercice de ce droit progressivement et sur la base de l'égalité des chances :

a) Ils rendent l'enseignement primaire obligatoire et gratuit pour tous;

b) Ils encouragent l'organisation de différentes formes d'enseignement secondaire, tant général que professionnel, les rendent ouvertes et accessibles à tout enfant, et prennent des mesures appropriées, telles que l'instauration de la gratuité de l'enseignement et l'offre d'une aide financière en cas de besoin;

c) Ils assurent à tous l'accès à l'enseignement supérieur, en fonction des capacités de chacun, par tous les moyens appropriés;

d) Ils rendent ouvertes et accessibles à tout enfant l'information et l'orientation scolaires et professionnelles;

e) Ils prennent des mesures pour encourager la régularité de la fréquentation scolaire et la réduction des taux d'abandon scolaire.

2. Les États parties prennent toutes les mesures appropriées pour veiller à ce que la discipline scolaire soit appliquée d'une manière compatible avec la dignité de l'enfant en tant qu'être humain et conformément à la présente Convention.

3. Les États parties favorisent et encouragent la coopération internationale dans le domaine de l'éducation, en vue notamment de contribuer à éliminer l'ignorance et l'analphabétisme dans le monde et de faciliter l'accès aux connaissances scientifiques et techniques et aux méthodes d'enseignement modernes. A cet égard, il est tenu particulièrement compte des besoins des pays en développement.

Art. 29 1. Les États parties conviennent que l'éducation de l'enfant doit viser à :

a) Favoriser l'épanouissement de la personnalité de l'enfant et le développement de ses dons et de ses aptitudes mentales et physiques, dans toute la mesure de leurs potentialités ;

b) Inculquer à l'enfant le respect des droits de l'homme et des libertés fondamentales, et des principes consacrés dans la Charte des Nations unies ;

c) Inculquer à l'enfant le respect de ses parents, de son identité, de sa langue et de ses valeurs culturelles, ainsi que le respect des valeurs nationales du pays dans lequel il vit, du pays duquel il peut être originaire et des civilisations différentes de la sienne ;

d) Préparer l'enfant à assumer les responsabilités de la vie dans une société libre, dans un esprit de compréhension, de paix, de tolérance, d'égalité entre les sexes et d'amitié entre tous les peuples et groupes ethniques, nationaux et religieux, et avec les personnes d'origine autochtone ;

e) Inculquer à l'enfant le respect du milieu naturel.

2. Aucune disposition du présent article ou de l'article 28 ne sera interprétée d'une manière qui porte atteinte à la liberté des personnes physiques ou morales de créer et de diriger des établissements d'enseignement, à condition que les principes énoncés au paragraphe 1 du présent article soient respectés et que l'éducation dispensée dans ces établissements soit conforme aux normes minimales que l'État aura prescrites.

Art. 30 Dans les États où il existe des minorités ethniques, religieuses ou linguistiques ou des personnes d'origine autochtone, un enfant autochtone ou appartenant à une de ces minorités ne peut être privé du droit d'avoir sa propre vie culturelle, de professer et de pratiquer sa propre religion ou d'employer sa propre langue en commun avec les autres membres de son groupe.

Art. 31 1. Les États parties reconnaissent à l'enfant le droit au repos et aux loisirs, de se livrer au jeu et à des activités récréatives propres à son âge, et de participer librement à la vie culturelle et artistique.

2. Les États parties respectent et favorisent le droit de l'enfant de participer pleinement à la vie culturelle et artistique, et encouragent l'organisation à son intention de moyens appropriés de loisirs et d'activités récréatives, artistiques et culturelles, dans des conditions d'égalité.

Art. 32 1. Les États parties reconnaissent le droit de l'enfant d'être protégé contre l'exploitation économique et de n'être astreint à aucun travail comportant des risques ou susceptible de compromettre son éducation ou de nuire à sa santé ou à son développement physique, mental, spirituel, moral ou social.

2. Les États parties prennent des mesures législatives, administratives, sociales et éducatives pour assurer l'application du présent article. A cette fin, et compte tenu des dispositions pertinentes des autres instruments internationaux, les États parties, en particulier :

a) Fixent un âge minimum ou des âges minimum d'admission à l'emploi ;

b) Prévoient une réglementation appropriée des horaires de travail et des conditions d'emploi ;

c) Prévoient des peines ou autres sanctions appropriées pour assurer l'application effective du présent article.

Art. 33 Les États parties prennent toutes les mesures appropriées, y compris des mesures législatives, administratives, sociales et éducatives, pour protéger les enfants contre l'usage illicite de stupéfiants et de substances psychotropes, tels que les définissent les conventions internationales pertinentes, et pour empêcher que des enfants ne soient utilisés pour la production et le trafic illicites de ces substances.

Art. 34 Les États parties s'engagent à protéger l'enfant contre toutes les formes d'exploitation sexuelle et de violence sexuelle. A cette fin, les États prennent en particulier toutes les mesures appropriées sur les plans national, bilatéral et multilatéral pour empêcher :

a) Que des enfants ne soient incités ou contraints à se livrer à une activité sexuelle illégale ;

b) Que des enfants ne soient exploités à des fins de prostitution ou autres pratiques sexuelles illégales ;

c) Que des enfants ne soient exploités aux fins de la production de spectacles ou de matériel de caractère pornographique.

Art. 35 Les États parties prennent toutes les mesures appropriées sur les plans national, bilatéral et multilatéral pour empêcher l'enlèvement, la vente ou la traite d'enfants à quelque fin que ce soit et sous quelque forme que ce soit.

Art. 36 Les États parties protègent l'enfant contre toutes autres formes d'exploitation préjudiciables à tout aspect de son bien-être.

Art. 37 Les États parties veillent à ce que :

a) Nul enfant ne soit soumis à la torture ni à des peines ou traitements cruels, inhumains ou dégradants. Ni la peine capitale ni l'emprisonnement à vie sans possibilité de libération ne doivent être prononcés pour les infractions commises par des personnes âgées de moins de dix-huit ans ;

b) Nul enfant ne soit privé de liberté de façon illégale ou arbitraire. L'arrestation, la détention ou l'emprisonnement d'un enfant doit être en conformité avec la loi, n'être qu'une mesure de dernier ressort, et être d'une durée aussi brève que possible ;

c) Tout enfant privé de liberté soit traité avec humanité et avec le respect dû à la dignité de la personne humaine, et d'une manière tenant compte des besoins des personnes de son âge. En particulier, tout enfant privé de liberté sera séparé des adultes, à moins que l'on n'estime préférable de ne pas le faire dans l'intérêt supérieur de l'enfant, et il a le droit de rester en contact avec sa famille par la correspondance et par des visites, sauf circonstances exceptionnelles ;

d) Les enfants privés de liberté aient le droit d'avoir rapidement accès à l'assistance juridique ou à toute autre assistance appropriée, ainsi que le droit de contester la légalité de leur privation de liberté devant un tribunal ou une autre autorité compétente, indépendante et impartiale, et à ce qu'une décision rapide soit prise en la matière.

Art. 38 1. Les États parties s'engagent à respecter et à faire respecter les règles du droit humanitaire international qui leur sont applicables en cas de conflit armé et dont la protection s'étend aux enfants.

2. Les États parties prennent toutes les mesures possibles dans la pratique pour veiller à ce que les personnes n'ayant pas atteint l'âge de quinze ans ne participent pas directement aux hostilités.

3. Les États parties s'abstiennent d'enrôler dans leurs forces armées toute personne n'ayant pas atteint l'âge de quinze ans. Lorsqu'ils incorporent des personnes de plus de quinze ans mais de moins de dix-huit ans, les États parties s'efforcent d'enrôler en priorité les plus âgées.

4. Conformément à l'obligation qui leur incombe en vertu du droit humanitaire international de protéger la population civile en cas de conflit armé, les États parties prennent toutes les mesures possibles dans la pratique pour que les enfants qui sont touchés par un conflit armé bénéficient d'une protection et de soins.

Art. 39 Les États parties prennent toutes les mesures appropriées pour faciliter la réadaptation physique et psychologique et la réinsertion sociale de tout enfant victime de toute forme de négligence, d'exploitation ou de sévices, de torture ou de toute autre forme de peines ou traitements cruels, inhumains ou dégradants, ou de conflit armé. Cette réadaptation et cette réinsertion se déroulent dans des conditions qui favorisent la santé, le respect de soi et la dignité de l'enfant.

Art. 40 1. Les États parties reconnaissent à tout enfant suspecté, accusé ou convaincu d'infraction à la loi pénale le droit à un traitement qui soit de nature à favoriser son sens de la dignité et de la valeur personnelle, qui renforce son respect pour les droits de l'homme et les libertés fondamentales d'autrui, et qui tienne compte de son âge ainsi que de la nécessité de faciliter sa réintégration dans la société et de lui faire assumer un rôle constructif au sein de celle-ci.

2. A cette fin, et compte tenu des dispositions pertinentes des instruments internationaux, les États parties veillent en particulier :

a) A ce qu'aucun enfant ne soit suspecté, accusé ou convaincu d'infraction à la loi pénale en raison d'actions ou d'omissions qui n'étaient pas interdites par le droit national ou international au moment où elles ont été commises ;

b) A ce que tout enfant suspecté ou accusé d'infraction à la loi pénale ait au moins le droit aux garanties suivantes :

i) Être présumé innocent jusqu'à ce que sa culpabilité ait été légalement établie ;

ii) Être informé dans le plus court délai et directement des accusations portées contre lui, ou, le cas échéant, par l'intermédiaire de ses parents ou représentants légaux, et bénéficier d'une assistance juridique ou de toute autre assistance appropriée pour la préparation et la présentation de sa défense ;

iii) Que sa cause soit entendue sans retard par une autorité ou une instance judiciaire compétentes, indépendantes et impartiales, selon une procédure équitable aux termes de la loi, en présence de son conseil juridique ou autre et, à moins que cela ne soit jugé contraire à l'intérêt supérieur de l'enfant en raison notamment de son âge ou de sa situation, en présence de ses parents ou représentants légaux ;

iv) Ne pas être contraint de témoigner ou de s'avouer coupable ; interroger ou faire interroger les témoins à charge, et obtenir la comparution et l'interrogatoire des témoins à décharge dans des conditions d'égalité ;

v) S'il est reconnu avoir enfreint la loi pénale, faire appel de cette décision et de toute mesure arrêtée en conséquence devant une autorité ou une instance judiciaire supérieure compétentes, indépendantes et impartiales, conformément à la loi ;

vi) Se faire assister gratuitement d'un interprète s'il ne comprend ou ne parle pas la langue utilisée ;

vii) Que sa vie privée soit pleinement respectée à tous les stades de la procédure.

3. Les États parties s'efforcent de promouvoir l'adoption de lois, de procédures, la mise en place d'autorités et d'institutions spécialement conçues pour les enfants suspectés, accusés ou convaincus d'infraction à la loi pénale, et en particulier :

a) D'établir un âge minimum au-dessous duquel les enfants seront présumés n'avoir pas la capacité d'enfreindre la loi pénale ;

b) De prendre des mesures, chaque fois que cela est possible et souhaitable, pour traiter ces enfants sans recourir à la procédure judiciaire, étant cependant entendu que les droits de l'homme et les garanties légales doivent être pleinement respectés.

4. Toute une gamme de dispositions, relatives notamment aux soins, à l'orientation et à la supervision, aux conseils, à la probation, au placement familial, aux programmes d'éducation générale et professionnelle et aux solutions autres qu'institutionnelles seront prévues en vue d'assurer aux enfants un traitement conforme à leur bien-être et proportionné à leur situation et à l'infraction.

Art. 41 Aucune des dispositions de la présente Convention ne porte atteinte aux dispositions plus propices à la réalisation des droits de l'enfant qui peuvent figurer :

a) Dans la législation d'un État partie ; ou

b) Dans le droit international en vigueur pour cet État.

DEUXIÈME PARTIE

Art. 42 Les États parties s'engagent à faire largement connaître les principes et les dispositions de la présente Convention, par des moyens actifs et appropriés, aux adultes comme aux enfants.

Art. 43 1. Aux fins d'examiner les progrès accomplis par les États parties dans l'exécution des obligations contractées par eux en vertu de la présente Convention, il est institué un Comité des droits de l'enfant qui s'acquitte des fonctions définies ci-après.

2. Le comité se compose de dix experts de haute moralité et possédant une compétence reconnue dans le domaine visé par la présente Convention. Ses membres sont élus par les États parties parmi leurs ressortissants et siègent à titre personnel, compte tenu de la nécessité d'assurer une répartition géographique équitable et eu égard aux principaux systèmes juridiques.

3. Les membres du comité sont élus au scrutin secret sur une liste de personnes désignées par les États parties. Chaque État partie peut désigner un candidat parmi ses ressortissants.

4. La première élection aura lieu dans les six mois suivant la date d'entrée en vigueur de la présente Convention. Les élections auront lieu ensuite tous les deux ans. Quatre mois

au moins avant la date de chaque élection, le secrétaire général de l'Organisation des Nations unies invitera par écrit les États parties à proposer leurs candidats dans un délai de deux mois. Le secrétaire général dressera ensuite la liste alphabétique des candidats ainsi désignés, en indiquant les États parties qui les ont désignés, et la communiquera aux États parties à la présente Convention.

5. Les élections ont lieu lors des réunions des États parties, convoquées par le secrétaire général au siège de l'Organisation des Nations unies. A ces réunions, pour lesquelles le quorum est constitué par les deux tiers des États parties, les candidats élus au comité sont ceux qui obtiennent le plus grand nombre de voix et la majorité absolue des voix des représentants des États parties et votants.

6. Les membres du comité sont élus pour quatre ans. Ils sont rééligibles si leur candidature est présentée à nouveau. Le mandat de cinq des membres élus lors de la première élection prend fin au bout de deux ans. Les noms de ces cinq membres seront tirés au sort par le président de la réunion immédiatement après la première élection.

7. En cas de décès ou de démission d'un membre du comité, ou si, pour toute autre raison, un membre déclare ne plus pouvoir exercer ses fonctions au sein du comité, l'État partie qui avait présenté sa candidature nomme un autre expert parmi ses ressortissants pour pourvoir le poste ainsi vacant jusqu'à l'expiration du mandat correspondant, sous réserve de l'approbation du comité.

8. Le comité adopte son règlement intérieur.

9. Le comité élit son bureau pour une période de deux ans.

10. Les réunions du comité se tiennent normalement au Siège de l'Organisation des Nations unies, ou en tout autre lieu approprié déterminé par le comité. Le comité se réunit normalement chaque année. La durée de ses sessions est déterminée et modifiée, si nécessaire, par une réunion des États parties à la présente Convention, sous réserve de l'approbation de l'assemblée générale.

11. Le secrétaire général de l'Organisation des Nations unies met à la disposition du comité le personnel et les installations qui lui sont nécessaires pour s'acquitter efficacement des fonctions qui lui sont confiées en vertu de la présente Convention.

12. Les membres du comité institué en vertu de la présente Convention reçoivent, avec l'approbation de l'assemblée générale, des émoluments prélevés sur les ressources de l'Organisation des Nations unies dans les conditions et selon les modalités fixées par l'assemblée générale.

Art. 44 1. Les États parties s'engagent à soumettre au comité, par l'entremise du secrétaire général de l'Organisation des Nations unies, des rapports sur les mesures qu'ils auront adoptées pour donner effet aux droits reconnus dans la présente Convention et sur les progrès réalisés dans la jouissance de ces droits :

a) Dans les deux ans à compter de la date de l'entrée en vigueur de la présente Convention pour les États parties intéressés ;

b) Par la suite, tous les cinq ans.

2. Les rapports établis en application du présent article doivent, le cas échéant, indiquer les facteurs et les difficultés empêchant les États parties de s'acquitter pleinement des obligations prévues dans la présente Convention. Ils doivent également contenir des renseignements suffisants pour donner au Comité une idée précise de l'application de la Convention dans le pays considéré.

3. Les États parties ayant présenté au comité un rapport initial complet n'ont pas, dans les rapports qu'ils lui présentent ensuite conformément à l'alinéa *b* du paragraphe 1 du présent article, à répéter les renseignements de base antérieurement communiqués.

4. Le comité peut demander aux États parties tous renseignements complémentaires relatifs à l'application de la Convention.

5. Le comité soumet tous les deux ans à l'assemblée générale, par l'entremise du conseil économique et social, un rapport sur ses activités.

6. Les États parties assurent à leurs rapports une large diffusion dans leur propre pays.

Art. 45 Pour promouvoir l'application effective de la Convention et encourager la coopération internationale dans le domaine visé par la Convention :

a) Les institutions spécialisées, le Fonds des Nations unies pour l'enfance et d'autres organes des Nations unies ont le droit de se faire représenter lors de l'examen de l'application des dispositions de la présente Convention qui relèvent de leur mandat. Le Comité peut inviter les institutions spécialisées, le Fonds des Nations unies pour l'enfance et tous autres organismes compétents qu'il jugera appropriés à donner des avis spécialisés sur l'application de la Convention dans les domaines qui relèvent de leurs mandats respectifs. Il peut inviter les institutions spécialisées, le Fonds des Nations unies pour l'enfance et d'autres organes des Nations unies à lui présenter des rapports sur l'application de la Convention dans les secteurs qui relèvent de leur domaine d'activité ;

b) Le Comité transmet, s'il le juge nécessaire, aux institutions spécialisées, au Fonds des Nations unies pour l'enfance et aux autres organismes compétents tout rapport des États parties contenant une demande ou indiquant un besoin de conseils ou d'assistance techniques, accompagné, le cas échéant, des observations et suggestions du Comité touchant ladite demande ou indication ;

c) Le Comité peut recommander à l'assemblée générale de prier le Secrétaire général de procéder pour le Comité à des études sur des questions spécifiques touchant les droits de l'enfant ;

d) Le Comité peut faire des suggestions et des recommandations d'ordre général fondées sur les renseignements reçus en application des articles 44 et 45 de la présente Convention. Ces suggestions et recommandations d'ordre général sont transmises à tout État partie intéressé et portées à l'attention de l'assemblée générale, accompagnées, le cas échéant, des observations des États parties.

TROISIÈME PARTIE

....

DÉCLARATIONS ET RÉSERVE DE LA RÉPUBLIQUE FRANÇAISE

1. Le Gouvernement de la République déclare que la présente Convention, notamment l'article 6, ne saurait être interprétée comme faisant obstacle à l'application des dispositions de la législation française relative à l'interruption volontaire de la grossesse.

2. Le Gouvernement de la République déclare, compte tenu de l'article 2 de la Constitution de la République française, que l'article 30 n'a pas lieu de s'appliquer en ce qui concerne la République.

3. Le Gouvernement de la République interprète l'article 40, paragraphe 2, *b*, v, comme posant un principe général auquel la loi peut apporter des exceptions limitées. Il en est ainsi, notamment, pour certaines infractions relevant en premier et dernier ressort du tribunal de police ainsi que pour les infractions de nature criminelle. Au demeurant les décisions rendues en dernier ressort peuvent faire l'objet d'un recours devant la Cour de cassation qui statue sur la légalité de la décision intervenue. — *V. également le Protocole facultatif à la convention relative aux droits de l'enfant concernant la vente d'enfants, la prostitution des enfants et la pornographie mettant en scène des enfants et le Protocole facultatif à la convention relative aux droits de l'enfant concernant l'implication d'enfants dans les conflits armés faits à New York le 25 mai 2000 et publiés par Décr. nº 2003-372 et nº 2003-373 du 15 avr. 2003 (JO 24 avr.).*

Décret nº 2002-509 du 8 avril 2002,

Concernant les contrôles prévus par l'article L. 227-9 du code de l'action sociale et des familles (JO 13 avr.).

Art. 1er Les fonctionnaires du ministère chargé de la jeunesse et des sports mentionnés à l'article L. 227-9 du code de l'action sociale et des familles sont habilités par arrêté du ministre chargé de la jeunesse et des sports à constater et à rechercher les infractions prévues à l'article L. 227-8 du même code.

Art. 2 La décision d'habilitation prend effet après que les fonctionnaires habilités ont prêté, devant le tribunal judiciaire *[ancienne rédaction : tribunal de grande instance]* de leur résidence, serment de remplir avec honneur, conscience et probité les missions qui leur sont confiées en application des dispositions de l'article L. 227-9 susvisé.

Art. 3 Les fonctionnaires habilités et assermentés relatent dans des procès-verbaux les opérations d'enquête auxquelles ils ont procédé en application de l'article L. 227-9 du code de l'action sociale et des familles. Les justifications éventuellement produites par l'intéressé sont jointes au procès-verbal.

Décret n° 2002-570 du 22 avril 2002,

Relatif au Conseil national de l'éducation populaire et de la jeunesse (JO 24 avr., Rect. JO 5 oct.). 🏛.

Décret n° 2002-572 du 22 avril 2002,

Pris en application du deuxième alinéa de l'article 8 de la loi n° 2001-624 du 17 juillet 2001 et relatif à l'attribution d'une aide financière aux associations de jeunesse et d'éducation populaire non agréées (JO 24 avr.).

Art. 1er Les associations de jeunesse et d'éducation populaire non agréées mentionnées au deuxième alinéa de l'article 8 de la loi du 17 juillet 2001 susvisée peuvent bénéficier d'une aide financière sous réserve de satisfaire aux conditions suivantes :

1° Être régulièrement déclarées ;

2° Justifier de l'existence de dispositions statutaires garantissant les principes mentionnés au premier alinéa de l'article 8 de la loi précitée ;

3° Avoir été créées depuis moins de trois ans.

Art. 2 La demande d'aide financière est adressée sur papier libre par le représentant légal de l'association à la direction départementale de la jeunesse et des sports du département où celle-ci a son siège. Elle précise l'utilisation prévue de cette aide et est accompagnée des éléments suivants :

1° Les statuts en vigueur de l'association avec copie de l'insertion au *Journal officiel* de l'extrait de la déclaration ;

2° La composition des instances dirigeantes de l'association avec l'indication des nom, prénoms, profession, date de naissance et domicile des membres de ces instances.

Art. 3 L'aide est attribuée pour un exercice et peut être renouvelée deux fois sous réserve que l'association continue de remplir les conditions définies à l'article 1er. Ce renouvellement est subordonné à la production de pièces justificatives de l'activité et de la qualité de la gestion de l'association, telles que des rapports d'activité et des comptes de résultats.

Art. 4 Le montant de l'aide financière accordée ne peut excéder 3 000 € au titre d'un exercice.

Arrêté du 10 janvier 2003,

Relatif à la déclaration prévue à l'article 2 du décret n° 2002-883 du 3 mai 2002 relatif à la protection des mineurs à l'occasion des vacances scolaires, des congés professionnels et des loisirs (JO 19 janv.).

Art. 1er La déclaration mentionnée au I de l'article 2 du décret n° 2002-883 du 3 mai 2002 susvisé est effectuée sur des imprimés conformes aux modèles définis aux annexes I, II et III du présent arrêté, deux mois au moins avant la date prévue pour le début de l'accueil. – *V. ces annexes au BOEN 30 janv. 2003.*

Pour les centres de vacances et les placements de vacances, la déclaration est faite avant chaque séjour. Pour les centres de loisirs, la déclaration au titre d'une année scolaire est valable jusqu'au 31 août de l'année considérée.

Le préfet du département du lieu d'enregistrement de la déclaration délivre le récépissé à l'organisateur après vérification du dossier.

Pour les centres de vacances, les centres de loisirs et les placements de vacances, ce récépissé comporte un numéro d'enregistrement de la partie du dossier relative aux modalités de l'accueil.

Pour les centres de vacances et les centres de loisirs, il comporte, le cas échéant, un numéro d'enregistrement de la partie du dossier relative aux locaux utilisés.

Art. 2 Lorsque l'hébergement des mineurs a lieu hors du territoire national, le préfet qui reçoit la déclaration en informe la ou les représentations officielles intéressées.

Art. 3 Lorsque des personnes établies dans un autre État membre de l'Union européenne ou dans un État partie à l'accord sur l'Espace économique européen organisant l'accueil de mineurs français à l'étranger souhaitent effectuer la déclaration mentionnée à l'article 2 du décret n° 2002-883 du 3 mai 2002 susvisé, celle-ci est faite auprès du préfet de région, préfet de Paris, deux mois avant la date prévue pour le déroulement de l'accueil sur un imprimé conforme au modèle figurant dans les annexes I et III du présent arrêté. – *V. ces annexes au BOEN 30 janv. 2003.*

Art. 4 Les accueils non soumis à l'obligation de déclaration peuvent faire l'objet de demandes de renseignements de la part de l'autorité administrative.

Art. 5 A titre transitoire, les déclarations effectuées par les organisateurs de centres de loisirs avant le 31 août 2003 produiront effet jusqu'au 31 août 2004.

Arrêté du 20 février 2003,

Relatif au suivi sanitaire des mineurs mentionnés à l'article L. 227-4 du code de l'action sociale et des familles (JO 28 févr.).

Art. 1er L'admission d'un mineur en centre de vacances, en centre de loisirs sans hébergement et en placement de vacances est conditionnée à la fourniture préalable sous enveloppe cachetée portant le nom du mineur au responsable du centre :

1° D'informations relatives :

a) Aux vaccinations obligatoires ou à leurs contre-indications : copie des pages du carnet de santé relatives aux vaccinations, copie du carnet de vaccinations, ou attestation d'un médecin ;

b) Aux antécédents médicaux ou chirurgicaux ou à tout autre élément d'ordre médical considéré par les parents ou le responsable légal du mineur comme susceptibles d'avoir des répercussions sur le déroulement du séjour ;

c) Aux pathologies chroniques ou aiguës en cours ; le cas échéant, les coordonnées du médecin traitant seront fournies. Si un traitement est à prendre durant tout ou partie du séjour, l'ordonnance du médecin devra être jointe et, s'il s'agit d'un traitement à ne prendre qu'en cas de crise, les conditions et les modalités d'utilisation des produits devront être décrites. Les médicaments seront remis au responsable de l'accueil dans leur emballage d'origine avec la notice d'utilisation. Les nom et prénom du mineur devront être inscrits sur l'emballage ;

2° D'un certificat médical de non-contre-indication lorsqu'une ou plusieurs activités physiques mentionnées à l'article 13 du décret du 3 mai 2002 susvisé *[nº 2002-883]* sont proposées dans le cadre de l'accueil.

Art. 2 Sous l'autorité du directeur, un des membres de l'équipe d'encadrement est chargé du suivi sanitaire. Dans les centres de vacances, il est titulaire de l'attestation de formation aux premiers secours. Le suivi consiste notamment à :

– s'assurer de la remise, pour chaque mineur, des renseignements médicaux ainsi que, le cas échéant, des certificats médicaux, mentionnés à l'article 1er ;

– informer les personnes qui concourent à l'accueil de l'existence éventuelle d'allergies médicamenteuses ou alimentaires ;

– identifier les mineurs qui doivent suivre un traitement médical pendant l'accueil et s'assurer de la prise des médicaments ;

– s'assurer que les médicaments sont conservés dans un contenant fermé à clef sauf lorsque la nature du traitement impose que le médicament soit en permanence à la disposition de l'enfant ;

– tenir le registre dans lequel sont précisés les soins donnés aux mineurs, et notamment les traitements médicamenteux ;

– tenir à jour les trousses de premiers soins.

Art. 3 Le directeur du centre de vacances ou du centre de loisirs sans hébergement s'assure du respect de la confidentialité des informations médicales mentionnées à l'article 1er et de celles contenues dans le registre mentionné à l'article 2.

Art. 4 Les documents mentionnés à l'article 1er et les médicaments sont restitués aux responsables légaux du mineur à l'issue de l'accueil. Ces derniers sont informés de tout événement de santé survenu pendant le séjour.

Arrêté du 20 juin 2003,

Fixant les modalités d'encadrement et les conditions d'organisation et de pratique de certaines activités physiques dans les centres de vacances et les centres de loisirs sans hébergement (JO 4 juill.). – Mod. par Arr. du 3 juin 2004 (JO 6 juin).

Décret n° 2004-31 du 5 janvier 2004,

Pris pour l'application de l'article 15-1 de l'ordonnance n° 45-174 du 2 février 1945 et relatif à la sanction éducative de stage de formation civique (JO 10 janv.) 🏛.

(Abrogé par Décr. n° 2021-682 du 27 mai 2021, art. 4-2°, à compter du 30 sept. 2021)

Loi n° 2004-809 du 13 août 2004,

Relative aux libertés et responsabilités locales (JO 17 août).

Art. 59 I. — Une expérimentation de l'extension des compétences des départements en matière de mise en œuvre des mesures ordonnées par l'autorité judiciaire en application des articles 375 à 375-8 du code civil est ouverte pour une durée de cinq ans à compter de l'entrée en vigueur de la présente loi dans les conditions fixées aux II à VI du présent article.

II. — Dans les départements retenus pour l'expérimentation, le service de l'aide sociale à l'enfance est seul compétent pour assurer la mise en œuvre des mesures prises par les magistrats au titre de l'article 375-2, du 3° de l'article 375-3, de l'article 375-4 et de l'article 375-5 du code civil, à l'exception de celles dont l'exécution est confiée aux personnes physiques et aux établissements mentionnés à l'article 375-9 du même code.

Pour l'exercice de cette mission, et sans préjudice de ses responsabilités vis-à-vis des mineurs qui lui sont confiés, le service de l'aide sociale à l'enfance peut faire appel à des organismes publics ou privés ou à des personnes physiques. L'habilitation à recevoir des mineurs, confiés habituellement par l'autorité judiciaire, est alors délivrée par le président du conseil départemental du département où se trouve le siège du service ou de l'établissement demandeur, après avis conformes des procureurs de la République et des présidents de tribunaux de grande instance du département. Ces services et établissements sont soumis aux contrôles prescrits par le deuxième alinéa de l'article L. 313-20 du code de l'action sociale et des familles.

III. — Les départements peuvent se porter candidats à cette expérimentation auprès du garde des sceaux, ministre de la justice, dans un délai d'un an à compter de l'entrée en vigueur de la présente loi. Le garde des sceaux, ministre de la justice, se prononce sur les candidatures dans le délai de quatre mois suivant leur dépôt.

IV. — Une convention passée entre l'État et le département définit les modalités de cette extension de compétence et précise les moyens soit en crédits, soit en personnels, soit à ce double titre qui l'accompagnent.

V. — L'évaluation de l'expérimentation fait l'objet, six mois avant son terme, d'un rapport établi par le Gouvernement qui le transmet au Parlement, avec les observations des départements.

VI. — Les dispositions du II sont applicables à la mise en œuvre des décisions judiciaires prises postérieurement à la date d'entrée en vigueur de l'expérimentation qui sera fixée dans la convention prévue au IV. Toutefois, elles ne font pas obstacle à ce qu'un service de l'État ou une association assure, jusqu'à son terme, une mesure en cours. La convention prévue audit IV précise les conditions dans lesquelles une mesure préalablement confiée à un service de l'État peut, dans l'intérêt du mineur, être renouvelée dans ce même service. *— Dispositions applicables, sous réserve de l'entrée en vigueur des dispositions relevant de la loi de finances, à compter du 1er janv. 2005 (L. n° 2004-809 du 13 août 2004, art. 199).*

Arrêté du 9 février 2007,

Fixant les titres et diplômes permettant d'exercer les fonctions d'animation et de direction en séjours de vacances, en accueils sans hébergement et en accueils de scoutisme (JO 27 févr.), mod. par Arr. du 28 oct. 2008 (JO 11 nov.), Arr. du 23 juin 2010 (JO 1er juill.), Arr. du 25 juin 2013 (JO 6 juill.), Arr. du 3 nov. 2014 (JO 5 nov.), Arr. du 1er oct. 2015 (JO 9 oct.).

Loi organique n° 2011-333 du 29 mars 2011,

Relative au Défenseur des droits (JO 30 mars).

TITRE I DISPOSITIONS GÉNÉRALES

Art. 1er Le Défenseur des droits est nommé par décret en conseil des ministres, après application de la procédure prévue au dernier alinéa de l'article 13 de la Constitution.

Il ne peut être mis fin à ses fonctions que sur sa demande ou en cas d'empêchement dans des conditions définies par décret en Conseil d'État.

Art. 2 Le Défenseur des droits, autorité *(L. org. nº 2017-54 du 20 janv. 2017, art. 5-1º)* « administrative » indépendante, ne reçoit *(L. org. nº 2017-54 du 20 janv. 2017, art. 5-1º)* « et ne sollicite », dans l'exercice de ses attributions, aucune instruction.

Le Défenseur des droits et ses adjoints ne peuvent être poursuivis, recherchés, arrêtés, détenus ou jugés à l'occasion des opinions qu'ils émettent ou des actes qu'ils accomplissent dans l'exercice de leurs fonctions.

Art. 3 Les fonctions de Défenseur des droits et celles de ses adjoints sont incompatibles avec celles de membre du Gouvernement, du Conseil constitutionnel, du Conseil supérieur de la magistrature et du Conseil économique, social et environnemental ainsi qu'avec tout mandat électif.

Le membre du Gouvernement, du Conseil constitutionnel, du Conseil supérieur de la magistrature, du Conseil économique, social et environnemental ou le titulaire d'un mandat électif qui est nommé Défenseur des droits ou adjoint est réputé avoir opté pour ces dernières fonctions s'il n'a pas exprimé de volonté contraire dans les huit jours suivant la publication au *Journal officiel* de sa nomination.

Les fonctions de Défenseur des droits et celles de ses adjoints sont, en outre, incompatibles avec toute autre fonction ou emploi public et toute activité professionnelle ainsi qu'avec toute fonction de président et de membre de conseil d'administration, de président et de membre de directoire, de président et de membre de conseil de surveillance, et d'administrateur délégué dans toute société, entreprise ou établissement.

Dans un délai d'un mois suivant la publication de sa nomination comme Défenseur des droits ou comme un de ses adjoints, la personne nommée doit cesser toute activité incompatible avec ses nouvelles fonctions. Si elle est fonctionnaire ou magistrat, elle est placée en position de détachement de plein droit pendant la durée de ses fonctions et ne peut recevoir, au cours de cette période, aucune promotion au choix.

TITRE II DISPOSITIONS RELATIVES AUX COMPÉTENCES ET À LA SAISINE DU DÉFENSEUR DES DROITS

Art. 4 Le Défenseur des droits est chargé :

1º De défendre les droits et libertés dans le cadre des relations avec les administrations de l'État, les collectivités territoriales, les établissements publics et les organismes investis d'une mission de service public ;

2º De défendre et de promouvoir l'intérêt supérieur et les droits de l'enfant consacrés par la loi ou par un engagement international régulièrement ratifié ou approuvé par la France ;

3º De lutter contre les discriminations, directes ou indirectes, prohibées par la loi ou par un engagement international régulièrement ratifié ou approuvé par la France ainsi que de promouvoir l'égalité ;

4º De veiller au respect de la déontologie par les personnes exerçant des activités de sécurité sur le territoire de la République ;

(L. org. nº 2016-1690 du 9 déc. 2016 ; L. org. nº 2022-400 du 21 mars 2022, art. 1er-1º) « 5º D'informer, de conseiller et d'orienter vers les autorités compétentes toute personne signalant une alerte dans les conditions fixées par la loi, et de défendre les droits et libertés des lanceurs d'alerte ainsi que des personnes protégées dans le cadre d'une procédure d'alerte. *[Dispositions déclarées non conformes à la Constitution par la décision nº 2016-740 DC du 8 décembre 2016.]* »

Art. 5 Le Défenseur des droits peut être saisi :

1º Par toute personne physique ou morale qui s'estime lésée dans ses droits et libertés par le fonctionnement d'une administration de l'État, d'une collectivité territoriale, d'un établissement public ou d'un organisme investi d'une mission de service public ;

2º Par un enfant qui invoque la protection de ses droits ou une situation mettant en cause son intérêt, par ses représentants légaux, les membres de sa famille, les services médicaux ou sociaux ou toute association régulièrement déclarée depuis au moins cinq ans à la date des faits et se proposant par ses statuts de défendre les droits de l'enfant ;

3º Par toute personne qui s'estime victime d'une discrimination, directe ou indirecte, prohibée par la loi ou par un engagement international régulièrement ratifié ou approuvé par la France, ou par toute association régulièrement déclarée depuis au moins cinq ans à la date des faits se proposant par ses statuts de combattre les discriminations ou d'assister les victimes de discriminations, conjointement avec la personne s'estimant victime de discrimination ou avec son accord ;

4° Par toute personne qui a été victime ou témoin de faits dont elle estime qu'ils constituent un manquement aux règles de déontologie dans le domaine de la sécurité.

Le Défenseur des droits peut être saisi des agissements de personnes publiques ou privées.

Il peut en outre se saisir d'office ou être saisi par les ayants droit de la personne dont les droits et libertés sont en cause.

Il est saisi des réclamations qui sont adressées à ses adjoints.

Art. 6 La saisine du Défenseur des droits est gratuite.

Elle est précédée de démarches préalables auprès des personnes publiques ou des organismes mis en cause, sauf lorsqu'elle est présentée au titre des compétences mentionnées aux 2° à *(L. org. nº 2022-400 du 21 mars 2022, art. 1er-2º)* « 5° » de l'article 4.

La saisine du Défenseur des droits n'interrompt ni ne suspend par elle-même les délais de prescription des actions en matière civile, administrative ou pénale, non plus que ceux relatifs à l'exercice de recours administratifs ou contentieux.

Art. 7 Une réclamation peut être adressée à un député, à un sénateur ou à un représentant français au Parlement européen, qui la transmet au Défenseur des droits s'il estime qu'elle appelle son intervention. Le Défenseur des droits informe le député, le sénateur ou le représentant français au Parlement européen des suites données à cette transmission.

Les membres du Parlement peuvent, de leur propre initiative, saisir le Défenseur des droits d'une question qui leur paraît appeler son intervention.

Sur la demande de l'une des commissions permanentes de son assemblée, le président de l'Assemblée nationale ou le président du Sénat peut transmettre au Défenseur des droits, dans les domaines de sa compétence, toute pétition dont l'assemblée a été saisie.

Le Défenseur des droits instruit également les réclamations qui lui sont transmises par le Médiateur européen ou un homologue étranger et qui lui paraissent relever de sa compétence et appeler son intervention.

Art. 8 Lorsqu'il se saisit d'office ou lorsqu'il est saisi autrement qu'à l'initiative de la personne s'estimant lésée ou, s'agissant d'un enfant, de ses représentants légaux, le Défenseur des droits ne peut intervenir qu'à la condition que cette personne ou, le cas échéant, ses ayants droit ait *[aient]* été avertie *[avertis]* et ne se soit *[soient]* pas opposée *[opposés]* à son intervention. Toutefois, il peut toujours se saisir des cas lui paraissant mettre en cause l'intérêt supérieur d'un enfant et des cas relatifs à des personnes qui ne sont pas identifiées ou dont il ne peut recueillir l'accord.

Art. 9 Lorsque le Défenseur des droits transmet une réclamation à une autre autorité indépendante investie d'une mission de protection des droits et libertés, il peut accompagner cette transmission de ses observations et demander à être informé des suites données à celles-ci.

Le Défenseur des droits est associé, à sa demande, aux travaux de la Commission nationale de l'informatique et des libertés et de la Commission d'accès aux documents administratifs.

Art. 10 Le Défenseur des droits ne peut être saisi ni ne peut se saisir des différends susceptibles de s'élever entre les personnes publiques et organismes mentionnés au 1° de l'article 4.

Il ne peut être saisi ni ne peut se saisir, sauf au titre de ses compétences mentionnées au 3°*(L. org. nº 2016-1690 du 9 déc. 2016)* « et au 5° » du même article 4, des différends susceptibles de s'élever entre, d'une part, ces personnes publiques et organismes et, d'autre part, leurs agents, à raison de l'exercice de leurs fonctions.

(L. org. nº 2016-1690 du 9 déc. 2016) « Il ne peut ni être saisi ni se saisir, au titre de ses compétences mentionnées au 5° du même article 4, des différends qui ne relèvent pas des situations prévues par la loi. »

TITRE III DISPOSITIONS RELATIVES À L'INTERVENTION DU DÉFENSEUR DES DROITS

CHAPITRE I *DISPOSITIONS RELATIVES AUX COLLÈGES*

Art. 11 I. — Le Défenseur des droits préside les collèges qui l'assistent pour l'exercice de ses attributions en matière de défense et de promotion des droits de l'enfant, de lutte contre les discriminations et de promotion de l'égalité *(L. org. n° 2016-1690 du 9 déc. 2016)* « , d'orientation et de protection des lanceurs d'alerte », ainsi que de déontologie dans le domaine de la sécurité.

Sur proposition du Défenseur des droits, le Premier ministre nomme les adjoints du Défenseur des droits, dont :

— un Défenseur des enfants, vice-président du collège chargé de la défense et de la promotion des droits de l'enfant, choisi pour ses connaissances ou son expérience dans ce domaine ;

— un adjoint, vice-président du collège chargé de la déontologie dans le domaine de la sécurité, choisi pour ses connaissances ou son expérience dans ce domaine ;

— un adjoint, vice-président du collège chargé de la lutte contre les discriminations et de la promotion de l'égalité, choisi pour ses connaissances ou son expérience dans ce domaine ;

(L. org. n° 2022-400 du 21 mars 2022, art. 2) « — un adjoint chargé de l'accompagnement des lanceurs d'alerte. »

II. — Les adjoints sont placés auprès du Défenseur des droits et sous son autorité.

Le Défenseur des droits peut déléguer ses attributions à ses adjoints, dans leur domaine de compétence, à l'exception de celles mentionnées aux articles 19, 29, 31, 32, 36 et au dernier alinéa des articles 18 et 25.

Chaque adjoint peut suppléer le Défenseur des droits à la présidence des réunions du collège dont il est le vice-président et le représenter, dans son domaine de compétence, auprès des organisations rassemblant les autorités indépendantes de pays tiers chargées de la protection des droits et libertés.

Art. 12 Le Défenseur des droits peut convoquer une réunion conjointe de plusieurs collèges et de ses adjoints afin de la consulter sur les réclamations ou les questions qui intéressent plusieurs de ses domaines de compétence, ou qui présentent une difficulté particulière.

Art. 13 Lorsqu'il intervient en matière de déontologie de la sécurité, le Défenseur des droits consulte, sur toute question nouvelle, un collège qu'il préside et qui comprend, outre son adjoint, vice-président :

— trois personnalités qualifiées désignées par le président du Sénat ;

— trois personnalités qualifiées désignées par le président de l'Assemblée nationale ;

— un membre ou ancien membre du Conseil d'État désigné par le vice-président du Conseil d'État ;

— un membre ou ancien membre de la Cour de cassation désigné conjointement par le premier président de la Cour de cassation et par le procureur général près ladite cour.

Les membres du collège sont désignés en raison de leurs connaissances ou de leur expérience dans le domaine de la déontologie de la sécurité.

Les désignations du président du Sénat et du président de l'Assemblée nationale concourent à une représentation équilibrée entre les femmes et les hommes.

Lorsque le Défenseur des droits préside les réunions du collège, son adjoint ne prend pas part au vote.

En cas de partage égal des voix, celle du président est prépondérante.

Art. 14 Lorsqu'il intervient en matière de défense et de promotion des droits de l'enfant, le Défenseur des droits consulte, sur toute question nouvelle, un collège qu'il préside et qui comprend, outre son adjoint, vice-président :

— deux personnalités qualifiées désignées par le président du Sénat ;

— deux personnalités qualifiées désignées par le président de l'Assemblée nationale ;

— une personnalité qualifiée désignée par le président du Conseil économique, social et environnemental ;

— un membre ou ancien membre de la Cour de cassation désigné conjointement par le premier président de la Cour de cassation et par le procureur général près ladite cour.

Les membres du collège sont désignés en raison de leurs connaissances ou de leur expérience en matière de défense et de promotion des droits de l'enfant.

Les désignations du président du Sénat et du président de l'Assemblée nationale concourent, dans chaque cas, à une représentation équilibrée entre les femmes et les hommes.

Lorsque le Défenseur des droits préside les réunions du collège, son adjoint ne prend pas part au vote.

En cas de partage égal des voix, celle du président est prépondérante.

Art. 15 Lorsqu'il intervient en matière de lutte contre les discriminations et de promotion de l'égalité, le Défenseur des droits consulte, sur toute question nouvelle, un collège qu'il préside et qui comprend, outre son adjoint, vice-président :
– trois personnalités qualifiées désignées par le président du Sénat ;
– trois personnalités qualifiées désignées par le président de l'Assemblée nationale ;
– une personnalité qualifiée désignée par le vice-président du Conseil d'État ;
– une personnalité qualifiée désignée par le premier président de la Cour de cassation.

Les membres du collège sont désignés en raison de leurs connaissances ou de leur expérience dans le domaine de la lutte contre les discriminations et de la promotion de l'égalité.

Les désignations du président du Sénat et du président de l'Assemblée nationale concourent à une représentation équilibrée entre les femmes et les hommes.

Lorsque le Défenseur des droits préside les réunions du collège, son adjoint ne prend pas part au vote.

En cas de partage égal des voix, celle du président est prépondérante.

Art. 16 Le mandat des adjoints du Défenseur des droits et celui des membres des collèges mentionnés aux articles 13, 14 et 15 cessent avec le mandat du Défenseur des droits. Celui des adjoints du Défenseur des droits n'est pas renouvelable.

Les adjoints du Défenseur des droits et le membre d'un collège qui cessent d'exercer leurs fonctions sont remplacés pour la durée de mandat restant à courir. Si cette durée est inférieure à deux ans, le mandat d'un adjoint du Défenseur des droits est alors renouvelable.

La qualité de membre du collège mentionné à l'article 13 est incompatible avec l'exercice, à titre principal, d'activités dans le domaine de la sécurité.

Il ne peut être mis fin aux fonctions des membres des collèges avant l'expiration de leur mandat qu'en cas de démission ou d'empêchement. Toutefois, tout membre d'un collège nommé dans les conditions prévues aux articles 13, 14 et 15 qui, sans justification, n'a pas assisté à trois séances consécutives peut être déclaré démissionnaire d'office par le collège statuant à la majorité des deux tiers de ses membres, après avoir été mis en mesure de présenter des observations. Le Défenseur des droits en informe l'autorité de nomination.

Art. 17 Aucun membre des collèges ne peut :
– participer à une délibération relative à un organisme au sein duquel il détient un intérêt direct ou indirect, exerce des fonctions ou détient un mandat ;
– participer à une délibération relative à un organisme au sein duquel il a, au cours des trois années précédant la délibération, détenu un intérêt direct ou indirect, exercé des fonctions ou détenu un mandat.

Les membres des collèges informent le Défenseur des droits des intérêts directs ou indirects qu'ils détiennent ou viennent à détenir, des fonctions qu'ils exercent ou viennent à exercer et de tout mandat qu'ils détiennent ou viennent à détenir au sein d'une personne morale.

Le Défenseur des droits veille au respect de ces obligations.

CHAPITRE II *DISPOSITIONS RELATIVES AUX MOYENS D'INFORMATION DU DÉFENSEUR DES DROITS*

Art. 18 Le Défenseur des droits peut demander des explications à toute personne physique ou morale mise en cause devant lui. A cet effet, il peut entendre toute personne dont le concours lui paraît utile.

Les personnes physiques ou morales mises en cause doivent faciliter l'accomplissement de sa mission.

Elles sont tenues d'autoriser leurs agents et préposés à répondre à ses demandes. Ceux-ci sont tenus de répondre aux demandes d'explications qu'il leur adresse et de déférer à ses convocations. Les convocations doivent mentionner l'objet de l'audition.

Lorsque le Défenseur des droits est saisi, les personnes auxquelles il demande des explications peuvent se faire assister du conseil de leur choix. Un procès-verbal contradictoire de l'audition est dressé et remis à la personne entendue.

Si le Défenseur des droits en fait la demande, les ministres donnent instruction aux corps de contrôle d'accomplir, dans le cadre de leur compétence, toutes vérifications ou enquêtes. Ils l'informent des suites données à ces demandes.

Art. 19 Le Défenseur des droits peut demander au vice-président du Conseil d'État ou au premier président de la Cour des comptes de faire procéder à toutes études.

Art. 20 Les personnes physiques ou morales mises en cause communiquent au Défenseur des droits, sur sa demande motivée, toutes informations et pièces utiles à l'exercice de sa mission.

Le Défenseur des droits peut recueillir sur les faits portés à sa connaissance toute information qui lui apparaît nécessaire sans que son caractère secret ou confidentiel puisse lui être opposé, sauf en matière de secret concernant la défense nationale, la sûreté de l'État ou la politique extérieure. Le secret de l'enquête et de l'instruction ne peut lui être opposé.

Les informations couvertes par le secret médical ou par le secret professionnel applicable aux relations entre un avocat et son client ne peuvent lui être communiquées qu'à la demande expresse de la personne concernée. Toutefois, les informations couvertes par le secret médical peuvent lui être communiquées sans le consentement de la personne concernée lorsqu'elles sont relatives à des privations, sévices et violences physiques, sexuelles ou psychiques commis sur un mineur ou une personne qui n'est pas en mesure de se protéger en raison de son âge ou de son incapacité physique ou psychique.

Les personnes astreintes au secret professionnel ne peuvent être poursuivies en application de l'article 226-13 du code pénal pour les informations à caractère secret qu'elles ont pu révéler au Défenseur des droits, dès lors que ces informations entrent dans le champ de compétence de ce dernier tel que prévu à l'article 4 de la présente loi organique.

(L. org. nº 2016-1690 du 9 déc. 2016) « Les personnes ayant saisi le Défenseur des droits ne peuvent faire l'objet, pour ce motif, de mesures de rétorsion ou de représailles. »

Art. 21 Lorsque ses demandes formulées en vertu de l'article 18, à l'exception du dernier alinéa, ou de l'article 20 ne sont pas suivies d'effet, le Défenseur des droits peut mettre en demeure les personnes intéressées de lui répondre dans un délai qu'il fixe.

Lorsque la mise en demeure n'est pas suivie d'effet, il peut saisir le juge des référés d'une demande motivée aux fins d'ordonner toute mesure que ce dernier juge utile.

Art. 22 I. — Le Défenseur des droits peut procéder à :

1° Des vérifications sur place dans les locaux administratifs ou privés des personnes mises en cause ;

2° Des vérifications sur place dans les lieux, locaux, moyens de transport accessibles au public et dans les locaux professionnels exclusivement consacrés à cet usage.

Lors de ses vérifications sur place, le Défenseur des droits peut entendre toute personne susceptible de fournir des informations.

II. — L'autorité compétente peut s'opposer à une vérification sur place, dans les locaux administratifs d'une personne publique, au titre de l'une des compétences prévues par les 1° à 3° *(L. org. nº 2016-1690 du 9 déc. 2016)* « et 5° » de l'article 4, pour des motifs graves et impérieux liés à la défense nationale ou à la sécurité publique.

L'autorité compétente doit alors fournir au Défenseur des droits les justifications de son opposition.

Le Défenseur des droits peut saisir le juge des référés d'une demande motivée afin qu'il autorise les vérifications sur place. Les vérifications s'effectuent alors sous l'autorité et le contrôle du juge qui les a autorisées. Celui-ci peut se rendre dans les locaux administratifs durant l'intervention. A tout moment, il peut décider l'arrêt ou la suspension des vérifications.

III. — Le responsable de locaux privés est préalablement informé de son droit d'opposition à la visite ou à la vérification sur place. Lorsqu'il exerce ce droit, la visite ou la vérification sur place ne peut se dérouler qu'après l'autorisation du juge des libertés et de la détention du *(L. org. nº 2019-221 du 23 mars 2019, art. 10-III)* « judiciaire » dans le ressort duquel sont situés les locaux à visiter, qui statue dans des conditions fixées par décret en Conseil d'État. Toutefois, lorsque l'urgence, la gravité des faits à l'origine du contrôle ou le risque de destruction ou de dissimulation de documents le justifient, la visite peut avoir lieu sans que le responsable des locaux en ait été informé, sur autorisation préalable du juge des libertés et de la détention. Dans ce cas, le responsable des lieux ne peut s'opposer à la visite.

La visite s'effectue sous l'autorité et le contrôle du juge des libertés et de la détention qui l'a autorisée, en présence de l'occupant des lieux ou de son représentant, qui peut se faire assister d'un conseil de son choix ou, à défaut, en présence de deux témoins qui ne sont pas placés sous l'autorité des personnes chargées de procéder au contrôle.

L'ordonnance ayant autorisé la visite est exécutoire au seul vu de la minute. Elle mentionne que le juge ayant autorisé la visite peut être saisi à tout moment d'une demande de suspension ou d'arrêt de cette visite. Elle indique le délai et la voie de recours. Elle peut faire l'objet, suivant les règles prévues par le code de procédure civile, d'un appel devant le premier président de la cour d'appel. Celui-ci connaît également des recours contre le déroulement des opérations de visite.

Art. 23 Lorsque le Défenseur des droits est saisi, ou se saisit d'office, de faits donnant lieu à une enquête préliminaire ou de flagrance ou pour lesquels une information judiciaire est ouverte ou des poursuites judiciaires sont en cours, il doit recueillir l'accord préalable des juridictions saisies ou du procureur de la République, selon le cas, pour la mise en œuvre de l'article 18, à l'exception du dernier alinéa, des articles 20 et 22. Lorsqu'il intervient au titre de sa compétence prévue au 3° de l'article 4, il doit également recueillir l'accord préalable :

— des juridictions saisies ou du procureur de la République, pour la mise en œuvre de l'article 26 et du I de l'article 28, lorsque les faits donnent lieu à une enquête préliminaire ou de flagrance ou qu'une information judiciaire est ouverte ou des poursuites judiciaires sont en cours ;

— du procureur de la République, pour la mise en œuvre du II de l'article 28, lorsque les faits donnent lieu à une enquête préliminaire ou de flagrance.

CHAPITRE III *DISPOSITIONS RELATIVES AUX POUVOIRS DU DÉFENSEUR DES DROITS*

Art. 24 Le Défenseur des droits apprécie si les faits qui font l'objet d'une réclamation ou qui lui sont signalés appellent une intervention de sa part.

Il indique les motifs pour lesquels il décide de ne pas donner suite à une saisine.

Art. 25 Le Défenseur des droits peut faire toute recommandation qui lui apparaît de nature à garantir le respect des droits et libertés de la personne lésée et à régler les difficultés soulevées devant lui ou à en prévenir le renouvellement.

Il peut recommander de régler en équité la situation de la personne dont il est saisi.

Les autorités ou personnes intéressées informent le Défenseur des droits, dans le délai qu'il fixe, des suites données à ses recommandations.

A défaut d'information dans ce délai ou s'il estime, au vu des informations reçues, qu'une recommandation n'a pas été suivie d'effet, le Défenseur des droits peut enjoindre à la personne mise en cause de prendre, dans un délai déterminé, les mesures nécessaires.

Lorsqu'il n'a pas été donné suite à son injonction, le Défenseur des droits établit un rapport spécial, qui est communiqué à la personne mise en cause. Le Défenseur des droits rend publics ce rapport et, le cas échéant, la réponse de la personne mise en cause, selon des modalités qu'il détermine.

Art. 26 Le Défenseur des droits peut procéder à la résolution amiable des différends portés à sa connaissance, par voie de médiation.

Les constatations effectuées et les déclarations recueillies au cours de la médiation ne peuvent être ni produites, ni invoquées ultérieurement dans les instances civiles ou administratives sans le consentement des personnes intéressées, sauf si la divulgation de l'accord est nécessaire à sa mise en œuvre ou si des raisons d'ordre public l'imposent.

Art. 27 Lorsque le Défenseur des droits estime, dans les conditions définies à l'article 24, que la réclamation d'une personne s'estimant victime d'une discrimination ou invoquant la protection des droits de l'enfant appelle une intervention de sa part, il l'assiste dans la constitution de son dossier et l'aide à identifier les procédures adaptées à son cas, y compris lorsque celles-ci incluent une dimension internationale.

Art. 28 I. — Le Défenseur des droits peut proposer à l'auteur de la réclamation et à la personne mise en cause de conclure une transaction dont il peut recommander les termes.

II. — Lorsqu'il constate des faits constitutifs d'une discrimination sanctionnée par les articles 225-2 et 432-7 du code pénal et L. 1146-1 et L. 2146-2 du code du travail, le Défenseur des droits peut, si ces faits n'ont pas déjà donné lieu à la mise en mouvement de l'action publique, proposer à l'auteur des faits une transaction consistant dans le versement d'une amende transactionnelle dont le montant ne peut excéder 3 000 € s'il s'agit d'une personne physique et 15 000 € s'il s'agit d'une personne morale et, s'il y a lieu, dans l'indemnisation de la victime. Le montant de l'amende est fixé en fonction de la gravité des faits ainsi que des ressources et des charges de l'auteur des faits.

La transaction proposée par le Défenseur des droits et acceptée par l'auteur des faits ainsi que, s'il y a lieu, par la victime*[,]* doit être homologuée par le procureur de la République.

La personne à qui est proposée une transaction est informée qu'elle peut se faire assister par un avocat avant de donner son accord à la proposition du Défenseur des droits.

III. — Dans les cas prévus au II, le Défenseur des droits peut également proposer que la transaction consiste dans :

1° L'affichage d'un communiqué, dans des lieux qu'elle précise et pour une durée qui ne peut excéder deux mois ;

2° La transmission, pour information, d'un communiqué au comité d'entreprise ou aux délégués du personnel ;

3° La diffusion d'un communiqué, par son insertion au *Journal officiel* ou dans une ou plusieurs autres publications de presse, ou par la voie de services de communication électronique, sans que ces publications ou services de communication électronique puissent s'y opposer ;

4° L'obligation de publier la décision au sein de l'entreprise.

Les frais d'affichage ou de diffusion sont à la charge de l'auteur des faits, sans pouvoir toutefois excéder le montant maximal de l'amende transactionnelle prévue au II.

IV. — Les actes tendant à la mise en œuvre ou à l'exécution de la transaction mentionnée au même II sont interruptifs de la prescription de l'action publique.

L'exécution de la transaction constitue une cause d'extinction de l'action publique. Elle ne fait cependant pas échec au droit de la partie civile de délivrer citation directe devant le tribunal correctionnel. Le tribunal, composé d'un seul magistrat exerçant les pouvoirs conférés au président, ne statue alors que sur les seuls intérêts civils.

En cas de refus de la proposition de transaction ou d'inexécution d'une transaction acceptée et homologuée par le procureur de la République, le Défenseur des droits, conformément à l'article 1er du code de procédure pénale, peut mettre en mouvement l'action publique par voie de citation directe.

V. — Un décret précise les modalités d'application des II à IV.

Art. 29 Le Défenseur des droits peut saisir l'autorité investie du pouvoir d'engager les poursuites disciplinaires des faits dont il a connaissance et qui lui paraissent de nature à justifier une sanction.

Cette autorité informe le Défenseur des droits des suites réservées à sa saisine et, si elle n'a pas engagé de procédure disciplinaire, des motifs de sa décision.

A défaut d'information dans le délai qu'il a fixé ou s'il estime, au vu des informations reçues, que sa saisine n'a pas été suivie des mesures nécessaires, le Défenseur des droits peut établir un rapport spécial qui est communiqué à l'autorité mentionnée au premier alinéa. Il peut rendre publics ce rapport et, le cas échéant, la réponse de cette autorité selon des modalités qu'il détermine.

L'alinéa précédent ne s'applique pas à la personne susceptible de faire l'objet de la saisine du Conseil supérieur de la magistrature prévue à l'avant-dernier alinéa de l'article 65 de la Constitution.

Art. 30 Le Défenseur des droits, lorsqu'il a constaté une discrimination directe ou indirecte mentionnée au 3° de l'article 4 dans l'activité professionnelle d'une personne physique ou morale soumise à agrément ou autorisation par une autorité publique, ou à l'encontre de laquelle une telle autorité dispose du pouvoir de prendre des mesures conservatoires ou des sanctions pour non-respect de la législation relative aux discriminations ou au titre de l'ordre et des libertés publics, peut recommander à cette autorité publique de faire usage des pouvoirs de suspension ou de sanction dont elle dispose.

Le Défenseur des droits est tenu informé des suites données à sa recommandation.

Art. 31 Lorsque le Défenseur des droits est saisi d'une réclamation, non soumise à une autorité juridictionnelle, qui soulève une question touchant à l'interprétation ou à la portée d'une disposition législative ou réglementaire, il peut consulter le Conseil d'État. Le Défenseur des droits peut rendre public cet avis. Ce dernier est rendu dans des conditions fixées par décret en Conseil d'État.

Art. 32 Le Défenseur des droits peut recommander de procéder aux modifications législatives ou réglementaires qui lui apparaissent utiles.

Il peut être consulté par le Premier ministre sur tout projet de loi intervenant dans son champ de compétence.

Il peut également être consulté par le Premier ministre, le président de l'Assemblée nationale ou le président du Sénat sur toute question relevant de son champ de compétence.

Il contribue, à la demande du Premier ministre, à la préparation et à la définition de la position française dans les négociations internationales dans les domaines relevant de son champ de compétence.

Dans les cas prévus aux deuxième et troisième alinéas, le Défenseur des droits rend son avis dans un délai d'un mois.

Art. 33 Le Défenseur des droits ne peut remettre en cause une décision juridictionnelle.

Les juridictions civiles, administratives et pénales peuvent, d'office ou à la demande des parties, l'inviter à présenter des observations écrites ou orales. Le Défenseur des droits peut lui-même demander à présenter des observations écrites ou à être entendu par ces juridictions; dans ce cas, son audition est de droit.

Sans préjudice de l'application du II de l'article 28, lorsqu'il apparaît au Défenseur des droits que les faits portés à sa connaissance sont constitutifs d'un crime ou d'un délit, il en informe le procureur de la République. Il lui fait savoir, le cas échéant, qu'une mission de médiation a été initiée en application de l'article 26.

Le procureur de la République informe le Défenseur des droits des suites données à ses transmissions.

Le Défenseur des droits porte à la connaissance de l'autorité judiciaire les affaires concernant un mineur susceptibles de donner lieu à des mesures d'assistance éducative prévues à l'article 375 du code civil ou toutes informations qu'il aurait recueillies à l'occasion de sa saisine par un mineur impliqué dans une procédure en cours.

Art. 34 Le Défenseur des droits mène toute action de communication et d'information jugée opportune dans ses différents domaines de compétence.

Il favorise à cette fin la mise en œuvre de programmes de formation. Il conduit et coordonne des travaux d'étude et de recherche. Il suscite et soutient les initiatives de tous organismes publics ou privés en ce qui concerne l'élaboration et l'adoption d'engagements visant à la promotion des droits et de l'égalité. Il identifie et promeut toute bonne pratique en la matière.

Art. 35 Le Défenseur des droits saisit les autorités locales compétentes de tout élément susceptible de justifier une intervention du service en charge de l'aide sociale à l'enfance.

Art. 35-1 *(L. org. n° 2022-400 du 21 mars 2022, art. 3)* I. — Tout lanceur d'alerte, au sens du I de l'article 6 de la loi n° 2016-1691 du 9 décembre 2016 relative à la transparence, à la lutte contre la corruption et à la modernisation de la vie économique, peut adresser un signalement au Défenseur des droits.

II. — Lorsque le signalement qui lui est adressé relève de sa compétence, le Défenseur des droits le recueille, le traite, selon une procédure indépendante et autonome, et fournit un retour d'informations à son auteur. Un décret en Conseil d'État précise les délais et les garanties de confidentialité applicables à cette procédure, dans les conditions prévues par la directive (UE) 2019/1937 du Parlement européen et du Conseil du 23 octobre 2019 sur la protection des personnes qui signalent des violations du droit de l'Union.

III. — Lorsque le signalement relève de la compétence d'une autre autorité mentionnée au 1° du II de l'article 8 de la loi n° 2016-1691 du 9 décembre 2016 précitée, le Défenseur des droits oriente son auteur vers celle-ci. Lorsque le signalement ne relève de la compétence d'aucune de ces autorités ou que son objet concerne les compétences de plusieurs d'entre elles, il l'oriente vers l'autorité, l'administration ou l'organisme le mieux à même d'en connaître.

IV. — Le Défenseur des droits peut être saisi par toute personne pour rendre un avis sur sa qualité de lanceur d'alerte au regard des conditions fixées aux articles 6 et 8 de la loi n° 2016-1691 du 9 décembre 2016 précitée.

Il peut également être saisi par toute personne pour rendre un avis dans lequel il apprécie si elle a respecté les conditions pour bénéficier de la protection prévue par un autre dispositif spécifique de signalement de violations et de protection de l'auteur du signalement prévu par la loi ou le règlement.

Les avis mentionnés aux deux premiers alinéas du présent IV sont rendus dans un délai de six mois à compter de la réception de la demande.

Art. 36 I. – Le Défenseur des droits peut, après en avoir informé la personne mise en cause, décider de rendre publics ses avis, recommandations ou décisions avec, le cas échéant, la réponse faite par la personne mise en cause, selon des modalités qu'il détermine.

II. – Il présente chaque année au Président de la République, au président de l'Assemblée nationale et au président du Sénat :

1° Un rapport qui rend compte de son activité générale et comprend une annexe thématique relative à chacun de ses domaines de compétences énumérés à l'article 4. *(L. org. n° 2017-54 du 20 janv. 2017, art. 5-2°)* « Ce rapport est présenté avant le 1er juin ; »

2° Un rapport consacré aux droits de l'enfant à l'occasion de la journée internationale des droits de l'enfant.

(L. org. n° 2022-400 du 21 mars 2022, art. 4-1°) « En outre, il présente tous les deux ans au Président de la République, au Président de l'Assemblée nationale et au Président du Sénat un rapport sur le fonctionnement global de la protection des lanceurs d'alerte, réalisé à partir des informations transmises par les autorités compétentes pour traiter et recueillir les signalements. »

Les rapports visés *(L. org. n° 2022-400 du 21 mars 2022, art. 4-2°)* « au 1°, au 2° et à l'avant-dernier alinéa du présent II » sont publiés et peuvent faire l'objet d'une communication du Défenseur des droits devant chacune des deux assemblées.

III. – Le Défenseur des droits peut également présenter tout autre rapport au Président de la République, au président de l'Assemblée nationale et au président du Sénat. Ce rapport est publié.

TITRE IV DISPOSITIONS RELATIVES À L'ORGANISATION ET AU FONCTIONNEMENT DU DÉFENSEUR DES DROITS

Art. 37 *(Abrogé par L. n° 2017-55 du 20 janv. 2017, art. 49-II)* « *Le Défenseur des droits dispose de services placés sous son autorité qui ne peuvent comprendre que des fonctionnaires civils et militaires, des fonctionnaires des assemblées parlementaires, des magistrats et des agents contractuels de droit public.* »

(L. n° 2017-55 du 20 janv. 2017, art. 49-II) « Le Défenseur des droits » peut désigner, sur l'ensemble du territoire ainsi que pour les Français de l'étranger, des délégués, placés sous son autorité, qui peuvent, dans leur ressort géographique, instruire des réclamations et participer au règlement des difficultés signalées ainsi qu'aux actions mentionnées au premier alinéa de l'article 34. Afin de permettre aux personnes détenues de bénéficier des dispositions de la présente loi organique, il désigne un ou plusieurs délégués pour chaque établissement pénitentiaire.

Il peut leur déléguer, ainsi qu'à ses agents, les attributions mentionnées à l'article 18, à l'exception de son dernier alinéa, et aux articles 20 et 22. Pour l'exercice des pouvoirs mentionnés au même article 22, ces délégués et agents sont spécialement habilités par le procureur général près la cour d'appel de leur domicile.

Les agents du Défenseur des droits assermentés et spécialement habilités par le procureur de la République peuvent constater par procès-verbal les délits de discrimination, en particulier dans le cas où il est fait application de l'article 225-3-1 du code pénal.

Les habilitations mentionnées aux troisième et quatrième alinéas du présent article sont délivrées dans des conditions et selon des modalités fixées par décret en Conseil d'État.

Art. 38 Le Défenseur des droits, ses adjoints, les autres membres des collèges, les délégués et l'ensemble des agents placés sous son autorité sont astreints au secret professionnel pour les faits, actes ou renseignements dont ils ont connaissance en raison de leurs fonctions, sous réserve des éléments nécessaires à l'établissement des avis, recommandations, injonctions et rapports prévus par la présente loi organique.

Le Défenseur des droits peut toutefois, lorsqu'il a été saisi par un enfant, informer ses représentants légaux ainsi que les autorités susceptibles d'intervenir dans l'intérêt de l'enfant.

Sauf accord des intéressés, aucune mention permettant l'identification de personnes physiques ne peut être faite dans les documents publiés sous l'autorité du Défenseur des droits.

Art. 39 *(Abrogé par L. nº 2017-55 du 20 janv. 2017, art. 49-II) Le Défenseur des droits établit et rend publics un règlement intérieur et un code de déontologie qui lui sont applicables, ainsi qu'à ses adjoints, aux autres membres des collèges, à ses délégués et à l'ensemble des agents placés sous son autorité.*

....

TITRE V DISPOSITIONS FINALES

....

Art. 44 I. – La présente loi organique entre en vigueur le lendemain de sa publication. A compter de cette date, le Défenseur des droits exerce les missions visées au 1° de l'article 4 et succède au Médiateur de la République dans ses droits et obligations.

II. – Toutefois, entrent en vigueur au premier jour du deuxième mois suivant la date de promulgation de la présente loi organique, en tant qu'ils concernent les missions visées aux 2° à 4° de l'article 4 :

– au second alinéa de l'article 2, les mots : "et ses adjoints" ;

– aux premier et avant-dernier alinéas de l'article 3, les mots : "et celles de ses adjoints" ;

– au deuxième alinéa du même article 3, les mots : "ou adjoint" ;

– à la première phrase du dernier alinéa dudit article 3, les mots : "ou comme un de ses adjoints" ;

– les 2° à 4° des articles 4 et 5 ;

– le dernier alinéa de l'article 5 ;

– à la fin du deuxième alinéa de l'article 6, les mots :", sauf lorsqu'elle est présentée au titre des compétences mentionnées aux 2° à 4° de l'article 4" ;

– à la dernière phrase de l'article 8, les mots : "des cas lui paraissant mettre en cause l'intérêt supérieur d'un enfant et" ;

– au second alinéa de l'article 10, les mots :", sauf au titre de ses compétences mentionnées au 3° du même article 4," ;

– les articles 11 à 17 ;

– au premier alinéa du II de l'article 22, la référence : "à 3°" ;

– la dernière phrase du premier alinéa et les deux derniers alinéas de l'article 23 ;

– l'article 27, les II à V de l'article 28 et l'article 30 ;

– le dernier alinéa de l'article 33 ;

– les deux dernières phrases du second alinéa de l'article 34 ;

– l'article 35 ;

– le 2° du II de l'article 36 et, au dernier alinéa du même II, la référence : "et 2°" ;

– l'avant-dernier alinéa de l'article 37 et, au dernier alinéa du même article, les mots : "et quatrième" ;

– au premier alinéa de l'article 38, les mots : "ses adjoints, les autres membres des collèges," ;

– à l'article 39, les mots : "ses adjoints, aux autres membres des collèges, à" ;

[...]

A compter du premier jour du deuxième mois suivant la promulgation de la présente loi organique, le Défenseur des droits succède au Défenseur des enfants, à la Commission nationale de déontologie de la sécurité et à la Haute Autorité de lutte contre les discriminations et pour l'égalité dans leurs droits et obligations au titre de leurs activités respectives.

III. – Les détachements, les mises à disposition en cours et les contrats des agents contractuels de droit public auprès des autorités auxquelles succède le Défenseur des droits se poursuivent auprès de lui.

Les procédures ouvertes par le Médiateur de la République, le Défenseur des enfants, la Commission nationale de déontologie de la sécurité et la Haute Autorité de lutte contre les discriminations et pour l'égalité et non clôturées aux dates d'entrée en vigueur mentionnées au I et au premier alinéa du II se poursuivent devant le Défenseur des droits. A cette fin, les actes valablement accomplis par le Médiateur de la République, le Défenseur des enfants, la Commission nationale de déontologie de la sécurité et la Haute Autorité de lutte contre les discriminations et pour l'égalité sont réputés avoir été valablement accomplis par le Défenseur des droits.

La présente loi sera exécutée comme loi de l'État.

INSERTION

Code de la sécurité sociale

Protection universelle maladie

Art. L. 160-1 *(L. n° 2015-1702 du 21 déc. 2015, art. 59-III-3°, en vigueur le 1er janv. 2016)* **Toute personne travaillant ou, lorsqu'elle n'exerce pas d'activité professionnelle, résidant en France de manière stable et régulière bénéficie, en cas de maladie ou de maternité, de la prise en charge de ses frais de santé dans les conditions fixées au présent livre.**

L'exercice d'une activité professionnelle et les conditions de résidence en France sont appréciées selon les règles prévues, respectivement, aux articles L. 111-2-2 et L. 111-2-3.

(L. n° 2016-1827 du 23 déc. 2016, art. 64-I) **« Un décret en Conseil d'État prévoit les conditions dans lesquelles les personnes qui résident en France et cessent de remplir les autres conditions mentionnées à l'article L. 111-2-3 bénéficient, dans la limite d'un an, d'une prolongation du droit à la prise en charge des frais de santé mentionnée** *(Ord. n° 2021-1554 du 1er déc. 2021, art. 1er-4°)* **« aux articles L. 160-8 et L. 160-9-1 » et, le cas échéant, à la** *(L. n° 2018-1203 du 22 déc. 2018, art. 52-II, en vigueur le 1er nov. 2019)* **« protection complémentaire en matière de santé » prévue à l'article L. 861-1. »** — *Les dispositions issues de l'Ord. n° 2021-1554 du 1er déc. 2021 sont entrées en vigueur le lendemain de la publication du Décr. n° 2022-801 du 12 mai 2022, soit le 14 mai 2022 (Décr. préc., art. 1er, JO 13 mai).*

Sur les exceptions à l'application du droit des usagers de saisir l'administration par voie électronique concernant les démarches effectuées auprès des organismes de sécurité sociale, V. CRPA, App., v° Saisine par voie électronique — Exceptions — ***CRPA.***

Art. L. 160-2 *(L. n° 2015-1702 du 21 déc. 2015, art. 59-III-3°, en vigueur le 1er janv. 2016)* **Par dérogation à l'article L. 160-1, bénéficient de la prise en charge de leurs frais de santé en tant qu'ayants droit d'un assuré social les enfants** *(L. n° 2018-166 du 8 mars 2018, art. 11-I, en vigueur le 1er sept. 2018)* **« mineurs » n'exerçant pas d'activité professionnelle qui sont à sa charge, à condition que la filiation, y compris adoptive, soit légalement établie ou qu'ils soient pupilles de la Nation** *(Abrogé par L. n° 2016-1827 du 23 déc. 2016, art. 64-I)* ***« dont l'assuré est tuteur »*** **ou enfants recueillis.**

(L. n° 2018-166 du 8 mars 2018, art. 11-I, en vigueur le 1er sept. 2018) **« Le statut d'ayant droit prend fin, à une date fixée par décret, l'année au cours de laquelle l'enfant atteint l'âge de sa majorité. »**

L'enfant qui a atteint l'âge de seize ans peut demander, selon des modalités fixées par décret, à bénéficier, à titre personnel, de la prise en charge de ses frais de santé en cas de maladie ou de maternité.

(Abrogé par L. n° 2018-166 du 8 mars 2018, art. 11-I, à compter du 1er sept. 2018) ***« L'enfant qui, ayant atteint l'âge de seize ans, poursuit des études dans les établissements, écoles ou classes mentionnés au même article L. 381-4 bénéficie automatiquement de la prise en charge de ses frais de santé à titre personnel. »***

Les enfants mineurs pris en charge par les services de l'aide sociale à l'enfance peuvent, sur demande des personnes ou des établissements qui en assurent l'accueil ou la garde, être identifiés de façon autonome au sein du régime de l'assuré social. Ces personnes ou établissements bénéficient, pour le compte de l'assuré, de la prise en charge des frais de santé de ce dernier en cas de maladie ou de maternité.

V. note ss. art. L. 160-1.

Art. L. 160-3 *(L. n° 2015-1702 du 21 déc. 2015, art. 59-III-3°)* **Lorsqu'ils résident à l'étranger et n'exercent pas d'activité professionnelle, bénéficient, lors de leurs séjours temporaires en France, de la prise en charge de leurs frais de santé prévue à l'article L. 160-1, sous réserve que la prestation susceptible d'ouvrir droit à cette prise en charge ne soit pas celle mentionnée à l'article L. 161-22-2 :**

1° Les titulaires d'une pension ou rente de vieillesse ou d'une pension de réversion servie par un régime de base de sécurité sociale français ;

2° Les titulaires d'une rente ou d'une allocation allouée en application de dispositions législatives sur les accidents du travail et les maladies professionnelles applicables aux professions non agricoles ;

3° Les titulaires d'une pension de vieillesse substituée à une pension d'invalidité ou d'une pension d'invalidité, servie par un ou plusieurs régimes de base français ;

4° Les personnes mentionnées à l'article L. 117-3 du code de l'action sociale et des familles.

(L. nº 2018-1203 du 22 déc. 2018, art. 52-II, en vigueur le 1er juill. 2019) « Sous réserve des dispositions relatives au séjour temporaire prévues dans les règlements européens et les conventions internationales de sécurité sociale ou des dispositions, applicables dans les États dans lesquels ces personnes résident, prévoyant une prise en charge des soins dispensés hors de leur territoire, les dispositions du premier alinéa du présent article s'appliquent :

« *a)* Aux personnes mentionnées aux 1° à 3°, lorsque la France est exclusivement compétente pour la prise en charge des soins de santé dispensés dans l'État dans lequel elles résident en vertu des conventions internationales de sécurité sociale ;

« *b)* Aux personnes mentionnées aux 1° et 3°, non mentionnées au *a* et dont la pension rémunère une durée d'assurance supérieure ou égale à quinze années au titre d'un régime français ;

« *c)* Aux enfants mineurs n'exerçant pas d'activité professionnelle et à la charge des personnes mentionnées aux *a* et *b*. »

V. note ss. art. L. 160-1.

Art. L. 160-4 *(L. nº 2015-1702 du 21 déc. 2015, art. 59-III-3°, en vigueur le 1er janv. 2016)* Bénéficient également de la prise en charge des frais de santé lorsqu'ils n'exercent pas d'activité professionnelle en France :

1° Les membres de la famille qui accompagnent les travailleurs détachés temporairement à l'étranger depuis la France pour y exercer une activité professionnelle et qui sont exemptés d'affiliation au régime de sécurité sociale de l'État de détachement en application d'une convention internationale de sécurité sociale ou d'un règlement européen ;

2° Les membres de la famille à la charge d'un assuré du régime de sécurité sociale français qui ne résident pas en France et bénéficient d'une telle prise en charge en application d'une convention internationale de sécurité sociale ou d'un règlement européen ;

3° Les membres du personnel diplomatique et consulaire ou les fonctionnaires de la République française et les personnes assimilées en poste à l'étranger, ainsi que les membres de leur famille qui les accompagnent.

V. note ss. art. L. 160-1.

Art. L. 160-5 *(L. nº 99-641 du 27 juill. 1999, art. 4) (L. nº 2015-1702 du 21 déc. 2015, art. 59-III-4°, en vigueur le 1er janv. 2016)* « Toute personne qui déclare auprès d'une caisse primaire d'assurance maladie, dans des conditions fixées par décret, ne pas bénéficier de la prise en charge des frais de santé mentionnée à l'article L. 160-1 bénéficie de cette prise en charge auprès de cette caisse dès qu'elle justifie de son identité et de sa résidence stable et régulière. »

Les services sociaux ou les associations et organismes à but non lucratif agréés par décision du représentant de l'État dans le département, ainsi que les établissements de santé, apportent leur concours aux intéressés dans leur demande d'affiliation et sont habilités à transmettre les documents afférents à l'organisme compétent avec l'accord de l'intéressé.

(L. nº 2007-290 du 5 mars 2007, art. 51-III) « Les personnes sans domicile stable doivent élire domicile dans les conditions prévues au chapitre IV du titre VI du livre II du code de l'action sociale et des familles. *(Abrogé par L. nº 2016-1827 du 23 déc. 2016, art. 64-I)* ***« Dans le but de simplifier les démarches des intéressés, les organismes de sécurité sociale concernés et le département sont informés par l'organisme agréé des décisions d'attribution ou de retrait des attestations d'élection de domicile mentionnées à l'article L. 264-2 du même code, dans des conditions définies par décret ».*** »

(Abrogé par L. nº 2015-1702 du 21 déc. 2015, art. 59-III-4°, à compter du 1er janv. 2016) ***« Les modalités d'application du présent article sont définies par décret en Conseil d'État. »*** — *[Anc. art. L. 161-2-1.]*

V. note ss. art. L. 160-1.

Art. L. 160-6 *(L. nº 99-641 du 27 juill. 1999, art. 8) (L. nº 2015-1702 du 21 déc. 2015, art. 59-III-5°, en vigueur le 1er janv. 2016)* « L'article L. 160-1 ne s'applique pas aux personnes suivantes si elles n'exercent pas une activité professionnelle complémentaire en France : »

1° Les membres du personnel diplomatique et consulaire en poste en France, les fonctionnaires d'un État étranger et personnes assimilées, ainsi que les membres de leur famille qui les accompagnent ;

2° Les personnes qui sont venues en France pour suivre un traitement médical ou une cure ;

(L. n° 2015-1702 du 21 déc. 2015, art. 59-III-5°, en vigueur le 1er janv. 2016) « 3° Les personnes titulaires d'une pension étrangère qui ne bénéficient pas par ailleurs d'un avantage viager d'un régime obligatoire de sécurité sociale français lorsque, en application d'un règlement européen ou d'un accord international, la prise en charge de leurs frais de santé ainsi que de ceux des membres de leur famille qui résident avec elles relève du régime étranger qui sert la pension ; »

4° Les agents retraités d'une organisation internationale qui ne sont pas également titulaires d'une pension française, ainsi que les membres de leur famille, dès lors qu'ils sont couverts dans des conditions analogues à celles du régime général français d'assurance maladie et maternité par le régime propre à l'organisation dont ils relevaient quand ils étaient en activité ;

(L. n° 2006-1640 du 21 déc. 2006, art. 130-I) « 5° Les travailleurs détachés temporairement en France pour y exercer une activité professionnelle et exemptés d'affiliation au régime français de sécurité sociale en application d'une convention internationale de sécurité sociale ou d'un règlement » *(L. n° 2015-1702 du 21 déc. 2015, art. 59-III-5°, en vigueur le 1er janv. 2016)* « européen, les membres de leur famille qui les accompagnent ou toute autre personne relevant de la législation de sécurité sociale d'un autre État en raison de son activité professionnelle, ainsi que les membres de la famille de cette personne qui résident avec elle de manière stable et régulière en France ; »

(L. n° 2007-290 du 5 mars 2007, art. 63-II) « 6° Les ressortissants des États membres de *(L. n° 2015-1702 du 21 déc. 2015, art. 59-III-5°, en vigueur le 1er janv. 2016)* « l'Union » européenne et des autres États parties à l'accord sur l'Espace économique européen *(L. n° 2015-1702 du 21 déc. 2015, art. 59-III-5°, en vigueur le 1er janv. 2016)* « ou de la Confédération suisse », entrés en France pour y chercher un emploi et qui s'y maintiennent à ce titre. » – *[Anc. art. L. 380-3.]*

V. note ss. art. L. 160-1.

Art. L. 160-7 Sous réserve des conventions *(L. n° 2015-1702 du 21 déc. 2015, art. 59-III-6°, en vigueur le 1er janv. 2016)* « internationales et *[des]* règlements européens » et de l'article L. 766-1, lorsque les soins sont dispensés hors de France aux assurés et *(L. n° 2015-1702 du 21 déc. 2015, art. 59-III-6°, en vigueur le 1er janv. 2016)* « aux personnes mentionnées à l'article L. 160-2 », les prestations *(L. n° 2015-1702 du 21 déc. 2015, art. 59-III-6°, en vigueur le 1er janv. 2016)* « en cas de » maladie et de maternité ne sont pas servies.

Un décret en Conseil d'État fixe les conditions dans lesquelles des dérogations peuvent être apportées au principe posé à l'alinéa précédent dans le cas où l'assuré ou *(L. n° 2015-1702 du 21 déc. 2015, art. 59-III-6°, en vigueur le 1er janv. 2016)* « les personnes mentionnées à l'article L. 160-2 » tombent malades inopinément au cours d'un séjour *(Ord. n° 2004-329 du 15 avr. 2004, art. 5)* « hors d'un État membre de l'Union européenne ou partie à l'accord sur l'Espace économique européen » *(L. n° 2015-1702 du 21 déc. 2015, art. 59-III-6°, en vigueur le 1er janv. 2016)* « ou de la Confédération suisse » ou lorsque le malade ne peut recevoir en France les soins appropriés à son état. *(Abrogé par L. n° 2015-1702 du 21 déc. 2015, art. 59-III-6°, à compter du 1er janv. 2016) (Ord. n° 2004-329 du 15 avr. 2004, art. 5)* ***« Ce décret fixe également les adaptations nécessaires à la prise en charge des soins lorsque ceux-ci sont dispensés dans un État membre de l'Union européenne ou partie à l'accord sur l'Espace économique européen. »*** *(L. n° 2004-810 du 13 août 2004, art. 58-VIII)* ***« Ce décret peut également prévoir les modalités selon lesquelles le service des prestations en nature est confié à un ou plusieurs organismes agissant pour le compte de l'ensemble des régimes d'assurance maladie. »*** – *[Anc. art. L. 332-3.]*

Art. L. 160-8 *(L. n° 2015-1702 du 21 déc. 2015, art. 59-III-8°, en vigueur le 1er janv. 2016)* La protection sociale contre le risque et les conséquences de la maladie prévue à l'article L. 111-2-1 comporte :

1° La couverture des frais de médecine générale et spéciale, des frais de soins et de prothèses dentaires, des frais pharmaceutiques et d'appareils, des frais d'examens de biologie médicale, y compris la couverture des frais relatifs aux actes d'investigation individuels, des frais d'hospitalisation et de traitement dans des établissements de soins, de réadaptation fonctionnelle et de rééducation ou d'éducation professionnelle, *(L. n° 2021-1754 du 23 déc. 2021, art. 79-I)* « des frais des séances d'accompagnement psychologique mentionnées à l'article L. 162-58, » ainsi que des frais d'interventions chirurgicales, y compris la couverture des médicaments, produits et objets contraceptifs et des frais d'examens et de biologie médicale ordonnés en vue de prescriptions contraceptives ;

2° La couverture des frais de transport des personnes se trouvant dans l'obligation de se déplacer pour recevoir les soins ou subir les examens appropriés à leur état ainsi que pour se soumettre à un contrôle prescrit en application de la législation de sécurité sociale, selon les règles définies aux articles L. 162-4-1 et L. 322-5 et dans les conditions et limites tenant compte de l'état du malade et du coût du transport fixées par décret en Conseil d'État ;

(Abrogé par Ord. n° 2021-1554 du 1er déc. 2021, art. 1er-5°) ***« 3° La couverture, sur décision de la commission mentionnée à l'article L. 146-9 du code de l'action sociale et des familles :***

« a) Des frais d'hébergement et de traitement des enfants ou adolescents handicapés dans les établissements mentionnés aux 2° et 12° du I de l'article L. 312-1 du même code ainsi que celle des frais de traitement concourant à leur éducation dispensée en dehors de ces établissements, à l'exception de la partie de ces frais incombant à l'État en application des articles L. 112-1 à L. 112-4, L. 123-4-2, L. 351-1 à L. 351-3 et L. 352-1 du code de l'éducation ;

« b) Des frais de fonctionnement liés à l'activité sociale ou médico-sociale des établissements mentionnés au 5° du I de l'article L. 312-1 du code de l'action sociale et des familles ; » *— Les dispositions issues de l'Ord. n° 2021-1554 du 1er déc. 2021 sont entrées en vigueur le lendemain de la publication du Décr. n° 2022-801 du 12 mai 2022, soit le 14 mai 2022 (Décr. préc., art. 1er, JO 13 mai).*

4° La couverture des frais de soins et d'hospitalisation afférents à l'interruption volontaire de grossesse effectuée dans les conditions prévues au titre I du livre II de la deuxième partie du code de la santé publique ;

5° La couverture des frais relatifs aux actes et traitements à visée préventive réalisés dans le cadre des programmes mentionnés *(L. n° 2022-1616 du 23 déc. 2022, art. 29-II)* « aux articles L. 1411-6 et L. 1411-6-2 » du même code, notamment des frais relatifs aux examens de dépistage et aux consultations de prévention effectués au titre des programmes prévus à l'article L. 1411-2 dudit code ainsi que des frais afférents aux vaccinations dont la liste est fixée par arrêté des ministres chargés de la santé et de la sécurité sociale ;

6° La couverture des frais relatifs *(L. n° 2018-1203 du 22 déc. 2018, art. 51-I, en vigueur le 1er janv. 2019)* « aux examens de prévention bucco-dentaire mentionnés » à l'article L. 2132-2-1 du même code ;

(L. n° 2021-1017 du 2 août 2021, art. 3-III) « 7° La couverture des frais relatifs aux actes et traitements liés à la préservation de la fertilité et à l'assistance médicale à la procréation, à l'exception de ceux afférents à la conservation des gamètes réalisée en application de l'article L. 2141-12 du code de la santé publique pour des assurés non atteints d'une pathologie altérant leur fertilité et ne relevant pas de l'article L. 2141-11 du même code » ;

(L. n° 2021-1754 du 23 déc. 2021, art. 36-I, en vigueur le 1er juill. 2022) « 8° La couverture des frais relatifs aux activités de télésurveillance médicale relevant de la section 11 du chapitre II du présent titre ; »

(L. n° 2023-1250 du 26 déc. 2023, art. 46-II) « 9° La couverture des frais relatifs aux interventions et aux traitements réalisés dans le cadre des parcours mentionnés à l'article L. 4012-1 du code de la santé publique ; »

(L. n° 2023-1250 du 26 déc. 2023, art. 83-III, en vigueur au plus tard le 1er janv. 2025) « 10° La couverture des frais relatifs au parcours mentionné à l'article L. 2134-1 du code de la santé publique ; »

(L. n° 2023-1250 du 26 déc. 2023, art. 40-I) « 11° La couverture des frais relatifs aux différentes catégories de protections périodiques réutilisables inscrites sur la liste prévue à l'article L. 162-59 pour les personnes assurées ayant leurs menstruations âgées de moins de vingt-six ans ou bénéficiaires de la protection complémentaire en matière de santé prévue à l'article L. 861-1. »

(L. n° 2023-1250 du 26 déc. 2023, art. 65-II) « Les produits, les prestations et les actes prescrits à l'occasion d'un acte de téléconsultation réalisé en application de l'article L. 6316-1 du code de la santé publique ainsi que les prescriptions réalisées lors des télésoins mentionnés à l'article L. 6316-2 du même code ne sont pris en charge qu'à la condition

d'avoir fait l'objet d'une communication orale, en vidéotransmission ou téléphonique, entre le prescripteur et le patient. »

Art. L. 160-9 *(Ord. nº 2004-329 du 15 avr. 2004, art. 4-II) (L. nº 2015-1702 du 21 déc. 2015, art. 59-III-9º, en vigueur le 1er janv. 2016)* « La protection sociale contre les risques et conséquences de la maternité » couvre l'ensemble des frais médicaux, pharmaceutiques, d'analyse et d'examens de laboratoires, d'appareils et d'hospitalisation relatifs ou non à la grossesse, à l'accouchement et à ses suites, intervenant au cours d'une période définie par décret. Lorsque l'accouchement a lieu avant le début de cette période, l'assurance maternité prend en charge l'ensemble des frais mentionnés ci-dessus à compter de la date d'accouchement et jusqu'à l'expiration de ladite période. — *V. art. D. 160-3.*

(L. nº 2015-1702 du 21 déc. 2015, art. 59-III-9º, en vigueur le 1er janv. 2016) « La protection sociale contre les risques et conséquences de la maternité » couvre également :

1º Les frais d'examens prescrits en application du deuxième alinéa de l'article L. 2122-1 *(L. nº 2018-1203 du 22 déc. 2018, art. 56-II, en vigueur le 1er mars 2019)* « et de l'article L. 2122-3 du code de la santé publique, ainsi que les frais d'examens de l'enfant réalisés en application de l'article L. 2132-2 du même code jusqu'à la fin de la période mentionnée au premier alinéa du présent article » ; — *Les dispositions issues de la L. nº 2018-1203 du 22 déc. 2018 sont entrées en vigueur le 1er mars 2019 (L. préc., art. 56-III).*

2º Les autres frais médicaux, pharmaceutiques, *(Ord. nº 2010-49 du 13 janv. 2010, art. 6)* « d'examens de biologie médicale », d'appareils et d'hospitalisation relatifs à la grossesse, à l'accouchement et à ses suites, dont la liste est fixée par arrêté du ministre chargé de la sécurité sociale ; — *V. Arr. du 23 déc. 2004 (JO 30 déc.).*

(L. nº 2019-1446 du 24 déc. 2019, art. 52-II) « 3º Les frais de transport entre leur domicile et une unité adaptée de gynécologie obstétrique prescrits, pour des motifs de qualité et de sécurité des soins, aux femmes enceintes dont la situation du domicile implique une durée d'accès à cette unité supérieure à un seuil, dans des conditions précisées par décret en Conseil d'État. »

(L. nº 2015-1702 du 21 déc. 2015, art. 59-III-9º, en vigueur le 1er janv. 2016) « L'assuré et ses ayants droit ne supportent aucune participation aux frais prévus au présent article. » — *[Anc. art. L. 331-2.]*

V. note ss. art. L. 160-1.

Art. L. 160-9-1 *(Ord. nº 2021-1554 du 1er déc. 2021, art. 1er-6º)* Pour la prise en charge des frais de santé, la protection sociale pour le soutien à l'autonomie comporte la couverture :

1º Des frais de soins, ainsi que des frais de transport dans les conditions définies au 2º de l'article L. 160-8, des personnes âgées et des personnes handicapées dans les établissements et services sociaux et médico-sociaux mentionnés à l'article L. 314-3-1 du code de l'action sociale et des familles ;

2º Des frais d'hébergement et de traitement des enfants ou adolescents handicapés dans les établissements mentionnés aux 2º, 3º et 12º du I de l'article L. 312-1 du même code ainsi que celle des frais de traitement concourant à leur éducation dispensée en dehors de ces établissements, à l'exception de la partie de ces frais incombant à l'État en application des articles L. 112-1 à L. 112-4, L. 123-4-2, L. 351-1 à L. 351-3 et L. 352-1 du code de l'éducation ;

3º Des frais de fonctionnement liés à l'activité sociale ou médico-sociale des établissements mentionnés au 5º du I de l'article L. 312-1 du code de l'action sociale et des familles ;

4º Des frais d'hébergement et de traitement des personnes handicapées dans les maisons d'accueil spécialisées relevant du 7º du I du même article L. 312-1.

Les dispositions issues de l'Ord. nº 2021-1554 du 1er déc. 2021 sont entrées en vigueur le lendemain de la publication du Décr. nº 2022-801 du 12 mai 2022, soit le 14 mai 2022 (Décr. préc., art. 1er, JO 13 mai).

Art. L. 160-10 La part garantie par *(L. nº 2015-1702 du 21 déc. 2015, art. 59-III-10º, en vigueur le 1er janv. 2016)* « les organismes servant les prestations » ne peut excéder le montant des frais exposés. Elle est *(L. nº 2015-1702 du 21 déc. 2015, art. 59-III-10º, en vigueur le 1er janv. 2016)* « versée au professionnel de santé dans le cadre du mécanisme du tiers payant ou elle est remboursée *(Abrogé par L. nº 2016-1827 du 23 déc. 2016, art. 64-I)* « soit » directement à l'assuré » *(Abrogé par L. nº 2016-1827 du 23 déc. 2016, art. 64-I)* ***« soit à l'organisme ayant reçu délégation de l'assuré dès lors que les soins ont été dispensés par un***

établissement ou un praticien ayant passé convention avec cet organisme, et dans la mesure où cette convention respecte la réglementation conventionnelle de l'assurance maladie.

« Un décret en Conseil d'État fixe les conditions et limites dans lesquelles l'assuré peut déléguer un tiers pour l'encaissement des prestations qui lui sont dues. » – *[Anc. art. L. 322-1.]*

V. note ss. art. L. 160-1.

Art. L. 160-11 *(L. n° 2015-1702 du 21 déc. 2015, art. 59-III-11°)* **L'action de l'assuré pour le paiement des prestations de l'assurance maladie se prescrit par deux ans à compter du premier jour du trimestre suivant celui auquel se rapportent lesdites prestations. Pour le paiement des prestations de l'assurance maternité, elle se prescrit par deux ans à compter de la date de la première constatation médicale de la grossesse.**

(Abrogé par L. n° 2016-1827 du 23 déc. 2016, art. 64-I) ***« L'action des ayants droit de l'assuré pour le paiement du capital prévu à l'article L. 361-1 se prescrit par deux ans à compter du jour du décès. »***

Cette prescription est également applicable, à compter du paiement des prestations entre les mains du bénéficiaire, à l'action intentée par un organisme payeur en recouvrement des prestations indûment payées, sauf en cas de fraude ou de fausse déclaration.

V. note ss. art. L. 160-1.

Art. L. 160-12 *(L. n° 98-657 du 29 juill. 1998, art. 130)* **Les prestations** *(Abrogé par L. n° 2015-1702 du 21 déc. 2015, art. 59-III-12°)* ***« en nature »*** **visées aux** *(L. n° 2015-1702 du 21 déc. 2015, art. 59-III-12°)* **« 1° à 6° de l'article L. 160-8 »** *(Ord. n° 2021-1554 du 1er déc. 2021, art. 1er-7°)* **« et à l'article L. 160-9-1 » sont incessibles et insaisissables sauf pour le recouvrement des prestations indûment versées à la suite d'une manœuvre frauduleuse ou d'une fausse déclaration de l'assuré.** – *Les dispositions issues de l'Ord. n° 2021-1554 du 1er déc. 2021 sont entrées en vigueur le lendemain de la publication du Décr. n° 2022-801 du 12 mai 2022, soit le 14 mai 2022 (Décr. préc., art. 1er, JO 13 mai).*

Les blocages des sommes déposées sur un compte ne peuvent avoir pour effet de faire obstacle à l'insaisissabilité et à l'incessibilité des prestations visées au premier alinéa. – *[Anc. art. L. 322-7.]*

V. note ss. art. L. 160-1.

Art. L. 160-13 *(L. n° 2004-810 du 13 août 2004, art. 41-I)* **« I. – La participation de l'assuré aux tarifs servant de base au calcul des prestations prévues** *(Ord. n° 2021-1554 du 1er déc. 2021, art. 1er-8° ; L. n° 2022-1616 du 23 déc. 2022, art. 58-I)* **« aux 1°, 2° et**[,] **8°** *(L. n° 2023-1250 du 26 déc. 2023, art. 40-I)* **« et au 11° » de l'article L. 160-8 et aux 2° et 3° de l'article L. 160-9-1 » peut être proportionnelle auxdits tarifs ou être fixée à une somme forfaitaire. Elle peut varier selon les catégories de prestations, les conditions dans lesquelles sont dispensés les soins, les conditions d'hébergement, la nature de l'établissement où les soins sont donnés.** *(L. n° 2019-1446 du 24 déc. 2019, art. 35-I)* **« La participation de l'assuré aux frais d'hospitalisation est proportionnelle aux bases de calcul mentionnées à l'article L. 162-20-1. » La participation de l'assuré peut être réduite en fonction de l'âge ou de la situation de famille du bénéficiaire des prestations.**

« La participation est fixée dans des limites et des conditions fixées par décret en Conseil d'État, par décision de l'Union nationale des caisses d'assurance maladie, après avis de l'Union nationale des organismes d'assurance maladie complémentaire. Le ministre chargé de la santé peut s'opposer à cette décision pour des motifs de santé publique. La décision du ministre est motivée. » *(L. n° 2011-1906 du 21 déc. 2011, art. 82)* **« Le décret en Conseil d'État précise notamment le délai dont dispose l'Union nationale des caisses d'assurance maladie pour se prononcer et les conditions dans lesquelles le ministre chargé de la sécurité sociale se substitue à l'Union nationale des caisses d'assurance maladie en cas d'absence de décision de celle-ci, une fois ce délai expiré. »**

(L. n° 2004-810 du 13 août 2004, art. 4-1) **« L'application aux spécialités pharmaceutiques mentionnées à l'article L. 162-17 des taux de participation mentionnés à l'alinéa précédent est déterminée par décision de l'Union nationale des caisses d'assurance maladie. »**

(L. n° 2020-1576 du 14 déc. 2020, art. 51-I-1° ; L. n° 2021-1754 du 23 déc. 2021, art. 38-IV) **« La participation de l'assuré aux frais occasionnés par un passage non programmé dans une structure des urgences d'un établissement de santé, autorisée, est fixée à une somme forfaitaire due lorsque ce passage n'est pas suivi d'une hospitalisation dans un service de médecine, de chirurgie, d'obstétrique ou d'odontologie au sein de l'établissement. Le montant de cette participation est défini par arrêté des ministres chargés de la santé et de la**

sécurité sociale, pris après avis de l'Union nationale des caisses d'assurance maladie et de l'Union nationale des organismes d'assurance maladie complémentaire. Ce montant peut être réduit *(L. nº 2021-1754 du 23 déc. 2021, art. 38-I)* « pour les assurés mentionnés aux 3° et 4° de l'article L. 160-14 et pour les bénéficiaires des prestations mentionnées à l'article L. 431-1, quel que soit le motif du passage. » Cette participation ne peut être supprimée, sauf *(L. nº 2021-1754 du 23 déc. 2021, art. 38-I)* « pour les bénéficiaires des prestations mentionnées à l'article L. 160-9 et les assurés mentionnés aux 11° et 13° de l'article L. 160-14 et à l'article L. 371-6, quel que soit le motif du passage, ainsi que pour les passages liés aux soins mentionnés aux 15° et 18° de l'article L. 160-14 et à l'article L. 169-2 et ceux en lien avec le risque sanitaire mentionné à l'article L. 16-10-1 ». » — *V. Arr. du 17 déc. 2021 relatif aux montants du forfait patient urgences prévu à l'art. L. 160-13 CSS (JO 29 déc., NOR : SSAH2138152A).*

(L. nº 2023-1250 du 26 déc. 2023, art. 46-II) « La participation de l'assuré aux frais mentionnés au 9° de l'article L. 160-8 peut être proportionnelle à tout ou partie de ces frais ou forfaitaire. Le montant de cette participation est défini par un arrêté des ministres chargés de la santé et de la sécurité sociale, pris après avis de l'Union nationale des caisses d'assurance maladie et de l'Union nationale des organismes d'assurance maladie complémentaire. Cette participation peut être limitée ou supprimée dans des conditions fixées par décret en Conseil d'État. »

(L. nº 2023-1250 du 26 déc. 2023, art. 83-III, en vigueur au plus tard le 1er janv. 2025) « La participation de l'assuré aux frais mentionnés au 10° de l'article L. 160-8 peut être proportionnelle à tout ou partie de ces frais ou forfaitaire. Le taux ou le montant de cette participation est défini par un arrêté des ministres chargés de la santé et de la sécurité sociale, pris après avis de l'Union nationale des caisses d'assurance maladie et de l'Union nationale des organismes d'assurance maladie complémentaire. »

(L. nº 2004-810 du 13 août 2004, art. 20-I) « II. — L'assuré acquitte une participation forfaitaire pour chaque acte ou pour chaque consultation pris en charge par l'assurance maladie et réalisé par un médecin, en ville, dans un établissement ou un centre de santé, à l'exclusion des actes ou consultations réalisés au cours d'une hospitalisation. L'assuré acquitte également cette participation pour tout acte de biologie médicale. Cette participation se cumule avec celle mentionnée au I. Son montant est fixé, dans des limites et conditions prévues par décret en Conseil d'État, par l'Union nationale des caisses d'assurance maladie conformément à la procédure fixée au I.

« Un décret fixe le nombre maximum de participations forfaitaires supportées par chaque bénéficiaire au titre d'une année civile.

« Lorsque plusieurs actes ou consultations sont effectués par un même professionnel de santé au cours d'une même journée, le nombre de participations forfaitaires supportées par le bénéficiaire ne peut être supérieur à un maximum fixé par décret.

« Un décret fixe les conditions dans lesquelles, lorsque l'assuré bénéficie de la dispense d'avance des frais, la participation forfaitaire peut être *(L. nº 2016-41 du 26 janv. 2016, art. 83-III-4°)* « payée directement par l'assuré à l'organisme d'assurance maladie, prélevée sur le compte bancaire de l'assuré après autorisation de ce dernier ou encore récupérée par l'organisme d'assurance maladie sur les prestations de toute nature à venir. Ce décret fixe également les modalités de recueil de l'autorisation de l'assuré de prélèvement sur son compte bancaire et de renoncement à cette autorisation. » Il peut être dérogé aux dispositions de l'article L. 133-3. »

(L. nº 2007-1786 du 19 déc. 2007, art. 52-I) « III. — En sus de la participation mentionnée au premier alinéa du I, une franchise annuelle est laissée à la charge de l'assuré pour les frais relatifs à chaque prestation et produit de santé suivants, pris en charge par l'assurance maladie :

« 1° Médicaments mentionnés aux articles L. 5111-2, L. 5121-1 et L. 5126-4 du code de la santé publique, à l'exception de ceux délivrés au cours d'une hospitalisation ;

« 2° Actes effectués par un auxiliaire médical soit en ville, soit dans un établissement ou un centre de santé, à l'exclusion des actes pratiqués au cours d'une hospitalisation ;

« 3° Transports mentionnés au 2° de l'article *(L. nº 2015-1702 du 21 déc. 2015, art. 59-III-14°)* « L. 160-8 » *(Ord. nº 2021-1554 du 1er déc. 2021, art. 1er-8°)* « et au 1° de l'article L. 160-9-1 » du présent code effectués en véhicule sanitaire terrestre ou en taxi, à l'exception des transports d'urgence ; »

(L. n° 2019-1446 du 24 déc. 2019, art. 65-V) **« 4° Prestations effectuées par un pharmacien d'officine et définies par arrêté des ministres chargés de la santé et de la sécurité sociale. »**

(L. n° 2007-1786 du 19 déc. 2007, art. 52-I) **« Le montant de la franchise est forfaitaire. Il peut être distinct selon les produits ou prestations de santé mentionnés aux 1°, 2°** *(L. n° 2019-1446 du 24 déc. 2019, art. 65-V)* **« , 3° et 4° » du présent III. La franchise est due dans la limite globale d'un plafond annuel.**

« Lorsque plusieurs actes mentionnés au 2° sont effectués au cours d'une même journée sur le même patient, le montant total de la franchise supportée par l'intéressé ne peut être supérieur à un maximum. Il en est de même pour les transports mentionnés au 3° *(L. n° 2019-1446 du 24 déc. 2019, art. 65-V)* **« et pour les prestations mentionnées au 4° ».**

« Lorsque le bénéficiaire des prestations et produits de santé mentionnés aux 1°, 2° *(L. n° 2019-1446 du 24 déc. 2019, art. 65-V)* **« , 3° et 4° » bénéficie de la dispense d'avance de frais, les sommes dues au titre de la franchise peuvent être** *(L. n° 2016-41 du 26 janv. 2016, art. 83-III-4°)* **« payées, prélevées ou récupérées selon les modalités prévues au dernier alinéa du II. » Il peut être dérogé à l'article L. 133-3.**

« Le Gouvernement présente chaque année au Parlement un rapport précisant les conditions dans lesquelles les montants correspondant à la franchise instituée par le présent III ont été utilisés.

« Un décret fixe les modalités de mise en œuvre du présent III. » – *[Anc. art. L. 322-2.]*

V. Décis. Cons. const. n° 2004-504 DC du 12 août 2004, consid. n° 19, et Décis. Cons. const. n° 2007-558 DC du 13 déc. 2007, consid. n°s 2 s.

Le montant de la participation forfaitaire prévue au II de l'art. L. 322-2 [devenu art. L. 160-13] CSS est fixé à un euro (Décr. n° 2004-1453 du 23 déc. 2004, art. 1er).

Les garanties complémentaires des salariés, mentionnées à l'art. L. 911-1, sont réputées ne pas couvrir la participation forfaitaire prévue au II de l'art. L. 322-2 [devenu art. L. 160-13] dès lors que le bulletin d'adhésion ou le règlement ne prévoit pas expressément la prise en charge de cette participation (L. n° 2004-1370 du 20 déc. 2004, art. 40-II).

La participation de l'assuré, la participation forfaitaire et la franchise mentionnées à l'art. L. 160-13 sont supprimées pour la consultation prévaccinale et les consultations de vaccination contre la covid-19, pour les frais liés à l'injection du vaccin contre la covid-19.

L'assuré mentionné à l'al. précédent bénéficie d'une dispense d'avance de frais. Le tarif des prestations prévues au même al. ne peut donner lieu à dépassement.

Les dispositions précitées s'appliquent jusqu'à une date fixée par décret, et au plus tard jusqu'au 31 déc. 2023 (L. n° 2022-1616 du 23 déc. 2022, art. 27-III et IV).

Jurisprudence rendue sous l'empire des textes antérieurs à la L. n° 2015-1702 du 21 déc. 2015.

1. *Franchises médicales. Principe.* Il est loisible au législateur, pour satisfaire l'exigence de valeur constitutionnelle qui s'attache à l'équilibre financier de la sécurité sociale, d'instituer une franchise médicale pour le remboursement de certains actes et produits dont le caractère est forfaitaire. • Cons. const. 13 déc. 2007, n° 2007-558 DC.

2. *Compétence.* Illégalité de dispositions contenues dans un décret qui ont pour effet, en cas de refus ou de carence prolongée pendant deux mois de l'UNCAM de fixer un taux de participation de l'assuré relative à un catégorie de frais compatible avec les nouvelles limites de la fourchette de taux afférente à cette catégorie, arrêtées par décret en Conseil d'État, de provoquer la fixation automatique du taux à une valeur égale à la limite de la nouvelle fourchette la plus proche de l'ancien taux, en dehors de toute décision de l'UNCAM. • CE 2 déc. 2011, n° 347497 : *RDSS 2012. 175, note Peigné ; AJDA 2011. 1704.*

3. *Pouvoir du juge (modulation dans le temps de l'annulation).* Compte tenu des effets excessifs d'un retour immédiat au taux antérieur de 65 % de participation des assurés et des difficultés importantes qu'entraînerait une régularisation des sommes à rembourser aux assurés sociaux ainsi que des coûts élevés de gestion qui en résulteraient pour l'assurance maladie eu égard au nombre important de boîtes des spécialités concernées vendues, alors que les sommes remboursées aux assurés sociaux seraient inférieures à ces coûts, il y a lieu de différer l'effet de l'annulation – sous réserve des droits des personnes qui ont engagé une action contentieuse à la date de la présente décision – jusqu'au 1er nov. 2011. • CE 27 mai 2011, n° 337369 : *RDSS 2012. 171 ; AJDA 2011. 1704.* – V. aussi : • CE 2 déc. 2011, n° 347497 : *RDSS 2012. 175, note Peigné.*

4. *Montant des franchises.* Dès lors que le montant de la franchise et le niveau des plafonds devront être fixés de façon telle que ne soient pas remises en cause les exigences du onzième al. du Préambule de la Const. du 27 oct. 1946 aux termes duquel la Nation garantit à tous notamment à l'enfant, à la mère et aux vieux travailleurs la protection de la santé, la franchise ne porte pas atteinte au droit à réparation des victimes d'accidents du travail et des maladies professionnelles. • Cons. const. 13 déc. 2007 : *préc. note 1.* ♦ Le respect des exigences primordiales de solidarité nationale découlant du onzième al. du Préambule de la Const. de 1946 doit être apprécié, d'une part, compte tenu de l'ensemble des dispositions en vertu desquelles des sommes sont susceptibles d'être laissées à la charge des assurés sociaux à raison des dépenses de santé qu'ils exposent, notamment au titre des participations prévues à l'art. L. 322-2 *[devenu art. L. 160-13]* CSS, et, d'autre part, au regard des incidences de telles mesures sur la situation des personnes les plus vulnérables ou défavorisées. • CE 6 mai 2009, n° 312462 : *Dr. ouvrier 2009. 570, note Ginon.*

5. Droit communautaire et nature juridique de la participation forfaitaire (art. L. 322-2-II). La participation forfaitaire que l'assuré acquitte en application des dispositions de l'art. L. 322-2-II *[devenu art. L. 160-13]* CSS pour chaque acte ou consultation pris en charge par l'assurance maladie et réalisé par un médecin constitue une retenue opérée sur le remboursement par la caisse des frais engagés par l'assuré. Elle ne revêt pas le caractère d'une contribution pour le financement de la sécurité sociale au sens de l'art. 13 du Règl. (CEE) n° 1408/71 du 14 juin 1971, tel qu'interprété par la CJUE. • Civ. 2e, 10 oct. 2013 : *D. actu. 31 oct. 2013, obs. Dechristé ; RJS 2014, n° 78 ; RDSS 2013. 1138, note Tauran ; Dr. ouvrier 2014. 14, note Ginon ; JCP S 2014, n° 1088, note Tauran.*

6. Droit communautaire et nature juridique de la franchise annuelle (art. L. 322-2-III). La franchise annuelle, laissée à la charge de l'assuré en application de l'art. L. 322-2-III *[devenu art. L. 160-13]* CSS pour les frais, pris en charge par l'assurance maladie, relatifs à chaque prestation et produit de santé que le texte énumère, ne revêt pas le caractère d'une contribution pour le financement de la sécurité sociale au sens de l'art. 11 du Règl. (CE) n° 883/2004 du 29 avr. 2004 portant sur la coordination des systèmes de sécurité sociale, applicable à la date des soins litigieux. En conséquence, elle doit être définitivement supportée par le ressortissant européen bénéficiant de la prestation à laquelle la contribution est attachée. • Civ. 2e, 18 juin 2015, n° 14-19.890 P : *RJS 2015, n° 671.*

Art. L. 160-14 *(L. n° 2004-810 du 13 août 2004, art. 41-II)* **« La participation de l'assuré mentionnée au premier alinéa** *(L. n° 2023-1250 du 26 déc. 2023, art. 83-III, en vigueur au plus tard le 1er janv. 2025)* **« du I » de l'article** *(L. n° 2015-1702 du 21 déc. 2015, art. 59-III-15°)* **« L. 160-13 » peut être limitée ou supprimée »** *(L. n° 2020-1576 du 14 déc. 2020, art. 51-I-1° ; L. n° 2021-1754 du 23 déc. 2021, art. 38-IV ; L. n° 2023-1250 du 26 déc. 2023, art. 83-III, en vigueur au plus tard le 1er janv. 2025)* **«, sous réserve des dispositions du quatrième alinéa du I du même article L. 160-13, »** *(L. n° 2005-1579 du 19 déc. 2005, art. 70-II)* **« dans des conditions fixées par décret en Conseil d'État, pris après avis de l'Union nationale des caisses d'assurance maladie et de l'Union nationale des organismes d'assurance maladie complémentaire, » dans les cas suivants :**

1° Lorsque, à l'occasion d'une hospitalisation ou au cours d'une période de temps déterminée, la dépense demeurant à la charge de l'intéressé dépasse un certain montant ; — *V. art. R. 160-16.*

(L. n° 2021-1754 du 23 déc. 2021, art. 53-I, en vigueur le 1er janv. 2024) **« 2° Lorsque l'état du bénéficiaire justifie la fourniture d'un appareil ou d'une aide technique à usage individuel favorisant l'autonomie de la personne et appartenant à une catégorie déterminée par ledit décret, pour les frais d'acquisition ou de mise à disposition de l'appareil ou de l'aide technique ; »** — *V. art. R. 160-16.*

3° Lorsque le bénéficiaire a été reconnu atteint d'une des affections, comportant un traitement prolongé et une thérapeutique particulièrement coûteuse, inscrites sur une liste établie par décret après avis *(L. n° 2004-810 du 13 août 2004, art. 6-I)* **« de la Haute Autorité mentionnée à l'article L. 161-37 » ;**

4° *(L. n° 2007-1786 du 19 déc. 2007, art. 57-VI)* **« Lorsque les deux conditions suivantes sont cumulativement remplies :**

« *a)* Le bénéficiaire est reconnu atteint par le service du contrôle médical soit d'une affection grave caractérisée ne figurant pas sur la liste mentionnée ci-dessus, soit de plusieurs affections entraînant un état pathologique invalidant ;

« *b)* Cette ou ces affections nécessitent un traitement prolongé et une thérapeutique particulièrement coûteuse ; »

5° Lorsque l'assuré est titulaire de l'allocation de solidarité aux personnes âgées au titre d'un avantage vieillesse ;

6° Lorsque le bénéficiaire est un enfant ou adolescent handicapé pour les frais couverts au titre du 2° *[3°]* **de l'article** *(L. n° 2015-1702 du 21 déc. 2015, art. 59-III-15°)* **« L. 160-8 »** *(Ord. n° 2021-1554 du 1er déc. 2021, art. 1er-9°)* **« et pour les frais de transport mentionnés au 1° de l'article L. 160-9-1 » ;** — *Sur l'entrée en vigueur de l'Ord. n° 2021-1554 du 1er déc. 2021, V. dernière note ss. art.*

7° Lorsque l'assuré est hébergé dans un établissement mentionné à l'article 3 de la loi n° 75-535 du 30 juin 1975 *[CASF, art. L. 312-1]* *(L. n° 98-1194 du 23 déc. 1998, art. 35-II)*

« ou lorsqu'il bénéficie de soins dispensés par un centre mentionné à l'article L. 355-1-1 du code de la santé publique *[devenu CSP, art. L. 3311-2]* » ;

8° Lorsque l'assuré est hébergé dans *(L. n° 2023-1250 du 26 déc. 2023, art. 79-II)* « un établissement de santé autorisé à dispenser des soins de longue durée » mentionné à l'article L. 174-5 ou à l'article 52-1 de la loi n° 70-1318 du 31 décembre 1970 ;

9° Lorsque l'assuré bénéficie de soins paramédicaux dispensés dans le cadre d'une action médico-sociale de maintien à domicile par les institutions mentionnées au 1° de l'article 1er de la loi n° 75-535 du 30 juin 1975 *[CASF, art. L. 311-1]* ;

(L. n° 2009-1646 du 24 déc. 2009, art. 35) « 10° Lorsque l'assuré ne relève plus du 3° mais se trouve dans une situation clinique déterminée sur la base de recommandations de la Haute Autorité de santé et justifiant des actes et examens médicaux ou biologiques de suivi de son état, pour ces actes et examens, dans des conditions et pour une durée définies par décret pris après avis de la Haute Autorité de santé ; »

11° *(L. n° 94-629 du 25 juill. 1994, art. 32)* « Pour l'hospitalisation des nouveau-nés lorsqu'elle se produit pendant une période fixée par décret en Conseil d'État, ainsi que pour tous les soins qui leur sont dispensés en établissement de santé, jusqu'à un âge fixé par décret en Conseil d'État *[art. R. 322-9 : 30 jours]* » ;

(L. n° 2021-1017 du 2 août 2021, art. 1er-II) « 12° Pour les investigations nécessaires au diagnostic et au traitement de l'infertilité ; »

13° Pour les *(L. n° 2015-1702 du 21 déc. 2015, art. 59-III-15°)* « titulaires d'une pension d'invalidité et les bénéficiaires des articles L. 341-15 », L. 341-16 et L. 371-1 en ce qui concerne les frais engagés pour eux-mêmes ;

14° Pour les *(L. n° 2015-1702 du 21 déc. 2015, art. 59-III-15°)* « personnes mentionnées à l'article L. 161-1 rattachées aux » bénéficiaires des dispositions de l'article L. 371-1 ;

15° *(L. n° 98-468 du 17 juin 1998, art. 31)* « Pour les soins consécutifs aux sévices subis par les mineurs victimes d'actes prévus et réprimés par les articles 222-23 à 222-32 et 227-22 à 227-27 du code pénal » ;

16° *(L. n° 2006-1640 du 21 déc. 2006, art. 91-I ; L. n° 2015-1702 du 21 déc. 2015, art. 59-III-15°)* « Dans le cadre des programmes mentionnés au 5° de l'article L. 160-8 *(Ord. n° 2021-1554 du 1er déc. 2021, art. 1er-9°)* « et de ceux relevant des soins mentionnés au 1° de l'article L. 160-9-1 », pour les frais d'examens de dépistage et les frais liés aux consultations de prévention destinées aux mineurs *(L. n° 2022-1616 du 23 déc. 2022, art. 29-II)* « , aux consultations de prévention des maladies chroniques destinées aux personnes de *(L. n° 2023-1250 du 26 déc. 2023, art. 41-II)* « quarante-cinq à cinquante » ans » et à une unique consultation de prévention pour les personnes de *(L. n° 2023-1250 du 26 déc. 2023, art. 41-II)* « soixante à soixante-cinq ans et pour les personnes de soixante-dix à soixante-quinze » ans ; »

(L. n° 2001-1246 du 21 déc. 2001, art. 34-VI ; L. n° 2015-1702 du 21 déc. 2015, art. 59-III-15°) « 17° Pour les frais relatifs à l'examen de prévention bucco-dentaire mentionné au 6° de l'article L. 160-8 *(Ord. n° 2021-1554 du 1er déc. 2021, art. 1er-9°)* « ou relevant des soins mentionnés au 1° de l'article L. 160-9-1 » ; — *Sur l'entrée en vigueur de l'Ord. n° 2021-1554 du 1er déc. 2021, V. dernière note ss. art.*

(L. n° 2006-1640 du 21 déc. 2006, art. 70) « 18° Pour les donneurs mentionnés à l'article L. 1211-2 du code de la santé publique, en ce qui concerne l'ensemble des frais engagés au titre du prélèvement d'éléments du corps humain et de la collecte de ces produits ; »

(L. n° 2011-1906 du 21 déc. 2011, art. 54) « 19° Pour les frais de transport liés aux soins ou traitements dans les centres mentionnés au 3° du I de l'article L. 312-1 du code de l'action sociale et des familles et les centres médico-psycho-pédagogiques autorisés dans des conditions fixées par voie réglementaire, après accord préalable de l'organisme qui sert les prestations, dans les conditions prévues au 2° de l'article *(L. n° 2015-1702 du 21 déc. 2015, art. 59-III-15°)* « L. 160-8 » et à l'article L. 322-5 du présent code ; »

(L. n° 2012-1404 du 17 déc. 2012, art. 50 et 52-I) « 20° Pour les frais liés à une interruption volontaire de grossesse mentionnée au 4° de l'article *(L. n° 2015-1702 du 21 déc. 2015, art. 59-III-15°)* « L. 160-8 » ; »

(L. n° 2023-1250 du 26 déc. 2023, art. 39-II) « 21° Pour les frais d'acquisition de médicaments ayant pour but la contraception d'urgence et, pour les assurés âgés de moins de vingt-six ans, pour les frais d'acquisition d'autres contraceptifs et de préservatifs internes et externes, les frais relatifs aux actes et consultations entrant dans le champ des articles L. 162-4-5 et L. 162-8-1, les frais liés aux consultations de prévention en matière de santé

sexuelle ainsi que, selon des modalités prévues par décret, notamment en ce qui concerne le nombre et les catégories de préservatifs internes et externes délivrés, les frais d'acquisition de préservatifs internes et externes inscrits sur la liste prévue à l'article L. 165-1 ; »

(L. n° 2014-1554 du 22 déc. 2014, art. 43) **« 22° Pour certains frais dus au titre des honoraires de dispensation des pharmaciens mentionnés au 7° de l'article L. 162-16-1 » ;**

(L. n° 2015-1702 du 21 déc. 2015, art. 65) **« 23° Lorsque l'assuré ne relève ni du 3° ni du 10° mais se trouve dans une situation clinique nécessitant un dépistage spécifique du cancer du sein, fixée par décret en Conseil d'État, pour les frais d'examens de dépistage, dans des conditions fixées par ce même décret ; »**

(L. n° 2017-1836 du 30 déc. 2017, art. 50) **« 24° Pour les frais liés à une consultation unique de prévention** *(L. n° 2022-1616 du 23 déc. 2022, art. 29-II)* **« des cancers et des addictions, pour les assurés dont l'âge est compris entre** *(L. n° 2023-1250 du 26 déc. 2023, art. 41-II)* **« dix-huit » et vingt-cinq ans inclus ; » »**

(L. n° 2018-1203 du 22 déc. 2018, art. 56-II) **« 25° Pour les frais liés aux examens prévus à l'article L. 2132-2 du code de la santé publique, à l'exception de ceux pris en charge au titre du risque maternité en application de l'article L. 160-9 du présent code » ;**

(L. n° 2021-1017 du 2 août 2021, art. 1er-II) **« 26° Pour l'assistance médicale à la procréation réalisée dans les conditions prévues au chapitre I du titre IV du livre I de la deuxième partie du code de la santé publique » ;**

(L. n° 2022-1616 du 23 déc. 2022, art. 30-2°) **« 27° Pour les frais liés au dépistage sérologique de l'infection par le virus de l'immunodéficience humaine ainsi que, le cas échéant sous condition de limite d'âge, pour les frais liés au dépistage des autres infections sexuellement transmissibles mentionnées à l'article L. 162-13-2 ; »**

(L. n° 2022-1616 du 23 déc. 2022, art. 34, en vigueur le 1er janv. 2023) **« 28° Pour les frais de transport réalisé à la demande d'une unité participant au service d'aide médicale urgente mentionné à l'article L. 6311-1 du code de la santé publique ; »**

(L. n° 2023-1250 du 26 déc. 2023, art. 37-I, en vigueur le 1er janv. 2024) **« 29° Pour les frais d'acquisition du vaccin contre les infections à papillomavirus humains pour les personnes vaccinées dans le cadre des campagnes nationales de vaccination dans les établissements scolaires ou dans les établissements mentionnés au 2° du I de l'article L. 312-1 du code de l'action sociale et des familles ;** *— Le 29° de l'art. L. 160-14 s'applique aux vaccins administrés à compter du 1er oct. 2023 (L. n° 2023-1250 du 26 déc. 2023, art. 37-IV).*

« 30° Pour les frais d'acquisition du vaccin contre la grippe pour les personnes pour lesquelles cette vaccination est recommandée dans le calendrier des vaccinations mentionné à l'article L. 3111-1 du code de la santé publique ;

« 31° Pour les frais d'acquisition du vaccin contre la rougeole, les oreillons et la rubéole pour les personnes âgées de moins de dix-huit ans. »

(L. n° 2003-1199 du 18 déc. 2003, art. 38-II) **« La liste mentionnée au 3° du présent article comporte également en annexe les critères médicaux utilisés pour la définition de l'affection et ouvrant droit à la limitation ou à la suppression de la participation de l'assuré. »**

(L. n° 2004-810 du 13 août 2004, art. 6-IV) **« Sur proposition de l'Union nationale des caisses d'assurance maladie, un décret, pris après avis de la Haute Autorité mentionnée à l'article L. 161-37, peut réserver la limitation ou la suppression de la participation des assurés en application des 3° et 4° du présent article aux prestations exécutées dans le cadre d'un** *(Ord. n° 2021-1470 du 10 nov. 2021, art. 2-1°)* **« dispositif d'appui à la coordination mentionné à l'article L. 6327-2 du code de la santé publique, d'un dispositif spécifique régional mentionné à l'article L. 6327-6 du même code » ou d'un dispositif coordonné de soins. »** *— [Anc. art. L. 322-3.]*

Sur le déploiement du mécanisme du tiers payant, V. L. n° 2016-41 du 26 janv. 2016, art. 83, Annexe I.

Les dispositions issues de l'Ord. n° 2021-1554 du 1er déc. 2021 sont entrées en vigueur le lendemain de la publication du Décr. n° 2022-801 du 12 mai 2022, soit le 14 mai 2022 (Décr. préc., art. 1er, JO 13 mai).

Jurisprudence rendue sous l'empire des textes antérieurs à la L. n° 2015-1702 du 21 déc. 2015.

1. Prise en charge au tarif de responsabilité d'un appareillage de correction auditive. La suppression de la participation de l'assuré social aux tarifs servant de base au calcul des prestations ne peut avoir pour effet d'imposer à la caisse la prise en charge d'appareils dans des conditions non prévues par la législation et la réglementation en vigueur, lesquelles subordonnent leur remboursement à leur inscription au tarif interministériel des prestations sanitaires. • Soc. 5 mai 1995, n° 92-16.247 P.

2. L'exonération du ticket modérateur doit être accordée au malade reconnu atteint d'une affection qui, bien que non inscrite sur la liste de celles mentionnées à l'art. D. 322-1 CSS, comporte un traitement prolongé et une thérapeutique particulièrement coûteuse. • Soc. 23 janv. 1992, n° 89-19.034 P.

Arrêté du 19 juin 1947

RÈGLEMENT INTÉRIEUR TYPE

PRISE EN CHARGE DU TICKET MODÉRATEUR POUR LES SOINS EN RAPPORT AVEC UNE AFFECTION GRAVE NE FIGURANT PAS SUR LA LISTE MENTIONNÉE AU 3° DE L'ARTICLE L. 322-3 [L. 160-14]

Art. 71-4 *(Arr. du 7 sept. 1988)* « Lorsque le malade est, sur sa demande, reconnu par le contrôle médical atteint d'une forme évolutive ou invalidante d'une affection grave caractérisée ne figurant pas sur la liste des affections mentionnée au 3° de l'article L. 322-3 du code de la sécurité sociale, pour des soins continus d'une durée prévisible supérieure à six mois, la participation laissée à la charge de l'assuré pour les frais relatifs au traitement de l'affection considérée, au sens de l'article L. 324-1 du code de la sécurité sociale, peut être prise en charge sur le Fonds national d'action sanitaire et sociale. »

La prise en charge est accordée, par les caisses primaires d'assurance maladie, pour une période ne pouvant excéder vingt-quatre mois, sur avis conforme du contrôle médical.

L'avis du contrôle médical est rendu au vu d'un dossier médical établi par le médecin traitant comportant, outre le diagnostic précis et confirmé par les examens nécessaires, un programme thérapeutique adapté et conforme aux données acquises de la science.

Les litiges d'ordre médical relatifs au diagnostic ou au traitement de l'affection sont soumis à la procédure d'expertise mentionnée aux articles R. 141-1 à R. 141-10 du code de la sécurité sociale.

Art. 71-4-1 *(Arr. du 7 sept. 1988)* « Lorsque le malade est, sur sa demande, reconnu par le contrôle médical atteint de plusieurs affections caractérisées entraînant un état pathologique invalidant pour lequel des soins continus d'une durée prévisible supérieure à six mois sont nécessaires, la participation laissée à la charge de l'assuré pour les frais relatifs au traitement de l'état pathologique considéré, au sens de l'article L. 324-1 du code de la sécurité sociale, peut être prise en charge sur le Fonds national d'action sanitaire et sociale. »

Les deuxième, troisième et quatrième alinéas de l'article 71-4 sont applicables.

Art. 71-5 *(Arr. du 22 déc. 1988)* « Les caisses primaires d'assurance maladie font connaître à la Caisse nationale de l'assurance maladie des travailleurs salariés, avant la clôture de l'exercice, le montant des participations prises en charge au titre des articles 71-4 et 71-4-1. A titre transitoire en 1987, 1988 et 1989, ces participations sont réglées par les caisses primaires d'assurance maladie pour le compte de la Caisse nationale de l'assurance maladie des travailleurs salariés. »

Les dépenses correspondantes sont imputées au Fonds national d'action sanitaire et sociale avant la clôture des comptes de la Caisse nationale de l'assurance maladie des travailleurs salariés pour ces exercices. — *Dans les départements d'outre-mer, les caisses générales de sécurité sociale exercent les attributions dévolues aux caisses primaires d'assurance maladie par le présent arrêté.*

Art. L. 160-15 *(L. n° 2004-810 du 13 août 2004, art. 20-II ; L. n° 2015-1702 du 21 déc. 2015, art. 59-III-16°)* **La participation de l'assuré mentionnée au II de l'article L. 160-13 n'est pas exigée pour** *(L. n° 2018-1203 du 22 déc. 2018, art. 52-II, en vigueur le 1er nov. 2019)* **« les mineurs et » les bénéficiaires de la protection complémentaire en matière de santé mentionnée à l'article L. 861-1** *(Abrogé par L. n° 2018-1203 du 22 déc. 2018, art. 52-II, à compter du 1er nov. 2019) (L. n° 2014-1554 du 22 déc. 2014, art. 42-I)* ***« ainsi que pour les bénéficiaires de l'attestation mentionnée au second alinéa de l'article L. 863-3 ».***

(L. n° 2007-1786 du 19 déc. 2007, art. 52-I) **« Il en est de même pour la franchise prévue au III de l'article » L. 160-13.** — *[Anc. art. L. 322-4.]*

Art. L. 160-16 *(L. n° 2011-1906 du 21 déc. 2011, art. 77)* **Les** *(L. n° 2015-1702 du 21 déc. 2015, art. 59-III-17°, en vigueur le 1er janv. 2016)* **« personnes » relevant du régime spécial de sécurité sociale des entreprises minières et assimilées bénéficient de la** *(L. n° 2015-1702* *du 21 déc. 2015, art. 59-III-16°, en vigueur le 1er janv. 2016)* « **prise en charge intégrale des frais de santé dans les conditions prévues** » **au présent chapitre.** – *[Anc. art. L. 322-8.]*

Art. L. 160-17 La prise en charge des frais de santé mentionnée à l'article L. 160-1 est *(L. n° 2016-1827 du 23 déc. 2016, art. 62-I)* « , sous réserve de l'article L. 160-18, » effectuée, pour les personnes exerçant une activité professionnelle, par les organismes chargés de la gestion des régimes obligatoires auxquels elles sont affiliées pour le service des prestations d'assurances sociales, dans des conditions définies par décret. Ce décret détermine également les conditions dans lesquelles ces organismes prennent en charge les frais de santé des personnes n'exerçant pas d'activité professionnelle.

(Abrogé par L. n° 2017-1836 du 30 déc. 2017, art. 24-I) ***« Ce décret précise en outre les modalités selon lesquelles les personnes qui ne sont pas affiliées à titre professionnel peuvent demander à être gérées par l'organisme dont relève leur conjoint, la personne à laquelle elles sont liées par un pacte civil de solidarité ou leur concubin. »***

Les mutuelles ou groupements de mutuelles régis par le code de la mutualité sont habilités à réaliser des opérations de gestion pour la prise en charge des frais de santé des *(L. n° 2023-270 du 14 avr. 2023, art. 1er-VI-1°, en vigueur le 1er sept. 2023)* « fonctionnaires et des anciens fonctionnaires de l'État, ne relevant pas de la Caisse nationale militaire de sécurité sociale, ainsi que de leurs ayants droit ». *(Abrogé par L. n° 2017-1836 du 30 déc. 2017, art. 15-III, à compter du 1er janv. 2019)* ***« Pour les assurés mentionnés à l'article L. 613-1, les mêmes organismes ainsi que les organismes chargés de la gestion des régimes obligatoires et les assureurs ou groupements d'assureurs régis par le code des assurances reçoivent délégation pour l'exécution, en tout ou partie, d'opérations de gestion. »*** — *V. dernière note ss. art.*

Les organismes bénéficiant d'une délégation de gestion concluent une convention avec les organismes chargés de la gestion des régimes obligatoires. *(Abrogé par L. n° 2017-1836 du 30 déc. 2017, art. 15-III, à compter du 1er janv. 2019)* ***« Les conventions concernant les opérations de gestion des prestations versées aux assurés mentionnés à l'article L. 613-1 sont conclues au niveau national entre la Caisse nationale et les organes nationaux représentant les organismes mentionnés au troisième alinéa du présent article. La mise en œuvre de la convention nationale fait l'objet de contrats locaux entre les organes nationaux précités et les organismes qui leur sont affiliés. »*** — *V. dernière note ss. art.*

Les organismes à qui sont confiées des opérations de gestion reçoivent des caisses d'assurance maladie des remises de gestion en contrepartie des dépenses de fonctionnement exposées pour l'exécution des opérations de gestion.

Un décret en Conseil d'État détermine les modalités d'organisation, de mise en œuvre et de financement de ces opérations de gestion, notamment dans le cadre de conventions, ainsi que les modalités d'évaluation de leurs résultats. Les conventions précisent, le cas échéant, les conditions dans lesquelles les organismes concernés peuvent participer aux actions portant sur l'accès aux droits et sur la gestion du risque.

Ce décret détermine également les conditions dans lesquelles il peut être mis fin à ces opérations de gestion en cas de défaillance rendant impossible la gestion des régimes obligatoires dans des conditions normales.

Le dernier al. de l'art. L. 160-17 s'applique aux mutuelles ou groupements mutualistes habilités avant le 1er janv. 2016 en application de l'art. L. 211-4, dans sa rédaction antérieure à la L. n° 2015-1702 du 21 déc. 2015.

Un décret détermine, le cas échéant, les conditions d'évolution du contenu des délégations liées à ces habilitations.

Le préjudice susceptible de résulter, pour les organismes mentionnés à l'art. L. 160-17, du transfert, en tout ou partie, d'opérations de gestion de la prise en charge des frais de santé qu'ils assurent à la date d'entrée en vigueur de la L. n° 2015-1702 du 21 déc. 2015 fait l'objet d'une indemnité s'il a pour origine les modifications apportées aux règles régissant les délégations de gestion et présente un caractère anormal et spécial. Cette indemnité est fixée dans le cadre d'un constat établi à la suite d'une procédure contradictoire. Les conditions et le montant de l'indemnité sont fixés par décret (L. préc., art. 59-XIII-A et B).

Sur les exceptions à l'application du droit des usagers de saisir l'administration par voie électronique concernant les démarches effectuées auprès des organismes de sécurité sociale, V. CRPA, App., v° Saisine par voie électronique — Exceptions. — **CRPA**.

Sur les dispositions transitoires de l'art. 15 de la L. n° 2017-1836 du 30 déc. 2017, V. ss. le livre VI « Dispositions applicables aux travailleurs indépendants » (art. 15-XVI-7°).

Art. L. 160-18 *(L. n° 2016-1827 du 23 déc. 2016, art. 62-I, en vigueur le 1er janv. 2017)* En cas de changement d'organisme assurant la prise en charge des frais de santé d'une personne, l'organisme qui assure cette prise en charge ne peut l'interrompre tant que l'organisme nouvellement compétent ne s'est pas substitué à lui. Il continue d'assurer la prise en charge des frais de santé jusqu'à la date à laquelle la substitution prend effet.

Le changement d'organisme de rattachement est effectué à l'initiative du bénéficiaire de la prise en charge mentionnée à l'article L. 160-1 ou, dans des conditions fixées par décret, par l'organisme mentionné aux premier, deuxième ou troisième alinéas de l'article L. 160-17, après en avoir informé le bénéficiaire :

1° Lorsque le bénéficiaire commence à exercer une activité salariée *(L. n° 2017-1836 du 30 déc. 2017, art. 24-I)* « dont la durée ou la quotité de travail prévues par le contrat sont supérieures à des seuils fixés » par décret ;

2° En cas d'accident du travail ou de maladie professionnelle, lorsqu' *[lorsque]* au moment de la déclaration de cet accident ou de cette maladie la victime n'était pas rattachée pour la prise en charge de ses frais de santé à l'organisme compétent pour servir les prestations liées à cet accident ou à cette maladie ;

3° Lorsque le bénéficiaire commence à exercer une activité le conduisant à relever d'une organisation spéciale de sécurité sociale au sens de l'article L. 711-1 *(Abrogé par L. n° 2017-1836 du 30 déc. 2017, art. 24-I) « ou de l'article L. 382-15 » (Abrogé par L. n° 2018-166 du 8 mars 2018, art. 11-I, à compter du 1er sept. 2018)* ***« ou entreprend des études le conduisant à relever du troisième alinéa de l'article L. 160-17 »*** ;

4° Lorsque le bénéficiaire commence à exercer une activité non salariée agricole à titre exclusif ou principal, ou lorsque le bénéficiaire commence à exercer une activité de travailleur indépendant non agricole sans exercer une autre activité ;

5° Lorsqu'un des organismes chargé de la prise en charge des frais de santé d'une personne relevant du 3° du présent article constate, au vu des éléments dont il dispose et après en avoir informé l'organisme appelé à lui succéder, que cette personne ne remplit plus les conditions pour pouvoir lui être rattachée.

Les personnes rattachées pour la prise en charge de leurs frais de santé à un régime obligatoire qui couvre tout ou partie de la participation fixée en application des articles L. 160-13 à L. 160-15 ne peuvent être tenues de rembourser les frais pris en charge par cet organisme, au titre d'une période au cours de laquelle elles ne pouvaient plus lui être rattachées, à raison de l'absence de démarche de leur part en vue de changer d'organisme de rattachement dans les cas autres que ceux mentionnés aux 1° à 5° du présent article, qu'à hauteur de la part de la participation fixée en application des mêmes articles L. 160-13 à L. 160-15 couverte par l'organisme auquel elles ont continué d'être rattachées.

.....

Art. R. 160-1 *(Décr. n° 2014-516 du 22 mai 2014, art. 1er-3°)* Les soins dispensés *(Décr. n° 2015-1865 du 30 déc. 2015, art. 2-I-1°, en vigueur le 1er janv. 2016)* « aux personnes bénéficiaires de la prise en charge des frais de santé au titre des articles L. 160-1 et L. 160-2 et aux personnes qui leur sont rattachées au sens des règlements européens » qui s'avèrent médicalement nécessaires au cours d'un séjour temporaire dans un autre État membre de l'Union européenne ou partie à l'accord sur l'Espace économique européen ou en Suisse font l'objet, en cas d'avance de frais, d'un remboursement par les caisses d'assurance maladie dans les conditions prévues dans l'État de séjour ou, en cas d'accord de l'assuré social, dans les conditions prévues par la législation française, sans que le montant du remboursement puisse excéder le montant des dépenses engagées par l'assuré et sous réserve des adaptations prévues *(Décr. n° 2015-1865 du 30 déc. 2015, art. 2-I-1°, en vigueur le 1er janv. 2016)* « aux articles R. 160-2, R. 160-3 et R. 160-3-1 ». — *[Anc. art. R. 332-3.]*

Sur les exceptions à l'application du droit des usagers de saisir l'administration par voie électronique concernant les démarches effectuées auprès des organismes de sécurité sociale, V. **CRPA**, *App., v° Saisine par voie électronique — Exceptions.*

Art. R. 160-2 *(Décr. n° 2014-516 du 22 mai 2014, art. 1er-4°)* « I. — Les caisses d'assurance maladie ne peuvent procéder que sur autorisation préalable au remboursement des frais de soins dispensés *(Décr. n° 2015-1865 du 30 déc. 2015, art. 2-I-1°, en vigueur le 1er janv. 2016)* « aux personnes bénéficiaires de la prise en charge des frais de santé au titre des articles L. 160-1 et L. 160-2 et aux personnes qui leur sont rattachées au sens des règlements européens » dans un autre État membre de l'Union européenne ou partie à l'accord sur l'Espace économique européen ou en Suisse, dans le cadre d'un déplacement aux fins de recevoir un traitement adapté, lorsque ces soins :

« 1° Impliquent le séjour du patient concerné dans un établissement de soins pour au moins une nuit ; ou

« 2° Nécessitent le recours aux infrastructures ou aux équipements médicaux hautement spécialisés et coûteux, qui figurent sur une liste établie par arrêté des ministres chargés de la sécurité sociale et de la santé.

« II. — L'autorisation mentionnée au I ne peut être refusée lorsque les conditions suivantes sont réunies :

« 1° La prise en charge des soins envisagés est prévue par la réglementation française ;

« 2° Ces soins sont appropriés à l'état de santé du patient ;

« 3° Un traitement identique ou présentant le même degré d'efficacité ne peut pas être obtenu en France dans un délai acceptable sur le plan médical, compte tenu de l'état de santé actuel du patient et de l'évolution probable de son affection.

« L'assuré social adresse la demande d'autorisation à sa caisse *(Décr. nº 2017-736 du 3 mai 2017, art. 1er-5º)* « de rattachement ». La décision est prise par le contrôle médical. Elle doit être notifiée dans un délai compatible avec le degré d'urgence et de disponibilité des soins envisagés et au plus tard deux semaines après la réception de la demande de l'intéressé ou, le cas échéant, de la demande de l'institution de l'État de résidence. En l'absence de réponse à l'expiration de ce dernier délai, l'autorisation est réputée accordée. »

Les décisions de refus sont dûment motivées et susceptibles de recours *(Décr. nº 2018-928 du 29 oct. 2018, art. 11, en vigueur le 1er janv. 2019)* « devant le tribunal judiciaire *[ancienne rédaction : tribunal de grande instance]* spécialement désigné » compétent. Toutefois, les contestations de ces décisions, lorsqu'elles portent sur l'appréciation faite par le médecin-conseil de l'état du malade, du caractère approprié à son état des soins envisagés ou du caractère identique ou d'un même degré d'efficacité du ou des traitements disponibles en France, sont soumises à expertise médicale dans les conditions prévues par le chapitre I du titre IV du livre I du présent code.

(Décr. nº 2014-516 du 22 mai 2014, art. 1er-4º) « III. — Ces soins sont soumis aux mêmes règles de remboursement que celles prévues par l'article *(Décr. nº 2015-1865 du 30 déc. 2015, art. 2-I-1º, en vigueur le 1er janv. 2016)* « R. 160-1 ».

« Les soins autres que ceux mentionnés au I du présent article qui sont dispensés dans un autre État membre de l'Union européenne ou partie à l'accord sur l'Espace économique européen ne sont pas soumis à autorisation préalable et sont remboursés aux assurés sociaux dans les mêmes conditions que si les soins avaient été reçus en France, sous réserve que leur prise en charge soit prévue par la réglementation française. » — *[Anc. art. R. 332-4.]*

V. note ss. art. R. 160-1.

Art. R. 160-3 *(Décr. nº 2005-386 du 19 avr. 2005)* Des conventions passées entre les organismes de sécurité sociale et certains établissements de soins établis dans un État membre de l'Union européenne ou partie à l'accord sur l'Espace économique européen *(Décr. nº 2014-516 du 22 mai 2014, art. 1er-1º)* « ou la Suisse » peuvent, après autorisation conjointe du ministre chargé de la sécurité sociale et du ministre chargé de la santé *(Décr. nº 2014-516 du 22 mai 2014, art. 1er-5º)* « , ou de l'agence régionale de santé compétente, » prévoir les conditions de séjour dans ces établissements de malades *(Décr. nº 2015-1865 du 30 déc. 2015, art. 2-I-1º, en vigueur le 1er janv. 2016)* « bénéficiaires de la prise en charge des frais de santé au titre des articles L. 160-1 et L. 160-2 ou de personnes qui leur sont rattachées au sens des règlements européens qui ne peuvent pas » recevoir en France les soins appropriés à leur état, ainsi que les modalités de remboursement des soins dispensés.

(Décr. nº 2015-1865 du 30 déc. 2015, art. 2-I-1º, en vigueur le 1er janv. 2016) « Les personnes bénéficiaires de la prise en charge des frais de santé au titre des articles L. 160-1 et L. 160-2 et les personnes qui leur sont rattachées au sens des règlements européens qui bénéficient des conventions mentionnées au premier alinéa sont dispensées », lorsqu'il s'agit de soins hospitaliers, d'autorisation préalable. — *[Anc. art. R. 332-5.]*

V. note ss. art. R. 160-1.

Art. R. 160-3-1 *(Décr. nº 2011-2119 du 30 déc. 2011, art. 3)* Les frais d'examens de biologie médicale effectués par un laboratoire de biologie médicale établi hors de France sur le territoire d'un autre État membre de l'Union européenne ou partie à l'accord sur l'Espace économique européen, à partir des échantillons biologiques prélevés en France, sont remboursés, dans les conditions prévues aux articles L. 162-1-7 et L. 162-14-1, dès lors que ce laboratoire satisfait aux conditions prévues par l'article L. 6221-4 du code de la santé publique. – *[Anc. art. R. 332-6.]*

V. note ss. art. R. 160-1.

Art. R. 160-4 Les caisses d'assurance maladie *(Décr. nº 2005-386 du 19 avr. 2005)* « peuvent » procéder au remboursement forfaitaire des soins dispensés *(Décr. nº 2005-386 du 19 avr. 2005)* « hors d'un État membre de l'Union européenne ou partie à l'accord sur l'Espace économique européen » *(Décr. nº 2014-516 du 22 mai 2014, art. 1er-1º)* « ou la Suisse » *(Décr. nº 2015-1865 du 30 déc. 2015, art. 2-I-1º, en vigueur le 1er janv. 2016)* « *[aux]* personnes bénéficiaires de la prise en charge des frais de santé au titre des articles L. 160-1 et L. 160-2 » qui sont tombés malades inopinément, sans que celui-ci puisse excéder le montant du remboursement qui aurait été alloué si les intéressés avaient reçu les soins en France.

Lorsque *(Décr. nº 2015-1865 du 30 déc. 2015, art. 2-I-1º, en vigueur le 1er janv. 2016)* « les personnes bénéficiaires de la prise en charge des frais de santé au titre des articles L. 160-1 et L. 160-2 » ne *(Décr. nº 2005-386 du 19 avr. 2005)* « peuvent » recevoir en France les soins appropriés à leur état, les conventions intervenant entre les *(Décr. nº 2005-386 du 19 avr. 2005)* « organismes de sécurité sociale » d'une part, et certains établissements de soins à l'étranger d'autre part, *(Décr. nº 2005-386 du 19 avr. 2005)* « peuvent », après autorisation conjointe du ministre chargé de la sécurité sociale et du ministre chargé de la santé, prévoir les conditions de séjour des intéressés dans lesdits établissements, ainsi que les modalités de remboursement des soins dispensés.

Indépendamment des cas prévus à l'alinéa ci-dessus, les caisses d'assurance maladie *(Décr. nº 2005-386 du 19 avr. 2005)* « peuvent », à titre exceptionnel, et après avis favorable du contrôle médical, procéder au remboursement forfaitaire des soins dispensés *(Décr. nº 2005-386 du 19 avr. 2005)* « hors d'un État membre de l'Union européenne ou partie à l'accord sur l'Espace économique européen » *(Décr. nº 2014-516 du 22 mai 2014, art. 1er-1º)* « ou la Suisse » à *(Décr. nº 2015-1865 du 30 déc. 2015, art. 2-I-1º, en vigueur le 1er janv. 2016)* « une personne bénéficiaire de la prise en charge des frais de santé au titre des articles L. 160-1 et L. 160-2 » lorsque celui-ci aura établi qu'il ne pouvait recevoir sur le territoire français les soins appropriés à son état. *(Décr. nº 2014-516 du 22 mai 2014, art. 1er-2º)* « Les caisses d'assurance maladie réexaminent la situation en fonction de l'état de santé du patient et de l'offre de soins disponible à la date des soins, en France ou dans un autre État membre de l'Union européenne ou partie à l'accord sur l'Espace économique européen ou en Suisse. » – *[Anc. art. R. 332-2.]*

V. note ss. art. R. 160-1.

Art. R. 160-5 *(Décr. nº 2004-1490 du 30 déc. 2004)* La participation de l'assuré prévue au I de l'article *(Décr. nº 2015-1865 du 30 déc. 2015, art. 2-I-3º, en vigueur le 1er janv. 2016)* « L. 160-13 » est fixée par le conseil de l'Union nationale des caisses d'assurance maladie dans les limites suivantes :

1º De 15 à 25 % pour les frais d'honoraires des praticiens et auxiliaires médicaux afférents aux soins dispensés au cours d'une hospitalisation dans un établissement de santé public ou privé ainsi que les frais *(Décr. nº 2011-2119 du 30 déc. 2011, art. 5-9º)* « d'examens de biologie médicale » afférents à des soins dispensés dans les mêmes conditions ;

2º De 15 à 25 % du tarif de responsabilité de la caisse pour les frais d'hospitalisation dans un établissement de santé public ou privé ;

3º De 25 à 35 % pour les frais d'honoraires des praticiens, sauf pour ceux qui sont mentionnés au 1º ci-dessus *(Décr. nº 2023-701 du 31 juill. 2023, art. 1er)* « et au 3º *bis* ci-dessous ;

« 3º *bis* De 35 à 45 % pour les frais d'honoraires des chirurgiens-dentistes et les actes de soins dentaires, à l'exception des actes susceptibles d'être réalisés principalement par des médecins et définis par arrêté du ministre chargé de la sécurité sociale ; »

4º De 35 à 45 % pour les frais d'honoraires des auxiliaires médicaux, sauf pour ceux qui sont mentionnés au 1º ci-dessus ;

5º De 35 à 45 % pour les frais *(Décr. nº 2011-2119 du 30 déc. 2011, art. 5-9º)* « d'examens de biologie médicale », sauf pour ceux qui sont mentionnés au 1º ci-dessus ;

6° De *(Décr. nº 2011-56 du 14 janv. 2011, art. 2)* « 70 à 75 % » pour les médicaments principalement destinés au traitement des troubles ou affections sans caractère habituel de gravité et pour les médicaments dont le service médical rendu, tel que défini au I de l'article R. 163-3, *(Décr. nº 2010-6 du 5 janv. 2010, art. 2)* « a été classé comme modéré en application du 6° de l'article R. 163-18 » *(Décr. nº 2014-1533 du 17 déc. 2014, art. 1er)* « , ainsi que pour l'honoraire de dispensation prévu au 7° de l'article L. 162-16-1 et y afférent » ; *— V. Arr. du 18 mars 2011 (JO 25 mars).*

7° *(Décr. nº 2019-905 du 30 août 2019)* « De 85 à 90 % » pour les spécialités homéopathiques, dès lors qu'elles sont inscrites sur la liste établie en application du premier alinéa de l'article L. 162-17 *(Décr. nº 2006-1498 du 29 nov. 2006)* « et pour les préparations homéopathiques répondant aux conditions définies au 11° de l'article L. 5121-1 du code de la santé publique prises en charge par l'assurance maladie » *(Décr. nº 2014-1533 du 17 déc. 2014, art. 1er)* « , ainsi que pour l'honoraire de dispensation prévu au 7° de l'article L. 162-16-1 et y afférent » ; *— V. Arr. du 25 nov. 2019 fixant le taux de la participation de l'assuré prévue à l'art. L. 160-13 CSS pour les spécialités homéopathiques et les préparations homéopathiques mentionnées au 7° de l'art. R. 160-5 du même code (JO 26 nov. ; NOR : SSAS1933825A).*

8° De *(Décr. nº 2011-56 du 14 janv. 2011, art. 2)* « 40 à 50 % » pour les frais de produits et prestations figurant sur la liste mentionnée à l'article L. 165-1 ; *— V. Arr. du 18 mars 2011 (JO 25 mars).*

9° De *(Décr. nº 2023-382 du 19 mai 2023)* « 45 à 55 % » pour les frais de transport prévus au 2° de l'article *(Décr. nº 2015-1865 du 30 déc. 2015, art. 2-I-3°, en vigueur le 1er janv. 2016)* « L. 160-8 » ;

10° De 30 à 40 % pour les frais de soins thermaux dispensés dans un établissement thermal ;

11° De 30 à 40 % pour tous les autres frais ;

(Décr. nº 2009-213 du 23 févr. 2009 ; Décr. nº 2015-887 du 21 juill. 2015, art. 2-1° ; Décr. nº 2017-247 du 27 févr. 2017, art. 1er ; Décr. nº 2017-500 du 6 avr. 2017, art. 2-I) « 12° De 15 à 25 % pour les forfaits mentionnés aux 2° *(Décr. nº 2021-216 du 25 févr. 2021, art. 1er-1°, en vigueur le 1er sept. 2021)* « uniquement lorsqu'ils assurent le financement des urgences gynécologiques prises en charges au sein des services de gynécologie-obstétrique », 4°, 5°, 6° *(Abrogé par Décr. nº 2021-216 du 25 févr. 2021, art. 1er-2°)* *« et 7° »* de l'article R. 162-33-1 ;

« 13° De 15 à 25 % pour les consultations et les actes facturés en sus des forfaits mentionnés au 12° ; »

(Décr. nº 2010-6 du 5 janv. 2010, art. 2) « 14° De 80 à 90 % pour les médicaments dont le service médical rendu, tel que défini au I de l'article R. 163-3, a été classé comme faible, dans toutes les indications thérapeutiques, en application du 6° de l'article R. 163-18 » *(Décr. nº 2014-1533 du 17 déc. 2014, art. 1er)* « , ainsi que pour l'honoraire de dispensation prévu au 7° de l'article L. 162-16-1 et y afférent » ;

(Décr. nº 2018-445 du 4 juin 2018, art. 1er) « 15° De 70 à 75 % pour les allergènes préparés spécialement pour un seul individu définis à l'article L. 4211-6 du code de la santé publique » ;

(Décr. nº 2020-823 du 30 juin 2020, art. 1er-1°, en vigueur le 1er juill. 2020) « 16° De 35 à 45 % pour les honoraires de dispensation prévus au 7° de l'article L. 162-16-1, à l'exception de ceux visés aux 6°, 7° et 14° du présent article, de celui visé à l'article R. 160-7 et de ceux afférents à la dispensation des médicaments dont le service médical rendu a été classé comme important en application du 6° de l'article R. 163-18 ;

« 17° De 25 à 35 % pour les prestations effectuées par un pharmacien d'officine ou de pharmacie mutualiste ou de secours minière et définies aux 7° *bis*, 14° et 16° de l'article L. 162-16-1 » ;

(Décr. nº 2022-195 du 17 févr. 2022, art. 1er-I) « 18° De 35 % à 45 % pour les frais de séances d'accompagnement psychologique mentionnées à l'article L. 162-58 » ;

(Décr. nº 2022-1767 du 30 déc. 2022, art. 2-1°) « 19° De 35 à 45 % pour les frais relatifs aux activités de télésurveillance médicale mentionnées à l'article L. 162-48 » ;

(Décr. nº 2023-232 du 30 mars 2023, art. 1er-1) « 20° De 35 à 45 % pour les frais relatifs aux dispositifs médicaux numériques à visée thérapeutique et aux activités de télésurveillance médicale pris en charge au titre de l'article L. 162-1-23. »

(Décr. n° 2015-1865 du 30 déc. 2015, art. 2-I-3°, en vigueur le 1er janv. 2016) **« Dans le cas des préparations magistrales incluant une ou plusieurs spécialités pharmaceutiques déconditionnées, et dès lors que ce déconditionnement est autorisé conformément aux dispositions de l'article R. 5132-8 du code de la santé publique, le taux de participation de l'assuré est égal au plus faible de ceux applicables à ces spécialités ».** – *[Anc. art. R. 322-1.]*

Les dispositions issues du Décr. n° 2010-6 du 5 janv. 2010 sont également applicables aux spécialités pharmaceutiques mentionnées à l'art. L. 162-17 CSS dont la procédure d'inscription ou de renouvellement d'inscription sur la liste prévue au premier al. du même art. a été engagée à la date de publication du Décr. préc. (Décr. préc., JO 6 janv.).

Art. R. 160-6 *(Décr. n° 2005-1368 du 3 nov. 2005)* **En application du cinquième alinéa de l'article L. 162-5-3, la participation de l'assuré ou de l'ayant droit peut être majorée, pour les actes et consultations réalisés par des médecins, par l'Union nationale des caisses d'assurance maladie, de** *(Décr. n° 2008-1364 du 18 déc. 2008)* **« 37,5 % à 42,5 % » du tarif servant de base au calcul des prestations en nature de l'assurance maladie.** – *Par décis. de l'UNCAM en date du 22 janv. 2009, le montant de la majoration prévue au premier al. de l'art. R. 322-1-1 [devenu art. R. 160-6] est fixé à 40 % du tarif servant de base au calcul des prestations en nature de l'assurance maladie (Avis. 22 janv. 2009, JO 30 janv.).*

Les assurés et leurs ayants droit dont la participation est réduite ou supprimée en application de l'article *(Décr. n° 2015-1865 du 30 déc. 2015, art. 2-I-3°, en vigueur le 1er janv. 2016)* **« L. 160-14 » supportent cette majoration.**

La majoration ne peut dépasser un montant égal au produit de la rémunération applicable aux consultations de cabinet des médecins spécialistes pratiquant des honoraires opposables telle que fixée par le *[la]* **convention nationale mentionnée à l'article L. 162-5 ou le règlement arbitral mentionné à l'article L. 162-14-2 multiplié par le taux retenu par l'Union nationale des caisses d'assurance maladie en vertu des deux alinéas précédents.**

Dans le cas d'une hospitalisation, la participation de l'assuré pour l'ensemble des frais d'honoraires et d'hospitalisation est majorée du montant défini à l'alinéa précédent.

Outre les cas d'exonérations prévus pour l'application du cinquième alinéa de l'article L. 162-5-3, cette majoration n'est pas due lorsque l'assuré ou l'ayant droit est dans l'une des situations suivantes :

1° Lorsqu'il est éloigné de son lieu de résidence habituelle ;

2° Lorsqu'il recourt à un médecin parce qu'il est confronté à une situation non prévue plus de huit heures auparavant pour une affection ou la suspicion d'une affection mettant en jeu la vie du patient ou l'intégrité de son organisme et nécessitant l'intervention rapide du médecin. – *[Anc. art. R. 322-1-1.]*

Les dispositions du présent art. entrent en vigueur le 1er janv. 2006 (Décr. n° 2005-1368 du 3 nov. 2005, art. 2).

Art. R. 160-7 *(Décr. n° 2015-58 du 26 janv. 2015, art. 1er-3°)* **En application du 22° de l'article** *(Décr. n° 2015-1865 du 30 déc. 2015, art. 2-I-3°, en vigueur le 1er janv. 2016)* **« L. 160-14 », la participation de l'assuré est supprimée pour les frais dus au titre de l'honoraire de dispensation prévu au 7° de l'article L. 162-16-1 pour l'exécution d'une prescription comportant au moins cinq lignes différentes de spécialités pharmaceutiques remboursables et facturées à l'assurance maladie en une seule délivrance.** – *[Anc. art. R. 322-1-3.]*

Art. R. 160-8 La participation de l'assuré prévue *(Décr. n° 2004-1490 du 30 déc. 2004)* **« au I de l'article »** *(Décr. n° 2015-1865 du 30 déc. 2015, art. 2-I-3°, en vigueur le 1er janv. 2016)* **« L. 160-13 » est supprimée pour certains médicaments reconnus comme irremplaçables et particulièrement coûteux, figurant sur une liste établie par arrêté conjoint du ministre chargé de la santé et du ministre chargé de la sécurité sociale, après avis de la commission instituée par l'article R. 163-15,** *(Décr. n° 92-479 du 1er juin 1992, art. 1er)* **« ainsi que** *(Décr. n° 2014-1533 du 17 déc. 2014, art. 2)* **« pour l'honoraire de dispensation prévu au 7° de l'article L. 162-16-1 afférent à ces médicaments** *(Décr. n° 2018-1257 du 27 déc. 2018, art. 1er, en vigueur le 1er janv. 2019)* **« ou à l'ordonnance comportant un ou plusieurs de ces médicaments ». Elle est également supprimée » pour les frais d'***(Décr. n° 2011-2119 du 30 déc. 2011, art. 5-7°)* **« examens de biologie médicale » relatifs au dépistage sérologique de l'infection par le virus de l'immunodéficience humaine »** *(Décr. n° 93-681 du 27 mars 1993, art. 1er)* **« et par le virus de l'hépatite C ».** *(Décr. n° 2021-1531 du 26 nov. 2021, art. 2-1°)* **« Il n'y a pas non plus de participation de l'assuré :**

« 1° Pour les médicaments réputés inscrits au titre des 1° et 2° de l'article R. 5126-60 du code de la santé publique ainsi qu'au titre du 4° de ce même article, à l'exception, dans ce dernier cas, des médicaments faisant l'objet d'un cadre de prescription compassionnelle au sens de l'article L. 5121-12-1 du même code ;

« 2° Pour les médicaments faisant l'objet, dans le cadre d'une rupture de stock, d'un risque de rupture ou d'un arrêt de commercialisation, d'une autorisation d'importation délivrée en application de l'article R. 5121-108 du code de la santé publique, inscrits sur la liste en application du 1° de l'article R. 5126-59 de ce code. »

(Décr. n° 2000-495 du 2 juin 2000) « La participation de l'assuré prévue *(Décr. n° 2004-1490 du 30 déc. 2004)* « au I de l'article » *(Décr. n° 2015-1865 du 30 déc. 2015, art. 2-I-3°)* « L. 160-13 » est également supprimée pour les frais d'examens de dépistage sous réserve que ces examens soient effectués dans le cadre des programmes *(Décr. n° 2004-1490 du 30 déc. 2004)* « mentionnés à l'article L. 1411-6 » du code de la santé publique ».

La participation de l'assuré en ce qui concerne les frais de transport n'est pas due lorsque l'état du bénéficiaire hospitalisé dans un établissement de soins nécessite son transfert vers un autre établissement d'hospitalisation en vue d'un traitement mieux adapté à cet état. Toutefois, cette disposition dérogatoire n'est pas applicable aux transports vers une maison de repos ou de convalescence, présentant les caractéristiques techniques définies à l'article premier de l'annexe XIX du décret n° 56-284 du 9 mars 1956.

(Décr. n° 2014-531 du 26 mai 2014, art. 1er) « La participation de l'assuré est supprimée pour les frais de transport mentionnés au 19° de l'article » *(Décr. n° 2015-1865 du 30 déc. 2015, art. 2-I-3°, en vigueur le 1er janv. 2016)* « L. 160-14 ». » — *[Anc. art. R. 322-2.]*

Art. R. 160-9 Pour les assurés *(Décr. n° 2007-56 du 12 janv. 2007)* « titulaires, au titre d'un avantage de vieillesse, de l'allocation supplémentaire prévue à l'article L. 815-2, dans sa rédaction antérieure à l'entrée en vigueur de l'ordonnance n° 2004-605 du 24 juin 2004 simplifiant le minimum vieillesse ou de l'allocation de solidarité aux personnes âgées instituée par l'article L. 815-1 », *(Décr. n° 2004-1490 du 30 déc. 2004)* « les taux prévus pour les frais et les médicaments mentionnés aux 4°, 5°, 6° et 7° » de *(Décr. n° 2015-1865 du 30 déc. 2015, art. 2-I-3°, en vigueur le 1er janv. 2016)* « l'article R. 160-5 » sont limités à 20 % sauf en ce qui concerne les spécialités pharmaceutiques. En matière de frais de transport, ces assurés sont exonérés de toute participation. — *[Anc. art. R. 322-3.]*

Art. R. 160-10 *(Décr. n° 2015-1865 du 30 déc. 2015, art. 2-I-3°, en vigueur le 1er janv. 2016)* « Les titulaires d'une pension d'invalidité et les bénéficiaires des articles L. 341-15 » et L. 341-16 sont exonérés de *(Décr. n° 2004-1490 du 30 déc. 2004)* « la participation prévue au I de l'article » *(Décr. n° 2015-1865 du 30 déc. 2015, art. 2-I-3°, en vigueur le 1er janv. 2016)* « L. 160-13 » en ce qui concerne les frais engagés pour eux-mêmes.

Les rentiers mentionnés à l'article L. 371-1 sont exonérés de *(Décr. n° 2004-1490 du 30 déc. 2004)* « la participation prévue au I de l'article » *(Décr. n° 2015-1865 du 30 déc. 2015, art. 2-I-3°, en vigueur le 1er janv. 2016)* « L. 160-13 » en ce qui concerne les frais engagés pour eux-mêmes et pour leurs ayants droit.

Les titulaires d'une pension de réversion qui se trouvent atteints *(Décr. n° 2023-435 du 3 juin 2023, art. 6-I, en vigueur le 1er sept. 2023)* « entre cinquante-cinq ans et l'âge prévu par l'article L. 351-1-5 et par le IV des articles L. 643-3 et L. 653-2 du présent code, ainsi que par l'article L. 732-18-4 du code rural et de la pêche maritime » d'une invalidité permanente satisfaisant aux conditions exigées pour ouvrir droit à une pension d'invalidité sont également exonérés de *(Décr. n° 2004-1490 du 30 déc. 2004)* « la participation prévue au I de l'article » *(Décr. n° 2015-1865 du 30 déc. 2015, art. 2-I-3°, en vigueur le 1er janv. 2016)* « L. 160-13 », en ce qui concerne les frais engagés pour eux-mêmes. — *[Anc. art. R. 322-4.]*

Les dispositions issues du Décr. n° 2023-435 du 3 juin 2023 s'appliquent aux pensions prenant effet à compter du 1er sept. 2023 (Décr. préc., art. 13-I).

Art. R. 160-11 *(Décr. n° 2008-1440 du 22 déc. 2008)* La participation de l'assuré prévue au I de l'article *(Décr. n° 2015-1865 du 30 déc. 2015, art. 2-I-3°, en vigueur le 1er janv. 2016)* « L. 160-13 » est supprimée lorsque le malade est dans l'un des cas *(Décr. n° 2016-1362 du 12 oct. 2016, art. 1er-1°)* « définis » au 3° ou au 4° de l'article *(Décr. n° 2015-1865 du 30 déc. 2015, art. 2-I-3°, en vigueur le 1er janv. 2016)* « L. 160-14 », pour les actes, prestations et traitements *(Décr. n° 2016-1362 du 12 oct. 2016, art. 1er-1°)* « prévus par » le protocole de soins *(Décr. n° 2016-1362 du 12 oct. 2016, art. 1er-1°)* « mentionné » à l'article L. 324-1. — *V. Arr. du 14 janv. 2009 (JO 22 janv.).*

(Décr. n° 2015-1865 du 30 déc. 2015, art. 2-I-3°, en vigueur le 1er janv. 2016) « Le directeur de l'organisme servant les prestations » prend la décision prononçant la suppression de cette participation après avis du service du contrôle médical. Elle est valable pour *(Décr. n° 2016-1362 du 12 oct. 2016, art. 1er-1°)* « la durée du protocole mentionné à l'article L. 324-1.

« A l'expiration de cette période, dans le cas où le malade est toujours atteint d'une ou des affections mentionnées au 3° ou au 4° de l'article L. 160-14, la durée du protocole de soins mentionnée à l'article L. 324-1 peut être prolongée et la décision d'exonération peut être renouvelée dans les mêmes conditions. »

A défaut de durée mentionnée sur le protocole, la décision indique sa propre durée.

(Décr. n° 2012-380 du 19 mars 2012) « Lorsqu'un assuré change d'organisme gestionnaire au cours de la période de validité du protocole de soins, ce changement est sans incidence sur la durée pendant laquelle il bénéficie de la suppression de sa participation. » — *[Anc. art. R. 322-5.]*

Art. R. 160-12 *(Décr. n° 2008-1440 du 22 déc. 2008)* L'existence d'une affection donnant droit à la suppression de la participation de l'assuré au titre du 4° de l'article *(Décr. n° 2015-1865 du 30 déc. 2015, art. 2-I-3°, en vigueur le 1er janv. 2016)* « L. 160-14 » est reconnue lorsque les deux conditions suivantes sont cumulativement réunies :

a) Le malade est atteint soit d'une forme grave d'une maladie ou d'une forme évolutive ou invalidante d'une maladie grave, ne figurant pas sur la liste mentionnée au 3° de l'article *(Décr. n° 2015-1865 du 30 déc. 2015, art. 2-I-3°, en vigueur le 1er janv. 2016)* « L. 160-14 », soit de plusieurs affections entraînant un état pathologique invalidant ;

b) Cette ou ces affections nécessitent un traitement d'une durée prévisible supérieure à six mois et particulièrement coûteux en raison du coût ou de la fréquence des actes, prestations et traitements. — *[Anc. art. R. 322-6.]*

Art. R. 160-13 La décision statuant sur la suppression *(Abrogé par Décr. n° 2008-1440 du 22 déc. 2008) « ou la limitation »* de la participation de l'assuré est notifiée à ce dernier. La notification a lieu par *(Décr. n° 2016-1362 du 12 oct. 2016, art. 1er-2°)* « tout moyen donnant date certaine à sa réception » toutes les fois qu'il s'agit d'une décision de refus. Dans le cas où le bénéfice de la suppression *(Abrogé par Décr. n° 2008-1440 du 22 déc. 2008) « ou de la limitation »* est demandé par l'assuré, la caisse est tenue de répondre dans le délai d'un mois à compter de la date de réception de la demande. Le défaut de réponse dans ce délai vaut décision de rejet et ouvre droit au recours de l'assuré.

Les contestations relatives à l'application *(Décr. n° 2008-1440 du 22 déc. 2008)* « des articles » *(Décr. n° 2015-1865 du 30 déc. 2015, art. 2-I-3°, en vigueur le 1er janv. 2016)* « R. 160-11 et R. 160-12 » ci-dessus donnent lieu, lorsqu'elles portent sur *(Décr. n° 2008-1440 du 22 déc. 2008)* « l'appréciation portée par le médecin conseil », à expertise médicale dans les conditions prévues par le chapitre I du titre IV du livre I. — *[Anc. art. R. 322-7.]*

Art. R. 160-14 *(Décr. n° 2011-74 du 19 janv. 2011, art. 1er)* La participation de l'assuré prévue au I de l'article *(Décr. n° 2015-1865 du 30 déc. 2015, art. 2-I-3°, en vigueur le 1er janv. 2016)* « L. 160-13 » est supprimée, dans le cas énoncé au 10° de l'article *(Décr. n° 2015-1865 du 30 déc. 2015, art. 2-I-3°, en vigueur le 1er janv. 2016)* « L. 160-14 », lorsque ce dernier, ayant été atteint d'une affection figurant sur la liste mentionnée au 3° de cet article, se trouve dans un état de santé qui, au regard des recommandations de la Haute Autorité de santé, ne requiert plus aucun traitement, mais un suivi clinique et paraclinique régulier. — *[Anc. art. R. 322-7-1.]*

Art. R. 160-15 *(Décr. n° 2011-74 du 19 janv. 2011, art. 1er)* Lorsque l'assuré se trouve dans la situation mentionnée à l'article précédent, sa participation est supprimée pour le suivi de l'affection au titre de laquelle il s'était vu reconnaître le bénéfice du 3° de l'article *(Décr. n° 2015-1865 du 30 déc. 2015, art. 2-I-3°, en vigueur le 1er janv. 2016)* « L. 160-14 », *(Décr. n° 2016-1362 du 12 oct. 2016, art. 1er-3°)* « sur proposition du service du contrôle médical. En l'absence de proposition du service du contrôle médical, le médecin traitant peut établir la demande sur *(Décr. n° 2023-1222 du 20 déc. 2023, art. 3-1°)* « un exemplaire de » l'ordonnance mentionnée à l'article R. 161-45 et l'adresser au service du contrôle médical de l'organisme local d'assurance maladie. » La demande précise l'affection au titre de laquelle l'assuré bénéficiait de l'exonération prévue au 3° de l'article *(Décr. n° 2015-1865 du 30 déc. 2015, art. 2-I-3°, en vigueur le 1er janv. 2016)* « L. 160-14 ».

Le service médical informe le directeur de l'organisme local *(Décr. nº 2015-1865 du 30 déc. 2015, art. 2-I-3º, en vigueur le 1er janv. 2016)* « servant les prestations », qui notifie à l'assuré la décision de suppression de sa participation. *(Décr. nº 2016-1362 du 12 oct. 2016, art. 1er-3º)* « En cas de refus, la notification a lieu par tout moyen donnant date certaine à sa réception, toutes les fois qu'il s'agit d'une décision de refus. »

(Décr. nº 2012-380 du 19 mars 2012) « Lorsqu'un assuré change d'organisme gestionnaire au cours de la période pendant laquelle il bénéficie de la suppression de sa participation prévue au *[à l'article]* *(Décr. nº 2015-1865 du 30 déc. 2015, art. 2-I-3º, en vigueur le 1er janv. 2016)* « R. 160-14 », ce changement est sans incidence sur la durée pendant laquelle il bénéficie de cette suppression. » — *[Anc. art. R. 322-7-2.]*

Art. R. 160-16 *(Décr. nº 2006-707 du 19 juin 2006)* Pour l'application des 1º et 2º de l'article *(Décr. nº 2015-1865 du 30 déc. 2015, art. 2-I-3º, en vigueur le 1er janv. 2016)* « L. 160-14 » :

I. — La participation de l'assuré aux tarifs servant de base au calcul *(Décr. nº 2015-1865 du 30 déc. 2015, art. 2-I-3º, en vigueur le 1er janv. 2016)* « de la prise en charge des frais de santé en cas de » maladie est réduite à *(Décr. nº 2018-1257 du 27 déc. 2018, art. 2, en vigueur le 1er janv. 2019)* « 24 € » dans les cas suivants :

1. Pour les actes inscrits sur la liste mentionnée à l'article R. 162-52 qui sont affectés soit d'un coefficient égal ou supérieur à *(Décr. nº 2011-201 du 21 févr. 2011)* « 60 », soit d'un tarif égal ou supérieur à *(Décr. nº 2011-201 du 21 févr. 2011)* « 120 » €.

2. Pour l'ensemble des frais intervenant au cours d'une hospitalisation dans un établissement de santé, lorsqu'il est effectué un acte thérapeutique ou un acte diagnostique dont la réalisation en établissement de santé est nécessaire à la sécurité des soins, affecté d'un coefficient égal ou supérieur à *(Décr. nº 2011-201 du 21 févr. 2011)* « 60 » ou d'un tarif égal ou supérieur à *(Décr. nº 2011-201 du 21 févr. 2011)* « 120 » €.

3. Pour l'ensemble des frais intervenant au cours d'une hospitalisation consécutive à une hospitalisation répondant aux conditions mentionnées au 2 et en lien direct avec elle.

Dans les cas mentionnés aux 2 et 3 ci-dessus, la participation de l'assuré est due au titre des frais d'hospitalisation.

Dans le cas mentionné au 1 ci-dessus, lorsqu' *[lorsque]* au cours d'une même consultation sont réalisés par un même praticien et pour un même patient plusieurs actes affectés soit d'un coefficient égal du *[ou]* supérieur à *(Décr. nº 2011-201 du 21 févr. 2011)* « 60 », soit d'un tarif égal ou supérieur à *(Décr. nº 2011-201 du 21 févr. 2011)* « 120 » €, la participation de l'assuré pour l'ensemble de ces actes est réduite au montant défini au premier alinéa du présent I.

Pour l'application de ces dispositions, les coefficients ou les tarifs des actes peuvent se cumuler lorsque ces actes sont réalisés dans le même temps, par le même praticien et pour le même patient. Les conditions d'application de ces dispositions sont fixées par arrêté du ministre chargé de la sécurité sociale. Lorsque le cumul concerne un acte affecté d'un coefficient et un acte affecté d'un tarif, la participation de l'assuré est égale au montant défini au premier alinéa du présent I lorsque le montant en euros résultant de ce cumul est égal ou supérieur à *(Décr. nº 2011-201 du 21 févr. 2011)* « 120 » €.

II. — La participation de l'assuré est supprimée :

1. Pour les actes de radiodiagnostic, d'imagerie par résonance magnétique, de scanographie, de scintigraphie ou de tomographie à émission de positons mentionnés dans la liste des actes et prestations pris en charge ou admis au remboursement par l'assurance maladie prévue à l'article R. 162-52 qui sont affectés soit d'un coefficient égal ou supérieur à *(Décr. nº 2011-201 du 21 févr. 2011)* « 60 », soit d'un tarif égal ou supérieur à *(Décr. nº 2011-201 du 21 févr. 2011)* « 120 » € ; cette suppression ne dispense pas du versement du montant de la participation due par l'assuré au titre des autres actes pratiqués à l'occasion de la consultation ou des frais intervenus au cours de l'hospitalisation.

2. Pour les frais de transport d'urgence entre le lieu de prise en charge de la personne et l'établissement de santé, en cas d'hospitalisation mentionnée au 2 du I ainsi que, en cas d'hospitalisation mentionnée au 3, pour les frais de transport entre les deux établissements ou entre l'établissement et le domicile en cas d'hospitalisation à domicile.

Pour l'application des dispositions du 1 ci-dessus, les coefficients ou tarifs de chacun des actes mentionnés ne peuvent être cumulés.

III. — Le tarif ouvrant droit à réduction est revalorisé chaque année conformément à l'évolution du tarif moyen pondéré afférent aux actes de la classification commune des actes médicaux constaté par le directeur général de l'Union nationale des caisses d'assurance maladie à la fin de l'année précédente.

IV. – La participation de l'assuré n'est ni réduite ni supprimée pour les frais de prothèses dentaires, *(Décr. n° 2011-2119 du 30 déc. 2011, art. 5-10°)* « d'examens de biologie médicale » et d'actes d'anatomo-cyto-pathologie sauf si ces actes sont dispensés dans le cadre d'une hospitalisation prévue aux 2 ou 3 du I ci-dessus.

V. – La participation de l'assuré est supprimée dans les cas suivants :

1. Pour les frais d'acquisition des prothèses oculaires et faciales, des orthoprothèses et des véhicules pour handicapés physiques figurant sur la liste prévue par l'article L. 165-1.

2. Pour les frais afférents à la fourniture du sang humain, du plasma ou de leurs dérivés et de la fourniture du lait humain.

3. Pour l'ensemble des frais intervenant au cours d'une hospitalisation à compter du trente et unième jour d'hospitalisation consécutif. – *[Anc. art. R. 322-8.]*

Art. R. 160-17 *(Décr. n° 2004-1490 du 30 déc. 2004)* I. – La participation de l'assuré aux tarifs servant de base au calcul *(Décr. n° 2015-1865 du 30 déc. 2015, art. 2-I-3°, en vigueur le 1er janv. 2016)* « de la prise en charge des frais de santé en cas de » maladie est supprimée, par application de l'article *(Décr. n° 2015-1865 du 30 déc. 2015, art. 2-I-3°, en vigueur le 1er janv. 2016)* « L. 160-14 » :

1° *(Décr. n° 95-361 du 31 mars 1995, art. 1er)* « Pour l'hospitalisation des nouveau-nés, lorsqu'elle se produit dans les trente jours qui suivent la naissance, ainsi que pour les soins de toute nature qui leur sont dispensés dans un établissement de santé au cours de la période de trente jours qui suit la naissance » ;

(Décr. n° 2016-1362 du 12 oct. 2016, art. 1er-4°) « 2° *(Décr. n° 2021-1243 du 28 sept. 2021, art. 3-1°)* « Pour les investigations nécessaires au diagnostic et au traitement de l'infertilité. » La décision de la caisse d'assurance maladie prononçant la suppression de la participation est prise sur avis du service du contrôle médical sur le protocole de soins prévu à l'article L. 324-1. La décision de la caisse fixe la durée de la période d'exonération. Les contestations de ladite décision donnent lieu, lorsqu'elles portent sur l'appréciation portée par le service du contrôle médical, à expertise médicale dans les conditions prévues par le chapitre I du titre IV du livre I. »

(Décr. n° 2012-380 du 19 mars 2012) « Lorsqu'un assuré change d'organisme gestionnaire au cours de la période d'exonération, ce changement est sans incidence sur la durée pendant laquelle il bénéficie de cette exonération. »

(Décr. n° 2009-217 du 24 févr. 2009) « 3° Pour les donneurs mentionnés à l'article L. 1211-2 du code de la santé publique, pour les frais d'examens et de traitement prescrits en vue du prélèvement d'éléments ou de la collecte de produits du corps humain, y compris des gamètes, les frais d'hospitalisation ainsi que les frais de suivi et de soins dispensés au donneur en raison du prélèvement ou de la collecte dont il a fait l'objet ; »

(Décr. n° 2013-248 du 25 mars 2013, en vigueur le 31 mars 2013) « 4° Pour les frais de soins, de surveillance et d'hospitalisation liés à une interruption volontaire de grossesse par voie instrumentale ou médicamenteuse pratiquée dans les conditions prévues à l'article L. 2212-2 du code de la santé publique ; »

(Décr. n° 2016-865 du 29 juin 2016, art. 1er) « 5° Pour les *(Décr. n° 2022-258 du 23 févr. 2022, art. 1er-1°, en vigueur le 1er janv. 2022)* « assurées âgées de moins de 26 ans » :

« *a)* Pour les frais relatifs à une consultation annuelle du médecin ou de la sage-femme donnant lieu à la prescription d'un contraceptif ou d'examens de biologie médicale en vue d'une prescription contraceptive et pour les frais relatifs à une consultation de suivi par un médecin ou une sage-femme la première année d'accès à la contraception ;

« *b)* Pour les frais relatifs aux examens de biologie médicale comportant un dosage du cholestérol total et des triglycérides et une glycémie à jeun, réalisés en vue d'une prescription contraceptive et dans la limite d'une fois par an ;

« *c)* Pour les frais d'acquisition des spécialités pharmaceutiques à visée contraceptive inscrites sur la liste des spécialités remboursables prévue au premier alinéa de l'article L. 162-17 ainsi que des dispositifs médicaux à visée contraceptive inscrits sur la liste des produits et prestations remboursables prévue à l'article L. 165-1 ;

« *d)* Pour les frais relatifs aux actes du médecin ou de la sage-femme donnant lieu à la pose, au changement ou au retrait d'un contraceptif » ;

(Décr. nº 2022-258 du 23 févr. 2022, art. 1er-2º, en vigueur le 1er janv. 2022) « *[e)]* Pour les assurés âgés de moins de 26 ans, pour les frais liés aux consultations de prévention en matière de santé sexuelle ; »

(Décr. nº 2023-81 du 6 févr. 2023, art. 1er-1º) « 5º *bis* Pour les frais d'acquisition de médicaments, lorsque ceux-ci ont pour but la contraception d'urgence ; »

(Décr. nº 2016-1185 du 30 août 2016) « 6º Pour les frais relatifs aux actes techniques recommandés par la Haute Autorité de santé pendant la période préconisée, lorsque l'assuré se trouve dans l'une des situations cliniques suivantes définies comme nécessitant un dépistage spécifique du cancer du sein :

« *a)* En cas d'antécédent familial de cancer du sein ou de l'ovaire et lorsque l'assuré est porteur d'une mutation constitutionnelle prédisposant au cancer du sein ;

« *b)* En cas d'antécédent familial de cancer du sein ou de l'ovaire et lorsqu'une évaluation par un onco-généticien démontre un risque personnel élevé ou très élevé de cancer du sein ;

« *c)* En cas d'antécédent personnel d'hyperplasie canalaire atypique, d'hyperplasie lobulaire atypique ou de carcinome lobulaire *in situ* ;

« La suppression de la participation est accordée au vu d'une demande établie sur une ordonnance réalisée en application de l'article R. 161-45, et adressée, sous pli confidentiel, au service du contrôle médical placé près de l'organisme local d'assurance maladie de l'assuré par un onco-généticien dans les situations mentionnées aux *a* et *b* et par un gynécologue, un gynécologue-obstétricien ou un oncologue dans la situation mentionnée au *c*.

« Après avoir vérifié que l'assuré relève de l'une des situations mentionnées aux *a* à *c*, le service du contrôle médical lui délivre une attestation de prise en charge à présenter au médecin pratiquant les actes techniques » ;

(Décr. nº 2018-1257 du 27 déc. 2018, art. 3, en vigueur le 1er janv. 2019) « 7º Pour les frais relatifs aux examens prévus par l'article L. 2132-2 du code de la santé publique, à l'exception de ceux pris en charge au titre du risque maternité en application de l'article L. 160-9 ;

« 8º Pour les frais relatifs à une consultation unique du médecin généraliste ou du gynécologue destinée à la prévention du cancer du sein et du cancer du col de l'utérus, pour les assurées âgées de vingt-cinq ans » ; — *Les dispositions de cet al. issues du Décr. nº 2018-1257 du 27 déc. 2018 entrent en vigueur le 1er juin 2019 (Décr. préc., art. 4).*

(Décr. nº 2021-1243 du 28 sept. 2021, art. 3-2º) « 9º Pour l'assistance médicale à procréation réalisée dans les conditions prévues au chapitre I du titre IV du livre I de la deuxième partie du code de la santé publique. La décision de la caisse d'assurance maladie prononçant la suppression de la participation est prise sur avis du contrôle médical sur le protocole de soins prévu à l'article L. 324-1 du présent code. La décision de la caisse fixe la durée de la période d'exonération. Les contestations de ladite décision donnent lieu, lorsqu'elles portent sur l'appréciation portée par le service du contrôle médical, à expertise médicale dans les conditions prévues par le chapitre I du titre IV du livre I ;

(Décr. nº 2023-81 du 6 févr. 2023, art. 1er-2º) « 10º Pour les frais de transport, lorsque celui-ci est réalisé à la demande d'une unité participant au service d'aide médicale urgente mentionné à l'article L. 6311-1 du code de la santé publique ».

« Lorsque qu'un *[Lorsqu'un]* assuré change d'organisme gestionnaire au cours de la période d'exonération, ce changement est sans incidence sur la durée pendant laquelle il bénéficie de cette exonération » ;

(Décr. nº 2001-833 du 13 sept. 2001) « II. — La participation de l'assuré est également supprimée, dans les conditions définies ci-après, pour les soins consécutifs aux sévices sexuels subis par les mineurs victimes d'actes prévus et réprimés par les articles 222-23 à 222-32 et 227-22 à 227-27 du code pénal, à compter de la date présumée de commission des faits.

« Saisie d'une demande de l'assuré, de la victime, de son médecin ou de son représentant légal, ou lorsqu'une enquête de police judiciaire, une instruction préparatoire ou une mesure d'assistance éducative prévue à l'article 375 du code civil a été engagée, la Caisse d'assurance maladie sollicite l'avis du *(Décr. nº 2016-1362 du 12 oct. 2016, art. 1er-4º)* « service du » contrôle médical sur le principe et la durée de l'exonération prévue à l'alinéa précédent. Le *(Décr. nº 2016-1362 du 12 oct. 2016, art. 1er-4º)* « service du » contrôle médical se prononce sur la base des éléments communiqués par le médecin traitant *(Décr. nº 2016-1362 du 12 oct. 2016, art. 1er-4º)* « dans le protocole de soins prévu à l'article L. 324-1 » et, le cas échéant, de l'expertise médico-psychologique mentionnée à l'article 706-48 du code *(Décr. n° 2016-1362 du 12 oct. 2016, art. 1er-4°)* « de procédure pénale ».

« L'exonération est fixée pour la durée du traitement, si nécessaire au-delà de la majorité de la victime, et peut être prolongée dans les conditions prévues à l'alinéa précédent. »

(Décr. n° 2012-380 du 19 mars 2012) « Lorsqu'un assuré change d'organisme gestionnaire au cours de la période d'exonération, ce changement est sans incidence sur la durée pendant laquelle il bénéficie de cette exonération. » — *[Anc. art. R. 322-9]*

Art. R. 160-17-1 *(Décr. n° 2022-258 du 23 févr. 2022, art. 2, en vigueur le 1er janv. 2022)* I. — La participation de l'assuré aux frais occasionnés par un passage non programmé dans une structure des urgences d'un établissement de santé mentionnée au I de l'article L. 160-13 est réduite à un montant défini par arrêté des ministres chargés de la santé et de la sécurité sociale pour les catégories d'assurés suivantes, quel que soit le motif de leur passage dans la structure des urgences :

1° Pour les assurés dont les affections relèvent des dispositions des 3° et 4° de l'article L. 160-14 ;

2° Pour les assurés, autres que ceux mentionnés au 3° du II, bénéficiaires des prestations mentionnées à l'article L. 431-1 et aux articles L. 751-8 et L. 752-3 du code rural et de la pêche maritime.

II. — Cette participation est supprimée pour les catégories d'assurés suivantes, quel que soit le motif de leur passage dans la structure des urgences :

1° Pour les assurées bénéficiant de la protection sociale contre les risques et les conséquences de la maternité mentionnée à l'article L. 160-9 du présent code ;

2° Pour les nouveau-nés lorsque ce passage se produit pendant la période mentionnée au 1° de l'article R. 160-17 ;

3° Pour les assurés titulaires d'une rente ou d'une allocation allouée en vertu des législations sur les accidents du travail et maladies professionnelles bénéficiant des dispositions de l'article L. 371-1 ou de l'article R. 742-9 du code rural et de la pêche maritime ;

4° Pour les assurés titulaires d'une pension d'invalidité ou bénéficiant des dispositions des articles L. 341-15, L. 341-16 du présent code, du dernier alinéa de l'article R. 160-10 du même code ou du VIII de l'article R. 732-3 du code rural et de la pêche maritime ;

5° Pour les assurés bénéficiant des dispositions de l'article L. 371-6 du présent code.

III. — Cette participation est supprimée dans les situations suivantes :

1° Pour les soins consécutifs aux sévices sexuels subis par les mineurs victimes d'actes prévus et réprimés par les articles 222-23 à 222-32 et 227-22 à 227-27 du code pénal, dans les conditions prévues au II de l'article R. 160-17 du présent code ;

2° Pour les donneurs mentionnés à l'article L. 1211-2 du code de la santé publique, lorsque le passage dans la structure des urgences est en lien avec le prélèvement d'éléments du corps humain ou la collecte de ces produits ;

3° Pour les victimes d'actes de terrorisme mentionnées à l'article L. 169-1 du présent code, pour les soins résultant de l'acte de terrorisme ;

4° Pour les soins en lien avec le risque sanitaire mentionné à l'article L. 16-10-1, dans les conditions précisées par les décrets pris en application de ce même article.

Art. R. 160-18 *(Décr. n° 88-916 du 7 sept. 1988, art. 1er)* Par dérogation aux articles *(Décr. n° 2015-1865 du 30 déc. 2015, art. 2-I-3°, en vigueur le 1er janv. 2016)* « R. 160-10, R. 160-16 » *(Décr. n° 2001-833 du 13 sept. 2001)* « et au I de l'article » *(Décr. n° 2015-1865 du 30 déc. 2015, art. 2-I-3°, en vigueur le 1er janv. 2016)* « R. 160-17 », les assurés sociaux mentionnés à ces articles supportent la participation prévue *(Décr. n° 2010-6 du 5 janv. 2010, art. 3)* « au 6° et au 14° de l'article » *(Décr. n° 2015-1865 du 30 déc. 2015, art. 2-I-3°, en vigueur le 1er janv. 2016)* « R. 160-5 ». — *[Anc. art. R. 322-9-1.]*

Art. R. 160-19 *(Décr. n° 2004-1490 du 30 déc. 2004)* Le montant de la participation forfaitaire mentionnée au II de l'article *(Décr. n° 2015-1865 du 30 déc. 2015, art. 2-I-3°, en vigueur le 1er janv. 2016)* « L. 160-13 » ne peut excéder 1 euro. — *[Anc. art. R. 322-9-2.]* — *V. **Addendum, p. 2154**.*

Art. R. 160-20 *(Décr. n° 2004-1490 du 30 déc. 2004)* La participation forfaitaire mentionnée au II de l'article *(Décr. n° 2015-1865 du 30 déc. 2015, art. 2-I-3°, en vigueur le 1er janv. 2016)* « L. 160-13 » n'est pas exigée au titre des ayants droit qui n'ont pas atteint l'âge de dix-huit ans au 1er janvier de l'année civile considérée. — *[Anc. art. R. 322-9-3.]*

Art. R. 160-21 Avant toute décision prise en application du deuxième alinéa du I de l'article *(Décr. n° 2015-1865 du 30 déc. 2015, art. 2-I-3°, en vigueur le 1er janv. 2016)* « L. 160-13 », l'Union nationale des caisses d'assurance maladie saisit l'Union nationale des organismes d'assurance maladie complémentaire et l'Union nationale des professionnels de santé qui disposent d'un délai de trente jours pour rendre leur avis. A l'expiration de ce délai, les avis de ces organismes sont réputés rendus. La décision du conseil de l'Union nationale des caisses d'assurance maladie, accompagnée des avis de l'Union nationale des organismes d'assurance maladie complémentaire et de l'Union nationale des professionnels de santé, est transmise au ministre chargé de la santé.

Le ministre chargé de la santé peut s'opposer à cette décision pour des motifs de santé publique dans un délai de trente jours à compter de la date de réception de ladite décision. En cas d'opposition, le ministre en informe l'Union nationale des caisses d'assurance maladie, l'Union nationale des organismes d'assurance maladie complémentaire et l'Union nationale des professionnels de santé. La décision du conseil de l'Union nationale des caisses d'assurance maladie est réputée approuvée à l'expiration de ce délai. Elle est publiée au *Journal officiel* de la République française.

— Al. annulé à compter du 30 avr. 2012 par la décision du CE du 2 déc. 2011, n° 347497.

(Décr. n° 2012-43 du 13 janv. 2012, art. 1er) « Dans le cas où, dans un délai de deux mois à compter de l'entrée en vigueur d'un décret fixant des limites de taux de participation de l'assuré mentionnées à l'article *(Décr. n° 2015-1865 du 30 déc. 2015, art. 2-I-3°, en vigueur le 1er janv. 2016)* « R. 160-5 », le conseil de l'Union nationale des caisses d'assurance maladie n'a pas fixé le taux de la participation de l'assuré, *(Décr. n° 2020-823 du 30 juin 2020, art. 1er-2°, en vigueur le 1er juill. 2020)* « ou, dans le cas où la décision du conseil de l'Union nationale des caisses d'assurance maladie ne permet pas de fixer le taux de participation de l'assuré à l'intérieur de ces limites, » le taux applicable est fixé, à l'intérieur de ces limites, par un arrêté du ministre chargé de la sécurité sociale publié au *Journal officiel* de la République française. » — *[Anc. art. R. 322-9-4.]*

Art. R. 160-22 La participation des caisses aux dépenses médicales et pharmaceutiques ne peut, en aucun cas, même lorsqu'elle est fixée forfaitairement, excéder le montant des frais exposés par l'assuré. — *[Anc. art. R. 322-12.]*

Art. R. 160-23 Le renouvellement de la prise en charge des frais d'hospitalisation des *(Décr. n° 2015-1865 du 30 déc. 2015, art. 2-I-3°, en vigueur le 1er janv. 2016)* « personnes mentionnées à l'article L. 160-3 » ne peut intervenir au-delà du premier mois de séjour que sur décision individuelle prise à la diligence de l'établissement hospitalier par la caisse primaire d'assurance maladie après avis du contrôle médical reconnaissant la nécessité de la prolongation des soins dans l'établissement.

Le premier renouvellement ainsi que les suivants ne peuvent être accordés que pour des périodes de trois mois au maximum suivant la même procédure, sous réserve toutefois du droit, pour la caisse primaire, de suspendre à tout moment le service des prestations, lorsque, à la suite d'un contrôle du malade, il aura été établi que l'hospitalisation ne s'impose plus médicalement.

La prise en charge ne cessera toutefois d'avoir effet qu'à compter de l'expiration d'un délai de deux jours francs à dater de la notification à l'établissement d'hospitalisation. — *[Anc. art. R. 322-13.]*

Art. R. 160-24 Les frais mentionnés à l'article *(Décr. n° 2015-1865 du 30 déc. 2015, art. 2-I-3°, en vigueur le 1er janv. 2016)* « L. 160-8 » ne comprennent, en ce qui concerne les cures thermales, que les frais de surveillance médicale desdites cures et les frais de traitement dans les établissements thermaux. — *[Anc. art. R. 322-14.]*

Sur les exceptions à l'application du droit des usagers de saisir l'administration par voie électronique concernant les démarches effectuées auprès des organismes de sécurité sociale, V. **CRPA**, *App., v° Saisine par voie électronique — Exceptions.*

Art. R. 160-25 *(Décr. n° 2017-656 du 27 avr. 2017, art. 1er)* Les opérations de gestion qui peuvent être déléguées en tout ou partie, en application du *(Décr. n° 2018-1255 du 27 déc. 2018, art. 1er, en vigueur le 1er janv. 2019)* « deuxième » alinéa de l'article L. 160-17, portent sur des activités concourant à la prise en charge des frais de santé dont bénéficient les assurés mentionnés au même article.

Elles peuvent avoir pour objet :

1° Les relations avec les bénéficiaires de la prise en charge des frais de santé et la gestion de leurs droits et prestations ;

2° La gestion des relations avec les professionnels et les établissements de santé ;
3° La participation à des actions de prévention ;
4° La participation à des actions d'accès au droit ;
5° La participation à des actions de gestion du risque ;
6° La participation à des actions de contrôle.
Les conventions mentionnées à l'article R. 160-26 précisent les opérations de gestion qui sont confiées à l'organisme délégataire.

Art. R. 160-26 *(Décr. n° 2017-656 du 27 avr. 2017, art. 1er ; Décr. n° 2018-1255 du 27 déc. 2018, art. 1er-2°, en vigueur le 1er sept. 2019)* « I. — Les opérations de gestion mises en œuvre par les mutuelles ou groupements de mutuelles, régis par le code de la mutualité, constitués pour la prise en charge des frais de santé des fonctionnaires civils de l'État et des magistrats mentionnés aux articles L. 712-1 et L. 712-2, font l'objet d'une convention conclue entre ces mutuelles ou groupements de mutuelles et la Caisse nationale de l'assurance maladie.

« II. — La convention mentionnée au I est conclue » pour la même période que la convention d'objectifs et de gestion qui est applicable à la Caisse nationale de l'assurance maladie.

(Décr. n° 2018-1255 du 27 déc. 2018, art. 1er-2°, en vigueur le 1er sept. 2019) « III. — Cette convention fixe », notamment :

1° Le champ des assurés concernés et les circonscriptions géographiques d'intervention de l'organisme délégataire ;

2° La liste des opérations de gestion mentionnées à l'article R. 160-25 et confiées à l'organisme délégataire dans le cadre de la convention ainsi que les modalités de leur mise en œuvre ;

3° Les objectifs de gestion, de qualité de service et de performance ainsi que les indicateurs quantitatifs et qualitatifs associés à la définition des objectifs ;

4° Le montant des remises de gestion accordées en contrepartie des dépenses exposées pour l'exécution des opérations de gestion ainsi que les modalités et le calendrier de leur versement à l'organisme auquel ces opérations sont confiées. Ces remises de gestion sont déterminées en fonction notamment du nombre de bénéficiaires, de la nature et de l'étendue des activités déléguées et dans le respect des budgets fixés dans la convention d'objectifs et de gestion mentionnée au *(Décr. n° 2018-1255 du 27 déc. 2018, art. 1er-2°, en vigueur le 1er sept. 2019)* « II » ;

5° Les engagements réciproques des signataires pour la mise en œuvre des opérations de gestion ;

6° Les modalités de suivi et d'évaluation de la convention.

IV. — En cas d'absence de conclusion ou de reconduction de la convention mentionnée au I, un arrêté des ministres chargés de la sécurité sociale et du budget fixe les dispositions permettant la prise en charge des opérations de gestion par la Caisse nationale de l'assurance maladie.

Art. R. 160-27 *(Décr. n° 2017-656 du 27 avr. 2017, art. 1er)* Les opérations de gestion font l'objet d'une évaluation annuelle. Un bilan annuel de l'exécution des conventions conclues en application de l'article R. 160-26 est établi *(Abrogé par Décr. n° 2018-174 du 9 mars 2018, art. 15-I, à compter du 1er janv. 2018)* « *, selon le cas,* » par la Caisse nationale de l'assurance maladie *(Abrogé par Décr. n° 2018-174 du 9 mars 2018, art. 15-I, à compter du 1er janv. 2018)* « *des travailleurs salariés ou par la Caisse nationale du régime social des indépendants* », puis communiqué pour avis et observations à l'organisme délégataire. Le bilan définitif ainsi que les observations de l'organisme délégataire sont transmis au ministre chargé de la sécurité sociale et au ministre chargé du budget. — *V. note ss. art. R. 160-26.*

Les opérations de gestion peuvent donner lieu à un audit réalisé à l'initiative *(Abrogé par Décr. n° 2018-174 du 9 mars 2018, art. 15-I, à compter du 1er janv. 2018)* « *, selon le cas,* » de la Caisse nationale de l'assurance maladie *(Abrogé par Décr. n° 2018-174 du 9 mars 2018, art. 15-I, à compter du 1er janv. 2018)* « *des travailleurs salariés ou de la Caisse nationale du régime social des indépendants* ».

Les organismes auxquels sont confiées des opérations de gestion sont tenus de fournir à la Caisse nationale mentionnée à l'alinéa précédent tous les documents nécessaires au contrôle et à l'évaluation des opérations de gestion.

Art. R. 160-28 *(Décr. n° 2017-656 du 27 avr. 2017, art. 1er)* I. — La convention conclue en application du I de l'article R. 160-26 *(Abrogé par Décr. n° 2018-174 du 9 mars 2018,* *art. 15-I, à compter du 1er janv. 2018)* **« *ou du premier alinéa du I de l'article R. 611-79* »** est résiliée dans les cas suivants :

1° A l'initiative de l'organisme délégataire des opérations de gestion qui en informe, six mois avant la date de résiliation, la Caisse nationale chargée du régime obligatoire ;

(Abrogé par Décr. nº 2018-174 du 9 mars 2018, art. 15-I, à compter du 1er janv. 2018) **« *2° Lorsque les conditions fixées au II de l'article R. 611-79 ne sont plus remplies par l'organisme auquel elles s'imposent ;* »**

3° Lorsque l'organisme délégataire des opérations de gestion se trouve dans une situation de défaillance caractérisée par une dégradation durable du service rendu aux assurés, rendant impossible la continuité de la prise en charge de leurs frais de santé dans des conditions normales.

II. — Lorsque le directeur général de la Caisse nationale chargée du régime obligatoire constate *(Décr. nº 2018-174 du 9 mars 2018, art. 15-I, en vigueur le 1er janv. 2018)* « une situation mentionnée au » 3° du I, il informe l'organisme délégataire, par tout moyen permettant de conférer date certaine, de son intention de résilier la convention.

L'organisme dispose d'un délai de deux mois à compter de la réception de cette information pour présenter à la Caisse nationale ses observations ainsi que, le cas échéant, ses propositions de mesures en vue de la régularisation de la situation. A compter de la date de réception de ces observations ou, le cas échéant, à l'expiration de ce délai, le directeur général de la Caisse nationale dispose d'un délai d'un mois pour notifier sa décision à l'organisme délégataire, ainsi que, dans le cas prévu au 3° du I, un avis de défaillance.

A défaut de décision du directeur général de la Caisse nationale dans ce délai, la procédure de résiliation est réputée abandonnée.

La décision de résiliation est motivée et précise la date d'effet de la résiliation. La résiliation ne peut intervenir avant l'expiration d'un délai de trois mois à compter de la notification de la décision de résiliation, sous réserve du respect de la condition prévue à l'alinéa suivant.

Jusqu'à la résiliation de sa convention, l'organisme délégataire est tenu de prendre toutes les mesures permettant d'assurer la continuité de la prise en charge des frais de santé des assurés concernés. La Caisse nationale chargée du régime obligatoire veille à la mise en œuvre de ces mesures.

La Caisse nationale décide, après concertation avec l'organe national représentant l'organisme délégataire dont la convention est résiliée, soit de confier à un autre organisme délégataire la reprise des opérations de gestion précédemment déléguées soit d'assurer elle-même la gestion de ces opérations.

III. — Dans le cas prévu au 3° du I et si le service des prestations n'est pas assuré, le ministre chargé de la sécurité sociale peut, à l'issue d'une procédure contradictoire respectant les modalités prévues au II, mettre fin à la délégation des opérations de gestion, par arrêté pris après avis du directeur général de la Caisse nationale chargée du régime obligatoire. Cet arrêté, qui entraîne de plein droit la résiliation de la convention, définit les modalités et les délais de reprise des opérations de gestion par la Caisse nationale.

V. note ss. art. R. 160-26.

Art. R. 160-29 *(Décr. nº 2017-656 du 27 avr. 2017, art. 1er)* L'organisme auquel est confiée la prise en charge des frais de santé est tenu de disposer, pour la Caisse nationale dont il a reçu délégation, d'un compte destiné à assurer le paiement des prestations. Ce compte est alimenté à la diligence de l'agent comptable de la Caisse nationale sur production par l'organisme délégataire d'un état prévisionnel de dépenses et en fonction de ses besoins. — *Les dispositions du premier al. de l'art. R. 160-29 entrent en vigueur le 1er janv. 2019 (Décr. nº 2017-656 du 27 avr. 2017, art. 4-IV).*

Cet organisme dispose de garanties permettant de couvrir à l'égard de la Caisse nationale les risques résultant des erreurs, fautes ou malversations des personnes chargées de tenir le compte financier prévu à l'alinéa précédent.

La comptabilité analytique de l'organisme délégataire doit permettre d'identifier les dépenses de gestion afférentes à l'accomplissement des opérations mentionnées au *(Décr. nº 2018-1255 du 27 déc. 2018, art. 1er)* « deuxième » alinéa de l'article L. 160-17.

Lorsqu'il apparaît que des prestations versées correspondent à des sommes indûment payées, le montant en est imputé à l'organisme concerné selon des dispositions prises par décret et fixant les modalités relatives à la responsabilité financière des organismes conventionnés.

Code de la santé publique

SECTION 1 *Centres de soins, d'accompagnement et de prévention en addictologie*

Art. D. 3411-1 Les centres de soins, d'accompagnement et de prévention en addictologie assurent, pour les personnes ayant une consommation à risque, un usage nocif ou présentant une dépendance aux substances psychoactives ainsi que pour leur entourage :

1° L'accueil, l'information, l'évaluation médicale, psychologique et sociale et l'orientation de la personne ou de son entourage ;

Dans ce cadre, ils peuvent mettre en place des consultations de proximité en vue d'assurer le repérage précoce des usages nocifs.

2° La réduction des risques associés à la consommation de substances psychoactives ;

3° La prise en charge médicale, psychologique, sociale et éducative. Elle comprend le diagnostic, les prestations de soins, l'accès aux droits sociaux et l'aide à l'insertion ou à la réinsertion.

Les centres assurent le sevrage et son accompagnement, la prescription et le suivi des traitements médicamenteux, dont les traitements de substitution aux opiacés.

Ils peuvent également prendre en charge des personnes présentant des addictions sans substances.

Art. D. 3411-2 Les centres peuvent spécialiser leur activité de prise en charge en direction de personnes consommant des substances psychoactives illicites ou de l'alcool.

Dans ce cas, ils ne sont tenus de remplir les missions mentionnées au 2° et au 3° de l'article D. 3411-1 que pour les personnes qu'ils prennent en charge, y compris pour leurs consommations associées.

Art. D. 3411-3 Les centres assurent soit des prestations ambulatoires, soit des prestations en hébergement individuel ou collectif, soit ces deux prestations.

Art. D. 3411-4 Les centres s'assurent les services d'une équipe pluridisciplinaire dont la composition et le fonctionnement sont conformes aux objectifs du projet d'établissement et permettent sa mise en œuvre.

Art. D. 3411-5 Le directeur ou le responsable du centre a la responsabilité générale du fonctionnement du centre. Il assure, lui-même ou, le cas échéant, par délégation, dans le respect des compétences et des règles déontologiques des différents professionnels, la cohérence d'ensemble de l'activité des personnels ainsi que la coordination avec les intervenants extérieurs.

La responsabilité des activités médicales est assurée par un médecin.

Art. D. 3411-6 Les établissements expérimentaux au sens du 12° de l'article L. 312-1 du code de l'action sociale et des familles, dénommés communautés thérapeutiques, peuvent être autorisés en tant que centre de soins, d'accompagnement et de prévention en addictologie.

Dans ce cas, les centres ne sont pas tenus d'assurer la prescription de traitement de substitution mentionnée au 3° de l'article D. 3411-1.

Art. D. 3411-7 Les centres participent au dispositif de recueil d'information et de veille permettant de mieux connaître les besoins des personnes en matière de prise en charge.

Art. D. 3411-8 Les centres peuvent participer à des actions de prévention, de formation, de recherche en matière de pratiques addictives. Ils peuvent également les mettre en œuvre. Lorsque ces actions sont organisées par des personnes morales, celles-ci rémunèrent l'intervention du centre.

Art. D. 3411-9 *(Décr. nº 2009-743 du 19 juin 2009)* Lorsque le centre s'approvisionne en application du 6° de l'article R. 5124-45 du présent code, la détention, le contrôle, la gestion et la dispensation des médicaments sont assurés par un pharmacien inscrit au tableau de la section E ou de la section H de l'ordre national des pharmaciens, ou à défaut par un médecin intervenant dans le centre, nommément désigné, autorisé par le *(Décr. nº 2010-344 du 31 mars 2010, art. 102)* « directeur général de l'agence régionale de santé ».

Art. D. 3411-10 *(Décr. nº 2009-743 du 19 juin 2009)* Les médicaments sont détenus dans un lieu auquel n'ont pas librement accès les personnes étrangères à l'organisme et conservés dans les conditions prévues par l'autorisation de mise sur le marché, sous la responsabilité du pharmacien ou du médecin autorisé par le *(Décr. nº 2010-344 du 31 mars 2010, art. 102)* « directeur général de l'agence régionale de santé ».

Un état annuel des entrées et sorties des médicaments est adressé au pharmacien *(Décr. nº 2010-344 du 31 mars 2010, art. 102)* « de l'agence régionale de santé désigné par le directeur général de l'agence parmi les agents mentionnés aux articles L. 1421-1 et L. 1435-7 ».

Code du travail

PREMIÈRE PARTIE : *LÉGISLATIVE*

CINQUIÈME PARTIE L'EMPLOI

LIVRE I LES DISPOSITIFS EN FAVEUR DE L'EMPLOI

TITRE III AIDES À L'INSERTION, À L'ACCÈS ET AU RETOUR À L'EMPLOI

Sur les dispositions réglementaires au présent titre, V. C. trav., art. R. 5131-1 s. — ***C. trav.***

CHAPITRE I *ACCOMPAGNEMENT PERSONNALISÉ POUR L'ACCÈS À L'EMPLOI*

SECTION 1 *Objet et conventions*

Art. L. 5131-1 L'accompagnement personnalisé pour l'accès à l'emploi a pour objet de faciliter l'accès et le maintien dans l'emploi des personnes qui, rencontrant des difficultés particulières d'insertion professionnelle, ont besoin d'un accompagnement social *(L. nº 2018-771 du 5 sept. 2018, art. 29, en vigueur le 1er janv. 2019)* « et d'une formation ».

A cette fin, l'État peut conclure des conventions avec des organismes compétents.

SECTION 2 *Plan local pluriannuel pour l'insertion et l'emploi*

Art. L. 5131-2 Afin de faciliter l'accès à l'emploi des personnes en grande difficulté d'insertion sociale et professionnelle dans le cadre de parcours individualisés en associant accueil, accompagnement social, orientation, formation, insertion et suivi, les communes et leurs groupements peuvent établir des plans locaux pluriannuels pour l'insertion et l'emploi dans le ressort géographique le plus approprié à la satisfaction des besoins locaux.

Les autres collectivités territoriales, les entreprises et les organismes intervenant dans le secteur de l'insertion et de l'emploi peuvent s'associer à ces plans. — *[Anc. art. L. 322-4-16-6, phrases 1 et 2.]*

SECTION 3 *Droit à l'accompagnement des jeunes vers l'emploi et l'autonomie*

(L. nº 2016-1088 du 8 août 2016, art. 46, en vigueur le 1er janv. 2017).

Cette section, dans sa rédaction résultant de la L. nº 2016-1088 du 8 août 2016, est applicable à compter du 1er janv. 2017 (L. préc., art. 46-IV).

Art. L. 5131-3 Tout jeune de seize à vingt-cinq ans révolus en difficulté et confronté à un risque d'exclusion professionnelle a droit à un accompagnement *(L. nº 2016-1088 du 8 août 2016, art. 46, en vigueur le 1er janv. 2017)* « vers l'emploi et l'autonomie, organisé par l'État ».

Art. L. 5131-4 *(L. nº 2016-1088 du 8 août 2016, art. 46, en vigueur le 1er janv. 2017)* L'accompagnement mentionné à l'article L. 5131-3 peut prendre la forme d'un parcours contractualisé d'accompagnement vers l'emploi et l'autonomie *(Abrogé par L. nº 2023-1196 du 18 déc. 2023, art. 2-II, au plus tard à compter du 1er janv. 2025)* « *conclu avec l'État* », élaboré avec le jeune et adapté à ses besoins identifiés lors d'un diagnostic *[nouvelle rédaction issue de la L. nº 2023-1196 du 18 déc. 2023, art. 2-II, en vigueur au plus tard le 1er janv. 2025 : [lors] « du diagnostic mentionné à l'article L. 5411-5-2 »]*. Ce parcours est mis en œuvre par les organismes mentionnés à l'article L. 5314-1. Toutefois, par dérogation, un autre organisme peut être désigné par le représentant de l'État dans le département, lorsque cela est justifié par les besoins de la politique d'insertion sociale et professionnelle des jeunes. Le contrat *(L. nº 2023-1196 du 18 déc. 2023, art. 2-II, en vigueur au plus tard le 1er janv. 2025)* « d'engagement mentionné à l'article L. 5411-6 » est signé préalablement à l'entrée dans le parcours contractualisé d'accompagnement vers l'emploi et l'autonomie.

Art. L. 5131-5 *(L. nº 2016-1088 du 8 août 2016, art. 46, en vigueur le 1er janv. 2017)* Afin de favoriser son insertion professionnelle, *(L. nº 2021-1900 du 30 déc. 2021, art. 208-I-2º,* *en vigueur le 1er mars 2022)* « tout jeune mentionné à l'article L. 5131-3 » qui s'engage dans un parcours contractualisé d'accompagnement vers l'emploi et l'autonomie *(L. no 2021-1900 du 30 déc. 2021, art. 208-I-2o, en vigueur le 1er mars 2022)* « mentionné à l'article L. 5131-4 ou qui bénéficie d'un suivi par *(L. no 2023-1196 du 18 déc. 2023, art. 6-I)* « l'opérateur France Travail », à l'exclusion des jeunes mentionnés à l'article L. 5131-6, » peut *(L. no 2021-1900 du 30 déc. 2021, art. 208-I-2o, en vigueur le 1er mars 2022)* « percevoir une allocation ponctuelle » versée par l'État et modulable en fonction de la situation de l'intéressé.

Cette allocation est incessible et insaisissable. *(L. no 2021-1900 du 30 déc. 2021, art. 208-I-2o, en vigueur le 1er mars 2022)* « Elle n'est pas soumise à l'impôt sur le revenu ni aux contributions prévues à l'article L. 136-1 du code de la sécurité sociale et au chapitre II de l'ordonnance no 96-50 du 24 janvier 1996 relative au remboursement de la dette sociale. Son montant est fixé par décret. »

Elle peut être suspendue ou supprimée en cas de non-respect par son bénéficiaire des engagements du contrat *(L. no 2023-1196 du 18 déc. 2023, art. 2-II, en vigueur au plus tard le 1er janv. 2025)* « mentionné à l'article L. 5411-6 ».

Art. L. 5131-6 *(L. no 2021-1900 du 30 déc. 2021, art. 208-I-3o, en vigueur le 1er mars 2022)* L'accompagnement mentionné à l'article L. 5131-3 peut également prendre la forme d'un accompagnement intensif *(L. no 2023-1196 du 18 déc. 2023, art. 2-II, en vigueur au plus tard le 1er janv. 2025)* « prévu par le contrat mentionné à l'article L. 5411-6, qui est alors dénommé "contrat d'engagement jeune". Ce contrat est » élaboré avec le jeune et adapté à ses besoins identifiés lors d'un diagnostic.

Le contrat d'engagement jeune est un droit ouvert aux jeunes de seize à vingt-cinq ans révolus, ou, par dérogation à l'article L. 5131-3, vingt-neuf ans révolus lorsque la qualité de travailleur handicapé leur est reconnue, qui rencontrent des difficultés d'accès à l'emploi durable, qui ne sont pas étudiants et qui ne suivent pas une formation. Son bénéfice est conditionné au respect d'exigences d'engagement, d'assiduité et de motivation, précisées par voie réglementaire.

Il est mis en œuvre par les organismes mentionnés à l'article L. 5314-1 et par *(L. no 2023-1196 du 18 déc. 2023, art. 6-I)* « l'opérateur France Travail ». Il peut également être mis en œuvre par tout organisme public ou privé fournissant des services relatifs au placement, à l'insertion, à la formation, à l'accompagnement et au maintien dans l'emploi des personnes en recherche d'emploi.

Une allocation mensuelle dégressive en fonction des ressources est attribuée, à partir de la signature du contrat, aux jeunes qui vivent hors du foyer de leurs parents ou au sein de ce foyer sans recevoir de soutien financier ou en ne percevant qu'un soutien financier limité de la part de leurs parents. Cette allocation est incessible et insaisissable. Elle n'est pas soumise à l'impôt sur le revenu ni aux contributions prévues à l'article L. 136-1 du code de la sécurité sociale et au chapitre II de l'ordonnance no 96-50 du 24 janvier 1996 relative au remboursement de la dette sociale.

(L. no 2023-1196 du 18 déc. 2023, art. 2-II, en vigueur au plus tard le 1er janv. 2025) « L'allocation mensuelle peut être suspendue ou supprimée en cas d'inobservation par son bénéficiaire des engagements prévus par le contrat mentionné à l'article L. 5411-6 du présent code. »

Un décret fixe le montant de l'allocation et les conditions dans lesquelles les ressources du jeune sont prises en compte pour sa détermination. Ce montant tient compte de l'âge et de la situation du jeune et du niveau du soutien financier qu'il reçoit de ses parents.

Les jeunes bénéficiant au 1er mars 2022 de l'allocation mentionnée à l'art. L. 5131-6 continuent de bénéficier de cette allocation dans les conditions en vigueur à la date à laquelle est contractualisé leur parcours d'engagement (L. no 2021-1900 du 30 déc. 2021, art. 208-II).

Ancien art. L. 5131-6 (L. no 2016-1088 du 8 août 2016, art. 46, en vigueur le 1er janv. 2017) ***La garantie jeunes est une modalité spécifique du parcours contractualisé d'accompagnement vers l'emploi et l'autonomie.***

Elle est mise en œuvre par les organismes mentionnés à l'article L. 5314-1. Toutefois, par dérogation, un autre organisme peut être désigné par le représentant de l'État dans le département, lorsque cela est justifié par les besoins de la politique d'insertion sociale et professionnelle des jeunes.

Elle comporte un accompagnement intensif du jeune, ainsi qu'une allocation dégressive en fonction de ses ressources d'activité, dont le montant est défini par décret. Cette allocation est incessible et insaisis-

sable. Elle peut être suspendue ou supprimée en cas de non-respect par son bénéficiaire des engagements du contrat.

La garantie jeunes est un droit ouvert aux jeunes de seize à vingt-cinq ans qui vivent hors du foyer de leurs parents ou au sein de ce foyer sans recevoir de soutien financier de leurs parents, qui ne sont pas étudiants, ne suivent pas une formation et n'occupent pas un emploi et dont le niveau de ressources ne dépasse pas un montant fixé par décret, dès lors qu'ils s'engagent à respecter les engagements conclus dans le cadre de leur parcours contractualisé d'accompagnement vers l'emploi et l'autonomie.

Art. L. 5131-6-1 *(L. nº 2017-86 du 27 janv. 2017, art. 67)* **Tout bénéficiaire de l'allocation mentionnée à l'article L. 5131-6 est éligible de droit, sous réserve de ne pas bénéficier de caution parentale ou d'un tiers, au dispositif de la caution publique mis en place pour les prêts délivrés par les établissements de crédit ou les sociétés de financement dans le cadre de l'aide au financement de la formation à la conduite et à la sécurité routière prévue par le décret nº 2005-1225 du 29 septembre 2005 instituant une aide au financement de la formation à la conduite et à la sécurité routière.**

SECTION 4 *Dispositions d'application*

Art. L. 5131-7 *(L. nº 2016-1088 du 8 août 2016, art. 46, en vigueur le 1er janv. 2017)* **Un décret en Conseil d'État détermine les modalités d'application du présent chapitre,** *(L. nº 2021-1900 du 30 déc. 2021, art. 208-I-4º, en vigueur le 1er mars 2022)* **« notamment** *[ancienne rédaction : en particulier]* **» :**

1º Les modalités du parcours contractualisé d'accompagnement vers l'emploi et l'autonomie *(L. nº 2021-1900 du 30 déc. 2021, art. 208-I-4º, en vigueur le 1er mars 2022)* **« mentionné à l'article L. 5131-4 et du contrat d'engagement mentionné à l'article L. 5131-6 », ainsi que la nature des engagements de chaque partie au contrat ;**

(L. nº 2021-1900 du 30 déc. 2021, art. 208-I-4º, en vigueur le 1er mars 2022) **« 2º Les conditions dans lesquelles les organismes publics ou privés mentionnés au troisième alinéa de l'article L. 5131-6 mettent en œuvre le contrat d'engagement mentionné au même article ;**

« 3º La durée et les modalités d'attribution, de modulation, de versement, de suspension et de suppression de l'allocation mentionnée à l'article L. 5131-6 et de l'allocation ponctuelle mentionnée à l'article L. 5131-5 *[ancienne rédaction : 2º Les modalités de fixation de la durée et de renouvellement du parcours contractualisé d'accompagnement vers l'emploi et l'autonomie ;*

3º Les modalités d'orientation vers les différentes modalités du parcours contractualisé d'accompagnement vers l'emploi et l'autonomie, ainsi que leurs caractéristiques respectives ;] **».**

(Abrogé par L. nº 2021-1900 du 30 déc. 2021, art. 208-I-4º, à compter du 1er mars 2022) ***« 4º Les modalités d'attribution, de modulation, de suppression et de versement de l'allocation prévue aux articles L. 5131-5 et L. 5131-6. »*** *— V. art. R. 5131-4 s. —* ***C. trav.***

Art. L. 5131-8 *(Abrogé par L. nº 2016-1088 du 8 août 2016, art. 46-I)* ***Sous réserve des dispositions de l'article L. 5131-7, un décret en Conseil d'État détermine les autres conditions d'application du présent chapitre*** *(Abrogé par L. nº 2015-990 du 6 août 2015, art. 276)* ***«, notamment les conditions dans lesquelles les institutions représentatives du personnel sont informées sur les conventions conclues dans le cadre des contrats emploi-jeune ».***

CHAPITRE II *INSERTION PAR L'ACTIVITÉ ÉCONOMIQUE*

SECTION 1 *Objet*

Art. L. 5132-1 L'insertion par l'activité économique a pour objet de permettre à des personnes sans emploi, rencontrant des difficultés sociales et professionnelles particulières, de bénéficier de contrats de travail en vue de faciliter leur insertion professionnelle. Elle met en œuvre des modalités spécifiques d'accueil et d'accompagnement.

(L. nº 2008-1249 du 1er déc. 2008, art. 20) **« L'insertion par l'activité économique, notamment par la création d'activités économiques, contribue également au développement des territoires. »**

SECTION 2 *Conventions*

Art. L. 5132-2 L'État peut conclure des conventions prévoyant, le cas échéant, des aides financières avec :

1º Les employeurs dont l'activité a spécifiquement pour objet l'insertion par l'activité économique ;

2° Les employeurs autorisés à mettre en œuvre, pour l'application des dispositions prévues à l'article L. 5132-15, un atelier ou un chantier d'insertion ;

3° Les organismes relevant des articles L. 121-2, L. 222-5 et L. 345-1 du code de l'action sociale et des familles pour mettre en œuvre des actions d'insertion sociale et professionnelle au profit des personnes bénéficiant de leurs prestations ;

4° Les régies de quartiers *[quartier]*.

(L. n° 2013-1278 du 29 déc. 2013, art. 142) « Lorsque le département participe au financement de ces aides financières, le président du conseil *(L. n° 2020-1577 du 14 déc. 2020, art. 1er-I, en vigueur le 15 juin 2021)* « départemental » conclut une convention avec la structure concernée, selon des modalités fixées par décret. » — *V. art. R. 5132-1 s.* — ***C. trav.***

Art. L. 5132-3 *(L. n° 2020-1577 du 14 déc. 2020, art. 1er-I, en vigueur le 15 juin 2021)* Seules les embauches de personnes éligibles à un parcours d'insertion par l'activité économique ouvrent droit aux aides financières aux entreprises d'insertion, aux entreprises de travail temporaire d'insertion, aux associations intermédiaires ainsi qu'aux ateliers et chantiers d'insertion mentionnées au premier alinéa de l'article L. 5132-2.

L'éligibilité des personnes à un parcours d'insertion par l'activité économique est appréciée soit par un prescripteur dont la liste est fixée par arrêté du ministre chargé de l'emploi, soit par une structure d'insertion par l'activité économique mentionnée à l'article L. 5132-4.

Un décret en Conseil d'État fixe les modalités d'application du présent article, notamment :

1° Les modalités de bénéfice des aides de l'État mentionnées au premier alinéa du présent article ;

2° Les modalités spécifiques d'accueil et d'accompagnement ;

3° Les modalités de collecte, de traitement et d'échange des informations et des données à caractère personnel, parmi lesquelles le numéro d'inscription au répertoire des personnes physiques, nécessaires à la détermination de l'éligibilité d'une personne à un parcours d'insertion par l'activité économique, ainsi qu'au suivi de ces parcours et des aides financières afférentes ;

4° Les modalités d'appréciation de l'éligibilité d'une personne à un parcours d'insertion par l'activité économique et de contrôle par l'administration ;

5° Les conditions dans lesquelles peut être limitée, suspendue ou retirée à une structure d'insertion par l'activité économique la capacité de prescrire un parcours d'insertion en cas de non-respect des règles prévues au présent article.

(L. n° 2023-1196 du 18 déc. 2023, art. 2-II, en vigueur au plus tard le 1er janv. 2025) « Lorsque la personne bénéficie d'un parcours d'insertion prescrit dans les conditions prévues au présent chapitre, le contrat d'engagement prévu aux I et II de l'article L. 5411-6 tient compte des actions dont le demandeur d'emploi bénéficie dans ce cadre. »

Art. L. 5132-3-1 *(L. n° 2013-1278 du 29 déc. 2013, art. 142)* La convention annuelle d'objectifs et de moyens signée avec l'État, prévue à l'article L. 5134-19-4, comporte un volet relatif au cofinancement par le département des aides financières prévues à l'article L. 5132-2.

En cas d'accord des parties, ce volet fixe le nombre prévisionnel d'aides cofinancées par le département, la manière dont ces aides sont attribuées aux structures d'insertion par l'activité économique et les montants financiers associés. Il peut également prévoir des modalités complémentaires de coordination des financements attribués au secteur de l'insertion par l'activité économique.

A défaut d'accord des parties sur ces points, le conseil *(L. n° 2020-1577 du 14 déc. 2020, art. 1er-I, en vigueur le 15 juin 2021)* « départemental » participe au financement des aides financières mentionnées à l'article L. 5132-2, pour les employeurs relevant du 4° de l'article L. 5132-4 lorsque ces aides sont attribuées pour le recrutement de salariés qui étaient, avant leur embauche, bénéficiaires du revenu de solidarité active financé par le département.

La participation mentionnée au troisième alinéa du présent article est déterminée, dans des conditions fixées par décret, par référence au montant forfaitaire mentionné *(L. n° 2015-994 du 17 août 2015, art. 59-V)* « à » l'article L. 262-2 du code de l'action sociale et des familles applicable à une personne isolée. Dans ce cas, la convention prévoit le nombre prévisionnel d'aides attribuées aux ateliers et chantiers d'insertion au titre de l'embauche de ces personnes.

SECTION 3 *Mise en œuvre des actions d'insertion par l'activité économique*

SOUS-SECTION 1 *Structures d'insertion par l'activité économique*

Art. L. 5132-4 Les structures d'insertion par l'activité économique pouvant conclure des conventions avec l'État sont :

1° Les entreprises d'insertion ;
2° Les entreprises de travail temporaire d'insertion ;
3° Les associations intermédiaires ;
4° Les ateliers et chantiers d'insertion.

SOUS-SECTION 2 *Entreprises d'insertion*

Art. L. 5132-5 *(L. nº 2008-1249 du 1er déc. 2008, art. 18)* Les entreprises d'insertion concluent avec des personnes sans emploi rencontrant des difficultés sociales et professionnelles particulières des contrats à durée déterminée en application de l'article L. 1242-3. *(L. nº 2014-288 du 5 mars 2014, art. 20-I)* « Pendant l'exécution de ces contrats, une ou plusieurs conventions conclues en vertu de l'article L. 5135-4 peuvent prévoir une période de mise en situation en milieu professionnel auprès d'un autre employeur dans les conditions prévues au chapitre V du présent titre. »

La durée de ces contrats ne peut être inférieure à quatre mois *(L. nº 2015-994 du 17 août 2015, art. 46)* « , sauf pour les personnes ayant fait l'objet d'une condamnation et bénéficiant d'un aménagement de peine ».

Ces contrats peuvent être renouvelés dans la limite d'une durée totale de vingt-quatre mois.

A titre dérogatoire, ces contrats peuvent être renouvelés au-delà de la durée maximale prévue en vue de permettre d'achever une action de formation professionnelle en cours de réalisation à l'échéance du contrat. La durée de ce renouvellement ne peut excéder le terme de l'action concernée.

A titre exceptionnel, lorsque des salariés âgés de cinquante ans et plus ou des personnes reconnues travailleurs handicapés rencontrent des difficultés particulières qui font obstacle à leur insertion durable dans l'emploi, ce contrat de travail peut être prolongé au-delà de la durée maximale prévue. Cette prolongation peut être accordée par *(L. nº 2020-1577 du 14 déc. 2020, art. 1er-I, en vigueur au plus tard le 15 juin 2021)* « un prescripteur mentionné à l'article L. 5132-3 ou, en cas de recrutement direct, par une entreprise d'insertion, » après examen de la situation du salarié au regard de l'emploi, de la capacité contributive de l'employeur et des actions d'accompagnement et de formation conduites dans le cadre de la durée initialement prévue du contrat.

La durée hebdomadaire de travail du salarié embauché dans ce cadre ne peut être inférieure à vingt heures *(L. nº 2020-1577 du 14 déc. 2020, art. 6-II)* « , sauf en cas de cumul avec un autre contrat de travail à temps partiel, afin d'atteindre une durée globale d'activité correspondant à un temps plein ou au moins égale à la durée mentionnée à l'article L. 3123-27 ». Elle peut varier sur tout ou partie de la période couverte par le contrat sans dépasser la durée légale hebdomadaire. Les périodes travaillées permettent de valider des trimestres de cotisations d'assurance vieillesse dans les conditions de l'article L. 351-2 du code de la sécurité sociale.

Ce contrat peut être suspendu, à la demande du salarié, afin de lui permettre :

1° En accord avec son employeur, d'effectuer une *(L. nº 2014-288 du 5 mars 2014, art. 20-I)* « période de mise en situation en milieu professionnel dans les conditions prévues au chapitre V du présent titre » ou une action concourant à son insertion professionnelle ;

2° D'accomplir une période d'essai afférente à une offre d'emploi visant une embauche en contrat de travail à durée indéterminée ou à durée déterminée au moins égale à six mois.

En cas d'embauche à l'issue de cette *(L. nº 2014-288 du 5 mars 2014, art. 20-I)* « période de mise en situation en milieu professionnel, d'une action concourant à son insertion professionnelle, » ou de cette période d'essai, le contrat est rompu sans préavis.

(L. nº 2015-994 du 17 août 2015, art. 46) « Par dérogation aux dispositions relatives à la rupture avant terme du contrat de travail à durée déterminée prévues à l'article L. 1243-2,

le contrat peut être rompu avant son terme, à l'initiative du salarié, lorsque la rupture a pour objet de lui permettre de suivre une formation conduisant à une qualification prévue à l'article L. 6314-1. »

(L. n° 2020-1577 du 14 déc. 2020, art. 6-II) « Un décret définit les conditions dans lesquelles la dérogation à la durée hebdomadaire de travail minimale prévue au septième alinéa du présent article peut être accordée. »

V. art. R. 5132-1 s. — ***C. trav.***

Art. L. 5132-5-1 *(L. n° 2020-1577 du 14 déc. 2020, art. 2)* Les entreprises d'insertion peuvent conclure des contrats à durée indéterminée avec des personnes âgées d'au moins cinquante-sept ans rencontrant des difficultés sociales et professionnelles particulières, selon des modalités définies par décret.

SOUS-SECTION 3 *Entreprises de travail temporaire d'insertion*

Art. L. 5132-6 Les entreprises de travail temporaire *(L. n° 2020-1577 du 14 déc. 2020, art. 3)* « d'insertion » dont l'activité exclusive consiste à faciliter l'insertion professionnelle des personnes *(L. n° 2020-1577 du 14 déc. 2020, art. 3)* « éligibles à un parcours d'insertion tel que défini à l'article L. 5132-3 et qui consacrent l'intégralité de leurs moyens humains et matériels à cette fin » concluent avec ces personnes des contrats de mission.

(L. n° 2013-504 du 14 juin 2013, art. 12-X) « Une durée de travail hebdomadaire inférieure à la durée *(L. n° 2016-1088 du 8 août 2016, art. 8)* « minimale mentionnée à l'article L. 3123-6 » peut être proposée à ces personnes lorsque le parcours d'insertion le justifie. »

L'activité des entreprises de travail temporaire d'insertion est soumise à l'ensemble des dispositions relatives au travail temporaire prévues au chapitre I du titre V du livre II de la première partie *(L. n° 2020-1577 du 14 déc. 2020, art. 2)* « , à l'exclusion de la section 4 *bis* ». Toutefois, par dérogation aux dispositions *(Ord. n° 2017-1718 du 20 déc. 2017, art. 1er-I)* « des articles L. 1251-12 et L. 1251-12-1 », la durée des contrats de mission peut être portée à vingt-quatre mois, renouvellement compris. *— V. art. R. 5132-10-6 s. —* ***C. trav.***

(L. n° 2023-1196 du 18 déc. 2023, art. 10-I) « Par dérogation à l'article L. 1251-36, aucun délai de carence n'est applicable :

« 1° Entre deux contrats de mission conclus en application du présent article avec le même salarié durant son parcours d'insertion ;

« 2° En cas d'embauche du salarié, à l'issue de son contrat de mission, par l'entreprise utilisatrice, en contrat à durée déterminée d'une durée d'au moins deux mois. »

Art. L. 5132-6-1 *(L. n° 2020-1577 du 14 déc. 2020, art. 2)* Par dérogation aux dispositions de l'article L. 5132-6, les entreprises de travail temporaire d'insertion peuvent conclure des contrats à durée indéterminée, tels que mentionnés à l'article L. 1251-58-1, avec des personnes âgées d'au moins cinquante-sept ans rencontrant des difficultés sociales et professionnelles particulières, selon des modalités définies par décret. Dans ce cadre, la durée totale d'une mission ne peut excéder trente-six mois.

SOUS-SECTION 4 *Associations intermédiaires*

BIBL. ▶ MOLLA, *JCP S 2008. 1329* (associations intermédiaires : contrat de mise à disposition et contrat de travail) ; *JCP S 2008. 1489* (associations intermédiaires : responsabilités).

Art. L. 5132-7 Les associations intermédiaires sont des associations conventionnées par l'État ayant pour objet l'embauche des personnes sans emploi, rencontrant des difficultés sociales et professionnelles particulières, en vue de faciliter leur insertion professionnelle en les mettant à titre onéreux à disposition de personnes physiques ou de personnes morales.

(L. n° 2013-504 du 14 juin 2013, art. 12-X) « Une durée de travail hebdomadaire inférieure à la durée *(L. n° 2016-1088 du 8 août 2016, art. 8)* « minimale mentionnée à l'article L. 3123-6 » peut être proposée aux salariés lorsque le parcours d'insertion le justifie. »

L'association intermédiaire assure l'accueil des personnes ainsi que le suivi et l'accompagnement de ses salariés en vue de faciliter leur insertion sociale et de rechercher les conditions d'une insertion professionnelle durable.

Une association intermédiaire ne peut mettre une personne à disposition d'employeurs ayant procédé à un licenciement économique sur un emploi équivalent ou de même qualification dans les six mois précédant cette mise à disposition. – *[Anc. art. L. 322-4-16-3, 1, al. 2 et al. 4 et 6.]* – *V. art. R. 5132-11 s.* – ***C. trav.***

Art. L. 5132-8 Une convention de coopération peut être conclue entre l'association intermédiaire et *(L. n° 2020-1577 du 14 déc. 2020, art. 1er-I, en vigueur au plus tard le 15 juin 2021)* « l'un des prescripteurs mentionnés à l'article L. 5132-3 » définissant notamment les conditions de recrutement *(L. n° 2018-771 du 5 sept. 2018, art. 28-I, en vigueur le 1er janv. 2019)* « , de mise à disposition et de formation des salariés de l'association intermédiaire. »

Cette convention de coopération peut également porter sur l'organisation des fonctions d'accueil, de suivi et d'accompagnement des salariés.

Cette convention peut mettre en œuvre des actions expérimentales d'insertion ou de réinsertion.

Les dispositions issues de la L. n° 2020-1577 du 14 déc. 2020 entrent en vigueur à une date fixée par décret, et au plus tard le 15 juin 2021 (L. préc., art. 1er-III).

Art. L. 5132-9 *(Abrogé par L. n° 2020-1577 du 14 déc. 2020, art. 1er-I, au plus tard à compter du 15 juin 2021)* « *Seules* » Les associations intermédiaires *(Abrogé par L. n° 2020-1577 du 14 déc. 2020, art. 1er-I, au plus tard à compter du 15 juin 2021)* ***« qui ont conclu une convention de coopération avec l'institution mentionnée à l'article L. 5312-1 »*** peuvent effectuer des mises à disposition auprès des employeurs mentionnés à l'article L. 2211-1 dans les conditions suivantes :

1° La mise à disposition *(L. n° 2020-1577 du 14 déc. 2020, art. 1er-I, en vigueur au plus tard le 15 juin 2021)* « n'est autorisée que pour l'exécution d'une tâche précise et temporaire ; »

2° *(L. n° 2008-1249 du 1er déc. 2008, art. 19)* « La durée totale des mises à disposition d'un même salarié ne peut excéder une durée déterminée par décret, pour une durée de vingt-quatre mois à compter de la première mise à disposition. » *(L. n° 2020-1577 du 14 déc. 2020, art. 4)* « Dans des conditions définies par décret, le représentant de l'État dans le département peut autoriser une association intermédiaire à déroger à ce plafond, pour une durée maximale de trois ans renouvelable, en tenant compte des activités exercées par les entreprises de travail temporaire d'insertion installées dans le département et à condition que la qualité des parcours d'insertion soit garantie. »

Ces dispositions ne sont pas applicables en cas de mise à disposition auprès de personnes physiques pour des activités ne ressortissant pas à leurs exercices professionnels et de personnes morales de droit privé à but non lucratif. – *V. art. R. 5132-18.*

Les dispositions issues de la L. n° 2020-1577 du 14 déc. 2020 entrent en vigueur à une date fixée par décret, et au plus tard le 15 juin 2021. Toutefois, pour les associations intermédiaires mentionnées au 1er al. de l'art. L. 5132-9 et dont les mises à disposition de salariés ne relèvent pas du 1° de ce même art., dans sa rédaction antérieure à la L. préc., les dispositions entrent en vigueur à une date fixée par décret, et au plus tard le 15 déc. 2021. Jusqu'à cette date, elles demeurent régies par les dispositions de la sous-section 4 de la section 3 du chapitre II du titre III du livre I de la cinquième partie C. trav., dans leur rédaction antérieure à la L. du 14 déc. 2020, à l'exception des dispositions du 4° de l'art. 2 et de l'art. 4 de la loi préc., qui leur sont applicables le 16 déc. 2020 (L. préc., art. 1er-III).

Art. L. 5132-10 Une personne mise à disposition par une association intermédiaire ne peut en aucun cas être embauchée pour accomplir des travaux particulièrement dangereux qui figurent sur une liste établie par l'autorité administrative. – *[Anc. art. L. 322-4-16-3, 5, al. 2.]*

Art. L. 5132-11 Pour les mises à disposition entrant dans le champ de l'article L. 5132-9, la rémunération du salarié, au sens de l'article L. 3221-3, ne peut être inférieure à celle que percevrait un salarié de qualification équivalente occupant le même poste de travail dans l'entreprise, après période d'essai.

Le salarié d'une association intermédiaire peut être rémunéré soit sur la base du nombre d'heures effectivement travaillées chez l'utilisateur, soit sur la base d'un nombre d'heures forfaitaire déterminé dans le contrat pour les activités autres que celles mentionnées à l'article L. 5132-9.

Le paiement des jours fériés est dû au salarié d'une association intermédiaire mis à disposition des employeurs mentionnés à l'article L. 2212-1 *[L. 2211-1]* dès lors que les salariés de cette personne morale en bénéficient. – *[Anc. art. L. 322-4-16-3, 2, al. 5 et 6, phrases 2 et 3, et al. 3.]*

Art. L. 5132-11-1 *(L. n° 2008-1249 du 1er déc. 2008, art. 18)* Les associations intermédiaires peuvent conclure avec des personnes sans emploi rencontrant des difficultés sociales et professionnelles particulières des contrats à durée déterminée en application de l'article L. 1242-3.

(L. n° 2014-288 du 5 mars 2014, art. 20-I) « Pendant l'exécution de ces contrats, une ou plusieurs conventions conclues en vertu de l'article L. 5135-4 peuvent prévoir une période de mise en situation en milieu professionnel auprès d'un autre employeur dans les conditions prévues au chapitre V du présent titre. »

La durée de ces contrats ne peut être inférieure à quatre mois *(L. n° 2015-994 du 17 août 2015, art. 46)* « , sauf pour les personnes ayant fait l'objet d'une condamnation et bénéficiant d'un aménagement de peine ».

Ces contrats peuvent être renouvelés dans la limite d'une durée totale de vingt-quatre mois.

A titre dérogatoire, ces contrats peuvent être renouvelés au-delà de la durée maximale prévue en vue de permettre d'achever une action de formation professionnelle en cours de réalisation à l'échéance du contrat. La durée de ce renouvellement ne peut excéder le terme de l'action concernée.

(L. n° 2020-1577 du 14 déc. 2020, art. 1er-I, en vigueur au plus tard le 15 juin 2021) « A titre exceptionnel, ce contrat de travail peut être prolongé par un prescripteur tel que mentionné à l'article L. 5132-3, au-delà de la durée maximale prévue, après examen de la situation du salarié au regard de l'emploi, de la capacité contributive de l'employeur et des actions d'accompagnement et de formation conduites dans le cadre de la durée initialement prévue du contrat :

« *a)* Lorsque des salariés âgés de cinquante ans et plus ou des personnes reconnues travailleurs handicapés rencontrent des difficultés particulières qui font obstacle à leur insertion durable dans l'emploi, quel que soit leur statut juridique ;

« *b)* Lorsque des salariés rencontrent des difficultés particulièrement importantes dont l'absence de prise en charge ferait obstacle à leur insertion professionnelle, par décisions successives d'un an au plus, dans la limite de soixante mois. »

La durée hebdomadaire de travail du salarié embauché dans ce cadre ne peut être inférieure à vingt heures *(L. n° 2020-1577 du 14 déc. 2020, art. 6-II)* « , sauf en cas de cumul avec un autre contrat de travail à temps partiel, afin d'atteindre une durée globale d'activité correspondant à un temps plein ou au moins égale à la durée mentionnée à l'article L. 3123-27 ». Elle peut varier sur tout ou partie de la période couverte par le contrat sans dépasser la durée légale hebdomadaire. Les périodes travaillées permettent de valider des trimestres de cotisations d'assurance vieillesse dans les conditions de l'article L. 351-2 du code de la sécurité sociale.

Ce contrat peut être suspendu, à la demande du salarié, afin de lui permettre :

1° En accord avec son employeur, d'effectuer une *(L. n° 2014-288 du 5 mars 2014, art. 20-I)* « période de mise en situation en milieu professionnel dans les conditions prévues au chapitre V du présent titre » ou une action concourant à son insertion professionnelle ;

2° D'accomplir une période d'essai afférente à une offre d'emploi visant une embauche en contrat de travail à durée indéterminée ou à durée déterminée au moins égale à six mois.

En cas d'embauche à l'issue de cette *(L. n° 2014-288 du 5 mars 2014, art. 20-I)* « période de mise en situation en milieu professionnel, d'une action concourant à son insertion professionnelle, » ou de cette période d'essai, le contrat est rompu sans préavis.

(L. n° 2015-994 du 17 août 2015, art. 46) « Par dérogation aux dispositions relatives à la rupture avant terme du contrat de travail à durée déterminée prévues à l'article L. 1243-2, le contrat peut être rompu avant son terme, à l'initiative du salarié, lorsque la rupture a pour objet de lui permettre de suivre une formation conduisant à une qualification prévue à l'article L. 6314-1. »

(L. n° 2020-1577 du 14 déc. 2020, art. 6-II) « Un décret définit les conditions dans lesquelles la dérogation à la durée hebdomadaire de travail minimale prévue au neuvième alinéa du présent article peut être accordée. »

Les dispositions issues de la L. n° 2020-1577 du 14 déc. 2020 entrent en vigueur à une date fixée par décret, et au plus tard le 15 juin 2021 (L. préc., art. 1er-III).

Art. L. 5132-12 *Abrogé par L. n° 2011-867 du 20 juill. 2011, art. 16.*

Art. L. 5132-13 Les salariés des associations intermédiaires ont droit à la formation professionnelle continue :

1° Soit à l'initiative de l'employeur, dans le cadre du plan de formation de l'association ou des actions de formation en alternance ;

2° Soit à l'initiative du salarié, dans le cadre d'un *(Ord. n° 2019-861 du 21 août 2019, art. 1er)* « congé spécifique mentionné à l'article L. 6323-17-1 » ou d'un congé de bilan de compétences. – *[Anc. art. L. 322-4-16-3, 4.]*

Art. L. 5132-14 Lorsque l'activité de l'association intermédiaire est exercée dans les conditions de la présente sous-section, ne sont pas applicables :

1° Les sanctions relatives au travail temporaire, prévues aux articles *(L. n° 2016-1088 du 8 août 2016, art. 85)* « L. 1255-1 à L. 1255-12 » ;

2° Les sanctions relatives au marchandage, prévues aux articles L. 8234-1 et L. 8234-2 ;

3° Les sanctions relatives au prêt illicite de main-d'œuvre, prévues aux articles L. 8243-1 et L. 8243-2.

Les sanctions prévues en cas de non-respect des dispositions auxquelles renvoie l'article L. 8241-2, relatives aux opérations de prêt de main-d'œuvre à but non lucratif, sont applicables. – *[Anc. art. L. 322-4-16-3, 5, al. 1er.]*

Art. L. 5132-14-1 *(L. n° 2020-1577 du 14 déc. 2020, art. 2)* Les associations intermédiaires peuvent conclure des contrats à durée indéterminée avec des personnes âgées d'au moins cinquante-sept ans rencontrant des difficultés sociales et professionnelles particulières, selon des modalités définies par décret.

SOUS-SECTION 5 *Ateliers et chantiers d'insertion*

Art. L. 5132-15 Les ateliers et chantiers d'insertion conventionnés par l'État sont organisés par les employeurs figurant sur une liste.

Ils ont pour mission :

1° D'assurer l'accueil, l'embauche et la mise au travail sur des actions collectives des personnes sans emploi rencontrant des difficultés sociales et professionnelles particulières ;

2° D'organiser le suivi, l'accompagnement, l'encadrement technique et la formation de leurs salariés en vue de faciliter leur insertion sociale et de rechercher les conditions d'une insertion professionnelle durable. – *[Anc. art. L. 322-4-16-8, al. 1er et 2.]*

Art. L. 5132-15-1 *(L. n° 2008-1249 du 1er déc. 2008, art. 18)* Les ateliers et chantiers d'insertion *(L. n° 2014-288 du 5 mars 2014, art. 20-I)* « , quel que soit leur statut juridique, » peuvent conclure avec des personnes sans emploi rencontrant des difficultés sociales et professionnelles particulières des contrats à durée déterminée en application de l'article L. 1242-3.

(L. n° 2014-288 du 5 mars 2014, art. 20-I) « Pendant l'exécution de ces contrats, une ou plusieurs conventions conclues en vertu de l'article L. 5135-4 peuvent prévoir une période de mise en situation en milieu professionnel auprès d'un autre employeur dans les conditions prévues au chapitre V du présent titre. »

La durée de ces contrats ne peut être inférieure à quatre mois *(L. n° 2015-994 du 17 août 2015, art. 46)* « , sauf pour les personnes ayant fait l'objet d'une condamnation et bénéficiant d'un aménagement de peine ».

Ces contrats peuvent être renouvelés dans la limite d'une durée totale de vingt-quatre mois.

A titre dérogatoire, ces contrats peuvent être renouvelés au-delà de la durée maximale prévue en vue de permettre d'achever une action de formation professionnelle en cours de réalisation à l'échéance du contrat. La durée de ce renouvellement ne peut excéder le terme de l'action concernée.

(L. n° 2016-1088 du 8 août 2016, art. 53) « A titre exceptionnel, ce contrat de travail peut être prolongé par *(L. n° 2020-1577 du 14 déc. 2020, art. 1er-I, en vigueur au plus tard le 15 juin 2021)* « un prescripteur mentionné à l'article L. 5132-3 ou, en cas de recrutement direct, par un atelier et chantier d'insertion » au-delà de la durée maximale prévue, après examen de la situation du salarié au regard de l'emploi, de la capacité contributive de l'employeur et des actions d'accompagnement et de formation conduites dans le cadre de la durée initialement prévue du contrat :

« *a)* Lorsque des salariés âgés de cinquante ans et plus ou des personnes reconnues travailleurs handicapés rencontrent des difficultés particulières qui font obstacle à leur insertion durable dans l'emploi, quel que soit leur statut juridique ;

« *b)* Lorsque des salariés rencontrent des difficultés particulièrement importantes dont l'absence de prise en charge ferait obstacle à leur insertion professionnelle, par décisions successives d'un an au plus, dans la limite de soixante mois. »

La durée hebdomadaire de travail du salarié embauché dans ce cadre ne peut être inférieure à vingt heures *(L. n° 2014-288 du 5 mars 2014, art. 20-I)* « , sauf lorsque le contrat le prévoit pour prendre en compte les difficultés particulièrement importantes de l'intéressé » *(L. n° 2020-1577 du 14 déc. 2020, art. 6)* « ou en cas de cumul avec un autre contrat de travail à temps partiel, afin d'atteindre une durée globale d'activité correspondant à un temps plein ou au moins égale à la durée mentionnée à l'article **L. 3123-27** ». Elle peut varier sur tout ou partie de la période couverte par le contrat sans dépasser la durée légale hebdomadaire. Les périodes travaillées permettent de valider des trimestres de cotisations d'assurance vieillesse dans les conditions de l'article **L. 351-2** du code de la sécurité sociale.

Ce contrat peut être suspendu, à la demande du salarié, afin de lui permettre :

1° En accord avec son employeur, d'effectuer une *(L. n° 2014-288 du 5 mars 2014, art. 20-I)* « période de mise en situation en milieu professionnel dans les conditions prévues au chapitre V du présent titre » ou une action concourant à son insertion professionnelle ;

2° D'accomplir une période d'essai afférente à une offre d'emploi visant une embauche en contrat de travail à durée indéterminée ou à durée déterminée au moins égale à six mois.

En cas d'embauche à l'issue de cette *(L. n° 2014-288 du 5 mars 2014, art. 20-I)* « période de mise en situation en milieu professionnel, d'une action concourant à son insertion professionnelle, » ou de cette période d'essai, le contrat est rompu sans préavis.

(L. n° 2014-288 du 5 mars 2014, art. 20-I) « Un décret définit les conditions dans lesquelles la dérogation à la durée hebdomadaire de travail minimale prévue au *(L. n° 2020-1577 du 14 déc. 2020, art. 1er-I, en vigueur au plus tard le 15 juin 2021)* « neuvième alinéa du présent article » peut être accordée. » — *V. art. R. 5132-43-5 s.*

(L. n° 2015-994 du 17 août 2015, art. 46) « Par dérogation aux dispositions relatives à la rupture avant terme du contrat de travail à durée déterminée prévues à l'article **L. 1243-2**, le contrat peut être rompu avant son terme, à l'initiative du salarié, lorsque la rupture a pour objet de lui permettre de suivre une formation conduisant à une qualification prévue à l'article **L. 6314-1**. » — *V. art. D. 5132-43-3.*

Les dispositions issues de la L. n° 2020-1577 du 14 déc. 2020 entrent en vigueur à une date fixée par décret, et au plus tard le 15 juin 2021 (L. préc., art. 1er-III).

Les embauches réalisées en contrat à durée déterminée en application de l'art. L. 5132-15-1 et ouvrant droit au versement de l'aide mentionnée à l'art. L. 5132-2 donnent lieu, sur la part de la rémunération inférieure ou égale au salaire minimum de croissance, pendant la durée d'attribution de cette aide, à une exonération :

1° Pour les employeurs publics mettant en place des ateliers et chantiers d'insertion conventionnés par l'État en application de l'art. L. 5132-15, des cotisations à la charge de l'employeur au titre des assurances sociales et des allocations familiales ;

2° De la taxe sur les salaires ;

3° De la taxe d'apprentissage ;

4° Des participations dues par les employeurs au titre de l'effort de construction (L. n° 2013-1203 du 23 déc. 2013, art. 20-IV, mod. par L. n° 2018-1203 du 22 déc. 2018, art. 8-VIII).

Art. L. 5132-15-1-1 *(L. n° 2020-1577 du 14 déc. 2020, art. 2)* Les ateliers et chantiers d'insertion peuvent conclure des contrats à durée indéterminée avec des personnes âgées d'au moins cinquante-sept ans rencontrant des difficultés sociales et professionnelles particulières, selon des modalités définies par décret.

SOUS-SECTION 6 *Groupes économiques solidaires*

(L. n° 2008-1249 du 1er déc. 2008, art. 20)

Art. L. 5132-15-2 Afin de favoriser la coordination, la complémentarité et le développement économique du territoire et de garantir la continuité des parcours d'insertion, une personne morale de droit privé peut porter ou coordonner une ou plusieurs actions d'insertion telles que visées à la sous-section 1 de la présente section.

SECTION 4 *Dispositions d'application*

Art. L. 5132-16 *(L. n° 2020-1577 du 14 déc. 2020, art. 1er-I, en vigueur au plus tard le 15 juin 2021)* **Sous réserve des dispositions de l'article L. 5132-17, un décret en Conseil d'État détermine les conditions d'application du présent chapitre, notamment les conditions d'exécution, de suivi, de renouvellement et de contrôle des conventions conclues avec l'État ainsi que les modalités de leur suspension ou de leur dénonciation.**

Ces dispositions entrent en vigueur à une date fixée par décret, et au plus tard le 15 juin 2021 (L. n° 2020-1577 du 14 déc. 2020, art. 1er-III).

Art. L. 5132-17 *(L. n° 2011-867 du 20 juill. 2011)* **Un décret détermine la liste des employeurs habilités à mettre en œuvre les ateliers et chantiers d'insertion mentionnée à l'article L. 5132-15.**

CHAPITRE III ***PRIME DE RETOUR À L'EMPLOI ET AIDE PERSONNALISÉE DE RETOUR À L'EMPLOI*** *(L. n° 2008-1249 du 1er déc. 2008, art. 8).*

SECTION 1 *[ABROGÉE]* ***Prime de retour à l'emploi*** *(L. n° 2008-1249 du 1er déc. 2008, art. 8).*

(Abrogée par L. n° 2010-1657 du 29 déc. 2010, art. 202-I)

Art. L. 5133-1 à L. 5133-7 *Abrogés par L. n° 2010-1657 du 29 déc. 2010, art. 202-I.*

SECTION 2 ***Aide personnalisée de retour à l'emploi***

(L. n° 2008-1249 du 1er déc. 2008, art. 8)

Art. L. 5133-8 Une aide personnalisée de retour à l'emploi peut être attribuée par l'organisme au sein duquel le référent mentionné à l'article L. 262-27 du code de l'action sociale et des familles a été désigné. Elle a pour objet de prendre en charge tout ou partie des coûts exposés par l'intéressé lorsqu'il débute ou reprend une activité professionnelle.

L'aide personnalisée de retour à l'emploi est incessible et insaisissable.

Art. L. 5133-9 *(L. n° 2016-1917 du 29 déc. 2016, art. 152-III, en vigueur le 1er janv. 2017)* **L'aide personnalisée de retour à l'emploi est financée par l'État. Les crédits affectés à l'aide sont répartis entre les organismes au sein desquels les référents mentionnés à l'article L. 262-27 du code de l'action sociale et des familles sont désignés.**

Art. L. 5133-10 Un décret en Conseil d'État détermine les modalités d'application de la présente section. – *V. art. R. 5132-9.* – ***C. trav.***

SECTION 3 *[ABROGÉE]* ***Aide à l'embauche des seniors***

(Abrogée par L. n° 2013-185 du 1er mars 2013)

Art. L. 5133-11 *Abrogé par L. n° 2013-185 du 1er mars 2013.*

CHAPITRE IV ***CONTRATS DE TRAVAIL AIDÉS***

BIBL. ▶ BAUGARD, *RDT 2012. 492* (panorama des contrats aidés).

SECTION 1 *[ABROGÉE]* ***Contrat emploi-jeune***

(Abrogée par L. n° 2015-990 du 6 août 2015, art. 276)

Art. L. 5134-1 à L. 5134-19 *Abrogés par L. n° 2015-990 du 6 août 2015, art. 276.*

SECTION 1-1 ***Contrat unique d'insertion***

(L. n° 2008-1249 du 1er déc. 2008, art. 21)

BIBL. ▶ WILLMANN, *JCP S 2009. 1077.*

Art. L. 5134-19-1 *(L. n° 2012-1189 du 26 oct. 2012, art. 7)* **Le contrat unique d'insertion est un contrat de travail conclu entre un employeur et un salarié dans les conditions prévues à la sous-section 3 des sections 2 et 5 du présent chapitre, au titre duquel est attribuée une aide à l'insertion professionnelle dans les conditions prévues à la sous-section 2 des mêmes sections 2 et 5. La décision d'attribution de cette aide est prise par :**

1° Soit, pour le compte de l'État, l'institution mentionnée à l'article L. 5312-1, les organismes mentionnés à l'article L. 5314-1 ou, selon des modalités fixées par décret, un des organismes mentionnés au 1° *bis* de l'article L. 5311-4 ;

2° Soit le président du conseil départemental lorsque cette aide concerne un bénéficiaire du revenu de solidarité active financé par le département ;

3° Soit, pour le compte de l'État, *(L. nº 2019-791 du 26 juill. 2019, art. 54)* **« l'autorité académique » pour les contrats mentionnés au I de l'article L. 5134-125.**

Le montant de cette aide résulte d'un taux, fixé par l'autorité administrative, appliqué au salaire minimum de croissance.

Le montant de l'aide de l'État pour les emplois d'avenir conclus sous forme de contrats d'accompagnement dans l'emploi (CAE) est fixé à 75 % du taux horaire brut du salaire minimum de croissance.

Le montant de l'aide de l'État pour les emplois d'avenir conclus sous forme de contrats initiative-emploi (CIE) est fixé, dans le cas général, à 35 % du taux horaire brut du salaire minimum de croissance. Pour les groupements d'employeurs pour l'insertion et la qualification, et les entreprises d'insertion, qui sont éligibles au contrat initiative-emploi, le taux de prise en charge est fixé à 47 % du taux horaire brut du salaire minimum de croissance (Arr. du 31 oct. 2012, JO 1er nov.).

Art. L. 5134-19-2 **Le président du conseil départemental peut déléguer tout ou partie** *(L. nº 2012-1189 du 26 oct. 2012, art. 7)* **« de la décision d'attribution de l'aide à l'insertion professionnelle mentionnée à » l'article L. 5134-19-1 à l'institution mentionnée à l'article L. 5312-1 ou à tout autre organisme qu'il désigne à cet effet.**

Art. L. 5134-19-3 **Le contrat unique d'insertion prend la forme :**

1° Pour les employeurs du secteur non marchand mentionnés à l'article L. 5134-21, du contrat d'accompagnement dans l'emploi défini par la section 2 ;

2° Pour les employeurs du secteur marchand mentionnés à l'article L. 5134-66, du contrat initiative-emploi défini par la section 5.

Les actions de formation destinées aux personnes bénéficiant d'un contrat d'accompagnement dans l'emploi mentionné à l'art. L. 5134-19-3 dans les collectivités territoriales ou les établissements publics en relevant peuvent être financées, pour tout ou partie, au moyen de la cotisation obligatoire versée par les collectivités territoriales et leurs établissements publics en application de l'art. 12-2 de la loi nº 84-53 du 26 janv. 1984 portant dispositions statutaires relatives à la fonction publique territoriale (L. nº 2008-1249 du 1er déc. 2008, art. 22-II).

Il appartient en principe à l'autorité judiciaire de se prononcer sur les litiges nés de la conclusion, de l'exécution et de la rupture du contrat unique d'insertion, même si l'employeur est une personne publique gérant un service public à caractère administratif ; il lui incombe, à ce titre, de se prononcer sur une demande de requalification de ces contrats et d'indemnisation des conséquences des manquements de l'employeur, y compris lorsqu'ils portent sur les conditions dans lesquelles les contrats ont été conclus et renouvelés. • T. confl. 12 nov. 2018, nº 4136.

Art. L. 5134-19-4 *(L. nº 2012-1189 du 26 oct. 2012, art. 7)* **« Le président du conseil départemental » signe, préalablement à** *(L. nº 2012-1189 du 26 oct. 2012, art. 7)* **« l'attribution des aides à l'insertion professionnelle prévues à » l'article L. 5134-19-1** *(L. nº 2013-1278 du 29 déc. 2013, art. 142)* **« et à la signature des conventions prévues à l'article L. 5132-2 », une convention annuelle d'objectifs et de moyens avec l'État.**

Cette convention fixe :

1° Le nombre prévisionnel *(L. nº 2012-1189 du 26 oct. 2012, art. 7)* **« d'aides à l'insertion professionnelle attribuées » au titre de l'embauche, dans le cadre d'un contrat unique d'insertion, de bénéficiaires du revenu de solidarité active financé par le département ;**

2° Les modalités de financement des *(L. nº 2012-1189 du 26 oct. 2012, art. 7)* **« aides à l'insertion professionnelle » et les taux d'aide applicables.**

Lorsque le département participe au financement de l'aide, les taux mentionnés au dernier alinéa de l'article L. 5134-19-1 peuvent être majorés, en fonction des critères énoncés aux 1°, 2° et 4° des articles L. 5134-30 et L. 5134-72.

Lorsque l'aide est en totalité à la charge du département, le conseil départemental en fixe le taux sur la base des critères mentionnés aux articles L. 5134-30 et L. 5134-72, dans la limite du plafond prévu aux articles L. 5134-30-1 et L. 5134-72-1 ;

3° Les actions d'accompagnement et les autres actions ayant pour objet de favoriser l'insertion durable des salariés embauchés en contrat unique d'insertion *(L. nº 2013-1278 du 29 déc. 2013, art. 142)* **« et dans les structures d'insertion par l'activité économique ».**

A l'occasion de chaque renouvellement de la convention annuelle d'objectifs et de moyens, l'État et le département procèdent au réexamen de leur participation financière au financement du contrat unique d'insertion *(L. nº 2013-1278 du 29 déc. 2013, art. 142)* **« et des aides financières aux structures d'insertion par l'activité économique, » en tenant compte des résultats constatés en matière d'insertion durable des salariés embauchés dans**

ce cadre ainsi que des contraintes économiques qui pèsent sur certains territoires. — *V. art. R. 5134-16.* — ***C. trav.***

Art. L. 5134-19-5 Le président du conseil départemental transmet à l'État, dans des conditions fixées par décret, toute information permettant le suivi du contrat unique d'insertion.

SECTION 2 *Contrat d'accompagnement dans l'emploi*

V. Circ. DGEFP nº 2005/12 du 21 mars 2005 relative à la mise en œuvre du Contrat d'Accompagnement dans l'Emploi — CAE (BOMT 2005/5, p. 21).

V. Instr. DGEFP nº 2005-23 du 27 juin 2005 relative à la mise en œuvre du contrat d'accompagnement dans l'emploi en faveur des jeunes en 2005 (BOMT 2005/8, p. 68).

BIBL. ▶ VERKINDT, *Dr. soc. 2005. 440* .

SOUS-SECTION 1 *Objet*

Art. L. 5134-20 *(L. nº 2008-1249 du 1er déc. 2008, art. 22-I)* Le contrat d'accompagnement dans l'emploi a pour objet de faciliter l'insertion professionnelle des personnes sans emploi rencontrant des difficultés sociales et professionnelles particulières d'accès à l'emploi. A cette fin, il comporte des actions d'accompagnement professionnel. *(L. nº 2014-288 du 5 mars 2014, art. 20-I)* « Pendant l'exécution de ces contrats, une ou plusieurs conventions conclues en vertu de l'article L. 5135-4 peuvent prévoir une période de mise en situation en milieu professionnel auprès d'un autre employeur dans les conditions prévues au chapitre V du présent titre. » Un décret détermine la durée et les conditions d'agrément et d'exécution de cette période d'immersion.

Le non-respect par l'employeur de son obligation de mettre en œuvre des actions de formation, d'orientation professionnelle et de validation des acquis est de nature à causer au salarié un préjudice dont ce dernier peut lui demander réparation. • Soc. 30 sept. 2014 : *D. 2014. Actu. 2002*.

SOUS-SECTION 2 *Décision d'attribution de l'aide à l'insertion professionnelle*

(L. nº 2012-1189 du 26 oct. 2012, art. 7).

Art. L. 5134-21 *(L. nº 2012-1189 du 26 oct. 2012, art. 7)* « Les aides à l'insertion professionnelle au titre d'un contrat d'accompagnement dans l'emploi peuvent être accordées aux employeurs suivants : »

1º Les collectivités territoriales ;

2º Les autres personnes morales de droit public ;

3º Les organismes de droit privé à but non lucratif ;

4º Les personnes morales de droit privé chargées de la gestion d'un service public ;

(L. nº 2014-856 du 31 juill. 2014, art. 34) « 5º Les sociétés coopératives d'intérêt collectif. » — *[Anc. art. L. 322-4-7, I, al. 1er.]*

Art. L. 5134-21-1 *(L. nº 2012-1189 du 26 oct. 2012, art. 7)* « La décision d'attribution d'une nouvelle aide à l'insertion professionnelle » *(L. nº 2008-1249 du 1er déc. 2008, art. 22-I)* mentionnée à l'article L. 5134-19-1 est subordonnée au bilan préalable des actions d'accompagnement et des actions visant à l'insertion durable des salariés, réalisées dans le cadre *(Abrogé par L. nº 2012-1189 du 26 oct. 2012, art. 7)* ***« de conventions individuelles conclues au titre »*** d'un contrat aidé antérieur.

Art. L. 5134-21-2 *(L. nº 2012-1189 du 26 oct. 2012, art. 7)* Il ne peut être attribué d'aide à l'insertion professionnelle dans les cas suivants :

1º Lorsque l'embauche vise à procéder au remplacement d'un salarié licencié pour un motif autre que la faute grave ou lourde. S'il apparaît que l'embauche a eu pour conséquence le licenciement d'un autre salarié, la décision d'attribution de l'aide est retirée par l'État ou par le président du conseil départemental. La décision de retrait de l'attribution de l'aide emporte obligation pour l'employeur de rembourser l'intégralité des sommes perçues au titre de l'aide ;

2º Lorsque l'employeur n'est pas à jour du versement de ses cotisations et contributions sociales.

Art. L. 5134-22 *(L. nº 2008-1249 du 1er déc. 2008 ; L. nº 2012-1189 du 26 oct. 2012, art. 7)* La demande d'aide à l'insertion professionnelle indique les modalités d'orientation et d'accompagnement professionnel de la personne sans emploi et prévoit des actions de formation professionnelle et de validation des acquis de l'expérience nécessaires à la réalisation de son projet professionnel.

Les actions de formation peuvent être menées pendant le temps de travail ou en dehors de celui-ci.

Art. L. 5134-23 *(L. n° 2008-1249 du 1er déc. 2008, art. 22-I ; L. n° 2012-1189 du 26 oct. 2012, art. 7)* La durée de l'aide à l'insertion professionnelle attribuée au titre du contrat d'accompagnement dans l'emploi ne peut excéder le terme du contrat de travail.

L'attribution de l'aide peut être prolongée dans la limite d'une durée totale de vingt-quatre mois.

Art. L. 5134-23-1 *(L. n° 2008-1249 du 1er déc. 2008, art. 22-I)* Il peut être dérogé, selon des modalités fixées par voie réglementaire, à la durée maximale *(L. n° 2012-1189 du 26 oct. 2012, art. 7)* « pour laquelle est attribuée une aide à l'insertion professionnelle », soit lorsque celle-ci concerne un salarié âgé de cinquante ans et plus *(L. n° 2015-994 du 17 août 2015, art. 43)* « rencontrant des difficultés particulières qui font obstacle à son insertion durable dans l'emploi » ou une personne reconnue travailleur handicapé, soit pour permettre d'achever une action de formation professionnelle en cours de réalisation et *(L. n° 2012-1189 du 26 oct. 2012, art. 7)* « prévue au titre de l'aide attribuée ». La durée de cette prolongation ne peut excéder le terme de l'action concernée.

(Abrogé par L. n° 2014-288 du 5 mars 2014, art. 20-I) « ***A titre exceptionnel, lorsque des salariés âgés de cinquante ans et plus ou des personnes reconnues travailleurs handicapés embauchés dans les ateliers et chantiers d'insertion rencontrent des difficultés particulières qui font obstacle à leur insertion durable dans l'emploi,*** *(L. n° 2012-1189 du 26 oct. 2012, art. 7)* « ***l'attribution des aides peut être prolongée*** » ***au-delà de la durée maximale prévue. Cette prolongation peut être accordée par l'institution mentionnée à l'article L. 5312-1 ou, pour*** *(L. n° 2012-1189 du 26 oct. 2012, art. 7)* « ***les aides mentionnées à l'article L. 5134-19-1 qu'il attribue*** », ***par le président du conseil général après examen de la situation du salarié au regard de l'emploi, de la capacité contributive de l'employeur et des actions d'accompagnement et de formation conduites*** *(L. n° 2012-1189 du 26 oct. 2012, art. 7)* « ***durant la période pour laquelle l'aide initiale a été attribuée*** ». »

Art. L. 5134-23-2 *(L. n° 2008-1249 du 1er déc. 2008, art. 22-I ; L. n° 2012-1189 du 26 oct. 2012, art. 7-III-9°)* La prolongation de l'attribution de l'aide à l'insertion professionnelle et, s'il est à durée déterminée, du contrat de travail au titre duquel l'aide est attribuée est subordonnée à l'évaluation des actions réalisées au cours du contrat en vue de favoriser l'insertion durable du salarié.

SOUS-SECTION 3 *Contrat de travail*

Art. L. 5134-24 *(L. n° 2008-1249 du 1er déc. 2008, art. 22-I)* « Le contrat de travail, associé à *(L. n° 2012-1189 du 26 oct. 2012, art. 7)* « une aide à l'insertion professionnelle attribuée au titre d'un » contrat d'accompagnement dans l'emploi, est un contrat de travail de droit privé, soit à durée déterminée, conclu en application de l'article L. 1242-3, soit à durée indéterminée. Il porte sur des emplois visant à satisfaire des besoins collectifs non satisfaits. »

Il ne peut être conclu pour pourvoir des emplois dans les services de l'État.

Art. L. 5134-25 La durée du contrat d'accompagnement dans l'emploi ne peut être inférieure à six mois, ou trois mois pour les personnes ayant fait l'objet d'une condamnation et bénéficiant d'un aménagement de peine.

Les dispositions relatives au nombre maximum des renouvellements, prévues *(Ord. n° 2017-1718 du 20 déc. 2017, art. 1er-I)* « aux articles L. 1243-13 et L. 1243-13-1 », ne sont pas applicables.

A compter du 1er janv. 2009, à titre exceptionnel, lorsque des salariés âgés de 50 ans et plus ou des personnes reconnues travailleurs handicapés embauchés dans des entreprises d'insertion, des ateliers et chantiers d'insertion ou des associations intermédiaires rencontrent des difficultés particulières qui font obstacle à leur insertion durable dans l'emploi, le contrat de travail conclu en application de l'art. L. 1242-3, le contrat d'avenir ou le contrat d'accompagnement dans l'emploi qu'ils ont conclu peut être prolongé au-delà de la durée maximale. Cette prolongation est accordée par l'institution mentionnée à l'art. L. 5312-1 ou par le président du conseil général lorsque, dans le cas des contrats d'avenir, celui-ci a conclu la convention individuelle mentionnée à l'art. L. 5314-38 associée à ce contrat, après examen de la situation du salarié au regard de l'emploi, de la capacité contributive de l'employeur et des actions d'accompagnement ou de formation conduites dans le cadre de la durée initialement prévue du contrat (L. n° 2008-1249 du 1er déc. 2008, art. 28-IV).

Art. L. 5134-25-1 *(L. n° 2008-1249 du 1er déc. 2008, art. 22-I)* **Le contrat de travail, associé à** *(L. n° 2012-1189 du 26 oct. 2012, art. 7)* **« l'attribution d'une aide à l'insertion professionnelle au titre d'un » contrat d'accompagnement dans l'emploi, conclu pour une durée déterminée, peut être prolongé dans la limite d'une durée totale de vingt-quatre mois, ou de cinq ans pour les salariés âgés de cinquante ans et plus** *(L. n° 2015-994 du 17 août 2015, art. 43)* **« rencontrant des difficultés particulières qui font obstacle à leur insertion durable dans l'emploi », ainsi que pour les personnes reconnues travailleurs handicapés.**

A titre dérogatoire, ce contrat de travail peut être prolongé au-delà de la durée maximale prévue, en vue de permettre d'achever une action de formation professionnelle en cours de réalisation à l'échéance du contrat et *(L. n° 2012-1189 du 26 oct. 2012, art. 7)* **« prévue au titre de l'aide attribuée »** *(L. n° 2015-994 du 17 août 2015, art. 43)* **« , sans que cette prolongation puisse excéder le terme de l'action concernée ou, pour les salariés âgés de cinquante-huit ans ou plus, jusqu'à la date à laquelle ils sont autorisés à faire valoir leurs droits à la retraite ».**

(Abrogé par L. n° 2014-288 du 5 mars 2014, art. 20-I) ***« A titre exceptionnel, lorsque des salariés âgés de cinquante ans et plus ou des personnes reconnues travailleurs handicapés embauchés dans les ateliers et chantiers d'insertion rencontrent des difficultés particulières qui font obstacle à leur insertion durable dans l'emploi, ce contrat de travail peut être prolongé au-delà de la durée maximale prévue. Cette prolongation peut être accordée par l'institution mentionnée à l'article L. 5312-1 ou par le président du conseil général, lorsque celui-ci a*** *(L. n° 2012-1189 du 26 oct. 2012, art. 7)* ***« attribué l'aide à l'insertion professionnelle mentionnée à » l'article L. 5134-19-1 associée à ce contrat après examen de la situation du salarié au regard de l'emploi, de la capacité contributive de l'employeur et des actions d'accompagnement et de formation conduites dans le cadre de la durée initialement prévue du contrat. »***

Art. L. 5134-26 **La durée hebdomadaire du travail du titulaire d'un contrat d'accompagnement dans l'emploi ne peut être inférieure à vingt heures, sauf lorsque** *(L. n° 2012-1189 du 26 oct. 2012, art. 7)* **« la décision d'attribution de l'aide » le prévoit en vue de répondre aux difficultés particulièrement importantes de l'intéressé.**

(L. n° 2008-1249 du 1er déc. 2008, art. 22-I) **« Lorsque le contrat de travail, associé à** *(L. n° 2012-1189 du 26 oct. 2012, art. 7)* **« l'attribution d'une aide à l'insertion professionnelle accordée au titre d'un » contrat d'accompagnement dans l'emploi, a été conclu pour une durée déterminée avec une collectivité territoriale ou une autre personne de droit public, la durée hebdomadaire du travail peut varier sur tout ou partie de la période couverte par le contrat, sans être supérieure à la durée légale hebdomadaire. Cette variation est sans incidence sur le calcul de la rémunération due au salarié. »**

L'art. L. 5134-26, dans sa rédaction issue de la loi du 17 mars 2005, n'autorise pas l'employeur à faire varier la durée hebdomadaire du travail sur tout ou partie de la période couverte par le contrat d'accompagnement dans l'emploi; la clause contractuelle prévoyant une telle modulation est inopposable au salarié et il appartient au juge du fond de décompter les heures de travail par semaine. • Soc. 25 janv. 2012 : *D. 2012. Actu. 443 ; RJS 2012. 279, n° 311 ; JCP S 2012. 1161, obs. Drai.*

Art. L. 5134-27 *(Abrogé par L. n° 2012-1189 du 26 oct. 2012, art. 7)* ***« Sous réserve de clauses contractuelles ou conventionnelles plus favorables, »*** **Le titulaire d'un contrat d'accompagnement dans l'emploi perçoit un salaire au moins égal au produit du montant du salaire minimum de croissance par le nombre d'heures de travail accomplies.** — *[Anc. art. L. 322-4-7, I, al. 8.]*

Il résulte de l'art. L. 5134-27 que le salarié, engagé selon un contrat d'accompagnement dans l'emploi, doit bénéficier de l'ensemble des dispositions des conventions et accords collectifs applicables dans l'organisme employeur. • Soc. 6 avr. 2011 : *D. 2011. Actu. 1146, obs. Siro ; JCP S 2011. 1271, obs. Brissy.*

Art. L. 5134-28 **Par dérogation aux dispositions relatives à la rupture avant terme du contrat de travail à durée déterminée prévues à l'article L. 1243-2, le contrat d'accompagnement dans l'emploi peut être rompu avant son terme, à l'initiative du salarié, lorsque la rupture a pour objet de lui permettre :**

1° D'être embauché par un contrat de travail à durée indéterminée ;

2° D'être embauché par un contrat de travail à durée déterminée d'au moins six mois ;

3° De suivre une formation conduisant à une qualification prévue à l'article L. 6314-1. — *[Anc. art. L. 322-4-7, II, al. 7, phrase 1.]*

Art. L. 5134-28-1 *(L. nº 2008-1249 du 1er déc. 2008, art. 22-I)* Une attestation d'expérience professionnelle est établie par l'employeur et remise au salarié à sa demande ou au plus tard un mois avant la fin du contrat d'accompagnement dans l'emploi.

Art. L. 5134-29 *(L. nº 2008-1249 du 1er déc. 2008, art. 22-I)* Le contrat d'accompagnement dans l'emploi peut être suspendu, à la demande du salarié, afin de lui permettre :

1º En accord avec son employeur, d'effectuer une *(L. nº 2014-288 du 5 mars 2014, art. 20-I)* « période de mise en situation en milieu professionnel dans les conditions prévues au chapitre V du présent titre » ou une action concourant à son insertion professionnelle ;

2º D'accomplir une période d'essai afférente à une offre d'emploi visant une embauche en contrat de travail à durée indéterminée ou à durée déterminée au moins égale à six mois.

En cas d'embauche à l'issue de cette *(L. nº 2014-288 du 5 mars 2014, art. 2-I)* « période de mise en situation en milieu professionnel, d'une action concourant à son insertion professionnelle, » ou de cette période d'essai, le contrat est rompu sans préavis.

(Abrogé par L. nº 2014-288 du 5 mars 2014, art. 20-I) (L. nº 2012-1189 du 26 oct. 2012, art. 7) ***« L'aide à l'insertion professionnelle n'est pas versée pendant la période de suspension du contrat d'accompagnement dans l'emploi. »***

SOUS-SECTION 4 *Aide financière et exonérations*

Art. L. 5134-30 *(Abrogé par L. nº 2012-1189 du 26 oct. 2012, art. 7) (L. nº 2008-1249 du 1er déc. 2008, art. 22-I)* ***« La convention individuelle prévue à la sous-section 2 de la présente section, conclue pour permettre une embauche en contrat d'accompagnement dans l'emploi, ouvre droit à une aide financière. »***

(L. nº 2012-1189 du 26 oct. 2012, art. 7) « L'aide à l'insertion professionnelle attribuée au titre d'un contrat d'accompagnement dans l'emploi » peut être modulée en fonction :

1º De la catégorie et du secteur d'activité de l'employeur ;

2º Des actions prévues en matière d'accompagnement professionnel et des actions visant à favoriser l'insertion durable du salarié ;

3º Des conditions économiques locales ;

4º Des difficultés d'accès à l'emploi antérieurement rencontrées par le salarié.

Art. L. 5134-30-1 *(L. nº 2008-1249 du 1er déc. 2008, art. 22-I)* Le montant de *(L. nº 2012-1189 du 26 oct. 2012, art. 7)* « l'aide à l'insertion professionnelle versée au titre d'un contrat d'accompagnement dans l'emploi » ne peut excéder 95 % du montant brut du salaire minimum de croissance par heure travaillée, dans la limite de la durée légale hebdomadaire du travail. Elle n'est soumise à aucune charge fiscale.

(Abrogé par L. nº 2013-1278 du 29 déc. 2013, art. 142-I) (L. nº 2009-1673 du 30 déc. 2009, art. 139) ***« Toutefois, pour les ateliers et chantiers d'insertion conventionnés par l'État au titre de l'article L. 5132-2, le montant de*** *(L. nº 2012-1189 du 26 oct. 2012, art. 7)* ***« l'aide à l'insertion professionnelle versée au titre d'un contrat d'accompagnement dans l'emploi » peut être porté jusqu'à 105 % du montant brut du salaire minimum de croissance par heure travaillée, dans la limite de la durée légale hebdomadaire du travail. »***

Le second al., dans sa rédaction antérieure à la L. nº 2013-1278 du 29 déc. 2013, demeure applicable aux contrats de travail conclus avant le 1er juill. 2014 (L. préc., art. 142-II).

Art. L. 5134-30-2 *(L. nº 2008-1249 du 1er déc. 2008, art. 22-I)* Lorsque *(L. nº 2012-1189 du 26 oct. 2012, art. 7)* « l'aide à l'insertion professionnelle prévue à la sous-section 2 de la présente section a été attribuée pour le recrutement d'un » salarié qui était, avant son embauche, bénéficiaire du revenu de solidarité active financé par le département, le département participe au financement de l'aide mentionnée à l'article L. 5134-19-1. Cette participation est déterminée, dans des conditions fixées par décret, par référence au montant forfaitaire mentionné *(L. nº 2015-994 du 17 août 2015, art. 59-V, en vigueur le 1er janv. 2016)* « à » l'article L. 262-2 du code de l'action sociale et des familles applicable à une personne isolée et en fonction de la majoration des taux prévue par la convention mentionnée à l'article L. 5134-19-4.

Art. L. 5134-31 Les embauches réalisées en contrat d'accompagnement dans l'emploi donnent droit à l'exonération :

1º *(L. nº 2018-1203 du 22 déc. 2018, art. 8-VI et X, en vigueur le 1er janv. 2019)* « Pour les personnes morales mentionnées aux 1º et 2º de l'article L. 5134-21 du présent code, » des cotisations à la charge de l'employeur au titre des assurances sociales et des allocations familiales, pendant la durée *(L. nº 2012-1189 du 26 oct. 2012, art. 7-III-18º)* « d'attribution de l'aide à l'insertion professionnelle », sans qu'il soit fait application des dispositions de l'article L. 131-7 du code de la sécurité sociale. Toutefois, les cotisations afférentes à la partie de la rémunération qui excède un montant fixé par décret ne donnent pas lieu à exonération ;

2º De la taxe sur les salaires ;

3º De la taxe d'apprentissage ;

4º Des participations dues par les employeurs au titre de l'effort de construction. – *V. art. D. 5134-9. –* ***C. trav.***

Art. L. 5134-32 L'État peut contribuer au financement des actions de formation professionnelle et de validation des acquis de l'expérience prévues à l'article L. 5134-22. – *[Anc. art. L. 322-4-7, II, al. 4 début.]*

Art. L. 5134-33 Les aides et les exonérations prévues par la présente sous-section ne peuvent être cumulées avec une autre aide de l'État à l'emploi. – *[Anc. art. L. 322-4-7, II, al. 5.]*

SOUS-SECTION 5 *Dispositions d'application*

Art. L. 5134-34 Un décret en Conseil d'État détermine les conditions d'application de la présente section. – *[Anc. art. L. 322-6, L. 322-4-7, I, al. 3, phrase 2, L. 322-4-7, II, al. 4 fin, L. 322-4-7, II, al. 1, phrase 3.] – V. art. R. 5134-26. –* ***C. trav.***

SECTION 3 *[ABROGÉE]* *Contrat d'avenir*

Art. L. 5134-35 à L. 5134-53 *Abrogés par L. nº 2008-1249 du 1er déc. 2008, art. 23-I.*

SECTION 4 *[ABROGÉE]* *Contrat jeune en entreprise*

Art. L. 5134-54 à L. 5134-64 *Abrogés par L. nº 2007-1822 du 24 déc. 2007, art. 127-II.*

Ces art. demeurent toutefois applicables aux contrats de travail ayant ouvert le droit au soutien de l'État mentionné à l'art. L. 322-4-6 du code du travail avant l'entrée en vigueur de la L. nº 2007-1822 du 24 déc. 2007 (L. préc., art. 127-III).

V. art. L. 5134-59, mod. par L. nº 2010-1657 du 29 déc. 2010, art. 201-II, et par L. nº 2018-1203 du 22 déc. 2018, art. 8-VI.

V. art. L. 5134-54, L. 5134-60 et L. 5134-63, mod. par L. nº 2016-1088 du 8 août 2016, art. 46.

SECTION 5 *Contrat initiative-emploi*

V. Circ. DGEFP nº 2005/11 du 21 mars 2005 relative à la mise en œuvre du Contrat Initiative Emploi (CIE) rénové (BOMT 2005/5, p. 9).

SOUS-SECTION 1 *Objet*

Art. L. 5134-65 *(L. nº 2008-1249 du 1er déc. 2008, art. 23-III)* Le contrat initiative-emploi a pour objet de faciliter l'insertion professionnelle des personnes sans emploi rencontrant des difficultés sociales et professionnelles d'accès à l'emploi. À cette fin, il comporte des actions d'accompagnement professionnel. Les actions de formation nécessaires à la réalisation du projet professionnel de la personne peuvent être mentionnées dans la *(L. nº 2012-1189 du 26 oct. 2012, art. 7)* « demande d'aide à l'insertion professionnelle » ; elles sont menées dans le cadre défini à l'article L. 6312-1. – *V. art. R. 5134-51 s. –* ***C. trav.***

SOUS-SECTION 2 *Décision d'attribution de l'aide à l'insertion professionnelle (L. nº 2012-1189 du 26 oct. 2012, art. 7).*

Art. L. 5134-66 *(L. nº 2012-1189 du 26 oct. 2012, art. 7)* « Les aides à l'insertion professionnelle au titre d'un contrat initiative-emploi peuvent être accordées aux employeurs suivants : »

1º Les employeurs mentionnés à l'article L. 5422-13 et aux 3º et 4º de l'article L. 5424-1 ;

2º Les groupements d'employeurs *(L. nº 2014-288 du 5 mars 2014, art. 20-IV)* « pour l'insertion et la qualification mentionnés à l'article L. 1253-1 » ;

3º Les employeurs de pêche maritime non couverts par l'article L. 5422-13, les 3º et 4º de l'article L. 5424-1 et l'article L. 1253-1.

Art. L. 5134-66-1 *(L. nº 2008-1249 du 1er déc. 2008, art. 23-II ; L. nº 2012-1189 du 26 oct. 2012, art. 7)* La décision d'attribution d'une nouvelle aide à l'insertion professionnelle est subordonnée au bilan préalable des actions d'accompagnement et des actions visant à l'insertion durable des salariés, réalisées dans le cadre d'un contrat aidé antérieur.

Art. L. 5134-67 Les particuliers employeurs *(L. nº 2012-1189 du 26 oct. 2012, art. 7-IV-5º)* « ne sont pas éligibles aux aides attribuées au titre d'un contrat initiative-emploi ».

Art. L. 5134-67-1 *(L. nº 2008-1249 du 1er déc. 2008, art. 23-II)* La durée de *(L. nº 2012-1189 du 26 oct. 2012, art. 7)* « l'aide à l'insertion professionnelle attribuée au titre » du contrat initiative-emploi ne peut excéder le terme du contrat de travail.

(L. nº 2012-1189 du 26 oct. 2012, art. 7) « L'attribution de l'aide » peut être prolongée dans la limite d'une durée totale de vingt-quatre mois.

Il peut être dérogé, selon des modalités fixées par voie réglementaire, à la durée maximale *(L. nº 2012-1189 du 26 oct. 2012, art. 7)* « pour laquelle est attribuée une aide à l'insertion professionnelle », soit lorsque celle-ci concerne un salarié âgé de cinquante ans et plus *(L. nº 2015-994 du 17 août 2015, art. 43)* « rencontrant des difficultés particulières qui font obstacle à son insertion durable dans l'emploi » ou une personne reconnue travailleur handicapé, soit pour permettre d'achever une action de formation professionnelle en cours de réalisation et *(L. nº 2012-1189 du 26 oct. 2012, art. 7)* « prévue au titre de l'aide attribuée ». La durée de cette prolongation ne peut excéder le terme de l'action concernée.

Art. L. 5134-67-2 *(L. nº 2008-1249 du 1er déc. 2008, art. 23-II)* La prolongation de *(L. nº 2012-1189 du 26 oct. 2012, art. 7)* « l'attribution de l'aide à l'insertion professionnelle » et, s'il est à durée déterminée, du contrat de travail *(L. nº 2012-1189 du 26 oct. 2012, art. 7)* « au titre duquel l'aide est attribuée » est subordonnée à l'évaluation des actions réalisées au cours du contrat en vue de favoriser l'insertion durable du salarié.

Art. L. 5134-68 *(L. nº 2008-1249 du 1er déc. 2008, art. 23-II)* Il ne peut être *(L. nº 2012-1189 du 26 oct. 2012, art. 7)* « attribué d'aide à l'insertion professionnelle » dans les cas suivants :

1º Lorsque l'établissement a procédé à un licenciement économique dans les six mois précédant la date d'embauche ;

2º Lorsque l'embauche vise à procéder au remplacement d'un salarié licencié pour un motif autre que la faute grave ou lourde. S'il apparaît que l'embauche a eu pour conséquence le licenciement d'un autre salarié, *(L. nº 2012-1189 du 26 oct. 2012, art. 7)* « la décision d'attribution de l'aide peut être retirée » par l'État ou par le président du conseil départemental. *(L. nº 2012-1189 du 26 oct. 2012, art. 7)* « La décision de retrait de l'attribution de l'aide » emporte obligation pour l'employeur de rembourser l'intégralité des sommes perçues *(Abrogé par L. nº 2012-1189 du 26 oct. 2012, art. 7)* *« au titre de l'aide prévue par la convention »* ;

3º Lorsque l'employeur n'est pas à jour du versement de ses cotisations et contributions sociales.

SOUS-SECTION 3 *Contrat de travail*

Art. L. 5134-69 Le contrat initiative-emploi est un contrat de travail de droit privé à durée indéterminée ou à durée déterminée conclu en application de l'article L. 1242-3.

Lorsqu'il est conclu pour une durée déterminée les règles de renouvellement prévues *(Ord. nº 2017-1718 du 20 déc. 2017, art. 1er-I)* « aux articles L. 1243-13 et L. 1243-13-1 » ne sont pas applicables.

Art. L. 5134-69-1 *(L. nº 2008-1249 du 1er déc. 2008, art. 23-II)* Le contrat de travail associé à une *(L. nº 2012-1189 du 26 oct. 2012, art. 7)* « aide à l'insertion professionnelle attribuée au titre d'un » contrat initiative-emploi, conclu pour une durée déterminée, peut être prolongé dans la limite d'une durée totale de vingt-quatre mois, ou de cinq ans pour les salariés âgés de cinquante ans et plus *(L. nº 2015-994 du 17 août 2015, art. 43)* « rencontrant des difficultés particulières qui font obstacle à leur insertion durable dans l'emploi », ainsi que pour les personnes reconnues travailleurs handicapés.

(L. nº 2015-994 du 17 août 2015, art. 43) « A titre dérogatoire, pour les salariés âgés de cinquante-huit ans ou plus, ce contrat de travail peut être prolongé jusqu'à la date à laquelle ils sont autorisés à faire valoir leurs droits à la retraite. »

Art. L. 5134-69-2 *(L. n° 2008-1249 du 1er déc. 2008, art. 23-II)* **La durée du contrat initiative-emploi ne peut être inférieure à six mois, ou trois mois pour les personnes ayant fait l'objet d'une condamnation et bénéficiant d'un aménagement de peine.**

Art. L. 5134-70 Par dérogation aux dispositions relatives à la rupture avant le terme du contrat de travail à durée déterminée prévues à l'article L. 1243-2, le contrat initiative emploi peut être rompu avant son terme, à l'initiative du salarié, lorsque la rupture a pour objet de lui permettre :

1° D'être embauché par un contrat à durée déterminée d'au moins six mois ;

2° D'être embauché par un contrat à durée indéterminée ;

3° De suivre une formation conduisant à une qualification telle que prévue à l'article L. 6314-1. — *[Anc. art. L. 322-4-8, III, al. 2, phrase 1.]*

Art. L. 5134-70-1 *(L. n° 2008-1249 du 1er déc. 2008, art. 23-II)* **La durée hebdomadaire du travail** *(L. n° 2015-994 du 17 août 2015, art. 43)* **« du titulaire d'un contrat initiative-emploi ne peut être inférieure à vingt heures, sauf lorsque la décision d'attribution de l'aide le prévoit pour répondre aux besoins d'un salarié âgé de soixante ans ou plus et éligible à un dispositif d'intéressement à la reprise d'activité des bénéficiaires des allocations du régime de solidarité ».**

Art. L. 5134-70-2 *(L. n° 2008-1249 du 1er déc. 2008, art. 23-II)* **Une attestation d'expérience professionnelle est établie par l'employeur et remise au salarié à sa demande ou au plus tard un mois avant la fin du contrat initiative-emploi.**

Art. L. 5134-71 *(L. n° 2008-1249 du 1er déc. 2008, art. 23-II)* **Le contrat initiative-emploi peut être suspendu, à la demande du salarié, afin de lui permettre :**

1° En accord avec son employeur, d'effectuer une *(L. n° 2014-288 du 5 mars 2014, art. 20-I)* **« période de mise en situation en milieu professionnel dans les conditions prévues au chapitre V du présent titre » ou une action concourant à son insertion professionnelle ;**

2° D'accomplir une période d'essai afférente à une offre d'emploi visant une embauche en contrat de travail à durée indéterminée ou à durée déterminée au moins égale à six mois.

En cas d'embauche à l'issue de cette *(L. n° 2014-288 du 5 mars 2014, art. 20-I)* **« période de mise en situation en milieu professionnel, d'une action concourant à son insertion professionnelle, » ou de cette période d'essai, le contrat est rompu sans préavis.**

SOUS-SECTION 4 *Aide financière*

Art. L. 5134-72 *(Abrogé par L. n° 2012-1189 du 26 oct. 2012, art. 7) (L. n° 2008-1249 du 1er déc. 2008, art. 23-II)* ***« La convention individuelle prévue à la sous-section 2 de la présente section, conclue pour permettre une embauche en contrat initiative-emploi, ouvre droit à une aide financière. »***

(L. n° 2012-1189 du 26 oct. 2012, art. 7) **« L'aide à l'insertion professionnelle attribuée au titre d'un contrat initiative-emploi » peut être modulée en fonction :**

1° De la catégorie et du secteur d'activité de l'employeur ;

2° Des actions prévues en matière d'accompagnement professionnel et des actions visant à favoriser l'insertion durable du salarié ;

3° Des conditions économiques locales ;

4° Des difficultés d'accès à l'emploi antérieurement rencontrées par le salarié.

Art. L. 5134-72-1 *(L. n° 2008-1249 du 1er déc. 2008, art. 23-II)* **Le montant de** *(L. n° 2012-1189 du 26 oct. 2012, art. 7)* **« l'aide à l'insertion professionnelle versée au titre d'un contrat initiative-emploi » ne peut excéder 47 % du montant brut du salaire minimum de croissance par heure travaillée, dans la limite de la durée légale hebdomadaire du travail.**

Art. L. 5134-72-2 *(L. n° 2008-1249 du 1er déc. 2008, art. 23-II)* **Lorsque** *(L. n° 2012-1189 du 26 oct. 2012, art. 7)* **« l'aide à l'insertion professionnelle a été attribuée pour le recrutement d'un » salarié qui était, avant son** *(L. n° 2012-1189 du 26 oct. 2012, art. 7)* **« recrutement », bénéficiaire du revenu de solidarité active financé par le département, le département participe au financement de l'aide mentionnée à l'article L. 5134-19-1. Cette participation est déterminée, dans des conditions fixées par décret, par référence au montant forfaitaire mentionné** *(L. n° 2015-994 du 17 août 2015, art. 59-V, en vigueur le 1er janv. 2016)* **« à » l'article L. 262-2 du code de l'action sociale et des familles applicable à une**

personne isolée et en fonction de la majoration des taux prévue par la convention mentionnée à l'article L. 5134-19-4.

SOUS-SECTION 5 *Dispositions d'application*

Art. L. 5134-73 Un décret en Conseil d'État détermine les conditions d'application de la présente section. – *[Anc. art. L. 322-4-8, I, al. 3 et II, al. 1, phrase 2, et L. 322-6.] – V. art. R. 5134-88.*

SECTION 6 *[ABROGÉE]* ***Contrat insertion-revenu minimum d'activité***

(Abrogée par L. nº 2008-1249 du 1er déc. 2008, art. 23-III)

Les contrats d'avenir et les contrats insertion-revenu minimum d'activité conclus antérieurement au 1er janv. 2010 continuent à produire leurs effets dans les conditions applicables antérieurement à cette date, jusqu'au terme de la convention individuelle en application de laquelle ils ont été signés. Cette convention et ces contrats ne peuvent faire l'objet d'aucun renouvellement ni d'aucune prolongation au-delà du 1er janv. 2010 (L. nº 2008-1249 du 1er déc. 2008, art. 31-I). – V. ces dispositions abrogées dans les éditions précédentes du ***C. trav.***

SECTION 7 ***Contrat relatif aux activités d'adultes-relais***

SOUS-SECTION 1 *Objet*

Art. L. 5134-100 Le contrat relatif aux activités d'adultes-relais a pour objet d'améliorer, dans les *(L. nº 2014-173 du 21 févr. 2014, art. 26-I)* « quartiers prioritaires de la politique de la ville » et les autres territoires prioritaires des contrats de ville, les relations entre les habitants de ces quartiers et les services publics, ainsi que les rapports sociaux dans les espaces publics ou collectifs.

Il donne lieu :

1° A la conclusion d'une convention entre l'État et l'employeur dans les conditions prévues à la sous-section 2 ;

2° A la conclusion d'un contrat de travail entre l'employeur et le bénéficiaire de la convention dans les conditions prévues à la sous-section 3 ;

3° A l'attribution d'une aide financière dans les conditions prévues à la sous-section 4. – *[Anc. art. L. 12-10-1, al. 1er milieu et al. 2.]*

SOUS-SECTION 2 *Convention*

Art. L. 5134-101 L'État peut conclure des conventions ouvrant droit au bénéfice de contrats relatifs à des activités d'adultes-relais avec :

1° Les collectivités territoriales et les établissements publics de coopération intercommunale, ainsi que leurs établissements publics ;

2° Les établissements publics locaux d'enseignement ;

3° Les établissements publics de santé ;

4° Les offices publics d'habitations à loyer modéré et les offices publics d'aménagement et de construction ;

5° Les organismes de droit privé à but non lucratif ;

6° Les personnes morales de droit privé chargées de la gestion d'un service public. – *[Anc. art. L. 12-10-1, al. 1er début.]*

SOUS-SECTION 3 *Contrat de travail*

Art. L. 5134-102 Le contrat de travail relatif à des activités d'adultes-relais peut être conclu avec des personnes âgées d'au moins *(Décr. nº 2021-1181 du 14 sept. 2021)* « vingt-six » ans, sans emploi ou bénéficiant, sous réserve qu'il soit mis fin à ce contrat, *(L. nº 2015-990 du 6 août 2015, art. 298-II)* « d'un contrat d'accompagnement dans l'emploi » et résidant *(L. nº 2014-173 du 21 févr. 2014, art. 26-VI)* « dans un quartier prioritaire de la politique de la ville » ou dans un autre territoire prioritaire des contrats de ville. – *[Anc. art. L. 12-10-1, al. 1er fin.]*

Art. L. 5134-103 Le contrat relatif à des activités d'adultes-relais est un contrat de travail de droit privé à durée indéterminée ou à durée déterminée conclu en application du 1° de l'article L. 1242-3 dans la limite d'une durée de trois ans renouvelable une fois.

Les collectivités territoriales et les autres personnes morales de droit public mentionnées à l'article L. 5134-101, à l'exception des établissements publics industriels et commerciaux, ne peuvent conclure que des contrats de travail à durée déterminée dans les conditions mentionnées à la présente section.

Le contrat à durée déterminée comporte une période d'essai d'un mois renouvelable une fois. – *[Anc. art. L. 12-10-1, al. 4 et 5.]*

Art. L. 5134-104 Sans préjudice des cas prévus aux articles L. 1243-1 et L. 1243-2, le contrat de travail relatif à des activités d'adultes-relais peut être rompu, à l'expiration de chacune des périodes annuelles de leur exécution, à l'initiative du salarié, sous réserve du respect d'un préavis de deux semaines, ou de l'employeur, s'il justifie d'une cause réelle et sérieuse.

Dans ce dernier cas, les dispositions relatives à l'entretien préalable au licenciement, prévues aux articles L. 1232-2 à L. 1232-4, L. 1233-11 à L. 1233-13 et L. 1233-38, et celles relatives au préavis, prévues à l'article L. 1234-1, sont applicables. – *[Anc. art. L. 12-10-1, al. 6 et al. 7, phrase 1.]*

Art. L. 5134-105 L'employeur qui décide de rompre le contrat du salarié pour une cause réelle et sérieuse notifie cette rupture par lettre recommandée avec avis de réception. Cette lettre ne peut être expédiée au salarié moins de deux jours francs après la date fixée pour l'entretien préalable. La date de présentation de la lettre fixe le point de départ du préavis. – *[Anc. art. L. 12-10-1, al. 7, phrases 2 à 4.]*

Art. L. 5134-106 Le salarié dont le contrat est rompu par son employeur dans les conditions prévues à l'article L. 5134-104 bénéficie d'une indemnité calculée sur la base de la rémunération perçue.

Le montant retenu pour le calcul de cette indemnité ne peut cependant excéder le montant perçu par le salarié au titre des dix-huit derniers mois d'exécution de son contrat de travail. Son taux est identique à celui de l'indemnité de fin de contrat prévue à l'article L. 1243-8. – *[Anc. art. L. 12-10-1, al. 8.]*

Art. L. 5134-107 Par dérogation aux dispositions de l'article L. 1243-2, la méconnaissance par l'employeur des dispositions relatives à la rupture du contrat de travail à durée déterminée prévues par la présente sous-section ouvre droit pour le salarié à des dommages et intérêts correspondant au préjudice subi.

Il en est de même lorsque la rupture du contrat intervient suite au non-respect de la convention mentionnée à l'article L. 5134-101 ayant entraîné sa dénonciation. – *[Anc. art. L. 12-10-1, al. 9.]*

SOUS-SECTION 4 *Aide financière*

Art. L. 5134-108 Les employeurs mentionnés à l'article L. 5134-101 bénéficient d'une aide financière de l'État.

Cette aide n'est pas imposable pour les personnes non assujetties à l'impôt sur les sociétés.

Cette aide ne peut être cumulée avec une autre aide de l'État à l'emploi. – *[Anc. art. L. 12-10-1, al. 3.]*

SOUS-SECTION 5 *Dispositions d'application*

Art. L. 5134-109 Un décret détermine les conditions d'application de la présente section. – *[Anc. art. L. 12-10-1, al. 10.] – V. art. D. 5134-145 s. –* ***C. trav.***

SECTION 8 *Emploi d'avenir*

(L. nº 2012-1189 du 26 oct. 2012, art. 1er)

V. Instr. PE nº 2012-156 du 14 déc. 2012, BOPE nº 129-2012 du 14 déc. 2012.

V. DGEFP, Questions-réponses relatives aux emplois d'avenir, 29 mai 2013.

SOUS-SECTION 1 *Dispositions générales*

Art. L. 5134-110 I. – L'emploi d'avenir a pour objet de faciliter l'insertion professionnelle et l'accès à la qualification des jeunes sans emploi âgés de seize à vingt-cinq ans au moment de la signature du contrat de travail soit sans qualification, soit peu qualifiés et rencontrant des difficultés particulières d'accès à l'emploi, par leur recrutement dans des activités présentant un caractère d'utilité sociale ou environnementale ou ayant un fort potentiel de création d'emplois. Les personnes bénéficiant de la reconnaissance de la qualité de travailleur handicapé et remplissant ces mêmes conditions peuvent accéder à un emploi d'avenir lorsqu'elles sont âgées de moins de trente ans.

II. – L'emploi d'avenir est destiné en priorité aux jeunes mentionnés au I qui résident soit dans les *(L. nº 2014-173 du 21 févr. 2014, art. 26-VI)* « quartiers prioritaires de la

politique de la ville » ou les zones *(L. n° 2023-1322 du 29 déc. 2023, art. 73-XI, en vigueur le 1er juill. 2024)* **« France ruralités revitalisation mentionnées aux II et III de l'article 44 *quindecies* A » du code général des impôts, soit** *(Ord. n° 2017-1491 du 25 oct. 2017, art. 6, en vigueur le 1er janv. 2018)* **« en Guadeloupe, en Guyane, en Martinique, à Mayotte, à La Réunion », à Saint-Barthélemy, à Saint-Martin ou à Saint-Pierre-et-Miquelon, soit dans les territoires dans lesquels les jeunes connaissent des difficultés particulières d'accès à l'emploi.** — *V. art. R. 5134-161 s.* — **C. *trav.***

Le Gouvernement transmet chaque année au Parlement un rapport d'évaluation dressant le bilan de la mise en œuvre des emplois d'avenir. Ce rapport comporte un volet relatif à la situation des jeunes reconnus travailleurs handicapés et un volet relatif à la répartition par sexe et par niveau de qualification des jeunes dans les différents secteurs d'activité. Il est soumis, au préalable, à l'avis du Conseil national de l'emploi (L. n° 2012-1189 du 26 oct. 2012, art. 5).

Art. L. 5134-111 **L'aide relative à l'emploi d'avenir peut être attribuée aux employeurs suivants :**

1° Les organismes de droit privé à but non lucratif ;

2° Les collectivités territoriales et leurs groupements ;

3° Les autres personnes morales de droit public, à l'exception de l'État ;

4° Les groupements d'employeurs *(L. n° 2014-288 du 5 mars 2014, art. 20-IV)* **« pour l'insertion et la qualification mentionnés à l'article L. 1253-1 » ;**

5° Les structures d'insertion par l'activité économique mentionnées à l'article L. 5132-4 ;

6° Les personnes morales de droit privé chargées de la gestion d'un service public ;

(L. n° 2014-856 du 31 juill. 2014, art. 34) **« 7° Les sociétés coopératives d'intérêt collectif. »**

Par exception, lorsqu'ils ne relèvent pas d'une des catégories mentionnées aux 1° à *(L. n° 2014-856 du 31 juill. 2014, art. 34)* **« 7° » du présent article, les employeurs relevant de l'article L. 5422-13 et des 3° et 4° de l'article L. 5424-1 sont éligibles à l'aide relative aux emplois d'avenir s'ils remplissent les conditions fixées par décret en Conseil d'État relatives à leur secteur d'activité et au parcours d'insertion et de qualification proposé au futur bénéficiaire.** — *V. art. R. 5134-164.*

Les particuliers employeurs ne sont pas éligibles à l'aide attribuée au titre d'un emploi d'avenir.

Pour être éligible à une aide relative à l'emploi d'avenir, l'employeur doit pouvoir justifier de sa capacité, notamment financière, à maintenir l'emploi au moins le temps de son versement.

Art. L. 5134-112 **L'emploi d'avenir est conclu sous la forme, selon le cas, d'un contrat d'accompagnement dans l'emploi régi par la section 2 du présent chapitre ou d'un contrat initiative-emploi régi par la section 5 du même chapitre. Les dispositions relatives à ces contrats s'appliquent à l'emploi d'avenir, sous réserve des dispositions spécifiques prévues par la présente section.**

Un suivi personnalisé professionnel et, le cas échéant, social du bénéficiaire d'un emploi d'avenir est assuré pendant le temps de travail par l'institution mentionnée à l'article L. 5312-1 ou par l'un des organismes mentionnés à l'article L. 5314-1 ou au 1° *bis* de l'article L. 5311-4 ou par la personne mentionnée au 2° de l'article L. 5134-19-1. Un bilan relatif au projet professionnel du bénéficiaire et à la suite donnée à l'emploi d'avenir est notamment réalisé deux mois avant l'échéance de l'aide relative à l'emploi d'avenir.

SOUS-SECTION 2 *Aide à l'insertion professionnelle*

Art. L. 5134-113 **L'aide relative à l'emploi d'avenir est accordée pour une durée minimale de douze mois et pour une durée maximale de trente-six mois, sans pouvoir excéder le terme du contrat de travail.**

Lorsque l'aide a été initialement accordée pour une durée inférieure à trente-six mois, elle peut être prolongée jusqu'à cette durée maximale.

A titre dérogatoire, afin de permettre au bénéficiaire d'achever une action de formation professionnelle, une prolongation de l'aide au-delà de la durée maximale de trente-six mois peut être autorisée par les personnes mentionnées aux 1° et 2° de l'article L. 5134-19-1. La durée de la prolongation ne peut excéder le terme de l'action concernée.

Art. L. 5134-114 L'aide relative à l'emploi d'avenir est attribuée au vu des engagements de l'employeur sur le contenu du poste proposé et sa position dans l'organisation de la structure employant le bénéficiaire de l'emploi d'avenir, sur les conditions d'encadrement et de tutorat ainsi que sur la qualification ou les compétences dont l'acquisition est visée pendant la période en emploi d'avenir. Ces engagements portent obligatoirement sur les actions de formation, réalisées prioritairement pendant le temps de travail, ou en dehors de celui-ci, qui concourent à l'acquisition de cette qualification ou de ces compétences et les moyens à mobiliser pour y parvenir. Ils précisent les modalités d'organisation du temps de travail envisagées afin de permettre la réalisation des actions de formation. Ces actions de formation privilégient l'acquisition de compétences de base et de compétences transférables permettant au bénéficiaire de l'emploi d'avenir d'accéder à un niveau de qualification supérieur.

L'aide est également attribuée au vu des engagements de l'employeur sur les possibilités de pérennisation des activités et les dispositions de nature à assurer la professionnalisation des emplois.

En cas de non-respect de ses engagements par l'employeur, notamment en matière de formation, le remboursement de la totalité des aides publiques perçues est dû à l'État.

La décision d'attribution d'une nouvelle aide à l'insertion professionnelle mentionnée à l'article L. 5134-113 est subordonnée au contrôle du respect par l'employeur des engagements qu'il avait souscrits au titre d'une embauche antérieure en emploi d'avenir.

SOUS-SECTION 3 *Contrat de travail*

Art. L. 5134-115 Le contrat de travail associé à un emploi d'avenir peut être à durée indéterminée ou à durée déterminée.

Lorsqu'il est à durée déterminée, il est conclu pour une durée de trente-six mois.

En cas de circonstances particulières liées soit à la situation ou au parcours du bénéficiaire, soit au projet associé à l'emploi, il peut être conclu initialement pour une durée inférieure, qui ne peut être inférieure à douze mois.

S'il a été initialement conclu pour une durée inférieure à trente-six mois, il peut être prolongé jusqu'à cette durée maximale.

Sans préjudice des dispositions de l'article L. 1243-1, il peut être rompu à l'expiration de chacune des périodes annuelles de son exécution à l'initiative du salarié, moyennant le respect d'un préavis de deux semaines, ou de l'employeur, s'il justifie d'une cause réelle et sérieuse, moyennant le respect d'un préavis d'un mois et de la procédure prévue à l'article L. 1232-2.

Dans le cas prévu au dernier alinéa de l'article L. 5134-113, les personnes mentionnées aux 1° et 2° de l'article L. 5134-19-1 peuvent autoriser une prolongation du contrat au-delà de la durée maximale de trente-six mois, sans que cette prolongation puisse excéder le terme de l'action de formation concernée.

Le bénéficiaire d'un emploi d'avenir en contrat à durée déterminée bénéficie d'une priorité d'embauche durant un délai d'un an à compter du terme de son contrat. L'employeur l'informe de tout emploi disponible et compatible avec sa qualification ou ses compétences. Le salarié ainsi recruté est dispensé de la période d'essai mentionnée à l'article L. 1221-19.

Art. L. 5134-116 Le bénéficiaire d'un emploi d'avenir occupe un emploi à temps plein.

Toutefois, lorsque le parcours ou la situation du bénéficiaire le justifient, notamment pour faciliter le suivi d'une action de formation, ou lorsque la nature de l'emploi ou le volume de l'activité ne permettent pas l'emploi d'un salarié à temps complet, la durée hebdomadaire de travail peut être fixée à temps partiel, avec l'accord du salarié, après autorisation des personnes mentionnées aux 1° et 2° de l'article L. 5134-19-1. Elle ne peut alors être inférieure à la moitié de la durée hebdomadaire de travail à temps plein. Dès lors que les conditions rendent possible une augmentation de la durée hebdomadaire de travail, le contrat ainsi que la demande associée peuvent être modifiés en ce sens avec l'accord des personnes mentionnées aux mêmes 1° et 2°.

SOUS-SECTION 4 *Reconnaissance des compétences acquises*

Art. L. 5134-117 Les compétences acquises dans le cadre de l'emploi d'avenir sont reconnues par une attestation de formation, une attestation d'expérience professionnelle ou une validation des acquis de l'expérience prévue à l'article L. 6411-1. Elles peuvent également faire l'objet d'une certification inscrite au répertoire national des certifications professionnelles.

La présentation à un examen pour acquérir un diplôme ou à un concours doit être favorisée pendant ou à l'issue de l'emploi d'avenir.

A l'issue de son emploi d'avenir, le bénéficiaire qui souhaite aboutir dans son parcours d'accès à la qualification peut prétendre aux contrats de travail mentionnés au livre II et au chapitre V du titre II du livre III de la sixième partie ainsi qu'aux actions de formation professionnelle mentionnées à l'article L. 6313-1, selon des modalités définies dans le cadre d'une concertation annuelle du comité de coordination régional de l'emploi et de la formation professionnelle.

SOUS-SECTION 5 *Dispositions d'application*

Art. L. 5134-118 Un décret en Conseil d'État fixe les conditions d'application de la présente section, notamment les niveaux de qualification et les critères d'appréciation des difficultés particulières d'accès à l'emploi mentionnés au I de l'article L. 5134-110, qui peuvent différer selon que les jeunes résident ou non dans des *(L. nº 2014-173 du 21 févr. 2014, art. 26-I)* « quartiers prioritaires de la politique de la ville » ou des zones *(L. nº 2023-1322 du 29 déc. 2023, art. 73-XI, en vigueur le 1er juill. 2024)* « France ruralités revitalisation » ou *(Ord. nº 2017-1491 du 25 oct. 2017, art. 6, en vigueur le 1er janv. 2018)* « en Guadeloupe, en Guyane, en Martinique, à Mayotte, à La Réunion », à Saint-Barthélemy, à Saint-Martin ou à Saint-Pierre-et-Miquelon.

A titre exceptionnel, *(Ord. nº 2017-1491 du 25 oct. 2017, art. 6, en vigueur le 1er janv. 2018)* « en Guadeloupe, en Guyane, en Martinique, à Mayotte, à La Réunion », à Saint-Barthélemy, à Saint-Martin et à Saint-Pierre-et-Miquelon, dans les *(L. nº 2014-173 du 21 févr. 2014, art. 26-I)* « quartiers prioritaires de la politique de la ville » et les zones *(L. nº 2023-1322 du 29 déc. 2023, art. 73-XI, en vigueur le 1er juill. 2024)* « France ruralités revitalisation », les jeunes ayant engagé des études supérieures et confrontés à des difficultés particulières d'insertion professionnelle peuvent être recrutés en emploi d'avenir, sur décision de l'autorité administrative compétente.

Art. L. 5134-119 Les autres textes encadrant la mise en œuvre des emplois d'avenir comportent :

1° Des mesures de nature à favoriser une répartition équilibrée des femmes et des hommes par secteur d'activité ;

2° Des dispositions particulières applicables aux emplois d'avenir créés dans le secteur de l'aide aux personnes handicapées ou aux personnes âgées dépendantes, de nature à favoriser l'amélioration de la qualité de vie de ces personnes ;

3° Les adaptations nécessaires pour tenir compte de la situation particulière des collectivités territoriales d'outre-mer entrant dans son champ d'application.

SECTION 9 *Emploi d'avenir professeur*

(L. nº 2012-1189 du 26 oct. 2012, art. 4)

SOUS-SECTION 1 *Dispositions générales*

Art. L. 5134-120 I. — Pour faciliter l'insertion professionnelle et la promotion sociale des jeunes dans les métiers du professorat, les établissements publics locaux d'enseignement et les établissements publics locaux d'enseignement et de formation professionnelle agricoles peuvent proposer des emplois d'avenir professeur.

II. — L'emploi d'avenir professeur est destiné à des étudiants titulaires de bourses de l'enseignement supérieur relevant du chapitre I du titre II du livre VIII de la troisième partie du code de l'éducation inscrits en deuxième année de licence ou, le cas échéant, en troisième année de licence ou en première année de master dans un établissement d'enseignement supérieur, âgés de vingt-cinq ans au plus et se destinant aux métiers du professorat. La limite d'âge est portée à trente ans lorsque l'étudiant présente un handicap reconnu par la commission des droits et de l'autonomie des personnes handicapées.

III. — Les étudiants mentionnés au II bénéficient d'une priorité d'accès aux emplois d'avenir professeur lorsqu'ils effectuent leurs études dans une académie ou dans une discipline connaissant des besoins particuliers de recrutement et qu'ils justifient :

1° Soit d'avoir résidé pendant une durée minimale dans *(L. nº 2014-173 du 21 févr. 2014, art. 26-VI)* « un quartier prioritaire de la politique de la ville », dans une zone *(L. nº 2023-1322 du 29 déc. 2023, art. 73-XI, en vigueur le 1er juill. 2024)* « France ruralités revitalisation mentionnée aux II et III de l'article 44 *quindecies* A » du code général des impôts, *(Ord. n° 2017-1491 du 25 oct. 2017, art. 6, en vigueur le 1er janv. 2018)* « en Guadeloupe, en Guyane, en Martinique, à Mayotte, à La Réunion », à Saint-Barthélemy, à Saint-Martin ou à Saint-Pierre-et-Miquelon ;

2° Soit d'avoir effectué pendant une durée minimale leurs études secondaires dans un établissement situé dans l'une de ces zones ou relevant de l'éducation prioritaire.

Les durées minimales mentionnées aux 1° et 2° du présent III sont fixées par décret. — *V. art. D. 5134-177 et D. 5134-178.* — **C. *trav.***

V. Arr. du 18 janv. 2013 (JO 26 janv.).

Le Gouvernement transmet chaque année au Parlement un rapport d'évaluation dressant le bilan des emplois d'avenir professeur. Le rapport est soumis, au préalable, à l'avis du Conseil supérieur de l'éducation (L. n° 2012-1189 du 26 oct. 2012, art. 5).

Art. L. 5134-121 Les bénéficiaires des emplois d'avenir professeur sont recrutés par les établissements publics locaux d'enseignement ou les établissements publics locaux d'enseignement et de formation professionnelle agricoles, après avis d'une commission chargée de vérifier leur aptitude. Lorsqu'ils sont recrutés par un établissement public local d'enseignement, ils peuvent exercer leurs fonctions dans les conditions fixées au *(L. n° 2019-791 du 26 juill. 2019, art. 35)* « III » de l'article L. 421-10 du code de l'éducation.

SOUS-SECTION 2 *Aide à la formation et à l'insertion professionnelle*

Art. L. 5134-122 Les établissements publics locaux d'enseignement et les établissements publics locaux d'enseignement et de formation professionnelle agricoles qui concluent des contrats pour le recrutement d'un étudiant au titre d'un emploi d'avenir professeur bénéficient d'une aide financière et des exonérations déterminées dans les conditions prévues à la sous-section 4 de la section 2 du présent chapitre.

Art. L. 5134-123 La demande d'aide à la formation et à l'insertion professionnelle décrit le contenu du poste proposé, sa position dans l'organisation de l'établissement d'affectation ainsi que les compétences dont l'acquisition est visée pendant la durée du contrat. Elle mentionne obligatoirement la formation dans laquelle est inscrit l'étudiant concerné et le ou les concours de recrutement d'enseignants du premier ou du second degré organisés par l'État auxquels il se destine. L'étudiant bénéficie d'un tutorat au sein de l'établissement dans lequel il exerce son activité. Les modalités d'organisation du tutorat sont fixées par décret.

Art. L. 5134-124 L'aide définie à l'article L. 5134-123 est accordée pour une durée de douze mois, renouvelable chaque année, dans la limite d'une durée totale de trente-six mois, sans pouvoir excéder le terme du contrat de travail.

SOUS-SECTION 3 *Contrat de travail*

Art. L. 5134-125 I. — Le contrat associé à un emploi d'avenir professeur est conclu, sous réserve des dispositions spécifiques prévues par la présente section, sous la forme d'un contrat d'accompagnement dans l'emploi régi par la section 2 du présent chapitre.

II. — Le contrat associé à un emploi d'avenir professeur est conclu pour une durée de douze mois, renouvelable s'il y a lieu, dans la limite d'une durée totale de trente-six mois, en vue d'exercer une activité d'appui éducatif compatible, pour l'étudiant bénéficiaire, avec la poursuite de ses études universitaires et la préparation aux concours.

Le bénéficiaire d'un emploi d'avenir professeur s'engage à poursuivre sa formation dans un établissement d'enseignement supérieur et à se présenter à un des concours de recrutement d'enseignants du premier ou du second degré organisés par l'État. En cas de réussite au concours, le contrat prend fin de plein droit, avant son échéance normale, à la date de nomination dans des fonctions d'enseignement.

Art. L. 5134-126 Le bénéficiaire d'un emploi d'avenir professeur effectue une durée hebdomadaire de travail adaptée à la poursuite de ses études et à la préparation des concours auxquels il se destine. Le contrat de travail mentionne la durée de travail moyenne hebdomadaire, qui ne peut excéder la moitié de la durée fixée à l'article *(L. n° 2016-1088 du 8 août 2016, art. 8)* « L. 3121-27 ».

Le contrat de travail peut prévoir que la durée hebdomadaire peut varier sur tout ou partie de la période couverte par le contrat.

Art. L. 5134-127 La rémunération versée au titre d'un emploi d'avenir professeur est cumulable avec les bourses de l'enseignement supérieur dont l'intéressé peut par ailleurs être titulaire.

A sa demande, le bénéficiaire d'un emploi d'avenir professeur se voit délivrer une attestation d'expérience professionnelle.

SOUS-SECTION 4 *Dispositions applicables aux établissements d'enseignement privés ayant passé un contrat avec l'état*

Art. L. 5134-128 Les sous-sections 1 à 3 de la présente section sont applicables aux établissements d'enseignement privés mentionnés aux articles L. 442-5 et L. 442-12 du code de l'éducation et à l'article L. 813-1 du code rural et de la pêche maritime, sous réserve des adaptations nécessaires fixées, le cas échéant, par décret en Conseil d'État.

SOUS-SECTION 5 *Dispositions d'application*

Art. L. 5134-129 Un décret en Conseil d'État détermine les conditions d'application de la présente section. — *V. art. R. 5134-169 s. — **C. trav.***

CHAPITRE V *PÉRIODES DE MISE EN SITUATION EN MILIEU PROFESSIONNEL*

(L. n° 2014-288 du 5 mars 2014, art. 20-I)

Art. L. 5135-1 Les périodes de mise en situation en milieu professionnel ont pour objet de permettre à un travailleur, privé ou non d'emploi, ou à un demandeur d'emploi :

1° Soit de découvrir un métier ou un secteur d'activité ;

2° Soit de confirmer un projet professionnel ;

3° Soit d'initier une démarche de recrutement.

Art. L. 5135-2 Les périodes de mise en situation en milieu professionnel sont ouvertes à toute personne faisant l'objet d'un accompagnement social ou professionnel personnalisé, sous réserve d'être prescrites par l'un des organismes suivants :

1° L'institution mentionnée à l'article L. 5312-1 ;

2° Les organismes mentionnés à l'article L. 5314-1 ;

3° Les organismes mentionnés au 1° *bis* de l'article L. 5311-4 ;

4° Les organismes mentionnés au 2° du même article L. 5311-4 ;

(L. n° 2020-1577 du 14 déc. 2020, art. 7) « 4° *bis* Le conseil départemental, par l'intermédiaire de son président ;

« 4° *ter* Les organismes mentionnés au dernier alinéa de l'article L. 6313-6 ; »

5° Les organismes employant ou accompagnant des bénéficiaires de périodes de mise en situation en milieu professionnel, lorsqu'ils sont liés à l'un des organismes mentionnés aux 1° à 3° *(L. n° 2020-1577 du 14 déc. 2020, art. 7)* « et 4° *bis* » du présent article par une convention leur ouvrant la possibilité de prescrire ces périodes dans des conditions définies par décret.

Art. L. 5135-3 Le bénéficiaire d'une période de mise en situation en milieu professionnel conserve le régime d'indemnisation et le statut dont il bénéficiait avant cette période. Il n'est pas rémunéré par la structure dans laquelle il effectue une période de mise en situation en milieu professionnel.

Il a accès dans la structure d'accueil aux moyens de transport et aux installations collectifs dont bénéficient les salariés.

Lorsqu'il est salarié, le bénéficiaire retrouve son poste de travail à l'issue de cette période.

Art. L. 5135-4 Les périodes de mise en situation en milieu professionnel font l'objet d'une convention entre le bénéficiaire, la structure dans laquelle il effectue la mise en situation en milieu professionnel, l'organisme prescripteur de la mesure mentionné à l'article L. 5135-2 et la structure d'accompagnement, lorsqu'elle est distincte de l'organisme prescripteur. Un décret détermine les modalités de conclusion de cette convention et son contenu. — *V. art. D. 5135-1. — **C. trav.***

Art. L. 5135-5 Une période de mise en situation en milieu professionnel dans une même structure ne peut être supérieure à une durée définie par décret.

(L. n° 2018-1317 du 28 déc. 2018, art. 270-I) « Pendant cette durée, les modalités de tarification ou de financement de l'organisme employant ou accueillant le bénéficiaire de la période de mise en situation en milieu professionnel restent inchangées. »

Art. L. 5135-6 La personne effectuant une période de mise en situation en milieu professionnel suit les règles applicables aux salariés de la structure dans laquelle s'effectue la mise en situation pour ce qui a trait :

1° Aux durées quotidienne et hebdomadaire de présence ;

2° A la présence de nuit ;

3° Au repos quotidien, au repos hebdomadaire et aux jours fériés ;

4° A la santé et à la sécurité au travail.

Art. L. 5135-7 Aucune convention de mise en situation en milieu professionnel ne peut être conclue pour exécuter une tâche régulière correspondant à un poste de travail permanent, pour faire face à un accroissement temporaire de l'activité de la structure d'accueil, pour occuper un emploi saisonnier *(L. n° 2016-1088 du 8 août 2016, art. 86)* « défini au 3° de l'article L. 1242-2 » ou pour remplacer un salarié en cas d'absence ou de suspension de son contrat de travail.

Art. L. 5135-8 Le bénéficiaire d'une période de mise en situation en milieu professionnel bénéficie des protections et droits mentionnés aux articles L. 1121-1, L. 1152-1 et L. 1153-1, dans les mêmes conditions que les salariés.

TITRE V COMPTE PERSONNEL D'ACTIVITÉ

(L. n° 2016-1088 du 8 août 2016, art. 39, en vigueur le 1er janv. 2017)

*Sur les dispositions réglementaires au présent titre, V. C. trav., art. R. 5151-1 s. — **C. trav.***

CHAPITRE UNIQUE

SECTION 1 *Dispositions générales*

Art. L. 5151-1 Le compte personnel d'activité a pour objectifs, par l'utilisation des droits qui y sont inscrits, de renforcer l'autonomie et la liberté d'action de son titulaire et de sécuriser son parcours professionnel en supprimant les obstacles à la mobilité. Il contribue au droit à la qualification professionnelle mentionné à l'article L. 6314-1. Il permet la reconnaissance de l'engagement citoyen.

Le titulaire du compte personnel d'activité décide de l'utilisation de ses droits dans les conditions définies au présent chapitre, au chapitre III du titre II du livre III de la sixième partie ainsi qu'au chapitre II du titre VI du livre I de la quatrième partie.

Le titulaire du compte personnel d'activité a droit à un accompagnement global et personnalisé destiné à l'aider à exercer ses droits pour la mise en œuvre de son projet professionnel. Cet accompagnement est fourni notamment dans le cadre du conseil en évolution professionnelle mentionné à l'article L. 6111-6.

Art. L. 5151-2 Un compte personnel d'activité est ouvert pour toute personne âgée d'au moins seize ans se trouvant dans l'une des situations suivantes :

1° Personne occupant un emploi, y compris lorsqu'elle est titulaire d'un contrat de travail de droit français et qu'elle exerce son activité à l'étranger ;

2° Personne à la recherche d'un emploi ou accompagnée dans un projet d'orientation et d'insertion professionnelles ;

3° Personne accueillie dans un établissement et service d'*(L. n° 2023-1196 du 18 déc. 2023, art. 15-II)* « accompagnement » par le travail mentionné au *a* du 5° du I de l'article L. 312-1 du code de l'action sociale et des familles ;

4° Personne ayant fait valoir l'ensemble de ses droits à la retraite ;

(Ord. n° 2022-1336 du 19 oct. 2022, art. 11) « 5° Personne détenue exerçant une activité de travail ou une activité bénévole ou de volontariat prévue par l'article L. 5151-9. » — *Les dispositions de l'art. 11 de l'Ord. n° 2022-1336 du 19 oct. 2022 entrent en vigueur à une date fixée par décret, et au plus tard le 1er déc. 2024. Ce décret peut également prévoir que lesdites dispositions sont applicables aux contrats en cours à la date de l'entrée en vigueur (Ord. préc., art. 27-III).*

Par dérogation au premier alinéa du présent article, un compte personnel d'activité est ouvert dès l'âge de quinze ans pour le jeune qui signe un contrat d'apprentissage sur le fondement du deuxième alinéa de l'article L. 6222-1 du présent code.

Les personnes âgées d'au moins seize ans mais ne relevant pas des situations mentionnées aux 1° à 3° du présent article peuvent ouvrir un compte personnel d'activité afin de bénéficier du compte d'engagement citoyen et d'accéder aux services en ligne mentionnés à l'article L. 5151-6.

Le compte est fermé à la date du décès de la personne. *(L. nº 2018-771 du 5 sept. 2018, art. 2-I, en vigueur le 1er janv. 2019)* « Lorsque son titulaire remplit l'une des conditions mentionnées aux 1º à 3º de l'article L. 5421-4 », le compte personnel de formation cesse d'être alimenté, sauf en application de l'article L. 5151-9.

Art. L. 5151-3 Les droits inscrits sur le compte personnel d'activité, y compris en cas de départ du titulaire à l'étranger, demeurent acquis par leur titulaire jusqu'à leur utilisation ou à la fermeture du compte.

Art. L. 5151-4 *(Abrogé par L. nº 2018-771 du 5 sept. 2018, art. 2-I, à compter du 1er janv. 2019) **Le compte ne peut être mobilisé qu'avec l'accord exprès de son titulaire. Le refus du titulaire du compte de le mobiliser ne constitue pas une faute.***

Art. L. 5151-5 Le compte personnel d'activité est constitué :

1º Du compte personnel de formation ;

2º Du compte *(Ord. nº 2017-1389 du 22 sept. 2017, art. 2-11º, en vigueur le 1er oct. 2017)* « professionnel de prévention » ;

3º Du compte d'engagement citoyen.

Il organise la conversion des droits selon les modalités prévues par chacun des comptes le constituant.

Art. L. 5151-6 I. — Chaque titulaire d'un compte personnel d'activité peut consulter les droits inscrits sur celui-ci et peut les utiliser en accédant à un service en ligne gratuit. Ce service en ligne est géré par la Caisse des dépôts et consignations, sans préjudice de l'article L. 4162-11. La Caisse des dépôts et consignations et la Caisse nationale d'assurance vieillesse *(Abrogé par Ord. nº 2018-470 du 12 juin 2018, art. 9)* ***« des travailleurs salariés »*** concluent une convention définissant les modalités d'articulation des différents comptes et de mobilisation par leur titulaire.

II. — Chaque titulaire d'un compte a également accès à une plateforme de services en ligne qui :

1º Lui fournit une information sur ses droits sociaux et la possibilité de les simuler ;

2º Lui donne accès à un service de consultation de ses bulletins de paie, lorsqu'ils ont été transmis par l'employeur sous forme électronique dans les conditions mentionnées à l'article L. 3243-2 ;

3º Lui donne accès à des services utiles à la sécurisation des parcours professionnels et à la mobilité géographique et professionnelle.

Le gestionnaire de la plateforme met en place des interfaces de programmation permettant à des tiers de développer et de mettre à disposition ces services.

III. — Un décret en Conseil d'État, pris après avis de la Commission nationale de l'informatique et des libertés, détermine les conditions dans lesquelles les données à caractère personnel afférentes au compte personnel de formation et au compte *(Ord. nº 2017-1389 du 22 sept. 2017, art. 2-11º, en vigueur le 1er oct. 2017)* « professionnel de prévention », ainsi que celles issues de la déclaration sociale nominative mentionnée à l'article L. 133-5-3 du code de la sécurité sociale, peuvent être utilisées pour fournir les services mentionnés aux I et II du présent article. — *V. art. R. 5151-1 s.* — ***C. trav.***

SECTION 2 *Compte d'engagement citoyen*

Art. L. 5151-7 Le compte d'engagement citoyen recense les activités bénévoles ou de volontariat de son titulaire. Il permet d'acquérir :

1º Des *(L. nº 2018-771 du 5 sept. 2018, art. 2-I, en vigueur le 1er janv. 2019)* « droits » sur le compte personnel de formation à raison de l'exercice de ces activités ;

2º Des jours de congés destinés à l'exercice de ces activités.

Les heures acquises au titre du compte d'engagement citoyen au 31 déc. 2018 sont converties en euros selon un taux de conversion horaire de 12 euros correspondant au plafond horaire de remboursement (Décr. nº 2018-1349 du 28 déc. 2018, art. 1er).

Art. L. 5151-8 Les activités bénévoles ou de volontariat sont recensées dans le cadre du traitement de données à caractère personnel mentionné au II de l'article L. 6323-8.

Le titulaire du compte décide des activités qu'il souhaite y recenser.

Art. L. 5151-9 Les activités bénévoles ou de volontariat permettant d'acquérir des *(L. nº 2018-771 du 5 sept. 2018, art. 2-I, en vigueur le 1er janv. 2019)* « droits comptabilisés en euros, inscrits » sur le compte personnel de formation sont :

1° Le service civique mentionné à l'article L. 120-1 du code du service national ;

2° La réserve militaire *(L. n° 2017-86 du 27 janv. 2017, art. 9-I)* « opérationnelle » mentionnée à l'article L. 4211-1 du code de la défense ;

(L. n° 2017-86 du 27 janv. 2017, art. 9-I ; L. n° 2022-52 du 24 janv. 2022, art. 12-VI) « 2° *bis* Le volontariat de la réserve opérationnelle de la police nationale mentionné aux 3° et 4° de l'article L. 411-7 du code de la sécurité intérieure ;

« 3° La réserve civique mentionnée à l'article 1er de la loi n° 2017-86 du 27 janvier 2017 relative à l'égalité et à la citoyenneté, et les réserves thématiques qu'elle comporte ; »

4° La réserve sanitaire mentionnée à l'article L. 3132-1 du code de la santé publique ;

5° L'activité de maître d'apprentissage mentionnée à l'article L. 6223-5 du présent code ;

6° Les activités de bénévolat associatif, lorsque les conditions suivantes sont remplies :

(L. n° 2017-86 du 27 janv. 2017, art. 9-I) « *a)* L'association est régie par la loi du 1er juillet 1901 relative au contrat d'association ou inscrite au registre des associations en application du code civil local applicable dans les départements du Bas-Rhin, du Haut-Rhin et de la Moselle, est déclarée depuis trois ans au moins et l'ensemble de ses activités est mentionné au *b* du 1 de l'article 200 du code général des impôts ; »

b) Le bénévole siège dans l'organe d'administration ou de direction de l'association ou participe à l'encadrement d'autres bénévoles, dans des conditions, notamment de durée, fixées par décret ;

(L. n° 2018-771 du 5 sept. 2018, art. 2-I, en vigueur le 1er janv. 2019) « 7° L'aide apportée à une personne en situation de handicap ou à une personne âgée en perte d'autonomie dans les conditions prévues à l'article L. 113-1 du code de l'action sociale et des familles, lorsque les conditions suivantes sont remplies :

« *a)* Un accord collectif de branche détermine les modalités permettant d'acquérir les droits à la formation ;

« *b)* Les droits à la formation acquis à ce titre font l'objet d'une prise en charge mutualisée par les employeurs de la branche professionnelle concernée ; »

(L. n° 2016-1867 du 27 déc. 2016, art. 7) « 8° Le volontariat dans les corps de sapeurs-pompiers mentionné *(L. n° 2021-1520 du 25 nov. 2021, art. 34-II)* « à la section 3 du chapitre III du titre II du livre VII » du code de la sécurité intérieure et dans la loi n° 96-370 du 3 mai 1996 relative au développement du volontariat dans les corps de sapeurs-pompiers. »

Toutefois, les activités mentionnées au présent article ne permettent pas d'acquérir des *(L. n° 2018-771 du 5 sept. 2018, art. 2-I, en vigueur le 1er janv. 2019)* « droits inscrits » sur le compte personnel de formation lorsqu'elles sont effectuées dans le cadre des formations secondaires mentionnées au code de l'éducation.

Un décret en Conseil d'État définit les modalités d'application du 6° du présent article. — *V. art. R. 5151-16 s.* — **C. *trav.***

Art. L. 5151-10 Un décret définit, pour chacune des activités mentionnées à l'article L. 5151-9, *(L. n° 2018-771 du 5 sept. 2018, art. 2-I, en vigueur le 1er janv. 2019)* « le montant des droits acquis en fonction de la durée consacrée à cette activité, dans la limite d'un plafond ». — *V. art. D. 5151-14.* — **C. *trav.***

Art. L. 5151-11 La mobilisation des *(L. n° 2018-771 du 5 sept. 2018, art. 2-I, en vigueur le 1er janv. 2019)* « droits mentionnés » à l'article L. 5151-10 est financée :

1° Par l'État, pour les activités mentionnées aux 1°, 2° *(L. n° 2017-86 du 27 janv. 2017, art. 9-I)* « , 2° *bis* », 5° *(L. n° 2017-86 du 27 janv. 2017, art. 9-I)* « et 6° » de l'article L. 5151-9 *(L. n° 2017-86 du 27 janv. 2017, art. 9-I)* « , ainsi que pour l'activité mentionnée au 3° du même article L. 5151-9, à l'exception de la réserve communale de sécurité civile *(L. n° 2021-1520 du 25 nov. 2021, art. 47-IV)* « et de la réserve citoyenne des services d'incendie et de secours mentionnées » *(L. n° 2018-771 du 5 sept. 2018, art. 2-I, en vigueur le 1er janv. 2019)* « au chapitre IV du titre II du livre VII » du code de la sécurité intérieure » ;

2° Par la commune, *(L. n° 2017-86 du 27 janv. 2017, art. 9-I)* « pour la réserve communale de sécurité civile » ;

3° Par l'établissement public chargé de la gestion de la réserve sanitaire, mentionné à l'article L. 1413-1 du code de la santé publique, pour l'activité mentionnée au 4° de l'article L. 5151-9 du présent code ;

(L. n° 2016-1867 du 27 déc. 2016, art. 7) « 4° Par l'autorité de gestion du sapeur-pompier volontaire *(L. n° 2021-1520 du 25 nov. 2021, art. 47-IV)* « et du réserviste citoyen des

services d'incendie et de secours », soit l'État, le service d'incendie et de secours, la commune ou l'établissement public de coopération intercommunale, pour *(L. nº 2021-1520 du 25 nov. 2021, art. 47-IV)* « les activités de sapeur-pompier volontaire et de réserviste citoyen des services d'incendie et de secours relevant des 3° et » 8° du même article L. 5151-9. »

(L. nº 2019-1479 du 28 déc. 2019, art. 206) « Les ressources destinées au financement des droits mentionnés à l'article L. 5151-10 sont versées à l'organisme mentionné à l'article L. 6333-1. »

Art. L. 5151-12 L'employeur a la faculté d'accorder des jours de congés payés consacrés à l'exercice d'activités bénévoles ou de volontariat. Ces jours de congés peuvent être retracés sur le compte d'engagement citoyen.

Décret nº 2005-885 du 2 août 2005,

Relatif au volontariat pour l'insertion et au contrat de service en établissement public d'insertion de la défense.

CHAPITRE I *ACCÈS AU VOLONTARIAT POUR L'INSERTION*

Art. 1er Toute personne satisfaisant aux conditions énoncées à l'article L. 130-1 du code du service national peut déposer sa candidature auprès de l'établissement public d'insertion de la défense selon les modalités prescrites par arrêté du ministre de la défense.

L'établissement public d'insertion de la défense avise aussitôt l'intéressé de l'enregistrement de sa candidature.

A l'occasion de la *(Décr. nº 2020-1566 du 10 déc. 2020, art. 4)* « journée défense et citoyenneté », les candidats doivent répondre aux critères de sélection portant à la fois sur les difficultés rencontrées dans l'acquisition des savoirs fondamentaux et sur la motivation du candidat.

Un arrêté du ministre de la défense précise les modalités de sélection des jeunes qui, répondant aux critères prévus, n'ont pas effectué la *(Décr. nº 2020-1566 du 10 déc. 2020, art. 4)* « journée défense et citoyenneté ».

Art. 2 Nul ne peut accomplir un volontariat pour l'insertion :

1° S'il ne jouit pas de ses droits civiques ;

2° Le cas échéant, si les mentions portées au bulletin nº 2 de son casier judiciaire sont estimées incompatibles avec l'exercice d'un volontariat pour l'insertion ;

3° S'il ne remplit pas les conditions d'aptitude physique adaptées aux exigences de la formation. Cette aptitude est vérifiée par un médecin agréé, sur la base d'un questionnaire de santé dont le modèle est fixé par arrêté.

Art. 3 L'établissement public d'insertion de la défense notifie au candidat l'acceptation de sa demande de volontariat pour l'insertion et le convoque pour un entretien d'orientation, au cours duquel le candidat est informé :

1° Des droits et obligations des volontaires pour l'insertion ;

2° Des différentes formations dispensées dans les centres de formation ;

3° De la localisation des centres de formation délivrant les formations du volontariat pour l'insertion ;

4° De la nature des activités auxquelles il devra participer ;

5° Du régime de protection sociale ;

6° De la possibilité qui lui est offerte de faire connaître le centre de formation souhaité et la date à laquelle il désire y être affecté.

Le contrat de volontariat pour l'insertion est signé à l'issue de l'entretien.

Art. 4 Le candidat peut se rétracter dans un délai de sept jours francs à compter de la date de signature du contrat, par lettre recommandée avec avis de réception.

Passé ce délai, l'établissement public d'insertion de la défense prend une décision sur la date et le centre de formation d'affectation du volontaire, en tenant compte, dans la mesure du possible, des souhaits de celui-ci.

Le contrat prend effet à compter de la date mentionnée dans la décision d'affectation du volontaire.

Art. 5 Le contrat initial de volontariat prévoit une période probatoire de deux mois pendant laquelle le volontaire ou l'établissement public d'insertion de la défense peut, unilatéralement et sans préavis, mettre fin au contrat.

Le contrat prend fin un jour franc après notification de la décision écrite à l'autre partie.

Art. 6 Lorsque le volontaire pour l'insertion souhaite proroger son contrat dans les conditions prévues à l'article L. 130-2 du code du service national, il présente une demande de reconduction qui est effectuée au moins un mois avant le terme du contrat en cours.

En cas d'accord de l'établissement public d'insertion de la défense, les deux parties paraphent la mention de la nouvelle date d'expiration dans le contrat initial.

CHAPITRE II *CONDITION D'EXÉCUTION DU VOLONTARIAT POUR L'INSERTION*

Art. 7 L'établissement public d'insertion de la défense pourvoit aux besoins des volontaires au moyen de prestations en espèces ou en nature.

Art. 8 Le volontariat pour l'insertion débute au plus tard le jour du vingt-deuxième anniversaire du volontaire.

Art. 9 Sauf motif légitime apprécié par l'établissement public d'insertion de la défense, le volontaire pour l'insertion qui ne se présente pas au centre de formation d'affectation à la date fixée par l'établissement public d'insertion de la défense est réputé avoir renoncé au volontariat.

Art. 10 En fin de volontariat, le volontaire pour l'insertion est soumis à un examen médical de contrôle par un médecin agréé par l'établissement public d'insertion de la défense.

L'intéressé reçoit un certificat médical de fin de volontariat pour l'insertion.

CHAPITRE III *CONGÉS*

Art. 11 I. — En cas de maladie dûment constatée et plaçant le volontaire dans l'impossibilité d'exercer une activité en cours de contrat, il a droit à des congés de maladie dont la durée totale ne peut excéder trente jours pour une période de six mois consécutifs.

II. — Si la maladie provient d'un accident survenu dans l'exercice ou à l'occasion de l'exercice du volontariat, le volontaire pour l'insertion bénéficie d'un congé pendant toute la période d'incapacité de travail, qui ne peut excéder la date de fin du volontariat.

Art. 12 Le volontaire pour l'insertion a droit à un congé pour maternité, à un congé de paternité, ou à un congé pour adoption, d'une durée égale à celle prévue par le code de la sécurité sociale.

Art. 13 Dans le cas où, à l'expiration des droits à congé de maladie, le volontaire pour l'insertion se trouve dans l'incapacité d'exercer son activité, l'établissement public d'insertion de la défense met fin au volontariat.

Art. 14 Le règlement intérieur du centre de formation fixe les périodes de non-activité, dans la limite de trente jours ouvrables par an, au cours desquelles le volontaire pour l'insertion peut bénéficier de congés.

Des congés exceptionnels pour événements familiaux, d'une durée égale à trois jours par événement, peuvent être accordés selon des modalités fixées par le règlement intérieur de l'établissement public d'insertion de la défense.

CHAPITRE IV *CESSATION ANTICIPÉE DU VOLONTARIAT POUR L'INSERTION*

Art. 15 La cessation anticipée du volontariat pour l'insertion en cas de faute grave est prononcée par l'établissement public d'insertion de la défense dans des conditions fixées par le décret du 2 août 2005 susvisé.

La cessation anticipée du volontariat pour l'insertion intervenant à la demande conjointe du volontaire et de l'établissement public d'insertion de la défense prend effet dans un délai d'un jour franc à compter de la date de dépôt de la demande.

En l'absence de demande conjointe, le volontaire pour l'insertion peut dénoncer unilatéralement son contrat de volontariat, par écrit et avec un préavis d'un mois.

La cessation anticipée du volontariat pour l'insertion est notifiée par l'établissement public d'insertion de la défense.

Art. 16 Il est mis fin de droit au volontariat pour l'insertion lorsque le volontaire porte à la connaissance de l'établissement public d'insertion de la défense un document justifiant

de la souscription d'un contrat de travail, d'une admission dans la fonction publique, de la souscription d'un contrat de militaire engagé ou de volontaire dans les armées.

Sur la discipline générale s'appliquant aux volontaires pour l'insertion au sein des centres de formation de l'établissement public d'insertion de la défense, V. Décr. n° 2005-886 du 2 août 2005 (JO 3 août).

Sur l'organisation et le fonctionnement de l'établissement public d'insertion de la défense, V. Décr. n° 2005-887 du 2 août 2005 (JO 3 août).

Sur l'allocation et la prime versées aux volontaires pour l'insertion, V. Décr. n° 2005-888 du 2 août 2005 (JO 3 août).

CHAPITRE V *CONTRAT DE SERVICE EN ÉTABLISSEMENT PUBLIC D'INSERTION DE LA DÉFENSE*

(Décr. n° 2012-282 du 29 févr. 2012, art. 2)

Art. 16-1 **Le contrat de service est régi par les dispositions générales applicables aux volontaires pour l'insertion, à l'exception des articles 1er, 3, 4, 8 et 16 et sous réserve des dispositions des articles 16-3 à 16-5 du présent chapitre.**

Art. 16-2 **Le jeune homme ou la jeune femme qui accomplit un contrat de service en établissement public d'insertion de la défense est dénommé volontaire pour un contrat de service.**

Les services de la protection judiciaire de la jeunesse sont associés par l'établissement public d'insertion de la défense au suivi éducatif du volontaire pour un contrat de service.

Lorsque le volontaire pour un contrat de service acquiert la majorité, les règles du contrat de service en établissement public d'insertion de la défense continuent de s'appliquer sans intervention des représentants légaux.

Art. 16-3 **En application de la décision de justice, le directeur du centre de formation notifie au volontaire pour un contrat de service et, s'il est mineur, à ses représentants légaux, sa date d'affectation. Il en informe également les services de la protection judiciaire de la jeunesse.**

Le jour de son affectation, le volontaire pour un contrat de service et, s'il est mineur, ses représentants légaux signent le contrat de service en établissement public d'insertion de la défense.

Art. 16-4 **Les décisions mentionnées aux articles 6, 9 et 13 sont notifiées au volontaire pour un contrat de service et, s'il est mineur, à ses représentants légaux et portées à la connaissance des services de la protection judiciaire de la jeunesse.**

Art. 16-5 **Les facultés de résiliation unilatérale mentionnées aux articles 5 et 15 s'appliquent au volontaire pour un contrat de service.**

Le volontaire pour un contrat de service est dûment avisé des conséquences attachées à la rupture anticipée de son contrat par les services de la protection judiciaire de la jeunesse, qui l'accompagnent dans sa décision et en informent le magistrat.

Lorsque le volontaire pour un contrat de service est mineur, la décision de rupture anticipée est prise par le mineur et ses représentants légaux.

Lorsque cette résiliation est prise à l'initiative de l'établissement public d'insertion de la défense, elle doit être portée à la connaissance des services de la protection judiciaire de la jeunesse. Elle doit être également notifiée aux représentants légaux si le volontaire pour un contrat de service est mineur.

Art. 16-6 **La souscription d'un contrat d'apprentissage, d'un contrat de qualification professionnelle ou d'autres contrats de même nature met fin de manière anticipée au contrat de service en établissement public d'insertion de la défense, sous réserve de l'accord du magistrat.**

Décret n° 2005-1054 du 29 août 2005,

Créant une prime exceptionnelle de retour à l'emploi en faveur de certains bénéficiaires de minima sociaux.

Art. 1er *(Décr. n° 2006-1199 du 29 sept. 2006, art. 1er)* **Une prime exceptionnelle de retour à l'emploi de 1 000 €, à la charge de l'État, est versée aux personnes qui :**

a) Bénéficient de l'allocation mentionnée aux articles L. 821-1 et L. 821-2 du code de la sécurité sociale à la date de la création de l'entreprise, de sa reprise ou de l'embauche ;

b) Et ont été inscrits sur la liste des demandeurs d'emploi pendant une durée minimale de 12 mois au cours de la période comprise entre le 1er mars 2004 et le 1er septembre 2005 ;

c) Et, entre le 1er septembre 2005 et le 31 décembre 2006, créent ou reprennent une entreprise ou concluent un contrat de travail avec l'un des employeurs mentionnés à l'article L. 351-4 du code du travail et aux 3° et 4° de l'article L. 351-12 du même code. Dans ce dernier cas, la durée travaillée doit être au moins égale à 78 heures par mois, pendant 4 mois.

Art. 2 La prime est due à compter de la fin du quatrième mois suivant la création ou reprise de l'entreprise ou l'embauche.

La liste des justificatifs exigés pour le versement de la prime est fixée par arrêté.

L'action en paiement de la prime se prescrit par deux ans à compter du jour où l'intéressé remplit les conditions exigées pour prétendre au bénéfice de la prime.

Art. 3 La prime est versée au bénéficiaire par l'organisme chargé du versement de l'allocation.

La prime de retour à l'emploi est incessible et insaisissable.

L'action du bénéficiaire pour le paiement de la prime et l'action intentée par un organisme payeur en recouvrement de la prime indûment payée se prescrivent par deux ans, sauf en cas de manœuvre frauduleuse ou de fausse déclaration.

Les organismes chargés de son versement vérifient les déclarations des bénéficiaires. Pour l'exercice de leur contrôle, ces organismes peuvent demander toutes les informations nécessaires, notamment aux administrations publiques, aux organismes de sécurité sociale et d'indemnisation du chômage, qui sont tenus de les leur communiquer. Les informations demandées aux bénéficiaires et aux organismes ci-dessus mentionnés doivent être limitées aux données strictement nécessaires à l'attribution de la prime (L. n° 2006-339 du 23 mars 2006, art. 2).

Loi n° 2008-1249 du 1er décembre 2008,

Généralisant le revenu de solidarité active et réformant les politiques d'insertion (JO 3 déc.).

Art. 25 Il est créé un fonds d'appui aux expérimentations en faveur des jeunes *(L. n° 2014-856 du 31 juill. 2014, art. 66-1°)* « et de leur engagement pour des causes d'intérêt général ». Ce fonds est doté de contributions de l'État et de toute personne morale de droit public ou privé qui s'associent pour définir, financer et piloter un ou plusieurs programmes expérimentaux visant à *(L. n° 2010-1658 du 29 déc. 2010, art. 21)* « favoriser la réussite scolaire des élèves *(L. n° 2014-856 du 31 juill. 2014, art. 66-2°)* « , développer la mobilisation des jeunes au service de causes d'intérêt général » et améliorer l'insertion sociale et professionnelle des jeunes de moins de vingt-cinq ans ».

La gestion de ce fonds est assurée par la Caisse des dépôts et consignations.

(L. n° 2010-1658 du 29 déc. 2010, art. 21) « Un décret définit les conditions de fonctionnement du fonds. »

....

Art. 28 I. – Sous réserve de l'inscription en loi de finances des dispositions prévues au premier alinéa du II de l'article 7, la présente loi entre en vigueur le 1er juin 2009, à l'exception des deux derniers alinéas de l'article L. 262-40 du code de l'action sociale et des familles, des 1° à 3° de l'article 18, des articles 21, 22 et 23 et du 4° du I de l'article 24 qui entrent en vigueur le 1er janvier 2010. Toutefois, le fonds national des solidarités actives est constitué à compter du 1er janvier 2009. Le fonds d'appui aux expérimentations en faveur des jeunes créé par l'article 25 de la présente loi est constitué à compter du lendemain de la publication de la présente loi au *Journal officiel*.

[...]

Art. 29 I. – Par dérogation à l'article 28, la présente loi entre en vigueur dans les départements d'outre-mer et les collectivités de Saint-Barthélemy, Saint-Martin et Saint-Pierre-et-Miquelon au plus tard le 1er janvier 2011, sous réserve de l'inscription dans la loi de finances des dispositions relatives à la compensation des charges résultant de l'extension de compétences réalisée par la présente loi.

Jusqu'à la date fixée au premier alinéa, les dispositions régissant le revenu minimum d'insertion et l'allocation de parent isolé dans leur rédaction antérieure à l'entrée en vigueur de la présente loi continuent de s'appliquer dans les départements et collectivités mentionnés audit alinéa.

II. — Le Gouvernement est autorisé, après consultation de l'ensemble des collectivités concernées et dans les conditions prévues à l'article 38 de la Constitution, à prendre par ordonnances les mesures d'adaptation relevant du domaine de la loi qui sont nécessaires à l'application de la présente loi et à la mise en œuvre des politiques d'insertion dans les départements et collectivités mentionnés au I. Ces ordonnances seront prises au plus tard le dernier jour du dix-huitième mois suivant la publication de la présente loi. Les projets de loi de ratification devront être déposés au plus tard six mois après la publication de ces ordonnances.

....

Art. 32 Dans un délai de trois ans à compter de la publication de la présente loi, le Gouvernement réunit une conférence nationale associant notamment des représentants des collectivités territoriales, les organisations syndicales de salariés et d'employeurs représentatives au niveau national et interprofessionnel, des associations de lutte contre les exclusions et des représentants des bénéficiaires du revenu de solidarité active aux fins, d'une part, d'évaluer la performance du revenu de solidarité active et des autres dispositifs sociaux et fiscaux en matière de lutte contre la pauvreté et d'incitation à la reprise d'activité et, d'autre part, d'établir un bilan financier de coûts induits par cette prestation. La conférence analyse enfin les conséquences du dispositif sur le recours au temps partiel dans les secteurs marchand et non marchand.

Un comité d'évaluation comprenant des représentants des départements, de l'État, de la Caisse nationale d'allocations familiales, de la Caisse centrale de la mutualité sociale agricole, de l'institution mentionnée à l'article L. 5312-1 du code du travail, des personnalités qualifiées dont la compétence est reconnue en matière d'évaluation des politiques publiques ainsi que des représentants des bénéficiaires du revenu de solidarité active, est chargé de préparer les travaux de cette conférence nationale.

Chaque année, jusqu'à la réunion de la conférence nationale mentionnée au premier alinéa, le comité remet au Gouvernement et au Parlement un rapport d'évaluation intermédiaire. Il est complété d'un rapport du Gouvernement qui établit notamment un bilan comparatif de l'effet de l'article 1649-0 A du code général des impôts et de celui du III de l'article L. 262-24 du code de l'action sociale et des familles, en termes d'équité et de justice fiscale.

Art. 33 *(Ord. no 2010-686 du 24 juin 2010, art. 7)* Les personnes qui, à la date mentionnée à l'article 29, bénéficient du revenu de solidarité prévu par l'article L. 522-14 du code de l'action sociale et des familles et qui n'ont pas atteint l'âge de cinquante-cinq ans à cette date, continent à en bénéficier s'ils remplissent les autres conditions prévues par ce même article L. 522-14.

La durée pendant laquelle une personne a bénéficié du revenu minimum d'insertion ou de la prime forfaitaire mentionnée à l'article L. 262-11 dans sa rédaction antérieure à l'entrée en vigueur de la présente loi est prise en compte pour le calcul de la durée de deux ans mentionnée à l'article L. 522-14.

Art. 34 *(Ord. no 2010-686 du 24 juin 2010, art. 7)* Les personnes qui, à la date mentionnée à l'article 29, bénéficient de l'allocation de retour à l'activité mentionnée à l'article L. 5524-1 du code du travail dans sa rédaction antérieure à cette date continuent à percevoir cette allocation jusqu'à l'échéance prévue, sous réserve qu'elles continuent à remplir les conditions fixées par lesdites dispositions. Elles ne peuvent cependant pas cumuler cette allocation avec le revenu de solidarité active ou l'allocation de solidarité spécifique.

Art. 35 *(Ord. no 2010-686 du 24 juin 2010, art. 7)* Pour leur application dans les départements d'outre-mer, à Saint-Barthélemy, à Saint-Martin et à Saint-Pierre-et-Miquelon, les dispositions de la présente loi sont ainsi modifiées :

I. — L'article 7 est ainsi modifié :

1° Aux deuxième et quatrième alinéas, les mots : "A la date d'entrée en vigueur de la présente loi" sont remplacés par les mots : "Au 1er janvier 2011" ;

2° Le septième alinéa est ainsi rédigé :

"Au titre de l'année 2011, cette compensation est calculée sur la base des dépenses exposées par l'État en 2010 au titre de l'allocation de parent isolé, nettes des sommes exposées au titre de l'intéressement proportionnel et forfaitaire relevant de l'article L. 524-5 du code de la sécurité sociale dans sa rédaction applicable avant l'entrée en vigueur de la présente loi, constatées au 31 décembre 2010 par le ministre chargé de l'action sociale, et déduction faite du montant, constaté par le même ministre, des dépenses ayant incombé aux départements en 2010 au titre de l'intéressement proportionnel et forfaitaire relevant de l'article L. 262-11 du code de l'action sociale et des familles dans sa rédaction antérieure à l'entrée en vigueur de la présente loi." ;

(L. n° 2011-1977 du 28 déc. 2011, art. 38-II-C) « 3° Le huitième alinéa est ainsi rédigé :

« "Cette compensation est ajustée au vu des sommes enregistrées pour chaque département d'outre-mer, pour Saint-Barthélemy et pour Saint-Martin dans les comptes des caisses d'allocations familiales pour les mois de décembre 2010 à novembre 2011 au titre du montant forfaitaire majoré mentionné à l'article L. 262-9 du code de l'action sociale et des familles, dans sa rédaction issue de la présente loi, et décaissées par ces mêmes collectivités entre janvier et décembre 2011, sous réserve que, pour chacune de ces collectivités, ces sommes ne soient pas inférieures au montant des dépenses exposées par l'État en 2010 au titre de l'allocation de parent isolé, nettes des sommes exposées au titre de l'intéressement proportionnel et forfaitaire relevant de l'article L. 524-5 du code de la sécurité sociale, dans sa rédaction applicable avant l'entrée en vigueur de la présente loi, constatées au 31 décembre 2010 par le ministre chargé de l'action sociale" ;

« 4° Le neuvième alinéa est ainsi rédigé :

« "Au titre des années suivantes, la compensation est ajustée au vu des sommes enregistrées pour chaque département d'outre-mer, pour Saint-Barthélemy et pour Saint-Martin dans les comptes des caisses d'allocations familiales pour les mois de décembre 2011 à novembre 2012 au titre du montant forfaitaire majoré mentionné à l'article L. 262-9 du code de l'action sociale et des familles, dans sa rédaction issue de la présente loi, et décaissées par ces mêmes collectivités entre janvier et décembre 2012, sous réserve que, pour chacune de ces collectivités, ces sommes ne soient pas inférieures au montant des dépenses exposées par l'État en 2010 au titre de l'allocation de parent isolé, nettes des sommes exposées au titre de l'intéressement proportionnel et forfaitaire relevant de l'article L. 524-5 du code de la sécurité sociale, dans sa rédaction applicable avant l'entrée en vigueur de la présente loi, constatées au 31 décembre 2010 par le ministre chargé de l'action sociale." » ;

5° Le onzième alinéa est ainsi rédigé :

"— en 2011, pour vérifier l'exactitude des calculs concernant les dépenses engagées par l'État au titre de l'allocation de parent isolé en 2010, et concernant le coût en 2010 des intéressements proportionnels et forfaitaires relevant des articles L. 262-11 du code de l'action sociale et des familles et L. 524-5 du code de la sécurité sociale dans leur rédaction antérieure à la promulgation de la présente loi ;"

6° Au douzième alinéa, la date : "2010" est remplacée par la date : "2012" ;

7° Au treizième alinéa, la date : "2011" est remplacée par la date : "2013" ;

8° Pour son application à Saint-Pierre-et-Miquelon :

a) Les troisième et quatrième alinéas sont remplacés par l'alinéa suivant :

"Les charges résultant, pour la collectivité de Saint-Pierre-et-Miquelon, de l'extension de la compétence correspondant à la prise en charge du montant forfaitaire majoré mentionné à l'article L. 262-9 du code de l'action sociale et des familles sont intégralement compensées par l'État dans les conditions fixées par la loi de finances." ;

b) Le septième alinéa est ainsi rédigé :

"Au titre de l'année 2011, la collectivité bénéficie d'une compensation prévisionnelle dont le montant est fixé par la loi de finances ;"

(L. n° 2011-1977 du 28 déc. 2011, art. 38-II-C) « *c)* Les huitième et neuvième alinéas sont ainsi rédigés :

« "Cette compensation est ajustée au vu des sommes enregistrées pour Saint-Pierre-et-Miquelon dans les comptes de la caisse de prévoyance sociale pour les mois de décembre 2010 à novembre 2011 au titre du montant forfaitaire majoré mentionné à l'article L. 262-9 du code de l'action sociale et des familles, dans sa rédaction issue de la présente loi, et décaissées par cette collectivité entre janvier et décembre 2011.

« "Au titre des années suivantes, la compensation est ajustée au vu des sommes enregistrées pour Saint-Pierre-et-Miquelon dans les comptes de la caisse de prévoyance sociale pour les mois de décembre 2011 à novembre 2012 au titre du montant forfaitaire majoré mentionné à l'article L. 262-9 du code de l'action sociale et des familles, dans sa rédaction issue de la présente loi, et décaissées par cette collectivité entre janvier et décembre 2012." » ;

d) Le onzième alinéa n'est pas applicable ;

9° Pour son application à Saint-Barthélemy et à Saint-Martin :

a) Le premier alinéa est rédigé ainsi qu'il suit :

"I. – S'agissant de la contribution des collectivités d'outre-mer de Saint-Barthélemy et de Saint-Martin au financement du revenu de solidarité active, mentionnée à l'article L. 262-24 du code de l'action sociale et des familles, le maintien de la compétence transférée par la loi organique n° 2007-223 du 21 février 2007 portant dispositions statutaires et institutionnelles relatives à l'outre-mer demeure compensé dans les conditions fixées aux articles L.O. 6271-5, LO 6271-6, L.O. 6371-5 et L.O. 6371-6 du code général des collectivités territoriales." ;

b) Les cinquième et sixième alinéas sont remplacés par l'alinéa suivant :

"La compensation financière mentionnée au premier alinéa fait l'objet d'une majoration des dotations globales de compensation de Saint-Barthélemy et de Saint-Martin, respectivement mentionnées aux articles L.O. 6271-5 et L.O. 6371-5 du code général des collectivités territoriales et calculées dans les conditions prévues à l'article 104 de la loi n° 2007-1824 du 25 décembre 2007 de finances rectificative pour 2007" ;

c) Le dixième alinéa est ainsi rédigé :

"III. — Les commissions consultatives d'évaluation des charges prévues aux articles L.O. 6271-6 et L.O. 6371-6 du code général des collectivités territoriales sont consultées, dans les conditions prévues auxdits articles :"

II. – L'article 12 n'est pas applicable à Saint-Barthélemy, à Saint-Martin et à Saint-Pierre-et-Miquelon.

III. – L'article 28 est ainsi modifié :

1° Au deuxième alinéa, la date : "2008" est remplacée par la date : "2010" ;

2° Au troisième alinéa, la date : "2009" est remplacée par la date : "2011" ;

3° Les cinquième et sixième alinéas sont remplacés par les dispositions suivantes :

"Les dispositions prévues aux 4°, 5° ainsi qu'aux *a* et *b* du 6° de l'article 12 sont applicables dans les départements d'outre-mer à compter des impositions établies au titre de 2011.

"Pour les redevables ayant cessé d'être bénéficiaires du revenu minimum d'insertion au cours de l'année 2010 dans les départements d'outre-mer et qui ne sont pas bénéficiaires de la prestation mentionnée à l'article L. 262-1 du code de l'action sociale et des familles, le premier alinéa du III de l'article 1414 et le 2° de l'article 1605 *bis* du code général des impôts dans leur rédaction en vigueur au 1er janvier 2008 sont maintenus pour les impositions correspondantes établies au titre de l'année 2011.

"Les contribuables bénéficiaires en 2010 du revenu minimum d'insertion dans les départements d'outre-mer, lorsqu'ils occupent leur habitation principale dans les conditions prévues à l'article 1390 du code général des impôts, bénéficient d'un dégrèvement de la contribution à l'audiovisuel public au titre de l'année 2011 lorsque :

"*a)* D'une part, le montant des revenus mentionnés au II de l'article 1414 A du code général des impôts, perçus au titre de l'année précédant celle au cours de laquelle la redevance est due, n'excède pas celui de l'abattement mentionné au I du même article ;

"*b)* D'autre part, le redevable est bénéficiaire de la prestation mentionnée à l'article L. 262-1 du code de l'action sociale et des familles."

IV. – L'article 31 est ainsi modifié :

1° Au premier alinéa, la date : "2010" est remplacée par la date : "2011" ;

2° Aux deuxième et quatrième alinéas, la date : "mai 2009" est remplacée par la date : "décembre 2010" ;

3° Aux cinquième et septième alinéas, la date : "1er juin 2009" est remplacée par la date : "1er janvier 2011" ;

4° Aux deuxième, troisième et quatrième alinéas, les mots : "à l'entrée en vigueur de la présente loi" sont remplacés par les mots : "au 1er janvier 2011" ;

5° Au troisième alinéa, les mots : "la date d'entrée en vigueur de la présente loi" sont remplacés par les mots : "le 1er janvier 2011" ;

6° Au quatrième alinéa, les mots : "de la date d'entrée en vigueur de la présente loi" sont remplacés par les mots : "du 1er janvier 2011" ;

7° Aux cinquième et septième alinéas, les mots : "dans leur rédaction antérieure à l'entrée en vigueur du titre I de la présente loi" sont remplacés par les mots : "dans leur rédaction antérieure à celle applicable au 1er janvier 2011".

Décret n° 2009-404 du 15 avril 2009,

Relatif au revenu de solidarité active.

Art. 13 Les associations ou organismes à but non lucratif bénéficiant d'un agrément, en cours de validité, du président du conseil départemental en application de l'article L. 262-14 du code de l'action sociale et des familles dans sa rédaction antérieure à l'entrée en vigueur de la loi n° 2008-1249 du 1er décembre 2008 généralisant le revenu de solidarité active et réformant les politiques d'insertion sont réputés bénéficier de la délégation de l'instruction administrative des demandes de revenu de solidarité active jusqu'à l'échéance dudit agrément.

Toutefois, cette délégation peut être retirée par le président du conseil départemental en cas de manquements graves de l'association ou de l'organisme à ses obligations.

L'association ou l'organisme peut renoncer au bénéfice de la disposition mentionnée au premier alinéa par courrier recommandé adressé au président du conseil départemental, avec un préavis de trois mois.

Trois mois au plus tard avant l'échéance de l'agrément mentionné au premier alinéa, l'association ou organisme concerné fait connaître au président du conseil départemental son intention et le cas échéant lui transmet une demande de délégation d'instruction du revenu de solidarité active.

Lorsque l'échéance de l'agrément intervient dans un délai inférieur à trois mois après la publication du présent décret, la validité de l'agrément est prolongée de trois mois.

Art. 14 Sauf délibération contraire de leur conseil d'administration, les centres communaux et intercommunaux d'action sociale reçoivent et instruisent toutes les demandes de revenu de solidarité active qui leur sont adressées pendant une durée de dix-huit mois à compter de l'entrée en vigueur de la loi n° 2008-1249 du 1er décembre 2008 généralisant le revenu de solidarité active et réformant les politiques d'insertion. Avant l'issue de ce délai, ils délibèrent pour faire connaître au président du conseil départemental s'ils décident d'exercer la compétence prévue à l'article L. 262-15 du code de l'action sociale et des familles.

Art. 15 Le foyer dont l'un des membres bénéficie au titre du mois de mai 2009 de la prime forfaitaire mentionnée à l'article L. 262-11 du code de l'action sociale et des familles ou à l'article L. 524-5 du code de la sécurité sociale, dans leur rédaction antérieure à l'entrée en vigueur de la loi n° 2008-1249 du 1er décembre 2008 généralisant le revenu de solidarité active et réformant les politiques d'insertion, continue à en bénéficier si cela lui est plus favorable que le droit au revenu de solidarité active. Son droit au revenu minimum d'insertion ou à l'allocation de parent isolé continue alors à être calculé selon les dispositions applicables avant l'entrée en vigueur de cette loi, jusqu'à ce que les versements de la prime forfaitaire s'interrompent. A compter du mois où ces versements s'interrompent, le foyer bénéficie du revenu de solidarité active selon les modalités prévues au IV de l'article 31 de cette loi.

Dans le cas contraire, le foyer bénéficie dès le 1er juin 2009 du revenu de solidarité active selon les modalités prévues au IV de l'article 31.

Dans le cas mentionné au premier alinéa, lorsqu'un membre du foyer accroît ou reprend une activité professionnelle ou une formation rémunérée postérieurement au 1er juin 2009, le foyer bénéficie du revenu de solidarité active selon les modalités prévues au IV de l'article 31. Le droit à la prime forfaitaire est maintenu jusqu'à ce que ses conditions ne soient plus réunies.

Art. 16 I. – Les primes forfaitaires mentionnées à l'article L. 262-11 du code de l'action sociale et des familles et à l'article L. 524-5 du code de la sécurité sociale dans leur rédaction antérieure à l'entrée en vigueur de la loi n° 2008-1249 du 1er décembre 2008 généralisant le revenu de solidarité active et réformant les politiques d'insertion, la prime de retour à l'emploi mentionnée à l'article L. 5133-1 du code du travail dans sa rédaction antérieure à ladite loi ainsi que la prime forfaitaire mentionnée à l'article L. 5425-3 du code du travail et le revenu de solidarité active servi dans le cadre des expérimentations mentionné à l'article 18 de la loi n° 2007-1223 du 21 août 2007 en faveur du travail, de l'emploi et du pouvoir d'achat ne sont pas pris en compte pour déterminer le droit au revenu de solidarité active mentionné à l'article L. 262-1.

II. – Pour l'application de l'article R. 262-6 du code de l'action sociale et des familles dans sa rédaction issue du présent décret, il n'est pas tenu compte de l'aide à la famille pour l'emploi d'une assistante maternelle agréée et de sa majoration et de l'allocation de garde d'enfant à domicile, mentionnées aux articles L. 841-1 et L. 842-1 du code de la sécurité sociale, dans leur rédaction antérieure à l'entrée en vigueur de l'article 60 de la loi n° 2003-1199 du 18 décembre 2003 de financement de la sécurité sociale pour 2004.

Art. 17 Pour l'application du II de l'article 31 de la loi du 1er décembre 2008 susvisée, l'organisme chargé du service du revenu de solidarité active compare, à la date de l'ouverture de droit potentielle au revenu de solidarité active, les droits dont pourrait bénéficier le foyer aux titres, respectivement, de ladite allocation et d'autre part de l'une ou l'autre des primes forfaitaires mentionnées aux articles L. 262-11 du code de l'action sociale et des familles et L. 524-5 du code de la sécurité sociale, dans leur rédaction antérieure à l'entrée en vigueur de ladite loi. Seule la prestation dont le montant est le plus élevé est servie.

Lorsqu'en application du premier alinéa, une prime forfaitaire continue d'être versée après le 1er juin 2009 et qu'un autre membre du foyer débute ou reprend une activité professionnelle, un stage ou une formation, le foyer peut ouvrir droit au revenu de solidarité active. Cependant, par exception au I de l'article 16, il est tenu compte pour le calcul de ce droit de la prime forfaitaire perçue par le foyer.

Art. 18 A compter du 1er juin 2009, les personnes titulaires d'un contrat d'avenir, d'un contrat d'insertion-revenu minimum d'activité ou d'un contrat conclu dans le cadre des expérimentations destinées à simplifier l'accès au contrat d'avenir et au contrat d'insertion-revenu minimum d'activité, lorsqu'elles ne sont plus tenues aux obligations mentionnées à l'article L. 262-28 du code de l'action sociale et des familles, bénéficient, jusqu'à l'échéance de la convention individuelle attachée auxdits contrats, du droit à l'accompagnement prévu en application de l'article L. 262-29 du même code.

....

Art. 21 I. – Le présent décret entre en vigueur le 1er juin 2009.

(Abrogé par Décr. n° 2010-1783 du 31 déc. 2010, art. 8-I, à compter du 1er janv. 2011) ***« II. – Il ne s'applique pas dans les départements et collectivités d'outre-mer mentionnés au I de l'article 29 de la loi du 1er décembre 2008 susvisée. »***

III. – Jusqu'à l'intervention de la délibération prévue par l'article R. 262-38 du code de l'action sociale et des familles dans sa rédaction issue du présent décret, le taux applicable aux avances est celui mentionné à l'article R. 262-44 du même code, dans sa rédaction antérieure à la publication du présent décret.

Arrêté du 7 mai 2009,

Fixant le modèle de formulaire de demande d'allocation de revenu de solidarité active (JO 27 mai).

Décret n° 2009-602 du 27 mai 2009,

Relatif au revenu supplémentaire temporaire d'activité.

Art. 1er Il est institué un revenu supplémentaire temporaire d'activité dans les départements de la Guadeloupe, de la Guyane, de la Martinique et de la Réunion, ainsi que dans les collectivités d'outre-mer de Saint-Barthélemy, Saint-Martin et Saint-Pierre-et-Miquelon.

Art. 2 Sont éligibles au revenu supplémentaire temporaire d'activité les personnes de nationalité française, ou ressortissantes d'un État membre de l'Union européenne, d'un autre État partie à l'accord sur l'Espace économique européen ou de la Confédération suisse, ou titulaires d'un titre de séjour autorisant à travailler.

Le bénéficiaire doit remplir les conditions suivantes :

1° Exercer son activité professionnelle sur le territoire de l'un des départements ou collectivités d'outre-mer mentionnés à l'article 1er ;

2° Être titulaire d'un contrat de travail à durée indéterminée, d'un contrat de travail à durée déterminée, d'un contrat de mission conclu avec une entreprise de travail temporaire ou être agent non titulaire de droit public, pour une durée égale ou supérieure à un mois ;

3° Bénéficier au titre de l'ensemble de ses activités salariées d'une rémunération mensuelle inférieure ou égale à 151,67 fois le taux horaire du salaire minimum de croissance majoré de 40 %.

Les fonctionnaires civils de la fonction publique de l'État, de la fonction publique territoriale et de la fonction publique hospitalière, les militaires de carrière et les magistrats ne sont pas éligibles au revenu supplémentaire temporaire d'activité pour les activités salariées qu'ils exercent, le cas échéant, conformément à la réglementation applicable au cumul d'emplois ou d'activités.

Art. 3 Le montant du revenu supplémentaire temporaire d'activité est égal à 100 € par mois.

En cas de cumul de plusieurs activités salariées, le montant des sommes calculées au titre de l'ensemble de ces activités ne peut excéder 100 € pour une même personne.

Pour les personnes dont la durée de travail est inférieure à la durée légale hebdomadaire, ce montant est réduit à due proportion. La durée du travail alors prise en compte correspond à la durée figurant au contrat de travail à temps partiel ou, à défaut, à la durée conventionnelle applicable à l'entreprise.

Pour les personnes qui ne sont pas employées sur tout le mois, le montant de la prime est réduit à due proportion.

Art. 4 Pour l'application des dispositions du 3° de l'article 2, la rémunération s'entend au sens des dispositions de l'article L. 242-1 du code de la sécurité sociale *(Abrogé par Décr. nº 2012-18 du 4 janv. 2012, art. 3-II)* *« et de l'article L. 741-10 du code rural et de la pêche maritime »*, hors les heures supplémentaires et complémentaires et les bonus exceptionnels versés en application d'une disposition législative les instituant dans le cadre d'un accord régional interprofessionnel.

Art. 5 Le droit au revenu supplémentaire temporaire d'activité est apprécié pour chaque mois, au regard des conditions d'attribution fixées par le présent décret et prises en compte au moyen de déclarations portant sur une période de trois mois successifs.

Le revenu supplémentaire temporaire d'activité fait l'objet de versements trimestriels. Pour donner lieu à versement du revenu supplémentaire temporaire d'activité, les demandes doivent être transmises à l'organisme gestionnaire au plus tard le dernier jour du troisième mois suivant la fin de la période à laquelle elles se rapportent.

Art. 6 Le montant au-dessous duquel le revenu supplémentaire temporaire d'activité n'est pas versé est fixé à 18 € par trimestre.

Art. 7 Le revenu supplémentaire temporaire d'activité est financé par l'État. Il est attribué et servi en son nom par des organismes désignés par arrêté des ministres chargés des affaires sociales, de l'outre-mer et du budget. Cet arrêté fixe les échéances de versement de la prestation et détermine les modalités déclaratives nécessaires à la liquidation du droit. *– V. Arr. du 4 juin 2009 (JO 5 juin).*

Art. 8 L'action intentée par les organismes mentionnés à l'article 7 pour la mise en recouvrement des sommes indûment versées se prescrit par deux ans. Ces organismes peuvent procéder au recouvrement des sommes indûment versées par retenue sur les échéances suivantes.

La créance peut être remise ou réduite par les organismes chargés du versement en cas de précarité de la situation du débiteur. Ces dispositions ne sont pas applicables en cas de fraude ou de fausse déclaration.

Art. 9 *(Décr. nº 2010-1784 du 31 déc. 2010, art. 1er, en vigueur le 1er janv. 2011)* Le revenu supplémentaire temporaire d'activité n'est dû qu'au titre des périodes d'emploi précédant l'entrée en vigueur, dans les territoires mentionnés à l'article 1er, de la loi du 1er décembre 2008 susvisée.

Toutefois, le revenu supplémentaire temporaire d'activité continue d'être dû au titre des périodes d'emploi effectuées entre le 1er janvier 2011 et le *(Décr. n° 2013-146 du 18 févr. 2013)* « 31 mai 2013 » à tout bénéficiaire disposant d'un droit ouvert à cette prestation au titre du mois de novembre 2010 ou de décembre 2010 et qui :

1° Continue de satisfaire aux conditions d'attribution prévues par l'article 2 du présent décret à compter du 1er janvier 2011, sans interruption de droit au moins égale à deux mois consécutifs ;

2° N'est pas membre d'un foyer, au sens de l'article R. 262-1 du code de l'action sociale et des familles, dont l'une des personnes le composant est bénéficiaire, au titre d'un même mois, du revenu de solidarité active mentionné à l'article L. 262-1 du code de l'action sociale et des familles.

Art. 10 Il n'est pas tenu compte du revenu supplémentaire temporaire d'activité pour la détermination du droit aux prestations suivantes :

(Décr. n° 2013-146 du 18 févr. 2013) « 1° Le revenu de solidarité active mentionné à l'article L. 262-1 du code de l'action sociale et des familles ;

« 2° La protection complémentaire en matière de santé et l'aide au paiement d'une assurance complémentaire de santé mentionnées respectivement aux articles L. 861-1 et L. 863-1 du code de la sécurité sociale. »

3° Les avantages d'invalidité et de vieillesse servis sous condition de ressources.

(Abrogé par Décr. n° 2010-1032 du 30 août 2010, art. 3-II) « 4° La protection complémentaire en matière de santé et l'aide au paiement d'une assurance complémentaire de santé mentionnées respectivement aux articles L. 861-1 et L. 863-1 du code de la sécurité sociale. »

Art. 11 Les dispositions du présent décret sont applicables au titre des périodes d'emploi effectuées à compter du 1er mars 2009.

Arrêté du 17 décembre 2009,

Relatif aux règles de calcul et aux modalités d'appréciation du caractère exceptionnel de certaines ressources pour la détermination des droits au revenu de solidarité active (JO 20 déc.).

Art. 1er Pour l'application des dispositions de l'article R. 262-15 du code de l'action sociale et des familles, les revenus professionnels ou en tenant lieu mentionnés à l'article R. 262-8 du même code revêtent un caractère exceptionnel dès lors que sont remplies cumulativement les conditions suivantes :

1° Ces revenus ne sont pas perçus de façon régulière et habituelle dans le cadre des activités professionnelles poursuivies par les membres du foyer ;

2° La somme de leurs montants excède les valeurs fixées à l'article 3 du présent arrêté.

Art. 2 Ne sont pas perçues de façon régulière et habituelle, au sens du 1° de l'article 1er, les ressources suivantes :

– les rappels de salaires ou d'indemnités journalières de sécurité sociale ;
– les sommes perçues par le salarié à l'occasion de la cessation du contrat de travail ;
– une prime ou un accessoire de salaire par année civile.

Art. 3 Les valeurs mentionnées au 2° de l'article 1er sont égales à :

1° 50 % du montant forfaitaire mentionné au 2° de l'article L. 262-2 du code de l'action sociale et des familles applicable à un foyer composé d'une seule personne ;

2° 75 % de la moyenne mensuelle des revenus professionnels ou en tenant lieu, à l'exclusion des revenus mentionnés au 1° de l'article 1er du présent arrêté, perçus au cours du trimestre de référence.

Art. 4 Les dispositions du présent arrêté sont applicables au calcul du revenu de solidarité active versé à compter du 1er octobre 2009.

Décret n° 2010-1783 du 31 décembre 2010,

Portant extension et adaptation du revenu de solidarité active dans les départements d'outre-mer, à Saint-Barthélemy, Saint-Martin et Saint-Pierre-et-Miquelon.

Art. 9 Pour leur application dans les départements d'outre-mer, à Saint-Barthélemy, à Saint-Martin et à Saint-Pierre-et-Miquelon, les dispositions du chapitre IV du décret du 15 avril 2009 sont ainsi modifiées :

1° L'article 14 ne s'applique pas ;
2° L'article 15 est ainsi modifié :
a) Au premier alinéa, les mots : "mai 2009" sont remplacés par les mots : "décembre 2010";
b) Les mots : "si cela lui est plus favorable que le droit au revenu de solidarité active" sont supprimés ;
c) La dernière phrase du premier alinéa, les deuxième et dernier alinéas sont supprimés ;
3° L'article 17 est ainsi modifié :
a) Le premier alinéa ne s'applique pas ;
b) Au second alinéa, les mots : "Lorsqu'en application du premier alinéa," sont remplacés par le mot : "Lorsque" et les mots : "1er juin 2009" sont remplacés par les mots : "1er janvier 2011" ;
4° A l'article 18, les mots : "1er juin 2009" sont remplacés par les mots : "1er janvier 2011".

Art. 10 Pour les personnes bénéficiant des dispositions prévues au IV de l'article 31 de la loi du 1er décembre 2008 généralisant le revenu de solidarité active et réformant les politiques d'insertion dans sa rédaction résultant de l'article 7 de l'ordonnance du 24 juin 2010 susvisée, le revenu supplémentaire temporaire d'activité institué par le décret du 27 mai 2009 susvisé n'est pas pris en compte pour la détermination du droit au revenu de solidarité active, au titre du premier trimestre suivant l'ouverture du droit à cette prestation.

Art. 11 Les dispositions des articles R. 522-64 à R. 522-68 du code de l'action sociale et des familles sont applicables, dans leur version applicable avant l'entrée en vigueur du présent décret, dans les départements d'outre-mer et les collectivités territoriales de Saint-Barthélemy, de Saint-Martin et de Saint-Pierre-et-Miquelon aux bénéficiaires du revenu de solidarité prévu par l'article L. 522-14 du même code qui n'ont pas atteint l'âge de cinquante-cinq ans à la date d'entrée en vigueur du présent décret.

Ordonnance n° 2011-1641 du 24 novembre 2011,

Portant extension et adaptation du revenu de solidarité active au département de Mayotte (JO 25 nov.).

Art. 3 I. – Les charges qui résultent, pour le département de Mayotte, de la création de compétence réalisée par la présente ordonnance sont intégralement compensées par l'État dans les conditions fixées par la loi de finances.

Cette compensation financière s'opère, à titre principal, par l'attribution d'impositions de toute nature.

Si les recettes provenant des impositions attribuées en application de l'alinéa précédent diminuent, l'État compense cette perte dans des conditions fixées en loi de finances afin de garantir au département un niveau de ressources équivalant au montant du droit à compensation résultant de l'application du premier alinéa du présent I. Ces diminutions de recettes et les mesures de compensation prises au titre du présent alinéa font l'objet d'un rapport de la commission consultative sur l'évaluation des charges mentionnée à l'article L. 1211-4-1 du code général des collectivités territoriales.

Au titre de l'année 2012, la compensation des dépenses d'allocation est calculée sur la base d'un montant provisionnel fondé sur une estimation du nombre de foyers susceptibles de prétendre au bénéfice du montant forfaitaire mentionné au 2° de l'article L. 262-2 du code de l'action sociale et des familles, calculé selon les modalités en vigueur au 1er janvier 2012 sur le territoire du département de Mayotte.

Cette compensation, fixée en loi de finances pour 2012, est ajustée au vu des sommes enregistrées pour 2012 dans les comptes de la caisse gestionnaire du régime des prestations familiales mentionnée à l'article 19 de l'ordonnance n° 2002-149 du 7 février 2002 relative à l'extension et la généralisation des prestations familiales et à la protection sociale dans la collectivité départementale de Mayotte. Cet ajustement est inscrit dans la loi de finances suivant l'établissement de ces comptes.

Au titre de 2013, la compensation est ajustée au vu des sommes enregistrées pour 2013 dans les comptes de la caisse gestionnaire du régime des prestations familiales mentionnée à l'article 19 de l'ordonnance n° 2002-149 du 7 février 2002 précitée. Cet ajustement est inscrit dans la loi de finances suivant l'établissement de ces comptes.

Au titre des années suivantes, sous réserve des dispositions du IV ci-après et de l'évaluation conduite au cours de la quatrième année de mise en œuvre, la compensation est ajustée de manière définitive au vu des sommes enregistrées pour 2014 dans les comptes de la caisse gestionnaire du régime des prestations familiales mentionnée à l'article 19 de l'ordonnance n° 2002-149 du 7 février 2002 précitée. Cet ajustement est inscrit dans la loi de finances suivant l'établissement de ces comptes.

II. — Pour le financement des actions destinées à permettre l'insertion des bénéficiaires de l'allocation mentionnée à l'article L. 262-2 du code de l'action sociale et des familles et des dépenses de structure correspondantes, le montant de la compensation mentionnée au I est majoré d'un taux de 6,34 %.

III. — La commission consultative sur l'évaluation des charges prévue à l'article L. 1211-4-1 du code général des collectivités territoriales est consultée, après avis du comité local mentionné à l'article L. 1711-3 du même code, dans les conditions prévues aux articles L. 1614-3 et L. 1614-3-1 du même code :

1° En 2012 pour vérifier l'exactitude des calculs concernant la compensation provisionnelle allouée au département au titre de cette année ;

2° En 2013 et 2014, sur les modalités d'évaluation des charges résultant de la création de compétence visée au I du présent article ;

3° En 2015, sur les modalités d'évaluation des charges résultant de la création de compétence visée au I et sur l'adéquation de la compensation au montant des dépenses engagées par le département.

IV. — A compter du 1er janvier 2015, chaque revalorisation prise en application des dispositions de la troisième phrase du premier alinéa de l'article L. 262-3 du code de l'action sociale et des familles, dans sa rédaction issue de l'article L. 549-1 du même code applicable à Mayotte, donne lieu à un ajustement, à due proportion, de la compensation financière au département de Mayotte mentionnée au I. La commission consultative sur l'évaluation des charges est consultée dans les conditions prévues aux articles L. 1614-3 et L. 1614-3-1 du code général des collectivités territoriales.

Art. 4 Une évaluation de la mise en œuvre du revenu de solidarité active dans le département de Mayotte est réalisée au cours de l'année 2015.

Arrêté du 31 décembre 2019,

Relatif à la carte d'admission à l'aide médicale de l'État (JO 4 janv. 2020, NOR : SSAS1937648A).

Art. 1er Le titre d'admission prévu à l'article 2 du décret du 28 juillet 2005 susvisé est une carte délivrée par les organismes d'assurance maladie, dont le contenu et les spécifications techniques sont définis à l'article 2 du présent arrêté, à tout bénéficiaire de l'aide médicale de l'État âgé de plus de seize ans à la date d'ouverture des droits.

Elle est individuelle ou familiale.

La carte individuelle, délivrée aux bénéficiaires âgés de plus de seize ans et n'ayant aucune personne à charge, est dénommée "carte individuelle d'admission à l'aide médicale de l'État".

La carte familiale, délivrée aux bénéficiaires ayant à charge des personnes âgées de moins de seize ans, est dénommée "carte familiale d'admission à l'aide médicale de l'État".

Art. 2 La carte d'admission est fabriquée sur un support plastifié (PVC) d'une largeur de 85,6 millimètres et d'une hauteur de 54 millimètres. Elle est sécurisée par un hologramme.

Elle contient les données suivantes concernant son titulaire :

— sa photographie, en couleur, de face, tête nue, récente et parfaitement ressemblante ;

— son nom de famille ou, si l'intéressé le demande, son nom d'usage ;

— son prénom usuel ;

— le code d'admission au bénéfice de l'aide médicale de l'État sous la mention : "Immatriculation" ;

— sa date de naissance ;

— la période d'ouverture de droit à l'aide médicale de l'État ;

— les prestations prises ou non en charge ;

— le nom de l'organisme d'assurance maladie gestionnaire ;

— le code régime ;
— le numéro de mutuelle ;
— le code contrat.

Lorsqu'il s'agit d'une carte familiale, elle comporte en outre au verso la liste des bénéficiaires âgés de moins de seize ans à la charge du titulaire de la carte avec pour chacun d'eux :

— son nom ;
— son prénom usuel ;
— sa qualité ;
— la période d'ouverture de droits à l'aide médicale de l'État.

Art. 3 L'arrêté du 10 juillet 2009 relatif au titre d'admission au bénéfice de l'aide médicale de l'État est abrogé.

Art. 4 Les dispositions du présent arrêté sont applicables aux cartes d'admission à l'aide médicale de l'État délivrées à compter du 6 janvier 2020.

Loi n° 2021-1900 du 30 décembre 2021,

De finances pour 2022 (JO 31 déc.).

Art. 43 I. — A compter du 1er janvier 2022, à titre expérimental et pour renforcer les politiques d'insertion, dans le ressort des départements qui en font la demande, sont assurés par l'État :

1° L'instruction administrative et la décision d'attribution du revenu de solidarité active et du revenu de solidarité mentionné à l'article L. 522-14 du code de l'action sociale et des familles ainsi que l'examen des éventuels réclamations et recours contentieux relatifs à ces prestations ;

2° Le contrôle administratif et le recouvrement des indus portant sur le versement de ces prestations ;

3° Le financement de ces prestations.

Les départements se portent candidats à l'expérimentation par délibération de leur organe délibérant à compter du 22 septembre 2021, et au plus tard le 15 janvier 2022. La liste des candidats retenus, qui sont caractérisés par un reste à charge au titre du revenu de solidarité active par habitant et une proportion de bénéficiaires du revenu de solidarité active dans leur population significativement plus importants que la moyenne nationale et par un revenu moyen par habitant significativement plus faible que la moyenne nationale, est établie par décret.

Cette expérimentation fait l'objet d'une convention signée entre le représentant de l'État dans le département et le président du conseil départemental au plus tard le 1er mars 2022.

L'expérimentation prend fin au plus tard le 31 décembre 2026.

II. — Lorsque les compétences mentionnées aux 1° et 2° du I lui ont été transférées, l'État peut déléguer tout ou partie de celles-ci aux caisses d'allocations familiales et, pour leurs ressortissants, aux caisses de mutualité sociale agricole.

III. — Lorsque l'expérimentation porte sur le revenu de solidarité mentionné à l'article L. 522-14 du code de l'action sociale et des familles, l'avant-dernier alinéa du même article L. 522-14 n'est pas applicable.

IV. — Pour les départements participant à l'expérimentation du présent article, il est dérogé aux articles L. 262-8 à L. 262-52 et L. 522-14 du code de l'action sociale et des familles dans les conditions suivantes :

1° Par dérogation à l'article L. 262-8, il incombe aux organismes mentionnés à l'article L. 262-16 de déroger, pour le compte de l'État, à l'application des conditions fixées à la première phrase du 3° de l'article L. 262-4 ;

2° Par dérogation à l'article L. 262-11, les organismes mentionnés à l'article L. 262-16 assistent le demandeur dans les démarches rendues nécessaires pour l'exécution des obligations mentionnées à l'article L. 262-10.

Une fois ces démarches engagées, ces organismes servent, à titre d'avance, le revenu de solidarité active au bénéficiaire et, dans la limite des montants alloués, sont subrogés, pour le compte de l'État, dans les droits du foyer vis-à-vis des organismes sociaux ou de ses débiteurs ;

3° Par dérogation à l'article L. 262-12, les organismes mentionnés à l'article L. 262-16 statuent sur les demandes de dispense prévues à l'article L. 262-12, mettent fin au versement du revenu de solidarité active ou réduisent son montant ;

4° Par dérogation à l'article L. 262-13 :

a) Le revenu de solidarité active est attribué, pour le compte de l'État, par les organismes mentionnés à l'article L. 262-16, au demandeur qui réside dans le département participant à l'expérimentation ou qui y a élu domicile, dans les conditions prévues au chapitre IV du titre VI du livre II du code de l'action sociale et des familles ;

b) Le second alinéa ne s'applique pas ;

5° Pour l'application de l'article L. 262-15 :

a) Le premier alinéa est ainsi rédigé :

L'instruction administrative de la demande est effectuée à titre gratuit par les organismes mentionnés à l'article L. 262-16. Peuvent également procéder à cette instruction, dans des conditions définies par convention, les services du département, le centre communal ou intercommunal d'action sociale du lieu de résidence du demandeur, des associations ou des organismes à but non lucratif." ;

b) Au début du second alinéa, les mots : "Le décret mentionné au premier alinéa" sont remplacés par les mots : "Un décret" ;

6° Par dérogation à l'article L. 262-16, le service du revenu de solidarité active est assuré pour le compte de l'État par les caisses d'allocations familiales et, pour leurs ressortissants, par les caisses de mutualité sociale agricole ;

7° Le troisième alinéa de l'article L. 262-21 n'est pas applicable ;

8° Par dérogation à l'article L. 262-22, les organismes mentionnés à l'article L. 262-16 peuvent décider de faire procéder au versement d'avances sur droits supposés ;

9° Par dérogation à l'article L. 262-24 :

a) Le revenu de solidarité active est financé par l'État pendant la durée de l'expérimentation. Les frais de gestion supplémentaires exposés par les organismes mentionnés à l'article L. 262-16 au titre des nouvelles compétences qui leur sont déléguées en application du présent article à compter de l'entrée en vigueur de l'expérimentation, selon les modalités fixées par la convention mentionnée à l'article L. 262-25, sont financés par l'État dans des conditions fixées par décret ;

b) Le II n'est pas applicable ;

10° Pour l'application de l'article L. 262-25 :

a) Le I est ainsi rédigé :

I. — Une convention est conclue entre l'État et chaque organisme mentionné à l'article L. 262-16. Cette convention, dont les règles générales sont définies par décret, précise en particulier :

1° Les conditions dans lesquelles les demandes sont instruites et le revenu de solidarité active est attribué, servi et contrôlé, pour le compte de l'État, par les organismes mentionnés à l'article L. 262-16 ;

2° Les objectifs fixés par l'État à ces organismes pour l'exercice des compétences déléguées, ainsi que les modalités de contrôle et d'évaluation de leur réalisation, notamment en matière d'instruction et de lutte contre la fraude ;

3° Les engagements de qualité de service et de contrôle pris par ces organismes auprès de l'État afin notamment de favoriser l'accès au revenu de solidarité active et de limiter les paiements indus ;

4° Les modalités d'échange de données entre les parties." ;

b) Les II à IV ne sont pas applicables ;

11° L'article L. 262-26 n'est pas applicable ;

12° Pour l'application de l'article L. 262-37 :

a) Le premier alinéa est ainsi rédigé :

Sauf décision prise au regard de la situation particulière du bénéficiaire, le versement du revenu de solidarité active est suspendu, sur proposition du président du conseil départemental, en tout ou partie, par le directeur de l'organisme mentionné à l'article L. 262-16 :" ;

b) L'avant-dernier alinéa est remplacé par deux alinéas ainsi rédigés :

En cas de manquement aux 3° ou 4° du présent article, après consultation de l'équipe pluridisciplinaire et du président du conseil départemental et en l'absence d'un avis défavorable motivé de ce dernier pour les cas prévus au 3°, le directeur de l'organisme mentionné à l'article L. 262-16 peut suspendre, en tout ou partie, le versement de l'allocation.

L'organisme payeur informe le président du conseil départemental des décisions relatives à la suspension et à la reprise des versements ainsi que, le cas échéant, aux régularisations relatives à la période de suspension. Il précise le nom de l'allocataire concerné et le motif de la suspension ou de la reprise de l'allocation." ;

c) Le dernier alinéa est ainsi rédigé :

Lorsque, à la suite d'une suspension de l'allocation, l'organisme payeur procède à la reprise de son versement, il en informe le président du conseil départemental à compter de la date de conclusion de l'un des contrats mentionnés aux articles L. 262-35 et L. 262-36 ou du projet personnalisé d'accès à l'emploi." *[nouvelle rédaction issue de la L. n° 2023-1196 du 18 déc. 2023, art. 3-I, en vigueur le 1er janv. 2025 : « 12° Pour l'application de l'article L. 262-37 :*

« a) Au I :

« — au premier alinéa, les mots : "président du conseil départemental" sont remplacés par les mots : "directeur de l'organisme mentionné à l'article L. 262-16 sur proposition du président du conseil départemental" ;

« — au dernier alinéa, les mots : "président du conseil départemental" sont remplacés par les mots : "directeur de l'organisme mentionné à l'article L. 262-16" ;

« b) Au premier alinéa du II, les mots : "président du conseil départemental" sont remplacés par les mots : "directeur de l'organisme mentionné à l'article L. 262-16 sur proposition du président du conseil départemental" ;

« c) Au IV :

« — à la première phrase du deuxième alinéa, les mots : "statuer lui-même sur les" sont remplacés par les mots : "se prononcer sur les suites à donner aux" ;

« — à la fin de la deuxième phrase du deuxième alinéa, les mots : "ce dernier prononce la suspension qu'il a proposée" sont remplacés par les mots : "le directeur de l'organisme mentionné à l'article L. 262-16 prononce la suspension proposée par l'opérateur France Travail" ;

« — à la première phrase du dernier alinéa, le mot : "statuer" est remplacé par les mots : "se prononcer" ;

« — aux première et seconde phrases du dernier alinéa, le mot : "prendre" est remplacé par les mots : "proposer au directeur de l'organisme mentionné à l'article L. 262-16" ;

« d) Le V ne s'applique pas ;

« e) Au VII, le mot : "prononce" est remplacé par les mots : "propose au directeur de l'organisme mentionné à l'article L. 262-16" ; »] ;

13° Par dérogation à l'article L. 262-38, le directeur de l'organisme mentionné à l'article L. 262-16 procède à la radiation de la liste des bénéficiaires du revenu de solidarité active ;

14° Pour l'application de l'article L. 262-40 :

a) Le premier alinéa est ainsi rédigé :

Le président du conseil départemental, au titre de sa mission d'orientation, d'accompagnement et d'animation des équipes pluridisciplinaires, ainsi que les organismes chargés de l'instruction des demandes et de l'attribution, du service et de la suspension du revenu de solidarité active demandent toutes les informations nécessaires à l'identification de la situation du foyer et au suivi des contrats mentionnés aux articles L. 262-35 et L. 262-36 :" ;

b) Au cinquième alinéa, les mots : "et à son contrôle" sont remplacés par les mots :", à son contrôle, à sa suspension totale ou partielle" ;

c) Au septième alinéa, après le mot : "départemental", sont insérés les mots :", au directeur de l'organisme mentionné à l'article L. 262-16" ;

15° Par dérogation à l'article L. 262-41, il incombe aux organismes mentionnés à l'article L. 262-16 ou à ceux mentionnés à l'article L. 262-15 de constater, à l'occasion de l'instruction d'une demande ou lors d'un contrôle, une disproportion marquée entre, d'une part, le train de vie du foyer et, d'autre part, les ressources qu'il déclare ;

16° Par dérogation à *[nouvelle rédaction issue de la L. n° 2023-1196 du 18 déc. 2023, art. 3-I, en vigueur le 1er janv. 2025 : « au premier alinéa de »]* l'article L. 262-42, l'institution mentionnée à l'article L. 5312-1 du code du travail informe également mensuellement les organismes mentionnés à l'article L. 262-16 de l'inscription des bénéficiaires du revenu de solidarité active sur la liste des demandeurs d'emploi et de leur radiation de cette liste ;

17° Par dérogation à la seconde phrase du premier alinéa de l'article L. 262-45, les départements participant à l'expérimentation n'intentent pas d'action en recouvrement des sommes indûment payées ;

18° Pour l'application de l'article L. 262-46 :

a) Par dérogation au premier alinéa, les départements participant à l'expérimentation ne sont pas compétents pour récupérer les paiements indus de revenu de solidarité active ;

b) Par dérogation au onzième alinéa, la créance peut être remise ou réduite, pour le compte de l'État, par la commission de recours amiable qui connaît des réclamations relevant de l'article L. 142-1 du code de la sécurité sociale en cas de bonne foi ou de précarité de la situation du débiteur, sauf si cette créance résulte d'une manœuvre frauduleuse ou d'une fausse déclaration ;

c) L'avant-dernier alinéa n'est pas applicable ;

d) Le dernier alinéa est ainsi rédigé :

Le recouvrement de la créance détenue par l'un des organismes mentionnés à l'article L. 262-16 à l'encontre d'un bénéficiaire du revenu de solidarité active dont le lieu de résidence est transféré dans un autre département ou qui élit domicile dans un autre département est transféré en principal, frais et accessoires au département d'accueil. La créance ainsi recouvrée est transférée à l'organisme du premier lieu de résidence." ;

19° Par dérogation à l'article L. 262-47, toute réclamation dirigée contre une décision relative au revenu de solidarité active fait l'objet, préalablement à l'exercice d'un recours contentieux, d'un recours administratif auprès de la commission de recours amiable qui connaît des réclamations relevant de l'article L. 142-1 du code de la sécurité sociale.

Les modalités d'examen du recours sont définies par décret en Conseil d'État. Le bénéficiaire du revenu de solidarité active est informé, par tout moyen, des modalités de réclamation et de recours décrites aux premier et second alinéas de l'article L. 262-47 et au présent 19° ;

20° Par dérogation à l'article L. 262-52, la fausse déclaration ou l'omission délibérée de déclaration ayant abouti au versement indu du revenu de solidarité active est passible d'une pénalité prononcée et recouvrée dans les conditions et les limites définies, en matière de prestations familiales, aux sixième, septième, neuvième et dixième alinéas ainsi qu'à la seconde phrase du onzième alinéa du I et au II de l'article L. 114-17 du code de la sécurité sociale. La décision est prise par le directeur de l'organisme mentionné à l'article L. 262-16, après avis de la commission mentionnée au huitième alinéa du I de l'article L. 114-17 du code de la sécurité sociale.

Aucune pénalité ne peut être prononcée en raison de faits remontant à plus de deux ans, ni lorsque la personne concernée a, pour les mêmes faits, déjà été définitivement condamnée par le juge pénal ou a bénéficié d'une décision définitive de non-lieu ou de relaxe déclarant que la réalité de l'infraction n'est pas établie ou que cette infraction ne lui est pas imputable. Si une telle décision de non-lieu ou de relaxe intervient après le prononcé d'une pénalité, la révision de cette pénalité est de droit. Si, à la suite du prononcé d'une pénalité, une amende pénale est infligée pour les mêmes faits, la première s'impute sur la seconde. La pénalité ne peut pas être prononcée s'il a été fait application, pour les mêmes faits, de l'article L. 114-17 du code de la sécurité sociale.

V. — Les allocations de revenu de solidarité active au titre des droits ouverts au mois de décembre de l'année précédant le 1er janvier de l'année du transfert expérimental sont versées à terme échu au mois de janvier susmentionné, pour le compte de l'État.

L'État peut se substituer en tout ou partie aux droits et obligations à l'égard de la sécurité sociale, dans des conditions définies par convention.

Les indus, annulations d'indu et rappels constatés à compter du 1er décembre de l'année précédant le transfert expérimental sont gérés par les organismes mentionnés à l'article L. 262-16 du code de l'action sociale et des familles. Ils sont financés par l'État.

Les recours amiables ou contentieux déposés devant le département à compter du 1er décembre de l'année précédant le transfert expérimental sont transmis aux organismes mentionnés au même article L. 262-16. Ces derniers en assurent l'instruction dans les conditions prévues à l'article L. 262-47 du même code, dans sa rédaction applicable aux départements participant à l'expérimentation.

Les recours amiables ou contentieux déposés à compter du 1er décembre de l'année précédant le transfert expérimental et relatifs à des indus ayant fait l'objet d'un transfert au département par les organismes mentionnés à l'article L. 262-16 dudit code continuent de relever de la compétence du département.

Les décisions de dérogation prises en application de l'article L. 262-8 du même code avant la mise en œuvre de l'expérimentation par le conseil départemental participant à l'expérimentation sont maintenues par les organismes mentionnés à l'article L. 262-16 du même code, jusqu'au changement de la situation de l'allocataire ou de son foyer.

VI. – Le transfert expérimental prévu au I du présent article s'accompagne de l'attribution à l'État des ressources équivalentes à celles qui étaient consacrées à l'exercice de la compétence transférée par les départements bénéficiant de l'expérimentation.

Le montant du droit à compensation au profit de l'État est égal à la moyenne, sur la période couvrant les trois années précédant la dernière année avant le transfert expérimental, des dépenses actualisées relatives aux allocations mentionnées aux articles L. 262-2 et L. 522-14 du code de l'action sociale et des familles exposées par les départements et retracées dans leur compte de gestion, incluant la valorisation financière des emplois exprimés en équivalent temps plein travaillé affectés à l'attribution des allocations et non transférés à l'État.

VII. – A compter du 1er janvier de l'année du transfert expérimental, afin d'assurer le financement du droit à compensation défini au second alinéa du VI du présent article, l'État suspend le versement aux collectivités concernées des fractions du produit de la taxe intérieure de consommation sur les produits énergétiques allouées à ces collectivités au titre de la compensation du transfert du revenu minimum d'insertion et de la généralisation du revenu de solidarité active en application de l'article 59 de la loi de finances pour 2004 (nº 2003-1311 du 30 décembre 2003) et de l'article 51 de la loi nº 2008-1425 du 27 décembre 2008 de finances pour 2009, ainsi que le versement des ressources allouées au titre du fonds défini à l'article L. 3334-16-2 du code général des collectivités territoriales et du dispositif de compensation défini à l'article L. 3334-16-3 du même code.

S'il est constaté, une fois ces ressources reprises, l'existence d'un éventuel reste à financer au profit de l'État, il est procédé chaque année, à compter de l'année du transfert expérimental, à une reprise du produit perçu par les collectivités territoriales au titre de la taxe de publicité foncière ou du droit d'enregistrement définis à l'article 683 du code général des impôts, dans la limite d'une fraction maximale de 20 % de ce produit.

Si le montant de la reprise des ressources mentionnées aux deux premiers alinéas du présent VII ne suffit pas à couvrir le droit à compensation défini au second alinéa du VI, il est procédé, sur les collectivités territoriales concernées, à compter de l'année du transfert expérimental, au prélèvement d'un montant fixe égal à la différence entre, d'une part, le droit à compensation défini au même second alinéa et, d'autre part, le montant cumulé des ressources prévues aux deux premiers alinéas du présent VII perçus par la collectivité l'année précédant le transfert expérimental.

Afin d'assurer le financement de ce montant fixe, il est procédé, dans l'ordre suivant, à :

1º La réfaction d'un montant fixe de la dotation de compensation mentionnée à l'article L. 3334-7-1 du code général des collectivités territoriales ;

2º La réfaction d'un montant fixe de la dotation forfaitaire mentionnée à l'article L. 3334-3 du même code ;

3º Et, le cas échéant, la reprise d'un montant fixe du produit de la taxe sur la valeur ajoutée perçu par les départements conformément au A du V de l'article 16 de la loi nº 2019-1479 du 28 décembre 2019 de finances pour 2020.

[...]

XI. – Un décret en Conseil d'État détermine les modalités d'application du présent article, notamment les éléments essentiels de la convention mentionnée au I. – *V. ce décret, infra.*

Décret nº 2022-130 du 5 février 2022,

Relatif à l'expérimentation de la recentralisation du revenu de solidarité active (JO 6 févr.).

Art. 1er Pour l'application des dispositions du chapitre II du titre VI du livre II du code de l'action sociale et des familles dans les départements qui participent à l'expérimentation prévue à l'article 43 de la loi du 30 décembre 2021 susvisée :

1º Les références aux dispositions du chapitre II du titre VI du livre II des parties législative et règlementaire de ce code s'entendent des références à ces dispositions telles qu'applicables aux départements expérimentateurs ;

2º Les compétences exercées par le président du conseil départemental en application des articles R. 262-13, R. 262-14, R. 262-23, R. 262-24, R. 262-40, R. 262-49 et R. 262-80 sont exercées par le directeur de l'organisme mentionné à l'article L. 262-16 ;

3° A l'article R. 262-18 :

a) Au deuxième alinéa, les mots : "du président du conseil départemental" sont remplacés par les mots : "du directeur de l'organisme mentionné à l'article L. 262-16" ;

b) Au cinquième alinéa, les mots : "Le président du conseil départemental" sont remplacés par les mots : "Le directeur de l'organisme mentionné à l'article L. 262-16" ;

4° A l'article R. 262-19, au troisième alinéa, les mots : "du président du conseil départemental" sont remplacés par les mots : "du directeur de l'organisme mentionné à l'article L. 262-16" ;

5° A l'article D. 262-29, les mots : "le président du conseil départemental" sont remplacés par les mots : "le directeur de l'organisme mentionné à l'article L. 262-16" et après les mots : "un engagement de qualité de service", sont insérés les mots :", sous la forme d'une convention" ;

6° L'article D. 262-30 est remplacé par les dispositions suivantes :

Art. D. 262-30 La convention mentionnée à l'article L. 262-15 fixe notamment le ressort territorial dans lequel le centre communal ou intercommunal d'action sociale, l'association ou l'organisme délégataire est habilité à recevoir et instruire les demandes de revenu de solidarité active.;

7° A l'article R. 262-38, les mots : "le président du conseil départemental" sont remplacés par les mots : "le directeur de l'organisme mentionné à l'article L. 262-16" et les mots : "par délibération du conseil départemental" sont remplacés par les mots : "par la convention de gestion mentionnée à l'article L. 262-25" ;

8° A l'article R. 262-41, les mots : "le président du conseil départemental" sont remplacés par les mots : "le directeur de l'organisme mentionné à l'article L. 262-16" ;

9° A l'article R. 262-47, à la première phrase, les mots : "le président du conseil départemental, ainsi que l'organisme chargé du service de l'allocation," sont remplacés par les mots : "l'organisme mentionné à l'article L. 262-16" et à la deuxième phrase, les mots : "le président du conseil départemental" sont remplacés par les mots : "le directeur de l'organisme" ;

10° A l'article R. 262-60 :

a) Le 3° est remplacé par les dispositions suivantes :

"3° La liste des compétences déléguées à l'organisme mentionné à l'article L. 262-16 sur le fondement du 1° de l'article L. 262-25, ainsi que leurs modalités de suivi, d'évaluation et de contrôle par l'État." ;

b) Au 4°, les mots : "adressés au président du conseil départemental" sont supprimés ;

11° L'article D. 262-61 n'est pas applicable ;

12° L'article D. 262-62 est remplacé par les dispositions suivantes :

Art. D. 262-62 L'exercice des compétences déléguées qui ne se rattachent pas à l'instruction et au service de la prestation donne lieu, chaque année, au paiement par l'État de frais de gestion d'un montant égal au montant réel des dépenses engagées, minoré ou majoré, dans la limite de 5 %, en fonction de l'atteinte des objectifs fixés par la convention prévue à l'article L. 262-25. Ce montant est constaté selon les modalités stipulées par cette convention.

13° A l'article D. 262-63, le 2° est remplacé par les dispositions suivantes :

"2° Les délais dans lesquels l'organisme mentionné à l'article L. 262-16 prend les décisions relevant des compétences qui lui sont déléguées par l'État et conditionnant la liquidation des droits." ;

14° L'article D. 262-64 n'est pas applicable ;

15° A l'article R. 262-68, les 1° et 2° sont remplacés par les dispositions suivantes :

"1° Lorsque le bénéficiaire n'a jamais fait l'objet d'une décision de suspension, en tout ou partie, l'allocation peut être réduite d'un montant qui ne peut dépasser 80 % du montant dû au bénéficiaire au titre du dernier mois du trimestre de référence pour une durée qui peut aller de un à trois mois ;

2° Lorsque le bénéficiaire a déjà fait l'objet d'une telle décision, l'allocation peut être réduite pour un montant déterminé dans les conditions mentionnées à l'article R. 262-69 pour une durée qui peut aller de un à quatre mois" ;

16° Pour l'application du 12° du IV de l'article 43 de la loi du 30 décembre 2021 susvisée :

a) Dans les cas de manquements mentionnés aux 1° et 2° de l'article L. 262-37, la décision de réduction ou suspension, en tout ou partie, du revenu de solidarité active est prononcée par le directeur de l'organisme mentionné à l'article L. 262-16, sur proposition du président du conseil départemental ;

b) Lorsqu'il est consulté par le directeur de l'organisme mentionné à l'article L. 262-16 pour les manquements mentionnés aux 3° et 4° du même article L. 262-37, le président du conseil départemental émet son avis dans le délai d'un mois à compter de cette saisine.

Lorsque le directeur de l'organisme mentionné à l'article L. 262-16 envisage la réduction ou la suspension du revenu de solidarité active en application du 3° mentionné ci-dessus, le président du conseil départemental peut émettre un avis défavorable motivé au plus tard dans les sept jours suivant l'expiration du délai d'un mois mentionné au premier alinéa du présent b ;

17° A l'article R. 262-69, au premier alinéa, les mots : "le président du conseil général" sont remplacés par les mots : "le président du conseil départemental ou le directeur de l'organisme mentionné à l'article L. 262-16" ;

18° A l'article R. 262-71 :

a) Au premier alinéa, après les mots : "d'une demande d'avis", sont insérés les mots : "par le président du conseil départemental ou le directeur de l'organisme mentionné à l'article L. 262-16" ;

b) Au deuxième alinéa, après les mots : "le président du conseil départemental peut", sont insérés les mots : "proposer la mesure qu'il envisage et le directeur de l'organisme mentionné à l'article L. 262-16 peut" ;

19° A l'article R. 262-78, au premier alinéa, les mots : "le président du conseil départemental, sur demande ou après consultation de l'organisme chargé du service de l'allocation" sont remplacés par les mots : "l'organisme mentionné à l'article L. 262-16" ;

20° A l'article R. 262-82, les mots : "le président du conseil départemental, les organismes chargés de l'instruction et du service de l'allocation" sont remplacés par les mots : "l'organisme mentionné à l'article L. 262-16" ;

21° Les article R. 262-85 et R. 262-87 ne sont pas applicables ;

22° A l'article R. 262-88, au premier alinéa, les mots : "au président du conseil départemental dans un délai prévu de deux mois à compter de la notification de la décision contestée" sont remplacés par les mots : "à la commission de recours amiable dans le délai prévu à l'article R. 142-1 du code de la sécurité sociale";

23° L'article R. 262-89 n'est pas applicable ;

24° L'article R. 262-90 est remplacé par les dispositions suivantes :

Art. R. 262-90 L'absence de réception par l'intéressé de la décision de la commission de recours amiable dans le délai prévu à l'article R. 142-6 du code de la sécurité sociale vaut rejet de sa demande.

25° A l'article R. 262-92-1 :

a) Au I :

i) Au premier alinéa, les mots : "le président du conseil départemental ou, le cas échéant, par le directeur de l'organisme chargé du service de cette prestation" sont remplacés par les mots : "le directeur de l'organisme mentionné à l'article L. 262-16" ;

ii) Au b du 2°, la référence à l'article R. 262-88 est remplacée par la référence à l'article R. 142-1 du code de la sécurité sociale ;

b) Au premier alinéa du III et du IV, les mots : "du président du conseil départemental mentionné à l'article R. 262-88" sont remplacés par les mots : "mentionné à l'article R. 142-1 du code de la sécurité sociale" ;

26° A l'article R. 262-93, les mots : "le payeur départemental peut procéder au recouvrement du titre de recettes par précompte sur les allocations à échoir" sont remplacés par les mots : "l'organisme mentionné à l'article L. 262-16 peut procéder, pour le compte de l'État, au recouvrement de l'indu sur les allocations à échoir" ;

27° L'article R. 262-94 et le second alinéa de l'article R. 262-94-1 ne sont pas applicables ;

28° A l'article D. 262-95, au premier alinéa, les mots : "le président du conseil général transmet" sont remplacés par les mots : "le président du conseil départemental et le directeur de l'organisme mentionné à l'article L. 262-16 transmettent, pour les parties relevant de leurs champs de compétence respectifs," ;

29° A l'article R. 262-111, le premier alinéa est remplacé par les dispositions suivantes : "Est autorisée la création par Pôle emploi d'un traitement de données à caractère personnel dénommé "Listes transmises aux directeurs des caisses et aux présidents des conseils départementaux", ayant pour finalité de permettre au directeur de l'organisme mentionné à l'article L. 262-16 et au président du conseil départemental, chacun pour les compétences qui lui sont dévolues :" ;

30° L'article R. 262-113 est complété par les mots : "et au directeur de l'organisme mentionné à l'article L. 262-16" ;

31° A l'article R. 262-114 :

a) Au premier alinéa, les mots : "les agents du département individuellement habilités par le président du conseil départemental" sont remplacés par les mots : "les agents du département et les agents des caisses individuellement habilités respectivement par le président du conseil départemental et leur directeur." ;

b) Le deuxième alinéa est remplacé par les dispositions suivantes :

"Lorsque l'organisme mentionné à l'article L. 262-16 utilise le traitement institué par la présente sous-section, une convention passée entre le directeur de Pôle emploi, le directeur de l'organisme et le président du conseil départemental fixe les conditions de délivrance, de durée et de renouvellement de l'habilitation des agents."

Art. 2 La convention mentionnée au I de l'article 43 de la loi du 30 décembre 2021 susvisée est conclue pour la durée de l'expérimentation.

Cette convention détermine notamment :

1° Les objectifs souscrits par le département en vue de renforcer, sur la durée de l'expérimentation, l'accompagnement des bénéficiaires du revenu de solidarité active ;

2° Les conditions permettant d'atteindre ces objectifs et notamment les moyens supplémentaires, humains et financiers, que le département entend mobiliser pour leur réalisation ;

3° Les modalités par lesquelles le président du conseil départemental et le préfet de département :

a) Assurent conjointement le suivi de la mise en œuvre des objectifs mentionnés au 1°, en y associant les partenaires qu'ils estiment nécessaires à ce suivi, sur la base d'indicateurs de moyens et de résultats définis dans une annexe à la convention ;

b) Analysent les résultats de ce suivi au vu des indicateurs précités et les conséquences éventuelles à en tirer en cas de non-respect des obligations contractuelles prévues dans la convention ;

4° Les conditions dans lesquelles la convention est susceptible d'être modifiée par avenant.

Décret n° 2023-301 du 22 avril 2023,

Revalorisant l'allocation de solidarité spécifique, l'allocation temporaire d'attente et l'allocation équivalent retraite (JO 23 avr.).

Art. 1er Le montant journalier de l'allocation de solidarité spécifique est fixé à 18,17 euros, à compter du 1er avril 2023.

Art. 2 Le montant journalier de l'allocation temporaire d'attente est fixé à 12,80 euros, à compter du 1er avril 2023.

Art. 3 Le montant journalier de l'allocation équivalent retraite est fixé à 39,28 euros, à compter du 1er avril 2023.

Décret n° 2023-302 du 22 avril 2023,

Revalorisant l'allocation de solidarité spécifique à Mayotte (JO 23 avr.).

Art. 1er Le montant journalier de l'allocation de solidarité spécifique à Mayotte est fixé à 9,09 euros à compter du 1er avril 2023.

Décret n° 2023-340 du 4 mai 2023,

Portant revalorisation du montant forfaitaire du revenu de solidarité active (JO 5 mai).

Art. 1er Le montant forfaitaire mensuel du revenu de solidarité active mentionné à l'article L. 262-2 du code de l'action sociale et des familles, applicable à un foyer bénéficiaire composé d'une personne seule, est fixé à 607,75 euros à compter du 1er avril 2023.

Ce montant est pris en compte pour calculer le montant dû au foyer bénéficiaire du revenu de solidarité active dans les conditions prévues par les articles R. 262-4 et R. 262-7 du même code.

Art. 2 Le présent décret n'est pas applicable à Mayotte.

Décret n° 2023-341 du 4 mai 2023,

Portant revalorisation du montant forfaitaire du revenu de solidarité active à Mayotte (JO 5 mai).

Art. 1er A Mayotte, le montant forfaitaire du revenu de solidarité active mentionné à l'article L. 262-2 du code de l'action sociale et des familles, applicable à un foyer bénéficiaire composé d'une personne seule, est fixé à 303,88 euros à compter du 1er avril 2023.

Ce montant est pris en compte pour calculer le montant dû au foyer bénéficiaire du revenu de solidarité active dans les conditions prévues par les articles R. 262-4 et R. 262-7 du même code.

Décret n° 2023-861 du 8 septembre 2023,

Portant revalorisation du revenu de solidarité en Guadeloupe, en Guyane, en Martinique, à La Réunion et dans les collectivités de Saint-Barthélemy, Saint-Martin et Saint-Pierre-et-Miquelon (JO 9 sept.).

Art. 1er Le montant mensuel du revenu de solidarité en Guadeloupe, en Guyane, en Martinique, à La Réunion et dans les collectivités de Saint-Barthélemy, Saint-Martin et Saint-Pierre-et-Miquelon est porté à 572,40 euros à compter des allocations dues au titre du mois d'avril 2023.

LOGEMENT

Sur l'allocation de logement, V. CSS, art. L. 542-1 s., D. 542-1 s., L. 831-1 s., R. 831-1 s. — **CSS.**

Sur l'aide au logement, V. CCH, art. L. 301-1 s. et L. 351-1 s. — **CCH.**

Code de l'énergie

CHAPITRE IV *LA PROTECTION DES CONSOMMATEURS EN SITUATION DE PRÉCARITÉ ÉNERGÉTIQUE*

Art. L. 124-1 Le chèque énergie est un titre spécial de paiement permettant aux ménages dont le revenu fiscal de référence est, compte tenu de la composition du ménage, inférieur à un plafond d'acquitter tout ou partie du montant des dépenses d'énergie relatives à leur logement ou des dépenses qu'ils assument pour l'amélioration de la qualité environnementale ou la capacité de maîtrise de la consommation d'énergie de ce logement comprises parmi celles mentionnées à l'article 200 *quater* du code général des impôts.

Le chèque énergie est émis et attribué à ses bénéficiaires par l'Agence de services et de paiement mentionnée à l'article L. 313-1 du code rural et de la pêche maritime, qui en assure le remboursement aux personnes et organismes définis par décret en Conseil d'État. *(L. n° 2023-1322 du 29 déc. 2023, art. 231)* « Sont tenus d'accepter ce mode de règlement :

« 1° Les fournisseurs et les distributeurs d'énergie ;

« 2° Les gestionnaires des logements-foyers mentionnés à l'article L. 633-1 du code de la construction et de l'habitation qui font l'objet de la convention prévue à l'article L. 353-1 du même code ;

« 3° Les gestionnaires des établissements mentionnés aux I à IV *bis* de l'article L. 313-12 du code de l'action sociale et des familles qui font ou non l'objet de la convention prévue à l'article L. 353-1 du code de la construction et de l'habitation ;

« 4° Les professionnels ayant facturé les dépenses d'amélioration de la qualité environnementale ou de maîtrise de la consommation des logements ;

« 5° Pour les logements qui font l'objet de la convention prévue au même article L. 353-1, les organismes d'habitations à loyer modéré mentionnés à l'article L. 411-2 du même code, les sociétés d'économie mixte mentionnées à l'article L. 481-1 dudit code, la société anonyme Sainte-Barbe, l'association foncière logement mentionnée à l'article L. 313-34 du même code, les sociétés civiles immobilières dont les parts sont détenues à au moins 99 % par cette association ou les organismes bénéficiant de l'agrément prévu à l'article L. 365-2 du même code. »

(Abrogé par L. n° 2022-1499 du 1er déc. 2022, art. 20) « Le chèque énergie est accompagné d'une notice d'information et de conseils en matière d'efficacité et de bonne gestion énergétiques du logement et des appareils électriques. »

L'administration fiscale constitue un fichier établissant une liste des personnes remplissant les conditions prévues au premier alinéa du présent article et comportant les éléments nécessaires au calcul du montant de l'aide dont elles peuvent bénéficier. Ce fichier est transmis à l'Agence de services et de paiement afin de lui permettre d'adresser aux intéressés le chèque énergie. L'agence préserve la confidentialité des informations qui lui sont transmises.

Les occupants des résidences sociales mentionnées à l'article L. 633-1 du code de la construction et de l'habitation qui font l'objet de la convention prévue à l'article L. 353-1 du même code bénéficient, lorsqu'ils n'ont pas la disposition privative, au sens de la taxe d'habitation, de la chambre ou du logement qu'ils occupent, d'une aide spécifique. Cette aide est versée par l'Agence de services et de paiement au gestionnaire de la résidence sociale, à sa demande, lequel la déduit, sous réserve des frais de gestion, du montant des redevances quittancées.

Un décret en Conseil d'État détermine les conditions d'application du présent article.

(Abrogé par L. nº 2022-1499 du 1er déc. 2022, art. 20) ***« Ce décret définit les conditions d'une mise en œuvre progressive du chèque énergie, en vue de sa généralisation qui intervient au plus tard au 1er janvier 2018. Il désigne les territoires sur lesquels le chèque énergie est mis en place à titre expérimental, en remplacement des tarifs spéciaux prévus aux articles L. 337-3 et L. 445-5 du présent code, afin, notamment, de définir les meilleures modalités de mise en œuvre permettant d'optimiser l'utilisation du chèque énergie par ses bénéficiaires. L'État peut autoriser, dans le cadre de cette expérimentation, l'utilisation du chèque énergie pour l'achat d'équipements électriques, lorsque le remplacement d'un ancien équipement permet un gain substantiel de performance énergétique. Dans un délai de trois mois avant le terme de l'expérimentation, le Gouvernement remet au Parlement un rapport d'évaluation. »***

Art. L. 124-2 Le chèque énergie comporte, lors de son émission, une valeur faciale modulée en fonction du nombre de membres et des revenus du ménage. Il est nominatif et sa durée de validité est limitée. Cette durée de validité est différente selon que le chèque énergie est utilisé pour acquitter des factures d'énergie relatives au logement ou des dépenses d'amélioration de la qualité environnementale ou de maîtrise de la consommation d'énergie du logement mentionnées à l'article L. 124-1.

Les caractéristiques du chèque énergie, en tant que titre spécial de paiement, sont déterminées par arrêté conjoint des ministres chargés de l'énergie, des affaires sociales et de l'économie.

Art. L. 124-3 Les chèques qui n'ont pas été présentés au remboursement avant la fin du deuxième mois suivant l'expiration de leur durée de validité sont définitivement périmés.

Art. L. 124-4 Les dépenses et les frais de gestion supportés par l'Agence de services et de paiement *(L. nº 2015-1786 du 29 déc. 2015, art. 5-III)* « au titre des missions mentionnées à l'article L. 124-1 » sont financés par *(Abrogé par L. nº 2015-1786 du 29 déc. 2015, art. 5-III)* ***« une part des contributions dues par les consommateurs finals d'électricité mentionnées à l'article L. 121-10, par une part des contributions dues par les fournisseurs de gaz naturel mentionnées à l'article L. 121-37 et par »*** le budget de l'État.

(Abrogé par L. nº 2015-1786 du 29 déc. 2015, art. 5-III) ***« Les parts des contributions prévues au premier alinéa du présent article sont fixées par arrêté des ministres chargés de l'énergie et du budget, en tenant compte de la part respective de l'électricité, du gaz naturel et des autres énergies dans la consommation finale d'énergie résidentielle. »***

Les dispositions et modifications issues du III de l'art. 5 de la L. nº 2015-1786 du 29 déc. 2015 s'appliquent aux compensations prévues aux art. L. 121-6 et L. 121-35 C. énergie dues à compter du 1er janv. 2016 (L. préc., art. 5-VII-A).

Art. L. 124-5 *(L. nº 2015-992 du 17 août 2015, art. 201-III-8º, en vigueur le 1er janv. 2018)* Pour les consommateurs domestiques bénéficiant de l'aide prévue au présent chapitre, la mise à disposition des données de comptage en application des articles L. 341-4 et L. 453-7 s'accompagne d'une offre, par les fournisseurs d'électricité et de gaz naturel, de transmission des données de consommation, exprimées en euros *(Abrogé par L. nº 2019-1147 du 8 nov. 2019, art. 13)* ***« , au moyen d'un dispositif déporté »***. Pour les consommateurs d'électricité, ce dispositif permet *(L. nº 2019-1147 du 8 nov. 2019, art. 13)* « d'accéder aux données de consommation » en temps réel.

La fourniture de ces services et de ces dispositifs ne donne pas lieu à facturation.

Un décret précise les modalités d'application du présent article, qui doivent tenir compte du déploiement des dispositifs prévus au premier alinéa des articles L. 341-4 et L. 453-7.

Les dispositions issues du III de l'art. 201 de la L. nº 2015-992 du 17 août 2015 entrent en vigueur à compter de la date fixée par le décret mentionné à l'art. L. 124-1, et au plus tard à compter du 31 déc. 2018. Le Décr. nº 2016-555 du 6 mai 2016 a fixé cette date au 1er janv. 2018 (Décr. préc., art. 3-I).

CHAPITRE IV *LA PROTECTION DES CONSOMMATEURS EN SITUATION DE PRÉCARITÉ ÉNERGÉTIQUE*

(Décr. nº 2016-555 du 6 mai 2016, art. 1er)

SECTION 1 *Le chèque énergie*

A compter de la date prévue au premier al. de l'art. 3 du Décr. nº 2016-555 du 6 mai 2016 relatif au chèque énergie [V. ss. art. L. 124-1], soit le 1er janv. 2018, le Décr. nº 2016-1618 du 29 nov. 2016 crée une section 1 dans le présent chapitre IV comprenant les art. R. 124-1 à D. 124-17 (Décr. préc., art. 5).

Art. R. 124-1 *(Décr. nº 2018-1216 du 24 déc. 2018, art. 2)* **« Le bénéfice du chèque énergie est ouvert aux ménages dont le revenu fiscal de référence annuel par unité de consommation est inférieur à** *(Décr. nº 2020-1763 du 30 déc. 2020, art. 2-1º, en vigueur le 1er janv. 2021)* **« un seuil fixé par arrêté des ministres chargés de l'économie, du budget et de l'énergie », au titre de leur résidence principale, y compris à ceux d'entre eux dont le contrat de fourniture d'électricité ou de gaz naturel couvre simultanément des usages professionnels et non professionnels. Ce montant peut être réévalué par arrêté des ministres chargés de l'économie, du budget et de l'énergie. »**

(Décr. nº 2020-1763 du 30 déc. 2020, art. 2-2º, en vigueur le 1er janv. 2021) **« Au sens du présent chapitre, le ménage désigne une ou plusieurs personnes physiques remplissant l'une des conditions suivantes :**

« 1º Avoir, au 1er janvier de l'année d'imposition, la disposition ou la jouissance d'un local imposable à la taxe d'habitation prévue à l'article 1407 du code général des impôts ;

« 2º Être sous-locataire d'un logement imposable à la taxe d'habitation et géré par un organisme exerçant des activités d'intermédiation locative mentionnées au 3º de l'article L. 365-1 du code de la construction et de l'habitation.

« Le revenu fiscal de référence du ménage est la somme des revenus fiscaux de référence des occupants du local ou du logement. »

La première ou seule personne du ménage constitue une unité de consommation. La deuxième personne est prise en compte pour 0,5 unité de consommation. Chaque personne supplémentaire est prise en compte pour 0,3 unité de consommation.

Ces valeurs sont réduites de moitié pour les enfants mineurs en résidence alternée au domicile de chacun des parents lorsqu'ils sont réputés à la charge égale de l'un ou de l'autre parent en application du quatrième alinéa du I de l'article 194 du code général des impôts.

Art. R. 124-2 **Le chèque énergie est émis au titre d'une année civile, sur un support papier ou sous forme dématérialisée. Sa valeur faciale est déterminée en fonction des revenus et de la composition du ménage, tels que définis à l'article R. 124-1.**

(Décr. nº 2022-1552 du 10 déc. 2022, art. 2-1º, en vigueur le 1er sept. 2023) **« Le chèque émis au titre d'une année civile comporte une échéance :**

« – au 31 mars de l'année civile suivante, lorsqu'il est émis avant le 1er septembre ;

« – au 31 mars de la deuxième année civile suivante, lorsqu'il est émis à partir du 1er septembre inclus.

« Pour le chèque qui fait l'objet d'une réémission ou d'une émission tardive, la date de validité est fixée :

« – au 31 mars de l'année suivant sa date d'émission, lorsque celle-ci intervient avant le 1er septembre ;

« – au 31 mars de la deuxième année suivant sa date d'émission, lorsque celle-ci intervient à partir du 1er septembre inclus. »

Le chèque énergie est accompagné d'attestations, sous format papier ou dématérialisé, permettant, le cas échéant, de faire valoir les droits associés au bénéfice du chèque énergie, dans les conditions précisées à l'article R. 124-16. Ces attestations comportent une échéance d'utilisation correspondant au 30 avril suivant l'année civile de leur émission.

(Décr. nº 2018-1216 du 24 déc. 2018, art. 3) **« Le chèque énergie qui est réémis est accompagné d'une nouvelle attestation. L'échéance d'une attestation réémise n'est pas modifiée par rapport à l'attestation qu'elle remplace. »**

Décret nº 2022-1552 du 10 décembre 2022,

Relatif à la protection des consommateurs en situation de précarité énergétique (JO 11 déc.).

Art. 1er I. — Un chèque énergie exceptionnel est émis au titre de l'année 2022 dans les conditions prévues à l'article R. 124-2 du code de l'énergie. Toutefois, par dérogation à cet article :

1° L'échéance de validité du chèque énergie exceptionnel est fixée au 31 mars 2024 ;

2° L'échéance de validité des attestations mentionnées au troisième alinéa de l'article R. 124-2 est fixée au 30 avril 2023.

II. — Par dérogation à l'article R. 124-3 du même code, la valeur faciale (TTC) du chèque énergie exceptionnel est fixée à :

— 200 € pour les ménages dont le revenu fiscal de référence annuel par unité de consommation est inférieur à 10 800 € ;

— 100 € pour les ménages dont le revenu fiscal de référence annuel par unité de consommation est supérieur ou égal à 10 800 € et inférieur à 17 400 €.

III. — Par dérogation à l'article R. 124-12 du même code :

1° Les personnes morales et organismes mentionnés au II de l'article R. 124-4 du même code ne sont tenus d'accepter le chèque énergie exceptionnel en paiement que jusqu'au 31 mars 2024 ;

2° Le chèque énergie exceptionnel ne peut être présenté au remboursement que jusqu'au 31 mai 2024.

Art. R. 124-3 *(Décr. nº 2020-1763 du 30 déc. 2020, art. 3, en vigueur le 1er janv. 2021)* **La valeur faciale du chèque énergie (TTC) est définie, en fonction du revenu fiscal de référence (RFR) du ménage et du nombre d'unités de consommation (UC), par arrêté des ministres chargés de l'économie, du budget et de l'énergie.**

Art. R. 124-4 **I. – Le chèque énergie permet d'acquitter à hauteur de sa valeur faciale, en tout ou en partie :**

– une dépense de fourniture d'énergie liée au logement ;

– sous réserve des dispositions propres à certaines résidences sociales prévues à l'article R. 124-5, le montant acquitté pour l'occupation d'un logement dans un logement-foyer mentionné à l'article L. 633-1 du code de la construction et de l'habitation qui fait l'objet de la convention prévue à l'article *(Décr. nº 2019-772 du 24 juill. 2019, art. 8)* **« L. 831-1 » du même code ;**

(Décr. nº 2020-1763 du 30 déc. 2020, art. 4-1º, en vigueur le 1er janv. 2021) **« – le montant acquitté pour l'occupation d'un logement au sein des établissements mentionnés aux I à IV *bis* de l'article L. 313-12 du code de l'action sociale et des familles ; »**

– une dépense liée à l'acquisition ou à l'installation dans le logement des équipements, matériaux et appareils qui ouvrent droit au crédit d'impôt mentionné à l'article 200 *quater* du code général des impôts.

II. – Les personnes morales et organismes auxquels est ouvert le remboursement du chèque énergie sont :

– les fournisseurs d'électricité ou de gaz naturel ;

– les fournisseurs de gaz de pétrole liquéfié ;

– les fournisseurs de fioul domestique ;

– les fournisseurs de bois, de biomasse ou d'autres combustibles destinés à l'alimentation d'équipements de chauffage ou d'équipements de production d'eau chaude ;

– les gestionnaires de réseaux de chaleur ;

– les gestionnaires des logements-foyers mentionnés à l'article L. 633-1 du code de la construction et de l'habitation ayant conclu la convention prévue à l'article *(Décr. nº 2019-772 du 24 juill. 2019, art. 8)* **« L. 831-1 » du même code ;**

(Décr. nº 2020-1763 du 30 déc. 2020, art. 4-2º, en vigueur le 1er janv. 2021) **« – les gestionnaires des établissements mentionnés aux I à IV *bis* de l'article L. 313-12 du code de l'action sociale et des familles ; »**

– les professionnels titulaires d'un signe de qualité mentionné à *(Décr. nº 2020-1763 du 30 déc. 2020, art. 4-2º, en vigueur le 1er janv. 2021)* **« l'article 2 du décret nº 2014-812 du 16 juillet 2014 pris pour l'application du second alinéa du 2 de l'article 200 *quater* du code général des impôts et du dernier alinéa du 2 du I de l'article 244 *quater* U du code général des impôts ».**

Art. R. 124-4-1 *(Décr. n° 2020-1763 du 30 déc. 2020, art. 5, en vigueur le 1er janv. 2021)* I. — La demande tendant à assurer le bénéfice du chèque énergie à un ménage sous-louant un logement géré par un organisme exerçant des activités d'intermédiation locative conformément aux dispositions du 3° de l'article L. 365-1 du code de la construction et de l'habitation, est adressée par le gestionnaire du logement à l'Agence de services et de paiement. Elle comprend, pour chacun des logements concernés, les éléments suivants :

1° Une attestation établie par le gestionnaire, qui mentionne le nombre d'occupants du logement en sous-location au 1er janvier de l'année en cours ou, à défaut, à la date d'entrée du ménage dans le logement si le ménage est entré en cours d'année, ainsi que l'adresse du logement du ménage, et qui indique si le ménage est titulaire en propre de son contrat de fourniture d'énergie ;

2° Une copie d'un justificatif d'identité des personnes occupant le logement ;

3° Une copie de l'agrément mentionné à l'article L. 365-4 du code de la construction et de l'habitation ainsi qu'une déclaration sur l'honneur précisant que l'agrément est en cours de validité et n'a pas été dénoncé ;

4° Une copie de l'avis d'imposition à l'impôt sur le revenu de chaque contribuable occupant le logement à cette date, pour l'avant-dernière année précédant celle au titre de laquelle le bénéfice du chèque énergie est demandé ;

5° L'accord écrit du sous-locataire pour la transmission de ses données personnelles à l'Agence de services et de paiements.

Lors d'une demande initiale, le gestionnaire transmet ces éléments avant le 31 décembre de l'année suivant celle au titre de laquelle le bénéfice du chèque énergie est demandé. Les années suivant la première attribution du chèque énergie en application du présent article, si la composition du ménage n'a pas changé, il peut transmettre seulement les avis d'imposition mentionnés au 4°.

Au vu des justificatifs transmis, l'Agence de services et de paiement émet, le cas échéant, un chèque énergie au bénéfice du ménage concerné, sauf si le sous-locataire figure sur le fichier mentionné à l'article R. 124-7.

II. — Lorsque la convention d'occupation prend fin, s'il satisfait à la condition de revenu mentionnée au premier alinéa de l'article R. 124-1, le sous-locataire peut demander à l'Agence de services et de paiement de bénéficier du chèque énergie. A cet effet, il lui transmet, avant le 31 décembre de l'année suivant l'année au titre de laquelle le chèque énergie est sollicité :

1° Une attestation, établie par le gestionnaire, mentionnant la composition du ménage à la date de fin de la convention d'occupation et certifiant la sortie du dispositif d'intermédiation locative ;

2° Une copie de l'avis d'imposition à l'impôt sur le revenu de chaque contribuable du ménage occupant le logement à cette date, pour l'avant-dernière année précédant celle au titre de laquelle le ménage demande le bénéfice du chèque énergie ;

3° Un justificatif attestant qu'il a la disposition ou la jouissance du local, notamment un contrat de location ou un acte de vente, ainsi qu'un justificatif de domicile ;

4° Une copie d'un justificatif d'identité des personnes occupant le nouveau logement ;

5° Tout document permettant d'attester que son nouveau logement est assujetti à la taxe d'habitation.

Le cas échéant, l'Agence de services et de paiement attribue un chèque énergie au ménage.

III. — L'Agence de services et de paiement peut demander aux ménages et aux gestionnaires des organismes exerçant des activités d'intermédiation locative conformément à l'article L. 365-1 du code de la construction et de l'habitation, après réception des éléments mentionnés au présent article, tout document de nature à vérifier leur actualité et leur authenticité.

Art. R. 124-5 *(Décr. n° 2018-1216 du 24 déc. 2018, art. 5)* I. — La demande tendant à assurer aux occupants des résidences sociales le bénéfice de l'aide spécifique prévue au cinquième alinéa de l'article L. 124-1 est adressée, par les gestionnaires des résidences sociales, à l'Agence de services et de paiement mentionnée à l'article L. 313-3 du code rural et de la pêche maritime ou au prestataire agissant pour son compte, avec avis de réception. Elle comprend les éléments suivants :

— l'identification du gestionnaire et de la ou des résidences sociales dont il assure la gestion ;

— le nombre total de logements de la ou des résidences sociales et le nombre de logements mentionnés au cinquième alinéa de l'article L. 124-1 du code de l'énergie servant au calcul du montant de l'aide spécifique ;

— la date d'expiration de la convention prévue à l'article *(Décr. n° 2019-772 du 24 juill. 2019, art. 8)* « L. **831-1** » du code de la construction et de l'habitation ;

— une attestation sur l'honneur du gestionnaire de la résidence sociale précisant que la convention prévue à l'article *(Décr. n° 2020-1763 du 30 déc. 2020, art. 6-1°-a, en vigueur le 1er janv. 2021)* « L. **353-1** » du code de la construction et de l'habitation est en cours de validité et n'a pas été dénoncée *(Décr. n° 2020-1763 du 30 déc. 2020, art. 6-1°-b, en vigueur le 1er janv. 2021)* « , accompagnée de tout élément permettant d'en attester, notamment un extrait de cette convention, un extrait de celle mentionnée à l'article L. **831-1** ou un numéro d'enregistrement dans un répertoire public de nature à établir le caractère de résidence sociale » ; — *Les dispositions du b du 1° de l'art. 6 du Décr. n° 2020-1763 du 30 déc. 2020 ne sont pas applicables aux renouvellements, sur le fondement du III de l'art. R. 124-5, des demandes d'aide d'un gestionnaire de résidence sociale ayant déjà reçu l'aide spécifique avant le 1er janv. 2021 (Décr. préc., art. 15-2°).*

— un engagement du gestionnaire de la résidence sociale de signaler dans un délai d'un mois toute interruption ou modification de la convention prévue à l'article *(Décr. n° 2019-772 du 24 juill. 2019, art. 8)* « L. **831-1** » du code de la construction et de l'habitation pour des motifs liés à la date d'expiration de la convention ou au gestionnaire ;

— un engagement du gestionnaire de la résidence sociale d'effectuer le bilan annuel d'utilisation de l'aide mentionné au II du présent article et à retranscrire sur les avis d'échéance le montant de l'aide spécifique mentionnée à l'article L. 124-1 du code de l'énergie.

II. — Le montant de l'aide spécifique versée par l'agence aux gestionnaires de résidences sociales est établi en fonction du nombre de logements occupés de la résidence sociale et sur la base d'un montant unitaire *(Décr. n° 2020-1763 du 30 déc. 2020, art. 6-2°, en vigueur le 1er janv. 2021)* « défini par arrêté des ministres chargés de l'économie, du budget, de l'énergie et du logement ». *(Abrogé par Décr. n° 2020-1763 du 30 déc. 2020, art. 6-2°, à compter du 1er janv. 2021)* ***« Ce montant unitaire peut être modifié par arrêté conjoint des ministres chargés de l'économie, du budget, de l'énergie et du logement. »***

(Décr. n° 2020-1763 du 30 déc. 2020, art. 6-2°, en vigueur le 15 mars 2022) « Le gestionnaire déduit l'aide spécifique distribuée pour chaque logement éligible et occupé du montant de la redevance due par chaque occupant, le cas échéant après avoir appliqué des frais de gestion qui ne peuvent excéder un taux fixé par arrêté des ministres chargés de l'économie, du budget, de l'énergie et du logement, dans la limite de 5 % du montant de l'aide *[ancienne rédaction de l'al. : Les frais de gestion du gestionnaire s'élèvent à 5 % de l'aide distribuée pour chaque logement éligible à l'aide et occupé. Ce taux peut être modifié par arrêté conjoint des ministres chargés de l'économie, du budget, de l'énergie et du logement]*.

« II *bis*. — » Avant le 1er mars de chaque année, un bilan de l'utilisation de l'aide au cours de l'année écoulée est adressé avec avis de réception par le gestionnaire de la résidence sociale à l'Agence de services et de paiement. Il comprend les informations suivantes :

— l'identification de la résidence et de son gestionnaire ;

— l'année concernée ;

— le nombre des logements mentionnés au troisième alinéa du I de l'article R. 124-5 concernés ;

— le montant d'aide perçu en euros ;

— le montant des frais de gestion mentionnés au deuxième alinéa du présent II ;

— le montant effectivement déduit aux résidents en euros ;

— le montant et le nombre de chèques énergie utilisés par les résidents auprès du gestionnaire ;

— le cas échéant, le montant perçu par le gestionnaire qui n'a pas été déduit des redevances quittancées aux résidents, qui devra être déduit du versement suivant de l'agence, le solde éventuel devant être reversé par le gestionnaire à l'agence dans un délai de trois mois.

En l'absence de transmission du bilan de l'utilisation de l'aide ou de dossier *(Décr. n° 2020-1763 du 30 déc. 2020, art. 6-2°, en vigueur le 1er janv. 2021)* « complet », l'agence, après une relance avec avis de réception restée infructueuse, suspend tout versement sous un mois suivant la réception de cet avis et réclame le remboursement des montants perçus par le gestionnaire dont la déduction au profit des résidents n'est pas établie. Le gestionnaire continue cependant de déduire le montant de l'aide des redevances quittancées aux résidents selon les modalités antérieures à la suspension jusqu'à régularisation de sa situation.

III. — La demande d'aide prévue au I est réputée renouvelée chaque année au 15 octobre, jusqu'à la date d'expiration de la convention mentionnée au quatrième alinéa du I.

Le gestionnaire de la résidence sociale signale, dans le délai d'un mois, toute interruption ou modification de cette convention pour des raisons autres que celles mentionnées dans le cas de la demande modificative mentionnée au deuxième alinéa du I de l'article D. 124-5-1. Le cas échéant, l'agence réclame les sommes indûment versées au gestionnaire de la résidence sociale.

IV. — L'agence contrôle *a posteriori* et par échantillonnage l'exactitude des éléments déclaratifs renseignés par les gestionnaires des résidences sociales.

A cet effet, le gestionnaire de la résidence sociale fournit à l'agence, sur sa demande, tout document permettant de contrôler les éléments déclarés par le gestionnaire, notamment : *(Décr. n° 2020-1763 du 30 déc. 2020, art. 6-3°, en vigueur le 1er janv. 2021)* « — les conventions prévues à l'article L. 831-1 code de la construction et de l'habitation en cours pour l'ensemble des logements concernés par l'aide spécifique dans sa résidence » ;

— tout document des services de l'État dans le département précisant que *(Décr. n° 2020-1763 du 30 déc. 2020, art. 6-3°, en vigueur le 1er janv. 2021)* « ces conventions n'ont pas été dénoncées et indiquant leur » date d'expiration ;

— tout document permettant d'attester du nombre des logements mentionnés au troisième alinéa du I de l'article R. 124-5, notamment les documents comptables de la résidence sociale et les redevances quittancées aux résidents ;

— tout document justifiant que l'aide spécifique versée par l'agence a été déduite des redevances quittancées aux résidents.

En cas de constatation par l'agence du caractère inexact des déclarations des gestionnaires des résidences sociales ou à défaut de fourniture des pièces justificatives demandées par l'agence aux fins de contrôle dans un délai d'un mois à compter de la demande de pièces, le gestionnaire de la résidence sociale reverse à l'agence l'intégralité des sommes indûment perçues ou non justifiées dans un délai de trois mois.

Art. D. 124-5-1 *(Décr. n° 2018-1216 du 24 déc. 2018, art. 6)* I. — L'Agence de services et de paiement accuse réception du dossier complet de demande mentionné au I de l'article R. 124-5 et fait connaître au demandeur, dans les *(Décr. n° 2020-1763 du 30 déc. 2020, art. 7-1°, en vigueur le 1er janv. 2021)* « deux » mois à compter de la date de réception du dossier complet, le montant prévisionnel de l'aide auquel il a droit *(Abrogé par Décr. n° 2020-1763 du 30 déc. 2020, art. 7-1°, à compter du 1er janv. 2021)* « ***pour l'année suivante et, le cas échéant,*** » pour l'année en cours. L'aide est attribuée à compter du premier jour du mois de réception du dossier complet et calculée au prorata d'une année civile complète.

(Décr. n° 2020-1763 du 30 déc. 2020, art. 7-1°, en vigueur le 1er janv. 2021) « Dans le cas d'une demande relative à l'évolution du nombre de logements au sein d'une résidence percevant l'aide spécifique ou à l'ouverture d'une résidence sociale dont le gestionnaire s'est déjà vu attribuer l'aide spécifique pour d'autres logements, le dossier de demande d'aide est envoyé à l'Agence de services et de paiement avec demande d'avis de réception. L'aide est attribuée à compter du premier jour du mois de la date prévisionnelle de l'évolution du nombre de logements occupés ou d'occupation des nouveaux logements, sauf si la demande complète a été reçue postérieurement à cette date. Dans ce cas, l'aide est attribuée à compter du premier jour du mois de réception de la demande complète. Dans tous les cas, l'aide est calculée au prorata d'une année civile complète. »

II. — L'aide au titre de l'année complète est versée en deux parts *(Abrogé par Décr. n° 2020-1763 du 30 déc. 2020, art. 7-2°, à compter du 1er janv. 2021)* « ***égales*** », l'une au plus tard le 1er mars et l'autre au plus tard le 1er septembre.

(Décr. n° 2020-1763 du 30 déc. 2020, art. 7-2°, en vigueur le 1er janv. 2021) « Lorsque l'aide porte sur une année incomplète, à la suite d'une nouvelle demande ou d'une demande relative à l'évolution du nombre de logements ou à l'ouverture d'une résidence sociale, elle est versée en deux parts si la demande complète est reçue avant le 1er juillet ou en un versement unique si la demande est reçue postérieurement à cette date. Les montants des versements sont calculés au prorata des mois non écoulés avant la fin du semestre. »

III. — Le gestionnaire déduit le montant de l'aide des redevances mensuelles quittancées aux résidents, sous réserve des frais de gestion, à compter du mois suivant la réception de la notification d'attribution de l'agence, ou le cas échéant à compter du mois au cours duquel est attribuée l'aide correspondant à une nouvelle demande ou une demande modificative. Le montant de l'aide spécifique déduit des redevances est mentionné sur l'avis d'échéance correspondant. Le cas échéant, le gestionnaire procède à une régularisation pour les mois échus au titre desquels l'aide lui a été accordée.

Le gestionnaire peut, à ses frais, risques et périls, répercuter les déductions qu'il pratique sur les avis d'échéance des résidents pour les mois antérieurs à la date à laquelle il reçoit la notification d'acceptation de sa demande d'aide spécifique de l'agence. Les déductions anticipées ne peuvent en aucun cas donner lieu à une créance sur l'État ou sur un organisme public.

Le montant de la déduction mensuelle ne peut excéder le montant mensuel à acquitter par le résident. Le montant de l'aide spécifique qui, le cas échéant, dépasse la somme annuelle des redevances mensuelles est déduit du versement suivant effectué par l'agence pour l'année en cours, ou reversé par le gestionnaire de la résidence sociale à l'agence.

IV. — Le nouvel occupant d'une résidence sociale qui reçoit un chèque énergie au titre d'un précédent logement et ne l'utilise pas pour ce logement peut, par dérogation, l'utiliser pour le paiement de la redevance qui lui est quittancée par le gestionnaire de la résidence. Dans ce cas, le gestionnaire déduit le montant du chèque énergie de la ou des redevances mensuelles quittancées à ce résident selon les modalités prévues à l'article R. 124-11 et l'aide spécifique prévue aux articles R. 124-5 et *(Décr. n° 2020-1763 du 30 déc. 2020, art. 7-3°, en vigueur le 1er janv. 2021)* « D. 124-5-1 » n'est mise en œuvre qu'au terme d'un délai de 12 mois *(Décr. n° 2020-1763 du 30 déc. 2020, art. 7-3°, en vigueur le 1er janv. 2021)* « , ou à l'arrivée dans le logement d'un autre occupant n'ayant pas reçu le chèque énergie au titre d'un précédent logement. »

Art. R. 124-6 L'Agence de services et de paiement mentionnée à l'article L. 313-1 du code rural et de la pêche maritime est chargée, dans le cadre d'une convention avec l'État :

1° D'éditer, d'émettre et de distribuer le chèque énergie ;

2° D'assurer son remboursement aux personnes morales et organismes mentionnés au II de l'article R. 124-4 ;

3° De constituer et de tenir à jour un répertoire des personnes morales et organismes pouvant accepter le chèque énergie en paiement, répondant aux critères du II de l'article R. 124-4 ;

4° De mettre en place les dispositions propres à assurer la sécurité physique et financière des titres ;

5° De fournir, d'une part, aux bénéficiaires du chèque énergie, d'autre part, aux personnes ou organismes qui acceptent ce chèque, les renseignements pratiques dont ils peuvent avoir besoin, y compris en matière de réclamation ;

6° De collecter et de restituer au ministre chargé de l'énergie les informations relatives à la mise en œuvre du chèque énergie, concernant notamment le nombre de bénéficiaires, le taux d'utilisation du chèque, le type de dépenses acquittées, et les coûts de gestion associés.

Ces missions peuvent être confiées, en tout ou partie, à un ou plusieurs prestataires, sous la responsabilité de l'Agence de services et de paiement.

Art. R. 124-7 *(Décr. n° 2020-1763 du 30 déc. 2020, art. 8, en vigueur le 1er janv. 2021)* L'administration fiscale adresse chaque année à l'Agence de services et de paiement, par voie électronique, le fichier, signé électroniquement, des ménages mentionnés au 1° de l'article R. 124-1. Il comporte pour chacun d'eux les informations suivantes :

1° Le nom et le prénom de la ou des personnes composant le ménage, correspondant à la ou aux personnes au nom desquelles l'imposition à la taxe d'habitation est établie ;

2° Le nombre d'unités de consommation de chaque ménage bénéficiaire, calculé conformément à l'article R. 124-1 ;

3° L'adresse postale de chaque ménage bénéficiaire ainsi que son adresse de taxation ;

4° Un indicateur permettant de classer chaque ménage bénéficiaire par tranche de revenu et par unité de consommation ;

5° L'identifiant fiscal national individuel des contribuables constituant le ménage, dit "numéro SPI" ;

6° L'adresse électronique des personnes composant le ménage bénéficiaire du chèque énergie, lorsqu'elle est connue de l'administration fiscale ;

7° Le numéro de téléphone portable des personnes composant le ménage bénéficiaire du chèque énergie, lorsqu'il est connu de l'administration fiscale ;

8° Le nombre de personnes rattachées au ménage, correspondant à la ou aux personnes occupant le logement mais au nom desquelles l'imposition à la taxe d'habitation n'est pas établie ainsi que, dans la limite de cinq contribuables rattachés, leurs noms, prénoms, et identifiants fiscaux nationaux individuels.

L'Agence de services et de paiement peut transmettre ces informations, en tant que de besoin, aux prestataires mentionnés au dernier alinéa de l'article R. 124-6.

L'Agence de services et de paiement attribue les chèques énergie aux ménages bénéficiaires, à l'exception de ceux qui bénéficient du dispositif d'aide spécifique prévu à l'article R. 124-5.

A l'occasion de la distribution du chèque énergie, l'Agence de services et de paiement ou son prestataire informe le bénéficiaire de la transmission de ces informations par l'administration fiscale. Elle indique également au bénéficiaire les modalités lui permettant de faire valoir auprès d'elle ses droits d'accès, d'opposition ou de rectification, conformément à l'article 14 du règlement (UE) 2016/679 du Parlement européen et du Conseil du 27 avril 2016 relatif à la protection des personnes physiques à l'égard du traitement des données à caractère personnel et à la libre circulation de ces données, et abrogeant la directive 95/46/CE.

Jusqu'au 30 juin 2021, les dispositions du deuxième al. du II de l'art. R. 124-7 - qui sont reproduites ci-dessous - sont maintenues en vigueur dans leur rédaction issue du Décr. n° 2018-1216 du 24 déc. 2018 :

« Les informations transmises par l'administration fiscale ne peuvent être conservées pendant une durée supérieure à trente-six mois à compter de leur réception. Toutefois, lorsque le bénéficiaire fait usage du chèque qu'il reçoit, pour le paiement d'une dépense mentionnée au I de l'article R. 124-4 ou pour l'échanger contre le titre prévu à l'article R. 124-13, les informations qui le concernent sont conservées par l'Agence de services et de paiement conformément aux obligations relatives au délai de conservation des pièces justificatives de la dépense publique, en application de l'article 60 de la loi n° 63-156 du 23 février 1963 de finances pour 1963 et des articles 52 et 199 du décret n° 2012-1246 du 7 novembre 2012 relatif à la gestion budgétaire et comptable publique » (Décr. n° 2020-1763 du 30 déc. 2020, art. 15-2°).

Art. R. 124-7-1 *(Décr. n° 2020-1763 du 30 déc. 2020, art. 8, en vigueur le 1er janv. 2021)* L'Agence de services et de paiement prend toutes les précautions nécessaires pour préserver la sécurité et la confidentialité des données, en particulier à l'occasion de leur transmission. Les personnes chargées de recueillir et d'exploiter ces données sont tenues à une obligation de confidentialité.

Les informations transmises en application des articles R. 124-4-1, R. 124-5 et R. 124-7 ne peuvent être conservées pendant une durée supérieure à trente-six mois à compter de leur réception. Toutefois, lorsque le bénéficiaire fait usage du chèque qu'il reçoit pour le paiement d'une dépense mentionnée au I de l'article R. 124-4 ou d'une dépense mentionnée à l'article R. 124-13, les informations le concernant sont conservées par l'Agence de services et de paiement conformément aux obligations relatives au délai de conservation des pièces justificatives de la dépense publique, en application de l'article 60 de la loi n° 63-156 du 23 février 1963 de finances pour 1963 et des articles 52 et 199 du décret n° 2012-1246 du 7 novembre 2012 relatif à la gestion budgétaire et comptable publique. — *Le présent al. entre en vigueur le 1er juill. 2021 (Décr. n° 2020-1763 du 30 déc. 2020, art. 15-1°).*

Les informations nécessaires à la mise en œuvre des articles R. 124-10 et R. 124-16 sont conservées par l'Agence de services et de paiement tant que le ménage reste bénéficiaire du chèque énergie ou, à défaut, pour une durée de trente-six mois à compter de la date de lancement de la dernière campagne du chèque énergie au cours de laquelle le ménage a été bénéficiaire.

Art. R. 124-7-2 *(Décr. n° 2020-1763 du 30 déc. 2020, art. 8, en vigueur le 1er janv. 2021)* I. — Lorsque la situation d'un ménage, au regard de l'administration fiscale, est corrigée et que cette correction permet au ménage de satisfaire les critères d'éligibilité prévus à l'article R. 124-1 ou lui donne droit à un montant d'aide plus élevé, l'Agence de services et de paiement, sur réclamation de ce ménage et au vu des justificatifs d'imposition, selon le cas, émet un chèque énergie ou émet un chèque énergie complémentaire ou échange le chèque initialement reçu par le ménage contre un nouveau chèque, de telle sorte que le ménage bénéficie du montant auquel sa situation modifiée le rend éligible.

Lorsqu'un ménage n'a pas reçu de chèque en raison de son absence du fichier des bénéficiaires, elle-même liée à la remise de sa déclaration de revenus à l'administration fiscale hors des délais légaux ou à l'absence de déclaration, l'Agence de services et de paiement instruit son dossier sur la base des éléments qui lui sont fournis et, si les critères sont réunis, accorde le bénéfice du chèque énergie. Une information écrite est adressée au ménage lui rappelant la nécessité de remplir ses obligations fiscales dans les délais légaux et lui indiquant qu'une réclamation pour le même motif ne sera pas recevable les années suivantes. La réclamation déposée par le même ménage pour le même motif les années suivantes est rejetée par l'Agence de services et de paiement.

Pour être recevable, la réclamation doit être formulée avant le 31 décembre de l'année suivant l'année au titre de laquelle le chèque énergie a été émis ou aurait dû être émis. Au-delà de cette date, les réclamations en cours de traitement sont, en l'absence de réaction du ménage dans les trois mois suivant la date de la dernière communication adressée par l'Agence de services et de paiement, clôturées définitivement.

II. — Par dérogation aux dispositions de l'article R. 124-1, les ménages qui obtiennent, entre le 2 janvier et le 31 décembre de l'année d'imposition, la disposition ou la jouissance d'un local imposable à la taxe d'habitation prévue à l'article 1407 du code général des impôts, et qui satisfont à la condition de revenu mentionnée au premier alinéa de l'article R. 124-1 peuvent, à l'exception des ménages mentionnés aux dispositions de l'article D. 124-4-1, avant le 31 mai de l'année suivant l'année d'imposition, demander à l'Agence de services et de paiement le bénéfice d'un chèque énergie au titre de ce logement pour cette même année.

Ces ménages fournissent, à l'appui de leur demande :

1° Une copie de l'avis d'imposition à l'impôt sur le revenu de chaque contribuable du ménage occupant le logement à cette date, pour l'avant-dernière année précédant celle au titre de laquelle le ménage demande le bénéfice du chèque énergie ;

2° Tout élément permettant d'établir la composition du ménage ;

3° Une copie d'un justificatif d'identité des personnes occupant le logement ;

4° Tout élément permettant de justifier que, préalablement à leur emménagement dans le local assujetti à la taxe d'habitation, ils n'occupaient pas un logement assujetti à la taxe d'habitation ;

5° Un justificatif attestant qu'ils ont la disposition ou la jouissance du local, mentionnant la date d'entrée et, le cas échéant, la date de sortie du local, notamment un contrat de location ou un acte de vente, ainsi qu'un justificatif de domicile ;

6° Tout document permettant d'attester que leur logement est assujetti à la taxe d'habitation.

III. — L'Agence de services et de paiement peut demander aux ménages, après réception des éléments mentionnés au I et au II, tout document de nature à vérifier leur actualité et leur authenticité. Le cas échéant, elle attribue au ménage un chèque énergie dont la valeur est calculée au prorata de la durée d'occupation du local.

Art. R. 124-8 Le ministre chargé de l'énergie précise par arrêté les pièces que l'Agence de services et de paiement peut demander aux personnes morales et organismes concernés pour l'application du II de l'article R. 124-4. — *V. Arr. du 7 juin 2016, infra.*

Les modalités selon lesquelles l'Agence de services et de paiement rembourse les personnes morales et organismes acceptant le chèque énergie sont précisées *(Décr. n° 2018-1216 du 24 déc. 2018, art. 8)* « dans les conditions d'adhésion annexées au formulaire d'enrôlement qui est complété, signé et validé par ces personnes morales et organismes ».

Arrêté du 7 juin 2016,

Relatif aux pièces que l'Agence de services et de paiement peut demander aux personnes morales et organismes acceptant le chèque énergie pour l'application du II de l'article R. 124-4 du code de l'énergie.

Art. 1er En vue d'adhérer au dispositif, de s'enregistrer comme pouvant accepter le chèque énergie en paiement et en demander le remboursement, les personnes morales ou organismes mentionnés au II de l'article R. 124-4 du code de l'énergie fournissent à l'Agence de services et de paiement :

— un extrait K*bis* de moins de 6 mois ou, pour les personnes morales ou organismes ne disposant pas de K*bis*, toute autre pièce en cours de validité mentionnant la raison sociale, le Siret et le représentant légal de la personne morale ou de l'organisme ;

— un relevé d'identité bancaire du compte sur lequel sera effectué le remboursement des chèques énergie ;

— la convention conclue avec l'Agence de services et de paiement en application du 2e alinéa de l'article R. 124-8 du code de l'énergie, qui permet notamment d'identifier et d'enregistrer la personne morale ou organisme comme répondant aux critères fixés au II de l'article R. 124-4 du code de l'énergie.

Art. 2 Dans le cadre de la procédure d'enregistrement prévue à l'article 1er, ou de ses opérations de contrôle, l'Agence de services et de paiement peut demander aux personnes morales ou organismes souhaitant adhérer ou ayant adhéré au dispositif de justifier que leur activité répond aux critères mentionnés au II de l'article R. 124-4 du code de l'énergie, notamment par la présentation :

— de la convention prévue à l'article L. 351-2 du code de la construction et de l'habitation, pour les gestionnaires de logement-foyer conventionnés ;

— d'une attestation de certification au signe de qualité mentionné à l'article 46 AX de l'annexe III au code général des impôts, pour les professionnels concernés ;

— d'un document de nature contractuelle ou une délibération de la collectivité permettant d'attester de la gestion du réseau de chaleur, pour les gestionnaires de réseaux de chaleur.

Si, à l'issue d'une phase contradictoire consécutive à ces opérations de contrôle, l'Agence de services et de paiement constate que la personne morale ou l'organisme ne répond pas aux critères fixés au II de l'article R. 124-4 du code de l'énergie, elle peut demander le remboursement des montants déjà versés à la personne morale ou à l'organisme concerné.

Art. R. 124-9 Les chèques énergie ne peuvent être présentés par leurs bénéficiaires qu'aux personnes morales et organismes mentionnés au II de l'article R. 124-4. Ceux-ci ne peuvent les recevoir qu'en paiement d'une dépense mentionnée au I de l'article R. 124-4.

Ces personnes morales et organismes présentent les titres, accompagnés d'un bordereau de remise valant demande de remboursement, à l'Agence de services et de paiement ou au prestataire agissant pour son compte. Cette demande de remboursement, qui peut être dématérialisée, atteste de l'utilisation du chèque pour le paiement d'une dépense prévue au I de l'article R. 124-4.

(Décr. no 2018-1216 du 24 déc. 2018, art. 9) « Sur la base des conditions d'adhésion des personnes morales et organismes acceptant le chèque énergie » ou des demandes de remboursement accompagnées des bordereaux de remise de chèques, l'Agence de services et de paiement effectue le paiement par virement bancaire. *(Décr. no 2018-1216 du 24 déc. 2018, art. 9)* « Le paiement est effectué, hors période de clôture comptable annuelle, dans un délai qui ne peut excéder quinze jours calendaires à compter de la date de réception d'une demande de remboursement conforme, hors délais interbancaires. Pendant la période de clôture comptable annuelle, ce délai est majoré de dix jours calendaires, hors délais interbancaires. »

L'Agence de services et de paiement peut demander à la personne morale ou à l'organisme concerné des pièces complémentaires attestant de la nature des dépenses qui ont été payées avec un chèque énergie.

(Décr. no 2018-1216 du 24 déc. 2018, art. 9) « En cas de constatation par l'agence de l'inadéquation des dépenses avec les dispositions de l'article R. 124-4, ou à défaut de fourniture des pièces justificatives demandées dans un délai de deux mois à compter de la date de réception de la demande par le fournisseur, l'agence demande le remboursement des montants correspondant aux dépenses insusceptibles d'être couvertes par le chèque énergie. Elle signale aux autorités compétentes les pratiques mentionnées aux articles L. 121-1 à L. 121-22 du code de la consommation. »

Art. R. 124-10 I. — *(Décr. no 2020-1763 du 30 déc. 2020, art. 9-1o, en vigueur le 1er janv. 2021)* « Lorsqu'il a déjà été bénéficiaire du chèque énergie l'année précédente, un ménage peut demander à l'Agence de services et de paiement ou à son fournisseur d'énergie d'affecter directement la valeur du chèque auquel il aura droit les années suivantes au paiement des dépenses relevant de son contrat de fourniture d'électricité » *(Décr. no 2022-1552 du 10 déc. 2022, art. 2-2o, en vigueur le 1er sept. 2023)* « , de gaz ou de chaleur ».

Dans ce cas, *(Abrogé par Décr. n° 2020-1763 du 30 déc. 2020, art. 9-1°, à compter du 1er janv. 2021)* « ***tant que le ménage reste bénéficiaire du chèque énergie et titulaire du même contrat de fourniture, et*** » sauf demande expresse de *(Décr. n° 2020-1763 du 30 déc. 2020, art. 9-1°, en vigueur le 1er janv. 2021)* « **la part du bénéficiaire** », l'Agence de services et de paiement verse le montant du chèque énergie au fournisseur concerné. La valeur du chèque est déduite par le fournisseur de la ou des factures du bénéficiaire qui suivent ce versement. Pour les consommateurs mensualisés, le paiement des mensualités s'effectue selon les mêmes modalités que celles prévues à l'article R. 124-11.

Les modalités d'échange, entre l'Agence de services et de paiement et *(Décr. n° 2022-1552 du 10 déc. 2022, art. 2-2°, en vigueur le 1er sept. 2023)* « **le fournisseur d'électricité, de gaz naturel ou de chaleur** », des informations nécessaires à l'application du présent article *(Décr. n° 2020-1763 du 30 déc. 2020, art. 9-1°, en vigueur le 1er janv. 2021)* « **, y compris des adresses courriels des bénéficiaires** », sont prévues par *(Décr. n° 2018-1216 du 24 déc. 2018, art. 10)* « **les conditions d'adhésion mentionnées** » à l'article R. 124-8.

(Abrogé par Décr. n° 2020-1763 du 30 déc. 2020, art. 9, en vigueur le 1er janv. 2021) « *(Décr. n° 2018-1216 du 24 déc. 2018, art. 10)* « ***II. — Le bénéficiaire qui utilise son attestation pour faire valoir auprès de son fournisseur d'électricité ou de gaz naturel ses droits mentionnés au I et II de l'article R. 124-16 peut demander à l'agence d'utiliser directement l'attestation dont il bénéficiera les années suivantes pour le même contrat de fourniture.***

« ***Dans ce cas, tant que le ménage reste bénéficiaire du chèque énergie et titulaire du même contrat de fourniture, et sauf demande expresse de sa part, le fournisseur est informé par l'agence que le bénéficiaire dispose des droits mentionnés à l'article R. 124-16 et les met en œuvre.***

« ***Les modalités d'échange, entre l'agence et le fournisseur d'électricité ou de gaz naturel, des informations nécessaires à l'application du présent article, sont prévues par les conditions d'adhésion mentionnées à l'article R. 124-8*** ». »

Art. R. 124-11 I. — L'utilisation du chèque énergie comme moyen de paiement ne peut donner lieu à aucun remboursement en numéraire, ni total ni partiel.

II. — Lorsque la valeur du chèque énergie utilisé par un bénéficiaire pour le paiement d'une facture d'électricité ou de gaz naturel est supérieure au montant de ladite facture, le trop-perçu est déduit de la ou, le cas échéant, des prochaines factures. Cela ne peut donner lieu à remboursement, sauf en cas d'émission d'une facture de clôture telle que prévue *(Décr. n° 2016-555 du 6 mai 2016, art. 5-I, en vigueur le 1er juill. 2016)* « **par l'article L. 224-15 du code de la consommation** ».

(Décr. n° 2018-1216 du 24 déc. 2018, art. 11) « **Lorsque le chèque est adressé à un fournisseur, sa valeur est déduite, par ordre de priorité, des factures antérieures à la réception du chèque non soldées par le client, puis, si le montant du chèque le permet, de la facture suivant la réception du chèque, et enfin des factures suivantes** ».

Lorsque le bénéficiaire a opté pour un paiement de sa facture par mensualisation, le fournisseur qui reçoit le chèque énergie déduit la valeur du chèque de la première mensualité à échoir, et de la ou des mensualités suivante si la première mensualité est inférieure au montant du chèque. Le cas échéant, le montant résiduel est déduit de la facture de régularisation.

III. — Lorsque le chèque énergie est présenté comme moyen de paiement à un gestionnaire de logement-foyer *(Abrogé par Décr. n° 2018-1216 du 24 déc. 2018, art. 11)* « ***ou à un organisme gestionnaire d'habitation à loyer modéré*** », et que sa valeur est supérieure au montant à acquitter, le trop-perçu est affecté *(Décr. n° 2018-1216 du 24 déc. 2018, art. 11)* « **à la ou aux échéances suivantes** ». Il ne peut être reversé au résident qu'à l'issue du contrat de location.

IV. — Les dispositions de la première phrase du II du présent article sont applicables au bénéficiaire du chèque énergie qui utilise celui-ci pour le paiement d'une dépense relative à la livraison de gaz de pétrole liquéfié livré en vrac. Le trop-perçu ne peut donner lieu à remboursement, sauf en cas de résiliation du contrat.

Art. R. 124-12 Les personnes morales et organismes mentionnés au II de l'article R. 124-4 ne sont *(Décr. n° 2022-1552 du 10 déc. 2022, art. 2-3°)* « **tenus** » d'accepter un chèque énergie en paiement que *(Décr. n° 2022-1552 du 10 déc. 2022, art. 2-3°)* « **jusqu'à leur date de fin de validité** ».

Les titres ne peuvent être présentés au remboursement que *(Décr. n° 2022-1552 du 10 déc. 2022, art. 2-3°)* « jusqu'au dernier jour du deuxième mois suivant leur date de fin de validité » ; les titres présentés après cette date sont définitivement périmés.

Art. R. 124-13 Le bénéficiaire d'un chèque énergie qui souhaite affecter la valeur de son titre au financement de dépenses d'amélioration de la qualité environnementale ou de maîtrise de la consommation d'énergie de son logement peut remettre le chèque non utilisé à l'Agence de services et de paiement avant la fin de la période mentionnée au premier alinéa de l'article R. 124-12. Dans ce cas, l'Agence de services et de paiement échange gratuitement ce titre contre un titre de même valeur valable uniquement pour le financement des dépenses d'amélioration de la qualité environnementale ou de maîtrise de la consommation d'énergie du logement comprises parmi celles mentionnées à l'article 200 *quater* du code général des impôts.

La durée de validité de ce nouveau titre est augmentée de deux années par rapport à la durée de validité du titre initial remis par le bénéficiaire.

Art. R. 124-14 *(Décr. n° 2020-1763 du 30 déc. 2020, art. 10, en vigueur le 1er janv. 2021)* Sont punis de l'amende prévue pour les contraventions de la cinquième classe :

1° Le fait d'accepter un chèque énergie pour le paiement d'autres dépenses que celles définies au I de l'article R. 124-4 ;

2° Le fait, pour l'une des personnes morales et organismes mentionnés au II de l'article R. 124-4, de ne pas accepter le chèque énergie ;

3° Le fait de contrevenir aux dispositions de l'article R. 124-11.

Art. D. 124-15 L'Agence de services et de paiement adresse chaque année, avant le 15 juin, au ministre chargé de l'énergie, une déclaration mentionnant le montant des dépenses et des frais de gestion, pour l'activité exercée au titre de l'année précédente. Cette déclaration précise le nombre et la valeur des chèques non utilisés et non échangés à l'échéance de la durée de validité prévue à l'article R. 124-12 *(Décr. n° 2020-1763 du 30 déc. 2020, art. 11, en vigueur le 1er janv. 2021)* « , le nombre de logements en résidence sociale bénéficiant de l'aide spécifique et le montant de l'aide versée, » ainsi que le nombre et la valeur des chèques échangés et valables pour le financement de travaux d'économies d'énergie. Elle est accompagnée d'une estimation des coûts de gestion prévisionnels pour l'année suivante. — *[Anc. art. R. 124-15.]*

Art. R. 124-16 *(Décr. n° 2023-133 du 24 févr. 2023, art. 2, en vigueur le 1er avr. 2023)* « I. — Les bénéficiaires du chèque énergie bénéficient également :

« — de la gratuité de la mise en service et de l'intervention pour la réduction de puissance dans le cadre de la période minimale d'alimentation en électricité prévue à l'article 2 du décret n° 2008-780 du 13 août 2008 relatif à la procédure applicable en cas d'impayés des factures d'électricité, de gaz, de chaleur et d'eau ;

« — de l'enregistrement de leur contrat de fourniture d'électricité ou de gaz naturel ;

« — d'un abattement de 80 % sur la facturation d'un déplacement en raison d'une interruption de fourniture imputable à un défaut de règlement. »

Les pertes de recettes et les coûts occasionnés par ces dispositions sont compensés dans le cadre des dispositions prévues aux articles L. 121-8 et L. 121-36.

II. — Le bénéfice des droits mentionnés au I du présent article ainsi que des protections spécifiques prévues au troisième alinéa de l'article L. 115-3 du code de l'action sociale et des familles, *(Décr. n° 2016-555 du 6 mai 2016, art. 5-II, en vigueur le 1er juill. 2016)* « à l'article L. 224-13 du code de la consommation » et à l'article 2 du décret n° 2008-780 du 13 août 2008 relatif à la procédure applicable en cas d'impayés des factures d'électricité, de gaz, de chaleur et d'eau, est ouvert à compter du 1er avril de l'année au titre de laquelle la personne a bénéficié du chèque énergie et jusqu'au 30 avril de l'année suivante, *(Décr. n° 2018-1216 du 24 déc. 2018, art. 12)* « quelle que soit la date à laquelle celle-ci s'est fait connaître », par le règlement d'une facture avec son chèque énergie ou par la transmission à ce fournisseur de l'attestation prévue à l'article R. 124-2.

(Abrogé par Décr. n° 2020-1763 du 30 déc. 2020, art. 12-1°, à compter du 1er janv. 2021) ***« L'offre de transmission des données de consommation au moyen d'un dispositif déporté d'affichage, prévue à l'article L. 124-5 du code de l'énergie, est proposée par les fournisseurs d'électricité et de gaz aux ménages bénéficiaires du chèque énergie qui se sont fait connaître auprès d'eux dans les mêmes conditions. »***

(Décr. n° 2018-1216 du 24 déc. 2018, art. 12) « III. — L'agence est autorisée à mettre en œuvre un système de transmission aux fournisseurs d'électricité et de gaz naturel de la liste des bénéficiaires du chèque énergie identifiés comme clients chez ces fournisseurs. Cette transmission a pour finalité la mise en place automatique des droits mentionnés aux I et II du présent article. Ces données ne peuvent faire l'objet d'une exploitation commerciale.

« Les bénéficiaires qui ne figurent pas sur la liste mentionnée au premier alinéa peuvent bénéficier des mêmes protections associées en adressant à leur fournisseur d'énergie leur chèque énergie ou l'attestation prévue à l'article R. 124-2 du code de l'énergie.

« Les fournisseurs d'électricité et de gaz naturel transmettent à cet effet à l'Agence de services et de paiement les noms, prénoms, adresse, et références clients de leurs clients. *(Décr. n° 2020-1763 du 30 déc. 2020, art. 12-2°, en vigueur le 1er janv. 2021)* « Ils transmettent également, pour leurs clients ayant utilisé leur chèque énergie ou leurs attestations auprès d'eux les années précédentes, le numéro de chèque énergie correspondant. »

« La liste envoyée par l'agence à un fournisseur d'électricité ou de gaz naturel comporte les noms, prénoms, adresse, et références clients des bénéficiaires du chèque énergie ayant un contrat avec ce fournisseur.

« La durée d'enregistrement des données sur l'espace d'échanges est limitée au temps strictement nécessaire à l'opération de comparaison et de création des fichiers de clients bénéficiaires du chèque énergie.

« Sont habilités à accéder à ces données, dans la stricte nécessité de leur mission, les employés des fournisseurs d'électricité ou de gaz naturel assurant la mise en œuvre du chèque énergie et des droits mentionnés aux I et II du présent article, à l'exclusion de toute autre utilisation commerciale. Le ministre chargé de l'énergie peut en outre autoriser les fournisseurs, sur leur demande, à donner accès à ces données à leurs employés chargés de la promotion des dispositifs de lutte contre la précarité énergétique, dans la stricte nécessité de leur mission et à l'exclusion de toute autre utilisation commerciale.

(Décr. n° 2020-1763 du 30 déc. 2020, art. 12-2°, en vigueur le 1er janv. 2021) « L'Agence de services et de paiement » adresse un courrier *(Décr. n° 2020-1763 du 30 déc. 2020, art. 12-2°, en vigueur le 1er janv. 2021)* « ou un courriel » aux bénéficiaires du chèque énergie les informant qu'ils disposent d'un délai *(Décr. n° 2020-1763 du 30 déc. 2020, art. 12-2°, en vigueur le 1er janv. 2021)* « dont elle fixe la durée et qui ne peut être inférieur à un mois » pour s'opposer auprès d'elle à la transmission aux fournisseurs d'électricité et de gaz naturel des données mentionnées au premier alinéa. En l'absence d'opposition, ces données sont transmises aux fournisseurs de gaz naturel et d'électricité. Le bénéficiaire du chèque énergie peut à tout moment demander à son fournisseur l'effacement des données relatives au bénéfice du chèque ou de ses droits associés le concernant, sans avoir à présenter de justification.

« L'agence, d'une part, et les fournisseurs recevant les données mentionnées au deuxième alinéa, d'autre part, prennent chacun en ce qui les concerne toutes les précautions utiles pour préserver la sécurité et la confidentialité des données.

« Les fournisseurs ne peuvent conserver les données transmises par l'agence pendant une durée supérieure à 29 mois à compter de leur transmission ou de leur dernière modification. Dès lors qu'ils ont transmis l'évaluation de ces charges à la Commission de régulation de l'énergie, les fournisseurs archivent ces données en archives intermédiaires. »

Art. D. 124-17 *(Abrogé par Décr. n° 2021-608 du 19 mai 2021, art. 4) (Décr. n° 2016-1618 du 29 nov. 2016, art. 3)* ***A compter de la date mentionnée au premier alinéa de l'article 3 du décret n° 2016-555 du 6 mai 2016 relatif au chèque énergie*** [V. ss. art. L. 124-1], ***l'Agence de services et de paiement adresse chaque année aux bénéficiaires du chèque énergie, lorsqu'ils habitent une zone où sont déployés les dispositifs de comptage mentionnés au premier alinéa de l'article L. 341-4 et au premier alinéa de l'article L. 453-7, une attestation leur permettant de faire valoir auprès de leur fournisseur d'énergie leur droit à l'offre de transmission des données de consommation au moyen d'un dispositif déporté.***

Cette attestation comporte une date de validité et informe le client qu'il peut bénéficier du dispositif déporté s'il est équipé d'un dispositif de comptage mentionné au premier alinéa de l'article L. 341-4 ou au premier alinéa de l'article L. 453-7.

SECTION 2 *L'offre de transmission des données de consommation*

(Décr. n° 2021-608 du 19 mai 2021, art. 1er)

Art. D. 124-18 L'offre de transmission des données prévue à l'article L. 124-5 permet un accès aux données fixées par arrêté du ministre chargé de l'énergie au moyen d'un équipement permettant d'assurer un affichage de données via une application digitale, une interface de programmation d'application ou un service web. Pour l'électricité, l'offre comprend un émetteur radio à brancher sur le compteur du consommateur. L'accès aux données en temps réel s'effectue au domicile du consommateur. Les affichages de ces données ne sont pas conservés au-delà des périodes temporelles déterminées dans l'arrêté prévu à l'article D. 124-25.

Art. D. 124-19 I. — *(Décr. nº 2021-608 du 19 mai 2021, art. 3, en vigueur le 1er oct. 2022)* « Les » fournisseurs d'électricité et de gaz naturel proposent l'offre de transmission des données prévue à l'article L. 124-5 à leurs clients raccordés au réseau continental interconnecté bénéficiaires du chèque énergie prévu à l'article L. 124-1 et équipés d'un dispositif de comptage mentionné respectivement aux articles L. 341-4 et L. 453-7 *(Décr. nº 2021-608 du 19 mai 2021, art. 3, en vigueur le 1er oct. 2022)* « dans un délai de six semaines suivant » :

« — la date de réception d'un chèque énergie pour le règlement d'une facture ou de l'attestation prévue à l'article R. 124-2 en cours de validité ; ou

« — la mise en service du dispositif de comptage mentionné au premier alinéa de l'article L. 341-4 ou au premier alinéa de l'article L. 453-7 pour les bénéficiaires du chèque énergie qui se sont déjà fait connaître dans les conditions prévues à l'alinéa précédent. »

Pour l'électricité, les fournisseurs précisent les conditions techniques nécessaires au déploiement de cette offre et demandent aux consommateurs s'ils les remplissent.

Lorsqu'un consommateur indique au fournisseur qu'il ne dispose pas déjà d'un équipement permettant d'assurer l'affichage de ses données en temps réel, ou lorsque les conditions techniques ne lui permettent pas d'avoir accès à ses données de consommation sur un écran dont il dispose déjà, le fournisseur l'informe qu'il peut à défaut consulter l'historique de ses consommations sur l'espace sécurisé prévu à l'article D. 224-26 du code de la consommation et, le cas échéant, sur les autres moyens existants permettant un affichage de ses données de consommation d'électricité en temps réel proposés dans le cadre des certificats d'économie d'énergie prévus à l'article L. 221-1.

Pour un consommateur ayant souscrit un contrat de fourniture de gaz naturel et d'électricité chez le même fournisseur, la sollicitation prévue au premier alinéa fait l'objet d'un envoi commun.

II. — La sollicitation prévue au I est accompagnée d'un moyen de réponse gratuit pour le consommateur.

Ancien art. D. 124-19 *I. — Avant le 1er octobre 2022, les fournisseurs d'électricité et de gaz naturel proposent l'offre de transmission des données prévue à l'article L. 124-5 à leurs clients raccordés au réseau continental interconnecté bénéficiaires du chèque énergie prévu à l'article L. 124-1 et équipés d'un dispositif de comptage mentionné respectivement aux articles L. 341-4 et L. 453-7 qui se sont fait connaître dans les conditions prévues au II de l'article R. 124-16.*

Pour l'électricité, les fournisseurs précisent les conditions techniques nécessaires au déploiement de cette offre et demandent aux consommateurs s'ils les remplissent.

Lorsqu'un consommateur indique au fournisseur qu'il ne dispose pas déjà d'un équipement permettant d'assurer l'affichage de ses données en temps réel, ou lorsque les conditions techniques ne lui permettent pas d'avoir accès à ses données de consommation sur un écran dont il dispose déjà, le fournisseur l'informe qu'il peut à défaut consulter l'historique de ses consommations sur l'espace sécurisé prévu à l'article D. 224-26 du code de la consommation et, le cas échéant, sur les autres moyens existants permettant un affichage de ses données de consommation d'électricité en temps réel proposés dans le cadre des certificats d'économie d'énergie prévus à l'article L. 221-1.

Pour un consommateur ayant souscrit un contrat de fourniture de gaz naturel et d'électricité chez le même fournisseur, la sollicitation prévue au premier alinéa fait l'objet d'un envoi commun.

II. — La sollicitation prévue au I est accompagnée d'un moyen de réponse gratuit pour le consommateur.

Art. D. 124-20 Les offres prévues à l'article L. 124-5 sont communiquées au ministre chargé de l'énergie au plus tard deux mois avant d'être proposées pour la première fois aux consommateurs ; celui-ci dispose d'un délai d'un mois pour s'y opposer.

Art. D. 124-21 Le fournisseur d'électricité ou de gaz naturel précise de manière claire et intelligible la nature des informations susceptibles de lui être transmises par les gestionnaires de réseaux pour la mise en œuvre de l'offre de transmission des données prévue à l'article L. 124-5 et doit recueillir l'autorisation expresse du consommateur pour la transmission de ces données dans ce cadre. Les données transmises dans ce cadre ne peuvent être utilisées pour un autre usage ni transmise à un tiers par le fournisseur.

Art. D. 124-22 L'accès aux données de consommation est mis à disposition du consommateur dans un délai de six semaines suivant son acceptation de l'offre.

Pour l'électricité, l'émetteur radio est accompagné d'une présentation de l'offre et d'une notice précisant ses modalités d'installation et, le cas échéant, de retour en cas de changement de fournisseur. Cette notice précise également le niveau d'exposition aux champs électromagnétiques associé à son fonctionnement.

Un émetteur radio défectueux est remplacé gratuitement si le consommateur remplit toujours les conditions mentionnées aux articles L. 124-5 et D. 124-19.

En cas de refus de l'offre, le consommateur peut demander à en bénéficier ultérieurement s'il remplit toujours les conditions mentionnées aux articles L. 124-5 et D. 124-19.

En cas de changement de fournisseur, le consommateur restitue l'émetteur radio à son précédent fournisseur. La facture de clôture prévue à l'article L. 224-15 du code de la consommation est accompagnée d'un moyen de retour gratuit de l'émetteur radio.

Art. D. 124-23 L'offre de transmission des données prévue à l'article L. 124-5 préserve la confidentialité des données.

Les données transmises au consommateur dans ce cadre ne sont pas opposables au fournisseur en cas de litige de facturation.

Art. D. 124-24 Tous les ans, avant le 30 mars, les fournisseurs indiquent au ministre chargé de l'énergie le nombre de leurs clients éligibles au chèque énergie, le nombre de sollicitations adressées dans le cadre de l'article D. 124-19 et le nombre d'offres effectivement mises à disposition l'année précédente.

Art. D. 124-25 Un arrêté du ministre chargé de l'énergie précise les informations que l'offre de transmission des données de consommation doit être en mesure d'afficher.

Pour les consommateurs d'électricité, l'émetteur radio mentionné à l'article D. 124-18 répond à des spécifications techniques minimales définies par arrêté du ministre chargé de l'énergie.

Loi n° 90-449 du 31 mai 1990,

Visant à la mise en œuvre du droit au logement (JO 2 juin).

Art. 1er Garantir le droit au logement constitue un devoir de solidarité pour l'ensemble de la nation.

Toute personne ou famille éprouvant des difficultés particulières, en raison notamment de l'inadaptation de ses ressources ou de ses conditions d'existence, a droit à une aide de la collectivité, dans les conditions fixées par la présente loi, pour accéder à un logement décent et indépendant ou s'y maintenir *(L. n° 2004-809 du 13 août 2004, art. 65-I-1°)* « et pour y disposer de la fourniture d'eau, d'énergie et de services téléphoniques ».

Le Conseil national de l'habitat est chargé d'établir chaque année un bilan de l'action engagée qui est rendu public.

Art. 1er-1 *(L. n° 2014-366 du 24 mars 2014, art. 34-III-1°)* Constituent un habitat indigne les locaux ou les installations utilisés aux fins d'habitation et impropres par nature à cet usage, ainsi que les logements dont l'état, ou celui du bâtiment dans lequel ils sont situés, expose les occupants à des risques manifestes pouvant porter atteinte à leur sécurité physique ou à leur santé.

Sont constitutifs d'un habitat informel les locaux ou les installations à usage d'habitation édifiés majoritairement sans droit ni titre sur le terrain d'assiette, dénués d'alimentation en eau potable ou de réseaux de collecte des eaux usées et des eaux pluviales, ou de voiries ou d'équipements collectifs propres à en assurer la desserte, la salubrité et la sécurité dans des conditions satisfaisantes.

Est en situation de précarité énergétique au titre de la présente loi une personne qui éprouve dans son logement des difficultés particulières à disposer de la fourniture d'énergie nécessaire à la satisfaction de ses besoins élémentaires en raison de l'inadaptation de ses ressources ou de ses conditions d'habitat.

CHAPITRE I *DES PLANS DÉPARTEMENTAUX D'ACTION POUR LE LOGEMENT ET L'HÉBERGEMENT DES PERSONNES DÉFAVORISÉES* *(Ord. nº 2014-366 du 24 mars 2014, art. 34-III-2º ; Ord. nº 2014-1543 du 19 déc. 2014, art. 14-II, en vigueur le 1er janv. 2015).*

Art. 2 *(L. nº 2014-366 du 24 mars 2014, art. 34-III-3º)* Le *(Ord. nº 2014-1543 du 19 déc. 2014, art. 14-II ; L. nº 2017-86 du 27 janv. 2017, art. 147-II)* « plan départemental » d'action pour le logement et l'hébergement des personnes défavorisées comprend les mesures destinées à permettre aux personnes et aux familles mentionnées au II de l'article L. 301-1 du code de la construction et de l'habitation d'accéder à un logement décent et indépendant ou de s'y maintenir et d'y disposer de la fourniture d'eau, d'énergie et de services téléphoniques, ainsi que de pouvoir bénéficier, le temps nécessaire, si elles le souhaitent, d'un accompagnement correspondant à leurs besoins.

Ce plan inclut les mesures complémentaires destinées à répondre aux besoins en hébergement des personnes et familles relevant du dispositif d'accueil, d'hébergement et d'accompagnement vers l'insertion et le logement, conformément aux articles L. 312-5-3, L. 345-2-2 et L. 345-2-3 du code de l'action sociale et des familles, ainsi qu'aux besoins des personnes et familles prises en charge dans les établissements ou par les services relevant du schéma d'organisation sociale et médico-sociale prévu à l'article L. 312-4 du même code. A cette fin, il couvre le dispositif de veille sociale mentionné à l'article L. 345-2 du même code.

(L. nº 2018-1021 du 23 nov. 2018, art. 125) « Ce plan inclut une annexe comportant :

« 1º Le schéma régional d'accueil des demandeurs d'asile, transmis par le représentant de l'État dans le département, ainsi que les modalités de son suivi ;

« 2º Le programme régional relatif à l'accès à la prévention et aux soins des personnes les plus démunies, transmis par le directeur général de l'agence régionale de santé. »

Il comprend les mesures destinées à répondre aux besoins d'accompagnement social, d'actions d'adaptation à la vie active et d'insertion professionnelle des personnes et familles mentionnées au premier alinéa du présent article.

Il comprend également des mesures destinées à lutter contre la précarité énergétique.

Il inclut une annexe, arrêtée par le représentant de l'État dans le département, comportant le schéma *(L. nº 2017-86 du 27 janv. 2017, art. 147-II)* « départemental de la » domiciliation ainsi que les modalités de son suivi et de coordination des acteurs.

Une commission du comité régional de l'habitat et de l'hébergement prévu à l'article L. 364-1 du code de la construction et de l'habitation est chargée d'assurer la coordination des *(Ord. nº 2014-1543 du 19 déc. 2014, art. 14-I ; L. nº 2017-86 du 27 janv. 2017, art. 147-II)* « plans départementaux » d'action pour le logement et l'hébergement des personnes défavorisées ainsi que leur évaluation, y compris à mi-parcours. Sa composition est fixée par décret en Conseil d'État.

Art. 3 *(L. nº 2014-366 du 24 mars 2014, art. 34-III-3º)* Le plan départemental est élaboré et mis en œuvre par l'État et le département *(Ord. nº 2016-1562 du 21 nov. 2016, art. 16-1º)* « , ou, en Corse, par l'État et la collectivité de Corse ». *(Ord. nº 2020-1304 du 28 oct. 2020, art. 8, en vigueur le 1er janv. 2021)* « Dans le Bas-Rhin et dans le Haut-Rhin, chaque plan départemental est élaboré et mis en œuvre par l'État et la Collectivité européenne d'Alsace. » Ils constituent à cette fin un comité responsable du plan, coprésidé par le représentant de l'État dans le département et le président du conseil départemental *(Ord. nº 2016-1562 du 21 nov. 2016, art. 16-1º)* « , ou, en Corse, par le représentant de l'État dans le département et par le président du conseil exécutif », qui en nomment conjointement les membres.

Le comité responsable du plan associe à l'élaboration du plan des représentants des communes ou de leurs groupements et des autres personnes morales concernées, notamment les associations dont l'un des objets est la lutte contre les exclusions, l'insertion ou le logement des personnes défavorisées et les associations de défense des personnes en situation d'exclusion par le logement, les organismes qui exercent des activités de maîtrise d'ouvrage, des activités d'ingénierie sociale, financière et technique et des activités d'intermédiation locative et de gestion locative sociale disposant des agréments définis aux articles L. 365-2 à L. 365-4 du code de la construction et de l'habitation, les caisses d'allocations familiales, les caisses de mutualité sociale agricole, les distributeurs d'eau et les fournisseurs d'énergie, les opérateurs de services téléphoniques, les bailleurs publics ou privés, les collecteurs de la participation des employeurs à l'effort de construction, ainsi que des personnes mentionnées au premier alinéa de l'article 2 de la présente loi. Il peut également les associer à la mise en œuvre du plan et confier pour partie celle-ci à des instances locales, en tenant compte du périmètre des établissements publics de coopération intercommunale compétents en matière d'habitat.

Le comité responsable du plan dispose de tous les éléments d'information relatifs aux demandes enregistrées dans le système national d'enregistrement prévu à l'article L. 441-2-1 du même code.

Les autorités publiques compétentes et les organismes payeurs des aides personnelles au logement transmettent au comité responsable du plan les mesures de police arrêtées et les constats de non-décence effectués ainsi que l'identification des logements, installations et locaux repérés comme indignes et non décents.

Le comité responsable du plan met en place un observatoire des logements indignes et des locaux impropres à l'habitation, des logements considérés comme non décents à la suite d'un contrôle des organismes payeurs des aides personnelles au logement ainsi que des terrains supportant un habitat informel et des secteurs d'habitat informel, notamment en Guadeloupe, en Guyane, en Martinique, à Mayotte et à La Réunion, afin d'élaborer les actions de résorption correspondantes. Y figurent les noms des propriétaires tels qu'ils figurent au fichier immobilier ou au livre foncier.

Afin de mettre en œuvre la politique de lutte contre l'habitat indigne, les comités transmettent chaque année au ministre chargé du logement et, pour la Guadeloupe, la Guyane, la Martinique, Mayotte et La Réunion, au ministre chargé de l'outre-mer les données statistiques agrégées relatives au stock de locaux, installations ou logements figurant dans l'observatoire ainsi que le nombre de situations traitées au cours de l'année.

Le comité responsable du plan émet un avis sur les accords prévus aux articles L. 441-1-1 et L. 441-1-2 du code de la construction et de l'habitation.

Art. 4 *(L. n° 2014-366 du 24 mars 2014, art. 34-III-3°)* I. — Le *(Ord. n° 2014-1543 du 19 déc. 2014, art. 14-I; L. n° 2017-86 du 27 janv. 2017, art. 147-II)* « plan départemental » est établi pour une durée maximale de six ans. Il est révisé selon les modalités prévues pour son élaboration.

II. — Le *(Ord. n° 2014-1543 du 19 déc. 2014, art. 14-I; L. n° 2017-86 du 27 janv. 2017, art. 147-II)* « plan départemental » est fondé sur une évaluation des besoins des personnes mentionnées à l'article 2 de la présente loi *(Abrogé par L. n° 2017-86 du 27 janv. 2017, art. 70-IV) « dépourvues de logement ou mal logées »*, quelle que soit la forme de leur habitat, notamment celles *(L. n° 2017-86 du 27 janv. 2017, art. 70-IV)* « qui bénéficient d'une décision favorable mentionnée à l'article L. 441-2-3 et celles qui sont prioritaires en application » de l'article L. 441-1 du code de la construction et de l'habitation, auxquelles priorité doit être donnée pour l'attribution de logements. Il évalue également les besoins des personnes dont la difficulté d'accès ou de maintien dans un logement provient de difficultés financières ou du cumul de difficultés financières et de difficultés d'insertion sociale. Il prend également en compte les besoins des personnes victimes de violences au sein de leur couple ou de leur famille, menacées de mariage forcé ou contraintes de quitter leur logement après des menaces de violence ou des violences effectivement subies. Ces situations sont prises en compte sans que la circonstance que les personnes concernées bénéficient d'un contrat de location au titre du logement occupé par le couple ou qu'elles en soient propriétaires puisse y faire obstacle.

Cette évaluation est territorialisée et tient notamment compte du périmètre des établissements publics de coopération intercommunale compétents en matière d'habitat.

Sont en outre identifiés les terrains supportant un habitat informel et les secteurs d'habitat informel.

(L. n° 2017-86 du 27 janv. 2017, art. 70-IV) « III. — Le plan établit les priorités au niveau départemental à accorder aux personnes bénéficiant d'une décision favorable mentionnée à l'article L. 441-2-3 du code de la construction et de l'habitation et aux personnes prioritaires en application de l'article L. 441-1 du même code, notamment celles qui sont confrontées à un cumul de difficultés économiques et sociales. »

IV. — Le plan fixe, de manière territorialisée, en tenant compte des programmes locaux de l'habitat et des bassins d'habitat, les objectifs à atteindre pour assurer aux personnes et familles concernées par le plan la mise à disposition durable d'un logement et pour garantir la mixité sociale des villes et des quartiers, ainsi que les objectifs à atteindre en matière d'accueil, d'hébergement et d'accompagnement vers l'insertion et le logement des personnes sans domicile. A cette fin, il définit les mesures adaptées concernant :

1° Le suivi des demandes de logement et d'hébergement des personnes et familles concernées par le plan ;

2° La création ou la mobilisation d'une offre adaptée de logement et d'hébergement *(L. n° 2017-86 du 27 janv. 2017, art. 147-II)* « ainsi que, le cas échéant, une offre d'habitat adapté destinée aux personnes dites gens du voyage » ;

3° Les principes propres à améliorer la coordination des attributions prioritaires de logements ;

4° La prévention des expulsions locatives, l'organisation des acteurs qui y contribuent ainsi que les actions d'enquête, de diagnostic et d'accompagnement social correspondantes ;

5° La contribution des fonds de solidarité pour le logement à la réalisation des objectifs du plan ;

6° Le repérage et la résorption des logements indignes, des logements non décents, des locaux impropres à l'habitation et, s'il y a lieu, des terrains supportant un habitat informel et des secteurs d'habitat informel ainsi que les actions de diagnostic, d'accompagnement social, d'hébergement temporaire ou de relogement adapté correspondantes ;

7° La mobilisation de logements dans le parc privé, selon des modalités concertées et cohérentes, comprenant notamment le recours aux actions d'intermédiation locative ;

8° Les objectifs de développement ou d'évolution de l'offre existante relevant du secteur de l'accueil, de l'hébergement et de l'accompagnement vers l'insertion et le logement ;

9° L'offre globale de services d'accompagnement vers et dans le logement et de diagnostics sociaux ainsi que les modalités de répartition, entre les partenaires du plan, de leur réalisation et de leur financement. Il précise également le cadre de la coopération et de la coordination entre ces partenaires ;

10° La lutte contre la précarité énergétique.

Le *(Ord. n° 2014-1543 du 19 déc. 2014, art. 14-I ; L. n° 2017-86 du 27 janv. 2017, art. 147-II)* « plan départemental » précise, pour chacun de ces points, la ou les collectivités ou leurs groupements chargés de leur mise en œuvre dans le respect de leurs compétences respectives, telles que définies par le code général des collectivités territoriales.

Art. 4-1 *(L. n° 2014-366 du 24 mars 2014, art. 34-III-4°)* Le plan départemental est adopté conjointement par le président du conseil départemental *(Ord. n° 2016-1562 du 21 nov. 2016, art. 16-2°)* « , ou, en Corse, par le président du conseil exécutif, » et le représentant de l'État dans le département, après avis du comité régional de l'habitat et de l'hébergement et, dans les départements d'outre-mer, des conseils départementaux de l'habitat et de l'hébergement prévus à l'article L. 364-1 du code de la construction et de l'habitation *(Abrogé par L. n° 2017-86 du 27 janv. 2017, art. 147-II)* *« ainsi que du conseil départemental d'insertion »*. Il est rendu public.

Les établissements publics de coopération intercommunale compétents en matière d'habitat, auxquels le représentant de l'État dans le département et le maire délèguent leurs pouvoirs de police dans les conditions prévues à l'article L. 301-5-1-1 du code de la construction et de l'habitation, sont chargés de la coordination des mesures mentionnées au 6° du IV de l'article 4 de la présente loi, pour les territoires qui les concernent.

Art. 4-2 *(L. n° 2014-366 du 24 mars 2014, art. 34-III-4°)* Le président du conseil départemental *(Ord. n° 2016-1562 du 21 nov. 2016, art. 16-3°)* « , ou, en Corse, le président du conseil exécutif, » présente annuellement au comité responsable du plan départemental d'action pour le logement et l'hébergement des personnes défavorisées le bilan d'activité du fonds de solidarité pour le logement ainsi que la contribution des services sociaux du conseil départemental *(Ord. n° 2016-1562 du 21 nov. 2016, art. 16-3°)* « , ou, en Corse, de la collectivité de Corse, » à l'accompagnement social lié au logement, aux enquêtes sociales et aux diagnostics sociaux.

Art. 5 Des conventions passées entre les partenaires mentionnés à l'article 3 précisent les modalités de mise en œuvre du *(Ord. n° 2014-1543 du 19 déc. 2014, art. 14-II ; L. n° 2017-86 du 27 janv. 2017, art. 147-II)* « plan départemental » et définissent annuellement les conditions de financement des dispositifs qu'il prévoit.

(L. n° 2010-769 du 9 juill. 2010, art. 19) « Des conventions sont également passées avec les bailleurs de logements pour réserver dans chaque département un nombre suffisant de

logements, répartis géographiquement, à destination des personnes victimes de violences, protégées ou ayant été protégées par l'ordonnance de protection prévue aux articles 515-9 et suivants du code civil. »

(L. n° 98-657 du 29 juill. 1998, art. 35) « Des conventions spécifiques pour la mise en œuvre du *(Ord. n° 2014-1543 du 19 déc. 2014, art. 14-I ; L. n° 2017-86 du 27 janv. 2017, art. 147-II)* « plan départemental » peuvent être passées entre les participants aux instances locales mentionnées à l'article » *(L. n° 2014-366 du 24 mars 2014, art. 35-1°)* « 3 ».

Art. 6 *(L. n° 2004-809 du 13 août 2004, art. 65-I-5°)* « Il est créé dans chaque département un fonds de solidarité pour le logement.

« Le fonds de solidarité accorde, dans les conditions définies par son règlement intérieur, des aides financières sous forme de cautionnements, prêts ou avances remboursables, garanties ou subventions à des personnes remplissant les conditions de l'article 1er et qui entrent dans un logement locatif ou qui, étant locataires, sous-locataires ou résidents de logements-foyers, se trouvent dans l'impossibilité d'assumer leurs obligations relatives au paiement du loyer, des charges et des frais d'assurance locative, ou qui, occupant régulièrement leur logement, se trouvent dans l'impossibilité d'assumer leurs obligations relatives au paiement des fournitures d'eau, d'énergie et de services téléphoniques. »

(L. n° 2014-366 du 24 mars 2014, art. 35-2° et 36) « Le fonds de solidarité pour le logement, dans les conditions définies par son règlement intérieur, accorde des aides au titre des dettes de loyer et de factures d'énergie, d'eau *(L. n° 2016-1321 du 7 oct. 2016, art. 108-II)* « , de téléphone et d'accès à internet », y compris dans le cadre de l'accès à un nouveau logement. Le fonds de solidarité pour le logement fait connaître son rapport annuel d'activité au ministre chargé du logement. Ce rapport annuel d'activité fait l'objet d'une présentation et d'un débat au comité régional de l'habitat et de l'hébergement, insistant notamment sur ses bonnes pratiques transposables à d'autres territoires. »

(L. n° 2000-1208 du 13 déc. 2000, art. 84) « Le fonds de solidarité est également destiné à accorder des aides à des personnes propriétaires occupantes au sens du second alinéa de l'article L. 615-4-1 du code de la construction et de l'habitation, qui remplissent les conditions de l'article 1er de la présente loi et se trouvent dans l'impossibilité d'assumer leurs obligations relatives au paiement de leurs charges collectives, si le logement dont ils ont la propriété ou la jouissance est situé dans un groupe d'immeubles bâtis ou un ensemble immobilier faisant l'objet d'un plan de sauvegarde en application de l'article L. 615-1 du code de la construction et de l'habitation.

« Le fonds de solidarité logement peut, en outre, accorder des aides à ces mêmes propriétaires occupants qui se trouvent dans l'impossibilité d'assumer leurs obligations relatives au remboursement d'emprunts contractés pour l'acquisition de leur logement. »

(L. n° 2000-1208 du 13 déc. 2000, art. 140-IV) « Le fonds de solidarité peut également accorder des aides à des personnes propriétaires occupants, qui remplissent les conditions de l'article 1er de la présente loi et se trouvent dans l'impossibilité d'assurer leurs obligations relatives au paiement de leurs charges collectives, ou aux remboursements d'emprunts contractés pour l'acquisition du logement dont ils ont la propriété ou la jouissance si celui-ci est situé dans le périmètre d'une opération programmée d'amélioration de l'habitat définie à l'article L. 303-1 du code de la construction et de l'habitation, limitée à un groupe d'immeubles bâtis en sociétés d'attribution ou en société coopérative de construction donnant vocation à l'attribution d'un lot ou soumis au régime de la copropriété. »

(L. n° 98-657 du 29 juill. 1998, art. 36) « Le fonds de solidarité prend en charge des mesures d'accompagnement social individuelles ou collectives lorsqu'elles sont nécessaires à l'installation ou au maintien dans un logement des personnes et des familles bénéficiant du *(Ord. n° 2014-1543 du 19 déc. 2014, art. 14-I ; L. n° 2017-86 du 27 janv. 2017, art. 147-II)* « plan départemental », qu'elles soient locataires, sous-locataires, propriétaires de leur logement ou à la recherche d'un logement. *(L. n° 2014-366 du 24 mars 2014, art. 35-2°)* « Ces mesures comprennent notamment l'accompagnement des ménages dans la recherche d'un logement et les diagnostics sociaux *(L. n° 2018-1021 du 23 nov. 2018, art. 119)* « et financiers prévus au III de l'article 24 de la loi n° 89-462 du 6 juillet 1989 tendant à améliorer les rapports locatifs et portant modification de la loi n° 86-1290 du 23 décembre 1986, dont le fonds de solidarité finance la réalisation en dernier recours, » concernant les ménages menacés d'expulsion. » Il peut aussi accorder une garantie finan-

cière aux associations qui mettent un logement à la disposition des personnes défavorisées mentionnées à l'article 1er ou qui leur accordent une garantie. »

(L. nº 2014-366 du 24 mars 2014, art. 35-2º) « Les aides du fonds de solidarité » peuvent être accordées soit directement aux bénéficiaires, soit par l'intermédiaire de fonds locaux de solidarité pour le logement ou d'associations dont l'un des objets est l'insertion ou le logement de personnes défavorisées.

(L. nº 98-657 du 29 juill. 1998, art. 36) « Les instances locales mentionnées à l'article *(L. nº 2014-366 du 24 mars 2014, art. 35-2º)* « 3 » peuvent assurer la mise en œuvre des actions engagées par le fonds de solidarité.

« *(L. nº 2004-809 du 13 août 2004, art. 65-I-5º)* « Les mesures d'accompagnement social donnent lieu à l'établissement de conventions conclues par le département avec les organismes ou associations qui les exécutent. » Les organismes d'habitations à loyer modéré visés à l'article L. 411-2 du code de la construction et de l'habitation peuvent être partie à ces conventions. Ces conventions prévoient les conditions d'évaluation des mesures d'accompagnement social lié au logement et les modalités selon lesquelles le bailleur dans le patrimoine duquel des locataires ont bénéficié de ces mesures est associé à cette évaluation. »

« *(L. nº 2004-809 du 13 août 2004, art. 65-I-5º)* « Le fonds de solidarité *(L. nº 2014-366 du 24 mars 2014, art. 35-2º)* « , dans les conditions définies par son règlement intérieur, accorde également une aide destinée à financer tout ou partie des » suppléments de dépenses de gestion aux associations, aux centres communaux ou intercommunaux d'action sociale, aux autres organismes à but non lucratif et aux unions d'économie sociale qui sous-louent des logements à des personnes mentionnées à l'article 1er ou qui en assurent la gestion immobilière pour le compte de propriétaires. Cette aide peut aussi être accordée, selon des critères financiers et sociaux définis par le règlement intérieur du fonds de solidarité, aux organismes ci-dessus et aux bailleurs sociaux qui louent directement des logements à des personnes mentionnées à l'article 1er. Elle ne peut porter sur les logements bénéficiant de l'aide aux associations logeant à titre temporaire des personnes défavorisées. »

Art. 6-1 *(L. nº 2004-809 du 13 août 2004, art. 65-I-6º)* Le règlement intérieur du fonds de solidarité pour le logement définit les conditions d'octroi des aides conformément aux priorités définies *(L. nº 2014-366 du 24 mars 2014, art. 35-3º)* « au III de l'article 4 », ainsi que les modalités de fonctionnement et de gestion du fonds. Le règlement intérieur est élaboré et adopté par le conseil départemental après avis du comité responsable du *(Ord. nº 2014-1543 du 19 déc. 2014, art. 14-I ; L. nº 2017-86 du 27 janv. 2017, art. 147-II)* « plan départemental » d'action pour le *(L. nº 2014-366 du 24 mars 2014, art. 35-3º)* « logement et l'hébergement des personnes défavorisées prévu à l'article 3 ».

Les conditions d'octroi des aides du fonds de solidarité ne peuvent reposer sur d'autres éléments que le niveau de patrimoine ou de ressources des personnes et l'importance et la nature des difficultés qu'elles rencontrent. Le décret en Conseil d'État prévu à l'article 8 détermine la nature des ressources prises en compte.

Les aides accordées par le fonds de solidarité ne peuvent être soumises à aucune condition de résidence préalable dans le département.

L'octroi d'une aide ne peut être subordonné à une contribution financière au fonds ou à une participation aux frais de dossier ou d'instruction de la part d'une collectivité territoriale.

(L. nº 2014-366 du 24 mars 2014, art. 35-3º) « L'octroi d'une aide ne peut être subordonné à l'accord du bailleur ou des autres créanciers. » Il ne peut pas non plus être subordonné à une contribution financière au fonds ou à un abandon de créance ou à une participation aux frais de dossier ou d'instruction de la part du bailleur, du distributeur d'eau ou *(L. nº 2010-1488 du 7 déc. 2010, art. 4)* « du fournisseur » d'énergie ou de l'opérateur de services téléphoniques.

Aucune participation aux frais de dossier ou d'instruction ne peut être exigée des personnes ou familles.

Des modalités d'urgence doivent être prévues pour l'octroi et le paiement des aides, dès lors qu'elles conditionnent la signature d'un bail, qu'elles évitent des coupures d'eau, d'énergie *(L. nº 2016-1321 du 7 oct. 2016, art. 108-II)* « , de services téléphoniques ou de services d'accès à internet » ou qu'elles concernent des personnes et familles assignées aux fins de résiliation de bail.

Art. 6-2 *(L. nº 2004-809 du 13 août 2004, art. 65-I-6º)* Le fonds peut être saisi directement par toute personne ou famille en difficulté et, avec son accord, par toute personne ou organisme y ayant intérêt ou vocation. Il peut également être saisi par la commission *(L. nº 2014-366 du 24 mars 2014, art. 35-4º)* « de coordination des actions de prévention des expulsions locatives, par toute instance du *(Ord. nº 2014-1543 du 19 déc. 2014, art. 14-I ; L. nº 2017-86 du 27 janv. 2017, art. 147-II)* « plan départemental » d'action pour le logement et l'hébergement des personnes défavorisées », par l'organisme payeur de l'aide au logement ou par le représentant de l'État dans le département.

(L. nº 2011-156 du 7 févr. 2011, art. 1er, en vigueur le 1er janv. 2012) « La demande d'aide est notifiée par le gestionnaire du fonds au maire et au centre communal ou intercommunal d'action sociale de la commune de résidence du demandeur. Ceux-ci peuvent communiquer au gestionnaire du fonds, avec copie à l'intéressé, le détail des aides déjà fournies ainsi que toute information en leur possession susceptible d'éclairer le gestionnaire du fonds sur les difficultés rencontrées par le demandeur. »

Toute décision de refus doit être motivée.

Art. 6-3 *(L. nº 2004-809 du 13 août 2004, art. 65-I-6º)* Le financement du fonds de solidarité pour le logement est assuré par le département.

Une convention est passée entre le département, d'une part, et les représentants *(L. nº 2010-1488 du 7 déc. 2010, art. 4)* « de chaque fournisseur d'énergie ou d'eau *(L. nº 2016-1321 du 7 oct. 2016, art. 108-II)* « ou de services téléphoniques ou d'accès à internet » livrant des consommateurs domestiques », d'autre part, afin de définir le montant et les modalités de leur concours financier au fonds de solidarité pour le logement.

Les autres collectivités territoriales, les établissements publics de coopération intercommunale et les autres personnes mentionnées au *(L. nº 2014-366 du 24 mars 2014, art. 35-5º)* « deuxième alinéa » de l'article 3 peuvent également participer au financement du fonds de solidarité pour le logement.

Art. 6-4 *(L. nº 2004-809 du 13 août 2004, art. 65-I-6º)* Le département peut confier par convention, sous sa responsabilité et son contrôle, la gestion financière et comptable du fonds de solidarité pour le logement à un organisme de sécurité sociale, une association agréée à cet effet ou un groupement d'intérêt public.

Art. 7 *(L. nº 2004-809 du 13 août 2004, art. 65-I-6º)* Le conseil départemental peut créer des fonds locaux pour l'octroi de tout ou partie des aides du fonds de solidarité pour le logement et en confier la gestion, par convention, aux communes et aux établissements publics de coopération intercommunale qui en font la demande.

La création d'un fonds de solidarité intercommunal est de droit lorsque la demande en émane d'un établissement public de coopération intercommunale qui a conclu une convention avec l'État dans les conditions définies à l'article L. 301-5-1 du code de la construction et de l'habitation. La convention prévue à l'alinéa précédent prévoit les conditions dans lesquelles les crédits du fonds de solidarité lui sont délégués.

Art. 7-1 *(L. nº 2014-366 du 24 mars 2014, art. 28-II-1º)* Afin d'organiser le traitement coordonné des situations d'expulsion locative, une charte pour la prévention de l'expulsion est élaborée dans chaque département avec l'ensemble des partenaires concernés.

Cette charte est approuvée par le comité responsable du *(Ord. nº 2014-1543 du 19 déc. 2014, art. 14-I ; L. nº 2017-86 du 27 janv. 2017, art. 147-II)* « plan départemental » d'action pour le logement et l'hébergement des personnes défavorisées et fait l'objet d'une évaluation annuelle devant ce même comité ainsi que devant la commission de coordination des actions de prévention des expulsions locatives.

Un décret fixe la liste des dispositions appelées à figurer dans la charte.

Art. 7-2 *(L. nº 2023-668 du 27 juill. 2023, art. 12-I)* Une commission de coordination des actions de prévention des expulsions locatives est créée dans chaque département. Elle est coprésidée par le représentant de l'État dans le département, le président du conseil départemental et le président de la métropole lorsqu'il assure la gestion d'un fonds de solidarité intercommunal prévu à l'article 7.

Cette commission a pour missions de :

1º Coordonner, évaluer et orienter le dispositif de prévention des expulsions locatives défini par le plan départemental d'action pour le logement et l'hébergement des personnes défavorisées et la charte pour la prévention de l'expulsion ;

2° Décider du maintien ou de la suspension de l'aide personnelle au logement lorsque le bénéficiaire ne règle pas la dépense de logement, conformément à l'article L. 824-2 du code de la construction et de l'habitation ;

3° Orienter et répartir entre ses membres le traitement des signalements de personnes en situation d'impayé locatif notifié au représentant de l'État dans le département par les commissaires de justice afin d'assurer leur accompagnement social et budgétaire, l'apurement de la dette locative et, le cas échéant, les démarches de relogement. L'orientation auprès des services sociaux des conseils départementaux, des fonds de solidarité pour le logement et des commissions de surendettement s'effectue par voie électronique par l'intermédiaire du système d'information prévu au dernier alinéa du présent article ;

4° Délivrer des avis et des recommandations à tout organisme ou à toute personne susceptible de participer à la prévention de l'expulsion, ainsi qu'aux bailleurs et aux locataires concernés par une situation d'impayé ou de menace d'expulsion. La commission émet également des avis et des recommandations en matière d'attribution d'aides financières sous forme de prêts ou de subventions et d'accompagnement social lié au logement, suivant la répartition des responsabilités prévue par la charte de prévention de l'expulsion.

La commission est informée des décisions prises à la suite de ses avis. Elle est destinataire du diagnostic social et financier mentionné au III de l'article 24 de la loi n° 89-462 du 6 juillet 1989 tendant à améliorer les rapports locatifs et portant modification de la loi n° 86-1290 du 23 décembre 1986.

Pour l'exercice de sa mission, la commission est informée par le représentant de l'État dans le département :

– des situations faisant l'objet d'un commandement d'avoir à libérer les locaux lui ayant été signalés conformément à l'article L. 412-5 du code des procédures civiles d'exécution ;

– de toute demande et octroi du concours de la force publique mentionné au chapitre III du titre V du livre Ier du même code en vue de procéder à l'expulsion d'un lieu habité.

Elle est également informée de toute décision d'expulsion passée en force de chose jugée ou accordant des délais de paiement conformément au V de l'article 24 de la loi n° 89-462 du 6 juillet 1989 précitée, qui lui sont notifiées à la diligence du commissaire de justice dans un délai défini par décret. Cette notification s'effectue par voie électronique par l'intermédiaire du système d'information prévu au dernier alinéa du présent article.

La commission est informée par le commissaire de justice chargé de l'exécution des opérations d'expulsion de lieux habités qu'il réalise par l'intermédiaire du système d'information prévu au même dernier alinéa.

Les membres de la commission et les personnes chargées de l'instruction des saisines sont soumis au secret professionnel dans les conditions prévues à l'article 226-13 du code pénal. Par dérogation au même article 226-13, les professionnels de l'action sociale et médico-sociale, définie à l'article L. 116-1 du code de l'action sociale et des familles, fournissent aux services instructeurs de la commission les informations confidentielles dont ils disposent et qui sont strictement nécessaires à l'évaluation de la situation du ménage au regard de la menace d'expulsion dont il fait l'objet.

Par dérogation à l'article 226-13 du code pénal, les services instructeurs de la commission transmettent les informations confidentielles dont ils disposent à l'organisme compétent désigné à cette fin par le plan départemental d'action pour le logement et l'hébergement des personnes défavorisées, prévu à l'article 4 de la présente loi, suivant la répartition de l'offre globale de services d'accompagnement vers et dans le logement aux fins de réalisation du diagnostic social et financier dans les conditions prévues au III de l'article 24 de la loi n° 89-462 du 6 juillet 1989 précitée.

La commission peut être saisie par un de ses membres, par le bailleur, par le locataire et par toute institution ou personne y ayant intérêt ou vocation.

Elle est alertée par :

a) La commission de médiation, pour tout recours amiable au titre du droit au logement opposable fondé sur le motif de la menace d'expulsion sans relogement ;

b) Les organismes payeurs des aides au logement, systématiquement, en vue de prévenir leurs éventuelles suspensions par une mobilisation coordonnée des outils de prévention ;

c) Le fonds de solidarité pour le logement, lorsque son aide ne pourrait pas, à elle seule, permettre le maintien dans les lieux ou le relogement du locataire.

Ces alertes s'effectuent par voie électronique par l'intermédiaire du système d'information prévu au dernier alinéa du présent article.

La commission saisit directement les organismes publics ou les personnes morales suivants aux fins de permettre le maintien dans les lieux, le relogement ou l'hébergement d'un locataire menacé d'expulsion dont elle a connaissance :

— le fonds de solidarité pour le logement afin que ce dernier instruise une demande d'apurement d'une dette locative, lorsque son aide peut permettre le maintien dans les lieux ou le relogement d'un locataire en situation d'impayé locatif qui lui a été signalé ;

— le service intégré d'accueil et d'orientation, systématiquement, dès lors que la commission est notifiée par le représentant de l'État d'un octroi de concours de la force publique, afin qu'il soit procédé à l'enregistrement d'une demande d'hébergement au bénéfice du ménage concerné.

Ces saisines s'effectuent par voie électronique par l'intermédiaire du système d'information prévu au dernier alinéa du présent article.

La composition et les modalités de fonctionnement de la commission, notamment du système d'information qui en permet la gestion, sont fixées par décret en Conseil d'État.

Art. 8 *(L. n° 2004-809 du 13 août 2004, art. 65-I-6°)* Un décret en Conseil d'État, pris après avis du Conseil national de l'habitat, fixe les modalités d'application du présent chapitre.

Les dispositions de la L. n° 2004-809 du 13 août 2004 sont applicables, sous réserve de l'entrée en vigueur des dispositions relevant de la loi de finances, à compter du 1er janv. 2005 (L. préc., art. 199).

V. aussi App., v° Logement, L. n° 98-657 du 29 juill. 1998, art. 40.

V. Circ. n° 98-92 du 13 oct. 1998 relative aux dispositions sur le logement contenues dans la loi n° 98-657 du 29 juill. 1998 d'orientation relative à la lutte contre les exclusions (BOME n° 98/20).

....

Loi n° 98-657 du 29 juillet 1998,

D'orientation relative à la lutte contre les exclusions (JO 31 juill.).

TITRE I DE L'ACCÈS AUX DROITS

....

CHAPITRE II *ACCÈS AU LOGEMENT*

SECTION 1 *Mise en œuvre du droit au logement*

Art. 31 Les associations de défense des personnes en situation d'exclusion par le logement sont consultées aux plans national, départemental et local sur les mesures visant à la mise en œuvre du droit au logement.

Un décret en Conseil d'État détermine les conditions d'application du présent article.

....

Art. 40 *Abrogé par L. n° 2005-32 du 18 janv. 2005, art. 106.*

....

Circulaire du 8 mars 2000,

Relative à l'accès au logement des femmes en grande difficulté (JO 9 mars).

Loi n° 2000-614 du 5 juillet 2000,

Relative à l'accueil et à l'habitat des gens du voyage (JO 6 juill.).

Art. 1er I. — Les communes participent à l'accueil des personnes dites gens du voyage et dont l'habitat traditionnel est constitué de résidences mobiles *(L. n° 2017-86 du 27 janv. 2017, art. 149-1°)* « installées sur des aires d'accueil ou des terrains prévus à cet effet.

« Ce mode d'habitat est pris en compte par les politiques et les dispositifs d'urbanisme, d'habitat et de logement adoptés par l'État et par les collectivités territoriales.

« II. — Dans chaque département, au vu d'une évaluation préalable des besoins et de l'offre existante, notamment de la fréquence et de la durée des séjours des gens du voyage, de l'évolution de leurs modes de vie et de leur ancrage, des possibilités de scolarisation des enfants, d'accès aux soins et d'exercice des activités économiques, un schéma départemental prévoit les secteurs géographiques d'implantation et les communes où doivent être réalisés :

« 1° Des aires permanentes d'accueil, ainsi que leur capacité ;

« 2° Des terrains familiaux locatifs aménagés et implantés dans les conditions prévues à l'article L. 444-1 du code de l'urbanisme et destinés à l'installation prolongée de résidences mobiles, le cas échéant dans le cadre des mesures définies par le plan départemental d'action pour le logement et l'hébergement des personnes défavorisées, ainsi que le nombre et la capacité des terrains ;

« 3° Des aires de grand passage, destinées à l'accueil des gens du voyage se déplaçant collectivement à l'occasion des rassemblements traditionnels ou occasionnels, ainsi que la capacité et les périodes d'utilisation de ces aires.

« Le schéma départemental définit les conditions dans lesquelles l'État intervient pour assurer le bon déroulement des rassemblements traditionnels ou occasionnels et des grands passages.

« Les communes de plus de 5 000 habitants figurent obligatoirement au schéma départemental. Celui-ci définit la nature des actions à caractère social destinées aux gens du voyage.

« Deux annexes au schéma départemental recensent les terrains privés aménagés dans les conditions prévues à l'article L. 444-1 du code de l'urbanisme pour l'installation de résidences mobiles et les terrains mis à la disposition des gens du voyage par leurs employeurs, notamment dans le cadre d'emplois saisonniers.

« Le schéma départemental tient compte de l'existence de sites inscrits ou classés sur le territoire des communes concernées. La réalisation des aires permanentes d'accueil doit respecter la législation applicable, selon les cas, à chacun de ces sites.

« III. — Le schéma départemental est élaboré par le représentant de l'État dans le département et le président du conseil départemental. Après avis de l'organe délibérant des communes et des établissements publics de coopération intercommunale concernés et de la commission consultative prévue au IV, il est approuvé conjointement par le représentant de l'État dans le département et le président du conseil départemental dans un délai de dix-huit mois à compter de la publication de la présente loi. Passé ce délai, il est approuvé par le représentant de l'État dans le département. Il fait l'objet d'une publication.

« A l'initiative du représentant de l'État dans le département ou du président du conseil départemental, le schéma départemental est révisé selon la même procédure au moins tous les six ans à compter de sa publication. » *(L. n° 2018-957 du 7 nov. 2018, art. 1er)* « Il est tenu compte, lors de sa révision, des évolutions du schéma départemental de coopération intercommunale mentionné à l'article L. 5210-1-1 du code général des collectivités territoriales. »

(Ord. n° 2014-1543 du 19 déc. 2014, art. 26-1°, en vigueur le 1er janv. 2015) « III *bis*. — Le schéma qui s'applique sur les territoires du département du Rhône et de la métropole de Lyon est dénommé "schéma départemental-métropolitain". Il est élaboré par le représentant de l'État dans le département, le président du conseil départemental et le président du conseil de la métropole de Lyon selon la procédure prévue au III du présent article.

« Le schéma élaboré avant la création de la métropole de Lyon par le représentant de l'État dans le département et le président du conseil départemental demeure applicable jusqu'à l'approbation du schéma mentionné à l'alinéa précédent ou au plus tard jusqu'à sa révision. »

(Ord. n° 2016-1562 du 21 nov. 2016, art. 17-1°, en vigueur le 1er janv. 2018) « III *ter*. — En Corse, chaque schéma départemental est élaboré et approuvé par le représentant de l'État dans le département et le président du conseil exécutif. »

(Ord. n° 2020-1304 du 28 oct. 2020, art. 7, en vigueur le 1er janv. 2021) « III *quater*. — Dans le Bas-Rhin et dans le Haut-Rhin, chaque schéma départemental est élaboré et approuvé par le représentant de l'État dans le département et le président du conseil départemental de la Collectivité européenne d'Alsace. »

IV. — Dans chaque département, une commission consultative, comprenant notamment des représentants des communes *(L. n° 2017-86 du 27 janv. 2017, art. 149-1°)* « et des établissements *(L. n° 2018-957 du 7 nov. 2018, art. 1er)* « publics » de coopération intercommunale concernés », des représentants des gens du voyage et des associations intervenant auprès des gens du voyage, est associée à l'élaboration et à la mise en œuvre du schéma.

Elle est présidée conjointement par le représentant de l'État dans le département et par le président du conseil départemental ou par leurs représentants.

La commission consultative établit chaque année un bilan d'application du schéma. Elle peut désigner un médiateur chargé d'examiner les difficultés rencontrées dans la mise en œuvre de ce schéma et de formuler des propositions de règlement de ces difficultés. Le médiateur rend compte à la commission de ses activités. – *V. Décr. n° 2001-540 du 25 juin 2001 relatif à la composition et au fonctionnement de cette commission (JO 26 juin).*

(Ord. n° 2014-1543 du 19 déc. 2014, art. 26-2°, en vigueur le 1er janv. 2015) **« IV *bis*. – La commission consultative du département du Rhône est compétente également sur le territoire de la métropole de Lyon. Elle est dénommée "commission consultative départementale-métropolitaine". Elle est présidée par le représentant de l'État dans le département, le président du conseil départemental du Rhône et le président du conseil de la métropole de Lyon ou par leurs représentants. »**

(Ord. n° 2016-1562 du 21 nov. 2016, art. 17-2°, en vigueur le 1er janv. 2018) **« IV *ter*. – En Corse, la commission consultative est présidée conjointement par le représentant de l'État dans le département et par le président du conseil exécutif ou par leurs représentants. »**

(Ord. n° 2020-1304 du 28 oct. 2020, art. 7, en vigueur le 1er janv. 2021) **« IV *quater*. – Dans le Bas-Rhin et dans le Haut-Rhin, chaque commission consultative est présidée conjointement par le représentant de l'État dans le département et par le président du conseil départemental de la Collectivité européenne d'Alsace ou par leurs représentants. »**

V. – Le représentant de l'État dans la région coordonne les travaux d'élaboration des schémas départementaux. Il s'assure de la cohérence de leur contenu et de leurs dates de publication. Il réunit à cet effet une commission constituée des représentants de l'État dans les départements, du président du conseil régional et des présidents des conseils départementaux, ou de leurs représentants. *(L. n° 2017-86 du 27 janv. 2017, art. 149-1°)* **« Il coordonne l'action de l'État sur les grands passages. »**

(Ord. n° 2016-1562 du 21 nov. 2016, art. 17-3°, en vigueur le 1er janv. 2018) **« V *bis*. – Le représentant de l'État dans la collectivité de Corse coordonne les travaux d'élaboration des schémas départementaux. Il s'assure de la cohérence de leur contenu et de leurs dates de publication. Il réunit à cet effet une commission constituée des représentants de l'État dans les départements, du président du conseil exécutif ou de son représentant et de deux conseillers à l'Assemblée de Corse élus en son sein. »**

Art. 2 *(L. n° 2018-957 du 7 nov. 2018, art. 1er)* **« I – A. – Les communes figurant au schéma départemental et les établissements publics de coopération intercommunale compétents en matière de création, d'aménagement, d'entretien et de gestion des aires d'accueil des gens du voyage et des terrains familiaux locatifs définis aux 1° à 3° du II de l'article 1er sont tenus, dans un délai de deux ans suivant la publication de ce schéma, de participer à sa mise en œuvre.**

« B. – Les communes membres d'un établissement public de coopération intercommunale compétent remplissent leurs obligations en accueillant sur leur territoire les aires et terrains mentionnés au A du présent I.

« L'établissement public de coopération intercommunale compétent remplit ses obligations en créant, en aménageant, en entretenant et en assurant la gestion des aires et terrains dont le schéma départemental a prévu la réalisation sur son territoire. Il peut retenir un terrain d'implantation pour une aire ou un terrain situé sur le territoire d'une commune membre autre que celle figurant au schéma départemental, à la condition qu'elle soit incluse dans le même secteur géographique d'implantation.

« L'établissement public de coopération intercommunale compétent peut également remplir ses obligations en contribuant au financement de la création, de l'aménagement, de l'entretien et de la gestion d'aires ou de terrains situés hors de son territoire. Il peut, à cette fin, conclure une convention avec un ou plusieurs autres établissements publics de coopération intercommunale.

« C. – Les communes qui ne sont pas membres d'un établissement public de coopération intercommunale compétent remplissent leurs obligations en créant, en aménageant, en entretenant et en assurant la gestion des aires et terrains dont le schéma départemental a prévu la réalisation sur leur territoire. Elles peuvent également contribuer au financement de la création, de l'aménagement, de l'entretien et de la gestion d'aires ou de terrains situés hors de leur territoire. Elles peuvent, à cette fin, conclure une convention avec d'autres communes ou établissements publics de coopération intercommunale compétents.

« II. – Les communes ou les établissements publics de coopération intercommunale compétents assurent la gestion de ces aires et terrains ou la confient par convention à une personne publique ou privée. »

(L. n° 2017-86 du 27 janv. 2017, art. 149-2°) « II *bis*. – Un décret en Conseil d'État détermine :

« 1° En ce qui concerne les aires permanentes d'accueil : les règles applicables à leur aménagement, leur équipement, leur gestion, leur usage et les conditions de leur contrôle périodique, les modalités de coordination locale des périodes de fermeture temporaire, les modalités de calcul du droit d'usage et de la tarification des prestations fournies, le règlement intérieur type ;

« 2° En ce qui concerne les terrains familiaux locatifs : les règles applicables à leur aménagement, leur équipement, leur gestion et leur usage ;

« 3° En ce qui concerne les aires de grand passage : les règles applicables à leur aménagement, leur équipement, leur gestion et leur usage, les modalités de calcul du droit d'usage et de la tarification des prestations fournies, le règlement intérieur type. »

(L. n° 2004-809 du 13 août 2004, art. 201) « III. – Le délai de deux ans prévu au I est prorogé de deux ans, à compter de sa date d'expiration, lorsque la commune ou l'établissement public de coopération intercommunale a manifesté, dans ce délai, la volonté de se conformer à ses obligations :

« – soit par la transmission au représentant de l'État dans le département d'une délibération ou d'une lettre d'intention comportant la localisation de l'opération de réalisation ou de réhabilitation *(L. n° 2017-86 du 27 janv. 2017, art. 149-2°)* « de l'aire permanente d'accueil, des terrains familiaux locatifs ou de l'aire de grand passage ; »

« – soit par l'acquisition des terrains ou le lancement d'une procédure d'acquisition des terrains sur lesquels les aménagements sont prévus ;

« – soit par la réalisation d'une étude préalable.

« Le délai d'exécution de la décision d'attribution de subvention, qu'il s'agisse d'un acte unilatéral ou d'une convention, concernant les communes ou établissements publics de coopération intercommunale qui se trouvent dans la situation ci-dessus est prorogé de deux ans. »

(L. n° 2007-1822 du 24 déc. 2007) « IV. – Un délai supplémentaire est accordé, jusqu'au 31 décembre 2008 à compter de la date d'expiration du délai prévu au III, à la commune ou à l'établissement public de coopération intercommunale qui a manifesté, dans les conditions fixées au III, la volonté de se conformer à ses obligations et qui, au terme de ce délai, n'a pu néanmoins s'en acquitter. »

Art. 3 *(L. n° 2017-86 du 27 janv. 2017, art. 149-3°)* I. – Si, à l'expiration des délais prévus à l'article 2, une commune ou un établissement public de coopération intercommunale auquel a été transféré l'exercice de la compétence afférente n'a pas rempli les obligations mises à sa charge par le schéma départemental en matière d'aménagement, d'entretien et de gestion des aires permanentes d'accueil, des aires de grand passage et des terrains familiaux locatifs aménagés dans les conditions prévues à l'article L. 444-1 du code de l'urbanisme, le représentant de l'État dans le département met en demeure la commune ou l'établissement public de coopération intercommunale de prendre les mesures nécessaires selon un calendrier déterminé, en évaluant le montant des dépenses afférentes.

Si la commune ou l'établissement public de coopération intercommunale n'a pas pris les mesures nécessaires dans les délais prévus par le calendrier, le représentant de l'État dans le département peut lui ordonner de consigner entre les mains d'un comptable public les sommes correspondant au montant de ces dépenses. Ces sommes sont restituées au fur et à mesure de l'exécution de ces mesures.

Il est procédé au recouvrement de ces sommes comme en matière de créances de l'État étrangères à l'impôt et au domaine. L'opposition devant le juge administratif à l'état exécutoire pris en application d'une mesure de consignation ordonnée par le représentant de l'État dans le département n'a pas de caractère suspensif.

II. – Si, à l'expiration d'un délai de six mois à compter de la consignation des sommes prévue au I, la commune ou l'établissement public de coopération intercommunale n'a pas pris toutes les mesures nécessaires, le représentant de l'État dans le département peut mettre à nouveau en demeure la commune ou l'établissement public de coopération intercommunale de prendre ces mesures, selon un calendrier déterminé.

Si la commune ou l'établissement public de coopération intercommunale n'a pas obtempéré dans les délais prévus par le calendrier, l'État peut acquérir les terrains nécessaires, réaliser les travaux d'aménagement et gérer les aires ou les terrains aménagés au nom et pour le compte de la commune ou de l'établissement public.

Le représentant de l'État dans le département peut faire procéder d'office, en lieu et place et aux frais de la commune ou de l'établissement public de coopération intercommunale, à l'exécution des mesures nécessaires. Les sommes consignées en application du I peuvent être utilisées pour régler les dépenses ainsi engagées.

Le représentant de l'État dans le département peut se substituer à l'ensemble des organes de la commune ou de l'établissement public de coopération intercommunale pour faire procéder d'office à l'exécution des mesures nécessaires. Il peut procéder à la passation de marchés publics, selon les règles de procédures applicables à l'État.

A compter de l'achèvement des travaux d'aménagement, la commune ou l'établissement public de coopération intercommunale devient de plein droit propriétaire des aires ou terrains aménagés en application du présent II.

III. — Les dépenses d'acquisition, d'aménagement, d'entretien et de gestion des aires et terrains d'accueil des gens du voyage constituent des dépenses obligatoires, au sens des articles L. 1612-15 et L. 2321-2 du code général des collectivités territoriales, pour les communes ou les établissements publics de coopération intercommunale auxquels a été transféré l'exercice de cette compétence.

Art. 4 *(L. n° 2007-1822 du 24 déc. 2007)* « L'État prend en charge, dans la limite d'un plafond fixé par décret, les investissements nécessaires à l'aménagement et à la réhabilitation des aires *(L. n° 2017-86 du 27 janv. 2017, art. 149-4°)* « permanentes d'accueil prévues au 1° » du II de l'article 1er, dans la proportion de 70 % des dépenses engagées dans les délais fixés aux I et III de l'article 2. Cette proportion est de 50 % pour les dépenses engagées dans le délai prévu au IV du même article 2. »

(L. n° 2006-872 du 13 juill. 2006, art. 89) « Pour les aires de grand passage *(L. n° 2017-86 du 27 janv. 2017, art. 149-4°)* « prévues au 3° » du II de l'article 1er, le représentant de l'État dans le département peut, après avis de la commission consultative départementale, faire application d'un taux maximal de subvention de 100 % du montant des dépenses engagées dans le délai fixé à l'article 2, dans la limite d'un plafond fixé par décret. *(L. n° 2007-1822 du 24 déc. 2007)* « L'État peut assurer la maîtrise d'ouvrage de ces aires. Dans ce cas, le montant des dépenses qu'il engage est soumis au plafond précité. »

« La région, le département et les caisses d'allocations familiales peuvent accorder des subventions complémentaires pour la réalisation des aires d'accueil visées au présent article. »

....

Art. 6 I. — Les modalités de mise en œuvre des actions de caractère social mentionnées au II de l'article 1er, dont le financement incombe à l'État, au département et, le cas échéant, aux organismes sociaux concernés, dans le cadre de leurs compétences respectives, sont fixées par des conventions passées entre ces personnes morales et les gestionnaires des aires d'accueil prévues par le schéma départemental.

II. — Des conventions passées entre le gestionnaire d'une aire d'accueil et le département déterminent les conditions dans lesquelles celui-ci participe aux dépenses de frais de fonctionnement des aires d'accueil prévues au schéma départemental, sans que cette participation puisse excéder le quart des dépenses correspondantes.

....

Décret n° 2008-780 du 13 août 2008,

Relatif à la procédure applicable en cas d'impayés des factures d'électricité, de gaz, de chaleur et d'eau (JO 14 août).

Art. 1er Lorsqu'un consommateur d'électricité, de gaz, de chaleur ou d'eau n'a pas acquitté sa facture dans un délai de 14 jours après sa date d'émission ou à la date limite de paiement, lorsque cette date est postérieure, son fournisseur l'informe par un premier courrier qu'à défaut de règlement dans un délai supplémentaire de 15 jours *(Décr. n° 2014-274 du 27 févr. 2014, art. 2-1°)* « sa fourniture pourra être réduite ou interrompue pour l'électricité, ou interrompue pour le gaz, la chaleur ou l'eau, sous réserve des dispositions du troisième alinéa de l'article L. 115-3 du code de l'action sociale et des familles. »

A défaut d'accord entre le consommateur et le fournisseur sur les modalités de paiement dans le délai supplémentaire de 15 jours mentionné à l'alinéa précédent, ce dernier peut procéder à la réduction ou à *(Décr. n° 2014-274 du 27 févr. 2014, art. 2-2°)* « l'interruption de fourniture, sous réserve des dispositions du troisième alinéa de l'article L. 115-3 du code de l'action sociale et des familles, » et en avise le consommateur au moins 20 jours à l'avance par un second courrier dans lequel il informe ce consommateur que ce dernier peut saisir les services sociaux s'il estime que sa situation relève des dispositions *(Décr. n° 2014-274 du 27 févr. 2014, art. 2-2°)* « du premier alinéa de l'article L. 115-3 » du code de l'action sociale et des familles. *(Décr. n° 2023-133 du 24 févr. 2023, art. 1er-I, en vigueur le 1er avr. 2023)* « Le fournisseur informe également le consommateur de la possibilité pour lui de s'opposer à la transmission des informations prévue en application de l'article 6. »

(Décr. n° 2016-555 du 6 mai 2016, art. 4-I) « Les courriers mentionnés aux alinéas précédents invitent également le consommateur à faire valoir auprès de son fournisseur, le cas échéant, les droits associés au bénéfice du chèque énergie mentionnés à l'article R. 124-16 du code de l'énergie, en réglant sa facture avec le chèque énergie ou en adressant à son fournisseur une des attestations prévues à l'article R. 124-2 du même code. »

(Décr. n° 2013-1296 du 27 déc. 2013, art. 14) « Le présent décret s'applique à Mayotte. »

Art. 2 Par dérogation aux dispositions de l'article 1er et pour la fourniture de sa résidence principale, lorsqu'un consommateur *(Décr. n° 2016-555 du 6 mai 2016, art. 4-I)* « a fait valoir auprès de son fournisseur d'énergie qu'il bénéficie du chèque énergie mentionné à l'article L. 124-1 du code de l'énergie, » *(Abrogé par Décr. n° 2016-555 du 6 mai 2016, art. 4-II, à compter du 1er janv. 2018)* « ***lorsqu'il bénéficie d'un tarif social de la part de son fournisseur,*** » lorsqu'il a déjà reçu une aide d'un fonds de solidarité pour le logement pour régler une facture auprès de ce même fournisseur ou lorsque sa situation relève de celles prévues dans les conventions visées à l'article 7, et qu'il n'a pas acquitté sa facture à l'expiration du premier délai défini au premier alinéa de l'article 1er, son fournisseur l'informe par un premier courrier :

(Décr. n° 2023-133 du 24 févr. 2023, art. 1er-II, en vigueur le 1er avr. 2023) « 1° Qu'à défaut de règlement dans un délai supplémentaire de 30 jours sa fourniture pourra, sous réserve des dispositions du troisième alinéa de l'article L. 115-3 du code de l'action sociale et des familles :

« – être interrompue pour le gaz, la chaleur et l'eau ;

« – s'il est équipé d'un dispositif de comptage mentionné à l'article L. 341-4 du code de l'énergie effectivement communicant, être réduite jusqu'à 1 kVA, puis, après un délai minimal de 60 jours, être interrompue pour l'électricité ;

« – s'il n'est pas équipé d'un dispositif de comptage mentionné à l'article L. 341-4 susmentionné, être réduite ou interrompue pour l'électricité ;

« 2° » qu'il peut saisir les services sociaux du département et les services sociaux communaux afin de permettre l'examen de sa situation. A cette fin, le fournisseur précise dans le courrier qu'il tient à sa disposition les coordonnées des services sociaux du département et, le cas échéant, des services sociaux communaux ;

(Décr. n° 2023-133 du 24 févr. 2023, art. 1er-II, en vigueur le 1er avr. 2023) « 3° » que, sauf opposition de sa part et afin de faciliter l'examen de sa situation, le fournisseur transmettra les informations mentionnées à l'alinéa ci-dessous aux services sociaux du département et, le cas échéant, aux services sociaux communaux. Le consommateur bénéficie d'un délai, qui ne peut être inférieur à 8 jours, pour exprimer son opposition à cette transmission d'information. *(Décr. n° 2023-133 du 24 févr. 2023, art. 1er-II, en vigueur le 1er avr. 2023)* « Le courrier précise que le client a la possibilité de s'opposer à la transmission des informations prévue en application de l'article 6. »

Lorsque le délai mentionné *(Décr. n° 2023-133 du 24 févr. 2023, art. 1er-II, en vigueur le 1er avr. 2023)* « à l'alinéa précédent » est écoulé et si le consommateur n'a pas fait connaître son opposition, le fournisseur transmet aux services sociaux du département et, le cas échéant, aux services sociaux communaux les seules données nécessaires à l'appréciation de la situation du consommateur. Il s'agit de ses nom et prénom, de son adresse, de son option tarifaire pour l'électricité, du montant de sa dette en valeur ainsi que de la période de consommation correspondante.

A défaut d'accord entre le consommateur et le fournisseur sur les modalités de paiement dans le délai de 30 jours mentionné au deuxième alinéa et en l'absence d'une demande d'aide déposée auprès du fonds de solidarité pour le logement, le fournisseur peut procéder *(Décr. n° 2023-133 du 24 févr. 2023, art. 1er-II, en vigueur le 1er avr. 2023)* « pour l'électricité pour les clients équipés d'un dispositif de comptage mentionné à l'article L. 341-4 du code de l'énergie effectivement communicant à la réduction de puissance, jusqu'à 1 kVA, » ou à *(Décr. n° 2014-274 du 27 févr. 2014, art. 3-2°)* « l'interruption de fourniture *(Décr. n° 2023-133 du 24 févr. 2023, art. 1er-II, en vigueur le 1er avr. 2023)* « pour l'électricité quand les clients ne sont pas équipés d'un tel compteur et pour le gaz, la chaleur et l'eau », sous réserve des dispositions du troisième alinéa de l'article L. 115-3 du code de l'action sociale et des familles » et en avise le consommateur au moins 20 jours à l'avance par un second courrier.

(Décr. n° 2023-133 du 24 févr. 2023, art. 1er-II, en vigueur le 1er avr. 2023) « Pendant la période de réduction de puissance mentionnée au précédent alinéa, le fournisseur contacte le client au moins deux fois, dont une fois par écrit et une fois oralement, pour trouver un accord sur le règlement de sa facture. A défaut de réponse du client ou d'accord entre le consommateur et le fournisseur sur les modalités de paiement dans un délai de 60 jours à compter de la réduction de puissance, le fournisseur peut procéder à l'interruption de fourniture ou à la résiliation du contrat, sous réserve des dispositions du troisième alinéa de l'article L. 115-3 du code de l'action sociale et des familles. Il en avise le consommateur au moins 20 jours à l'avance par courrier.

« Lorsque la réduction de puissance de 60 jours prévue au quatrième alinéa du présent article est suspendue par l'application de l'article L. 115-3 susmentionné, la réduction de puissance reprend pour la durée restante à l'issue de la période prévue par l'article L. 115-3. »

Pour l'application du présent décret, le terme de "services sociaux communaux" désigne le centre communal ou intercommunal d'action sociale ou, à défaut, le maire de la commune du lieu de résidence du consommateur.

Art. 3 Lorsque le fonds de solidarité pour le logement est saisi d'une demande d'aide relative à une situation d'impayé d'une facture d'électricité, de gaz, de chaleur ou d'eau, il en informe, dans les meilleurs délais, les services sociaux communaux concernés et, s'ils ne le sont déjà, les services sociaux du département et le fournisseur.

A compter de la date de dépôt du dossier, le consommateur bénéficie du maintien de la fourniture d'électricité, de gaz, de chaleur ou d'eau prévue au deuxième alinéa de l'article L. 115-3 du code de l'action sociale et des familles susvisé.

La décision du fonds de solidarité pour le logement accordant ou refusant l'aide est prise après consultation des services sociaux communaux. Elle fait l'objet d'une information du fournisseur. A défaut d'une décision d'aide prise dans un délai de deux mois, le fournisseur peut procéder à la réduction ou à *(Décr. n° 2014-274 du 27 févr. 2014, art. 4)* « l'interruption de fourniture » et en avise par courrier au moins 20 jours à l'avance le consommateur.

Lorsqu'une aide a été attribuée par le fonds de solidarité pour le logement pour couvrir une partie de la dette, le fournisseur propose au consommateur, le cas échéant, des modalités pour le règlement du solde de la dette et en informe le fonds de solidarité pour le logement.

Art. 4 *(Décr. n° 2014-274 du 27 févr. 2014, art. 5)* La réduction de puissance prévue au troisième alinéa de l'article L. 115-3 du code de l'action sociale et des familles est réalisée, lorsqu'elle est mise en œuvre, dans les conditions suivantes :

— pour les clients bénéficiant d'une puissance souscrite de six kilovoltampères ou plus, la puissance maximale de soutirage du point de livraison ne peut pas être réduite en deçà de trois kilovoltampères ;

— pour les clients bénéficiant d'une puissance souscrite de trois kilovoltampères, la puissance maximale de soutirage du point de livraison ne peut pas être réduite en deçà de deux kilovoltampères.

Art. 5 *(Décr. n° 2014-274 du 27 févr. 2014, art. 6)* Le fournisseur d'électricité, de gaz ou de chaleur, lorsqu'il adresse aux personnes en situation d'impayé les courriers prévus au deuxième alinéa de l'article 1er, au sixième alinéa de l'article 2 et au troisième alinéa de l'article 3 à une date comprise entre le 1er novembre et le *(Décr. n° 2016-555 du 6 mai 2016, art. 4-I)* « 31 mars » de l'année suivante, y précise :

— que leur fourniture d'électricité, de gaz ou de chaleur ne peut être interrompue dans leur résidence principale pendant la période hivernale comprise entre le 1er novembre de chaque année et le *(Décr. nº 2016-555 du 6 mai 2016, art. 4-I)* « 31 mars » ; et

— que, sauf *(Abrogé par Décr. nº 2016-555 du 6 mai 2016, art. 4-II, à compter du 1er janv. 2018)* « ***si elles bénéficient de la tarification spéciale de l'électricité comme produit de première nécessité, ou*** » *(Décr. nº 2016-555 du 6 mai 2016, art. 4-I)* « si elles ont fait valoir qu'elles bénéficient du chèque énergie mentionné à l'article L. 124-1 du code de l'énergie », leur fourniture d'électricité peut, dans leur résidence principale et pendant la même période, faire l'objet d'une réduction de puissance.

Art. 6 *(Décr. nº 2014-274 du 27 févr. 2014, art. 7)* Lorsque l'interruption de fourniture ou la réduction de puissance pour impayé pratiquée a été maintenue pendant cinq jours, le fournisseur en informe, *(Décr. nº 2023-133 du 24 févr. 2023, art. 1er-III, en vigueur le 1er avr. 2023)* « dès lors que le client ne s'y est pas opposé, » le premier jour ouvré suivant, les services sociaux du département et, le cas échéant, les services sociaux communaux lorsque ces derniers sont cosignataires de la convention mentionnée à l'article 7. *(Décr. nº 2023-133 du 24 févr. 2023, art. 1er-III, en vigueur le 1er avr. 2023)* « Seules les données nécessaires à l'appréciation de la situation du consommateur sont transmises aux services sociaux. Il s'agit de ses nom et prénom, de son adresse, de son option tarifaire pour l'électricité, du montant de sa dette en valeur ainsi que de la période de consommation correspondante. »

Art. 7 I. — Les communes ou les centres intercommunaux d'action sociale peuvent être partie aux conventions signées, en application de l'article 6-3 de la loi du 31 mai 1990 susvisée, entre le département et les fournisseurs d'énergie ou d'eau. Dans ce cas, les dispositions du II ci-dessous sont applicables aux services sociaux communaux concernés.

II. — Ces conventions précisent les caractéristiques des situations d'impayé qui font l'objet d'une information des services sociaux du département par les fournisseurs en application de l'article 2 avant la mise en œuvre d'une procédure de réduction ou de coupure.

Ces conventions précisent aussi les modalités de l'information par les fournisseurs des services sociaux du département, mentionnée aux articles 2 et 3.

III. — Ces conventions fixent en outre :

— les délais de décision du fonds de solidarité pour le logement en fonction de l'urgence de la situation ;

— les délais d'information du fournisseur par le fonds de solidarité pour le logement mentionnés au premier alinéa de l'article 3 ;

— les modalités de l'échéancier proposé par le fournisseur pour le règlement du solde de la dette du consommateur lorsque le fonds de solidarité a pris en charge une partie de cette dette ;

— les actions, coordonnées entre les parties contractantes, de prévention et d'information sur la maîtrise de la consommation en énergie et en eau, pour les personnes qui bénéficient d'une aide du fonds de solidarité logement ;

(Abrogé par Décr. nº 2014-274 du 27 févr. 2014, art. 8) « ***— le cas échéant, les procédures communes de contrôle entre le fonds de solidarité pour le logement et les fournisseurs des documents attestant des aides accordées par le fonds de solidarité pour le logement ;*** »

— les modalités de contribution des fournisseurs à l'évaluation des besoins prévue à l'article 4 de la loi du 31 mai 1990 susvisée et aux actions du plan départemental d'action pour le logement des personnes défavorisées dans le domaine de la prévention et du traitement des impayés d'eau et d'énergie ainsi qu'à l'évaluation de ces actions.

Art. 8 Lorsque la facture d'électricité du contrat relatif aux parties communes d'un immeuble n'a pas été acquittée à la date limite de paiement, le fournisseur informe, par courrier, le syndic de l'immeuble qu'à défaut de règlement dans un délai supplémentaire d'un mois sa fourniture pourra être *(Décr. nº 2014-274 du 27 févr. 2014, art. 9-1º)* « interrompue ».

A défaut d'accord entre le syndicat des copropriétaires représenté par le syndic et le fournisseur sur les modalités de paiement dans le délai d'un mois mentionné à l'alinéa précédent, le fournisseur peut procéder à *(Décr. nº 2014-274 du 27 févr. 2014, art. 9-2º)* « l'interruption de fourniture » après apposition d'un nouveau rappel dans les parties communes de l'immeuble.

Ce nouveau rappel est apposé par le gestionnaire de réseau sur la demande du fournisseur. Sa durée d'affichage ne peut être inférieure à un mois. Le rappel précise nécessairement :

– le nouveau délai accordé pour procéder au règlement de la facture en question ;

– les cordonnées de la personne ou du service habilité à recevoir le règlement de la facture ;

– la possibilité, pour les copropriétaires occupants, de saisir les services sociaux s'ils estiment que leur situation relève des dispositions de l'article L. 115-3 du code de l'action sociale et des familles.

Ce délai est porté à deux mois lorsque le syndicat des copropriétaires peut faire valoir auprès du fournisseur la défaillance frauduleuse du syndic ou l'existence d'une procédure de liquidation judiciaire à l'encontre de ce dernier ou lorsque le fonds de solidarité pour le logement a été saisi par l'intermédiaire des services sociaux.

Art. 9 Pour la mise en œuvre des dispositions prévues au deuxième alinéa de l'article 6 de loi du 31 mai 1990 susvisée et lorsque le syndicat des copropriétaires est dans la situation d'impayé mentionnée au premier alinéa de l'article 1er du présent décret, le syndic informe chaque copropriétaire occupant n'ayant pas assumé ses obligations relatives au paiement de ses charges collectives d'eau ou d'énergie de la possibilité de déposer un dossier de demande d'aide auprès du fonds de solidarité pour le logement soit directement, soit par l'intermédiaire des services sociaux.

Dans la lettre recommandée avec demande d'avis de réception valant mise en demeure au copropriétaire occupant d'avoir à acquitter les charges demeurées impayées, le syndic précise qu'il tient à sa disposition les coordonnées des services sociaux et lui indique que, sauf opposition de sa part, dans un délai qui ne peut être inférieur à quinze jours suivant la date de notification, il pourra transmettre aux services sociaux du département et, le cas échéant, aux services sociaux communaux les données suivantes : ses nom et prénom, son adresse ainsi que l'état des soldes débiteurs des comptes individuels, les tantièmes des quotes-parts des copropriétaires concernés, le budget prévisionnel de l'année en cours et le compte de gestion général du dernier exercice clos.

Art. 10 Les dispositions *(Décr. n° 2014-274 du 27 févr. 2014, art. 10)* « de l'article 3 » s'appliquent aux fonds locaux lorsqu'ils ont été créés en application de l'article 7 de la loi du 31 mai 1990 susvisée. Dans ce cas, les conventions mentionnées à l'article 7 du présent décret sont cosignées par les présidents des établissements publics de coopération intercommunale ou les maires responsables des fonds locaux.

Art. 11 Chaque fournisseur d'électricité, de gaz, de chaleur ou d'eau approvisionnant des personnes physiques désigne un correspondant "solidarité-précarité" pour les relations avec les services sociaux du département, les services sociaux communaux ainsi qu'avec les associations de défense d'usagers ou de consommateurs qui en feront la demande.

Le correspondant "solidarité-précarité" tient à la disposition des services sociaux du département et des services sociaux communaux les informations mentionnées au cinquième alinéa de l'article 2 relatives aux clients dont la fourniture est réduite ou *(Décr. n° 2014-274 du 27 févr. 2014, art. 11)* « interrompue ».

Le correspondant "solidarité-précarité" peut être commun à plusieurs départements et à plusieurs fournisseurs.

Art. 12 Toutes précautions utiles pour préserver la sécurité et la confidentialité des données sont prises en particulier à l'occasion de leur transmission.

Les agents ou employés chargés de recueillir et exploiter ces données sont tenus à une obligation de confidentialité.

La durée maximale de conservation des données nominatives de signalement, telles que décrites aux articles 2 et 9, est fixée à quatre mois à compter de leur réception par les destinataires.

Art. 12 *bis* *(Décr. n° 2014-274 du 27 févr. 2014, art. 12)* Les informations transmises par les fournisseurs d'électricité, de gaz naturel ou de chaleur à la Commission de régulation de l'énergie et au Médiateur national de l'énergie sont :

– le nombre d'interruptions de fourniture sans résiliation de clients domestiques mises en œuvre pour non-paiement des factures ;

– le nombre de résiliations de contrat de fourniture de clients domestiques mises en œuvre pour non-paiement des factures, en distinguant celles qui ont été précédées d'une interruption sans résiliation ;

– le nombre de réductions de puissance de clients domestiques mises en œuvre *(Décr. n° 2023-133 du 24 févr. 2023, art. 1er-IV, en vigueur le 1er avr. 2023)* « pour non-paiement des factures en distinguant par niveau de puissance ;

« – le nombre de transmissions d'informations aux services sociaux départementaux et communaux adressées en application de l'article 2. »

Ces informations sont transmises par trimestre civil, au plus tard à la fin du mois suivant chaque trimestre ; pour le premier et le quatrième trimestre de chaque année, sont distinguées *(Décr. n° 2023-133 du 24 févr. 2023, art. 1er-IV, en vigueur le 1er avr. 2023)* « les données relatives aux clients bénéficiaires du chèque énergie mentionné à l'article L. 124-1 susmentionné, » les réductions de puissance qui ont été mises en œuvre au cours de la période mentionnée au troisième alinéa de l'article L. 115-3 du code de l'action sociale et des familles et celles qui l'ont été hors de cette période.

(Décr. n° 2023-133 du 24 févr. 2023, art. 1er-IV, en vigueur le 1er avr. 2023) « Ces informations sont également transmises une fois par an, avant le 31 mars, au ministre chargé de l'énergie. »

Art. 13 Le présent décret entre en vigueur le premier jour du quatrième mois suivant celui de sa publication au *Journal officiel* de la République française.

Art. 14 *(Décr. n° 2014-274 du 27 févr. 2014, art. 13)* Les dispositions des articles 1er, 4, 5, 6, 11 et 12 *bis* peuvent être modifiées par décret simple.

Art. 15 Le décret n° 2005-971 du 10 août 2005 relatif à la procédure applicable en cas d'impayés d'électricité et les articles R. 261-1 et R. 261-2 du code de l'action sociale et des familles sont abrogés à compter de la date d'entrée en vigueur du présent décret.

ORGANISMES – INSTITUTIONS

Sur les ARS, V. CSP, art. D. 1432-1. – ***CSP.***

Décret n° 84-630 du 17 juillet 1984,

Relatif au Conseil supérieur du travail social (JO 19 juill.).

Art. 1er *Abrogé par Décr. n° 2004-1136 du 21 oct. 2004, art. 4. – V. art. D. 142-1 CASF.*

Art. 2 Sont abrogés :

Le décret n° 62-895 du 31 juillet 1962 relatif au conseil supérieur de service social ;

L'article 6 du décret n° 73-73 du 11 janvier 1973 instituant un diplôme d'État d'éducateur de jeunes enfants ;

L'article 10 du décret n° 74-146 du 15 février 1974 relatif à la formation et à l'emploi de travailleuses familiales ;

Les articles 28, 29 et 30 de l'arrêté du 7 février 1973 susvisé relatif à la commission nationale des centres de formation d'éducateurs spécialisés ;

Les articles 26, 27 et 28 de l'arrêté du 7 février 1973 susvisé relatif à la commission nationale des centres de formation de moniteurs éducateurs ;

Les articles 1, 2 et 3 de l'arrêté du 15 juillet 1976 susvisé ;

L'article 7 de l'arrêté du 30 juillet 1976 susvisé.

Est supprimée :

La commission professionnelle prévue par l'arrêté du 14 novembre 1978 susvisé.

Art. 3 Lorsque des textes réglementaires prévoient la consultation obligatoire des organismes supprimés par l'article 2 ci-dessus, le Conseil supérieur du travail social se substitue de plein droit auxdits organismes.

Décret n° 92-1339 du 22 décembre 1992,

Portant création d'un Haut Comité pour le logement des personnes défavorisées et le suivi du droit au logement opposable (JO 23 déc.), mod. par Décr. n° 2021-386 du 1er avr. 2021 (JO 3 avr.).

Art. 1er *(Décr. n° 2021-386 du 1er avr. 2021, art. 1er-2°)* « Le Haut Comité pour le logement des personnes défavorisées et le suivi du droit au logement opposable institué par l'article 13 de la loi du 5 mars 2007 susvisée a pour mission de faire toute proposition utile sur l'ensemble des questions relatives au logement des personnes défavorisées et au suivi du droit au logement opposable. »

Il donne son avis sur toute question dont le Gouvernement le saisit.

Il élabore chaque année un rapport qu'il remet au Président de la République *(Décr. n° 2021-386 du 1er avr. 2021, art. 1er-2°)* « , au Premier ministre et au Parlement comprenant une partie générale relative au suivi du droit au logement opposable et une partie rédigée par le collège des personnalités qualifiées. »

Art. 2 *(Décr. n° 2021-386 du 1er avr. 2021, art. 1er-3°)* Outre son président, le haut comité comprend quarante-neuf membres titulaires :

a) Le président du Conseil national de l'habitat ;

b) Un représentant du Conseil économique, social et environnemental ;

c) Un représentant du Conseil national des politiques de lutte contre la pauvreté et l'exclusion sociale ;

d) Un représentant de l'Agence nationale de l'habitat ;

e) Cinq membres représentant respectivement :

– l'Association des maires de France ;

– l'Association des départements de France ;

– l'Association des régions de France ;

– l'Association France urbaine ;

– l'Assemblée des communautés de France ;

f) Vingt-sept représentants des associations et organisations œuvrant dans les domaines du logement et de l'insertion ;

g) Treize personnalités qualifiées, qui constituent le collège des personnalités qualifiées, dont la compétence est reconnue dans le domaine du logement des personnes défavorisées et du droit au logement opposable et qui incluent deux représentants du Conseil national des personnes accueillies ou accompagnées.

Il est assisté d'un secrétaire général.

Il est procédé à la nomination de l'ensemble des membres du haut comité dans les deux mois suivant l'entrée en vigueur du Décr. n° 2021-386 du 1er avr. 2021 (Décr. préc., art. 2).

Art. 3 Le président *(Abrogé par Décr. n° 2021-386 du 1er avr. 2021, art. 1er-4°)* « *, les membres* » et le secrétaire général du Haut Comité sont nommés par le Président de la République.

(Décr. n° 2021-386 du 1er avr. 2021, art. 1er-4°) « Les membres mentionnés aux *b* à *g* de l'article 2 sont nommés, le cas échéant*[,]* sur proposition de l'organisme qu'ils représentent, par arrêté du ministre chargé du logement. Des suppléants des membres mentionnés aux *b* à *f* du même article sont nommés en nombre égal et dans les mêmes conditions que les titulaires. »

Art. 3-1 *(Décr. n° 2021-386 du 1er avr. 2021, art. 1er-5°)* Le haut comité s'appuie sur le collège des personnalités qualifiées. Il peut renvoyer à ce dernier l'étude des questions soumises par le Gouvernement à son examen et il émet un avis sur les propositions et rapports que ce collège peut formuler.

Peuvent assister aux réunions du haut comité et du collège des personnalités qualifiées des représentants :

– du ministre chargé du logement ;

– du ministre chargé de l'action sociale ;

– du garde des sceaux, ministre de la justice ;

– du ministre de l'intérieur ;

– du ministre chargé de l'immigration ;

– du ministre chargé de l'outre-mer.

Art. 3-2 *(Décr. n° 2021-386 du 1er avr. 2021, art. 1er-5°)* Sur proposition de son président, le haut comité adopte un règlement intérieur qui précise les modalités de son fonctionnement.

Art. 4 *(Décr. n° 2002-1420 du 6 déc. 2002)* Le mandat du président et des membres du Haut Comité est de *(Décr. n° 2021-386 du 1er avr. 2021, art. 1er-6°)* « cinq ans.

« Leur mandat est renouvelable. Toute personne ayant perdu la qualité en raison de laquelle elle a été nommée cesse d'appartenir au haut comité. Son remplaçant est nommé pour la durée du mandat restant à courir.

« Il peut être mis fin au mandat des membres mentionnés aux *b* à *f* à tout moment sur proposition de l'organisme qu'ils représentent. »

Art. 5 Les fonctions de président et de membre du Haut Comité sont gratuites. *(Décr. n° 2014-14 du 8 janv. 2014, art. 1er-3°)* « Leurs frais » de déplacement sont remboursés dans les conditions prévues par le décret n° 2006-781 du 3 juillet 2006 fixant les conditions et les modalités de règlement des frais occasionnés par les déplacements temporaires des personnels civils de l'État.

Art. 6 Les crédits nécessaires au fonctionnement du Haut Comité sont inscrits au budget du ministère chargé du logement.

Arrêté du 30 mai 2002,

Fixant les conditions du recueil de l'avis du comité régional de l'organisation sanitaire et sociale, en application de l'article L. 313-12-IV, deuxième alinéa, du code de l'action sociale et des familles (JO 14 juin).

Art. 1er Le présent arrêté s'applique aux établissements cités au deuxième alinéa du IV de l'article L. 313-2 du code de l'action sociale et des familles.

Art. 2 La demande d'autorisation de dispenser des soins remboursables aux assurés sociaux prévue à l'article 11 du décret du 14 février 1995 susvisé *[n° 95-185, remplacé par Décr. n° 2003-1135 du 26 nov. 2003]*, accompagnée du dossier justificatif, est adressée en trois exemplaires au moins au préfet du département par l'organe exécutif de la personne morale responsable de l'établissement.

Art. 3 Par dérogation aux dispositions de l'article 4 du même décret, le dossier justificatif est composé de l'arrêté préfectoral autorisant l'établissement à fonctionner et du dossier prévu par l'arrêté du 3 mai 2002 *[6 juin 2002]* susvisé. – *V. Arr. du 6 juin 2002 relatif au contenu du dossier prévu à l'art. 30 du Décr. n° 2001-1085 du 20 nov. 2001 portant application de la L. n° 2001-647 du 20 juill. 2001 relative à la prise en charge de la perte d'autonomie des personnes âgées et à l'allocation personnalisée d'autonomie, v° Personnes âgées.*

Art. 4 Lorsque le dossier est déclaré complet selon la procédure fixée par l'article 11 du décret du 14 février 1995, le préfet du département en adresse un exemplaire au moins au président du comité régional de l'organisation sociale et médico-sociale et au président du conseil départemental concerné.

Art. 5 En application du I de l'article L. 313-12 du code de l'action sociale et des familles, l'autorisation de dispenser des soins prend effet à la date d'application de la convention pluriannuelle prévue au même article.

Décret n° 2006-665 du 7 juin 2006,

Relatif à la réduction du nombre et à la simplification de la composition de diverses commissions administratives.

....

Art. 27 *(Décr. n° 2016-830 du 22 juin 2016)* I. – Dans chaque département, un comité opérationnel de lutte contre le racisme et l'antisémitisme concourt à la mise en œuvre de l'action du Gouvernement en matière de lutte contre les discriminations, le racisme et l'antisémitisme. Il est régi par les dispositions des articles 8 et 9.

Il exerce les attributions suivantes :

1° Veiller à l'application des instructions du Gouvernement en matière de lutte contre le racisme, l'antisémitisme et toutes les formes de discrimination ;

2° Définir les actions de prévention contre toutes les formes de racisme, d'antisémitisme et de discrimination ;

3° Arrêter un plan d'action adapté aux caractéristiques du département ;

4° Dresser un bilan annuel des actions mises en œuvre.

II. – Le comité opérationnel de lutte contre le racisme et l'antisémitisme est présidé par le préfet. Le président du conseil départemental et le procureur de la République en sont les vice-présidents.

Le comité est composé du recteur d'académie ou du directeur académique des services de l'éducation nationale, du directeur départemental *(Décr. n° 2023-1013 du 2 nov. 2023, art. 17-II, en vigueur le 1er déc. 2023)* « ou interdépartemental de la police nationale », du commandant de groupement de gendarmerie départementale, du délégué du défenseur des droits, du président de l'association départementale des maires et, sur la proposition de celui-ci, des maires dont les communes sont plus particulièrement concernées par les actions du comité opérationnel. Le préfet associe, en tant que de besoin, les autres chefs des services déconcentrés de l'État.

Le préfet peut, le cas échéant, instituer des comités opérationnels de lutte contre le racisme et l'antisémitisme locaux, en fonction des zonages préexistants et des bassins de vie. Il peut en outre associer aux travaux du comité opérationnel, selon l'ordre du jour, des personnalités qualifiées ou des représentants d'associations parmi ceux mentionnés à l'alinéa suivant.

Le préfet réunit un comité d'orientation composé d'un représentant du conseil économique, social et environnemental régional, de représentants d'associations, organismes, représentants locaux des cultes et de personnes qualifiées intervenant dans le domaine de la lutte contre le racisme et l'antisémitisme. Le comité d'orientation est associé au comité opérationnel de lutte contre le racisme et l'antisémitisme.

Ce comité est une instance de concertation dont les réflexions et les propositions ont notamment vocation à inspirer l'action des comités opérationnels contre le racisme et l'antisémitisme.

III. — A Paris, le comité opérationnel de lutte contre le racisme et l'antisémitisme est présidé conjointement par le préfet de Paris et le préfet de police. Sa composition est arrêtée par le préfet de Paris et le préfet de police, après concertation avec le procureur de la République près le tribunal judiciaire *[ancienne rédaction : tribunal de grande instance]* de Paris et le recteur de l'académie de Paris, chancelier des universités, qui en sont les vice-présidents.

IV. — Dans le département des Bouches-du-Rhône, le comité opérationnel de lutte contre le racisme et l'antisémitisme est présidé conjointement par le préfet de département et le préfet de police des Bouches-du-Rhône. Sa composition est arrêtée par le préfet de département et le préfet de police des Bouches-du-Rhône après concertation avec le président du conseil départemental et le procureur de la République, qui en sont les vice-présidents.

V. — Pour l'application du I à la circonscription départementale du Rhône, le comité opérationnel de lutte contre le racisme et l'antisémitisme est présidé par le préfet du Rhône. Le président du conseil de la métropole de Lyon, le président du conseil départemental du Rhône et le procureur de la République en sont vice-présidents.

VI. — Pour l'application du I aux collectivités territoriales de Guyane et de Martinique, le comité opérationnel de lutte contre le racisme et l'antisémitisme est présidé par le préfet. Le président du conseil départemental et le procureur de la République en sont vice-présidents.

PERSONNES ÂGÉES

Code de la sécurité sociale

DEUXIÈME PARTIE : *RÉGLEMENTAIRE*

CHAPITRE IV (DU TITRE VII DU LIVRE I) *PRISE EN CHARGE PAR LES RÉGIMES D'ASSURANCE MALADIE DES DÉPENSES AFFÉRENTES AUX SOINS MÉDICAUX DISPENSÉS DANS CERTAINS ÉTABLISSEMENTS*

SECTION 3 *BIS* *Dépenses afférentes aux soins dispensés dans les établissements hébergeant des personnes âgées dépendantes* (Décr. n° 2003-251 du 19 mars 2003).

Art. R. 174-9 *(Décr. n° 99-316 du 26 avr. 1999, art. 27)* L'autorité compétente pour *(Décr. n° 2022-980 du 2 juill. 2022, art. 1er-I)* « la branche autonomie » fixe, conformément *(Décr. n° 2017-736 du 3 mai 2017, art. 9-6°, en vigueur le 1er juill. 2017)* « à l'article L. 314-2 du code de l'action sociale et des familles » :

1° Les tarifs journaliers afférents aux soins applicables aux personnes hébergées qui ne sont pas prises en charge par *(Décr. n° 2022-980 du 2 juill. 2022, art. 1er-I)* « la branche autonomie » ;

2° *(Décr. n° 2017-736 du 3 mai 2017, art. 9-6°, en vigueur le 1er juill. 2017)* « Un forfait global de soins mentionné à l'article L. 314-2 du code de l'action sociale et des familles » qui correspond à la part des dépenses *(Décr. n° 2022-980 du 2 juill. 2022, art. 1er-I)* « versée par les organismes d'assurance maladie pour le compte de la branche autonomie qui les prend obligatoirement en charge ».

(Décr. n° 2017-736 du 3 mai 2017, art. 9-6°, en vigueur le 1er juill. 2017) « Le forfait global de soins est versé par douzièmes par la caisse mentionnée à l'article L. 174-8.

« Le contrat pluriannuel d'objectifs et de moyens prévu à l'article L. 313-12 du code de l'action sociale et des familles procède à la désignation de l'un des établissements et services inclus dans le même contrat ou de la personne morale signataire dudit contrat pour percevoir la dotation globalisée mentionnée à l'article R. 314-43-1 du code de l'action sociale et des familles. Celle-ci est alors versée, par douzièmes, par un unique organisme d'assurance maladie, désigné selon les règles mentionnées à l'article L. 174-8 au regard de la localisation de la structure désignée pour recevoir la dotation. »

Art. R. 174-10 *(Abrogé par Décr. n° 2017-736 du 3 mai 2017, art. 9-18°, à compter du 1er juill. 2017) (Décr. n° 99-316 du 26 avr. 1999, art. 27)* ***La dotation globale est répartie entre les différents régimes d'assurance maladie pour la part qui leur incombe, dans les conditions fixées par les articles D. 174-3 à D. 174-8.***

Art. R. 174-11 *(Décr. n° 99-316 du 26 avr. 1999, art. 27)* Dans le cas où les tarifs journaliers afférents aux soins et le montant *(Décr. n° 2017-736 du 3 mai 2017, art. 9-7°, en vigueur le 1er juill. 2017)* « du forfait global de soins » n'ont pas été arrêtés avant le 1er janvier de l'exercice en cause, et jusqu'à l'intervention de la décision les fixant :

1° La caisse chargée du versement *(Décr. n° 2017-736 du 3 mai 2017, art. 9-7°, en vigueur le 1er juill. 2017)* « du forfait global de soins » règle des acomptes mensuels égaux aux douzièmes de la dotation de l'exercice antérieur ;

2° Les recettes relatives à la facturation des tarifs journaliers afférents aux soins sont liquidées et perçues dans les conditions en vigueur au cours de l'exercice précédent.

(Abrogé par Décr. n° 2017-736 du 3 mai 2017, art. 9-7°, à compter du 1er juill. 2017) ***« Pour la première année d'application du décret n° 99-316 du 26 avril 1999 relatif aux modalités de tarification et de financement des établissements hébergeant des personnes âgées dépendantes, les acomptes sont versés sur la base d'un douzième de l'ensemble des dépenses autorisées au dernier budget rendu exécutoire financées par les tarifs journaliers afférents aux soins. »***

Art. R. 174-12 *(Décr. n° 99-316 du 26 avr. 1999, art. 27)* Les règlements effectués par les organismes d'assurance maladie en vertu du mode de tarification en vigueur antérieurement *(Décr. n° 2017-736 du 3 mai 2017, art. 9-8°, en vigueur le 1er juill. 2017)* « au 1er janvier 2017 » viennent en déduction des versements mensuels prévus à l'article R. 174-9, le solde de dotation étant versé l'année suivante.

Le règlement du solde *(Décr. n° 2017-736 du 3 mai 2017, art. 9-8°, en vigueur le 1er juill. 2017)* « du forfait global de soins » de l'exercice précédent vient en déduction des versements prévus à l'article R. 174-9.

Art. R. 174-13 *(Décr. n° 99-316 du 26 avr. 1999, art. 27)* Pour les établissements d'hébergement de personnes âgées dépendantes rattachés à un établissement de santé sous dotation globale, les dates de règlement *(Décr. n° 2017-736 du 3 mai 2017, art. 9-9°, en vigueur le 1er juill. 2017)* « du forfait global de soins » correspondent à celles de la dotation globale de soins de l'établissement de santé.

Art. R. 174-14 *(Décr. n° 99-316 du 26 avr. 1999, art. 27)* Pour les établissements autonomes hébergeant des personnes âgées dépendantes, le règlement de chaque allocation mensuelle est effectué le vingtième jour du mois, ou, si ce jour n'est pas ouvré, le dernier jour précédant cette date.

Art. R. 174-15 *(Décr. n° 99-316 du 26 avr. 1999, art. 27)* Lors de l'admission en établissement, la personne âgée doit présenter *(Décr. n° 2022-1719 du 28 déc. 2022, art. 1er-13°, en vigueur le 1er janv. 2023)* « sa carte Vitale mentionnée à l'article R. 161-33-1 ». A défaut *(Décr. n° 2010-621 du 7 juin 2010)* « et si les informations à disposition de l'établissement ne permettent pas d'identifier le résident dans le traitement prévu à l'article R. 314-169 du code de l'action sociale et des familles », une demande de prise en charge doit être adressée à l'organisme compétent par l'établissement.

Art. R. 174-16 *(Décr. nº 99-316 du 26 avr. 1999, art. 27)* Pour les dépenses de soins comprises dans les tarifs journaliers afférents aux soins, la participation des assurés sociaux est supprimée.

Décret nº 91-88 du 23 janvier 1991,

Fixant les modalités d'application de l'article 12 de la loi nº 89-475 du 10 juillet 1989 relative à l'accueil par des particuliers à leur domicile à titre onéreux de personnes âgées ou handicapées adultes (JO 24 janv.).

SECTION 1 *Dispositions générales*

Art. 1er Les contrats d'assurance garantissant, en application de l'article 12 de la loi nº 89-475 du 10 juillet 1989 *[CASF, art. L. 443-4]*, la responsabilité civile des personnes bénéficiant d'un agrément et des personnes accueillies par ces dernières ne peuvent pas déroger aux dispositions définies ci-dessous sauf dans un sens plus favorable aux intérêts des victimes.

Art. 2 Les contrats mentionnés à l'article 1er peuvent comporter des clauses excluant de la garantie les dommages subis par les victimes à l'occasion d'une activité dont l'exercice ou l'organisation sont soumis à une obligation d'assurance.

Art. 3 Les contrats mentionnés à l'article 1er ne peuvent pas prévoir des garanties d'un montant inférieur à :

(Décr. nº 2001-1203 du 17 déc. 2001, art. 3) « 760 000 € » par victime en cas de préjudice corporel ;

(Décr. nº 2001-1203 du 17 déc. 2001, art. 3) « 450 000 € » par victime en cas de préjudice matériel.

Ils peuvent prévoir une franchise d'un montant maximal de *(Décr. nº 2001-1203 du 17 déc. 2001, art. 3)* « 150 € ».

Art. 4 L'assureur ne peut pas opposer à la victime :

1º La franchise prévue à l'article 3 pour les dommages corporels ;

2º La réduction de l'indemnité prévue à l'article L. 113-9 du code des assurances ;

3º La déchéance.

Toutefois, il peut exercer une action en remboursement des sommes versées à la victime et payées en lieu et place de l'assuré.

Art. 5 Les contrats mentionnés à l'article 1er sont tacitement reconduits chaque année. Toutefois, ils cessent leurs effets, en dehors des cas prévus par le code des assurances, dès qu'il est mis fin au contrat d'accueil pour quelque cause que ce soit. Les garanties prévues par les contrats mentionnés à l'article 1er s'appliquent aux dommages subis par les victimes pendant la durée du contrat.

Art. 6 La personne bénéficiant de l'agrément et celles accueillies par cette dernière justifient être garanties par un des contrats mentionnés à l'article 1er par la présentation au président du conseil départemental soit d'une attestation, soit d'une quittance. Ces documents valent présomption de garantie. Ils doivent comporter nécessairement les mentions précisées aux articles 8 et 10.

Ces documents justificatifs sont délivrés sans frais par l'entreprise d'assurances.

SECTION 2 *Dispositions spécifiques à l'assurance des personnes bénéficiaires de l'agrément*

Art. 7 Le contrat souscrit par la personne bénéficiaire de l'agrément garantit les conséquences pécuniaires de la responsabilité civile engagée en raison des dommages subis par la ou les personnes accueillies et encourue par l'assuré :

— de son fait personnel et du fait de toute personne habitant à son foyer ou y travaillant en tant que préposé ou non, du fait de ses meubles et de ses immeubles, de ses animaux domestiques ;

— en tant que propriétaire ou locataire, du fait notamment de l'incendie, de la foudre, de toute action de l'eau et du gel, de toute explosion ou implosion.

Art. 8 Les documents justificatifs mentionnés à l'article 6 doivent comporter les mentions suivantes :

1° La référence aux dispositions légales et réglementaires ;
2° La raison sociale de l'entreprise d'assurance ;
3° Le numéro du contrat d'assurance ;
4° Les nom, prénoms et adresse de l'assuré ;
5° La date de l'agrément, le nombre, les noms et prénoms des personnes accueillies ;
6° La période de validité de la garantie.

SECTION 3 *Dispositions spécifiques à l'assurance des personnes accueillies*

Art. 9 Le contrat souscrit par la personne accueillie ou pour son compte dans les conditions prévues à l'article L. 112-1 du code des assurances garantit les conséquences pécuniaires de la responsabilité civile engagée en raison des dommages subis par les tiers et encourue par l'assuré :

– de son fait personnel, du fait de ses meubles, de ses animaux domestiques ;
– en tant qu'occupant, du fait notamment de la dégradation, des pertes survenant pendant la jouissance des locaux et de l'incendie dans les conditions prévues aux articles 1732 et suivants du code civil, de toute action de l'eau, de toute explosion ou implosion ;
– du fait des services rendus au foyer d'accueil.

Art. 10 Les documents justificatifs prévus à l'article 6 doivent comporter les mentions suivantes :

1° La référence aux dispositions légales et réglementaires ;
2° La raison sociale de l'entreprise d'assurance ;
3° Le numéro du contrat d'assurance ;
4° Les nom, prénoms et adresse de l'assuré ;
5° Les nom, prénoms et adresse de la personne qui accueille et la date de l'agrément ;
6° La période de validité de la garantie.

Loi n° 2001-647 du 20 juillet 2001,

Relative à la prise en charge de la perte d'autonomie des personnes âgées et à l'allocation personnalisée d'autonomie (JO 21 juill.).

Art. 1er à 4 *V. CASF, art. L. 113-2, L. 132-8, L. 132-9, L. 232-1 à L. 232-20, L. 232-22, L. 232-23 à L. 232-27, L. 232-28, L. 245-3, L. 312-8, L. 315-5, L. 315-15.*

Art. 5 *(Abrogé par L. n° 2007-1786 du 19 déc. 2007)* ***A titre transitoire, les établissements mentionnés à l'article L. 312-8 du code de l'action sociale et des familles perçoivent jusqu'à la date de prise d'effet de la convention pluriannuelle prévue audit article et*** *(L. n° 2002-1487 du 20 déc. 2002, art. 42)* ***« au plus tard jusqu'à la date mentionnée au I de l'article L. 313-12 du même code ».***

1° Un forfait global de soins fixé par l'autorité compétente de l'État, égal à la somme des forfaits de soins attribués en 2001, revalorisé chaque année dans la limite d'un taux d'évolution arrêté par les ministres chargés de la sécurité sociale, des personnes âgées et du budget en fonction de l'objectif national de dépenses d'assurance maladie voté par le Parlement, et destiné à financer l'augmentation des dépenses résultant exclusivement de la mise en place de mesures générales portant sur les salaires, les statuts ou le temps de travail des personnels pris en charge par l'assurance maladie ; ces taux peuvent être modulés, le cas échéant, selon les catégories d'établissements ;

2° Des tarifs journaliers afférents à la dépendance dont les montants sont fixés par le président du conseil départemental en application du 2° de l'article L. 315-1 du même code ;

3° Des tarifs journaliers afférents à l'hébergement fixés par le président du conseil départemental, dans les établissements habilités à l'aide sociale, calculés en prenant en compte les produits mentionnés au 1° et au 2° ;

En application de l'article L. 232-8 du même code, l'allocation personnalisée d'autonomie accordée à une personne hébergée dans un établissement dont les tarifs et le forfait global sont fixés conformément aux dispositions du présent article est égale au montant des tarifs mentionnés au 2° diminués de la participation du bénéficiaire de cette allocation.

Art. 6 à 8 *V. CASF, art. L. 315-1, L. 315-6, et CSS, art. L. 135-1.*

Art. 9 *Mod. CSS, art. L. 135-3, L. 136-8.*

III. — Les dispositions relatives aux recettes prévues au 2° du III de l'article L. 232-21 *[art. abrogé]* du code de l'action sociale et des familles, dans sa rédaction issue de l'article 1er de la présente loi, sont applicables :

1° En ce qu'elles concernent la contribution mentionnée à l'article L. 136-1 du code de la sécurité sociale, aux revenus perçus à compter du 1er janvier 2002 ou, pour les revenus professionnels visés à l'article L. 136-4 du même code, sur les revenus pris en compte pour le calcul de la contribution due à compter de l'année 2002 ;

2° En ce qu'elles concernent la contribution mentionnée à l'article L. 136-6 du code de la sécurité sociale, à compter de l'imposition des revenus de l'année 2001 ;

3° En ce qu'elles concernent la contribution mentionnée à l'article L. 136-7 du code de la sécurité sociale, aux produits de placement sur lesquels est opéré à partir du 1er janvier 2002 le prélèvement prévu à l'article 125 A du code général des impôts et aux revenus assujettis en application du II de l'article L. 136-7 du code de la sécurité sociale à compter de cette même date ;

4° En ce qu'elles concernent la contribution mentionnée au I de l'article L. 136-7-1 du code de la sécurité sociale, aux tirages, événements sportifs et émissions postérieurs au 31 décembre 2001 ;

5° En ce qu'elles concernent la contribution mentionnée au II de l'article L. 136-7-1 du code de la sécurité sociale, sur les sommes engagées à compter du 1er janvier 2002 ;

6° En ce qu'elles concernent la contribution mentionnée au III de l'article L. 136-7-1 du code de la sécurité sociale, sur le produit brut des jeux et des gains réalisés à compter du 1er janvier 2002.

Art. 10 *à* 14 *V. CSS, art. L. 162-24-1, L. 174-7, L. 174-8, L. 174-9, L. 174-13 ; CSP, art. L. 6116-1 à L. 6116-3 ; CGI, art. 199 sexdecies ; CSS, art. L. 241-10 ; CGCT, art. L. 3321-1 et L. 3321-2.*

Art. 15 (*Abrogé par L. n° 2015-1776 du 28 déc. 2015, art. 41-III*) ***Le Gouvernement présentera au Parlement, au plus tard le 30 juin 2003, un rapport d'évaluation quantitative et qualitative de l'application de la présente loi, en s'appuyant notamment sur les rapports du conseil d'administration et du conseil de surveillance du fonds institué par l'article L. 232-21*** [art. abrogé] ***du code de l'action sociale et des familles et sur celui du comité scientifique institué par l'article 17 de la présente loi.***

(*L. n° 2003-289 du 31 mars 2003, art. 6*) ***« Ce rapport s'attachera notamment à éclairer les divers moyens permettant d'assurer une meilleure adéquation de l'aide distribuée aux besoins des personnes affectées par une perte d'autonomie. »***

Art. 16 Les personnes bénéficiant, avant l'entrée en vigueur de la présente loi, de prestations attribuées en vertu des conventions mentionnées à l'article 38 de la loi n° 94-637 du 25 juillet 1994 relative à la sécurité sociale peuvent choisir, dans des conditions fixées par décret, entre le maintien de ces prestations qui sont prises en charge dans les conditions fixées par lesdites conventions, ou l'allocation personnalisée d'autonomie.

Art. 17 (*Abrogé par L. n° 2015-1776 du 28 déc. 2015, art. 41-III*) ***Il est créé un comité scientifique dont la mission est d'adapter des outils d'évaluation de l'autonomie. Ce comité, dont la composition est déterminée par un décret, présentera au Parlement ses conclusions avant le 31 janvier 2003.*** — *V. art. D. 232-36 à D. 232-37.*

Art. 18 *V. CSS, art. L. 241-10.*

Art. 19 I. — Les personnes bénéficiant, avant l'entrée en vigueur de la présente loi, de la prestation spécifique dépendance peuvent solliciter l'attribution de l'allocation personnalisée d'autonomie, dans les conditions mentionnées à l'article L. 232-14 du code de l'action sociale et des familles. Elles continuent à percevoir la prestation spécifique dépendance jusqu'à la notification par le président du conseil départemental de la décision relative à l'allocation personnalisée d'autonomie.

II. — Il est procédé, au plus tard le 1er janvier 2004, dans les conditions mentionnées à l'article L. 232-14 du code de l'action sociale et des familles, au réexamen des droits au regard de la présente loi des bénéficiaires de la prestation spécifique dépendance qui n'auraient pas sollicité l'attribution de l'allocation personnalisée d'autonomie.

III. Les personnes admises au bénéfice de l'allocation personnalisée d'autonomie qui étaient, avant l'entrée en vigueur de la présente loi, titulaires de la prestation spécifique dépendance, de l'allocation compensatrice pour tierce personne, des prestations servies au titre des dépenses d'aide ménagère à domicile des caisses de retraite ou des dispositions mentionnées à l'article 16 de la présente loi ne peuvent voir leurs droits réduits ou supprimés. Sous réserve, s'agissant des bénéficiaires de l'allocation personnalisée d'autonomie à domicile, des dispositions des articles L. 232-5 et L. 232-7 du code de l'action sociale et des familles, elles bénéficient, s'il y a lieu, d'une allocation différentielle qui leur garantit un montant de prestation équivalent à celui antérieurement perçu, ainsi que du maintien des avantages fiscaux et sociaux auxquels elles pouvaient prétendre. — *V. art. R. 232-58 à R. 232-60.*

Art. 19-1 *(Abrogé par L. nº 2015-1776 du 28 déc. 2015, art. 41-III) (L. nº 2003-289 du 31 mars 2003, art. 7)* ***Pour 2002, le Fonds de modernisation de l'aide à domicile mentionné à l'article L. 232-21*** [art. abrogé] ***du code de l'action sociale et des familles verse aux départements, sur ses ressources, des subventions destinées à contribuer à la compensation par ces collectivités, au titre de leur action sociale facultative, des charges éventuelles occasionnées en 2002, du fait de la modification de la structure des tarifs issue de l'application des articles L. 312-8 et L. 315-1 du même code, aux résidents bénéficiaires de l'allocation personnalisée d'autonomie accueillis à titre payant dans des établissements habilités à l'aide sociale, qui percevaient jusqu'alors la prestation spécifique dépendance, l'allocation compensatrice tierce personne ou la majoration tierce personne.***

Le montant de cette contribution non renouvelable est arrêté à la somme de 36 millions d'euros. Il est réparti entre les départements au prorata du nombre de bénéficiaires de la prestation spécifique dépendance en établissement recensés, pour chaque département, dans les groupes 1 et 2 de la grille mentionnée à l'article L. 232-2 dudit code à la date du 30 juin 2001.

Art. 19-2 *(Abrogé par L. nº 2015-1776 du 28 déc. 2015, art. 41-III) (L. nº 2004-626 du 30 juin 2004, art. 17)* ***Pour 2004, le Fonds de modernisation de l'aide à domicile mentionné à l'article L. 232-21*** [art. abrogé] ***du code de l'action sociale et des familles verse à la Caisse nationale d'assurance vieillesse des travailleurs salariés, au bénéfice du Fonds national d'action sanitaire et sociale en faveur des personnes âgées, une contribution destinée au financement, à parts égales avec ladite caisse nationale, de pièces rafraîchies dans les établissements d'hébergement pour personnes âgées, maisons de retraite habilitées à l'aide sociale et logements-foyers.***

Le montant maximum de cette contribution, non renouvelable, est arrêté à la somme de 20 millions d'euros.

Art. 20 Sauf disposition contraire, les modalités d'application de la présente loi sont fixées par décret en Conseil d'État.

Art. 21 I. — Les dispositions de la présente loi entrent en vigueur le 1er janvier 2002.

II. — Les articles L. 132-8, L. 132-9, L. 232-1 à L. 232-25 du code de l'action sociale et des familles, dans leur rédaction applicable avant l'entrée en vigueur de la présente loi, demeurent applicables aux personnes auxquelles le bénéfice de la prestation spécifique dépendance a été reconnu avant sa date d'entrée en vigueur.

Arrêté du 10 janvier 2002,

Fixant le cahier des charges prévu à l'article L. 232-13 du code de l'action sociale et des familles et les flux d'informations entre les départements et les organismes de recouvrement (JO 7 févr.).

Art. 1er Le cahier des charges prévu à l'article L. 232-13 du code de l'action sociale et des familles susvisé figure en annexe 1 du présent arrêté.

Art. 2 La liste des informations échangées entre les départements et les organismes de recouvrement en application de l'article L. 232-16 du code de l'action sociale et des familles figure en annexe 2 du présent arrêté.

ANNEXE I

CAHIER DES CHARGES DES CONVENTIONS PRÉVUES À L'ARTICLE L. 232-13 DU CODE DE L'ACTION SOCIALE ET DES FAMILLES

Préambule

L'article L. 232-13 du code de l'action sociale et des familles, dans sa rédaction issue de la loi du 20 juillet 2001, prévoit qu'une convention est conclue entre le département et les organismes de sécurité sociale pour « organiser les modalités de leur coopération pour la mise en œuvre de l'allocation personnalisée d'autonomie à domicile ».

Le maintien par la loi du 20 juillet 2001 précitée de l'article L. 113-2 du même code, dans sa rédaction issue de la loi du 24 janvier 1997 instituant la prestation spécifique dépendance, implique que le présent cahier des charges intègre à la fois les perspectives plus générales, notamment de coordination des prestations servies aux personnes âgées en perte d'autonomie qui ont fait l'objet des conventions de coordination prévues par l'article L. 113-2, tout en organisant et développant le partenariat dans la mise en œuvre de l'allocation personnalisée d'autonomie (APA), selon l'objectif fixé à l'article L. 232-13.

C'est ainsi qu'il apparaît indispensable de partir de l'avancée que représentent l'ensemble des conventions négociées et signées depuis 1997 entre les conseils départementaux et les caisses de sécurité sociale ; il convient, bien évidemment, de faire évoluer ces conventions, le cas échéant par voie d'avenant, afin d'inscrire leurs modalités de coopération dans le cadre législatif nouveau. Ces conventions ont, pour la moitié d'entre elles, institué un partenariat étroit entre les départements et les organismes de sécurité sociale (CRAM, CRAV, CGSS, MSA et autres organismes) se matérialisant, le cas échéant, par la mise en place de procédures communes d'instruction et d'évaluation du besoin d'aide des demandeurs par des équipes médico-sociales mixtes.

C'est assurément vers ce modèle de partenariat efficace, permettant une véritable mutualisation des compétences et des savoir-faire, que devront tendre les conventions mentionnées à l'article L. 232-13 nouveau du code de l'action sociale et des familles.

Dans cette logique, le présent cahier des charges comprend des prescriptions et des recommandations élaborées en concertation avec les représentants des présidents des conseils départementaux et des organismes de sécurité sociale sur les points suivants :

1. L'articulation des champs de compétences et des prestations en vue d'une continuité des prises en charge ;
2. La coopération et la mutualisation des savoir-faire dans l'instruction et le suivi de l'allocation personnalisée d'autonomie à domicile.

Il convient de souligner qu'au-delà de ce double objet, les conventions doivent répondre à l'objectif plus général qui consiste à inscrire le nouveau dispositif dans une politique d'ensemble en direction des personnes âgées en perte d'autonomie rendue cohérente par les différents acteurs institutionnels.

Cette mise en cohérence des prises en charge et des modes d'intervention s'appuie en premier lieu sur la définition et la mise en œuvre d'un schéma gérontologique. A cet effet, la loi du 20 juillet 2001 rappelle à l'article L. 232-13 que les départements assurent la coordination de l'action gérontologique dans le cadre d'un schéma arrêté conjointement par le président du conseil départemental et le représentant de l'État dans le département. Le schéma définit les territoires de coordination de l'action gérontologique de proximité et établit des modalités d'information du public et de coordination des prestataires s'appuyant notamment sur les centres locaux d'information et de coordination (CLIC).

L'élaboration ou la révision de ce schéma pourront constituer une opportunité pour organiser une réflexion commune avec les caisses de sécurité sociale et consolider une analyse des besoins qui permette la définition de politiques locales bien articulées.

En second lieu, il importe de s'appuyer sur les avancées réalisées dans le cadre des conventions signées depuis 1997 entre les conseils départementaux et les caisses de sécurité sociale dont l'un des objectifs était de favoriser la coordination de toutes les prestations susceptibles d'être servies à des personnes âgées, qu'elles soient valides ou en perte d'autonomie. Cette coordination des financeurs et des politiques trouvera un prolongement naturel dans les actions de proximité mises en œuvre par les CLIC au fur et à mesure de leur développement.

Dans cette perspective, il peut être envisagé par les partenaires de l'action gérontologique, afin de mutualiser leurs compétences et leurs moyens, d'articuler les instances départementales de coordination gérontologique mises en place dans le cadre des conventions de 1997 avec les comités de pilotage départementaux des CLIC. Les partenaires à la convention pourraient, le cas échéant, envisager le rapprochement de ces deux instances, voire organiser le comité de pilotage départemental des CLIC à partir de l'instance départementale de coordination gérontologique ou inversement.

En dernier lieu, compte tenu que l'objet de la convention porte sur la mise en œuvre de l'allocation personnalisée d'autonomie et sur les modalités de partenariat entre les caisses de sécurité sociale et les départements, il convient d'insister sur la nécessité que celle-ci soit conclue dans des délais rapprochés. L'objectif prioritaire est, en effet, de permettre le plus rapidement possible l'attribution de la nouvelle allocation aux usagers et d'organiser la phase transitoire de passage des prestations et aides existantes vers le nouveau dispositif dans les meilleures conditions à compter du 1er janvier 2002.

1. Articulation des champs de compétences et des prestations en vue d'une continuité des prises en charge

1.1.A. Mise en place d'un dispositif transitoire

La mise en place de l'allocation personnalisée d'autonomie suppose, en amont, pour les personnes déjà prises en charge par l'aide ménagère des organismes de sécurité sociale, la définition par les partenaires d'un dispositif transitoire organisant, sur la base d'un calendrier précis, les modalités de transfert des bénéficiaires de l'aide ménagère à domicile classés dans les GIR 1 à 4 vers la nouvelle allocation. Ce dispositif transitoire s'étalera tout au long du premier semestre 2002, voire de l'année 2002 ; il ne peut être que progressif.

Par ailleurs, l'examen et l'instruction par les départements des droits à l'allocation personnalisée d'autonomie du bénéficiaire de l'aide ménagère à domicile supposant au préalable une demande de l'intéressé, il apparaît indispensable que les organismes de sécurité sociale informent leurs bénéficiaires relevant des GIR 1 à 4 de la mise en place du nouveau dispositif.

De façon générale, il s'agit pour les signataires de la convention de se donner les moyens, à partir d'une connaissance approfondie des publics pris en charge et relevant de leur champ respectif de compétence, de réaliser efficacement le passage des bénéficiaires de l'aide ménagère à domicile servie par les organismes de sécurité sociale (AMD) à l'allocation personnalisée d'autonomie (APA), l'objectif final étant d'éviter toute rupture de prise en charge pour les intéressés.

Ainsi, il est souhaitable que le dispositif transitoire prévoie :

— la transmission, avec l'autorisation des bénéficiaires, des éléments utiles à l'instruction des dossiers ;

— le principe de reconnaissance mutuelle des évaluations ;

— l'échange d'information entre les caisses et les départements ;

— les modalités de détermination de l'allocation différentielle ;

— le calendrier de ce transfert progressif : il s'agit d'éviter d'allonger plus que nécessaire les délais de mise en place de l'APA tout en permettant aux départements de gérer la transition de façon réaliste et concertée.

1.1.B. Continuité des prises en charge et compensation financière

Les conventions doivent organiser la continuité de la prise en charge de l'intéressé pendant l'instruction de sa demande d'APA ; il est indispensable d'éviter toute rupture de prise en charge pour les bénéficiaires de l'aide ménagère à domicile en attente d'une décision du président du conseil départemental sur leur demande d'APA. Ainsi, il importe que le dépôt d'une demande d'APA n'entraîne pas *de facto* une interruption de la prise en charge au titre de l'aide ménagère à domicile.

La décision d'attribution de l'APA, qui intervient au plus tard à l'issue des deux mois d'instruction impartis au président du conseil départemental, comporte toutefois un effet rétroactif, les droits du bénéficiaire étant ouverts à la date du dépôt du dossier de demande complet (date d'enregistrement [tampon courrier] du dossier complet par les services du département). Il en résultera une période prise en charge par l'APA et déjà couverte par l'aide ménagère à domicile dispensée par les organismes de sécurité sociale.

Le corollaire du principe de la continuité des prises en charge est celui de la compensation financière. Il appartient aux partenaires de prévoir dans la convention les modalités de récupération/remboursement/compensation financière. C'est ainsi qu'est préconisé, parce qu'il présente des garanties de simplicité et de rapidité de mise en œuvre, le schéma de compensation joint au présent cahier des charges. Il présente l'avantage d'épargner à l'usager des procédures lourdes, complexes et traumatisantes de reversement des sommes trop perçues.

Il convient, en outre, de donner acte, pour la période de prise en charge au titre de l'aide ménagère à domicile couverte par l'APA, que le contrôle d'effectivité est réputé satisfait puisqu'il est fait recours à un prestataire de services.

1.2. Modalités d'information et d'orientation des nouveaux demandeurs : application du principe de reconnaissance mutuelle des évaluations

Il est nécessaire que la convention prévoie la mise en place d'un mécanisme de signalement mutuel entre les départements et les caisses afin de pouvoir orienter les demandeurs vers les dispositifs appropriés.

Dès les premiers questionnements des usagers, les prestataires de services comme les centres locaux d'information et de coordination, dans le cadre de leurs mission d'accueil et d'information des personnes âgées et de leurs familles, auront vocation à informer les personnes, en lien avec les partenaires signataires.

En outre, si au cours de l'instruction d'une demande par tel service instructeur, département ou caisse, l'évaluation de son degré de perte d'autonomie aboutit à réorienter le demandeur vers le dispositif géré par le partenaire signataire de la convention, il convient de prévoir les modalités de transfert du dossier et des pièces justificatives utiles, dans le respect du secret médical et de la confidentialité des données individuelles, afin d'éviter à l'usager d'avoir à recommencer toute la procédure. Ce transfert pourrait être facilité par l'utilisation d'un dossier de demande d'aide unique. Le principe de la reconnaissance mutuelle des évaluations réalisées doit constituer le principe de base de la coopération entre les caisses et les départements.

Par ailleurs, il conviendra que la convention prévoie que les départements et les caisses se tiennent mutuellement informés tant des prestations accordées que du profil des bénéficiaires et que soient précisées les modalités d'échange d'information : par exemple, il pourrait être fait envoi, tous les mois, par les conseils départementaux, des listes de demandeurs d'APA aux organismes de sécurité sociale de leur ressort, avec retour d'information et signalement des bénéficiaires de l'AMD par ces derniers.

Enfin, en application de l'article L. 232-16 du code de l'action sociale et des familles relatif à la vérification des déclarations des demandeurs de l'APA, il importe que les signataires à la convention identifient la liste des données nécessaires aux services instructeurs pour apprécier la situation du demandeur au regard des critères d'attribution de l'APA. Les organismes de sécurité sociale, entre autres organismes concernés par cet article, devront, en effet, être en mesure de communiquer ces données aux services du département.

1.3. Articulation des aides et prestations relevant des champs de compétence des signataires à la convention

Il s'agit de préciser les effets du nouveau dispositif sur la politique de chacun des partenaires à la convention, leur champ de compétence respectif et les modalités d'un cumul éventuel de certaines aides ou prestations, telle que la possibilité pour les organismes de sécurité sociale de compléter les prises en charge couvertes par l'allocation personnalisée d'autonomie, au regard des décisions que pourraient être amenés à prendre les conseils d'administration des organismes de sécurité sociale en la matière.

La participation des représentants des organismes de sécurité sociale à la commission de l'APA mentionnée à l'article L. 232-12 du code de l'action sociale et des familles, cadre d'un examen collégial et partagé des dossiers individuels, contribuera à la réalisation de cet objectif.

2. Coopération et mutualisation des savoir-faire dans l'instruction et le suivi de l'APA à domicile

2.A. Définition des modalités de coopération dans la mise en œuvre de l'APA à domicile

Compte tenu des perspectives de montée en charge rapide du nombre des demandeurs de l'APA, résultant notamment du public potentiellement concerné (personnes relevant des GIR 1 à 4) et de l'information réalisée, tant sur le plan national que local, sur le nouveau dispositif, il faut s'attendre à une charge de travail conséquente pour les départements, en termes d'instruction des demandes, mais également de mise en œuvre et de suivi des plans d'aide à domicile.

Ainsi, il apparaît indispensable que la convention constitue le socle d'une véritable coopération entre les départements et les services d'action sociale des caisses et leur service social, dont l'expérience dans l'évaluation des besoins des personnes et les actions de soutien de la qualité des interventions des prestataires de services légitiment l'intervention, l'objectif étant d'aboutir aux premiers versements d'APA dès le 10 février 2002 et, en tout état de cause, dans les meilleurs délais à compter du 1er janvier 2002.

Dans cette perspective, il convient que les conventions prévoient, selon le niveau de coopération entre le département et les caisses retenu dans l'instruction de l'APA, les modalités concrètes d'intervention des personnels des services d'action sociale des caisses et de leur service social, tant en ce qui concerne la procédure d'instruction de l'APA à domicile que le suivi et la mesure de l'adéquation de la prestation au besoin d'aide.

Il convient également que les modalités financières de la participation des organismes de sécurité sociale à la mise en œuvre de l'APA soient précisées.

Devront notamment être définies les modalités de coopération des signataires pour :

1. Les lieux de retrait et de dépôt des dossiers de demande ;
2. Les modalités et délais d'acheminement des dossiers vers le(s) service(s) instructeur(s) ;
3. Les modalités d'information des parties à la convention sur le dépôt d'une demande ;
4. L'instruction administrative des demandes (déclaration du caractère complet du dossier, secrétariat administratif commun) ;
5. L'instruction médico-sociale : participation des organismes de sécurité sociale aux équipes médico-sociales (compétence territoriale, fonctionnement, moyens mis à disposition, conditions financières), gestion de l'urgence, etc. ;
6. Les modalités d'organisation du suivi du plan d'aide : adéquation des besoins et de la qualité du service rendu, contrôle d'effectivité ;
7. Les modalités d'échange d'information avec les organismes de recouvrement des cotisations de sécurité sociale et d'allocations familiales (URSSAF) dans le cadre du contrôle d'effectivité.

2.B. Le rôle de la commission de l'allocation personnalisée d'autonomie

Le partenariat entre les signataires s'exprimera également à travers la commission de l'APA où sont représentés, outre le département, les organismes de sécurité sociale. Il conviendra que les partenaires s'entendent sur les modalités de fonctionnement de cette commission (composition et représentation des caisses, territorialisation, règlement interne, calendrier).

La loi précise à l'article L. 232-12 du code de l'action sociale et des familles que la commission a une mission de proposition, destinée à éclairer les décisions du président du conseil départemental. Elle pourrait également être un lieu d'échange d'informations, d'harmonisation des évaluations, d'examen particulier des dossiers délicats et de réorientation concertée de certains dossiers.

Résolution des conventions

Les partenaires devront prévoir la date d'effet de la convention, ainsi que la possibilité d'une évolution par voie d'avenant.

PROPOSITION DE SCHÉMA DE COMPENSATION FINANCIÈRE EN VUE D'UNE CONTINUITÉ DES PRISES EN CHARGE PENDANT LA PÉRIODE D'INSTRUCTION DE L'ALLOCATION PERSONNALISÉE D'AUTONOMIE

1. Description du schéma de compensation financière

Le conseil départemental verse une somme correspondant à une partie de l'allocation personnalisée d'autonomie (APA) à la caisse au titre du remboursement des sommes d'aide ménagère à domicile (AMD) versées pour la période couverte par l'APA et verse la partie correspondant au solde d'APA au bénéficiaire.

Schéma

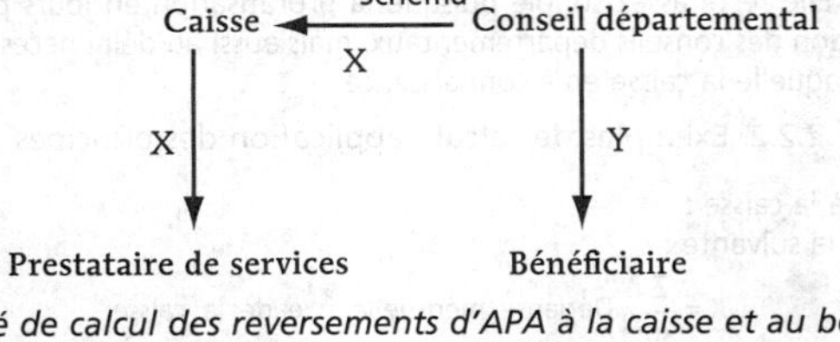

2. Modalité de calcul des reversements d'APA à la caisse et au bénéficiaire

2.1. Présentation d'un exemple

Mme Z classée en GIR 4 perçoit l'aide ménagère à domicile de sa caisse de retraite.
Elle bénéficie d'un accord pour 40 heures mensuelles.

Ses revenus mensuels s'élèvent à 914,69 €.

Elle acquitte donc une participation de 4,19 € pour les 30 premières heures réalisées et 2,10 € pour les 10 heures suivantes.

Elle dépose un dossier de demande d'APA complet le 26 janvier, et la notification de la décision lui est adressée par le président du conseil départemental le 20 mars avec un premier versement d'APA prévu au 10 avril (soit une période de 54 jours).

Pendant toute la période d'instruction d'APA — du 26 janvier au 20 mars — la caisse verse toujours l'AMD afin d'éviter au bénéficiaire toute rupture de prise en charge.

Cependant le droit à l'APA prend effet à la date de dépôt de la demande : le conseil départemental (en application du schéma de la page précédente) doit donc reverser à la caisse les sommes versées pendant la durée d'instruction du dossier.

Par ailleurs, le conseil départemental ne peut verser l'APA que sur la base de frais réellement engagés puisqu'il s'agit d'une prestation en nature.

Le fait que la caisse ait versé la prestation d'aide ménagère à un prestataire de services équivaut à des dépenses réellement engagées et permet de considérer que le principe de l'effectivité de l'aide est vérifié.

En l'absence d'autres dépenses identifiées correspondant à son plan d'aide d'APA, le bénéficiaire percevra une somme équivalente au remboursement du différentiel de sa participation financière, le barème APA (pas de participation jusqu'à 914,69 €/mois) étant plus favorable que le barème de participation des caisses (participation variant de 1,52 € à 4,19 € du plafond de l'aide sociale — 570,62 € — à 914,69 €).

2.2. Modalités de calcul

Pour le calcul du reversement à la caisse (X) et du versement du solde au bénéficiaire (Y), il est proposé la méthode de calcul suivante :

2.2.1. Principes

Le montant d'aide ménagère versé n'est connu qu'à la fin du mois qui suit la réalisation des heures d'AMD. Il ne sera donc pas connu au moment du premier versement d'APA, qui intervient le 10 du mois qui suit la notification. Aussi, il est proposé que les remboursements s'effectuent sur la base d'une dépense mensuelle préalablement fixée, ce qui évite d'attendre de connaître précisément le nombre d'heures effectué pour chaque mois donné.

Ce montant fixe ainsi déterminé pourrait être celui qui sera communiqué aux conseils départementaux pour le calcul de l'APA différentielle. Celui-ci correspond, au regard des textes, au montant des dépenses du mois de la demande d'APA. Toutefois, afin de faciliter la gestion de ces dossiers, il est proposé qu'il corresponde en fait :

— aux dépenses du dernier mois connu (avec un risque de mois atypique),

ou, ce qui semble préférable :

— à une dépense mensuelle calculée sur la base de la consommation moyenne des six derniers mois.

Le montant obtenu est ensuite proratisé en fonction du nombre de jours couverts à la fois par l'APA et l'AMD.

Cette méthode permet de communiquer tôt aux conseils départementaux le montant des sommes à reverser. Elle reste assez souple puisque la proratisation en jours permet de s'adapter aux délais d'instruction des conseils départementaux, mais aussi au délai nécessaire entre la notification et la date à laquelle la caisse en a connaissance.

2.2.2. Exemples de calcul : application des principes

Remboursement à la caisse :

La formule serait la suivante :

$$X = \frac{Z}{30} \times \text{Dépense mensuelle fixe de la caisse}$$

où Z est le nombre de jours couverts à la fois par l'APA et l'AMD.

Pour une consommation moyenne de 36 heures par mois et une continuité de prise en charge de 54 jours, le remboursement sera calculé comme suit :

$$X = \frac{54}{30} \times 301{,}80\ € = 543{,}25\ €$$

où 301,80 € = [12,23 € (tx particip. CNAV) – 3,85 € (tx particip. usager/h pour 36 h)] × 36 h.
Versement du solde au bénéficiaire :
Ce versement sera calculé selon la formule suivante :

$$X = \frac{Z}{30} \times \text{Dépense mensuelle fixe du bénéficiaire}$$

Pour la même consommation moyenne d'AMD de 36 heures par mois, le conseil départemental devra reverser au bénéficiaire la somme suivante :

$$Y = \frac{54}{30} \times 138{,}35\ € = 249{,}03\ €$$

où 138,35 € = montant de la participation de l'usager, soit 30 h × 4,19 € + 6 h × 2,10 €.

ANNEXE 2

Le conseil départemental aura un interlocuteur unique de la branche recouvrement dans le département. C'est l'organisme de recouvrement des cotisations de sécurité sociale et d'allocations familiales du siège du conseil départemental qui sera retenu.

Par dérogation à la règle de territorialité de l'activité du salarié, l'organisme de recouvrement auquel l'aide à domicile devra être déclarée sera celui dont relève le domicile de secours du titulaire de l'allocation personnalisée d'autonomie.

FLUX D'INFORMATIONS DU CONSEIL DÉPARTEMENTAL À DESTINATION DE L'ORGANISME DE RECOUVREMENT

Afin de permettre aux organismes de recouvrement d'identifier les titulaires de l'allocation personnalisée d'autonomie employant une aide à domicile ou hébergés dans une famille d'accueil, le conseil départemental devra adresser à l'organisme de recouvrement centralisateur dont il relève les informations suivantes :

Après octroi de l'allocation personnalisée d'autonomie et embauche d'une aide à domicile ou conclusion d'hébergement en famille d'accueil :

— existence du droit ;
— date d'effet ;
— type d'aide :
— emploi d'une aide à domicile, en précisant, le cas échéant, le recours à une association mandataire (sont exclues les associations employeurs et les entreprises agréées) ;
— hébergement en famille d'accueil ;
— mécanisme déclaratif utilisé :
— déclaration nominative trimestrielle ;
— chèque emploi-service ;
— identification de l'employeur :
— nom ;
— nom marital ;
— prénom ;
— adresse ;
— adresse de correspondance ;
— date et lieu de naissance ;
— numéro d'inscription au Répertoire national d'identification des personnes physiques ;
— identification du salarié ou de la famille d'accueil :
— nom ;
— nom marital ;
— prénom ;
— adresse ;
— numéro d'inscription au Répertoire national d'identification des personnes physiques ou à défaut date et lieu de naissance ;

— date d'embauche.

En cas de modification des éléments ci-dessus relatifs au titulaire de l'allocation personnalisée d'autonomie ou de perte du droit à l'allocation :

— identification de l'employeur :
— nom ;
— nom marital ;
— prénom ;
— adresse ;
— adresse de correspondance ;
— date et lieu de naissance ;
— numéro d'inscription au Répertoire national d'identification des personnes physiques ;
— motif de la cessation ou modification (y compris changement de domicile depuis plus de trois mois) ;
— date d'effet.

Les documents sont transmis systématiquement à l'organisme de recouvrement.

FLUX D'INFORMATIONS DE L'ORGANISME DE RECOUVREMENT À DESTINATION DU CONSEIL DÉPARTEMENTAL

A des fins de contrôle par le conseil départemental de l'utilisation de l'allocation, les informations suivantes lui seront transmises par l'organisme de recouvrement.

Nature des informations :

— identification de l'employeur :
— nom ;
— nom marital ;
— prénom ;
— adresse ;
— adresse de correspondance ;
— date et lieu de naissance ;
— numéro d'inscription au Répertoire national d'identification des personnes physiques ;
— coût salarial global trimestriel :
— salaires déclarés ;
— nombre d'heures travaillées ;
— cotisations dues (précision de la base forfait ou salaire réel) ;
— période de référence en année, trimestres réels (déclarations nominatives trimestrielles) ou présumés (chèque emploi-service) ;
— éléments complémentaires en cas de particularités ou d'anomalies.

Ces informations sont communiquées par l'organisme de recouvrement au conseil départemental au plus tard pour le dernier jour du deuxième mois du trimestre civil suivant le trimestre civil considéré.

En cas de particularité (non-paiement des cotisations), une transmission spécifique pourra être envisagée mentionnant, le cas échéant, l'application d'une taxation d'office.

Arrêté du 6 juin 2002,

Relatif au contenu du dossier prévu à l'article 30 du décret nº 2001-1085 du 20 novembre 2001 portant application de la loi nº 2001-647 du 20 juillet 2001 relative à la prise en charge de la perte d'autonomie des personnes âgées et à l'allocation personnalisée d'autonomie (JO 14 juin).

Art. 1er **Le contenu du dossier mentionné à l'article 30 du décret du 20 novembre 2001 susvisé est défini dans l'annexe au présent arrêté.**

ANNEXE

PRÉCISANT LE CONTENU DU DOSSIER MENTIONNÉ À L'ARTICLE 30
DU DÉCRET N° 2001-1085 DU 20 NOVEMBRE 2001

PROMOTEUR

....
....
....

IDENTIFICATION DE L'ÉTABLISSEMENT

Dénomination : ....
Adresse : ....
Nature et statut juridique : .... n° FINESS : ....
Habilitation aide sociale : ....
Date prévisionnelle signature de la convention tripartite : ....

CAPACITÉ ACTUELLE

Capacité totale autorisée :
dont hébergement complet : ....
dont hébergement temporaire : ....
dont accueil de jour : ....
nombre de places bénéficiant d'un forfait de soin courant : ....
Capacité totale installée :
....
....

AUTORISATION SOLLICITÉE

Capacité en places pour personnes âgées dépendantes sollicitée : ....
....
Date de dépôt du dossier complet : ....
Date d'expiration du délai pour l'autorisation ....

OPPORTUNITÉ DE L'OPÉRATION

État de dépendance de la population accueillie

Date du classement : ....
Date de validation (*le cas échant)* : ....

GIR	**NOMBRE de résidents**	**RÉPARTITION en pourcentage du nombre total de résidents girés**
GIR 1..............................	....	....
GIR 2..............................	....	....
GIR 3..............................	....	....
GIR 4..............................	....	....
GIR 5..............................	....	....
GIR 6..............................	....	....
TOTAL..............................	....	....

GMP (1) ....

Accueil de publics spécifiques
(préciser le cas échéant, notamment pour les moins de soixante ans)
Préciser l'inscription dans un réseau gérontologique :
Nombre de conventions de coordination :
Existantes avec Ets : ☐ SSIAD : ☐ Aide-mén. : ☐
Prévues avec Ets : ☐ SSIAD : ☐ Aide-mén. : ☐
Établissement de santé référent : ....
Établissement de santé mentale référent : ....
Médecin coordonnateur (oui-non, sa qualité) : ....
Commentaires : ....
....
....
....
1. GIR moyen pondéré

LES MOYENS

Les effectifs salariés :

EFFECTIFS BUDGÉTÉS EN ETP	EFFECTIFS actuels	RATIOS d'encadrement actuels	EFFECTIFS prévisionnels au terme de la convention	RATIOS d'encadrement au terme de la convention
Administration..........	....	....	....	....
Services généraux	....	....	....	....
Animation, accompagnement	....	....	....	....
Personnel médical et paramédical :				
• infirmière salariée..........	....	....	....	....
• aide-soignante	....	....	....	....
• AMP..........	....	....	....	....
• médecin coordinateur..........	....	....	....	....
• autres..........	....	....	....	....
Sous-total	....	....	....	....
Total	....	....	....	....

Les prestations sous-traitées : ....
....
....
Les interventions des infirmiers libéraux (*préciser le nombre d'intervenants, le nombre d'AIS et d'AMI effectués au cours du précédent trimestre*) :....................
....
....
Les locaux : ....
....
....
Les moyens financiers : ....
....

OPTION TARIFAIRE RETENUE

Ventilation des dépenses en trois sections tarifaires :

BUDGET ANNUEL DE FONCTIONNEMENT	HÉBERGEMENT	DÉPENDANCE	SOINS	TOTAL
Budget prévisionnel 1er exercice à moyens constants	....	....	....	....
Budget prévisionnel 1er exercice avec mesures nouvelles.....	....	....	....	....

Les conséquences sur la tarification :

TARIFS	DÉPENDANCE	SOINS	TOTAL À LA CHARGE de l'usager (hébergement + dépendance)
Actuels	....	....	....
Prévisionnels :			
GIR 1 et 2	....	....	....
GIR 3 et 4	....	....	....
GIR 5 et 6	....	....	....

CONCLUSIONS ET AVIS DU RAPPORTEUR

....

....

(date et signature)

PERSONNES HANDICAPÉES

Code du travail

PREMIÈRE PARTIE : *LÉGISLATIVE*

TROISIÈME PARTIE **DURÉE DU TRAVAIL, SALAIRE, INTÉRESSEMENT, PARTICIPATION ET ÉPARGNE SALARIALE**

LIVRE I **DURÉE DU TRAVAIL, REPOS ET CONGÉS**

TITRE IV **CONGÉS PAYÉS ET AUTRES CONGÉS**

CHAPITRE II *AUTRES CONGÉS*

SECTION 1 ***Congés d'articulation entre la vie professionnelle et la vie personnelle et familiale***

SOUS-SECTION 3 *Congé de proche aidant*

(L. nº 2016-1088 du 8 août 2016, art. 9)

§ 1 *Ordre public*

Art. L. 3142-25-1 *(L. nº 2018-84 du 13 févr. 2018)* **Un salarié peut, sur sa demande et en accord avec son employeur, renoncer anonymement et sans contrepartie à tout ou partie de ses jours de repos non pris, qu'ils aient été ou non affectés sur un compte épargne-temps, au bénéfice d'un autre salarié de l'entreprise qui vient en aide à une personne atteinte d'une perte d'autonomie** *(Abrogé par L. nº 2021-1754 du 23 déc. 2021, art. 54-II, au plus tard à compter du 1er janv. 2023)* ***« d'une particulière gravité »*** **ou présentant un handicap lorsque cette personne est, pour cet autre salarié, l'une de celles mentionnées aux 1º à 9º de l'article L. 3142-16.**

Le congé annuel ne peut être cédé que pour sa durée excédant vingt-quatre jours ouvrables.

Le salarié bénéficiant d'un ou de plusieurs jours cédés en application du premier alinéa du présent article bénéficie du maintien de sa rémunération pendant sa période d'absence. Cette période d'absence est assimilée à une période de travail effectif pour la détermination des droits que le salarié tient de son ancienneté. Le salarié conserve le bénéfice de tous les avantages qu'il avait acquis avant le début de sa période d'absence.

CINQUIÈME PARTIE **L'EMPLOI**

LIVRE II **DISPOSITIONS APPLICABLES À CERTAINES CATÉGORIES DE TRAVAILLEURS**

TITRE I **TRAVAILLEURS HANDICAPÉS**

CHAPITRE III ***RECONNAISSANCE ET ORIENTATION DES TRAVAILLEURS HANDICAPÉS***

SECTION 1 ***Reconnaissance de la qualité de travailleur handicapé***

Art. L. 5213-1 Est considérée comme travailleur handicapé toute personne dont les possibilités d'obtenir ou de conserver un emploi sont effectivement réduites par suite de l'altération d'une ou plusieurs fonctions physique, sensorielle, mentale ou psychique. — *[Anc. art. L. 323-10, al. 1er.]*

Art. L. 5213-2 *(L. nº 2023-1196 du 18 déc. 2023, art. 10-I)* La qualité de travailleur handicapé est reconnue par la commission des droits et de l'autonomie des personnes handicapées mentionnée à l'article L. 146-9 du code de l'action sociale et des familles. Lorsque le handicap est irréversible, la qualité de travailleur handicapé est attribuée de façon définitive.

Pour les personnes âgées de quinze à vingt ans, l'attribution de l'allocation mentionnée à l'article L. 541-1 du code de la sécurité sociale ou de la prestation mentionnée à l'article L. 245-1 du code de l'action sociale et des familles ainsi que le bénéfice d'un projet personnalisé de scolarisation valent reconnaissance de la qualité de travailleur handicapé.

L'orientation vers un établissement ou un service d'accompagnement par le travail ou vers un établissement ou un service de réadaptation professionnelle vaut reconnaissance de la qualité de travailleur handicapé.

Art. L. 5213-2-1 *(L. nº 2016-1088 du 8 août 2016, art. 52)* I. — Les travailleurs handicapés reconnus au titre de l'article L. 5213-2 peuvent bénéficier d'un dispositif d'emploi accompagné comportant un accompagnement médico-social et un soutien à l'insertion professionnelle, en vue de leur permettre d'accéder et de se maintenir dans l'emploi rémunéré sur le marché du travail. Sa mise en œuvre comprend un soutien et un accompagnement du salarié, ainsi que de l'employeur.

Ce dispositif, mis en œuvre par une personne morale gestionnaire qui respecte les conditions d'un cahier des charges prévu par décret, peut être sollicité tout au long du parcours professionnel par le travailleur handicapé et, lorsque celui-ci occupe un emploi, par l'employeur.

Le dispositif d'emploi accompagné est mobilisé en complément des services, aides et prestations existants.

II. — Le dispositif d'emploi accompagné est mis en œuvre sur décision de la commission mentionnée à l'article L. 146-9 du code de l'action sociale et des familles en complément d'une décision d'orientation *(L. nº 2020-935 du 30 juill. 2020, art. 74)* « ou sur prescription » des organismes désignés aux articles L. 5214-3-1, L. 5312-1 et L. 5314-1 du présent code. Cette commission *(L. nº 2020-935 du 30 juill. 2020, art. 74)* « ou ces organismes désignent », après accord de l'intéressé ou de ses représentants légaux, un dispositif d'emploi accompagné.

Une convention individuelle d'accompagnement conclue entre la personne morale gestionnaire du dispositif d'emploi accompagné, la personne accompagnée ou son représentant légal et son employeur, précise notamment les modalités d'accompagnement et de soutien du travailleur handicapé et de l'employeur, notamment sur le lieu de travail.

III. — Pour la mise en œuvre du dispositif, la personne morale gestionnaire du dispositif d'emploi accompagné conclut une convention de gestion :

1° D'une part, avec l'un des organismes désignés aux articles L. 5214-3-1, L. 5312-1 et L. 5314-1 ;

2° Et, d'autre part, lorsqu'il ne s'agit pas d'un établissement ou service mentionné aux 5° ou 7° du I de l'article L. 312-1 du code de l'action sociale et des familles, avec au moins une personne morale gestionnaire d'un de ces établissement ou service.

Cette convention précise les engagements de chacune des parties. — *V. Arr. du 23 nov. 2017, JO 2 déc., NOR : SSAA1727558A.*

IV. — Le décret mentionné au I du présent article précise notamment les modalités de mise en œuvre du dispositif d'emploi accompagné, de contractualisation entre le salarié, l'employeur et la personne morale gestionnaire du dispositif, les financements pouvant être mobilisés dans ce cadre, ainsi que les conditions dans lesquelles la personne morale gestionnaire du dispositif d'emploi accompagné ou, le cas échéant, la personne morale gestionnaire d'un établissement ou service conclut avec le directeur de l'agence régionale de santé une convention de financement ou un avenant au contrat mentionné à l'article L. 313-11 du code de l'action sociale et des familles. Le modèle de ces conventions est fixé par arrêté des ministres chargés des affaires sociales et de l'emploi. — *V. Arr. du 23 nov. 2017, JO 2 déc., NOR : SSAA1727558A.*

Nouvel art. L. 5213-2-1 (L. n° 2016-1088 du 8 août 2016, art. 52) ***I. — Les travailleurs handicapés reconnus au titre de l'article L. 5213-2 peuvent bénéficier d'un dispositif d'emploi accompagné*** (L. n° 2023-1196 du 18 déc. 2023, art. 10-I et II, en vigueur le 1er janv. 2025) ***«, organisé par l'État sous la forme de plateformes départementales de services intégrés, » comportant un accompagnement médico-social et un soutien à l'insertion professionnelle, en vue de leur permettre d'accéder et de se maintenir dans l'emploi rémunéré sur le marché du travail. Sa mise en œuvre comprend un soutien et un accompagnement du salarié, ainsi que de l'employeur.***

Ce dispositif, mis en œuvre par (L. n° 2023-1196 du 18 déc. 2023, art. 10-I et II, en vigueur le 1er janv. 2025) ***« des organismes qui respectent les conditions d'un cahier des charges prévu par arrêté conjoint des ministres chargés de l'emploi et des personnes handicapées et qui sont signataires de la convention mentionnée au III », peut être sollicité tout au long du parcours professionnel par le travailleur handicapé et, lorsque celui-ci occupe un emploi, par l'employeur.***

Le dispositif d'emploi accompagné est mobilisé en complément des services, aides et prestations existants.

II. — Le dispositif d'emploi accompagné est mis en œuvre sur décision de la commission mentionnée à l'article L. 146-9 du code de l'action sociale et des familles (Abrogé par L. n° 2023-1196 du 18 déc. 2023, art. 10-I et II, à compter du 1er janv. 2025) ***« en complément d'une décision d'orientation »*** (L. n° 2020-935 du 30 juill. 2020, art. 74) ***« ou sur prescription » des organismes désignés aux articles L. 5214-3-1, L. 5312-1 et L. 5314-1 du présent code*** (L. n° 2023-1196 du 18 déc. 2023, art. 10-I et II, en vigueur le 1er janv. 2025) ***«, qui en informent cette commission ». Cette commission*** (L. n° 2020-935 du 30 juill. 2020, art. 74) ***« ou ces organismes désignent », après accord de l'intéressé ou de ses représentants légaux,*** (L. n° 2023-1196 du 18 déc. 2023, art. 10-I et II, en vigueur le 1er janv. 2025) ***« l'organisme chargé de mettre en œuvre le » dispositif d'emploi accompagné.***

Une convention individuelle d'accompagnement conclue entre (L. n° 2023-1196 du 18 déc. 2023, art. 10-I et II, en vigueur le 1er janv. 2025) ***« cet organisme », la personne accompagnée ou son représentant légal et son employeur, précise notamment les modalités d'accompagnement et de soutien du travailleur handicapé et de l'employeur, notamment sur le lieu de travail.***

(L. n° 2023-1196 du 18 déc. 2023, art. 10-I et II, en vigueur le 1er janv. 2025) ***« III. — Pour la mise en œuvre du dispositif d'emploi accompagné, les organismes mentionnés au I du présent article signent une convention avec l'État et l'un des organismes mentionnés aux articles L. 5214-3-1, L. 5312-1 et L. 5314-1. Cette convention peut également associer les fonds mentionnés à l'article L. 5214-1 du présent code et à l'article L. 351-7 du code général de la fonction publique. »***

(Abrogé par L. n° 2023-1196 du 18 déc. 2023, art. 10-I et II, à compter du 1er janv. 2025) ***« IV. — Le décret mentionné au I du présent article précise notamment les modalités de mise en œuvre du dispositif d'emploi accompagné, de contractualisation entre le salarié, l'employeur et la personne morale gestionnaire du dispositif, les financements pouvant être mobilisés dans ce cadre, ainsi que les conditions dans lesquelles la personne morale gestionnaire du dispositif d'emploi accompagné ou, le cas échéant, la personne morale gestionnaire d'un établissement ou service conclut avec le directeur de l'agence régionale de santé une convention de financement ou un avenant au contrat mentionné à l'article L. 313-11 du code de l'action sociale et des familles. Le modèle de ces conventions est fixé par arrêté des ministres chargés des affaires sociales et de l'emploi. »***

Les conventions individuelles d'accompagnement et les conventions de gestion conclues avant le 1er janv. 2025 pour l'application de l'art. L. 5213-2-1 continuent de s'appliquer jusqu'à leur terme, ou jusqu'au 31 déc. 2025 si leur terme est postérieur à cette date (L. n° 2023-1196 du 18 déc. 2023, art. 10-III).

Art. L. 5213-2-2 *(L. nº 2023-1196 du 18 déc. 2023, art. 11)* Les informations relatives aux aménagements dont a bénéficié la personne en situation de handicap pendant sa scolarité, en formation professionnelle ou en emploi, définies par arrêté du ministre chargé de la formation professionnelle, sont conservées dans un système d'information national géré par la Caisse des dépôts et consignations.

Les informations mentionnées au premier alinéa sont fournies par :

1º L'État ;

2º Les collectivités territoriales ;

3º L'association mentionnée à l'article L. 5214-1 ;

4º L'employeur ;

5º Toute personne morale qui met en place un aménagement mentionné au premier alinéa du présent article ou qui intervient dans le champ du handicap.

Ce système d'information permet au titulaire d'un compte personnel de formation de consulter les informations mentionnées au même premier alinéa qui le concernent, de les déclarer et d'en disposer sur un espace personnel au sein d'une plateforme sécurisée. La consultation de ces informations par un tiers n'est possible que sur autorisation du titulaire du compte.

Un décret détermine les conditions d'application du présent article.

SECTION 2 *Réadaptation, rééducation et formation professionnelle*

Art. L. 5213-3 Tout travailleur handicapé peut bénéficier d'une réadaptation, d'une rééducation ou d'une formation professionnelle. — *[Anc. art. L. 323-15, al. 1er début.]*

(L. nº 2021-1018 du 2 août 2021, art. 28-II, en vigueur le 31 mars 2022) « Les travailleurs handicapés déclarés inaptes en application de l'article L. 4624-4 ou pour lesquels le médecin du travail a identifié, dans le cadre de l'examen de préreprise mentionné à l'article L. 4624-2-4, un risque d'inaptitude peuvent bénéficier de la convention de rééducation professionnelle en entreprise mentionnée à l'article L. 5213-3-1. »

Art. L. 5213-3-1 *(L. nº 2021-1018 du 2 août 2021, art. 28-II, en vigueur le 31 mars 2022)* I. — La convention de rééducation professionnelle en entreprise est conclue entre l'employeur, le salarié et la caisse primaire d'assurance maladie ou la caisse générale de sécurité sociale mentionnée à l'article L. 323-3-1 du code de la sécurité sociale *(L. nº 2021-1754 du 23 déc. 2021, art. 98-II, en vigueur le 1er juill. 2022)* « ou la caisse de mutualité sociale agricole ». Cette convention détermine les modalités d'exécution de la rééducation professionnelle ainsi que le montant et les conditions dans lesquelles la caisse primaire d'assurance maladie ou la caisse générale de sécurité sociale *(L. nº 2021-1754 du 23 déc. 2021, art. 98-II, en vigueur le 1er juill. 2022)* « ou la caisse de mutualité sociale agricole » verse au salarié l'indemnité journalière mentionnée au même article L. 323-3-1 *(L. nº 2021-1754 du 23 déc. 2021, art. 98-II, en vigueur le 1er juill. 2022)* « ou à l'article L. 752-5-2 du code rural et de la pêche maritime, selon le cas ».

II. — Lorsque la rééducation professionnelle est assurée par l'employeur du salarié, elle fait l'objet d'un avenant au contrat de travail, qui ne peut modifier la rémunération prévue par celui-ci.

Lorsque la rééducation professionnelle n'est pas assurée par l'employeur du salarié, elle est effectuée selon les modalités de mise à disposition prévues à l'article L. 8241-2.

III. — Lorsque le salarié présente sa démission mentionnée à l'article L. 1237-1 à l'issue d'une rééducation professionnelle afin d'être embauché par une autre entreprise, il continue à bénéficier, le cas échéant, de l'indemnité mentionnée à l'article L. 323-3-1 du code de la sécurité sociale.

Lorsque l'entreprise mentionnée au premier alinéa du présent III a assuré la rééducation professionnelle et que l'embauche est effectuée dans un emploi similaire à celui occupé par le salarié pendant la période de rééducation, la durée de la mise à disposition est intégralement déduite de la période d'essai.

IV. — Un décret en Conseil d'État définit les modalités d'application du présent article.

Art. L. 5213-4 Le travailleur handicapé bénéficie des aides financières accordées aux stagiaires de la formation professionnelle et prévues par le titre IV du livre III de la sixième partie, sous réserve d'adaptations à leur situation particulière.

(L. nº 2010-1657 du 29 déc. 2010, art. 208-III) « En outre, le travailleur handicapé peut bénéficier, à l'issue de son stage, de primes destinées à faciliter son reclassement dont le

montant et les conditions d'attribution sont déterminés par l'association mentionnée à l'article L. 5214-1. »

Ces primes ne se cumulent pas avec les primes de même nature dont le travailleur handicapé pourrait bénéficier au titre de la législation dont il relève. – *[Anc. art. L. 323-16.]*

Art. L. 5213-5 Tout établissement ou groupe d'établissements appartenant à une même activité professionnelle de plus de cinq mille salariés assure, après avis médical, le réentraînement au travail et la rééducation professionnelle de ses salariés malades et blessés.

Les *(L. nº 2016-1088 du 8 août 2016, art. 113-III)* « agents de contrôle de l'inspection du travail mentionnés à l'article L. 8112-1 » peuvent mettre les chefs d'entreprise en demeure de se conformer à ces prescriptions. – *[Anc. art. L. 323-17, al. 1er et 2.]*

SECTION 3 *Orientation en milieu professionnel*

SOUS-SECTION 1 *Droits et garanties des travailleurs handicapés*

Art. L. 5213-6 Afin de garantir le respect du principe d'égalité de traitement à l'égard des travailleurs handicapés, l'employeur prend, en fonction des besoins dans une situation concrète, les mesures appropriées pour permettre aux travailleurs mentionnés aux 1º à 4º et 9º à 11º de l'article L. 5212-13 d'accéder à un emploi ou de conserver un emploi correspondant à leur qualification, de l'exercer ou d'y progresser ou pour qu'une formation adaptée à leurs besoins leur soit dispensée.

(L. nº 2016-1088 du 8 août 2016, art. 56-I, en vigueur le 8 août 2019) « L'employeur s'assure que les logiciels installés sur le poste de travail des personnes handicapées et nécessaires à leur exercice professionnel sont accessibles. Il s'assure également que le poste de travail des personnes handicapées est accessible en télétravail. »

(L. nº 2023-1196 du 18 déc. 2023, art. 12-1º) « En cas de changement d'employeur, la conservation des équipements contribuant à l'adaptation du poste de travail des travailleurs handicapés, lorsqu'il comporte les mêmes caractéristiques dans la nouvelle entreprise, peut être prévue par convention entre les deux entreprises concernées. Cette convention peut également être conclue entre une entreprise privée et un employeur public au sens de l'article L. 131-8 du code général de la fonction publique. »

Ces mesures sont prises sous réserve que les charges consécutives à leur mise en œuvre ne soient pas disproportionnées, compte tenu de l'aide prévue à l'article L. 5213-10 qui *(L. nº 2023-1196 du 18 déc. 2023, art. 12-2º)* « peut » compenser en tout ou partie les dépenses supportées à ce titre par l'employeur.

Le refus de prendre des mesures au sens du premier alinéa peut être constitutif d'une discrimination au sens de l'article *(L. nº 2008-496 du 27 mai 2008, art. 6-8º)* « L. 1133-3 ».

BIBL. ▶ Bossu, *JCP S 2018. 1192* (l'accommodement raisonnable). – Sereno, *RDT 2018. 527* (l'aménagement raisonnable en matière d'emploi).

Art. L. 5213-6-1 *(L. nº 2018-771 du 5 sept. 2018, art. 69)* Dans toute entreprise employant au moins deux cent cinquante salariés, est désigné un référent chargé d'orienter, d'informer et d'accompagner les personnes en situation de handicap.

(L. nº 2019-486 du 22 mai 2019, art. 11-VIº, en vigueur le 1er janv. 2020) « Pour l'application du présent article, l'effectif salarié et le franchissement du seuil de deux cent cinquante salariés sont déterminés selon les modalités prévues à l'article L. 130-1 du code de la sécurité sociale. »

(L. nº 2021-1018 du 2 août 2021, art. 20, en vigueur le 31 mars 2022) « A la demande du travailleur concerné, le référent participe au rendez-vous de liaison prévu à l'article L. 1226-1-3 du présent code ainsi qu'aux échanges organisés sur le fondement du dernier alinéa du I de l'article L. 4624-2-2. Dans les deux cas, il est tenu à une obligation de discrétion à l'égard des informations à caractère personnel qu'il est amené à connaître. »

Art. L. 5213-7 Le salaire des bénéficiaires mentionnés à l'article L. 5212-13 ne peut être inférieur à celui qui résulte de l'application des dispositions légales ou des stipulations de la convention ou de l'accord collectif de travail. – *[Anc. art. L. 323-6, al. 1.]*

Art. L. 5213-8 Les travailleurs handicapés embauchés en application des dispositions du chapitre II ne peuvent, en cas de rechute de l'affection invalidante, bénéficier des avantages spéciaux accordés en cas de maladie par un statut particulier ou une convention ou accord collectif de travail.

Toutefois, ces statuts ou conventions collectives peuvent prévoir des dérogations aux dispositions mentionnées au premier alinéa.

Dans le cas d'accident ou de maladie autre que l'affection invalidante, les intéressés peuvent bénéficier des avantages spéciaux dès leur embauche dans les mêmes conditions que les autres membres du personnel.

Lorsque l'affection du travailleur handicapé est dite consolidée, celui-ci peut, s'il est à nouveau atteint de la maladie qui était à l'origine de son invalidité, bénéficier des avantages spéciaux mentionnés au premier alinéa à l'expiration d'un délai d'un an, à compter de la date de la consolidation. — *[Anc. art. L. 323-21, al. 1er à 4.]*

Art. L. 5213-9 En cas de licenciement, la durée du préavis déterminée en application de l'article L. 1234-1 est doublée pour les bénéficiaires du chapitre II, sans toutefois que cette mesure puisse avoir pour effet de porter au-delà de trois mois la durée de ce préavis.

Toutefois, ces dispositions ne sont pas applicables lorsque les conventions ou accords collectifs de travail ou, à défaut, les usages prévoient un préavis d'une durée au moins égale à trois mois. — *[Anc. art. L. 323-7.]*

SOUS-SECTION 2 *Aides financières*

Art. L. 5213-10 L'État peut attribuer une aide financière du fonds de développement pour l'insertion professionnelle des handicapés à tout employeur soumis à l'obligation d'emploi de travailleurs handicapés afin de faciliter la mise ou la remise au travail en milieu ordinaire de production des personnes handicapées.

Cette aide peut également être destinée à compenser les charges supplémentaires d'encadrement. — *[Anc. art. L. 323-9, al. 6, phrases 1 et 3.]*

Art. L. 5213-11 *(Abrogé par L. nº 2023-1196 du 18 déc. 2023, art. 10-I)* ***« Pour l'application des dispositions de l'article L. 5213-7 relatives au salaire du travailleur handicapé, »*** Une aide financée par le fonds de développement pour l'insertion professionnelle des handicapés peut être attribuée sur décision de *(L. nº 2010-1657 du 29 déc. 2010, art. 208-II)* « l'association mentionnée à l'article L. 5214-1. »

Cette aide, demandée par l'employeur *(L. nº 2023-1196 du 18 déc. 2023, art. 10-I)* « ou le travailleur non salarié », peut être allouée en fonction des caractéristiques *(L. nº 2023-1196 du 18 déc. 2023, art. 10-I)* « du bénéficiaire de l'obligation d'emploi mentionnée à l'article L. 5212-13, notamment de la lourdeur de son handicap, après aménagement optimal de son poste et de son environnement de travail. »

(Abrogé par L. nº 2018-771 du 5 sept. 2018, art. 67-I-18º, à compter du 1er janv. 2020) ***« Elle ne peut être cumulée avec la minoration de la contribution prévue pour l'embauche d'un travailleur mentionnée à l'article L. 5212-9. »*** — *[Anc. art. L. 323-6, al. 2, phrase 1 début et fin, phrase 2 début, phrases 3 et 4.]*

Les dispositions issues de la L. nº 2018-771 du 5 sept. 2018 s'appliquent aux obligations portant sur les périodes courant à compter du 1er janv. 2020 (L. préc., art. 67-III-A).

Entre le 1er janv. 2020 et le 31 déc. 2024, l'acquittement de l'obligation d'emploi par le versement d'une contribution annuelle fait l'objet de modalités transitoires déterminées par décret. Ce décret fixe, d'une part, les modalités de calcul de la limite maximale de la contribution, en prenant en compte l'effectif de travailleurs handicapés de l'entreprise assujettie et, d'autre part, les modalités de modulation du montant de la contribution (L. nº 2018-771 du 5 sept. 2018, art. 67-III-B).

Art. L. 5213-12 Les travailleurs handicapés qui font le choix d'exercer une activité professionnelle non salariée peuvent bénéficier d'une aide du fonds de développement pour l'insertion professionnelle des handicapés lorsque, du fait de leur handicap, leur productivité se trouve notoirement diminuée. — *[Anc. art. L. 323-6, al. 3 fin.]*

SOUS-SECTION 3 *Entreprises adaptées (L. nº 2018-771 du 5 sept. 2018, art. 76-I, en vigueur le 1er janv. 2019).*

Art. L. 5213-13 *(L. nº 2018-771 du 5 sept. 2018, art. 76-II, en vigueur le 1er janv. 2019)* L'État agrée en qualité d'entreprise adaptée des structures qui répondent aux critères prévus à l'article L. 5213-13-1 *(L. nº 2023-1196 du 18 déc. 2023, art. 10-I)* « et en qualité d'entreprise adaptée de travail temporaire celles qui répondent aux critères prévus à l'article L. 5213-13-3 ». Il conclut avec elles des contrats pluriannuels d'objectifs et de moyens valant agrément.

Les entreprises adaptées *(L. nº 2023-1196 du 18 déc. 2023, art. 10-I)* « et les entreprises adaptées de travail temporaire » sont constituées par des collectivités territoriales ou des organismes publics ou privés. Lorsqu'elles sont constituées par des sociétés commerciales, elles prennent la forme de personnes morales distinctes.

Les contrats d'objectifs triennaux conclus avant 1er janv. 2019 continuent de produire leurs effets jusqu'à leur terme (L. no 2018-771 du 5 sept. 2018, art. 76-X).

Ancien art. L. 5213-13 *Les entreprises adaptées et les centres de distribution de travail à domicile peuvent être créés par les collectivités ou organismes publics ou privés, notamment par des sociétés commerciales. Pour ces dernières, ils sont constitués en personnes morales distinctes.*

(L. n° 2011-901 du 28 juill. 2011, art. 16-I) *« Leurs effectifs de production comportent au moins 80 % de travailleurs handicapés orientés vers le marché du travail par la commission des droits et de l'autonomie des personnes handicapées et qui soit sont recrutés sur proposition du service public de l'emploi ou d'un organisme de placement spécialisé, soit répondent aux critères fixés par arrêté du ministre chargé de l'emploi.*

« Les entreprises adaptées et les centres de distribution de travail à domicile permettent à ces salariés d'exercer une activité professionnelle dans des conditions adaptées à leurs possibilités. Grâce à l'accompagnement spécifique qu'ils leur proposent, ils favorisent la réalisation de leur projet professionnel en vue de la valorisation de leurs compétences, de leur promotion et de leur mobilité au sein de la structure elle-même ou vers d'autres entreprises.

« Ils concluent avec l'autorité administrative un contrat d'objectif triennal valant agrément. »

Art. L. 5213-13-1 *(L. no 2018-771 du 5 sept. 2018, art. 76-III, en vigueur le 1er janv. 2019)* Les entreprises adaptées contribuent au développement des territoires et promeuvent un environnement économique inclusif favorable aux femmes et aux hommes en situation de handicap.

Elles concluent des contrats de travail avec des travailleurs reconnus handicapés par la commission des droits et de l'autonomie des personnes handicapées mentionnée à l'article L. 241-5 du code de l'action sociale et des familles qui se trouvent sans emploi ou qui courent le risque de perdre leur emploi en raison de leur handicap. Elles permettent à leurs salariés d'exercer une activité professionnelle dans un environnement adapté à leurs possibilités, afin qu'ils obtiennent ou conservent un emploi.

Ces entreprises emploient des proportions minimale et maximale, fixées par décret, de travailleurs reconnus handicapés, qu'elles recrutent soit sur proposition du service public de l'emploi, soit directement, en application de critères déterminés par arrêté du ministre chargé de l'emploi.

Elles mettent en œuvre pour ces salariés un accompagnement spécifique destiné à favoriser la réalisation de leur projet professionnel, la valorisation de leurs compétences et leur mobilité au sein de l'entreprise elle-même ou vers d'autres entreprises.

Le premier alinéa de l'article L. 1224-2 n'est pas applicable à l'entreprise cédante ni au repreneur à la suite d'une reprise de marché ou à la suite d'une entreprise adaptée.

V. note ss. art. L. 5213-13.

Art. L. 5213-13-2 *(L. no 2023-1196 du 18 déc. 2023, art. 10-I)* Les entreprises adaptées peuvent, en application de l'article L. 1242-3, conclure des contrats de travail à durée déterminée avec des travailleurs mentionnés à l'article L. 5213-13-1 afin de faciliter leur transition professionnelle vers d'autres entreprises.

Ces contrats prévoient un accompagnement renforcé destiné à favoriser la réalisation d'un projet professionnel et la valorisation des compétences acquises durant la formation.

Un décret en Conseil d'État prévoit les conditions dans lesquelles, pour tenir compte des actions d'accompagnement et de formation professionnelle mises en œuvre ainsi que de la situation du salarié au regard de son projet professionnel, ces contrats peuvent déroger aux dispositions du présent code relatives à la durée totale des contrats de travail à durée déterminée, dans la limite de vingt-quatre mois, ainsi qu'à celles relatives aux conditions de leur renouvellement, dans la limite d'une durée totale de soixante mois. Ce décret peut également prévoir des modalités spécifiques de suspension ou de rupture du contrat à l'initiative du salarié ainsi que des dérogations à la durée hebdomadaire minimale du travail.

Art. L. 5213-13-3 *(L. no 2023-1196 du 18 déc. 2023, art. 10-I)* Les entreprises adaptées de travail temporaire concluent des contrats de mission pour faciliter l'accès à l'emploi durable des travailleurs mentionnés à l'article L. 5213-13-1, dont la durée totale peut être portée à vingt-quatre mois, renouvellement compris, par dérogation aux articles L. 1251-12 et L. 1251-12-1, et dont la durée hebdomadaire de travail peut être inférieure à la durée minimale par dérogation à l'article L. 3123-27, lorsque la situation du salarié le justifie. Elles peuvent également conclure les contrats de travail à durée indéterminée intérimaires mentionnés à l'article L. 1251-58-1.

Ces entreprises mettent en œuvre pour leurs salariés un accompagnement renforcé destiné à favoriser la réalisation de leur projet professionnel, la valorisation des compétences acquises durant leur formation et leur transition professionnelle vers d'autres entreprises.

Par dérogation à l'article L. 1251-36, aucun délai de carence n'est applicable :

1° Entre deux contrats de mission conclus en application du présent article avec le même salarié durant son parcours d'accompagnement;

2° En cas d'embauche du salarié par l'entreprise utilisatrice, à l'issue de son contrat de mission, en contrat à durée déterminée d'une durée d'au moins deux mois.

Art. L. 5213-14 Les dispositions du présent code sont applicables aux travailleurs handicapés salariés des entreprises adaptées *(L. n° 2023-1196 du 18 déc. 2023, art. 10-I)* « et des entreprises adaptées de travail temporaire ». — *[Anc. art. L. 323-32, al. 1er.]*

V. note ss. art. L. 5213-13.

Art. L. 5213-15 Le travailleur handicapé employé dans une entreprise adaptée *(L. n° 2023-1196 du 18 déc. 2023, art. 10-I)* « ou dans une entreprise adaptée de travail temporaire » reçoit un salaire fixé compte tenu de l'emploi qu'il occupe et de sa qualification par référence aux dispositions légales ou stipulations conventionnelles applicables dans la branche d'activité.

Ce salaire ne peut être inférieur au salaire minimum de croissance déterminé en application des articles L. 3231-1 et suivants.

Le travailleur *(L. n° 2023-1196 du 18 déc. 2023, art. 10-I)* « handicapé employé dans une entreprise adaptée ou dans une entreprise adaptée de travail temporaire » bénéficie en outre des dispositions prévues au livre III de la troisième partie relatives à l'intéressement, à la participation et à l'épargne salariale. — *[Anc. art. L. 323-32, al. 2 à 4.]*

Art. L. 5213-16 *(L. n° 2018-771 du 5 sept. 2018, art. 76-IV, en vigueur le 1er janv. 2019)* « Pour favoriser la réalisation de leur projet professionnel, » un ou plusieurs travailleurs handicapés employés dans une entreprise adaptée peuvent être mis à la disposition provisoire d'un autre employeur *(L. n° 2018-771 du 5 sept. 2018, art. 76-IV, en vigueur le 1er janv. 2019)* « pour une durée déterminée, en vue de leur éventuelle embauche, » dans des conditions prévues par l'article L. 8241-2 et suivant des modalités précisées par décret. — *[Anc. art. L. 323-32, al. 5.]*

(L. n° 2018-771 du 5 sept. 2018, art. 76-IV, en vigueur le 1er janv. 2019) « Pour faciliter leur accès à un emploi durable, l'entreprise adaptée met en œuvre un appui individualisé pour l'entreprise utilisatrice et des actions d'accompagnement professionnel et de formation pour les travailleurs handicapés. La prestation d'appui individualisée est rémunérée par l'entreprise utilisatrice et est distincte de la mise à disposition. »

V. note ss. art. L. 5213-13.

Art. L. 5213-17 En cas de départ volontaire vers l'entreprise ordinaire, le salarié handicapé démissionnaire bénéficie, au cas où il souhaiterait réintégrer l'entreprise adaptée, d'une priorité d'embauche dont les modalités sont déterminées par décret. — *[Anc. art. L. 323-33.]*

Art. L. 5213-18 *(L. n° 2018-771 du 5 sept. 2018, art. 76-VIII, en vigueur le 1er janv. 2019)* Les entreprises adaptées *(L. n° 2023-1196 du 18 déc. 2023, art. 10-I)* « et les entreprises adaptées de travail temporaire » bénéficient de l'ensemble des dispositifs prévus au livre I de la présente partie.

V. note ss. art. L. 5213-13.

Ancien art. L. 5213-18 *Bénéficient de l'ensemble des dispositifs prévus au livre I, les entreprises adaptées et les centres de distribution de travail.*

Toutefois, le bénéfice de ces dispositifs ne peut se cumuler, pour un même poste, ni avec l'aide au poste mentionnée à l'article L. 5213-19, ni avec aucune aide spécifique portant sur le même objet. — [Anc. art. L. 323-31, al. 3.]

Art. L. 5213-19 *(L. n° 2018-771 du 5 sept. 2018, art. 76-V, en vigueur le 1er janv. 2019)* Seul l'emploi des travailleurs qui remplissent les conditions mentionnées aux deuxième et troisième alinéas de l'article L. 5213-13-1 ouvre droit au bénéfice d'aides financières contribuant à compenser les conséquences du handicap et des actions engagées liées à leur

emploi. Ces aides sont attribuées dans la limite des crédits fixés annuellement par la loi de finances.

V. note ss. art. L. 5213-13.

V. Arr. du 18 févr. 2019 relatif aux critères des recrutements opérés, soit sur proposition du service public de l'emploi, soit directement par les entreprises adaptées, et susceptibles d'ouvrir droit aux aides financières de l'État, JO 26 févr., NOR : MTRD1831040A.

Ancien art. L. 5213-19 (L. n° 2011-901 du 28 juill. 2011, art. 16-II) ***Les entreprises adaptées et les centres de distribution de travail à domicile perçoivent pour chaque travailleur handicapé employé, dès lors que celui-ci remplit les conditions mentionnées à l'article L. 5213-13, une aide au poste forfaitaire versée par l'État, dans la limite d'un effectif de référence fixé annuellement par la loi de finances.***

En outre, compte tenu des surcoûts résultant de l'emploi majoritaire de ces travailleurs handicapés, les entreprises adaptées et les centres de distribution de travail à domicile reçoivent de l'État une subvention spécifique, destinée notamment au suivi social, à l'accompagnement et à la formation spécifiques de la personne handicapée, pour favoriser son adaptation à son poste de travail.

Les modalités d'attribution de l'aide au poste et de la subvention spécifique sont précisées par décret.

Art. L. 5213-19-1 *(L. n° 2018-771 du 5 sept. 2018, art. 76-VI, en vigueur le 1er janv. 2019)* **Un décret en Conseil d'État détermine les conditions d'application de la présente sous-section, notamment :**

1° Les conditions d'exécution, de suivi, de renouvellement et du contrôle des contrats pluriannuels d'objectifs et de moyens mentionnés à l'article L. 5213-13 ainsi que leurs modalités de suspension ou de dénonciation ;

(L. n° 2023-1196 du 18 déc. 2023, art. 10-I) **« 2° Les modalités des accompagnements mentionnés aux articles L. 5213-13-1 à L. 5213-13-3 ; »**

3° Les modalités de détermination, d'attribution et de versement des aides financières de l'État mentionnées à l'article L. 5213-19 et les règles de non-cumul.

V. note ss. art. L. 5213-13.

SECTION 4 *Autres orientations*

Art. L. 5213-20 *(Abrogé par L. n° 2018-771 du 5 sept. 2018, art. 76-VII, à compter du 1er janv. 2019)* ***Les personnes handicapées pour lesquelles une orientation sur le marché du travail par la commission des droits et de l'autonomie des personnes handicapées s'avère impossible peuvent être admises dans un établissement ou service d'aide par le travail mentionné au a du 5° du I de l'article L. 312-1 du code de l'action sociale et des familles.*** *— [Anc. art. L. 323-30, al. 1er.]*

V. note ss. art. L. 5213-13.

SECTION 5 *Actions en justice*

Art. L. 5213-21 Les associations ayant pour objet principal la défense des intérêts des bénéficiaires du présent chapitre peuvent exercer une action civile fondée sur l'inobservation des dispositions des articles L. 5213-7 et L. 5213-9 à L. 5213-12, lorsque cette inobservation porte un préjudice certain à l'intérêt collectif qu'elles représentent. *— [Anc. art. L. 323-8-7.]*

SECTION 6 *Dispositions d'application*

Art. L. 5213-22 Un décret en Conseil d'État détermine les modalités d'application du présent chapitre. *— [Anc. art. L. 323-34, al. 1er et al. 6 à 8, L. 323-17, al. 2, L. 323-6, al. 2, phrase 2 fin et al. 3 début, L. 323-8-8, L. 323-31, al. 2, L. 323-31, al. 5 fin.]*

Code de l'éducation

PREMIÈRE PARTIE : *LÉGISLATIVE*

TITRE V (LIVRE III) LES ENSEIGNEMENTS POUR LES ENFANTS ET ADOLESCENTS HANDICAPÉS

CHAPITRE I *SCOLARITÉ*

Art. L. 351-1 *(L. n° 2005-102 du 11 févr. 2005, art. 21-II)* **Les enfants et adolescents présentant un handicap ou un trouble de santé invalidant sont scolarisés dans les écoles maternelles et élémentaires et les établissements visés aux articles L. 213-2, L. 214-6** *(L. n° 2019-791 du 26 juill. 2019, art. 32)* **« , L. 421-19-1 », L. 422-1, L. 422-2 et L. 442-1 du présent**

code et aux articles L. 811-8 et L. 813-1 du code rural et de la pêche maritime, si nécessaire au sein de dispositifs adaptés, lorsque ce mode de scolarisation répond aux besoins des élèves. *(L. nº 2019-791 du 26 juill. 2019, art. 25-3º)* « Les élèves accompagnés dans le cadre de ces dispositifs sont comptabilisés dans les effectifs scolarisés. » Les parents sont étroitement associés à la décision d'orientation et peuvent se faire aider par une personne de leur choix. La décision est prise par la commission mentionnée à l'article L. 146-9 du code de l'action sociale et des familles, en accord avec les parents ou le représentant légal. A défaut, les procédures de conciliation et de recours prévues aux articles L. 146-10 et L. 241-9 du même code s'appliquent. Dans tous les cas et lorsque leurs besoins le justifient, les élèves bénéficient des aides et accompagnements complémentaires nécessaires.

L'enseignement est également assuré par des personnels qualifiés relevant du ministère chargé de l'éducation lorsque la situation de l'enfant ou de l'adolescent présentant un handicap ou un trouble de la santé invalidant nécessite un séjour dans un établissement de santé ou un établissement médico-social. Ces personnels sont soit des enseignants publics mis à la disposition de ces établissements dans des conditions prévues par décret, soit des maîtres de l'enseignement privé dans le cadre d'un contrat passé entre l'établissement et l'État dans les conditions prévues par le titre IV du livre IV.

Un décret en Conseil d'État fixe les conditions dans lesquelles les enseignants exerçant dans des établissements publics relevant du ministère chargé des personnes *(L. nº 2019-791 du 26 juill. 2019, art. 27-5º)* « en situation de handicap » ou titulaires de diplômes délivrés par ce dernier assurent également cet enseignement.

Les dispositions de la L. nº 2019-791 du 26 juill. 2019 sont entrées en vigueur à la rentrée scolaire 2019 (L. préc., art. 63).

Art. L. 351-1-1 *(L. nº 2013-595 du 8 juill. 2013, art. 7)* La coopération entre les établissements mentionnés à l'article L. 351-1 du présent code et les établissements et services mentionnés aux 2° et 3° du I de l'article L. 312-1 du code de l'action sociale et des familles est organisée par des conventions passées entre ces établissements et services afin d'assurer la continuité du parcours de scolarisation des élèves en situation de handicap.

Les modalités d'application du présent article sont déterminées par décret.

Art. L. 351-2 *(L. nº 2005-102 du 11 févr. 2005, art. 21-III-1º)* « La commission mentionnée à l'article L. 146-9 du code de l'action sociale et des familles *[commission des droits et de l'autonomie des personnes handicapées]* désigne les établissements ou les services ou à titre exceptionnel l'établissement ou le service correspondant aux besoins de l'enfant ou de l'adolescent en mesure de l'accueillir. »

La décision de la commission s'impose aux établissements scolaires ordinaires et aux *(L. nº 2005-102 du 11 févr. 2005, art. 21-III-3º)* « établissements ou services mentionnés au 2° et au 12° du I de l'article L. 312-1 du code de l'action sociale et des familles » dans la limite de la spécialité au titre de laquelle ils ont été autorisés ou agréés.

Lorsque les parents ou le représentant légal de l'enfant ou de l'adolescent *(L. nº 2019-791 du 26 juill. 2019, art. 27-3º)* « en situation de handicap » font connaître leur préférence pour un établissement ou un service correspondant à ses besoins et en mesure de l'accueillir, la commission est tenue de faire figurer cet établissement ou service au nombre de ceux qu'elle désigne, quelle que soit sa localisation. — *V. note ss. art. L. 351-1.*

Art. L. 351-3 *(L. nº 2011-1977 du 28 déc. 2011, art. 128-1º)* Lorsque la commission mentionnée à l'article L. 146-9 du code de l'action sociale et des familles constate que la scolarisation d'un enfant dans une classe de l'enseignement public ou d'un établissement mentionné à l'article L. 442-1 du présent code requiert une aide individuelle dont elle détermine la quotité horaire, cette aide peut notamment être apportée par un *(L. nº 2013-1278 du 29 déc. 2013, art. 124-I-1º)* « accompagnant des élèves en situation de handicap recruté conformément aux modalités définies à l'article L. 917-1 ».

Si cette scolarisation n'implique pas une aide individuelle mais que les besoins de l'élève justifient qu'il bénéficie d'une aide mutualisée, la commission mentionnée à l'article L. 146-9 du code de l'action sociale et des familles *[commission des droits et de l'autonomie des personnes handicapées]* en arrête le principe *(L. nº 2019-791 du 26 juill. 2019, art. 25-4º)* « et en précise les activités principales ». Cette aide mutualisée est apportée par un *(L. nº 2013-1278 du 29 déc. 2013, art. 124-I-1º)* « accompagnant des élèves en situation de handicap recruté dans les conditions fixées à l'article L. 917-1 » du présent code.

L'aide individuelle mentionnée au premier alinéa du présent article peut, après accord entre *(Décr. n° 2012-16 du 5 janv. 2012, art. 7-III)* « l'autorité de l'État compétente en matière d'éducation » et la famille de l'élève, lorsque la continuité de l'aide est nécessaire à l'élève en fonction de la nature particulière de son handicap, être assurée par une association ou un groupement d'associations ayant conclu une convention avec l'État.

(L. n° 2019-791 du 26 juill. 2019, art. 25-4°) « Des pôles inclusifs d'accompagnement localisés sont créés dans chaque département. Ils ont pour objet la coordination des moyens d'accompagnement humain au sein des écoles et établissements scolaires de l'enseignement public et de l'enseignement privé sous contrat. Ils constituent des pôles ressources à destination de la communauté éducative ; ils associent à cet effet des professionnels de santé et les gestionnaires des établissements et services médico-sociaux mentionnés aux 2° et 3° du I de l'article L. 312-1 du code de l'action sociale et des familles. Ces dispositifs visent à mieux prendre en compte les besoins éducatifs particuliers de l'élève en situation de handicap en vue du développement de son autonomie. »

Les modalités d'application du présent article, notamment la désignation des personnes chargées de l'aide mentionnée aux deux premiers alinéas et la nature de l'aide, sont déterminées par décret.

V. note ss. art. L. 351-1.

Art. L. 351-4 *(L. n° 2019-791 du 26 juill. 2019, art. 25-4°)* Les parents ou les représentants légaux de l'enfant ou de l'adolescent en situation de handicap bénéficient d'un entretien avec le ou les enseignants qui en ont la charge ainsi qu'avec la personne chargée de l'aide individuelle ou mutualisée. Cet entretien a lieu préalablement à la rentrée scolaire ou, le cas échéant, au moment de la prise de fonction de la personne chargée de l'aide individuelle ou mutualisée. Il porte sur les modalités de mise en œuvre des adaptations et aménagements pédagogiques préconisés dans le projet personnalisé de scolarisation prévu à l'article L. 112-2.

V. note ss. art. L. 351-1.

CHAPITRE II *LA FORMATION PROFESSIONNELLE ET L'APPRENTISSAGE DES JEUNES HANDICAPÉS*

Art. L. 352-1 L'État participe à la formation professionnelle et à l'apprentissage des jeunes *(L. n° 2019-791 du 26 juill. 2019, art. 27-2°)* « en situation de handicap » :

1° Soit en passant les conventions prévues par *(Ord. n° 2008-1304 du 11 déc. 2008, art. 1er-16° ; L. n° 2018-771 du 5 sept. 2018, art. 34-III-10°)* « le titre V du livre III de la sixième partie législative du code du travail relatif aux organismes de formation » [*V.* **C. trav.**] et par *(Ord. n° 2008-1304 du 11 déc. 2008, art. 1er-16° ; L. n° 2018-771 du 5 sept. 2018, art. 34-III-10°)* « le titre III du livre II de la sixième partie législative du code du travail relatif aux centres de formation d'apprentis » [*V.* **C. trav.**] ;

2° Soit en attribuant des aides spéciales au titre de leurs dépenses complémentaires de fonctionnement aux établissements spécialisés reconnus par le ministre chargé de l'agriculture. — *[L. n° 75-534 du 30 juin 1975, art. 5-II.]*

V. note ss. art. L. 351-1.

DEUXIÈME PARTIE : *RÉGLEMENTAIRE*

TITRE V (LIVRE III) LES ENSEIGNEMENTS POUR LES ENFANTS ET ADOLESCENTS HANDICAPÉS OU PRÉSENTANT UNE MALADIE CHRONIQUE OU DE LONGUE DURÉE

(Décr. n° 2022-1155 du 12 août 2022, art. 2-1°).

CHAPITRE I *SCOLARITÉ*

SECTION 1 *Dispositions générales*

Art. D. 351-1 En complément des dispositions prévues au présent chapitre, les règles relatives aux formations aménagées pour les élèves des écoles, des collèges et des lycées présentant un handicap ou un trouble de la santé invalidant sont fixées respectivement aux articles D. 321-4, D. 321-5, D. 332-8 et D. 333-10.

Art. R. 351-2 Les règles relatives aux compétences, à la composition et au fonctionnement de la Commission des droits et de l'autonomie des personnes handicapées sont fixées par les articles L. 241-6 et R. 241-24 à R. 241-34 du code de l'action sociale et des familles.

(Décr. nº 2010-366 du 9 avr. 2010) « Pour l'application à Saint-Pierre-et-Miquelon des articles D. 351-8, D. 351-14, R. 351-21, R. 351-24 et R. 351-25, les mots : "maison départementale des personnes handicapées" sont remplacés par les mots : "maison territoriale de l'autonomie". »

SECTION 2 ***Le parcours de formation des élèves présentant un handicap ou présentant une maladie chronique ou de longue durée*** *(Décr. nº 2022-1155 du 12 août 2022, art. 2-2º).*

SOUS-SECTION 1 *Organisation de la scolarité*

Art. D. 351-3 Tout enfant ou adolescent présentant un handicap tel que défini à l'article L. 114 du code de l'action sociale et des familles est inscrit dans une école ou dans l'un des établissements mentionnés au premier alinéa de l'article L. 351-1 du présent code, le plus proche de son domicile. Cette école ou cet établissement constitue son établissement de référence. — *[Décr. nº 2005-1752 du 30 déc. 2005, art. 1er, al. 1er.]*

Art. D. 351-4 Le parcours de formation de l'élève s'effectue en priorité en milieu scolaire ordinaire, dans son établissement scolaire de référence ou, le cas échéant, dans une autre école ou un autre des établissements scolaires mentionnés au premier alinéa de l'article L. 351-1 du présent code où l'élève est inscrit si son projet personnalisé de scolarisation, mentionné à l'article D. 351-5 du présent code, rend nécessaire le recours à un dispositif adapté.

L'élève reste inscrit dans son établissement scolaire de référence s'il est contraint d'interrompre momentanément sa scolarité en raison de son état de santé et de recevoir un enseignement à domicile, en ayant recours, si besoin, à des modalités aménagées d'enseignement à distance.

Il reste également inscrit dans son établissement scolaire de référence lorsqu'il est accueilli dans l'un des établissements *(Décr. nº 2009-378 du 2 avr. 2009, art. 9)* « ou des services » mentionnés au 2º *(Décr. nº 2014-1485 du 11 déc. 2014, art. 2-1º)* « et au 12º » du I de l'article L. 312-1 du code de l'action sociale et des familles *[V. CASF]* *(Décr. nº 2014-1485 du 11 déc. 2014, art. 2-1º)* « ou dans l'un des établissements mentionnés aux titres IV et VI du » livre I de la sixième partie du code de la santé publique.

Sa scolarité peut alors s'effectuer, soit dans l'unité d'enseignement, définie à l'article D. 351-17 du présent code, de l'établissement dans lequel il est accueilli, soit à temps partagés dans cette unité d'enseignement et dans son établissement scolaire de référence, soit à temps partagés dans cette unité d'enseignement et dans l'une des écoles ou l'un des établissements scolaires avec lesquels l'établissement d'accueil met en œuvre une coopération dans les conditions prévues par la convention mentionnée à l'article D. 351-18 du présent code. Dans ce dernier cas, l'élève peut être inscrit dans cette école ou cet établissement scolaire.

Dans tous les cas, les modalités de déroulement de sa scolarité sont précisées dans son projet personnalisé de scolarisation ou dans son projet d'accueil individualisé, *(Décr. nº 2014-1485 du 11 déc. 2014, art. 2-2º)* « définis respectivement aux articles D. 351-5 et D. 351-9 du présent code ». Ce projet définit, le cas échéant, les *(Décr. nº 2014-1485 du 11 déc. 2014, art. 2-2º)* « modalités » du retour de l'élève dans son établissement scolaire de référence. — *[Décr. nº 2005-1752 du 30 déc. 2005, art. 1er, al. 2 à 6.]*

(Décr. nº 2022-1155 du 12 août 2022, art. 2-3º) « Les responsables légaux d'un élève atteint d'une pathologie chronique ou d'un cancer, qui connaît une hospitalisation ou une absence prolongée du milieu scolaire, peuvent demander un temps d'échange avec l'école ou l'établissement scolaire spécifique à la préparation du retour de l'élève en milieu scolaire. »

Art. D. 351-5 Un projet personnalisé de scolarisation définit *(Décr. nº 2014-1485 du 11 déc. 2014, art. 3-1º)* « et coordonne » les modalités de déroulement de la scolarité et les actions pédagogiques, psychologiques, éducatives, sociales, médicales et paramédicales répondant aux besoins particuliers des élèves présentant un handicap.

(Décr. nº 2014-1485 du 11 déc. 2014, art. 3-2º) « Il est rédigé conformément au modèle défini par arrêté conjoint des ministres chargés de l'éducation nationale, de l'agriculture et des personnes handicapées, et comprend :

« — la mention du ou des établissements où l'élève est effectivement scolarisé en application de l'article D. 351-4 ;

« – les objectifs pédagogiques définis par référence au socle commun de connaissances, de compétences et de culture mentionné à l'article L. 122-1-1 et au contenu ou référentiel de la formation suivie au vu des besoins de l'élève ; ces objectifs tiennent compte de l'éventuelle nécessité d'adapter la scolarisation de l'élève en fonction des actions mentionnées au premier alinéa du présent article ;

« – les décisions de la commission des droits et de l'autonomie des personnes handicapées dans les domaines relatifs au parcours de formation mentionnés à l'article D. 351-7 ;

« – les préconisations utiles à la mise en œuvre de ce projet.

« Le projet personnalisé de scolarisation est révisé au moins à chaque changement de cycle ou d'orientation scolaire. » – *[Décr. n° 2005-1752 du 30 déc. 2005, art. 2.]*

Art. D. 351-6 L'équipe pluridisciplinaire, mentionnée à l'article L. 146-8 du code de l'action sociale et des familles, élabore le projet personnalisé de scolarisation, à la demande de l'élève handicapé majeur, ou *(Décr. n° 2014-1485 du 11 déc. 2014, art. 4-1°)* « , s'il est mineur, » de ses parents ou de son représentant légal, et après avoir pris connaissance *(Décr. n° 2014-1485 du 11 déc. 2014, art. 4-1°)* « du projet de formation de l'élève et des conditions de déroulement de sa scolarité ».

Pour conduire l'évaluation prévue à l'article R. 146-29 du code de l'action sociale et des familles, l'équipe pluridisciplinaire s'appuie notamment sur les observations relatives aux besoins et aux compétences de l'enfant ou de l'adolescent réalisées en situation scolaire par l'équipe de suivi de la scolarisation *(Décr. n° 2014-1485 du 11 déc. 2014, art. 4-2°)* « et formalisées dans le document mentionné à l'article D. 351-10 ». Elle prend en compte les aménagements qui peuvent être apportés à l'environnement scolaire, ainsi que les mesures déjà mises en œuvre pour assurer son éducation.

Avant décision de la Commission des droits et de l'autonomie des personnes handicapées, le projet personnalisé de scolarisation est transmis à l'élève majeur, ou à ses parents ou à son représentant légal, dans les conditions prévues à l'article R. 146-29 du code de l'action sociale et des familles. – *[Décr. n° 2005-1752 du 30 déc. 2005, art. 3.]*

(Décr. n° 2014-1485 du 11 déc. 2014, art. 4-3°) « Après décision de la commission des droits et de l'autonomie des personnes handicapées, le projet personnalisé de scolarisation est transmis à l'élève majeur ou, s'il est mineur, à ses parents ou son responsable légal, à l'enseignant référent ainsi qu'au directeur d'école, au chef d'établissement ou au directeur de l'établissement ou du service social ou médico-social ainsi qu'aux membres de l'équipe éducative chargés de le mettre en œuvre dans la limite de leurs attributions respectives. »

Art. D. 351-7 *(Décr. n° 2014-1485 du 11 déc. 2014, art. 5)* 1° La commission des droits et de l'autonomie des personnes handicapées se prononce sur l'orientation propre à assurer la scolarisation de l'élève handicapé, au vu du projet personnalisé de scolarisation élaboré par l'équipe pluridisciplinaire et des observations formulées par l'élève majeur ou, s'il est mineur, ses parents ou son représentant légal.

Elle prend, en fonction des besoins de l'élève, les décisions d'orientation mentionnées à l'article D. 351-4 :

a) Soit en milieu scolaire ordinaire, y compris au sein des dispositifs collectifs de scolarisation et des enseignements adaptés ;

b) Soit au sein des unités d'enseignement définies à l'article D. 351-17 ;

c) Soit à temps partagé entre l'unité d'enseignement et l'établissement scolaire ;

2° Elle se prononce sur l'attribution d'une aide humaine conformément aux dispositions de l'article L. 351-3 ;

3° Elle se prononce sur un maintien à l'école maternelle ;

4° Elle se prononce sur les mesures de compensation de nature à favoriser la scolarité de l'élève handicapé, notamment sur l'attribution d'un matériel pédagogique adapté ainsi que sur les actions pédagogiques, psychologiques, éducatives, sociales, médicales et paramédicales nécessaires. – *[Décr. n° 2005-1752 du 30 déc. 2005, art. 4.]*

Art. D. 351-8 Si l'équipe éducative d'une école ou d'un établissement scolaire souhaite qu'un projet personnalisé de scolarisation soit élaboré pour un élève, le directeur de l'école ou le chef d'établissement en informe l'élève majeur, ou *(Décr. n° 2014-1485 du 11 déc. 2014, art. 6)* « , s'il est mineur, » ses parents ou son représentant légal, pour qu'ils en fassent la demande. Il leur propose de s'informer des aides qui peuvent être apportées dans le cadre de ce projet auprès de l'enseignant référent affecté sur le secteur dont dépend l'école ou l'établissement scolaire, selon les modalités prévues à l'article D. 351-14 du présent code.

Si l'élève majeur, ou *(Décr. n° 2014-1485 du 11 déc. 2014, art. 6)* « , s'il est mineur, » ses parents ou son représentant légal, ne donnent pas suite à cette proposition dans un délai de quatre mois, *(Décr. n° 2012-16 du 5 janv. 2012, art. 7-I)* « le directeur académique des services de l'éducation nationale agissant sur délégation du recteur d'académie » informe de la situation de l'élève la maison départementale des personnes handicapées, définie à l'article L. 146-3 du code de l'action sociale et des familles, qui prend toutes mesures utiles pour engager un dialogue avec l'élève, ou ses parents ou son représentant légal.

Art. D. 351-9 Lorsque la scolarité d'un élève, notamment en raison d'un trouble de la santé invalidant, nécessite un aménagement sans qu'il soit nécessaire de recourir aux dispositions prévues par les articles D. 351-5 à D. 351-7, un projet d'accueil individualisé est élaboré avec le concours du médecin de l'éducation nationale *(Décr. n° 2014-1485 du 11 déc. 2014, art. 7)* « ou, pour les élèves relevant de l'enseignement agricole, d'un médecin désigné par l'autorité académique compétente, » ou du médecin du service de protection maternelle et infantile, à la demande de la famille, ou en accord et avec la participation de celle-ci, par le directeur d'école ou le chef d'établissement. Si nécessaire, le projet d'accueil individualisé est révisé à la demande de la famille ou de l'équipe éducative de l'école ou de l'établissement scolaire concerné. *(Décr. n° 2022-1155 du 12 août 2022, art. 2-4°)* « Pour la présentation à des épreuves d'un examen de l'enseignement scolaire, la présence souhaitable, en cas de besoin, d'un professionnel de santé peut être inscrite dans le projet d'accueil individualisé d'un élève présentant une pathologie chronique ou un cancer. » Hormis les aménagements prévus dans le cadre du projet individualisé, la scolarité de l'élève se déroule dans les conditions ordinaires. – *[Décr. n° 2005-1752 du 30 déc. 2005, art. 6.]*

SOUS-SECTION 2 *Les équipes de suivi de la scolarisation*

Art. D. 351-10 *(Décr. n° 2014-1485 du 11 déc. 2014, art. 8)* L'équipe de suivi de la scolarisation, mentionnée au deuxième alinéa de l'article L. 112-2-1, comprenant nécessairement l'élève, ou ses parents, ou son représentant légal ainsi que l'enseignant référent de l'élève, défini à l'article D. 351-12, facilite la mise en œuvre du projet personnalisé de scolarisation et assure son suivi pour chaque élève handicapé. Elle procède, au moins une fois par an, à l'évaluation de ce projet et de sa mise en œuvre sous la forme d'un document défini par arrêté conjoint des ministres chargés de l'éducation nationale, de l'agriculture et des personnes handicapées. Cette évaluation permet de mesurer l'adéquation des moyens mis en œuvre aux besoins de l'élève. Ce document est adressé par l'enseignant référent à la maison départementale des personnes handicapées et à l'élève majeur ou, s'il est mineur, à ses parents ou son responsable légal. Il est également adressé au directeur d'école, au chef d'établissement ou au directeur de l'établissement ou du service médico-social chargés de la mise en œuvre du projet personnalisé de scolarisation.

Cette évaluation peut être organisée à la demande de l'élève majeur ou, s'il est mineur, de ses parents ou de son représentant légal ainsi qu'à la demande de l'équipe éducative de l'école ou de l'établissement scolaire, ou à la demande du directeur de l'établissement de santé ou de l'établissement médico-social, si des adaptations s'avèrent indispensables en cours d'année scolaire.

L'équipe de suivi de la scolarisation informe la commission des droits et de l'autonomie des personnes handicapées de toute difficulté de nature à mettre en cause la poursuite de la mise en œuvre du projet personnalisé de scolarisation de l'élève.

En tant que de besoin, elle propose à la commission, avec l'accord de l'élève majeur ou, s'il est mineur, de ses parents ou de son représentant légal, toute révision de l'orientation de l'élève qu'elle juge utile. Lors de la réunion de l'équipe de suivi de la scolarisation, les parents de l'élève peuvent être assistés par une personne de leur choix ou se faire représenter.

Art. D. 351-10-1 *(Décr. n° 2017-620 du 24 avr. 2017, art. 2)* Lorsque, en application d'une décision de la commission des droits et de l'autonomie des personnes handicapées mentionnée à l'article L. 146-9 du code de l'action sociale et des familles, un élève a été orienté et pris en charge par un dispositif intégré mentionné à l'article L. 312-7-1 du même code, l'équipe de suivi de la scolarisation est autorisée à modifier le projet personnalisé de scolarisation de l'élève, sous réserve de son accord si l'élève est majeur ou, s'il est mineur, de l'accord de ses parents ou de son représentant légal, et sous réserve de l'accord du représentant du dispositif intégré, d'un enseignant, membre de l'équipe de suivi de la scolarisation, désigné par le directeur académique des services de l'éducation nationale ou le directeur régional de l'alimentation, de l'agriculture et de la forêt et ayant une connaissance approfondie de la situation particulière de l'élève et de son parcours scolaire.

L'élève majeur ou, s'il est mineur, ses parents ou son représentant légal disposent d'un délai de rétractation de quinze jours francs à compter de la date à laquelle ils ont signé la fiche de liaison mentionnée à l'article D. 351-10-2 afin, le cas échéant, de revenir sur leur accord.

Art. D. 351-10-2 *(Décr. nº 2017-620 du 24 avr. 2017, art. 2)* Une fiche de liaison argumentée informe la maison départementale des personnes handicapées des nouvelles modalités de scolarisation de l'élève et des modifications substantielles de son projet personnalisé d'accompagnement défini à l'article D. 312-10-3 du code de l'action sociale et des familles. Elle est intégrée au projet personnalisé de scolarisation de l'élève. La fiche de liaison est complétée par l'établissement ou le service médico-social qui accompagne l'élève. Elle est signée par l'élève majeur ou, s'il est mineur, par ses parents ou son représentant légal. A l'expiration du délai de rétractation, elle est transmise à la maison départementale des personnes handicapées par l'établissement ou le service qui accompagne l'élève. L'enseignant référent en est également destinataire.

Une modification substantielle consiste en tout changement relatif aux modalités d'accompagnement et de scolarisation qui aurait donné lieu, en dehors du fonctionnement en dispositif intégré, à une nouvelle décision de la commission des droits et de l'autonomie des personnes handicapées.

La fiche de liaison type est annexée à la convention prévue par l'article L. 312-7-1 du code de l'action sociale et des familles.

Art. D. 351-10-3 *(Décr. nº 2017-620 du 24 avr. 2017, art. 2)* Toute décision relative à l'attribution d'une aide humaine et à l'attribution d'un matériel pédagogique adapté mentionnée respectivement aux 2° et 4° de l'article D. 351-7 est prise dans les conditions prévues par l'article D. 351-10 par la commission des droits et de l'autonomie des personnes handicapées mentionnée à l'article L. 146-9 du code de l'action sociale et des familles.

Afin de garantir la continuité des prises en charge et de l'accompagnement des élèves, la convention mentionnée à l'article L. 312-7-1 du code de l'action sociale et des familles prévoit que toute modification du projet personnalisé de scolarisation par l'équipe de suivi de la scolarisation, impliquant une orientation vers les classes des établissements régionaux d'enseignement adapté, les sections d'enseignement général et professionnel adapté et les unités locales d'inclusion scolaire donne lieu à une affectation prononcée par *(Décr. nº 2019-1558 du 30 déc. 2019, art. 2-III, en vigueur le 1er janv. 2020)* « le recteur d'académie ou le directeur des services de l'éducation nationale agissant sur délégation du recteur d'académie » au vu de cette modification.

Une convention peut être conclue, conformément à l'article L. 351-1-1, entre les instituts thérapeutiques éducatifs et pédagogiques, les établissements publics locaux d'enseignement et les services académiques, afin de faciliter la scolarisation au sein de dispositifs ou classes à effectifs contingentés, d'enfants ou de jeunes accompagnés par le dispositif intégré.

Art. D. 351-11 *(Décr. nº 2014-1485 du 11 déc. 2014, art. 9)* « L'équipe de suivi de la scolarisation fonde son action, notamment sur les expertises du psychologue scolaire ou du conseiller d'orientation-psychologue, du médecin de l'éducation nationale ou du médecin du service de protection maternelle et infantile, des professionnels de santé qui suivent l'enfant et, éventuellement, de l'assistant de service social ou de l'infirmier scolaire qui interviennent dans l'école ou l'établissement scolaire concerné. Elle peut faire appel, en liaison avec le directeur de l'établissement de santé ou de l'établissement ou du service médico-social, aux personnels de ces établissements et services qui participent à l'accompagnement de l'enfant ou de l'adolescent. »

Les membres des équipes de suivi de la scolarisation sont tenus au secret professionnel dans les conditions prévues aux articles 226-13 et 226-14 du code pénal. – *[Décr. nº 2005-1752 du 30 déc. 2005, art. 8.]*

Art. D. 351-12 *(Décr. n° 2009-378 du 2 avr. 2009, art. 8)* « Un enseignant titulaire de la fonction publique de l'État ou, dans l'enseignement privé sous contrat, un enseignant agréé ou contractuel détenteur du certificat d'aptitude professionnelle pour les aides spécialisées, les enseignements adaptés et la scolarisation des élèves en situation de handicap ou du certificat complémentaire pour les enseignements adaptés et la scolarisation des élèves en situation de handicap ou de l'un des diplômes délivrés par le ministère chargé des personnes handicapées, à savoir le certificat d'aptitude au professorat de l'enseignement des jeunes sourds régi par les dispositions du *(Décr. n° 2018-124 du 21 févr. 2018, art. 7-I)* « décret n° 2018-124 du 21 février 2018 », le certificat d'aptitude à l'enseignement général, à l'enseignement technique ou à l'enseignement musical des aveugles et des déficients visuels, et le certificat d'aptitude aux fonctions de professeur d'enseignement technique aux déficients auditifs, régis par les dispositions des arrêtés du 15 décembre 1976 et des arrêtés modifiant celles-ci, exerce les fonctions de référent auprès de chacun des élèves handicapés du département afin d'assurer, sur l'ensemble du parcours de formation, la permanence des relations avec l'élève, ses parents ou son représentant légal, s'il est mineur. »

Cet enseignant est chargé de réunir l'équipe de suivi de la scolarisation pour chacun des élèves handicapés dont il est le référent. Il favorise la continuité et la cohérence de la mise en œuvre du projet personnalisé de scolarisation. – *[Décr. n° 2005-1752 du 30 déc. 2005, art. 9.]*

V. Arr. du 17 août 2006 relatif aux enseignants référents et à leurs secteurs d'intervention (JO 20 août).

Art. D. 351-13 Le nombre *[de]* d'enseignants affectés à des fonctions de référent pour la scolarisation des élèves handicapés est arrêté annuellement par *(Décr. n° 2012-16 du 5 janv. 2012, art. 7-I)* « le directeur académique des services de l'éducation nationale agissant sur délégation du recteur d'académie » en tenant compte de critères arrêtés nationalement, dont notamment le nombre d'élèves handicapés devant faire l'objet d'un suivi.

Le secteur d'intervention des enseignants référents est fixé par décision *(Décr. n° 2012-16 du 5 janv. 2012, art. 7-I)* « du directeur académique des services de l'éducation nationale agissant sur délégation du recteur d'académie ». Il comprend nécessairement des écoles et des établissements du second degré, ainsi que les établissements de santé ou médico-sociaux implantés dans ce secteur, de manière à favoriser la continuité des parcours de formation.

Les enseignants référents sont affectés dans l'une des écoles ou l'un des établissements scolaires de leur secteur d'intervention et placés sous l'autorité d'un ou plusieurs inspecteurs ayant reçu une formation spécifique pour la scolarisation des élèves handicapés, désignés par *(Décr. n° 2012-16 du 5 janv. 2012, art. 7-I)* « le directeur académique des services de l'éducation nationale agissant sur délégation du recteur d'académie ».

Art. D. 351-14 La convention constitutive du groupement d'intérêt public "maison départementale des personnes handicapées", mentionnée à l'article L. 146-4 du code de l'action sociale et des familles, définit les modalités selon lesquelles les enseignants exerçant les fonctions de référents pour la scolarisation des élèves handicapés apportent leur concours aux missions du groupement.

Ces enseignants contribuent, dans leur secteur d'intervention, à l'accueil et à l'information de l'élève majeur, ou de ses parents ou de son représentant légal, lors de son inscription dans une école ou un établissement scolaire. Ils organisent les réunions des équipes de suivi de la scolarisation et transmettent les bilans réalisés à l'élève majeur, ou à ses parents ou son représentant légal, ainsi qu'à l'équipe pluridisciplinaire. Ils contribuent à l'évaluation conduite par cette même équipe pluridisciplinaire ainsi qu'à l'élaboration du projet personnalisé de scolarisation. – *[Décr. n° 2005-1752 du 30 déc. 2005, art. 11.]*

Art. D. 351-15 Le ou les inspecteurs, désignés conformément au troisième alinéa de l'article D. 351-13, coordonnent l'action des enseignants référents pour la scolarisation des élèves handicapés afin d'assurer la cohérence des démarches et l'harmonisation des pratiques pour faciliter les parcours de formation de ces élèves.

En liaison avec le médecin conseiller technique *(Décr. n° 2012-16 du 5 janv. 2012, art. 7-I)* « du directeur académique des services de l'éducation nationale agissant sur délégation du recteur d'académie » et l'inspecteur chargé de l'orientation, ils constituent une cellule de veille de la scolarisation de ces élèves.

Art. D. 351-16 Dans le cadre du rapport annuel d'activité prévu à l'article R. 241-34 du code de l'action sociale et des familles, la Commission des droits et de l'autonomie des personnes handicapées dresse un bilan de la scolarisation des élèves handicapés dans le département faisant état, notamment, des écarts observés entre l'offre d'éducation scolaire et médico-sociale et les besoins recensés. — *[Décr. n° 2005-1752 du 30 déc. 2005, art. 13.]*

SOUS-SECTION 3 *L'aide humaine aux élèves handicapés*

(Décr. n° 2012-903 du 23 juill. 2012, art. 2)

§ 1 *Champ d'application*

Art. D. 351-16-1 L'aide individuelle et l'aide mutualisée mentionnées à l'article L. 351-3 constituent deux modalités de l'aide humaine susceptible d'être accordée aux élèves handicapés. Un même élève ne peut se voir attribuer simultanément une aide mutualisée et une aide individuelle. Ces aides sont attribuées par la commission mentionnée à l'article L. 146-9 du code de l'action sociale et des familles *[commission des droits et de l'autonomie des personnes handicapées]* et intégrées dans le plan personnalisé de compensation du handicap mentionné à l'article L. 146-8 du même code. La commission se prononce sur la base d'une évaluation de la situation scolaire de l'élève handicapé, en prenant en compte notamment son environnement scolaire, la durée du temps de scolarisation, la nature des activités à accomplir par l'accompagnant, la nécessité que l'accompagnement soit effectué par une même personne identifiée, les besoins de modulation et d'adaptation de l'aide et sa durée.

§ 2 *L'aide mutualisée*

Art. D. 351-16-2 L'aide mutualisée est destinée à répondre aux besoins d'accompagnement d'élèves qui ne requièrent pas une attention soutenue et continue.

Lorsqu'elle accorde une aide mutualisée, la commission mentionnée à l'article L. 146-9 du code de l'action sociale et des familles définit les activités principales de l'accompagnant.

Art. D. 351-16-3 L'aide mutualisée accordée à un élève lui est apportée par un *(Décr. n° 2014-1484 du 11 déc. 2014, art. 1er-1°)* « accompagnant des élèves en situation de handicap » recruté dans les conditions fixées au premier alinéa de l'*(Décr. n° 2014-1484 du 11 déc. 2014, art. 1er-1°)* « article L. 917-1 ». Cet *(Décr. n° 2014-1484 du 11 déc. 2014, art. 1er-2°)* « accompagnant des élèves en situation de handicap » peut être chargé d'apporter une aide mutualisée à plusieurs élèves handicapés simultanément.

L'employeur de la personne chargée d'apporter une aide mutualisée organise son service pour répondre aux besoins des différents élèves qui bénéficient de l'aide, après concertation, le cas échéant, avec les directeurs des écoles et les chefs des établissements où cette personne exerce son activité.

§ 3 *L'aide individuelle*

Art. D. 351-16-4 L'aide individuelle a pour objet de répondre aux besoins d'élèves qui requièrent une attention soutenue et continue, sans que la personne qui apporte l'aide puisse concomitamment apporter son aide à un autre élève handicapé. Elle est accordée lorsque l'aide mutualisée ne permet pas de répondre aux besoins d'accompagnement de l'élève handicapé. Lorsqu'elle accorde une aide individuelle, dont elle détermine la quotité horaire, la commission susmentionnée définit les activités principales de l'accompagnant.

SOUS-SECTION 4 *Les unités d'enseignement*

(Décr. n° 2009-993 du 20 août 2009, art. 1er)

Art. D. 351-17 Afin d'assurer la scolarisation et la continuité des parcours de formation des enfants et adolescents présentant un handicap ou un trouble de la santé invalidant qui nécessite un séjour dans un établissement de santé ou un établissement médico-social, une unité d'enseignement peut être créée au sein des établissements ou services mentionnés au 2° du I de l'article L. 312-1 du code de l'action sociale et des familles ou des établissements mentionnés au livre I de la sixième partie du code de la santé publique, accueillant des enfants ou des adolescents qui ne peuvent effectuer leur scolarité à temps plein dans une école ou un établissement scolaire. — *[Décr. n° 2005-1752 du 30 déc. 2005, art. 14.]*

Art. D. 351-18 La création d'une unité d'enseignement est prévue dans le cadre d'une convention signée entre les représentants de l'organisme gestionnaire et l'État représenté conjointement par le préfet de département et *(Décr. nº 2012-16 du 5 janv. 2012, art. 7-I)* « le directeur académique des services de l'éducation nationale agissant sur délégation du recteur d'académie ».

Cette unité met en œuvre tout dispositif d'enseignement concourant à la réalisation du projet personnalisé de scolarisation, au service du parcours de formation de l'élève. Le projet pédagogique de l'unité d'enseignement constitue un volet du projet de l'établissement. La convention précise notamment les caractéristiques de la population de jeunes accueillis, l'organisation de l'unité d'enseignement, le nombre et la qualification des enseignants qui y exercent, les modalités de coopération avec les écoles ou les établissements scolaires mentionnés au premier alinéa de l'article L. 351-1, le rôle du directeur et du responsable pédagogique ainsi que les locaux scolaires.

(Décr. nº 2009-378 du 2 avr. 2009, art. 10) « Dans le cadre de cette convention, le directeur de l'établissement ou du service médico-social est responsable de la mise en œuvre des modalités de fonctionnement de l'unité d'enseignement.

« Lorsque l'unité est organisée pour tout ou partie dans un établissement scolaire, cette mise en œuvre est menée conjointement avec les responsables des établissements scolaires concernés, qui agissent par délégation *(Décr. nº 2012-16 du 5 janv. 2012, art. 7-I)* « du directeur académique des services de l'éducation nationale agissant sur délégation du recteur d'académie » ou du directeur régional de l'agriculture et de la pêche.

« L'unité d'enseignement est organisée selon les modalités suivantes :

« 1° Soit dans les locaux d'un établissement scolaire ;

« 2° Soit dans les locaux d'un établissement ou d'un service médico-social ;

« 3° Soit dans les locaux des deux établissements ou services. »

Art. D. 351-19 Pour l'application de la présente section à l'enseignement agricole, les mots : *(Décr. nº 2012-16 du 5 janv. 2012, art. 7-I)* "directeur académique des services de l'éducation nationale agissant sur délégation du recteur d'académie", sont remplacés par les mots : "directeur régional de l'alimentation, de l'agriculture et de la forêt".

Art. D. 351-20 Les modalités d'application de la présente section sont précisées par arrêté du ministre chargé de l'éducation, du ministre chargé de l'agriculture et du ministre chargé des personnes handicapées. — *[Décr. nº 2005-1752 du 30 déc. 2005, art. 17.]*

SOUS-SECTION 5 *L'aide individuelle*

(Décr. nº 2009-993 du 20 août 2009, art. 1er)

Art. D. 351-20-1 *(Décr. nº 2009-993 du 20 août 2009, art. 1er)* I. — Les associations ou groupements d'associations qui ont conclu avec le ministère de l'éducation nationale une convention-cadre à l'effet d'assurer l'aide individuelle mentionnée à l'article L. 351-3 peuvent recruter les personnels dont la continuité de l'accompagnement a été reconnue comme nécessaire aux élèves handicapés en vertu du II et bénéficier à ce titre d'une subvention dans les conditions prévues au III.

II. — Les personnels employés par le ministère de l'éducation nationale ou par les établissements publics locaux d'enseignement assurant auprès d'élèves handicapés une aide individuelle peuvent, lorsque les dispositions législatives et réglementaires en vigueur ne permettent pas le renouvellement de leur contrat, demander *(Décr. nº 2012-16 du 5 janv. 2012, art. 7-I)* « au directeur académique des services de l'éducation nationale agissant sur délégation du recteur d'académie », leur inscription sur une liste départementale.

Celui-ci apprécie si la nature particulière du handicap de l'élève rend nécessaire la continuité de son accompagnement par l'agent concerné au regard, notamment, des compétences spécifiques que ce dernier a acquises pour la prise en charge de ce handicap.

S'il conclut à la nécessité d'une telle continuité et si la famille de l'élève en est d'accord, *(Décr. nº 2012-16 du 5 janv. 2012, art. 7-I)* « le directeur académique des services de l'éducation nationale agissant sur délégation du recteur d'académie » inscrit l'agent concerné sur la liste.

III. — Lorsqu'ils procèdent au recrutement d'un agent inscrit sur la liste prévue au II, les associations et groupements d'associations employeurs concluent une convention avec *(Décr. nº 2012-16 du 5 janv. 2012, art. 7-I)* « le directeur académique des services de l'éducation nationale agissant sur délégation du recteur d'académie » qui précise notamment le montant de la subvention attribuée par l'État au titre de l'accompagnement de l'élève handicapé.

(Décr. n° 2010-937 du 24 août 2010, art. 1er) « Cette subvention est calculée ainsi qu'il suit :

« – dans le cas d'un recrutement par une association gestionnaire de services mentionnés aux 1°, 6° et 7° du I de l'article L. 312-1 du code de l'action sociale et des familles *[V. **CASF**]* autorisés par le président du conseil départemental, d'un montant horaire égal à 170 % du salaire horaire brut pour un auxiliaire de vie sociale ayant moins d'un an d'ancienneté au sens de l'accord de la branche aide à domicile du 29 mars 2002 relatif aux emplois et rémunérations ;

« – dans le cas d'un recrutement par un autre type d'association ou de groupement d'associations, sur la base de la rémunération brute annuelle antérieurement perçue par le salarié recruté pour l'élève concerné, à laquelle s'applique une majoration de 54 %, dont 44 % au titre des charges et 10 % au titre des frais de gestion.

« La subvention est susceptible d'être révisée en cours d'année pour tenir compte, le cas échéant, des évolutions de la quotité horaire de l'aide individuelle déterminée par la commission des droits et de l'autonomie des personnes handicapées postérieurement au recrutement des intéressés. »

IV. – Les modalités de mise en œuvre du présent article et, en particulier, les conditions d'instruction des demandes prévues au II ainsi que les éléments devant figurer dans les conventions mentionnées aux I et III sont définis conjointement par les ministres chargés de l'éducation nationale, du travail, de l'emploi et de la solidarité.

SECTION 3 *Dispositions particulières en faveur des jeunes sourds*

Art. R. 351-21 Afin d'éclairer le libre choix entre les deux modes de communication prévus par l'article L. 112-2-2 du présent code, une information est délivrée au jeune sourd et, le cas échéant, à ses représentants légaux s'il est mineur ou majeur protégé. Cette information est assurée par la maison départementale des personnes handicapées instituée par l'article L. 146-3 du code de l'action sociale et des familles.

L'équipe pluridisciplinaire instituée au sein de la maison départementale des personnes handicapées veille à ce que le jeune sourd et, le cas échéant, ses représentants légaux aient reçu toute l'information nécessaire sur les modes de communication prévus à l'article L. 112-2-2 du présent code. Elle est informée du mode de communication choisi. – *[Décr. n° 2006-509 du 3 mai 2006, art. 1er.]*

Art. R. 351-22 Le mode de communication adopté par le jeune sourd est inscrit dans le projet de vie mentionné à l'article R. 146-28 du code de l'action sociale et des familles, après un diagnostic constatant les difficultés d'accès à la communication orale et la nécessité du recours à des modalités adaptées de communication. Ce choix peut être confirmé, précisé ou modifié dans le projet de vie. – *[Décr. n° 2006-509 du 3 mai 2006, art. 2.]*

Art. R. 351-23 L'équipe pluridisciplinaire élabore le projet personnalisé de scolarisation inclus dans le plan personnalisé de compensation en respectant le mode de communication choisi. Le projet personnalisé de scolarisation précise, si nécessaire, les conditions d'accompagnement du jeune sourd par des personnels qualifiés. Il fait l'objet des transmissions prévues à l'article R. 146-29 du code de l'action sociale et des familles.

Le mode de communication choisi s'impose à la Commission des droits et de l'autonomie des personnes handicapées, lorsqu'elle se prononce en application de l'article L. 146-9 du code de l'action sociale et des familles. – *[Décr. n° 2006-509 du 3 mai 2006, art. 3.]*

Art. R. 351-24 Les écoles et les établissements scolaires mentionnés aux articles *(Décr. n° 2019-838 du 19 août 2019, art. 1er-1°)* « L. 212-1 »*[,]* L. 213-2, L. 214-6, L. 422-1, L. 422-2 et L. 442-1 qui proposent des dispositifs collectifs spécifiquement adaptés aux besoins des jeunes sourds élaborent un document relatif aux conditions d'éducation et au parcours scolaire proposés à ces derniers.

Ce document précise notamment le ou les modes de communication retenus. Il est élaboré sous la responsabilité de l'inspecteur de l'éducation nationale chargé de la circonscription du premier degré pour les écoles publiques et sous la responsabilité du chef d'établissement pour les établissements mentionnés à l'alinéa précédent.

(Décr. n° 2019-838 du 19 août 2019, art. 1er-2°) « Il est intégré au projet d'école ou au projet d'établissement prévus respectivement par les articles D. 411-2 et R. 421-20 ».

Il est *(Décr. n° 2019-838 du 19 août 2019, art. 1er-3°)* « transmis » aux autorités académiques compétentes *(Abrogé par Décr. n° 2019-838 du 19 août 2019, art. 1er-3°)* « ***, annexé au***

projet d'école ou au projet d'établissement » et *(Décr. n° 2019-838 du 19 août 2019, art. 1er-3°)* « communiqué » pour information à la maison départementale des personnes handicapées. – *[Décr. n° 2006-509 du 3 mai 2006, art. 4.]*

Les dispositions du Décr. n° 2019-838 du 19 août 2019 sont entrées en vigueur à la rentrée scolaire 2019 (Décr. préc., art. 9).

Art. R. 351-25 Les établissements ou services relevant du 2° du I de l'article L. 312-1 du code de l'action sociale et des familles qui soit assurent en leur sein la scolarisation des jeunes sourds, soit contribuent à leur projet personnalisé de scolarisation lorsqu'ils sont scolarisés dans des écoles ou des établissements scolaires, ainsi que les établissements dont la création ou l'extension sont envisagées, élaborent un document annexé au projet d'établissement ou de service relatif aux conditions d'éducation et au parcours scolaire proposés aux jeunes sourds.

Ces conditions doivent figurer dans l'état descriptif des caractéristiques du projet de création ou d'extension de l'établissement mentionné au 2° de l'article R. 313-3 du même code.

Le document mentionné au premier alinéa précise notamment le ou les modes de communication retenus. Il est transmis pour information à la maison départementale des personnes handicapées. – *[Décr. n° 2006-509 du 3 mai 2006, art. 5.]*

Art. R. 351-26 Les décisions d'autorisation relatives à la création ou à l'extension des établissements et services accueillant des jeunes sourds sont délivrées par les autorités mentionnées à l'article L. 313-3 du code de l'action sociale et des familles. Les autorisations sont prononcées dans les conditions fixées à la section 1 du chapitre III du titre I du livre III de ce code en tenant compte des besoins exprimés par les jeunes sourds ou leurs familles et recensés par la Commission des droits et de l'autonomie des personnes handicapées.

Les autorités habilitées à délivrer les autorisations d'extension ou de création d'établissements et services accueillant des jeunes sourds et entrant dans le champ d'application du code de l'action sociale et des familles, et les autorités responsables de la mise en place des classes et sections accueillant des jeunes sourds et dépendant du ministère de l'éducation nationale procèdent au niveau régional au recensement des besoins et à l'inventaire des moyens et coordonnent leurs projets en vue de permettre, au même niveau, l'exercice du libre choix du mode de communication.

Décret n° 80-963 du 25 novembre 1980,

Relatif aux centres de préorientation (JO 3 déc.).

Art. 1er Toute personne handicapée admise dans un centre de préorientation et ne bénéficiant d'aucune prestation ou indemnité, sous réserve des dispositions de l'article 2 du présent décret, a droit à une aide financière égale à deux cents heures rémunérées conformément aux dispositions des articles 2, 3 et 4 du décret n° 79-250 du 27 mars 1979, modifié par le décret n° 79-1033 du 23 novembre 1979. – *Le Décr. n° 79-250 du 27 mars 1979 a été abrogé par le Décr. n° 88-368 du 15 avr. 1988 fixant les taux et les montants des rémunérations versées aux stagiaires de formation professionnelle (JO 19 avr., Rect. JO 20 avr.).*

Art. 2 L'admission dans un centre de préorientation ne fait pas obstacle à la reconnaissance du droit à l'allocation compensatrice et à l'allocation logement dans les conditions précisées par les décrets n° 77-1549 et n° 77-1545 du 31 décembre 1977.

Lorsqu'une personne bénéficiant de la tierce personne est admise dans un centre de préorientation, cette admission fait l'objet d'une notification auprès de la direction départementale des affaires sanitaires et sociales.

Art. 3 L'aide financière prévue à l'article 1er du présent décret sera gérée dans les mêmes conditions que les rémunérations des stagiaires de formation professionnelle.

Décret n° 91-88 du 23 janvier 1991,

Fixant les modalités d'application de l'article 12 de la loi n° 89-475 du 10 juillet 1989 relative à l'accueil par des particuliers à leur domicile à titre onéreux de personnes âgées ou handicapées adultes (JO 24 janv.). – V. ce texte, v° Personnes âgées.

Convention (ensemble un protocole facultatif) signée à New York le 30 mars 2007,

Relative aux droits des personnes handicapées. — Cette convention, entrée en vigueur le 20 mars 2010, a été publiée par le Décr. n° 2010-356 du 1er avr. 2010 (JO 3 avr.).

Préambule

Les États Parties à la présente Convention,

a) Rappelant les principes proclamés dans la Charte des Nations unies selon lesquels la reconnaissance de la dignité et de la valeur inhérentes à tous les membres de la famille humaine et de leurs droits égaux et inaliénables constitue le fondement de la liberté, de la justice et de la paix dans le monde,

b) Reconnaissant que les Nations unies, dans la Déclaration universelle des droits de l'homme et dans les Pactes internationaux relatifs aux droits de l'homme, ont proclamé et sont convenues que chacun peut se prévaloir de tous les droits et de toutes les libertés qui y sont énoncés, sans distinction aucune,

c) Réaffirmant le caractère universel, indivisible, interdépendant et indissociable de tous les droits de l'homme et de toutes les libertés fondamentales et la nécessité d'en garantir la pleine jouissance aux personnes handicapées sans discrimination,

d) Rappelant le Pacte international relatif aux droits économiques, sociaux et culturels, le Pacte international relatif aux droits civils et politiques, la Convention internationale sur l'élimination de toutes les formes de discrimination raciale, la Convention sur l'élimination de toutes les formes de discrimination à l'égard des femmes, la Convention contre la torture et autres peines ou traitements cruels, inhumains ou dégradants, la Convention relative aux droits de l'enfant et la Convention internationale sur la protection des droits de tous les travailleurs migrants et des membres de leur famille,

e) Reconnaissant que la notion de handicap évolue et que le handicap résulte de l'interaction entre des personnes présentant des incapacités et les barrières comportementales et environnementales qui font obstacle à leur pleine et effective participation à la société sur la base de l'égalité avec les autres,

f) Reconnaissant l'importance des principes et lignes directrices contenus dans le Programme d'action mondial concernant les personnes handicapées et dans les Règles pour l'égalisation des chances des handicapés et leur influence sur la promotion, l'élaboration et l'évaluation aux niveaux national, régional et international des politiques, plans, programmes et mesures visant la poursuite de l'égalisation des chances des personnes handicapées,

g) Soulignant qu'il importe d'intégrer la condition des personnes handicapées dans les stratégies pertinentes de développement durable,

h) Reconnaissant également que toute discrimination fondée sur le handicap est une négation de la dignité et de la valeur inhérentes à la personne humaine,

i) Reconnaissant en outre la diversité des personnes handicapées,

j) Reconnaissant la nécessité de promouvoir et protéger les droits de l'homme de toutes les personnes handicapées, y compris de celles qui nécessitent un accompagnement plus poussé,

k) Préoccupés par le fait qu'en dépit de ces divers instruments et engagements, les personnes handicapées continuent d'être confrontées à des obstacles à leur participation à la société en tant que membres égaux de celle-ci et de faire l'objet de violations des droits de l'homme dans toutes les parties du monde,

l) Reconnaissant l'importance de la coopération internationale pour l'amélioration des conditions de vie des personnes handicapées dans tous les pays, en particulier dans les pays en développement,

m) Appréciant les utiles contributions actuelles et potentielles des personnes handicapées au bien-être général et à la diversité de leurs communautés et sachant que la promotion de la pleine jouissance des droits de l'homme et des libertés fondamentales par ces personnes ainsi que celle de leur pleine participation renforceront leur sentiment d'appartenance et feront notablement progresser le développement humain, social et économique de leurs sociétés et l'élimination de la pauvreté,

n) Reconnaissant l'importance pour les personnes handicapées de leur autonomie et de leur indépendance individuelles, y compris la liberté de faire leurs propres choix,

o) Estimant que les personnes handicapées devraient avoir la possibilité de participer activement aux processus de prise de décisions concernant les politiques et programmes, en particulier ceux qui les concernent directement,

p) Préoccupés par les difficultés que rencontrent les personnes handicapées, qui sont exposées à des formes multiples ou aggravées de discrimination fondées sur la race, la couleur, le sexe, la langue, la religion, l'opinion politique ou toute autre opinion, l'origine nationale, ethnique, autochtone ou sociale, la fortune, la naissance, l'âge ou toute autre situation,

q) Reconnaissant que les femmes et les filles handicapées courent souvent, dans leur famille comme à l'extérieur, des risques plus élevés de violence, d'atteinte à l'intégrité physique, d'abus, de délaissement ou de défaut de soins, de maltraitance ou d'exploitation,

r) Reconnaissant que les enfants handicapés doivent jouir pleinement de tous les droits de l'homme et de toutes les libertés fondamentales, sur la base de l'égalité avec les autres enfants, et rappelant les obligations qu'ont contractées à cette fin les États Parties à la Convention relative aux droits de l'enfant,

s) Soulignant la nécessité d'intégrer le principe de l'égalité des sexes dans tous les efforts visant à promouvoir la pleine jouissance des droits de l'homme et des libertés fondamentales par les personnes handicapées,

t) Insistant sur le fait que la majorité des personnes handicapées vivent dans la pauvreté et reconnaissant à cet égard qu'il importe au plus haut point de s'attaquer aux effets pernicieux de la pauvreté sur les personnes handicapées,

u) Conscients qu'une protection véritable des personnes handicapées suppose des conditions de paix et de sécurité fondées sur une pleine adhésion aux buts et principes de la Charte des Nations unies et sur le respect des instruments des droits de l'homme applicables, en particulier en cas de conflit armé ou d'occupation étrangère,

v) Reconnaissant qu'il importe que les personnes handicapées aient pleinement accès aux équipements physiques, sociaux, économiques et culturels, à la santé et à l'éducation ainsi qu'à l'information et à la communication pour jouir pleinement de tous les droits de l'homme et de toutes les libertés fondamentales,

w) Conscients que l'individu, étant donné ses obligations envers les autres individus et la société à laquelle il appartient, est tenu de faire son possible pour promouvoir et respecter les droits reconnus dans la Charte internationale des droits de l'homme,

x) Convaincus que la famille est l'élément naturel et fondamental de la société et a droit à la protection de la société et de l'État et que les personnes handicapées et les membres de leur famille devraient recevoir la protection et l'aide nécessaires pour que les familles puissent contribuer à la pleine et égale jouissance de leurs droits par les personnes handicapées,

y) Convaincus qu'une convention internationale globale et intégrée pour la promotion et la protection des droits et de la dignité des personnes handicapées contribuera de façon significative à remédier au profond désavantage social que connaissent les personnes handicapées et qu'elle favorisera leur participation, sur la base de l'égalité des chances, à tous les domaines de la vie civile, politique, économique, sociale et culturelle, dans les pays développés comme dans les pays en développement,

Sont convenus de ce qui suit :

Art. 1er *Objet.*

La présente Convention a pour objet de promouvoir, protéger et assurer la pleine et égale jouissance de tous les droits de l'homme et de toutes les libertés fondamentales par les personnes handicapées et de promouvoir le respect de leur dignité intrinsèque.

Par personnes handicapées on entend des personnes qui présentent des incapacités physiques, mentales, intellectuelles ou sensorielles durables dont l'interaction avec diverses barrières peut faire obstacle à leur pleine et effective participation à la société sur la base de l'égalité avec les autres.

Art. 2 *Définitions.*

Aux fins de la présente Convention :

On entend par "communication", entre autres, les langues, l'affichage de texte, le braille, la communication tactile, les gros caractères, les supports multimédias accessibles ainsi que les modes, moyens et formes de communication améliorée et alternative à base de supports écrits, supports audio, langue simplifiée et lecteur humain, y compris les technologies de l'information et de la communication accessibles ;

On entend par "langue", entre autres, les langues parlées et les langues des signes et autres formes de langue non parlée ;

On entend par "discrimination fondée sur le handicap" toute distinction, exclusion ou restriction fondée sur le handicap qui a pour objet ou pour effet de compromettre ou réduire à néant la reconnaissance, la jouissance ou l'exercice, sur la base de l'égalité avec les autres, de tous les droits de l'homme et de toutes les libertés fondamentales dans les domaines politique, économique, social, culturel, civil ou autres. La discrimination fondée sur le handicap comprend toutes les formes de discrimination, y compris le refus d'aménagement raisonnable ;

On entend par "aménagement raisonnable" les modifications et ajustements nécessaires et appropriés n'imposant pas de charge disproportionnée ou indue apportés, en fonction des besoins dans une situation donnée, pour assurer aux personnes handicapées la jouissance ou l'exercice, sur la base de l'égalité avec les autres, de tous les droits de l'homme et de toutes les libertés fondamentales ;

On entend par "conception universelle" la conception de produits, d'équipements, de programmes et de services qui puissent être utilisés par tous, dans toute la mesure possible, sans nécessiter ni adaptation ni conception spéciale. La "conception universelle" n'exclut pas les appareils et accessoires fonctionnels pour des catégories particulières de personnes handicapées là où ils sont nécessaires.

Art. 3 *Principes généraux.*

Les principes de la présente Convention sont :

a) Le respect de la dignité intrinsèque, de l'autonomie individuelle, y compris la liberté de faire ses propres choix, et de l'indépendance des personnes ;

b) La non-discrimination ;

c) La participation et l'intégration pleines et effectives à la société ;

d) Le respect de la différence et l'acceptation des personnes handicapées comme faisant partie de la diversité humaine et de l'humanité ;

e) L'égalité des chances ;

f) L'accessibilité ;

g) L'égalité entre les hommes et les femmes ;

h) Le respect du développement des capacités de l'enfant handicapé et le respect du droit des enfants handicapés à préserver leur identité.

Art. 4 *Obligations générales.*

1. Les États Parties s'engagent à garantir et à promouvoir le plein exercice de tous les droits de l'homme et de toutes les libertés fondamentales de toutes les personnes handicapées sans discrimination d'aucune sorte fondée sur le handicap. A cette fin, ils s'engagent à :

a) Adopter toutes mesures appropriées d'ordre législatif, administratif ou autre pour mettre en œuvre les droits reconnus dans la présente Convention ;

b) Prendre toutes mesures appropriées, y compris des mesures législatives, pour modifier, abroger ou abolir les lois, règlements, coutumes et pratiques qui sont source de discrimination envers les personnes handicapées ;

c) Prendre en compte la protection et la promotion des droits de l'homme des personnes handicapées dans toutes les politiques et dans tous les programmes ;

d) S'abstenir de tout acte et de toute pratique incompatible avec la présente Convention et veiller à ce que les pouvoirs publics et les institutions agissent conformément à la présente Convention ;

e) Prendre toutes mesures appropriées pour éliminer la discrimination fondée sur le handicap pratiquée par toute personne, organisation ou entreprise privée ;

f) Entreprendre ou encourager la recherche et le développement de biens, services, équipements et installations de conception universelle, selon la définition qui en est donnée à l'article 2 de la présente Convention, qui devraient nécessiter le minimum possible d'adaptation et de frais pour répondre aux besoins spécifiques des personnes handicapées, encourager l'offre et l'utilisation de ces biens, services, équipements et installations et encourager l'incorporation de la conception universelle dans le développement des normes et directives ;

g) Entreprendre ou encourager la recherche et le développement et encourager l'offre et l'utilisation de nouvelles technologies – y compris les technologies de l'information et de la communication, les aides à la mobilité, les appareils et accessoires et les technologies d'assistance – qui soient adaptées aux personnes handicapées, en privilégiant les technologies d'un coût abordable ;

h) Fournir aux personnes handicapées des informations accessibles concernant les aides à la mobilité, les appareils et accessoires et les technologies d'assistance, y compris les nouvelles technologies, ainsi que les autres formes d'assistance, services d'accompagnement et équipements ;

i) Encourager la formation aux droits reconnus dans la présente Convention des professionnels et personnels qui travaillent avec des personnes handicapées, de façon à améliorer la prestation des aides et services garantis par ces droits.

2. Dans le cas des droits économiques, sociaux et culturels, chaque État Partie s'engage à agir, au maximum des ressources dont il dispose et, s'il y a lieu, dans le cadre de la coopération internationale, en vue d'assurer progressivement le plein exercice de ces droits, sans préjudice des obligations énoncées dans la présente Convention qui sont d'application immédiate en vertu du droit international.

3. Dans l'élaboration et la mise en œuvre des lois et des politiques adoptées aux fins de l'application de la présente Convention, ainsi que dans l'adoption de toute décision sur des questions relatives aux personnes handicapées, les États Parties consultent étroitement et font activement participer ces personnes, y compris les enfants handicapés, par l'intermédiaire des organisations qui les représentent.

4. Aucune des dispositions de la présente Convention ne porte atteinte aux dispositions plus favorables à l'exercice des droits des personnes handicapées qui peuvent figurer dans la législation d'un État Partie ou dans le droit international en vigueur pour cet État. Il ne peut être admis aucune restriction ou dérogation aux droits de l'homme et aux libertés fondamentales reconnus ou en vigueur dans un État Partie à la présente Convention en vertu de lois, de conventions, de règlements ou de coutumes, sous prétexte que la présente Convention ne reconnaît pas ces droits et libertés ou les reconnaît à un moindre degré.

5. Les dispositions de la présente Convention s'appliquent, sans limitation ni exception aucune, à toutes les unités constitutives des États fédératifs.

Art. 5 *Égalité et non-discrimination.*

1. Les États Parties reconnaissent que toutes les personnes sont égales devant la loi et en vertu de celle-ci et ont droit sans discrimination à l'égale protection et à l'égal bénéfice de la loi.

2. Les États Parties interdisent toutes les discriminations fondées sur le handicap et garantissent aux personnes handicapées une égale et effective protection juridique contre toute discrimination, quel qu'en soit le fondement.

3. Afin de promouvoir l'égalité et d'éliminer la discrimination, les États Parties prennent toutes les mesures appropriées pour faire en sorte que des aménagements raisonnables soient apportés.

4. Les mesures spécifiques qui sont nécessaires pour accélérer ou assurer l'égalité *de facto* des personnes handicapées ne constituent pas une discrimination au sens de la présente Convention.

Art. 6 *Femmes handicapées.*

1. Les États Parties reconnaissent que les femmes et les filles handicapées sont exposées à de multiples discriminations, et ils prennent les mesures voulues pour leur permettre de

jouir pleinement et dans des conditions d'égalité de tous les droits de l'homme et de toutes les libertés fondamentales.

2. Les États Parties prennent toutes mesures appropriées pour assurer le plein épanouissement, la promotion et l'autonomisation des femmes, afin de leur garantir l'exercice et la jouissance des droits de l'homme et des libertés fondamentales énoncés dans la présente Convention.

Art. 7 *Enfants handicapés.*

1. Les États Parties prennent toutes mesures nécessaires pour garantir aux enfants handicapés la pleine jouissance de tous les droits de l'homme et de toutes les libertés fondamentales, sur la base de l'égalité avec les autres enfants.

2. Dans toutes les décisions qui concernent les enfants handicapés, l'intérêt supérieur de l'enfant doit être une considération primordiale.

3. Les États Parties garantissent à l'enfant handicapé, sur la base de l'égalité avec les autres enfants, le droit d'exprimer librement son opinion sur toute question l'intéressant, les opinions de l'enfant étant dûment prises en considération eu égard à son âge et à son degré de maturité, et d'obtenir pour l'exercice de ce droit une aide adaptée à son handicap et à son âge.

Art. 8 *Sensibilisation.*

1. Les États Parties s'engagent à prendre des mesures immédiates, efficaces et appropriées en vue de :

a) Sensibiliser l'ensemble de la société, y compris au niveau de la famille, à la situation des personnes handicapées et promouvoir le respect des droits et de la dignité des personnes handicapées ;

b) Combattre les stéréotypes, les préjugés et les pratiques dangereuses concernant les personnes handicapées, y compris ceux liés au sexe et à l'âge, dans tous les domaines ;

c) Mieux faire connaître les capacités et les contributions des personnes handicapées.

2. Dans le cadre des mesures qu'ils prennent à cette fin, les États Parties :

a) Lancent et mènent des campagnes efficaces de sensibilisation du public en vue de :

i) Favoriser une attitude réceptive à l'égard des droits des personnes handicapées ;

ii) Promouvoir une perception positive des personnes handicapées et une conscience sociale plus poussée à leur égard ;

iii) Promouvoir la reconnaissance des compétences, mérites et aptitudes des personnes handicapées et de leurs contributions dans leur milieu de travail et sur le marché du travail ;

b) Encouragent à tous les niveaux du système éducatif, notamment chez tous les enfants dès leur plus jeune âge, une attitude de respect pour les droits des personnes handicapées ;

c) Encouragent tous les médias à montrer les personnes handicapées sous un jour conforme à l'objet de la présente Convention ;

d) Encouragent l'organisation de programmes de formation en sensibilisation aux personnes handicapées et aux droits des personnes handicapées.

Art. 9 *Accessibilité.*

1. Afin de permettre aux personnes handicapées de vivre de façon indépendante et de participer pleinement à tous les aspects de la vie, les États Parties prennent des mesures appropriées pour leur assurer, sur la base de l'égalité avec les autres, l'accès à l'environnement physique, aux transports, à l'information et à la communication, y compris aux systèmes et technologies de l'information et de la communication, et aux autres équipements et services ouverts ou fournis au public, tant dans les zones urbaines que rurales. Ces mesures, parmi lesquelles figurent l'identification et l'élimination des obstacles et barrières à l'accessibilité, s'appliquent, entre autres :

a) Aux bâtiments, à la voirie, aux transports et autres équipements intérieurs ou extérieurs, y compris les écoles, les logements, les installations médicales et les lieux de travail ;

b) Aux services d'information, de communication et autres services, y compris les services électroniques et les services d'urgence.

2. Les États Parties prennent également des mesures appropriées pour :

a) Élaborer et promulguer des normes nationales minimales et des directives relatives à l'accessibilité des installations et services ouverts ou fournis au public et contrôler l'application de ces normes et directives ;

b) Faire en sorte que les organismes privés qui offrent des installations ou des services qui sont ouverts ou fournis au public prennent en compte tous les aspects de l'accessibilité par les personnes handicapées ;

c) Assurer aux parties concernées une formation concernant les problèmes d'accès auxquels les personnes handicapées sont confrontées ;

d) Faire mettre en place dans les bâtiments et autres installations ouverts au public une signalisation en braille et sous des formes faciles à lire et à comprendre ;

e) Mettre à disposition des formes d'aide humaine ou animalière et les services de médiateurs, notamment de guides, de lecteurs et d'interprètes professionnels en langue des signes, afin de faciliter l'accès des bâtiments et autres installations ouverts au public ;

f) Promouvoir d'autres formes appropriées d'aide et d'accompagnement des personnes handicapées afin de leur assurer l'accès à l'information ;

g) Promouvoir l'accès des personnes handicapées aux nouveaux systèmes et technologies de l'information et de la communication, y compris l'internet ;

h) Promouvoir l'étude, la mise au point, la production et la diffusion de systèmes et technologies de l'information et de la communication à un stade précoce, de façon à en assurer l'accessibilité à un coût minimal.

Art. 10 *Droit à la vie.*

Les États Parties réaffirment que le droit à la vie est inhérent à la personne humaine et prennent toutes mesures nécessaires pour en assurer aux personnes handicapées la jouissance effective, sur la base de l'égalité avec les autres.

Art. 11 *Situations de risque et situations d'urgence humanitaire.*

Les États Parties prennent, conformément aux obligations qui leur incombent en vertu du droit international, notamment le droit international humanitaire et le droit international des droits de l'homme, toutes mesures nécessaires pour assurer la protection et la sûreté des personnes handicapées dans les situations de risque, y compris les conflits armés, les crises humanitaires et les catastrophes naturelles.

Art. 12 *Reconnaissance de la personnalité juridique dans des conditions d'égalité.*

1. Les États Parties réaffirment que les personnes handicapées ont droit à la reconnaissance en tous lieux de leur personnalité juridique.

2. Les États Parties reconnaissent que les personnes handicapées jouissent de la capacité juridique dans tous les domaines, sur la base de l'égalité avec les autres.

3. Les États Parties prennent des mesures appropriées pour donner aux personnes handicapées accès à l'accompagnement dont elles peuvent avoir besoin pour exercer leur capacité juridique.

4. Les États Parties font en sorte que les mesures relatives à l'exercice de la capacité juridique soient assorties de garanties appropriées et effectives pour prévenir les abus, conformément au droit international des droits de l'homme. Ces garanties doivent garantir que les mesures relatives à l'exercice de la capacité juridique respectent les droits, la volonté et les préférences de la personne concernée, soient exemptes de tout conflit d'intérêt *[intérêts]* et ne donnent lieu à aucun abus d'influence, soient proportionnées et adaptées à la situation de la personne concernée, s'appliquent pendant la période la plus brève possible et soient soumises à un contrôle périodique effectué par un organe compétent, indépendant et impartial ou une instance judiciaire. Ces garanties doivent également être proportionnées au degré auquel les mesures devant faciliter l'exercice de la capacité juridique affectent les droits et intérêts de la personne concernée.

5. Sous réserve des dispositions du présent article, les États Parties prennent toutes mesures appropriées et effectives pour garantir le droit qu'ont les personnes handicapées, sur la base de l'égalité avec les autres, de posséder des biens ou d'en hériter, de contrôler leurs finances et d'avoir accès aux mêmes conditions que les autres personnes aux prêts bancaires, hypothèques et autres formes de crédit financier ; ils veillent à ce que les personnes handicapées ne soient pas arbitrairement privées de leurs biens.

Art. 13 *Accès à la justice.*

1. Les États Parties assurent l'accès effectif des personnes handicapées à la justice, sur la base de l'égalité avec les autres, y compris par le biais d'aménagements procéduraux et d'aménagements en fonction de l'âge, afin de faciliter leur participation effective, directe

ou indirecte, notamment en tant que témoins, à toutes les procédures judiciaires, y compris au stade de l'enquête et aux autres stades préliminaires.

2. Afin d'aider à assurer l'accès effectif des personnes handicapées à la justice, les États Parties favorisent une formation appropriée des personnels concourant à l'administration de la justice, y compris les personnels de police et les personnels pénitentiaires.

Art. 14 *Liberté et sécurité de la personne.*

1. Les États Parties veillent à ce que les personnes handicapées, sur la base de l'égalité avec les autres :

a) Jouissent du droit à la liberté et à la sûreté de leur personne ;

b) Ne soient pas privées de leur liberté de façon illégale ou arbitraire ; ils veillent en outre à ce que toute privation de liberté soit conforme à la loi et à ce qu'en aucun cas l'existence d'un handicap ne justifie une privation de liberté.

2. Les États Parties veillent à ce que les personnes handicapées, si elles sont privées de leur liberté à l'issue d'une quelconque procédure, aient droit, sur la base de l'égalité avec les autres, aux garanties prévues par le droit international des droits de l'homme et soient traitées conformément aux buts et principes de la présente Convention, y compris en bénéficiant d'aménagements raisonnables.

Art. 15 *Droit de ne pas être soumis à la torture ni à des peines ou traitements cruels, inhumains ou dégradants.*

1. Nul ne sera soumis à la torture, ni à des peines ou traitements cruels, inhumains ou dégradants. En particulier, il est interdit de soumettre une personne sans son libre consentement à une expérience médicale ou scientifique.

2. Les États Parties prennent toutes mesures législatives, administratives, judiciaires et autres mesures efficaces pour empêcher, sur la base de l'égalité avec les autres, que des personnes handicapées ne soient soumises à la torture ou à des peines ou traitements cruels, inhumains ou dégradants.

Art. 16 *Droit de ne pas être soumis à l'exploitation, à la violence et à la maltraitance.*

1. Les États Parties prennent toutes mesures législatives, administratives, sociales, éducatives et autres mesures appropriées pour protéger les personnes handicapées, à leur domicile comme à l'extérieur, contre toutes formes d'exploitation, de violence et de maltraitance, y compris leurs aspects fondés sur le sexe.

2. Les États Parties prennent également toutes mesures appropriées pour prévenir toutes les formes d'exploitation, de violence et de maltraitance en assurant notamment aux personnes handicapées, à leur famille et à leurs aidants des formes appropriées d'aide et d'accompagnement adaptées au sexe et à l'âge, y compris en mettant à leur disposition des informations et des services éducatifs sur les moyens d'éviter, de reconnaître et de dénoncer les cas d'exploitation, de violence et de maltraitance. Les États Parties veillent à ce que les services de protection tiennent compte de l'âge, du sexe et du handicap des intéressés.

3. Afin de prévenir toutes les formes d'exploitation, de violence et de maltraitance, les États Parties veillent à ce que tous les établissements et programmes destinés aux personnes handicapées soient effectivement contrôlés par des autorités indépendantes.

4. Les États Parties prennent toutes mesures appropriées pour faciliter le rétablissement physique, cognitif et psychologique, la réadaptation et la réinsertion sociale des personnes handicapées qui ont été victimes d'exploitation, de violence ou de maltraitance sous toutes leurs formes, notamment en mettant à leur disposition des services de protection. Le rétablissement et la réinsertion interviennent dans un environnement qui favorise la santé, le bien-être, l'estime de soi, la dignité et l'autonomie de la personne et qui prend en compte les besoins spécifiquement liés au sexe et à l'âge.

5. Les États Parties mettent en place une législation et des politiques efficaces, y compris une législation et des politiques axées sur les femmes et les enfants, qui garantissent que les cas d'exploitation, de violence et de maltraitance envers des personnes handicapées sont dépistés, font l'objet d'une enquête et, le cas échéant, donnent lieu à des poursuites.

Art. 17 *Protection de l'intégrité de la personne.*

Toute personne handicapée a droit au respect de son intégrité physique et mentale sur la base de l'égalité avec les autres.

Art. 18 *Droit de circuler librement et nationalité.*

1. Les États Parties reconnaissent aux personnes handicapées, sur la base de l'égalité avec les autres, le droit de circuler librement, le droit de choisir librement leur résidence et le droit à une nationalité, et ils veillent notamment à ce que les personnes handicapées :

a) Aient le droit d'acquérir une nationalité et de changer de nationalité et ne soient pas privées de leur nationalité arbitrairement ou en raison de leur handicap ;

b) Ne soient pas privées, en raison de leur handicap, de la capacité d'obtenir, de posséder et d'utiliser des titres attestant leur nationalité ou autres titres d'identité ou d'avoir recours aux procédures pertinentes, telles que les procédures d'immigration, qui peuvent être nécessaires pour faciliter l'exercice du droit de circuler librement ;

c) Aient le droit de quitter n'importe quel pays, y compris le leur ;

d) Ne soient pas privées, arbitrairement ou en raison de leur handicap, du droit d'entrer dans leur propre pays.

2. Les enfants handicapés sont enregistrés aussitôt leur naissance et ont dès celle-ci le droit à un nom, le droit d'acquérir une nationalité et, dans la mesure du possible, le droit de connaître leurs parents et d'être élevés par eux.

Art. 19 *Autonomie de vie et inclusion dans la société.*

Les États Parties à la présente Convention reconnaissent à toutes les personnes handicapées le droit de vivre dans la société, avec la même liberté de choix que les autres personnes, et prennent des mesures efficaces et appropriées pour faciliter aux personnes handicapées la pleine jouissance de ce droit ainsi que leur pleine intégration et participation à la société, notamment en veillant à ce que :

a) Les personnes handicapées aient la possibilité de choisir, sur la base de l'égalité avec les autres, leur lieu de résidence et où et avec qui elles vont vivre et qu'elles ne soient pas obligées de vivre dans un milieu de vie particulier ;

b) Les personnes handicapées aient accès à une gamme de services à domicile ou en établissement et autres services sociaux d'accompagnement, y compris l'aide personnelle nécessaire pour leur permettre de vivre dans la société et de s'y insérer et pour empêcher qu'elles ne soient isolées ou victimes de ségrégation ;

c) Les services et équipements sociaux destinés à la population générale soient mis à la disposition des personnes handicapées, sur la base de l'égalité avec les autres, et soient adaptés à leurs besoins.

Art. 20 *Mobilité personnelle.*

Les États Parties prennent des mesures efficaces pour assurer la mobilité personnelle des personnes handicapées, dans la plus grande autonomie possible, y compris en :

a) Facilitant la mobilité personnelle des personnes handicapées selon les modalités et au moment que celles-ci choisissent, et à un coût abordable ;

b) Facilitant l'accès des personnes handicapées à des aides à la mobilité, appareils et accessoires, technologies d'assistance, formes d'aide humaine ou animalière et médiateurs de qualité, notamment en faisant en sorte que leur coût soit abordable ;

c) Dispensant aux personnes handicapées et aux personnels spécialisés qui travaillent avec elles une formation aux techniques de mobilité ;

d) Encourageant les organismes qui produisent des aides à la mobilité, des appareils et accessoires et des technologies d'assistance à prendre en compte tous les aspects de la mobilité des personnes handicapées.

Art. 21 *Liberté d'expression et d'opinion et accès à l'information.*

Les États Parties prennent toutes mesures appropriées pour que les personnes handicapées puissent exercer le droit à la liberté d'expression et d'opinion, y compris la liberté de demander, recevoir et communiquer des informations et des idées, sur la base de l'égalité avec les autres et en recourant à tous moyens de communication de leur choix au sens de l'article 2 de la présente Convention. A cette fin, les États Parties :

a) Communiquent les informations destinées au grand public aux personnes handicapées, sans tarder et sans frais supplémentaires pour celles-ci, sous des formes accessibles et au moyen de technologies adaptées aux différents types de handicap ;

b) Acceptent et facilitent le recours par les personnes handicapées, pour leurs démarches officielles, à la langue des signes, au braille, à la communication améliorée et alternative et à tous les autres moyens, modes et formes accessibles de communication de leur choix ;

c) Demandent instamment aux organismes privés qui mettent des services à la disposition du public, y compris par le biais de l'internet, de fournir des informations et des services sous des formes accessibles aux personnes handicapées et que celles-ci puissent utiliser ;

d) Encouragent les médias, y compris ceux qui communiquent leurs informations par l'internet, à rendre leurs services accessibles aux personnes handicapées ;

e) Reconnaissent et favorisent l'utilisation des langues des signes.

Art. 22 *Respect de la vie privée.*

1. Aucune personne handicapée, quel que soit son lieu de résidence ou son milieu de vie, ne sera l'objet d'immixtions arbitraires ou illégales dans sa vie privée, sa famille, son domicile ou sa correspondance ou autres types de communication ni d'atteintes illégales à son honneur et à sa réputation. Les personnes handicapées ont droit à la protection de la loi contre de telles immixtions ou de telles atteintes.

2. Les États Parties protègent la confidentialité des informations personnelles et des informations relatives à la santé et à la réadaptation des personnes handicapées, sur la base de l'égalité avec les autres.

Art. 23 *Respect du domicile et de la famille.*

1. Les États Parties prennent des mesures efficaces et appropriées pour éliminer la discrimination à l'égard des personnes handicapées dans tout ce qui a trait au mariage, à la famille, à la fonction parentale et aux relations personnelles, sur la base de l'égalité avec les autres, et veillent à ce que :

a) Soit reconnu à toutes les personnes handicapées, à partir de l'âge nubile, le droit de se marier et de fonder une famille sur la base du libre et plein consentement des futurs époux ;

b) Soient reconnus aux personnes handicapées le droit de décider librement et en toute connaissance de cause du nombre de leurs enfants et de l'espacement des naissances ainsi que le droit d'avoir accès, de façon appropriée pour leur âge, à l'information et à l'éducation en matière de procréation et de planification familiale ; et à ce que les moyens nécessaires à l'exercice de ces droits leur soient fournis ;

c) Les personnes handicapées, y compris les enfants, conservent leur fertilité, sur la base de l'égalité avec les autres.

2. Les États Parties garantissent les droits et responsabilités des personnes handicapées en matière de tutelle, de curatelle, de garde et d'adoption des enfants ou d'institutions similaires, lorsque ces institutions existent dans la législation nationale ; dans tous les cas, l'intérêt supérieur de l'enfant est la considération primordiale. Les États Parties apportent une aide appropriée aux personnes handicapées dans l'exercice de leurs responsabilités parentales.

3. Les États Parties veillent à ce que les enfants handicapés aient des droits égaux dans leur vie en famille. Aux fins de l'exercice de ces droits et en vue de prévenir la dissimulation, l'abandon, le délaissement et la ségrégation des enfants handicapés, les États Parties s'engagent à fournir aux enfants handicapés et à leur famille, à un stade précoce, un large éventail d'informations et de services, dont des services d'accompagnement.

4. Les États Parties veillent à ce qu'aucun enfant ne soit séparé de ses parents contre leur gré, à moins que les autorités compétentes, sous réserve d'un contrôle juridictionnel, ne décident, conformément au droit et aux procédures applicables, qu'une telle séparation est nécessaire dans l'intérêt supérieur de l'enfant. En aucun cas un enfant ne doit être séparé de ses parents en raison de son handicap ou du handicap de l'un ou des deux parents.

5. Les États Parties s'engagent, lorsque la famille immédiate n'est pas en mesure de s'occuper d'un enfant handicapé, à ne négliger aucun effort pour assurer la prise en charge de l'enfant par la famille élargie et, si cela n'est pas possible, dans un cadre familial au sein de la communauté.

Art. 24 *Éducation.*

1. Les États Parties reconnaissent le droit des personnes handicapées à l'éducation. En vue d'assurer l'exercice de ce droit sans discrimination et sur la base de l'égalité des chances, les États Parties font en sorte que le système éducatif pourvoie à l'insertion scolaire à tous les niveaux et offre, tout au long de la vie, des possibilités d'éducation qui visent :

a) Le plein épanouissement du potentiel humain et du sentiment de dignité et d'estime de soi, ainsi que le renforcement du respect des droits de l'homme, des libertés fondamentales et de la diversité humaine ;

b) L'épanouissement de la personnalité des personnes handicapées, de leurs talents et de leur créativité ainsi que de leurs aptitudes mentales et physiques, dans toute la mesure de leurs potentialités ;

c) La participation effective des personnes handicapées à une société libre.

2. Aux fins de l'exercice de ce droit, les États Parties veillent à ce que :

a) Les personnes handicapées ne soient pas exclues, sur le fondement de leur handicap, du système d'enseignement général et à ce que les enfants handicapés ne soient pas exclus, sur le fondement de leur handicap, de l'enseignement primaire gratuit et obligatoire ou de l'enseignement secondaire ;

b) Les personnes handicapées puissent, sur la base de l'égalité avec les autres, avoir accès, dans les communautés où elles vivent, à un enseignement primaire inclusif, de qualité et gratuit, et à l'enseignement secondaire ;

c) Il soit procédé à des aménagements raisonnables en fonction des besoins de chacun ;

d) Les personnes handicapées bénéficient, au sein du système d'enseignement général, de l'accompagnement nécessaire pour faciliter leur éducation effective ;

e) Des mesures d'accompagnement individualisé efficaces soient prises dans des environnements qui optimisent le progrès scolaire et la socialisation, conformément à l'objectif de pleine intégration.

3. Les États Parties donnent aux personnes handicapées la possibilité d'acquérir les compétences pratiques et sociales nécessaires de façon à faciliter leur pleine et égale participation au système d'enseignement et à la vie de la communauté. A cette fin, les États Parties prennent des mesures appropriées, notamment :

a) Facilitent l'apprentissage du braille, de l'écriture adaptée et des modes, moyens et formes de communication améliorée et alternative, le développement des capacités d'orientation et de la mobilité, ainsi que le soutien par les pairs et le mentorat ;

b) Facilitent l'apprentissage de la langue des signes et la promotion de l'identité linguistique des personnes sourdes ;

c) Veillent à ce que les personnes aveugles, sourdes ou sourdes et aveugles – en particulier les enfants – reçoivent un enseignement dispensé dans la langue et par le biais des modes et moyens de communication qui conviennent le mieux à chacun, et ce, dans des environnements qui optimisent le progrès scolaire et la sociabilisation.

4. Afin de faciliter l'exercice de ce droit, les États Parties prennent des mesures appropriées pour employer des enseignants, y compris des enseignants handicapés, qui ont une qualification en langue des signes ou en braille et pour former les cadres et personnels éducatifs à tous les niveaux. Cette formation comprend la sensibilisation aux handicaps et l'utilisation des modes, moyens et formes de communication améliorée et alternative et des techniques et matériels pédagogiques adaptés aux personnes handicapées.

5. Les États Parties veillent à ce que les personnes handicapées puissent avoir accès, sans discrimination et sur la base de l'égalité avec les autres, à l'enseignement tertiaire général, à la formation professionnelle, à l'enseignement pour adultes et à la formation continue. A cette fin, ils veillent à ce que des aménagements raisonnables soient apportés en faveur des personnes handicapées.

Art. 25 *Santé.*

Les États Parties reconnaissent que les personnes handicapées ont le droit de jouir du meilleur état de santé possible sans discrimination fondée sur le handicap. Ils prennent toutes les mesures appropriées pour leur assurer l'accès à des services de santé qui prennent en compte les sexospécificités, y compris des services de réadaptation. En particulier, les États Parties :

a) Fournissent aux personnes handicapées des services de santé gratuits ou d'un coût abordable couvrant la même gamme et de la même qualité que ceux offerts aux autres personnes, y compris des services de santé sexuelle et génésique et des programmes de santé publique communautaires ;

b) Fournissent aux personnes handicapées les services de santé dont celles-ci ont besoin en raison spécifiquement de leur handicap, y compris des services de dépistage précoce et, s'il y a lieu, d'intervention précoce, et des services destinés à réduire au maximum *[au minimum]* ou à prévenir les nouveaux handicaps, notamment chez les enfants et les personnes âgées ;

c) Fournissent ces services aux personnes handicapées aussi près que possible de leur communauté, y compris en milieu rural ;

d) Exigent des professionnels de la santé qu'ils dispensent aux personnes handicapées des soins de la même qualité que ceux dispensés aux autres, notamment qu'ils obtiennent le consentement libre et éclairé des personnes handicapées concernées ; à cette fin, les États Parties mènent des activités de formation et promulguent des règles déontologiques pour les secteurs public et privé de la santé de façon, entre autres, à sensibiliser les personnels aux droits de l'homme, à la dignité, à l'autonomie et aux besoins des personnes handicapées ;

e) Interdisent dans le secteur des assurances la discrimination à l'encontre des personnes handicapées, qui doivent pouvoir obtenir à des conditions équitables et raisonnables une assurance maladie et, dans les pays où elle est autorisée par le droit national, une assurance vie ;

f) Empêchent tout refus discriminatoire de fournir des soins ou services médicaux ou des aliments ou des liquides en raison d'un handicap.

Art. 26 *Adaptation et réadaptation.*

1. Les États Parties prennent des mesures efficaces et appropriées, faisant notamment intervenir l'entraide entre pairs, pour permettre aux personnes handicapées d'atteindre et de conserver le maximum d'autonomie, de réaliser pleinement leur potentiel physique, mental, social et professionnel, et de parvenir à la pleine intégration et à la pleine participation à tous les aspects de la vie. A cette fin, les États Parties organisent, renforcent et développent des services et programmes diversifiés d'adaptation et de réadaptation, en particulier dans les domaines de la santé, de l'emploi, de l'éducation et des services sociaux, de telle sorte que ces services et programmes :

a) Commencent au stade le plus précoce possible et soient fondés sur une évaluation pluridisciplinaire des besoins et des atouts de chacun ;

b) Facilitent la participation et l'intégration à la communauté et à tous les aspects de la société, soient librement acceptés et soient mis à la disposition des personnes handicapées aussi près que possible de leur communauté, y compris dans les zones rurales.

2. Les États Parties favorisent le développement de la formation initiale et continue des professionnels et personnels qui travaillent dans les services d'adaptation et de réadaptation.

3. Les États Parties favorisent l'offre, la connaissance et l'utilisation d'appareils et de technologies d'aide, conçus pour les personnes handicapées, qui facilitent l'adaptation et la réadaptation.

Art. 27 *Travail et emploi.*

1. Les États Parties reconnaissent aux personnes handicapées, sur la base de l'égalité avec les autres, le droit au travail, notamment à la possibilité de gagner leur vie en accomplissant un travail librement choisi ou accepté sur un marché du travail et dans un milieu de travail ouverts, favorisant l'inclusion et accessibles aux personnes handicapées. Ils garantissent et favorisent l'exercice du droit au travail, y compris pour ceux qui ont acquis un handicap en cours d'emploi, en prenant des mesures appropriées, y compris des mesures législatives, pour notamment :

a) Interdire la discrimination fondée sur le handicap dans tout ce qui a trait à l'emploi sous toutes ses formes, notamment les conditions de recrutement, d'embauche et d'emploi, le maintien dans l'emploi, l'avancement et les conditions de sécurité et d'hygiène au travail ;

b) Protéger le droit des personnes handicapées à bénéficier, sur la base de l'égalité avec les autres, de conditions de travail justes et favorables, y compris l'égalité des chances et l'égalité de rémunération à travail égal, la sécurité et l'hygiène sur les lieux de travail, la protection contre le harcèlement et des procédures de règlement des griefs ;

c) Faire en sorte que les personnes handicapées puissent exercer leurs droits professionnels et syndicaux sur la base de l'égalité avec les autres ;

d) Permettre aux personnes handicapées d'avoir effectivement accès aux programmes d'orientation technique et professionnel, aux services de placement et aux services de formation professionnelle et continue offerts à la population en général ;

e) Promouvoir les possibilités d'emploi et d'avancement des personnes handicapées sur le marché du travail, ainsi que l'aide à la recherche et à l'obtention d'un emploi, au maintien dans l'emploi et au retour à l'emploi ;

f) Promouvoir les possibilités d'exercice d'une activité indépendante, l'esprit d'entreprise, l'organisation de coopératives et la création d'entreprise ;

g) Employer des personnes handicapées dans le secteur public ;

h) Favoriser l'emploi de personnes handicapées dans le secteur privé en mettant en œuvre des politiques et mesures appropriées, y compris le cas échéant des programmes d'action positive, des incitations et d'autres mesures ;

i) Faire en sorte que des aménagements raisonnables soient apportés aux lieux de travail en faveur des personnes handicapées ;

j) Favoriser l'acquisition par les personnes handicapées d'une expérience professionnelle sur le marché du travail général ;

k) Promouvoir des programmes de réadaptation technique et professionnelle, de maintien dans l'emploi et de retour à l'emploi pour les personnes handicapées.

2. Les États Parties veillent à ce que les personnes handicapées ne soient tenues ni en esclavage ni en servitude, et à ce qu'elles soient protégées, sur la base de l'égalité avec les autres, contre le travail forcé ou obligatoire.

Art. 28 *Niveau de vie adéquat et protection sociale.*

1. Les États Parties reconnaissent le droit des personnes handicapées à un niveau de vie adéquat pour elles-mêmes et pour leur famille, notamment une alimentation, un habillement et un logement adéquats, et à une amélioration constante de leurs conditions de vie et prennent des mesures appropriées pour protéger et promouvoir l'exercice de ce droit sans discrimination fondée sur le handicap.

2. Les États Parties reconnaissent le droit des personnes handicapées à la protection sociale et à la jouissance de ce droit sans discrimination fondée sur le handicap et prennent des mesures appropriées pour protéger et promouvoir l'exercice de ce droit, y compris des mesures destinées à :

a) Assurer aux personnes handicapées l'égalité d'accès aux services d'eau salubre et leur assurer l'accès à des services, appareils et accessoires et autres aides répondant aux besoins créés par leur handicap qui soient appropriés et abordables ;

b) Assurer aux personnes handicapées, en particulier aux femmes et aux filles et aux personnes âgées, l'accès aux programmes de protection sociale et aux programmes de réduction de la pauvreté ;

c) Assurer aux personnes handicapées et à leurs familles, lorsque celles-ci vivent dans la pauvreté, l'accès à l'aide publique pour couvrir les frais liés au handicap, notamment les frais permettant d'assurer adéquatement une formation, un soutien psychologique, une aide financière ou une prise en charge de répit ;

d) Assurer aux personnes handicapées l'accès aux programmes de logements sociaux ;

e) Assurer aux personnes handicapées l'égalité d'accès aux programmes et prestations de retraite.

Art. 29 *Participation à la vie politique et à la vie publique.*

Les États Parties garantissent aux personnes handicapées la jouissance des droits politiques et la possibilité de les exercer sur la base de l'égalité avec les autres, et s'engagent :

a) A faire en sorte que les personnes handicapées puissent effectivement et pleinement participer à la vie politique et à la vie publique sur la base de l'égalité avec les autres, que ce soit directement ou par l'intermédiaire de représentants librement choisis, notamment qu'elles aient le droit et la possibilité de voter et d'être élues, et pour cela les États Parties, entre autres mesures :

i) Veillent à ce que les procédures, équipements et matériels électoraux soient appropriés, accessibles et faciles à comprendre et à utiliser ;

ii) Protègent le droit qu'ont les personnes handicapées de voter à bulletin secret et sans intimidation aux élections et référendums publics, de se présenter aux élections et d'exercer effectivement un mandat électif ainsi que d'exercer toutes fonctions publiques à tous les niveaux de l'État, et facilitent, s'il y a lieu, le recours aux technologies d'assistance et aux nouvelles technologies ;

iii) Garantissent la libre expression de la volonté des personnes handicapées en tant qu'électeurs et à cette fin si nécessaire, et à leur demande, les autorisent à se faire assister d'une personne de leur choix pour voter ;

b) A promouvoir activement un environnement dans lequel les personnes handicapées peuvent effectivement et pleinement participer à la conduite des affaires publiques, sans discrimination et sur la base de l'égalité avec les autres, et à encourager leur participation aux affaires publiques, notamment par le biais :

i) De leur participation aux organisations non gouvernementales et associations qui s'intéressent à la vie publique et politique du pays, et de leur participation aux activités et à l'administration des partis politiques ;

ii) De la constitution d'organisations de personnes handicapées pour les représenter aux niveaux international, national, régional et local et de l'adhésion à ces organisations.

Art. 30 *Participation à la vie culturelle et récréative, aux loisirs et aux sports.*

1. Les États Parties reconnaissent le droit des personnes handicapées de participer à la vie culturelle, sur la base de l'égalité avec les autres, et prennent toutes mesures appropriées pour faire en sorte qu'elles :

a) Aient accès aux produits culturels dans des formats accessibles ;

b) Aient accès aux émissions de télévision, aux films, aux pièces de théâtre et autres activités culturelles dans des formats accessibles ;

c) Aient accès aux lieux d'activités culturelles tels que les théâtres, les musées, les cinémas, les bibliothèques et les services touristiques, et, dans la mesure du possible, aux monuments et sites importants pour la culture nationale.

2. Les États Parties prennent des mesures appropriées pour donner aux personnes handicapées la possibilité de développer et de réaliser leur potentiel créatif, artistique et intellectuel, non seulement dans leur propre intérêt, mais aussi pour l'enrichissement de la société.

3. Les États Parties prennent toutes mesures appropriées, conformément au droit international, pour faire en sorte que les lois protégeant les droits de propriété intellectuelle ne constituent pas un obstacle déraisonnable ou discriminatoire à l'accès des personnes handicapées aux produits culturels.

4. Les personnes handicapées ont droit, sur la base de l'égalité avec les autres, à la reconnaissance et au soutien de leur identité culturelle et linguistique spécifique, y compris les langues des signes et la culture des sourds.

5. Afin de permettre aux personnes handicapées de participer, sur la base de l'égalité avec les autres, aux activités récréatives, de loisir et sportives, les États Parties prennent des mesures appropriées pour :

a) Encourager et promouvoir la participation, dans toute la mesure possible, de personnes handicapées aux activités sportives ordinaires à tous les niveaux ;

b) Faire en sorte que les personnes handicapées aient la possibilité d'organiser et de mettre au point des activités sportives et récréatives qui leur soient spécifiques et d'y participer, et, à cette fin, encourager la mise à leur disposition, sur la base de l'égalité avec les autres, de moyens d'entraînements, de formations et de ressources appropriés ;

c) Faire en sorte que les personnes handicapées aient accès aux lieux où se déroulent des activités sportives, récréatives et touristiques ;

d) Faire en sorte que les enfants handicapés puissent participer, sur la base de l'égalité avec les autres enfants, aux activités ludiques, récréatives, de loisir et sportives, y compris dans le système scolaire ;

e) Faire en sorte que les personnes handicapées aient accès aux services des personnes et organismes chargés d'organiser des activités récréatives, de tourisme et de loisir et des activités sportives.

Art. 31 *Statistiques et collecte des données.*

1. Les États Parties s'engagent à recueillir des informations appropriées, y compris des données statistiques et résultats de recherches, qui leur permettent de formuler et d'appliquer des politiques visant à donner effet à la présente Convention. Les procédures de collecte et de conservation de ces informations respectent :

a) Les garanties légales, y compris celles qui découlent de la législation sur la protection des données, afin d'assurer la confidentialité et le respect de la vie privée des personnes handicapées ;

b) Les normes internationalement acceptées de protection des droits de l'homme et des libertés fondamentales et les principes éthiques qui régissent la collecte et l'exploitation des statistiques.

2. Les informations recueillies conformément au présent article sont désagrégées, selon qu'il convient, et utilisées pour évaluer la façon dont les États Parties s'acquittent des obligations qui leur incombent en vertu de la présente Convention et identifier et lever les obstacles que rencontrent les personnes handicapées dans l'exercice de leurs droits.

3. Les États Parties ont la responsabilité de diffuser ces statistiques et veillent à ce qu'elles soient accessibles aux personnes handicapées et autres personnes.

Art. 32 *Coopération internationale.*

1. Les États Parties reconnaissent l'importance de la coopération internationale et de sa promotion, à l'appui des efforts déployés au niveau national pour la réalisation de l'objet et des buts de la présente Convention, et prennent des mesures appropriées et efficaces à cet égard, entre eux et, s'il y a lieu, en partenariat avec les organisations internationales et régionales compétentes et la société civile, en particulier les organisations de personnes handicapées. Ils peuvent notamment prendre des mesures destinées à :

a) Faire en sorte que la coopération internationale — y compris les programmes internationaux de développement — prenne en compte les personnes handicapées et leur soit accessible ;

b) Faciliter et appuyer le renforcement des capacités, notamment grâce à l'échange et au partage d'informations, d'expériences, de programmes de formation et de pratiques de référence ;

c) Faciliter la coopération aux fins de la recherche et de l'accès aux connaissances scientifiques et techniques ;

d) Apporter, s'il y a lieu, une assistance technique et une aide économique, y compris en facilitant l'acquisition et la mise en commun de technologies d'accès et d'assistance et en opérant des transferts de technologie.

2. Les dispositions du présent article sont sans préjudice de l'obligation dans laquelle se trouve chaque État Partie de s'acquitter des obligations qui lui incombent en vertu de la présente Convention.

Art. 33 *Application et suivi au niveau national.*

1. Les États Parties désignent, conformément à leur système de gouvernement, un ou plusieurs points de contact pour les questions relatives à l'application de la présente Convention et envisagent dûment de créer ou désigner, au sein de leur administration, un dispositif de coordination chargé de faciliter les actions liées à cette application dans différents secteurs et à différents niveaux.

2. Les États Parties, conformément à leurs systèmes administratif et juridique, maintiennent, renforcent, désignent ou créent, au niveau interne, un dispositif, y compris un ou plusieurs mécanismes indépendants, selon qu'il conviendra, de promotion, de protection et de suivi de l'application de la présente Convention. En désignant ou en créant un tel mécanisme, ils tiennent compte des principes applicables au statut et au fonctionnement des institutions nationales de protection et de promotion des droits de l'homme.

3. La société civile — en particulier les personnes handicapées et les organisations qui les représentent — est associée et participe pleinement à la fonction de suivi.

Art. 34 *Comité des droits des personnes handicapées.*

1. Il est institué un Comité des droits des personnes handicapées (ci-après dénommé "le Comité") qui s'acquitte des fonctions définies ci-après.

2. Le Comité se compose, au moment de l'entrée en vigueur de la présente Convention, de douze experts. Après soixante ratifications et adhésions supplémentaires à la Convention, il sera ajouté six membres au Comité, qui atteindra alors sa composition maximum de dix-huit membres.

3. Les membres du Comité siègent à titre personnel et sont des personnalités d'une haute autorité morale et justifiant d'une compétence et d'une expérience reconnues dans le domaine auquel s'applique la présente Convention. Les États Parties sont invités, lorsqu'ils désignent leurs candidats, à tenir dûment compte de la disposition énoncée au paragraphe 3 de l'article 4 de la présente Convention.

4. Les membres du Comité sont élus par les États Parties, compte tenu des principes de répartition géographique équitable, de représentation des différentes formes de civilisation et des principaux systèmes juridiques, de représentation équilibrée des sexes et de participation d'experts handicapés.

5. Les membres du Comité sont élus au scrutin secret sur une liste de candidats désignés par les États Parties parmi leurs ressortissants, lors de réunions de la Conférence des États Parties. A ces réunions, où le quorum est constitué par les deux tiers des États Parties, sont élus membres du Comité les candidats ayant obtenu le plus grand nombre de voix et la majorité absolue des votes des représentants des États Parties présents et votants.

6. La première élection aura lieu dans les six mois suivant la date d'entrée en vigueur de la présente Convention. Quatre mois au moins avant la date de chaque élection, le Secrétaire général de l'Organisation des Nations unies invitera par écrit les États Parties à proposer leurs candidats dans un délai de deux mois. Le Secrétaire général dressera ensuite la liste alphabétique des candidats ainsi désignés, en indiquant les États Parties qui les ont désignés, et la communiquera aux États Parties à la présente Convention.

7. Les membres du Comité sont élus pour quatre ans. Ils sont rééligibles une fois. Toutefois, le mandat de six des membres élus lors de la première élection prend fin au bout de deux ans ; immédiatement après la première élection, les noms de ces six membres sont tirés au sort par le Président de la réunion visée au paragraphe 5 du présent article.

8. L'élection des six membres additionnels du Comité se fera dans le cadre d'élections ordinaires, conformément aux dispositions du présent article.

9. En cas de décès ou de démission d'un membre du Comité, ou si, pour toute autre raison, un membre déclare ne plus pouvoir exercer ses fonctions, l'État Partie qui avait présenté sa candidature nomme un autre expert possédant les qualifications et répondant aux conditions énoncées dans les dispositions pertinentes du présent article pour pourvoir le poste ainsi vacant jusqu'à l'expiration du mandat correspondant.

10. Le Comité adopte son règlement intérieur.

11. Le Secrétaire général de l'Organisation des Nations unies met à la disposition du Comité le personnel et les moyens matériels qui lui sont nécessaires pour s'acquitter efficacement des fonctions qui lui sont confiées en vertu de la présente Convention et convoque sa première réunion.

12. Les membres du Comité reçoivent, avec l'approbation de l'assemblée générale des Nations unies, des émoluments prélevés sur les ressources de l'Organisation des Nations unies dans les conditions fixées par l'assemblée générale, eu égard à l'importance des fonctions du Comité.

13. Les membres du Comité bénéficient des facilités, privilèges et immunités accordés aux experts en mission pour l'Organisation des Nations unies, tels qu'ils sont prévus dans les sections pertinentes de la Convention sur les privilèges et les immunités des Nations unies.

Art. 35 *Rapports des États Parties.*

1. Chaque État Partie présente au Comité, par l'entremise du Secrétaire général de l'Organisation des Nations unies, un rapport détaillé sur les mesures qu'il a prises pour s'acquitter de ses obligations en vertu de la présente Convention et sur les progrès accomplis à cet égard, dans un délai de deux ans à compter de l'entrée en vigueur de la présente Convention pour l'État Partie intéressé.

2. Les États Parties présentent ensuite des rapports complémentaires au moins tous les quatre ans, et tous autres rapports demandés par le Comité.

3. Le Comité adopte, le cas échéant, des directives relatives à la teneur des rapports.

4. Les États Parties qui ont présenté au Comité un rapport initial détaillé n'ont pas, dans les rapports qu'ils lui présentent ensuite, à répéter les informations déjà communiquées. Les États Parties sont invités à établir leurs rapports selon une procédure ouverte et transparente et tenant dûment compte de la disposition énoncée au paragraphe 3 de l'article 4 de la présente Convention.

5. Les rapports peuvent indiquer les facteurs et les difficultés qui affectent l'accomplissement des obligations prévues par la présente Convention.

Art. 36 *Examen des rapports.*

1. Chaque rapport est examiné par le Comité, qui formule les suggestions et recommandations d'ordre général sur le rapport qu'il estime appropriées et qui les transmet à l'État Partie intéressé. Cet État Partie peut communiquer en réponse au Comité toutes informations qu'il juge utiles. Le Comité peut demander aux États Parties tous renseignements complémentaires relatifs à l'application de la présente Convention.

2. En cas de retard important d'un État Partie dans la présentation d'un rapport, le Comité peut lui notifier qu'il sera réduit à examiner l'application de la présente Convention dans cet État Partie à partir des informations fiables dont il peut disposer, à moins que le rapport attendu ne lui soit présenté dans les trois mois de la notification. Le Comité invitera l'État Partie intéressé à participer à cet examen. Si l'État Partie répond en présentant son rapport, les dispositions du paragraphe 1 du présent article s'appliqueront.

3. Le Secrétaire général de l'Organisation des Nations unies communique les rapports à tous les États Parties.

4. Les États Parties mettent largement leurs rapports à la disposition du public dans leur propre pays et facilitent l'accès du public aux suggestions et recommandations d'ordre général auxquelles ils ont donné lieu.

5. Le Comité transmet aux institutions spécialisées, fonds et programmes des Nations unies et aux autres organismes compétents, s'il le juge nécessaire, les rapports des États Parties contenant une demande ou indiquant un besoin de conseils ou d'assistance techniques, accompagnés, le cas échéant, de ses observations et recommandations touchant ladite demande ou indication, afin qu'il puisse y être répondu.

Art. 37 *Coopération entre les États Parties et le Comité.*

1. Les États Parties coopèrent avec le Comité et aident ses membres à s'acquitter de leur mandat.

2. Dans ses rapports avec les États Parties, le Comité accordera toute l'attention voulue aux moyens de renforcer les capacités nationales aux fins de l'application de la présente Convention, notamment par le biais de la coopération internationale.

Art. 38 *Rapports du Comité avec d'autres organismes et organes.*

Pour promouvoir l'application effective de la présente Convention et encourager la coopération internationale dans le domaine qu'elle vise :

a) Les institutions spécialisées et autres organismes des Nations unies ont le droit de se faire représenter lors de l'examen de l'application des dispositions de la présente Convention qui relèvent de leur mandat. Le Comité peut inviter les institutions spécialisées et tous autres organismes qu'il jugera appropriés à donner des avis spécialisés sur l'application de la Convention dans les domaines qui relèvent de leurs mandats respectifs. Il peut inviter les institutions spécialisées et les autres organismes des Nations unies à lui présenter des rapports sur l'application de la Convention dans les secteurs qui relèvent de leur domaine d'activité ;

b) Dans l'accomplissement de son mandat, le Comité consulte, selon qu'il le juge approprié, les autres organes pertinents créés par les traités internationaux relatifs aux droits de l'homme en vue de garantir la cohérence de leurs directives en matière d'établissement de rapports, de leurs suggestions et de leurs recommandations générales respectives et d'éviter les doublons et les chevauchements dans l'exercice de leurs fonctions.

Art. 39 *Rapport du Comité.*

Le Comité rend compte de ses activités à l'Assemblée générale et au Conseil économique et social tous les deux ans et peut formuler des suggestions et des recommandations générales fondées sur l'examen des rapports et des informations reçus des États Parties. Ces suggestions et ces recommandations générales sont incluses dans le rapport du Comité, accompagnées, le cas échéant, des observations des États Parties.

Art. 40 *Conférence des États Parties.*

1. Les États Parties se réunissent régulièrement en Conférence des États Parties pour examiner toute question concernant l'application de la présente Convention.

2. Au plus tard six mois après l'entrée en vigueur de la présente Convention, la Conférence des États Parties sera convoquée par le Secrétaire général de l'Organisation des Nations unies. Ses réunions subséquentes seront convoquées par le Secrétaire général tous les deux ans ou sur décision de la Conférence des États Parties.

Art. 41 *Dépositaire.*

Le Secrétaire général de l'Organisation des Nations unies est le dépositaire de la présente Convention.

Art. 42 *Signature.*

La présente Convention est ouverte à la signature de tous les États et des organisations d'intégration régionale au Siège de l'Organisation des Nations unies à New York à compter du 30 mars 2007.

Art. 43 *Consentement à être lié.*

La présente Convention est soumise à la ratification des États et à la confirmation formelle des organisations d'intégration régionale qui l'ont signée. Elle sera ouverte à l'adhésion de tout État ou organisation d'intégration régionale qui ne l'a pas signée.

Art. 44 *Organisations d'intégration régionale.*

1. Par "organisation d'intégration régionale" on entend toute organisation constituée par des États souverains d'une région donnée, à laquelle ses États membres ont transféré des compétences dans les domaines régis par la présente Convention. Dans leurs instruments de confirmation formelle ou d'adhésion, ces organisations indiquent l'étendue de leur compétence dans les domaines régis par la présente Convention. Par la suite, elles notifient au dépositaire toute modification importante de l'étendue de leur compétence.

2. Dans la présente Convention, les références aux "États Parties" s'appliquent à ces organisations dans la limite de leur compétence.

3. Aux fins du paragraphe 1 de l'article 45 et des paragraphes 2 et 3 de l'article 47 de la présente Convention, les instruments déposés par les organisations d'intégration régionale ne sont pas comptés.

4. Les organisations d'intégration régionale disposent, pour exercer leur droit de vote à la Conférence des États Parties dans les domaines qui relèvent de leur compétence, d'un nombre de voix égal au nombre de leurs États membres Parties à la présente Convention. Elles n'exercent pas leur droit de vote si leurs États membres exercent le leur, et inversement.

Art. 45 *Entrée en vigueur.*

1. La présente Convention entrera en vigueur le trentième jour suivant le dépôt du vingtième instrument de ratification ou d'adhésion.

2. Pour chacun des États ou chacune des organisations d'intégration régionale qui ratifieront ou confirmeront formellement la présente Convention ou y adhéreront après le dépôt du vingtième instrument de ratification ou d'adhésion, la Convention entrera en vigueur le trentième jour suivant le dépôt par cet État ou cette organisation de son instrument de ratification, d'adhésion ou de confirmation formelle.

Art. 46 *Réserves.*

1. Les réserves incompatibles avec l'objet et le but de la présente Convention ne sont pas admises.

2. Les réserves peuvent être retirées à tout moment.

Art. 47 *Amendements.*

1. Tout État Partie peut proposer un amendement à la présente Convention et le soumettre au Secrétaire général de l'Organisation des Nations unies. Le Secrétaire général communique les propositions d'amendement aux États Parties, en leur demandant de lui faire savoir s'ils sont favorables à la convocation d'une conférence des États Parties en vue d'examiner ces propositions et de se prononcer sur elles. Si, dans les quatre mois qui suivent la date de cette communication, un tiers au moins des États Parties se prononcent en faveur de la convocation d'une telle conférence, le Secrétaire général convoque la conférence sous les auspices de l'Organisation des Nations unies. Tout amendement adopté par une majorité des deux tiers des États Parties présents et votants est soumis pour approbation à l'Assemblée générale des Nations unies, puis pour acceptation à tous les États Parties.

2. Tout amendement adopté et approuvé conformément au paragraphe 1 du présent article entre en vigueur le trentième jour suivant la date à laquelle le nombre d'instruments d'acceptation déposés atteint les deux tiers du nombre des États Parties à la date de son adoption. Par la suite, l'amendement entre en vigueur pour chaque État Partie le trentième jour suivant le dépôt par cet État de son instrument d'acceptation. L'amendement ne lie que les États Parties qui l'ont accepté.

3. Si la Conférence des États Parties en décide ainsi par consensus, un amendement adopté et approuvé conformément au paragraphe l du présent article et portant exclusivement sur les articles 34, 38, 39 et 40 entre en vigueur pour tous les États Parties le trentième jour suivant la date à laquelle le nombre d'instruments d'acceptation déposés atteint les deux tiers du nombre des États Parties à la date de son adoption.

Art. 48 *Dénonciation.*

Tout État Partie peut dénoncer la présente Convention par voie de notification écrite adressée au Secrétaire général de l'Organisation des Nations unies. La dénonciation prend effet un an après la date à laquelle le Secrétaire général en a reçu notification.

Art. 49 *Format accessible.*

Le texte de la présente Convention sera diffusé en formats accessibles.

Art. 50 *Textes faisant foi.*

Les textes anglais, arabe, chinois, espagnol, français et russe de la présente Convention font également foi.

EN FOI DE QUOI les plénipotentiaires soussignés, dûment habilités par leurs gouvernements respectifs, ont signé la présente Convention.

Protocole facultatif se rapportant à la convention relative aux droits des personnes handicapées signé à New York le 23 septembre 2008

Les États Parties au présent Protocole sont convenus de ce qui suit :

Art. 1er 1. Tout État Partie au présent Protocole ("État Partie") reconnaît que le Comité des droits des personnes handicapées ("le Comité") a compétence pour recevoir et examiner les communications présentées par des particuliers ou groupes de particuliers ou au nom de particuliers ou groupes de particuliers relevant de sa juridiction qui prétendent être victimes d'une violation par cet État Partie des dispositions de la Convention.

2. Le Comité ne reçoit aucune communication intéressant un État Partie à la Convention qui n'est pas partie au présent Protocole.

Art. 2 Le Comité déclare irrecevable toute communication :

a) Qui est anonyme ;

b) Qui constitue un abus du droit de présenter de telles communications ou est incompatible avec les dispositions de la Convention ;

c) Ayant trait à une question qu'il a déjà examinée ou qui a déjà été examinée ou est en cours d'examen devant une autre instance internationale d'enquête ou de règlement ;

d) Concernant laquelle tous les recours internes disponibles n'ont pas été épuisés, à moins que la procédure de recours n'excède des délais raisonnables ou qu'il soit improbable que le requérant obtienne réparation par ce moyen ;

e) Qui est manifestement mal fondée ou insuffisamment motivée ;

ou

f) Qui porte sur des faits antérieurs à la date d'entrée en vigueur du présent Protocole à l'égard de l'État Partie intéressé, à moins que ces faits ne persistent après cette date.

Art. 3 Sous réserve des dispositions de l'article 2 du présent Protocole, le Comité porte confidentiellement à l'attention de l'État Partie intéressé toute communication qui lui est adressée. L'État Partie intéressé soumet par écrit au Comité, dans un délai de six mois, des explications ou déclarations éclaircissant la question et indiquant les mesures qu'il pourrait avoir prises pour remédier à la situation.

Art. 4 1. Après réception d'une communication et avant de prendre une décision sur le fond, le Comité peut à tout moment soumettre à l'urgente attention de l'État Partie intéressé une demande tendant à ce qu'il prenne les mesures conservatoires nécessaires pour éviter qu'un dommage irréparable ne soit causé aux victimes de la violation présumée.

2. Le Comité ne préjuge pas de sa décision sur la recevabilité ou le fond de la communication du simple fait qu'il exerce la faculté que lui donne le paragraphe 1 du présent article.

Art. 5 Le Comité examine à huis clos les communications qui lui sont adressées en vertu du présent Protocole. Après avoir examiné une communication, le Comité transmet ses suggestions et recommandations éventuelles à l'État Partie intéressé et au pétitionnaire.

Art. 6 1. Si le Comité est informé, par des renseignements crédibles, qu'un État Partie porte gravement ou systématiquement atteinte aux droits énoncés dans la Convention, il invite cet État à s'entretenir avec lui des renseignements portés à son attention et à présenter ses observations à leur sujet.

2. Le Comité, se fondant sur les observations éventuellement formulées par l'État Partie intéressé, ainsi que sur tout autre renseignement crédible dont il dispose, peut charger un ou plusieurs de ses membres d'effectuer une enquête et de lui rendre compte sans tarder des résultats de celle-ci. Cette enquête peut, lorsque cela se justifie et avec l'accord de l'État Partie, comporter une visite sur le territoire de cet État.

3. Après avoir étudié les résultats de l'enquête, le Comité les communique à l'État Partie intéressé, accompagnés, le cas échéant, d'observations et de recommandations.

4. Après avoir été informé des résultats de l'enquête et des observations et recommandations du Comité, l'État Partie présente ses observations à celui-ci dans un délai de six mois.

5. L'enquête conserve un caractère confidentiel et la coopération de l'État Partie sera sollicitée à tous les stades de la procédure.

Art. 7 1. Le Comité peut inviter l'État Partie intéressé à inclure, dans le rapport qu'il doit présenter conformément à l'article 35 de la Convention, des précisions sur les mesures qu'il a prises à la suite d'une enquête effectuée en vertu de l'article 6 du présent Protocole.

2. A l'expiration du délai de six mois visé au paragraphe 4 de l'article 6, le Comité peut, s'il y a lieu, inviter l'État Partie intéressé à l'informer des mesures qu'il a prises à la suite de l'enquête.

Art. 8 Tout État Partie peut, au moment où il signe ou ratifie le présent Protocole ou y adhère, déclarer qu'il ne reconnaît pas au Comité la compétence que lui confèrent les articles 6 et 7.

Art. 9 Le Secrétaire général de l'Organisation des Nations unies est le dépositaire du présent Protocole.

Art. 10 Le présent Protocole est ouvert à la signature des États et des organisations d'intégration régionale qui ont signé la Convention, au Siège de l'Organisation des Nations unies à New York, à compter du 30 mars 2007.

Art. 11 Le présent Protocole est soumis à la ratification des États qui l'ont signé et ont ratifié la Convention ou y ont adhéré. Il doit être confirmé formellement par les organisations d'intégration régionale qui l'ont signé et qui ont confirmé formellement la Convention ou y ont adhéré. Il sera ouvert à l'adhésion de tout État ou de toute organisation d'intégration régionale qui a ratifié ou confirmé formellement la Convention ou qui y a adhéré mais qui n'a pas signé le Protocole.

Art. 12 1. Par "organisation d'intégration régionale" on entend toute organisation constituée par des États souverains d'une région donnée, à laquelle ses États membres ont transféré des compétences dans les domaines régis par la Convention et le présent Protocole. Dans leurs instruments de confirmation formelle ou d'adhésion, ces organisations indiquent l'étendue de leur compétence dans les domaines régis par la Convention et le présent Protocole. Par la suite, elles notifient au dépositaire toute modification importante de l'étendue de leur compétence.

2. Dans le présent Protocole, les références aux "États Parties" s'appliquent à ces organisations dans la limite de leur compétence.

3. Aux fins du paragraphe 1 de l'article 13 et du paragraphe 2 de l'article 15 du présent Protocole, les instruments déposés par des organisations d'intégration régionale ne sont pas comptés.

4. Les organisations d'intégration régionale disposent, pour exercer leur droit de vote à la réunion des États Parties dans les domaines qui relèvent de leur compétence, d'un nombre de voix égal au nombre de leurs États membres Parties au présent Protocole. Elles n'exercent pas leur droit de vote si leurs États membres exercent le leur, et inversement.

Art. 13 1. Sous réserve de l'entrée en vigueur de la Convention, le présent Protocole entrera en vigueur le trentième jour suivant le dépôt du dixième instrument de ratification ou d'adhésion.

2. Pour chacun des États ou chacune des organisations d'intégration régionale qui ratifieront ou confirmeront formellement le présent Protocole ou y adhéreront après le dépôt du dixième instrument de ratification ou d'adhésion, le Protocole entrera en vigueur le trentième jour suivant le dépôt par cet État ou cette organisation de son instrument de ratification, d'adhésion ou de confirmation formelle.

Art. 14 1. Les réserves incompatibles avec l'objet et le but du présent Protocole ne sont pas admises.

2. Les réserves peuvent être retirées à tout moment.

Art. 15 1. Tout État Partie peut proposer un amendement au présent Protocole et le soumettre au Secrétaire général de l'Organisation des Nations unies. Le Secrétaire général communique les propositions d'amendement aux États Parties, en leur demandant de lui faire savoir s'ils sont favorables à la convocation d'une réunion des États Parties en vue d'examiner ces propositions et de se prononcer sur elles. Si, dans les quatre mois qui suivent la date de cette communication, un tiers au moins des États Parties se prononcent en faveur de la convocation d'une telle réunion, le Secrétaire général convoque la réunion sous les auspices de l'Organisation des Nations unies. Tout amendement adopté par une majorité des deux tiers des États Parties présents et votants est soumis pour approbation à l'Assemblée générale des Nations unies, puis pour acceptation à tous les États Parties.

2. Tout amendement adopté et approuvé conformément au paragraphe 1 du présent article entre en vigueur le trentième jour suivant la date à laquelle le nombre d'instruments d'acceptation déposés atteint les deux tiers du nombre des États Parties à la date de son adoption. Par la suite, l'amendement entre en vigueur pour chaque État Partie le trentième jour suivant le dépôt par cet État de son instrument d'acceptation. L'amendement ne lie que les États Parties qui l'ont accepté.

Art. 16 Tout État Partie peut dénoncer le présent Protocole par voie de notification écrite adressée au Secrétaire général de l'Organisation des Nations unies. La dénonciation prend effet un an après la date à laquelle le Secrétaire général en a reçu notification.

Art. 17 Le texte du présent Protocole sera diffusé en formats accessibles.

Art. 18 Les textes anglais, arabe, chinois, espagnol, français et russe du présent Protocole font également foi.

EN FOI DE QUOI les plénipotentiaires soussignés, dûment habilités par leurs gouvernements respectifs, ont signé le présent Protocole.

DÉCLARATIONS INTERPRÉTATIVES

La République française déclare qu'elle interprétera le terme "consentement" figurant à l'article 15 de la Convention conformément aux instruments internationaux, en particulier ceux qui touchent aux droits de l'Homme et à la bio-médecine, et à sa législation nationale, qui est conforme à ces instruments. Ceci signifie qu'en ce qui concerne la recherche biomédicale, le terme "consentement" renvoie à deux situations différentes :

1. Le consentement donné par une personne apte à consentir ;

Et

2. Dans le cas des personnes qui ne sont pas aptes à donner leur consentement, l'autorisation donnée par leur représentant ou par une autorité ou un organe désigné par la loi.

La République française considère qu'il est important que les personnes qui ne sont pas capables de donner leur consentement librement et en connaissance de cause bénéficient d'une protection particulière sans que toute recherche médicale à leur profit soit empêchée. Elle estime qu'outre l'autorisation visée au paragraphe 2 ci-dessus, d'autres mesures de protection, comme celles prévues dans les instruments internationaux susmentionnés, font partie de cette protection.

S'agissant de l'article 29 de la Convention, l'exercice du droit de vote est une composante de la capacité juridique qui ne peut connaître de restriction que dans les conditions et selon les modalités prévues à l'article 12 de la Convention.

Loi n° 2021-502 du 26 avril 2021,

Visant à améliorer le système de santé par la confiance et la simplification (JO 27 avr.).

CHAPITRE VI *SIMPLIFICATION DES DÉMARCHES DES PERSONNES EN SITUATION DE HANDICAP*

Art. 42 Pour la mise à disposition de l'information et des services numériques destinés aux personnes handicapées dont la Caisse nationale de solidarité pour l'autonomie a la charge en application de l'article L. 14-10-1 du code de l'action sociale et des familles, il est créé une plateforme numérique nationale d'information et de services personnalisés, dont la gestion est confiée à la Caisse des dépôts et consignations. Cette plateforme déploie des services numériques permettant de faciliter les démarches administratives des personnes handicapées, de leurs aidants et de leurs représentants légaux ainsi que le suivi personnalisé de leur parcours, notamment en matière d'accès à l'emploi et à la formation. Cette plateforme est accessible, au sens de l'article 47 de la loi n° 2005-102 du 11 février 2005 pour l'égalité des droits et des chances, la participation et la citoyenneté des personnes handicapées, et conforme aux référentiels d'interopérabilité et de sécurité mentionnés à l'article *(Ord. n° 2021-581 du 12 mai 2021, art. 4)* « L. 1470-5 » du code de la santé publique. Elle collecte le retour d'expérience des utilisateurs dans la perspective d'une amélioration continue de son utilisation.

Les services mis en place dans le cadre de la plateforme mentionnée au premier alinéa du présent article sont proposés en complément des modalités d'accueil physique et téléphonique établies par chaque département pour assurer l'information et la conduite des démarches des personnes handicapées, de leurs aidants et de leurs représentants légaux.

Pour la délivrance des services personnalisés de la plateforme, il est créé un traitement automatisé de données à caractère personnel permettant l'alimentation, la gestion et l'utilisation des droits inscrits sur l'espace personnel de chaque titulaire d'un compte sur la plateforme numérique nationale prévue au premier alinéa. Dans le cadre de ses finalités, ce traitement est alimenté par les données à caractère personnel strictement nécessaires, issues notamment des traitements relatifs à la déclaration sociale nominative définie à l'article L. 133-5-3 du code de la sécurité sociale ou du traitement relatif au compte personnel de formation défini au II de l'article L. 6323-8 du code du travail, y compris le numéro d'inscription au répertoire national d'identification des personnes physiques.

La Caisse des dépôts et consignations est habilitée à conduire les procédures d'attribution des contrats de la commande publique répondant à ses besoins pour la mise en œuvre de la plateforme numérique nationale d'information et de services personnalisés destinée aux personnes handicapées, à leurs aidants, à leurs représentants légaux et aux entreprises ainsi qu'à conclure ces contrats et à assurer le suivi de leur exécution.

Un décret en Conseil d'État, pris après avis de la Commission nationale de l'informatique et des libertés, fixe les conditions d'application du présent article.

Art. 43 Un référent handicap est nommé dans chaque établissement relevant de l'article L. 6112-1 du code de la santé publique et du premier alinéa de l'article L. 6112-5 du même code.

Un décret définit ses missions et le cadre de son intervention.

PROFESSIONS – PERSONNELS

Code pénal

Secret professionnel

Art. 226-13 La révélation d'une information à caractère secret par une personne qui en est dépositaire soit par état ou par profession, soit en raison d'une fonction ou d'une mission temporaire, est punie d'un an d'emprisonnement et de 15 000 euros d'amende.

Art. 226-14 *(L. n° 2004-1 du 2 janv. 2004, art. 11)* L'article 226-13 n'est pas applicable dans les cas où la loi impose ou autorise la révélation du secret. En outre, il n'est pas applicable :

1° A celui qui informe les autorités judiciaires, médicales ou administratives de privations ou de sévices, y compris lorsqu'il s'agit d'atteintes *(L. n° 2006-399 du 4 avr. 2006, art. 14)* « ou mutilations » sexuelles, dont il a eu connaissance et qui ont été infligées à un mineur ou à une personne qui n'est pas en mesure de se protéger en raison de son âge ou de son incapacité physique ou psychique ;

2° Au médecin *(L. n° 2015-1402 du 5 nov. 2015, art. 1er)* « ou à tout autre professionnel de santé » qui, avec l'accord de la victime, porte à la connaissance du procureur de la République *(L. n° 2015-1402 du 5 nov. 2015, art. 1er)* « ou de la cellule de recueil, de traitement et d'évaluation des informations préoccupantes relatives aux mineurs en danger ou qui risquent de l'être, mentionnée au deuxième alinéa de l'article L. 226-3 du code de l'action sociale et des familles, » les sévices ou privations qu'il a constatés, sur le plan physique ou psychique, dans l'exercice de sa profession et qui lui permettent de présumer que des violences physiques, sexuelles ou psychiques de toute nature ont été commises. *(L. n° 2007-297 du 5 mars 2007, art. 34)* « Lorsque la victime est un mineur ou une personne qui n'est pas en mesure de se protéger en raison de son âge ou de son incapacité physique ou psychique, son accord n'est pas nécessaire ; »

(L. n° 2020-936 du 30 juill. 2020, art. 12) « 3° Au médecin ou à tout autre professionnel de santé qui porte à la connaissance du procureur de la République une information relative à des violences exercées au sein du couple relevant de l'article 132-80 du présent code, lorsqu'il estime en conscience que ces violences mettent la vie de la victime majeure en danger immédiat et que celle-ci n'est pas en mesure de se protéger en raison de la contrainte morale résultant de l'emprise exercée par l'auteur des violences. Le médecin ou le professionnel de santé doit s'efforcer d'obtenir l'accord de la victime majeure ; en cas d'impossibilité d'obtenir cet accord, il doit l'informer du signalement fait au procureur de la République ;

« 4° » Aux professionnels de la santé ou de l'action sociale qui informent le préfet et, à Paris, le préfet de police du caractère dangereux pour elles-mêmes ou pour autrui des personnes qui les consultent et dont ils savent qu'elles détiennent une arme ou qu'elles ont manifesté leur intention d'en acquérir une ;

(L. n° 2021-1539 du 30 nov. 2021, art. 41) « 5° Au vétérinaire qui porte à la connaissance du procureur de la République toute information relative à des sévices graves, à un acte de cruauté ou à une atteinte sexuelle sur un animal mentionnés aux articles 521-1 et 521-1-1 et toute information relative à des mauvais traitements sur un animal, constatés dans le cadre de son exercice professionnel. Cette information ne lève pas l'obligation du vétérinaire sanitaire prévue à l'article L. 203-6 du code rural et de la pêche maritime. »

(L. n° 2015-1402 du 5 nov. 2015, art. 1er) « Le signalement aux autorités compétentes effectué dans les conditions prévues au présent article ne peut engager la responsabilité civile, pénale ou disciplinaire de son auteur, sauf s'il est établi qu'il n'a pas agi de bonne foi. »

Les dispositions issues de la L. n° 2015-1402 du 5 nov. 2015 sont applicables en Polynésie française, en Nouvelle-Calédonie et dans les îles Wallis-et-Futuna (L. préc., art. 3-I).

Arrêté du 16 octobre 1992,

Fixant le modèle du formulaire de demande d'agrément d'assistants maternels ou d'assistantes maternelles et du récépissé de cette demande (JO 30 oct.).

Arrêté du 28 octobre 1992,

Fixant les conditions de l'examen médical obligatoire en vue de l'agrément des assistants maternels et des assistantes maternelles (JO 31 oct.).

Art. 1er L'examen médical préalable à l'agrément d'assistante ou assistant maternel vise à s'assurer que l'intéressé n'est atteint d'aucune affection physique ou mentale incompatible avec l'exercice de ses fonctions.

Art. 2 L'examen médical comprendra nécessairement le contrôle des vaccinations obligatoires et la recherche de signes évocateurs de la tuberculose.

Au cas où le calendrier vaccinal n'a pas été respecté, la mise à jour sera effectuée.

Note de service DGAS/ATTS/4 A n° 2002-195 du 9 avril 2002,

Relative à la reconnaissance et à l'assimilation des titres et diplômes en travail social détenus par des ressortissants de l'Union européenne (BO solidarité 16/2002).

1. Les conditions de reconnaissance des diplômes étrangers en travail social pour les ressortissants de l'Union européenne

Je vous rappelle que seule la profession d'assistant de service social est réglementée. Aucune condition de nationalité ne s'applique mais des conditions de diplôme doivent être remplies pour l'exercice de la profession. Les titulaires du diplôme d'État français d'assistant de service social ou les bénéficiaires d'une autorisation d'exercice de la profession fondée sur une équivalence de diplôme peuvent travailler dans le secteur public ou le secteur privé dans les conditions définies par les statuts des fonctions publiques et par les conventions collectives.

Les autres professions sociales ne sont pas réglementées. Aucune condition d'origine de diplôme, dès lors qu'il atteste de compétences de niveau équivalent, ou de nationalité ne peut être opposée aux candidats à l'exercice de ces professions sociales et les dispositions contenues par des avenants récents aux conventions collectives ont réaffirmé cette liberté d'exercice.

1.1. *La reconnaissance des diplômes d'assistant de service social*

L'exercice de la profession d'assistant de service social est ouvert aux ressortissants européens conformément à la directive européenne n° 89-48 relative à la reconnaissance mutuelle des diplômes et aux professions réglementées.

La transposition de la directive européenne n° 89-48, qui s'applique aux professions réglementées, a rendu nécessaire la modification en 1991 de l'article 218 du code de la famille et de l'aide sociale (devenu depuis lors l'article L. 411 du code de l'action sociale et des familles).

Son application a fait l'objet du décret n° 91-795 du 16 août 1991.

L'article 1er du décret n° 91-795 du 16 août 1991 modifiant l'article 6 du décret n° 80-334 du 6 mai 1980 ainsi que l'arrêté du 21 octobre 1991 et la circulaire n° 93-19 du 3 mai 1993, fixent la procédure conduisant à l'autorisation d'exercice de la profession.

Les ressortissants européens titulaires d'un diplôme de service social délivré ou non dans un État membre et souhaitant exercer la profession d'assistant de service social en France doivent faire valoir leur situation auprès de la direction générale de l'action sociale (bureau 4 A).

Après instruction du dossier, la DGAS recueille l'avis de centres de formation. Ceux-ci examinent les dossiers individuels et émettent un avis à leur égard. Les avis rendus peuvent être de trois ordres :

– soit il est estimé que le candidat est apte à exercer en France et, dans ce cas, le ministre autorise l'exercice de la profession et délivre une autorisation d'exercice ;

– soit il est considéré que le candidat ne peut envisager d'exercer la profession en France ;

– soit il est exprimé des réserves et le candidat est invité à choisir entre l'accomplissement d'un stage d'adaptation ou une épreuve d'aptitude afin que le candidat puisse ensuite bénéficier d'une autorisation d'exercice. Les DRASS et les centres de formation des assistants de service social habilités sont chargés de la mise en œuvre pratique de ces stages d'adaptation et épreuves d'aptitude.

Les décisions prises par le ministre chargé de l'action sociale à la suite de la consultation des centres sont motivées, notifiées au candidat et susceptibles de recours dont les voies et délais sont explicitement précisés.

Au terme de cette procédure, le demandeur ressortissant européen peut donc se voir reconnaître par le ministre chargé de l'action sociale le droit à l'exercice de la profession avec le diplôme dont il est titulaire par la délivrance d'une autorisation d'exercice.

Pour tout renseignement, vous pouvez vous adresser à Mme Hurtaud (Julie) (DGAS, bureau 4 A, tél. : 01-40-56-86-87).

1.2. *L'assimilation des diplômes européens en vue de l'exercice des professions sociales dans les fonctions publiques (hors assistants de service social)*

L'accès à la fonction publique française a été ouvert aux ressortissants européens par la loi n° 91-715 du 26 juillet 1991 modifiant le statut général des fonctionnaires. Une commission d'assimilation des diplômes propre à chaque fonction publique statue sur leur titre, délivré au sein de l'Union européenne, afin que ceux-là puissent se présenter aux concours d'accès.

La procédure d'assimilation, pour l'accès aux concours de la fonction publique hospitalière, de titres ou diplômes délivrés dans les autres États membres de la Communauté européenne est précisée par le décret n° 94-616 du 21 juillet 1994. La circulaire DH/FH 3/2000-33 du 19 janvier 2000 a précisé la procédure d'assimilation pour l'accès aux concours et examens. Le secrétariat de la commission d'assimilation des diplômes est assuré par la direction de l'hospitalisation et de l'organisation des soins (DHOS, sous-direction des professions paramédicales et des personnels hospitaliers, bureau P 2) du ministère de l'emploi et de la solidarité (8, avenue de Ségur, 75350 Paris 07 SP).

La procédure d'assimilation, pour l'accès aux concours de la fonction publique territoriale, de titres ou diplômes délivrés dans les autres États membres de la Communauté européenne est précisée par le décret n° 94-743 du 30 août 1994. Le secrétariat de la commission d'assimilation des diplômes est assuré par la direction générale des collectivités locales (DGCL, sous-direction des élus locaux et de la fonction publique territoriale, bureau FP 1) du ministère de l'intérieur (2, place des Saussaies, 75008 Paris).

La procédure d'assimilation, pour l'accès aux concours de la fonction publique de l'État, de titres ou diplômes délivrés dans les autres États membres de la Communauté européenne est précisée par le décret n° 94-741 du 30 août 1994. Le secrétariat de la commission d'assimilation des diplômes est assuré par la direction générale de l'administration et de la fonction publique (DGAFP, sous-direction de la gestion des ressources humaines, bureau FP 5) du ministère de la fonction publique et de la réforme de l'État (32, rue de Babylone, 75700 Paris).

1.3. *La reconnaissance des diplômes étrangers européens en vue de l'exercice des professions sociales dans le secteur privé (hors assistants de service social)*

La reconnaissance des autres diplômes sociaux des ressortissants européens en vue de l'exercice dans le secteur privé relève de la relation contractuelle liant les futurs salariés et employeurs.

La liberté d'accès aux emplois est cependant encadrée par les conventions collectives du secteur social et médico-social.

Or, la Commission européenne a constaté que les dispositions de certaines conventions collectives emportaient de fait une protection anormale des diplômes français en vue de l'exercice des professions sociales dans le secteur privé social et médico-social en ne prévoyant pas la possibilité pour les titulaires de diplômes européens en travail social d'accès à leurs emplois.

La Commission a invité le Gouvernement français à intervenir afin d'assurer la reconnaissance effective des diplômes européens au sein des conventions collectives.

La DGAS a demandé aux partenaires sociaux du secteur de mettre en conformité leurs différentes conventions collectives avec les exigences européennes (notamment l'article 39 du traité instituant la Communauté européenne qui affirme la libre circulation des travailleurs).

Des avenants visant à admettre, dans les conventions collectives, la reconnaissance des diplômes des ressortissants de l'Union européenne dans le secteur des professions sociales ont été négociés et adoptés. Ils font l'objet d'un agrément par la commission nationale d'agrément.

Sont déjà agréés à ce jour les avenants aux conventions collectives de 1951 et de la Croix-Rouge française. Ils sont disponibles auprès du bureau des conventions collectives et de la politique salariale (DGAS, 5 A). D'autres avenants ont été signés et sont en cours d'agrément.

2. La garantie de la libre circulation des travailleurs

La libre circulation des travailleurs sociaux souhaitant exercer dans le secteur privé social et médico-social est garantie par les différents acteurs du secteur social et médico-social avec des responsabilités diverses.

2.1. *Les partenaires sociaux*

Les conventions collectives sont de la responsabilité des partenaires sociaux.

Dans ce cadre, les employeurs sont appelés à apprécier le niveau de qualification des candidats ressortissants de l'Union européenne quel que soit le diplôme en travail social présenté au regard des compétences nécessaires à l'exercice des métiers. Cet aspect relève pleinement de la relation entre l'employeur et le salarié.

2.2. *L'aide à l'appréciation*

Par commodité, les documents en langue étrangère présentés par le candidat sont accompagnés de leur traduction en français.

Employeurs et salariés peuvent solliciter le concours de leurs fédérations et les conseils des DRASS et des centres de formation pour apprécier le niveau ou la pertinence de la qualification présentée.

La DGAS a également prévu d'étudier avec les branches professionnelles des outils de repérage sur les diplômes européens à destination des établissements employeurs.

2.3. *Le rôle de l'État*

La reconnaissance des diplômes européens en travail social n'est pas de la compétence de l'autorité nationale dès lors qu'il ne s'agit pas d'une profession réglementée.

L'État doit néanmoins, sous peine de manquement à ses engagements européens, assurer la pleine mise en œuvre du droit communautaire et garantir l'effectivité du principe de libre circulation des travailleurs posé par l'article 39 du traité instituant la Communauté européenne.

Il intervient à ce titre dans l'agrément des avenants aux conventions collectives. Celles-ci, une fois agréées, s'imposent, en vertu de l'article L. 314-6 du code de l'action sociale et des familles, aux autorités compétentes pour fixer la tarification.

Dans ce cadre, vous serez donc appelés à vérifier que les documents budgétaires, notamment le tableau des effectifs et les financements afférents, à la fois prennent en compte cette contrainte de libre circulation des professionnels et maintiennent le niveau de qualification des emplois nécessaire à la bonne marche des services et à la meilleure prise en charge des personnes.

Arrêté du 12 novembre 2002,

Relatif aux modalités d'attribution des bourses pouvant être attribuées aux étudiants inscrits dans les établissements de formation mentionnés à l'article L. 451-1 du code de l'action sociale et des familles (JO 14 nov.).

Loi n° 2004-1 du 2 janvier 2004,

Relative à l'accueil et à la protection de l'enfance (JO 3 janv.).

Art. 2 Le président du conseil départemental modifie l'agrément en cours de validité des assistants maternels agréés pour l'accueil de mineurs à titre non permanent afin de préciser le nombre d'enfants pouvant être accueillis simultanément, pour la durée de validité restant à courir.

Dans le cas où l'assistant maternel a suivi la formation prévue à l'article L. 2112-3 du code de la santé publique ou justifie d'une dispense au titre de ce même article, la modification, sous réserve de la vérification de son état de santé, vaut renouvellement de l'agrément.

Le président du conseil départemental dispose d'un délai de six mois à compter de la publication de la présente loi pour procéder aux modifications d'agrément. Au-delà de ce délai, les agréments sont réputés modifiés.

Arrêté du 2 août 2006,

Relatif au diplôme d'État d'ingénierie sociale (JO 25 août).

V. Arr. du 25 mai 2020 relatif aux modalités d'admission dans les formations conduisant à certains diplômes du travail social pendant la crise sanitaire née de l'épidémie de covid-19 (JO 26 mai, NOR : SSAA2010805A).

TITRE LIMINAIRE

Art. 1er Le diplôme d'État d'ingénierie sociale atteste des compétences professionnelles pour exercer les fonctions et les activités telles que définies à l'annexe 1 "Référentiel professionnel" du présent arrêté.

TITRE I ACCÈS À LA FORMATION

Art. 2 Peuvent se présenter à la procédure d'admission mentionnée au deuxième alinéa de l'article D. 451-18 du code de l'action sociale et des familles les candidats remplissant au moins une des conditions suivantes :

– être titulaire d'un diplôme au moins de niveau II, délivré par l'État et visé à l'article L. 451-1 du code de l'action sociale et des familles ;

– être titulaire d'un diplôme national ou diplôme d'État ou diplôme visé par le ministre chargé de l'enseignement supérieur sanctionnant un niveau de formation correspondant au moins à cinq ans d'études supérieures ou d'un diplôme, certificat ou titre homologué ou enregistré au répertoire national des certifications professionnelles au niveau I ;

– être titulaire d'un diplôme au moins de niveau III, délivré par l'État et visé à l'article L. 451-1 du code de l'action sociale et des familles et justifier de trois ans d'expérience professionnelle dans le domaine de l'intervention sociale ;

– être titulaire d'un diplôme du secteur paramédical délivré par l'État, homologué ou enregistré au répertoire national des certifications professionnelles à un niveau au moins égal au niveau III et justifier de cinq ans d'expérience professionnelle dans le domaine de l'intervention sociale ;

– être titulaire d'un diplôme national ou diplôme d'État ou diplôme visé par le ministre chargé de l'enseignement supérieur sanctionnant un niveau de formation correspondant au moins à trois ans d'études supérieures ou d'un diplôme, certificat ou titre homologué ou enregistré au répertoire national des certifications professionnelles à un niveau au moins égal au niveau II et justifier de trois ans d'expérience professionnelle dans le domaine de l'intervention sociale ;

– appartenir au corps des directeurs des services de la protection judiciaire de la jeunesse, ou au corps des éducateurs de la protection judiciaire de la jeunesse, ou au corps des directeurs, des chefs de service ou des conseillers d'insertion et de probation de l'administration pénitentiaire et justifier de trois ans d'expérience professionnelle dans le domaine de l'intervention sociale.

Les candidats titulaires d'un diplôme délivré à l'étranger fournissent une attestation portant sur le niveau du diplôme dans le pays où il a été délivré.

Art. 3 La procédure d'admission mentionnée au deuxième alinéa de l'article D. 451-18 du code de l'action sociale et des familles comprend :

— la constitution par le candidat d'un dossier d'admission comportant les pièces justificatives relatives aux conditions fixées à l'article 2 du présent arrêté, un *curriculum vitae* et un texte de présentation personnalisé de son parcours professionnel de 8 à 10 pages ;

— un entretien fondé, d'une part, sur l'analyse par le candidat d'un texte d'actualité en relation avec les domaines de compétences du diplôme et, d'autre part, sur le texte de présentation personnalisé visé à l'alinéa précédent.

L'entretien permet d'apprécier les capacités d'analyse, de synthèse et d'expression ainsi que la correspondance du projet du candidat et de ses centres d'intérêts *[intérêt]* principaux avec les objectifs de la formation.

Le règlement d'admission de l'établissement de formation précise les modalités d'organisation de l'entretien ainsi que la durée de validité de la décision d'admission. Il est communiqué au candidat conformément à l'article R. 451-2 du code de l'action sociale et des familles.

La commission d'admission composée du directeur de l'établissement de formation ou de son représentant, du responsable de la formation et d'un représentant de l'établissement de formation signataire de la convention de coopération arrête la liste des candidats admis à suivre la formation. Cette liste est transmise à la direction régionale des affaires sanitaires et sociales.

(Arr. du 27 oct. 2014, art. 1er) « Les lauréats de l'institut du service civique sont dispensés de l'épreuve écrite d'admissibilité. »

TITRE II CONTENU ET ORGANISATION DE LA FORMATION

Art. 4 La convention de coopération prévue au II de l'article D. 451-18 du code de l'action sociale et des familles organise notamment :

— l'articulation entre la formation préparant au diplôme d'État d'ingénierie sociale et les formations préparant à un diplôme de master ;

— les conditions de collaboration des enseignants et formateurs de chacun des établissements au dispositif de formation et de recherche ;

— l'accès des étudiants aux ressources pédagogiques et documentaires de chacun des établissements.

Art. 5 La formation préparant au diplôme d'État d'ingénierie sociale est dispensée sur une amplitude maximum de six semestres. Elle comporte 700 heures d'enseignement théorique et 175 heures de formation pratique.

Art. 6 L'enseignement théorique se décompose en trois domaines de formation (DF) :

– DF1 : production de connaissances : 300 heures ;
– DF2 : conception et conduite d'action : 250 heures ;
– DF3 : communication et ressources humaines : 150 heures.

Le contenu des domaines de formation est précisé à l'annexe 3 "Référentiel de formation" du présent arrêté.

Art. 7 La formation pratique d'une durée de 175 heures est référée au domaine de formation conception et conduite d'action (DF2). Elle se déroule sous la forme d'une étude de terrain qui donne lieu à la production d'un rapport.

Cette étude de terrain est organisée dans le cadre d'une convention de partenariat conclue entre l'établissement de formation et la personne juridiquement responsable du site d'accueil.

Par ailleurs, chaque étude fait l'objet d'une convention entre l'établissement de formation, le stagiaire et le site d'accueil. La convention précise l'objet de l'étude, les modalités de son déroulement, les noms et qualifications des référents professionnels.

Art. 8 Pour les candidats titulaires du diplôme supérieur en travail social ou du certificat d'aptitude aux fonctions de directeur d'établissement ou de service d'intervention sociale, le tableau en annexe 4 du présent arrêté précise les dispenses de domaines de formation et des épreuves de certification afférentes dont ils bénéficient, ainsi que les allègements de formation dont ils peuvent le cas échéant bénéficier.

Pour les candidats titulaires du certificat d'aptitude aux fonctions d'encadrement et de responsable d'unité d'intervention sociale, le tableau en annexe 4 du présent arrêté précise les allègements de formation dont ils peuvent bénéficier.

Les établissements de formation peuvent également accorder des allègements de formation aux candidats titulaires d'un diplôme, certificat ou titre homologué ou enregistré au répertoire national des certifications professionnelles au niveau 1.

Art. 9 Les allègements de formation visés au troisième alinéa de l'article 8 sont inscrits dans un protocole d'allègement de formation élaboré par l'établissement de formation.

Le directeur de l'établissement de formation établit pour chacun des candidats un programme de formation individualisé au regard des allègements de formation ou des dispenses de certification qu'il a obtenus.

Art. 10 Un livret de formation, dont le modèle est fixé par le ministre chargé des affaires sociales est établi par l'établissement de formation pour chaque candidat. Il retrace l'ensemble des allègements de formation ainsi que les dispenses de certification dont a bénéficié le candidat. Il atteste du cursus de formation suivi et de la validation des domaines de formation.

Art. 11 Une instance technique et pédagogique est mise en place par l'établissement de formation. Elle est composée du responsable de la formation, d'un représentant de l'établissement de formation signataire de la convention de coopération, des représentants du secteur professionnel, des étudiants et de personnalités qualifiées. Elle veille à la mise en œuvre du projet pédagogique et aux conditions générales d'organisation de la formation. Elle émet un avis sur le protocole d'allègement mentionné à l'article 9 du présent arrêté. Dans les établissements de formation assurant plusieurs formations préparant aux diplômes du travail social, cette instance peut être organisée à partir de celles déjà mises en place.

TITRE III MODALITÉS DE CERTIFICATION

Art. 12 Le référentiel de certification comprend trois épreuves dont les objectifs sont précisés à l'annexe 2 "Référentiel de certification" du présent arrêté. Elles sont organisées comme suit :

1. Deux épreuves organisées en cours de formation par l'établissement de formation :

— une épreuve relative au domaine de formation, conception et conduite d'actions. Cette épreuve est évaluée par trois examinateurs dont deux sont désignés par le directeur régional des affaires sanitaires et sociales, le troisième par l'établissement de formation ;

— une épreuve relative au domaine de formation communication, ressources humaines. Cette épreuve est évaluée par deux examinateurs, l'un désigné par le directeur régional des affaires sanitaires et sociales, l'autre par l'établissement de formation.

Chaque épreuve doit être validée séparément sans compensation des notes. Une épreuve est validée si le candidat obtient une note au moins égale à 10 sur 20. Les résultats obtenus aux épreuves sont portés au livret de formation du candidat.

2. La réalisation d'un mémoire de recherche à dimension professionnelle relatif au domaine de formation production de connaissances, soutenu devant le jury composé conformément à l'article D. 451-19 du CASF. La rédaction du mémoire est notée sur 20 points, coefficient 3, la soutenance, d'une durée de 50 minutes, est notée sur 20 points, coefficient 2. Cette épreuve est validée lorsque le candidat a obtenu au moins 50 points sur 100.

Le directeur de mémoire participe au jury avec voix délibérative pour le candidat qui le concerne.

Art. 13 A l'issue de la formation, l'établissement de formation présente les candidats au diplôme et adresse au directeur régional des affaires sanitaires et sociales, avant la date limite fixée par celui-ci, un dossier, comprenant, pour chaque candidat, le livret de formation dûment complété ainsi que le mémoire en quatre exemplaires.

Le jury se prononce sur chacune des épreuves du diplôme à l'exception de celles :

— qui ont fait l'objet d'une décision de dispense pour les candidats visés au premier alinéa de l'article 8 ;

— qui ont déjà été validées par un jury, soit dans le cadre de la validation des acquis de l'expérience, soit dans le cadre d'une décision de validation partielle telle que prévue à l'alinéa suivant.

Le jury établit la liste des candidats ayant validé les trois épreuves du diplôme qui obtiennent, en conséquence, le diplôme d'État d'ingénierie sociale. Dans le cas où toutes les épreuves ne sont pas validées, le jury prend une décision de validation partielle mentionnant les épreuves validées.

L'ensemble du diplôme doit être validé dans une période de cinq ans à compter de la date de notification de la validation de la première épreuve de certification.

Art. 14 *(Arr. du 25 janv. 2019, art. 7)* « Pour pouvoir obtenir le diplôme par validation des acquis de l'expérience, les candidats doivent remplir les conditions prévues aux articles L. 335-5 et R. 335-6 du code de l'éducation ».

Le rapport direct avec le diplôme est établi lorsque le candidat justifie avoir exercé au moins une activité relevant de chacune des trois fonctions du référentiel professionnel figurant en annexe du présent arrêté.

Le préfet de région décide de la recevabilité de la demande de validation des acquis de l'expérience.

(Arr. du 30 avr. 2007) « A compter du 1er septembre 2007, la décision de recevabilité de la demande de validation des acquis de l'expérience demeure acquise au candidat dans la limite de trois années à compter de la date de sa notification par le préfet de région. »

Art. 15 Sur la base du livret de présentation des acquis de l'expérience et d'un entretien avec le candidat, le jury est compétent pour attribuer tout ou partie du diplôme d'État d'ingénierie sociale.

En cas d'attribution partielle, le jury se prononce également sur les connaissances, aptitudes et compétences qui *(Abrogé par Arr. du 25 janv. 2019, art. 7)* « *, dans un délai de cinq ans à compter de la notification de la décision du jury par le préfet de région,* » doivent faire l'objet de l'évaluation complémentaire nécessaire à l'obtention du diplôme d'État. Le candidat peut opter pour un complément d'expérience professionnelle visant une nouvelle demande de validation des acquis de l'expérience ou pour un complément par la voie de la formation préparant au diplôme d'État. Dans ce cas, il est dispensé des épreuves du diplôme attachées aux compétences déjà validées et bénéficie des dispenses d'enseignement théorique et de formation pratique correspondants.

Le jury peut dispenser le candidat des conditions prévues à l'article 2 du présent arrêté.

(Arr. du 25 janv. 2019, art. 7) « Conformément à l'article L. 335-5 du code de l'éducation, les parties de certification obtenues par la voie de la validation des acquis de l'expérience à compter du 1er octobre 2017 ou en cours de validité à cette date, sont acquises à titre définitif ».

Décret n° 2020-1064 du 17 août 2020,

Relatif au certificat national d'intervention en autisme (JO 18 août).

Art. 1er Le certificat national d'intervention en autisme de premier degré est ouvert aux personnes exerçant les professions ou les activités sociales mentionnées au livre IV du code de l'action sociale et des familles et aux personnes titulaires d'un diplôme ou d'un titre professionnel de niveau*[x]* 3 à 4 du cadre national des certifications professionnelles.

Le certificat national d'intervention en autisme de second degré est ouvert aux personnes titulaires d'un diplôme ou d'un titre professionnel de niveau*[x]* 5 à 8 du cadre national des certifications professionnelles.

Art. 2 Les référentiels de compétences, de formation et d'évaluation du certificat national d'intervention en autisme de premier degré et les référentiels de compétences, de formation et d'évaluation du certificat national d'intervention en autisme de second degré sont fixés par arrêté du ministre chargé des affaires sociales. — *V. Arr. du 17 août 2020 relatif aux référentiels de compétence, de formation et d'évaluation des certificats nationaux d'intervention en autisme de premier degré et de second degré (JO 18 août, NOR : SSAA2010261A).*

Art. 3 Le certificat national d'intervention en autisme de premier degré et le certificat national d'intervention en autisme de second degré sont délivrés au nom de l'État par les responsables des organismes prestataires d'actions concourant au développement des compétences.

Ces organismes sont habilités par le groupement national des centres de ressources en autisme dans le cadre d'appels à candidatures.

Les organismes candidats adressent leur demande selon le calendrier établi par le groupement national des centres de ressource en autisme et publié sur le site internet dans le cadre d'appels à candidatures.

L'habilitation est délivrée pour trois ans aux organismes prestataires d'actions concourant au développement des compétences qui répondent aux exigences prévues par le cahier des charges établi par le groupement national des centres de ressources en autisme et publié sur son site internet, à l'exclusion des centres de ressources en autisme.

Ce cahier des charges précise les modalités de contrôle des organismes habilités en application de l'alinéa précédent.

Les organismes adressent le cas échéant leur demande de renouvellement d'habilitation au plus tard trois mois avant la date d'expiration de leur habilitation.

Art. 4 Les organismes habilités constituent un jury chargé d'évaluer les compétences du candidat au certificat national d'intervention en autisme. Le jury est composé d'un formateur et d'un professionnel intervenant auprès de personnes atteintes de troubles du spectre de l'autisme.

TUTELLE – CURATELLE

Code civil

TITRE XI DE LA MAJORITÉ ET DES MAJEURS PROTÉGÉS PAR LA LOI

(L. nº 2007-308 du 5 mars 2007, art. 7, en vigueur le 1er janv. 2009)

CHAPITRE I *DES DISPOSITIONS GÉNÉRALES*

....

SECTION 2 *Des dispositions communes aux majeurs protégés*

Art. 415 Les personnes majeures reçoivent la protection de leur personne et de leurs biens que leur état ou leur situation rend nécessaire selon les modalités prévues au présent titre.

Cette protection est instaurée et assurée dans le respect des libertés individuelles, des droits fondamentaux et de la dignité de la personne.

Elle a pour finalité l'intérêt de la personne protégée. Elle favorise, dans la mesure du possible, l'autonomie de celle-ci.

Elle est un devoir des familles et de la collectivité publique.

Art. 416 Le juge des tutelles et le procureur de la République exercent une surveillance générale des mesures de protection dans leur ressort.

Ils peuvent visiter ou faire visiter les personnes protégées et celles qui font l'objet d'une demande de protection, quelle que soit la mesure prononcée ou sollicitée.

Les personnes chargées de la protection sont tenues de déférer à leur convocation et de leur communiquer toute information qu'ils requièrent.

Le juge des tutelles et le procureur de la République ont la faculté de faire examiner par un médecin les majeurs relevant de l'art. 416 (C. pr. civ., art. 1212).

Art. 417 Le juge des tutelles peut prononcer des injonctions contre les personnes chargées de la protection et condamner à l'amende civile prévue par le code de procédure civile celles qui n'y ont pas déféré.

Il peut les dessaisir de leur mission en cas de manquement caractérisé dans l'exercice de celle-ci, après les avoir entendues ou appelées.

Il peut, dans les mêmes conditions, demander au procureur de la République de solliciter la radiation d'un mandataire judiciaire à la protection des majeurs de la liste prévue à l'article L. 471-2 du code de l'action sociale et des familles.

Sur l'organisation d'un débat contradictoire, V. C. pr. civ., art. 1213, et sur les conséquences du décès du majeur, art. 1215.

L'amende civile ne peut excéder 3 000 euros. La décision qui la prononce n'est pas susceptible de recours (C. pr. civ., art. 1216).

Sur les mandataires judiciaires à la protection des majeurs, V. CASF, art. L. 471-1 s. et L. 472-1 s.

Art. 418 Sans préjudice de l'application des règles de la gestion d'affaires, le décès de la personne protégée met fin à la mission de la personne chargée de la protection. – *V. C. pr. civ., art. 1215.*

Art. 419 Les personnes autres que le mandataire judiciaire à la protection des majeurs exercent à titre gratuit les mesures judiciaires de protection. Toutefois, le juge des tutelles ou le conseil de famille s'il a été constitué peut autoriser, selon l'importance des biens gérés ou la difficulté d'exercer la mesure, le versement d'une indemnité à la personne chargée de la protection. Il en fixe le montant. Cette indemnité est à la charge de la personne protégée.

Si la mesure judiciaire de protection est exercée par un mandataire judiciaire à la protection des majeurs, son financement est à la charge totale ou partielle de la personne protégée en fonction de ses ressources et selon les modalités prévues par le code de l'action sociale et des familles. – *V. note ss. art. 417.*

Lorsque le financement de la mesure ne peut être intégralement assuré par la personne protégée, il est pris en charge par la collectivité publique, selon des modalités de calcul communes à tous les mandataires judiciaires à la protection des majeurs et tenant compte des conditions de mise en œuvre de la mesure, quelles que soient les sources de financement. Ces modalités sont fixées par décret. – *Sur le financement de la protection judiciaire des majeurs, V. CASF, art. L. 361-1 s., issus de la L. n° 2007-308 du 5 mars 2007.*

A titre exceptionnel, le juge ou le conseil de famille s'il a été constitué peut, après avoir recueilli l'avis du procureur de la République, allouer au mandataire judiciaire à la protection des majeurs, pour l'accomplissement d'un acte ou d'une série d'actes requis par la mesure de protection et impliquant des diligences particulièrement longues ou complexes, une indemnité en complément des sommes perçues au titre des deux alinéas précédents lorsqu'elles s'avèrent manifestement insuffisantes. Cette indemnité est à la charge de la personne protégée.

Le mandat de protection future s'exerce à titre gratuit sauf stipulations contraires.

Art. 420 Sous réserve des aides ou subventions accordées par les collectivités publiques aux personnes morales pour leur fonctionnement général, les mandataires judiciaires à la protection des majeurs ne peuvent, à quelque titre et sous quelque forme que ce soit, percevoir aucune autre somme ou bénéficier d'aucun avantage financier en relation directe ou indirecte avec les missions dont ils ont la charge.

Ils ne peuvent délivrer un mandat de recherche des héritiers de la personne protégée qu'après autorisation du juge des tutelles.

Art. 421 Tous les organes de la mesure de protection judiciaire sont responsables du dommage résultant d'une faute quelconque qu'ils commettent dans l'exercice de leur fonction. Toutefois, sauf cas de curatelle renforcée, le curateur et le subrogé curateur n'engagent leur responsabilité, du fait des actes accomplis avec leur assistance, qu'en cas de dol ou de faute lourde.

Art. 422 Lorsque la faute à l'origine du dommage a été commise dans l'organisation et le fonctionnement de la mesure de protection par le juge des tutelles, le *(L. n° 2016-1547 du 18 nov. 2016, art. 16-I)* « directeur des services de greffe judiciaires » du tribunal judiciaire *[ancienne rédaction : tribunal d'instance]* ou le greffier, l'action en responsabilité diligentée par la personne protégée ou ayant été protégée ou par ses héritiers est dirigée contre l'État qui dispose d'une action récursoire.

Lorsque la faute à l'origine du dommage a été commise par le mandataire judiciaire à la protection des majeurs, l'action en responsabilité peut être dirigée contre celui-ci ou contre l'État qui dispose d'une action récursoire.

Art. 423 L'action en responsabilité se prescrit par cinq ans à compter de la fin de la mesure de protection alors même que la gestion aurait continué au-delà. Toutefois, lorsque la curatelle a cessé par l'ouverture d'une mesure de tutelle, le délai ne court qu'à compter de l'expiration de cette dernière.

Art. 424 Le mandataire de protection future engage sa responsabilité pour l'exercice de son mandat dans les conditions prévues à l'article 1992.

(Ord. n° 2015-1288 du 15 oct. 2015, art. 12, en vigueur le 1er janv. 2016) « La personne habilitée en application des dispositions de la section 6 du chapitre II du présent titre

engage sa responsabilité à l'égard de la personne représentée pour l'exercice de l'habilitation qui lui est conférée, dans les mêmes conditions. »

CHAPITRE II *DES MESURES DE PROTECTION JURIDIQUE DES MAJEURS*

SECTION 1 *Des dispositions générales*

Art. 425 Toute personne dans l'impossibilité de pourvoir seule à ses intérêts en raison d'une altération, médicalement constatée, soit de ses facultés mentales, soit de ses facultés corporelles de nature à empêcher l'expression de sa volonté peut bénéficier d'une mesure de protection juridique prévue au présent chapitre.

S'il n'en est disposé autrement, la mesure est destinée à la protection tant de la personne que des intérêts patrimoniaux de celle-ci. Elle peut toutefois être limitée expressément à l'une de ces deux missions.

Art. 426 Le logement de la personne protégée et les meubles dont il est garni, qu'il s'agisse d'une résidence principale ou secondaire, sont conservés à la disposition de celle-ci aussi longtemps qu'il est possible.

Le pouvoir d'administrer les biens mentionnés au premier alinéa ne permet que des conventions de jouissance précaire qui cessent, malgré toutes dispositions ou stipulations contraires, dès le retour de la personne protégée dans son logement.

S'il devient nécessaire ou s'il est de l'intérêt de la personne protégée qu'il soit disposé des droits relatifs à son logement ou à son mobilier par l'aliénation, la résiliation ou la conclusion d'un bail, l'acte est autorisé par le juge ou par le conseil de famille s'il a été constitué, sans préjudice des formalités que peut requérir la nature des biens. *(L. n° 2015-177 du 16 févr. 2015, art. 1er-II)* « Si l'acte a pour finalité l'accueil de l'intéressé dans un établissement, l'avis préalable d'un médecin, n'exerçant pas une fonction ou n'occupant pas un emploi dans cet établissement, est requis. » Dans tous les cas, les souvenirs, les objets à caractère personnel, ceux indispensables aux personnes handicapées ou destinés aux soins des personnes malades sont gardés à la disposition de l'intéressé, le cas échéant par les soins de l'établissement dans lequel celui-ci est hébergé.

Art. 427 *(L. n° 2019-222 du 23 mars 2019, art. 9-I)* « La personne chargée de la mesure de protection ne peut pas procéder à la clôture des comptes ou livrets ouverts, avant le prononcé de la mesure, au nom de la personne protégée. Elle ne peut pas non plus procéder à l'ouverture d'un autre compte ou livret auprès d'un nouvel établissement habilité à recevoir des fonds du public. »

Le juge des tutelles ou le conseil de famille s'il a été constitué peut toutefois l'y autoriser si l'intérêt de la personne protégée le commande.

Un compte est ouvert au nom de la personne protégée auprès de la Caisse des dépôts et consignations par la personne chargée de la protection si le juge ou le conseil de famille s'il a été constitué l'estime nécessaire.

Lorsque la personne protégée n'est titulaire d'aucun compte ou livret, la personne chargée de la mesure de protection lui en ouvre un.

Les opérations bancaires d'encaissement, de paiement et de gestion patrimoniale effectuées au nom et pour le compte de la personne protégée sont réalisées exclusivement au moyen des comptes ouverts au nom de celle-ci *(Abrogé par L. n° 2019-222 du 23 mars 2019, art. 9-I, à compter du 1er janv. 2020)* *« , sous réserve des dispositions applicables aux mesures de protection confiées aux personnes ou services préposés des établissements de santé et des établissements sociaux ou médico-sociaux soumis au décret n° 2012-1246 du 7 novembre 2012 relatif à la gestion budgétaire et comptable publique ».*

Les fruits, produits et plus-values générés par les fonds et les valeurs appartenant à la personne protégée lui reviennent exclusivement.

Si la personne protégée a fait l'objet d'une interdiction d'émettre des chèques, la personne chargée de la mesure de protection peut néanmoins, avec l'autorisation du juge ou du conseil de famille s'il a été constitué, faire fonctionner sous sa signature les comptes dont la personne protégée est titulaire et disposer de tous les moyens de paiement habituels.

SECTION 2 *Des dispositions communes aux mesures judiciaires*

Art. 428 La mesure de protection *(L. n° 2019-222 du 23 mars 2019, art. 29-1°)* « judiciaire » ne peut être ordonnée par le juge qu'en cas de nécessité et lorsqu'il ne peut être suffisamment pourvu aux intérêts de la personne *(L. nº 2019-222 du 23 mars 2019, art. 29-1º)* « par la mise en œuvre du mandat de protection future conclu par l'intéressé, » par l'application des règles du droit commun de la représentation, de celles relatives aux droits et devoirs respectifs des époux et des règles des régimes matrimoniaux, en particulier celles prévues aux articles 217, 219, 1426 et *(L. nº 2019-222 du 23 mars 2019, art. 29-1º)* « 1429 ou » par une autre mesure de protection *(Abrogé par L. nº 2019-222 du 23 mars 2019, art. 29-1º)* « *judiciaire* » moins contraignante *(Abrogé par L. nº 2019-222 du 23 mars 2019, art. 29-1º)* « *ou par le mandat de protection future conclu par l'intéressé* ».

La mesure est proportionnée et individualisée en fonction du degré d'altération des facultés personnelles de l'intéressé.

Art. 429 La mesure de protection judiciaire peut être ouverte pour un mineur émancipé comme pour un majeur.

Pour un mineur non émancipé, la demande peut être introduite et jugée dans la dernière année de sa minorité. La mesure de protection judiciaire ne prend toutefois effet que du jour de sa majorité.

Art. 430 La demande d'ouverture de la mesure peut être présentée au juge par la personne qu'il y a lieu de protéger ou, selon le cas, par son conjoint, le partenaire avec qui elle a conclu un pacte civil de solidarité ou son concubin, à moins que la vie commune ait cessé entre eux, ou par un parent ou un allié, une personne entretenant avec le majeur des liens étroits et stables, ou la personne qui exerce à son égard une mesure de protection juridique.

Elle peut être également présentée par le procureur de la République soit d'office, soit à la demande d'un tiers.

Sur la procédure devant le juge des tutelles, V. C. pr. civ., art. 1217 s. et 1239 s. (voies de recours).

Art. 431 La demande est accompagnée, à peine d'irrecevabilité, d'un certificat circonstancié rédigé par un médecin choisi sur une liste établie par le procureur de la République. *(L. nº 2015-177 du 16 févr. 2015, art. 1er-II)* « Ce médecin peut solliciter l'avis du médecin traitant de la personne qu'il y a lieu de protéger. »

Le coût de ce certificat est fixé par décret en Conseil d'État.

(L. nº 2019-222 du 23 mars 2019, art. 9-I) « Lorsque le procureur de la République est saisi par une personne autre que l'une de celles de l'entourage du majeur énumérées au premier alinéa de l'article 430, la requête transmise au juge des tutelles comporte en outre, à peine d'irrecevabilité, les informations dont cette personne dispose sur la situation sociale et pécuniaire de la personne qu'il y a lieu de protéger et l'évaluation de son autonomie ainsi que, le cas échéant, un bilan des actions personnalisées menées auprès d'elle. La nature et les modalités de recueil des informations sont définies par voie réglementaire. Le procureur de la République peut solliciter du tiers qui l'a saisi des informations complémentaires. »

Art. 431-1 *(Abrogé par L. nº 2015-177 du 16 févr. 2015, art. 1er-II) Pour l'application du dernier alinéa de l'article 426 et de l'article 431, le médecin inscrit sur la liste mentionnée à l'article 431 peut solliciter l'avis du médecin traitant de la personne qu'il y a lieu de protéger.*

Art. 432 Le juge statue, la personne entendue ou appelée. L'intéressé peut être accompagné par un avocat ou, sous réserve de l'accord du juge, par toute autre personne de son choix.

Le juge peut toutefois, par décision spécialement motivée et sur avis *(L. nº 2015-177 du 16 févr. 2015, art. 1er-II)* « d'un médecin inscrit sur la liste mentionnée » à l'article 431, décider qu'il n'y a pas lieu de procéder à l'audition de l'intéressé si celle-ci est de nature à porter atteinte à sa santé ou s'il est hors d'état d'exprimer sa volonté.

Sur l'audition de la personne à protéger, V. C. pr. civ., art. 1220 s.

SECTION 3 *De la sauvegarde de justice*

Art. 433 Le juge peut placer sous sauvegarde de justice la personne qui, pour l'une des causes prévues à l'article 425, a besoin d'une protection juridique temporaire ou d'être représentée pour l'accomplissement de certains actes déterminés.

Cette mesure peut aussi être prononcée par le juge, saisi d'une procédure de curatelle ou de tutelle, pour la durée de l'instance.

Par dérogation à l'article 432, le juge peut, en cas d'urgence, statuer sans avoir procédé à l'audition de la personne. En ce cas, il entend celle-ci dans les meilleurs délais, sauf si, sur avis médical, son audition est de nature à porter préjudice à sa santé ou si elle est hors d'état d'exprimer sa volonté.

Sur la procédure de placement sous sauvegarde de justice, V. C. pr. civ., art. 1248 s.

Art. 434 La sauvegarde de justice peut également résulter d'une déclaration faite au procureur de la République dans les conditions prévues par l'article L. 3211-6 du code de la santé publique.

Art. 435 La personne placée sous sauvegarde de justice conserve l'exercice de ses droits. Toutefois, elle ne peut, à peine de nullité, faire un acte pour lequel un mandataire spécial a été désigné en application de l'article 437.

Les actes qu'elle a passés et les engagements qu'elle a contractés pendant la durée de la mesure peuvent être rescindés pour simple lésion ou réduits en cas d'excès alors même qu'ils pourraient être annulés en vertu de l'article 414-1. Les tribunaux prennent notamment en considération l'utilité ou l'inutilité de l'opération, l'importance ou la consistance du patrimoine de la personne protégée et la bonne ou mauvaise foi de ceux avec qui elle a contracté.

L'action en nullité, en rescision ou en réduction n'appartient qu'à la personne protégée et, après sa mort, à ses héritiers. Elle s'éteint par le délai de cinq ans prévu à *(Ord. nº 2016-131 du 10 févr. 2016, art. 5-2º, en vigueur le 1er oct. 2016)* « l'article 2224 ».

Art. 436 Le mandat par lequel la personne protégée a chargé une autre personne de l'administration de ses biens continue à produire ses effets pendant la sauvegarde de justice à moins qu'il ne soit révoqué ou suspendu par le juge des tutelles, le mandataire étant entendu ou appelé.

En l'absence de mandat, les règles de la gestion d'affaires sont applicables.

Ceux qui ont qualité pour demander l'ouverture d'une curatelle ou d'une tutelle sont tenus d'accomplir les actes conservatoires indispensables à la préservation du patrimoine de la personne protégée dès lors qu'ils ont connaissance tant de leur urgence que de l'ouverture de la mesure de sauvegarde. Les mêmes dispositions sont applicables à la personne ou à l'établissement qui héberge la personne placée sous sauvegarde.

Art. 437 S'il y a lieu d'agir en dehors des cas définis à l'article 436, tout intéressé peut en donner avis au juge.

Le juge peut désigner un mandataire spécial, dans les conditions et selon les modalités prévues aux articles 445 et 448 à 451, à l'effet d'accomplir un ou plusieurs actes déterminés, même de disposition, rendus nécessaires par la gestion du patrimoine de la personne protégée. Le mandataire peut, notamment, recevoir mission d'exercer les actions prévues à l'article 435.

Le mandataire spécial est tenu de rendre compte de l'exécution de son mandat à la personne protégée et au juge dans les conditions prévues aux articles 510 à 515. — *V. C. pr. civ., art. 1250.*

Art. 438 Le mandataire spécial peut également se voir confier une mission de protection de la personne dans le respect des articles 457-1 à 463.

Art. 439 Sous peine de caducité, la mesure de sauvegarde de justice ne peut excéder un an, renouvelable une fois dans les conditions fixées au quatrième alinéa de l'article 442.

Lorsque la sauvegarde de justice a été prononcée en application de l'article 433, le juge peut, à tout moment, en ordonner la mainlevée si le besoin de protection temporaire cesse.

Lorsque la sauvegarde de justice a été ouverte en application de l'article 434, elle peut prendre fin par déclaration faite au procureur de la République si le besoin de protection temporaire cesse ou par radiation de la déclaration médicale sur décision du procureur de la République.

Dans tous les cas, à défaut de mainlevée, de déclaration de cessation ou de radiation de la déclaration médicale, la sauvegarde de justice prend fin à l'expiration du délai ou après l'accomplissement des actes pour lesquels elle a été ordonnée. Elle prend également fin par l'ouverture d'une mesure de curatelle ou de tutelle à partir du jour où la nouvelle mesure de protection juridique prend effet.

SECTION 4 *De la curatelle et de la tutelle*

Art. 440 La personne qui, sans être hors d'état d'agir elle-même, a besoin, pour l'une des causes prévues à l'article 425, d'être assistée ou contrôlée d'une manière continue dans les actes importants de la vie civile peut être placée en curatelle.

La curatelle n'est prononcée que s'il est établi que la sauvegarde de justice ne peut assurer une protection suffisante.

La personne qui, pour l'une des causes prévues à l'article 425, doit être représentée d'une manière continue dans les actes de la vie civile, peut être placée en tutelle.

La tutelle n'est prononcée que s'il est établi que ni la sauvegarde de justice, ni la curatelle ne peuvent assurer une protection suffisante.

SOUS-SECTION 1 *De la durée de la mesure*

Art. 441 Le juge fixe la durée de la mesure sans que celle-ci puisse excéder cinq ans. – *V. L. n° 2007-308 du 5 mars 2007, art. 45-II, ss. art. 515.*

(L. n° 2015-177 du 16 févr. 2015, art. 1er-II) « Le juge qui prononce une mesure de tutelle peut, par décision spécialement motivée et sur avis conforme d'un médecin inscrit sur la liste mentionnée à l'article 431 constatant que l'altération des facultés personnelles de l'intéressé décrites à l'article 425 n'apparaît manifestement pas susceptible de connaître une amélioration selon les données acquises de la science, fixer une durée plus longue, n'excédant pas dix ans. »

Art. 442 Le juge peut renouveler la mesure pour une même durée.

Toutefois, lorsque l'altération des facultés personnelles de l'intéressé décrite à l'article 425 n'apparaît manifestement pas susceptible de connaître une amélioration selon les données acquises de la science, le juge peut, par décision spécialement motivée et sur avis conforme *(L. n° 2015-177 du 16 févr. 2015, art. 1er-II)* « d'un médecin inscrit sur la liste mentionnée » à l'article 431, renouveler la mesure pour une durée plus longue qu'il détermine *(L. n° 2015-177 du 16 févr. 2015, art. 1er-II)* « , n'excédant pas vingt ans ».

Le juge peut, à tout moment, mettre fin à la mesure, la modifier ou lui substituer une autre mesure prévue au présent titre, après avoir recueilli l'avis de la personne chargée de la mesure de protection.

Il statue d'office ou à la requête d'une des personnes mentionnées à l'article 430, au vu d'un certificat médical et dans les conditions prévues à l'article 432. Il ne peut toutefois renforcer le régime de protection de l'intéressé que s'il est saisi d'une requête en ce sens satisfaisant aux articles 430 et 431. – *Sur la procédure, V. C. pr. civ., art. 1228.*

La modification issue de l'art. 1er-II-6° de la L. n° 2015-177 du 16 févr. 2015 est applicable au renouvellement des mesures de tutelle et de curatelle prononcées à compter de l'entrée en vigueur de cette même loi. Les mesures de curatelle et de tutelle renouvelées pour une durée supérieure à dix ans avant l'entrée en vigueur de ladite loi doivent faire l'objet d'un renouvellement avant l'expiration d'un délai de dix ans à compter de cette entrée en vigueur. A défaut de renouvellement dans le délai précité, les mesures prennent fin de plein droit (L. préc., art. 26).

Art. 443 La mesure prend fin, en l'absence de renouvellement, à l'expiration du délai fixé, en cas de jugement de mainlevée passé en force de chose jugée ou en cas de décès de l'intéressé.

Sans préjudice des articles 3 et 15, le juge peut également y mettre fin lorsque la personne protégée réside hors du territoire national, si cet éloignement empêche le suivi et le contrôle de la mesure.

SOUS-SECTION 2 *De la publicité de la mesure*

Art. 444 Les jugements portant ouverture, modification ou mainlevée de la curatelle ou de la tutelle ne sont opposables aux tiers que deux mois après que la mention en a été portée en marge de l'acte de naissance de la personne protégée selon les modalités prévues par le code de procédure civile. – *V. C. pr. civ., art. 1233.*

Toutefois, même en l'absence de cette mention, ils sont opposables aux tiers qui en ont personnellement connaissance.

SOUS-SECTION 3 *Des organes de protection*

Art. 445 Les charges curatélaires et tutélaires sont soumises aux conditions prévues pour les charges tutélaires des mineurs par les articles 395 à 397. Toutefois, les pouvoirs dévolus par l'article 397 au conseil de famille sont exercés par le juge en l'absence de constitution de cet organe.

Les membres des professions médicales et de la pharmacie, ainsi que les auxiliaires médicaux ne peuvent exercer une charge curatélaire ou tutélaire à l'égard de leurs patients.

(L. nº 2008-776 du 4 août 2008, art. 18-I, en vigueur le 1er févr. 2009) « Le fiduciaire désigné par le contrat de fiducie ne peut exercer une charge curatélaire ou tutélaire à l'égard du constituant. »

§ 1 *Du curateur et du tuteur*

Art. 446 Un curateur ou un tuteur est désigné pour la personne protégée dans les conditions prévues au présent paragraphe et sous réserve des pouvoirs conférés au conseil de famille s'il a été constitué.

Art. 447 Le curateur ou le tuteur est désigné par le juge.

Celui-ci peut, en considération de la situation de la personne protégée, des aptitudes des intéressés et de la consistance du patrimoine à administrer, désigner plusieurs curateurs ou plusieurs tuteurs pour exercer en commun la mesure de protection. Chaque curateur ou tuteur est réputé, à l'égard des tiers, avoir reçu des autres le pouvoir de faire seul les actes pour lesquels un tuteur n'aurait besoin d'aucune autorisation.

Le juge peut diviser la mesure de protection entre un curateur ou un tuteur chargé de la protection de la personne et un curateur ou un tuteur chargé de la gestion patrimoniale. Il peut confier la gestion de certains biens à un curateur ou à un tuteur adjoint.

A moins que le juge en ait décidé autrement, les personnes désignées en application de l'alinéa précédent sont indépendantes et ne sont pas responsables l'une envers l'autre. Elles s'informent toutefois des décisions qu'elles prennent.

Art. 448 La désignation par une personne d'une ou plusieurs personnes chargées d'exercer les fonctions de curateur ou de tuteur pour le cas où elle serait placée en curatelle ou en tutelle s'impose au juge, sauf si la personne désignée refuse la mission ou est dans l'impossibilité de l'exercer ou si l'intérêt de la personne protégée commande de l'écarter. En cas de difficulté, le juge statue.

Il en est de même lorsque les parents ou le dernier vivant des père et mère, ne faisant pas l'objet d'une mesure de curatelle ou de tutelle, qui exercent l'autorité parentale sur leur enfant mineur ou assument la charge matérielle et affective de leur enfant majeur désignent une ou plusieurs personnes chargées d'exercer les fonctions de curateur ou de tuteur à compter du jour où eux-mêmes décéderont ou ne pourront plus continuer à prendre soin de l'intéressé. — *V. C. pr. civ., art. 1255.*

Art. 449 A défaut de désignation faite en application de l'article 448, le juge nomme, comme curateur ou tuteur, le conjoint de la personne protégée, le partenaire avec qui elle a conclu un pacte civil de solidarité ou son concubin, à moins que la vie commune ait cessé entre eux ou qu'une autre cause empêche de lui confier la mesure.

A défaut de nomination faite en application de l'alinéa précédent et sous la dernière réserve qui y est mentionnée, le juge désigne un parent, un allié ou une personne résidant avec le majeur *(L. nº 2009-526 du 12 mai 2009, art. 116)* « protégé ou » entretenant avec lui des liens étroits et stables.

Le juge prend en considération les sentiments exprimés par celui-ci, ses relations habituelles, l'intérêt porté à son égard et les recommandations éventuelles de ses parents et alliés ainsi que de son entourage.

Art. 450 Lorsqu' *[Lorsque]* aucun membre de la famille ou aucun proche ne peut assumer la curatelle ou la tutelle, le juge désigne un mandataire judiciaire à la protection des majeurs inscrit sur la liste prévue à l'article L. 471-2 du code de l'action sociale et des familles. Ce mandataire ne peut refuser d'accomplir les actes urgents que commande l'intérêt de la personne protégée, notamment les actes conservatoires indispensables à la préservation de son patrimoine. — *V. note ss. art. 417.*

Art. 451 Si l'intérêt de la personne hébergée ou soignée dans un établissement de santé ou dans un établissement social ou médico-social le justifie, le juge peut désigner, en qualité de curateur ou de tuteur, une personne ou un service préposé de l'établissement inscrit sur la liste des mandataires judiciaires à la protection des majeurs au titre du 1° ou du 3° de l'article L. 471-2 du code de l'action sociale et des familles, qui exerce ses fonctions dans les conditions fixées par décret en Conseil d'État. — *V. note ss. art. 417.*

La mission confiée au mandataire s'étend à la protection de la personne, sauf décision contraire du juge.

Art. 452 La curatelle et la tutelle sont des charges personnelles.

Le curateur et le tuteur peuvent toutefois s'adjoindre, sous leur propre responsabilité, le concours de tiers majeurs ne faisant pas l'objet d'une mesure de protection juridique pour l'accomplissement de certains actes dont la liste est fixée par décret en Conseil d'État.

Art. 453 Nul n'est tenu de conserver la curatelle ou la tutelle d'une personne au-delà de cinq ans, à l'exception du conjoint, du partenaire du pacte civil de solidarité et des enfants de l'intéressé ainsi que des mandataires judiciaires à la protection des majeurs.

§ 2 *Du subrogé curateur et du subrogé tuteur*

Art. 454 Le juge peut, s'il l'estime nécessaire et sous réserve des pouvoirs du conseil de famille s'il a été constitué, désigner un subrogé curateur ou un subrogé tuteur.

Si le curateur ou le tuteur est parent ou allié de la personne protégée dans une branche, le subrogé curateur ou le subrogé tuteur est choisi, dans la mesure du possible, dans l'autre branche.

Lorsque aucun membre de la famille ou aucun proche ne peut assumer les fonctions de subrogé curateur ou de subrogé tuteur, un mandataire judiciaire à la protection des majeurs inscrit sur la liste prévue à l'article L. 471-2 du code de l'action sociale et des familles peut être désigné. — *V. note ss. art. 417.*

A peine d'engager sa responsabilité à l'égard de la personne protégée, le subrogé curateur ou le subrogé tuteur surveille les actes passés par le curateur ou par le tuteur en cette qualité et informe sans délai le juge s'il constate des fautes dans l'exercice de sa mission.

Le subrogé curateur ou le subrogé tuteur assiste ou représente, selon le cas, la personne protégée lorsque les intérêts de celle-ci sont en opposition avec ceux du curateur ou du tuteur ou lorsque l'un ou l'autre ne peut lui apporter son assistance ou agir pour son compte en raison des limitations de sa mission.

Il est informé et consulté par le curateur ou le tuteur avant tout acte grave accompli par celui-ci.

La charge du subrogé curateur ou du subrogé tuteur cesse en même temps que celle du curateur ou du tuteur. Le subrogé curateur ou le subrogé tuteur est toutefois tenu de provoquer le remplacement du curateur ou du tuteur en cas de cessation des fonctions de celui-ci sous peine d'engager sa responsabilité à l'égard de la personne protégée.

§ 3 *Du curateur "ad hoc" et du tuteur "ad hoc"*

Art. 455 En l'absence de subrogé curateur ou de subrogé tuteur, le curateur ou le tuteur dont les intérêts sont, à l'occasion d'un acte ou d'une série d'actes, en opposition avec ceux de la personne protégée ou qui ne peut lui apporter son assistance ou agir pour son compte en raison des limitations de sa mission fait nommer par le juge ou par le conseil de famille s'il a été constitué un curateur ou un tuteur *ad hoc*.

Cette nomination peut également être faite à la demande du procureur de la République, de tout intéressé ou d'office.

§ 4 *Du conseil de famille des majeurs en tutelle*

Art. 456 Le juge peut organiser la tutelle avec un conseil de famille si les nécessités de la protection de la personne ou la consistance de son patrimoine le justifient et si la composition de sa famille et de son entourage le permet.

Le juge désigne les membres du conseil de famille en considération des sentiments exprimés par la personne protégée, de ses relations habituelles, de l'intérêt porté à son égard et des recommandations éventuelles de ses parents et alliés ainsi que de son entourage.

Le conseil de famille désigne le tuteur, le subrogé tuteur et, le cas échéant, le tuteur *ad hoc* conformément aux articles 446 à 455.

Il est fait application des règles prescrites pour le conseil de famille des mineurs, à l'exclusion de celles prévues à l'article 398, au quatrième alinéa de l'article 399 et au premier alinéa de l'article 401. Pour l'application du troisième alinéa de l'article 402, le délai court, lorsque l'action est exercée par le majeur protégé, à compter du jour où la mesure de protection prend fin. — *V. C. pr. civ., art. 1234 s.*

Art. 457 Le juge peut autoriser le conseil de famille à se réunir et délibérer hors de sa présence lorsque ce dernier a désigné un mandataire judiciaire à la protection des majeurs comme tuteur ou subrogé tuteur. Le conseil de famille désigne alors un président et un secrétaire parmi ses membres, à l'exclusion du tuteur et du subrogé tuteur.

Le président du conseil de famille transmet préalablement au juge l'ordre du jour de chaque réunion.

Les décisions prises par le conseil de famille ne prennent effet qu'à défaut d'opposition formée par le juge, dans les conditions fixées par le code de procédure civile.

Le président exerce les missions dévolues au juge pour la convocation, la réunion et la délibération du conseil de famille. Le juge peut toutefois, à tout moment, convoquer une réunion du conseil de famille sous sa présidence. – *V. C. pr. civ., art. 1237 s.*

SOUS-SECTION 4 *Des effets de la curatelle et de la tutelle quant à la protection de la personne*

Art. 457-1 La personne protégée reçoit de la personne chargée de sa protection, selon des modalités adaptées à son état et sans préjudice des informations que les tiers sont tenus de lui dispenser en vertu de la loi, toutes informations sur sa situation personnelle, les actes concernés, leur utilité, leur degré d'urgence, leurs effets et les conséquences d'un refus de sa part.

Art. 458 Sous réserve des dispositions particulières prévues par la loi, l'accomplissement des actes dont la nature implique un consentement strictement personnel ne peut jamais donner lieu à assistance ou représentation de la personne protégée.

Sont réputés strictement personnels la déclaration de naissance d'un enfant, sa reconnaissance, les actes de l'autorité parentale relatifs à la personne d'un enfant, la déclaration du choix ou du changement du nom d'un enfant et le consentement donné à sa propre adoption ou à celle de son enfant.

Art. 459 Hors les cas prévus à l'article 458, la personne protégée prend seule les décisions relatives à sa personne dans la mesure où son état le permet.

Lorsque l'état de la personne protégée ne lui permet pas de prendre seule une décision personnelle éclairée, le juge ou le conseil de famille s'il a été constitué peut prévoir qu'elle bénéficiera, pour l'ensemble des actes relatifs à sa personne ou ceux d'entre eux qu'il énumère, de l'assistance de la personne chargée de sa protection. Au cas où cette assistance ne suffirait pas, il peut, le cas échéant après *(L. n° 2019-222 du 23 mars 2019, art. 9-I)* « le prononcé d'une habilitation familiale ou » l'ouverture d'une mesure de tutelle, autoriser *(L. n° 2019-222 du 23 mars 2019, art. 9-I)* « la personne chargée de cette habilitation ou de cette mesure » à représenter l'intéressé *(L. n° 2019-222 du 23 mars 2019, art. 9-I)* « , y compris pour les actes ayant pour effet de porter gravement atteinte à son intégrité corporelle. Sauf urgence, en cas de désaccord entre le majeur protégé et la personne chargée de sa protection, le juge autorise l'un ou l'autre à prendre la décision, à leur demande ou d'office ».

(L. n° 2009-526 du 12 mai 2009, art. 116) « Toutefois, sauf urgence, la personne chargée de la protection du majeur ne peut, sans l'autorisation du juge ou du conseil de famille s'il a été constitué, prendre une décision ayant pour effet de porter gravement atteinte *(Abrogé par L. n° 2019-222 du 23 mars 2019, art. 9-I)* ***« à l'intégrité corporelle de la personne protégée ou »*** à l'intimité de *(L. n° 2019-222 du 23 mars 2019, art. 9-I)* « la » vie privée *(L. n° 2019-222 du 23 mars 2019, art. 9-I)* « de la personne protégée ».

« La personne chargée de la protection du majeur peut prendre à l'égard de celui-ci les mesures de protection strictement nécessaires pour mettre fin au danger que son propre comportement ferait courir à l'intéressé. Elle en informe sans délai le juge ou le conseil de famille s'il a été constitué. » – *Sur l'organisation d'un débat contradictoire, V. C. pr. civ., art. 1213.*

Art. 459-1 L'application de la présente sous-section ne peut avoir pour effet de déroger aux dispositions particulières prévues par le code de la santé publique et le code de l'action sociale et des familles prévoyant l'intervention d'un représentant légal.

(L. n° 2009-526 du 12 mai 2009, art. 116) « Toutefois, lorsque la mesure a été confiée à une personne ou un service préposé d'un établissement de santé ou d'un établissement social ou médico-social dans les conditions prévues à l'article 451, et que cette personne ou ce service doit soit prendre une décision nécessitant l'autorisation du juge ou du conseil de famille en application du troisième alinéa de l'article 459, soit accomplir au bénéfice de la personne protégée une diligence ou un acte pour lequel le code de la santé publique prévoit l'intervention du juge, ce dernier peut décider, s'il estime qu'il existe un conflit

d'intérêts, d'en confier la charge au subrogé curateur ou au subrogé tuteur, s'il a été nommé, et à défaut à un curateur ou à un tuteur *ad hoc.* »

Art. 459-2 La personne protégée choisit le lieu de sa résidence.

Elle entretient librement des relations personnelles avec tout tiers, parent ou non. Elle a le droit d'être visitée et, le cas échéant, hébergée par ceux-ci.

En cas de difficulté, le juge ou le conseil de famille s'il a été constitué statue.

Art. 460 *(L. n° 2019-222 du 23 mars 2019, art. 10-8°)* La personne chargée de la mesure de protection est préalablement informée du projet de mariage du majeur qu'il assiste ou représente.

Art. 461 La personne en curatelle ne peut, sans l'assistance du curateur, signer la convention par laquelle elle conclut un pacte civil de solidarité. Aucune assistance n'est requise lors de la déclaration conjointe *(L. n° 2016-1547 du 18 nov. 2016, art. 48, en vigueur le 1er nov. 2017)* « devant l'officier de l'état civil » *(L. n° 2011-331 du 28 mars 2011, art. 12)* « ou devant le notaire instrumentaire » prévue au premier alinéa de l'article 515-3.

Les dispositions de l'alinéa précédent sont applicables en cas de modification de la convention.

La personne en curatelle peut rompre le pacte civil de solidarité par déclaration conjointe ou par décision unilatérale. L'assistance de son curateur n'est requise que pour procéder à la signification prévue au cinquième alinéa de l'article 515-7.

La personne en curatelle est assistée de son curateur dans les opérations prévues aux dixième et onzième alinéas de l'article 515-7.

Pour l'application du présent article, le curateur est réputé en opposition d'intérêts avec la personne protégée lorsque la curatelle est confiée à son partenaire.

L'art. 48 de la L. n° 2016-1547 du 18 nov. 2016 est applicable aux pactes civils de solidarité conclus à compter du 1er nov. 2017. Il est, en outre, applicable aux déclarations de modification et de dissolution des pactes civils de solidarité enregistrés avant cette même date par les greffes des tribunaux d'instance. Ces déclarations sont remises ou adressées à l'officier de l'état civil de la commune du lieu du greffe du tribunal d'instance qui a procédé à l'enregistrement du pacte civil de solidarité (L. préc., art. 114-IV).

Art. 462 *(Abrogé par L. n° 2019-222 du 23 mars 2019, art. 10-9°)* ***« La conclusion d'un pacte civil de solidarité par une personne en tutelle est soumise à l'autorisation du juge ou du conseil de famille s'il a été constitué, après audition des futurs partenaires et recueil, le cas échéant, de l'avis des parents et de l'entourage. »***

(L. n° 2019-222 du 23 mars 2019, art. 10-9°) « La personne en tutelle est assistée » de son tuteur lors de la signature de la convention *(L. n° 2019-222 du 23 mars 2019, art. 10-9°)* « par laquelle elle conclut un pacte civil de solidarité ». Aucune assistance ni représentation ne sont requises lors de la déclaration conjointe *(L. n° 2016-1547 du 18 nov. 2016, art. 48, en vigueur le 1er nov. 2017)* « devant l'officier de l'état civil » *(L. n° 2011-331 du 28 mars 2011, art. 12)* « ou devant le notaire instrumentaire » prévue au premier alinéa de l'article 515-3.

Les dispositions *(L. n° 2019-222 du 23 mars 2019, art. 10-9°)* « du premier alinéa du présent article » sont applicables en cas de modification de la convention.

La personne en tutelle peut rompre le pacte civil de solidarité par déclaration conjointe ou par décision unilatérale. La formalité de signification prévue au cinquième alinéa de l'article 515-7 est opérée à la diligence du tuteur. Lorsque l'initiative de la rupture émane de l'autre partenaire, cette signification est faite à la personne du tuteur.

La rupture unilatérale du pacte civil de solidarité peut également intervenir sur l'initiative du tuteur, autorisé par le juge ou le conseil de famille s'il a été constitué, après audition de l'intéressé et recueil, le cas échéant, de l'avis des parents et de l'entourage.

Aucune assistance ni représentation ne sont requises pour l'accomplissement des formalités relatives à la rupture par déclaration conjointe.

La personne en tutelle est représentée par son tuteur dans les opérations prévues aux dixième et onzième alinéas de l'article 515-7.

Pour l'application du présent article, le tuteur est réputé en opposition d'intérêts avec la personne protégée lorsque la tutelle est confiée à son partenaire.

Sur l'entrée en vigueur de l'art. 48 de la L. n° 2016-1547 du 18 nov. 2016, V. note ss. art. 461.

Art. 463 A l'ouverture de la mesure ou, à défaut, ultérieurement, le juge ou le conseil de famille s'il a été constitué décide des conditions dans lesquelles le curateur ou le tuteur chargé d'une mission de protection de la personne rend compte des diligences qu'il accomplit à ce titre.

SOUS-SECTION 5 *De la régularité des actes*

Art. 464 Les obligations résultant des actes accomplis par la personne protégée moins de deux ans avant la publicité du jugement d'ouverture de la mesure de protection peuvent être réduites sur la seule preuve que son inaptitude à défendre ses intérêts, par suite de l'altération de ses facultés personnelles, était notoire ou connue du cocontractant à l'époque où les actes ont été passés.

Ces actes peuvent, dans les mêmes conditions, être annulés s'il est justifié d'un préjudice subi par la personne protégée.

Par dérogation à l'article 2252, l'action doit être introduite dans les cinq ans de la date du jugement d'ouverture de la mesure.

Art. 465 A compter de la publicité du jugement d'ouverture, l'irrégularité des actes accomplis par la personne protégée ou par la personne chargée de la protection est sanctionnée dans les conditions suivantes :

1° Si la personne protégée a accompli seule un acte qu'elle pouvait faire sans l'assistance ou la représentation de la personne chargée de sa protection, l'acte reste sujet aux actions en rescision ou en réduction prévues à l'article 435 comme s'il avait été accompli par une personne placée sous sauvegarde de justice, à moins qu'il ait été expressément autorisé par le juge ou par le conseil de famille s'il a été constitué ;

2° Si la personne protégée a accompli seule un acte pour lequel elle aurait dû être assistée, l'acte ne peut être annulé que s'il est établi que la personne protégée a subi un préjudice ;

3° Si la personne protégée a accompli seule un acte pour lequel elle aurait dû être représentée, l'acte est nul de plein droit sans qu'il soit nécessaire de justifier d'un préjudice ;

4° Si le tuteur ou le curateur a accompli seul un acte qui aurait dû être fait par la personne protégée soit seule, soit avec son assistance ou qui ne pouvait être accompli qu'avec l'autorisation du juge ou du conseil de famille s'il a été constitué, l'acte est nul de plein droit sans qu'il soit nécessaire de justifier d'un préjudice.

Le curateur ou le tuteur peut, avec l'autorisation du juge ou du conseil de famille s'il a été constitué, engager seul l'action en nullité, en rescision ou en réduction des actes prévus aux 1°, 2° et 3°.

Dans tous les cas, l'action s'éteint par le délai de cinq ans prévu à *(Ord. n° 2016-131 du 10 févr. 2016, art. 5-2°, en vigueur le 1er oct. 2016)* « l'article 2224 ».

Pendant ce délai et tant que la mesure de protection est ouverte, l'acte prévu au 4° peut être confirmé avec l'autorisation du juge ou du conseil de famille s'il a été constitué.

Art. 466 Les articles 464 et 465 ne font pas obstacle à l'application des articles 414-1 et 414-2.

SOUS-SECTION 6 *Des actes faits dans la curatelle*

Art. 467 La personne en curatelle ne peut, sans l'assistance du curateur, faire aucun acte qui, en cas de tutelle, requerrait une autorisation du juge ou du conseil de famille.

Lors de la conclusion d'un acte écrit, l'assistance du curateur se manifeste par l'apposition de sa signature à côté de celle de la personne protégée.

A peine de nullité, toute signification faite à cette dernière l'est également au curateur.

Art. 468 Les capitaux revenant à la personne en curatelle sont versés directement sur un compte ouvert à son seul nom et mentionnant son régime de protection, auprès d'un établissement habilité à recevoir des fonds du public.

La personne en curatelle ne peut, sans l'assistance du curateur, *(L. n° 2008-776 du 4 août 2008, art. 18-I, en vigueur le 1er févr. 2009)* « conclure un contrat de fiducie ni » faire emploi de ses capitaux.

Cette assistance est également requise pour introduire une action en justice ou y défendre.

Art. 469 Le curateur ne peut se substituer à la personne en curatelle pour agir en son nom.

Toutefois, le curateur peut, s'il constate que la personne en curatelle compromet gravement ses intérêts, saisir le juge pour être autorisé à accomplir seul un acte déterminé ou provoquer l'ouverture de la tutelle.

Si le curateur refuse son assistance à un acte pour lequel son concours est requis, la personne en curatelle peut demander au juge l'autorisation de l'accomplir seule.

Art. 470 La personne en curatelle peut librement tester sous réserve des dispositions de l'article 901.

Elle ne peut faire de donation qu'avec l'assistance du curateur.

Le curateur est réputé en opposition d'intérêts avec la personne protégée lorsqu'il est bénéficiaire de la donation.

Art. 471 A tout moment, le juge peut, par dérogation à l'article 467, énumérer certains actes que la personne en curatelle a la capacité de faire seule ou, à l'inverse, ajouter d'autres actes à ceux pour lesquels l'assistance du curateur est exigée.

Art. 472 Le juge peut également, à tout moment, ordonner une curatelle renforcée. Dans ce cas, le curateur perçoit seul les revenus de la personne en curatelle sur un compte ouvert au nom de cette dernière. Il assure lui-même le règlement des dépenses auprès des tiers et dépose l'excédent sur un compte laissé à la disposition de l'intéressé ou le verse entre ses mains.

Sans préjudice des dispositions de l'article 459-2, le juge peut autoriser le curateur à conclure seul un bail d'habitation ou une convention d'hébergement assurant le logement de la personne protégée.

La curatelle renforcée est soumise aux dispositions des articles 503 et 510 à 515.

SOUS-SECTION 7 *Des actes faits dans la tutelle*

Art. 473 Sous réserve des cas où la loi ou l'usage autorise la personne en tutelle à agir elle-même, le tuteur la représente dans tous les actes de la vie civile.

Toutefois, le juge peut, dans le jugement d'ouverture ou ultérieurement, énumérer certains actes que la personne en tutelle aura la capacité de faire seule ou avec l'assistance du tuteur.

Art. 474 La personne en tutelle est représentée dans les actes nécessaires à la gestion de son patrimoine dans les conditions et selon les modalités prévues au titre XII.

Art. 475 La personne en tutelle est représentée en justice par le tuteur.

Celui-ci ne peut agir, en demande ou en défense, pour faire valoir les droits extrapatrimoniaux de la personne protégée qu'après autorisation ou sur injonction du juge ou du conseil de famille s'il a été constitué. Le juge ou le conseil de famille peut enjoindre également au tuteur de se désister de l'instance ou de l'action ou de transiger.

Art. 476 La personne en tutelle peut, avec l'autorisation du juge ou du conseil de famille s'il a été constitué, être assistée ou au besoin représentée par le tuteur pour faire des donations.

Elle ne peut faire seule son testament après l'ouverture de la tutelle qu'avec l'autorisation du juge ou du conseil de famille s'il a été constitué, à peine de nullité de l'acte. Le tuteur ne peut ni l'assister ni la représenter à cette occasion.

Toutefois, elle peut seule révoquer le testament fait avant ou après l'ouverture de la tutelle.

Le testament fait antérieurement à l'ouverture de la tutelle reste valable à moins qu'il ne soit établi que, depuis cette ouverture, la cause qui avait déterminé le testateur à disposer a disparu.

SECTION 5 *Du mandat de protection future*

SOUS-SECTION 1 *Des dispositions communes*

Art. 477 Toute personne majeure ou mineure émancipée ne faisant pas l'objet d'une mesure de tutelle *(Ord. nº 2015-1288 du 15 oct. 2015, art. 13, en vigueur le 1er janv. 2016)* « ou d'une habilitation familiale » peut charger une ou plusieurs personnes, par un même mandat, de la représenter pour le cas où, pour l'une des causes prévues à l'article 425, elle ne pourrait plus pourvoir seule à ses intérêts.

La personne en curatelle ne peut conclure un mandat de protection future qu'avec l'assistance de son curateur.

Les parents ou le dernier vivant des père et mère, ne faisant pas l'objet d'une mesure de curatelle ou de tutelle *(Ord. nº 2015-1288 du 15 oct. 2015, art. 13, en vigueur le 1er janv. 2016)* « ou d'une habilitation familiale », qui exercent l'autorité parentale sur leur enfant mineur ou assument la charge matérielle et affective de leur enfant majeur peuvent, pour le cas où cet enfant ne pourrait plus pourvoir seul à ses intérêts pour l'une des causes prévues à l'article 425, désigner un ou plusieurs mandataires chargés de le représenter. Cette désignation prend effet à compter du jour où le mandant décède ou ne peut plus prendre soin de l'intéressé.

Le mandat est conclu par acte notarié ou par acte sous seing privé. Toutefois, le mandat prévu au troisième alinéa ne peut être conclu que par acte notarié. — *V. C. pr. civ., art. 1258 s.*

Art. 477-1 *(L. nº 2015-1776 du 28 déc. 2015, art. 35)* Le mandat de protection future est publié par une inscription sur un registre spécial dont les modalités et l'accès sont réglés par décret en Conseil d'État.

Art. 478 Le mandat de protection future est soumis aux dispositions des articles 1984 à 2010 qui ne sont pas incompatibles avec celles de la présente section.

Art. 479 Lorsque le mandat s'étend à la protection de la personne, les droits et obligations du mandataire sont définis par les articles 457-1 à 459-2. Toute stipulation contraire est réputée non écrite.

Le mandat peut prévoir que le mandataire exercera les missions que le code de la santé publique et le code de l'action sociale et des familles confient au représentant de la personne en tutelle ou à la personne de confiance.

Le mandat fixe les modalités de contrôle de son exécution.

Art. 480 Le mandataire peut être toute personne physique choisie par le mandant ou une personne morale inscrite sur la liste des mandataires judiciaires à la protection des majeurs prévue à l'article L. 471-2 du code de l'action sociale et des familles. — *V. note ss. art. 417.*

Le mandataire doit, pendant toute l'exécution du mandat, jouir de la capacité civile et remplir les conditions prévues pour les charges tutélaires par l'article 395 et *(L. nº 2011-525 du 17 mai 2011, art. 195-3º)* « les deux derniers alinéas » de l'article 445 du présent code.

Il ne peut, pendant cette exécution, être déchargé de ses fonctions qu'avec l'autorisation du juge des tutelles.

Art. 481 Le mandat prend effet lorsqu'il est établi que le mandant ne peut plus pourvoir seul à ses intérêts. Celui-ci en reçoit notification dans les conditions prévues par le code de procédure civile.

A cette fin, le mandataire produit au greffe du tribunal judiciaire *[ancienne rédaction : tribunal d'instance]* le mandat et un certificat médical émanant d'un médecin choisi sur la liste mentionnée à l'article 431 établissant que le mandant se trouve dans l'une des situations prévues à l'article 425. Le greffier vise le mandat et date sa prise d'effet, puis le restitue au mandataire.

Art. 482 Le mandataire exécute personnellement le mandat. Toutefois, il peut se substituer un tiers pour les actes de gestion du patrimoine mais seulement à titre spécial.

Le mandataire répond de la personne qu'il s'est substituée dans les conditions de l'article 1994.

Art. 483 Le mandat mis à exécution prend fin par :

1º Le rétablissement des facultés personnelles de l'intéressé constaté à la demande du mandant ou du mandataire, dans les formes prévues à l'article 481 ; — *V. C. pr. civ., art. 1259.*

2º Le décès de la personne protégée ou son placement en curatelle ou en tutelle, sauf décision contraire du juge qui ouvre la mesure ;

3º Le décès du mandataire, son placement sous une mesure de protection ou sa déconfiture ;

4º Sa révocation prononcée par le juge des tutelles à la demande de tout intéressé, lorsqu'il s'avère que les conditions prévues par l'article 425 ne sont pas réunies *(Abrogé par L. nº 2019-222 du 23 mars 2019, art. 29-2º)* « ***, lorsque les règles du droit commun de la représentation ou celles relatives aux droits et devoirs respectifs des époux et aux régimes matrimoniaux apparaissent suffisantes pour qu'il soit pourvu aux intérêts de la personne par son conjoint avec qui la communauté de vie n'a pas cessé*** » ou lorsque l'exécution du mandat est de nature à porter atteinte aux intérêts du mandant. — *Sur l'organisation d'un débat contradictoire, V. C. pr. civ., art. 1213.*

Le juge peut également suspendre les effets du mandat pour le temps d'une mesure de sauvegarde de justice.

Art. 484 Tout intéressé peut saisir le juge des tutelles aux fins de contester la mise en œuvre du mandat ou de voir statuer sur les conditions et modalités de son exécution.

Art. 485 Le juge qui met fin au mandat peut ouvrir une mesure de protection juridique dans les conditions et selon les modalités prévues aux sections 1 à 4 du présent chapitre.

Lorsque la mise en œuvre du mandat ne permet pas, en raison de son champ d'application, de protéger suffisamment les intérêts personnels ou patrimoniaux de la personne, le juge peut ouvrir une mesure de protection juridique complémentaire confiée, le cas échéant, au mandataire de protection future. Il peut aussi autoriser ce dernier ou un mandataire *ad hoc* à accomplir un ou plusieurs actes déterminés non couverts par le mandat.

Le mandataire de protection future et les personnes désignées par le juge sont indépendants et ne sont pas responsables l'un envers l'autre ; ils s'informent toutefois des décisions qu'ils prennent.

Art. 486 Le mandataire chargé de l'administration des biens de la personne protégée fait procéder à leur inventaire lors de l'ouverture de la mesure. Il assure son actualisation au cours du mandat afin de maintenir à jour l'état du patrimoine.

Il établit annuellement le compte de sa gestion qui est vérifié selon les modalités définies par le mandat et que le juge peut en tout état de cause faire vérifier selon les modalités prévues à l'article *(L. nº 2019-222 du 23 mars 2019, art. 30-1º)* « 512 ».

Art. 487 A l'expiration du mandat et dans les cinq ans qui suivent, le mandataire tient à la disposition de la personne qui est amenée à poursuivre la gestion, de la personne protégée si elle a recouvré ses facultés ou de ses héritiers l'inventaire des biens et les actualisations auxquelles il a donné lieu ainsi que les cinq derniers comptes de gestion et les pièces nécessaires pour continuer celle-ci ou assurer la liquidation de la succession de la personne protégée.

Art. 488 Les actes passés et les engagements contractés par une personne faisant l'objet d'un mandat de protection future mis à exécution, pendant la durée du mandat, peuvent être rescindés pour simple lésion ou réduits en cas d'excès alors même qu'ils pourraient être annulés en vertu de l'article 414-1. Les tribunaux prennent notamment en considération l'utilité ou l'inutilité de l'opération, l'importance ou la consistance du patrimoine de la personne protégée et la bonne ou mauvaise foi de ceux avec qui elle a contracté.

L'action n'appartient qu'à la personne protégée et, après sa mort, à ses héritiers. Elle s'éteint par le délai de cinq ans prévu à *(Ord. nº 2016-131 du 10 févr. 2016, art. 5-2º, en vigueur le 1er oct. 2016)* « l'article 2224 ».

SOUS-SECTION 2 *Du mandat notarié*

Art. 489 Lorsque le mandat est établi par acte authentique, il est reçu par un notaire choisi par le mandant. L'acceptation du mandataire est faite dans les mêmes formes.

Tant que le mandat n'a pas pris effet, le mandant peut le modifier dans les mêmes formes ou le révoquer en notifiant sa révocation au mandataire et au notaire et le mandataire peut y renoncer en notifiant sa renonciation au mandant et au notaire.

Art. 490 Par dérogation à l'article 1988, le mandat, même conçu en termes généraux, inclut tous les actes patrimoniaux que le tuteur a le pouvoir d'accomplir seul ou avec une autorisation.

Toutefois, le mandataire ne peut accomplir un acte de disposition à titre gratuit qu'avec l'autorisation du juge des tutelles.

Art. 491 Pour l'application du second alinéa de l'article 486, le mandataire rend compte au notaire qui a établi le mandat en lui adressant ses comptes, auxquels sont annexées toutes pièces justificatives utiles. Celui-ci en assure la conservation ainsi que celle de l'inventaire des biens et de ses actualisations.

Le notaire saisit le juge des tutelles de tout mouvement de fonds et de tout acte non justifiés ou n'apparaissant pas conformes aux stipulations du mandat.

SOUS-SECTION 3 *Du mandat sous seing privé*

Art. 492 Le mandat établi sous seing privé est daté et signé de la main du mandant. Il est soit contresigné par un avocat, soit établi selon un modèle défini par décret en Conseil d'État.

Le mandataire accepte le mandat en y apposant sa signature.

Tant que le mandat n'a pas reçu exécution, le mandant peut le modifier ou le révoquer dans les mêmes formes et le mandataire peut y renoncer en notifiant sa renonciation au mandant.

Art. 492-1 Le mandat n'acquiert date certaine que dans les conditions de *(Ord. nº 2016-131 du 10 févr. 2016, art. 5-3º, en vigueur le 1er oct. 2016)* « l'article 1377 ».

Art. 493 Le mandat est limité, quant à la gestion du patrimoine, aux actes qu'un tuteur peut faire sans autorisation.

Si l'accomplissement d'un acte qui est soumis à autorisation ou qui n'est pas prévu par le mandat s'avère nécessaire dans l'intérêt du mandant, le mandataire saisit le juge des tutelles pour le voir ordonner.

Art. 494 Pour l'application du dernier alinéa de l'article 486, le mandataire conserve l'inventaire des biens et ses actualisations, les cinq derniers comptes de gestion, les pièces justificatives ainsi que celles nécessaires à la continuation de celle-ci.

Il est tenu de les présenter au juge des tutelles ou au procureur de la République dans les conditions prévues à l'article 416.

SECTION 6 *De l'habilitation familiale*

(Ord. nº 2015-1288 du 15 oct. 2015, art. 10, en vigueur le 1er janv. 2016)

Art. 494-1 Lorsqu'une personne est *(L. nº 2019-222 du 23 mars 2019, art. 29-3º)* « dans l'impossibilité de pourvoir seule à ses intérêts en raison d'une altération, médicalement constatée soit de ses facultés mentales, soit de ses facultés corporelles de nature à empêcher l'expression de sa volonté », le juge des tutelles peut habiliter une ou plusieurs personnes choisies parmi ses *(L. nº 2016-1547 du 18 nov. 2016, art. 111)* « ascendants ou descendants, frères et sœurs ou, à moins que la communauté de vie ait cessé entre eux, le conjoint, le partenaire auquel elle est liée par un pacte civil de solidarité ou le concubin » à la représenter *(L. nº 2019-222 du 23 mars 2019, art. 29-3º)* « , à l'assister dans les conditions prévues à l'article 467 » ou à passer un ou des actes en son nom dans les conditions et selon les modalités prévues à la présente section et à celles du titre XIII du livre III qui ne lui sont pas contraires, afin d'assurer la sauvegarde de ses intérêts.

La personne habilitée doit remplir les conditions pour exercer les charges tutélaires. Elle exerce sa mission à titre gratuit.

Sur la procédure d'habilitation familiale devant le juge des tutelles, V. C. pr. civ., art. 1260-1 s. — ***C. pr. civ.***

Art. 494-2 L'habilitation familiale ne peut être ordonnée par le juge qu'en cas de nécessité et lorsqu'il ne peut être suffisamment pourvu aux intérêts de la personne par l'application des règles du droit commun de la représentation *(L. nº 2016-1547 du 18 nov. 2016, art. 111)* « , de celles relatives aux droits et devoirs respectifs des époux et des règles des régimes matrimoniaux, en particulier celles prévues aux articles 217, 219, 1426 et 1429, » ou par les stipulations du mandat de protection future conclu par l'intéressé.

Art. 494-3 La demande aux fins de désignation d'une personne habilitée peut être présentée au juge par *(L. nº 2019-222 du 23 mars 2019, art. 29-4º)* « la personne qu'il y a lieu de protéger, par » l'une des personnes mentionnées à l'article 494-1 ou par le procureur de la République à la demande de l'une d'elles.

La demande est introduite, instruite et jugée conformément aux règles du code de procédure civile et dans le respect des dispositions des articles 429 et 431.

(L. nº 2019-222 du 23 mars 2019, art. 29-4º) « La désignation d'une personne habilitée est également possible à l'issue de l'instruction d'une requête aux fins d'ouverture d'une mesure de protection judiciaire ou lorsque, en application du troisième alinéa de l'article 442, le juge des tutelles substitue une habilitation familiale à une mesure de curatelle ou de tutelle. »

Art. 494-4 La personne à l'égard de qui l'habilitation est demandée est entendue ou appelée selon les modalités prévues au premier alinéa de l'article 432. Toutefois, le juge peut, par décision spécialement motivée et sur avis du médecin mentionné à l'article 431, décider qu'il n'y a pas lieu de procéder à son audition si celle-ci est de nature à porter atteinte à sa santé ou si la personne est hors d'état de s'exprimer.

Le juge s'assure de l'adhésion ou, à défaut, de l'absence d'opposition légitime à la mesure d'habilitation et au choix de la personne habilitée des proches mentionnés à l'article 494-1 qui entretiennent des liens étroits et stables avec la personne ou qui manifestent de l'intérêt à son égard et dont il connaît l'existence au moment où il statue.

Art. 494-5 Le juge statue sur le choix de la personne habilitée et l'étendue de l'habilitation en s'assurant que le dispositif projeté est conforme aux intérêts patrimoniaux et, le cas échéant, personnels de l'intéressé.

(L. n° 2019-222 du 23 mars 2019, art. 29-5°) « Si l'habilitation familiale sollicitée ne permet pas d'assurer une protection suffisante, le juge peut ordonner une des mesures de protection judiciaire mentionnées aux sections 3 et 4 du présent chapitre. »

Art. 494-6 L'habilitation peut porter sur :

– un ou plusieurs des actes que le tuteur a le pouvoir d'accomplir, seul ou avec une autorisation, sur les biens de l'intéressé ;

– un ou plusieurs actes relatifs à la personne à protéger. Dans ce cas, l'habilitation s'exerce dans le respect des dispositions des articles 457-1 à 459-2 du code civil.

La personne habilitée ne peut accomplir *(L. n° 2019-222 du 23 mars 2019, art. 29-6°)* « en représentation » un acte de disposition à titre gratuit qu'avec l'autorisation du juge des tutelles.

Si l'intérêt de la personne à protéger l'implique, le juge peut délivrer une habilitation générale portant sur l'ensemble des actes ou l'une des deux catégories d'actes mentionnés aux deuxième et troisième alinéas.

La personne habilitée dans le cadre d'une habilitation générale ne peut accomplir un acte pour lequel elle serait en opposition d'intérêts avec la personne protégée. Toutefois, à titre exceptionnel et lorsque l'intérêt de celle-ci l'impose, le juge peut autoriser la personne habilitée à accomplir cet acte.

En cas d'habilitation générale, le juge fixe une durée au dispositif sans que celle-ci puisse excéder dix ans. Statuant sur requête de l'une des personnes mentionnées à l'article 494-1 ou du procureur de la République saisi à la demande de l'une d'elles, il peut renouveler l'habilitation lorsque les conditions prévues aux articles 431 et 494-5 sont remplies. Le renouvellement peut être prononcé pour la même durée ; toutefois, lorsque l'altération des facultés personnelles de la personne à l'égard de qui l'habilitation a été délivrée n'apparaît manifestement pas susceptible de connaître une amélioration selon les données acquises de la science, le juge peut, par décision spécialement motivée et sur avis conforme du médecin mentionné à l'article 431, renouveler le dispositif pour une durée plus longue qu'il détermine, n'excédant pas vingt ans.

Les jugements accordant, modifiant ou renouvelant une habilitation générale*[,]* font l'objet d'une mention en marge de l'acte de naissance selon les conditions prévues à l'article 444. Il en est de même lorsqu'il est mis fin à l'habilitation pour l'une des causes prévues à l'article *(L. n° 2016-1547 du 18 nov. 2016, art. 111)* « 494-11 ».

Art. 494-7 La personne habilitée *(L. n° 2019-222 du 23 mars 2019, art. 29-7°)* « à représenter la personne protégée » peut, sauf décision contraire du juge, procéder sans autorisation aux actes mentionnés au premier alinéa de l'article 427.

Art. 494-8 La personne à l'égard de qui l'habilitation a été délivrée conserve l'exercice de ses droits autres que ceux dont l'exercice a été confié à la personne habilitée *(L. n° 2019-222 du 23 mars 2019, art. 29-8°)* « à la représenter » en application de la présente section.

Toutefois, elle ne peut, en cas d'habilitation générale *(L. n° 2019-222 du 23 mars 2019, art. 29-8°)* « à la représenter », conclure un mandat de protection future pendant la durée de l'habilitation.

Art. 494-9 Si la personne à l'égard de qui l'habilitation a été délivrée passe seule un acte dont l'accomplissement a été confié à la personne habilitée, celui-ci est nul de plein droit sans qu'il soit nécessaire de justifier d'un préjudice.

(L. n° 2019-222 du 23 mars 2019, art. 29-9°) « Si elle accomplit seule un acte dont l'accomplissement nécessitait une assistance de la personne habilitée, l'acte ne peut être annulé que s'il est établi que la personne protégée a subi un préjudice. »

Les obligations résultant des actes accomplis par une personne à l'égard de qui une mesure d'habilitation familiale a été prononcée moins de deux ans avant le jugement délivrant l'habilitation peuvent être réduits ou annulés dans les conditions prévues à l'article 464.

La personne habilitée peut, avec l'autorisation du juge des tutelles, engager seule l'action en nullité ou en réduction prévue aux alinéas ci-dessus.

Si la personne habilitée accomplit seule, en cette qualité, un acte n'entrant pas dans le champ de l'habilitation qui lui a été délivrée ou qui ne pouvait être accompli qu'avec l'autorisation du juge, l'acte est nul de plein droit sans qu'il soit nécessaire de justifier d'un préjudice.

Dans tous les cas, l'action en nullité ou en réduction est exercée dans le délai de cinq ans prévu à *(Ord. n° 2016-131 du 10 févr. 2016, art. 5-2°, en vigueur le 1er oct. 2016)* « l'article 2224 ».

Pendant ce délai et tant que la mesure d'habilitation est en cours, l'acte contesté peut être confirmé avec l'autorisation du juge des tutelles.

Sur l'entrée en vigueur des dispositions issues de l'Ord. n° 2016-131 du 10 févr. 2016 (ratifiée par L. n° 2018-287 du 20 avr. 2018, JO 21 avr.), V. cette Ord., art. 9, ss. art. 1386-1 nouv.

Art. 494-10 Le juge statue à la demande *(L. n° 2019-222 du 23 mars 2019, art. 29-10°)* « de tout intéressé » ou du procureur de la République sur les difficultés qui pourraient survenir dans la mise en œuvre du dispositif.

Saisi à cette fin dans les conditions prévues au premier alinéa de l'article 494-3, le juge peut, à tout moment, modifier l'étendue de l'habilitation ou y mettre fin, après avoir entendu ou appelé la personne à l'égard de qui l'habilitation a été délivrée, dans les conditions prévues au premier alinéa de l'article 494-4 ainsi que la personne habilitée.

Art. 494-11 Outre le décès de la personne à l'égard de qui l'habilitation familiale a été délivrée, celle-ci prend fin :

1° Par le placement de l'intéressé sous sauvegarde de justice, sous curatelle ou sous tutelle ;

2° En cas de jugement de mainlevée passé en force de chose jugée prononcé par le juge à la demande *(L. n° 2019-222 du 23 mars 2019, art. 29-11°)* « de la personne protégée, » de l'une des personnes mentionnées à l'article 494-1 ou du procureur de la République, lorsqu'il s'avère que les conditions prévues à cet article ne sont plus réunies ou lorsque l'exécution de l'habilitation familiale est de nature à porter atteinte aux intérêts de la personne protégée ;

3° De plein droit en l'absence de renouvellement à l'expiration du délai fixé ;

4° Après l'accomplissement des actes pour lesquels l'habilitation avait été délivrée.

Art. 494-12 Les modalités d'application de la présente section sont précisées par décret en Conseil d'État.

CHAPITRE III *DE LA MESURE D'ACCOMPAGNEMENT JUDICIAIRE*

Art. 495 Lorsque les mesures mises en œuvre en application des articles L. 271-1 à L. 271-5 du code de l'action sociale et des familles au profit d'une personne majeure n'ont pas permis une gestion satisfaisante par celle-ci de ses prestations sociales et que sa santé ou sa sécurité en est compromise, le juge des tutelles peut ordonner une mesure d'accompagnement judiciaire destinée à rétablir l'autonomie de l'intéressé dans la gestion de ses ressources.

Il n'y a pas lieu de prononcer cette mesure à l'égard d'une personne mariée lorsque l'application des règles relatives aux droits et devoirs respectifs des époux et aux régimes matrimoniaux permet une gestion satisfaisante des prestations sociales de l'intéressé par son conjoint. — *Sur la procédure de mise en œuvre d'une mesure d'accompagnement judiciaire, V. C. pr. civ., art. 1262 s.*

Art. 495-1 La mesure d'accompagnement judiciaire ne peut être prononcée si la personne bénéficie d'une mesure de protection juridique prévue au chapitre II du présent titre.

Le prononcé d'une mesure de protection juridique met fin de plein droit à la mesure d'accompagnement judiciaire.

Art. 495-2 La mesure d'accompagnement judiciaire ne peut être prononcée qu'à la demande du procureur de la République qui en apprécie l'opportunité au vu du rapport des services sociaux prévu à l'article L. 271-6 du code de l'action sociale et des familles.

Le juge statue, la personne entendue ou appelée.

Art. 495-3 Sous réserve des dispositions de l'article 495-7, la mesure d'accompagnement judiciaire n'entraîne aucune incapacité.

Art. 495-4 La mesure d'accompagnement judiciaire porte sur la gestion des prestations sociales choisies par le juge, lors du prononcé de celle-ci, dans une liste fixée par décret. *– V. CASF, art. R. 272-2 et D. 272-1.*

Le juge statue sur les difficultés qui pourraient survenir dans la mise en œuvre de la mesure. A tout moment, il peut, d'office ou à la demande de la personne protégée, du mandataire judiciaire à la protection des majeurs ou du procureur de la République, en modifier l'étendue ou y mettre fin, après avoir entendu ou appelé la personne.

Art. 495-5 Les prestations *(Abrogé par L. nº 2008-1249 du 1er déc. 2008, art. 14, à compter du 1er juin 2009)* « *familiales* » pour lesquelles le juge des enfants a ordonné la mesure prévue à l'article 375-9-1 sont exclues de plein droit de la mesure d'accompagnement judiciaire.

Les personnes chargées respectivement de l'exécution d'une mesure prévue à l'article 375-9-1 et d'une mesure d'accompagnement judiciaire pour un même foyer s'informent mutuellement des décisions qu'elles prennent.

Art. 495-6 Seul un mandataire judiciaire à la protection des majeurs inscrit sur la liste prévue à l'article L. 471-2 du code de l'action sociale et des familles peut être désigné par le juge pour exercer la mesure d'accompagnement judiciaire.

Art. 495-7 Le mandataire judiciaire à la protection des majeurs perçoit les prestations incluses dans la mesure d'accompagnement judiciaire sur un compte ouvert au nom de la personne auprès d'un établissement habilité à recevoir des fonds du public, dans les conditions prévues au premier alinéa de l'article 472, sous réserve des dispositions applicables aux mesures de protection confiées aux personnes ou services préposés des établissements de santé et des établissements sociaux ou médico-sociaux soumis *(Décr. nº 2012-1247 du 7 nov. 2012, art. 1er-2º, en vigueur le 1er janv. 2013)* « au décret nº 2012-1246 du 7 novembre 2012 relatif à la gestion budgétaire et comptable publique ».

Il gère ces prestations dans l'intérêt de la personne en tenant compte de son avis et de sa situation familiale.

Il exerce auprès de celle-ci une action éducative tendant à rétablir les conditions d'une gestion autonome des prestations sociales.

Art. 495-8 Le juge fixe la durée de la mesure qui ne peut excéder deux ans. Il peut, à la demande de la personne protégée, du mandataire ou du procureur de la République, la renouveler par décision spécialement motivée sans que la durée totale puisse excéder quatre ans.

Art. 495-9 Les dispositions du titre XII relatives à l'établissement, la vérification et l'approbation des comptes et à la prescription qui ne sont pas incompatibles avec celles du présent chapitre sont applicables à la gestion des prestations sociales prévues à l'article 495-7.

TITRE XII DE LA GESTION DU PATRIMOINE DES MINEURS ET MAJEURS EN TUTELLE

(L. nº 2007-308 du 5 mars 2007, en vigueur le 1er janv. 2009)

CHAPITRE I *DES MODALITÉS DE LA GESTION*

Art. 496 Le tuteur représente la personne protégée dans les actes nécessaires à la gestion de son patrimoine.

Il est tenu d'apporter, dans celle-ci, des soins prudents, diligents et avisés, dans le seul intérêt de la personne protégée.

La liste des actes qui sont regardés, pour l'application du présent titre, comme des actes d'administration relatifs à la gestion courante du patrimoine et comme des actes de disposition qui engagent celui-ci de manière durable et substantielle est fixée par décret en Conseil d'État.

Art. 497 Lorsqu'un subrogé tuteur a été nommé, celui-ci atteste auprès du juge du bon déroulement des opérations que le tuteur a l'obligation d'accomplir.

Il en est notamment ainsi de l'emploi ou du remploi des capitaux opéré conformément aux prescriptions du conseil de famille ou, à défaut, du juge.

Art. 498 Les capitaux revenant à la personne protégée sont versés directement sur un compte ouvert à son seul nom et mentionnant la mesure de tutelle, auprès d'un établissement habilité à recevoir des fonds du public.

Lorsque la mesure de tutelle est confiée aux personnes ou services préposés des établissements de santé et des établissements sociaux ou médico-sociaux soumis *(Décr. n° 2012-1247 du 7 nov. 2012, art. 1er-2°, en vigueur le 1er janv. 2013)* « au décret n° 2012-1246 du 7 novembre 2012 relatif à la gestion budgétaire et comptable publique », cette obligation de versement est réalisée dans des conditions fixées par décret en Conseil d'État.

Art. 499 Les tiers peuvent informer le juge des actes ou omissions du tuteur qui leur paraissent de nature à porter préjudice aux intérêts de la personne protégée.

Ils ne sont pas garants de l'emploi des capitaux. Toutefois, si à l'occasion de cet emploi ils ont connaissance d'actes ou omissions qui compromettent manifestement l'intérêt de la personne protégée, ils en avisent le juge.

La tierce opposition contre les autorisations du conseil de famille ou du juge ne peut être exercée que par les créanciers de la personne protégée et en cas de fraude à leurs droits.

SECTION 1 *Des décisions du conseil de famille ou du juge*

Art. 500 *(L. n° 2015-177 du 16 févr. 2015, art. 1er-II)* « Le tuteur » arrête le budget de la tutelle en déterminant, en fonction de l'importance des biens de la personne protégée et des opérations qu'implique leur gestion, les sommes annuellement nécessaires à l'entretien de celle-ci et au remboursement des frais d'administration de ses biens. *(L. n° 2015-177 du 16 févr. 2015, art. 1er-II)* « Le tuteur en informe le conseil de famille ou, à défaut, le juge. En cas de difficultés, le budget est arrêté par le conseil de famille ou, à défaut, par le juge. »

(L. n° 2019-222 du 23 mars 2019, art. 9-I) « Sous sa propre responsabilité, le tuteur peut inclure dans les frais de gestion la rémunération des administrateurs particuliers dont il demande le concours. »

(Abrogé par L. n° 2019-222 du 23 mars 2019, art. 9-I) « Le conseil de famille ou, à défaut, le juge peut autoriser le tuteur à conclure un contrat pour la gestion des valeurs mobilières et instruments financiers de la personne protégée. » (L. n° 2019-222 du 23 mars 2019, art. 9-I) « Si le tuteur conclut un contrat avec un tiers pour la gestion des valeurs mobilières et instruments financiers de la personne protégée, » il choisit le tiers contractant en considération de son expérience professionnelle et de sa solvabilité. Le contrat peut, à tout moment et nonobstant toute stipulation contraire, être résilié au nom de la personne protégée.

Art. 501 Le conseil de famille ou, à défaut, le juge détermine la somme à partir de laquelle commence, pour le tuteur, l'obligation d'employer les capitaux liquides et l'excédent des revenus. *(L. n° 2019-222 du 23 mars 2019, art. 9-I)* « Le tuteur peut toutefois, sans autorisation, placer des fonds sur un compte. »

Le conseil de famille ou, à défaut, le juge prescrit toutes les mesures qu'il juge utiles quant à l'emploi ou au remploi des fonds soit par avance, soit à l'occasion de chaque opération. L'emploi ou le remploi est réalisé par le tuteur dans le délai fixé par la décision qui l'ordonne et de la manière qu'elle prescrit. Passé ce délai, le tuteur peut être déclaré débiteur des intérêts.

Le conseil de famille ou, à défaut, le juge peut ordonner que certains fonds soient déposés sur un compte indisponible.

Les comptes de gestion du patrimoine de la personne protégée sont exclusivement ouverts, si le conseil de famille ou, à défaut, le juge l'estime nécessaire compte tenu de la situation de celle-ci, auprès de la Caisse des dépôts et consignations.

Art. 502 Le conseil de famille ou, à défaut, le juge statue sur les autorisations que le tuteur sollicite pour les actes qu'il ne peut accomplir seul.

Toutefois, les autorisations du conseil de famille peuvent être suppléées par celles du juge si les actes portent sur des biens dont la valeur en capital n'excède pas une somme fixée par décret.

SECTION 2 *Des actes du tuteur*

§ 1 *Des actes que le tuteur accomplit sans autorisation*

Art. 503 *(Abrogé par L. n° 2019-222 du 23 mars 2019, art. 30-2°) « Dans les trois mois de l'ouverture de la tutelle, »* Le tuteur fait procéder, en présence du subrogé tuteur s'il a été désigné, à un inventaire des biens de la personne protégée *(L. n° 2019-222 du 23 mars 2019,* *art. 30-2°)* « , qui est transmis au juge dans les trois mois de l'ouverture de la tutelle pour les biens meubles corporels, et dans les six mois pour les autres biens, avec le budget prévisionnel ». Il en assure l'actualisation au cours de la mesure.

Il peut obtenir communication de tous renseignements et documents nécessaires à l'établissement de l'inventaire auprès de toute personne publique ou privée, sans que puisse lui être opposé le secret professionnel ou le secret bancaire.

(L. n° 2019-222 du 23 mars 2019, art. 30-2°) « Lorsque le juge l'estime nécessaire, il peut désigner dès l'ouverture de la mesure un commissaire-priseur judiciaire, un huissier de justice ou un notaire pour procéder, aux frais de la personne protégée, à l'inventaire des biens meubles corporels, dans le délai prévu au premier alinéa. »

Si l'inventaire n'a pas été établi ou se révèle incomplet ou inexact, la personne protégée et, après son décès, ses héritiers peuvent faire la preuve de la valeur et de la consistance de ses biens par tous moyens.

(L. n° 2019-222 du 23 mars 2019, art. 30-2°) « En cas de retard dans la transmission de l'inventaire, le juge peut désigner un commissaire-priseur judiciaire, un huissier de justice, un notaire ou un mandataire judiciaire à la protection des majeurs pour y procéder aux frais du tuteur. »

Art. 504 Le tuteur accomplit seul les actes conservatoires et, sous réserve des dispositions du second alinéa de l'article 473, les actes d'administration nécessaires à la gestion du patrimoine de la personne protégée.

Il agit seul en justice pour faire valoir les droits patrimoniaux de la personne protégée.

Les baux consentis par le tuteur ne confèrent au preneur, à l'encontre de la personne protégée devenue capable, aucun droit de renouvellement et aucun droit à se maintenir dans les lieux à l'expiration du bail, quand bien même il existerait des dispositions légales contraires. Ces dispositions ne sont toutefois pas applicables aux baux consentis avant l'ouverture de la tutelle et renouvelés par le tuteur.

§ 2 *Des actes que le tuteur accomplit avec une autorisation*

Art. 505 Le tuteur ne peut, sans y être autorisé par le conseil de famille ou, à défaut, le juge, faire des actes de disposition au nom de la personne protégée.

L'autorisation détermine les stipulations et, le cas échéant, le prix ou la mise à prix pour lequel l'acte est passé. L'autorisation n'est pas exigée en cas de vente forcée sur décision judiciaire ou en cas de vente amiable sur autorisation du juge.

(L. n° 2022-267 du 28 févr. 2022, art. 6) « Si l'autorisation prévoit une vente aux enchères publiques du ou des biens mis à disposition, celle-ci peut être organisée et réalisée par une personne habilitée à réaliser des ventes volontaires de meubles aux enchères publiques en application de l'article L. 321-4 du code de commerce. »

L'autorisation de vendre ou d'apporter en société un immeuble, un fonds de commerce ou des instruments financiers non admis à la négociation sur un marché réglementé ne peut être donnée qu'après la réalisation d'une mesure d'instruction exécutée par un technicien ou le recueil de l'avis d'au moins deux professionnels qualifiés.

En cas d'urgence, le juge peut, par décision spécialement motivée prise à la requête du tuteur, autoriser, en lieu et place du conseil de famille, la vente d'instruments financiers à charge qu'il en soit rendu compte sans délai au conseil qui décide du remploi.

Art. 506 Le tuteur ne peut transiger ou compromettre au nom de la personne protégée qu'après avoir fait approuver par le conseil de famille ou, à défaut, par le juge les clauses de la transaction ou du compromis et, le cas échéant, la clause compromissoire.

Art. 507 *(L. n° 2019-222 du 23 mars 2019, art. 9-I)* « En cas d'opposition d'intérêts avec la personne chargée de la mesure de protection, le partage à l'égard d'une personne protégée peut être fait à l'amiable sur autorisation du conseil de famille ou, à défaut, du juge. Il peut n'être que partiel.

« Dans tous les cas, » l'état liquidatif est soumis à l'approbation du conseil de famille ou, à défaut, du juge.

Le partage peut également être fait en justice conformément aux articles 840 et 842.

Tout autre partage est considéré comme provisionnel.

Art. 507-1 Par dérogation à l'article 768, le tuteur ne peut accepter une succession échue à la personne protégée qu'à concurrence de l'actif net. *(L. n° 2019-222 du 23 mars 2019, art. 9-I)* « Toutefois, il peut l'accepter purement et simplement si l'actif dépasse manifestement le passif, après recueil d'une attestation du notaire chargé du règlement de la succession ou, à défaut, après autorisation du conseil de famille ou du juge. »

Le tuteur ne peut renoncer à une succession échue à la personne protégée sans une autorisation du conseil de famille ou, à défaut, du juge. — *Sur les voies de recours, V. C. pr. civ., art. 1239-1.*

Art. 507-2 Dans le cas où la succession à laquelle il a été renoncé au nom de la personne protégée n'a pas été acceptée par un autre héritier et tant que l'État n'a pas été envoyé en possession, la renonciation peut être révoquée soit par le tuteur autorisé à cet effet par une nouvelle délibération du conseil de famille ou, à défaut, une nouvelle décision du juge, soit par la personne protégée devenue capable. Le second alinéa de l'article 807 est applicable.

Art. 508 A titre exceptionnel et dans l'intérêt de la personne protégée, le tuteur qui n'est pas mandataire judiciaire à la protection des majeurs peut, sur autorisation du conseil de famille ou, à défaut, du juge, acheter les biens de celle-ci ou les prendre à bail ou à ferme.

Pour la conclusion de l'acte, le tuteur est réputé être en opposition d'intérêts avec la personne protégée.

§ 3 *Des actes que le tuteur ne peut accomplir*

Art. 509 Le tuteur ne peut, même avec une autorisation :

1° Accomplir des actes qui emportent une aliénation gratuite des biens ou des droits de la personne protégée sauf ce qui est dit à propos des donations, tels que la remise de dette, la renonciation gratuite à un droit acquis, la renonciation anticipée à l'action en réduction visée aux articles 929 à 930-5, la mainlevée d'hypothèque ou de sûreté sans paiement ou la constitution gratuite d'une servitude ou d'une sûreté pour garantir la dette d'un tiers ;

2° Acquérir d'un tiers un droit ou une créance que ce dernier détient contre la personne protégée ;

3° Exercer le commerce ou une profession libérale au nom de la personne protégée ;

4° Acheter les biens de la personne protégée ainsi que les prendre à bail ou à ferme, sous réserve des dispositions de l'article 508 ;

(L. n° 2008-776 du 4 août 2008, art. 18-I, en vigueur le 1er févr. 2009) « 5° Transférer dans un patrimoine fiduciaire les biens ou droits d'un majeur protégé. »

CHAPITRE II *DE L'ÉTABLISSEMENT, DE LA VÉRIFICATION ET DE L'APPROBATION DES COMPTES*

Art. 510 Le tuteur établit chaque année un compte de sa gestion auquel sont annexées toutes les pièces justificatives utiles.

A cette fin, il sollicite des établissements auprès desquels un ou plusieurs comptes sont ouverts au nom de la personne protégée un relevé annuel de ceux-ci, sans que puisse lui être opposé le secret professionnel ou le secret bancaire.

Le tuteur est tenu d'assurer la confidentialité du compte de gestion. Toutefois, une copie du compte et des pièces justificatives est remise chaque année par le tuteur à la personne protégée lorsqu'elle est âgée d'au moins seize ans, ainsi qu'au subrogé tuteur s'il a été nommé et, si le tuteur l'estime utile, aux autres personnes chargées de la protection de l'intéressé.

En outre, le juge peut, après avoir entendu la personne protégée et recueilli son accord, si elle a atteint l'âge précité et si son état le permet, autoriser le conjoint, le partenaire du pacte civil de solidarité qu'elle a conclu, un parent, un allié de celle-ci ou un de ses proches, s'ils justifient d'un intérêt légitime, à se faire communiquer à leur charge par le tuteur une copie du compte et des pièces justificatives ou une partie de ces documents.

Art. 511 *(L. n° 2019-222 du 23 mars 2019, art. 30-3°)* Pour les mineurs sous tutelle, le tuteur soumet au directeur des services de greffe judiciaires du tribunal judiciaire *[ancienne rédaction : tribunal de grande instance]* un compte de gestion annuel, accompagné des pièces justificatives, en vue de sa vérification.

Le subrogé tuteur vérifie le compte avant de le transmettre avec ses observations au directeur des services de greffe judiciaires.

Le directeur des services de greffe judiciaires peut être assisté dans sa mission de contrôle des comptes dans les conditions fixées par le code de procédure civile.

Le juge peut décider que la mission de vérification et d'approbation des comptes dévolue au directeur des services de greffe judiciaires sera exercée par le subrogé tuteur.

Si les ressources du mineur le permettent et si l'importance et la composition de son patrimoine le justifient, le juge peut décider que la mission de vérification et d'approbation sera exercée, aux frais du mineur et selon les modalités qu'il fixe, par un professionnel qualifié.

Art. 512 *(L. nº 2019-222 du 23 mars 2019, art. 30-3º)* Pour les majeurs protégés, les comptes de gestion sont vérifiés et approuvés annuellement par le subrogé tuteur lorsqu'il en a été nommé un ou par le conseil de famille lorsqu'il est fait application de l'article 457. Lorsque plusieurs personnes ont été désignées dans les conditions de l'article 447 pour la gestion patrimoniale, les comptes annuels de gestion doivent être signés par chacune d'elles, ce qui vaut approbation. En cas de difficulté, le juge statue sur la conformité des comptes à la requête de l'une des personnes chargées de la mesure de protection.

Par dérogation au premier alinéa du présent article, lorsque l'importance et la composition du patrimoine de la personne protégée le justifient, le juge désigne, dès réception de l'inventaire du budget prévisionnel, un professionnel qualifié chargé de la vérification et de l'approbation des comptes dans des conditions fixées par décret en Conseil d'État. Le juge fixe dans sa décision les modalités selon lesquelles le tuteur soumet à ce professionnel le compte de gestion, accompagné des pièces justificatives, en vue de ces opérations.

En l'absence de désignation d'un subrogé tuteur, d'un co-tuteur, d'un tuteur adjoint ou d'un conseil de famille, le juge fait application du deuxième alinéa du présent article.

Art. 513 *(L. nº 2019-222 du 23 mars 2019, art. 30-4º)* Par dérogation aux articles 510 à 512, le juge peut décider de dispenser le tuteur de soumettre le compte de gestion à approbation en considération de la modicité des revenus ou du patrimoine de la personne protégée.

Lorsque la tutelle n'a pas été confiée à un mandataire judiciaire à la protection des majeurs, il peut également décider de le dispenser d'établir le compte de gestion.

Art. 513-1 *(L. nº 2019-222 du 23 mars 2019, art. 30-5º)* La personne chargée de vérifier et d'approuver les comptes peut faire usage du droit de communication prévu au deuxième alinéa de l'article 510, sans que puisse lui être opposé le secret professionnel ou le secret bancaire. Elle est tenue d'assurer la confidentialité du compte de gestion.

A l'issue de la vérification du compte de gestion, un exemplaire est versé sans délai au dossier du tribunal par la personne chargée de cette mission.

En cas de refus d'approbation des comptes, le juge est saisi par un rapport de difficulté et statue sur la conformité du compte.

Art. 514 Lorsque sa mission prend fin pour quelque cause que ce soit, le tuteur établit un compte de gestion des opérations intervenues depuis l'établissement du dernier compte *(Abrogé par L. nº 2019-222 du 23 mars 2019, art. 30-6º)* « *annuel* » et le soumet à la vérification et à l'approbation prévues aux articles *(L. nº 2019-222 du 23 mars 2019, art. 30-6º)* « 511 à 513-1 ».

En outre, dans les trois mois qui suivent la fin de sa mission, le tuteur ou ses héritiers s'il est décédé remettent une copie des cinq derniers comptes de gestion et du compte mentionné au premier alinéa du présent article, selon le cas, à la personne devenue capable si elle n'en a pas déjà été destinataire, à la personne nouvellement chargée de la mesure de gestion ou aux héritiers de la personne protégée.

Les alinéas précédents ne sont pas applicables dans le cas prévu à l'article *(L. nº 2019-222 du 23 mars 2019, art. 30-6º)* « 513 ».

Dans tous les cas, le tuteur remet aux personnes mentionnées au deuxième alinéa du présent article les pièces nécessaires pour continuer la gestion ou assurer la liquidation de la succession, ainsi que l'inventaire initial et les actualisations auxquelles il a donné lieu.

CHAPITRE III *DE LA PRESCRIPTION*

Art. 515 L'action en reddition de comptes, en revendication ou en paiement diligentée par la personne protégée ou ayant été protégée ou par ses héritiers relativement aux faits de la tutelle se prescrit par cinq ans à compter de la fin de la mesure, alors même que la gestion aurait continué au-delà.

Code de procédure civile

CHAPITRE X *LA PROTECTION JURIDIQUE DES MINEURS ET DES MAJEURS*

(Décr. nº 2008-1276 du 5 déc. 2008, art. 1er)

L'art. 1er du Décr. nº 2008-1276 du 5 déc. 2008 est entré en vigueur le 1er janv. 2009. Ses dispositions sont applicables aux procédures en cours. Toutefois, le délai prévu par l'art. 1229 ne court qu'à compter de la date d'entrée en vigueur du décret (Décr. préc., art. 5).

SECTION 1 ***Dispositions relatives aux mesures prononcées par le juge*** *(Décr. nº 2019-756 du 22 juill. 2019, art. 3-1º).*

SOUS-SECTION 1 *Dispositions générales*

Art. 1211 Le juge des tutelles territorialement compétent est celui de la résidence habituelle de la personne à protéger ou protégée ou celui du domicile du tuteur.

Art. 1212 Le juge des tutelles et le procureur de la République ont la faculté de faire examiner par un médecin les majeurs relevant de l'article 416 du code civil.

Art. 1213 A la demande de tout intéressé ou d'office, notamment lorsqu'il est fait application des articles 217 et 219, du deuxième alinéa de l'article 397, de l'article 417, du quatrième alinéa de l'article 459, de l'article 459-2, des deuxième et troisième alinéas de l'article 469, du 4º de l'article 483 *(Décr. nº 2019-756 du 22 juill. 2019, art. 3-2º)* « , de l'article 484 ou de l'article 494-10 » du code civil, le juge des tutelles peut ordonner que l'examen de la requête donne lieu à un débat contradictoire.

Art. 1214 Dans toute instance relative *(Décr. nº 2019-756 du 22 juill. 2019, art. 3-3º)* « au prononcé, à la modification ou à » la mainlevée d'une mesure de protection, le majeur à protéger ou protégé peut faire le choix d'un avocat ou demander à la juridiction saisie que le bâtonnier lui en désigne un d'office. La désignation doit intervenir dans les huit jours de la demande.

(Décr. nº 2009-1628 du 23 déc. 2009, art. 3) « Les intéressés sont informés de ce droit dans l'acte de convocation. »

Art. 1214-1 *(Décr. nº 2019-756 du 22 juill. 2019, art. 3-4º)* La communication au ministère public des affaires relatives à la protection juridique des majeurs a lieu conformément aux dispositions des articles 424 et 426 à 428 du présent code.

Art. 1215 En cas de décès d'un majeur faisant l'objet d'une mesure de protection exercée par un mandataire judiciaire à la protection des majeurs, ce dernier peut, en l'absence d'héritiers connus, saisir le notaire du défunt en vue du règlement de la succession ou, à défaut, demander au président de la chambre départementale des notaires d'en désigner un.

Si le notaire chargé du règlement de la succession ne parvient pas à identifier les héritiers du majeur protégé, le mandataire judiciaire à la protection des majeurs, autorisé à cet effet par le juge des tutelles, ou le notaire, dans les conditions de l'article 36 de la loi du 23 juin 2006 portant réforme des successions et des libéralités, peut délivrer un mandat de recherche des héritiers.

Art. 1216 L'amende civile prévue aux articles *(Décr. nº 2016-185 du 23 févr. 2016, art. 6)* « 411-1 et 417 » du code civil ne peut excéder *(Décr. nº 2017-892 du 6 mai 2017, art. 67)* « 10 000 » euros. La décision qui la prononce n'est pas susceptible de recours.

Les art. 4 à 13 du Décr. nº 2016-185 du 23 févr. 2016 sont applicables aux administrations légales en cours au jour de son entrée en vigueur (Décr. préc., art. 18-II).

L'art. 67 du Décr. nº 2017-892 du 6 mai 2017 est applicable dans les îles Wallis-et-Futuna (Décr. préc., art. 72-II).

SOUS-SECTION 1 *BIS* *Les informations adressées au procureur de la République préalablement à la saisine du juge des tutelles*

(Décr. nº 2019-1464 du 26 déc. 2019, art. 2)

Les dispositions du Décr. nº 2019-1464 du 26 déc. 2019 s'appliquent aux demandes présentées au procureur de la République aux fins de saisine du juge des tutelles à compter du 1er janv. 2020 (Décr. préc., art. 5).

Art. 1216-1 Les demandes présentées au procureur de la République aux fins de saisine du juge des tutelles contiennent l'identité de la personne à protéger et la description des faits appelant la protection au sens de l'article 428 du code civil.

Art. 1216-2 La demande contient également, lorsqu'elles sont connues et utiles, les informations suivantes, en précisant comment elles ont été recueillies :

– la composition de la famille de la personne à protéger, ses conditions de vie, son lieu de vie et son environnement social ;

– la consistance de son patrimoine, les ressources, les charges et dettes ainsi que, le cas échéant, la liste des prestations mobilisables au bénéfice de la personne ;

– l'autonomie de la personne, évaluée au regard de sa capacité à s'organiser seule dans la vie quotidienne, à accomplir ses démarches administratives et gérer son budget, seule.

Art. 1216-3 Les services départementaux et communaux d'action sociale, les maisons départementales des personnes handicapées, les institutions mettant en œuvre la méthode mentionnée à l'article L. 113-3 du code de l'action sociale et des familles, les établissements et services sociaux et médico-sociaux et les établissements de santé sont tenus de transmettre au procureur de la République les informations mentionnées aux articles 1216-1 et 1216-2.

Le cas échéant, les responsables de ces établissements et services précisent quelles actions sont menées et envisagées dans l'intérêt de la personne qu'il y a lieu de protéger.

SOUS-SECTION 2 *La procédure devant le juge des tutelles*

§ 1 *La demande*

Art. 1217 *(Décr. nº 2009-1628 du 23 déc. 2009, art. 4)* Hors les cas prévus aux articles 390, 391, 442 *(Décr. nº 2019-756 du 22 juill. 2019, art. 3-5º)* « , 485 et au troisième alinéa de l'article 494-3 » du code civil, le juge est saisi par requête remise ou adressée au greffe de la juridiction de première instance.

(Décr. nº 2019-756 du 22 juill. 2019, art. 3-5º) « Lorsque la requête est présentée aux fins de renouvellement de l'habilitation familiale, il y est joint une copie de la décision ayant désigné une personne habilitée. »

Art. 1218 La requête aux fins *(Décr. nº 2019-756 du 22 juill. 2019, art. 3-6º)* « de prononcé » d'une mesure de protection d'un majeur comporte, à peine d'irrecevabilité :

1º Le certificat médical circonstancié prévu à l'article 431 du code civil ;

2º L'identité de la personne à protéger et l'énoncé des faits qui appellent cette protection au regard *(Décr. nº 2019-756 du 22 juill. 2019, art. 3-6º)* « des articles 428 et 494-1 » du même code.

Art. 1218-1 La requête *(Décr. nº 2019-756 du 22 juill. 2019, art. 3-7º)* « aux fins de protection d'un majeur » prévue à l'article 1218 mentionne également les personnes appartenant à l'entourage du majeur à protéger énumérées au premier alinéa de l'article 430 *(Décr. nº 2019-756 du 22 juill. 2019, art. 3-7º)* « et à l'article 494-1 » du code civil ainsi que le nom de son médecin traitant, si son existence est connue du requérant. Celui-ci précise, dans la mesure du possible, les éléments concernant la situation familiale, *(Décr. nº 2019-756 du 22 juill. 2019, art. 3-7º)* « sociale, » financière et patrimoniale du majeur *(Décr. nº 2019-756 du 22 juill. 2019, art. 3-7º)* « , ainsi que tout autre élément, relatif notamment à son autonomie ».

Le greffier avise le procureur de la République de la procédure engagée, sauf lorsque ce dernier est le requérant.

Art. 1219 Le certificat médical circonstancié prévu par l'article 431 du code civil :

1º Décrit avec précision l'altération des facultés du majeur à protéger ou protégé ;

2º Donne au juge tout élément d'information sur l'évolution prévisible de cette altération ;

3º Précise les conséquences de cette altération sur la nécessité d'une assistance ou d'une représentation du majeur dans les actes de la vie civile, tant patrimoniaux qu'à caractère personnel *(Abrogé par Décr. nº 2019-756 du 22 juill. 2019, art. 3-8º)* « , *ainsi que sur l'exercice de son droit de vote* ».

Le certificat indique si l'audition du majeur est de nature à porter atteinte à sa santé ou si celui-ci est hors d'état d'exprimer sa volonté.

Le certificat est remis par le médecin au requérant sous pli cacheté, à l'attention exclusive du procureur de la République ou du juge des tutelles.

Art. 1219-1 *(Décr. nº 2019-1464 du 26 déc. 2019, art. 3)* Les requêtes adressées par le procureur de la République aux juges des tutelles contiennent les informations mentionnées aux articles 1216-1 à 1216-3. – *Les dispositions du Décr. nº 2019-1464 du 26 déc. 2019 s'appliquent aux demandes présentées au procureur de la République aux fins de saisine du juge des tutelles à compter du 1er janv. 2020 (Décr. préc., art. 5).*

§ 2 *L'instruction de la demande*

Art. 1220 Le juge des tutelles peut, dans tous les cas où il a l'obligation ou il estime utile d'entendre la personne à protéger ou protégée, se déplacer dans toute l'étendue du ressort de la cour d'appel ainsi que dans les départements limitrophes de celui où il exerce ses fonctions. *(Décr. nº 2009-1628 du 23 déc. 2009, art. 5)* « Les mêmes règles sont applicables aux magistrats de la cour d'appel en cas de recours. »

Art. 1220-1 L'audition de la personne peut avoir lieu au siège du tribunal, au lieu où elle réside habituellement, dans l'établissement de traitement ou d'hébergement ou en tout autre lieu approprié.

L'audition n'est pas publique.

Le juge peut, s'il l'estime opportun, procéder à cette audition en présence du médecin traitant ou de toute autre personne.

(Décr. nº 2019-756 du 22 juill. 2019, art. 3-9º) « L'avocat » de la personne à protéger ou protégée *(Décr. nº 2019-756 du 22 juill. 2019, art. 3-9º)* « est informé » de la date et du lieu de l'audition.

Il est dressé procès-verbal de celle-ci.

Art. 1220-2 La décision du juge disant n'y avoir lieu à procéder à l'audition du majeur à protéger ou protégé en application du second alinéa de l'article 432 *(Décr. nº 2019-756 du 22 juill. 2019, art. 3-10º)* « ou de l'article 494-4 » du code civil est notifiée au requérant et, le cas échéant, à l'avocat du majeur.

Par la même décision, le juge ordonne qu'il soit donné connaissance de la procédure engagée au majeur selon des modalités appropriées à son état.

Il est fait mention au dossier de l'exécution de cette décision.

Art. 1220-3 Le juge des tutelles ne peut statuer sur une requête concernant un majeur protégé et relative à la protection de sa personne qu'après avoir entendu ou appelé celui-ci sauf si l'audition est de nature à porter atteinte à la santé de l'intéressé ou si celui-ci est hors d'état d'exprimer sa volonté.

Art. 1220-4 Le juge procède à l'audition, s'il l'estime opportun, des personnes énumérées *(Décr. nº 2019-756 du 22 juill. 2019, art. 3-11º)* « aux articles 430, 494-1 et 494-10 » du code civil. Cette audition est de droit lorsqu'elle est sollicitée par une personne demandant à exercer la *(Abrogé par Décr. nº 2019-756 du 22 juill. 2019, art. 3-11º) « mesure de »* protection.

(Décr. nº 2019-756 du 22 juill. 2019, art. 3-11º) « En application des dispositions du deuxième alinéa de l'article 494-4 du code civil, le juge constate l'adhésion ou l'absence d'opposition légitime des personnes visées au deuxième alinéa de l'article 494-1 du code civil après les avoir entendues ou par écrit. »

Art. 1221 Le juge peut, soit d'office, soit à la requête des parties ou du ministère public, ordonner toute mesure d'instruction. Il peut notamment faire procéder à une enquête sociale ou à des constatations par toute personne de son choix.

Art. 1221-1 *(Décr. nº 2009-398 du 10 avr. 2009, art. 3)* Le juge des tutelles qui connaît de la situation d'un mineur peut vérifier auprès du juge des enfants si une procédure d'assistance éducative est ouverte et demander à ce dernier de lui transmettre copie de pièces du dossier en cours, selon les modalités définies à l'article 1187-1.

Art. 1221-2 *(Décr. nº 2009-398 du 10 avr. 2009, art. 3)* Dès lors qu'il est informé qu'une procédure d'assistance éducative est ouverte à l'égard du mineur, le juge des tutelles transmet, à la demande du juge des enfants, copie de toute pièce que ce dernier estime utile.

§ 3 *La consultation du dossier et la délivrance de copies*

Art. 1222 *(Décr. nº 2009-1628 du 23 déc. 2009, art. 6)* « Le dossier peut être consulté au greffe par le requérant jusqu'au prononcé de la décision d'ouverture *(Décr. nº 2019-756 du 22 juill. 2019, art. 3-12º)* « ou d'habilitation » ou, lorsqu'une modification de la mesure de protection *(Décr. nº 2019-756 du 22 juill. 2019, art. 3-12º)* « , une révision ou un renouvellement de l'habilitation » est *(Décr. nº 2019-756 du 22 juill. 2019, art. 3-12º)* « sollicité », jusqu'à ce qu'il soit statué sur *(Décr. nº 2019-756 du 22 juill. 2019, art. 3-12º)* « cette demande ». Il peut être également consulté dans les mêmes conditions et sur autorisation de la juridiction saisie, par une des personnes énumérées *(Décr. nº 2019-756 du 22 juill. 2019, art. 3-12º)* « aux articles 430 et 494-1 » du code civil si elle justifie d'un intérêt légitime. »

Leurs avocats, si elles en ont constitué un, disposent de la même faculté.

Art. 1222-1 A tout moment de la procédure, le dossier peut être consulté au greffe de la juridiction qui le détient, sur demande écrite et sans autre restriction que les nécessités du service, par le majeur à protéger ou protégé, le cas échéant, par son avocat ainsi que par la ou les personnes chargées de la protection.

Lorsque la demande de consultation du dossier émane du majeur, le juge peut, par ordonnance motivée notifiée à l'intéressé, exclure tout ou partie des pièces de la consultation si celle-ci est susceptible de lui causer un préjudice psychique grave.

Art. 1222-2 *(Décr. nº 2016-185 du 23 févr. 2016, art. 7)* Le dossier du mineur sous tutelle peut être consulté au greffe par le requérant, le tuteur, les parents, ou, le cas échéant, leurs avocats, jusqu'à ce qu'il soit statué sur la requête.

A tout moment de la mesure, le mineur capable de discernement, son tuteur ou l'un de ses parents peut demander à consulter son dossier.

Le mineur capable de discernement ne peut consulter le dossier le concernant qu'en présence de son tuteur ou de son avocat. En cas de refus du tuteur et si l'intéressé n'a pas d'avocat, le juge saisit le bâtonnier d'une demande de désignation d'un avocat pour assister le mineur.

Par décision motivée, le juge peut, en l'absence d'avocat, exclure tout ou partie des pièces de la consultation par le requérant ou le mineur lorsque cette consultation serait de nature à causer à ce dernier un préjudice grave.

Dans tous les cas, la consultation ne peut se faire qu'aux jours et heures fixés par le juge.

Les art. 4 à 13 du Décr. nº 2016-185 du 23 févr. 2016 sont applicables aux administrations légales en cours au jour de son entrée en vigueur (Décr. préc., art. 18-II).

Art. 1223 *(Décr. nº 2009-1628 du 23 déc. 2009, art. 7)* « L'avocat du majeur à protéger ou protégé *(Décr. nº 2016-185 du 23 févr. 2016, art. 8-1º)* « , du mineur ou de ses parents » peut se faire délivrer copie de tout ou partie des pièces du dossier. » Il ne peut communiquer les copies ainsi obtenues ou leur reproduction *(Décr. nº 2016-185 du 23 févr. 2016, art. 8-2º)* « au majeur à protéger ou protégé, au mineur » ou à un tiers. — *Les art. 4 à 13 du Décr. nº 2016-185 du 23 févr. 2016 sont applicables aux administrations légales en cours au jour de son entrée en vigueur (Décr. préc., art. 18-II).*

Art. 1223-1 Sous réserve des dispositions de l'article 510 du code civil relatives à la communication des comptes de gestion, le juge des tutelles peut, après le prononcé du jugement de mise sous protection, autoriser, sur justification d'un intérêt légitime, la délivrance d'une copie d'une ou plusieurs pièces du dossier au majeur protégé *(Décr. nº 2016-185 du 23 févr. 2016, art. 9)* « , au mineur âgé de seize ans révolus » ou à la personne chargée de la mesure de protection. — *Les art. 4 à 13 du Décr. nº 2016-185 du 23 févr. 2016 sont applicables aux administrations légales en cours au jour de son entrée en vigueur (Décr. préc., art. 18-II).*

Art. 1223-2 Il ne peut être délivré copie des délibérations du conseil de famille et des décisions de justice afférentes à la mesure de protection qu'aux parties et aux personnes investies des charges tutélaires concernées par ces délibérations et décisions.

Les personnes justifiant d'un intérêt légitime peuvent également en obtenir des extraits sur autorisation du juge des tutelles.

(Décr. nº 2016-185 du 23 févr. 2016, art. 10) « Le mineur devenu majeur peut obtenir copie des délibérations et décisions le concernant. » — *Les art. 4 à 13 du Décr. nº 2016-185 du 23 févr. 2016 sont applicables aux administrations légales en cours au jour de son entrée en vigueur (Décr. préc., art. 18-II).*

Art. 1224 Les décisions du juge prévues aux articles 1222, 1223-1 et 1223-2 sont des mesures d'administration judiciaire.

§ 4 *Les convocations à l'audience (Décr. nº 2019-756 du 22 juill. 2019, art. 3-13º).*

Art. 1225 *(Décr. nº 2019-756 du 22 juill. 2019, art. 3-14º)* Lorsque la convocation n'a pas pu leur être remise, le greffe adresse une convocation à l'audience, au majeur protégé ou à protéger, sauf lorsque le juge a décidé qu'il n'y avait pas lieu de procéder à son audition en application des dispositions du second alinéa de l'article 432 et du premier alinéa de l'article 494-4 du code civil, à la personne chargée de la protection, ainsi que, si le juge l'estime utile, à un ou plusieurs des proches visés aux articles 430 et 494-1 du même code. La convocation est adressée par lettre recommandée avec demande d'avis de réception.

Toutefois lorsqu'il résulte de la requête que seule la dernière adresse de la personne protégée ou à protéger est connue, le greffe invite le requérant à procéder par voie de signification.

Le greffe avise par tous moyens le requérant des lieux, jour et heure de l'audience de prononcé, de modification ou de révision de la mesure de protection des majeurs. Le ministère public en est également avisé et peut adresser, d'office ou à la demande du juge des tutelles, son avis ou ses conclusions sur l'opportunité et les modalités de la protection.

§ 5 *Les décisions du juge des tutelles*

Art. 1226 A l'audience, le juge entend le requérant *(Décr. nº 2019-756 du 22 juill. 2019, art. 3-15º)* « au prononcé » de la *(Abrogé par Décr. nº 2019-756 du 22 juill. 2019, art. 3-15º) « mesure de »* protection, le majeur à protéger, sauf application par le juge des dispositions du second alinéa de l'article 432 *(Décr. nº 2019-756 du 22 juill. 2019, art. 3-15º)* « ou 494-4 » du code civil et, le cas échéant, le ministère public.

Les avocats des parties, lorsqu'elles en ont constitué un, sont entendus en leurs observations.

L'affaire est instruite et jugée en chambre du conseil.

Art. 1227 La requête aux fins *(Abrogé par Décr. nº 2019-756 du 22 juill. 2019, art. 3-16º) « d'ouverture d'une mesure »* de protection d'un majeur est caduque si le juge des tutelles ne s'est pas prononcé sur celle-ci dans l'année où il en a été saisi.

Art. 1228 *(Décr. nº 2009-1628 du 23 déc. 2009, art. 8)* Lorsqu'il fait application de l'article 442 *(Décr. nº 2019-756 du 22 juill. 2019, art. 3-17º)* « ou de l'alinéa 5 de l'article 494-6 » du code civil, le juge statue après avoir entendu ou appelé la personne protégée dans les conditions prévues aux articles 1220 à 1220-2 du présent code et recueilli l'avis de la personne chargée de la *(Abrogé par Décr. nº 2019-756 du 22 juill. 2019, art. 3-17º) « mesure de »* protection. Sa décision est notifiée dans les conditions prévues aux articles 1230 à 1231 du même code.

Toutefois, lorsqu'il y a lieu de renforcer le régime de protection en application du quatrième alinéa de l'article 442 du code civil, il est en outre procédé conformément aux dispositions des articles 1218, 1220-3 à 1221, 1225 et 1226 du présent code.

Art. 1229 Hors les cas où il ordonne un débat contradictoire en application de l'article 1213, le juge statue sur les requêtes qui lui sont adressées après *(Décr. nº 2019-756 du 22 juill. 2019, art. 3-18º)* « le prononcé » de la *(Abrogé par Décr. nº 2019-756 du 22 juill. 2019, art. 3-18º) « mesure de »* protection par le majeur protégé ou la personne chargée de sa protection dans les trois mois de leur réception à moins qu'elles ne nécessitent le recueil d'éléments d'information, la production de pièces complémentaires, le recours à une mesure d'instruction ou toute autre investigation. Dans ce cas, le juge en avertit le requérant et l'informe de la date prévisible à laquelle la décision sera rendue.

§ 6 *Les notifications*

Art. 1230 Toute décision du juge est notifiée, à la diligence du greffe, au requérant, à la personne chargée de la protection ou à l'administrateur légal et à tous ceux dont elle modifie les droits ou les obligations résultant de la mesure de protection.

(Décr. nº 2016-185 du 23 févr. 2016, art. 11) « Elle est également notifiée au mineur âgé de seize ans révolus à moins que son état ne le permette pas.

« En outre, dans le cas de l'article 502 du code civil, elle est notifiée au subrogé tuteur. »

Les art. 4 à 13 du Décr. nº 2016-185 du 23 févr. 2016 sont applicables aux administrations légales en cours au jour de son entrée en vigueur (Décr. préc., art. 18-II).

Art. 1230-1 Le jugement qui statue sur une demande d'ouverture d'une *(Abrogé par Décr. nº 2019-756 du 22 juill. 2019, art. 3-19º)* « *mesure de* » protection *(Décr. nº 2019-756 du 22 juill. 2019, art. 3-19º)* « ou ordonnant l'habilitation familiale » d'un majeur est notifié à la personne protégée elle-même ; avis en est donné au procureur de la République.

Toutefois, le juge peut, par décision spécialement motivée, décider qu'il n'y a pas lieu de notifier le jugement prononçant l'ouverture de la *(Décr. nº 2009-1628 du 23 déc. 2009, art. 9)* « mesure de protection » au majeur protégé si cette information est de nature à porter préjudice à sa santé. Dans ce cas, la notification en est faite à son avocat, s'il en a constitué un, ainsi qu'à la personne que le juge estime la plus qualifiée pour recevoir cette notification.

Le jugement peut être notifié, si le juge l'estime utile, aux personnes qu'il désigne parmi celles que la loi habilite à exercer un recours.

Art. 1231 Les notifications qui doivent être faites à la diligence du greffe le sont par lettre recommandée avec demande d'avis de réception ; le juge peut, toutefois, décider qu'elles seront faites par acte d'huissier de justice.

La délivrance d'une copie certifiée conforme d'une décision du juge ou d'une délibération du conseil de famille, par le greffe contre récépissé daté et signé, vaut notification dès lors que les voies de recours et les sanctions encourues pour recours abusif sont portées à la connaissance de l'intéressé.

§ 7 *L'exécution de la décision*

Art. 1232 *Abrogé par Décr. nº 2009-1628 du 23 déc. 2009, art. 10.*

Art. 1233 Un extrait de toute décision portant ouverture, modification *(Décr. nº 2009-1628 du 23 déc. 2009, art. 11-I)* « de régime ou de durée » ou mainlevée d'une mesure de curatelle ou de tutelle concernant un majeur *(Décr. nº 2019-756 du 22 juill. 2019, art. 3-20º)* « ou un extrait de toute décision accordant, modifiant, renouvelant ou mettant fin à une habilitation familiale générale » est transmis par tout moyen au greffe du tribunal judiciaire *[ancienne rédaction : tribunal de grande instance]* dans le ressort duquel est née la personne protégée, à fin de conservation au répertoire civil et de publicité par mention en marge de l'acte de naissance selon les modalités prévues au chapitre III du présent titre.

Lorsque la décision est rendue par le juge des tutelles, la transmission est faite par le greffe du tribunal judiciaire *[ancienne rédaction : tribunal d'instance]* dans les quinze jours qui suivent l'expiration des délais de recours.

(Décr. nº 2009-1628 du 23 déc. 2009, art. 11-I) « Lorsque la décision est rendue par la cour d'appel, la transmission est faite par le greffe de cette cour dans les quinze jours de l'arrêt. »

Lorsqu'une mesure de protection a pris fin par l'expiration du délai fixé *(Décr. nº 2019-756 du 22 juill. 2019, art. 3-20º)* « ou pour une autre cause que celle visée au premier alinéa et à l'article 494-11 du code civil », avis en est donné par tout moyen et aux mêmes fins par le greffe du tribunal judiciaire *[ancienne rédaction : tribunal d'instance]*, *(Décr. nº 2019-756 du 22 juill. 2019, art. 3-20º)* « d'office ou après avoir été » saisi par tout intéressé, au greffe du tribunal judiciaire *[ancienne rédaction : tribunal de grande instance]* dans le ressort duquel est née la personne protégée.

SOUS-SECTION 3 *Le conseil de famille*

§ 1 *Dispositions communes aux mineurs et aux majeurs*

Art. 1234 Le conseil de famille est convoqué par le juge des tutelles.

Sa réunion est de droit si elle est requise :

1º Soit par deux de ses membres ;

2º Soit par le tuteur ou le subrogé tuteur ;

3º Soit par le mineur lui-même âgé de seize ans révolus ;

4º Soit par le majeur protégé.

Le conseil de famille est également convoqué à la demande du mineur âgé de moins de seize ans et capable de discernement, sauf décision contraire spécialement motivée du juge.

Art. 1234-1 La convocation est adressée huit jours au moins avant la date de la réunion.

Art. 1234-2 Les membres du conseil de famille sont tenus de se rendre en personne à la réunion. Ceux qui, sans excuse légitime, ne s'y présenteraient pas peuvent voir leur charge tutélaire retirée par application des dispositions de l'article 396 du code civil.

Art. 1234-3 Le conseil de famille ne peut délibérer que si la moitié au moins de ses membres est présente. Si ce nombre n'est pas atteint, le juge peut soit ajourner la réunion, soit prendre lui-même la décision en cas d'urgence.

Art. 1234-4 Si le juge des tutelles estime que le conseil peut se prononcer sur une délibération sans que la tenue d'une réunion soit nécessaire, il communique à chacun des membres du conseil le texte de la délibération correspondante en y joignant tous éclaircissements utiles.

Chaque membre émet son vote dans le délai et selon les modalités impartis par le juge ; à défaut, il peut voir sa charge tutélaire retirée par application des dispositions de l'article 396 du code civil.

Art. 1234-5 Toute délibération du conseil de famille est prise à la majorité simple des votes exprimés.

Art. 1234-6 Les réunions du conseil de famille ne sont pas publiques. Les membres du conseil de famille sont tenus à l'obligation de secret à l'égard des tiers.

Art. 1234-7 Sauf si le juge l'estime contraire à son intérêt, le mineur ou le majeur protégé peut assister à la réunion du conseil, mais seulement à titre consultatif.

Art. 1235 La délibération du conseil de famille est motivée. Toutes les fois qu'elle n'est pas prise à l'unanimité, l'avis de chacun de ses membres est mentionné dans le procès-verbal.

§ 2 *Dispositions relatives aux mineurs*

Art. 1236 Préalablement à la réunion du conseil de famille d'un mineur, le juge procède ou fait procéder à l'audition de celui-ci, s'il est capable de discernement, dans les conditions prévues à l'article 388-1 du code civil.

§ 3 *Dispositions relatives aux majeurs*

Art. 1237 La décision du juge autorisant, conformément aux dispositions de l'article 457 du code civil, le conseil de famille à se réunir et à délibérer hors de sa présence est une mesure d'administration judiciaire. Les membres du conseil de famille en sont informés par le greffe.

Art. 1237-1 A l'issue de la réunion de ce conseil, chaque membre présent appose sa signature sur la délibération prise.

Dans les huit jours, le président du conseil remet la délibération au greffe ou la lui adresse par lettre recommandée avec demande d'avis de réception.

Art. 1238 L'opposition du juge à la délibération ainsi prise est formée dans les quinze jours de la remise ou de la réception de celle-ci, par ordonnance non susceptible de recours.

Tout membre du conseil de famille peut également s'opposer à la délibération dans les quinze jours de celle-ci, par requête au juge.

Dans tous les cas, le juge, par la même ordonnance, convoque et réunit dans le délai d'un mois le conseil de famille dont il assure alors la présidence, afin qu'il soit à nouveau délibéré sur le même objet.

Les articles 1234-1 à 1235 *(Décr. nº 2009-1628 du 23 déc. 2009, art. 12)* « et 1239-3 » sont alors applicables.

SOUS-SECTION 4 *L'appel*

(Décr. nº 2009-1628 du 23 déc. 2009, art. 2, en vigueur le 1er janv. 2010)

Art. 1239 Sauf disposition contraire, les décisions du juge des tutelles et les délibérations du conseil de famille sont susceptibles d'appel.

Sans préjudice des dispositions prévues par les articles 1239-1 à 1239-3, l'appel est ouvert aux personnes énumérées *(Décr. nº 2019-756 du 22 juill. 2019, art. 3-21º)* « aux articles 430 et 494-1 » du code civil, même si elles ne sont pas intervenues à l'instance.

Le délai d'appel est de quinze jours.

Les parties ne sont pas tenues de constituer avocat *(Abrogé par Décr. nº 2012-634 du 3 mai 2012, art. 21-1º)* *« ou avoué »*.

Art. 1239-1 Dans le cadre du partage amiable prévu *(Décr. nº 2016-185 du 23 févr. 2016, art. 12-1º)* « à l'article 507 du code civil », l'appel contre une délibération du conseil de famille ou une décision du juge des tutelles est ouvert *(Abrogé par Décr. nº 2016-185 du 23 févr. 2016, art. 12-2º)* *« à l'administrateur légal ou »* au tuteur, aux membres du conseil

de famille et aux autres parties intéressées au partage. — *Les art. 4 à 13 du Décr. n° 2016-185 du 23 févr. 2016 sont applicables aux administrations légales en cours au jour de son entrée en vigueur (Décr. préc., art. 18-II).*

Art. 1239-2 **L'appel contre le jugement qui refuse** *(Décr. n° 2019-756 du 22 juill. 2019, art. 3-22°)* **« de prononcer » une mesure de protection à l'égard d'un majeur n'est ouvert qu'au requérant.**

Art. 1239-3 **Sans préjudice des dispositions prévues par l'article 1239-1, l'appel contre une délibération du conseil de famille est ouvert à tous ses membres et au juge des tutelles, quel qu'ait été leur avis lors de la délibération.**

Art. 1240 **Le ministère public peut former appel jusqu'à l'expiration d'un délai de quinze jours suivant la remise de l'avis qui lui a été donné de la délibération prise ou de la décision rendue.**

Art. 1241 **Le délai d'appel contre les jugements statuant sur une mesure de protection à l'égard d'un majeur court :**

1° A l'égard du majeur protégé, à compter de la notification prévue à l'article 1230-1 ;

2° A l'égard des personnes à qui le jugement doit être notifié, à compter de cette notification ;

3° A l'égard des autres personnes, à compter du jugement.

Art. 1241-1 **Le délai d'appel contre les ordonnances rendues par le juge des tutelles court :**

1° A l'égard des personnes à qui l'ordonnance doit être notifiée, à compter de cette notification ;

2° A l'égard des autres personnes, à compter de l'ordonnance.

Art. 1241-2 **Le délai d'appel contre une délibération du conseil de famille court à compter de cette délibération, hors le cas de l'article 1234-4 où il ne court contre les membres du conseil de famille que du jour où la délibération leur a été notifiée.**

Art. 1242 **L'appel est formé par déclaration faite ou adressée par lettre recommandée avec demande d'avis de réception au greffe de la juridiction de première instance.**

Le greffier enregistre l'appel à sa date ; il délivre ou adresse *[,]* **par lettre simple, récépissé de la déclaration.**

Il transmet sans délai une copie du dossier à la cour.

Art. 1242-1 **Lorsque l'appel est formé par le juge des tutelles, celui-ci joint au dossier une note exposant les motifs de son recours.**

Art. 1243 **Lorsque l'appelant restreint son appel à l'un des chefs de la décision autre que** *(Décr. n° 2019-756 du 22 juill. 2019, art. 3-18°)* **« le prononcé » de la** *(Abrogé par Décr. n° 2019-756 du 22 juill. 2019, art. 3-18°) « mesure de »* **protection, il le précise.**

Art. 1243-1 *(Décr. n° 2019-756 du 22 juill. 2019, art. 3-23°)* **Le greffier avise le procureur général des appels interjetés en matière de protection juridique des majeurs, sauf lorsque ce dernier est l'appelant.**

Devant la cour d'appel, la communication au ministère public des affaires relatives à la protection juridique des majeurs a lieu conformément aux dispositions des articles 424 et 426 à 428 du présent code.

Art. 1244 **Le greffier de la cour convoque à l'audience prévue pour les débats :**

1° S'il en a constitué un, l'avocat du requérant, par tout moyen ;

2° L'appelant et les personnes auxquelles la décision ou la délibération a été notifiée, par lettre recommandée avec demande d'avis de réception, ainsi que, le cas échéant, leurs avocats.

Ces dernières ont le droit d'intervenir devant la cour.

(Décr. n° 2019-756 du 22 juill. 2019, art. 3-24°) **« Le ministère public est également avisé et peut adresser, d'office ou à la demande de la cour, son avis ou ses conclusions sur l'opportunité et les modalités de la protection. »**

Art. 1244-1 **La convocation est adressée, dès la fixation de l'audience prévue pour les débats et au moins quinze jours à l'avance, par lettre recommandée avec demande d'avis de réception. Une copie de la convocation est adressée aux personnes concernées par lettre simple.**

La convocation vaut citation.

Art. 1245 L'appel est instruit et jugé en chambre du conseil.

La procédure est orale.

Les prétentions des parties ou la référence qu'elles font aux prétentions qu'elles auraient formulées par écrit sont notées au dossier ou consignées dans un procès-verbal.

A l'audience, la cour entend l'appelant, le majeur à protéger ou protégé, sauf application par la cour des dispositions du second alinéa de l'article 432 *(Décr. nº 2019-756 du 22 juill. 2019, art. 3-10º)* « ou de l'article 494-4 » du code civil et, le cas échéant, le ministère public.

Les avocats des parties, lorsqu'elles en ont constitué un, sont entendus en leurs observations.

Art. 1245-1 A moins que l'affaire ne soit jugée dès la première audience, le greffier avise de la date des audiences ultérieures les personnes convoquées qui ne l'auraient pas été verbalement.

Art. 1246 La cour peut, même d'office, substituer une décision nouvelle à celle du juge des tutelles ou à la délibération du conseil de famille.

Jusqu'à la clôture des débats devant la cour, le juge des tutelles et le conseil de famille demeurent compétents pour prendre toute décision ou délibération nécessaire à la préservation des droits et intérêts de la personne protégée. Le greffe de la juridiction de première instance transmet immédiatement copie de cette décision ou délibération au greffe de la cour.

Art. 1246-1 La décision de la cour est notifiée à la diligence de son greffe.

Le dossier, auquel est jointe une copie certifiée conforme de l'arrêt, est alors renvoyé sans délai au greffe de la juridiction de première instance.

Art. 1247 Si l'appel formé contre une décision du juge des tutelles ou une délibération du conseil de famille est rejeté, celui qui l'a introduit, à l'exception du juge, peut être condamné aux dépens et à des dommages-intérêts.

SOUS-SECTION 5 *La sauvegarde de justice*

Art. 1248 La déclaration aux fins de sauvegarde de justice prévue par l'article L. 3211-6 du code de la santé publique est transmise au procureur de la République du lieu de traitement. Celui-ci en avise, le cas échéant, le procureur de la République du lieu de la résidence habituelle du majeur protégé.

Art. 1249 La décision par laquelle le juge des tutelles place un majeur sous sauvegarde de justice en application de l'article 433 du code civil est notifiée au requérant et au majeur protégé et est transmise au procureur de la République. Celui-ci en avise, le cas échéant, le procureur de la République du lieu de la résidence habituelle de l'intéressé ou du lieu de traitement.

Ce placement ne peut faire l'objet d'aucun recours.

Art. 1250 Les personnes mentionnées aux articles 1230 et 1230-1 peuvent former un recours contre la décision par laquelle le juge des tutelles désigne un mandataire spécial par application du deuxième alinéa de l'article 437 du code civil ou modifie ultérieurement les pouvoirs de ce mandataire.

Art. 1251 Le procureur de la République qui reçoit la déclaration aux fins de sauvegarde de justice prévue par l'article L. 3211-6 du code de la santé publique ou la décision du juge des tutelles prévue à l'article 1249 les mentionne sur un répertoire spécialement tenu à cet effet.

(Décr. nº 2009-1628 du 23 déc. 2009, art. 13) « La déclaration aux fins de faire cesser la sauvegarde, la décision du juge des tutelles mettant fin à celle-ci ainsi que les radiations sont portées en marge de la mention initiale. »

Les déclarations en renouvellement sont portées à leur date sur le répertoire.

Art. 1251-1 *(Décr. nº 2009-1628 du 23 déc. 2009, art. 14)* « Peuvent obtenir du procureur de la République copie de la déclaration aux fins de sauvegarde de justice mentionnée au premier alinéa de l'article 1251 ou de la décision du juge des tutelles prévue à l'article 1249 : »

1º Les autorités judiciaires ;

2º Les personnes qui ont qualité, selon l'article 430 du code civil, pour demander l'ouverture d'une mesure de protection ;

3° Les avocats, *(Abrogé par Décr. nº 2012-634 du 3 mai 2012, art. 21-1º)* « avoués, » notaires et huissiers de justice qui justifient de l'utilité de la déclaration dans le cadre d'un acte relevant de l'exercice de leurs fonctions.

Art. 1252 Lorsque les biens d'un majeur placé sous sauvegarde de justice risquent d'être mis en péril, le procureur de la République ou le juge des tutelles peuvent prendre toutes mesures conservatoires et, notamment, requérir ou ordonner l'apposition des scellés. *(Décr. nº 2011-1043 du 1er sept. 2011, art. 2-3º)* « En cas de difficulté, l'huissier de justice en informe le juge des tutelles ou le procureur de la République. »

Les frais occasionnés par ces mesures sont assimilés aux frais de justice prévus au 3° de l'article R. 93 du code de procédure pénale.

L'art. 2 du Décr. nº 2011-1043 du 1er sept. 2011 n'est pas applicable dès lors qu'un greffier en chef a déjà procédé, à la date de sa publication, à une mesure conservatoire ou qu'il a été saisi à cette fin. Il est applicable aux îles Wallis-et-Futuna (Décr. préc., art. 9 et 11).

Art. 1252-1 S'il apparaît que la consistance des biens ne justifie pas l'apposition des scellés, le procureur de la République ou le juge des tutelles peuvent requérir *(Décr. nº 2011-1043 du 1er sept. 2011, art. 2-4º)* « de tout huissier de justice », du commissaire de police, du commandant de la brigade de gendarmerie ou du maire, de dresser un état descriptif du mobilier et, si les lieux sont inoccupés, d'en assurer la clôture et d'en conserver les clés.

Les clés sont restituées, contre récépissé, au majeur protégé dès son retour dans les lieux. Elles ne peuvent être remises à d'autres personnes qu'en vertu d'une autorisation du procureur de la République ou du juge des tutelles.

V. note ss. art. 1252.

SOUS-SECTION 6 *La curatelle et la tutelle*

§ 1 *Dispositions communes aux mineurs et aux majeurs*

Art. 1253 Les opérations d'inventaire de biens prévues à l'article 503 du code civil sont réalisées en présence de la personne protégée, si son état de santé ou son âge le permet, de son avocat le cas échéant, ainsi que, si l'inventaire n'est pas réalisé par un officier public ou ministériel, de deux témoins majeurs qui ne sont pas au service de la personne protégée ni de la personne exerçant la mesure de protection.

Cet inventaire contient une description des meubles meublants, une estimation des biens immobiliers ainsi que des biens mobiliers ayant une valeur de réalisation supérieure à 1 500 euros, la désignation des espèces en numéraire et un état des comptes bancaires, des placements et des autres valeurs mobilières.

L'inventaire est daté et signé par les personnes présentes.

Art. 1254 Au terme de la mission annuelle de vérification et d'approbation du compte de gestion, un exemplaire de celui-ci est versé au dossier du tribunal par la personne chargée de cette mission.

Art. 1254-1 *(Décr. nº 2011-1470 du 8 nov. 2011, art. 1er)* Pour l'application de l'article 511 du code civil, lorsque les ressources de la personne protégée le permettent et que le *(Décr. nº 2017-892 du 6 mai 2017, art. 68-I-1º)* « directeur de greffe » l'estime utile, ce dernier peut solliciter, aux frais de la personne protégée, l'assistance d'un huissier de justice dans sa mission de vérification des comptes. La personne protégée et la personne désignée pour exercer la mesure de protection en sont informées par tout moyen ; ceux-ci peuvent déférer cette décision au juge des tutelles, qui statue sur la requête par une ordonnance non susceptible de recours. L'huissier de justice peut consulter l'ensemble des pièces relatives aux comptes figurant dans le dossier de la personne protégée, au greffe de la juridiction qui le détient, sans autre restriction que les nécessités du service, et en conserver les copies nécessaires à l'exécution de sa mission, mais ne peut les communiquer à un tiers.

§ 2 *Dispositions relatives aux majeurs*

Art. 1255 La désignation anticipée du curateur ou du tuteur prévue par l'article 448 du code civil ne peut être faite que par une déclaration devant notaire ou par un acte écrit en entier, daté et signé de la main du majeur concerné.

Art. 1256 *(Décr. nº 2008-1485 du 22 déc. 2008, art. 3)* Lorsque le certificat médical décrit par l'article 431 du code civil et l'avis médical mentionné aux articles 426 et 432 du même code sont requis par le procureur de la République ou ordonné par le juge des tutelles, il

est pris en charge dans les conditions prévues par le 3° de l'article R. 93 du code de procédure pénale.

Le Décr. nº 2008-1485 du 22 déc. 2008 s'applique aux certificats et avis médicaux établis à compter du premier jour du mois qui suit celui de sa publication (Décr. préc., art. 5).

Art. 1257 **Quand le majeur en curatelle demande une autorisation supplétive, le juge des tutelles ne peut statuer qu'après avoir entendu ou appelé le curateur.**

SECTION 2 *Dispositions relatives au mandat de protection future*

Art. 1258 **Pour la mise en œuvre du mandat de protection future établi en application du premier alinéa de l'article 477 du code civil, le mandataire se présente en personne au greffe du tribunal judiciaire** *[ancienne rédaction : tribunal d'instance]* **dans le ressort duquel réside le mandant, accompagné de ce dernier, sauf s'il est établi, par certificat médical, que sa présence au tribunal est incompatible avec son état de santé.**

Le mandataire présente au greffier :

1° L'original du mandat ou sa copie authentique, signé du mandant et du mandataire ;

2° Un certificat médical datant de deux mois au plus, émanant d'un médecin inscrit sur la liste mentionnée à l'article 431 du code civil et établissant que le mandant se trouve dans l'une des situations prévues à l'article 425 du même code ;

3° Une pièce d'identité relative respectivement au mandataire et au mandant ;

4° Un justificatif de la résidence habituelle du mandant.

Art. 1258-1 **Pour la mise en œuvre du mandat de protection future établi en application du troisième alinéa de l'article 477 du code civil, le mandataire se présente en personne au greffe du tribunal judiciaire** *[ancienne rédaction : tribunal d'instance]* **dans le ressort duquel réside le bénéficiaire du mandat, accompagné de ce dernier, sauf s'il est établi, par certificat médical, que sa présence au tribunal est incompatible avec son état de santé.**

Le mandataire présente au greffier :

1° La copie authentique du mandat, signé du mandant et du mandataire ;

2° Un certificat de décès du mandant ou un certificat médical datant de deux mois au plus, émanant d'un médecin inscrit sur la liste mentionnée à l'article 431 du code civil et établissant que le mandant se trouve dans l'une des situations prévues à l'article 425 du même code ;

3° Un certificat médical datant de deux mois au plus, émanant d'un médecin inscrit sur la liste mentionnée à l'article 431 du code civil et établissant que l'enfant majeur du mandant désigné comme le bénéficiaire du mandat se trouve dans l'une des situations prévues à l'article 425 du même code ;

4° Une pièce d'identité relative respectivement au mandataire et au bénéficiaire du mandat ;

5° Un justificatif de la résidence habituelle du bénéficiaire du mandat.

Art. 1258-2 Le greffier vérifie en outre, au vu des pièces produites, que :

1° Le mandant et le mandataire étaient majeurs ou mineurs émancipés à la date d'établissement du mandat ;

2° Les modalités du contrôle de l'activité du mandataire sont formellement prévues ;

3° L'avocat a contresigné le mandat lorsqu'il a établi celui-ci en application de l'article 492 du code civil ;

4° Le curateur a contresigné le mandat, si le mandant a indiqué dans celui-ci être placé sous curatelle ;

5° Le mandataire, s'il est une personne morale, justifie être inscrit sur la liste prévue à l'article L. 471-2 du code de l'action sociale et des familles.

Art. 1258-3 Si l'ensemble des conditions requises est rempli, le greffier, après avoir paraphé chaque page du mandat, mentionne, en fin d'acte, que celui-ci prend effet à compter de la date de sa présentation au greffe, y appose son visa et le restitue au mandataire, accompagné des pièces produites.

Si le greffier estime les conditions non remplies, il restitue, sans le viser, le mandat au mandataire ainsi que les pièces qui l'accompagnent.

Dans ce cas, le mandataire peut saisir le juge par requête. Celui-ci peut se prononcer sans débat et sa décision n'est pas susceptible d'appel. Si le juge estime les conditions requises remplies, le greffier procède, à la demande du mandataire, conformément au premier alinéa.

Art. 1258-4 Le mandant ou le bénéficiaire du mandat qui n'a pas comparu devant le greffier du tribunal est informé par le mandataire de la prise d'effet du mandat de protection future par lettre recommandée avec demande d'avis de réception.

Art. 1259 Le rétablissement des facultés personnelles de la personne protégée est constaté par un certificat médical datant de deux mois au plus, émanant d'un médecin choisi sur la liste mentionnée à l'article 431 du code civil, saisi par le bénéficiaire du mandat, le mandant ou son mandataire et établissant que la personne protégée ne se trouve plus dans l'une des situations prévues à l'article 425 du même code.

Le bénéficiaire du mandat, le mandant ou le mandataire peuvent se présenter à tout moment au greffe du tribunal judiciaire *[ancienne rédaction applicable jusqu'au 31 déc. 2019 : tribunal d'instance]* pour faire constater la fin du mandat au vu de ce certificat.

Si les conditions prévues au premier alinéa sont remplies, le greffier mentionne sur le mandat que celui-ci prend fin à compter de la date de sa présentation au greffe, y appose son visa et le restitue au comparant avec le certificat produit.

Si le greffier estime les conditions non remplies, il restitue le mandat sans le viser au comparant ainsi que le certificat produit.

Dans ce cas, le bénéficiaire *(Décr. n° 2009-1628 du 23 déc. 2009, art. 15)* « du mandat », le mandant ou le mandataire peut saisir le juge par requête. Celui-ci peut se prononcer sans débat et sa décision n'est pas susceptible d'appel. Si le juge estime les conditions requises remplies, le greffier procède, à la demande du bénéficiaire du mandat, du mandant ou du mandataire, conformément au troisième alinéa.

Art. 1259-1 Le bénéficiaire du mandat, le mandant ou le mandataire qui n'a pas comparu devant le greffier est informé par le comparant de la fin de l'exécution du mandat par lettre recommandée avec demande d'avis de réception.

Art. 1259-2 Le juge peut suspendre les effets du mandat de protection future dans la décision d'ouverture d'une mesure de sauvegarde de justice ou, si l'existence du mandat est portée à sa connaissance postérieurement à cette ouverture, par une décision prise en cours de déroulement de la mesure.

Le greffier avise le mandataire et la personne placée sous sauvegarde de justice de cette suspension par lettre simple.

Lorsque la mesure de sauvegarde de justice prend fin, le mandat de protection future reprend effet de plein droit à moins que le juge révoque celui-ci ou ouvre une mesure de protection juridique. Le greffier en avise par tout moyen le mandataire et la personne dont le placement sous sauvegarde de justice a pris fin.

Art. 1259-3 *(Décr. n° 2009-1628 du 23 déc. 2009, art. 16)* « La saisine du juge sur le fondement des articles 479, 480, 484 ou 493 du code civil s'effectue par requête remise ou adressée au greffe. La requête indique les nom, prénom et adresse du mandant ou du bénéficiaire du mandat lorsque celui-ci n'est pas le mandant et du mandataire.

« Le juge territorialement compétent est celui de la résidence habituelle du mandant ou du bénéficiaire du mandat lorsque celui-ci n'est pas le mandant.

« Dans les quinze jours de la requête, le greffe adresse une convocation à l'audience au mandant ou au bénéficiaire du mandat lorsque celui-ci n'est pas le mandant et au mandataire par lettre recommandée avec demande d'avis de réception, à laquelle est jointe une copie de la requête.

« Toutefois, lorsqu'il résulte de celle-ci que seule la dernière adresse du mandant ou du bénéficiaire du mandat lorsque celui-ci n'est pas le mandant ou du mandataire est connue, le greffe invite le requérant à procéder par voie de signification. »

(Décr. n° 2015-282 du 11 mars 2015, art. 13) « Le greffe avise par tous moyens le requérant des lieu, jour et heure de l'audience. »

Les parties se défendent elles-mêmes ; elles ont la faculté de se faire assister ou représenter par un avocat.

La procédure est orale.

Les dispositions des articles 1231 *(Abrogé par Décr. n° 2010-1647 du 28 déc. 2010, art. 15)* *«, 1232»* et 1239 sont applicables.

Art. 1259-4 Lorsque le juge met fin au mandat de protection future, sa décision est notifiée au mandataire et au mandant ou au bénéficiaire du mandat par lettre recommandée avec demande d'avis de réception.

Art. 1259-5 *(Décr. nº 2009-1628 du 23 déc. 2009, art. 17)* La décision du juge autorisant, en application des articles 485 et 493 du code civil, le mandataire de protection future ou un mandataire *ad hoc* à accomplir des actes non couverts par le mandat n'est susceptible de recours que par le mandant ou le bénéficiaire du mandat lorsque celui-ci n'est pas le mandant, le mandataire, la personne chargée du contrôle de l'exécution du mandat et ceux dont elle modifie les droits ou les charges.

Art. 1260 Les dispositions de l'article 1253 sont applicables au mandat de protection future.

SECTION 2 *BIS* [ABROGÉE] ***Dispositions relatives à l'habilitation familiale***
(Abrogée par Décr. nº 2019-756 du 22 juill. 2019, art. 3-25º)

Art. 1260-1 *Le juge des tutelles territorialement compétent est celui de la résidence habituelle de la personne à l'égard de qui l'habilitation est sollicitée ou faisant l'objet de l'habilitation.*

Art. 1260-2 *Le juge est saisi par requête remise ou adressée au greffe du tribunal d'instance.*
La requête indique, à peine de nullité, les nom, prénoms et adresse :
— de la personne à l'égard de qui l'habilitation est sollicitée ou de la personne faisant l'objet de l'habilitation familiale ;
— de la personne habilitée.

Art. 1260-3 *La requête aux fins de désignation d'une personne habilitée ou aux fins de son renouvellement comporte, à peine d'irrecevabilité, les éléments mentionnés aux deux alinéas qui suivent :*
1º Le certificat médical circonstancié prévu à l'article 431 du code civil ;
2º L'énoncé des faits qui appellent cette protection au regard de l'article 494-2 du même code ;
Il est également fait mention de tout élément utile concernant la situation familiale de la personne à l'égard de qui l'habilitation est sollicitée et notamment l'identité des proches mentionnés à l'article 494-1 du code civil, la situation financière et patrimoniale de l'intéressé, le nom du médecin traitant si celui-ci est connu du requérant.

Art. 1260-4 *Lorsque la requête est présentée aux fins de renouvellement, il est joint à celle-ci une copie de la décision ayant délivré l'habilitation familiale.*

Art. 1260-5 *Les dispositions des articles 1212 à 1214, 1216 et 1256 sont applicables. Pour l'application de l'article 1256, l'avis du médecin mentionné au premier alinéa de l'article 494-4 est assimilé à l'avis médical mentionné à l'article 432 du code civil.*

Art. 1260-6 *Lorsqu'il statue sur une requête aux fins de délivrance d'une habilitation familiale ou de renouvellement de l'habilitation familiale générale, le juge entend la personne faisant l'objet de l'habilitation, dans les conditions prévues au premier alinéa de l'article 494-4 du code civil. Lorsque la personne à l'égard de qui une habilitation familiale est sollicitée ou qui fait l'objet d'une habilitation familiale est entendue, les dispositions des articles 1220 à 1220-3 sont applicables. Pour l'application des dispositions de l'article 1220-2, la décision du juge est prise en application des dispositions du premier alinéa de l'article 494-4 du code civil.*
Le juge procède à l'audition :
— de la personne demandant à être habilitée ;
— de la personne habilitée en cas de renouvellement de l'habilitation et dans les hypothèses visées au deuxième alinéa de l'article 494-10 du code civil.
Le juge peut, s'il l'estime opportun, procéder à l'audition :
— de la personne habilitée dans les hypothèses non visées par l'alinéa précédent ;
— des personnes visées à l'article 494-1 du code civil.

Art. 1260-7 *En application des dispositions du deuxième alinéa de l'article 494-4 du code civil, le juge constate l'adhésion ou l'absence d'opposition légitime des personnes visées au deuxième alinéa de l'article 494-1 du code civil après les avoir entendus ou par écrit.*

Art. 1260-8 *Les dispositions de l'article 1221 sont applicables à l'instruction de la requête.*

Art. 1260-9 *Le greffe adresse une convocation à l'audience, sauf lorsque le juge a décidé qu'il n'y avait pas lieu de procéder à son audition en application des dispositions du premier alinéa de l'article 494-4 du code civil, à la personne à l'égard de qui une habilitation familiale est sollicitée ou faisant l'objet d'une habilitation, à la personne habilitée ainsi que, si le juge l'estime utile, à un ou plusieurs des proches visés à l'article 494-1 du même code. La convocation est adressée par lettre recommandée avec demande d'avis de réception, à laquelle est jointe une copie de la requête.*

Toutefois lorsqu'il résulte de celle-ci que seule la dernière adresse de la personne faisant l'objet de l'habilitation ou de la personne habilitée est connue, le greffe invite le requérant à procéder par voie de signification.

Le greffe avise par tous moyens le requérant des lieux, jour et heure de l'audience. Lorsqu'il est requérant, le ministère public en est également avisé.

Art. 1260-10 *A l'audience, le juge entend le requérant, la personne à l'égard de qui l'habilitation est sollicitée ou la personne faisant l'objet de l'habilitation, sauf application par le juge des dispositions du premier alinéa de l'article 494-4, et, le cas échéant, le ministère public, qui peut également faire connaître son avis par écrit.*

Les deux derniers alinéas de l'article 1226 et l'article 1227 sont applicables.

Art. 1260-11 *La décision statuant sur une demande de délivrance d'une habilitation familiale est notifiée à la personne à l'égard de qui l'habilitation est sollicitée, aux personnes visées au deuxième alinéa de l'article 494-4 du code civil et à la personne demandant à être habilitée ; avis en est donné au procureur de la République.*

Les décisions du juge statuant sur d'autres demandes que celles visées à l'alinéa précédent sont notifiées au requérant, à la personne faisant l'objet de l'habilitation, à la personne habilitée. Elles peuvent également être notifiées, si le juge l'estime utile, aux proches qu'il désigne parmi ceux mentionnés à l'article 494-1 du code civil. Avis en est donné au procureur de la République.

Les dispositions de l'article 1231 sont applicables.

Art. 1260-12 *Un extrait de toute décision accordant, modifiant, renouvelant ou ordonnant la mainlevée d'une habilitation familiale générale est transmis par tout moyen au greffe du tribunal de grande instance dans le ressort duquel est née la personne faisant l'objet de l'habilitation aux mêmes fins et aux mêmes conditions que celles prévues à l'article 1233.*

Lorsque l'habilitation a pris fin pour une autre cause que celle visée à l'alinéa précédent avis en est donné par tous moyens et aux mêmes fins par le greffe du tribunal d'instance, saisi par tout intéressé, au greffe du tribunal de grande instance dans le ressort duquel est née la personne faisant l'objet de l'habilitation.

Les décisions du juge des tutelles sont susceptibles d'appel dans un délai de quinze jours à compter de la notification de la décision pour les personnes auxquelles la décision a été notifiée et à compter de la remise de l'avis pour le procureur de la République.

Les parties ne sont pas tenues de constituer avocat.

Les dispositions des articles 1242, 1243 à 1247 sont applicables. Toutefois, pour l'application du quatrième alinéa de l'article 1245, la cour entend la personne à l'égard de qui une habilitation est sollicitée ou faisant l'objet d'une habilitation conformément aux dispositions du premier alinéa de l'article 494-4 du code civil.

SECTION 3 *Dispositions applicables aux pupilles de l'État*

Art. 1261 Par dérogation aux dispositions de l'article 1242, le recours contre les délibérations du conseil de famille des pupilles de l'État est formé par requête signée par un avocat et remise ou adressée par lettre recommandée avec demande d'avis de réception au greffe *(Décr. n° 2012-1443 du 24 déc. 2012, art. 3-1°)* « de la cour d'appel ».

La procédure prévue aux articles 1244 *(Décr. n° 2012-1443 du 24 déc. 2012, art. 3-2°)* « à 1245-1 » est applicable.

L'art. 3 du Décr. n° 2012-1443 du 24 déc. 2012 est applicable à Wallis-et-Futuna (Décr. préc., art. 6).

Art. 1261-1 La demande relative au recours contre l'arrêté d'admission en qualité de pupille de l'État prévu aux articles L. 224-4 et L. 224-8 du code de l'action sociale et des familles est portée devant le tribunal judiciaire *[ancienne rédaction : tribunal de grande instance]* dans le ressort duquel l'arrêté est pris.

Les dispositions *(Décr. n° 2019-1333 du 11 déc. 2019, art. 29-19°)* « du premier alinéa de l'article 1203 et des articles 1208-2 et 1208-4 » sont applicables à la demande et à l'instance.

(Décr. n° 2019-1333 du 11 déc. 2019, art. 29-19°) « Le greffier convoque les intéressés à l'audience par lettre recommandée avec avis de réception. »

Le jugement est prononcé en audience publique. Il est notifié par le greffier au demandeur, au tuteur et au président du *(Décr. n° 2017-892 du 6 mai 2017, art. 69)* « conseil départemental ».

Les voies de recours sont régies par les dispositions *(Décr. n° 2019-1333 du 11 déc. 2019, art. 29-19°)* « des articles 1209 et 1209-1 ».

CHAPITRE XI LA MESURE D'ACCOMPAGNEMENT JUDICIAIRE

(Décr. nº 2008-1276 du 5 déc. 2008, art. 2)

L'art. 2 du Décr. nº 2008-1276 du 5 déc. 2008 est entré en vigueur le 1er janv. 2009. Ses dispositions sont applicables aux procédures en cours (Décr. préc., art. 5).

Art. 1262 Lorsqu'après avoir reçu le rapport prévu à l'article L. 271-6 du code de l'action sociale et des familles le procureur de la République saisit le juge des tutelles, il en informe aussitôt le président du *(Décr. nº 2017-892 du 6 mai 2017, art. 69)* « conseil départemental » par tout moyen. Il en est de même lorsqu'il estime n'y avoir lieu à cette saisine.

Art. 1262-1 Le juge des tutelles territorialement compétent est celui de la résidence habituelle de la personne qui perçoit les prestations sociales.

Art. 1262-2 Le juge des tutelles est saisi par requête du procureur de la République à laquelle est joint le rapport mentionné à l'article 1262.

Le juge recueille toutes informations utiles. Le greffier convoque à l'audience, par lettre recommandée avec demande d'avis de réception, la personne qui perçoit les prestations, ainsi que celles dont le juge estime l'audition utile.

Le dossier peut être consulté au greffe jusqu'à ce que le juge ait statué par la personne qui perçoit les prestations, sur demande écrite de sa part et sans autre restriction que les nécessités du service.

Art. 1262-3 L'audience n'est pas publique.

Les tiers ne peuvent obtenir copie des décisions rendues que sur autorisation du juge des tutelles et s'ils justifient d'un intérêt légitime.

Art. 1262-4 Le juge statue dans le mois qui suit le dépôt de la requête.

Sa décision n'est pas susceptible d'opposition.

Art. 1262-5 La décision est notifiée à la personne qui perçoit les prestations et, le cas échéant, au mandataire judiciaire à la protection des majeurs désigné.

Avis en est donné au procureur de la République, au président du *(Décr. nº 2017-892 du 6 mai 2017, art. 69)* « conseil départemental » et, le cas échéant, à l'organisme payeur.

Art. 1262-6 Lorsque le juge statue en application du deuxième alinéa de l'article 495-4 du code civil, les articles 1262-3 à 1262-5 du présent code sont applicables.

Art. 1262-7 L'appel est ouvert à la personne qui perçoit les prestations et au procureur de la République.

L'appel est formé, instruit et jugé selon la procédure sans représentation obligatoire.

Le délai d'appel est de quinze jours.

L'arrêt est notifié à la personne qui perçoit les prestations et, le cas échéant, au mandataire judiciaire à la protection des majeurs désigné. Avis en est donné au procureur de la République, au président du *(Décr. nº 2017-892 du 6 mai 2017, art. 69)* « conseil départemental » et, le cas échéant, à l'organisme payeur.

Art. 1262-8 Lorsque le juge des tutelles prononce une mesure de protection juridique, il en informe par tout moyen le mandataire judiciaire à la protection des majeurs exerçant la mesure d'accompagnement judiciaire.

Art. 1263 Les dispositions de l'article 1215 sont applicables à la mesure d'accompagnement judiciaire.

TABLE CHRONOLOGIQUE

NOTA. Avant la table chronologique proprement dite, on trouvera ci-dessous une liste, classée par ordre alphabétique, des différents codes reproduits en extraits dans le code de l'action sociale et des familles.

Code civil

– Art. 326 *(filiation)*, **p. 1755.**
– Art. 343 à 370-5 *(filiation adoptive)*, App., v° *Adoption-Pupilles de l'État*, **p. 1755.**
– Art. 415 à 515 *(majeurs protégés, tutelle, curatelle)*, App., v° *Tutelle-Curatelle*, **p. 2008.**

Code de l'éducation

– Art. L. 213-16 *[abrogé]*, L. 821-5 *[abrogé] (frais de transport des élèves handicapés)*, ss. L. 242-11.
– Art. L. 351-1 à L. 351-3, D. 351-1 à R. 351-26 *(scolarité)*, App., v° *Personnes handicapées*, **p. 1967.**
– Art. L. 352-1 *(formation professionnelle)*, App., v° *Personnes handicapées*, **p. 1969.**
– Art. L. 541-1 *(actions de promotion de la santé des élèves)*, App., v° *Enfance*, **p. 1802.**

Code général des collectivités territoriales

– Art. L. 2113-13 *(création d'une section de centre d'action sociale)*, L. 2512-10 *[abrogé] (commission d'admission à l'aide sociale de Paris)*, L. 3214-1 *(règlement départemental d'aide sociale)*, L. 3221-9 *(compétence du président du conseil général)*, App., v° *Aide sociale*, **p. 1785.**

Code pénal

– Art. 226-13, 226-14 *(secret professionnel)*, App., v° *Professions-Personnels*, **p. 2000.**

Code de procédure civile

– Art. 1181 à 1200-1 *(assistance éducative)*, **p. 1790.**
– Art. 1200-2 à 1200-13 *(mesure judiciaire d'aide à la gestion du budget familial)*, **p. 1795.**
– Art. 1202 à 1210 *(délégation, retraits total et partiel de l'autorité parentale)*, **p. 1796.**
– Art. 1210-1 à 1210-3 *(administrateur ad hoc)*, **p. 1799.**
– Art. 1210-4 à 1210-9 *(déplacement illicite international d'enfants)*, App., v° *Enfance*, **p. 1799.**
– Art. 1211 à 1263 *(protection des mineurs et des majeurs)*, App., v° *Tutelle-Curatelle*, **p. 2030.**

Code de procédure pénale

– Art. 706-50, 706-51 *(administrateur ad hoc)*, App., v° *Enfance*, **p. 1801.**

Code rural et de la pêche maritime

– Art. L. 726-1 *(action sociale de la mutualité sociale agricole)*, ss. CASF, art. L. 121-12, **p. 67.**

Code de la santé publique

– Art. L. 2112-8, L. 2132-4 *(centres d'action médico-sociale précoce)*, ss. CASF, art. L. 343-1, **p. 607.**
– Art. L. 6147-2 *(centre d'accueil et de soins hospitaliers de Nanterre)*, ss. CASF, art. L. 346-1, **p. 627.**
– Art. D. 3411-1 à D. 3411-10 *(centres de soins en addictologie)*, App., v° *Insertion*, **p. 1858.**

Code de la sécurité sociale

– Art. L. 160-1 à L. 160-18, R. 160-1 à R. 160-29 *(protection universelle maladie)*, App., v° *Insertion*, **p. 1831.**
– Art. L. 552-6 *(tutelle aux prestations sociales)*, App., v° *Enfance*, **p. 1801.**
– Art. L. 262-1, L. 263-1 *(action sociale des caisses de sécurité sociale)*, ss. CASF, art. L. 121-11, **p. 66.**

– Art. L. 821-1 à L. 821-8 *(allocation aux adultes handicapés)*, ss. CASF, art. L. 244-1.
– Art. R. 174-9 à R. 174-16 *(dépenses de soins médicaux dans certains établissements)*, App., v° *Personnes âgées*, **p. 1944.**

Code du travail
– Art. L. 5213-1 à L. 5213-22 *(dispositions propres aux travailleurs handicapés)*, App., v° *Personnes handicapées*, **p. 1960.**
– Art. L. 5131-1 à L. 5135-8 *(aides à l'insertion, à l'accès et au retour à l'emploi)*, App., v° *Insertion*, **p. 1859.**
– Art. L. 5151-1 à L. 5151-12 *(compte personnel d'activité)*, App., v° *Insertion*, **p. 1885.**

1945	2 févr.	Ordonnance n° 45-174. Enfance délinquante, App., v° *Enfance*, .
1946	16 avr.	Décret n° 46-734. Personnes, institutions ou services recevant des mineurs délinquants, App., v° *Enfance*, **p. 1803.**
1954	2 sept.	Décret n° 54-883. Réforme des lois d'assistance. – Art. 40 à 44-3, App., v° *Aide sociale*, **p. 1785.**
1961	19 juill.	Arrêté. Documents probants devant figurer dans tout dossier de demande d'aide sociale, App., v° *Aide sociale*, **p. 1788.**
1974	6 nov.	Décret n° 74-930. Organisation de la tutelle d'État et de la curatelle d'État, App., v° *Tutelle-Curatelle*, **p. 2044.**
1976	22 nov.	Décret n° 76-1073. Mise sous protection judiciaire et travail d'intérêt général prononcés par les juridictions des mineurs, App., v° *Enfance*, **p. 1803.**
1980	25 nov.	Décret n° 80-963. Centres de préorientation, App., v° *Personnes handicapées*, **p. 1803.**
1984	17 juill.	Décret n° 84-630. Conseil supérieur du travail social, App., v° *Organismes-Institutions*, **p. 1941.**
1988	6 oct.	Décret n° 88-949. Habilitation des personnes physiques, établissements, services ou organismes publics ou privés auxquels l'autorité judiciaire confie habituellement des mineurs ou l'exécution de mesures les concernant, App., v° *Enfance*, **p. 1803.**
1990	26 janv.	Convention de New York. Droits de l'enfant, App., v° *Enfance*, **p. 1806.**
1990	31 mai	Loi n° 90-449. Mise en œuvre du droit au logement. – Art. 1er à 8, App., v° *Logement*, **p. 1924.**
1991	23 janv.	Décret n° 91-88. Accueil par des particuliers à leur domicile à titre onéreux de personnes âgées ou handicapées adultes, App., v° *Personnes âgées*, **p. 1946.**
1992	17 juin	Arrêté. Reconnaissance des diplômes étrangers (hors CEE) d'assistants de service social, App., v° *Professions-Personnels*, **p. 2000.**
1992	16 oct.	Arrêté. Modèle du formulaire de demande d'agrément d'assistants maternels ou d'assistantes maternelles et récépissé de cette demande, App., v° *Professions-Personnels*, **p. 2000.**

1992	28 oct.	Arrêté. Conditions de l'examen médical obligatoire en vue de l'agrément des assistants maternels et assistantes maternelles, App., v° *Professions-Personnels*, **p. 2001.**
1992	22 déc.	Décret n° 92-1339. Haut Comité pour le logement des personnes défavorisées, App., v° *Organismes-Institutions*, **p. 1941.**
1993	29 mai	Convention de La Haye. Adoption internationale, App., v° *Adoption-Pupilles de l'État*, **p. 1765.**
1993	5 août	Arrêté. Modèle du formulaire Demande de revenu minimum d'insertion, App., v° *Insertion*, **p. 1896.**
1998	29 juill.	Loi n° 98-657. Lutte contre les exclusions. – Art. 31, 40, 62, 63, App., v° *Logement*, **p. 1932.**
1999	16 févr.	Circulaire. Adoption internationale, App., v° *Adoption-Pupilles de l'État*, **p. 1772.**
2000	8 mars	Circulaire. Accès au logement des femmes en grande difficulté, App., v° *Logement*, **p. 1932.**
2000	5 juill.	Loi n° 2000-614. Accueil et habitat des gens du voyage, App., v° *Logement*, **p. 1932.**
2000	21 déc.	Ordonnance n° 2000-1249. Partie Législative du code de l'action sociale et des familles, **p. 3.**
2001	20 juill.	Loi n° 2001-647. Prise en charge de la perte d'autonomie des personnes âgées : – V. CASF, art. L. 113-2, L. 132-8, L. 132-9, L. 232-1 à L. 232-20, L. 232-22 à L. 232-28, L. 245-3. – Art. 5, 9, 15 à 17, 19 à 21, App., v° *Personnes âgées*, **p. 1947.**
2002	2 janv.	Loi n° 2002-2. Rénovation de l'action sociale et médico-sociale. – V. CASF, art. L. 111-3-1, L. 114-4, L. 116-1, L. 116-2, L. 121-2, L. 123-5, L. 123-8, L. 131-5, L. 133-6-1, L. 134-2, L. 134-3, L. 221-1, L. 232-5, L. 232-8 à L. 232-10, L. 311-1 à L. 311-9, L. 312-1 à L. 312-14, L. 313-1 à L. 313-25, L. 314-1 à L. 314-13, L. 315-1 à L. 315-18, L. 342-1, L. 342-3, L. 345-1, L. 345-2, L. 351-1 à L. 351-8.
2002	10 janv.	Arrêté. Cahier des charges prévu à l'article L. 232-13 du code de l'action sociale et des familles et flux d'informations, App., v° *Personnes âgées*, **p. 1949.**
2002	17 janv.	Loi n° 2002-73. Modernisation sociale. – V. CASF, art. L. 114-1, L. 146-1, L. 146-2, L. 241-3-1, L. 241-3-2, L. 245-6, L. 251-1, L. 313-1, L. 314-8, L. 441-1 à L. 441-4, L. 442-1, L. 442-2, L. 443-1 à L. 443-4, L. 443-6, L. 443-9, L. 443-10, L. 443-12, L. 511-1 à L. 511-10, L. 512-1.
2002	22 janv.	Loi n° 2002-93. Accès aux origines des personnes adoptées et pupilles de l'État. – V. CASF, art. L. 147-1 à L. 148-2, L. 222-6, L. 223-7, L. 223-8, L. 224-5, L. 224-7, L. 225-14-1, L. 225-14-2, L. 541-1, L. 541-2, L. 542-1 à L. 542-9, L. 543-1 à L. 543-14,

		L. 544-1 à L. 544-4, L. 545-1 à L. 545-5, L. 551-1, L. 551-2, L. 552-1 à L. 552-5, L. 561-1, L. 561-2, L. 562-1 à L. 562-5, L. 571-1, L. 571-2, L. 572-1 à L. 572-5.
2002	22 févr.	Loi n° 2002-276. Démocratie de proximité. – Art. 88. – V. CASF, art. L. 245-1.
2002	4 mars	Loi n° 2002-303. Droits des malades et qualité du système de santé. – V. CASF, art. L. 311-9, L. 312-3, L. 312-5, L. 313-1, L. 313-2, L. 313-4, L. 313-7, L. 313-12, L. 313-22, L. 314-8, L. 344-5, L. 531-1, L. 531-6.
2002	8 avr.	Décret n° 2002-509. Contrôles prévus par l'article L. 227-9 du code de l'action sociale et des familles, App., v° *Enfance*, **p. 1817.**
2002	9 avr.	Note de service n° 2002-195. Reconnaissance et assimilation des titres et diplômes en travail social détenus par des ressortissants de l'Union européenne, App., v° *Professions-Personnels*, **p. 2001.**
2002	22 avr.	Décret n° 2002-570. Conseil national et conseils départementaux de l'éducation populaire et de la jeunesse, App., v° *Enfance*, **p. 1818.**
2002	22 avr.	Décret n° 2002-572. Attribution d'une aide financière aux associations de jeunesse et d'éducation populaire non agréées, App., v° *Enfance*, **p. 1818.**
2002	30 mai	Arrêté. Conditions du recueil de l'avis du comité régional de l'organisation sanitaire et sociale, App., v° *Organismes-Institutions*, **p. 1943.**
2002	6 juin	Arrêté. Contenu du dossier prévu à l'article 30 du décret n° 2001-1085 du 20 novembre 2001, App., v° *Personnes âgées*, **p. 1956.**
2002	12 nov.	Arrêté. Modalités d'attribution des bourses pouvant être attribuées aux étudiants inscrits dans les établissements de formation mentionnés à l'article L. 451-1 du code de l'action sociale et des familles, App., v° *Professions-Personnels*, **p. 2003.**
2003	10 janv.	Arrêté. Déclaration prévue à l'article 2 du décret n° 2002-883 du 3 mai 2002 relatif à la protection des mineurs à l'occasion des vacances scolaires, des congés professionnels et des loisirs, App., v° *Enfance*, **p. 1818.**
2003	20 févr.	Arrêté. Suivi sanitaire des mineurs mentionnés à l'article L. 227-4 du code de l'action sociale et des familles, App., v° *Enfance*, **p. 1819.**
2003	21 mars	Arrêté. Titres et diplômes permettant d'exercer les fonctions d'animation et de direction en centres de vacances ou de loisirs, App., v° *Enfance*, **p. 1820.**
2003	31 mars	Loi n° 2003-289. Modification de la loi n° 2001-647 du 20 juillet 2001 relative à la prise en charge de la perte d'autonomie des personnes âgées et à l'allocation personnalisée d'autonomie. – Art. 1er à 5. – V. CASF, art. L. 232-7, L. 232-14 à L. 232-16.

2003	20 juin	Arrêté. Modalités d'encadrement et conditions d'organisation et de pratique des activités physiques dans les centres de vacances et de loisirs sans hébergement, App., v° *Enfance*, **p. 1819.**
2003	4 sept.	Ordonnance n° 2003-850. Simplification de l'organisation et du fonctionnement du système de santé. – V. CASF, art. L. 142-1 à L. 142-2, L. 311-5, L. 312-1 à L. 312-3, L. 312-5, L. 313-2.
2003	8 sept.	Arrêté. Charte des droits et libertés de la personne accueillie, ss. CASF, art. L. 311-4.
2003	18 déc.	Ordonnance n° 2003-1212. Modification de la partie législative du code général des collectivités territoriales. – Art. 4-I. – V. CGCT, art. L. 3221-9, App., v° *Aide sociale*, **p. 1785.**
2003	18 déc.	Loi n° 2003-1199. De financement de la sécurité sociale pour 2004. – V. CASF, art. L. 314-6, L. 421-5.
2003	18 déc.	Loi n° 2003-1200. Décentralisation en matière de revenu minimum d'insertion et création d'un revenu minimum d'activité : – Art. 13-II. – V. CASF, art. L. 111-3. – Art. 40. – V. CASF, art. L. 522-2, L. 522-3, L. 522-5, L. 522-6, L. 522-9, L. 522-11, L. 522-15. – Art. 41. – V. CASF, art. L. 531-2. – Art. 51. – V. CASF, art. L. 522-14.
2003	30 déc.	Loi n° 2003-1311. De finances pour 2004. – V. CASF, art. L. 121-10-1, L. 315-16, L. 315-19.
2003	30 déc.	Loi n° 2003-1312. De finances rectificative pour 2003. – V. CASF, art. L. 251-1, L. 252-3, L. 253-2, L. 254-1.
2004	2 janv.	Loi n° 2004-1. Accueil et protection de l'enfance : – V. CASF, art. L. 132-6, L. 226-6, L. 226-9, L. 226-10, L. 421-1. – Art. 2, App., v° *Professions-Personnels*, **p. 2004.** – Art. 11. – V. C. pén., art. 226-14, App., v° *Professions-Personnels*, **p. 2000.**
2004	5 janv.	Décret n° 2004-31. Sanction éducative de stage de formation civique, App., v° *Enfance*, **p. 1820.**
2004	27 févr.	Loi n° 2004-193. Statut d'autonomie de la Polynésie française. – V. CASF, art. L. 560-1 à L. 560-3.
2004	9 mars	Loi n° 2004-204. Adaptation de la justice aux évolutions de la criminalité. – Art. 14-VI, 44-XVII, 100-VIII, 111-V, 156-II, 165, 166, 167-IV et V, 195. – V. Ord. n° 45-174 du 2 févr. 1945, art. 4, 7, 9, 20, 20-4-1, 20-5, 20-7, 20-9, 20-10, 33, App., v° *Enfance*.
2004	26 mai	Loi n° 2004-439. Divorce. – V. CASF, art. L. 262-35.
2004	30 juin	Loi n° 2004-626. Solidarité pour l'autonomie des personnes âgées et des personnes handicapées : – Art. 1er-I et II, 15-III, 18-I à III. – V. CASF, art. L. 116-3, L. 121-6-1, L. 134-2, L. 134-6, L. 232-21, L. 542-4.

		– Art. 17. – V. L. n° 2001-647 du 20 juill. 2001, art. 19-2, *App., v° Personnes âgées*, **p. 1947.**
2004	1er juill.	Ordonnance n° 2004-637. Simplification de la composition et du fonctionnement des commissions administratives et réduction de leur nombre. – Art. 23-II, 34. – V. CASF, art. L. 227-10, L. 331-5.
2004	6 août	Loi n° 2004-801. Protection des personnes physiques à l'égard des traitements de données à caractère personnel et modification de la loi n° 78-17 du 6 janvier 1978 relative à l'informatique, aux fichiers et aux libertés. – Art. 17-III et IV, 18-I. – V. CASF, art. L. 262-33, L. 262-51, L. 522-8.
2004	9 août	Loi n° 2004-806. Politique de santé publique. – Art. 4-IX à XI. – V. CASF, art. L. 312-3, L. 312-5, L. 313-12.
2004	13 août	Loi n° 2004-809. Libertés et responsabilités locales : – Art. 59, App., v° *Enfance*, **p. 1820.** – Art. 49 à 58, 65-II. – V. CASF, art. L. 113-2, L. 115-3, L. 121-1, L. 145-1 à L. 145-4, L. 149-1, L. 232-13, L. 262-41, L. 263-15 à L. 263-17, L. 312-4, L. 312-5, L. 313-3, L. 451-1 à L. 451-3. – Art. 65-I. – V. L. n° 90-449 du 31 mai 1990, art. 1er à 4, 6 à 8, App., v° *Logement*, **p. 1924.** – Art. 201. – V. L. n° 2000-614 du 5 juill. 2000, art. 2, 3, App., v° *Logement*, **p. 1934.**
2004	4 nov.	Ordonnance n° 2004-1174. Transposition pour certaines professions de la directive 2001/19/CE du Parlement européen et du Conseil du 14 mai 2001 concernant la reconnaissance de diplômes et de qualifications professionnelles. – V. CASF, art. L. 411-1.
2004	26 nov.	Décret n° 2004-1274. Contrat de séjour ou document individuel de prise en charge prévu par l'article L. 311-4. – V. CASF, art. D. 311.
2004	20 déc.	Loi n° 2004-1370. De financement de la sécurité sociale 2005. – Art. 28-III, 53-I et II. – V. CASF, art. L. 211-10, L. 314-3.
2004	30 déc.	Loi n° 2004-1484. De finances pour l'année 2005. – V. CASF, art. L. 314-4.
2004	30 déc.	Décret n° 2004-1538. Particuliers accueillant à titre onéreux des personnes âgées ou handicapées. – V. CASF, art. R. 441-1 à R. 442-1, D. 442-2.
2004	30 déc.	Décret n° 2004-1541. Montants minimum et maximum des rémunérations et indemnités visées aux 1°, 2° et 3° de l'article L. 442-1 du code de l'action sociale et des familles. – V. CASF, art. D. 442-2.
2004	30 déc.	Décret n° 2004-1542. Contrat type prévu à l'article L. 442-1 du code de l'action sociale et des familles. – V. CASF, art. D. 442-3.

2005	6 janv.	Décret n° 2005-11. Conditions techniques d'organisation et de fonctionnement des instituts thérapeutiques, éducatifs et pédagogiques. – V. CASF, art. D. 312-11, D. 312-15, D. 312-59-1 à D. 312-59-18.
2005	18 janv.	Loi n° 2005-32. De programmation pour la cohésion sociale : – Art. 47-II, 50, 55-II, 60-III à V, 65, 146, 148. – V. CASF, art. L. 117-1, L. 117-2, L. 121-13 à L. 121-15, L. 123-5, L. 262-6, L. 262-6-1 (anc.), L. 262-12-1, L. 262-38, L. 262-48, L. 263-2, L. 522-8, L. 522-9, L. 522-18. – Art. 106. – V. L. n° 98-657 du 29 juill. 1998, art. 40, App., v° *Logement*, **p. 1932.**
2005	26 janv.	Loi n° 2005-47. Compétences du tribunal d'instance, de la juridiction de proximité et du tribunal de grande instance. – V. Ord. n° 45-174 du 2 févr. 1945, App., v° *Enfance*, .
2005	10 févr.	Décret n° 2005-118. Modalités de médicalisation et de tarification des prestations de soins remboursables aux assurés sociaux dans les établissements mentionnés au II de l'article L. 313-12. – V. CASF, art. R. 232-9, D. 232-20 à D. 232-22, D. 313-15 à D. 313-24.
2005	11 févr.	Loi n° 2005-102. Égalité des droits et des chances, participation et la citoyenneté des personnes handicapées. – V. CASF, art. L. 114, L. 114-1, L. 114-1-1, L. 114-2, L. 114-2-1, L. 114-3, L. 114-3-1, L. 114-5, L. 121-4, L. 131-2, L. 146-1 A, L. 146-1, L. 146-2, L. 146-3 à L. 146-13, L. 232-17, L. 232-23, L. 241-3 à L. 241-3-2, L. 241-5 à L. 241-11, L. 242-1 à L. 242-10, L. 242-12, L. 242-14, L. 243-1 à L. 243-6, L. 245-1 à L. 245-14, L. 246-1, L. 247-1 à L. 247-7, L. 248-1, L. 312-1, L. 312-3, L. 312-5, L. 312-5-1, L. 312-7, L. 313-4, L. 313-23-1, L. 313-23-2, L. 314-3, L. 314-3-1, L. 331-5, L. 344-1 à 344-2-5, L. 344-5, L. 344-5-1, L. 421-10, L. 451-1, L. 531-5, L. 531-7, L. 540-1, L. 581-1.
2005	22 févr.	Décret n° 2005-198. Application de l'article L. 451-1. – V. CASF, art. R. 451-1 à R. 451-4-3, R. 451-21, R. 451-23, R. 451-71.
2005	11 mars	Décret n° 2005-223. Conditions d'organisation et de fonctionnement des services d'accompagnement à la vie sociale et des services d'accompagnement médico-social pour adultes handicapés. – V. CASF, art. D. 312-162 à D. 312-176.
2005	17 mars	Décret n° 2005-242. Contrat d'avenir. Contrat d'insertion-revenu minimum d'activité. – V. CASF, art. R. 262-8, R. 262-13.
2005	22 avr.	Loi n° 2005-370. Droits des malades et fin de vie. – V. CASF, art. L. 311-8, L. 313-12.
2005	2 mai	Ordonnance n° 2005-406. Simplifiant le régime juridique des établissements de santé. – Ratifiée par L. n° 2009-526 du 12 mai 2009. – V. CASF, art. L. 351-1, L. 351-6.

2005	4 mai	Décret n° 2005-426. Application des articles L. 451-2 à L. 451-3 du code de l'action sociale et des familles. – V. CASF, art. D. 142-1, D. 451-30 à D. 451-31, D. 451-41 à D. 451-42, D. 451-47, D. 451-73, D. 451-75.
2005	6 mai	Décret n° 2005-434. Organisation et équipement sanitaire et sociale et modification du code de la santé publique et du code de l'action sociale et des familles. – V. CASF, art. R. 312-177 à R. 312-179, R. 312-180 à R. 312-184 .
2005	13 mai	Ordonnance n° 2005-461. Français établis hors de France. – V. CASF, art. L. 121-10-1, L. 241-3.
2005	27 mai	Décret n° 2005-560. Qualification, missions et modes de rémunération du médecin coordonnateur exerçant dans un établissement de personnes âgées dépendantes. – V. CASF, art. D. 312-155-1 à D. 312-155-6.
2005	14 juin	Décret. Conseil supérieur de l'adoption. – V. CASF, art. D. 148-1.
2005	27 juin	Loi n° 2005-706. Assistants maternels et assistants familiaux. – V. CASF, art. L. 133-6-1, L. 211-10, L. 214-2, L. 221-2, L. 312-7, L. 421-1 à L. 421-18, L. 422-1 à L. 422-8.
2005	29 juin	Décret n° 2005-725. Allocation aux adultes handicapés. – V. CASF, art. D. 344-35.
2005	30 juin	Ordonnance n° 2005-727. Diverses dispositions relatives à la simplification des commissions administratives. – V. CASF, art. L. 331-7.
2005	4 juill.	Loi n° 2005-744. Réforme de l'adoption. – V. CASF, art. L. 225-2, L. 225-3, L. 225-15.
2005	7 juill.	Décret n° 2005-768. Conditions techniques minimales de fonctionnement des établissements mentionnés au 6° du I de l'article L. 312-1. – V. CASF, art. D. 312-160, D. 312-161.
2005	25 juill.	Décret n° 2005-853. Modification du fonctionnement du Conseil national des politiques de lutte contre la pauvreté et l'exclusion sociale mentionné à l'article L. 143-1. – V. CASF, art. D. 143-8.
2005	26 juill.	Loi n° 2005-841. Développement des services à la personne et diverses mesures en faveur de la cohésion sociale. –V. CASF, art. L. 232-7, L. 232-15, L. 313-1.
2005	28 juill.	Ordonnance n° 2005-871. Droit de l'action sociale à Mayotte. – V. CASF, art. L. 541-2, L. 542-1 à L. 542-4, L. 543-4 à L. 543-9, L. 544-2.
2005	28 juill.	Décret n° 2005-859. Aide médicale de l'État et modification du décret n° 54-883 du 2 septembre 1954 modifié pris pour l'application de l'ensemble des dispositions du décret du 29 novembre 1953 relatif à la réforme des lois d'assistance. – V. App., v° *Aide sociale*, **p. 1785.**

2005	28 juill.	Décret n° 2005-860. Modalités d'admission des demandes d'aide médicale de l'État. – V. App., v° *Aide sociale*, **p. 1789.**
2005	2 août	Loi organique n° 2005-881. Financement de la sécurité sociale. – V. CASF, art. L. 14-10-2.
2005	2 août	Décret n° 2005-885. Volontariat pour l'insertion. – V. App., v° *Insertion*, **p. 1888.**
2005	26 août	Ordonnance n° 2005-1040. Organisation de certaines professions de santé et répression de l'usurpation de titres et de l'exercice illégal de ces professions. – V. CASF, art. L. 411-2.
2005	29 août	Décret n° 2005-1053. Exclusion de la prime de retour à l'emploi du montant des ressources prises en compte pour le calcul des prestations familiales, des allocations logement et de certains minima sociaux. – V. CASF, art. R. 262-6.
2005	29 août	Décret n° 2005-1054. Création d'une prime exceptionnelle de retour à l'emploi en faveur de certains bénéficiaires de minima sociaux. – V. App., v° *Insertion*, **p. 1890.**
2005	1er sept.	Ordonnance n° 2005-1088. Composition et compétences de la Cour nationale et des tribunaux interrégionaux de la tarification sanitaire et sociale. – Ratifiée par L. n° 2009-526 du 12 mai 2009. – V. CASF, art. L. 351-1, L. 351-2, L. 351-5, L. 351-6.
2005	1er sept.	Ordonnance n° 2005-1092. Régime de protection des mineurs accueillis hors du domicile parental à l'occasion des vacances scolaires, des congés professionnels ou des loisirs. – V. CASF, art. L. 227-4 à L. 227-11.
2005	1er sept.	Ordonnance n° 2005-1112. Diverses dispositions relatives aux établissements de santé et à certains personnels de la fonction publique hospitalière. – Ratifiée par L. n° 2009-526 du 12 mai 2009. – V. CASF, art. L. 254-2, L. 313-24-1, L. 314-6.
2005	7 sept.	Décret n° 2005-1135. Codification de certaines dispositions relatives à l'action sociale et médico-sociale. – V. CASF, art. R. 121-3 à R. 121-12, R. 145-1 à R. 145-3, R. 123-43, R. 225-12, R. 261-1, D. 261-2 à D. 261-5, R. 261-6 à R. 261-8, R. 263-2, D. 312-1 à D. 312-71, D. 312-156 à D. 312-176, R. 312-177 à R. 312-192, D. 312-193, D. 312-194, D. 313-17, R. 314-194, R. 315-23, R. 351-14, R. 351-16, R. 351-19, R. 351-23, R. 351-25 à R. 351-29, R. 351-35, D. 451-29 à R. 451-94.
2005	4 oct.	Décret n° 2005-1260. Composition des conseils d'administration des établissements publics sociaux et médico-sociaux locaux et modalités de désignation de leurs membres. – V. CASF, art. R. 315-1, R. 315-18 à R. 315-23, R. 315-21, R. 315-23-1 à R. 315-23-5, R. 315-6 à R. 315-11, R. 344-4, R. 344-5.
2005	2 nov.	Décret n° 2005-1367. Modifications de certaines dispositions du code de l'action sociale et des familles relatives au conseil de la vie sociale et aux autres formes de participation institués à l'article

		L. 311-6 du même code. – V. CASF, art. D. 311-3, D. 311-5, D. 311-7 à D. 311-12, D. 311-14, D. 311-17, D. 311-18, D. 311-20 à D. 311-23, D. 311-25, D. 311-32, D. 311-32-1.
2005	3 nov.	Décret n° 2005-1375. Diplôme d'État d'éducateur de jeunes enfants. – V. CASF, art. D. 451-47 à D. 451-51.
2005	3 nov.	Décret n° 2005-1376. Diplôme d'État d'éducateur technique spécialisé. – V. CASF, art. D. 451-52 à D. 451-56.
2005	30 nov.	Décret n° 2005-1474. État des prévisions de recettes et de dépenses des établissements de santé. – V. CASF, art. R. 314-75, R. 314-163.
2005	1er déc.	Ordonnance n° 2005-1477. Diverses dispositions relatives aux procédures d'admission à l'aide sociale et aux établissements et services sociaux et médico-sociaux. – Ratifiée par L. n° 2009-526 du 12 mai 2009. – V. CASF, art. L. 111-3, L. 113-1, L. 131-1 à L. 131-3, L. 131-5 à L. 131-7, L. 132-6, L. 133-3, L. 133-5 à L. 133-7, L. 134-7, L. 134-8, L. 135-1, L. 135-2, L. 227-7 à L. 227-8, L. 227-11, L. 242-4, L. 262-18, L. 262-19, L. 312-1, L. 312-5-2, L. 313-1, L. 313-4, L. 313-11, L. 313-12, L. 313-21 à L. 313-22-1, L. 313-24 à L. 313-26, L. 314-1, L. 314-2, L. 314-3-4, L. 314-7, L. 315-12, L. 321-2, L. 321-4, L. 322-5, L. 322-8, L. 331-3, L. 331-5, L. 342-1, L. 342-3, L. 342-5, L. 342-6, L. 347-1, L. 347-2, L. 351-6, L. 351-7, L. 441-1, L. 443-2, L. 443-11.
2005	9 déc.	Décret n° 2005-1554. Modification de l'article R. 227-14 du code de l'action sociale et des familles. – V. CASF, art. R. 227-14.
2005	19 déc.	Loi n° 2005-1579. De financement de la sécurité sociale pour 2006. – V. CASF, art. L. 244-1, L. 245-6, L. 262-46, L. 312-1, L. 313-1, L. 313-4, L. 313-8, L. 313-12, L. 314-3-1 à L. 314-3-3, L. 314-7, L. 314-8, L. 443-12.
2005	19 déc.	Décret n° 2005-1587. Maison départementale des personnes handicapées. – V. CASF, art. R. 146-16 à R. 146-35.
2005	19 déc.	Décret n° 2005-1588. Prestation de compensation à domicile pour les personnes handicapées. – V. CASF, art. R. 245-1 à R. 245-2, R. 245-6 à R. 245-7, R. 245-12, R. 245-32, R. 245-36 à R. 245-42, R. 245-45 à R. 245-49, R. 245-61 à R. 245-65, R. 245-67 à R. 245-72.
2005	19 déc.	Décret n° 2005-1589. Commission des droits et de l'autonomie des personnes handicapées. – V. CASF, art. R. 241-24 à R. 241-34, R. 314-105, R. 314-121, R. 314-122, R. 314-147, R. 344-1.
2005	19 déc.	Décret n° 2005-1590. Montant et modalités de versement des concours dus aux départements au titre de la prestation de compensation et du fonctionnement des maisons départementales des personnes handicapées. – V. CASF, art. R. 14-10-32 à R. 14-10-37.

2005	19 déc.	Décret n° 2005-1591. Prestation de compensation à domicile pour les personnes handicapées : – V. CASF, art. D. 245-3 à D. 245-5, D. 245-8 à D. 245-11, D. 245-13 à D. 245-31, D. 245-33 à D. 245-35, D. 245-43, D. 245-44, D. 245-50 à D. 245-60, D. 245-66. – V. Annexe 2-5, **p. 1624.**
2005	19 déc.	Décret n° 2005-1601. Régies de recettes, d'avances et de recettes et d'avances des collectivités territoriales et de leurs établissements publics. – V. CASF, art. R. 314-67-1.
2005	29 déc.	Décret n° 2005-1714. Carte d'invalidité et carte de priorité pour personne handicapée. – V. CASF, art. R. 241-22.
2005	29 déc.	Décret n° 2005-1715. Fonds spécial des unions d'associations familiales pris en application de l'article L. 211-10. – V. CASF, art. R. 211-8 à R. 211-16.
2005	29 déc.	Décret n° 2005-1758. Agrément des conventions et accords mentionnés à l'article L. 314-6. – V. CASF, art. R. 314-197 à R. 314-200.
2005	30 déc.	Loi n° 2005-1720. De finances rectificative pour 2005. – V. L. n° 2003-1311 du 30 déc. 2003, art. 59, ss. CASF, art. L. 522-14.
2005	30 déc.	Décret n° 2005-1766. Conditions d'attribution et d'utilisation de la carte de stationnement pour personnes handicapées. – V. CASF, art. R. 241-23.
2005	30 déc.	Décret n° 2005-1772. Formation des assistants familiaux et institution dudiplôme d'État d'assistant familial. – V. CASF, art. D. 421-43, D. 451-100 à D. 451-104.
2005	30 déc.	Décret n° 2005-1776. Labellisation des centres d'éducation des chiens d'assistance et des centres d'éducation des chiens guides d'aveugle. – V. CASF, art. D. 245-24-1 à D. 245-24-3.
2006	6 févr.	Décret n° 2006-122. Contenu du projet d'établissement ou de service social ou médico-social en matière de soins palliatifs. – V. CASF, art. D. 311-38.
2006	13 févr.	Décret n° 2006-150. Entreprises adaptées et centres de distribution de travail à domicile. – V. CASF, art. R. 243-5, R. 243-7, R. 243-8, R. 243-10, R. 243-13.
2006	13 févr.	Décret n° 2006-152. Entreprises adaptées et centres de distribution de travail à domicile. – V. CASF, art. D. 243-14 à D. 243-16.
2006	17 févr.	Décret n° 2006-181. Financement par dotation globale des services de soins infirmiers à domicile. – V. CASF, art. R. 314-105, R. 314-137 et D. 313-21.

2006	21 févr.	Décret n° 2006-233. Application de l'ordonnance du 1er septembre 2005 relative à la composition et aux compétences de la Cour nationale et des tribunaux interrégionaux de la tarification sanitaire et sociale. – V. CASF, art. R. 351-1 à R. 351-41, R. 314-63.
2006	1er mars	Décret n° 2006-250. Diplôme d'État de technicien de l'intervention sociale et familiale. – V. CASF, art. D. 451-81 à D. 451-87.
2006	22 mars	Décret n° 2006-342. Diverses dispositions en faveur de la cohésion sociale. – V. CASF, art. R. 262-8.
2006	23 mars	Loi n° 2006-339. Retour à l'emploi et droits et devoirs des bénéficiaires des minima sociaux. – V. CASF, art. L. 262-9-1 à L. 262-12-1, L. 262-30, L. 262-32 à L. 262-34, L. 262-39 à L. 262-41, L. 262-43, L. 262-47 à L. 262-49, L. 263-10, L. 522-1, L. 522-14, L. 522-17.
2006	31 mars	Loi n° 2006-396. Égalité des chances. – V. CASF, art. L. 121-14 à L. 121-15, L. 121-19, L. 222-4-1, L. 451-3.
2006	4 avr.	Loi n° 2006-399. Renforcement de la prévention et de la répression des violences au sein du couple ou commises contre les mineurs. – V. C. pén., art. 226-14, App., v° *Professions-Personnels*, **p. 2000.**
2006	6 avr.	Décret n° 2006-413. Groupements assurant la coordination des interventions en matière d'action sociale et médico-sociale. – V. CASF, art. R. 312-194-1 à R. 312-194-25.
2006	6 avr.	Décret n° 2006-414. Maison territoriale des personnes handicapées et commission des droits et de l'autonomie des personnes handicapées à Saint-Pierre-et-Miquelon. – V. CASF, art. R. 532-2 à R. 532-5.
2006	7 avr.	Décret n° 2006-422. Gestion budgétaire, comptable et financière, et modalités de financement et de tarification des établissements et services sociaux et médico-sociaux et des lieux de vie et d'accueil. – V. CASF, art. D. 313-24, R. 314-13, R. 314-17, R. 314-24, R. 314-26, R. 314-30, R. 314-31, R. 314-37, R. 314-42, R. 314-43-1, R. 314-46, R. 314-49, R. 314-51, R. 314-54, R. 314-67, R. 314-68, R. 314-69, R. 314-86, R. 314-88, R. 314-94-1, R. 314-95, R. 314-97, R. 314-102 à R. 314-105, R. 314-115, R. 314-129, R. 314-179, R. 314-194, R. 314-168, D. 315-71, R. 316-5 à R. 316-7, D. 331-3, R. 344-3, R. 344-7, R. 345-1.
2006	20 avr.	Décret n° 2006-464. Formation des assistants maternels. – V. CASF, art. D. 421-43 à D. 421-52.
2006	17 mai	Décret n° 2006-556. Conditions d'organisation et de fonctionnement des structures dénommées « lits halte soins santé ». – V. CASF, art. D. 312-176-1 à D. 312-176-4.

2006	23 mai	Décret n° 2006-584. Tarification, financement et administration provisoire de certains établissements et services sociaux et médico-sociaux. – V. CASF, art. R. 314-59, R. 314-69, R. 314-88, R. 314-105, R. 314-119, R. 314-183, R. 314-183-1, R. 314-184, R. 344-29 à R. 314-33, D. 342-2.
2006	26 mai	Décret n° 2006-609. Comité national des retraités et des personnes âgées. – V. CASF, art. D. 149-2, D. 149-5.
2006	31 mai	Décret n° 2006-642. Financement et tarification de certains établissements et services sociaux et médico-sociaux. – V. CASF, art. R. 314-23, R. 314-33, R. 314-35, R. 314-81.
2006	7 juin	Décret n° 2006-662. Réorganisation, retrait de magistrats et suppression de diverses commissions administratives. – V. CASF, art. D. 149-4.
2006	7 juin	Décret n° 2006-665. Réduction du nombre et simplification de la composition de diverses commissions administratives : – V. CASF, art. R. 145-4 à R. 145-6, D. 215-9, D. 215-10. – Art. 27, App., v° *Organismes-Institutions*, **p. 1943.**
2006	7 juin	Décret n° 2006-669. Modification de l'annexe 2-5 du code de l'action sociale et des familles établissant le référentiel pour l'accès à la prestation de compensation. – V. Annexe 2-5, **p. 1624.**
2006	16 juin	Décret n° 2006-703. Établissements ou services d'aide par le travail et prestation de compensation. – V. CASF, art. R. 225-40, R. 241-28, R. 243-1 à R. 243-13, R. 314-128, R. 314-129, R. 344-6 à R. 344-19, R. 344-29.
2006	30 juin	Décret n° 2006-770. Diplôme d'État d'ingénierie sociale. – V. CASF, art. D. 451-17 à D. 451-19-1.
2006	6 juill.	Décret n° 2006-811. Fonctionnement de l'Agence française de l'adoption. – V. CASF, art. R. 225-47 à R. 225-52.
2006	12 juill.	Décret n° 2006-838. Service civil volontaire. – V. CASF, art. D. 121-27 à D. 121-34.
2006	13 juill.	Loi n° 2006-872. Engagement national pour le logement. – V. CASF, art. L. 115-3.
2006	24 juill.	Loi n° 2006-911. Immigration et intégration. – V. CASF, art. L. 111-2, L. 111-3-1, L. 117-1, L. 121-7, L. 131-2, L. 311-9, L. 312-1, L. 312-5, L. 313-3, L. 313-9, L. 313-19, L. 314-4, L. 314-11, L. 315-7, L. 345-1, L. 348-1 à L. 348-4.
2006	26 juill.	Décret n° 2006-923. Protection des mineurs accueillis hors du domicile parental. – V. CASF, art. R. 227-1, R. 227-2, R. 227-4 à R. 227-7, R. 227-9, R. 227-12 à R. 227-25.

2006	27 juill.	Décret n° 2006-939. Conventions organisant les relations entre la Caisse nationale de solidarité pour l'autonomie et les organismes nationaux d'assurance maladie et d'assurance vieillesse mentionnées au III de l'article L. 14-10-1. – V. CASF, art. D. 14-10-55 à D. 14-10-57.
2006	28 juill.	Décret n° 2006-945. Agence nationale pour la cohésion sociale et l'égalité des chances. – V. CASF, art. R. 121-13 à R. 121-26.
2006	1er août	Décret n° 2006-981. Agrément des personnes souhaitant adopter un pupille de l'État ou un enfant étranger. – V. CASF, art. R. 225-2, R. 225-3, R. 225-4, D. 225-6 à R. 225-8.
2006	2 août	Arrêté. Diplôme d'ingénierie sociale. – V. App., v° *Professions-Personnels*, **p. 2004.**
2006	1er sept.	Décret n° 2006-1104. Contrat de responsabilité parentale. – V. CASF, art. R. 222-4-1 à R. 422-4-5.
2006	8 sept.	Décret n° 2006-1128. Autorité centrale pour l'adoption internationale. – V. CASF, art. L. 148-2, R. 148-4 à R. 148-11.
2006	12 sept.	Décret n° 2006-1144. Application du IV de l'article L. 14-10-5 du code de l'action sociale et des familles. – V. CASF, art. R. 14-10-49 à R. 14-10-52, R. 314-36.
2006	17 oct.	Décret n° 2006-1272. Modèles d'arrêté et de notice pour l'agrément des personnes souhaitant adopter un pupille de l'État ou un enfant étranger : – V. CASF, art. D. 225-6. – V. Annexes 2-6, 2-7, **p. 1637.**
2006	24 oct.	Décret n° 2006-1305. Composition du Comité national des retraités et des personnes âgées. – V. CASF, art. D. 149-4.
2006	25 oct.	Décret n° 2006-1311. Modification de diverses dispositions relatives à la prestation de compensation : – V. CASF, art. D. 245-3, D. 245-5, D. 245-8, D. 245-21. – V. Annexe 2-5, **p. 1624.**
2006	31 oct.	Décret n° 2006-1331. Observatoire national sur la formation, la recherche et l'innovation sur le handicap. – V. CASF, art. D. 114-4 à D. 114-6.
2006	21 déc.	Loi n° 2006-1640. De financement de la sécurité sociale pour 2007. – V. CASF, art. L. 133-5-1, L. 262-10-1, L. 313-1, L. 313-12, L. 314-3, L. 314-3-2, L. 314-3-3, L. 314-6, L. 314-8.
2006	23 déc.	Décret n° 2006-1699. Agrément de groupements de personnes morales au titre du service civil volontaire et au financement du service civil volontaire. – V. CASF, art. D. 121-27, D. 121-33.
2006	23 déc.	Décret n° 2006-1752. Contrat de soutien et d'aide par le travail et ressources des travailleurs des établissements ou services d'aides par le travail. – V. CASF, art. D. 311-0-1.

2006	23 déc.	Décret n° 2006-1816. Concours dû aux départements au titre de l'allocation personnalisée d'autonomie, aux produits et versements de la Caisse nationale de solidarité pour l'autonomie. – V. CASF, art. R. 14-10-38 à R. 14-10-48.
2006	23 déc.	Arrêté. Rémunération maximale allouée par l'État pour l'exercice de la tutelle d'État et de la curatelle d'État. – V. App., v° *Tutelle-Curatelle*, **p. 2008.**
2007	10 janv.	Décret n° 2007-46. Dispositions budgétaires et financières relatives aux établissements de santé. – V. CASF, art. R. 145-1 à R. 145-3, R. 314-72, R. 314-75, R. 314-188.
2007	29 janv.	Décret n° 2007-106. Durée légale du travail dans les établissements sociaux et médico-sociaux gérés par des personnes privées à but non lucratif. – V. CASF, art. R. 314-203-1, R. 314-203-2.
2007	5 févr.	Décret n° 2007-156. Carte de stationnement pour personnes handicapées. – V. CASF, art. R. 241-17.
2007	5 févr.	Décret n° 2007-158. Prestation de compensation en établissement. – V. CASF, art. D. 245-34, D. 245-73 à D. 245-77.
2007	6 févr.	Décret n° 2007-159. Recueil par la maison départementale des personnes handicapées de données sur les suites réservées par les établissements et services aux orientations prononcées par la commission des droits et de l'autonomie. – V. CASF, art. L. 146-4, R. 146-36, R. 146-37.
2007	13 févr.	Décret n° 2007-198. Diverses dispositions relatives aux procédures d'admission à l'aide sociale. – V. CASF, art. R. 131-6 à R. 131-8, R. 132-8, R. 132-11, R. 132-16, R. 231-3, R. 231-4, R. 344-29, R. 344-30, R. 344-32, R. 344-33, D. 344-38, R. 542-2, R. 542-3, R. 542-5.
2007	19 févr.	Loi n° 2007-209. Fonction publique territoriale. – V. CASF, art. L. 123-5.
2007	19 févr.	Décret n° 2007-221. Modalités de délégation et niveau de qualification des professionnels chargés de la direction d'un ou plusieurs établissements ou services sociaux ou médico-sociaux. – V. CASF, art. D. 312-176-5 à D. 312-176-13.
2007	5 mars	Loi n° 2007-290. Droit au logement opposable et diverses mesures en faveur de la cohésion sociale. – V. CASF, art. L. 115-3, L. 117-3, L. 232-2, L. 232-12, L. 262-9-1, L. 262-18, L. 264-1 à L. 264-10, L. 311-11, L. 314-9, L. 315-16, L. 342-6, L. 443-4, L. 443-12, L. 444-1 à L. 444-9, L. 451-1.
2007	5 mars	Loi n° 2007-291. Renforcement de l'équilibre de la procédure pénale. – V. Ord. n° 45-174 du 2 févr. 1945, App., v° *Enfance*, 🏛.
2007	5 mars	Loi n° 2007-293. Réforme de la protection de l'enfance. – V. CASF, art. L. 112-1, L. 112-3, L. 112-4, L. 123-1, L. 132-6, L. 147-2, L. 221-1, L. 221-4, L. 222-3 à L. 222-5, L. 223-1 à L. 223-3-1, L. 223-5, L. 226-2 à L. 226-6, L. 312-1, L. 461-1 à L. 461-4.

2007	5 mars	Loi n° 2007-297. Prévention de la délinquance : — V. CASF, art. L. 121-1-1, L. 121-2, L. 121-6, L. 121-6-2, L. 121-20, L. 141-1, L. 141-2. — V. C. pén., art. 226-14, App., v° *Professions-Personnels*, **p. 2000.** — V. Ord. n° 45-174 du 2 févr. 1945, art. 5, 7-1, 8, 10-2, 11-2, 12-1, 13-1, 14-2, 15, 15-1, 16, 16 *ter*, 20-2, 20-7, 33, App., v° *Enfance*, 🏛.
2007	5 mars	Loi n° 2007-308. Réforme de la protection juridique des majeurs. — V. CASF, art. L. 133-2, L. 215-4, L. 232-26, L. 245-8, L. 262-45, L. 271-1 à L. 271-8, L. 311-3, L. 311-4, L. 311-10, L. 312-1, L. 312-5, L. 313-3, L. 314-1, L. 314-4, L. 314-5, L. 321-4, L. 322-8, L. 331-6-1, L. 361-1 à L. 361-3, L. 471-1 à L. 474-8.
2007	8 mars	Décret n° 2007-324. Diverses dispositions relatives à l'Agence nationale de l'évaluation et de la qualité des établissements et services des établissements, sociaux et médico-sociaux. — V. CASF, art. R. 312-194-4, R. 314-88.
2007	12 mars	Ordonnance n° 2007-329. Code du travail (partie législative). — V. CASF, art. L. 421-1, L. 421-2, L. 422-1, L. 422-4, L. 423-1 à L. 423-25, L. 431-1 à L. 431-4.
2007	12 mars	Décret n° 2007-330. Création d'un Comité national de vigilance et de lutte contre la maltraitance des personnes âgées et des adultes handicapés. — V. CASF, art. D. 116-1 à D. 116-4.
2007	14 mars	Décret n° 2007-348. Diplôme d'État d'auxiliaire de vie sociale. — V. CASF, art. D. 451-88 à D. 451-93-1.
2007	23 mars	Décret n° 2007-399. Centres d'accueil pour demandeurs d'asile, dispositions financières applicables aux établissements et services sociaux et médico-sociaux. — V. CASF, art. R. 314-38, R. 314-76, R. 314-81, R. 314-105, R. 314-150, R. 314-151, R. 314-157, R. 345-5, R. 348-1 à R. 348-5.
2007	11 avr.	Décret n° 2007-546. Temps d'exercice du médecin coordonnateur exerçant dans un établissement hébergeant des personnes âgées dépendantes mentionnées au I de l'article L. 313-12. — V. CASF, art. D. 312-156, D. 312-158.
2007	30 avr.	Décret n° 2007-661. Modification de certaines dispositions du CASF. — V. CASF, art. D. 232-21, D. 312-9, D. 313-20.
2007	2 mai	Décret n° 2007-667. Liste des représentants de l'État pouvant participer au conseil pour les droits et devoirs des familles institué par l'article L. 141-1. — V. CASF, art. D. 141-8.
2007	9 mai	Décret n° 2007-793. Modalités de médicalisation et de tarification des établissements mentionnés au I *bis* de l'article L. 313-12. — V. CASF, art. D. 313-15-1 à D. 313-15-4, D. 232-20 à D. 232-22, D. 312-1.

2007	11 mai	Décret n° 2007-827. Prise en charge des frais de transport des personnes bénéficiant d'un accueil de jour dans les établissements d'hébergement pour personnes âgées dépendantes. – V. CASF, art. R. 314-161, R. 314-162, R. 314-207.
2007	11 mai	Décret n° 2007-828. Diverses dispositions relatives à la solidarité pour l'autonomie : – V. CASF, art. R. 131-4, R. 14-10-34, R. 14-10-36, R. 14-10-49 à R. 14-10-52, R. 232-14, R. 232-40 à R. 232-50, R. 232-60, R. 314-49, R. 314-60, R. 314-61, R. 314-102, R. 316-6, R. 316-7, D. 232-36, D. 232-37. – V. Annexes 3-2 à 3-5, **p. 1693.**
2007	15 mai	Décret n° 2007-874. Diverses dispositions relatives aux établissements ou services d'aide par le travail et à l'exercice d'une activité à caractère professionnel en milieu ordinaire de travail par les travailleurs handicapés admis dans ces établissements ou services. – V. CASF, art. R. 243-6, R. 243-7, R. 243-9, R. 344-12, R. 344-16 à R. 344-21.
2007	15 mai	Décret n° 2007-893. Domiciliation des personnes sans domicile stable. – V. CASF, art. R. 245-2, R. 264-4.
2007	15 mai	Décret n° 2007-898. Diplôme d'État de moniteur éducateur. – V. CASF, art. D. 451-73 à D. 451-78.
2007	15 mai	Décret n° 2007-899. Diplôme d'État d'éducateur spécialisé. – V. CASF, art. D. 451-41 à D. 451-45.
2007	15 mai	Décret n° 2007-962. Procédure devant la Cour nationale de la tarification sanitaire et sociale. – V. CASF, art. R. 351-31.
2007	15 mai	Décret n° 2007-965. Création d'un traitement automatisé de données à caractère personnel par les maisons départementales des personnes handicapées. – V. CASF, art. R. 146-36, R. 146-38 à R. 146-48.
2007	15 mai	Décret n° 2007-975. Contenu du cahier des charges pour l'évaluation des activités et de la qualité des prestations des établissements et services sociaux et médico-sociaux. – V. Annexe 3-10, **p. 1728.**
2007	4 juin	Arrêté. Diplôme d'État d'auxiliaire de vie sociale. – V. App. v° *Professions-Personnels*, **p. 2000.**
2007	20 juin	Arrêté. Diplôme d'État d'éducateur spécialisé. – V. App. v° *Professions-Personnels*, **p. 2000.**
2007	20 juill.	Décret n° 2007-1124. Domiciliation des personnes sans domicile stable. – V. CASF, art. D. 264-1 à D. 264-3, D. 264-5 à D. 264-15.
2007	31 août	Décret n° 2007-1300. Conventions conclues entre les centres d'accueil pour demandeurs d'asile et l'État et relations avec les usagers. – V. CASF, art. D. 311, D. 311-3, D. 311-8, D. 311-10, D. 348-6.

2007	4 oct.	Décret n° 2007-1436. Suppression des comités de liaison et de coordination des services sociaux. – V. CASF, art. R. 145-1 à R. 145-3.
2007	31 oct.	Décret n° 2007-1554. Compensation des surcoûts d'exploitation en matière de frais financiers et d'amortissement dans les établissements et services sociaux et médico-sociaux. – V. CASF, art. D. 314-205, D. 314-206.
2007	20 nov.	Loi n° 2007-1631. Maîtrise de l'immigration. – V. CASF, art. L. 348-2.
2007	19 déc.	Loi n° 2007-1786. De financement de la sécurité sociale pour 2008. – V. CASF, art. L. 14-10-9, L. 245-1, L. 312-5-1, L. 312-7, L. 313-4, L. 313-12, L. 314-2.
2007	24 déc.	Loi n° 2007-1822. De finances pour 2008. – V. CASF, art. L. 112-1, L. 251-2.
2008	21 janv.	Loi n° 2008-67. Ratification de l'ordonnance n° 2007-329 du 12 mars 2007 relative au code du travail (partie législative). – V. CASF, art. L. 423-11, L. 423-33.
2008	24 janv.	Décret n° 2008-87. Fonctionnement et financement des centres de soins, d'accompagnement et de prévention en addictologie. – V. CASF, art. R. 314-22, R. 314-25, R. 314-111, R. 314-196-1.
2008	6 févr.	Décret n° 2008-110. Guide d'évaluation des besoins de compensation des personnes handicapées. – V. CASF, art. R. 146-28.
2008	14 févr.	Décret n° 2008-139. Application de l'article L. 131-6 du code de l'éducation et de l'article L. 222-4-1 du code de l'action sociale et des familles. – V. CASF, art. R. 222-4-2.
2008	7 mars	Décret n° 2008-244. Relatif au code du travail. – V. CASF, art. D. 423-1 à D. 432-9, D. 461-1 à D. 461-3.
2008	17 avr.	Décret n° 2008-376. Conditions techniques de fonctionnement applicables à l'activité de soins de suite et de réadaptation. – V. CASF, art. D. 242-14.
2008	17 avr.	Décret n° 2008-377. Conditions d'implantation applicables à l'activité de soins de suite et de réadaptation. – V. CASF, art. R. 232-32.
2008	7 mai	Décret n° 2008-450. Accès des enfants à la prestation de compensation. – V. CASF, art. R. 245-7, R. 245-36.
2008	7 mai	Décret n° 2008-451. Accès des enfants à la prestation de compensation : – V. CASF, art. D. 245-4, D. 245-8, D. 245-13, D. 245-26, D. 245-29, D. 245-31, D. 245-32-1, D. 245-34, D. 245-51. – V. Annexe 2-5, **p. 1624.**

2008	22 mai	Décret n° 2008-484. Procédure devant la Cour de cassation. – V. CASF, art. R. 314-105, R. 351-15.
2008	30 mai	Ordonnance n° 2008-507. Transposition de la directive 2005/36/CE du Parlement européen et du Conseil du 7 septembre 2005 relative à la reconnaissance des qualifications professionnelles. – V. CASF, art. L. 411-1, L. 411-1-1.
2008	30 juill.	Décret n° 2008-774. Formation des cadres territoriaux en charge de la protection de l'enfance. – V. CASF, art. D. 226-1, D. 226-1-1 à D. 226-1-3.
2008	13 août	Décret n° 2008-780. Procédure applicable en cas d'impayés des factures d'électricité, de gaz, de chaleur et d'eau : – V. CASF, art. R. 261-1, R. 261-2. – Art. 1er à 15, App., v° *Logement*, **p. 1936.**
2008	21 août	Décret n° 2008-821. Guide de remplissage de la grille nationale AGGIR : – V. CASF, art. R. 232-3. – V. Annexe 2-1, **p. 1560.**
2008	22 août	Décret n° 2008-833. Création du système national d'information prévu à l'article L. 247-2 du code de l'action sociale et des familles et organisation de la transmission des données destinées à l'alimenter. – V. CASF, art. D. 247-1 à D. 247-6.
2008	27 août	Décret n° 2008-854. Règles minimales de taux et de barème des bourses d'études accordées aux étudiants inscrits dans les établissements dispensant des formations sociales initiales et dans les instituts et écoles de formation de certaines professions de santé : – V. CASF, art. D. 451-7. – V. Annexe 4-1, **p. 1735.**
2008	28 août	Ordonnance n° 2008-859. Extension et adaptation outre-mer de diverses mesures bénéficiant aux personnes handicapées et en matière d'action sociale et médico-sociale. – Ratifiée par L. n° 2009-594 du 27 mai 2009. – V. CASF, art. L. 531-5, L. 531-7 à L. 531-9, L. 540-1, L. 542-1, L. 543-2, L. 545-1 à L. 547-1, L. 563-1.
2008	29 sept.	Décret n° 2008-1010. Organisation du service public de l'emploi. – V. CASF, art. R. 146-42, R. 245-6, R. 262-86, R. 522-8, R. 522-10, R. 522-20.
2008	30 oct.	Décret n° 2008-1112. Création d'un Haut Conseil de la famille. – V. CASF, art. R. 112-1, D. 141-1 à D. 141-5.
2008	3 nov.	Décret n° 2008-1124. Opérations de trésorerie de la Caisse nationale de solidarité pour l'autonomie. – V. CASF, art. R. 14-10-22, R. 14-10-48.
2008	13 nov.	Décret n° 2008-1164. Composition de la Cour nationale de la tarification sanitaire et sociale. – V. CASF, art. L. 351-5.

2008	13 nov.	Décret n° 2008-1165. Fonctionnement de la Cour nationale de la tarification sanitaire et sociale et des tribunaux interrégionaux de la tarification sanitaire et sociale. – V. CASF, art. R. 351-5, R. 351-10.
2008	17 nov.	Décret n° 2008-1195. Diverses dispositions relatives à certains établissements médico-sociaux. – V. CASF, art. D. 232-22, D. 313-15-2, D. 313-15-3, D. 315-71.
2008	1er déc.	Loi n° 2008-1249. Généralisation du revenu de solidarité active et réforme des politiques d'insertion : – V. CASF, art. L. 111-3, L. 115-1, L. 115-2, L. 115-4-1, L. 121-7, L. 131-2, L. 134-1, L. 211-10, L. 262-1 à L. 262-58, L. 263-1 à L. 263-5, L. 263-10 à L. 263-14, L. 263-18, L. 264-1, L. 265-1, L. 512-1. – V. CSS, art. L. 552-6, App., v° *Enfance*, **p. 1801.**
2008	5 déc.	Décret n° 2008-1276. Protection juridique des mineurs et des majeurs et modification du code de procédure civile. – V. C. pr. civ., art. 1211 à 1255, 1257 à 1263, App., v° *Tutelle-Curatelle*, **p. 2030.**
2008	11 déc.	Ordonnance n° 2008-1304. Modification de la partie législative du code de l'éducation. – V. C. éduc., art. L. 352-1, App., v° *Personnes handicapées*, **p. 1969.**
2008	17 déc.	Loi n° 2008-1330. De financement de la sécurité sociale pour 2009. – V. CASF, art. L. 14-10-9, L. 232-8, L. 232-15, L. 313-12, L. 314-2, L. 314-3, L. 314-3-2, L. 314-6, L. 314-7, L. 314-7-1, L. 314-8, L. 444-1.
2008	19 déc.	Décret n° 2008-1422. Organisation de la transmission d'informations sous forme anonyme aux observatoires départementaux de la protection de l'enfance et à l'Observatoire national de l'enfance en danger. – V. CASF, art. D. 226-3-1 à D. 226-3-5.
2008	22 déc.	Décret n° 2008-1485. Tarification des certificats et avis médicaux établis dans le cadre des mesures judiciaires de protection juridique des majeurs. – V. C. pr. civ., art. 1256, App., v° *Tutelle-Curatelle*, **p. 2039.**
2008	22 déc.	Décret n° 2008-1498. Listes de prestations sociales mentionnées aux articles L. 271-8 et L. 361-1 du code de l'action sociale et des familles et à l'article 495-4 du code civil et plafond de la contribution des bénéficiaires de la mesure d'accompagnement social personnalisé. – V. CASF, art. D. 271-2, D. 271-5, D. 272-1, D. 361-1.
2008	27 déc.	Loi n° 2008-1425. De finances pour 2009. – V. CASF, art. L. 314-4.
2008	30 déc.	Décret n° 2008-1500. Réglementation financière et budgétaire des établissements et services sociaux et médico-sociaux. – V. CASF, art. R. 211-8, R. 211-12, R. 211-13, R. 211-15, R. 314-3,

		R. 314-22, R. 314-29, R. 314-36, R. 314-48, R. 314-55, R. 314-59, R. 314-60, R. 314-65-1, R. 314-94-2, R. 314-105, R. 314-182, R. 314-188, R. 314-193-1 à R. 314-193-4.
2008	30 déc.	Décret n° 2008-1504. Prestation de serment mentionnée aux articles L. 471-2 et L. 474-1, autorisation et règlement de fonctionnement des services mentionnés au 14° du I de l'article L. 312-1 et autorisation des services mentionnés au 15° du I de l'article L. 312-1 du code de l'action sociale et des familles. – V. CASF, art. R. 312-180 à R. 312-184, R. 312-185 à R. 312-192, R. 313-2 (anc.), R. 313-3, R. 313-10-1, R. 313-10-2, R. 471-2, R. 471-9, R. 474-2.
2008	30 déc.	Décret n° 2008-1505. Déclaration prévue à l'article L. 472-6 du code de l'action sociale et des familles. – V. CASF, art. R. 472-14 à R. 472-16, R. 472-17, R. 472-19 à R. 472-24, R. 472-26.
2008	30 déc.	Décret n° 2008-1506. Mesure d'accompagnement social personnalisé et mesure d'accompagnement judiciaire. – V. CASF, art. R. 271-1, R. 271-3, R. 271-4, R. 271-6 à R. 271-16, R. 272-2, R. 361-2.
2008	30 déc.	Décret n° 2008-1507. Information et soutien des personnes appelées à exercer ou exerçant une mesure de protection juridique des majeurs en application de l'article 449 du code civil : – V. CASF, art. R. 215-14 à R. 215-17. – V. Annexe 4-6, **p. 1742.**
2008	30 déc.	Décret n° 2008-1508. Conditions d'âge, de formation et d'expérience professionnelle devant être satisfaites par les mandataires judiciaires à la protection des majeurs et par les délégués aux prestations familiales. – V. CASF, art. D. 471-3, D. 471-4, D. 474-3, D. 474-4.
2008	30 déc.	Décret n° 2008-1511. Diverses dispositions relatives aux mandataires judiciaires à la protection des majeurs et aux délégués aux prestations familiales. – V. CASF, art. D. 313-12, D. 472-13, D. 472-18.
2008	30 déc.	Décret n° 2008-1512. Modalités d'inscription sur les listes prévues aux articles L. 471-2, L. 471-3, L. 474-1 et L. 474-2 du code de l'action sociale et des familles. – V. CASF, art. D. 471-1, D. 471-13 à D. 471-19, D. 474-1, D. 474-9 à D. 474-15.
2008	31 déc.	Décret n° 2008-1553. Exercice à titre individuel de l'activité de mandataire judiciaire à la protection des majeurs et de l'activité de délégué aux prestations familiales. – V. CASF, art. R. 472-1 à R. 472-10, R. 472-25, R. 474-16 à R. 474-26.
2008	31 déc.	Décret n° 2008-1556. Droits des usagers des mandataires judiciaires à la protection des majeurs et des délégués aux prestations familiales : – V. CASF, art. D. 311-0-2, D. 471-7 à D. 471-12, D. 474-5 à D. 474-8. – V. Annexes 4-2, 4-3, 4-4, 4-5, **p. 1736.**

2009	15 janv.	Décret n° 2009-55. Conditions d'exercice de la profession d'assistant de service social. – V. CASF, art. R. 411-3 à R. 411-9.
2009	17 févr.	Loi n° 2009-179. Accélération des programmes de construction et d'investissement publics et privés. – V. CASF, art. L. 411-1.
2009	19 févr.	Décret n° 2009-206. Application du second alinéa de l'article L. 344-5-1 du code de l'action sociale et des familles. – V. CASF, art. D. 344-40.
2009	13 mars	Décret n° 2009-289. Rectification de certaines dispositions du code du travail (partie réglementaire). – V. CASF, art. D. 461-2.
2009	16 mars	Décret n° 2009-295. Application de l'ordonnance n° 2009-15 du 8 janvier 2009 relative aux instruments financiers. – V. CASF, art. R. 314-95.
2009	17 mars	Décret n° 2009-299. Conditions d'organisation et de fonctionnement des unités d'évaluation, de réentraînement et d'orientation sociale et socioprofessionnelle (UEROS) pour personnes cérébro-lésées. – V. CASF, art. D. 312-161-1 à D. 312-161-11.
2009	20 mars	Décret n° 2009-322. Obligations des établissements et services accueillant ou accompagnant des personnes handicapées adultes n'ayant pu acquérir un minimum d'autonomie. – V. CASF, art. D. 344-5-1 à D. 344-5-16.
2009	25 mars	Loi n° 2009-323. Mobilisation pour le logement et la lutte contre l'exclusion. – V. CASF, art. L. 121-14, L. 121-15, L. 121-17, L. 222-5, L. 311-9, L. 312-5, L. 312-5-3, L. 345-2, L. 345-2-1 à L. 345-2-3.
2009	25 mars	Décret n° 2009-331. Substitution de la dénomination « Office français de l'immigration et de l'intégration » à la dénomination « Agence nationale de l'accueil des étrangers et des migrations ». – V. CASF, art. L. 117-3, L. 121-13, L. 348-3.
2009	2 avr.	Décret n° 2009-378. Scolarisation des enfants, des adolescents et des jeunes adultes handicapés et coopération entre les établissements mentionnés à l'article L. 351-1 du code de l'éducation et les établissements et services médico-sociaux mentionnés aux 2° et 3° de l'article L. 312-1 du code de l'action sociale et des familles. – V. CASF, art. D. 312-10-1 à D. 312-10-16, D. 312-11, D. 312-12, D. 312-14, D. 312-15, D. 312-16, D. 312-17, D. 312-18, D. 312-19, D. 312-20, D. 312-22, D. 312-25, D. 312-35, D. 312-37, D. 312-38, D. 312-39, D. 312-40, D. 312-47, D. 312-50, D. 312-55, D. 312-57, D. 312-58, D. 312-59-2, D. 312-59-4, D. 312-59-5, D. 312-59-6, D. 312-59-11, D. 312-59-14, D. 312-59-15, D. 312-60, D. 312-61, D. 312-63, D. 312-64, D. 312-66, D. 312-67, D. 312-69, D. 312-70, D. 312-75, D. 312-77, D. 312-78, D. 312-81, D. 312-83, D. 312-84, D. 312-85, D. 312-86, D. 312-88, D. 312-89, D. 312-90, D. 312-94, D. 312-95,

		D. 312-98, D. 312-99, D. 312-100, D. 312-102, D. 312-103, D. 312-104, D. 312-105, D. 312-106, D. 312-109, D. 312-111, D. 312-112, D. 312-113, D. 312-115, D. 312-116, D. 312-117, D. 312-118, D. 312-120, D. 312-121.
2009	7 avr.	Décret n° 2009-386. Réforme des règles d'établissement et d'arrêté des comptes des régimes et organismes de sécurité sociale. – V. CASF, art. R. 14-10-1, R. 14-10-21, R. 14-10-22.
2009	14 avr.	Décret n° 2009-407. Autorité centrale pour l'adoption internationale. – V. CASF, art. R. 148-4 à R. 148-11-2, R. 225-34.
2009	15 avr.	Décret n° 2009-404. Revenu de solidarité active. : – V. CASF, art. R. 115-1, R. 123-1, R. 245-48, R. 262-1 à R. 262-101, D. 271-2, R. 271-6, R. 348-4, R. 361-2. – V. Décr. n° 54-883 du 2 sept. 1954, art. 42, App., v° *Aide sociale*, **p. 1785.** – Art. 13 à 18, 21, App., v° *Insertion*, **p. 1895.**
2009	12 mai	Loi n° 2009-526. Simplification et clarification du droit et allègement des procédures. – V. CASF, art. L. 133-6-1, L. 221-4, L. 227-8, L. 271-1, L. 271-3, L. 312-1, L. 313-23, L. 321-4, L. 322-8, L. 331-5, L. 473-4, L. 474-2, L. 474-4.
2009	20 mai	Décret n° 2009-554. Mesure de la pauvreté : – V. CASF, art. R. 115-5. – V. Annexe 1-1, **p. 1553.**
2009	20 mai	Décret n° 2009-565. Formation, démarche de reconnaissance des savoir-faire et des compétences et validation des acquis de l'expérience des travailleurs handicapés accueillis en établissements ou services d'aide par le travail. – V. CASF, art. D. 243-14 à D. 243-31.
2009	26 mai	Décret n° 2009-597. Application de l'article 7 de la loi n° 2004-811 du 13 août 2004 relative à la modernisation de la sécurité civile et relatif à l'agrément ministériel des conventions et accords dans les établissements sociaux et médico-sociaux. – V. CASF, art. R. 313-32, R. 313-33, R. 314-197, R. 314-198, R. 314-199, R. 314-200.
2009	27 mai	Décret n° 2009-602. Revenu supplémentaire temporaire d'activité. – V. App., v° *Insertion*, **p. 1896.**
2009	11 juin	Décret n° 2009-679. Protection des mineurs accueillis hors du domicile parental. – V. CASF, art. R. 227-1, R. 227-13, R. 227-14, R. 227-17, R. 227-19, R. 227-21.
2009	18 juin	Décret n° 2009-716. Traitements automatisés de données à caractère personnel accompagnant la mise en œuvre du revenu de solidarité active et diverses dispositions de coordination. – V. CASF, art. R. 262-1, D. 262-61, R. 262-102 à R. 262-121.

2009	14 juill.	Décret n° 2009-863. Agrément des organismes d'accueil communautaire et d'activités solidaires. – V. CASF, art. R. 265-1 à R. 265-11.
2009	21 juill.	Loi n° 2009-879. Réforme de l'hôpital et relative aux patients, à la santé et aux territoires. – Art. 11-II et III, 92, 124-I. – V. CASF, art. L. 247-2, L. 311-1, L. 312-1, L. 312-3, L. 312-5, L. 312-5-1, L. 312-7, L. 313-3, L. 313-4, L. 313-12, L. 313-12-2, L. 313-14-1, L. 313-23-3, L. 313-24-2, L. 313-26, L. 313-27, L. 314-3, L. 314-8, L. 315-14, L. 315-17, L. 344-5-1, L. 348-4, L. 411-1, L. 443-10.
2009	21 juill.	Décret n° 2009-882. Trésorerie des organismes de sécurité sociale et des organismes en relation avec l'Agence centrale des organismes de sécurité sociale. – V. CASF, art. R. 14-10-48.
2009	29 juill.	Décret n° 2009-933. Calcul du revenu des travailleurs indépendants relevant de l'article L. 133-6-8 du code de la sécurité sociale et bénéficiaires du revenu de solidarité active. – V. CASF, art. R. 262-19, R. 262-21, R. 262-22, R. 262-25.
2009	20 août	Décret n° 2009-988. Habilitation des directeurs des organismes de sécurité sociale à recouvrer les prestations indues par voie de contrainte. – V. CASF, art. R. 262-94-1.
2009	25 août	Décret n° 2009-1026. Prise en charge par l'aide médicale de l'État des frais pharmaceutiques et des soins infirmiers nécessaires à des personnes placées en garde à vue. – V. App., v° *Aide sociale*, **p. 1790.**
2009	1er sept.	Décret n° 2009-1084. Diplôme d'État de conseiller en économie sociale familiale et modification du code de l'action sociale et des familles (partie réglementaire). – V. CASF, art. D. 451-57-1 à D. 451-57-5.
2009	5 nov.	Décret n° 2009-1356. Agence nationale pour la cohésion sociale et l'égalité des chances (ACSé). – V. CASF, art. R. 121-13, R. 121-14, R. 121-17, R. 121-20, R. 121-21, R. 121-22, R. 121-24, R. 121-25.
2009	10 nov.	Décret n° 2009-1367. Création du comité interministériel du handicap. – V. CASF, art. D. 114-6.
2009	11 nov.	Décret n° 2009-1386. Composition du conseil de la Caisse nationale de solidarité pour l'autonomie. – V. CASF, art. R. 14-10-2, R. 14-10-6.
2009	10 déc.	Décret n° 2009-1540. Organisation et missions des directions régionales de la jeunesse, des sports et de la cohésion sociale. – V. CASF, art. R. 227-22, R. 351-20, D. 451-19, R. 451-24, R. 451-71, D. 451-76, D. 451-85, D. 451-92, D. 451-103.
2009	24 déc.	Loi n° 2009-1646. De financement de la sécurité sociale pour 2010. – V. CASF, art. L. 262-45, L. 262-46, L. 262-52, L. 262-53, L. 312-7, L. 312-9, L. 314-2, L. 314-3, L. 314-3-1, L. 344-1, L. 344-1-2.

2009	30 déc.	Loi n° 2009-1673. De finances pour 2010. – V. CASF, art. L. 262-7-1, L. 262-8, L. 262-29, L. 312-5-3.
2010	7 janv.	Décret n° 2010-15. Application du second alinéa de l'article L. 344-1 du code de l'action sociale et des familles. – V. CASF, art. D. 344-41.
2010	7 janv.	Décret n° 2010-16. Dispositions concernant la prestation de compensation prévue à l'article D. 245-9 du code de l'action sociale et des familles. – V. CASF, art. D. 245-9, D. 245-31, D. 245-58.
2010	23 févr.	Ordonnance n° 2010-177. Coordination avec la loi n° 2009-879 du 21 juillet 2009 portant réforme de l'hôpital et relative aux patients, à la santé et aux territoires. – Ratifiée par L. n° 2011-940 du 10 août 2011, art. 64-4°. – V. CASF, art. L. 14-10-9, L. 232-22, L. 241-5, L. 311-4, L. 311-5, L. 312-3, L. 312-4, L. 312-7, L. 313-1 à L. 313-4, L. 313-6, L. 313-7, L. 313-12 à L. 313-23, L. 313-24-1, L. 314-1, L. 314-2, L. 314-3-2, L. 314-4, L. 314-5, L. 314-7, L. 315-2, L. 315-12, L. 322-7, L. 322-9, L. 331-9, L. 342-5, L. 343-2, L. 344-5-1, L. 347-1, L. 347-2, L. 351-1 à L. 351-3, L. 361-1.
2010	10 mars	Loi n° 2010-241. Service civique. – V. CASF, art. L. 121-19, L. 121-20.
2010	11 mars	Décret n° 2010-255. Modalités de détermination du nombre de places d'hébergement à atteindre par les communes et dispositif de la veille sociale. – V. CASF, art. R. 312-193-1 à R. 312-193-4, R. 345-6, D. 345-8.
2010	25 mars	Ordonnance n° 2010-331. Extension et adaptation aux collectivités régies par l'article 74 de la Constitution, à la Nouvelle-Calédonie, aux Terres australes et antarctiques françaises ainsi qu'à la Réunion et à la Guadeloupe de dispositions de la loi n° 2009-879 du 21 juillet 2009 portant réforme de l'hôpital et relative aux patients, à la santé et aux territoires. – V. CASF, art. L. 531-3, L. 531-4, L. 531-5, L. 531-5-1, L. 531-6, L. 581-1 à L. 581-7, L. 591-1.
2010	31 mars	Décret n° 2010-344. Conséquences, au niveau réglementaire, de l'intervention de la loi n° 2009-879 du 21 juillet 2009 portant réforme de l'hôpital et relative aux patients, à la santé et aux territoires : – V. CASF, art. R. 131-4, R. 232-32, R. 241-24, D. 247-5, R. 312-185 à R. 312-192, D. 312-193-5, D. 313-15-4, D. 313-18, D. 313-23, R. 314-1, R. 314-3, R. 314-26, R. 314-31, R. 314-36, R. 314-41, R. 314-49, R. 314-60, R. 314-64, R. 314-69, R. 314-72, R. 314-90, R. 314-91, R. 314-105, R. 314-110, R. 314-114, R. 314-140 à R. 314-144, R. 314-150, R. 314-158, R. 314-168, R. 314-177, R. 314-178, R. 314-193-2, R. 314-196, R. 314-204, R. 315-4, R. 315-15, R. 315-23-5, R. 315-49, D. 316-3, R. 344-14, R. 344-29, R. 344-30, R. 344-32, R. 344-33, D. 344-38,

		R. 345-1-1, R. 345-2, R. 345-7, R. 348-6-1, D. 351-3-1, R. 351-4, R. 351-20, R. 351-21. — V. CSP, art. D. 3411-9, D. 3411-10, App., v° *Insertion*, **p. 1858.**
2010	9 avr.	Décret n° 2010-366. Maison territoriale de l'autonomie à Saint-Pierre-et-Miquelon : — V. CASF, art. D. 532-1, R. 532-2, R. 532-6 à R. 532-10. — V. C. éduc., art. R. 351-2, App., v° *Personnes handicapées*, **p. 1969.**
2010	27 avr.	Ordonnance n° 2010-420. Adaptation de dispositions résultant de la fusion de la direction générale des impôts et de la direction générale de la comptabilité publique. — V. CASF, art. L. 224-9, L. 315-16.
2010	7 juin	Décret n° 2010-621. Autorisation de la création d'un traitement automatisé de données à caractère personnel par la CNAMTS relatif aux résidents et aux données d'activité et de consommation médicales des établissements d'hébergement pour personnes âgées dépendantes : — V. CASF, art. R. 314-69. — V. CSS, art. R. 174-15, App., v° *Personnes âgées*, **p. 1945.**
2010	9 juin	Loi n° 2010-625. Création des maisons d'assistants maternels et diverses dispositions relatives aux assistants maternels. — V. CASF, art. L. 214-2-1, L. 421-3, L. 421-14, L. 423-12, L. 424-2 à L. 424-7.
2010	10 juin	Ordonnance n° 2010-638. Suppression du régime des conservateurs des hypothèques. — V. CASF, art. L. 211-11, L. 331-7.
2010	18 juin	Décret n° 2010-671. Signatures électronique et numérique en matière pénale et modification de certaines dispositions de droit pénal et de procédure pénale. — V. CASF, art. R. 342-1.
2010	24 juin	Ordonnance n° 2010-686. Extension et adaptation dans les départements d'outre-mer, à Saint-Barthélemy, Saint-Martin et Saint-Pierre-et-Miquelon de la loi n° 2008-1249 du 1er décembre 2008 généralisant le revenu de solidarité active et réformant les politiques d'insertion. — Ratifiée par L. n° 2010-1487 du 7 déc. 2010. — V. CASF, art. L. 522-1, L. 522-1-1, L. 522-3, L. 522-4, L. 522-6 à L. 522-9, L. 522-11 à L. 522-14, L. 522-16 à L. 522-18, L. 531-5, L. 531-5-1, L. 581-8, L. 581-9.
2010	5 juill.	Loi n° 2010-751. Rénovation du dialogue social et diverses dispositions relatives à la fonction publique. — V. CASF, art. L. 315-13.
2010	9 juill.	Loi n° 2010-769. Violences faites spécifiquement aux femmes, violences au sein des couples et incidences de ces dernières sur les enfants : — V. L. n° 90-449 du 31 mai 1990, art. 4, 5, App., v° *Logement*, **p. 1926.**

2010	12 juill.	Loi n° 2010-788. Engagement national pour l'environnement. – V. L. n° 90-449 du 31 mai 1990, art. 2, 4, App., v° *Logement*, **p. 1925.**
2010	23 juill.	Loi n° 2010-853. Réseaux consulaires, commerce, artisanat et services. – V. CASF, art. L. 262-33.
2010	26 juill.	Décret n° 2010-870. Procédure d'appel à projet et d'autorisation mentionnée à l'article L. 313-1-1 du code de l'action sociale et des familles. – V. CASF, art. R. 312-177, R. 313-1 à R. 313-10, D. 313-13.
2010	3 août	Décret n° 2010-927. Procédure d'agrément et procédure d'accord des particuliers accueillant à titre onéreux des personnes âgées ou handicapées. – V. CASF, art. R. 441-4, R. 441-16.
2010	3 août	Décret n° 2010-928. Modification de certaines dispositions du CASF (partie réglementaire) relatives aux accueillants familiaux accueillant à titre onéreux des personnes âgées ou handicapées : – V. CASF, art. D. 442-2 à D. 444-8. – V. Annexes 3-8-1, 3-8-2, **p. 1702.**
2010	24 août	Décret n° 2010-937. Modification du décret n° 2009-993 du 20 août 2009 portant application du dernier alinéa de l'article L. 351-3 du code de l'éducation. – V. C. éduc., art. D. 351-20-1, App., v° *Personnes handicapées*, **p. 1976.**
2010	25 août	Décret n° 2010-961. Extension du revenu de solidarité active aux jeunes de moins de vingt-cinq ans. – V. CASF, art. R. 262-3, D. 262-25-1 à D. 262-25-4.
2010	30 août	Décret n° 2010-1032. Protection sociale de la personne volontaire effectuant un service civique et modification des dispositions relatives à l'appréciation des ressources pour la détermination du droit au bénéfice de la protection complémentaire en matière de santé et de l'aide au paiement d'une assurance complémentaire santé. – V. Décr. n° 2009-602 du 27 mai 2009, art. 10, App., v° *Insertion*, **p. 1898.**
2010	15 sept.	Décret n° 2010-1084. Prise en charge des frais de transport des personnes adultes handicapées bénéficiant d'un accueil de jour dans les maisons d'accueil spécialisées et les foyers d'accueil médicalisés. – V. CASF, art. D. 311-15, R. 314-17, R. 314-105, R. 314-140, R. 314-208.
2010	28 sept.	Loi n° 2010-1127. Lutte contre l'absentéisme scolaire. – V. CASF, art. L. 222-4-1, L. 262-3, L. 262-10.
2010	28 sept.	Décret n° 2010-1148. Diverses mesures bénéficiant aux personnes handicapées à Mayotte. – V. CASF, art. R. 545-1 à R. 545-7.
2010	29 sept.	Décret n° 2010-1151. Composition du Haut Conseil de la famille. – V. CASF, art. D. 141-3.

2010	2 nov.	Décret n° 2010-1308. Création du Comité national de soutien à la parentalité. – V. CASF, art. D. 141-9 à D. 141-12.
2010	12 nov.	Décret n° 2010-1404. Fixation du barème national de l'indemnité complémentaire allouée à titre exceptionnel aux mandataires judiciaires à la protection des majeurs. – V. CASF, art. D. 471-6.
2010	7 déc.	Loi n° 2010-1487. Département de Mayotte. – V. CASF, art. L. 522-7, L. 522-16, L. 531-5-1, L. 581-9.
2010	7 déc.	Loi n° 2010-1488. Nouvelle organisation du marché de l'électricité. – V. L. n° 90-449 du 31 mai 1990, art. 3, 6-1, 6-3, App., v° *Logement*, **p. 1925.**
2010	16 déc.	Loi n° 2010-1563. Réforme des collectivités territoriales. – V. CGCT, art. L. 2113-13, App., v° *Aide sociale*, **p. 1785.**
2010	20 déc.	Loi n° 2010-1594. De financement de la sécurité sociale pour 2011. – V. CASF, art. L. 113-3, L. 113-4, L. 314-3, L. 314-8, L. 314-9.
2010	22 déc.	Loi n° 2010-1609. Exécution des décisions de justice, conditions d'exercice de certaines professions réglementées et des experts judiciaires. – V. C. civ., art. 345, 348-3, 361, App., v° *Adoption-Pupilles de l'État*, **p. 1755.**
2010	28 déc.	Décret n° 2010-1647. Modification de la procédure d'appel avec représentation obligatoire en matière civile. – V. C. pr. civ., art. 1259-3, App., v° *Tutelle-Curatelle*, **p. 2041.**
2010	29 déc.	Loi n° 2010-1657. De finances pour 2011 : – V. CASF, art. L. 251-1, L. 251-2, L. 252-3, L. 253-3-1. – V. C. trav., art. L. 5213-4, App., v° *Personnes handicapées*, **p. 1962.**
2010	29 déc.	Loi n° 2010-1658. De finances rectificative pour 2010. – V. L. n° 2008-1249 du 1er déc. 2008, art. 25, App., v° *Insertion*, **p. 1891.**
2010	30 déc.	Décret n° 2010-1731. Intervention des professionnels de santé exerçant à titre libéral dans les établissements d'hébergement pour personnes âgées dépendantes. – V. CASF, art. D. 311, R. 313-30-1 à R. 313-30-4, R. 314-161.
2010	31 déc.	Décret n° 2010-1783. Extension et adaptation du revenu de solidarité active dans les départements d'outre-mer, à Saint-Barthélemy, Saint-Martin et Saint-Pierre-et-Miquelon : – V. CASF, art. R. 262-11, R. 522-4 à R. 522-8, R. 522-10, R. 522-20, R. 522-21, R. 522-24, R. 522-25, R. 522-27 à R. 522-29-1, R. 522-34 à D. 522-36, R. 522-40 à R. 522-43, R. 522-45, R. 522-49, R. 522-50, R. 522-52 à R. 522-57, R. 522-63, R. 522-64, R. 522-67, R. 522-68, R. 533-1, R. 534-1, R. 581-1. – V. Décr. n° 2009-404 du 15 avr. 2009, art. 21, App., v° *Insertion*, **p. 1896.**

2010	31 déc.	Décret n° 2010-1784. Modification du décret n° 2009-602 du 27 mai 2009 modifié relatif au revenu supplémentaire temporaire d'activité. – V. Décr. n° 2009-602 du 27 mai 2009, art. 9, App., v° *Insertion*, **p. 1896.**
2011	24 janv.	Décret n° 2011-99. Recouvrement des indus de prestations à caractère social ou familial et d'aides personnelles au logement. – V. CASF, art. D. 262-94-2.
2011	7 févr.	Loi n° 2011-156. Solidarité dans les domaines de l'alimentation en eau et de l'assainissement. – V. L. n° 90-449 du 31 mai 1990, art. 6-2, App., v° *Logement*, **p. 1928.**
2011	28 févr.	Décret n° 2011-222. Organisation de la transmission d'informations sous forme anonyme aux observatoires départementaux de la protection de l'enfance et à l'Observatoire national de l'enfance en danger : – V. CASF, art. D. 226-3-1 à D. 226-3-7. – V. Annexe 2-8, **p. 1638.**
2011	14 mars	Loi n° 2011-267. Orientation et programmation pour la performance de la sécurité intérieure : – V. CASF, art. L. 141-1, L. 222-4-1, L. 553-1, L. 573-1. – V. CGCT, art. L. 3221-9, App., v° *Aide sociale*, **p. 1785.** – V. Ord. n° 45-174 du 2 févr. 1945, art. 15-1, App., v° *Enfance*, .
2011	22 mars	Loi n° 2011-302. Diverses dispositions d'adaptation de la législation au droit de l'Union européenne en matière de santé, de travail et de communications électroniques. – V. CASF, art. L. 411-1, L. 411-1-1.
2011	28 mars	Loi n° 2011-331. Modernisation des professions judiciaires ou juridiques et certaines professions réglementées. – V. C. civ., art. 461, 462, App., v° *Tutelle-Curatelle*, **p. 2017.**
2011	29 mars	Loi organique n° 2011-333. Défenseur des droits. – V. App., v° *Enfance*, **p. 1820.**
2011	29 mars	Loi n° 2011-334. Défenseur des droits. – V. CASF, art. L. 146-13, L. 221-5.
2011	29 mars	Ordonnance n° 2011-337. Modification de l'organisation judiciaire dans le département de Mayotte. – V. Ord. n° 45-174 du 2 févr. 1945, art. 47, 48, 49, App., v° *Enfance*, .
2011	14 avr.	Loi n° 2011-392. Garde à vue. – V. Ord. n° 45-174 du 2 févr. 1945, art. 4, App., v° *Enfance*, .
2011	17 mai	Loi n° 2011-525. Simplification et amélioration de la qualité du droit : – V. CASF, art. L. 113-2, L. 115-4, L. 117-2, L. 225-15, L. 241-3-2, L. 248-1, L. 264-9, L. 311-1, L. 311-3, L. 312-9, L. 313-21, L. 342-5, L. 347-2, L. 421-3. – V. C. civ., art. 480, App., v° *Tutelle-Curatelle*, **p. 2020.**

2011	26 mai	Décret n° 2011-585. Comité technique d'établissement institué dans certains établissements publics sociaux et médico-sociaux. – V. CASF, art. R. 315-35 à R. 315-42, R. 315-44 à R. 315-50, R. 315-54, R. 315-57, R. 315-58, D. 315-64.
2011	10 juin	Décret n° 2011-656. Fonds national de l'aide médicale de l'État prévu à l'article L. 253-3-1 du code de l'action sociale et des familles. – V. CASF, art. D. 253-1 à D. 253-4.
2011	16 juin	Décret n° 2011-679. Aide alimentaire. – V. CASF, art. R. 115-1.
2011	22 juin	Décret n° 2011-714. Instruction des demandes de carte de stationnement pour personnes handicapées formées par les personnes relevant du code des pensions militaires d'invalidité et des victimes de la guerre. – V. CASF, art. R. 241-17.
2011	22 juin	Décret n° 2011-716. Modification de la composition de la commission consultative de retrait d'agrément des particuliers accueillant à titre onéreux des personnes âgées ou handicapées. – V. CASF, art. R. 441-12, R. 441-13.
2011	23 juin	Loi n° 2011-725. Dispositions particulières relatives aux quartiers d'habitat informel et à la lutte contre l'habitat indigne dans les départements et régions d'outre-mer. – V. L. n° 90-449 du 31 mai 1990, App., v° *Logement*, **p. 1924.**
2011	15 juill.	Décret n° 2011-844. Formation des aidants familiaux et des accueillants familiaux et actions de formation dans les établissements mentionnés à l'article L. 314-3-1 du code de l'action sociale et des familles qui ont conclu la convention prévue au I de l'article L. 313-12 du même code. – V. CASF, art. R. 14-10-49, R. 14-10-50, R. 14-10-51, R. 14-10-52.
2011	28 juill.	Loi n° 2011-893. Développement de l'alternance et sécurisation des parcours professionnels. – V. CASF, art. L. 262-4.
2011	28 juill.	Loi n° 2011-901. Amélioration du fonctionnement des maisons départementales des personnes handicapées et diverses dispositions relatives à la politique du handicap. – V. CASF, art. L. 146-3 à L. 146-4-3, L. 146-7, L. 146-11, L. 241-5, L. 241-7, L. 241-10, L. 245-2, L. 245-2-1, L. 241-9, L. 312-1.
2011	1er août	Décret n° 2011-936. Rémunération des mandataires judiciaires et diverses mesures de simplification en matière de protection juridique des majeurs : – V. CASF, art. R. 271-1, D. 313-13, D. 313-14, R. 314-36, R. 314-193-1, R. 314-193-3, R. 471-2, D. 471-3, R. 472-1, R. 472-9, R. 472-14, R. 472-16, R. 472-16-1, R. 474-2, R. 474-17, R. 474-19, R. 474-22, R. 474-24-1, R. 474-25, R. 474-25-1. – V. Décr. n° 2008-1512 du 30 déc. 2008, art. 3, 4, ss. CASF, art. L. 471-2, L. 474-1.
2011	1er août	Décret n° 2011-937. Modification de l'annexe 2-8 du code de l'action sociale et des familles. – V. Annexe 2-8, **p. 1638.**

2011	10 août	Loi n° 2011-939. Participation des citoyens au fonctionnement de la justice pénale et jugement des mineurs : – V. CASF, art. L. 222-4-1. – V. Ord. n° 45-174 du 2 févr. 1945, art. 1er, 2, 3, 5, 5-1, 5-2, 6, 7-1, 8 à 8-3, 9, 10 à 10-3, 11, 11-2, 12, 12-2, 14, 14-2, 20, 20-5, 20-7, 20-10, 24-1 à 24-8, App., v° *Enfance*, .
2011	10 août	Loi n° 2011-940. Modification de certaines dispositions de la loi n° 2009-879 du 21 juillet 2009 portant réforme de l'hôpital et relative aux patients, à la santé et aux territoires. – V. CASF, art. L. 312-5, L. 312-7, L. 313-1, L. 313-3, L. 314-12, L. 313-12-2.
2011	16 août	Décret n° 2011-974. Attribution de l'allocation aux adultes handicapés aux personnes handicapées subissant une restriction substantielle et durable pour l'accès à l'emploi et modalités d'attribution de cette allocation. – V. CASF, art. R. 241-27.
2011	25 août	Décret n° 2011-1000. Modification de certaines dispositions applicables aux marchés et contrats relevant de la commande publique. – V. CASF, art. R. 123-41.
2011	1er sept.	Décret n° 2011-1043. Mesures conservatoires prises après l'ouverture d'une succession et procédure en la forme des référés. – V. C. pr. civ., art. 1252, 1252-1, App., v° *Tutelle-Curatelle*, **p. 2039.**
2011	2 sept.	Décret n° 2011-1047. Temps d'exercice et missions du médecin coordonnateur exerçant dans un établissement hébergeant des personnes âgées dépendantes mentionné au I de l'article L. 313-12 du code de l'action sociale et des familles. – V. CASF, art. D. 312-156, D. 312-158, D. 312-159-1.
2011	8 sept.	Décret n° 2011-1073. Suppression de commissions et instances administratives. – V. CASF, art. D. 113-1 à D. 113-6.
2011	20 sept.	Décret n° 2011-1132. Modification de certaines dispositions du code du travail relatives au chèque emploi-service universel et aux services à la personne. – V. CASF, art. R. 245-68.
2011	20 sept.	Décret n° 2011-1136. Modification de l'article R. 227-13 du code de l'action sociale et des familles. – V. CASF, art. R. 227-13.
2011	29 sept.	Décret n° 2011-1211. Accueil de jour. – V. CASF, art. D. 312-8, D. 312-9, D. 313-20.
2011	17 oct.	Décret n° 2011-1310. Habilitation d'organismes accueillant des personnes condamnées à la peine de travail d'intérêt général. – V. Décr. n° 76-1073 du 22 nov. 1976, art. 5, 6, 10-1, App., v° *Enfance*, .
2011	17 oct.	Décret n° 2011-1314. Prise en charge des frais de santé par l'aide médicale de l'État et droit au service des prestations. – V. CASF, art. R. 251-1 à R. 251-3, R. 252-1.

2011	8 nov.	Décret n° 2011-1470. Assistance du greffier en chef en matière de vérification des comptes de tutelle par un huissier de justice. – V. C. pr. civ., art. 1254-1, App., v° *Tutelle-Curatelle*, **p. 2039.**
2011	21 nov.	Décret n° 2011-1602. Prise en charge des actes de dialyse péritonéale réalisés par les infirmiers libéraux en établissement d'hébergement pour personnes âgées dépendantes. – V. CASF, art. R. 314-168.
2011	13 déc.	Loi n° 2011-1862. Répartition des contentieux et allègement de certaines procédures juridictionnelles : – V. CASF, art. L. 215-1. – V. C. civ., art. 361, 365, 370-2, App., v° *Adoption-Pupilles de l'État*, **p. 1760.** – V. Ord. n° 45-174 du 2 févr. 1945, art. 21, App., v° *Enfance*, .
2011	21 déc.	Loi n° 2011-1906. De financement de la sécurité sociale pour 2012. – V. CASF, art. L. 262-9, L. 262-52, L. 312-8-2, L. 313-12.
2011	26 déc.	Loi n° 2011-1940. Instauration d'un service citoyen pour les mineurs délinquants. – V. Ord. n° 45-174 du 2 févr. 1945, art. 7-2, 8-2, 13, 20-10, 24-1, 24-6, App., v° *Enfance*, .
2011	26 déc.	Décret n° 2011-1967. Tarification des établissements et services accueillant des mineurs ou des majeurs de moins de vingt et un ans confiés par l'autorité judiciaire. – V. CASF, art. R. 314-126.
2011	28 déc.	Loi n° 2011-1977. De finances pour 2012 : – V. L. n° 2008-1249 du 1er déc. 2008, art. 7, 35, App., v° *Insertion*, **p. 412.** – V. C. éduc., art. L. 351-3, App., v° *Personnes handicapées*, **p. 1968.**
2011	29 déc.	Décret n° 2011-2036. Application de l'article 55 de la loi n° 2010-1658 du 29 décembre 2010 de finances rectificative pour 2010 et relatif aux modalités de recouvrement des produits locaux. – V. CASF, art. R. 314-67.
2011	30 déc.	Décret n° 2011-2096. Modification et création de traitements automatisés de données à caractère personnel relatifs au revenu de solidarité active et à l'allocation aux adultes handicapés. – V. CASF, art. R. 262-102, R. 262-103, R. 262-104-1, R. 262-106 à R. 262-108, R. 262-112, R. 262-114, R. 262-116-1 à R. 262-116-7.
2011	30 déc.	Décret n° 2011-2097. Extension et adaptation du revenu de solidarité active au Département de Mayotte. – V. CASF, art. R. 541-1.
2012	4 janv.	Décret n° 2012-18. Application de l'ordonnance n° 2010-104 du 28 janvier 2010 relatif à diverses mesures de protection sociale agricole. – Art. 3-II. – V. Décr. n° 2009-602 du 27 mai 2009, art. 4, App., v° *Insertion*, **p. 1897.**

2012	5 janv.	Décret n° 2012-16. Organisation académique : – V. CASF, art. L. 141-2, L. 222-4-1. – V. C. éduc., art. L. 351-3, App., v° *Personnes handicapées*, **p. 1968.**
2012	19 janv.	Décret n° 2012-63. Aide alimentaire. – V. CASF, art. R. 115-6.
2012	26 janv.	Décret n° 2012-91. Groupements d'intérêt public. – Art. 12. – V. CASF, art. R. 146-24-1, R. 225-53, R. 226-2-1.
2012	30 janv.	Décret n° 2012-124. Mise en œuvre de diverses dispositions de la loi n° 2010-1563 du 16 décembre 2010 de réforme des collectivités territoriales. – Art. 2. – V. CASF, art. R. 123-31.
2012	30 janv.	Décret n° 2012-147. Conditions de prise en compte de la certification dans le cadre de l'évaluation externe des établissements et services sociaux et médico-sociaux. – V. Annexe 3-10, **p. 1728.**
2012	29 févr.	Décret n° 2012-282. Application de la loi n° 2011-1940 du 26 décembre 2011 visant à instaurer un service citoyen pour les mineurs délinquants. – Art. 1er, 2. – V. Décr. n° 2005-885 du 2 août 2005, art. 16-1 à 16-6, App., v° *Insertion*, **p. 1890.**
2012	1er mars	Décret n° 2012-294. Procédures d'orientation, de suspension et de radiation applicables aux bénéficiaires du revenu de solidarité active. – V. CASF, art. R. 262-40, R. 262-65-1 à R. 262-65-3, R. 262-68.
2012	5 mars	Loi n° 2012-301. Suivi des enfants en danger par la transmission des informations. – V. CASF, art. L. 221-3, L. 226-3-2.
2012	12 mars	Loi n° 2012-347. Accès à l'emploi titulaire et amélioration des conditions d'emploi des agents contractuels dans la fonction publique, lutte contre les discriminations et diverses dispositions relatives à la fonction publique. – Art. 10, 98, 99. – V. CASF, art. L. 121-16, L. 14-10-2, L. 315-13.
2012	12 mars	Ordonnance n° 2012-351. Partie législative du code de la sécurité intérieure. – Art. 7. – V. CGCT, art. L. 3214-1, App., v° *Aide sociale*, **p. 1785.**
2012	14 mars	Loi n° 2012-354. De finances rectificative pour 2012. – Art. 34. – V. CASF, art. L. 14-10-6.
2012	15 mars	Décret n° 2012-364. Référentiel fixant les critères d'agrément des assistants maternels : – V. CASF, art. R. 421-5. – V. Annexe 4-8, **p. 1743.**
2012	22 mars	Loi n° 2012-387. Simplification du droit et allégement des démarches administratives. – Art. 32, 124. – V. CASF, art. L. 432-2, L. 432-4 à L. 432-6.
2012	27 mars	Loi n° 2012-409. De programmation relative à l'exécution des peines. – Art. 4, 11, 12 : – V. CASF, art. L. 315-2.

		– V. Ord. n° 45-174 du 2 févr. 1945, art. 8, 10, 12-3, App., v° *Enfance*, .
2012	29 mars	Décret n° 2012-428. Institution d'un Haut Conseil du financement de la protection sociale. – V. CASF, art. D. 141-2.
2012	30 mars	Décret n° 2012-433. Greffes des tribunaux interrégionaux de la tarification sanitaire et sociale et de la Cour nationale de la tarification sanitaire et sociale. – V. CASF, art. R. 351-7, R. 351-14 à R. 351-14-2.
2012	13 avr.	Décret n° 2012-493. Dossier de demande d'admission dans les établissements d'hébergement pour personnes âgées dépendantes. – V. CASF, art. D. 312-155-1.
2012	18 avr.	Décret n° 2012-509. Application de l'article 59-1 du décret n° 2004-374 du 29 avril 2004 modifié relatif aux pouvoirs des préfets, à l'organisation et à l'action de l'État dans les régions et départements. – Art. 8. – V. CASF, art. R. 121-21.
2012	26 avr.	Ordonnance n° 2012-576. Extension et adaptation à Mayotte du code de la construction et de l'habitation ainsi que de diverses lois relatives au logement. – Art. 12-II. – V. L. n° 90-449 du 31 mai 1990, art. 4, 7-1, App., v° *Logement*, **p. 1926.**
2012	26 avr.	Décret n° 2012-581. Conditions de mise en œuvre du repos compensateur des titulaires d'un contrat d'engagement éducatif. – V. CASF, art. D. 432-2 à D. 432-4.
2012	27 avr.	Décret n° 2012-597. Agence nationale de sécurité du médicament et des produits de santé. – Art. 5-II. – V. CASF, art. D. 247-5.
2012	3 mai	Décret n° 2012-634. Fusion des professions d'avocat et d'avoué près les cours d'appel : – Art. 21-1°, 21-3°. – V. CASF, art. R. 132-10, R. 351-19. – V. C. pr. civ., art. 1239, 1251, App., v° *Tutelle-curatelle*, **p. 2036.**
2012	7 mai	Décret n° 2012-711. Conditions d'exercice de la profession d'assistant de service social. – V. CASF, art. R. 411-3, R. 411-6, R. 411-8.
2012	7 mai	Décret n° 2012-712. Vote électronique pour l'élection des conseils d'administration de l'Union nationale et des unions départementales des associations familiales. – V. CASF, art. R. 211-2 à R. 211-3.
2012	31 mai	Ordonnance n° 2012-785. Extension et adaptation du code de l'action sociale et des familles au Département de Mayotte. – V. CASF, art. L. 211-10, L. 540-1 à L. 545-3.
2012	16 août	Loi n° 2012-958. De finances rectificative pour 2012. – Art. 41. – V. CASF, art. L. 251-1, L. 251-2, L. 253-3-1.

2012	17 sept.	Décret n° 2012-1062. Modification de l'article R. 227-13 du code de l'action sociale et des familles. – V. CASF, art. R. 227-13.
2012	15 oct.	Décret n° 2012-1153. Espaces de rencontre destinés au maintien des liens entre un enfant et ses parents ou un tiers. – V. CASF, art. D. 216-1 à D. 216-7.
2012	2 nov.	Ordonnance n° 2012-1222. Extension et adaptation à Wallis-et-Futuna, en Polynésie française et en Nouvelle-Calédonie des dispositions du droit civil et du droit de l'action sociale relatives à la protection juridique des majeurs. – Art. 5 à 7. – V. CASF, art. L. 554-1 à L. 554-8, L. 564-1 à L. 564-8, L. 574-1 à L. 574-8.
2012	7 nov.	Décret n° 2012-1247. Adaptation de divers textes aux nouvelles règles de la gestion budgétaire et comptable publique. – Art. 1er, 2, 3, 24 : – V. CASF, art. R. 121-16, R. 121-18, R. 121-19, R. 121-21, R. 121-26, R. 146-23, R. 14-10-13, R. 14-10-21, R. 14-10-22, R. 232-56, D. 262-56, D. 262-58, R. 312-194-23, R. 314-64. – V. C. civ., art. 427, 495-7, 498, App., v° *Tutelle-curatelle*, **p. 2010.**
2012	13 nov.	Décret n° 2012-1261. Agence nationale pour la cohésion sociale et l'égalité des chances (ACSÉ). – V. CASF, art. R. 121-17, R. 121-20, R. 121-21 à R. 121-22-1, R. 553-1, R. 563-1, R. 573-1.
2012	27 nov.	Décret n° 2012-1312. Fixation par le juge de l'exercice du droit de visite dans un espace de rencontre. – V. C. pr. civ., art. 1199-2, App., v° *Enfance*, **p. 1794.**
2012	29 nov.	Décret n° 2012-1331. Modification de certaines dispositions réglementaires prises en application de la loi n° 2009-879 du 21 juillet 2009 portant réforme de l'hôpital et relative aux patients, à la santé et aux territoires. – Art. 3. – V. CASF, art. R. 14-10-49 à R. 14-10-52, R. 242-17 à R. 242-18, R. 312-180 à R. 312-192, R. 314-38, R. 314-69, R. 351-19-1, R. 521-2.
2012	17 déc.	Loi n° 2012-1404. De financement de la sécurité sociale pour 2013. – Art. 3, 17, 65, 67, 69, 85-II. – V. CASF, art. L. 232-23, L. 262-24, L. 312-1, L. 314-3-3, L. 314-8, L. 522-12, L. 543-1.
2012	18 déc.	Décret n° 2012-1414. Fonctionnement des maisons départementales des personnes handicapées et diverses mesures en faveur des personnes handicapées. – V. CASF, art. R. 146-19, R. 146-24-2, R. 146-25, R. 146-26, R. 241-24, R. 241-25, R. 241-27, R. 241-28, R. 241-30, R. 241-33.
2012	20 déc.	Décret n° 2012-1434. Concours versés aux départements par la Caisse nationale de solidarité pour l'autonomie, pour le financement de l'allocation personnalisée d'autonomie, de la prestation de compensation et des maisons départementales des personnes handicapées. – V. CASF, art. R. 14-10-32, R. 14-10-35 à R. 14-10-38, R. 14-10-40 à R. 14-10-42, R. 441-11.

2012	24 déc.	Décret n° 2012-1443. Déclaration conjointe d'exercice de l'autorité parentale et diverses dispositions de procédure en matière familiale : – V. CASF, art. R. 224-16. – V. C. pr. civ., art. 1261, App., v° *Tutelle-curatelle*, **p. 2043.**
2012	29 déc.	Loi n° 2012-1509. De finances pour 2013. – Art. 114. – V. CASF, art. L. 262-24.
2013	4 janv.	Décret n° 2013-11. Tarification et financement des lieux de vie et d'accueil et modification du code de l'action sociale et des familles. – V. CASF, art. D. 316-1, D. 316-2, D. 316-4 à D. 316-6.
2013	7 janv.	Décret n° 2013-16. Création du Comité national pour la bientraitance et les droits des personnes âgées et des personnes handicapées. – V. CASF, art. D. 116-1 à D. 116-3.
2013	8 janv.	Décret n° 2013-22. Évaluation et validation du niveau de perte d'autonomie et des besoins en soins des personnes hébergées dans les établissements d'hébergement pour personnes âgées dépendantes et fixation de la composition et du fonctionnement de la commission régionale de coordination médicale mentionnée à l'article L. 314-9 du code de l'action sociale et des familles. – V. CASF, art. R. 314-170 à R. 314-170-7, R. 314-171 à R. 314-171-3, R. 314-173, R. 314-184.
2013	25 janv.	Ordonnance n° 2013-80. Allocations de logement à Mayotte. – Art. 4. – V. CASF, art. L. 542-6.
2013	31 janv.	Loi n° 2013-108. Abrogation de la loi n° 2010-1127 du 28 septembre 2010 visant à lutter contre l'absentéisme scolaire. – V. CASF, art. L. 222-4-1, L. 262-3.
2013	4 févr.	Décret n° 2013-115. Haut Conseil de la famille. – V. CASF, art. D. 141-1 à D. 141-4, D. 141-6, D. 141-7.
2013	18 févr.	Décret n° 2013-146. Modification du décret n° 2009-602 du 27 mai 2009 modifié relatif au revenu supplémentaire temporaire d'activité. – V. Décr. préc., art. 9, 10, App., v° *Insertion*, **p. 1897.**
2013	15 avr.	Loi n° 2013-312. Préparation de la transition vers un système énergétique sobre et diverses dispositions sur la tarification de l'eau et sur les éoliennes. – Art. 19. – V. CASF, art. L. 115-3.
2013	17 mai	Loi n° 2013-404. Ouverture du mariage aux couples de personnes de même sexe : – Art. 15. – V. CASF, art. L. 211-1, L. 211-4. – Art. 7, 8, 9, 11, 12. – V. C. civ., art. 345-1, 353-2, 357, 360, 361, 363, App., v° *Adoption-Pupilles de l'État*, **p. 1756.**
2013	24 mai	Décret n° 2013-429. Application de la loi n° 2013-404 du 17 mai 2013 ouvrant le mariage aux couples de personnes de même sexe et modification de diverses dispositions relatives à l'état civil et du code de procédure civile. – Art. 1er. – V. C. pr. civ., art. 1181,

		1182, 1184, 1185 à 1188, 1189, 1190 à 1192, 1197, 1208, App., v° *Enfance*, **p. 1790** ; 1222-2, App., v° *Tutelle-Curatelle*, **p. 2033.**
2013	28 mai	Décret n° 2013-438. Médaille de la famille. – V. CASF, art. D. 215-7, D. 215-8, D. 215-10, D. 215-12, D. 215-13.
2013	22 juill.	Loi n° 2013-659. Représentation des Français établis hors de France. – Art. 57. – V. CASF, art. L. 121-10-1.
2013	26 juill.	Loi n° 2013-673. Arrêté d'admission en qualité de pupille de l'État. – V. CASF, art. L. 224-5, L. 224-8, L. 552-2, L. 552-2-1.
2013	5 août	Loi n° 2013-711. Diverses dispositions d'adaptation dans le domaine de la justice en application du droit de l'Union européenne et des engagements internationaux de la France : – Art. 6-I. – V. C. pr. pén., art. 706-50, App., v° *Enfance*, **p. 1801.** – Art. 25. – V. Ord. n° 45-174 du 2 févr. 1945, art. 20-11, App., v° *Enfance*, .
2013	16 sept.	Décr. n° 2013-827. Obligations des organismes gestionnaires de la CMU complémentaire et diverses dispositions en matière de protection sociale. – Art. 5. – V. CASF, art. R. 14-10-43.
2013	7 nov.	Décret n° 2013-994. Organisation de la transmission d'informations entre départements en application de l'article L. 221-3 du code de l'action sociale et des familles. – V. CASF, art. R. 221-5 à R. 221-10, R. 226-2-2.
2013	17 déc.	Décret n° 2013-1161. Modification de la composition du Conseil national des politiques de lutte contre la pauvreté et l'exclusion sociale. – V. CASF, art. R. 143-1 à R. 143-4.
2013	23 déc.	Loi n° 2013-1203. De financement de la sécurité sociale pour 2014. – Art. 61, 86. – V. CASF, art. L. 14-10-9, L. 232-27, L. 262-50.
2013	24 déc.	Ordonnance n° 2013-1208. Adaptation du code de la santé publique à Mayotte. – Art. 6. – V. CASF, art. L. 542-2.
2013	27 déc.	Décret n° 2013-1296. Extension et adaptation à Mayotte du code de la construction et de l'habitation (partie réglementaire) ainsi que de divers décrets relatifs au logement. – Art. 14. – V. Décr. n° 2008-780 du 13 août 2008, art. 1er, App., v° *Logement*, **p. 1936.**
2013	27 déc.	Décret n° 2013-1323. Composition de l'Observatoire national de la pauvreté et de l'exclusion sociale. – V. CASF, art. R. 144-1.
2013	29 déc.	Loi n° 2013-1278. De finances pour 2014 : – Art. 26, 124. – V. CASF, art. L. 117-3. – V. C. éduc., art. L. 351-3, App., v° *Personnes handicapées*, **p. 1968.**

2014	8 janv.	Décret n° 2014-14. Modification du décret n° 92-1339 du 22 décembre 1992 portant création d'un Haut Comité pour le logement des personnes défavorisées. – V. Décr. préc., 4, 5, App., v° *Organismes-Institutions*, **p. 1942.**
2014	13 janv.	Décret n° 2014-30. Adaptation des dispositions relatives à la procédure d'appel à projet et d'autorisation mentionnée à l'article L. 313-1-1 du code de l'action sociale et des familles dans les départements d'outre-mer et dans les collectivités de Saint-Barthélemy, de Saint-Martin et de Saint-Pierre-et-Miquelon. – V. CASF, art. R. 521-1, R. 521-2, R. 531-1 à R. 531-3, R. 581-1, R. 581-2, R. 582-1.
2014	21 janv.	Décret n° 2014-47. Modification de divers codes en application de la nouvelle organisation du ministère de l'intérieur. – Art. 1er. – V. CASF, art. R. 121-14.
2014	27 janv.	Loi n° 2014-58. Modernisation de l'action publique territoriale et affirmation des métropoles. – Art. 29. – V. CASF, art. L. 123-4.
2014	21 févr.	Loi n° 2014-173. Programmation pour la ville et la cohésion urbaine. – Art. 14, 16, 26, 29. – V. CASF, art. L. 117-2, L. 117-3, L. 121-2, L. 121-14 à L. 121-20, L. 541-2, L. 553-1, L. 563-1, L. 573-1.
2014	27 févr.	Décret n° 2014-274. Modification du décret n° 2008-780 du 13 août 2008 relatif à la procédure applicable en cas d'impayés des factures d'électricité, de gaz, de chaleur et d'eau. – V. art. 1er à 8, 10, 11, 12 *bis*, 14, App., v° *Insertion*, **p. 1936.**
2014	5 mars	Loi n° 2014-288. Formation professionnelle, emploi et démocratie sociale. – Art. 21-XI. – V. CASF, art. L. 451-1, L. 451-2, L. 452-1.
2014	17 mars	Loi n° 2014-344. Consommation. – Art. 76, 117 à 119. – V. CASF, art. L. 311-7-1, L. 313-21, L. 314-10-1, L. 314-10-2, L. 314-14, L. 314-15, L. 347-2.
2014	24 mars	Loi n° 2014-366. Accès au logement et urbanisme rénové : – Art. 28, 30, 31, 34 à 38, 40, 45, 46. – V. CASF, art. L. 115-2-1, L. 121-4, L. 252-2, L. 261-5, L. 264-1, L. 264-2, L. 311-6, L. 312-5-3, L. 313-3, L. 345-2, L. 345-2-2, L. 345-2-4 à L. 345-2-11, L. 345-4, L. 543-1. – V. L. n° 90-449 du 31 mai 1990, art. 1er-1, 2 à 6-3, 7-1, 7-2.
2014	7 mai	Ordonnance n° 2014-463. Extension et adaptation à Mayotte des dispositions du code de l'action sociale et des familles relatives à l'adoption, à l'allocation personnalisée d'autonomie et à la prestation de compensation du handicap. – Ratifiée par L. n° 2015-1776 du 28 déc. 2015 : – V. CASF, art. L. 541-4, L. 542-1 à L. 542-4, L. 542-6, L. 543-1, L. 543-4. – V. Ord. n° 2012-785 du 31 mai 2012, art. 10, ss. L. 545-3.

2014	7 mai	Ordonnance n° 2014-464. Extension et adaptation à Mayotte du code de l'entrée et du séjour des étrangers et du droit d'asile (partie législative) : – Art. 21-II. – V. CASF, art. L. 541-1, L. 542-6, L. 543-4. – Art. 21-III. – V. CASF, art. L. 251-1, ss. CASF, art. L. 542-5.
2014	22 mai	Décret n° 2014-524. Modification des règles relatives à l'organisation et au fonctionnement de Pôle emploi. – Art. 16-IV, 17. – V. CASF, art. R. 146-42, R. 245-6, R. 522-10, R. 522-29-1.
2014	27 mai	Loi n° 2014-535. Transposition de la directive 2012/13/UE du Parlement européen et du Conseil du 22 mai 2012 relative au droit à l'information dans le cadre des procédures pénales. – Art. 4-VI, 5-II. – V. Ord. n° 45-174 du 2 févr. 1945, art. 4, App., v° *Enfance*, .
2014	27 mai	Décret n° 2014-551. Adaptation de dispositions pour faire suite à la fusion de la direction générale des impôts et de la direction générale de la comptabilité publique. – Art. 1er. – V. CASF, art. R. 123-47, R. 315-24, R. 472-15, R. 472-24, R. 472-26, R. 531-1, R. 535-1.
2014	27 mai	Décret n° 2014-552. Adaptation de dispositions pour faire suite à la fusion de la direction générale des impôts et de la direction générale de la comptabilité publique. – Art. 1er. – V. CASF, art. D. 472-18.
2014	27 mai	Décret n° 2014-554. Prise en compte forfaitaire de l'allocation de soutien familial et du complément familial pour le calcul du revenu de solidarité active. – V. CASF, art. R. 262-10-1, R. 522-9.
2014	30 mai	Décret n° 2014-565. Modification de la procédure d'appel à projet et d'autorisation mentionnée à l'article L. 313-1-1 du code de l'action sociale et des familles. – V. CASF, art. R. 313-1, D. 313-2, R. 313-2-2, R. 313-4-1, R. 313-6-2, D. 313-8-2, R. 313-8-3, R. 313-9, D. 313-9-1.
2014	20 juin	Décret n° 2014-652. Tarifs global et partiel applicables aux établissements d'hébergement pour personnes âgées dépendantes. – V. CASF, art. R. 314-167.
2014	10 juill.	Loi n° 2014-790. Lutte contre la concurrence sociale déloyale. – Art. 13-III. – V. Ord. n° 45-174 du 2 févr. 1945, art. 4, App., v° *Enfance*, .
2014	18 juill.	Décret n° 2014-821. Comité technique d'établissement des établissements publics sociaux et médico-sociaux. – V. CASF, art. R. 315-36 à R. 315-40, R. 315-43, R. 315-46 à R. 315-49.
2014	31 juill.	Loi n° 2014-856. Économie sociale et solidaire. – Art. 66, 75 : – V. CASF, art. L. 313-19. – V. L. n° 2008-1249 du 1er déc. 2008, art. 25, App., v° *Insertion*, **p. 1891.**

2014	4 août	Loi n° 2014-873. Égalité réelle entre les femmes et les hommes. – Art. 30, 38, 44. – V. CASF, art. L. 114-3, L. 345-1.
2014	15 août	Loi n° 2014-896. Individualisation des peines et renforcement de l'efficacité des sanctions pénales. – Art. 7-III, 23. – V. Ord. n° 45-174 du 2 févr. 1945, art. 20, 20-2 à 20-4, 48, App., v° *Enfance*, 🏛.
2014	18 août	Décret n° 2014-918. Référentiel fixant les critères d'agrément des assistants familiaux. – V. CASF, art. R. 222-4-1 à R. 222-4-5, art. R. 421-6. – V. Annexe 4-9, **p. 1746.**
2014	16 sept.	Décret n° 2014-1055. Missions, composition et fonctionnement du comité régional de l'emploi, de la formation et de l'orientation professionnelles. – Art. 5-III. – V. CASF, art. D. 312-193-5, R. 531-2, R. 581-2.
2014	27 oct.	Décret n° 2014-1253. Dispositions des livres III, VI et VII de la partie réglementaire du code de la sécurité intérieure (Décrets en Conseil d'État et décrets simples) : – Art. 4, 16. – V. CASF, art. R. 313-31 à R. 313-33. – V. Arr. du 2 août 2006, art. 3, App., v° *Professions - Personnels.*
2014	3 nov.	Décret n° 2014-1320. Modification des articles R. 227-1 et R. 227-16 du code de l'action sociale et des familles. – V. CASF, art. R. 227-1, R. 227-16.
2014	6 nov.	Ordonnance n° 2014-1335. Adaptation et entrée en vigueur de certaines dispositions du code général des collectivités territoriales, du code général des impôts et d'autres dispositions législatives applicables à la métropole de Lyon. – Art. 29. – V. CASF, art. L. 14-10-7.
2014	14 nov.	Décret n° 2014-1368. Renouvellement des autorisations des établissements et services sociaux et médico-sociaux. – V. CASF, R. 313-10-3, R. 313-10-4.
2014	25 nov.	Décret n° 2014-1406. Composition et désignation des membres du Comité national de l'organisation sanitaire et sociale. – V. CASF, art. R. 312-177 à R. 312-179.
2014	26 nov.	Décret n° 2014-1407. Extension et adaptation du code de l'action sociale et des familles au Département de Mayotte. – V. CASF, art. D. 114-4, R. 541-1 à R. 545-3.
2014	11 déc.	Décret n° 2014-1484. Aide mutualisée aux élèves en situation de handicap. – V. CASF, art. D. 351-16-3.
2014	11 déc.	Décret n° 2014-1485. Diverses dispositions relatives à la scolarisation des élèves en situation de handicap. – V. CASF, art. D. 351-4 à D. 351-11.
2014	19 déc.	Ordonnance n° 2014-1543. Diverses mesures relatives à la création de la métropole de Lyon. – Art. 7, 14, 26, 32 à 35 : – V. CASF, art. L. 146-2-1, L. 146-12-1, L. 149-2, L. 224-3-1, L. 228-4, L. 241-12, L. 312-5-3.

		– V. L. n° 90-449 du 31 mai 1990, art. 2, 4 à 6-2, 7-1, App., v° *Logement*, **p. 1925.** – V. L. n° 2000-614 du 5 juillet 2000, art. 1er, App., v° *Logement*, **p. 1932.**
2014	22 déc.	Loi n° 2014-1554. De financement de la sécurité sociale pour 2015. – Art. 7, 32, 33, 69, 74, 75. – V. CASF, art. L. 254-2, L. 312-8-2, L. 542-6.
2014	29 déc.	Loi n° 2014-1654. De finances pour 2015. – Art. 26-V, 45-I, 118 : – V. CASF, art. L. 253-3, L. 262-24. – V. L. n° 2003-1311 du 30 déc. 2003, art. 59, ss. CASF, art. L. 522-14.
2014	29 déc.	Loi n° 2014-1655. De finances rectificative pour 2014. – Art. 18, 28. – V. CASF, art. L. 14-10-7-1, L. 262-23, L. 542-6.
2015	28 janv.	Décret n° 2015-85. Composition et fonctionnement de l'équipe pluridisciplinaire mentionnée à l'article L. 146-8 du code de l'action sociale et des familles. – V. CASF, art. R. 146-27.
2015	3 févr.	Décret n° 2015-120. Prise en charge des frais de santé par l'aide médicale de l'État. – V. CASF, art. R. 251-1 à R. 251-3.
2015	16 févr.	Loi n° 2015-177. Modernisation et simplification du droit et des procédures dans les domaines de la justice et des affaires intérieures. – Art. 1er. – V. C. civ., art. 426, 431, 431-1, 432, 441, 442, 500, App., v° *Tutelle-Curatelle*, **p. 2010.**
2015	11 mars	Décret n° 2015-282. Simplification de la procédure civile, communication électronique et résolution amiable des différends. – Art. 12, 13. – V. C. pr. civ., art. 1195, App., v° *Enfance*, **p. 1794** ; art. 1259-3, App., v° *Tutelle-Curatelle*, **p. 2041.**
2015	16 mars	Loi n° 2015-292. Amélioration du régime de la commune nouvelle, pour des communes fortes et vivantes. – Art. 3-III. – V. CGCT, art. L. 2113-13, App., v° *Tutelle-Curatelle*, **p. 1785.**
2015	18 mars	Loi n° 2015-300. Facilitation du stationnement des personnes en situation de handicap titulaires de la carte de stationnement. – V. CASF, art. L. 241-3-2.
2015	8 avr.	Décret n° 2015-403. Contrat pluriannuel entre l'État et la Caisse nationale d'assurance vieillesse des professions libérales. – V. CASF, art. D. 149-4.
2015	29 avr.	Décret n° 2015-495. Habilitation des aides à domicile à pratiquer les aspirations endo-trachéales et modification du code de l'action sociale et des familles et le code du travail. – V. CASF, art. D. 312-6.
2015	18 juin	Ordonnance n° 2015-682. Simplification des déclarations sociales des employeurs. – Art. 4. – V. CASF, art. L. 421-9, L. 544-2.

2015	22 juin	Décret n° 2015-708. Modalités de mise en œuvre des études de coûts de revient et de tarifs dans les établissements d'hébergement pour personnes âgées dépendantes prévues au 11° de l'article L. 14-10-1 du code de l'action sociale et des familles. – V. CASF, art. R. 314-186-1, R. 314-186-2.
2015	15 juill.	Décret n° 2015-872. Brevets d'aptitude aux fonctions d'animateur et de directeur en accueils collectifs de mineurs. – V. CASF, art. D. 432-10 à D. 432-20.
2015	29 juill.	Loi n° 2015-925. Réforme du droit d'asile. – Art. 24, 31. – V. CASF, art. L. 111-2, L. 111-3-1, L. 121-7, L. 121-13, L. 264-10, L. 312-8-1, L. 313-9, L. 345-1, L. 348-1 à L. 348-4, L. 349-1 à L. 349-4, L. 541-1, L. 541-2, L. 543-1.
2015	31 juill.	Décret n° 2015-951. Foyers de jeunes travailleurs. – V. CASF, art. D. 312-153-1 à D. 312-153-3.
2015	7 août	Loi n° 2015-991. Nouvelle organisation territoriale de la République. – Art. 79-I. – V. CASF, art. L. 123-4, L. 123-4-1, L. 123-5.
2015	17 août	Loi n° 2015-992. Transition énergétique pour la croissance verte. – Art. 32, 201. – V. CASF, art. L. 115-3.
2015	17 août	Loi n° 2015-993. Adaptation de la procédure pénale au droit de l'Union européenne. – Art. 5. – V. Ord. n° 45-174 du 2 févr. 1945, art. 20-11, App., v° *Enfance*, .
2015	17 août	Loi n° 2015-994. Dialogue social et emploi. – Art. 58, 59. – V. CASF, art. L. 115-2, L. 121-7, L. 131-2, L. 14-10-6, L. 262-1 à L. 262-4, L. 262-9, L. 262-10, L. 262-24, L. 262-25, L. 262-27-1, L. 262-28, L. 262-29, L. 262-32, L. 262-33, L. 262-38, L. 262-40, L. 262-45, L. 262-46, L. 262-53, L. 522-12.
2015	21 sept.	Décret n° 2015-1166. Application de la loi n° 2015-925 du 29 juillet 2015 relative à la réforme du droit d'asile. – Art. 25, 27. – V. CASF, art. D. 311, R. 314-157, R. 348-1 à R. 348-4.
2015	6 oct.	Décret n° 2015-1239. Aide à la réinsertion familiale et sociale des anciens migrants dans leur pays d'origine et à la création d'un fonds de gestion. – V. CASF, art. R. 117-1 à D. 117-30.
2015	13 oct.	Décret n° 2015-1280. Extension et adaptation à Mayotte des dispositions du code de l'action sociale et des familles (partie réglementaire) relatives à l'allocation personnalisée d'autonomie et à la prestation de compensation du handicap. – V. CASF, art. R. 541-3, R. 541-4, D. 541-4-1, R. 542-3, R. 542-4, R. 542-7, R. 543-1, R. 543-4, R. 543-6, R. 545-1, R. 545-2.
2015	14 oct.	Loi n° 2015-1268. Actualisation du droit des outre-mer. – Art. 7-III. – V. CASF, art. L. 211-10, L. 244-1, L. 245-1.
2015	15 oct.	Ordonnance n° 2015-1288. Simplification et modernisation du droit de la famille. – Art. 12, 13. – V. C. civ., art. 424, 477, App., v° *Tutelle-Curatelle*, **p. 2009.**

2015	5 nov.	Loi n° 2015-1402. Clarification de la procédure de signalement de situations de maltraitance par les professionnels de santé. – Art. 1er. – V. C. pén., art. 226-14, App., v° *Professions-Personnels*, **p. 2000.**
2015	6 nov.	Décret n° 2015-1446. Services intégrés d'accueil et d'orientation. – V. CASF, art. R. 345-1, R. 345-4, R. 345-9, R. 345-10.
2015	6 nov.	Décret n° 2015-1447. Participation des personnes accueillies ou accompagnées au fonctionnement des établissements et services du dispositif d'accueil, d'hébergement et d'accompagnement vers l'insertion et le logement et au dispositif de la veille sociale. – V. CASF, art. D. 311-3, D. 311-8, D. 311-10.
2015	3 déc.	Ordonnance n° 2015-1578. Suppression du contrat d'accès à l'emploi et du contrat d'insertion par l'activité, extension et adaptation du contrat initiative-emploi à la Guadeloupe, à la Guyane, à la Martinique, à La Réunion, à Saint-Barthélemy, à Saint-Martin et à Saint-Pierre-et-Miquelon. – Art. 2. – V. CASF, art. L. 522-1, L. 522-8, L. 522-9.
2015	21 déc.	Loi n° 2015-1702. De financement de la sécurité sociale pour 2016. – Art. 24-III, 32, 59-XI-P et XII-B, 74-I, 75-I, 89. – V. CASF, art. L. 121-7, L. 242-12, L. 245-3, L. 251-1, L. 251-2, L. 254-1, L. 313-3, L. 313-12-2, L. 314-3-1, L. 314-4, L. 345-3, L. 344-4.
2015	21 déc.	Décret n° 2015-1709. Prime d'activité. – Art. 2, 3-I. – V. CASF, art. R. 245-48, R. 262-1, R. 262-8, R. 262-9, R. 262-11, R. 262-12, R. 262-13, R. 262-15, R. 262-19, R. 262-40, R. 262-67, R. 262-71, R. 262-79, R. 262-86, R. 348-4, R. 522-64.
2015	21 déc.	Décret n° 2015-1710. Prime d'activité. – Art. 3, 4. – V. CASF, art. D. 262-55, D. 262-57, D. 262-58, D. 271-2.
2015	21 déc.	Décret n° 2015-1722. Suppression du contrat d'accès à l'emploi et du contrat d'insertion par l'activité, extension et adaptation du contrat initiative-emploi à la Guadeloupe, à la Guyane, à la Martinique, à La Réunion, à Saint-Barthélemy, à Saint-Martin et à Saint-Pierre-et-Miquelon. – Art. 3. – V. CASF, art. R. 522-29-1, R. 522-34, R. 522-41 à R. 522-51, R. 522-56 à R. 522-62.
2015	23 déc.	Décret n° 2015-1745. Agrément des centres d'information sur les droits des femmes et des familles. – V. CASF, art. D. 217-1 à D. 217-10, R. 536-1, R. 551-1, R. 583-1.
2015	23 déc.	Décret n° 2015-1746. Certificat médical joint à la demande déposée en maison départementale des personnes handicapées. – V. CASF, art. R. 146-26.
2015	28 déc.	Loi n° 2015-1776. Adaptation de la société au vieillissement : – V. CASF, art. L. 113-1 à L. 113-3, L. 114-3, L. 114-3-1, L. 116-4, L. 132-8, L. 142-1, L. 146-1 à L. 146-4, L. 149-1 à L. 149-4, L. 14-10-3, L. 14-10-6, L. 14-10-7, L. 14-10-7-2, L. 14-10-9, L. 14-10-10, L. 231-4, L. 231-5, L. 232-3, L. 232-3-1 à L. 232-3-3,

		L. 232-4 à L. 232-10, L. 232-12 à L. 232-15, L. 232-17 à L. 232-19, L. 232-21, L. 232-21 à L. 232-21-4, L. 233-1 à L. 233-6, L. 241-3, L. 241-3-2, L. 241-6, L. 245-7, L. 245-12, L. 247-2, L. 311-3, L. 311-4, L. 311-4-1, L. 311-5-1, L. 311-8, L. 312-1, L. 312-4, L. 312-5, L. 312-7, L. 312-9, L. 313-2, L. 313-3, L. 313-5, L. 313-6, L. 313-8, L. 313-8-1, L. 313-11, L. 313-11-1, L. 313-12, L. 313-14-1, L. 313-14-2, L. 313-22, L. 313-23, L. 314-2, L. 314-6, L. 314-8, L. 314-9, L. 314-12-1, L. 314-14, L. 314-15, L. 315-2, L. 315-5, L. 315-12, L. 315-15, L. 315-16, L. 331-4, L. 331-8-1, L. 342-1, L. 342-2 à L. 342-5, L. 344-5, L. 347-1, L. 351-1, L. 441-1 à L. 441-3, L. 442-1, L. 443-6, L. 443-11, L. 444-2, L. 471-2-1, L. 471-6, L. 471-8, L. 472-1, L. 472-1-1, L. 521-2 à L. 521-5, L. 531-1, L. 531-6, L. 531-7, L. 531-10 à L. 531-12, L. 541-1, L. 541-4, L. 542-3, L. 542-4, L. 543-1, L. 543-3, L. 543-4, L. 544-4, L. 544-6, L. 554-3, L. 554-7, L. 564-3, L. 564-7, L. 574-3, L. 574-7, L. 581-1, L. 581-7, L. 581-10 à L. 581-12. — V. L. n° 2001-647 du 20 juill. 2001, art. 15, 17, 19-1, 19-2, App., v° *Personnes âgées*, **p. 1948.** — V. C. civ., art. 477-1, App., v° *Tutelle-Curatelle*, **p. 2020.**
2015	29 déc.	Loi n° 2015-1785. De finances pour 2016. — Art. 53-III et IV, 67-II, 172 : — V. CASF, art. L. 117-3, L. 262-3, L. 314-1, L. 361-1, L. 471-5, L. 472-3. — V. Ord. n° 2012-785 du 31 mai 2012, art. 9-II, ss. CASF, art. L. 545-3.
2015	29 déc.	Loi n° 2015-1786. De finances rectificative pour 2015. — Art. 2. — V. L. n° 2003-1311 du 30 déc. 2003, art. 59, ss. CASF, art. L. 522-14.
2015	29 déc.	Décret n° 2015-1863. Autorisation des traitements de données à caractère personnel destinés à la mise en œuvre de la prime d'activité. — Art. 8. — V. CASF, art. R. 262-102, R. 262-103, R. 262-104-1, R. 262-106 à R. 262-108, R. 262-117 à R. 262-119, R. 262-121.
2015	30 déc.	Décret n° 2015-1864. Financement des mandataires judiciaires à la protection des majeurs. — V. CASF, art. R. 314-3, R. 314-36, R. 314-60, R. 314-193-1, R. 314-193-2, D. 361-1, R. 361-2, R. 472-9.
2015	30 déc.	Décret n° 2015-1865. Bénéficiaires et prestations de la protection universelle maladie et cotisation forfaitaire prévue à l'article L. 381-8 du code de la sécurité sociale : — Art. 2. — V. CSS, art. R. 160-17, App., v° *Insertion*, **p. 1852.** — Art. 5, 11. — V. CASF, art. R. 251-1, R. 252-1, R. 314-26, R. 314-105, R. 314-168, R. 542-4, R. 543-1.
2015	30 déc.	Décret n° 2015-1868. Liste des prestations minimales d'hébergement délivrées par les établissements d'hébergement pour personnes âgées dépendantes : — V. CASF, art. D. 312-159-2, D. 312-207, D. 342-3. — V. Annexe 2-3-1, **p. 1591.**

2015	30 déc.	Décret n° 2015-1873. Définition du taux maximal d'évolution annuelle des prix des prestations relatives à l'hébergement de certains établissements accueillant des personnes âgées : – V. CASF, art. D. 342-5. – V. Annexe 2-3-3, **p. 1592.**
2015	30 déc.	Décret n° 2015-1898. Conventions conclues entre les centres d'accueil pour demandeurs d'asile et l'État et relations avec les usagers, modification du code de l'action sociale et des familles : – V. CASF, art. D. 312-104, D. 348-6. – V. Annexe, ss. CASF, art. L. 348-4.
2016	11 janv.	Décret n° 2016-12. Conditions techniques d'organisation et de fonctionnement des structures dénommées « lits halte soins santé » (LHSS) et « lits d'accueil médicalisés » (LAM). – V. CASF, art. D. 312-176-1 à D. 312-176-4.
2016	26 janv.	Loi n° 2016-41. De modernisation de notre système de santé. – Art. 3, 76, 89, 91, 93, 158, 205, 206 : – V. CASF, art. L. 114-1-1, L. 146-8, L. 146-9, L. 241-6, L. 245-8, L. 245-13, L. 312-4, L. 312-5, L. 312-5-1, L. 312-7-1, L. 313-3, L. 313-4, L. 313-6, L. 313-9. – V. C. éduc., art. L. 541-1, App., v° *Enfance*, **p. 1802.**
2016	29 janv.	Décret n° 2016-74. Diplôme d'État d'accompagnant éducatif et social et modification du code de l'action sociale et des familles (partie réglementaire). – V. CASF, art. D. 451-88 à D. 451-93.
2016	10 févr.	Ordonnance n° 2016-131. Réforme du droit des contrats, du régime général et de la preuve des obligations. – Ratifiée par L. n° 2018-287 du 20 avr. 2018. – Art. 5, 6-I. – V. CASF, art. L. 116-4 ; C. civ., art. 435, 488, 465, 492-1, App., v° *Tutelle-curatelle*, **p. 2012.**
2016	18 févr.	Ordonnance n° 2016-160. Adaptation de la prime d'activité au Département de Mayotte. – Art. 3. – V. CASF, art. L. 542-6.
2016	23 févr.	Décret n° 2016-185. Application de l'ordonnance n° 2015-1288 du 15 octobre 2015 portant simplification et modernisation du droit de la famille : – Art. 5 à 12, 14. – V. C. pr. civ., art. 1210-1, 1187-1, App., v° *Enfance*, **p. 1799.** – V. C. pr. civ., art. 1216, 1222-2, 1223, 1223-1, 1223-2, 1230, 1239-1, App., v° *Tutelle-curatelle*, **p. 2030.**
2016	26 févr.	Décret n° 2016-209. Conférence des financeurs de la prévention de la perte d'autonomie des personnes âgées : – V. CASF, art. R. 233-1 à R. 233-20. – V. Annexe 2-11, **p. 1667.**
2016	26 févr.	Décret n° 2016-210. Revalorisation et amélioration de l'allocation personnalisée d'autonomie et simplification de l'attribution des cartes d'invalidité et de stationnement pour leurs bénéficiaires : – – V. CASF, art. R. 232-2, R. 232-5 à R. 232-14, R. 232-16,

		R. 232-18, R. 232-19, R. 232-23, R. 232-24-1 à R. 232-29, R. 232-32 à D. 232-35, R. 232-51 à R. 232-57, R. 241-12 à R. 241-14, R. 241-20-1. — V. Annexe 2-9, **p. 1663.**
2016	26 févr.	Décret n° 2016-212. Certains concours versés aux départements par la Caisse nationale de solidarité pour l'autonomie : — V. CASF, art. R. 14-10-32, R. 14-10-38 à R. 14-10-42-6. — V. Annexe 2-10, **p. 1664.**
2016	2 mars	Décret n° 2016-253. Centres provisoires d'hébergement des réfugiés et des bénéficiaires de la protection subsidiaire. — V. CASF, art. R. 314-150, R. 349-1 à D. 349-4.
2016	7 mars	Loi n° 2016-274. Droit des étrangers en France. — Art. 1er. — V. CASF, art. L. 117-1.
2016	14 mars	Loi n° 2016-297. Protection de l'enfant : — Art. 1er à 18, 20 à 22, 26 à 29, 33, 34, 40-III-B, 48. — V. CASF, art. L. 112-3, L. 122-5, L. 221-1, L. 221-2 à L. 221-2-2, L. 221-3, L. 222-5 à L. 222-5-3, L. 223-1 à L. 223-1-2, L. 223-3 à L. 223-3-2, L. 223-5, L. 223-7, L. 224-4, L. 224-6, L. 225-1, L. 226-3-1, L. 226-3, L. 226-3-2, L. 226-3-3, L. 226-4, L. 226-6, L. 226-9, L. 226-10, L. 227-2-1, L. 421-16. — Art. 32, 35, 40-I et III-A. — V. C. civ., art. 347, 350, 353, 370, App., v° *Adoption - Pupilles de l'État*, **p. 1756.**
2016	14 mars	Ordonnance n° 2016-301. Partie législative du code de la consommation. — Art. 4. — V. CASF, art. L. 314-14, L. 342-5, L. 347-2.
2016	31 mars	Ordonnance n° 2016-391. Recodification des dispositions relatives à l'outre-mer du code rural et de la pêche maritime. — Art. 12. — V. CASF, art. L. 522-16.
2016	4 avr.	Décret n° 2016-404. Information des personnes prises en charge dans les centres d'hébergement. — V. CASF, art. D. 345-11.
2016	13 avr.	Loi n° 2016-444. Renforcement de la lutte contre le système prostitutionnel et accompagnement des personnes prostituées. — Art. 2, 5, 6, 9, 10, 20 : — V. CASF, art. L. 121-9, L. 345-1, L. 345-2-6, L. 345-2-7, L. 421-3, L. 451-1. — V. L. n° 90-449 du 31 mai 1990, art. 4, **p. 1926.**
2016	14 avr.	Loi n° 2016-457. Information de l'administration par l'autorité judiciaire et protection des mineurs. — Art. 3. — V. CASF, art. L. 133-6, L. 421-3.
2016	20 avr.	Loi n° 2016-483. Déontologie et droits et obligations des fonctionnaires. — Art. 30-V, 90-VI. — V. CASF, art. L. 315-7, L. 315-13.
2016	22 avr.	Décret n° 2016-502. Cahier des charges national des services d'aide et d'accompagnement à domicile et modification du code de l'action sociale et des familles : — V. CASF, art. D. 311, D. 312-6, D. 312-6-1, D. 312-10-0-1. — V. Annexe 3-0, **p. 1675.**

2016	27 avr.	Décret n° 2016-523. Création de l'Agence nationale de santé publique. – Art. 4-III. – V. CASF, art. D. 114-5, D. 247-5.
2016	6 mai	Décret n° 2016-555. Chèque énergie. – Art. 4. – V. Décr. n° 2008-780 du 13 août 2008, art. 1er, 2, 5.
2016	19 mai	Décret n° 2016-632. Lien avec la commune pour la domiciliation. – V. CASF, art. R. 264-4.
2016	19 mai	Décret n° 2016-633. Demandes d'élection de domicile pour l'aide médicale de l'État (AME). – V. Décr. n° 54-883 du 2 sept. 1954, art. 42, 42-1, 42-2, 42-3, 42-4, App., v° *Aide sociale*, **p. 1786.**
2016	19 mai	Décret n° 2016-641. Domiciliation des personnes sans domicile stable. – V. CASF, art. D. 264-1, D. 264-3, D. 264-5, D. 264-7 à D. 264-9, D. 264-11, D. 264-12, D. 264-14, D. 264-15.
2016	27 mai	Décret n° 2016-696. Résidences autonomie et diverses dispositions relatives aux établissements sociaux et médico-sociaux pour personnes âgées : – V. CASF, art. D. 232-20, D. 232-22, D. 311, D. 311-0-3, D. 312-1, D. 312-156, D. 312-159-3 à D. 312-159-5, D. 312-176-8, D. 313-10-5, D. 313-15, D. 313-24-1 à D. 313-24-4, D. 342-4. – V. Annexe 2-3-2, **p. 1592.**
2016	3 juin	Loi n° 2016-731. Renforcement de la lutte contre le crime organisé, le terrorisme et leur financement, et amélioration de l'efficacité et des garanties de la procédure pénale. – Art. 63-III. – V. Ord. n° 45-174 du 2 févr. 1945, art. 4, App., v° *Enfance*, .
2016	6 juin	Décret n° 2016-750. Liste des activités de services à la personne soumises à agrément ou à autorisation dans le cadre du régime commun de la déclaration. – Art. 2. – V. CASF, art. D. 312-6-2.
2016	15 juin	Décret n° 2016-801. Modification de la procédure d'appel à projets et d'autorisation mentionnée à l'article L. 313-1-1 du code de l'action sociale et des familles. – V. CASF, art. R. 313-1, D. 313-2, R. 313-2-1 à R. 313-2-5, R. 313-4, R. 313-5-1, R. 313-6 à R. 313-6-4, R. 313-7, R. 313-7-1, R. 313-7-4 à R. 313-7-8, D. 313-8-2, R. 313-8-3, R. 313-9, D. 313-11, D. 313-12, D. 313-12-1, R. 315-1, R. 315-2, R. 315-4.
2016	21 juin	Décret n° 2016-824. Missions des centres communaux et intercommunaux d'action sociale. – V. CASF, art. R. 123-1.
2016	22 juin	Décret n° 2016-830. Création des comités opérationnels de lutte contre le racisme et l'antisémitisme. – V. Décr. n° 2006-665 du 7 juin 2006, art. 27, App., v° *Organismes-Institutions*, **p. 1941.**
2016	24 juin	Décret n° 2016-840. Application de l'article L. 221-2-2 du code de l'action sociale et des familles et accueil aux conditions d'évaluation de la situation des mineurs privés temporairement ou définitivement de la protection de leur famille. – V. CASF, art. R. 221-13 à R. 221-15, R. 523-2, R. 534-2, R. 542-2, R. 584-1.

2016	29 juin	Décret n° 2016-864. Prime d'activité à Mayotte. – Art. 2. – V. CASF, art. R. 542-6.
2016	1er juill.	Décret n° 2016-900. Application de l'article 1er de la loi n° 2016-274 du 7 mars 2016 relative au droit des étrangers en France et parcours personnalisé d'intégration républicaine. – Art. 4. – V. CASF, art. R. 349-2.
2016	1er juill.	Décret n° 2016-905. Création du Haut Conseil du travail social. – V. CASF, art. D. 142-1 à D. 142-4.
2016	1er juill.	Décret n° 2016-942. Organisation du développement professionnel continu des professionnels de santé. – Art. 2-IV. – V. CASF, art. D. 312-157.
2016	1er août	Décret n° 2016-1051. Projet éducatif territorial et encadrement des enfants scolarisés bénéficiant d'activités périscolaires dans ce cadre. – V. CASF, art. R. 227-1, R. 227-16, R. 227-20.
2016	8 août	Loi n° 2016-1088. Travail, modernisation du dialogue social et sécurisation des parcours professionnels. – Art. 8-V, 9-VII, 43-II, 52-I, 56, 99-IV, 100, 102-III, 113. – V. CASF, art. L. 243-1, L. 243-6, L. 344-2-5, L. 344-5, L. 423-14, L. 431-3, L. 432-2, L. 433-1, L. 444-2.
2016	26 août	Décret n° 2016-1164. Conditions techniques minimales d'organisation et de fonctionnement des établissements d'hébergement pour personnes âgées dépendantes. – V. CASF, art. D. 312-8, D. 312-155-0 à D. 312-155-0-2.
2016	7 sept.	Décret n° 2016-1206. Conseil départemental de la citoyenneté et de l'autonomie. – V. CASF, art. D. 146-10 à D. 146-15, D. 149-1 à D. 149-13, D. 312-10-13, D. 312-193-6.
2016	22 sept.	Décret n° 2016-1248. Protocole de mise en œuvre et de coordination des actions de prévention menées en direction de l'enfant et de sa famille. – V. CASF, art. D. 112-3 à D. 112-5.
2016	28 sept.	Décret n° 2016-1283. Référentiel fixant le contenu du projet pour l'enfant prévu à l'article L. 223-1-1 du code de l'action sociale et des familles. – V. CASF, art. D. 223-12 à D. 223-17.
2016	29 sept.	Décret n° 2016-1284. Application de l'article L. 112-3 du code de l'action sociale et des familles et missions, composition et modalités de fonctionnement du Conseil national de la protection de l'enfance. – V. CASF, art. D. 148-1 à D. 148-3.
2016	29 sept.	Décret n° 2016-1285. Application de l'article L. 226-3-1 du code de l'action sociale et des familles et composition pluri-institutionnelle de l'observatoire départemental de la protection de l'enfance (ODPE). – V. CASF, art. D. 226-3-1 à D. 226-3-9.
2016	7 oct.	Loi n° 2016-1321. Pour une République numérique. – Art. 107, 108 : – V. CASF, art. L. 115-3, L. 146-3, L. 146-4, L. 241-3 à L. 241-3-2, L. 241-6, L. 542-4.

		— V. L. n° 90-449 du 31 mai 1990, art. 6, 6-1, 6-3, App., v° *Logement*, **p. 1928.**
2016	10 oct.	Décret n° 2016-1347. Périodes de mise en situation en milieu professionnel en établissement et service d'aide par le travail. — Art. 1er. — V. CASF, art. R. 146-31-1 à R. 146-31-5.
2016	10 oct.	Décret n° 2016-1352. Accueil durable et bénévole d'un enfant par un tiers, prévu à l'article L. 221-2-1 du code de l'action sociale et des familles. — V. CASF, art. D. 221-16 à D. 221-24.
2016	12 oct.	Décret n° 2016-1376. Diverses dispositions relatives à des commissions administratives consultatives de l'État dans le domaine de la jeunesse et de l'éducation populaire. — Art. 2. — V. CASF, art. R. 227-12, R. 227-14, R. 227-22.
2016	18 oct.	Décret n° 2016-1395. Fixation des conditions dans lesquelles est donnée l'information sur le droit de désigner la personne de confiance mentionnée à l'article L. 311-5-1 du code de l'action sociale et des familles : — V. CASF, art. D. 311-0-4, D. 311-39. — V. Annexe 4-10, **p. 1748.**
2016	20 oct.	Décret n° 2016-1416. Composition du conseil de la Caisse nationale de solidarité pour l'autonomie. — V. CASF, art. R. 14-10-2, R. 14-10-6, R. 14-10-7.
2016	25 oct.	Décret n° 2016-1441. Composition et fonctionnement du Haut Conseil de la famille, de l'enfance et de l'âge. — V. CASF, art. D. 116-1 à D. 116-3, D. 141-1 à D. 141-7, D. 141-9 à D. 141-12.
2016	26 oct.	Décret n° 2016-1440. Instances de concertation permettant d'assurer la participation des personnes prises en charge par le dispositif d'accueil, d'hébergement et d'accompagnement vers l'insertion et le logement des personnes sans domicile. — V. CASF, art. D. 115-7 à D. 115-12.
2016	28 oct.	Décret n° 2016-1454. Adaptation aux départements d'outre-mer et à des collectivités d'outre-mer des dispositions relatives à l'allocation personnalisée d'autonomie et à la conférence des financeurs de la prévention de la perte d'autonomie des personnes âgées. — V. CASF, art. R. 521-1, R. 524-1 à R. 524-5, R. 531-2, R. 532-10 à R. 532-14, R. 541-4, R. 542-3, R. 542-4, R. 543-1, R. 581-2, R. 585-1 à R. 585-5.
2016	28 oct.	Décret n° 2016-1467. Parcours de sortie de la prostitution et d'insertion sociale et professionnelle et agrément des associations participant à son élaboration et à sa mise en œuvre. — V. CASF, art. R. 121-12-1 à R. 121-12-13, R. 537-1, R. 556-1, R. 566-1, R. 576-1, R. 586 *[R. 586-1]*.
2016	28 oct.	Décret n° 2016-1476. Application de l'article L. 226-3 du code de l'action sociale et des familles et évaluation de la situation de mineurs à partir d'une information préoccupante, réalisée par

		une équipe pluridisciplinaire de professionnels. – V. CASF, art. D. 226-2-3 à D. 226-2-7.
2016	7 nov.	Décret n° 2016-1503. Médecin référent « protection de l'enfance » et application de l'article L. 221-2 du code de l'action sociale et des familles. – V. CASF, art. D. 221-25, D. 221-26.
2016	15 nov.	Décret n° 2016-1535. Modalités d'attribution et de versement des éléments de la prestation de compensation prévus à l'article L. 245-3 du code de l'action sociale et des familles. – V. CASF, art. D. 245-31, D. 245-34, R. 245-64-1.
2016	15 nov.	Décret n° 2016-1539. Établissement public chargé au sein du service public de l'emploi de la formation professionnelle des adultes. – Art. 6. – V. CASF, art. R. 451-1.
2016	17 nov.	Décret n° 2016-1557. Référentiel fixant le contenu et les modalités d'élaboration du rapport de situation prévu à l'article L. 223-5 du code de l'action sociale et des familles. – V. CASF, art. R. 223-18 à R. 223-21.
2016	18 nov.	Loi n° 2016-1547. Modernisation de la justice du XXIe siècle. – Art. 12-II, 16-I, 28 à 33, 48-I, 112-III : – V. CASF, art. L. 122-4, L. 134-1 à L. 134-4, L. 228-4, L. 232-20, L. 245-2, L. 245-10, L. 581-5, L. 581-7. – V. C. civ., art. 365, 422, 461, 462, 511, 512, App., v° *Adoption-Pupille de l'État*, **p. 1762** et *Tutelle-Curatelle*, **p. 2009.** – V. Ord. n° 45-174 du 2 févr. 1945, art. 1er à 6, 8 à 8-2, 9, 10, 12, 13, 19, 20, 20-2, 20-10, 24-1 à 24-7, 43, 44, 48, App., v° *Enfance*, .
2016	18 nov.	Décret n° 2016-1551. Diverses mesures relatives à la durée du travail, aux repos et aux congés. – Art. 6. – CASF, art. R. 243-5, R. 314-203-1, R. 544-4.
2016	18 nov.	Décret n° 2016-1553. Diverses mesures relatives à la durée du travail, aux repos et aux congés. – Art. 7-I. – V. CASF, art. D. 262-25-1, D. 442-2, D. 444-4, D. 444-8.
2016	21 nov.	Ordonnance n° 2016-1562. Diverses mesures institutionnelles relatives à la collectivité de Corse. – Ratifiée par L. n° 2017-289 du 7 mars 2017. – Art. 16, 17, 23 : – V. L. n° 90-449 du 31 mai 1990, art. 3, App., v° *Logement*, **p. 1925.** – V. L. n° 2000-614 du 5 juillet 2000, art. 1er, App., v° *Logement*, **p. 1932.** – V. CASF, art. L. 134-1, L. 134-6, L. 134-7, L. 146-12-2, L. 149-3-1, L. 149-4, L. 14-10-7, L. 224-1, L. 225-2, L. 226-3-1-1, L. 233-1 à L. 233-4, L. 312-5, L. 312-9, L. 315-9 à L. 315-11, L. 315-14, L. 441-3.
2016	30 nov.	Décret n° 2016-1638. Délai de placement prévu à l'article L. 227-2-1 du code de l'action sociale et des familles. – V. CASF, art. D. 223-28.

2016	30 nov.	Décret n° 2016-1639. Commission pluridisciplinaire et pluri-institutionnelle d'examen de la situation des enfants confiés à l'aide sociale à l'enfance prévue à l'article L. 223-1 du code de l'action sociale et des familles. – V. CASF, art. D. 223-26, D. 223-27.
2016	1er déc.	Décret n° 2016-1645. Permanence des soins et diverses modifications de dispositions réglementaires applicables au service public hospitalier. – Art. 4-IV. – V. Décr. n° 54-883 du 2 sept. 1954, art. 41, App., v° *Aide sociale*, **p. 1786.**
2016	9 déc.	Loi organique n° 2016-1690. Compétence du Défenseur des droits pour l'orientation et la protection des lanceurs d'alerte. – V. L. org. n° 2011-333 du 29 mars 2011, art. 4, 10, 11, 20, 22, App., v° *Enfance*, **p. 1821.**
2016	9 déc.	Décision n° 2016-601 QPC. – V. Ord. n° 45-174 du 2 févr. 1945, art. 22, App., v° *Enfance*, .
2016	15 déc.	Ordonnance n° 2016-1729. Pharmacies à usage intérieur. – Ratifiée par L. n° 2019-774 du 24 juill. 2019, art. 77-IX. – Art. 2-I. – V. CASF, art. L. 313-12.
2016	15 déc.	Décret n° 2016-1743. Annexe au contrat de séjour dans les établissements d'hébergement sociaux et médico-sociaux pour personnes âgées : – V. CASF, art. R. 231-4 à R. 231-6, D. 311, R. 311-0-5 à R. 311-0-9, R. 311-37-1, D. 312-158. – V. Annexe 3-9-1, **p. 1723.**
2016	16 déc.	Décret n° 2016-1759. Transmission d'actes d'autorisation du président du conseil départemental en matière sociale. – V. CASF, art. D. 313-10-6, D. 313-10-7.
2016	19 déc.	Décret n° 2016-1785. Agrément des accueillants familiaux : – V. CASF, art. R. 441-1 à R. 441-11, D. 442-2, D. 442-4, D. 444-5. – V. Annexe 3-8-3, **p. 1716.**
2016	21 déc.	Décret n° 2016-1813. Obligation de signalement des structures sociales et médico-sociales. – V. CASF, art. R. 331-8 à R. 331-10.
2016	21 déc.	Décret n° 2016-1814. Principes généraux de la tarification, forfait global de soins, forfait global dépendance et tarifs journaliers des établissements hébergeant des personnes âgées dépendantes relevant du I et du II de l'article L. 313-12 du code de l'action sociale et des familles : – V. CASF, art. D. 313-17, D. 313-22 à D. 313-24, R. 314-158 à R. 314-190. – V. Annexes 3-2 à 3-4, **p. 1692.**
2016	21 déc.	Décret n° 2016-1815. Modification des dispositions financières applicables aux établissements et services sociaux et médico-sociaux mentionnés au I de l'article L. 312-1 du code de l'action

		sociale et des familles. – V. CASF, art. D. 312-159-5, R. 314-1, R. 314-3, R. 314-6, R. 314-7, R. 314-13, R. 314-20, R. 314-22, R. 314-24, R. 314-26, R. 314-27, R. 314-34 à R. 314-40, R. 314-42, R. 314-43, R. 314-43-1, R. 314-45-1, R. 314-47, R. 314-48, R. 314-52, R. 314-53, R. 314-58, R. 314-64, R. 314-65, R. 314-67, R. 314-68, R. 314-73 à R. 314-76, R. 314-78, R. 314-80, R. 314-95, R. 314-97, R. 314-101, R. 314-105 à R. 314-106-1, R. 314-108, R. 314-111, R. 314-113, D. 314-113-1, R. 314-115, R. 314-116, R. 314-119, R. 314-128, R. 314-129, R. 314-143, R. 314-146, R. 314-149, R. 314-198, D. 314-205, R. 314-207 à R. 314-244, R. 344-7.
2016	22 déc.	Ordonnance n° 2016-1809. Reconnaissance des qualifications professionnelles de professions réglementées. – Art. 11. – V. CASF, art. L. 411-1, L. 411-1-1.
2016	23 déc.	Loi n° 2016-1827. De financement de la sécurité sociale pour 2017. – Art. 34-III, 89 : – V. CASF, art. L. 14-10-3 à L. 14-10-5, L. 313-1, L. 313-11, L. 313-12, L. 313-12-2, L. 313-14-1, L. 313-14-2, L. 314-7, L. 314-9, L. 315-12, L. 315-15. – V. L. n° 2015-1776 du 28 déc. 2015, art. 58, ss. CASF, art. L. 313-12.
2016	23 déc.	Décret n° 2016-1847. Autorisation de la création de traitements automatisés de données à caractère personnel relatifs à la carte mobilité inclusion. – V. CASF, art. R. 146-38, R. 146-42, D. 241-18 à D. 241-19-6.
2016	23 déc.	Décret n° 2016-1849. Carte mobilité inclusion en application de l'article 107 de la loi n° 2016-1321 du 7 octobre 2016 pour une République numérique et en application de l'article 2 de la loi n° 93-1419 du 31 décembre 1993 relative à l'Imprimerie nationale. – V. CASF, art. R. 232-24-1, R. 232-28-1, R. 241-12 à R. 241-23, R. 241-28, D. 245-24-2, R. 542-4.
2016	26 déc.	Décret n° 2016-1873. Fixation du cahier des charges et de la procédure de labellisation des maisons départementales de l'autonomie : – V. CASF, art. D. 149-13 à D. 149-19. – V. Annexe 1-2, **p. 1556.**
2016	27 déc.	Décret n° 2016-1896. Diverses dispositions relatives aux mandataires judiciaires à la protection des majeurs. – V. CASF, art. R. 471-2-1, R. 472-1, R. 472-2, R. 472-4 à R. 472-6-1, R. 472-10, R. 472-14, R. 472-16, R. 472-19-1.
2016	27 déc.	Décret n° 2016-1898. Diverses dispositions relatives aux mandataires judiciaires à la protection des majeurs. – V. CASF, art. D. 312-193-7, D. 471-8, D. 472-5 à D. 472-5-4, D. 472-6-1, D. 472-6-2.
2016	28 déc.	Décret n° 2016-1940. Dispositifs d'appartements de coordination thérapeutique « Un chez-soi d'abord ». – V. CASF, art. D. 312-154-0, D. 312-154-1 à D. 312-154-4.

2016	28 déc.	Décret n° 2016-1943. Création de la Commission professionnelle consultative du travail social et de l'intervention sociale. – V. CASF, art. D. 451-1-1, D. 451-1-2.
2016	28 déc.	Décret n° 2016-1966. Organisation de la transmission d'informations sous forme anonyme aux observatoires départementaux de la protection de l'enfance et à l'Observatoire national de la protection de l'enfance : – V. CASF, art. D. 226-3-3 à D. 226-3-10. – V. Annexe 2-8, **p. 1638.**
2016	29 déc.	Loi n° 2016-1917. De finances pour 2017. – Art. 36-X, 48-I, 87-I, II et IV, 89-III, 152-I. – V. CASF, art. L. 121-7, L. 121-9, L. 146-4-2, L. 261-5, L. 262-3, L. 262-7, L. 262-8, L. 262-21, L. 262-24, L. 263-2-1, L. 522-12, L. 522-16, L. 531-5-1, L. 542-6, L. 581-9.
2017	5 janv.	Ordonnance n° 2017-10. Mise à jour de la liste des établissements figurant à l'article 2 de la loi n° 86-33 du 9 janvier 1986 portant dispositions statutaires relatives à la fonction publique hospitalière. – Ratifiée par L. n° 2019-774 du 24 juill. 2019, art. 77-IX. – Art. 1er-II. – V. CASF, art. L. 313-24-1.
2017	20 janv.	Loi organique n° 2017-54. Autorités administratives indépendantes et autorités publiques indépendantes. – V. L. org. n° 2011-333 du 29 mars 2011, art. 2, 36, App., v° *Enfance*, **p. 1821.**
2017	20 janv.	Loi n° 2017-55. Statut général des autorités administratives indépendantes et des autorités publiques indépendantes. – V. L. org. n° 2011-333 du 29 mars 2011, art. 37, 39, App., v° *Enfance*, **p. 1829.**
2017	27 janv.	Loi n° 2017-86. Égalité et citoyenneté. – Art. 20, 70, 147, 149, 193, 221 : – V. CASF, art. L. 241-3, L. 264-3, L. 312-5-3, L. 315-13. – V. L. n° 90-449 du 31 mai 1990, art. 2, 4, 4-1, 5, 6 à 6-2, 7-1, App., v° *Logement*, **p. 1925.** – V. L. n° 2000-614 du 5 juillet 2000, art. 1er à 4, App., v° *Logement*, **p. 1932.**
2017	27 janv.	Décret n° 2017-96. Modification de la composition du Conseil national de la protection de l'enfance. – V. CASF, art. D. 148-1 à D. 148-3.
2017	1er févr.	Décret n° 2017-122. Réforme des minima sociaux. – V. CASF, art. R. 262-2, R. 262-4, R. 262-4-1, R. 262-4-2, R. 262-7, R. 262-12, R. 262-13, R. 262-15, R. 262-25-5, R. 262-44, R. 262-45, R. 542-6.
2017	1er févr.	Décret n° 2017-123. Réforme des minima sociaux. – V. CASF, art. D. 262-16, D. 262-17, D. 262-34, D. 262-50 à D. 262-59.
2017	7 févr.	Décret n° 2017-137. Informations nécessaires à l'élaboration des plans d'accompagnement globaux des personnes handicapées. – V. CASF, art. D. 146-29-1 à D. 146-29-3.

2017	7 févr.	Décret n° 2017-148. Diverses dispositions de procédure en matière d'autorité parentale. – V. C. pr. civ., art. 1202 à 1206, 1208 à 1210, App., v° *Enfance*, **p. 1796.**
2017	24 févr.	Décret n° 2017-240. Contrôle des conditions permettant de bénéficier de la protection universelle maladie. – Art. 6. – V. CASF, art. R. 251-2.
2017	28 févr.	Loi n° 2017-256. De programmation relative à l'égalité réelle en outre-mer et autres dispositions en matière sociale et économique. – Art. 23. – V. CASF, art. L. 542-4.
2017	28 févr.	Loi n° 2017-257. Statut de Paris et aménagement métropolitain. – Art. 38. – V. CGCT, art. L. 2512-10, App., v° *Aide sociale*, **p. 1785.**
2017	28 févr.	Loi n° 2017-258. Sécurité publique. – Art. 33, 40. – V. Ord. n° 45-174 du 2 févr. 1945, art. 22, 44, App., v° *Enfance*, .
2017	16 mars	Décret n° 2017-344. Transmissions de données sur l'allocation personnalisée d'autonomie et l'aide sociale à l'hébergement. – V. CASF, art. R. 14-10-41, D. 232-38, D. 232-39.
2017	27 mars	Décret n° 2017-413. Conditions d'exercice de la profession d'assistant de service social. – V. CASF, art. R. 411-1, R. 411-3, R. 411-4, R. 411-8.
2017	13 avr.	Décret n° 2017-537. Agrément des établissements de formation pour dispenser une formation préparant à un diplôme de travail social. – V. CASF, art. R. 451-1 à R. 451-5.
2017	13 avr.	Décret n° 2017-542. Aide financière à l'insertion sociale et professionnelle (AFIS). – V. CASF, art. D. 121-12-14 à D. 121-12-18, D. 541-2-1.
2017	14 avr.	Décret n° 2017-552. Formation des accueillants familiaux : – V. CASF, art. D. 443-1 à D. 443-8. – V. Annexe 3-8-4, **p. 1719.**
2017	24 avr.	Décret n° 2017-620. Fonctionnement des établissements et services médico-sociaux en dispositif intégré prévu à l'article 91 de la loi n° 2016-41 du 26 janvier 2016 relative à la modernisation de notre système de santé. – Art. 1er : – V. CASF, art. D. 312-59-3-1. – V. Annexes 2-12, 2-13, **p. 1668.**
2017	2 mai	Décret n° 2017-705. Évaluations des activités et de la qualité des services d'aide et d'accompagnement à domicile relevant du 6°, 7° ou 16° du I de l'article L. 312-1 du code de l'action sociale et des familles. – V. CASF, art. D. 347-1 à D. 347-3.
2017	2 mai	Décret n° 2017-708. Modification du référentiel d'accès à la prestation de compensation fixé à l'annexe 2-5 du code de l'action sociale et des familles. – V. Annexe 2-5, **p. 1624.**

2017	3 mai	Décret n° 2017-736. Règles d'identification, d'affiliation et de rattachement des bénéficiaires des prestations de sécurité sociale et modifications de diverses dispositions relatives à l'assurance maladie. – Art. 1er, 9. – V. CSS, art. R. 174-9 à R. 174-13, R. 174-15, App., v° *Personnes âgées*, **p. 1944.**
2017	5 mai	Décret n° 2017-811. Modalités de calcul du revenu de solidarité active et de la prime d'activité pour les travailleurs non salariés. – Art. 1er. – V. CASF, art. R. 262-18, R. 262-19, R. 542-6.
2017	5 mai	Décret n° 2017-815. Conditions techniques minimales d'organisation et de fonctionnement des centres de ressources autisme. – V. CASF, art. D. 312-161-12 à D. 312-161-24.
2017	5 mai	Décret n° 2017-826. Intéressement à la reprise d'activité des bénéficiaires de l'allocation de solidarité spécifique et à la suppression de l'allocation temporaire d'attente. – Art. 3-III. – V. CASF, art. R. 262-13.
2017	6 mai	Décret n° 2017-877. Définition du travail social. – V. CASF, art. D. 142-1-1.
2017	6 mai	Décret n° 2017-890. État civil. – Art. 52. – V. CASF, art. R. 225-29.
2017	6 mai	Décret n° 2017-892. Diverses mesures de modernisation et de simplification de la procédure civile. – V. C. pr. civ., art. 1181, 1200-3, 1200-4, 1216, 1254-1, 1261-1, 1262, 1262-5, 1262-7, App., v° *Tutelle-Curatelle*, **p. 1790.**
2017	9 mai	Décret n° 2017-879. Modification des dispositions concernant le système d'information des maisons départementales des personnes handicapées et le système national d'information statistique mis en œuvre par la Caisse nationale de solidarité pour l'autonomie. – V. CASF, art. R. 146-38 à R. 146-44, R. 247-1 à R. 247-12, R. 541-4, R. 542-4, R. 585-1.
2017	9 mai	Décret n° 2017-880. Autorisation des traitements de données à caractère personnel destinés à la mise en œuvre de l'allocation personnalisée d'autonomie et de l'aide sociale à l'hébergement. – V. CASF, art. R. 232-40 à R. 232-49.
2017	9 mai	Décret n° 2017-882. Diverses mesures relatives aux aides et concours financiers versés par la Caisse nationale de solidarité pour l'autonomie, au financement et aux procédures d'autorisation des services d'aide et d'accompagnement à domicile et au conseil départemental de la citoyenneté et de l'autonomie : – V. CASF, art. R. 14-10-2, R. 14-10-42-2, R. 14-10-49, R. 241-24, R. 241-34, R. 313-1, R. 313-9, D. 313-12-1, R. 531-1, R. 532-4, R. 532-8, R. 581-1. – V. Annexe 2-1, **p. 1560.**
2017	9 mai	Décret n° 2017-982. Nomenclature des établissements et services sociaux et médico-sociaux accompagnant des personnes handica-

		pées ou malades chroniques. – V. CASF, art. D. 312-0-1 à D. 312-0-3, D. 312-9, D. 312-16, D. 312-59, D. 312-79, D. 312-83, D. 312-96, D. 312-107, D. 312-119.
2017	19 juill.	Ordonnance n° 2017-1177. Extension et adaptation des compléments de l'allocation aux adultes handicapés à Mayotte. – Ratifiée par L. n° 2019-774 du 24 juill. 2019, art. 77-IX. – Art. 2. – V. CASF, art. L. 542-4.
2017	27 juill.	Décret n° 2017-1201. Représentation des femmes et des hommes au sein des organismes consultatifs de la fonction publique. – Art. 29 à 34. – V. CASF, art. R. 315-32, R. 315-35, R. 315-36-2, R. 315-37, R. 315-38, R. 315-49.
2017	25 oct.	Ordonnance n° 2017-1491. Extension et adaptation de la partie législative du code du travail, et diverses dispositions relatives au travail, à l'emploi et à la formation professionnelle à Mayotte. – Art. 10. – V. CASF, art. L. 541-1, L. 541-4, L. 542-1, L. 542-4, L. 542-6, L. 543-1, L. 543-4, L. 544-2 à L. 544-5.
2017	15 nov.	Décret n° 2017-1572. Modalités d'organisation de la visite en présence d'un tiers prévue à l'article 375-7 du code civil : – V. CASF, art. R. 223-29 à R. 223-31. – V. C. pr. civ., art. 1199-2, 1199-3, App., v° *Enfance*, **p. 1794.**
2017	28 nov.	Décret n° 2017-1620. Caducité de l'autorisation des établissements sociaux et médico-sociaux mentionnés à l'article L. 313-1 du code de l'action sociale et des familles. – V. CASF, art. D. 313-7-2.
2017	29 nov.	Décret n° 2017-1635. Aide financière à l'insertion sociale et professionnelle (AFIS) des personnes engagées dans le parcours de sortie de la prostitution. – V. CASF, art. R. 121-12-13-1, R. 121-12-13-2.
2017	29 déc.	Décret n° 2017-1863. Portant diverses mesures institutionnelles relatives à la collectivité de Corse. – V. CASF, art. D. 149-3, D. 149-4, D. 226-3-2.
2017	30 déc.	Loi n° 2017-1836. De financement de la sécurité sociale pour 2018. – Art. 14, 28, 70, 72. – V. CASF, art. L. 232-15, L. 313-1, L. 313-12, L. 313-12-2, L. 314-6, L. 442-1, L. 541-4, L. 543-1.
2017	30 déc.	Loi n° 2017-1837. De finances pour 2018. – Art. 128. – V. CASF, art. L. 322-8-1, L. 345-1.
2018	17 janv.	Ordonnance n° 2018-22. Contrôle de la mise en œuvre des dispositions du code de l'action sociale et des familles et de l'article L. 412-2 du code du tourisme et aux suites de ce contrôle. – Ratifiée par L. n° 2019-774 du 24 juill. 2019, art. 77-IX. – V. CASF, art. L. 133-1, L. 133-2, L. 313-1, L. 313-13 à L. 313-19, L. 313-22-1, L. 315-6, L. 321-4, L. 322-8, L. 331-1, L. 331-3, L. 331-5 à L. 331-8, L. 331-8-2, L. 472-10, L. 474-5, L. 543-3.

2018	25 janv.	Décret n° 2018-42. Vaccination obligatoire. – Art. 4. – V. CASF, art. R. 227-7.
2018	8 févr.	Ordonnance n° 2018-74. Diverses mesures institutionnelles relatives à la ville de Paris. – Art. 7. – V. CASF, art. L. 315-9.
2018	8 févr.	Décret n° 2018-76. Diverses mesures institutionnelles relatives à la collectivité de Corse. – V. CASF, art. R. 224-3, R. 241-24, R. 241-28, R. 313-1, R. 315-6, R. 511-1.
2018	21 févr.	Décret n° 2018-124. Diplôme d'État du certificat d'aptitude au professorat de l'enseignement des jeunes sourds. – V. C. éduc., art. D. 351-12, App. v° *Personnes handicapées*, **p. 1974.**
2018	13 févr.	Loi n° 2018-84. Création d'un dispositif de don de jours de repos non pris au bénéfice des proches aidants de personnes en perte d'autonomie ou présentant un handicap. – V. C. trav., art. L. 3142-25-1, App., v° *Personnes handicapées*, **p. 1959.**
2018	9 mars	Décret n° 2018-173. Autorisation de la création d'un traitement de données à caractère personnel relatif à l'activité et à la consommation de soins dans les établissements ou services médico-sociaux. – V. CASF, art. R. 314-105-1 à R. 314-105-9, R. 314-169.
2018	21 mars	Décret n° 2018-194. Rémunération garantie aux travailleurs handicapés accueillis dans les établissements et services d'aide par le travail. – V. CASF, art. R. 243-5, R. 243-6.
2018	16 mai	Ordonnance n° 2018-358. Traitement juridictionnel du contentieux de la sécurité sociale et de l'aide sociale. – Ratifiée par L. n° 2019-222 du 23 mars 2019. – Art. 2. – V. CASF, art. L. 122-4, L. 134-2, L. 134-3, L. 241-9, L. 542-4.
2018	1er juin	Décret n° 2018-430. Conditions d'admission et modalités de prise en charge conjointe des patients par un établissement d'hospitalisation à domicile et un service de soins infirmiers à domicile ou un service polyvalent d'aide et de soins à domicile. – V. CASF, art. D. 312-2, D. 312-4.
2018	11 juin	Décret n° 2018-465. Commission mentionnée à l'article L. 312-8 du code de l'action sociale et des familles. – V. CASF, art. R. 14-10-23, R. 312-194-4, R. 312-207 à R. 312-210.
2018	11 juin	Décret n° 2018-467. Intégration de l'Agence nationale de l'évaluation et de la qualité des établissements et services sociaux et médico-sociaux (ANESM) au sein de la Haute Autorité de santé (HAS) : – V. CASF, art. D. 312-197 à D. 312-202, D. 312-205, D. 312-206. – V. Annexes 3-0, 3-10, **p. 1675.**
2018	12 juin	Ordonnance n° 2018-470. Regroupement et mise en cohérence des dispositions du code de la sécurité sociale applicables aux travailleurs indépendants. – Art. 9. – V. CASF, art. L. 254-1.

2018	12 juin	Ordonnance n° 2018-474. Simplification et harmonisation des définitions des assiettes des cotisations et contributions de sécurité sociale. – Art. 9. – V. CASF, art. L. 243-5, L. 245-12, L. 442-1.
2018	27 juin	Décret n° 2018-519. Modulation des tarifs des établissements et services sociaux et médico-sociaux en fonction de l'activité et affectation de leurs résultats. – V. CASF, art. R. 314-43, R. 314-43-2, R. 314-230, R. 314-234.
2018	27 juin	Décret n° 2018-521. Conditions et modalités de reversement de la contribution aux départements attribuant une allocation personnalisée d'autonomie aux assurés relevant de la compétence en matière d'assurance maladie d'un État membre de l'Union européenne ou partie à l'accord sur l'Espace économique européen, autre que la France, ou de la Confédération suisse, et à l'échange et traitement de certaines données à caractère personnel : – V. CASF, art. R. 14-10-38-2. – V. Annexe 2-3, **p. 1589.**
2018	23 juill.	Décret n° 2018-647. Modification des définitions et des règles applicables aux accueils de loisirs. – V. CASF, art. R. 227-1, R. 227-16.
2018	2 août	Décret n° 2018-695. Instances de dialogue social de la fonction publique hospitalière. – Art. 13 à 20. – V. CASF, art. R. 315-28, R. 315-33, R. 315-36-2, R. 315-38, R. 315-40, R. 315-41, R. 315-48.
2018	3 août	Loi n° 2018-699. Garantie de la présence des parlementaires dans certains organismes extérieurs au Parlement et simplification des modalités de leur nomination. – Art. 47, 74. – V. CASF, art. L. 142-1, L. 143-1, L. 146-1, L. 14-10-3.
2018	3 août	Loi n° 2018-703. Renforcement de la lutte contre les violences sexuelles et sexistes. – Art. 4, 17. – V. CASF, art. L. 114-3, L. 221-1.
2018	22 août	Décret n° 2018-733. Formations et diplômes du travail social. – Art. 1er. – V. CASF, art. R. 451-3, R. 451-5, R. 451-32 à R. 451-36.
2018	22 août	Décret n° 2018-734. Formations et diplômes du travail social. – Art. 1er. – V. CASF, art. D. 451-8, D. 451-18, D. 451-18-1, D. 451-28-1, D. 451-28-2, D. 451-28-4 à D. 451-31, D. 451-41 à D. 451-45, D. 451-47 à D. 451-56, D. 451-57-1 à D. 451-57-5.
2018	31 août	Décret n° 2018-767. Financement des mandataires judiciaires à la protection des majeurs. – V. CASF, art. D. 271-5, R. 311-0-8, R. 471-5 à R. 471-5-5, R. 472-8.
2018	5 sept.	Loi n° 2018-771. Liberté de choisir son avenir professionnel : – Art. 5, 40, 76. – V. CASF, art. L. 265-1. – Art. 29. – V. C. trav., art. L. 5131-1, L. 5132-8, L. 5151-2,

		L. 5151-4, L. 5151-7, L. 5151-9 à L. 5151-11, App., v° *Insertion*, **p. 1859.** – Art. 34. – V. C éduc., art. L. 352-1, App., v° *Personnes handicapées*, **p. 1969.** – Art. 67, 69, 76. – C. trav., art. L. 5213-6-1, L. 5213-11, L. 5213-13, L. 5213-13-1, L. 5213-16, L. 5213-18 à L. 5213-20, App., v° *Personnes handicapées*, **p. 1963.**
2018	10 sept.	Loi n° 2018-778. Immigration maîtrisée, droit d'asile effectif et intégration réussie. – Art. 15. – V. CASF, art. L. 349-3.
2018	12 sept.	Décret n° 2018-785. Suppression de commissions administratives à caractère consultatif. – Art. 17. – V. CASF, art. L. 114-3-1, L. 247-5, D. 114-4 à D. 114-6, R. 146-42.
2018	23 oct.	Décret n° 2018-903. Formation et renouvellement d'agrément des assistants maternels. – V. CASF, art. D. 421-21, D. 421-21-1, D. 421-44 à D. 421-50, D. 421-52.
2018	29 oct.	Décret n° 2018-928. Contentieux de la sécurité sociale et de l'aide sociale. – Art. 4. – V. CASF, art. R. 131-8, R. 134-1, R. 241-17-1, R. 241-28, R. 241-32, R. 241-35 à R. 241-41, R. 541-3, R. 542-2, R. 585-5.
2018	31 oct.	Décret n° 2018-953. Extension et adaptation de la partie réglementaire du code du travail, et de diverses dispositions relatives au travail, à l'emploi et à la formation professionnelle à Mayotte. – Art. 10. – V. CASF, art. R. 541-2, R. 541-4, R. 542-1, R. 542-3, R. 542-4, R. 542-6, R. 543-1, R. 543-3, R. 543-4, R. 544-2 à R. 544-5, R. 544-7.
2018	7 nov.	Loi n° 2018-957. Accueil des gens du voyage et lutte contre les installations illicites. – Art. 1er. – V. L. n° 2000-614 du 5 juillet 2000, art. 1er, 2, App., v° *Logement*, **p. 1932.**
2018	16 nov.	Décision du Conseil constitutionnel n° 2018-744 QPC. – V. Ord. n° 45-174 du 2 févr. 1945, art. 8, 9, App., v° *Enfance*, .
2018	23 nov.	Loi n° 2018-1021. Évolution du logement, de l'aménagement et du numérique : – Art. 117, 125, 126, 129. – V. CASF, art. L. 149-1, L. 233-1, L. 233-3-1, L. 233-4, L. 266-1, L. 266-2, L. 281-1 à L. 281-4, L. 313-4, L. 313-9, L. 313-11, L. 313-11-1, L. 313-14-1, L. 314-7, L. 315-12, L. 315-15, L. 345-2-2, L. 345-2-4. – Art. 119, 125. – V. L. n° 90-449 du 31 mai 1990, art. 2, 6, App., v° *Logement*, **p. 1925.**
2018	22 déc.	Loi n° 2018-1203. De financement de la sécurité sociale pour 2019 : – Art. 14, 26, 64. – V. CASF, art. L. 313-12, L. 314-3, L. 251-1, L. 252-3, L. 313-12, L. 314-12, L. 262-46 ; CSS, art. L. 160-1, L. 160-3, L. 160-8, L. 160-9, L. 160-14, L. 160-15, App., v° *Insertion*, **p. 1831** ; L. n° 2015-1776 du 28 déc. 2015, art. 58, ss. CASF, art. L. 313-12.

2018	24 déc.	Décret n° 2018-1216. Modalités de mise en œuvre du chèque énergie. – V. C. énergie, art. R. 124-1 à R. 124-3, R. 124-5, D. 124-5-1, R. 124-16, App., v° *Logement*, **p. 1911.**
2018	24 déc.	Décret n° 2018-1222. Mesures de simplification dans le champ du handicap. – V. CASF, art. R. 241-15, R. 241-31.
2018	27 déc.	Décret n° 2018-1255. Simplification et modification de la gestion des droits aux indemnités journalières et pour la prise en charge des frais de santé. – V. CSS, art. R. 160-25, R. 160-26, R. 160-29, App. v° *Insertion*, **p. 1855.**
2018	27 déc.	Décret n° 2018-1257. Participation de l'assuré aux frais liés à divers actes et prestations. – V. CSS, art. R. 160-8, R. 160-16, R. 160-17, App. v° *Insertion*, **p. 1848.**
2018	28 déc.	Loi n° 2018-1317. De finances pour 2019. – V. CASF, art. L. 522-19, L. 241-6, L. 542-6, L. 244-1, L. 344-2, L. 522-19, L. 542-6.
2018	28 déc.	Décret n° 2018-1321. Recentralisation du revenu de solidarité active en Guyane et Mayotte. – V. CASF, art. R. 522-1, R. 522-4, R. 542-6.
2019	30 janv.	Décret n° 2019-57. Modalités d'évaluation des personnes se déclarant mineures et privées temporairement ou définitivement de la protection de leur famille et autorisant la création d'un traitement de données à caractère personnel relatif à ces personnes. – V. CASF, art. R. 221-15-1 à R. 221-15-9.
2019	5 févr.	Décret n° 2019-74. Gestion de la délivrance de certaines certifications professionnelles par l'Agence de services et de paiement. – V. CASF, art. D. 451-9.
2019	23 mars	Loi organique n° 2019-221. Renforcement de l'organisation des juridictions. – Art. 10-III. – V. L. organique n° 2011-333 du 29 mars 2011, art. 22, App.,v° *Enfance*, **p. 1825.**
2019	23 mars	Loi n° 2019-222. De programmation 2018-2022 et de réforme pour la justice : – Art. 9-I, 11-II, 96-I, 102-I. – V. CASF, art. L. 134-2, L. 134-3, L. 244-1, L. 245-2, L. 315-11, L. 531-5, L. 531-7, L. 581-5. – V. C. civ., art. 427, 428, 431, 459, 460, 462, 483, 486, 494-1, 494-3, 494-5 à 494-11, 500, 501, 503, 507, 507-1, 511 à 514, App., v° *Tutelle-curatelle*, **p. 2010.** – V. Ord. n° 45-174 du 2 févr. 45, art. 3-1, 4, 6-2, 8, 10-2, 11, 11-2, 11-3, 20-2-1, 20-4, 20-4-1, 20-5, 22, 33, 40, 44, App.,v° *Enfance*, .
2019	2 avr.	Décret n° 2019-268. Diverses mesures d'amélioration du recouvrement des indus par les organismes de sécurité sociale. – Art. 2. – V. CASF, art. D. 262-94-2.
2019	26 avr.	Décret n° 2019-371. Modalités d'échanges de flux pour la mise en œuvre du revenu de solidarité active en Guyane et à Mayotte. – V. CASF, art. R. 522-1, R. 542-6.

2019	21 mai	Décret n° 2019-489. Pharmacies à usage intérieur. – Art. 2. – V. CSS, art. R. 160-8, App., v° *Insertion*, **p. 1848.**
2019	22 mai	Loi n° 2019-486. Croissance et transformation des entreprises. – Art. 11, 210 : – V. CASF, art. L. 227-6. – V. C. trav., art. L. 5213-6-1, App., v° *Personnes handicapées*, **p. 1963.**
2019	19 juin	Décret n° 2019-613. Simplification des déclarations sociales des employeurs. – Art. 4. – V. CASF, art. R. 232-11, R. 245-68.
2019	24 juin	Décret n° 2019-629. Diverses dispositions en matière d'habitat inclusif pour les personnes handicapées et les personnes âgées mentionné au titre VIII du livre II du code de l'action sociale et des familles. – V. CASF, art. D. 281-1 à D. 281-3.
2019	27 juin	Décret n° 2019-670. Participation forfaitaire de l'État à la phase de mise à l'abri et d'évaluation des personnes se déclarant mineures et privées temporairement ou définitivement de la protection de leur famille et au comité prévu à l'article R. 221-15 du code de l'action sociale et des familles. – V. CASF, art. R. 221-15.
2019	4 juill.	Décret n° 2019-703. Lutte contre la précarité alimentaire. – Art. 1er, 2. – V. CASF, art. R. 115-1, R. 115-6, R. 266-1 à R. 266-12 .
2019	5 juill.	Décret n° 2019-714. Réforme du métier de médecin coordonnateur en établissement d'hébergement pour personnes âgées dépendantes. – V. CASF, art. D. 312-157, D. 312-158.
2019	5 juill.	Décret n° 2019-718. Regroupement et mise en cohérence des dispositions du code de la sécurité sociale applicables aux travailleurs indépendants. – Art. 2, 4, 9. – V. CASF, art. R. 14-10-2, R. 233-13, R. 262-11, R. 262-19, R. 521-2, R. 542-6, R. 545-2.
2019	10 juill.	Loi n° 2019-721. Interdiction des violences éducatives ordinaires. – Art. 2. – V. CASF, art. L. 421-14.
2019	17 juill.	Ordonnance n° 2019-770. Partie législative du livre VIII du code de la construction et de l'habitation. – Art. 3. – V. CASF, art. L. 261-1 à L. 261-3, L. 262-3, L. 262-45, L. 262-46, L. 262-51, L. 312-1, L. 542-6.
2019	22 juill.	Décret n° 2019-756. Diverses dispositions de coordination de la loi n° 2019-222 du 23 mars 2019 de programmation 2018-2022 et de réforme pour la justice en matière de protection juridique des majeurs, de changement de régime matrimonial, d'actes non contentieux confiés aux notaires et de prorogation de l'attribution provisoire de la jouissance du logement de la famille et mesure relative à la reconnaissance transfrontalière des décisions de protection juridique des majeurs. – Art. 3. – V. C. pr. civ., art. 1213, 1214, 1214-1, 1217, 1218, 1218-1, 1219, 1220-1, 1220-2, 1220-4, 1222, 1225 à 1229, 1230-1, 1233, 1239, 1239-2, 1243 à 1245, 1260-1 à 1260-12, App. v° *Tutelle-Curatelle*, **p. 2030.**

2019	24 juill.	Ordonnance n° 2019-765. Droit de rectification des informations concernant les bénéficiaires des prestations sociales et des minima sociaux en cas de notification d'indus. – Art. 2. – V. CASF, art. L. 262-46.
2019	24 juill.	Décret n° 2019-772. Partie réglementaire du livre VIII du code de la construction et de l'habitation. – Art. 3, 8 : – V. CASF, art. R. 117-8, R. 232-5, R. 245-48, R. 262-10, R. 262-11, D. 271-2, R. 441-1, R. 542-6. – V. Annexe 3-8-3, **p. 1716.** – V. C. énergie, art. R. 124-4, R. 124-5, App. v° *Logement*, **p. 1912.**
2019	24 juill.	Loi n° 2019-774. Organisation et transformation du système de santé. – Art. 61, 64, 68, 75 : – V. CASF, art. L. 311-8, L. 313-1, L. 313-1-1, L. 313-6, L. 313-11, L. 314-7-2, L. 543-1, L. 545-1, L. 545-3. – V. L. n° 2015-1776 du 28 déc. 2015, art. 49, ss. CASF, art. L. 312-1.
2019	26 juill.	Loi n° 2019-791. Pour une école de la confiance. – Art. 13, 25, 27, 30, 31, 32 : – V. CASF, art. L. 312-1, L. 312-7-1. – V. C. éduc., art. L. 541-1, App., v° *Enfance*, **p. 1802** ; art. L. 351-1 à L. 351-4, L. 352-1, App., v° *Personnes handicapées*, **p. 1967.**
2019	26 juill.	Décret n° 2019-794. Attribution des denrées achetées au moyen du Fonds européen d'aide aux plus démunis et à l'appel à candidatures pour en bénéficier. – V. CASF, art. D. 266-6 à D. 266-10.
2019	26 juill.	Décret n° 2019-796. Nouveaux droits à indemnisation, diverses mesures relatives aux travailleurs privés d'emploi et expérimentation d'un journal de la recherche d'emploi. – Art. 5. – V. CASF, art. R. 262-13.
2019	6 août	Loi n° 2019-828. Transformation de la fonction publique. – Art. 4-VI. – V. CASF, art. L. 14-10-2, L. 315-13.
2019	12 août	Décret n° 2019-835. Exercice infirmier en pratique avancée et sa prise en charge par l'assurance maladie. – V. CASF, art. D. 312-1.
2019	19 août	Décret n° 2019-838. Diverses mesures de simplification pour le ministère de l'éducation nationale et de la jeunesse. – Art. 1er. – V. C. éduc., art. R. 351-24, App., v° *Personnes handicapées*, **p. 1977.**
2019	20 août	Décret n° 2019-854. Diverses mesures de simplification dans les domaines de la santé et des affaires sociales. – Art. 2, 5. – V. CASF, art. R. 123-40 à R. 123-42, R. 123-46, R. 123-49 à R. 123-59, R. 312-194-18, D. 313-2, R. 313-2-5, R. 313-4-1, R. 313-5, R. 313-5-1, R. 313-6, R. 314-69.

2019	30 août	Décret n° 2019-913. Application de l'article 95 de la loi n° 2019-222 du 23 mars 2019 de programmation 2018-2022 et de réforme pour la justice. – Art. 3, 19 : – V. CASF, art. R. 215-14, R. 471-2. – V. C. pr. civ., art. 1188, 1200-8, App., v° *Enfance*, **p. 1793.**
2019	11 sept.	Ordonnance n° 2019-950. Partie législative du code de la justice pénale des mineurs. – Art. 5, 7 : – V. CASF, art. L. 222-5, L. 223-3, L. 226-3-3, L. 228-2. – V. Ord. n° 45-174 du 2 févr. 1945, App., v° *Enfance*, .
2019	18 sept.	Ordonnance n° 2019-964. Application de la loi n° 2019-222 du 23 mars 2019 de programmation 2018-2022 et de réforme pour la justice. – Art. 1er. – V. CASF, art. L. 531-5, L. 545-3.
2019	22 oct.	Décret n° 2019-1077. Modification de la composition du Conseil national des politiques de lutte contre la pauvreté et l'exclusion sociale. – V. CASF, art. R. 143-2 à R. 143-4.
2019	8 nov.	Loi n° 2019-1147. Énergie et climat. – V. C. énergie, art. L. 124-5, App., v° *Insertion*, **p. 1910.**
2019	14 nov.	Décret n° 2019-1177. Modification des articles D. 142-1 et D. 142-2 du code de l'action sociale et des familles relatifs au Haut Conseil du travail social. – V. CASF, art. D. 142-1, D. 142-2.
2019	18 nov.	Décret n° 2019-1190. Agence nationale de la cohésion des territoires. – V. CASF, art. R. 121-13 à R. 121-26, D. 148-2.
2019	11 déc.	Décret n° 2019-1333. Réforme de la procédure civile. – Art. 8, 29. – V. C. pr. civ. : – Art. 1202, 1203, 1208-2, 1209-1, 1209-1-1, App. v° *Enfance*, **p. 1796.** – Art. 1261-1, App. v° *Tutelle-Curatelle*, **p. 2043.**
2019	17 déc.	Décret n° 2019-1382. Application de l'ordonnance n° 2018-22 du 17 janvier 2018 relative au contrôle de la mise en œuvre des dispositions du code de l'action sociale et des familles et de l'article L. 412-2 du code du tourisme et aux suites de ce contrôle. – V. CASF, art. R. 313-25 à R. 313-27-1, R. 313-34, R. 314-62, R. 314-95, R. 314-97 à R. 314-97-3, R. 331-6, R. 331-6-1, R. 331-7, R. 543-3.
2019	18 déc.	Décret n° 2019-1379. Suppression de commissions administratives à caractère consultatif. – Art. 4, 18. – V. CASF, art. L. 143-1, L. 144-1, R. 143-2, D. 143-7, R. 144-1 à R. 144-4, R. 451-1, D. 451-1-1, D. 451-1-2.
2019	18 déc.	Décret n° 2019-1383. Déconcentration de décisions administratives individuelles dans le domaine des affaires sociales et de la santé. – Art. 3. – V. CASF, art. D. 217-1 à D. 217-10, R. 265-1 à R. 265-3, R. 411-3, R. 555-1, R. 565-1, R. 575-1.

2019	19 déc.	Décret n° 2019-1410. Calcul de la clé de répartition entre les départements des mineurs privés temporairement ou définitivement de la protection de leur famille. – V. CASF, art. R. 221-13.
2019	20 déc.	Décret n° 2019-1419. Procédure accélérée au fond devant les juridictions judiciaires. – Art. 5. – V. C. pr. civ., art. 1210-6, App., v° *Enfance*, **p. 1800.**
2019	24 déc.	Loi n° 2019-1428. Orientation des mobilités. – Art. 19-II. – V. CASF, art. L. 114-4.
2019	24 déc.	Loi n° 2019-1446. De financement de la sécurité sociale pour 2020. – Art. 3-II, 14-I, 35-I, 47-I, 49, 52-II, 54, 55, 65-V, 68-I, 82-I : – V. CASF, art. L. 14-10-9, L. 223-1-1, L. 245-12, L. 262-10, L. 262-12, L. 262-46, L. 313-12, L. 313-12-2, L. 314-3-1. – V. CSS, art. L. 160-9, L. 160-13, L. 160-14, App., v° *Insertion*, **p. 1835.**
2019	26 déc.	Décret n° 2019-1464. Évaluation de la situation du majeur à protéger transmise au procureur de la République. – V. C. pr. civ., art. 1216-1 à 1216-3, 1219-1, App., v° *Tutelle-Curatelle*, **p. 2031.**
2019	27 déc.	Loi n° 2019-1461. Engagement dans la vie locale et proximité de l'action publique. – Art. 80. – V. CASF, art. L. 141-1.
2019	28 déc.	Loi n° 2019-1479. De finances pour 2020. – Art. 16, 77, 264, 265, 269, 271 : – V. CASF, art. L. 251-1, L. 251-2, L. 252-1, L. 252-4, L. 254-1, L. 263-2-1, L. 312-5-3, L. 522-14, L. 522-19, L. 522-20, L. 542-6, L. 581-9. – V. L. n° 2003-1311 du 30 déc. 2003, art. 59, ss. CASF, art. L. 522-14. – V. L. n° 2008-1249 du 1er déc. 2008, art. 7, ss. CASF, art. L. 262-26.
2019	28 déc.	Décret n° 2019-1485. Recentralisation du revenu de solidarité active à La Réunion et du revenu de solidarité à La Réunion et en Guyane. – V. CASF, art. R. 522-2, R. 522-68.
2019	30 déc.	Décret n° 2019-1501. Prorogation de droits sans limitation de durée pour les personnes handicapées. – V. CASF, art. R. 146-25-1, R. 241-32.
2019	30 déc.	Décret n° 2019-1506. Simplification du contentieux de la sécurité sociale. – Art. 6. – V. CASF, art. R. 241-36, R. 241-40.
2019	30 déc.	Décret n° 2019-1553. Conséquences de la création de l'académie de Mayotte. – Art. 2. – V. CASF, art. R. 542-2, R. 542-4, R. 543-1, R. 543-3, R. 544-5.
2019	30 déc.	Décret n° 2019-1554. Attributions des recteurs de région académique et des recteurs d'académie. – Art. 2-I. – V. CASF, art. R. 532-8.

2019	30 déc.	Décret n° 2019-1558. Attributions des recteurs de région académique et des recteurs d'académie et diverses mesures réglementaires dans le code de l'éducation. – Art. 2, 10 : – V. CASF, art. D. 451-17, D. 451-19, D. 451-28-4, D. 451-28-6, D. 451-28-8, D. 451-29, D. 451-41, D. 451-41-1, D. 451-47, D. 451-52, D. 451-52-1, D. 451-57-1, D. 451-57-2, D. 451-73, D. 451-75, D. 451-76, D. 532-1. – V. C. éduc., art. D. 351-10-3, App., v° *Personnes handicapées*, **p. 1973.**
2020	28 janv.	Décret n° 2020-56. Déconcentration auprès du recteur de région académique des autorisations d'ouverture des formations préparant au diplôme national des métiers d'art et du design, au diplôme supérieur d'arts appliqués et aux diplômes du travail social de premier cycle conférant le grade de licence. – Art. 2. – V. CASF, art. R. 451-5, R. 451-28-3.
2020	5 févr.	Décret n° 2020-90. Modification de la composition et du fonctionnement du Conseil national consultatif des personnes handicapées. – V. CASF, art. D. 146-1 à D. 146-12.
2020	5 févr.	Décret n° 2020-96. Modification de l'article D. 432-14 du code de l'action sociale et des familles. – V. CASF, art. D. 432-14.
2020	21 févr.	Décret n° 2020-147. Procédure d'appel à projets et d'autorisation mentionnée à l'article L. 313-1-1 du code de l'action sociale et des familles. – V. CASF, art. D. 313-2, R. 313-2-1, R. 313-7-4, R. 313-7-6 à R. 313-7-8.
2020	3 mars	Décret n° 2020-189. Diverses dispositions d'application de la loi n° 2019-774 du 24 juillet 2019 relative à l'organisation et à la transformation du système de santé à La Réunion et à Mayotte. – V. CASF, art. R. 521-1, R. 521-2, R. 524-3, R. 541-4, R. 542-3, R. 543-1, R. 545-1.
2020	6 mars	Loi n° 2020-220. Amélioration de l'accès à la prestation de compensation du handicap. – V. CASF, art. L. 146-5, L. 241-5, L. 245-5, L. 245-6, L. 245-13.
2020	11 mars	Ordonnance n° 2020-232. Régime des décisions prises en matière de santé, de prise en charge ou d'accompagnement social ou médico-social à l'égard des personnes majeures faisant l'objet d'une mesure de protection juridique. – Art. 28 à 44. – V. CASF, art. L. 113-3, L. 114-1-1, L. 146-8, L. 146-9, L. 147-2, L. 224-7, L. 232-22, L. 241-6, L. 245-6, L. 311-3 à L. 311-5, L. 312-7-1, L. 342-2, L. 344-2-5, L. 471-7.
2020	13 mars	Décret n° 2020-254. Modalités de la cession prévue à l'article L. 313-1 du code de l'action sociale et des familles. – V. CASF, art. D. 313-10-8.
2020	25 mars	Ordonnance n° 2020-312. Prolongation de droits sociaux. – V. ss. CASF, art. L. 146-4, L. 146-9, L. 241-6.

2020	25 mars	Ordonnance n° 2020-313. Adaptations des règles d'organisation et de fonctionnement des établissements sociaux et médico-sociaux. – V. ss. CASF, art. L. 243-4.
2020	8 avr.	Décret n° 2020-417. Modification du décret n° 2020-90 du 5 février 2020 portant modification de la composition et du fonctionnement du Conseil national consultatif des personnes handicapées. – V. CASF, art. D. 146-11.
2020	15 avr.	Ordonnance n° 2020-428. Diverses dispositions sociales pour faire face à l'épidémie de covid-19. – Art. 5-II. – V. ss. CASF, art. L. 314-6.
2020	4 mai	Décret n° 2020-515. Comité départemental de suivi de l'école inclusive : – V. CASF, art. D. 312-10-13 à D. 312-10-13-3. – V. Annexe 2-12, **p. 1668.**
2020	22 mai	Décret n° 2020-621. Regroupement et mise en cohérence des dispositions du code de la sécurité sociale applicables aux travailleurs indépendants (décrets simples). – Art. 3-III et VI. – V. CASF, art. D. 141-2, D. 149-3, R. 14-10-2, D. 14-10-55, D. 14-10-56, D. 262-25-2, D. 253-2.
2020	8 juin	Loi n° 2020-692. Amélioration des droits des travailleurs et accompagnement des familles après le décès d'un enfant. – V. CASF, art. L. 262-21.
2020	17 juin	Loi n° 2020-734. Diverses dispositions liées à la crise sanitaire, à d'autres mesures urgentes ainsi qu'au retrait du Royaume-Uni de l'Union européenne. – Art. 16, 25. – V. CASF, art. L. 244-1.
2020	21 juin	Décret n° 2020-768. Modification des modalités de la contribution forfaitaire de l'État, mise à l'abri et évaluation de la situation des personnes se déclarant mineures et privées de la protection de leur famille. – V. CASF, art. R. 221-12.
2020	30 juin	Décret n° 2020-823. Conditions de prise en charge par l'assurance maladie des honoraires dus aux pharmaciens et des prestations qu'ils réalisent mentionnés à l'article L. 162-16-1 du code de la sécurité sociale. – V. CSS, art. R. 160-5, R. 160-21, App., v° *Insertion*, **p. 1846.**
2020	29 juill.	Décret n° 2020-922. Diverses dispositions relatives au service national universel. – Art. 2. – V. CASF, art. R. 227-1, R. 227-19, R. 227-25.
2020	30 juill.	Loi n° 2020-935. De finances rectificative pour 2020. – Art. 74. – V. C. trav., art. L. 5213-2-1, App., v° *Personnes handicapées*, **p. 1960.**
2020	30 juill.	Loi n° 2020-936. Protection des victimes de violences conjugales. – Art. 12. – C. pén., art. 226-14, App., v° *Professions-Personnels*, **p. 2000.**

2020	18 août	Décret n° 2020-1073. Représentation de l'État dans les litiges portant sur des prestations gérées pour son compte par les organismes de sécurité sociale. – Art. 2. – V. CASF, art. R. 134-2.
2020	25 août	Décret n° 2020-1090. Diverses mesures relatives à la prise en charge des produits de santé. – V. CSS, art. R. 160-17, App., v° *Insertion*, **p. 1852.**
2020	2 oct.	Décret n° 2020-1216. Missions et conditions d'organisation et de fonctionnement des établissements et services de préorientation et de réadaptation professionnelle pour les personnes handicapées. – V. CASF, art. D. 312-161-25 à D. 312-161-40.
2020	28 oct.	Ordonnance n° 2020-1304. Diverses mesures institutionnelles relatives à la création de la Collectivité européenne d'Alsace : – Art. 7. – V. L. n° 2000-614 du 5 juillet 2000, art. 1er, App., v° *Logement*, **p. 1932.** – Art. 8. – V. L. n° 90-449 du 31 mai 1990, art. 3, App., v° *Logement*, **p. 1925.**
2020	30 oct.	Décret n° 2020-1325. Aide médicale de l'État et conditions permettant de bénéficier du droit à la prise en charge des frais de santé pour les assurés qui cessent d'avoir une résidence régulière en France : – V. CASF, art. R. 251-3 à R. 251-5, D. 252-2. – V. Décr. n° 54-883 du 2 sept. 1954, art. 44-1, App., v° *Aide sociale*, **p. 1788.**
2020	4 nov.	Décret n° 2020-1343. Modalités de prise en compte du dédommagement perçu par les aidants familiaux, de la prestation de compensation et de l'allocation journalière du proche aidant dans le calcul du revenu de solidarité active et de la prime d'activité. – V. CASF, art. R. 262-11.
2020	10 nov.	Décret n° 2020-1372. Attractivité de l'exercice de certaines professions dans les établissements mentionnés à l'article L. 314-2 du code de l'action sociale et des familles. – V. CASF, art. R. 314-163.
2020	12 nov.	Décret n° 2020-1376. Modification des conditions d'accompagnement des dispositifs d'appartements de coordination thérapeutique « Un chez-soi d'abord ». – V. CASF, art. D. 312-154-3.
2020	18 nov.	Ordonnance n° 2020-1407. Missions des agences régionales de santé. – Art. 5. – V. CASF, art. L. 313-12.
2020	24 nov.	Décret n° 2020-1445. Composition du Haut Conseil de la famille, de l'enfance et de l'âge. – V. CASF, art. D. 141-2.
2020	7 déc.	Loi n° 2020-1525. Accélération et simplification de l'action publique. – Art. 64, 98, 100 : – V. C. énergie, art. L. 124-1, App. v° *Logement*, **p. 1909.** – V. C. éduc., art. L. 541-1, App. v° *Enfance*, **p. 1802.** – V. CASF, art. L. 214-2-2, L. 421-3.

2020	9 déc.	Décret n° 2020-1542. Compétences des autorités académiques dans le domaine des politiques de la jeunesse, de l'éducation populaire, de la vie associative, de l'engagement civique et des sports et à l'organisation des services chargés de leur mise en œuvre. — Art. 10. — V. CASF, art. R. 227-21, R. 227-22, D. 432-11, D. 432-13, D. 432-15.
2020	9 déc.	Décret n° 2020-1545. Organisation et missions des directions régionales de l'économie, de l'emploi, du travail et des solidarités, des directions départementales de l'emploi, du travail et des solidarités et des directions départementales de l'emploi, du travail, des solidarités et de la protection des populations. — Art. 28. — V. CASF, art. R. 521-2.
2020	10 déc.	Décret n° 2020-1566. Organisation à distance de la journée défense et citoyenneté. — Art. 4. — V. Décr. n° 2005-885 du 2 août 2005, App. v° *Insertion*, **p. 1888.**
2020	14 déc.	Loi n° 2020-1576. De financement de la sécurité sociale pour 2021. — Art. 32-I, 34, 48-IV, 51-I, 61 : — V. CASF, art. L. 14-10-1 à L. 14-10-7-1-1, L. 14-10-7-3 à L. 14-10-10, L. 233-2, L. 281-2-1, L. 313-12, L. 314-2, L. 314-3, L. 521-2, L. 531-1, L. 541-4, L. 581-10. — V. CSS, art. L. 160-13, App. v° *Insertion*, **p. 1836.**
2020	16 déc.	Ordonnance n° 2020-1733. Partie législative du code de l'entrée et du séjour des étrangers et du droit d'asile. — Art. 4. — V. CASF, art. L. 117-1, L. 121-9, L. 264-2, L. 264-10, L. 312-8-1, L. 345-1, L. 348-1, L. 349-1 à L. 349-3, L. 542-6, L. 543-4.
2020	16 déc.	Décret n° 2020-1734. Partie réglementaire du code de l'entrée et du séjour des étrangers et du droit d'asile. — Art. 4. — V. CASF, art. R. 121-12-13, R. 121-12-13-1, R. 221-15-5, R. 221-15-8, R. 232-2, R. 349-2.
2020	23 déc.	Décret n° 2020-1684. Financement des mandataires judiciaires à la protection des majeurs. — V. CASF, art. R. 471-5-3.
2020	23 déc.	Décret n° 2020-1688. Mise en place d'une allocation forfaitaire versée en cas de décès d'un enfant. — Art. 2. — V. CASF, art. D. 271-2.
2020	29 déc.	Décret n° 2020-1745. Conditions techniques d'organisation et de fonctionnement des structures dénommées « lits halte soins santé », « lits d'accueil médicalisés » et « appartements de coordination thérapeutique ». — V. CASF, art. D. 312-154, D. 312-176-1 à D. 312-176-4.
2020	30 déc.	Décret n° 2020-1763. Modification des modalités de mise en œuvre du chèque énergie. — V. C. énergie, art. R. 124-1, R. 124-3 à R. 124-7-2, R. 124-10, R. 124-14 à R. 124-16, App., v° *Logement*, **p. 1911.**

2020	30 déc.	Décret n° 2020-1776. Organisation des services territoriaux de police judiciaire de la police nationale. — Art. 9. — V. CASF, art. R. 121-12-7.
2020	30 déc.	Décret n° 2020-1799. Aide à la vie familiale et sociale des anciens migrants dans leur pays d'origine. — V. CASF, art. R. 117-2, R. 117-5 à R. 117-12, R. 117-17 à R. 117-23, R. 117-27, R. 117-28, R. 117-30.
2020	30 déc.	Décret n° 2020-1804. Aide à la vie familiale et sociale des anciens migrants dans leur pays d'origine. — V. CASF, art. D. 117-24 à D. 117-26.
2020	31 déc.	Décret n° 2020-1826. Amélioration de la prestation de compensation du handicap : — V. CASF, art. D. 245-3, D. 245-10, D. 245-11, D. 245-27. — V. Annexe 2-5, **p. 1624.**
2021	21 janv.	Décret n° 2021-53. Adaptation de commissions placées auprès de la Collectivité européenne d'Alsace. — V. CASF, art. D. 149-3, D. 149-4, D. 226-3-2.
2021	25 févr.	Décret n° 2021-216. Réforme du financement des structures des urgences et des structures mobiles d'urgence et de réanimation et diverses dispositions relatives aux établissements de santé. — V. CSS, art. R. 160-5, App., v° *Insertion*, **p. 1846.**
2021	26 févr.	Loi n° 2021-218. Ratification de l'ordonnance n° 2019-950 du 11 septembre 2019 portant partie législative du code de la justice pénale des mineurs. — V. Ord. n° 2019-950 du 11 sept. 2021 (renvoi), App., v° *Enfance*, **p. 1803.**
2021	18 mars	Décret n° 2021-300. Application de l'article 1er de la loi n° 2019-486 du 22 mai 2019 relative à la croissance et la transformation des entreprises et introduction de diverses mesures applicables aux formalités incombant aux entreprises. — Art. 8, 32. — V. CASF, art. D. 262-25-2.
2021	23 mars	Décret n° 2021-306. Mise en œuvre de l'ordonnance n° 2019-765 du 24 juillet 2019 relative au droit de rectification des informations concernant les bénéficiaires des prestations sociales et des minima sociaux en cas de notification d'indus et modalités de prise en compte de l'allocation versée en cas de décès d'un enfant pour l'appréciation du droit au revenu de solidarité active, à la prime d'activité et à la protection complémentaire en matière de santé. — Art. 3, 5. — V. CASF, art. R. 262-11, R. 262-92-1, R. 522-1, R. 522-2, R. 542-6.
2021	1er avr.	Décret n° 2021-386. Haut Comité pour le logement des personnes défavorisées et suivi du droit au logement opposable. — V. Décr. n° 92-1339 du 22 déc. 1992, art. 1er à 4, App., v° *Organismes-Institutions*, **p. 1941.**

2021	2 avr.	Décret nº 2021-391. Certificat médical joint à une demande déposée auprès d'une maison départementale des personnes handicapées. – V. CASF, art. R. 146-26.
2021	9 avr.	Décision nº 2021-894 QPC. – V. Ord. nº 45-174 du 2 févr. 1945, art. 12, App., vº *Enfance*.
2021	26 avr.	Loi nº 2021-502. Amélioration du système de santé par la confiance et la simplification : – Art. 2. – V. C. éduc., art. L. 541-1, App., vº *Insertion*, **p. 1802.** – Art. 42, 43. – V. App., vº *Personnes handicapées*, **p. 1999.**
2021	12 mai	Ordonnance nº 2021-581. Identification électronique des utilisateurs de services numériques en santé et des bénéficiaires de l'assurance maladie : – Art. 3. – V. CASF, art. L. 312-10. – Art. 4. – V. L. nº 2021-502 du 26 avr. 2021, art. 42, App., vº *Personnes handicapées*, **p. 1999.**
2021	19 mai	Ordonnance nº 2021-611. Services aux familles. – V. CASF, art. L. 112-2, L. 214-1, L. 214-1-1, L. 214-1-2, L. 214-2, L. 214-2-1, L. 214-5 à L. 214-7, L. 421-1, L. 421-4, L. 421-4-1, L. 421-17, L. 423-23, L. 423-23-1, L. 424-1, L. 424-5, L. 424-6, L. 581-1.
2021	19 mai	Décret nº 2021-608. Offre de transmission des données de consommation d'électricité et de gaz naturel aux consommateurs précaires. – V. C. énergie, art. D. 124-17 à D. 124-25.
2021	27 mai	Décret nº 2021-682. Partie réglementaire du code de la justice pénale des mineurs (articles en R). – Art. 3, 4, 5 : – V. CASF, art. R. 314-126. – V. Décr. nº 76-1073 du 22 nov. 1976, App., vº *Enfance*, **p. 1803.** – V. Décr. nº 88-949 du 6 oct. 1988, art. 1er, 5, App., vº *Enfance*, **p. 1803.** – V. Décr. nº 2004-31 du 5 janv. 2004, App., vº *Enfance*, **p. 1820.**
2021	27 mai	Décret nº 2021-683. Partie réglementaire du code de la justice pénale des mineurs (articles en D). – Art. 3, 4 : – V. CASF, art. D. 316-2. – V. Décr. nº 46-734 du 16 avr. 1946, App., vº *Enfance*, **p. 1803.**
2021	28 mai	Décret nº 2021-684. Régime des décisions prises en matière de santé, de prise en charge ou d'accompagnement social ou médico-social à l'égard des personnes majeures faisant l'objet d'une mesure de protection juridique. – Art. 22 à 44 : – V. CASF, art. R. 121-5, R. 121-6, R. 121-10, R. 132-3, R. 146-25, R. 146-28, R. 146-29, R. 232-7, R. 232-16, R. 232-28, R. 232-41, R. 241-28, R. 241-32, R. 241-37, R. 245-68, R. 247-2, R. 247-3, R. 311-1, R. 311-34, R. 313-25, R. 314-149. – V. Annexe 2-3, **p. 1589.** – V. Annexes 3-8 à 3-8-2, **p. 1697.** – V. Annexe 3-9, **p. 1721.**

2021	29 juin	Décret n° 2021-833. Composition et fonctionnement du comité stratégique relatif à la compensation du handicap des enfants et aux transports des personnes en situation de handicap. – V. CASF, art. D. 146-13 à D. 146-15.
2021	29 juin	Décret n° 2021-834. Modalités de répartition du concours versé aux départements au titre de l'installation ou du fonctionnement des maisons départementales des personnes handicapées. – V. CASF, art. R. 14-10-34.
2021	29 juin	Décret n° 2021-848. Traitement de données à caractère personnel dénommé « système national des données de santé ». – V. CASF, art. R. 146-42.
2021	30 juin	Décret n° 2021-869. Autorisations d'accès précoce et compassionnel de certains médicaments. – V. CSS, art. R. 160-8, App., v° *Insertion*, **p. 1848.**
2021	30 juin	Décret n° 2021-872. Recodification de la partie réglementaire du livre I du code de la construction et de l'habitation et fixation des conditions de mise en œuvre des solutions d'effet équivalent. – Art. 7-I : – V. Annexe 2-3-2, **p. 1592.** – V. Annexe 4-8, **p. 1743.**
2021	8 juill.	Décret n° 2021-909. Modalités de suivi de l'organisation du travail des salariés des lieux de vie et d'accueil. – V. CASF, art. D. 316-1-1 à D. 316-1-4.
2021	12 juill.	Décret n° 2021-929. Fixation des modalités de transmission d'informations par le ministère de la justice à l'Observatoire national de la protection de l'enfance : – V. CASF, art. D. 226-3-3 à D. 226-3-8. – V. Annexe 2-8-1, **p. 1659.**
2021	15 juill.	Décret n° 2021-948. Appel à candidature pour bénéficier des denrées obtenues au moyen des crédits du Fonds social européen plus (FSE+) en faveur de la lutte contre la privation matérielle. – V. CASF, art. D. 266-7, D. 266-8.
2021	2 août	Loi n° 2021-1017. Bioéthique. – Art. 1er-II, 3-III, 5-IV, 6-I, 15-II : – V. CASF, art. L. 147-1, L. 147-2. – V. CSS, art. L. 160-8, L. 160-14, App., v° *Insertion*, **p. 155.** – V. C. civ., art. 353-2, 357, 358, App., v° *Adoption-Pupilles de l'État*, **p. 1759.** – V. C. civ., art. 353-2, 357, 358, App., v° *Adoption-Pupilles de l'État*, **p. 1759.**
2021	2 août	Loi n° 2021-1018. Renforcement de la prévention en santé au travail. – Art. 20, 28. – V. C. trav., art. L. 5213-3, L. 5213-3-1, L. 5213-6-1, App., v° *Personnes handicapées*, **p. 1962.**
2021	22 août	Loi n° 2021-1104. Lutte contre le dérèglement climatique et renforcement de la résilience face à ses effets. – Art. 260. – V. CASF, art. L. 266-2.

2021	25 août	Décret n° 2021-1115. Relais petite enfance et information des familles sur les disponibilités d'accueil en établissements d'accueil du jeune enfant. – V. CASF, art. D. 214-9, D. 214-10.
2021	30 août	Décret n° 2021-1131. Assistants maternels et établissements d'accueil de jeunes enfants : – V. CASF, art. R. 421-18-1, R. 421-26, R. 421-39. – V. Annexe 4-8, **p. 1379.**
2021	30 août	Décret n° 2021-1132. Assistants maternels agréés. – V. CASF, art. D. 421-21.
2021	30 août	Décret n° 2021-1133. Diplôme d'État d'accompagnant éducatif et social. – V. CASF, art. D. 451-88 à D. 451-92.
2021	3 sept.	Décret n° 2021-1152. Modalités de dépôt des premières demandes d'aide médicale de l'État. – V. CASF, art. D. 252-2.
2021	9 sept.	Décret n° 2021-1170. Équipes mobiles médico-sociales intervenant auprès de personnes confrontées à des difficultés spécifiques. – V. CASF, art. D. 312-176-4-26.
2021	14 sept.	Décret n° 2021-1181. Condition d'âge pour l'accès au contrat relatif aux activités d'adultes-relais. – V. C. trav., art. L. 5134-102, App., v° *Insertion*, **p. 1878.**
2021	15 sept.	Ordonnance n° 2021-1192. Réforme du droit des sûretés. Art. 34-II. – V. CASF, art. L. 224-9.
2021	28 sept.	Décret n° 2021-1243. Fixation des conditions d'organisation et de prise en charge des parcours d'assistance médicale à la procréation. – Art. 3. – V. CSS, art. R. 160-17, App., v° *Insertion*, **p. 1852.**
2021	27 oct.	Décret n° 2021-1394. Durée d'attribution de la prestation de compensation du handicap. – V. CASF, art. D. 245-29, D. 245-33.
2021	4 nov.	Décret n° 2021-1446. Conditions d'agrément, de suivi et de contrôle des assistants maternels et des assistants familiaux et règles applicables aux locaux et à l'aménagement intérieur des établissements d'accueil du jeune enfant. – V. CASF, art. R. 421-3, R. 421-5, R. 421-39, R. 421-41.
2021	10 nov.	Ordonnance n° 2021-1470. Mise en cohérence des codes et lois avec l'article 23 de la loi n° 2019-774 du 24 juillet 2019 relative à l'organisation et à la transformation du système de santé : – V. CSS, art. L. 160-14, App., v° *Insertion*, **p. 1839.** – V. CASF, art. L. 113-2, L. 113-3.
2021	12 nov.	Décret n° 2021-1476. Rythme des évaluations de la qualité des établissements et services sociaux et médico-sociaux. – V. CASF, art. D. 312-197 à D. 312-206.

2021	24 nov.	Ordonnance n° 2021-1574. Partie législative du code général de la fonction publique. – Art. 3-I. – V. CASF, art. L. 313-24-1, L. 315-13, L. 315-13.
2021	25 nov.	Loi n° 2021-1520. Consolidation de notre modèle de sécurité civile et valorisation du volontariat des sapeurs-pompiers et des sapeurs-pompiers professionnels. – Art. 34, 47. – V. C. trav., art. L. 5151-9, L. 5151-11, App., v° *Insertion*, **p. 1886.**
2021	26 nov.	Décret n° 2021-1531. Transfert à l'Agence nationale de sécurité du médicament et des produits de santé de la gestion de la liste mentionnée au 1° de l'article L. 5126-6 du code de la santé publique. – Art. 2. – V. CSS, art. R. 160-8, App., v° *Insertion*, **p. 1848.**
2021	30 nov.	Loi n° 2021-1539. Lutte contre la maltraitance animale et lien entre les animaux et les hommes : – Art. 36. – V. CASF, art. L. 221-1, L. 226-3. – Art. 41. – V. C. pén., art. 226-14, App., v° *Professions-Personnels*, **p. 2000.**
2021	1er déc.	Ordonnance n° 2021-1553. Extension, amélioration et adaptation de certaines prestations de sécurité sociale à Mayotte. – Art. 4. – V. CASF, art. L. 541-4, L. 544-2.
2021	1er déc.	Ordonnance n° 2021-1554. Mise en œuvre de la création de la cinquième branche du régime général de la sécurité sociale relative à l'autonomie : – Art. 1er. – V. CSS, art. L. 160-1, L. 160-8, L. 160-9-1, L. 160-12 à L. 160-14, App., v° *Insertion*, **p. 1831.** – Art. 3. – V. CASF, art. L. 113-1-2, L. 14-10-1 à L. 14-10-7-3, L. 232-17, L. 233-1, L. 233-2, L. 242-12, L. 247-6, L. 251-2, L. 281-2-1, L. 281-3, L. 312-9, L. 451-1.
2021	1er déc.	Loi n° 2021-1549. De finances rectificative pour 2021. – Art. 15-I. – V. CASF, art. L. 245-6, L. 344-1, L. 344-5.
2021	3 déc.	Décret n° 2021-1570. Comités sociaux d'établissement des établissements publics de santé, des établissements sociaux, des établissements médico-sociaux et des groupements de coopération sanitaire de moyens de droit public. – Art. 84, 86, 87. – V. CASF, art. R. 315-27 à R. 315-66.
2021	14 déc.	Décret n° 2021-1644. Gouvernance des services aux familles et au métier d'assistant maternel. – V. CASF, art. D. 112-2, D. 214-1 à D. 214-4, D. 214-6, D. 421-8, D. 421-12, D. 421-15, D. 421-15-1, D. 421-16, D. 421-17, D. 421-19, D. 421-36, D. 421-46.
2021	22 déc.	Ordonnance n° 2021-1843. Partie législative du code des impositions sur les biens et services et transposition de diverses normes du droit de l'Union européenne. – Art. 23. – V. L. n° 2003-1311 du 30 déc. 2003, art. 59, ss. CASF, art. L. 522-14.

2021	23 déc.	Loi n° 2021-1754. De financement de la sécurité sociale pour 2022 : – Art. 7, 8, 44, 47, 49, 51, 55. – V. CASF, art. L. 14-10-1, L. 14-10-4, L. 232-21-5, L. 233-1, L. 313-1-2, L. 313-1-3, L. 313-8-1, L. 313-11-1, L. 313-12-3, L. 314-2 à L. 314-2-2, L. 314-3-3, L. 347-1 ; L. n° 2015-1776 du 28 déc. 2015, art. 49, ss. CASF, art. L. 312-1, **p. 484** ; L. n° 2018-727 du 10 août 2018, art. 53, ss. CASF, art. L. 232-3-2. – Art. 36, 38, 53, 79, 85. – V. CSS, art. L. 160-8, L. 160-13, L. 160-14, App., v° *Insertion*, **p. 1833**. – Art. 54, 98. – V. C. trav., art. L. 3142-25-1, App., v° *Personnes handicapées*, **p. 1959**. – Art. 77. – V. C. éduc., art. L. 541-1, App., v° *Enfance*, **p. 1802**.
2021	23 déc.	Décret n° 2021-1797. Mise en cohérence des dispositions relatives aux dispositifs d'appui à la coordination et aux dispositifs spécifiques régionaux. – Art. 2. – V. CASF, art. D. 146-29-2, D. 312-3, D. 312-155-0.
2021	24 déc.	Loi n° 2021-1774. Accélération de l'égalité économique et professionnelle. – Art. 6. – V. CASF, art. L. 214-7.
2021	30 déc.	Loi n° 2021-1900. De finances pour 2022 : – Art. 43. – V. CASF, App., v° *Insertion*, **p. 1901**. – Art. 202. – V. CASF, art. L. 244-1. – Art. 208. – V. C. trav., art. L. 5131-4 à L. 5131-6, L. 5131-7, App., v° *Insertion*, **p. 1859**.
2021	30 déc.	Décret n° 2021-1932. Tarif minimal applicable aux heures d'aide à domicile et à la dotation visant à garantir le fonctionnement intégré de l'aide et du soin au sein d'un service autonomie à domicile mentionnés à l'article L. 314-2-1 du code de l'action sociale et des familles. – V. CASF, art. R. 232-10, R. 314-105, R. 314-130, R. 314-134, R. 314-135, R. 314-139.
2022	5 févr.	Décret n° 2022-130. Expérimentation de la recentralisation du revenu de solidarité active. – V. App., v° *Insertion*, **p. 1905**.
2022	7 févr.	Loi n° 2022-140. Protection des enfants. – V. CASF, art. L. 112-3, L. 119-1, L. 121-10, L. 133-6, L. 147-1, L. 147-11 à L. 147-17, L. 148-1, L. 214-1-1, L. 221-1, L. 221-2-2 à L. 221-2-6, L. 221-4, L. 222-5, L. 222-5-1, L. 222-5-2-1, L. 223-1-1, L. 223-1-3, L. 223-3, L. 223-7, L. 225-7, L. 225-15, L. 225-15-1, L. 225-16, L. 226-3, L. 226-3-1, L. 226-3-3, L. 226-5, L. 226-6, L. 226-7, L. 226-9, L. 226-10, L. 226-13, L. 311-8, L. 312-1, L. 312-4, L. 312-5, L. 313-3, L. 313-12-4, L. 321-1, L. 421-3, L. 421-6, L. 421-7, L. 421-7-1, L. 421-17-2, L. 422-1, L. 422-4, L. 422-5, L. 422-5-1, L. 423-8, L. 423-30, L. 423-30-1, L. 423-31, L. 423-33, L. 423-33-1, L. 423-34, L. 523-2.
2022	17 févr.	Décret n° 2022-203. Médaille de l'enfance et des familles. – V. CASF, art. D. 215-7, D. 215-8, D. 215-10, D. 215-11 à D. 215-13.

2022	21 févr.	Loi n° 2022-217. Différenciation, décentralisation, déconcentration et diverses mesures de simplification de l'action publique locale. – Art. 6, 134, 135, 136, 138, 141, 143, 168. – V. CASF, art. L. 123-4-1, L. 123-6, L. 14-10-5, L. 233-2, L. 263-4-1, L. 281-1, L. 281-4, L. 281-5, L. 312-1, L. 315-8, L. 344-2, L. 433-2, L. 582-1, L. 582-2.
2022	21 févr.	Loi n° 2022-219. Réforme de l'adoption : – V. CASF, art. L. 223-1, L. 223-5, L. 224-1-1, L. 224-2, L. 224-3, L. 224-3-1, L. 224-5, L. 224-11, L. 225-1 à L. 225-3, L. 225-8, L. 225-11 à L. 225-14, L. 225-14-3, L. 225-15, L. 225-18, L. 225-19. – C. civ., art. 343 à 343-3, 344, 345, 345-1, 346 à 348, 348-3 à 348-5, 348-7, 349, 351, 353-1, 356, 357, 360, 361, 363 à 366, 370-3, App., v° *Adoption-Pupilles de l'État*, **p. 1755.**
2022	23 févr.	Décret n° 2022-258. Participation des assurés aux frais liés à la contraception et aux frais liés aux passages dans les structures des urgences des établissements de santé. – V. CSS, art. R. 160-17, App., v° *Insertion*, **p. 1852.**
2022	28 févr.	Loi n° 2022-267. Modernisation de la régulation du marché de l'art. – V. C. civ., art. 505, App., v° *Tutelle-Curatelle*, **p. 2027.**
2022	1er mars	Décret n° 2022-288. Adaptation de l'article R. 241-24 du code de l'action sociale et des familles à la création de la maison départementale des personnes handicapées de la Collectivité européenne d'Alsace. – V. CASF, art. R. 241-24.
2022	1er mars	Décret n° 2022-292. Immatriculation des personnes nées à l'étranger en instance d'attribution d'un numéro d'inscription au répertoire national d'identification des personnes physiques. – Art. 2-I. – V. CASF, art. R. 232-41, R. 314-105-3.
2022	2 mars	Loi n° 2022-296. Démocratisation du sport en France. – V. CASF, art. L. 311-1, L. 311-12, L. 313-11.
2022	14 mars	Décret n° 2022-360. Conditions de traitement des données à caractère personnel permettant l'accès aux origines personnelles. – V. CASF, art. R. 147-20-1, R. 147-20-2, R. 147-25 à R. 147-32, R. 538-1, R. 551-1, R. 561-1, R. 571-1, R. 587-1.
2022	18 mars	Décret n° 2022-393. Mesures d'indemnisation des préjudices et mesures d'aide sociale en faveur des harkis, des autres personnes rapatriées d'Algérie anciennement de statut civil de droit local et de leurs familles. – Art. 3. – V. CASF, art. R. 262-11.
2022	21 mars	Loi organique n° 2022-400. Renforcement du rôle du Défenseur des droits en matière de signalement d'alerte. – V. L. org. n° 2011-333 du 29 mars 2011, art. 4, 6, 11, 35-1, 36, App. v° *Enfance*, **p. 1821.**
2022	21 mars	Loi n° 2022-401. Amélioration de la protection des lanceurs d'alerte. – Art. 15. – V. CASF, art. L. 313-24.

2022	23 mars	Ordonnance n° 2022-408. Régime de responsabilité financière des gestionnaires publics. – Art. 13. – V. CASF, art. L. 315-16.
2022	15 avr.	Décret n° 2022-560. Modalités de répartition du concours versé aux départements au titre du fonctionnement ou de l'installation des maisons départementales des personnes handicapées. – V. CASF, art. R. 14-10-34.
2022	15 avr.	Décret n° 2022-565. Ouverture et renouvellement des droits à la protection complémentaire en matière de santé prévue à l'article L. 861-1 du code de la sécurité sociale. – Art. 2. – V. CASF, art. R. 262-25-5, R. 262-102, R. 262-103, R. 262-104-1, R. 262-106.
2022	19 avr.	Décret n° 2022-570. Prestation de compensation mentionnée à l'article D. 245-9 du code de l'action sociale et des familles : – V. CASF, art. D. 245-9. – V. Annexe 2-5, **p. 1624.**
2022	25 avr.	Décret n° 2022-639. Amélioration des fonds départementaux de compensation du handicap. – V. CASF, art. D. 146-31-6, D. 146-31-7.
2022	25 avr.	Décret n° 2022-688. Modification du conseil de la vie sociale et autres formes de participation. – V. CASF, art. D. 311-3 à D. 311-18, D. 311-20 à D. 311-23, D. 311-25, D. 311-27, D. 311-29, D. 311-30, D. 311-31, D. 311-32-1.
2022	27 avr.	Décret n° 2022-731. Mission de centre du ressources territorial pour personnes âgées et temps minimum de présence du médecin coordonnateur en établissement d'hébergement pour personnes âgées dépendantes. – V. CASF, art. D. 312-155-0, D. 312-156.
2022	28 avr.	Décret n° 2022-734. Diverses mesures d'amélioration de la transparence financière dans la gestion des établissements et services sociaux et médico-sociaux mentionnés au I de l'article L. 312-1 du code de l'action sociale et des familles : – V. CASF, art. D. 311, D. 311-0-4-1, D. 312-211, R. 314-49, R. 314-52, R. 314-55-1, R. 314-104, R. 314-148-1, R. 314-149, R. 314-204, R. 314-216, R. 314-231-1, R. 314-232, R. 314-233, R. 314-236, R. 342-1. – V. Annexe 2-3-1, **p. 1591.**
2022	28 avr.	Décret n° 2022-735. Financement des services proposant des prestations d'aide et d'accompagnement à domicile. – V. CASF, art. R. 314-104-1, R. 314-105, R. 314-131, R. 314-135, R. 314-136-1.
2022	2 juill.	Décret n° 2022-980. Mise en œuvre de la cinquième branche du régime général de la sécurité sociale relative à l'autonomie : – V. CASF, art. D. 149-16, R. 14-10-1 à D. 14-10-57, R. 233-4, R. 233-18, R. 314-3, R. 314-29, R. 314-36, R. 314-62, R. 314-90, R. 314-95, R. 214-103, R. 314-105 à R. 314-105-2, R. 314-111, R. 314-112, R. 314-115, R. 314-123, R. 314-140, R. 314-168, R. 314-186-1, R. 314-186-2, R. 314-187, R. 314-194, R. 314-205,

		R. 314-207, R. 314-220, R. 315-14, R. 524-1, R. 524-3, R. 532-13, R. 541-4, R. 542-3, R. 585-2, R. 585-4. — V. CSS, art. R. 174-9, App., v° *Insertion*, **p. 1944.**
2022	19 juill.	Décret n° 2022-1015. Droits dus au titre du Registre national des entreprises et adaptation d'autres registres d'entreprises. — Art. 2. — V. CASF, art. D. 262-25-2.
2022	5 août	Décret n° 2022-1125. Accompagnement vers l'autonomie des jeunes majeurs et des mineurs émancipés ayant été confiés à l'aide sociale à l'enfance. — V. CASF, art. R. 222-6 à R. 222-9.
2022	12 août	Décret n° 2022-1155. Retour des élèves atteints de pathologie chronique ou de cancer en milieu scolaire et accompagnement par un professionnel de santé dans le cadre des examens de l'enseignement scolaire. — V. C. éduc., art. D. 351-4, D. 351-9.
2022	16 août	Loi n° 2022-1158. Mesures d'urgence pour la protection du pouvoir d'achat. — Art. 35. — V. CASF, art. L. 115-3.
2022	27 août	Décret n° 2022-1190. Certificat d'aptitude aux fonctions de directeur d'établissement ou de service d'intervention sociale. — V. CASF, art. D. 451-11 à D. 451-16.
2022	31 août	Décret n° 2022-1198. Rémunération des assistants familiaux et indemnités. — V. CASF, art. D. 422-6, D. 423-2, D. 423-3, D. 423-23 à D. 423-25-2.
2022	31 août	Décret n° 2022-1208. Certificat d'aptitude aux fonctions d'encadrement et de responsable d'unité d'intervention sociale. — V. CASF, art. D. 451-20 à D. 451-24.
2022	5 oct.	Ordonnance n° 2022-1292. Application de l'article 18 de la loi n° 2022-219 du 21 février 2022 visant à réformer l'adoption : — Art. 3 à 24. — V. C. civ., art. 343 à 370-5, App., v° *Adoption - Pupilles de l'État*, **p. 1755.** — Art. 25. — V. CASF, art. L. 224-5, L. 224-6, L. 224-8, L. 224-11, L. 552-1 à L. 552-4, L. 562-1 à L. 562-4.
2022	14 oct.	Décret n° 2022-1323. Modification de l'article D. 432-10 du code de l'action sociale et des familles. — V. CASF, art. D. 432-10.
2022	19 oct.	Ordonnance n° 2022-1336. Droits sociaux des personnes détenues : — V. C. trav., art. L. 5151-2, App., v° *Insertion*, **p. 1885.** — V. CASF, art. L. 344-6.
2022	19 oct.	Décret n° 2022-1340. Revalorisation exceptionnelle de l'aide financière à l'insertion sociale et professionnelle. — V. CASF, art. D. 121-12-14, D. 541-2-1.
2022	1er déc.	Loi n° 2022-1499. De finances rectificative pour 2022. — Art. 20-IV. — V. C. énergie, art. L. 124-1, App., v° *Logement*, **p. 1909.**

2022	10 déc.	Décret n° 2022-1552. Protection des consommateurs en situation de précarité énergétique. — V. C. énergie, art. R. 124-2, R. 124-10, R. 124-12, App. v° *Logement*, **p. 1911.**
2022	13 déc.	Décret n° 2022-1561. Parcours professionnel et droits des travailleurs handicapés admis en établissements et services d'aide par le travail. — V. CASF, art. R. 243-1, R. 243-3, R. 243-3-1, R. 243-4-1, R. 243-8, R. 243-11 à R. 243-13-2, D. 243-27, D. 243-28, R. 344-7 à R. 344-7-2, R. 344-8, R. 344-17, R. 344-20.
2022	21 déc.	Loi n° 2022-1598. Mesures d'urgence relatives au fonctionnement du marché du travail en vue du plein emploi. — Art. 10-III. — V. CASF, art. L. 444-2.
2022	22 déc.	Décret n° 2022-1605. Application de l'ordonnance n° 2022-408 du 23 mars 2022 relative au régime de responsabilité financière des gestionnaires publics et modification de diverses dispositions relatives aux comptables publics. — Art. 5. — V. CASF, art. R. 522-33.
2022	23 déc.	Loi n° 2022-1616. De financement de la sécurité sociale pour 2023 : — Art. 62, 63, 64, 68, 69, 70, 71, 75, 78, 79, 98, 100. — V. CASF, art. L. 232-6, L. 232-16, L. 247-2, L. 262-46, L. 262-52, L. 281-2, L. 281-2-1, L. 281-3, L. 313-1-3, L. 313-12, L. 313-12-2, L. 313-13, L. 313-13-2, L. 313-13-3, L. 313-14, L. 313-14-2, L. 313-14-3, L. 314-2-1. — Art. 27, 29, 30, 32, 34, 58. — V. CSS, art. L. 160-8, L. 160-13, L. 160-14, App., v° *Insertion*, **p. 1833.**
2022	23 déc.	Décret n° 2022-1630. Diverses dispositions d'application de la réforme de l'adoption. — Art. 2. — V. CASF, art. R. 224-18, R. 225-25, R. 225-31, R. 225-41.
2022	23 déc.	Décret n° 2022-1646. Conseil national de l'adoption. — V. CASF, art. D. 148-0-1.
2022	28 déc.	Décret n° 2022-1719. Moyens d'identification électronique interrégimes mentionnés aux articles L. 161-31 et L. 161-33 du code de la sécurité sociale. — V. CSS, art. R. 174-15, App., v° *Personnes âgées*, **p. 1945.**
2022	29 déc.	Décret n° 2022-1697. Information des personnes mentionnées au deuxième alinéa de l'article L. 226-5 du code de l'action sociale et des familles. — V. CASF, art. D. 226-2-8.
2022	30 déc.	Loi n° 2022-1726. De finances pour 2023. — Art. 72, 209. — V. CASF, art. L. 244-1, L. 262-29.
2022	30 déc.	Décret n° 2022-1728. Référentiel national d'évaluation des situations de danger ou de risque de danger pour l'enfant. — V. CASF, art. D. 226-2-3.
2022	30 déc.	Décret n° 2022-1729. Conseil national de la protection de l'enfance. — V. CASF, art. R. 147-1 à R. 147-33, D. 147-34 à D. 147-40, D. 148-1, D. 148-2, D. 148-3.

2022	30 déc.	Décret n° 2022-1767. Prise en charge et remboursement des activités de télésurveillance médicale. – Art. 2. – V. CSS, art. R. 160-5, App., v° *Insertion*, **p. 1846.**
2022	30 déc.	Décret n° 2022-1772. Expérimentations dans le domaine des services aux familles, des établissements d'accueil de jeunes enfants et des comités départementaux des services aux familles. – Art. 5. – V. CASF, art. D. 214-3.
2023	18 janv.	Décret n° 2023-14. Modification du cadre budgétaire et comptable de certains groupements de coopération sanitaire et groupements de coopération sociale ou médico-sociale. – V. CASF, art. R. 312-194-16, R. 312-194-21.
2023	1er févr.	Ordonnance n° 2023-53. Extension et adaptation aux îles Wallis-et-Futuna, à la Nouvelle-Calédonie et à la Polynésie française des dispositions de la loi n° 2021-1017 du 2 août 2021 relative à la bioéthique et de deux ordonnances prises en application de son article 40 et relatives aux dispositifs médicaux et aux dispositifs médicaux de diagnostic *in vitro*. – Art. 9. – V. CASF, art. L. 551-1, L. 561-1, L. 571-1.
2023	6 févr.	Décret n° 2023-81. Participation des assurés aux frais liés à la contraception d'urgence et aux transports sanitaires. – V. CSS, art. R. 160-17, App., v° *Insertion*, **p. 1852.**
2023	24 févr.	Décret n° 2023-133. Période minimale d'alimentation en électricité et modification du décret n° 2008-780 du 13 août 2008 relatif à la procédure applicable en cas d'impayés des factures d'électricité, de gaz, de chaleur et d'eau : – V. Décr. n° 2008-780 du 13 août 2008, art. 1er, 2, 6, 12 *bis*, App., v° *Logement*, **p. 1936.** – V. C. énergie, art. R. 124-16, App., v° *Logement*, **p. 1921.**
2023	28 févr.	Loi n° 2023-140. Création d'une aide universelle d'urgence pour les victimes de violences conjugales. – V. CASF, art. L. 214-8 à L. 214-17, L. 531-5.
2023	9 mars	Loi n° 2023-171. Diverses dispositions d'adaptation au droit de l'Union européenne dans les domaines de l'économie, de la santé, du travail, des transports et de l'agriculture. – Art. 18-II, 30. – V. CASF, art. L. 221-3, L. 423-2.
2023	17 mars	Décret n° 2023-188. Création d'un traitement de données à caractère personnel visant à faciliter le partage de données entre les acteurs de l'insertion sociale et professionnelle et diverses dispositions en matière d'insertion. – V. CASF, art. R. 262-104, R. 262-107, R. 263-1 à R. 263-9.
2023	30 mars	Décret n° 2023-232. Prise en charge anticipée des dispositifs médicaux numériques à visée thérapeutique et des activités de télésurveillance médicale par l'assurance maladie au titre de l'article L. 162-1-23 du code de la sécurité sociale. – V. CSS, art. R. 160-5, App., v° *Insertion*, **p. 1846.**

2023	7 avr.	Décret n° 2023-260. Droit de dérogation du directeur général de l'agence régionale de santé. – Art. 2. – V. CASF, art. R. 121-12-19.
2023	14 avr.	Loi n° 2023-270. De financement rectificative de la sécurité sociale pour 2023. – Art. 1er, 11. – V. CASF, art. L. 117-3, L. 262-10 ; V. CSS, art. L. 160-17, App., v° *Insertion*, **p. 50.**
2023	21 avr.	Décret n° 2023-299. Institutions compétentes en matière de protection de l'enfance, d'adoption et d'accès aux origines personnelles. – V. CASF, art. D. 141-2, R. 147-5 à R. 147-8, R. 147-10, R. 147-12, R. 147-15, R. 147-16, R. 147-29, D. 147-36, R. 148-5, R. 148-7, R. 148-9, R. 148-10, R. 148-11-1, R. 148-11-2, R. 225-2, R. 225-34, R. 225-47 à R. 225-53, R. 226-2, R. 226-2-1, D. 226-3-3.
2023	22 avr.	Décret n° 2023-301. Revalorisation de l'allocation de solidarité spécifique, de l'allocation temporaire d'attente et de l'allocation équivalent retraite. – V. App., v° *Insertion*, **p. 1908.**
2023	22 avr.	Décret n° 2023-302. Revalorisation de l'allocation de solidarité spécifique à Mayotte. – V. App., v° *Insertion*, **p. 1908.**
2023	28 avr.	Décret n° 2023-323. Tarification des soins infirmiers à domicile pour les personnes âgées et personnes handicapées. – V. CASF, art. D. 312-211, R. 314-105, R. 314-137 à R. 314-139-1, R. 314-219.
2023	28 avr.	Décret n° 2023-327. Financement des services proposant des prestations de soins infirmiers à domicile pour les personnes âgées et personnes handicapées. – V. Décr. n° 2023-323 du 28 avr. 2023, art. 4, **p. 1274.**
2023	4 mai	Décret n° 2023-340. Revalorisation du montant forfaitaire du revenu de solidarité active. – V. App., v° *Insertion*, **p. 1908.**
2023	4 mai	Décret n° 2023-341. Revalorisation du montant forfaitaire du revenu de solidarité active à Mayotte. – V. App., v° *Insertion*, **p. 1908.**
2023	19 mai	Décret n° 2023-382. Participation des assurés sociaux aux frais de transport sanitaire. – V. CSS, art. R. 160-5, App., v° *Insertion*, **p. 1846.**
2023	26 mai	Décret n° 2023-411. Adaptation à Wallis-et-Futuna et en Polynésie française des dispositions du code de l'action sociale et des familles relatives à la protection juridique des majeurs. – V. CASF, art. R. 554-1 à R. 554-7, R. 564-1 à R. 564-7.
2023	26 mai	Décret n° 2023-412. Adaptation à Wallis-et-Futuna et en Polynésie française des dispositions du code de l'action sociale et des familles relatives à la protection juridique des majeurs. – V. CASF, art. D. 554-1-1, D. 554-2-1, D. 554-8, D. 554-9, D. 564-1-1, D. 564-2-1, D. 564-8, D. 564-9.

2023	3 juin	Décret n° 2023-435. Application des articles 10, 11 et 17 de la loi n° 223-270 du 14 avril 2023 de financement rectificative de la sécurité sociale pour 2023. – V. CSS, art. R. 160-10, App., v° *Insertion*, **p. 1849.**
2023	29 juin	Décret n° 2023-534. Modification de diverses dispositions intéressant la défense nationale. – Art. 8. – V. CASF, art. L. 132-2, L. 132-3.
2023	6 juill.	Décret n° 2023-575. Adaptation de la composition de la commission des droits et de l'autonomie des personnes handicapées à la nouvelle organisation territoriale de l'État. – V. CASF, art. R. 241-24, R. 241-27, R. 532-4.
2023	11 juill.	Décret n° 2023-593. Modalités de présentation de la demande d'allocation personnalisée d'autonomie à domicile : – V. CASF, art. R. 232-24, R. 232-24-1. – V. Annexe 2-3, **p. 965.**
2023	13 juill.	Décret n° 2023-608. Services autonomie à domicile mentionnés à l'article L. 313-1-3 du code de l'action sociale et des familles et services d'aide et d'accompagnement à domicile relevant des 1° et 16° du I de l'article L. 312-1 du même code : – V. CASF, art. D. 232-11-1, D. 311, D. 312-0-2, D. 312-1 à D. 312-6-3, D. 312-10-0-1, D. 313-17. – V. Annexes 3-0, 3-0-1, **p. 961.**
2023	17 juill.	Décret n° 2023-621. Référent pour l'activité physique et sportive en établissement social et médicosocial. – V. CASF, art. D. 311-40.
2023	20 juill.	Décret n° 2023-632. Diverses adaptations du code de l'action sociale et des familles et du code général des collectivités territoriales. – Art. 1er. – V. CASF, art. R. 123-7, R. 123-18, R. 123-21 à R. 123-23, R. 123-27, R. 123-28, R. 123-40, R. 123-41, R. 123-48, R. 123-62, R. 123-64.
2023	27 juill.	Loi n° 2023-668. Protection des logements contre l'occupation illicite. – Art. 12, 13 : – V. CASF, art. L. 271-5. – V. L. n° 90-449 du 31 mai 1990, art. 7-2, App. v° *Logement*, **p. 1930.**
2023	31 juill.	Décret n° 2023-701. Participation des assurés sociaux aux honoraires des chirurgiens-dentistes et actes relevant des soins dentaires. – V. CSS, art. R. 160-5, App. v° *Insertion*, **p. 1846.**
2023	9 août	Décret n° 2023-761. Modalités de mise en œuvre des astreintes journalières et des sanctions prévues à l'article L. 313-14 du code de l'action sociale et des familles. – V. CASF, art. R. 313-25-1 à R. 313-25-3.
2023	10 août	Décret n° 2023-752. Revalorisation des minima de pension, pension d'orphelin, allocation de solidarité aux personnes âgées et assurance vieillesse des aidants. – Art. 1er. – V. CASF, art. R. 241-28.

2023	14 août	Décret n° 2023-779. Procédures d'autorisation et d'habilitation des organismes autorisés pour l'adoption prévues par la loi n° 2022-219 du 21 février 2022 visant à réformer l'adoption et à d'autres mesures d'adaptation du cadre juridique de l'adoption internationale. – V. CASF, art. R. 147-22, R. 147-23, R. 148-4 à R. 148-6, R. 148-11-2, R. 225-12 à R. 225-23, R. 225-30 à R. 225-33-2, R. 225-35, R. 225-37 à R. 225-44, R. 225-46, R. 542-2.
2023	28 août	Décret n° 2023-826. Modalités d'accompagnement du tiers digne de confiance, de l'accueil durable et bénévole par un tiers et de désignation de la personne de confiance par un mineur. – V. CASF, art. D. 221-22, D. 221-24-2 à D. 221-24-4, D. 223-11-1.
2023	30 août	Décret n° 2023-844. Modification de la composition et du fonctionnement du Conseil national consultatif des personnes handicapées. – V. CASF, art. D. 146-1, D. 146-2, D. 146-4 à D. 146-7, D. 146-10, D. 146-11, D. 146-12-1.
2023	8 sept.	Décret n° 2023-861. Revalorisation du revenu de solidarité en Guadeloupe, en Guyane, en Martinique, à La Réunion et dans les collectivités de Saint-Barthélemy, Saint-Martin et Saint-Pierre-et-Miquelon. – V. App. v° *Insertion*, **p. 1909.**
2023	2 oct.	Décret n° 2023-914. Diverses dispositions en matière d'assistance éducative. – Art. 2, 3. – V. C. pr. civ., art. 1183, 1187, 1188, 1189-1, 1190, 1192, 1210-1, 1210-3-1, App., v° *Enfance*, **p. 1791.**
2023	2 nov.	Décret n° 2023-1013. Services déconcentrés et organisation de la police nationale. – Art. 12, 17, 20 : – V. CASF, art. R. 121-12-7, R. 556-1, R. 566-1, R. 576-1. – V. Décr. n° 2006-665 du 7 juin 2006, App., v° *Organismes-Institutions*, **p. 1943.**
2023	20 nov.	Loi n° 2023-1059. D'orientation et de programmation du ministère de la justice 2023-2027. – Art. 56. – V. CASF, art. L. 351-2 à L. 351-5, L. 351-7, L. 351-8 nouv.
2023	24 nov.	Décret n° 2023-1088. Aide universelle d'urgence pour les personnes victimes de violences conjugales. – V. CASF, art. D. 214-11 à D. 214-25.
2023	24 nov.	Décret n° 2023-1089. Adaptation de l'aide universelle d'urgence pour les personnes victimes de violences conjugales à Mayotte. – V. CASF, art. D. 542-1-1.
2023	29 nov.	Décret n° 2023-1109. Modification de diverses dispositions relatives à la police nationale. – Art. 1er. – V. CASF, art. D. 226-3-2, D. 331-1.
2023	18 déc.	Loi n° 2023-1196. Pour le plein emploi. – Art. 2, 3, 6, 10, 11, 12, 14, 15, 17, 18, 19 : – V. CASF, art. L. 146-9, L. 214-1-1, L. 214-1-3, L. 214-2 à

		L. 214-2-2, L. 214-3, L. 214-7, L. 214-7-1, L. 241-6, L. 243-1, L. 243-4, L. 243-6, L. 262-19 nouv., L. 262-25, L. 262-27 nouv., L. 262-29 à L. 262-31 nouv., L. 262-32, L. 262-33, L. 262-34 nouv., L. 262-35, L. 262-36, L. 262-37 à L. 262-39 nouv., L. 262-42, L. 262-44, L. 263-4-1, L. 311-4, L. 312-1, L. 344-2 à 344-2-10, L. 344-3, L. 344-6, L. 344-6-1, L. 451-2, L. 521-1. — V. C. trav., art. L. 5131-4 à L. 5131-6, L. 5132-3, L. 5132-6, L. 5151-2, L. 5213-2 à L. 5213-2-2, L. 5213-6, L. 5213-11, L. 5213-13, L. 5213-13-2 à L. 5213-15, L. 5213-18, L. 5213-19-1. — V. L. n° 2021-1900 du 30 déc. 2021, art. 43-IV, App. v° *Insertion*, **p. 1901.**
2023	20 déc.	Décret n° 2023-1222. Prescription électronique. — V. CSS, art. R. 160-15, App. v° *Insertion*, **p. 1850.**
2023	22 déc.	Décret n° 2023-1240. Modification des modalités de mise à l'abri et d'évaluation des personnes se déclarant mineures et privées de la protection de leur famille et des modalités de versement de la contribution forfaitaire de l'État aux dépenses engagées par les départements pour l'évaluation de ces personnes. — V. CASF, art. R. 221-11, R. 221-12.
2023	26 déc.	Loi n° 2023-1250. De financement de la sécurité sociale pour 2024. — Art. 16, 37, 39, 40, 41, 46, 49, 79, 81, 83 : — V. CASF, art. L. 314-9, L. 343-1, L. 361-1. — V. CSS, art. L. 160-8, L. 160-13, L. 160-14, App. v° *Insertion*, **p. 1833.** — V. L. n° 2018-727 du 10 août 2018, art. 53, ss. CASF, art. L. 232-3-2. — V. L. n° 2022-1616 du 23 déc. 2022, art. 75-III, ss. CASF, art. L. 232-6.
2023	26 déc.	Décret n° 2023-1253. Modalités de répartition des mineurs privés temporairement ou définitivement de la protection de leur famille. — V. CASF, art. R. 221-13, R. 221-14.
2023	27 déc.	Loi n° 2023-1268. Amélioration de l'accès aux soins par l'engagement territorial des professionnels. — Art. 12, 29. — V. CASF, art. L. 313-12, L. 313-23-4.
2023	28 déc.	Décret n° 2023-1378. Adaptation des dispositions relatives au revenu de solidarité active, à la prime d'activité et à la composition du bulletin de paie. — Art. 1er. — V. CASF, art. R. 262-9, R. 262-11, R. 262-12.
2023	28 déc.	Décret n° 2023-1379. Conditions d'exercice des mandataires judiciaires à la protection des majeurs. — V. CASF, art. D. 471-2-2, D. 471-3, D. 471-4, D. 472-5-2.
2023	29 déc.	Loi n° 2023-1322. De finances pour 2024. — Art. 73, 231, 256 : — V. CASF, art. L. 214-10-1, L. 214-12, L. 214-14, L. 214-16. — V. C. trav., art. L. 5134-110, L. 5134-118, L. 5134-120, App. v° *Insertion*, **p. 1879.**

		– V. C. énergie, art. L. 124-1, App. v° *Logement*, **p. 1909.**
2023	29 déc.	Décret n° 2023-1428. Prise en compte des reports à nouveau et des réserves prévue aux articles L. 313-12 et L. 313-12-2 du code de l'action sociale et des familles. – V. CASF, art. R. 314-43-3 à R. 314-43-5, R. 314-230.
2023	30 déc.	Décret n° 2023-1426. Examen des caractéristiques génétiques d'une personne. – Art. 24. – V. CASF, art. R. 147-22, R. 147-33-1 à R. 147-33-3.
2023	30 déc.	Décret n° 2023-1431. Temps consacré au lien social concourant à prévenir la perte d'autonomie mentionné à l'article L. 232-6 du code de l'action sociale et des familles. – V. CASF, art. D. 232-8-1.
2024	2 janv.	Décret n° 2024-2. Montant minimal mentionné au 1° du I de l'article L. 314-2-1 du code de l'action sociale et des familles. – V. CASF, art. R. 232-10, D. 314-130-1.
2024	3 janv.	Décret n° 2024-8. Préparation et réponse du système de santé pour faire face aux situations sanitaires exceptionnelles. – Art. 5. – V. CASF, art. R. 311-38-1, R. 311-38-2, R. 531-2.
2024	26 janv.	Loi n° 2024-42. Pour contrôler l'immigration, améliorer l'intégration. – Art. 30, 44. – V. CASF, art. L. 222-5, L. 542-6.
2024	16 févr.	Décret n° 2024-113. Participation forfaitaire des assurés sociaux aux frais de santé en application du II de l'article L. 160-13 du code de la sécurité sociale. – V. CSS, art. R. 160-19, App., v° *Insertion*. – V. ***Addendum*, p. 2154.**
2024	16 févr.	Décret n° 2024-117. Modalités de mise en œuvre du mentorat pour les enfants pris en charge par l'aide sociale à l'enfance. – V. CASF, art. D. 221-34 à D. 221-40. – V. ***Addendum*, p. 2153.**
2024	16 févr.	Décret n° 2024-118. Modalités de mise en œuvre du parrainage pour les enfants pris en charge par l'aide sociale à l'enfance. – V. CASF, art. D. 221-27 à D. 221-33. – V. ***Addendum*, p. 2151.**
2024	16 févr.	Décret n° 2024-119. Conditions d'accueil des mineurs et jeunes majeurs pris en charge par l'aide sociale à l'enfance hébergés à titre dérogatoire dans des structures d'hébergement dites jeunesse et sport ou relevant du régime de la déclaration. – V. CASF, art. D. 221-10-1 à D. 221-10-3. – V. ***Addendum*, p. 2151.**

TABLE ALPHABÉTIQUE

NOTA. Les nombres renvoient aux articles du code, non aux pages. Les nombres précédés du mot « art. » renvoient aux articles d'un texte autre que le CASF.
Les caractères italiques gras, précédés d'une flèche rouge, indiquent des mots de renvoi.

A

H

I

J

L

W

ADDENDUM

SECTION 3 *BIS* *Conditions d'accueil exceptionnel pour des situations d'urgence ou pour assurer la mise à l'abri des personnes mineures ou majeures âgées de moins de vingt et un ans prises en charge par l'aide sociale à l'enfance*

(Décr. nº 2024-119 du 16 févr. 2024, art. 1er)

Art. D. 221-10-1 La prise en charge prévue au deuxième alinéa de l'article L. 221-2-3 n'est possible que pour un mineur âgé d'au moins seize ans ou un majeur de moins de vingt et un ans.

Préalablement à cette prise en charge dans une structure d'hébergement relevant des articles L. 227-4 et L. 321-1, le président du conseil départemental s'assure qu'elle est adaptée à l'âge et aux besoins fondamentaux du mineur d'au moins seize ans ou du majeur de moins de vingt et un ans.

Art. D. 221-10-2 L'accueil de la personne mineure ou majeure prévu à l'article D. 221-10-1 comprend une surveillance de jour comme de nuit au sein de la structure, par la présence physique sur site d'au moins un professionnel formé à cet effet, afin de garantir la protection des personnes qui y sont accueillies.

Cet accueil est assuré dans le respect des règles prévues à l'article L. 311-3.

Pendant la durée de prise en charge mentionnée à l'article L. 221-2-3, le président du conseil départemental s'assure qu'elle reste adaptée à la personne concernée. Il s'assure également, par des visites régulières sur site, des conditions matérielles de prise en charge.

Art. D. 221-10-3 Les personnes prises en charge au titre de l'article D. 221-10-1 bénéficient d'un accompagnement socio-éducatif et sanitaire adapté.

Les professionnels chargés de cet accompagnement sont titulaires d'un diplôme dans le domaine social, sanitaire, médico-social ou de l'animation socio-éducative.

SECTION 7 *Parrainage*

(Décr. nº 2024-118 du 16 févr. 2024, art. 1er-2º)

Art. D. 221-27 Le parrainage mentionné à l'article L. 221-2-6 a pour finalité l'instauration, par des temps partagés et réguliers, d'un lien affectif et d'une relation de confiance entre un enfant pris en charge en application de l'article L. 222-5 et un ou plusieurs parrains ou marraines.

Art. D. 221-28 Avant de proposer à un enfant un parrainage, le président du conseil départemental s'assure que le parrainage est conforme à l'intérêt de l'enfant et à ses besoins fondamentaux, en tenant compte de sa situation et en prenant en compte les relations et les liens affectifs qu'il a pu nouer.

Le parrainage peut être proposé au jeune majeur de moins de vingt et un ans pris en charge en application de l'article L. 222-5, selon les mêmes modalités que celles prévues pour l'enfant à la présente section.

Art. D. 221-29 Quand un parrainage est envisagé, le président du conseil départemental, en lien avec les associations de parrainage habilitées et le service ou l'établissement assurant la prise en charge de l'enfant, délivre à ce dernier, ainsi qu'aux titulaires de l'autorité parentale l'information nécessaire à la compréhension du dispositif et relative aux modalités de sa mise en œuvre.

Il recueille, conformément aux dispositions de l'article L. 223-2, l'accord écrit du ou des titulaires de l'autorité parentale. Si l'enfant est pupille de l'État, l'accord du tuteur et du conseil de famille sont recueillis en application de l'article L. 224-1.

En application des articles L. 112-3 et L. 223-4, le président du conseil départemental recueille l'avis et l'adhésion du mineur dans des conditions appropriées à son âge et son discernement.

Il inscrit l'action de parrainage dans le projet pour l'enfant mentionné à l'article L. 223-1-1 ou dans le projet d'accès à l'autonomie mentionné à l'article L. 222-5-1.

Art. D. 221-30 Le parrainage est préparé, organisé et accompagné par une ou plusieurs associations habilitées par le président du conseil départemental.

L'association demande à être habilitée à cet effet au président du conseil départemental du ressort du territoire sur lequel elle souhaite exercer son activité. Le dossier de demande comprend :

1° Les statuts en vigueur et la liste des organes dirigeants ;

2° Un document présentant le projet associatif, ainsi que le cadre de mise en œuvre de l'action de parrainage précisant les modalités d'identification, d'information et d'accompagnement des parrains, des marraines et des enfants ;

3° Le budget prévisionnel de l'association pour l'exercice en cours précisant le budget affecté à l'action de parrainage, le bilan et le compte de résultat de l'exercice précédent, le rapport d'activité du dernier exercice ;

4° La liste des membres de l'association, salariés ou bénévoles, qui interviennent dans l'organisation de l'activité de parrainage indiquant leurs nom, adresse et fonction ;

5° Pour chacune des personnes mentionnées au 4° qui sont en lien direct avec les enfants, un bulletin numéro 3 du casier judiciaire ;

6° La charte mentionnée à l'article L. 221-2-6, qui définit les valeurs et procédures que les parrains et marraines s'engagent à respecter dans le cadre de l'action de parrainage, signée par le représentant légal de l'association.

L'habilitation est délivrée pour une durée de cinq ans et peut être renouvelée dans les mêmes conditions que l'habilitation initiale.

Elle peut être retirée, à titre temporaire ou définitif, en cas de méconnaissance par l'association habilitée des dispositions de l'article L. 221-2-6 et des dispositions de la présente section, après que l'association a été invitée à présenter ses observations.

Art. D. 221-31 Lorsqu'un parrainage est envisagé, le président du conseil départemental transmet à l'association habilitée qu'il retient pour la mise en œuvre de l'action de parrainage les informations concernant la situation de l'enfant utiles au bon déroulement du parrainage.

L'association identifie des parrains et marraines susceptibles de répondre aux besoins et aux attentes de l'enfant. Elle en informe le conseil départemental et le service ou l'établissement assurant la prise en charge de l'enfant.

Elle assure la mise en relation de l'enfant avec les parrains et marraines envisagés.

Dès lors que l'enfant confirme sa volonté de s'inscrire dans une action de parrainage durable avec le parrain ou la marraine envisagés, les modalités de mise en œuvre de l'action de parrainage sont précisées dans le projet pour l'enfant mentionné à l'article L. 223-1-1 ou le projet d'accès à l'autonomie mentionné à l'article L. 222-5-1.

Lorsqu'aucune association n'est en capacité d'assurer la mise en œuvre d'un parrainage, cette dernière est réalisée par le service départemental d'aide sociale à l'enfance dans le respect de la charte mentionnée à l'article L. 221-2-6.

Art. D. 221-32 Dans le cadre du contrôle mentionné aux articles L. 221-1 et L. 221-2-6, préalablement à la décision de parrainage d'un enfant, le président du conseil départemental s'assure que le ou les parrains ou marraines remplissent les conditions prévues à l'article L. 133-6.

Pendant la durée de l'action de parrainage, le conseil départemental s'assure, au minimum une fois par an, du respect de ces conditions. En cas de non-respect des conditions prévues à l'article L. 133-6, il est mis fin au parrainage avec le ou les parrains et marraines concernés.

Art. D. 221-33 Lors de de l'évaluation réalisée dans le cadre du projet pour l'enfant ou du projet d'accès à l'autonomie, l'action de parrainage est régulièrement évaluée par le service de l'aide sociale à l'enfance, en lien avec l'association habilitée et le service ou l'établissement assurant la prise en charge de l'enfant. L'avis de l'enfant sur le parrainage est pris en compte dans cette évaluation.

Il est mis fin au parrainage lorsque celui-ci n'est plus en adéquation avec l'intérêt de l'enfant tel qu'identifié dans son projet.

SECTION 8 *Mentorat*

(Décr. nº 2024-117 du 16 févr. 2024, art. 1er)

Art. D. 221-34 Avant de proposer à un enfant une action de mentorat définie comme une relation interpersonnelle d'accompagnement et de soutien basée sur l'apprentissage mutuel en application de l'article L. 221-2-6, le président du conseil départemental procède à une évaluation de sa situation afin de s'assurer que le mentorat est conforme à son intérêt et à ses besoins fondamentaux.

Cette évaluation est réalisée lors de la prise en charge du mineur d'au moins onze ans et au plus tard au moment de l'entrée au collège. Elle est renouvelée chaque année.

Le mentorat peut être proposé au jeune majeur de moins de vingt et un ans pris en charge en application de l'article L. 222-5, selon les mêmes modalités que celles prévues pour l'enfant à la présente section.

Art. D. 221-35 Quand une action de mentorat est envisagée, le président du conseil départemental, en lien avec les associations et le service ou l'établissement mentionnés à l'article D. 221-36, délivre à l'enfant et aux titulaires de l'autorité parentale l'information nécessaire à la compréhension du dispositif et relative aux modalités de sa mise en œuvre.

En application des articles L. 112-3 et L. 223-4, le président du conseil départemental recueille l'avis et l'adhésion du mineur dans les conditions appropriées à son âge et à son discernement.

Il recueille également l'accord écrit du ou des titulaires de l'autorité parentale. Si l'enfant est pupille de l'État, l'accord du tuteur et du conseil de famille sont recueillis en application de l'article L. 224-1.

Art. D. 221-36 L'action de mentorat est coordonnée et mise en œuvre par une association dans les conditions mentionnées à l'article D. 221-37 ou, à défaut, par le service ou l'établissement assurant la prise en charge de l'enfant.

Art. D. 221-37 Lorsque les actions de mentorat sont mises en œuvre par une association, une convention conclue entre cette association et le président du conseil départemental en définit les modalités.

Le conseil départemental s'assure que l'association a la capacité :

1° De porter un projet individualisé, adapté aux besoins de l'enfant et défini avec l'ensemble des acteurs concerné ;

2° D'informer et d'accompagner pendant la durée de l'action de mentorat les mentors.

Le conseil départemental transmet à l'association les informations nécessaires à la mise en œuvre du mentorat au profit de l'enfant.

Art. D. 221-38 L'action de mentorat fait l'objet d'une convention individuelle entre le service d'aide sociale à l'enfance du département et l'association, le service ou l'établissement mentionnés à l'article D. 221-36. La convention, signée par l'enfant concerné, précise l'identité du mentor et les modalités de mise en œuvre de l'action de mentorat.

Ces modalités de mise en œuvre sont également précisées dans le projet pour l'enfant mentionné à l'article L. 223-1-1 ou dans le projet d'accès à l'autonomie mentionné à l'article L. 222-5-1.

Art. D. 221-39 Dans le cadre du contrôle mentionné aux articles L. 221-1 et L. 221-2-6, préalablement à la décision de mise en œuvre du mentorat d'un enfant, le président du conseil départemental s'assure que les mentors remplissent les conditions prévues à l'article L. 133-6.

Pendant la durée de l'action de mentorat, le président du conseil départemental s'assure, au minimum une fois par an, du respect de ces conditions. En cas de non-respect des conditions prévues à l'article L. 133-6, il est mis fin au mentorat avec le ou les mentors concernés.

Art. D. 221-40 Lors de l'évaluation réalisée dans le cadre du projet pour l'enfant ou du projet d'accès à l'autonomie, l'action de mentorat est régulièrement évaluée par le service de l'aide sociale à l'enfance, en lien avec l'association et le service ou l'établissement assurant la prise en charge de l'enfant. L'avis de l'enfant sur l'action de mentorat est pris en compte dans cette évaluation.

Il est mis fin au mentorat, après une évaluation concertée associant l'enfant, lorsque le mentorat n'est plus en adéquation avec son intérêt tel qu'identifié dans son projet.

INSERTION

Code de la sécurité sociale

Art. R. 160-19 *(Décr. nº 2004-1490 du 30 déc. 2004)* Le montant de la participation forfaitaire mentionnée au II de l'article *(Décr. nº 2015-1865 du 30 déc. 2015, art. 2-I-3º)* « L. 160-13 » *(Décr. nº 2024-113 du 16 févr. 2024, art. 1er)* « ne peut, sans être inférieur à 2 euros, excéder 3 euros ». — *[Anc. art. R. 322-9-2.]*

Certifié PEFC

Ce produit est issu de forêts gérées durablement, de sources recyclées et contrôlées

PEFC

PEFC/18-31-280

www.pefc-france.org

Photocomposition Nord Compo
Villeneuve d'Ascq

Achevé d'imprimer en mars 2024 sur les presses de
LEGO S.p.A.
Dépôt légal : avril 2024
722974 – OSB – Pr 40g – NC – (MLN)
Imprimé en Italie

Codes Dalloz

	Parution
PÉNAL	
Code pénal	juin
Code de la justice pénale des mineurs, *commenté*	août
Code de procédure pénale	juin
Code de la route, *commenté*	février
IMMOBILIER	
Code des baux, *commenté*	janvier
Code de la construction et de l'habitation, *commenté*	avril
Code de la copropriété, *commenté*	janvier
Code de l'urbanisme, *commenté*	avril
PUBLIC	
Code de la commande publique, *commenté*	janvier
Code constitutionnel et des droits fondamentaux, *commenté en ligne*	août
Code de l'éducation, *commenté*	août
Code électoral, *commenté*	novembre
Code de l'entrée et du séjour des étrangers et du droit d'asile, *commenté*	octobre
Code de l'environnement, *commenté*	mars
Code général de la fonction publique, *commenté*	mars
Code général des collectivités territoriales, *commenté en ligne*	novembre
Code général de la propriété des personnes publiques, *commenté*	mai
Code de justice administrative, *commenté*	septembre
Code des relations entre le public et l'administration, *commenté*	septembre
Code rural et de la pêche maritime, *commenté*	avril